LANGENSCHEIDTS
ENZYKLOPÄDISCHES WÖRTERBUCH

LANGENSCHEIDT'S ENCYCLOPAEDIC DICTIONARY

OF THE ENGLISH AND GERMAN LANGUAGES

"Der Große Muret-Sanders"

PART II

German-English

SECOND VOLUME L—Z

EDITED BY

DR. OTTO SPRINGER

Professor of Germanic Languages and Literatures
University of Pennsylvania

LANGENSCHEIDT

BERLIN · MUNICH · VIENNA · ZURICH · NEW YORK

LANGENSCHEIDTS ENZYKLOPÄDISCHES WÖRTERBUCH

DER ENGLISCHEN UND DEUTSCHEN SPRACHE

„Der Große Muret-Sanders"

TEIL II

Deutsch-Englisch

2. BAND L—Z

HERAUSGEGEBEN VON

DR. OTTO SPRINGER

Professor für germanische Sprachen und Literaturen
University of Pennsylvania

LANGENSCHEIDT

BERLIN · MÜNCHEN · WIEN · ZÜRICH · NEW YORK

5. Auflage 1990

© 1975 Langenscheidt KG, Berlin und München

Druck: Druckhaus Langenscheidt, Berlin-Schöneberg

Printed in Germany

ISBN 3-468-01126-1

INHALTSVERZEICHNIS
CONTENTS

DEUTSCH-ENGLISCHES WÖRTERVERZEICHNIS

L–Z

GERMAN-ENGLISH DICTIONARY

L–Z

L

L, 1 [ɛl] *n* ⟨-; -⟩ **1.** L, l (*twelfth letter of the German alphabet*; *ninth consonant*): **ein gro-ßes** L a capital (*od.* large) L. – **2.** l (*Liter*) l. – **3.** l *math.* (*Länge*) l. – **4.** L (*röm. Zahl für 50*) L. – **5.** *electr.* a) l (*Lumen*) l, lm, b) L (*Induktivität*) L, c) L (*Lambert*) L. – **6.** L *econ.* (*Lira*; *ital. Währungseinheit*) L. – **7.** L (*something having the shape of the capital letter L*) L.

la [laː] **I** *interj* la(h). – **II L~** *n* ⟨-; -⟩ *mus.* la (*in sol-fa systems*).

Lab [laːp] *n* ⟨-(e)s; -e⟩ rennet.

La·ban ['laːban] *m* ⟨-s; *no pl*⟩ *only in* **langer ~** *colloq. contempt.* tall fellow, 'lamppost', spindleshanks *pl* (*construed as sg or pl*) (*alle colloq.*).

La·ba·rum ['laːbarum] *n* ⟨-; *no pl*⟩ *antiq.* (*Kreuzesfahne Konstantins u. seiner Nachfolger*) labarum.

'lab·be·rig *adj Northern G. colloq.* **1.** (*Speisen*) wishy-washy, insipid, sloppy. – **2.** (*Stoff etc*) lacking firmness (*od.* body), flimsy.

lab·bern ['labərn] *v/i* ⟨h⟩ *colloq.* **1.** (*schlürfen*) lap noisily. – **2.** *fig.* babble, prattle.

'lab·be·rig *adj cf.* **labberig.**

Lab·da·num ['lapdanum] *n* ⟨-s; *no pl*⟩ labdanum, ladanum (*obtained from Cistus labdaniferus*).

La·be ['laːbə] *f* ⟨-; *no pl*⟩ *poet. for* **Labsal.**

la·ben ['laːbən] *lit.* **I** *v/reflex* ⟨h⟩ **sich ~ 1.** (an *dat*, mit with) refresh oneself: **sie labten sich an** (*od.* mit) **Kaffee und Kuchen** they refreshed themselves with coffee and cake(s). – **2.** *fig.* (an *dat* on) feast: **unsere Augen labten sich an der schönen Landschaft** our eyes feasted (themselves) on the beautiful scenery. – **II** *v/t* **3.** refresh: **j-n mit einem frischen Trunk ~** to refresh s.o. with a cool drink. – **4.** *fig.* feast: **das Grün der Wiesen labt das Auge** the green of the meadows is a feast (*od.* comfort) for the eyes. – **III L~** *n* ⟨-s⟩ **5.** *verbal noun.* – **6.** *cf.* **Labung.** — **'la·bend I** *pres p.* – **II** *adj lit.* (*Trunk, Kühle, Luft etc*) refreshing.

La·ber·dan [labər'daːn] *m* ⟨-s; -e⟩ *gastr.* salted cod.

la·bern ['laːbərn] *v/i* ⟨h⟩ *Middle G. dial. and colloq.* prattle, gabble (away), tattle, chatter.

la·bet [la'beːt] *adj only in* **~ sein** *obs.* a) to have lost (at cards), b) *fig.* to be tired (*od.* exhausted).

'La·be₁trunk *m poet.* refreshing drink, refection (*lit.*).

'Lab·fer₁ment *n* **1.** *biol. chem.* rennin, *auch* chymosin. – **2.** *med.* chymase.

la·bi·al [la'bĭaːl] **I** *adj* labial, lip (*attrib*). – **II L~** *m* ⟨-s; -e⟩ *ling.* labial (sound).

la·bia·li·sie·ren [labĭali'ziːrən] *v/t* ⟨*no ge-*, h⟩ *ling.* labialize. — **La·bia·li·sie·rung** *f* ⟨-; -en⟩ labialization, labialism.

La·bi·al|₁**laut** *m ling. cf.* **labial II.** — **~₁pfei·fe** *f mus.* (*der Orgel*) labial (pipe), flue pipe. — **~re₁gi·ster** *n* flue stop.

La·bi·a·te [la'bĭaːtə] *f* ⟨-; -n⟩ *bot. cf.* **Lippenblütler.**

la·bil [la'biːl] *adj* ⟨-er; -st⟩ **1.** unstable, *auch* instable, labile, changeable: **die politische Lage ist ~** the political situation is unstable; **ein ~es Gleichgewicht** *phys.* an

---

unstable equilibrium; **eine ~e Gesundheit haben** to be of fragile (*od.* delicate) health; **einen ~en Charakter haben** to have an unstable character. – **2.** (*veränderlich*) variable. – **3.** *meteor.* unstable, labile. — **La·bi·li'tät** [-bili'tɛːt] *f* ⟨-; *no pl*⟩ **1.** instability, lability, changeableness. – **2.** *meteor.* lability.

La·bi·li'täts·ener₁gie *f meteor.* lability energy.

la·bio·den·tal [labĭodɛn'taːl] *ling.* **I** *adj* labiodental, dentilabial. – **II L~** *m* ⟨-s; -e⟩, **L~₁laut** *m* labiodental (*od.* dentilabial) (sound).

la·bio·na·sal [labĭona'zaːl] *ling.* **I** *adj* labionasal. – **II L~** *m* ⟨-s; -e⟩, **L~₁laut** *m* labionasal (sound).

la·bio·ve·lar [labĭove'laːr] *ling.* **I** *adj* labiovelar. – **II L~** *m* ⟨-s; -e⟩, **L~₁laut** *m* labiovelar (sound).

La·bi·um ['laːbĭum] *n* ⟨-s; -bien *od.* -bia [-bĭa]⟩ **1.** *med.* (*Lippe*) lip, labium (*scient.*). – **2.** *zo.* (*Unterlippe von Insekten*) lower lip; labium, second maxilla (*scient.*). – **3.** *mus.* (*an Orgelpfeife etc*) lip.

'Lab₁kraut *n bot.* bedstraw (*Gattg Galium*): **Echtes** (*od.* **Gelbes**) **~** Our Lady's bedstraw (*G. verum*); **Kletterndes ~** goose grass, catchweed, cleavers, *auch* clivers *pl* (*usually construed as sg*) (*G. aparine*).

La'blab₁boh·ne [la'blaːp-] *f bot.* lablab, hyacinth bean (*Dolichos lablab*).

'Lab₁ma·gen *m zo.* fourth stomach of ruminants, maw; abomasum, *auch* abomasus (*scient.*). — **~₁haut** *f* rennet.

La·bor [la'boːr] *n* ⟨-s; -s *u.* -e⟩ laboratory, lab (*colloq.*).

La·bo·rant [labo'rant] *m* ⟨-en; -en⟩, **La·bo'ran·tin** *f* ⟨-; -nen⟩ laboratory assistant (*od.* technician).

La·bo·ra·to·ri·um [labora'toːrĭum] *n* ⟨-s; -rien⟩ laboratory, lab (*colloq.*).

la·bo·rie·ren [labo'riːrən] *v/i* ⟨*no ge-*, h⟩ *colloq.* **1.** (*an einer Krankheit etc*) suffer (from), (*bes. an einer chronischen*) be afflicted (with): **er laboriert schon lange an einer Grippe** he has been suffering from flu for ages, he has been trying to shake off (*od.* get rid of) the flu for ages (*beide colloq.*). – **2.** (*an einer Arbeit etc*) work (on), labor (*bes. Br.* labour) (on *od.* at), toil (over).

La'bor·ver₁such *m* laboratory experiment.

'Lab·pro·fer₁ment *n biol. chem.* renninogen.

La·bra·dor [labra'doːr] *m* ⟨-s; -e⟩ *min. cf.* **Labradorit.** — **~₁dachs** *m zo.* American badger (*Taxidea taxus*). — **~₁en·te** *f obs.* Labrador duck (*Camptorhynchus labradorius*). — **~₁feld₁spat** *m min. cf.* **Labradorit.** — **~₁hund** *m zo.* Labrador retriever.

La·bra·do·rit [labrado'riːt] *m* ⟨-s; -e⟩ *min.* labradorite, *auch* Labrador spar (*od.* stone).

La·bra'dor₁stein *m min. cf.* **Labradorit.**

La·brum ['laːbrum] *n* ⟨-s; -bren⟩ *zo.* (*Oberlippe der Insekten*) upper lip, labrum (*scient.*).

Lab·sal ['laːpzaːl] *n* ⟨-(e)s; -e⟩, *Austrian auch f* ⟨-; -e⟩ *lit.* **1.** comfort, balm: **bei der Hitze empfanden wir die Kühle des Waldes als** (**ein**) **~** it was so hot that the

---

cool of the forest was like a soothing balm for us. – **2.** feast: **ein ~ für die Augen** a feast for the eyes. – **3.** *poet. cf.* **Labetrunk.**

'lab₁sal·ben *v/t* ⟨h⟩ *mar.* paint (*s.th.*) with tar, tar (*od.* slush) down.

Labs·kaus ['lapskaus] *n* ⟨-; *no pl*⟩ *gastr.* lobscouse.

'La·bung *f* ⟨-; -en⟩ *lit.* **1.** *cf.* **Laben.** – **2.** refreshment, refection (*lit.*).

La·by·rinth [laby'rint] *n* ⟨-(e)s; -e⟩ **1.** labyrinth, maze: **sich in einem ~ verirren** to lose oneself in a labyrinth; **ein ~ kleiner Straßen und Gäßchen** a labyrinth of tiny streets and alleys; **er fand sich im ~ der Paragraphen nicht mehr zurecht** *fig.* he lost his way (*od.* he got lost) in the maze of laws. – **2.** *med.* (*inneres Ohr*) labyrinth. – **3.** *biol.* maze (*an apparatus used in learning experiments*). — **~₁fi·sche** *pl zo.* Labyrinthici (*Unterordng Anabantoidei*). — **~₁flüs·sig·keit** *f med.* labyrinthine fluid.

la·by'rin·thisch *adj* labyrinthine, *auch* labyrinthal, labyrinthian, labyrinthic.

La·by'rinth|**ko₁ral·le** *f zo.* brain(stone) coral, brainstone, m(a)eandra (*scient.*) (*Maeandrina labyrinthica*). — **~₁spin·ne** *f* labyrinth spider (*Gattg Metepeira*). — **~₁vor₁hof** *m med.* labyrinthine vestibule. — **~₁was·ser** *n* (*im Ohr*) labyrinthine fluid, aqua labyrinthi (*scient.*). — **~₁zäh·ner** [-₁tsɛːnər] *m* ⟨-s; -⟩ *zo.* labyrinthodont.

'Lach₁an₁fall *m* **1.** fit of laughter: **er bekam einen ~** he had a fit of laughter. – **2.** *med.* paroxysm of laughing.

'La·che¹ *f* ⟨-; -n⟩ *colloq.* **1.** laugh, way of laughing: **sie hat eine komische [dreckige] ~** she has a funny [dirty] laugh. – **2.** (*Gelächter*) laughter, laughing.

'La·che² *f* ⟨-; -n⟩ *lit.* **1.** (*Pfütze*) puddle, pool, plash: **nach dem Regen standen ~n auf der Straße** there were puddles in the street after the rain. – **2.** (*von Blut, Öl, Bier etc*) pool: **er lag in einer ~** (*von*) **Blut** he was lying in a pool of blood.

'La·che³ *f* ⟨-; -n⟩ (*forestry*) cut, blaze.

lä·cheln ['lɛçəln] **I** *v/i* ⟨h⟩ **1.** smile: **glücklich [mitleidig, dankbar, gütig] ~** to smile happily [contemptuously, gratefully, benevolently]; **freundlich [vielsagend] ~** to smile in a friendly way [significantly]; **verächtlich ~** to smile sneeringly, to sneer; **gezwungen ~** to give a strained (*od.* forced, ghastly, sickly) smile; **einfältig ~** to simper; **über das ganze Gesicht ~** to be all smiles; **sie lächelte unter Tränen** she smiled through (*od.* under) her tears; **darüber kann ich nur ~** *fig. iron.* I can only shrug my shoulders over it; **das Glück lächelte ihm** *fig. lit.* fortune (*od.* Lady Luck) smiled upon him. – **II L~** *n* ⟨-s⟩ **2.** *verbal noun.* – **3.** smile: **ein strahlendes L~** a radiant smile; **ein verächtliches [einfältiges] L~** a sneer [a simper]; **er sagte es mit feinem L~** he said it with a faint (*od.* a hint of a) smile; **ein L~ unterdrücken** to suppress a smile; **der Anflug eines L~s** the shadow of a smile; **das rätselhafte L~ der Mona Lisa** the enigmatic smile of the Mona Lisa. — **'lä·chelnd I** *pres p.* – **II** *adj* smiling: **ihr ~es Gesicht** her smiling face. – **III** *adv* **er sah ~ zu** he watched smilingly (*od.* with a smile [on his face]).

la·chen ['laxən] **I** *v/i* ⟨h⟩ **1.** (über *acc* at) laugh: schallend ~ to give a ringing (*od.* boisterous) laugh; laut ~ to laugh loudly; brüllend (*od.* aus vollem Halse) ~ to roar (*od.* bellow, shout) with laughter; er lachte gezwungen he gave a forced laugh; fröhlich ~ to laugh happily (*od.* joyfully); albern [höhnisch] ~ to laugh stupidly [spitefully]; leise vor sich hin ~ to chuckle (under one's breath); ich mußte über ihn [den Witz] ~ I had to laugh at him [the joke]; j-m ins Gesicht ~ to laugh at s.o. to his (*od.* her) face; über soviel Dummheit kann ich nur ~ *fig. iron.* I can only laugh over (*od.* at) so much stupidity, so much stupidity just makes me laugh; sich (*dat*) ins Fäustchen ~ to laugh up one's sleeve; da lacht einem das Herz im Leibe that makes one's heart jump for joy; es wäre (doch *od.* ja) gelacht, wenn das nicht ginge it would be ridiculous if that were not possible; das soll ein Künstler sein — daß ich nicht lache! do you call that an artist — don't make me laugh! er hat nichts zu ~ he has got nothing to laugh about, he has no cause to laugh, his life is no bed of roses; lach (du) nur! laugh away! go on, laugh! du hast gut ~ it's all very well for you to laugh; das Glück lachte mir *fig. lit.* fate was kind to me; die Sonne lacht vom Himmel *fig. lit.* the sun smiles from the heavens; wer zuletzt lacht, lacht am besten (*Sprichwort*) he laughs best (*od.* longest) who laughs last (*proverb*); → Huhn 3. – **II** *v/t* **2.** laugh: Tränen ~ to laugh till one cries (*od.* the tears come); → Ast 7. – **III** *v/reflex* **3.** sich krank (*od.* kringelig, krumm und schief) ~ *colloq.* to split one's sides (with) laughing, to laugh oneself silly, to almost die with laughing: er konnte sich über seine eigenen Witze krank ~ he could almost die laughing at his own jokes. – **IV L~** *n* ⟨-s⟩ **4.** verbal noun: L~ ist gesund laughing is wholesome. – **5.** laughter, laugh: ein befreiendes ~ a laughter of relief; ein helles L~ a bright (*od.* light) laugh; ein leises L~ a chuckle, a chortle; ein zynisches ~ a cynical laugh; L~ hervorrufen to raise (*od.* draw) a laugh; das L~ unterdrücken to suppress one's laughter; er konnte sich (*dat*) das L~ nicht verkneifen he could not bite back (*od.* stifle, stop) his laughter; ich werde dir das L~ abgewöhnen *fig. colloq.* you'll be laughing on the wrong side of your face in a minute; wenn man solche Berichte hört, kann einem das L~ vergehen hearing such reports one could forget how to laugh; alles brüllte vor L~ everyone was roaring with laughter; er hielt sich (*dat*) den Bauch vor L~, er bog sich vor L~ *colloq.* he doubled up (*od.* howled) with laughter; sich kugeln vor L~ *colloq.* to roll (*od.* double) up with laughter; ich konnte mich nicht halten vor L~ I couldn't stop laughing; j-n zum L~ bringen to make s.o. laugh; das ist zum L~ that is ridiculous; so eine Grippe ist nicht zum L~ *colloq.* such a flu is no joking (*od.* laughing) matter, such a flu is no joke (*beide colloq.*). – **6.** laugh, way of laughing. — **'la·chend I** *pres p.* – **II** *adj* **1.** laughing: ~e Gesichter laughing faces; mit einem ~en und einem weinenden Auge *fig.* half laughing, half crying; der ~e Dritte *fig.* the tertius gaudens; die ~en Erben *fig.* the joyful heirs; das ~e Leben *fig.* the gay life. – **2.** *fig.* (Himmel, Sonne etc) bright, smiling. – **III** *adv* **3.** laughingly, with a laugh: ~ über (*acc*) etwas hinweggehen to laugh s.th. off.

'La·cher *m* ⟨-s; -⟩ **1.** laugher: die ~ auf seiner Seite haben to have the laugh on one's side, to cop the laughs (*sl.*). – **2.** *colloq.* laugh: er stieß einen ~ aus he gave (*od.* let out) a laugh.

'Lach·er,folg *m* only in einen ~ erzielen to make everybody laugh.

lä·cher·lich ['lɛçərlɪç] **I** *adj* **1.** ridiculous: sie sieht ~ aus she looks ridiculous; er gibt eine ~e Figur ab he makes a fool of himself, he cuts a foolish figure; du machst dich ja ~ you are making a fool (*od.* an exhibition) of yourself; etwas ~ machen to ridicule (*od.* make fun of) s.th.; er macht seine Gegner ~ he makes his opponents look ridiculous, he ridicules (*od.* makes fools of) his opponents. – **2.** (*unsinnig*) absurd, ridiculous, preposterous: deine Angst ist ja ~ your fear is absurd. – **3.** (*lachhaft*)

laughable, ridiculous. – **4.** (*drollig*) ludicrous, ridiculous. – **5.** (*spöttisch*) derisory, scoffing: eine ~e Bemerkung a derisory remark. – **6.** (*geringfügig*) trifling, ridiculous: wegen solch einer ~en Kleinigkeit braucht man sich nicht zu streiten there is no reason to quarrel over such a trifling matter; für einen ~en Preis for a ridiculously low price, for a mere trifle (*od. colloq.* a song); er bekam dafür ~e 3 Mark he got the trifling (*od.* ridiculous) sum (*od.* a mere pittance) of 3 marks for it. – **7.** *cf.* komisch 1. – **II** *adv* **8.** ridiculously: ein ~ dünner Mantel a ridiculously light (*od.* thin) coat; ich verdiene ~ wenig I earn ridiculously little (*od.* a mere pittance); ich komme mir in dem Kleid ~ vor I feel a fool (*od.* ridiculous) in this dress; ein solches Pathos wirkt heutzutage ~ such pathos is laughable in this day and age; j-m ist ~ zumute *colloq.* s.o. is in a laughing mood, s.o. has to laugh all the time. – **III L~e, das** ⟨-n⟩ **9.** the ridiculous: j-n [etwas] ins L~e ziehen to expose s.o. [s.th.] to ridicule, to ridicule s.o. [s.th.]; vom Erhabenen zum L~en ist nur ein Schritt there is but one step from the sublime to the ridiculous.

'lä·cher·li·cher'wei·se *adv* ridiculously (enough).

'Lä·cher·lich·keit *f* ⟨-; *no pl*⟩ **1.** ridiculousness: etwas der ~ preisgeben to ridicule (*od.* make fun of) s.th.; j-n der ~ preisgeben to ridicule (*od.* make a fool of) s.o. – **2.** absurdity, absurdness. – **3.** (*etwas Lächerliches*) trivial matter, (mere) farce, trifle.

La·che·sis ['laxezɪs] **I** *npr f* ⟨-; *no pl*⟩ *myth.* (*Parze*) Lachesis. – **II** *f* ⟨-; *no pl*⟩ *zo. cf.* Buschmeister.

'Lach,gas *n chem.* laughing gas; dinitrogen monoxide, nitrous oxide (*scient.*) (N_2O). — **~nar,ko·se** *f med.* nitrous-oxide an(a)esthesia.

'lach·haft *adj* laughable, ridiculous: das ist einfach ~! that is simply laughable. — **'Lach·haf·tig·keit** *f* ⟨-; *no pl*⟩ laughableness, ridiculousness.

'Lach|ka·bi,nett *n* crazy (*Am. auch* laugh *od.* fun) house. — **~,krampf** *m auch med.* fit (*od.* convulsions *pl*, paroxysm) of laughter: er bekam einen ~ he was seized by a fit of laughter, he burst (*od.* split) his sides (with) laughing. — **~,lust** *f* inclination to laugh, risibility: j-s ~ erregen (*od.* reizen) to make s.o. laugh. — **l~,lu·stig** *adj* fond of laughing, risible. — **l~,mö·we** *f zo.* a) black-headed gull (*Larus ridibundus*), b) laughing gull (*L. atricilla*). — **~,mus·kel** *m med.* laughing (*od.* risible) muscle.

Lachs [laks] *m* ⟨-es; -e⟩ **1.** *zo.* salmon (*Salmo salar*): zu den ~en gehörend salmonoid; junger ~ grilse, parr, *Br. auch* par, salmon peal (*od.* peel), samlet, *Am.* botcher, skegger, *Br.* laspring, pink; ~ nach dem Laichen runfish; männlicher ~ kipper; weiblicher ~ shedder. – **2.** *gastr.* salmon: geräucherter ~ smoked salmon.

'Lach,sal·ve *f* peal (*od.* gale, [out]burst) of laughter.

'Lachs,brot *n gastr.* open sandwich spread with smoked salmon.

'Lach,see,schwal·be *f zo.* gull-billed tern (*Gelochelidon nilotica*).

'Lachs|er,satz *m gastr.* smoked salmon substitute, mock (*od.* rock) salmon. — **~,fal·le** *f* salmon trap. — **~,fang** *m* salmon catching (*od.* fishing). — **~,far·be** *f* salmon (color, *bes. Br.* colour). – **2.** *cf.* lachsrosa. — **~,fi,let** *n gastr.* salmon steak. — **~,fisch** *m zo.* salmonoid (*Fam. Salmonidae*). — **~,fo,rel·le** *f* a) European (*od.* salmon, sea) trout (*Salmo trutta*), b) sewen (*S. cambricus*). — **~ka·vi·ar** *m gastr.* salmon roe cured and used as caviar(e). — **~,laus** *f zo.* salmon louse (*Caligus piscinus*). — **~,ro·gen** *m* female salmon. — **l~,ro·sa, l~,rot** *adj* salmon-pink. — **~,schin·ken** *m gastr.* lightly salted and cured cut of lean pork formed into a roll. — **~,schnit·zel** *pl* **1.** smoked salmon slices served with capers and grated horseradish. – **2.** smoked salmon trimmings. — **~,steak** *n* salmon steak.

'Lach,tau·be *f zo.* laugher, ringdove (*Streptopelia roseogrisea*).

la·cie·ren [la'siːrən] *v/t* ⟨*no* ge-, h⟩ lace.

Lack [lak] *m* ⟨-(e)s; -e⟩ **1.** (*paints*) a) (*Lösung aus Schellack, Harzen etc*) lacquer, b) (*auf Alkydharzgrundlage*) varnish, c) (*Lack-*

farbe, Emaillelack) enamel, d) (*Klarlack*) clear varnish, e) (*auf Asphaltbasis*) japan, f) (*Spannlack*) dope, g) (*Farblack*) lake: ~e und Farben paints and varnishes; schnelltrocknender ~ quick-drying lacquer; der ~ ist stumpf geworden the lacquer (*od.* enamel) has become dull; der ~ blättert ab the paint is peeling off; fertig ist der ~! *fig. colloq.* there we are! that's that! – **2.** *fig.* veneer: der ~ der westlichen Zivilisation the veneer of western civilization (*Br. auch* -s-).

'Lack|,af·fe *m contempt.* fop, dandy. — **~,an,strich** *m* varnish coat. — **~,ar·beit** *f* (*bes. jap. u. chines.*) lacquer (ware), lacquerwork, *auch* japan (work). — **~,baum, Ja'pa·ni·scher** *m bot.* lacquer tree (*od.* plant) (*Rhus verniciflua*). — **~,draht** *m tech.* enamel(l)ed wire.

Lacke (*getr.* -k·k-) ['lakə] *f* ⟨-; -n⟩ *Austrian for* Lache².

Lackel (*getr.* -k·k-) ['lakəl] *m* ⟨-s; -⟩ *Southern G. contempt.* boor, yokel.

lacken (*getr.* -k·k-) ['lakən] *v/t* ⟨h⟩ *cf.* lackieren.

'Lack|,far·be *f* varnish paint (*bes. Am.* color). — **~,fir·nis** *m* shellac varnish.

lackie·ren (*getr.* -k·k-) [la'kiːrən] **I** *v/t* ⟨*no* ge-, h⟩ (*paints*) **1.** (*mit Blanklack*) varnish. – **2.** (*mit Farblack*) a) lacquer, b) enamel, c) japan: ein Kotflügel mußte neu lackiert werden one fender (*Br.* wing) had to be repainted (*od.* refinished); Stühle ~ to lacquer chairs; sich (*dat*) die Fingernägel ~ to lacquer (*od. colloq.* do) one's fingernails. – **3.** (*anstreichen*) paint: ich lasse mich nicht so leicht ~ *fig. colloq.* I shan't let myself be taken in (*od.* duped) quite so easily. – **4.** (*überziehen*) coat. – **II L~** *n* ⟨-s⟩ **5.** verbal noun. – **6.** *cf.* Lackierung.

Lackie·rer (*getr.* -k'k-) *m* ⟨-s; -⟩ **1.** lacquerer. – **2.** (*für Möbel etc*) varnisher. – **3.** (*Autolackierer*) body painter. — **Lackie·re'rei** (*getr.* -k·k-) *f* ⟨-; -en⟩ **1.** ⟨*only sg*⟩ *contempt.* constant lacquering. – **2.** paint shop.

Lackier·ma,schi·ne (*getr.* -k'k-) *f print.* varnishing machine.

lackiert (*getr.* -k'k-) **I** *pp.* – **II** *adj* **1.** (*Fingernägel etc*) lacquered, *auch* lackered. – **2.** ~ sein *fig. colloq.* to be in an awful fix (*colloq.*): wenn er das Geld nicht bringt, bin ich ~ if he doesn't bring the money I'll be in a terrible mess (*colloq.*). – **3.** schwarz ~ (*art*) japanned.

Lackier·te (*getr.* -k'k-) *m, f* ⟨-n; -n⟩ *fig. colloq. cf.* Gelackmeierte.

Lackie·rung (*getr.* -k'k-) *f* ⟨-; -en⟩ (*paints*) **1.** *cf.* Lackieren. – **2.** (*mit Farblack*) lacquer coating, lacquering. – **3.** (*mit Blanklack*) varnish coating. – **4.** (*mit Emaillelack*) enamel(l)ing, enamel coating. – **5.** (*mit Lackfarbe*) painting. – **6.** *auto.* cellulosing, cellulose body finish.

Lackier|,werk,statt (*getr.* -k'k-), **~,werk,stät·te** *f* paint shop.

'Lack|,kunst *f* (*art*) lacquering, *auch* lackering, lacquer work, japan work, japanning. — **~,le·der** *n econ.* patent leather. — **~ma·le,rei** *f* (*art*) japan, lacquer painting. — **~,man·tel** *m* (*fashion*) patent leather coat, *Am.* slicker-type coat, *Br.* shiny plastic coat. — **'lack,mei·ern** [-,maiərn] *v/t* ⟨*insep*, ge-, h⟩ j-n ~ *colloq.* to have s.o. for a sucker (*colloq.*), *Br. sl.* to leave s.o. holding the baby.

Lack·mus ['lakmus] *m, n* ⟨-; *no pl*⟩ *chem.* litmus. — **~,flech·te** *f meist pl bot.* archill, dyer moss, orchella weed (*Roccella tinctoria*). — **~pa,pier** *n chem.* litmus (*od.* test, indicator) paper.

'Lack|,schild,laus *f meist pl zo.* lac insect (*Laccifer lacca*). — **~,schu·he** *pl* (*fashion*) patent leather shoes, patents. — **~,stie·fel** *pl* patent leather boots, patents. — **~,stift** *m auto.* touch-up stick (*od.* pencil). — **~,wa·ren** *pl econ.* lacquerwork, lacquer ware *sg, auch* japan (work) *sg.*

La·crosse [la'krɔs] (*Fr.*) *n* ⟨-; *no pl*⟩ (*sport*) (*Ballspiel*) lacrosse. — **~,schlä·ger** *m* lacrosse stick, crosse.

Lact·acid·ämie [laktatsidɛ'miː] *f* ⟨-; *no pl*⟩ *med.* (*Milchsäuregehalt des Blutes*) lactacid(a)emia.

Lac·tam [lak'taːm] *n* ⟨-s; -e⟩ *meist pl chem.* lactam.

Lac·to·bio·se [laktobi'oːzə] *f* ⟨-; -n⟩ *chem. cf.* Milchzucker.

Lac·to·fla·vin [laktofla'viːn] *n* ⟨-s; *no pl*⟩ *med. pharm.* (*Vitamin B₂*) ($Vitamin\ B_2$) riboflavin, lactoflavin.

La·da·num ['laːdanum] *n* ⟨-s; *no pl*⟩ *bot.* (*Cistusharz*) la(b)danum.

'La·de *f* ⟨-; -n⟩ **1.** (*Schublade*) drawer: etwas einer ~ entnehmen to take s.th. out of (*od.* to remove s.th. from) a drawer. — **2.** *obs.* a) (*Truhe*) trunk, b) (*großer Kasten*) chest, box. — **3.** *dial.* for Fensterladen. — **4.** *obs.* for Sarg. — **5.** (*Teil des Webstuhls*) lathe, batten: die ~ schlagen to beat the lathe, to lay the batten. — **6.** *mus. cf.* Windkasten 1. — **7.** ~ (*Gottes*) *Bibl. cf.* Bundeslade.

'La·de|ag·gre,gat *n electr.* charging set. — ~**an,schluß** *m* charging connection (*Br. auch* connexion).

'La·de|baum *m mar.* derrick, cargo boom. — ~**pfo·sten** *m* Samson (*od.* king) post. — ~**stüt·ze** *f* cradle, derrick support, boom rest (*od.* crutch).

'La·de|block *m mar.* cargo block. — ~**bock** *m cf.* Ladegestell. — ~**brücke** (*getr.* -k-k-) *f* loading (*od.* handling) bridge. — ~**büh·ne** *f cf.* Laderampe.

'La·de,druck *m* ⟨-(e)s; =e⟩ *auto.* boost pressure. — ~**pum·pe** *f* booster pump.

'La·de|fä·hig·keit *f* **1.** *tech.* load(ing) (*od.* carrying) capacity. — **2.** (*railway*) loading capacity. — **3.** *mar.* (*deadweight*) capacity. — **4.** *electr.* charging capacity. — ~**flä·che** *f auto.* **1.** (*beim Laster*) area of loadroom, loading space (*od.* area), cargo area. — **2.** (*beim Anhänger*) bed. — ~**frist** *f econ.* (*railway*) time allowed for loading. — ~**ge·blä·se** *n auto.* supercharger, booster. — ~**ge,bühr** *f*, ~**geld** *n* loading charges *pl.* — ~**ge,rät** *n tech.* **1.** charging equipment (*od.* facilities *pl*). — **2.** *electr.* (*für Batterien*) battery charger. — ~**ge,schirr** *n econ.* loading (*od.* cargo) gear, cargo-handling facilities *pl,* (*bes. eines Schiffes*) loading tackle. — ~**ge,schwin·dig·keit** *f mil.* loading rate. — ~**ge,stell** *n* **1.** *auto.* (*einer Batterie*) charging rack. — **2.** *metall.* (*beim Walzwerk*) skid (platform): ~ mit Mulde skid hopper. — **3.** (*beim Güterverkehr*) loading (*od.* handling) platform. — ~**ge,wicht** *n econ.* weight loaded. — ~**gleich,rich·ter** *m electr.* charging rectifier. — ~**gleis** *n* (*railway*) loading siding (*od.* track). — ~**gurt** *m mil.* (*Patronengurt*) cartridge belt, *auch* bandolier, bandoleer. — ~**hem·mung** *f* (*einer Schußwaffe*) stoppage (*od.* jam) (in loading mechanism): die Pistole hatte (eine) ~ the pistol jammed; er hatte ~ *fig. colloq.* he couldn't find his words. — ~**hö·he** *f auto.* (*eines Lasters*) platform loading height. — ~**kai** *m mar.* wharf, dock. — ~**ka·no,nier** *m mil.* (gun) loader. — ~**ka·pa,zi,tät** *f cf.* Ladefähigkeit. — ~**klap·pe** *f tech.* (*an einem Lastwagen*) tailboard, *bes. Am.* tailgate, *Am. auch* endgate. — ~**kon·den,sa·tor** *m electr.* charging capacitor. — ~**kon,trolleuch,te** (*getr.* -ll,l-) *f cf.* Ladestromkontrolleuchte. — ~**ko·sten** *pl* loading (*od.* unloading, handling) charges. — ~**kran** *m* **1.** *tech.* loading engine. — **2.** *mar.* cargo crane. — ~**li·nie** *f mar.* (*eines Schiffes*) load line. — **2.** *mar.* a) manifest, b) *bes. mar.* hatch (*od.* cargo) list, c) *bes. aer.* manifest. — ~**lu·ke** *f* (*eines Schiffes*) hatch(way). — ~**mar·ke** *f* (*an Schiff*) load line, Plimsoll mark (*auch* line). — ~**ma,schi·ne** *f electr.* charging generator. — ~**mast** *m mar. cf.* Ladebaumpfosten. — ~**mei·ster** *m* chief loader.

la·den¹ ['laːdən] **I** *v/t* ⟨lädt, *colloq.* ladet, lud, geladen, h⟩ **1.** etwas auf [in] (*acc*) etwas ~ a) to load s.th. on [in] s.th., b) (*als Fracht*) to load (*od.* ship, freight) s.th. onto [into] s.th., to load s.th. with s.th.: das Gepäck der Forscher wurde auf Maultiere geladen the explorers' luggage was loaded onto mules; j-m einen Sack auf die Schultern ~ to load a sack on s.o.'s shoulders; die Fracht ins Schiff ~ to load (*od.* charge) the ship, to ship the cargo. — **2.** der Dampfer lädt gerade Kohlen the steamer is taking up coal; das Schiff hat Eisenerz geladen the ship carries (*od.* has a cargo of) iron ore. — **3.** etwas auf (*acc*) sich ~ *fig.* a) (*Verantwortung etc*) to burden (*od.* saddle) oneself with s.th., to take s.th. upon oneself, b) (*Schuld, Sünde, Verbrechen etc*) to burden oneself with s.th., c) (*Haß, Feindschaft etc*) to incur s.th., to bring s.th. down upon oneself: mit der Erziehung seines Neffen lud er eine schwere Last auf sich (*od.* auf seine Schultern) in taking on the responsibility for his nephew's education he took a great burden upon him-

self; er hat eine schwere Schuld auf sich geladen he has burdened himself with great guilt; wenn du das tust, wirst du den Haß deiner Kollegen auf dich laden if you do that you will incur your colleagues' hatred; → Hals¹ 2. — **4.** *mil.* (*Schußwaffe*) load, charge: scharf ~ to load with ball (*od.* [service] ammunition); blind ~ to load with blank cartridges; ein Gewehr neu ~ to reload a gun; ~ und sichern! load and lock! — **5.** *electr.* a) (*bes. Batterie*) charge, b) (*Draht*) electrify, c) (*Motor*) supercharge, boost. — **6.** *phot.* (*Kamera*) load. — **7.** *tech.* (*zuführen*) feed, load. — **II** *v/i* **8.** der Lastwagen hat schwer [zu viel] geladen the lorry (*Am.* truck) is heavily loaded [overloaded]; er hat schwer (*od.* schön) geladen *fig. colloq.* he has been hitting the bottle (*colloq.*), he's half-seas over (*sl.*).

'la·den² *v/t* ⟨lädt, *colloq.* ladet, lud, geladen, h⟩ **1.** *lit.* (*einladen*) invite: j-n zum Essen (*od.* zu Tisch) ~ to invite s.o. to dinner, to ask s.o. to (come to) dinner; alle Bekannten und Verwandten wurden zur Hochzeit geladen all friends and relatives were invited to the wedding. — **2.** *jur.* (*vorladen*) a) summon, cite, b) (*unter Strafandrohung*) subpoena, *auch* subpena: j-n vor Gericht [als Zeugen] ~ to summon s.o. (to appear) before a court [as a witness]; j-n ~ lassen to take out a summons against s.o. — **3.** *poet.* invite: dieser schattige Platz lädt den Besucher zum Verweilen this shadowy place invites the visitor to rest.

'La·den *m* ⟨-s; =⟩ **1.** (*Verkaufsgeschäft*) shop, *bes. Am.* store: ein neuer [großer, gutgeführter] ~ a new [large, well-managed] shop; ein elegant eingerichteter ~ an elegantly decorated (*od.* furnished) shop; der ~ an der Ecke the shop on the corner, the corner shop; er steht den ganzen Tag im ~ he is in the shop all day long; einen ~ eröffnen (*od.* aufmachen) to open a shop; einen ~ schließen (*od.* zumachen) to close a shop; der ~ wird um 8 Uhr geöffnet the shop opens at 8 (o'clock); der ~ macht um 18 Uhr zu the shop closes at 6 (o'clock). — **2.** (*Fensterladen*) shutter, blind: das Haus hat grüne Läden the house has (got) green shutters. — **3.** *fig. colloq.* business: wenn er nicht da ist, stockt der ganze ~ (*od.* steht der ganze ~ still) when he's not there the whole business grinds to a halt (*od.* comes to a standstill); er hat wieder Schwung in den ~ gebracht he brought some life back into the business; ich kenne doch den ~! I know how things go there (*od.* here)! wenn wir das nicht schaffen, können wir den ~ zumachen (*od.* dichtmachen) if we don't manage to do that, we might as well shut up shop (*od.* close the shop, throw in the towel); der ~ klappt (*od. colloq.* funkt) everything is O.K. (*od.* all right) (now); wir werden den ~ schon schmeißen we'll manage that all right; er würde am liebsten den ganzen ~ hinschmeißen he would very much like to give up (*od. sl.* chuck) the whole business (*Am. colloq.* caboodle, shebang).

'La·den|auf,se·her *m* (*im Warenhaus*) *bes. Am.* floorwalker, *bes. Br.* shopwalker. — ~**aus,stat·tung** *f cf.* Ladeneinrichtung. — ~**be,sit·zer** *m* shopkeeper, *bes. Am.* storekeeper. — ~**be,stän·de** *pl* stocks. — ~**dieb** *m*, ~**die·bin** *f* shoplifter. — ~**dieb,stahl** *m* shoplifting: er wurde des ~s beschuldigt he was charged with shoplifting. — ~**ein,bruch** *m* shopbreaking. — ~**ein,rich·tung** *f* shop (*bes. Am.* store) fittings *pl* (*od.* equipment). — ~**fen·ster** *n* shopwindow. — ~**front** *f* shop front. — ~**gau·mer** *m* ⟨-s; -⟩ Swiss dial. for Ladenhüter. — ~**ge,hil·fe** *m* salesman, shopman, *Am.* clerk, *Br.* shop assistant. — ~**ge,hil·fin** *f* saleswoman, salesgirl, shopgirl, *Am.* clerk, *Br.* shop assistant. — ~**ge,schäft** *n* shop, *bes. Am.* store. — ~**glocke** (*getr.* -k-k-) *f* shop bell. — ~**han·del** *m* retail (*od.* shop) trade, *Am. auch* store business. — ~**hü·ter** *m econ. contempt.* unsal(e)able article, dormant stock; drug on (*od.* in) the market, deadwood, sticker (*colloq.*). — ~**in,ha·ber** *m cf.* Ladenbesitzer. — ~**kas·se** *f* **1.** till. — **2.** (*Registrierkasse*) cash register. — ~**mäd·chen** *n* shopgirl, salesgirl, *Br.* shop assistant. — ~**mie·te** *f* shop rent. — ~**preis** *m* retail (selling) price, (*im Buchhandel*) publication price, (*für Zeitschriften*) cover price. — ~**schild** *n* shop sign. — ~

~**schlag** *m* (*textile*) (*in der Weberei*) stroke of the sley.

'La·den,schluß *m* closing time: nach ~ after closing time; morgen ist ~ um 12 Uhr tomorrow shops will close at noon. — ~**ge,setz** *n jur.* law regulating the closing time of shops.

'La·den|schwen·gel *m colloq. contempt.* shop boy, counterjumper (*sl.*). — ~**stra·ße** *f* shopping street (open to pedestrians only). — ~**tisch** *m* counter: etwas über den ~ verkaufen to sell s.th. across (*od.* over) the counter; etwas unter dem ~ verkaufen *fig. colloq.* to sell s.th. (from) under the counter. — ~**toch·ter** *f* Swiss for Verkäuferin. — ~**tür** *f* shop door. — ~**ver,kauf** *m* retail (sale). — ~**ver,kaufs,zei·ten** *pl* shop hours. — ~**vier·tel** *n,* ~**zen·trum** *n* shopping center (*bes. Br.* centre).

'La·de|pfor·te *f mar.* (cargo) port, side port. — ~**pfo·sten** *m* Samson (*od.* king) post. — ~**pfrop·fen** *m mil.* wad, wadding. — ~**plan** *m* **1.** *mar.* stowage (*od.* cargo) plan. — **2.** *aer.* loading diagram. — ~**platz** *m* **1.** *econ.* loading place. — **2.** *mar.* wharf, dock, quay. — ~**pro,fil** *n* (*railway*) loading ga(u)ge.

'La·der *m* ⟨-s; -⟩ *tech.* **1.** (*Ladegebläse*) supercharger, booster, charging blower. — **2.** (*einer Batterie*) charger.

'La·de|ram·pe *f* loading platform, (loading) ramp, *Am.* dock. — ~**raum** *m* **1.** *econ.* (*Fassungsvermögen*) loading (*od.* cargo) space (*od.* capacity), loadroom, payload (*od.* load compartment) space. — **2.** *mar.* a) (ship's *od.* cargo) hold, b) tonnage: vorderer ~ forehold. — **3.** *aer.* cargo (*od.* freight) compartment. — **4.** *mil.* (*eines Gewehrs*) chamber.

'La·der,mo·tor *m tech.* supercharged (*od.* blown) engine.

'La·de|satz *m auto.* (*für Batterien*) charging set. — ~**scha·le** *f mil.* (*eines Geschützes*) loading tray. — ~**schau·fel** *f agr.* front loader. — ~**schein** *m mar. econ. cf.* Konnossement. — ~**span·nung** *f electr.* charging voltage. — ~**sta·ti·on** *f* (battery) charging station. — ~**stel·le** *f* **1.** *tech.* loading station. — **2.** *electr. cf.* Ladestation. — **3.** *mil.* loading point. — **4.** *mar. cf.* Ladeplatz 2. — ~**stel·lung** *f mil.* loading position. — ~**stock** *m* **1.** *mil. hist.* ramrod: er sitzt da, als hätte er einen ~ verschluckt *fig. colloq.* he is sitting there as straight as a ramrod (*od.* as stiff as a poker). — **2.** (*mining*) tamping bar (*od.* rod). — ~**stö·rung** *f mil. cf.* Ladehemmung. — ~**stra·ße** *f* (*am Hafen*) cargo quay. — ~**strei·fen** *m* (cartridge) clip, charger strip.

'La·de,strom *m electr.* charging current. — ~**kon,trolleuch·te** (*getr.* -ll,l-) *f* charging warning lamp.

'La·de|tief,gang *m mar.* load(ed) draft (*bes. Br.* draught). — ~**trom·mel** *f mil.* cartridge drum. — ~**ven,til** *n auto.* charging valve. — ~**ver,drän·gung** *f mar.* load displacement, displacement fully laden. — ~**ver,mö·gen** *n mar. cf.* Ladefähigkeit 3. — ~**ver,zeich·nis** *n* **1.** *econ.* loading list. — **2.** *mar.* manifest. — ~**ver,zug** *m,* ~**ver,zugs,zeit** *f mil.* (*eines Geschützes*) dead time. — ~**vor,rich·tung** *f* **1.** loading equipment (*od.* facilities *pl*). — **2.** charging equipment. — **3.** *mil.* a) (*eines Geschützes*) loading device, b) (*eines Gewehrs*) feeding device. — **4.** *tech.* (*Nachschubvorrichtung*) feeder, feeding attachment. — ~**was·ser,li·nie** *f mar.* load (water)line. — ~**wi·der,stand** *m electr.* charging resistor. — ~**zeit** *f* **1.** *mar.* charging time. — **2.** *electr.* (*einer Batterie*) charging time. — ~**zeug** *n mil.* loading tools *pl.*

lä·die·ren [lɛ'diːrən] *v/t* ⟨*no ge-*, h⟩ **1.** (*beschädigen*) damage. — **2.** (*verletzen*) injure. — **lä'diert I** *pp.* — **II** *adj* **1.** (*Möbel, Briefmarke, Geschirr etc*) damaged: der Sessel ist leicht ~ the easy chair is slightly damaged. — **2.** (*Person*) the worse for wear: als sie von der anstrengenden Bergtour zurückkamen, sahen sie alle recht ~ aus when they came back from the mountaineering trip they all looked the worse for wear.

La·di·ner [la'diːnər] *m* ⟨-s; -⟩ (*Rätoromane*) Ladin. — **la'di·nisch I** *adj* Ladin. — **II** *ling.* L. ⟨*generally undeclined*⟩, das L~e ⟨-n⟩ Ladin.

La·di·no¹ [la'diːno] *n* ⟨-s; *no pl*⟩ *ling.* (*jüdisch-spanischer Dialekt*) Ladino.

La'di·no² *m* ⟨-s; -s⟩ *anthrop.* **1.** Ladino, mestizo. — **2.** Ladino (*non-Indian Central American*).

Lad·ne·rin ['la:dnərɪn] f ⟨-; -nen⟩ *Southern G. obs. and Austrian for* **Verkäuferin.**

lädst [lɛːtst] 2 sg pres, **lädt** [lɛːt] 3 sg pres of **laden**[1] u. [2].

'La·dung[1] f ⟨-; -en⟩ **1.** load, cargo, shipment, consignment, *Am.* freight: eine ~ Sand [Orangen] a load of sand [oranges]; eine ~ Waren a shipment of goods; das Schiff nahm ~ (an Bord) the ship took up (*od.* on) cargo, the ship loaded; lose ~ bulk cargo, loose cargo (in bulk); ~ löschen to discharge (*od.* unload) a cargo; ~ nach Hamburg übernehmen to load for Hamburg; ohne ~ zurückkommen to return clean (*od.* clear). – **2.** *mil.* (explosive) charge: geballte ~ package charge, charge package; gestreckte ~ pole charge; kleine [volle] ~ reduced [full] charge. – **3.** *electr. phys.* a) (*eines Blitzes, Elektrons, einer Batterie etc*) charge, b) ⟨*only sg*⟩ (*Vorgang*) charging. – **4.** *colloq.* (*Menge*) load(s *pl*): eine ~ Schnee rutschte vom Dach a load (*od.* pile) of snow slid off the roof; das Wasserrohr platzte, und ich bekam die volle ~ ins Gesicht the pipe burst and I got the whole contents (*od.* lot) in my face.

'La·dung[2] f ⟨-; -en⟩ *jur.* (*Vorladung*) a) summons, citation, writ (*of summons*), b) (*unter Strafandrohung*) subpoena, *auch* subpena: j-m eine ~ zustellen to serve s.o. with a summons, to serve a summons upon (*od.* on) s.o.; einer ~ nachkommen (*od.* Folge leisten) to comply with a summons.

'La·dungs|,dich·te f *phys.* density of charge. — ~**ein·heit** f (unit of) charge: positive ~ positive charge. — ~**emp,fän·ger** m *econ.* **1.** (*im Empfangshafen*) receiving (*od.* clearing) agent. – **2.** (*endgültiger*) consignee. — ~**,raum** m *cf.* Laderaum 1–3. — ~**,trä·ger** m *electr.* charge carrier. — ~**ver,fü·gung** f *jur.* writ of summons, subpoena, *auch* subpena. — ~**ver,zeich·nis** n *mar.* (ship's) manifest.

La·dy ['le:dɪ; 'leɪdɪ] (*Engl.*) f ⟨-; -s, *auch* -dies⟩ **1.** (*vornehme Dame*) lady: sie benahm sich wie eine ~ she behaved like a lady. – **2.** (*als Titel*) Lady.

la·dy·like ['leɪdɪlaɪk] (*Engl.*) adv ladylike, like a lady, well-bred: sie benimmt sich immer sehr ~ she always behaves very much like a lady.

lae·vo·trop [lɛvoˈtroːp] adj zo. (*linksgewunden, bei Schneckengehäusen*) laeotropic, laeotropous, leiotropic.

La·fet·te [laˈfɛtə] f ⟨-; -n⟩ *mil.* mount(ing), artillery (*od.* gun) mount, (*fahrbare*) (gun) carriage, undercarriage: eine Kanone auf die ~ bringen to mount a gun (on a carriage).

La·fet·ten|ge,stell n *mil.* carriage body. — ~**,ka·sten** m trail box. — ~**,kreuz** n a) (*fest*) cross base, b) (*aufklappbar*) crossed (folding) outriggers *pl*. — ~**,schwanz** m trail. — ~**,sporn** m trail spade.

la·fet·tie·ren [lafɛˈtiːrən] v/t ⟨no ge-, h⟩ *mil.* mount (*a gun*) (on a carriage).

Laf·fe ['lafə] m ⟨-n; -n⟩ *colloq. contempt.* dandy, fop, pup(py), coxcomb, jackanapes: das ist aber ein eingebildeter ~! what a conceited fop he is!

lag [laːk] 1 u. 3 sg pret of liegen.

La·gan ['lægən] (*Engl.*) n ⟨-s; no pl⟩ *mar. jur.* (*abgeworfenes Schiffsgut*) lagan.

La·ge ['laːgə] f ⟨-; -n⟩ **1.** position: horizontale [vertikale] ~ horizontal [vertical] position; etwas in die richtige ~ bringen to put s.th. in the correct position; den Kranken in eine bequeme ~ bringen to put the patient in a comfortable position; die ~ wechseln to change one's position. – **2.** (*eines Gebäudes, einer Stadt etc*) location, position, site, *bes. Am.* location: die Wohnung hat eine sehr zentrale [günstige] ~ the flat has a central [favo(u)rable] location; der Ort hat eine landschaftlich schöne ~ the town is situated in beautiful scenery; eine klimatisch günstige ~ a favo(u)rable situation as far as climate is concerned. – **3.** (*Umstände, Verhältnisse, Situation*) situation, position, circumstances *pl*: die allgemeine wirtschaftliche [politische] ~ the general economic [political] situation (*od.* outlook); in einer mißlichen ~ sein to be in an awkward position (*od.* a trying situation), to be in a jam (*od.* scrape) (*colloq.*); in einer schlimmen ~ sein to be in an awkward situation, to be in a fix (*od. colloq.* up a tree); ich war

in einer verzwickten (*od. colloq.* verteufelten, verflixten, vertrackten) ~ I was in a baffling situation (*od.* in a dilemma); er hat mich in eine peinliche ~ gebracht he got me into an awkward situation; in der ~ sein, etwas zu tun to be in a position to do s.th.; in Ihrer Lage würde ich if I were in your place I would; ich bin leider nicht in der ~, dir zu helfen unfortunately I am unable to help you; ich bin in der glücklichen ~, mir diese Dinge leisten zu können I am in the fortunate position (*od.* I am fortunate enough) to (be able to) afford these things; j-n in die ~ versetzen zu to enable s.o. to; bist du noch in der ~, heute abend auszugehen? are you (still) up to going out tonight? wir sind in der gleichen ~ we are (all) in the same boat; versetze dich doch einmal in meine ~ just put yourself in my place; die ~ einschätzen to take in the situation; die gegenwärtige ~ der Dinge the present state of affairs; nach ~ der Dinge as matters stand; ungeschützte ~ exposure; die ~ der Dinge brachte es mit sich, daß wir uns öfter trafen the situation (*od.* circumstances) caused us to meet more frequently; ich will zuerst einmal die ~ peilen *colloq.* I am going to size up the situation first; → Ernst 7. – **4.** (*Schicht*) layer, (*bes. von Holz, Stoff etc*) ply, thickness: eine ~ Watte a layer (*od.* lap) of cottonwool; eine ~ Steine a layer (*od.* course) of bricks; etwas mit dicken ~n aus Zeitungspapier gegen die Kälte schützen to protect s.th. against the cold by means of thick layers of newspaper; abwechselnd eine ~ Reis und eine ~ Fleisch alternately a layer of rice and a layer of meat. – **5.** *geol.* bed, lay, range, stratum (*scient.*). – **6.** (*mining*) bed. – **7.** *gastr.* (*von Fett u. Fleisch in Speck etc*) streak, layer. – **8.** *mar.* (*der Ladung*) layer, tier. – **9.** *geogr.* (*im Breiten- u. Längennetz*) a) position, b) (*topographisch*) lay. – **10.** *mil.* (*Abfeuern mehrerer Geschütze*) salvo. – **11.** *mus.* a) (*Register*) register, b) (*Akkordtöne*) position, harmony, c) (*bei Streich- u. Zupfinstrumenten*) position, *Am.* shift: enge [weite] close [open *od.* dispersed] position; zweite ~ second position, half shift; dritte ~ third position, whole shift. – **12.** *med. vet.* a) (*eines Organs*) position, situs (*scient.*), b) (*des Kindes im Mutterleib*) position, c) (*des Kindes bei der Geburt*) presentation. – **13.** *print.* (*in der Buchbinderei*) section, gathering: ~ zu 24 Seiten twelvemo, 12 mo. – **14.** *rechtliche* ~ *jur.* legal status (*od.* position). – **15.** *aer.* (*des Flugzeugs*) altitude. – **16.** in höheren ~n *meteor.* on high ground, at high altitudes. – **17.** *mil. auch* Straßenlage 1. – **18.** *colloq.* (*Runde*) round: eine ~ ausgeben (*od.* spendieren, stiften) to stand (*od.* pay for) a round. – **19.** (*sport*) (*beim Schwimmen*) stroke.

lä·ge ['lɛːgə] 1 u. 3 sg pret subj of liegen.

'La·ge|ano·ma,lie f *med.* **1.** (*von Organen*) malposition. – **2.** (*des Fetus*) malpresentation. — ~**be,richt** m *bes. mil.* situation report, sitrep (*colloq.*). — ~**be,rich·ti·gung** f correction of position. — ~**be,spre·chung** f discussion of the situation, sit discussion (*colloq.*). — ~**be,stim·mung** f **1.** *aer.* orientation: ~ mit Hilfe des Kompasses orientation by means of a compass. – **2.** *mil.* fixing of position. — ~**be,ur·tei·lung** f assessment (*od.* estimate) of the situation. — ~**ebe·ne** f *mil.* plane of site. — ~**emp,fin·dung** f *med.* posture sense. — ~**krei·sel** m (*space*) attitude gyro.

Lä·gel ['lɛːgəl] n ⟨-s; -⟩ *obs. od. dial.* **1.** (*Fäßchen für Fische*) barrel, keg, cask. – **2.** vessel for carrying liquids.

'La·ge,mel·dung f *mil. cf.* Lagebericht.

La·ge·na [laˈgeːna] f ⟨-; no pl⟩ *zo.* lagena.

'La·gen|,bank f ⟨-; ⁼e⟩ *print.* gathering board. — ~**,feu·er** n *mil.* salvo firing. — ~**,fu·ge** f *civ.eng.* (*in der Maurerei*) bed (*od.* course, horizontal) joint. — ~**,kar·te** f *mil.* situation map. — ~**,schwim·men** n (*sport*) medley swimming. — ~**,staf·fel** f medley relay. — ~**,struk·tur** f *synth.* layer structure. — **l~,wei·se** adv in layers.

'La·ge,plan m **1.** *civ.eng.* layout (plan). – **2.** *mil.* survey, layout map.

La·ger ['laːgər] n ⟨-s; -, *econ. auch* ⁼⟩ **1.** bed, couch: ein ~ aus Stroh a bed of straw; j-m sein ~ bereiten (*od.* zurechtmachen) to prepare (*od.* make) the bed for s.o.; sein ~ aufsuchen to retire; er streckte sich auf seinem harten ~ aus he stretched out on his

hard bed; die Krankheit warf ihn wochenlang auf das ~ his illness kept him in bed for weeks. – **2.** (*Ferien-, Gefangenen-, Soldatenlager etc*) camp, encampment: ein ~ aufschlagen [abbrechen] to pitch [to break, to strike] (a) camp; in einem ~ Aufnahme finden (*bes. von Flüchtlingen*) to be taken into a camp; die Schüler verbringen ihre Ferien in einem ~ the pupils spend their holidays in (a) camp; drei Häftlinge sind aus dem ~ entwichen three prisoners escaped from the camp. – **3.** *fig.* (*Partei*) camp: das sozialistische ~ the socialist camp; in das ~ des Feindes (*od.* in das feindliche, gegnerische ~) überwechseln to go over to the enemy's camp; er steht in unserem [im gegnerischen] ~ he is on our [on the enemy's] side; die Partei hat sich in zwei Lager gespalten the party has split into two camps. – **4.** *econ.* a) (*Raum, Gebäude*) storehouse, warehouse, stock (*od.* storage) room, b) (*Vorrat*) stock, store, supplies *pl*: Ware auf ~ haben to have goods in store (*od.* in stock); Waren auf ~ legen to stock goods; Waren auf ~ nehmen to take goods in stock; sein ~ räumen to clear (off) one's stock; wir haben diesen Artikel nicht mehr auf ~ this article is no longer in stock (*od.* is out of stock); ein umfangreiches ~ von etwas haben to hold a wide range of s.th.; ein ~ auffüllen to replenish stock(s); das ~ ist leer (*od.* erschöpft) stocks are exhausted; das ~ ist stark gelichtet stocks are heavily depleted; das ~ geht zur Neige stocks are running low; ab ~ ex warehouse, from stock; er hat immer ein paar gute Witze auf ~ *fig. colloq.* he always has a few good jokes up his sleeve. – **5.** *geol.* (*von Kohle etc*) bed, layer, deposit, measures *pl*, seam, stratum (*scient.*). – **6.** *tech.* a) (*Wellenlager*) bearing, b) (*Unterlage*) support: die ~ schmieren to lubricate the bearings. – **7.** *bot.* thallus. – **8.** *hunt.* a) (*eines wilden Tieres*) lair, den, b) (*des Hasen*) form, seat, c) (*des Kaninchens*) burrow, d) (*des Wildschweins*) hold, e) (*des Hirsches*) lodge, keeping, harbor, *bes. Br.* harbour, f) (*des Wolfes*) haunt. – **9.** ein hartes ~ *Austrian jur.* (*als Strafverschärfung*) hard bed.

'La·ger|,ap·fel m *gastr.* winter (*od.* keeping) apple. — ~**,auf,fül·lung** f *econ.* replenishment of stocks. — ~**,auf,nah·me** f *cf.* Lagerbestandsaufnahme. — ~**,auf,se·her** m **1.** *econ.* stockkeeper, warehouseman, (*bes. bei Zollagerung*) warehouse keeper. – **2.** (*eines Arbeitslagers, Jugendlagers etc*) camp supervisor. — ~**,auf,stockung** (*getr.* -k·k-) f *econ.* stockpiling, building up of stocks. — ~**,auf,trag** m stock order. — ~**,aus,gän·ge** *pl* outgoing stocks. — ~**be,darf** m stockbuilding requirement. — ~**be,la·stung** f *tech.* bearing load, load on the bearing. — ~**be,stand** m *econ.* stock, store, supplies *pl*: den ~ aufnehmen to take stock, to make an inventory. — ~**be,stands,auf,nah·me** f stocktaking, inventory. — ~**,bier** n lager (beer). — ~**,bock** m *tech.* **1.** (*Stützbock*) rest, support, supporting bracket. – **2.** (*eines Traglagers*) bearing bracket (*od.* block). — ~**,buch** n *econ.* stock book. — ~**,buch·se** f *tech.* bearing bush(ing). — ~**,but·ter** f *gastr.* cold-storage (*od.* -stored) butter. — ~**,deckel** (*getr.* -k·k-) m *tech.* bearing cap. — ~**,dienst** m *mil.* camp duty.

'La·ge·re·fe,renz·sy,stem n (*space*) attitude reference system.

'La·ger|emp,fangs·be,schei·ni·gung f *econ.* warehouse receipt. — **l~,fä·hig** adj storable, fit (*od.* suitable) for storage. — ~**,fä·hig·keit** f storability, fitness (*od.* suitability) for storage. — ~**,faß** n *brew.* storage vat (*od.* barrel, cask). — ~**,fäu·le** f **1.** *agr.* (*von Kartoffeln*) storage decay, winter rot. – **2.** (*wood*) gangrene. — ~**,feu·er** n campfire. — ~**,flä·che** f *econ.* storing (*od.* storage) space, floor space. — ~**,frist** f (*postal service*) period of retention (*od.* keeping). — ~**,frucht** f *agr.* grain flattened by wind (*od.* rain). — ~**,fut·ter** n *tech.* lining of a bearing. — ~**,gang** m *geol.* sill, bed, vein. — ~**,geld** n *econ.* storage (fee). — ~**,ge,häu·se** n *tech.* bearing housing (*od.* box). — ~**,geld** n *econ. cf.* Lagergebühr. — ~**,ge,nos·sen·schaft** f *cf.* Lagerhausgenossenschaft. — ~**,ge,schäft** n business with intermediate storage. — ~**,hal·le** f warehouse, store(house). — ~**,hal·ter** m **1.** (*Angestellter*) stockkeeper, stock clerk, *Am.* stockman. – **2.** (*selbständiger*)

warehouse keeper, warehouseman. — **~**-
,hal·tung *f* stockkeeping, storekeeping,
warehousing.
'La·ger,haus *n* **1.** warehouse, storehouse,
depot, store, *bes. Am.* freight house, *(für
unverzollte Waren)* bonded store *(od.* warehouse). **– 2.** *(von Getreide)* granary, silo. **–**
3. *(bes. für Waffen)* magazine. — **~ge,nos-**
sen·schaft *f agr.* cooperative warehouse
association.
'La·ger|,hof *m econ.* (open-air) storage yard
(od. space). — **~,hül·se** *f tech.* bearing
sleeve *(od.* bushing).
La·ge·rist [la:gə'rɪst] *m* ⟨-en; -en⟩ *econ.*
stockkeeper, stock clerk, *Am.* stockman.
'La·ger|,kä·fig *m tech.* bearing cage. — **~-**
ka·pa·zi,tät *f econ.* storage capacity. — **~-**
,kel·ler *m brew.* storage cellar. — **~kom-**
man,dant *m mil.* camp commander. — **~-**
,kon·to *n econ.* warehouse *(od.* stock) account. — **~kon,trol·le** *f* stock(taking) control. — **~,korn** *n agr. cf.* Lagerfrucht. —
~,ko·sten *pl econ.* warehouse *(od.* storage)
charges *(od.* expenses). — **~,ku·gel** *f tech.*
bearing ball. — **~,le·ben** *n* ⟨-s; *no pl*⟩
1. camp life. **– 2.** *mil.* camp. — **~,lei·ter** *m*
camp commandant. — **~,lei·tung** *f* camp
authorities *pl.* — **~,li·ste** *f econ.* stock list.
— **~,mei·ster** *m cf.* Lagerist. — **~,me,tall** *n
tech.* a) bearing metal, b) *(Lagerweißmetall)*
white *(od.* babbit) metal: zinkreiches [zinn-
reiches] **~** zinc-base [tin-base] bearing
metal. — **~,mie·te** *f econ.* warehouse rent
(od. charges *pl*).
la·gern ['la:gərn] **I** *v/t* ⟨h⟩ **1.** *(aufbewahren)*
store: Äpfel [Wein] im Keller **~** to store
apples [wine] in the cellar; Lebensmittel
kühl **~** to store food in a cool place; Holz
muß trocken gelagert werden wood must
be stored *(od.* kept) in a dry place; Waren
in einem Lagerhaus **~** to store goods in a
warehouse, to warehouse goods; → kühl 6.
– 2. *(betten)* lay, put, place: j-n bequem
~ to lay s.o. in a comfortable position. **–**
3. *med.* a) position, b) *(auf Schiene)* splint,
place *(arm, leg)* on a splint: das gebrochene Bein richtig **~** to position the fractured
leg properly. **– 4.** *tech.* a) *(in einem Traglager)* mount, b) *(abstützen)* support,
c) *(montieren)* mount, d) *(anordnen)* arrange, e) *(einpassen)* fit, f) *(in die richtige
Lage bringen)* position, locate: etwas drehbar **~** to pivot *(od.* swivel-mount) s.th. **–**
II *v/i* **5.** rest, lie down: wir lagerten im
Schatten einer Eiche we rested *(od.* had a
rest) in the shadow of an oak tree. **– 6.** *bes.
mil.* camp, be encamped: im Freien **~** to
camp out; die Truppen lagerten in der
Nähe von X the troops camped near X. **–**
7. *(von Waren)* be stored, be in store: im
Keller **~** Kartoffeln potatoes are stored in
the cellar. **– 8.** *(ausreifen)* be cellared: der
Wein [das Bier] muß noch **~** the wine
[beer] still has to be cellared (in order to
season). **– 9.** *tech.* a) *(aufliegen)* rest, b) *(in
einem Traglager)* run. **– 10.** *hunt. (von Wild
im Bau)* couch. **– 11.** *geol.* be deposited. **–**
12. *fig. lit.* brood, settle: eine furchtbare
Hitze lagerte über der Stadt a terrible heat
brooded over the town; eine beklommene
Stille lagerte im Raum an oppressive silence
pervaded the room. **– III** *v/reflex* sich **~**
13. lie down, rest, settle down: wir lagerten
uns im *(od.* ins) Gras we lay down in the
grass. **– 14.** *agr. (von Getreide)* lodge. **–**
IV L~ *n* ⟨-s⟩ **15.** verbal noun. **– 16.** *cf.* Lagerung.
'La·ger|neu,ro·se *f psych.* camp neurosis. —
~,obst *n gastr.* storable fruit. — **~,ort** *m cf.*
Lagerplatz. — **~,pflan·ze** *f bot.* thallophyte, thallogen *(Stamm Thallophyta).* —
~,platz *m* **1.** *(Rastplatz)* resting place: einen
geeigneten **~** suchen to look for a good
place to rest. **– 2.** *econ.* a) storage place *(od.*
yard), b) *(für Holz)* lumberyard, timber-
yard, c) *(für Kohle)* coalyard. **– 3.** *mil.*
a) camp(site), b) *(für Material)* dump. —
~,raum *m* **1.** *auch mar.* storeroom, stock
room, storage (room), depot. **– 2.** *mil.* magazine, depot. — **~,ring** *m tech.* bearing ring
(od. race). — **~,ri·si·ko** *n econ.* storing *(od.*
stockholding) risk. — **~,ruhr** *f med.* camp
dysentery. — **~,scha·le** *f tech.* split bushing
(od. bearing), bearing shell *(od.* bush). — **~-**
,schein *m econ.* warehouse receipt *(Br. auch*
warrant). — **~,schild** *m* ⟨-(e)s; -e⟩ *tech.*
end plate *(od.* shield). — **~,schup·pen** *m
econ.* storage shed, stock *(od.* store) shed. —
~,seu·che *f med.* camp epidemic *(od.* dis-

ease). — **~,spe·sen** *pl econ.* storage charges,
storage *sg.* — **~,spiel** *n tech.* internal bearing clearance. — **~,statt** *f* **1.** *lit.* bed, couch.
– 2. *zo. (von Tieren)* lair, den, couch. — **~-**
,stät·te *f* **1.** *cf.* Lagerstatt 1. **– 2.** *(mining)
geol.* (mineral *od.* ore) deposit. — **~,tech-**
nik *f tech.* bearing technology. — **~,tritt** *m*
(sport) (beim Rugby) dropout. — **~,um-**
,schlag *m econ.* stock turnover.
'La·ge·rung *f* ⟨-; *no pl*⟩ **1.** *cf.* Lagern. **–**
2. *(von Waren)* storage. **– 3.** *geol.* stratification: schichtenförmige **~** foliation. **–**
4. *tech.* a) *(Lagereinbau)* bearing application, b) *(Lageranordnung)* bearing arrangement, c) *(Auflage)* bearing, d) *(Abstützung)*
support. **– 5.** steile **~** *(mining)* steep formation: Abbau in der steilen **~** steep working.
'La·ge·rungs|,fä·hig·keit *f econ.* storability.
— **~,ko·sten** *pl econ. cf.* Lagerkosten.
'La·ger|ver,wal·ter *m econ. cf.* Lagerist. —
~ver,zeich·nis *n* inventory, stock list. —
~,vor,rat *m* stock, supply, store. — **~,wa-**
che *f mil.* camp guard. — **~,zap·fen** *m*
1. *tech.* pivot journal. **– 2.** *metall. (einer
Walze)* neck. — **~,zeit** *f econ.* storage time.
'La·ge|sta·bi·li,sie·rung *f (space)* attitude
stabilization. — **~,tisch** *m mil.* operations
board. — **~ver,än·de·rung** *f med.* **1.** *(des
Patienten)* change of position. **– 2.** *(eines
Organs)* displacement, heterotopia *(scient.).*
— **~ver,hält·nis** *n* (zu to) **1.** relative position, relation of place. **– 2.** *med.* relationship. — **~,zim·mer** *n mil.* war room.
la·go·morph [lago'mɔrf] *adj zo. (hasenartig)*
lagomorphic, lagomorphous.
lag·oph·thal·misch [lagɔf'talmɪʃ] *adj med.*
lagophthalmic.
la·gri·man·do [lagri'mando] *adv mus.* lagri-
mando.
la·gri·mo·so [lagri'mo:zo] *adv mus.* lagri-
moso.
La·gu·ne [la'gu:nə] *f* ⟨-; -n⟩ lagoon, *auch*
lagune. — **La'gu·nen,stadt** *f* town situated
in a lagoon.
La·har [la'ha:r] *m* ⟨-s; -s⟩ *geol.* hot (volcanic) mudflow, lahar *(scient.).*
lahm [la:m] **I** *adj* ⟨-er; -st⟩ **1.** lame: er ist **~**
he is lame, he limps, he has a limp; ein **~**es
Bein a lame leg. **– 2.** *(gelähmt)* crippled, *bes.
med.* paralyzed *Br. auch* -s-: das Kind ist von
Geburt an **~** the child has been crippled *(od.*
a cripple) from birth. **– 3.** *colloq.* tired, stiff:
meine Arme sind ganz **~** vom Koffer-
tragen my arms are quite stiff *(od.* tired)
from carrying the suitcase; mir wird allmählich die Hand **~** my hand is gradually
getting tired. **– 4.** *vet. (Pferd, Flügel etc)*
lame. **– 5.** *fig. colloq. (Entschuldigung, Ausrede etc)* lame, weak, poor, feeble. **– 6.** *fig.
colloq. (Diskussion, Witz etc)* lame, tame. **–**
7. *fig. colloq. (Mensch, Gesellschaft, Betrieb
etc)* dull: ein **~**er Geselle a dull *(od.* slow,
sluggish) fellow; du bist eine **~**e Ente you are
a slow coach *(Am. auch* slowpoke) *(colloq.).*
– II *adv* **8.** **~** gehen to walk lamely, to limp.
'Lahm,arsch *m vulg.* slow coach, *Am. auch*
slowpoke *(beide colloq.).* - **'lahm,ar·schig**
[-,ʔarʃɪç] *adj* slow, sluggish.
'Lah·me *m, f* ⟨-n; -n⟩ lame *(od.* paralyzed
Br. auch -s-, crippled) person.
Läh·me ['lɛ:mə] *f* ⟨-; *no pl*⟩ *vet.* lameness.
lah·men ['la:mən] *v/i* ⟨h⟩ **1.** be lame, walk
lamely, (walk with a) limp. **– 2.** *vet.* be lame:
das Pferd lahmt the horse is lame *(od.*
founders).
läh·men ['lɛ:mən] *v/t* ⟨h⟩ **1.** (make) *(s.o.)*
lame, cripple, *bes. med.* paralyze *Br. auch*
-s-: er wurde durch einen Schlaganfall
gelähmt he was paralyzed by a stroke. **–**
2. *fig.* paralyze *Br. auch* -s-, petrify: der
Schreck lähmte sie terror petrified her; die
Angst lähmte ihre Entschlußkraft fear paralyzed her initiative. **– 3.** *fig. (zum Erliegen
bringen)* immobilize *Br. auch* -s-, cripple:
der Streik lähmte die Wirtschaft des Landes the strike crippled the nation's economy; der Kapitalmangel lähmte jede Ge-
schäftstätigkeit business was crippled by
lack of capital. — **'läh·mend I** *pres p.* **–**
II *adj fig.* **1.** *(Sorgen, Druck, Entsetzen etc)*
paralyzing *Br. auch* -s-, **~**es Entsetzen erfaßte die Zuschauer the audience was paralyzed with horror. **– 2.** *(Müdigkeit etc)*
crippling.
'Lahm·heit *f* ⟨-; *no pl*⟩ **1.** lameness, *bes.
med.* paralysis. **– 2.** *colloq.* tiredness, stiffness. **– 3.** *fig. colloq.* lameness, weakness. **–**
4. *fig. colloq. (einer Entschuldigung etc)*
lameness, feebleness. **– 5.** *fig. colloq. (einer Dis-*

kussion *etc)* lameness, tameness. **– 6.** *fig.
colloq. (eines Menschen etc)* dullness.
'lahm,le·gen I *v/t* ⟨*sep,* -ge-, h⟩ **1.** paralyze
Br. auch -s-, immobilize *Br. auch* -s-, bring
(s.th.) to a standstill, cripple: durch den
starken Schneefall wurde der gesamte
Verkehr lahmgelegt traffic was brought to
a standstill by the heavy snowfall; der Ge-
neralstreik legte die Wirtschaft lahm the
general strike crippled the economy. **–**
2. *mil. (taktisch)* neutralize *Br. auch* -s-. **–**
II L~ *n* ⟨-s⟩ **3.** verbal noun. — **'Lahm,le-**
gung *f* ⟨-; *no pl*⟩ **1.** *cf.* Lahmlegen. **– 2.**
paralyzation *Br. auch* -s-, immobilization *Br.
auch* -s-. **– 3.** *mil.* neutralization *Br. auch* -s-.
'Läh·mung *f* ⟨-; -en⟩ **1.** *med.* a) paralysis,
palsy, b) *(teilweise)* paresis: einseitige *(od.*
halbseitige) [doppelseitige] **~** hemiplegia,
hemiplegy [bilateral paralysis, diplegia]; **~**
sensibler *(od.* sensorischer) Nerven senso-
paralysis; motorische [spastische] **~** motor
[spastic] paralysis. **– 2.** *fig. cf.* Lahmlegung
2. — **'Läh·mungs·er,schei·nung** *f med.*
paralytic symptom.
Lahn [la:n] *m* ⟨-(e)s; -e⟩ *(textile) (Metall-
faden)* tinsel.
Lah·nung ['la:nuŋ] *f* ⟨-; -en⟩ *civ.eng.* sea
embankment.
Lai [lɛ; lɛ] *(Fr.) n* ⟨-s; -s⟩ *(literature)* metr.
lai.
Laib [laɪp] *m* ⟨-(e)s; -e⟩ *obs. od. dial.* loaf:
ein [zwei] **~** Brot a loaf [two loaves] of
bread; ein **~** Käse a whole cheese. — **lai-**
ben ['laɪbən] *v/t* ⟨h⟩ shape *(s.th.)* into loaves.
Laich [laɪç] *m* ⟨-(e)s; -e⟩ *zo.* spawn. — **~-**
,band *n* sand collar. — **~,brut,ka·sten** *m*
(in der Fischzucht) grille.
'Lai·che *f* ⟨-; -n⟩ *zo. cf.* Laichzeit.
lai·chen ['laɪçən] *v/i* ⟨h⟩ *zo.* **1.** *(bes. von
Fischen)* spawn, spend. **– 2.** *(bes. von Muscheln)* spat.
'Laich|,fisch *m zo.* seed fish. — **~,kraut** *n
bot.* pondweed, pickerelweed *(Gattg Pota-
mogeton)*: Schwimmendes **~** tenchweed
(P. natans). — **~,platz** *m zo.* spawning
ground. — **~,reif** *adj* seedy, mature. — **~-**
,wan·de·rung *f (der Fische)* run. — **~,zeit** *f*
spawning time.
Laie ['laɪə] *m* ⟨-n; -n⟩ **1.** *relig.* layman, laic:
die **~**n a) the laymen, b) *cf.* Laienstand. **–**
2. layman: auf diesem Gebiet bin ich völliger *(od.* colloq. blutiger) **~** I am a complete *(od.* an utter) layman *(od.* colloq. a
greenhorn) in this field; die **~**n und die
Fachleute laymen *(Am. auch* layfolk *sg*) and
experts; da staunt der **~** (, und der Fachmann wundert sich) *colloq. humor.* that is
incredible *(od.* unbelievable).
'Lai·en|apo·sto,lat *n röm.kath.* lay aposto-
late. — **~be,hand·lung** *f med.* lay treatment.
— **~bre,vier** *n röm.kath.* layman's breviary.
— **~,bru·der** *m* lay brother. — **~,büh·ne** *f
(theater) cf.* Laienspielbühne.
'lai·en·haft *adj* **1.** lay *(attrib)*, unprofessional:
ein **~**es Urteil abgeben to give a lay(man's)
judg(e)ment. **– 2.** *(unfachmännisch, stümper-
haft)* amateurish, dilettante.
'Lai·en|,kelch *m relig.* lay chalice. — **~,kunst**
f amateur art. — **~,künst·ler** *m* amateur
artist. — **~,pre·di·ger** *m relig.* lay preacher.
— **~,prie·ster** *m* lay priest. — **~,rich·ter** *m
jur.* lay judge. — **~,schwe·ster** *f röm.kath.*
lay sister.
'Lai·en,spiel *n* amateur play *(od.* theatricals
pl). — **~,büh·ne** *f* amateur dramatic *(od.*
little theater *(bes. Br.* theatre)* company. —
~,grup·pe *f* amateur theater *(bes. Br.* theatre) *(od.* dramatic) group.
'Lai·en,spra·che *f* layman's language. —
~,stand *m relig.* laity. — **~ver,stand** *m* layman's understanding.
'Lai·en·tum *n* ⟨-s; *no pl*⟩ laymanship, layman's outlook *(od.* attitude).
lai·sie·ren [lai'zi:rən] *v/t* ⟨*no* ge-, h⟩ j-n **~**
relig. to laicize *(Br. auch* -s-) s.o., to restore
s.o. to the status of a layman. — **Lai'sie-**
rung *f* ⟨-; -en⟩ laicization *Br. auch* -s-.
Lais·ser·al·ler [lɛsɛa'le] *(Fr.) n* ⟨-; *no pl*⟩
laissez-aller, *Am. auch* laisser-aller.
Lais·ser·faire [lɛsɛ'fɛ:r] *(Fr.) n* ⟨-; *no pl*⟩
laissez-faire, *Am. auch* laisser-faire.
Lais·ser·pas·ser [lɛsɛpa'se] *(Fr.) m* ⟨-; -⟩
cf. Passierschein.
Lai·zis·mus [lai'tsɪsmʊs] *m* ⟨-; -men⟩ *relig.*
laicism. — **lai·zi·stisch** [-tɪʃ] *adj* laical,
auch laic.
La·kai [la'kaɪ] *m* ⟨-en; -en⟩ **1.** *(Diener in
Livree)* lackey, *auch* lacquey, footman, *auch*
waiting man. **– 2.** *fig. contempt.* lackey, *auch*
lacquey, flunk(e)y.

la'kai·en·haft *contempt.* **I** *adj* servile, flunkyish, cringing. – **II** *adv* in a servile manner, cringingly, like a flunk(e)y.

La·ke ['laːkə] *f* ⟨-; -n⟩ *gastr.* brine, pickle, (*bes. für Fisch*) souse.

La·ke·dä·mo·ni·er [lakede'moːniər] *m* ⟨-s; -⟩ *antiq.* Lacedaemonian. — **la·ke·dä'monisch** [-nɪʃ] *adj* Lacedaemonian.

La·ken ['laːkən] *n* ⟨-s; -⟩ *Northern and Middle G.* **1.** (*Bettuch*) sheet. – **2.** (*Tuch*) cloth. – **3.** (*Badetuch*) bath towel. – **4.** *obs.* (*Totenlaken*) shroud, pall.

'la·ken *gastr.* ⟨h⟩ *gastr.* pickle, souse.

Lak·ko·lith [lako'liːt; -'lɪt] *m* ⟨-s u. -en; -e(n)⟩ *geol.* laccolith, *auch* laccolite.

la·ko·nisch [la'koːnɪʃ] **I** *adj* (*Antwort, Erklärung, Nachricht, Kürze*) laconic: etwas in ∼er Kürze beantworten to answer s.th. with laconic brevity. – **II** *adv* laconically.

La·ko·nis·mus [lako'nɪsmʊs] *m* ⟨-; -men⟩ (*kurze Ausdrucksweise*) laconism, laconicism.

La·krit·ze [la'krɪtsə] *f* ⟨-; -n⟩ **1.** *bot.* licorice, *auch* liquorice (*Glycyrrhiza glabra*). – **2.** (*eingedickter Saft*) licorice, *auch* liquorice. **La'krit·zen** *m* ⟨-s; -⟩ *cf.* Lakritze 2. — **∼,saft** *m* licorice (juice), extract of licorice. — **∼,stan·ge** *f* stick of licorice.

La'kritz,stan·ge *f cf.* Lakritzenstange.

Lakt..., **lakt...** *combining form denoting* lact..., lacti..., lacto...

Lakt·al·bu·min [laktalbu'miːn] *n* *chem.* (*Milcheiweiß*) lactalbumin.

Lak·ta·se [lak'taːzə] *f* ⟨-; -n⟩ *chem.* lactase.

Lak·tat [lak'taːt] *n* ⟨-(e)s; -e⟩ *chem.* lactate.

Lak·ta·ti·on [lakta'tsĭoːn] *f* ⟨-; -en⟩ *med. vet.* spending of milk, lactation (*scient.*).

Lak·ta·ti'ons·hor,mon *n biol.* lactogenic hormone, *auch* luteotrophine, prolactin.

lak·tie·ren [lak'tiːrən] **I** *v/i* ⟨*no* ge-, h⟩ (*Milch absondern*) lactate. – **II** *v/t* (*säugen*) nurse, suckle. [*cf.* Laktometer.]

Lak·to·den·si·me·ter [laktodɛnzi'meːtər] *n*⌐

Lak·to·fla·vin [laktofla'viːn] *n* ⟨-s; *no pl*⟩ *med. pharm. cf.* Lactoflavin.

Lak·to·glo·bu·lin [laktoglobu'liːn] *n chem.* lactoglobulin.

Lak·to·me·ter [lakto'meːtər] *n* ⟨-s; -⟩ *chem.* (*zur Bestimmung des spezifischen Gewichts der Milch*) lactometer.

Lak·ton [lak'toːn] *n* ⟨-s; -e⟩ *chem.* lactone.

Lak·to·se [lak'toːzə] *f* ⟨-; *no pl*⟩ *chem.* milk sugar, lactose (*scient.*) ($C_{12}H_{22}O_{11}$).

Lak·to·skop [lakto'skoːp] *n* ⟨-s; -e⟩ *chem.* (*zur Bestimmung der Durchsichtigkeit der Milch*) lactoscope.

Lak·tos·urie [laktozu'riː] *f* ⟨-; -n [-ən]⟩ *med.* lactosuria. [lacunar.]

La·ku·nar [laku'naːr] *n* ⟨-s; -e⟩ *arch.*⌐

la·ku·när [laku'nɛːr] *adj biol. med.* lacunary, lacunate.

La·ku·ne [la'kuːnə] *f* ⟨-; -n⟩ **1.** (*Lücke in einem Text*) gap, lacuna (*scient.*). – **2.** *bes. biol.* lacuna.

la·ku·strisch [la'kʊstrɪʃ] *adj geol.* lacustral, lacustrine.

la·la [la'la] *only in so* ∼ *adj u. adv colloq.* (*einigermaßen*) fair to middling, so-so (*colloq.*): wie geht es dir? So ∼ how are you? oh, so-so; das Wetter war so ∼ the weather was fair to middling; wie hat er heute gespielt? na ja, so ∼! how did he play today? well, tolerably (well).

'La·le(n),buch *n* ⟨-(e)s; *no pl*⟩ (*literature*) anonymous 16th century satirical stories of provincial buffoonery.

Lal·la·tio [la'laːtsĭo] *f* ⟨-; *no pl*⟩ *psych.* lalling, lallation, lambdacism.

lal·len ['lalən] **I** *v/i u. v/t* ⟨h⟩ **1.** (*von Betrunkenen etc*) slur, speak thickly. – **2.** (*von Kleinkindern etc*) babble. – **3.** *ling.* mispronounce r as l. – **II L∼** *n* ⟨-s⟩ **4.** *verbal noun.* – **5.** *ling.* lallation.

'Lall,mo·no,log *m psych.* lallation, lalling. — **∼pe·ri,ode, ∼,pha·se** *f* (*eines Kindes*) babbling stage.

La·lo·pho·bie [lalofo'biː] *f* ⟨-; *no pl*⟩ *psych.* (*Sprechscheu*) lalophobia.

La·ma¹ ['laːma] *n* ⟨-s; -s⟩ **1.** *zo.* llama, *auch* lama (*Gattg Lama*). – **2.** (*textile*) llama.

'La·ma² *m* ⟨-(s); -s⟩ *relig.* Lama.

'La·ma,ga,zel·le *f zo.* dibatag, *auch* Clarke's gazelle (*Ammodorcas clarkei*).

La·ma·is·mus [lama'ɪsmʊs] *m* ⟨-; *no pl*⟩ *relig.* Lamaism. — **La·ma'ist** [-'ɪst] *m* ⟨-en; -en⟩ Lamaist, Lamaite. — **la·mai·stisch** [-'ɪstɪʃ] *adj* Lamaist(ic).

'La·ma,klo·ster *n relig.* lamasery.

La·man·tin [laman'tiːn] *m* ⟨-s; -e⟩ *zo.* lamantin, manatee, sea-cow (*Gattg Trichechus*): zu den ∼en gehörig manatine.

La·mar·ckis·mus [lamar'kɪsmʊs] *m* ⟨-; *no pl*⟩ *biol.* Lamarckism.

'La·ma,wol·le *f* llama (wool).

Lamb·da ['lampda] *n* ⟨-(s); -s⟩ *ling.* lambda (*eleventh letter of the Greek alphabet*). — **L∼,för·mig** *adj med.* lambdoid(al). — **∼,naht** *f* (*des Schädeldaches*) lambdoid suture.

Lamb·da·zis·mus [lampda'tsɪsmʊs] *m* ⟨-; *no pl*⟩ *med. ling.* lambdacism, lallation.

Lam·bert ['lambɛrt] *n* ⟨-(s); *no pl*⟩ *phot.* (*Einheit der Leuchtdichte*) lambert.

'Lam·berts,nuß *f bot.* filbert, wood nut (*Corylus maxima*).

Lam·bli·a·sis [lam'bliːazɪs] *f* ⟨-; *no pl*⟩ *med. vet.* lambliase, giardiasis.

Lam·blie ['lambliə] *f* ⟨-; -n⟩ *med. vet.* (*Darmschmarotzer*) giardia, lamblia.

Lam·bre·quin [lãbrə'kɛ̃ː] *m* ⟨-s; -s⟩ *obs.* valance, *auch* vallance, lambrequin.

Lam·bris [lã'briː; -[-'briː(s)]; -[-'briːs]; *Austrian obs. f* ⟨-; -ien [-'briːən]⟩ wainscot, inlaying.

Lamb·skin ['læmskɪn] (*Engl.*) *n* ⟨-(s); -s⟩ (*textile*) lambskin.

La·mé [la'meː] (*textile*) **I** *m* ⟨-s; -s⟩ lamé. – **II l∼** *adj* ⟨*invariable*⟩ tinsel, tinseled, *bes. Br.* tinselled (*worked with silver or gold thread*).

la·mel·lar [lamɛ'laːr] *adj* lamellate(d), lamellar, lamellose.

La·mel·le [la'mɛlə] *f* ⟨-; -n⟩ **1.** lamella. – **2.** *bot.* (*eines Pilzes*) lamella, plica, gill. – **3.** *electr.* (*eines Stromwandlers*) segment, commutator section. – **4.** *phot.* (*am Verschluß*) blade. – **5.** *auto.* (*eines Kühlers*) fin, rib. – **6.** *civ.eng.* (*einer Gurtung*) plate. – **7.** *tech.* (*einer Kupplung*) disk, disc, plate.

la'mel·len|,ar·tig *adj* **1.** lamellalike, lamelloid. – **2.** *min.* spathic. — **L∼,brem·se** *f tech.* multiple-disk (*od. -disc*) brake. — **∼,för·mig** *adj cf.* lamellar. — **L∼,küh·ler** *m auto.* gilled (*od.* cellular-type) radiator. — **L∼,kupp·lung** *f* (*multiple*) disk (*od. disc*) clutch, (*multiple*) plate clutch.

La·mel·li·bran·chia·ta [lamɛlibran'çĭaːta] *pl zo.* (*Muscheltiere*) lamellibranchia(ta) (*Klasse Lamellibranchiata*).

la·mel·lie·ren [lamɛ'liːrən] *v/t* ⟨*no* ge-, h⟩ *tech.* laminate. — **la·mel'liert I** *pp.* – **II** *adj electr.* laminated: ∼er Pol laminated (*od.* stamped) pole.

La·mel·li·cor·nia [lamɛli'kɔrnĭa] *pl zo.* (*Käfer*) lamellicornia (*Fam. Lamellicornia*).

la·mel·lös [lamɛ'løːs] *adj bes. med.* a) lamellar, b) (*Knochen etc*) cancellous.

la·men·ta·bel [lamɛn'taːbəl] *adj obs. od. dial.* lamentable, deplorable.

la·men·ta·bi·le [lamɛn'taːbile] *adv mus.* lamentabile.

La·men·ta·ti·on [lamɛnta'tsĭoːn] *f* ⟨-; -en⟩ **1.** *obs.* for Jammern, Wehklage. – **2.** die ∼en *Bibl.* the Lamentations (of Jeremiah).

la·men·tie·ren [lamɛn'tiːrən] *v/i* ⟨*no* ge-, h⟩ *colloq. contempt.* moan, complain, wail, lament: er lamentiert den ganzen Tag he keeps moaning all day long; er lamentiert bei jeder (*od.* über jede) Kleinigkeit he moans about (*od.* over) every little thing.

La·men·to [la'mɛnto] *n* ⟨-s; -s⟩ **1.** *colloq.* moan, complaint, wail, lamentation: ein ∼ machen (*od.* erheben, anstimmen) to moan, to raise a howl, to cry to high heaven. – **2.** *mus. cf.* Klagelied 2.

la·men·to·so [lamɛn'toːzo] *adv mus.* lamentoso.

La·met·ta [la'mɛta] *f* ⟨-; *no pl*⟩, *n* ⟨-s; *no pl*⟩ **1.** silver tinsel: der Weihnachtsbaum war reich mit ∼ geschmückt the Christmas tree was richly decorated with silver tinsel. – **2.** *fig. contempt.* military decorations *pl*, *bes. Am. sl.* fruit salad, *Br. sl.* old iron, gongs *pl*: er hat heute abend aber sehr viel ∼ auf der Brust he has quite a bit of fruit salad on his chest tonight.

La·mi·na ['laːmina] *f* ⟨-; -nae [-nɛ] *u.* -s⟩ *med. zo.* (*blattförmiges Organteil*) lamina, leaflet, membrane.

la·mi·nar [lami'naːr] *adj phys.* laminar.

La·mi·na·ria [lami'naːria] *f* ⟨-; -rien⟩ *bot.* (*Blattang*) laminaria (*Gattg Laminaria*).

La·mi·nar,strö·mung *f phys.* laminar (*od.* streaming) flow.

La·mi·nek·to·mie [laminɛkto'miː] *f* ⟨-; -n [-ən]⟩ *med.* laminectomy.

la·mi·nie·ren [lami'niːrən] *v/t* ⟨*no* ge-, h⟩ (*textile*) print. laminate.

La·mi'nier,ma,schi·ne *f* laminating machine.

La·mi'nie·rung *f* ⟨-; -en⟩ (*textile*) print. lamination.

Lamm [lam] *n* ⟨-(e)s; ⸚er⟩ **1.** *zo.* lamb, yeanling: weibliches ∼ ewe lamb; sanft [unschuldig, geduldig] wie ein ∼ *fig.* (as) gentle [innocent, patient] as a lamb. – **2.** *gastr.* lamb. – **3.** *relig.* Lamb: das ∼ Gottes the Lamb (of God), Agnus Dei; das unbefleckte ∼ the Lamb without blemish. – **4.** *pl fig.* (*Schutzbefohlene*) charges: hast du deine Lämmer alle beisammen? have you got all your charges? — **∼,bra·ten** *m gastr.* roast lamb.

Lämm·chen ['lɛmçən] *n* ⟨-s; -⟩ **1.** *dim. of* Lamm. – **2.** lambkin.

lam·men ['lamən] *zo.* **I** *v/i* ⟨h⟩ lamb, yean. – **II L∼** *n* ⟨-s⟩ *verbal noun.*

'Läm·mer|,gei·er *m zo.* ossifrage, bearded vulture, lammergeier, lammergeyer, *auch* lammergeir, laemmergeier (*Gypaëtus barbatus*). — **∼,hüp·fen** *n iron.* twisting and shaking. — **∼,kraut** *n bot.* allgood, Good-King-Henry (*Chenopodium bonus-Henricus*).

'Läm·mer·ne ['lɛmərnə] *n* ⟨-n; *no pl*⟩ *Austrian gastr. for* Lammfleisch.

'Läm·mer|sa,lat *m bot.* lamb (*od.* swine's)-succory (*Arnoseris minima*). — **∼,wol·ke** *f meteor.* cirrocumulus.

'Lamm·mes·ge,duld *f* patience of a saint (*od.* of Job).

'Lamm,fell *n* lambskin: gegerbtes ∼ budge. — **∼,man·tel** *m* lambskin coat. — **∼,müt·ze** *f* lambskin cap.

'Lamm|,fleisch *n gastr.* lamb. — **L∼'fromm** *adj colloq.* (as) meek (*od.* gentle, mild) as a lamb, lamblike. — **∼,keu·le** *f gastr.* (*bes. gekochte*) gigot. — **∼,ko·te,lett** *n* lamb cutlet (*od.* chop).

Lämm·lein ['lɛmlaɪn] *n* ⟨-s; -⟩ *cf.* Lämmchen.

'Lamms·ge,duld *f cf.* Lammesgeduld.

'Lamm·mung *f* ⟨-; *no pl*⟩ *zo. cf.* Lammen.

Lam·pas [lam'pas] *m* ⟨-; -⟩ (*Möbelstoff*) lampas.

Lam·pas·sen [lam'pasən] *pl* (*Streifen an Uniformhosen*) trouser stripes.

Lämp·chen ['lɛmpçən] *n* ⟨-s; -⟩ *dim. of* Lampe¹.

Lam·pe¹ ['lampə] *f* ⟨-; -n⟩ **1.** lamp: eine ∼ anzünden to light a lamp; die ∼ brennt the lamp is on; beim Licht (*od.* Schein) der ∼ in the light of the lamp; einen auf die ∼ gießen *fig. colloq.* to wet one's whistle (*colloq.*). – **2.** (*Licht*) light: würdest du bitte die ∼ anmachen? would you switch on the light, please? – **3.** (*Birne*) bulb: eine neue ∼ einschrauben to screw in a new bulb. – **4.** *röm.kath.* → ewig 1.

'Lam·pe² *npr m* ⟨-s; *no pl*⟩ Meister ∼ *colloq.* (*Hase*) Brer (*od.* Peter) Rabbit.

'Lam·pen|,arm *m* shaft of a lamp. — **∼,docht** *m* (lamp)wick. — **∼,fas·sung** *f* bulb socket (*od.* holder). — **∼,fie·ber** *n* stage fright: sie hat (*od.* bekommt) immer ∼ vor ihrem Auftritt she always gets stage fright before her appearance. — **∼,fuß** *m* lampstand. — **∼,glocke** (*getr.* -k·k-) *f* lamp globe. — **∼,kraut** *n bot.* white mull(e)in, lampwick, Adam's flannel (*Verbascum lychnitis*). — **∼,ku·gel** *f electr.* bulb globe. — **∼,licht** *n* lamplight, light of a lamp. — **∼,öl** *n* lamp oil. — **∼,put·zer** *m* lamp trimmer. — **∼,put·zer,strauch** *m bot.* paperbark (tree) (*Gattg Callistemon*). — **∼,ruß** *m* lampblack: mit ∼ schwärzen to lampblack. — **∼,schein** *m cf.* Lampenlicht. — **∼,schim·mer** *m* glimmer of lamplight. — **∼,schirm** *m* lampshade. — **∼,sockel** (*getr.* -k·k-) *m electr.* lamp holder (*od.* socket). — **∼,zy,lin·der** *m* (lamp) chimney (*od.* glass).

Lam·pi·on [lam'pĭõː; -'pĭɔ̃] *m, n* ⟨-s; -s⟩ Chinese (*od.* Japanese) lantern. — **∼,pflanze** *f bot.* Chinese (*od.* Japanese) lantern (plant), winter cherry (*Physalis alkekengi*).

Lam·pre·te [lam'preːtə] *f* ⟨-; -n⟩ *zo.* lamprey (*od.* lamper) (eel) (*Fam. Petromyzonidae*).

Lam·pro·phyr [lampro'fyːr] *m* ⟨-s; -e⟩ *geol.* lamprophyre.

Lan·ça·de [lã'saːdə] *f* ⟨-; -n⟩ (*in der Hohen Schule*) curvet.

'Lan·ca·ster·ge,wehr ['læŋkəstə-] (*Engl.*) *n hunt.* Lancaster gun.

Lan·ce·lot ['lantsələt] *npr m* ⟨-s; *no pl*⟩ Lancelot (*the greatest of Arthur's knights*).

Lan·ci·er [lãˈsɪ̯eː] m ⟨-s; -s⟩ **1.** mil. hist. lancer. – **2.** pl mus. choreogr. lancers (construed as sg).

lan·cie·ren [lãˈsiːrən] v/t ⟨no ge-, h⟩ **1.** (Sache) launch: ein Programm [Gerücht] ~ to launch a program(me) [rumo(u)r]; er lancierte den Bericht in die Zeitung he launched the report in the newspaper. – **2.** fig. (Person) launch: sie wurde in die Gesellschaft lanciert she was launched in society. – **3.** mil. (Torpedo etc) launch, auch fire. – **4.** econ. (Anleihe) float. – **5.** hunt. (Hirsch etc) set (a stag) up for a hunter.

Lan'cier|,hund m hunt. a hound used for trailing stags. — **~,rohr** n mil. (eines Torpedos) torpedo tube.

Land [lant] n ⟨-es, rare -s; ⁻er, poet. -e⟩ **1.** ⟨only sg⟩ (Festland) land: j-n [etwas] an ~ bringen (od. setzen) to put s.o. [s.th.] on land (od. on shore, ashore), to land s.o. [s.th.], to disembark s.o. [s.th.]; an ~ gehen to go ashore (od. on land), to land, to disembark; an ~ kommen to reach (od. come to) land; an ~ schwimmen to swim to the shore (od. ashore); sie wagten sich an ~ they ventured ashore; die toten Vögel wurden an ~ geschwemmt (od. gespült, geworfen) the dead birds were washed ashore; ~ ansteuern to make for the shore; sich dem ~ nähern to approach the land; auf ~ zuhalten to bear in with the land; auf ~ auflaufen to run ashore; das Schiff legte von ~ ab the ship put out to sea; während des Sturms blieben die Boote unter ~ during the storm the boats kept to the shore; ~ in Sicht! land in sight! ~ sichten (od. ausmachen) to sight (od. make) land, to make a landfall; die Insel ist dem festen ~ vorgelagert the island lies off the mainland; sich weit ins ~ hinein erstrecken to extend (od. stretch) far inland (od. into the land); von ~ umschlossen (od. eingeschlossen) landlocked; der See ~ abgewinnen to reclaim land from the sea; die Insel meldete ‚~ unter‘ the island reported ‘land under water’; er hatte wieder festes ~ unter den Füßen he had terra firma (od. firm ground) under his feet again; die Truppen zu ~e, zu Wasser und in der Luft the Army, the Navy, and the Air Force; das ~ der Lebenden fig. the land of the living; das ~ der Finsternis [Phantasie, Träume] fig. the land (od. realm) of darkness [fantasy od. phantasy, dreams]; ins bessere ~ hinübergehen fig. euphem. to pass away (into a better land); sie sahen kein ~ mehr fig. colloq. they were utterly at sea (od. confused), they didn't know whether they were standing on their heads or their heels (colloq.); sie sahen endlich wieder ~ fig. colloq. they finally found their feet (od. way) again; sich (dat) j-n [etwas] an ~ ziehen fig. colloq. to get (od. catch) hold of s.o. [s.th.]; sich (dat) einen (Mann) an ~ ziehen fig. colloq. to hook a husband. – **2.** ⟨only sg⟩ (Acker, Boden) land, soil, ground: angeschwemmtes [fruchtbares] ~ alluvial [fertile] soil; das ~ brachliegen lassen to let the land lie fallow; das ~ bebauen (od. bestellen) to till (od. cultivate) the land; das ~ urbar machen to make the land arable, to clear (od. reclaim) the land; ~ vermessen [erwerben] to survey [to acquire] land; ein eigenes Stück ~ besitzen to possess one's own piece of land; auf seinem (od. dem) ~ arbeiten to work on one's (od. the) land. – **3.** ⟨only sg⟩ (dörfliche Gegend) country: auf dem ~e wohnen (od. leben) to live in the country; aufs ~ fahren (od. gehen) [ziehen] to travel to (od. go into) [to move to] the country; die Ferien auf dem ~e verleben (od. verbringen, zubringen) to spend one's holidays in the country; bekannt in Stadt und ~ known in town and country; vom ~(e) in die Stadt übersiedeln (od. ziehen) to move from the country to the town; vom ~ wegziehen to move away from the country; sie ist auf dem ~(e) aufgewachsen she grew up in the country; sie ist vom ~e she is from the country, she is a countrywoman; Vetter auf dem ~e country cousin; die Leitung verläuft über ~ the wire (od. line) runs overland. – **4.** ⟨only sg⟩ (Gegend, Landschaft) country: ebenes (od. flaches) [hügeliges] ~ level (od. flat)

[hilly] country; das ~ durchstreifen to wander through (od. roam [about]) the country; der Frühling geht ins ~ fig. lit. spring is in the air (od. on the way); seither ist manches Jahr ins ~ gegangen fig. lit. many a year has passed since then. – **5.** (Staatsgebiet) country: neutrales [unterentwickeltes] ~ neutral [underdeveloped] country; die Bräuche [Einwohner] eines ~es the customs [inhabitants od. people] of a country; mein heimatliches ~ lit. my native land; er ging außer ~es he went abroad; er ist des ~es flüchtig lit. he has fled the country; er wurde des ~es verwiesen he was expelled from the country, he was deported; durch die ~e fahren to travel about; in fremden Ländern in foreign countries; im eigenen ~ bleiben [wohnen] to stay [to live] in one's own country; von ~ zu ~ reisen to travel from country to country; er hat viele fremde Länder besucht (od. bereist) he visited many foreign countries; im Inneren des ~es in the interior of the country; für Ruhe und Ordnung im ~e sorgen to maintain law and order in the country; ~ und Leute kennenlernen to get to know the country and its people; ~ ohne Zugang zum Meer landlocked country; das ~ der aufgehenden Sonne the land of the Rising Sun, Japan; das ~ der zehntausend Seen the land of ten thousand lakes, Finland; das ~ der unbegrenzten Möglichkeiten the land of unlimited opportunities; in allen ~en poet. in all countries, all over the world; überall in deutschen ~en poet. everywhere in (od. throughout) Germany; in fernen ~en poet. in far-off countries, in faraway (od. distant) lands; das Gelobte [Heilige] ~ Bibl. the Promised [Holy] Land; das ~ meiner Väter the land of my forefathers; andere Länder, andere Sitten (Sprichwort) other countries (od. lands) other customs, so many countries, so many customs; ein ~, darinnen Milch und Honig fließt Bibl. a land flowing with milk and honey; bleibe im ~e und nähre dich redlich Bibl. so shalt thou dwell in the land, and verily thou shalt be fed; er ist wieder im ~e fig. colloq. he is back again. – **6.** (die Bevölkerung eines Landes) country, nation, land: das ganze ~ trauert um den verstorbenen Präsidenten the whole country (od. nation) is mourning the death of the President; das ~ erhob sich gegen die Fremdherrschaft the land rose in rebellion against (the) foreign rule. – **7.** pol. a) (in der BRD) Land, b) (in Österreich) Province: die Bundesrepublik Deutschland umfaßt zehn Länder the Federal Republic of Germany comprises ten Länder (od. Laender). – **8.** jur. (Landbesitz) (property in) land, (landed) property, real estate, lands pl.

land'ab adv cf. landauf, landab.

'Land|,adel m hist. landed gentry. — **~ambu·la,to·ri·um** n DDR mobile clinic. — **~am·mann** m Swiss pol. landamman (highest official in several Swiss cantons). — **~ar·beit** f farm (od. agricultural) labor (bes. Br. labour), farm work.

'Land,ar·bei·ter m farmhand, farm (od. agricultural) laborer (bes. Br. labourer), farm worker. — **~ge,werk·schaft** f Agricultural Laborers' (Br. Workers') Union.

'Land|ari·sto,krat m member of the landed aristocracy, country gentleman, landocrat (humor.). — **~arm** adj (Bauer) with little land. — **~,arzt** m country doctor. — **~,as·sel** f zo. land-slater, pill bug, wood louse (Überfam. Oniscoidea).

Lan·dau·er [ˈlandaʊ̯ər] m ⟨-s; -⟩ (Kutsche) landau, barouche.

,land'auf, **,land'ab** adv all over the country, in (od. to) all parts of the country: die Handwerksburschen wanderten ~ the travel(l)ing journeymen walked all over the country; eine ~ bekannte Persönlichkeit fig. a personality known all over the country; einen solch edlen Menschen findet man ~ nicht wieder you won't find such a noble character again anywhere in the country.

'Land,auf·ent,halt m stay in the country, rustication (lit.).

Lan·dau·lett [landoˈlɛt] n ⟨-s; -e⟩ (Halblandauer) landaulet, auch landaulette.

,land'aus, **,land'ein** adv from country to country, in (od. to) several countries: er reiste ~ he travel(l)ed from country to

country (od. far and wide); seine Reise führte ihn ~ his journey led him to several countries.

'Land,bau m agriculture, farming, husbandry. — **~,schu·le** f agricultural college. — **~,zo·ne** f agricultural (od. farming) area.

'Land|be,schaf·fung f procurement of land, land procurement. — **~be,schaf·fungs·ge,setz** n mil. jur. Land Acquisition Law. — **~be,sitz** m cf. Grundbesitz. — **~be,sitzer** m cf. Grundbesitzer 1. — **~be,stel·lung** f agr. cultivation, tillage. — **~be,völ·ke·rung** f country (od. rural) population. — **~be,woh·ner** m countryman, country dweller. — **~be,zirk** m **1.** country district (od. area). – **2.** pol. rural district. — **~bi·schof** m relig. country bishop, chorepiscopus. — **~,blut,egel** m zo. land leech (Gattg Haemadipsa). — **~,bo·te** m rare country (od. rural) messenger. — **~,brief·trä·ger** m country (od. rural) postman (Am. auch mailman, mail carrier). — **~,bri·se** f land breeze (od. wind). — **~,brot** n gastr. coarse brown bread. — **~,brücke** (getr. -k·k-) f geogr. land bridge. — **~,bund** m pol. country party. — **~,but·ter** f gastr. country (od. farm) butter.

Länd·chen [ˈlɛntçən] n ⟨-s; -⟩ dim. of Land.

'Land|,kan m relig. rural dean. — **~,de·ka,nat** n rural deanery, archpresbyterate.

Län·de [ˈlɛndə] f ⟨-; -n⟩ Bavarian and Austrian for Landeplatz 2.

'Lan·de|,an,wei·sung f aer. landing instructions pl. — **~,auf,for·de·rung** f summons to land.

'Lan·de,bahn f aer. (landing) runway. — **~,feu·er** n runway (od. contact) light.

'Lan·de,ba·ke f aer. landing beacon. — **~be,feue·rung** f cf. Landebahnfeuer. — **~be,reich** m landing area. — **~,brems·schirm** m drag (para)chute. — **~,brücke** (getr. -k·k-) f mar. landing stage. — **~,deck** n aer. (auf Flugzeugträger) flight (od. landing) deck.

'Land,edel,mann m hist. country gentleman, (country) squire.

'Lan·de|er,laub·nis f aer. permission to land, landing permission. — **~,fackel** (getr. -k·k-) f wing-tip flare. — **~,fäh·re** f (space) landing module, (Mondlandefähre) lunar module. — **~,fall,schirm** m cf. Landebremsschirm. — **~,feld** n landing ground (od. field). — **~,feu·er** n cf. Landebahnfeuer. — **~,flä·che** f landing surface. — **~,fol·ge** f landing sequence. — **~ge,schwin·dig·keit** f landing speed.

'Land,ei·gen·tum n cf. Grundbesitz. — **'Land,ei·gen·tü·mer** m cf. Grundbesitzer 1.

,land'ein adv cf. landaus, landein.

'Land,ein,sied·ler,krebs m zo. land hermit crab (Coenobita rugosa).

,land'ein,wärts adv up-country, Br. up country, inland: ~ marschieren to march up-country.

'Lan·de|,klap·pe f aer. landing flap. — **~,kopf** m mil. beachhead, Br. beach-head. — **~,kreuz** n aer. landing (od. wind) tee (od. T), landing cross. — **~,ku·fe** f (landing) skid. — **~,kurs** m aer. approach path. — **~,licht** n **1.** (am Flugzeug) landing light. – **2.** (auf dem Flugplatz) approach light. — **~ma,nö·ver** n cf. Landung 2. — **~,mög·lich·keit** f **1.** possibility of landing. – **2.** landing spot.

lan·den [ˈlandən] **I** v/i ⟨sein⟩ **1.** (von Schiffen etc) land, come on land (od. shore): das Schiff landete fahrplanmäßig the ship landed on (od. according to) schedule. – **2.** (von Flugzeugen etc) land, touch down: das Flugzeug ist glatt [glücklich] in Hamburg gelandet the aeroplane landed (od. touched down) smoothly [safely] at Hamburg; auf dem Meer a) to alight on the sea, b) (von Raumkapsel) to splash (down); die Sonde ist weich auf dem Mond gelandet the probe made a soft landing on the moon. – **3.** (von Personen) land, disembark, go on land (od. on shore, ashore): wir sind in Hamburg gelandet we landed at Hamburg. – **4.** fig. colloq. (an eine Stelle geraten) land (up), end up: nach mehrfachem Berufswechsel landete er schließlich bei der Armee after changing his occupation several times he finally landed in the armed forces; das Pferd landete an zweiter Stelle the horse finished second; die ganze Bande landete im Gefängnis the whole gang ended up in prison; da sind wir ja in einer ganz ande-ren Gegend gelandet so we have (*od.* are) landed in a totally different area (*od.* region); hier wären wir also gelandet so it's here where we have landed (up) (*od.* are landed); hier wären wir nun glücklich am ersehnten Ziel gelandet so we have finally reached the goal of our desires; der Betrunkene landete im Straßengraben the drunken man landed in the ditch; die Eingabe landete im Papierkorb the pe-tition ended up in the wastepaper basket (*Br.* waste-paper basket); der Wagen landete im Straßengraben the car landed in the ditch (*od.* was ditched); damit kannst du bei ihr nicht ~ with that you won't make any impression on her, you won't get anywhere with her with that, that will cut no ice with her (*colloq.*); so kannst du dort nicht ~ you won't get there like that; bei ihr kannst du nicht ~ you won't be able to impress her, she won't fall for you (*colloq.*); → Ehe 1. – **II** *v/t* ⟨h⟩ 5. (*Flugzeug etc*) land, bring down: der Pilot hat das Flugzeug sicher gelan-det the pilot brought the aircraft down safely. – 6. (*Personen etc*) land, disembark, debark, set (*od.* put) (*s.o.*) on land (*od.* shore): die Regierung hat auf der Insel Truppen gelandet the government has landed (*od.* disembarked) troops on the island; alle Passagiere konnten glücklich gelandet werden all passengers were safely set on land (*od.* shore). – 7. *fig. colloq.* land: er landete einen schweren Schlag am Kinn seines Gegners he landed (*od. colloq.* planted) a heavy blow on his opponent's chin; einen großen Schlag (*od.* Erfolg) ~ to score a big suc-cess (*od.* hit) (*colloq.*); er versuchte, einen Blick zu ~ he tried to catch her eye. – **III L~** *n* ⟨-s⟩ 8. *verbal noun.* – 9. *cf.* Lan-dung.

'**Land,en·ge** *f geogr.* neck of land, isthmus (*scient.*).

'**Lan·de,pfad** *m aer.* flare path, landing lane. — **~,pi·ste** *f cf.* Landebahn. — **~,plan** *m mil.* landing schedule. — **~,platz** *m* 1. *aer.* landing field (*od.* ground). – 2. *mar.* landing (place), wharf, quay.

'**Län·der|,an,lei·he** *f econ.* (*in der BRD*) Länder (*od.* Laender) bond, loan issued by the Länder (*od.* Laender). — **~,ebe·ne** *f pol.* Länder (*od.* Laender) level: auf ~ at Länder (*od.* Laender) level.

Län·de'rei·en *pl* 1. grounds, domain *sg.* – 2. *jur.* land *sg.* – 3. *hist.* (*eines Feudalherrn etc*) dominion *sg.*

'**Län·der|,elf** *f* ⟨-; *no pl*⟩ (*sport*) *cf.* Natio-nalelf. — **~,gier** *f cf.* Ländersucht. — **~,kam·mer** *f* (*in der DDR*) Länder (*od.* Laen-der) Chamber (*a representative assembly*). — **~,kampf** *m* (*sport*) 1. *cf.* Länderspiel. – 2. international competition: der ~ der Turner von Deutschland und Italien the gymnastic competition between Ger-many and Italy, the competition between Germany's and Italy's gymnasts. — **~,kun·de** *f* geography: spezielle ~ regional geography. — **~,kund·lich** *adj* relating to geography, geographical. — **~,mann·schaft** *f* (*sport*) *cf.* Nationalmann-schaft. — **~,mit·tel** *pl econ. cf.* Landes-mittel. — **~,na·me** *m* name of the country. — **~,rat** *m pol.* (*in Deutschland*) Council of the Länder (*od.* Laender) (*1945—1949*). — **~,re,gie·rung** *f cf.* Landesregie-rung 1. — **~,spiel** *n* (*sport*) international match: das ~ zwischen Deutschland und England the match between Germany and England. — **~,steu·er** *f econ.* (*in der BRD*) tax imposed by the Länder (*od.* Laen-der). — **~,sucht** *f pol.* thirst for the acqui-sition of new territory, expansionist policy. — **~ver,fas·sun·gen** *pl* (*in der BRD*) Constitutions of the Länder (*od.* Laender).

'**Land·er,zie·hungs,heim** *n ped.* country boarding school, boarding school in the country.

'**Lan·des|,ab,ga·ben** *pl econ. cf.* Landes-steuer. — **~,amt** *n* administrative office (of a Land): statistisches ~ statistics office (of a Land); ~ für Denkmalspflege office for the preservation of monuments (of a Land). — **~,an,ge,hö·rig·keit** *f cf.* Staats-angehörigkeit. — **~,ar,beits,amt** *n* Re-gional Labor Office (*Br.* Labour Exchange). — **~,ar·beits·ge,richt** *n jur.* Higher Labor (*bes. Br.* Labour) Court. — **~ar-**

,**chiv** *n* (*in der BRD*) archives *pl* (of a Land). — **~,art** *f* custom of the country. — **~,auf,nah·me** *f geogr.* 1. survey of land, land (*od.* topographic) survey. - 2. (*Dreiecksaufnahme*) triangulation. – 3. (*von Großbritannien u. Irland*) Ordnance Survey. — **~,aus,gleichs,amt** *n econ.* (*in der BRD*) Equalization of Burdens Of-fice (of a Land). — **~,bank** *f* national bank. — **~,be,fe·sti·gung** *f mil.* permanent fortification (of a country). — **~,be,hör·de** *f pol.* (*in der BRD*) (the) authorities *pl* (of a Land), Land authority. — **~,bi·schof** *m relig.* (*in Deutschland*) *head of the Protestant Church* (of a Land). — **~,blin·den,an,stalt** *f* (*in der BRD*) Institute for the Blind (of a Land). — **~,brauch** *m cf.* Landesart. — **~,büh·ne** *f* (*theater*) re-gional theater (*bes. Br.* theatre).

'**Lan·de,schlei·fe** *f aer.* landing circle.

'**Lan·des|,denk,mal,pfle·ger** *m cf.* Landes-konservator. — **~,ei·gen** *adj pol.* (*in der BRD*) owned by a Land: ~e Versuchsanstalten Bayerns research stations owned by (the Land of) Bavaria. — **~,ent,wick·lungs,plan** *m cf.* Landesplanung. — **~,er,zeug·nis** *n cf.* Landesprodukt. — **~,far·ben** *pl* 1. national colors (*bes. Br.* colours). – 2. (*in der BRD*) colors (*bes. Br.* colours) (of a Land). — **~,feind** *m* enemy (of a country). — **~,fern,wahl** *f tel.* long-distance dial(l)ing system. — **~,flag·ge** *f* 1. national flag. – 2. (*in der BRD*) flag (of a Land). — **~,flucht** *f* flight from a country. — **~,flüch·tig** *adj* fleeing the country: der ~e Verbrecher the criminal fleeing (*od.* who has fled) the country; der Verbrecher ist ~ the criminal has fled the country. — **~,frei·hei·ten** *pl hist. rights of territorial entities in the Middle Ages created by the sovereign's privileges.* — **~,fürst** *m hist. cf.* Landesherr. — **~,ge,mein·de** *f pol. cf.* Landsgemeinde. — **~,ge,richt** *n jur.* 1. (*in der BRD*) court (of a Land). – 2. (*in Österreich*) Provincial court. — **~,ge,schich·te** *f* history (of definite geograph-ical areas). — **~,ge,setz** *n pol.* 1. law of the land, municipal law: den ~en nicht unterworfen sein not to be subject to the law of the land, to be exterritorial; einen Spion nur nach ~en bestrafen to punish a spy only under municipal laws. - 2. (*in der BRD*) law (of a Land). — **~,gren·ze** *f* national border, frontier (of a country). — **~,haupt,kas·se** *f econ.* 1. Paymaster's office. – 2. (*in der BRD*) Central Finance Office (of a Land). — **~,haupt,mann** *m pol.* 1. (*in Österreich*) head of the government (of a Province). – 2. *hist.* (*in Preußen*) head of a self-admin-istering province. — **~,haupt,stadt** *f* 1. (*in der BRD*) capital (of a Land): die ~ von Bayern ist München Munich is the capital of Bavaria. – 2. (*in Österreich*) Provincial capital. — **~,herr** *m hist.* sover-eign, prince. — **L~,herr·lich** *adj hist.* re-lating to the sovereign (*od.* prince): ~e Verfügung decree issued by the sover-eign. — **~,herr·lich·keit** *f cf.* Landes-hoheit. — **~,herr·schaft** *f hist. territory ruled by a German sovereign* (*od. prince*). — **~,ho·heit** *f* sovereignty. — **~,hym·ne** *f* national anthem. — **~,in·ne·re** *n* interior of a country (*od.* region), inland, up-country (*Br.* up country): im ~n (*od.* Lan-desinnern) wohnen to live up-country (*od.* inland), to be an inlander; ins ~ gehen to go (*od.* move) up-country (*od.* inland, up-ward). — **~,in·nungs,ver,band** *m econ.* (*in der BRD*) Craftsmen's Association (of a Land). — **~,kas·se** *f econ.* (*in der BRD*) Finance Office (of a Land). — **~,kennt·nis** *f* knowledge of a country. — **~,kind** *n meist pl obs.* subject, native (of a country). — **~,kir·che** *f relig.* 1. territorial (established) church. – 2. (*in Deutschland*) Protestant Church (of a Land). — **~,kon·ser,va·tor** *m head of the administrative office for the preservation of works of art* (of a Land). — **~,kre,dit,an,stalt** *f econ.* credit institution (of a Land).

'**Lan·des·kul,tur** *f agr.* land (*od.* soil) im-provement. — **~,plan** *m* program (*bes. Br.* programme) for the preservation, improve-ment, and reclamation of land. — **~,po·li,tik** *f* policy relating to the preservation, improve-ment, and reclamation of land.

'**Lan·des,kun·de** *f* ⟨-; *no pl*⟩ *ped.* areal

studies *pl.* — **l~,kun·dig** *adj* knowledge-able about a region. — **l~,kund·lich** [-,kuntlıç] *adj relating to the geography, history, and institutions of a country.* — **~,li·ste** *f pol.* (*in der BRD*) list of party can-didates of a Land: über die ~ in den Bundes-tag kommen to be returned to the Bundes-tag by the list of party candidates; der Kan-didat war auf der ~ abgesichert the can-didate was backed by the list of party can-didates. — **~,mei·ster** *m* (*sport*) national champion. — **~,mi,ni·ster** *m pol.* Minister in a Land Government. — **~,mit·tel** *pl econ.* (*in der BRD*) 1. funds of a Land. – 2. grants by a Land government. — **~,mut·ter** *f* 1. *hist.* a) (*Herrscherin*) sovereign (princess, queen), b) (*Frau des Landesherrn*) wife of the sov-ereign (*od.* prince). – 2. *colloq.* a) wife of the (Federal) President, *Am.* First Lady, b) (*in der BRD*) wife of a min-ister-president. — **~,ob,rig·keit** *f pol.* au-thorities *pl* (*od.* government) of a coun-try. — **~,pfle·ge** *f* preservation and in-crease of the national resources (of a coun-try). — **~,pla·nung** *f pol.* country planning, *bes. Br.* town and country planning. — **~,po·li,zei** *f* (*in der BRD*) police force (of a Land). — **~,pro,dukt** *n econ.* native (*od.* home, domestic, inland) product: ~e inland produce *sg.* — **~,rat** *m pol.* (*in Österreich*) member of the government (of a Province). — **~,recht** *n* 1. law of the land, municipal law: Völkerrecht bricht ~ international law breaks municipal law. - 2. (*in der BRD*) law of a Land: Bundesrecht bricht ~ Federal law breaks the laws of a Land. — **~,re,gie·rung** *f pol.* 1. (*in der BRD*) government of a Land: die ~ von Hessen the government of (the Land of) Hesse. - 2. (*in Österreich*) Pro-vincial government. — **~,re,li·gi,on** *f hist. relig.* religion of a country: zur Zeit der Re-formation bestimmte der Landesherr die ~ during the Reformation Period the sover-eign decided what the religion of the country was (to be). — **~,ren·ten,bank** *f econ.* (*in der BRD*) Land Mortgage Bank. — **~,sit·te** *f cf.* Landesart. — **~,so·zi,al·ge,richt** *n jur.* (*in der BRD*) Higher Social Court. — **~,spra·che** *f* national language, language of a country, vernacular. — **~,steu·er** *f econ.* (*in der BRD*) tax which is collected by a Land. — **~,straf,recht** *n jur.* penal laws *pl* of a Land. — **~,syn,ode** *f relig.* (*in Deutschland*) Synod of the Prot-estant Churches of the Länder (*od.* Laender).

'**Lan·de,steg** *m cf.* Landungssteg.

'**Lan·des,teil** *m* part of a country: im nörd-lichen ~ in the northern part of the country.

'**Lan·de,stel·le** *f cf.* Landeplatz.

'**Lan·des|,thea·ter** [-,te,a:tər] *n* (*theater*) re-gional theater (*bes. Br.* theatre). — **~,tracht** *f* national costume.

'**Lan·de,strahl** *m aer.* landing beam.

'**Lan·des,trau·er** *f* public (*od.* national) mourning: ~ anordnen to order public mourning.

'**Lan·de|,strecke** (*getr.* -k·k-) *f aer.* landing run. — **~,strei·fen** *m* landing strip, airstrip.

'**lan·des,üb·lich** *adj* national, customary in a country: ein ~er Brauch a national cus-tom; der ~e Gruß hier the greeting cus-tomary in this country.

'**Lan·des|,va·ter** *m* 1. *hist.* (*Herrscher*) sov-ereign, prince, father of the people. – 2. *colloq.* a) (*einer Nation*) (Federal) Presi-dent, b) (*in der BRD*) minister-president. — **~,ver,mes·sung** *f cf.* Landesauf-nahme 1, 2. — **~,ver,rat** *m jur. pol.* (high) treason, parricide (*lit.*). — **~,ver,rä·ter** *m* traitor to one's country, parricide (*lit.*). — **l~,ver,rä·te·risch** *adj* traitorous to one's country, treasonable, parricidal (*lit.*): ~e Konspiration parricidal conspiracy, con-spiracy traitorous to one's country. — **~,ver,samm·lung** *f pol. hist.* (*in Deutsch-land*) constituent assembly. — **~,ver,si-che·rungs,amt** *n jur.* (*in der BRD*) Land Social Insurance Board. — **~,ver,si·che·rungs,an,stalt** *f* Land Social Insurance Institution. — **~,ver,tei·di·gung** *f pol.* 1. (*Gesamtverteidigung*) national defence (*Am.* defense). – 2. (*Verteidigung des Nationalterritoriums*) home defence (*Am.* defense). — **~,ver,wal·tung** *f* (*in der BRD*) administration (of a Land). — **~,ver,wal·tungs·ge,richt** *n jur.* admin-istrative court of a Land: das ~ Nieder-sachsen the Administrative Court of

Lower Saxony. — ~ver‚wei·sung f 1. expulsion (od. removal) from a country. – 2. (eines Landfremden) deportation. – 3. jur. banishment. — ~ver‚we·ser m hist. regent. — l~ver‚wie·sen adj ⟨attrib⟩ 1. expelled (od. removed) from a country. – 2. (Landfremder) deported. – 3. jur. banished. — ~ver‚wie·se·ne m, f ⟨-n; -n⟩ 1. expellee. – 2. (Landfremder) deportee. – 3. jur. banished person. — ~wäh·rung f econ. national currency, currency of a country. — ~wap·pen n her. 1. coat of arms (of a country). – 2. (in der BRD) coat of arms (of a Land): das ~ Bayerns the coat of arms of Bavaria. — ~zeit f zone time. — ~zen‚tral‚bank f econ. (in der BRD) Land Central Bank. — ~zins‚fuß m national rate of interest.

'Lan·de|‚trieb‚werk n (space) (der Mondfähre) lunar module engine. — ~ver‚bot n aer. prohibition to land. — ~ver‚fah·ren n landing (od. letdown, Br. let-down) procedure. — ~vor‚her‚sa·ge f aer. meteor. landing (weather) forecast. — ~‚wei·ser m ⟨-s;-⟩ aer. landing-direction indicator. — ~‚win·kel m landing angle. — ~‚zei·chen n landing signal. — ~‚zeit f landing time, time of arrival. — ~‚zo·ne f landing zone.

'Land|‚fahr‚zeug n land vehicle. — l~‚fein adj only in sich ~ machen (von Matrosen) to spruce oneself up for shore leave. — ~‚flucht f sociol. rural exodus, migration of the rural population into the towns. — l~‚flüch·tig adj cf. landesflüchtig. — ~‚flug‚zeug n aer. landplane. — ~‚form f 1. geol. landform. – 2. bot. (von Wasserpflanzen) terrestrial form. — ~‚fracht f econ. land carriage (bes. Am. freight). — ~‚frau f countrywoman. — l~‚fremd adj not knowing the country, foreign: ein ~er Reisender a travel(l)er who does not know the country, a stranger to the country. — ~‚frie·de(n) m hist. (in Deutschland) prohibition (od. restriction) of feuds. — ~‚frie·dens‚bruch m jur. breach (od. violation) of (the) public peace. — ~‚funk m (radio) agricultural program (bes. Br. programme), broadcast for farmers. — ~‚gang m mar. 1. gangway. – 2. (Urlaub) shore leave. — ~ge‚biet n, ~‚ge·gend f rural area. — ~‚geist·li·che m relig. country parson (od. clergyman). — ~ge‚mein·de f 1. pol. rural community (Am. township). – 2. relig. rural parish. — ~ge‚nos·sen‚schaft f econ. rural cooperative (Br. co-operative).

'Land·ge‚richt n jur. Landgericht, (German) regional court.

'Land·ge‚richts|di‚rek·tor m jur. presiding judge of the criminal (od. civil) chamber of a 'Landgericht'. — ~prä·si‚dent m chief judge of a 'Landgericht'. — ~‚rat m associate judge of a 'Landgericht'.

'Land|ge‚win·nung f (land) reclamation, reclamation of land. — ~‚graf m hist. landgrave. — ~‚grä·fin f landgravine. — ~‚graf‚schaft f landgraviate. — ~‚gut n country (od. landed) estate, countryseat, Br. country-seat, manor. — ~‚halb‚ku·gel f geogr. land hemisphere. — ~‚haus n country house, villa, (kleines) cottage. — ~‚hecht m zo. golden skink (Scincus auratus). — ~‚heer n mil. cf. Landstreitkräfte. — ~‚heim n ped. cf. Schullandheim. — ~‚in·ne·re n cf. Landesinnere. — ~‚jä·ger m 1. obs. gendarme. – 2. gastr. a kind of hard sausage, Am. landjaeger. — ~‚ju·gend f young people pl from rural areas, rural youth. — ~‚jun·ker m hist. (country) squire. — ~‚kai·man m zo. cf. Krokodilteju. — ~‚kärt·chen n (Tagfalter) 1. least tortoise-shell, map butterfly (Araschnia levana). – 2. buckeye (Precis lavinia).

'Land‚kar·te f 1. map: auf keiner ~ verzeichnet unmapped, uncharted. – 2. zo. map-cowry (auch -cowrie) (Cypraea mappa).

'Land‚kar·ten|‚flech·te f bot. map lichen, rhizocarp (scient.) (Rhizocarpon geographicum). — ~‚schild‚krö·te f zo. map turtle (od. terrapin) (Graptemys geographica). — ~‚tu·te f orange-stamper (od. -admiral) (Conus aurisiacus). — ~‚zeich·ner m mapper, cartographer. — ~‚zun·ge f med. geographic tongue.

'Land|‚ken·nung f mar. landfall. — ~‚kind n country-bred person. — ~‚kli·ma n meteor. continental climate. — ~‚krab·be f zo. lower (od. sand) crab (Fam. Gecarcinidae): Gemeine ~ common land crab, tourluru (Gecarcinus ruricola). — ~‚kreis m pol. rural district. — ~‚krieg m mil. land

warfare, war(fare) on land. — ~‚kriegs‚ord·nung f pol. Land Warfare Convention: die Haager ~ the Hague Land Warfare Convention (1899). — ~‚kriegs‚recht n rules pl of land warfare. — l~‚kun·dig adj cf. landeskundig. — l~‚läu·fig adj common, current, customary, generally accepted: eine ~e Meinung [Redensart] a common opinion [saying]; im ~en Sinne in the generally accepted meaning. — ~‚le·ben n country (od. rural) life.

'Länd·ler ['lɛntlər] m ⟨-s; -⟩ mus. ländler: Tiroler ~ Tyrolienne.

'Land‚leu·te pl countrypeople, countryfolk. 'länd·lich ['lɛntlɪç] adj 1. rural: ~er Bezirk [Tanz] rural district [dance]; ~e Einsamkeit [Stille, Gegend, Umgebung] rural seclusion [tranquil(l)ity, area, surroundings pl]; das ~e Leben rural life. – 2. (bäuerisch) rustic, countrified, auch countryfied: ~e Einfachheit rustic simplicity. – 3. (idyllisch) rural; pastoral, bucolic (lit.): eine ~e Szene a rural scene, a pastoral. – 4. econ. rural, agricultural: ~e Genossenschaft rural cooperative. — 'Länd·lich·keit f ⟨-; no pl⟩ 1. rurality, ruralism, rural character. – 2. rusticity. – 3. rurality, pastorality (lit.).

'länd·lich-'sitt·lich adj meist iron. untouched by civilization, unsophisticated: dort geht es noch recht ~ zu the area is still largely untouched by civilization.

'Land|‚luft f country air. — ~‚macht f pol. land power. — ~‚mäd·chen n country girl, girl from the country. — ~‚mann m ⟨-(e)s; -leute⟩ lit. countryman, farmer, husbandman, peasant, tiller. — ~‚mar·ke f bes. mar. landmark. — ~ma‚schi·ne f tech. agricultural machine. — ~‚mas·se f geol. landmass. — ~‚mes·ser m obs. (land) surveyor. — ~‚mes·sung f cf. Landesaufnahme. — ~‚mil·be f zo. moss mite, oribatid (scient.) (Oberfam. Oribatoidea). — ~‚mi·ne f mil. land mine. — ~‚nah·me f ⟨-; no pl⟩ conquest (and settlement) of a country. — ~‚pacht f lease (od. tenancy) of land. — ~‚päch·ter m tenant (od. lessee) of land, tenant farmer. — ~‚par‚tie f excursion (od. outing) (in)to the country, Am. junket. — ~‚pfar·re f relig. country parsonage. — ~‚pfar·rer m relig. cf. Landgeistliche. — ~‚pflan·ze f bot. terrestrial plant. — ~‚pfle·ger m Bibl. governor. — ~‚pla·ge f 1. plague, scourge: die Heuschrecken sind in diesem Jahr eine wahre ~ the locusts are a real plague this year. – 2. fig. colloq. humor. nuisance, pest, plague: manchmal bist du eine richtige ~ you are a real pest sometimes. — ~po·li‚zei f rural police (Br. auch constabulary). — ~po·me‚ran·ze f colloq. contempt. country wench. — ~‚post f rural post (bes. Am. mail). — ~‚ras·se f zo. landrace.

'Land‚rat m ⟨-(e)s; ⁻e⟩ pol. 1. (in der BRD) District Administrator. – 2. (in der Schweiz) legislative body of certain cantons.

'Land‚rats‚amt n (in der BRD) (Rural) District Office.

'Land|‚rat·te f colloq. humor. landlubber, land(s)man. — ~‚raub‚tier n zo. fissiped (Unterordng Fissipedia). — ~‚recht n jur. hist. (im Mittelalter) common law (as opposed to prerogatives). — ~‚re·gen m continuous (od. widespread, steady) rain: wir haben wieder einen richtigen ~ it is raining continuously again, there's a steady rain again. — ~‚rei·se f (overland) journey. — ~‚rich·ter m jur. associate judge at a 'Landgericht'. — ~‚rücken (getr. -k·k-) m geol. ridge of land. — ~sa·la‚man·der m zo. salamander (Gattg Salamandra). — ~‚sas·se m hist. freeholder. — l~‚säs·sig adj hist. mediate: ~ machen to mediatize.

'Land·schaft f ⟨-; -en⟩ 1. landscape, countryside, scenery: düstere [öde, tropische, weite] ~ somber (bes. Br. sombre) [waste, tropical, open] landscape; eine herrliche [malerische] ~ a(a) marvel(l)ous [picturesque] landscape; der Ort ist von wunderschöner ~ umgeben the place is surrounded by beautiful scenery; das Gebäude paßt sich der ~ gut an (od. ordnet sich in die ~ ein) the building fits well into the landscape; den Charakter der ~ erhalten to preserve the character of the countryside; die ~ verschandeln to disfigure (od. mar, spoil) the countryside. – 2. (Gegend) country: durch die ~ fahren to travel through the country. – 3. (Gebiet) province, district, region. – 4. bes. (art) (Landschaftsbild)

landscape (scene): eine idealisierte [realistische] ~ an idealized [a realistic] landscape; ~en malen to paint landscapes; eine ~ von Constable a landscape by Constable. – 5. fig. (in Wendungen wie) die gegenwärtige politische ~ the current political scenery.

'Land·schaf·ter m ⟨-s; -⟩ cf. Landschaftsmaler.

'land·schaft·lich I adj 1. scenic: ~e Reize [Schönheiten] scenic attractions [beauties]. – 2. geogr. pertaining to a landscape (od. to part of a country). – 3. ling. (Ausdruck etc) regional. – II adv 4. scenically, as far as the landscape (od. countryside, scenery) is concerned: diese Gegenden sind ~ sehr verschieden these areas are scenically very different from one another. – 5. ling. regionally: der Gebrauch dieses Wortes ist ~ verschieden the usage of this word varies from region to region.

'Land·schafts|ar·chi‚tekt m cf. Landschaftsgestalter. — ~ar·chi‚tek·tur f cf. Landschaftsgestaltung. — ~‚auf‚nah·me f phot. landscape photo(graph), scenic. — ~‚bild n 1. natural scenery, (characteristic) landscape: die Erhaltung des ~es the preservation of the natural scenery. – 2. (art) landscape (scene od. painting). — ~cha‚rak·ter m character (od. nature) of a landscape (od. countryside). — ~‚film m scenic film, bes. Am. scenic. — ~‚gar·ten m landscape garden. — ~‚gärt·ner m landscape gardener. — ~‚gärt·ne‚rei f landscape gardening. — ~ge‚stal·ter m landscape architect. — ~ge‚stal·tung f landscape architecture. — ~‚ma·ler m landscape painter, landscapist. — ~ma·le‚rei f landscape painting. — ~‚pfle·ge f, ~‚schutz m preservation (od. safeguarding) of the countryside. — ~‚schutz·ge‚biet n (natural) preserve.

'Land|‚schild‚krö·te f zo. land tortoise (od. turtle), testudo (scient.) (Fam. Testudinidae). — ~‚schin·ken m gastr. country(-cured) ham. — ~‚schlag m zo. cf. Landrasse. — ~‚schna·bel‚tier n spiny anteater, echidna (scient.) (Fam. Echindidae). — ~‚schnecke (getr. -k·k-) f land snail, slug, pl limacidae (scient.). — ~‚schrei·ber m (in der Schweiz) head clerk of the chancery (of a rural canton). — ~‚schu·le f ped. rural (od. country) school. — ~‚schul‚heim n cf. Schullandheim. — ~‚schul‚leh·rer m teacher at a rural school. — ~‚sei·te f landside. — ~‚sen·ke f geol. depression.

'Land·ser ['lantsər] m ⟨-s; -⟩ mil. colloq. ordinary soldier, private, Am. GI.

'Lands·ge‚mein·de f pol. (in der Schweiz) annual assembly of the citizens of a canton.

'Land‚sitz m countryseat, Br. country-seat, country house (od. estate, residence).

'Lands‚knecht m mil. hist. lansquenet, mercenary: wie ein ~ fluchen colloq. to swear like a trooper.

'Lands‚mann m ⟨-(e)s; -leute⟩ (fellow) countryman, compatriot: er ist mein ~, er ist ein ~ von mir he is a compatriot of mine; was für ein ~ sind Sie? where (od. what country) do you come from? — 'Lands‚män·nin f ⟨-; -nen⟩ (fellow) countrywoman, (woman) compatriot.

'Lands‚mann·schaft f (in der BRD) 1. association of refugees (coming) from the same region: die Pommersche ~ the Association of Pomeranians. – 2. association of students (coming) from the same country or region.

'Land|‚spit·ze f geogr. headland, cape, naze, point (of land), promontory. — ~‚stadt f 1. country town. – 2. town (od. city) under the jurisdiction of the sovereign. — ~‚stän·de pl hist. 1. estates of the country. – 2. provincial diet sg, provincial legislature sg. — ~‚stra·ße f 1. highway, bes. Br. highroad, main (od. trunk) road, Am. auch pike: an der ~ (gelegen) by the road; auf der ~ on the road. – 2. country road (od. lane). — ~‚strei·cher m 1. tramp, vagabond, Am. auch hobo, Am. colloq. bum. – 2. jur. vagrant. — ~‚strei·che‚rei f ⟨-; no pl⟩ 1. vagabondage. – 2. jur. vagrancy. — ~‚strei·fen m strip of land. — ~‚streit‚kräf·te pl mil. land forces. — ~‚strich m region, district, zone, tract (of land). — ~‚stu·fe f geol. escarpment.

'Land‚sturm m mil. hist. landsturm, home reserves pl, third-line troops pl, veteran (auch territorial) reserve, Br. Territorial

Reserve. — **~ˌmann** m member of the land-sturm.

'**Landˌtag** m **1.** pol. (in der BRD) diet, parliament of a Land: der Bayerische ~ the Bavarian Parliament, the Parliament (od. Diet) of (the Land of) Bavaria. – **2.** hist. (the) Representative Assembly.

'**Landˌtagsǀˌabˌgeˌordˌneˌte** m, f ⟨-n; -n⟩ pol. (in der BRD) member of a diet, member of the parliament of a Land: die Bayerischen ~n the members of the Bavarian Parliament (od. Diet). — **~ˌabˌschied** m hist. recess of a provincial diet. — **~ˌsitzung** f (in der BRD) session of the parliament of a Land, meeting of members of a diet.

'**Landǀˌtechˌnik** f agr. agricultural (od. rural) engineering. — **~terˌrasˌse** f geol. land terrace, benchland. — **~ˌtier** n animal living on land, terrestrial animal. — **~ˌtransˌport** m land carriage, carriage by land. — **~ˌtrupˌpen** pl mil. land forces, ground forces (od. troops). — **lˌumˌschlosˌsen** adj geogr. landlocked, Br. land-locked.

'**Lanˌdung** f ⟨-; -en⟩ **1.** cf. Landen. – **2.** aer. (eines Flugzeugs, einer Sonde etc) landing, touchdown, Br. touch-down: eine glatte [weiche] ~ a smooth [soft] landing; ~ mit Bodensicht contact landing; harte ~ a) hard landing, b) (space) (Aufschlag) impact landing; ~ auf dem Meer (space) splashdown; zur ~ ansetzen to come in to land; eine ~ ausführen [durchführen, einleiten] to carry out [to execute, to prepare for] a landing; ein Flugzeug zur Landung zwingen to force a plane down, to force a plane to land. – **3.** mar. (eines Schiffes etc) landing. – **4.** mil. (von Truppen etc) landing, disembarkation, disembarkment.

'**Lanˌdungsǀˌabˌteiˌlung** f mil. landing party. — **~ˌbaˌke** f aer. mar. approach beacon. — **~ˌbrücke** (getr. -k·k-) f mar. **1.** (Schiffsanlege-stelle) landing stage. – **2.** cf. Landungssteg. – **3.** (einer Fähre) ferry bridge. – **4.** (einer Eisenbahnfähre) trainway. — **~ˌfahrˌzeug** n mil. **1.** cf. Landungsboot. – **2.** cf. Landungs-schiff. — **~geˌschwinˌdigˌkeit** f landing speed. — **~komˌmanˌdo**, **~ˌkorps** n cf. Landungstrupp. — **~ˌmast** m aer. (für Luftschiffe) mooring mast (od. tower). — **~ˌnetz** n (in der Fischerei) tuck net. — **~ofˌfiˌzier** m mil. beachmaster. — **~ˌplatz** m cf. Landeplatz. — **~ˌscheinˌwerˌfer** m aer. landing floodlight. — **~ˌschiff** n mil. landing ship. — **~ˌsteg** m mar. gangway, gangboard, gangplank. — **~ˌstelˌle** f cf. Landeplatz 2. — **~ˌstreitˌkräfˌte** pl mil. landing forces. — **~ˌtrupp** m landing party (od. force). — **~ˌtrupˌpen** pl landing troops. — **~unˌterˌnehˌmen** n landing operation. — **~verˌsuch** m landing attempt.

'**Landǀˌurˌlaub** m mar. shore leave, (weniger als 48 Stunden) liberty. — **~verˌkehr** m traffic on land, land traffic. — **~verˌmesˌser** m land surveyor. — **~verˌmesˌsung** f land surveying (od. survey). — **~ˌvoˌgel** m zo. land bird. — **~ˌvogt** m hist. (im deutschen Sprachgebiet) landvogt. — **~ˌvogˌtei** f bailiffship (od. bailiwick) of a landvogt. — **~ˌvolk** n countryfolk, rural folk. — **~ˌwanˌze** f zo. land- (od. air-)bug, geocores pl (Gruppe Gymnocerata). — **~ˌwaˌrenˌhaus** n country store. — **lˌwärts** adv **1.** landward(s), toward(s) the land: ~ gelegen situated landward. – **2.** mar. home: ~ steuern to stand in; ~ gehen (von Wind, Strömung) to set in. — **~-'Wasˌserˌflugˌzeug** n aer. amphibian, amphibious plane (Br. auch aeroplane, Am. auch airplane). — **~ˌweg** m **1.** country road, lane. – **2.** ⟨only sg⟩ land: auf dem ~e reisen to travel by land, to travel overland; etwas auf dem ~e verschicken to send s.th. by land. — **~ˌwehr** f mil. hist. **1.** (bes. in Deutschland u. Österreich) landwehr. – **2.** (bes. in Großbritannien u. den USA) militia, fencibles pl, Br. auch Home Guard. – **3.** (Grenzbefestigung) line of fortification. — **~ˌwein** m homegrown wine. — **~ˌwind** m land breeze (od. wind). — **~ˌwirt** m agr. **1.** farmer, husbandman, auch agriculturalist, agriculturist. – **2.** (Wissenschaftler) agriculturalist, agriculturist. — **~ˌwirtin** f farmer's wife. — **~ˌwirtschaft** f ⟨-; no pl⟩ **1.** agriculture, husbandry, farming: praktische ~ practical agriculture. – **2.** (landwirtschaftlicher Besitz) farm: wir haben außer der Fabrik noch etwas ~ apart from the factory we have a small

farm. — **lˌwirtˌschaftˌlich** adj agricultural, farm(ing) (attrib), rural, agrarian: ~e Bauten rural buildings; ~e Betriebsfläche [~es Betriebssystem] farming area [system]; ~e Genossenschaft [Hochschule, Rentenbank] agricultural cooperative (Br. co-operative) (society) [college, mortgage bank]; ~e Nutzfläche area fit for agricultural use; ~e Produktionsgenossenschaft DDR agricultural production cooperative; ~e Geräte farm equipment sg.

'**Landˌwirtˌschaftsǀˌamt** n agr. Board of Agriculture. — **~ˌausˌschuß** m agricultural committee. — **~ausˌstelˌlung** f agricultural show (od. exhibition). — **~ˌbank** f (co-operative, Br. co-operative) agricultural bank. — **~ˌbeiˌrat** m farmers' advisory committee. — **~beˌtrieb** m agricultural enterprise. — **~geˌbäuˌde** n agricultural building, farmhouse. — **~geoˌgraˌphie** f agricultural geography. — **~geˌsetz** n jur. agricultural law. — **~inˌstiˌtut** n agr. Institute of Agriculture. — **~ˌjahr** n farm(ing) year. — **~ˌkamˌmer** f Chamber of Agriculture. — **~konˌfeˌrenz** f agricultural conference, conference on agriculture. — **~ˌkreˌdit** m farm (od. agricultural) loan. — **~ˌkunˌde** f husbandry, science of land cultivation, geoponics pl (construed as sg) (scient.). — **~ˌlehˌre** f agricultural science. — **~ˌlehˌrer** m teacher of agriculture. — **~ˌmesˌse** f agricultural fair. — **~miˌnisˌter** m Minister of Agriculture, Am. Secretary of Agriculture. — **~miˌniˌsteˌriˌum** n Ministry of Agriculture, Br. Ministry of Agriculture, Fisheries and Food, Am. Department of Agriculture. — **~plaˌnung** f agricultural planning. — **~ˌrecht** n jur. agricultural law (od. legislation). — **~ˌschuˌle** f ped. agricultural school. — **~ˌwisˌsenˌschaft** f agricultural science.

'**Landǀˌzunˌge** f geogr. spit, headland, tongue (of land), auch cape: sandige ~ sandspit. — **~zuˌteiˌlung** f allocation (od. grant) of land: staatliche ~ (in Amerika) land grant. — **~zuˌwachs** m jur. accretion. — **~ˌzwang** m jur. hist. (acts pl of) terror.

lang [laŋ] **I** adj ⟨-̈er; -̈st⟩ **1.** (räumlich) long: ~e Arme long arms; ~e Hosen trousers, bes. Am. long pants; ein ~es Abendkleid a long evening dress (od. gown); eine ~e Straße a long road; die längste Brücke der Welt the world's longest bridge; einen ~en Brief schreiben to write a long letter; die Haare (od. das Haar) ~ tragen to wear one's hair long; die Haare ~ wachsen lassen to let one's hair grow; sich (dat) den Mantel länger machen lassen to have one's overcoat made longer (od. lengthened); sich ~ machen fig. colloq. to stretch oneself (out); einen ~en Hals machen to crane (od. stretch) one's neck; ein ~es Gesicht machen (od. ziehen) fig. colloq. to pull a sulky (od. long) face; j-m eine ~e Nase machen (od. drehen) fig. to make a long nose (od. to thumb one's nose) at s.o., to cock a snook at s.o. (colloq.); ~e Finger machen fig. colloq. a) to pinch (od. pilfer), b) to be light-fingered; eine ~e Leitung haben fig. colloq. to be slow on the uptake; mit ~er Nase abziehen fig. colloq. to go away with a long face; der Anschlag war von ~er Hand vorbereitet fig. the plot was carefully prepared; etwas auf die ~e Bank schieben fig. to shelve s.th., to put s.th. aside (od. into cold storage); auf ~e Sicht planen fig. to plan well in advance; am längeren Hebel sitzen fig. to be in a stronger position; mit ~en Zähnen essen fig. colloq. to pick at one's food. – **2.** (bei Maßangaben nachgestellt) long: einen Finger ~ one finger long, (of) the length of one (od. a) finger; der Bindfaden ist 90 cm ~ the string is 90 centimeters (bes. Br. centimetres) long (od. in length); dieser Bindfaden ist (um) einen Meter länger this (piece of) string is one meter (bes. Br. metre) longer (od. longer by one meter); das neue Band ist noch einmal (od. doppelt) so ~ wie das alte the new string is twice as long as the old one; der Raum ist nur vier Meter ~ und drei Meter breit the room is only four meters (bes. Br. metres) long and three meters wide, the room is only four meters (bes. Br. metres) by three; gleich ~ sein to be equally long, to be equal in length. – **3.** colloq. (hochgewachsen) tall: sie ist eine ~e Bohnenstange (od. Hopfenstange, Latte) she is as tall as a bean pole (od. beanstalk); er ist so ~ wie dumm he is as tall as he is

stupid; sie ist so breit wie ~ she is as broad as she is tall; er fiel hin so ~ er war he fell down (at) full length, he measured his length; jetzt sind wir so ~ wie breit fig. colloq. now we are none the wiser for it; → Laban; Lulatsch. – **4.** (zeitlich) long: ein ~er Aufenthalt [Besuch, Winter] a long (od. an extended) stay [visit, winter]; er war ~e Jahre krank he was ill for many years; seit [nach] ~en Jahren for [after] many years; ein Jahr ist ~ a year is long (od. a long time); er ist nach langer (od. längerer) Krankheit verstorben he died after a long (od. protracted) illness; ein ~es Sterben a languishing death; der ~en Rede kurzer Sinn fig. the long and the short of it, in a word, in short, to cut a long story short; zehn ~e Stunden ten long hours; er faulenzt den lieben ~en Tag he is lazy all day long (od. the livelong day, the whole blessed day); nach ~er Überlegung after long consideration (od. reflection), after much thought; eine längere Reise machen to go on a rather long journey; sie war (eine) ~e Zeit verreist she was away for a long time; für (eine) längere Zeit verreisen to go on a journey for a prolonged period (of time); in nicht allzu ~er Zeit a) before long, in the not too distant future, b) in a rather short time, rather quickly; ziemlich ~ longish; seit ~er Zeit, seit ~em for a long time; seit wie ~er Zeit how long, since what time; ich habe sie vor ~em (od. ~er Zeit) einmal getroffen I met her once a long time ago; vor nicht (allzu) ~er Zeit not too long ago; vor ~er Zeit a long time ago, Am. colloq. auch (a)way back; vor längerer Zeit sometime ago; ihr wird die Zeit ~ she finds time hanging heavy on her hands; die Tage werden wieder länger the days are drawing out (od. getting longer); über kurz oder ~ sooner or later; → Atem 1. – **5.** ling. metr. (Vokale etc) long. – **6.** (radio) (Welle) long. – **7.** Wechsel auf ~e Sicht econ. long-termed (od. long-sighted) bill of exchange. – **8.** gastr. (Suppe etc) watered(-down), diluted. – **II** adv **9.** (räumlich) long: die Straße zieht sich ~ hin the road extends over a long distance; der Weg zum Gipfel zog sich ~ hin fig. the path to the summit seemed never ending. – **10.** (bei Maßangaben nachgestellt) for: die Grenze verlief drei Meilen ~ neben der Straße the frontier ran along the road for three miles. – **11.** Northern G. colloq. (entlang) along: er ging die Straße ~ he walked along the road. – **12.** (der Länge nach) (at) full length: er lag ~ ausgestreckt da he lay stretched out full length. – **13.** (zeitlich) long, long time: ~ ersehnte Hilfe long hoped-for (od. long-desired) help; ~ anhaltender Beifall [Regen] long (od. sustained, prolonged) applause [rain]; ~ entbehrter Regen long-missed rain; ~ entbehrte Freuden pleasures long done without; ein ~ gehegter Wunsch a long-cherished (od. ~ fond) wish; der Brief war ~(e) unterwegs the letter took a long time to come; ich bin ~(e) unterwegs gewesen I have been away for a long time; laß dich doch nicht ~(e) bitten! come on, get on with it! er ließ sich nicht ~(e) bitten he did not want much asking; er braucht aber ~(e) für den kurzen Weg it takes him quite a long time to cover that short distance; der Winter dauerte ~(e) the winter lasted a long time; es dauerte nicht ~(e), bis er kam it wasn't long until he came; die Verhandlungen zogen sich ~(e) hin the negotiations dragged on endlessly; ~(e) leben [schlafen] to live [to sleep] long; er wird nicht ~(e) leben he is not long for this world (od. life); du brauchst nicht ~(e) (zu) warten you needn't (od. don't have to) wait long; da kannst du (noch) ~(e) warten colloq. you may whistle for it; ich kann nicht länger warten I cannot wait any longer; da dachte nicht erst ~(e) nach he did not stop (od. take the trouble) to think; einen Tag länger one day longer (od. more); länger als eine Woche (for) more than a week, over a week; je länger, je lieber the longer the better; er blieb länger als wir he stayed longer than we (did); länger leben als j-d to outlive (od. live longer than) s.o.; etwas ~ und breit erzählen colloq. to tell s.th. in great detail; sich ~ und breit (od. des ~en und breiten) über (acc) etwas auslassen to enlarge on (od. upon) s.th. at length; das ist (schon)

~(e) her (*od.* vorbei) that was (*od.* happened) a long time ago; das ist noch nicht ~(e) her that was not too long ago, that was only a short time ago; es ist schon ~(e) her, seit ich zuletzt dort war it has been a long time since I was last there; ~(e) hin a long time yet; ~(e) bevor er kam long before he came; nicht ~(e) danach (*od.* darauf) not long after(ward[s]) (*od.* thereafter); nicht ~(e) davor (*od.* vorher) not long before; ~(e) nach Mitternacht long after (*od.* well past) midnight; bis ~(e) nach Mitternacht to the small hours, until well past midnight; das reicht ~(e) (aus) that goes a long way; das hat noch ~(e) Zeit that can wait, there is still a lot of time for that; sie ist noch ~(e) nicht fertig she is far from (being) ready; es ist noch ~(e) nicht fertig it won't be finished for a long time; was fragst du erst noch ~(e)? why do you ask at all? what good does your asking do? wenn er noch ~(e) so weitermacht, wird er krank if he carries (*od.* goes) on like this much longer (*od.* if he doesn't mend his ways) he'll be taken ill; das weiß ich (schon) ~(e) I have known it all along (*od.* for a long time); das habe ich schon ~(e) kommen sehen I have seen that coming for a long time; ich habe es schon ~(e) gemerkt I noticed it long ago; ich habe es schon länger gemerkt I have noticed it for some time (past) now; das hättest du schon ~(e) sagen sollen you ought to have said (*od.* told) that long ago; er ist schon ~(e) tot he has been dead (for) a long time; ist sie schon ~(e) hier? has she been here long? warte so ~, bis wait until; ich bleibe so ~ wie möglich I'll stay as long as possible; bleib nicht so ~(e) (fort) don't be long; mach nicht so ~(e) don't dawdle; wie ~(e) noch? how much longer? how long yet? wie ~(e) dauert es noch? how long is it going to last yet? wie ~(e) lernen Sie schon Deutsch? how long have you been learning German? wie ~(e) soll ich denn noch warten? a) how much longer am I supposed to wait? b) how much longer do you want me to wait? j-n ~(e) warten lassen to let s.o. cool his heels; → machen 18. – 14. (*bei Zeitangaben nachgestellt*) for, *auch* long: ich kenne ihn schon viele Jahre ~ I have known him for many years; drei Jahre ~ (for) three years; einige Zeit ~ for some time; er schläft den ganzen Tag ~ he sleeps all day long; die ganze Woche ~ all week long; → Leben 6. – 15. *colloq.* (*bei weitem*) (*in Wendungen wie*) es reicht ~(e) genug it is enough and to spare; das ist (für uns) ~(e) genug that is quite sufficient (for us), that is more than enough (for us); das ist ~(e) gut genug (für ihn) that is certainly good enough (for him); das ist noch ~(e) nicht alles that is by no means all (*od.* everything), that is far from being all; du bist ~(e) nicht so alt wie ich you are not nearly as old as I am; das ist noch ~(e) nicht genug that is not nearly enough; es ist ~(e) nicht so gut wie it is not half as good as; das ist ~(e) nicht so schlimm wie es aussieht that is not by a long way as bad as it looks; hier ist es ~(e) nicht so schön wie zu Hause it's not nearly as nice here as at home; es ist noch ~(e) nicht sicher, daß it is anything but certain that; das ist noch ~(e) kein Beweis that is by no means a proof; das ist noch ~(e) nicht die Hälfte that is not nearly half (of it).

'**Lang,ar·bei·ter** *m* long-shift worker. — ~,arm,af·fe *m zo.* gibbon (*Fam. Hylobatidae*). — l~,är·me·lig [-,ʔɛrməlɪç] *adj* (*Hemd etc*) long-sleeved, with long sleeves. — l~,ar·mig [-,ʔarmɪç] *adj tech.* (*Hebel, Zange etc*) long-armed. — l~,ärm·lig [-,ʔɛrmlɪç] *adj cf.* langärmelig. — ~,as·sel *f zo.* pit-slater (*Fam. Idotheidae*).

'**lang,at·mig** [-,ʔaːtmɪç] **I** *adj* long-winded, long-drawn-out (*attrib*), *auch* long-drawn, lengthy, wordy, prolix (*lit.*): ~e Reden führen to make long-winded speeches; eine ~e Geschichte a long-drawn-out story. – **II** *adv* long-windedly, lengthily, wordily. — '**Lang,at·mig·keit** *f* ⟨-; *no pl*⟩ long-windedness, lengthiness, wordiness; prolixity, prolixness (*lit.*).

'**Lang|,bein** *n colloq. humor.* spindleshanks *pl* (*construed as sg or pl*) (*colloq.*). — ~,bein,flie·ge *f zo.* long-legged fly (*Fam. Dolichopodidae*). — l~,bei·nig [-,baɪnɪç] *adj* with long legs, long-legged. — ~er Vogel longlegs *pl* (*construed as sg or pl*).

Lang·bei·nit [laŋbaɪˈniːt; -ˈnɪt] *m* ⟨-s; -e⟩ *min.* langbeinite.

'**lang|,blät·te·rig**, ~,blätt·rig *adj bot.* long-leaved.

'**Lang,bo·gen** *m mil. hist.* longbow. — ~,pfeil *m* flight arrow.

'**Lang|,boot** *n mar.* longboat. — l~,dau·ernd *adj* long(-lasting): ~e Verhandlungen long(-drawn-out) negotiations. — ~duo,dez *n print.* long twelves *pl* (*od.* twelvemo).

'**lan·ge** *adv cf.* lang 13, 15.

'**Lan·ge** *m, f* ⟨-n; -n⟩ *colloq.* tall (*od. Am. colloq.* lengthy) person.

Län·ge [ˈlɛŋə] *f* ⟨-; -n⟩ **1.** ⟨*only sg*⟩ (*räumlich*) length: die ~ einer Straße [Strecke] the length of a road [distance]; ein Fluß von 100 km ~ a river 100 kilometers (*bes. Br.* kilometres) in length; ein Zimmer mit einer ~ von fünf Metern und einer Breite von drei Metern a room five meters (*bes. Br.* metres) in length and three meters in breadth; ein Gummiband in die ~ ziehen to stretch an elastic (*od.* a rubber) band; Bretter auf zwei Meter ~ schneiden to cut boards up into two meter (*bes. Br.* metre) lengths; ein Brett der ~ nach durchsägen to saw a board lengthwise (*od.* lengthways); etwas der ~ nach hinlegen to put s.th. down lengthwise (*od.* lengthways, longwise, longways). – **2.** ⟨*only sg*⟩ (*von Personen*) length: eine solche ~ habe ich noch nie gesehen I have never seen anyone quite so tall; er reckte sich in seiner ganzen ~ auf he drew himself up to his full height; ich lag plötzlich der ~ nach (*od.* in meiner ganzen ~) im Schnee suddenly I was (*od.* lay) flat out (*od.* on my back) in the snow; der Junge wächst (*od. colloq.* geht) mehr in die ~ als in die Breite the boy is growing like a beanpole; er schießt in die ~ *fig. colloq.* he is spindling (*od.* shooting up); → hinfallen 1; hinschlagen 2. – **3.** ⟨*only sg*⟩ (*von Büchern, Listen etc*) length: „Krieg und Frieden" ist ein Roman von beträchtlicher ~ "War and Peace" is a novel of considerable length; das Interview wurde in seiner vollen ~ abgedruckt the interview was printed at full length. – **4.** ⟨*only sg*⟩ (*zeitlich*) length: die ~ einer Winternacht [eines Sommertages] the length of a winter night [summer day]; die ~ der Aufführung [des Vortrags] the length of the performance [lecture]; auf die ~ gesehen ist das richtig from a long--range point of view this is correct; auf die ~ ertrug ich das nicht I couldn't (*od.* wasn't able to) take that (for) long; die Verhandlungen zogen sich in die ~ the negotiations dragged (on *od.* along); der Weg zieht sich in die ~ the road stretches endlessly; der Winter zieht sich in die ~ winter is passing very slowly (*od.* seems to linger); eine Erzählung in die ~ ziehen to draw (*od.* spin) out a story. – **5.** (*Weitschweifigkeit*) dull (*od.* tedious) passage, longueur (*lit.*): das Stück hat viele ~n (*od.* weist viele ~n auf) the play is full of longueurs; in dem Film kam es zu einigen ~n the film had some tedious passages. – **6.** (*sport*) length: das Pferd siegte mit mehreren ~n Vorsprung the horse won by several lengths; das Boot hat eine halbe ~ Vorsprung the boat is ahead by half a length; das Feld wurde um einige ~n abgeschlagen the field was beaten by several lengths. – **7.** ⟨*only sg*⟩ *geogr.* longitude: geographische ~ geographical (*od.* terrestrial) longitude: Berlin liegt auf dem dreizehnten Grad östlicher ~ Berlin lies on the thirteenth degree (*od.*) Eastern longitude, the longitudinal position of Berlin is thirteen degrees East. – **8.** *ling. metr.* a) (*einer Silbe*) long, b) (*eines Vokals*) length: dieser Versfuß besteht aus einer ~ und zwei Kürzen this foot consists of one long and two shorts. – **9.** *mus.* (*eines Tones*) length.

'**län·ge,lang** *adv* (at) full length: → hinfallen 1; hinschlagen 2.

lan·gen [ˈlaŋən] *colloq.* **I** *v/t* ⟨h⟩ **1.** (*darreichen*) reach, give, hand: ~ Sie mir bitte meinen Hut would you (kindly) reach me my hat, please; lang mir doch bitte einen Teller aus dem Schrank would you fetch me a plate out of the cupboard, please? er langte ihm eine (Ohrfeige) *fig. colloq.* he fetched (*od.* pasted) him one (*colloq.*); eine gelangt kriegen *fig. colloq.* to get a box on the ear. – **2.** (*greifen*) get, take:

---

er langte einen Brief aus seiner Tasche he took a letter out of his pocket, he produced a letter from his pocket; er langte das Buch vom Regal he took the book from the shelf; er langte ein Formular aus der Schublade he took a form out of the drawer; er langte ihn sich (*dat*) und prügelte ihn durch *fig.* he grabbed hold of him and gave him a good thrashing; den werde ich mir schon ~ *fig.* I'll haul him over the coals, I'll tell him what's what, I'll give him a (good) piece of my mind. – **II** *v/i* **3.** (*greifen*) (nach) reach (out) (for, after), stretch (for): nach einem Buch [einer Waffe] ~ to reach for a book [weapon]; in die Tasche ~ to put one's hands in one's pocket(s. – **4.** (*reichen*) reach: das Kleid langt ihr kaum bis zum Knie the dress hardly reaches (down) to her knees; ich kann nicht so weit ~ I cannot reach so far; ich kann nicht bis zur Decke [auf den Schrank] ~ I cannot reach the ceiling [the top of the cupboard]. – **5.** (*genügen*) be enough, be sufficient, suffice: 100 Mark ~ one hundred marks will be enough (*od.* will do); mit 100 Mark langt er nicht weit he won't get far with one hundred marks, one hundred marks won't take him far (*od.* last him long); damit wird er nicht ~ he won't be able to manage on that; damit langt man schon ein paar Tage that will do for a couple of days; der Rest langt gerade noch für ein Kleid the rest is just sufficient (*od.* enough) for a dress; mir langt es (*od.* langt's)! a) (*genügt es*) I have had enough, that will do for me, b) *fig.* I am sick of (*od.* fed up with) that; jetzt langt mir's (*od.* langt's mir) aber now I have had enough of that, that's enough of that, that does it; bei ihm langt's nicht weit *fig.* he is a bit dense (*od.* a bit of a dunce).

län·gen [ˈlɛŋən] *v/t* ⟨h⟩ **1.** *bes. tech.* lengthen, extend, stretch, elongate. – **2.** *mar.* (*Tau*) lengthen, stretch. – **3.** *gastr.* a) (*Suppe etc*) lengthen, thin (*od.* water) (down), b) (*Teig*) roll out, c) (*Wein*) dilute.

'**Län·gen|,aus,deh·nung** *f* linear dimension (*od.* extension). — ~,be,stim·mung *f geogr.* longitude determination, determination of longitudinal position. — ~,ein·heit *f* unit of length. — ~,grad *m geogr.* **1.** degree of longitude. – **2.** (*Längenkreis*) meridian. — ~,kreis *m cf.* Längengrad 2. — ~,maß *n* **1.** measure of length, length (*od.* linear) dimension. – **2.** *tech.* (*Meßgerät*) length ga(u)ge. — ~,mes·sung *f* measurement of length, linear measurement.

'**Län·gen,un·ter,schied** *m* **1.** difference in length (*od.* linear extension). – **2.** *geogr.* (*zweier Orte*) meridional distance. – **3.** *mar.* (*bei der gegißten Besteckrechnung*) difference of longitude.

län·ger [ˈlɛŋər] *comp of* lang.

'**län·ger,fri·stig** [-,frɪstɪç] *adj u. adv econ.* at longer term, at relatively long term, covering a relatively long period: ~ gebundene Gelder und Darlehen monies and loans taken at relatively long term.

Lan·ger·hanssch [ˈlaŋər,hansʃ] *adj* ⟨*attrib*⟩ ~e Inseln *med.* islets (*od.* islands) of Langerhans.

'**Län·ge,strich** *m ling.* (*über Vokalen*) macron.

Lan·get·te [laŋˈgɛtə] *f* ⟨-; -n⟩ (*textile*) scallop: mit ~n verzieren *cf.* langettieren.

Lan·get·ten,stich *m* (*textile*) overcast stitch.

lan·get·tie·ren [laŋgɛˈtiːrən] *v/t* ⟨*no ge-*, h⟩ scallop. — **Lan·get'tie·rung** *f* ⟨-; *no pl*⟩ scalloping.

Lan·ge·wei·le [ˈlaŋə,vaɪlə; ˌlaŋəˈvaɪlə] *f* ⟨-; *no pl*⟩ boredom, tedium, ennui (*lit.*): tödliche ~ deadly boredom; ~ haben to be (*od.* feel) bored, to have time on one's hands; vor ~ (*od.* Langerweile) einschlafen to go to sleep out of boredom; vor ~ (*od.* Langerweile) umkommen (*od.* sterben) *colloq.* to perish (*od.* die) of boredom, to be bored to death (*od.* to tears); sie tut es aus ~ (*od.* Langerweile) she does it to while the time away (*od. colloq.* to kill time); j-m die ~ vertreiben to help s.o. pass the time, to amuse s.o.; sie plagt die ~ she's plagued by boredom.

'**Lang|,fa·den** *m bot.* quisqualis (*Gattg Combretum*). — l~,fa·se·rig *adj* long-fibered (*bes. Br.* -fibred), long-stapled. — ~,fes·sel *f hunt.* jess(e). — ~,fin·ger *m colloq.* thief, pickpocket, pilferer, pincher:

die ~ der Stadt the light-fingered gentry sg. — **l~fin·ge·rig** [-ˌfɪŋərɪç] adj **1.** long-fingered. – **2.** fig. colloq. light- (od. nimble)-fingered. — **~fin·ner** [-ˌfɪnər] m ⟨-s; -⟩ zo. **1.** cf. Langflosser. – **2.** tuna (Thunnus thynnus). — **~flos·ser** [-ˌflɔsər] m ⟨-s; -⟩ zo. long-finned fish. — **l~flos·sig** [-ˌflɔsɪç] adj (Fisch) long-finned, macropterous (scient.). — **l~flü·ge·lig** [-ˌflyːɡəlɪç] adj **1.** (Vogel) long-winged, longipennate (scient.). – **2.** (Insekt) macropterous. — **~flü·gel·pa·pa,gei** m brown-necked parrot (Gattg Poicephalus). — **~flüg·ler** [-ˌflyːɡlər] m ⟨-s; -⟩ **1.** long-winged bird, longipennate (scient.). – **2.** (Insekt) macropteran. — **l~flüg·lig** [-ˌflyːɡlɪç] adj cf. langflügelig. — **~fräs·ma,schi·ne** f tech. manufacturing-type milling machine: leistungsstarke ~ planer-type milling machine, plano-miller.

lang,fri·stig [-ˌfrɪstɪç] **I** adj **1.** (Verhandlungen etc) long-term (attrib). – **2.** econ. (Liefervertrag etc) long-term (attrib), long-dated, long, durable: ~e Schatzanweisung Br. exchequer bond, Am. treasury bond; ~e Schuldverschreibung long-term bond; ~e Verbindlichkeit (od. Verpflichtung) long-term liability (od. obligation); ~er Wechsel long(-dated) bill (od. draft). – **3.** meteor. (Wettervorhersage) long-range (attrib). – **II** adv **4.** on a long-term basis: Kapital ~ anlegen to make a long-term investment. — **Lang,fuß** m zo. **1.** stilt(bird), auch stilt plover (Himantopus himantopus). – **2.** cf. Stelzenläufer 2. — **l~fü·ßig** adj **1.** long-footed. – **2.** zo. macropodous, macropodal: ein ~es Tier a macropod. — **lang,ge,dehnt** adj stretched (od. spread out) extensively. — **~ge,schwänzt** adj zo. cf. langschwänzig. — **~ge,stielt** adj bot. long-stalked. — **~ge,streckt** adj (Gebäude, Gebirgszug etc) long-stretched(-out). — **~ge,streift** adj vertically striped. — **~ge,zo·gen** adj long-drawn-out (attrib): schriller, ~er Schrei a) shrill long-drawn cry, b) (bes. des Brachvogels) wheeple. — **Lang,haar** n ⟨-(e)s; no pl⟩ zo. long-haired feline (od. canine) race. — **~dackel** (getr. -k·k-) m long-haired dachshund. — **lang,haa·rig** adj **1.** (Pelz, Tier etc) long-haired: die ~e Rasse fig. colloq. the female sex. – **2.** bot. zo. crinite. – **3.** (textile) a) long-pile (attrib), brushy, shaggy, b) (Seide) flossy, c) (Baumwolle) long-staple (attrib). — **~hal·sig** [-ˌhalzɪç] adj long-necked. — **L~haus** n arch. cf. Langschiff 1. — **Lang,holz** n (wood) **1.** long trunks pl. – **2.** (Aderholz) grain-wood. — **~wa·gen** m **1.** auto. trunk transport car, bes. Br. timber transporter. – **2.** (railway) trunk waggon (bes. Am. wagon), Am. lumber car. — **Lang,horn** n zo. longhorn: Langhörner (Insekten) nematocera, longicorns. — **~bie·ne** f hoop bee (Gattg Eucera). — **Lang,horn,bock** m zo. longhorn beetle (Gattg Acanthocinus). — **~flie·ge** f ichneumon fly (Loxocera ichneumonea). — **lang,hör·nig** [-ˌhœrnɪç] adj zo. long-horned; nematocerous, longicorn (scient.): ~es Rind (od. Tier) longhorn. — **Lang,horn,mot·te** f zo. longhorn moth (Fam. Adelidae). — **~mücke** (getr. -k·k-) f longhorn gnat (Gattg Macrocera). — **Lan·git** [laŋˈɡiːt; -ˈɡɪt] m ⟨-(e)s; -e⟩ min. langite. — **lang,jäh·rig** adj **1.** (Mitarbeiter etc) of many years' standing: er ist ein ~er Freund von mir he has been a friend of mine for many years. – **2.** (Forschungsarbeit etc) of many years, many years' (attrib): ~e Erfahrung haben to have many years' experience; nach ~en Experimenten after many years of experimenting; nach ~em Zusammenleben trennten sie sich after they had been living together for many years they finally separated. – **3.** (Vertrag etc) long-standing (attrib), of long duration. — **Lang,kä·fer** m zo. primitive weevil, brentid (scient.) (Fam. Brenthidae). — **l~ke·ge·lig** adj (Muschel) longicone. — **Lang,kopf** m anthrop. longhead, dolichocephal (scient.). — **Lang,köp·fer** [-ˌkœpfər] pl dolichocephals, auch dolichocephali. — **lang,köp·fig** [-ˌkœpfɪç] adj longheaded, dolichocephalic (scient.): ~er Mensch dolichocephal. — **Lang,köp·fig·keit** f ⟨-; no pl⟩ dolichocephaly, dolichocephalia. — **Lang,kra·gen** m zo. cf. Löffelente. — **Lang,lauf** m (sport) (beim Skilaufen) a) (Disziplin) cross-country running (od. racing),

langlauf, b) (Einzellauf) cross-country run (od. race), langlauf — **'Lang,läu·fer** m cross-country racer, langläufer. — **'Lang,lauf|,ski** m cross-country ski. — **~staf·fel** f cross-country relay.

lang,le·big [-ˌleːbɪç] adj **1.** (Rasse etc) long-lived, longeval, auch longaeval, macrobiotic (scient.): ein ~es Geschlecht a long-lived family; eine ~e Rasse a long-lived race. – **2.** nucl. long-life (attrib). – **3.** econ. (Güter) durable, long-lived. — **'Lang,le·big·keit** f ⟨-; no pl⟩ med. biol. longevity, macrobiosis (scient.). — **'lang,le·gen** v/reflex ⟨sep, -ge-, h⟩ sich ~ colloq. have (od. take) a lie-down (od. nap, rest): nach der Arbeit muß er sich erst einmal ~ after work he has to have a lie-down. — **'Lang,lei·ne** f mar. (Grundleine in der Fischerei) boulter, longline, setline, trawl line. — **läng·lich** [ˈlɛŋlɪç] adj **1.** (Schachtel etc) oblong. – **2.** (Gesicht) long(-drawn), oval. – **3.** (Blätter etc) elongate(d), lance-oblong, lanceolate (scient.). – **4.** min. macrotypous. — **~rund** adj **1.** (oval) oval(-shaped). – **2.** bot. oblong-ovate, ovato-oblong. — **'lang,lie·gen** v/i ⟨irr, sep, -ge-, h u. sein⟩ colloq. cf. langlegen. — **'Lang,loch** n tech. oblong (od. elongated, slotted) hole, slot. — **'lang,lo·chen** v/t ⟨insep, -ge-, h⟩ a) slot, b) dado. — **'Lang,loch,fräs·ma,schi·ne** f slot milling machine. — **'Lang,mut** f ⟨-; no pl⟩ forbearance, patience, (bei Provokation) auch long-suffering: gegen j-n ~ üben to show forbearance (od. indulgence) toward(s) s.o., to be patient with s.o.; verwechsle meine ~ nicht mit Schwäche don't mistake my patience for weakness. — **'lang,mü·tig I** adj forbearing, patient, (bei Provokation) auch long-suffering. – **II** adv patiently, with forbearance. — **'Lang,mü·tig·keit** f ⟨-; no pl⟩ cf. Langmut. — **'Lang,na·del,kie·fer** f bot. Georgia (od. broom) pine (Pinus palustris). — **'Lang,na·se** f zo. **1.** long-nosed African locust (Gryllus nasutus). – **2.** Asiatic gurnard (Trigla asiatica). — **'Lang,na·sen|chi,mä·re** f long-nosed ratfish (Fam. Rhinochimaeridae). — **~fle·der,maus** f javelin bat (od. lance) (Phyllostoma hastatum). — **~Rat·ten,kän·gu·ruh** n true rat kangaroo, potoruh (scient.) (Potorous tridactylus). — **'lang,na·sig** [-ˌnaːzɪç] adj bes. zo. long-nosed. — **Lan·go·bar·de** [laŋɡoˈbardə] m ⟨-n; -n⟩ hist. Langobard, Longobard, Lombard. — **lan·go'bar·disch** adj Langobardic, Longobardic, Lombard. — **'Lang,ohr** m colloq. humor. **1.** (Esel) jackass, donkey: Meister ~ Master Long-ears. – **2.** a) (Hase) hare, b) (Kaninchen) rabbit. — **'lang,oh·rig** [-ˈʔoːrɪç] adj zo. long-eared, macrotous (scient.). — **'Lang,ohr|,Son·nen,barsch** m zo. long-eared sunfish (Lepomis megalotis). — **'Lang,pferd** n (sport) (beim Turnen) vaulting (bes. Am. long) horse. — **~rohr,ge,schütz** n mil. long(-barrel[l]ed) gun. — **~rüß·ler** m zo. bee fly (Fam. Bombyliidae). — **längs** [lɛŋs] **I** prep ⟨gen, auch dat⟩ **1.** alongside, by the side of: ~ des Flusses alongside the river; ~ dem Wege by the side of the path. – **2.** mar. ~ der Küste alongshore; dicht ~ der Küste hinfahren to skirt (od. hug) the coast. – **II** adv **3.** lengthwise, lengthways, longitudinally: etwas ~ trennen to divide s.th. lengthwise. — **'Längs|,ach·se** f **1.** tech. longitudinal axis. – **2.** auto. roll axis. — **~ader** f zo. ray: mit gleichlaufenden ~n parallel-veined. — **'lang,sam I** adj **1.** slow: er ist ~ (bei der Arbeit) he is slow at work, he is a slow worker, he's a slow coach (bes. Am. slowpoke) (colloq.); ein ~er Walzer a slow waltz; sein Puls wurde ~er his pulse became slower; ich wurde ~er, um den anderen Wagen überholen zu lassen I slowed down to let the other car overtake (me); seine Genesung machte nur sehr ~e Fortschritte his recovery was very slow, his recovery proceeded at a very slow pace; bei ~em Tempo at a slow speed. – **2.** (geistig) slow (on the uptake od. of comprehension), slow-witted, dull. – **3.** (träge) sluggish. – **4.** (schwerfällig) heavy, plodding. – **5.** phys. slow. – **II** adv **6.** slowly:

~ reden a) to speak slowly, b) to be slow of speech, to drawl; ~er gehen to slacken one's pace; die Lokomotive fuhr ~er the locomotive slowed down; etwas ~ braten to roast s.th. over a low flame, to slow-roast s.th.; ~ fahren! slow! immer (schön) ~! colloq. not so fast! take it easy! er macht ~ Fortschritte he is slowly making progress; ein ~ wirkendes Gift a slow poison; er wird sich ~ aber sicher zu Tode trinken slowly but surely he will drink himself to death; er kommt ~er voran als sie he gets on more slowly (od. less quickly) than she; der Baum wächst sehr ~ the tree is a slow grower. – **7.** (allmählich) gradually: ein ~ ansteigender Weg a gradually ascending path; ~ steigende Preise creeping prices; es wurde ~ hell it gradually became day; du gehst mir ~ auf die Nerven colloq. you are gradually getting on my nerves; das wird mir ~ zu bunt (od. viel)! colloq. I have just about had enough of that! es wird ~ Zeit für uns colloq. it's about time for us to go, it's about time we went; es wurde ja auch ~ Zeit! colloq. it was about time. – **8.** mus. slow, tardo, lentamente. – **9.** mar. ~! ease her! ~ voraus [zurück]! slow ahead [astern]! — **'Lang·sa·mer,wer·den** n slackening. — **'Lang·sam·keit** f ⟨-; no pl⟩ **1.** slowness. – **2.** (geistige) slowness, slow-wittedness, dull(l)ness. – **3.** (Trägheit) sluggishness. – **4.** (Schwerfälligkeit) heaviness. — **'Längs|,auf,riß** m tech. longitudinal view. — **~bal·ken** m civ.eng. stringer, longitudinal (od. fore-and-aft) beam. — **'Lang,schä·del** m anthrop. cf. Langkopf. — **'lang,schä·de·lig** [-ˌʃɛːdəlɪç] adj cf. langköpfig. — **'Lang,schäf·ter** [-ˌʃɛftər] pl high (od. top) boots. — **'lang,schäf·tig** [-ˌʃɛftɪç] adj (Stiefel) high, top (attrib). — **'Lang,schan,huhn** [ˈlaŋʃan] n zo. langshan. — **'Lang|,schiff** n **1.** arch. (einer Kirche) nave. – **2.** mar. hist. (der Wikinger) long ship. — **~schlä·fer** m late riser, lie-abed, slugabed. — **~schna·bel** m zo. **1.** long-billed bird, longiroster (scient.). – **2.** long-billed American cuckoo (Cuculus vetula). – **3.** humor. (Schnepfe) snipe. — **~schna·bel,fisch** m long-nosed butterfly fish (Forcipiger longirostris). — **l~schnä·be·lig** [-ˌʃnɛːbəlɪç] adj long-billed (od. -beaked), longirostrate (scient.). — **~schna·bel,igel** m long-beaked echidna (Zaglossus bruijnii). — **~schnäb·ler** [-ˌʃnɛːblər] pl longirostra. — **~schnau·zen·del,phin** m Amazonian dolphin (Inia geoffroyensis). — **~schö·ßig** [-ˌʃøːsɪç] adj (Jacke etc) long-tailed. — **~schrift** f longhand. — **l~schu·rig** [-ˌʃuːrɪç], **l~schü·rig** [-ˌʃyːrɪç] adj (Wolle) long-staple(d). — **'Lang|,schwanz** m zo. a) long-tailed animal (od. bird), b) grenadier, rattail, Br. rat-tail (Fam. Macruridae): Langschwänze Macrura (Ordng Decapoda). — **l~schwän·zig** [-ˌʃvɛntsɪç] adj long-tailed; longicaudal, longicaudate, macrurous (scient.). — **'Lang,schwanz|kat·ze** f zo. margay, long-tailed (od. Wied's) tiger cat (Felis wiedi). — **~krebs** m macruran: (ein) ~ crayfish, crawfish. — **~pa·pa,gei** m parakeet, ara (Fam. Psittacinae). — **'Lang,schwel·le** f **1.** (railway) stringer. – **2.** (beim Wasserbau) juffer, longitudinal sill, capping beam, ridge-beam. — **'Längs|,ein,schnitt** m longitudinal incision. — **~feu·er** n mil. (Artillerie) enfilade fire. — **l~ge,streift** adj **1.** bes. zo. striped lengthwise, taeniate (scient.). – **2.** her. paly. — **'lang,sil·big** [-ˌzɪlbɪç] adj consisting of (od. having) a long (od. heavy) syllable. — **'Längs|,la·ge** f med. (des Fetus) longitudinal (od. polar) presentation. — **~len·ker** m auto. longitudinal control arm. — **~li·nie** f **1.** bot. streak. – **2.** mittlere ~ des Rückens zo. dorsimeson. — **~pferd** n (sport) (beim Turnen) vaulting (bes. Am. long) horse. — **'Lang,spiel|,band** n electr. long-playing tape. — **~plat·te** f long-playing record, long-play(er), LP (colloq.). — **'Längs|,rich·tung** f **1.** longitudinal direction: in der ~ a) lengthwise, lengthways, b) mar. (eines Schiffes) fore and aft. — **~riß** m **1.** tech. a) (Materialfehler) longitudinal crack, b) (Zeichnung) longitudinal section. – **2.** mar. a) (Linienriß) sheer plan, b) (Außenansicht) outboard profile. — **l~schiffs** adv mar. fore and aft, longitudinally. — ~**schnitt** m longitudinal section: im ~ zeichnen to profile. — ~**schnitt,un·ter,su·chung** f psych. sociol. longitudinal testing. — ~**schott** n mar. fore-and-aft (od. longitudinal) bulkhead. — ~**schwel·le** f (railway) stringer. — ~**schwel·ler** m auto. (einer Karosserie) doorstep. — ~**sei·te** f **1.** (eines Hauses etc) long side. — **2.** (eines Daches) (long) pane. — **3.** mar. (eines Schiffes) broadside. — **I** ~**seit(s)** mar. **I** prep ⟨gen⟩ alongside: ~ des Schiffes alongside the ship; sich ~ eines Schiffes legen to lay aboard a ship. — **II** adv alongside: die Barkasse kam ~ the launch came alongside; sich ~ legen von to lay aboard; ~ gehen to go alongside.

längst [lɛŋst] **I** sup of lang I. — **II** adv **1.** long (ago): ich hatte ihn ~ erkannt I had recognized him long before; ihr solltet ~ schlafen you should have been asleep for hours; ~ vergangene Tage bygone days; ein ~ spürbarer Mangel a long-felt want (od. need); das Geld ist ~ überfällig the money is long overdue. — **2.** for a long time: das ist ~ bekannt that has been known for a long time (od. for ages); das ist ~ vorbei that's long past. — **3.** (in Wendungen wie) das ist ~ nicht die Hälfte that's not the half of it; das reicht ~ nicht aus that doesn't begin to suffice; du bist ~ nicht so alt wie ich you are not nearly as old as I (am); er ist ~ nicht so geschickt wie sie he is not nearly as clever as she is.

'Längs,tal n geogr. longitudinal valley.

'läng·stens adv **1.** (höchstens) at (the) most, at (the) longest: er kann ~ zwei Tage bleiben he can stay two days at (the) most. — **2.** (spätestens) at the latest: sie kommt in ~ drei Wochen she will arrive in three weeks at the latest.

'lang,stie·lig [-,ʃtiːlɪç] adj **1.** (Axt, Hammer etc) long-handled. — **2.** bot. (Rose etc) long-stalked, pedunculate(d) (scient.).

'Längs,trä·ger m **1.** tech. longitudinal girder (od. beam). — **2.** auto. (eines Fahrgestells) side rail (bes. Br. member). — **3.** aer. longeron spar.

'Lang,strecke (getr. -k·k-) f **1.** (sport) long distance. — **2.** mil. aer. long range.

'Lang,strecken|,bom·ber (getr. -k·k-) m aer. mil. long-range bomber. — ~**flug** m aer. long-distance (od. -range) flight. — ~**flug,zeug** n long-range aircraft. — ~**lauf** m (sport) a) (Disziplin) (long-)distance running, b) (Einzellauf) (long-)distance run. — ~**läu·fer** m (long-)distance runner. — ~**ra·dar** n mil. long-range radar. — ~**ra,ke·te** f long-range (ballistic) missile. — ~**re,kord** m (sport) long-distance record.

'Lang,streck·ler [-,ʃtrɛklər] m ⟨-s; -⟩ colloq. for Langstreckenläufer.

'Längs|,vor,schub m tech. (einer Werkzeugmaschine) longitudinal (bes. Br. sliding) feed. — ~**zug** m longitudinal traverse (od. travel), sliding motion.

Lan·gur [laŋ'guːr] m ⟨-s; -e⟩ zo. (hanuman) langur (Presbytis entellus).

Lan·gu·ste [laŋ'gustə] f ⟨-; -n⟩ zo. crayfish, crawfish, spiny lobster, rock-lobster (Palinurus vulgaris). — **lan'gu·sten,ar·tig** adj lobsterlike, palinuroid (scient.).

'Lang,wan·ze f zo. ching-bug (Fam. Lygaeidae).

'Lang,wei·le f ⟨-; no pl⟩ rare for Langeweile.

'lang,wei·len I v/t ⟨insep, ge-, h⟩ j-n ~ to bore s.o., to pall (up)on s.o.: er langweilt mich mit seinen Jagdgeschichten he bores me with his hunting stories, his hunting stories pall on me. — **II** v/reflex sich ~ be bored: sich zu Tode ~ to be bored to death (od. to tears, to extinction).

'Lang,wei·ler m ⟨-s; -⟩ colloq. **1.** bore, tiresome person. — **2.** slow person; slow coach, bes. Am. slowpoke (beide colloq.).

'lang,wei·lig adj **1.** (Arbeit, Angelegenheit etc) boring, tedious, dull, boresome: ist das ~! what a bore (colloq. od. sl. drag); ich finde Cocktailparties ~ I find cocktail parties boring; sie ist ziemlich ~ she is quite a bore; ein ~er Witz a dull (od. tame) joke; eine ~e Stadt a boring (od. dead) town, a dead-and-alive hole (colloq.); ein ~es Leben a tedious (od. humdrum) life (od. existence); das Buch ist ~ the book is a bore to read. — **2.** (Gegend etc) monotonous, bare. — **3.** (Farbe, Geschmack etc) insipid, pedestrian. — **4.** colloq. for langsam 1-4. —
'Lang,wei·lig·keit f ⟨-; no pl⟩ boringness, tediousness, dul(l)ness, ennui (lit.).

'Lang,wel·le f **1.** electr. (radio) long wave. — **2.** tech. auto. perch, pole.

'Lang,wel·len|be,reich m (radio) long-wave range. — ~**emp,fän·ger** m long-wave receiver. — ~**sen·der** m long-wave transmitter.

'lang,wel·lig adj phys. (radio) of long wave-length, long-wave (attrib).

'lang,wie·rig [-,viːrɪç] adj **1.** lengthy, protracted: eine ~e Operation a lengthy operation; ~e Verhandlungen protracted (od. long-drawn[-out]) negotiations. — **2.** obs. (endlos) unending, interminable. — **3.** (mühsam) tedious, wearisome: eine ~e Prozedur a tedious process. — **4.** med. (Krankheit) protracted, chronic. — **'Lang,wie·rig·keit** f ⟨-; no pl⟩ **1.** lengthiness, protractedness. — **2.** tediousness. — **3.** med. protractedness, chronicity.

'Lang|,wurm, 'Eng·li·scher m zo. sealong worm (Borlasia angliae od. Cordius marinus). — ~**wurz** f bot. cf. Gartenmelde. — ~**zei·le** f metr. long line. — ~**zeit-au·to,ma·tik** f (einer Filmkamera) (automatic) time exposure. — ~**züng·ler** [-,tsyŋlər] m ⟨-s; -⟩ zo. long-tongued fruit bat (Fam. Macroglossinae).

La·nio ['laːnio] m ⟨-s; -s⟩ zo. shrike, butcher-bird (Gattg Lanius).

La·ni'tal,fa·ser [lani'taːl-] (TM) f ⟨-; no pl⟩ (textile) lanital.

La·no·lin [lano'liːn] n ⟨-s; no pl⟩ chem. lanolin, auch lanoline, woolenet(te) fat, wool fat.

'Lan·sa,baum ['lanza-] m bot. lanseh, auch lansa, lansat, ayer-ayer (Lansium domesticum).

Lans·que·net [lɛskə'nɛ] (Fr.) m ⟨-; no pl⟩ (Kartenglücksspiel) lansquenet.

Lan·ta·na [lan'taːna] f ⟨-; no pl⟩ bot. lantana (Lantana camara). — **Lan'ta·nen,holz** n lantana wood.

Lan·than [lan'taːn] n ⟨-s; no pl⟩ nucl. chem. lanthanum (La). — **Lan·tha'nid** [-ta'niːt] n ⟨-(e)s; -e⟩ lanthanide.

Lan·tha'nit [lanta'niːt; -'nɪt] m ⟨-s; -e⟩ min. lanthanite.

la·nu·gi·nös [lanugi'nøːs] adj lanuginous, auch lanuginose.

La·nu·go [la'nuːgo] f ⟨-; -gines [-ginɛs]⟩ med. zo. lanugo.

Lan·ze ['lantsə] f ⟨-; -n⟩ mil. hist. lance, spear: fränkische ~ framea; kurze ~ demilance; scharfe [stumpfe] ~ sharp [rocket od. blunt(ed)] lance; mit der ~ nach j-m stechen to tilt at s.o.; etwas [j-n] mit der ~ angreifen to run (od. ride) atilt at (od. against) s.th. [s.o.]; für j-n eine ~ brechen (od. einlegen) fig. to break a lance (od. stand up, take up the cudgels) for s.o., Am. to go to bat for s.o.

'Lan·zen|,bre·chen n hist. cf. Lanzenstechen I. — ~**bre·cher** m tilter, jouster. — ~**fähn·chen, ~,fähn·lein** n mil. hist. lance-pennant, pennon, auch penon, pen(n)oncel, auch pennoncelle, (bes. eines Ritters) gonfalon, gonfanon. — ~**fisch** m zo. **1.** doctorfish, surgeonfish (Fam. Acanthuridae). — **2.** longnose lancet fish (Alepisaurus ferox). — ~**flag·ge** f mil. hist. lance-flag. — **I~,för·mig** adj **1.** lance- (od. spear-)shaped. — **2.** bot. cf. lanzettförmig. — ~**hieb** m tilt. — ~**ot·ter** f zo. fer-de-lance, rattailed (Br. rat-tailed) serpent, barba amarilla (scient.) (Bothrops atrox). — ~**rat·te** f spiny rat (Gattg Echimys). — ~**rei·ter** m mil. hist. lancer, uhlan. — ~**schaft** m shaft (of a lance), spear staff. — ~**schlan·ge** f zo. cf. Lanzenotter. — ~**spit·ze** f mil. hist. lance head, spearhead, lance-dart. — ~**ste·chen** n **1.** hist. joust(ing), tilting, tournament, tilt, spear running. — **2.** (sport) tilting (od. riding) at the quintain. — ~**stich, ~,stoß** m **1.** thrust of a lance, tilt. — **2.** wound inflicted by a lance. — ~**trä·ger** m lancer, lance-bearer, spearman, pikeman.

Lan'zett|be,steck n med. lancet-case. — **I~,blät·te·rig, l~,blätt·rig** adj bot. with lance-shaped (od. scient. lanceolate, auch lanceolated, lanceolar) leaves. — ~**bo·gen** m arch. lancet arch.

Lan·zet·te [lan'tsɛtə] f ⟨-; -n⟩ **1.** med. lancet: mit einer ~ öffnen to lance. — **2.** metall. (in der Gießerei) slicker.

Lan'zett,egel m zo. lancet (od. lesser liver) fluke (Dicrocoelium lanceolatum).

Lan'zett·en... cf. Lanzett...

Lan'zett|,fen·ster n arch. lancet window. — ~**fisch** m zo. **1.** surgeonfish, lancet fish,

---

wolffish, Br. wolf-fish (Alepisaurus aesculapius). — **2.** a) amphioxus (Branchiostoma lanceolatum), b) branchiostoma (Fam. Branchiostomidae). — ~**fisch·chen** n lancelet (Gattg Branchiostoma). — **I~,för·mig** adj bot. zo. spear- (od. lance-)shaped; lanceolate, auch lanceolated, lanciform, lanceolar (scient.).

lan·zi·nie·ren [lantsi'niːrən] v/i ⟨no ge-, h⟩ med. (von Schmerzen) lancinate.

Lao·ko·on [la'oːkoɔn] npr m ⟨-s; no pl⟩ myth. Laocoon.

La·pa·ro·to·mie [laparoto'miː] f ⟨-; -n [-ən]⟩ med. (Bauchschnitt) laparotomy.

la·pi·dar [lapi'daːr] adj **1.** (wuchtig) lapidary: ein ~er Stil a lapidary style. — **2.** (kurz u. bündig) terse.

La·pi·där [lapi'dɛːr] m ⟨-s; -e⟩ (watchmaking) lapidary's wheel (od. lathe).

La·pi·da·ri·um [lapi'daːrium] n ⟨-s; -rien⟩ **1.** collection of stone monuments. — **2.** lapidary (old book on lore of precious stones).

La·pi'dar|,schrift f lapidary writing. — ~**stil** m lapidary style.

La·pil·li [la'pɪli] pl geol. lapilli.

La·pis ['laːpɪs] m ⟨-; -pides [-pidɛs]⟩ min. cf. Lapislazuli. — ~**blau** n chem. cf. Lapislazuliblau. — ~**druck** m tech. (Zeugdruckerei) lapis style, reserve with mordants.

La·pis·la·zu·li [lapɪs'laːtsuli] m ⟨-; -⟩ min. (blauer Halbedelstein) lapis lazuli. — ~**blau** n chem. lapis lazuli blue, ultramarine.

Lap·pa·lie [la'paːliə] f ⟨-; -n⟩ colloq. fiddle-faddle, piddling business, (mere) trifle, bagatelle, petty matter: komm mir nicht mit solchen ~n don't bother me with such trifles (od. trifling things); du darfst dich nicht wegen einer ~ streiten you ought not to argue about such petty matters.

Läpp·chen ['lɛpçən] **1.** dim. of Lappen. — **2.** (des Ohrs) lobe, lap. — **3.** med. bot. zo. lobule, lobelet. — ~**bil·dung** f zo. lobulation.

Lap·pe ['lapə] m ⟨-n; -n⟩ (Lappländer) Lapp, Laplander.

Lap·pen ['lapən] m ⟨-s; -⟩ **1.** (piece of) cloth. — **2.** (Lumpen) rag, shred: ein alter ~ an old rag; j-m durch die ~ gehen fig. colloq. a) (von Gelegenheit etc) to slip from s.o.'s grasp (od. through s.o.'s fingers), b) (von Person) to elude s.o. — **3.** (Staublappen) duster. — **4.** (Flicken) patch. — **5.** fig. colloq. contempt. (Vorhang, Kleid etc) rag(s pl), tatter(s pl). — **6.** fig. sl. (Geldschein) (bank)note, Am. bill, Am. sl. 'skin': ein blauer ~ a one-hundred-mark note. — **7.** med. a) (von Haut etc) flap, tag, lobe, lobelet, lappet, b) (der Lunge, Leber etc) lobe, lobule, lobelet. — **8.** bot. (eines Blattes) lobation, lappet. — **9.** zo. a) (des Truthahns etc) gill, wattle, b) (eines Reptils) lappet, c) (einer Kröte) apron. — **10.** hunt. a) (Fangnetz) toil(s pl), b) (Lefzen) flews pl, c) (zwischen den Zehen des Wasserwildes) web. — **11.** electr. (beim Radar, bei einer Antenne) lobe. — **12.** tech. a) (Mitnehmerzapfen) tang, b) (eines Pfahlschuhes) cheek, arm, horn, c) (einer Uhrenspindel) pallet, nut. — **13.** metall. (eines Formkastens) lug.

läp·pen ['lɛpən] v/t ⟨h⟩ tech. **1.** lap. — **2.** (maschinell) machine-lap.

'Lap·pen|,am·mer f zo. cf. Lerchenammer. — **I~,ar·tig** adj **1.** ragged, raglike. — **2.** bot. zo. lobular, lobulate(d). — ~**bil·dung** f **1.** zo. lobation, formation of lobes (od. lobules). — **2.** med. (in der plastischen Chirurgie) formation of a flap. — ~**blu·me** f bot. a) madwort (Gattg Lobularia), b) sweet alyssum (L. maritima). — ~**fuß** m zo. **1.** lobate toe: mit Lappenfüßen lobefooted, fin-footed, pinnatiped (scient.). — **2.** lobefoot, phalarope (scient.) (Gattg Phalaropus). — **I~,fü·ßig** adj lobefooted, fin-footed, pinnatiped (scient.). — ~**kelch** m bot. broom cypress (Kochia scoparia). — ~**mu·schel** f zo. rock oyster, chama (scient.) (Fam. Chamidae). — ~**qual·le** f lobomedusa (Fam. Lobomedusae). — ~**schnecke** (getr. -k·k-) f dolphin shell (Gattg Delphinula). — ~**tau·cher** m grebe (Fam. Colymbidae). — ~**ze·her** [-,tseːər] m ⟨-s; -⟩ pinnidactyle, pinnatiped.

Läp·pe'rei f ⟨-; -en⟩ colloq. trifle.

läp·pern ['lɛpərn] colloq. **I** v/i u. v/t ⟨h⟩ dial. lap, sip. — **II** v/impers (in Wendungen wie) es läppert mich nach einem Stück Schokolade dial. I could do with (od. I'd love) a piece of chocolate.

'**Lapp**‚**horn** n zo. fountain shell, king conch (*Strombus gigas*).

'**Läpp**‚**hül·se** f tech. lap sleeve (*od.* bushing), lapping quill.

'**lap·pig** adj **1.** colloq. (*schlaff, weich*) limp: ein ～er Stoff a limp cloth. – **2.** (*Haut etc*) flabby. – **3.** colloq. (*lächerlich, gering*) paltry: diese ～e Summe this paltry sum, this (mere) pittance. – **4.** bot. zo. lobular, lobate(d), lobed.

'**lap·pisch I** adj Lapp (attrib), Lappic, Lappish, Laplandic. – **II** ling. **L～** ⟨generally undeclined⟩, das **L～e** ⟨-n⟩ Lapp, the Lapp (*od.* Lappic, Lappish, Laplandic) language.

'**läp·pisch I** adj colloq. **1.** (*töricht*) foolish, silly: ～es Benehmen (*od.* Gebaren) [Gerede] foolish behavio(u)r [talk]; ein ～er Mensch a silly person. – **2.** (*kindisch*) childish: ein ～es Wesen a childish character. – **3.** (*seicht*) insipid: eine ～e Unterhaltung an insipid conversation. – **4.** (*lächerlich, unbedeutend*) ridiculous, feeble, weak: ein ～er Vorwand a feeble excuse. – **II** adv **5.** du hast dich ～ benommen you behaved foolishly.

'**Lapp**‚**jagd** f hunt. hunting in an area enclosed by toils.

'**Lapp**‚**län·der** m ⟨-s; -⟩ cf. Lappe. – '**lapp**‚**län·disch** adj cf. lappisch I.

'**Lapp**‚**land**‚**mei·se** f zo. Siberian tit (*Parus cinctus*). [nebulosa).\

'**Lapp**‚**lands**‚**kauz** m zo. lapp owl (*Strix*⌡

'**Läpp**‚**ma·schi·ne** f tech. lapping machine. — ～‚**mit·tel** n lapping abrasive (*od.* compound). — ～‚**schei·be** f lapping wheel, lap. — ～‚**spin·del** f lapping spindle. — ～‚**werk**‚**zeug** n lapping tool.

'**Lap·sus** ['lapsus] m ⟨-; -⟩ slip, lapse, lapsus: einen ～ begehen to (make a) slip; mir ist ein ～ passiert (*od.* unterlaufen) I slipped, I made a slip. — ～ '**ca·la·mi** ['ka:lami] m ⟨-; - -⟩ slip of the pen. – ～ '**lin·guae** ['lɪŋgŭɛ] m ⟨- -; - -⟩ slip of the tongue. — ～ **me'mo·riae** [me'mo:rɪɛ] m ⟨- -; - -⟩ slip of memory.

'**Lar** [la:r] m ⟨-s; -en⟩ zo. lar (gibbon) (*Hylobates lar*).

la·ra·misch [la'ra:mɪʃ] adj geol. Larami(d)e: ～e Phase Larami(d)e activity.

'**Lär·che** ['lɛrçə] f ⟨-; -n⟩ bot. larch (tree) (*Gattg Larix, bes. L. europaea*): Nordamerikanische ～ tamarack, auch American (*od.* black) larch (*L. laricina*); aus ～n bestehend larchen.

'**Lär·chen**‚**bor·ken·kä·fer** m zo. larch beetle (*Cryphalus intermedius*). — ～‚**holz** n (wood) larch: aus ～ larchen. — ～‚**krebs** m (forestry) (*Baumkrankheit*) larch canker. — ～‚**mi**‚**nier**‚**mot·te** f zo. larch casebearer (*Coleophora laricella*). — ～‚**pilz**, ～‚**schwamm** m bot. larch (*od.* purging, white) agaric (*Polyporus officinalis*).

La·ren ['la:rən] pl relig. (altröm. Schutzgottheiten) lares, household gods.

lar·ghet·to [lar'gɛto] mus. **I** adv u. adj larghetto. – **II L～** n ⟨-s; -s, auch -ti [-ti]⟩ larghetto.

lar·go ['largo] mus. **I** adv u. adj largo. – **II L～** n ⟨-s; -s, auch -ghi [-gi]⟩ largo.

la·ri·fa·ri [lari'fa:ri] colloq. **I** interj piffle! (colloq.), fiddlesticks! rubbish! nonsense! – **II L～** n ⟨-s; -s⟩ piffle (colloq.), folderol, auch falderal, rubbish, nonsense.

Lärm [lɛrm] m ⟨-(e)s; no pl⟩ **1.** noise: ein entsetzlicher (*od.* schrecklicher) ～ an awful (*od.* a terrible) noise; der Kampf gegen den ～ the noise abatement (campaign); den ～ auf der Straße bekämpfen to abate (*od.* try to keep down) traffic noise; die Kinder machen viel ～ the children make a lot of noise (*od.* are very noisy); es war ein ～, daß man sein eigenes Wort nicht verstehen konnte colloq. there was such a noise one couldn't hear oneself talk (*od.* couldn't think); wozu all der ～? fig. colloq. what's all this noise (*od.* fuss) about? viel ～ um etwas machen fig. colloq. to make a great fuss (*od.* much ado) about s.th.; viel ～ um nichts fig. much ado about nothing. – **2.** (*Getöse, bes. anhaltender Lärm*) din: ohrenbetäubender ～ ear-splitting din. – **3.** (*Radau*) racket, bes. Br. row: bei dem ～ draußen kann ich nicht lernen I cannot study with all this racket going on outside. – **4.** (*Tumult*) tumult, uproar: der ～ des Kampfes the tumult of battle. – **5.** (*Geschrei*) clamor, bes. Br. clamour, hullabaloo. – **6.** (*Durcheinander*) hubbub, pandemonium: der ～ auf der Party [dem Marktplatz] the hubbub at the party [in the market place]. – **7.** (*Dröhnen von Motoren etc*) roar.

– **8.** (*Alarm*) alarm: ～ schlagen a) to give (*od.* raise, sound) the alarm, b) fig. colloq. to make a noise (*od.* fuss), to kick up a row (colloq.).

'**Lärm**‚**be**‚**kämp·fung** f noise abatement (campaign), combating (Am. auch combatting) of noise. — ～‚**be**‚**lä·sti·gung** f noise disturbance. — **l～emp**‚**find·lich** adj sensitive to noise. — ～**emp**‚**find·lich·keit** f sensitivity to noise; dysacousia, auch dysacousis (scient.).

lär·men ['lɛrmən] **I** v/i ⟨h⟩ **1.** be noisy, make much noise, (*stärker*) make a din (*od.* racket, row), kick up a row (colloq.): lärmt nicht so! don't be so noisy! – **2.** (*schreien*) shout, yell, clamor, bes. Br. clamour. – **3.** (*dröhnen*) roar. – **II L～** n ⟨-s⟩ **4.** verbal noun. – **5.** cf. Lärm 1–7. — '**lär·mend I** pres p. – **II** adj **1.** noisy. – **2.** (*schreiend*) shouting, yelling, clamorous, bes. Br. clamourous. – **3.** (*tobend*) uproarious, tumultuous, riotous. – **4.** (*dröhnend*) roaring. — '**Lär·men·de** m, f ⟨-n; -n⟩ noisemaker.

'**Lär·mer** m ⟨-s; -⟩ noisemaker.

'**lär·mig** adj obs. od. Swiss (*Straße, Haus etc*) noisy.

'**Lärm**‚**in·ten·si·tät** f noise intensity (*od.* level). — ～‚**ma·cher** m noisemaker.

'**Lar·mor·prä·zes·si‚on** ['la:mə-] (*Engl.*) f nucl. Larmor precession.

lar·moy·ant [larmŏa'jant] adj rare (*Theater-, Musikstück*) larmoyant, lachrymose.

'**Lärm**‚**quel·le** f noise source, source of noise. — ～‚**schä·di·gung** f injury caused by noise. — ～‚**schutz** m noise prevention (campaign). — ～‚**ta**‚**bel·le** f phys. phonometer scale. — ～‚**turm** m mil. (*rundes Küstenfort*) martello (auch Martello) (tower). — ～**ver**‚**bot** n noise ban. — ～‚**vo·gel** m zo. alarm bird, gray (bes. Br. grey) plantain eater (*Crinifer piscator*).

lar·val [lar'va:l] adj zo. larval.

'**Lärv·chen** ['lɛrfçən] n ⟨-s; -⟩ **1.** dim. of Larve. – **2.** fig. humor. od. contempt. (*Gesicht*) face, features pl: sie hat ein hübsches ～ she has a pretty little face. – **3.** fig. humor. od. contempt. (*Mädchen*) creature: ein niedliches ～ a pretty little creature (*od.* thing).

'**Lar·ve** ['larfə] f ⟨-; -n⟩ **1.** zo. larva, grub: die ～ verpuppt sich the larva changes into a chrysalis (*od.* pupa) (*od.* pupates). – **2.** (*Maske*) mask: eine hübsche ～ tragen to wear a pretty mask; j-m die ～ vom Gesicht reißen fig. colloq. to unmask s.o.; er zeigte die ～ des Heuchlers fig. contempt. he showed himself to be a hypocrite. – **3.** fig. humor. od. contempt. cf. Lärvchen 2, 3.

'**lar·ven**‚**ähn·lich** adj resembling a larva.

'**Lar·ven**‚**be**‚**fall** m med. myiasis. — ～‚**bie·ne** f zo. cf. Maskenbiene. — ～‚**blu·me** f bot. masked (*od.* personate) flower. — **l～för·mig** adj zo. larviform. — ～‚**gang** m (*der Ambrosiakäfer*) larval gallery (*od.* tunnel). — ～**in·fek·ti‚on** f med. myiasis. — ～‚**kam·mer** f zo. **1.** larval chamber. – **2.** (*von Käfern*) cradle. — ～‚**rol·ler** m (*Schleichkatze*) masked palm civet (*Paguma larvata*). — ～‚**schwein** n masked (*od.* Malagasy wild*) pig (*Potamochoerus larvatus*). — ～**sta·di·um** n larval stage.

Lar·vi·kit [larvi'ki:t; -'kɪt] m ⟨-s; -e⟩ min. larvikite, auch laurvikite.

La·ryn·gal [laryŋ'ga:l] m ⟨-s; -e⟩, ～‚**laut** m ling. laryngal, laryngeal.

la·ryn·ge·al [laryŋge'a:l] adj med. laryngeal. — **La·ryn'gi·tis** [-'gi:tɪs] f ⟨-; -tiden [-gi'ti:dən]⟩ med. laryngitis. — **La·ryn·go'lo·ge** [-go'lo:gə] m ⟨-n; -n⟩ laryngologist. — **La·ryn·go·lo'gie** [-golo'gi:] f ⟨-; no pl⟩ laryngology. — **la·ryn·go'lo·gisch** [-lo'lo:gɪʃ] adj laryngologic(al). — **La·ryn·go'skop** [-go'sko:p] n ⟨-s; -e⟩ laryngoscope. — **La·ryn·go·sko'pie** [-go'sko:pi:] f ⟨-; -n⟩ laryngoscopy. — **la·ryn·go·sko'pie·ren** [-gosko'pi:rən] v/t ⟨no ge-, h⟩ (examine [s.th.] with a) laryngoscope. — **la·ryn·go'sko·pisch** [-go'sko:pɪʃ] adj laryngoscopic(al).

La·rynx ['la:ryŋks] m ⟨-; Laryngen [la'ryŋən]⟩ med. larynx.

las [la:s] 1 u. 3 sg pret of lesen[1] u. [2].

lasch [laʃ] **I** adj ⟨-er; -est⟩ colloq. **1.** (*Seil etc*) slack, lax. – **2.** (*Händedruck etc*) limp. – **3.** (*Geste, Bewegung etc*) feeble. – **4.** (*Stimme etc*) weak, feeble. – **5.** fig. (*lässig*) slack, lax: die Führung ist zu ～ the administration is too slack. – **6.** fig. (*Bursche etc*) sluggish. – **7.** fig. (*Suppe etc*) tasteless, in-

sipid. – **II** adv **8.** das Essen schmeckt sehr ～ the meal is tasteless (*od.* tastes wishy-washy).

La·sche ['laʃə] f ⟨-; -n⟩ **1.** (*eines Briefumschlages, Etuis etc*) flap. – **2.** (*leather*) a) (*Zunge im Schuh*) tongue, flap, b) (*auf dem Schuh*) fringed tongue, c) (*hinten am Schuh*) (pull) tab, pull strap. – **3.** (*fashion*) a) (*Zwickel*) gusset, gore, b) (*einer Jackentasche etc*) flap. – **4.** (*railway*) (an Schienen) rail-joint bar, fish(plate), splice. – **5.** tech. a) (*Stoßplatte, Stoßblech*) butt strap, b) (*an Dampfkesseln*) welt, c) (*einer Kette*) sidebar, d) (*einer Feder*) shackle, e) (*eines Flaschenzugs*) strap. – **6.** auto. (*eines Stoßdämpfers*) shackle. – **7.** (*in der Tischlerei*) groove. – **8.** mar. (*im Holzschiffbau*) scarf, Am. auch scarph.

la·schen ['laʃən] **I** v/t ⟨h⟩ **1.** (*railway*) fish. – **2.** tech. butt-strap. – **3.** mar. a) strap, lash, b) (*Balken*) scarf, Am. auch scarph. – **II L～** n ⟨-s⟩ **4.** verbal noun. – **5.** cf. Laschung.

'**La·schen**‚**bol·zen** m tech. fishplate bolt. — ～‚**nie·tung** f butt- (*od.* lap-)joint riveting. — ～**ver**‚**bin·dung** f **1.** tech. strap connection (Br. auch connexion), strap(ped) joint. – **2.** (*railway*) fish joint, fishing.

'**Lasch·heit** f ⟨-; no pl⟩ colloq. **1.** slackness, laxity, laxness. – **2.** fig. (*einer Führung etc*) slackness, laxness. – **3.** fig. (*einer Person*) sluggishness.

'**La·schung** f ⟨-; -en⟩ **1.** cf. Laschen. – **2.** tech. butt strap. – **3.** mar. scarf, Am. auch scarph.

lä·se ['lɛːzə] 1 u. 3 sg pret subj of lesen[1] u. [2].

La·ser ['le:zər; 'la:zər; 'leɪzə] (*Engl.*) m ⟨-s; -⟩ phys. laser, optical maser. — ～‚**an**‚**la·ge** f tech. laser equipment (*od.* outfit). — ～**ge**‚**rät** n laser apparatus. — ～**im**‚**puls** m laser impulse.

'**La·ser**‚**kraut** ['la:zər-] n bot. laserwort, hartwort, sermountain (*Gattg Laserpitium*).

'**La·ser·kri·stall** m tech. laser crystal.

'**La·ser**‚**saft** ['la:zər-] m med. benzoin, asa dulcis (scient.).

'**La·ser**‚**strahl** m phys. laser beam. — ～‚**tech·nik** f laser method.

la·sie·ren [la'zi:rən] v/t ⟨no ge-, h⟩ (*paints*) glaze. – **II L～** n ⟨-s⟩ verbal noun.

La'sier‚**far·be** f glazing color (bes. Br. colour).

La'sie·rung f ⟨-; -en⟩ **1.** cf. Lasieren. – **2.** glaze.

Lä·si·on [lɛ'zio:n] f ⟨-; -en⟩ med. (*Verletzung*) wound, injury, lesion (scient.).

Las·kar ['laskar] m ⟨-s; -en [-'ka:rən]⟩ mar. hist. lascar, auch lashkar.

laß [las] adj u. adv ⟨lasser; lassest⟩ Southwestern G. for schlaff.

Las·se ['lasə] m ⟨-n; -n⟩ hist. cf. Hörige[1].

las·sen[1] ['lasən] I v/aux ⟨läßt, ließ, lassen, h⟩ **1.** (*zulassen, erlauben, dulden*) let: du hast das Feuer ausgehen ～ you let the fire go out; das Licht brennen lassen to leave (*od.* keep) the light on; läßt du dich so von ihm beleidigen? do you let him (*od.* allow him to) insult you like that? ihr Blick ließ mich nichts Gutes ahnen her look gave me a sense of foreboding; das läßt mich erraten, was passiert ist that gives me an idea of what happened; j-n warten ～ to keep s.o. waiting; laß uns das schöne Wetter ausnützen let us enjoy (*od.* take advantage of) the fine weather; ihr Benehmen läßt mich annehmen (*od.* vermuten), daß her behavio(u)r makes me believe (*od.* suggests to me) that; sie ließ ihn gewähren she let him do as he liked, she gave him his head; laß doch hören, was es Neues gibt let me know (*od.* tell me) the news (*od.* what is new [under the sun]); diesmal will ich es noch ohne Strafe (*od.* ungestraft) hingehen ～ this time I will let you off (*od.* let it go unpunished); die gegenwärtige Lage läßt das Beste hoffen [das Schlimmste befürchten] the present situation gives rise to great hopes [fears]; das läßt auf große Dummheit schließen that suggests utter stupidity; laß ihn (nur) kommen! (just) let him come! laß sie (doch) reden! (just) let them talk! er ließ alles stehen und liegen he left everything behind (*od.* lying around); sie läßt alles mit sich machen she submits to (*od.* puts up with) everything; er läßt mit sich reden he listens to reason, he is quite reasonable; er läßt nicht mit sich spaßen (*od.* scherzen) he is not to be trifled with; sie ließ ihr neues Kleid sehen she showed her new dress; laß (mal) sehen, was du da hast let me see what you have (od. you've got) there; laß ihn erst (mal) so alt sein wie du (od. in dein Alter kommen, in deine Jahre kommen) wait until he is your age (od. as old as you are now); laß nur die Zeit kommen! just let the time come! auf ihn lasse ich nichts kommen fig. colloq. I won't have anything said against him; j-n schalten und walten ~ fig. colloq. to let s.o. do as he pleases; er ließ 100 Mark für Essen und Getränke springen fig. colloq. he spent a hundred marks for food and drink; → Kindlein 2; leben 1. – 2. etwas tun ~ a) to let s.o. do s.th., b) (erlauben) to allow (od. permit) s.o. to do s.th., c) (veranlassen) to make s.o. do s.th., to cause s.o. to do s.th., d) (befehlen) to order (od. command) s.o. to do s.th., e) (bitten) to ask s.o. to do s.th.: j-n entkommen (od. entwischen) ~ to let s.o. escape; laß mich das machen! let me do that! sie ließ ihn nicht zu Worte kommen she didn't let him get a word in edgeways (od. edgewise); lassen Sie ihn doch ausreden let him finish, hear him out; den Leser urteilen ~ to let the reader judge; laß mich dir helfen let me help you; er ließ mich nach Berlin fahren a) he let me go to Berlin, b) he arranged for me to be driven to Berlin; lassen wir den Autor sprechen let the author speak for himself, let us quote the author's own words; er läßt mich nicht zur Ruhe kommen he doesn't allow me to rest; ich werde dich den Brief morgen lesen ~ I shall permit you to read the letter tomorrow; der Dichter läßt seinen Helden viele Kämpfe bestehen the poet makes (od. has) his hero win many fights; ich lasse dich das bezahlen I'll make you pay for that; man ließ den Arzt holen (od. kommen) the doctor was sent for; sie läßt die Schüler zuviel auswendig lernen she makes the pupils learn too many things by heart; j-n eine Seite lesen ~ to make s.o. read a page; er läßt (mich) dir ausrichten (od. mitteilen, sagen) he asked (od. wants) me to tell you, he wants you to know; er läßt dich bitten, zu ihm zu kommen he asks (od. wants) you to go and see him; ich lasse ihn bitten, ~ Sie ihn eintreten ask him (to come) in; er läßt Sie grüßen he asked (od. wants) me to send you his kind regards, he wants to be remembered to you; ~ Sie rechtzeitig von sich hören drop a line (od. send me word) in time. – 3. etwas tun ~ a) to have s.th. done, b) to order (od. command) s.th. to be done: er läßt sich seine Wohnung machen colloq. he had his apartment (Br. flat) done over (od. redecorated); er ließ seinem Sohn einen Anzug machen he had a new suit made for his son; wir müssen die Küche tapezieren ~ we must have the kitchen papered; der General ließ die Rebellen erschießen the general ordered the rebels (to be) shot. – 4. laß dir helfen [raten]! let me (od. allow me to) help [advise] you! laß dich belehren! let me put you right (od. enlighten you)! laß dir das (ein für allemal) gesagt sein! mark my words! let me tell you once (and) for all! er läßt sich nichts befehlen (od. vorschreiben) he takes no orders, he doesn't suffer anybody to give him orders; du darfst dich nicht vom Äußeren blenden [täuschen] ~ you must not let yourself be blinded [deceived] by outward appearances; das ließ er sich nicht zweimal sagen he didn't have to be told (that) twice; er läßt sich nichts sagen he does not listen to reason (od. take any advice); laß dir sagen, daß let me tell you that; ich lasse mir nicht gern sagen, was ich tun soll I don't like being told what to do; ich habe mir sagen ~ I have heard (od. been told); das werde ich mir gesagt sein ~ I shall take due note of that; darüber ließe sich viel sagen one could say much about that; darüber lasse ich mit mir reden I am open to discussion on (od. of) this (matter); darüber ließe sich reden that's a thing to be considered, we could discuss this, we could come to an agreement on this; etwas über (acc) sich ergehen ~ to put up with s.th.; diese Gelegenheit lasse ich mir nicht nehmen I

shall not fail to take advantage of this opportunity; sie läßt sich leicht schrecken [überreden] she is easily frightened [persuaded]; er läßt sich nicht mit Füßen treten he won't be trampled on (od. upon); das lasse ich mir nicht gefallen (od. bieten) I won't stand for (od. put up with) that; laß dich trösten! be consoled, take comfort; er läßt sich nicht überzeugen he cannot be convinced, it is impossible to convince him; er läßt sich nichts vormachen you cannot dupe (od. deceive) him; er läßt sich's wohl sein (od. gutgehen) he takes it easy, he enjoys life; ich laß mir's schmecken I am enjoying my food (od. meal); er läßt sich gern bedienen he likes to be waited on (od. being served); er läßt sich die Zeche von mir bezahlen he makes me pay the bill; du läßt dir deine Arbeit aber gut bezahlen humor. you make sure you get paid well for your work; laß dir die Geschichte von ihm selbst erzählen ask him to tell you the story himself; laß dir ein Glas Wasser geben have a glass of water; er ließ sich die Karten legen he had his fortune read (od. told); er läßt sich einen Anzug auf Bestellung machen he is having a new suit made to order; ich habe mir das Buch schicken ~ I had the book sent to me; laß dir den Bericht vorlesen ask s.o. to read the report out to you; das läßt sich aushalten (od. ertragen) one can stand that, that can be endured, that's endurable; hier läßt sich's leben life is quite pleasant here; hier läßt es sich gut sitzen it is very pleasant sitting here, this is a good place to sit; es läßt sich nicht mit ihm auskommen there is no getting along with him; mit ihr ließ sich nicht leben there was no living with her; das läßt sich biegen [dehnen, hämmern] that can be bent [stretched, hammered]; das läßt sich denken I can imagine; dagegen läßt sich nichts einwenden there is no objection to that; aus dieser Meldung läßt sich nicht viel entnehmen this report doesn't say much, we can't learn much from this report; sich photographieren ~ to have one's photo taken; sich (dat) die Haare schneiden ~ to have (od. get) one's hair cut, to have a haircut; die Speise läßt sich essen the food is edible; der Wein läßt sich trinken the wine is drinkable; der Vorschlag läßt sich hören the suggestion sounds good (od. reasonable); das läßt sich viele Jahre zurückverfolgen that dates back many years; das Wort läßt sich nicht übersetzen the word is untranslatable; es läßt sich nicht leugnen, daß it cannot be denied that; das läßt sich [nicht] machen that can [cannot] be done; die Tür läßt sich leicht öffnen the door opens easily; das läßt sich schwer sagen that's hard (od. difficult) to say; das läßt sich jetzt schon sagen that much can be said even now (od. at this early stage); zu seinem Vorteil ließe sich viel sagen much could be said in his favo(u)r; es war so fürchterlich, daß es sich gar nicht sagen läßt it was so horrible that it can hardly be put in(to) words; das läßt sich besser sagen als schreiben it's much easier to tell you orally than to write it all down; der Käse läßt sich gut streichen the cheese spreads well; darüber läßt sich streiten that's open to dispute (od. argument), that can be disputed; daran läßt sich nicht länger zweifeln that can no longer be doubted, that is no longer doubtful (od. in doubt); das Problem läßt sich in einem Wort zusammenfassen the problem may be summed up in one word; dieses Problem wird sich nicht umgehen ~ one can't get round this problem; die Operation wird sich nicht (mehr) umgehen ~ the operation is no longer avoidable; dieses Material läßt sich gut verarbeiten this material can be worked well; das Buch läßt sich gut verkaufen the book sells well; die Bluse läßt sich vorne zuknöpfen the blouse buttons in front; laß dich nicht erwischen colloq. don't (let yourself) get caught; sie läßt sich nicht lange nötigen she doesn't wait to be invited twice, she needs no pressing (od. little coaxing); das hätte ich mir nicht träumen ~ I should never have dreamed of this, I didn't have the slightest idea of

that; laß dich mal wieder sehen drop in some time. – II v/t ⟨pp gelassen⟩ 5. (überlassen⟩ let, leave: j-m etwas ~ to let s.o. have s.th., to leave s.th. to s.o. (od. s.th.): man hat ihm keinen Pfennig gelassen he was left without a penny; uns wurde nichts gelassen nothing was left (to) us, we were left nothing; laß mir das Buch noch ein paar Tage let me keep (od. leave me) the book for another few days; wie teuer willst du mir das Buch ~? how cheap are you going to let me have the book? j-m etwas als Pfand (od. zum Pfande) ~ to let s.o. have s.th. (od. leave s.th. to s.o.) as a pawn (od. pledge), to pawn (od. pledge) s.th. to s.o.; sie ließ ihm ihre Hand she let him have (od. hold) her hand; ~ Sie mir etwas Bedenkzeit let me have (od. allow me, give me) some time to think it over; ich lasse dir freie Hand (od. die Freiheit) zu tun, was du willst I permit you (od. I'll give you a free hand) to do as you please (od. like); j-m Zeit ~ to give (od. allow) s.o. (sufficient) time; die Arbeit läßt mir keine Zeit zu etwas anderem (od. für andere Dinge) work doesn't allow (od. leave) me (any) time to do anything else; sie ließ ihn sl. she let him do it. – 6. (unterlassen) stop: laß das! stop it! leave (od. let) that alone! Am. sl. cut that out! ~ wir das! let's drop that! let's leave that alone! er kann das Rauchen [Trinken] einfach nicht ~ he just can't stop (od. abstain from) smoking [drinking]; ich kann es nicht ~ I cannot help (doing) it; ich habe es dann doch gelassen I didn't do it after all; → tun 1. – 7. (zurücklassen) leave: er ließ alle Mitbewerber weit hinter sich he left all competitors far behind; das läßt alles weit hinter sich that leaves everything far behind; wo hat er nur sein Geld gelassen? what has he done with all his money? er ließ viel Geld in der Kneipe colloq. he spent a lot of money on drink; j-n [etwas] zu Hause ~ to leave s.o. [s.th.] at home; ~ Sie die Mühle links leave the mill on the left. – 8. (geben, weggeben) lose: Blut ~ to lose blood; sein Leben ~ to lose (od. lay down) one's life, to perish; sein Leben für etwas ~ to give (od. sacrifice) one's life for s.th.; etwas außer acht ~ to take no notice of s.th.; etwas aus den Händen ~ to let s.th. slip from one's hands (od. grasp); sie wußte sich vor Freude nicht zu ~ she was beside herself with joy; j-n [etwas] nicht aus den Augen ~ fig. colloq. not to let s.o. [s.th.] out of one's sight, to keep one's eyes on s.o. [s.th.]; → Ader 1; Haar 3. – 9. (belassen) leave, let: laß alles (so), wie es ist! leave everything as it is, let everything remain as it is; wir wollen es dabei ~ we'll leave it at that; diese Arbeit läßt mich unbefriedigt this work leaves me dissatisfied (od. does not satisfy me); ein Problem unerörtert ~ to leave a problem undiscussed; das ~ wir ungesagt we had better leave that unsaid; laß dieses Wort unübersetzt leave this word untranslated; nichts unversucht ~ to leave no stone unturned; laß ihn (in Frieden od. zufrieden)! let (od. leave) him alone! ehrlich ist er, das muß man ihm ~ colloq. you've got to hand it to him that he is honest; sie sieht gut aus, das muß man ihr ~ colloq. she looks pretty, you've got to admit that; ~ Sie mich damit in Ruhe! don't bother me with that! laß es gut sein! never mind! don't mention it! that's all right; j-n in seinem Amte (od. seiner Stellung) ~ to let s.o. continue in his post; laß ihn bei seinem Glauben let him go on believing that; er ließ sie in dem Glauben, daß he let her continue in the belief that; j-n im unklaren über (acc) etwas ~ to leave s.o. in the dark about s.th.; den Dingen ihren Lauf ~ to let things take their course; sie ließ ihren Gefühlen freien Lauf fig. colloq. she let her feelings run riot, she let herself go (colloq.); laß dir Zeit (dazu)! take your time! j-n aus dem Spiel ~ fig. to leave (od. colloq. cut) s.o. out of it; → Kirche 1. – 10. (unterbringen) leave, put: wo hast du das Buch gelassen? where did you put the book? wo ~ Sie das alles? where do you put it all? wir ~ die Mäntel an der Garderobe we'll leave our overcoats in the cloakroom; laß doch die Vase auf dem Klavier! why don't you leave the vase on the piano; ich weiß nicht, wo ich die Gäste alle ~ soll I just don't know where to put all the guests. – **11.** *lit.* (*verlassen*) leave: er konnte sie nicht ~ he could not leave (*od.* part from) her. – **12.** Wasser ~ *euphem.* to urinate, to make water. – **13.** ein Schiff vom Stapel (*od.* zu Wasser) ~ to launch a ship. – **14.** (*zulassen, erlauben*) let: er ließ niemand(en) zu sich he wouldn't receive anybody, he admitted nobody; laß Herrn X jetzt zu mir let Mr. X come in (*od.* to me) now. – **III** *v/i* ⟨*pp* gelassen⟩ **15.** von j-m ~ to leave (*od.* part from) s.o.: sie wird unter keinen Umständen von ihm ~ she won't under any circumstances live without him. – **16.** von etwas ~ to give up (*od.* renounce) s.th.: laß von deinen schlechten Angewohnheiten! give up your bad habits! er läßt nicht von seiner Meinung he doesn't change his opinion; laß vom Bösen! *Bibl.* depart from evil! – **17.** (*unterlassen*) stop: ~ Sie nur! never mind! – **IV** L~ *n* ⟨-s⟩ **18.** (*in Wendungen wie*) dein Tun und L~ gefällt mir nicht I don't like your goings-on; all unser Tun und L~ war vergeblich all our actions were in vain.

'las·sen² *pp of* **lassen¹** I.

läs·sig ['lɛsɪç] **I** *adj* **1.** (*ungezwungen*) casual: ~es Benehmen casual (*od.* nonchalant) behavio(u)r; in einer ~en Art in a casual manner (*od.* way). – **2.** (*gleichgültig*) casual, indifferent: er tat den Einwand mit einer ~en Handbewegung ab he dismissed the objection with a casual movement of his hand. – **3.** (*träge*) idle, lazy, indolent: er ist ein ~er, aber ein begabter Schüler he is an idle but gifted pupil. – **II** *adv* **4.** (*ungezwungen, leger*) casually: ~ dasitzen to sit there casually; er lehnte sich ~ an die Wand he leaned casually (*od.* in an offhand way) against the wall. – **5.** (*nachlässig*) carelessly: diese Seite ist recht ~ geschrieben this page has been written very carelessly. – **6.** (*locker*) loosely: etwas ~ in der Hand halten to hold s.th. loosely in one's hand. – **7.** *colloq.* (*leicht, ohne Schwierigkeiten*) hands down: ich habe die Prüfung ~ geschafft I passed the exam hands down. – **'Läs·sig·keit** *f* ⟨-; no pl⟩ **1.** (*Ungezwungenheit*) casualness. – **2.** (*Gleichgültigkeit*) casualness, indifference. – **3.** (*Trägheit*) idleness, laziness, indolence.

läß·lich ['lɛslɪç] **I** *adj relig.* (*Sünde*) venial, pardonable. – **II** *adv* (*lässig*) loosely: ein Gesetz ~ anwenden to enforce a law loosely (*od.* leniently). – **'Läß·lich·keit** *f* ⟨-; no pl⟩ *relig.* veniality, pardonableness.

Las·so ['laso] *n, m* ⟨-s; -s⟩ lasso, *auch* lassoo, *Am. auch* lariat, riata: ein ~ schwingen to swing a lasso; (etwas) mit einem ~ fangen to lasso (s.th.).

'Laß·reis ['las-] *n* ⟨-es; -er⟩, **'Laß·rei·tel** [-ˌraɪtəl] *n* ⟨-s; -⟩ (*forestry*) staddle.

läßt [lɛst] *2 u. 3 sg pres of* **lassen¹**.

Last [last] *f* ⟨-; -en⟩ **1.** load, *Am. auch* haul: eine große [leichte, schwere] ~ a great [light, heavy] load; eine süße (*od.* teure) ~ *colloq. humor.* a dear (*od.* precious) load; eine ~ abwerfen [aufladen, heben, tragen] to throw off (*od.* down) [to put on, to lift, to carry] a load. – **2.** (*Gewicht*) weight, load: die Säulen haben eine große ~ zu tragen the pillars have a great weight to bear; das Dach gab unter der ~ des Schnees nach the roof sagged under its load of snow. – **3.** *fig.* (*Bürde*) burden: j-m eine ~ abnehmen (*od.* von den Schultern nehmen) to take a burden (*od.* load) off s.o.'s shoulders; eine ~ auf j-n abwälzen to shift (off) a burden onto (*od.* upon) s.o. (else); j-m eine ~ aufbürden (*od.* auferlegen) to burden s.o. with s.th.; j-m zur ~ fallen a) to be a burden to (*od.* drag on) s.o., b) (*finanziell*) to be a charge on s.o.; du fällst mir allmählich zur ~ you are gradually becoming a nuisance to me; der Öffentlichkeit zur ~ fallen to be (*od.* become) a burden (*od.* charge) on the public (*od.* a public charge); j-m etwas zur ~ legen to lay s.th. at s.o.'s door, to charge s.o. with s.th., to lay the blame (*od.* responsibility) for s.th. on s.o. (*od.* at s.o.'s door); ihm ist eine ~ vom Herzen (*od.* von der Seele) genommen a load (*od.* weight) has been taken off his mind; eine ~ auf sich nehmen to take a burden on (*od.* upon) oneself; ich mußte mir die

~ von der Seele wälzen I had to throw (*od.* get) the burden (*od.* load) off my mind; das ganze Leben war für ihn Mühe und ~ his whole life was nothing but labo(u)r and sorrow; ich bin mir selber (*od.* selbst) zur ~ I am a burden on (*od.* to) myself; nach des Tages ~ und Hitze *Bibl.* after the burden and heat of the day; einer trage des andern ~ *Bibl.* bear ye one another's burden. – **4.** *mar.* a) (*Tragfähigkeit*) tonnage, burden, b) (*Frachtraum*) tonnage, c) (*Ladung*) freight, cargo. – **5.** *econ.* (*Schulden, Steuern etc*) burden, charge: öffentliche ~en public charges; soziale ~en social burdens; der Bevölkerung wurden neue ~en auferlegt new burdens were imposed on (*od.* upon) the population. – **6.** *econ.* (*kaufmännische Verbindlichkeiten*) charge, debit: die Verpackungskosten gehen zu ~en des Käufers the buyer will be charged (*od.* debited) with the cost of packing; wir buchen es zu Ihren ~en we debit (*od.* charge) it to your account; Betrag zu Ihren ~en amount payable by you, amount to the debit of your account. – **7.** *jur. econ.* a) (*rechtliche Verbindlichkeiten*) encumbrance, incumbrance, b) (*öffentliche Lasten*) rates (and taxes) *pl*, public charges *pl*: auf dem Grundstück liegen erhebliche ~en there is a heavy encumbrance upon the real estate, the real estate is heavily encumbered. – **8.** *jur.* burden, onus, weight: die Verteidigung brach unter der ~ des Beweismaterials zusammen the defence (*Am.* defense) broke down under the weight of evidence; die ~ der Beweisführung liegt beim Kläger the onus (*od.* burden) of proof lies on (*od.* rests with) the plaintiff; die zur ~ gelegte Tat the alleged charge. – **9.** *tech.* load, weight, burden. – **10.** *electr.* (power) load: unter ~ on load.

'Last|an,griffs,punkt *m tech.* point of application of load. — **~,an,hän·ger** *m auto.* truck (*bes. Br.* lorry) trailer. — **~,arm** *m phys.* weight arm. — **~,au·to** *n cf.* Lastkraftwagen. — **~,dreh,zahl** *f tech.* on-load speed. — **~,druck,brem·se** *f* load pressure brake.

la·sten ['lastən] *v/i* ⟨h⟩ **1.** lie, weigh, rest: auf den Dächern lastete viel Schnee snow lay heavily on the roofs; auf seinen Schultern lastet die ganze Arbeit *fig.* all the burden of work rests (up)on his shoulders, he has to do all the work; das Gefühl der Schuld lastete schwer auf ihrem Gewissen *fig.* the sense of guilt weighed heavily (*od.* bore) upon her conscience; die Sorge um unsere Zukunft lastet auf ihm *fig.* anxiety about our future lies (heavy) (up)on his mind; es war, als ob ein Fluch auf dem Hause lastete *fig. lit.* it was as though there were a curse on the house. – **2.** *jur. econ.* be encumbered: auf dem Grundstück ~ Schulden the real estate is encumbered with debts.

'La·sten|,auf,zug *m bes. Br.* goods lift, *bes. Am.* freight elevator. — **~,aus,gleich** *m econ.* equalization of burdens. — **~,aus,gleichs·ge,setz** *n* Equalization of Burdens Law. — [etc] [oppressive.]

'la·stend I *pres p.* – **II** *adj fig.* (Hitze, Stille) [etc] oppressive.

'La·sten|,fall,schirm *m aer.* cargo parachute. — **~,flug,zeug** *n* freight (*od.* cargo) plane (*od.* carrier). — **~,frei** *adj jur. econ.* unencumbered. — **~,seg·ler** *m aer.* transport (*od.* cargo-carrying) glider. — **~,sen·kung** *f econ.* reduction of charges.

'La·ster¹ *m* ⟨-s; -⟩ *colloq. for* Lastkraftwagen.

'La·ster² *n* ⟨-s; -⟩ **1.** vice: ein häßliches [verächtliches] ~ a terrible [contemptible] vice; das ~ des Geizes [der Völlerei] the vice of avarice [gluttony]; das ~ fliehen (*od.* hassen) to flee the devil (*od.* vice); einem ~ hingeben, einem ~ frönen *lit.* to indulge in a vice; einem (*od.* in ein) ~ verfallen to become addicted to a vice; → Müßiggang. – **2.** das ~ (*literature*) Vice. – **3.** ein langes ~ *fig. colloq.* a long beanpole (*colloq.*), a tall streak.

'Lä·ste·rer *m* ⟨-s; -⟩ **1.** *cf.* Lästermaul 1. – **2.** (*Gotteslästerer*) blasphemer.

'la·ster·haft *adj* **1.** vicious, profligate, dissolute: ein ~er Mensch a profligate (person); ein ~es Leben führen to lead a dissolute life. – **2.** (*verderbt*) depraved, corrupt. – **3.** *cf.* unsittlich 1. – **'La·ster·haf·tig·keit** *f* ⟨-; no pl⟩ **1.** viciousness, profligacy, dissoluteness. – **2.** depravity.

'La·ster|,höh·le *f* den of vice, den (*od.* sink) of iniquity. — **~,le·ben** *n* ⟨-s; no pl⟩ life of vice, dissolute life: ein ~ führen to lead a dissolute life.

'lä·ster·lich I *adj* **1.** (*gotteslästerlich*) blasphemous, profane: ~e Worte profane words, profanities. – **2.** (*schmähend*) slanderous, abusive, calumnious: ~e Redensarten abusive expressions, calumnies. – **3.** (*schlüpfrig*) ribald: ~e Lieder [Späße] ribald songs [jests]. – **4.** (*unsittlich*) riotous: ein ~es Leben riotous living. – **II** *adv* **5.** abusively, impiously: ~ fluchen to swear abusively. – **6.** (*schändlich*) abominably, odiously: ~ handeln to act in an abominable (*od.* odious) manner. – **'Lä·ster·lich·keit** *f* ⟨-; no pl⟩ **1.** blasphemy, profanity. – **2.** slander, abuse, calumny. – **3.** ribaldry. – **4.** riotousness.

'Lä·ster,maul *n colloq.* **1.** scandalmonger, gossip, backbiter, slanderer: er ist ein wahres (*od.* rechtes) ~ he is a big gossip (*od.* mouth), he's got a vicious tongue. – **2.** *cf.* Lästerzunge 1.

lä·stern ['lɛstərn] **I** *v/i* ⟨h⟩ **1.** über (*od.* gegen) j-n ~ *colloq.* to backbite (*od.* slander) s.o., to talk about s.o. behind his back: sie wußten, daß man über sie lästerte they knew that people were talking about them behind their backs. – **2.** über j-n ~ *humor.* to talk about s.o.: wir haben gerade über dich gelästert we have just been talking about you. – **II** *v/t* **3.** (*schmähen*) slander, malign, defame. – **4.** *relig.* blaspheme: Gott [den Namen Gottes] ~ to blaspheme God [the name of God]. – **III** L~ *n* ⟨-s⟩ **5.** verbal noun. – **6.** *cf.* Lästerung. — **'lä·sternd I** *pres p.* – **II** *adj* **1.** blasphemous, sacrilegious. – **2.** defamatory, calumnious.

'Lä·ster,re·de *f colloq.* abusive talk, abuse, insults *pl*: sie führte laute ~n gegen ihn she hurled loud insults at him. — **~,schrift** *f cf.* Schmähschrift.

'Lä·ste·rung *f* ⟨-; -en⟩ **1.** *cf.* Lästern. – **2.** backbite, slander. – **3.** (*Schmähung*) slander, defamation. – **4.** (*Fluch*) curse: er stieß die gräßlichsten ~en aus he uttered the vilest curses (*od.* profanities). – **5.** *relig.* blasphemy.

'La·ster,vier·tel *n* red-light district.

'Lä·ster,wort *n* ⟨-(e)s; -e⟩ slanderous (*od.* abusive) word *pl*), invective. — **~,zun·ge** *f colloq.* **1.** vicious (*od.* slanderous, vile) tongue: sie hat eine spitze ~ she's got a vicious tongue. – **2.** *cf.* Lästermaul 1.

'Last,esel *m* **1.** pack (*od.* sumpter) mule. – **2.** *fig. colloq.* drudge, workhorse.

La·stex ['lasteks] *n* ⟨-; no pl⟩ (*textile*) lastex. — **~,fa·den** *m* lastex yarn. — **~,ho·se** *f* stretch pants *pl* (*sometimes construed as sg*).

'Last|,fahr,zeug *n cf.* Lastkraftwagen. — **~,flug,zeug** *n aer. cf.* Transportflugzeug. — **~,fuhr,werk** *n* horse-drawn cart. — **~,ge,wicht** *n* loading weight. — **~,ha·ken** *m tech.* (eines Krans) load (*od.* crane) hook. — **~,he·be·ma,gnet** *m* lifting magnet.

lä·stig ['lɛstɪç] *adj* **1.** (*Aufgaben, Pflichten etc*) onerous, burdensome. – **2.** (*Mensch, Besucher, Fragen, Fliegen etc*) pestilent, pestilential, troublesome, annoying, pestiferous: j-d [etwas] ist ~ s.o. [s.th.] is a nuisance; j-m ~ sein (*od.* fallen) to be a nuisance to s.o., to get on s.o.'s nerves; wie ~, daß ihr kein Telefon habt! what a nuisance that you don't have telephone (*od.* you're not on the phone)! er wird mir langsam ~ he's becoming a bit of a pest to me; lange Haare sind im Sommer recht ~ long hair is rather a nuisance in (the) summer. – **3.** (*Husten, Kopfschmerzen etc*) irritating, troublesome. – **4.** (*beschwerlich*) wearisome, tedious, tiresome, irksome. – **5.** (*unbequem*) inconvenient. – **6.** (*hinderlich*) cumbersome. – **7.** (*unerwünscht*) undesirable: ~er Ausländer undesirable alien.

'La·stig·keit *f* ⟨-; no pl⟩ *mar.* trim.

'Lä·stig·keit *f* ⟨-; no pl⟩ **1.** burdensomeness. – **2.** troublesomeness, pestiferousness. – **3.** irksomeness. – **4.** inconvenience.

La·sting ['lastɪŋ] *m* ⟨-s; -s⟩ (*textile*) lasting.

'Last|,kahn *m* barge, lighter. — **~,kraft,wa·gen** *m auto. Br.* lorry, *bes. Am.* (motor) truck. — **~,ma,gnet** *m tech.* lifting magnet. — **~,pferd** *n* **1.** packhorse, sumpter (horse). – **2.** *fig. colloq. cf.* Lastesel 1. — **~,reg·ler** *m auto.* load-governed brake system. — **~,schal·ter** *m electr.* power circuit breaker, on-load tap changer. — **~,schalt·ge,trie·be** *n tech.* change-under-load transmission. — **~,schiff** *n mar. cf.* Frachter 1.

'Last,schrift *f econ.* **1.** (*Belastung*) debit, debiting. – **2.** (*Eintrag*) debit entry. — **~,an,zei·ge** *f* debit note.

'Last,tier *n* pack animal, beast of burden, sumpter. — **~,trä·ger** *m* **1.** porter, (*bes. im Orient*) coolie, *auch* cooly. – **2.** *zo.* (common) vaporer (*bes. Br.* vapourer) moth, vaporer, *bes. Br.* vapourer, rusty tussock moth (*Orgyia antiqua*). — **~,ver,tei·ler** *m electr.* load dispatcher (*auch* despatcher).

'Last,wa·gen *m auto. cf.* Lastkraftwagen. — **~,an,hän·ger** *m* lorry (*Am.* truck) trailer. — **~,be,för·de·rung** *f cf.* Lastwagentransport. — **~,fah·rer** *m* lorry (*Am.* truck) driver, transport driver, *Am. auch* trucker. — **~,park** *m* lorry (*Am.* truck) pool. — **~,trans,port** *m* road transport (*od.* haulage), transport by road (*Br. auch* lorry, *Am. auch* truck), *Am. auch* trucking, truckage.

'Last,wech·sel *m metall.* reversal of stress, load cycle. — **~,zug** *m* lorry (*Am.* truck) and trailer, lorry- (*Am.* truck-)trailer combination, *Am. auch* truck train.

La·sur¹ [la'zuːr] *m* ⟨-s; -e⟩ *min. cf.* Lasurstein.

La·sur² *f* ⟨-; -en⟩ (*paints*) **1.** (*Lackfilm*) glaze. – **2.** (*Lasurfarbe*) azure.

La·sur|,blau I *adj* azure, sky-blue. – II **L~** *n chem.* ultramarine. — **L~,far·be** *f* (*paints*) transparent color (*bes. Br.* colour).

La·su·rit [lazu'riːt; -'rɪt] *m* ⟨-s; -e⟩ *min.* lazurite.

La·sur|,lack *m* (*paints*) transparent (*od.* clear) varnish. — **~,mei·se** *f zo.* azure tit (*Parus cyanus*). — **~,stein** *m min.* lapis lazuli, azure stone, azurite.

las·ziv [las'tsiːf] *adj* (*unzüchtig, schlüpfrig*) lascivious. — **Las·zi·vi·tät** [-tsivi'tɛːt] *f* ⟨-; -en⟩ lasciviousness.

Lä·ta·re [lɛ'taːrə] *m* ⟨undeclined⟩ (*der Sonntag*) ~ *relig.* Laetare Sunday, Refreshment (*od.* Mid-Lent) Sunday.

La·tein [la'taɪn] *n* ⟨-s; *no pl*⟩ *ling.* Latin: klassisches [nichtklassisches] ~ classical [Low] Latin; das ~ der Liturgie Liturgical Latin; auf L~ in Latin; heute haben wir ~ (Unterricht in) ~ we have Latin today; er kann ~ he knows Latin; mit seinem ~ am Ende sein, am Ende seines ~s sein *fig. colloq.* to be at one's wit's end, to be at the end of one's tether. — **~,ame·ri,ka·ner** *m* Latin American, Latino. — **l~,ame·ri,ka·nisch** *adj* Latin-American: ~er Tanz (*sport*) Latin-American dance. — **l~,be,ta·kelt** *adj mar.* (*mit schräger Rah*) lateen-rigged.

La'tei·ner *m* ⟨-s; -⟩ **1.** *cf.* Latinist. – **2.** (*in der Schule*) Latin pupil. – **3.** *relig.* Latin churchman.

la'tei·nisch I *adj* **1.** Latin: die ~e Sprache the Latin language, Latin; L~es Kreuz *relig.* Latin cross; L~es Recht Latinity. – **2.** *print.* (*Schrift, Buchstaben etc*) Roman. – II **L~** *n* ⟨generally undeclined⟩, **das L~e** ⟨-n⟩ **3.** Latin: einen Text ins L~e übertragen to put (*od.* translate) a text into Latin; aus dem L~en from the Latin (language).

La'tein|,leh·rer *m* Latin teacher. — **~,rah** *f mar.* lateen yard. — **~,schrift** *f print.* Roman type. — **~,schu·le** *f ped. hist.* grammar school, Latin (grammar) school. — **~,se·gel** *n mar.* lateen (sail): mit ~ getakelt *cf.* lateinbetakelt. — **~,se·gel,boot** *n* lateen, *auch* lateener. — **~,stun·de** *f* Latin class (*Br. auch* lesson). — **~,un·ter,richt** *m* **1.** (instruction in *od.* teaching of) Latin. – **2.** *cf.* Lateinstunde.

La-'Tène-,Kul,tur [la'tɛːn-] *f archeol.* La Tène culture. — **~-,Zeit** *f* (*zweiter Abschnitt der Eisenzeit*) La Tène period.

la'tène,zeit·lich *adj archeol.* relating (*od.* pertaining to) the La Tène period, La Tène (*attrib*).

la·tent [la'tɛnt] *adj* **1.** (*Spannungen, Gegensätze, Gefahren etc*) latent, potential, dormant. – **2.** *med.* latent, silent, prepatent: ~es Schielen latent (*od.* dynamic) squint, latent strabismus (*scient.*). – **3.** *phys.* (*Wärme, Energie etc*) latent, potential.

La·tenz [la'tɛnts] *f* ⟨-; *no pl*⟩ latency. — **~,pe·ri,ode** *f* **1.** *psych.* latency (period), sexual latency. – **2.** *med.* latency. — **~,sta·di·um** *n* **1.** *med.* period of latency. – **2.** *psych. cf.* Latenzperiode 1. — **~,zeit** *f* **1.** *med.* a) (*der prepatent*) period, b) (*in der Physiologie*) latent period (*time interval between excitation and reaction*). – **2.** *psych.*

response latency, latent time (*interval between stimulus and nerve conduction or awareness*).

la·te·rad [late'raːt] *adj zo.* (*seitwärts*) laterad.

la·te·ral [late'raːl] I *adj* **1.** *bot. zo.* (*seitlich*) lateral. – **2.** *ling.* (*Laut*) lateral. – II **L~** *m* ⟨-s; -e⟩, **L~,laut** *m* **3.** *ling.* lateral (sound). **La·te'ral·skle,ro·se** *f* ⟨-; -n⟩ *med.* lateral sclerosis.

La·te·ran [late'raːn], **der** ⟨-s⟩ (*in Rom*) Lateran Palace. — **~ba·si·li·ka** *f* (St. John) Lateran.

la·te·ra·nisch *adj* Lateran: L~e Konzile Lateran Councils.

La·te'ran|kon,zil *n hist.* Lateran Council. — **~pa,last** *m cf.* Lateran. — **~syn,ode** *f hist.* Lateran Synod. — **~ver,trä·ge** *pl* Lateran Pact (*od.* Treaty) *sg*.

la·te·ri·sie·ren [latəri'ziːrən] *v/t* ⟨*no ge-, h*⟩ *math. obs.* (*Summen*) lateralize.

La·te·rit [late'riːt; -'rɪt] *m* ⟨-s; -e⟩, **~,bo·den** *m geol.* (*Verwitterungsboden*) laterite.

La·ter·na ma·gi·ca [la'tɛrna 'maːgika] *f* ⟨- -; -nae -cae [-nɛ -tsɛ]⟩ *phot. hist.* magic lantern.

La·ter·ne [la'tɛrnə] *f* ⟨-; -n⟩ **1.** lantern: eine ~ anzünden [auslöschen] to light [to extinguish] a lantern; so einen Menschen kannst du mit der ~ suchen *fig. colloq.* you have to hunt for such a person high and low. – **2.** (*Straßenlampe*) streetlight, streetlamp: im Schein (*od.* Licht) einer ~ in the light of a streetlamp; die ~n brannten schon the streetlights were already on. – **3.** *cf.* Lampion. – **4.** *arch.* a) (*von Fenstern durchbrochener, türmchenartiger Aufsatz auf einer Kuppel*) lantern, b) *hist.* (*an mittelalterlichen Bauten*) louver, *bes. Br.* louvre. – **5.** (*watchmaking*) lantern pinion, trundle, wallower. – **6.** ~ des Aristoteles *zo.* Aristotle's lantern.

La'ter·nen|,an,zün·der *m hist.* lamplighter. — **~,butt** *m zo.* scaldfish (*Arnoglossus laterna*). — **~,fisch** *m meist pl zo.* lantern fish (*Fam. Myctophidae*). — **~,ga,ra·ge** *f* only in eine ~ haben *colloq. humor.* to park overnight under a streetlamp. — **~,licht** *n* **1.** lantern light. – **2.** lamplight. — **~,pfahl** *m* lamppost: j-n an einem ~ aufknüpfen to string s.o. up on a lamppost, *auch* to lantern s.o. — **~,schein** *m cf.* Laternenlicht 1. — **~,trä·ger** *m zo.* lantern fly (*Fam. Fulgoridae*): Brasilianischer ~ great lantern fly of Brazil (*Laternaria phosphorea*). — **~,um,zug** *m* lantern procession.

La·tex ['laːtɛks] *m* ⟨-; -tizes [-titsɛs]⟩ *bot.* (*Gummimilch*) latex.

La·thy·ris·mus [laty'rɪsmus] *m* ⟨-; *no pl*⟩ *med.* lathyrism.

La·ti·fun·di·en|be,sitz *m antiq. hist. cf.* Latifundium. — **~,wirt·schaft** *f* latifundia management.

La·ti·fun·di·um [lati'fundiʊm] *n* ⟨-s; -dien⟩ *antiq. hist.* latifundium.

La·ti·ner [la'tiːnər] *m* ⟨-s; -⟩ *hist.* (*Einwohner Latiums*) Latin. — **la·ti·nisch** I *adj* Latin(ian). – II **L~** ⟨generally undeclined⟩, **das L~e** ⟨-n⟩ *the* Latin(ian), the Latin(ian) language.

la·ti·ni·sie·ren [latini'ziːrən] *v/t* ⟨*no ge-, h*⟩ (*Sprache, Wort, Namen etc*) Latinize, *auch* latinize *Br. auch* -s-. — **La·ti·ni'sie·rung** *f* ⟨-; -en⟩ Latinization, *auch* latinization *Br. auch* -s-.

La·ti·nis·mus [lati'nɪsmus] *m* ⟨-; -men⟩ Latinism, *auch* latinism: Latinismen verwenden to use Latinisms.

La·ti·nist [lati'nɪst] *m* ⟨-en; -en⟩ *ling.* Latin scholar, Latinist, *auch* Latiner (*colloq.*).

La·ti·ni·tät [latini'tɛːt] *f* ⟨-; *no pl*⟩ latinity, *auch* Latinity.

La·ti·num [la'tiːnʊm] *n* ⟨-s; *no pl*⟩ *ped.* Latin proficiency examination: das große [kleine] ~ the advanced [intermediate] Latin proficiency examination.

La·ti·tu·di·na·ri·er [latitudi'naːriər] *m* ⟨-s; -⟩ *relig. hist.* latitudinarian.

La·tri·ne [la'triːnə] *f* ⟨-; -n⟩ *bes. mil.* latrine, toilet, *Br. sl.* bogs *pl*, *Am. sl.* john.

La'tri·nen|ge,rücht *n bes. mil. colloq.* latrine rumor (*bes. Br.* rumour), *Am. colloq.* 'scuttlebut'. — **~,gra·ben** *m* straddle trench. — **~pa,ro·le** *f bes. mil. colloq. cf.* Latrinengerücht.

La·tro'dec·tus,spin·ne [latro'dɛktʊs-] *f zo.* black widow (*Latrodectus mactans*).

Latsch [laːtʃ] *m* ⟨-es; -e⟩ *colloq.* **1.** slouching walker, slouch(er). – **2.** *cf.* Latschen 1. – **3.** *dial.* weak coffee, dishwater.

Lat·sche ['laːtʃə] *f* ⟨-; -n⟩ **1.** *bot.* dwarf pine (*Pinus mugo*). – **2.** *colloq. cf.* Latschen 1.

Lat·schen ['laːtʃən] *m* ⟨-s; -⟩ *colloq.* **1.** (*house od.* bedroom) slipper: sie passen zusammen wie ein Paar alte ~ they go together like an old pair of slippers, they are a regular Darby and Joan; → kippen 2. – **2.** worn-out shoe. – **3.** *pl zo.* (*der Schwimmvögel*) feet.

lat·schen ['laːtʃən] *colloq.* I *v/i* ⟨sein⟩ shuffle, scuff(le), slouch: er latschte über die Straße he shuffled across the street. – II *v/t* ⟨h⟩ j-m eine ~ to give s.o. a smack in the face, to paste s.o. one (*colloq.*).

'Lat·schen|,kie·fer ['laːtʃən-] *f bot.* dwarf pine (*Pinus mugo*). — **~,kie·fern,öl** *n* dwarf-pine oil.

lat·schig ['laːtʃɪç] *adj colloq.* **1.** (*Gang etc*) shuffling, scuffling, slouchy. – **2.** *fig.* (*schlaff*) sluggish, slack. – **3.** *fig.* (*schlampig*) slovenly, slipshod.

Lat·te ['latə] *f* ⟨-; -n⟩ **1.** lath, batten. – **2.** (*Zaunlatte*) pale, picket: die ~n sind schon ganz morsch the pales are quite rotten already. – **3.** (*sport*) a) (*beim Hochsprung etc*) (cross)bar, b) (*eines Tors*) (cross)bar: die ~ reißen (*od.* abwerfen) to dislodge (*od.* knock off) the bar; die ~ überqueren to clear the bar. – **4.** *tech.* a) slat, lath, b) (*Meßlatte*) rod. – **5.** eine lange ~ *fig. colloq.* a lanky fellow, a lamppost (*colloq.*). – **6.** eine (ganze) ~ von *colloq.* a long list of: er hat eine ~ von Vorstrafen he has a long criminal record.

'lat·ten,dürr *adj* (as) thin as a lath (*od.* rail).

'Lat·ten|ge,rüst *n* lathwork, wooden lattice. — **~,ham·mer** *m tech.* carpenter's roofing hammer. — **~,holz** *n* lath wood. — **~,ki·ste** *f* crate. – **2.** mil. (*im Graben*) trenchboard. — **~,rost** *m* **1.** *tech.* a) lath grid, b) (*Fußbodenbelag*) floor grid. – **2.** *mil.* (*im Graben*) trenchboard. — **~,schuß** *m* (*sport*) (*beim Fußball etc*) shot hitting the (cross)bar. — **~,tür** *f* batten door. — **~ver,scha·lung** *f* lathwork casing. — **~ver,schlag** *m* **1.** lattice partition. – **2.** (*als Verpackung*) crate. — **~,werk** *n* **1.** lathing, lathwork. – **2.** *arch.* battening. — **~,zaun** *m* paling, *Am. auch* picket fence.

Lat·tich ['latɪç] *m* ⟨-s; -e⟩ *bot.* lettuce, cos (*Gattg Lactuca*): Wilder ~ prickly lettuce, compass plant (*L. scariola*).

Lat·wer·ge [lat'vɛrgə] *f* ⟨-; -n⟩ *med. pharm. hist.* electuary.

Latz [lats] *m* ⟨-es; ⁼e, *Austrian auch* -e⟩ **1.** (*Brustlatz*) bib: sei ruhig, oder ich knall' dir eine (*od.* eins) vor den ~ *colloq.* shut up or I'll thump you one (*colloq.*). – **2.** (*Hosenlatz*) fly, flap. – **3.** *cf.* Lätzchen.

Lätz·chen ['lɛtsçən] *n* ⟨-s; -⟩ **1.** *dim. of* Latz 1, 2. – **2.** (*eines Babys etc*) bib.

lau [laʊ] *adj* **1.** (*lau*) (*Wasser etc*) lukewarm, tepid. – **2.** (*Wetter, Nacht etc*) mild. – **3.** (*Wind etc*) soft, slack. – **4.** *fig.* (*Freundschaft, Anteilnahme, Eifer etc*) lukewarm, halfhearted, indifferent: eine ~e Haltung einnehmen to assume a lukewarm attitude. – **5.** *relig. pol.* Laodicean.

Lau *m* ⟨-(e)s; -e⟩ *zo.* lau (*Chondrostoma genei*).

Laub [laʊp] *n* ⟨-(e)s; *no pl*⟩ **1.** leaves *pl*, foliage, leafage: junges [grünes] ~ young [green] leaves; das ~ fällt (ab) the leaves are falling (off); das ~ abwerfen to shed the leaves; im ~ stehen to be in leaf; sich mit ~ bedecken to put on leaves, to leaf (out); ohne ~ bare, leafless. – **2.** (*abgefallenes*) dry (*od.* dead) leaves *pl*: das ~ zusammenkehren to sweep (*od.* rake) up dead leaves. – **3.** (*games*) (*Farbe im dt. Kartenspiel*) spade(s *pl*). — **L~,ähn·lich**, **L~,ar·tig** *adj* leaflike, foliaceous (*scient.*). — **~,baum** *m* deciduous (*od.* broad-leaved) tree. — **~,dach** *n* canopy of leaves. — **~,decke** *f* (*getr.* -k·k-) *f agr.* mulch.

Lau·be¹ ['laʊbə] *f* ⟨-; -n⟩ **1.** bower, *auch* bowery, arbor, *bes. Br.* arbour. – **2.** (*Gartenhäuschen*) summerhouse, belvedere, gazebo. – **3.** fertig ist die ~! *fig. colloq.* that's that! there you are! Bob's your uncle! (*colloq.*).

'Lau·be² *m* ⟨-n; -n⟩ *zo.* (*Karpfenfisch*) bleak (*Alburnus alburnus*).

'Lau·ben|,gang *m* **1.** (*eines Mietshauses*) access balcony. – **2.** (*eines Klosters, Schlosses etc*) pergola. — **~,haus** *n* summerhouse, belvedere, gazebo. — **~ko·lo,nie** *f* colony of summerhouses. — **~,nest·ler** [-,nɛstlər] *m* ⟨-s; -⟩ *zo.* satin bowerbird, satin bird (*Ptilonorhynchus violaceus*). — **~,vo·gel** *m* bowerbird (*Fam. Ptilonorhynchidae*). — **~**

,**wall**,**ni·ster** [-,nɪstər] m ⟨-s; -⟩ mallee bird (od. fowl, hen) (*Leipoa ocellata*).

'**Laub**|**er·de** f hort. leaf mold (*bes. Br.* mould), leaf soil. — ~,**fall** m fall of leaves, defoliation (*scient.*). — ~,**fär·bung** f autumn colors (*bes. Br.* colours) pl. — ~,**flech·te** f bot. frondous (od. frondose) lichen. — ~,**frosch** m zo. tree frog, *bes. Am.* spring peeper, greenback (*Gattg Hylidae*): Amerikanischer ~ desert tree (od. Canyon Boulder) toad (*Hyla arenicolor*); Europäischer ~ green tree frog (*H. arborea*). — **l**~,**grün** adj (paints) chrome-green. — ~,**hei·de** f bot. pepper bush (*Gattg Clethra, bes. C. ligustrina*). — ~,**heu**,**schrecke** (*getr.* -k·k-) f zo. short-horned grasshopper, locust (*Fam. Locustidae*).

'**Laub**,**holz** n (forestry) **1.** (*Wald*) hardwood, broad-leaved wood. — **2.** (*Baum*) deciduous (od. broad-leaved) tree. — ~,**bor·ken·kä·fer** m zo. shot-hole borer (*Xyleporus dispar*).

'**Laub**,**hüt·te** f **1.** hut covered with leaves. — **2.** relig. (*der Juden*) tabernacle.

'**Laub**,**hüt·ten**,**fest** n relig. (*der Juden*) Sukkot(h), Succot(h), Sukkos pl, Succos pl (*beide construed as sg*), auch Feast of Booths (od. Tabernacles).

'**Laub**|,**kä·fer** m zo. leaf chafer, melolonthid (*scient.*) (*Unterfam. Melolonthidae*). — ~,**moos** n bot. moss (*Klasse Musci*). — ~,**rol·le** f print. bookbinder's punch. — ~,**rost** m hort. (*an Weinreben*) mildew.

'**Laub**,**sä·ge** f tech. **1.** (*Handlaubsäge*) coping saw. — **2.** (*Schweifsäge*) fretsaw, *Br.* fret-saw. — **3.** (*Rahmenspaltsäge*) jigsaw. — ~,**ar·beit** f fretsaw (*Br.* fret-saw) work.

'**Laub**|,**sän·ger** m zo. wood warbler (*Phylloscopus sibilatrix*). — ~,**schmuck** m (art) foliation. — ~,**streu** f agr. litter of leaves. — **l**~,**tra·gend** adj bot. leafy, leafed, auch leaved. — ~,**wald** m deciduous forest (od. wood), broad-leaved forest. — ~,**wech·sel** m change of foliage. — **l**~,**wech·selnd** adj deciduous. — ~,**werk** n ⟨-(e)s; no pl⟩ **1.** bot. foliage, leafage, foliature, herbage. — **2.** arch. (art) leafwork, foliage, leafage, foliation: mit ~ verziert foliaged; Verzierung mit ~ foliation. — ~,**wür·ger** m zo. vireo (*Fam. Vireonidae*): Rotäugiger ~ red-eyed vireo, teacher (bird) (*Vireo olivaceus*).

Lauch [laux] m ⟨-(e)s; -e⟩ bot. leek, allium (*scient.*) (*Gattg Allium*): Gelbblumiger ~ moly (*A. moly*); Spanischer ~ leek (*A. porrum*). — **l**~,**ar·tig** adj alliaceous. — **l**~,**far·ben**, **l**~,**grün** adj leek(-green), auch porret, prasine. — ~,**he·de·rich** m, ~,**kraut** n bot. garlic mustard, hedge garlic (*Alliaria petiolata*).

lau·da·bel [lau'da:bəl] adj obs. for löblich, lobenswert.

Lau·da·tio [lau'da:tsio] f ⟨-; -nes [-da-'tsio:nes]⟩, **Lau·da·ti·on** [-da'tsio:n] f ⟨-; -en⟩ (*Lobrede*) laudation, eulogy.

'**Lau·de·mi·um** [lau'de:mium] n ⟨-s; -mien⟩ hist. (*Abgabe an den Lehnsherrn*) lord's due.

Lau·des ['laudɛs] pl relig. laudes pl, Lauds pl (*beide construed as sg*).

lau·die·ren [lau'di:rən] v/t ⟨no ge-, h⟩ obs. for loben I.

Laue ['lauə], **Laue·ne** ['lauənə] f ⟨-; Lauenen⟩ *Swiss for* Lawine.

Lau·er[1] ['lauər] f ⟨-; no pl⟩ (*in Wendungen wie*) auf der ~ sein (od. liegen), sich auf die ~ legen to be on the lurk (od. lookout, watch), to lurk, to lie in ambush (od. wait).

Lau·er[2] m ⟨-s; -⟩ (*Tresterwein*) wine of the second pressing (od. runnings).

lau·ern ['lauərn] v/i ⟨h⟩ (auf acc for) **1.** lurk, watch, lie in wait: hinter der Tür ~ to lurk behind the door; im Dunkeln auf j-n ~ to lurk in the dark for s.o.; in diesem Tal ~ ungeahnte Gefahren unsuspected dangers lurk in this valley. — **2.** colloq. (*ungeduldig warten*) wait: auf eine Gelegenheit ~ to wait (od. watch) for a chance (od. opportunity), to be on the lookout (*Br.* look-out) (od. watch) for an opportunity; auf den Briefträger ~ to wait impatiently for the postman; auf j-s Tod ~ to wait for s.o. to die. — '**lau·ernd** I pres p. — II adj (*Katze, Feind, Blick, Gefahr etc*) lurking.

Lauf [lauf] m ⟨-(e)s; ⸚e⟩ **1.** ⟨only sg⟩ (*das Laufen*) run(ning): in eiligem (od. schnellem) ~ daherkommen to come along running, to come (up) at a run (*Am.* on the run); mitten im ~ innehalten to stop while running; der weiche Boden hemmte

seinen ~ the soft ground hindered his run(ning). — **2.** (*sport*) a) (*Durchgang*) run, heat, b) (*Wettlauf*) race, c) sprint, dash: 100-Meter-~ 100-meter (*bes. Br.* -metre) sprint (od. dash); zum dritten ~ trat er nicht an he did not participate in the third run; die Läufe am Nachmittag brachten einige Überraschungen the afternoon runs (od. heats) held (od. resulted in) several surprises. — **3.** (*Verlauf, Ablauf*) course: im ~(e) der Zeit in the course of time; im ~e seines Lebens in the course of (od. during) his life; im ~e dieser Woche [dieses Monats] in the course of this week [this month]; im ~e der letzten Jahre during the last few years; im ~e des Gesprächs in the course of the conversation; das ist der ~ der Dinge (od. der Welt) that is the way of all things (od. the world); etwas nimmt seinen ~ s.th. takes its course; die Gerechtigkeit nimmt ihren ~ justice takes its course; Schicksal, nimm deinen ~! let fate run its course! wir müssen den Dingen ihren ~ lassen we must let things take their course. — **4.** etwas (dat) freien ~ lassen a) (*Dingen*) to let things take their course, b) (*Gefühlen, Phantasie etc*) to give free rein to s.th., c) (*Wut, Zorn etc*) to give free vent to s.th.: seinen Tränen freien ~ lassen to let one's tears flow (od. fall) freely. — **5.** ⟨only sg⟩ (*Bewegung*) motion, movement. — **6.** ⟨only sg⟩ bes. tech. a) (*Hin- u. Herbewegung*) travel, b) (*Kreisbewegung*) motion, rotation: der ruhige ~ des Motors the smooth operation of a motor; der ~ eines Kolbens the travel of a piston. — **7.** ⟨only sg⟩ (*des Wassers, der Strömung etc*) run, flow, current. — **8.** (*Flußlauf*) course, reach(es pl): der obere ~ des Nils the upper reach(es) of the Nile. — **9.** (*Bahn*) course, track, path, (*eines Geschosses*) auch trajectory. — **10.** astr. (*der Gestirne*) course, orbit, passage: der ~ der Sonne the course (od. lit. race) of the sun. — **11.** mil. (*eines Gewehrs*) barrel: ein blanker [rostiger] ~ a shiny [rusty] barrel; ein Gewehr mit zwei Läufen a) (*nebeneinander*) a double-barrel(l)ed gun, b) (*übereinander*) an over-and-under; gezogener [glatter] ~ rifled [smooth] barrel; einen Rehbock vor den ~ bekommen hunt. to get a roebuck in one's sights. — **12.** mus. run, passage. — **13.** hunt. (*Bein*) foot, leg.

'**Lauf**|,**ach·se** f (*railway*) **1.** running (od. carrying, leading) axle. — **2.** (*Schleppachse*) trailing axle. — ~,**an·ti·lo·pe** f meist pl zo. Orygine antelope (*Unterfam. Hippotraginae*). — ~,**bahn** f **1.** (*Berufsweg*) career: eine glänzende ~ a brilliant career; welche ~ wird er einschlagen (od. wählen, ergreifen)? which career will he enter (od. choose, take up)? die ~ eines Diplomaten einschlagen to enter upon the career of a diplomat. — **2.** mil. Am. military occupational speciality, MOS, *Br.* service trade (od. profession). — **3.** (*sport*) track. — **4.** mil. (*eines Torpedos etc*) track. — **5.** astr. cf. Umlaufbahn. — ~,**bei·ne** pl zo. cf. Lauffüße. — ~,**boh·le** f (*mining*) barrow way, tramboard. — ~,**brett** n plank(s pl), gangway: ein ~ über den lehmigen Untergrund legen to put planks across the muddy ground. — ~,**brücke** (*getr.* -k·k-) f **1.** mar. a) gangway, gangplank, gangboard, b) (*auf Tankern*) catwalk. — **2.** mil. (*Fußsteg*) footbridge. — ~,**buch·se** f tech. bushing, liner. — ~,**büh·ne** f platform. — ~,**bur·sche** m **1.** errand (od. messenger, office) boy. — **2.** (*in einer Druckerei*) printer's devil. — ~,**decke** (*getr.* -k·k-) f (*eines Reifens*) tire (*bes. Br.* tyre) casing, outer cover. — ~,**dis·zi·plin** f meist pl (*sport*) (*in der Leichtathletik*) track event. — ~,**dorn** m spike. — ~,**ei·gen·schaft** f tech. running quality (od. property).

lau·fen ['laufən] I v/i ⟨läuft, lief, gelaufen, sein⟩ **1.** run: schnell ~ to run swiftly, to rush, to dash; ich kann schneller ~ als du I can run more quickly (od. faster) than you, I can outrun you; du mußt ~, wenn du pünktlich sein willst you must (od. will have to) run if you want to be punctual; lauf! run! so lauf doch! hurry up! er lief, was er nur konnte (od. colloq. was die Beine hergaben) he ran as hard (od. fast) as he could; lauf so schnell, wie du (nur) kannst, lauf so schnell du (nur)

kannst run as fast as you can; sie läuft wie der Wind (od. wie ein Wiesel) she runs like the devil; um die Wette ~ to have a (running) race; gelaufen kommen to come running (along); auf die Straße ~ to run into (*bes. Am.* onto) the street; eine Katze lief mir über den Weg a cat ran across (od. crossed) my path; in ein Auto ~ to run into a car; um die Ecke ~ to run (a)round the corner; ich will nur schnell nach Milch ~ colloq. I'll just run (out) and fetch (od. get) some milk; er läuft immer gleich zu seiner Mutter, um zu petzen he always runs to his mother to tell tales; j-m in die Arme (od. über den Weg) ~ fig. to run (od. bump) into s.o., to run across s.o. (od. s.o.'s way); den Hund ~ lassen to let the dog run, to give the dog a run; ein Pferd ~ lassen a) to give free rein(s) to a horse, to give a horse his head, b) (*in einem Rennen*) to run (od. enter) a horse in a race, to have a horse running in a race; (kopfüber) in sein Verderben ~ fig. to run (headlong) to one's doom; ~ müssen euphem. (*zur Toilette gehen müssen*) to have to disappear (od. step outside, run). — **2.** (*sport*) run: über kurze Strecken ~ to sprint; das Pferd ist bei gut gelaufen the horse ran very well; sie kommen unter 'ferner liefen' fig. colloq. they are also-rans. — **3.** (*gehen*) walk: das Kind konnte schon mit einem Jahr ~ the child could already walk at the age of one; unsere Kleine läuft schon our little one can walk (od. is walking) already; mit hohen Absätzen kann sie nicht gut ~ she can't walk properly in high-heeled shoes (od. high heels); wir sind den ganzen Tag gelaufen we have been walking all day long; hin und her (od. auf und ab) ~ to walk to and fro (od. back and forth); rückwärts ~ to walk backward(s); wir sind hin und zurück gelaufen we walked there and back; wir sind im Urlaub sehr viel gelaufen we did a lot of walking during our holidays (*Am.* vacation); nach diesem Buch bin ich lange gelaufen I have been trying to get hold of this book for a long time; sie läuft in jeden Film contempt. she goes to see every film, she never misses a film; → Pilatus II. — **4.** tech. a) (*von Maschine, Motor etc*) run, b) (*von Maschinentisch*) move, traverse, travel, c) (*funktionieren*) work, function, operate, d) (*von Kolben etc*) travel, move: der Motor läuft auf vollen Touren the engine is running at maximum revs; die Maschine [Uhr] läuft nicht the machine [clock] does not work; der Kolben läuft in einem Zylinder the piston travels within a cylinder; das Radio [Tonbandgerät] ~ lassen to leave the radio [tape recorder] on (od. playing); Kamera läuft! (*film*) camera on! → Leerlauf 1. — **5.** (*sich drehen*) turn, rotate, spin: das Rad läuft the wheel turns. — **6.** (*von Auto, Schiff etc*) do: das Auto ist erst 2000 Kilometer gelaufen the car has only done 2,000 kilometers; das Motorrad läuft nicht mehr als 80 the motorcycle does not do any more than 80. — **7.** fig. run: die Masche läuft a stitch runs; mir lief ein Schauder über den Rücken a shudder ran down my back; ein Gemurmel lief durch die Reihen a murmur ran through the audience; sein Blick lief suchend durch die Menge his eyes ran (od. wandered) searchingly through the crowd; ihre Finger liefen über die Tasten her fingers ran over the keys; das Seil läuft über eine Rolle the rope runs over a pulley; der Faden läuft von der Spule the thread runs off the spool; etwas rückwärts ~ lassen to reverse s.th.; → eiskalt 1. — **8.** (*theater, film*) run, show, be on: dieser Film läuft schon drei Wochen this film has been running now for three weeks; dieser Film läuft nur heute this film is only on (od. showing, being shown, being screened) today; dieses Theaterstück läuft schon drei Jahre am Broadway this play has been running for (od. has had a run of) three years on Broadway; läuft der Hauptfilm schon? has the main film (od. feature) started (od. begun) yet? — **9.** (*vergehen, von Zeit*) pass, go by, elapse. — **10.** econ. jur. (*gültig sein*) run, be valid, be in effect: der Pachtvertrag läuft (auf) sieben Jahre the lease runs for seven years; der Vertrag läuft bis the contract is valid till; der Paß läuft noch the passport is still valid; der Wechsel läuft drei Monate the bill runs over a period of three months. – **11.** auf j-s Namen ~ *econ.* to be issued (*od.* made out) in s.o.'s name: die Lizenz läuft auf seinen Namen the licence (*Am.* license) is issued in his name. – **12.** etwas läuft unter dem Namen (*od.* der Bezeichnung) X s.th. goes under (*od.* by) the name of X. – **13.** (*fließen*) flow, run: ihm lief der Schweiß von der Stirn the sweat ran down his forehead; Tränen liefen über ihre Wangen tears ran (*od.* rolled) down her cheeks; meine Nase läuft my nose is running; das Ohr läuft the ear is running (*od.* draining); der Käse läuft the cheese is running out (*od.* melting, getting soft); das Wasser ~ lassen to let the water run; Wasser in die Wanne ~ lassen to let water run into the tub, to run one's bath; Bier in ein Glas ~ lassen to pour beer into a glass, to fill a glass with beer; das Bier durch die Kehle ~ lassen to have a swallow of beer, to wet one's whistle (*colloq.*). – **14.** (*leck sein*) leak, drip: das Faß läuft the barrel leaks; der Wasserhahn läuft a) the faucet (*bes. Br.* tap) is dripping, b) the faucet (*bes. Br.* water tap) is running. – **15.** (*von Kerze*) gutter. – **16.** (*vonstatten gehen*) go: es ist etwas falsch gelaufen s.th. went wrong; wie ist es denn gelaufen? how did it go? der Verkehr läuft wieder normal traffic is back to normal; gleichzeitig ~ (*zeitlich*) to take place at the same time (*od.* simultaneously); der Laden läuft *colloq.* a) business is good, b) *fig.* things are going well (*od.* smoothly); → Schnürchen 2. – **17.** (*sich hinziehen*) run, stretch, extend: die Straße läuft bergab the street runs downhill; ein Balkon läuft um das Haus a balcony runs (all) round the house; der Weg läuft durch Felder und Wälder the path runs through fields and forests. – **18.** be in progress, be under consideration: das Gesuch läuft the application is under consideration; die Sache läuft jetzt the matter is in progress (*od.* under way) now. – **19.** etwas läuft ins Geld *colloq.* s.th. runs into money, s.th. is very expensive. – **20.** *mar.* run: auf eine Mine ~ to run on to (*od.* hit) a mine; ein Schiff auf den Strand ~ lassen to run a boat (on) to the beach, to beach a boat; vom Stapel ~ *auch fig.* to be launched; in den Hafen ~ to run (*od.* put) into port; → Grund 5. – **21.** *med.* a) (*zirkulieren*) circulate, b) (*eitern*) run, c) (*von Brust, ohne Saugen*) leak: Blut läuft durch die Adern blood circulates in the blood vessels. – **22.** auf Schienen ~ (*railway*) run: travel on rails. – **II** *v/t* ⟨h u. sein⟩ **23.** ⟨sein⟩ run: → Amok II; Gefahr 1; Spießruten; Sturm 5. – **24.** ⟨h u. sein⟩ (*sport*) run: er lief die Strecke in vier Minuten he ran the distance in four minutes; einen neuen Rekord ~ to run a new record; eine Zeit von einer Minute ~ to return (*od.* clock) a time of one minute; → kurz 1; Rollschuh; Schlittschuh; Ski. **25.** ⟨sein⟩ (*gehen*) walk: das kleine Stück zum Bahnhof können wir auch ~ we can walk the short distance to the station; ich habe mir eine Blase gelaufen I've got a blister from (*od.* through) walking; → Fuß¹ 1. – **III** *v/impers* ⟨h⟩ **26.** es läuft sich gut [schlecht] auf diesem Weg it is good [bad] walking on this way. – **IV** *v/reflex* ⟨h⟩ **27.** sich wund ~ to get sore feet (from walking); sich müde ~ to tire oneself with running; sich warm ~ to warm up. – **V** L~ *n* ⟨-s⟩ **28.** *verbal noun*: ich bin das L~ (*od. lit.* des L~s) müde I'm tired of walking.

'**lau·fend I** *pres p.* – **II** *adj* ⟨*attrib*⟩ **1.** present, current: das ~e Jahr the present (*od.* this) year; ich erhielt Ihren Brief vom zwölften des ~en Monats I received your letter of the 12th of this month (*od. econ.* of the 12th inst.). – **2.** *bes. econ.* a) (*ständig, immer wiederkehrend*) current, continuous, b) (*fortlaufend*) consecutive, running, serial, c) (*gültig*) running, current, ruling: die ~e Notierung the ruling price; der ~e Wechsel the running bill; ~e Verpflichtungen current liabilities; ~e Nummern consecutive (*od.* serial) numbers; die ~en Zinsen the accruing interest *sg*; ein ~es Konto a current account; ~e Schulden running debts; auf ~e Rechnung kaufen

to buy on current account; die ~e Produktion the current production; die ~en Ausgaben [Kosten] the current expenses [cost(s)]; ~er Kredit open credit. – **3.** ~en Absatz finden *econ.* to sell readily, to find an open market. – **4.** (*routinemäßig*) regular, routine: die ~en Arbeiten the routine (*od.* day-to-day) work (*od.* jobs); ~e Wartung [Kontrolle] regular maintainance [inspection]. – **5.** auf dem ~en sein a) (*unterrichtet sein*) to be up-to-date (*od.* fully informed), b) (*arbeitsmäßig*) to be up-to-date, to have no backlog, not to be behind; auf dem ~en bleiben to keep up-to-date; j-n [sich] auf dem ~en halten to keep s.o. [oneself] informed (*od. colloq.* posted, abreast of things). – **6.** ~er (*od.* ~es) Meter running meter (*bes. Br.* metre): pro ~er Meter per running meter. – **7.** *mar.* running: ~es Tauwerk (*od.* Gut) running rigging. – **8.** *med.* a) running, b) (*eiternd*) running, suppurating, discharging: eine ~e Nase a running nose, rhinorrh(o)ea (*scient.*); eine ~e Wunde a running (*od.* discharging) wound. – **III** *adv* **9.** continuously, permanently, constantly: wir haben ~ zu tun there is always work to be done, we are always kept busy; die Artikel fanden ~ Absatz the articles went with a ready market; sie arbeiten ~ an der Verbesserung ihrer Produkte they are continuously working to improve (*od.* on the improvement of) their products.

'**lau·fen,las·sen** *v/t* ⟨*irr, sep, no* -ge-, *pass* -ge-, h⟩ **1.** j-n ~ *colloq.* a) (*Dieb etc*) to let s.o. off, b) (*Freundin etc*) to let s.o. go: man beschloß, den Dieb noch einmal laufenzulassen it was decided to let the thief off this time; du solltest dieses Mädchen ~ you should let this girl go. – **2.** die Dinge ~ to let things take (*od.* run) their course, to let matters take care of themselves, to let things go.

Läu·fer ['lɔyfər] *m* ⟨-s; -⟩ **1.** runner: er ist ein schneller ~ he is a fast runner, he can run very fast. – **2.** (*sport*) a) runner, b) (*auf Kurzstrecken*) sprinter, c) (*beim Fußball, Hockey*) halfback, d) (*beim Skifahren*) racer. – **3.** (*Teppich*) runner, carpet: der ~ auf der Treppe the stair carpet. – **4.** (*Tischläufer*) (table) runner. – **5.** (*games*) (*beim Schach*) bishop. – **6.** *civ.eng.* (*Läuferstein*) stretcher. – **7.** *zo.* (*junges Schwein*) young pig. – **8.** *electr.* (*eines Motors*) rotor. – **9.** *tech.* a) (*eines Rechenschiebers*) cursor, b) (*einer Kollermühle*) edge runner, crusher roll. – **10.** *civ.eng.* (*eines Mauerwerkes*) stretcher. – **11.** (*textile*) a) (*in Weberei*) whirl, b) (*in der Spinnerei*) travel(l)er. – **12.** *print.* brayer. – **13.** *mar.* a) runner, b) (*Taljenläufer*) tackle (fall), c) (*des Stapellaufschlittens*) running (*od.* sliding) ways *pl*. – **14.** (*mining*) runner.

Lau·fe'rei *f* ⟨-; -en⟩ *colloq.* **1.** (continual) running (around). – **2.** running around, trouble, bother: ich hatte viel ~(en) mit meinem Paß (*od.* wegen meines Passes) I had to do a lot of running around (*od.* I had to chase all over the place) to get my passport (*colloq.*); sich (*dat*) unnötige ~en ersparen to save oneself unnecessary steps; j-m unnötige ~(en) machen to make s.o. unnecessary trouble, to send s.o. on a wild-goose chase.

'**Läu·fer|feld** *n* (*sport*) field. — ~**rei·he** *f* (*beim Fußball, Hockey*) halfbacks *pl*. — ~**schicht** *f civ.eng.* course of stretchers, stretcher course. — ~**stan·ge** *f* (*an Treppen*) stair (*od.* carpet) rod. — ~**stein** *m tech.* running (*od.* upper) millstone. — ~**strom** *m electr.* rotor (*od.* inductor) current. — ~**ver,band** *m civ.eng.* stretcher bond. — ~**wick·lung** *f electr.* rotor winding.

'**Lauf|fa·den** *m* (*an der Nähmaschine*) leading thread. — ~**feu·er** *n* **1.** grass (*od.* brush) fire, *Am. auch* prairie fire: die Nachricht verbreitete sich wie ein ~ *fig.* the news spread like wildfire. – **2.** *mil. hist.* running fire, *Am.* head fire. — ~**flä·che** *f* **1.** (*eines Zylinders*) working (*od.* bearing) surface. – **2.** (*eines Lagers*) raceway. – **3.** (*eines Reifens, Rades etc*) tread. – **4.** (*railway*) tread. – **5.** (*eines Skis*) running surface. — ~**frist** *f econ. cf.* Laufzeit 1. — ~**fü·ße** *pl zo.* feet for running, cursorial feet (*scient.*): mit ~n cursorial. — ~**gang** *m* **1.** *arch.* passageway. – **2.** (*für wilde Tiere*) (barred) passage, runway. – **3.** (*eines Maulwurfs etc*) burrow. –

4. (*railway*) running board, catwalk. – **5.** *tech.* footwalk, gangway, walkway. — ~**geld** *n* **1.** *hist.* reimbursement given a journeyman at the end of his journeys. – **2.** *mil. hist.* mustering pay. — ~**ge,schwin·dig·keit** *f* **1.** *phot.* running (*od.* operating) speed. – **2.** *electr.* sweep speed. — ~**ge,stell** *n* **1.** (*für Kinder*) (baby) walker, go-cart. – **2.** (*für Kranke*) walker. — ~**ge,wicht** *n* **1.** *tech.* a) (*einer Waage*) sliding weight, rider, counterpoise, b) (*einer Schnellwaage*) bob. – **2.** (*optics*) (*eines Spiegelteleskops*) balance weight. — ~**ge,wichts,waa·ge** *f tech.* weighing lever with movable jockey. — ~**git·ter** *n* (*für Kinder*) playpen. — ~**gra·ben** *m mil.* communication (*od.* approach, connecting) trench: Laufgräben ziehen to dig trenches. — ~**huhn**, ~**hühn·chen** *n zo.* button (*od.* bustard) quail (*Turnix sylvatica*): die Laufhühner the tachydromians. — ~**hund** *m hunt. cf.* Bracke¹ 1.

läu·fig ['lɔyfɪç] *adj* (*Hündin*) in heat, in season, in the rut. — '**Läu·fig·keit** *f* ⟨-; no *pl*⟩ heat; (o)estrus, *auch* (o)estrum (*scient.*). **'Lauf|jun·ge** *m cf.* Laufbursche. — ~**kä·fer** *m zo.* ground beetle; carabus, carabid (*scient.*) (*Fam. Carabidae*). — ~**ka,mel** *n* dromedary, Arabian camel (*Camelus dromedarius*). — ~**kar·te** *f* routing card. — ~**kat·ze** *f tech.* trolley: ~ mit Hebezeug trolley hoist; ~ mit Rädervorgelege geared trolley. — ~**kip·pe** *f* (*sport*) running upstart. — ~**kno·chen** *m zo.* (*eines Vogelfußes*) tarsometatarsus. — ~**kon·kur·renz** *f* (*sport*) *cf.* Laufdisziplin. — ~**kon,trol·le** *f phot.* (*in Filmkamera*) film running indicator. — ~**kran** *m tech.* (overhead) travel(l)ing crane. — ~**kranz** *m* **1.** (*railway*) (*eines Rades*) rim. – **2.** *tech.* guide rails *pl*. — ~**kun·de** *m econ.* chance (*od.* passing) customer. — ~**kund·schaft** *f* chance clientele, passing trade. — ~**lei·ne** *f* longe, lunge, long(e)ing rein: ein Pferd an der ~ trainieren to longe a horse. — ~**lei·ter** *f* double (*od.* extension) ladder. — ~**mal** *n* (*sport*) (*beim Baseball*) (field) base. — ~**ma·sche** *f* (*in Strumpf etc*) ladder, *Am.* run(ner): eine ~ bekommen to ladder, *Am.* to (get a) run; ~n aufnehmen to repair ladders. — ~**ma·schen·re·pa·ra·tur** *f* repair of ladders, *Am.* run[ner]s). — l~**ma·schen,si·cher** *adj* ladderproof, *Am.* runless, nonrun (*attrib*). — ~**mil·be** *f zo.* chigger, *auch* chigga, trombidiid (*scient.*) (*Fam. Trombidiidae*). — ~**milben·be,fall** *m vet.* infestation with mites, acarus (*scient.*). — ~**mün·dung** *f mil.* muzzle, mouth (of a cannon). — ~**nummer** *f tech.* serial (*od.* consecutive) number. — ~**,paß** *m colloq.* (*in Wendungen wie*) j-m den ~ geben a) (*einem Angestellten etc*) to give s.o. the sack, to sack s.o., to give s.o. his walking papers (*Br.* his marching orders) (*alle colloq.*), b) (*einer Freundin etc*) to give s.o. the brush-off (*colloq.*), to jilt s.o.; den ~ bekommen (*od.* kriegen) a) to get the sack, to be sacked, to get one's walking papers (*Br.* one's marching orders) (*alle colloq.*), b) to get the brush-off (*colloq.*), to be jilted. — ~**plan·ke** *f* **1.** *mar.* gangway, gangplank, gangboard. – **2.** *tech.* catwalk, gangway. — ~**rad** *n* **1.** *tech.* a) wheel, b) (*einer Pumpe, eines Verbrennungsmotors*) impeller, c) (*einer Turbine*) rotor, runner: beschaufeltes ~ blade(d) wheel. – **2.** (*railway*) trailing (*od.* leading, carrying) wheel. – **3.** *aer.* landing (*od.* tail) wheel, nosewheel. — ~**räd·chen** *n* **1.** *dim. of* Laufrad. – **2.** *tech.* a) (*am Fahrraddynamo*) roller wheel, b) (*zum Punktieren*) tracing wheel, tracer. — ~**rich·tung** *f* **1.** *tech.* direction of travel. – **2.** (*sport*) direction of running. — ~**rie·men** *m* **1.** drive belt. – **2.** belting. — ~**ril·le** *f* groove. — ~**ring** *m tech.* (*eines Wälzlagers*) race(way). — ~**rol·le** *f* **1.** *tech.* a) roller, b) (*Lenkrolle*) caster, *bes. Br.* castor. – **2.** *electr.* (*Stromabnehmerrolle*) trolley. — ~**schie·ne** *f* **1.** *tech.* runway rail, track beam. – **2.** *auto.* (*für Sitzverstellung*) slide rail. — ~**schrei·ben** *n* (*postal service*) tracer. — ~**schrift** *f electr.* **1.** (*für Nachrichten etc*) newscaster. – **2.** (*für Reklame etc*) moving screen. — ~**schritt** *m* **1.** run, running pace: sich in ~ setzen to start running, to break into a run; er näherte sich im ~ he came up running, he came up at (*Am.* on) a run. – **2.** *mil.* double time (*od.* quick): im ~ on

(*Br.* at) the run (*od.* double); im ~, marsch, marsch! (*Kommando*) *Am.* double time, march! *Br.* at the double, march! – **3.** (*sport*) stride. — **~,schu-he** *pl* **1.** (*sport*) a) track (*od.* running) shoes, b) (*mit Spikes*) (running) spikes. – **2.** walking (*od.* street) shoes. — **~,sitz** *m tech.* running fit. — **~,soh-le** *f* (*eines Schuhs*) outsole. — **~,spiel** *n* (*games*) running game. — **~,spin-ne** *f zo.* running (*od.* vagile) spider, citigrade (*scient.*). — **~,sprung** *m* (*sport*) (*Weitsprungtechnik*) hitch-kick style. — **~,spu-le** *f* (*textile*) rotating pirn, revolving bobbin.

läufst [lɔyfst] *2 sg pres of* laufen.
'Lauf|**,stall** *m,* **~,ställ-chen** *n cf.* Laufgitter. — **~,stan-ge** *f* (*eines Treppengeländers*) banister, *Am. auch* bannister, handrail. — **~,steg** *m* **1.** gangway, runway: ein neues Modell über den ~ schicken *fig.* to introduce a new fashion model. – **2.** *tech.* (*einer Arbeitsmaschine*) running board. – **3.** *mar. cf.* Laufplanke 1. — **~,stein** *m tech.* (*einer Mühle*) (edge) runner, stone travel(l)er. — **~,stil** *m* (*sport*) running style. — **~,strecke** (*getr.* -k-k-) *f* (*bes. sport*) distance. — **~,stuhl** *m cf.* Laufgestell.
läuft [lɔyft] *3 sg pres of* laufen.
'Lauf|**,trai-ning** *n* (*sport*) special training for running, running as training: er absolviert ein tägliches ~ von zwei Stunden he runs two hours a day as part of his training. — **~,trep-pe** *f cf.* Rolltreppe. — **~,vö-gel** *pl zo.* runners, coursers, running birds, cursores (*scient.*) (*Unterordng Cursoria*): zu den Laufvögeln gehörend cursorial. — **~,werk** *n* **1.** *tech.* (*eines Spielzeugautos etc*) mechanism, drive assembly. – **2.** (*watchmaking*) clockwork, spring work. – **3.** *mil.* (*eines Panzers*) tracks and suspensions *pl*, running gear. – **4.** (*railway*) running gear, carriage. – **5.** *phot.* film-feed mechanism. — **~,wett-be,werb** *m* (*sport*) *cf.* Laufdisziplin. — **~,wun-der** *n* ace (*od.* star) runner.
'Lauf,**zeit** *f* **1.** *econ.* term, duration, validity, life, currency: ~ eines Vertrages duration (*od.* period of validity) of a contract; durchschnittliche ~ average duration (*od.* life); für die volle ~ for the full term; ~ eines Wechsels currency (*od.* life) of a bill. – **2.** *tech.* a) (*einer Maschine*) cycle (*od.* cycling) time, b) (*Zerspanungszeit*) machine (*od.* machining) time, c) (*Lebensdauer*) useful (*od.* service) life. – **3.** *electr.* a) (*eines Motors*) running time, b) (*eines Elektrons*) transit time, c) (*einer Leitung*) time delay. – **4.** (*radio*) transition interval. – **5.** *mil.* (*eines Zünders*) fuse. – **6.** (*watchmaking*) running time: eine Uhr mit zwölfstündiger ~ a 12-hour clock. – **7.** *zo.* (*einer Hündin etc*) period of sexual excitement, heat; (o)estrus, *auch* (o)estrum (*scient.*). – **8.** (*theater*) (*Spielzeit*) run: das Stück hatte eine lange ~ the play had a long run. – **9.** (*sport*) time. – **10.** (*postal service*) time of conveyance, forwarding time. – **11.** *tel.* transmission time (*od.* delay). – **12.** (*eines Filmes*) length, running time. – **13.** *chem.* development time. — **~,aus,gleich** *m electr.* transit-time compensation. — **~,röh-re** *f* transit-time (*od.* travel[l]ing-wave, velocity-modulated) tube.
'Lauf,**zet-tel** *m* **1.** *bes. tech.* (*Kontrollzettel*) interoffice (*Br.* inter-office) (*od.* control) slip (*od.* tag), tracer. – **2.** (*auf Akten etc*) circulation slip, *bes. Am.* tickler.
Lau-ge ['laugə] *f* ⟨-; -n⟩ **1.** *chem.* lye, alkaline (*od.* caustic) solution, lixivium (*scient.*). – **2.** (*Lösung*) liquor, solution: die (ätzende) ~ seines Spotts *fig. lit.* his biting sarcasm. – **3.** (*Seifenlauge*) suds *pl* (*construed as sg or pl*). – **4.** (*Waschlauge*) buck. – **5.** (*Salzlauge*) brine. – **6.** (*Laugungsmittel*) leaching agent, lixiviant. – **7.** (*Elektrolysebad*) electrolyte. – **8.** *tech.* a) (*in der Lederfabrikation*) lye, b) (*in der Bleicherei*) lye. — **lau-gen I** *v/t* ⟨h⟩ **1.** *chem.* lye, lixiviate (*scient.*). – **2.** wash (*od.* soak, steep) in lye, lye, leach, *bes. Br. dial.* buck. – **3.** (*Wäsche*) buck. – **4.** *tech.* (*Leder*) lye. – **5.** *metall.* wash, leach. – **II** *v/i* **6.** das Faß laugt the barrel causes wine to taste of the cask. – **III L~** *n* ⟨-s⟩ **7.** *verbal noun.* – **8.** *chem.* lixiviation. – **9.** *metall.* electrolysis.
'lau-gen,ar-tig *adj chem.* alkaline, lixivial, lixivious.
'Lau-gen|**,asche** *f chem.* alkaline ash(es *pl*), soap-boiler's waste. — **~,bad** *n* **1.** *med.*

---

alkaline bath. – **2.** *tech.* alkaline bath, lye (bath), liquor. — **L~,be,stän-dig** *adj tech. chem.* alkaliproof, resistant to alkaline (*od.* caustic) solutions. — **~,blu-me** *f bot.* buck's horn, cotula (*scient.*) (*Cotula coronopifolia*). — **~,bre-zel** *f gastr.* salt pretzel. — **~,faß** *n* **1.** (*für Wäsche*) buck(ing) tub, leaching tub, leaching vat. – **2.** *tech.* a) (*in der Salpeterfabrikation*) lixiviating tub (*od.* cask), b) (*in der Seifensiederei*) lye vat, caustic pot. – **3.** *metall.* leaching vat. — **~,mes-ser** *m chem. phys.* alkalimeter. — **~,salz** *n chem.* alkali, alkaline (*od.* lixivial) salt. — **~,stein** *m* caustic soda. — **~,turm** *m* (*paper*) reaction tower. — **~ver,gif-tung** *f med.* alkaline intoxication, lye poisoning.
'Lau-heit *f* ⟨-; *no pl*⟩ **1.** lukewarmness, lukewarmth, tepidity, tepidness. – **2.** *fig.* lukewarmness, tepidity, halfheartedness: Gleichgültigkeit und ~ müssen überwunden werden indifference and lukewarmness must be overcome. – **3.** (*bes. religiöse od. politische*) Laodiceanism.
'Lau-ig-keit *f* ⟨-; -en⟩ *obs. for* Lauheit.
Lau-mon-tit [lomõ'tiːt; -'tɪt] *m* ⟨-(e)s; -e⟩ *min.* laumontite, *auch* laumonite.
Lau-ne ['launə] *f* ⟨-; -n⟩ **1.** ⟨*only sg*⟩ mood, humor, *bes. Br.* humour, temper: gute [schlechte] ~ haben, (in) guter [schlechter] ~ sein to be in a good [bad] mood, to be in high [poor *od.* low] spirits; er ist bester (*od.* glänzender) ~ he is in an excellent mood, he is in the best of moods; übler ~ sein to be out of tune; [nicht] bei (*od.* in) ~ sein *colloq.* [not] to be in a good mood; er ist nicht in der ~ dazu he isn't in the mood for it; j-n in gute [*colloq.* stinkige] ~ versetzen to put s.o. in a good [*colloq.* lousy] mood; j-n bei guter ~ (er)halten to keep s.o. in a good (*od.* jovial) mood, to keep s.o. in high spirits; j-m die (gute) ~ verderben to spoil (*od.* ruin) s.o.'s good mood, to dash s.o.'s spirits; was hat er heute für ~? *colloq.* what mood is he in today? man konnte je nach (Lust und) ~ schwimmen gehen oder wandern one had the choice of swimming or hiking; bedienen Sie sich nach Lust und ~ help yourself to what you fancy. – **2.** *pl* moods: er hat so seine ~n he has his (little) moods, he is moody, he is a man of moods. – **3.** (*plötzlicher Einfall, Grille*) fancy, caprice, whim: etwas aus einer ~ heraus tun to do s.th. quite capriciously (*od.* whimsically); das war nur so eine ~ von mir that was only one of my little fancies (*od.* ideas). – **4.** *pl fig.* (*des Glücks, Wetters etc*) whims, freaks, caprices, vagaries.
'lau-nen-haft *adj* **1.** (*launisch*) moody, temperamental: ein ~er Mensch a man of moods. – **2.** (*kapriziös*) capricious, fanciful, full of whims and fancies, whimsical: der ~e Zufall *fig.* capricious coincidence; das Schicksal war ~ *fig.* fate was capricious. – **3.** (*unberechenbar*) fitful, erratic, mercurial, vagarious, wayward, uneven. – **4.** *fig.* (*Wetter*) changeable, uncertain. – **5.** *mus.* capriccioso. — **'Lau-nen,haf-tig-keit** *f* ⟨-; *no pl*⟩ **1.** moodiness. – **2.** capriciousness, caprice, whimsicalness, whimsicality. – **3.** (*Unbeständigkeit*) fitfulness, waywardness. – **4.** *fig.* (*des Wetters*) changeableness, uncertainty.
'lau-nig I *adj* **1.** (*Ansprache, Verse etc*) humorous, jocose, jocular. – **2.** (*Einfall etc*) witty, bright, clever. – **II** *adv* **3.** das Buch ist ~ geschrieben the book is written with wit and humo(u)r. – **4.** *mus.* scherzando, scherzo. — **'Lau-nig-keit** *f* ⟨-; *no pl*⟩ **1.** humorousness, jocoseness, jocosity. – **2.** wittiness, brightness, cleverness.
'lau-nisch I *adj* **1.** *cf.* launenhaft. – **2.** (*mürrisch*) bad- (*od.* ill-)tempered, peevish, moody. – **II** *adv* **3.** *mus.* capriccioso.
Lau-re-at [laure'aːt] *m* ⟨-en; -en⟩ *lit.* laureate.
Lau'ren-ti-us|**,bir-ne** [lau'rɛntsius-] *f hort.* St. Lawrence pear. — **~,stern,schnup-pe** *f astr.* St. Lawrence's tears *pl*, Perseids *pl*.
lau-re-ta-nisch [laure'taːnɪʃ] *adj relig.* Loret(t)o (*attrib*): ~e Nonne Loretto nun; ~e Litanei (the) Litany of the Blessed Virgin.
Lau-rin ['lauriːn] *npr m* ⟨-s; *no pl*⟩ *myth.* (*Zwergkönig*) Laurin.
lau'rin [lau'riːn] *adj chem.* lauric. — **L~,säu-re** *f* lauric acid (CH$_3$(CH$_2$)$_{10}$COOH).
Lau-rit [lau'riːt; -'rɪt] *m* ⟨-s; *no pl*⟩ *min.* laurite.

Lau-ron [lau'roːn] (*TM*) *n* ⟨-s; *no pl*⟩ *chem.* laurone.
Laus [laus] *f* ⟨-; ⸚e⟩ **1.** *zo.* a) (true) louse (*Ordng Anoplurae*); cootie, crawler, *Am.* crumb (*sl.*), b) *cf.* Kopflaus, c) *cf.* Blattlaus: voller Läuse lousy; pedicular, pediculous (*scient.*); Läuse bekommen (*od.* colloq. kriegen) to become infested with lice, to become (*od.* get) lousy; er sucht ihm die Läuse ab he picks the lice off him; Läuse knacken to squash lice; ihm ist eine ~ über die Leber gelaufen (*od.* gekrochen) *fig. colloq.* something has bitten (*od.* got into) him; sich (*dat*) eine ~ in den Pelz setzen *fig. colloq.* to let oneself in for s.th.; j-m eine ~ in den Pelz setzen *fig. colloq.* to let s.o. in for s.th. – **2.** (*textile*) small open knot in silk.
'Laus,**bub** *m bes. Southern G. humor.* imp, (young) rascal (*od.* scamp), rogue: er ist ein richtiger ~ he's a (real) little rascal. — **'Laus,bu-ben,streich** *m,* **'Laus-bü-be'rei** *f* boy's trick (*od.* prank).
lau-schen ['lauʃən] *v/i* ⟨h⟩ **1.** listen (attentively): sie lauschte der Geschichte she listened to the story; auf die Atemzüge eines schlafenden Kindes ~ to listen for the breathing of a sleeping child; sie lauschte andächtig [reglos] seinen Worten she listened devoutly [without stirring] to his words; angestrengt ~ to strain one's ears; in die Nacht ~ to listen for sounds in the night. – **2.** (*heimlich*) listen (secretly), eavesdrop: an der Tür [am Schlüsselloch] ~ to listen at the door [keyhole]; du hast gelauscht you've been eavesdropping.
'Lau-scher *m* ⟨-s; -⟩ **1.** listener, eavesdropper: der ~ an der Wand hört seine eigene Schand (*Sprichwort*) listeners hear no (*od.* never hear) good of themselves (*proverb*). – **2.** *hunt.* (*eines Rehs etc*) ears.
'Lausch,garn *n hunt.* net for catching hares (*od.* rabbits).
'lau-schig *adj* **1.** (*gemütlich*) snug, cozy: eine ~e Ecke a snug corner. – **2.** (*still*) quiet, peaceful. – **3.** (*einsam*) secluded, sequestered: sie fanden ein ~es Plätzchen im Wald they came across a secluded spot in the wood. – **4.** (*versteckt*) hidden, tucked-away (*attrib*).
läu-se|be,dingt *adj med.* (*Infektion*) louse-borne. — **L~,be,fall** *m* infestation with lice; pediculosis, phthiriasis, pediculation, vermination (*scient.*).
'Lau-se,ben-gel *m colloq. cf.* Lausejunge.
'Läu-se|,ei *n zo.* nit. — **l~,fres-send** *adj* louse-eating, phthirophagous (*scient.*).
'Lau-se,geld *n contempt.* paltry amount (*od.* beggarly sum) of money, mere pittance, chicken feed (*colloq.*).
'Läu-se,ger-mer *m bot.* cevadilla, sabadilla (*Schoenocaulon officinalis*).
'Lau-se,har-ke *f sl. humor.* comb, *Am. sl.* louse trap.
'Laus,ei *n zo.* nit.
'Lau-se|,jun-ge *m colloq.* imp, (young) rascal (*od.* scamp), rogue: du frecher ~! you naughty little imp! — **l~'kalt** *adj colloq.* miserably (*od. sl.* stinking) cold.
'Läu-se,kamm *m colloq.* finetooth comb.
'Lau-se,kerl *m colloq. cf.* Lausejunge.
'Läu-se,kraut *n bot.* lousewort (*Gattg Pedicularis*).
'Lau-se,lüm-mel *m colloq. cf.* Lausejunge.
lau-sen ['lauzən] **I** *v/t* ⟨h⟩ **1.** louse, rid (*od.* clean) (*s.o., an animal*) of lice: er laust den Affen he picks the lice off the monkey; ich denke, mich laust der Affe *fig. colloq.* I was dumbfounded. – **2.** j-n ~ *fig. humor.* to fleece s.o., to make s.o. pay through the nose: sie haben ihn tüchtig gelaust they really fleeced him; j-m den Beutel ~ to clean out s.o.'s purse (*od.* wallet). – **II** *v/reflex* sich ~ **3.** clean oneself (*od.* itself) of lice, louse oneself (*od.* itself), pick the lice off oneself (*od.* itself): der Affe laust sich the monkey picks the lice off himself (*od.* itself).
'Lau-se|,nest *n* **1.** louse nest, nest of lice. – **2.** *fig. colloq.* dirty nest, filthy hole (*od.* den). – **3.** *fig. colloq.* wretched (*od.* miserable) town (*od.* village). — **~,pack** *n colloq.* brazen pack, riffraff, canaille.
'Läu-se,pul-ver *n med. pharm.* pediculicide, lousicide.
'Lau-ser *m* ⟨-s; -⟩ *dial. humor. cf.* Lausbub.
'Läu-se,sucht *f med. cf.* Läusebefall.
'Laus,flie-ge *f zo.* louse fly, hippoboscid (*scient.*) (*Fam. Hippoboscidae*): die ~n the pupipara.

lau·sig ['lauzıç] *colloq.* **I** *adj* **1.** (*Sache, Zeiten etc*) bad, 'lousy' (*colloq.*). – **2.** (*Gehalt, Stipendium etc*) poor, paltry, 'lousy' (*colloq.*): deine paar ~en Groschen your few lousy pennies. – **3.** (*Nest, Buch etc*) filthy, 'lousy' (*colloq.*). – **4.** (*Kälte, Hitze etc*) unpleasant, 'awful' (*colloq.*). – **5.** (*Arbeit, Anstrengung etc*) miserable, wretched, 'lousy' (*colloq.*). – **II** *adv* **6.** es ist ~ kalt it is beastly cold (*colloq.*); die Sache ist ~ schwer the matter is terribly difficult (*colloq.*); das tut ~ weh that hurts like hell (*colloq.*); er hat ~ viel Geld he's lousy (*od.* filthy) with money (*colloq.*); das kostet ~ viel that's terribly expensive (*colloq.*).

Lau·sit·zer ['lauzıtsər] *m* ⟨-s; -⟩ *geogr.* Lusatian. — **'lau·sit·zisch** *adj* Lusatian.

laut¹ [laut] **I** *adj* ⟨-er; -est⟩ **1.** loud: er wurde mit ~em Beifall begrüßt he was welcomed with loud applause; ~es Gelächter loud (*od.* ringing, resounding) laughter; sie erhoben ein ~es Geschrei a) they started to shout, b) they raised a hue and cry; sie brachen in ~e Klagen aus they burst into loud lamentations; er sang ~e Loblieder auf den Autor *fig.* he was loud in his praise of the author; das Radio ist zu ~ the radio is too loud; reden Sie bitte mit ~er Stimme please speak in a loud (*od.* audible) voice; sie hat eine ~e Stimme a) she has a loud voice, b) (*Singstimme*) she has a powerful voice; er wurde ~ he began to shout. – **2.** (*geräuschvoll*) noisy: eine ~e Straße a noisy street; die Gesellschaft wurde sehr ~ the party became very noisy (*od.* boisterous); er ist sehr ~ a) he is a very noisy person, b) *fig.* he is rather loudmouthed. – **3.** (*klar, bestimmt*) clear, distinct. – **4.** *fig.* (*Farben*) loud, glaring, shrill, strident, blatant. – **5.** ⟨*pred*⟩ (*in Wendungen wie*) es wurden Stimmen ~, daß the opinion was expressed (*od.* voiced) that; allgemein wurde der Wunsch nach größerer Freiheit ~ a desire for greater freedom was voiced everywhere; es wurde das Gerücht ~, daß the rumo(u)r spread that, it was rumo(u)red that; ein Geheimnis ~ werden lassen to betray (*od.* divulge, tell) a secret; laß das ja nicht ~ werden keep quiet about this, don't let anybody find out, mum's the word; er ließ nichts (davon) ~ werden he didn't breathe a word, he kept mum (*od.* quiet) (about it). – **6.** *mus.* forte: sehr ~ fortissimo. – **7.** *hunt.* die Hunde sind ~ the dogs are barking (*od.* baying); im Wald ist es ~ the ground of the forest is so dry it is difficult to hunt noiselessly; der Schnee ist ~ the snow crunches beneath one's feet. – **II** *adv* **8.** bitte lies das ~ vor please read out aloud what is written there; sprechen Sie bitte ~ und deutlich please speak loudly and clearly; er lachte ~ los he burst out laughing; sie schrie ~ auf she gave a loud cry; sie schrie so laut sie konnte she screamed at the top of her voice; ~ denken to think aloud, to think out loud; er sagte ~ und deutlich seine Meinung he expressed his opinion quite openly; das darf man nicht ~ sagen one shouldn't say that out loud, that should be talked of in whispers only; kannst du das nicht ~er sagen! *iron.* can't you say that any louder! laut spielen to play noisily (*od.* boisterously). – **9.** *mus.* forte: sehr ~ fortissimo.

laut² *prep* ⟨*gen, auch dat, nom*⟩ (as) per, according to, in accordance with: ~ Paragraph X as per (*od.* as stated in) paragraph X; ~ Übereinkunft by agreement; ~ Verfügung (*od.* Befehl) by decree (*od.* order, command), as directed; ~ Vorschrift by (*od.* according to) rule; ~ Rechnung (*od.* Nota) *econ.* as per note; ~ Briefen according to letters; ~ Gesetz (*od.* des Gesetzes) under the law; ~ Faktura *econ.* as per invoice, as invoiced; ~ ärztlicher Verordnung as prescribed (by a physician); ~ ärztlichem Gutachten according to expert medical opinion; ~ unserem Schreiben vom as set forth in our letter of.

Laut *m* ⟨-(e)s; -e⟩ **1.** sound, tone: keinen ~ von sich geben not to utter a sound; er hörte keinen ~ he heard no (*od.* not a) sound; fremde ~e drangen an mein Ohr sounds of a foreign tongue fell on my ears; unartikulierte ~e ausstoßen to utter inarticulate (*od.* incoherent) sounds, to make strange noises; sie konnte keinen ~ hervorbringen she couldn't bring out one syllable. – **2.** *ling.* sound, phone (*scient.*): ~e

bilden to form (*od.* articulate) sounds; stimmloser ~ voiceless sound, surd; stimmhafter ~ sonant, voiced sound, *auch* tonic; silbenbildender ~ syllabic; stumme ~e mutes; kurzer ~ short sound; parasitischer ~ parasite. – **3.** ~ geben *hunt.* to bark, to bay, to give tongue: der Hund gibt ~ the dog is barking.

'Laut|an,glei·chung *f ling.* assimilation (of sounds). — **~ar,chiv** *n* (*für Sprachforschung etc*) sound (*od.* phonetic) archives *pl*.

'laut·bar *adj only in* ~ werden to become known (*od.* public): der Vorfall durfte auf keinen Fall ~ werden the incident was not to become known at any cost.

'Laut|be,zeich·nung *f ling.* **1.** (*Bezeichnungsweise*) phonetic (*od.* sound) notation (*od.* transcription). – **2.** (*Zeichen*) phonetic symbol. — **~,bild** *n* (*eines Wortes*) phonetic spelling, auditory (*od.* sound) image. — **~,bil·dung** *f* formation of (speech) sounds, articulation, phonation (*scient.*). — **~,bildungs,leh·re** *f* (articulatory) phonetics *pl* (*construed as sg*). — **~,dau·er** *f* quantity (*od.* duration) (of a sound).

Lau·te ['lautə] *f* ⟨-; -n⟩ *mus.* lute: die ~ spielen (*od. poet.* schlagen) to play (on) the lute; Lieder zur ~ songs accompanied by the lute.

'Laut|,ei·gen·heit *f ling.* phonetic peculiarity. — **~,ein,fü·gung** *f* epenthesis.

lau·ten ['lautən] *v/i* ⟨h⟩ **1.** run, read, go: der Brief lautet folgendermaßen the letter reads as follows; wie lautet das dritte Gebot? how does the third commandment go? wörtlich ~ to be worded; der Satz muß so ~ the sentence must read thus. – **2.** (*besagen*) say: der Befehl lautet dahingehend, daß the order says that; wie lautet der Brief? what does the letter say? – **3.** (*Bezeichnung etc*) be: wie lautet sein Name? what is his name? how is he called? – **4.** (*klingen*) sound: ihre Antwort lautet günstig für uns her answer sounds favo(u)rable to us; der ärztliche Befund lautet besorgniserregend the doctor's findings sound disconcerting. – **5.** ~ auf (*acc*) (*in Wendungen wie*) auf (den Namen) X ~ a) (*von Paß etc*) to be (made out) in the name of X, b) (*von Scheck etc*) to be payable to X, to be made out to X; auf den Betrag von DM 100 ~ to be made out in the amount of 100 marks; auf Schadenersatz ~ *jur.* to sound in damages; sein Urteil lautete auf sechs Monate Gefängnis he was sentenced to six months in prison; das Urteil lautete auf Freispruch the sentence was one of acquittal; die Anklage lautet auf Hochverrat the charge is high treason.

läu·ten ['lɔytən] **I** *v/i* ⟨h⟩ **1.** (*von Kirchenglocken*) ring, peal, chime, (*langsam feierlich*) *auch* toll, knell: die Glocken ~ zur Kirche [Messe] the bells are ringing for church [mass]; die Totenglocken ~ the funeral bells are tolling. – **2.** (*von Klingel, Telephon, Wecker etc*) ring: (nach) j-m ~ to ring for s.o.; die Glocke läutet a) there's a ring at the door, b) (*in der Schule etc*) the bell is ringing; ich habe (etwas) davon ~ hören *fig. colloq.* I have heard rumo(u)rs (*od.* s.th.) to that effect; ich habe ~ hören, daß I have heard (rumo[u]rs) that. – **3.** (*von Glöckchen, Kuhglocken etc*) tinkle, tingle, ting. – **II** *v/t* **4.** (*Glocken*) ring, peal, chime, (*langsam u. feierlich*) *auch* toll, knell: j-n zu Grabe ~ to toll s.o.'s passing (*od.* death) bell; man läutet Feuer [Sturm] they are ringing the fire [storm] alarm. – **5.** (*Schelle etc*) ring: bei j-m Sturm ~ to ring s.o.'s doorbell impatiently (*od.* furiously). – **6.** (*Glöckchen etc*) tinkle, tingle, ting. – **III** *v/impers* **7.** es läutet a) there's a ring at the door, b) (*in der Schule etc*) the bell is ringing: es hat bereits zweimal (*od.* zum zweitenmal) geläutet a) the bell has already rung twice, b) (*vor einem Konzert etc*) the bell has rung for the second time; es läutet zur Kirche [Messe] the bells are ringing for church [mass]. – **IV L~** *n* ⟨-s⟩ **8.** *verbal noun.* – **9.** (*der Glocken*) ring, chime, peal, (*langsam feierliches*) *auch* toll, knell. – **10.** (*eines Glöckchens etc*) tinkle, tingle, ting.

'Lau·ten|,band *n* (decorative) lute strap. — **~,bau·er** *m* lutemaker, lutist.

'lau·tend I *pres p.* – **II** *adj* auf j-n ~ *bes. econ.* payable to s.o., made out to s.o.: auf den Inhaber ~e Obligationen bonds payable to bearer; auf den Überbringer ~ payable to bearer; auf den Namen ~ a)

payable to person named, b) (*Aktien*) registered.

'Lau·ten·etui [-ʔɛt,viː] *n* lute case.
'Lau·te·nist [lautə'nıst] *m* ⟨-en; -en⟩, *obs.*
'Lau·ten,schlä·ger *m cf.* Lautenspieler.
'Lau·ten|,spiel *n* lute playing. — **~,spie·ler** *m* lute player, lutanist, *auch* lut(en)ist. — **~,steg** *m* bridge, frontal stringholder.
'Laut·ent,wick·lung *f ling.* evolution of sounds, phonetic development.
'Lau·ten,zug *m mus.* (*eines Cembalos*) harp stop.

'lau·ter¹ *comp cf.* laut¹.
'lau·ter² **I** *adj* ⟨-er; -st⟩ *lit.* **1.** (*Gold etc*) pure, unalloyed. – **2.** (*Flüssigkeit*) clear, limpid. – **3.** *fig.* (*Gesinnung, Charakter etc*) sincere, ingenuous, candid. – **4.** *fig.* (*Absichten etc*) honest, genuine, disinterested. – **5.** *fig.* (*Wahrheit*) real, plain, unvarnished. – **II** *adv* **6.** sheer, nothing but: du redest ~ Unsinn you're talking sheer nonsense; aus ~ Vergnügen [Liebe] from sheer pleasure [love]. – **7.** nothing but, only: in unserem Abteil saßen ~ nette Leute in our compartment there were only nice people, all the people in our compartment were nice; sie war von ~ Verehrern umgeben she was completely surrounded by fans; das sind ~ Lügen that's (nothing but) a pack of lies. – **8.** many: sie zerriß den Bogen in ~ kleine Fetzen she tore the sheet up in(to) many little scraps; das Kleid war mit ~ grünen Perlen bestickt the dress was embroidered (all over) with green pearls; ~ Gründe, zu Hause zu bleiben all of them (*od.* so many) reasons for staying at home.

'Läu·ter|,bot·tich *m brew.* clarifying (*od.* straining) vat (*od.* tub). — **~,feu·er** *n röm. kath. cf.* Fegefeuer. — **~,fla·sche** *f chem.* (*für Gase*) washing bottle.

'Lau·ter·keit *f* ⟨-; *no pl*⟩ integrity, candor, *bes. Br.* candour, sincerity: ich zweifle die ~ seines Charakters nicht an I do not question his integrity.

läu·tern ['lɔytərn] **I** *v/t* ⟨h⟩ **1.** *lit.* (*Seele etc*) purify, purge. – **2.** (*Flüssigkeit etc*) clear. – **3.** *chem.* a) (*rektifizieren*) rectify, b) (*Felle*) wash, c) (*Mehl*) bolt, d) (*Zucker*) clarify, cure, refine. – **4.** *metall.* refine. – **5.** *brew.* clarify. – **6.** (*Branntwein*) clear. – **II** *v/reflex* sich ~ **7.** *fig.* purify (*od.* purge, refine) oneself, sublime. – **III L~** *n* ⟨-s⟩ **8.** *verbal noun.* – **9.** *cf.* Läuterung.

'Laut·er,satz *m ling.* (sound) substitution.
'Läu·ter,trom·mel *f* **1.** *metall.* washing cylinder (*od.* drum). – **2.** (*mining*) rotary screen, trommel, washing (*od.* cleaning) drum, log washer.
'Läu·te·rung *f* ⟨-; -en⟩ **1.** *cf.* Läutern. – **2.** *lit.* (*der Seele etc*) purification, purgation. – **3.** *tech.* purification, refinement. – **4.** *chem.* a) rectification, b) wash(ing), c) bolting, d) curing, clarification, refining. – **5.** *metall.* refinement.
'Läu·te·rungs|,mit·tel *n tech.* purifying agent. — **~pro,zeß, ~,vor,gang** *m* refining process, fining.
'Läu·te|,werk *n* **1.** (*eines Weckers*) alarm (mechanism), bell. – **2.** *electr.* warning bell, ringing mechanism, (*in einer Geldschublade*) *auch* money alarm. – **3.** (*railway*) signal alarm bell: ~ der Lokomotive locomotive signal bell. — **~,zei·chen** *n* ring, acoustic signal.
'Laut|ge,schich·te *f ling.* phonetic history. — **~ge,setz** *n* phonetic (*od.* sound) law. — **L~ge,setz·lich** *adj u. adv* in accordance with (*od.* relating to) the phonetic (*od.* sound) laws. — **L~ge,treu** *adj* **1.** corresponding to (*od.* precisely copying) a sound. – **2.** *electr.* of high-fidelity, orthophonic.
'laut,hals *adv* **1.** at the top of one's voice: er lachte ~ los he burst out laughing. – **2.** so that everyone can (*od.* could) hear.
'Laut·heit *f* ⟨-; *no pl*⟩ *rare* loudness, noisiness.
lau·tie·ren [lau'tiːrən] *v/t u. v/i* ⟨*no* ge-, h⟩ *ling.* read (*od.* spell) phonetically. — **Lau-'tier·me,tho·de** *f* phonetic reading (*od.* spelling).
'Laut|,kun·de, ~,leh·re *f* **1.** *ling.* a) phonetics *pl* (*construed as sg*), b) (*in bestimmter Sprache od. Periode*) phonology. – **2.** *phys.* phonics *pl* (*construed as sg*).
'laut·lich *ling.* **I** *adj* of (*od.* as regards) sound, phonetic(al): ~e Mehrdeutigkeit (*von Schriftzeichen*) polyphony; ~e Veränderung phonetic modification. – **II** *adv* phonetically.

'laut·los I adj **1.** soundless, mute: ~es Lachen soundless laughter. – **2.** (geräuschlos) noiseless, silent: ~e Schritte noiseless steps. – **3.** (still) hushed, still: es herrschte ~e Stille there was a hushed silence, there was complete silence. – **II** adv **4.** der Kahn glitt ~ dahin the skiff glided silently along; ~ weinen to cry soundlessly; er brach ~ zusammen he collapsed without a sound. — **'Laut·lo·sig·keit** f ⟨-; no pl⟩ **1.** soundlessness. – **2.** noiselessness, silentness. – **3.** hush, stillness, (deep) silence.

'laut|ma·lend adj imitative of sound, echoic; onomatopoeic(al), mimetic (scient.): ~es Wort onomatope. — **L~ma·le'rei** [ˌlaut-] f imitation of sound, echoism, onomatopoeia (scient.). — **~ma·le·risch**, **~nach·ah·mend** adj cf. lautmalend. — **L~phy·sio·lo·gie** f physiology of speech. — **~phy·sio·lo·gisch** adj relating to the physiology of speech. — **L~qua·li·tät** f (sound) quality: unbetont und von unbestimmter ~ unstressed and (of) neutral (quality), auch weak. — **L~schrift** f phonetic transcription (od. notation, writing): internationale ~ international phonetic alphabet, IPA. — **~·schrift·lich** adj u. adv written (od. spelled) phonetically, in phonetic spelling: ~e Wiedergabe phonetic representation (od. spelling); ~ wiedergeben to represent (od. spell) phonetically, to phoneticize.

'Laut|spre·cher m electr. loudspeaker, speaker: ~ mit Klangverteiler horn-loaded loudspeaker; elektrodynamischer ~ moving-coil (od. electrodynamic) loudspeaker; piezoelektrischer ~ crystal (od. piezoelectric) loudspeaker; trichterloser ~ hornless loudspeaker; die Vorlesung wurde durch ~ übertragen the lecture was carried by (od. over the) loudspeaker(s); etwas mit einem ~ ansagen to announce s.th. over the loudspeaker. — **~an·la·ge** f public address (od. loudspeaker) system. — **~an·schluß** m (am Radio) speaker socket (od. terminal). — **~mast** m (in Stadion etc) loudspeaker mast. — **~mem·bran** f (loudspeaker) diaphragm. — **~trich·ter** m loudspeaker horn. — **~über·tra·gung** f carrying (of s.th.) by (od. over the) loudspeaker(s). — **~wa·gen** m public address car, loudspeaker van (Am. truck). — **~wer·bung** f advertising (od. canvassing) by loudspeaker.

'laut·stark I adj (Streit etc) noisy. – **II** adv ~ argumentieren to argue heatedly; ~ zustimmen to voice one's approval loudly.

'Laut·stär·ke f **1.** electr. loudness, sound volume, signal strength, audible sound level: die ~ regulieren (od. einstellen) to adjust the volume; das Radio mit voller ~ spielen to play the radio at full volume; Verhältnis der direkten zur indirekten ~ acoustic scale. – **2.** loudness: mit voller ~ schreien to scream at the top of one's voice. — **~be·reich** m electr. volume range. — **~mes·ser** m sound-level meter, intensity meter, phonometer. — **~mes·sung** f sound measurement. — **~pe·gel** m level of sound (od. volume). — **~reg·ler** m volume (od. gain) control, loudness control. — **~re·ge·lung** f volume adjustment, volume (od. gain) control. — **~schwan·kung** f meist pl variation (od. fluctuation) in signal strength (od. sound, volume). — **~um·fang** m volume (od. dynamic) range.

'Laut|sub·sti·tu·ti·on f ling. cf. Lautersatz. — **~sym·bol** n cf. Lautzeichen. — **~sym·bo·lik** f sound symbolism. — **~sy·stem** n phonetic system. — **~ta·fel** f phonetic chart.

'Laut·tung f ⟨-; -en⟩ ling. **1.** articulation. – **2.** (Aussprache) pronunciation.

'Laut|un·ter·schied m ling. difference in sound, phonetic difference. — **~ver·hält·nis** n interrelation of sounds.

'Laut·ver·schie·bung f ling. **1.** die (germanischen) ~en the (Germanic) consonant shifts, the lautverschiebungen (scient.): erste (od. germanische) ~ first (od. First) German(ic) consonant shift, auch Grimm's law; zweite (od. hochdeutsche) ~ second (od. High German) consonant shift. – **2.** sound shift(ing), phonetic change, (der Konsonanten) auch consonant shift, (der Vokale) auch vowel shift.

'Laut·ver·schie·bungs·ge·setz n ling. law governing sound shift(ing), phonetic (od. sound) law.

'Laut|ver·stär·ker m electr. sound amplifier. — **~ver·wech·se·lung**, **~ver·wechs-** lung f **1.** ling. transposition of sounds, (mit humoristischem Effekt) spoonerism. – **2.** med. paralalia. — **~ver·zer·rung** f electr. sound distortion. — **~wan·del** m ling. sound (od. phonetic) change: spontaner (od. unbedingter) ~ spontaneous (od. isolative) sound change; kombinatorischer (od. bedingter) ~ combinatory sound change. — **~wech·sel** m transmutation of sounds (within cognate words).

'Läut|werk n cf. Läutewerk.

'Laut|wert m ling. (in der Phonetik) phonetic value. — **~wis·sen·schaft** f phonetics pl (construed as sg). — **~zei·chen** n phonetic symbol (od. sign), auch phonogram, phonotype.

'lau·warm adj lukewarm, tepid, warmish.

La·va ['laːva] f ⟨-; -ven⟩ geol. lava: erstarrte ~ solidified (od. consolidated) lava, clinker; schlackige (od. verschlackte) [gesteigerte] ~ scorified [spotted] lava. — **l~ähn·lich**, **l~ar·tig** adj lava(like). — **~bett** n bed of lava.

La·va·bo [la'vaːbo] n ⟨-(s); -s⟩ röm.kath. lavabo, auch Lavabo.

'La·va|bom·be f geol. (lava od. volcanic) bomb. — **~decke** (getr. -k·k-) f lava flow (od. field, sheet). — **~feld** n lava field. — **~fluß** m lava flow. — **~glas** n min. volcanic glass, vitreous lava, obsidian (scient.): weißes ~ hyalite. — **~glut** f red-hot (od. molten) lava. — **~grus** m **1.** geol. volcanic ashes pl. – **2.** min. lapilli pl.

La·van·din|öl [lavan'diːn-] n (cosmetics) lavandin oil.

'La·va|stein m geol. lava stone (od. rock). — **~strom** m stream (od. torrent, river) of (red-hot od. molten) lava: erstarrter ~ coulee.

La·ven·del [la'vɛndəl] m ⟨-s; -⟩ **1.** bot. lavender (Gattg Lavandula, bes. L. officinalis): Gemeiner ~ common (od. spike) lavender, aspic (L. spica); Wilder ~ cf. Berggamander. – **2.** (cosmetics) lavender water: sich mit ~ parfümieren to lavender oneself; ~ zwischen Wäsche legen to lavender linen (bes. Am. linens). — **~blau I** n lavender (blue). – **II** adj lavender-blue. — **~far·be** f lavender (color, bes. Br. colour). — **~feld** n field of lavender. — **~geist** m (cosmetics) extract of lavender. — **~öl** n (cosmetics) oil of lavender, lavender (od. spike) oil, spikenard. — **~was·ser** n cf. Lavendel 2.

La'vez|stein [la'vɛts-] m min. potstone, lapis ollaris (scient.).

la·vie·ren¹ [la'viːrən] v/i ⟨no ge-, h⟩ **1.** mar. obs. tack, go about. – **2.** fig. man(o)euver, bes. Br. manœuvre, jockey. – **3.** fig. change course. [wash (over).|

la'vie·ren² v/t ⟨no ge-, h⟩ (art) (Zeichnung)|

La·voir [la'vŏaːr] n ⟨-s; -s⟩ Southern G. obs. od. Austrian washbowl, washbasin.

Lä·vu·lin·säu·re [lɛvu'liːn-] f chem. levulinic acid ($CH_3CO(CH_2)_2COOH$).

Lä·vu·lo·se [lɛvu'loːzə] f ⟨-; no pl⟩ chem. fruit sugar, levulose ($HOCH_2(CHOH)_3$ $COCH_2OH$).

La·wi·ne [la'viːnə] f ⟨-; -n⟩ avalanche (of snow), snowslide, snowslip: eine ~ ist niedergegangen an avalanche has come down; eine ~ donnerte zu Tal an avalanche thundered into the valley; mehrere Dörfer wurden von einer ~ verschüttet several villages were buried by an avalanche; eine ganze ~ von Fragen fig. a whole avalanche of questions.

la·wi·nen·ar·tig adj u. adv avalanchelike, like an avalanche: ~ anwachsen to snowball.

La·wi·nen|ga·le·rie f civ.eng. avalanche shelter. — **~ge·fahr** f danger of avalanches. — **l~ge·fähr·det** adj (Straße etc) exposed to the (danger of) avalanches. — **~hang** m avalanche slope. — **~hund** m cf. Lawinensuchhund. — **~ka·ta·stro·phe** f avalanche disaster. — **~op·fer** n victim of an avalanche, avalanche victim. — **~schnee** m **1.** avalanche snow. – **2.** geol. névé. — **~schnur** f thin red rope worn by persons skiing in avalanche areas so as to facilitate searches. — **~such·hund** m (specially trained) avalanche search dog. — **~un·glück** n **1.** accident caused by an avalanche. – **2.** avalanche disaster. — **~ver·bau** m, **~ver·bau·ung** f civ.eng. avalanche brake (od. structure). — **~warn·dienst** m avalanche patrol. — **~war·nung** f avalanche warning. — **~wind** m meteor. avalanche wind.

Lawn-Ten·nis ['lɔːntɛnɪs] (Engl.) n ⟨-; no pl⟩ (sport) lawn tennis.

Law·ren·ci·um [lo'rɛntsɪʊm] n ⟨-s; no pl⟩ chem. lawrencium (Lr).

lax [laks] adj ⟨-er; -est⟩ **1.** indolent, idle. – **2.** (nachlässig) negligent, careless. – **3.** (Moral, Sitten etc) easy, free. – **4.** (Disziplin) lax.

La·xans ['laksans] n ⟨-; -tia [-'ksantsɪa] u. -zien [-'ksantsɪən]⟩, **La·xa'tiv** [-ksa'tiːf] n ⟨-s; -e⟩, **La·xa'ti·vum** [-ksa'tiːvʊm] n ⟨-s; -va [-va]⟩ med. pharm. laxative, aperient, purge, purgative, physic.

'Lax·heit f ⟨-; no pl⟩ **1.** indolence, idleness. – **2.** (Nachlässigkeit) negligence, carelessness. – **3.** (der Disziplin etc) laxity: die ~ der Moral the laxity of moral codes.

la·xie·ren [la'ksiːrən] v/i ⟨no ge-, h⟩ med. purge, loosen (od. open) one's bowels. — **la'xie·rend I** pres p. – **II** adj med. pharm. laxative, aperient, purging.

La'xier|fisch m zo. mendole (Maena vulgaris). – **~mit·tel** n med. pharm. cf. Laxativ.

La·xis·mus [la'ksɪsmʊs] m ⟨-; no pl⟩ relig. laxism.

Lay·out ['leɪaʊt; ˌleɪ'aʊt] (Engl.) n ⟨-s; -s⟩ print. layout. — **Lay·ou·ter** ['leɪaʊtə; ˌleɪ'aʊtə] (Engl.) m ⟨-s; -⟩ print. layout man.

'Lay·out-Ty·po·graph m print. layout typographer. — **~-Zeich·ner** m layout draftsman.

La·za·rett [latsa'rɛt] n ⟨-(e)s; -e⟩ mil. (military) hospital. — **~flug·zeug** n aeromedical evacuation plane. — **~ge·hil·fe** m hospital attendant, orderly, Am. corpsman, dresser. — **~schiff** n hospital ship. — **~wa·gen** m ambulance. — **~zug** m hospital train.

La·za·rist [latsa'rɪst] m ⟨-en; -en⟩ röm.kath. Lazarist (friar), Vincentian. — **La·za'ri·sten·or·den** m cf. Lazarusorden.

La·za·rus ['laːtsarʊs] npr m ⟨-; no pl⟩ Bibl. Lazarus: armer ~ fig. colloq. poor beggar. — **~klap·pe** f zo. Lazarus jewel box (Chama lazarus). — **~or·den** m röm.kath. Order of St. Lazarus (of Jerusalem).

La·ze·dä·mo·ni·er [latsede'moːnɪər] m ⟨-s; -⟩ antiq. cf. Lakedämonier.

La·ze·ra·ti·on [latsera'tsɪoːn] f ⟨-; -en⟩ med. laceration. — **la·ze'rie·ren** [-'riːrən] v/i ⟨no ge-, sein⟩ lacerate.

La·zu·lith [latsu'liːt; -'lɪt] m ⟨-s; -e⟩ min. azure (od. blue) spar, lazulite (scient.).

Laz·za·ro·ne [latsa'roːnə] m ⟨-s; -n u. -ni [-ni]⟩ lazzarone.

'Le·be·da·me f **1.** demimondaine, demimonde. – **2.** (Kurtisane) courtesan, auch courtezan.

'Le·be·hoch n ⟨-s; -s⟩ **1.** cheer, cheers pl: ein ~ rufen (od. ausbringen) to give a cheer. – **2.** (beim Trinken) toast.

'Le·be·mann m ⟨-(e)s; ᵉᵉr⟩ man-about-town, bon viveur (od. vivant), playboy. — **l~män·nisch** [-ˌmɛnɪʃ] adj playboylike.

le·ben ['leːbən] **I** v/i ⟨h⟩ **1.** live, be alive: er lebt! he lives (od. is alive)! lebt er noch? is he still alive? er wird nicht mehr lange ~ he will not live much longer, his days are numbered (colloq.); noch als er lebte while he was still alive; ich will ~ I want to live; sie wollte nicht mehr länger ~ she did not want to live any more (od. longer); lang lebe die Königin! long live the Queen! er lebte unter den Stuarts he lived under the Stuarts; Mozart lebte im 18. Jh. Mozart lived (lit. auch flourished) in the 18th century; wie geht's? man lebt! colloq. how are you? still alive! surviving! vegetarisch ~ to be a vegetarian; nicht ~ und nicht sterben können not to be able to live or die; so wahr ich lebe! as sure as I live (and breathe)! upon my life! er ist mein Vater, wie er leibt und lebt he is the very (od. colloq. spitting) image of my father; das Photo lebt förmlich the photo seems to be alive; alles, was auf der Erde lebt und webt poet. all that lives and moves (od. is alive and astir) on earth; in ihm, ~ weben und sind wir Bibl. in him we live and move and have our being; man lebt nur einmal (Sprichwort) you only live once; ~ und ~ lassen (proverb) live and let live (proverb); ~ heißt kämpfen (Sprichwort) life is a struggle; solange man lebt, gibt es Hoffnung while there is life there is hope (proverb). – **2.** (existieren) live, exist: ich kann ohne dich nicht ~ I cannot live (od. exist) without you; und so was lebt! colloq. humor. od. contempt. and such a creature exists; davon kann er kaum ~ he can barely exist on that. – **3.** (*ein bestimmtes Leben führen*) live, lead a life: **einsam** ~ to live in solitude, to lead a lonely life; **in bescheidenen Verhältnissen** ~ to live in modest circumstances (*od.* modestly, on modest means); **dort kann man billig** ~ one can live cheaply there; **glücklich** [**gut, friedlich, kümmerlich**] ~ to live happily [well, peacefully, miserably], to lead a happy [good, peaceful, miserable] life; **primitiv** ~ to rough it; **getrennt** ~ to live apart from one another; **für sich** ~ to live for oneself, to lead a retired (*od.* secluded) life; **er lebte völlig zurückgezogen** he lived completely withdrawn from the world, he lived in absolute privacy (*od.* seclusion); **er lebte nur für sich allein** he lived only for himself; **wild** ~ (*von Tieren*) to live wild; **er weiß zu** ~ he knows how to live; **in Armut** ~ to lead a life of (*od.* to live in) poverty; **in Frieden und Freundschaft mit j-m** ~ to live in peace and friendship with s.o.; **in dem Glauben** [**der Gewißheit**] ~, **daß** to live in the belief [certainty] that; **nach einem Grundsatz** ~ to live by (*od.* up to) a principle; **mit j-m im Streit** ~ to be (*od.* live) at loggerheads (*od.* enmity) with s.o.; **in der Vergangenheit** ~ to live in the past; **über seine Verhältnisse** ~ to live beyond one's means; **leb(t) wohl!** farewell! adieu! good-by(e); → **Fuß**[1] 2; **Saus.** – **4.** (*wohnen*) live, dwell, reside: **er lebt in Köln** [**auf dem Lande**] he lives in Cologne [in the country]; **wie lange** ~ **Sie schon in New York?** how long have you been living in New York? – **5.** (*sich aufhalten*) stay, sojourn. – **6. von etwas** ~ to live (*od.* subsist) (up)on s.th.: **von der Luft** ~ to live on air; **von seiner Arbeit** ~ to live from one's work; **von was** (*od.* **wovon**) **lebt er?** what does he live on? **er lebt von seinem Gehalt** [**seiner Rente**] he lives on his salary [pension]; **er hat genug, zu** ~ he has enough to live (up)on; **davon kann er gut** ~ he can make a good living out of that; **von der Barmherzigkeit anderer** ~ to live (*od.* subsist) on the charity of others; **von Wasser und Brot** ~ to live on bread and water; **vom Malen** ~ to live by painting; **der Mensch lebt nicht vom Brot allein** *Bibl.* man shall not live by bread alone. – **7. für etwas** [j-n] ~ to live for s.th. [s.o.], to devote one's life (*od.* oneself) to s.th. [s.o.]: **für die Kunst** (*od.* **der Kunst**) ~ to live for art, to devote one's life (*od.* oneself) to art; **für eine Idee** ~ to live for an idea; **sie lebte nur für ihre Kinder, sie lebte nur ihren Kindern** she lived for her children only; **er lebt und stirbt für seine Tochter** he lives and dies for his daughter. – **8.** (*fortbestehen*) live: **sein Andenken lebt im Herzen des Volkes** his memory lives (on) in the hearts of the people; **die Hoffnung lebt in mir** hope lives in me; **der König lebt noch in den Liedern und Sagen seines Volkes** the king lives still (*od.* on) in the songs and legends of his people. – **II** *v/t* **9.** live: **er lebt sein eigenes** [**ein trauriges**] **Leben** he lives his own [a sad] life. – **III** *v/impers* **10.** live: **hier lebt es sich gut** it is good living here. – **IV L**~ *n* ⟨-s⟩ **11.** *verbal noun:* **das reicht nicht zum L**~ **und nicht zum Sterben** that is not enough to keep body and soul together.

'Le·ben *n* ⟨-s; -⟩ **1.** life: **eine Sache auf** ~ **und Tod** a matter of life and death; **ein Kampf auf** ~ **und Tod** a life-and-death struggle, a fight to the death; **über** ~ **und Tod entscheiden** to decide over life and death; **am** ~ **bleiben** (*überleben*) to survive; **am** ~ **sein** to be alive; **das** ~ **nach dem Tod** the afterlife, the life after death; **das ewige** ~ eternal (*od.* everlasting) life; **das zukünftige** ~ the life to come; **mit dem** ~ **abgeschlossen haben** to have finished with life; **ein junges** ~ **wurde ausgelöscht** a young life was extinguished; **sein** ~ **in Frieden beschließen** to end one's life in peace; **um sein** ~ **bitten** to beg for one's life; **j-n ums** ~ **bringen** to kill s.o.; **mit dem** ~ **davonkommen** to escape with one's life; **sein** ~ **einsetzen** (*od.* **wagen**, *lit.* **in die Schanze schlagen**) to risk (*od.* hazard) one's life; **das** ~ **entflieht** (*od.* **entrinnt, vergeht, schwindet dahin**) *lit.* life is ebbing away; **man konnte ihn am** ~ **erhalten** they were able to keep him alive (*od.* to save him); **etwas zu**

neuem ~ **erwecken** *fig.* to revive s.th.; **freut euch des** ~**s!** enjoy life! **um sein** ~ **fürchten** (*od. colloq.* **bangen**) to fear for one's life; **sein** ~ **geht zu Ende** his life is nearing its end; **ich gehe für mein** ~ **gern ins Theater** *colloq.* I love (*od.* I adore, I am mad *od.* crazy about) going to the theater (*bes. Br.* theatre); **sein** ~ **hängt an einem (seidenen) Faden** *fig.* his life is hanging by a thread; **ums** ~ **kommen** to meet one's death, to lose one's life, to die (*od.* perish); **sein** ~ **für etwas lassen** (*od.* **geben**) to give one's life for s.th.; **sein** ~ (**bewußt**) **aufs Spiel setzen** to take one's life in one's hands; **tu das, wenn dir dein** ~ **lieb ist** *colloq.* do that (*od.* it) if you value your life; **sich** (*dat*) **das** ~ **nehmen** to take one's (own) life, to commit suicide; **sein** ~ **für etwas opfern** (*od.* **hingeben**) to sacrifice one's life for (*od.* to) s.th.; **um sein** [**um das liebe**] ~ **rennen** to run for one's [dear] life; **das nackte** ~ **retten** to escape with one's bare life (*od.* with what one stands up in); (**freiwillig**) **aus dem** ~ **scheiden** to depart from (*od.* this) life of one's own free will; **sie schenkte einem Mädchen das** ~ she gave birth to a girl (*od.* daughter); **einem Mörder das** ~ **schenken** to pardon a murderer; **sich seines** ~**s nicht sicher fühlen** not to feel safe; **mit dem** ~ **spielen** to play (*od.* trifle) with one's life; **j-m nach dem** ~ **trachten** to make an attempt on s.o.'s life; **des** ~**s überdrüssig sein, das** ~ **satthaben** *colloq.* to be disgusted with (*od. colloq.* sick of, *sl.* fed up with) life; **sich mit dem** ~ **für etwas verbürgen** to pledge one's life for s.th.; **j-m das** ~ **verdanken** to owe one's life to s.o.; **sein** ~ **teuer verkaufen** to sell one's life dear(ly); **sein** ~ **versichern** to insure one's life; **er hat sein** ~ **verwirkt** he has forfeited his life; **am** ~ **verzweifeln** to despair of one's life; **sein** ~ **wegwerfen** to throw away one's life; **er war dem** ~ **wiedergegeben** he was brought back to life; ~ **zeigen** to show signs of life; → **aushauchen** 1; **bezahlen** 1; **blühend** 2; **gelten** 15; **kosten**[1] 2. – **2.** (*Dasein*) life: **das tägliche** ~ daily (*od.* everyday) life; **das süße** ~ (the) sweet life, la dolce vita; **sich** (*dat*) **das** ~ **angenehm machen** to make (one's) life pleasant; **ein einfaches** ~ **führen** to lead (*od.* live) a simple life; **ein kärgliches** ~ **fristen** to eke out a meager (*bes. Br.* meagre) existence, to scrape along (*od.* a living); **er wurde mit dem** ~ **nicht fertig** he could not cope with life; **ein neues** ~ **beginnen** (*od.* **anfangen**) *fig.* to begin a new life, to turn over a new leaf; **er steht allein im** ~ he is all alone in the world; **mein** ~ **verläuft sehr ruhig** my life continues without event; **er hat sein** ~ **verpfuscht** *colloq.* he has made a mess of his life; **ein zurückgezogenes** [**schönes**] ~ **führen** to lead a retired [fine, *colloq.* great] life; **ein gottgefälliges** ~ **führen** to walk with God, to live one's life in God, to live a God-fearing life; **die Freuden** [**der Ernst**] **des** ~**s** the joys [serious side] of life; **das** ~ **auf dem Lande** life in the country, country life; **die Schattenseite** [**Sonnenseite**] **des** ~**s** the dark [sunny] side of life; **die Wechselfälle des** ~**s** the ups and downs (*od.* vicissitudes) of life; **das** ~ **ist kein reines Vergnügen** life is not all beer and skittles (*colloq.*); **ein** ~ **im Wohlstand führen** to lead an affluent life; **das** ~ **genießen** to enjoy life; **das** ~ **kennenlernen** to get to know life; **nach Beendigung der Schulzeit trat er ins** ~ when he had left school he went out into the world; **das** ~ **versüßen** to make life sweeter; **so ist das** ~! such is life; **j-m das** ~ **schwermachen** to make s.o.'s life a misery, to make life hard (*od.* bitter) for s.o.; **j-m das** ~ **sauer** (*od.* **zur Hölle**) **machen** *colloq.* to make s.o.'s life hell (*od.* a hell on earth); **trotz allem, das** ~ **geht weiter** life goes on despite all (*od.* in spite of everything); **er kam gut durchs** ~ he got through life well; **das** ~ **meistern** to master life; **sich durchs** ~ **schlagen** to struggle through life, to struggle (*od.* plod) along; **im** ~ **vorwärtskommen** to get on (*od.* along) in life; **sein** ~ **den Armen widmen** to devote one's life to the poor; **man muß das** ~ **eben nehmen, wie das** ~ **eben ist** (*Sprichwort*) *etwa* one must take life as it comes; → **froh** 9. –

3. (*Lebensweise*) (way of) life: **ein bewegtes** [**elendes, freies, liederliches**] ~ an eventful [a miserable, free *od. colloq.* fast, dissolute] life; **ein geregeltes** [**lockeres, sorgloses, unstetes**] ~ a steady (*od.* an orderly) [a frivolous, carefree, restless] life; **bei dem** ~ **muß man ja verrückt werden** that way (*od.* kind) of life would drive anyone mad. – **4.** (*geistiges, gesellschaftliches, kulturelles etc*) (life): **ins politische** ~ **treten** to enter political life (*od.* politics); **im öffentlichen** ~ **stehen** to be in public life. – **5.** (*Lebensweg*) life: **ein Buch über das** ~ **Bismarcks** a book on Bismarck's life; **er erzählte aus seinem** ~ he told stories of (*od.* about) his life. – **6.** (*Lebenszeit, -dauer*) life: **ein langes** ~ a long life; **fürs ganze** ~ for the rest of one's life, for life, all one's life; **nur einmal im** ~ (only) once in a lifetime; **er stand in der Blüte** [**im Frühling**] **seines** ~**s** *lit.* he was in the prime [spring] of his life; **am Morgen** [**Abend**] **des** ~**s** *lit.* in the morning [evening] of life; **Jahre seines** ~**s für etwas geben** to give years of one's life for s.th.; **für den Rest des** ~**s** for the rest of (one's) life; **zeit seines** ~**s, sein ganzes** ~ **hindurch** (*od.* **lang**) a) (*rückblickend auf das ganze Leben*) throughout (*od.* during) one's lifetime, all (*od.* throughout) one's life, during one's (whole) life, b) (*rückblickend auf das bisherige Leben*) all (*od.* throughout) one's life, c) (*vorausschauend auf das zukünftige Leben*) all one's life, in one's lifetime; **das hätte ich im** ~ **nicht gedacht** I should never in my life have expected (*od.* thought) that; **das habe ich im** (*od.* **in meinem**) ~ **nicht gesehen** I have never seen that in all my life; **nie im** ~**!** *colloq.* not on your life! *Br. sl. auch* not on your nelly! – **7. etwas ins** ~ **rufen** *fig.* a) (*Künstlergruppe etc*) to call s.th. into being (*od.* existence), b) (*Partei, Organisation etc*) to set up s.th., c) (*Firma etc*) to found s.th., to establish s.th., to float s.th., d) (*Club etc*) to found s.th., to start s.th. – **8.** (*organisches Leben*) life: **das** ~ **im Meer** marine life; **das** ~ **der Tiere** animal life; **es gibt kein** ~ **auf dem Mond** there is no life on the moon. – **9.** (*geschäftiges Treiben*) life, liveliness, activity, to-do, bustle: **es herrschte reges** ~ everything was humming (*od.* buzzing) with life; **sie steckt voller** ~, **in ihr steckt** ~ she is full of life (*od. colloq.* beans); **der Bahnhof war voller** ~ the station was a scene of hustle and bustle; **sie brachte** ~ **in die Diskussion** she livened up the discussion; ~ **in die Bude bringen** *colloq.* to get things going, to shake (*od.* liven) things up, to make things hum (*colloq.*). – **10.** (*Lebenskraft*) life, vitality, vital power: **es ist kein Funken** (*od.* **Hauch**) **von** ~ **mehr in ihm** there isn't a spark of life in him any more, he has lost his vitality. – **11.** (*Lebhaftigkeit, Munterkeit*) liveliness, vivacity, animation. – **12.** (*Wirklichkeit*) life, reality: **nach dem** ~ **gezeichnet** drawn from life; **aus dem** ~ **gegriffen** taken from life; **ein Roman, den das** ~ **schrieb** a novel taken straight from life. – **13.** (*Lebensunterhalt*) living, livelihood, subsistence: **sein** ~ **verdienen** *obs.* to make a living; **das** ~ **ist teuer hier** life is expensive here. – **14.** (*Lebensinhalt*) life: **du bist mein ganzes** ~ you are my whole life. – **15.** *cf.* **Lebensbeschreibung.**

'le·bend I *pres p.* – **II** *adj* **1.** living, alive (*nachgestellt u. oft pred*): ~**e Bilder** (*art*) tableaux (vivants); ~**e Hecke** *bot.* hedge, *bes. Br.* quickset (hedge); **etwas am** ~**en Objekt demonstrieren** to demonstrate s.th. on a living subject; **man sah kein** ~**es Wesen** not a living being (*od.* creature) was to be seen; **der größte** ~**e Staatsmann** the greatest living statesman; **ein hier** ~**er Freund** a friend living here; **ein noch** ~**er Zeuge** a surviving witness; **er ist ein** ~**es Wörterbuch** *fig. colloq. humor.* he is a walking (*od.* living) dictionary (*colloq.*). – **2.** (*Sprache*) modern, living. – **3.** (*Blumen etc*) natural, real. – **4.** (*Tier*) live (*attrib*), living: ~**es Inventar** *agr.* livestock; ~**es Tier** *zo.* to vivisect. – **5.** *mil.* (*Ziel*) live (*attrib*).

'Le·ben·de *m, f* ⟨-n; -n⟩ living person: **alle noch** ~**n** all persons still alive; **das Reich der** ~**n** the land of the living; **die** ~**n und die Toten** the living (*od. lit.* quick) and the dead; **nicht mehr unter den** ~**n**

weilen to be no longer among the living; Schenkung unter ~n jur. gift (od. scient. donatio) inter vivos; er nimmt es von den ~n fig. colloq. he makes people pay a heavy price, he takes every penny he can get.

'Le·bend|,fär·bung f biol. med. intravital staining. — ~ge,bä·ren n biol. viviparity. — l~ge,bä·rend adj viviparous. — ~ge-,burt f (of live: viable) birth. — ~ge-,wicht n live weight.

le·ben·dig [le'bɛndɪç] I adj 1. (lebend) living, alive (nachgestellt u. oft pred), (bes. Tier) live (attrib): ein ~er Mensch a living man, a man alive; ~er Geist living spirit; mehr tot als ~ more dead than alive; bringt ihn tot oder ~ get him, dead or alive; j-n tot oder ~ ausliefern to surrender s.o. dead or alive; ~ begraben werden to be buried alive; ich komme mir hier wie ~ begraben vor fig. colloq. I feel as if I were buried alive here; er verbrannte bei ~em Leibe (od. ~en Leibes) he was burnt alive; wieder ~ machen to bring back to life again, to revive; wieder ~ werden to come to life again; er ist sogar sehr ~ he is very much alive; ~e Junge gebären zo. to bring forth living young, to be viviparous; der ~e Gott relig. the living God. - 2. (lebhaft) lively, vivid, vivacious: sie ist ein sehr ~es Kind she is a very lively (od. vivacious) child; eine ~e Phantasie haben to have a lively (od. vivid) imagination. - 3. (fortwirkend) living, vivid: ~er Glaube living faith; Erinnerungen werden wieder ~ memories become vivid again. - 4. (voller Leben) spirited, animated: plötzlich wurde sie sehr ~ suddenly she became very animated. - 5. (beweglich) alert, active: sein Geist ist noch äußerst ~ his mind is still extremely alert. - 6. (anschaulich) vivid: eine ~e Schilderung a vivid description; einen ~en Stil schreiben to write a vivid (od. brisk) style, to write vividly; eine ~e Vorstellung von etwas haben to have a lively idea of s.th. - 7. ~e Kraft phys. active force, kinetic energy. - II adv 8. in a lively manner, vividly: etwas ~ erzählen to describe s.th. vividly.

Le'ben·di·ge m, f ⟨-n; -n⟩ cf. Lebende.

le'ben·dig·ge,bä·rend adj biol. cf. lebendgebärend.

Le'ben·dig·keit f ⟨-; no pl⟩ 1. (eines Vortrages etc) liveliness. - 2. (einer Darstellung, Schilderung etc) vividness. - 3. (Lebhaftigkeit) liveliness, vividness, vivacity, vivaciousness. - 4. (Angeregtheit) spiritedness, animation. - 5. (von Farben) brightness, vividness.

'Le·bend|,vieh n (zum Schlachten) store cattle. — ~,vi·rus·vak,zi·ne f med. live virus vaccine.

'le·ben·er,hal·tend adj sustaining life.

'Le·bens|,abend m poet. last (od. declining) years pl of life, old age, evening (od. decline, sunset) of life: einen geruhsamen (od. ruhigen) ~ verbringen to spend the last years of one's life quietly. — ~be,we-gung f movement for the help and entertainment of old people.

'Le·bens|,ab,riß m curriculum vitae, biographical notes pl, personal record: einen kurzen ~ geben to give a short personal record. — ~,ab,schnitt m period of (one's) life. — ~,ader f fig. life line. — ~ak·ti·vi-,tät f life activity. — ~,al·ter n age, period of life: mittleres ~ middle age. — ~,angst f fear of life. — ~,an,schau·ung, ~,an,sicht f view (od. conception, philosophy) of life, outlook (up)on life. — ~,ar·beit f cf. Lebenswerk. — ~,art f 1. cf. Lebensweise 1. - 2. (Benehmen) behavior, bes. Br. behaviour, manners pl: er hat keine ~ he has no manners, he is wanting in good breeding; j-m ~ beibringen to teach s.o. manners (od. good behavio[u]r); er hat eine feine ~ he has excellent manners, he has good breeding; ein Mann von ~ a man of fashion; eine Frau von ~ a woman of style; ohne ~ unrefined. — ~,atem m poet. life breath. — ~,auf,fas·sung f cf. Lebensanschauung. — ~,auf,ga·be f task of (one's) life, lifework: sich (dat) etwas zur ~ machen to dedicate one's life to s.th. — ~,äu·ße·rung f biol. sign (od. manifestation) of life. — ~,bahn f course of (one's) life. — ~,bal·sam m 1. bot. a) maudlin (Gattg Ageratum), b) liver balsam (Gattg

Erinus). - 2. med. pharm. restorative. - 3. fig. poet. balm of life. — ~,baum m 1. (Sinnbild des Lebens) tree of life. - 2. bot. arbor vitae (Thuja occidentalis). - 3. med. arbor vitae. — ~be,darf m necessities pl of life (such as food, drink and shelter). — ~be,din·gun·gen pl conditions of life, living conditions. — l~be,dro·hend adj threatening life. — ~be,dürf·nis·se pl necessities (od. necessaries) of life (such as food, drink and sleep). — l~be,ja·hend adj (Einstellung etc) life-affirming, optimistic. — ~be,ja·hung f affirmation (od. acceptance) of life. — ~be,rech·ti·gung f right to exist, raison d'être. — ~be,reich m meist sg sphere (od. field) of life. — ~be,ruf m occupation of life, vocation. — ~be-,schrei·bung f description of a life, biography, (des eigenen Lebens) autobiography. — ~be,zirk m walk of life. — ~,bild n biography, biographical sketch (od. portrait). — ~,blü·te f poet. prime (od. bloom) of life. — ~,chan·ce f chance to survive. — ~,dau·er f 1. duration of life, life span: lange ~ longevity; mutmaßliche ~ expectation of life, life expectancy: auf ~ jur. for life. - 2. (Dauerhaftigkeit) durability. - 3. tech. a) (von Maschinen etc) service (od. useful) life, b) (eines Bauteils) design life, c) (eines Lagers) rating life. — ~,drang m desire to live, vital instinct. — l~,echt adj true to life, lifelike. — ~,ein,stel·lung f cf. Lebensanschauung. — ~e,li·xier n med. pharm. elixir (of life). — ~,en·de n end of one's life: bis an mein ~ to the end of my life (od. days), till I die. — ~er,fah·rung f knowledge (od. experience) of life: er hat viel ~ he has (got) much practical experience, he knows much of life, he has a lot of experience of life. — ~er,in·ne·run·gen pl memoirs. — ~er,war·tung f life expectancy, expectation of life: die ~ ist in den letzten 50 Jahren gestiegen life expectancy has risen in the past 50 years. — ~,fa·den m poet. thread of life, mortal (od. fatal) thread: j-m den ~ abschneiden euphem. to deprive s.o. of life, to kill s.o. — l~,fä·hig adj 1. biol. viable, capable of living: ein ~es Kind a viable child. - 2. fig. capable of surviving (od. living), viable: ist der neue Staat ~? is the new state viable? — ~,fä·hig·keit f ⟨-; no pl⟩ 1. biol. viability. - 2. fig. capability of survival (od. living), viability. — l~,feind·lich adj hostile (od. unfavorable, bes. Br. unfavourable, inimical, detrimental) toward(s) (human) life. — ~,form f 1. way of life. - 2. biol. form of life, life-form: die niederen ~en the simple (od. low) forms of life. — ~,fra·ge f vital (od. life-and-death) question, question (od. matter) of life and death. — l~,fremd adj 1. unfitted for life. - 2. (weltfremd) remote (od. far removed) from (everyday) life. - 3. (unpraktisch) unpractical: ihr ganzes Verhalten ist ~ nothing she does is related to the realities of life. — ~,freu·de f joy of living, joie de vivre, zest. — ~,frist f lease of life. — l~,froh adj full of (the) joy of living (od. joie de vivre). — ~,füh·rung f 1. (conduct of) life: er hat eine bescheidene ~ he leads a modest life. - 2. cf. Lebensweise 1. — ~,fun·ke m poet. vital spark. — ~,funk-ti,on f vital function. — ~ge,fahr f 1. danger to life, grave (od. serious) danger: es besteht keine ~ there is no grave danger; er schwebt in ~ he hovers between life and death; für den Verletzten besteht keine ~, der Verletzte ist außer ~ the life of the injured person is not in danger, the injured person is out of danger (of dying); ,,Vorsicht, ~!" "caution, danger!" das Berühren der Hochspannungsdrähte bedeutet ~ the touching of the high-tension wires is dangerous (od. perilous) to life. - 2. risk of one's life: j-n unter (eigener) ~ retten to rescue s.o. at the risk of one's (own) life. — l~ge,fähr·lich I adj 1. dangerous (to life), perilous: eine ~e Aktion a (highly) dangerous action. - 2. (Krankheit) very serious (od. grave), critical. - 3. (Verletzung etc) mortal, vital. - II adv 4. ~ verletzt mortally injured. — ~ge-,fähr·te m 1. life companion. - 2. (Ehemann) husband. — ~ge,fähr·tin f 1. life companion. - 2. (Ehefrau) wife. — ~ge-,fühl n 1. awareness of life, vital consciousness. - 2. cf. Lebensfreude. — ~,gei·ster pl (animal) spirits: seine ~ wurden wieder

geweckt his animal spirits were revived; der Kaffee hat meine ~ geweckt the coffee has revived (od. put life) into me; meine ~ sind wieder am Erwachen I am slowly waking up again. — ~ge,mein-schaft f 1. life companionship. - 2. bot. zo. symbiosis. — ~ge,nuß m enjoyment of life. — ~ge,schich·te f 1. story of s.o.'s life, life history, biography: er hat kürzlich seine ~ herausgebracht he recently published his autobiography. - 2. biol. life history. — ~ge,treu adj lifelike, true to life: das Bild stellt ihn ~ dar the picture is a lifelike representation of him, his picture is lifelike (od. true to life). — ~ge,wohn-hei·ten pl way sg of life (od. living), habits: er mußte seine gesamten ~ ändern he had to change his whole way of life. — ~,gier f lust for life (od. living). — ~,glück n happiness (of s.o.'s life): davon hängt dein ~ ab your (future) happiness depends on that. — l~,groß adj (Bild etc) life-size (attrib), auch life-sized. — ~,grö·ße f natural (od. life) size: eine Statue in ~ a life--size(d) statue; ein Bild in ~ a full-length picture; da stand er in voller ~ colloq. humor. there he was (od. stood) as large as life (od. big as you please), there he was in the flesh. — ~,grund,satz m meist pl ethos, fundamental principle. — ~-,hal·tung f standard of living, life: wir müssen unsere ~ einschränken we have to lower our standard of living; eine bescheidene (od. einfache) ~ haben to lead a modest life.

'Le·bens,hal·tungs|,in·dex m econ. cost--of-living index. — ~,ko·sten pl cost sg of living.

'Le·bens|,hauch m poet. (Atem) breath (of life), life breath. — ~,hun·ger m zest (od. lust) for living (od. life). — ~,in,halt m life: mein Sohn ist mein ganzer ~ my son is my whole life. — ~,in·ter,es·sen pl vital interests. — ~,jahr n year of one's life: er starb im 76. ~ he died at the age of 76, he died in the 76th year of his life (od. in his 76th year); die letzten ~e the latter (od. last) years of one's life. — ~,ka·me,rad m cf. Lebensgefährte. — ~,kampf m struggle for existence. — ~,keim m biol. vital germ.

'le·bens,klug adj worldly-wise, sophisticated. — 'Le·bens,klug·heit f 1. worldly wisdom, sophistication. - 2. cf. Lebenserfahrung.

'Le·bens|,ko·sten pl econ. cost sg of living. — ~,kraft f 1. vital energy, vitality, vigor, bes. Br. vigour, auch stamina. - 2. biol. vital force, élan vital. - 3. philos. a) (in der Scholastik) vis vitalis, b) (bei Bergson) élan vital. — l~,kräf·tig adj vigorous, full of vitality. — ~,kun·de f biology. — ~,kunst f art of living. — ~,künst·ler m master of the art of living: er ist ein (wahrer) ~ he makes the best of everything. — ~,la·ge f situation (in life): er versteht es, das Beste aus jeder ~ zu machen he knows how to make the best of every situation in life; er fand sich in allen ~n zurecht, er zeigte sich jeder ~ (od. allen ~n) gewachsen he mastered every situation (in his life).

'le·bens,lang adj u. adv cf. lebenslänglich.

'le·bens,läng·lich I adj 1. for life(time), lifelong: er wurde zu ~em Zuchthaus (colloq. er wurde zu ~) verurteilt he was sentenced to life imprisonment, he was sentenced to life (colloq.); ein ~es Amt haben to hold a lifelong office, to hold an office for life; eine ~e Rente an annuity for life, a life annuity. - 2. (ewig) perpetual, eternal. - II adv 3. for life(time), lifelong: ~ im Zuchthaus sitzen to be in prison for life.

'Le·bens,läng·li·che m, f ⟨-n; -n⟩ prisoner for life, lifer (sl.).

'Le·bens|,lauf m 1. course of (one's) life, career. - 2. (geschriebener) curriculum vitae, personal record, autobiographic(al) statement. — ~,licht n fig. (Leben) (spark of) life: j-m das ~ ausblasen fig. euphem. to snuff out s.o.'s life; sein ~ war am Erlöschen his spark of life was on the point of extinction, he was about to die. — ~,li·nie f (der Hand) life (od. vital) line, line of life. — ~,lust f cf. Lebensfreude. — l~,lu·stig adj 1. fond of life. - 2. (fröhlich) gay, merry. — ~,mark n fig. vitals pl.

'Le·bens,mit·tel n meist pl 1. foodstuffs pl, food, groceries pl: ~ einkaufen to buy food(stuffs) (*od.* groceries). – **2.** (*Proviant, Vorräte*) provisions *pl*, victuals *pl.* — ˈ**ab**ˌ**tei**ˌ**lung** *f* food department. — ˌ**be**ˌ**reich** *m* <-(e)s; *no pl*> foodstuff sector. — ˌ**be**ˌ**vor**ˌ**ra·tung** *f* stockpiling of foodstuffs. — ˌ**be**ˌ**wirt·schaf·tung** *f* food rationing. — ˌ**che**ˌ**mie** *f* food chemistry. — ˌ**che**ˌ**mi·ker** *m* food chemist: staatlich geprüfter und vereidigter ~ qualified food chemist. — ˌ**ge**ˌ**schäft** *n* grocery (shop, *bes. Am.* store), food shop (*bes. Am.* store). — ˌ**ge**ˌ**setz** *n jur.* (pure-)food law. — ˌ**han·del** *m* food trade, grocery business. — ˌ**händ·ler** *m* grocer, provision dealer. — ˌ**in·du**ˌ**strie** *f* food industry. — ˌ**kar·te** *f* food ration card, ration book. — ˌ**kar·ten**ˌ**stel·le** *f* food rationing office. — ˌ**knapp·heit** *f* food shortage. — ˌ**kon**ˌ**trol·le** *f* food quality control. — ˌ**lie·fe·rant** *m* provision merchant. — ˌ**man·gel** *m* food shortage, scarcity (*od.* lack) of food. — ˌ**mar·ke** *f* food ration coupon. — ˌ**pa**ˌ**ket** *n* food parcel. — ˌ**ra·tio**ˌ**nie·rung** *f* food rationing. — ˌ**ver·gif·tung** *f* food poisoning. — ˌ**ver**ˌ**sor·gung** *f* **1.** food supply (*od.* supplies *pl*), supplying of food: die ~ läßt sehr zu wünschen übrig the food supply leaves much to be desired. – **2.** *bes. mil.* commissariat. — ˌ**vor**ˌ**rat** *m* food supply, provisions *pl.*

ˈ**le·bens**ˌ**mü·de** *adj* tired (*od.* weary) of life. — **L**~ˌ**mü·dig·keit** *f* tiredness (*od.* weariness) of life. – **L**~ˌ**mut** *m* courage to face life, optimism: er hatte keinen ~ mehr he did not have the courage to face life any more. — ˌ**nah** *adj* **1.** (*Roman, Drama etc*) realistic, true to life. – **2.** (*Figur etc*) lifelike. — ˌ**nä·he** *f* closeness to life. — **L**~ˌ**nerv** *m fig.* (vital) (*od.* life) nerve: den ~ eines Landes treffen to hit the life nerve of a country. — **L**~ˌ**ni**ˌ**veau** *n* cf. Lebensstandard. — ˌ**not**ˌ**wen·dig** *adj* vital. — **L**~ˌ**not**ˌ**wen·dig·keit** *f* vital necessity. — **L**~ˌ**odem** *m poet.* breath of life.

ˈ**le·ben**ˌ**spen·dend** *adj lit.* life-giving, biogenous.

ˈ**Le·bens**ˌ**pfad** *m lit.* path of one's life. — ~**phi·lo**ˌ**so·phie** *f* philosophy of life: ich habe meine eigene ~ I have (got) my own philosophy of life. — ˌ**pra·xis** *f* experience. — ˌ**prin**ˌ**zip** *n* **1.** principle of one's life. – **2.** *biol. philos.* vital principle. — ˌ**pro**ˌ**zeß** *m* vital functions *pl.*

ˈ**le·ben**ˌ**sprü·hend** *adj lit.* sparkling with life, brimming (over) with life.

ˈ**Le·bens**ˌ**quell** *m poet.* lifespring. — ˌ**raum** *m* **1.** *bes. pol.* living space, Lebensraum, *auch* lebensraum. – **2.** *zo.* habitat, biotope. — ˌ**re·gel** *f* **1.** maxim. – **2.** regular habit (*od.* practice): sich (*dat*) etwas zur ~ machen to make a regular practice of s.th. — ˌ**rei·se** *f poet.* journey of life. — ˌ**ren·te** *f* life annuity, pension (*od.* annuity) for life. — **l**~ˌ**ret·tend** *adj* lifesaving, *Br.* life-saving. — ˌ**ret·ter** *m* lifesaver, *Br.* life-saver, rescuer: er war mein ~ he saved my life.

ˈ**Le·bens**ˌ**ret·tung** *f* lifesaving, *Br.* life-saving.

ˈ**Le·bens**ˌ**ret·tungs**ˌ**ge**ˌ**rät** *n* lifesaving equipment. — ˌ**ge**ˌ**sell·schaft** *f* lifesaving service: Deutsche ~ German Lifesaving Service (*od.* Association). — ˌ**me**ˌ**dail·le** *f* lifesaving medal.

ˈ**Le·bens**ˌ**rhyth·mus** *m* **1.** vital rhythm. – **2.** rhythm of life. — ˌ**saft** *m poet.* (*Blut*) sap of life, blood. — ˌ**stan·dard** *m* standard of living, living standard: der ~ ist in den letzten Jahren ständig gestiegen in the past few years the standard of living has constantly risen. — ˌ**stel·lung** *f* permanent (*od.* lifetime) position (*od.* job). — ˌ**stil** *m* style (*od.* way) of life (*od.* living): das paßt nicht zu meinem ~ that does not suit my style of life. — ˌ**stu·fe** *f biol.* scale of existence: niedere ~ low scale of existence. — **l**~ˌ**treu** *adj* cf. lebensgetreu. — ˌ**treue** *f* truth to life, lifelikeness, faithful representation of reality. — ˌ**trieb** *m psych. biol.* vital (*od.* life) instinct, libido. — **l**~ˌ**tüch·tig** *adj* fit for life. — ˌ**über**ˌ**druß** *m* satiety (*od.* weariness) of life. — **l**~ˌ**über**ˌ**drüs·sig** *adj* weary (*od. colloq.* sick) of life, fed up with life (*sl.*). — ˌ**un·ter**ˌ**halt** *m* living, livelihood, subsistence, bread and butter (*colloq.*): sich (*dat*) seinen ~ mit etwas verdienen to earn (*od.* gain, make) one's living (*od.* livelihood) out of s.th.; für

j-s ~ sorgen (*od.* aufkommen), j-s ~ bestreiten to support s.o.; einen unsicheren ~ als Schriftsteller haben to make a precarious living as an author. — ˌ**ver**ˌ**hält·nis·se** *pl* living conditions. — **l**~**ver**ˌ**nei·nend** *adj* negating life, negative. — ˌ**ver**ˌ**nei·nung** *f* negation of life.

ˈ**Le·bens·ver**ˌ**si·che·rung** *f* life assurance (*Am.* insurance): ~ mit steigender Prämie renewable term assurance; ~ auf den Todesfall ordinary life assurance, life assurance payable (up)on death; ~ mit Gewinnbeteiligung *Br.* life assurance with profits, *Am.* participating life insurance.

ˈ**Le·bens·ver**ˌ**si·che·rungs**ˌ**an**ˌ**stalt** *f* life office, life assurance (*Am.* insurance) office. — ˌ**ge**ˌ**sell·schaft** *f* life assurance (*Am.* insurance) company. — ˌ**po**ˌ**li·ce** *f* life assurance (*Am.* insurance) policy.

ˈ**le·bens**ˌ**voll** *adj* full of life, brimming (over) with life, vivid: ein ~es Bild a picture full of life. — ˌ**wahr** *adj* lifelike, true to life.

ˈ**Le·bens**ˌ**wan·del** *m* life, conduct: einen schlechten (*od.* liederlichen) ~ führen to lead a disorderly (*od.* dissipated) life; ihr ~ erregte Anstoß her life (*od.* conduct) gave offence (*Am.* offense). — ˌ**weg** *m fig.* life, path (through life): er sah seinen ~ klar vor sich he saw his life clearly in his mind, he saw clearly before him his path through life. — ˌ**wei·se** *f* **1.** way (*od.* mode) of life, living: eine ungesunde ~ an unhealthy (way of) life; die ~ der Europäer ist von der der Amerikaner verschieden the European way of life is different from the American; eine schlichte ~ plain living; eine sitzende ~ haben to lead a sedentary life. – **2.** (*Gewohnheiten*) habits *pl.* – **3.** *zo.* habit. — ˌ**weis·heit** *f* **1.** worldly wisdom. – **2.** (*Spruch*) aphorism. — ˌ**wen·de** *f fig.* turn of life. — ˌ**werk** *n* lifework, (s.o.'s) life's work. — **l**~**wert** *adj* worth living, livable: das Leben ist ~ life is worth living. — **l**~ˌ**wich·tig** *adj* **1.** (*Frage, Interessen etc*) vital, essential. – **2.** *med.* vital: ~e Organe vital organs, vitals. — ˌ**wil·le** *m* will to live. — ˌ**zei·chen** *n* **1.** sign of life: der Verletzte gab kein ~ (von sich) the injured person gave no sign of life. – **2.** *fig.* (*Nachricht*) sign (of life): wir haben seit Monaten kein ~ mehr von ihm erhalten we have had no sign of life from him for months. — ˌ**zeit** *f* **1.** lifetime: auf (*od.* für) ~ for life(time), for the duration of (s.o.'s) life; Mitglied auf ~ life member; Beamter auf ~ established civil servant. – **2.** *jur.* life: Pacht auf ~ lease for life; auf ~ ernannt werden to be appointed for life. — ˌ**ziel** *n* aim (*od.* goal) in life. — ˌ**zu·ver**ˌ**sicht** *f* confidence in life: neue ~ gewinnen to gain new confidence in life, to take (*od.* get) a new lease of (*Am. auch* on) life. — ˌ**zweck** *m* aim (*od.* purpose) of (s.o.'s) life. — ˌ**zy·klus** *m biol.* life cycle.

ˈ**le·ben**|**ver**ˌ**nich·tend**, ~**zer**ˌ**stö·rend** *adj* life-destroying, killing, biolytic (*scient.*).

Le·ber [ˈleːbər] *f* <-; -n> **1.** *med.* liver: entzündete [geschwollene] ~ inflamed [swollen] liver; der Zorn fraß an seiner ~ *fig. colloq.* anger gnawed at his heart; frisch (*od.* frei) von der ~ weg reden *fig. colloq.* to speak one's mind, to speak frankly (*od.* bluntly); → Laus 1. – **2.** *gastr.* liver: ~ mit Kartoffelbrei liver (*od.* with) mashed potatoes. — ˌ**ab**ˌ**szeß** *m med.* liver abscess, abscess of the liver. — ˌ**an**ˌ**schwel·lung** *f* cf. Leberschwellung. — ˌ**atro**ˌ**phie** *f* atrophy of the liver. — ˌ**bal·sam** *m bot.* ageratum (*Ageratum mexicanum*). — ˌ**blüm·chen** *n* (noble) liverwort, liverleaf, crystalwort, squirrel cup, herb trinity, hepatica (*scient.*) (*Hepatica triloba*). — **l**~ˌ**braun** *adj* liver-brown (*od.* -maroon).

ˈ**Le·ber**ˌ**egel** *m zo.* liver fluke (*Ordng Trematodes*): Großer ~ greater liver fluke (*Fasciola hepatica*); Kleiner ~ lesser liver fluke (*Dicrocoelium lanceolatum*). — ˌ**krank·heit** *f* **1.** *vet.* liver fluke disease, rot dropsy, bottle jaw, distomatosis (*scient.*). – **2.** *med.* liver fluke disease. — ˌ**schnecke** (*getr.* -k·k-) *f zo.* liver fluke snail (*Gattgen Zebrina, Helicella u. Lymnaea*). — ˌ**wurm** *m* flukeworm (*Distomum hepaticum*).

ˈ**Le·ber**|**ent**ˌ**zün·dung** *f med.* inflammation of the liver, hepatitis (*scient.*). — ~**ex**ˌ**trakt** *m* liver extract. — ~ˌ**fäu·le** *f vet.* liver rot. — ˌ**fleck** *m med.* **1.** birthmark, liver spot; nevus, *auch* naevus (*scient.*). – **2.** (*kleines Muttermal*) mole. — ~ˌ**ge·gend** *f* hepatic

region. — ~ˌ**ha·ken** *m* (*sport*) (*beim Boxen*) hook to the liver. — ~ˌ**käs** [-ˌkɛːs] *m* <-es; -e> *Southern G. and Austrian gastr.* meat loaf (*made of liver, ham and pork*). — ~ˌ**kies** *m min.* pyrite.

ˈ**Le·ber**ˌ**knö·del** *m bes. Southern G. and Austrian gastr.* liver dumpling. — ~ˌ**sup·pe** *f* liver-dumpling soup.

ˈ**le·ber**|**krank** *adj med.* suffering from liver disorder (*od.* a disease of the liver). — **L**~ˌ**kran·ke** *m, f* liver patient, person suffering from liver disorder. — **L**~ˌ**krank·heit** *f* liver disease (*od.* complaint).

ˈ**Le·ber**|ˌ**kraut** *n bot.* **1.** *cf.* Leberblümchen. – **2.** Aschgraues ~ dog lichen, ground liverwort (*Peltigera canina*). — ~ˌ**krebs** *m med.* cancer of the liver, liver cancer (*scient.*). — ~ˌ**lei·den** *n cf.* Leberkrankheit. — **l**~ˌ**lei·dend** *adj cf.* leberkrank. — ~ˌ**moos** *n bot.* **1.** liverwort, hepatic (*scient.*) (*Klasse Hepaticae*). – **2.** stone liverwort, hepatica (*scient.*) (*Marchantia polymorpha*). — ~**pa**ˌ**ste·te** *f gastr.* (*Wurstart*) liver sausage (*od.* pudding). — ~ˌ**pfor·te** *f med.* porta hepatis. — ~ˌ**pilz** *m bot.* liver agaric, beefsteak fungus (*od.* mushroom) (*Fistulina hepatica*). — ~ˌ**puls** *m med.* hepatic pulse. — ~ˌ**reim** *m meist pl* extemporaneous humorous poem (*recited at table*). — ~ˌ**schmerz** *m med.* hepatic pain. — ~ˌ**schrump·fung** *f cf.* Leberzirrhose. — ~ˌ**schwel·lung** *f* enlargement of the liver, hepatomegalia (*scient.*). — ~ˌ**stär·ke** *f chem.* animal (*od.* liver) starch, glycogen ($C_6H_{10}O_5$). — ~ˌ**stein** *m min.* hepatite. — ~ˌ**tran** *m* cod-liver oil. — ~ˌ**tu·mor** *m med.* tumor (*bes. Br.* tumour) of the liver, hepatoma (*scient.*). — ~**ver**ˌ**här·tung** *f* hepatic induration. — ~ˌ**wurst** *f gastr.* liver sausage, *bes. Am.* liverwurst, leberwurst: er spielt die beleidigte (*od.* gekränkte) ~ *fig. colloq.* he plays the injured party, he puts on a show of being offended. — ~**zir**ˌ**rho·se** *f med.* cirrhosis of the liver, hepatic cirrhosis (*scient.*).

ˈ**Le·be**|ˌ**welt** *f* <-; *no pl*> smart (*od.* jet) set. — ~**we·sen** *n* living being (*od.* creature), organism: kleinstes ~ microorganism; tierisches ~ animal.

ˌ**Le·be**ˈ**wohl** *n* <-(e)s; -e *u.* -s> farewell, adieu: j-m ~ sagen to bid s.o. farewell (*od. lit.* adieu), to say good-by(e) to s.o.

ˈ**leb·haft** *adj* **1.** (*Person etc*) lively, vivacious, bright: er ist sehr ~ he is a very lively person, he is full of life. – **2.** (*Augen*) bright, lively. – **3.** (*Treiben, Tätigkeit etc*) brisk, active, busy, lively, vivid: er entfaltete eine ~e Tätigkeit he began to work busily; auf der Straße herrschte (ein) ~es Treiben there was much activity in the street. – **4.** (*Verkehr*) heavy, busy. – **5.** (*Straße etc*) busy, bustling. – **6.** (*Interesse*) keen, lively: er zeigte ~es Interesse he showed a keen interest. – **7.** (*Verlangen etc*) strong, keen. – **8.** (*Schilderung, Erinnerung, Phantasie etc*) vivid, lively: davon kann ich mir eine ~e Vorstellung machen I can vividly imagine (*od.* picture) that; eine ~e Vorstellung von etwas haben to have a vivid idea of s.th.; er gab eine ~e Beschreibung des Vorgangs he gave a vivid description of the process; es ist ihm noch in ~er Erinnerung he still vividly remembers it. – **9.** (*Diskussion, Gespräch etc*) lively, animated, spirited: sie waren in ~er Unterhaltung begriffen, sie führten ein ~es Gespräch they were engaged in animated conversation. – **10.** (*Wortgefecht etc*) heated. – **11.** (*Schritt*) brisk. – **12.** (*Beifall etc*) lively, vigorous. – **13.** (*Farben*) bright, gay, lively, vivid: das Zimmer ist in ~em Rot gehalten the room is decorated in a bright red; das Muster ist (mir) zu ~ the pattern is too restless (*od.* loud) for my liking. – **14.** (*Gefühl etc*) strong: ich hatte den ~en Verdacht I had the strong suspicion; zu meinem ~en Bedauern much to my regret. – **15.** *econ.* a) (*Nachfrage*) strong, brisk, b) (*Handel*) lively, brisk. – **16.** *mus.* vivace, lively, lebhaft. – **II** *adv* **17.** vividly, in a lively manner: sie schilderte den Vorfall sehr ~ she described the incident very vividly; sie unterhielten sich ~ they had a lively (*od.* an animated) conversation; ein bißchen ~er, bitte! get a move on! (*sl.*); das kann ich mir ~ vorstellen *oft iron.* I can readily imagine that; der Stoff ist ~ gemustert the material is gaily patterned. – **18.** (*sehr*) very much: dieser Vorschlag wurde ~ begrüßt this proposal was very much welcomed; er bedauerte den Vorfall ~ he very much (*od.* sincerely) regretted the accident, he was deeply sorry about the accident. – **19.** (*herzlich*) warmly, heartily: er wurde ~ begrüßt he was warmly welcomed, he was accorded a warm welcome. — **'Leb·haf·tig·keit** f ⟨-; *no pl*⟩ **1.** liveliness, vivacity, brightness. – **2.** (*Geschäftigkeit*) briskness, busyness, liveliness, vividness. – **3.** (*Angeregtheit*) vividness, liveliness, animation, spiritedness.

'Leb·ku·chen m gastr. Nuremberg gingerbread, *Am. auch* lebkuchen. — ~,**bäcker** (*getr.* -k·k-) m baker of Nuremberg gingerbread (*Am. auch* lebkuchen). — ~,**nuß** f ginger(bread) nut.

'leb·los I adj **1.** (*Körper etc*) lifeless, dead, inanimate. – **2.** (*bewußtlos*) unconscious. – **3.** fig. (*Erzählung etc*) dull. – **4.** econ. (*Börse*) dull, flat. – **II** adv **5.** er lag (wie) ~ da he lay there as if dead. — **'Leb·lo·sig·keit** f ⟨-; *no pl*⟩ **1.** lifelessness, deadness, inanimateness, inanimation. – **2.** unconsciousness. – **3.** fig. dul(l)ness. – **4.** econ. dul(l)ness, flatness.

'Leb,tag m colloq. life: das werde ich mein ~ (*od. dial.* meiner ~e) nicht vergessen I will not forget that as long as I live, I'll remember that all my life (*od.* until the day I die); daran wirst du dein ~ denken you will think of that all (through) your life; das ist mir mein ~ noch nicht passiert such a thing has never happened to me before (in all my life).

'Leb,zei·ten pl only in das war noch zu (*od.* bei) ~ meiner Schwester this happened when my sister was still alive, this happened during my sister's lifetime.

'Leb,zel·ten m ⟨-s; -⟩ Bavarian and Austrian dial. for Lebkuchen. — **'Leb,zel·ter** m ⟨-s; -⟩ Bavarian and Austrian dial. for Lebkuchenbäcker.

Lech [lɛç] m, n ⟨-(e)s; *no pl*⟩ metall. matte: in ~ verwandeln to matte.

lech·zen ['lɛçtsən] I v/i ⟨h⟩ lit. **1.** (nach for) thirst: nach einem Becher Wasser ~ to thirst for a cup of water; die Erde lechzte nach Regen the earth thirsted for rain; nach Kühlung ~ to thirst for s.th. cool. – **2.** fig. (nach for) thirst, long, languish, pant, (*verlangen*) yearn: nach Blut [Rache] ~ to thirst for blood [revenge]. – **II L~** n ⟨-s⟩ **3.** verbal noun. – **4.** auch fig. thirst. — **'lech·zend** I pres p. – **II** adj auch fig. thirsting: mit ~er Zunge legten wir die letzten Kilometer zurück we covered the last few kilometers (bes. Br. kilometres) with our tongues hanging out.

Le·ci·thin [letsi'ti:n] n ⟨-s; *no pl*⟩ chem. lecithin.

leck [lɛk] adj bes. mar. leaking, leaky: ~ sein a) to leak, b) (von Schiff etc) to make (*od.* take) water; das Schiff ist ~ geworden (*od.* geschlagen worden) the ship has sprung a leak.

Leck n ⟨-(e)s; -e⟩ bes. mar. leak, leakage: ein ~ haben [abdichten *od.* stopfen, bekommen] to have [to stop, to spring] a leak.

Lecka·ge (*getr.* -k·k-) [lɛ'ka:ʒə] f ⟨-; -n⟩ econ. leakage.

'Lecke (*getr.* -k·k-) f ⟨-; -n⟩ hunt. agr. (salt) lick.

lecken[1] (*getr.* -k·k-) ['lɛkən] I v/i ⟨h⟩ **1.** (von Eimer, Tank etc) (have a) leak. – **2.** mar. have sprung a leak, make (*od.* take) water. – **II L~** n ⟨-s⟩ **3.** verbal noun. – **4.** leakage.

'lecken[2] (*getr.* -k·k-) I v/t ⟨h⟩ **1.** lick: der Hund leckte seinem Herrn die Hand the dog licked its master's hand; sich (dat) die Lippen ~ to run one's tongue round one's lips, to lick one's lips (*auch fig.*); leck mich (am Arsch)! *vulg.* a) go to hell! *Am. vulg.* kiss my ass! b) bes. Southern G. (*überrascht*) bes. Br. sl. blimey! → Blut 1; Finger Bes. Redewendungen. – **2.** (*auflecken*) lick up, lap up: die Katze leckt Milch the cat is lapping up milk. – **II** v/i **3.** lick: das Kind leckt an seiner Eistüte the child is licking on (*od.* at) its ice-cream cone; die Flammen leckten an den Wänden (in die Höhe) the flames (in die Höhe) licked up the walls. – **III** v/reflex sich ~ **4.** (von Katze etc) lick itself. — **'leckend** (*getr.* -k·k-) I pres p. – **II** adj ~ Flamme lambent flame.

'Lecker (*getr.* -k·k-) m ⟨-s; -⟩ hunt. (beim Schalenwild) tongue.

'lecker (*getr.* -k·k-) I adj ⟨-er; -st⟩ **1.** (Bissen, Mahl etc) delicious, tasty, savory, bes. Br. savoury, appetizing: das sieht ~ aus that tastes delicious; das schmeckt ~ that tastes delicious, that's very tasty. – **2.** fig. colloq. dial. (Mädchen) appealing, attractive(-looking). – **II** adv **3.** ~ angerichtete Speisen deliciously prepared foods.

'Lecker,bis·sen (*getr.* -k·k-) m **1.** tidbit, bes. Br. titbit, dainty (*od.* choice) morsel, delicacy: die Hausfrau setzte uns allerlei ~ vor the lady of the house served us (with) various kinds of delicacies. – **2.** fig. (Buch etc) treat.

Lecke'rei (*getr.* -k·k-) f ⟨-; -en⟩ **1.** cf. Leckerbissen 1. – **2.** meist pl Am. candy, Br. sweets pl.

'lecker·haft (*getr.* -k·k-) adj obs. for naschhaft.

Lecker·li (*getr.* -k·k-) ['lɛkərli] n ⟨-s; -⟩ bes. Basler ~ gastr. a kind of small gingerbread.

'Lecker,maul (*getr.* -k·k-), ~,**mäul·chen** n **1.** (person who has a) sweet tooth. – **2.** (Feinschmecker) gourmet.

'Leck,mat·te f, ~,**se·gel** n mar. collision mat, fothering sail. — **l~,si·cher** adj (Benzintank etc) leakproof, Br. leak-proof. — ~,**sprin·gen** n mar. springing a leak. — ~,**stein** m (für Tiere) lickstone. — ~,**strom** m electr. leakage current.

'Leck,sucht f vet. licking disease.

Le·der ['le:dər] n ⟨-s; -⟩ **1.** leather: glattes [genarbtes] ~ smooth [grained *od.* pebble(d)] leather; gepreßtes [lohgares] ~ embossed [bark-tanned *od.* rough-tanned, alum-tanned] leather; alaungares (*od.* weißgares) ~ alum-tanned leather; aus ungegerbtem ~ (hergestellt) of rawhide; in ~ gebunden print. cf. ledergebunden; ~ gerben [färben] to tan [to colo(u)r *od.* dye] leather; j-m das ~ gerben (*od.* versohlen) fig. to tan s.o.'s hide; zäh wie ~ sein fig. a) (von Person) to have the constitution of a horse, b) (von Schnitzel etc) to be (as) tough as leather; es geht ihm ans ~ fig. he is in for it; er will mir ans ~ fig. he is out to get me; vom ~ ziehen fig. a) to start a quarrel, b) not to pull one's punches; j-m auf dem ~ knien fig. to leave s.o. no peace, to press s.o.; zuschlagen, was das ~ hält fig. to strike with all one's might and main. – **2.** (Fensterleder etc) chamois leather. – **3.** (sport) (bes. beim Fußball) colloq. 'leather' (colloq.), ball.

'Le·der,ab,fäl·le pl leather waste sg (*od.* cuttings), scrap leather sg. — ~,**ab,satz** m (eines Schuhes) leather heel. — **l~,ähn·lich** adj cf. lederartig. — ~,**ap·fel** m gastr. leathercoat, Br. auch russet. — ~,**ar·beit** f leatherwork. — **l~,ar·tig** adj leathery, leatherlike, leathern, coriaceous (*scient.*). — ~,**ar,ti·kel** pl econ. cf. Lederwaren. — ~,**ball** m (sport) leather ball. — ~,**bal·len** m **1.** bale of leather. – **2.** (in der Porzellanmalerei) boss (for putting on the priming coat).

'Le·der,band[1] m ⟨-(e)s; ⸚e⟩ print. **1.** volume bound in leather, leather-bound volume, (aus Kalbsleder) auch calfbound volume, (aus Schweinsleder) auch volume bound in pigskin, (aus Saffianleder) auch morocco-bound volume. – **2.** cf. Ledereinband.

'Le·der,band[2] n ⟨-(e)s; ⸚er⟩ leather strip, strap.

'Le·der,baum m bot. **1.** currier's sumac (Coriaria myrtifolia). – **2.** Gemeiner ~ hop tree, wafer ash (Ptelea trifoliata). — ~,**be,klei·dung** f leather clothing. — ~,**be,rei·ter** m (leather) cf. Lederzurichter. — ~,**be,rei·tung** f cf. Lederzurichtung. — ~,**beu·tel** m leather bag. — ~,**bo·gen** m hist. (Pergamentbogen -manuskript) book fell. — **l~,braun** adj cf. lederfarben. — ~,**dich·tung** f tech. leather gasket. — ~,**ecken** (*getr.* -k·k-) pl (eines Koffers, Buches etc) leather corners. — ~,**ein,band** m print. leather binding, (in Kalbsleder) auch calf binding, (in Schweinsleder) auch pigskin binding, (in Saffianleder) auch morocco binding. — ~,**ein,fas·sung** f leather edging (*od.* border, framing). — ~,**En·ten,mu·schel** f zo. rabbit-eared barnacle (Gattg Conchoderma).

'Le·de·rer m ⟨-s; -⟩ obs. and Austrian dial. for Gerber 1.

'Le·der,far·be f leather color (bes. Br. colour). — **l~,far·ben, l~,far·big** adj leather-colored (bes. Br. -coloured), leather-brown, (hell) auch buff(y), buff-colored (bes. Br. -coloured), (dunkel) auch tawny.

— ~,fa·ser,werk,stoff m web of leather fiber (bes. Br. fibre), synderme (*scient.*). — ~,**fett** n **1.** leather grease, stuffing. – **2.** (Riemenfett) leather belt dressing. — ~,**flech·te** f bot. peltigera (Fam. Peltigeraceae). — ~,**flicken** (*getr.* -k·k-) m leather patch. — ~,**fut·te,ral** n leather case. — ~,**ga,ma·schen** pl leather leggings (*od.* gaiters), leathers. — **l~,ge,bun·den** adj print. leather-bound, bound in leather. — ~,**gür·tel** m **1.** leather belt. – **2.** mil. (Offizierskoppel mit Schulterriemen) Sam Browne (belt). — ~,**han·del** m econ. leather trade. — ~,**händ·ler** m dealer in leather, leather merchant. — ~,**hand,schuh** m leather glove. — ~,**haut** f **1.** med. a) true (*od.* inner) skin; corium, derma, cutis (vera) (*scient.*), b) (des Auges) sclera. – **2.** zo. corium, derma. — ~,**her,stel·lung** f econ. manufacture of leather. — ~,**holz** n bot. **1.** leatherwood (bush), swampwood, wicopy, wickape (Dirca palustris). – **2.** leatherwood, burnwood, titi, auch white titi, cyrilla (*scient.*) (Cyrilla racemiflora). — ~,**ho·sen** pl **1.** (lange) leather trousers. – **2.** (kurze) leather shorts. – **3.** (Kniebundhosen) leather breeches, Am. auch lederhosen.

'le·de·rig adj **1.** leathery, leathern. – **2.** bot. coriaceous.

'Le·der|imi·ta·ti,on f econ. imitation leather, Leatherette (TM), Leatheroid (TM). — ~,**jacke** (*getr.* -k·k-) f leather jacket. — ~,**kap·pe** f (für Motorradfahrer etc) leather helmet. — ~,**karp·fen** m zo. leather carp (Cyprinus nudus). — ~,**kis·sen** n **1.** leather cushion. – **2.** (Sitzkissen) leather pouf(fe), Am. auch pouff. — ~,**kleid** n leather dress. — ~,**kof·fer** m leather suitcase. — ~,**kol·ler** n mil. hist. buffcoat. — ~,**ko,ral·le** f zo. soft coral, alcyonarean (*scient.*) (Ordng Alcyonaria). — ~,**ko,stüm** n (fashion) leather suit. — ~,**kü,raß** m mil. hist. lorica. — ~,**lack** m (paints) leather varnish. — ~,**lap·pen** m (Fensterleder etc) (chamois) leather, chamois. — ~,**ma,kre·le** f (leather) jacket, auch leather jack (Gattgen Scomberoides u. Oligoplites). — ~,**man·tel** m leather coat. — ~,**map·pe** f leather briefcase.

'le·dern[1] adj **1.** (Schuhe etc) leather(n). – **2.** fig. (Fleisch etc) leathery, like (*od.* [as] tough as) leather. – **3.** fig. (Buch, Vortrag etc) dry, dull, vapid.

'le·dern[2] v/t ⟨h⟩ **1.** (leather) tan. – **2.** polish (s.th.) with a (chamois) leather. – **3.** fig. dial. and colloq. for prügeln 1.

'Le·der|pap·pe f leatherboard. — ~,**pfle·ge,mit·tel** n leather conditioner. — ~,**pol·ster** n **1.** leather cushion. – **2.** leather upholstery. — ~,**rie·men** m **1.** leather (strap). – **2.** leather belt. – **3.** (einer Sandale, Peitsche) thong. – **4.** (für Rasiermesser *od.* -klingen) (razor) strop. — ~,**rücken** (*getr.* -k·k-) m print. (eines Buchs) leather back. — ~,**samt** m synth. duvetyn, auch duvetyne. — ~,**schärf,ma,schi·ne** f print. paring machine. — ~,**schild,krö·te** f zo. leatherback (turtle) (Dermochelys coriacea). — ~,**schnitt** m (auf Bucheinbänden etc) (ornamental) leather carving. — ~,**schuh** m leather shoe. — ~,**schurz** m leather apron. — ~,**ses·sel** m leather armchair. — ~,**soh·le** f leather sole. — ~,**spalt,mes·ser** n tech. leather-splitting knife. — ~,**strauch** m bot. cf. Lederbaum 2.

'Le·der,strumpf-Er,zäh·lun·gen pl (literature) Leather-Stocking Tales (by J. F. Cooper).

'Le·der,ta·sche f **1.** leather handbag. – **2.** cf. Ledermappe. — ~,**wal·ze** f tech. leather roller (*od.* rolling machine). — ~,**wan·ze** f zo. squash bug (Fam. Coreidae). — ~,**wa·ren** pl econ. articles of leather, leatherware sg, leather goods. — ~,**wa·ren,ge,schäft** n leather-goods shop (bes. Am. store). — ~,**zeug** n mil. straps and belts pl, leathers pl. — ~,**zu,rich·ter** m (leather) currier. — ~,**zu,rich·tung** f currying, finishing, leather dressing.

le·dig ['le:dɪç] adj **1.** (unverheiratet) single, unmarried, unattached: ~e Frau a) single woman, b) jur. feme sole; ~ bleiben to remain single; der ~e Stand celibacy, the single life; eine ~e Mutter an unmarried mother. – **2.** (Pferd) riderless. – **3.** Southern G. (Kind) illegitimate. – **4.** Middle G. (Acker) fallow, uncultivated, untilled. – **5.** lit. (in Wendungen wie) einer Sache ~ sein a) to be free (*od.* rid) of s.th., b) to be relieved (*od.* rid) of s.th.: **aller Schulden ~ sein** to be free (*od.* clear) of all debts; **aller Sorgen ~ sein** to be free of all cares; **sich einer Sache ~ fühlen** a) to feel free (*od.* rid) of s.th., b) to feel relieved (*od.* rid) of s.th.

'**Le·di·ge**[1] *m* ⟨-n; -n⟩ unmarried (*od.* single) man.

'**Le·di·ge**[2] *f* ⟨-n; -n⟩ **1.** unmarried (*od.* single) woman. **– 2.** *jur.* feme sole.

'**Le·di·gen**|**heim** *n* home for single persons. — **~,steu·er** *f econ.* tax (levied) on single persons, bachelor tax.

'**le·dig·lich** *adv* **1.** only, merely, (purely and) simply, solely, just: **es ist ~ eine Formsache** it is only a formality; **ich verlange ~ mein Recht** I simply demand my rights; **es war keine Bosheit, sondern ~ eine Dummheit** it wasn't maliciousness, just stupidity. **– 2.** (*ganz*) entirely, exclusively: **sein Leben ist ~ der Arbeit gewidmet** his life is entirely given up to work.

'**Le·di,schiff** ['le:di-] *n Swiss dial.* for Frachter 1.

Lee [le:] *f* ⟨-; *no pl*⟩ **1.** *mar.* lee, leeward: **in ~ alee**, under the lee; **Ruder in ~!** a) helm alee! b) (*beim Segeln*) helm down! **in ~ voraus** on the lee bow; **nach ~ leeward**, alee; **nach ~ zu liegend**, sich nach **~ bewegend** leeward; **nach ~ steuern** to steer to leeward; **nach ~ treiben** (*od.* getrieben werden*) to sag to leeward; **Tendenz nach ~** tendency to drift to leeward. **– 2.** *meteor.* (*eines Gebirges etc*) lee (side). — **~,bras·sen** *pl mar.* lee braces.

leeg [le:k] *adj Low G.* **1.** (*Wasserstand*) low. **– 2.** empty.

'**lee**|**gie·rig** *adj mar.* (*Schiff*) tending to carry a lee helm. — **L~,kü·ste** *f* lee shore.

leer [le:r] **I** *adj* ⟨-er; -st⟩ **1.** empty: **die Straßen waren bald ~** the streets were soon empty (*od.* deserted); **auf ~en Magen soll man nicht trinken** one shouldn't drink on an empty stomach; **der Saal war gähnend ~** the hall was completely empty; **seine Tasse ~ trinken** to empty (*od.* finish) one's cup; **seinen Teller ~ essen** to clear one's plate, to eat up (all) one's food; **eine Flasche Wein ~ machen** *colloq.* to empty a bottle of wine; **mit ~en Händen nach Hause kommen** to come home empty-handed; **mein Leben ist so ~** *fig.* my life is so empty, my life is a vacuum; **vor einem ~en Haus spielen** (*theater*) to play to an empty house; → **wüst** 1. **– 2.** (*unmöbliert*) unfurnished: **etwas ~ kaufen** to buy s.th. unfurnished. **– 3.** (*leerstehend*) vacant, unoccupied, uninhabited: **das Haus steht ~** the house is vacant. **– 4.** (*Platz, Sitz etc*) unoccupied, clean, vacant, free. **– 5.** (*Blatt, Heft etc*) blank, clean, empty. **– 6.** *fig.* (*Drohungen, Versprechungen etc*) empty, hollow: **~e Pracht** pomp; **~e Versprechungen!** (mere) promises. **– 7.** *fig.* (*Hoffnungen etc*) empty, vain. **– 8.** *fig.* (*Gerede etc*) empty, vapid, idle: **~e Worte** empty words, verbalism *sg*; **~es Worte machen**, **~es Stroh dreschen** *colloq.* to beat the air; → **Geschwätz** 1. **– 9.** *fig.* (*Blick, Lachen etc*) empty, blank, vacuous. **– 10.** *electr.* (*Batterie*) empty, run-down (*attrib*), *Br. auch* flat. **– 11.** *mus.* a) (*Saite*) open, b) (*Quint, Oktav*) bare, naked. **– 12.** *her.* voided, false. **– 13.** *print.* white. **– II** *adv* **14.** **~ laufen** *tech.* (*Motor etc*) to (run) idle, to run free; **~ ausgehen** a) to come away (*od.* leave) empty-handed, b) to come off empty-handed, to be left out in the cold.

'**Leer**|**ak·tie** *f econ.* share not fully paid up. — **~,auf,nah·me** *f med.* (*in der Röntgenologie*) flat plate. — **~,darm** *m med.* jejunum: **den ~ betreffend** jejunal.

'**Lee·re**[1] *f* ⟨-; *no pl*⟩ **1.** emptiness: **im Saal herrschte eine gähnende ~** the hall was completely empty; **er hatte das Gefühl einer inneren ~** he had a sensation of emptiness within him. **– 2.** *fig.* (*von Phrasen etc*) hollowness. **– 3.** *fig.* (*von Lektüre, Unterhaltung etc*) emptiness, vacuity, idleness. **– 4.** *phys.* vacuum.

'**Lee·re**[2] *n* ⟨-; *no pl*⟩ (*in Wendungen wie*) **ins ~ starren** to stare into emptiness (*od.* space); **ins ~ greifen** to grasp (*od.* clutch) at thin air; **der Schlag ging ins ~** the blow missed.

lee·ren ['le:rən] **I** *v/t* ⟨h⟩ **1.** empty: **er leerte einen Eimer Wasser in die Wanne** he emptied a bucket of water into the tub;

---

seine Taschen ~ to empty one's pockets; **j-m die Taschen ~** *fig. colloq.* to fleece s.o. of his money; **sein Glas auf einen Zug ~** to empty (*od.* finish, drain) one's glass in one draft (*bes. Br.* draught); **den (bitteren) Kelch bis auf den Grund** (*od.* bis zur Neige*) ~ *fig. lit.* to drain the (bitter) cup of sorrow to the dregs. **– 2.** (*Briefkasten, Schrank etc*) empty, clear: **der Briefkasten wird täglich viermal geleert** the letter box is cleared (*od.* the mail is collected) four times daily; **den Teller ~** to clear one's plate. **– 3.** (*Faß, Wassertank etc*) empty, drain. **– 4.** *phys.* evacuate. **– II** *v/reflex* **sich ~ 5.** empty, become empty: **die Wanne leerte sich langsam** the tub emptied slowly; **der Saal leerte sich** the hall emptied. — **III L~** *n* ⟨-s⟩ **6.** *verbal noun.* **– 7.** *cf.* Leerung.

'**Leer**|**fahrt** *f* unloaded drive. — **~,for·mel** *f philos.* empty formula. — **~,fracht** *f econ.* dead freight. — **~,gang** *m tech.* **1.** lost (*od.* idle) motion. **– 2.** (*Schaltstellung*) neutral (gear). **– 3.** (*einer Schraube*) backlash. **– 4.** *cf.* Leerlauf 1. — **~,ge,schoß** *n mil.* empty shell. — **~,ge,wicht** *n* **1.** (*eines Fahrzeugs*) unloaded (*od.* unladen) weight, tare (weight). **– 2.** (*eines Flugzeugs*) empty weight. — **~,gut** *n* (*Flaschen, Kisten etc*) empties *pl*.

'**Leer·heit** *f* ⟨-; *no pl*⟩ *cf.* Leere[1].

'**Leer**|**hub** *m tech.* idle (*od.* no-load) stroke. — **L~,kau·fen** *v/t* ⟨*sep*, *-ge-*, h⟩ (*Laden*) buy (*od.* clean) out. — **~,ki·lo,me·ter** *m* dead-freight carriage.

'**Leer,lauf** *m* **1.** *tech.* a) idling, idle running (*od.* motion), b) (*Gang*) neutral (gear), c) (*einer Maschine*) idle running, d) (*eines Elektromotors*) no-load running, e) (*eines Fahrrads*) freewheel: **ruhiger ~** smooth (*od.* quiet) idling; **im ~ fahren** a) (*von Maschine*) to run idle (*od.* no-load), b) (*von Auto*) to run idle, to coast, c) (*von Fahrrad*) to freewheel; **in den** (*od.* auf) **~ schalten** to shift (*bes. Br.* change) into neutral (gear); **im ~ laufen lassen** to idle. **– 2.** *fig.* (*sinnlose Arbeit*) waste (of energy), wastage, lost (*od.* idle) motion: **der ~ in der Verwaltung** the waste of energy in administration; **in diesem Betrieb gibt es viel ~** much energy is wasted in this firm. **– 3.** *fig.* (*Unbeschäftigtsein*) idleness, running on the spot. — **~,dü·se** *f auto.* idler (*od.* low-speed) nozzle, idle (*od.* idling, slow-running) jet. — **~,ein,stell-,schrau·be** *f* (*am Vergaser*) idle adjusting (*od.* throttle-stop) screw, slow-running adjustment (screw). — **~,ein,stel·lung** *f aer. auto.* idle (*od.* idling) adjustment, idling setting, slow-running.

'**leer,lau·fen** *v/i* ⟨*irr*, *sep*, *-ge-*, sein⟩ run dry: **das Faß läuft leer** the barrel is running dry; **das Faß ~ lassen** to run the barrel dry.

'**Leer,lauf**|**,hand·lung** *f zo.* (*in der Verhaltenslehre*) vacuum activity. — **~,kenn,li·nie** *f electr.* no-load characteristic. — **~,re·ak·ti·on** *f psych.* reaction to emptiness. — **~,span·nung** *f electr.* open-circuit (*od.* no-load) voltage. — **~,stel·lung** *f* neutral (*od.* idle, idling) position: **etwas in ~ bringen** to put s.th. in(to) neutral. — **~,strom** *m electr.* no-load (*od.* idling) current. — **~,zeit** *f tech. cf.* Leerzeit.

'**Leer**|**,packung** (*getr.* -k·k-) *f econ.* dummy, sham package, (*empty*) display package. — **l~,ste·hend** *adj* **1.** (*Wohnung, Zimmer etc*) vacant, unoccupied. **– 2.** empty. — **~,takt** *m tech.* (*eines Motors*) idle stroke. — **~,ta·ste** *f* (*einer Schreibmaschine*) space bar. — **~,tief,gang** *m mar.* light draft (*bes. Br.* draught).

'**Lee·rung** *f* ⟨-; -en⟩ **1.** *cf.* Leeren. **– 2.** (*eines Briefkastens*) (postal) collection: **nächste ~ um 17 Uhr** next collection at 5 p.m. — '**Lee·rungs,zeit** *f* (*eines Briefkastens*) collection time.

'**Leer|ver,kauf** *m econ.* **1.** (*von Aktien*) forward sale. **– 2.** (*von Waren*) (commodity) sale for future delivery, forward sale (of commodities). — **~,zei·le** *f print.* space. — **~,zeit** *f tech.* lost (*od.* idle, nonproductive, *Br.* non-productive) time. — **~,zim·mer** *n* unfurnished room. — **~,zug** *m* empty freight (*Br.* goods) train.

'**Lee,se·gel** *n mar.* studding sail. — **~,sei·te** *f* lee (side), leeward. — **L~,wärts** *adv* (to) leeward, alee. — **~,wel·len** *pl meteor.* (*mountain*) lee waves. — **~,wir·bel** *m* **1.** *aer.* trailing vortex. **– 2.** *meteor.* lee eddy.

'**Lef·ze** ['lɛftsə] *f* ⟨-; -n⟩ chaps *pl*, chops *pl*, (*bes. des Hundes*) flews *pl*, *auch* chop.

le·gal [le'ga:l] *jur.* **I** *adj* legal, lawful: **etwas auf ~em Weg erreichen** to obtain s.th. by lawful means (*od.* lawfully). **– II** *adv* legally, lawfully, by lawful means. — **L~,de·fi·ni·ti,on** *f* legal definition.

Le·ga·li·sa·ti·on [legaliza'tsĭo:n] *f* ⟨-; -en⟩ *jur. cf.* Legalisierung.

le·ga·li·sie·ren [legali'zi:rən] **I** *v/t* ⟨*no ge-*, h⟩ *jur.* legalize, (*beglaubigen*) *auch* authenticate. **– II L~** *n* ⟨-s⟩ *verbal noun.* — **Le·ga·li·sie·rung** *f* ⟨-; -en⟩ **1.** *cf.* Legalisieren. **– 2.** legalization, (*Beglaubigung*) *auch* authentication.

Le·ga·li·tät [legali'tɛːt] *f* ⟨-; *no pl*⟩ *jur.* legality, lawfulness.

Le·ga·li·täts|**kon,trol·le** *f jur. pol.* court control of the legality of measures taken by the executive branch. — **~prin,zip** *n jur.* principle of legality.

Le·gas·the·nie [legaste'ni:] *f* ⟨-; -n [-ən]⟩ *med. psych.* legasthenia. — **Le·gas·the·ni·ker** [-'te:nikər] *m* ⟨-s; -⟩ legasthenic.

Le·gat[1] [le'ga:t] *m* ⟨-en; -en⟩ **1.** *relig.* a) (*päpstlicher*) legate, b) (*des griechischen Patriarchen*) exarch: **apostolischer ~** papal legate. **– 2.** *antiq.* (*in Rom*) legate.

Le·gat[2] *n* ⟨-(e)s; -e⟩ *jur.* a) (*von beweglichem Besitz*) legacy, bequest, bequeathal, b) (*von Grundbesitz*) devise: **der Verstorbene hat zahlreiche ~e ausgesetzt** the deceased made a number of bequests.

Le·ga·tar [lega'ta:r] *m* ⟨-s; -e⟩ *jur.* **1.** legatee. **– 2.** (*bei Grundbesitz*) devisee.

Le·ga·ten,amt *n röm.kath.* legateship, legation.

Le·ga·ti·on [lega'tsĭo:n] *f* ⟨-; -en⟩ **1.** *röm. kath.* (*eines päpstlichen Legaten*) legation. **– 2.** *pol. rare for* Gesandtschaft 1.

Le·ga·ti·ons|**,rat** *m pol.* legation council(l)or, council(l)or to an embassy. — **~recht** *n* right of legation. — **~se·kre,tär** *m* secretary to an embassy.

le·ga·to [le'ga:to] *mus.* **I** *adv u. adj* legato. **– II L~** *n* ⟨-s; *-s u.* -ti [-ti]⟩ legato. — **L~,bo·gen** *m* slur.

Le·ga·tus| **a la·te·re** [le'ga:tus a: 'la:tere] *m* ⟨---; *no pl*⟩ *röm.kath.* confidential papal legate, legatus a latere (*scient.*). — **~ 'na·tus** ['na:tus] *m* ⟨--; *no pl*⟩ born legate.

'**Le·ge**|**bat·te,rie** *f agr.* (*für Hennen*) laying battery. — **~,boh·rer** *m zo.* piercer; terebra, ovipositor (*scient.*): **mit ~** (*versehen*) terebrate. — **~,hen·ne** *f*, **~,huhn** *n agr.* laying hen, layer.

Le·gel ['le:gəl] *m* ⟨-s; -⟩ *mar.* **1.** cringle. **– 2.** (*für Leitern u. Stege*) hank.

'**Le·ge,lei·stung** *f agr.* (*von Hennen*) egg yield.

le·gen ['le:gən] **I** *v/t* ⟨h⟩ **1.** put, lay: **ich habe das Buch dorthin gelegt** I put (*od.* laid) the book over there; → **beiseite**; **zugrunde** 2. **– 2.** (*Rohre etc*) lay: **Kabel [Fliesen] ~** to lay cables [tiles]; **neue Fußböden ~** to lay (*od.* put in) new floors; → **Grundstein** 1; **Handwerk** 1. **– 3.** *tech.* a) put, place, b) (*in vorherbestimmte Lage*) locate, seat. **– 4.** (*Haare*) set, put up: **bitte waschen und ~** shampoo and set, please. **– 5.** (*Wäsche, Fallschirm etc*) fold. **– 6.** (*flachlegen*) lay (*s.th.*) flat: **du mußt die Flaschen ~, nicht stellen** you must lay the bottles flat, not stand them upright. **– 7.** *zo.* (*Eier*) (*bes. von Huhn etc*) lay, (*von Vögeln, Insekten, Schildkröten*) *auch* deposit. **– 8.** *agr. hort.* a) (*Kartoffeln etc*) set, plant, b) (*Samen*) plant, sow, c) (*Senkreiser etc*) set out. **– 9.** *mil.* (*Minen*) lay, plant. **– 10.** **Bauern ~** *hist.* to evict tenants. **– 11.** (*games*) (*Patience etc*) lay: → **Karte** 15. **– 12.** (*sport*) (*beim Fußball etc*) bring (*s.o.*) down. **– 13.** *hunt.* (*Schlingen etc*) lay, set. **– II** *v/i* **14.** (*von Hühnern*) lay: **diese Hennen ~ gut** [schlecht] these hens are good [poor] layers. **– III** *v/reflex* **sich ~ 15.** lie down: **leg dich!** (*zu Hund*) (lie) down! **sich anlehnen ~** to lie down to sleep, to go to bed; **er hat sich gelegt** (*ist krank*) he took to his bed. **– 16.** (*von Getreide etc*) lodge. **– 17.** *fig.* (*von Wind, Zorn etc*) calm (*od.* settle) down, cease. **– 18.** *fig.* (*von Fieber*) go down, drop. **– 19.** *fig.* (*von Aufregung, Lärm etc*) abate, subside. **– IV L~** *n* ⟨-s⟩ **20.** *verbal noun.* **– 21.** (*von Gas-, Wasserleitung etc*) installation.

Verbindungen mit Präpositionen:
le·gen| an (acc) **I** v/t put (od. lay) (s.th.) on (od. against, in, to): etwas (wieder) an seinen Platz ~ to put s.th. back in its place, to restore s.th. to its proper place; etwas an einen falschen Platz ~ to misplace (od. mislay) s.th.; sie hat den Kopf an seine Schulter gelegt she laid (od. rested) her head on (od. against) his shoulder; einen Hund an die Kette ~ to chain up a dog, to put a dog on the chain; Feuer an ein Haus ~ to set fire to a house, to set a house on fire, auch to fire a house; → Hand[1] *Verbindungen mit Verben;* Herz *Bes. Redewendungen;* Tag 4. - **II** v/reflex sich ~ an to lie down next to (od. near): ich möchte mich ans Wasser ~ I want to lie down near the water. — ~ **auf** (acc) **I** v/t put (od. lay) (s.th.) (up)on: etwas auf die Erde (od. den Boden) ~ to put s.th. (down) on the ground; j-m die Hand auf die Schulter ~ to lay one's hand on s.o.'s shoulder; Holz aufs Feuer ~ to put wood on the fire; ein Buch auf den Tisch ~ to lay a book on the table; ein Pflaster auf eine Wunde ~ to apply a plaster to a wound; alles auf einen Haufen ~ to throw (od. toss) everything onto (od. into) a heap (od. pile); Beschränkungen auf Einfuhren ~ fig. to place restrictions on imports; Steuern [Zoll] auf eine Ware ~ fig. to lay (od. levy) taxes [duty] on an article; Geld auf Zinsen ~ econ. to invest money at interest; Gewicht (od. Wert) auf etwas ~ fig. to attach importance to s.th., to set store by s.th.; Nachdruck auf etwas ~ fig. to lay stress on s.th., to emphasize s.th.; jedes Wort auf die Goldwaage ~ fig. a) to weigh one's words, b) to take everything (one hears) literally; → Akzent 1, 4; Eis[1] 1; Kante 8; Kreuz 6. - **II** v/reflex sich ~ auf to lie down (up)on: sich auf sein Bett ~ to lie down on one's bed; der Qualm legte sich mir schwer auf die Brust fig. the smoke settled heavily on my chest; Dunkelheit legte sich aufs Land fig. lit. darkness settled upon the land; sich auf den Rücken ~ to lie down on one's back; sich auf die Seite ~ a) to lie down on one's side, b) (von Schiff) to (get a) list; die Sache legte sich ihm aufs Gemüt fig. the matter began to prey (up)on his mind; er hat sich auf Pelzwaren gelegt fig. colloq. he has applied himself (od. taken) to the fur trade; die Krankheit legte sich ihm auf die Brust [auf den Magen] fig. colloq. the disease settled in his chest [stomach]; → Lauer[1]; Ohr 3. — ~ **aus** v/t put (od. lay) (s.th.) down: etwas aus der Hand ~ to lay s.th. down. — ~ **durch** v/t lay (s.th.) through: Schienen durch einen Tunnel ~ to lay rails through a tunnel; die Straße wurde durch unser Grundstück gelegt the road was laid through our land. — ~ **hin·ter** I v/t put (od. lay) (s.th.) behind. - **II** v/reflex sich ~ hinter to lie down behind. — ~ **in** (acc) I v/t put (od. lay) (s.th.) in(to): ein Lesezeichen ins Buch ~ to put a bookmark(er) in a book; j-n ins Grab (od. in die Erde) ~ to lay s.o. in the grave, to bury s.o.; ein Kind ins Bett ~ to put a child to bed; j-n in Fesseln (od. Ketten) ~ to put s.o. in fetters (od. chains), to fetter s.o.; Wein in den Keller ~ to put wine in the cellar, to cellar wine; den Kopf in den Nacken ~ to lean one's head back; die Stadt wurde in Schutt und Asche gelegt the city was reduced to rubble and ashes; alle Häuser waren in Asche gelegt all houses were burned down to ashes (od. to the ground); Truppen in Quartier ~ to quarter (od. billet) soldiers; er legte die Entscheidung in meine Hände fig. he placed the decision in my hands; er legte mir die Worte in den Mund fig. he put the words into my mouth; → Falte 1, 5, 7; Hand *Verbindungen mit Verben.* - **II** v/reflex sich ~ in to lie (down) in: sich ins Bett ~ to go to bed; sich in die Sonne ~ to lie in the sun; sich in den Hinterhalt ~ to lie in wait (od. ambush); sich ins Geschirr (od. Zeug) ~ fig. to put one's shoulder to the wheel; sich ins Mittel ~ to intervene. — ~ **nach** v/t put (od. lay) (s.th.) in: er legte den Ort der Handlung nach X he has laid the scene of action in X; bitte leg den Mantel nach hinten (auf den Sitz) please put the coat

on the backseat; eine neue Bahnlinie wurde nach X gelegt a new railroad (bes. Br. railway) was built to X. — ~ **ne·ben** (acc) I v/t put (od. lay) (s.th.) beside: eins neben das andere ~ to lay (od. put) one beside the other. - **II** v/reflex sich ~ neben to lie down beside: er legte sich neben einen Baum he lay down beside a tree. — ~ **über** (acc) I v/t 1. put (s.th.) over: die Jacke über die Schulter ~ to put one's jacket over one's shoulder; er legte die Hand über die Augen he put his hand over his eyes; ein Bein über das andere ~ to cross one leg over the other. — **II** v/reflex sich ~ über 2. to lie down (up)on. - 3. fig. to settle (up)on: Nebel legte sich über die ganze Gegend fog settled (up)on the entire area. — ~ **um** I v/t 1. put (od. lay) (s.th.) (a)round: er legte die Arme um ihren Hals he put his arms around her neck; er legte ihr den Mantel um die Schultern he put (od. wrapped) the coat (a)round her shoulders. - **II** v/reflex sich ~ um 2. (von Schlange, Ranken etc) to wind (od. wrap) (a)round (od. about). - 3. (von Armen etc) to be laid (a)round: seine Hände legten sich um ihren Hals she laid his hands round her neck. — ~ **un·ter** (acc) I v/t put (od. lay) (s.th.) under: etwas unter den Tisch ~ to lay s.th. under the table. - **II** v/reflex sich ~ unter to lie down under. — ~ **vor** (acc) I v/t 1. put (od. lay) (s.th.) before: die Matte vor die Tür ~ to lay the doormat before the door; ein Schloß vor die Tür ~ to hang a padlock on the door; j-m den Kopf vor die Füße ~ fig. to cut s.o.'s head off; ein Boot vor Anker ~ to cast (od. drop) a boat's anchor. - **II** v/reflex sich ~ vor 2. to lie down before. - 3. sich vor Anker ~ mar. to cast (od. drop) anchor. — ~ **zu** I v/t put (od. lay) (s.th., s.o.) to: j-n zu Bett ~ to put s.o. to bed; einen Weg zum Haus ~ to lay a path to the house; leg es zu den anderen Sachen put it with the other things; j-m etwas zur Last ~ fig. to blame s.th. on s.o., to lay s.th. at s.o.'s door. - **II** v/reflex sich zu j-m ~ to lie down beside s.o. — ~ **zwi·schen** (acc) I v/t put (od. lay) (s.th.) between. — **II** v/reflex sich ~ zwischen to lie down between.

Le·gen·dar [legɛn'daːr] **I** n ⟨-s; -e⟩ legendary, book of legends (od. saints' lives). — **II** L~ adj obs. for legendär.

le·gen·där [legɛn'dɛːr] adj 1. legendary, fabled, fabulous: der ~e König Artus the legendary King Arthur. - 2. (sagenhaft) legendary, fabulous: ein ~er Ruf a legendary reputation.

Le·gen·da·ri·um [legɛn'daːriʊm] n ⟨-s; -rien⟩ cf. Legendar I.

Le·gen·de [le'gɛndə] f ⟨-; -n⟩ 1. relig. (Heiligenlegende) legend. - 2. hist. (Sage) legend, legendary tale, fable: wie die ~ berichtet (od. weiß) as legend tells us; es geht die ~, daß legend tells us that. - 3. (Zeichenerklärung) key, legend. - 4. (auf Münzen, Bildern etc) legend.

Le'gen·den|,dich·tung f legendary literature (od. writings pl, poetry). — **l~haft** adj cf. legendär. — **~,samm·lung** f cf. Legendar I. — **~,schrei·ber** m legendist. — **~,spiel** n (theater) hist. miracle play.

'Le·ge|,nest n zo. laying nest. — **~,not** f (bei Hausgeflügel) laying distress.

le·ger [le'ʒɛːr] **I** adj 1. (Benehmen etc) nonchalant, casual. - 2. (fashion) (leicht u. bequem) casual. — **II** adv 3. sich ~ benehmen to behave nonchalantly (od. in a nonchalant way); er war ganz ~ gekleidet he was casually dressed.

'Le·ger m ⟨-s; -⟩ 1. (Legehenne) layer. - 2. (Handwerker) floor layer. - 3. (Fliesenleger) floor and wall tiler. - 4. (Teppichleger) carpet layer.

'Le·ge|,ras·se f agr. laying strain. — **~,röh·re** f zo. (eines Insekts) ovipositor.

'Le·ger|,wall m mar. lee shore.

'Le·ge|,spiel n (games) jigsaw puzzle, auch picture puzzle. — **~,zeit** f zo. laying season (od. period, time).

'Leg,föh·re f bot. knee pine, Swiss mountain pine (Pinus mugho).

leg·gie·ra·men·te [lɛdʒera'mɛntə] mus. adv leggieramente.

leg·gie·ro [lɛ'dʒero] mus. adv u. adj leggiero.

'Leg,hen·ne f agr. cf. Legehenne.

'Leg,horn n ⟨-s; -(s)⟩ agr. Leghorn.

le·gie·ren [le'giːrən] **I** v/t ⟨no ge-, h⟩ 1. metall. alloy: mit Quecksilber ~ to amalgamate. - 2. gastr. (Suppen, Soßen etc) thicken. - **II** L~ n ⟨-s⟩ 3. verbal noun. - 4. alloyage. — **le'giert I** pp. - **II** adj 1. metall. (Stahl etc) alloy(ed). - 2. gastr. thickened: eine ~e Suppe a cream soup; ~e Tomatensuppe cream of tomato soup.

Le'gie·rung f ⟨-; -en⟩ metall. 1. cf. Legieren. - 2. alloy, amalgamation, composition metal: hochzinnhaltige ~ tin-base alloy; niedrigschmelzende ~ low-melting alloy.

Le'gie·rungs|be,stand,teil m, ~ele,ment n metall. alloying component (od. constituent, element, metal). — **~,stahl** m alloy steel. — **~ver,fah·ren** n alloying method. — **~,zu,satz** m alloying addition.

Le·gi·on [le'gĭoːn] f ⟨-; -en⟩ 1. antiq. mil. legion: römische ~en Roman legions; die Zahl der Besucher [Geschichten] ist ~ fig. colloq. the number of visitors [stories] is legion. - 2. mil. legion of volunteers (od. mercenaries).

Le·gio·nar [legĭo'naːr] m ⟨-s; -e⟩ antiq. mil. member of a Roman legion, legionary.

Le·gio·när [legĭo'nɛːr] mil. **I** m ⟨-s; -e⟩ legionnaire, legionary. - **II** l~ adj legionary.

Le·gi'ons|,ad·ler m antiq. mil. standard eagle. — **~,sol,dat** m 1. mil. cf. Legionär I. - 2. antiq. mil. cf. Legionar.

le·gis·la·tiv [legɪsla'tiːf] adj pol. legislative.

Le·gis·la·ti·ve [legɪsla'tiːvə] f ⟨-; -n⟩ pol. 1. legislature, legislative body (od. assembly). - 2. legislative power (od. authority).

le·gis·la·to·risch [legɪsla'toːrɪʃ] adj pol. legislative, legislatorial.

Le·gis·la·tur [legɪsla'tuːr] f ⟨-; -en⟩ pol. 1. cf. Legislaturperiode. - 2. rare legislation. - 3. hist. legislature, legislative body (od. assembly). — **~pe·ri,ode** f legislative period, lifetime of a parliament.

Le·gis·mus [le'gɪsmʊs] m ⟨-; no pl⟩ jur. legalism.

Le·gist [le'gɪst] m ⟨-en; -en⟩ jur. hist. legist.

le·gi·tim [legi'tiːm] adj (Kind, Herrscher etc) legitimate, lawful.

Le·gi·ti·ma·ti·on [legitima'tsĭoːn] f ⟨-; -en⟩ 1. (Echtheitserklärung, Beglaubigung) authentication. - 2. (Ausweis über die Person) identification, proof of identity. - 3. (Legitimationspapiere) papers pl of identification, identification papers pl. - 4. jur. a) (einer Urkunde etc) authentication, b) (eines Kindes) legitimation.

Le·gi·ti·ma·ti·ons|,kar·te f pol. legitimation card, (official) congress card. — **~pa,pie·re** pl papers of identification, identification papers, identification sg.

le·gi·ti·mie·ren [legiti'miːrən] **I** v/t ⟨no ge-, h⟩ bes. jur. 1. (für legitim erklären) legitimate, legitimize Br. auch -s-, legitimatize: ein Kind ~ to legitimate a child. - 2. (berechtigen) authorize Br. auch -s-. - **II** v/reflex sich ~ 3. (sich ausweisen) (mit with) prove one's identity, show proof of identity. - **III** L~ n ⟨-s⟩ 4. verbal noun.

Le·gi·ti·mie·rung f ⟨-; -en⟩ 1. cf. Legitimieren. - 2. cf. Legitimation.

Le·gi·ti·mis·mus [legiti'mɪsmʊs] m ⟨-; no pl⟩ pol. legitimism. — **Le·gi·ti'mist** [-'mɪst] m ⟨-en; -en⟩ legitimist. — **le·gi·ti'mi·stisch** adj legitimist.

Le·gi·ti·mi·tät [legitimi'tɛːt] f ⟨-; no pl⟩ jur. legitimacy, legitimateness.

Le·gu·an [le'gŭaːn] m ⟨-s; -e⟩ zo. iguana, guana, legua(n) (Fam. Iguanidae): Gemeiner (od. Grüner) ~ common iguana (Iguana iguana). — **l~,ar·tig** adj iguanian: ~es Tier iguanid.

Le·gu·men [le'guːmən] n ⟨-s; -⟩ bot. (Hülsenfrucht) legume.

Le·gu·mi·no·se [legumi'noːzə] f ⟨-; -n⟩ meist pl bot. cf. Hülsenfrüchtler.

Leh·de ['leːdə] f ⟨-; -n⟩ Low G. for Brache 1, Heide[1] 1.

Le·hen ['leːən] n ⟨-s; -⟩ jur. hist. 1. fief, feoff, feudal tenure, feud, auch feod: j-m etwas zu ~ geben to invest s.o. with land, to enfeoff s.o.; freies ~ free tenure; unbedingtes ~ fee simple; vom obersten Lehensherrn erhaltenes ~ estate held in chief. - 2. (Belehnung) enfeoffment. - 3. (Pfründe) benefice: ohne ~ unbeneficed; mit einem ~ zusammenhängend beneficiary.

'Le·hens|,ab,ga·be f hist. jur. feudal tailage. — **~,bau·er** m peasant holding a feudal tenure. — **~be,sitz** m 1. feudal tenure:

geistlicher ~ frankalmoigne estate, tenure held in frankalmoigne; weltlicher ~ soc(c)age estate, tenure in soc(c)age. – 2. higher type of copyhold. – 3. (der den Erben zu gleichen Teilen zufällt) gavelkind. – 4. cf. Lehensgut. — **~,be,sit·zer** m copyholder. — **~,brief** m (deed of) enfeoffment. — **~,bruch** m cf. Lehensfrevel. — **~,dienst** m feudal service, vassalage. — **~,eid** m oath of fealty (od. allegiance): den ~ leisten to take (od. swear) the oath of fealty (od. allegiance). — **~,ein,zie·hung** f (Verwirkung) forfeiture. — **~,fä·hig·keit** f capability of holding a fief. — **~,fall** m cf. Heimfall 1. — **~,fol·ge** f 1. succession to a fief. – 2. obligation of a vassal to follow his lord in time of war. – **l~,frei** adj al(l)odial, held in freehold. — **~,frei·heit** f al(l)odiality, freehold, fee simple. — **~,fre·vel** m felony, treason. — **~,ge·ber** m cf. Lehensherr. — **~,geld** n relief, quit-money. — **~,ge,richt** n 1. (im Strafrecht) court leet. – 2. (im Zivilrecht) court baron. — **~,gut** n 1. fief, feoff, feudal estate, feud, auch feod. – 2. (Zinslehen) copyhold. – 3. (nach dem Gewohnheitsrecht) fee. – 4. Br. (eines Adligen) manor. — **~,herr** m 1. feudal (od. liege) lord, seigneur, feoffor, auch feoffer: oberster ~ lord paramount. – 2. (Zwischenlehnsherr) mesne lord. – **l~,herr·lich** adj 1. seignorial. – 2. (oberlehnsherrlich) suzerain. — **~,herr·lich·keit,** **~,herr·schaft,** **~,ho·heit** f 1. seignioralty, seigniory. – 2. (Oberlehensherrlichkeit) suzerainty. — **~,mann** m ⟨-(e)s; ᵗer u. -leute⟩ 1. sokeman, man, feudatory, liege(man), homager, leud, tenant: ~ des Königs tenant in chief; ~ von toter Hand tenant in mortmain. – 2. (Untertan) vassal. — **~,pflicht** f feudal duty (od. obligation): ~ des Lehensherrn seignorial duty; ~ des Lehensmannes homage, vassalage, allegiance, fealty. – **l~,pflich·tig** adj liege, bound by allegiance, feudatory. — **~,recht** n 1. feudal law. – 2. (eines einzelnen) right of investiture. — **~,rich·ter** m judge of a feudal court, judge who holds his office in fief (od. feoff). — **~,sy,stem** n feudal system, feudalism. — **~,trä·ger** m cf. Lehensmann. — **~,treue** f fealty, allegiance. — **~,ver,fas·sung** f cf. Lehenssystem. — **~,ver,hält·nis** n vassalage, infeudation. — **~,we·sen** n feudal system, feudalism, feudality. — **~,zins** m quitrent.

Lehm [leːm] m ⟨-(e)s; -e⟩ 1. loam. – 2. (Ton) clay. – 3. colloq. (Schmutz) mud. – **l~,ar·tig** adj 1. loamy. – 2. (tonartig) clayish, clayey. — **~,bat·zen** m lump (od. clod) of loam (od. clay). — **~,bau** m walling of loam and straw, loam work. — **~,bau,stein** m unburnt sun-dried brick, bes. Am. adobe. — **~,bo·den** m 1. loam(y) soil, loam. – 2. (Tonboden) clay soil. – 3. (Fußboden) loam (od. earthen) floor. — **~,form** f tech. loam mold (bes. Br. mould). — **l~,gelb** adj loam(y) yellow. — **~,gru·be** f 1. loam pit. – 2. (Tongrube) clay pit. — **~,guß** m metall. loam casting. — **l~,hal·tig** adj 1. containing loam, argilloarenaceous (scient.). – 2. (tonhaltig) containing clay, argillaceous (scient.). — **~,hüt·te** f mud hut.

leh·mig adj loamy, clayey, argillaceous (scient.): ~er Boden loamy soil. – 2. colloq. (schmutzig) muddy.

Lehm|,mer·gel m geol. loamy marl. — **~,stein** m cf. Lehmziegel. — **~,stop·fen** m metall. clay plug. — **~,wand** f loam wall. — **~,wes·pe** f zo. mud wasp (od. dauber) (Gattg Odynerus). — **~,zie·gel** m loam (od. clay) brick.

Lehn [leːn] n ⟨-s; -⟩ jur. hist. cf. Lehen. **'lehn·bar** adj jur. hist. feudal: ~ machen to feudalize. — **'Lehn·bar·keit** f ⟨-; no pl⟩ feudality.

'Lehn,brief m jur. hist. cf. Lehensbrief.

'Leh·ne f ⟨-; -n⟩ 1. (eines Stuhls etc) back(rest), back support. – 2. (Seitenstütze) arm(rest). – 3. geol. (Abhang) slope, declivity.

leh·nen¹ ['leːnən] I v/reflex ⟨h⟩ sich ~ lean: sich an (od. gegen) eine Wand ~ to lean against a wall; sich aus dem Fenster ~ to lean out of the window; er lehnte sich über die Brüstung he leaned over the balustrade. – II v/t lean, rest: er lehnte das Fahrrad gegen einen Baum he leaned the bicycle against a tree. – III v/i lean, rest: die Leiter lehnte an der

---

Wand the ladder was leaning against the wall.

'lehn·nen² v/t ⟨h⟩ obs. and dial. for leihen 1.

'Lehn,gut n jur. hist. cf. Lehensgut.

Lehns... cf. Lehens...

'Lehn|,satz m philos. lemma. — **~,ses·sel,** **~,stuhl** m armchair, easy chair. — **l~,über,setzt** adj ling. (Wort) paronymous. — **~,über,set·zung** f 1. (von Komposita, Wortgruppen etc) loan translation. – 2. (von Einzelwörtern) calque. — **~,wort** n ⟨-(e)s; ᵗer⟩ loanword, auch loan, borrowed (od. adopted) word; paronym, paronymous word (scient.).

'Lehr,amt n ped. 1. (Beruf) teaching profession: er bereitet sich auf das höhere ~ vor he is preparing to be a teacher at a secondary (od. grammar) school. – 2. (Stellung) teaching position, teachership: höheres ~ mastership; ein ~ innehaben to hold a teaching position. – 3. ~ der Kirche relig. ministry, clerical profession, church.

'Lehr,amts|kan·di,dat m ped. 1. candidate for the teaching profession. – 2. probationary (od. trainee-)teacher. — **~,prü·fung** f first state examination for the (secondary) teaching profession.

'Lehr|ana,ly·se f ped. 1. didactic analysis. – 2. training analysis. — **~,an,stalt** f educational establishment, school: höhere ~ secondary (od. grammar) school. — **~,auf,trag** m ped. (an Universität) teaching assignment, lectureship.

'lehr·bar adj teachable: Takt ist nicht ~ tact cannot be taught, tact is not teachable.

'Lehr|be,auf,trag·te m, f ⟨-n; -n⟩ ped. (an Universität) Br. (assistant) lecturer, Am. assistant instructor, associate, lecturer. — **~be,fä·hi·gung** f 1. educational talent. – 2. (für bestimmte Fächer) qualification to teach (certain subjects). — **~be,rech·ti·gung** f 1. teaching licence (Am. license), teacher's diploma (od. certificate). – 2. qualification to teach. — **~be,ruf** m 1. ped. teaching profession, (school-)teaching. – 2. (Beruf mit Lehrzeit) vocation requiring an apprenticeship (od. special training). — **~be,trieb** m 1. firm where apprentices are trained. – 2. ped. teaching, (an Hochschulen) lectures pl: den ~ wiederaufnehmen to recommence school. — **~,bo·den** m metall. (in der Formerei) bottom board. — **~,bo·gen** m civ.eng. arch formwork. — **~,brett** n (der Maurer) template. — **~,brief** m 1. (Lehrzeugnis) certificate of apprenticeship. – 2. (Lehrvertrag) indenture(s pl), articles pl (od. contract) of apprenticeship. – 3. ped. (eines Fernlehrgangs) correspondence lesson. — **~,bub** m Southern G., Austrian and Swiss for Lehrling 1. — **~,buch** n 1. (für die Wissenschaft) textbook. – 2. (für Technik, Handwerk etc) (instruction) manual. – 3. (Schulbuch) Br. school-book, Am. textbook: ~ für Anfänger primer. — **~,bur·sche** m colloq. for Lehrling 1. — **~,dich·tung** f (literature) 1. (Gattung) didactic poetry. – 2. (Einzelwerk) didactic poem. — **~,dorn** m tech. screw plug ga(u)ge.

'Leh·re¹ f ⟨-; -n⟩ 1. (Anschauung, Lehrmeinung) teaching(s pl), doctrine, tenet: die ~ des Konfuzius the teachings of Confucius; die christliche ~ the Christian doctrine; er ist ein Anhänger der (od. er vertritt die) ~ Hegels he is an adherent of (od. he advocates) the teachings of Hegel; sich mit einer ~ auseinandersetzen to study (od. analyze Br. auch -s-) a tenet. – 2. (Lehrsatz) theory, science: die ~ von der Optik (the science of) optics pl (usually construed as sg); Newtons ~ vom Gravitationsgesetz Newton's theory of gravitation; die ~ vom Schall (the science of) acoustics pl (construed as sg). – 3. (Warnung) lesson, warning: das wird ihm eine ~ sein that will teach him a lesson; laß dir das eine ~ sein let that be a warning to you. – 4. (Ratschlag) (piece of) advice: eine ~ annehmen to accept a piece of advice; behalte deine weisen ~n für dich colloq. keep your advice to yourself. – 5. (Schlußfolgerung) conclusion: eine ~ aus etwas ziehen to draw a conclusion from s.th. – 6. (Unterweisung) apprenticeship: er gab den Jungen zu einem Bäcker in die ~ he apprenticed the boy to a baker; er geht bei einem Bäcker in die ~ he is an apprentice to a baker; in der ~ sein to serve one's apprenticeship; er hat seine ~ beendet he has finished his apprenticeship; zu diesem

---

Beruf ist eine dreijährige ~ nötig this job requires a three years' apprenticeship; bei ihm kannst du noch in die ~ gehen fig. he can teach you a lot.

'Leh·re² f ⟨-; -n⟩ tech. 1. a) (Festlehre) ga(u)ge, b) (verstellbare) ca(l)liper(s pl), pair of ca(l)lipers: etwas mit der ~ messen a) to ga(u)ge s.th., b) to ca(l)liper s.th. – 2. (Leitschablone) template, templet.

leh·ren v/t ⟨h⟩ 1. (unterrichten) teach, instruct: Chemie ~ to teach chemistry; j-n (colloq. auch j-m) eine Sprache ~ to teach s.o. a language, to instruct s.o. in a language; j-n lesen (od. das Lesen) ~ to teach s.o. reading (od. to read, how to read), to instruct s.o. in reading; wer hat dich das gelehrt? who (has) taught you that? lehret alle Völker Bibl. teach all nations; j-n (colloq. auch j-m) Mores ~ to teach s.o. manners; wir sind gelehrt worden, bescheiden zu sein we were taught to be modest; ich werde dich ~, deinen alten Vater auszulachen iron. I'll teach you laugh at your old father. – 2. fig. (zeigen) show, teach, prove: die Erfahrung lehrt (uns), daß experience teaches (us) that; die Zeit wird es ~ time will show (od. tell); was lehrt diese Geschichte? what does this story show (od. tell)? – II v/i 3. teach, (an der Universität) auch lecture: er lehrt an einem Gymnasium in Berlin he teaches (od. is a teacher) at a grammar school in Berlin. – III L~ n ⟨-s⟩ 4. verbal noun. – 5. instruction.

'Leh·rer m ⟨-s; -⟩ 1. teacher, auch instructor, (Schullehrer) Br. auch master, (einer kleinen Schule) schoolmaster: ~ für Deutsch teacher of German, German teacher; ~ für Leibeserziehung physical education instructor; ~ an einer Schule sein to be a teacher at a school; zum ~ ausgebildet werden to be trained for the teaching profession (od. as a teacher); er ist ein sehr strenger ~ he is a disciplinarian. – 2. (Pädagoge) pedagogue, auch pedagog, paedagogue. – 3. (Privat-, Nachhilfe-, Hauslehrer) tutor. — **~,aus,tausch** m teacher exchange. — **~be,ruf** m teaching profession, (school-)teaching: er hat den ~ ergriffen he has become a teacher, he has taken up teaching. — **~,bil·dung** f teacher training. — **~,bil·dungs,an,stalt** f normal school, Br. college of education, Am. teachers college.

'Leh·re·rin f ⟨-; -nen⟩ 1. (lady od. woman) teacher, auch instructress, (Schullehrerin) Br. auch mistress, (einer kleinen Schule) schoolmistress. – 2. (Hauslehrerin) governess. – 3. cf. Lehrer 2.

'Leh·rer|kol,le·gi·um n ped. (teaching) staff, Am. (bes. an Hochschulen) faculty. — **~kon·fe,renz** f (school) staff meeting, bes. Am. faculty meeting. — **~,man·gel** m shortage of teachers.

'Leh·rer·schaft f 1. (einer Schule) teaching staff, bes. Am. faculty. – 2. (eines Bezirks etc) body of teachers.

'Leh·rer|se·mi,nar n obs. for Lehrerbildungsanstalt. — **~,stand** m ⟨-(e)s; no pl⟩ teaching profession: er gehört dem ~ an he is a teacher. — **~,stel·le** f position of a teacher, teaching position: es gibt keine freien ~n mehr there are no teaching positions free (od. vacant). — **~ver,band** m ped. teachers' association. — **~,zim·mer** n staff (od. teachers') room.

'Lehr|,fach n 1. (Beruf) teaching profession: er geht in das ~ he is taking up the teaching profession, he is becoming a teacher. – 2. (Fachgebiet) subject of instruction (od. of study). — **~,film** m 1. instructional (od. educational) film. – 2. (praktischer) training (od. demonstration) film. — **~,frei·heit** f freedom of instruction, academic freedom.

'Lehr|,gang m 1. course (of instruction od. of study): an einem ~ für Englisch teilnehmen to attend an English course. – 2. (praktischer) (training) course: das Rote Kreuz veranstaltet Lehrgänge für Erste Hilfe the Red Cross organizes courses in first aid, the Red Cross organizes first-aid courses.

'Lehr,gangs|,lei·ter m head of a course, instructor. — **~,teil,neh·mer** m participant in a course, student.

'Lehr|ge,bäu·de n fig. system of doctrines, set of dogmas. — **~ge,dicht** n (literature) didactic poem. — **~,ge·gen,stand** m subject of instruction. — **~₁geld** n **1.** hist. premium of apprenticeship. - **2.** (in Wendungen wie) ~ (be)zahlen müssen fig. to have to learn s.th. the hard way; du hast nichts dazugelernt, du kannst dir dein ~ zurückgeben lassen you don't know any more than you did before, you should demand your (tuition) fees back. — **~₁ge,rüst** n civ.eng. centering, bes. Br. centr(e)ing: ~ mit senkrechter Absteifung trestle centering. — **l₁haft** adj **1.** (belehrend) didactic, auch didactical, preceptive. - **2.** (schulmeisterlich) schoolmasterly, schoolmasterish: etwas in einem ~en Ton sagen to say s.th. in a schoolmasterly way. — **~₁hau·er** m (mining) (advanced) mining apprentice. — **~₁herr** m master, employer of apprentices. — **~₁jahr** n auch fig. year of apprenticeship: er ist im ersten ~ he is serving his first year of apprenticeship; harte ~e durchmachen fig. to go (od. pass) through hard years of apprenticeship, to go through a hard novitiate; ~e sind keine Herrenjahre (Sprichwort) etwa an apprentice is not his own master. — **~₁jun·ge** m Northern G. for Lehrling 1. — **~₁kan·zel** f Austrian for Lehrstuhl. — **~₁kom₁man·do** n mil. demonstration team. — **~₁kör·per** m ped. (einer Universität) teaching staff, bes. Am. faculty. — **~₁kraft** f cf. Lehrer 1. — **~₁kurs, ~₁kur·sus** m cf. Lehrgang.

'Lehr·ling m ⟨-s; -e⟩ **1.** apprentice, trainee. - **2.** (kaufmännischer) clerical trainee.

'Lehr·lings|₁aus·bil·dung f training of apprentices. — **~₁heim** n apprentices' home (Br. hostel), home (Br. hostel) for apprentices. — **~ver,gü·tung** f apprentice's allowance. — **~ver,trag** m cf. Lehrvertrag. — **~₁wohn,heim** n cf. Lehrlingswohnheim. — **~₁zeit** f cf. Lehrzeit.

'Lehr|₁mäd·chen n (girl) apprentice. — **~ma,schi·ne** f meist pl teaching machine. — **~₁mei·nung** f cf. Lehre¹. — **~₁mei·ster** m **1.** teacher, instructor, master: er hatte einen guten ~ he had a good teacher. - **2.** (Handwerksmeister) master. — **~me,tho·de** f method of instruction, teaching method.

'Lehr₁mit·tel pl teaching aids (od. material sg), means of instruction. — **~₁frei·heit** f cf. Lernmittelfreiheit.

'Lehr₁per·so,nal n teaching staff (od. personnel). — **~₁plan** m curriculum, syllabus, course of study. — **~₁pro·be** f demonstration lesson (given as part of a trainee-teacher's examination). — **l₁reich** adj informative, instructive: sein Vortrag war sehr ~ his lecture was very (od. highly) informative. — **~₁ring** m tech. ring ga(u)ge. — **~₁saal** m **1.** auditorium, auditory, bes. Br. lecture room, (gestufter) lecture theatre. - **2.** (für Physik etc) laboratory. — **~₁satz** m **1.** doctrine, tenet. - **2.** math. theorem, proposition: binomischer ~ binomial theorem; pythagoreischer ~ Pythagorean proposition. - **3.** philos. doctrine, proposition: philosophischer ~ philosophical doctrine, philosopheme. - **4.** (Dogma) dogma. — **~₁schau** f exhibition for instructional purposes. — **~₁schwimm,becken** (getr. -k·k-) n training pool. — **~₁spruch** m aphorism, maxim. — **~₁stand** m obs. teaching profession. — **~₁stel·le** f position as an apprentice: offene ~ vacancy for an apprentice. — **~₁stoff** m **1.** subjects pl taught, content of the curriculum. - **2.** (eines einzelnen Fachs) subject matter. — **~₁stück** n (literature) didactic drama. — **~₁stuhl** m professorship, (professorial) chair, professorate: j-m einen ~ antragen to offer s.o. a chair; den ~ für Geschichte (inne)haben to hold the chair of history. — **~₁stun·de** f cf. Unterrichtsstunde. — **~₁tä·tig·keit** f teaching, instruction(al work): die ~ aufnehmen to take up teaching. — **~₁toch·ter** f Swiss for Lehrmädchen. — **~₁ver,an,stal·tun·gen** pl (an Hochschulen) lectures. — **~ver,hält·nis** n apprenticeship. — **~ver,trag** m indenture(s pl), articles pl (od. contract) of apprenticeship, indentured apprenticeship: j-n unter ~ nehmen to indenture s.o. — **~₁wei·se** f cf. Lehrmethode. — **~₁werk,statt, ~₁werk,stät·te** f (artisans') training establishment. — **~₁zeit** f (time of) apprenticeship, novitiate, auch noviciate (lit.): seine ~ beenden (od. abschließen) to finish ~ complete) one's apprenticeship. — **~₁zeug·nis** n apprentice's certificate.

Lei [laɪ] f ⟨-; -en⟩ dial. for Fels 1, Schiefer 1.

Leib [laɪp] m ⟨-(e)s; -er⟩ **1.** body: ein schlanker ~ a slender body; er sitzt zu Hause und pflegt seinen ~ fig. colloq. he sits at home and takes things easy; am ganzen ~e zittern to tremble all over; ich habe die Armut am eigenen ~(e) erfahren (od. zu spüren bekommen) I have seen (od. experienced) poverty (od. what it is like to be poor); er hat einen unverschämten Ton am ~(e) fig. colloq. he is very impertinent; du hast aber einen Schritt am ~(e)! fig. colloq. you are a fast walker! wir konnten nur das retten, was wir auf dem ~e hatten (od. trugen) all we were able to rescue were the clothes we stood up in (od. had on our backs); j-m auf den ~ rücken a) to edge up to s.o., b) fig. to press s.o. hard; diese Rolle ist ihm wie auf den ~ geschrieben fig. this role (auch rôle) suits him to a tee; er schrie sich die Lunge aus dem ~(e) fig. colloq. he screamed his head off (colloq.); mir lacht das Herz im ~(e) fig. my heart leaps with joy; er hat kein Herz im ~ fig. he has no feelings; keine Ehre im ~(e) haben fig. to have no sense of hono(u)r; da tut einem ja das Herz im ~ weh, wenn man das sieht fig. it hurts one to the quick, when one sees such a thing; sie hat den Teufel im ~(e) fig. she is full of devilment, she is the devil's own daughter; bleib mir damit vom ~ fig. colloq. don't bother me with that; drei Schritt vom ~! colloq. stay at arm's length! keep your distance! sich (dat) j-n vom ~ halten fig. a) to avoid s.o., b) to be reserved toward(s) s.o., to keep aloof from s.o.; halt ihn mir bloß vom ~(e)! fig. keep him out of my sight! er hält sich (dat) alle Unannehmlichkeiten vom ~e fig. he keeps all difficulties at arm's length, he steers clear of all difficulties; j-m zu ~e gehen (od. rücken) fig. colloq. to attack s.o.; einem Problem zu ~e rükken fig. colloq. to tackle a problem; einem Kuchen zu ~e rücken fig. colloq. to attack (od. start on) a cake; ~ und Leben einsetzen to risk one's life, to risk life and limb; dieses Regime bildet eine Gefahr für ~ und Leben this regime poses a threat to life and liberty; mit ~ und Seele bei einer Sache sein to do s.th. with heart and soul; er ist mit ~ und Seele Soldat fig. he is with heart and soul a soldier; → essen¹ 5; Hemd 1; lebendig 1. - **2.** (Bauch, Unterleib) belly, abdomen: aufgedunsener ~ bloated abdomen; sich (dat) den ~ vollschlagen colloq. to stuff oneself; gesegneten ~es sein lit. to be with child, to be pregnant. - **3.** (Magen) stomach: nichts im ~e haben to have an empty stomach. - **4.** (Rumpf) trunk. - **5.** (Taille) waist: er faßte sie um den ~, he put his arm (a)round her waist. - **6.** relig. body: der sündige ~ the body in sin; das ist mein ~ Bibl. this is my body; der ~ des Herrn the Host, the Body of Christ, the consecrated (od. eucharistic) bread (od. wafer).

'Leib|₁arzt m (gen to) personal physician. — **~₁bin·de** f **1.** waistband. - **2.** (Schärpe) sash, scarf. - **3.** (unter einem Smoking etc) cummerbund. - **4.** (für Wöchnerinnen) abdominal binder. — **~₁bursch** m (in Studentenverbindung) senior member of a German student society (Am. fraternity) who is personally to advise one or several younger members.

'Leib·chen n ⟨-s; -⟩ **1.** (Trachtenmieder) bodice, corsage. - **2.** (für Kinder) vest, waist.

'leib₁ei·gen adj hist. adscript(ive), adscriptitious, enslaved, in thrall.

'Leib₁ei·ge·ne¹ m ⟨-n; -n⟩ **1.** serf, bondman, chattel, thrall, adscript. - **2.** (im Feudalrecht) villein.

'Leib₁ei·ge·ne² f ⟨-n; -n⟩ **1.** serf, bondwoman, chattel, thrall, adscript. - **2.** (im Feudalrecht) villein.

'Leib₁ei·gen·schaft f ⟨-; no pl⟩ **1.** serfdom, serfage, serfhood, serfship, adscription, thral(l)dom. - **2.** (im Feudalrecht) villeinage, auch villenage.

lei·ben ['laɪbən] v/i only in das ist er [sie], wie er [sie] leibt und lebt a) that's the spitting image of him [her], b) that's him [her] all over.

'Lei·bes|be,schaf·fen·heit f (physical) constitution (od. construction), bodily structure, physique, frame. — **~₁er·be** m jur. heir of the body, legitimate heir: ohne ~n sterben to die without issue. — **~er,zie-**

hung f ped. (sport) physical education (od. training), PE (colloq.), PT (colloq.). — **~,frucht** f med. fruit of the body (od. womb, loins); f(o)etus, embryo (scient.): Tötung der ~ jur. prolicide, f(o)eticide, (procuring) abortion. — **~₁fül·le** f corpulence. — **~₁höh·le** f **1.** zo. body (od. hemal) cavity: sekundäre ~ coelom; ohne ~ acoelomate, acoelous. - **2.** med. abdominal (od. visceral) cavity: in der ~ intra-abdominal. — **~₁kräf·te** pl only in aus ~n with all one's might: er schrie aus ~n he screamed at the top of his lungs (od. his head off, for all he was worth). — **~₁pfle·ge** f cf. Körperpflege. — **~₁stra·fe** f jur. obs. corpor(e)al punishment. — **~₁übun·gen** pl **1.** physical (od. bodily) exercise sg, physical training sg (od. education sg). - **2.** (Gymnastik) gymnastics (construed as sg). — **~₁um,fang** m physical size, girth. — **~₁vi·si·ta·ti,on** f (bodily) search: j-n einer ~ unterziehen to search (od. sl. frisk) s.o.

'Leib|₁fuchs m (in Studentenverbindung) junior member of a German student society (Am. fraternity) who is personally attached to a full member as a fag. — **~₁gar·de** f mil. (bes. eines Monarchen) bodyguard, lifeguard, Br. life-guard, household troops pl. — **~₁gar,dist** m life guardsman, Br. life-guard. — **~₁din·ge** n agr. jur. cf. Altenteil. — **~₁ge,richt** n gastr. favorite (bes. Br. favourite) dish. — **~₁gurt, ~₁gür·tel** m (waist)belt.

'leib·haf·tig [₁laɪp'haftɪç; 'laɪp,haftɪç] **I** adj **1.** real, true, (fleischgeworden) incarnate: er ist ein ~er Teufel he is a real (od. true) devil, he is a devil incarnate. - **2.** (personifiziert) personified, embodied: er war der ~e Geiz he was avarice personified. - **3.** (Ebenbild) living, very (beide attrib): er sah aus wie mein ~es Ebenbild he looked my living image. - **II** adv **4.** personally, in person, in the flesh, bodily: das ist er ~! that's him in person! ich sehe sie noch ~ vor mir, wie sie in der Küche stand I can see her (before me) now standing in the kitchen. — **₁Leib'haf·ti·ge, der** ⟨-n; no pl⟩ euphem. the devil, Old Nick: er rannte davon, als ob der ~ hinter ihm her wäre he ran away as if the devil were after him.

'Leib₁jä·ger m huntsman in ordinary.

leib·lich ['laɪplɪç] adj **1.** bodily, corpor(e)al, physical, material: für j-s ~es Wohl sorgen a) to provide for s.o.'s (physical) comfort, b) to provide food and drink for s.o.; ~e Genüsse (od. Freuden) physical (od. worldly) pleasures; ~e Bedürfnisse bodily needs; die ~e Hülle des Toten the mortal remains pl of the deceased. - **2.** (blutsverwandt) full, german (nachgestellt), own: meine ~e Schwester my own sister; ein ~er Vetter a first cousin, a cousin-german. - **3.** biol. med. (körperlich) somatic.

'Leib|₁pacht f jur. tenancy (od. tenure, lease) for life, life tenancy. — **~re·gi,ment** n (bes. eines Monarchen) sovereign's own regiment. — **~₁ren·te** f (life) annuity, annuity for life: j-m eine ~ aussetzen to give (od. grant) s.o. a life annuity, to settle a life annuity on s.o. — **~₁rie·men** m obs. for Leibgurt. — **~₁schmer·zen** pl med. stomachache, Br. stomach-ache sg, abdominal pain(s); bellyache, Br. belly-ache sg, tummyache, Br. tummy-ache sg (colloq.). — **~₁schnei·den** n dial. for Leibschmerzen. — **~-'See·le-Pro,blem** n philos. mind-body problem. — **~₁spei·se** f favorite (bes. Br. favourite) dish.

'Lei·bung f ⟨-; -en⟩ arch. **1.** (einer Tür, eines Fensters etc) a) (äußere) reveal, b) (innere) jamb. - **2.** (eines Bogens) intrados, soffit.

'Leib|₁wa·che f bodyguard. — **~₁wäch·ter** m bodyguard. — **~₁wä·sche** f underwear, underclothing, underclothes pl, auch underlinen, smalls pl (colloq.). - **2.** (für Frauen) lingerie, underwear. — **~₁weh** n colloq. for Leibschmerzen. — **~₁wickel** (getr. -k·k-) m med. stupe.

'Lei·ca·for,mat ['laɪka-] n phot. 35 mm.

Leich [laɪç] m ⟨-(e)s; -e⟩ mus. hist. (mittelalterliche Liedform) lai, auch lay.

'Leich₁dorn m ⟨-(e)s; -e u. ᵉer⟩ Middle G. for Hühnerauge.

Lei·che ['laɪçə] f ⟨-; -n⟩ **1.** (dead) body, corpse, Am. sl. stiff, Br. sl. stiff ('un): die ~ wurde aufgebahrt the body was laid out; die Fahrgäste konnten nur noch als ~n geborgen werden the bodies of the passengers were all that could be recovered; er sah aus wie eine lebende (*od.* wandelnde) ~ *colloq.* he looked (just) like a living (*od.* walking) corpse; er geht über ~n *fig.* he'll stop at nothing; nur über meine ~! *fig. colloq.* only over my dead body! → fleddern. – **2.** *med.* (*bes. zum Sezieren*) corpse, cadaver, *Br. sl.* stiff('un). – **3.** (*von Tieren*) carcass, *Br. auch* carcase. – **4.** *Southern G. colloq.* (*Begräbnis*) funeral, burial: auf eine ~ gehen to go to (*od.* attend) a funeral. – **5.** *print.* omission, out. – **6.** *fig. colloq. humor.* drunken person.

'**Lei·chen**|**aus**,**gra·bung** *f* exhumation (*od.* disinterment) (of a body). — **~**,**ba·se** *f chem.* ptomaine, ptomatine. — **~be**,**gäng·nis** *n* **1.** funeral (*od.* burial) (service), obsequies *pl* (*lit.*). – **2.** *cf.* Leichenfeier. — **~be**,**schau·er** *m* **1.** *med.* doctor testifying a death. – **2.** *jur.* (*gerichtlicher*) coroner, *Am. auch* medical examiner. — **~be**,**sich·ti·gung** *f cf.* Leichenschau. — **~be**,**stat·ter** *m* undertaker, funeral director, *Am. auch* mortician. — **~be**,**stat·tung** *f* funeral (*od.* burial) (service).

'**Lei·chen**,**bit·ter** *m dial.* person who invites people to a funeral. — **~**,**mie·ne** *f colloq.* woebegone (*od.* dismal) face (*od.* look): mach nicht eine solche ~ don't make such a woebegone face, don't look so woebegone; eine ~ aufsetzen to put on a woebegone look.

'**lei·chen**|**blaß** *adj colloq.* deathly (*od.* deadly) pale, cadaverous, (as) white as a sheet: ein leichenblasses Gesicht a face as white as a sheet. — **L**~'**bläs·se** *f* deathlike (*od.* deadly) pallor.

'**Lei·chen**|**er**,**öff·nung** *f jur. med.* autopsy, postmortem (examination). — **~**,**eu·le** *f zo. cf.* Steinkauz. — **~**,**fei·er** *f* funeral (*od.* burial) rites *pl*, obsequies *pl*. — **~**,**feld** *n* scene of carnage: der Kampfplatz war ein einziges ~ the scene of battle was strewn with bodies. — **~**,**fleck** *m med.* livor mortis. — **~fled·de'rei** [,laɪçən-] *f* ⟨-; -en⟩ robbing dead (*od.* drunken, unconscious) persons, body-stripping. — **~**,**fled·de·rer** *m* ⟨-s; -⟩ person who robs dead (*od.* drunken, unconscious) persons, body stripper. — **~**,**flie·ge** *f zo.* bluebottle (*Cynomya mortuorum*). — **~**,**frau** *f* (woman) layer-out. — **~**,**ge**,**burt** *f med. cf.* Sarggeburt. — **~**,**gefol·ge** *n cf.* Leichenzug. — **~**,**ge**,**ruch** *m* cadaverous smell. — **~**,**ge**,**rüst** *n* catafalque, *auch* catafalco. — **~**,**gift** *n* cadaveric poison; ptomaine, ptomatine (*scient.*).

'**lei·chen·haft I** *adj* cadaverous, cadaveric, like a corpse, corpselike, deathlike, deathly, deadly: **~e** Blässe deathlike pallor, cadaverous paleness. – **II** *adv* deathly, deadly: **~** blaß deathly pale. — '**Lei·chen·haf·tig·keit** *f* ⟨-; *no pl*⟩ cadaverousness.

'**Lei·chen**|**hal·le** *f*, **~**,**haus** *n* mortuary, *Am.* funeral home (*od.* parlor), *Br.* lich-house (*rare*). — **~**,**hemd** *n* shroud, winding-sheet. — **~**,**huhn** *n zo. cf.* Steinkauz. — **~in·fek·ti**,**on** *f med. cf.* Leichenvergiftung. — **~**,**käl·te** *f* coldness of a dead body (*od.* corpse), algor mortis (*scient.*). — **~**,**kam·mer** *f med.* dissecting (*od.* autopsy) room. — **~ka**,**pel·le** *f* mortuary chapel. — **~kon·ser**,**vie·rung** *f* preservation of dead bodies, embalming of corpses. — **~**,**öff·nung** *f jur. med. cf.* Leicheneröffnung. — **~**,**pre·digt** *f* funeral sermon. — **~**,**raub** *m jur.* body snatching. — **~**,**räu·ber** *m* body snatcher. — **~**,**re·de** *f* **1.** *cf.* Leichenpredigt. – **2.** funeral oration. — **~**,**schän·der** *m* **1.** desecrator of dead bodies. – **2.** raper (*od.* rapist) of dead bodies; necrophile, necrophili(a)c (*scient.*). — **~**,**schän·dung** *f* **1.** desecration of dead bodies. – **2.** rape of a dead body, necrophilia, *auch* necrophilism (*scient.*).

'**Lei·chen**,**schau** *f* ⟨-; *no pl*⟩ **1.** *med.* inspection of a (*od.* the) corpse. – **2.** *jur.* (*gerichtliche*) coroner's inquest, (*zur Feststellung der Todesursache*) postmortem (examination). — **~**,**haus** *n* morgue.

'**Lei·chen**|**schmaus** *m colloq.* funeral feast. — **~**,**star·re** *f med.* cadaveric (*od.* postmortem) rigidity, rigor mortis (*scient.*). — **~**,**stein** *m rare for* Grabstein. — **~**,**trä·ger** *m* (pall)bearer. — **~**,**tuch** *n* **1.** shroud, winding-sheet, graveclothes, *Br.* grave-clothes *pl*: das ~ um die Leiche schlagen to wrap a shroud round the corpse; die Erde hat sich in ihr ~ gehüllt (*od.* trägt ihr ~) *poet.* (the) earth has wrapped herself in a shroud. – **2.** (*Bahr-*

tuch) pall. — **~ver**,**bren·ner** *m* cremator. — **~ver**,**bren·nung** *f* cremation. — **~ver**,**bren·nungs**,**ofen** *m* crematory, cremator, crematorium. — **~ver**,**gif·tung** *f med.* ptomaine poisoning, pathologists' sepsis. — **~**,**vo·gel** *m zo. cf.* Steinkauz. — **~**,**wa·che** *f* deathwatch, vigil, *auch* wake. — **~**,**wachs** *n med.* adipocere, lipocere. — **~**,**wa·gen** *m* hearse, *Am. auch* funeral car (*od.* coach): offener ~ catafalque, *auch* catafalco. — **~**,**zug** *m* funeral procession (*od.* cortege, *auch* cortège), funeral.

'**Leich**,**nam** [-,na:m] *m* ⟨-(e)s; *rare* -e⟩ (dead) body, corpse: einen ~ salben to anoint a body; seinen ~ pflegen *fig. iron.* to cater for (*bes. Am.* to) one's bodily needs; sie sieht aus wie ein lebender (*od.* wandelnder) ~ *colloq.* she looks (just) like a living (*od.* walking) corpse; er ist nur noch ein lebender ~ *colloq.* a) he is nothing but a walking corpse, b) (*innerlich tot*) he is only vegetating.

leicht [laɪçt] **I** *adj* ⟨-er; -est⟩ **1.** (*Koffer etc*) light: **~e** Kleider [Schuhe] light clothes (*od.* clothing *sg*) [shoes]; sie ist ~ wie eine Feder she is as light as a feather; **~e** Fesseln light chains; eine **~e** Hand a) *fig.* a light touch, b) a deft hand; gewogen und zu ~ befunden *fig.* weighed in the balance and found wanting; **~en** Fußes (*od.* Schrittes) *fig.* nimbly, with light steps, light of foot; ihm war ~ ums Herz *fig.* he had no cares; mir ist um vieles **~er** zumute *fig.* I feel much relieved; etwas auf die **~e** Achsel (*od.* Schulter) nehmen *fig.* to take (*od.* treat) s.th. lightly, to make light of s.th.; er hat einen **~en** Schlaf *fig.* he is a light (*od.* shallow) sleep; er hatte sie um 100 Mark **~er** gemacht a) he had touched her for 100 marks, he had got 100 marks off (*od.* from) her, b) (*durch Diebstahl*) he left her of 100 marks lighter; → Herz *Bes. Redewendungen.* – **2.** (*Berührung etc*) light, gentle. – **3.** *fig.* (*Wein, Speisen etc*) light: ich ziehe leichte Kost vor a) I prefer a light diet, b) *fig.* (*Lektüre etc*) I prefer light (*od.* lowbrow) fare. – **4.** *fig.* (*Musik, Lektüre etc*) light: die **~e** Muse light entertainment. – **5.** *fig.* (*Krankheit, Fehler etc*) slight: ein **~er** Anfall a slight attack; er hat eine **~e** Bronchitis he has a mild (*od.* slight) case of bronchitis; eine **~e** Enttäuschung a slight disappointment; **~es** Fieber slight temperature; sie hat einen **~en** Herzfehler she has a slight cardiac defect (*od.* a mild heart disease); ein **~es** Lächeln a wan (*od.* slight) smile, the trace (*od.* suspicion) of a smile; er leidet unter einer **~en** Magenverstimmung he is suffering from a slightly upset stomach (*od.* from a slight stomach upset); er hat immer **~e** Schmerzen he is always in slight pain; er hatte nur **~e** Verletzungen he had only slight injuries. – **6.** *fig.* (*Aufgabe etc*) easy, (*stärker*) simple: er stellte mir sehr **~e** Fragen he asked me simple (*od.* very easy) questions; das ist ~ zu übersetzen that's easy to translate; nichts **~er** als das! nothing easier! du könntest dir die Hausarbeit **~er** machen you could make the housework easier for yourself, you could lighten the burden of your housework; du machst es dir zu ~ you don't take enough trouble; er hat es im Leben immer ~ gehabt he has always had an easy life; es war nicht ~ (*od.* keine **~e** Sache), ihn zu überzeugen it was no easy (*od.* simple) task (*od.* job) to convince him; ich habe es mit ihm ~ I get along well with him; ich hatte es nicht ~ mit ihr I had a rough time with her; j-m **~es** Spiel haben a) (*leicht besiegen etc*) to defeat (*od.* get the better of) s.o. easily, b) (*leicht täuschen etc*) to have an easy time with s.o.; **~e** Bedienung einer Maschine *tech.* easy handling of a machine; wir hatten einen **~en** Sieg we had an easy victory, it was a walkover for us; er hatte einen **~en** Tod he died an easy death; das neue Erzeugnis fand **~en** Absatz *econ.* the new product sold well. – **7.** *fig.* (*Arbeit etc*) light, easy, soft (*colloq.*): j-n **~e** Arbeit machen lassen to give s.o. an easy job (to do). – **8.** *fig.* (*locker*) fast, light: sie ist ein **~es** Mädchen a) she is a fast girl, she is a hussy, b) she is a prostitute. – **9.** *fig.* (*Tabak etc*) mild. – **10.** *meteor.* light: eine **~e** Brise a light (*od.*

gentle) breeze; **~er** Regen light rain. – **11.** *mil.* (*Artillerie, Bomber, Panzer etc*) light. – **12.** *tech.* a) (*Waggon etc*) light, lightweight, *Br.* light-weight, b) (*Ausführung eines Werkzeugs*) light-duty (*attrib*), c) **~er** Sitz (*von Passungen*) sliding fit. – **13.** *jur.* a) light, mild, lenient, b) (*geringfügig*) petty: eine **~e** Strafe a light punishment, a light sentence; **~er** Diebstahl petty larceny. – **14.** *agr.* (*Boden*) light. – **II** *adv* **15.** lightly: ~ angezogen (*od.* gekleidet) sein to be lightly dressed; die Tänzerinnen waren nur ~ bekleidet the dancers were scantily dressed; gestern hat es ~ geregnet yesterday it rained lightly; ich fühlte mich ~ und froh *fig.* I felt carefree and happy. – **16.** lightly, gently: etwas ~ berühren to touch s.th. gently. – **17.** *fig.* (*geringfügig*) slightly: etwas ~ ändern to change s.th. slightly; ich bin ~ erkältet I have (got) a slight cold; ~ angerostet [säuerlich] sein to be slightly rusty [acid]. – **18.** (*mühelos*) smooth(ly), freely: die Maschine läuft ~ the machine runs smoothly. – **19.** *fig.* easily: die Tassen brechen ~ the cups are very fragile; das Buch ist ~ erhältlich the book is easily obtainable; man täuscht sich ~ one is apt to be mistaken, one can easily be mistaken; sie lernt sehr ~ she learns easily, she is a good learner; etwas ~ begreifen to understand (*od.* grasp) s.th. easily (*od.* readily); das schaffst du ~ you'll manage that with ease; die Hand rutscht ihm ~ aus he is apt to let fly; er wird sehr ~ böse he gets angry very easily (*od.* quickly); er erkältet sich ~ he catches cold(s) easily, he is prone to catching cold(s); das Schloß ging ~ auf the lock opened easily, the key turned easily; etwas ist ~ zugänglich s.th. is easily accessible (*od.* easy of access); etwas ist ~ erreichbar s.th. is within easy reach; ~ verdaulich sein to be easy to digest, to be digestible; ~ löslich sein to be easily (*od.* readily) soluble; ~ verderblich sein to be (very) perishable; es kann ~ anders kommen it can easily turn out differently; das passiert mir so ~ nicht wieder that won't happen to me again quite so easily; das kommt so ~ nicht wieder that is not likely (*od.* apt) to happen again, that (sort of thing) doesn't happen every day; wie ~ ist ein Unglück geschehen an accident can happen before you know it; das kannst du ~ sagen it is easy for you to say that; das ist ~ gesagt *colloq.* it's not as easy as that, it's all right for you to say that; das ist **~er** gesagt als getan that's easier said than done; es ist ~ möglich, daß er nicht kommt it's quite possible that he won't come, he may well not come; das könnte ~ sein that could well be (so); Sie können sich ~ denken, daß you can well (*od.* readily) imagine that; → Auge 1. – **20.** (*in hohem Maße*) highly, easily: ~ entzündlich sein to be highly inflammable. – **III L~e**, **das** ⟨-n⟩ **21.** s.th. light: etwas L~es kann ich schon tragen I think I can carry s.th. light; ich möchte gern etwas L~es essen *fig.* I should like to eat s.th. light, I should like s.th. light to eat. – **22.** s.th. easy: es ist nichts L~es it's no easy matter. – **23.** (*substantiviert mit Kleinschreibung*) only *in* j-m ein **~es** sein to be very easy (*Am. sl.* a cinch) for s.o., to be mere child's play to s.o.

'**Leicht**,**ath·let** *m* (*sport*) track-and-field athlete, *Br. auch* athlete. — '**Leicht**,**ath**,**le·tik** *f* (*sport*) track-and-field events (*od.* sports) *pl*, *Br. auch* athletics *pl* (*sometimes construed as sg*), athletic sports *pl*. — **~ver**,**an**,**stal·tung** *f* track-and-field (*Br. auch* athletic) event (*od.* competition). — **~**,**wett**,**kampf** *m* track-and-field (*Br. auch* athletic) competition (*od.* event, *Am. auch* meet).

'**Leicht**|**ath**,**le·tin** *f* (*sport*) (woman) track-and-field athlete, *Br. auch* (woman) athlete. — **L~ath**,**le·tisch** *adj* (*Übungen, Wettkämpfe etc*) track-and-field (*attrib*), athletic. — '**Leicht**,**bau** *m civ.eng.* **1.** a) *cf.* Leichtbauweise, b) (*Gebäude etc*) lightweight (*Br.* light-weight) construction. – **2.** (*als Fachgebiet*) light-metal engineering. — **~**,**plat·te** *f* lightweight (*Br.* light-weight) building board. — **~**,**wei·se** *f* lightweight (*Br.* light-weight) construction method.

'**leicht**|**be**,**deckt** *adj* ⟨*attrib*⟩ (*Himmel*) slightly overcast. — **~be**,**klei·det** *adj* ⟨*attrib*⟩ (*Tänzerin etc*) scantily dressed. —

L~ben,zin n chem. light petrol (Am. gasoline). — **~be,schä·digt** adj ⟨attrib⟩ (Auto etc) slightly damaged. — **~be,schwingt** adj ⟨attrib⟩ **1.** (Melodien, Rhythmen) light. — **2.** (Schritte) nimble. — **L~be,ton** m civ.eng. lightweight (Br. light-weight) concrete. — **~be,waff·net** adj ⟨attrib⟩ mil. (Soldaten) light-armed. — **~be,weg·lich** adj ⟨attrib⟩ (Hausrat, Habe etc) easily movable (auch moveable), mobile.

'leicht,blü·tig [-,bly:tɪç] adj lighthearted, buoyant, sanguine. — **'Leicht,blü·tig·keit** f ⟨-; no pl⟩ lightheartedness, buoyancy, sanguineness.

'leicht·ent,zünd·lich adj ⟨attrib⟩ **1.** (Benzin etc) highly (od. easily) inflammable. — **2.** med. (Auge etc) easily inflamed.

'Leich·ter m ⟨-s; -⟩ mar. lighter. — **~,füh·rer** m lighterman. — **~,geld** n, **~,lohn** m lighterage.

leich·tern ['laɪçtərn] v/t ⟨h⟩ mar. (größere Schiffe) lighten.

'Leich·ter,schiff n mar. cf. Leichter. — **~trans,port** m lighterage.

'leicht,fal·len v/i ⟨irr, sep, -ge-, sein⟩ j-m ~ to be easy for s.o., to come easy to s.o.: es fiel ihm (nicht) leicht, sie zu verstehen it was (not) easy for him to understand her; Mathematik ist ihm schon immer leichtgefallen math(ematic)s (Am. colloq. math) has always come easy to him, he has never had any difficulties with math(s), he has never found math(s) difficult.

'leicht,faß·lich adj ⟨attrib⟩ (Vortrag etc) easily understandable, easy-to-understand (od. -follow).

'leicht,fer·tig I adj **1.** (Benehmen etc) thoughtless, careless. — **2.** (Antwort, Bemerkung etc) flippant, loose, frivolous: **~es Wesen** levity, flippancy. — **3.** (Streich etc) irresponsible. — **4.** (Gerede, Versprechungen etc) airy, superficial. — **5.** (Mädchen etc) loose, fast, wanton. — **6.** cf. leichtsinnig I. — II adv **7.** etwas ~ tun to do s.th. thoughtlessly (od. lightly); etwas ~ behandeln to treat s.th. with levity; er ließ sich ~ in eine Erörterung ein he rashly got involved in a discussion. — **'Leicht,fer·tig·keit** f ⟨-; no pl⟩ **1.** thoughtlessness, carelessness. — **2.** (von Antworten etc) flippancy, frivolity, levity. — **3.** (von Streichen, Benehmen etc) irresponsibility. — **4.** (von Gerede etc) airiness, superficiality. — **5.** (von Frauen) looseness, fastness, wantonness.

'leicht,flüch·tig adj chem. highly volatile. — **L~,flug,zeug** n aer. light airplane (bes. Br. aeroplane), light plane. — **~,flüs·sig** adj chem. mobile, easily fusible. — **L~,flüs·sig·keit** f ⟨-; no pl⟩ mobility.

'Leicht,fuß m (Bruder) ~ fig. humor. easy-going (Br. easy-going) (od. happy-go-lucky) fellow (colloq.).

'leicht,fü·ßig I adj light-footed, fleet-foot(ed), nimble: die **~e Gazelle** the fleet-footed gazelle; das **~e Mädchen** the light-footed (od. nimble) girl; sie ist ~ she is fleet of foot. — II adv light of foot, light on one's feet: sie schritt ~ dahin she went along light of foot. — **'Leicht,fü·ßig·keit** f ⟨-; no pl⟩ light-footedness, fleet-footedness, nimbleness. [scantily dressed.\]

'leicht·ge,schürzt adj ⟨attrib⟩ humor.\]

'Leicht|ge,schütz n mil. recoilless rifle. — **~ge,wicht** n **1.** (sport) lightweight (class). — **2.** fig. colloq. lightweight: sie ist ein ~ she is a lightweight. — **~ge,wicht·ler** m ⟨-s; -⟩ (sport) lightweight.

'Leicht·ge,wichts|,bo·xer m (sport) lightweight (boxer). — **~,klas·se** f cf. Leichtgewicht 1.

'leicht,gläu·big I adj gullible, credulous: **ein ~er Mensch** a credulous person, a dupe, a sucker (sl.); er ist immer zu ~ gewesen he has always been too gullible. — II adv gullibly, credulously: ich habe ~ seinen Rat befolgt I gullibly followed his advice; ich hatte ihm ~ vertraut I had credulously trusted him. — **'Leicht,gläu·bi·ge** m, f ⟨-n; -n⟩ gullible (od. credulous) person, dupe. — **'Leicht,gläu·big·keit** f ⟨-; no pl⟩ gullibility, credulity.

'Leicht|gra,vur f (art) shallow engraving. — **~,gut** n mar. light cargo (od. goods pl).

'Leicht·heit f ⟨-; no pl⟩ **1.** lightness. — **2.** rare for Leichtigkeit 2.

'leicht,her·zig adj lighthearted, cheerful. — **'Leicht,her·zig·keit** f ⟨-; no pl⟩ lightheartedness, cheerfulness.

'leicht'hin adv lightly, casually: er bemerkte ~ he lightly remarked.

'Leicht·tig·keit f ⟨-; no pl⟩ **1.** lightness: die ~ einer Feder the lightness of a feather. — **2.** fig. easiness: die ~ einer Aufgabe [eines Rätsels] the easiness of a task [puzzle]. — **3.** fig. ease, facility: schaffst du das? mit ~! can you do (od. manage) that? easily (od. with ease)! mit ~ gewinnen to win easily (od. hands down); etwas mit größter ~ schaffen to manage (to do) s.th. with effortless (od. the greatest) ease. — **4.** fig. (von Bewegungen etc) a) ease, agility, nimbleness, b) grace. — **5.** fig. (von Stil etc) ease, facility, fluency: die ~ englischer Prosa the ease (od. fluency) of English prose.

'Leicht|in·du,strie f DDR econ. cf. Konsumgüterindustrie. — **~,kraft,rad** n light motorcycle. — **~,kran·ke** m, f ambulatory (od. mild) case. — **~,last,wa·gen** m Br. light lorry, Am. pick-up (od. light) truck.

'leicht,le·big [-,le:bɪç] adj easygoing, Br. easy-going, happy-go-lucky. — **'Leicht,le·big·keit** f ⟨-; no pl⟩ easygoingness, Br. easy-goingness, happy-go-lucky attitude.

'leicht·lich adj u. adv obs. for mühelos.

'leicht,lös·lich adj ⟨attrib⟩ (Pulver etc) easily (od. readily) soluble.

'leicht,ma·chen v/t ⟨sep, -ge-, h⟩ j-m etwas ~ to make s.th. easy for s.o.: er machte uns das Fliehen leicht he made it easy for us to escape; sich (dat) das Leben ~ to take it easy.

'Leicht·ma,tro·se m mar. ordinary seaman (od. sailor).

'Leicht·me,tall n metall. light metal. — **~,bau** m **1.** (Bauweise) light-metal construction method. — **2.** (Gebäude etc) light-metal construction. — **~be,ar·bei·tung** f light-metal working.

'Leicht·me,tall,le,gie·rung (getr. -ll·l-) f metall. light(-metal) alloy.

'Leicht|,mo·tor,rad n cf. Leichtkraftrad. — **L~,neh·men** v/t ⟨irr, sep, -ge-, h⟩ take (s.th.) lightly (od. easy): versuche, den Verlust leichtzunehmen try to take the loss lightly; du nimmst alles zu leicht you take everything too lightly; nimm's leicht! take it easy. — **~,öl** n chem. light oil. — **~,pon,ton** m mil. assault boat pontoon. — **~,pro,fil** n tech. light section. — **L~,schmelz·bar** adj ⟨attrib⟩ easily fusible, with a low melting point. — **L~,sie·dend** adj ⟨attrib⟩ low-boiling, with a low boiling point.

'Leicht,sinn m ⟨-(e)s; no pl⟩ **1.** (Unvorsichtigkeit, Fahrlässigkeit) thoughtlessness, carelessness, (stärker) recklessness: frevelhafter [sträflicher, unbegreiflicher, unverantwortlicher] ~ outrageous [criminal, incomprehensible, irresponsible] recklessness; er hat den Unfall aus (reinem) ~ verursacht he caused the accident out of (pure od. sheer) thoughtlessness; in seinem ~ achtete er nicht auf die Gefahr in his carelessness he did not pay attention to (od. mind) the danger. — **2.** (große Unbesonnenheit) light-headedness, light-mindedness, frivolity, giddiness, levity. — **3.** fig. colloq. exuberance: das sagen Sie so in Ihrem jugendlichen ~ you say that now in your youthful exuberance.

'leicht,sin·nig I adj **1.** (unvorsichtig, fahrlässig) thoughtless, careless, (stärker) reckless: **ein ~er Bursche** colloq. a thoughtless fellow (colloq.); **~er Fahrer** reckless driver; **eine ~e Handlung** a reckless deed. — **2.** (unbesonnen) light-headed, light-minded, frivolous, giddy: **~e Bemerkungen** frivolous remarks; **ein ~es Mädchen** a giddy girl. — **3.** (unverantwortlich) irresponsible. — II adv **4.** er hat sich ~ in Schulden gestürzt he thoughtlessly plunged into debt; er schlug ~ alle Warnungen in den Wind he carelessly ignored all warnings, he carelessly threw (od. cast, flung) all caution to the winds; setze nicht dein Leben ~ aufs Spiel don't frivolously risk your life; ~ mit seinem Geld umgehen to spend one's money recklessly.

'leicht,sin·ni·ger'wei·se adv thoughtlessly, carelessly: ich habe ~ vergessen, die Tür abzuschließen I was thoughtless enough not to lock the door, I thoughtlessly forgot to lock the door.

'Leicht,sin·nig·keit f ⟨-; no pl⟩ **1.** thoughtlessness, carelessness, (stärker) recklessness.

— **2.** (große Unbesonnenheit) light-headedness, light-mindedness, frivolity, giddiness.

'Leicht|,sinns,feh·ler m careless mistake. — **~,stahl,bau** m civ.eng. light-section engineering. — **~,stein** m lightweight (Br. light-weight) brick. — **~,tra·ben** n (sport) (beim Reiten) rising trot. — **L~ver,dau·lich** adj ⟨attrib⟩ light, easily digestible: **~e Speisen** easily digestible food sg. — **L~ver,derb·lich** adj ⟨attrib⟩ (very) perishable: **~e Waren** (very) perishable goods, perishables. — **l~ver,dient** adj ⟨attrib⟩ easily earned: **~es Geld** easy money. — **L~ver,letzt** adj ⟨attrib⟩ slightly injured. — **~ver,letz·te** m, f ⟨-n; -n⟩ slightly injured person, light casualty. — **L~ver,ständ·lich** adj ⟨attrib⟩ easily understandable (od. understood). — **L~ver,wun·det** adj ⟨attrib⟩ slightly wounded. — **~ver,wun·de·te** m, f ⟨-n; -n⟩ slightly wounded person, Am. auch ambulant case. — **L~,zu,gäng·lich** adj ⟨attrib⟩ easy of access.

leid [laɪt] adj **1.** ⟨pred⟩ (in Wendungen wie) es tut mir ~ (, daß) I am (so) sorry (that); es tut mir ~, schon wieder stören zu müssen I regret (od. am sorry) to have to disturb (od. bother) you again; das tut mir (aber) ~ a) I am sorry for (od. about) that, b) I am sorry but it can't be helped (od. that's the way it is); das wird dir noch ~ tun you'll regret it yet, you'll be sorry for (od. about) it yet; sind dir deine Versprechungen wieder ~ geworden? do you regret your promises? er tut mir ~ I feel sorry for him, I pity him; es tut mir ~ um ihn I feel sorry on his account; du kannst mir ~ tun, wenn du so dumm bist iron. I cannot but feel sorry for (od. pity) you if you behave so stupidly; ich bin es ~, das immer wieder sagen zu müssen I am (sick and) tired of (od. sl. fed up with) having to say that over and over again; ich bin es ~, es ist mir ~ I am fed up with it (sl.); er ist seinen Freund ~ he is (sick and) tired of his friend; er war des Lebens ~ lit. he was weary (od. tired) of life. — **2.** Swiss (unangenehm) unpleasant: das ist eine ~e Sache that is an unpleasant matter.

Leid n ⟨-(e)s; no pl⟩ **1.** (Schaden, Unrecht) injury, wrong, harm, hurt: j-m ein ~ antun (od. zufügen) to injure (od. harm) s.o., to inflict injury (od. wrong) on s.o.; sich (dat) ein ~(s) antun lit. to put an end to one's life, to commit suicide; dir soll kein ~ geschehen you shall suffer no harm. — **2.** (Kummer) sorrow, grief, affliction, (stärker) woe, distress: j-m sein ~ klagen to pour out one's sorrow(s) (od. troubles) to s.o.; sein ~ in (acc) sich hineinfressen fig. colloq. to keep all one's worries to oneself; sie hat in ihrem Leben viel ~ ertragen müssen she had to suffer much sorrow in her life; im Freud und ~ a) in good and evil days, b) in happiness and in sorrow, (als Formel) for better, for worse; sie teilten Freud und ~ miteinander they shared their joys and sorrows; auf ~ folgt Freud joy follows sorrow, sunshine follows rain; auf Freud folgt ~ sorrow follows joy; geteiltes ~ ist halbes ~ (Sprichwort) misery loves company (proverb), a sorrow shared is a sorrow halved. — **3.** (Schmerz) pain. — **4.** (Unglück) misfortune, calamity. — **5.** um j-n ~ tragen lit. to mourn (over) s.o.'s death. — **6.** Sie sind ins ~ geladen Swiss you are invited to the funeral feast.

'Lei·de,form f ling. passive (voice).

lei·den ['laɪdən] I v/t ⟨leidet, litt, gelitten, h⟩ **1.** suffer, endure, bear: Durst [Hunger, Not] ~ to suffer thirst [hunger, hardship]; Not ~ to be in want; der Kranke hat viel zu ~ the patient has to suffer a lot; er starb, ohne viel zu ~ he died without much suffering; der Gerechte muß viel ~ Bibl. many are the afflictions of the righteous; das Bild hat auf dem Transport Schaden gelitten the painting suffered damage (od. was damaged) in transport. — **2.** etwas [j-n] ~ können to like s.th. [s.o.]: ich kann (od. mag) ihn nicht ~ I don't like him, I can't stand (od. bear) him; er ist gut zu ~ he's easy to get on (od. make friends) with. — **3.** lit. (dulden) tolerate, endure: ich leide nicht, daß ihr mich stört I won't tolerate (od. colloq. have, stand for) your disturbing me; das leide ich nicht I won't tolerate (od. colloq. have, stand for) it; das wird hier nicht gelitten that is not tolerated here. – **4.** *lit.* (*zulassen*) allow (of), permit, admit of: **die Arbeit leidet keinen Aufschub** this job allows of no delay (*od.* cannot be put off). – **II** *v/i* **5.** (**an** *dat*, **unter** *dat* from) suffer: **an einer Krankheit ~** to suffer from an illness; **an der Gicht [an Schwindel] ~** to suffer from gout [dizziness]; **er leidet an Gedächtnisschwund** he is suffering from loss of memory; **unter der Einsamkeit [Witterung] ~** to suffer from loneliness [the effects of the weather]; **unter Wahnvorstellungen ~** to suffer from paranoia; **Christus hat für uns [unsere Sünden] gelitten** *Bibl.* Christ suffered for us [our sins]; **seine Gesundheit hat unter dem Schock gelitten** the shock affected his health; **wir hatten durch den Krieg schrecklich zu ~** the war caused (*od.* brought) us terrible sufferings; **die Ernte hat durch den Regen sehr gelitten** the crops (*od.* harvest) suffered severe damage as a result of the rain(fall); **lerne ~, ohne zu klagen** (*Sprichwort*) bear suffering with patience. – **III** *v/impers* **6.** **es litt ihn nicht länger im Zimmer** *lit.* he could not bear to stay in the room any longer, he could not bear it in the room any longer.

'**Lei·den** *n* ⟨-s; -⟩ **1.** suffering: **das ~ Christi** *Bibl.* the sufferings *pl* of Christ, Christ's Passion; **aussehen wie das ~ Christi** *fig. colloq.* to look a picture of misery. – **2.** (*Kummer, Elend*) suffering, affliction, distress, tribulation, sorrows *pl*: **die ~ des Alters** the affliction *sg* of old age; **~ ausstehen** to endure suffering; „**Die ~ des jungen Werthers**“ "The Sorrows of Werther" (*by Goethe*). – **3.** (*Beschwerde*) ailment, complaint: **ein körperliches ~** a bodily (*od.* physical) ailment. – **4.** (*Krankheit*) illness, sickness, disease, affliction, malady: **ein akutes [chronisches] ~** an acute [a chronic] illness; **er starb nach langem, schwerem ~** he died of a long and serious illness; **seelisches ~** mental disease, psychopathy (*scient.*); **organisches ~** organic disease, organopathy (*scient.*). – **5.** (*Schmerz*) pain. – **6.** (*gesundheitliche Störung*) disturbance, trouble, disorder.

'**lei·dend I** *pres p.* – **II** *adj* **1.** (**an** *dat*, **unter** *dat* from) suffering. – **2.** (*kränklich*) ailing, sickly, ill (*pred*). – **3.** *ling.* (*Form*) passive. — '**Lei·den·de** *m, f* ⟨-n; -n⟩ **1.** sufferer. – **2.** (*Kranke*) patient, sick person.

'**Lei·de·ner** '**Fla·sche** ['laɪdənər] *f electr.* Leyden jar.

'**Lei·dens|bru·der** *m cf.* Leidensgefährte. — '**Lei·den·schaft** *f* ⟨-; -en⟩ **1.** (*Gefühlsausbruch*) passion, violent emotion: **~en aufrühren** to stir up violent emotions; **die ~ riß ihn fort** he was in the grip of passion, passion overwhelmed him; **etwas mit großer ~ verfechten** to stand up for s.th. with great passion; **in ~ geraten** to fly into a passion (*od.* a rage). – **2.** (*große Begeisterung*) passion, mania: **seine ~ für die Musik entdecken** to discover one's passion (*od.* love) for music; **etwas mit ~ tun** to do s.th. passionately; **einer ~ frönen** to indulge in a passion; **die ~ des Rauchens** the passion of (*od.* passionate addiction to) smoking; **Reiten ist seine (große) ~** he has a mania for riding, riding is a great passion with him. – **3.** (*innigster Wunsch*) passion: **Autos sind seine große ~** cars are his great passion; **er ist Lehrer aus ~** he is a passionate teacher. – **4.** (*große Liebe, Person*) passion: **sie ist meine große ~** she is my great passion. – **5.** (*heftige Liebe, starkes Verlangen*) passion, ardor, *bes. Br.* ardour, fervor, *bes. Br.* fervour: **eine große [wilde] ~** a great [wild *od.* high] passion; **in ~ entbrannt** *lit.* consumed (*od.* inflamed) with passion; **er entbrannte in heftiger ~ zu ihr** *lit.* he was filled with (*od.* overcome by) a burning passion for her; **Feuer der ~** *lit.* fire of passion.

'**lei·den·schaft·lich I** *adj* **1.** (*stark gefühlsbetont*) passionate, impassioned, impassionate: **ein ~er Mensch** a passionate person; **eine ~e Rede** a passionate (*od.* impassioned) speech; **~ werden** to become passionate. – **2.** (*begeistert*) passionate, ardent, enthusiastic: **ein ~er Jäger** a passionate (*od.* very keen) hunter; **ein ~er Befürworter liberalen Ideenguts** an ardent supporter of liberal ideas; **ein ~er Verehrer Goethes** a passionate admirer of Goethe. – **3.** (*ungezügelt, äußerst heftig*)

passionate, burning: **~es Verlangen** passionate desire. – **4.** (*glühend*) passionate, ardent: **~e Liebe** passionate love; **ein ~er Liebhaber** an ardent lover. – **5.** (*Patriotismus etc*) vehement. – **6.** (*Haß etc*) passionate, violent. – **7.** (*leichterregbar*) impulsive. – **II** *adv* **8.** passionately: **j-n ~ lieben** to love s.o. passionately; **sich ~ in j-n verlieben** to fall passionately in love with s.o.; **ich höre ~ gern Musik** *colloq.* I am passionately fond of music, I love listening to music; **ich esse ~ gern Klöße** *colloq.* I love (*od.* adore) dumplings. – **9.** *mus.* passionately, appassionato, appassionatamente. — '**Lei·den·schaft·lich·keit** *f* ⟨-; no pl⟩ **1.** passionateness. – **2.** (*der Liebe etc*) passionateness, ardor, *bes. Br.* ardour, fervor, *bes. Br.* fervour. – **3.** vehemence. – **4.** impulsiveness.

'**lei·den·schafts·los** *adj* **1.** (*Rede, Kommentar etc*) dispassionate. – **2.** (*Mensch etc*) dispassionate, impassive, detached, passionless, cool(-blooded), unemotional. — '**Lei·den·schafts·lo·sig·keit** *f* ⟨-; no pl⟩ dispassionateness, dispassion, passionlessness, impassiveness, impassibility.

'**Lei·dens|ge,fähr·te** *m lit.* fellow sufferer, brother in affliction (*od.* distress), companion in misfortune. — **~ge,fähr·tin** *f* fellow sufferer, sister in affliction (*od.* distress), companion in misfortune. — **~ge-,nos·se** *m cf.* Leidensgefährte. — **~ge-,nos·sin** *f cf.* Leidensgefährtin. — **~ge-,schich·te** *f* **1.** *relig.* (the) sufferings *pl* and death of Christ, (the) Passion. – **2.** sufferings *pl*: **er erzählte mir seine ganze ~** he told me his tale of woe (*humor.*). — **~,kelch** *m relig. poet.* cup of sorrow. — **~sta·tio·nen** [-ʃtaˌtsioːnən] *pl relig.* stations of the Cross, way *sg* of the Cross. — **~,stät·te** *f relig.* a) Gethsemane, b) Golgotha. — **~,weg** *m* way of the Cross: **der ~ Christi** Christ's way of the Cross; **ihr Leben war ein einziger ~** *fig.* her life was one long ordeal, hers was a life of suffering. — **~,wo·che** *f* Passion Week. — **~,zeit** *f* time of suffering: **er hat eine bittere ~ durchmachen müssen** he had to go through a bitter ordeal (*od.* period of suffering).

lei·der ['laɪdər] **I** *adv* unfortunately, I am afraid, (I am) sorry: **~ geht es mir nicht gut** I am sorry to say (that) I don't feel well; **~ muß ich jetzt gehen** (I am) sorry but I must go (*od.* be going) now, I am afraid I have to leave now; **~ war es mir nicht möglich zu kommen** unfortunately I was not able to come; **muß das sein? ja, ~** (*od. colloq.* **~ ja**)! is that necessary? I am afraid so; **ist er schon gekommen? ~ nicht** (*od. colloq.* **~ nein**)! has he arrived yet? I am afraid not; **~ unfortunately not**; **Gottes geht das nicht** unfortunately that cannot be done, I am afraid (that) that cannot be done. – **II** *interj* alas! **~ Gottes!** *colloq.* alas!

'**leid|er,füllt** *adj lit.* **1.** (*Herz etc*) sorrowful, grief-stricken. – **2.** (*Gesicht etc*) woebegone. — **~ge,prüft** *adj* tried by afflictions, tested by adversity.

lei·dig ['laɪdɪç] *adj* ⟨attrib⟩ **1.** (*unangenehm, lästig*) troublesome, tiresome, unpleasant, disagreeable, (*stärker*) nasty: **eine ~e Geschichte** a troublesome affair; **ich muß diese ~e Sache aus der Welt schaffen** I must finally get rid of this unpleasant matter; **ein ~er Schnupfen macht mir zu schaffen** a nasty cold bothers me; **~e Verpflichtungen** tiresome engagements. – **2.** (*ärgerlich*) annoying, vexing, vexatious. – **3.** (*verwünscht*) confounded: **das ~e Geld** confounded money; **immer geht es um das ~e Geld!** confounded money is always a problem! **der ~e Geiz** confounded (*od.* accursed) avarice.

'**Leid,kar·te** *f Swiss for* Trauerkarte.

leid·lich ['laɪtlɪç] **I** *adj* **1.** tolerable, tolerable, fair, reasonable: **sie hat eine ~e Figur [Stimme]** she has a passable figure [voice]; **~es Essen** tolerable food; **seine Deutschkenntnisse sind ~** his knowledge of German is passable (*od.* fair). – **2.** *med.* (*Gesundheitszustand*) fair: **sein Zustand ist ~** he is in fair condition, his condition is fair. – **II** *adv* **3.** passably (*od.* tolerably) (well), reasonably: **sie spielt ~ Klavier** she plays the piano tolerably well; **sie ist ~ hübsch** she is passably good-looking, she is not bad-looking; **wie gefällt sie dir? ~** how

do you like her? so-so (*colloq.*); **mir geht es (so) ~** I am fairly well (*od. colloq.* [fairly] middling); **er ist noch so ~ davongekommen** he got off pretty well (*od.* cheaply), considering.

'**Leid|,tra·gen·de** *m, f* ⟨-n; -n⟩ **1.** *fig.* victim: **ich bin dabei der ~** I am the one who suffers (*od.* has to suffer) for it, I'm the victim. – **2.** mourner: **die ~n** the bereaved (family). — **l~,voll** *adj lit.* (*Miene etc*) sorrowful, woebegone. — **~,we·sen** *n* ⟨-s; no pl⟩ (*in Wendungen wie*) **zu meinem (großen) ~** to my (great) regret (*od.* sorrow), unfortunately; **das ist eben das ~** (*Ärgerliche*) that is the unfortunate thing about it.

Lei·er ['laɪər] *f* ⟨-; -n⟩ **1.** *mus. hist.* lyre: **die ~ spielen** (*od.* **schlagen**), **auf der ~ spielen** to play the lyre. – **2.** *fig. colloq.* story, tune, song: **es ist die alte (gleiche) ~, es ist immer dieselbe ~** it is always the same old story. – **3.** *colloq. for* Kurbel 3. – **4.** *hunt.* (*des Birkhahns*) tail. – **5.** *astr.* (*Sternbild*) Lyra, Lyre. — **~an·ti-,lo·pe** *f zo.* bastard hart(e)beest (*Gattg Damaliscus*): **Ostafrikanische ~** korrigum (*D. corrigum*). — **~,boh·rer** *m tech.* brace (*od.* bit-stock) drill.

Leie'rei *f* ⟨-; -en⟩ *colloq. contempt.* (*eintöniges Aufsagen*) drone, droning.

'**Lei·er|,fisch** *m zo.* dragonet (*Gattg Callionymus*). — **l~,för·mig** *adj* **1.** lyre-shaped, shaped like a lyre, lyriform. – **2.** *bot. zo.* lyrate, *auch* lyrated. — **~,hirsch** *m zo.* brown-antlered (*od.* Eld's) deer (*Cervus eldii*). — **~,holz** *n bot.* fiddlewood (*Gattg Citharexylum*).

'**Lei·er,ka·sten** *m* **1.** *mus.* barrel (*od.* street) organ, hurdy-gurdy. – **2.** *fig. colloq.* worn-out piano. — **~,mann** *m* ⟨-(e)s; ⁼er⟩ organ grinder, hurdy-gurd(y)ist.

lei·ern ['laɪərn] *colloq.* **I** *v/t* ⟨h⟩ **1.** (*hochkurbeln, -winden*) crank (up), winch: **den Eimer aus dem Brunnen ~** to crank (up) the bucket out of the well; → Kreuz 6. – **2.** (*Gebet, Gedicht etc*) recite (*s.th.*) monotonously, drone out. – **II** *v/i* **3.** *colloq.* turn a crank (*od.* handle, winch): **an der Kurbel ~** to turn the crank (*od.* handle). – **4.** *fig.* (*eintönig sprechen*) drone. – **5.** grind the (*od.* a) street organ: **auf der Drehorgel ~** to grind the street organ.

'**Lei·er|,nacht·schwal·be** *f zo.* lyre-tailed nightjar (*Hydropsalis torquata u. H. forcipatus*). — **~,na·se** *f cf.* Klaffmaul. — **~,schwanz** *m* lyrebird, lyre pheasant, lyretail (*Menura superba*). — **~,spiel** *n mus.* playing on a lyre, lyre-playing. — **~,spie·ler** *m*, **~,spie·le·rin** *f* lyre-player, lyrist.

'**Leih|,amt** *n*, **~,an,stalt** *f cf.* Leihhaus. — **~bi·blio,thek**, **~bü·che,rei** *f* public (*od.* lending, circulation) library, *bes. Am.* rental library.

'**Lei·he** *f* ⟨-; -n⟩ **1.** loan. – **2.** *jur.* loan for use. – **3.** *colloq. for* Leihhaus.

lei·hen ['laɪən] *v/t* ⟨leiht, lieh, geliehen, h⟩ **1.** **j-m etwas ~** a) to lend (*od.* loan) s.o. s.th. (*od.* s.th. to s.o.), b) (*gegen Entgelt*) to rent (*od.* hire) s.th. (out) to s.o.: **er lieh mir Geld** he lent me (some) money; **kannst du mir das Buch bis morgen ~?** can you lend me the book till tomorrow? – **2.** (*sich dat*) **etwas (bei** *od.* **von j-m) ~** a) to borrow s.th. (from s.o.), b) (*gegen Entgelt*) to hire (*od.* rent) s.th. (from s.o.): **ich habe (mir) ein Buch (von ihm) geliehen** I borrowed a book (from him); **er hatte ein Auto für das Wochenende geliehen** he had hired a car for the weekend. – **3.** *lit.* (*in Wendungen wie*) **er lieh mir seinen Beistand** he lent (*od.* gave) me his support; → Ohr 3.

'**Leih|,ga·be** *f* (*von Kunstwerken*) loan. — **~ge,bühr** *f* rental, lending (*od.* rental) fee. — **~geld** *n* loan(s *pl*): **kurzfristiges ~** short(-term) loan(s *pl*). — **~ge,schäft** *n* **1.** loan (*od.* lending) business. – **2.** (*Pfandgeschäft*) pawnbroking. — **~,haus** *n* pawnshop, pawnbroker's shop, *bes. Am. colloq.* hock shop, *bes. Br. colloq.* popshop: **etwas ins ~ tragen** to put s.th. in pawn, to pawn s.th.; **etwas aus dem ~ auslösen** to redeem s.th. pawned. — **~,schein** *m* **1.** (*Pfandschein*) pawn ticket. – **2.** (*in der Bücherei*) lending ticket, *bes. Am.* borrowing slip. — **~ver,trag** *m econ.* loan contract, contract of loan. — **~,wa·gen** *m* hire car. — **~,wei-se** *adv* **1.** on loan, by way of (*od.* as) a loan: **könnten Sie mir das Buch ~ für einige**

Tage überlassen? would you let me have the book on loan for a few days? – **2.** (*gegen Miete*) on hire. — **‚zins** *m* interest rate on loans, loan interest.

Leim [laɪm] *m* ⟨-(e)s; -e⟩ **1.** glue: voller ~ gluey; der ~ bindet gut the glue bonds tightly (*od.* firmly); aus dem ~ gehen *colloq.* a) to fall apart (at the joints), to fall to pieces, b) *fig.* to split at the seams. – **2.** (*Kleber*) gluten, *bes. Am.* mucilage. – **3.** (*zur Papierherstellung, zum Steifen etc*) size, sizing. – **4.** *hunt.* (*für Vogelfang*) (bird)lime: j-m auf den ~ gehen *fig.* to fall into s.o.'s trap, to be taken in by s.o.; j-n auf den ~ führen *fig. cf.* leimen 2; er sitzt auf dem ~ *fig. colloq.* he has taken the bait, he was taken in. — **L‚ar·tig** *adj* like glue, gluey, glutinous. — **‚blatt** *n* bastard toadflax (*Thesium linophyllum*). — **‚brü·he** *f tech.* size, sizing.

lei·men ['laɪmən] **I** *v/t* ⟨h⟩ **1.** glue (*s.th.*) (together): einen Stuhl ~ to glue a chair. – **2.** j-n ~ *fig. colloq.* to trick s.o., to take s.o. in (*od. colloq.* for a ride), to pull the wool over s.o.'s eyes, to do s.o. in the eye (*colloq.*), *bes. Br. colloq.* to do s.o. down. – **3.** (*Papier*) size. – **II L~** *n* ⟨-s⟩ **4.** *verbal noun.*

'Leim|‚far·be *f* (*paints*) glue- (*od.* lime)-water color (*bes. Br.* colour), calcimine, *bes. Br.* distemper: mit ~ streichen to calcimine, *bes. Br.* to distemper. — **‚fe·stig·keit** *f* adhesive (*od.* bonding) strength. — **‚fo·lie** *f* glue foil (*od.* film).

'lei·mig *adj* **1.** *cf.* leimartig. – **2.** (*voll Leim*) gluey.

'Leim|‚kitt *m tech.* joiner's cement. — **‚knecht** *n tech.* glue press, gluing (*auch* glueing) cramp. — **‚kraut** *n bot.* campion, catchfly, *Br.* catch-fly, flybane (*Gattg Silene*): Pennsylvanisches ~ Carolina (*od.* wild) pink (*S. pennsylvanica*), Stengelloses ~ cushion pink, moss campion (*S. acaulis*); Virginisches ~ fire pink (*S. virginica*); Aufgeblasenes ~ bladder campion (*S. latifolia*). — **‚lö·sung** *f* glue solution. — **‚milch** *f* (*paper*) size milk. — **‚pin·sel** *m* glue brush. — **‚pul·ver** *n* glue powder. — **‚ring** *m hort.* grease (*od.* sticky) band. — **‚ru·te** *f hunt.* lime-twig. — **‚sie·den** *n* glue boiling. — **‚sie·der** *m* **1.** glue boiler. – **2.** *colloq. contempt.* bore; 'lump', slow coach, *Am. auch* slowpoke (*colloq.*). — **‚stoff** *m* **1.** gluten, *bes. Am.* mucilage. – **2.** (*zur Papierherstellung etc*) sizing material, size. — **‚tie·gel**, **‚topf** *m* glue pot.

'Lei·mung *f* ⟨-; -en⟩ *cf.* Leimen.

'Leim‚was·ser *n* **1.** (*paper*) size milk. – **2.** (*paints*) water-diluted glue.

Lein [laɪn] *m* ⟨-(e)s; -e⟩ *bot. cf.* Flachs 1. — **‚blatt** *n* thesium (*Gattg Thesium*). — **‚dot·ter** *f* **1.** gold of pleasure, dodder (*od.* oil) seed (*Camelina sativa*). – **2.** myagrum (*Myagrum sativum*).

Lei·ne ['laɪnə] *f* ⟨-; -n⟩ **1.** line, cord, thin rope: zieh ~! *fig. colloq.* scram! beat it! *bes. Br.* do a bunk! (*alle colloq.*). – **2.** (*Wäscheleine*) (clothes)line, *Br.* (clothes-)line: die ~ spannen to put up the line; sie hängte die Wäsche auf die ~ she hung the washing (out) on the line. – **3.** (*Hundeleine*) lead, leash, *hunt. auch* slip: den Hund an die ~ nehmen to put a dog on the lead; j-n an der ~ haben *fig. colloq.* to hold s.o. in leash (*od.* check, restrain); → führen 1. – **4.** (*Angelschnur*) fishing line: einen Fisch an der ~ haben to have a fish on the line. – **5.** (*Pferdeleine beim Gespann*) rein(s *pl*): die ~ anziehen to pull the reins. – **6.** *mar.* a) (*Wurfleine*) heaving line, b) (*Logleine*) log line. – **7.** (*sport*) (*beim Faustball etc*) tape.

Lei·nen ['laɪnən] **I** *n* ⟨-s; -⟩ **1.** (*textile*) linen: grobes ~ coarse linen; rein ~ pure linen. – **2.** *print.* cloth, *auch* holland: in ~ gebunden bound in cloth, cloth(-)bound. – **3.** (*paper*) linen paper. – **II l~** *adj* ⟨*attrib*⟩ **4.** (*Tischwäsche etc*) (made of) linen.

'Lei·nen‚band[1] *m* ⟨-(e)s; ⸚e⟩ *print.* volume bound in cloth.

'Lei·nen‚band[2] *n* ⟨-(e)s; ⸚er⟩ tape.

'Lei·nen|da‚mast *m* (*textile*) linen damask. — **‚ein‚band** *m print.* cloth binding. — **‚fa·bri·ka·ti‚on** *f* (*textile*) production (*od.* fabrication, manufacture) of linen. — **‚garn** *n* linen yarn (*od.* thread). — **l~ge‚bun·den** *adj* (*Buch*) clothbound, *Br.* cloth-bound. — **‚ge‚schoß** *n mil.* line-throwing projectile. — **‚ge‚wehr** *n* line-throwing gun, Lyle gun. — **‚händ·ler** *m econ.* linen dealer (*od.* draper). — **‚in·du‚-**

‚strie *f* linen industry. — **‚la·ken** *n* linen sheet. — **‚pa‚pier** *n* (*paper*) linen paper, canvas note. — **‚schuh** *m* canvas shoe. — **‚tuch** *n* (*textile*) linen cloth. — **‚wa·re** *f*, **‚zeug** *n* linen (goods *pl*). – **2.** linen fabric (*od.* material).

'Lein|‚fir·nis *m cf.* Leinölfirnis. — **‚ge‚wächs** *n pl* linaceous plants, linaceae (*scient.*) (*Fam. Linaceae*). — **‚kraut** *n* linaria (*Gattg Linaria*): Gemeines ~ wild flax, toadflax, flaxweed (*L. vulgaris*). — **‚ku·chen** *m* (*Rückstand u. Kraftfutter*) linseed (*od.* oil) cake.

'Lein‚öl *n* linseed oil. — **‚brot** *n* linseed bread. — **‚far·be** *f* linseed-oil paint. — **‚fir·nis** *m* linseed-oil varnish.

'Lein|‚pfad *m mar.* towpath, *Br.* tow-path, towing path. — **‚saat** *f*, **‚sa·me(n)** *m bot.* linseed, flaxseed. — **‚tuch** *n* **1.** *cf.* Leinenlaken. – **2.** linen (cloth).

'Lein‚wand *f* ⟨-; ⸚e⟩ **1.** (*only sg*) (*textile*) linen. – **2.** (*für Zelt, Segel etc*) canvas. – **3.** *phot.* (*film*) screen: ich kenne sein Gesicht von der ~ her I have seen his face in the movies, I know his face from the pictures; etwas auf die ~ bringen to project s.th. on(to) the screen. – **4.** (*art*) canvas: er malt auf ~ he paints on canvas. – **5.** *print. cf.* Leinen 2. – **6.** *tech.* (*des Reifens*) canvas. — **‚bin·dung** *f* (*textile*) calico (*od.* plain, tabby) weave.

'Lein‚we·ber *m* linen weaver.

'Leip·zi·ger 'Al·ler‚lei *n gastr.* mixed (*od.* macedoine of) vegetables *pl*.

Leis [laɪs] *m* ⟨- u. -es; -e(n)⟩ *mus. hist.* lay, song.

leis *adj u. adv cf.* leise.

lei·se ['laɪzə] **I** *adj* ⟨-r; -st⟩ **1.** low, soft, gentle, faint: ein ~s Raunen (a) soft murmuring; er hörte ~ Schritte he heard light steps; er kam auf ~n Sohlen herein he came in treading softly, he came in stealthily; mit ~r Stimme in a low voice; das Radio ~ stellen to turn the volume (of the radio) down, to put the radio on low. – **2.** (*geräuschlos*) quiet: seien Sie bitte ~ please keep quiet; wir haben sehr ~ Nachbarn our neighbo(u)rs are very quiet. – **3.** *fig.* (*Hoffnung, Zweifel, Verdacht etc*) faint, slight: ich habe nicht die ~ste Ahnung I haven't the faintest idea; ein ~s Lächeln a faint smile, the hint (*od.* suspicion) of a smile. – **4.** *fig.* (*Brise, Berührung etc*) gentle, light, slight. – **5.** *fig.* (*Sarkasmus etc*) mild, slight. – **6.** *fig.* (*Ironie etc*) mild, gentle. – **7.** *fig.* (*Gefahr, Widerspruch etc*) slight: bei der ~sten Gefahr at the slightest (*od.* first hint of) danger. – **8.** *fig.* (*Schlaf*) light. – **9.** (*Musik*) soft. – **II** *adv* **10.** er fragte mich ~ he asked me in a low voice; sprich bitte ~r please lower your voice, please speak more quietly; ~ auftreten to tread softly; das Kind lachte [weinte] ~ the child laughed quietly [was quietly crying]; mach die Tür ~ zu close the door gently; er murmelte ~ vor sich hin he was murmuring under his breath. – **11.** *mus.* piano, sotto voce: sehr ~ pianissimo.

'Lei·se‚tre·ter *m* ⟨-s; -⟩ *colloq. contempt.* mealymouthed (*Br.* mealy-mouthed) person, *bes. Am.* pussyfooter. — **‚Lei·se·tre·te'rei** *f* ⟨-; no *pl*⟩ *colloq. contempt.* mealymouthed (*Br.* mealy-mouthed) behavior (*bes. Br.* behaviour), *bes. Am.* pussyfooting.

Leist [laɪst] *m* ⟨-es; no *pl*⟩ *vet.* ringbone (*od.* callus) in a horse's pastern.

Lei·ste ['laɪstə] *f* ⟨-; -n⟩ **1.** (*in der Tischlerei*) ledge, lath, selvage, border, strip, (*dünne*) slat. – **2.** (*Fuß-, Scheuerleiste*) skirting (board). – **3.** *tech.* a) (*eines Flaschenzugs*) strap, b) (*Anschlagleiste*) fence, c) (*Führungsleiste*) gib, d) (*Blendleiste*) cover strip, e) (*Stoßleiste*) protective strip, f) (*Zierleiste*) molding, *bes. Br.* moulding, ledge, g) (*einer Batterie*) terminal strip. – **4.** *arch.* fillet, listel, band mold(ing) (*bes. Br.* mould[ing]), rib. – **5.** *print.* flourish, flower, border. – **6.** (*textile*) selvage, list. – **7.** *med.* groin, inguen. – **8.** *biol.* ridge, crest.

lei·sten[1] ['laɪstən] *v/t* ⟨h⟩ **1.** do, work: er leistet nicht viel he does not do much; der Wagen leistet etwas the car goes well, the car is a good performer; er hat Erstaunliches geleistet he has done amazing things; ein alter Mensch kann nicht so viel ~ wie ein junger an old person cannot do as much work (*od.* work as hard) as a young one. – **2.** (*ausführen*)

carry out, perform, execute: diese Riesenarbeit wurde in drei Jahren geleistet this huge project was executed within three years. – **3.** (*vollbringen*) achieve, accomplish: er wird nie etwas ~ he will never achieve anything; er leistet nicht viel in der Schule he does not achieve much in (*od.* at) school; Sie ~ nicht das, was ich von Ihnen erwartet hatte you don't accomplish what I had expected from you. – **4.** (*bieten, gewähren*) render, bear, offer, give: Hilfe [Beistand] ~ to render help [assistance]; Vorschuß ~ auf (*acc*) to advance money on; einen Eid ~ to swear (*od.* take) an oath; Widerstand ~ to offer resistance, to resist; einer Vorladung Folge ~ to answer (*od.* attend) a summons; er leistete den Befehlen Folge he carried out the orders; Bürgschaft ~ to go surety (*od.* bail); Zahlungen ~ to make payments, to pay; → Genüge 2; Gesellschaft 2. – **5.** sich (*dat*) etwas ~ a) (*sich gönnen*) to treat oneself to s.th., to indulge in s.th., b) (*sich erlauben*) to afford s.th.: er leistete sich ein gutes Abendessen he treated himself to a good supper; ich leiste mir gelegentlich den Luxus einer Flasche Wein I occasionally indulge in the luxury of a bottle of wine; ich könnte mir solche Frechheiten nicht ~ I could not afford to be so impudent; er hat sich einen ganz schönen Fauxpas geleistet he has committed a huge faux pas; sie kann sich das Kleid bei ihrer Figur nicht ~ with her figure she can't afford to wear a dress like that; ich kann mir so etwas nicht ~ I can't afford such things. – **II L~** *n* ⟨-s⟩ **6.** *verbal noun.*

'Lei·sten[2] *m* ⟨-s; -⟩ **1.** (*des Schusters*) last: Schuhe über den ~ schlagen to put shoes on the last; alles über einen ~ schlagen *fig.* to measure everything with (*od.* by) the same yardstick, to treat all things alike; Schuster bleib bei deinem ~ (*Sprichwort*) let not the cobbler go beyond his last (*proverb*). – **2.** (*zum Ausweiten, Füllen*) shoe (*od.* boot) tree, block.

'Lei·sten|‚band *n med.* inguinal ligament, Poupart's ligament. — **‚beu·ge** *f* (*flexure* of the) groin, inguinal flexure. — **‚bruch** *m* inguinal hernia. — **‚drü·se** *f* inguinal lymph node. — **‚ge·gend** *f* ⟨-; no *pl*⟩ inguinal, groin, inguen (region). — **‚ho·den** *m* undescended (*od.* retained) testicle, cryptorchidism, *auch* cryptorchism (*scient.*). — **‚ka‚nal** *m* inguinal canal. — **‚werk** *n civ. eng.* molding, *bes. Br.* moulding, bordering.

'Lei·stung *f* ⟨-; -en⟩ **1.** performance: die Mannschaft zeigte eine geschlossene ~ the team as a whole showed a fine performance; die ~ steigern to improve one's performance. – **2.** (*eines Künstlers, Schülers, Sportlers etc*) achievement, accomplishment, attainment: er ist mit ihren schulischen ~en nicht zufrieden he is not happy with her achievements in (*od.* at) school; diese Erfindung ist eine großartige ~ this invention is a great achievement; sportliche ~en athletic achievements; schriftstellerische ~en literary attainments. – **3.** (*geleistete geistige Arbeit*) work, workmanship: deine ~ ist alles andere als befriedigend your work is anything but satisfactory. – **4.** (*geleistete manuelle Arbeit*) piece of work, workmanship: diese Schnitzerei ist eine ausgezeichnete ~ this wood carving is an excellent piece of work; die Arbeiter werden nach ~ bezahlt the workmen are on piecework (*od.* paid by results), *bes. Br.* the workmen do job-work. – **5.** (*Norm*) standard: eine Arbeit unter der üblichen ~ a work below standard. – **6.** (*Großtat*) feat, achievement: er vollbrachte eine glänzende ~ he performed a brilliant feat; eine unübertroffene ~ an unparalleled achievement. – **7.** (*Ergebnis*) result: erreichte ~ result(s *pl* obtained). – **8.** (*Ausstoß einer Fabrik, Maschine etc*) output, production. – **9.** *econ.* a) (*Erfüllung eines Vertrages etc*) performance, accomplishment, b) (*Dienstleistung*) service: ~ des vertraglich Geschuldeten specific performance (of a contract). – **10.** (*Zahlung*) payment, disbursement: ~ in Naturalien payment in kind. – **11.** (*Mitgliedsbeitrag*) contribution. – **12.** (*einer Krankenkasse etc*) (paid) benefit. – **13.** ⟨*only sg*⟩ er war zur ~ des Wehrdienstes bereit he was prepared to do military service. – **14.** *tech.*

phys. a) (*Energie*) energy, b) (*mechanische*) capacity, c) (*eines Betriebes*) productivity, d) (*eines Motors*) (horse)power, e) (*Wirkungsgrad*) efficiency, f) (*Nennleistung*) rating. – **15.** *electr.* (*radio*) power: **ausgestrahlte** ~ radiated (*od.* radiating) power. – **16.** *auto.* (*eines Anlassers*) output. – **17.** *metall.* (*eines Schmelzofens*) throughput.

'**Lei·stungs**|**ab**|**fall** m **1.** (*eines Sportlers, Schülers etc*) decline in performance. – **2.** *tech.* a) (*einer Kraftmaschine*) power drop, b) (*einer Arbeitsmaschine*) reduction in output. – **3.** *electr.* power drop (*od.* loss). — ~**ab**|**ga·be** f *electr.* power output. — ~**ab**|**zei·chen** n **1.** (*sport*) badge of performance. – **2.** *tech.* certificate of performance. — ~**an**|**ga·be** f *tech.* **1.** power rating. – **2.** *pl* performance data (*od.* characteristics). – ~**an**|**reiz** m incentive. – ~**an**|**spruch** m (*an Krankenkasse*) claim. — ~**auf**|**nah·me** f **1.** *electr.* power input. – **2.** *tech.* (*einer Maschine*) load capacity. — ~**aus**|**gleich** m *econ.* compensation for services (rendered). — ~**be**|**darf** m *electr.* power demand. — **1.**~**be**|**dingt** *adj* (*Gehaltserhöhung etc*) dependent on performance. — ~**be**|**rech·nung** f **1.** *electr.* a) power calculation (*od.* computation), b) (*Leistungsbemessung*) rating. – **2.** *tech.* effort (*od.* performance) rating. – **1.**~**be**|**rech·tigt** *adj* (*Krankenkassenmitglied*) entitled to claim. — ~**be**|**reich** m range of capacity (*od.* action). — ~**bi·lanz** f *econ.* balance of (current transactions in) goods and services. – ~**bo·nus** m **1.** (*sport*) talent money. – **2.** *econ.* incentive bonus (*od.* pay, wage), bonus. — **1.**~**fä·hig** *adj* **1.** (*Arbeiter*) efficient, capable. – **2.** (*Schüler etc*) capable (of obtaining good results). – **3.** (*körperlich*) fit: **wer Sport treibt, bleibt gesund und** ~ sport keeps a man healthy and fit; **seit seiner Krankheit ist er nicht mehr voll** ~ he has not been up to his old form since his illness. – **4.** *tech.* (*Motor etc*) efficient, powerful. – **5.** *econ.* (*Betrieb etc*) efficient, productive. – **6.** *econ.* (*zahlungsfähig*) solvent. – **7.** *chem.* (*Öle*) serviceable. — ~**fä·hig·keit** f **1.** (*eines Arbeiters*) efficiency, capability. – **2.** (*eines Schülers etc*) capability. – **3.** (*körperliche*) fitness. – **4.** *tech.* (*eines Motors etc*) efficiency, power. – **5.** *econ.* (*eines Betriebes etc*) efficiency, productivity, (production) capacity, output. – **6.** *econ.* solvency. – **7.** *chem.* (*von Ölen*) serviceableness. – **8.** *med.* (*eines Organs*) functional capacity. — ~**fak·tor** m *electr.* power factor. — ~**ga·ran·tie** f *econ.* performance guarantee (*bes. Am.* bond). — ~**ge**|**sell·schaft** f meritocracy. — ~**gren·ze** f *tech.* **1.** (*einer Maschine*) limit of capacity. – **2.** (*eines Betriebes*) limit of output. — ~**kur·ve** f *tech.* (*eines Motors*) characteristic curve, power curve. – ~**lohn** m *econ.* piece(work) pay (*od.* wages *pl*, rate), incentive pay (*od.* wages *pl*). — ~**ma·xi·mum** n *tech.* output maximum. — ~**mes·ser** m **1.** *electr.* wattmeter, power meter. – **2.** *tech.* output indicator. — ~**mo·ti·va·ti**|**on** f *psych.* achievement motivation. — ~**ni**|**veau** n *ped.* achievement level. — ~**norm** f *tech. econ.* standard of performance. — **1.**~**pflich·tig** *adj* *jur. econ.* liable to payment (*od.* services). — ~**prä·mie** f (merit) bonus. — ~**prin·zip** n **1.** *econ.* principle of performance. – **2.** *ped.* principle of achievement. — ~**prü·fung** f **1.** *tech.* (*für Maschinen*) performance test. – **2.** *ped.* achievement test. – **3.** *agr.* (*von Nutztieren u. -pflanzen*) performance test (*od.* trial). — ~**re·ak·tor** m *nucl.* power reactor. — ~**reg·ler** m *tech.* output regulator. — ~**re·ser·ve** f **1.** *tech.* (*einer Maschine*) reserve capacity. – **2.** *electr.* power reserve. – **3.** *med.* reserve in capacity. — ~**schau** f **1.** *econ.* trade exhibition, performance show. – **2.** *agr.* show, (livestock) show-ring. — ~**schild** n *tech.* rating plate. — **1.**~**schwach** *adj* **1.** inefficient. – **2.** *electr.* (*Sender etc*) low-powered. — ~**sport** m (*sport*) competitive sports *pl* (*od.* athletics *pl* [*sometimes construed as sg*]). — ~**sport·ler** m competitive athlete. — ~**stand** m *ped.* standard of performance. — **1.**~**stark** *adj* **1.** efficient. – **2.** *electr.* (*Sender etc*) high-powered. — **1.**~**stei·gernd** *adj* incentive, increasing efficiency (*od.* performance, output). — ~**stei·ge·rung** f

1. *econ.* (*eines Betriebes etc*) increase in efficiency (*od.* performance). – **2.** *tech.* (*einer Arbeitsmaschine*) increase in output capacity. — ~**stu·fe** f *tech.* (*einer Kraftmaschine*) power stage. — ~**sy**|**stem** n **1.** performance (*od.* efficiency) system. – **2.** (*Akkord*) piece-rate (*od.* piecework) system. — ~**test** m **1.** *cf.* Leistungsprüfung. – **2.** *psych.* performance test. — ~**ver**|**brauch** m *electr.* power consumption. — ~**ver**|**lust** m **1.** *tech.* a) (*einer Kraftmaschine etc*) power loss, b) (*einer Arbeitsmaschine etc*) loss in efficiency (*od.* output capacity). – **2.** *electr.* power loss. — ~**ver**|**mö·gen** n *cf.* Leistungsfähigkeit. — ~**ver**|**stär·ker** m *electr.* power amplifier. — ~**ver**|**zug** m *econ.* **1.** delay in the execution of an order. – **2.** delay in meeting an obligation. — ~**wett**|**be**|**werb** m *econ.* efficiency contest, production contest (*od.* competition). — ~**zen·trum** n (*sport*) (**für** for) training center (*bes. Br.* centre). — ~**zu**|**la·ge** f *econ. cf.* Leistungsbonus 2.

'**Leit·art** f *bot. zo.* index form (*od.* species).

'**Leit·ar·ti·kel** m (*einer Zeitung*) editorial, *bes. Br.* leader, leading article. — ~**schrei·ber** m editorialist, editorial writer, *bes. Br.* leader writer.

'**Leit**|**ar·tik·ler** [-ʔarˌtiːklər] m ⟨-s; -⟩ *cf.* Leitartikelschreiber. — ~**ast** m *bot.* leader. — ~**band** n *med.* gubernaculum. — **1.**~**bar** *adj cf.* lenksam. — ~**bild** n **1.** (*Person*) example: **Gandhi ist ein** ~ **der jungen Generation geworden** Gandhi has become an example to the young generation. – **2.** (*Sache*) model: **die Lessingbiographie war mein** ~ I took the Lessing biography as a model.

Lei·te ['laɪtə] f ⟨-; -n⟩ *Bavarian and Austrian for* Berghang.

lei·ten ['laɪtən] **I** *v/t* ⟨h⟩ **1.** (*führen, lenken*) (*Person*) lead, guide, conduct: **er leitete ihn durch mehrere Zimmer** he led him through several rooms; **ein Zufall leitete ihn an die richtige Stelle** a coincidence led him to the correct place; **er läßt sich schwer** ~ he is difficult to guide; **sich von seinen Gefühlen** ~ **lassen** to be guided (*od.* governed) by one's feelings; **er wurde von dem Wunsch geleitet, Gutes zu tun** he was guided (*od.* prompted) by the desire to do good. – **2.** **etwas in die Wege** ~ a) to set s.th. on foot, to initiate (*od.* start) s.th., b) (*vorbereiten*) to prepare s.th., to pave the way for s.th. – **3.** (*Amt, Unternehmen, Geschäft etc*) run, be in charge of, manage: **wer leitet eure Abteilung?** who is in charge of your department? **wer leitet die Schule?** who runs the school? **who is the headmaster of the school?** – **4.** (*Forschungsunternehmen, Expedition etc*) direct, supervise. – **5.** (*Versammlung, Verhandlung etc*) chair, preside over: **wer leitete die Versammlung?** who chaired the meeting? who was in the chair? who presided (over the meeting)? **eine Gerichtsverhandlung** ~ *jur.* to try a case. – **6.** (*Delegation*) head, lead. – **7.** (*Staat*) govern, rule. – **8.** (*Gas, Strom, Reize etc*) conduct: **Öl durch Rohre** ~ to conduct petrol through pipes, to pipe petrol. – **9.** (*Verkehr etc*) direct, (*umleiten*) *auch* divert: **der Fluß wurde in ein anderes Bett geleitet** the river was diverted to a new channel. – **10.** (*Brief etc*) channel, direct, pass (*s.th.*) (on): **der Brief wurde an die falsche Instanz geleitet** the letter was passed on to the wrong authority. – **11.** (*Gespräch etc*) lead. – **12.** *mus.* a) (*Orchester*) conduct, b) (*Jazzband etc*) lead. – **13.** (*theater*) (*Proben*) take. – **14.** *tel.* (*Gespräch*) (**über** *acc* over) route. – **15.** (*sport*) (*Fußballspiel etc*) referee. – **16.** *phys.* (*Wärme etc*) conduct, transmit. – **II** *v/i* **17.** *phys.* conduct: **Metall leitet gut** metal conducts well (*od.* is a good conductor). – **III L** ~ n ⟨-s⟩ **18.** *verbal noun.* – **19.** *cf.* Leitung. — '**lei·tend I** *pres p.* – **II** *adj* **1.** (*führend*) leading: **der** ~**e Gedanke einer Rede** the theme of a speech. – **2.** (*lenkend*) guiding: **das Kind braucht eine** ~**e Hand** the child needs a guiding hand. – **3.** (*Angestellter etc*) managing, managerial, executive: **als Angestellter** ~ chief physician, physician in chief, *Br.* physician-

-in-chief. – **5.** *phys.* (*Metall etc*) conducting, conductive.

'**Lei·ter**[1] m ⟨-s; -⟩ **1.** (*einer Firma*) (managing) director, manager, head. – **2.** (*einer Filiale*) manager. – **3.** (*einer Abteilung, eines Amtes etc*) head of department, manager: **kaufmännischer** ~ commercial manager; **technischer** ~ technical director. – **4.** (*einer Expedition, Jugendgruppe etc*) leader. – **5.** (*einer Schule*) headmaster, *bes. Am.* principal. – **6.** (*einer Versammlung etc*) chairman. – **7.** (*einer Delegation*) head, leader. – **8.** (*einer Diskussion*) leader. – **9.** *mus.* a) (*eines Orchesters*) conductor, b) (*einer Jazzband etc*) leader. – **10.** *phys.* conductor.

'**Lei·ter**[2] f ⟨-; -n⟩ **1.** ladder: **auf eine** ~ **steigen** (*od.* klettern) to climb a ladder; **eine** ~ **anlegen** to put (*od.* set) up a ladder; **die** ~ **zum Erfolg** *fig.* the ladder to success. – **2.** (*Trittleiter*) stepladder, *Br.* step-ladder, (pair of) steps *pl.* – **3.** (*der Feuerwehr*) (fire) ladder: **die Feuerwehrleute schwenkten [führten] die** ~**n aus** the firemen swung [ran] out the ladders.

'**Lei·ter**|**boh·rer** m *civ.eng.* ladder(-mounted) drill.

'**Lei·te·rin** f ⟨-; -nen⟩ **1.** *cf.* Leiter[1] 7, 8. – **2.** (*einer Firma*) manageress, (managing) directress, head. – **3.** (*eines Amtes, einer Abteilung etc*) head of department, manageress. – **4.** (*einer Schule*) headmistress, *bes. Am.* principal. – **5.** (*einer Versammlung etc*) chairwoman, *auch* chairman, (*in der Anrede*) Madam Chairman. – **6.** *mus.* a) (*eines Orchesters etc*) conductress, b) (*einer Jazzband etc*) leader.

'**Lei·ter**|**spros·se** f rung (*od.* step) (of a ladder), spoke. — ~**wa·gen** m **1.** rack waggon (*bes. Am.* wagon). – **2.** (*kleiner*) handcart.

'**Leit·fa·den** m (*Handbuch*) manual, handbook, textbook, guide: **ein praktischer** ~ **der Botanik** a practical guide (*od.* introduction) to botany; ~ **für Presse und Werbung** guide for press and advertising.

'**leit·fä·hig** *adj phys.* (*Material*) conductive, conducting. — '**Leit·fä·hig·keit** f ⟨-; no *pl*⟩ conductivity, conductibility, conduction, conductance: **photoelektrische** ~ photoconductivity.

'**Leit**|**feu·er** n **1.** *mar.* leading (*auch* range) light. – **2.** (*mining*) train. – **3.** *mil.* (powder) train. — ~**flä·che** f *aer.* (*eines Fallschirms*) guide surface. — ~**fos·sil** n *geol.* index (*od.* key, guide) fossil. — ~**fre·quenz** f **1.** *mil.* (*für Flugkörper*) homing frequency. – **2.** *electr.* control (*od.* radio-directing) frequency. — ~**funk·stel·le** f *aer.* net control station. — ~**garn** n (*beim Fischen*) leader. — ~**ge·dan·ke** m leading (*od.* basic) idea (*od.* thought), keynote. — ~**ham·mel** m **1.** *zo.* bellwether. – **2.** *fig. bes. contempt.* bellwether. — ~**hund** m **1.** lead dog, leader, outrunner. – **2.** (*Blindenhund etc*) guide dog. — ~**ka·bel** n *electr.* (*an Straßen etc*) pilot cable. — ~**kar·te** f (*einer Kartei*) guide (card). – **2.** (*computer*) master card. — ~**ke·gel** m (*im Verkehr*) traffic cone. — ~**kreuz** n *auto.* (*in der Verkehrslenkung*) convoy cross. — ~**li·nie** f **1.** (*auf Straßen etc*) center (*bes. Br.* centre) line, dividing (*od.* broken white) line. – **2.** *math.* directrix. – **3.** *pl fig.* guidelines. — ~**mo·tiv** n *mus.* (*literature*) leitmotiv, leitmotif, leading motif (*od.* motive). — ~**pferd** n leader, leading horse. — ~**pflan·ze** f *meist pl bot.* **1.** *cf.* Leitart. – **2.** indicator plant. — ~**plan·ke** f (*an Straßen*) guardrail, *Br.* guard-rail, protective barrier. — ~**rad** n *tech.* (*einer Turbine*) guide wheel (*od.* ring). — ~**rie·men** m *hunt.* leash. — ~**satz** m *bes. math.* guiding (*od.* governing) principle. — ~**schie·ne** f **1.** *tech.* a) guide rail (*od.* bar), b) (*beim Kopierfräsen*) template. – **2.** *electr. cf.* Fahrleitung. – **3.** (*railway*) check (*od.* guide) rail. — ~**schnur** f (*einer Angel*) leader. — ~**seil** n **1.** *electr.* (*für Leitungsdrähte*) pull-off. – **2.** *cf.* Schleppseil. — ~**spin·del** f *tech.* **1.** (*einer Drehmaschine*) lead screw. – **2.** (*einer Hobelmaschine*) feed screw. — ~**spin·del**|**dreh**|**ma**|**schi·ne** f engine lathe: ~ **mit Stufenscheibenantrieb** cone-head engine lathe. — ~**spruch** m motto. — ~**stand** m *mil.* (*der Artillerie*) battery control center (*bes. Br.* centre). — ~**stan·ge** f **1.** *tech.* (*für Rundhobel*) radius bar. – **2.** *electr.* (*der Straßenbahn*) trolley (pole). — ~**sta·ti**|**on** f *tel.*

(*radio*) control station. — ~¦**stein** *m* *civ.eng.* spur post. — ~¦**stel·le** *f* 1. *econ.* head (*od.* central) office, directing center (*bes. Br.* centre). - 2. *tel.* net control station. — ~¦**stern** *m* 1. (*in der Navigation*) guiding star. - 2. (*Polarstern*) lodestar, loadstar, polestar, polar star. - 3. *fig.* guiding star, lodestar, loadstar, polestar. '**Leit**¦**strahl** *m* 1. *electr.* (*radio*) ray, beam. - 2. *aer.* localizer (*od.* guide) beam: auf dem ~ anfliegen to approach (*od.* to come in) on the beam. - 3. *mil.* navigational (*od.* riding) beam. - 4. *math.* radius vector. — ~¦**funk**¦**feu·er** *n* *aer.* radio range beacon. — ~¦**sen·der** *m* (*radio*) *aer.* beam-approach beacon. '**Leit**¦¦**tier** *n* (*einer Herde etc*) leader. — ~¦**ton** *m* *mus.* leading tone (*od.* note). '**Lei·tung** *f* ⟨-; -en⟩ 1. *cf.* Leiten. - 2. (*einer Firma*) a) (*Geschäftsabwicklung*) management, b) (*mehrere Leiter*) management, board of directors: er übernahm die ~ der Fabrik he took over the management of the factory; die Bank hat eine neue ~ the bank has a new board of directors. - 3. (*einer Filiale, eines Amtes*) management. - 4. (*einer Verwaltung, Schule etc*) administration. - 5. (*Vorsitz bei Versammlungen*) chairmanship, chair, presidency. - 6. (*einer Veranstaltung*) organization: die ~ der Veranstaltung wurde ihm übertragen he was entrusted with the organization of the event (*od.* meeting). - 7. (*musikalische, künstlerische*) direction: das Orchester spielte unter der ~ von X the orchestra was conducted by X; unter der künstlerischen ~ von under the artistic direction of. - 8. (*Aufsicht*) control, supervision: unter der ~ einer internationalen Kommission under the supervision of an international committee. - 9. *tech.* a) (*Rohrleitung*) pipeline, piping, b) (*Leitungskabel*) conduit, c) (*Versorgungsleitung*) mains *pl*: eine ~ verlegen to lay (*od.* install) a pipeline. - 10. *electr.* a) (*electric*) line, b) (*Kabel-, Drahtleitung*) cable (*od.* wire) line, c) (*Kabelkanal*) cable duct, d) (*Stromkreis*) circuit, e) (*Zuleitungsschnur*) (flexible) lead. - 11. *phys.* a) (*für Wärme, Strom etc*) conduction, b) (*Weiterleitung*) transmission. - 12. *tel.* line: die ~ ist besetzt the line is busy (*od.* engaged); bleiben Sie bitte in der ~ hold the line, please; gehen Sie bitte aus der ~ get off the line, please; es ist j-d in der ~ s.o. is listening in. - 13. *only in* eine lange ~ haben, auf der ~ stehen (*od.* sitzen) *fig. colloq.* to be slow- (*od.* dull)-witted, to be slow (*od.* on) the uptake (*colloq.*). '**Lei·tungs**¦**an·äs·the**¦**sie** *f* *med.* conduction an(a)esthesia, nerve blocking. — ~¦**an**¦**la·ge** *f* *electr.* 1. mains system. - 2. (*Freileitungsanlage*) overhead line system. — ~¦**bau** *m* 1. *electr.* line construction. - 2. *tech.* pipe installation. — ~¦**draht** *m* *tel.* *electr.* electric (*od.* line) wire, wire conductor. — 1~¦**fä·hig** *adj* conductive. — ~¦**hahn** *m* (*Wasserhahn*) water tap, *bes. Am.* faucet. — ~¦**ka·bel** *n* 1. *electr.* line cable. - 2. *auto.* (*Zündkabel*) lead. — ~**ka**¦**nal** *m* *electr.* cable duct. — ~¦**mast** *m* transmission pole (*od.* mast). — ~¦**netz** *n* 1. *electr.* distribution network, power mains *pl*. - 2. *tech.* (*supply*) mains *pl*. — ~¦**plan** *m* *electr.* 1. (*Schaltplan*) wiring diagram (*od.* scheme, system). - 2. (*Kabellageplan*) line-routing plan. — ~¦**rohr** *n* conduit, line, pipe. — ~¦**schnur** *f* *electr.* flexible cord, *bes. Br.* flex, lead. — ~¦**strom** *m* *electr.* conduction current. — ~**ver**¦**mö·gen** *n* *cf.* Leitfähigkeit. — ~**ver**¦**stär·ker** *m* 1. *tel.* (*line*) amplifier. - 2. (*beim Funk*) trap-valve amplifier. — ~¦**wäh·ler** *m* *electr.* line (*od.* final) selector. — ~¦**was·ser** *n* ⟨-s; "⟩ tap water. — ~¦**wi·der**¦**stand** *m* *electr.* line resistance. '**Leit**¦**weg** *m* 1. *tel.* routing, (*telegraph*) route. - 2. *aer.* routing. — ~¦**werk** *n* 1. *aer.* tail unit (*od.* assembly), empennage. - 2. *mil.* (*für Flugkörper u. Bomben*) fin assembly. - 3. (*computer*) control section (*od.* unit). — ~¦**wert** *m* *electr.* a) conductance, b) (*Scheinleitwert*) admittance: magnetischer ~ permeance; spezifischer ~ conductivity. — ~¦**zahl** *f* 1. index (*od.* code) number. - 2. *phot.* (*beim Blitzen*) guide number, flash factor (*rare*). — ~¦**zü·gel** *m* leading rein. **Lek·ti·on** [lɛk'tsĭoːn] *f* ⟨-; -en⟩ 1. (*eines*

Lehrbuches*) lesson: das Buch umfaßt 20 ~en the book comprises (*od.* has) 20 lessons. - 2. (*Unterrichtsstunde*) lesson, class. - 3. *fig. colloq.* (*Lehre*) lesson, (*stärker*) rebuke: j-m eine ~ erteilen to teach s.o. a lesson, to rebuke s.o.; das war ihm eine wohlverdiente ~ that served him right. **Lek·tor** ['lɛktər] *m* ⟨-s; -en [-'toːrən]⟩ 1. (*an Universität etc*) lecturer, *bes. Am.* lector. - 2. (*eines Verlags*) reader (of manuscripts). — **Lek·to·rat** [-to'raːt] *n* ⟨-(e)s; -e⟩ 1. (*an Universität etc*) lectureship, *Am. auch* lectorate, lectorship. - 2. (*eines Verlages*) readers' department. — **Lek·to·rin** [-'toːrɪn] *f* ⟨-; -nen⟩ 1. (*an Universität etc*) (woman) lecturer, *bes. Am.* (woman) lector. - 2. (*eines Verlages*) (woman) reader. **Lek·tü·re** [lɛk'tyːrə] *f* ⟨-; -n⟩ 1. (*das Lesen*) reading: bei der ~ dieses Buches reading this book. - 2. (*Lesestoff*) reading matter (*od.* material), (*Bücher*) books *pl*: gute ~ good reading material; das ist nicht die richtige ~ für dich this is not the right thing for you to read. - 3. *ped.* (reading) text, text for reading: morgen nehmen wir eine neue ~ durch tomorrow we will read a new text. **Le·ky·thos** ['leːkytɔs] *f* ⟨-; -then [le'kyːtən]⟩ *antiq.* (*griech. Ölgefäß*) lecythus, lekythos, *auch* lekythus. **Lem·ma** ['lɛma] *n* ⟨-s; -ta [-ta]⟩ 1. (*Stichwort*) lemma. - 2. (*Leitmotiv*) lemma, premise, *auch* premiss. - 3. *math.* (*Hilfssatz*) lemma. **Lem·ming** ['lɛmɪŋ] *m* ⟨-s; -e⟩ *zo.* lemming (*Gattgen Lemmus u. Dicrostonyx*): Brauner ~ North American lemming (*L. trimucronatus*); Nordamerikanischer ~ North American collared lemming (*D. hudsonius*); Skandinavischer ~ Norway lemming (*L. lemmus*). **Lem·nis·ka·te** [lɛmnɪs'kaːtə] *f* ⟨-; -n⟩ *math.* (*Schleifenlinie*) lemniscate. **Le·mu·re** [le'muːrə] *m* ⟨-n; -n⟩ 1. *zo.* lemur, lemurid (*Fam. Lemuridae*). - 2. *pl* (*Geister von Verstorbenen*) lemures. **Le·mu·ri·de** [lemu'riːdə] *m* ⟨-n; -n⟩ *zo.* (*Halbaffe*) lemuroid (*Unterordng Prosimia*). '**Len·de** ['lɛndə] *f* ⟨-; -n⟩ 1. *med.* loin, flank, lumbar region. - 2. *gastr.* loin. - 3. *meist pl Bibl. poet.* loins *pl*: er gürtete seine ~n mit dem Schwert he girded his loins with the sword. '**Len·den**¦**bra·ten** *m* *gastr.* 1. roast loin. - 2. (*vom Rind*) (roast) sirloin. — ~¦**ge·gend** *f* *med.* lumbar region. — 1~¦**lahm** *adj* 1. *med.* lame. - 2. *fig. colloq.* (*erschöpft*) all in (*pred*); dead-beat, dog-tired, tired- (*od.* worn-)out (*attrib*): ich bin von der Anstrengung ganz ~ my back is (all) tired from the exertion. - 3. *fig. colloq.* (*unwirksam, schwach*) weak. — ~¦**mus·kel** *m* *med. zo.* psoas (muscle). — ~¦**schmerz** *m* *med.* (*Hexenschuß*) lumbago, lumbodynia, lumbar myalgia, *Am. auch* low-back pain. — ~¦**schnit·te** *f* *gastr.* tournedos, fillet steak, *bes. Am.* tenderloin steak. — ~¦**schurz** *m* loin-cloth, *Br.* loin-cloth, waistcloth, *Br.* waist-cloth, breechcloth, *Br.* breech-cloth, *Am. auch* breechclout. — ~¦**steak** *n* *gastr.* sirloin steak. — ~¦**stück** *n* *gastr.* 1. loin, *bes. Am.* tenderloin, *bes. Br.* undercut. - 2. (*vom Rind*) sirloin. — ~¦**tuch** *n* *cf.* Lendenschurz. — ~¦**weh** *n* *med. cf.* Lendenschmerz. — ~¦**wir·bel** *m* *med.* lumbar (vertebra). **Leng** [lɛŋ] *m* ⟨-(e)s; -e⟩, ~¦**fisch** *m* *zo.* ling (*Molva molva*). **le·ni·ens** ['leːniɛns] *adj med.* (*lindernd*) mitigating, lenitive, mild. **Le·ni·nis·mus** [leni'nɪsmʊs] *m* ⟨-; *no pl*⟩ *pol.* Leninism. — **Le·ni'nist** [-'nɪst] *m* ⟨-en; -en⟩ Leninist. — **le·ni'ni·stisch** *adj* Leninist. **Le·nis** ['leːnɪs] *f* ⟨-; Lenes [-nɛs]⟩ *ling.* lenis. '**Lenk**¦**ach·se** *f* 1. *auto.* steering axle. - 2. (*railway*) (*vordere Laufachse*) leading axle. — ~**bal**¦**lon** *m* *aer.* navigable (*od.* dirigible, steerable) balloon. '**lenk·bar** *adj* 1. (*Kind, Patient etc*) tractable. - 2. (*Fahrzeug*) steerable, controllable, dirigible: das Auto ist leicht ~ the car has good (*od.* easy, light) steering. - 3. *aer.* dirigible, navigable: ein ~es Luftschiff a dirigible (airship). - 4. *tech.* steerable, man(o)euverable, *bes. Br.* manœuvrable. - 5. (*space*) (*Rakete*) guided. — '**Lenk·bar·keit** *f* ⟨-; *no pl*⟩ 1. tractability. - 2. (*eines Fahrzeuges*) steerability, controllability, dirigibility. - 3. *aer.* (*eines Luftschiffes*) dir-

igibility, navigability. - 4. *tech.* steerability, man(o)euverability, *bes. Br.* manœuvrability. **len·ken** ['lɛŋkən] I *v/t* ⟨h⟩ 1. (*Fahrzeug*) drive, steer: der Wagen ist leicht zu ~ the car is easy to steer. - 2. *aer.* steer, navigate, pilot: ein Flugzeug ~ to fly (*od.* be at the controls of) an aircraft. - 3. (*Gespann*) drive. - 4. *fig.* (*Person*) manage, guide: der Junge ist leicht zu ~ the boy is easy to manage. - 5. *fig.* (*Staat*) govern, rule. - 6. *econ.* control: der Staat lenkt die Wirtschaft des Landes the government controls the nation's trade and industry. - 7. *fig.* direct: eine Schlacht ~ to direct a battle; er lenkte seine Schritte heimwärts he directed (*od.* turned) his steps homeward(s); Gott lenkt die Geschicke (*od.* das Schicksal) der Menschen God directs the destiny of man; seine Blicke auf j-n ~ to direct one's glances (*od.* turn one's eyes) toward(s) s.o.; j-s Aufmerksamkeit auf (*acc*) etwas ~ to direct (*od.* draw, call) s.o.'s attention to s.th.; sie versuchte, seine Aufmerksamkeit auf sich zu ~ she tried to attract (*od.* catch) his attention; diese Entdeckung lenkte den Verdacht auf ihn this discovery threw suspicion on him; die Unterhaltung auf (*acc*) etwas ~ to steer the conversation toward(s) s.th., to lead the conversation round to s.th. - II *v/i* 8. → denken 1. - III L~ *n* ⟨-s⟩ 9. *verbal noun.* '**Len·ker**[1] *m* ⟨-s; -⟩ 1. driver. - 2. *lit.* (*Herrscher*) ruler, governor. '**Len·ker**[2] *m* ⟨-s; -⟩ 1. (*des Autos*) steering wheel. - 2. (*des Motorrads*) handlebar. - 3. (*des Fahrrads*) (steering) handlebar. - 4. *tech.* (*eines Gravierkopfes*) steering arm. - 5. (*mining*) spacer bar. '**Len·ke·rin** *f* ⟨-; -nen⟩ (woman) driver. '**Lenk**¦**flug**¦**kör·per** *m* *mil.* guided missile (*od.* weapon). — ~**geo·me·trie** *f* *auto.* wheel alignment. — ~**ge**¦**trie·be** *n* steering gear (*od.* mechanism). — ~¦**ku·fe** *f* steering (*od.* flexible) runner. — ~¦**rad** *n* 1. *cf.* Lenker[2] 1. - 2. *auto. cf.* Lenkrolle. — ~¦**ra·di·us** *m* *auto.* turning radius. — ~¦**rad**¦**schal·tung** *f* steering-column (*od.* column-mounted) gear change (*bes. Am.* gearshift). — ~**ra**¦**ke·te** *f* (*space*) guided missile. — ~¦**rol·le** *f* *auto.* caster (*od.* castor) wheel. — 1~**sam** *adj* tractable, docile. — ~¦**säu·le** *f* *auto.* steering column (*od.* shaft, post). — ~¦**schloß** *n* steering-column (*od.* -wheel) lock: ~ mit Zündanlaßschalter combined ignition and steering lock. — ~¦**schnecke** (*getr.* -k·k-) *f* steering worm. — ~¦**spin·del** *f* steering(-wheel) shaft (*od.* spindle). — ~¦**stan·ge** *f* 1. *auto.* (*Schubstange*) steering tie rod, *bes. Br.* steering (track) rod, drag link (*od.* rod). - 2. (*des Fahrrads, Motorrads etc*) handlebar. — ~¦**stan·gen**¦**griff** *m* grasp (*od.* grip) (of a handlebar). '**Lenk**¦**stock** *m* *auto.* steering-column assembly. — ~¦**he·bel** *m* steering pitman arm (*od.* shaft), *bes. Br.* (steering) drop arm. — ~¦**schal·tung** *f* *cf.* Lenkradschaltung. '**Len·kung** *f* ⟨-; -en⟩ 1. *cf.* Lenken. - 2. (*eines Fahrzeugs*) steering system (*od.* assembly, gear). - 3. *aer.* steerage, navigation. - 4. (*space*) guidance. - 5. *econ.* (*der Wirtschaft etc*) control. - 6. *fig.* (*einer Person*) guidance, management. - 7. *relig.* dispensation, disposition: die göttliche ~ the divine dispensation. '**Len·kungs**¦**an**¦**schlag** *m* *tech.* steering lock. — ~¦**aus**¦**schuß** *m* *econ.* steering committee. — ~¦**dämp·fer** *m* *auto.* steering damper. — ~¦**stel·le** *f* *econ.* control center (*bes. Br.* centre). '**Lenk**¦**wel·le** *f* *auto.* steering shaft. — ~¦**win·kel** *m* angle of lock. — ~¦**zünd**¦**schloß** *n* steering-ignition lock. **len·ti·ku·lar** [lɛntiku'laːr] *adj* (*optics*) lenticular. — **L~**¦**glas** *n* lenticular (lens). **lenz** [lɛnts] *adj mar.* dry. **Lenz** *m* ⟨-es; -e⟩ 1. *obs. poet.* (*Frühling*) spring(time): der ~ ist da spring has come. - 2. *fig. poet.* (*des Lebens*) spring, prime (of life), bloom. - 3. *pl fig.* (*Lebensjahre*) years, summers: sie zählt zwanzig ~e she is twenty (years old). - 4. sich (*dat*) einen schönen ~ machen to take it (*od.* things) easy. **len·zen**[1] ['lɛntsən] *v/impers* es lenzt *poet.* spring is here (*od.* is coming). '**len·zen**[2] *mar.* I *v/t* ⟨h⟩ (*leer pumpen*) pump out water ballast from. - II *v/i* (*vor dem*

Wind) scud: **vor Topp und Takel ~** to scud under bare poles.

Len·zing ['lɛntsɪŋ] *m* ⟨-s; -e⟩ *obs.* March.

'Lenz|,mo·nat, **~,mond** *m obs. cf.* Lenzing.

'Lenz|,pum·pe *f mar.* bilge (*od.* drainage) pump.

leo·ni·nisch [leo'ni:nɪʃ] *adj* **1.** *metr.* (*Vers*) leonine. — **2. ~er Vertrag** *jur.* leonine partnership (*in which one party has all the advantages*).

leo·nisch [le'o:nɪʃ] *adj* (*textile*) (*Fäden, Borte etc*) tinsel.

Leo'no·ren-Ou·ver,tü·re", **„die** [leo'no:rən-] *mus.* the Leonora (*auch* Leonore) Overture (*by Beethoven*).

Le·on·tia·sis [leɔn'ti:azɪs] *f* ⟨-; -asen [-'tia:zən]⟩ *med.* (*Lepra*) leontiasis. — **~ 'os·si·um** ['ɔsium] *f* ⟨- -; *no pl*⟩ leontiasis ossea.

Leo·pard [leo'part] *m* ⟨-en; -en⟩ **1.** *zo.* leopard (*Panthera pardus*): (**Schwarzer**) **~** *cf.* Panther. – **2.** *her.* a) lion (passant) guardant, b) leopard. — **~,ei·dech·se** *f zo.* leopard lizard (*Crotaphytus wislizeni*).

Leo'par·den|,fell *n* leopard (skin). — **~,frosch** *m zo.* leopard frog (*Rana pipiens*). — **~,nat·ter** *f* leopard snake (*Elaphe situla*). — **~,pelz** *m* leopard (fur). — **~,weib·chen** *n zo.* leopardess. — **~,zie·sel** *m* North American ground squirrel (*Citellus tridecimlineatus*).

leo·par·diert [leopar'di:rt] *adj her.* depicting a leopard (*od.* lion passant guardant).

Leo'pard,schild,krö·te *f zo.* leopard tortoise (*Testudo pardalis*).

Le·pi·din [lepi'di:n] *n* ⟨-s; *no pl*⟩ *chem.* lepidine, 4-methyl-quinoline (C₁₀H₉N).

Le·pi·do·den·dron [lepido'dɛndrɔn] *n* ⟨-s; -dren⟩ *bot.* lepidodendron (*Gattg Lepidodendron*).

Le·pi·do·phyt [lepido'fy:t] *m* ⟨-en; -en⟩ *meist pl bot.* lepidophyte.

Le·pi·do·pte·re [lepido'pte:rə] *f* ⟨-; -n⟩ *zo.* butterfly; lepidopteran, lepidopteran (*scient.*). — **Le·pi·do·pte·ro·lo'gie** [-pterolo'gi:] *f* ⟨-; *no pl*⟩ lepidopterology. — **le·pi·do·pte·ro'lo·gisch** [-ptero'lo:gɪʃ] *adj* lepidopterological.

Le·pi·do·sau·ri·er [lepido'zauriər] *m zo.* lepidosaurian.

Le·po'rel·lo|,al·bum, **~,buch** [lepo'rɛlo-] *n* foldout (*Br.* fold-out) (*od.* accordion) collection of pictures.

Le·po·ri·den [lepo'ri:dən] *pl zo.* (*Hasen*) leporids (*Fam. Leporidae*).

Le·pra ['le:pra] *f* ⟨-; *no pl*⟩ *med.* leprosy, *auch* Hansen's disease. — **~ 'al·ba** ['alba] *f* ⟨- -; *no pl*⟩ white leprosy. — **~,ba,zil·len** *pl* Hansen's bacilli. — **~ge,schwür** *n* leprous ulcer. — **~,heim** *n cf.* Leprosorium. — **l~,krank** *adj* suffering from leprosy, leprous. — **~,kran·ke** *m, f* leper, leprosy patient. — **~,mit·tel** *n med. pharm.* antileprotic.

Le·prom [le'pro:m] *n* ⟨-s; -e⟩ *med.* leproma.

Le·pros [le'pro:s], **le'prös** [-'prø:s] *adj med.* leprotic, leprous.

Le·pro·so·ri·um [lepro'zo:rium] *n* ⟨-s; -rien⟩ *med.* leprosarium, leprosery, leper house.

Lep·to..., **lep·to...** *combining form denoting* lepto...

Lep·to·kar·di·er [lɛpto'kardiər] *m* ⟨-s; -⟩ *zo. cf.* Lanzettfischchen.

Lep·tom [lɛp'to:m] *n* ⟨-(e)s; -e⟩ *bot.* leptome, *auch* leptom.

Lep·to·me·nin·gi·tis [lɛptomenɪŋ'gi:tɪs] *f* ⟨-; -tiden [-gi'ti:dən]⟩ *med.* leptomeningitis.

Lep·to·me·ninx [lɛpto'me:nɪŋks] *f* ⟨-; -ninges [-me'nɪŋgɛs]⟩ *med.* leptomeninx: äußere **~** arachnoid; innere **~** pia mater.

lep·to·morph [lɛpto'mɔrf] *adj* leptomorph.

Lep·ton [lɛp'tɔn] *n* ⟨-s; -ta [-'ta]⟩ (*griech. Münze*) lepton.

Lep·to·nen [lɛp'to:nən] *pl phys.* leptons.

lep·to·som [lɛpto'zo:m] *adj med.* leptosome, *auch* leptosomatic, leptosomic, asthenic. — **Lep·to'so·me** *m* ⟨-n; -n⟩ leptosome, *auch* leptosom, asthenic.

lep·to·ze·phal [lɛptotse'fa:l] *med.* **I** *adj* narrow-skulled; leptocephalous, *auch* leptocephalic (*scient.*). — **II L~** *m, f* ⟨-n; -n⟩ leptocephalus. — **Lep·to·ze·pha'lie** [-fa'li:] *f* ⟨-; *no pl*⟩ leptocephaly, *auch* leptocephalia.

Ler·che ['lɛrçə] *f* ⟨-; -n⟩ *zo.* lark (*Fam. Alandidae*): **die ~ trillert** (*od.* jubiliert) the lark is singing (*od.* warbling); **die ~ steigt** (*od.* schwingt sich) in die Luft the lark rises up (in)to the sky; **lustig wie eine ~** *fig.* (as) happy as a lark; **das Pferd schießt**

---

eine **~** (*sport*) *colloq.* the horse is larking. – **2.** *hunt.* **~n fangen** (*od.* streichen) to lark, to net (*od.* catch, trammel) larks; **~n mit einem Spiegel fangen** to daze larks.

'Ler·chen|,am·mer *f zo.* Lapland bunting (*Calcarius lapponicus*). — **l~,ar·tig** *adj* larklike, alaudine (*scient.*): **~er Gesang** larklike note (*od.* song). — **~,fal·ke** *m zo.* hobby (*Falco subbuteo*). — **~,fang** *m hunt.* lark catching. — **~,fän·ger** *m* larker, lark catcher. — **~,helm** *m bot. cf.* Lerchensporn. — **~,netz** *n hunt.* clapnet. — **~,pfei·fe** *f* lark call. — **~,sper·ling** *m zo.* lark sparrow (*Chondestes grammacus*). — **~,sporn** *m* ⟨-(e)s; -e⟩ *bot.* birthwort, corydalis (*scient.*) (*Gattg Corydalis*): **Hohler ~** holewort, hollowroot (*C. cava*); **Gelber ~** yellow fumitory (*C. lutea*). — **~,strei·chen** *n*, **~,strich** *m* ⟨-(e)s; *no pl*⟩ **1.** flight (*od.* passage) of larks. – **2.** *hunt.* netting of larks.

ler·nä·isch [lɛr'nɛ:ɪʃ] *adj* Lern(a)ean: **die L~e Schlange** *myth.* the Lernaean hydra.

'Lern|ak,tiv *n DDR ped. cf.* Arbeitsgemeinschaft 1. — **l~bar** *adj* learnable, capable of being learned (*od.* learnt). — **~be,gier**, **~be,gier·de** *f* thirst for knowledge, studiousness, desire to learn. — **l~be,gie·rig** *adj* studious, desirous of learning: **~ sein** to be studious, to thirst for (*od.* after) knowledge. — **l~be,hin·dert** *adj* (*Kind*) educationally subnormal. — **~,ei·fer** *m* studiousness, application to one's studies. — **l~,eif·rig** *adj* studious, industrious in one's studies.

ler·nen ['lɛrnən] **I** *v/t* ⟨h⟩ **1.** learn: **Deutsch ~** to learn (*od.* study) German; **bei wem lernt ihr Englisch?** who teaches you English? **with whom do you learn English?** who is your teacher in English? **ich habe ein paar Brocken Englisch gelernt** I have learned a little English, I have acquired a smattering of English; **lesen [schreiben] ~** to learn to read [to write]; **laufen [schwimmen] ~** to learn to walk [to swim]; **Schlittschuh laufen ~** to learn to ice-skate; **Auto fahren ~** to learn to drive (a car); **Klavier spielen ~** to learn to play the piano; **etwas auswendig ~** to learn s.th. by heart, to memorize s.th.; **einen Beruf ~** to learn a profession (*od.* trade); **du solltest etwas Ordentliches** (*od.* Tüchtiges) **~** you should learn (*od.* take up, train for) a sensible profession (*od.* trade); **er hat Schneider gelernt** *colloq.* he learned the tailor's trade; **ich habe viel von ihm gelernt** I have learned a great deal from him; **das Gedicht läßt sich leicht ~** the poem can be learned easily, the poem is easy to learn; **j-n lieben ~** *fig.* to learn (*od.* come) to love s.o.; **ich habe sie schätzen gelernt** *fig.* I have learned to appreciate her; **du mußt ~, vorsichtiger zu sein** *fig.* you will have to learn to be more careful; **lerne was, so kannst du was** (*Sprichwort*) once you have learned s.th. then you can do it; **mancher lernt's nie** *colloq.* some people never learn; → Hänschen; leiden 5. – **2.** (*aufschnappen*) pick up. – **3.** j-m etwas **~** *dial.* to teach s.o. s.th. – **4.** *mus.* (*Stück etc*) learn, study, practice, *bes. Br.* practise. – **5.** (*theater*) (*Rolle*) learn, study. – **II** *v/i* **6.** learn: **er lernt gut [schlecht]** he learns quickly [slowly], he is a quick [slow] learner; **aus der Erfahrung ~** to learn from experience; **aus seinen Fehlern ~** to learn from one's mistakes, to learn the hard way; **die Mutter lernt jeden Tag mit ihm** *colloq.* his mother helps him with his homework every day. – **7.** *colloq.* do one's homework. – **8.** *colloq.* (*in der Lehre sein*) be apprenticed: **er lernt noch** he is still an apprentice; **bei einem Bäcker ~** to be apprenticed to a baker, to be a baker's apprentice. – **III** *v/reflex* **sich ~ 9.** sich leicht **~** to be learned easily, to be easy to learn. – **IV L~** *n* ⟨-s⟩ **10.** *verbal noun:* **das L~ fällt ihm leicht** learning is easy for him. – **11.** (*einer Rolle*) study.

'lern,fä·hig *adj* teachable, receptive.

'Lern·ma,schi·ne *f meist pl cf.* Lehrmaschine.

'Lern,mit·tel *n meist pl ped.* learning (*od.* educational) aid. — **~,frei·heit** *f* free use of learning aids.

'Lern,schu·le *f contempt.* school that employs rote teaching methods. — **~,schwe·ster** *f med.* student nurse, (nursing) probationer. — **~ver,mö·gen** *n psych.* ability to learn, faculty for learning. — **~,zeit** *f* **1.** study time. – **2.** *cf.* Lehrzeit.

'Les·art *f* **1.** (*literature*) reading, version: **~ des Textes** textual reading; **doppelte ~** dittology; **falsche ~** misreading; **andere ~en** variants, variant readings; **mit verschiedenen ~en versehene Ausgabe** variorum (*od.* critical) edition. – **2.** *fig.* version, context, form: **ich kenne den Vorgang in einer anderen ~** I've seen this procedure in another context (*od.* form); **das ist schon die vierte ~ der Geschichte** that's already the fourth version of the story. – **3.** interpretation.

'les·bar *adj* **1.** *cf.* leserlich I. – **2.** *fig.* readable, worth reading: **das Buch ist nicht ~** the book is unreadable. — **'Les·bar·keit** *f* ⟨-; *no pl*⟩ **1.** legibility. – **2.** *fig.* readability, *auch* readableness.

Les·bie·rin ['lɛsbiərɪn] *f* ⟨-; -nen⟩ Lesbian, *auch* lesbian, *Am. sl.* lesbie. — **'les·bisch** [-bɪʃ] *adj* Lesbian, *auch* lesbian: **~e Liebe** Lesbian love, Lesbianism, Sapphism (*lit.*); **sie ist ~** she is a Lesbian.

'Le·se *f* ⟨-; -n⟩ **1.** (*Weinlese*) vintage. – **2.** (*Ährenlese*) gleaning. – **3.** (*Ernte*) harvest, (in)gathering. – **4.** *fig. cf.* Auslese 3.

'Le·se|,abend *m* evening gathering for reading of literature. — **~,blind·heit** *f med.* alexia. — **~,bril·le** *f* reading glasses *pl* (*od.* spectacles *pl*). — **~,buch** *n* **1.** reader, reading book. – **2.** *cf.* Lesefibel. — **~,dra·ma** *n* (*literature*) closet drama. — **~,fi·bel** *f* primer, first(-grade) reader. — **~,früch·te** *pl* **1.** (*gesammelte Auszüge*) selections of choice reading, collectanea. – **2.** (*Kenntnisse*) gleanings (from books). — **~,ge,rät** *n* film reader. — **~,glas** *n* reading (*od.* magnifying) glass, reader. — **~,hal·le** *f cf.* Lesesaal. — **~,holz** *n* (*forestry*) windfall, dry fallen wood. — **l~,hung·rig** *adj* being an avid reader. — **~,kränz·chen** *n*, **~,kreis** *m* reading circle. — **~,lam·pe** *f* reading (*od.* student) lamp. — **~,lu·pe** *f cf.* Leseglas. — **~,lust** *f* taste (*od.* desire) for reading.

le·sen¹ ['le:zən] **I** *v/t* ⟨liest, las, gelesen, h⟩ **1.** read: **etwas laut ~** to read s.th. out loud (*od.* aloud); **etwas mit Mühe ~** to have difficulty in reading (*od.* deciphering) s.th.; **ein Buch [die Zeitung] ~** to read a book [the newspaper]; **ein Theaterstück mit verteilten Rollen ~** to read a play dividing up the parts; **etwas für sich ~** to read s.th. to oneself; **Shakespeare ~** to read Shakespeare; **etwas im Original** (*od.* in der Ursprache) **~** to read s.th. in the original; **etwas wieder ~** to reread s.th.; **er gab mir den Brief zu ~** he gave me the letter to read; **seine Handschrift ist kaum zu ~** it's difficult to read his handwriting; **ich habe in der Zeitung gelesen, daß** I read in (*od.* learned from) the newspaper that; **etwas oberflächlich ~** to skim (through) s.th.; **etwas sorgfältig ~** to read s.th. carefully, to peruse s.th.; **er hat viel gelesen** he is well-read, he has read a great deal; **etwas falsch ~** to misread s.th.; **etwas abwechselnd ~** to read s.th. by turns; **das Buch läßt sich gut ~** the book reads well; **das Buch wird gern von Kindern gelesen** children are fond of (reading) the book; **etwas in den Sternen ~** *fig.* to read (*od.* see) s.th. in the stars; **ich las in seinen Augen, was er dachte** *fig.* I read in (*od.* knew from) his eyes what he was thinking; **j-m die Epistel** (*od.* den Text, die Leviten) **~** *fig. colloq.* to scold (*od.* reprimand) s.o., to give s.o. a good dressing down (*colloq.*), to read the riot act to s.o. (*colloq.*); **etwas zwischen den Zeilen ~** *fig.* to read s.th. between the lines; **was liest du aus diesem Brief?** what do you make of this letter? – **2.** *röm. kath.* → Messe 1. – **3.** *pol.* read: **eine Vorlage ~** to read a bill. – **4.** *ped.* lecture on (*Br. auch* in) (*od.* teach, hold lectures on) (*s.th.*) (at a university): **er liest Geschichte an der Universität** he lectures on history at the university. – **5.** Korrektur ~ *print.* to proofread. – **II** *v/i* **6.** read: **er liest in der Bibel** he is reading the Bible; **der Dichter liest aus seinen Werken** the author reads from his own works. – **7.** *ped.* lecture, hold lectures (*od.* a lecture) (at a university): **Prof. X liest mittwochs** Prof. X lectures on Wednesday; **er liest über Shakespeare** he lectures on Shakespeare. – **III** *v/reflex* **sich ~ 8.** *bei·m* Lesen **im Schlaf ~** to read oneself to sleep. – **9.** sich gut **~** to read well; **das Buch liest sich wie ein Roman** the book reads like a novel. – **IV L~** n ⟨-s⟩ **10.** *verbal noun*: die meiste Zeit verbringe ich mit L~ I spend most of my time reading; er hat keine Zeit zum L~ he has no time for reading (*od.* to read); er ist beim L~ he is reading. – **11.** *relig.* (*der Messe*) celebration. – **12.** *cf.* Lesung.

'**le·sen²** I *v/t* ⟨liest, las, gelesen, h⟩ **1.** (*Ähren*) glean. – **2.** (*Beeren, Holz etc*) gather, pick. – **3.** (*Trauben, Wein*) harvest, vintage. – **4.** (*Erbsen, Linsen etc*) sort, cull. – **5.** (*Salat*) clean, remove the outer leaves from. – **6.** (*Wolle*) cull. – **7.** (*Erze*) sort, handpick. – **II L~** n ⟨-s⟩ **8.** *verbal noun.* – **9.** (*der Trauben*) harvest, vintage.

'**le·sens,wert** *adj* (*Buch etc*) worth reading.

'**Le·se**|**pro·be** f **1.** (*theater*) reading (rehearsal), first rehearsal. – **2.** (*aus einem Buch*) specimen, sample of text. — **~,pult** n **1.** (reading) desk, lectern. – **2.** *relig.* lectern, rostrum.

'**Le·ser¹** m ⟨-s; -⟩ reader: er ist ein fleißiger ~ he is a voracious reader; geneigter ~ *obs.* gentle reader; ein ~ unserer Zeitschrift a reader of (*od.* subscriber to) our journal; die ~ unserer Zeitschrift the readers (*od. collect.* the readership) of our journal; er reißt seine ~ mit he takes his readers with him.

'**Le·ser²** m ⟨-s; -⟩ **1.** (*von Ähren*) gleaner. – **2.** (*von Beeren, Holz etc*) gatherer, picker. – **3.** (*von Trauben*) harvester, vintager. – **4.** (*Sortierer*) sorter, (*bes. von Wolle*) culler. – **5.** (*mining*) picker.

'**Le·ser·ana,ly·se** f reader(ship) analysis (*od.* survey).

'**Le·se,rat·te** f *fig. colloq. humor.* bookworm.

'**Le·ser,brief** m **1.** letter from a reader. – **2.** *pl* (*als Zeitungsrubrik*) letters to the editor. [reading.]

Le·se'rei f ⟨-; *no pl*⟩ *colloq.* (incessant)

'**Le·ser,for·schung** f reader-opinion survey (*od.* analysis).

'**Le·ser**|**kar·te** f (*einer Bücherei etc*) reader's card (*Br.* ticket). — **~,kreis** m **1.** (*einer Zeitung etc*) readers *pl*, readership (*collect.*). – **2.** (*einer Bücherei etc*) patrons *pl*, patronage (*collect.*).

'**le·ser·lich** I *adj* (*Schrift etc*) legible, readable, easy to read. – **II** *adv* er schreibt ~ he writes legibly. — '**Le·ser·lich·keit** f ⟨-; *no pl*⟩ legibility, readability.

'**Le·ser·schaft** f ⟨-; *no pl*⟩ *cf.* Leserkreis.

'**Le·ser**|**stamm** m (*einer Zeitung etc*) steady (*od.* regular) readership. — **~,welt** f reading public (*od.* world). — **~,zu,schrift** f *cf.* Leserbrief.

'**Le·se**|**saal** m reading room. — **~si,gnal** n (*computer*) read-back signal. — **~,spei·cher** m read-only store. — **~,stein** m *geol.* residual rock (*od.* boulder). — **~,stoff** m reading (matter *od.* material): dieses Buch ist als ~ für Kinder nicht geeignet this book is unsuitable reading (matter) for children; Caesar gehört zum ~ dieser Klasse Caesar is required reading in this class; ich habe keinen ~ mehr I have nothing to read. — **~,stück** n reading (selection). — **~,übung** f reading exercise. — **~,un·ter,richt** m reading instruction (*od.* class), lessons *pl* in reading: j-m ~ erteilen to teach s.o. to read. — **~,wut** f mania (*od.* passion, craze) for reading. — **~,zei·chen** n bookmark(er), marker: eingeheftetes ~ ribbon. — **~,zeit** f **1.** *agr.* harvest(ing season), vintage, picking time. – **2.** time for reading. — **~,zim·mer** n reading room. — **~,zir·kel** m **1.** reading circle. – **2.** magazine subscription service.

les·singsch ['lɛsɪŋʃ] *adj* **1.** (*nach Art von Lessing*) of (*od.* pertaining to) Lessing. – **2.** ⟨*attrib*⟩ L~ (*von Lessing*) of (*od.* by) Lessing: „Nathan der Weise" ist eine L~e Dichtung "Nathan the Wise" is a work by Lessing.

'**Le·sung** f ⟨-; -en⟩ **1.** *lit.* reading: der Dichter hielt eine ~ the poet gave a reading. – **2.** *pol.* (*einer Vorlage etc*) reading: zweite [dritte] ~ second [third] reading; auf die ~ verzichten to take as read. – **3.** *relig.* lection, lesson.

le·tal [le'taːl] *adj med.* lethal, deadly. — **L~,fak·tor** m *biol.* lethal factor (*od.* gene).

Le·ta·li·tät [letali'tɛːt] f ⟨-; *no pl*⟩ *med.* lethality.

Le·thar·gie [letar'giː] f ⟨-; *no pl*⟩ lethargy. — **le'thar·gisch** [-gɪʃ] *adj* lethargic: ~ machen to lethargize.

Le·the ['leːtə] *npr* f ⟨-; *no pl*⟩ *myth.* Lethe (*river in Hades*): ~ trinken *fig. poet.* to drink of forgetfulness.

Let·kiss ['lɛtkɪs] (*Engl.*) m ⟨-; *no pl*⟩ (*Tanz*) letkiss.

Le·to ['leːto] *npr* f ⟨-; *no pl*⟩ *myth.* Leto (*the mother by Zeus of Apollo and Artemis*).

Let·te ['lɛtə] m ⟨-n; -n⟩ Latvian, Lett.

Let·ten ['lɛtən] m ⟨-s; -⟩ **1.** plastic clay, plastic (*od.* clayey, heavy) soil, pipe (*od.* ball) clay: etwas mit ~ bekleiden to line (*od.* coat) s.th. with plastic clay. – **2.** (*in der Töpferei*) potter's clay (*od.* loam). — **l~,ar·tig** *adj* claylike, clayey. — **~be,steg** m *geol.* leather-coat, clay gouge, flucan (in a vein). — **~,bo·den** m plastic (*od.* heavy, clayey) soil. — **~,schicht** f (*mining*) flucan, gouge, selvage.

Let·ter ['lɛtər] f ⟨-; -n⟩ **1.** (*Buchstabe*) letter. – **2.** *print.* type, printing(-press) letter (*od.* type, character): bewegliche ~ mov(e)able type.

'**Let·tern**|**druck** m *print.* printing, letterpress. — **~,gieß-ma,schi·ne** f typefounding machine. — **~,gut** n type metal. — **~,ka·sten** m type(case). — **~,mes·ser** m typometer, line (*od.* type) ga(u)ge. — **~me,tall** n type metal. — **~,setz-ma,schi·ne** f Monotype (machine) (*TM*). — **~,stein,druck** m typolithography.

'**let·tig** *adj geol. cf.* tonhaltig 1, lehmhaltig.

'**let·tisch** I *adj* Latvian, Lettish. – **II** *ling.* L~ ⟨*generally undeclined*⟩, das L~e ⟨-n⟩ Latvian, Lettish, Lett.

Lett·ner ['lɛtnər] m ⟨-s; -⟩ *arch.* (*Trennwand einer Kirche*) jube, rood screen.

letz [lɛts] *adj* Southwestern G. and Swiss dial. **1.** reversed. – **2.** wrong.

let·zen ['lɛtsən] *v/t* ⟨h⟩ u. sich ~ *v/reflex obs.* for laben, erquicken.

letzt [lɛtst] I *adj* **1.** last, *auch* final: im ~en Augenblick (*od.* at) the last moment, in the nick of time; ich sage es dir zum ~en Mal(e) I am telling you for the last time; sie wollte ihn ein ~es Mal sehen she wanted to see him one more time (*od.* for the last time); j-m die ~e Ehre erweisen to pay one's last respects to s.o.; der ~e Gang *fig.* (*zur Hinrichtung*) the last mile; das ist die ~e Gelegenheit that's the last chance; ich werde zu den ~en Mitteln greifen *fig.* I shall go to any extreme; seine ~e Stunde war gekommen his last (*od.* dying) hour had come; er mußte alles bis auf den ~en Pfennig bezahlen he had to pay everything down to the last penny (*od.* cent); bis zum ~en Mann kämpfen to fight to the last man; bis auf den ~en Platz gefüllt filled (*od.* packed) to capacity; ich habe es von meinem ~en Geld gekauft I bought it with the last money I had; in den ~en Zügen liegen to be near (*od.* at the point of) death, to be in extremis; mit ~er Kraft, mit dem ~en Rest seiner Kraft with all remaining strength; er verlor die ~e Fassung he lost complete control of himself; die ~e Geduld all patience; die ~e Ruhestätte the last resting place; j-n zur ~en Ruhe betten to lay s.o. to rest; ~en Endes *colloq.* a) in the long run, b) after all; → Hand¹ Verbindungen mit Adjektiven; Loch 1; Matthäi 2; Wort 2. – **2.** (*Neuheit etc*) latest, most recent: der ~e Schrei *fig.* the latest fashion (*od.* craze), the dernier cri (*lit.*). – **3.** (*vergangen*) last, past: in der ~en Woche this past week; in ~er Zeit, in der ~en Zeit lately, (just) recently, of late; in den ~en Tagen in the last few days; in den ~en Wochen in recent weeks. – **4.** (*vorig, vorhergehend*) last: mein ~es Gehalt my last salary; bei meinem ~en Besuch at my last visit. – **5.** (*von zweien*) latter, second, last: der ~e Teil des Sommers the latter part of the summer. – **6.** (*ehemalig*) last, former: einer der ~en Präsidenten one of the former presidents. – **7.** (*in einer Reihe, Folge etc*) last: das ~e Haus in der Straße the last house on the street; auf der ~en Stufe a) (*untersten*) on the last (*od.* bottom) step, b) (*obersten*) on the last (*od.* top) step. – **8.** (*Kapitel, Satz etc*) last, closing: seine ~en Worte waren a) his last (*od.* closing) words were, b) his parting words were, c) his dying words were; die ~en Stunden des Jahres the last hours of the year. – **9.** *fig. colloq.* (*minderwertig, schlecht*) worst, poorest: das ist die ~e Sorte that's the poorest quality; das ist

der ~e Dreck! that's the worst junk! – **10.** *fig.* (*tief, verborgen*) deepest, innermost, profoundest: der Weisheit ~er Schluß *iron.* the profoundest (*od.* most profound) wisdom; die ~en Fragen allen Seins the deepest mysteries of being; er war im ~en Grunde froh darüber at the bottom of his heart (*od.* secretly) he was happy about it. – **11.** (*mit Großschreibung*) der L~e Wille the last will and testament; die L~en Dinge *relig.* the last things; das L~e Gericht *relig.* the Last Judgment; L~e Ölung *röm.kath.* extreme unction, *auch* Extreme Unction. – **12.** *mar.* (*Schiff in Geleitzug*) rear, sternmost. – **II L~e, das** ⟨-n⟩ (*in Wendungen wie*) **13.** ich habe noch ein L~es zu sagen I have one last (*od.* final) thing to say; es geht ums L~e the final result is at stake; sein L~es (her)geben to give one's all (*od.* utmost), to make an all-out (*od.* supreme) effort. – **14.** (*mit Kleinschreibung*) das wäre das ~e, was ich täte that would be the last thing I would do; das ist das ~e! *colloq.* that's the limit! etwas bis ins ~e prüfen to examine s.th. to the last detail; j-n [etwas] bis ins ~e kennen to know s.o. [s.th.] inside out; etwas bis zum ~en ausnutzen to make the fullest possible use of s.th., to make the most of s.th.; ihr müßt bis zum ~en durchhalten you must hold out to the end; er ging in seinen Forderungen bis zum ~en he went as far as he could in his demands.

Letzt only in zu guter ~ in the end, ultimately, finally.

'**Letzt,bie·ten·de** m, f ⟨-n; -n⟩ last and highest bidder.

'**Letz·te** m, f ⟨-n; -n⟩ **1.** last: der ~ des Monats the last (day) of the month; der ~ seines Stammes the last of his line; er ist ~r, er ist der ~ (*dem Range nach*) he is the lowest ranking (*od.* bottom) man, *Am. colloq.* he's low man on the totem pole; → Erste 1. – **2.** (*mit Kleinschreibung*) last: er war der l~ in der Reihe he was the last in the row; er kam als l~r he came last, he was the last to come; er wurde als l~r aufgerufen he was the last one to be called, he was called last; er wäre der l~, dem ich vertrauen würde he is the last person I would trust; → Hund 2.

'**letz·te,mal** *adv only in* das ~ the last time, last (time): das ~ sah ich sie in München last time I saw her in Munich, I saw her in Munich last; als ich sie das ~ traf when last I saw her.

'**letz·tens** *adv* lastly, in the last place, finally: ~ möchte ich sagen lastly I would like to say.

'**letz·te·re** *adj* **1.** latter: im ~n Falle in the latter case; der ~ Brief the latter letter. – **2.** (*substantiviert mit Kleinschreibung*) der ~, die ~, das ~, letzterer, letztere, letzteres (the) latter: das letztere von den beiden Büchern the latter of the two books; letzteres möchte ich gern haben I'd like to have the latter.

'**letzt·er,wähnt** *adj* ⟨*attrib*⟩ *cf.* letztgenannt.

'**letz·tes,mal** *adv* the last time, last (time): ~ waren wir schwimmen last time we went swimming; als ich ~ in Rom war when I was last in Rome, when I was in Rome the last time.

'**letzt·ge,nannt** *adj* ⟨*attrib*⟩ last-mentioned, last-named.

'**letzt'hin** *adv* lately, of late, recently, a short time (*od.* while) ago.

'**letzt**|**in·stan·zi,ell** [-ʔɪnstan,tsiɛl], **~in,stanz·lich** [-ʔɪn,stantslɪç] *adv jur.* in the last instance: ~ entscheiden (*od.* urteilen) to decide in the last instance.

'**letzt,jäh·rig** *adj* last year's ⟨*attrib*⟩, of last year.

'**letzt·lich** *adv* in the long run, in the end, in the final analysis.

'**Letzt·ver,brau·cher** m *econ.* ultimate (*od.* final) consumer. — **~,preis** m retail price (*od.* cost).

'**letzt,wil·lig** *jur.* I *adj* testamentary, by will (*od.* testament): ~e Verfügung testament(ary disposition), disposition by will (*od.* testament), will; ~e Zuwendung bequest, legacy. – **II** *adv* (*mit Testament*): j-n ~ bedenken to mention s.o. in one's will; ~ verfügen to dispose by will (*od.* testament); ~ vermachen (*bes. Grundbesitz*) to devise, *auch* to bequeath.

Leu¹ [lɔy] m ⟨-en; -en⟩ *poet.* lion.

Leu² ['lɛːu] m ⟨-; Lei ['lɛːi]⟩ leu (*monetary unit of Romania*).

'Leucht|,as·sel f zo. electric centipede (*Scolopendra electrica*). — **~,ba·ke** f mar. aer. **1.** light beacon. - **2.** cf. Befeuerung 2. — **~,bak,te·ri·en** pl biol. photogenic (od. luminous) bacteria. — **~,bo·je** f mar. **1.** light buoy. - **2.** (*am Rettungsring*) flare, luminous boy, Holme's light. — **~,bom·be** f mil. aer. **1.** marker, flare (bomb). - **2.** (*Blitzlichtbombe*) (photo)flash bomb. — **~,dich·te** f (optics) intrinsic (od. specific) luminous intensity. — **~,draht** m electr. filament.

'Leuch·te f ⟨-; -n⟩ **1.** light: eine ~ der Wissenschaft fig. a luminary of science; er ist keine große ~ fig. colloq. he is no shining light. - **2.** (*Lampe*) lamp. - **3.** (*Laterne*) lantern. - **4.** aer. beacon.

leuch·ten ['lɔyçtən] **I** v/i ⟨h⟩ **1.** (*von Mond etc*) shine: die Sterne ~ am Himmel the stars are shining (od. twinkling); ein Licht leuchtete in der Finsternis a light shone in the darkness; sein Licht ~ lassen fig. to let one's light shine. - **2.** (*von Lampe*) give (od. emit) light, shine: die Lampe leuchtet hell the lamp gives a bright light; wenn die Lampe rot leuchtet when the lamp gives (off) a red light. - **3.** (*von Feuer etc*) burn, shine: die Kerzen ~ hell the candles burn brightly. - **4.** (*von Leuchtziffer, Glühwürmchen etc*) glow: diese Farbe leuchtet geradezu fig. this colo(u)r almost glows; ihr Gesicht leuchtete vor Freude fig. her face glowed with happiness (od. shone with joy). - **5.** (*funkeln*) sparkle, twinkle, glitter. - **6.** (*glitzern*) glitter, glisten: die Gipfel ~ in der Sonne the peaks glisten in the sun. - **7.** (*mit einer Lampe*) light, shine a light: er leuchtete unter den Tisch he shone the light under the table; er leuchtete mit einer Taschenlampe he shone a flashlight (*bes. Br.* an electric torch); darf ich Ihnen ~? may I light the way for you? er leuchtete mir ins Gesicht he shone (od. flashed) the light in my face. - **8.** fig. (*von Augen*) sparkle, shine, glow: ihre Augen leuchteten vor Freude her eyes sparkled with happiness. - **9.** (*von Meer*) phosphoresce. - **II L~** n ⟨-s⟩ **10.** *verbal noun.* - **11.** shine, light. - **12.** (*von Feuer etc*) burn, shine. - **13.** (*schwaches*) glow, glimmer. - **14.** (*Funkeln*) sparkle, twinkle, glitter, dazzle. - **15.** fig. (*der Augen*) sparkle, light, shining. - **16.** (*Meeresleuchten*) phosphorescence (of the sea). - **17.** phys. (*Helligkeit*) luminescence. — **'leuch·tend I** pres p. - **II** adj **1.** bright, shining, burning, (*schwächer*) lustrous, glowing, glimmering: die ~en Sterne the bright (od. twinkling) stars; ~er Himmelskörper luminary; ein ~es Beispiel fig. a) a shining example, b) (*hervorragendes*) a brilliant (od. an illustrious) example. - **2.** (*funkelnd*) sparkling, brilliant, glittering, twinkling. - **3.** (*strahlend*) beaming, radiant. - **4.** (*blinkend*) flashing. - **5.** fig. (*Farbe*) bright, shining. - **6.** fig. (*Augen*) shining, glowing, sparkling. - **7.** phys. chem. a) phosphorescent, b) (*hellscheinend*) luminescent. - **8.** zo. lustrous; lampyrine, lychnidate (scient.). - **9.** (optics) (*Punkt*) luminous, radiant. - **10.** biol. photogenic. - **III** adv **11.** ihr Kleid war ~ rot her dress was of a bright (od. shining, brilliant) red.

'Leuch·ter m ⟨-s; -⟩ **1.** (*Standleuchter*) candlestick, flambeau. - **2.** (*Wandleuchter*) sconce. - **3.** (*Kronleuchter*) chandelier. - **4.** (*Armleuchter*) candelabrum, candelabra. - **5.** relig. a) röm.kath. pharos, hearse, b) (*der Juden*) menorah.

'Leuch·ter|,arm m arm (od. branch) of a chandelier (od. candelabrum). — **~,blu·me** f bot. ceropegia (*Gattg Ceropegia*).

'Leucht·er,schei·nung f phys. (optics) luminous phenomenon.

'Leuch·ter,tier·chen n zo. cf. Leuchtqualle.

'Leucht|,fa·den m electr. cf. Leuchtdraht. — **~,fall,schirm** m mil. parachute flare. — **~,far·be** f **1.** luminous (od. phosphorescent) paint. - **2.** (*Tinte*) fluorescent ink.

'Leucht,feld n phys. (optics) radiant field. — **~,lin·se** f condenser, condensing lens.

'Leucht,feu·er n **1.** mar. mil. (light) beacon, (signal) light, flare: festes [unterbrochenes] ~ fixed [occulting] light. - **2.** aer. beacon, flare. — **~ge,büh·ren** pl, **~,geld** n mar. light dues pl.

'Leucht|,fisch m zo. lantern fish (*Ordng Scopeliformes*). — **~,gas** n chem. tech. lighting (od. illuminating) gas, carburet(t)ed hydrogen (scient.). — **~ge,schoß** n, **~,gra,na·te** f mil. star (od. illuminating, flare) shell. — **~,kä·fer** m meist pl zo. **1.** glowworm, firefly, fireworm (*Fam. Lampyridae*): Großer ~ glowworm (*Lampyris noctiluca*); Kleiner ~ fireworm (*Phausis splendidula*). - **2.** fire beetle (*Gattg Pyrophorus*). — **~,kör·per** m **1.** tech. light (source), lamp, illuminant. - **2.** astr. luminous body (od. object), luminary. — **~,kraft** f **1.** illuminating (od. lighting, luminous) power, luminosity: ~ der Farbe luminous power of paint. - **2.** (*eines Edelsteins*) brilliance. - **3.** astr. (*eines Sternes*) (apparent) magnitude. — **~,krebs** m zo. **1.** krill, whale feed (*Ordng Euphansiacea*). - **2.** devil shrimp (*Meganyctiphanes norvegica*). — **~,ku·gel** f bes. mil. **1.** flare (od. rocket), ground signal. - **2.** (*von einer Pistole*) Very light. — **~,lu·pe** f (optics) illuminating magnifier. — **~,mas·se** f chem. luminous substance, luminophor(e). — **~,mit·tel** n illuminant. — **~,moos** n bot. phosphorescent moss, schistostega (*Gattg Schistostega*). — **~mu·ni,ti·on** f mil. illuminating (od. flare) ammunition, illuminants pl. — **~,öl** n **1.** lamp (od. illuminating) oil. - **2.** (*Petroleum*) kerosine, kerosene. — **~,or·ga,nis·mus** m biol. photogenic organism. — **~pa,tro·ne** f tech. mil. **1.** flare (od. illuminating) cartridge. - **2.** (*für Pistolen*) Very light. — **~pe,tro·le·um** n cf. Leuchtöl 2. — **~,pfad** m aer. flare path. — **~,pilz** m bot. phosphorescent agaric (*Agaricus melleus*). — **~pi,sto·le** f bes. mil. Very (od. pyrotechnic, signal, flare) pistol. — **~,qual·le** f zo. lamp jellyfish (*Pelagica noctiluca*). — **~,rah·men,su·cher** m phot. bright-line viewfinder, bright-frame finder. — **~ra,ke·te** f **1.** mil. illuminating rocket. - **2.** aer. signal rocket. — **~re,kla·me** f luminous advertising, neon sign(s pl), (auf Hausdächern) auch sky sign(s pl). — **~,röh·re** f electr. **1.** luminescence lamp, luminous (od. gas) discharge lamp, Am. vacuum-tube lamp. - **2.** (*mit Neongasfüllung*) neon lamp (od. tube). — **~sar,di·ne** f zo. cf. Leuchtfisch. — **~,satz** m tech. **1.** pyrotechnic flare. - **2.** (*Leuchtsatzmischung*) tracer composition. — **~,schalt,bild** n electr. **1.** illumination circuit diagram. - **2.** illuminated diagram. — **~,schiff** n mar. cf. Feuerschiff. — **~,schirm** m electr. **1.** telev. med. fluorescent (od. luminous) screen. - **2.** (*für Ultraschall*) oscilloscope. — **~,schrei·ber** m electric newscaster. — **~,schrift** f illuminated letters pl. — **~,si,gnal** n flare signal. — **~,ska·la** f luminous dial. — **~spring,kä·fer** m zo. cucujo (*Pyrophorus noctilucus*).

'Leucht,spur f mil. tracer trajectory (od. path). — **~ge,schoß** n tracer (bullet). — **~mu·ni,ti·on** f tracer ammunition.

'Leucht|,stab m electr. **1.** fluorescent rod. - **2.** (*Taschenlampe*) flashlight, bes. Br. electric torch. — **~,stär·ke** f (optics) phys. luminous intensity, candlepower.

'Leucht,stoff m **1.** luminescent material. - **2.** (*Leuchtbetriebsstoff*) illuminant. - **3.** biol. zo. (von Tieren) luminophor(e). — **~,lam·pe**, **~,röh·re** f fluorescent lamp.

'Leucht|,tier·chen n zo. night-light, noctiluca (scient.) (*Noctiluca miliaris*). — **~,tie·re** pl (self-)lucent animals. — **~,ton·ne** f mar. cf. Leuchtboje.

'Leucht,turm m mar. lighthouse. — **~,wär·ter** m lighthouse keeper.

'Leucht|,uhr f luminous(-dial) clock (od. watch). — **~,wurm** m zo. cf. Leuchtkäfer. — **~,zei·chen** n **1.** flare (od. sight, light) signal. - **2.** (*Verkehrsampel*) (traffic-)light signal, traffic light. - **3.** mar. (an Land) seamark. — **~,zei·ger** m (einer Uhr etc) luminous hand. — **~,zif·fer** f luminous figure. — **~,zif·fer,blatt** n (einer Uhr etc) luminous dial. — **~,zir·pe** f zo. lantern fly (*Fam. Fulgoridae*).

Leu·cin [lɔy'tsiːn] n ⟨-s; no pl⟩ chem. leucine [(CH₃)₂CHCH₂CH(NH₂)COOH].

Leu·cit [lɔy'tsiːt; -'tsɪt] m ⟨-s; no pl⟩ min. leucite.

leug·nen ['lɔygnən] **I** v/t ⟨h⟩ **1.** deny, gainsay, disavow: es ist nicht zu ~ (od. es läßt sich nicht ~), daß it cannot be denied that, there is no denying the fact that, it is undeniable that; er leugnet, das gesagt

zu haben he denies having said that; er leugnete jede Mitschuld he denied having any part of the guilt; die Existenz Gottes ~ to deny the existence of God; ich kann's nicht ~, es war sehr spät I must admit it was very late. - **2.** (*widersprechen*) contradict, gainsay: Sie können doch nicht die Tatsache ~, daß you can't contradict the fact that. - **3.** (*bestreiten*) contest, impugn: die Wahrheit einer Sache ~ to impugn the truth of a matter. - **4.** (*nicht anerkennen*) disown, disclaim: das Bestehen einer Forderung ~ to disclaim a debt. - **5.** (*widerrufen*) retract, recant: er leugnet, was er vorher gesagt hat he retracts his previous statements. - **6.** jur. (*Tatsachen*) traverse. - **II** v/i **7.** deny the charge. - **III L~** n ⟨-s⟩ **8.** *verbal noun:* sein hartnäckiges L~ half ihm nichts his stubborn denials helped him in no way (od. were of no help [to him]). - **9.** cf. Leugnung. — **'Leug·ner** m ⟨-s; -⟩ **1.** one who denies, denier, disavower, negator: ~ der Unsterblichkeit annihilationist. - **2.** jur. traverser. — **'Leug·nung** f ⟨-; no pl⟩ **1.** cf. Leugnen. - **2.** denial, disavowal. - **3.** (*Widersprechen*) contradiction. - **4.** (*öffentlicher Widerruf*) disclaimer, retraction.

Leuk·ämie [lɔykɛ'miː] f ⟨-; -n [-ən]⟩ med. leuk(a)emia, auch leuc(a)emia. — **leukämisch** [lɔy'kɛːmɪʃ] adj leuk(a)emic, auch leuc(a)emic.

Leu·ko|ba·se [lɔyko'baːzə] f chem. leuco base. — **~'der·ma** [-'dɛrma] n ⟨-s; -men⟩, **~der'mie** [-dɛr'miː] f ⟨-; no pl⟩ med. leukoderma, auch leucoderma.

leu·ko·krat [lɔyko'kraːt] adj geol. leucocratic.

Leu·kom [lɔy'koːm] n ⟨-s; -e⟩ med. walleye; leucoma, auch leukoma (scient.).

Leu·ko·pa·thie [lɔykopa'tiː] f ⟨-; -n [-ən]⟩ med. leukopathy, auch leucopathy.

Leu·ko·pe·nie [lɔykope'niː] f ⟨-; -n [-ən]⟩ med. leukopenia, auch leucopenia.

Leu·ko·phan [lɔyko'faːn] m ⟨-(e)s; no pl⟩ min. leucophanite, auch leucophane.

Leu·ko·pla·kie [lɔykopla'kiː] f ⟨-; -n [-ən]⟩ med. leukoplakia, auch leucoplakia.

Leu·ko·plast¹ [lɔyko'plast] m ⟨-en; -en⟩ bot. leucoplast, leucoplastid.

Leu·ko·plast² (TM) n ⟨-(e)s; -e⟩ med. pharm. Am. adhesive tape (od. plaster), Br. sticking plaster.

Leu·ko·poe·se [lɔykopo'eːzə] f ⟨-; -n⟩ med. leukopoiesis, leucopoiesis.

Leu·kor·rhö [lɔyko'røː] f ⟨-; -en⟩, **Leukor'rhöe** [-'røː] f ⟨-; -n [-ən]⟩ med. whites pl; leukorrh(o)ea, auch leucorrh(o)ea (scient.). — **leu·kor'rhö·isch** adj leukorrh(o)eal, auch leucorrh(o)eal.

Leu·ko·to·mie [lɔykoto'miː] f ⟨-; -n [-ən]⟩ med. leucotomy, lobotomy.

Leu·ko·zyt [lɔyko'tsyːt] m ⟨-en; -en⟩ meist pl med. white blood corpuscle; leukocyte, auch leucocyte (scient.). — **Leu·ko'zy·ten,bil·dung** f cf. Leukopoese. — **leu·ko'zy·tisch** adj leukocytic, auch leucocytic.

Leu·ko·zy·to·pe·nie [lɔykotsytope'niː] f ⟨-; -n [-ən]⟩ med. leuko(cyto)penia, auch leuco(cyto)penia.

Leu·ko·zy·to·se [lɔykotsy'toːzə] f ⟨-; -n⟩ med. leukocytosis, auch leucocytosis.

Leu·mund ['lɔy,munt] m ⟨-(e)s; no pl⟩ reputation, repute: einen guten [üblen, schlechten] ~ haben to have a good [bad, poor] reputation (od. record); j-n in schlechten ~ bringen to ruin s.o.'s reputation, to defame s.o.'s character, to bring s.o. into disrepute.

'Leu·mund,zeug·nis n certificate of good conduct.

'Leut·chen pl colloq. (good) people (od. folk[s]): hört, (ihr) ~! listen, my good friends! das sind nette ~ they are nice people.

Leu·te ['lɔytə] pl **1.** people, men, persons, folk(s): die jungen ~ a) the young people, (the) youth sg, b) the young couple sg; nette ~ decent (od. nice) people; er hat Angst vor fremden ~n he is afraid of strangers; feine (od. vornehme) ~ people of quality, high society sg, gentlefolk(s) (rare); ~ von Rang und Stand people (od. men) of station (od. position); kleine ~ a) little people, b) fig. (Kinder) little folks, c) fig. (sozial niedrig) little people; es ist ja nicht wie bei armen ~n! colloq. humor. we have got everything! bring ein paar ~ mit bring some (od. a few) people (od. friends) along;

viele ~ many (*od.* numerous, quite a lot of) people; (die) ~ zusammenbringen to bring people together; sich unter die ~ mischen to mix (*od.* mingle) with (the) people; er kommt wenig unter die ~ he doesn't get out much among people; ~ aus dem Westen western people; die anderen ~ blieben noch the others stayed longer; er kann gut mit ~n umgehen he knows how to deal (*od.* get along) with (*od.* handle) people; diese (*od.* solche) ~ sind meist skrupellos this sort of people is mostly unscrupulous; für solche ~ habe ich nichts übrig I have no use for such people; wenn Sie das tun, sind wir geschiedene ~ *fig. colloq.* if you do that, I won't have anything to do with you any longer; es sind ~ bei ihm he has people (*od.* visitors) at his place; sie sind die ~ dazu they are the (right) men for that; aus Kindern werden ~ (*Sprichwort*) boys will be men (*od.* adults); → Kleid 2; Land 5. – **2.** die ~ people, society *sg*, *auch* the neighbors (*bes. Br.* neighbours), folks: was werden die ~ sagen? what will people say? es ist schon unter die ~ gekommen *colloq.* it's become public knowledge already; etwas unter die ~ bringen *colloq.* to make s.th. public; kümmere dich nicht um das Gerede der ~ don't pay any attention to what people say. – **3.** (*Beschäftigte, Untergebene*) people, staff *sg*, (*Arbeiter*) *auch* workers, (*Angestellte*) *auch* employees, (*Dienstboten*) *auch* servants, (*Soldaten*) *auch* men: er beschäftigt ungefähr 500 ~ he employs about 500 men; er verteilte die Arbeit auf seine ~ he divided the work amongst his men; er konnte keine ~ bekommen he couldn't get any workers; er kennt seine ~ *colloq.* he knows his people; ~ vom Bau *fig. colloq.* people in the know, specialists, experts. – **4.** (*Familie*) people, family *sg*, folks (*colloq.*): ich fahre zu meinen ~n *colloq.* I am going to see my family (*od. colloq.* folks). – **5.** (*Gruppe*) group *sg*, set *sg*, party *sg*, people: er ist keiner von unseren ~n he's not one of our group. – **6.** (*Angehörige einer Religion*) fellow believers, coreligionists. – **7.** (*Landsleute*) fellow countrymen, people.

'Leu·te|be,trü·ger *m* notorious cheat (*od.* swindler), imposter, charlatan. — ~,scheu *adj cf.* menschenscheu. — ~,schin·der *m* **1.** oppressor, slave driver (*auch fig.*), tormentor, (petty) tyrant. – **2.** *mil.* martinet (*auch fig.*). — ~,schin·de'rei [,ləytə-] *f* oppression, slave-driving (*auch fig.*), tormenting, (petty) tyranny.

Leut·nant ['ləytnant] *m* ⟨-s; -s, *rare* -e⟩ **1.** *mil.* second lieutenant. – **2.** *mil. aer. Am.* second lieutenant, *Br.* pilot officer. – **3.** ~ zur See *mar. Am.* ensign, *Br.* acting sub-lieutenant.

'Leut·nants|,rang *m* ⟨-(e)s; *no pl*⟩ *mil.* rank of lieutenant, lieutenancy: im ~ stehen to hold the rank of lieutenant. — ~,uni-,form *f* lieutenant's uniform.

'Leut,prie·ster *m röm.kath.* lay (*od.* people's) priest.

'leut,se·lig *adj* **1.** (*wohlwollend, umgänglich*) (*gegen*) affable (to, with), amiable (with): er ist ~ gegen jedermann he is affable to everybody. – **2.** (*freundlich herablassend*) (*gegen* toward[s]) condescending (in a kindly way). — 'Leut,se·lig·keit *f* ⟨-; *no pl*⟩ **1.** affability, amiability. – **2.** friendly condescension.

'Leu,wa·gen ['ləy-] *m* ⟨-s; -⟩ **1.** *Low G.* for Schrubber. – **2.** *mar.* horse.

Leu·zit [ləy'tsiːt; -'tsɪt] *m* ⟨-s; -e⟩ *min.* leucite.

Le·va·de [le'vaːdə] *f* ⟨-; -n⟩ (*in der Hohen Schule*) levade.

Le'van·te,vi·per [le'vantə-] *f zo.* Levant viper (*Vipera lebetina*).

Le·van·ti·ne [levan'tiːnə] *f* ⟨-; *no pl*⟩ (*textile*) levantine.

Le·van'ti·ner *m* ⟨-s; -⟩ Levantine, Levanter. — le·van'ti·nisch *adj* Levantine.

Le·va·tor [le'vaːtɔr] *m* ⟨-s; -en [-va'toːrən]⟩ **1.** *med.* levator (muscle), elevator. – **2.** *zo.* elevator.

Le·vee [lə've:] *f* ⟨-; -s⟩ *mil. obs.* recruitment (*od.* levy, enlistment) of soldiers.

Le·ver [lə've:] *n* ⟨-s; -s⟩ *hist.* (*Morgenempfang*) levee.

Le·via·than [le'viːatan; -'viːa:tan] *m* ⟨-s; *no pl*⟩ *myth.* (*Meerungeheuer*) leviathan, Leviathan.

Le·vi·rat [levi'raːt] *n* ⟨-(e)s; -e⟩, Le·vi·'rats,ehe *f bes. Bibl.* levirate.

Le·vit [le'viːt] *m* ⟨-en; -en⟩ **1.** *Bibl.* Levite. – **2.** *pl röm.kath.* acolytes at high mass. – **3.** *only in* j-m die ~en lesen *fig. colloq.* to read s.o. a lecture, to give s.o. a talking-to, to read the riot act to s.o., to give s.o. a telling-off (*colloq.*) (*od. sl.* ticking-off).

Le·vi·ti·kus [le'viːtikus] *m* ⟨-; *no pl*⟩ *Bibl.* (3. *Buch Mose*) Leviticus.

le'vi·tisch *adj relig.* of (*od.* relating to) the Levites, Levitical, *auch* Levitic.

Lev·ko·je [lɛf'koːjə] *f* ⟨-; -n⟩ *bot.* stock, gillyflower, *auch* gilliflower (*Gattg Matthiola*).

Lew [lɛf] *m* ⟨-(s); -a ['lɛva]⟩ *econ.* lev (*monetary unit of Bulgaria*).

Le·wi·sit [lui'siːt; -'sɪt] *n* ⟨-s; *no pl*⟩ *chem. mil.* (*Kampfgas*) lewisite ($C_2H_2AsCl_3$).

Lex [lɛks] *f* ⟨-; Leges ['leːgɛs]⟩ *jur.* lex, law.

Le·xem [lɛ'kseːm] *n* ⟨-s; -e⟩ *ling.* lexeme (*lexical unit*).

Le·xi·gra·phie [lɛksigra'fiː] *f* ⟨-; *no pl*⟩ *ling.* lexigraphy. — le·xi·'gra·phisch [-'graːfɪʃ] *adj* lexigraph(ic)al.

le·xi·kal [lɛksi'kaːl], le·xi·ka·lisch *adj* lexical.

Le·xi·ko·graph [lɛksiko'graːf] *m* ⟨-en; -en⟩ lexicographer. — Le·xi·ko·gra'phie [-gra'fiː] *f* ⟨-; *no pl*⟩ lexicography. — le·xi·ko·'gra·phisch *adj* lexicographic(al).

Le·xi·ko·lo·gie [lɛksikolo'giː] *f* ⟨-; *no pl*⟩ **1.** (*Lexikonkunde*) lexicography. – **2.** (*Wort[schatz]kunde*) lexicology. — le·xi·ko·'lo·gisch [-'loːgɪʃ] *adj* lexicologic(al).

Le·xi·kon ['lɛksikon] *n* ⟨-s; -ka [-ka], *auch* -ken⟩ **1.** (*Konversationslexikon, Enzyklopädie*) encyclop(a)edia: ein ~ herausgeben a) (*vom Herausgeber*) to edit an encyclop(a)edia, b) (*vom Verlag*) to publish an encyclop(a)edia; ein ~ in 12 Bänden, ein zwölfbändiges ~ an encyclop(a)edia in 12 volumes; du kommst (noch) ins ~ *colloq. iron.* you'll get into (*od.* have your name in) Who's Who (yet); er ist ein wandelndes (*od.* lebendes, lebendiges) ~ *colloq.* he is a walking encyclop(a)edia. – **2.** (*Wörterbuch*) dictionary, lexicon: ein englisch-deutsches ~ an English-German dictionary; ein Fremdwort im ~ nachsehen (*od.* nachschlagen) to look up a foreign word in a dictionary. – **3.** (*Fachwörterbuch*) (technical) dictionary, glossary, encyclop(a)edia: ~ für Medizin medical dictionary. — ~for,mat *n print.* lexicon format. — ~ok,tav *n* lexicon octavo.

le·xisch ['lɛksɪʃ] *adj ling.* lexical.

Le·zi·thin [letsi'tiːn] *n* ⟨-s; *no pl*⟩ *chem.* lecithin.

L'hom·bre ['lõːbər; lõːbr] (*Fr.*) *n* ⟨-; *no pl*⟩ (*games*) *cf.* Lomber.

Li·ai·son [liɛ'zõː; ljɛ'zõ] (*Fr.*) *f* ⟨-; -s⟩ **1.** (*Liebesverhältnis*) liaison, love affair. – **2.** *ling.* (*Bindung*) liaison. – **3.** *gastr.* thickening.

Lia·ne ['liːanə] *f* ⟨-; -n⟩ *meist pl bot.* liana, liane, bushrope.

Li·as ['liːas] *m*, *f* ⟨-; *no pl*⟩ *geol.* Lias, *auch* Lyas. — ~for·ma·ti,on *f* Lias (formation).

li·as·sisch [li'asɪʃ] *adj geol.* Liassic.

Li·ba·ne·se [liba'neːzə] *m* ⟨-n; -n⟩ Lebanese. — li·ba'ne·sisch *adj* Lebanese.

'Li·ba·non,ze·der [li'baːnon-] *f bot.* cedar of Lebanon (*Cedrus libani*).

Li·ba·ti·on [liba'tsioːn] *f* ⟨-; -en⟩ *relig.* (*altröm. Trankopfer*) libation.

Li·bell [li'bɛl] *n* ⟨-s; -e⟩ **1.** *antiq.* (*Klageschrift*) libellus. – **2.** (*Schmähschrift*) libel.

Li·bel·le [li'bɛlə] *f* ⟨-; -n⟩ **1.** *zo.* a) dragonfly (*Ordng Odonata, bes. Unterordng Anisoptera*), b) damselfly, naiad (*Unterordng Zygoptera*). – **2.** *tech.* a) (*der Wasserwaage*) (spirit) level, b) (*Glasröhrchen*) vial: die ~ einspielen lassen to center (*bes. Br.* centre) the bubble in a level.

Li'bel·len,sex,tant *m* bubble (*od.* spirit-level) sextant.

Li·bel·list [libɛ'lɪst] *m* ⟨-en; -en⟩ libeler, *bes. Br.* libeller.

li·be·ral [libe'raːl] *adj* **1.** (*vorurteilslos*) liberal, broad- (*od.* open-)minded: ~e Ansichten haben, ~ in seinen Ansichten sein to have (*od.* hold) liberal views, to be broad-minded. – **2.** *pol.* Liberal: ~e Partei Liberal Party; ~e Weltunion World Liberal Union.

Li·be'ra·le *m*, *f* ⟨-n; -n⟩ *pol.* Liberal.

li·be·ra·li·sie·ren [liberali'ziːrən] *v/t* ⟨*no* ge-, h⟩ *bes. econ.* (*Handel, Importe etc*)

---

liberalize. — Li·be·ra·li·'sie·rung *f* ⟨-; -en⟩ liberalization.

Li·be·ra·lis·mus [libera'lɪsmus] *m* ⟨-; *no pl*⟩ liberalism, *pol. relig. auch* Liberalism.

li·be·ra·li·stisch [libera'lɪstɪʃ] *adj* **1.** liberalistic, *auch* liberalist. – **2.** (*extrem liberal*) laissez-faire, *auch* laisser-faire (*beide attrib*): ~e Richtung *econ. pol.* laissez-faire school.

Li·be·ra·li·tät [liberali'tɛːt] *f* ⟨-; *no pl*⟩ **1.** liberality, broad- (*od.* open-)mindedness. – **2.** (*Großzügigkeit*) generosity.

Li·be·ria·ner [libe'rïaːnər] *m* ⟨-s; -⟩ Liberian. — li·be·ria·nisch [-'rïaːnɪʃ] *adj* Liberian.

Li·be·ri·er [li'beːrïər] *m* ⟨-s; -⟩ Liberian. — li'be·risch [-rɪʃ] *adj* Liberian.

Li·be·ro ['liːbero] *m* ⟨-s; -s⟩ (*sport*) (*beim Fußball etc*) sweeper, free back.

Li·ber'tät [libɛr'tɛːt] *f* ⟨-; -en⟩ *hist.* the liberty (*od.* privilege) of the estates under absolutism.

Li·ber·tin [libɛr'tɛ̃ː] *m* ⟨-s; -s⟩ *obs.* libertine.

Li·bi·di·nist [libidi'nɪst] *m* ⟨-en; -en⟩ libidinous person. — li·bi·di·nös [-'nøːs] *adj* libidinous, libidinal.

Li·bi·do [li'biːdo] *f* ⟨-; *no pl*⟩ *psych.* libido.

Li·bra·ti·on [libra'tsioːn] *f* ⟨-; -en⟩ *meteor. astr.* (*bes. des Mondes*) libration.

Li·bret·tist [librɛ'tɪst] *m* ⟨-en; -en⟩ *mus.* librettist.

Li·bret·to [li'brɛto] *n* ⟨-s; -s *u.* -ti [-ti]⟩ *mus.* libretto.

Li·by·er ['liːbyər] *m* ⟨-s; -⟩ Libyan. — 'li·bysch [-byʃ] **I** *adj* Libyan. – **II** *ling.* L~ ⟨*generally undeclined*⟩, das L~e ⟨-n⟩ Libyan.

Li·che·no·lo·ge [liçeno'loːgə] *m* ⟨-n; -n⟩ *bot.* lichenologist. — Li·che·no·lo'gie [-lo·'giː] *f* ⟨-; *no pl*⟩ lichenology. — li·che'nös [-'nøːs] *adj* lichenose, lichenous.

Licht [lɪçt] *n* ⟨-(e)s; -er, *obs. u. poet.* -e⟩ **1.** light: helles [blendendes, grelles] ~ bright [blinding *od.* dazzling, glaring] light; künstliches [elektrisches] ~ artificial [electric] light; kaltes [fahles, trübes] ~ cold [wan, dim] light; ~ und Schatten light and shade; das Ewige ~ *relig.* the eternal light; das ~ des Tages the light of day, daylight; ~ machen, das ~ anmachen (*od.* andrehen, anknipsen) to turn (*od.* put, switch) the light on; das Licht ausmachen (*od.* ausdrehen, ausknipsen) to turn (*od.* put, switch) the light out; das ~ ist an [aus] the light is (switched) on [off]; das ~ anlassen to keep the light on; das ~ ging aus the light went out; im ganzen Haus brannte ~ there were lights all over the house; das Zimmer hat nicht genug ~ the room does not get enough light; ~ spenden to give light; (elektrisches) ~ legen lassen to have electricity installed; etwas gegen das (*od.* ans) ~ halten to hold s.th. up to (*od.* against the) light; bei ~ arbeiten to work in artificial light; j-m im ~ stehen to stand (*od.* be) in s.o.'s light; sich (*dat*) selbst im ~ stehen a) to stand in one's own light, b) *fig. colloq.* to be in one's own way, to do oneself down; geh mir aus dem ~ get out of my light; etwas ans (*od.* ins) ~ rücken to move s.th. to the light; ein Bild ins rechte ~ hängen to hang a picture in a good light; er versteht es, seine Verdienste ins rechte ~ zu rücken (*od.* setzen, stellen) *fig.* he knows how to present his merits to their best advantage; sich [etwas] ins rechte (*od.* in ein vorteilhaftes) ~ rücken, sich [etwas] im besten ~ zeigen *fig.* to present oneself [s.th.] to one's [its] best advantage; etwas in ein falsches ~ rücken *fig.* to misrepresent s.th., to portray s.th. in a false light, to put a false (*od.* wrong) complexion (*od.* slant) on s.th.; in einem ungünstigen (*od. colloq.* schiefen) ~ stehen (*od.* erscheinen) *fig.* to be (*od.* appear) in an unfavo(u)rable light; sich in einem neuen ~ zeigen *fig.* to show oneself in a new light, to reveal a new side of one's character; sich im wahren ~ zeigen *fig.* to show oneself in one's true colo(u)rs; ~ in eine Angelegenheit bringen *fig.* to throw (*od.* shed) light upon a matter; die Wahrheit ans ~ bringen *fig.* to bring the truth to light, to disclose (*od.* unearth) the truth; diese Dinge werden doch eines Tages ans ~ kommen *fig.* these things will come to light one day; das ~ der Welt erblicken *fig. lit.* to (first) see the light of day, to be born; das ~

scheuen *fig.* to shun the light; das wirft ein schlechtes ~ auf dich *fig.* that throws a bad light (up)on you, that shows you (up) in a bad light; die wiederholten Lügen warfen ein ungünstiges Licht auf den Angeklagten *fig.* the repeated lies put the accused in an unfavo(u)rable light; (sich *dat*) etwas bei ~ betrachten *fig.* to examine s.th. closely; bei ~(e) besehen ist alles gar nicht so schlimm *fig.* when you come to look at it more closely (*od.* on closer examination) the matter is not (half) as bad as it seems; an diesem Tag sah sie die ganze Welt in einem rosigen ~ *fig.* on this day she saw the whole world through rose-colo(u)red spectacles; j-n hinters ~ führen *fig. colloq.* to deceive (*od.* dupe, hoodwink) s.o., to take s.o. in, to pull the wool over s.o.'s eyes; mir geht ein ~ auf *fig. colloq.* I see the light, I see daylight, it dawns on me; er ließ sein ~ (*od.* das ~ seiner Weisheit) scheinen (*od.* leuchten) *fig. humor.* he let his light shine; wo viel ~ ist, ist auch viel Schatten (*Sprichwort*) strong lights cast deep shadows; kein großes ~ sein *fig. colloq.* not to be a shining light (*od.* a genius), not to be very bright (*od.* one of the brightest). – **2.** (*Helle*) brightness. – **3.** (*Beleuchtung*) illumination, lighting. – **4.** (*Tageslicht*) daylight. – **5.** ⟨*pl auch* -e⟩ (*Kerze*) candle: ein ~ anzünden (*od.* anstecken) [ausblasen] to light [to blow out] a candle; ein ~ putzen to snuff a candle; ein ~ aufstecken to put (*od.* fix) a candle in a candlestick; die ~er (*poet.* ~e) auf den Weihnachtsbaum aufstecken to put the candles on the Christmas tree; j-m ein ~ aufstecken *fig. colloq.* to open s.o.'s eyes, to put s.o. wise; du solltest nicht dein ~ unter den Scheffel stellen *fig.* you shouldn't hide your light under a bushel. – **6.** *cf.* Irrlicht. – **7.** (*art*) (high)light: der Maler setzte noch einige ~er auf the painter put in a few highlights (*od.* light patches *od.* parts). – **8.** *phys.* light: auffallendes (*od.* einfallendes) [durchfallendes] ~ incident [transmitted] light; einfarbiges ~ monochromatic (*od.* homogenous) light; ~ und Wärme betreffend photothermic. – **9.** *mar.* light: ~er führen to carry lights. – **10.** *pl hunt.* (*Augen des Haar- u. Schalenwildes*) eyes.

licht *adj* ⟨-er; -est⟩ **1.** (*hell*) light, bright, lucid (*poet.*): ein ~es Zimmer a bright room; ~e Farben bright (*od.* gay) colo(u)rs; ein ~es Blau a light blue; es wird ~ it is getting light; am ~en Tag in broad daylight. – **2.** (*Haare*) thin, sparse. – **3.** (*Wald*) thin, open, clear. – **4.** (*Maschen*) wide, open. – **5.** (*in Wendungen wie*) ~e Augenblicke (*od.* Momente) haben *psych. auch fig.* to have lucid moments (*od.* intervals). – **6.** ⟨*attrib*⟩ *tech.* ~er Durchmesser inside diameter; ~e Weite eines Rohres inside diameter of a tube. – **7.** ⟨*attrib*⟩ *civ.eng.* clear: ~e Weite einer Brücke clear span of a bridge; ~e Höhe einer Brücke clearance (*od.* headroom) of a bridge; ~er Raum space in the clear, clearance. – **8.** *print.* (*Schrift*) open.

'**Licht**|**ab·ga·be** *f* emission of light. — **l~ab·hän·gig** *adj biol.* light-dependent. — **~ad·ap·ti·on** *f med.* (*des Auges*) light adaptation, photopia (*scient.*). — **~ag·gre·gat** *n electr.* lighting set. — **~an·la·ge** *f* lighting system (*od.* equipment). — **~an·las·ser** *m auto.* starter generator (*od.* dynamo). — **~an·pas·sungs·bril·le** *f* (*optics*) light-adaptation spectacles *pl.* — **~an·ten·ne** *f electr.* mains antenna (*bes. Br.* aerial). — **l~arm** *adj* badly (*od.* poorly) lit. — **~aus·strah·lung** *f* light radiation, radiation of light. — **~bad** *n med.* light bath. — **~be·dürf·nis** *n biol.* light requirement: hohes ~ photophily. — **l~be·dürf·tig** *adj biol.* requiring light. — **~be·hand·lung** *f med.* light treatment, phototherapy, actinotherapy, (*durch Sonne*) *auch* heliotherapy. — **~be·stän·dig** *adj cf.* lichtecht. — **~beu·gung** *f phys.* diffraction of light. — '**Licht**|**bild** *n phot.* **1.** photo(graph), photographic picture: farbiges ~ colo(u)r photograph, heliochrome (*scient.*). – **2.** (*Diapositiv*) (lantern) slide. – **3.** (*an die Wand projiziertes*) projection. — '**Licht**|**bil·der·vor·trag** *m cf.* Lichtbildvortrag. — '**Licht**|**bild·kunst** *f* (art of) photography. — '**licht**|**bild·lich** *adj* photographic.

'**Licht**|**bild·ner** *m* ⟨-s; -⟩ *obs.* photographer. — '**Licht**|**bild**|**vor·trag** *m* slide lecture. — **~wer·fer** *m phot.* projector. — '**licht**|**blau** *adj* light- (*od.* pale-)blue. — '**Licht**|**blen·de** *f* **1.** *phot.* diaphragm, stop. – **2.** (*theater, film*) barn door. — **~blick** *m* bright spot, ray (*od.* gleam) of hope: wenigstens ein ~ at least a ray of hope; das ist der einzige ~ in ihrem einsamen Leben that is the only bright spot in her lonely life. — **~blitz** *m mil.* (*bei Detonationen*) flash. — '**Licht**|**bo·gen** *m electr.* (electric) arc: Löschung des ~s extinction of the arc; mit dem ~ schweißen *tech.* to arc-weld. — **~bil·dung** *f* arcing. — **~koh·le** *f* arc-lamp carbon. — **~schwei·ßung** *f tech.* arc welding. — **~trieb·werk** *n* (*space*) arc jet. — '**licht**|**bre·chend** *adj* (*optics*) refracting, refractive; dioptric, *auch* dioptrical (*scient.*). — '**Licht**|**bre·chung** *f* (*optics*) refraction (of light), optical refraction. — '**Licht**|**bre·chungs**|**leh·re** *f* (*optics*) dioptrics *pl* (*construed as sg*). — **~ver·mö·gen** *n* refractivity, (optical) refractive power. — '**Licht**|**bün·del**, **~bü·schel** *n* (*optics*) light (*od.* luminous) beam, pencil of rays. — **~der·ma·ti·tis** *f med.* solar dermatitis, actinodermatitis. — **l~dicht** *adj* lightproof, *Br.* light-proof, lighttight, *Br.* light-tight, impervious to light. — **~dich·te** *f* (*optics*) light density. — '**Licht**|**druck** *m print.* **1.** ⟨*only sg*⟩ (*Verfahren*) phototypy, collotypy. – **2.** (*Druckerzeugnis*) phototype, collotype, heliotype, artotype. — **~ät·zung** *f* photoprint. — **~bild** *n* phototype. — **~plat·te** *f* **1.** *print.* phototype. – **2.** *phot.* collotype, plate for collotype process. — **~ver·fah·ren** *n cf.* Lichtdruck 1.

'**licht**|**durch·läs·sig** *adj* pervious to light, translucent, transparent, light-transmissive (*od.* -transmitting). — '**Licht**|**durch·läs·sig·keit** *f* ⟨-; *no pl*⟩ perviousness to light, translucence, translucency, transparency, light transmission. — '**Lich·te** *f* ⟨-; *no pl*⟩ *civ.eng. tech.* **1.** (*einer Brücke etc*) clear span. – **2.** (*Innendurchmesser*) inside (*od.* internal) diameter. — '**licht**|**echt** *adj* lightproof, *Br.* light-proof, light-resisting, resistant to light (*od.* fading), *bes. Am.* lightfast, *bes. Br.* fade-proof, (*bes. Stoffe*) nonfading. — '**Licht**|**echt·heit** *f* fastness (*od.* resistance) to light. — '**Licht**|**echt·heits·pro·be** *f* (*textile*) light (*od.* exposure) test. — **~ef·fekt** *m* light(ing) effect. — **~ein·fall** *m* **1.** incidence of light. – **2.** *phot.* light leakage. — **~ein·wir·kung** *f* action of light. — **l~elek·trisch** [-ʔe̯lɛk·trɪʃ] *adj* photoelectric, *Br.* photo-electric, actinoelectric, *Br.* actino-electric. — '**licht**|**emp·find·lich** *adj* **1.** sensitive to light. – **2.** (*optics*) *phot.* a) (light-)sensitive, photosensitive, b) (*empfindlich gemacht*) sensitized: etwas ~ machen to sensitize (*od.* excite) s.th.; ~es Papier sensitized paper. — '**Licht**|**emp·find·lich·keit** *f* ⟨-; *no pl*⟩ **1.** sensitivity to light. – **2.** *phot.* photosensitivity, speed. — '**Licht**|**emp·find·lich·keits·mes·ser** *m* (*optics*) *phot.* sensitometer. — **~emp·fin·dung** *f* (*optics*) perception of light. — **lich·ten**[1] ['lɪçtən] **I** *v/t* **1.** (*Wald*) clear. – **2.** *fig.* (*verringern*) thin (out): die Reihen der Soldaten wurden gelichtet the ranks of the soldiers were thinned. – **II** *v/reflex* sich ~ **3.** get (*od.* grow) thin(ner), be thinning (out): allmählich lichteten sich die Reihen the rows were gradually thinning (out); sein Haar lichtet sich schon his hair is getting thin, he is getting thin on top; dort lichtet sich der Wald the forest gets thinner (*od.* less dense) there. – **4.** clear up, become brighter: das Dunkel lichtet sich a) it's clearing up, it's getting brighter, b) *fig.* I'm beginning to see the light. – **III L~** *n* ⟨-s⟩ **5.** *verbal noun.* **lich·ten**[2] **I** *v/t* ⟨h⟩ den Anker ~ *mar.* to weigh anchor. – **II L~** *n* ⟨-s⟩ *verbal noun.* '**Licht**|**ener·gie** *f phys.* luminous (*od.* radiant) energy, energy of light. — **~ent·fer·nungs·mes·ser** *m* astigmatizer. — '**Lich·ter**|**baum** *m* Christmas tree. — **~flut** *f* stream (*od.* blaze, dazzle) of light. — **~füh·rung** *f mar.* lights *pl* carried, running lights *pl.* — **~glanz** *m* bright light(s *pl*): die Straßen der Innenstadt im weihnachtlichen ~ the streets of the city with their bright Christmas illumination.

'**lich·ter**|'**loh** *adv* ~ brennen a) to be ablaze, b) *fig.* (*verliebt sein*) to be on fire. — '**Lich·ter**|**meer** *n* sea of lights: das ~ der Großstadt bei Nacht the sea of lights of the big city at night. — '**Licht**|**er·schei·nung** *f* (*optics*) light (*od.* optical) phenomenon (*od.* effect). — **l~er·zeu·gend** *adj* **1.** *biol.* photogenic. – **2.** *phys.* producing (*od.* generating) light. — **~fil·ter** *n, m* (*optics*) light (*od.* ray, color, *bes. Br.* colour) filter. — **~fin·ger·schein·wer·fer** *m auto.* sealed beam headlamp. — **~fleck** *m* fleck (*od.* speck) of light. — **~fluß** *m* (*optics*) luminous (*od.* light) flux. — **~fort·pflan·zung** *f* light transmission, transmission of light. — **~ge·schwin·dig·keit** *f* speed (*od.* velocity) of light. — **~ge·stalt** *f poet.* luminous figure (*od.* vision, image). — **~git·ter** *n civ.eng.* light-admitting grille. — **~heil·ver·fah·ren** *n med.* phototherapy, heliotherapy. — '**Licht**|**hof** *m* **1.** *civ.eng.* patio. – **2.** *phot.* halo, *auch* halation. – **3.** (*optics*) blur circle. – **4.** *astr.* halo. — **~bil·dung** *f phot.* halation. — **l~frei** *adj* nonhalation (*attrib*). — **~schutz** *m*, **~schutz·schicht** *f* antihalation backing. — '**Licht**|**hu·pe** *f auto.* headlight flash(er). — **~hüt·chen** *n* (candle) snuffer. — **~jahr** *n astr.* light-year. — **~ka·bel** *n electr.* electric light cable. — **~ka·sten** *m med.* **1.** (*beim Röntgen*) viewing box. – **2.** (*für die Therapie*) electric cradle. — **~ke·gel** *m* **1.** (*optics*) cone (*od.* beam) of light, luminous cone. – **2.** (*einer Taschenlampe etc*) searchlight beam. — **~kreis** *m astr.* **1.** (*um den Mondrand*) annulus. – **2.** (*bes. der Sonne*) photosphere. — **~kup·pel** *f civ.eng.* domelight. — '**Licht**|**lein** *n* ⟨-s; -⟩ *dim. of* Licht. — '**Licht**|**lei·stung** *f electr.* luminous efficiency. — **~lei·ter** *m phys.* light conductor. — **~lei·tung** *f electr.* lighting circuit (*od.* mains *pl*): eine ~ legen to install(l) lighting wiring. — **l~lie·bend** *adj biol.* light-loving, photophilous (*scient.*). — **l~los** *adj* without light, lightless, sunless, aphotic (*scient.*). — **~ma·le·rei** *f* (*art*) highlight painting. — **~ma·schi·ne** *f auto. Br.* dynamo, *Am.* generator. — **~mast** *m electr.* lighting pole. — '**Licht**|**meß** [-ˌmɛs] *only in* (Mariä) ~ *röm. kath.* Candlemas, Purification (of the Virgin Mary), *Am.* Groundhog Day. — '**Licht**|**meß**|**bat·te·rie** *f mil.* flash-ranging battery. — **~dienst** *m* flash-ranging service. — '**Licht**|**mes·sen** *n mil.* flash ranging. — **~mes·ser** *m* **1.** *tech.* light meter. – **2.** *phot.* a) photometer, b) *cf.* Belichtungsmesser. — **~mes·sung** *f* **1.** *phys.* photometry. – **2.** *phot.* exposure control. — **~nel·ke** *f bot.* a) lampflower, catchfly, lychnis (*scient.*) (*Gattg Lychnis*), b) campion (*Gattgen Lychnis u. Silene*): Virginische ~ fire pink (*Silene virginica*); Rote ~ red campion (*Melandryum diurnum*). — **~netz** *n electr.* lighting circuit (*od.* mains *pl*), electric supply line. — **~nuß·baum** *m bot.* candlenut (*Aleurites moluccana*). — **~or·gel** *f* (*theater, film*) lighting console. — '**Licht**|**paus**|**an·stalt** *f* photocopying establishment. — **~ap·pa·rat** *m* photocopier, (photo)copying apparatus. — '**Licht**|**pau·se** *f phot.* **1.** photocopy, photoprint. – **2.** (*Blaupause*) blueprint. – **3.** (*Rotpause*) red print. — '**Licht**|**paus**|**ge·rät** *n cf.* Lichtpausapparat. — **~pa·pier** *n* photocopy(ing) (*od.* photoprint) paper. — **~ver·fah·ren** *n* heliographic printing. — '**Licht**|**punkt** *m* **1.** bright (*od.* luminous) point. – **2.** *fig.* bright spot. — **~put·ze** [-ˌpʊtsə] *f* ⟨-; -n⟩, **~putz·sche·re** *f* (candle) snuffers *pl* (*construed as sg or pl*). — **~quant** *n phys.* light quantum, quantum of radiation. — **~quel·le** *f* source of light, luminous source. — **~recht** *n jur.* light (*right to the unobstructed access of light to one's window*). — **~re·flex** *m* light reflection (*Br. auch* reflexion), reflex. — **~re·gi·on** *f biol.* (*des Meeres*) photic region (*od.* zone). — **~reg·ler** *m phot.* exposure control. — **~reiz** *m biol.* luminous stimulus. — **~re·kla·me** *f cf.* Leuchtreklame. — **~re·lais** *n electr.* light relay. — **~rös·chen** *n*, **~ro·se** *f bot. cf.* Lichtnelke. — **~ruf**|**an·la·ge** *f tech.* light-signal (*od.* luminous) call system. — **~satz** *m print.* phototypography. — **~,schacht** m **1.** light shaft, (light) well. – **2.** phot. focus(s)ing hood. — **~,schal·ter** n electr. light switch. — **~,schein** m gleam (of light), shine, luster, bes. Br. lustre. – **~,sche·re** f (candle) snuffers pl (construed as sg or pl).

'licht,scheu I adj **1.** shunning (od. avoiding) the light. – **2.** fig. contempt. shady: **~es** Gesindel, **~e** Elemente the underworld, shady characters (colloq.). – **3.** biol. med. photophobic, auch photophobe, heliophobous, auch heliophobic, lucifugous, auch lucifugal. – **II L~** f **4.** dislike (od. dread) of (od. aversion to) light. – **5.** med. biol. photophobia, heliophobia.

'Licht,schim·mer m gleam (od. glimmer) of light, shine. — **~,schirm** m (light) screen. — **~,schleu·se** f phot. light trap, light-trapped entrance (to darkroom). — **~schluckend** (getr. -k·k-) adj phys. light-absorbing, optically absorptive. — **~schutz** m protection against light. — **l~schwach** adj of low light intensity, faint, dim. — **~,sei·te** f sunny (od. bright) side: auf der **~** des Lebens stehen fig. to be on the sunny side of life. — **~,setzma,schi·ne** f print. photocomposing machine.

'Licht·si,gnal n **1.** light (od. luminous, flash) signal. – **2.** (Ampellicht) traffic light. – **3.** (Blinklicht) flashlight, flashing light. – **4.** auto. flash signal: j-m ein **~** geben to flash one's lights at s.o. — **~,an,la·ge** f light-signal system.

'Licht,spalt m crack of light. — **~,leh·re** f tech. light gap ga(u)ge. — **~ver,fah·ren** n light gap method.

'Licht,spek·trum n phys. light spectrum.

'Licht,spiel n **1.** bes. Br. film, Br. colloq. picture, bes. Am. motion picture, bes. Am. colloq. movie. – **2.** pl cf. Lichtspielbühne. — **~,büh·ne** f, **~,haus** n, **~,thea·ter** [-te,a:tər] n Br. cinema, picture house, Am. (motion) picture (od. colloq. movie) theater.

'licht,stark adj **1.** (Stern etc) bright, luminous, brilliant, of high luminous intensity. – **2.** phot. (Objektiv) fast, high-speed (attrib). – **3.** (optics) high-power (od. -luminous) (attrib).

'Licht,stär·ke f **1.** intensity of light, luminous intensity, luminosity, brightness, brilliancy. – **2.** (von Glühbirnen) candle-power. – **3.** phot. speed, F-number. – **4.** (optics) power. — **~,mes·ser** m phys. photometer. — **~,mes·sung** f photometry.

'Licht,star·re f med. (der Pupille) fixed pupil. — **~,stein,druck** m print. photolithography. — **~,steu·er·ge,rät** n electr. light monitoring device. — **~,steue·rung** f (theater) light modulation (od. control). — **~,strahl** m **1.** ray (od. shaft, beam) of light, light (od. luminous) ray. – **2.** fig. cf. Lichtblick. — **~,strah·len,mes·ser** m phys. actinometer. — **~,strah·len,wir·kung** f chem. phys. actinism. — **~,strah·lung** f radiation of light. — **~,strei·fen** m streak of light. — **~,streu·ung** f phys. diffusion of light. — **~,strom** m **1.** phys. luminous flux. – **2.** electr. lighting current. — **~,stumpf** m stump (od. stub, end) of a candle. — **~,tech·nik** f electr. **1.** light current (od. lighting) engineering. – **2.** (Beleuchtungstechnik) lumination. — **~,teil·chen** n phys. light corpuscle, photon. — **~the·ra,pie** f med. phototherapy, heliotherapy.

'Licht,ton m phot. sound-on-film. — **~,auf,nah·me** f photographic sound-film recording. — **~ver,fah·ren** n sound-(on-)film process.

'licht,un,durch,läs·sig adj impervious to light, opaque. — **L~,un,durch,läs·sig·keit** f ⟨-; no pl⟩ imperviousness to light, opacity, opaqueness. — **~,un,echt** adj (textile) fading, fugitive. — **~,un·emp,find·lich** adj light-insensitive, insensitive (od. not sensitive) to light: etwas **~** machen phot. to desensitize s.th.

'Lich·tung f ⟨-; -en⟩ **1.** cf. Lichten[1] u. [2]. – **2.** (im Wald) clearing, opening, glade.

'Licht|ver,brauch m electr. current consumed for lighting, lighting current consumption. — **~ver,hält·nis·se** pl lighting conditions. — **~ver,stär·kung** f phys. light amplification. — **~ver,tei·lung** f (bes. art) distribution of light, lighting. — **l~voll** adj fig. (klar, einleuchtend) lucid, clear. — **~,wech·sel** m astr. light variation. — **~,weg** m phys. light path. — **~,wei·te** f tech. inside

width. — **~,wel·le** f phys. light wave. – **l~wen·dig** adj biol. phototropic. — **~,wen·dig·keit** f phototropism. — **~,wert** m phot. exposure (od. light) value. — **~,wir·kung** f action (od. effect) of light, luminous effect. — **~,wurz** f bot. cf. Schöllkraut. — **~,zei·chen** n light signal. — **~,zeit** f astr. light-time. — **~zer,le·gung** f phys. **1.** (von Licht) decomposition of light. – **2.** (durch Licht) photolysis. — **~zer,streu·ung** f dispersion of light.

Lid [li:t] n ⟨-(e)s; -er⟩ (eye)lid: die **~er** heben [senken] to raise [to lower] one's eyelids; die **~er** zusammenkneifen to half-close one's eyelids; seine **~er** zuckten his eyelids twitched; schwere **~er** haben to have heavy eyelids.

li·dern ['li:dərn] v/t ⟨h⟩ **1.** mil. (Rohrwaffen) obturate. – **2.** tech. pack (s.th.) with leather, gasket. — **'Li·de·rung** f ⟨-; -en⟩ **1.** mil. obturation. – **2.** tech. gasket, packing.

'Lid|,knor·pel m zo. palpebral (od. tarsal) cartilage, tarsus. — **~,krampf** m med. spasm of the eyelids, blepharospasm (scient.).

Li·do ['li:do] m ⟨-s; -s, auch Lidi [-di]⟩ **1.** geol. barrier beach. – **2.** (bathing) beach, lido: der **~** (bei Venedig) (the) Lido.

'Lid|pin,zet·te f med. lid forceps. — **~,schat·ten** m (cosmetics) eye shadow. — **~,spalt** m med. palpebral fissure. — **~,win·kel** m angle of the eye, canthus (scient.).

lieb [li:p] **I** adj ⟨-er; -st⟩ **1.** (teuer, wert) dear: ein **~er** Freund a dear friend; **~e** Tante Anna (als Anrede) dear Aunt Anne; L**~er** Herr X (Anrede) dear Mr. X; wie geht es deiner **~en** Frau? how is the good lady? mein **~es** Kind auch iron. my dear child; er verlor alles, was ihm **~** war he lost everything that was dear to him; er ist mir **~** und wert he is very dear to me, I love and esteem him; diese Menschen sind mir **~** und teuer these people are near and dear to me; ja, die **~en** Verwandten! iron. oh, the dear relatives; wenn dir dein Leben **~** ist if you value your life; die **~e** Sonne the blessed sun; das **~e** Brot the daily bread; jaja, das **~e** Geld oh, money! yes, the root of all evil! um des **~en** Friedens willen for the sake of peace and quiet; sich **~** Kind bei j-m machen colloq. to worm oneself into s.o.'s favo(u)r (od. good graces), to ingratiate oneself with s.o.; bei j-m **~** Kind sein colloq. to be in s.o.'s good books (od. graces), to be s.o.'s pet; er hat kaum das **~e** Leben he can hardly keep body and soul together; den **~en** langen Tag all day long, the livelong day; sie hat die **~en** langen Jahre gewartet she has waited during all those long years; manches **~e** Mal, manch **~es** Mal many a good time, many a time and oft; seine **~e** Not (od. Last, Sorge) mit j-m [etwas] haben colloq. to have a lot of trouble with s.o. [s.th.]; nun hat die **~e** Seele Ruh colloq. that's the lot, you had better be satisfied now; das weiß der **~e** Himmel! colloq. heaven (only) knows; du **~er** Himmel! du **~e** Güte (od. Zeit, Neune)! du **~es** bißchen! colloq. good heavens! goodness gracious! dear me! mein **~er** Mann (od. Schwan)! colloq. my dear chap, I can tell you! – **2.** (freundlich, nett) kind, good, nice: würden Sie so **~** sein, mir zu helfen (od. und mir helfen)? would you be so kind as to help me? will you be good enough to (od. be so good as to) help me? wie **~** von dir how kind of you; mit **~en** Grüßen with kind regards. – **3.** (reizend, liebenswert) dear, sweet, lovable, darling (attrib), pretty: ein **~es** Gesicht a sweet face; eine **~e** Stimme a sweet voice; ein **~es** kleines Mädchen a sweet little girl; ist das Baby nicht **~**? isn't the baby sweet? so ein **~es** Ding such a little darling; welch ein **~er** kleiner Garten what a pretty (od. darling) little garden; → Kerl **1.** – **4.** (brav, artig) good, well-behaved (attrib): sei **~**! be a good child, be good; so bist du **~** there's a good child; die Kinder waren sehr **~** the children behaved beautifully. – **5.** es ist mir **~**, daß I am glad that, I am pleased to hear that, it suits me fine that; es ist mir nicht **~**, daß I don't like it that, it doesn't suit me that; das ist mir gar nicht **~** I don't like that at all; es wäre mir lieb, wenn I would be glad if; er gab mir mehr, als mir **~** war he gave me more than I really wanted. – **6.** relig. Unsere L**~e** Frau Our Lady, the Blessed Virgin;

der **~e** Gott the good Lord. – **II** adv **7.** dearly, fondly: denk ein bißchen **~** an mich think fondly of me. – **8.** kindly: sie haben uns sehr **~** behandelt they treated us very kindly. – **9.** sweetly: j-n **~** anschauen to look at s.o. sweetly. – **10.** well, nicely: die Kinder haben sich sehr **~** benommen the children behaved nicely. – **III** L**~e**, das ⟨-n⟩ **11.** (in Wendungen wie) etwas L**~es** something nice (od. kind, pleasant); er sagte viel L**~es** und Gutes von ihr he said many nice and pleasant things about her; j-m etwas L**~es** erweisen (od. antun) to be kind to s.o.; alles L**~e** und Gute! my best wishes!

Lieb n ⟨-s; no pl⟩ obs. u. poet. love, darling, dear: mein **~**! my love.

'Lieb,äu·gel [-,?ɔygəl] n ⟨-s; -⟩ bot. **1.** dog's-(od. hound's-)tongue (Cynoglossum officinale). – **2.** cf. Gartenvergißmeinnicht.

'lieb,äu·geln v/i ⟨insep, ge-, h⟩ **1.** mit etwas **~** a) to ogle s.th., b) fig. to flirt with s.th.: sie liebäugelt schon eine ganze Zeit mit dem Kleid she has been ogling that dress for quite a time; mit dem Kauf eines Wagens **~** to flirt with the idea of buying a car; sie **~** mit dem Gedanken auszuwandern they are flirting (od. toying) with the idea of emigrating. – **2.** mit j-m **~** to ogle s.o., to make eyes at s.o., to exchange amorous (od. tender) glances with s.o.

'lieb·be,hal·ten v/t ⟨irr, sep, no -ge-, h⟩ j-n [etwas] **~** to hold s.o. [s.th.] dear.

'Lieb·chen n ⟨-s; -⟩ **1.** love, sweetheart, truelove. – **2.** contempt. paramour.

Lieb·den ['li:pdən] f ⟨-; no pl⟩ only in Euer **~**, obs. etwa my Lord.

Lie·be[1] ['li:bə] f ⟨-; no pl⟩ **1.** (zu den Eltern, zur Heimat, zum Leben etc) love: väterliche [mütterliche] **~** fatherly (od. paternal) [motherly od. maternal] love (od. affection); **~** zu j-m (od. für j-n) love of (od. for, toward[s]) s.o.; **~** zu etwas love of (od. for) s.th.; die **~** zu Gott [zu den Menschen, zum Vaterland] the love of God [of men, of one's country]; die **~** zum Leben [zur Wahrheit] the love of life [truth]; **~** zum Nächsten love for one's neighbo(u)r; die **~** der Eltern zu den Kindern the parents' love of (od. for) their children; etwas aus **~** für j-n tun to do s.th. out of love for s.o.; die hingebende (od. aufopfernde) **~** einer Mutter zu ihren Kindern the devoted love (od. the devotion) of a mother to her children; j-n mit **~** überhäufen to lavish one's love (od. affection) on s.o.; **~** verströmen to shed love; so weit geht die **~** nicht colloq. that's going a bit too far. – **2.** (zwischen Mann u. Frau) love: heftige (od. leidenschaftliche) **~** passionate love, passion; abgöttische **~** idolatry; vernarrte **~** infatuation; erste **~** first (od. puppy) love; eheliche [außereheliche] **~** marital [extramarital] love; freie [geschlechtliche, sinnliche, fleischliche] **~** free [sexual, sensual, carnal] love; blinde [feurige, heiße] **~** blind [fiery, fervent] love; treue [tiefe, glühende, stürmische] **~** true [deep, ardent, violent] love; platonische [reine, keusche, unerwiderte] **~** Platonic [pure, chaste, unrequited] love; **~** auf den ersten Blick love at first sight; aus **~** heiraten to marry for love; er tat es aus **~** zu ihr he did it out of love for her; **~** für j-n empfinden (od. fühlen) to be in love with s.o.; in **~** zu j-m entbrennen to fall violently in love with s.o.; Glück [Unglück] in der **~** haben to be lucky [unlucky] in love; er ist in **~** zu ihr entflammt he is inflamed with love for her; j-m seine **~** erklären (od. gestehen) to confess one's love to s.o.; die **~** erwachte in ihr her love was awakened (od. aroused, stirred); j-s **~** erwidern to return (od. reciprocate) s.o.'s love; bei j-m um **~** werben to try to win s.o.'s love; ihre **~** erkaltete her love grew cold; j-m **~** schwören to swear one's love to s.o.; ein Kind der **~** a love child; ein Pfand der **~** a pledge of love; mit der **~** einer Frau spielen to dally with a woman's love (od. affection); ich hätte sie vor **~** fressen können colloq. I could have eaten her; **~** macht blind (Sprichwort) love is blind (proverb); **~** geht durch den Magen (Sprichwort) the way to a man's heart is through his stomach (proverb); alte **~** rostet nicht (Sprichwort) an old flame never dies, old love lies deep. - **3.** (*Zuneigung*) affection, fondness, liking. - **4.** (*Anhänglichkeit*) attachment. - **5.** (*innere Anteilnahme*) love, heart: **mit ~ zubereitet** prepared with love (*od.* loving care, lovingly); **mit Lust und ~** with heart and soul; **er ist mit Lust und ~ dabei** he really has his heart in it; **ohne ~ gemacht** done without care. - **6.** (*christliche Liebe, Mildtätigkeit*) charity: **Werke der ~** charitable works; **etwas mit dem Mantel der ~ zudecken** to cover s.th. with a cloak of charity. - **7.** favor, *bes. Br.* favour, kindness, good turn: **j-m eine ~ erweisen** to do s.o. a favo(u)r; **tu mir die ~ und hilf mir** do me the favo(u)r of helping me; **eine ~ ist der anderen wert** (*Sprichwort*) one good turn deserves another (*proverb*), turn about is fair play (*proverb*). - **8.** (*Person*) love, flame (*colloq.*): **eine alte ~ von mir** an old flame of mine; **er hat seine große ~ geheiratet** he married his great love. - **9.** (*Liebschaft*) love (affair), romance, amour. - **10. Brennende ~** *bot.* scarlet lychnis, Maltese cross (*Lychnis chalcedonica*).

'**Lie·be²** *m, f* ⟨-n; -n⟩ dear (*od.* beloved) person, dear: **mein ~r** a) my dear, my darling, b) *colloq. iron.* my dear friend; **so geht das nicht, mein ~r!** my dear friend, you can't do it like that! **meine ~n** a) (*als Anrede*) my dear friends, dear all, b) (*Angehörige*) my beloved ones, my family *sg*; **für dich und deine ~n** for you and your family (*cf.* yours).

'**lie·be·be,dürf·tig** *adj* wanting (*od.* needing) love: **das Kind ist sehr ~** the child wants (*od.* needs) much love.

'**Lie·be|,die·ner** *m contempt.* toady, timeserver, *Br.* time-server, sycophant. — **~die·ne'rei** [,li:bə-] *f* timeserving, *Br.* time-serving, fawning, cringing, obsequiousness, servility, toadyism, sycophancy. — **l~,die·ne·risch** *adj* timeserving, *Br.* time-serving, fawning, cringing, obsequious, servile, fawning, sycophantic, subservient. — **l~,die·nern** *v/i* ⟨*insep,* ge-, h⟩ **j-m ~** to toady (*od.* play up) to s.o., to cringe to (*od.* before) s.o., to fawn upon s.o.

'**lie·be,leer** *adj lit.* (*Leben, Dasein etc*) devoid of (*od.* without) love, loveless.

Lie·be'lei *f* ⟨-; -en⟩ flirtation, dalliance, amour, love affair: **eine ~ mit j-m haben** to have a love affair with s.o.

lie·beln ['li:bəln] *v/i* ⟨h⟩ (**mit**) flirt (with), make love (to), dally (with).

lie·ben ['li:bən] **I** *v/t* ⟨h⟩ **1.** (*Eltern, Heimat, Freiheit, Gerechtigkeit etc*) love: **seine Mitmenschen [seinen Nächsten] ~** to love one's fellowmen (*od.* fellow human beings) [neighbo(u)r]; **j-n ~ und schätzen** to love and respect s.o. - **2.** (*Mann, Frau*) love, be in love with: **er liebt sie** he loves her; **sie ~ sich** (*od.* **einander**) they love each other (*od.* one another), they are in love (with each other); **j-n zärtlich [treu] ~** to love s.o. tenderly [truly]; **j-n leidenschaftlich [blind] ~** to love s.o. fervently [blindly]; **j-n unglücklich ~** to love s.o. in vain; **j-n rasend (*od.* wahnsinnig) ~** to be madly in love with s.o., to love s.o. to distraction; **j-n innig ~** to adore s.o.; **was sich liebt, das neckt sich** (*Sprichwort*) *etwa* lovers like to tease each other. - **3.** (*gern haben*) love, like, be fond of, enjoy: **den Komfort ~** to like comfort; **das Segeln ~** to like (*od.* go in for) sailing; **(die) Musik ~** to be fond of music; **Rosen ~ das Sonnenlicht** roses like sunlight; **ich liebe es nicht, davon zu sprechen** I do not like to speak about (*od.* of) it; **ich liebe so etwas nicht** I don't like that (*od.* this) kind of thing; **er liebt das gar nicht** he doesn't like that at all, he hates (*sort of thing*). - **II** *v/i* **4.** love: **leidenschaftlich ~** to love passionately; **unglücklich ~** to be unlucky (*od.* crossed) in love. - **III** *v/reflex* **sich ~** **5.** love oneself: **er liebt nur sich (selbst)** he loves himself only. — '**lie·bend** *I pres p.* - **II** *adj* loving, affectionate: **ein ~er Gatte** a loving husband; **sich selbst ~** self-loving. - **III** *adv* **~ gern** with (the greatest) pleasure, gladly: **kommst du mit mir?** **~ gern** are you coming with me? with the greatest pleasure (*od.* I should love to).

'**Lie·ben·de** *m, f* ⟨-n; -n⟩ lover, person in love: **die (beiden) ~n** the (two) lovers.

'**lie·ben|,ler·nen** *v/t* ⟨sep, -ge-, h⟩ **j-n**

[etwas] **~** to come (*od.* get) to like (*od.* love) s.o. [s.th.].

'**lie·bens,wert** *adj* (*Person, Wesen etc*) lovable, *auch* loveable, *Am. auch* lovely, likable, *auch* likeable, amiable, loveworthy: **sie hat ein ~es Wesen** she has an amiable nature.

'**lie·bens,wür·dig I** *adj* **1.** *cf.* liebenswert. - **2.** (*freundlich*) kind, good, obliging, nice: **er war so ~, mir zu helfen** he was kind enough (*od.* so kind as) to help me; **das ist sehr ~ von Ihnen** that is very kind of you. - **3.** (*gewinnend*) attractive, engaging, charming: **er hat eine ~e Art** he has an engaging (*od.* way about him). - **II** *adv* **4.** kindly: **j-n ~ behandeln** to treat s.o. kindly.

'**lie·bens,wür·di·ger'wei·se** *adv* kindly: **mein Nachbar hat mir ~ seine Hilfe angeboten** my neighbo(u)r has kindly offered his help (*od.* to help me), my neighbo(u)r was kind enough to offer me his help.

'**Lie·bens,wür·dig·keit** *f* ⟨-; -en⟩ **1.** ⟨*only sg*⟩ (*des Charakters*) amiability, amiableness. - **2.** ⟨*only sg*⟩ (*im Verhalten*) attractiveness, charm, engagingness: **ihre ~ bezaubert alle** everybody is entranced by her charm. - **3.** ⟨*only sg*⟩ kindness, goodness: **würden Sie die ~ haben, mir zu helfen?** would you do me the kindness of helping me? **er hatte die ~, mich einzuladen** he had the kindness to invite me. - **4.** *pl* kindnesses, amiabilities, amenities: **nach ein paar ~en** after a few amiabilities; **ein Austausch von ~en** an exchange of amenities; **sich ~en an den Kopf werfen** *iron.* to hurl insults at one another.

'**lie·ber¹** *comp* of lieb: **deine kleine Schwester ist viel ~ als du** your little sister is much nicer than you (are).

'**lie·ber²** **I** *comp* of gern. - **II** *adv* **1.** (*eher*) rather, sooner: **er würde ~ sterben als seine Freunde verraten** he would rather die than betray his friends; **ich möchte ~ nicht** I'd rather not; **ich wüßte nicht, was ich ~ täte** *oft iron.* I don't know what I would sooner do. - **2.** (*besser*) better: **Sie sollten jetzt ~ gehen** you had better go now; **laß es ~** you'd better leave it. - **3.** **etwas ~ mögen** (*od.* haben) to prefer s.th., to like s.th. better: **ich esse ~ Brot** I prefer bread; **er trinkt ~ Wein als Bier** he prefers wine to beer, he likes wine better than beer; **ich hätte es ~** (*od.* **es wäre mir ~**), **wenn du mitkämst** I'd prefer you to come with me, I'd rather have you come with me.

'**Lie·bes|,aben·teu·er** *n* (love) affair, amorous adventure, amour. — **~af,fä·re** *f* (love) affair, romance, amour. — **~,an·ge,le·gen·heit** *f* affair of the heart. — **~,ap·fel** *m bot. cf.* Tomate. — **~,ban·de** *pl* bonds (*od.* ties) of love. — **~,be·cher** *m* loving cup. — **~be,dürf·nis** *n* need (*od.* desire) for love. — **~be,teue·rung** *f* protestation of love. — **~be,weis** *m* proof of love. — **~be,zei·gung** *f* expression (*od.* demonstration) of love. — **~be,zie·hung** *f* **1.** love relation. - **2.** love affair, amour. — **~,blick** *m* amorous look (*od.* glance). — **~,bo·te** *m* messenger of love. — **~,brief** *m* love letter, billet-doux, billy-do(o) (*sl.*). — **~,dich·tung** *f* (*literature*) love song, love (*od. rare* amatory, erotic) poem (*od. collect.* poetry). — **~,die·ne·rin** *f euphem. iron.* prostitute. — **~,dienst** *m* favor, *bes. Br.* favour, good turn, kindness: **j-m einen ~ leisten** (*od.* erweisen) to do s.o. a favo(u)r (*od.* good turn); **j-n um einen kleinen ~ bitten** to ask a small favo(u)r of s.o. — **~,din·ge** *pl* lovemaking *sg, Br.* love-making *sg:* **in ~n erfahren sein** to be experienced in lovemaking. — **~er,klä·rung** *f* declaration (*od.* confession) of love: **(j-m) eine ~ machen** to propose (to s.o.), to declare one's love (to s.o.), to pop the question (to s.o.) (*colloq.*). — **~er,leb·nis** *n* romance. — **~,ga·be** *f meist pl* alms (*usually construed as pl*), (charitable) gift. — **~,ga·ben·pa,ket** *n* gift parcel. — **~,gar·ten** *m* (*art*) garden of love. — **~ge,dicht** *n* (*literature*) love (*od. rare* amatory, erotic) song (*od.* poem). — **~,gei·ge** *f mus.* viola d'amore, violet. — **~ge,nuß** *n* enjoyment of sexual pleasure (*od.* love). — **~ge,schich·te** *f* **1.** (*literature*) love story, *Br.* love-story, romance. - **2.** love affair. — **~ge,ständ·nis** *n cf.* Liebeserklärung. — **~,glück** *n* **1.** happiness of love. - **2.** success (*od.* good fortune) in love.

— **~,glut** *f* rapture (*od.* fire, ardor, *bes. Br.* ardour) of love: **~ fühlt keine Schmerzen** (*Sprichwort*) *etwa* where love reigns, pain is forgotten. — **~,gott** *m* god of love, Cupid, Amor, Eros. — **~,göt·tin** *f* goddess of love, Venus, Aphrodite. — **~,gras** *n bot.* love grass (*Gattg Eragrostis*). — **~,gunst** *f* (sexual) favor (*bes. Br.* favour). — **~,han·del** *m* love affair. — **~,hei·rat** *f* love match. — **~,kla·ge** *f* lover's complaint (*od.* lament). — **~,kno·ten** *m her.* love (*od.* lover's, true-love, true lover's) knot. — **l~,krank** *adj* love-sick. — **~,krank·heit** *f* **1.** lovesickness. - **2.** *colloq. for* Liebestollheit 1. — **~,kum·mer** *m* lover's grief (*od.* worry): **sie hat großen ~** she suffers from lover's grief. — **~,kunst** *f* art of love (*od.* loving): „Die ~" "Art of Love" (*by Ovid*). — **~,le·ben** *n* sexual (*od.* love) life. — **~,lied** *n* love song. — **~,lust** *f* pleasure (*od.* joy, delight) of love. — **~,mahl** *n* **1.** *relig.* love feast, agape (*scient.*). - **2.** *mil.* communal banquet (of German officers). — **~,mü·he** *f* labor (*bes. Br.* labour) of love: **vergebliche ~** a vain (*od.* useless) labo(u)r of love; „Verlorene Liebesmüh" "Love's Labour's Lost" (*comedy by Shakespeare*). — **~,nest** *n* love nest. — **~,paar, ~,pär·chen** *n* pair of lovers, loving couple, lovers *pl.* — **~,pfand** *n* **1.** love token. - **2.** *fig.* (*Kind*) child, pledge of love. — **~,pfeil** *m* **1.** Cupid's arrow (*od.* dart). - **2.** *zo.* (love) dart, spicula amoris (*scient.*). — **~,pflicht** *f* charitable duty. — **~,qual** *f meist pl* pangs *pl* (*od.* torments *pl*) of love. — **~,rausch** *m* transport (*od.* rapture, ecstasy) of love. — **~,ro,man** *m* (*literature*) love novel, romance. — **~,sa·che** *f* **1.** love affair. - **2.** *cf.* Liebesdinge. — **~,schlei·fe** *f her. cf.* Liebesknoten. — **~,schmerz** *m cf.* Liebeskummer. — **~,schwur** *m* lover's oath. — **~,spiel** *n* **1.** foreplay. - **2.** *pl* petting play. — **~,spra·che** *f* language of love. — **~,sze·ne** *f* (*theater*) love scene. — **~,tanz** *m zo.* mating dance.

'**lie·bes,toll** *adj* **1.** crazed (*od.* mad) with love. - **2.** *med. psych.* a) erotomaniac, *auch* erotomaniacal, erotomanic, b) (*nur bei Männern*) satyromaniac, c) (*nur bei Frauen*) nymphomaniac, *auch* nymphomaniacal, nymphomanic. — '**Lie·bes,toll·heit** *f* **1.** love-madness, madness of love. - **2.** *med. psych.* a) erotomania, eroticomania, b) (*nur bei Männern*) satyriasis, c) (*nur bei Frauen*) nymphomania.

'**Lie·bes|,tö·ter** *pl colloq. humor.* passion killers. — **~,trank** *m* (love-)philter (*bes. Br.* philtre), love-potion. — **l~,trun·ken** *adj* intoxicated (*od.* drunk) with love. — **~ver,hält·nis** *n* love affair, liaison: **geheimes ~** love intrigue, clandestine love affair. — **~,vö·gel** *pl zo. cf.* Unzertrennliche. — **~,wahn(,sinn)** *m med. cf.* Liebestollheit 2. — **~,wer·ben** *n* **1.** courting, courtship, suit of love, wooing. - **2.** (*in der Verhaltensforschung*) courting behavior (*bes. Br.* behaviour). — **~,werk** *n meist pl* charitable deed, work of charity. — **~,won·ne** *f cf.* Liebeslust. — **~,wut** *f cf.* Liebestollheit 1. — **~,zau·ber** *m* love spell (*od.* charm). — **~,zei·chen** *n* sign (*od.* token) of love, love token.

'**lie·be,voll I** *adj* **1.** loving, affectionate, tender: **~e Fürsorge** loving care; **ihre ~en Worte** her loving words. - **2.** (*freundlich*) kind, amiable, affable: **sie ist ein sehr ~er Mensch** she is a very kind person. - **II** *adv* **3. sie pflegte ihn ~** she took loving care of him; **er redete ihr ~ zu** he talked to her lovingly; **sie sah ihn ~ an** she gave him a tender look.

,**Lieb'frau·en|,bett,stroh** *n bot.* Saint-John's-wort, hardhay (*Gattg Hypericum*). — **~,di·stel** *f* Scotch thistle (*Onopordon acanthium*). — **~,kir·che** *f relig.* St. Mary's (Church). — **~,milch** *f gastr.* (*Rheinweinsorte*) Liebfraumilch, *auch* Liebfrauenmilch.

'**lieb·ge,win·nen** *v/t* ⟨*irr, sep, pp* liebgewonnen, h⟩ **j-n ~** to take (a fancy) to s.o., to come (*od.* get) to like s.o., to become (*od.* get, grow) fond of s.o.

'**lieb·ge,wor·den** *adj* ⟨*attrib*⟩ (*Gewohnheit etc*) cherished, fond, dear.

'**lieb,ha·ben** *v/t* ⟨*irr, sep, -ge-, h*⟩ like, be fond of, (*stärker*) love: **j-n ~** a) to be fond of s.o., to hold s.o. dear, b) *fig. colloq.* (*umarmen*) to give s.o. a (big) hug, to love s.o. up; **sie haben sich** (*od.* **einander**) lieb they love each other (od. one another); wen Gott lieb hat, den züchtigt er *Bibl.* whom God loveth he chasteneth.

'Lieb·ha·ber m ⟨-s; -⟩ 1. (*Verehrer einer Frau*) lover, admirer, suitor, beau: sie hat schon wieder einen neuen ~ she's found herself a new lover already; ein schmachtender ~ a love-sick suitor; sie hat viele ~ she has many admirers. – 2. (*Geliebter*) lover, sweetheart: er ist ihr ~ he is her lover; aus dem ~ ist ein Bräutigam geworden the sweetheart has become a groom. – 3. (*Kunstliebhaber*) lover, admirer, amateur, dilettante, *auch* dilettant, dilettante: er ist ein ~ moderner Musik he is a lover of contemporary music. – 4. (*Bewunderer etc*) admirer: das Buch fand viele ~ the book had many admirers; das Gemälde hat einen ~ gefunden *fig. euphem.* the painting has been stolen (od. *colloq.* pinched). – 5. (*Kenner*) connoisseur, fancier: diese Münze hat nur für ~ Wert this coin would be appreciated only by connoisseurs. – 6. (*Enthusiast*) devotee, fan (*colloq.*). – 7. (*theater*) jugendlicher ~ juvenile lead, jeune premier; erster ~ leading gentleman.

'Lieb·ha·ber¦¡aus·ga·be f *print.* collector's (*od.* de luxe) edition. — ~¡büh·ne f (*theater*) amateur (*od.* little) theater.

¡Lieb·ha·be'rei f ⟨-; -en⟩ 1. (für for) fancy, liking, (*stärker*) passion. – 2. (*Steckenpferd*) hobby: er malt nur aus ~ he just paints as a hobby (*od.* for fun).

'Lieb·ha·be·rin f ⟨-; -nen⟩ 1. cf. Liebhaber 3—6. – 2. (*theater*) jugendliche ~ jeune première.

'Lieb·ha·ber¦¡preis m collector's (*od.* fancy) price. — ~¡rol·le f (*theater*) romantic role (*od.* rôle), lover's part. — ~¡thea·ter [-te͡ɑːtər] n cf. Liebhaberbühne. — ~¡wert m collector's value: das Buch besitzt nur ~ the book is of value only to a collector.

'lieb·ko·sen[1] *lit.* I v/t ⟨insep, ge-, h⟩ caress, fondle, cuddle: sich (*od.* einander) ~ to caress one another. – II L~ n ⟨-s⟩ *verbal noun.*

¡lieb·ko·sen[2] *lit.* I v/t ⟨insep, no ge-, h⟩ cf. liebkosen[1]. – II N ⟨-s⟩ *verbal noun.*

'Lieb·ko·sung ['liːpˌkoːzʊŋ, ¡liːpˈkoːzʊŋ] f ⟨-; -en⟩ 1. cf. Liebkosen[1] u.[2]. – 2. caress, cuddle, endearment.

'lieb·lich ['liːplɪç] I adj 1. (*Mädchen, Gesicht etc*) lovely, charming, sweet: eine ~e Erscheinung a lovely appearance. – 2. (*Duft, Geschmack etc*) delicious, delightful, pleasant: der ~e Duft der Rosen the delicious (*od.* sweet) smell of the roses. – 3. (*Gegend, Landschaft etc*) lovely, delightful, charming, pleasant: ein ~es Tal a lovely valley; eine ~e Aussicht a delightful view. – 4. (*Träume etc*) pleasant, delightful, sweet. – 5. (*Musik, Stimme etc*) sweet, melodious, pleasing: ein ~es Lied a melodious song. – 6. *colloq. iron.* nice, pleasant, delightful: das ist ja ~! das sind ja ~e Aussichten! the situation certainly looks pleasant (*od.* delightful); du bist ja in einer ~en Verfassung you are certainly in a pleasant mood (*od.* state of mind). – 7. *gastr.* (*Wein*) smooth. – II adv 8. ~ duftend sweet-scented, sweetly scented. – 9. *mus.* mellow, amabile, soave, soavamente. — 'Lieb·lich·keit f ⟨-; no pl⟩ 1. (*eines Mädchens etc*) loveliness, charm, sweetness: Ihre ~ (*Anrede für Karnevalsprinzessin*) your loveliness. – 2. (*von Duft, Geschmack etc*) deliciousness, delightfulness, pleasantness. – 3. (*einer Landschaft etc*) loveliness, delightfulness, charm, pleasantness. – 4. (*von Musik etc*) sweetness, melodiousness. – 5. *gastr.* (*von Wein*) smoothness.

'Lieb·ling ['liːplɪŋ] m ⟨-s; -e⟩ 1. favorite, *bes. Br.* favourite, darling: der ~ der Frauen the favo(u)rite of the women; ein ~ der Götter a darling of the gods; ein ~ des Glück(e)s fortune's favo(u)rite; er ist der erklärte ~ des Publikums he is the acknowledged favo(u)rite of the public. – 2. (*bes. Kind, Tier*) pet: er ist der ~ des Lehrers he is the teacher's pet; er ist der ~ seines Vaters he is the apple of his father's eye. – 3. (*Günstling*) minion. – 4. (*als Kosename*) (my) love, darling, sweetheart, dear: (mein) ~! darling!

'Lieb·lings¦¡ar·beit f favorite (*bes. Br.* favourite) job (*od.* occupation). — ~¡aus·¡druck m favo(u)rite (*od.* pet) phrase. — ~be¡schäf·ti·gung f favo(u)rite occupation

(*od.* pastime), hobby. — ~¡fach n favo(u)rite subject. — ~¡far·be f favo(u)rite colo(u)r. — ~ge¡dan·ke m pet idea. — ~ge¡richt n favo(u)rite dish. — ~¡idee [-ˀi¡deː] f pet theory. — ~¡kind n favo(u)rite (child), darling. — ~¡platz m favo(u)rite place (*od.* haunt), *bes. Am. colloq.* stamping ground (*auch von Tieren*). — ~¡schü·ler m star pupil, teacher's pet. — ~¡spei·se f cf. Lieblingsgericht. — ~¡the·ma n favo(u)rite theme (*od.* subject). — ~¡wort n favo(u)rite (*od.* pet) word. — ~¡wunsch m greatest (*od.* fondest) wish (*od.* desire, hope).

'lieb·los I adj 1. unkind, uncharitable: eine ~e Art an unkind manner; er schalt sie mit ~en Worten he scolded her with unkind words. – 2. (*kalt*) cold, unfeeling, loveless, unloving: er hat ein ~es Wesen he has a cold character. – II adv 3. er sprach ~ von ihr he spoke unkindly of her; er sah sie ~ an he looked at her coldly. — 'Lieb·lo·sig·keit f ⟨-; -en⟩ 1. ⟨only sg⟩ unkindness, uncharitableness. – 2. ⟨only sg⟩ (*Kälte*) coldness. – 3. pl unkind words.

'lieb·reich adj u. adv cf. liebevoll.

'Lieb·reiz m ⟨-es; no pl⟩ 1. attraction, attractiveness, sweetness. – 2. (*Anmut*) charm, grace. — 'lieb·rei·zend adj 1. attractive, sweet. – 2. (*anmutig*) charming, gracious.

'Lieb·schaft f ⟨-; -en⟩ (love) affair, liaison, amour (*lit.*): eine ~ haben mit j-m to have (*od.* carry on) an affair with s.o.; das war meine erste ~ that was my first affair.

liebst[1] I sup of lieb. – II adj 1. dearest: ~er Peter dearest Peter; er ist mein ~er Freund he is my dearest (*od.* best) friend. – 2. (*bevorzugt*) favorite, *bes. Br.* favourite: meine ~e Beschäftigung my favo(u)rite occupation; Wein ist mein ~es Getränk wine is my favo(u)rite drink. – 3. (*Erinnerung etc*) fondest, most cherished.

liebst[2] I sup of gern. – II adv am ~en most (*od.* best) of all: am ~en würde ich zu Hause bleiben most of all I would like to stay at home, I would like best to stay at home; das habe ich am ~en I like that best (of all); es wäre mir am ~en (*od.* das ~e), wenn du heute kämst I would prefer you to come today, it would suit me best if you were to come today. – III L~e, das ⟨-n⟩ (*in Wendungen wie*) das ist mein L~es that is what I like best.

'Lieb·ste m, f ⟨-n; -n⟩ 1. cf. Geliebte[1] u.[2]. – 2. mein ~r, meine ~ (*Anrede*) dearest, dear, darling.

'Lieb·stöckel (*getr.* -k·k-) n, m ⟨-s; -⟩ *bot.* lovage (*Levisticum officinale*). — ~¡rüß·ler m zo. alfalfa snout beetle (*Otiorrhynchus ligustici*).

Lied [liːt] n ⟨-(e)s; -er⟩ 1. song: ein ergreifendes [heiteres, weltliches] ~ a moving [jolly, secular] song; ein mehrstimmiges ~ a part-song; ein ~ anstimmen [vortragen, singen] to strike up (*od.* intone) [to interpret, to sing] a song; es ist immer das alte (*od.* gleiche) ~ *fig. colloq.* it's always the same old story; das ist das Ende vom ~ *fig. colloq.* that's the upshot of the matter; das Ende vom ~ wird sein, daß *fig. colloq.* (in the end) the final result of it all will be that; er kann ein ~ davon singen *fig. colloq.* a) he speaks from experience, b) he can tell you a tale about that; das ist ein ~ ohne Worte *fig. colloq.* that is self-explanatory; das ~ der ~er *Bibl.* the Song of Songs (*od.* Solomon); → Brot 1. – 2. (*Weise*) air, tune, melody. – 3. (*als deutsche Kunstform*) lied: er sang einige ~er aus Schuberts „Winterreise" he sang several lieder from Schubert's "Winterreise". – 4. *relig.* hymn, sacred (*od.* spiritual) song. – 5. (*literature*) poem, ballad: „Das ~ von der Glocke" "The Lay of the Bell" (*poem by Schiller*).

'lied·ar·tig adj songlike.

'Lied·chen n ⟨-s; -⟩ 1. dim. of Lied. – 2. ditty. – 3. *mus.* air, ariette.

'Lie·der¦¡abend m *mus.* lieder (*od.* song, vocal) recital. — ~¡buch n 1. *mus.* songbook. – 2. *relig.* hymnbook, *Am.* hymn-book, hymnal. — ~¡dich·ter m 1. *mus.* songwriter. – 2. (*literature*) lyric poet. — ~¡hand·schrift f 1. volume of song manuscripts. – 2. song manuscript.

Lie·der·jan ['liːdərjaːn] m ⟨-(e)s; -e⟩ *colloq. contempt.* happy-go-lucky person, sloven.

'Lie·der¦kom·po¡nist m composer of songs, songwriter. — ~¡kranz m cf. Liedertafel.

'lie·der·lich ['liːdərlɪç] I adj 1. messy, sloppy, disorderly, slovenly: ein ~er Junge a messy (*od.* an unkempt) boy; ein ~es Aussehen a sloppy appearance. – 2. (*nachlässig*) careless, sloppy: ~e Arbeit careless (*od.* slipshod) work. – 3. *contempt.* (*sittenlos*) loose, dissolute, debauched: ein ~es Frauenzimmer a loose (*od.* fast) woman, a hussy; ein ~es Leben führen to lead a dissolute life; ein ~er Mensch (*od. colloq.* Kerl, Kumpan, Zeisig, Bruder) a rake (*od.* wastrel, debauchee); in ~e Gesellschaft geraten to come (*od.* get) into loose society (*od.* company). – II adv 4. etwas ~ machen to do s.th. sloppily (*od.* carelessly); ~ schreiben to write carelessly. — 'lie·der·lich·keit f ⟨-; -en⟩ 1. messiness, sloppiness, disorderliness, slovenliness. – 2. (*Nachlässigkeit*) carelessness, sloppiness. – 3. *contempt.* (*Sittenlosigkeit*) looseness, dissoluteness, dissipation, debauchery.

'Lie·der¦¡pot·pour·ri n *mus.* medley of songs, quodlibet. — ~¡samm·lung f collection of songs. — ~¡sän·ger m lieder singer. — ~¡spiel n 1. (*im Mittelalter*) song play. – 2. (*im 18. Jh.*) German comic opera with spoken dialogue, equivalent to the English ballad opera and the French vaudeville. – 3. song cycle. — ~¡ta·fel f 1. choral society. – 2. (*German*) male choir. — ~¡zy·klus m cycle of songs, song cycle.

'Lied·form f *mus.* (*literature*) song form.

Lied·ri·an ['liːdriaːn] m ⟨-(e)s; -e⟩ *colloq. contempt.* cf. Liederjan.

lief [liːf] 1 u. 3 sg pret of laufen.

'Lie·fer¦¡ab·kom·men n *econ.* supply (*od.* delivery) contract: langfristiges ~ long-term supply contract. — ~¡an·ge·bot n *econ. jur.* Lieferungsangebot. — ~¡an·¡nah·me f *econ.* accepting (*od.* acceptance) of delivery.

Lie·fe·rant [lifə'rant] m ⟨-en; -en⟩ 1. deliveryman: die ~en haben einen eigenen Eingang the deliverymen have a separate entrance. – 2. (*Firma etc*) supplier: ein ~ für Ersatzteile a supplier of replacement parts. – 3. (*Vertrieb, Verteiler*) distributor. – 4. (*Lebensmittellieferant*) provider, purveyor, (*für kalte Buffets etc*) caterer. – 5. (*auf Vertragsbasis*) contractor. – 6. cf. Hoflieferant. – 7. *mar.* ship('s) chandler.

Lie·fe'ran·ten¦ein¡gang m receiving (*od.* deliveryman's, trademan's, *bes. Br.* goods) entrance.

'Lie·fer¦¡auf·trag m *econ.* purchase order, order to supply. — ~¡au·to n cf. Lieferwagen 1.

'lie·fer·bar adj *econ.* deliverable, (*bes. vorrätig*) available: kurzfristig ~ for short-(-term) delivery; sofort ~ for immediate delivery; sofort ~e Waren spot goods; nicht ~ not deliverable, unavailable; nicht mehr ~ no longer available; in einem Monat ~ a) available in a month, b) to be delivered in one month; ~ bei Eingang (*od.* Empfang) der Bestellung delivery upon receipt of order. — 'Lie·fer·bar·keit f ⟨-; no pl⟩ deliverability, availability.

'Lie·fer¦be¡din·gun·gen pl *econ.* terms (*od.* conditions) of delivery. — L~be¡reit adj ready for delivery (*od.* dispatch, despatch). — ~¡buch n delivery list (*od.* book).

'Lie·fe·rer m ⟨-s; -⟩ cf. Lieferant.

'Lie·fer¦¡fir·ma f *econ.* contractor, supplier, firm of suppliers, supplying (*od.* contracting) firm. — ~¡frist f term (*od.* time, period) of (*od.* for) delivery: die ~ einhalten to keep (*od.* adhere to) the time of delivery, to deliver within the time stipulated; die ~ überschreiten to exceed the delivery date (*od.* time of delivery). — ~ga·ran¡tie f guarantee in respect of supplies (*od.* deliveries). — ~ge¡bühr f cf. Lieferkosten. — ~ge¡wicht n net weight. — ~¡ha·fen m delivery port. — ~¡klau·sel f clause of delivery, delivery clause. — ~¡ko·sten pl *econ.* cost *sg* of delivery. — ~¡land n supplier country. — ~¡men·ge f *econ.* 1. quantity delivered. – 2. quantity ordered (*od.* to be delivered).

lie·fern ['liːfərn] I v/t ⟨h⟩ 1. *econ.* a) deliver, b) (*versorgen*) supply, c) (*Lebensmittel*) provide, purvey: j-m etwas ~ a) to deliver s.th. to s.o., b) to supply (*od.* furnish) s.o. with s.th., c) to purvey s.th. to s.o., d) (*j-n ausrüsten mit*) to outfit (*od.* fit out) s.o. with s.th.; wir ~ Ihnen die Waren ins Haus we deliver the goods to your home (*od.* door); **frei Haus** ~ to deliver free house (*od.* domicile); **wir** ~ **die Ware nur an den Einzelhandel** we only supply the retailer (*od.* retail trade). – **2.** (*produzieren*) produce: **die Maschine liefert drei Stück pro Minute** the machine produces (*od.* a) minute. – **3.** (*Ertrag etc*) yield: **der Boden liefert eine gute Ernte** the soil yields a good crop; **die Bäume** ~ **gutes Obst** the trees bear good fruit. – **4.** *fig.* (*in Wendungen wie*) **er wird uns den Beweis** ~ he will furnish us with the evidence (*od.* proof); **das Erlebnis lieferte uns genug Gesprächsstoff** the experience provided us with plenty to talk about; **j-m eine Schlacht** ~ to give battle to s.o.; **die beiden Mannschaften lieferten sich** (*od.* einander) **einen guten Kampf** the two teams put up (*od.* gave) a good fight. – **5.** **j-n** ~ *fig. colloq.* to ruin (*od.* undo) s.o. – **II** *v/i* **6.** *econ.* supply, deliver: **das Werk liefert stockend** the factory is slack (*od.* slow) in supplying; **er wird heute** ~ he will deliver today. – **III** *v/reflex* **7.** **sich in j-s Hände** (*od.* Gewalt) ~ to give oneself up to s.o., to put oneself in s.o.'s hands. – **IV L~** *n* ⟨-s⟩ **8.** *verbal noun.* – **9.** *cf.* Lieferung.

'Lie·fer|,ort *m econ.* place of delivery. — **~,pflicht** *f* obligation to deliver. — **~,preis** *m* delivery price. — **~,quel·le** *f* source of supply, supply source. — **~,schein** *m* delivery note (*od.* ticket). — **~,schwie·rig·kei·ten** *pl* difficulties in (making) delivery. — **~,soll** *n* quota, commitments *pl.* — **~,spe·sen** *pl* delivery charges. — **~,tag, ~,ter,min** *m* day (*od.* term, date) of (*od.* fixed for) delivery. — **~,um,fang** *m* extent (*Am.* scope) of supply.

'Lie·fe·rung *f* ⟨-; -en⟩ **1.** *cf.* Liefern. – **2.** *econ.* a) delivery, b) (*Versorgung*) supply, c) (*von Lebensmitteln*) provision, purveyance, d) (*Sendung*) consignment, *bes. Am.* shipment, e) (*Teillieferung*) installment, *bes. Br.* instalment, part delivery: **die** ~ **durchführen** (*od.* vornehmen) to effect (*od.* execute) delivery; **sofortige** [**prompte**] ~ immediate [prompt] delivery; ~ **innerhalb zwei Monaten** delivery within two months; ~ **auf Abruf** delivery on (*od.* at) call; **zahlbar bei** ~ payable (*od.* cash) on delivery, C.O.D.; ~ **an Bord** delivery on board; ~ **frei Haus** delivered free house (*od.* domicile); **freie** ~ delivered free of charge(s), carriage paid. – **3.** *print.* installment, *bes. Br.* instalment, part, fascicle, *auch* fascicule: **das Buch erscheint in** ~**en** the book appears in instal(l)ments (*od.* in serial form, serially).

'Lie·fe·rungs|,an·ge,bot *n* **1.** *econ.* supply (*od.* delivery) offer (*od.* tender), offer (*od.* tender) to supply (*od.* deliver). – **2.** *jur.* (*im Submissionsweg*) tender. — **~ge,schäft** *n* **1.** delivery transaction. – **2.** (*auf Zeit*) time bargain. — **~,kauf** *m econ.* purchase for future delivery. — **~,sper·re** *f* supply embargo. — **~,tag, ~,ter,min** *m cf.* Liefertag. — **~,um,fang** *m* extent (*Am.* scope) of supply. — **~ver,kauf** *m* sale for future delivery. — **~ver,trag** *m cf.* Liefervertrag. — **l~,wei·se** *adv print.* serially, in serial form: **das Buch erscheint** ~ the book appears serially (*od.* in instal[l]ments). — **~,werk** *n* serial (publication).

'Lie·fer|ver,pflich·tung *f econ.* obligation to deliver. — **~ver,trag** *m* contract for delivery, delivery contract: **einen** ~ **machen** to (tender and) contract for a supply, to sign a supply (*od.* delivery) contract. — **~ver,zug** *m* default of delivery: **im** ~ **sein** to be in default of delivery. — **~,wa·gen** *m auto.* **1.** delivery (*Br. auch* motor) van, *bes. Am.* delivery truck, *Am.* pickup truck. – **2.** (*Karren*) delivery cart. — **~,werk** *n* **1.** *econ. tech.* supplier's (*od.* contractor's) plant. – **2.** *tech.* (*textile*) creel machine. — **~,zeit** *f cf.* Lieferfrist. — **~,zet·tel** *m cf.* Lieferschein.

'Lie·ge *f* ⟨-; -n⟩ chaise longue (*od.* lounge), couch, divan. — **~,geld** *n econ.* demurrage (charge[s *pl*]). — **~,hal·le** *f* (*eines Sanatoriums*) open-air wing. — **~,hang** *m* (*sport*) leaning hang. — **~,kur** *f med.* rest cure. — **~,mög·lich·keit** *f* place to lie down. — **~,la·ge** *f* lying position.

lie·gen ['liːgən] **I** *v/i* ⟨liegt, lag, gelegen, h *u.* sein⟩ **1.** lie, be: **bequem** ~ to lie comfortably, to be comfortable; **lang aus-**

gestreckt ~ to lie stretched out; **ich liege lieber weich** I prefer to lie on a soft bed (*od.* surface); **er liegt seit drei Wochen** (*krank*) he has been in bed (lying ill) for three weeks; **am Fieber krank** ~ to be down (*od.* laid low) with a fever; **Sie müssen fest** ~ you have to keep strictly to (*od.* must definitely stay in) your bed; **es liegt Schnee** there is snow; **der Schnee liegt hier sehr tief** the snow is (*od.* lies) very deep here; **der Teppich liegt schief** [**gerade**] the carpet is laid (*od.* lying) at an angle [straight]; **der Tisch liegt voll(er) Bücher** (*od.* voll von Büchern) the table is covered with (*od.* full of) books; **dort liegt alles, was du brauchst** everything you need is there. – **2.** **etwas** ~ **lassen** to leave s.th. where it is (*od.* alone): **laß das Buch** ~ leave the book where it is (*od.* there, here). – **3.** **j-n** ~ **lassen** to leave s.o. lying (*somewhere*): **ich kann dich doch hier nicht so** ~ **lassen** I can't just leave you lying here; **das Haus links liegen lassen** to pass the house on the right. – **4.** **etwas** ~ **haben** to have s.th.: **er hat eine Menge Geld auf der Bank** ~ he has (got) a lot of money in the bank; **ich habe noch Wein im Keller** ~ I still have some wine in the cellar; **ich habe den Schirm im Auto** ~ my umbrella is in the car. – **5.** **etwas liegen sehen** to see s.th.: **siehst du irgendwo den Ball** ~? do you see the ball (lying around) anywhere? – **6.** (*gelegen sein*) lie, be situated (*od.* located): **die Stadt liegt nördlich von Berlin** the town is (situated) north of Berlin; **das Haus liegt günstig** the house is favo(u)rably situated (*od.* placed); **der See liegt 1000 m hoch** the lake lies 1,000 meters above sea level; **das Hotel liegt ganz zentral** the hotel is centrally situated. – **7.** (*im Grabe*) lie, rest, repose: ~ **to lie buried; hier liegt** (*Grabinschrift*) here lies (*od.* rests) (the body of); → Hund 2. – **8.** (*schräg sein*) (*von Schrift etc*) slant, be (*od.* lie) on a slant: **die Buchstaben** ~ (**schräg**) the letters slant. – **9.** (*von Stoff*) be: **der Stoff liegt zwei Meter breit** the material is two meters wide. – **10.** (*von Gras, Getreide etc*) lodge, lie down. – **11.** *fig.* (*sein, sich verhalten*) be: **wie die Dinge jetzt** ~, **wie die Sache jetzt liegt** as things are (*od.* matters stand) at present (*od.* the moment); **die Dinge** ~ **kompliziert** things are complicated; **die Sache lag günstig für ihn** matters were propitious (*od.* favo[u]rable) for him; **die Sache liegt so** (*od.* folgendermaßen) the matter can be summed up as follows; **die Ursache liegt woanders** the cause lies elsewhere; **die Schwierigkeit liegt darin, daß** the difficulty is that; **die Preise** ~ **hoch** [**niedrig**] prices are high [low]; **wo** ~ **deine Interessen?** what are your interests? **wie liegt der Fall juristisch?** what's the legal aspect of the case? **deine Zukunft liegt ganz woanders** your future lies elsewhere. – **12.** **j-m** ~ *fig.* a) to suit (*od.* fit) s.o., b) to be liked by s.o., to be in s.o.'s line: **diese Arbeit liegt mir mehr** this job suits me better; **diese Rolle liegt ihm** the part fits him, he is right for the part; **seine Art liegt mir überhaupt nicht** I don't like his way at all; **solche Methoden** ~ **mir nicht** I don't like (using) such methods, such methods aren't in my line at all (*od.* don't appeal to me). – **13.** *auto.* hold (*od.* hug) the road: **das Auto liegt gut** (**auf der Straße**) the car hugs the road well, the car has good roadability (*Br.* road-holding). – **14.** (*von Schüssen etc*) be: **das Feuer lag schlecht** the fire was inaccurate; **der Treffer lag zu kurz** the shot was (*od.* fell) short (of the target); **der Schuß lag zu hoch** [**tief**] the shot hit above [below] the target. – **15.** (*sport*) a) (*von Ball, Diskus etc*) rest, come to rest (*od.* a stop), lie (still *od.* motionless), b) (*von Ringer*) be pinned. – **16.** *mar.* a) (*eine Richtung steuern*) head, b) (*vertäut sein*) be moored, c) (*schräg sein*) list: **stromgerecht** ~ to be tide-rode; **das Schiff liegt** (**schräg**) the ship is listing. – **17.** (*wood*) season: **Holz muß** ~, **bevor es verarbeitet wird** wood has to season before it is processed. – **II L~** *n* ⟨-s⟩ **18.** *verbal noun:* **das lange L~ hat ihn geschwächt** this long period (of lying) in bed has weakened him.

Verbindungen mit Präpositionen:

lie·gen| an ⟨*dat*⟩ *v/i* ⟨h *u.* sein⟩ **1.** lie on: **der Hund lag lang ausgestreckt am Boden** the dog lay stretched out on the floor; **er** [**das Buch**] **lag am Boden** he [the book] lay on the floor (*od.* ground); **das Kind lag an ihrer Brust** the baby was lying on her breast; **der Hund liegt an der Kette** the dog is chained (up). – **2.** (*gelegen sein an*) be situated (*od.* be located) at (*od.* near): **das Haus liegt am Wald** [**an einem Fluß**] the house lies near the forest [on a river]; **das Haus lag am Fuße des Berges** the house lay at the foot of the mountain; **die Häuser** ~ **ganz dicht** (*od.* hart, direkt) **an der Straße** the houses adjoin (*od.* lie contiguous to) the road; **der Wald liegt am Rande der Stadt** the forest lies on the edge of the town. – **3.** *fig.* (*abhängen von*) depend on: **es liegt** (**ganz**) **an ihm, ob wir fahren können** it depends on (*od.* is up to) him whether we can go (or not); **es liegt ganz am Wetter** it depends entirely on the weather; **soweit es an mir liegt, will ich gern helfen** as for me (*od.* as far as it lies in my power) I will gladly help; **an mir soll es nicht** ~ I shan't object (*od.* stand in your way). – **4.** *fig.* (*verursacht sein durch*) be the reason for, be due to: **es liegt daran, daß** the reason is that; **wissen Sie, woran das liegt?** do you know the reason for (*od.* the cause of) that? **das liegt am fehlenden Geld** this is due to (the) lack of money; **es lag an ihm, daß wir zurückkehren mußten** a) it was because of him that (*od.* he was the reason why) we had to return, b) he is to blame (*od.* it was his fault) that we had to return. – **5.** **j-m liegt an etwas, j-m liegt etwas am Herzen** a) (*aus Interesse*) s.o. is interested in s.th., s.o. cares about s.th., s.th. matters (*od.* means) a lot (*od.* great deal) to s.o., s.o. has s.th. very much at heart, b) (*aus Sorge*) s.o. is concerned (*od.* anxious) about s.th.: **mir liegt nichts daran** it doesn't matter to me (at all), it's of no interest to me, I don't care about it (*od. colloq.* a fig); **wem liegt schon daran?** who cares (about it)? **deine Zukunft liegt mir sehr am Herzen** I am very much interested in your future; **mir liegt sehr viel an dieser Reise** this journey means a great deal to me; **mir liegt daran zu erfahren, ob** I am interested to know whether; **mir liegt viel an ihm** he means a lot to me, I care a lot for him; **ihm liegt viel an seinem guten Ruf** he is anxious to maintain his (good) reputation. – **6.** **hart am Winde** ~ *mar.* to sail close to the wind. — ~ **auf** ⟨*dat*⟩ *v/i* **1.** lie on: **auf einer Trage** ~ to lie on a stretcher; **auf dem Rücken** [**dem Bauch, der Seite**] ~ **to lie on one's back** [stomach, side]; **auf den Knien** ~ to be kneeling, to be (down) on one's knees; **das Buch liegt auf dem Stuhl** the book is (lying) on the chair; **eine Decke liegt auf dem Tisch** a tablecloth is spread over the table; **er liegt auf der Straße** *fig. colloq.* he's in (*bes. Am.* on) the street, he is without a job; **die ganze Last liegt auf ihr** (*od.* ihren Schultern) *fig.* the whole burden lies (*od.* rests) on her shoulders; **es liegt auf der Hand** *fig.* it is quite obvious (*od.* clear); **sag, was dir auf dem Herzen liegt** *fig.* tell me what is worrying you; **es liegt mir auf der Zunge** *fig.* it is on the tip of my tongue; **das liegt mir auf der Seele** *fig.* that weighs upon my heart; → faul 15; Geld 1; Lauer¹; Nase 2; Tasche 3. – **2.** (*ruhen auf*) lie (*od.* rest, repose) on: **er liegt auf der Couch** he rests on the couch. – **3.** *fig.* (*sein auf*) be (*od.* lie) on: **ein Lächeln lag auf ihren Lippen** there was a smile on her lips; **die Betonung liegt auf der Vorsilbe** the accent (*od.* stress) is on the prefix; **das Hauptgewicht liegt auf der Tatsache, daß** the main stress is on the fact that; **der Vorteil liegt auf unserer Seite** the odds are in our favo(u)r; **die Schuld liegt ganz auf seiner Seite** the blame lies entirely on his side, he is solely to blame; **auf dem Haus lag schwerer Beschuß** the house was under heavy fire. – **4.** (*deponiert sein auf*) be deposited in, be lying at (*od.* in): **das Geld liegt auf der Bank** the money is (deposited) in (*od.* lying at) the bank. – **5.** **auf Kaffee liegt viel** (*od.* hoher) **Zoll** *econ.* there is a heavy duty on coffee. – **6.** der Wein liegt auf Flaschen the wine has been bottled. – **7.** (*sich befinden auf*) lie on, be situated (*od.* located) on: das Haus liegt auf einem Hügel the house is situated on a hill; das liegt nicht auf meinem Wege it's out of my way. – **8.** *mar.* a) (*steuern*) head (for), b) auf Grund ~ to be grounded, c) auf Reede ~ to be in dock: wir ~ auf Südwestkurs we are heading southwest. – **9.** (*sport*) lie in: er liegt auf dem 3. Platz he is lying in third place. – **10.** *auto.* (*gut etc*) auf der Straße ~ to hold (*od.* hug) the road. – ~ **au·ßer** ⟨*dat*⟩ *v/i* außer dem Bereich der Möglichkeiten ~ to be impossible (*od.* beyond all possibility). — ~ **bei** *v/i* **1.** be (*od.* lie) next to (*od.* near, by): das Buch liegt beim Telephon the book lies by the telephone; die Socken ~ bei den Hemden the socks are lying next to (*od.* are with) the shirts. – **2.** bei j-m ~ *Bibl. u. poet.* to lie with s.o. (*archaic*). – **3.** (*gelegen sein bei*) be (*od.* lie) near, be situated (*od.* located) near: das Dorf liegt bei der Stadt the village is situated near the town. – **4.** *fig.* (*abhängen von*) lie (*od.* rest) with: es liegt bei dir zu entscheiden it is up to (*od.* for) you to decide; der Fehler (*od.* die Schuld) liegt bei dir it is your fault, the fault lies with you, you are to blame for it; die Verantwortung liegt bei dir the responsibility lies with you; die Macht liegt bei den Gerichten *jur.* power rests (*od.* resides) in the courts. – **5.** *fig.* (*ungefähr betragen*) be about: der Durchschnitt liegt bei 10 the average is about 10; der Gewinn liegt bei 2 Millionen the profit amounts to about (*od.* is of the order of) 2 millions. – **6.** *mil.* bei X ~ a) (*in Quartier*) to be quartered (*od.* billeted) near X, b) (*in Garnison*) to be stationed (*od.* garrisoned, in garrison) near X, c) (*in Stellung*) to be in position near X. — ~ **ge·gen**, *lit.* gen *v/i* face: der Hang liegt gegen Süden the slope faces south, the slope has a southerly exposure. — ~ **hin·ter** ⟨*dat*⟩ *v/i* be (*od.* lie) behind: er lag hinter dem Baum he lay behind the tree; das Dorf liegt hinter dem Berg the village lies behind the mountain; die Zeit der Angst liegt hinter ihm *fig.* the time of fear is behind him. — ~ **in** ⟨*dat*⟩ *v/i* **1.** lie (*od.* be) in: im Bett ~ to lie (*od.* be) in bed; im Gras ~ to lie in (*od.* on) the grass; im Krankenhaus ~ to be in (the) hospital; die Patientin liegt im 3. Stock the patient is on the 3rd (*Am.* 4th) floor; in tiefem Schlaf ~ to lie (*od.* be) fast asleep; in der Sonne ~ to lie in the sun; sich in den Armen ~ to lie in each other's (*od.* one another's) arms; im Hafen ~ *mar.* to lie in harbo(u)r; in den letzten Zügen ~ to be breathing one's last, to be in the last throes; in Trümmern ~ to lie (*od.* be) in ruins; in Schutt und Asche ~ to be reduced to ashes; der Wein liegt im Keller the wine is (lying) in the cellar; → Blut 1. – **2.** (*gelegen sein in*) lie (*od.* be) in, be situated (*od.* located) in: München liegt in Bayern Munich is situated in Bavaria. – **3.** *fig.* (*sein in, sich befinden in*) be (*od.* lie) in: der Flur lag im Dunkeln the hall lay in darkness, it was dark in the hall; in ihrem Tonfall lag Spott there was scorn in her voice; in ihren Bewegungen lag viel Anmut there was much grace in her movements; es liegt nicht in seiner Absicht it is not his intention; sie ~ in Scheidung they are in (*od.* taking) divorce proceedings; im argen ~ to be in a bad state (*od.* way); das liegt im Bereich des Möglichen that lies within the realm of possibility; das liegt im Blut [in der Familie] it runs in the blood [family]; das liegt in deinem Ermessen this is up to you (*od.* at your discretion); das liegt noch in weiter Ferne that is still in the distant future; es liegt in deiner Macht (*od.* Hand), dieses Unglück zu verhindern it is in your power (*od.* up to you) to avert this misfortune; es liegt etwas in der Luft there is s.th. in the air; gut im Rennen ~ to be in a favo(u)rable position; es liegt in der Natur der Sache it is (*od.* lies) in the nature of the matter; darin liegt seine Stärke this is his strong point; der Unterschied liegt in der Tatsache, daß the difference lies in the fact that; die Wahrheit liegt in der Mitte the truth lies (halfway) in between; es liegt in ihr(em Wesen)

it is in her nature; → Haar 3; Magen 1; Ohr 3. – **4.** *mil.* a) in (*od.* im) Quartier ~ to be quartered (*od.* billeted), b) in Garnison ~ to be stationed (*od.* garrisoned, in garrison), c) in Stellung ~ to be in position: sie ~ in X [bei uns] in Quartier they are billeted in (*od.* at) X [with us]; sie ~ in [bei] X in Garnison they are stationed in (*od.* at) [near] X. — ~ **nach** *v/i* face (on), look on (*od.* to, toward[s]): das Zimmer liegt nach der Straße [nach Osten] the room looks onto the street [toward(s) the east]; nach dem See zu ~ to face on the lake. — ~ **ne·ben** ⟨*dat*⟩ *v/i* lie (*od.* be) beside (*od.* next to): der Hund lag neben ihr the dog was lying beside her; ihre Wohnung liegt neben unserer their apartment (*bes. Br.* flat) lies next to ours. — ~ **über** ⟨*dat*⟩ *v/i* **1.** lie (*od.* be) over (*od.* on). – **2.** lie (*od.* be) above: mein Zimmer liegt über deinem my room is above yours. – **3.** be (*od.* lie, be situated, be located) above: B. liegt 500 m über dem Meeresspiegel B. lies 500 meters above sea level. – **4.** *fig.* (*von Dunst etc*) hang over: Hitze lag über der Stadt heat was hanging over the town; Stille lag über dem Tal silence hung (*od.* lay) over the valley. – **5.** *fig.* (*von Sonne*) shine over: über dem See lag Sonne there was sunshine over the lake. – **6.** *geol.* overlie, lie over: die Schicht, die über der ersten liegt the layer that overlies the first. — ~ **un·ter** ⟨*dat*⟩ *v/i* **1.** lie (*od.* be) under: er lag unter dem Schrank he lay under the wardrobe; er liegt schon lange unter der Erde he died a long time (*od.* long) ago; unter Beschuß ~ *mil.* to be under fire; unter schwerem Feuer ~ *mil.* to be under heavy fire. — ~ **vor** ⟨*dat*⟩ *v/i* **1.** lie (*od.* be) in front of (*od.* before): er lag vor mir he lay in front of me; ein Garten liegt vor dem Haus a garden is in front of the house; vor uns lag das Meer we had the sea before us; das Schiff lag vor X *mar.* the ship was stationed off X; → Anker[1] 1. – **2.** *fig.* (*in einem Wettbewerb*) be ahead of. – **3.** vor einer Stadt ~ *mil.* to lie before (*od.* to besiege) a town. — ~ **zu** *v/i* lie (*od.* be) at: krank zu Bett ~ (*mit Masern*) to be (ill) in bed (with measles), to be laid up (with measles); Berchtesgaden liegt zu Füßen des Watzmanns Berchtesgaden lies at the foot of the Watzmann; → Fuß[1] 1.

'lie·gen₁blei·ben *v/i* ⟨*irr, sep,* -ge-, sein⟩ **1.** remain lying: die Verwundeten blieben dort liegen the wounded remained lying there; im Bett ~ to remain (*od.* stay) in bed; bleib liegen! don't get up. – **2.** (*von Schnee*) settle. – **3.** (*von Auto etc*) break down, have a breakdown: vor X blieb unser Auto *u. colloq.* blieben wir) liegen before X our car broke down. – **4.** (*von Waren*) be (left) unsold, *auch* remain on (s.o.'s) hand, lie on (s.o.'s) hands. – **5.** (*vergessen werden*) be forgotten, be left (behind): meine Tasche muß hier liegengeblieben sein (I am sure) I must have left my briefcase here. – **6.** (*aufgeschoben werden*) lie (*od.* stand) over: das kann ~ bis zum nächsten Treffen let that lie (*od.* stand) over till the next meeting; das kann ~ that can wait. – **7.** (*bes. von Arbeit*) pile up: während der Ferien ist eine Menge Arbeit liegengeblieben during the vacation a lot of work has piled up. – **8.** (*von Brief etc*) not be sent off. – **9.** (*bes. von Haar*) stay put: das Haar will nicht ~ the hair won't stay put.

'lie·gend I *pres p.* – **II** *adj* **1.** lying: auf dem Rücken ~ lying on one's back, supine; im Sterben ~ (*od.* in den letzten Zügen) moribund; in Trümmern ~ (lying) in ruins, ruined; ~ aufbewahren (*Aufschrift*) keep (*od.* to be kept) lying (*od.* in horizontal, in a horizontal position). – **2.** (*ruhend*) resting, reposing, recumbent, (*bes. art*) reclining. – **3.** (*gelegen*) situated, located, placed: ein bei X ~es Dorf a village (situated) near X; ein (direkt) an der Straße ~es Haus a house adjoining the street; weiter weg ~ farther (*od.* further) (away). – **4.** *fig.* (*innewohnend*) resident: beim Volke ~ residing in the people. – **5.** *bot.* recumbent, prostrate, procumbent. – **6.** *tech.* (*Motor etc*) horizontal. – **7.** *mil.* (*beim Schießen*) prone: ~er Anschlag, ~e Stellung prone position. – **8.** ~e Güter *jur.* immovables, real estate *sg* (*od.* property

sg). – **9.** *geol.* (*Falte*) recumbent. – **10.** *agr.* (*Brandzeichen*) lazy. – **11.** *her.* ~ mit gesenktem Kopf dormant; ~ mit erhobenem Kopf couchant.

'Lie·gen·de[1] *f* ⟨-n; -n⟩ (*art*) reclining figure, woman reclining.

'Lie·gen·de[2] *n* ⟨-n; *no pl*⟩ **1.** (*mining*) a) (*Erz*) footwall, b) (*Kohle*) floor, bottom. – **2.** *geol.* base, understratum.

'Lie·gend₁schicht *f* (*mining*) *geol. cf.* Liegende[2].

'lie·gen₁las·sen *v/t* ⟨*irr, sep, pp* liegenlassen, *auch* liegengelassen, h⟩ **1.** (*vergessen*) leave, *Am. auch* forget: er ließ seinen Hut im Zimmer liegen he forgot his hat in the room, he left his hat (behind) in the room. – **2.** *fig.* (*unerledigt lassen*) leave off, stop: er ließ die Arbeit liegen und ging heim he left off work (*od.* stopped working) and went home. – **3.** *fig.* (*beiseite tun*) put aside: seine Arbeit einen Tag ~ to put aside one's work for a day. – **4.** j-n links ~ *fig. colloq.* to give s.o. the cold shoulder, to cold-shoulder (*od.* cut) s.o.; etwas links ~ *fig. colloq.* to turn one's back on s.th., to by-pass s.th.

'Lie·gen·schaft *f* ⟨-; -en⟩ *meist pl* real estate, immovables *pl*.

'Lie·gen·schafts₁agen·tur *f jur.* real-estate agency. — ~₁**recht** *n* law on real estate (*od.* property), property law.

'Lie·ge₁platz *m mar.* (*eines Schiffes*) berth, moorage, moorings *pl.* — ~₁**raum** *m* (*in Bädern*) rest room.

'Lie·ger₁statt *f* ⟨-; ⁺en⟩ *Bavarian and Austrian dial. for* Liegestatt.

'Lie·ge₁sitz *m* (*eines Autos etc*) reclining seat. — ~₁**statt** *f* ⟨-; ⁺en⟩ **1.** bed. – **2.** *cf.* Lagerstatt. — ~₁**stuhl** *m* deck chair, *Br. auch* hammock chair. — ~₁**stütz** [-,ʃtʏts] *m* ⟨-es; -e⟩ **1.** (*in der Gymnastik*) press-up: ~ vorlings front support position. – **2.** (*am Gerät*) front leaning (rest). — ~₁**ta·ge** *pl mar.* lay days. — ~₁**wa·gen** *m* (*railway*) couchette coach. — ~₁**wie·se** *f* meadow for sunbathing. — ~₁**zeit** *f* **1.** *mar.* a) lay days (*od.* time), b) (*bei Beschäftigungslosigkeit*) idle period. – **2.** *med.* period of rest.

lieh [liː] *1 u. 3 sg pret of* leihen.

Liek [liːk] *n* ⟨-(e)s; -en⟩ *Low G. mar.* boltrope. — **'lie·ken** *v/t* ⟨h⟩ (*Segel*) rope.

Li·en ['liːɛn] *m* ⟨-s; *no pl*⟩ *med. cf.* Milz. — **lie·nal** [lie'naːl] *adj* lienal, splenic.

Lie·ni·tis [lie'niːtɪs] *f* ⟨-; -tiden [-ni'tiːdən]⟩ *med.* (*Milzentzündung*) lienitis.

lies [liːs] *imp sg of* lesen[1] *u.* [2].

Liesch [liːʃ] *n* ⟨-(e)s; *no pl*⟩ *bot.* **1.** cattail, *auch* cat's-tail, reed mace (*Typha latifolia*). – **2.** *cf.* Wasserliesch.

Lies·chen ['liːsçən] *n* ⟨-s; -⟩ **1.** *pet name of* Liese. – **2.** ~ Müller nickname for the average girl *or* woman. – **3.** Fleißiges ~ *bot.* impatiens, impatience (*Impatiens walleriana*).

'Liesch₁gras *n bot.* cattail, cat's-tail (grass), herd's grass, timothy (grass) (*Phleum pratense*).

Lie·se ['liːzə] *npr f* ⟨-; -n⟩ Lisa: dumme ~ silly goose.

Lie·sen ['liːzən] *pl Northern G. cf.* Flom(en).

ließ [liːs] *1 u. 3 sg pret of* lassen[1].

liest [liːst] *2 u. 3 sg pres of* lesen[1] *u.* [2].

Liest *m* ⟨-(e)s; -e⟩ *zo.* kingfisher (*Gattg Halcyon*).

Lift [lɪft] *m* ⟨-(e)s; -e *u.* -s⟩ **1.** elevator, *bes. Br.* lift. – **2.** (*Skilift*) (ski) lift. — ~₁**boy** *m* elevator (*bes. Br.* lift) boy.

lif·ten ['lɪftən] *v/t* ⟨h⟩ *med.* (*Gesichtsfalten*) lift. [by ski lift.\]

lif·teln ['lɪftəln] *v/i* ⟨h *u.* sein⟩ *colloq.* go⟩

'Lift₁jun·ge *m cf.* Liftboy. — ~₁**schacht** *m* elevator (*bes. Br.* lift) shaft.

Li·ga ['liːga] *f* ⟨-; -gen⟩ **1.** *pol.* league: die Katholische ~ *hist.* the Catholic League (1609). – **2.** (*sport*) league, division.

Li·ga·de [li'gaːdə] *f* ⟨-; -n⟩ (*sport*) (*beim Fechten*) semi-circular parry, parry and beating down.

Li·ga·ment [liga'mɛnt] *n* ⟨-(e)s; -e⟩, **Li·ga·men·tum** [-tʊm] *n* ⟨-s; -ta [-ta]⟩ *med. zo.* ligament, ligamentum.

Li·ga·tur [liga'tuːr] *f* ⟨-; -en⟩ **1.** *print. mus.* ligature. – **2.** *med.* ligation, ligature.

Li·ger ['liːgər] *m* ⟨-s; -⟩ *zo.* liger.

li·gie·ren [li'giːrən] *v/i* ⟨*no* ge-, h⟩ (*sport*) (*beim Fechten*) execute a semi-circular parry, parry and beat down.

Li·gist [li'gɪst] *m* ⟨-en; -en⟩ *pol.* leaguer. — **li'gi·stisch** *adj* league(d).

Li·gnin [li'gniːn] n ⟨-s; -e⟩ chem. lignin.
Li·gnit [li'gniːt; -'gnɪt] m ⟨-s; -e⟩ geol. lignite, brown (od. wood) coal.
Li·gro·in [ligro'iːn] n ⟨-s; no pl⟩ chem. ligroin(e), petroleum naphta.
Li·gu·la ['liːgula] f ⟨-; -lae [-lɛ]⟩ 1. bot. ligule, ligula. – 2. zo. ligula (Ligula intestinalis).
Li·guo·ria·ner [liguŏ'riːanər] m ⟨-s; -⟩ röm.kath. Liguorian, Redemptorist.
Li·gu·rer [li'guːrər; 'liːgurər] m ⟨-s; -⟩ hist. Ligurian. – **li·gu·risch** [li'guːrɪʃ] I adj geogr. Ligurian. – II ling. L~ ⟨generally undeclined⟩, das L~e ⟨-n⟩ Ligurian, the Ligurian language.
Li·gu·ster [li'gustər] m ⟨-s; -⟩ bot. common privet, prim, ligustrum (scient.) (Ligustrum vulgare). — **~,hecke** (getr. -k·k-) f privet hedge. — **~,schwär·mer** m zo. privet hawk(moth) (Sphinx ligustri).
li·ie·ren [li'iːrən] v/reflex ⟨no ge-, h⟩ sich mit j-m ~ a) to associate (od. align) oneself with s.o., to ally oneself with (od. to) s.o., b) to become close (od. intimate) friends. — **li'iert** I pp. – II adj mit j-m ~ sein a) to be associated (od. aligned) with s.o., b) to be on close (od. intimate) terms with s.o. — **Li'ier·te** m, f ⟨-n; -n⟩ obs. for Vertraute[1] u. [2]. — **Li·ie·rung** f ⟨-; -en⟩ 1. association, alignment. – 2. close (od. intimate) friendship.
Li·kör [li'køːr] m ⟨-s; -e⟩ liqueur, (bes. süßer) cordial, (nach anderen Getränken) chaser, chasse. — **~,glas** n liqueur glass.
Lik·tor ['lɪktɔr] m ⟨-s; -en [-'toːrən]⟩ antiq. lictor.
Lik·to·ren,bün·del n antiq. fasces pl (often construed as sg).
li·la ['liːla] I adj (Farbe etc) lilac: ein ~ (od. colloq. ~[n]es) Kleid a lilac dress. – II L~ n ⟨-s; -, colloq. -s⟩ lilac.
'li·la,far·ben, **~,far·big** adj lilac(-colored, bes. Br. -coloured), lilaceous (scient.).
'Li·la,kehl·chen n ⟨-s; -⟩ zo. (Kolibri) lilacthroat (Phaiolaima rubinoides).
Li·lie ['liːliə] f ⟨-; -n⟩ 1. bot. lily (Gattg Lilium): Gelbe ~ gold-lily (L. auratum); Japanische ~ Japan lily (L. japonicum); Weiße ~ white lily, Madonna (od. Bourbon) lily, Juno's rose (L. candidum); Blaue ~ iris, flag flower (Iris germanica); Heidnische ~ cf. Türkenbund: keusch wie eine ~ (as) chaste as a lily. – 2. her. (golden) lily, fleur-de-lis, fleur-de-lys, auch fleur-de-luce: mit ~n geschmückt fleury.
'li·li·en,ar·tig adj a) lilylike, lilied, b) bot. liliaceous.
'Li·li·en,bla·sen,fuß m zo. lily-bulb thrips (Liothrips vaneeckei). — **l~,för·mig** adj liliform, lily-shaped. — **~ge,wäch·se** pl bot. liliaceous plants, liliaceae (scient.) (Fam. Liliaceae). — **~,grä·ser** pl spiderworts, commelinaceae (scient.) (Fam. Commelinaceae). — **l~,grün** adj iris-green. — **~,hähn·chen** n, **~,kä·fer** m zo. lily beetle (Crioceris lilii). — **~,kreuz** n her. cross floree (od. fleury). — **~-Ma,gno·lie** f bot. yulan (Magnolia denudata). — **~,sim·se** f Scotch asphodel (Gattg Tofieldia). — **~,stein** m geol. apiocrinite, encrinite. — **~,stern** m zo. sea lily, crinoid (scient.) (Ordng Crinoidea). — **l~'weiß** adj lily-white, lily (attrib), (as) white as a lily.   [ture) Lilliput.]
Li·li·put ['liːliput] npr n ⟨-; no pl⟩ (litera-∫
Li·li·pu·ta·ner [lilipu'taːnər] m ⟨-s; -⟩ Lilliputian. — **li·li·pu'ta·nisch** adj Lilliputian.
'Li·li·put·|(,ei·sen),bahn f miniature (od. midget) railway (Am. railroad). — **~,for,mat** n print. miniature format (od. size). — **~,strand,läu·fer** m zo. American stint (Tringa minutilla).
Lim·bur·ger ['lɪm,burgər] m ⟨-s; -⟩ gastr. Limburger (cheese), auch Limburg cheese.
Lim·bus ['lɪmbus] m ⟨-; -bi [-bi]⟩ 1. ⟨only sg⟩ relig. (Vorhölle) limbo, auch Limbo. – 2. bot. (einer Blumenkrone) limb. – 3. tech. (an Winkelmeßinstrumenten) limb.
Li·me·rick ['lɪmərɪk] (Engl.) m ⟨-(s); -s⟩ metr. Limerick.
Li·mes ['liːmɛs] m ⟨-; -⟩ 1. ⟨only sg⟩ antiq. limes. – 2. math. (Grenzwert) limit.
Li·met·ta [li'mɛta] f ⟨-; -ten⟩ 1. bot. lime (Citrus limetta). – 2. gastr. lime juice.
Li·met·ten,baum m bot. lime tree (Citrus limetta). — **~,saft** m gastr. lime juice.
Li·mit ['lɪmɪt] (Engl.) n ⟨-s; -s u. -e⟩ 1. limit: es muß ja auch ein ~ geben there must be a limit. – 2. econ. (price) limit.

Li·mi·ta·ti·on [limita'tsi̯oːn] f ⟨-; -en⟩ limitation.
li·mi·tie·ren [limi'tiːrən] I v/t ⟨no ge-, h⟩ 1. bes. econ. (Preis etc) limit. – II L~ n ⟨-s⟩ 2. verbal noun. – 3. cf. Limitierung. — **li·mi'tiert** I pp. – II adj limited: ~e Order stop order; nicht ~ unlimited. — **Li·mi'tie·rung** f ⟨-; -en⟩ 1. cf. Limitieren. – 2. limitation.
Lim·ni·me·ter [lɪmni'meːtər] n ⟨-s; -⟩ tech. limnimeter, limnometer.
lim·nisch ['lɪmnɪʃ] adj biol. limnetic, auch limnic.
Lim·no·lo·gie [lɪmnolo'giː] f ⟨-; no pl⟩ biol. limnology. — **lim·no'lo·gisch** [-'loːgɪʃ] adj limnological, auch limnologic.
Li·mo ['liːmo, auch 'liːɪ] f, auch n ⟨-; -(s)⟩ colloq. short for Limonade.
Li·mo·na·de [limo'naːdə] f ⟨-; -n⟩ cf. Brauselimonade.
Li·mo·ne [li'moːnə] f ⟨-; -n⟩ bot. 1. (Frucht) cedrat(e), (pome-)citron (von Citrus medica): Süße ~ cf. Limetta; Saure (od. Eigentliche) ~ lemon (von Citrus limonum). – 2. (Baum) a) (pome-)citron tree, cedrat(e) (Citrus medica), b) cf. Limettenbaum, c) (Zitronenbaum) lemon tree (Citrus limonum).
Li·mo·nit [limo'niːt; -'nɪt] m ⟨-s; -e⟩ min. limonite, brown iron ore.
Li·mou·si·ne [limu'ziːnə] f ⟨-; -n⟩ auto. limousine, Br. saloon, Am. sedan.
'Lin·coln|,schaf ['lɪŋkən-] (Engl.) n zo. Lincoln (longwool). — **~,Sing,sper·ling** m Lincoln's sparrow (od. finch) (Melospiza lincolni).
lind [lɪnt] adj ⟨-er; -est⟩ 1. (Regen, Worte etc) gentle, soft. – 2. (Luft, Wetter etc) balmy, mild.
Lin·de ['lɪndə] f ⟨-; -n⟩ bot. lime (tree), linden, teil tree, auch teil (Gattg Tilia): Amerikanische ~ American linden, basswood (T. americana od. glabra).
'lin·den adj (made) of limewood (od. linden wood).
'Lin·den|al,lee f linden avenue. — **~,baum** m bot. cf. Linde. — **~,blatt,laus** f zo. lime-tree aphis (Aphis tiliae). — **~,blü·te** f lime-tree (od. linden) blossom. — **~,blü·ten,tee** m lime- (od. linden-)blossom tea. — **~,holz** n linden (wood), limewood, bes. Am. basswood. — **~,schwär·mer** m zo. lime hawk-(moth) (Mimas tiliae). — **~,spin·ner** m buff-tip (Phalera bucephala). — **~,spinn,mil·be** f common red spider (Estewanychus telarius). — **~,zier,laus** f linden aphid (Therioaphis tiliae).
lin·dern ['lɪndərn] I v/t ⟨h⟩ 1. (Elend, Not etc) relieve, alleviate, mitigate. – 2. (Schmerzen) relieve, ease, alleviate, assuage, allay, soothe. – 3. (Strafe etc) mitigate. – 4. (Ärger etc) soothe, mollify, appease. – II L~ n ⟨-s⟩ 5. verbal noun. – 6. cf. Linderung.
'lin·dernd I pres p. – II adj bes. med. soothing; palliative, demulcent (scient.): ein ~es Mittel a soothing remedy, a palliative (scient.). — **'Lin·de·rung** f ⟨-; -en⟩ 1. cf. Lindern. – 2. (von Elend, Not) relief, alleviation, mitigation. – 3. (von Schmerzen) relief, alleviation, assuagement, allayment: der Trank verschaffte dem Kranken ~ the drink gave the patient relief. – 4. (von Strafe etc) mitigation. – 5. (von Ärger etc) mollification, appeasement.
'Lin·de·rungs,mit·tel n bes. med. soothing (od. alleviating) remedy; palliative, anodyne, demulcent (scient.).
'Lind·heit f ⟨-; no pl⟩ 1. (des Regens etc) gentleness, softness. – 2. (der Luft etc) balminess, mildness.
Li·ne·al [line'aːl] n ⟨-s; -e⟩ 1. ruler: ein ~ anlegen to use a ruler; mit dem ~ einen Strich ziehen to draw a line with a ruler; er geht, als hätte er ein ~ verschluckt he walks as straight as a ramrod (od. as stiff as a poker). – 2. tech. a) (Meßlineal) rule, b) (Richtlineal) straightedge, Br. straight-edge.
li·nea·lisch [line'aːlɪʃ] adj bot. (Blatt) linear.
Li·nea·ment [linea'mɛnt] n ⟨-(e)s; -e⟩ 1. (Handlinie) line. – 2. (Gesichtslinie) line, lineament. – 3. geol. lineament.
li·ne·ar [line'aːr] adj 1. linear, straight-line (attrib): ~e Gleichung math. linear equation. – 2. econ. linear, at fixed rates: ~e Abschreibung flat-rate (linear) depreciation. – II ling. L~ f ⟨-; no pl⟩ 3. only in L~ A [B] (altgriech. Schrift) Linear A [B].

Li·ne·ar|be,schleu·ni·ger m phys. linear accelerator. — **~be,schleu·ni·gung** f linear acceleration. — **~,funk·ti,on** f math. linear function. — **~per·spek,ti·ve** f arch. linear perspective. — **~,zeich·nung** f tech. line drawing.
Li·nea·tur [linea'tuːr] f ⟨-; -en⟩ obs. for Linierung.
Li·net·te [li'nɛtə] f ⟨-; no pl⟩ (textile) French lawn.
Lin·ga(m) ['lɪŋga(m)] n ⟨-s; no pl⟩ relig. (Schiwasymbol) linga(m).
Lin·gu·al [lɪŋ'gŭaːl] ling. I m ⟨-s; -e⟩ lingual (sound). – II l~ adj auch med. lingual. — **~,laut** m lingual (sound).
Lin·gu·ist [lɪŋ'gŭɪst] m ⟨-en; -en⟩ linguist, rare linguistician, philologist. — **Lin·gui·stik** [-'gŭɪstɪk] f ⟨-; no pl⟩ linguistics pl (usually construed as sg), philology. — **lin·gui·stisch** [-'gŭɪstɪʃ] adj linguistic, auch linguistical, philological, rare lingual.
Li·nie ['liːniə] f ⟨-; -n⟩ 1. line: eine gerade [krumme, gebogene] ~ a straight [crooked, curved] line; eine punktierte [strichpunktierte] ~ a dotted [dot-dash] line; ~n ziehen to draw lines; auf ~n schreiben to write on lines; eine aus freier Hand gezogene ~ a freehand line; auf der ganzen ~ erfolgreich sein fig. to be successful all along the line; in einer ~ liegen (od. sein) mit fig. to be in line (od. conformity, alignment) with; in erster ~ fig. in the first place, first of all, primarily; in zweiter ~ fig. secondarily; in erster [zweiter] ~ in Betracht kommen fig. to be of first [secondary] consideration. – 2. (Umrißlinie) line, contour, outline: die anmutigen ~n ihrer Figur the graceful lines of her figure; die herben ~n normannischer Architektur the severe lines of Norman architecture. – 3. (Figur) waistline, figure: sie muß auf ihre schlanke ~ achten she must pay attention to her waistline, she has to watch her figure. – 4. (Reihe) line, alignment: die Jungen standen in (einer) ~ the boys were standing in (a) line (od. row); die Stühle standen [nicht] in einer ~ the chairs were in [out of] line. – 5. fig. (Trend) trend. – 6. fig. (Parteilinie) party line: die ~ (der Partei) einhalten to toe the party line. – 7. fig. (einer Politik etc) course: eine mittlere ~ einschlagen to follow a middle course. – 8. fig. (einer Zeitung) editorial line. – 9. fig. (in Aufsatz etc) train of thought: in seiner Rede war keine klare ~ zu erkennen there was no clear train of thought in his speech. – 10. fig. (in Verhalten etc) line, consistency, system: seine eigene ~ einhalten to keep to one's own line; sie hat in allem, was sie tut, eine klare ~ she is consistent in all she does; diese Planung hat keine ~ there is no system in this plan. – 11. fig. (Verkehrslinie) route, line: die ~ Berlin—München wird von mehreren Gesellschaften beflogen several lines fly the route Berlin—Munich; welche Dampfer verkehren auf dieser ~? which steamers travel (od. ply) on this route? welche ~ fährt nach X? which line (od. number) goes to X? – 12. fig. (Abstammung, Geschlecht) line, ancestry, branch: aufsteigende [absteigende] ~ ascending [descending] line; männliche [weibliche] ~ einer Familie sword [distaff] side of a family; ein Nachfahre in direkter ~ a descendant in the direct line; die jüngere ~ eines Herrscherhauses the younger branch of a ruling house; in gerader ~ von j-m abstammen to descend from s.o. in the direct line, to be lineally descended from s.o. – 13. (in Gesicht, Hand etc) line, furrow, wrinkle, (charakteristische) auch lineament(s pl): in ihrem Gesicht zeigen sich die ersten ~n the first lines are beginning to show on (od. in) her face; die ~n eines mongolischen Gesichts the lineaments of a Mongol face. – 14. die ~ mar. (der Äquator) the line, the equator: die ~ passieren to cross (od. pass) the line. – 15. mil. a) line, rank, b) (von Geschützen od. Geschützluken) tier, c) hist. troop of the line: in vorderster ~ kämpfen to fight in the front line (od. line of battle); in der vordersten (od. in vorderster) ~ stehen auch fig. to be in the front rank; eigene ~n friendly (front) lines; die feindlichen ~n durchbrechen to break through the enemy lines. – 16. (sport)

a) (*Torlinie*) goal line, b) (*beim Baseball*) foul line. – 17. *math.* line: auseinanderstrebende [parallele] ~n divergent (*od.* diverging) [parallel] lines; endlich lange ~ finite line; gebrochene (*od.* unterbrochene) ~ broken line; zugeordnete [zusammenlaufende] ~n conjugate [convergent] lines. – 18. *print.* (composing) line. – 19. (*fashion*) look: die neue ~ the new look; eine sportliche ~ a sporty look. — **'Li·ni·en|,blatt** *n* sheet of ruled (*od.* lined) paper. — **l~,blät·te·rig, l~,blätt·rig** *adj bot.* lineofoliate(d), line(ol)ate(d). — **~‿,blitz** *m meteor.* streak (*od.* forked) lightning. — **~,bö** *f* line squall. — **~,bus** *m* regular (*od.* scheduled) bus. — **~,ein,rahmung** *f print.* rule box. — **~,füh·rung** *f* 1. (*art*) line: die Reinheit der ~ the purity of line. – 2. *cf.* Streckenführung 1. — **~,in·te,gral** *n math.* 1. line integral. – 2. (*um einen Bereich*) boundary integral. — **~,ka·sten** *m print.* rule case. — **~,ko·or·di,na·te** *f math.* tangential coordinate (*Br.* co-ordinate). — **'Li·ni·en,lei·ter|,an,zei·ge** *f* (*railway*) (*auf dem Fahrzeug*) linear cab signal(l)ing. — **~,ka·bel** *n* line conductor loops *pl.* — **~sy,stem** *n* continuous automatic train control, line conduction. — **'Li·ni·en|ma,nier** *f* (*art*) line engraving: Stich in ~ line engraving. — **~,netz** *n* (*von Bussen etc*) route network. — **~,no·ten,schrift** *f mus.* staff notation. — **~,pa,pier** *n* 1. ruled (*od.* lined) paper. – 2. *tech.* cartridge paper. — **~,rich·ter** *m* (*sport*) 1. (*beim Fußball*) linesman. – 2. (*beim Tennis*) linesman, line judge. – 3. (*beim Rugby*) touch judge. — **~,schiff** *n* 1. *mar.* liner. – 2. *mil. hist.* ship of the line, line-of-battle ship. — **~,schiffahrt** (*getr.* -ff,f-) *f print.* (scheduled) shipping line service. — **~,spek·trum** *n phys.* line spectrum. — **~,ste·cher** *m print.* rule graver. — **~,sy,stem** *n mus.* stave, staff: Notenplatz (*od.* Platz) auf dem ~ staff degree. — **~,tau·fe** *f mar. cf.* Äquatortaufe. — **l~,treu** *adj* (*Parteimitglied etc*) true to (*od.* toeing) the line: ~ sein to toe the line. — **~,trup·pe** *f mil.* troop of the line. — **~ver,kehr** *m* regular line traffic, (*mit Autobus*) intercity traffic.

li·nie·ren [li'niːrən] **I** *v/t* ⟨*no* ge-, h⟩ 1. line, rule. – **II L~** *n* ⟨-s⟩ 2. *verbal noun.* – 3. *cf.* Linierung.

Li'nier·ge,rät *n print.* ruling machine.

li'niert I *pp.* – **II** *adj* (*Papier etc*) lined, ruled: schwach ~ sein to be ruled faint.

Li'nie·rung *f* ⟨-; -en⟩ 1. *cf.* Linieren. – 2. lines *pl.*

li·ni·ie·ren [lini'iːrən] *v/t* ⟨*no* ge-, h⟩ *cf.* linieren. — **li·ni'iert** *pp u. adj cf.* liniert. — **Li·ni'ie·rung** *f* ⟨-; -en⟩ *cf.* Linierung.

Li·ni·ment [lini'mɛnt] *n* ⟨-(e)s; -e⟩ *med.* liniment.

link [lɪŋk] *adj* ⟨*attrib*⟩ 1. (*Hand, Fuß etc*) left: er hat zwei ~e Hände *fig.* he is all thumbs; er ist heute morgen mit dem ~en Bein zuerst aufgestanden *fig. colloq.* he got out of bed on the wrong side this morning. – 2. left(-hand): das ~e Ufer eines Flusses the left bank of a river; auf der ~en Straßenseite on the left-hand side of the street; ~er Rand on (*od.* to) the left (side); das ~e Vorderbein [Vorderrad] the left (*od.* near) foreleg [front wheel]; das ~e Pferd (*eines Gespannes*) the near horse; ~es Pedal (*am Klavier*) left pedal; ~e Seite a) left side, b) (*eines Stoffs*) wrong (*od.* back) side, c) (*eines Strumpfs*) inside. – 3. *pol.* left, *auch* Left: er gehört dem ~en Flügel an he belongs to the left wing, he is a left-winger. – 4. ~e Masche (*beim Stricken*) purl (stitch). – 5. Ehe zur ~en Hand *jur.* morganatic (*od.* left-handed) marriage. – 6. im ~en Wappenfeld (*gelegen*) *her.* sinister.

'Lin·ke *f* ⟨-n; -n⟩ 1. (*linke Seite*) left (side): sie saß ihm zur (*od.* an seiner) ~n she sat at (*od.* on) his left. – 2. (*linke Hand*) left (hand): er reichte ihm seine ~ he held out his left hand; sie hielt etwas in ihrer ~n she held s.th. in her left hand. – 3. (*sport*) (*beim Boxen*) left: er traf ihn mit einer harten ~n he hit him with a hard left. – 4. die ~ a) (*die Linksparteien*) the Left, b) (*einer Partei*) the left wing: er gehört zur äußersten ~n he belongs to (*od.* is on) the extreme Left.

'lin·ker'seits *adv* on (*od.* at, to) the left-hand side, on (*od.* to) the left hand.

'lin·kisch I *adj* 1. (*Bewegung, Geste etc*) awkward, clumsy, gawky, ungainly: ~er Mensch gawk, lout; ~es Wesen awkwardness. – 2. (*Manieren, Benehmen etc*) gauche, maladroit. – **II** *adv* 3. sich ~ benehmen to behave awkwardly; sich ~ anstellen to act clumsily.

links I *adv* 1. on (*od.* at) the left(-hand side), left: von ~ (her) from the left; nach ~ (hin) to the left, leftward(s); von ~ nach rechts from (the) left to (the) right; ~ abbiegen to turn (to the) left, to take a left turn; er kam von ~ he came from the left; halten Sie sich ~ keep (to the) left; er stand ~ von mir he stood to the left of me, he stood on my left; in Deutschland geht der Herr immer ~ von der Dame in Germany the gentleman always walks on the lady's left (side); die zweite Querstraße ~ the second turn to (*od.* on) the left; j-n ~ überholen to pass (*od.* overtake) s.o. on the left; am weitesten ~ (*liegend*) leftmost; ~ und rechts verwechseln to confuse left with right; ~ schreiben to write left-handed, to write with one's left hand; etwas ~ liegenlassen *fig.* to turn one's back on s.th., to by-pass s.th.; j-n liegenlassen *fig. colloq.* to give s.o. the cold shoulder, to cold-shoulder s.o., to give s.o. the go-by; er weiß nicht (mehr), was ~ und (was) rechts ist *fig. colloq.* he doesn't know which way to turn, he is at his wit's end; weder ~ noch rechts schauen *fig. colloq.* to look neither left nor right. – 2. (*verkehrt*) inside out: seine Socken ~ anziehen to put one's socks on inside out. – 3. ~ stehen *pol.* to be on the left, to be a leftist (*od.* Leftist). – 4. ~ stricken to (knit) purl; eine Reihe ~, eine Reihe rechts purl one row, knit one row. – 5. *mil.* left: ~ schwenkt, marsch! column left, march (*Br.* wheel)! (die) Augen ~! eyes left; ~ um! a) *Am.* left face! *Br.* left turn! b) (*im Marsch*) by the left flank, march! left wheel! – 6. ~ umspringen (*vom Wind*) *mar.* to back. – **II** *prep* ⟨*gen*⟩ 7. on (*od.* at) the left(-hand side) of: ~ des Rheins on the left bank of the Rhine.

'Links|,ab,bie·gen *n* (*im Verkehr*) turning to the left: ~ verboten no left turn. — **~,ab,bie·ger** *m* 1. vehicle turning left. – 2. *pl* traffic *sg* turning left. — **~'au·ßen** [,lɪŋks-] *m* ⟨-; -⟩ (*sport*) outside left. — **~,drall** *m* 1. *tech.* a) left-hand helix, b) (*eines Fräsers*) left-hand spiral, c) (*eines Bohrers*) left-hand twist. – 2. *fig.* tendency to the left, list to the left (*od.* to port): er hat einen ~ *colloq.* he always keeps going over to the left. – 3. *pol.* leftward tendency, leftist sympathy. — **l~,dre·hend** *adj* 1. *chem. phys.* l(a)evorota(to)ry, l(a)evogyrate, l(a)evogyrous. – 2. *tech.* rotating left-hand (*od.* counterclockwise, *Br.* counter-clockwise).

'Link·ser *m* ⟨-s; -⟩ *colloq. for* Linkshänder(in).

'Links|ex·tre,mist *m pol.* left (*auch* Left) extremist. — **l~ex·tre,mi·stisch** *adj* left-extremist (*attrib*), ultraleft.

'links|,fü·ßig *adj* (*Fußballspieler*) left-footed. — **L~,ga,lopp** *m* (*beim Dressurreiten*) canter left: im ~ enden to finish on the left leg. — **L~,gang** *m tech.* (*einer Schraube etc*) left-hand(ed) rotation (*od.* movement, motion). — **~,gän·gig** *adj* 1. *tech.* left-hand, counterclockwise, *Br.* counter-clockwise, anticlockwise (*alle attrib*): ~e Schraube left-hand screw. – 2. *math.* sinistrorse. — **~,ge,rich·tet** *adj pol.* leftist, *auch* Leftist (*beide attrib*), leftish. — **L~ge,win·de** *n tech.* left-hand thread. — **~,ge,wun·den** *adj zo.* (*Schneckenschale*) reversed; laeotropic, *auch* laeotropous (*scient.*).

'Links,hän·der [-,hɛndər] *m* ⟨-s; -⟩, **'Links,hän·de·rin** *f* ⟨-; -nen⟩ left-handed person, left-hander: er ist Linkshänder he is left-handed.

'links,hän·dig [-,hɛndɪç] **I** *adj* left-handed, sinistral (*scient.*), southpaw (*attrib*) (*colloq.*). – **II** *adv* left-handed(ly), with the (*od.* one's) left hand. — **'Links,hän·digkeit** *f* ⟨-; *no pl*⟩ left-handedness, sinistrality (*scient.*).

'Links|he·ge·lia·ner [-,lĭaːnər] *m philos. cf.* Junghegelianer. — **l~,her** *adv* von ~ from the left. — **l~,her,um** *adv* (to the) left, counterclockwise, *Br.* counter-clockwise, anticlockwise. — **l~,hin** *adv* nach ~ (to the) left. — **~,in·tel,lek·tu,el·le** *m, f*

leftist intellectual. — **~,ko·a·li·ti,on** *f pol.* left-wing coalition. — **~,kur·ve** *f* 1. left turn. – 2. (*einer Straße*) left-hand curve (*od.* bend). – 3. *aer.* (*mit Schräglage*) left bank. — **l~,läu·fig** *adj* 1. (*Schrift*) right-to-left (*attrib*). – 2. *bes. tech.* (*Drehung, Motor etc*) left-hand (*attrib*). — **~,len·ker** *m auto.* left-hand-drive vehicle, vehicle with left-hand steering. — **~op·po·si·ti,on** *f pol.* opposition from the left (*od.* Left), left-wing opposition. — **l~ori·en,tiert** *adj pol.* leftist, Leftist, left-wing (*alle attrib*). — **~orien·tie·rung** *f pol.* leftism, Leftism, leftist leanings *pl.* — **~,par,tei** *f* left-wing party. — **l~,ra·di,kal** *adj* left-extremist (*attrib*). — **~ra·di,ka·le** *m, f* ⟨-n; -n⟩ left (*auch* Left) extremist, extremist of the Left. — **~,re,gierung** *f* leftist (*od.* left-wing) government. — **l~,rhei·nisch** *geogr.* **I** *adj* on (*od.* pertaining to) the left bank of the Rhine. – **II** *adv* ~ gelegen on the left bank of the Rhine. — **~,ruck** *m pol.* swing to the left. — **~,schwen·kung** *f mil.* left wheeling: eine ~ machen to turn (*Br.* wheel) to the left. — **l~,sei·tig I** *adj* left-sided. – **II** *adv* on the left(-hand side). — **~,so·zia,list** *m pol.* left-wing socialist. — **~,steue·rung** *f auto.* left-hand drive (*od.* steering). — **~,stricken** (*getr.* -k·k-) *n purl.* — **L~um** [,lɪŋks-] *adv mil.* (*in Wendungen wie*) ~ kehrt! left about face! — **~ver,kehr** *m* left-hand traffic. — **~,wen·dung** *f* left turn, turn to the left.

'Link,trai·ner (*TM*) *m* ⟨-s; -⟩ *aer.* Link trainer.

Lin·ne·it [lɪne'iːt; -'ɪt] *m* ⟨-s; -e⟩ *min.* linn(a)eite.

lin·nen ['lɪnən] *obs. od. poet.* **I** *adj cf.* leinen. – **II L~** *n* ⟨-s; -⟩ *cf.* Leinen.

Lin'né·sches Sy'stem [lɪ'neːʃəs] *n bot.* Linn(a)ean system.

Lin·ole·um [li'noːleum] *n* ⟨-s; *no pl*⟩ linoleum, *bes. Br. colloq.* lino.

Li'nol|,säu·re [li'noːl-] *f chem.* linoleic acid ($C_{17}H_{29}COOH$). — **~,schnei·den** *n* (*art*) block printing. — **~,schnitt** *m* block print, linocut.

Li·non [li'nõː; 'lɪnən] *m* ⟨-(s); -s⟩ (*textile*) linon, leno, silesia lawn.

Li·no·type ['laɪnotaɪp] *f* ⟨-; -s⟩ *print.* linotype: etwas mit ~ setzen to linotype (*od.* keyboard) s.th. — **~‿,Set·zer** *m* linotype operator, linotyper, linotypist, keyboarder. — **~‿,Setz·ma,schi·ne** *f* linotype (machine).

Lin·se ['lɪnzə] *f* ⟨-; -n⟩ 1. (*optics*) lens: stark vergrößernde ~ powerful lens. – 2. (*optics*) *phot. cf.* Linsensystem. – 3. *med. zo.* (*Augenlinse*) (crystalline) lens. – 4. *bot.* lentil (*Gattg Lens, bes. L. culinaris*): Welsche ~ *cf.* Linsenbusch; Wickenartige ~ *cf.* Linsenwicke. – 5. *geol.* lens, lentil.

lin·sen ['lɪnzən] *v/i* ⟨h⟩ *colloq. for* spähen 1, 2.

'lin·sen,ar·tig *adj cf.* linsenförmig.

'Lin·sen|,baum *m bot.* bladder senna (*Colutea arborescens*). — **~,busch** *m* laburnum (*Cytisus laburnum*). — **~ent,zün·dung** *f med.* phakitis, lentitis. — **~erz** *n min.* 1. pea ore. – 2. (*Linsenkupfererz*) liroconite. — **l~,för·mig** *adj* lentiform, lenticular, lentoid, phacoid, *auch* phacoidal. — **~,richt** *n* 1. *gastr.* dish of lentils. – 2. *Bibl.* (*Esaus*) mess of potage: etwas für ein ~ hergeben *fig.* to give s.th. away for a song (*od. colloq.* peanuts). — **l~,groß** *adj* lentil-size(d). — **~,kä·fer** *m zo.* lentil weevil (*Bruchus lentis*). — **~,krab·be** *f* leucosian (*Gattg Leucosia*). — **~,mus·kel** *m med.* (*des Augapfels*) ciliary muscle. — **~,schrau·be** *f tech.* fillister-head screw. — **~,star** *m med.* lenticular cataract. — **~,sup·pe** *f gastr.* lentil soup. — **~sy,stem** *n* (*optics*) *phot.* lens system, *auch* objective (optical system). — **~,trü·bung** *f med.* cataract. — **~,wei·te** *f* (*optics*) (lens) aperture: lichte ~ clear (lens) aperture. — **~,wicke** (*getr.* -k·k-) *f bot.* lentillike vetchling (*Vicia ervilia*).

Lint [lɪnt] *n* ⟨-(e)s; *no pl*⟩, **~(baum),wol·le** *f* (*textile*) (cotton) lint.

Lin·zer I *m* ⟨-s; -⟩ native (*od.* inhabitant) of Linz. – **II** *adj* ⟨*invariable*⟩ (of *od.* from) Linz: ~ Torte Linzer Torte (*gateau with almond short pastry*).

Lip·ämie [lipɛ'miː] *f* ⟨-; *no pl*⟩ *med.* lip(a)emia. — **lip·ämisch** [-'pɛːmɪʃ] *adj* lip(a)emic.

Li·pa·rit [lipa'riːt; -'rɪt] *m* ⟨-s; -e⟩ *min.* rhyolite.

Li·pa·se [li'pa:zə] *f* ⟨-; -n⟩ *biol. chem.* lipase.

Li·piz·za·ner [lipi'tsa:nər] *m* ⟨-s; -⟩ *zo.* (*Pferderasse*) Lippizaner, *auch* Lipizzaner, Lippizana, Lippizzaner.

Li·po·id [lipo'i:t] I *n* ⟨-s; -e⟩ *meist pl biol. chem.* lipide, *auch* lipid, lipin, lipoid. – II **L.** *adj* lipoid.

Li·po·ly·se [lipo'ly:zə] *f* ⟨-; *no pl*⟩ *biol. chem.* lipolysis. — **li·po'ly·tisch** [-tɪʃ] *adj* lipolytic.

Li·pom [li'po:m] *n* ⟨-s; -e⟩, **Li'po·ma** [-ma] *n* ⟨-s; -ta [-ta]⟩ *med.* fatty tumor (*bes. Br.* tumour); lipoma, steatoma (*scient.*). — **li·po·ma'tös** [-poma'tø:s] *adj* lipomatous. — **Li·po·ma'to·se** [-poma'to:zə] *f* ⟨-; -n⟩ lipomatosis.

li·po·trop [lipo'tro:p] *adj biol.* lipotropic, *auch* lipotrophic.

Lip·pe ['lɪpə] *f* ⟨-; -n⟩ **1.** lip: die obere [untere] ~ the upper [lower] lip; wulstige [sinnliche] ~n thick [sensual] lips; aufgeworfene [aufgesprungene] ~n protruding [chapped *od.* cracked] lips; zusammengekniffene ~n pinched lips, lips pressed together; die ~ aufwerfen to pout (*od.* push out) one's lips; sich (*dat*) auf die ~n beißen to bite one's lips; sie bewegte lautlos die ~n she moved her lips silently (*od.* without a sound); auf ihren ~n lag ein Lächeln there was a smile on her lips; sie schürzte verächtlich die ~n she curled (*od.* pouted) her lips in disdain; die ~ spitzen to pucker (*od.* purse) (up) one's lips; sich (*dat*) die ~n lecken to lick one's lips; sich (*dat*) die ~n schminken to put on lipstick; sich (*dat*) die ~n nachziehen to outline one's lips; j-m die Worte von den ~n ablesen to read s.o.'s lips, to lip-read s.o.'s words; an j-s ~n hängen *fig.* to hang (spellbound) on s.o.'s words; das Wort erstarb mir auf den ~n the word faded (*od.* died on) my lips; es kommt kein Wort davon über meine ~n not a word of it shall pass my lips; er las ihr jeden Wunsch von den ~n ab he foresaw her every wish; die Rede floß ihm von den ~n *lit.* the speech flowed from his lips; es schwebt mir auf den ~n it is on the tip of my tongue; es drängte sich mir auf die ~n *fig.* I just had to say it; etwas über die ~n bringen to bring oneself to say s.th., to let s.th. pass (*od.* cross) one's lips; er riskiert öfters mal eine ~ *fig. colloq.* he is not afraid to speak out (*od.* up) now and then; riskier hier nicht so eine ~! *fig. colloq.* none of your lip! – **2.** *bot.* (*einer Blüte*) labellum. – **3.** *med.* labium, lip. – **4.** *biol.* border, labrum.

'Lip·pen|,band, ~**,bänd·chen** *n med.* labial frenulum, frenulum labii. — ~**,bär** *m zo.* sloth (*od.* jungle) bear, aswoil (*Melursus ursinus*). — ~**be,kennt·nis** *n* lip service: ein ~ ablegen to pay (*od.* do) lip service. — ~**be,lag** *m med.* (*bei Schwerkranken*) coating of the lips, sordes (*scient.*). — ~**,blü·me** *f bot.* labiate(d) flower. — **l~,blü·tig** [-,bly:tɪç] *adj* labiate(d). — ~**,blüt·ler** [-,bly:tlər] *m* ⟨-s; -⟩ labiate (*Fam. Labiatae*). — ~**,deh·nung** *f ling.* lip--broadening. — ~**,farn** *m bot.* lace fern (*Gattg Cheilanthes*). — **l~,för·mig** *adj* **1.** lip--shaped. – **2.** *bot. zo.* labiate(d). — ~**,füß·ler** [-,fy:slər] *m* ⟨-s; -⟩ *zo.* chilopod, centipede (*Klasse Chilopoda*). — ~**,laut** *m ling.* labial (sound). — ~**,le·sen** *n* lipreading. — ~**pfei·fe** *f mus.* (*der Orgel*) labial (*od.* flue) pipe. — ~**,pflock** *m* (*bei Naturvölkern*) labret. — ~**po,ma·de** *f* lip salve (*od.* pomade), *Am. auch* chapstick. — ~**,rot** *n* **1.** (*cosmetics*) rouge. – **2.** *med.* red of the lip; vermil(l)ion, prolabium (*scient.*). — ~**,run·dung** *f ling.* lip-rounding. — ~**,schild,krö·te** *f zo.* soft-shelled turtle (*Fam. Trionychidae*). — ~**,spal·te** *f med.* cleft lip. — ~**,stift** *m* lipstick: kußfester ~ kissproof lipstick. — ~**,ta·ster** *m zo.* labial palpus. — ~**,zähn·chen** *n* chilodon (*Gattg Chilodon*).

'Lipp,fisch *m zo.* wrasse, labroid (*Fam. Labridae*): Gefleckter ~ ballan wrasse (*Labrus bergylta*); Nordamerikanischer ~ hogfish (*Lachnolaimus maximus*).

Lip·tau·er ['lɪptauər] *m* ⟨-s; -⟩ *gastr.* Liptau cheese.

Lip·urie [lipu'ri:] *f* ⟨-; *no pl*⟩ *med.* lipuria, adiposuria.

li·quid [li'kvi:t] *adj* **1.** *econ.* a) (*Zahlungsmittel etc*) liquid, ready, b) (*Forderungen*

etc) mature, due, payable, c) (*Unternehmen etc*) solvent, having liquid assets. – **2.** *ling.* (*Laut*) liquid.

Li·qui·da ['li:kvida] *f* ⟨-; -dä [-dɛ] *u.* -den [li'kvi:dən]⟩ *ling.* liquid (sound).

Li·qui·da·ti·on [likvida'tsio:n] *f* ⟨-; -en⟩ *econ.* **1.** (*eines Geschäftes etc*) liquidation, winding up, dissolution: in ~ gehen (*od.* treten) to go into liquidation, to liquidate; freiwillige [gerichtliche] ~ voluntary [compulsory] winding up. – **2.** (*einer Schuld etc*) settlement, liquidation. – **3.** (*Kostenrechnung*) bill (of costs): der Arzt sandte seine ~ the doctor sent his bill.

Li·qui·da·ti·ons|,an,teil,schein *m econ.* liquidation (participation) certificate. — ~**,gut,ha·ben** *n* clearing balance. — ~**,mas·se** *f* assets *pl* of a company in liquidation. — ~**,tag** *m* settlement day, *auch* account (*od.* settling) day. — ~**ter,min** *m* **1.** date fixed for liquidation. – **2.** *cf.* Liquidationstag. — ~**ver,fah·ren** *n* liquidation, winding-up proceedings *pl*. — ~**ver,gleich** *m* liquidation settlement, winding-up arrangement. — ~**ver,hand·lung** *f* winding--up negotiations *pl*. — ~**,wert** *m* liquidation (*od.* realization) value.

Li·qui·da·tor [likvi'da:tər] ⟨-s; -en [-da-'to:rən]⟩ *econ.* liquidator.

li·qui·die·ren [likvi'di:rən] I *v/t* ⟨*no* ge-, h⟩ **1.** *econ.* a) (*Geschäft etc*) liquidate, wind up, dissolve, b) (*Schuld etc*) settle, liquidate. – **2.** charge: für ärztliche Bemühungen ~ to charge for medical services. – **3.** *fig.* (*töten*) liquidate, get rid of: die Gefangenen wurden liquidiert the prisoners were liquidated. – **4.** *fig.* (*Staatsordnung etc*) destroy. – II *v/i* **5.** go into liquidation: die Firma hat liquidiert the firm went into liquidation. – III **L~** *n* ⟨-s⟩ **6.** *verbal noun*. – **7.** *cf.* Liquidation. — **Li·qui'die·rung** *f* ⟨-; -en⟩ **1.** *cf.* Liquidieren. – **2.** *cf.* Liquidation. – **3.** *fig.* (*Tötung*) liquidation.

li·qui·di·sie·ren [likvidi'zi:rən] *v/t* ⟨*no* ge-, h⟩ *econ.* increase the liquidity of.

Li·qui·di·tät [likvidi'tɛ:t] *f* ⟨-; *no pl*⟩ *econ.* liquidity.

Li·qui·di'täts|,grad *m econ.* liquidity ratio. — ~**,gut,ha·ben** *n* liquid resources *pl* (held by banks). — ~**,stei·ge·rung** *f* increasing (*od.* increased) liquidity. — ~**ver,kauf** *m* sale in order to raise liquidity.

Li'quid,laut *m ling.* liquid (sound).

Li·quor ['li:kvɔr] *m* ⟨-s; -es [li'kvo:rɛs]⟩ **1.** *med. pharm.* liquor. – **2.** *med.* fluid. – **3.** *chem.* solution. — ~ **ce·re·bro·spi'na·lis** [tserebrospi'na:lɪs] *m* ⟨- -; *no pl*⟩ *med.* cerebrospinal fluid.

Li·ra[1] ['li:ra] *f* ⟨-; -re⟩ lira (*monetary unit of Italy*).

'Li·ra[2] *f* ⟨-; -ren⟩ *mus. hist.* lira.

lisch [lɪʃ] *imp sg*, **lischst** [lɪʃst] *2 sg pres*, **lischt** [lɪʃt] *3 sg pres* of löschen².

Li·se·ne [li'ze:nə] *f* ⟨-; -n⟩ *arch.* pilaster strip.

lis·men ['lɪsmən] *v/t* ⟨h⟩ *Swiss dial.* knit. — **'Lis·mer** *m* ⟨-s; -⟩ *Swiss dial.* knitted vest (*bes. Br.* waistcoat).

lis·peln ['lɪspəln] I *v/i* ⟨h⟩ **1.** lisp. – **2.** *poet.* (*vom Wind etc*) whisper, murmur. – II *v/t* **3.** lisp. – III **L~** *n* ⟨-s⟩ **4.** *verbal noun*. – **5.** lisp.

'Lis·pel,ton *m* lisped sound.

'Lisp·ler *m* ⟨-s; -⟩ lisper.

List [lɪst] *f* ⟨-; -en⟩ **1.** (*Schlauheit, Geriebenheit*) cunning, craft(iness), guile, wiliness, artfulness, slyness, trickery: etwas durch ~ erreichen to get s.th. by craft, to wangle s.th. (*colloq.*); er zeigte viel ~ he showed a great deal of cunning; er steckt voller ~ he's full of craft; mit ~ und Tücke by cunning and deceit. – **2.** (*Trick*) wile, ruse, trick, artifice, (*bes. Kriegslist*) stratagem: j-s ~(en) zum Opfer fallen to fall a victim to s.o.'s wiles; zu einer ~ greifen to resort to a ruse; eine ~ anwenden to use a trick; eine teuflische ~ ersinnen to think up a diabolic trick; ~ gegen ~ (*Sprichwort*) diamond cut diamond (*proverb*); ~ geht über Gewalt (*Sprichwort*) etwa cunning succeeds where violence fails. – **3.** (*Vorwand*) *Br.* pretence, *Am.* pretense.

Li·ste ['lɪstə] *f* ⟨-; -n⟩ **1.** list: eine ~ für den Einkauf a shopping list; eine ~ der Passagiere a passenger list, (*eines Flugzeugs*) *auch* a manifest; eine ~ der Bewerber a list of applicants; ~ zollfreier Waren

free list; eine ~ anlegen [aufstellen] to make [to draw up] a list; auf der ~ stehen to be on the list (*od.* books); an der Spitze einer ~ stehen to head a list; er steht ganz oben auf der ~ he is at the top of the list; j-n aus einer ~ streichen to strike s.o. off a list, to remove (*od.* expunge) s.o.'s name from a list, to take s.o.'s name off the books; j-s Namen in eine ~ eintragen to put s.o.'s name on a list, to enter s.o.'s name in a list, to list s.o.'s name; etwas in eine ~ eintragen to enter s.th. in a list; etwas in einer ~ zusammenstellen to make a list of s.th., to list s.th.; j-n auf die schwarze ~ setzen *fig.* to put s.o.'s name on a blacklist, to blacklist s.o. – **2.** (*bes. von Namen*) roll, register, roster. – **3.** (*bes. von Terminen*) calendar, schedule. – **4.** (*Verzeichnis*) schedule, file, (*Inventar*) *auch* inventory. – **5.** *econ.* (*Katalog*) catalog, *bes. Br.* catalogue, list. – **6.** *mil.* a) roll, list, b) (*Dienstplan*) roster. – **7.** *pol.* (*Wahl-, Kandidatenliste*) list, *Am.* ticket, slate: Kandidaten auf eine ~ setzen to put candidates on a list, to propose (*Am.* slate) candidates. – **8.** *jur.* a) (*der Anwälte*) roll, b) (*der Geschworenen*) panel, c) (*der Prozesse*) docket: einen Anwalt aus der ~ streichen to strike a lawyer off the rolls, to disbar a lawyer.

'Li·sten|,füh·rer *m* **1.** *pol.* (*bei der Wahl*) leading candidate. – **2.** person who keeps a list up-to-date. — **l~,mä·ßig** I *adj* (according to a) list, as listed. – II *adv* etwas ~ erfassen to list s.th. — ~**,preis** *m econ.* list (*od.* catalog, *bes. Br.* catalogue) price. — **l~,reich** *adj* full of cunning (*od.* guile), artful, crafty: der ~e Odysseus (the) cunning Odysseus. — ~**sy,stem** *n pol.* panel system, election system based on party lists. — ~**,wahl** *f* election by ticket, election based on lists compiled by the political parties. — ~**,wahl·sy,stem** *n* (party-)list system.

'li·stig I *adj* **1.** cunning, crafty, wily, artful, tricky, foxy: er ist ein ~er Fuchs he is a cunning (*od.* wily) old fox; ~ wie ein Fuchs (as) crafty as a fox; ein ~er Streich a cunning trick. – **2.** (*verstohlen*) sly, furtive. – **3.** (*schelmisch, schalkhaft*) arch (*attrib*), waggish. – II *adv* **4.** ~ verfahren (*od.* vorgehen) to act craftily; sie blickte ihn ~ an she looked at him slyly.

'li·sti·ger'wei·se *adv* cunningly, craftily.

'Li·stig·keit *f* ⟨-; *no pl*⟩ **1.** cunning(ness), craftiness, wiliness, trickiness, artfulness. – **2.** slyness, furtiveness. – **3.** archness, waggishness.

Li·ta·nei [lita'nai] *f* ⟨-; -en⟩ **1.** *relig.* litany, rogation. – **2.** *fig. colloq.* litany, rig(a)marole, (*von Klagen*) *auch* jeremiad, lamentation: eine ~ von Klagen herunterleiern to reel off (*od.* drone out) a litany of grievances; immer die gleiche ~! die alte ~! (always) the same old story. — ~**pult** *n relig.* **1.** litany desk (*od.* stool). – **2.** (*in der anglikanischen Kirche*) faldstool.

Li·tau·er ['litauər] *m* ⟨-s; -⟩ Lithuanian. — **'li·tau·isch** I *adj* Lithuanian. – II *ling.* **L~** ⟨*generally undeclined*⟩, **das L~e** ⟨-n⟩ Lithuanian, the Lithuanian language.

Li·ter ['li:tər] *m, n, Swiss only m* ⟨-s; -⟩ liter, *bes. Br.* litre: ein halber ~ half a liter; zwei ~ Milch two liters of milk.

Li·te·ra ['litera] *f* ⟨-; -s *u.* -rä [-rɛ]⟩ *lit.* letter.

Li·te'ral,sinn [lɪte'ra:l-] *m* (*bes. der Bibel*) literal (*od.* meaning): Verfechter des ~s fundamentalist, literalist.

Li·te'rar|hi,sto·ri·ker [lɪte'ra:r-] *m* literary historian. — **l~hi,sto·risch** *adj* relating to literary history (*od.* the history of literature).

li·te'ra·risch I *adj* (*Eigentum, Form, Neigung etc*) literary: eine ~e Mode a literary vogue; ~er Anfänger apprentice writer; die ~e Welt the literary set (*od.* world), the world of literature, the commonwealth (*od.* republic) of letters; ~er Diebstahl a) plagiarism, b) (*Raubdruck*) (literary) piracy; durch ~e Einflüsse by literary influence; ~er Gesellschafts- (*od.* Unterhaltungs)abend literary social evening, conversazione. – II *adv* ~ gebildet well--versed in literature, literate, lettered; ~ interessiert interested in literature; ~ tätig sein to be a man of letters, to be an author (*od.* a writer).

Li·te·rat [lɪte'ra:t] *m* ⟨-en; -en⟩ **1.** literary man, man of letters, litterateur, *bes. Br.*

littérateur, literator; belletrist, *auch* belle-lettrist (*rare*). - **2.** (*Schriftsteller*) writer, author. — **Li·te·ra·ten·tum** *n* ⟨-s; *no pl*⟩ literary profession (*od.* world).

Li·te·ra·tur [litera'tu:r] *f* ⟨-; -en⟩ **1.** literature: **belehrende** ~ a) educational (*od.* informative) literature, nonfiction, b) didactic literature; **schöne** ~ belles lettres *pl* (*construed as sg*); **unterhaltende** ~ light literature; **weltliche** ~ profane (*od.* worldly) literature; **satirische** ~ satirical literature, satire; **dieses Buch gehört der** ~ **an** this book is good literature (*od.* of literary value). - **2.** (*Fachliteratur*) (specialized) literature: **juristische** [**medizinische**] ~ legal [medical] literature; **benutzte** ~ books (*od.* works) *pl* consulted, bibliography; **die (benutzte)** ~ **angeben** to give (*od.* mention) one's sources (*od.* the works consulted); **die einschlägige** ~ the pertinent (*od.* relevant) literature (*od.* studies *pl*). — ~₁**an·ga·be** *f* **1.** bibliographical reference. - **2.** *pl* bibliography *sg*. — ~₁**bei₁la·ge** *f* (*einer Zeitung etc*) literary supplement. — ~₁**blatt** *n cf.* Literaturzeitschrift. — ~₁**brie·fe** *pl* literary criticism *sg* published in letter form. — ~₁**denk₁mal** *n* monument of literature, literary monument. — ~**ge₁schich·te** *f* literary history, history of literature. — ~₁**hin₁wei·se** *pl* recommendations for further reading, recommended reading *sg*, bibliographical hints, literature *sg*. — ~₁**hi₁sto·ri·ker** *m* literary historian. — ~**kri₁tik** *f* literary criticism. — ~₁**nach₁weis** *m* bibliography. — ~₁**papst** *m* **1.** literary giant. — **2.** *humor. iron.* (dry) literary pedant. — ~₁**preis** *m* literary award (*od.* prize). — ~₁**spra·che** *f* written (*od.* literary) language. — ~**ver₁zeich·nis** *n* bibliography. — ~₁**wis·sen·schaft** *f* (systematic) study of literature: **vergleichende** ~ comparative (study of) literature. — ~**wis·sen·schaft·ler** *m* literary scholar, *auch* critic: **vergleichender** ~ comparatist. — ~₁**zeit₁schrift** *f* literary (*Am. auch* little) magazine (*od.* review).

'Li·ter₁₁fla·sche *f* liter (*bes. Br.* litre) bottle. — ~₁**maß** *n* liter (*bes. Br.* litre) (measure). — **l**~₁**wei·se** *adj u. adv* by the liter (*bes. Br.* litre).

Li·tew·ka [li'tɛfka] *f* ⟨-; -ken⟩ *mil. hist.* (*blusenartiger Uniformrock*) litevka.

'Lit·faß₁säu·le ['lɪtfas-] *f* outdoor advertising pillar.

Li·thia·sis [li'tiazɪs] *f* ⟨-; -sen [-'tia:zən]⟩ *med.* (*Steinleiden*) lithiasis.

Li·thi·um ['li:tiʊm] *n* ⟨-s; *no pl*⟩ *chem.* lithium (Li). — ~**glim·mer** *m min.* lepidolite. — **l**~**hal·tig** *adj chem.* containing lithium: ~**es Mineralwasser** lithia water. — ~**oxyd** [-'ʔɔ₁ksy:t] *n* lithium oxide, lithia (Li₂O). — ~**was·ser** *n* lithia water.

Li·tho·chro·mie [litokro'mi:] *f* ⟨-; *no pl*⟩ (*art*) lithochromy.

li·tho·gen [lito'ge:n] *adj geol. med.* lithogenous.

Li·tho·ge·ne·se [litoge'ne:zə] *f* ⟨-; -n⟩ *geol. med.* lithogenesis.

Li·tho·glyph [lito'gly:f] *m* ⟨-en; -en⟩ *tech.* (*art*) lithoglyph.

Li·tho·graph [lito'gra:f] *m* ⟨-en; -en⟩ (*art*) *print.* lithographer. — **Li·tho·gra'phie** [-gra'fi:] *f* ⟨-; -n [-ən]⟩ lithography. — **li·tho·gra'phie·ren** [-gra'fi:rən] *v/i u. v/t* ⟨*no ge-, h*⟩ **1.** lithograph. - **2.** reproduce lithographically, lithoprint. — **li·tho'gra·phisch** [-'gra:fɪʃ] *adj* lithographic.

Li·tho·lo·ge [lito'lo:gə] *m* ⟨-n; -n⟩ *geol.* lithologist. — **Li·tho·lo·gie** [-lo'gi:] *f* ⟨-; *no pl*⟩ (*Steinkunde*) lithology. — **li·tho'lo·gisch** [-gɪʃ] *adj* lithologic, *auch* lithological.

Li·tho·ly·se [lito'ly:zə] *f* ⟨-; -n⟩ *med.* (*Steinauflösung*) litholysis.

Li·tho·po·ne [lito'po:nə] *f* ⟨-; *no pl*⟩ (*paints*) lithopone.

Li·tho·sphä·re [lito'sfɛ:rə] *f* ⟨-; *no pl*⟩ *geol.* lithosphere.

Li·tho·to·mie [litoto'mi:] *f* ⟨-; -n [-ən]⟩ *med.* (*Steinschnitt*) lithotomy.

Li·ti·gant [liti'gant] *m* ⟨-en; -en⟩ *jur. obs.* litigant. — **Li·ti·ga·ti·on** [-ga'tsio:n] *f* ⟨-; -en⟩ litigation. — **li·ti'gie·ren** [-'gi:rən] *v/i* ⟨*no ge-, h*⟩ litigate.

li·to·ral [lito'ra:l] *adj geogr.* littoral. — **Li·to'ra·le** *n* ⟨-s; -s⟩ littoral. — **Li·to'ral₁fau·na** *f zo.* littoral fauna. — ~₁**flo·ra** *f bot.* littoral flora.

Li·to·tes ['li:to:tɛs] *f* ⟨-; *no pl*⟩ (*in der Rhetorik*) litotes, *auch* meiosis, understatement.

Li·tschi ['lɪtʃi] *m* ⟨-s; -s⟩, ~₁**baum** *m bot.* litchi (*Litchi chinensis*). — ~₁**Was·ser₁bock** *m zo.* lechwe, *auch* lichi (*Adenota u. Onotragus leche*).

litt [lɪt] *1 u. 3 sg pret of* leiden.

Li·turg [li'tʊrk] *m* ⟨-en; -en⟩ *relig.* liturgist.

Li·tur·gie [litʊr'gi:] *f* ⟨-; -n [-ən]⟩ **1.** *relig.* liturgy, rite, ritual, (divine) office: **römisch-katholische** ~ Roman (*od.* Latin) liturgy; ~ **der anglikanischen Kirche** common prayer; ~ **der evangelischen Kirche** order of worship; **Kenner der** ~ liturgist, liturgiologist. - **2.** *antiq.* (*in Athen*) liturgy.

Li·tur·gie₁wis·sen·schaft, Li·tur·gik [li'tʊrgɪk] *f* ⟨-; *no pl*⟩ *relig.* liturgics *pl* (*usually construed as sg*).

li·tur·gisch [li'tʊrgɪʃ] *relig.* **I** *adj* (*Farbe, Gefäß, Gewänder etc*) liturgical, *auch* liturgic, (*Zeremonien*) *auch* rubrical: ~**e Gesänge,** ~**es Singen** chanting. - **II** *adv* ~ **singen** to chant.

Lit·ze ['lɪtsə] *f* ⟨-; -n⟩ **1.** (*Borte*) braid, edging, ribbon: **mit goldenen** ~**n** gold-braided. - **2.** (*Kordel*) cord(on). - **3.** *bes. mil.* (*Tresse*) lace, lacing, striping, braiding (*collect.*). - **4.** *electr.* strand, braid, tinsel, cord. - **5.** *tech.* (*am Webstuhl*) heddle.

'Lit·zen₁draht *m electr.* braided (*od.* twisted, stranded) wire, litzendraht wire. — ~₁**schnur** *f electr. cf.* Litze 4.

live [laɪf; laɪv] (*Engl.*) *adv telev.* live: **etwas** ~ **aufnehmen** [**senden**] to record [to broadcast, to transmit] s.th. live.

'Live₁-₁Auf₁nah·me *f telev.* live recording. — ~**-₁Sen·dung,** ~**-₁Über₁tra·gung** *f* live broadcast (*od.* transmission).

li·vid [li'vi:t], **li'vi·de** [-də] *adj obs.* **1.** livid. - **2.** *fig.* (*neidisch*) envious.

li·visch ['li:vɪʃ] *adj cf.* livländisch I. — **Liv·län·der** ['li:f₁lɛndər] *m* ⟨-s; -⟩ *geogr.* Livonian. — **'liv₁län·disch I** *adj* Livonian. - **II** *ling.* **L**~ ⟨*generally undeclined*⟩, **das L**~**e** ⟨-n⟩ Livonian, the Livonian language.

Li·vre ['li:vər] *m, n* ⟨-(s); -(s)⟩ *hist.* (*franz. Münze*) livre.

Li·vree [li'vre:] *f* ⟨-; -n [-ən]⟩ livery: **in** ~ liveried, in livery. — ~₁**die·ner** *m* liveried servant, servant in livery, flunk(e)y (*colloq.*).

li·vriert [li'vri:rt] *adj* (*Chauffeur etc*) liveried, in livery.

Li·zen·ti·at [litsen'tsia:t] *m* ⟨-en; -en⟩ *obs. od. Austrian and Swiss relig., Swiss auch jur. econ.* licentiate.

Li·zenz [li'tsɛnts] *f* ⟨-; -en⟩ **1.** *Br.* licence, *Am.* license: **eine** ~ **beantragen** to apply for a licence; **j-m eine** ~ **erteilen** to grant s.o. a licence, to license (*Br. auch* licence) s.o.; **eine** (**inne**)**haben** to hold a licence; **eine** ~ **für Alkoholverkauf** a licence for the sale of alcoholic beverages; **eine** ~ **entziehen** to withdraw a licence; **etwas in** ~ **herstellen** to manufacture s.th. under licence; **ein Buch in** ~ **herausgeben** to publish a book under licence; **ohne** ~ unlicensed, *Br. auch* unlicenced. - **2.** *aer. mar.* ticket. - **3. poetische** ~ (*literature*) (poetic) licence (*Am.* license).

Li'zenz₁₁ab₁kom·men *n* licence (*Am.* license) agreement (*od.* contract). — ~₁**aus₁ga·be** *f print.* edition published under licence (*Am.* license). — ~₁**bau** *m* licensed (*od.* construction). — ~**ent₁zug** *m* withdrawal (*od.* cancellation, revocation) of licence (*Am.* license). — ~**er₁tei·lung** *f* licensing, *Br. auch* licencing. — ~₁**ge·ber** *m* licenser, *Am.* licensor. — ~**ge₁bühr** *f* **1.** (*Konzessionsgebühr*) licence (*Am.* license) fee. - **2.** *jur.* royalty: ~**en für Urheberrecht** copyright royalties; ~**en beziehen** to derive royalties.

li·zen·zie·ren [litsen'tsi:rən] *v/t* ⟨*no ge-, h*⟩ license, *Br. auch* licence. — **li·zen'ziert I** *pp.* - **II** *adj* licensed, *Br. auch* licenced.

Li'zenz₁₁in₁ha·ber *m* licensee, licence (*Am.* license) holder. — ~₁**neh·mer** *m* licensee, grantee of a licence (*Am.* license), *auch* licensed (*Br. auch* licenced) firm. — ~₁**spie·ler** *m* (*sport*) semiprofessional player. — ~₁**trä·ger** *m cf.* Lizenzinhaber. — ~**ver₁trag** *m cf.* Lizenzabkommen.

Lla·no ['lja:no] *m* ⟨-s; -s⟩ *meist pl* (*Hochgrassteppe in Südamerika*) llano.

Load [loud] (*Engl.*) *n* ⟨-s; -s⟩ *phys.* load. — **'Loa₁wurm** ['lo:a-] *m zo.* loa (*Loa loa*).

Lob¹ [lo:p] *n* ⟨-(e)s; *no pl*⟩ **1.** praise, commendation: ~ **verdienen** to deserve praise, to be deserving of praise; ~ **ernten** to receive praise, to be commended; **ein** ~ **aussprechen** (*od.* erteilen) to speak a word of praise, to express commendation; **j-s** ~ **singen** to sing (*od.* extol) s.o.'s praises, to sing the praises of s.o.; **er geizte** (*od.* kargte) (**bei ihr**) **nicht mit** ~ he wasn't sparing in his praise (of her); **j-m** ~ **spenden** (*od.* zollen) to speak in praise of s.o., to say kind things about s.o.; **sie bekam** (*od.* colloq. kriegte) **ein** ~ she received praise, she got a pat on the back (*colloq.*); **sie war des** ~**es voll über ihre Köchin** she had nothing but praise for her cook; **seine Verdienste sind über alles** (*od.* jedes) ~ **erhaben** his merits are beyond (*od.* above all) praise; **es gereicht ihm zum** ~**e** *lit.* it does him credit, it redounds to his hono(u)r; **ihm gebührt großes** (*od.* hohes) ~ *lit.* he deserves great commendation (*od.* credit); **Gott sei** ~ (**und Dank**)**!** praise be to God! thank God! **j-m** ~**e Gottes** in praise of the Lord. - **2.** (*Beifall*) approval, applause: **unser Plan fand sein** ~ our plan met with his approval. - **3.** *cf.* Lobrede. - **4.** *ped.* good mark.

Lob² [lɔp] *m* ⟨-(s); -s⟩ (*sport*) (*bes. beim Tennis*) lob: **einen** ~ **schlagen** (*od.* spielen) to lob a ball.

lo·bär [lo'bɛ:r] *adj med.* lobar.

lob·ben ['lɔbən] *v/i u. v/t* ⟨h⟩ (*bes. Tennisball*) lob.

Lob·by ['lɔbi; 'ləbɪ] (*Engl.*) *f, auch m* ⟨-; -bys *od.* -bies⟩ **1.** (*Wandelhalle*) lobby. - **2.** *fig. pol.* lobby, pressure group.

Lob·by·is·mus [lɔbi'ɪsmʊs] *m* ⟨-; *no pl*⟩ *pol.* lobbyism. — **Lob·by'ist** [-'ɪst] *m* ⟨-en; -en⟩ lobbyist.

Lo·be·lie [lo'be:liə] *f* ⟨-; -n⟩ *bot.* lobelia (*Gattg Lobelia*).

Lo·be·lin [lobe'li:n] *n* ⟨-s; *no pl*⟩ *chem. med.* lobeline, *auch* alpha-lobeline ($C_{22}H_{27}NO_2$).

lo·ben ['lo:bən] **I** *v/t* ⟨h⟩ **1.** praise, commend: **j-n wegen seines Mutes** ~ to praise s.o. for his courage; **j-n überschwenglich** ~ to praise s.o. excessively (*od.* lavishly), to extol (*od.* eulogize) s.o., to crack s.o. up (*colloq.*); **j-n uneingeschränkt** (*od.* rückhaltlos) ~ to praise s.o. unreservedly, to give s.o. boundless praise; **er lobte ihren Fleiß** he praised (*od.* colloq. he gave her a pat on the back for) her industry; **er lobte mir seinen Freund als zuverlässig** he commended his friend to me as trustworthy; **das lob' ich mir** *oft iron.* that's just what I like; **da lob' ich mir doch Spanien** [**meine alten Stiefel**] I'd rather have Spain [my old boots]; **da lob' ich mir doch die gute alte Zeit** give me (*od.* I'll take) the good old days anytime; **das Werk lobt den Meister** (*Sprichwort*) *etwa* a man is known by the quality of his work; → **Abend 1; grün 1; Krämer 1.** - **2.** (*billigen*) approve (of), applaud. — **II** *v/i* **3.** praise: **er lobt nicht gern** he is not one to praise readily, he is not quick to praise. — **III** *v/reflex* **sich** ~ **4.** brag, blow one's own horn (*Br.* trumpet), pat oneself on the back (*colloq.*): **gute Ware lobt sich selbst** (*Sprichwort*) quality speaks for itself. — **IV L**~ *n* ⟨-s⟩ **5.** *verbal noun.* - **6.** *cf.* Lob¹. — **'lo·bend I** *pres p.* - **II** *adj* laudatory, commendatory: **man hört gern mal ein** ~**es Wort** it is good to hear a word of commendation from time to time. - **III** *adv* in (terms of) praise: ~ **über j-n sprechen** to speak in praise of s.o., to speak highly of s.o.; **seine Hilfeleistungen wurden** ~ **erwähnt** his assistance was highly praised; **j-n** ~ **erwähnen** to make hono(u)rable mention of s.o.; **j-n** ~ **hervorheben** to single s.o. out for praise.

'lo·bens₁wert, ~**wür·dig** *adj* (*Verhalten etc*) praiseworthy, laudable.

'lo·be·sam, *auch* **'lo·be·san** [-za:n] *adj* ⟨*meist nachgestellt*⟩ *obs. poet.* worthy, noble, worshipful (*archaic*): **Kaiser Rotbart** ~ the worthy emperor Barbarossa.

'Lo·bes₁er₁he·bung *f* (high) praise, eulogy; encomium, panegyric (*lit.*): **sich in** ~ (**über j-n, etwas**) **ergehen** *lit.* to praise (s.o., s.th.) (up) to the skies (*od.* to high heaven). — ~**hym·ne** *f* hymn of praise, laud. — ~₁**wort** *n* ⟨-(e)s; -e⟩ *meist pl* word of praise.

'Lob₁ge₁dicht *n* poem of praise, laudatory poem, panegyric (*lit.*): ~ **auf j-n** poem in praise of s.o. — ~**ge₁sang** *m cf.* Loblied. — ~**hu·de'lei** [₁lo:p-] *f* ⟨-; -en⟩ *contempt.* adulation, coarse (*od.* base) flattery, fulsome praise. — ~₁**hu·de·ler** *m contempt. cf.* Lobhudler. — **l**~₁**hu·deln** *v/i u. v/t* ⟨*insep, ge-, h*⟩ *contempt.* praise (s.o.) to the skies, overpraise, flatter (s.o.) excessively, adulate: j-m (auch j-n) ~ to butter s.o. up (colloq.). — ~**hud·ler** m contempt. adulator, servile flatterer, sycophant, proneur.

löb·lich ['løːplɪç] adj (Absicht etc) laudable, commendable, praiseworthy. — **'Löb·lich·keit** f ‹-; no pl› laudability, laudableness, commendableness, praiseworthiness.

'**Lob**‚**lied** n 1. song of praise, paean, Am. auch pean: ein ~ auf j-n singen to sing s.o.'s praises. - 2. relig. doxology, carol, hymn, hosanna: ~ Mariens röm.kath. magnificat.

Lo·bo·to·mie [loboto'miː] f ‹-; -n [-ən]› med. cf. Leukotomie.

'**lob**‚**prei·sen I** v/t ‹lobpreist, lobpreiste od. lobpries, gelobpreist od. lobgepriesen, h› 1. praise, extol, eulogize Br. auch -s-, panegyrize Br. auch -s- (lit.). - 2. relig. praise, glorify, laud, magnify: lobpreist den Herrn! praise the Lord. - **II L~** n ‹-s› 3. verbal noun. - '**Lob**‚**prei·sung** f 1. cf. Lobpreisen. - 2. praise, eulogy; eulogium, panegyric (lit.). - 3. relig. glorification praise, laud(ation), doxology (obs.).

'**Lob**‚**re·de** f speech of praise, eulogy; eulogium, encomium, panegyric (lit.): eine ~ auf j-n halten to pronounce a eulogy on s.o., to eulogize s.o. — ~‚**red·ner** m 1. eulogist, eulogizer; panegyrist, encomiast (lit.). - 2. cf. Lobhudler. — **l~**‚**sin·gen** v/i ‹irr, insep, -ge-, h› 1. j-m ~ a) to sing s.o.'s praises, b) auch iron. to praise (od. laud, extol) s.o. to the skies. - 2. relig. cf. lobpreisen 2. — ~‚**spruch** m 1. eulogy; eulogium, encomium (lit.). - 2. cf. Lobgedicht.

lo·bu·lär [lobu'lɛːr] adj med. lobular.

Loch [lɔx] n ‹-(e)s; ⸚er› 1. hole: ein ~ in das Brett bohren to drill a hole in(to) the board; ein ~ in der Wand a hole in the wall; ein ~ im Strumpf stopfen to mend a hole (od. tear) in the stocking; er stopfte ein ~ mit dem andern zu fig. he robbed Peter to pay Paul; ich werd' ihm zeigen, wo der Zimmermann das ~ gelassen hat fig. colloq. I'll show him the door; seinen Gürtel ein ~ enger schnallen fig. colloq. to tighten one's belt (one notch); er pfeift auf (od. aus) dem letzten ~ fig. he is on his last legs; jetzt pfeift der Wind aus einem anderen ~ fig. colloq. now the wind is blowing from another quarter; aus welchem ~ pfeift der Wind? fig. colloq. how (od. which way) does the wind lie? ein ~ im Bauch haben fig. colloq. to have a hole in one's stomach; das Kind fragt ihm Löcher (od. ein ~) in den Bauch fig. colloq. the child drives him crazy asking questions; j-m Löcher (od. ein ~) in den Bauch reden fig. colloq. to talk the hind leg off a donkey, to talk s.o.'s head off; das neue Kleid hat mir ein großes ~ in den Beutel gerissen fig. the new dress has made a big hole in my pocket (od. purse); ein ~ (od. Löcher) in die Luft gucken (od. starren) fig. colloq. to stare into space; er säuft wie ein ~ fig. colloq. he drinks like a fish; einen anderen vors ~ schieben fig. colloq. to let s.o. else bear the brunt (od. take the blame); ein ~ im Gesetz finden to find a loophole in the law. - 2. (im Zaun etc) opening, gap. - 3. (Öffnung) aperture. - 4. (Lochung, Durchbohrung) perforation. - 5. (Tierbau) a) (einer Maus etc) hole, b) (für größere Tiere) den, lair: die Maus verschwand in ihrem ~ the mouse disappeared into its hole. - 6. (im Luftreifen) puncture: ein ~ im Reifen haben to have a puncture (od. a flat tire [bes. Br. tyre]). - 7. (Verletzung) hole: sich (dat) ein ~ in den Kopf fallen to fall down and hurt one's head. - 8. (in der Straße) pothole, Am. auch chuckhole. - 9. (im Dach) hole, leak. - 10. (im Zahn) cavity, hollow, hole. - 11. (in Festungsmauern etc) breach. - 12. (Grube) pit. - 13. (im Käse, einer Nadel etc) eye. - 14. fig. colloq. (elende Behausung) kennel, hovel, dirty hole, 'dump'. - 15. fig. colloq. (Gefängnis) 'jug' (sl.), Br. sl. quod, Am. colloq. 'cooler'; jail, Br. auch gaol: j-n ins ~ stecken to put s.o. in clink (sl.); er sitzt im ~ he is doing time, he is in jug. - 16. (games) a) (Billard) pocket, hazard, b) (Golf) hole, cup: die Kugel ins ~ treiben (Billard) to pocket the ball; den Ball ins ~ spielen (Golf) to hole (the ball). - 17. mus. (eines Blasinstruments) finger-

hole. - 18. bot. zo. foramen. - 19. vulg. 'hole', cunt (beide vulg.).

'**Loch**‚**ab**‚**stand** m phot. perforation pitch. — ~‚**band** n cf. Lochstreifen. — ~‚**bei·tel** m tech. mortise chisel. — ~‚**bil·lard** n billiard table with pockets, English billiard table. — ~‚**blen·de** f 1. phot. stop (plate). - 2. (optics) diaphragm, light (od. field, aperture) stop. — ~‚**boh·rer** m tech. auger bit. — ~‚**dorn** m tech. a) (in Rohrwalzerei) piercing mandrel, plug, b) (beim Strangpressen) punch. — ~‚**ei·sen** n tech. 1. (für Leder) pricker, piercer. - 2. a) (für Bleche etc) hollow punch, b) (zur Herstellung von Ösen etc) saddler punch.

lo·chen ['lɔxən] I v/t ‹h› 1. (Fahrkarte, Papier etc) punch. - 2. make a hole (od. holes) in(to), hole. - 3. (perforieren) perforate. - 4. tech. a) (lochstanzen) punch holes in(to), b) (durchbohren) pierce, c) (langlochen) slut, dado. - 5. (Holz) bore. - **II L~** n ‹-s› 6. verbal noun. - 7. cf. Lochung.

'**Lo·cher** m ‹-s; -› 1. (für Akten etc) punch. - 2. (Person) piercer, puncher, perforator. - 3. tech. cf. Locheisen.

lö·che·rig ['lœçərɪç] adj 1. full of holes, in holes: der Strumpf ist ~ the stocking is full of holes; die Beweisführung ist recht ~ fig. the line of argument is full of holes (od. faulty). - 2. metall. tech. (Guß) honeycombed, porous. - 3. bot. zo. foraminiferous. - 4. med. a) porous, perforated, pitted, foraminiferous (scient.), b) (siebartig) cribriform.

'**Lö·cher·ko**‚**ral·le** f meist pl zo. cf. Riffkoralle.

'**Loch**‚**fei·le** f tech. riffler. — ~‚**fraß** m (Korrosion) pitting, localized (od. selective) corrosion. [lochia.]

Lo·chi·en ['lɔxiən] pl med. (Wochenfluß)⌐

'**Loch**‚**ka·me·ra** f phot. 1. pinhole camera. - 2. hist. camera obscura.

'**Loch**‚**kar·te** f (computer) punch(ed) card: ~n ablochen to keypunch.

'**Loch**‚**kar·ten**‚**ab**‚**tei·lung** f punch(ed) card department. — ~‚**buch**‚**füh·rung** f punch(ed) card bookkeeping (od. accountancy). — ~‚**schlüs·sel** m punch(ed) card code. — ~‚**um**‚**rech·ner** m punch(ed) card computer. — ~**ver**‚**fah·ren** n punch(ed) card system (od. method).

'**Loch**‚**leh·re** f metall. 1. (Bohrungslehre) internal cal(l)iper ga(u)ge. - 2. (zum Messen runder Löcher) taper (ga[u]ge).

Löch·lein ['lœçlaɪn] n ‹-s; -› 1. dim. of Loch. - 2. pinhole, eyelet.

'**Loch**‚**mu·schel** f zo. keyhole limpet (Diodora aspera). — ~‚**mu·ster** n (textile) (beim Häkeln etc) openwork: Pullover mit ~ open-worked sweater. — ~‚**pfla·ster** n med. pharm. porous plaster. — ~‚**pres·se** f tech. punch (auch punching) press. — ~‚**rei·he** f set (od. row) of holes.

löch·rig ['lœçrɪç] adj cf. löcherig.

'**Loch**‚**sä·ge** f tech. 1. compass saw. - 2. (für Schlüssellöcher) keyhole saw. — ~‚**schwei·ßung** f plug welding. — ~‚**spiel** n (sport) (beim Golf) match play. — ~‚**stab** m archeol. punch. — ~‚**stan·ze** f tech. 1. (Locheisen) hollow punch, drift. - 2. (Maschine) punching machine, punch press. — **l~**‚**stan·zen** v/t ‹insep, -ge-, h› punch. — ~‚**stein** m 1. civ.eng. cf. Lochziegel. - 2. metall. (einer Stopfenpfanne) sleeve (od. nozzle) brick. — ~‚**stem·pel** m tech. punch, piercing (od. perforating) die. — ~‚**strei·fen** m punched (od. paper) tape.

'**Lo·chung** f ‹-; -en› 1. cf. Lochen. - 2. perforation. - 3. (computer) punch.

'**Loch**‚**wei·te** f diameter of bore (od. hole). — ~‚**zan·ge** f 1. (für Fahrkarten etc) ticket punch (od. punchers pl), clippers pl. - 2. tech. punch pliers pl (construed as sg or pl), spring belt punch. — ~‚**zie·gel** m civ.eng. perforated brick (od. tile). — ~‚**zir·kel** m tech. inside cal(l)ipers pl.

'**Lock**‚**ar**‚**ti·kel** m econ. loss leader.

Löck·chen ['lœkçən] n ‹-s; -› 1. dim. of Locke¹ 1—3. - 2. baby curl.

Locke¹ (getr. -k·k-) ['lɔkə] f ‹-; -n› 1. curl, (bes. lange) lock (of hair): gekräuselte [natürliche] ~n crimped [natural] curls; sie hat natürliche ~n her hair is (naturally) curly; Haar in ~n legen to set hair in curls; eine ~ fiel ihr in die Stirn a curl fell over her forehead; die ~n fielen ihr bis auf die Schultern her curls fell (down) to her shoulders; sich ~n legen to curl

one's hair. - 2. (lange, geringelte Locke) ringlet. - 3. (Stirnlocke) forelock, bes. Br. quiff. - 4. (textile) (Spinnerei) locks pl, curl. - 5. tech. (Span) continuous spiral, curl.

'**Locke²** (getr. -k·k-) f ‹-; -n› hunt. 1. (Pfeife etc) birdcall. - 2. cf. Lockvogel 1: lebendige ~ decoy.

locken¹ (getr. -k·k-) ['lɔkən] I v/reflex ‹h› sich ~ curl, form locks: seine Haare ~ sich von selbst he has curly hair by nature. - II v/t lit. form (od. twist) (one's hair) into curls (od. ringlets), curl: sie ließ sich (dat) ihr Haar ~ she had her hair curled.

locken² (getr. -k·k-) I v/t ‹h› 1. (mit Futter od.) lure, entice, tempt: einen Hund mit einem Knochen ~ to tempt a dog with a bone, to hold out a bone to a dog. - 2. (durch Köder) decoy, lure, (bes. Fisch) bait. - 3. (durch Lockruf) call: die Henne lockte ihre Küken the hen called its (od. her) chickens. - 4. fig. lure, allure, entice, attract, inveigle, (bes. mit List) decoy: die Sonne lockte uns ins Freie fig. the sun enticed us to go into the open air; damit kannst du keinen Hund vom Ofen ~ fig. colloq. you can't catch a fish with that bait, that won't tempt anybody; j-n auf die falsche Fährte ~ fig. to put s.o. on the wrong track, bes. Am. colloq. to give s.o. a bum steer; j-m das Geld aus der Tasche ~ fig. to cheat s.o. out of his money, to fleece s.o.; j-n in eine Falle [einen Hinterhalt] ~ to lure s.o. into a trap [an ambush]. - 5. fig. (reizen) tempt: was mich am meisten lockte what tempted me most; das kann mich nicht ~ that won't tempt me. - 6. fig. (durch Zeichen) beckon. - **II** v/i 7. (von Henne) cluck. - **III L~** n ‹-s› 8. verbal noun. - 9. (von Vögeln etc) chuckle, chuck, cluck.

löcken (getr. -k·k-) ['lœkən] v/i ‹h› only in wider den Stachel ~ Bibl. to kick against the pricks.

'**lockend** (getr. -k·k-) I pres p. - **II** adj 1. (Angebot etc) tempting, alluring, enticing, attractive: ~e Versprechungen tempting promises; ~e Ferne alluring faraway places. - 2. (verlockend) attractive: etwas in den ~sten Farben schildern fig. to describe s.th. in the most attractive (od. rosy, glowing) colo(u)rs.

'**Locken**‚**fül·le** (getr. -k·k-) f cluster of curls (od. ringlets). — ~‚**haar** n curly hair. — ~‚**kopf** m 1. head of curly hair. - 2. (Person) curlyhead, curly-pate. — ~‚**tau·be** f zo. (Zuchtrasse) capuchin.

'**Lock**‚**en·te** f hunt. decoy (duck).

'**Locken**‚**wickel** (getr. -k·k-), ~‚**wick·ler** m 1. (aus Metall od. Kunststoff) curler. - 2. (aus Papier) curlpaper, curlpaper.

locker (getr. -k·k-) ['lɔkər] I adj ‹-er; -st› 1. (Schraube, Griff, Zahn etc) loose: ~ werden to get (od. become) loose; → Schraube 1. - 2. (Seil, Leine etc) slack: er hat den Knoten ganz ~ gemacht he tied the knot very loosely. - 3. (Teig, Omelett etc) light, fluffy. - 4. (Erde etc) loose, fluffy, friable. - 5. (Gewebe) loosely woven. - 6. (Bewegung etc) slack, limber. - 7. fig. loose: ~ Bindung loose connection (Br. auch connexion); er hat eine ~e Hand colloq. he is apt to let fly (od. to hit out at the slightest provocation). - 8. fig. (Sitten, Grundsätze etc) lax, loose, dissolute: ein ~es Leben führen to lead a loose (od. fast, gay) life; ein ~es Mädchen a hussy; ein ~es Dämchen iron. a lady of easy virtue; ein ~er Vogel (od. Zeisig) colloq. a loose (od. gay) fellow (colloq.), a fast liver, a rake. - 9. min. (Gestein) disintegrated, friable, (verwittert) crumbling. - 10. bot. (Rispe) lax. - **II** adv 11. loosely: eine Schraube ~ anziehen to fasten a screw loosely; ~ strikken to knit loosely; er lebt recht ~ fig. he leads a loose life. — '**Locker·heit** (getr. -k·k-) f ‹-; no pl› 1. looseness. - 2. slackness. - 3. lightness, fluffiness. - 4. (von Erde etc) looseness, fluffiness, friableness, friability. - 5. fig. laxity, looseness.

'**locker**‚**las·sen** (getr. -k·k-) v/i ‹irr, sep, -ge-, h› colloq. yield, give in: nicht ~ not to relent, to insist, to stick to one's point (od. guns); ich werde nicht ~ I won't relent, I insist; wir dürfen nicht ~ we have to keep (on) trying, we must not yield. — ~‚**ma·chen** v/t ‹sep, -ge-, h› fig. colloq. (Geld etc) cough up (with) (colloq.), Am. colloq. auch jar loose with.

lockern (getr. -k·k-) ['lɔkərn] **I** v/t ⟨h⟩ **1.** (Fesseln, Gürtel, Schraube etc) loosen, loose, untighten, unloose(n). — **2.** (Seil, Leine) slacken, pay out. — **3.** (Erdreich etc) loosen, break up: den Boden mit einer Hacke ~ to loosen the ground with a pick. — **4.** (Glieder, Muskeln etc) relax, limber up, loosen. — **5.** (Griff etc) relax, unclench, loosen. — **6.** tech. (Kette, Riemen, Schrank etc) slacken, loosen. — **7.** fig. relax, loosen: die Bestimmungen werden in Kürze gelockert the regulations are shortly to be relaxed; die Zügel ~ to loosen the reins. — **II** v/reflex sich ~ **8.** (von Brett, Schraube etc) loosen, get loose. — **9.** (von Seil etc) slacken. — **10.** fig. loosen, become loose: die Sitten haben sich gelockert morals have become loose (od. lax). — **11.** fig. (von Freundschaft etc) wear thin. — **12.** fig. (nachlassen) ease (off). — **III** L~ n ⟨-s⟩ **13.** verbal noun. — '**Locke·rung** (getr. -k·k-) f ⟨-; -en⟩ **1.** cf. Lockern. — **2.** auch fig. relaxation, laxation.

'**Locke·rungs**|,lauf (getr. -k·k-) m (sport) limbering-up run. — ~,mit·tel n gastr. cf. Treibmittel 1. — ~,übung f (sport) limbering-up exercise.

'**Lock**,fisch m hunt. decoy fish, artificial bait.

'**lockig** (getr. -k·k-) adj (Haar) curly, curled, ringleted, in curls (od. ringlets).

'**Lock**|,mit·tel n **1.** hunt. a) (Köder) bait, lure, b) cf. Lockpfeife, c) cf. Lockvogel 1. — **2.** fig. (Anreiz) bait, lure, enticement, allurement: diese Annonce ist nur ein ~ this advertisement is only a bait. — ~,pfei·fe f hunt. birdcall. — ~,ruf m **1.** hunt. birdcall. — **2.** zo. (des Tieres) mating call. — ~,spei·se f cf. Lockmittel 1a. — ~,spit·zel m **1.** (für die Polizei) stool pigeon. — **2.** pol. (Agent) agent provocateur. — ~,tau·be f hunt. decoy (od. stool) pigeon.

'**Lockung** (getr. -k·k-) f ⟨-; -en⟩ **1.** cf. Locken². — **2.** bes. hunt. a) (durch Köder) enticement, b) (durch Lockruf) call. — **3.** fig. allurement, enticement, inducement. — **4.** fig. (Versuchung) temptation.

'**Lock**|,vo·gel m **1.** hunt. decoy (bird), call bird. — **2.** fig. decoy, lure, allurer. — ~,ziel n mil. decoy.

lo·co ['lo:ko] adv **1.** loco, at hand, on (od. in) stock. — **2.** econ. (am Orte) loco, spot, for delivery: Kaffee ~ Hamburg coffee for delivery at Hamburg. — ~ ci'ta·to [tsi'da:to] adv loco citato. — ~ lau'da·to [lau'da:to] adv rare loco laudato. — ~ si'gil·li [zi'gɪli] adv loco sigilli, instead of the seal.

Lod·de ['lɔdə] f ⟨-; -n⟩ zo. capelin, auch capelan, caplin (Mallotus villosus).

lod·de·rig ['lɔdərɪç] adj u. adv colloq. for unordentlich.

Lo·de ['lo:də] f ⟨-; -n⟩ bot. sprig, spray, shoot, yearly growth of trees.

Lo·den ['lo:dən] m ⟨-s; -⟩ (textile) fulled wool(l)en cloth, frieze, Am. auch loden (cloth). — ~,man·tel m waterproof wool(l)en coat. — ~,rock m **1.** waterproof wool(l)en jacket. — **2.** (Damenrock) waterproof wool(l)en skirt. — ~,stoff m (textile) cf. Loden.

lo·dern ['lo:dərn] v/i ⟨h⟩ **1.** (von Feuer) blaze, flare, flame (up): die Flammen ~ zum Himmel lit. the flames blaze up to the sky. — **2.** fig. glow, burn: seine Augen loderten (vor Zorn) lit. his eyes were glowing (with anger). — '**lo·dernd I** pres p. — **II** adj **1.** blazing, flaring, flaming, blazy: er starrte in die ~en Flammen he stared into the blazing fire. — **2.** fig. burning, glowing; ablaze, aglow, afire ⟨pred⟩: vor Begeisterung [Vaterlandsliebe] lit. afire (od. burning) with enthusiasm [patriotism].

Lo·di·cu·la [lo'di:kula] f meist pl ⟨-; -lae [-lɛ]⟩ bot. lodicule, auch lodicula.

Löf·fel ['lœfəl] m ⟨-s; -⟩ **1.** spoon: man nehme davon zwei gehäufte [gestrichene] ~ voll take two heaped [level] spoonfuls (of it); einen ~ voll Medizin nehmen to take one spoonful of medicine; mit dem ~ füttern to spoon-feed; j-n über den ~ barbieren (od. dial. balbieren) fig. colloq. to cheat s.o., to play (od. have) s.o. for a sucker (colloq.), to take s.o. for a ride (sl.); der Kaffee ist so stark, daß der ~ drin steht fig. the coffee is so strong that the spoon would stand up in it; → Weisheit 1. — **2.** (Schöpflöffel) ladle. — **3.** (beim Golf) spoon: den Ball mit dem ~ schlagen to spoon the

ball. — **4.** tech. (vom Bagger etc) scoop, shovel, bucket. — **5.** med. a) (zum Entnehmen von Probematerial) harpoon, b) (Kurette) curette, Am. curet. — **6.** hunt. (des Hasen, Kaninchens) ear: das Kaninchen stellte die ~ auf the rabbit pricked up its ears. — **7.** fig. colloq. humor. ear: schreib dir das hinter die ~ get that into your thick head (od. skull); du wirst gleich eins hinter die ~ bekommen you'll get your ears boxed yet (od. in a minute); schau, wie er die ~ spitzt look at him prick his ears up; sperr doch deine ~ auf! why don't you damn well listen? (colloq.).

'**Löf·fel**|,bag·ger m civ.eng. shovel excavator, (power) shovel, Am. (steam) navvy, bag scoop. — ~bis,kuit n gastr. ladyfinger, sponge finger. — ~,boh·rer m tech. spoon (od. pot) bit, auger gouge bit. — ~,en·te f zo. shovel(l)er (Spatula clypeata). — l~,för·mig adj **1.** spoon-shaped, spoonlike. — **2.** bot. zo. cochlear(iform), spatular, spatuliform, spat(h)ulate. — ~,fuchs m zo. cf. Löffelhund. — ~,hai m shovelhead, bonnethead (Sphyrna tiburo). — ~,hund m Delalande's fox (Otocyon megalotis). — ~,kraut n bot. spoonwort (Gattg Cochlearia): Echtes ~ scurvy grass (C. officinalis).

löf·feln ['lœfəln] v/t ⟨h⟩ **1.** (essen) eat (s.th.) with a spoon, sup (off od. out): er löffelte seine Suppe he spooned up his soup; du löffelst ja ewig an dem bißchen Suppe! you take an eternity to eat that drop of soup! — **2.** (schöpfen) ladle (od. spoon) out. — **3.** fig. colloq. (verstehen) grasp, understand: hast du's nun endlich gelöffelt? did you understand (at last)? got it? (colloq.); er hat es immer noch nicht gelöffelt! he hasn't understood (od. colloq. got) it yet.

'**Löf·fel**|,rei·her m zo. cf. Löffler 2. — ~,ro·chen m shovelnose, guitarfish (Rhinobatos productus). — ~,schnecke (getr. -k·k-) f sea spoon, soft-shell clam, mananosay, mananose, maninose (Mya arenaria). — ~,stiel m spoon handle. — ~,stör m zo. **1.** shovelnose (od. shovel-nosed, white) sturgeon, hackle back (Scaphirhynchus platorhynchus). — **2.** Nordamerikanischer ~ spoonbill (od. duckbill) cat, spadefish (Polyodon spathula). — ~,voll m ⟨-; -⟩ spoonful: ein gehäufter ~ a heaped (des. Am. auch heaping) spoonful. — l~,wei·se adj u. adv by (od. in) spoonfuls, by the spoonful.

'**Löff·ler** m ⟨-s; -⟩ **1.** (beim Golf) mashie (bes. Br. mashy) niblick. — **2.** zo. a) Weißer ~ spoonbill (Platalea leucorodia), b) Roter (od. Rosa) ~ pink curlew, roseate spoonbill (Ajaia ajaja).

log [lo:k] 1 u. 3 pret of lügen.

Log [lɔk] n ⟨-s; -e⟩ mar. log: das ~ auswerfen to heave the log; selbstregistrierendes ~ patent log, velocimeter.

Log·arith·men,ta·fel [loga'rɪtmən-] f math. table of logarithms (od. colloq. logs), logarithm(ic) (od. colloq. log) scale.

log·arith·mie·ren [logarɪt'mi:rən] math. **I** v/t ⟨no ge-, h⟩ take the logarithm of. — **II** v/i take the logarithm.

log·arith·misch [loga'rɪtmɪʃ] math. **I** adj logarithmic, auch logarithmical. — **II** adv ~ abgestuft graded logarithmically.

Log·arith·mus [loga'rɪtmus] m ⟨-; -men⟩ logarithm: gemeiner ~ common (od. Briggs, ordinary, decadic) logarithm; natürlicher ~ natural (od. hyperbolic, Napier's) logarithm; 4 ist der ~ von 16 zur Basis 2 4 is the logarithm of 16 to the base 2.

'**Log**,buch n **1.** mar. a) deck log, b) (für besondere Eintragungen) official log: etwas in das ~ eintragen to log s.th. — **2.** aer. (journey) log (book).

Lo·ge ['lo:ʒə] f ⟨-; -n⟩ **1.** (theater) box, loge, lodge. — **2.** (der Freimaurer) lodge: eine ~ abhalten to hold a lodge meeting.

lö·ge ['lø:gə] 1 u. 3 sg pret subj of lügen.

'**Lo·gen**|,bil·let n (theater) ticket for a box. — ~,bru·der m (der Freimaurer) (brother) mason, fellow (free)mason. — ~,mei·ster m master mason: ehemaliger ~ past master. — ~,platz m (theater) box (od. loge, lodge) seat. — ~,schlie·ßer m **1.** (theater) usher. — **2.** (der Freimaurer) tiler, auch tyler. — ~,schlie·ße·rin f (theater) usherette.

Log·ge ['lɔgə] f ⟨-; -n⟩ mar. cf. Log. — '**log·gen** v/i ⟨h⟩ mar. log, heave (od. pay out) the log line, heave (od. stream) the log.

Log·ger ['lɔgər] m ⟨-s; -⟩ mar. lugger, (mit Treibnetz) drifter.

Log·gia ['lɔdʒa] f ⟨-; -gien [-dʒən]⟩ arch. loggia: die Loggien des Vatikans (od. von Raphael) the Loggias (auch Loggie) of the Vatican (od. of Raphael).

'**Log**,glas n mar. (Sanduhr) log glass.

'**Lo·gi·en,quel·le** ['lo:gɪən-] f (Bibelkritik) Q, the 'second source' (a collection of sayings of Jesus, used by Matthew and Luke).

Lo'gier·be,such m overnight visitor(s pl), staying (od. overnight) guest(s pl).

lo·gie·ren [lo'ʒi:rən] **I** v/i ⟨no ge-, h⟩ (wohnen) stay, (bes. privat) auch lodge: ich logierte bei meiner Tante I lodged with my aunt; er logiert in einem Hotel he is staying at a hotel. — **II** v/t obs. for beherbergen 1.

Lo'gier|,gast m overnight visitor (od. guest). — ~,haus n lodging (od. rooming) house: billiges ~ cheap lodging house, Br. sl. auch doss house. — ~,zim·mer n spare (od. guest) room.

Lo·gik ['lo:gɪk] f ⟨-; no pl⟩ **1.** (Folgerichtigkeit) logic, logicality, logicalness: zwingende ~ compelling logic; weibliche ~ woman's (od. female, feminine) logic; aller ~ ins Gesicht schlagen to fly in the face of all logic; es widerspricht (ja) aller ~ it contradicts all logic. — **2.** philos. (Lehre) logic: mathematische [theoretische, traditionelle] ~ mathematical [formal, Aristotelian] logic; symbolische ~ a) symbolic logic, artificial language, logistic (rare), b) math. symbolic logic.

Lo·gi·ker ['lo:gikər] m ⟨-s; -⟩ **1.** (klarer Denker) acute reasoner. — **2.** philos. logician.

'**Lo·gik,kal,kül** m, auch n philos. logical (od. formal) calculus.

Lo·gis [lo'ʒi:] n ⟨- [-'ʒi:(s)]; - [-'ʒi:s]⟩ **1.** archaic dial. lodging(s pl), room(s pl), quarters pl: j-n in ~ nehmen to lodge s.o.; → Kost 2. — **2.** mar. crew space, forecastle, Br. auch fo'c's'le, quarters pl.

lo·gisch [lo'gɪʃ] **I** adj (Folgerung etc) logical: ~er Trugschluß non sequitur; ~er Positivismus philos. logical positivism; ~e Operation (in der Datenverarbeitung) binary operation; ~er Ausdruck Boolean expression; das ist doch ~! colloq. obviously! naturally! of course! — **II** adv logically: er kann nicht ~ denken he cannot think (od. he is not capable of thinking) logically (od. consistently); etwas ~ durchdenken to reason s.th. out; etwas ~ betrachten to look at s.th. rationally; ~ verbinden philos. to colligate. — **III** L~e, das ⟨-n⟩ the logicality, the logicalness. — '**lo·gi·scher-wei·se** adv logically, obviously.

Lo'gis|,geld n archaic dial. **1.** lodging money, Am. room rent. — **2.** money paid for (board and) lodging, lodging allowance. — ~,herr m lodger, Am. roomer.

Lo·gis·mus [lo'gɪsmus] m ⟨-; -men⟩ philos. **1.** (Vernunftschluß) logism. — **2.** ⟨only sg⟩ (Doktrin) logism, panlogism.

Lo·gi·stik [lo'gɪstɪk] f ⟨-; no pl⟩ **1.** mil. logistics pl (often construed as sg). — **2.** math. mathematical (od. symbolic) logic, logistics pl (often construed as sg).

Lo·gi·sti·ker [lo'gɪstikər] m ⟨-s; -⟩ philos. logistician. — **lo·gi·stisch** [-tɪʃ] adj logistic(al): ~e Unterstützung mil. logistic support.

Lo·gi·zis·mus [logi'tsɪsmus] m ⟨-; no pl⟩ philos. logicism.

Lo·gi·zi·tät [logitsi'tɛːt] f ⟨-; no pl⟩ philos. logicality, logical character.

'**Log**,lei·ne f mar. log line: Vorläufer der ~ stray line; Marke an der ~ knot.

Lo·go..., **lo·go...** combining form denoting logo...

Lo·go·gramm [logo'gram] n ⟨-s; -e⟩ ling. logogram.

Lo·go·graph [logo'graːf] m ⟨-en; -en⟩ antiq. logographer. — **lo·go'gra·phisch** adj logographic.

Lo·go·griph [logo'grɪf] m ⟨-s u. -en; -e(n)⟩ (Buchstaben- od. Worträtsel) logogriph.

Lo·go·kra·tie [logokra'ti:] f ⟨-; -n [-ən]⟩ philos. pol. logocracy, rule of reason.

Lo·go·pä·de [logo'pɛːdə] m ⟨-n; -n⟩ med. logop(a)edist. — **Lo·go·pä·die** [-pɛ'di:] f ⟨-; no pl⟩ med. (Sprachheilkunde) logop(a)edia, logop(a)edics pl (construed as sg or pl).

Lo·go·pa·thie [logopa'ti:] f ⟨-; -n [-ən]⟩ med. (Sprachstörung) logopathy, dyslogia.

Lo·gor·rhö [logo'røː] f ⟨-; -en⟩, **Lo·gor·'rhöe** [-'røː] f ⟨-; -n [-ən]⟩ psych. (krank-

haftes Schwatzen) logorrh(o)ea, logomania, polyphrasia, hyperlogia, lagomania, lalorrh(o)ea.

Lo·gos ['lo:gɔs; 'lɔgɔs] *m* ⟨-; *rare* Logoi [-gɔy]⟩ **1.** *philos.* logos, Logos. – **2.** *relig.* (*Wort Gottes*) Logos, logos (*rare*).

Lo·go·ty·pe [logo'ty:pə] *f print.* logotype. — **Lo·go·ty·pen,druck** *m* logography.

'Log,rol·le *f mar.* log reel.

'Loh|**,beet** *n hort.* bark bed, tan bed (*od.* pit). — **~,bei·ze** *f cf.* Lohe¹. — **~,blü·te** *f bot.* fuligo (*Fuligo septica*). — **~,brü·he** *f* (*leather*) ooze, liquor.

Lo·he¹ ['lo:ə] *f* ⟨-; -n⟩ (*leather*) bark.

'Lo·he² *f* ⟨-; *rare* -n⟩ *lit.* **1.** (tongues *pl* of) flame, flare, blaze: die flackernde ~ the flickering blaze; die ~ schlug gen Himmel tongues of flame shot up (*od.* leaped, *Br. auch* leapt) high into the sky. – **2.** *fig.* (*Begeisterung, Liebe etc*) fire, ardor, *bes. Br.* ardour: in lichter ~ brennen to be all ablaze (*od.* aflame).

lo·hen¹ ['lo:ən] *v/t* ⟨h⟩ (*leather*) steep (*s.th.*) in tan (*od.* ooze).

'lo·hen² *v/i* ⟨h⟩ *lit.* blaze (*od.* flare) up, flame, be in flames, be ablaze.

'loh,gar *adj* (*leather*) a) (*technisches Leder*) vegetable-tanned, b) (*Kalbsleder*) bark-tanned.

'Loh|**,ger·ber** *m* tanner. — **~ger·be,rei** *f* tannery. — **~,müh·le** *f* bark mill.

Lohn [lo:n] *m* ⟨-(e)s; ⁻e⟩ **1.** (*Wochenlohn*) wage(s *pl sometimes construed as sg*): ein hoher [niedriger, reicher, verdienter] ~ a high [low, an ample, an earned] wage; gleitender ~ wage(s *pl*) based on a sliding scale; einen ~ beziehen to draw a wage (*od.* wages); j-m ~ vorenthalten to hold s.o.'s wage(s) back; freitags werden die Löhne ausgezahlt wages are paid on Friday(s); den ~ drücken [steigern, aufbessern, erhöhen] to cut [to increase, to improve, to raise] wages; j-n um ~ und Brot bringen to deprive s.o. of his livelihood; bei einem Bäcker in ~ und Brot stehen to be apprenticed to a baker. – **2.** (*Bezahlung*) pay, payment: auszuzahlender (*od.* tatsächlich gezahlter*) ~ take-home pay; in j-s ~ stehen to be in s.o.'s pay (*od.* service). – **3.** (*Verdienst*) earnings *pl*: er muß seinen ganzen ~ zu Hause abgeben he has to bring all his earnings home. – **4.** (*Gehalt*) salary. – **5.** (*Vergütung*) remuneration, compensation, emolument, consideration. – **6.** *fig.* (*Belohnung*) reward: zum ~ für as a reward for, in return for; er hat seinen ~ empfangen he has met with his reward; ich tue es nicht um des ~es willen I don't do it for (material) reward (*od.* gain); er bekommt schon noch seinen ~ *iron.* he will get his reward (*od.* due); er erhielt den richtigen ~ für seine Bosheit *iron.* he received the just reward for his malice; → Undank.

'Lohn|**,ab,bau** *m econ.* cut in wages (*od.* pay), wage cut, reduction of wages (*od.* pay). — **~,ab,kom·men** *n,* **~,ab,ma·chung** *f* wage(s) (*od.* pay) agreement. — **~,ab,rech·nung** *f* wage(s) (*od.* earnings) statement, pay slip. — **~,ab,zug** *m* deduction(s *pl*) from wages (*od.* pay). — **~,an,glei·chung** *f* wage (*od.* pay, earnings) adjustment. — **~,an,satz** *m* wage rate. — **~,an,spruch** *m* right to claim wages. — **~,an,stieg** *m* rise in wages. — **~,an,teil** *m* share in wages (*od.* pay, earnings). — **~,ar·beit** *f* wage work, paid labor (*bes. Br.* labour). — **~,ar·bei·ter** *m* paid laborer (*bes. Br.* labourer), workingman, workman, wage earner, wageworker. — **~,ar·bei·te·rin** *f* workingwoman, workwoman, (female) wage earner (*od.* wageworker). — **~,auf,bes·se·rung** *f* improvement of wages (*od.* way). — **~,auf,trag** *m* job order: Lohnaufträge vergeben to farm out work to subcontractors. — **~,auf,trieb** *m* wage updrive, buoyancy of wages. — **~,auf,wand** *m* expenditure for wages (*od.* pay), wage bill.

'Lohn,aus,fall *m econ.* loss of wages (*od.* pay, earnings), wages *pl* (*od.* pay, earnings *pl*) lost. — **~,ent,schä·di·gung** *f* compensation for wages (*od.* pay, earnings) lost.

'Lohn,aus,gleich *m econ.* **1.** compensation for wage deficiencies. — **~,aus,gleichs,kas·se** *f* (*von Gewerkschaften*) wage equalization fund. — **~,aus,zah·lung** *f* payment of wages. — **~,be,schei·ni·gung** *f* statement of wages (*od.* pay, earnings). — **~,be,we·gung** *f* wage (*od.* pay, earn-

ings) fluctuation. — **~,bil·dung** *f* (framing of a) wage (*od.* pay) structure. — **~,buch** *n* payroll (book). — **~,buch,hal·ter** *m* payroll clerk. — **~,buch,hal·tung** *f* **1.** wage(s) (*bes. Am.* payroll) accounting. – **2.** *cf.* Lohnbüro. — **~,bü·ro** *n* pay office, *bes. Am.* payroll department. — **~,durch,schnitt** *m* average wages *pl* (*od.* pay, earnings *pl*). — **~,ein,bu·ße** *f cf.* Lohnausfall. — **~,ein·heit** *f* uniformity of wages (*od.* pay, earnings). — **~,ein,kom·men** *n* wage income (*od.* earnings *pl*), earned income. — **~,emp,fän·ger** *m,* **~,emp,fän·ge·rin** *f* wage earner, wageworker: alle Lohn- und Gehaltsempfänger all salaried and wage-earning employees, the entire work force including staff.

loh·nen ['lo:nən] **I** *v/t* ⟨h⟩ **1.** (*vergelten, danken*) reward, recompense, compensate, remunerate, repay: ich werde es dir reichlich ~ I shall reward you liberally (*od.* generously) for it; j-m etwas schlecht [mit Undank] ~ to repay s.o. poorly [with ingratitude]; Gott lohn es dir! God bless you! – **2.** (*bezahlen*) pay: dort lohnt man die Arbeit besser als hier work is better paid (for) there than here. – **3.** (*wert sein*) be worth: das Ergebnis lohnt die Mühe nicht the result is not worth the effort; das Museum lohnt einen Besuch the museum is worth a visit. – **II** *v/reflex* sich ~ **4.** (*wert sein*) be worth(while), be rewarding, repay itself, pay: die Mühe lohnt sich it is worth the trouble; die Mühe wird sich reichlich ~ the trouble will indeed (*od.* more than) repay itself, it will be more than worth the trouble; es lohnt sich (zu) it is worthwhile (*gerund*), it pays (to); der Kauf lohnt sich this (purchase) is a bargain; dies Geschäft lohnt sich this is a rewarding business transaction (*od.* deal), this deal pays; es lohnt sich kaum a) (*finanziell etc*) there is not much in it, b) it is hardly any use.

löh·nen ['lø:nən] *archaic* **I** *v/t* ⟨h⟩ **1.** (*Dienstboten, Arbeiter etc*) pay wages to. – **2.** *mil.* (*Soldaten*) pay. – **II L~** *n* ⟨-s⟩ **3.** *verbal noun.* – **4.** *cf.* Löhnung.

'loh·nend I *pres p.* – **II** *adj* **1.** (*finanziell*) paying, profitable, remunerative: eine ~e Arbeit a profitable job. – **2.** (*sehr einträglich*) lucrative. – **3.** *fig.* (*nutzbringend*) rewarding, worthwhile: eine ~e Beschäftigung a rewarding occupation. – **4.** *fig.* a) (*sehenswert*) worth seeing, b) (*hörenswert*) worth hearing (*od.* listening to): ein ~er Ausblick a view worth seeing; eine ~e Aufführung a performance worth seeing, a rewarding performance; ein ~es Konzert a concert worth hearing (*od.* listening to).

'Lohn|**ent,wick·lung** *f econ.* development (*od.* evolution) of wages (*od.* pay, earnings). — **~er,hö·hung** *f* wage (*od.* pay) increase (*od.* increment, *Am.* raise, *Br.* rise). — **~,fest,set·zung** *f* wage (*od.* pay) fixing, assessment of wages. — **~,fonds** *m* wage (*od.* pay) fund. — **~,for·de·rung** *f* demand for higher wages, wage(s) claim: ~en durchsetzen to succeed with a wage claim. — **~,fort,zah·lung** *f* continuation of payments (to sick workers). — **~,fort,zah·lungs·ge,setz** *n* law providing for continued wage payments (in the event of illness). — **~ge,fäl·le** *n* wage differential. — **~ge,fü·ge** *n* wage (*od.* pay) structure. — **~ge,setz** *n* wage law, law of wages: ehernes ~ iron (*od.* fixed) law of wages. – **2.** framing (*od.* negotiation) of wages. — **~,gleich·heit** *f* equality of wage(s). — **~,grup·pe** *f* wage group (*od.* bracket). — **~her,ab,set·zung** *f* reduction of wages (*od.* pay). — **~,hö·he** *f cf.* Lohnniveau. — **~,in·dex** *m* wage index. — **l~,in·ten,siv** *adj* entailing heavy wage costs, high-wage (*attrib*). — **~,kampf** *m* wage (*od.* pay) dispute. — **~,kell·ner** *m* day waiter. — **~,kla·ge** *f* wage payment action. — **~,klas·se** *f cf.* Lohngruppe. — **~,kom,mis·si,on** *f* wage-control(l)ing committee. — **~,kon,flikt** *m* wage dispute (*od.* conflict). — **~,kon·to** *n* wage(s) account.

'Lohn,ko·sten *pl* wage(s) *od.* labor, *bes. Br.* labour) costs. — **~ver,tei·lung** *f* distribution of wage costs.

'Lohn|**,kur·ve** *f* wage(s) graph (*od.* curve, schedule). — **~,kür·zung** *f* wage(s) (*od.* pay) cut, cut in wages (*od.* pay). — **~,kut·scher** *m obs.* hackney coachman, *Am. auch* hack driver. — **~,li·ste** *f* payroll (sheet). — **~,nach,zah·lung** *f* retroactive payment of

wages. — **~,ne·ben,ko·sten** *pl* incidental labor (*bes. Br.* labour) (*od.* wage) costs. — **~,ni,veau** *n* wage (*od.* pay, earnings) level. — **~,pa·ri,tät** *f* parity of wages, wage parity. — **~,pfän·dung** *f jur.* distraint (*od.* attachment, garnishment) of wages. — **~,po·li,tik** *f econ.* wage (*od.* income) policy. — **~-'Preis-Spi,ra·le** [,lo:n-] *f* wage-price spiral. — **~,rech·nung** *f* **1.** payroll bookkeeping (*od.* accounting). – **2.** wage cost accounting. — **~,rück,stu·fung** *f* consignment to an inferior wage scale. — **~,satz** *m* wage rate. — **~,schrei·ber** *m* (literary) hack (writer), (für Zeitungen) penny-a-liner. — **~,schuld** *f* outstanding wages *pl.* — **~,schuld·ner** *m* debtor of wages. — **~,sen·kung** *f cf.* Lohnkürzung. — **~,ska·la** *f* wage scale, scale of wages: gleitende ~ sliding wage (*od.* pay) scale. — **~,span·ne** *f* range of wage(s). — **~,sta·bi·li,sie·rung** *f* stabilization of wage(s). — **~,staf·fe·lung** *f* differentiation (*od.* grading) of wage(s). — **~,stand** *m cf.* Lohnniveau. — **~,sta,ti·stik** *f* wage statistics *pl* (*construed as sg or pl*).

'Lohn,steu·er *f econ.* wage(s) tax. — **~,ab,zug** *m* deduction of wage(s) tax. — **~,be,schei·ni·gung** *f* wage(s) tax certificate. — **~,jah·res,aus,gleich** *m* annual adjustment of wage(s) tax. — **~,kar·te** *f* wage(s) tax card (*od.* sheet), *Am. etwa* withholding statement, W-2 Form. — **~,rück,ver,gü·tung** *f* wage(s) tax refund. — **~ta,bel·le** *f* wage(s) tax table (*od.* schedule).

'Lohn|**,stopp** *m econ.* wage stop (*od.* freeze). — **~,strei·fen** *m* pay (*od.* wage) slip. — **~,streit** *m cf.* Lohnkonflikt. — **~,struk,tur** *f* wage structure. — **~,stu·fe** *f* **1.** wage scale. – **2.** *cf.* Lohngruppe. — **~,sum·me** *f* wage total, total wages *pl*, payroll total. — **~,sum·men,steu·er** *f* payroll tax. — **~ta,bel·le** *f* pay (*od.* wage) schedule. — **~,tag** *m* payday. — **~ta,rif** *m* wage rate (*od.* scale), rate of pay. — **~,tü·te** *f* pay envelope (*bes. Br.* packet). — **~,über,ein,kom·men** *n cf.* Lohnabkommen.

'Lohn- ,und Ge'halts,sum·me *f* total of wages and salaries.

'Löh·nung *f* ⟨-; -en⟩ **1.** *cf.* Löhnen. – **2.** payment (of wages). – **3.** *mil.* pay. — **'Löh·nungs,tag** *m* payday.

'Lohn|**,un·ter,schied** *m meist pl* disparity of wages, wage disparity. — **~ver,ein,ba·rung** *f* wage(s) (*od.* pay) agreement. — **~ver,hand·lung** *f meist pl* wage(s) (*od.* collective) bargaining. — **~vor,aus,zah·lung** *f* advance wage payment. — **~,vor,schuß** *m* wage(s) advance. — **~,zah·lung** *f cf.* Löhnung 2. — **~,zet·tel** *m cf.* Lohnstreifen. — **~zu,la·ge** *f cf.* Lohnerhöhung. — **~,zu,schlag** *m* extra pay.

Loi·pe ['lɔypə] *f* ⟨-; -n⟩ (*sport*) (*für Skilanglauf*) cross-country (skiing) course, loipe.

Lok [lɔk] *f* ⟨-; -s⟩ **1.** *short for* Lokomotive. – **2.** loco.

lo·kal [lo'ka:l] **I** *adj* **1.** local: von ~er Bedeutung of local importance. – **2.** *med.* local, topical. – **II L~, das** ⟨-n⟩ **3.** local news *pl* (*construed as sg or pl*).

Lo'kal *n* ⟨-(e)s; -e⟩ **1.** (*Gaststätte*) a) restaurant, b) (*nur für Getränke*) beerhouse, alehouse, *Br.* public house, *Am. colloq.* pub, *Am.* saloon, beer parlor, (*Stammlokal*) *bes. Br. colloq.* (the) local: vornehmes ~ exclusive restaurant; billiges ~ low pub; von ~ zu ~ ziehen to go on a pub crawl. – **2.** (*Geschäftslokal*) business premises *pl.* – **3.** *fig.* (*Örtlichkeit*) room, place: mit Protest das ~ verlassen to leave the room under protest. — **~,an·äs·the,sie** *f med.* local (*od.* regional) an(a)esthesia. — **~,an,zei·ger** *m* local advertiser (*auch* advertizer), local (news)paper. — **~,bahn** *f* local (*od.* suburban) railroad (*Br.* railway). — **~be,darf** *m* local (*od.* home) consumption (*od.* demand). — **~be,hör·de** *f* local authorities *pl.* — **~be,richt** *m* local report. — **~be,richt·er,stat·ter** *m* local reporter, *Am.* spot news reporter. — **~be,rühmt,heit** *f* ⟨-; -en⟩ local celebrity. — **~,blatt** *n cf.* Lokalanzeiger. — **~cha,rak·ter** *m* (*einer Gegend etc*) local character, local peculiarity. — **~,far·be** *f* (*art*) *u. fig.* local color (*bes. Br.* colour), natural (*od.* true) colo(u)r. — **~,grö·ße** *f* locally important person, local bigwig (*humor.*), *bes. Am. sl.* local big noise (*od.* shot).

Lo·ka·lis [lo'ka:lɪs] *m* ⟨-; -les [-lɛs]⟩ *ling. archaic for* Lokativ.

Lo·ka·li·sa·ti·on [lokaliza'tsĭo:n] *f* ⟨-; -en⟩ *cf.* Lokalisierung.

lo·ka·li'sier·bar adj localizable Br. auch -s-: nicht ~er Schmerz med. diffuse pain.
lo·ka·li·sie·ren [lokali'zi:rən] **I** v/t 〈no ge-, h〉 **1.** (lagemäßig feststellen) localize Br. auch -s-, locate. — **2.** (begrenzen) (auf acc) localize Br. auch -s- (at), limit (to). — **II L~** n 〈-s〉 **3.** verbal noun. — **Lo·ka·li'sie·rung** f 〈-; -en〉 **1.** cf. Lokalisieren. — **2.** localization Br. auch -s-, location. — **3.** localization Br. auch -s-, limitation.
Lo·ka·li·tät [lokali'tɛːt] f 〈-; -en〉 **1.** (Örtlichkeit) locality, place. — **2.** pl colloq. rooms, premises. — **3.** pl (Räume) (Toilette, Waschraum) bathrooms, washrooms, conveniences.
Lo'kal|,kennt·nis f knowledge of a place, local knowledge: ~se besitzen [sammeln] to know [to study] a place. — **~ko·lo,rit** n (literature) local color (bes. Br. colour): ein Roman mit viel ~ a novel rich in local colo(u)r. — **~,nach,richt** f meist pl local news pl (construed as sg or pl). — **~pa·tri,ot** m local patriot. — **~pa·trio,tis·mus** m **1.** local patriotism, local pride. — **2.** pol. parochialism, parish-pump politics pl (construed as sg or pl) (colloq.). — **~,pos·se** f cf. Lokalstück. — **~,pres·se** f local press, local (news)papers pl. — **~re·dak,teur** m local editor, Am. city editor. — **~re·dak·ti,on** f local newsroom. — **~,satz** m ling. (adverbial) clause denoting place. — **~,sen·dung** f (radio stage) regional (od. local) transmission. — **~,stück** n (theater) local (od. village) farce. — **~ter,min** m jur. **1.** sitting(s pl) of a local court. — **2.** visit to the scene. — **~ver,hält·nis·se** pl local conditions: die ~ kennen to know (the ins and outs of) a place. — **~ver,kehr** m cf. Vorort(s)verkehr. — **~,zeichen** n psych. local sign (od. signature). — **~,zei·tung** f cf. Lokalanzeiger. — **~,zug** m cf. Vorort(s)zug.
Lo·kao [lo'kaːo; 'loːkaʊ] n 〈-s; no pl〉 (Farblack) lokao, Chinese green.
Lo·ka·tiv ['loːkatiːf] m 〈-s; -e〉 ling. locative (case).
Lo·ka·tor [lo'kaːtər] m 〈-s; -en [-ka'toːrən]〉 **1.** hist. knight distributing colonial land. — **2.** obs. lessor, locator.
'Lok,füh·rer m cf. Lokomotivführer.
Lo·ki ['loːki] npr m 〈-s; no pl〉 myth. Loki (Old Norse god of destruction, fire, mischief and evil).
lo·ko ['loːko] adv cf. loco.
'Lo·ko|ge,schäft n econ. spot business (od. transaction), transaction for spot delivery. — **~,markt** m spot market.
Lo·ko·mo·bi·le [lokomo'biːlə] f 〈-; -n〉 tech. **1.** (Dampfmaschine) locomobile, traction engine. — **2.** (Straßenwalze) steamroller.
Lo·ko·mo·ti·on [lokomo'tsjoːn] f 〈-; -en〉 **1.** locomotion. — **2.** med. locomotion, ambulation.
Lo·ko·mo·ti·ve [lokomo'tiːvə] f 〈-; -n〉 (railway) locomotive, (locomotive) engine, (Dampflokomotive) steam engine: elektrische ~ electric locomotive.
Lo·ko·mo'tiv|,füh·rer f engine (od. train) driver, engineer, Am. engineer. — **~,schup·pen** m engine shed, enginehouse, Am. locomotive depot, Am. roundhouse.
lo·ko·mo·to·risch [lokomo'toːrɪʃ] adj locomotive, locomotor (attrib).
'Lo·ko|,preis m econ. spot price (od. rate). — **~,wa·ren** pl spot goods, spots.
Lo·kus ['loːkus] m 〈- u. -ses; - u. -se〉 colloq. lavatory, toilet, bes. Am. bathroom, bes. Br. water closet, W.C., Br. colloq. loo.
Lolch [lɔlç] m 〈-(e)s; -e〉 bot. cockle, darnel, wall barley (Gattg Lolium): Ausdauernder ~ ryegrass (L. perenne); Giftiger ~ (bearded) darnel (L. temulentum). — **~,eu·le** f zo. lolium moth (Epineuronia populuris).
Löl·lin·git [lœlɪŋ'gɪːt; -'gɪt] m 〈-s; -e〉 min. loellingite, auch löllingite, leucopyrite.
Lom·bard [lɔm'bart; 'lɔm-] m, n 〈-(e)s; -e〉 econ. (Kredit) advance against (a pledge or hypothecation of) securities, collateral advance (od. loan). — **~,bank** f bank granting loans on securities (od. stock). — **~,dar,le·hen** n cf. Lombard.
Lom·bar·de [lɔm'bardə] m 〈-n; -n〉 (Einwohner der Lombardei) Lombard.
Lom'bar·den,kro·ne f hist. (iron) crown of the Lombard kings.
lom'bard|,fä·hig adj econ. acceptable (od. eligible) as collateral (security). — **L~ge,schäft** n (collateral) loan business.
lom·bar·die·ren [lɔmbar'diːrən] econ. **I** v/t 〈no ge-, h〉 econ. **1.** advance (od. lend)

(money) against (hypothecation of) securities (od. stock). — **2.** hypothecate, take (od. accept) (s.th.) as collateral security. — **II L~** n 〈-s〉 **3.** verbal noun. — **Lom·bar'die·rung** f 〈-; -en〉 **1.** cf. Lombardieren. — **2.** hypothecation.
lom'bar·disch adj geogr. Lombard (attrib).
Lom'bard|kre,dit m econ. cf. Lombard. — **~,satz, ~,zins,fuß** m bank rate for loans on securities (od. stock).
Lom·ber ['lɔmbər] n 〈-s; no pl〉 (Kartenspiel) ombre, auch omber, hombre.
Lon·do·ner ['lɔndənər] **I** m 〈-s; -〉 Londoner. — **II** adj 〈invariable〉 (of) London: ~ Mundart Londonese, London dialect; ~ Nebel London fog; pea soup, pea-souper (colloq.).
Lon·ga·ne [lɔŋ'gaːnə] f 〈-; -n〉 bot. longan (Euphoria longana).
'Long,drink ['lɔŋ-] (Engl.) m long drink.
Lon·ge ['lõːʒə] f 〈-; -n〉 **1.** (für Pferde) lunge, longe, longeing rein. — **2.** (für Trapezkünstler etc) suspension harness.
'Long,horn ['lɔŋ-] n zo. (Rinderrasse) longhorn.
lon·gie·ren [lõ'ʒiːrən] v/t 〈no ge-, h〉 (Pferd) lunge, longe.
Lon·gi·me·trie [lɔŋgime'triː] f 〈-; no pl〉 linear measurement, longimetry.
lon·gi·tu·di·nal [lɔŋgitudi'naːl] adj longitudinal. — **L~,schwin·gung** f phys. longitudinal oscillation (od. vibration). — **L~,wel·le** f longitudinal wave.
Look [luk] (Engl.) m 〈-s; -s〉 (Mode, Aussehen etc) look: sie machte sich schnell diesen neuen ~ zu eigen she quickly adopted this new look.
Loo·ping ['luːpɪŋ] (Engl.) m, auch n 〈-s; -s〉 aer. loop, looping: ~ nach oben [unten] inside (od. normal) [outside] loop; halber ~ half-loop; ~ vorwärts (od. aus der Rückenlage) inverted loop; einen ~ drehen to loop (the loop).
loph·odont [lofo'dɔnt] adj zo. lophodont, zygodont: Tier mit ~en Zähnen lophodont.
Lor·beer ['lɔrbeːr] m 〈-s; -en〉 **1.** bot. cf. Lorbeerbaum: Beere des ~ bayberry, laurel berry. — **2.** (Gewürz) bay leaf: die Gurken sind mit ~ gewürzt the gherkins are spiced with bay leaves. — **3.** fig. laurel(s pl): ~en ernten, sich (dat) ~en holen to win (od. gain) laurels, to carry off the bays; sich auf seinen ~en ausruhen to rest on one's laurels, to rest on one's oars; sein ~ ist schon ziemlich angestaubt colloq. his fame is fading; blutiger ~ fame won by fighting; unvergänglicher (od. unverwelklicher) ~ poet. unfading laurels; ihm gebührt der ~ poet. the laurels should be his; einen Dichter [Sieger] mit ~ bekränzen (od. krönen) poet. to crown a poet [victor] with laurel, to laurel a poet [victor]; j-m den ~ reichen poet. to extend s.o. the laurel. — **~,baum** m bot. laurel(-tree), bay (tree), (bay) laurel, sweet bay (Gattg Laurus, bes. L. nobilis): Kalifornischer ~ Californian laurel, spice tree, cajeput (Umbellularia californica); Virginischer ~ spicebush, spicewood (Lindera benzoin). — **L~be,kränzt** adj laurel-crowned, laureated (poet.).
'Lor·beer,blatt n bay (od. laurel) leaf. — **~,floh** m zo. laurel psyllid (Trioza alacris).
'Lor·beer,blü·te f bay flower.
'Lor,bee·re ['lɔr-] f bot. bayberry, laurel berry.
'Lor·beer|ge,wäch·se pl bot. lauraceae (Fam. Lauraceae): zu den ~n gehörig lauraceous. — **~,hain** m lit. laurel grove. — **~,kir·sche** f bot. cf. Kirschlorbeer. — **~,kranz** m laurel (crown od. wreath), wreath of laurel. — **~,öl** n laurel (od. bayberry) oil. — **~,ro·se** f bot. **1.** a) sheep laurel (Kalmia angustifolia), b) swamp laurel (K. polifolia). — **2.** oleander, rosebay (Nerium oleander). — **~,zweig** m laurel branch, laurel bough.
Lorch [lɔrç] m 〈-(e)s; -e〉 dial. for Lurch.
Lor·chel ['lɔrçəl] f 〈-; -n〉 bot. miter (bes. Br. mitre) mushroom, (edible) turban top, helvella (scient.) (Gattg Helvella).
Lord [lɔrt; lɔːd] (Engl.) m 〈-s; -s〉 lord: Rang (od. Würde) eines ~s lordship. — **~-'Kanz·ler** m (in England) Lord Chancellor. — **~-Mayor** ['lɔrt'meːər; 'lɔːd'mɛə] m 〈-s; -s〉 Lord Mayor.
Lor·do·se [lɔr'doːzə] f 〈-; -n〉 med. (Hohlrücken) lordosis.
'Lord,schaft f 〈-; -en〉 lordship: Euer [seine] ~ your [his] Lordship.
'Lord-'Sie·gel,be,wah·rer m pol. (in England) Lord Privy Seal.

Lo·re ['loːrə] f 〈-; -n〉 **1.** Br. lorry, Am. truck. — **2.** (Kippwagen) dump car (od. truck), dumper (truck).
Lor·gnet·te [lɔrn'jɛtə] f 〈-; -n〉 (Stielbrille) lorgnette, lorgnon.
Lor·gnon [lɔr'njõː] n 〈-s; -s〉 **1.** (Stieleinglas) lorgnon. — **2.** cf. Lorgnette.
Lo·ri ['loːri] m 〈-s; -s〉 zo. **1.** (Papagei) lory, lori, (kleiner) lorikeet (Unterfam. Loriinae). — **2.** (schwanzloser Halbaffe) loris, auch lori (Bradicebus tardigradus).
Lo·ri·ka [lo'riːka] f 〈-; -s〉 mil. hist. (Brustharnisch) lorica.
'Lo·rin|ma,schi·ne f, **~-,Trieb,werk** ['loːriːn-] n aer. ramjet (engine).
Lork [lɔrk] m 〈-(e)s; ᵘe〉 Low G. for Kröte 1.
Lor·ke ['lɔrkə] f 〈-; -n〉 Middle G. colloq. weak coffee, dishwater, slops pl.
'Lo·ro,kon·to ['loːro-] n econ. loro account.
Los [loːs] n 〈-es; -e〉 **1.** lot: etwas durchs ~ entscheiden, das ~ über (acc) etwas entscheiden lassen to decide s.th. by lot (od. by casting lots); das ~ über (acc) etwas werfen to cast lots for s.th.; das ~ ist gefallen fig. the die is cast. — **2.** (Lotterielos) (lottery) ticket, number: ein ~ ziehen [kaufen] to draw [to buy] a ticket; ich habe auf mein ~ 100 Mark gewonnen I won 100 marks on (od. with) my ticket; das Große ~ ziehen auch fig. to win (the) first prize, to draw the winning number; er hat mit ihr das Große ~ gezogen fig. he was lucky to get her, he hit the jackpot when he got her (colloq.). — **3.** fig. (Geschick) lot, fate, destiny: ein bitteres [hartes, trauriges] ~ haben to have a bitter [hard, sad] fate; ihr war kein beneidenswertes ~ beschieden hers was not an enviable fate; ich bin mit meinem ~ zufrieden I am content with my lot; sein ~ geduldig (er)tragen to suffer one's fate patiently. — **4.** (Anteil) portion, allotment, share. — **5.** (Parzelle) plot, parcel. — **6.** (Baulos) allotment. — **7.** econ. (Warenposten) lot, parcel.
los¹ adj 〈pred〉 **1.** loose: der Knopf ist ~ the button is loose; die Kette ist ~ the chain is loose (od. detached); der Hund ist (von der Kette) ~ the dog is loose (od. off the chain); hast du die Schraube endlich ~? have you got the screw loose at last? bei ihm ist eine Schraube ~ fig. colloq. he's got a screw loose, he's got bats in the belfry (beide colloq.). — **2.** (frei) free. — **3.** etwas [j-n] ~ sein to be rid of s.th. (s.o.): meine Schulden bin ich jetzt glücklich ~ colloq. I'm finally rid (od. quit, free) of my debts; aller Verpflichtungen ~ und ledig sein to be rid (od. free) of all obligations; endlich bin ich meinen Husten ~ colloq. I am finally (od. I have finally got) rid of my cough now; das Geld bist du ~ a) you have got rid of that money, b) you've lost your money there, you can kiss that money good-bye; den bin ich für immer ~ colloq. I'm rid of him once and for all; ich möchte es ~ sein I want to be rid of it (od. to get it over with, to have done with it); den sind wir ~! colloq. good riddance! — **4.** was ist ~? colloq. a) (was hast du?) what's the matter? b) (was geht hier vor?) what's going on? what's up? what's this all about? what's the meaning of all this? c) (was findet statt?) what's happening? what's on? d) (was hast du gesagt?) what did you say? what was that? was ist ~ mit ihm? what's the matter with him? was ist denn auf einmal mit dir ~? what's got (bes. Am. gotten) into you all of a sudden? what's wrong with you all of a sudden? mit ihr ist irgend etwas ~ there's something wrong with her; hier ist doch irgend etwas ~ there's something going on here; mit ihm ist nicht viel ~ he's not up to much, he is no great shakes (sl.); mit dir ist heute abend nicht viel ~ you are not really with it tonight; heute abend ist vielleicht was ~! there's a lot on (od. happening) tonight; hier ist ja nie (et)was ~! nothing ever happens here! im Theater ist nicht viel ~ there's nothing much on in the theater (bes. Br. theatre); er benahm sich, als ob nichts ~ wäre he behaved as if nothing had happened; → Hölle; Teufel 1. — **5.** j-d hat etwas ~ colloq. s.o. knows his stuff, s.o. is on the ball; er hat in seinem Fach was ~ he is on the ball (od. an expert) in his field.
los² interj a) go on! go ahead! get going! b) (Aufforderung zum Sprechen) fire away! bes. Am. sl. shoot! c) (sport) go! seid ihr

fertig? also ~! are you ready? okay, let's go (*od.* here goes)! nun mal (*od.* aber) ~! here goes! → Platz 16.

'**los,ar·bei·ten** I *v/t* ⟨*sep,* -ge-, h⟩ work (*s.th.*) off (*od.* loose). – II *v/i* auf (*acc*) etwas ~ to go to work on s.th., to work away at s.th. – III *v/reflex* sich ~ disengage (*od.* extricate) oneself, get loose.

'**los,bal·lern** *v/i* ⟨*sep,* -ge-, h⟩ *colloq.* blast away.

'**lös·bar** *adj* 1. (*Problem, Rätsel etc*) (re)solvable, soluble, resoluble. – 2. (*trennbar*) separable, severable. – 3. *chem.* soluble.

'**Lös·bar·keit** *f* ⟨-; *no pl*⟩ 1. solvability, (re)solvableness, solubility. – 2. (*Trennbarkeit*) separability, severability, separableness. – 3. *chem.* solubility.

'**Los,baum** *m bot.* a) glory tree (*Gattg Clerodendron*), b) tube flower (*C. siphonatus*).

'**los·be,kom·men** *v/t* ⟨*irr, sep, no* -ge-, h⟩ 1. get (*s.th.*) off (*od.* loose, free, out). – 2. *colloq.* (*für den Preis* etc) *of sell:* für den Preis wirst du das Auto nie ~ you'll never get rid of (*od.* be able to sell) the car for that price.

'**los,bin·den** *v/t* ⟨*irr, sep,* -ge-, h⟩ untie, unfasten, unbind: einen Gefangenen ~ to untie (*od.* free) a prisoner, to turn a prisoner loose.

'**los,bre·chen** I *v/t* ⟨*irr, sep,* -ge-, h⟩ 1. (*Gestein etc*) break (*s.th.*) loose (*od.* off, away, up, out). – 2. *metall.* (*im Konverter*) scrape out. – 3. *mar.* (*Anker*) break out. – II *v/i* ⟨*sein*⟩ 4. break (loose *od.* out), burst out (*od.* forth): der Sturm [das Gewitter] bricht gleich los the storm [thunderstorm] will break any minute; ein unheimliches Geschrei brach los a terrible clamo(u)r (*od.* roar) broke out.

'**los,brin·gen** *v/t* ⟨*irr, sep,* -ge-, h⟩ *cf.* losbekommen.

'**los,bröckeln** (*getr.* -k·k-) *v/i* ⟨*sep,* -ge-, h⟩ *u. v/i* ⟨*sein*⟩ crumble off.

'**los,brü·chig** *adj only in* ein Schwein wird ~ *hunt.* a boar starts up suddenly.

losch [lɔʃ] *1 u. 3 sg pret of* löschen².

'**Lösch·,an,la·ge** *f* 1. fire-extinguishing system, fire-fighting equipment. – 2. *metall.* quenching (*od.* watering) equipment (*od.* device). – 3. *mar.* unloading (*od.* discharging) facility. – 4. *tech.* (*für Kalk*) lime-slaking plant. — **~ap·pa,rat** *m* fire extinguishing apparatus, extinguishing apparatus. — **~ar·beit** *f* 1. extinguishing of a (*od.* the) fire. – 2. *meist pl* fire fighting: die ~en wurden durch den Sturm erschwert the fire brigade was hampered (in its work) by the storm. – 3. *mar.* unloading (*od.* discharging) operation (*od.* work). — **L~bar** *adj* 1. extinguishable, quenchable. – 2. (*Durst*) quenchable. — **~be,ton** *m tech.* cinder (*od.* ash) concrete. — **~,blatt** *n* (sheet of) blotting paper. — **~,boot** *n mar.* fireboat.

lö·sche ['lœʃə] *1 sg pres, 1 u. 3 sg pret subj of* löschen².

'**Lö·sche** *f* ⟨-; *no pl*⟩ *tech.* charcoal dust, slack, breeze, culm.

'**Lösch,ei·mer** *m* fire bucket.

'**lö·schen**¹ ['lœʃən] I *v/t* ⟨h⟩ 1. (*Feuer*) extinguish, put out, quench. – 2. (*Licht, Scheinwerfer etc*) turn (*od.* turn) out (*od.* off), extinguish. – 3. (*Durst*) quench, slake. – 4. (*Tinte*) blot. – 5. (*Geschriebenes*) efface, blot out. – 6. (*streichen*) delete, strike off (*od.* out). – 7. (*Wandtafel*) clean. – 8. *econ.* a) (*Eintrag in ein Register, eine Liste etc*) strike off, b) (*Schuld*) cancel, liquidate, c) (*Hypothek*) cancel, enter satisfaction of, release, d) (*Körperschaft*) disincorporate, e) (*Patent*) annul, cancel. – 9. *tech.* a) (*Kalk*) slake, slack, b) (*Koks*) water, quench. – 10. *electr.* (*Funken, Lichtbogen*) quench. – 11. (*Tonband*) erase. – II *v/i* 12. (*von Löschpapier*) blot, absorb ink. – II **L~** *n* ⟨-s⟩ 13. *verbal noun.* – 14. (*von Feuer etc*) extinction. – 15. (*von Geschriebenem*) effacement. – 16. (*Streichen*) deletion. – 17. *econ.* a) (*einer Schuld*) cancel(l)ation, liquidation, b) (*einer Hypothek*) cancel(l)ation, entry of satisfaction (*od.* release), c) (*einer Körperschaft*) disincorporation, d) (*eines Patents*) annulment, cancel(l)ation. – 18. (*eines Tonbands*) erasure.

'**lö·schen**² *v/i* ⟨lischt, losch, geloschen, sein⟩ *poet. for* erlöschen 1, 3.

'**lö·schen**³ *mar.* I *v/t* ⟨h⟩ 1. (*Ladung, Ware*) unload, discharge, unship, land. – II **L~** *n* ⟨-s⟩ 2. *verbal noun.* – 3. discharge.

'**Lö·scher** *m* ⟨-s; -⟩ 1. (*Feuerlöscher*) (fire) extinguisher. – 2. (*für Tinte*) blotter.

'**Lösch|,fahr,zeug** *n* fire-extinguishing (*od.* -fighting) truck, fire engine (*bes. Am.* truck). — **~,fun·ke** *m electr.* quenched spark. — **~geld** *n mar. cf.* Löschkosten. — **~,ge,rät** *n* 1. fire-fighting equipment. – 2. (fire) extinguisher. — **~,gru·be** *f tech.* (lime-)slaking pit, lime pit. — **~,ha·fen** *m mar.* port of discharge. — **~,horn, ~,hüt·chen** *n* candle snuffer. — **~,kalk** *m* slaked lime (Ca(OH)$_2$). — **~,kopf** *m electr.* (am Tonbandgerät) erase (*od.* erasing) head. — **~,ko·sten** *pl* discharging costs (*od.* fee *sg*). — **~,mann·schaft** *f* fire brigade (*Am.* company), firemen *pl.* — **~pa,pier** *n* blotting paper: ~ saugt Tinte auf blotting paper soaks up (*od.* absorbs) ink; Schreibunterlage aus ~ blotting pad. — **~,platz** *m mar.* 1. discharging (*od.* unloading) pier (*od.* dock, wharf). – 2. *cf.* Löschhafen. — **~,rad** *n* (*eines Krans*) gin. — **~,rol·le** *f* blotting roller, (roll) blotter. — **~,sand** *m* sand for extinguishing fires. — **~,schaum** *m* (fire)-extinguishing foam. — **~,span·nung** *f electr.* 1. (*beim Fernsehen*) extinction voltage. – 2. (*bei der Elektroerosion*) deionization voltage. — **~,spu·le** *f* blowout coil. — **~,ta·ge** *pl mar.* lay days (for unloading), days of discharge. — **~,teich** *m* static water tank. — **~,trupp** *m,* **~,trup·pe** *f cf.* Löschmannschaft. — **~,turm** *m metall.* quenching tower.

'**Lö·schung**¹ *f* ⟨-; -en⟩ *cf.* Löschen¹.

'**Lö·schung**² *f* ⟨-; -en⟩ *mar. cf.* Löschen³.

'**Lö·schungs|,ko·sten** *pl* 1. *jur.* cancel(l)ation costs (*od.* fee *sg*). – 2. *mar. cf.* Löschkosten. — **~ver,fah·ren** *n jur.* cancel(l)ation proceedings *pl* (*od.* procedure). — **~ver,merk** *m* cancel(l)ation entry.

'**Lösch|,vor,rich·tung** *f* 1. (fire-)extinguishing system. – 2. *mar.* unloading (*od.* discharging) device. — **~,wa·gen** *m* 1. *auto. cf.* Löschfahrzeug. – 2. *metall.* quencher car. — **~,was·ser** *n* water for extinguishing fires. — **~,zeit** *f mar.* 1. (*zum Ausladen*) period (*od.* time) for unloading (*od.* discharging). – 2. (*Liegezeit*) lay days *pl.* — **~,zug** *m* fire brigade (*Am.* company).

'**los,don·nern** *v/i* ⟨*sep,* -ge-, sein *u.* h⟩ 1. ⟨sein⟩ start (*od.* burst out) thundering. – 2. ⟨h⟩ *fig. colloq.* (*losschimpfen*) start thundering (*od.* roaring), fulminate.

'**los,dre·hen** I *v/t* ⟨*sep,* -ge-, h⟩ twist off, unscrew. – II *v/reflex* sich ~ (be)come loose (*od.* unscrewed).

'**los,drücken** (*getr.* -k·k-) *v/i* ⟨*sep,* -ge-, h⟩ *mil.* pull the trigger.

lo·se ['lo:zə] I *adj* ⟨-r; -st⟩ 1. (*Zahn, Nagel, Knopf, Heer, Geld, Gestein etc*) loose: ~ Kleidung loose(-fitting) clothing; ~ Blätter zusammenheften to bind loose pages together; es besteht nur ein ~r Zusammenhang there is only a loose relationship; eine ~ Verbindung a loose connection; in ~r Folge at varying intervals, sporadically. – 2. (*beweglich*) movable. – 3. (*Deckel etc*) unfastened. – 4. *econ.* (*unverpackt*) loose, bulk (*attrib*): ~ Waren [Aufbewahrung] loose goods [storage]; gibt es diese Pralinen auch ~? can one buy these chocolates loose as well (as in the pack)? – 5. *tech.* a) (*Riemen*) slack, b) (*Passung*) loose. – 6. *mil.* Munition loose rounds *pl.* – 7. Buch mit ~m Rücken broken- (*od.* open)- backed book. – 8. ~ Wand *vet.* seedy toe. – 9. *fig.* loose, unbridled: eine ~ Zunge (*od.* eine ~s Mund; *colloq.* ein ~s Maul, ein ~s Mundwerk) haben to have a loose tongue. – 10. *fig.* (*Streich etc*) mischievous, naughty, roguish, waggish. – 11. *fig.* loose: ein ~r Bube (*od.* Vogel) *colloq.* a loose fellow (*colloq.*), a gay blade; ein ~s Mädchen a loose (*od.* fast) girl, a hussy; ein ~s Leben führen to lead a loose (*od.* dissipated) life. – II *adv* 12. loosely: ~ verbunden sein to be loosely connected; der Knopf hängt ~ an der Jacke the button hangs loose(ly) on the jacket; die Haare ~ aufstecken to put one's hair up loosely; eine ~ gebundene Schleife a loosely tied bow; sie hatte den Schal ~ um ihre Schultern gelegt she had draped the scarf loosely round her shoulders.

'**Lo·se** *n* ⟨-s; -⟩ *mar.* slack, bight: ~ durchholen to haul in the slack; ~ geben to slacken (line); etwas ~ geben to ease s.th.; ~ haben to be slack.

'**Lö·se,ar·beit** *f* (*mining*) preparing for extraction.

'**Lo·se,blatt,aus,ga·be** *f print.* loose-leaf edition.

'**Lö·se,geld** *n* ransom: von j-m ~ verlangen to demand ransom from s.o.; für j-n ~ fordern to demand ransom for s.o.; j-n gegen ein ~ freilassen to set s.o. free (*od.* to release s.o.) for a ransom.

'**los,ei·sen** [-,ʔaɪzən] I *v/t* ⟨*sep,* -ge-, h⟩ 1. *mar.* clear (*s.th.*) of ice, dig (*s.th.*) out of ice. – 2. j-n von etwas ~ *fig. colloq.* to free (*od.* extricate) s.o. from s.th. – 3. *fig. colloq.* (*Geld etc*) part with, spare: das bißchen Geld wirst du wohl noch ~ können you can surely spare that small sum of money. – II *v/reflex* sich ~ 4. *mar.* clear oneself of ice, dig oneself out of the ice. – 5. *fig. colloq.* pry oneself loose, free oneself: es gelang mir nicht, mich von ihm loszueisen I couldn't pry myself loose from him.

'**Lö·se,mit·tel** *n* 1. *chem.* solvent, menstruum (*scient.*). – 2. *med.* (*Auswurf fördernd*) expectorant.

lo·sen¹ ['lo:zən] I *v/i* ⟨h⟩ 1. cast (*od.* draw) lots, draw: um etwas ~ to draw (lots) for s.th.; um j-n ~ to draw straws. – 2. (*mit einer Münze*) toss. – II **L~** *n* ⟨-s⟩ 3. *verbal noun:* beim L~ gewinnen to win the draw.

'**lo·sen**² *v/i* ⟨h⟩ *Southern G., Austrian and Swiss dial. for* horchen, zuhören.

lö·sen ['lø:zən] I *v/t* ⟨h⟩ 1. loosen, *auch* unloose, unloose: eine Schraube [Verbindung] ~ to loosen a screw [connection]; einen Stein aus einer Mauer ~ to loosen a stone from a wall; der Alkohol löste ihm die Zunge *fig.* the alcohol loosened his tongue. – 2. (*Knoten, Schleife etc*) loosen, untie, undo, unfasten, unbind: er konnte seine Fesseln ~ und entkommen he was able to loosen his fetters and escape; er löste das Boot von der Vertäuung he untied the boat from the moorings. – 3. (*abtrennen, entfernen*) separate, detach, remove: eine Briefmarke vom Umschlag ~ to detach a stamp from the envelope; eine Seite aus einem Buch ~ to detach a page from a book; Fleisch vom Knochen ~ to separate meat from the bone. – 4. (*lockern*) release: den Griff [die Bremse] ~ to release one's grip [the brake]. – 5. (*entspannen*) relax, loosen: der Schlaf löst die Glieder sleep relaxes the limbs. – 6. (*Gürtel, Riemen etc*) open, undo: die Schnalle eines Gürtels ~ to open the buckle of a belt, to unbuckle a belt. – 7. (*entwirren*) disentangle, unravel, untangle: den Knoten im Drama ~ *fig.* to unravel the plot of a play. – 8. (*Rätsel etc*) solve. – 9. *fig.* (*mathematische Aufgabe etc*) solve, work out, do. – 10. *fig.* (*Schwierigkeiten, Probleme etc*) solve: nicht zu ~ insoluble, insolvable, unsolvable. – 11. *fig.* (*Frage*) solve, answer, settle. – 12. *fig.* (*Ehe*) dissolve, annul. – 13. *fig.* (*Verlobung*) break (*od. colloq.* call) off. – 14. *fig.* (*Verbindungen etc*) break off, sever: alte Bande ~ to sever old ties. – 15. *fig.* (*Vertrag, Verbindlichkeit etc*) annul, cancel, rescind. – 16. Geld aus einem Verkauf ~ *econ. obs.* to get (*od.* obtain) money from a sale. – 17. (*kaufen*) eine Fahrkarte ~ to buy a ticket; die Fahrkarten sind am Schalter zu ~ buy your tickets at the ticket window. – 18. *chem.* (*auflösen*) dissolve: Zucker in Wasser ~ to dissolve sugar in water. – 19. *med.* a) (*Schleim*) loosen, b) (*Krampf*) relax, c) (*Pneumonie*) resolve. – 20. (*mining*) (*entwässern*) draw, drain. – II *v/reflex* sich ~ 21. loosen, *auch* loose, come (*od.* get) loose: der Knoten hat sich gelöst the knot has loosened (itself) (*od.* come undone); ein Dachziegel hat sich gelöst a (roof) tile has come loose. – 22. separate (itself), detach (itself), sever, come off: die Briefmarke hat sich (vom Briefumschlag) gelöst the stamp has come off (the envelope); das Fleisch hat sich vom Knochen gelöst the meat has separated (itself) from (*od.* come off) the bone. – 23. sich von j-m [etwas] ~ *auch fig.* to free oneself (*od.* break away) from s.o. [s.th.]: sich aus j-s Umarmung ~ to free (*od.* disengage) oneself from s.o.'s embrace; sich von der gewohnten Umgebung ~ to break away from the familiar surroundings; sich von Verpflichtungen ~ *fig.* to free oneself from obligations; sich von Vorurteilen ~ *fig.* to free oneself from (*od.* part with, give up) prejudices. – 24. (*behoben werden*) resolve itself, be solved (*od.* settled) (by itself): **die Schwierigkeiten haben sich von selbst gelöst** the difficulties have resolved themselves. – **25.** *fig.* (*hervortreten*) (*aus* from) come forth, step forward, appear: **eine Gestalt löste sich aus dem Schatten** a figure came forth (*od.* emerged) from the shadow. – **26.** *fig.* be released, give way: **ihre Spannung löste sich in Tränen** her tension gave way to tears. – **27.** **ein Schuß hatte sich (versehentlich) gelöst** *fig.* a shot had gone off (by mistake). – **28.** *chem.* dissolve (itself): **Salz löst sich in Wasser** salt dissolves (itself) in water. – **29.** *med.* a) (*von Husten*) loosen, b) (*von Verwachsungen*) lyse. – **30.** *print.* (*von Buchseiten*) start, get loose. – **31.** *tech.* (*von Schichten*) detach (itself). – **32.** (*sport*) (*beim Rad-, Autorennen etc*) pull away. – **33.** *hunt.* (*von Haarwild u. Hund*) dung. – **III L.** *n* ‹-s› **34.** *verbal noun.* – **35.** (*Entfernen, Abtrennen*) separation, detachment, removal. – **36.** (*Lockern*) release. – **37.** (*Entspannen*) relaxation. – **38.** (*Entwirren*) disentanglement. – **39.** (*einer Ehe*) dissolution, annulment. – **40.** (*eines Vertrages etc*) annulment, cancel(l)ation. – **41.** (*einer Fahrkarte*) purchase. – **42.** *med.* (*eines Krampfes*) relaxation.

'Lo·ser *m* ‹-s; -› *hunt.* (*Lauscher, Ohr*) ear.

'los,fah·ren *v/i* ‹*irr, sep, -ge-, sein*› **1.** depart, start, leave, go off, (*selbst fahrend*) *auch* drive off: **wann bist du losgefahren** when did you leave? **Punkt 10 Uhr fuhr ich los** I drove off at 10 o'clock sharp. – **2. auf** (*acc*) **etwas** ~ *mar.* to make (straight) for s.th. – **3.** (*wütend od. zornig*) **auf j-n** ~ *fig. colloq.* to fly at (*od.* to attack) s.o. (furiously).

'los,feu·ern *v/t u. v/i* ‹*sep, -ge-, h*› *cf.* abfeuern.

'los,ge·ben *v/t* ‹*irr, sep, -ge-, h*› *poet.* (*Gefangenen etc*) release, free, set (*s.o.*) free (*od.* at liberty).

'los,ge·hen *v/i* ‹*irr, sep, -ge-, sein*› **1.** go away, go (*od.* be) off, leave: **ich gehe jetzt los** I'm going now, I'm off. – **2. auf j-n** ~ a) to go (straight) toward(s) (*od.* up to) s.o., b) (*j-n anschnauzen*) to fly at s.o., to attack s.o., c) (*j-n angreifen*) to go for (*od.* fly at, rush at) s.o., to attack s.o., to light into s.o. (*sl.*): **er ging mit einem Messer auf sie los** he attacked (*od.* went for) her with a knife; **müßt ihr immer aufeinander** ~? do you always have to go (*od.* fly) at each other's throats? – **3. auf** (*acc*) **etwas** ~ *fig. colloq.* to go straight for (*od.* to proceed straight toward[s]) s.th.: **unbeirrt auf sein Ziel** ~ to proceed unhesitatingly toward(s) one's goal; **schnurgerade auf etwas** ~ to make a beeline for s.th.; **du gehst aber los!** you're really going at it! – **4.** *colloq.* (*beginnen*) start, begin: **die Vorstellung geht los** the performance begins; **wann geht es los?** when does it start? **jetzt geht es** (*od.* **der Spaß**) **los** there it goes, now the fun begins; **gleich geht's los** it is starting in a minute, it will start immediately (*od.* soon); **jetzt geht der Lärm wieder los** now the noise is beginning again. – **5.** (*von Gewehr, Schuß etc*) go off: **nach hinten** ~ *auch fig.* to backfire; **verspätet** ~ *mil.* to hang fire. – **6.** (*explodieren*) explode. – **7.** *colloq.* (*sich lösen*) come off: **an meinem Kleid ist ein Knopf losgegangen** a button has come off my dress. – **8.** *colloq.* (*sich lockern*) become (*od.* get) loose, loosen.

'los·ge,löst I *pp.* – **II** *adj* (*von* from) detached, isolated, separate. – **III** *adv* separately: **ein Thema** ~ **von einem anderen behandeln** to deal with a subject separately from (*od.* without reference to) another.

'Los·ge,löst,sein *n* ‹-s; *no pl*› *fig.* detachment, *auch* disengagement.

'los,gon·deln *v/i* ‹*sep, -ge-, sein*› *colloq.* push off.

'los,ha·ken *v/t* ‹*sep, -ge-, h*› unhook.

'los,häm·mern *v/i* ‹*sep, -ge-, h*› **auf** (*acc*) **etwas** ~ to pound away at s.th.

'los,hau·en *v/t u. v/i* ‹*sep, -ge-, h*› *cf.* losschlagen 1, 4.

'Los,kauf *m* (*von Gefangenen etc*) ransom, redemption. — **'los,kau·fen I** *v/t* ‹*sep, -ge-, h*› **1.** ransom, redeem. – **2.** *relig.* ransom, buy. – **II** *v/reflex* **sich** ~ **3.** (*von*) buy oneself off (from), *Br.* buy oneself out (of): **er kaufte sich vom Militärdienst los** he bought himself off from military service, *Br. auch* he bought himself out.

'los,ket·ten *v/t* ‹*sep, -ge-, h*› unchain.

'Los,kiel *m* *mar.* false keel.

'los,kom·men *v/i* ‹*irr, sep, -ge-, sein*› **1.** *colloq.* (*wegkommen*) get under way (*od.* started, going): **es wurde 10 Uhr, bis wir loskamen** it was 10 o'clock before we got started. – **2. von j-m** [**etwas**] ~ *auch fig.* to get away from s.o. [s.th.]: **ich kann von diesem Gedanken nicht** ~ *fig.* I cannot get away from this idea, I can't get the thought out of my mind; **sie kann von diesem Mann nicht** ~ she cannot get away from this man. – **3. gut** [**schlecht**] ~ (*sport*) to have a good [bad] start. – **4.** *aer.* unstick, become airborne.

'los,kop·peln *v/t* ‹*sep, -ge-, h*› (*Hunde, Pferde etc*) unleash, uncouple.

'los,krie·gen *v/t* ‹*sep, -ge-, h*› *colloq. for* losbekommen. [couple, disconnect.]

'los,kup·peln *v/t* ‹*sep, -ge-, h*› *tech.* un-]

'los,la·chen *v/i* ‹*sep, -ge-, h*› *colloq.* burst out laughing, laugh out.

'los,las·sen I *v/t* ‹*irr, sep, -ge-, h*› **1.** let go (*od.* loose): **er ließ ihre Hand los** he let go (of) her hand. – **2.** (*freilassen*) release, relinquish one's hold on. – **3. den Hund auf j-n** ~ to set the dog (*od.* on) s.o., to sick the dog on s.o. – **4. j-n auf die Menschheit** ~ *fig.* to let s.o. loose on humanity. – **5.** *fig. colloq.* let loose, let fly with: **einen wütenden Brief** ~ to let loose (*od.* dash off) an angry letter; **eine Schimpftirade** ~ to let fly with a harangue. – **6.** *fig. colloq.* (*Rede*) launch. – **7.** *fig. colloq.* (*Witz*) crack. – **II** *v/i* **8.** let go: ~! let go! **nicht** ~! hold fast (*od.* on)! hang on!

'los,lau·fen *v/i* ‹*irr, sep, -ge-, sein*› start running, run (away).

'los,le·gen *v/i* ‹*sep, -ge-, h*› *colloq.* **1.** (*arbeiten*) start working, set to (work): (**mit der Arbeit**) ~ to set to work. – **2.** (*schimpfen*) start ranting (and raving), blaze away (*colloq.*). – **3.** (*reden*) start talking: **dann leg mal los!** let's hear it! out with it! **get it off your chest!** fire away! *bes. Am. sl.* shoot! – **4.** (*schnell fahren*) step on the gas, dash off.

lös·lich ['løːslɪç] *adj chem.* soluble, dissolvable, dissoluble: **leicht** [**schwer**] ~ **sein** to be freely [sparingly] soluble; **nicht** ~ **sein** to be insoluble. — **'Lös·lich·keit** *f* ‹-; *no pl*› solubility, dissolubility.

'Lös·lich·keits,fak·tor, ~**ko·ef·fi·zi,ent** *m chem.* solubility coefficient.

'los,lö·sen *v/t u.* **sich** ~ *v/reflex* ‹*sep, -ge-, h*› *cf.* lösen 3, 22, 23.

'Los,lö·sung *f* ‹-; *no pl*› **1.** *cf.* Lösen 35, 36. – **2.** (*eines Landes*) separation, detachment, secession.

'Los,lö·sungs·be,stre·bun·gen *pl pol.* separatism *sg*, secessionism *sg*.

'los,ma·chen I *v/t* ‹*sep, -ge-, h*› **1.** (*entfernen*) detach, take off, remove. – **2.** (*entknoten*) untie, undo, unfasten. – **3.** (*lösen*) loosen, *auch* loose, unloosen, release, unhinge. – **4.** *mar.* a) (*Schiff*) unmoor, loose, unlash, b) (*Segel*) unfurl, loose, c) (*Kette, Tau etc*) unbend. – **II** *v/reflex* **sich** ~ **5.** *auch fig.* (*sich befreien*) free (*od.* disengage) oneself: **sie machte sich von ihm los und rannte davon** she freed herself from him and ran away; **sich von Verpflichtungen** ~ *fig.* to disengage oneself from obligations. – **III** *v/i* **6. mach** (**endlich**) **los!** *colloq.* hurry up.

'los·mar,schie·ren *v/i* ‹*sep, no -ge-, sein*› **1.** march away (*od.* off). – **2. auf** (*acc*) **etwas** ~ to march (straight) toward(s) s.th.

'Los,num·mer *f* lottery ticket number.

'los,plat·zen *v/i* ‹*sep, -ge-, sein*› **1.** (*lachend*) burst (*od.* break) out laughing. – **2. mit etwas** ~ to blurt out s.th.

'los,pru·sten *v/i* ‹*sep, -ge-, h*› *cf.* losplatzen 1.

'los,ra·sen *v/i* ‹*sep, -ge-, sein*› *colloq.* dart (*od.* dash, whizz) off.

'los,rei·ßen I *v/t* ‹*irr, sep, -ge-, h*› **1.** tear (*od.* rip, pull) off. – **II** *v/reflex* **sich** ~ **2.** (*von* from) break away (*od.* loose), tear oneself free: **der Hund hat sich** (**von der Kette**) **losgerissen** the dog has broken away from the chain. – **3.** *fig.* (*von* from) tear oneself away: **wir konnten uns von diesem Anblick nicht** ~ we could not tear ourselves (*od.* our eyes) away from this sight. – **4.** *mar.* (*von Schiff*) break adrift.

'los,ren·nen *v/i* ‹*irr, sep, -ge-, sein*› (**auf** *acc* toward[s]) run off (*od.* away), dash off.

Löß [løs] *m* ‹-sses; -sse›, *Swiss* **Löß** [løːs] *m* ‹-es; -e› *geol.* (*Windablagerung*) loess, *auch* löss.

'los,sa·gen *v/reflex* ‹*sep, -ge-, h*› **1. sich von etwas** ~ a) to renounce (*od.* disclaim, repudiate, disown, disavow) s.th., b) *bes. relig. pol.* to secede (*od.* defect) from s.th.: **er hat sich von seinem Glauben** [**seiner Partei**] **losgesagt** he has renounced his faith [party]. – **2. sich von j-m** ~ a) (*nicht anerkennen*) to disown s.o., b) (*sich trennen*) to separate (*od.* dissociate, disassociate) oneself from s.o.: **der Vater sagte sich von seinem Sohn los** the father disowned his son; **ich habe mich von meinen ehemaligen Freunden losgesagt** I have dissociated myself from my former friends. — **'Los,sa·gung** *f* ‹-; -en› **1.** (*von einer Überzeugung, Partei etc*) renunciation, repudiation, disavowal. – **2.** *bes. relig. pol.* secession, defection. – **3.** (*Nichtanerkennung*) disowning. – **4.** (*Trennung*) separation, dissociation, disassociation.

'Löß,bo·den *m geol.* loess(ial) soil.

'Los,schei·be *f tech.* (*bei Riemenantrieb*) loose pulley.

'los,schie·ßen *v/i* ‹*irr, sep, -ge-, h u. sein*› **1.** ‹h› (*begin to*) shoot (*od.* fire). – **2.** ‹sein› **auf j-n** ~ *fig. colloq.* to rush (*od.* dart, bolt) at s.o.: **die Schlange schoß auf das Kaninchen los** the snake darted (forward) at the rabbit. – **3.** ‹h› *fig. colloq.* begin to talk, start talking, fire away, *bes. Am. sl.* shoot: **also dann schieß mal los!** start talking then! fire away!

'los,schla·gen I *v/t* ‹*irr, sep, -ge-, h*› **1.** (*Brett, Stein etc*) knock off. – **2. Ware** (**billig**) ~ *fig. colloq.* to sell off (*od.* to push off, to unload, to get rid of) goods. – **II** *v/i* **3.** *mil.* strike, (open the) attack: **morgen früh schlagen wir los** we are going to strike tomorrow morning. – **4. auf j-n** ~ to strike out (*od.* let fly) at s.o., to attack (*od.* assail) s.o.: **sie schlugen blind aufeinander los** they struck out at each other blindly.

'los,schnal·len I *v/t* ‹*sep, -ge-, h*› unbuckle, unstrap. – **II** *v/reflex* **sich** ~ *aer. auto.* unfasten the seat belt.

'los,schrau·ben *v/t* ‹*sep, -ge-, h*› unscrew, screw off.

'lö·ßig *adj geol.* loessial, *auch* loessal.

'Löß,kin·del *n* ‹-s; -› *geol.* (*Konkretion im Löß*) clay concretion (*od.* dog), fairy stone, loess doll (*od.* kindchen). — ~**,lehm** *m* loess loam.

'los,spre·chen *v/t* ‹*irr, sep, -ge-, h*› **1. j-n von etwas** ~ a) (*von Versprechen, Verpflichtung etc*) to absolve s.o. (*od.* release s.o., set s.o. free) from s.th., b) *relig.* to absolve (*od.* cleanse) s.o. from (*od.* of) s.th., c) *jur.* (*freisprechen*) to acquit s.o. of s.th. – **2.** (*Lehrling*) declare (*s.o.*) free, release. — **'Los,spre·cher** *m* ‹-s; -› *relig.* (*von Sünden*) justifier. — **'Los,spre·chung** *f* ‹-; *no pl*› **1.** (*von Versprechen etc*) absolution, release. – **2.** *relig.* absolution. – **3.** *jur.* acquittal. – **4.** (*eines Lehrlings*) release.

'los,spren·gen[1] *v/t* ‹*sep, -ge-, h*› blast off.

'los,spren·gen[2] *v/i* ‹*sep, -ge-, sein*› (*schnell davonreiten*) gallop away (*od.* off).

'los,sprin·gen *v/i* ‹*irr, sep, -ge-, sein*› **1.** jump off. – **2. auf j-n** ~ to jump (*od.* spring, pounce) onto (*od.* upon) s.o. – **3.** (*von Knopf etc*) pop (*od.* come) off. – **4.** *mar.* (*von Nieten*) start.

'Löß,schicht *f geol.* layer (*od.* stratum) of loess.

'los,steu·ern *v/i* ‹*sep, -ge-, sein*› **auf etwas** [**j-n**] ~ *auch fig.* to head (*od.* steer, make straight) for s.th. [s.o.]: **das Schiff steuerte auf den Leuchtturm los** the ship headed for the lighthouse; **der Betrunkene steuerte zielbewußt auf das nächste Lokal los** *fig.* the drunken man made straight for the next pub; **das Land steuert direkt auf einen Krieg los** *fig.* the country is headed straight for (*od.* heading straight toward[s]) a war.

'los,stür·men *v/i* ‹*sep, -ge-, sein*› **1.** rush off (*od.* away, forth), tear off. – **2. auf j-n** [**etwas**] ~ to rush (*od.* fly, dart, bolt) at (*od.* upon) s.o. [s.th.], to make a dash at s.o.

'los,stür·zen *v/i* ‹*sep, -ge-, sein*› *colloq. for* losstürmen.

Lost [lɔst] *m* ‹-(e)s; *no pl*› *chem.* (*Kampfstoff*) mustard gas [(ClCH$_2$CH$_2$)$_2$S].

'Los,ta·ge *pl colloq.* **1.** critical days (*on which the weather is considered to be crucial in determining the coming season*). – **2.** unlucky days.

'los,tren·nen I *v/t* ‹*sep, -ge-, h*› **1.** separate.

– **2.** (*durch Schneiden*) sever. – **3.** (*entfernen, abmachen*) detach, take away (*od.* off), remove. – **4.** (*Genähtes*) undo. – **5.** (*abreißen*) rip (*od.* tear) off. – **II** *v/reflex* **6.** sich ~ *cf.* lösen 21, 22, 23. — 'Los,tren·nung *f* **1.** separation. – **2.** (*Entfernung*) detachment, removal. – **3.** *bot.* (*des Blattes vom Zweig*) abscission.

'Los,tren·nungs·be,we·gung *f pol.* separatism, secessionism.

'Los,trom·mel *f* lottery wheel.

'Lo·sung[1] *f* ⟨-; -en⟩ **1.** *mil.* (*Erkennungswort*) (pass)word, watchword, countersign: die ~ verlangen to challenge; die ~ ausgeben [nennen] to give out [to say] the password. – **2.** (*Motto*) motto: meine ~ ist my motto is. – **3.** (*Schlagwort*) catchword. – **4.** *pol.* slogan.

'Lo·sung[2] *f* ⟨-; *no pl*⟩ *hunt.* (*von Hunden, Wild u. Vögeln*) droppings *pl*, dung.

'Lo·sung[3] *f* ⟨-; -en⟩ *Austrian* a day's receipts *pl*.

'Lö·sung *f* ⟨-; -en⟩ **1.** *cf.* Lösen. – **2.** (*eines Rätsels, Problems etc*) solution: eine glückliche ~ a good (*od.* happy) solution; das wäre die beste ~ that would be the best solution; die friedliche ~ eines Konflikts the peaceful solution (*od.* settlement) of a conflict; eine ~ für etwas finden to find a solution for (*od.* an answer to) s.th.; das Problem hat seine ~ gefunden the problem has been solved; des Rätsels ~ *auch fig.* the solution of the riddle; der ~ näherrücken (*od.* näherkommen) to make headway toward(s) the solution. – **3.** die ~ des Knotens *fig.* (*eines Dramas etc*) the unravelment of the plot, the denouement (*lit.*). – **4.** *math.* solution, answer. – **5.** *chem.* a) solution, b) *auch phot.* (*Bad*) bath, dip: gesättigte [wäßrige] ~ saturated [aqueous] solution; verdünnte ~ diluted solution, dilution. – **6.** *med.* (*einer Lungenentzündung*) resolution.

'Lö·sungs|ben,zol *n chem.* solvent naphtha. — ~,druck *m phys.* solution pressure (*od.* tension). — ~,fä·hig·keit *f chem.* dissolving capacity (*od.* power). — ~,glü·hen *n metall.* solution-anneal. — ~,mit·tel *n chem.* solvent. — ~ver,mö·gen *n* dissolving capacity (*od.* power).

'Lo·sungs,wort *n* ⟨-(e)s; -e⟩ *cf.* Losung[1] 1.

'Lö·sungs,wort *n* ⟨-(e)s; ⸗er⟩ (*eines Preisrätsels*) solution (word).

'Los|ver,kauf *m* sale of lottery tickets. — ~ver,käu·fer *m*, ~ver,käu·fe·rin *f* seller of lottery tickets.

'Los-von-'Rom-Be,we·gung *f relig. hist.* (*in Österreich*) Away-from-Rome Movement.

'los,wer·den *v/t* ⟨*irr, sep,* -ge-, sein⟩ **1.** j-n [etwas] ~ to get rid of s.o. [s.th.]: ich wurde ihn einfach nicht los I simply couldn't get rid of him; ich werde den Eindruck [Gedanken] nicht los, daß I cannot get rid of the impression [idea] that; seine Erkältung nicht ~ not to get rid of one's cold. – **2.** (*hinter sich bringen*) get (s.th.) out of the way (*od.* over with). – **3.** *colloq.* (*Waren*) get rid of, dispose of, get (s.th.) off one's hands: wir sind diesen Artikel reißend losgeworden we got rid of this article rapidly; wenn ich nur die alten Möbel ~ könnte! if only I could get rid of the old furniture! – **4.** Geld ~ *colloq.* a) to spend money, b) to lose money: ich bin in diesem Geschäft mein ganzes Geld losgeworden I spent all my money in this shop; er ist im Spielkasino sein ganzes Geld losgeworden he lost all his money (gambling) in the casino.

'los,wer·fen *v/t* ⟨*irr,* sep, -ge-, h⟩ *mar.* (*Leinen*) cast off.

'los,wickeln (*getr.* -k·k-) **I** *v/t* ⟨*sep,* -ge-, h⟩ unwind, uncoil. – **II** *v/reflex* sich ~ unwind (*od.* uncoil) (oneself).

'los,win·den **I** *v/t* ⟨*irr,* sep, -ge-, h⟩ untwist, unwind. – **II** *v/reflex* sich ~ untwist (*od.* unwind) (oneself).

'los,zie·hen *v/i* ⟨*irr,* sep, -ge-, sein⟩ *colloq.* **1.** (*abmarschieren*) set out, march away (*od.* off), take off (*colloq.*): früh am Morgen zogen wir los we set out early in the morning. – **2.** auf (*acc*) etwas ~ to march toward(s) s.th. – **3.** ⟨h⟩ gegen j-n ~ *fig.* to run s.o. down, to inveigh (*od.* declaim) against s.o., to rail at s.o.

Lot[1] [lo:t] *n* ⟨-(e)s; -e⟩ **1.** *tech.* (*Senklot*) plumb bob: die Mauer ist (*od.* steht) nicht im ~ the wall is off (*od.* out of) plumb;

etwas ist nicht im (*od.* aus dem) ~ *fig.* s.th. is out of order; mit ihr ist etwas nicht im ~ *fig.* s.th. is wrong with her; etwas wieder ins ~ bringen *fig.* to get things back in order, to set things right again. – **2.** *mar.* (*sounding*) lead, sounder, plumb, sounding (*od.* lead) line: die Wassertiefe mit einem ~ messen to measure the depth of the water with a sounding lead, to fathom the depth of the water; das ~ speisen to arm the lead. – **3.** *pl mar. tech.* (*beim Schiffsbau*) perpendiculars. – **4.** *math.* perpendicular, normal: ein ~ errichten [fällen] to raise [to drop] a perpendicular. – **5.** *tech.* (*Lötmetall*) solder.

Lot[2] *n* ⟨-(e)s; -⟩ *obs.* (*kleines Gewicht*) half an ounce: ein ~ Kaffee half an ounce of coffee; → Freund 1.

'Lot,ach·se *f auch aer.* vertical axis.

'Löt|ap·pa,rat *m tech.* **1.** (*für Weichlöten*) soldering outfit. – **2.** (*für Hartlöten*) brazing outfit. — ~bar *adj* solderable.

'Lot,blei *n mar. civ.eng. cf.* Senklot.

'Lot,block *m mar.* snatch block (with tail), lead block.

'Löt,block *m tech.* soldering block. — ~,bren·ner *m* blowpipe, (gas) blowtorch, soldering torch, (*für Hartlötung*) brazing torch.

'Löt,ebe·ne *f math.* normal plane.

'Löt,ei·sen *n tech. cf.* Lötkolben 1.

lo·ten ['lo:tən] *v/t* ⟨h⟩ **1.** *mar.* (*Wassertiefe*) a) (*mit Lotblei*) plumb, b) (*nach Faden*) fathom, c) (*mit Echolot*) sound: die Tiefe des Meeres ~ to sound the depth(s) of the ocean. – **2.** *civ.eng.* (*Senkrechte, Mauer etc*) plumb. – **II** *v/i* **3.** *mar.* a) plumb the depth, b) fathom the depth, c) (*mit Echolot*) take soundings, sound: ~ können to be in soundings. – **III** L~ *n* ⟨-s⟩ **4.** *verbal noun.* – **5.** *cf.* Lotung.

lö·ten ['lø:tən] *tech.* **I** *v/t* ⟨h⟩ **1.** *tech.* a) (*weichlöten*) (soft-)solder, b) (*hartlöten*) braze, hard-solder, c) (*feuerlöten*) sweat, d) (*reiblöten*) tin, e) (*tauchlöten*) dip braze. – **2.** *fig.* (*Bruch*) repair. – **II** L~ *n* ⟨-s⟩ **3.** *verbal noun.*

'Löt,fett *n tech.* soldering (*od.* zinc chloride) paste. — ~,flam·me *f* blowpipe flame. — ~,fluß,mit·tel *n* soldering flux. — ~,fu·ge *f* (open) soldering joint.

'Lot,ga·bel *f math.* plummet stand. — ~,gast *m mar.* leadsman: die Lotgasten the sounding party *sg*.

'Loth·rin·ger *m* ⟨-s; -⟩ **1.** *hist.* Lotharingian. – **2.** *geogr.* Lorrainer, inhabitant of Lorraine. — 'loth·rin·gisch *adj* Lotharingian, Lorrainese, of (*od.* pertaining to) Lorraine: → Kreuz 3.

Lo·ti·on [lo'tsio:n; 'loʊʃən] (*Engl.*) *f* ⟨-; -en, *bei engl. Aussprache* -s⟩ (*cosmetics*) lotion.

'Löt,klem·me *f tech.* soldering terminal.

'Löt,kol·ben *m* **1.** *tech.* a) soldering iron (*od.* copper), b) (*mit Pistolengriff*) soldering gun. – **2.** *fig. colloq. contempt.* red nose. — ~,spit·ze *f* copper bit.

'Lot,kör·per *m mar.* lead, sinker.

'Löt,lam·pe *f tech.* soldering lamp, blowtorch, blowlamp.

'Lot,lei·ne *f* **1.** *tech.* plumb (*od.* lead) line, plummet. – **2.** *mar.* a) (*Echolot*) sounding line, b) (*Senkblei*) plumb (*od.* lead) line.

'Löt|,mas·se *f tech.* soldering compound (*od.* paste). — ~me,tall *n* soldering metal. — ~,mit·tel *n* soldering agent. — ~,naht *f* soldered seam. — ~,ofen *m* soldering furnace.

Lo·to·pha·gen [loto'fa:gən] *pl myth.* lotus-(*auch* lotos-)eaters, Lotophagi.

Lo·tos ['lo:təs] *m* ⟨-; -⟩ **1.** *bot. cf.* Lotosblume 1. – **2.** (*art*) *relig.* (*in Ägypten, Indien u. Ostasien*) lotus, *auch* lotos. — ~,blu·me *f* **1.** *bot.* lotus (*od.* lotos) (flower): Ägyptische ~ Egyptian lotus (*od.* lotos) (*Nymphaea lotus*); Amerikanische ~ water (*od.* American) lotus (*od.* lotos), water chinquapin (*Nelumbo lutea*); Indische ~ water bean, Indian (*od.* sacred) lotus (*od.* lotos) (*Nelumbo nucifera*). – **2.** (*art*) *relig. cf.* Lotos 2. — ~es·ser *pl myth. cf.* Lotophagen. — ~,knauf *m arch.* (*einer Säule*) lotus, *auch* lotos. – **L~,knäu·fig** [-,knɔʏfɪç] *adj* with lotus-shaped capitals. — ~,pflau·me *f bot.* lotus tree (*Diospyros lotus*).

'Löt,pul·ver *n tech.* soldering compound (*od.* salt).

'lot,recht **I** *adj* **1.** *tech.* perpendicular, vertical, plumb: etwas ~ machen to plumb s.th.; nicht ~ out of plumb. – **2.** *math.* (*Linie*

etc) normal, vertical, perpendicular. – **II** *adv* **3.** nicht ~ stehen to be out of the vertical; fast ~ starten *aer.* to take off almost vertically.

'Lot,rech·te *f* ⟨-n; -n⟩ *tech. math.* perpendicular, vertical, plumb.

'Löt,rohr *n tech.* **1.** blowpipe, torch tube. – **2.** (*jewelry*) soldering pipe. — ~ana,ly·se *f min. tech.* **1.** (*Wissenschaft*) pyrology. – **2.** blowpipe analysis (*od.* assay, proof). — ~,dü·se *f tech.* blowpipe jet, tip of the blowtorch. — ~,pro·be *f cf.* Lötrohranalyse 2. — ~,spit·ze *f* blowpipe nozzle.

'Lot,schnur *f tech. mar. cf.* Lotleine.

Lot·se ['lo:tsə] *m* ⟨-n; -n⟩ **1.** *mar.* a) pilot, b) (*Zwangslotse*) compulsory pilot: ohne ~n unpiloted. – **2.** *aer.* cf. Fluglotse. – **3.** *auto.* (*vom Lotsendienst*) driver-guide. – **4.** cf. Schülerlotse. – **5.** *zo.* cf. Lotsenfisch.

lot·sen ['lo:tsən] **I** *v/t* ⟨h⟩ **1.** *mar.* pilot, steer: ein Schiff in den Hafen ~ to pilot a ship into the harbo(u)r. – **2.** (*Auto etc*) guide, drive: ich ließ mich von ihm durch München ~ he guided me through Munich. – **3.** *fig. colloq.* take (*s.o.*) along: er lotste sie in ein Restaurant, das er kannte he took her along to a restaurant he knew. – **II** L~ *n* ⟨-s⟩ **4.** *verbal noun.* – **5.** *mar.* pilotage.

'Lot·sen|,boot *n mar.* pilot boat. — ~,dienst *m auto.* (*für Ortsfremde*) driver-guide service. — ~,fisch *m zo.* pilot fish (*Naucrates ductor*). — ~,flag·ge *f mar.* pilot flag (*od.* jack). — ~,ge,bühr *f*, ~,geld *n* pilotage, pilot's fee. — ~,sta·ti·on *f* pilot station. — ~,zwang *m mar.* compulsory pilotage.

'Löt,stel·le *f tech.* joint space, soldered joint.

'Lot·ter|,bett *n* **1.** *contempt.* bed of sin. – **2.** *Austrian archaic* couch. – **3.** auf dem ~ liegen *obs.* to idle. — ~,bu·be *m* rake, dissolute person, debauchee.

'Lot·te'rei *f* ⟨-; *no pl*⟩ *colloq.* **1.** (*Schlamperei*) carelessness, slipshodness, bungling. – **2.** (*Trägheit*) laziness, idleness. – **3.** cf. Lotterleben.

Lot·te·rie [lɔtə'ri:] *f* ⟨-; -n [-ən]⟩ lottery: (in der) ~ spielen to play in the lottery; in einer ~ setzen to take part in a lottery; das ist die reinste ~ *fig.* that is a matter of pure chance, that's sheer gambling. — ~,ein,neh·mer *m* collector for a lottery. — ~,ein,satz *m* stake in a lottery, amount paid for a lottery ticket. — ~,ge,schäft *n* lottery office. — ~,ge,winn *m* (lottery) prize: einen ~ machen to draw (*od.* win) a prize (in the lottery). — ~,li·ste *f* lottery list, list of prizes (*od.* winning numbers). — ~,los *n* (lottery) ticket. — ~,rad *n* lottery wheel. — ~,schein *m* (lottery) ticket. — ~,spiel *n* (playing in the) lottery: das Leben ist ein ~ *fig.* life is a lottery. — ~ver,trag *m* lottery contract. — ~,zie·hung *f* lottery draw.

'lot·te·rig *adj colloq.* **1.** (*unordentlich*) sloppy, messy, slovenly, disorderly. – **2.** (*liederlich*) dissipated, dissolute, morally loose (*od.* lax).

'Lot·ter,le·ben *n colloq.* **1.** slovenly (*od.* disorderly) life. – **2.** life of debauchery, dissipated (*od.* debauched, dissolute) life.

lot·tern ['lɔtərn] *v/i* ⟨h⟩ *archaic* **1.** lead a lazy (*od.* an idle) life, loaf (about, *bes. Am.* around). – **2.** lead a dissipated (*od.* dissolute, debauched) life.

'Lot·ter,wirt·schaft *f colloq. contempt.* **1.** (*im Haushalt*) sloppy (*od.* messy) household. – **2.** (*im Betrieb etc*) mess, disorganization Br. *auch* -s-.

Lot·to ['lɔto] *n* ⟨-s; -s⟩ **1.** (*Zahlenlotto*) 'Lotto' (*weekly number-guessing pool*): (im) ~ spielen a) to fill in one's Lotto coupon, b) to do Lotto. – **2.** (*games*) lotto, *auch* loto, bingo, Br. *sl.* housey-housey. — ~,an,nah·me,stel·le *f* Lotto coupons agency. — ~,ge,winn *m* win in Lotto. — ~,kol,lek,tur *f Austrian for* Lottoannahmestelle. — ~,schein *m* Lotto coupon. — ~,spiel *n* (games) cf. Lotto 2. — ~,spie·ler *m* Lotto player. — ~,zie·hung *f* Lotto draw.

'lott·rig *adj colloq. cf.* lotterig.

'Lo·tung *f* ⟨-; -en⟩ **1.** cf. Loten. – **2.** *mar.* a) (*Echolot*) (echo) sounding, sound, b) (*Senkblei*) plumbing: eine ~ vornehmen to take soundings. – **3.** *civ.eng.* plumbing.

'Lö·tung *f tech. cf.* Löten.

Lo·tus ['lo:tus] *m* ⟨-; -⟩ *bot. cf.* Hornklee.

'Löt,ver,bin·dung *f tech.* soldered joint.

'Lot,waa·ge *f tech.* plumb level.

'Löt|,was·ser *n tech.* soldering solution (*od.* fluid, liquid). — ~,werk,zeug *n* soldering tool (*od.* outfit).

'Lot,wurz *f bot.* yellow oxtongue, rutton-

-root, onosmodium (*scient.*) (*Gattg Onosma*).

'**Löt**|**zan·ge** *f tech.* soldering tweezers *pl* (*sometimes construed as sg*). — ~**zinn** *n* (plumber's) solder, lead-tin solder.

Lou·is ['luːi] *m ‹- [-i(ːs)]; - [-iːs]›* *vulg. contempt.* (*Zuhälter*) pimp.

Lou·is-dor [lui'doːr] *m ‹-s; -e›* *hist.* (*franz. Münze*) louis, louis d'or.

Loui·sia·na|moos [lui'ziːana-] *n bot.* long moss (*Tillandsia usneoides*). — ~**Rei·her** *m zo.* Louisiana heron (*Hydranassa tricolor ruficollis*).

Lou·is-qua·torze [lwika'tərz] (*Fr.*) *n ‹-; no pl›*, ~**Stil** *m* (*art*) *hist.* Louis Quatorze (style).

Lou·is-quinze [lwi'kɛ̃ːz] (*Fr.*) *n ‹-; no pl›*, ~**Stil** *m* Louis Quinze (style).

Lo·wan·do [lo'vando] *m ‹-(s); -s›*, ~**af·fe** *m zo.* purple-faced langur (*Presbytis senex*).

Lö·we ['løːvə] *m ‹-n; -n›* **1.** *zo.* lion (*Felis leo*): junger ~ lion cub, lionet; er kämpft [brüllt] wie ein ~ he fights [roars] like a lion; sich in die Höhle des ~n begeben (*od.* wagen) *fig.* to beard the lion in his den; den Kopf in den Rachen des ~n stecken *fig.* to put one's head in the lion's mouth; den schlafenden ~n aufwecken *fig.* to awaken the sleeping lion; Gasthaus zum Goldenen ~n The Golden Lion; wir essen im Goldenen ~ we are going to eat at the Golden Lion. – **2.** *fig.* lion, center (*bes. Br.* centre) of attraction: er ist der ~ des Tages he is the lion (*od.* hero) of the day; er ist der ~ der Gesellschaft he is the center of attraction at the party. – **3.** *astr.* Lion, Leo: großer [kleiner] ~ *astr.* Leo major, Greater Lion [Leo minor, Lesser Lion]; er ist ein ~ *astrol.* he is a Lion, he was born under (the sign of) Leo. – **4.** *her.* lion: der geflügelte ~ The Winged Lion of St. Mark; gezüngelter ~ lion lambent; liegender ~ mit erhobenem [gesenktem] Kopf lion couchant [dormant]; kleiner (*od.* junger) ~ lioncel; schreitender ~ lion passant; sitzender ~ lion sejant; springender ~ lion salient. – **5.** (*in der Alchemie*) gold, king of the metals.

'**Lö·wen**|**äff·chen** *n zo.* a) Kleines ~ lion marmoset (*Leontocebus leoninus*), b) Rotes (*od.* Großes) ~ marikina, silky marmoset (*od.* tamarin) (*L. rosalia*). — ~**an·teil** *m colloq.* lion's share: du hast dir den ~ genommen you have taken the lion's share. — **l·ar·tig** *adj* lionlike, leonine. — ~**bän·di·ger** *m* lion tamer. — ~**ei·dech·se** *f zo.* lion lizard, basilisk (*scient.*) (*Gattg Basiliscus*). — ~**fuß** *m* **1.** lion's foot (*od.* paw). – **2.** (*an Möbeln*) lion-paw foot. — ~**gru·be** *f* lion's den. — ~**haupt** *n* **1.** lion's head. – **2.** *fig.* leonine head. — ~**haut** *f* lion's skin. — ~**herz** *n* **1.** lion (*od.* lion's) heart. – **2.** Richard ~ *hist.* Richard Lionheart (*od.* the Lionhearted), Richard Cœur de Lion. — ~**hund** *m zo.* Rhodesian Ridgeback. — ~**hünd·chen** *n* a) pekinese, lion dog, b) Lhasa apso, bark sentinel dog, c) maltese, lion dog of Malta. — ~**jagd** *f hunt.* lion hunt. — ~**jä·ger** *m* lion hunter. — ~**jun·ge** *n* lion's cub, lionet. — ~**kat·ze** *f zo.* cf. Löwenäffchen. — ~**kopf** *m* **1.** lion's head. – **2.** (*an Möbeln etc*) lion-mask. – **3.** mit Löwenköpfen geschmückt *her.* lionced, leonced. — ~**krebs** *m zo.* lion crab (*Galatea leo*). — ~**mäh·ne** *f* **1.** lion's mane. – **2.** *fig. colloq.* mop (of hair). — ~**maul** *n* **1.** lion's mouth (*od.* muzzle, jaws *pl*). – **2.** *bot.* snapdragon, flapdragon, lion's-mouth, antirrhinum (*scient.*) (*Gattg Antirrhinum*): Großes ~ bucranion, snapdragon (*A. majus*); Kleines ~ corn snapdragon, calves' (*od.* calf's) snout (*A. orontium*); Wildes ~ flaxweed, toadflax, bread-and-butter, butter-and-eggs *pl* (*construed as sg or pl*) (*Linaria vulgaris*). — ~**mäul·chen** *n bot.* cf. Löwenmaul 2. — ~**mut** *m* lionlike courage: mit ~ kämpfen to fight with the courage of a lion. — ~**ohr** *n* **1.** lion's ear. – **2.** *bot.* lion's-ear (*Leonotis leonurus*): Katzenminzblättriges ~ hollow stock (*L. nepetaefolia*). — ~**pfo·te** *f zo.* cf. Seelöwe. — ~**schwanz** *m* **1.** lion's tail. – **2.** *bot.* lion's-tail, motherwort (*Leonurus cardiaca*). — ~**stark** *adj* (*as*) strong as a lion. — ~**stim·me** *f* voice like a lion. — ~**tat·ze** *f* lion's paw. — ~**tor** *n archeol.* (*in Mykene*) Lion Gate. — ~**zahn** *m bot.* a) dandelion, lion's-tooth, lion's-teeth, Irish daisy, taraxacum (*scient.*) (*Gattg Taraxa-*

cum, bes. T. officinale), b) fall dandelion, lion's-tooth, lion's-teeth (*Leontodon autumnalis*). — ~**zwin·ger** *m* lion('s) cage.

'**Lö·win** *f ‹-; -nen›* *zo.* lioness, she-lion.

lo·xo·drom [lɔkso'droːm] *adj math.* loxodromic, *auch* loxodromical. — **Lo·xo·dro·me** *f ‹-; -n›* loxodrome, rhumb line, loxodromic curve (*od.* line). — **lo·xo·dro·misch** *adj cf.* loxodrom.

lo·xo·go·nal [lɔksogo'naːl] *adj math.* loxogonal, oblique.

loy·al [lŏa'jaːl] **I** *adj* **1.** (*Gesinnung etc*) loyal, faithful, true: ein ~er Untertan a loyal subject. – **2.** (*Bestimmung, Vertrag etc*) fair, decent, honest. – **II** *adv* **3.** sich ~ verhalten to behave loyally; einen Vertrag ~ auslegen to interpret a contract fairly. — **Loya·lis·mus** [-ja'lɪsmus] *m ‹-; no pl›* loyalism. — **Loya·list** [-ja'lɪst] *m ‹-en; -en›* *hist.* loyalist, *auch* Loyalist, (*im amer. Unabhängigkeitskrieg*) *auch* Tory. — **loya·li·stisch** *adj* loyalist (*attrib*). — **Loya·li·tät** [-jali'tɛːt] *f ‹-; no pl›* loyalty.

Luch [luːx] *f ‹-; ⁻e›, n ‹-(e)s; -e›* **1.** *dial.* marsh, bog, morass. – **2.** *geol.* bog.

Luchs [luks] *m ‹-es; -e›* **1.** *zo.* lynx (*Gattg Lynx*): Gemeiner ~ (common) European lynx, *Am. auch* catamount (*L. lynx*); Kanadischer ~ Canadian lynx (*L. canadensis*); junger ~ young lynx, lynx cub; Augen wie ein ~ haben *fig.* to have eyes as sharp as a lynx (*od.* cat); aufpassen wie ein ~ *fig.* to be lynx-eyed (*od.* eagle-eyed). – **2.** (*leather*) lynx (skin, fur, pelt). — **l·ar·tig** *adj* lynxlike, lyncean (*scient.*). — ~**au·ge** *n* lynx eye: ~n haben *fig.* to be lynx-eyed (*od.* eagle-eyed).

luch·sen ['luksən] **I** *v/i ‹h›* **1.** (*spähen*) peer: er luchste hinter dem Baum hervor he peered out from behind the tree. – **2.** (*warten*) (auf *acc* for) keep a sharp lookout (*Br.* look-out): er luchste auf jede Gelegenheit zu entkommen he kept a sharp look(-)out for an opportunity to escape. – **II** *v/t* **3.** j-m Geld aus der Tasche ~ to scrounge money off s.o.

'**Luchs**|**fell** *n* lynx skin (*od.* pelt). — ~**pelz** *m* lynx (fur, pelt). — ~**sa·phir** *m min.* pale yellowish spotted sapphire. — ~**spin·ne** *f zo.* lynx spider (*Fam. Oxyopidae*).

Lucht [luxt] *f ‹-; -en›* *Low G. for* a) Luft 1, b) Dachkammer.

'**Lu·ci·en·holz** [lu'tsiən-] *n bot.* wood of the rock (*od.* mahaleb) cherry (*von Prunus mahaleb*).

Lücke (*getr.* -k·k-) ['lʏkə] *f ‹-; -n›* **1.** (*in Hecke etc*) gap, hole, opening, aperture: die ~n im Zaun wurden geschlossen the gaps in the fence were closed; eine ~ ausfüllen to fill (up) (*od.* stop) a gap. – **2.** (*in einer Reihe*) gap, break, interstice: ~n zwischen den Zähnen gaps between the teeth; eine ~ in der Reihe lassen to leave a gap in the row (*od.* line); auf ~ stehen *tech.* to be staggered. – **3.** (*Spalte*) crack, split, chink, fissure. – **4.** (*Abstand*) gap. – **5.** *fig.* (*in Wissen, Überlieferung, System etc*) gap: er hat große ~n in Latein his knowledge in Latin has many gaps, his Latin is very patchy; er muß die ~n aufholen he must fill in his gaps. – **6.** *fig.* (*Leere*) void, vacuum, gap: als er fortging, blieb eine große ~ there remained a void when he went away; sein Tod hat eine große ~ gerissen his death left a great void; der Krieg hat viele ~n gerissen the war made (*od.* left) many gaps in the population). – **7.** *fig.* (*Unterschied*) difference, gap: zwischen ihrem und seinem Gehalt klafft eine erhebliche ~ there is a great difference between her salary and his. – **8.** *fig.* (*Mangel*) deficiency, defect, shortage: durch die Stillegung der Bergwerke ist eine ~ in der Kohlenversorgung entstanden the pit closures have given rise to a deficiency (*od.* shortage) in the supply of coal. – **9.** *fig.* (*Bedürfnis*) want, need, desideratum (*lit.*): das Buch füllt eine fühlbare ~ the book fills (*od.* satisfies) a noticeable (*od.* long-felt) need. – **10.** *fig.* (*Auslassung*) omission, gap. – **11.** *fig.* (*im Gesetz*) loophole, *Br.* loop-hole: eine ~ im Gesetz ausnützen to exploit (*od.* take advantage of) a loop(-)hole in the law. – **12.** *mil.* a) (*in Befestigungsmauern etc*) breach, break, b) (*in Kampflinie etc*) gap, opening. – **13.** *print.* a) gap, lacuna, b) (*zu weiter Raum zwischen Buchstaben*) pigeonhole, rathole. – **14.** *med.* hiatus, gap. – **15.** *geol.* break, hiatus: tektonische ~ structural hiatus. – **16.** *econ.* (*im Kassenbestand*) deficit, deficiency. –

17. *tech.* a) (*zwischen Zahnradzähnen*) gash, b) (*zwischen Räumzähnen*) gullet, c) (*zwischen Gewindezähnen*) groove.

'**Lücken**|**bü·ßer** (*getr.* -k·k-) *m colloq.* **1.** fill-in: ich will nicht nur ~ sein I don't want to be just a fill-in. – **2.** (*theater*) stand-in. – **3.** (*Ersatz*) stopgap. – **4.** *print.* filler, *Br. sl.* balaam.

'**lücken·haft** (*getr.* -k·k-) *adj* **1.** (*Gebiß etc*) having (*od.* showing, full of) gaps, *auch* gappy. – **2.** *fig.* (*Erinnerung, Darstellung etc*) incomplete, fragmentary, (*Autorentext etc*) *auch* lacunal, lacunary (*beide scient.*): ~e Kenntnisse fragmentary knowledge *sg*. — '**Lücken·haf·tig·keit** (*getr.* -k·k-) *f ‹-; no pl›* incompleteness, fragmentariness, fragmentary character.

'**lücken·los** (*getr.* -k·k-) **I** *adj* **1.** (*Gebiß etc*) without a gap. – **2.** *fig.* (*Beweiskette etc*) complete: eine ~e Beweiskette a complete chain of evidence. – **3.** *fig.* (*Überlieferung, Tradition etc*) unbroken, uninterrupted. – **4.** (*Alibi, Beweismaterial etc*) airtight, *Br.* air-tight. – **II** *adv* **5.** without a gap: sich ~ aneinanderreihen to form an unbroken line. — '**Lücken·lo·sig·keit** (*getr.* -k·k-) *f ‹-; no pl›* **1.** (*von System etc*) completeness. – **2.** (*von Überlieferung etc*) unbrokenness, uninterruptedness. – **3.** (*von Alibi etc*) airtightness, *Br.* air-tightness.

lud [luːt] *l u. 3 sg pret of* laden¹ *u.* ².

Lu·de ['luːdə] *m ‹-n; -n›* (*thieves' Latin*) (*Zuhälter*) pimp.

lü·de ['lyːdə] *l u. 3 sg pret subj of* laden¹ *u.* ².

Lu·der ['luːdər] *n ‹-s; -›* **1.** *contempt.* (*gemeines Weib*) hussy, bitch, beast, slut (*vulg.*). – **2.** *contempt.* (*Gauner, Spitzbube*) scoundrel, cad, blackguard. – **3.** *colloq.* (*Strolch*) little imp (*od.* rascal, devil): du freches ~! you naughty little imp! – **4.** *colloq.* (*in Wendungen wie*) ein armes ~ a poor (*od.* pitiable) creature; du dummes ~! you silly ass! sie ist ein schlaues ~ she is a clever little hussy. – **5.** *hunt.* (*Köder*) carrion, carcass, *Br. auch* carcase: der Bussard wurde mit einem ~ gelockt the buzzard was lured with (a piece of) carrion.

Lu·der·jan ['luːdərjaːn] *m ‹-(e)s; -e›* *colloq.* cf. Liederjan.

'**Lu·der·le·ben** *n colloq.* cf. Lotterleben 2.

lu·dern ['luːdərn] *v/i ‹h›* *colloq.* lead a dissolute life (*od.* life of debauchery).

'**Lu·dolf·sche Zahl** ['luːdɔlfʃə] *f math.* Ludolphian number, π, pi.

Lu·es ['luːɛs] *f ‹-; no pl›* *med.* lues, syphilis. — **Lue·ti·ker** [lu'eːtikər] *m ‹-s; -›* luetic, syphilitic. — **lue·tisch** [lu'eːtɪʃ] *adj* luetic, syphilitic.

Luf·fa ['lufa] *f ‹-; -s›* **1.** *bot.* a) luffa, loofah (*Gattg Luffa*), b) sponge cucumber (*od.* gourd) (*L. acutangula*). – **2.** cf. Luffaschwamm. — ~**schwamm** *m* luffa, loofah, vegetable sponge.

Luft [luft] *f ‹-; ⁻e›* **1.** ‹*only sg*› air: gute [schlechte] ~ good [bad] air; verbrauchte [stickige] ~ stale [suffocating] air; frische ~ schöpfen (*od. colloq.* schnappen) to breathe in fresh air; die ~ mit Abgasen verpesten to poison the air with waste gases; (die) Verschmutzung der ~ air pollution; der Regen hat die Luft gereinigt the rain has cleared the air; die ~ im Zimmer war zum Schneiden you could have cut the atmosphere in the room (with a knife); laß ein bißchen ~ herein let some air in here; die ~ flimmert vor Hitze the air is shimmering with heat; ich habe jetzt etwas ~ *fig. colloq.* I have a breather (*od.* break) now, I have got the chance to catch my breath now; ich muß in meinem Schrank etwas ~ schaffen *fig.* I must make some room in my wardrobe; ich habe die alten Briefe fortgeworfen, um etwas ~ zu schaffen I threw away the old letters in order to make some room; sich (*dat*) (*od.* seinem Zorn*) ~ machen *fig.* to give vent to one's anger; er war einfach ~ für mich I ignored him, he didn't exist for me, he meant nothing to me; j-n wie ~ behandeln *fig.* to ignore s.o. completely; man kann nicht nur von ~ und Liebe leben one can't live on air (alone); warte bis die ~ rein ist *fig. colloq.* wait until the coast is clear; es herrschte dicke ~ *fig. colloq.* there was a heavy (*od.* an ominous, electric) atmosphere, there seemed to be trouble brewing; sie trocknen die Fische an der ~ they dry the fish in the open air; er ist viel an der frischen ~ he is out in the fresh air a lot;

du kommst zu wenig an die ~ you don't get out into the fresh air enough; Kleider an die ~ hängen to hang clothes in the (open) air; j-n an die (frische) ~ setzen *fig.* to dismiss s.o., to give s.o. the sack (*colloq.*); das ist doch völlig aus der ~ gegriffen *fig.* that is sheer invention (*od.* fabrication); Löcher in die ~ starren *fig. colloq.* to stare into space; mit den Händen in der ~ herumfuchteln to wave one's hands about in the air; vor Freude in die ~ springen to jump for joy; eine Brücke in die ~ sprengen to blow up a bridge; unsere Reisepläne haben sich in ~ aufgelöst *fig.* our travel arrangements have come to nothing; die Erscheinung löste sich in ~ auf *fig.* the mirage vanished into thin air; es liegt etwas in der ~ *fig.* there's s.th. in the air; es lag Streit in der ~ *fig.* there was a row brewing (*od.* in the air); er geht immer gleich in die ~ *fig. colloq.* he always flies off the handle, he always hits the ceiling; ich könnte ihn in der ~ zerreißen *fig. colloq.* I could tear him apart limb by limb; ich hänge augenblicklich in der ~ *fig.* I'm just in a vacuum at the moment, I don't have any immediate plans; deine Argumente hängen völlig in der ~ *fig.* your arguments are totally unfounded; unsere Pläne hängen noch völlig in der ~ *fig.* our plans are still very much in the air; nach ~ ringen (*od.* schnappen) to gasp (*od.* pant, struggle) for air. – **2.** (*Luftzug*) breeze, draft, *bes. Br.* draught. – **3.** ⟨*only sg*⟩ (*Atem*) breath: wieder ~ bekommen to get one's breath (again); die ~ anhalten to catch (*od.* hold) one's breath; tief ~ holen to take a deep breath; der Kragen schnürt mir die ~ ab the collar is throttling me (*colloq.*); mir blieb vor Schreck die ~ weg *fig. colloq.* the shock took my breath away; ihm ging die ~ aus a) he was winded, b) *fig.* his breath was taken away; halt die ~ an! *colloq.* pipe down, shut up (*beide colloq.*). – **4.** (*Himmel*) sky, air: er ist frei wie der Vogel in der ~ he is as free as a bird in the sky; der Vogel schwang sich in die Lüfte the bird soared into the sky; das Flugzeug erhob sich in die ~ the plane took off (*od.* became airborne); Truppen aus der ~ versorgen to supply troops by air, to airlift supplies to troops; durch die ~ herangeführt (*Material, Truppen*) airportable. – **5.** ⟨*only sg*⟩ atmosphere. – **6.** ⟨*only sg*⟩ *auto.* air: einen Motor mit ~ kühlen to cool an engine by air, to air-cool an engine; im Reifen ist nicht genug ~ there isn't enough air in the tire (*bes Br.* tyre); die ~ nachsehen lassen *colloq.* to have the air (in the tires, *bes. Br.* tyres) checked; aus den Reifen die ~ ablassen to deflate the tires (*bes. Br.* tyres). – **7.** ⟨*only sg*⟩ *tech.* a) (*Spielraum*) clearance, play, b) (*eines Lagers*) internal slackness, c) (*bei Paßteilen*) amount of looseness: der Kolben muß mehr ~ haben the piston must have more clearance; eine Dichtung mit ~ beaufschlagen to pressure a seal. — **~,ab,kom·men** *n mil. aer.* **1.** air pact. – **2.** (*der Zivilluftfahrt*) Warsaw Convention. — **~,ab,schluß** *m tech.* exclusion of air, hermetic (*od.* air) seal: unter ~ airtight, *Br.* air-tight.

'**Luft,ab,wehr** *f mil. aer.* air (*od.* antiaircraft, *Br.* anti-aircraft) defence (*Am.* defense). — **~ge,schütz** *n mil.* antiaircraft (*Br.* anti-aircraft) (*od.* AA) gun.

'**Luft,ab,zug** *m tech.* **1.** air issue (*od.* exhaust). – **2.** (*Abzugskanal*) air offtake. – **3.** (*Entlüfterstutzen od. -ventil*) air vent (*od.* outlet). — **~akro,bat** *m* **1.** *aer.* stunt flyer, aerial acrobat. – **2.** (*im Zirkus*) aerialist. — **~akro,ba·tik** *f aer.* stunt flying, aerobatics *pl* (*construed as sg*). — **~,alarm** [-ʔa,larm] *m aer. mil.* **1.** (*für Jäger*) air alert. – **2.** (*beim Luftschutz*) air-raid warning. — **~,an,griff** *m* **1.** air raid (*od.* strike), aerial (*od.* air) attack. – **2.** (*als Auftrag*) bombing mission (*od.* sortie). — **~,an,saug,stut·zen** *m* **1.** *tech.* air intake socket (*od.* adaptor). – **2.** *auto.* intake manifold. — **~,an,sicht** *f* aerial view. — **l~,ar·tig** *adj* **1.** pneumatic, aeriform. – **2.** *chem.* gaseous. — **~,auf,be,rei·tung** *f tech.* air conditioning. — **~,auf,klä·rung** *f aer. mil.* aerial reconnaissance, air surveillance. — **~,auf,nah·me** *f aer.* aerial photo(graph), photo(graph) taken from the air. — **~,auf,sicht** *f* air(-traffic) control. — **~,aus,tritt** *m tech. cf.* Luftabzug 1, 2. — ~-

,**bad** *n* air bath. — **~,bahn** *f meteor.* (air) trajectory. — **~,bal,lon** *m* **1.** (*Kinderspielzeug*) (toy) balloon. – **2.** *aer.* balloon, aerostat: lenkbarer ~ dirigible (airship). — **~,be,för·de·rung** *f aer.* air transport (*od.* carriage). — **~,be,häl·ter** *m* **1.** *tech.* air vessel (*od.* tank, cylinder). – **2.** *zo.* a) air sac (*od.* cavity), b) (*Schwimmblase*) float. — **~,be,hand·lung** *f med.* aerotherapeutics *pl* (*construed as sg*), open-air treatment (*od.* therapy). — **~,bei·ßer** *m vet.* crib-biter, windsucker. — **~,be,ob,ach·tung** *f aer.* air (*od.* aerial) observation. — **~,be,rei·fung** *f auto.* pneumatic tires (*bes. Br.* tyres) *pl.* — **~,be,tan·kung** *f aer.* air (*od.* inflight) refuel(l)ing. — **~,be,weg·lich·keit** *f* (*von Truppen etc*) air mobility. — **~,be,we·gung** *f* movement (*od.* motion, flow) of air: schwache ~ light wind (*od.* air).

'**Luft,bild** *n* **1.** *aer. cf.* Luftaufnahme. – **2.** *fig.* vision, phantasm. — **~,auf,klä·rung** *f aer.* air (*od.* aerial) photo(graphic) reconnaissance. — **~ge,rät** *n*, **~,ka·me·ra** *f* aerial (*od.* aircraft) camera. — **~,kar·te** *f* aerial map, photomap.

'**Luft|,bläs·chen** *n* **1.** small air bubble. – **2.** *biol. med.* (pulmonary) vesicle, alveolus. — **~,bla·se** *f* **1.** (air) bubble, bleb. – **2.** *tech.* a) air bubble (*od.* pocket), b) (*im Guß*) blowhole. – **3.** *zo.* air bladder (*od.* vesicle), (*der Röhrenquallen*) pneumatocyst, pneumatophore. – **4.** *bot.* (*in einer Alge*) aerocyst. — **~-'Bo·den-,Flug,kör·per** *m mil.* air-to-surface missile. — **~,brem·se** *f* **1.** *aer.* air brake. – **2.** *tech. cf.* Druckluftbremse. — **~,brücke** (*getr.* -k·k-) *f* **1.** *aer.* airlift, air bridge, skylift. – **2.** *tech.* air bridge.

Lüft·chen ['lʏftçən] *n* ⟨-s; -⟩ **1.** *dim. of* Luft. – **2.** (*gentle*) breeze, breath (of air), air: es regt sich kein ~ not a breeze is stirring, there is not a breath of air; ein frisches ~ a fresh breeze.

'**Luft,de·to·na·ti,on** *f* (*eines Atomsprengkörpers*) airburst.

'**luft,dicht I** *adj* airtight, *Br.* air-tight, hermetic(al): etwas ~ machen to render s.th. air(-)tight. – **II** *adv* airtight, *Br.* air-tight, hermetically: ~ verschlossen hermetically sealed; ~ verpackt packed in an air(-)tight (*od.* hermetically sealed) pack (*od.* container).

'**Luft|,dich·te** *f* **1.** *phys.* air (*od.* atmospheric) density. – **2.** *meteor.* air density. — **~,dicht·heit** *f phys.* airtightness, *Br.* air-tightness.

'**Luft,druck** *m* **1.** *phys. meteor.* air (*od.* atmospheric, barometric) pressure: den ~ betreffend atmospheric. – **2.** *tech.* air pressure. – **3.** *auto.* (*eines Reifens*) inflation pressure. – **4.** (*einer Explosion*) blast. — **~,ab,nah·me** *f meteor.* decrease (*od.* fall) of pressure. — **~,feld** *n* (air) pressure field. — **~,kar·te** *f* (air) pressure chart. — **~,mes·ser** *m* barometer. — **~,reg·ler** *m tech.* air pressure control valve (*od.* regulator). — **~,schrei·ber** *m meteor.* self-recording barometer, barograph. — **~ver,min·de·rung** *f* **1.** *tech.* air pressure release, decompression. – **2.** *meteor. cf.* Luftdruckabnahme. — **~,wel·le** *f* **1.** blast: er wurde von der ~ erfaßt he was caught in the blast. – **2.** *mil.* a) compression wave, b) (*eines Geschosses*) front wave. – **3.** *meteor.* pressure wave.

'**luft|,durch,läs·sig** *adj* **1.** *tech.* permeable to air. – **2.** *metall.* free-venting. — **L~,durch,läs·sig·keit** *f* air permeability, venting property.

'**Luft|,dü·se** *f tech.* air nozzle (*od.* jet). — **~,ein,laß** *m aer. tech.* air intake (*od.* inlet). — **~,ein,tritt** *m* **1.** *phys.* air admission. – **2.** (*Bauteil*) air intake (*od.* inlet). — **~elek·tri·zi,tät** *f meteor.* atmospheric electricity. — **~em,bo·lie** *f med.* air embolism. — **l~emp,find·lich** *adj* sensitive to (the) air.

lüf·ten ['lʏftən] **I** *v/t* ⟨h⟩ **1.** (*Zimmer etc*) air, ventilate. – **2.** (*Kleider etc*) (expose [s.th.] to) air: die Matratzen ~ to air the mattresses. – **3.** *agr.* (*Getreide etc*) stir up, aerate, b) (*Baum etc*) prune. – **4.** (*leicht anheben*) lift (*od.* raise) (a little): den Vorhang ~ to raise the curtain; vor j-m den Hut ~ to raise one's hat to s.o. – **5.** *fig.* raise, reveal, air: er lüftete seine Maske *fig.* he raised his mask, he revealed his identity; wir haben den Schleier des Geheimnisses gelüftet we have raised the curtain of secrecy. – **6.** *tech.* a) (*Flüssigkeit etc*) aerate, b) (*Bremsen etc*) release, c) (*Kupplung*) clear, d) (*Meißelhalter*) lift. – **7.** *chem.* aerate. – **II** *v/i* ⟨h⟩ **8.** *auch civ.eng.* air, ven-

tilate: wir müssen ~ we really must (get some) air in here. – **III L~** *n* ⟨-s⟩ **9.** *verbal noun.* – **10.** *cf.* Lüftung.

'**Luft,ent,stau,bungs,an,la·ge** *f tech.* cyclone dust collector.

'**Lüf·ter** *m* ⟨-s; -⟩ **1.** *tech.* a) ventilating fan, blower, ventilator, b) (*Sauglüfter*) exhauster: elektromagnetischer ~ *electr.* electromagnetic brake. – **2.** *agr.* aerator.

'**Luft|er,hit·zer** *m* ⟨-s; -⟩ *tech.* air heater. — **~er,hit·zung** *f* air heating, heating of air. — **~er,neue·rung** *f tech.* air replacement. — **~er,schei·nung** *f meteor.* atmospheric (*od.* meteorological) phenomenon.

'**Luft,fahrt** *f* ⟨-; *no pl*⟩ *aer.* **1.** (*Betrieb von Flugzeugen*) aviation: zivile ~ civil aviation. – **2.** (*als Wissenschaft*) aeronautics *pl* (*construed as sg*). – **3.** (*Führung von Flugzeugen über größere Entfernungen*) aerial navigation. — **~,aus,stel·lung** *f* air show, aircraft exhibition. — **l~be,gei·stert** *adj* air-minded. — **~ge,sell·schaft** *f aer.* airline (company). – **2.** *jur.* (air) carrier. — **~in·du,strie** *f* aircraft (*od.* aviation) industry, (*mit Raumfahrt*) aerospace industry. — **~,kar·te** *f aer.* aeronautical chart, navigation map. — **~me·di,zin** *f med.* aeromedicine, aviation medicine. — **~mi,ni·ster** *m Br.* Secretary of State for Air. — **~mi,ni,ste·ri·um** *n* a) *hist.* (*in Deutschland*) Ministry of Aviation, b) *Am.* Federal Aviation Agency (and Civil Aeronautics Board), c) *Br.* Ministry of Aviation, Air Ministry. — **~ver,si·che·rung** *f* a) aviation insurance, b) (*für Flugzeug*) aircraft insurance, c) (*für Flugreisende*) air-travel insurance. — **~,we·sen** *n aer. cf.* Luftfahrt 1. — **~,zeit,al·ter** *n* air age, era of air travel.

'**Luft,fahr,zeug** *n aer.* aircraft. — **~,füh·rer** *m* pilot.

'**Luft,fe·de·rung** *f* **1.** *tech.* air (*od.* pneumatic) cushioning. – **2.** *auto.* air suspension.

'**Luft|,feuch·te**, **~,feuch·tig·keit** *f meteor.* (atmospheric) humidity (*od.* moisture), humidity of the air.

'**Luft,feuch·tig·keits,grad** *m meteor.* relative humidity (of the air). — **~,mes·ser** *m* hygrometer: selbstregistrierender ~ hygrograph.

'**Luft|,fil·ter** *n, m* air filter (*od.* cleaner). — **~,flot·te** *f aer.* **1.** air fleet. – **2.** *mil.* air force: eine starke ~ an (air) armada. — **l~för·mig** *adj phys.* aeriform, gaseous.

'**Luft,fracht** *f econ.* airfreight: etwas per ~ senden to send s.th. by air(freight). — **~,brief** *m* airwaybill, *auch* airbill. — **~,dienst** *m* airfreight service.

'**Luft|,frach·ter** *m aer.* airfreighter. — **~,gang** *m* **1.** *zo.* air duct (*od.* vesicle), trachea (*scient.*): durch Luftgänge atmend trachean. – **2.** *arch. archeol.* (*in einer Pyramide etc*) air duct. — **~,gas** *n tech.* air gas, ordinary producer gas. — **~ge,fahr** *f mil.* imminent air raid. — **~ge,füllt** *adj* air-filled, filled with (*od.* full of) air: **~e** Schwellung *med.* physocele. — **~,geist** *m* **1.** *myth.* aerial spirit, spirit of the air, sylph, (*weiblicher*) sylphid. – **2.** *pl* (*in der Theosophie*) astral spirits. — **l~ge,kühlt** *adj tech.* air-cooled. — **~ge,schwa·der** *n mil.* (air) squadron. — **l~ge,trock·net I** *pp.* – **II** *adj* air-dried. — **l~ge,wehr** *n* air rifle (*od.* gun). — **l~,hal·tig** *adj* **1.** containing air, aeriferous. – **2.** *chem.* aerated. – **3.** *zo.* (*Knochen etc*) pneumatic. — **l~,här·ten** *v/t* ⟨*insep,* -ge-, h⟩ *metall.* air-harden. — **~,hauch** *m* breath of air, gentle (*od.* slight) breeze. — **~,hei·zung** *f cf.* Warmluftheizung. — **~,herr·schaft** *f aer. mil.* air supremacy (*od.* superiority), supremacy (*od.* mastery) of the air. — **~,hieb** *m* (*sport*) (*beim Fechten*) cut in the air. — **~,ho·heit** *f* ⟨-; *no pl*⟩ *pol.* sovereignty of the air. — **~,hül·le** *f meteor.* (earth) atmosphere. — **~,hun·ger** *m med.* air hunger. — **~,hut·ze** *f auto.* air scoop.

'**luf·tig** *adj* **1.** (*Platz etc*) breezy, airy, windy: wir befanden uns in **~er** Höhe we found ourselves on windy heights. – **2.** (*Raum, Kleidung etc*) airy, cool, light: ein **~es** Zimmer a cool room; ein **~es** Kleid a light (*od.* cool) dress; **~e** Gewänder airy (*od.* light) garments. – **3.** *poet.* (*Wesen*) aerial, airy, aery (*poet.*): ein **~es** Wesen an aerial (*od.* airy) being. – **4.** *fig. colloq.* (*leichtfertig*) flighty, giddy: ein **~er** Bursche *colloq. cf.* Luftikus 1. – **5.** *cf.* Luftig. — '**Luf·tig·keit** *f* ⟨-; *no pl*⟩ **1.** (*von Platz etc*) breeziness, airiness, windiness. – **2.** (*von Raum, Klei-*

dung etc) airiness, cool(ness), lightness. – **3.** *poet. (von Wesen)* airiness, aeriness *(poet.).* – **4.** *fig. colloq. (Leichtfertigkeit)* flightiness, giddiness.

Luf·ti·kus ['luftikus] *m ⟨-, auch -ses; -se⟩ colloq. humor.* **1.** giddy *(od. flighty, foolhardy, dizzy)* fellow *(bes. Br. chap).* – **2.** *(Windbeutel)* windbag.

'Luft|in·spek·ti·on *f aer.* aerial inspection, inspection from the air. — **~₁ka·bel** *n electr.* aerial *(od. overhead)* cable. — **~₁kalk** *m civ.eng.* hydrated lime. — **~₁kam·mer** *f* **1.** *tech.* air chamber. – **2.** *auto. (Diesel)* air cell. – **3.** *zo.* air chamber. – **4.** *biol.* float. — **~₁kampf** *m aer. mil.* air *(od.* aerial) combat *(od.* battle), *(zwischen Jägern)* dogfight *(colloq.).* — **~₁ka₁nal** *m* **1.** *tech.* flue, air duct *(od.* channel, passage). – **2.** *zo. cf.* Luftgang 1. — **~₁ka·sten** *m (eines Rennboots)* buoyancy tank. — **~₁kie·me** *f zo.* **1.** gill, branchia *(scient.).* – **2.** *(bei Spinnen)* lung book.

'Luft₁kis·sen *n tech.* air cushion. — **~₁fahr·zeug** *n* air cushion vehicle, cushion craft, hovercraft *(TM).*

'Luft|₁klap·pe *f* **1.** *tech.* air flap *(od.* shutter). – **2.** *auto.* a) *(der Karosserie)* cowl vent, b) *(des Vergasers)* choke, strangler, c) *(des Seitenfensters)* ventipane. — **~₁kno·chen** *m zo. (der Vögel)* air bone, pneumatic bone; siphonium, atmosteon *(scient.).* — **~₁kof·fer** *m* lightweight suitcase (for air travel). — **~₁ko·lik** *f vet.* wind sucking. — **~₁kom₁pres·sor** *m tech.* air compressor. — **~₁kon·den·sa·tor** *m aer. pol.* air capacitor. — **~₁kor·ri·dor** *m aer. pol.* air corridor. — **~'Kraft₁stoff-Ver₁hält·nis** *n aer.* air fuel ratio. — **~₁krank·heit** *f med.* a) airsickness, motion sickness, b) *(bes. von Piloten)* aeroneurosis. — **~₁krieg** *m aer. mil.* air war *(od.* warfare). — **~₁küh·lung** *f tech.* air cooling.

'Luft₁kur *f med.* climatic treatment. — **~ort** *m* (climatic) health resort.

'Luft₁lan·de·di·vi·si·on *f aer. mil.* airborne division. — **~₁ein·heit** *f* airborne (assault) unit. — **~₁kopf** *m* airhead. — **~₁trup·pen** *pl* airborne troops. — **~₁un·ter·neh·men** *n* airborne operation.

'Luft|₁lan·dung *f aer. mil.* airborne landing. — **l~₁leer** *adj phys. tech.* vacuous, air-void: ~ saugen to evacuate; ~er Raum vacuum. — **~₁lee·re** *f* vacuum. — **~₁lei·ter** *m electr.* aerial conductor. — **~₁li·nie** *f* **1.** *aer.* airline (company). – **2.** air distance *(Am.* line), beeline: Entfernung in der ~ distance as the crow flies. — **~₁loch** *n* **1.** air hole, venthole. – **2.** *aer. meteor.* air pocket. – **3.** *tech. (an Öfen)* venthole. – **4.** *zo.* a) air *(od.* breathing) hole, venthole, b) *(eines Wales)* spout hole, blowhole, c) *(bei Arthropoden)* stigma, spiracle. – **5.** *arch.* air hole, vent, port.

'Luft-'Luft[-₁Flug]kör·per *m aer. mil.* air-to-air missile. — **~-Ra₁ke·te** *f* air-to-air rocket.

'Luft|₁macht *f mil.* air power. — **~₁man·gel** *m med.* want *(od.* lack, deficiency) of air, air hunger. — **~₁ma₁nö·ver** *n aer. mil.* air exercise. — **~₁man·tel** *m tech.* air jacket *(od.* casing). — **~₁ma·sche** *f (beim Häkeln)* chain stitch. — **~₁mas·se** *f meteor.* air mass. — **~₁ma₁trat·ze** *f* air mattress *(Br. auch* bed). — **~₁men·ge** *f* quantity of air. — **~₁meß₁bild** *n* aerial survey photograph. — **~₁mes·ser** *m phys.* aerometer. — **~₁mi·ne** *f aer. mil.* aerial *(od.* parachute) mine. — **~na·vi·ga·ti₁ons·kar·te** *f aer.* aeronautical chart. — **~not** *f* distress in the air: Flugzeug in ~ aircraft in distress. — **~of·fen·si·ve** *f aer. mil.* air offensive. — **~pa₁ra·de** *f Am.* flyby, *Br.* flypast, aerial review. — **~per·spek₁ti·ve** *f* **1.** aerial perspective. – **2.** *(art) (in der Malerei)* degradation. — **~pflan·ze** *f bot.* air plant; aerophyte, epiphyte *(scient.).* — **~₁pol·ster** *m Austrian for* Luftkissen.

'Luft₁post *f* air mail, *Br. auch* air post: mit *(od.* per) ~ via *(od.* by) air mail, by air; einen Brief per ~ schicken to airmail a letter. — **~₁brief** *m* air-mail letter, air letter. — **~₁dienst** *m* air-mail service. — **~₁leicht₁brief** *m* aerogram(me), air letter. — **~₁li·nie** *f* air-mail line. — **~₁netz** *n* air-mail network. — **~ver₁kehr** *m* air-mail traffic. — **~₁zu·schlag** *m* air(-mail) surcharge.

'Luft|₁puf·fer *m tech.* air bumper *(od.* buffer). — **~₁pum·pe** *f* air *(od.* inflation) pump, tire *(bes. Br. tyre)* inflator, *(für Fahrrad)* bicycle pump.

'Luft|₁raum *m* **1.** atmosphere. – **2.** air space *(od.* gap). – **3.** *aer.* air space. – **4.** *cf.* Pore. — **~be·ob₁ach·ter** *m mil.* ground observer. — **~über₁wa·chung** *f aer.* **1.** *(durch Radar)* (space) surveillance. – **2.** *(bei der Zivilluftfahrt)* air-traffic control.

'Luft|₁recht *n* air law. — **~₁rei·fen** *m* **1.** pneumatic *(od.* air) tire *(bes. Br. tyre).* – **2.** *aer.* air tube. — **~₁rei·ni·ger** *m tech.* a) air cleaner *(od.* filter), b) *(zur Luftaufbesserung)* deodorizer. — **~₁rei·ni·gung** *f* **1.** a) air cleaning *(od.* purification, filtering), b) freshening, deodorization. – **2.** *(Lüftung)* ventilation. — **~₁rei·se** *f cf.* Flugreise. — **~re₁kla·me** *f* **1.** *(mit Rauchzeichen)* skywriting. – **2.** *(mit Schleppzeichen)* aerial advertisement *(od.* advertising). — **~₁ren·nen** *n aer.* air race. — **~₁ret·tungs₁dienst** *m aer.* air-rescue service.

'Luft|₁röh·re *f* **1.** *med. biol.* windpipe, bronchial *(od.* air) tube, trachea *(scient.).* – **2.** *zo.* trachea.

'Luft|₁röh·ren|₁ast *m med.* bronchus, bronchial tube. — **~₁blu·tung** *f* tracheal h(a)emorrhage. — **~ent₁zün·dung** *f* tracheitis. — **~ka₁tarrh** *m* bronchitis, tracheitis, tracheobronchitis. — **~₁schnitt** *m* tracheotomy, *auch* tracheostomy. — **~ver₁en·gung** *f* tracheal stenosis. — **~₁wurm** *m zo.* gapeworm *(Syngamus trachea od. S. trachealis).*

'Luft|₁rol·le *f* **1.** *aer.* roll. – **2.** *(sport) (beim Turnen)* somersault, *auch* summersault: ~ unter den Holmen zum Oberarmhang under-bar somersault on to upper arms. — **~₁sack** *m* **1.** *aer.* a) *(Windanzeiger)* wind sock *(od.* cone), b) *(Fallbö)* air pocket, c) *(Teil eines Ballons)* ballonet, air cell. – **2.** *biol. zo.* a) *(bei Insekten)* air sac, b) *(bei Vögeln)* air cell, c) *(bei Siphonophoren)* pneumatocyst, d) *(bei Staatsquallen)* pneumatophore. – **3.** *mil. (als Schlepper)* sleeve target. — **~₁sau·er₁stoff** *m chem.* atmospheric oxygen. — **~₁sau·ger** *m chem. phys.* aspirator. — **~₁säu·le** *f phys. meteor.* air column. — **~₁schacht** *m* **1.** *tech.* air *(od.* ventilating) shaft. – **2.** *(mining) cf.* Wetterschacht. — **~₁schall** *m phys.* sound transmitted through the air. — **~₁schau·kel** *f (am Jahrmarkt) Am.* cabin swing, *Br.* swingboat. — **~₁schicht** *f meteor.* air layer, stratum: die oberen ~en upper air *sg,* the upper atmospheric layers *sg.*

'Luft|₁schiff *n aer.* **1.** airship, dirigible, zeppelin. – **2.** *(unstarres Kleinluftschiff)* blimp. – **3.** *(Luftfahrzeug leichter als Luft)* aerostat.

'Luft|₁schiffahrt *(getr. -ff,f-) f* air *(od.* airship) navigation, aerostation.

'Luft|₁schif·fer *m aer.* aeronaut.

'Luft|₁schiff|₁ha·fen *m* airship port. — **~₁hal·le** *f* airship shed *(od.* hangar).

'Luft|₁schlacht *f aer. mil.* air battle: die ~ um England the Battle of Britain. — **~₁schlan·ge** *f meist pl* paper streamer. — **~₁schlauch** *m* **1.** *tech.* air hose. – **2.** *auto. (eines Reifens)* air *(od.* inner) tube. — **~₁schleu·se** *f tech. civ.eng.* air lock *(od.* sluice). – **2.** *auto. (auf der Motorhaube)* louver, *bes. Br.* louvre. — **~₁schloß** *n* castle in the air, air castle, pipe dream *(colloq.):* Luftschlösser bauen to build castles in the air; das sind alles nur Luftschlösser! that's just a pipe dream! — **~₁schlucken** *(getr. -k·k-) n med.* aerophagia.

'Luft|₁schrau·be *f aer.* airscrew, propeller, prop *(colloq.).*

'Luft|₁schrau·ben|₁blatt *n aer.* propeller blade. — **~-Tur₁bi·nen₁trieb₁werk** *n* turboprop *(od.* propjet) engine.

'Luft|₁schutz *m* air raid protection *(od.* precautions *pl),* ARP. — **~₁bun·ker** *m* air raid shelter, bunker. — **~₁kel·ler** *m cf.* Luftschutzbunker. — **~₁maß₁nah·men** *pl* air raid precautions. — **~₁raum** *m cf.* Luftschutzbunker. — **~si₁re·ne** *f* air raid siren. — **~₁übung** *f* air raid drill. — **~ver₁band** *m* civil defence *(Am.* defense) corps, *Br.* Civil Air Guard. — **~₁wart** *m* air (raid) warden.

'Luft|₁sieg *m* victory in the air, kill *(colloq.).* — **~₁sog** *m tech.* air suction, wake, *(nach Explosion)* vacuum, wake. — **~₁spe·di₁teur** *m econ.* air carrier. — **~₁sper·re** *f aer. mil.* air *(od.* balloon) barrage. — **~₁sperr₁feu·er** *n aer.* aerial, anti-aircraft, AA) barrage. — **~₁sperr·ge₁biet** *n aer.* restricted area (of air space). — **~₁spie·ge·lung,** **~₁spieg·lung** *f* **1.** *meteor. phys.* mirage, fata morgana, *auch* Fata Morgana. – **2.** *mar. (Kimmung)* looming. — **~₁spieß** *m metall.*

(in Formerei) vent rod. — **~₁sport** *m aer.* air sports *pl.* — **~₁sprung** *m* **1.** caper, capriole, gambol: er machte vor Freude einen ~ *(od.* Luftsprünge) he jumped for joy, he jumped about joyfully, he capered, he cut capers, he gambol(l)ed, he tumbled. – **2.** *(eines Pferdes)* gambado, gambade: einen ~ machen to gambado. – **3.** *choreogr.* entrechat. — **~₁ste·war·deß** *f aer.* (air) stewardess *(od.* hostess). — **~₁stick₁stoff** *m chem.* atmospheric nitrogen. — **~₁stö·run·gen** *pl* **1.** *meteor.* atmospheric disturbances. – **2.** *(radio)* atmospherics, static *sg.* — **~₁stoß** *m* air blast *(od.* gust), *(Lufterschütterung)* air concussion.

'Luft|₁strahl *m tech.* air jet, jet of air. — **~₁trieb₁werk** *n aer.* **1.** jet engine. – **2.** air-breathing engine.

'Luft|₁stra·ße *f aer.* air route, airway. — **~₁stra·te₁gie** *f mil. aer.* air strategy. — **~₁strecke** *(getr. -k·k-) f* **1.** *aer.* air route, airway. – **2.** *electr.* air gap.

'Luft|₁streit₁kräf·te *pl aer. mil.* air force *sg,* *(Br.* Royal) Air Force: Luft- und Seestreitkräfte air and sea combat forces. — **~₁macht** *f aer. mil.* **1.** air force. – **2.** *(Luftmacht)* air power.

'Luft|₁strom *m,* **~₁strö·mung** *f meteor.* air current, airflow, stream *(od.* current) of air, airstream. — **~₁stru·del** *m aer. meteor.* (air) eddy, *(vom Flugzeug verursachter)* slipstream. — **~₁stütz₁punkt** *m aer.* air base *(Br. auch* station). — **~₁ta·xe** *f* air taxi, *Am. auch* taxiplane, aerocab. — **~₁tem·pe·ra·tur** *f meteor.* air temperature. — **~₁tor·pe·do** *m aer.* aerial torpedo. — **~₁trans·port** *m aer.* air transport, airlift, transportation *(od.* movement) by air, air conveyance. — **l~₁trock·nen I** *v/t ⟨insep, -ge-, h⟩* **1.** *tech.* air-dry. – **2.** *(wood)* air-season. – **II L~** *n ⟨-s⟩* **3.** *verbal noun.* — **~₁trü·bung** *f meteor.* atmospheric turbidity. — **l~₁tüch·tig** *adj aer.* airworthy. — **~₁tüch·tig·keit** *f* airworthiness. — **~₁über₁fall** *m aer. mil.* surprise attack from the air. — **~₁über₁le·gen·heit** *f* air superiority. — **~₁über₁wa·chung** *f* air(-space) surveillance.

'Lüf·tung *f ⟨-; -en⟩* **1.** *cf.* Lüften. – **2.** *(eines Zimmers etc)* airing, ventilation. – **3.** *(von Kleidern etc)* airing. – **4.** *fig.* airing, revelation: die ~ des Geheimnisses the airing *(od.* revelation) of the secret. – **5.** *civ.eng.* ventilation. – **6.** *chem.* aeration. – **7.** *tech.* a) *(einer Kupplung)* clearance, b) *(einer Flüssigkeit)* aeration, c) *(von Bremsen)* release.

'Lüf·tungs|₁an·la·ge *f tech.* ventilation plant *(od.* equipment). — **~₁klap·pe** *f auto.* ventilation *(od.* ventilating) flap. — **~₁rohr** *n tech.* vent(ilating) pipe. — **~₁schacht** *m cf.* Luftschacht 1.

'Luft|₁un·ter₁druck *m tech.* low air pressure, air depression. — **~ven₁til** *n* **1.** *tech.* air valve. – **2.** *auto. (des Vergasers)* choke relief valve. — **~ver₁än·de·rung** *f* change of air: dir würde eine ~ guttun *auch fig.* a change of air would do you good. — **~ver₁dich·ter** *m tech.* air compressor *(od.* condenser). — **~ver₁drän·gung** *f* air displacement. — **l~ver₁dünnt** *adj* rarefied. — **~ver₁dün·nung** *f* air rarefication. — **~ver₁flüs·si·gung** *f phys. tech.* liquefaction of air.

'Luft·ver₁kehr *m ⟨-(e)s; no pl⟩ aer.* air traffic: (flug)planmäßiger ~ scheduled (air) services *pl.*

'Luft·ver₁kehrs|ge₁sell·schaft *f* airline (company), *(im Luftrecht)* carrier. — **~₁netz** *n* network of air routes. — **~₁vor₁schrif·ten** *pl* **1.** *(für die Flugsicherung)* air-traffic regulations. – **2.** *(behördliche)* civil air regulations.

'Luft|ver₁mes·sung *f aer.* aerial survey. — **~ver₁schmut·zung,** **~ver₁seu·chung** *f* air pollution. — **~ver₁sor·gung** *f* **1.** *tech.* air supply *(od.* feed). – **2.** *aer. mil. (auf dem Luftweg)* aerial supply, supply by air, airlift. — **~ver₁tei·di·gung** *f aer. mil.* air defence *(Am.* defense). — **~ver₁un₁rei·ni·gung** *f* air pollution. — **~vor₁wär·mer** *m aer.* air preheater, economizer. — **~₁waf·fe** *f aer. mil.* air force, *(Br.* Royal) Air Force: feindliche ~ enemy air force. — **~₁warn₁dienst** *m aer. mil.* air raid warning service. — **~₁war·nung** *f* air (raid) warning *(od.* alert). — **~₁wech·sel** *m tech.* air reversal. — **~₁weg** *m* **1.** *aer.* air channel *(od.* route): auf dem ~e by air; Versorgung auf dem ~e airlift.

2. *med.* air passage, airway, respiratory tract (*od.* passages *pl*). — ~**wel·le** *f phys.* airwave, (*Luftdruckwelle*) shock wave. — ~**wer·bung** *f aer. econ.* aerial advertising (*od.* publicity), skywriting, sky advertising. — ~**wi·der·stand** *m aer. tech.* (aerodynamic) drag, air resistance, windage: **schädlicher** ~ parasite (*od.* parasitic) drag; **den** ~ **überwinden** to overcome air resistance. — ~**wir·bel** *m* **1.** *tech.* air vortex (*od.* eddy). — **2.** *meteor.* air vortex, cyclone: **Bildung von** ~**n** turbulence. — ~**wur·zel** *f bot.* aerial root, (*anklammernde*) crampon, (*in den Boden herabsteigend*) stilt. — ~**zie·gel** *m civ.eng.* **1.** air-dried brick, *Am. auch* adobe. – **2.** (*Lüftungsziegel*) air brick. — ~**ziel** *n aer. mil.* aerial target. — ~**zu·fuhr** *f* ⟨-; *no pl*⟩ *tech.* admission of air, air supply. — ~**zug** *m* ⟨-(e)s; *no pl*⟩ **1.** draft (*bes. Br.* draught) (*od.* current) of air: **frischer** ~ *auch fig.* whiff of fresh air; **er kann nicht den geringsten** ~ **vertragen** he cannot stand the slightest draft. – **2.** *mar.* air draft (*bes. Br.* draught). – **3.** *tech.* (*im Ofen*) air flue. – **4.** *metall.* (*eines Schmelzofens*) air uptake. — ~**zu·tritt** *m* air admission (*od.* access).

Lug [luːk] *m* ⟨-(e)s; *no pl*⟩ (*in Wendungen wie*) ~ **und Trug** lying and cheating, fraud and falsehood; **er ist voller** ~ **und Trug** he is all deception; **mit** ~ **und Trug** with fraud and falsehood.

'**Lug·aus** *m* ⟨-; -⟩ *dial.* lookout, *Br.* look-out, observation point.

Lü·ge ['lyːɡə] *f* ⟨-; -n⟩ **1.** lie, falsehood, untruth, fib (*colloq.*): **eine dreiste** [**fromme, handgreifliche**] ~ a brazen [white, patent] lie; **eine glatte** [**plumpe, unverschämte, vorsätzliche**] ~ a flat [gross, barefaced, deliberate] lie; **eine faustdicke** ~ a whacking (great) lie, a whopper (*colloq.*); **j-n der** ~ **bezichtigen** (*od.* **zeihen**) to accuse s.o. of lying (*od.* of telling lies); **j-n** ~**n strafen** to prove s.o. a liar, to give s.o. the lie; **j-n der** ~ **überführt** he was caught (out) in an audacious lie; **j-n bei einer** ~ **ertappen** to catch s.o. out in a lie; **sich in** ~**n verstricken** to entangle oneself in a web of lies; **es ist alles** ~ it's all lies; **bei ihm ist jedes dritte Wort eine** ~ every other word he utters is a lie; ~**n haben kurze Beine** (*Sprichwort*) lies have short wings (*proverb*); ~ **vergeht, Wahrheit besteht** (*Sprichwort*) lies will fail where truth prevails. – **2.** (*Lügengeschichte*) lie, story, fable; yarn, fib (*colloq.*).

lu·gen ['luːɡən] *v/i* ⟨h⟩ *dial.* look (*od.* peep, peer) out: **die ersten grünen Spitzen** ~ **schon aus der Erde** the first green tips are already peeping (up) out of the ground; **er lugte verstohlen um die Ecke** he cautiously peered round the corner.

lü·gen ['lyːɡən] **I** *v/i* ⟨lügt, log, gelogen, h⟩ **1.** lie, tell a lie (*od.* lies, a falsehood): **unverschämt** ~ to lie in one's throat (*od.* teeth); **du lügst!** you are a liar! **ich müßte** ~**, wenn ich etwas anderes sagen wollte** I'd be lying were I to say anything else; **er lügt, wenn er den Mund aufmacht** *fig.* he lies whenever he opens his mouth, he can't open his mouth without telling a lie; **er lügt wie gedruckt** (*od.* **daß sich die Balken biegen**) *fig. colloq.* he lies like the devil (*od.* tells the most whopping lies); **j-m die Hucke voll** ~ *fig. colloq.* to tell s.o. a pack of lies; **wer lügt, der stiehlt** (*Sprichwort*) show me a liar and I'll show you a thief (*proverb*); **wer einmal lügt, dem glaubt man nicht, und wenn er auch die Wahrheit spricht** (*Sprichwort*) *etwa* a liar is not believed when he speaks the truth. – **2.** (*flunkern*) *colloq.* fib (*colloq.*), tell stories (*od. colloq.* fibs). – **II** *v/t* **3.** invent, fabricate: **das hast du gelogen** that was a lie, you told a lie there, you invented that; → **Blaue**[1]. – **III L·n** *n* ⟨-s⟩ **4.** verbal noun: **L·n gehört zum Handwerk** (*Sprichwort*) *etwa* all tradesmen must needs be liars. – **5.** storytelling, *Br.* story-telling.

'**Lü·gen·beu·tel** *m*, ~**bold** [-ˌbɔlt] *m* ⟨-(e)s; -e⟩ *colloq. contempt.* (habitual) liar, storyteller, *Br.* story-teller, fibber (*colloq.*). — ~**de·tek·tor** *m* lie detector, Keeler polygraph. — ~**dich·tung** *f* (*literature*) (*work od.* works *of*) *literature* composed of tall stories. — ~**ge·schich·te** *f* cock-and-bull story, fantastic (*auch* phantastic) tale, yarn (*colloq.*): **eine** ~ **erzählen** to tell a cock-and-bull story, to spin a yarn (*colloq.*). — ~**ge·we·be** *n* tissue (*od.* web) of lies: **ich**

verwickelte mich in mein eigenes ~ I got entangled in my own web of lies.

'**lü·gen·haft** *adj* **1.** (*Person*) false, dishonest, deceitful, lying, mendacious (*lit.*). – **2.** (*Erzählung, Geschichte etc*) false, invented, fabricated. — '**Lü·gen·haf·tig·keit** *f* ⟨-; *no pl*⟩ **1.** (*einer Person*) falseness, dishonesty, deceitfulness, mendacity (*lit.*). – **2.** (*einer Nachricht etc*) falseness.

'**Lü·gen·mär·chen** *n* **1.** tall story, piece of fiction, sheer invention: **erzähl mir kein(e)** ~ don't tell me such unbelievable tales. – **2.** (*Übertreibungen*) tall story. – **3.** (*Lügen*) lies *pl*. — ~**maul** *n colloq. contempt.* (impudent) liar, storyteller, *Br.* story-teller. — ~**netz** *n cf.* Lügengewebe. — ~**pro·pa·gan·da** *f contempt.* mendacious propaganda. — ~**sack** *m colloq. contempt. cf.* Lügenbeutel.

Lug·ger ['luɡər] *m* ⟨-s; -⟩ *mar. cf.* Logger.

'**Lug·ins·land** *m* ⟨-; -⟩ *obs.* (*Wachtturm*) lookout, *Br.* look-out, watchtower.

Lüg·ner ['lyːɡnər] *m* ⟨-s; -⟩ liar, storyteller, *Br.* story-teller: **ein gemeiner** [**infamer**] ~ a mean (*od.* dirty) [an infamous] liar.

'**lüg·ne·risch** *adj cf.* lügenhaft 1.

Lui·ker ['luːikər] *m* ⟨-s; -⟩ *med. cf.* Luetiker. — '**lu·isch** [-ɪʃ] *adj cf.* luetisch.

Lu·kar·ne [lu'karnə] *f* ⟨-; -n⟩ *dial. for* Dachfenster, Dachluke.

Lu·kas[1] ['luːkas] *npr m* ⟨-, *Bibl.* Lucā ['luːtsɛ]; *no pl*⟩ *Bibl.* Luke: **das Evangelium des** ~ *cf.* Lukasevangelium.

'**Lu·kas**[2] *m* ⟨-; -se⟩ (*auf dem Jahrmarkt*) try-your-strength machine: **haut den** ~**!** try your strength!

'**Lu·kas·evan·ge·li·um** *n* (the) Gospel according to St. Luke.

Lu·ke ['luːkə] *f* ⟨-; -n⟩ **1.** (*Dachfenster*) skylight. – **2.** *mar.* scuttle, hatch(way), (*zum Laden*) *auch* (cargo) hatch: **die** ~ **schalken** to batten down the hatch. – **3.** *aer.* hatch, (*zum Laden*) *auch* (cargo) door. – **4.** *mil.* (*beim Panzer*) hatch.

'**Lu·ken·deckel** [getr. -k·k-] *m mar.* hatch (cover).

lu·kra·tiv [lukra'tiːf] *adj* (*Beschäftigung etc*) lucrative, profitable.

lu·kul·lisch [lu'kulɪʃ] *adj* (*Speise, Mahl etc*) Lucull(i)an, luxurious, sumptuous.

Lu·kul·lus [lu'kulus] *m* ⟨-; -se⟩ (*Schlemmer*) Lucullus.

Lu·latsch ['luːlatʃ] *m* ⟨-(e)s; -e⟩ *only in* **ein (langer)** ~ *colloq.* a tall streak; a beanpole, a lamppost (*colloq.*).

lul·len ['lulən] *v/t* ⟨h⟩ *only in* **ein Kind in den Schlaf** ~ to lull a child to sleep.

Lumb [lump] *m* ⟨-(e)s; -e⟩ *zo.* (*Dorschfisch*) cusk, torsk (*Brosme brosme*).

Lum·ba·go [lum'baːɡo] *f* ⟨-; *no pl*⟩ *med.* (*Hexenschuß*) (acute) back strain, lumbago (*scient.*).

lum·bal [lum'baːl] *adj med.* lumbar. — **L·an·äs·the·sie** *f* spinal an(a)esthesia. — **L·punk·ti·on** *f* lumbar puncture, spinal tap.

lum·becken [getr. -k·k-] ['lumbɛkən] *v/t* ⟨h⟩ *print.* pad. — '**Lum·beck·ver·fah·ren** *n* rubber back binding process.

Lum·ber·jack ['lʌmbəˌdʒæk] (*Engl.*) *m* ⟨-s; -s⟩ (*Jacke*) lumber jacket.

Lu·men ['luːmən] *n* ⟨-s; - *od.* -mina [-mina]⟩ **1.** *phys. biol.* lumen. – **2.** *fig. humor. obs.* (*heller Kopf*) luminary. — ~ **mun·di** ['mundi] *n* ⟨-; *no pl*⟩ *Bibl.* (the) light of the world.

Lu·mi·nal [lumi'naːl] (*TM*) *n* ⟨-s; *no pl*⟩ *med. pharm.* Luminal (*TM*), phenobarbital, phenobarbitone.

lu·mi·nes·zent [luminɛs'tsɛnt] *adj phys.* luminescent. — **Lu·mi·nes'zenz** [-'tsɛnts] *f* ⟨-; -en⟩ luminescence. — **lu·mi·nes'zie·ren** [-'tsiːrən] *v/i* ⟨*no* ge-, h⟩ luminesce. — **lu·mi·nes'zie·rend I** *pres p.* – **II** *adj* luminescent.

lu·mi·nös [lumi'nøːs] *adj* (*lichtvoll, leuchtend*) *rare* luminous.

Lum·me ['lumə] *f* ⟨-; -n⟩ *zo.* guillemot (*Gattgen Uria u. Cepphus*).

Lum·mel ['luməl] *m* ⟨-s; -⟩ *Southwestern G. for* Lendenbraten 2.

Lüm·mel ['lyməl] *m* ⟨-s; -⟩. **1.** rude (*od.* ill-mannered) fellow, lout. – **2.** *bes. humor.* (*Lausbub*) rascal, (little) ruffian: **du** ~**, du!** you rascal, you!

Lüm·me·lei *f* ⟨-; -en⟩ rudeness, bad behavior (*bes. Br.* behaviour) (*od.* manners *pl*), loutishness.

'**lüm·mel·haft** *adj* rude, ill-mannered, loutish. — '**Lüm·mel·haf·tig·keit** *f* ⟨-; -en⟩ *cf.* Lümmelei.

lüm·meln ['lyməln] *v/reflex* ⟨h⟩ **sich** ~ *colloq.* slouch, sprawl, lounge, loll: **er lümmelt sich in den Sessel** he slouched into the armchair.

Lump [lump] *m* ⟨-en; -en⟩ **1.** *contempt.* rogue, rascal, scamp, (*stärker*) scoundrel, blackguard: **ein großer** [**abgefeimter, gemeiner**] ~ a big [wily, mean] rogue. – **2.** *zo. cf.* Lumpfisch.

Lum·pa·zi·us [lum'paːtsius] *m* ⟨-; -se⟩ *humor. for* Lump.

Lum·pa·zi·va·ga·bun·dus [lumˌpaːtsivaga'bundus] *m* ⟨-; -se *u.* -di [-di]⟩ *humor.* vagrant, vagabond, tramp.

lum·pen ['lumpən] *v/i* ⟨h⟩ *colloq.* **1.** lead a gay (*od.* loose) life: **hast du heute nacht wieder gelumpt?** were you out on the tiles again last night? – **2. sich nicht** ~ **lassen** to be generous, to give with an open (*od.* a free) hand, to come down handsomely.

'**Lum·pen** *m* ⟨-s; -⟩ **1.** (*Fetzen*) rag, tatter. – **2.** *pl* (*abgetragene Kleidung*) rags, tatters, rags and tatters: **in** ~ **gekleidet** (*od.* **gehüllt**) (dressed) in rags (*od.* duds); **in** (**einher**)**gehen** to go (about) in rags; **die Kleider vom Leibe fallen, bis sie einem in** ~ **vom Leibe fallen** to wear one's clothes until they fall off one's body (in rags); **j-n aus den** ~ **schütteln** *fig. colloq.* to give s.o. a good scolding, to haul (*od.* drag) s.o. over the coals. – **3.** (*Wischtuch*) clout.

'**Lum·pen·ball** *m Am.* hard-times party, *Br.* tramps' ball. — ~**ban·de** *f cf.* Lumpenpack. — ~**brei** *m* (*paper*) pulp, first stuff. — ~**geld** *n colloq.* paltry sum: **ich bekam das für ein** ~ I got it dirt cheap; **ich bekam ein** ~ **dafür** I got a paltry sum (*od.* a mere pittance) for it. — ~**ge·sin·del** *n cf.* Lumpenpack. — ~**händ·ler** *m* ragman, dealer in rags, *Am.* junkman, *Br. auch* rag-and-bone man. — ~**hund**, ~**kerl** *m contempt. cf.* Lump 1. — ~**le·ben** *n* dissipated (*od.* loose) life. — ~**pack** *n contempt.* rabble, riffraff, ragtag. — ~**pa·pier** *n* (*paper*) rag paper, paper made of (linen) rags. — ~**rei·ßer** *m tech. cf.* Lumpenwolf. — ~**sack** *m* ragbag. — ~**samm·ler** *m* **1.** ragpicker, ragman. – **2.** *fig. colloq. humor.* last bus (*od.* train, *Am.* streetcar, *Br.* tram): **mit dem** ~ **heimfahren** to go home by the last bus. — ~**samm·ler·krank·heit** *f med.* ragpicker's disease. — ~**ver·ar·bei·tung** *f* processing of rags. — ~**volk** *n contempt. cf.* Lumpenpack. — ~**wolf** *m* (*paper*) rag-tearing machine, willow (*od.* willy) rag machine. — ~**wol·le** *f* (*textile*) shoddy.

Lum·pe·rei *f* ⟨-; -en⟩ *colloq.* **1.** (*Gemeinheit*) shabby (*od.* mean) trick: **das war eine große** ~ **von dir** that was a really mean trick of yours. – **2.** (*Kleinigkeit*) trifle: **streitet euch doch nicht wegen dieser** ~ don't quarrel because of (*od.* over) this trifle.

'**Lump·fisch** *m zo.* lumpfish (*Cyclopterus lumpus*).

'**lum·pig** *adj* **1.** (*Kleidung etc*) shabby, ragged, tattered: **er war sehr** ~ **gekleidet** he was dressed in a very shabby (*od.* beggarly) way. – **2.** *fig.* (*Gesinnung, Tat etc*) shabby, wretched, mean. – **3.** *colloq.* (*lausig*) paltry: **für** ~**e zwei Mark** for a paltry two marks; **ein** ~**es Trinkgeld** a measly tip; **wegen** ~**er fünf Minuten** for a paltry (*od.* mere) five minutes.

Lu·na ['luːna] **I** *npr f* ⟨-; *no pl*⟩ *myth.* Luna (*Roman moon goddess*). – **II** *f* ⟨-; *no pl*⟩ *poet. for* Mond 1.

lu·nar [lu'naːr], **lu·na·risch** *adj astr.* lunar(ian). — **Lu·na·ri·um** [-rium] *n* ⟨-s; -rien⟩ lunarium.

Lu·na·ti·ker [lu'naːtikər] *m* ⟨-s; -⟩ *med.* sleepwalker, somnambulist (*scient.*).

Lu·na·ti·on [luna'tsioːn] *f* ⟨-; -en⟩ *astr.* lunation.

lu·na·tisch [lu'naːtɪʃ] *adj med.* moonstruck, somnambulistic (*scient.*). — **Lu·na·tis·mus** [-na'tɪsmus] *m* ⟨-; *no pl*⟩ sleepwalking, somnambulism (*scient.*).

Lunch [lan(t)ʃ, lʌntʃ] *m* ⟨*Engl.*⟩ ⟨-(es) *od.* -s; -e(s) *od.* -s⟩ lunch, (*offiziell*) luncheon: **wir sind bei X zum** ~ **eingeladen** we are invited to (*od.* for) lunch at X's.

lun·chen ['lan(t)ʃən] *v/i* ⟨h⟩ (have) lunch. — '**Lunch·ta·sche** *f* lunch bag. — ~**zeit** *f* lunchtime.

Lun·dist [lœ'dist] *m* ⟨-en; -en⟩ *hist.* 19th-century French theater (*bes. Br.* theatre) critic who always published his reviews on *Mondays*.

Lü·net·te [ly'nɛtə] *f* ⟨-; -n⟩ **1.** *arch.* (*Bogen-*

feld) lunette, fanlight. – **2.** *mil. hist. (alte Feldschanze)* demilune, half-moon. – **3.** *tech.* steady, steady rest. – **4.** *agr. (Scheuklappe)* lunette. – **5.** *(art) (in der Malerei)* lunette.
Lü'net·ten|stän·der *m tech.* end support column.
Lun·ge ['luŋə] *f* ⟨-; -n⟩ **1.** *med.* a) *(als Lungenflügel)* lung, b) *(als Organ)* lungs *pl:* linke [rechte] ~ left [right] lung; eiserne ~ iron lung; schwach auf der ~ sein to be short of breath *(od.* wind), to have a bad wind; sie hat es auf *(od.* mit) der ~ *colloq.* she has lung trouble; (Zigaretten, Pfeife *etc)* auf *(od.* durch die) ~ rauchen to inhale (the smoke); große Parks sind die ~n einer Großstadt *fig.* big parks are the lungs of a city; aus voller ~ schreien, sich *(dat)* die ~ aus dem Hals *(od.* Leib) schreien *fig. colloq.* to shout at the top of one's lungs *(od.* voice); das Kind hat eine gute ~ *fig.* the child has good *(od.* strong) lungs; schone deine ~ save your breath. – **2.** *(von Schlachttieren)* lights *pl.*
'Lun·gen|ar·te·rie *f med.* pulmonary artery. — **~·bläs·chen** *n* (pulmonary) alveolus. — **~·blu·tung** *f* h(a)emorrhage from the lungs, pulmonary h(a)emorrhage, h(a)emoptysis. — **~·brand** *m cf.* Lungengangrän. — **~·bra·ten** *m Austrian gastr.* for Lendenbraten **2.** — **~·chir·ur·gie** *f med.* surgery of the lungs, lung surgery. — **~·egel** *m zo.* lung fluke *(Paragonimus westermannii).* — **~·em·bo·lie** *f med.* pulmonary embolism. — **~·em·phy·sem** *n* pulmonary emphysema. — **~·ent·zün·dung** *f* inflammation of the lungs, pneumonia *(scient.):* doppelseitige ~ double *(od.* bilateral) pneumonia. — **~·er·wei·te·rung** *f* dilatation of the lungs, pulmonary emphysema *(scient.).* — **~·fach·arzt** *m* lung *(Am. auch* chest) specialist. — **~·fäu·le** *f vet.* dry rot, bane. — **~·feld** *n (beim Röntgen)* pulmonary field. — **~·fisch** *m zo.* **1.** lungfish, dipnoan *(Ordng Dipnoi).* – **2.** lepidosiren *(Lepidosiren paradoxa).* — **~·flech·te** *f bot.* **1.** lungwort *(Lobaria pulmonaria).* – **2.** lung lichen *(od.* moss) *(Sticta pulmonaria).* — **~·flü·gel** *m med.* lung, pulmonary lobe, lobe of the lungs: linker [rechter] ~ left [right] lung. — **~·für·sor·ge** *f med. care and benefits provided for victims of tuberculosis.* — **~·gan·grän** *f, auch n* gangrene of the lung, gangrenous pneumonia, necropneumonia. — **~·ha·schee** *n gastr.* hash (made) of calf's lights. — **~·heil·an·stalt, ~·heil·stät·te** *f* tuberculosis sanatorium *(bes. Am.* sanatarium). — **~·in·farkt** *m med.* pulmonary infarct. — **~·kol·laps** *m* collapse of the lung. — **~·kol·laps·the·ra·pie** *f* collapse therapy. — **~·krank** *adj* having a lung disease, consumptive, tubercular, tuberculous. — **~·kran·ke** *m, f* consumptive, person with a lung disease, tuberculosis patient. — **~·krank·heit** *f cf.* Lungenleiden. — **~·kraut** *n bot.* lungwort, bugloss cowslip, Virgin Mary's honeysuckle *(Pulmonaria officinalis).* — **~·krebs** *m med.* cancer of the lungs, pulmonary cancer, lung cancer. — **~·lap·pen** *m* pulmonary lobe, lobe of the lung. — **~·lei·den** *n* disease of the lungs, pulmonary *(od.* lung) disease, lung trouble. — **~·lei·dend** *adj cf.* lungenkrank. — **~·moos** *n bot.* **1.** *cf.* Lungenflechte. – **2.** Weißes ~ plum-tree evernia *(Evernia prunastri).* — **~·ödem** [-ʔøˌdeːm] *n med.* (o)edema of the lungs, pulmonary (o)edema. — **~·pest** *f* pneumonic plague. — **~·pfei·fer** *m vet. cf.* Kehlkopfpfeifer. — **~·pro·be** *f jur. med.* pulmonary docimasia. — **~·reiz·stoff** *m mil.* lung irritant. — **~·riß** *m med.* lung rupture. — **~·schä·di·gend** *adj* harmful to the lungs. — **~·schlag** *m* pulmonary embolism *(od.* apoplexy). — **~·schlag·ader** *f* pulmonary artery. — **~·schnecke** *(getr.* -k·k-) *f zo.* pulmonate mollusc *(Ordng Pulmonata).* — **~·schwind·sucht** *f med. obs.* for Lungentuberkulose. — **~·schwind·süch·tig** *adj* consumptive. — **~·spe·zia·list** *m cf.* Lungenfacharzt. — **~·spit·ze** *f* apex of the lung. — **~·spit·zen·ka·tarrh** *m* (pulmonary) apicitis. — **~·tie·re** *pl zo.* animals breathing through (the) lungs. — **~·tu·ber·ku·lo·se** *f med.* tuberculosis (of the lungs), pulmonary tuberculosis *(od.* phthisis, consumption): ~ bekommen to get (infected with) tuberculosis. — **~·wurm** *m zo.* lungworm *(Ordng Nematodes):* Großer ~ flat lungworm *(Dictyocaulus filaria).* — **~·zug** *m (beim Rauchen)* inhalation: einen ~ machen to inhale.

'Lun·ge·rer *m* ⟨-s; -⟩ *obs.* idler, loafer, lounger. — **lun·gern** ['luŋərn] *v/i* ⟨h⟩ *rare* for herumlungern.
Lun·ker ['luŋkər] *m* ⟨-s; -⟩ *metall.* **1.** *(durch Schwindung des Gußstückes)* shrinkhole. – **2.** *(im Stahlguß)* pipe, piping. – **3.** *(als Gaseinschluß)* blowhole. — **~·bil·dung** *f* **1.** *(im Gußstück)* shrinking. – **2.** *(im Stahlblock)* piping. — **~·frei** *adj* free of shrinkage cavities.
lun·kern ['luŋkərn] *v/i* ⟨h⟩ *metall.* **1.** *(beim Guß)* shrink. – **2.** *(beim Stahlblock)* pipe.
Lu·no·naut [luno'naut] *m* ⟨-en; -en⟩ *(space) cf.* Mondfahrer.
Lun·te ['luntə] *f* ⟨-; -n⟩ **1.** *tech. mil.* fuse, *Am. auch* fuze, slow match, match cord: die ~ ans Pulverfaß legen *auch fig.* to put the fuse to the powder keg; ~ riechen *fig. colloq.* to smell a rat, to get wind of s.th. – **2.** *hunt. (eines Fuchses)* brush, tail: der Fuchs ließ seine ~ hängen the fox let his tail *(od.* brush) hang.
'Lun·ten|schloß *n mil. hist. (einer Muskete)* matchlock. — **~·stock** *m* linstock.
Lu·pe ['luːpə] *f* ⟨-; -n⟩ *(optics) phys.* a) magnifying glass, magnifier, b) *(Leselupe)* reading glass: etwas mit der ~ betrachten to look at s.th. through *(od.* under) a magnifying glass; etwas [j-n] unter die ~ nehmen *fig.* to scrutinize *(od.* examine) s.th. [s.o.] closely; dieses Stück Fleisch ist so klein, daß man es mit der ~ suchen muß *fig.* this piece of meat is so small you have to look for it with a magnifying glass.
'lu·pen·rein *adj (Diamant etc)* flawless.
Lu·per·ka·li·en [lupɛr'kaːliən] *pl antiq.* Lupercalia.
lup·fen ['lupfən], **lüp·fen** ['lypfən] *v/t* ⟨h⟩ *Southern G., Austrian and Swiss* lift *(s.th.)* (a little), raise *(s.th.)* (slightly).
Lu·pi·ne [lu'piːnə] *f* ⟨-; -n⟩ *bot.* lupin(e) *(Gattg Lupinus):* Weiße ~ white lupin(e) *(L. albus).*
Lu·pi·no·se [lupi'noːzə] *f* ⟨-; -n⟩ *vet.* lupinosis.
Lup·pe ['lupə] *f* ⟨-; -n⟩ *metall.* ball *(od.* lump) (of iron), puddle ball.
lup·pen ['lupən] *v/t* ⟨h⟩ *metall.* ball.
'Lup·pen|ei·sen *n metall.* ball *(od.* puddled) iron. — **~·feu·er** *n* bloomery, *auch* bloomary.
Lu·pu·lin [lupu'liːn] *n* ⟨-s; *no pl*⟩ *chem.* lupulin. — **~·sau·er** *adj* lupulic, lupulinic. — **~·säu·re** *f* lupul(in)ic acid.
Lu·pus ['luːpus] *m* ⟨-; -(se)⟩ **1.** *med. (Hautkrankheit)* lupus (vulgaris). – **2.** ⟨*only sg*⟩ *astr. (Sternbild)* Lupus. — **~·ähn·lich, ~·ar·tig** *adj med.* lupoid, lupiform.
Lurch [lurç] *m* ⟨-(e)s; -e⟩ *zo.* amphibian *(Klasse Amphibia).* — **~·fisch** *m cf.* Lungenfisch.
Lu·re ['luːrə] *f* ⟨-; -n⟩ *mus. hist. (nord. Blasinstrument)* lur.
Lu·sche ['luʃə] *f* ⟨-; -n⟩ *dial.* **1.** *(beim Kartenspiel)* nonscoring *(Br.* non-scoring) card. – **2.** *(schlampige Frau)* trollop. — **'lu·schig** *adj u. adv colloq.* for liederlich.
Lu·ser ['luːzər] *m* ⟨-s; -⟩ *hunt. cf.* Lauscher 2.
Lu·si·ta·ner [luzi'taːnər] *m* ⟨-s; -⟩ *geogr.* Lusitanian. — **lu·si·ta·nisch** *adj* Lusitanian.
Lust [lust] *f* ⟨-; ˛e⟩ **1.** ⟨*only sg*⟩ *(Wunsch, Bedürfnis etc)* inclination, desire, liking, wish, fancy: ~ haben, etwas zu tun a) to feel like doing s.th., to be *(od.* feel) inclined to do s.th., to have a (great) mind to do s.th., b) to be in the mood for doing s.th., c) to like *(od.* wish) to do s.th., d) to care to do s.th.; ich hätte beinahe *(od.* nicht übel) ~, ihn hinauszuwerfen I feel very much like throwing him out, I have half a mind to throw him out; ich hätte größte ~, zu Hause zu bleiben I have a great mind to stay at home; ich habe keine *(od.* nicht die geringste) [wenig] ~, ihm zu helfen I have no mind [little inclination] to help him, I don't feel in the least [I feel hardly] inclined to help him; ich habe keine ~ mehr (zu arbeiten) a) I don't feel like working any longer, b) *(endgültig)* I have had enough, I am fed up with working; er hatte keine ~ weiterzukämpfen he had no stomach for further fighting; ich bekomme auch ~ zu tanzen I am beginning to feel like dancing too; dem ist die ~ (am Trinken) für immer vergangen he is cured for good (of drinking); nach diesem Unfall war mir alle ~ am Skifahren vergangen after I had this accident I (just) completely lost all desire to ski; er zeigte

keine ~ zu arbeiten he showed no desire to work; er hat zu nichts ~ he doesn't want to do anything; ich habe jetzt gerade keine ~ zu arbeiten I am not in the mood for working just now; er hatte ~ *(od. lit.* es wandelte ihn die ~ an) spazierenzugehen he felt in the mood for a walk; Sie können je nach ~ und Laune nach X oder Y fahren you may travel to X or Y, it just depends on your mood and inclination; hättest du ~, mich zu begleiten? would you like *(od.* care) to accompany me? ganz wie Sie ~ haben just as you like *(od.* wish); ich habe keine ~ dazu I don't care for it, I am not keen on it *(colloq.);* wer ~ hat, kann bei dem Spiel mitmachen anyone who feels like *(od.* pleases) may join *(od.* take part in) the game; meinetwegen kann er warten, solange er ~ hat *colloq.* he can wait as long as he likes for all I care; das kannst du machen, wie du ~ hast you can do that as you like; ich habe große ~, tanzen zu gehen I would very much like to go to a dance. – **2.** ⟨*only sg*⟩ *(Vergnügen)* pleasure, delight, joy: es ist eine ~ zu sehen, wie it is a pleasure to see how; er hat ~ am Leben he enjoys life; es bereitet ihm große ~ it gives *(od.* affords) him great pleasure *(od.* enjoyment), it is a real pleasure for him; es ist eine wahre ~, diese Blumen zu betrachten it is a real pleasure *(od.* treat) to see these flowers; er arbeitet, daß es eine ~ ist it is a delight to see him work *(od.* how he works); es ist nicht alles eitel ~ und Freude it is not all mere pleasure; mit ~ und Liebe bei einer Sache sein, etwas mit ~ und Liebe tun to do s.th. with heart and soul, to put one's whole heart into s.th.; er hat ~ am Quälen anderer he takes pleasure *(od.* delight) in tormenting others; er hat ~ am schnellen Fahren he takes delight in *(od. colloq.* he gets a kick out of) driving fast. – **3.** ⟨*only sg*⟩ *(Interesse)* interest: er hat alle ~ an seinem Beruf verloren he has lost all interest in *(od.* liking for) his profession; ich habe wieder ~ an der Arbeit bekommen I have taken new interest in my work; er hat mir die ganze ~ genommen he made me lose all my interest; dieser Vorfall hat mir die ganze ~ verdorben this occurrence took away all my interest; j-m ~ zu etwas machen a) to rouse s.o.'s interest in s.th., b) to give s.o. a desire *(od.* taste) for s.th.; ich habe die ~ an der Arbeit verloren a) I don't feel like work(ing) any more, b) *(aus Faulheit)* I can't be bothered with work any more. – **4.** ⟨*only sg*⟩ *(Verlangen)* longing, craving: ~ auf *(acc)* etwas Süßes haben to have a longing for s.th. sweet, to crave (for) s.th. sweet; ~ auf *(acc)* etwas zu trinken haben to long for a drink. – **5.** *(sinnliche Begierde)* desire, lust: weltliche [fleischliche] ~ worldly [carnal] desire; sinnliche ~ sexual desire *(od.* appetite), lust; sündige ~ sinful lust; die ~ *(od.* Lüste) des Fleisches the desires of the flesh; ein Sklave der eigenen Lüste sein to be a slave to one's own desires *(od.* passions); seiner ~ frönen [nachgeben] to indulge [to give in to] one's desire.
'Lust·bar·keit *f* ⟨-; -en⟩ **1.** amusement, entertainment, diversion: öffentliche ~ public entertainment; es wurden allerhand ~en geboten all sorts of amusements were offered. – **2.** *(Veranstaltung)* festivity, fête, *Am. auch* fete, merrymaking, *Br.* merry-making, revels *pl,* gaieties *pl:* eine ~ veranstalten to arrange a festivity; der Höhepunkt der ~ the climax of the merrymaking *(Br.* merry-making).
'Lust·emp·fin·dung *f* pleasant sensation.
lü·sten ['lystən] *v/impers* ⟨h⟩ *obs.* for gelüsten.
Lu·ster ['lustər] *m* ⟨-s; -⟩ *Austrian* for Lüster 1.
Lü·ster ['lystər] *m* ⟨-s; -⟩ **1.** *(Kronleuchter)* chandelier, luster, *bes. Br.* lustre. – **2.** *(Glasur)* (metallic) luster *(bes. Br.* lustre): Porzellangeschirr mit ~ lusterware; mit ~ überziehen to luster. – **3.** *(Glanzeffekt von Textilien)* gloss, shine. — **~·brand** *m tech. (bei Porzellan etc)* **1.** reducing *(od.* smoky) fire. – **2.** firing of luster *(bes. Br.* lustre). — **~·klem·me** *f electr.* luster *(bes. Br.* lustre) terminal.
lü·stern ['lystərn] *adj* **1.** *(Person)* lascivious, lustful, lewd, lecherous, sensual, wanton; prurient, concupiscent *(lit.).* – **2.** *(Gedanken, Vorstellungen etc)* lascivious, lustful, lewd,

lecherous. – **3.** (*in Wendungen wie*) ~ **sein auf** (*acc*) (*od.* nach) **etwas** *rare* to be greedy of (*od.* for) s.th., to long (*od.* crave) for s.th.; **j-n nach** (*od.* auf *acc*) **etwas ~ machen** to make s.o. long for s.th., to whet (*od.* stimulate) s.o.'s appetite (*od.* desire) for s.th. — **'Lü·stern·heit** *f* ⟨-; *no pl*⟩ **1.** (*einer Person*) lasciviousness, lustfulness, lewdness, lechery, sensualism, sensuality, wantonness; pruriency, concupiscence (*lit.*). – **2.** (*von Gedanken, Vorstellungen etc*) lasciviousness, lustfulness, lewdness, lechery: **die ~ seiner Gedanken** the lustfulness of his thoughts; **die ~ in seinen Blicken** the lechery in his eyes. – **3.** (*Gierigkeit*) greediness.

'lust·er·re·gend *adj* **1.** sexually stimulating. – **2.** stimulating one's desire.

'Lust|,fahrt *f* pleasure cruise (*od.* trip, excursion). — **~,gar·ten** *m hist.* pleasure ground(s) (*pl*) (*od.* garden), pleasance (*archaic od. poet.*). — **~ge,fühl** *n* **1.** pleasurable sensation, feeling (*od.* sensation) of pleasure. – **2.** sexual sensation, titillation. — **~ge-,winn** *m psych.* pleasure gain. — **~,haus, ~,häus·chen** *n rare* pleasure-house.

'lu·stig *I adj* **1.** (*fröhlich*) gay, merry, jovial, jolly: **er ist ein ~er Bursche** (*od. colloq.*) **ein ~es Haus** he is a gay (*od.* cheerful) fellow; **~e Leute** merry people; **eine ~e Gesellschaft** a merry party (*od.* company); **ein ~er Abend** a gay (*od.* jolly) evening; **sie mag nur ~e Geschichten** she only likes merry tales; **Wein macht ~** wine makes merry; **sich** (*dat*) **einen ~en Tag machen** to have a merry time of it; **in ~er Stimmung sein** to be in a gay mood (*od.* humo[u]r); **alle Tage kann man nicht ~ sein** life is not all beer and skittles; **immer ~! cheer up!** nur **immer ~!** don't hesitate! **sich über j-n ~ machen** to make fun (*od.* merry) of s.o., to laugh (*od.* poke fun) at s.o., to ridicule s.o.; **du bist aber** (*od.* ja) **~** *iron. colloq.* you must be mad (*od. colloq.* off your rocker); **die L~e Person** (*theater*) the clown (*od.* fool, harlequin); **er ist ein rechter Bruder L~** *obs. lit.* he is a real merry fellow (*od.* Merry-Andrew). – **2.** (*unterhaltsam, heiter*) droll, amusing, funny: **ein ~er kleiner Mann** a droll little man; **eine ~e Erzählung** [**ein ~er Witz**] a funny story [joke]; **das ist ja ~, da müssen wir ja mitten in der Nacht aufstehen** *iron.* that's brilliant (*od.* marvel[l]ous), we've got to get up in the middle of the night; **es war sehr ~** it was great fun; **ein ~er Streich** a lark, a frolic; **ein ~es Gedicht** a funny (*od.* humorous) poem; **das ist aber ~!** *fig. iron. colloq.* very funny! **das kann ja ~ werden!** *fig. iron. colloq.* that could hold some unpleasant surprises! nice prospects! **das wird ja ~!** *fig. iron.* that will be a nice state of affairs! that will be a pretty mess! **tu, wozu du ~ bist!** *iron. dial. colloq.* do as you please! **wie ~!** *fig. iron. colloq.* what a game (*od.* lark)! – **3.** (*komisch*) funny, comical: **eine ~e Stupsnase** a funny snub nose; **eine ~e Alte** a funny old woman. – **4.** (*freundlich*) cheerful, convivial. – **II** *adv* **5. ~ und munter** happily and gaily; **das Feuer prasselte ~** the fire crackled cheerfully (*od.* cheerily); **~ und in Freuden leben** to lead a gay (*od.* merry) and happy life; **~ lachen** to laugh gaily; **~ umherspringen** to jump about gaily; **dort geht es aber ~ zu** they are having a good (*od.* gay) time of it; **nur zu, ~ drauflos!** *colloq.* go ahead, don't hesitate! **sie schlugen ~ drauflos** *colloq.* they flailed away lustily (*od.* with gusto). — **'Lu·stig·keit** *f* ⟨-; *no pl*⟩ **1.** gaiety, merriment, jollity: **eine ausgelassese [überschäumende] ~** a rollicking [an exuberant] gaiety. – **2.** (*Unterhaltsamkeit*) drollness, funniness. – **3.** (*Komik*) funniness, comicality. – **4.** (*Freundlichkeit*) cheerfulness, conviviality.

'Lust|,jacht *f colloq.* pleasure yacht. — **~-,kna·be** *m* catamite.

'Lüst·ling *m* ⟨-s; -e⟩ voluptuary, sensualist, lecher, debauchee.

'lust·los *adj* **1.** listless, apathetic: **ich bin in einer ~en Stimmung** I am in a listless mood; **er ist völlig ~** he is completely apathetic. – **2.** *econ.* (*Börse, Tendenz etc*) dull, lifeless, flat, inactive, slack, listless. — **'Lust·lo·sig·keit** *f* ⟨-; *no pl*⟩ **1.** listlessness, apathy. – **2.** *econ.* dullness, *Am. auch* dulness, lifelessness, flatness, inactivity, slackness, listlessness: **an der Börse herrschte ~** dul(l)ness prevailed on the stock market.

'Lust|,molch *m colloq. contempt.* for Lüstling. — **~,mord** *m jur.* sex murder, rape and murder. — **~,mör·der** *m* sex murderer, rapist and murderer. — **~,prin,zip** *n psych.* (*nach Freud*) pleasure principle.

Lu·stra·ti·on [lustra'tsĭoːn] *f* ⟨-; -en⟩ **1.** *relig.* lustration. – **2.** *obs.* for Prüfung 3, 4. — **lu·stra'tiv** [-'tiːf] *adj relig.* lustrative. — **lu'strie·ren** [-'triːrən] *v/t* ⟨*no* ge-, h⟩ **1.** *relig.* lustrate. – **2.** *obs.* for prüfen 3, 4. — **lü·strie·ren** [lʏs'triːrən] *v/t* ⟨*no* ge-, h⟩ (*textile*) luster, *bes. Br.* lustre. — **Lu·strum** ['lustrum] *n* ⟨-s; -stren *u.* -stra [-tra]⟩ **1.** *antiq. relig.* lustrum. – **2.** (*Jahrfünft*) lustrum.

'Lust|,schiff *n colloq.* pleasure boat. — **~,schloß** *n hist.* **1.** château de plaisance. – **2.** summer residence. — **~,seu·che** *f med.* syphilis, venereal disease, lues.

'Lust|,spiel *n* (*theater*) comedy: **ein musikalisches ~** a musical comedy. — **~,dich·ter** *m* comic writer, *auch* comedian, comedist. — **~,film** *m* film comedy.

'Lust|,trieb *m psych.* libido. — **~ver,lan·gen** *n* sexual desire. — **l~,wan·deln** *v/i* ⟨*insep*, ge-, sein⟩ *lit.* take a stroll, promenade, jaunt.

lu·te·al [lute'aːl] *adj med.* luteal.

Lu·te·in [lute'iːn] *n* ⟨-s; *no pl*⟩ *chem. med.* lutein, xanthophyll ($C_{40}H_{54}(OH)_2$).

Lu·teo·lin [luteo'liːn] *n* ⟨-s; *no pl*⟩ *chem.* luteolin ($C_{15}H_{10}O_6$).

Lu·te·om [lute'oːm] *n* ⟨-s; -e⟩ *med.* luteoma.

Lu·té·ti·en [lyte'sĭɛ̃ː] *n* ⟨-; *no pl*⟩ *geol.* Lutetian.

Lu·te·ti·um [lu'teːtsĭum] *n* ⟨-s; *no pl*⟩ *chem.* lutetium (Lu).

Lu·the·ra·ner [lutə'raːnər] *m* ⟨-s; -⟩ *relig.* Lutheran. — **Lu·the'ra·nisch** *adj* Lutheran. — **'lu·ther,feind·lich** ['luːtər-] *adj* antilutheran, *Br.* anti-lutheran.

lu·the·risch ['luːtərɪʃ; lu'teːrɪʃ] *adj* Lutheran: **~e Kirche** Lutheran Church; **L~er Weltbund** Lutheran World Federation.

'Lu·the·risch ['luːtərɪʃ] *adj* Luther's: **die Lutherische Bibelübersetzung** Luther's translation of the Bible.

'Lu·ther,rock *m* black frock coat.

'Lu·thersch *adj* ⟨*attrib*⟩ *cf.* Lutherisch.

'Lu·ther·tum *n* ⟨-s; *no pl*⟩ Lutheranism, Lutherism: **zum ~ übertreten** to become a Lutheran, to Lutheranize.

'Lutsch·bon,bon *m, n* lollipop, lollypop.

lut·schen ['lutʃən] **I** *v/t* ⟨h⟩ suck: **ein(en) Bonbon [Tabletten] ~** to suck a candy (*Br.* sweet) [tablets]. – **II** *v/i* suck: **lutsche nicht am Daumen!** don't suck your thumb! – **III L~** *n* ⟨-s⟩ *verbal noun.*

'Lut·scher *m* ⟨-s; -⟩ *colloq.* **1.** (*einer Saugflasche*) nipple, teat. – **2.** *cf.* Lutschbonbon. – **3.** *cf.* Schnuller 1.

'Lutsch,stan·ge *f* sucker, lollipop, lollypop.

Lut·te ['lutə] *f* ⟨-; -n⟩ (*mining*) (air) duct, pipe, tube.

Lut·ter ['lutər] *m* ⟨-s; -⟩ (*Destillat*) singlings *pl*, low wine.

Luv [luːf] *f* ⟨-; *no pl*⟩ *mar.* windward, weather side: **über ~** to windward on the weather bow. — **~,an·ker** *m* weather anchor.

lu·ven ['luːvən; 'luːfən] *v/i* ⟨h⟩ *mar.* luff (up).

'luv,gie·rig *adj mar.* (*Schiff*) weatherly: **~ sein** to carry weather helm. — **'Luv,gie-rig·keit** *f* ⟨-; *no pl*⟩ weatherliness.

'Luv|,kü·ste *f mar.* (*Wetterküste*) weather shore. — **~,sei·te** *f* weather side, windward. — **l~,wärts** *adv* windward, aweather, up: **~ an** (*dat*) **etwas vorbeisegeln** to weather s.th.; **die Insel lag ~ von uns** the island was on our weather bow; **das Ruder nach** (*od.* in) **~!** helm aweather! up helm! bear away! [metre] candle.|

Lux [luks] *n* ⟨-; -⟩ *phys.* lux, meter (*bes. Br.*)

Lu·xa·ti·on [luksa'tsĭoːn] *f* ⟨-; -en⟩ *med.* dislocation, displacement, luxation (*scient.*): **komplette [komplizierte od. blutige] ~** complete [compound] dislocation; **angeborene ~** congenital dislocation.

Lu·xem·bur·ger ['luksəm,burgər] *m* ⟨-s; -⟩ Luxemb(o)urger. — **'lu·xem,bur·gisch I** *adj* Luxemb(o)urgian. – **II** *ling.* **L~** ⟨*generally undeclined*⟩, **das L~e** ⟨-n⟩ Luxemb(o)urgian, the Luxemb(o)urgian language.

lu·xie·ren [lu'ksiːrən] *v/t* ⟨*no* ge-, h⟩ *med.* dislocate, luxate (*scient.*).

lu·xu·rie·ren [luksu'riːrən] **I** *v/i* ⟨*no* ge-, h⟩ **1.** *bot.* (*von Pflanzen*) grow abundantly. – **II L~** *n* ⟨-s⟩ **2.** *verbal noun.* – **3.** *biol.* heterosis.

lu·xu·ri·ös [luksu'rĭøːs] **I** *adj* ⟨-er; -est⟩

(*Fest, Ausstattung etc*) luxurious, sumptuous, de luxe, *bes. Am.* deluxe, *stärker* extravagant: **ein ~es Leben führen** to lead a life of luxury (*od.* a luxurious life). – **II** *adv* **sie waren ~ eingerichtet** they had a luxuriously furnished home.

Lu·xus ['luksus] *m* ⟨-; *no pl*⟩ luxury, sumptuousness, (*stärker*) extravagance: **von ~ umgeben** surrounded by (*od.* lapped in) luxury; **im ~ leben** to live in luxury, to lead a luxurious life; **das ist ~!** *colloq.* that is (being) extravagant; **einen großen ~ treiben** to lead a life of luxury; **das ist ein zu großer ~ für mich** that is too much of a luxury (*od.* an extravagance) for me; **sich** (*dat*) **den ~ gestatten zu** to permit oneself the extravagance of, to treat oneself to the luxury of; **er kann sich den ~ einer eigenen Meinung nicht erlauben** *fig.* he cannot afford the luxury of having an opinion of his own. — **~ar,ti·kel** *m* fancy (*od.* luxury) article, de luxe (*bes. Am.* deluxe) article, luxury. — **~aus,füh·rung** *f* de luxe (*bes. Am.* deluxe) model (*od.* finish, style): **ein Auto in ~** a de luxe car. — **~aus,ga·be** *f* (*eines Buches*) de luxe (*bes. Am.* deluxe) edition. — **~,dampf·er** *m mar.* luxury liner (*od.* steamer). — **~,ein,band** *m* (*eines Buches*) de luxe (*bes. Am.* deluxe) binding. — **~,gü·ter** *pl* fancy (*od.* luxury) articles, de luxe (*bes. Am.* deluxe) articles, luxuries. — **~ho,tel** *n* luxury hotel. — **~,jacht** *f mar.* luxury yacht. — **~,ka·bi·ne** *f* de luxe (*bes. Am.* deluxe) cabin. — **~,le·ben** *n* life of luxury, luxurious (*od. stärker* extravagant) life: **ein ~ führen** to lead a life of luxury. — **~re·stau,rant** *n* high-class (*od.* luxury) restaurant, de luxe (*bes. Am.* deluxe) restaurant. — **~,steu·er** *f econ.* luxury tax. — **~,wa·gen** *m auto.* luxury car, de luxe (*bes. Am.* deluxe) model. — **~,wa·ren** *pl cf.* Luxusgüter. — **~,yacht** *f mar.cf.* Luxusjacht. — **~,zug** *m* (*railway*) de luxe (*bes. Am.* deluxe) train, pullman (*od.* Pullman) (express train).

Lu·zer·ne [lu'tsɛrnə] *f* ⟨-; -n⟩ *bot.* lucern(e), purple medic(k), alfalfa, Spanish trefoil (*Medicago sativa*): **Deutsche ~** yellow medic(k) (*M. falcata*).

lu·zid [lu'tsiːt] *adj lit.* **1.** (*Augenblick, Formulierung etc*) lucid. – **2.** (*durchsichtig*) transparent. — **Lu·zi·di'tät** [-tsidi'tɛːt] *f* ⟨-; *no pl*⟩ **1.** *psych.* (*Hellsehen*) clairvoyance, lucidity. – **2.** *lit.* lucidity. – **3.** *lit.* transparence.

Lu·zi·fer ['luːtsifɛr] *npr m* ⟨-s; *no pl*⟩ **1.** *relig.* Satan, Lucifer. – **2.** *poet.* (*Venus als Morgenstern*) Lucifer, Phosphorus. — **lu·zi·fe·risch** [lutsi'feːrɪʃ] *adj* Luciferian.

Lya·se [ly'aːzə] *f* ⟨-; -n⟩ *chem.* lyase.

Lyd·dit [lʏ'diːt; -'dɪt] *n* ⟨-s; *no pl*⟩ *chem.* (*Sprengstoff*) lyddite.

Ly·der ['lyːdər], **'Ly·di·er** [-dĭər] *m* ⟨-s; -⟩ Lydian. — **'ly·disch** [-dɪʃ] **I** *adj* Lydian: **~e Tonart, ~er Ton** *mus.* Lydian mode. – **II** *ling.* **L~** ⟨*generally undeclined*⟩, **das L~e** ⟨-n⟩ Lydian, the Lydian language.

Ly·dit [lʏ'diːt; -'dɪt] *n* ⟨-s; -(e)s; -e⟩ *min.* Lydian stone, touchstone, basanite.

Ly·ki·er ['lyːkĭər] *m* ⟨-s; -⟩ Lycian. — **'ly·kisch** [-kɪʃ] **I** *adj* Lycian: **~e Kunst** Lycian art. – **II** *ling.* **L~** ⟨*generally undeclined*⟩, **das L~e** ⟨-n⟩ Lycian, the Lycian language.

Ly·ko·po·di·um [lyko'poːdĭum] *n* ⟨-s; -dien⟩ *bot. cf.* Bärlapp.

Lymph·ade·nie [lʏmfade'niː] *f* ⟨-; -n [-ən]⟩ *med.* lymphoid hyperplasia. — **Lymph·ade·ni·tis** [-ni:tɪs] *f* ⟨-; -tiden [-ti:dən]⟩ lymphadenitis. — **lymph·ade·no·id** [-no'iːt] *adj* lymphadenoid. — **Lymph·ade·nom** [-'noːm] *n* ⟨-s; -e⟩ lymphadenoma, lymphoma. — **lym'pha·tisch** [-'faːtɪʃ] *adj* lymphatic.

'Lymph|,bahn *f med.* lymphatic circulation, lymph channels (*pl*). — **~,be,rei·tung** *f* lymph production. — **~,drü·se** *f* lymph gland (*od.* node).

Lym·phe ['lʏmfə] *f* ⟨-; -n⟩ *med.* **1.** (*Inhalt der Lymphgefäße*) lymph, serum. – **2.** (*Impfstoff*) vaccine (lymph).

'Lymph·fol,li·kel *n med.* lymph follicle.

'Lymph,ge,fäß *n med.* lymphatic (*od.* lymph) vessel, lymphatic. — **~ent,zün·dung** *f* lymphangitis. — **~sy,stem** *n* lymphatic system.

'Lymph|,knöt·chen *n med.* lymphatic nodule. — **~,kno·ten** *m* lymph node.

Lym·pho·cyt [lʏmfo'tsyːt] *m* ⟨-en; -en⟩ *meist pl med.* lymphocyte.

Lym·pho·gra·nu·lom [lymfogranu'lo:m] *n* ⟨-(e)s; -e⟩ *med.* lymphogranuloma.

Lym·pho·gra·nu·lo·ma·to·se [lymfogranuloma'to:zə] *f* ⟨-; -n⟩ *med.* (malignant) lymphogranulomatosis, Hodgkin's disease.

lym·pho·id [lymfo'i:t] *adj med.* lymphoid.

Lym·phom [lym'fo:m] *n* ⟨-s; -e⟩, **Lym·pho·ma** [-ma] *n* ⟨-s; -ta [-ta]⟩ *med. cf.* Lymphadenom.

Lym·pho·zyt [lymfo'tsy:t] *m* ⟨-en; -en⟩ *meist pl med. cf.* Lymphocyt.

'Lymph|sy,stem *n med.* lymphatic system. — ~,we·ge *pl* lymph channels.

lyn·chen ['lynçən; 'linçən] *v/t* ⟨h⟩ lynch.

'Lynch·ju,stiz *f* lynch law, *auch* Lynch's law, mob law: ~ üben to lynch, to resort to lynch law.

Ly·ra ['ly:ra] *f* ⟨-; -ren⟩ **1.** *mus.* a) *hist.* (*Leier*) lyra, lyre, b) (*am Flügel*) lyre (assembly), c) (*Metallophon*) glockenspiel. —

2. *astr.* Lyra. — ~,bo·gen *m tech.* flexible U-bend.

Ly·rik ['ly:rɪk] *f* ⟨-; *no pl*⟩ **1.** (*literature*) poetry, lyric poetry. — **2.** *mus.* lyricism. — **'Ly·ri·ker** [-rikər] *m* ⟨-s; -⟩ poet, lyric poet.

'ly·risch *adj* **1.** (*Dichtung, Dichter etc*) lyric, *auch* lyrical: ~er Stil lyricism; ein ~es Gedicht a lyric (poem). — **2.** (*gefühlvoll, rührselig*) lyrical: er war in einer ~en Stimmung he was in a lyrical mood. — **3.** *mus.* (*Stimme, Tenor etc*) lyric, *auch* lyrical. — **4.** *antiq.* (*Oden*) lyric, *auch* lyrical. — ~-**dra'ma·tisch** *adj* (*literature*) lyrico-dramatic. — ~-**'episch** *adj* lyrico-epic.

Ly·ris·mus [ly'rɪsmus] *m* ⟨-; -men⟩ *mus.* lyricism, lyrism.

Lys'erg,säu·re [ly'zɛrk-] *f chem.* lysergic acid $(C_{15}H_{15}N_2CON(C_2H_5)_2)$.

Ly·si·me·ter [lyzi'me:tər] *n* ⟨-s; -⟩ *meteor.* lysimeter.

Ly·sin [ly'zi:n] *n* ⟨-s; -e⟩ **1.** *meist pl biol.* lysin. — **2.** ⟨*only sg*⟩ *chem.* lysine $(H_2N-(CH_2)_4CH(NH_2)COOH)$.

Ly·sis ['ly:zɪs] *f* ⟨-; -sen⟩ *med.* lysis.

Ly·so·form [lyzo'fɔrm] (*TM*) *n* ⟨-s; *no pl*⟩ *chem.* lysoform.

Ly·sol [ly'zo:l] (*TM*) *n* ⟨-s; *no pl*⟩ *chem. med.* lysol. — ~ver,gif·tung *f* poisoning with lysol, lysol poisoning.

Ly·so·zym [lyzo'tsy:m] *n* ⟨-s; -e⟩ *biol.* lysozyme.

Lys·sa ['lysa] *f* ⟨-; *no pl*⟩ *med. vet.* (*Tollwut*) lyssa, rabies, lytta. — ~,vi·rus *n med. vet.* virus of rabies.

ly·tisch ['ly:tɪʃ] *adj biol.* lytic.

Ly·ze·um [ly'tse:um] *n* ⟨-s; -zeen⟩ **1.** *ped. obs.* six-form secondary school for girls emphasizing modern languages. — **2.** *antiq.* lyceum.

'L-,Zug ['ɛl-] *m cf.* Luxuszug.

M

M, m [ɛm] *n* ⟨-; -⟩ **1.** M, m (*thirteenth letter of the German alphabet; tenth consonant*): **ein großes M** a capital (*od.* large) M; **ein kleines M** a small (*od.* little) m. – **2. m** (*Meter*) m. – **3. M** (*röm. Zahl für 1000*) M. – **4.** *phys.* a) **M** (*Machsche Zahl*) M, b) **m** (*Masse des Elektrons*) m. – **5. M** *electr.* (*Maxwell*) mx. – **6. m** *ling.* (*männlich*) m.

Mä·an·der [mɛ'andər] *m* ⟨-s; -⟩ *geogr.* (*art*) meander, *Am. auch* maeander. — **mä·an-'drie·ren** [-'driːrən] *v/i* ⟨*no ge-*, h⟩ meander. — **mä'an·drisch** [-drɪʃ] *adj* meandering, winding. [volcanic lake.⟩

Maar [maːr] *n* ⟨-(e)s; -e⟩ *geol.* maar,⟨

Maat [maːt] *m* ⟨-(e)s; -e(n)⟩ *mar.* (*ship's*) mate. — **'Maat·je** [-tjə] *m* ⟨-n; -n⟩ *dim. of* Maat. — **'Maat·schaft** *f* ⟨-; -en⟩ (*ship's*) crew.

Mach [max] *n* ⟨-; -⟩ *phys. aer.* Mach (number).

Ma·chan·del [ma'xandəl] *m* ⟨-s; -⟩, **~-baum** *m bot.* Low G. for **Wacholder 1.**

'Mach·art *f* **1.** (*eines Kleides etc*) make, style. – **2.** (*Formgebung*) design, shape.

'Ma·che *f* ⟨-; *no pl*⟩ *colloq.* **1.** *contempt.* (*Schein etc*) show, pretence, *Am.* pretense, 'window dressing' (*colloq.*): **das ist alles (nur) ~ bei ihm** that's all show with him; **das ist doch alles (nur) ~** that's all eyewash (*colloq.*). – **2.** (*in Wendungen wie*) **etwas in der ~ haben** to have s.th. in hand; **etwas in die ~ nehmen** to get down to s.th.; **j-n in die ~ nehmen** *fig.* a) (*ausschelten*) to give s.o. a dressing down, b) (*bearbeiten*) to work on s.o., c) (*mißhandeln*) to maltreat s.o.; **er versteht sich auf die ~** he knows (*od.* is up to) the tricks of the trade.

ma·chen ['maxən] **I** *v/t* ⟨h⟩ **1.** (*anfertigen, herstellen*) make: **Feuer ~** to make a fire; **ich lasse mir ein Kleid ~** I am having a dress made; **~ Sie mir bitte ein Paar Stiefel** make me a pair of boots, please; **Butter [Wurst] ~** to make butter [sausage]. – **2.** (*zubereiten*) make, prepare, *auch* do, cook: **ich mache heute Pfannkuchen** I am making pancakes today; **Kaffee ~** to make coffee; **kannst du einen Braten ~?** do you know how to roast meat? **ich muß erst das Essen ~** I have to make (*od.* cook) (the) dinner first. – **3.** (*tun*) do: **was macht er?** a) what is he doing? b) (*beruflich*) what does he do for a living? c) (*wie geht's ihm*) how is he (getting on)? **ich mach's** I'll do it; **was machst du da?** what are you doing there? **what are you up to? ~ wir!** *colloq.* agreed! **let's! mach, was du willst!** do as you please! **take it or leave it! was soll ich damit ~?** what am I to do with it? **etwas gut [schlecht, falsch, richtig] ~** to do s.th. well [badly, wrong(ly), correctly]; **wie man's macht, ist es falsch** (*od.* verkehrt)! *colloq.* however (*od.* no matter how) one does it, it's (always) wrong! **mach's gut!** *colloq.* a) (*Abschiedsgruß*) good-bye (and good luck)! *bes. Br.* cheerio! b) (*Ermunterungswort*) good luck! **das läßt sich ~** that can be done, that can be managed! *colloq.* okay, I'll do it! **ich muß mir noch das Haar ~** *colloq.* I still have to do (*od.* dress) my hair; **mach deine Hausaufgaben** do your

homework; **so etwas macht man nicht!** that isn't done! **er hat es schon öfter so gemacht** he has often done it (like that); **ich weiß, wie's gemacht wird** I know how that is done; **das macht man so!** that's the way to do it! that's how it is done! (**da ist**) **nichts zu ~!** *colloq.* nothing doing! not a hope! *Am. sl.* no soap! **dagegen kann man nichts ~, dagegen ist nichts zu ~** *colloq.* you can't do a thing about it, it cannot be helped, there is nothing one can do about it; **er kann mit ihm ~, was er will** he can do anything with him, he can do what he likes with him; **mit mir kann man's ja ~** *colloq.* you can do it with me; **sie läßt alles mit sich ~** she submits to (*od.* puts up with) everything. – **4.** (*erreichen*) manage: **wie haben Sie es (nur) gemacht, daß** how did you manage that; **das mach' ich schon** I'll manage that, leave it to me; **das läßt sich leicht [nicht] ~** that can easily [cannot] be done. – **5.** **j-n zu etwas ~** *colloq.* to make s.o. s.th., b) to turn s.o. into s.th.: **er machte sie zu seiner Frau** he made her his wife; **j-n zu seinem Freund ~** to make s.o. one's friend; **j-n zum Gefangenen ~** to take s.o. prisoner; **er machte ihn zum General** he made (*od.* appointed) him general; **j-n zum Gespött der Leute ~** to ridicule s.o.; **j-n zum Sklaven ~** to enslave s.o.; **das Buch machte ihn über Nacht zu einem berühmten Autor** the book turned him into a famous author overnight; → **Bock¹ 1.** – **6. etwas zu etwas ~** a) to make s.th. s.th., b) to turn s.th. into s.th.: **etwas zur Bedingung ~** to make s.th. a condition; **j-m etwas zum Geschenk ~** to make s.o. a present of s.th., to present s.o. with s.th.; **j-m etwas zum Vorwurf ~** to reproach s.o. with s.th.; **er hat sich die Grundsätze seines Vaters zu eigen gemacht** he took over (*od.* adopted) his father's principles; **etwas zu Geld ~** to turn (*od.* convert) s.th. into ready money; **er machte die Nacht zum Tage** *fig.* he turned his nights into days. – **7.** (*verursachen, bereiten*) give, *auch* cause: **du machst mir Angst** you give me a scare, you scare me stiff; **das macht Appetit** that gives you a good appetite; **salzige Speisen ~ Durst** salty food makes you thirsty; **ich gehe hin, weil es mir Freude macht** I go (*od.* am going) there because I enjoy it; **das machte ihm wieder Hoffnung** that gave him new hope, that inspired him with new hope; **j-m Mut ~** to encourage s.o., to give s.o. courage; **das macht mir Sorgen** that causes (*od.* gives) me trouble, that worries me; **das macht (mir) keinen Spaß** it's no fun, it's a dreary business; **es macht mir Spaß, ihn zu ärgern** I enjoy annoying him; **das jüngste Kind macht ihnen viel zu schaffen** their youngest (child) causes them a lot of trouble; **mein Bein macht mir wieder zu schaffen** I have trouble with my leg again; **j-m Verdruß ~** to cause s.o. vexation (*od.* annoyance), to annoy s.o. – **8.** *colloq.* do: **hast du schon etwas gemacht?** have you done anything yet? **ein Bächlein ~** (*child's language*) to pee, to wee-wee (*colloq.*), to tinkle (*vulg.*); **der Hund hat**

ein Häufchen (*od. colloq.* sein Geschäft) **gemacht** the dog did his business. – **9.** *colloq.* (*ausmachen*) matter: **was macht das schon?** so what? what does it matter? (**das**) **macht nichts!** that's quite all right! that doesn't matter! never mind! – **10. etwas macht j-m etwas [nichts]** *colloq.* a) s.th. worries [doesn't worry] s.o., s.o. cares [doesn't care] about s.th., b) s.o. minds [doesn't mind] s.th.: **das Gerede macht mir nichts** (*od.* wenig) I don't care about the gossip; **was macht mir das!** little (do) I care; **es macht ihm nichts, allein zu reisen** he doesn't mind travel(l)ing alone. – **11. sich** (*dat*) **etwas [nichts] aus einer Sache ~** a) [not] to care (*od.* worry) about s.th., b) (*aus Speisen etc*) [not] to care for s.th.: **~ Sie sich nichts aus dem Gerede** don't worry about the gossip, don't let the gossip worry you; **mach dir nichts daraus!** don't worry! don't take it to heart! **er macht sich nicht viel aus Spargel** he doesn't care much for asparagus; **ich mache mir gar nichts aus Operetten** I don't care twopence (*od.* a fig) for operettas. – **12. sich** (*dat*) **etwas [nichts] aus j-m ~** [not] to care for s.o. – **13.** *colloq.* (*ergeben*) be: **4 mal 5 macht 20** four times five is twenty; **hundert Pfennige ~ eine Mark** a hundred pfennigs make (*od.* go to) one mark; **was** (*od.* wieviel) **macht das?** a) how much is it? b) how much does it cost? **was macht die Rechnung?** how much does the bill come to? **das macht zusammen drei Mark** the total is (*od.* amounts to, comes to) three marks; **4800 Mark im Jahr, das macht 400 Mark pro Monat** 4,800 marks a year, that is 400 marks a month. – **14.** *colloq.* (*bewirken*) make: **mach, daß ich reich werde** make me rich, let me get rich; **mach, daß er sich ärgert** make him (get) angry. – **15.** *colloq.* (*spielen*) (*Rolle*) play: **wer macht den Hamlet?** who is playing (*od.* taking the part of) Hamlet? **den Narren [Weihnachtsmann] ~** to play the fool [Father Xmas, Santa Claus]; **den Schiedsrichter ~** to referee, to be the referee. – **16.** (*games*) a) (*Punkte*) score, b) (*beim Billard*) (*Ball*) make, hole, pocket: **er hat wieder die meisten Punkte gemacht** he has again scored the most points; **wie viele Bälle hast du gemacht?** how many did you make? – **17.** (*in Verbindung mit bestimmten Substantiven*) **den Anfang [mit etwas] ~** to begin [with s.th.]; **einen neuen Anfang ~** a) to make a fresh start, to start again (*od.* afresh), b) *fig.* to turn over a new leaf; **einen Angriff ~** to attack, to make an onset (*od.* onslaught); **Anstrengungen ~** to make efforts; **einen Anschlag auf j-n ~** to make an attempt on s.o.'s life; **Anstalten zu etwas ~** to make preparations (*od.* arrangements) for s.th.; **Anstalten** (*od.* Miene) **~, etwas zu tun** to prepare (*od.* arrange) to do s.th., to get ready to do s.th.; **viel Aufhebens von etwas ~** to make a great to-do about s.th.; **sich** (*dat*) **etwas zur Aufgabe ~** to make s.th. one's task (*od.* business); **j-m seine Aufwartung ~** to pay s.o. a visit, to wait upon s.o.; **einem Mädchen einen Antrag ~** to propose to a girl; **ganze Arbeit**

~ *colloq.* to make a clean sweep of it; einen **Ausflug** ~ to make (*od.* go on) an excursion; große Augen ~ to open one's eyes wide; du wirst Augen ~ *fig.* you will be amazed; du machst dir keinen Begriff davon, wie beunruhigt ich war you have no idea how anxious I was; Bekanntschaft mit j-m ~ to become acquainted with s.o., to make the acquaintance of s.o.; j-m Beine ~ *fig. colloq.* a) to chase s.o. off, to make s.o. run, b) to make s.o. get a move on (*colloq.*); einen **Bericht** ~ to write a report; Bemerkungen über (*acc*) etwas ~ to pass remarks (*od.* to comment) on s.th.; die Betten ~ to make the beds; das macht nur böses Blut that breeds bad blood (*od.* provokes angry feelings); einen krummen Buckel ~ to curve one's back; den (*od.* seinen) Doktor ~ to take a doctor's degree; einer Sache (*od.* mit etwas) ein Ende ~ to make an end of s.th., to put an end (*od.* a stop) to s.th.; wir müssen damit ein Ende ~ we must finish it, we must make an end of it; j-m Ehre ~ to do s.o. hono(u)r (*od.* credit), to reflect hono(u)r on s.o.; Eindruck auf j-n ~ to make an impression upon s.o.; er wird mit seiner Drohung Ernst ~ he will do what he threatens; mit dem Plan Ernst ~ to put the plan into effect; eine Eroberung ~ to make a conquest; ein Examen ~ to go in (*od.* sit) for an examination; einen Fehler ~ to make a mistake (*od.* slip); er macht eine traurige Figur he cuts a sorry figure; j-m (mit etwas) eine Freude ~ to give s.o. pleasure (*od.* joy) (with s.th.); Fortschritte ~ to make progress; Frieden mit j-m ~ *colloq.* to make one's peace with s.o.; j-m den Garaus ~ *colloq.* to finish s.o. off, to give s.o. his quietus (*od.* the finishing stroke); sich (*dat*) Gedanken (über eine Sache) ~ to be concerned (*od.* worried) about s.th.; von etwas Gebrauch ~ to make use of s.th.; ich werde keine Geschäfte mehr mit ihm ~ I shall not deal (*od.* do business) with him any longer; ich habe mir das frühe Aufstehen zum Grundsatz gemacht I have made it my principle to get up early; um den Film ist viel Geschrei gemacht worden *colloq.* there has been a lot of fuss about this film; ein freundliches Gesicht ~ to look friendly; das wird mir keine grauen Haare ~ I shan't lose any hair (*od.* sleep) over that; Hochzeit ~ to get married; er will Karriere ~ he wants to get on (*od.* to the top); Licht ~ to turn (*od.* switch) on the light; seiner Wut Luft ~ to vent (*od.* give vent to) one's anger; einer Frau ein Kind ~ *sl.* to get a woman pregnant; ein Komma ~ to put a comma; Mätzchen ~ *colloq.* to play (*od.* lark) about, to play the fool; es macht mir viel Mühe, etwas zu tun it takes a lot of effort (for me) to do s.th.; j-m (viel) Mühe ~ to put s.o. to (much) trouble; sich (*dat*) einen Namen ~ to make oneself a name; j-m eine lange Nase ~ to thumb one's nose at s.o., to cock a snook at s.o.; ein Nickerchen ~ *colloq.* to take a nap (*od.* forty winks); sie wird eine gute Partie ~ she will make a good match (*od.* marry a fortune); eine Pause ~ to pause, to make a pause; j-m Platz ~ to make room (*od.* way) for s.o.; mit j-m [etwas] kurzen Prozeß ~ *fig.* to make short work (*od.* short shrift) of s.o. [s.th.]; machen Sie bitte die Rechnung *colloq.* give me the bill (*Am.* check), please; sich (*dat*) etwas zur Regel ~ to make s.th. a rule; eine Reise ~ to make (*od.* go on) a journey, to take a trip; j-m Schande ~ to bring shame upon s.o., to be a disgrace to s.o.; mit etwas Schluß ~ to put an end to s.th.; mit j-m Schluß ~ to break off relations with s.o.; Schluß ~ *colloq.* a) (*die Arbeit beenden*) to knock off, to call it a day, b) (*Selbstmord verüben*) to put an end to oneself, to end it all; Schulden ~ to run (*od.* get) into debt(s); ~ Sie sich keine Sorgen! don't worry! er hat nur Spaß gemacht he was only joking; einen Spaziergang ~ to take (*od.* go for) a walk (*od.* stroll); dumme Streiche ~ to play foolish tricks; j-m einen Strich durch die Rechnung ~ *fig. colloq.* to upset s.o.'s plans; j-m eine Szene ~ to make a scene in front of s.o.; sich (*dat*) einen guten Tag ~ to have a good day; reinen Tisch ~ *fig. colloq.* to clear things up; das macht mir zu viele Umstände that causes me too much trouble;

~ Sie keine Umstände don't put yourself out; einen Umweg ~ to take a round-about way, to make a detour; Unfug ~ to make (*od.* get up to) mischief; ich mache mir ein Vergnügen daraus, sie zu besuchen it will give me pleasure to visit her; einen Versuch mit j-m [etwas] ~ to give s.o. [s.th.] a try (*od.* trial), to try s.o. [s.th.]; ein Vermögen ~ *colloq.* to make (*od.* pile up) a fortune; einen Vorschlag ~ to make a proposal; j-m Vorwürfe ~ to reproach s.o.; einen Witz ~ to crack a joke; nicht viele Worte ~ not to waste words; ich muß die Zähne ~ lassen *colloq.* I must have my teeth looked after (*od.* seen to); sie muß noch die Zimmer ~ she has still (got) to tidy the rooms; Zugeständnisse ~ to make concessions; → Federlesen; Finger *Bes. Redewendungen*; Kind 2; Männchen 6, 7. — **18.** (*mit adj od. adv*) *meist* make: j-n eifersüchtig [froh, glücklich] ~ to make s.o. jealous [glad, happy]; j-n arm ~ to impoverish s.o.; j-n auf (*acc*) etwas aufmerksam ~ to draw (*od.* call) s.o.'s attention to s.th.; j-n bange ~ to scare (*od.* frighten) s.o., to give s.o. a scare (*od.* fright); j-m mit einer Drohung bange ~ to frighten (*od.* scare) s.o. with a threat; j-m etwas begreiflich ~ *colloq.* plausibel) to make s.o. understand s.th.; ~ Sie sich's bequem make yourself comfortable; j-n betrunken ~ to make s.o. drunk; j-n fröhlich ~ to cheer s.o. up; j-n gesund ~ to restore s.o. to health, to cure s.o.; seinen Einfluß bei j-m geltend ~ to exert one's influence on s.o., to bring one's influence to bear on s.o.; seine Rechte geltend ~ to assert (*od.* enforce) one's rights, to insist on one's rights; dein ständiges Gezanke macht mich ganz krank *colloq.* your constant quarrel(l)ing gets on my nerves; keinen Finger krumm ~ *fig. colloq.* not to turn (*od.* lift) a finger; einen Rock kürzer ~ to shorten a skirt; um es kurz zu ~ to cut a long story short, (*that matter*) short, to make it short; j-n einen Kopf kürzer ~ to behead s.o.; er wird es nicht mehr lange ~ *colloq.* he won't last much longer; es möglich ~, daß to make it possible that; etwas naß ~ to wet s.th.; man kann es nicht allen recht ~ you cannot please everybody; ich kann es ihr nicht recht ~ I can't do anything right for (*od.* to please) her; eine Bestellung rückgängig ~ to cancel an order; j-n selig [stutzig] ~ to make s.o. happy [doubtful]; etwas schmutzig ~ to dirty s.th., to make s.th. dirty; das macht die Sache ja nur schlimmer! that only makes matters worse! j-m das Leben sauer ~ *fig. colloq.* to make life a burden to s.o.; mach mich nicht unglücklich *colloq.* is s.o. (*od.* was) that really necessary? that is (*od.* was) nice of you! etwas ungültig ~ to invalidate s.th.; etwas [j-n] unschädlich ~ to render s.th. [s.o.] harmless; j-n verantwortlich ~ für etwas to make s.o. responsible for s.th., to blame s.o. for s.th.; der Krach macht mich verrückt the noise is driving me mad; j-m den Mund wäßrig ~ *fig. colloq.* to make s.o.'s mouth water; j-n zornig ~ to enrage (*od.* exasperate) s.o.; etwas zunichte ~ to destroy s.th. — **19.** (*mit inf in Wendungen wie*) er macht die Kinder glauben, daß he makes the children believe that; das macht mich lachen that makes me laugh; er machte (viel) von sich reden he was talked about (a lot). — **II** *v/reflex* sich ~ **20.** *colloq.* (*in Wendungen wie*) er macht sich he is getting on (well); er macht sich wieder (*von Kranken*) he is all right again, he is on the mend again; sie hat (zu)erst wenig geleistet, aber jetzt macht sie sich she didn't achieve very much at first, but she is getting along all right (*od.* nicely) now; das macht sich von selbst that will take care of itself; die Sache macht sich jetzt it is turning out very well now; es wird sich schon ~ it will come (out) right in time; wie geht's? es macht sich! how are you? pretty well! — **21.** (*mit adj od. adv*) *meist* make: sich anheischig ~, etwas zu tun to engage, to undertake, pledge one's word) to do s.th.; sich beliebt [unbeliebt, verhaßt] ~ to make oneself popular [unpopular, hated]; sich bemerkbar [verständlich] ~ to make oneself noticed [understood]; sie macht sich besser, als sie ist she pretends to be better than she is;

das macht sich bezahlt! *colloq.* that's worth it! sich auf (*acc*) etwas gefaßt ~ a) to be prepared for s.th., to be on the lookout for s.th., b) to be in for s.th.; der Rock macht sich gut bei (*od.* an) ihr *colloq.* the skirt is becoming to her (*od.* becomes her); das Bild macht sich da gut *colloq.* the picture goes well there; sie macht sich gut als Gastgeberin *colloq.* she is cut out to be a hostess; er macht sich ganz gut he is getting on quite nicely; mach dich doch nicht lächerlich! don't make a fool of yourself! sich über j-n lustig ~ to make fun of s.o.; sich naß ~ a) to wet oneself, b) (*von Baby*) to wet its napkins; sich nützlich ~ to make oneself useful; sich wichtig ~ to puff oneself up; sich durch etwas verdient ~ to earn (*od.* deserve) credit for s.th.; → Vaterland 1. — **22.** (*mit prep*) sich an die Arbeit ~ to set to work; er machte sich ans Briefeschreiben *colloq.* he got down to writing some letters; sich an j-n ~ *colloq.* to approach s.o.; sich auf den Weg (*od.* auf die Beine) ~ to get on one's way, to set out; sich aus dem Staube ~ *fig. colloq.* to run away, to be off, to take to one's heels; sich zum Gespött ~ to expose oneself to ridicule; sich zum Herrn eines Landes ~ to make oneself (the) master of a country; er machte sich zum Märtyrer he made himself a martyr. — **III** *v/i* **23.** *colloq.* (*dafür sorgen*) see: macht, daß ihr bald zurück seid! see that you are back soon! mach, daß du fortkommst! off with you! get (the hell) out of here! (*colloq.*), scram! (*sl.*). — **24.** *colloq.* (*sich beeilen*) hurry (up): mach doch (zu)! mach schnell (*od.* schon)! hurry up! go on! come along! make it snappy! (*colloq.*); ich mach' ja schon! I am hurrying! — **25.** (*tun*) do: laß ihn nur ~ a) let him do as he pleases, b) just leave it to him. — **26.** in (*dat*) etwas ~ *colloq.* a) to deal in s.th., to sell s.th., b) to dabble in s.th.: er macht in Küchengeräten he deals in kitchen equipment; in Literatur [Politik] ~ to dabble in literature [politics]; sie macht jetzt in Liebenswürdigkeit she tries it the charming way now. — **27.** in die Hosen [ins Bett] ~ *colloq.* to have an accident in one's pants [bed], to wet (*od.* dirty) one's pants [bed]; mach dir (vor Angst) nicht gleich in die Hose *fig. colloq.* don't get in a blue funk (*colloq.*). — **28.** *eastern G. dial.* go: über die Grenze ~ to cross the border. — **IV M**~ *n* ⟨-s⟩ **29.** *verbal noun.* — **30.** (*fashion*) (*Anfertigung*) making.

'Ma·chen·schaft *f* ⟨-; -en⟩ *meist pl* artful practice, intrigue, machination, *bes. pol. colloq.* wire-pulling, dealings *pl:* dunkle (*od.* unsaubere, unlautere) ~en underhand practices, secret intrigues; er durchschaute ihre ~en he saw through her machinations.
'Ma·cher *m* ⟨-s; -⟩ **1.** *rare* maker, producer. — **2.** *fig. bes. pol. colloq.* wire-puller. — ~·**lohn** *m* (*bes. für Kleidungsstücke*) making-up charge.
Ma·che·te [ma'tʃeːtə] *f* ⟨-; -n⟩ (*südamer. Haumesser*) machete, *auch* machette, matchet, cutlas(s).
Ma·chia·vel·lis·mus [makiave'lɪsmʊs] *m* ⟨-; *no pl*⟩ *pol.* Machiavelli(ani)sm. — **Ma·chia·vel'list** [-'lɪst] *m* ⟨-en; -en⟩ Machiavellian. — **ma·chia·vel'li·stisch** *adj* Machiavellian.
Ma·chi·na·tio·nen [maxina'tsioːnən] *pl lit.* *cf.* Machenschaft.
Ma·chor·ka [ma'xɔrka] *m* ⟨-s; -s⟩ coarsely cut Russian tobacco.
Machsch [maxʃ] *adj* ~e Zahl *phys. aer.* Mach (number).
Mach·sor [max'zoːr] *m* ⟨-s; -s *u.* -im [-zo'riːm]⟩ (*jüd. Gebetbuch*) ma(c)hzor.
Macht [maxt] *f* ⟨-; ⁝e⟩ **1.** ⟨*only sg*⟩ power, might; potency, puissance (*lit.*): aus eigener ~ by one's own power; es steht nicht in meiner ~, dir zu helfen it is not within (*od.* it is beyond) my power to help you; ich will alles tun, was in meiner ~ steht, ich will alles in meiner ~ Stehende tun I will do everything (with)in my power; er stemmte sich mit aller ~ gegen den Befehl he resisted (*od.* opposed) the command with all his might; seine ganze ~ aufbieten to exert (*od.* use) all one's power. — **2.** ⟨*only sg*⟩ (*Herrschaft, Einfluß etc*) (über *acc*) power (over), sway (over, on, upon), hold (over, on, upon), control (over, of): politische ~ political power; er regierte mit unumschränkter ~ he ruled with unlimited (*od.* absolute) power; die bösen

Geister hatten keine ~ über ihn the evil spirits had no hold on him; die ~ des Adels über die Bauern the power of the aristocracy over the peasants; die ~ Roms reichte bis nach Kleinasien the power of the Roman Empire extended into Asia Minor; seine ~ ist gebrochen his power has been broken (od. destroyed); alle ~ war in einer Person vereinigt all power was held by (od. lodged in, vested in) one person; j-n in seiner ~ haben to have s.o. in one's power; ich stehe in deiner ~ I am in your power; die Gefangenen waren in seiner ~ the prisoners were in his power; über Leben und Tod power over life and death; er steht auf dem Gipfel der (od. seiner) ~ he has reached the zenith of his power; ~ über j-n gewinnen (od. erringen) [ausüben] to gain [to exercise] power over s.o. – 3. ⟨only sg⟩ (Staatsmacht) power: an die ~ kommen (od. gelangen) to get into power; an die ~ getragen werden to be carried to power; die ~ ergreifen to seize power; die ~ übernehmen to take over power (od. the reins of government); an der ~ sein to be in power; die ~ ausüben [mißbrauchen] to exercise [to abuse] power; j-m zur ~ verhelfen to help (od. assist) s.o. to power; die ~ in (den) Händen halten (od. haben) fig. to hold the power in one's hands. – 4. ⟨only sg⟩ (machtvoller Einfluß) power, force: die ~ der Presse the power of the press; die ~ der Liebe the power of love; die ~ der Gewohnheit [der Verhältnisse] the force of habit [circumstances]; eine geistige ~ a spiritual power; er schien von einer inneren ~ getrieben he seemed to be driven by an inner force; keine ~ der Welt konnte mich bewegen, das zu tun nothing in the world could induce me to do that; Wissen ist ~ (Sprichwort) knowledge is power (proverb); „Die ~ des Schicksals" mus. "Force of Destiny" (opera by Verdi). – 5. ⟨only sg⟩ (Machtbefugnis) authority, power. – 6. (höhere od. geheimnisvolle Kraft) power, force: eine höhere ~ a superior power; übernatürliche Mächte supernatural forces; die Mächte der Finsternis the powers of darkness (od. evil); die himmlischen [höllischen] Mächte the heavenly [infernal] powers; er steht mit bösen Mächten im Bunde he is in league with evil powers. – 7. ⟨only sg⟩ (Gewalt, Kraft) force, power, might: die ~ eines Schlages [einer Explosion] the force of a blow [an explosion]; mit unwiderstehlicher ~ with irresistible force; er stemmte sich mit aller ~ gegen die Tür he pushed with all his might (od. with might and main) against the door; ~ geht vor Recht (Sprichwort) might is (od. before) right (proverb). – 8. (machtvolle Organisation) power: die Presse ist eine ~ im Staate geworden the press has become a power in the state; weltliche ~ temporal power, secular arm; geistliche ~ ecclesiastical (od. spiritual) power. – 9. ⟨only sg⟩ (Streitmacht) force(s pl): der Feind griff mit einer großen ~ an the enemy attacked in great force; mit bewaffneter ~ in ein Land einfallen to invade a country with armed forces. – 10. pol. power: kriegführende Mächte belligerent powers; eine fremde ~ an alien power; → Konzert 4. – 11. pl relig. (6. Ordnung der Engel) Powers.

'Macht|,ab,lö·sung f transfer (od. change) of power. — ~,an,häu·fung f concentration (od. accumulation) of power. — ~,an-,spruch m claim to power: Machtansprüche erheben to make a claim to power. — ~be,fug·nis f 1. power, competence, authority: j-m ~se übertragen to delegate powers to s.o.; seine ~se überschreiten to exceed (od. go beyond) one's powers; das überschreitet meine ~ this does not lie (od. is not) within (od. lies beyond) my competence; ~se eines Vormundes tutelary authority sg. – 2. (Privileg) privilege: Übertretung (od. Überschreitung) der ~ breach of privilege. — ~be,reich m bes. pol. sphere (od. orbit) of influence (od. control): etwas in seinen ~ einbeziehen to bring s.th. into one's sphere of influence, to achieve control of s.th.; den ~ eines Staates erweitern to aggrandize (Br. auch -s-) a state. — ~be-,wußt,sein n consciousness of power. — ~,block m pol. power bloc. — ~ent,faltung f display of power. — ~er,grei·fung f seizure (od. assumption) of power, accession to power: die ~ hist. the seizure of power

(by Hitler) (1933). — ~,fak·tor m power factor. — ~,fra·ge f question of power. — ~,fül·le f authority, dominion: dieses Amt war mit einer großen ~ ausgestattet this office was invested with great authority; er ließ sich nicht durch seine ~ verführen he did not allow his head to be turned by the authority he enjoyed. — ~ge,bot n authoritative order. — ~ge,fühl n feeling (od. sense) of power. — ~,gier f lust (od. hunger) for power. — m~,gie·rig adj power-hungry: ~ sein to lust for (od. after) power. — ~,grup·pe f econ. pressure group. 'Macht,ha·ber [-,haːbər] m ⟨-s; -⟩ 1. ruling power, ruler: die ~ im Kreml the ruling powers (od. the powers-that-be, those in power) in the Kremlin. – 2. (Diktator etc) dictator, despot, potentate. – 3. (Staatsoberhaupt) head of (the) state. — 'macht-,ha·be·risch adj dictatorial, despotic. 'Macht|,hand·lung f despotic act. — ~-,hun·ger m cf. Machtgier. — m~,hung·rig adj cf. machtgierig.

mäch·tig ['mɛçtɪç] I adj 1. powerful, mighty; potent, puissant (lit.): ein ~er Herrscher [Feind] a powerful ruler [enemy]; eine ~e Nation [Flotte] a mighty nation [fleet]; ein ~es Reich a powerful empire. – 2. (kraftvoll, stark) powerful, strong: ein ~er Schlag a powerful blow; eine ~e Bewegung a powerful movement; ~e Schultern powerful shoulders; ein ~er Wille a powerful will; er hat einen ~en Wuchs he has a powerful (od. stalwart) build. – 3. (stämmig) hefty: ein ~er Bursche colloq. a hefty fellow (colloq.). – 4. (riesig) mighty: ~e Bäume [Wellen] mighty trees [waves]; ein ~er Strom a mighty river. – 5. (weit) immense, vast: ein ~er Wald an immense (od. a huge) forest; der ~e Ozean the vast ocean. – 6. colloq. (riesig) tremendous: ~es Glück haben to have tremendous luck; einen ~en Hunger haben to have a tremendous (od. colloq. walloping) appetite; ~en Spaß haben to have loads of fun (colloq.); einen ~en Bammel vor (dat) etwas haben to be scared silly of s.th.; to have the wind up terribly about s.th., to be in a blue funk about s.th. (sl.); sie hatte ~en Dusel she has had a tremendous amount of luck. – 7. (in Wendungen wie) des Wortes (od. der Rede) ~ sein to have mastery of one's words; einer Sprache ~ sein to have command of a language; seiner selbst (od. seiner Sinne) nicht ~ sein to have no control over oneself, to be out of one's senses (od. mind). – 8. (Stimme) powerful, mighty. – 9. (mining) (Flöz) thick. – 10. colloq. (Essen) heavy. – II ~ adv 11. colloq. (sehr, überaus) immensely, 'mighty' (colloq.): sich ~ amüsieren to enjoy oneself immensely; er konnte ~ schreien he could shout in a powerful voice; sich für ~ klug halten to think oneself mighty clever; er ist ~ gewachsen he has grown a lot, he has shot up; er ist ~ stolz auf seinen Sieg he is tremendously proud of his victory; ich erschrak ~ I was terribly frightened (colloq.). 'Mäch·ti·ge m ⟨-n; -n⟩ powerful (od. mighty) person: die ~n dieser Welt the powerful of this world. 'Mäch·tig·keit f ⟨-; no pl⟩ 1. powerfulness, mightiness. – 2. (mining) (eines Flözes) thickness. 'Macht|,kampf m struggle for power. — m~,lie·bend adj power-loving. macht·los adj 1. without power, powerless: völlig ~ destitute of all power. – 2. helpless: da bist du ~, da stehst du ~ vis-à-vis colloq. there's nothing you can do; gegen ihre Frechheit bin ich ~ I am helpless in the face of her impudence. — 'Macht·lo·sig·keit f ⟨-; no pl⟩ 1. powerlessness. – 2. helplessness. 'Macht|,mit·tel n means of (enforcing) one's power. — ~,po·li,tik f power politics pl (construed as sg or pl). — m~,po,li·tisch adj of (od. relating to) power politics. — ~,pro·be f trial of strength. — ~,sphä·re f cf. Machtbereich. — ~,spruch m 1. authoritative decision. – 2. cf. Machtwort. — ~-,staat m totalitarian state. — ~,stel·lung f powerful position, position of strength. — ~,stre·ben n aspiration for power. — ~-,über,nah·me f cf. Machtergreifung. — ~-,ver,hält·nis n balance of power: die ~se in Europa haben sich im letzten Jahrhundert stark verändert the balance of power in Europe has altered considerably in the last century. — ~ver,tei·lung f distribution of power. — m~,voll adj 1. (Herr-

scher, Position, Stimme etc) powerful, mighty. – 2. (Bekenntnis, Persönlichkeit etc) impressive. — ~,voll,kom·men·heit f complete power (od. authority): aus eigener ~ handeln to act on one's own authority. — ~,wil·le m will to power. — ~,wort n word of authority: ein ~ mit j-m sprechen to deliver a few words of authority to s.o., to give s.o. a good talking-to; ein ~ sprechen to put one's foot down, to lay down the law, to speak a decisive word. — ~,zen-trum n center (bes. Br. centre) of power. — ~zu,sam·men,bal·lung f concentration of power. — ~,zu,wachs m increase in power.

ma·chul·le [maˈxʊlə] adj ⟨pred⟩ 1. colloq. and dial. bankrupt. – 2. colloq. tired, weary, worn out. – 3. colloq. mad, crazy.
'Mach,werk n 1. (Collage, Plastik etc) construction, composition. – 2. contempt. (schlechte Arbeit) shoddy (od. bungled[-up]) piece of work, botchwork.
'Mach,zahl f phys. aer. Mach (number).
'Ma·cis,öl ['matsɪs-; 'maːtsɪs-] n gastr. med. pharm. nutmeg oil, oil of mace.
Macke (getr. -k·k-) ['makə] f ⟨-; -n⟩ 1. eine ~ haben colloq. a) to be nuts (od. off one's rocker) (sl.), b) (einen Spleen) to have a kink (od. crotchet). – 2. dial. (im Lack etc) flaw. – 3. dial. (am Ei) crack.
'mack·lich adj mar. easy.
Ma·da·gas·kar|,igel [mada'gaskar-] m zo. rice tenrec (Oryzorictes hora). — ~,kuckuck (getr. -k·k-) m Madagascar cuckoo (Coua cristata). — ~,pflau·me f bot. Madagascar plum (Flacourtia ramontchi).
Ma·da'gas·se [madaˈgasə] m ⟨-n; -n⟩, Ma·da'gas·sin f ⟨-; -nen⟩ Malagasy, Madagascan. — ma·da'gas·sisch adj Malagasy, Madagascan.
Ma·dam [maˈdam] f ⟨-; -s u. -en⟩ colloq. 1. (Hausherrin) lady of the house, madam. – 2. missis: kleine ~ humor. little madam, young lady. – 3. matronly woman.
Ma·dame [maˈdam] f ⟨-; Mesdames [meˈdam]⟩ (franz. Anrede für verheiratete Frau) madame: ~ X Madame X.
Ma·da·po·lam [madapo'laːm] m ⟨-(s); -s⟩ (textile) madapol(l)am.
Ma·da·ro·se [mada'roːzə], Ma·da'ro·sis [-zɪs] f ⟨-; no pl⟩ med. (Wimpernverlust) madarosis.
Mäd·chen ['mɛːtçən] n ⟨-s; -⟩ 1. (junges) (young) girl, auch lass: ein schönes [hübsches] ~ a beautiful [pretty] girl; ein anständiges (od. ehrbares) ~ a respectable girl; ein unschuldiges [gefallenes] ~ an innocent [a fallen] girl; ein unberührtes ~ a virgin; Mode für junge ~ fashion for young girls; ein spätes ~ colloq. humor. an old maid; um ein ~ werben to court (od. woo) a girl. – 2. girl: eine Schule für Jungen und ~ a school for boys and girls; sie hat ein ~ bekommen she has had a (baby) girl. – 3. colloq. (Liebste) girl (friend), sweetheart, lass, Br. colloq. 'bird': er brachte sein ~ mit he brought his girl friend (along with him). – 4. (Dienstmädchen) maid, girl (servant), maidservant, servant (girl): man bekommt heute keine ~ mehr you can't get a maid nowadays; ~ für Hausarbeit gesucht girl wanted for (od. to do) housework; ~ für alles a) maid of all work, general servant, factotum, b) fig. iron. maid of all work. – 5. (Zimmermädchen) chambermaid. – 6. (Lehrmädchen) girl apprentice. – 7. (Laufmädchen) errand girl. — ~,al·ter n girlhood: schon im ~ when she was still a girl. — ~,au·ge n bot. coreopsis (Gattg Coreopsis). — ~,bil·dung f ped. cf. Mädchenerziehung. — ~,blu·me f bot. common pellitory (od. feverfew) (Chrysanthemum parthenium). — ~er,zie·hung f ped. education of girls. — ~,gym,na·si·um n secondary school for girls.
'mäd·chen·haft I adj 1. girlish, maidenly. – 2. fig. (schüchtern) bashful. – II M~e, das ⟨-n⟩ 3. the girlishness, the maidenliness: das ~ ihrer Erscheinung the maidenliness of her appearance. – 4. fig. the bashfulness.
'Mäd·chen·haf·tig·keit f ⟨-; no pl⟩ girlishness, maidenliness.
'Mäd·chen|,han·del m white slavery, white slave traffic (od. trade). — ~,händ·ler m white slave trader, white slaver. — ~,heim n home for young girls. — ~,kam·mer f cf. Mädchenzimmer. — ~,klas·se f ped. school class (bes. Br. form) of girls: wir sind eine reine ~ there are only girls in our class.

— ~,**kraut** n bot. lesser periwinkle (*Vinca minor*). — ~,**na·me** m 1. girl's name. — 2. (*Geburtsname*) maiden name. — ~**pen·sio,nat** n ped. boarding school for young ladies, finishing school. — ~,**raub** m abduction (*od.* kidnap[p]ing) of a girl. — ~**,räu·ber** m abductor (*od.* kidnap[p]er) of a girl. — ~,**rol·le** f (*theater*) girl's part (*od.* role). — ~,**schän·der** m rapist. — ~,**schu·le** f ped. girls' school. — ~,**schutz** m jur. care for (*od.* protection of) young girls. — ~**,tur·nen** n (*sport*) girls' gymnastics pl (construed as sg) (*od.* calisthenics, *bes. Br.* callisthenics pl [*usually construed as sg*]). — ~,**wei·he** f anthrop. (*bei Naturvölkern*) (female) initiation. — ~,**zeit** f girlhood. — ~,**zim·mer** n 1. girl's room. — 2. maid's (*od.* maidservant's) room: die ~ the servants' quarters.

Ma·de ['maːdə] f <-; -n> zo. maggot, mite: von ~n lebend worm-eating; wie die ~ im Speck leben fig. colloq. to be (*od.* live) in clover, to live like fighting cocks, *Am.* colloq. to be on the gravy train.

Ma·dei·ra [ma'daɪra] m <-s; -s> gastr. Madeira (*auch* madeira) (wine). — ~,**holz** n Madeira wood. — ~,**scha·be** f zo. Madeira (cock)roach (*Leucophaea maderae*). — ~**sticke,rei** (getr. -k·k-) f (*textile*) Madeira work. — ~,**wein** m gastr. cf. Madeira.

Mä·del ['mɛːdəl] n <-s; -; colloq. u. dial. -s u. -n> colloq. for Mädchen.

Made·moi·selle [madmwa'zɛl] (*Fr.*) f <-; Mesdemoiselles [medmwa'zɛl]> (*franz. Anrede für unverheiratete Frau*) mademoiselle: ~ X Mademoiselle X.

'**Ma·den|,fraß** m hort. destruction caused by maggots (*od.* worms): die Apfelernte wurde durch ~ zerstört the apple crop was destroyed by maggots. — ~,**fres·ser** m zo. smooth-billed ani (*Crotophaga ani*). — ~**,hacker** (getr. -k·k-) m ox pecker, buffalo bird (*Gattg Buphagus*).

'**Ma·den,wurm** m zo. 1. pinworm, seat worm, threadworm (*Enterobius vermicularis*). — 2. mawworm (*a parasitic nemathelminth*). — ~,**krank·heit** f med. oxyuriasis.

Ma·de·ra [ma'deːra] m <-s; -s> gastr. cf. Madeira.

'**Mä·de,süß** ['mɛːdə-] n <-; -> bot. a) meadowsweet (*Gattg Filipendula, bes. F. ulmaria*), b) dropwort (*F. hexapetala*), c) queen of the meadow (*F. ulmaria*).

'**ma·dig** adj 1. (*Käse, Fleisch*) maggoty, grubby, *Am.* skippery. — 2. (*Früchte*) wormy, worm-eaten. — 3. fig. colloq. (*in Wendungen wie*) j-n ~ machen to run s.o. down; j-m etwas ~ machen to spoil s.th. for s.o.

Ma·djar [ma'djaːr] m <-en; -en> Magyar, Hungarian. — **ma'dja·risch I** adj Magyar, Hungarian. — **II M~** ling. **M~** (*generally undeclined*), **das M~e** <-> Magyar, Hungarian, the Magyar (*od.* Hungarian) language.

Ma·don·na [ma'dɔna] f <-; -nen> 1. <*only sg*> relig. Madonna. — 2. (*art*) Madonna, *auch* madonna, virgin: Sixtinische ~ Sistine Madonna.

Ma'don·nen|,bild n picture of the Virgin Mary, Madonna, *auch* madonna. — **m~haft** adj Madonna-like, madonna-like. — ~,**kult** m worship of the Virgin Mary, Mariolatry (*contempt.*). — ~**,Li·lie** f bot. Madonna (*od.* Bourbon) lily (*Lilium candidum*). — ~,**schei·tel** m parting of the hair down the middle: sie trägt einen ~ she parts her hair in (*od.* down) the middle, she wears her hair parted (*od.* with a parting) down the middle. — ~,**sta·tue** f statue of the Virgin Mary, Madonna, *auch* madonna.

Ma·dras ['madras] m <-; no pl>, ~**,ge,we·ben** n (*textile*) madras, auch Madras. — ~,**hanf** m bot. sunn, sun(n) hemp (*Crotalaria juncea*).

Ma·dre·po·re [madre'poːrə] f <-; -n> zo. madrepore (*Gattg Madrepora*).

mad·re'po·ren|,ar·tig, ~**,för·mig** adj zo. madreporiform. — **M~,kalk** m geol. coral rag.

Ma·dri·der [ma'drɪdər] m <-s; -> Madrilenian, Madrilene.

Ma·dri·gal [madri'gaːl] n <-s; -e> (*literature*) mus. madrigal. — ~,**chor** m mus. madrigal choir. — ~,**dich·ter** m madrigalist.

Ma·dri·ga·list [madriga'lɪst] m <-en; -en> mus. madrigalist.

Ma'du·ra,fuß [ma'duːra-] m med. Madura foot (*od.* disease), mycetoma (*scient.*).

mae·sto·so [maɛs'toːzo] mus. **I** adj u. adv maestoso. — **II M~** n <-s; -s u. -stosi [-zi]> maestoso (passage).

Mae·stra·le [maɛs'traːlə] m <-s; no pl> meteor. cf. Mistral.

Mae·stro [ma'ɛstro] m <-s; -s, auch -stri [-tri]> mus. (*art*) maestro.

Mä·eu·tik [mɛ'ɔytɪk] f <-; no pl> philos. maieutic (*od.* Socratic) method. — **mä'eu·tisch** adj maieutic.

Ma·fia ['mafia], **Maf·fia** ['mafia] f <-; -s> (*terroristischer Geheimbund*) Mafia, Maffia.

mag [maːk] 1 u. 3 sg pres of mögen[1].

Ma·ga·zin [maga'tsiːn] n <-s; -e> 1. warehouse, storehouse, store, depot, *Am. auch* magazine. — **~·en** (*auf*)speichern to store s.th. in a warehouse, to warehouse s.th. — 2. mil. storage depot. — 3. (*Zeitschrift*) magazine, journal, periodical: ein ~ herausgeben to edit a magazine. — 4. (*einer Bibliothek*) stack (room), stacks pl. — 5. mil. (*einer Handfeuerwaffe*) magazine. — 6. tech. (*einer Werkzeugmaschine*) magazine feeding attachment. — ~,**ar·bei·ter** m stockkeeper, warehouse worker. — ~**au·to,mat** m tech. magazine automatic.

Ma·ga'zi·ner m <-s; -> Swiss for Magazinarbeiter.

Ma·ga·zi·neur [magatsi'nøːr] m <-s; -e> Austrian for Magazinverwalter.

ma·ga·zi'nie·ren [-'niːrən] v/t <no ge-, h> warehouse, store.

Ma·ga·zin|ge,wehr n repeating firearm, repeater. — ~,**sen·dung** f telev. magazine (*od.* review) program (*bes. Br.* programme). — ~,**strei·fen** m mil. clip. — ~**ver,wal·ter** m econ. warehouse keeper, warehouseman, warehouse supervisor. — ~**ver,wal·tung** f warehouse keeping, supervision (*od.* administration) of warehouses.

Magd [maːkt] f <-; ⁼e> 1. (*eines Bauern*) maid, female farm hand (*Br.* farm-hand), woman agricultural labo(u)rer: junge Mägde, magere Kühe (*Sprichwort*) etwa young maids make lean cows. — 2. (*Dienstmagd*) maid, maidservant, servant girl. — 3. poet. (*Dienerin*) handmaid(en): siehe, ich bin des Herren ~ Bibl. behold the handmaid of the Lord. — 4. obs. poet. (*Mädchen, Jungfrau*) maiden: eine holde ~ a fair maiden; Maria, die reine ~ relig. Mary the holy virgin.

Mag·da·le·nen,wur·zel [makda'leːnən-] f bot. cf. Baldrian 1.

Mag·da·lé·ni·en [makdale'niɛː] n <-(s); no pl> archeol. Magdalenian period.

Mag·de·bur·ger ['makdə,burgər] adj of (*od.* relating to) Magdeburg: die ~ Zenturien relig. the Magdeburg Centuries; die ~ Halbkugeln phys. the Magdeburg hemispheres. — '**mag·de,bur·gisch** adj cf. (*od.* relating to) Magdeburg: ~er Sauerkohl gastr. pickled cabbage of Magdeburg, Magdeburg sauerkraut.

Mäg·de·lein ['mɛːkdəlaɪn], **Mägd·lein** ['mɛːktlaɪn] n <-s; -> obs. poet. (little) maid, (little) girl, lassie.

Ma·ge ['maːgə] m <-n; -n> jur. hist. kinsman: ~n und Sippen kith and kin sg.

ma·gel·la·nisch [mage'laːnɪʃ], **ma·gel'lansch** [-'laːnʃ] adj Magellanic: Magellansche Wolke astr. Magellanic Cloud.

Ma·gen ['maːgən] m <-s; ⁼, auch -> 1. stomach, belly, tummy (*colloq.*): ein schlechter [empfindlicher] ~ a bad [sensitive] stomach; ich habe nichts im ~ I haven't got anything in my stomach; einen guten ~ haben to have a good stomach; mir tut der ~ weh my stomach hurts; mir knurrt der ~ my stomach's rumbling, I'm hungry; mir streikt der ~ my stomach's about to burst; Tabletten auf nüchternen ~ einnehmen to take tablets on an empty stomach; und das auf nüchternen ~! fig. colloq. and that on an empty stomach! das verträgt mein ~ nicht that upsets my stomach; ich habe mir den ~ verdorben I have an upset stomach, I have indigestion; er ging mit leerem ~ ins Bett he went to bed with (*od.* on) an empty stomach; sich (*dat*) den ~ überladen to overload one's stomach, to overeat; er hat es mit dem ~ colloq. he's got s.th. wrong with his stomach; seine Augen sind größer als sein ~ fig. his eyes are bigger than his stomach; ihm drehte sich der ~ um (*od.* colloq. herum) his stomach revolted; bei dem Anblick dreht sich einem ja der ~ um (*od.* colloq. herum) the sight of that makes your stomach turn over (*od.* makes you feel sick); das Fleisch liegt mir schwer im ~ the meat lies heavily on my stomach; die Geschichte liegt mir im ~ fig. the matter is preying on my mind, the matter upsets me; der (Kerl) liegt mir im ~ fig. colloq. I can't stomach him; mir schlägt sich jede Aufregung gleich auf den ~ the slightest excitement upsets my stomach; (die) Liebe geht durch den ~ (*Sprichwort*) the way to a man's heart is through his stomach (*proverb*); es kommt alles in einen ~ (*Sprichwort*) etwa it's all part of the stew; lieber den ~ verrenken, als dem Wirt etwas schenken rather get an upset stomach than let anything go back to the innkeeper. — 2. med. stomach: den ~ aushebern (*od.* auspumpen) to pump (out) (*od.* empty) the stomach; den ~ betreffend gastric. — 3. zo. a) stomach, maw, craw, b) (*der Vögel u. Insekten*) gizzard: erster ~ (der Wiederkäuer) first stomach (of ruminants), paunch, rumen (*scient.*); zweiter ~ honeycomb (stomach), bonnet, reticulum (*scient.*); dritter ~ manyplies pl (*usually construed as sg*): omasum, psalterium (*scient.*); vierter ~ rennet bag, abomasum (*scient.*); mit vielen Mägen polygastric; mit (nur) einem ~ monogastric.

'**Ma·gen|,aus,gang** m med. pylorus. — ~**,aus,he·be·rung** f med. pumping out (*od.* evacuation) of the stomach, siphonage of stomach contents, gastric lavage. — ~**be,schwer·den** pl stomach (*od.* gastric) trouble sg. — ~,**bit·ter** m gastr. bitters pl, bitter cordial. — ~,**blu·ten** n, ~**,blu·tung** f med. h(a)emorrhage from the stomach, gastrorrhagia (*scient.*). — ~,**brei** m chyme. — ~,**brem·se** f zo. horse botfly (*Gastrophilus intestinalis*). — ~,**bren·nen** n med. heartburn, acid indigestion, pyrosis (*scient.*). — ~-,**Darm-Ka,nal** m gastrointestinal (*Br.* gastro-intestinal) tract. — ~-,**Darm-Ka,tarrh** m gastroenteritis, *Br.* gastro-enteritis. — ~,**druck** m <-(e)s; no pl>, ~,**drücken** (getr. -k·k-) n pressure on (*od.* pain in) the stomach. — ~,**drü·se** f gastric (*od.* scient.* peptic) gland. — ~,**ein,gang** m entrance to the stomach, cardia (*scient.*). — ~**,ent,zün·dung** f inflammation of the stomach, gastritis (*scient.*). — ~**er,wei·te·rung** f dilation of the stomach, gastric dilation, gastrectasia, auch gastrectasis (*scient.*). — ~,**fi·stel** f gastric fistula. — ~,**ge·gend** f stomach region; (epi)gastric region, epigastrium (*scient.*). — ~**ge,schwür** n gastric (*od.* stomach, scient.* peptic) ulcer. — ~,**gru·be** f 1. med. pit of the stomach, epigastrium (*scient.*): die ~ betreffend epigastric. — 2. (*sport*) pit of the stomach, solar plexus: einen Schlag in die ~ bekommen to get a punch in (*od.* to) the solar plexus, to be winded. — ~,**in,halt** m med. stomach contents pl. — ~**ka,tarrh** m stomach cold (*od.* catarrh), gastritis (*scient.*). — ~,**knur·ren** n rumbling (in the bowels *od.* of the stomach), borborygmus, auch borborygmy (*scient.*). — ~,**krampf** m spasm of the stomach, gastrospasm (*scient.*). — **m~,krank** adj suffering from a stomach ailment, having stomach trouble, dyspeptic (*scient.*). — ~,**kran·ke** m, f person suffering from a gastric disease. — ~,**krank·heit** f disorder (*od.* ailment, illness) of the stomach, stomach disease (*od.* ailment): gastropathy, gastrosis (*scient.*): die ~en (*als Fachgebiet*) gastrology sg. — ~,**krebs** m cancer of the stomach, stomach cancer. — ~,**lei·den** n gastric trouble (*od.* disorder, complaint). — **m~,lei·dend** adj cf. magenkrank. — ~,**mit·tel** n med. pharm. stomachic. — ~,**müh·le** f zo. (*der Decapoden*) gastric mill. — ~,**mund** m med. orifice of the stomach; cardia, os ventriculi, (o)esophageal (*od.* cardiac) orifice (*scient.*). — ~**ope·ra·ti,on** f gastric operation. — ~,**pfört·ner** m lower orifice of the stomach, pylorus (*scient.*). — ~,**pum·pe** f stomach pump. — ~,**rei·zung** f gastric irritation. — ~**re,sek·ti,on** f resection of the stomach, (partial) gastrectomy (*scient.*). — ~,**saft** m gastric juice. — ~,**säu·re** f gastric acid, acidity (of the stomach): Mittel gegen ~ antacid, *auch* antiacid.

'**Ma·gen,schleim** m med. gastric mucus.

'**Ma·gen,schleim,haut** f med. gastric mucous membrane, gastric mucosa. — ~**ent,zün·dung** f gastritis.

'**Ma·gen|,schmer·zen** pl med. pains in the stomach, stomachache, *Br.* stomach-ache sg; gastralgia sg, cardialgia sg (*scient.*). — ~,**schnitt** m gastrotomy. — ~,**schrumpfung** f shrinking of the stomach, gastrostenosis (*scient.*). — ~,**sen·kung** f gastric ptosis, gastroptosis, ventroptosis. — ~**sonde** f 1. stomach probe. – 2. (*zur künstlichen Ernährung*) feeding tube. – ~**spiegel** m **spie·ge·lung** f gastroscopy. — ~**spü·lung** f gastric irrigation (*od.* lavage), gastrolavage (*scient.*). — ~**stein** m 1. med. gastric calculus, gastrolith. – 2. zo. (*der Wiederkäuer*) bezoar (stone), aegagropila, *auch* (a)egagropile. — ~**ta·sche** f zo. (*bei Nesseltieren*) mesentery cavity. — ~**trop·fen** pl med. pharm. stomach drops. — ~**über·säue·rung** f med. hyperacidity. — ~**un·ter·su·chung** f gastric examination, examination of the stomach. — ~**ver·stim·mung** f stomach (*od.* gastric) upset, upset stomach: ich habe eine ~ I have an upset stomach. — ~**wand** f wall (*od.* coat) of the stomach, gastric wall (*od. scient.* paries). — ~**weh** n cf. **Magenschmerzen**. — ~**zip·fel** m zo. (*der Wiederkäuer*) bagnet of the stomach.

ma·ger ['maːɡər] I adj ⟨-er; -st⟩ 1. meager, *bes. Br.* meagre, lean, thin, spare, skinny: ~ werden to grow (*od.* get) thin, to fall off (*od.* away); ihre ~en Arme her thin arms. – 2. (*schlank*) slender, slim. – 3. (*dürr*) gaunt, haggard, scrawny, (*abgemagert*) emaciated. – 4. fig. (*Gewinn, Ergebnis etc*) scanty, poor, spare, meager, *bes. Br.* meagre: ein ~er Vergleich ist besser als ein fetter Prozeß (*Sprichwort*) etwa a poor compromise is better than costly litigation; → Jahr 1. – 5. gastr. a) (*Fleisch*) lean, b) (*Milch*) skim (*attrib*), skimmed, c) (*Kost*) low-fat (*attrib*): Sie müssen ~ essen colloq. you must be on a low-fat diet. – 6. agr. (*Boden*) poor, barren. – 7. (*mining*) a) (*Erz*) poor, b) (*Kohle*) lean. – 8. tech. civ.eng. (*Mischung*) lean. – 9. print. (*Schrift*) lightfaced. – II adv 10. ~ leben to live frugally. – III M~e, das ⟨-n⟩ 11. gastr. the lean (part).

'**Ma·ger|be·ton** m civ.eng. lean concrete. — ~**fisch** m zo. redfish (*Umbrina cirrhosa*). — ~**fleisch** n gastr. lean (meat). — ~**kä·se** m gastr. low-fat cheese.

'**Ma·ger·keit** f ⟨-; no pl⟩ 1. meagerness, *bes. Br.* meagreness, leanness, thinness, spareness, skinniness. – 2. (*Schlankheit*) slenderness, slimness. – 3. (*Dürre*) gauntness, haggardness, scrawniness, (*stärker*) emaciation. – 4. agr. (*des Bodens*) poorness, barrenness.

'**Ma·ger·koh·le** f (*mining*) semianthracite, *Br.* semi-anthracite, steam (*od.* lean) coal.

'**Ma·ger|milch** f gastr. skim (*od.* skimmed) milk. — ~**quark** m green (*od.* cottage) cheese.

'**Ma·ger|ripp·chen** n meist pl gastr. sparerib(s pl). — ~**sucht** f ⟨-; no pl⟩ med. anorexia (nervosa).

Ma·gie [ma'ɡiː] f ⟨-; no pl⟩ (black) magic, sorcery: weiße ~ white magic.

Ma·gi·er ['maːɡiər] m ⟨-s; -⟩ 1. (*Zauberer*) magician, wizard, sorcerer. – 2. relig. Magus, *auch* Magian: die ~ pl the wise men from the East, the Magi.

Ma·gi·ker ['maːɡikər] m ⟨-s; -⟩ cf. **Magier** 1.

ma·gisch ['maːɡɪʃ] adj ⟨-er; -st⟩ 1. (*Kräfte etc*) magic(al), occult, *auch* magian: talismanic(al), hermetic, *auch* Hermetic (*rare*). – 2. (*Quadrat etc*) magic, magical: eine ~e Anziehungskraft a magic (force of) attraction; ~e Beleuchtung magic illumination. – 3. electr. phys. magic: ~es Auge magic eye; ~es T hybrid (*od.* magic) T; ~e Zahl nucl. phys. magic number. – 4. psych. (*Phase, Stufe*) magic.

Ma·gi·ster [ma'ɡɪstər] m ⟨-s; -⟩ 1. ped. master: ~ der freien Künste cf. **Magister Artium**; ~ der Naturwissenschaften Master of Science, M.Sc., *bes. Am.* M.S.; ~ der Pharmazie Austrian Master of Pharmacy. – 2. obs. od. humor. schoolmaster. — ~ '**Ar·ti·um** ['artsiʊm] m ⟨-s; - -⟩ Master of Arts, M.A., *Am.* auch A.M.

Ma'gi·ster,grad m ped. (degree of) Master of Arts (*od.* Science).

Ma·gi·stra·le [maɡɪs'traːlə] f ⟨-; -n⟩ 1. main thoroughfare (*od.* street). – 2. (*railway*) main railroad (*Br.* railway) line.

Ma·gi·strat¹ [maɡɪs'traːt] m ⟨-(e)s; -e⟩ municipal (*od.* town, city) council, municipal authorities pl.

Ma·gi·strat² m ⟨-en; -en⟩ Swiss (*hohe Amtsperson*) magistrate.

Ma·gi·strats|be,am·te m municipal (*od.* town, city) official, magistrate. — ~**be·schluß** m decision of the municipal council. — ~**mit,glied** n municipal (*od.* town, city) councillor.

Mag·ma ['maɡma] n ⟨-s; -men⟩ geol. magma. — **mag·ma·tisch** [-'ɡmaːtɪʃ] adj magmatic. — **Mag·ma·tis·mus** [-'tɪsmʊs] m ⟨-; no pl⟩ magmatism. — **Mag·ma·tit** [-'tiːt; -'tɪt] m ⟨-s; -e⟩ igneous rock.

'**Ma·gna 'Char·ta** ['maɡna] f ⟨-; no pl⟩ pol. hist. Magna C(h)arta (*1215*).

Ma·gnat [ma'ɡnaːt] m ⟨-en; -en⟩ 1. (*Großindustrieller*) magnate, tycoon, baron (*colloq.*). – 2. hist. (*in Polen u. Ungarn*) magnate.

Ma·gne·sia [ma'ɡneːzĭa] f ⟨-; no pl⟩ chem. magnesia, magnesium oxide (MgO): basischkohlensaure [doppeltkohlensaure] ~ basic carbonate [bicarbonate] of magnesia; gebrannte ~ calcined magnesia; kohlensaure ~ carbonate of magnesia; schwefelsaure ~ sulfate (*bes. Br.* -ph-) of magnesia, Epsom salt(s pl usually construed as sg). — **m~hal·tig** adj metall. magnesian. — ~**kalk·stein** m min. magnesian limestone. — ~**milch** f chem. med. pharm. milk of magnesia (Mg(OH)₂).

Ma·gne·sit [maɡne'ziːt; -'zɪt] m ⟨-s; -e⟩ min. magnesite, rhomb (*od.* bitter) spar. — ~**aus,klei·dung** f metall. magnesite lining.

Ma·gne·si·um [ma'ɡneːzĭʊm] n ⟨-s; no pl⟩ chem. magnesium (Mg). — ~**bo,rat** n borate of magnesium (Mg₂(BO₃)₂). — ~**chlo,rid** n magnesium chloride (MgCl₂). — ~**draht** m electr. magnesium wire. — ~**fackel** (*getr. -k·k-*) f tech. magnesium flare (*od.* torch). — **m~hal·tig** adj chem. magnesic. — ~**kar·bo,nat** n min. magnesite. — ~**licht** n chem. magnesium light. — ~**oxyd** [-ʔoˌksyːt] n chem. cf. **Magnesia**. — ~**phos,phat** n min. bobierrite. — ~**pul·ver** n tech. magnesium powder. — ~**sul,fat** n chem. magnesium sulfate (*bes. Br.* -ph-), Epsom salt (pl usually construed as sg) (MgSO₄ · 7H₂O).

Ma·gnet [ma'ɡneːt] m ⟨-(e)s u. -en; -e(n)⟩ 1. phys. magnet: fester ~ field magnet; hufeisenförmiger ~ horseshoe magnet. – 2. auto. a) (*Magnetzünder*) magneto, b) (*einer Einspritzpumpe*) mixture control solenoid. – 3. fig. magnet, lodestone, loadstone: das Spielkasino zieht die Leute an wie ein ~ the casino attracts people like a magnet. — ~**an·ker** m 1. tech. magnet keeper, balanced armature. – 2. auto. magneto armature.

Ma·gnet,band n electr. magnetic tape. — ~**ge,rät** n magnetic tape recorder.

Ma·gnet|berg m (*im Volksglauben*) magnetic mountain, lodestone rock. — ~**brem·se** f electr. magnetic brake. — ~**ei·sen,stein** m min. cf. **Magnetit**.

ma·gnet·elek·trisch [-ʔeˌlɛktrɪʃ] adj tech. magnetoelectric, *Br.* magneto-electric.

Ma·gnet,feld n phys. magnetic field. — ~**kom,paß** m aer. flux-gate compass.

ma·gne·tisch I adj (*Anziehung, Ablenkung, Abstoßung etc*) magnetic: ~e Aufbereitung [Feldstärke] magnetic separation [field strength]; ~es Erdfeld geogr. terrestrial magnetic field; ~e Bildaufzeichnung telev. magnetic picture (*od.* video) recording; ~e Induktion magnetic induction (*od.* flux density); ~e Kraft magnetic force, magnetism; etwas ~ machen to magnetize (*Br. auch* -s-) s.th.; ~er Pol geogr. magnetic pole; ~er Speicher (*computer*) magnetic store (*od.* memory); ~er Sturm meteor. magnetic storm; ~er Tonabnehmer magnetic pick-up; ~er Verstärker transductor amplifier; ~e Weite magnetic amplitude; ~er Widerstand magnetic reluctance; sie übt eine ~e Anziehungskraft auf ihn aus fig. she has a magnetic attraction for him. – II adv magnetically: ~ erregbar magnetizable; ~ machen -s-.

Ma·gne·ti·seur [maɡneti'zøːr] m ⟨-s; -e⟩ magnetizer *Br. auch* -s-, mesmerizer *Br. auch* -s-, mesmerist.

ma·gne·ti·sier·bar adj phys. magnetizable *Br. auch* -s-. — **Ma·gne·ti·sier·bar·keit** f ⟨-; no pl⟩ magnetizability *Br. auch* -s-.

ma·gne·ti·sie·ren [maɡneti'ziːrən] I v/t ⟨no ge-, h⟩ 1. phys. magnetize *Br. auch* -s-. – 2. (*Person*) mesmerize *Br. auch* -s-. – II M~ n ⟨-s⟩ 3. verbal noun. — **Ma·gne·ti·sie·rung** f ⟨-; no pl⟩ 1. cf. **Magnetisieren**. – 2. magnetization *Br. auch* -s-. – 3. (*einer Person*) mesmerization *Br. auch* -s-.

Ma·gne·tis·mus [maɡne'tɪsmʊs] m ⟨-; no pl⟩ 1. bes. phys. magnetism: tierischer ~ animal magnetism; zoomagnetism, biomagnetism, biod (*scient.*); Lehre vom ~ magnetics pl (construed as sg). – 2. mesmerism.

Ma·gne·tit [maɡne'tiːt; -'tɪt] m ⟨-s; -e⟩ min. magnetite, magnetic iron ore.

Ma'gnet,kern m phys. magnet core. — ~**spei·cher** m (*computer*) (magnetic) core memory.

Ma'gnet,kies m min. iron (*od.* magnetic) pyrites pl, pyrrhotite, *auch* pyrrhotine.

Ma'gnet,kis·sen n tech. magnetic suspension. — ~**zug** m magnetic suspension train, magnetic hovertrain.

Ma'gnet|,kom·paß m phys. magnetic compass. — ~**kupp·lung** f tech. magnetic clutch. — ~**lo·cher** m (*beim Lochkartenverfahren*) electric punch. — ~**na·del** f phys. magnetic (*od.* compass) needle.

Ma·gne·to·graph [maɡneto'ɡraːf] m ⟨-en; -en⟩ geol. magnetograph.

Ma·gne·to|hy·dro·dy·na·mik [maɡnetohyˌdrody'naːmɪk] f phys. aer. magnetohydrodynamics pl (construed as sg). — **m~hy·dro·dy·na·misch** adj magnetohydrodynamic. — ~**me·ter** n ⟨-s; -⟩ magnetometer.

Ma·gne·ton [maɡnetɔn] n ⟨-s; -s, mit Zahlenangabe -⟩ phys. magneton.

Ma·gne·to,op·tik f (*optics*) electrooptics pl, magneto-optics pl (beide construed as sg).

Ma·gne·to·path [maɡneto'paːt] m ⟨-en; -en⟩ cf. **Magnetiseur**.

Ma·gne·to·py·rit [maɡnetopy'riːt; -'rɪt] m min. cf. **Magnetkies**.

Ma·gne·to·sphä·re [maɡneto'sfɛːrə] f (*space*) magnetosphere.

Ma'gnet|plat·ten,spei·cher m (*computer*) magnetic plate storage. — ~**pol** m phys. magnetic (*od.* magnet) pole. — ~**reg·ler** m tech. electr. field regulator.

Ma·gne·tron ['maɡnetroːn] n ⟨-s; -e⟩ electr. magnetron.

Ma'gnet|,schal·ter m 1. electr. solenoid switch. – 2. auto. electromagnetic relay. — ~**schei·der** m tech. metall. magnetic separator (*od.* grader). — ~**schie·nen,brem·se** f (*railway*) solenoid-operated rail brake. — ~**spu·le** f tech. magnet(ic) coil, solenoid. — ~**stab** m phys. bar magnet, magnetic bar. — ~**stahl** m metall. magnet steel. — ~**stein** m min. cf. **Magnetit**.

Ma'gnet,ton m electr. magnetic sound. — ~**film** m phot. magnetic sound film. — ~**ge,rät** n electr. magnetic tape recorder. — ~**ka·me·ra** f phot. magnetic sound camera. — ~**ver,fah·ren** n electr. magnetic sound-recording system.

Ma'gnet|,wick·lung f tech. magnet winding. — ~**zün·der** m auto. 1. (ignition) magneto. – 2. (*Lichtmagnetzünder*) dynamo-magneto. — ~**zün·dung** f magneto ignition (system).

Ma·gni·fi·kat [ma'ɡniːfikat] n ⟨-(s); no pl⟩ mus. relig. magnificat.

Ma·gni·fi·zenz [maɡnifi'tsɛnts] f ⟨-; -en⟩ magnificence: Seine ~ His Magnificence (*title of German university rectors and mayors of free towns*).

Ma·gni·tu·de [maɡni'tuːdə] f ⟨-; -n⟩ phys. (*zur Erdbebenberechnung*) magnitude.

Ma·gno·lie [ma'ɡnoːlĭə] f ⟨-; -n⟩ bot. magnolia (*Gattg Magnolia*): Chinesische ~ yulan, Chinese magnolia (*M. denudata*); Graugrüne (*od.* Virginische) ~ sweet (*od.* white) bay, swamp laurel, *Am.* beaver tree, beaverwood (*M. virginiana*); Großblumige ~ big laurel, laurel-leafed tulip tree (*M. grandiflora*); Spitzblättrige ~ cucumber tree (*M. acuminata*).

ma·gno·li·en|ar·tig adj bot. magnolialike, magnoliaceous (*scient.*). — **M~,sän·ger** m zo. magnolia warbler (*Dendroica magnolia*).

Ma·got ['maɡɔt] m ⟨-s; -s⟩ zo. Barbary (*od.* Gibraltar) ape (*od.* monkey) (*Macacas sylvanus*).

magst [maːkst] 2 sg pres of **mögen¹**.

Ma·gus ['maːɡʊs] m ⟨-; -gi [-ɡi]⟩ cf. **Magier** 1.

Ma·gyar [ma'djaːr] m ⟨-en; -en⟩ cf. **Madjar**.

mäh [mɛː] interj (*von Schaf*) ~, ~! baa, baa!: ~ schreien to baa, to bleat.

Ma·ha·go·ni [maha'ɡoːni] n ⟨-s; no pl⟩ 1. (*wood*) mahogany (wood): gewässertes ~ mottled mahogany; aus ~ mahogany. – 2. bot. a) mahogany (tree), *auch* cedar (*Swietenia mahagoni*), b) red (*od.* forest) mahogany (*Eucalyptus resinifera*), c) white mahogany (*od.* springybark) (*Eucalyptus acmenoides*): Afrikanisches ~ cailcedra (*Khaya senegalensis*); Ostindisches ~ toona, toon (*Cedrela toona*). — ~**gum·mi,baum** m bot. mahogany gum (tree), jarrah (tree) (*Eucalyptus marginata*). — ~**holz** n (wood) *cf.* Mahagoni 1. — ~**mö·bel** *pl* mahogany furniture *sg.*

Ma·ha·ja·na [maha'jaːna] *n* ⟨-; *no pl*⟩ *relig.* mahayana.

'**Ma·ha·leb**‚**kirsch**‚**baum** ['maːhalɛp-] *m*, ~**kir·sche** *f bot. cf.* Weichselkirsche.

Ma·ha·ra·dscha [maha'raːdʒa] *m* ⟨-s; -s⟩ (*ind. Herrschertitel*) maharaja(h).

Ma·ha·ra·ni [maha'raːni] *f* ⟨-; -s⟩ maharani, maharanee.

Ma·hat·ma [ma'haːtma] *m* ⟨-s; -s⟩ (*ind. Ehrentitel*) mahatma.

'**mäh**‚**bar** *adj* mowable, ready for mowing. — **M~**‚**bin·der** *m agr.* reaper and binder machine, binder.

Mahd[1] [maːt] *f* ⟨-; -en⟩ *agr. dial.* **1.** (*das Mähen*) mowing. — **2.** a) (*cut*) grass, hay, b) hay harvest (*od.* crop): zweite ~ aftermath, rowen. — **3.** (*Zeit des Mähens*) mowing (*od.* haying) time.

Mahd[2] *n* ⟨-(e)s; ⸚er⟩ Austrian and Swiss mountain meadow.

Mäh·der ['mɛːdər] *m* ⟨-s; -⟩ *dial.* for Mäher.

Mah·di ['maxdi; 'maːdi] *m* ⟨-(s); -s⟩ *relig.* Mahdi.

Mah·dis·mus [max'dɪsmus; ma'dɪs-] *m* ⟨-; *no pl*⟩ *relig.* Mahdism, Mahdiism. — **Mah·dist** [-'dɪst] *m* ⟨-en; -en⟩ Mahdist.

'**Mäh**‚**dre·scher** *m agr.* combine (harvester).

mä·hen[1] ['mɛːən] *v/i u. v/t* ⟨h⟩ cut, mow, (*bes. Getreide*) reap, (*mit der Sense*) *auch* scythe, (*mit der Sichel*) *auch* sickle: den Rasen ~ to mow the lawn, to cut the grass.

'**mä·hen**[2] *v/i* ⟨h⟩ *colloq.* (*von Schaf*) baa, bleat.

'**Mäh·her** *m* ⟨-s; -⟩ **1.** (*für Gras*) mower, cutter. — **2.** (*für Getreide*) reaper.

Mah-Jongg [ma'dʒɔŋ] *n* ⟨-s; *no pl*⟩ (*altes chines. Spiel*) Mah-Jong(g).

Mahl [maːl] *n* ⟨-(e)s; -e, *obs.* ⸚er⟩ *lit.* **1.** meal, repast, (*festliches*) *auch* feast: ein reichliches ~ einnehmen to have a substantial meal; ein bescheidenes [frugales] ~ a modest [frugal] meal; ein ~ bereiten to prepare a meal; es wurde ihnen ein köstliches ~ vorgesetzt a delicious meal was set before (*od.* in front of) them. — **2.** (*Bankett*) banquet, feast.

'**Mäh**‚**la·der** *m agr.* mower and loader, (*für Getreide*) reaper and loader.

mah·len ['maːlən] **I** *v/t* ⟨*pp* gemahlen, h⟩ **1.** (*Getreide etc*) grind, mill: etwas zu Mehl ~ to grind s.th. (in)to flour, *Am. auch* to flour s.th. — **2.** (*Kaffee*) grind. — **3.** (*Pfeffer, Samen etc*) mill. — **4.** (*grob*) crush, bruise. — **5.** (*fein*) pulverize *Br. auch* -s-, powder. — **6.** (*paper*) beat. — **II** *v/i* **7.** grind, mill: → kommen 4. — **8.** (*von Mühle*) work, operate. — **9.** *fig.* (*von Rädern etc*) spin: die Räder ~ im Sand the wheels are spinning in the sand. — **10.** (*in Wendungen wie*) die Kiefer der Pferde mahlten the horses were grinding their teeth together. — **III M~** *n* ⟨-s⟩ **11.** *verbal noun.* — **12.** pulverization *Br. auch* -s-.

'**Mahl**‚**gang** *m* **1.** (*Maschine*) millcourse, set of millstones. — **2.** (*Vorgang*) grinding operation. — ~**ge·bühr** *f*, ~**geld** *n* miller's fee. — ~**gut** *n* **1.** (*einer Mühle*) material to be ground (*od.* crushed). — **2.** (*paper*) beating material. — ~**hol·län·der** *m* (*paper*) Hollander (*auch* hollander) (beater), stuff (*od.* beating) engine.

mäh·lich ['mɛːlɪç] *adj u. adv obs. od. poet.* for allmählich.

'**Mahl**‚**korn** *n cf.* Mahlgut 1. — ~**müh·le** *f* gristmill. — ~**recht** *n jur.* privilege of keeping a mill. — ~**sand** *m mar.* quicksand. — ~**schatz** *m obs.* engagement present (to the fiancée). — ~**statt**, ~**stät·te** *f hist.* (*der Germanen*) place for meetings and executions. — ~**stein** *m tech. cf.* Mühlstein. — ~**strom** *m geogr.* maelstrom, whirlpool.

'**Mahl·lung** *f* ⟨-; -en⟩ *cf.* Mahlen.

'**Mahl**‚**werk** *n tech.* **1.** (*zum Grobmahlen*) crushing mill. — **2.** (*zum Feinmahlen*) milling (*od.* grinding) plant. — **3.** (*zum Feinstmahlen*) pulverizing (*Br. auch* -s-) equipment. — ~**zahn** *m med. zo.* molar, grinder.

'**Mahl**‚**zeit** *f* ⟨-; -en⟩ **1.** meal, repast: eine reichliche ~ *od. colloq.* square) meal; leichte [warme] ~ light [hot] meal; drei ~en am Tag three meals a day; nach der ~ after the meal; eine ~ einnehmen to have a meal; vor [nach] den ~en einzunehmen (*Medizin*) take before [after] meals, take preprandially (*Br.* pre-prandially) [postprandially (*Br.* post-prandially)]; (*gesegnete*) ~! *etwa* I hope you will enjoy (*od.*

enjoyed) your meal; prost ~! *fig. colloq. iron.* a) (*das kann ja heiter werden*) good luck, fat chance of that! b) (*da haben wir die Bescherung*) that's a fine mess! - **2.** (*eines Säuglings*) feed(ing).

'**Mahl**‚**zwang** *m jur. hist.* obligation to have one's corn ground at a certain mill.

'**Mäh**‚**ma**‚**schi·ne** *f agr.* **1.** (*für Gras*) mower, mowing machine. - **2.** (*für Getreide*) reaper.

'**Mahn**‚**brief** *m* **1.** *econ. cf.* Mahnung 4. - **2.** *relig.* monitory (letter).

Mäh·ne ['mɛːnə] *f* ⟨-; -n⟩ **1.** *zo.* mane, crest: gesträubte ~ erect mane; der Löwe schüttelt die ~ the lion shakes its mane; mit gestutzter ~ hog-maned; mit einer ~ maned, jubate (*scient.*). - **2.** *fig. colloq.* (*eines Menschen*) mane, good head of hair.

mah·nen ['maːnən] **I** *v/t* ⟨h⟩ **1.** j-n an (*acc*) etwas [j-n] *~ lit.* to remind s.o. of s.th. [s.o.], to recall s.th. [s.o.('s) mind): der Vorfall mahnt mich an ein früheres Erlebnis this event reminds me of an experience I had some time ago; das Photo mahnt mich an meinen Bruder the photo reminds me of my brother; er mahnte mich an mein Versprechen he reminded me of my promise. - **2.** j-d mahnt j-n zu etwas s.o. admonishes (*od.* urges, exhorts) s.o. to s.th.: j-n zur Geduld ~ to admonish s.o. to be patient (*od.* calm); er mahnte sie vergeblich zur Ruhe he admonished them in vain to be silent, he called in vain for order; er mahnte mich, eine gute Arbeit zu leisten he urged me to do a good job. - **3.** (*erinnern*) remind: muß man dich denn immer ~? does one always have to remind you? do you always have to be reminded? die Abenddämmerung mahnt uns zum Aufbruch *fig.* the dusk reminds (*od.* warns) us that we must leave. - **4.** (*ermahnen*) admonish, warn: j-n öffentlich [brieflich] ~ to admonish s.o. publicly [in writing]; ,beeil dich', mahnte sie ihn 'hurry up,' she admonished him. - **5.** *econ.* (*Schuldner*) demand payment from, dun (*s.o.*) (for payment): j-n wegen einer Schuld ~ to demand payment of a debt from s.o. - **II** *v/i* **6.** *econ.* demand payment. - **7.** *hunt.* (*von Hirschkuh*) groan, troat. - **III M~** *n* ⟨-s⟩ **8.** *verbal noun.* - **9.** *cf.* Mahnung.

'**Mäh**‚**nen**‚**amei·sen**‚**bär** *m zo.* maned (*od.* great) anteater (*Br.* ant-eater) (*Myrmecophaga tridactyla*).

'**mah·nend I** *pres p.* - **II** *adj* (*Worte etc*) admonishing, (ad)monitory, warning. - **III** *adv* ~ den Zeigefinger heben to raise a finger in admonition (*od.* warning), to raise a warning finger.

'**Mäh·nen**‚**ger·ste** *f bot.* squirrel grass, squirreltail, *auch* squirreltail grass (*od.* barley) (*Hordeum jubatum*). — ~**haar** *n* mane hair, hair of the mane. — ~**hirsch** *m zo.* sambar, sambur, elk, rusa (*Cervus unicolor*). — ~**hund** *m cf.* Mähnenwolf. — ~**rob·be** *f* Southern sea lion, maned seal (*Otaria flavescens*). — ~**schaf** *n* aoudad, *auch* audad, arui, maned sheep (*Ammotragus lervia*). — ~**tau·be** *f* hackled pigeon, caloenas (*scient.*) (*Caloenas nicobarica*). — ~**wolf** *m* maned wolf (*od.* dog) (*Chrysocyon brachyurus*).

'**Mäh·ner** *m* ⟨-s; -⟩ **1.** *bes. econ.* dunner: lästiger ~ annoying (*od.* importunate) creditor. - **2.** warner, admonisher, *Am. auch* monitor.

'**Mahn**‚**ge**‚**bühr** *f econ.* small fine (*imposed for failing to settle an account, for not re-*

'**mäh·nig** *adj* maned. [*turning books etc*).]

'**Mahn**‚**mal** *n* ⟨-(e)s; -e, *rare* ⸚er⟩ memorial: ein ~ aufstellen to erect a memorial. — ~**pre·digt** *f* exhortatory sermon: j-m eine ~ halten *fig.* to give s.o. a talking-to, to sermonize (*Br. auch* -s-) s.o. — ~**re·de** *f cf.* Mahnpredigt. — ~**ruf** *m cf.* Mahnwort. — ~**schrei·ben** *n* **1.** *econ. cf.* Mahnung 4. - **2.** *relig.* monitory (letter).

'**Mah·nung** *f* ⟨-; -en⟩ **1.** *cf.* Mahnen. - **2.** (*Ermahnung*) admonition, exhortation: eine ~ aussprechen to say a word of exhortation. - **3.** (*Erinnerung*) reminder: dieses Bild bedeutete für ihn eine ständige ~ an den Vater this picture was a constant reminder of his father to him; dieses Denkmal wurde zur ~ an die Gefallenen errichtet this monument was erected as a memorial to the dead. - **4.** *econ.* reminder, demand for payment, dun(ning letter).

'**Mahn**‚**ver**‚**fah·ren** *n jur.* action on a debt. — ~**wort** *n* ⟨-(e)s; -e⟩ word of exhortation (*od.* admonition, urging, warning). — ~**zei·chen** *n cf.* Mahnmal. — ~**zet·tel** *m econ.* reminder.

Ma·ho·nie [ma'hoːniə] *f* ⟨-; -n⟩ *bot.* a) mahonia (*Gatt. Mahonia*), b) Oregon grape (*M. aquifolium*).

Mahr [maːr] *m* ⟨-(e)s; -e⟩ nightmare.

Mah·ra·the [ma'raːtə] *m* ⟨-n; -n⟩ Maratha, Mahratta, *auch* Mahratti: Sprache der ~n Marathi.

Mäh·re[1] ['mɛːrə] *f* ⟨-; -n⟩ **1.** (*alte Stute*) old mare. - **2.** (*Gaul*) hack, nag, jade.

'**Mäh·re**[2] *m* ⟨-n; -n⟩ *hist.* Moravian.

'**Mäh·rer** *m* ⟨-s; -⟩ *cf.* Mähre[2].

'**mäh·risch** *adj* Moravian: ~e Brüder *relig.* Moravians, Moravian (*od.* United) Brethren; Lehre der ~en Brüder *relig.* Moravianism. — **II** *ling.* **M~** ⟨*generally undeclined*⟩, **das M~e** ⟨-n⟩ Moravian.

'**Mäh**‚**zeit** *f agr.* mowing (*od.* haying, harvesting) time, harvest time.

Mai [maɪ] *m* ⟨-(e)s *u.* -, *poet. auch* -en; *rare* -e⟩ **1.** May: ein feuchter [verregneter] ~ a damp [rainy] (month of) May; der erste ~ (*Datum*) the first of May; der Erste ~ (*Feiertag*) May Day; im (*Wonnemonat*) ~ in (the merry month of) May; der Monat ~ the month of May, Maytime, Maytide (*poet.*); ~ kühl und naß füllt dem Bauer Scheuer und Faß (*Sprichwort*) a cold May and a windy makes a full barn and a findy (*proverb*). - **2.** ~ des Lebens *fig.* spring(tide) (*od.* springtime) of life; des Lebens ~ blüht einmal und nicht wieder *poet.* life's vernal season is but one short spell (*poet.*); im ~ des Lebens in the spring (*od.* bloom) of life. — ~**an**‚**dacht** *f röm.kath.* May devotions *pl* in hono(u)r of the Virgin Mary. — ~**ap·fel** *m bot.* mayapple, *auch* Mayapple, mandrake (*Podophyllum peltatum*). — ~**baum** *m* **1.** maypole, *auch* Maypole. - **2.** birch greenery. — ~**bir·ke** *f bot. cf.* Hängebirke. — ~**blu·me** *f* **1.** Große ~ common Solomon's seal (*Polygonatum multiflorum*). - **2.** *cf.* Maiglöckchen. — ~**blu·men**‚**strauß** *m* bunch of May flowers. — ~**bow·le** *f gastr.* wine flavored (*bes. Br.* flavoured) with sweet woodruff, May wine. — ~**busch** *m* birch greenery.

Maid [maɪt] *f* ⟨-; -en⟩ **1.** *archaic od. poet.* maiden. - **2.** *iron.* young girl.

Maiden [meɪdn] *n* ⟨-(s); -⟩ (*Reitsport*) maiden: Rennen für ~ maiden (race).

Maie ['maɪə] *f* ⟨-; -n⟩ *dial.* **1.** *cf.* maigrün 4. - **2.** *cf.* Maibaum. - **3.** (*forestry*) *cf.* Maitrieb.

mai·en ['maɪən] *v/impers* ⟨h⟩ es (grünt und) mait *poet.* nature is bursting forth in bloom, it is turning spring.

'**Mai·en** *m* ⟨-s; -⟩ *dial.* **1.** *cf.* Maibaum. - **2.** *Swiss for* Blumenstrauß. — **m~·haft** *adj* springlike, Maylike. — ~**kö·ni·gin** *f* **1.** *lit. for* Maikönigin. - **2.** *röm.kath.* the Holy (*od.* Blessed) Virgin, the Virgin Mary. — ~**zeit** *f poet.* Maytime, Maytide (*poet.*).

'**Mai**‚**fei·er** *f* May Day celebration. — ~**feld** *n* **1.** *civ.eng.* a) foundation area of a dike, b) (*an der Nordsee*) false channel. - **2.** *hist.* Assembly in Franconia. — ~**fest** *n* **1.** May (Day) festival (*od.* festivities *pl*): zum ~ ziehen to go (a)maying. - **2.** *hist.* (*der Kelten*) Beltane, *auch* Bealtine. — ~**fisch** *m zo.* allice shad, *auch* allice, allis (*Gatt. Alosa*). — ~**flie·ge** *f cf.* Köcherfliege. — ~**frost** *m* frost in May. — ~**ge**‚**set·ze** *pl hist.* May laws, laws of May (*1871*). — ~**glöck·chen** *n bot.* lily of the valley, wood (*od.* flame) lily (*Convallaria majalis*). — **m~·grün I** *adj* **1.** pea-green. - **II M~** *n* ⟨-s⟩ **2.** pea green. - **3.** first foliage of May. - **4.** (*als Schmuck*) birch greenery. — ~**hecht** *m zo.* pike spawning in May.

'**Mai**‚**kä·fer** *m zo.* cockchafer, May beetle (*od.* bug), *bes. Am.* June beetle (*od.* bug), melolonthid (*scient.*) (*Fam. Melolonthidae*): grinsen wie ein ~ *fig. colloq.* to grin like a Cheshire cat. — ~**lar·ve** *f cf.* Engerling.

'**Mai**‚**kätz·chen** *n bot.* catkin, amentum (*scient.*). — ~**kir·sche** *f* Mayduke, *auch* Mayduke cherry, St. Julian's cherry.

'**Mai**‚**kö·nig** *m* King of (the) May, May king. — ~**kö·ni·gin** *f* Queen of (the) May, May queen. — ~**kraut** *n bot.* **1.** *cf.* Schöllkraut. - **2.** water avens (*Geum rivale*). — ~**kund**‚**ge·bung** *f* May Day manifestation.

Mai·län·der ['maɪlɛndər] **I** *m* ⟨-s; -⟩

native (*od.* inhabitant) of Milan, Milanese. – **II** *adj* ⟨*invariable*⟩ (of *od.* pertaining to) Milan, Milanese: die ~ Scala the Milan Scala; ~ Spezialitäten *gastr.* Milanese dishes. — '**mai·län·disch** *adj* Milanese, (of *od.* pertaining to) Milan.

'**mai·lich** *adj poet. od. lit.* for maienhaft.

Mai·ling ['maɪlɪŋ] *m* ⟨-s; -e⟩ **1.** *zo. cf.* Äsche[1]. – **2.** *bot.* a) *type of morel,* b) *type of winter apple.*

'**Mai‚luft** *f,* ~‚**lüft·chen** *n, Bavarian dial.* ~‚**lüf·terl** [-‚lʏftərl] *n* ⟨-s; -⟩ gentle spring air (*od.* breeze), May (*od.* vernal) breeze. — ~‚**mo·nat** *m* (month of) May.

'**Main·zer I** *m* ⟨-s; -⟩ native (*od.* inhabitant) of Mainz. – **II** *adj* ⟨*invariable*⟩ (of *od.* pertaining to) Mainz: ~ Käse *gastr.* Mainz cheese; der ~ Karneval the carnival of Mainz.

'**Mai‚pilz** *m bot.* May toadstool (*Calocybe georgii*).

Maire [mɛːr] *(Fr.) m* ⟨-s; -s⟩ (*Bürgermeister*) mayor. — **Mai·rie** [mɛ'riː] *f* ⟨-; -n [-ən]⟩ **1.** mayoralty, mayorship. – **2.** (*Dienststelle*) mayor's office.

'**Mai‚rit·ter·ling** *m bot. cf.* Maipilz. — ~‚**rü·be** *f* early (*od.* hasty) turnip.

Mais [maɪs] *m* ⟨-es; *Arten* -e⟩ *bot.* (Indian) corn, *bes. Br.* maize (*Zea mays*): ~ rösten a) to roast corn, b) to pop corn; mit ~ gefüttert corn-fed. — ~‚**blatt‚laus** *f zo.* corn leaf aphid (*Rhopalosiphum maidis*). — ~‚**brei** *m gastr.* mush, hasty pudding, *Am.* sagamite, *auch* polenta. — ~‚**brot** *n* corn (*od.* Indian) bread.

Maisch [maɪʃ] *m* ⟨-es; -e⟩ *bes. brew. cf.* Maische 1. — ~‚**bot·tich** *m brew.* mash tun (*od.* tub), keeve, kieve.

'**Mai·sche** *f* ⟨-; -n⟩ **1.** *bes. brew.* mash: gegorene ~ wash. – **2.** (*in der Zuckerfabrikation*) crystallizer *Br. auch* -s-.

mai·schen ['maɪʃən] *v/i u. v/t* ⟨h⟩ *brew.* mash.

'**Mais‚dex‚tro·se** *f gastr.* corn sugar. — ~‚**dieb** *m zo.* maizer, maize thief, redwing (*od.* red-winged) blackbird (*Agelaius phoeniceus*). — ~‚**feld** *n* cornfield, *bes. Br.* maize field, field of corn (*bes. Br.* maize). — ~‚**flocken** (*getr.* -k·k-) *pl gastr.* cornflakes. — ~‚**fut·ter** *n agr.* corn (*bes. Br.* maize) fodder. — **m~‚gelb** *adj bes. Br.* maize(-yellow). — ~‚**ge‚mü·se** *n gastr.* (sweet) corn, *bes. Br.* maize. — ~‚**grieß** *m* hominy grits *pl* (*construed as sg or pl*). — ~‚**gür·tel** *m geogr.* (der USA) corn belt. — ~‚**hül·se** *f* (corn)husk, *bes. Br.* maize husk, bract (*scient.*). — ~‚**kä·fer** *m zo.* Northern corn billbug (*Calandra zeae*). — ~‚**kle·ber** *m chem. biol.* zein, gluten of maize. — ~‚**kleie** *f agr.* corn (*bes. Br.* maize) bran. — ~‚**kol·ben** *m* **1.** ear of corn (*bes. Br.* maize), (*junger*) *auch* roasting ear. – **2.** (*Strunk*) (corn)cob, *bes. Br.* maize cob. — ~‚**korn** *n* kernel of corn (*bes. Br.* maize). — ~‚**ku·chen** *m gastr. Am.* corn cake, hoecake, johnnycake.

'**Mais‚mehl** *n gastr.* cornmeal, Indian meal. — ~‚**mot·te** *f zo.* corn worm, scavenger bollworm (*Pyrodertes riley*). — ~‚**pud·ding** *m gastr.* Indian pudding.

Maiß [maɪs] *m* ⟨-es; -e⟩, *f* ⟨-; -en⟩ *Bavarian and Austrian for* a) Holzschlag 2, b) Jungwald.

'**Mais‚schnaps** *m* (Indian) corn whisk(e)y. — ~‚**schrot‚müh·le** *f tech. agr. Am.* corn cracker. — ~‚**stär·ke** *f gastr. Am.* cornstarch, *Br.* cornflour. — ~‚**stroh** *n agr. Am.* corn fodder, *Br.* corn stover. — ~‚**züns·ler** *m zo.* (European) corn borer (*Pyrausta nubilalis*).

'**Mai‚trank** *m gastr. cf.* Maibowle.

Maître de plai·sir [mɛtrədplɛ'ziːr] *(Fr.) m* ⟨- - -; -s - - [-'ziːr]⟩ *humor.* master of ceremonies, M.C.

'**Mai‚trieb** *m* (*forestry*) primary (*od.* yearly) shoot, sapling. — ~‚**vo·gel** *m zo.* checkerspot (butterfly) (*Melitaea maturna*). – ~‚**wurm** *m* oil beetle, meloe (*scient.*) (*Gattg Meloë*). — ~‚**zeit** *f* Maytime, Maytide (*poet.*).

Mai·ze·na [maɪ'tseːna] *(TM) n* ⟨-s; *no pl*⟩ *gastr.* maizena (*TM*).

Ma·ja ['maːja] **I** *npr f* ⟨-; *no pl*⟩ *myth.* Maya, *auch* Maia. – **II** *f* ⟨-; *no pl*⟩ *relig. philos.* (im Hinduismus) maya, *auch* maia.

Ma·je·stät [majɛs'tɛːt] *f* ⟨-; -en⟩ **1.** ⟨*only sg*⟩ majesty, grandeur: die Landschaft trat in ihrer ganzen ~ hervor the scenery appeared in its entire majesty; die ~

des Todes the majesty of death. – **2.** (*Titel von Königen u. Kaisern*) Majesty: Euer (*od.* Eure) ~ Your Majesty; Ihre ~ Her Majesty; Seine ~ [der König] His Majesty [the King]; Ihre ~en Their Majesties; die Kaiserlichen ~en traten ein the Imperial Majesties entered; seine teuflische ~ *fig.* His Satanic Majesty.

ma·je'stä·tisch I *adj* **1.** majestic, *auch* majestical: eine ~e Erscheinung a majestic appearance; ihr ~er Gang her majestical gait; der ~e Anblick der Alpen the majestic (*od.* grand) view of the Alps. – **2.** *mus.* maestoso. – **II** *adv* **3.** majestically, grandly: die Berge lagen ~ vor mir the mountains lay majestically before (*od.* in front of) me; der Kutscher thronte ~ auf dem Bock the coachman sat majestically on top of the box; der Tiger brüllte ~ the tiger roared majestically. – **III M~e, das** ⟨-n⟩ **4.** the majesty, *auch* the grandness.

Ma·je'stäts‚be‚lei·di·gung *f pol. jur.* offence (*Am.* offense) against the sovereign, lese majesty, lèse majesté. — ~‚**ver‚bre·chen** *n* crime against the sovereign, high treason. — ~‚**ver‚bre·cher** *m* offender against the sovereign.

Ma·jo·li·ka [ma'joːlika] *f* ⟨-; -ken *u.* -s⟩ (*eine Tonware*) majolica, *auch* maiolica.

Ma·jo·nä·se [majo'nɛːzə] *f* ⟨-; -n⟩ *gastr.* mayonnaise.

Ma·jor [ma'joːr] *m* ⟨-s; -e⟩ **1.** *mil.* major. – **2.** *mil. aer. Am.* major, *Br.* squadron leader.

Ma·jo·ran [majo'raːn, 'maː-] *m* ⟨-s; -e⟩ *bot. gastr.* Echter ~ (true *od.* sweet) marjoram (*Origanum majorana*); Wilder ~ origan, *auch* origane (*O. vulgare*). — ~‚**öl** *n gastr.* oil of marjoram.

Ma·jo·rat [majo'raːt] *n* ⟨-(e)s; -e⟩ *jur.* **1.** primogeniture, majorat. – **2.** *cf.* Majoratsgut.

Ma·jo'rats‚er·be *m jur.* heir in right of primogeniture, eldest son. — ~‚**gut** *n* entail(ed estate), estate devolving by right of primogeniture. — ~‚**herr** *m* possessor of an entail(ed estate), tenant in tail. — ~‚**recht** *n* right of primogeniture.

Ma·jor‚do·mus [major'doːmus] *m* ⟨-; -⟩ **1.** majordomo, maître d'hôtel. – **2.** *hist.* seneschal.

ma·jo·renn [majo'rɛn] *adj obs. jur.* of full age, major: ~ werden to come of age, to attain one's majority. — **Ma·jo·ren·ni'tät** [-ni'tɛːt] *f* ⟨-; *no pl*⟩ full (*od.* lawful) age, majority.

ma·jo·ri·sie·ren [majori'ziːrən] *v/t* ⟨*no ge-,* h⟩ *pol.* defeat (*s.o., s.th.*) by a majority of votes.

Ma·jo·rist [majo'rɪst] *m* ⟨-en; -en⟩ *röm. kath.* cleric in major orders.

Ma·jo·ri·tät [majori'tɛːt] *f* ⟨-; *rare* -en⟩ *pol.* majority (of votes): mit einer Stimme ~ with a majority of one (vote); die ~ ist dafür [dagegen] the ayes [noes] have it; mit ~ beschlossen carried by a majority of votes; in der ~ sein, die ~ haben to be in the majority, to have the majority.

Ma·jo·ri'täts‚be‚schluß *m pol.* resolution carried by the majority, majority vote. — ~‚**prin‚zip** *n* principle of majority vote, majoritarianism. — ~‚**wahl** *f* election by absolute (*od.* simple) majority.

Ma'jors‚rang *m, auch* ~‚**wür·de** *f mil.* rank of (a) major, majority: er hat ~ he holds the rank of major.

Ma·jorz [ma'jorts] *m* ⟨-es; *no pl*⟩ *Swiss for* Mehrheitswahlrecht.

Ma·jus·kel [ma'juskəl] *f* ⟨-; -n⟩ *print.* majuscule, capital (letter), uppercase (*od.* block) letter: in ~n (geschrieben *od.* gedruckt) majuscule.

ma·ka·ber [ma'kaːbər] *adj* macabre, *Am. auch* macaber: eine makabre Geschichte a macabre story.

Ma·ka·dam [maka'dam] *m, n* ⟨-s; -e⟩ *civ.eng.* (*Straßenbelag*) macadam. — ~‚**be‚lag** *m,* ~‚**decke** (*getr.* -k·k-) *f* macadam pavement (*od.* paving, *Br. auch* surfacing). — ~‚**ma‚schi·nen‚an‚la·ge** *f* coated macadam mixing plant, *Am.* cold mix asphalt plant.

ma·ka·da·mi·sie·ren [makadami'ziːrən] *v/t* ⟨*no ge-,* h⟩ *civ.eng.* macadamize *Br. auch* -s-. — **Ma·ka·da·mi'sie·rung** *f* ⟨-; *no pl*⟩ macadamization *Br. auch* -s-.

Ma·kak ['makak, ma'ka(ː)k] *m* ⟨-s *u.* -en; -en [ma'ka(ː)kən]⟩, **Ma·ka·ke** [ma'ka(ː)kə] *m* ⟨-n; -n⟩ *zo.* macaque (*Gattg*

Macaca): Gemeiner ~ crab-eating macaque (*M. irus*).

Ma·ka·me [ma'kaːmə] *f* ⟨-; -n⟩ (*literature*) *mus.* makamat.

Ma·kao[1] [ma'kaːo] *m* ⟨-s; -s⟩ *zo.* scarlet (*od.* red-and-blue) macaw, aracanga (*Ara macao*).

Ma'kao[2] *n* ⟨-s; *no pl*⟩ (*Glücksspiel*) macao.

Ma·ka·ris·mus [maka'rɪsmus] *m* ⟨-; -men⟩ *meist pl relig.* beatitudes *pl.*

'**Ma·kart‚bu‚kett** *n,* ~‚**strauß** ['makart-] *m* bouquet of dried flowers and grasses.

Ma'kas·sar‚öl [ma'kasar-] *n* (*Haaröl*) Macassar oil.

Ma·ke·do·ni·er [make'doːniər] *m* ⟨-s; -⟩ *cf.* Mazedonier. — **ma·ke'do·nisch** [-nɪʃ] *adj cf.* mazedonisch.

Ma·kel ['maːkəl] *m* ⟨-s; -⟩ *lit.* **1.** slur, stain, spot, blot, taint, tarnish: der ~ des schlechten Rufes hindert ihn the taint of a bad reputation is an obstacle to him; an seinem Ruf haftet ein ~ there is a stain on his reputation, his reputation is tarnished; j-m einen ~ anhängen (*od.* anheften) to cast a slur on s.o.'s character; der ~ des Trunkes haftet ihm an the slur of alcoholism attaches to him. – **2.** (*Fehler*) blemish, flaw, defect, fault, scar: an ihr ist kein ~, sie ist ohne ~ she has no faults, she is without blemish; Sie können keinen ~ an ihm finden you can't find fault with him.

Mä·ke'lei *f* ⟨-; -en⟩ *colloq. contempt.* **1.** (constant) faultfinding, carping, petty criticism, *Am. colloq.* griping. – **2.** (*beim Essen*) choosiness (*colloq.*), fussiness, fastidiousness, finickiness.

'**ma·kel‚frei** *adj cf.* makellos I.

'**ma·kel·haft,** '**ma·ke·lig** *adj* **1.** slurred, stained, spotted, tainted, tarnished. – **2.** (*fehlerhaft*) blemished, flawed, defective, faulty.

'**mä·ke·lig** *adj colloq.* **1.** faultfinding, carping, griping (*colloq.*). – **2.** (*beim Essen*) choos(e)y (*colloq.*), fussy, fastidious, finicky.

'**ma·kel·los I** *adj* **1.** stainless, unstained, spotless, taintless, untainted, untarnished, unsullied, unslurred: ein ~er Lebenswandel a spotless conduct. – **2.** (*fehlerlos*) unblemished, flawless, faultless, perfect, immaculate, impeccable: eine ~e Figur a perfect figure; ~e Schönheit immaculate beauty; ein ~er Teint an unblemished complexion. – **II** *adv* **3.** ~ weiß pure white; ~ gekleidet sein to be immaculately dressed. — '**Ma·kel·lo·sig·keit** *f* ⟨-; *no pl*⟩ **1.** stainlessness, spotlessness, taintlessness, untaintedness, unsulliedness. – **2.** (*Fehlerlosigkeit*) flawlessness, faultlessness, perfection, immaculateness, impeccability.   [a broker.\

ma·keln ['maːkəln] *v/i* ⟨h⟩ *econ.* act as/ **mä·keln** ['mɛːkəln] *colloq. contempt.* **I** *v/i* ⟨h⟩ **1.** an (*dat*) etwas ~ a) (*nörgeln*) to find fault with (*od.* carp at) s.th., to cavil (*od. colloq.* gripe) at (*od.* about) s.th., b) (*am Essen*) to be finicky (*od.* fussy, fastidious) about s.th., to be choos(e)y about (*od.* with) s.th. (*colloq.*): er mäkelt an allem he finds fault with everything. – **II M~** *n* ⟨-s⟩ **2.** *verbal noun. – cf.* Mäkelei.

Make-up [meːk'ʔap; 'meɪkʌp] *(Engl.) n* ⟨-s; *no pl*⟩ (*cosmetics*) makeup, *Br.* make-up: ~ auflegen (*od.* auftragen) to apply makeup.

Ma·ki ['maːki] *m* ⟨-s; -s⟩ *zo.* maki, lemur, fox-nosed monkey (*Gattg Lemur*): Schwarzer ~ black lemur (*L. macaco*).

Mak·ka·bä·er [maka'bɛːər] *pl Bibl.* Maccabees. — **mak·ka'bä·isch** *adj* Maccabean.

Mak·ka·lu·be [maka'luːbə] *f* ⟨-; -n⟩ *geol.* mud volcano, macaluba (*scient.*).

Mak·ka·ro·ni [maka'roːni] *pl gastr.* macaroni(es).

mak·ka·ro·nisch [maka'roːnɪʃ] *adj* (*literature*) (*aus verschiedenen Sprachen gemischt*) macaronic: ~e Verse macaronics.

'**Mak·ler** *m* ⟨-s; -⟩ **1.** (*Börsenmakler*) (stock)broker: amtlich zugelassener ~ inside broker. – **2.** (*Grundstücks- u. Häusermakler*) estate agent, *Am.* real estate agent, broker, *auch* realtor. – **3.** *fig.* (*Vermittler*) broker, middleman, go-between: der ehrliche ~ *hist.* (*Beiname Bismarcks*) the honest broker.

'**Mäk·ler** *m* ⟨-s; -⟩ *colloq. contempt.* **1.** (*Nörgler*) faultfinder, petty critic, griper (*colloq.*). – **2.** (*beim Essen*) fussy (*od. colloq.* choos[e]y eater.

'Mak·ler|ˌfir·ma f econ. firm of brokers, brokerage house: unreelle ~ bucket shop (sl.). — ~ge,bühr f commission, brokerage, broker's charges pl (od. fee, commission). — ~ge,schäft n broker's business, brokerage: ~e machen to do business as a broker. — ~ge,wer·be n brokerage.

'mäk·lig adj cf. mäkelig.

Ma·ko ['mako] f ⟨-; -s⟩, m, n ⟨-(s); -s⟩ (textile) maco, Egyptian cotton.

Ma·ko·ré [mako're:] n ⟨-(s); no pl⟩ (wood) makore, auch cherry mahogany.

Ma·kra·mee [makra'me:] n ⟨-(s); -s⟩ (textile) macramé (lace), auch macrame, macrami.

Ma·kre·le [ma'kre:lə] f ⟨-; -n⟩ zo. (common od. Atlantic) mackerel, scomber, scombrid (Scomber scombrus): Westindische ~ Spanish mackerel, pintado (Scomberomorus maculatus); Spanische ~ seer(fish), seir(fish), cero (Scomberomorus regalis); Amerikanische ~ spike, tinker (Pneumatophorus rex); Kalifornische ~ pompano, auch pampano (Trachinotus carolinus); Gelbe ~ crevalle, auch crevally (Caranx hippos); zu den ~n gehörig scombrid.

ma'kre·len|ˌähn·lich, ~,ar·tig adj zo. mackerel-like, scombroid (scient.). — M~ˌfän·ger m mar. mackereler. — M~ˌhecht m zo. bluefish, mackerel (od. 'saury) pike, billfish, skipper (Scomberesox saurus).

Ma·kro..., ma·kro... combining form denoting macro... [macrophotograph.] 'Ma·kro,auf,nah·me ['ma:kro-] f phot.

Ma·kro·bio·se [makrobi'o:zə] f ⟨-; no pl⟩ med. macrobiosis, longevity. — Ma·kro·bio·tik [-'o:tɪk] f ⟨-; no pl⟩ macrobiotics pl (construed as sg or pl).

Ma·kro·chei·lie [makroçaı'li:] f ⟨-; no pl⟩ med. macrocheilia.

Ma·kro·chei·rie [makroçaı'ri:] f ⟨-; no pl⟩ med. macrochiria.

Ma·kro·dak·ty·lie [makrodakty'li:] f ⟨-; no pl⟩ med. macrodactylia, auch macrodactyly.

ma·kro|dia·go·nal [makrodiago'na:l] adj min. macrodiagonal. — M~dia·go'na·le f (eines Kristalls) macrodiagonal.

Ma·kro·fos·sil [makrofo'si:l] n macrofossil.

Ma·kro·ga·met [makroga'me:t] m ⟨-en; -en⟩ biol. macrogamete, auch megagamete.

'Ma·kro·ge,fü·ge n metall. macrostructure.

Ma·kro·glos·sie [makroglɔ'si:] f ⟨-; no pl⟩ med. macroglossia.

ma·kro·gnath [makro'gna:t] adj med. macrognathic. — Ma·kro·gna'thie [-gna-'ti:] f ⟨-; no pl⟩ macrognathia, macrognathism.

Ma·kro|kli·ma [makro'kli:ma] n meteor. macroclimate. — m~'kos·misch [-'kɔsmɪʃ] adj macrocosmic. — ~'kos·mos [-'kɔsmɔs] m macrocosm, macrocosmos, universe. — m~kri·stal'lin [-krɪsta'li:n] adj min. macrocrystalline.

Ma·kro·lo·gie [makrolo'gi:] f ⟨-; no pl⟩ ling. (Weitschweifigkeit) macrology, pleonasm.

Ma·kro·ma·stie [makromas'ti:] f ⟨-; no pl⟩ med. macromastia.

Ma·kro·me·lie [makrome'li:] f ⟨-; no pl⟩ med. macromely.

Ma·kro·me·ren [makro'me:rən] pl biol. macromeres.

Ma·kro|mo·le·kül [makromole'ky:l] n chem. macromolecule. — m~mo·le·ku'lar [-ku-'la:r] adj macromolecular: ~e Chemie macromolecular (od. polymer) chemistry.

Ma·kro·ne [ma'kro:nə] f ⟨-; -n⟩ gastr. macaroon, (aus Mandeln) ratafia (biscuit).

Ma·kro·öko·no·mie [makro'økono'mi:] f econ. macroeconomics pl (usually construed as sg).

Ma·kro·pha·gen [makro'fa:gən] pl med. macrophages.

Ma·kro·phon [makro'fo:n] n ⟨-s; -e⟩ phys. (Schallverstärker) sound (od. public address, P.A.) amplifier.

Ma·kro|pho·to·gra·phie [makrofotogra'fi:] f phot. macrophotography. — m~pho·to-'gra·phisch [-'gra:fɪʃ] adj macrophotographic(al). — ~phy'sik [-fy'zi:k] f phys. macrophysics pl (construed as sg or pl).

Ma·kro·po·de [makro'po:də] m ⟨-n; -n⟩ zo. cf. Paradiesfisch.

Ma·kro·psie [makrɔ'psi:] f ⟨-; no pl⟩ med. macropsia, auch macropsy.

ma·kro·seis·misch [makro'zaısmɪʃ] adj geol. (Erdbeben) macroseismic.

ma·kro·sko·pisch [makro'sko:pɪʃ] adj macroscopic, auch macroscopical.

Ma·kro·so·mie [makrozo'mi:] f ⟨-; no pl⟩ med. cf. Makromelie.

Ma·kro|spo·re [makro'spo:rə] f bot. megaspore, macrospore. — ~struk'tur [-struk-'tu:r] f phys. macrostructure. — ~theo'rie [-teo'ri:] f econ. macroeconomic theory.

Ma·kro·tie [makro'ti:] f ⟨-; no pl⟩ med. macrotia.

ma·kro·ze·phal [makrotse'fa:l] adj med. macrocephalic, macrocephalous, megacephalic. — Ma·kro·ze'pha·le m ⟨-n; -n⟩ macrocephalus. — Ma·kro·ze·pha'lie [-fa-'li:] f ⟨-; no pl⟩ macrocephaly.

Ma·kro·zyt [makro'tsy:t] m ⟨-en; -en⟩ med. macrocyte, megalocyte, gigantocyte, giant cell.

Ma·kru·ren [ma'kru:rən] pl zo. Macrura (Unterordng Decapoda).

Ma·ku·la·tur [makula'tu:r] f ⟨-; -en⟩ 1. print. maculature, waste(paper): ~ drucken to print waste; ~ reden fig. colloq. to talk nonsense. — 2. (Altpapier) wastepaper. — 3. (beim Tapezieren) lining paper. — 4. fig. worthless book, trash. — ~,bo·gen m print. spoiled (od. waste) sheet. — ~,druck m ⟨-(e)s; -e⟩ printing waste, spoils pl. — ~,for·schung f study of medi(a)eval bookbindings.

ma·ku·lie·ren [maku'li:rən] v/i ⟨no ge-, h⟩ print. 1. print waste. — 2. (einstampfen) pulp.

ma·ku·lös [maku'lø:s] adj med. 1. macular. — 2. spotted, spotty, freckled.

mal [ma:l] I adv 1. by: multipliziere 12 ~ 15 multiply 12 by (od. times) 15; 8 ~ 2 ist (od. macht, gibt) 16 8 times (od. multiplied by) 2 is (od. equals) 16; das Zimmer ist 7 ~ 4 Meter (groß) the room is 7 meters by 4. – 2. colloq. for einmal 2, 3, 4, 6, 7. – II conj 3. ~ ..., ~ ... colloq. for einmal 8.

Mal¹ n ⟨-(e)s; -e⟩ time: das erste [zweite, letzte] ~ the first [second, last] time; zum ersten ~ for the first time; zu wiederholten ~en repeatedly, again and again, over and over again; mit einem ~(e) a) (plötzlich) suddenly, all at once, all of a sudden, b) (in einem Arbeitsgang etc) in one go; das eine oder andere ~ now and then, from time to time; ein anderes ~ another time, some other time; nur dies eine (od. einzige) ~ this one time only, only this once; (so) manches ~, manch liebes ~, manches liebe ~ colloq. many a time, a good many times; mehrere ~e several times; das vorige (od. vergangene, letzte) ~ the last time, the time before; ein ums (od. übers) andere ~, ein ~ ums andere by turns, alternately; dort gefällt es mir von ~ zu ~ besser I like it better there each time (od. with every time); dieses ~ this time; für dieses ~ will ich darüber hinwegsehen just this once (od. for this one time) I'm going to ignore it; das einzige ~ the only (od. one) time; nicht ein einziges ~ not once; ein paar ~(e) a couple of times; viele tausend ~e many thousands of times; unzählige ~e countless times; wie viele ~e how many times; ein für alle ~e once and for all; wenn ich ihn das nächste ~ sehe when I see him next (time).

Mal² n ⟨-(e)s; -e u. ¨er⟩ 1. mark: sie hatte ein unschönes ~ auf der Wange she had an ugly mark on her cheek; auf seinem Rücken waren blaue ~e there were blue marks on his back. – 2. (Muttermal) birthmark, n(a)evus (scient.). – 3. (Zeichen, Merkmal) sign, mark, stigma. – 4. (Denkmal) monument. – 5. (Grenzpfahl) boundary. – 6. (sport, games) a) (beim Schlagball u. Baseball) base, b) (beim Curling) tee, c) (beim Kricket) wicket, d) (beim Rennen) start(ing line), e) (beim Kegeln) trig, foul line, f) (beim Versteckspiel) home: zweites ~ second base; Fuß beim ~ halten to toe the mark; Laufen von ~ zu ~ base-running. – 7. (forestry) blaze.

'Ma·la·bar,ap·fel ['ma:labar-] m bot. rose apple (Eugenia jambos).

Ma·la·chit [mala'xıt] m ⟨-s; -e⟩ min. malachite, green copper ore. — ~,grün I n malachite green. — II m~ adj malachite--green. — ~,kie·sel m min. cf. Kieselkupfer.

ma·la·de [ma'la:də], ma'lad [-'la:t] adj u. adv colloq. for krank, unpäßlich.

ma·la fi·de ['ma:la 'fi:de] adv bes. jur. mala fide.

Ma·la·ga ['ma:laga; 'ma-] m ⟨-s; -s⟩ cf. Malagawein. — ~,man·del f gastr. Jordan almond.

Ma·la·ga·sy [mala'ga:zi] n ⟨-; no pl⟩, ~,spra·che f ling. Malagasy.

'Ma·la·ga,wein m gastr. Malaga (wine).

Ma·la'get·ta,pfef·fer [mala'gɛta-] m bot. grains pl of paradise, guinea grains pl (Aframomum melegueta).

Ma·laie [ma'laıə] m ⟨-n; -n⟩ 1. (Volksangehöriger) Malay. – 2. (Staatsbürger von Malaysien) Malaysian. – 3. zo. (Hühnerrasse) Malay (fowl).

Ma'lai·en,bär m zo. sun (od. Malay) bear (Helarctos malayanus).

ma'lai·isch I adj Malay. – II ling. M~ ⟨generally undeclined⟩, das M~e ⟨-n⟩ Malay(an).

Ma·lai·se [ma'lɛ:zə; ma'lɛ:z] (Fr.) f ⟨-; -n⟩ Swiss ⟨-s; -⟩ (Übelkeit, Misere) malaise.

Ma·la·ko·lith [malako'li:t; -'lɪt] m ⟨-s; -e⟩ min. malacolite.

Ma·la·ko·lo·ge [malako'lo:gə] m ⟨-n; -n⟩ zo. (Weichtierkundler) malacologist.

Ma·la·ko·lo'gie [-lo'gi:] f ⟨-; no pl⟩ zo. malacology. — ma·la·ko'lo·gisch [-'lo:gɪʃ] adj malacological.

Ma·lak·ostra·ke [malakɔs'tra:kə] m ⟨-n; -n⟩ zo. malacostracan (Unterklasse Malacostraca).

Ma·la·ko·zo·on [malako'tso:ɔn] n ⟨-s; -zoen⟩ meist pl zo. mollusk, mollusc.

Ma·la·ria [ma'la:rĭa] f ⟨-; no pl⟩ med. malaria, vernal (od. swamp) fever, marshfever, paludism (scient.): ~ quartana quartan malaria; ~ tertiana tertian malaria; ~ tropica tropical malaria; Mittel gegen ~ antimalarial; gegen ~ wirksam antimalarial. — ~,an,fall m attack of malaria. — ~er,re·ger m malaria(l) parasite (Gattg Plasmodium). — ~,fie·ber n malarial fever. — ~ge,biet n, ~ge,gend f malarious district. — ~,imp·fung f malaria inoculation. — m~in·fi,ziert adj 1. malarial, affected with malaria. – 2. (Mücke) malaria-carrying, malariated. — m~,krank adj stricken by (od. ill with, suffering from) malaria. — ~,kran·ke m, f malaria patient.

Ma·la·ria·lo·gie [malarĭalo'gi:] f ⟨-; no pl⟩ med. (Malariakunde) malariology.

Ma'la·ria|ˌmücke (getr. -k·k-) f zo. malaria(l) mosquito, anopheline (mosquito) (Gattg Anopheles). — ~pa·ra,sit m zo. malaria(l) parasite, plasmodium (scient.). — ~spe·zia,list m med. malariologist, malaria(l) specialist. — ~,über,trä·ger m malaria carrier (od. scient. vector). — m~,ver,seucht adj malarious.

Ma·la·ya·lam [mala'ja:lam] n ⟨-(s); no pl⟩ ling. (drawidische Sprache) Malayalam, Malayali.

Ma·la·zie [mala'tsi:] f ⟨-; -n [-ən]⟩ med. (Erweichung) malacia.

'Mal,baum m (forestry) hunt. tree against which wild boars or deer have rubbed.

'Mal,bruck-,Meer,kat·ze ['mal,brʊk-] f zo. malbrouck (Cercopithecus cynosurus).

'Mal,buch n coloring (bes. Br. colouring) book.

Ma·lea·chi [male'axi] npr m ⟨-; no pl⟩ Bibl. (Prophet) Malachi.

Ma·le·at [male'a:t] n ⟨-s; -e⟩ chem. maleate.

Ma·le·dik·ti·on [maledɪk'tsĭo:n] f ⟨-; -en⟩ obs. for Verleumdung 2, 3.

ma·le·di·visch [male'di:vɪʃ] adj Maldivian, auch Maldivan: ~e Nuß double coconut (fruit of Lodoicea seychellarum).

ma·le·di·zie·ren [maledi'tsi:rən] v/i u. v/t ⟨no ge-, h⟩ obs. curse.

Ma·le·fi·kant [malefi'kant] m ⟨-en; -en⟩ obs. for Missetäter, Übeltäter.

Ma·le·fi·kus [ma'le:fikus] m ⟨-; - u. -zi [-tsi]⟩ astrol. unlucky star (od. planet).

Ma·le·fiz [male'fi:ts] n ⟨-es; -e⟩ obs. jur. 1. malfeasance, auch malfaisance. – 2. capital crime. — ~ge,richt n cf. Strafgericht 2. — ~,kerl m bes. Bavarian colloq. rascal, scamp, knave.

ma·le·in|,sau·er [male'i:n-] adj chem. maleic. — M~,säu·re f maleic acid (HOOCCH = CHCOOH).

ma·len ['ma:lən] I v/i ⟨h⟩ 1. paint: nach der Natur ~ to paint from nature; nach dem Leben ~ to copy from life; in Öl [Pastell] ~ to paint in oils [pastels] in Wasserfarben ~ to paint in watercolors (Br. water-colours); auf Glas he paints (on) glass. – 2. (zeichnen) draw: mit (einem) Bleistift ~ to (draw with a) pencil; mit (einem) Buntstift ~ to color (bes. Br. colour); skizzierend ~ to sketch; aus Langeweile (od. Unaufmerksamkeit)

~ to doodle. – **3.** (*anstreichen*) paint: schwarz ~ to paint black; mit einer Schablone ~ to (paint with a) stencil. – **4.** (*Maler sein*) paint, be a painter: mit dreißig Jahren begann er zu ~ he became a painter (*od.* he took up painting) at the age of thirty. – **II** v/t **5.** paint: ein Porträt ~ to paint (*od.* do) a portrait; etwas in Lebensgröße ~ to paint s.th. life-size (*auch* life-sized) (*od.* in life-size); er hat sie ~ lassen he had her (picture *od.* portrait) painted; er will sich ~ lassen he wants to have himself (*od.* his portrait) painted; ein Portrait von j-m malen to paint a portrait of s.o., to portray s.o.; er malte alles sehr naturgetreu he painted (*od.* depicted, pictured) everything in a very lifelike manner (*od.* very realistically); sich (*dat*) die Lippen ~ colloq. (*schminken*) to paint one's lips. – **6.** (*zeichnen*) draw: → Männchen 5. – **7.** (*streichen*) paint: eine Wand ~ to paint a wall; ein Muster mit einer Schablone ~ to paint a pattern with a stencil, to stencil a pattern. – **8.** (*unbeholfen schreiben*) trace: Buchstaben ~ a) to trace letters, b) iron. to write with extreme care. – **9.** fig. lit. paint: der Herbst malt die Wälder bunt autumn paints the forests in a myriad of colo(u)rs; der Frost malt Eisblumen an die Fenster the frost traces frostwork on the windows. – **10.** fig. paint, picture: du malst die Lage zu schwarz you paint too black a picture (*od.* take too pessimistic a view) of the situation; die Zukunft rosig ~ to paint too rosy (*od.* bright) a future, to see the future through rose-colo(u)red glasses; → Teufel 1. – **III** v/reflex sich ~ **11.** paint oneself: Rembrandt malte sich öfter selbst Rembrandt often painted self-portraits. – **12.** fig. lit. (*sich wiederspiegeln*) reflect itself, show (*od.* paint, picture) itself: auf seinem Gesicht malte sich Entsetzen horror reflected itself (*od.* was reflected) on his face. – **IV M~** n ⟨-s⟩ **13.** verbal noun: zum M~ (schön) fit to be painted, fit for (*od.* [as] pretty as) a picture.

Ma·le·par·tus [male'partus] m ⟨-; no pl⟩ (*literature*) Malepardus (*fox's den in the fable of Reynard the fox*).

'Ma·ler m ⟨-s; -⟩ **1.** painter, (*Künstler*) auch artist: schlechter ~ dauber; er ist ein berühmter ~ he is a famous painter; einem ~ Modell sitzen to sit for a painter. – **2.** (*Anstreicher*) (house) painter. – **3.** (*Dekorationsmaler*) decorator. – **4.** (*Schildermaler*) sign painter. — **~aka·de·mie** f academy of painting. — **~ar·beit** f **1.** painting (job). – **2.** painter's work. — **~ate·lier** [-ate‚lie:] n painter's (*od.* artist's) studio.

Ma·le·rei f ⟨-; -en⟩ **1.** ⟨only sg⟩ painting, art: abstrakte ~ abstract painting (*od.* art); gegenstandslose ~ nonobjective (*Br.* non-objective) art, non(-)figurative art; für die moderne ~ eintreten to defend modern art; unsaubere ~ daubing, daubery; einfarbige ~ monochrome; ~ grau in grau grisaille. – **2.** ⟨only sg⟩ (*Kunstgattung*) (art of) painting, pictorial art. – **3.** meist pl (*gemaltes Bild*) picture, painting, piece, work of art: die Wände waren mit lustigen ~en behangen the walls were hung with gay pictures.

'Ma·ler|,far·be f painter's (*od.* artist's) color (*bes. Br.* colour), paint. — **~,gold** n (*paints*) painter's gold: unechtes ~ ormolu, auch mosaic gold.   [*auch* artist.]

'Ma·le·rin f ⟨-; -nen⟩ paintress, (*Künstlerin*)\

'ma·le·risch I adj **1.** (*Gegend, Lage etc*) picturesque, (*bes. landschaftlich schön*) scenic. – **2.** pictorial, graphic. – **3.** (*Können*) artistic. – **II** adv **4.** das Dorf liegt ~ im Tal the village lies picturesquely in the valley; einen Gegenstand ~ sehen to see an object pictorially. – **II M~e, das** ⟨-n⟩ **5.** the picturesque(ness).

'Ma·ler|,ko·lik, ~,krank·heit f med. painter's (*od.* lead) colic, plumbism (*scient.*). — **~,lein,wand** f (*art*) (painter's) canvas: grundierte ~ primed canvas. — **~,mei·ster** m (master) painter. — **~,mu·schel** f zo. painter's gaper (*od.* mussel) (*Unio pictorum*). — **~,pin·sel** m **1.** (paint)brush. – **2.** (*zum Farbenmischen*) blender. – **3.** (*feiner*) brush pencil. — **~,Ra,die·rer** m (art) painter-engraver. — **~,schu·le** f **1.** school (*od.* academy) for painters. – **2.** ⟨only sg⟩ (*Flandrische, Venezianische etc*) school (of painting). — **~,stock** m maulstick, mahlstick.

'Mal|,feld n (*sport*) (*im Rugby*) in-goal (area). — **~,grund** m (*art*) **1.** (*Grundiermasse*) priming, ground. – **2.** (*Leinwand etc*) ground.

Mal·heur [ma'lø:r] n ⟨-s; -e u. -s⟩ colloq. (*Mißgeschick*) misfortune, mishap: da ist ihm ein kleines ~ passiert he's had a little mishap; das ist doch kein ~! that's not so serious! that doesn't matter! never mind! ihr ist ein ~ passiert colloq. she got into trouble.

ma·li·gne [ma'lIgnə] adj med. (*Tumor etc*) malignant. — **Ma·li·gni'tät** f ⟨-; no pl⟩ bes. med. malignancy, malignance.

ma·li·zi·ös [mali'tsjø:s] adj (*Lächeln etc*) malicious, spiteful.

'Mal|,ka·sten m paint box. — **~,kunst** f cf. Malerei 1.

mall [mal] adj ⟨pred⟩ **1.** Low G. mar. (*Wind*) shifting, baffling. – **2.** Northern G. colloq. mad: du bist wohl ~ you must be mad.

Mall n ⟨-(e)s; -e⟩ mar. mold, bes. Br. mould.

mal·len ['malən] I v/t ⟨h⟩ **1.** mar. mold, bes. Br. mould. – **2.** tech. measure. – **II** v/i **3.** mar. (*von Wind*) shift.

mal·leo·lar [maleo'la:r] adj med. malleolar.

mal·lor·kisch [ma'lɔrkIʃ; mal'jɔrkIʃ] adj geogr. Majorcan, auch Mallorquin.

'Mal·lung f ⟨-; -en⟩ mar. **1.** ⟨only sg⟩ (*des Windes*) shifting (round). – **2.** meist pl doldrum.

Malm [malm] m ⟨-(e)s; no pl⟩ geol. Malm, Upper Jurassic.

mal·men ['malmən] v/t ⟨h⟩ rare for zermalmen.

Mal·mi·gnat·te [malmIn'jatə] f ⟨-; -n⟩ zo. malmignatte (*Latrodectus tredecimguttatus*).

'mal,neh·men math. I v/t ⟨irr, sep, -ge-, h⟩ **1.** multiply: du nimmst 2 mit 2 mal you multiply 2 by (*od.* times) 2. – **II M~** n ⟨-s⟩ **2.** verbal noun. – **3.** multiplication.

ma·lo·chen [ma'lɔxən] v/i ⟨no ge-, h⟩ colloq. cf. schuften 1.

Ma'lon|,ester [ma'lo:n-] m chem. a) malonic ester (CH₂(CO₂C₂H₅)₂), b) diethyl-malonate. — **m~,sau·er** adj malonic: malonsaures Salz malonate. — **~,säu·re** f malonic acid (CH₂(COOH)₂).

mal·pi·g(h)isch [mal'pi:gIʃ] adj biol. Malpighian.

mal·pro·per [mal'prɔpər; 'mal-] adj obs. od. dial. for unsauber 2, 5, unordentlich 2, 6.

'Mal,stift m colored (*bes. Br.* coloured) pencil, crayon.

'Mal·ta,fie·ber ['malta-] n med. Malta fever, Mediterranean (*od.* undulant) fever.

Mal·ta·se [mal'ta:zə] f ⟨-; no pl⟩ biol. (*Ferment*) maltase.

'Mal,tech·nik f (*art*) painting technique, technique of painting.

Mal·ter ['maltər] m, n ⟨-s; -⟩ **1.** Austrian for Mörtel. – **2.** hist. old dry measure, approximately 2⅓ Imperial quarters.

Mal·te·ser [mal'te:zər] m ⟨-s; -⟩ **1.** geogr. inhabitant of Malta, Maltese. – **2.** röm.kath. cf. Malteserritter. – **3.** zo. a) (*Haushundrasse*) Maltese (dog), b) (*Taubenrasse*) Maltese. — **~,be,we·gung** f tech. Maltese motion. — **~,er·de** f min. earth of Malta, Maltese clay. — **~,kat·ze** f zo. Maltese (blue) cat. — **~,kreuz** n **1.** her. Maltese cross. – **2.** tech. Maltese cross, auch Geneva stop. — **~,or·den** m röm.kath. Order of the Knights of Malta. — **~,rit·ter** m Knight of Malta, auch Hospital(l)er.

mal·te·sisch [mal'te:zIʃ] I adj geogr. Maltese. – **II** ling. **M~** ⟨generally undeclined⟩, das **M~e** ⟨-n⟩ Maltese.

Mal·thu·sia·ner [maltu'zia:nər] m ⟨-s; -⟩ econ. Malthusian. — **Mal·thu·sia'nis·mus** [-zia'nIsmus] m ⟨-; no pl⟩ Malthusianism. — **mal'thu·sisch** [-'tu:zIʃ] adj (*Gesetz*) Malthusian.

Mal·to·se [mal'to:zə] f ⟨-; no pl⟩ chem. brew. maltose, malt sugar (C₁₂H₂₂O₁₁).

mal·trä·tie·ren [maltrɛ'ti:rən] I v/t ⟨no ge-, h⟩ j-n ~ a) (*quälen*) to maltreat (*od.* torment) s.o., b) (*belästigen*) to pester s.o. – **II M~** n ⟨-s⟩ verbal noun. — **Mal·trä'tie·rung** f ⟨-; -en⟩ **1.** cf. Malträtieren. – **2.** maltreatment.

Ma·lum ['ma:lum] n ⟨-; -la [-la]⟩ **1.** lit. misfortune, mishap, bad luck. – **2.** med. disease, sickness, malady.

Ma·lus ['ma:lus] m ⟨- u. -ses; - u. -se⟩ (*in der Kraftfahrzeugversicherung*) extra pre-

---

mium (*as a punitive measure for covering higher accident costs*).

Mal·va·sier [malva'zi:r] m ⟨-s; no pl⟩, **~,wein** m gastr. malvasia, malmsey.

Mal·ve ['malvə] f ⟨-; -n⟩ bot. mallow (*Gattg Malva*): Rundblätt(e)rige ~ dwarf mallow (*M. rotundifolia*); Wilde ~ common mallow, Dutch cheese, checkerbloom (*M. sylvestris*); Krause ~ curled mallow (*M. crispa*).

'mal·ven,ar·tig adj bot. malvaceous.

'Mal·ven|,baum m bot. tree mallow, velvet leaf (*Lavatera arborea*). — **~,blü·ten,tee** m med. pharm. mallow leaf tea. — **~,fal·ter** m zo. grizzled skipper (*Carcharodus alceae*). — **m~,far·ben** adj mauve. — **~ge,wächs** n bot. mallow(wort) (*Fam. Malvaceae*): -e pl Malvaceae; zu den ~en gehörig malvaceous.

'Mal,wei·se f (*art*) cf. Maltechnik.

Malz [malts] n ⟨-es; no pl⟩ bes. brew. malt: ~ darren to cure (*od.* dry) malt; ~ schroten to bruise malt; → Hopfen 1. — **~,be,rei·tung** f malting. — **~,bier** n malt (liquor *od.* beer), near beer. — **~,bon,bon** m, n malt candy (*bes. Br.* sweet), (*gegen Husten*) auch malt cough lozenge. — **~,dar·re** f brew. malt kiln.

'Mal,zei·chen n **1.** math. sign of multiplication, multiplication sign. – **2.** (*Gedenkstein*) memorial (stone).

mal·zen ['maltsən], **mäl·zen** ['mɛltsən] brew. I v/i u. v/t ⟨h⟩ malt. – **II M~** n ⟨-s⟩ verbal noun.

'Mäl·zer m ⟨-s; -⟩ brew. maltster, auch malster, maltman.

Mäl·ze'rei f ⟨-; -en⟩ brew. **1.** cf. Mälzen. – **2.** (*Fabrik*) malthouse, malting.

'Malz|ex,trakt m malt extract, extract of malt. — **~,kaf·fee** m coffee made from an infusion of barley malt. — **~,schrot** m, n brew. crushed.(*od.* bruised) malt, malt grist. — **~,ten·ne** f malting floor. — **~,tre·ber** pl spent malt sg (*od.* grains), malt husks. — **~,zucker** (getr. -k·k-) m chem. cf. Maltose.

Ma·ma [ma'ma:; 'mama] f ⟨-; -s⟩ mother: mam(m)a, ma, Am. auch momma, mom(my), Br. auch mum(my) (*child's language*).

Ma'ma·chen n ⟨-s; -⟩ Am. mommy, bes. Br. mummy, auch mammy.

Ma'ma,kind n colloq. mam(m)a's (Br. auch mummy's) darling (*od.* boy, girl).

Ma·ma·lu·ko [mama'lu:ko] m ⟨-(s); -s⟩ anthrop. mameluco.

Mam·ba ['mamba] f ⟨-; -s⟩ zo. mamba (*Gattg Dendroaspis*): Grüne ~ green mamba (*D. angusticeps*); Schwarze ~ black mamba (*D. polylepis*).

'Mam·ber,zie·ge ['mambər-] f zo. Syrian goat (*Capra hircus*).

Mam·bo ['mambo] m ⟨-(s); -s⟩ (*Tanz*) mambo.

Ma·me·luck [mamə'luk] m ⟨-en; -en⟩ **1.** pl hist. (*in Ägypten*) Mamluks, Mamelukes, auch Mameluks. – **2.** slave, Mameluke, auch mameluke.

Ma·mi ['mami] f ⟨-; -s⟩ cf. Mama.

Ma·mil·la [ma'mIla] f ⟨-; -len⟩ med. nipple; mamilla, bes. Am. mammilla (*scient.*).

Ma·mil'lar,li·nie [mamI'la:r-] f med. mam(m)illary (*od.* nipple) line.

Mam·ma[1] ['mama] f ⟨-; -s⟩ cf. Mama.

Mam·ma[2] ['mama] f ⟨-; -mae [-mɛ]⟩ med. zo. mamma.

'Mam·ma·kar·zi,nom n med. carcinoma of the breast, mastocarcinoma (*scient.*).

Mam·ma·lia [ma'ma:lia], **Mam'ma·li·er** [-liər] pl zo. mammals, mammalia (*scient.*).

Mam·ma·tus [ma'ma:tus] m ⟨-; -ti [-ti]⟩, **~,wol·ke** f meteor. mammatus.

'Mam·m(e)i|,ap·fel ['mami-; 'mamaɪ-] m, **~,baum** m bot. mammee, auch mam(m)ey, mamie (apple) (*Mammea americana*).

Mam·mon ['mamən] m ⟨-s; no pl⟩ contempt. mammon, Mammon, auch worldly riches pl, money: schnöder ~ filthy lucre; dem ~ dienen to serve Mammon; ein Knecht des ~s a servant of Mammon; der ungerechte ~ Bibl. the Mammon of unrighteousness; Verehrung des ~s worship of Mammon, plutolatry (*lit.*).

Mam·mo·nis·mus [mamo'nIsmus] m ⟨-; no pl⟩ mammonism.

'Mam·mons|,die·ner m contempt. servant of Mammon, mammonist. — **~,dienst** m service (*od.* worship) of Mammon, mammonism, worship of the golden calf.

Mam·mut ['mamut] n ⟨-s; -e u. -s⟩ zo. mammoth (*Mammonteus primigenius*). –

m~,ar·tig adj mammoth (attrib). — **~,baum** m bot. 1. sequoia, redwood (Sequoia sempervirens). – 2. mammoth (od. big) tree, auch wellingtonia (Sequoiadendron giganteum). — **~,el·fen,bein** n fossil ivory. — **~,film** m marathon film (bes. Am. colloq. movie). — **~,kno·chen** m mammoth fossil (bone). — **~pro,gramm** n marathon program (bes. Br. programme), (im Fernsehen) Am. auch telethon. — **~,un·ter,neh·men** n econ. mammoth enterprise (od. business). — **~,zahn** m zo. 1. mammoth tusk. – 2. Muscovy ivory.

mamp·fen ['mampfən] v/i ⟨h⟩ dial. munch, champ.

Mam·sell [mam'zɛl] f ⟨-; -en u. -s⟩ 1. obs. od. humor. miss, mamsell, mam'selle. – 2. colloq. (Wirtschafterin) housekeeper. – 3. kalte ~ humor. cf. Kaltmamsell.

man¹ [man] indef pron ⟨dat einem, acc einen⟩ 1. one, auch you, we pl: ~ muß bedenken, daß one has to consider that, it must be borne in mind that; ~ müßte ihn ermahnen he ought to be admonished; ~ muß es tun it must be done; wenn ~ bedenkt, wie when (od. if) one considers how, in view of how; das kann ~ wirklich nicht behaupten (od. sagen) one really cannot say that; ~ versteht kein Wort we can't hear a word (od. thing); wenn ~ ihn hört, sollte ~ glauben to hear him one would think; ~ höre und staune! colloq. lo and behold! ~ kann nie wissen, wozu es gut ist there is no knowing (od. telling) what it is good for; ~ kann nie wissen colloq. you never know; wenn einem nicht wohl ist, bleibt ~ besser zu Hause if you don't feel well it is better to stay home; ~ gewöhnt sich an alles one can get used to everything. – 2. they, people, folks (alle pl): ~ sagt, daß they say that, it is said that; was wird ~ sagen what will people (bes. Br. Mrs Grundy) say; still, wenn ~ uns hört be quiet so they won't hear us. – 3. they pl: ~ war in X angekommen they had arrived in X; ~ führte mich in ein Zimmer I was led into a room; ~ ist schon zu Bett gegangen they have gone to bed already; ~ kommt they are coming. – 4. I, one: manchmal möchte ~ wieder jung sein sometimes I wish I were young again. – 5. (anständiger Mensch) one: so etwas tut ~ nicht one doesn't do such things, that isn't done; in solche Lokale geht ~ nicht one doesn't go to such places; ~ benimmt sich nicht so one doesn't behave like that; das trägt ~ wieder that is in fashion (od. being worn) again. – 6. (jemand) someone, somebody: ~ klopft [klingelt] s.o. is knocking [ringing]; warum hat ~ mich nicht gehört? why didn't s.o. hear me? ~ hat mich verraten s.o. betrayed me. – 7. (um bestimmte Anreden zu vermeiden) you: ich verlange, daß ~ mir Antwort gibt I demand (to be given) an answer (od. that you answer me); ~ gehorcht, oder es gibt Schläge you'll obey or you'll get a beating; ~ erlaube mir may I be allowed; ~ lasse mich in Frieden leave me alone (od. in peace); ~ läute zweimal ring twice; ~ wende sich an apply to; ~ nehme zwei Eier und eine Tasse Milch take two eggs and a cup of milk; ~ nehme eine Tablette nach jeder Mahlzeit take one pill after each meal.

man² adv Northern G. colloq. 1. only: das ist ~ Spaß it's only fun; ~ bloß nothing but, only. – 2. just: er soll ~ kommen! just let him come! ~ sachte! (take it) easy! na, dann versuch's ~! well, just try it! – 3. (Füllwort in Wendungen wie) denn ~ los let's go then; aber nun ~ schnell come on, hurry up.

Ma·na ['maːna] n ⟨-; no pl⟩ anthrop. relig. (Zauberkraft) mana.

Mä·na·de [mɛ'naːdə] f ⟨-; -n⟩ myth. maenad, auch menad, bacchante. — **mä·na·disch** adj maenadic.

Ma·na·ge·ment ['mænɪdʒmənt] (Engl.) n ⟨-s; -s⟩ econ. management.

ma·na·gen ['mɛnɪdʒən] v/t ⟨h⟩ 1. colloq. manage, wangle (colloq.): das hat er aber gut gemanagt he's managed that one well. – 2. colloq. (verwalten) manage: er managt einen Fußballklub he manages a soccer club; er managt die Firma he manages the firm. – 3. j-n ~ a) (in eine Stellung etc) (in acc into) to wangle s.o. (colloq.), b) (Künstler, Boxer etc) to be s.o.'s manager.

Ma·na·ger ['mɛnɪdʒər; 'mænɪdʒə] (Engl.) m ⟨-s; -⟩ 1. econ. manager. – 2. (theater, film) manager, agent. – 3. (sport) manager. — **m~·haft** adj managerial. — **~,krank·heit** f med. stress disease. — **~,sy,stem** n econ. manager system. — **~,typ** m manager type.

Ma·na·kin ['maːnakɪn] m ⟨-(s); -⟩ zo. manakin, pipra (Fam. Pipridae).

Ma·na·ti [ma'naːti; -na'tiː] m ⟨-s; -s⟩ zo. sea (od. water) cow, manatee, auch manati (Gattg Trichechus).

man·can·do [maŋ'kando] adj u. adv mus. mancando, auch mancante.

manch [manç] indef pron ⟨-er, -e, -es; -e⟩ I (substantivisch) 1. ⟨sg⟩ many (a), several, quite a few: in ~em hat er recht he is right in some ways (od. quite a few times); so ~er a good many (people), many a person; ich habe Ihnen gar ~es zu erzählen I have quite a few (od. a good many) things to tell you; das wird ~em das Leben kosten quite a few lives will be lost; ~em schien er verrückt to some (people) he seemed crazy. – 2. ⟨pl⟩ some, a few: ~e haben Geld some (people) have money; ~e der Kandidaten some of the candidates; es waren ~e von der Sorte dort there were some of that sort. – II (adjektivisch) 3. ⟨sg⟩ many (a), several, quite a few: ~es Mal many a time, quite a few times; er hat ~en Sturm erlebt he has survived (od. been through, weathered) many a storm; ich habe ~e Erfahrung gemacht I have had many an experience; so ~es Jahr a good many years. – 4. ⟨pl⟩ some, a few: ~e reichen Leute some rich people; an ~en Stellen ist das Tuch gerissen the cloth is torn in a few places. – 5. ⟨invariable⟩ bes. poet. many a: ~ einer many a one (od. person); ~ eine Geschichte many a story; ~ anderer many another; ~ bunte Blumen many a colo(u)rful flower; er weiß ~ Abenteuer zu berichten he can tell many a good tale; ~ frohe Stunde many a happy hour; man hat ~ liebe Mühe mit den Kindern one has a lot of bother with the children.

'man·chen'orts adv 1. at some places. – 2. at many a place.

'man·cher'lei adj ⟨undeclined⟩ 1. many, various, several, diverse, sundry, different: nach ~ Schicksalen after many vicissitudes; auf ~ Art in various ways; es gibt ~ Blumen there are many (kinds of) flowers; ~ Gnade Gottes Bibl. the manifold grace of God. – 2. (substantivisch) many (od. various) things: ich habe noch ~ zu tun I still have many (od. all sorts of) things to do.

'man·cher'orts adv cf. manchenorts.

Man·che·ster [man'ʃɛstər] m ⟨-s; no pl⟩ (textile) corduroy. — **~dok,trin** ['mɛntʃɛstər-] f econ. hist. Manchester doctrine(s pl). — **~,ho·se** f (textile) corduroy trousers pl, corduroys pl. — **~,samt** m cf. Manchester.

Man·che·ster·tum ['mɛntʃɛstərtuːm] n ⟨-s; no pl⟩ econ. Manchesterism, Manchesterdom, Cobdenism.

'manch,mal adv 1. sometimes, at times. – 2. (gelegentlich) occasionally.

Man·da·la ['mandala] n ⟨-(s); -s⟩ relig. psych. mandala.

Man·da·mus [man'daːmus] m ⟨-; no pl⟩ jur. Br. order (Am. writ) of mandamus.

Man·dant [man'dant] m ⟨-en; -en⟩, **Man·'dan·tin** f ⟨-; -nen⟩ 1. jur. mandator. – 2. (eines Rechtsanwalts) client.

Man·da·rin¹ [manda'riːn] m ⟨-s; -e⟩ pol. hist. (in China) mandarin.

Man·da·rin² n ⟨-(s); no pl⟩, **~dia,lekt** m ling. Mandarin.

Man·da·ri·ne [manda'riːnə] f ⟨-; -n⟩ bot. tangerine, mandarin, auch mandarine, mandarin (od. kid-glove) orange (Citrus nobilis).

Man·da·ri·nen,baum m bot. mandarin, auch mandarine, mandarin tree (od. orange), tangerine (tree). — **~,en·te** f zo. mandarin duck (Aix galericulata). — **~,herr·schaft** f pol. hist. mandarinate, mandarinism, mandarin rule. — **~,li,kör** m gastr. mandarin liqueur. — **~,wür·de** f pol. hist. mandarinate.

Man·dat [man'daːt] n ⟨-(e)s; -e⟩ 1. bes. jur. a) power of attorney, b) (Prozeßmandat) brief, c) (Auftrag) mandate, d) (Erlaß) decree. – 2. pol. (eines Abgeordneten) seat: ohne ~ unseated; sein ~ niederlegen to vacate one's seat, Br. auch to apply for the Chiltern Hundreds; er verlor sein ~ he lost his seat. – 3. pol. cf. Mandatsgebiet.

Man·da·tar [-da'taːr] m ⟨-s; -e⟩ 1. jur. econ. mandatary, proxy, authorized (Br. auch -s-) agent: etwas dem ~ übergeben to mandate s.th. – 2. Austrian for Abgeordnete 2. — **~,staat** m mandatary, mandatory.

man·da·tie·ren [manda'tiːrən] v/t ⟨no ge-, h⟩ jur. econ. empower, authorize Br. auch -s-.

Man'dats|ge,biet n mandated territory (od. area), (territory under) mandate. — **~,macht** f pol. mandatory (od. mandate) power. — **~,nie·der,le·gung** f 1. jur. resignation of one's mandate. – 2. pol. (im Parlament) vacation of one's seat.

Man·del¹ ['mandəl] f ⟨-; -n⟩ 1. almond: bittere [süße] ~ bitter [sweet] almond; gebrannte ~ sugared (od. burnt) almond, praline; (fein)gehackte ~n (finely) chopped almonds. – 2. bot. a) almond, b) cf. Mandelbaum. – 3. med. a) (Gaumenmandel) (palatine) tonsil, b) (Rachenmandel) pharyngeal tonsil, adenoid (scient.): geschwollene ~n enlarged (od. scient. hypertrophic) tonsils; sich (dat) die ~n herausnehmen lassen to have one's tonsils (taken) out. – 4. geol. amygdaloid, amygdale, geode.

'Man·del² f ⟨-; -n, vor Zahlenangaben -⟩ 1. agr. obs. (set of) fifteen: große ~ (set of) sixteen; er hat eine ~ Eier zu verkaufen he has 15 eggs to sell. – 2. agr. shock, bes. Br. stook (of sheaves): in ~n setzen to shock, bes. Br. to stook.

'Man·del|ab,szeß m med. tonsillar abscess. — **m~,ar·tig** adj 1. almondlike, almondy; amygdaline, amygdaloid, amygdalate, amygdalaceous (scient.). – 2. cf. mandelförmig 1. — **~,au·gen** pl almond eyes. — **~,baum** m bot. almond (tree) (Amygdalus communis). — **~,bäum·chen** n (Zierstrauch) flowering almond (Prunus triloba). — **~be,lag** m med. coating (od. furring) of the tonsils. — **~,blü·te** f almond blossom. — **~,ent,fer·nung** f med. removal of the tonsils, tonsillectomy. — **~ent,zün·dung** f tonsillitis, inflammation of the tonsils; angina, amygdalitis (scient.). — **m~,för·mig** adj 1. almond-shaped: mit ~en Augen almond-eyed. – 2. cf. mandelartig 1. — **~,ge,bäck** n gastr. almond biscuits pl (Am. cookies pl). — **~,kap·pung** f med. tonsillotomy. — **~,kern** m 1. almond kernel. – 2. med. (im Gehirn) nucleus amygdalae, amygdaloid nucleus. — **~,kleie** f (cosmetics) almond bran. — **~,krä·he** f zo. roller (Coracias garrulus). — **~,kren** m Austrian gastr. horseradish and almond sauce. — **~,kryp·te** f med. tonsillar crypt (od. lacuna, pit). — **~,ku·chen** m gastr. almond cake. — **~,milch** f (cosmetics) almond milk, emulsion of almonds. — **~,öl** n almond oil, oil of sweet almonds. — **~,säu·re** f chem. mandelic (od. amygdalic) acid ($C_6H_5CH(OH)COOH$). — **~,schlit·zer** m ⟨-s; -⟩ med. tonsillotome. — **~,sei·fe** f (cosmetics) almond soap. — **~,split·ter** pl (Pralinen) clusters of chocolate-coated chopped almonds. — **~,stein** m 1. med. tonsillolith, tonsillar concrement (od. calculus). – 2. geol. min. a) amygdaloid(al rock), b) amandola. — **~tex,tur** f geol. amygdaloidal structure. — **~,wei·de** f bot. almond willow, osier (Salix amygdalina).

Man·di·bel [man'diːbəl] f ⟨-; -n⟩ med. zo. mandible.

man·di·bu·lar [mandibu'laːr] adj med. zo. mandibular. — **M~frak,tur** f med. mandibular fracture.

Mandl ['mandəl] n ⟨-s; -n⟩ Bavarian and Austrian dial. for a) Männchen 1, 2, b) Vogelscheuche 1.

Man·do·la [man'doːla] f ⟨-; -len⟩ mus. (Saiteninstrument) mandola.

Man·do·li·ne [mando'liːnə] f ⟨-; -n⟩ mus. mandolin, auch mandoline. — **Man·do·'li·nen,spie·ler** m mandolin(e) player, mandolinist.

Man·dor·la ['mandorla] f ⟨-; -len [-'dorlən]⟩ (art) (Heiligenschein) mandorla, vesica piscis (od. piscium).

Man·dra·go·ra [man'draːgora] f ⟨-; -ren [-dra'goːrən]⟩, **Man·dra·go·re** [-dra'goːrə] f ⟨-; -n⟩ bot. mandragora, mandrake (Mandragora officinalis).

Man·drill [man'drɪl] m ⟨-s; -e⟩ zo. mandrill (Mandrillus sphinx).

Man·drin [mã'drɛ̃ː] m ⟨-s; -s⟩ med. mandrin, stylet (guide).

Man·dschu¹ ['mandʒu; 'mantʃu] m ⟨-(s); -⟩ Manchu, Manchurian native, inhabitant of Manchuria.

'Man·dschu² n ⟨-(s); no pl⟩ ling. Manchu, Manchurian.

'Man·dschu-dy·na,stie f pol. hist. Manchu dynasty.

man·dschu-risch [man'dʒuːrɪʃ; -'tʃuː-] **I** adj Manchu, Manchurian. – **II** ling. **M~** ⟨generally undeclined⟩, **das M~e** ⟨-n⟩ Manchu, Manchurian.

'Man·dschu,spra·che f ling. cf. Mandschu².

Ma·ne·ge [ma'neːʒə; -'nɛːʒə] f ⟨-; -n⟩ (im Zirkus etc) ring, arena.

Ma'ne-gen,ein,gang m ring (od. arena) entrance.

Ma·nen ['maːnən] pl myth. manes.

Ma·nes·sisch [ma'nɛsɪʃ] adj ⟨attrib⟩ ~e Handschrift Codex Manesse.

mang [maŋ] prep ⟨mit dat bei Ort, mit acc bei Richtung⟩ Northern G. colloq. among(st).

Man·ga·be [maŋ'gaːbə] f ⟨-; -n⟩ zo. mangabey, auch mangaby (Gattg Cercocebus).

Man·gan [maŋ'gaːn] n ⟨-s; no pl⟩ chem. metall. manganese (Mn). — **m~,arm** adj low in manganese, low-manganese (attrib).

Man·ga·nat [maŋga'naːt] n ⟨-(e)s; -e⟩ chem. manganate.

Man'gan|blen·de f min. alabandite. — **~chlo,rür** n chem. manganous chloride (MnCl₂). — **~di,oxyd** [-di'ʔoˌksyːt] n **1.** chem. manganese dioxide (MnO₂). – **2.** min. pyrolusite, polianite, battery manganese. — **~ei·sen** n cf. Ferromangan. — **~,ei·sen·prä·pa,rat** n med. pharm. iron and manganese preparation. — **~,erz** n min. manganese ore. — **~,glanz** m cf. Manganblende. — **m~,hal·tig** adj chem. min. manganetic, manganiferous, manganesian, manganic. — **~,hart,stahl** m metall. austenitic manganese steel.

man'ga·nig adj chem. manganous.

Man·ga·nit [maŋga'niːt; -'nɪt] m ⟨-s; -e⟩ min. manganite, auch manganate.

Man'gan|,kie·sel m min. rhodonite, siliceous (auch silicious) manganese. — **~,kup·fer** n chem. tech. manganese copper, cupromanganese. — **~le,gie·rung** f chem. manganese alloy.

Man·ga·no·me·trie [maŋganome'triː] f ⟨-; no pl⟩ chem. manganometry.

Man'gan|oxid [-'ʔɔˌksiːt], **~oxyd** [-'ʔɔˌksyːt] n chem. **1.** manganous oxide (MnO). – **2.** manganic oxide (Mn₂O₃). – **3.** oxide of manganese. — **~oxy,dul** n manganous oxide (MnO). — **m~,sau·er** adj manganic: mangansaures Salz manganate (Me₂MnO₄); mangansaures Kali manganate of potassium, (mineral) chameleon. — **~,säu·re** f manganic acid (H₂MnO₄). — **~,schaum** m min. bog manganese, wad, auch black ocher. — **~,si·li·zi·um,stahl** m metall. silico-manganese steel. — **~,spat** m min. rhodochrosite, manganese spar, dialogite. — **~,stahl** m chem. metall. manganese steel. — **~,stein** m min. cf. Mangankiesel.

Man·ge ['maŋə] f ⟨-; -n⟩ Southern G. dial. for Mangel².

Man·gel¹ ['maŋəl] m ⟨-s; ⸚⟩ **1.** ⟨only sg⟩ (Fehlen) (an dat of) lack, want, absence: ein ~ an Mut [Verständnis, Vertrauen, Takt] a lack of courage [understanding, confidence, tact]; aus ~ an Gelegenheit for (od. from, through) lack of opportunity; aus ~ an Beweisen jur. for lack of (od. in default of) evidence; aus ~ an Bewegung hat er zugenommen he put on weight for lack of exercise; an Arbeit ist dort kein ~ there is no lack of work there; ~ am Notwendigsten haben (od. leiden) to lack the necessities (od. essentials, basics) (of life); dem ~ an (dat) etwas abhelfen, den ~ an (dat) etwas beheben to remedy (od. do s.th. about) the lack of s.th. – **2.** ⟨only sg⟩ (Knappheit) shortage, scarcity, dearth: ~ an Lebensmitteln shortage of food; ~ an Wohnungen housing shortage; die Wirtschaft leidet unter einem ~ an Facharbeitern the economy is suffering from a shortage of skilled (od. trained) workers. – **3.** ⟨only sg⟩ (Armut) poverty, need, penury: äußersten ~ leiden to suffer extreme need (od. destitution), to live in extreme poverty, to be destitute (od. colloq. down and out). – **4.** (Fehler) defect, fault, flaw, imperfection, shortcoming: charakterliche Mängel faults in character, failings; Mängel haben (od. aufweisen), mit Mängeln behaftet sein to have faults; er sah großzügig über kleine Mängel hinweg he generously ignored slight imper-

fections; Mängel feststellen [beanstanden, beseitigen] to find [to complain about, to eliminate] defects. – **5.** econ. jur. defect: offener (od. augenscheinlicher, sichtbarer) ~ a) patent defect, b) (beim Kauf) apparent defect; geheimer (od. verborgener) ~ a) latent (od. hidden, invisible) defect; ein wesentlicher [grober] ~ a principal [gross od. serious] defect; einen ~ verschweigen to conceal a defect; für Mängel haften to be liable (od. responsible) for defects. – **6.** med. (an Vitaminen, Eiweiß etc) deficiency. – **7.** psych. a) (an Schlaf etc) deprivation, b) (als Unter- od. Fehlentwicklung) deficiency, c) (auf Grund von Störungen) deficiency.

Man·gel² f ⟨-; -n⟩ **1.** mangle, (rotary) ironer: Wäsche durch die ~ laufen lassen to pass the washing through the mangle; j-n in die ~ nehmen fig. colloq. a) (in einer Prüfung etc) to give s.o. a grilling, b) (zurechtweisen) to haul s.o. over the coals; to have s.o. up on the carpet, to carpet s.o. (colloq.). – **2.** (textile) tech. calender.

'Män·gel,an,zei·ge f econ. notice of defect(s).

'Man·gel|ar,ti·kel m econ. cf. Mangelware. — **~be,ruf** m understaffed profession. — **~er,schei·nung** f med. deficiency symptom. — **m~,frei** adj faultless, free of (od. without) faults (od. defects, flaws).

'Män·gel,frei·heit f ⟨-; no pl⟩ econ. faultlessness, flawlessness.

'Man·gel,gü·ter pl **1.** econ. cf. Mangelware. – **2.** mil. critical supplies.

'man·gel,haft adj **1.** (fehlerhaft) defective, faulty: ~e Ware [Verpackung, Arbeit] defective goods pl [packing, work]. – **2.** (Qualität) poor, low. – **3.** (ungenügend) insufficient, poor, deficient, unsatisfactory: ~e Leistung poor performance; ~e Kenntnisse, ~es Wissen insufficient knowledge sg; ~e Auskunft erhalten to receive insufficient information. – **4.** (unzulänglich) inadequate: ~e Ausrüstung inadequate equipment. – **5.** (unvollkommen) imperfect. – **6.** (unvollständig) incomplete. – **7.** ped. (als Zeugnisnote) poor, unsatisfactory.

'Man·gel·haf·tig·keit f ⟨-; no pl⟩ **1.** defectiveness, faultiness. – **2.** (der Qualität) poorness. – **3.** (des Wissens etc) insufficiency, poorness, deficiency. – **4.** (Unzulänglichkeit) inadequacy. – **5.** (Unvollkommenheit) imperfection. – **6.** (Unvollständigkeit) incompleteness.

'Man·gel,haf·tung, 'Män·gel,haf·tung f jur. warranty (od. liability) for defects.

'Man·gel|,krank·heit f med. vet. deficiency disease, disease of malnutrition. — **~,la·ge** f econ. shortage.

man·geln¹ ['maŋəln] v/i u. v/impers ⟨h⟩ want, be wanting, lack, be lacking, be short of, be in want (od. need) of: ihm mangelt der Mut, es mangelt ihm an Mut, es mangelt ihm der Mut he lacks (the) courage, what he lacks (od. wants) is (the) courage; es mangelt ihnen am Nötigsten (od. Lebensnotwendigen) they lack the basic necessities; an Einfällen hat es ihm nie gemangelt he has never been lacking in ideas; mir mangelt nichts, es mangelt mir an nichts I need nothing, I have all I want; es mangelte an nichts nothing was wanting, there was plenty of everything; es an nichts ~ lassen to see to it that nothing is lacking; er läßt es an gutem Willen ~ he lacks good will; wir wollen es uns an nichts ~ lassen we are not going to deny ourselves anything, we shall make sure that there is nothing lacking (od. that we lack nothing); an mir soll es nicht ~ you can count me in (od. on me).

'man·geln² v/t ⟨h⟩ **1.** (Wäsche) mangle. – **2.** (textile) tech. calender.

'man·gelnd I pres p. – **II** adj lacking, wanting: ~es Verständnis [Selbstvertrauen] lack of understanding [self-confidence]; ~e Selbstbeherrschung a) lack (od. want) of self-restraint, b) med. psych. acrasia; ~es Vertrauen lack of trust, distrust; wegen ~er Nachfrage due to (od. for) lack of demand.

'Man·gel,rü·ge f econ. notice (od. complaint) of defect(s).

'man·gels prep ⟨gen⟩ for lack (od. want) of, in the absence of, bes. jur. econ. auch in default of: ~ Nachfrage wurde die Produktion eingestellt production was stopped

due (od. owing) to lack of demand; ~ Beweises wurde er freigesprochen he was acquitted for lack (od. in default) of evidence; ~ Annahme (od. Akzeptes) in default of (od. failing) acceptance, by (od. in case of) nonacceptance (Br. non-acceptance); ~ Deckung for lack of funds; ~ Masse a) in the absence of (od. because of no) assets, b) colloq. humor. for lack of money; ~ Zahlung in default (od. for want) of payment, for nonpayment (Br. non-payment).

'Man·gel,wa·re f bes. econ. scarce commodity (od. goods pl), goods pl in short supply: etwas ist zur Zeit ~ s.th. is scarce at the moment; ~ werden to fall in short supply.

'Man·gel,wä·sche f washing (od. laundry) to be mangled, bes. Am. flatwork, auch flat wash.

man·gen ['maŋən] v/t u. v/i ⟨h⟩ Southern G. dial. for mangeln².

'Mang,fut·ter n agr. dial. for Mischfutter.

'Man·gle,baum ['maŋglə-] m bot. mangrove, mangle, rhizophora (scient.) (Rhizophora mangle).

Man·go ['maŋgo] f ⟨-; -nen [-'goːnən] u. -s⟩ bot. (Frucht des Mangobaumes) mango. — **~,baum** m mango (Mangifera indica). — **~,fisch** m zo. mango fish (Polynemus paradiseus). — **~,frucht** f bot. mango.

Man·gold ['maŋgɔlt] m ⟨-(e)s; -e⟩ bot. beet, mangel- (auch mangold-)wurzel, auch mangel (Beta vulgaris). — **~ge,mü·se** n beet, auch beet greens pl. — **~sa,lat** m beet, auch beet greens pl.

'Man·go,pflau·me f bot. mango.

Man·go'stan,baum [maŋgəs'taːn-] m, **Man·go'sta·ne** f ⟨-; -n⟩ bot. mangosteen (Garcinia mangostana).

Man·gro·ve [maŋ'groːvə] f ⟨-; -n⟩ bot. mangrove. — **~,kü·ste** f geogr. mangrove coast.

Man'gro·ven|,baum m bot. cf. Mangrove. — **~,sumpf** m mangrove swamp.

Man·gu·ste [maŋ'gustə] f ⟨-; -n⟩ zo. mongoose, ichneumon, mungo (Gattg Herpestes).

Man·hat·tan [mæn'hætən] (Engl.) m ⟨-s⟩, **~,cock·tail** m gastr. Manhattan (cocktail).

Ma·ni·chä·er [mani'çɛːər] m ⟨-s; -⟩ relig. Manichee, Manich(a)ean. — **ma·ni·chä·isch** adj Manich(a)ean. — **Ma·ni·chä·is·mus** [-çɛˈɪsmus] m ⟨-; no pl⟩ Manich(a)eism, auch Manich(a)eanism, Manicheeism.

Ma·nie [ma'niː] f ⟨-; -n [-ən]⟩ **1.** psych. (Besessenheit) mania: hysterische ~ hysteromania; leichte ~ hypomania; vollentwickelte (od. schwere) ~ hypermania. – **2.** (Schrulle, fixe Idee) mania, obsession: die Sammelleidenschaft ist bei ihm schon zur ~ geworden his passion for collecting things has become an obsession.

Ma·nier [ma'niːr] f ⟨-; -en⟩ **1.** meist pl (Umgangsformen) manners pl, breeding: gute [schlechte, feine] ~en haben to have good [bad (od. ill), refined] manners; ein Mensch mit (od. von) guten ~en a man of good breeding; er hat überhaupt keine ~en he has no manners at all; dem muß man erst noch ~en beibringen colloq. one ought to teach him (a few) manners first; das ist keine ~ colloq. that's no way to behave; was sind denn das für ~en? colloq. don't you know how to behave? – **2.** ⟨only sg⟩ (Art u. Weise) way, style, fashion: den sind wir auf gute ~losgeworden we got rid of him in a polite way (od. nicely); mit guter ~ davonkommen colloq. to have a lucky escape. – **3.** ⟨only sg⟩ (art) style, manner, stroke, touch: die leichte [betonte] ~ eines Künstlers the easy [emphatic] manner of an artist; er malt in Rubensscher ~ he paints in the style of Rubens. – **4.** mus. a) ⟨only sg⟩ manner, b) (Verzierung, Ornament) grace (note), pl auch ornaments. – **5.** ⟨only sg⟩ contempt. (Künstelei, Ziererei) mannerism, affectation: das ist bei ihm nur ~ that is a mannerism with him.

ma·nie·riert [mani'riːrt] adj (gekünstelt, unnatürlich) manneristic, auch manneristical, affected, mannered. — **Ma·nie'riert·heit** f ⟨-; -en⟩ mannerism, affectation.

Ma·nie·ris·mus [mani'rɪsmus] m ⟨-; no pl⟩ (art) mannerism. — **ma·nie·ri·stisch** [-tɪʃ] adj manneristic, auch manneristical.

ma'nier·lich I adj **1.** (gesittet) well-behaved, well-mannered, well-bred (alle attrib): ein ~es Kind a well-behaved child. –

2. (*ordentlich, anständig*) decent, proper: du solltest versuchen, etwas ~er auszusehen you should try to look a little more decent. – **II** *adv* **3.** *colloq.* properly, decently, well: der Kleine hat sich recht ~ betragen the child behaved quite properly; kannst du nicht ~ essen? can't you eat properly? benimm dich ~! behave yourself!

ma·ni·fest [mani'fɛst] *adj* **1.** ⟨*pred*⟩ (*offenkundig, offenbar*) manifest. – **2.** ~e Eigenschaften *psych.* manifest (*od.* established) characteristics.

Ma·ni·fest *n* ⟨-es; -e⟩ **1.** *pol.* manifesto: Kommunistisches ~ *hist.* Communist Manifesto. – **2.** *econ. mar.* (*Ladeverzeichnis*) (ship's) manifest.

Ma·ni·fe·sta·ti·on [manifɛsta'tsĭoːn] *f* ⟨-; -en⟩ **1.** manifestation, demonstration. – **2.** *med.* (*einer Krankheit*) manifestation. – **3.** *jur.* (*Offenlegung*) disclosure. – **4.** *relig.* manifestation, epiphany.

Ma·ni·fe·sta·ti'ons,eid *m jur. obs.* for Offenbarungseid.

ma·ni·fe·stie·ren [manifɛs'tiːrən] **I** *v/t* ⟨no ge-, h⟩ manifest: der Streik manifestierte die geschlossene Front der Arbeiter the strike manifested the solidarity of the workers. – **II** *v/reflex* sich ~ manifest itself, show (itself) plainly: in dieser Rede manifestierte sich seine wahre Überzeugung his real conviction manifested itself in this speech.

Ma·ni·hot ['maːnihɔt] *m* ⟨-s; *no pl*⟩ *bot.* cassava, *auch* casava, manioc(a), *auch* mandioc(a) (*Gattg Manihot*).

Ma·ni·kü·re [mani'kyːrə] *f* ⟨-; -n⟩ **1.** ⟨*only sg*⟩ (*Handpflege*) manicure. – **2.** (*Handpflegerin*) manicurist. – **3.** *short for* Maniküreetui, -kästchen.

Ma·ni·kü·re|etui [-ʔɛt,viː], **~,käst·chen** *n* manicure kit (*od.* set).

ma·ni·kü·ren *v/t, v/i u.* sich ~ *v/reflex* ⟨no ge-, h⟩ manicure: sich ~ lassen to have a manicure.

Ma·ni·la¹ [ma'niːla] *f* ⟨-; -s⟩ *cf.* Manilazigarre.

Ma·ni·la² *m* ⟨-s; *no pl*⟩ *cf.* Manilatabak.

Ma·ni·la|,hanf *m bot.* (*textile*) Manila hemp (*od.* fiber, *bes. Br.* fibre), *auch* manil(l)a, abaca (*Musa textilis*): ein Seil aus ~ a Manila rope. — **~,kar,ton** *m*, **~pa,pier** *n* Manil(l)a paper, *auch* manil(l)a. — **~,ta·bak** *m* Manil(l)a tobacco. — **~·zi,gar·re** *f* Manila, *auch* Manila cigar, Manilla, manil(l)a.

Ma·nil·le [ma'nɪljə] *f* ⟨-; -n⟩ (*games*) (*Trumpfkarte im Lomber*) manille.

Ma·ni·ok [ma'nĭɔk] *m* ⟨-s; -s⟩ *bot.* cassava, *auch* casava (*Manihot utilissima*). — **~,strauch** *m* (bitter) cassava (*auch* casava) (*Manihot utilissima*): Süßer ~ (sweet) cassava (*Manihot palmata*). — **~,wur·zel** *f* cassava, *auch* casava.

Ma·ni·pel¹ [ma'niːpəl] *m* ⟨-s; -⟩ *antiq.* (*Teil der röm. Kohorte*) maniple.

Ma·ni·pel² *m* ⟨-s; -⟩, *auch f* ⟨-; -n⟩ *röm. kath.* maniple, fanon.

Ma·ni·pu·lant [manipu'lant] *m* ⟨-en; -en⟩ **1.** manipulator. – **2.** *Austrian officialese obs.* for Hilfskraft 1.

Ma·ni·pu·la·ti·on [manipula'tsĭoːn] *f* ⟨-; -en⟩ **1.** (*Hand-, Kunstgriff*) manipulation (of one's hand), sleight of hand. – **2.** *meist pl* (*Machenschaften*) manipulation, man(o)euver, *bes. Br.* manœuvre. – **3.** *econ.* a) (*einer Währung etc*) manipulation, b) (*Handhabung*) handling, management.

Ma·ni·pu·la·ti'ons,la·ger *n econ.* working (*od.* manipulation) stock.

Ma·ni·pu·la·tor [manipu'laːtər] *m* ⟨-s; -en [-la'toːrən]⟩ *tech. nucl.* (master-slave) manipulator.

ma·ni·pu'lier·bar *adj* man(o)euverable, *bes. Br.* manœuvrable. — **Ma·ni·pu'lier·bar·keit** *f* ⟨-; *no pl*⟩ man(o)euverability, *bes. Br.* manœuvrability.

ma·ni·pu·lie·ren [manipu'liːrən] *v/t* ⟨no ge-, h⟩ **1.** (*durch Kunstgriffe*) manipulate. – **2.** (*durch Machenschaften*) manipulate, man(o)euver, *bes. Br.* manœuvre. – **3.** *econ.* a) (*Währung etc*) manipulate, b) (*handhaben*) handle, manage.

ma·nisch ['maːnɪʃ] *adj med. psych.* maniac(al), manic. — **~-de·pres'siv** *adj* manic-depressive.

Ma·nis·mus [ma'nɪsmus] *m* ⟨-; *no pl*⟩ *anthrop.* manism, ancestor cult.

Ma·ni·to ['maːnito], **Ma·ni·tu** ['maːnitu]

---

npr m ⟨-s; *no pl*⟩ *myth.* manitou, manitu, *auch* manito (*one of the Algonquian deities or spirits that controls nature*).

Man·ko ['maŋko] *n* ⟨-s; -s⟩ **1.** (*Mangel, Nachteil*) shortcoming, disadvantage: daß er kein Französisch kann, ist ein großes ~ the fact that he doesn't (*od.* his inability to) speak French is a serious shortcoming. – **2.** *econ.* a) (*Fehlbetrag*) deficiency, shortage (in money accounts), b) (*Fehlgewicht*) short weight, underweight.

Mann [man] *m* ⟨-(e)s; ̈er, *nach Zahlen auch* -, *poet. hist. auch* -en⟩ **1.** man, male (person): Männer und Frauen men and women, males and females; als ~ denke ich darüber anders as a man I think differently about it; von ~ zu ~ mit j-m reden to have a man-to-man talk with s.o.; alle Männer zwischen 20 und 60 wurden eingezogen all males between 20 and 60 years of age were called up (*Am.* drafted); es gab mehr Männer als Frauen there were more males than females; das ist eine Arbeit für Männer that is (a) man's work, that is a job for a man; Männer müssen so sein that's the way men are, you can't change men; typisch ~! (that's) just like a man! (that's) typical of a man! der brave ~ denkt an sich selbst zuletzt the good man thinks last of himself; „Männer" (*an WC*) "Gentlemen", "Men". – **2.** (*Mensch, Person*) man, person: ein junger [alter] ~ a young [an old] man; ein feiner ~ a fine man, a (perfect) gentleman; ein schlichter (*od.* einfacher) ~ a plain man; ein schweigsamer ~ a taciturn man, a man of few words; ein vielseitiger ~ a many-sided (*od.* an allround) man; ein ~ von Geist [Mut, Einfluß] a man of intelligence (*od.* spirit) [courage, influence]; ein ~ von Namen [Stand] a man of reputation [high rank *od.* position]; ein ~ von Ansehen (*und* Würden) a man of mark, a highly esteemed man; ein ~ von Welt a man of the world; ein ~ von Wort a man of his word, a man you can trust (*od.* depend upon); ein ~ von Format a man of high caliber (*bes. Br.* calibre), a man of (real) stature; ein ~ der Feder a man of letters, a literary person; ein ~ in den besten Jahren a man in the prime of life; er ist ein ~ der Zukunft he is a man of the future; ein ~ des Volkes a man of the people; ein ~ aus dem Volke a man of (*od.* from) the ranks, a man from the (common) people; er ist der ~ des Tages he is the man of the hour; er ist ein ~ des Todes he is a dead man (*od. sl.* a goner); wenn du das tust, bist du ein toter ~ *colloq.* if you do that you've had it (*od.* you are in for it, you've had your chips) (*alle colloq.*); ein ~ der Tat a man of action; er ist ein gemachter ~ he is made, he has arrived; er ist für uns der gegebene (*od.* geeignete, richtige, rechte) ~ he is the right man for us; (bei j-m) an den rechten [unrechten] ~ kommen s.o. is the right [wrong] man to go to, s.o. is [not] the man to go to; der rechte ~ am rechten Platz the right man in the right place; Herr X, Sie sind unser ~ (*od.* der ~, den wir brauchen)! Mr. X, you are the man for us (*od.* you are just the man we have been looking for); er ist nicht der (rechte) ~ dazu (*od.* dafür) he is not the man to do it; er mimt (*od.* markiert) gern den starken ~ *colloq.* he likes to play the strong man; er spielt (*od.* macht) mal wieder den wilden ~ *colloq.* he's raving like a madman again; der schwarze ~ a) (*Schornsteinfeger*) the chimney sweep(er), the sweep, b) (*Kinderschreck*) the bogeyman, the boogeyman, the boogerman, *auch* the boogieman; wer fürchtet sich vorm schwarzen ~? (*Kinderspiel*) who's afraid of the bog(e)yman? der kleine ~, der ~ auf der Straße the man in (*Am.* on) the street; der gemeine (*od.* einfache) ~ the common (*od.* ordinary) man; ein ~ Gottes a man of God; der ~ im Mond *fig.* the man in the moon; wenn Not am (*od.* an) ~ ist, springe ich ein if the worst comes to the worst (*od.* in case of need) I'll step in; die Waren an den ~ bringen to get rid (*od.* dispose) of the goods, to get the goods off one's hands; einen Witz an den ~ bringen *colloq.* to get rid of a joke; der Hund ist auf den ~ dressiert the dog is trained to attack people; du hast wohl einen kleinen

---

~ im Ohr *fig. colloq.* are you crazy? you must have bats in the belfry! (*sl.*); ~ Gottes! *colloq.* man alive! (mein) lieber ~! *colloq.* by Jove! by God! (oh), oh ~! *colloq.* oh dear, oh dear! beeil dich, ~! *colloq.* hurry up, man! aber guter (*od.* bester) ~, das geht doch nicht! *colloq.* my dear man, you can't do that; → klug 2. – **3.** (*als Sinnbild von Kraft etc*) man: sei ein ~! be a man! er ist ein ganzer (*od.* rechter) ~ he is every inch a man; ein ~ von altem (*od.* echtem, rechtem) Schrot und Korn a man of the right caliber (*bes. Br.* calibre); er ist ~s genug, um das zu schaffen he is man enough to manage that; er zeigte sich als ~ he showed (*od.* proved) himself a man; zum ~ heranwachsen to grow up to manhood; (tapfer) seinen ~ stehen (*od.* stellen) a) (*sich verteidigen*) to stand one's ground, b) (*vollwertige Arbeit leisten*) to hold one's own; er hat seinen ~ gefunden he has met (*od.* found) his match; selbst ist der ~! do it yourself! ein ~, ein Wort! (*Sprichwort*) an honest man's word is as good as his bond (*proverb*). – **4.** (*Ehemann*) husband: ihr erster [geschiedener, verstorbener] ~ her first [ex-, deceased] husband; sie wird nie einen ~ finden (*od.* bekommen) she'll never find a husband; j-n zum ~ nehmen to marry s.o.; seine Tochter an den ~ bringen *colloq.* to find a husband for one's daughter, to get one's daughter off one's hands; wie ~ und Frau miteinander leben to live as man and wife; sie hat sich von ihrem ~ getrennt she and her husband have separated. – **5.** ⟨*undeclined*⟩ (*als Zählbegriff*) man: sie kamen fünf ~ hoch (*od.* mit fünf ~) five (of them) turned up, five men came; wir waren (zu) zehn ~ there were ten of us; wir fuhren alle ~ nach Berlin all of us went to Berlin; das sind zwei Mark pro ~ that makes two marks per man (*od.* head), that makes two marks each; eine Truppenstärke von 3000 ~ *mil.* a strength of 3,000 men (*od.* soldiers); sie wurden ~ für ~ durchsucht every single one of them was searched; sie standen ~ an ~ they stood close together; sie kämpften ~ gegen ~ they fought man to man (*od.* hand to hand); sie erhoben sich wie ein ~ they stood up as one man (*od.* body); bis zum letzten ~ to a man. – **6.** (*games*) hand: wir brauchen noch einen dritten ~ we need a third hand. – **7.** *mar.* hand, man: alle ~ an Deck [Bord] *auch fig. humor.* all hands on deck [board]; jeder ~ auf seinen Platz (*od.* Posten)! every man to his station! ~ über Bord! man overboard! alle ~ hoch all hands aloft; das Schiff sank mit ~ und Maus the ship went down with all hands (on board); der ~ am Ruder *auch fig.* the man at the helm (*od.* wheel). – **8.** ⟨-(e)s; -en⟩ *hist.* man: der Ritter und seine ~en the knight and his men. – **9.** (*sport*) player: den Ball genau auf den ~ spielen to pass the ball (on) accurately (to the player). – **10.** * min.* (*od.* toter) ~ (*mining*) goaf, gob, *auch* waste area: Strecke durch den alten ~ gob heading. – **11.** den toten ~ machen *colloq. humor.* (*beim Schwimmen*) to float.

Man·na ['mana] *n* ⟨-(s); *no pl*⟩, *f* ⟨-; *no pl*⟩ **1.** *Bibl. auch fig.* manna. – **2.** *bot. med. pharm.* manna: Türkisches ~ trehala; Gemeines ~ manna in sorts. – **3.** *bot.* cassia-stick tree (*Cassia fistula*). — **~-,Esche** *f bot.* manna ash (*Fraxinus ornus*). — **~,flech·te** *f* manna lichen (*Gattg Lecanora, bes. L. esculenta*). — **~,gras** *n* manna grass (*Gattg Glyceria, bes. G. striata*). — **~,klee** *m* **1.** Echter ~ agul (*Hedysarum alhagi*). – **2.** *cf.* Esparsette.

Man·na·ne [ma'naːnə] *pl chem.* mannans.

'Man·na|,schild,laus *f zo.* manniferous cochineal (*od.* mealybug) (*Ericoccus mannifer*). — **~zi,ka·de** *f* manniferous cicada (*Tettigia orni*). — **~,zucker** (*getr.* -k·k-) *m chem.* mannitol, mannite, manna sugar ($C_6H_8(OH)_6$).

'mann·bar *adj* **1.** *lit.* (*geschlechtsreif*) sexually mature, pubescent, (*bes. Mädchen*) nubile, ephebic (*scient*). – **2.** *obs.* (*heiratsfähig*) marriageable. – **3.** (*männlich*) virile.

'Mann·bar·keit *f* ⟨-; *no pl*⟩ **1.** *lit.* sexual maturity, pubescence, puberty, (*bes. von Mädchen*) nubility. – **2.** *obs.* marriageability. – **3.** virility.

Männ·chen ['mɛnçən] *n* ⟨-s; -⟩ **1.** *dim. of*

Mann. – **2.** *oft contempt.* (*kleiner Mann*) little man, midget, dwarf, manikin, manakin: **ein verhutzeltes ~** a wizened little old man. – **3.** *zo.* male, (*der Vögel*) cock: **~ und Weibchen** a) male and female, b) cock and hen. – **4.** *colloq.* (*Koseform für Mann*) hubby, dear. – **5.** small figure, matchstick man: **~ malen** a) to draw small figures, b) (*aus Langeweile*) to doodle. – **6.** **~ machen** (*bes. von Hund, Hase*) to sit up on its hind legs, (*von Hund*) *auch* to sit up (and beg). – **7. ~ machen** (*od. bauen*) *mil. colloq.* to salute. – **8.** *aer. colloq.* (*beim Kunstflug*) tail slide.   [*G.* for **Männchen 2.**]

Män·ne·ken ['mɛnəkən] *n* ⟨-s; -⟩ *Northern* }

man·nen ['manən] *v/t* ⟨h⟩ *mar.* (*Stückgut etc*) hand (*s.th.*) on (*od.* up) from man to man.

'Man·nen,treue *f hist.* fealty.

Man·ne·quin ['manəkɛ̃; -'kɛ̃:] *n, rare m* ⟨-s; -s⟩ **1.** model, mannequin. – **2.** *obs.* for Gliederpuppe 2, 3.

'Män·ner|,ar·beit ['mɛnər-] *f* men's (*od.* man's) work. — **~be,kannt·schaft** *f cf.* Herrenbekanntschaft. — **~chor** *m mus.* male (*od.* men's) choir (*bes. Am.* chorus), *Br.* male-voice choir. — **~fang** *m only in* **auf ~** (*aus*)**gehen** *colloq.* to go (out) hunting for a husband (*od.* man), to go (out) husband-hunting. — **~fein·din** *f* woman who hates men, androphobe (*scient.*). — **m~,feind·lich** *adj* androphobic. — **~ge,sang·ver,ein** *m* male-voice choral society, *Am.* men's glee club. — **~,haus** *n anthrop.* house for men's gatherings. — **~kind,bett** *n anthrop.* couvade. — **m~,mor·dend** *adj humor.* (*Frau, Vamp etc*) man-eating. — **~,sa·che** *f* **das ist ~** that is (a) man's business. — **~,scheu** *psych.* **I** *f* fear of men, androphobia (*scient.*). – **II m~** *adj* afraid of men. — **~,sta·ti,on** *f med.* (*im Krankenhaus*) male ward. — **~,stim·me** *f* **1.** masculine voice. – **2.** *mus.* male voice. — **~,stimm,recht** *n pol.* manhood suffrage, adult male suffrage. — **~,treu** *f* ⟨-; -⟩ *bot. cf.* Mannstreu. — **~,welt** *f* **die ~** the world of men, (the) men *pl.*

'Man·nes|,al·ter *n* manhood, virility: **das ~ erreichen** to reach manhood (*od.* man's estate); **im besten ~** in the best years of a man's life, in the prime of life; **an der Schwelle zum ~** on the threshold of manhood. — **~,art** *f* man's ways *pl*: **nach ~ as is usual among men.** — **~,jah·re** *pl only in* **in den besten ~n** in the best years of s.o.'s life, in the prime of life. — **~,kraft** *f* **1.** *med.* (*Zeugungskraft*) potency, virility. – **2.** (*Körperkraft*) manly vigor (*bes. Br.* vigour). — **~,schwä·che** *f med.* impotence. — **~,stamm** *m* male line. — **~,stär·ke** *f cf.* Manneskraft. — **~,stolz** *m* manly pride. — **~,treue** *f hist.* fealty. — **~,wort** *n* (*honest*) man's word. — **~,wür·de** *f* manly dignity. — **~,zucht** *f* discipline.

'Mann,geld *n* ⟨-(e)s; *no pl*⟩ *jur. hist.* manbote, *Am. auch* manbot.

'mann·haft I *adj* (*Benehmen etc*) manly, manful. – **2.** (*mutig*) brave, valiant, stout: **~en Widerstand leisten** to offer stout resistance. – **3.** (*entschlossen*) resolute. – **II** *adv* **4.** **er hat sich ~ benommen** he behaved in a manly way; **er hat die Schmerzen ~ ertragen** he bore the pain manfully; **er kämpfte ~** he fought bravely. — **'Mann·haf·tig·keit** *f* ⟨-; *no pl*⟩ **1.** manliness, manfulness: **er ertrug die Leiden mit großer ~** he bore the sufferings manfully. – **2.** (*Mannesmut*) manly courage (*od.* bravery), braveness, valor, *bes. Br.* valour, valiancy, *Br. auch* manhood. – **3.** (*Entschlossenheit*) resoluteness.

'man·nig,fach ['manɪç-] *adj* **1.** ⟨*attrib*⟩ (*zahlreich*) many, manifold, multiple, multifarious: **er hatte ~e Pflichten zu erfüllen** he had manifold duties to perform; **~e Errungenschaften** multiple (*od.* numerous and varied) achievements. – **2.** *cf.* mannigfaltig.

'man·nig,fal·tig *adj* (*vielfältig*) various, diverse, varied, multiple, multifarious: **aus ~en Gründen** for various reasons; **ein ~es Warenangebot** a diverse supply of goods. — **'Man·nig,fal·tig·keit** *f* ⟨-; *no pl*⟩ (*Vielfalt*) variousness, variety, diversity, multifariousness.

Män·nin ['mɛnɪn] *f* ⟨-; *no pl*⟩ *obs.* **1.** *Bibl.* woman. – **2.** (*Heldenweib*) heroine.

Man·nit [ma'niːt; -'nɪt] *m* ⟨-s; -e⟩ *chem. cf.* Mannazucker.

Männ·lein ['mɛnlaɪn] *n* ⟨-s; -⟩ **1.** *cf.* Männchen 1, 2. – **2. ~ und Weiblein** *colloq.* men and women.

männ·lich ['mɛnlɪç] **I** *adj* **1.** (*Erbe, Geschlecht etc*) male: **die ~e Linie einer Familie** the male line of a family; **~e Nachkommenschaft** male issue. – **2.** (*Verhalten, Wesen etc*) manly, masculine: **~es Auftreten** manly behavio(u)r; **ein sehr ~er Mann** a very masculine (*od.* virile) (type of) man; **~e Kraft** virility, manly vigo(u)r; **er hat eine sehr ~e Stimme** he has a very manly voice; **Mut ist eine ~e Eigenschaft** courage is a masculine characteristic; **das (typisch) ~e Verlangen nach Anerkennung** a man's (typical *od.* characteristic) need for appreciation. – **3.** *fig.* (*Entschluß etc*) brave, manly, resolute. – **4.** (*in der Erscheinung*) mannish, manlike, masculine: **sie trägt immer sehr ~e Kleidung** she always wears very masculine clothes (*od.* dresses very mannishly). – **5.** *med.* a) male, masculine, b) (*zeugungsfähig*) virile: **~es Glied** virile member, penis. – **6.** *zo.* male: **ein ~es Tier** a male (animal). – **7.** *bot.* male: staminate, staminiferous (*scient.*). – **8.** *ling.* (*Geschlecht*) masculine: **mit ~em Geschlecht** of masculine gender. – **9.** *metr.* (*Reim*) masculine. – **II** *adv* **10. ~ handeln** to act in a manly way (*od.* like a man); **eine ~ gekleidete Frau** a woman dressed like a man (*od.* in a manly way). — **'Männ·lich·keit** *f* ⟨-; *no pl*⟩ **1.** manliness, masculinity, masculineness, manhood: **er fühlte sich in seiner ~ verletzt** he felt his masculine pride had been injured (*od.* his masculinity had been put in question). – **2.** (*Zeugungsfähigkeit*) virility, potency. – **3.** (*der Erscheinung*) masculinity, virility, (*bes. von Frauen*) mannishness.

'Mann,loch *n tech.* manhole.

'mann·los *adj only in* **~er Streb** (*mining*) manless (*od.* unmanned) face.

Man·no·hep·tit [manohɛp'tiːt; -'tɪt] *n* ⟨-s; -e⟩ *chem.* mannoheptitol, mannoheptite $(C_7H_9(OH)_7)$.

Man·no·se [ma'noːzə] *f* ⟨-; *no pl*⟩ *chem.* mannose, mannitose $(HOCH_2(CHOH)_4$-$CHO)$.

'Manns,bild *n colloq. oft contempt.* man, male: → **gestanden** [1] **II.**

'Mann·schaft *f* ⟨-; -en⟩ **1.** (*eines Flugzeugs, Schiffes*) crew. – **2.** *mil.* a) men *pl*, b) (*Truppe*) troops *pl*, c) (*als Rangstufe*) enlisted men *pl*, *Br.* ranks *pl*, rank and file *pl*, d) *mar.* lower deck: **die ~(en) war(en) unzufrieden** the men were discontented; **er ließ die ~ antreten** he made the men line up; **er erklärte vor versammelter ~** a) he said in front of all the men, b) *fig. colloq.* he said in front of everyone; **nach dem Fest ging ich mit der ganzen ~ schwimmen** *fig. colloq.* after the party we all went swimming. – **3.** (*eines Politikers etc*) team, colleagues *pl.* – **4.** *fig. colloq.* (*einer Firma*) personnel, staff: **ein Unternehmen mit junger ~** a firm with a young staff. – **5.** (*sport*) a) team, side, b) (*eines Bootes*) crew: **die siegreiche ~** the winning team (*od.* side); **die ~ zählte 10 Mann** the team numbered 10; **die bessere ~ hat gewonnen** the better team won; **gegen eine andere ~ unterliegen** to lose to another team; **eine ~ aufstellen** to select a team; **sie bilden eine gute ~** they are a good team.

'Mann·schafts|,auf,stel·lung *f* (*sport*) team lineup (*Br.* line-up) (*od.* composition): **hier ist die ~** the team plays as follows. — **~,aus,tausch** *m mil.* troop rotation. — **~,dienst,gra·de** *pl mil.* rank and file, privates, private soldiers: **es ist ~n nicht gestattet** privates are not allowed to. — **~,es·sen** *n* soldiers' messing. — **~,fah·rer** *m* **1.** (*beim Radsport*) team rider. – **2.** (*beim Rallyesport*) team driver. — **~,füh·rer** *m* (*sport*) (team) captain, (*beim Fußball*) *auch* skipper (*colloq.*). — **~,geist** *m* team spirit. — **~,ka·me,rad** *m* (*bes. sport*) teammate, *Br.* team mate. — **~,kampf** *m* team competition. – **~,ka·pi,tän** *m cf.* Mannschaftsführer. — **~,lauf** *m* (*sport*) team race. — **~,li·ste** *f* **1.** (*sport*) team list. – **2.** (*auf Handelsschiffen*) crew list. — **~,mei·ster·schaft** *f* (*sport*) team championship. — **~,raum** *m* **1.** (*sport*) team (*od.* crew) quarters *pl.* – **2.** *mar.* seamen's mess. – **3.** *mil.* a) soldiers' (*od.* troop) room, b) *pl cf.* Mannschaftsunterkünfte. — **~,ren·nen** *n* (*sport*) a) team race,

---

b) (*beim Rudersport*) crew race — **~,spiel** *n* **1.** team game. – **2.** (*Zusammenspiel*) team play. — **~,sport** *m* team sport. — **~,stu·be** *f mil. cf.* Mannschaftsraum 3a. — **~,trans,port,wa·gen** *m mil.* troop carrier, (*armo*[*u*]*red*) personnel carrier. — **~,un·ter,künf·te** *pl* (soldiers') quarters. — **~,ver,fol·gungs,fah·ren** *n* (*beim Radsport*) team pursuit race. — **~,ver,zeich·nis** *n cf.* Mannschaftsliste. — **~,wer·tung** *f* (*sport*) team holdings *pl*: **Stand der ~** team standings *pl.* — **~,wett·be,werb** *m* team competition.

'manns,dick *adj* (as) thick (*od.* big, broad) as a man.

Mann·sen ['manzən] *n* ⟨-s; -⟩ *colloq.* man.

'manns,hoch *adj* (as) tall (*od.* high) as a man, *Br. auch* man-high.

'Manns|,hö·he *f* ⟨-; *no pl*⟩ *only in* **in ~** at eye-level. — **~,leu·te** *pl colloq.* menfolk(s), males, *auch* (the) male sex *sg.* — **~per,son** *f colloq. od. archaic* for Mannsbild. — **~,schild** *m bot.* androsace (*Gattg Androsace*). — **m~,toll** *adj* man-crazy (*od.* -mad), nymphomaniac, *auch* nymphomaniacal (*scient.*), — **~,toll·heit** *f* nymphomania, andromania. — **~,treu** *f* ⟨-; -⟩ *bot.* **1.** creeping forget-me-not (*Omphalodes verna*). – **2.** eryngo (*Gattg Eryngium*). — **~,volk** *n colloq. cf.* Mannsleute.

'Mann,weib *n* **1.** virago, amazon. – **2.** *med.* (*Zwitter*) hermaphrodite.

Ma·no·me·ter [mano'meːtər] **I** *n* ⟨-s; -⟩ *tech.* pressure ga(u)ge, manometer, (*für Dampf*) *auch* steam ga(u)ge. – **II** *interj colloq.* **~!** (*Ausruf*) boy! oh boy! — **~,ab,le·sung** *f tech.* pressure ga(u)ge reading.

ma·no·me·trisch [mano'meːtrɪʃ] *adj tech.* manometric, *auch* manometrical.

Ma·nö·ver [ma'nøːvər] *n* ⟨-s; -⟩ **1.** *mil.* a) man(o)euver, *bes. Br.* manœuvre, evolution, b) (*Übung*) (field) exercise: **ein ~ abhalten** to hold a maneuver; **die Truppen zogen ins ~** the troops went on maneuver. – **2.** *mar. aer.* (*Fahrtänderung*) man(o)euver, *bes. Br.* manœuvre: **das Schiff führte verschiedene ~ aus** the ship executed various maneuvers. – **3.** *fig. colloq.* man(o)euver, *bes. Br.* manœuvre, trick, stratagem: **betrügerisches** [**durchsichtiges, geschicktes**] **~** deceitful [transparent, skil(l)ful] maneuver; **durch billige ~ erreichte er sein Ziel** through cheap tricks he reached his goal; **er versuchte jedes ~, um zu** he tried every trick to. — **~,ball** *m* maneuver termination ball. — **~,gast** *m mil.* maneuver observer. — **~ge,län·de** *n* maneuver (*od.* exercise) area. — **~,kri,tik** *f mil.* critique of a maneuver. — **~,la·ge** *f* maneuver situation. — **~,lei·ter** *m* director of a maneuver. — **~mu·ni,ti,on** *f* blank ammunition. — **~,scha·den** *m meist pl* maneuver damage.

ma·nö'vrier·bar *adj cf.* manövrierfähig. — **Ma·nö'vrier·bar·keit** *f* ⟨-; *no pl*⟩ *cf.* Manövrierfähigkeit.

ma·nö·vrie·ren [manø'vriːrən] **I** *v/i* ⟨*no ge-*, h⟩ **1.** (*von Auto, Schiff, Flugzeug etc*) man(o)euver, *bes. Br.* manœuvre, handle. – **2.** *fig.* man(o)euver, *bes. Br.* manœuvre: **er manövrierte so geschickt, daß man ihm kaum etwas hat anhaben können** he maneuvered so cleverly that hardly anything could be done against him. – **II** *v/t* **3.** (*Auto, Schiff, Flugzeug etc*) man(o)euver, *bes. Br.* manœuvre, handle: **sie manövrierte das Auto in eine enge Parklücke** she maneuvered the car into a small parking space. – **4.** *fig.* man(o)euver, *bes. Br.* manœuvre: **er manövrierte sie in eine Ecke des Saals** he maneuvered her into a corner of the room; **es gelang ihr, einen Geldschein in seine Tasche zu ~** she managed to slip a banknote into his pocket. – **III** *v/reflex* **5. er manövrierte sich geschickt durch alle Schwierigkeiten** he man(o)euvered (*bes. Br.* manœuvred) his way skil(l)fully through every difficulty.

ma·nö'vrier,fä·hig *adj* (*Auto, Flugzeug, Schiff etc*) man(o)euverable, *bes. Br.* manœuvrable. — **Ma·nö'vrier,fä·hig·keit** *f* ⟨-; *no pl*⟩ man(o)euverability, *bes. Br.* manœuvrability.

ma·nö'vrier,un,fä·hig *adj* not man(o)euverable (*bes. Br.* manœuvrable), disabled: **das beschädigte Schiff lag ~ im Hafen** the damaged ship lay disabled in harbo(u)r.

Man·sar·de [man'zardə] *f* ⟨-; -n⟩ *arch.* **1.** mansard. – **2.** *cf.* Mansardenzimmer.

Man'sar·den|,dach *n arch.* curb (*od.* mansard) roof. — **~,fen·ster** *n* curb (*od.* mansard) roof dormer. — **~,woh·nung** *f* attic apartment (*bes. Br.* flat). — **~,zim·mer** *n* attic room, room in the attic.

Mansch [manʃ] *m* ‹-es; *no pl*› *colloq.* 1. hodgepodge, *bes. Br.* hotchpotch, jumble. – 2. (*wässeriges Essen*) hogwash. – 3. (*breiige Masse*) mash, mess, squash. – 4. *cf.* Matsch[2] 1. — **'man·schen** *colloq.* I *v/t* ‹h› mix (*od.* work) (*s.th.*) to a pulp. – II *v/i* mess about (*bes. Am.* around) (*colloq.*): die Kinder manschten mit Wasser und Sand the children were messing about with water and sand. — **Man·sche'rei** *f* ‹-; -en› *colloq.* messing about (*bes. Am.* around) (*colloq.*): hör mit der ~ auf stop messing around.

Man·schet·te [man'ʃɛtə] *f* ‹-; -n› 1. (*eines Hemdes etc*) cuff: durchgestoßene [gestärkte] ~n worn [starched] cuffs. – 2. (*um Blumenstrauß, Kerze etc*) paper wrapper (*od.* wrapping). – 3. *pl fig. colloq.* (*Angst*) fear *sg*, funk *sg* (*colloq.*): er hatte (mächtige) ~n vor dem Examen he had the wind up about the exam (*sl.*); er hat gehörige ~n vor seinem Vater his father scares the living daylights out of him (*colloq.*), his father puts the wind up him (*sl.*). – 4. *cf.* (*thieves' Latin*) (*Handfesseln*) bracelets. – 5. (*sport*) (*beim Ringen*) wristlock: eine ~ anlegen to apply a wristlock. – 6. *tech.* a) sleeve, boot, b) (*Bund*) collar, c) (*Rosette*) rose, d) (*Dichtung*) packing, sealing member, e) (*eines Kolbens*) cup. – 7. (*textile*) cuff, sleeve. – 8. *bot.* (*eines Hutpilzes*) frill.

Man'schet·ten|,knopf *m* cuff (*od.* sleeve) link.

Man·ta ['manta] *m* ‹-; -s› *zo.* manta (ray), devilfish (*Manta birostris*).

Man·teau [mã'to:] *m* ‹-s; -s› *hist.* (*Mantel*) mantua.

Man·tel ['mantəl] *m* ‹-s; ⸚› 1. coat: ein leichter [schwerer, wasserdichter] ~ a light [heavy, waterproof] coat; ein eleganter [abgetragener] ~ an elegant [a worn-out] coat; ich lasse mir einen ~ machen I am having a coat made (for me); der ~ steht dir gut the coat suits you (*od.* looks good on you); sich (*dat*) einen ~ umhängen to put a coat (a)round one's shoulders; j-m aus den [in den] ~ helfen to help s.o. out of [into] his coat; er hielt ihr den ~ he held her coat for her; Stoff zu einem ~ kaufen to buy material for a coat; seinen ~ nach dem Wind hängen (*od.* drehen) *fig.* to trim one's sails to the wind. – 2. (*Wintermantel*) coat, overcoat, greatcoat. – 3. (*ärmelloser Umhang*) cloak, mantle, (*kurzer*) cape, (*für Damen*) *auch* wrap. – 4. (*Arbeitskittel*) a) smock, coat, b) (*eines Chirurgen*) gown. – 5. *fig.* (*Deckmantel*) cloak, mantle: etwas mit dem ~ der Nächstenliebe (*od.* Barmherzigkeit) zudecken to cover s.th. with the cloak of charity; unter dem ~ der Nacht under cover (*od.* the cloak) of night (*od.* darkness). – 6. *tech.* a) jacket, shell, cover(ing), b) (*Gehäuse*) case, casing, c) (*eines Kabels*) sheath(ing), d) (*eines Behälters*) wall. – 7. *math.* (*eines Körpers*) surface. – 8. *auto.* a) (*eines Reifens*) cover, (outer) casing, b) (*eines Kolbens*) skirt, c) (*des Kühlers*) shell. – 9. *aer.* (*des Turbinenstrahltriebwerks*) shroud. – 10. *synth.* (*einer Preßform*) chase. – 11. *mil.* a) (*eines Torpedos*) shell, b) (*eines Zünders*) cover. – 12. *mar.* (*eines Takels*) runner. – 13. *zo.* a) (*der Weichtiere*) mantle, pallium (*scient.*), b) (*der Manteltiere*) tunica, tunic, test: mit einem ~ (*bei Weichtieren*) chlamydate, palliate. – 14. *bot.* (*Samenmantel*) aril. – 15. *hunt.* (*Rückengefieder der Vögel*) mantle. – 16. (*forestry*) *cf.* Waldmantel. – 17. *econ.* a) (*bei Aktien*) scrip, share without the coupon sheet, b) (*bei Schuldverschreibungen*) debenture (*od.* bonded) claim, c) (*gesamte Ankaufsrechte*) sum total of scrips or debenture claims.

'Man·tel|,auf,hän·ger *m* (coat) hanger (*od.* loop). — **~,bucht** *f zo.* (*der Muschelschale*) sinus, siphonal scar, umbo.

Män·tel·chen ['mɛntəlçən] *n* ‹-s; -› 1. *dim.* of Mantel. – 2. *fig.* in Wendungen wie einer Sache ein ~ umhängen *fig.* to gloss a matter over; sich (*dat*) ein frommes ~ umhängen to affect piety.

'Man·tel|elek,tro·de *f electr.* covered (*od.* sheathed) electrode. — **~,flä·che** *f* 1. *tech.*

a) (*eines Drehteils*) circumference, b) (*einer Lagerrolle*) contacting surface. – 2. *math.* (*eines Körpers*) surface. — **~,fut·ter** *n* (*fashion*) (coat) lining. — **~ge,schoß** *n mil.* jacket(ed) bullet. — **~ge,setz** *n econ. cf.* Rahmengesetz. — **~,gurt** *m* (coat) belt. — **~,gür·tel,tier** *n zo.* pichiciago, *auch* pichichago, fairy armadillo (*Gattg Chlamydophorus*). — **~,haut** *f* (*einer Perle*) skin. — **~,höh·le** *f* 1. *zo.* (*von Weichtieren*) lung sac. – 2. *biol.* mantle cavity. — **m~,kie·mig** [-,ki:mɪç] *adj zo.* palliobranchiate. — **~,kra·gen** *m* collar (of a coat): den ~ hochstellen to put (*od.* turn) up the collar (of one's coat).

Man·tel·let·ta [mantɛ'lɛta] *f* ‹-; -ten› *röm.kath.* (*Prälatengewand*) mantelletta.

'Man·tel,li·nie *f* 1. *tech.* surface (*od.* director) line. – 2. *math.* a) (*eines zylindrischen Körpers*) generating (*od.* generator) line, b) (*eines Kegels*) generatrix.

'man·tel·los *adj zo.* (*Mollusk*) achlamydate.

'Man·tel,ma,gnet *m electr.* encased (*od.* shell-type) magnet. — **~,mau·er** *f arch. hist.* (*einer Burg etc*) outer wall. — **~,mö·we** *f zo.* great black-back(ed) gull, saddleback, cob, *Br.* parson gull (*Larus marinus*). — **~,no·te** *f jur.* diplomatic note comprising several notes while constituting a legal point. — **~,pa·vi·an** *m zo.* sacred (*od.* gray, *bes. Br.* grey) baboon, hamadryad, hebe (*Papio hamadryas*). — **~,rohr** *n* 1. *mil.* a) (*eines Maschinengewehrs*) jacketed barrel, b) (*eines Geschützes*) built-up barrel. – 2. *tech.* casing tube. – 3. *auto.* (*der Lenksäule*) steering column tube. — **~,schnecke** (getr. -k·k-) *f zo.* slime snail (*Amphipeplea glutinosa*). — **~,stoff** *m* (*textile*) coating (material).

'Man·tel·ta,rif *m econ. jur.* collective wage agreement. — **~ver,trag** *m* collective framework agreement.

'Man·tel|ta·sche *f* coat pocket. — **~,tier** *n zo.* tunicate, ascidian, ascidioid (*Unterstamm Tunicata*).

'Man·tel- ,und 'De·gen,stück *n* (*literature*) cloak-and-dagger drama.

Man·tik ['mantɪk] *f* ‹-; *no pl*› (*Wahrsagekunst*) mantic, divination.

Man·til·la [man'tɪlja] *f* ‹-; -s›, **Man'til·le** [-'tɪljə; -lə] *f* ‹-; -n› (*Spitzenschleier*) mantilla.

Man·tis·se [man'tɪsə] *f* ‹-; -n› *math.* mantissa: ~n anführen to give mantissae; die ~ bleibt unberührt the mantissa remains intact.

Mantsch [mantʃ] *m* ‹-es; *no pl*› *colloq. cf.* Mansch. — **'mant·schen** *v/t u. v/i* ‹h› *colloq. cf.* manschen.

Ma·nu·al [ma'nŭa:l] *n* ‹-s; -e› 1. *mus.* (*der Orgel, des Harmoniums etc*) manual, keyboard. – 2. *obs. for* Tagebuch 1. – 3. *relig. hist.* manual. — **~,kop·pel** *f mus.* (*einer Orgel*) manual coupler. — **~,ta·sten** *pl* manual keys.

ma·nu·ell [ma'nŭɛl] I *adj* (*Arbeit, Geschicklichkeit etc*) manual. – II *adv* manually, by hand: ~ hergestellt produced (*od.* manufactured, made) by hand.

Ma·nu·fakt [manu'fakt] *n* ‹-(e)s; -e› *obs.* manufacture (of product).

Ma·nu·fak·tur [manufak'tu:r] *f* ‹-; -en› *econ.* 1. *archaic* (*Fabrik*) manufactory, workshop. – 2. *obs.* (*Handarbeit*) manufacture. – 3. *obs. for* Web-, Wirkwaren. — **~be,trieb** *m archaic econ. cf.* Manufaktur 1.

ma·nu·fak·tu·rie·ren [manufaktu'ri:rən] *v/t* ‹no ge-, h› *archaic* manufacture.

Ma·nu·fak'tur,wa·ren *pl* 1. *archaic econ.* manufactured goods (*od.* articles). – 2. (*textile*) (*Schnittwaren*) textiles, *Am.* dry goods, *Br.* mercery *sg*.

Ma·nul ['ma:nul] *m* ‹-(e)s; -s› *zo.* manul, *auch* Pallas's cat (*Otocolobus manul*).

Ma'nul,druck [ma'nu:l-] *m* ‹-(e)s; -e› *print.* manul print(ing).

ma·nu pro·pria [ma:nu 'pro:pria] *adv* with one's own hand, manu propria (*lit.*).

Ma·nus[1] ['ma:nus] *f* ‹-; *no pl*› *hist. jur.* (*im altröm. Recht*) manus, hand (*power and rights of a husband over his wife*).

'Ma·nus[2] *n* ‹-; -› *Austrian short for* Manuskript.

Ma·nu·skript [manu'skrɪpt] *n* ‹-(e)s; -e› 1. manuscript, ms, *auch* MS: das Buch ist im ~ fertig the book is ready in manuscript (form); er las vom ~ he read from the manuscript, he read his speech; er sprach ohne ~ he spoke without notes. – 2. *print.*

a) manuscript, b) (*druckfertiges*) copy, matter: abgesetztes [gedrucktes] ~ dead [printed] copy; leserliches ~ fair copy; ~ verteilen (*an die Setzer*) to give out copy; als ~ gedruckt printed as manuscript, privately printed. – 3. (*theater, film*) script: als ~ gedruckt acting rights reserved. – 4. *telev.* (*radio*) script, continuity. — **~,ab,tei·lung** *f* (*eines Funkhauses etc*) script (*od.* continuity) department. — **~be,rech·nung** *f print.* castoff, calculation of (the) copy. — **~,hal·ter** *m* copyholder. — **~,zet·tel** *m* manuscript slip.

Manx [mæŋks] (*Engl.*) *n* ‹-; *no pl*›, **~,spra·che** *f ling.* Manx (*the Gaelic of the Isle of Man*).

Man·za·nil·la [man(t)sa'nɪlja] *m* ‹-s; *no pl*›, **~,wein** *m gastr.* manzanilla.

Man·za'nil·lo,baum [man(t)sa'nɪljo-],**Man·zi'nel·la,baum** [mantsi'nɛla-] *m bot.* manchineel, manzanillo (*Hippomane mancinella*).

Mao·is·mus [mao'ɪsmus] *m* ‹-; *no pl*› *pol.* Maoism. — **Mao'ist** [-'ɪst] *m* ‹-en; -en› Maoist. — **mao'istisch** *adj* Maoist.

Mao·ri ['mauri; ma'o:ri] I *m* ‹-(s); -(s)› Maori. – II *ling.* *n* ‹-; *no pl*›, **~,spra·che** *f* Maori. — **~,huhn** *n zo.* ocydrome (*Gattg Ocydromus*).

Map·pa ['mapa] *f* ‹-; *no pl*› 1. *relig.* altar cloth. – 2. *obs. for* Landkarte 1.

Map·pe ['mapə] *f* ‹-; -n› 1. (*Aktenmappe*) briefcase, portfolio. – 2. (*Sammelmappe*) folder, file. – 3. (*Schnellhefter*) loose-leaf binder. – 4. (*Schreibmappe*) writing case. – 5. (*Pressemappe*) (press) kit.

Map·peur [ma'pœr] *m* ‹-s; -e› *geogr. obs.* cartographer, mapper.

map·pie·ren [ma'pi:rən] *geogr.* I *v/t* ‹ge-, h› map, make a map (*od.* maps) of. – II *v/i* make a map (*od.* maps).

Mär [mɛ:r] *f* ‹-; -en› *obs. lit.* 1. story, tale. – 2. (*Gerücht*) rumor, *bes. Br.* rumour. – 3. (*Kunde*) tiding(s *pl*), news *pl* (*construed as sg or pl*).

Ma·ra ['ma:ra] *m* ‹-; -s› *zo. cf.* Pampashase.

Ma·ra·bu ['ma:rabu] *m* ‹-s; -s› *zo.* marabou(t) (stork) (*Leptoptilos crumeniferus*). — **~,fe·dern** *pl* (*bes. fashion*) marabou(t) *sg*. — **~,storch** *m zo. cf.* Marabu.

Ma·ra·but [mara'bu:t] *m* ‹- *od.* -(e)s; - *od.* -s› *relig.* (*im Islam*) Marabout, *auch* marabout.

Ma·ral ['ma:ral] *m* ‹-s; -e [ma'ra:lə]› *zo.* maral (*Cervus elaphus maral*).

Ma·rä·ne [ma'rɛ:nə] *f* ‹-; -n› *zo.* whitefish (*Gattg Coregonus*): Kleine ~ lavaret (*C. lavaretus*); Irische ~ pollan, *auch* pollen (*C. pollan*).

Ma·ran·te [ma'rantə] *f* ‹-; -n› *bot.* maranta [(*Gattg Maranta*).

ma'ran·tisch *adj med.* marasmic, marantic.

Ma·ra·schi·no [maras'ki:no] *m* ‹-s; -s›, **~li,kör** *m gastr.* Maraschino, *auch* maraschino.

Ma'ras·ka,kir·sche [ma'raska-] *f bot.* marasca (cherry) (*Cerasus vulgaris ssp. marasca*).

Ma·ras·mus [ma'rasmus] *m* ‹-; *no pl*› *med.* marasmus, marasma. — **ma'ra·stisch** [-tɪʃ] *adj cf.* marantisch.

Ma·ra·thi [ma'ra:ti] *m* ‹-s; *no pl*›, **~,spra·che** *f ling.* Marathi.

'Ma·ra·thon,lauf ['ma:ratən-] *m* (*sport*) marathon (race). — **~,läu·fer** *m* marathon runner, marathoner (*colloq.*). — **~,sit·zung** *f colloq. humor.* lengthy (*od.* marathon) meeting. — **~,strecke** (getr. -k·k-) *f* marathon course.

Mar·bel[1] ['marbəl] *m, n* ‹-s; -› *tech.* (*in Glasbläserei*) marver.

'Mar·bel[2] *f* ‹-; -n› *dial. for* Murmel.

'Mar·bel[3] *f* ‹-; -n› *bot.* field rush (*Gattg Luzula*).

Mär·bel[1] ['mɛrbəl] *m, n* ‹-s; -› *cf.* Marbel[1].

'Mär·bel[2] *f* ‹-; -n› *dial. for* Murmel.

mar·beln ['marbəln] *v/t* ‹h› *tech.* (*Glas*) marver, turn.

mar·ca·to [mar'ka:to] *adv u. adj mus.* (*betont*) marcato.

March [març] *f* ‹-; -en› *Swiss for* a) Flurgrenze, b) Grenzzeichen.

Mär·chen ['mɛ:rçən] *n* ‹-s; -› 1. fairy tale (*od.* story), (folk)tale, *märchen*: ~ erzählen to tell fairy tales; er liest den Kindern ein ~ vor he reads a fairy tale to the children; es klingt wie ein (*od.* im) ~ it sounds like a fairy tale; das ~ aus 1001 Nacht a tale from the Arabian Nights. – 2. *fig. colloq.* fairy tale, (fairy) story, cock-and-

-bull story, fiction, fable, myth: **erzähle mir nur** (*od.* **bloß, doch**) **keine ~!** don't tell me any fairy tales! **laß dir doch keine ~ erzählen** (*od. colloq.* **aufbinden**) don't let them tell you any myths; **das ~ kannst du deiner Großmutter erzählen** tell that to the marines; **das halte ich für ein reines ~** I consider that (a) pure fiction. — **~buch** *n* book of fairy tales, *auch* storybook, *Br.* story-book. — **~dich·ter** *m* writer of fairy tales, fairy-tale writer, *auch* storywriter, *Br.* story-writer. — **~er·zäh·len** *n* telling of fairy tales, *auch* storytelling, *Br.* story-telling. — **~er·zäh·ler** *m*, **~er·zäh·le·rin** *f* teller of fairy tales (*od.* stories), *auch* storyteller, *Br.* story-teller. — **~fi·gur** *f* character from a fairy tale, fairy-tale figure. — **~film** *m* fairy-tale film (*bes. Am. colloq.* movie). — **~for·schung** *f* study of fairy tales. — **~ge·stalt** *f cf.* Märchenfigur.

'mär·chen·haft I *adj* **1.** fairy-tale (*attrib*), fabulous: **die Oper hat ~e Züge** the opera has a fairy-tale character. – **2.** (*wunderschön*) fabulous, fairy-tale (*attrib*): **eine ~e Landschaft** a fabulous landscape. – **3.** *fig. colloq.* (*fabelhaft*) 'fabulous', 'fantastic' (*beide colloq.*): **~e Aussichten** fabulous prospects; **das ist ja ~!** that's really fabulous. – **II** *adv* **4. ein ~ schönes Haus** a fantastically beautiful house; **er ist ~ reich** *colloq.* he is fabulously rich (*colloq.*).

'Mär·chen|,land *n* **1.** dreamland, wonderland. – **2.** (*wunderschönes Land*) fairyland, wonderland: **das ~ Siam** the wonderland of Siam. — **~,oper** *f mus.* fairy-tale opera. — **~,prinz** *m* Prince Charming. — **~,samm·lung** *f* collection of fairy tales. — **~,spiel** *n* fairy(-tale) play. — **~,tan·te** *f cf.* Märchenerzählerin. — **~,wald** *m cf.* Zauberwald. — **~,welt** *f* **1.** fairy-tale world. – **2.** *cf.* Märchenland 1.

Mar·chesch·wan [marʃeʃˈvaːn] *m* ⟨-s; *no pl*⟩ *relig.* (im jüd. Kalender) Heshvan, *auch* Hesvan, Ches(h)van.

Mar·che·se [marˈkeːzə] *m* ⟨-; -n⟩ marchese.

Mar·der [ˈmardər] *m* ⟨-s; -⟩ **1.** *zo.* marten (cat) (*Gattg Martes*): **zu den ~n gehörig** musteline. – **2.** *cf.* Marderfell 1. – **3.** *cf.* Marderpelz. — **m~,ar·tig** *adj zo.* martenlike, musteline (*scient.*): **ein ~es Raubtier** a musteline. — **~,bär** *m* binturong (*Arctictis binturong*). — **~,beut·ler** *m* dasyurid (*Fam. Dasyuridae*). — **~,fell** *n* **1.** marten (skin). – **2.** *cf.* Marderpelz. — **~,hai** *m zo.* smooth hound, grayfish, *bes. Br.* greyfish (*Mustelus iuglaris*). — **~,hund** *m* raccoon dog (*Nyctereutes procyonides*). — **~,pelz** *m* marten (fur).

Ma·re [ˈmaːrə] *n* ⟨-; - *od.* Maria [-rïa]⟩ *meist pl astr.* mare: **die ~ des Mondes** the maria of the moon.

Mä·re [ˈmɛːrə] *f* ⟨-; -n⟩ *obs. lit. cf.* Mär.

Ma·rel·le [maˈrɛlə] *f* ⟨-; -n⟩ *hort. cf.* Morelle.

Ma·rem·men [maˈrɛmən] *pl geogr.* (in Mittelitalien) maremma *sg.*

mä·ren [ˈmɛːrən] *v/i* ⟨h⟩ *Middle G. dial.* **1.** (in *dat* in) rummage about. – **2.** (*trödeln*) dawdle. – **3.** *cf.* faseln I.

Ma·rend [ˈmaːrɛnt] *n* ⟨-s; -i [-di]⟩ *Swiss dial. for* Zwischenmahlzeit 1.

Ma·ren·de [maˈrɛndə] *f* ⟨-; -n⟩ *Austrian* (*bes. in Tirol*) *dial. for* Zwischenmahlzeit 1.

Ma·ren·go [maˈrɛŋgo] **I** *m* ⟨-s; *no pl*⟩ (*textile*) marengo. – **II m~** *adj* Oxford (gray, *bes. Br.* grey), Oxford mixture.

Mar·ga·re·te [margaˈreːtə] *f* ⟨-; -n⟩ *bot. cf.* Margerite.   [*mus rhombus*).]

Mar·ga·re·ten,butt *m zo.* brill (*Scophthal-*]

Mar·ga·ri·ne [margaˈriːnə] *f* ⟨-; *no pl*⟩ *gastr.* margarine, *Am. auch* margarin, oleomargarin(e), *bes. Br. colloq.* marge. — **~kon,sum** *m* margarine consumption. — **~pro·duk·ti,on** *f* margarine production. — **~ver,brauch** *m cf.* Margarinekonsum. — **~,werk** *n* margarine factory.

Mar·ga'rin,säu·re *f chem.* margaric acid (CH₃(CH₂)₁₅COOH): **Salz** (*od.* **Ester**) **der ~** margarate.   [*min.* margarite.]

Mar·ga·rit [margaˈriːt; -'rɪt] *m* ⟨-s; -e⟩]

Mar·ge [ˈmarʒə] *f* ⟨-; -n⟩ *econ.* margin.

'Mar·gen·spe·ku·la·ti,on *f* marginal speculation (*pl*).

Mar·ge·ri·te [margəˈriːtə] *f* ⟨-; -n⟩ *bot.* marguerite (daisy) (*Chrysanthemum leucanthemum*). — **Mar·ge'ri·ten,strauß** *m* bunch (*od.* bouquet) of marguerites (*od.* daisies).

---

mar·gi·nal [margiˈnaːl] *adj auch bot. med.* marginal.

Mar·gi·na·li·en [margiˈnaːliən] *pl bes. print.* marginal notes, marginalia, side-notes, *Br.* side-notes: **~ anbringen** to make marginal notes, to make notes in the margin, to margin.

Mar·gu·ay [ˈmarg(ü)ai] *m* ⟨-s; -s⟩ *zo.* margay, American tiger cat (*Felis tigrina*).

Mar·gue·ri·te [margəˈriːtə] *f* ⟨-; -n⟩ *bot. cf.* Margerite.

Ma·ria [maˈriːa] *npr f* ⟨-, *Bibl.* -riä [-'riːɛ]; -rien⟩ *Bibl.* Mary: **die Jungfrau ~** the Virgin Mary.

Ma·ria·ge [maˈriːaʒə] *f* ⟨-; -n⟩ **1.** (*games*) marriage. – **2.** *obs. for* Heirat, Ehe.

Ma·ria·lith [mariaˈliːt; -'lɪt] *m* ⟨-s; -e⟩ *min.* marialite.

ma·ria·nisch [maˈriːanɪʃ] *adj relig.* Marian: **M~e Kongregation** *röm.kath.* Marian Congregation.

Ma·ria·ni·sten [mariaˈnɪstən] *pl röm.kath.* Marist (School) Brothers, Little Brothers of Mary.

Ma·ri·an·ne [maˈriːanə] *npr f* ⟨-; *no pl*⟩ *pol. humor.* Marianne, *auch* Marianna (*the French Republic personified*).

Ma·ria,or·den *m röm.kath.* Order of the Blessed Virgin.

Ma,ria·the·re·si·en,ta·ler [-te'reːziən-] *m hist.* (*Silbermünze*) Maria Theresa dollar (*od.* thaler), Levant dollar.

Ma·ria·vit [mariaˈviːt] *m* ⟨-en; -en⟩ *relig.* (*Angehöriger einer romfreien kath. Sekte in Polen*) Mariavite.

Ma·rie [maˈriː] *f* ⟨-; *no pl*⟩ *colloq.* 'lolly' (*colloq.*), money.

Ma'ri·en|al,tar *m röm.kath.* Lady altar. — **~an,be·tung** *f* adoration (*od.* veneration) of the Virgin Mary, hyperdulia, (*stärker*) Mariolatry. — **~,bad** *n chem. gastr.* water bath, bain-marie. — **~,bild** *n relig.* (*art*) picture (*od.* image) of the Virgin Mary, Madonna. — **~,dich·tung** *f* songs and poems in praise of the Virgin Mary. — **~,dienst** *m* **1.** worship of the Virgin Mary. – **2.** *cf.* Marienanbetung. — **~,di·stel** *f bot.* milk (*od.* blessed, holy) thistle, Our-Lady's-thistle (*Silybum marianum*). — **~,dog·ma** *n relig.* dogma concerning the Virgin Mary. — **~,fä·den** *pl* (*Altweibersommer*) gossamers. — **~,fest** *n röm.kath.* Lady Day. — **~,fisch** *m zo. cf.* Ukelei. — **~,glas** *n min.* mica, isinglass, selenite, specular stone. — **~,gras** *n bot.* a) holy grass (*Gattg Hierochloë*), b) sweet (*od.* Seneca, vanilla) grass (*H. odorata*). — **~,kä·fer** *m zo.* ladybird, *auch* ladybird beetle, *bes. Am.* ladybug, *auch* lady beetle, *Br. auch* lady-clock (*od.* -cow) (*Fam. Coccinellidae*). — **~ka,pel·le** *f relig.* Lady Chapel. — **~,kir·che** *f* St. Mary's church. — **~,kult** *m röm.kath.* cult (of the Virgin Mary), *auch* cultus. — **~,le·ben** *n* (*art*) life of the Virgin (Mary). — **~,säu·le** *f* column dedicated to the Virgin Mary. — **~,schwe·stern** *pl röm.kath.* Sisters of Mary. — **~,tag** *m cf.* Marienfest. — **~ver,eh·rung** *f cf.* Marienanbetung, Marienkult.

Ma·ri·hua·na [mariˈhŭaːna] *n* ⟨-s; *no pl*⟩ marihuana, marijuana, *auch* marajuana, pot (*sl.*). — **~,hanf** *m bot.* marihuana, marijuana, *auch* marajuana, hemp (*Cannabis sativa ssp. indica*). — **~-Zi·ga,ret·te** *f* marihuana cigarette, reefer (*colloq.*).

Ma·ril·le [maˈrɪlə] *f* ⟨-; -n⟩ *bes. Austrian* apricot.

Ma·rim·ba [maˈrɪmba] *f* ⟨-; -s⟩ *mus.* marimba.

Ma·ri·mon·da [mariˈmɔnda] *m* ⟨-s; -s⟩ *zo.* marimonda, long-haired spider monkey (*Ateles belzebuth*).

ma·rin [maˈriːn] *adj* ⟨*attrib*⟩ (*Tier-, Pflanzenwelt etc*) marine.

Ma·ri·na·de [mariˈnaːdə] *f* ⟨-; -n⟩ *gastr.* marinade.

Ma·ri·ne [maˈriːnə] *f* ⟨-; *rare* -n⟩ **1.** *mar. mil.* navy, *auch* Navy, naval forces *pl*: **die Königlich-Britische ~** the Royal Navy; **die amerikanische ~** the U.S. Navy; **er ist bei der ~** he is in the navy; **zur ~ gehen** to join (*od.* enter) the navy. – **2.** *mar. econ.* (*Handelsmarine*) (merchant *od.* mercantile) marine. — **~aka·de,mie** *f mar. mil.* naval academy (*od.* college). — **~,amt** *n mar. pol.* (in Großbritannien) Navy Board. – **2.** (in USA) Navy Department. — **~ar·til·le,rie** *f mar. mil.* coast(al) artillery. — **at·ta,ché** *m mar. pol.* naval attaché. —

~,blau I *n* ⟨-s⟩ **1.** marine (blue), purple navy. – **2.** navy (blue). – **II m~** *adj* **3.** marine(-blue). – **4.** navy-blue. — **~,flie·ger** *m aer.* naval aviator. — **~,flug,zeug** *n* naval (*od.* navy) airplane (*od.* aircraft). — **~in·fan·te,rie** *f mar. mil.* marines *pl*. — **~in·fan·te,rist** *m* marine, leatherneck (*sl.*). — **~in·ge·ni,eur** *m mar.* naval (*od.* marine) architect. — **~,ma·ler** *m* (*art*) marine (*od.* seascape) painter. — **~mi,ni·ster** *m mar. pol.* minister of naval affairs, (in Großbritannien) Secretary for the Navy, (in USA) Secretary of the Navy. — **~mi·ni·ste·ri,um** *n* naval department, ministry of naval affairs, (in Großbritannien) Admiralty, (in USA) Department of the Navy. — **~of·fi,zier** *m mar. mil.* naval officer.

Ma·ri·ner [maˈriːnər] *m* ⟨-s; -⟩ *humor. colloq.* mariner, seaman, sailor.

Ma·ri·ne|sol,dat *m mar. mil.* **1.** sailor. – **2.** *cf.* Marineinfanterist. — **~sta·ti,on** *f* naval station. — **~streit,kräf·te** *pl* naval forces. — **~stütz,punkt** *m* naval base. — **~,trup·pen** *pl* shore-based naval units. — **~,werft** *f mar.* naval shipyard, navy yard, *Br.* dockyard. — **~,we·sen** *n* naval affairs *pl*.

ma·ri·nie·ren [mariˈniːrən] *v/t* ⟨*no* ge-, h⟩ *gastr.* (*Fleisch, Fisch etc*) marinate, *auch* marinade, pickle. — **ma·ri'niert I** *pp*. – **II** *adj gastr.* pickled, marinated.

Ma·ri·nis·mus [mariˈnɪsmus] *m* ⟨-; *no pl*⟩ (*literature*) Marinism. — **Ma·ri'nist** [-'nɪst] *m* ⟨-en; -en⟩ Marinist.

Ma·rio·la·trie [mariolaˈtriː] *f* ⟨-; *no pl*⟩ *röm.kath.* mariolatry.

Ma·rio·lo·ge [marioˈloːgə] *m* ⟨-n; -n⟩ *röm.kath.* Mariologist. — **Ma·rio·lo'gie** [-lo'giː] *f* ⟨-; *no pl*⟩ Mariology. — **ma·rio·lo·gisch** *adj* Mariological.

Ma·rio·net·te [marioˈnɛtə] *f* ⟨-; -n⟩ **1.** (*theater*) marionette, puppet. – **2.** *fig. contempt.* puppet.

Ma·rio'net·ten|,büh·ne (*theater*) *f* **1.** puppet show. – **2.** *cf.* Marionettentheater. — **m~haft I** *adj* puppetlike. – **II** *adv* **sich ~ bewegen** to move like a puppet. — **~re·gie·rung** *f pol. contempt.* puppet government (*od.* regime). — **~,spiel** *n* (*theater*) puppet show (*od.* play). — **~,spie·ler** *m* puppet player. — **~thea·ter** [-te,aːtər] *n* puppet theater (*bes. Br.* theatre).

Ma·ri·po·sa,li·lie [mari'pɔɪza-] *f bot.* mariposa (lily *od.* tulip) (*Gattg Calochortus*).

Ma·rist [maˈrɪst] *m* ⟨-en; -en⟩ *röm.kath.* Marist.

ma·ri·tim [mariˈtiːm] *adj* maritime.

Mark¹ [mark] *f* ⟨-; *nach Zahlen* -, (*einzelne Münzen*) Markstücke, *colloq.* ⁼er⟩ *econ.* **1.** (*deutsche*) (deutsche) mark, *auch* deutschmark. – **2.** (*finnische*) markka, mark. – **3.** *hist.* a) mark, b) (*Reichsmark*) reichsmark.

Mark² *f* ⟨-; -en⟩ **1.** *hist.* mark, march, borderland: **die ~ Brandenburg** the Brandenburg March. – **2.** (*sport*) (*im Rugby*) touch.

Mark³ *n* ⟨-(e)s; *no pl*⟩ **1.** *med. zo.* a) marrow, medulla (*scient.*), b) (*eines Haares*) pith, medulla (*scient.*), c) (*eines Zahnes*) pulpa, pulp: **verlängertes ~** medulla oblongata; **aus ~ bestehend**, **~ enthaltend** marrowy; **er hat [kein] ~ in den Knochen** *fig. colloq.* he has (got) [no] marrow in his bones; **sie erschrak bis ins ~** (hinein) *fig.* she was (*od.* got) scared out of her wits; **das Geräusch ging mir bis ins ~** (*od.* **durch ~ und Bein**, *iron. colloq.* **durch ~ und Pfennig**) *fig.* the noise pierced me to the quick (*od.* marrow [of my bones]), the noise went right through me; **er quält sie bis aufs ~** *fig.* he torments her to death; **j-m das ~ aus den Knochen saugen** *fig.* to suck s.o.'s blood; **er traf sie bis ins ~** *fig.* his words touched (*od.* cut) her to the quick; **das ist faul bis ins ~** *fig.* that is rotten to the core. – **2.** *bot.* a) (*Fruchtmark*) pulp, b) (*Markgewebe*) medulla, pith.

mar·kant [marˈkant] *adj* **1.** (*Erscheinung etc*) (well-)marked, striking, salient, prominent: **ein ~er Geländepunkt** a prominent landmark, *auch* a terrain feature; **eine ~e Persönlichkeit** a man (*od.* woman) of mark, an outstanding personality. – **2.** (*Gesichtszüge*) well-cut (*attrib*), chisel(l)ed. – **3.** (*Stil*) pithy, racy.

'mark,ar·tig *adj* **1.** (*Substanz*) pithy. –

2. *med.* marrowlike, medullar(y) (*scient.*). – **3.** *bot.* medullose.

Mar·ka·sit [marka'zi:t; -'zɪt] *m* ⟨-s; -e⟩ *min.* marcasite.

Mar·ke ['markə] *f* ⟨-; -n⟩ **1.** *bes. econ.* a) (*von Tabakwaren, Kaffee etc*) brand, b) (*von Fahrzeugen, Radios etc*) make: **eine ausgezeichnete ~** (*Kaffee*) an excellent brand (of coffee); **das sind britische ~n** (*Autos*) those are cars of British make; **was für eine ~** (*von Zigarren*) **rauchst du?** what brand (of cigar) do you smoke? **diese ~ führen wir nicht** we don't keep (*od.* stock) this brand; **eine führende ~** a leading make. – **2.** (*Warentypen*) type, kind: **wir verkaufen Gebrauchtwagen, alle ~n** we sell second-hand cars of all types. – **3.** (*Fabrikzeichen, Handels-, Schutzmarke*) trademark. – **4.** (*Güte*) grade, quality, (*bes. des Weins*) growth, vintage. – **5.** (*Markierungszeichen*) mark, sign. – **6.** (*Erkennungszeichen*) badge, mark. – **7.** (*bes. aus Metall, als Fahrausweis' etc*) token. – **8.** (*Steuermarke*) (revenue, *Am. auch* fiscal) stamp. – **9.** (*Wertzeichen*) (postage) stamp. – **10.** (*Spielmarke*) counter, chip, (*bei Kartenspielen*) chip: **~n einlösen** [**kaufen**] to cash in [to buy] chips. – **11.** (*Essen-, Getränkemarke etc*) voucher, chit. – **12.** (*Lebensmittelmarke etc*) coupon: **etwas auf ~n bekommen** to get s.th. for (*od.* with, *bes. Br.* on) coupons; **~n abgeben** to spend (*od.* surrender) coupons. – **13.** (*Rabatt-, Sparmarke*) (trading) stamp. – **14.** (*Hundemarke*) dog tag. – **15.** *mar.* (water) mark. – **16.** (*sport*) record, mark. – **17.** *fig. colloq.* 'character' (*colloq.*): **du bist mir** (**ja** *od.* **vielleicht**) **eine** (**komische**) **~!** you are quite a character! **he's a fine one!**

Mär·ke ['mɛrkə] *f* ⟨-; -n⟩ *Austrian* identifying sign (*od.* initials *pl*).

mär·ken ['mɛrkən] *v/t* ⟨h⟩ *Austrian* (*Wäsche etc*) mark (*s.th.*) with an identifying sign (*od.* initials *etc*).

'Mar·ken|,al·bum *n philat.* stamp album. — **~,ar,ti·kel** *m econ.* proprietary (*od.* branded, trade-registered) article. — **~ben,zin** *n* branded gasoline (*Br.* petrol). — **~be,zeich·nung** *f* trademark. — **~,butter** *f gastr.* Grade A (*Br. auch* brand-name) butter. — **~er,zeug·nis** *n econ. cf.* Markenartikel. — **~fa·bri,kat** *n* **1.** proprietary brand. – **2.** (*bei Autos, Radios etc*) proprietary make. — **m~frei** *adj* (*Lebensmittel etc*) unrationed, nonrationed *Br.* non-, coupon-free. — **~heft** *n* (*für Rabattmarken*) stamp book. — **~,na·me** *m* trade(mark) name. — **~,recht** *n jur.* trademark law, law of trademarks. — **~,samm·ler** *m philat.* stamp collector, collector of (postage) stamps, philatelist. — **~,samm·lung** *f* stamp collection. — **~,schutz** *m econ.* trademark protection, protection of trademarks. — **~,tank,stel·le** *f* contract station, company-owned (*od.* company-licensed, *Br. auch* -licenced) filling (*Am.* gas[oline]) station.

'Mark·ent,zün·dung *f med.* medullitis, myelitis.

'Mar·ken|ver,band *m econ.* association for the protection of trademarks. — **~,wa·re** *f* proprietary (*od.* patent, branded) goods *pl.*

'Mär·ker *m* ⟨-s; -⟩ **1.** native (*od.* inhabitant) of the Brandenburg March. – **2.** *hist.* member of a village community.

'mark·er,schüt·ternd *adj* (*Schrei etc*) bloodcurdling, *Br.* blood-curdling.

Mar·ke·ten·der [markə'tɛndər] *m* ⟨-s; -⟩ *mil. hist.* sutler, (*bes. in Frankreich*) vivandier. — **Mar·ke·ten·de'rei** *f mil.* **1.** *hist.* sutlery. – **2.** *Am.* sales commissary, post exchange, PX, *Br.* Navy, Army, Air Force Institute, NAAFI. — **Mar·ke'ten·de·rin** *f* ⟨-; -nen⟩ *mil. hist.* (female) sutler, (*bes. in Frankreich*) vivandière. — **Mar·ke'tender,wa·ren** *pl* sales articles for soldiers.

Mar·ke·te·rie [markətə'riː] *f* ⟨-; -n [-ən]⟩ (*Einlegearbeit*) marquetry, *auch* marqueterie.

Mar·ke·ting ['maːkɪtɪŋ] (*Engl.*) *n* ⟨-s; *no pl*⟩ *econ.* marketing.

'Mark,fur·che *f med.* medullary (*od.* neural) groove. — **~ge,we·be** *n biol.* myeloid tissue.

'Mark|,graf *m hist.* margrave. — **~,grä·fin** *f* margravine, marchioness. — **m~,gräflich** *adj* of a margrave. — **~,graf·schaft** *f* margravate, margraviate.

'mark|,hal·tig *adj* **1.** *bot.* pithy. – **2.** *biol.*

med. a) medullary, medullated, b) (*Nervenfasern*) myelinated. — **M~,höh·le** *f* medullary cavity.

Mar·khor [mar'koːr; 'markər], *auch* **Mar·khur** [mar'kuːr; 'markur] *f* ⟨-; -s⟩ *zo.* markhor, *auch* markhoor (*Capra falconieri*).

Mar'kier|,bo·je *f mar.* marking buoy, *Br. auch* dan (buoy). — **~,boot** *n* (*sport*) **1.** stake boat. – **2.** (*mit Flagge*) flagboat.

mar·kie·ren [mar'kiːrən] **I** *v/t* ⟨*no* ge-, h⟩ **1.** (*Wege etc*) mark: **er markierte mit wenigen Strichen die Marschroute auf der Karte** with a few strokes he marked (*od.* indicated) the route on the map; **dieser Hügel markiert den Punkt, wo** this hill marks the spot where; **die Fahrrinne wurde mit Bojen markiert** the navigation channel was marked by buoys (*od.* was beaconed); **dieser Kongreß markiert einen wichtigen Schritt auf dem Wege zu** *fig.* this congress marks an important step on the way toward(s). – **2.** (*bes. sport*) (*Spielfeld etc*) mark (out), lay out, (*mit Stöcken*) *auch* stake out, (*mit Fähnchen*) *auch* flag: **die Abfahrtsstrecke wurde markiert** the downhill course was staked out. – **3.** (*mit einem Zeichen*) mark, put a mark (*od.* sign) on. – **4.** (*Tiere*) mark (*animal*) (with brand), *auch* brand, earmark. – **5.** (*forestry*) *cf.* anreißen 9. – **6.** *fig.* (*andeuten*) outline: **er markierte kurz die Pläne für die nächsten drei Jahre** he briefly outlined (*od.* he gave a short outline of) the plans for the next three years. – **7.** **j-n ~** *fig. colloq.* a) to pretend to be s.o., b) to play s.o.: **markiere doch nicht den Dummen** don't pretend to be so stupid; **der Dieb markierte einen harmlosen Spaziergänger** the thief pretended to be a harmless stroller; **den starken Mann ~, den strammen Max ~** *iron.* to play (*od.* act) the big white chief (*od. sl.* big shot), to act big (*colloq.*); **den feinen Mann ~** *iron.* to put on a big show. – **8. den Gegner ~** *bes. mil.* a) (*beim Manöver*) to indicate (*od.* simulate) the enemy, b) (*beim Geländespiel*) to play (*od.* be, take the part of) the opponent. – **9. etwas ~** *fig. colloq.* (*vortäuschen*) to sham (*od.* feign) s.th.: **der Bettler markierte Blindheit** the beggar shammed blindness (*od.* pretended to be blind). – **10.** (*Punkte etc*) count, mark, b) (*Gegenspieler*) cover, *Br. auch* mark. – **11. eine Rolle ~** (*theater*) to walk through one's part. – **II** *v/i* **12.** *fig. colloq.* pretend, sham, simulate: **er ist nicht verletzt, er markiert nur** he is not injured, he is only shamming. – **13.** *hunt.* (*vom Vorstehhund*) go on point. – **III M~** *n* ⟨-s⟩ **14.** *verbal noun.* – **15.** *fig.* (*einer Krankheit etc*) simulation, sham. – **16.** *cf.* Markierung.

Mar'kier|ge,rät *n* (*sport*) marker. — **~,ham·mer** *m* (*forestry*) **1.** marking hammer. – **2.** (*nur für Zahlen*) numbering mallet (*od.* hammer). — **~,stein** *m* marker, marking stone.

mar'kiert I *pp.* – **II** *adj* **1.** (*Wanderweg etc*) marked. – **2.** *fig.* (*Krankheit etc*) feigned, pretended.

Mar'kie·rung *f* ⟨-; -en⟩ **1.** *cf.* Markieren. – **2.** (*von Wanderweg, Straße etc*) marking, *auch* signposting: **die ~ des Weges war schlecht** the way was badly (*od.* poorly) marked. – **3.** (*Zeichen*) mark: **die ~ zeigte den Stand des letzten Hochwassers an** the mark (*od.* line) showed the last high-water level. – **4.** (*eines Tieres*) mark, *auch* brand, earmark.

Mar'kie·rungs|,bom·be *f mil.* target-marking bomb. — **~,fähn·chen** *n* (*sport*) (course) marker, marking flag. — **~,funk,feu·er** *n aer.* marker, marker (radio) beacon. — **~,Leucht,na·gel** *m civ.eng. cf.* Straßen-Leuchtnagel. — **~,li·nie** *f* (marking) line(s *pl*), mark. — **~,strich** *m* mark, line. — **~,vor,rich·tung** *f* (*film*) notcher.

'mar·kig *adj* **1.** *biol.* marrowy, medullar(y) (*scient.*). – **2.** *fig.* (*Worte etc*) pithy, vigorous.

mär·kisch ['mɛrkɪʃ] *adj* of (*od.* relating to) the Brandenburg March.

Mar·ki·se [mar'kiːzə] *f* ⟨-; -n⟩ **1.** awning, *bes. Br.* sun-blind, canvas blind. – **2.** (*eines Ladens etc*) sunshade. – **3.** (*jewelry*) marquise.

Mar·ki·sen|,drell, ~,kö·per *m* (*textile*) awning cloth, duck.

Mark·ka ['marka] *f* ⟨-; -⟩ *econ.* (*Finnmark*) markka, mark.

'Mark|ka,nal *m med.* medullary canal (*od.*

cavity). — **~,klöß·chen** [-,kløːsçən] *n* ⟨-s; -⟩ *gastr.* marrow dumpling. — **~,kno·chen** *m* marrowbone.

'mark·los *adj* **1.** *med.* a) marrowless, b) (*Nervenfasern*) nonmyelinated *Br.* non-. – **2.** *fig.* without backbone, pithless.

'Mark|,na·gel *m med.* (intra)medullary pin. — **~,na·ge·lung** *f* (intra)medullary (*od.* marrow) nailing.

Mar·kolf ['markɔlf] *m* ⟨-(e)s; -e⟩ *zo. dial.* for Eichelhäher.

Mar·ko·man·nen [marko'manən] *pl hist.* Marcomanni. — **mar·ko'man·nisch** *adj* Marcomannic.

Mar·kör [mar'køːr] *m* ⟨-s; -e⟩ **1.** (*games*) (*beim Billard*) marker. – **2.** *Austrian obs.* waiter.

'Mark,röh·re *f bot.* medullary tube.

'Mark,schei·de[1] *f* (*mining*) boundary (line).

'Mark,schei·de[2] *f med. zo.* a) medulla, medullary (*od.* pith) sheath, b) (*bei Nerven*) myelin sheath.

'Mark,schei·de,kom·paß *m* (*mining*) (miner's) dial. — **~,kun·de** *f* mine surveying.

'Mark|,schei·der *m* ⟨-s; -⟩ (*mining*) colliery (*od.* mine, mining) surveyor. — **~,schei·dung** *f* mine survey, dialing, *bes. Br.* dialling. — **~,schicht** *f biol.* medullary layer. — **~,stamm,kohl** *m bot.* marrow-stem (*od.* -stemmed) kale (*Brassica oleracea var. medullosa*). — **~,stein** *m* **1.** landmark, boundary stone: **einen ~ setzen** to put up a landmark. – **2.** *fig.* landmark, milestone, milepost: **dieses Ereignis war ein ~** (**in**) **der Geschichte** this event was a landmark of history. — **~,strah·len** *pl bot.* (*im Holz*) medullary (*od.* pith) rays, silver grain *sg.* — **~,stück** *n econ.* one-mark piece, mark.

Markt [markt] *m* ⟨-(e)s; ᵉe⟩ *econ.* **1.** (*Handel*) market: **freier** [**grauer, innerer, schwarzer**] **~** free [gray, *bes. Br.* grey, inner, black] market; **offener ~** open (*od.* public) market, market overt (*jur.*); **Waren auf den ~ bringen** [**werfen**] to place (*od.* put) [to throw] goods on the market; **auf den ~ kommen** to come onto the market; **die Waren sind auf dem ~** the goods are on (*od.* in) the market; **den ~ drücken** to depress the market; **den ~ monopolisieren** to engross (*od.* monopolize *Br. auch* -s-) the market. – **2.** (*Absatzgebiet, Handelsbereich*) market, outlet: **heimischer** (*od.* inländischer) **~** home (*od.* domestic) market: **den ~ beherrschen** [**stützen, überschwemmen**] to control [to rescue, to congest *od.* glut] the market; **der ~ ist erschöpft** [**übersättigt**] the market is exhausted [glutted *od.* satiated]; **eine Schwemme auf dem ~** a glut on the market; **Deutschland hat sich viele neue Märkte erschlossen** Germany has opened (up) many new markets; **für diese Waren ist Amerika der beste ~** America is the best market for these goods; **der Gemeinsame ~** *pol.* the Common Market, the European Economic Community, the EEC. – **3.** (*Wirtschaftslage*) market (demand): **dieses Jahr war der ~ für Erbsen gut** this year there was a good market for peas; **der ~ ist** (*od.* liegt) **flau** the market is flat; **der feste ~** the strong market; **der lebhafte** (*od.* aktive) **~** the brisk (*od.* active) market; **der lustlose** (*od.* flaue) **~** the dull (*od.* slack) market. – **4.** (*Marktplatz*) market, marketplace, *Br.* market-place, market (*od.* town) square: **am ~ wohnen** to live at the market (*od.* on [*bes. Br.* in] the market square); **die Menschen strömten auf dem ~ zusammen** the people gathered in crowds in the market(-)place. – **5.** (*Handelsplatz*) market, emporium: **den ~ beschicken** (*od.* beliefern*)* to supply the market, to send goods to (the) market; **auf den** (*od.* zum) **~ gehen** to go to (the) market; **Vieh auf den ~ treiben** to drive cattle to (the) market, *Br. auch* to drove cattle; **samstags ist hier ~, samstags wird hier ~ abgehalten** there is a market here (on) each Saturday; **zum ~ in die Stadt fahren** to go to (the) market in the town; → Haut 2. – **6.** (*Markttag*) market day. – **7.** (*Jahrmarkt*) market, fair: **orientalischer ~** bazaar, *Am. auch* bazar. – **8.** (*Börse*) market: **~ für tägliches Geld** call market. – **9.** market town.

'Markt|ana,ly·se *f econ.* market analysis. — **~,an,teil** *m* market share. — **~be,herrschung** *f* market domination. — **~be,ob,ach·tung** *f* market inquiry (*od.* investigation). — **~be,richt** *m* market report (*od.* review), review of the market, *Am. auch* market letter. — **m~be,stim·mend** *adj only in* **~er Faktor** market determinant. — **~,brun·nen** *m* market fountain. — **~,bu·de** *f* booth, stand, stall. — **~ent,wick·lung** *f* market tendency (*od.* trend). — **~er,schlie·ßung** *f* market exploitation, opening (up) of markets (*od.* a market). — **m~,fä·hig** *adj* marketable, sal(e)able, merchantable: **nicht ~** unmarketable. — **~,fä·hig·keit** *f* marketability, sal(e)ability. — **~,flecken** (*getr. -k·k-*) *m* small market town. — **~,form** *f econ.* form of the market, type of market. — **~,for·schung** *f* market research. — **~,for·schungs·in·sti·tut** *n* market research institute. — **~,frau** *f* market woman. — **~,frie·de(n)** *m hist.* public security of a market place, market peace. — **m~,gän·gig** *adj econ.* marketable, merchantable, sal(e)able: **nicht ~** unmarketable. — **~ge,büh·ren** *pl* market dues. — **~,geld** *n* **1.** *cf.* Marktstandgeld. – **2.** *cf.* Marktgebühren. — **~ge,mein·de** *f cf.* Markt 9. — **m~ge,recht** *adj* in line with (*od.* corresponding to [*od.* with]) real market conditions: **~e Preise** fair market prices. — **~,hal·le** *f* (covered) market, market hall. — **~,händ·ler** *m* marketman, marketer, marketeer. — **~,hel·fer** *m* market porter. — **~,in·for·ma·ti,on** *f cf.* Marktbericht. — **~,kar·ren** *m* market cart. — **m~kon,form** *adj* conforming to market trends (*od.* principles). — **~,korb** *m* market basket. — **~,kreuz** *n hist.* market cross. — **~,la·ge** *f econ.* market (situation), state of the market: **eine angespannte [stabile] ~** a tight [stable *od.* steady] market. — **~,mei·ster** *m hist.* assizer, *Br. auch* assizor. — **m~,nah** *adj* **1.** close to a (*od.* the) market. – **2.** *fig. cf.* marktgerecht. — **~,ord·nung** *f econ.* market organization, marketing regulations *pl*: **Europäische ~** European Market Organization. — **~,ort** *m* market town. — **~,platz** *m* market, marketplace, *Br.* market-place. — **~po·li,tik** *f* market policy. — **m~po,li·tisch** *adj* of (*od.* relating to) market policy. — **~po·li,zei** *f* market police. — **~po·si·ti,on** *f* market position: **seine ~ erweitern** to expand one's share of the market. — **~,preis** *m econ.* market (*od.* ruling, current) price, market (rate): **Waren unter dem ~ verkaufen** to sell goods below market price. — **~,recht** *n hist.* (*einer Stadt*) right to hold markets. — **~,schrei·er** *m* **1.** *archaic* market crier (*Am. auch* cryer). – **2.** (*Reklamemacher*) puffer, booster. – **3.** (*bes. auf dem Jahrmarkt*) barker. — **~,schreie'rei** [,markt-] *f* **1.** puffing, boosting. – **2.** (*bes. auf dem Jahrmarkt*) barking. — **m~,schreie·risch** *adj* **1.** puffing, boosting. – **2.** (*bes. auf dem Jahrmarkt*) barking. – **3.** *fig.* ostentatious, showy. — **~,schwan·kun·gen** *pl econ.* market fluctuations. — **~,stand** *m* market stand (*od.* stall). — **~,stand,geld** *n* rent (*od.* toll) for a stall, *Br. auch* stallage. — **~,stu·die** *f* market study. — **~,tag** *m* market day. — **~,ta·sche** *f* market (*od.* shopping) bag. — **~,trans·pa,renz** *f* transparence (*od.* transparency) of the market. — **m~,üb·lich** *adj* usual in the market. — **~,un·ter,su·chung** *f* market inquiry (*od.* investigation). — **~ver,band** *m*, **~ver,ei·ni·gung** *f econ.* marketing association. — **~ver,kehr** *m* (trading on the) market, market activity: **während des ~s** during market hours. — **~ver,schie·bung** *f* shift of the market. — **~ver,sor·gung** *f* supply(ing) of the market. — **~,vo,lu·men** *n cf.* Marktvolumen. — **~,weib** *n cf.* Marktfrau. — **~,wert** *m econ.* market (*od.* marketable, current) value. — **~,wirt·schaft** *f* market economy: **freie [soziale] ~** free [social] market economy. — **~,zet·tel** *m* market quotations *pl* (*od.* report).

Mar·kung ['markuŋ] *f* <-; -en> *obs.* for Gemarkung.

Mar·kus ['markus] *npr m* <-; *no pl*> *Bibl.* Mark: **das Evangelium des ~** *cf.* Markusevangelium. — **~evan,ge·li·um** *n* (the) Gospel according to St. Mark. — **~,kir·che, die** (*in Venedig*) St. Mark's (Cathedral). — **~,lö·we, der** (the) (Winged) Lion of St. Mark. — **~,säu·le, die** (*in Rom*) the Antonine column.

'Mark,zel·le *f biol.* medullary cell.

Marl [marl] *m* <-(e)s; -> *bot. cf.* Blaugras 1.

'Marl,ei·sen *n mar. cf.* Marlspieker.

mar·len ['marlən] *v/t* <h> *mar.* (*Tau*) marl.

'Marl,lei·ne *f mar.* marline, *Am. auch* marlin. — **~,spie·ker** *m* marlinespike, *Br.* marline-spike, marlinspike, *Am. auch* marlingspike, (*aus Holz*) (splicing) fid, fidpin, (*kleiner*) pricker.

'Mar·ly,ga·ze ['marli-] *f* (*textile*) marli (*od.* marly, Scotch) gauze.

Mar·ma·tit [marma'ti:t; -'tɪt] *m* <-s; -e> *min.* marmatite.

Mar·mel¹ ['marməl] *m* <-s; -> *obs. od. dial.* for Marmor.

'Mar·mel² *f* <-; -n> *dial.* for Murmel.

Mar·me·la·de [marmə'la:də] *f* <-; -n> *gastr.* jam, (*bes. aus Apfelsinen*) marmalade: **offene ~** jam sold loose. — **~,glas** *n* jam jar.

Mar·me·la·den,glas *n* jam jar. — **~,pflau·me** *f bot.* **1.** (*Baum*) marmalade tree (*auch* plum), mammee, mamie, mam(m)ey (*Calocarpum mammosum*). – **2.** (*Frucht*) mammee, mamie, mam(m)ey, *auch* mammee sapota. — **~re,zept** *n* recipe for jam.

mar·meln ['marmeln] *v/i* <h> *dial.* play (at) marbles.

'Mar·mel,stein *m obs. od. poet.* for Marmor.

Mar·mo·lith [marmo'li:t; -'lɪt] *m* <-s; -e> *min.* marmolite.

Mar·mor ['marmər] *m* <-s; -e> *min.* marble, carbonate of lime: **aus ~** marble(d); **parischer [rissiger] ~** Parian [fibrous] marble; **kalt wie ~** (as) cold as marble. — **~,ader** *f* vein in marble. — **~,alk** *m zo.* marbled murrelet (*Brachyramphus marmoratus*). — **~,ar·beit** *f* **1.** marble working. – **2.** marble work, work in marble. — **m~,ar·tig** *adj* marblelike. — **~,band** *m print.* marbled binding. — **~,bild** *n* marble (statue). — **~,block** *m* <-(e)s; ⁻e> block of marble. — **~,bo·den** *m arch.* marble floor. — **~,bras·se** *f zo.* mormyrid, *auch* mormyr (*Fam. Mormyridae*). — **~,bruch** *m civ.eng.* marble quarry. — **~,bü·ste** *f* marble bust. — **~,gips** *m tech. cf.* Marmorzement.

mar·mo·rie·ren [marmo'ri:rən] **I** *v/t* <*no ge-, h*> **1.** *print.* marble. – **2.** *tech.* a) (*Papier*) marble, b) (*Holz etc*) vein, grain, *Am. auch* marbleize, marbelize. – **3.** *verbal noun.* – **4.** *cf.* Marmorierung. — **mar·mo'riert I** *pp.* – **II** *adj* marble(d), veined, mottled. — **Mar·mo'rie·rung** *f* <-; -en> **1.** *cf.* Marmorieren. – **2.** marmoration, marble.

'Mar·mor,kat·ze *f zo.* marbled (tiger) cat (*Pardofelis marmorata*). — **~,ke·gel** *m* (*Schnecke*) marbled cone (*Conus marmoreus*). — **~,kno·chen,krank·heit** *f med.* marble bone disease, marble bones *pl* (*construed as sg*), Albers-Schoenberg disease, osteopetrosis (*scient.*). — **~,ku·chen** *m gastr.* marble cake. — **~,li·lie** *f bot. cf.* Kaiserkrone 2. — **~,molch** *m zo.* marbled newt (*Triturus marmoratus*).

'mar·morn *adj* marble(d), marbly; marmoraceous, marmoreal, marmorean (*scient.*).

'Mar·mor,pa,pier *n* marble(d) paper. — **~,plat·te** *f* **1.** marble slab. – **2.** (*Tischplatte*) marble top. — **~,säu·le** *f* marble column. — **~,schlei·fer** *m tech.* marbler, marble polisher. — **~,schlei·fe,rei** *f* marble grinding works *pl* (*construed as sg or pl*). — **~,schnei·de·ma,schi·ne** *f* marble cutter. — **~,schnitt** *m print.* marbled edge(s pl). — **~,sta·tue** *f cf.* Marmorbild. — **~,stein** *m* marble (stone). — **~,stein,bruch** *m cf.* Marmorbruch. — **~,ta·fel** *f* marble plaque (*od.* tablet). — **~,tisch** *m* marble table. — **~,trep·pe** *f* marble stairs *pl.* — **~,weiß** *n* (*paints*) marble white. — **~ze,ment** *m tech.* (*Alaungips*) marble cement, artificial marble.

Mar·mo·set [marmo'zɛt] *m* <-s; -s> *zo.* marmoset (*Fam. Hapalidae*).

'Mar·ne·kul,tur ['marnə-] *f archeol.* Marne civilization (*Br. auch* -s-).

Ma·ro·cain [maro'kɛ̃:] *m, n* <-s; -s> (*textile*) marocain, (*crêpe*) marocaine.

ma·rod [ma'ro:t] *adj Austrian colloq.* slightly ill: **~ sein** to be slightly ill.

ma·ro·de [ma'ro:də] *adj* <*pred*> **1.** *dial. colloq.* dead beat (*colloq.*), fagged out. – **2.** *mil. obs.* unable to march.

Ma·ro·deur [maro'dø:r] *m* <-s; -e> marauder. — **ma·ro·die·ren** [-'di:rən] *v/i* <*no ge-, h*> maraud.

Ma·rok·ka·ner [maro'ka:nər] *m* <-s; -> Moroccan. — **ma·rok'ka·nisch** *adj* Moroccan.

Ma·rok·ko [ma'rɔko] *n* <-s; *no pl*> *print.* morocco. — **~,le·der** *n cf.* Maroquin.

Ma·ro·ne¹ [ma'ro:nə] *f* <-; -n *u.* -ni [-ni]> *bot.* (*Frucht*) marron, sweet (*od.* edible) chestnut.

Ma'ro·ne² *f* <-; -n> *bot. cf.* Maronenpilz.

Ma'ro·nen,baum *m*, **~,ka,sta·nie** *f bot.* Spanish (*od.* sweet, Italian) chestnut (*Castanea sativa*). — **~,pilz**, **~,röhr·ling** *m* cep(e) (*Cerocomus badius*).

Ma·ro·nit [maro'ni:t] *m* <-en; -en> *relig.* Maronite. — **ma·ro'ni·tisch** *adj* Maronite.

Ma'ron,en·ger *m anthrop.* Maroon.

Ma·ro·quin [maro'kɛ̃:] *m* <-s; *no pl*> **~,le·der** *n* morocco (leather).

Ma·rot·te [ma'rɔtə] *f* <-; -n> **1.** (*Eigenart, Schrulle*) marotte, whim, crotchet, peculiarity. – **2.** (*meist nur kurzlebiges Hobby*) fad, passing fancy.

Mar·queur [mar'kø:r] *m* <-s; -e> (*games*) *cf.* Markör 1.

Mar·quis [mar'ki:] *m* <- [-'ki:(s)]; - [-'ki:s]> marquis, *bes. Br.* marquess. — **Mar·qui·'sat** [-ki'za:t] *n* <-(e)s; -e> marquisate, *bes. Br.* marquessate. — **Mar'qui·se** [-zə] *f* <-; -n> marchioness, marquise.

Mar·qui·set·te [-ki'zɛt(ə)] *f* <-; *no pl*>, *auch* *m* <-s; *no pl*> (*textile*) marquisette.

Mars¹ [mars] **I** *npr m* <-; *no pl*> *myth.* Mars. – **II** *m* <-; *no pl*> *astr.* Mars.

Mars² *m* <-; -e> *mar.* masthead, top: **Reeling um einen ~** top rail.

Mar·sa·la [mar'za:la] *m* <-s; -s>, **~,wein** *m gastr.* Marsala (*a semisweet or sweet wine*).

'Mars,be,woh·ner *m* (*in utopischen Romanen*) Martian. — **~,bras·sen** *pl mar.* topsail braces.

marsch [marʃ] *interj* **1.** (be) off, (go) away: **~**, **fort** be off, go away; **~, hinaus** get out at once; **~, ins Bett** off to bed. – **2.** (*mach schnell*) hurry up. – **3.** *mil.* march: **~, ~!** im Laufschritt **~!** on (*Br.* at) the double! double time, march! im Gleichschritt **~!** quick time, forward, march! kehrt **~!** *Am.* about turn! *Br.* about face! ohne Tritt **~!** *Am.* column left, march! ohne Tritt **~!** *Br.* march at ease! *Am.* route step, march!

Marsch¹ *m* <-(e)s; ⁻e> **1.** *mil.* march: **sie sind auf dem ~** they are on the march (*od.* move); **die Truppen in ~ setzen** to get the troops on the move; **die Truppen hatten einen langen ~ hinter sich** the troops had marched a long distance; **auf dem ~ zur Front sein** to be on the march to the front; **der ~ auf Rom** *hist.* the March on Rome. – **2.** (*Lauf*) march, hike, (*bes. kürzerer, ermüdender*) trudge: **nach einem ~ von vier Stunden** after a four hours' walk; **wir setzten uns in ~** we got going, we set out; **die Fahrzeuge setzten sich in ~** the vehicles moved off. – **3.** *mus.* march: **schneller [feierlicher] ~** military [processional] march; **einen ~ spielen** to play a march; **j-m den ~ blasen** *fig. colloq.* to give s.o. a dressing down (*od.* a good piece of one's mind), to haul s.o. over the coals.

Marsch² *f* <-; -en> *geogr.* (*Schwemmland*) marsh, marshland, fen.

'Marsch,ab,stand *m mil.* column gap.

Mar·schall ['marʃal] *m* <-s; Marschälle> *mil. hist.* marshal, *Am. auch* marshall.

'Mar·schall(s),stab *m* **1.** marshal(l)'s baton: **den ~ im Tornister tragen** *fig.* to carry the Marshall's baton in one's knapsack. – **2.** *her.* truncheon. — **~,wür·de** *f* marshalship.

'Marsch,be,fehl *m mil.* a) (*für die Einheit*) marching orders *pl*, *Am.* movement (*od.* march) order, *Br.* order to march, b) (*für den einzelnen*) travel order. — **m~be,reit** *adj* ready to move (*od.* march). — **~be,reit·schaft** *f* <-; *no pl*> readiness to move (off) (*od.* march).

'Marsch,bo·den *m geogr.* marshy soil.

'Mar·schen,dorf *n* marsh village, village in the (*od.* a) marsh. — **~,fie·ber** *n* marsh (*od.* swamp) fever.

'marsch,fer·tig *adj mil. cf.* marschbereit. — **M~ge,päck** *n* field pack. — **M~ge,schwin·dig·keit** *f* **1.** *mil.* average speed (of march), rate of march. – **2.** *mar.* cruising speed. — **M~,glie·de·rung** *f mil.* march formation.

'Marsch,hu·fe *f agr. hist.* hide of marsh land.

mar·schie·ren [mar'ʃi:rən] *v/i* <*no ge-, sein*> **1.** *mil.* march, move: **in geschlossener Formation ~** to march in closed formation; **in Reihe ~** to march in single

---

file, to file; **ohne Tritt** ~ to march at ease; **im Geschwindschritt** ~ to march at double time (*od.* at the double, *Am. auch* on the double), to double(-time). – **2.** *colloq.* (*gehen, wandern*) walk: **er marschierte im Zimmer auf und ab** he walked (*od.* paced) up and down the room; **wir marschierten 20 Kilometer am Tag** we walked (*od.* hiked) 20 kilometers a day. – **3.** (*sport*) *colloq.* (*von Mannschaft*) be on the march, be on the road to victory.

'**mar·schig** *adj geogr.* marshy.

'**Marsch|ko,lon·ne** *f mil.* march (*od.* route) column, marching formation: **geschlossene [offene]** ~ (*von Fahrzeugen*) close [open] column. — ~**,kom·paß** *m* lensatic compass.

'**Marsch|,land** *n geogr.* marsh, marshy land, fen. — ~**,län·der** *m* ⟨-s; -⟩ (*Bewohner der Marsch*) marsh dweller.

'**Marsch|,lei·stung** *f mil.* a) (*mögliche*) march capacity, b) (*tatsächliche*) march performance, c) (*Geschwindigkeit*) rate of march. — ~**,lied** *n* march(ing) song. — ~**mu,sik** *f* march(ing) music, military marches *pl.* — ~**,ord·nung** *f* marching formation. — ~**,pau·se** *f* **1.** rest (on the walk). – **2.** *mil.* halt, *Br. colloq.* fall(ing) out for a smoke. — ~**,rich·tung** *f* direction of march, route. — ~**,rou·te** *f* route (of march). — ~**si·che·rung** *f* security on the march. — ~**,stie·fel** *m meist pl* heavy marching boot. — ~**,tem·po** *n* pace (of march). — ~**,trieb,werk** *n* (*space*) sustainer engine. — ~**ver,pfle·gung** *f* **1.** *mil.* field ration. – **2.** *colloq.* rations *pl.* — ~**,ziel** *n* destination.

Mar·seil·lai·se [marsɛ'jɛːzə; -'jɛːz] (*Fr.*) *f* ⟨-; *no pl*⟩ (*franz. Nationalhymne*) Marseillaise.

'**Mars,feld** *n* ⟨-(e)s; *no pl*⟩ *antiq.* the field of Mars, Campus Martius (*lit.*).

'**Mar·shall,plan** ['marʃal-] *m* ⟨-(e)s; *no pl*⟩ *pol. hist.* Marshall Plan.

'**Mars|ka,nal** *m astr.* (Martian) canal. — ~**,mensch** *m cf.* Marsbewohner. — ~**,püt·ting** *f mar.* futtock plate (*od.* chain). — ~**,ra·he** *f* topsail yard. — ~**,se·gel** *n* topsail. — ~**,son·de** *f* (*space*) Mars probe. — ~**,sten·ge** *f mar.* topmast.

'**Mars,stall** ['mar-] *m* ⟨-(e)s; -ställe⟩ royal stud (*od.* stables *pl*).

Mar·su·pia·li·er [marzu'piaːliər] *pl zo.* marsupials (*Ordng Marsupialia*).

Mär·te[1] ['mɛrtə] *f* ⟨-; -n⟩ *Northern G. for* a) Mischmasch, b) *gastr.* Kaltschale.

'**Mär·te**[2] [- n; -n] *f*, '**Mär·tel** [-təl] *m* ⟨-s; -⟩ *Southern G.* disguised person.

Mar·ter ['martər] *f* ⟨-; -n⟩ **1.** (*Qual, Pein*) torment, torture, anguish, excruciating pain: ~**n erleiden [erdulden, ertragen]** to suffer [to endure, to bear] torment(s); **j-m körperliche [seelische]** ~**n bereiten** to cause s.o. physical [mental] torment(s). – **2.** (*Angst*) pang, agony. – **3.** *hist. cf.* Folterung 1, 2. — ~**,bank** *f cf.* Folterbank. — ~**ge,rät** *n cf.* Foltergerät. — ~**,holz, das** *relig.* the Cross.

Mar·terl ['martərl] *n* ⟨-s; -(n)⟩ *Bavarian and Austrian* **1.** tablet with picture and inscription in memory of a person killed in an accident. – **2.** wooden or stone niche with crucifix or saint's image.

mar·tern ['martərn] **I** *v/t* ⟨h⟩ *auch fig.* torture, torment, martyr, (put s.o. to the) rack: **j-n zu Tode** ~ to torture s.o. to death; **j-n mit Vorwürfen [Zweifeln]** ~ *fig.* to torment s.o. with reproaches [doubts]. – **II** *v/reflex* **sich** ~ torment (*od.* torture) oneself: **sie martert sich mit Selbstvorwürfen** she is torturing herself with self-reproaches.

'**Marter|,pfahl** *m* (torture) stake. — ~**,tod** *m* death by torture: **den** ~ **erleiden** to be tortured to death. — ~**,werk,zeug** *n cf.* Foltergerät. — ~**,wo·che** *f relig. cf.* Karwoche.

'**Martha|,haus** ['marta-], ~**,heim** *n* home mission house.

mar·tia·lisch [mar'tsiaːliʃ] *adj* (*Aussehen, Gebärde etc*) martial, warlike.

Mar·ti·ni [mar'tiːni] *n* ⟨-; *no pl*⟩ *relig. cf.* Martinstag.

'**Mar·tin,ofen** ['martiːn-] *m metall. cf.* Siemens-Martin-Ofen.

'**Mar·tins|,fest** *n relig. cf.* Martinstag. — ~**,fisch** *m zo. cf.* Heringskönig. — ~**,gans** *f* Martinmas goose. — ~**,holz** *n bot.* brazilwood (*von Caesalpinia crista*). — ~**,horn** *n auto.* police (*od.* fire) siren (*od.* horn). —

~**,tag** *m relig.* Martinmas, St. Martin's Day (*Nov. 11*).

'**Mar·tin,stahl** *m metall. cf.* Siemens-Martin-Stahl.

Mar·tit [mar'tiːt; -'tɪt] *m* ⟨-s; -e⟩ *min.* martite.

'**Mar·ti·us,gelb** ['martsius-] *n chem.* Martius (*od.* Manchester) yellow.

Mär·ty·rer ['mɛrtyrər], *bes. röm.kath.* '**Mar·ty·rer** ['mar-] *m* ⟨-s; -⟩ *relig. auch fig.* martyr: **die** ~ **der ersten Christenheit** the martyrs of early Christendom; **ein** ~ **seines Glaubens** a martyr for one's belief; **als** ~ **der Wissenschaft sterben** to die a martyr in the cause of science; **sich zum** ~ **machen** *auch iron.* to make a martyr of oneself; **j-n zum** ~ **machen** (*od.* stempeln) to make a martyr of s.o., to martyrize s.o. — ~**,ak·te** *f röm.kath.* martyrology. — ~**ge,schich·te** *f* history of martyrs, martyrology.

'**Mär·ty·re·rin** *f* ⟨-; -nen⟩ (*woman*) martyr.

'**Mär·ty·rer|,kro·ne** *f* crown of martyrdom. — ~**,tod** *m* martyr's death: **den** ~ **sterben** to die (the death of) a martyr.

'**Mär·ty·rer·tum** *n* ⟨-s; *no pl*⟩ martyrdom.

Mar·ty·rin ['martyrɪn] *f* ⟨-; -nen⟩ *bes. röm.kath. cf.* Märtyrerin.

Mar·ty·ri·um [mar'tyːrĭʊm] *n* ⟨-s; -rien⟩ **1.** *relig.* martyrdom: **das** ~ **Christi** the martyrdom of Christ. – **2.** *fig.* torture, torment, ordeal: **ein** ~ **erleiden** (*od.* durchmachen) to suffer (*od.* undergo) (a) martyrdom; **die Behandlung beim Zahnarzt war das reinste** (*od.* ein wahres) ~ the dentist's treatment was real torture. – **3.** (*Kirche*) martyrium, martyry.

Mar·ty·ro·lo·gi·um [martyro'loːgĭʊm] *n* ⟨-s; -gien⟩ *relig.* martyrology.

Ma·run·ke [ma'rʊŋkə] *f* ⟨-; -n⟩ *East Middle G. for* Pflaume 1.

Mar·xis·mus [mar'ksɪsmʊs] *m* ⟨-; *no pl*⟩ *pol.* Marxism. — ~**-Le·ni·nis·mus** *m* Marxism-Leninism.

Mar·xist [mar'ksɪst] *m* ⟨-en; -en⟩, **Mar'xi·stin** *f* ⟨-; -nen⟩ *pol.* Marxist. — **mar'xi·stisch I** *adj* Marxist, Marxian: **die** ~**e Geschichtsbetrachtung** the Marxist view of (*od.* approach to) history; **die** ~**e Methode** the Marxist method. – **II** *adv* **etwas** ~ **betrachten** to look at s.th. from the Marxian (*od.* Marxist) point of view.

'**Ma·ry·land-,Gelb,kehl,chen** ['mɛrilɛnt-] *n zo.* Maryland yellowthroat (*Geothlypis trichas*).

März [mɛrts] *m* ⟨-(es), *poet. auch* -en; *rare* -e⟩ March: **im** (**Monat**) ~ in (the month of) March; **am 20.** ~ on the 20th of March, on March 20th. — ~**,be·cher** *m bot. cf.* Märzenbecher. — ~**,bier** *n brew. cf.* Märzenbier.

Mär·zen ['mɛrtsən] *n* ⟨-s; *no pl*⟩ *cf.* Märzenbier. — ~**,be·cher** *m bot.* **1.** daffodil, bastard narcissus (*Narcissus pseudo-narcissus*). – **2.** snowflake (*Leucojum vernum*). — ~**,bier** *n brew.* a special kind of strong beer.

'**März|,feld** *n* ⟨-(e)s; *no pl*⟩ *hist.* champ de mars. — ~**,flie·ge** *f zo.* March fly (*Bibio marci*). — ~**,glöck·chen** *n bot. cf.* Märzenbecher 2. — ~**,ha·se** *m zo.* '(*Junghase*) March hare.

Mar·zi·pan [martsi'paːn; 'mar-] *n, bes. Austrian m* ⟨-s; -e⟩ marzipan, *auch* marchpane. — **mar·zi'pa·nen** *adj* (*of*) marzipan.

'**märz·lich** *adj* March-like, as in March: ~**es Wetter** March weather.

'**März|re·vo·lu·ti,on** *f hist.* **1.** (the) revolution of 1848. – **2.** (*in Rußland*) (the) March Revolution (*1917*). — ~**,veil·chen** *n bot.* March violet (*Viola odorata*).

Ma·sai [ma'saɪ] *m* ⟨-; -⟩ *cf.* Massai.

Mas·ca·gnin [maskan'jiːn] *n* ⟨-s; *no pl*⟩ *min.* mascagnite, *auch* masgagnine.

Ma·schan·sker [ma'ʃanskər] *m* ⟨-s; -⟩ *Austrian* kind of apple.

Ma·sche[1] ['maʃə] *f* ⟨-; -n⟩ **1.** (*Strick-, Häkelmasche etc*) stitch, loop: **40** ~**n anschlagen** (*od.* aufschlagen) to cast on 40 stitches; **eine** ~ **rechts, eine** ~ **links stricken** to knit one (stitch) plain, one (stitch) purl; **eine** ~ **wieder aufnehmen** (*od.* aufheben) to pick up a stitch; **eine** ~ **fallen lassen** (*od.* abstricken) to drop a stitch; **die** ~**n abkette(l)n** (*od.* abstricken) to cast off (the stitches). – **2.** (*Laufmasche*) *Br.* ladder, *Am.* run, *auch* runner: **bei dir läuft eine** ~ you've got a ladder. – **3.** (*eines Netzes, Drahtzauns etc*) mesh: **ein Netz mit weiten [engen]** ~**n**

a net with coarse [fine] meshes, a coarse-[fine-]meshed net. – **4.** *bes. Southern G.* (*Schleife*) bow, tie. – **5.** (*eines Panzerhemds*) link. – **6.** *pl fig.* (*Lücke*) loopholes, *Br.* loop-holes: **durch die** ~**n des Gesetzes schlüpfen** to slip through the loop(-)holes in the law.

'**Ma·sche**[2] *f* ⟨-; -n⟩ *colloq.* **1.** trick, line: **auf j-s** ~ **hereinfallen** to fall for s.o.'s trick; **das ist seine neueste** ~ that is his latest trick; **er hat die** ~ **raus** he's got the trick (*od.* knack). – **2.** fine idea: **das ist die** ~ that's just the job (*od.* thing), that's the real thing (*od.* the stuff). – **3.** craze, fad: **das ist die neu(e)ste** ~ that is the latest craze.

'**Ma·schen|,bil·dung** *f* **1.** *biol.* reticulation. – **2.** (*textile*) stitch formation. – **3.** *zo.* areolation. — ~**,dich·te** *f* (*bes. textile*) mesh density. — ~**,draht** *m tech.* **1.** netting wire. – **2.** (*Hühnerdraht*) screen wire. — **m~,fest** *adj* (*Strümpfe*) *Br.* ladderproof, *Am.* runproof. — **m~,för·mig** *adj* **1.** *biol.* meshy; reticular, reticulate(d); reticulate (*scient.*). – **2.** *zo.* areolate(d). — ~**ge,we·be** *n* retiform tissue. — ~**,netz** *n* mesh net. — ~**,pan·zer** *m hist.* (*einer Rüstung*) coat of mail. — ~**,rei·he** *f* row (of stitches *od.* loops), course. — ~**schal·tung** *f electr.* network circuit. — ~**,wa·re** *f* knitwear. — ~**,werk** *n* network. — ~**,zahl** *f* number of stitches.

'**ma·schig** *adj biol. cf.* maschenförmig 1.

Ma·schi·ne [ma'ʃiːnə] *f* ⟨-; -n⟩ **1.** *tech.* a) (*Arbeitsmaschine*) machine, b) (*Kraftmaschine, Motor*) engine, c) (*elektrische*) motor: **moderne** (**automatische, landwirtschaftliche**) ~**n** modern [automatic, agricultural] machines; **das Zeitalter der** ~ the machine age; **eine Maschine erfinden** [konstruieren] to invent [to design] a machine; **eine** ~ **bedienen** to operate (*od.* run, control) a machine; **eine** ~ **in Betrieb setzen** to put a machine in operation (*od.* action); **die** ~ **arbeitet** the machine is running; **die** ~ **steht** (**still**) a) the machine is not running (*od.* not in operation), b) (*für längere Zeit*) the machine is (standing) idle; **eine** ~ **verfeinern** (*od.* vervollkommnen) to improve a machine; **arbeiten wie eine** ~ *fig.* to work like a machine; **er möchte nicht eine bloße** ~ **sein** *fig.* he doesn't want to be just a machine. – **2.** (*Flugzeug*) plane: **wann geht die nächste** ~ **nach London?** when does the next plane leave for London? – **3.** (*Motorrad*) motorcycle: **eine schwere** ~ a heavy machine. – **4.** (*Lokomotive*) locomotive, engine: **ein von zwei** ~**n gezogener Zug** a train pulled by two engines. – **5.** (*Schreibmaschine*) typewriter: **einen Brief mit** (*od.* auf) der ~ **schreiben** to type a letter. – **6.** (*Nähmaschine*) sewing machine. – **7.** *colloq. humor.* fat woman.

ma·schi·ne·ge,schrie·ben I *pp of* maschineschreiben[1]. – **II** *adj* (*Brief etc*) typed, typewritten.

ma·schi·nell [maʃi'nɛl] *tech.* **I** *adj* (*Herstellung etc*) mechanical: ~**e Arbeitsvorgänge** mechanical processes, machine operations; ~**e Bearbeitung** mechanical treatment. – **II** *adv* mechanically, by machine: **etwas** ~ **bearbeiten** to machine s.th., to treat (*od.* work) s.th. mechanically.

Ma·schi·nen|,an,la·ge *f tech.* machinery, mechanical equipment. — ~**,an,trieb** *m* mechanical drive: **mit** ~ machine- (*od.* power-)driven, mechanically driven. — ~**,ar·beit** *f* machine (*od.* mechanical) work (*od.* operation). — ~**,ar·bei·ter** *m* machine operator (*od.* attendant).

Ma·schi·nen,bau *m* ⟨-(e)s; *no pl*⟩ **1.** (*als Lehrfach*) mechanical (*od.* general) engineering. – **2.** (*als Industriezweig*) machine-building (*od.* engineering) industry. – **3.** (*Herstellung von Maschinen*) machine (*od.* engine) building.

Ma·schi·nen,bau·er *m* ⟨-s; -⟩ machine builder.

Ma·schi·nen,bau|in·du,strie *f tech.* machine-building (*od.* engineering) industry. — ~**in·ge,nieur** *m* mechanical engineer. — ~**,schu·le** *f* mechanical engineering school (*od.* college). — ~**,stahl** *m metall.* machinery (*od.* engineering, structural) steel. — ~**,tech·ni·ker** *m tech.* mechanical engineer.

Ma·schi·nen|be,ar·bei·tung *f tech.* machining, mechanical treatment. — ~**be,trieb** *m* **1.** mechanical operation. – **2.** *cf.*

Maschinenfabrik. — **~de,fekt** m machine trouble (od. failure), machinery breakdown. — **~dik,tat** n dictation taken down on the typewriter. — **~,drusch** m agr. machine threshing. — **~,ein,rich·ter** m tech. machine setter. — **~ele,ment** n machine element (od. component). — **~fa,brik** f engineering (od. engine) works pl (construed as sg or pl), machine factory, engineering workshop. — **~,flak** f mil. automatic antiaircraft gun. — **~fun·da,ment** n machine foundation. — **~,garn** n (textile) (sewing) thread. — **m~ge,schrie·ben** adj cf. maschinegeschrieben II. — **~ge,stell** n tech. machine frame (od. base). — **m~ge,strickt** adj machine-knitted, knitted by machine.

Ma'schi·nen·ge,wehr n mil. machine gun. — **~,ab,tei·lung** f machine-gun detachment. — **~be,schuß** m, **~,feu·er** n machine-gun fire. — **~,gurt** m machine-gun belt. — **~,nest** n machine-gun nest. — **~,schüt·ze** m (machine) gunner. — **~,stand** m 1. mil. machine-gun emplacement. – 2. aer. gunner's station. — **~,stel·lung** f machine-gun position.

Ma'schi·nen|,hal·le f machine shop. — **~,haus** n 1. electr. tech. power house. – 2. (railway) enginehouse. — **~in·du,strie** f machine-building (od. engineering) industry. — **~ka,no·ne** f mil. automatic cannon. — **~kon·struk·ti,on** f tech. machine design (od. construction). — **~kor·rek,tur** f print. press proof. — **~,kraft** f engine (od. mechanical) power. — **~,kun·de** f cf. Maschinenlehre. — **~,lärm** m machine noise. — **~,leh·re** f (mechanical) engineering, practical mechanics pl (construed as sg or pl). — **~,lei·stung** f 1. machine capacity (od. output). – 2. (funktionelle) machine performance. – 3. (als rechnerische Bestimmungsgröße) machine rating. — **m~,mä·ßig** adj tech. auch fig. automatic, mechanical. — **~,mei·ster** m 1. tech. machinist. – 2. (railway) superintendent of rolling stock. – 3. (theater) stage mechanic (od. mechanician). – 4. print. pressman. — **~,mensch** m robot. — **~,mes·ser** n machine knife. — **~mo,dell** n model (od. type) of machine. — **~,nä·he·rin** f machine seamstress. — **~,öl** n machine (od. engine, lubricating) oil. — **~pa,pier** n 1. machine paper, web. – 2. cf. Schreibmaschinenpapier. — **~,park** m machinery, mechanical equipment. — **~,pau·ke** f mus. machine drum. — **~per·so,nal** n 1. mar. engine-room staff (od. complement). – 2. tech. machine operators pl. — **~,pflug** m agr. ploughing (bes. Am. plowing) machine. — **~pi,sto·le** f mil. submachine gun, burp gun, machine pistol, tommy gun. — **~,rah·men** m tech. machine frame. — **~,raum** m mar. engine room. — **~re·vi·si,on** f print. press proof. — **~,saal** m 1. tech. machine room. – 2. print. pressroom. — **~,satz** m 1. print. machine composition, machine typesetting. – 2. tech. set of machines, machine unit. – 3. electr. generator set. — **~,scha·den** m tech. 1. machinery defect. – 2. engine trouble (od. failure). — **~,schlos·ser** m engine (od. machine) fitter, fitter mechanic(ian). — **~,schrei·ben** n cf. Maschineschreiben². — **~,schrei·ber** m, **~,schrei·be·rin** f ⟨-; -nen⟩ typist. — **~,schrift** f typescript, typewriting: in ~ typewritten, typed. — **m~,schrift·lich** adj typewritten, typed. — **~,schrift,satz** m print. typescript. — **~,sei·de** f (textile) machine twist. — **~,set·zer** m print. machine compositor (od. typesetter). — **~,spra·che** f (computer) machine (od. computer) language. — **~,steue·rung** f tech. 1. machine control. – 2. (als Anlage) machine control unit (od. mechanism). — **~,tech·ni·ker** m mechanical engineer, machinist, mechanic(ian). — **~,teil** m machine part (od. component, member). — **~te·le,graf**, **~te·le,graph** m mar. engine-room telegraph. — **~Trak,to·ren-Sta·ti,on** f DDR agr. agricultural machine center (bes. Br. centre). — **~,waf·fe** f mil. automatic weapon. — **~,wär·ter** m machine attendant. — **~,werk,statt** f machine shop. — **~,werk,zeug** n tech. 1. industrial (od. machine-shop) tool. — **~,we·sen** n (mechanical) engineering. — **~,zeit,al·ter** n machine age. — **~,zwirn** m (textile) machine cotton.

Ma'schi·ne·rie [maʃinə'riː] f ⟨-; -n [-ən]⟩ 1. machinery. – 2. fig. machinery, enginery:

die ~ der Regierung the machinery of government. – 3. (theater) technical apparatus.

ma'schi·ne,schrei·ben¹ I v/i ⟨schreibt Maschine, schrieb Maschine, maschinegeschrieben, h⟩ type(write), write on the typewriter. – II **M~** n ⟨-s⟩ verbal noun.

Ma'schi·ne,schrei·ben² n ⟨-s; -⟩ (Schriftstück) typewritten letter.

Ma'schi·ni·sie·rung [maʃini'ziːruŋ] f ⟨-; no pl⟩ mechanization Br. auch -s-.

Ma'schi·nist [maʃi'nɪst] m ⟨-en; -en⟩ 1. tech. machinist, machine operator (od. operative), mechanic, machineman. – 2. mar. engineer, engineman, (auf kleineren Schiffen u. Binnenschiffen) machinist. – 3. (theater) machinery man, engineer.

ma'schin,schrei·ben¹ [ma'ʃiːn-] I v/i ⟨schreibt Maschine, schrieb Maschine, maschingeschrieben, h⟩ Austrian for maschineschreiben¹. – II **M~** n ⟨-s⟩ verbal noun.

Ma'schin,schrei·ben² n Austrian for Maschineschreiben¹ u. ².

Ma·ser¹ ['maːzər] f ⟨-; -n⟩ 1. (wood) vein, grain, streak. – 2. (Fleck) spot, mark, speck.

Ma·ser² ['meːzər; 'maːzər; 'meɪzə] (Engl.) m ⟨-s; -⟩ phys. (Molekularverstärker) maser.

'Ma·ser,holz n (wood) speckled (od. streaked, veined) curlwood.

ma·se·rig ['maːzərɪç] adj (wood) veined, grainy, grained, streaked.

ma·sern ['maːzərn] v/t ⟨h⟩ (wood) vein, grain.

'Ma·sern pl med. measles pl (construed as sg or pl); rubeola sg, morbilli (scient.). — **m~ar·tig** adj morbilliform, morbillous, rubeoloid, rubeolar. — **~,aus,schlag** m measles rash. — **~,impf,stoff** m measles vaccine. — **m~,krank** adj infected with measles, measly.

Ma·se·rung ['maːzəruŋ] f ⟨-; -en⟩ 1. (wood) veining, grain, texture, (bes. bei Mahagoniholz) roe. – 2. bot. veinbanding, Br. vein-banding.

Mas·ka·ron [maska'roːn] m ⟨-s; -e⟩ arch. mask.

Mas·ke ['maskə] f ⟨-; -n⟩ 1. (Gesichts-, Schutz-, Fecht-, Toten-, Narkosemaske) mask: eine ~ tragen to wear a mask, to have a mask on; eine ~ aufsetzen (od. anlegen) to put on a mask; die ~ abnehmen (od. ablegen) to take off the mask. – 2. fig. mask, pretence, Am. auch pretense, guise, veil, cloak, screen: die ~ fallenlassen (od. von sich werfen) to throw off one's mask, to show one's true face; einem Heuchler die ~ vom Gesicht reißen to unmask a hypocrite; hier zeigt sich das Laster ohne ~ here one can see vice unveiled; etwas unter der ~ der Freundschaft tun to do s.th. under the guise of friendship; sie verbarg ihre wahren Gefühle hinter einer ~ von Gleichgültigkeit she concealed her true feelings behind a screen of indifference; seine Freundlichkeit ist nur ~ his friendliness is just a mask. – 3. fig. (starres Gesicht) mask. – 4. (maskierte Person) mask, masque, masker, masquer: die originellsten ~n wurden prämiert prizes were awarded to the most original masks. – 5. (Verkleidung) disguise: in der ~ eines Clowns auf den Ball gehen to go to the ball disguised as (od. in the guise of) a clown. – 6. (cosmetics) (face) mask. – 7. (theater) a) antiq. mask, b) makeup, Br. make-up. – 8. phot. print. telev. mask.

'Mas·ken|,ball m masked ball, fancy(-dress) ball, masquerade, auch masque: „Ein ~" mus. "A Masked Ball" (opera by Verdi). — **~,bie·ne** f zo. bifid-tongued bee (Gattg Prosobis). — **~,bild·ner** m ⟨-s; -⟩ (theater, film) makeup (Br. make-up) man (od. artist). — **~,bild·ne·rin** f ⟨-; -nen⟩ makeup (Br. make-up) girl (od. artist). — **~,en·te** f zo. masked duck (Nomonyx dominicus). — **~,fest** n cf. Maskenball. — **~,frei·heit** f carnival licence (Am. license). — **~ge,sicht** n auch med. mask (od. masklike) face. — **m~haft** adj (Gesicht, Ausdruck etc) like a mask, masklike. — **~ko,stüm** n fancy dress, costume, masquerade (costume). — **~,krab·be** f zo. masked crab (Corystes cassivelaunus). — **~,spiel** n (theater) hist. masque, auch mask. — **~,stel·ze** f zo. black-headed wag-

tail (Motacilla feldegg). — **~,tau·be** f spot (Columba livia maculata). — **~ver,fah·ren** n phot. masking. — **~ver,leih** m costume rental (bes. Br. hire). — **~ver,lei·her** m dealer in costumes, costumer, costumier. — **~,zug** m masquerade. — **~,zwang** m obligation to wear a mask (od. fancy dress): es besteht ~ fancy dress is obligatory.

Mas·ke·ra·de [maskə'raːdə] f ⟨-; -n⟩ 1. (Verkleiden) dressing up. – 2. (Maskenball) masquerade, fancy(-dress) ball: auf eine ~ gehen to go to a masquerade. – 3. fig. masquerade, Br. pretence, Am. pretense: es ist alles nur ~ it's all pretence.

mas·kie·ren [mas'kiːrən] I v/t ⟨no ge-, h⟩ 1. disguise, mask: j-n als Zigeuner ~ to disguise s.o. as a gipsy. – 2. mil. mask, camouflage, screen. – 3. fig. conceal: ein Kamin maskierte die Zentralheizung a chimney concealed the central heating. – II v/reflex sich ~ 4. put on a mask. – 5. (verkleiden) disguise oneself, mask oneself, dress oneself up, masquerade: sich als Clown ~ to disguise oneself as a clown. – III **M~** n ⟨-s⟩ 6. verbal noun. — **mas'kiert** I pp. – II adj 1. masked, disguised: ~e Gestalten masked figures; ~ gehen als to go in the mask (od. costume) of, to masquerade as. – 2. bot. masked, personate. — **Mas'kie·rung** f ⟨-; -en⟩ 1. cf. Maskieren. – 2. (Verkleidung) disguise, mask. – 3. mil. mask, screen. – 4. chem. protection.

Mas'kott·chen n ⟨-s; -⟩, **Mas·kot·te** [mas'kɔtə] f ⟨-; -n⟩ mascot.

mas·ku·lin [masku'liːn] adj masculine. — **M~,form** f ling. masculine (form).

mas·ku'li·nisch adj obs. for maskulin.

Mas·ku·li·num [masku'liːnum; 'mas-] n ⟨-s; -lina [-na]⟩ ling. masculine (noun).

Ma·so·chis·mus [mazo'xɪsmus] m ⟨-; no pl⟩ med. psych. masochism. — **Ma·so'chist** [-'xɪst] m ⟨-en; -en⟩ masochist. — **ma·so'chi·stisch** adj masochistic.

Ma·so·ra [ma'zoːra] f ⟨-; no pl⟩ relig. (jüd. Textkritik des Alten Testaments) Masora(h), auch Massora(h). — **Ma·so'ret** [-zo're:t] m ⟨-en; -en⟩ Mas(s)orete, auch Masorite.

Maß¹ [maːs] n ⟨-es; -e⟩ 1. (Maßeinheit) measure: ~e und Gewichte weights and measures; metrische ~e metric measures; (etwas) mit verschiedenen ~en (od. mit zweierlei ~) messen fig. to judge (s.th.) by a double standard, to apply a double standard (to s.th.); der Mensch ist das ~ aller Dinge fig. man is the measure of all things. – 2. (Eich-, Normalmaß) ga(u)ge. – 3. (Abmessung) dimension, measurement: die ~e eines Zimmers the dimensions of a room. – 4. (Größe) size. – 5. (Körpermaß) measurement, measure: j-m ~ nehmen to take s.o.'s measurements, to measure s.o.; j-m ~ zu einem (od. für einen) Anzug nehmen to measure s.o. for a suit; sich (dat) ~ nehmen lassen to have (od. get) oneself measured; seine ~e angeben to give one's measurements; sie hat die idealen ~e her measurements are ideal; nach ~ gemacht (od. gearbeitet) made to measure; ein Anzug nach ~ a tailor-made (Am. auch custom-tailored, Br. auch bespoke) suit. – 6. (Maßstab) scale: etwas in vergrößertem [verkleinertem] ~e zeichnen to draw s.th. on an enlarged [a reduced] scale. – 7. (altes Hohlmaß) measure: ein gestrichenes [gerütteltes] ~ Mehl a level [shaken] measure of flour; sie hat ein (od. ihr) gerüttelt ~ an Leid zu tragen fig. she has a fair share of sorrows to bear; jetzt ist das ~ aber voll! fig. that's enough now! that's the limit! ist denn das ~ meiner Leiden noch immer nicht voll? fig. is there to be no end to my sufferings? – 8. fig. (Ausmaß) extent, degree, measure, proportion: j-m ein hohes ~ an (od. von) Vertrauen entgegenbringen (od. schenken) to place a high measure of trust in s.o.; in beschränktem ~e gilt das auch für dich to a certain (od. limited) degree that applies to you also; in besonderem ~e an (dat) Musik interessiert sein to be interested in a special degree (od. especially) in music; diese Fälle kommen heute nur noch in geringem ~e vor these cases occur only rarely (od. seldom) nowadays; dafür ist ein gewisses ~ an Erfahrung erforderlich a certain degree of experience is necessary for that; in gewissem ~e hat er recht he is right to a certain degree;

diese Bestimmungen gelten in gleichem ~e für Ausländer these regulations are to the same degree (*od.* equally) valid for foreigners; in hohem (*od.* höchstem) ~e zufrieden sein to be extremely (*od.* highly, tremendously) content; das ist doch in höchstem ~e lächerlich! but that is absolutely ridiculous (*od.* ridiculous in the extreme)! j-s Kritik auf das rechte ~ zurückführen to reduce s.o.'s criticism to its proper proportions; für Getränke war in reichem ~e gesorgt there was a liberal (*od.* generous, an abundant) supply of drinks; er hat sich in solchem ~e angestrengt, daß he has exerted himself so much that; der Mensch ist heute in weit stärkerem ~e beansprucht als früher man is nowadays subjected to far more stress than he used to be; seine Leistungen gehen über das übliche ~ hinaus (*od.* übersteigen das übliche ~) his achievements exceed the normal standard (*od.* the average); das ist in weitem ~e abhängig von that depends largely on; j-n in vollem ~e zufriedenstellen to fully satisfy s.o.; die menschliche Arbeit wird in zunehmendem ~e durch Maschinen ersetzt work done by human beings is increasingly being transferred to machines. – **9.** *fig.* (*Grenze*) measure, moderation, bounds *pl*, limits *pl*: etwas [alles] mit ~(en) (*od.* mit ~ und Ziel) tun to do s.th. [everything] in moderation; stets das rechte ~ halten to always observe moderation (*od.* keep within bounds); er kennt kein ~ in seinen Wünschen he sets no bounds to his desires, his desires know no bounds (*od.* limits); er kennt in seinem Zorn weder ~ noch Grenzen (*od.* weder ~ noch Ziel) his anger knows no bounds; er ist in allem ohne ~ und Ziel he knows no bounds in whatever he does; etwas geht über jedes ~ hinaus (*od.* überschreitet jedes ~) s.th. exceeds all bounds; über die (*od.* alle) ~en glücklich sein to be exceedingly (*od.* enormously) happy, to be happy beyond all measure. – **10.** *metr. cf.* Versmaß.

Maß[2] [maːs; mas] *f* ‹-; -e, *nach Zahlangabe* -› *Bavarian, Austrian and Swiss etwa* two pints (of beer).

maß [maːs] *l u. 3 sg pret of* messen.

'Maß,ab,tei·lung *f* made-to-measure (*bes. Am.* custom-made, *Br. auch* bespoke) department.

Mas·sa·ge [ma'saːʒə] *f* ‹-; -n› massage: zur ~ gehen to get (*od.* go and have) a massage. — **~ap·pa,rat** *m* massaging machine. — **~be,hand·lung** *f cf.* Massagetherapie. — **~sa,lon** *m* massage salon. — **~the·ra,pie** *f* massage treatment, massotherapy.

Mas·sai [ma'saɪ] *m* ‹-; -› *anthrop.* (*in Ostafrika*) Masai.

Mas·sa·ker [ma'saːkər] *n* ‹-s; -› massacre, slaughter: ein ~ unter der Bevölkerung anrichten to cause a massacre among the population, to massacre the population. — **mas·sa·krie·ren** [masa'kriːrən] *v/t* ‹*no ge-, h*› massacre, slaughter.

'Maß|ana,ly·se *f chem.* volumetric analysis, metric method of analysis, volumetry, titration. — **m~ana,ly·tisch** *adj* volumetric, *auch* volumetrical. — **~an,zug** *m* (*fashion*) tailor-made (*od.* tailored) suit, *Am. auch* custom-tailored suit, *Br. auch* bespoke suit. — **~,ar·beit** *f* something made to measure (*od.* order), *Am. auch* custom work: der Anzug ist ~ the suit is made to measure; das war ~! *fig.* that was cutting it fine! (*colloq.*). — **~,band** *n* tape measure, measuring tape.

Mas·se ['masə] *f* ‹-; -n› **1.** mass: eine breiige ~ a pulpy mass; eine unförmige [undefinierbare] ~ a bulky [an indefinable] mass. – **2.** (*Substanz*) substance, matter. – **3.** (*Teigmasse*) batter. – **4.** quantity: die ~ muß es bringen it's quantity that counts. – **5.** eine ~ (von), ~n von, in ~n *colloq.* masses (*od. colloq.* lots, heaps, piles, loads) of: ich habe eine ~ Bücher (*od.* ~n von Büchern, Bücher in ~n) I have loads of books; eine ~ Freunde masses (*od.* a host) of friends; ich habe noch eine ~ Fragen I've still got masses of questions (to ask); er hat eine ~ Geld he has loads of money; er erhielt eine ~ Briefe he received masses (*od.* shoals) of letters. – **6.** (*Menschengruppe*) crowd, (*in Statistik*) population:

der Dieb verschwand in der ~ (*od.* tauchte in der ~ unter) the thief disappeared in the crowd; sie kamen in ~n they came in crowds (*od.* droves, masses); die ~n jubelten ihm zu the crowds cheered him. – **7.** die (breite) ~, die ~n the masses, the hoi polloi, the herd: die urteilslose [namenlose] ~ the uncritical [anonymous] mass; er hat die ~ hinter sich he has the support of the masses; er ist der Liebling (*od.* das Idol) der ~n he is the idol of the masses; etwas ist auf den Geschmack der ~(n) eingestellt s.th. is suited to meet the taste of the masses; er wollte nicht in der grauen ~ untergehen he did not want to disappear in the faceless (*od.* anonymous) mass; die ~n sind in Bewegung geraten the masses have begun to rebel; sie fühlen sich nur in der ~ stark they only feel strong in numbers. – **8.** (*Mehrheit*) majority, bulk (of the people): die ~ steht hinter der Regierung the majority (of the people) are behind the government. – **9.** *pl humor.* bulk *sg*: sie ließ ihre ~n in den Sessel fallen she lowered her bulk into the armchair. – **10.** *phys.* mass: schwere [träge] ~ gravitational [inert] mass; kritische ~ *nucl.* critical mass (*od.* amount). – **11.** *electr. Br.* earth, *Am.* ground: mit ~ verbinden to earth, to ground. – **12.** *econ. jur.* (*Erb-, Konkurs-, Vermögensmasse*) a) assets *pl*, b) estate: das Konkursverfahren mangels ~ einstellen to terminate bankruptcy proceedings for want of assets. – **13.** *tech.* a) material, mass, bulk, b) (*während der Bearbeitung*) stock, c) (*in der Glasfabrikation*) batch, paste.

mä·ße ['mɛːsə] *l u. 3 sg pret subj of* messen.

'Mas·se|,an,schluß *m electr. auto.* earth (*Am.* ground) point. — **~,for·de·rung** *f econ.* (*beim Konkurs*) claim against common debtor's estate. — **~,gläu·bi·ger** *m* creditor of a bankrupt's estate, claimant to assets in liquidation.

'Maß,ein·heit *f* unit of measure(ment), standard measure.

'Mas·se,ka·bel *n tech.* lead cable with paper insulation.

Mas·sel[1] ['masəl] *m, Austrian n* ‹-s; *no pl*› *colloq.* luck: hast du einen ~ gehabt! you've been lucky there! that was a stroke of luck!

'Mas·sel[2] *f* ‹-; -n› *metall.* pig.

'Mas·sel|,bett *n metall.* pig bed. — **~,ei·sen** *n* pig iron.

'Mas·se|,lei·tung *f electr. Br.* earthing connection (*auch* connexion), *Am.* ground wire. — **m~,los** *adj phys.* massless, weightless.

'Mas·sen|,ab,fer·ti·gung *f* mass treatment (*od.* processing) (of people). — **~,ab,füt·te·rung** *f colloq.* feeding of the masses. — **~,ab,satz** *m econ.* large-scale selling. — **~,ab,sprung** *m aer. mil.* mass jump. — **~,an,drang** *m* crush (of people). — **~,an,griff** *m mil.* mass(ed) attack. — **~,an,kunft** *f* (*sport*) (*bei Rennen*) bunch arrival. — **~,an,sturm** *m* crush (of people). — **~,an,zie·hung** *f phys.* mass (*od.* gravitational) attraction. — **~,ar·beits·lo·sig·keit** *f* mass unemployment. — **~,ar,ti·kel** *m* mass-produced (*od.* bulk) article. — **~,auf·ge·bot** *n* (von) strong body (*od.* force), large edition (*od.* print. mass edition). — **~,auf,la·ge** *f print.* mass edition. — **~,auf,marsch** *m* mass rally. — **~,auf,tre·ten** *n biol.* epidemic, widespread occurrence. — **~,aus,deh·nung** *f med.* (*einer Krankheit*) epidemic proportion. — **~,aus,gleich** *m* **1.** *tech.* balancing of masses. – **2.** *geol.* mass compensation. — **~,aus,sper·rung** *f econ.* general lockout. — **~be,darfs·ar,ti·kel** *m* mass consumer commodity (*od.* article). — **~be,ein,flus·sung** *f* influence exercised upon the masses, propaganda, mass suggestion. — **~be,för·de·rung** *f* mass transport(ation). — **~be,för·de·rungs,mit·tel** *n* means *pl* (*construed as sg*) of mass transport(ation). — **~be,schleu·ni·gung** *f phys.* mass acceleration. — **~be,we·gung** *f* **1.** *sociol.* mass movement. – **2.** *phys.* mass motion. – **3.** *pl psych.* mass reaction *sg*. — **~,blatt** *n print.* newspaper having a mass circulation. — **~de,fekt** *m nucl.* mass defect, packing loss. — **~de·mon·stra·ti,on** *f* mass demonstration. — **~,druck,sa·che** *f* (*postal service*) bulk printed matter. — **~,ein,satz** *m* (*von Polizei, mil. von Truppen etc*) massed employment. — **~ent,las·sung** *f econ.* mass dismissals *pl*. — **~er,he·bung**

f mass revolt (*od.* [up]rising). — **~er,schei·nung** *f* mass phenomenon. — **~er,schie·ßung** *f* mass execution (by shooting). — **~er,zeu·gung, ~fa·bri·ka·ti,on** *f cf.* Massenproduktion. — **~,flucht** *f* **1.** (*von Menschen*) mass escape, (*mass*) exodus. – **2.** (*von Tieren*) stampede. — **~ge,bir·ge** *n geol.* massif. — **~ge,sell·schaft** *f sociol.* mass society. — **~ge,stein** *n* Erstarrungsgestein. — **~,grab** *n* mass grave. — **~,gü·ter** *pl econ.* bulk goods.

'mas·sen·haft I *adj* massive, enormous: ~es Auftreten von Maikäfern massive appearance of cockchafers. – **II** *adv* masses (*od. colloq.* heaps, piles) of, massive quantities of, a tremendous amount of, galore (*nachgestellt*): er hat ~ Geld he has heaps of money; in diesem Jahr gibt es ~ Erdbeeren there are masses of (*od.* there is a glut of) strawberries this year; sich ~ vermehren to multiply in huge numbers; es gab ~ Whisky there was whisky galore.

'Mas·sen|,her,stel·lung *f econ. cf.* Massenproduktion. — **~,hin,rich·tung** *f* mass execution. — **~hyp,no·se** *f* mass hypnosis. — **~hy·ste,rie** *f psych.* mass (*od.* collective) hysteria. — **~ka·ram·bo,la·ge** *f* pileup, multi-car (*od.* multiple) crash. — **~kom·mu·ni·ka·ti,on** *f* mass communication. — **~kom·mu·ni·ka·ti,ons,mit·tel** *n* mass (communication) medium. — **~kon,sum** *m econ.* mass consumption: Güter des ~s mass-consumption goods. — **~,kraft** *f phys.* force due to mass, inertia force. — **~kul,tur** *f sociol.* mass culture. — **~,kund,ge·bung** *f* mass meeting. — **~,me·di·um** *n* mass medium. — **~,mensch** *m* mass man. — **~,mord** *m* mass (*od.* wholesale) murder. — **~,mör·der** *m* mass murderer. — **~or·ga·ni·sa·ti,on** *f* mass organization. — **~pro,dukt** *n econ.* mass product, (*bes. landwirtschaftliches*) mass produce. — **~pro·duk·ti,on** *f* mass (*od.* bulk, quantity) production, production in bulk, large-scale production: etwas in ~ herstellen to mass-produce s.th. — **~psy·cho·lo,gie** *f* mass (*od.* crowd) psychology. — **~psy,cho·se** *f cf.* Massenhysterie. — **~,punkt** *m phys.* mass point, center (*bes. Br.* centre) of mass. — **~,quar,tier** *n* emergency accommodation (*pl*). — **~,spei·sung** *f* (*bes. von Notleidenden*) (mass) distribution of food, mass feeding. — **~spek·tro,graph** *m phys.* mass spectrograph. — **~spek·tro,me·ter** *n* mass spectrometer. — **~spek·tro,skop** *n* mass spectroscope. — **~,spek·trum** *n* mass spectrum. — **~,sport** *m* mass sport(s *pl*). — **~,start** *m* (*bei Rennen*) mass start. — **~,ster·ben** *n* wide-spread deaths *pl*. — **~,streik** *m* mass (*od.* general) strike. — **~,sturz** *m* (*sport*) (*bei Rennen etc*) pileup. — **~sug·ge·sti,on** *f* mass suggestion. — **~,sze·ne** *f* (*film*) crowd scene. — **~,träg·heit** *f phys.* inertia. — **~,trans,port** *m* mass transport(ation). — **~ver,an,stal·tung** *f* mammoth event. — **~ver,brauch** *m* mass consumption. — **~ver,haf·tun·gen** *pl* mass arrests. — **~ver,kehrs,mit·tel** *n* means *pl* (*construed as sg*) of mass transport(ation). — **~ver,nich·tung** *f* mass extermination (*od.* destruction). — **~ver,nich·tungs,mit·tel** *n* means *pl* (*construed as sg*) of mass extermination. — **~ver,nich·tungs,waf·fen** *pl* weapons of mass destruction. — **~ver,samm·lung** *f* mass meeting, rally. — **~,wahn** *m* mass hysteria. — **~,wan·de·rung** *f* mass migration. — **~,wa·re** *f econ.* mass-produced article, staple commodity. — **m~,wei·se** *adj u. adv cf.* massenhaft. — **~,wir·kung** *f* mass effect (*od.* action). — **~,wir·kungs·ge,setz** *n phys.* law of mass action. — **~,zahl** *f* mass number.

'Mas·se|,schluß *m electr.* earth (*Am.* ground) (connection, *Br. auch* connexion), accidental earth (*Am.* ground). — **~,schuld** *f econ.* (*beim Konkurs*) debt incurred by a common debtor (*to be acknowledged by an official receiver*). — **~,schuld·ner** *m* debtor (of the bankrupt's estate). [massé (shot).] **Mas·sé,stoß** [ma'seː-] *m* (*beim Billard*)] **'Mas·se,teil·chen** *n phys.* mass particle.

Mas·seur [ma'søːr] *m* ‹-s; -e› masseur, *Am. auch* massager. — **Mas·seu·se** [-'søːzə] *f* ‹-; -n› masseuse, *Am. auch* massager.

'Mas·se|ver,wal·ter *m jur. cf.* Konkursverwalter. — **~ver,zeich·nis** *n* inventory of property.

'**Maß,ga·be** f ⟨-; no pl⟩ (officialese) (in Wendungen wie) nach ~ (gen) a) according to, b) bes. jur. under (the terms of), as provided in; mit der ~, daß with (od. subject to) the proviso that, on the understanding that, provided that; mit der folgenden ~ subject to the following condition.

'**maß,ge·bend** I adj 1. (Werk, Buch etc) standard (attrib), authoritative: das ~e Buch über (acc) the standard book on; diese Grammatik ist ~ für die deutsche Sprache this grammar is the authoritative work (od. the [recognized Br. auch -s-] authority) on the German language; sein Beispiel war ~ his example set a standard; der englische Text ist ~ a) the English text is authoritative, b) jur. (in Verträgen) the English text shall prevail. – 2. (entscheidend) decisive: wir betrachten folgende Faktoren als ~ we regard the following factors as decisive; das war ~ für unseren Erfolg that was decisive for our success; Erfolg allein ist nicht ~ it is not success alone that counts; Herr X ist für mich nicht ~ Mr. X is no yardstick (od. criterion) for me, Mr. X does not count (for me). – 3. (Kreise etc) authoritative, influential, leading: ~e Persönlichkeiten people in authority; von ~er Seite from an authoritative source. – 4. (Behörde etc) competent. – 5. (Bestimmung etc) relevant. – II adv 6. cf. maßgeblich II.

'**maß,geb·lich** [-,ge:pliç] I adj 1. (beträchtlich) substantial, considerable: ~e Verbesserungen [Veränderungen] substantial improvements [alterations]; in ~er Weise substantially. – 2. (führend) leading, prominent: eine ~e Position innehaben to hold a prominent position; eine ~e Rolle spielen to play a prominent part. – 3. ~e Beteiligung econ. controlling interest. – II adv 4. substantially, considerably: er war ~ am Erfolg beteiligt he contributed considerably to the success.

'**maß,ge,nau** adj tech. true to size (od. ga[u]ge). — **M~ge,nau·ig·keit** f dimensional accuracy, accuracy to size. — **~ge,recht** adj 1. tech. a) true (od. accurate) to size, b) (Linienführung einer Zeichnung) true to scale: ~es Modell accurate-scale model. – 2. colloq. accurate, precise. — **~ge,schnei·dert** adj 1. (fashion) made to measure, Am. auch custom-made, Br. auch bespoke (attrib). – 2. fig. colloq. (Produkt) specially designed to meet customers' requirements.

'**Maß,hal·te·ap,pell** m appeal for moderation.

'**maß,hal·ten** I v/i ⟨irr, sep, -ge-, h⟩ 1. observe moderation, keep within bounds, be moderate (od. temperate): im Essen [Trinken] ~ to eat [to drink] in moderation, to be moderate in eating [drinking]. – II M~ n ⟨-s⟩ 2. verbal noun. – 3. econ. (self-)restraint.

'**Maß,hal·te·po·li,tik** f policy of moderation.

'**maß,hal·tig** adj tech. cf. maßgerecht 1. — '**Maß,hal·tig·keit** f ⟨-; no pl⟩ tech. accuracy to ga(u)ge (od. size), dimensional stability.

'**Maß,hol·der** m bot. cf. Feldahorn.

Mas·si·cot [masi'ko:] m ⟨-; no pl⟩ chem. massicot (PbO).

mas·sie·ren[1] [ma'si:rən] bes. med. I v/t ⟨no ge-, h⟩ 1. massage. – 2. (durchkneten) knead. – II M~ n ⟨-s⟩ 3. verbal noun. – 4. massage.

mas·sie·ren[2] I v/t ⟨no ge-, h⟩ 1. mil. (Truppen) concentrate, mass. – II v/reflex sich ~ 2. bes. econ. accumulate, pile up: Aufträge massieren sich orders accumulated. – 3. mil. (von Truppen) concentrate, mass. – III M~ n ⟨-s⟩ 4. verbal noun. – 5. cf. Massierung[2].

mas'siert I pp of massieren[1] u. [2]. – II adj 1. mil. (Angriff, Artillerie etc) massed, concentrated. – 2. (drastisch) large-scale (attrib), drastic: ~e Kürzungen drastic cuts.

Mas'sie·rung[1] f ⟨-; no pl⟩ cf. Massieren[1].

Mas'sie·rung[2] f ⟨-; -en⟩ 1. cf. Massieren[2]. – 2. mil. concentration. – 3. bes. econ. accumulation, concentration.

'**mas·sig** I adj (Gestalt, Erscheinung, Baum etc) bulky, massive, huge. – II adv colloq. for massenhaft II.

mä·ßig ['mɛ:siç] I adj 1. (im Essen u. Trinken) moderate, temperate, abstemious, sober: ~er Genuß von Alkohol schadet nicht moderate consumption of alcohol is

not harmful; in allem ~ sein to be moderate in all things. – 2. (mittelmäßig) mediocre, middling, (very) average, indifferent, so-so (colloq.): es war nur eine sehr ~e Leistung it was just a very average performance; Waren von ~er Qualität goods of mediocre quality; er ist von ~er Intelligenz he is of average intelligence; wie geht es dir? [wie war das Wetter?] — ~! how are you? [what was the weather like?] — so-so. – 3. (erträglich) moderate: ~e Kälte [Wärme] moderate cold [heat]; schwache bis ~e Winde meteor. slight to moderate winds. – 4. (Preise, Forderungen etc) moderate, reasonable. – II adv 5. in moderation, moderately: ~ leben to live a life of moderation.

mä·ßi·gen ['mɛ:sɪgən] I lit. v/t ⟨h⟩ 1. moderate: seine Ansprüche ~ to moderate one's demands; mäßige deine Worte (od. Ausdrucksweise)! moderate your language! – 2. (Tempo, Schritt, Geschwindigkeit etc) reduce, slacken. – 3. (zügeln) moderate, restrain, curb, check: sein Temperament ~ to moderate one's temperament; mäßige deinen Zorn! check your anger! – II v/reflex sich ~ 4. restrain (od. control) oneself: mäßige dich! control yourself! sich im Essen und Trinken ~ to restrain oneself (od. be moderate) in eating and drinking. – III M~ n ⟨-s⟩ 5. verbal noun. – 6. cf. Mäßigung.

'**Mas·sig·keit** f ⟨-; no pl⟩ bulkiness, massiveness, hugeness.

'**Mä·ßig·keit** f ⟨-; no pl⟩ 1. (im Essen u. Trinken) moderation, moderateness. – 2. (Mittelmäßigkeit) mediocrity, indifference. – 3. (von Wärme, Kälte etc) moderateness. – 4. (von Preisen etc) moderateness, reasonableness.

'**Mä·ßig·keits·ver,ein** m temperance society.

'**Mä·ßi·gung** f ⟨-; no pl⟩ 1. cf. Mäßigen. – 2. self-control, restraint: du solltest mehr ~ zeigen you should show more self-control.

mas·siv [ma'si:f] I adj 1. (nicht hohl) solid: aus ~em Gold [Silber], ~ aus Gold [Silber] of solid gold [silver]; die Figuren sind aus ~er Schokolade (od. ~ aus Schokolade) the figures are of solid chocolate; ~ Eiche solid oak. – 2. (schwer, wuchtig) massive, solidly built, solid: eine ~e Statue a massive statue; ein ~er Bau a solidly built construction. – 3. fig. (scharf, heftig) massive, heavy, severe: er richtete ~e Angriffe gegen die Regierung he directed heavy attacks against the government; ~en Widerstand leisten to offer heavy resistance. – 4. fig. (beleidigend) rough, coarse, rude: er wurde sehr ~ colloq. he got very rough, he cut up rough (colloq.). – 5. geol. (Gestein) massive, compact. – II adv 6. ~ gebaut solidly built; j-n ~ angreifen fig. to attack s.o. severely.

Mas'siv n ⟨-s; -e⟩ geol. massif.

Mas'siv|,bau m civ.eng. 1. ⟨only sg⟩ massive structure (od. construction). – 2. (Gebäude) solidly constructed building. — **~,bau,wei·se** f solid construction system. — **m~,gold** n solid gold. — **~,prä·gen** v/t ⟨insep, -ge-, h⟩ tech. coin.

'**Maß**|,klei·dung f (textile) tailor-made (od. tailored) clothes pl, Am. auch custom-tailored clothes pl, Br. auch bespoke clothes pl. — **~,krug** m beer mug, Am. auch stein.

'**Maß,lieb** f ⟨-(e)s; -e⟩, '**Maß,lieb·chen** n ⟨-s; -⟩ bot. daisy, Am. auch English daisy (Bellis perennis).

'**maß·los** I adj 1. (Wut, Zorn, Ärger etc) uncontrolled. – 2. (im Essen u. Trinken etc) immoderate: er ist in allem ~ he knows no moderation. – 3. (in den Ansprüchen etc) unbridled, unrestrained. – 4. (übermäßig, übertrieben) excessive: ~e Hitze excessive heat; ~e Forderungen stellen to make excessive (od. inordinate) demands. – 5. (grenzenlos) boundless: ~er Eifer boundless zeal. – II adv 6. (sehr) inordinately, vastly, awfully, terribly (colloq.): das ist ~ übertrieben that is terribly exaggerated (od. exaggerated beyond all recognition); sie ist ~ eifersüchtig she is inordinately jealous. – 7. (ohne Maß) immoderately, without moderation. — '**Maß·lo·sig·keit** f ⟨-; no pl⟩ 1. (der Wut, des Zorns etc) uncontrollability. – 2. (im Essen u. Trinken) immoderateness. – 3. (in den Ansprüchen etc) unbridledness, unrestrainedness. – 4. (Über-

triebenheit) excess(iveness). – 5. (Grenzenlosigkeit) boundlessness.

'**Maß,nah·me** f ⟨-; -n⟩ measure, step, action, move: durchgreifende (od. einschneidende) [radikale] ~n sweeping [radical] measures; halbe [geeignete] ~n half-hearted [appropriate] measures; eine richtige ~ a step in the right direction; übereilte ~ rash step; vorbereitende ~n preparatory (od. preliminary) measures, preliminaries (od. preliminary) measures, preliminaries; vorbeugende ~n precautionary measures; vorläufige ~n temporary measures; ~n zur Verhütung von measures to prevent; ~n gegen etwas ergreifen (od. treffen) to take measures (od. steps, action) against s.th.

'**Maß,neh·men** n (fashion) taking s.o.'s measurements, measuring.

Mas·so·ra [ma'so:ra] f ⟨-; no pl⟩ relig. cf. Masora.

Maß|,re·gel f cf. Maßnahme. — **m~,re·geln** v/t ⟨insep, ge-, h⟩ j-n ~ a) to reprimand (od. rebuke, reprove) s.o., to take s.o. to task, b) to inflict disciplinary judg(e)ment on s.o., to discipline s.o., c) (sport) to penalize (Br. auch -s-) s.o. — **~,re·gelung**, **~,reg·lung** f 1. rebuke, reproof, reprimand. – 2. disciplinary judg(e)ment. – 3. (sport) penalty. — **~,schnei·der** m (fashion) bespoke (Am. custom) tailor. — **~,schnei·de,rei** f 1. bespoke (Am. custom) tailoring. – 2. (Geschäft) tailor's shop. — **~,schuh** m meist pl shoe made to measure, Am. auch custom-made shoe.

'**Maß,stab** m 1. tech. a) (Meterstab, Zollstock) rule, b) (Maßeinteilung) graduation, division. – 2. scale: eine Karte im ~ 1 : 100 000 a map on a scale of 1 : 100,000; verkleinerter [vergrößerter] ~ reduced [enlarged] scale; etwas im ~ 1 : 1 (od. in natürlichem ~) zeichnen to draw s.th. on a scale of 1 : 1 (od. life-size[d]); etwas nach ~ zeichnen to draw s.th. to scale. – 3. fig. standard, measure, scale: einen (anderen) ~ an etwas anlegen to apply a (different) standard to s.th.; hier ist ein strenger ~ erforderlich (od. notwendig) exacting standards are required here; einen ~ für etwas abgeben to set a standard for s.th.; zwei Dinge mit demselben ~ messen to measure two things by the same standard; das mag dir als ~ dienen you may take that as a standard. – 4. fig. (Prüfstein) yardstick, criterion: Herr X ist für mich kein ~ Mr. X is no yardstick; das ist kein ~ that is no criterion, you can't go by that (colloq.); das ist kein ~ für den Erfolg that is no yardstick for success. — **~,an,ga·be** f bes. geogr. scale. — **m~,ge,recht**, **m~,ge,treu** I adj (true) to scale: eine ~e Karte a map drawn to scale; ein ~es Modell a scale model. – II adv (true) to scale: eine Karte ~ zeichnen to draw a map to scale, to scale a map.

'**maß,stäb·lich** [-,ʃtɛ:pliç] adj u. adv to scale, true to size: etwas ~ vergrößern [verkleinern] to scale s.th. up [down].

'**Maß**|,sy,stem n system of measurement (od. units). — **~ver,hält·nis·se** pl proportions. — **~ver,lust** m econ. loss in weight, shrinkage. — **~voll** I adj cf. mäßig 1. – 2. (Forderungen, Ansprüche etc) moderate. – 3. (Benehmen, Auftreten etc) moderate, measured, self-contained. – II adv 4. cf. mäßig 5. – 5. moderately, with moderation: er urteilte ~ his judg(e)ment was moderate; sich ~ ausdrücken to express oneself moderately, to speak in measured terms. — **~,vor,la·ge** f (sport) accurate pass. — **~,werk** n ⟨-(e)s; no pl⟩ arch. tracery: mit Stäben bar tracery. — **~,werk-fi,gur** f tracery figure. — **~,zahl**, **~,zif·fer** f math. dimension figure.

Mast[1] [mast] m ⟨-(e)s; -e u. -en⟩ 1. mar. mast: den ~ aufrichten [umlegen, kappen] to set up [to lower, to cut] the mast; gegen den ~ aback. – 2. (Fahnenmast) pole, mast. – 3. electr. a) (für Telegraphenleitung etc) pole, b) (hoher Gittermast) lattice, mast, c) (freitragender Turmmast) pylon, tower.

Mast[2] f ⟨-; -en⟩ agr. 1. fattening: die ~ von Schweinen [Gänsen] the fattening of pigs [geese]. – 2. (Futter) fattening fodder.

'**Mast**|,baum m mar. mast. — **~,bock** m tabernacle.

'**Mast,darm** m med. zo. rectum. — **~,blu·tung** f med. rectal bleeding, proctorrhagia (scient.). — **~,bruch** m rectocele, proctocele. — **~ent,zün·dung** f proctitis, rectitis. — **~,fi·stel** f rectal (od. anal) fistula. — **~,krebs** m rectal cancer. — **~re·sek·ti,on** f rectum resection. — **~,schei·den,bruch** m rectocele. — **~,spie·gel** m rectoscope, proctoscope. — **~ver,schluß** m rectal atresia. — **~,vor,fall** m prolapse of the rectum, rectal prolapse.

mä·sten ['mɛstən] **I** v/t ⟨h⟩ **1.** (Tiere) fatten, feed, (Geflügel) auch cram. - **II** v/reflex sich ~ **2.** colloq. (zuviel essen) glut oneself, overeat, gorge, stuff oneself with food. - **3.** sich ~ an (dat) fig. to batten on. - **III M~** n ⟨-s⟩ **4.** verbal noun. - **5.** cf. Mast[2].

'Mast|,en·te f agr. **1.** fat(tened) duck. - **2.** (zu mästende) fattening (od. store, bes. Am. feeder) duck. — **~,gans** f **1.** fat(tened) goose. - **2.** (zu mästende) fattening (od. store, bes. Am. feeder) goose. — **~,hähn·chen** n **1.** fat(tened) cock (od. cockerel). - **2.** (zu mästendes) fattening (od. store, bes. Am. feeder) cock (od. cockerel). — **~,huhn** n **1.** fat(tened) chicken. - **2.** (zu mästendes) fattening (od. store, bes. Am. feeder) chicken. — [mastiff.]

Ma·stiff ['mastɪf] m ⟨-s; -s⟩ zo. (Hunderasse)
'ma·stig adj bes. Southwestern G. dial. **1.** fat, corpulent. - **2.** (Wiesen etc) moist.

Ma·sti·ka·tor [masti'kaːtər] m ⟨-s; -en [-ka·'toːrən]⟩ tech. (Knetmaschine) masticator.
Ma·sti·tis [mas'tiːtɪs] f ⟨-; -tiden [-ti'tiːdən]⟩ med. (Brustdrüsenentzündung) mastitis.

Ma·stix ['mastɪks] m ⟨-(es); no pl⟩ **1.** (Harz, Klebstoff) (gum) mastic, auch mastich(e). - **2.** civ.eng. (Straßenbelag) mastic asphalt, asphalt mastic. — **~,strauch** m bot. mastic (shrub od. tree) (Pistacia lentiscus).

'Mast|,jahr n agr. year of good pannage (od. panage). — **~,kä·fig** m agr. **1.** fattening stable. - **2.** (für Geflügel) poultry (od. chicken) feeder. — **~,kalb** n **1.** fat(tened) calf. - **2.** (zu mästendes) fattening (od. store, bes. Am. feeder) calf. — **~,korb** m mar. masthead, crow's nest. — **~,kraut** n bot. pearl spurry, pearlwort, pearlweed (Gattg Sagina). — **~,kur** f fattening diet. — **~,och·se** m **1.** fat(tened) ox. - **2.** (zu mästender) fattening (od. store, bes. Am. feeder) ox, Am. stocker. — **~,och·sen,fleisch** n gastr. prime beef.

Ma·sto·don ['mastodɔn] n ⟨-s; -ten [-'dɔn·tən]⟩ zo. mastodon (Fam. Mastodontidae). — **~,sau·ri·er, ~,sau·rus** m mastodon·saurus.
ma·sto·id [masto'iːt] adj med. mastoid. — **Ma·stoi'di·tis** [-i'diːtɪs] f ⟨-; -tiden [-di'tiː·dən]⟩ med. mastoiditis.

'Mast|,park m zo. (für Jungaustern) oyster mast farm. — **~,ras·se** f agr. fattening stock. — **~,rind** n beef cow (od. steer). — **~,schwein** n **1.** fat(tened) pig (od. hog), porker. - **2.** (zu mästendes) fattening (od. store, bes. Am. feeder) pig (od. hog). — **~,spit·ze** f mar. mast top, masthead.
'Mä·stung, 'Mä·stung f ⟨-; -en⟩ agr. **1.** cf. Mästen. - **2.** cf. Mast[2].

Ma·stur·ba·ti·on [masturba'tsิีoːn] f ⟨-; -en⟩ med. masturbation, onanism, self-abuse. — **Ma·stur'ba·tor** [-'baːtɔr] m ⟨-s; -en [-ba'toːrən]⟩ masturbator, onanist. — **ma·stur·ba'to·risch** [-'toːrɪʃ] adj masturbatory. — **ma·stur'bie·ren** [-'biːrən] v/i ⟨no ge-, h⟩ masturbate.

'Mast|,vieh n agr. **1.** fat(tened) cattle. - **2.** (zu mästendes) beef (od. fattening) cattle, fatstock, fattening animals pl, Am. feeders pl. — **~,werk** n mar. masting. — **~,zeit** f agr. fattening period.

Ma·su·re [ma'zuːrə] m ⟨-n; -n⟩ Mazur, inhabitant (od. native) of Mazovia. — **ma·'su·risch I** adj Mazur(ian) of (od. relating to) Mazovia. - **II** ling. **M~** ⟨generally undeclined⟩, das **M~e** ⟨-n⟩ Mazurian, Mazovian.
Ma·sur·ka [ma'zʊrka] f ⟨-; -s⟩ mus. cf. Mazurka.
Ma·sut [ma'zuːt] n ⟨-(e)s; no pl⟩ (petroleum) maz(o)ut, auch masut.

Ma·ta·dor [mata'doːr] m ⟨-s; -e⟩ **1.** (Stierkämpfer) matador, auch matadore. - **2.** fig. colloq. bigwig (colloq.), bes. Am. colloq. big gun (od. shot): er war der ~ auf der Veranstaltung he was the big gun at (od. of) the meeting.
Ma·ta·ko [ma'taːko] m ⟨-s; -s⟩ zo. apar(a), mataco, three-banded armadillo (Tolypeutes tricinctus).
Ma·ta·ma·ta [mata'maːta] f ⟨-; -s⟩ zo. matamata, snakehead (Chelys fimbriata).

Match [mɛtʃ; mætʃ] (Engl.) n, auch m ⟨-(e)s; -s, auch -e⟩ (sport) match. — **~,ball** m (beim Tennis) match point (od. ball). — **~,beu·tel, ~,sack** m Am. duffel bag, Br. kit bag. — **~,stra·fe** f (beim Eishockey) match penalty.
Ma·te[1] ['maːtə] m ⟨-; no pl⟩ Brazil (od. Paraguay) tea, maté.
'Ma·te[2] f ⟨-; -n⟩ bot. cf. Matestrauch.
Ma·ter[1] ['maːtər] f ⟨-; -n⟩ print. matrix, matrice, (stereotype) mat.
'Ma·ter[2] f ⟨-; -tres [-trɛs]⟩ röm.kath. (Anrede) mother. — **~ do·lo'ro·sa** [dolo'roːza] f ⟨--; no pl⟩ (Schmerzensmutter) mater dolorosa.

ma·te·ri·al [mate'riaːl] adj ⟨attrib⟩ (Ethik, Implikation etc) material.
Ma·te·ri·al n ⟨-s; -ien [-liən]⟩ **1.** material(s pl): ~ zum Bauen building materials pl; brennbares [feuerfestes] ~ combustible [fireproof] material; minderwertiges ~ material of minor quality; dieses ~ ist unbrauchbar this material is not fit for use. - **2.** (Stoff) material, fabric: das ~ eines Anzuges the fabric of a suit. - **3.** (Substanz) substance: dieser Kunststoff wird aus verschiedenen ~ien hergestellt this synthetic material is made out of various substances. - **4.** (Arbeitsmaterial) equipment, materials pl: das zum Malen benötigte ~ ist sehr teuer the materials required for painting are very expensive. - **5.** fig. (Unterlagen) material, information: ~ aussieben [ordnen, sammeln, sichten] to screen [to sort, to gather, to sift] material. - **6.** fig. (Beweismaterial) evidence: belastendes ~ damaging evidence; er hatte genügend ~ für seine Beweisführung gesammelt he had collected sufficient evidence for his line of argument. - **7.** bes. mil. (Ausrüstung) matériel, materiel, material, equipment. - **8.** econ. (Vorrat) stock (in trade), stores pl. - **9.** rollendes ~ (railway) rolling stock. - **10.** schwimmendes ~ mar. floating stock. - **11.** nucl. material: spaltbares [radioaktives] ~ fissionable (od. fissile) [radioactive] material. — **~,ab,nah·me** f econ. taking delivery of (the) goods. — **~,an,for·de·rung** f econ. mil. material request (od. requisition). — **~,auf,wand** m econ. expenditure(s pl) for material and supplies. — **~,aus,nüt·zung** f tech. utilization of material. — **~,be,an,spru·chung** f material stressing, stress on (the) material. — **~,be,darf** m want of (od. demand for) material, material requirements pl (od. needs pl). — **~,be,schä·di·gung** f material damage. — **~,be,stand** m econ. mil. stock of material, stocks pl on hand. — **~,ein,tei·lung** f mil. commodity classification. — **~,ent,nah·me** f econ. withdrawal of material. — **~,ent,nah·me,schein** m stock (od. material) requisition slip. — **~,er,hal·tung** f mil. maintenance. — **~,er,mü·dung** f tech. fatigue of material, material fatigue. — **~,er,spar·nis** f saving in material. — **~,feh·ler** m material defect, defect of (od. in) material. — **~,fe·stig·keit** f material strength.
Ma·te·ri·a·li·en,samm·lung [mate'riaːliən-] f cf. Materialsammlung.
Ma·te·ri·a·li·sa·ti·on [materializa'tsิ์oːn] f ⟨-; -en⟩ materialization Br. auch -s-. — **ma·te·ri·a·li·sie·ren** [-'ziːrən] v/t ⟨no ge-, h⟩ materialize Br. auch -s-.
Ma·te·ri·a·lis·mus [materia'lɪsmʊs] m ⟨-; no pl⟩ philos. materialism, auch physicalism: dialektischer [historischer] ~ dialectic [historic] materialism; mechanischer ~ mechanism, mechanistic materialism. — **Ma·te·ria'list** [-'lɪst] m ⟨-en; -en⟩ materialist. — **ma·te·ria'li·stisch** adj materialistic: seine Lebensauffassung ist doch sehr ~ his attitude to(ward[s]) life is very materialistic (od. of the bread-and-butter kind); ~e Geschichtsauffassung materialistic conception of history.
Ma·te·ria·li·tät [materiali'tɛːt] f ⟨-; no pl⟩ materiality, materialness, substantiality, substantialness.
Ma·te·ri·al'|,knapp·heit f shortness (od. scarcity) of material. — **~kon,stan·te** f phys. matter constant. — **~,ko·sten** pl econ. cost sg of materials, material cost sg (od. costs). — **~,krieg** m mil. war of matériel. — **~,la·ger** n (material) stores pl. — **~,man·gel** m econ. (an Börse) shortage of securities on offer. — **~,nach,schub** m mil. supply of matériel (od. materiel). — **~,pro·be** f econ. sample of a material. — **~,prü·fung** f material test(ing). — **~,sam·mel,stel·le** f

salvage dump. — **~,samm·lung** f (bes. für wissenschaftliche Arbeit) gathering (od. collection) of material (od. information). — **~,scha·den** m **1.** cf. Materialbeschädigung. - **2.** cf. Materialfehler. — **~,schlacht** f mil. battle of matériel (od. materiel). — **~,schup·pen** m store shed. — **~,schwie·rig·kei·ten** pl difficulty sg (od. difficulties) in procuring materials. — **~,über,prü·fung** f cf. Materialprüfung. — **~ver,brauch** m material consumption. — **~ver,lust** m tech. loss of material. — **~ver,sor·gung** f mil. cf. Materialnachschub. — **~,vor,rat** m stores pl, material supplies pl. — **~,wa·ren** pl obs. for Haushaltswaren. — **~,wert** m value of the material(s) used.

Ma·te·rie [ma'teːriə] f ⟨-; -n⟩ **1.** material, subject: der Vortragende beherrschte die ~ the lecturer was in (full) command of the material; mit dieser ~ bin ich nicht vertraut, diese ~ ist mir fremd I am not familiar with this subject. - **2.** ⟨only sg⟩ phys. matter: tote ~ dead matter; Wellentheorie der ~ wave theory of matter; räumlich begrenzte ~ bildet einen Körper the bounded surface of a matter forms a body. - **3.** ⟨only sg⟩ philos. a) matter, b) (Grundmaterie) stuff: Geist und ~ mind and matter; die ~ bedingt das Bewußtsein matter conditions consciousness. - **4.** med. (Eiter) matter, pus.
ma·te·ri·ell [mate'riɛl] **I** adj **1.** material. - **2.** (stofflich) material, auch physical, substantial, corporeal, hylic (scient.): **~e** Güter material goods (od. things). - **3.** (geldlich) financial, pecuniary: in **~er** Hinsicht geht es mir heute besser als früher financially I am better off today than I was formerly; die ~e Grundlage the financial basis; **~e** Vorteile suchen to look for financial advantage. - **4.** (materialistisch) materialistic: er ist ein sehr **~er** Mensch he is a very materialistic person (od. a materialist). - **5.** philos. material: **~e** Ursache material cause. - **6.** **~es** Recht jur. substantive law. - **7.** math. (Punkt etc) material. - **II** adv **8.** sie ist sehr ~ eingestellt she is very materialistically minded; sie ist im Alter ~ gesichert her old age is financially secure. - **III M~e**, das ⟨-n⟩ **9.** the material things pl (od. values pl): ihn interessiert nur das M~e he is only interested in material values.
Ma·te·rie,wel·le f meist pl phys. matter wave.
ma·tern[1] ['maːtərn] print. **I** v/t ⟨h⟩ make a matrix of, dab. - **II** v/i make a matrix, dab.
ma·tern[2] ['maːtərn] adj med. (mütterlich) maternal.
'Ma·tern,gie·ßer m print. stereotyper.
Ma·ter·ni·tät [matɛrni'tɛːt] f ⟨-; no pl⟩ med. maternity, motherhood.
'Ma·te|,strauch m bot. maté, mate, yerba maté (Ilex paraguayensis). — **~,tee** m cf. Mate[1].
Ma·the ['matə] f ⟨-; no pl⟩ colloq. for Mathematik.
Ma·the·ma·tik [matema'tiːk] f ⟨-; no pl⟩ **1.** mathematics pl (usually construed as sg), auch mathematic: reine [angewandte, höhere] ~ pure [applied, higher] mathematics; das ist (ja) höhere ~! fig. colloq. that's beyond me (colloq.). - **2.** (als Schulfach) mathematics pl (usually construed as sg), Am. colloq. math, Br. colloq. maths. — **Ma·the'ma·ti·ker** [-'maːtikər] m ⟨-s; -⟩ mathematician.
Ma·the·ma'tik|,leh·rer m, **~,leh·re·rin** f ped. mathematics teacher, teacher of mathematics, Am. colloq. auch math teacher, Br. colloq. auch maths teacher.
ma·the·ma·tisch [mate'maːtɪʃ] **I** adj (Gleichung, Begabung etc) mathematical, auch mathematic: **~e** Physik physicomathematics pl (usually construed as sg); ein **~es** Gesetz aufstellen to set up (od. put) a mathematical rule (od. law); den Lauf eines Gestirns mit **~er** Genauigkeit voraussagen to predict the course of a constellation with mathematical accuracy; die **~en** Wissenschaften the mathematical sciences. - **II** adv mathematically: etwas ~ beweisen to prove s.th. mathematically; er ist ~ begabt he is talented in mathematics, he is mathematically gifted.
Ma·ti·nee [mati'neː] f ⟨-; -n [-ən]⟩ mus. (theater, film) morning performance (od. concert), auch matinee, bes. Br. matinée.
'Mat·jes,he·ring ['matjəs-] m gastr. white herring, matie.
Ma·trat·ze [ma'tratsə] f ⟨-; -n⟩ mattress,

(*mit Sprungfedern*) innerspring mattress, (interior) sprung mattress.

Ma'trat·zen|·drell *m* tick(ing), drell (*od.* canvas) for mattresses. — **~,scho·ner** *m* mattress cover.

Mä·tres·se [mɛ'trɛsə] *f* <-; -n> mistress, kept woman, paramour. — **Mä'tres·sen·,wirt·schaft** *f contempt.* reign (*od.* influence) of mistresses.

ma·tri·ar·cha·lisch [matriar'çaːlɪʃ] *adj* matriarchal.

Ma·tri·ar·chat [matriar'çaːt] *n* <-(e)s; -e> matriarchate, matriarchy.

Ma·trik [ma'triːk] *f* <-; -en> *Austrian for* Matrikel 1.

Ma·tri·kel [ma'triːkəl] *f* <-; -n> **1.** *bes. Austrian* (*Personenstandsregister*) register, roll, registrar's records *pl*, matricula (*bes. hist.*): in die ~ eintragen to register. — **2.** *ped.* (*an Hochschulen*) *Am.* student directory, *Br.* register.

Ma·tri·ku·lar,bei,trä·ge *pl econ.* **1.** contributions of minor territorial authorities to major ones, e.g. of the Länder to the Federal Government. — **2.** *hist.* proportionate levy *sg*.

Ma·trix ['maːtrɪks] *f* <-; -trizen [ma'triːtsən] *u.* -trizes [ma'triːtsɛs]> **1.** *math. med.* matrix. — **2.** *telev.* matrix: adjungierte ~ adjoint matrix. — **3.** *metall.* (*Grundmasse*) matrix. — **~me,cha·nik** *f math.* matrix mechanics *pl* (*construed as sg or pl*). — **~,röh·re** *f telev.* matrix storage tube. — **~,spei·cher** *m tel. telev.* (*computer*) matrix memory.

Ma·tri·ze [ma'triːtsə] *f* <-; -n> **1.** (*für Vervielfältigungen*) stencil: auf ~ schreiben to stencil; eine ~ schreiben (*od.* beschriften) to type a stencil. — **2.** *print.* matrix, mold, *bes. Br.* mould. — **3.** *tech.* a) (*Stanz-, Präge-, Preßmatrize*) die, b) (*Schmiedematrize*) lower (*od.* bottom) die, open (*od.* plain) die, c) (*für Kunststoffe*) force, d) *cf.* Preßmatrize. — **4.** *metall.* (*beim Strangguß*) die. — **5.** *phot.* master negative.

Ma'tri·zen|·,ab,zug *m print.* stencil, print (*od.* pull) (drawn from a stencil). — **~,feil·ma,schi·ne** *f tech.* die-filing machine. — **~,fräs·ma,schi·ne** *f tech.* die-sinking machine. — **~,grif·fel** *m print.* stylus. — **~,kar·te** *f* (*computer*) master card. — **~,rech·nung** *f math.* matrix calculus.

Ma·tro·ne [ma'troːnə] *f* <-; -n> **1.** (*ältere, ehrwürdige Frau*) matron, dame, dowager. — **2.** *colloq.* (*korpulente Frau*) big (*od.* corpulent) woman. — **ma'tro·nen·haft** *adj* matronly.

ma·tro·ny·misch [matro'nyːmɪʃ] *adj ling.* matronymous.

Ma·tro·se [ma'troːzə] *m* <-n; -n> *mar.* **1.** sailor, seaman, mariner, jack(-tar), *auch* Jack(-tar) (*colloq.*), *Br. colloq.* matelot, *auch* matlo(w). — **2.** (*Vollmatrose*) able-bodied seaman. — **3.** (*Leichtmatrose*) ordinary seaman. — **4.** *mil.* a) bluejacket, *Br.* rating, b) (*als unterster Dienstgrad*) *Br.* ordinary rating, *Am.* seaman recruit.

Ma'tro·sen|·,an,zug *m* (*fashion*) sailor suit. — **~,blu·se** *f* sailor blouse, middy (blouse). — **~,hut** *m* sailor (hat). — **~,jacke** (*getr. -k·k-*) *f* pea jacket (*od.* coat), reefer. — **~,kap·pe** *f cf.* Matrosenmütze. — **~,kleid** *n* sailor dress. — **~,knei·pe** *f cf.* Matrosenschenke. — **~,kra·gen** *m* (*fashion*) sailor collar. — **~,lied** *n* sailor's song (*od.* tune), chant(e)y, *auch* shant(e)y. — **~,müt·ze** *f* (*fashion*) sailor cap. — **~,schen·ke** *f* sailor's inn (*bes. Br.* pub).

matsch [matʃ] *adj* <*pred*> **1.** *colloq.* worn out, exhausted: ich bin völlig ~ I am completely exhausted. — **2.** *cf.* matschig 2. — **3.** (*games*) beaten: j-n ~ machen to beat s.o.

Matsch[1] *m* <-(e)s; -e> (*games*) capot, lurch.

Matsch[2] *m* <-(e)s; *no pl*> **1.** (*Brei*) sludge, mush. — **2.** (*Schlamm*) sludge, mud, mire, (*bes. Schneematsch*) slush, slosh.

Mat·sche ['matʃə] *f* <-; *no pl*> *colloq. for* Matsch[2].

mat·schen ['matʃən] *v/i* <h> *colloq.* **1.** play in (*od.* with) mud. — **2.** *cf.* man(t)schen.

mat·schig *adj* **1.** sludgy, muddy, miry, (*bes. durch Schneematsch*) slushy, sloshy. — **2.** (*Frucht*) squashy, mushy, pulpy.

matt [mat] **I** *adj* <-er; -(e)st> **1.** (*erschöpft*) exhausted, worn-out (*attrib*), weary: er ist müde und ~ he is tired and exhausted; ~ von der Anstrengung weary from exertion. — **2.** (*schwach*) feeble, weak, faint: sie hatte ein ~es Lächeln auf den Lippen

she had a faint smile on her lips; der Kranke sprach mit ~er Stimme the sick man spoke in a feeble voice. — **3.** (*entkräftet*) faint, weak: ~ vor Hunger und Durst famished, weak with hunger and thirst. — **4.** (*schlaff*) limp, languid, flabby: meine Glieder sind ganz ~ my limbs are all limp. — **5.** (*Puls*) feeble, weak, faint. — **6.** (*Augen*) dim, dull. — **7.** (*unpoliert*) unpolished. — **8.** (*Glanz, Anstrich etc*) dull(-finished), mat, matt(e). — **9.** (*Farben*) pale, flat. — **10.** (*Seide, Perle etc*) lusterless, *bes. Br.* lustreless. — **11.** (*Glas*) frosted. — **12.** (*Lichtschein*) dim, soft, subdued. — **13.** (*Metall*) tarnished, dull, mat, matt(e), (*bes. Gold*) dead, (*bes. Silber*) frosted. — **14.** *fig.* (*Geschäftsgang, Börse etc*) dull, lifeless, slack, stagnant. — **15.** *fig.* (*Ausrede*) feeble, lame, weak. — **16.** *fig.* (*Unterhaltung etc*) flat, dull. — **17.** *fig.* (*Witz*) tame, pointless, stale. — **18.** *phot.* (*Abzug*) mat, matt(e). — **19.** *mil.* (*Kugel*) spent. — **20.** (*games*) (*Schach*) mate: j-n ~ setzen *auch fig.* to checkmate s.o.; ~ in drei Zügen mate in three moves. — **21.** ~e Wetter (*mining*) irrespirable air *sg*. — **22.** *mus.* a) (*Klang*) dead, b) (*Stimmung*) flat. — **II** *adv* **23.** sie lächelte ~ she smiled faintly; er hat ~ gesprochen [gespielt] he spoke [played] in a dull (*od.* an uninspiring) manner.

Matt *n* <-s; -s> (*beim Schachspiel*) checkmate, mate: ihm droht das ~ (*durch*) he is in danger of (check)mate (from).

'matt,blau I *adj* flat- (*od.* pale-)blue. — **II M~** *n* flat (*od.* pale) blue.

'Matt,blech *n metall.* dull-finished sheet, terne, *auch* terneplate.

Mat·te[1] *f* <'matə] *f* <-; -n> **1.** mat, (*aus Stroh*) straw mat. — **2.** (*Türmatte*) doormat. — **3.** (*sport*) a) (*für Gymnastik, Ringen etc*) mat, carpet, b) (*für Sommerskilauf*) plastic slope *sg*, plastic mats: j-n auf die ~ legen to throw s.o.; zur ~! on the mat! — **4.** (*reinforcing*) mat.

'Mat·te[2] *f* <-; -n> *Swiss and poet. for* Wiese, Weide[2] 1.

'Mat·te[3] *f* <-; *no pl*> *Middle G. for* Quark 1.

'Mat·ten,schan·ze *f* (*sport*) ski jump with a plastic slope (for summer exercise).

'Matt|,far·be *f* mat (*od.* matt, matte, dull) color (*bes. Br.* colour). — **~,gelb I** *adj* flat- (*od.* pale-)yellow. — **II M~** *n* flat (*od.* pale) yellow. — **m~ge,schlif·fen I** *pp of* mattschleifen. — **II** *adj* (*Glas*) ground, frosted. — **~,glanz** *m* (*art*) *metall.* dull finish (*od.* luster, *bes. Br.* lustre). — **~,glas** *n* frosted (*od.* ground) glass. — **~,gla,sur** *f* (*für Keramik*) mat glaze. — **~,gold** *n* **1.** (*Metall*) dead gold. — **2.** (*Farbe*) flat (*od.* pale) gold. — **m~,gol·den** *adj* flat- (*od.* pale-)gold.

Mat·thäi [ma'tɛːi] *gen of* Matthäus (*in Wendungen wie*) bei ihm ist (es) ~ am letzten *colloq.* a) it is all over with him, he is done for (*colloq.*), b) he is broke (*od.* on the rocks) (*sl.*).

Mat·thä·us [ma'tɛːʊs] *npr m* <-; *no pl*> *Bibl.* Matthew: das Evangelium des ~ *cf.* Matthäusevangelium. — **~evan,ge·li·um** *n* the Gospel according to St. Matthew. — **~pas·si,on, die** *mus.* the St. Matthew Passion.

'Matt,heit *f* <-; *no pl*> **1.** (*von Glanz, Anstrich etc*) dullness, mattness. — **2.** (*von Farben*) paleness, flatness. — **3.** (*von Seide, Perlen etc*) lusterlessness, *bes. Br.* lustrelessness. — **4.** (*einer Glühbirne*) frostedness. — **5.** (*eines Lichtscheines*) dimness, softness, subduedness. — **6.** (*Unpoliertheit*) unpolishedness, nonglare (*Br.* non-glare) quality. — **7.** (*von Metall*) tarnish, dullness, mattness, (*bes. von Gold*) dead quality, (*bes. von Silber*) frostedness. — **8.** *tech.* (*von Glas*) a) frostedness, opacity, b) (*durch Schleifen*) ground quality. — **9.** *phot.* wettness. — **10.** *cf.* Mattigkeit.

'matt,her·zig *adj* fainthearted, *Br.* faint-hearted, cowardly.

mat·tie·ren [ma'tiːrən] **I** *v/t* <*no* ge-, h> *tech.* **1.** mat, matt(e), dull. — **2.** (*Glas*) frost, grind. — **3.** (*Metall*) tarnish, (*bes. Gold*) deaden, (*bes. Silber*) frost. — **4.** (*Holz*) flat down. — **II M~** *n* <-s> **5.** *verbal noun.* — **mat'tiert I** *pp.* — **II** *adj* (*Glühbirne*) eine innen [außen] ~e Glühbirne a bulb frosted inside [outside]. — **Mat'tie·rung** *f* <-; -en> **1.** *cf.* Mattieren. — **2.** mat(ting). — **3.** (*von Metall*) satin finish. — **4.** (*von Papier*) eggshell (*od.* unglazed) finish.

'Mat·tig·keit *f* <-; *no pl*> **1.** (*Erschöpfung*) exhaustion, jadedness, weariness, lassitude, *auch* fatigue. — **2.** (*Schwäche*) feebleness, weakness, faintness. — **3.** (*Schlaffheit*) limpness, languor.

'Mat·tig·keits·ge,fühl *n bes. med.* feeling of lassitude.

'Matt|,koh·le *f* (*mining*) dull coal. — **~,lack** *m* (*paints*) flat varnish. — **~,pa,pier** *n* mat- (*od.* dull-)finished paper, unglazed (coated) paper. — **~,schei·be** *f* **1.** *tech.* ground-glass plate. — **2.** *telev. colloq.* screen. — **3.** *phot.* focusing (*auch* focussing) screen. — **4.** (eine) ~ haben *fig. colloq.* not to be with it, to have a blank (*beide colloq.*). — **m~,schlei·fen** *v/t* <*irr, sep, -ge-, h*> *tech.* **1.** grind (*s.th.*) dull. — **2.** (*Glas*) frost. — **m~,schwarz** *adj* flat-black. — **m~ver,gol·det** *adj* dead-gilt. — **~ver,gol·dung** *f* dead gilding. — **m~,weiß** *adj* flat-white.

Ma·tur [ma'tuːr] *n* <-s; *no pl*> *Swiss for* Abitur.

Ma·tu·ra [ma'tuːra] *f* <-; *no pl*> *Austrian and Swiss for* Abitur.

Ma·tu'rand [-tu'rant] *m* <-en; -en> *obs. od. Swiss for* Abiturient.

Ma·tu'rant [-tu'rant] *m* <-en; -en> *Austrian and Swiss for* Abiturient.

ma·tu·rie·ren [-tu'riːrən] *v/i* <*no* ge-, h> *Austrian* a) take the school-leaving examination, b) pass the school-leaving examination, *Am. etwa* graduate.

Ma·tu·ri·tät [maturi'tɛːt] *f* <-; *no pl*> **1.** *obs.* for Reife. — **2.** *Swiss for* Hochschulreife.

Ma·tu·rum [ma'tuːrʊm] *n* <-s; *no pl*> *Southwestern G. for* Abitur.

Ma·tu·tin [matu'tiːn] *f* <-; -e(n)> *relig.* matins *pl* (*sometimes construed as sg*).

Matz [mats] *m* <-es; -e *u.* ⸚e> *humor.* **1.** kleiner ~ little chap (*od.* fellow) (*colloq.*). — **2.** (*Vögelchen*) dick(e)ybird.

Mätz·chen ['mɛtsçən] *n* <-s; -> **1.** (*Albernheit*) silly act, silliness: laß(t) doch endlich diese ~! enough of your (*od.* that) silliness! — **2.** *pl colloq.* tricks, antics, pranks, *Am.* monkey-business *sg* (*colloq.*): ~ machen to play pranks; mach doch keine ~! don't play (*od. colloq.* pull) any tricks. — **3.** *dim. of* Matz 2.

Mat·ze ['matsə] *f* <-; -n>, **'Mat·zen** *m* <-s; -> *relig.* matzo(h), *auch* matza(h), Passover bread (*od.* cake).

mau [mau] *adj* <*pred*> *colloq.* poor, not good, bad: die Ergebnisse sind ~ the results are poor; ich fühle mich ~, mir ist ~ I feel ill (*od. colloq.* poorly, dick[e]ly).

mau·en ['mauən] *v/i* <h> *Southwestern G. and Swiss for* miauen.

Mau·er ['mauər] *f* <-; -n> **1.** wall: eine ~ aus Ziegelsteinen a brick wall; eine ~ bauen (*od.* errichten, *civ.eng.* aufführen) to build (*od.* erect) a wall; die ~n einer alten Stadt the walls of an ancient town; ein Gelände mit einer ~ umgeben to wall (in) a site; wir sind durch eine ~ gegen Einsicht von der Straße geschützt we have a wall which prevents people looking in from the street; die Chinesische ~ *hist.* the Chinese wall; er weilte in den ~n unserer Stadt *poet.* he visited our town; der Pöbel bildete eine undurchdringliche ~ *fig.* the mob formed an impenetrable wall; der Gegner stand wie eine ~ *fig.* the enemy stood like a stone wall; er umgibt sich mit einer ~ von Vorurteilen [Mißtrauen] *fig.* he encloses (*od.* encompasses) himself in (*od.* with) a wall of prejudice [mistrust]; er stand vor einer ~ aus Haß und Verachtung *fig.* he faced a wall of hatred and scorn; du wirst dir nur den Kopf an dieser ~ einrennen *fig. colloq.* you will only run (*od.* be running) your head against a brick wall. — **2.** (*sport*) wall: das Pferd berührte die ~ the horse touched the wall; die Spieler bildeten eine ~ the players formed a wall (*od.* lined up). — **~,satz** *m civ.eng.* setoff, *Br.* set-off. — **~,an·ker** *m* wall clamp (*od.* hook), clamp iron. — **~,an,schlag** *m* (*Plakat*) (wall) poster. — **~,as·sel** *f zo.* common slater (*Oniscus asellus*). — **~be,wurf** *m civ.eng.* wall coating. — **~,bie·ne** *f zo.* mason bee (*Gattg Osmia*). — **~,blen·de** *f arch.* flat niche of a wall. — **~,blüm·chen** *n auch fig.* wallflower: kein Mädchen ist gerne ~ auf einem Ball *fig.* no girl likes to be the wallflower at a ball. — **~,bo·gen** *m* relieving (*od.* wall) arch. — **~,bre·cher** *m mil. hist.* battering ram, aries. — **~,brü·stung** *f*

civ.eng. (wall) cornice. — ⁓**dicke** (*getr.* -k·k-) *f* thickness of a wall, wall thickness. — ⁓**durch₁füh·rung** *f cf.* Maueröffnung 2. — ⁓**efeu** *m bot. cf.* Efeu.
Maue·rei *f* ⟨-; *no pl*⟩ *civ.eng. cf.* Mauern.
'**Mau·er|₁ei·dech·se** *f zo.* wall lizard (*Lacerta muralis*). — ⁓**ep·pich** *m bot. cf.* Efeu. ⁓**fal·ke** *m zo. cf.* Turmfalke. — **m⁓₁fest** *adj* (as) solid as a wall. — ⁓**flucht** *f civ.eng.* wall line. — ⁓**fraß** *m* **1.** efflorescence of wall, destruction by wall saltpeter (*bes. Br.* saltpetre). – **2.** *bot. cf.* Mauerschwamm. — ⁓**fuchs** *m zo.* wall brown (*Gattg Pararge; butterfly*). — ⁓**fu·ge** *f* wall joint. — ⁓**gecko** (*getr.* -k·k-) *m zo.* wall gecko (*Tarentola mauritanica*). — ⁓**glas₁kraut** *n bot. cf.* Glaskraut 2. — ⁓**grund** *m civ.eng.* wall foundation. — ⁓**gür·tel** *m* ring of walls: ein ⁓ zieht sich um die Stadt a ring of walls runs round the town, the town is surrounded by walls, the town is walled (in). — ⁓**ha·ken** *m* **1.** (*zum Bergsteigen*) rock piton (*od.* peg). – **2.** *civ.eng. cf.* Maueranker. — ⁓**klam·mer** *f* wall tie (*od.* clamp). — ⁓**kranz** *m*, ⁓**kro·ne** *f* **1.** *civ.eng.* wall crest (*od.* top, crown), mural crown. - **2.** *mil.* (*Festungsbau*) cordon. — ⁓**lat·te** *f civ.eng.* wall plate. — ⁓**lat·tich** *m bot.* wall lettuce (*Lactuca od. Mycelis muralis*). — ⁓**läu·fer** *m zo.* wall creeper (*Tichodroma muraria*).
mau·ern ['mauərn] **I** *v/t* ⟨h⟩ **1.** *civ.eng.* wall, brick (up *od.* in), mason, build (*s.th.*) in stone (*od.* brick). – **II** *v/i* **2.** (*games*) (*beim Kartenspiel*) risk nothing, stonewall. – **3.** *civ.eng.* make (*od.* build) a wall, lay bricks. – **4.** (*sport*) a) play defensively, put safety first, b) play for time. – **III M⁓** *n* ⟨-s⟩ **5.** *verbal noun.* – **6.** *cf.* Mauerung.
'**Mau·er|₁nach·ti·gall** *f zo.* American redstart (*Setophaga ruticilla*). — ⁓**ni·sche** *f* niche in a wall. — ⁓**öff·nung** *f* **1.** opening (*od.* gap, aperture) in a wall. – **2.** (*Mauerdurchführung*) wall channel (*od.* duct). — ⁓**pfef·fer** *m bot.* stonecrop, sedum (*scient.*) (*Gattg Sedum*): Scharfer (*od.* Gemeiner) ⁓ wall pepper (*od.* grass), wallwort, pepper crop, creeping sailor (*od.* jack) (*S. acre*); Weißer ⁓ worm grass (*S. album*). — ⁓**pfei·ler** *m civ.eng.* (*Strebe*) buttress. — ⁓**ram·pe** *f bot.* wall rocket, stinkweed (*Diplotaxis muralis*). — ⁓**rau·te** *f* wall rue (spleenwort) (*Asplenium ruta-muraria*). — ⁓**rem·pe** *f cf.* Mauerrampe. — ⁓**ring** *m arch.* walled circle. — ⁓**rit·ze** *f* crack (*od.* crevice, chink) in a wall. — ⁓**sa₁lat** *m bot. cf.* Mauerlattich. — ⁓**sal₁pe·ter** *m*, ⁓**salz** *n chem.* (wall) saltpeter (*bes. Br.* saltpetre). — ⁓**schicht** *f civ.eng.* course of bricks. — ⁓**schwal·be** *f zo. cf.* Mauersegler. — ⁓**schwamm** *m bot.* dry rot. — ⁓**seg·ler** *m zo.* (common) swift, black martin (*Apus apus*). — ⁓**senf** *m bot. cf.* Mauerrampe. — ⁓**spalt** *m*, ⁓**spal·te** *f* **1.** gap in (*od.* of) a wall. – **2.** *cf.* Mauerritze. — ⁓**spei·se** *f civ.eng.* lime mortar. — ⁓**stein** *m* **1.** (*Klinkerziegel*) clinker (brick). – **2.** (*Vollziegel, Backstein*) solid (*od.* building) brick. – **3.** (*Haustein*) ashlar, cut stone. — ⁓**turm** *m arch. hist.* wall tower.
'**Maue·rung** *f civ.eng.* **1.** *cf.* Mauern. – **2.** masonry, brickwork.
'**Mau·er|ver₁band** *m civ.eng.* (masonry) bond. — ⁓**ver₁blen·dung** *f* wall facing. — ⁓**vor₁sprung** *m* corbel(l)ing, wall projection. — ⁓**werk** *n* masonry, brickwork, stonework, walling. — ⁓**wes·pe** *f zo.* wall wasp (*Gattg Odynerus*). — ⁓**zie·gel** *m civ.eng.* building (*od.* solid) brick. — ⁓**zin·ne** *f hist. arch.* battlement (of a wall), pinnacle.
Mau·ke ['maukə] *f* ⟨-; *no pl*⟩ **1.** *vet.* scurf. - **2.** *bot. cf.* Grind 2.
Maul [maul] *n* ⟨-(e)s; ⁼er⟩ **1.** (*von Tieren*) mouth, (*Schnauze*) *auch* muzzle, snout: die Katze hatte eine Maus im ⁓ the cat had a mouse in its mouth (*od.* jaws); das Pferd hat ein hartes [weiches] ⁓ (*sport*) the horse has a hard [soft] mouth; du sollst dem Ochsen, der da drischt, nicht das ⁓ verbinden *Bibl.* thou shalt not muzzle an ox when it treadeth out the corn; → Gaul 4. - **2.** *colloq.* (*Mundwerk*) 'trap' (*sl.*), tongue: halt's ⁓! hold your tongue! shut up! (*sl.*); ein böses [loses] ⁓ haben to have a malicious [loose] tongue; er hat immer ein großes ⁓ he is always boasting (*od.* bragging, talking big); er reißt das ⁓ gar

---

zu weit auf his big talk (*od.* bragging, boasting) goes too far; er ist nicht aufs ⁓ gefallen he has a glib tongue, he knows all the answers; j-m das ⁓ stopfen to shut s.o. up; tu (*od.* mach) das ⁓ auf! speak up! j-m übers ⁓ fahren to cut s.o. short; alle Mäuler sind voll davon it's the talk of the town; die bösen Mäuler the scandalmongers; sich (*dat*) das ⁓ (*od.* die Mäuler) (über j-n [etwas]) zerreißen *fig. colloq.* to wag one's tongue (about [*od.* over] s.o. [*s.th.*]); → Volk 2. - **3.** *colloq.* (*Mund*) 'mug' (*sl.*), mouth: sein häßliches ⁓ verzog sich zu einem boshaften Grinsen his ugly mug screwed up into an evil grin; ⁓ und Nase aufsperren to be flabbergasted (*colloq.*), to stand gaping; du kriegst gleich eins aufs ⁓! you'll get a sock in the mouth (*od.* a smack in the kisser)! (*sl.*); er hat sechs hungrige Mäuler zu stopfen he has six hungry mouths to feed; das ⁓ hängen lassen to make a wry face, to pull a face; j-m ums ⁓ gehen to soft-soap s.o., to butter s.o. (up); → Honig 2; Taube[1]. - **4.** j-m ein ⁓ anhängen *vulg.* to give s.o. backchat. – **5.** *tech.* a) (*einer Zange etc*) head, nose, jaws *pl*, b) (*eines Schraubenschlüssels*) head. — ⁓**af·fen** *pl only in* (dastehen und) ⁓ feilhalten *fig. colloq.* to stand gaping (about), to hang around.
'**Maul₁beer₁baum** *m bot.* mulberry (tree) (*Gattg Morus*): Roter ⁓ red mulberry (*M. rubra*); Schwarzer ⁓ sycamine (*M. nigra*). — ⁓**bee·re** *f bot.* (*Frucht*) mulberry.
'**Maul₁beer|₁fei·ge** *f bot.* sycamore, *auch* Egyptian (*od.* Oriental) sycamore, daroo (tree) (*Ficus sycomorus*). — ⁓**keim** *m biol.* morula. — ⁓**sei·den₁spin·ner** *m zo.* silk, silkworm moth, bombyx (*scient.*) (*Bombyx mori*).
'**Maul|₁brü·ten** *n zo.* oral gestation. — ⁓**₁brü·ter** *m meist pl* (*Fisch*) mouthbreeder.
Mäul·chen ['mɔylçən] *n* ⟨-s; -⟩ *dim. of* Maul: ein ⁓ machen (*od.* ziehen) *fig. colloq.* to pout, to sulk.
mau·len ['maulən] *v/i* ⟨h⟩ **1.** pout, sulk, be sulky. – **2.** (*murren*) grumble, grouse: er maulte wegen des schlechten Essens he grumbled because of (*od.* about) the bad food.
'**Maul|₁esel** *m zo.* mule, hinny (*Equus hinnus*). — **m⁓₁faul** *adj only in* ⁓ sein *colloq.* a) to be lazy, to be too lazy to speak, b) (*undeutlich reden*) to mumble, c) (*schweigsam sein*) to be taciturn. — ⁓**fü·ßer**, ⁓**füß·ler** [-₁fyːslər] *m* ⟨-s; -⟩ *zo.* stomatopod (*Ordng Stomatopoda*): zu den ⁓n gehörig stomatopodous. — ⁓**held** *m colloq. contempt.* loudmouth, bragger, braggart. — ⁓**hel·den·tum** *n colloq. contempt.* big talk, bragging, boasting. — ⁓**korb** *m auch fig.* muzzle: dem Hund einen ⁓ anlegen to put a muzzle on (*od.* to muzzle) the dog; dem Volk einen ⁓ anlegen *fig.* to put a muzzle on (*od.* to muzzle) the people. — ⁓**korb₁zwang** *m* es besteht ⁓ it is compulsory to muzzle dogs. — ⁓**ro·se** *f bot. cf.* Malve. — ⁓**schel·le** *f colloq.* box on the ear, slap (in the face). — ⁓**schlüs·sel** *m tech.* engineer's wrench (*bes. Br.* spanner). — ⁓**seu·che** *f vet. cf.* Maul- und Klauenseuche. — ⁓**spal·te** *f zo.* cleft of the mouth, rima oris (*scient.*). — ⁓**sper·re** *f vet.* stag-evil, lockjaw.
'**Maul₁tier** *n zo.* mule (*Equus mulus*). — **m⁓₁ähn·lich** *adj* mulish. — ⁓**hirsch** *m zo.* mule (*od.* jumping) deer (*Odocoileus hemionus*). — ⁓**pfad** *m* bridle path (*od.* trail). — ⁓**trei·ber** *m* muleteer, mule driver, *Am. colloq.* mule skinner.
'**Maul₁trom·mel** *f mus.* Jew's (*od.* Jews', Jews) harp (*od.* trump), guimbard.
'**Maul- ₁und ₁Klau·en₁seu·che** *f vet.* foot--and-mouth disease, *Am. auch* hoof-and--mouth disease, epizootic (*od.* epidemic) stomatitis (*scient.*).
'**Maul₁werk** *n vulg.* for Mundwerk.
'**Maul₁wurf** *m* ⟨-(e)s; ⁼e⟩ *zo.* mole (*Fam. Talpidae*): Europäischer ⁓ European mole (*Talpa europaea*). — **m⁓₁ar·tig** *adj* molelike, talpine (*scient.*).
'**Maul₁wurfs|₁drä·nung** *f agr.* mole drainage. — ⁓**fal·le** *f* mole trap. — ⁓**fell** *n* moleskin. — ⁓**gril·le** *f zo.* mole cricket, jarr worm (*Gryllotalpa hexadactyla*). — ⁓**₁hau·fen**, ⁓**₁hü·gel** *m* molehill. — ⁓**krebs** *m zo.* callianassid (*Fam. Callianassidae*). — ⁓**maus** *f* European mole rat, slepez (*Spalax*

---

microphthalmus). — ⁓**nat·ter** *f* mole snake (*Pseudaspis cana*). — ⁓**rat·te** *f* mole rat (*Fam. Bathyergidae*).
maun·zen ['mauntsən] *v/i* ⟨h⟩ *Southwestern G.* **1.** *cf.* miauen. – **2.** (*weinerlich klagen*) wail.
Mau·re ['maurə] *m* ⟨-n; -n⟩ Moor, (*bes. in Spanien*) Morisco.
'**Mau·ren₁wan·ze** *f zo.* stinkbug (*Tetyra maura*).
Mau·rer ['maurər] *m* ⟨-s; -⟩ **1.** *civ.eng.* bricklayer, mason, *Br. colloq.* brickie, *auch* bricky, *Am. auch* brickmason. – **2.** *colloq.* (*beim Kartenspiel*) person who risks nothing. — ⁓**₁ar·beit** *f civ.eng.* bricklaying, brickwork, masonry, masonry.
Mau·re·rei *f* ⟨-; *no pl*⟩ *civ.eng.* **1.** *cf.* Maurerhandwerk. – **2.** *cf.* Mauern.
'**Mau·rer|ge₁sel·le** *m civ.eng.* journeyman bricklayer (*od.* mason, *Am. auch* brickmason). — ⁓**ham·mer** *m* bricklayers' (*od.* masons') hammer, (brick) scutch. — ⁓**₁hand₁werk** *n* craft of masonry (*od.* bricklaying).
'**mau·re·risch** *adj cf.* freimaurerisch.
'**Mau·rer|₁kel·le** *f civ.eng.* brick trowel. — ⁓**lehr·ling** *m* mason's (*od.* bricklayer's) apprentice. — ⁓**mei·ster** *m* master mason (*od.* builder). — ⁓**pin·sel** *m* wall brush. — ⁓**po₁lier** *m* head mason, bricklayer's foreman, foreman bricklayer. — ⁓**vö·gel** *pl zo.* birds that build nests of mud or clay. — ⁓**werk₁zeug** *n civ.eng.* brickworker's (*od.* bricklayer's) tool(s *pl*). — ⁓**wes·pe** *f zo.* mason wasp, eumenid (wasp) (*Gattg Odynerus*) of masons. — ⁓**zunft** *f* guild (*od.* company) of masons.
Mau·res·ke [mau'rɛskə] *f* ⟨-; -n⟩ (*art*) Moresque, *auch* Mauresque.
Mau·re·ta·ni·er [maure'taːniər] *m* ⟨-s; -⟩ Mauretanian. — **mau·re·ta·nisch** [-nıʃ] *adj* Mauretanian.
'**Mau·rin** *f* ⟨-; -nen⟩ Moor.
Mau·ri·ner [mau'riːnər] *m* ⟨-s; -⟩ *röm.kath.* Maurist.
'**mau·risch** *adj* (*Bau, Stil etc*) Moorish, Moresque, *auch* Mauresque: ⁓er Bogen *arch.* Moorish (*od.* horseshoe) arch.
Mau·ri·ti·us|₁hanf [mau'riːtsıus-] *m bot.* Mauritius hemp, giant cabuya (*Furcraea gigantea*). — ⁓**pal·me** *f bot.* ita (*od.* eta) palm, miriti (*od.* mirity) palm (*Mauritia flexuosa*).
Maus [maus] *f* ⟨-; ⁼e⟩ **1.** mouse: wie eine ⁓ mouselike, mous(e)y; flink wie eine ⁓ (as) quick as a mouse; von Mäusen heimgesucht plagued by mice; Mäuse fangen to catch mice, to mouse; die ⁓ ist in die Falle gegangen a) the mouse has been trapped (*od.* caught in the trap), b) *fig.* he [she] has walked into the trap, he [she] has been trapped; die ⁓ nagt [knabbert, raschelt] the mouse gnaws [nibbles, rustles]; die ⁓ quiekt (*od.* piepst) the mouse squeaks; weiße Mäuse a) white mice, b) *fig. colloq.* humor. motorized (*Br. auch* -s-) traffic police; weiße Mäuse sehen *fig. colloq.* to see snakes (*od.* pink elephants); da beißt die ⁓ keinen Faden ab! da beißt keine ⁓ einen Faden ab! *fig. colloq.* it can't be helped! there you are! mit j-m Katze und ⁓ spielen *fig.* to play (at) cat and mouse with s.o.; mit Speck fängt man Mäuse (*Sprichwort*) *etwa* good bait catches fine fish; wenn die Katze aus dem Haus ist, tanzen die Mäuse (*Sprichwort*) when the cat's away the mice will play (*proverb*); → Mann 7. - **2.** *zo.* a) mouse, murine (*scient.*) (*Fam. Muridae*), b) (*Hausmaus*) house mouse (*Mus musculus*). – **3.** *med.* (*Handballen*) thenar eminence. – **4.** *pl colloq.* (*Geld*) 'dough' (*colloq.*), *Am. sl.* 'bread', *Br. sl.* 'dust', 'lolly', money (*alle sg*). – **5.** gebackene Mäuse *Austrian gastr. etwa* doughnuts. – **6.** *fig. colloq. cf.* Mäuschen 3.
'**Maus₁beut·ler** *m zo.* woolly opossum (*Gattg Philander*).
Mau·schel ['mauʃəl] *m* ⟨-s; -⟩ *contempt.* Jew; Yid, *bes. Am.* kike (*contempt.*), sheeny, *auch* sheenie (*sl.*).
Mau·sche·lei *f* ⟨-; *no pl*⟩ **1.** Jewish speech (*od.* way of talking). – **2.** *fig.* mumble, mumbling, mutter, muttering.
mau·scheln ['mauʃəln] **I** *v/i* ⟨h⟩ **1.** talk Yiddish. – **2.** *fig.* mumble, mutter. – **3.** (*games*) play a game of 'Mauscheln'. – **4.** *fig.* (*betrügen*) cheat. – **II M⁓** *n* ⟨-s⟩ **5.** *verbal noun.* – **6.** *cf.* Mauschelei. – **7.** (*games*) a card game of hazard.

Mäus·chen ['mɔysçən] n ⟨-s; -⟩ **1.** dim. of Maus: sie saß still wie ein ~ she sat there (as) quiet as a (little) mouse; da möchte ich ~ sein (od. spielen) colloq. I'd like to be present there secretly, I'd like to eavesdrop there; mich soll das ~ beißen, wenn das nicht wahr ist colloq. I'll eat my hat if that's not true. – **2.** colloq. (Kosewort) darling, pet, honey: mein (kleines od. süßes) ~! my (little) darling (Br. colloq. auch ducky). – **3.** colloq. funny bone: ich habe mich ans ~ gestoßen I've hit my funny bone.
'mäus·chen'still I adj **1.** es war ~ (im Raum) there was a dead silence (od. one could have heard a pin drop) (in the room). – **2.** (von Personen) (as) quiet as a mouse. – **II** adv **3.** sich ~ verhalten to keep as quiet as a mouse.
'Mäu·seͺ**ad·ler** m zo. cf. Mäusebussard. — **m**~ͺ**ar·tig** adj like a mouse, mouselike, mous(e)y; murine, muriform (scient.): ~e Tiere murines. — ~ͺ**bus·sard** m zo. (common) buzzard (Buteo buteo). — ~ͺ**dorn**, **'Ste·chen·der** m bot. (prickly) butcher's--broom, box holly, Jew's (od. shepherd's) myrtle (Ruscus aculeatus). — ~ͺ**dreck** m **1.** mouse dirt. – **2.** fig. colloq. for Schokoladenstreusel. — ~ͺ**fal·ke** m zo. cf. Mäusebussard.
'Mau·seͺ**fal·le** f mousetrap.
'Mäu·seͺ**fang** m mouse hunt, mousing: die Katze ist auf ~ the cat is hunting for mice. — ~ͺ**fän·ger** m (von Katzen, Raubvögeln etc) mouser. — ~ͺ**fraß** m damage done by mice. — ~ͺ**ger·ste** f bot. wall (od. mouse, wild) barley (Hordeum murinum). — ~ͺ**gift** n mouse poison, rodenticide (scient.). — ~ͺ**jagd** f cf. Mäusefang. — ~ͺ**klee** m bot. cf. Hasenklee 2.
mäu·seln ['mɔyzəln], **mau·seln** [ˈmauzəln] v/i ⟨h⟩ hunt. imitate the squeaking of a mouse (in order to lure foxes etc).
'Mau·seͺ**loch**, seltener **'Mäu·se**ͺ**loch** n mousehole: er hätte sich am liebsten in ein ~ verkrochen fig. colloq. (vor Angst oder Verlegenheit) he would have liked to crawl (od. disappear) into a mousehole, he would have liked the ground to open up and swallow him.
'Mäu·seͺ**mel·ken** n only in es ist zum ~ fig. colloq. it's enough to drive one up the wall (od. to despair, Br. sl. round the bend).
mau·sen ['mauzən] **I** v/i ⟨h⟩ **1.** catch mice, mouse: die Katze maust gut the cat is good at catching mice (od. is a good mouser). – **2.** vulg. cf. vögeln II. – **II** v/t **3.** fig. colloq. pilfer, filch, 'lift' (colloq.); 'pinch', 'swipe', 'hook' (sl.). – **4.** vulg. cf. vögeln I. – **III M**~ n ⟨-s⟩ **5.** verbal noun: → Katze 2.
'Mäu·seͺ**nest** n mouse nest, nest of mice. — ~ͺ**öhr·chen** n bot. mouse-ear (hawkweed) (Hieracium pilosella). — ~ͺ**pla·ge** f plague of mice.
'Mau·ser¹ f ⟨-; no pl⟩ zo. (der Vögel) molt, bes. Br. moult, mo(u)lting (season), mewing, deplumation (scient.): in der ~ sein to be mo(u)lting.
'Mau·ser² m ⟨-s; -⟩ zo. cf. Mäusebussard.
'Mau·ser³ (TM) f ⟨-; -⟩ short for Mauserpistole.
Mau·se'rei f ⟨-; -en⟩ colloq. humor. pilferage.
'Mau·ser·geͺ**wehr** (TM) n Mauser (rifle).
Mäu·se·rich ['mɔyzəriç] m ⟨-s; -e⟩ colloq. male mouse.
'mau·se·rig adj **1.** zo. (von Vögeln) prone to disease (during mo[u]lting season). – **2.** Swiss for verdrießlich.
'Mau·serͺ**kä·fig** m (bes. für Falken) mew.
mau·sern ['mauzərn] **I** v/reflex sich ~ ⟨h⟩ **1.** zo. (von Vögeln) shed (feathers), molt, bes. Br. moult, mew: der Vogel mausert sich the bird is mo(u)lting. – **2.** fig. (von Menschen) improve, change (for the better): sie hat sich zu einem hübschen jungen Mädchen gemausert she has changed (od. blossomed out) into a pretty young girl. – **II** v/i **3.** zo. cf. mausern 1. – **III M**~ n ⟨-s⟩ **4.** verbal noun. – **5.** cf. Mauser¹.
'Mau·ser·piͺ**sto·le** (TM) f Mauser (pistol).
'Mau·se·rung f ⟨-; no pl⟩ zo. cf. Mauser¹.
'Mau·serͺ**zeit** f zo. molting (bes. Br. moulting) time (od. season).
'Mäu·seͺ**schwanz** m **1.** tail of a mouse. – **2.** bot. mousetail (Myosurus minimus).
'mau·se'tot adj colloq. stone-dead, (as) dead as a doornail.
'Mäu·seͺ**ty·phus** m vet. med. mouse typhus (caused by Salmonella typhimurium). — ~-

---

~ͺ**vo·gel** m zo. mousebird, coly (Colius senegalensis).
'mausͺ**far·ben**, ~ͺ**far·big**, ~ͺ**grau** adj **1.** mouse-colored (bes. Br. -coloured), mouse-gray (bes. Br. -grey), (mouse-)dun. – **2.** contempt. drab.
mau·sig ['mauziç] adj **1.** only in sich ~ machen colloq. a) to play the big man, to get on one's high horse, b) (frech werden) to get cheeky (Am. colloq. auch fresh). – **2.** hunt. (von Jagdfalken) able (od. eager) to hunt.
Mau·sing ['mauziŋ] f ⟨-; -en⟩ mar. mousing.
Mäus·lein ['mɔyslain] n ⟨-s; -⟩ cf. Mäuschen 1, 2.
'Mausͺ**loch** n cf. Mauseloch. — ~ͺ**ma·ki** m zo. fork-masked dwarf lemur (Microcebus furcifer). — ~ͺ**ohr** n mouse-eared bat (Myotis myotis). — ~ͺ**öhr·chen** n bot. cf. Mäuseöhrchen.
Mau·so·le·um [mauzo'leːʊm] n ⟨-s; -leen⟩ mausoleum, tomb.
'Mausͺ**schlä·fer** m zo. dormouse (Gattg Graphiurus). — **m**~ͺ**tot** adj Austrian for mausetot. — ~ͺ**vo·gel** m zo. cf. Mäusevogel. — ~ͺ**wie·sel** n white weasel (Mustela nivalis).
Maut [maut] f ⟨-; -en⟩ **1.** obs. for Zoll¹ 4. – **2.** cf. a) Mautgebühr, b) Mautstelle.
m~ͺ**bar** adj obs. for zollpflichtig. — ~ͺ**ein**ͺ**neh·mer** m tollgate (Br. toll-gate) official, turnpike man. — **m**~ͺ**frei** adj **1.** obs. for zollfrei. – **2.** (Straße, Brücke) toll-free. — ~ͺ**ge**ͺ**bühr** f (für Brücken- u. Straßenbenutzung) toll.
Maut·ner ['mautnər] m ⟨-s; -⟩ **1.** obs. for Zollbeamte. – **2.** Bavarian and Austrian obs. for Mauteinnehmer.
'mautͺ**pflich·tig** adj (Straße, Brücke) subject to toll. — **M**~ͺ**stel·le** f tollgate, Br. toll-gate, turnpike. — **M**~ͺ**stra·ße** f toll road, Am. auch tollway, turnpike (road).
mauve [moːv] (Fr.), ~ͺ**far·ben** adj (malvenfarbig) mauve: ein mauve (od. colloq. mauves) Kleid a mauve dress.
Mau·ve·in [move'iːn] n ⟨-s; no pl⟩ chem. mauvein(e), mauve.
mau·zen ['mautsən] v/i ⟨h⟩ Southwestern G. a) maunzen 2, b) miauen.
ma·xi ['maksi] adv (fashion) maxi: ~ gehen (od. tragen) to wear a maxi. — **M**~ͺ**kleid** n maxi dress.
Ma·xil·la [ma'ksila] f ⟨-; -lae [-lɛ]⟩ **1.** med. upper jaw(bone), maxilla (scient.). – **2.** zo. (der Insekten) second pair of jaws, maxilla (scient.). — **ma·xil'lar** adj med. zo. maxillary.
Ma'xil·lenͺ**stiel** [ma'ksilən-] m zo. footstalk, stipes (scient.).
Ma·xi·ma ['maksima] f ⟨-; -mae [-mɛ] u. -men⟩ mus. maxima, large.
ma·xi·mal [maksi'maːl] **I** adj **1.** maximal, maximum. – **2.** phys. tech. (Belastung, Beanspruchung etc) maximum, ultimate. – **II** adv **3.** maximally, at the most: der Bus faßt ~ 30 Personen the bus has a maximum capacity of 30 passengers; das ergibt, ~ gerechnet, 100 Mark that will amount to 100 marks at the most (od. a maximum of 100 marks).
Ma·xi'malͺ**ar·beits**ͺ**tag** m (legal) maximum of working hours (per day). — ~-ͺ**aus**ͺ**len·kung** f electr. phys. maximum deflection (Br. auch deflexion). — ~ͺ**be**ͺ**la·stung** f tech. phys. maximum (od. peak) load. — ~ͺ**be**ͺ**trag** m econ. **1.** maximum, highest amount. – **2.** (an der Börse) limit. — ~ͺ**do·sis** f med. maximum dose. — ~ͺ**flug**ͺ**zeit** f aer. maximum flight time, (eines bestimmten Flugzeugtyps) endurance. — ~ͺ**for·de·rung** m maximum claim: ~en stellen to claim a maximum. — ~ͺ**ge**ͺ**schwin·dig·keit** f greatest (od. maximum, top) speed. — ~ͺ**ge**ͺ**wicht** n maximum weight. — ~ͺ**ta**ͺ**rif** m maximum (od. general) tariff, autonomous tariff (schedule). — ~ͺ**ther·mo**ͺ**me·ter** n phys. maximum thermometer. — ~ͺ**wert** m peak (od. maximum) value. — ~ͺ**wer·tig·keit** f chem. maximum valence.
'Ma·xiͺ**man·tel** m (fashion) maxi coat.
Ma·xi·me [ma'ksiːmə] f ⟨-; -n⟩ **1.** (Grundsatz) maxim. – **2.** (Diktum) maxim, dictum, apothegm, auch apophthegm, aphorism. – **3.** jur. (Rechtsgrundsatz) brocard.
Ma·xi·mum ['maksimum] n ⟨-s; -xima [-ma]⟩ **1.** maximum. – **2.** math. (einer Kurve) peak. – **3.** meteor. (Luftdruckmaximum) high pressure (area). — ~ͺ**ther·mo**ͺ**me·ter** n phys. maximum thermometer.

Ma·ya¹ ['maːja] m ⟨-(s); -(s)⟩ anthrop. (mittelamer. Indianer) Maya.
'Ma·ya² n ⟨-; no pl⟩, ~ͺ**spra·che** f ling. Maya.
Ma·yon·nai·se [majɔ'nɛːzə] f ⟨-; -n⟩ gastr. mayonnaise.
ma·za'rinͺ**blau** [maza'rɛ̃-; matsa'riːn-] **I** adj mazarine(-blue). — **II M**~ n mazarine (blue).
Maz·da·is·mus [masda'ɪsmus] m ⟨-; no pl⟩ relig. Zoroastrianism, Mazdaism. — **Maz·da'ist** [-'ɪst] m ⟨-en; -en⟩ Zoroastrian, Mazdean.
Maz·daz·nan [masdas'naːn] n, m ⟨-s; no pl⟩ relig. Mazdean movement (founded by O. Hanisch).
Ma·ze·do·ni·er [matse'doːniər] m ⟨-s; -⟩ geogr. Macedonian. — **ma·ze'do·nisch** [-nɪʃ] **I** adj Macedonian. – **II** ling. **M**~ ⟨generally undeclined⟩, **das M**~e ⟨-n⟩ Macedonian, the Macedonian language.
Mä·zen [mɛ'tseːn] m ⟨-s; -e⟩ Maecenas, patron of art (od. literature). — **Mä·ze·'na·ten·tum** [-tse'naːtəntuːm] n ⟨-s; no pl⟩ Maecenatism, patronage.
Ma·ze·ra·ti·on [matsera'tsjoːn] f ⟨-; -en⟩ chem. maceration. — **ma·ze'rie·ren** [-'riːrən] v/t ⟨no ge-, h⟩ macerate.
Ma·zis ['matsis; 'maːtsis] m ⟨-; no pl⟩ cf. Muskat. — ~ͺ**blü·te** f cf. Muskatblüte.
Ma·zur·ka [ma'zurka] f ⟨-; -s⟩ mus. mazurka, auch mazourka.
Maz·za ['matsa] f ⟨-; no pl⟩ relig. cf. Matze(n).
mea cul·pa ['meːa 'kulpa] interj (through od. by) my fault! mea culpa!
Mea·to·mie [meato'miː] f ⟨-; -n [-ən]⟩ med. meatotomy.
Mea·tus [me'aːtus] m ⟨-; no pl⟩ med. (Gang, Kanal) meatus. — ~ͺ**er**ͺ**wei·te·rung** f meatotomy.
Me·cha·nik [me'çaːnɪk] f ⟨-; -en⟩ **1.** ⟨only sg⟩ phys. (Lehre) mechanics pl (construed as sg or pl): Newtonsche ~ Newtonian mechanics; ~ der flüssigen Körper mechanics of liquids (od. fluids), hydromechanics pl (usually construed as sg); ~ der gasförmigen Körper aerodynamics pl (construed as sg). – **2.** tech. mechanism: die ~ des Schlosses ist äußerst kunstvoll the mechanism of the lock is extremely ingenious. – **3.** zo. mechanics pl (construed as sg or pl): ~ der tierischen Körper animal mechanics.
Me·cha·ni·ker [me'çaːnɪkər] m ⟨-s; -⟩ **1.** mechanic, mechanician. – **2.** (Maschinenschlosser) machinist. – **3.** aer. a) (im Flugzeugbau) rigger, b) (am Boden) aircraft mechanic, c) (an Bord) flight engineer.
Me·cha·ni·kus [me'çaːnikus] m ⟨-; -ker⟩ humor. **1.** cf. Mechaniker. – **2.** (Bastler) home mechanic, amateur constructor.
me·cha·nisch [me'çaːnɪʃ] **I** adj **1.** tech. a) mechanic(al), b) automatic, auch automatical: ~e Arbeit mechanical work; ~e Bewegung mechanically operated movement; ~e Kraft (od. Leistung) power; ~e Presse power press; ~e Traktur mus. (der Orgel) tracker action; ~e Vorrichtungen mechanical devices; ~es Wärmeequivalent phys. mechanical equivalent of heat; ~er Webstuhl (power) loom; ~e Werkstatt engineering workshop. – **2.** fig. (Arbeit, Handgriff etc) mechanic(al), automatic, auch automatical: der Ablauf der Vorstellung war rein ~ the sequence of the performance was purely mechanical. – **3.** fig. (Lächeln, Begrüßung, Antwort etc) mechanic(al), perfunctory, cursory. – **II** adv **4.** tech. a) mechanically, b) automatically: die Weichen werden ~ betätigt the switches are automatically operated; etwas ~ herstellen to produce s.th. by machine. – **5.** fig. mechanically, automatically, by rote: etwas rein ~ tun [wiederholen] to do [to repeat] s.th. mechanically; j-m etwas ~ nachsprechen to repeat by rote what s.o. says. – **6.** fig. mechanically, perfunctorily, cursorily: sie gab ihm ~ die Hand she shook hands with him perfunctorily; sie las (od. leierte) das Gedicht ~ herunter she rattled (od. reeled) the poem off (colloq.).
me·cha·ni·sie·ren [meçani'ziːrən] **I** v/t ⟨no ge-, h⟩ tech. (Betrieb, Arbeitsgang etc) mechanize Br. auch -s-. – **II M**~ n ⟨-s⟩ verbal noun. — **me·cha·ni'siert I** pp. – **II** adj mil. (Truppen) mechanized Br. auch -s-. — **Me·cha·ni'sie·rung** f ⟨-; no pl⟩ **1.** cf. Mechanisieren. – **2.** mechanization Br. auch -s-: die ~ der Arbeit schreitet

immer weiter fort the mechanization of labo(u)r advances steadily.

Me·cha·nis·mus [meça'nɪsmus] *m* ⟨-; -nis·men⟩ **1.** *tech.* a) *auch fig.* mechanism, b) (*einer Uhr*) works *pl:* ein komplizierter ~ a complicated (piece of) mechanism; der ~ von Angebot und Nachfrage *fig.* the mechanism of supply and demand. — **2.** *med. psych.* a) (*Anpassungsmechanismus*) adjustment mechanism, b) (*Abwehrmechanismus*) defence (*Am.* defense) mechanism. — **3.** *philos.* (*mechanischer Materialismus*) mechanism.

me·cha·ni·stisch [meça'nɪstɪʃ] *adj* **1.** *cf.* mechanisch 1. — **2.** *philos.* mechanist(ic): ~e Weltanschauung mechanism.

Mecke'rei (*getr.* -k·k-) *f* ⟨-; -en⟩ *fig. colloq. contempt.* continuous (*od.* constant) grumbling (*od.* carping, nagging).

'Mecke·rer (*getr.* -k·k-) *m* ⟨-s; -⟩ *colloq. contempt.* grumbler, carper, nagger; grouser, griper (*colloq.*), *Am. colloq.* 'kicker'.

'Mecker,fritze (*getr.* -k·k-) *m colloq. contempt. cf.* Meckerer.

meckern (*getr.* -k·k-) ['mɛkərn] *v/i* ⟨h⟩ **1.** (*von Ziegen*) bleat: er meckert wie eine Ziege *colloq.* (*beim Lachen*) he bleats like a goat. — **2.** *fig. colloq. contempt.* grumble, nag, carp; grouse, grouch, gripe (*colloq.*), *Am. colloq.* 'kick', *Am. sl.* beef: du hast (wirklich) immer etwas zu ~ you (really) always have s.th. to carp about (*od.* at). —

'meckernd (*getr.* -k·k-) **I** *pres p.* — **II** *adj* ein ~es Lachen a bleating laugh, the laugh of a goat.

'Mecker|,stim·me (*getr.* -k·k-) *f*, ~,ton *m* **1.** bleating voice. — **2.** *med.* egophony, *auch* aegophony. — ~,zie·ge *f fig. colloq. contempt.* carping (*od.* nagging) woman.

'Mecki·fri,sur (*getr.* -k·k-) ['mɛki-] *f colloq.* crew cut.

Meck·len·bur·ger ['meːklən,burgər] *m* ⟨-s; -⟩ native (*od.* inhabitant) of Mecklenburg, Mecklenburgian. — **'meck·len,bur·gisch** *adj* of (*od.* relating to) Mecklenburg, Mecklenburgian.

Me·dail·le [me'daljə] *f* ⟨-; -n⟩ medal: ~ in Gold [Silber, Bronze] gold [silver, bronze] medal; eine ~ prägen [schlagen, gießen] lassen to have a medal coined [stamped, cast]; er ist Inhaber einer bronzenen ~ he holds a bronze medal, he is a bronze medal(l)ist; eine olympische ~ verliehen bekommen to be decorated with an Olympic medal; die Kehrseite der ~ *fig. colloq.* the other side of the coin; damit kannst du dir keine ~ erringen *fig. iron.* you will hardly win any medals like that.

me'dail·len|ge,schmückt *adj* decorated with medals. — **M~ge,win·ner** *m* (*sport*) medal(l)ist, medal winner. — **M~,kunst** *f* (*art*) art of medal engraving. — **M~,samm·ler** *m* medal(l)ist, collector of medals. — **M~,spie·gel** *m* (*sport*) (*in der Zeitung*) medals table. — **M~,ste·cher** *m* medal(l)ist, engraver of medals, medal coiner. — **M~,trä·ger** *m* (*sport*) medal(l)ist, medal winner.

Me·dail·leur [medal'jøːr] *m* ⟨-s; -e⟩ *cf.* Medaillenstecher.

Me·dail·lon [medal'jõ:] *n* ⟨-s; -s⟩ **1.** (*Schmuck*) locket. — **2.** (*Rundbild*) roundel. — **3.** (*Schaumünze*) medallion, large medal. — **4.** (*art*) (*Relief*) medallion. — **5.** *gastr.* (*kleines Fleischstück*) medaillon.

Me·dea [me'deːa] *npr f* ⟨-; *no pl*⟩ *myth.* Medea.

Me·der ['meːdər] *m* ⟨-s; -⟩ *antiq.* Mede, Median.

Me·dia ['meːdia] *f* ⟨-; Mediä [-diɛ] *u.* Medien⟩ **1.** *ling.* media. — **2.** *med.* (tunica) media.

me·di·al [me'diaːl] *adj* **1.** *ling.* (*das Medium betreffend*) medial, middle. — **2.** *med.* (*in der Mitte befindlich*) medial. — **3.** having the qualities of a spiritistic medium.

me·di·an [me'diaːn] *adj bes. med.* median.

Me·di·a·ne [me'diaːnə] *f* ⟨-; -n⟩ *math. obs.* median, midline.

Me·di'an|,ebe·ne *f med.* median plane. — ~,fo·lio *n* (*Papierformat*) demy folio. — ~,fur·che *f med.* median groove, sulcus medialis (*scient.*). — ~,li·nie *f* median line, midline. — ~,pa,pier *n* (*paper*) median (paper). — ~,schnitt *m med.* median (*od.* midline) section, midsection.

Me·di·an·te [me'diantə] *f* ⟨-; -n⟩ *mus.* mediant.

Me·di'an,wert *m math. cf.* Mittelwert.

---

me·dia·sti·nal [mediasti'naːl] *adj med.* mediastinal.

Me·dia·sti·ni·tis [mediasti'niːtɪs] *f* ⟨-; -ni·tiden [-ni'tiːdən]⟩ *med.* (*Mittelfellentzündung*) mediastinitis.

Me·dia·sti·num [medias'tiːnum] *n* ⟨-s; *no pl*⟩ *med.* (*Mittelfell*) mediastinum.

me·di·at [me'diaːt] *adj hist.* (*Gebiet etc*) mediate. — **M~ge,biet** *n* mediate territory.

Me·dia·ti·on [media'tsioːn] *f* ⟨-; -en⟩ *bes. jur.* (*Vermittlung*) mediation.

me·dia·ti·sie·ren [mediati'ziːrən] *v/t* ⟨*no ge-*, h⟩ *hist.* mediatize *Br. auch* -s-. — **Me·dia·ti'sie·rung** *f* ⟨-; -en⟩ mediatization *Br. auch* -s-.

me·di·äval [medie'vaːl] *adj cf.* mittelalterlich 1.

Me·di·äval [medie'vaːl] *f* ⟨-; *no pl*⟩, ~,schrift *f print.* old style.

Me·di·ävist [medie'vɪst] *m* ⟨-en; -en⟩ medi(a)evalist. — **Me·di·ä·vi·stik** [-'vɪstik] *f* ⟨-; *no pl*⟩ medi(a)eval studies *pl.*

Me·di·ce·er [medi'tʃeːər; -'tseːər] *npr m* ⟨-s; -⟩ *hist.* Medicean. — **me·di'ce·isch** *adj* Medicean: M~e Venus (*art*) Venus dei Medici, Medici Venus. — **Me·di·ci** ['meːditʃi; 'meːditʃi] (*Ital.*) *npr m* ⟨-; -⟩ *hist.* Medici.

Me·di·ka·ment [medika'mɛnt] *n* ⟨-(e)s; -e⟩ *med. pharm.* **1.** medicament, medicine, remedy. — **2.** (*Droge*) drug. — **Me·di·ka'men·ten,schrank** *m* medicine chest.

me·di·ka·men·tös [medikamɛn'tøːs] *adj med.* medicamentous, medicative, medicinal: ~e Behandlung medication.

Me·di·ka·ster [medi'kastər] *m* ⟨-s; -⟩ *contempt.* quack, (medical) charlatan, medicaster.

Me·di·ka·ti·on [medika'tsioːn] *f* ⟨-; -en⟩ *med.* medication.

Me·di·kus ['meːdikus] *m* ⟨-; -dizi [-tsi]⟩ *colloq.* (*Arzt*) medico (*colloq.*), *Am. colloq.* doc.

Me'di·na,wurm [me'diːna-] *m zo.* Guinea (*od.* Medina, dragon, serpent) worm (*Dracunculus medinensis*).

me·dio ['meːdio], **'Me·dio** *adv econ.* in the middle of: ~ Mai in the middle (*od.* on the 15th) of May.

'Me·dio,garn *n* (*textile*) medio yarn.

me·dio·ker [me'dioːkər] *adj rare for* mittelmäßig 3.

'Me·dio|li·qui·da·ti,on *f econ.* midmonthly settlement. — ~,wech·sel *m econ.* bill due on the 15th of the month.

Me·di·san·ce [medi'zãsə] *f* ⟨-; -n⟩ *obs. for* a) Verleumdung, b) Schmähsucht.

me·disch ['meːdiʃ] *adj antiq.* Median. — ~'per·sisch *adj* Medo-Persian.

Me·di·ta·ti·on [medita'tsioːn] *f* ⟨-; -en⟩ *bes. relig.* meditation, contemplation. — **me·di·ta'tiv** [-'tiːf] *adj* meditative, contemplative.

me·di·ter·ran [medite'raːn] *adj geogr.* (*Klima, Pflanzenwelt etc*) Mediterranean, *auch* mediterranean. — **M~,flo·ra** *f bot.* Mediterranean flora.

me·di·tie·ren [medi'tiːrən] **I** *v/i* ⟨*no ge-*, h⟩ **1.** (*über acc etwas*) ~ to meditate (on s.th.), to ponder ([on, upon, over] s.th.), to contemplate (s.th.). — **II** **M~** *n* ⟨-s⟩ **2.** *verbal noun.* — **3.** *cf.* Meditation.

Me·di·um ['meːdium] *n* ⟨-s; -dien⟩ **1.** (*Mitte, Mittel*) medium. — **2.** (*im Okkultismus*) medium, psychic. — **3.** *med.* (*bei Hypnoseversuchen*) medium, subject. — **4.** *ling.* (*im Griechischen*) middle (voice). — **5.** *biol. chem. phys.* medium, solvent, substratum.

Me·diu·mis·mus [mediu'mɪsmus] *m* ⟨-; *no pl*⟩ spiritualism. — **me·diu'mi·stisch** [-tɪʃ] *adj* mediumistic, spiritualist(ic).

Me·di·zin [medi'tsiːn] *f* ⟨-; -en⟩ *med.* **1.** ⟨*only sg*⟩ (*Wissenschaft*) medicine, medical science: gerichtliche (*od.* forensische) [innere] ~ forensic [internal] medicine; ~ studieren to study medicine; Doktor der ~, Dr. med. Doctor of Medicine, M.D. — **2.** (*Arznei*) medicine: seine ~ einnehmen to take one's medicine.

me·di·zi·nal [meditsi'naːl] *adj med.* medicinal, medical.

Me·di·zi'nal|as·si,stent *m med.* young doctor who is completing his training by acting as an assistant physician in a hospital, *bes. Am.* intern(e). — ~,be,am·te *m* medical officer. — ~di,rek·tor *m etwa* chief medical officer. — ~,rat *m etwa* senior medical officer. — ~,wein *m* medicinal (*od.* medicated) wine, vinum medicatum (*scient.*).

Me·di·zin,ball *m* (*sport*) medicine ball.

Me·di'zi·ner *m* ⟨-s; -⟩ **1.** medical man, doctor, physician: die ~ *pl collect.* the medical profession *sg*. — **2.** medical student.

Me·di'zin|,fla·sche *f* medicine bottle. — ~,glas *n* medicine glass, vial, *auch* phial.

me·di'zi·nisch *adj med.* **1.** medical: ~e Akademie *etwa* teaching hospital; ~e Fakultät medical faculty, faculty of medicine, *bes. Am.* medical school, school of medicine; ~e Wissenschaft medical science, medicine. — **2.** (*arzneilich*) medicinal. — **3.** (*heilend*) curative, sanative. — **4.** (*hygienisch*) sanitary, hygienic, *auch* hygienical. — **5.** (*Seife etc*) medicated. — ~'tech·nisch *adj only in* ~e Assistentin, MTA medical technologist, M.T., medical laboratory technician.

Me·di'zin|,mann *m* ⟨-(e)s; =er⟩ **1.** medicine man, shaman, witch doctor. — **2.** *humor.* medicine man, *Am. colloq.* doc, sawbones (*sl.*). — ~,schrank *m*, ~,schränk·chen *n* medicine chest. — ~sta,ti·stik *f* medicostatistics *pl* (*construed as sg od pl*). — ~,stu,dent *m*, ~,stu,den·tin *f* medical student. — ~,stu·di·um *n* study of medicine, medical training (*od.* studies *pl*).

Me·doc [me'dɔk] *m* ⟨-s; -s⟩ (*franz. Rotwein*) Médoc.

Me·dre·se ['mɛdrɛsə], **'Me·dres·se** *f* ⟨-; -n⟩ *relig.* school attached to a mosque giving instruction in the Koran.

Me·du·sa [me'duːza] *npr f* ⟨-; *no pl*⟩ *myth.* Medusa (*one of the Gorgons*).

Me·du·se [me'duːzə] **I** *f* ⟨-; -n⟩ *zo.* jellyfish; medusa, hydrozoan (*scient.*): zu den ~n gehörig medusal, medusan; Schirm einer ~ umbrella of a medusa. — **II** *npr f* ⟨-; *no pl*⟩ *myth. cf.* Medusa.

me'du·sen|,ar·tig *adj* **1.** *myth.* medusalike, medusan, gorgonian. — **2.** *zo.* medusan, medusal, medusoid, planoblastic. — **M~,blick** *m* dazing (*od.* paralyzing *Br. auch* -s-, petrifying) look. — **M~,haupt** *n* ⟨-(e)s; *no pl*⟩ **1.** *myth.* Medusa's (*od.* Gorgon's) head, head of Medusa. — **2.** *med.* caput medusae, cirsomphalos. — **3.** (*art*) *antiq.* Medusa's head, gorgoneion, gorgoneum. — **4.** *zo.* basket star (*od.* fish), sea spider (*Ordng Euryalida*). — **5.** *bot.* medusa's head (*Euphorbia caput-medusae*). — **6.** *astr.* Medusa's head. — **M~,stern** *m zo.* medusa's head (*Pentacrinus caput-medusae*).

Meer [meːr] *n* ⟨-(e)s; -e⟩ **1.** sea, ocean: das hohe [offene *od.* freie] ~ the high [open] sea; das aufgewühlte [glatte] ~ the churned-up [smooth] sea (*od.* water); auf dem ~ (out) at sea, on the high seas, on the main (*poet.*); am ~ on the seashore (*od.* -shore), at the seaside; über das ~ fahren to cross the ocean; er ist auf allen sieben ~en gefahren he has crossed the seven seas; die Sonne versank im (*od.* ins) ~ the sun set at sea; die Sonne steigt aus dem ~ (auf) the sun rises out of the sea; 2000 Meter über dem ~ 2,000 meters above sea level; ein ~ von Blut und Tränen *fig.* a sea of blood and tears; ein ~ von Häusern *fig.* a sea of houses; das ~ der Leidenschaften *fig.* the depths *pl* of passion; ein ~ von Licht *fig.* a sea (*od.* flood) of light; ein ~ von Trümmern *fig.* a wilderness of ruins. — **2.** *jur. pol.* mare: geschlossenes [offenes] ~ mare clausum [liberum]. — **3.** *astr.* (*des Mondes etc*) mare, sea.

'Meer|,aal *m zo.* conger (eel), congeree, sea eel (*Conger conger*). — ~,al·ge *f meist pl bot.* seaweed, marine alga (*scient.*). — ~,äsche *f zo.* (gray, *bes. Br.* grey) mullet (*Fam. Mugilidae*): Westindische ~ queriman(a) (*Mugil curema od. brasiliensis*). — ~,as·sel *f* **1.** sea louse (*Ordng Epicaridea*). — **2.** wharf louse (*Gattg Idotea*). — ~,bar·be *f* red mullet, goatfish, surmullet (*Fam. Mullidae*, *bes. Mullus barbatus*). — ~,blau *I n* sea blue, glaucous color (*bes. Br.* colour). — **II** *m~ adj* sea-blue, glaucous. — ~,blut,egel *m zo.* sea leech (*Pontobdella muricata*). — ~,bras·se *f*, ~,bras·sen *m* sea bream, *Am.* porgy, *auch* porgee, sparoid (*scient.*) (*Fam. Sparidae*). — ~,bu·sen *m geogr.* bay, gulf. — ~,butt *m zo. cf.* Heilbutt. — ~,dat·tel *f* date mussel (*auch* shell), sea date (*Gattg Lithophaga*). — ~,dra·che *m* **1.** *myth.* sea dragon (*od.* monster). — **2.** *zo.* a) pegasid (*Fam. Pegasidae*), b) *cf.* Adlerrochen. — ~,ech·se *f zo.* (*der Galapagosinseln*) marine iguana (*Amblyrhynchus cristatus*). — ~,ei·chel *f* acorn (*od.* sessile) barnacle, sea acorn, balanid (*scient.*) (*Fam. Balanidae*): fossile ~

balanite. — ~ˌ**en·ge** f geogr. strait(s pl construed as sg), channel. — ~ˌ**en·gel** m zo. monkfish, angelfish, squatinid (scient.) (Squatina squatina): zu den ~n gehörig squatinoid.

'**Mee·res**|ˌ**ab·**ˌ**la·ge·rung** f geol. marine deposit(s pl). — ~ˌ**al·ge** f meist pl bot. cf. Meeralge. — ~ˌ**arm** m geogr. 1. arm of the sea, inlet (into the coast[line]), (Flußmündung) auch estuary. – 2. (in Schottland) firth, loch. – 3. (in Irland) lough. – 4. (in Norwegen) fiord, fjord. — ~ˌ**bo·den** m cf. Meeresgrund. — ~ˌ**bran·dung** f surf, breakers pl. — ~ˌ**fau·na** f zo. marine fauna. — ~ˌ**flo·ra** f bot. marine flora. — ~ˌ**flut** f ocean waves pl. — ~ˌ**frei·heit** f jur. pol. freedom of the seas. — ~ˌ**grund** m bottom (od. floor) of the sea (od. ocean), sea bed, Davy Jones's locker (colloq.): stufenweise abfallender ~ geol. shelving bottom; unter dem ~ geol. suboceanic. — ~ˌ**hö·he** f geogr. sea level: in ~ at sea level. — ~ˌ**kli·ma** n maritime (od. marine) climate. — ~ˌ**kun·de** f oceanography. — ~ˌ**kü·ste** f (sea)coast, seaboard, (sea)shore, Br. (sea-)shore, seaside. — ~ˌ**läu·fer** m zo. cf. Meerwasse. — ~ˌ**leuch·ten** n marine phosphorescence. — ~ˌ**neun·**ˌ**au·ge** n zo. sea lamprey (Petromyzon marinus). — ~ˌ**säu·ger** pl zo. sea mammals. — ~ˌ**schaum** m cf. Meerschaum 1. — ~ˌ**schild·**ˌ**krö·te** f zo. sea turtle (Fam. Cheloniidae). — ~ˌ**spie·gel** m sea level: über [unter] dem ~ above [below] sea level. — ~ˌ**stil·le** f calm (of the sea od. ocean): völlige ~ dead calm. — ~ˌ**strand** m (ocean) beach. — ~ˌ**stra·ße** f cf. Meerenge. — ~ˌ**strö·mung** f 1. ocean (od. sea) current. – 2. (durch Winde) drift current. – 3. (durch Temperaturunterschiede) convection current. – 4. (an der Oberfläche) surface current. – 5. (in der Tiefe) undercurrent. — ~ˌ**ufer** n cf. Meeresküste. — ~ˌ**un·ge·**ˌ**heu·er** n myth. sea monster.

'**Meer**|ˌ**fa·den** m bot. sea lace (od. twine, thong), whipcord, deadmen's lines pl (construed as sg) (Chorda filum). — ~ˌ**far·be** f sea green. — ~ˌ**fen·chel** m bot. samphire, sea fennel (Crithmum maritimum). — ~ˌ**fich·te** f zo. sea fir (Abietinaria abietina). — ~ˌ**frau** f myth. mermaid. — ~ˌ**gans** f zo. brant (od. brent) (goose) (Gattg Branta). — ~ˌ**gott** m myth. sea-god, god of the sea: der ~ Neptune, Poseidon. — ~ˌ**gott·heit** f sea deity. — ~ˌ**göt·tin** f sea-goddess, goddess of the sea. — ~ˌ**grop·pe** f zo. cf. Seeskorpion. — ~ˌ**grün I** n sea (od. ocean) green, glaucous color (bes. Br. colour), aquamarine: helles ~ beryl. – **II** m ~ adj sea- (od. ocean-)green, glaucous: ~e Färbung glaucescence. — ~ˌ**grun·del** f zo. sea gudgeon, goby, gobio, gobioid (scient.) (Fam. Gobiidae): Mexikanische ~ emerald goby (Gobionellus smaragdus). — ~ˌ**gur·ke** f sea cucumber (od. slug), holothurian (scient.) (Ordng Holothurioidea). — ~ˌ**hecht** m hake (Merluccius merluccius). — ~ˌ**jung·frau** f myth. mermaid. — ~ˌ**jun·ker** m zo. rainbow wrasse (Coris julis). — ~ˌ**kalb** n cf. Seehund, Gemeiner. — ~ˌ**kat·ze** f guenon (monkey), long-tailed (od. scient. cercopithecoid) monkey (Gattg Cercopithecus): Grüne ~ vervet, green (od. grivet) monkey (C. aethiops). — ~ˌ**krö·te** f toadfish (Thalassophryne maculosa). — ~ˌ**läu·fer** m Wilson's petrel (Oceanites oceanicus). — ~ˌ**leuch·ten** n cf. Meeresleuchten. — ~ˌ**li·lie** f 1. zo. sea lily, crinoid (scient.) (Ordng Crinoidea). – 2. geol. encrinite. — m~ˌ**li·li·en·**ˌ**ar·tig** adj geol. encrinal, encrinic, encrinite(al). — ~ˌ**maus** f zo. sea mouse (Aphrodite aculeata). — ~ˌ**mensch** m colloq. for Seekuh. — ~ˌ**nes·sel** f sea nettle (Ordng Actinaria). — ~ˌ**neun·**ˌ**au·ge** n sea lamprey (Petromyzon marinus). — ~ˌ**ohr** n abalone (Gattg Haliotis). — ~ˌ**oran·ge** [-ˀoˌrãːʒə] f suberite (sponge) (Gattg Suberites). — ~ˌ**ot·ter** m cf. Seeotter. — ~ˌ**pfaff** m cf. Himmelsgucker. — ~ˌ**pin·sel** m sea pencil (Gattg Sabellaria).

'**Meer**ˌ**ret·tich** m bot. auch gastr. horseradish (Armoracia rusticana). — ~ˌ**blatt·**ˌ**kä·fer** m zo. mustard beetle (Phaedon cochleariae). — ~ˌ**erd·**ˌ**floh** m horseradish flea beetle (Phyllotreta armoraciae). — ~ˌ**sau·ce**, ~ˌ**tun·ke** f gastr. horseradish sauce.

'**Meer**|ˌ**sa·lat** m bot. sea lettuce, green laver (od. sloke), laver(wort) (Ulva lactuca). — ~ˌ**salz** n sea salt. — ~ˌ**sau** f zo. a) Große ~

scorpion fish, hogfish (Scorpaena scorfa), b) Kleine ~ lesser scorpion fish, sea scorpion (S. porcus).

'**Meer**|ˌ**schaum** m 1. sea froth, sea-foam. – 2. min. meerschaum, auch sepiolite. — ~ˌ**pfei·fe** f meerschaum pipe.

'**Meer**|ˌ**schnec·ke** (getr. -k·k-) f zo. sea snail. — ~ˌ**schwal·be** f cf. Schwalbenfisch. — ~ˌ**schwein** n cf. Schweinswal. — ~ˌ**schwein·chen** n guinea pig, cavy (scient.) (Cavia porcellus): Peruanisches ~ Peruvian cavy (C. cutleri); zu den ~ gehörig caviine. — ~ˌ**senf** m bot. sea rocket (Cakile maritima). — ~ˌ**spin·ne** f zo. sea spider, thornback, king (od. spider) crab (Maia squinado): Japanische ~ Japanese (od. giant) spider crab (Macrocheira Kaempffer). — ~ˌ**träub·chen** n bot. shrubby horsetail (Gattg Ephedra). — ~ˌ**trau·ben** pl zo. (Eier des Tintenfisches) sea grapes. — m~ˌ**um·**ˌ**schlun·gen** adj poet. surrounded (od. encircled) by the sea, seagirt (poet.). — ~ˌ**un·ge·**ˌ**heu·er** n myth. sea monster. — ~ˌ**wan·ze** f zo. water strider (auch skipper), ocean (od. sea) bug (Gattg Halobates). — m~ˌ**wärts** adv seaward(s).

'**Meer**|ˌ**was·ser** n seawater, saltwater. — ~ˌ**becken** (getr. -k·k-) n seawater (od. saltwater) pool. — ~ˌ**be·**ˌ**hand·lung** f med. seawater treatment(s pl).

'**Meer**|ˌ**weib** n myth. mermaid. — ~ˌ**wes·pe** f zo. sea wasp (Chiropsalmus quadrigatus). — ~ˌ**zahn** m shell worm, tooth shell (Gattg Dentalium). — ~ˌ**zwie·bel** f bot. sea onion, squill(id) (Scilla od. Urginea maritima): Schöne ~ star hyacinth (S. amoena).

Mee·ting ['miːtɪŋ] (Engl.) n ⟨-s; -s⟩ (auch sport) meeting.

me·fi·tisch [me'fiːtɪʃ] adj (Dünste etc) mephitic, auch mephitical, noxious, pestilential.

Me·ga..., **me·ga...** combining form denoting mega...

Me·ga·ce·ros [me'gaːtserɔs] m ⟨-; no pl⟩ zo. (fossiler Riesenhirsch) megaloceros, megaceros (Gattg Megaceros).

Me·ga·dy·na·mik [megady'naːmɪk] f geol. megadynamics pl (often construed as sg).

Me·ga·hertz [mega'hɛrts; 'meːgaˌhɛrts] n electr. megacycle per second.

Me·ga·ko·lon [mega'koːlən] n med. megacolon.

Me·ga·lith [mega'liːt; -'lɪt] m ⟨-s; -e⟩ archeol. megalith. — ~ˌ**grab** n megalithic tomb.

Me·ga·li·thi·ker [mega'liːtikər; -'lɪ-] m ⟨-s; -⟩ archeol. megalithic man.

me·ga'li·thisch adj megalithic.

Me·ga'lith·kul·tur f archeol. megalithic culture.

Me·ga·lo..., **me·ga·lo...** combining form denoting megalo...

Me·ga·lo·blast [megalo'blast] m ⟨-en; -en⟩ med. megaloblast.

'**Me·ga·lo·lar·ve** ['meːgalo-] f zo. (der Krabben) megalops, auch megalopa.

me·ga·lo·man [megalo'maːn] adj med. psych. megalomaniac(al), megalomanic. — **Me·ga·lo·ma'nie** [-ma'niː] f ⟨-; -n [-ən]⟩ megalomania.

Me·ga·lo·po·lis [mega'loːpolis] f ⟨-; -polen [-lo'poːlən]⟩ megalopolis.

Me·ga·lo·sau·rus [megalo'zaurus] m ⟨-; -rier [-riər]⟩ zo. (Dinosaurier) megalosaur, megalosaurian, megalosauroid (Gattg Megalosaurus).

Me·ga·lo·zyt [megalo'tsyːt] m ⟨-en; -en⟩ med. megalocyte. — **me·ga·lo'zy·tisch** adj megalocytic.

Me·ga·lo·zy·to·se [megalotsy'toːzə] f ⟨-; -n⟩ med. megalocytosis.

Me·ga·ohm [mega'ˀoːm; 'meːgaˌˀoːm] n electr. megohm.

Me·ga·phon [mega'foːn] n ⟨-s; -e⟩ megaphone.

Me·gä·re [me'gɛːrə] **I** npr f ⟨-; no pl⟩ myth. Megaera (one of the Furies). – **II** f ⟨-; -n⟩ fig. lit. mean woman, shrew, termagant (lit.).

Me·ga·rer [me'gaːrər] m ⟨-s; -⟩ antiq. Megarian, auch Megarean.

Me·ga·ri·ker [me'gaːrikər] m ⟨-s; -⟩ philos. Megarian, Megaric. — **me·ga'risch** [-rɪʃ] adj (Schule etc) Megarian, auch Megarean.

Me·ga·ron ['meːgarɔn] n ⟨-s; Megara [-ra]⟩ arch. hist. megaron.

Me·ga·the·ri·um [mega'teːriʊm] n ⟨-s; -rien⟩ zo. (fossiles Riesenfaultier) megathere (Gattg Megatherium).

Me·ga·ton·ne [mega'tɔnə; 'meːgaˌtɔnə] f phys. nucl. megaton. — ~ˌ**volt** [mega'vɔlt;

'meːgaˌvɔlt] n electr. megavolt. — ~ˌ**watt** [mega'vat; 'meːgaˌvat] n megawatt.

Meg·ohm [me'goːm] n electr. megohm.

Mehl [meːl] n ⟨-(e)s; Mehlarten -e⟩ 1. flour, (grobes) meal: feinstes ~ superfine flour; etwas mit ~ bestreuen (od. einstauben) to sprinkle (od. dust) s.th. with flour, to flour s.th. – 2. (pulverförmiger Stoff) powder, dust. — **m~**ˌ**ar·tig** adj floury, mealy, farinaceous (scient.).

'**Mehl**ˌ**beer·**ˌ**baum** m bot. whitebeam, beam tree (Sorbus aria).

'**Mehl**|ˌ**bee·re** f bot. 1. cf. Mehldorn. – 2. cf. Mehlbeerbaum. — ~ˌ**beu·tel** m 1. flour bag. – 2. cf. Mehlsieb. — ~ˌ**brei** m gastr. flummery, Br. auch hasty pudding. — ~ˌ**dorn** m bot. hawthorn, auch haw (Crataegus oxyacantha). — ~ˌ**groß·händ·ler** m econ. flour wholesaler. — **m~**ˌ**hal·tig** adj containing flour (od. meal), floury, mealy; farinose, farinaceous (scient.). — ~ˌ**han·del** m econ. flour trade.

'**meh·lig** adj 1. (Kartoffeln, Obst etc) mealy, floury. – 2. cf. mehlartig.

'**Mehl**|ˌ**kä·fer** m zo. meal (od. flour) beetle (Tenebrio molitor): Dunkler ~ dark meal beetle (T. obscurus). — ~ˌ**ka·sten** m flour (od. meal) chest (od. bin, box). — ~ˌ**klei·ster** m paste, pap. — ~ˌ**kloß** m gastr. (plain) dumpling. — ~ˌ**mil·be** f zo. 1. flour (od. wheat) mite (Tyroglyphus farinae). – 2. grain mite (Ascarus siro). — ~ˌ**mot·te** f Mediterranean flour moth (Anagasta kuehniella). — ~ˌ**pri·mel** f bot. bird's-eye, mealy primrose (Primula farinosa). — ~ˌ**sack** m 1. flour bag (od. sack): er ließ sich wie ein ~ in den Sessel fallen fig. colloq. he flopped into the armchair like a sack of potatoes. – 2. fig. colloq. 'tub' (colloq.), fat person. — ~ˌ**schwal·be** f zo. house martin (Delichon urbica). — ~ˌ**schwit·ze** f gastr. roux. — ~ˌ**sieb** n, ~ˌ**sie·ber** m (housekeeping) flour sieve (od. sifter). — ~ˌ**spei·se** f gastr. 1. (Pfannkuchen etc) dessert which contains flour. – 2. Austrian dessert, sweet (course). — ~ˌ**staub** m 1. (in Mühlen) flour (od. mill) dust, stive. – 2. bot. zo. farina: mit ~ bedeckt farinaceous, farinose. — ~ˌ**sup·pe** f gastr. gruel. — ~ˌ**tau** (ˌpilz) m bot. mildew: Echter ~ powdery mildew (Fam. Erysiphaceae); Falscher ~ downy mildew (Fam. Peronosporaceae). — ~ˌ**wurm** m zo. (yellow) mealworm (larva of Tenebrio molitor). — ~ˌ**zucker** (getr. -k·k-) m gastr. powdered sugar. — ~ˌ**züns·ler** m zo. meal snout moth (Pyralis farinalis).

mehr [meːr] **I** comp of viel. – **II** adv 1. more: viel ~ much more; nicht ~ und nicht weniger no more and no less, neither more nor less; immer ~, ~ und ~ more and more; noch ~ even (od. still) more; ~ als more than; etwas ~ als somewhat (od. a little) more than; ~ als genug more than enough, sufficient; er will immer ~ haben he wants more and more, he always wants more; je ~ er verkauft, desto ~ verdient er the more he sells the more he earns; je ~ desto besser the more the better; ~ kann man nicht verlangen one can't ask (for) more, what more can one expect? das schmeckt nach ~ that tastes of more; ~ wert sein als to be more valuable (od. to have a higher value) than; solche Leute brauchen wir noch ~ we need more (of) such people; ich habe ~ als nötig I have more than necessary (od. enough), I have enough and to spare; ich habe ~ zu tun, als dir zuzuhören I have more (od. better things) to do than just listen to you; ~ oder weniger more or less; die einen ~, die andern weniger some more than others; sie protzen mit ihrem Reichtum, einer immer noch ~ als der andere they vie with one another in flaunting their wealth; um so ~ so much (od. all) the more; um so viel ~ so much the more; nur um so ~ all the more so; um so ~ als so much the more as, more particularly as; ~ als noch einmal so lang as long again and more; ich liebe dich ~ denn je I love you more than ever; ich arbeite ~ als du I work more than you; je ~ man hat, je ~ man will (Sprichwort) the more one has the more one wants; und anderes ~ and so on (od. forth); und dergleichen ~ and more of the same, and such like; es waren ~ als 100 Leute dort there were more than a 100 people there; im Alter von 60 Jahren und ~ at an age of 60 years and more (od. over, upward[s]); ~ als 20 Mark more than 20 marks; du mußt fünf Mark mehr geben you must give five marks more; dies ist ein Grund ~ that's one reason more, that's an additional reason; ~ als die Hälfte more than (od. over) half; ~ als schlecht worse than bad, as bad as bad can be; nichts ~ nothing more; es ist nichts ~ da there is nothing (more) left; er kann nichts ~ essen he cannot eat any more; er hat nichts ~ he has nothing more; ich will nichts ~ davon hören I want to hear nothing more about it, I don't want to hear anything more about it; niemals ~ nevermore; kein Wort ~! not another word! was will er ~? what more does he want? das ist nicht ~ als recht und billig that is no more than is justified; man soll nicht ~ tun als man zu tun imstande ist one should not do more than one is capable of; der Beweis hat den Verdacht ~ als gerechtfertigt the proof has more than justified the suspicion; das ~ als schlechte Ergebnis der Prüfung the more than poor results of the test. – 2. (besser) more, better: sie hält sich für ~ als ich she thinks (od. considers) herself more than me; er ist nicht ~ als wir he is no better than we; ~ sein als scheinen to be more than one appears to be; es steckt ~ in ihm, als man denkt there is more to him than one would think, he's better than one would suppose; du mußt ~ aufpassen you must pay more attention; die neue Stelle sagt ihr ~ zu her new position is more agreeable to her, she likes her new position better. – 3. (eher) more, nearer. rather: ~ groß als klein tall (od. large) rather than small; ~ ärgerlich als zornig more vexed than irate; ~ lang als breit more long than broad, long more than broad; er ist ~ Gelehrter als Künstler he's more (of) a scholar than an artist; wir waren ~ tot als lebendig we were nearer dead than alive. – 4. (ferner, weiter) more, other: ihm bleibt nichts ~ übrig als he has no other choice but to, there is nothing more (od. else) he can do but to; hat sich keiner ~ auf die Annonce gemeldet? have no others (od. has no one else) answered (od. responded to) the advertisement? das darf nie ~ passieren that must never happen again; ich wußte nicht ~, was ich tun sollte I no longer knew what to do, I didn't know what to do any more; es war niemand ~ da no more people were there, they were all gone; was wollen Sie noch ~? what more (od. else) do you want? – 5. (länger) more, longer: du bist kein Kind ~ you are no longer a child; er ist nicht ~ derselbe Mann he's no longer the same man; ich kann nicht ~ I can't go on any more, I've had it, I'm done for; nicht ~ lange not much longer; es dauert nicht ~ lange a) (ist bald vorbei) it won't last much longer, b) (läßt lange auf sich warten) it won't be long; er lebt (od. ist) nicht ~ he is no longer alive. – 6. (in attributiver Stellung beim Substantiv) more: unsere Nachbarn haben noch ~ Kinder als wir our neighbo(u)rs have even more children than we (have); das kann er mit ~ Recht behaupten he is more correct in saying so; ich habe heute ~ Hoffnung als sonst I have more hope today than usual; er hat ~ Geld, als du denkst he has more money than you think. – 7. nur ~ Southern G. and Austrian only, but: es sind nur ~ zwanzig there are only twenty left.

Mehr n ⟨-(s); no pl⟩ 1. (in Wendungen wie) ein ~ an Erfahrung besitzen to be more experienced; das ~ oder Weniger ist nicht so wichtig whether (it is) more or less is not so important. – 2. (Mehrheit) majority: ein ~ von 20 Stimmen a majority of 20 (votes). – 3. (Zusätzliches) surplus, excess: ein ~ an Kosten excess costs pl. – 4. (Zuwachs) increase. – 5. econ. over.

'Mehr|,achs,an,trieb m tech. multiaxle (Br. multi-axle) (od. multiple-axle) drive. — **~,ar·beit** f 1. additional (od. extra) work. – 2. econ. (Überstunden) overtime. — **m~,ato·mig** [-'ʔa,to:mɪç] adj chem. polyatomic. — **~,auf,wand** m 1. (an Kraft, Energie etc) additional expenditure (od. effort): das erfordert einen ~ an Zeit additional time will be necessary for that. – 2. econ. additional (od. extra) expense(s) (od. expenditure). — **~,aus·ga·be** f meist pl econ. 1. (Ausgabenerhöhung) increase in ex-

penditure. – 2. (Ausgabenüberschuß) excess of expenditure (over receipts). – 3. (von Banknoten etc) overissue, Br. over-issue. – 4. cf. Mehraufwand 2. — **m~,bän·dig** [-,bɛndɪç] adj multivolume(d), comprising several volumes. — **m~,ba·sig** [-,ba:zɪç] adj chem. polybasic. — **~,be·darf** m 1. additional requirements pl. – 2. econ. increased demand. — **~,be,la·stung** f 1. (Überbelastung) overload, excessive (od. surplus) load. – 2. (zusätzliche Belastung) additional (od. extra) load. – 3. econ. additional (od. extra) charge. — **~,be,reichs,öl** n multigrade oil. — **~,be,stand** m econ. 1. surplus (od. excess) stock. – 2. (zusätzlicher Bestand) additional (od. extra) stock. — **~,be,trag** m excess (amount), surplus. — **~,bie·ten·de** m, **~,bie·ter** m ⟨-s; -⟩ (bei Auktionen, Kartenspiel etc) higher bidder, outbidder. — **m~,chö·rig** [-,kø:rɪç] adj mus. having two or more (sets of) strings to a note. — **m~,deu·tig** [-,dɔʏtɪç] adj 1. ambiguous, equivocal. – 2. math. philos. (Abbildungen) one--many (attrib). — **~,deu·tig·keit** f ⟨-; -en⟩ 1. ambiguity, equivocality. – 2. ⟨only sg⟩ math. philos. one-manyness. — **m~,di·men·sio,nal** adj math. multidimensional, polydimensional. — **~,ehe** f plural (od. polygamous) marriage. — **~,ein,kom·men** n econ. additional (od. higher) income. — **~,ein,nah·me** f 1. additional (od. extra) receipts pl. – 2. (Einnahmenerhöhung) increase of receipts. – 3. (Einnahmenüberschuß) surplus (of) receipts pl, surplus.

meh·ren ['me:rən] I v/t ⟨h⟩ 1. increase, augment: seinen Besitz ~ to increase one's possessions. – II v/reflex ⟨h⟩ sich ~ 2. increase, augment, grow: die Anfragen mehrten sich the number of inquiries was increasing. – 3. (sich vermehren) rare multiply: seid fruchtbar und mehret euch Bibl. be fruitful and multiply. – III M~ n ⟨-s⟩ 4. verbal noun. – 5. cf. Mehrung.

'meh·re·re indef pron I (adjektivisch) several, (verschiedene) auch various, sundry: ~ Male several times; ~ Menschen several people; aus ~n Gründen for various reasons; bei ~n Gelegenheiten on sundry occasions. – II (substantivisch) several: ~ von euch several of you; wir gingen zu ~n in einer Reihe several of us walked along in a row.

'meh·re·res indef pron several (od. various) things pl (od. matters pl).

'meh·rer,lei indef pron I (adjektivisch) ⟨invariable⟩ several (kinds of): wir haben ~ Sorten Tabak vorrätig we have several brands of tobacco in store; ~ Probleme sind zu besprechen several problems must be discussed. – II (substantivisch) several things pl: es ist noch ~ zu tun several things must be done still, there are still several things to be done.

'Mehr|er,lös m econ. increase (od. excess) of proceeds (od. receipts). — **~er,trag** m increase of profit, increment, surplus.

'mehr,fach I adj ⟨attrib⟩ 1. (Mörder, Schicht etc) multiple: eine ~e Stimmabgabe ist nicht zulässig multiple voting is not allowed; in ~er Hinsicht in more than one respect. – 2. (wiederholt) repeated, reiterated: trotz ~er Aufforderung in spite of repeated demands; durch ~es Lesen by repeated reading. – 3. (bes. sport) (Sieger etc) several-time. – 4. math. (Tangente) multiple. – 5. electr. multiple(x). – II adv 6. (wiederholt) repeatedly, several times: sein Name wurde ~ genannt his name was repeatedly mentioned; es ist ~ angefragt worden repeated inquiries have been made. – 7. (mehr als erforderlich) several times over: er hat mir den Schaden ~ ersetzt he has paid for (od. repaid) the loss I suffered several times over. – III M~e, das ⟨-n⟩ 8. (einer Zahl etc) the multiple. – 9. ein M~es many times pl: die Schulden wurden dadurch um ein M~es erhöht the debts were increased thereby many times over.

'Mehr,fach|be,lich·tung f phot. (einer Aufnahme) multiple exposure. — **~,be,steue·rung** f econ. multiple taxation. — **~,ka·bel** n electr. multiconductor (od. multicore) cable. — **~,kon·den,sa·tor** m multiple-unit capacitor, gang capacitor. — **~,ra,ke·ten,wer·fer** m mil. multiple rocket launcher. — **~,schal·ter** m electr. multiple contact switch. — **~,schal·tung** f intermediate wiring. — **~,se·hen** n med. polyopia. — **~,stecker** (getr. -k·k-) m electr. multiple

(od. multicontact) plug. — **~te·le·fo,nie** f tel. cf. Mehrfachtelephonie. — **~te·le·gra,fie**, **~te·le·gra,phie** f multiplex telegraphy. — **~te·le·pho,nie** f multiplex telephony. — **~ver,si·che·rung** f econ. 1. multiple (od. double) insurance. – 2. coinsurance Br. co-. — **~,zün·der** m mil. combination fuse.

'Mehr·fa,mi·li·en,haus n multiple dwelling. — **~,far·ben,druck** m print. 1. multicolor (bes. Br. multicolour) print, polychrome print. – 2. (Druckvorgang) multicolor (bes. Br. multicolour) printing, polychrome printing.

'mehr,far·big, Austrian **'mehr,fär·big** adj multicolor(ed), bes. Br. multicolour(ed), polychrome, polychromatic. — **'Mehr,far·big·keit**, Austrian **'Mehr,fär·big·keit** f multicolor, bes. Br. multicolour, polychrome. [course rotation.]

'Mehr,fel·der,wirt·schaft f agr. multi-] **'mehr|,fin·ge·rig** [-,fɪŋərɪç], **~,fing·rig** [-,fɪŋrɪç] adj med. zo. polydactyl(e), polydactylous. — **M~,fin·ge·rig·keit**, **M~,fing·rig·keit** f ⟨-; no pl⟩ polydactyly, polydactylism.

'Mehr|,for·de·rung f econ. higher demand. — **~,fracht** f 1. overage. – 2. (Tarif) surcharge. — **~,fron·ten,krieg** m mil. war on several fronts. — **~,gang·ge,trie·be** n tech. 1. multispeed gearbox. – 2. (des Autos etc) multispeed (od. multiple-speed) gearbox (od. transmission). — **m~,gän·gig** adj 1. tech. a) (Gewinde) multiple-threaded, b) (Schnecke) multistart (attrib). – 2. electr. (Wicklung) multiplex. — **~ge,bä·ren·de** f med. multipara, pluripara. — **~ge,bot** n econ. higher bid, overbid. — **~ge,wicht** n surplus weight, excess (of) weight, overweight.

'Mehr·ge,winn m econ. excess (od. surplus) profit(s pl). — **~,steu·er** f excess-profits duty (Am. tax).

'Mehr|,git·ter,röh·re f electr. multigrid tube (bes. Br. valve). — **m~,glei·sig** [-,glaɪzɪç] adj (railway) (Strecke) multiple--tracked. — **1.** tech. multiple-member, multiple-link (beide attrib). – **2.** math. consisting of several terms, polynomial (scient.).

'Mehr,heit f ⟨-; -en⟩ 1. majority: die ~ des Volkes the majority (od. body) of the people; wir sind in der (od. haben die) ~ we are in the majority; in der ~ der Fälle in the majority of cases, in most cases; schweigende ~ the silent majority. – 2. bes. pol. (Stimmenmehrheit) majority, plurality: die absolute [einfache] ~ the absolute [simple] majority; er wurde mit geringer (od. knapper) [großer, überwältigender] ~ gewählt he was elected by a bare (Am. colloq. shoestring) [large od. big, an overwhelming] majority; zahlenmäßige ~ numerical majority; die (parlamentarische) ~ besitzen [erringen, gewinnen, verlieren] to possess [to obtain, to win, to lose] the (parliamentary) majority; er konnte die ~ der Stimmen auf sich vereinigen he was given the majority of the votes.

'mehr·heit·lich adv by the majority.

'Mehr·heits|be,schluß m, **~ent,schei·dung** f bes. pol. majority vote: durch ~ by a majority of votes, by majority vote, Am. auch by a plurality. — **~par,tei** f pol. majority party. — **~prin,zip** n principle of majority (rule). — **~re,gie·rung** f majority government. — **~,wahl,recht** n majority suffrage.

'mehr|,jäh·rig adj 1. of (od. lasting) several years: nach ~en Bemühungen after several years of effort, after an effort of several years. – 2. of several years' duration: ein ~er Vertrag a treaty of several years' duration. – 3. bot. perennial. — **M~,kampf** m (sport) combined competition (od. event). — **~,ker·nig** adj phys. polynuclear. — **~,köp·fig** [-,kœpfɪç] adj 1. (Familie, Delegation etc) of (od. comprising) several people. – 2. zo. having several heads, many-headed, polycephalous (scient.). — **M~,ko·sten** pl econ. additional (od. extra) charges (od. costs, expenses). — **M~,kreis·emp,fän·ger** m (radio) multicircuit receiver.

'Mehr,la,de|ge,wehr n mil. cf. Mehrlader. — **~,pi,sto·le** f automatic pistol.

'Mehr,la·der m mil. automatic rifle, repeater.

'Mehr|,lei·stung f econ. **1.** (erhöhte Produktion) additional (od. increased) output. – **2.** (Erhöhung der Produktion) increase of output. – **3.** (einer Versicherung) extended benefits pl. – **4.** (einer Person) better performance, increased efficiency, (über das Geforderte hinaus) auch extra performance. — **~,lei·ter,ka·bel** n electr. multiconductor (od. multicore) cable. — **~,lie·fe·rung** f econ. excess delivery.

'Mehr·ling m ⟨-s; -e⟩ one of the progeny of a multiple birth.

'Mehr·lings·ge,burt f med. multiple birth.

'mehr,ma·lig adj ⟨attrib⟩ repeated, reiterated: trotz ~er Aufforderung despite repeated demands.

'mehr,mals adv repeatedly, several times, more than once: ich habe es ihm ~ gesagt I told him so repeatedly.

'mehr|mo,to·rig [-mo,to:rɪç] adj aer. (Flugzeug) multiengine(d), Br. multi-engine(d). — **M~,par,tei·en·sy,stem** n pol. multiparty system. — **M~,pha·sen,strom** m electr. polyphase (od. multiphase) current. — **~,pha·sig** [-,fa:zɪç] adj polyphase, multiphase (beide attrib). — **~,po·lig** [-,po:lɪç] adj multipolar; multipole, multiple-pole (attrib). — **M~,por·to** n (postal service) additional postage. — **~,rei·hig** [-,raɪɪç] adj in several rows. — **M~,schich·ten,film** m phot. multilayer film. — **~,schich·tig** adj multilayer (attrib). — **~,sei·tig** adj **1.** math. polygonal. – **2.** pol. (Abkommen, Verhandlungen etc) multilateral, multipartite. — **~,sil·big** [-,zɪlbɪç] adj ling. (Wort) polysyllabic(al), multisyllabic. **M~,sit·zer** [-,zɪtsər] m ⟨-s; -⟩ aer. multiseater. — **~,sit·zig** [-,zɪtsɪç] adj having more than one seat. — **~,spal·tig** adj (Anzeige etc) spread (over several columns). — **~,spra·chig** [-,ʃpra:xɪç] adj multilingual, polyglot: ~ aufwachsen to grow up speaking several languages. — **~,spu·rig** [-,ʃpu:rɪç] adj multilane (attrib). — **M~,stär·ken,glas** n (optics) multifocal lens. — **~,stel·lig** [-,ʃtɛlɪç] adj (Zahl) multidigit, multiplace (beide attrib), of several places. — **M~,stim·men(,wahl),recht** n pol. plural vote.

'mehr,stim·mig mus. I adj **1.** (Lied, Satz etc) polyphonic, for (od. in, of) several parts, for several voices. – **2.** (Trio, Chor etc) concerted: ~es Spiel part playing. – **II** adv **3.** in parts (od. harmony): ~ singen to sing in parts (od. harmony), to harmonize Br. auch -s-; ein Musikstück ~ setzen a) to set a piece of music for several parts, b) (homophon) to harmonize a piece of music. — **'Mehr,stim·mig·keit** f ⟨-; no pl⟩ polyphony.

'Mehr|,stimm,rechts,ak·tie f econ. multivoting share. — **m~,stöckig** (getr. -k·k-) [-,ʃtœkɪç] adj multistorey, bes. Am. multistory (attrib). — **~,stu·fe** f ling. comparative. — **~,stu·fen·ra,ke·te** f (space) multistage rocket. — **m~,stün·dig** [-,ʃtʏndɪç] adj of (od. lasting) several hours: nach ~en Besprechungen after several hours of talks, after talks lasting (od. that lasted) for several hours. — **m~,tä·gig** adj of (od. lasting) several days. — **m~,tei·lig** adj **1.** (Wörterbuch etc) consisting of several parts. – **2.** (Anbaumöbel etc) multisectional, multipart (attrib).

'Meh·rung f ⟨-; no pl⟩ **1.** cf. Mehren. – **2.** increase, augmentation.

'Mehr|ver,brauch m econ. additional (od. excess, extra) consumption. — **~,völ·ker·,staat** m pol. multinational (od. multiracial) state.

'Mehr,we·ge,hahn m tech. branch cock.

'Mehr,wert m econ. additional (od. added) value, value added.

'mehr,wer·tig adj **1.** math. multiple(-valued): ~e Wurzel multiple root. – **2.** biol. chem. multivalent, polyvalent.

'Mehr,wert,steu·er f econ. value-added tax, auch added-value tax.

'Mehr,wert·theo,rie f econ. pol. theory of greater value.

'mehr,wö·chig [-,vœçɪç] adj of (od. lasting) several weeks: ein ~er Aufenthalt in den Bergen a stay in the mountains of several weeks, a several-week stay in the mountains; ~e Verhandlungen several weeks of negotiations.

'Mehr|zahl f ⟨-; no pl⟩ **1.** ling. plural: die ~ eines Wortes bilden to form the plural of a word; ein Wort in die ~ setzen

---

to put a word in(to) the plural; das Wort gibt es nur in der ~ (od. kommt nur in der ~ vor) the word is only used (od. occurs only) in the plural. – **2.** (Mehrheit) majority: die ~ der Besucher the majority of the visitors; in der ~ der Fälle in the majority of cases, in most cases. — **m~,ze·hig** [-,tse:ɪç] adj med. zo. polydactyl(e), polydactylous: ein ~es Tier a polydactyl. — **~,ze·hig·keit** f ⟨-; no pl⟩ polydactyly. — **m~,zei·lig** [-,tsaɪlɪç] adj of (od. comprising) several lines. — **m~,zel·lig** [-,tsɛlɪç] adj biol. (Organismus) multicellular, polycellular. — **m~,zo·nig** [-,tso:nɪç] adj (optics) polyzonal.

'Mehr,zweck|ar·til·le,rie f mil. dual (od. multipurpose) artillery. — **~,bau,art** f tech. multipurpose (od. all-purpose) design. — **~,fahr,zeug** n multipurpose vehicle. — **~ge,rä·te** pl (bes. für Kinderturnen) multipurpose apparatus sg. — **~,hal·le** f multipurpose hall. — **~,mö·bel** pl multipurpose furniture sg.

'mehr,zy,lin·drig [-tsi,lɪndrɪç; -tsy-] adj tech. (Motor) multicylinder(ed).

mei·den ['maɪdən] **I** v/t ⟨meidet, mied, gemieden, h⟩ **1.** avoid, keep away from, steer (od. stay, keep) clear of, auch shun, flee, eschew (lit.): die Gefahr ~ to avoid danger; sie ~ sich (od. einander) they avoid (od. stay clear of) each other; er meidet unsere Straße he avoids our street; das Glück meidet mich poet. luck is shunning me; was man nicht kann ~, das soll man willig leiden (Sprichwort) what can't be cured must be endured (proverb). – **2.** (Gericht, Getränk) abstain from. – **II M~** n ⟨-s⟩ **3.** verbal noun. – **4.** avoidance, eschewal (lit.). – **5.** (eines Gerichts, Getränks) abstinence (from).

Mei·er ['maɪər] m ⟨-s; -⟩ **1.** hist. a) bailiff, steward, b) majordomo, mayor of the palace. – **2.** obs. farm tenant, tenant of a farm. – **3.** bot. cf. Miere.

Mei·e·rei f ⟨-; -en⟩ dairy (farm).

Mei·le ['maɪlə] f ⟨-; -n⟩ mile: englische ~ British mile; fliegende ~ (sport) flying mile; zehn ~n in der Stunde zurücklegen to do ten miles per hour; viele ~n lang a) many miles long, b) for many miles; viele ~n weit a) many miles long, b) for many miles, c) many miles distant (od. away).

'Mei·len|,stein m **1.** milestone. – **2.** fig. milestone, milepost, landmark: ein ~ in der Geschichte Deutschlands a milestone in the history of Germany. – **3.** hist. (römischer) milliary (column). — **~,weit** [-,vaɪt; -'vaɪt] **I** adj **1.** of many miles: nach ~er Fahrt kamen wir nach X after a drive of many miles (od. after we had driven many miles) we arrived in X; in ~er Entfernung in a distance of many miles, miles away. – **II** adv **2.** many miles: das ist ~ von hier entfernt that is many miles away from here; das Ziel ~ verfehlen to miss the target by many miles; man konnte das Feuer ~ sehen one could see the fire from (many) miles away; die Städte liegen ~ auseinander the towns lie miles apart; ich bin ~ davon entfernt, das zu tun fig. I have no intention (what[so]ever) of doing that. – **3.** for miles and miles, for many miles: das Land ~ übersehen können to be able to overlook the country for miles and miles.

Mei·ler ['maɪlər] m ⟨-s; -⟩ **1.** (Kohlenmeiler) (charcoal) pile. – **2.** nucl. cf. Atommeiler. — **~,koh·le** f charcoal.

mein [maɪn] **I** possess pron **1.** ⟨used as adj⟩ a) my, b) poet. ⟨nachgestellt, undeclined⟩ my: mein Sohn my son; einer ~er Söhne one of my sons; er ist ~ ein und alles he is my one and all; ~ Arzt my doctor; ~ Flugzeug kam pünktlich my plane arrived on time; ich werde ~ möglichstes tun I'll do my utmost (od. best); I'll do the best I can; ~e Damen und Herren Ladies and Gentlemen; ~ lieber X (im Brief) my dear X; na, ~ Junge, wie geht's? colloq. well, my boy, how are you? die Mutter ~ poet. my mother. – **2.** ⟨used as pred⟩ a) ~er, ~e, ~(e)s, der, die, das ~e, b) ⟨undeclined⟩ mine: sein Haus ist größer als ~es (od. das mein[ig]e) his house is bigger than mine; wessen Wagen ist das? ~er! whose car is that? mine! sie ist endlich ~ she is mine at (long) last; er verwechselt manchmal ~

---

und dein, er kann manchmal nicht zwischen ~ und dein unterscheiden fig. humor. he cannot always tell mine from thine; → klein 1. – **3.** ⟨used as noun⟩ der, die, das M~e my (own), mine: der Mein(ig)e my husband; die Mein(ig)e my wife; willst du die M~e sein? do you want to be mine? ich habe das Mein(ig)e dazu beigetragen I have made my contribution, I have done my share; ich habe das M~e getan I did my part (od. all I could); ich will das Mein(ig)e behalten I want to keep my property; die Mein(ig)en my family sg, my people (od. colloq. folks). – **II** pers pron **4.** ⟨gen of ich⟩ poet. od. archaic (of) me: gedenke ~ remember me; vergiß ~ nicht forget me not, don't forget me.

'Mein,eid ['maɪn-] m jur. perjury, false swearing (od. oath): einen ~ schwören to perjure (od. forswear) oneself, to swear a false oath, to commit perjury; j-n wegen ~s verurteilen to convict s.o. of perjury; j-n zum ~ anstiften to suborn s.o.; Anstiftung zum ~ subornation of perjury.

'mein,ei·dig [-,ʔaɪdɪç] adj **1.** (Person) perjured, forsworn: ~ werden to perjure (od. forswear) oneself, to commit perjury; nicht ~ unperjured. – **2.** (Aussage etc) perjured, perjurious. — **'Mein,ei·di·ge** m, f ⟨-n; -n⟩ perjurer. — **'Mein,ei·dig·keit** f ⟨-; no pl⟩ jur. perjuredness.

mei·nen ['maɪnən] v/t ⟨h⟩ **1.** (sagen wollen) mean: wie ~ Sie das? how do you mean? ~ Sie das ernst? do you really mean it? ich meine das nicht so I don't mean it that way. – **2.** (beabsichtigen) mean, auch intend: ich habe es doch nicht böse (od. colloq. so) gemeint I really meant no harm; sein Brief war doch nur gut gemeint his letter was well meant; du meinst es aber gut mit mir! fig. colloq. (mit zu großer Portion Essen etc) you are too generous! that's too much for me! er meint es gut (od. ehrlich, redlich) mit dir he means well by you, he means you no harm; die Sonne meint es heute gut mit uns fig. the sun means well by us today. – **3.** (sprechen von) mean, speak (od. talk) of: ich meine dieses Buch hier I mean this book here; er meinte mich a) he was speaking of me, b) he was speaking to (od. addressing) me; ~ Sie mich damit? do you mean me by that? er war nicht gemeint that was not meant for him. – **4.** (einer Ansicht sein) think, believe, be of (the) opinion: was meinst du dazu? what do you think of that? what is your opinion about that? ~ Sie das im Ernst? do you really believe that? are you in earnest about that? ich meine, es sei (so) das beste I am of the opinion that this is best (od. that this is the best solution); ich meine dich im Recht rare I believe you to be right; meinst du, deiner Strafe zu entgehen? do you think you can avoid punishment? man könnte ~, sie sei krank one might think she is ill; man sollte ~, er hätte inzwischen Vernunft angenommen one should think he knew better than that (od. he listened to reason) by now; sie meint wunder, wer sie ist colloq. she thinks she is something special, she has a good opinion of herself; das will ich (aber) ~! colloq. I should think so (indeed)! ~ Sie? do you think so? – **5.** (sagen zu) (zu to) say: was ~ Sie zu Schnitzel? what do you say to cutlets? how (od. what) about cutlets? – **6.** (anregen) suggest: er meinte, wir sollten in aller Frühe losfahren he suggested we leave (od. that we should leave) early in the morning; ich meine ja nur (so)! colloq. it just struck me, (that was) merely a suggestion, just a suggestion (of mine). – **7.** (sagen) say: er meinte „Wir gehen sofort" he said, "we'll be leaving in a minute"; er meinte, wir würden sofort gehen he said we would leave in a minute; wie ~ Sie? what did you say? (höflicher) I beg your pardon. – **8.** (wollen) mean, wish, want: wie Sie ~ as you like, if you say so.

mei·ner ['maɪnər] pers pron ⟨gen of ich⟩ **1.** (of) me: er erinnerte sich ~ nicht mehr he didn't remember me; sie ist ~ nicht wert she is not worthy of me; erbarm dich ~ Bibl. have mercy upon me. – **2.** ~ (selbst) myself: ich war ~ selbst nicht mehr mächtig I could no longer control myself; ich war ~ (selbst) nicht ganz sicher I wasn't quite sure.

'mei·ner'seits adv **1.** as for me, for my part,

as to myself, as far as I am concerned: ich ~ würde so etwas nicht machen as for me I should not a do a thing like that; ich werde ~ nach X fahren as to myself I'll go to X. – **2.** ~! the pleasure is mine: ich freue mich, Sie kennengelernt zu haben. Ganz ~! I am pleased to have made your acquaintance. The pleasure is all mine.

'**mei·nes,glei·chen** *indef pron* ⟨*undeclined*⟩ **1.** my equals, people like myself, my own kind: ich verkehre nur mit ~ I only mix (*od.* associate) with people like myself. – **2.** people such as I: ~ kann sich das nicht leisten people such as I can't afford that.

'**mei·nes,teils** *adv cf.* meinerseits 1.

'**mei·net,hal·ben** ['maɪnət-] *adv obs. od. lit.* for meinetwegen.

'**mei·net,we·gen** *adv* **1.** (*von mir aus*) I don't mind, (*stärker*) for all (*od. lit.* aught) I care; ~ kannst du hingehen I don't mind if you go there, you may go there for all I care (*od.* as far as I am concerned); ~! if (*od.* as) you like! I don't mind! ja, ~ oh, all right then, (very well,) have it your (own) way. – **2.** (*für mich*) for my sake, for me: er hat es ~ getan he did it for me; er hat diese Mühe nur ~ auf sich genommen it was only for my sake that he went to all this trouble; bemüh dich nicht ~ don't go to any trouble (for me). – **3.** (*wegen mir*) because of me, on my account: ~ brauchst du aber nicht zu warten you do not need to wait because of me; er hatte ~ viel Scherereien he had a lot of trouble because of me. – **4.** (*in meiner Sache*) on (*od.* in) my behalf: sie hat ~ mit dem Direktor gesprochen she talked to the director on my behalf.

'**mei·net,wil·len** *adv* (um) ~ *cf.* meinetwegen 2, 4.

'**mei·nig** *possess pron* **I** ⟨*used as pred*⟩ der, die, das ~e *cf.* mein 2a. – **II** ⟨*used as noun*⟩ der, die, das M~e *cf.* mein 3.

'**Mei·nung** *f* ⟨-; -en⟩ **1.** (über *acc,* von) opinion (of, about), view (of): die öffentliche ~ public opinion; eine vorgefaßte ~ a preconceived opinion, a preconception, *auch* a prejudice; die (vor)herrschende ~ the prevailing opinion; entgegen einer weitverbreiteten ~ contrary to the widely held view; ich glaube, die ~ aller zu vertreten, wenn ich sage, daß I think I am speaking for everyone if I say that; eine eigene ~ haben to have an opinion of one's own; j-n von seiner ~ abbringen to make s.o. change his opinion; seine ~ über (*acc*) etwas ändern (*od.* revidieren) to change one's opinion (*od.* mind) about s.th., to revise one's opinion of s.th.; er steht mit seiner ~ allein he is alone in holding this opinion; jeder kann seine ~ frei äußern (*od.* kundtun, sagen) everyone can express his opinion freely, everyone can speak his mind freely; ~en austauschen to exchange views; j-s ~ beipflichten (*od.* beistimmen) to agree (*od.* concur) with s.o., to be of the same opinion as s.o.; auf seiner ~ beharren (*od.* bestehen), an seiner ~ festhalten, nicht von seiner ~ lassen to stick to one's opinion; sich (*dat*) eine ~ über j-n [etwas] (*od.* von j-m [etwas]) bilden to form an opinion of s.o. [about s.th.]; keine andere ~ dulden to tolerate no differing opinion; seine ~ durchsetzen to have it one's own way, to gain acceptance for one's opinion; ich werde ihn nicht erst um seine ~ fragen (*od.* bitten) I shall not ask his opinion first; sich einer ~ anschließen to subscribe to an opinion; eine ~ haben [verfechten *od.* vertreten, vorbringen] to have [to advocate, to advance] an opinion; ich habe ihm gründlich (*od.* gehörig) die (*od.* meine) ~ gesagt *colloq.* I gave him a good piece of my mind, I gave him a talking-to; zu seiner ~ stehen, für seine ~ eintreten to stand by one's opinion, to have the courage of one's convictions; j-s ~ teilen to share s.o.'s view(s); ich bin ganz Ihrer ~ I quite agree with you, I am of the same opinion as you (are); das ist meine ~, nach ich bin dieser ~ that is my opinion; ganz meine(r) ~! I quite (full) agree! wir sind einer (*od.* derselben, der gleichen) ~ we are of one (*od.* the same) opinion; sie waren entgegengesetzter ~ their views were diametrically opposed; ich bin der ~, daß I am of the opinion that; ich bin darüber anderer ~ als Sie I am of a different opinion about that, I disagree

(*od.* differ) with you about that; wir sind in der Beziehung geteilter ~ we disagree in that respect, as to that we don't see eye to eye; darüber kann man geteilter (*od.* verschiedener) ~ sein there is more than one way of looking at that; meine ~ darüber kennst du you know my view of that, you know what I think about that; wenn du meine ~ hören (*od.* wissen) willst if you want to know my view, if you ask me; die ~en über dieses Thema sind geteilt (*od.* gehen auseinander) (the) opinions about this subject are divided; er hält mit seiner ~ nicht hinter dem Berge he does not mince matters, he speaks his mind; nach meiner ~, meiner ~ nach in my opinion (*od.* eyes), to my mind, to (my way of) thinking; nach meiner unmaßgeblichen ~, meiner unmaßgeblichen ~ nach in my humble opinion. – **2.** (*Wertschätzung*) opinion: eine gute [hohe, schlechte] ~ von etwas [j-m] haben to have a good [high, bad] opinion of s.th. [s.o.], to think well [highly, badly] of s.th. [s.o.]; er hat eine gute ~ von sich he has a good opinion of himself, he thinks well of himself, he thinks no small beer of himself (*colloq.*). – **3.** (*Annahme*) assumption, supposition: in der ~, sie sei schon abgereist assuming (*od.* thinking) that she had left; du täuschst dich, wenn du der ~ bist, daß you are wrong if you think that. – **4.** (*Ansicht*) belief: diese ~ ist weit verbreitet this belief is widely held. – **5.** (*Absicht*) *rare* meaning: es ist in guter [bester] ~ geschehen it was done with good [the best] intentions. – **6.** Messe (*od.* Amt) nach ~ *röm.kath.* mass according to intention.

'**Mei·nungs**|,än·de·rung *f* change of opinion (*od.* mind). – ~,äu·ße·rung *f* **1.** expression of one's opinion (*od.* views): das Recht der freien ~ the right of free speech. – **2.** statement. – ~,aus,tausch *m* (über *acc* on) exchange of views: es fand ein reger ~ über wirtschaftliche Fragen statt there was an animated exchange of views on economic questions. – ~be,fra·gung *f cf.* Meinungsumfrage. – ~,for·scher *m* pollster, public opinion analyst. – ~,for·schung *f* public opinion polling (*od.* research). – ~,for·schungs·in·sti,tut *n* institute of public opinion, polling institute. – ~,frei·heit *f* freedom of opinion (*od.* speech). – ~,kauf *m econ.* (an der *Börse*) speculative purchase (*od.* buying). – m~·los *adj* (*Masse etc*) indifferent, without opinion (*nachgestellt*), *Am. auch* viewless. – ~,streit *m* controversy, conflict of opinions. – ~,um,fra·ge *f* public opinion poll. – ~,um,schwung *m* reversal (*od.* sudden change) of opinion. – ~ver,schie·den·heit *f* **1.** difference (*od.* diversity, divergence) of opinion. – **2.** (*Streit*) (über *acc* about) disagreement, argument: eine heftige ~ a violent disagreement, a dissension, a dissidence.

Meio·se [maɪˈoːzə] *f* ⟨-; -n⟩ *biol.* meiosis. – **meio·tisch** [-ˈoːtɪʃ] *adj* meiotic.

Mei·ran ['maɪraːn] *m* ⟨-s; -e⟩ *bot. cf.* Majoran.

Mei·rich ['maɪrɪç] *m* ⟨-s; -e⟩ *bot. cf.* Miere.

Mei·se ['maɪzə] *f* ⟨-; -n⟩ *zo.* titmouse, *auch* tit (*Fam. Paridae*): zu den ~n gehörig parine; du hast wohl eine ~ *fig. colloq.* you must have bats in the belfry (*colloq.*).

'**Mei·sen,zaun,schlüp·fer** *m zo.* wren-tit (*Chamaea fasciata*).

Meis·je ['maɪʃə] *n* ⟨-s; -s⟩ Dutch girl.

Mei·ßel ['maɪsəl] *m* ⟨-s; -⟩ *tech.* a) (*Handwerkzeug*) chisel, b) (*Schneidmeißel*) cutting tool: ~ mit Hartmetallschneide carbide-tipped tool; einschneidiger ~ single-point cutting tool; gerader ~ straight cutting (*od.* end-cut) tool; linker [runder] ~ left-hand (*od.* -cut) [roundnose] tool.

'**Mei·ße·ler** *m* ⟨-s; -⟩ *cf.* Meißler.

'**mei·ßel,för·mig** *adj zo.* (*Schneidezahn*) scalpriform.

mei·ßeln ['maɪsəln] **I** *v/t* ⟨h⟩ chisel (out), carve (out), sculpture: eine Statue aus einem Marmorblock ~ to chisel a statue out of a marble block; ein Muster in Stein ~ to carve a design in stone; etwas aus Stein ~ to carve s.th. out of stone. – **II** *v/i* (work with a) chisel, carve.

'**Mei·ße·ner** *adj* ⟨*attrib*⟩ *cf.* Meißner.

'**Meiß·ler** *m* ⟨-s; -⟩ chiseler, *bes. Br.* chiseller, carver.

Meiß·ner ['maɪsnər] *adj* ⟨*attrib*⟩ of (*od.* relating to) Meissen: ~ Porzellan Dresden (china).

meist [maɪst] **I** *sup of* viel. – **II** *adj* **1.** most (of): seine ~en Bücher most of his books; die ~en Fälle [Jahre, Stimmen] most cases [years, votes]; er hat das ~e Geld he has (got) the most money; dumme Leute haben das ~e Glück stupid people have the most luck; die ~en Leute most (*od.* the great majority of the) people; die ~e Zeit des Jahres ist er auf Reisen he travels (for) the greater part of the year; die ~e Zeit ist er nicht zu Hause he is not at home most of the time; du hast die ~e Zeit you have the most time (to spare). – **2.** (*substantiviert mit Kleinschreibung*) most: die ~en glauben es most people think so; die ~en von ihnen sind Studenten most (*od.* the majority) of them are students; das ~e davon habe ich bereits vergessen I have forgotten most of it already (*od.* by this time). – **III** *adv* **3.** (*meistens*) mostly, in most cases, more often than not, usually, generally, in general, for the most part: es sind ~ Studenten they are mostly students, most of them are students; er fährt ~ auf dieser Straße he usually drives along this street; das geschieht ~ im Sommer usually (*od.* in most cases) that happens in (the) summer; man sagt ~ anders in general that is said differently; ~ kommt es anders als man denkt it usually happens (*od.* comes about) differently than expected, in most cases events turn out differently from what one expected. – **4.** am ~en a) most, b) best: was mir am ~en auffiel, war what struck me most was; diese Ware ist am ~en bekannt this article is best known; das wird am ~en verkauft that sells best.

'**meist·be,gün·stigt** *adj* (*Land etc*) most-favored (*bes. Br.* -favoured) (*attrib*).

'**Meist·be,gün·sti·gung** *f* **1.** *pol. econ.* most-favored- (*bes. Br.* -favoured-)nation treatment. – **2.** *econ.* preference. – '**Meist·be,gün·sti·gungs,klau·sel** *f pol. econ.* most-favored- (*bes. Br.* -favoured-)nation clause. [share.]

'**meist·be,tei·ligt** *adj* having the greatest]

'**meist,bie·tend** *econ.* **I** *adj* (*Käufer etc*) highest bidding, bidding highest (*nachgestellt*). – **II** *adv* ~ verkaufen to sell to the highest bidder (*od.* by public auction). –

'**Meist,bie·ten·de** *m, f* ⟨-n; -n⟩ highest bidder.

'**mei·sten,orts** *adv* in most places.

'**mei·stens**, '**mei·sten,teils** *adv cf.* meist 3.

Mei·ster ['maɪstər] *m* ⟨-s; -⟩ **1.** *econ.* (*im Handwerk*) master (craftsman): er ist ~ geworden he has become a master; er hat seinen ~ gemacht he has got his master's diploma (*od.* certificate); bei einem ~ in die Lehre gehen to be apprenticed to a master. – **2.** *econ.* (*Betriebsmeister*) foreman. – **3.** (*großer Könner*) master: ein ~ der Feder [des Pinsels] a master of the pen [brush]; in diesem Fach ist er ein ~ he is a master in this field (*od.* of this subject); er ist ein großer ~ im Intrigieren *iron.* he is a past master of intrigue; am Werk erkennt man den ~ (*Sprichwort*) *etwa* the work reveals the master, mastery is recognizable by the work; Übung macht den ~ (*Sprichwort*) practice makes perfect (*proverb*); früh übt sich, was ein ~ werden will (*Sprichwort*) *etwa* he that will become an expert must start young; es ist noch kein ~ vom Himmel gefallen (*Sprichwort*) no one is born a master (*proverb*). – **4.** (*Künstler*) master: die alten [klassischen] ~ the old [classical] masters; der Naumburger ~ the Master from (*od.* of) Naumburg; ~ des Marienlebens Master of the life of the Blessed Virgin. – **5.** (*Lehrmeister*) master: seinen ~ überflügeln to excel (*od.* outdo) one's master; Christus, unser ~ Christ our Master; der Herr und ~ our Lord and Master; sie glaubt ihrem Herrn und ~ alles *fig. iron.* she believes everything her Lord and master says; du wirst auch noch deinen ~ finden *fig.* you'll find your master (*od.* meet your match) yet. – **6.** *obs. od. Bibl.* (*Anrede, Titel*) Master: Ekkehard Master Eckhard; ~ Lampe (*Hase in Fabel*) (Master) Hare. – **7.** (*Gebieter*) *rare* master: wir sind nicht ~ unseres Schicksals we are not master(s) of our fate(s). –

8. (*sport*) champion, *auch* titleholder: er wurde deutscher ~ he won the German championship, he became the German champion; ~ des Sports *DDR* Master of Sports. – **9.** (*bei Freimaurern*) Master Mason: ~ vom Stuhl Master of the Lodge. – **10.** *hist.* a) (*einer Gilde*) master of the (*od.* a) guild, b) (*eines Ritterordens*) Grand Master.

'Mei·ster|,brief *m econ.* master's diploma (*od.* certificate), master craftsman's diploma (*od.* certificate). — **~,elf** *f* (*sport*) (*beim Fußball, Hockey*) champion team. — **~,fah·rer** *m* champion driver. — **~ge,sang** *m* (*literature*) *hist.* meistergesang, mastersong.

'mei·ster·haft I *adj* masterly, masterful: in ~em Englisch geschrieben written in masterly English; ~es Spiel masterly play. – **II** *adv* masterly, masterfully, to perfection: er spielt ~ Klavier he plays the piano masterfully; er versteht sich ~ aufs Improvisieren he can improvise to perfection. – **III M~e, das** ⟨-n⟩ the masterliness. — **'Mei·ster·haf·tig·keit** *f* ⟨-; *no pl*⟩ masterliness, masterfulness, perfection.

'Mei·ster,hand *f fig.* master (*od.* master's) touch, master-hand, master's hand, master: man spürt die ~ you feel the master's touch; von ~ erbaut built by a master-hand.

'Mei·ste·rin *f* ⟨-; -nen⟩ **1.** *econ.* master craftswoman. – **2.** *econ.* (*Betriebsmeisterin*) forelady, forewoman. – **3.** mistress, master's wife: der Meister und die ~ the master and the mistress (*od.* and his wife); unsere ~, die Frau ~ our mistress. – **4.** (*sport*) (woman) champion, *auch* (woman) titleholder: deutsche ~ wurde X the German (women's) championship was won by X.

'Mei·ster,lei·stung *f* masterstroke, masterly achievement (*od.* performance).

'mei·ster·lich *adj u. adv cf.* meisterhaft. — **~los** *adj Swiss dial. for* eigenwillig 1, unbeherrscht I.

mei·stern ['maistərn] **I** *v/t* ⟨h⟩ **1.** (*Aufgabe, Schwierigkeiten etc*) master, overcome: er hat sein (*od.* das) Leben nicht gemeistert he did not master life, he did (*od.* could) not come to terms with life. – **2.** (*Zorn, Zunge etc*) master, control, restrain. – **3.** (*Sprache etc*) master, command. – **4.** j-n ~ to master s.o., to get the better of s.o. – **II** *v/reflex* sich ~ **5.** control (*od.* restrain) oneself. – **III M~** *n* ⟨-s⟩ **6.** *verbal noun.* – **7.** *cf.* Meisterung.

'Mei·ster|,prü·fung *f econ.* examination for the master's diploma (*od.* certificate). — **~,sän·ger** *m hist. cf.* Meistersinger 1.

'Mei·ster·schaft *f* ⟨-; -en⟩ **1.** ⟨*only sg*⟩ (*Können*) mastery, mastership, masterliness: er spielte mit gewohnter [unerreichter, vollendeter] ~ he played with customary [unrival(l)ed, accomplished] mastery; seine ~ ist unbestritten his mastership is uncontested; die ~ in (*dat*) etwas erreichen [erstreben, gewinnen] to achieve [to aim at, to gain] mastery in s.th. – **2.** (*sport*) a) championship, b) title: die ~ austragen [gewinnen] to compete for [to win] the championship.

'Mei·ster·schafts|,an,wär·ter *m* (*sport*) aspirant to the title. — **~,gür·tel** *m* (*beim Boxen*) championship belt. — **~,lauf** *m* (*bes. im Motorsport*) championship race. — **~,spiel** *n* league (*od.* competitive) match. — **~,ti·tel** *m* championship: er errang den ~ he won the championship.

'Mei·ster|,schu·le *f econ. ped.* training school for master craftsmen: ~ für Mode school for fashion, tailoring and designing. — **~,schuß** *m* **1.** (*ausgezeichneter Schuß*) masterful (*od.* capital, ace) shot. – **2.** (*der beste Schuß*) best shot. — **~,schüt·ze** *m* excellent marksman, crack shot (*colloq.*). — **~,sin·ger** *m* ⟨-s; -⟩ **1.** *hist.* meistersinger, mastersinger: „Die ~ von Nürnberg“ "The Mastersingers of Nuremberg" (*opera by Richard Wagner*). – **2.** *zo.* orphean warbler (*Hippolais polyglotta*). — **~,stück** *n* **1.** masterpiece, masterwork, chef d'oeuvre, *bes. Br.* chef d'œuvre (*lit.*). – **2.** *cf.* Meisterleistung. — **~,ti·tel** *m* **1.** title of master, mastership. – **2.** (*sport*) a) title, b) championship.

'Mei·ste·rung *f* ⟨-; *no pl*⟩ **1.** *cf.* Meistern. – **2.** (*einer Sprache etc*) mastery.

'Mei·ster|,werk *n* masterwork, masterpiece. — **~,wür·de** *f cf.* Meistertitel 1. — **~,wurz** *f*

~,wur·zel *f bot.* masterwort (*Imperatoria ostruthium*).

'Meist|ge,bot *n econ.* highest bid. — **m~ge,bräuch·lich** *adj* ⟨*attrib*⟩ most commonly used. — **m~ge,kauft** *adj* ⟨*attrib*⟩ (*Auto etc*) best-selling. — **m~ge,le·sen** *adj* ⟨*attrib*⟩ **1.** (*Buch*) most (often) read. – **2.** (*Zeitung etc*) most widely circulated. — **m~ge,nannt** *adj* ⟨*attrib*⟩ most (often) mentioned: der ~e Name the name most often mentioned. — **m~'hin** *adv* rare mostly, in most cases. — **~,stu·fe** *f ling.* superlative. — **m~ver,kauft** *adj* ⟨*attrib*⟩ best-selling.

Me·jo·nit [mejo'niːt; -'nɪt] *m* ⟨-s; -e⟩ *min.* meionite.

'Mek·ka,bal·sam ['mɛka-] *m med. pharm.* Mecca balsam, balm of Gilead, opobalsam(um) (*scient.*).

Me·ko·ni·um [me'koːnĭʊm] *n* ⟨-s; *no pl*⟩ *med.* (*Kindspech*) meconium.

Me·la·ko·nit [melako'niːt; -'nɪt] *m* ⟨-s; -e⟩ *min.* melaconite.

Me·la·min [mela'miːn] *n* ⟨-s; *no pl*⟩ *chem.* melamine ($C_3N_3(NH_2)_3$). — **~,harz** *n meist pl synth.* melamine resin.

Me·lam·py·rit [melampy'riːt; -'rɪt] *n* ⟨-s; *no pl*⟩ *chem.* dulcitol, dulcite ($HOCH_2(CHOH)_4CH_2OH$).

Me·lä·na [me'lɛːna] *f* ⟨-; *no pl*⟩ *med.* (*Blutstuhl*) melena, *auch* melaena.

Me·lan·cho·lie [melaŋko'liː] *f* ⟨-; -n [-ən]⟩ **1.** melancholy, (the) megrims *pl*, (the) blues *pl* (*sometimes construed as sg*) (*colloq.*). – **2.** *psych.* melancholia, (mental) depression. — **Me·lan·cho·li·ker** [-'koːlikər] *m* ⟨-s; -⟩ **1.** melancholy person, melancholic. – **2.** *psych.* melancholiac, melancholic. — **me·lan·cho·lisch** [-'koːlɪʃ] *adj* **1.** melancholy, melancholic: ~ werden to become melancholy; ~ sein to be melancholy; to have the blues, to be in the blues (*colloq.*). – **2.** *psych.* melancholic.

Me·la·ne·si·er [mela'neːzĭər] *m* ⟨-s; -⟩ *anthrop.* Melanesian. — **me·la'ne·sisch** [-'neːzɪʃ] *adj* Melanesian.

Me·lan·ge [me'lãːʒə] *f* ⟨-; -n⟩ **1.** (*Mischung*) mélange, *auch* melange, blend, mixture. – **2.** (*textile*) mélange, *auch* melange. – **3.** *Austrian* mélange, *auch* melange, coffee with milk, *Br.* white coffee. — **~,garn** *n* (*textile*) blended yarn.

Me'la·nia,schne·cke (*getr.* -k·k-) [me'laːnĭa-] *f zo.* melanian (*Gattg Melania*).

Me·la·ni·lin [melani'liːn] *n* ⟨-s; *no pl*⟩ *chem.* melaniline, diphenylguanidine [($C_6H_5NH)_2C = NH$].

Me·la·nin [mela'niːn] *n* ⟨-s; -e⟩ *biol. chem.* melanin.

Me·la·nis·mus [mela'nɪsmʊs] *m* ⟨-; *no pl*⟩ *biol.* melanism.

Me·la·nit [mela'niːt; -'nɪt] *m* ⟨-s; -e⟩ *min.* melanite. — **me·la'ni·tisch** *adj* melanitic.

Me·la·no·chro·it [melanokro'iːt; -'ɪt] *m* ⟨-s; *no pl*⟩ *min.* melanochroite.

me·la·no·derm [melano'dɛrm] *adj med.* melanodermic, melasmic. — **Me·la·no·der'mie** [-'miː] *f* ⟨-; -n [-ən]⟩ *med.* melanoderma, melasma.

me·la·no·id [melano'iːt] *adj biol.* melanoid.

Me·la·no·kar·zi·nom [melanokartsi'noːm] *n med.* melanocarcinoma.

me·la·no·krat [melano'kraːt] *adj geol.* (*Gestein*) melanocratic.   [melanoma.]

Me·la·nom [mela'noːm] *n* ⟨-s; -e⟩ *med.*⟩

Me·la·no·se [mela'noːzə] *f* ⟨-; *no pl*⟩ **1.** *med.* (*Schwarzsucht*) melanosis, melanism. – **2.** *hort.* (*Pflanzenkrankheit*) melanose.

me·la·no·tisch [mela'noːtɪʃ] *adj med.* melanotic, melanic.

Me·lan·te·rit [melante'riːt; -'rɪt] *m* ⟨-s; -e⟩ *min.* inkstone, melanterite (*scient.*).

Me·lan·urie [melanu'riː] *f* ⟨-; -n [-ən]⟩ *med.* melanuresis, melanuria. — **me·lan'urisch** [-'nuːrɪʃ] *adj* melanuric.

Me·la·phyr [mela'fyːr] *m* ⟨-s; -e⟩ *geol.* melaphyre.

Me·las·ma [me'lasma] *n* ⟨-s; -men *u.* -ta [-ta]⟩ *med.* melasma. — **me'las·misch** [-mɪʃ] *adj* melasmic.

Me·las·se [me'lasə] *f* ⟨-; -n⟩ *gastr.* molasses, *Br. auch* treacle, theriac(a) (*scient.*).

'Mel·ba,eis ['mɛlba-] *n gastr.* (*cf.* pêche peach) Melba, melba (ice cream).

Mel·chit [mɛl'çiːt; -'çɪt] *m* ⟨-en; -en⟩ *relig.* Melchite, *auch* Melkite.

Melch·ter ['mɛlçtər] *f* ⟨-; -n⟩ *Swiss* (wooden) milk utensil.

Mel·de ['mɛldə] *f* ⟨-; -n⟩ *bot.* a) orach(e) (*Gattg Atriplex*), b) (garden) orach(e) (*A. hortensis*).

'Mel·de|,amt *n* registration office. — **~,bo·gen** *m* registration form. — **~,fah·rer** *m mil.* dispatch (*od.* despatch) rider, *auch* mounted messenger. — **~,frist** *f* **1.** period (*od.* time) for registering, period for (making) registration. – **2.** (*sport*) period (*od.* time) for entry, term for entries. – **3.** (*patents*) reporting date. — **~,gän·ger** *m* ⟨-s; -⟩ *mil.* runner, messenger. — **~,ge,bühr** *f* **1.** registration fee. – **2.** (*für Wettbewerb etc*) entry fee. — **~,hund** *m mil.* messenger dog. — **~,kopf** *m* message center (*bes. Br.* centre). — **~,li·ste** *f* list of entries.

mel·den ['mɛldən] **I** *v/t* ⟨h⟩ **1.** (*Neuigkeit, Unfall etc*) report: die Zeitungen ~ Hagelschäden the newspapers report (*od.* publish reports of) damage caused by hail; wie unser Korrespondent meldet our correspondent reports that; wie bereits gemeldet as was reported earlier; melde gehorsamst *mil. archaic od. humor.* I beg to report, sir. – **2.** (*mitteilen*) inform, advise, (*förmlich*) *auch* notify: er hat mir gemeldet, daß he informed me that; er hat mir den Vorfall schon gemeldet he has already advised me of the incident; er ließ mir ~, daß he sent me word that, he had me informed that; du mußt der Behörde die Änderung deiner Adresse ~ you have to notify the authorities of your change of address. – **3.** (*ankündigen, anmelden*) announce, give notice of: seine Ankunft ist uns noch nicht gemeldet worden his arrival has not yet been announced to us; wen darf ich ~? whom (*od. colloq.* who) may I announce? who shall I say is here? – **4.** (*amtlich bekanntgeben*) announce, post, return: er war als vermißt gemeldet he was posted as missing; man hatte seinen Tod gemeldet he had been reported (as being) dead. – **5.** (*sagen*) say: er hat nichts zu ~ *colloq.* he has (got) nothing to say. – **6.** (*anzeigen*) report: ich werde ihn bei der Polizei ~ I'll report him to the police; du mußt deinen Verlust ~ you must report your loss. – **7.** *pol.* return: sind schon Wahlergebnisse gemeldet worden? have any election results been returned yet? – **8.** (*games*) (*beim Kartenspiel*) bid. – **II** *v/reflex* sich ~ **9.** (*sich amtlich anmelden*) register: ich muß mich noch polizeilich ~ I still have to register with the police. – **10.** (*sich ankündigen lassen*) send in one's name: laß dich bei der Geschäftsleitung ~ send in your name to the manager(s). – **11.** (*sich wenden an*) see: ~ Sie sich, sobald Sie auf Schwierigkeiten stoßen (come and) see me as soon as you have any difficulties; wann darf ich mich bei Ihnen ~? when may I see you? – **12.** (*um Zulassung bitten*) enter (one's name): es hat sich eine große Anzahl Sportler für dieses Rennen gemeldet a great number of sportsmen have entered their names for this race; ich habe mich für die Prüfung gemeldet I have entered my name for the examination. – **13.** (*sich bewerben*) apply: er hat sich zu dem Amt [für den Arbeitsplatz] gemeldet he has applied for the post [job]. – **14.** (*antworten auf, reagieren auf*) answer: er hat sich auf die Anzeige gemeldet he has answered the advertisement. – **15.** (*bitten um*) ask (leave): er hat sich zu Wort gemeldet he has asked (leave) to speak (*od.* to address the meeting). – **16.** (*sich zur Verfügung stellen*) come forward, volunteer (for), offer (etwas zu tun to do s.th.): er hat sich als Kandidat gemeldet he has come forward as a candidate; viele Leute haben sich (freiwillig) zu Hilfsarbeiten gemeldet many people have volunteered for (*od.* offered to do) relief work. – **17.** (*vorstellig werden*) (*bei* to) report: wegen eines Unfalls mußte ich mich bei der Polizei ~ I had to report to the police on account of an accident; er meldete sich zum Dienst he reported for duty (*od.* work). – **18.** (*sich bemerkbar machen*) (*von Personen*) report (bei to), (*von Kleinkindern etc*) make oneself heard: das Kind meldet sich the child is making itself heard; er wird sich schon ~, wenn ihm etwas fehlt he'll tell (*od.* report) if he lacks (*od.* is in want of) anything. – **19.** (*sich bemerkbar* machen) (*von Dingen*) make itself felt, tell (on s.o.): der Schmerz [der Winter] meldet sich the pain [winter] is making itself felt (*od.* setting in); mein Magen meldet sich my stomach is rumbling. — 20. *bes. ped.* (*aufzeigen*) put up (*od.* raise) one's hand. — 21. (*Mitteilung machen von*) report: sich krank ~ to report sick, to be (*od.* go) on the sick list. — 22. *mil.* (*zur Truppe etc*) a) enrol(l) oneself (in), b) (*freiwillig*) enlist (in), volunteer (for). — 23. *aer. mil.* report. — III *v/i* 24. *hunt.* a) (*von Hund*) give tongue, b) (*von Hirsch*) bellow. — IV M~ *n* ⟨-s⟩ 25. *verbal noun.* — 26. *cf.* Meldung.

'**Mel·den‚eu·le** *f zo.* orach(e) moth (*Trachea atriplicis*).

'**Mel·de‚pflicht** *f* 1. obligation to register, compulsory registration. — 2. obligation to report. — 3. *med.* duty of notification. — **m~‚pflich·tig** *adj* 1. subject to registration. — 2. *med.* (*Krankheiten*) notifiable, reportable. — ~‚**punkt** *m mil.* reporting point, checkpoint.

'**Mel·der** *m* ⟨-s; -⟩ *mil. cf.* Meldegänger.

'**Mel·de‚rei·ter** *m mil.* mounted messenger. — ~‚**schein** *m cf.* Meldezettel. — ~‚**schluß** *m* 1. deadline, dateline. — 2. (*bei Wettbewerben etc*) closing date for entries. — ~‚**stel·le** *f* 1. registration (*od.* register) office. — 2. *mil.* a) (local) reporting office (*od.* post), b) (*auf Marsch*) control point. — 3. (*für Feuer*) fire alarm. — ~‚**ta·sche** *f mil.* dispatch (*od.* despatch) case. — ~‚**we·sen** *n* system of registration. — ~‚**zet·tel** *m* registration form.

'**Mel·dung** *f* ⟨-; -en⟩ 1. *cf.* Melden. — 2. (*öffentlicher Bericht, Nachricht*) report, news item, news *pl* (*construed as sg or pl*): nach bisher vorliegenden (*od.* bisherigen) ~en according to reports received so far (*od.* latest reports); ~en bringen (*im Rundfunk*) to broadcast the news; eine ~ jagt die andere, die ~en überstürzen sich there are new reports constantly pouring in. — 3. (*Mitteilung*) information, notice, advice, (*förmliche*) *auch* notification, (*dienstliche*) *auch* report: amtliche (*od.* behördliche) ~ official notification; (bei) j-m ~ machen to report to s.o.; eine ~ erhalten (*od.* entgegennehmen) to receive information; es ist eine ~ von ihm [über ihn] eingegangen we have got information from [on, about] him, information has been received from [on] him. — 4. (*Ankündigung*) announcement: eine ~ im Rundfunk durchgeben to make an announcement on the radio; wir haben noch keine ~ darüber erhalten, daß er angekommen ist his arrival has not yet been announced to us, an announcement of his arrival has not yet been made. — 5. (*Anzeige*) report: eine ~ über j-n machen to submit a report against s.o., to report s.o.; eine ~ über einen (*od.* von einem) Unfall machen to report an accident. — 6. (*Anmeldung bei einer Behörde*) registration. — 7. (*zu Prüfung, Wettbewerb etc*) entry: es sind zahlreiche ~en eingegangen numerous entries have been received. — 8. (*Bewerbung*) application. — 9. (*Antwort*) answer. — 10. (*Wortmeldung*) leave (*od.* permission) to speak: liegen noch weitere ~en vor? does anybody else ask (leave) to speak? does anybody else want to speak (*od.* address the meeting)? — 11. (*Angebot, etwas zu tun etc*) offer, application. — 12. (*games*) bid. — 13. *tel.* (*Mitteilung*) message. — 14. *mil.* report: ~ machen to (make a) report. — 15. (*sport*) entry: er zog seine ~ zurück he withdrew from the contest, he scratched (*od.* backed out) (*colloq.*).

me·lie·ren [me'liːrən] *v/t* ⟨*no* ge-, h⟩ 1. (*textile*) (*Tuch etc*) mix, blend. — 2. *metall.* (*Kohlen*) mix, blend. — **me'liert I** *pp.* — **II** *adj* 1. mixed: ~es Tuch mixed cloth, mixture; ~er Wollstoff medley. — 2. *metall.* a) mixed, speckled, b) (*Kohlen*) blended, c) (*Roheisen*) mottled. — 3. (*Papier*) mottled.

Me·li·lo·tus [meli'loːtus] *m* ⟨-; -⟩ *bot. cf.* Steinklee.

Me·lio·ra·ti·on [melĭora'tsĭoːn] *f* ⟨-; -en⟩ *agr. hort.* a)melioration, (soil) improvement. — **me·lio'rie·ren** [-'riːrən] I *v/t* ⟨*no* ge-, h⟩ (*Land*) (a)meliorate, improve. — II M~ *n* ⟨-s⟩ *verbal noun.* — **Me·lio'rie·rung** *f* ⟨-; -en⟩ 1. *cf.* Meliorieren. — 2. *cf.* Melioration.

Me·lis ['meːlɪs] *m* ⟨-; *no pl*⟩ *gastr.* coarse loaf sugar.

me·lisch ['meːlɪʃ] *adj mus.* (*liedhaft*) melic.

Me·lis·ma [me'lɪsma] *n* ⟨-s; -men⟩ *mus.* melisma. — **Me·lis'ma·tik** [-'matɪk] *f* ⟨-; *no pl*⟩ melismatics *pl* (*construed as sg or pl*). — **me·lis'ma·tisch** [-'matɪʃ] *adj* (*Gesang*) melismatic.

Me·lis·se [me'lɪsə] *f* ⟨-; -n⟩ *bot.* balm (mint), garden (*od.* lemon, sweet) balm, sweet Mary, melissa (*scient.*) (*Melissa officinalis*): Türkische ~ Moldavian balm (*Dracocephalum moldavica*); Virginische ~ bee balm (*Monarda didyma*).

Me'lis·sen‚geist (*TM*) *m* ⟨-(e)s; *no pl*⟩, ~‚**spi·ri·tus** *m* Carmelite water, spirit of melissa.

'**Me·lis‚zucker** (*getr.* -k·k-) *m gastr. cf.* Melis.

'**Melk‚ei·mer** *m* milking pail.

mel·ken ['mɛlkən] I *v/t* ⟨melkt *od.* milkt, melkte *od.* molk, gemolken *od.* gemelkt, h⟩ 1. milk. — 2. *j-n* ~ *fig. colloq.* to milk (*od.* bleed, fleece, exploit) s.o.: den haben sie aber tüchtig gemolken he has been milked thoroughly. — II *v/i* 3. milk. — 4. *obs. od. dial.* give milk. — '**mel·kend** I *pres p.* — II *adj* ~e Kuh a) *agr. cf.* Milchkuh 1, b) *fig. colloq. cf.* Milchkuh 2.

'**Mel·ker** *m* ⟨-s; -⟩ milker.

Mel·ke'rei *f* ⟨-; -en⟩ 1. dairy (farm). — 2. *fig. colloq.* (*Ausbeuterei*) exploitation.

'**Mel·ke·rin** *f* ⟨-; -nen⟩ milkmaid.

'**Mel·ker‚kno·ten** *m med.* milker's nodules *pl* (*construed as sg*).

'**Melk‚kü·bel** *m cf.* Melkeimer. — ~‚**kuh** *f* 1. *agr. cf.* Milchkuh 1. — 2. *fig. colloq.* (*Person*) *cf.* Milchkuh 2. — 3. *fig. colloq.* (*Einnahmequelle*) gold mine. — ~‚**ma·schi·ne** *f agr.* milking machine, milker. — ~‚**sche·mel** *m* milking stool.

Mel·lit [mɛ'liːt; -'lɪt] *m* ⟨-s; -e⟩ *min.* mellite, honeystone.

Me·lo·dei [melo'daɪ] *f* ⟨-; -en⟩ *obs. od. poet. for* Melodie.

Me·lo·die [melo'diː] *f* ⟨-; -n [-ən]⟩ 1. *mus.* melody, (*bes. Weise*) tune, air: die ~ eines Liedes (*od.* zu einem Liede) the melody of a song; eine ~ singen [spielen] to sing [to play] a tune; eine alte ~ an old tune. — 2. *fig.* melody: die ~ einer Großstadt the melody of a metropolis; die eintönige ~ der Regentropfen the monotonous pitter-patter of the raindrops. — ~‚**leh·re** *f mus. cf.* Melodik 2. — ~‚**sai·te** *f* 1. treble string. — 2. (*der Zither*) melody (*od.* fretted) string. — ~‚**stim·me** *f* voice (part), melody, air.

Me·lo·dik [me'loːdɪk] *f* ⟨-; *no pl*⟩ *mus.* 1. melodic pattern, melody. — 2. theory of melody, melopoeia, melodics *pl* (*construed as sg*). — **Me'lo·di·ker** [-dikər] *m* ⟨-s; -⟩ melodist.

me·lo·di·ös [melo'dĭøːs] *adj mus. cf.* melodisch.

me·lo·disch [me'loːdɪʃ] *adj mus.* 1. (*wohltönend*) melodious, melodic, tuneful, musical. — 2. (*eine Melodie enthaltend*) melodic.

Me·lo·di·um [me'loːdĭum] *n* ⟨-s; -dien⟩ *mus.* melodion, American organ.

Me·lo·dra·ma [melo'draːma] *n, auch* **Me·lo'dram** [-'draːm] *n* ⟨-s; -en⟩ melodrama. — **Me·lo·dra'ma·ti·ker** [-dra'maːtikər] *m* melodramatist. — **me·lo·dra'ma·tisch** [-dra'maːtɪʃ] *adj* melodramatic, *auch* melodramatical.

Me·lo·graph [melo'graːf] *m* ⟨-en; -en⟩ *mus.* melograph.

Me·lo·ma·nie [meloma'niː] *f* ⟨-; *no pl*⟩ *psych.* melomania.

Me·lo·ne [me'loːnə] *f* ⟨-; -n⟩ 1. *bot.* melon (*Cucumis melo*). — 2. *colloq.* (*runder steifer Hut*) bowler (hat), *Am.* derby, *Br. colloq.* billycock.

Me'lo·nen‚baum *m bot.* melon tree, papaya, papaia (*Carica papaya*). — ~‚**laus** *f zo.* cotton (*od.* melon) aphid (*Aphis gossypii*). — ~‚**qual·le** *f* melon jellyfish (*Beroë cucumis*).

Me·lo·nit [melo'niːt] *n* ⟨-s; *no pl*⟩ *min.* melonite.

Me·lo·phon [melo'foːn] *n* ⟨-s; -e⟩ *mus.* melophone.

me·lo·poe·tisch [melopo'eːtɪʃ] *adj* melopoetic, *auch* melopoeic.

Me·los ['meːlɔs] *n* ⟨-; *no pl*⟩ *mus.* (*einer Arie etc*) melos.

Mel·po·me·ne [mɛl'poːmene] *npr f* ⟨-; *no pl*⟩ *myth.* Melpomene (*Greek Muse of tragedy*).

Mel·tau ['meːltau] *m* ⟨-(e)s; *no pl*⟩ *bot. cf.* Honigtau.

Mem·bran [mɛm'braːn] *f* ⟨-; -en⟩ 1. *tech. phys.* diaphragm, membrane. — 2. *electr.* (*eines Lautsprechers, Mikrophons*) diaphragm. — 3. *biol.* membrane; velamen, velum, pellicle (*scient.*). — 4. *med. zo.* membrane, pellicle (*scient.*). — ~‚**ab·he·bung** *f med.* membrane separation. — **m~‚ar·tig** *adj* membranous, *auch* membraneous, membranaceous.

Mem·bra·ne [mɛm'braːnə] *f* ⟨-; -n⟩ *cf.* Membran.

Mem'bran‚fil·ter *n, m chem.* diaphragm. — ~‚**po·ten·ti·al** *n* membrane potential, Donnan equilibrium. — ~‚**schwin·gung** *f phys. electr.* diaphragm oscillation. — ~‚**theo‚rie** *f* diaphragm theory.

Me·men·to [me'mɛnto] *n* ⟨-s; -s⟩ *relig.* Memento. — **me'men·to 'mo·ri** ['moːri] *interj* memento mori!

Mem·me ['mɛmə] *f* ⟨-; -n⟩ *colloq. contempt.* coward, craven, poltroon: er ist eine ~ he is a coward, he is chickenhearted, *Am. sl.* he is chicken(-livered) (*od.* a sissy).

mem·meln ['mɛməln] *v/i* ⟨h⟩ Bavarian and Austrian *dial. for* mummeln 2.

'**mem·men·haft** *adj colloq. contempt.* cowardly, craven, poltroonish.

'**Mem·nons‚ko·los·se** ['mɛmnɔns-], ~‚**säu·len** *pl archeol.* Memnonian statues.

Me·moire [me'mŏaːr] *n* ⟨-s; -s⟩ *rare for* Memorandum.

Me·moi·ren [me'mŏaːrən] *pl* memoirs: er schreibt an seinen ~ he is writing his memoirs. — ~‚**schrei·ber** *m* memoirist.

me·mo·ra·bel [memo'raːbəl] *adj cf.* denkwürdig.

Me·mo·ra·bi·li·en [memora'biːlĭən] *pl* memorabilia.

Me·mo·ran·dum [memo'randum] *n* ⟨-s; -den *u.* -da [-da]⟩ 1. *pol.* memorandum, aide-mémoire, memorial, note, memo (*colloq.*): ein ~ herausgeben to issue a memorandum. — 2. *obs.* diary, notebook.

me·mo·rie·ren [memo'riːrən] I *v/t* ⟨*no* ge-, h⟩ 1. memorize *Br. auch* -s-, commit (*s.th.*) to memory, learn (*s.th.*) by heart: seine Rolle ~ (*theater*) to learn one's part (*od.* lines). — 2. recite (*s.th.*) by heart (*od.* from memory). — II M~ *n* ⟨-s⟩ 3. *verbal noun.* — 4. memorization *Br. auch* -s-.

Me·mo'rier‚stoff *m* matter (*od.* things *pl*) to be memorized (*Br. auch* -s-) (*od.* to be learned by heart).

mem·phisch ['mɛmfɪʃ] *adj antiq.* Memphian.

Me·na·di·on [mena'dĭoːn] *n* ⟨-s; *no pl*⟩ *chem.* menadione ($C_{11}H_8O_2$).

Me·na·ge [me'naːʒə] *f* ⟨-; -n⟩ 1. (*Gewürzständer*) cruet stand, caster, *auch* castor. — 2. (*Traggestell zum Essenholen*) food carrier. — 3. Austrian *mil.* (*Verpflegung*) supply (of the armed forces). — 4. *obs.* (*Haushalt*) ménage, household. — 5. *obs.* (*sparsame Wirtschaft*) economy.

Me·na·ge·rie [menaʒə'riː] *f* ⟨-; -n [-ən]⟩ (*Tierschau, -park*) menagerie.

me·na·gie·ren [mena'ʒiːrən] I *v/reflex* ⟨*no* ge-, h⟩ sich ~ 1. *obs.* control oneself. — II *v/i* 2. Austrian *mil.* draw rations. — 3. *obs.* (*sich verköstigen*) supply oneself. — 4. *obs.* (*haushalten*) economize *Br. auch* -s-.

me·nan·drisch [me'nandrɪʃ] *adj* of Menander.

Men·ar·che [me'narçə] *f* ⟨-; *no pl*⟩ *med.* (*erste Menstruation*) menarche.

men·de·lisch ['mɛndəlɪʃ] *adj biol.* Mendelian. — **Men·de'lis·mus** [-de'lɪsmus] *m* ⟨-; *no pl*⟩ Mendelism, Mendelianism, Mendelian inheritance. — '**men·deln** *v/i* ⟨h⟩ mendelize, *auch* Mendelize, segregate.

'**Men·delsch** *adj* ⟨*attrib*⟩ Mendelian, Mendelist(ic): ~e Gesetze Mendel's law *sg*, Mendelism *sg*; ~e Vererbungslehre Mendelism, Mendelian theory.

'**Men·des·an·ti‚lo·pe** ['mɛndɛs-] *f zo.* addax (*Addax nasomaculatus*).

Men·di·kant [mɛndi'kant] *m* ⟨-en; -en⟩ *relig. cf.* Bettelmönch. — **Men·di'kan·ten‚or·den** *m cf.* Bettelorden.

Me·ne·te·kel [mene'teːkəl] *n* ⟨-s; -⟩ *Bibl.* "mene, mene, tekel, upharsin": die Aufstände sollten der Regierung ein ~ sein *fig.* the uprisings should serve as a warning to the government.

'**meng·bar** *adj* capable of being mixed.

Men·ge ['mɛŋə] f <-; -n> **1.** (*Anzahl*) quantity, number: die ~ muß es bringen it's the large turnover (*od.* quantity) that counts; davon ist nur noch eine begrenzte ~ vorhanden there is only a limited quantity (of that) available; wir haben in großen ~n Röcke verkauft we have sold skirts in large numbers. – **2.** (*Volumen*) volume. – **3.** (*Menschenmenge*) crowd, throng, multitude, host: die ~ tobte the crowd raged; die ~ weicht zurück the crowd draws back (*od.* recoils); ich konnte in der ~ kaum vorwärtskommen I could hardly move forward(s) in (*od.* through) the crowd; ein Gefühl der Erleichterung ging durch die ~ a feeling of relief ran through the crowd. – **4.** die ~ the majority: die große ~ will den Frieden the vast majority wants peace. – **5.** (*Unzahl*) host. – **6.** (*Betrag*) amount: eine bestimmte ~ Geld a certain amount of money. – **7.** eine ~ colloq. a lot, lots pl (beide colloq.): eine ~ Zuschauer drängte in den Saal a lot (*od.* mass) of spectators jammed into the hall; eine ~ Äpfel [Blumen] a lot of apples [flowers]; von dort kann man eine ~ Lichter sehen one can see a lot of (*od.* many) lights from there; ich bin mit einer ~ Menschen zusammengetroffen I met a lot of (*od.* a great many) people; er hat eine ~ Ideen he has a lot (*od.* multitude) of ideas; er verlor eine ~ Blut he lost a lot of blood; eine ~ Arbeit (*od.* zu tun) a lot of work (*od.* to do); eine ~ Geld lots (*od.* a mint) of money (beide colloq.); eine ~ Lügen a lot (*od.* pack) of lies; von ihm kannst du eine ~ lernen you can learn a lot from him; er bildet sich eine ~ ein he thinks a lot of himself, he is terribly conceited (colloq.); ich halte eine ~ von ihm I think a lot of him; er hatte in letzter Zeit eine ~ Schwierigkeiten he has had a lot (*od.* great deal) of trouble lately; ich habe eine ~ Zeit I have plenty (*od.* a lot) of time. – **8.** (*Überfluß*) abundance. – **9.** jede ~, in ~n colloq. a) (von Sachen) in abundance; heaps of, piles of, loads of (colloq.), galore (nachgestellt), b) (von Personen) in crowds, by scores: dieses Jahr gibt es jede ~ Äpfel this year there are apples in abundance (*od.* there is a glut of apples); er hat Bücher in rauhen ~n, er hat Bücher die ~ he has heaps of books; die Käufer kamen in ~n the buyers came in crowds. – **10.** tech. a) (Losgröße) batch, b) (in Tonnen) tonnage. – **11.** math. aggregate, set, complex. – **12.** med. (Einheit, Dosis) unit, dose, dosage. – **13.** phys. amount.

men·gen ['mɛŋən] **I** v/t <h> **1.** mix, blend, mingle: Mehl und Wasser zu einem Teig ~ to mix flour and water into a dough; er mengte Milch in den Brei he mixed milk with (*od.* into) the porridge, he added milk to the porridge; er mengt eins ins andere fig. he confuses matters. – **II** v/reflex sich ~ **2.** (unter acc with) mix, mingle. – **3.** sich in (acc) etwas ~ fig. to meddle (*od.* interfere) with (*od.* in) s.th., to poke one's nose into s.th., to butt in s.th.: menge dich nicht immer in meine Angelegenheiten don't always meddle in my affairs, keep out of my affairs.

'Men·gen|,ab,satz m econ. bulk (*od.* large-scale) sale(s pl) (*od.* selling), sales pl in terms of quantity. — **~,an,ga·be** f statement of quantity. — **~,an,teil** m constituent amount, share (proportion) in terms of quantity. — **~be,schrän·kung** f econ. quantitative restriction. — **~be,stim·mung** f quantitative determination (*od.* analysis). — **~be,zeich·nung** f designation of quantity. — **~,ein·heit** f phys. unit of quantity. — **~,in·dex** m (in Statistik) quantitative (*od.* quantum) index. — **~kon,junk,tur** f econ. quantity boom. — **~,leh·re** f math. set theory, (Cantor's) theory of quantities. — **~,lei·stung** f econ. productive (*od.* production) capacity (*od.* output). — **m~,mä·ßig** adj quantitative, quantitive: ~er Umsatz quantity turnover, sales pl. — **~,nach,laß** m cf. Mengenrabatt. — **~no,tie·rung** f (Methode der Devisennotierung) quantity rate (of exchange). — **~,ra,batt** m econ. quantity discount. — **~,rech·nung** f math. cf. Mengenlehre. — **~ver,hält·nis** n quantitative ratio, relative proportions pl.

'Meng|,fut·ter n agr. cf. Mischfutter. — **~,korn** n agr. dredge grain.

Meng·sel ['mɛŋzəl] n <-s; -> dial. for Gemengsel 1.

Men·ha·den [mɛn'heːdən] m <-s; -s> zo. Atlantic menhaden, fatback (*Brevoortia tyrannus*).

Men·hir ['mɛnhɪr] m <-s; -e [-'hiːrə]> archeol. (*Megalith*) menhir.

Me·nin·gi·tis [menɪŋ'giːtɪs] f <-; -tiden [-gi'tiːdən]> med. (*Hirnhautentzündung*) meningitis. — **me·nin'gi·tisch** [-tɪʃ] adj meningitic.

Me·ninx ['meːnɪŋks] f <-; Meningen [me'nɪŋən]> med. (*Hirnhaut*) meninx.

me·nip·pisch [me'nɪpɪʃ] adj (*Satire etc*) Menippean.

Me·nis·kus [me'nɪskʊs] m <-; -ken> **1.** med. meniscus. – **2.** (optics) meniscal lens. — **~ope·ra·ti,on** f med. removal of a meniscus, meniscectomy (scient.). — **~,riß** m rupture of the meniscus. — **~,scha·den** m torn meniscus. — **~ver,let·zung** f meniscus injury.

Men·ken·ke [mɛn'kɛŋkə] f <-; no pl> *Eastern Middle G.* colloq. fuss: mach keine ~ don't make such a fuss.

Men·ni·ge ['mɛnɪgə] f <-; no pl> chem. (paints) minium, red lead, lead oxide (Pb_3O_4).

'men·nig|,rot ['mɛnɪç-] adj miniaceous. — **M~,vo·gel** m zo. minivet (*Gattg Pericrocotus*).

Men·no·nit [mɛno'niːt] m <-en; -en> relig. Mennonite, auch Mennist. — **men·no'ni·tisch** adj Mennonite.

Me·no·lo·gi·on [meno'loːgiɔn] n <-s; -gien> relig. (der Ostkirche) menologion, menology.

Me·no·pau·se [meno'pauzə] f med. menopause, change of life, cessation of the menses.

Me·nor·rha·gie [menora'giː] f <-; -n [-ən]> med. menorrhagia.

Me·nor·rhö [meno'røː] f <-; -en>, **Me·nor'rhöe** [-'røː] f <-; -n [-ən]> med. (*Menstruation*) menorrh(o)ea. — **me·nor'rhö·isch** adj menorrh(o)eal.

Men·sa ['mɛnza] f <-; -s u. Mensen> **1.** relig. mensa. – **2.** students' dining hall, commons pl (construed as sg), Br. auch refectory.

Mensch[1] [mɛnʃ] m <-en; -en> **1.** <only sg> (als Gattung) man: ~ und Tier man and beast; der ~ ist das höchstentwickelte Lebewesen man is the most highly developed living being (*od.* creature); beim ~en med. in man. – **2.** (Einzelwesen) human being, man: Adam und Eva waren die ersten ~en Adam and Eve were the first human beings; sie ist nur noch ein halber ~ fig. colloq. she is no more than half a woman; mit j-m von ~ zu ~ reden to have a heart-to-heart (*od.* man-to-man) talk with s.o.; ist das noch ein ~? and he calls himself a human being! er ist auch nur ein ~ he is only human; an Gott und den ~en zweifeln to despair of God and humanity; des ~en Sohn the Son of Man; Christus ist ~ geworden Christ has become incarnate(d); Gott schuf den ~en ihm zum Bilde Bibl. God created man in his own image; der ~ lebt nicht vom Brot allein Bibl. man doth not live by bread alone; den alten ~en ablegen, einen neuen ~en anziehen fig. to turn over a new leaf; jetzt bin ich wieder ein ~ fig. colloq. now I feel like a human being again; du stellst dich an wie der erste ~ fig. colloq. you act as though you were born yesterday; des ~en Wille ist sein Himmelreich (Sprichwort) etwa a man's will is his kingdom, let him do (*od.* have) it if it is going to make him happy; → denken 1. – **3.** (Person) person, individual, pl auch people: jeder ~ everybody, every one; kein ~ nobody, no one; es erschien kein ~ not a soul came; einen ~en bewundern [hintergehen] to admire [to deceive] a person; ein junger ~ urteilt anders als ein alter ~ a young person judges differently from an old person; er ist ein guter ~, aber ein schlechter Künstler he is a good person but a bad artist; die ~en sind von Natur aus gut people are good by nature; einen gesitteten ~en aus j-m machen to make a civilized (Br. auch -s-) person (*od.* human being) out of s.o.; kein ~ weiß, was das bedeuten soll no one knows what that is supposed to mean; den Umgang mit ~en

meiden [suchen] to avoid [to seek] contact with other people; so sind die ~en nun einmal that's the way people are; er ist ein anderer ~ geworden he has become a different person; abends braucht der ~ Entspannung in the evening people need relaxation (*od.* one needs to relax); man muß die ~en nehmen, wie sie sind you have to take people as they are; kein ~ muß müssen there is no such word (*od.* thing) as must. – **4.** (Sterblicher) mortal. – **5.** pl (Menschheit) man sg, mankind sg, the human race sg, people, humanity sg. – **6.** (Kerl) man, Br. colloq. bloke, Am. colloq. guy: dieser ~ behauptet this man contends; was will der ~? what does he (od. this man) want? – **7.** colloq. (in Wendungen wie) ~ Meier! good Lord (*od.* gracious)! man alive! bes. Am. (oh) boy! ~, hör auf! come on, stop it! cut it out! stop it, man! ~, ärgere dich nicht take it easy, keep your shirt on.

Mensch[2] n <-(e)s; -er> vulg. contempt. hussy, slut, 'baggage' (vulg.), 'tart' (sl.).

,Mensch 'är·ge·re ,dich ,nicht n <----; ----> (games) (Würfelspiel) etwa ludo.

'Men·schen|,af·fe m zo. anthropoid (ape), simian, pithecoid (*Fam. Pongidae*). — **m~,ähn·lich** adj like a human being, manlike; anthropoid, hominoid, anthropomorphic, anthropomorphous (scient.). — **~,al·ter** n **1.** lifetime, age. – **2.** (Generation) generation: zwei ~ lang for two generations. — **~,an,drang** m press (*od.* crush) of people. — **~,an,samm·lung** f gathering (of people). — **~,art** f **1.** human nature: das ist ~ that's human nature, that's the way people will behave. – **2.** auf (acc) (*od.* nach) ~ in the human way, like man. – **3.** race. — **~,auf,lauf** m concourse (*od.* confluence) of people. — **~,blut** n human blood. — **~,feind** m man-hater, misanthrope, misanthropist. — **~,feind·lich** adj misanthropic, auch misanthropical. — **~,feind·lich·keit** f misanthropy. — **~,fleisch** n human flesh. — **~,floh** m zo. common flea (*Pulex irritans*). — **m~,fres·send** adj man-eating, cannibal (attrib), anthropophagous (scient.). — **~,fres·ser** m **1.** man-eater, cannibal, anthropophagite (scient.). – **2.** (im Märchen) ogre. — **~fres·se'rei** [,mɛnʃən-] f man-eating, cannibalism, anthropophagy (scient.). — **~,freund** m philanthropist, humanitarian, humanist. — **m~,freund·lich** adj humanitarian, benevolent, humane, philanthropic, auch philanthropical. — **~,freund·lich·keit** f **1.** benevolence. – **2.** cf. Menschenliebe 1. — **~,füh·rung** f **1.** guidance of people (*od.* men). – **2.** econ. personnel management. — **~ge,den·ken** n only in seit ~ within the memory of man, within living memory. — **~ge,drän·ge** n cf. Menschengewühl. — **~ge,rip·pe** n human skeleton. — **~ge,schlecht** n mankind, man, human race. — **~ge,stalt** f human shape (*od.* form): er ist ein Teufel in ~ he is a devil incarnate; ein Engel in ~ an angel in human form; Christus hat ~ angenommen Bibl. Christ was made like unto man. — **~ge,wühl** n throng, milling crowd. — **~,haar** n (human) hair. — **~,hai** m zo. man-eater, man-eating shark (*Carcharodon carcharias*). — **~,hand** f hand of man, human hand: von ~ gemacht man-made; das liegt nicht in ~ that's beyond man's control. — **~,han·del** m slave trade (*od.* traffic). — **~,händ·ler** m slave trader (*od.* trafficker). — **~,haß** m cf. Menschenfeindlichkeit. — **~,has·ser** m cf. Menschenfeind. — **~,herz** n **1.** human heart: das ~ vermag viel the human heart is capable of much. – **2.** zo. heart of Venus (*Cardium isocardia*). — **~,jagd** f manhunt. — **~,ken·ner** m judge of human nature (*od.* of man). — **~,kennt·nis** f knowledge of human nature (*od.* character), knowledge of man: er hat (*od.* besitzt) gute ~ he has a good knowledge (*od.* is a good judge) of human nature. — **~,kind** n lit. human being, creature: sie ist ein armes ~ she is a poor creature. — **~,kno·chen** m human bone. — **~,kraft** f man power: eine Maschine mit ~ betreiben to operate a machine by means of man power. — **~,kun·de** f anthropology. — **~,le·ben** n **1.** human life, life (of man): mehrere ~ wurden gerettet several (human) lives were saved; ~ waren nicht zu beklagen there were no casualties (*od.*

fatalities); **schwere Verluste an ~ vermeiden** to prevent great loss (*od.* sacrifice)
of life. – **2.** (*Lebenszeit*) life: **ein langes
[erfülltes] ~** a long [fulfilled] life. – **3.** (*only
sg*) *lit.* life, existence. — **m~¡leer** *adj*
(*Straßen etc*) deserted. — **~¡lie·be** *f*
1. (*Nächstenliebe*) love of mankind, philanthropy, philanthropism, humanitarianism,
humanity: **ein Akt der ~** an act of humanitarianism; **ich habe das aus reiner ~ getan** I did it for purely humanitarian reasons. – **2.** (*Liebe unter den Menschen*)
human love. — **~¡los** *n* destiny (*od.* fate)
of man. — **~¡mas·se** *f cf.* Menschenmenge.
— **~¡ma·te·ri¡al** *n bes. mil.* manpower (resources *pl*). — **~¡mau·er** *f* wall of people,
cordon. — **~¡men·ge** *f* crowd (of people),
throng, multitude: **sich durch eine ~
schieben** to edge one's way through a
crowd. — **m~'mög·lich** *adj* **1.** humanly
possible, within the power of man (*od.*
human power): **er hat alles getan, was ~
ist** he has done everything within human
power (*od.* all that is humanly possible);
das ist doch nicht ~! *colloq.* that's quite
impossible, that's (just) not humanly
possible. – **2.** (*substantiviert mit Kleinschreibung*) **er hat alles ~e getan** he has
done everything within human power (*od.*
all that is humanly possible). — **~¡op·fer** *n*
1. human sacrifice: **~ darbringen** to make
human sacrifices. – **2.** victim, fatality: **~
sind bei diesem Unglück nicht zu beklagen** this accident claimed no victims, there
were no fatalities (*od.* there was no loss of
life) as a result of this accident. — **~¡paar** *n*
(human) couple: **das erste ~** the first
human couple. — **~po·ten·ti¡al** *n* human
potential (*od.* resources *pl*), man power,
man-power reserves *pl.* — **~¡ras·se** *f* race.
— **~¡raub** *m jur.* **1.** kidnapping, *Am.* auch
kidnaping. – **2.** (*Entführung*) abduction. —
~¡räu·ber *m* **1.** kidnapper, *Am.* auch
kidnaper. – **2.** abductor. — **~¡rech·te** *pl*
human rights, rights of man. — **~re-
ser·voir** [-rezɛr¡vŏaːr] *n cf.* Menschen-
potential. — **~¡scheu** *f* shyness, unsociableness. – **II m~** *adj* shy (of people),
unsocial. — **~¡schin·der** *m* contempt.
slave driver, oppressor. — **~schin·de'rei**
[¡mɛnʃən-] *f* slave-driving, sweating, slavery:
das ist ja die reinste ~! that is downright
slave-driving. — **~¡schlag** *m* ⟨-(e)s; *no pl*⟩
1. breed of men, kind of people: **ein
schwerfälliger ~** a ponderous breed of
men. – **2.** (*Rasse*) race. — **~¡see·le** *f* human
soul: **keine ~ war zu sehen** *fig.* not a (*od.*
no) living soul could be seen.
'Men·schens¡kind *interj colloq.* man alive!
good God (*od.* Heavens!).
'Men·schen¡¡sohn *m Bibl.* Son of Man. —
~¡sor·te *f contempt.* sort of person (*od.*
people). — **~¡spul·wurm** *m zo.* round-
worm (*Ascaris lumbricoides*). — **~¡stim·me**
f human voice. — **~¡strom** *m* stream (*od.*
flood) of people.
'Men·schen·tum *n* ⟨-s; *no pl*⟩ humanity,
mankind.
'Men·schen¡¡typ, ~¡ty·pus *m* **1.** ⟨*only sg*⟩
type (*od.* sort) of person, types *pl*
sorts *pl*) of people. – **2.** *anthrop.* anthropo-
logical type. — **m~¡un¡wür·dig** *adj*
1. beneath the dignity of man, beneath
human dignity, degrading: **sein Betragen
war ~** his behavio(u)r was beneath human
dignity. – **2.** (*Behandlung etc*) inhumane. –
3. (*Wohnung etc*) unfit for human beings:
diese Behausung ist ~ this dwelling is not
fit for human beings (*od.* for human habitation). — **~ver¡äch·ter** *m* misanthrope,
cynic, despiser of mankind. — **~ver-
¡ach·tung** *f* misanthropy, cynicism. — **~
ver¡stand** *m* human understanding: **gesunder ~** common (*od. colloq.* horse) sense.
— **~¡werk** *n* work of man: **das ist alles ~**
a) this is all the work of man, b) all this
is merely human. — **~¡wür·de** *f* dignity of
man, human dignity. — **m~¡wür·dig I** *adj*
1. (*Benehmen etc*) worthy of a human being.
– **2.** (*Behandlung etc*) humane. – **3.** (*Behausung etc*) fit for human beings. – **II** *adv*
4. **~ leben** (*od.* wohnen) to live decently.
Men·sche·wik [mɛnʃe¡vik] *m* ⟨-en; -en *u.*
-i [-ki]⟩ *pol. hist.* Menshevik. — **Men·sche-
'wis·mus** [-¡vɪsmus] *m* ⟨-; *no pl*⟩ Menshe-
vism. — **Men·sche'wist** [-¡vɪst] *m* ⟨-en;
-en⟩ *cf.* Menschewik. — **men·sche·wi-
stisch** *adj* Menshevist.
'Mensch·heit *f* ⟨-; *no pl*⟩ man, mankind,

humanity, human race: **die Geschichte
[Entwicklung] der ~** the history [develop-
ment] of mankind; **im Namen der ~** in
the name of humanity; **zum Wohl(e) der ~**
for the benefit of humanity.
'mensch·lich I *adj* **1.** (*Körper, Natur,
Schwächen etc*) human: **nach ~em Ermessen, nach ~er Voraussicht** as far as
we can (humanly) foresee; **~es Versagen
war Schuld an dem Unfall** human failure
(*od.* negligence) was to blame for the accident; **nach ~em und göttlichem Recht** according to human and divine right; **es
liegt in der ~en Natur, eifersüchtig zu
sein** it is human nature to be jealous; **das
ist nur zu ~** that is all too human; → **irren** 7.
– **2.** (*Tat, Behandlung etc*) humane: **ein ~er
Richter** a humane (*od.* merciful) judge;
seien Sie doch etwas ~er be a little more
humane; **eine ~e Regung fühlen** to be
touched by feelings of humanity; **ein ~es
Rühren verspüren** a) to feel moved (*od.*
touched), b) *colloq.* to feel the call of
nature. – **3.** (*Verhältnisse, Bedingungen etc*)
tolerable, bearable. – **4.** (*menschenfreund-
lich*) humanitarian. – **II** *adv* **5.** **ich kann
sein Handeln ~ verstehen** I can understand his way of acting from the human
point of view; **j-n ~ behandeln** to treat s.o.
humanely; **du siehst ja wieder ~ aus** *fig.
colloq.* you are looking like a civilized (*Br.
auch -s-*) person again. – **III M~e, das**
⟨-n⟩ **6.** (*in Wendungen wie*) **er hat nichts
M~es an sich** he shows no human traits;
Affen haben etwas M~es an sich apes
have s.th. human about them; **wenn mir
etwas M~es zustößt** *fig. colloq.* in case
s.th. should happen to me; **es ist ihm
etwas M~es passiert** *fig. colloq.* he had
an accident in his pants (*od.* trousers).
— **'Mensch·lich·keit** *f* ⟨-; *no pl*⟩ **1.** humanity, humaneness: **ein Verbrechen
gegen die ~** a crime against humanity;
etwas aus (reiner) ~ tun to do s.th. out of
(pure) humanity (*od.* for humanitarian
reasons). – **2.** (*Menschenfreundlichkeit*) humanitarianism.
'Mensch¡wer·dung *f* ⟨-; *no pl*⟩ **1.** *relig.*
(*Christi*) incarnation. – **2.** *anthrop.* anthro-
pogenesis.
Men·sel [ˈmɛnzəl] *f* ⟨-; -n⟩ *cf.* Meßtisch.
Men·ses [ˈmɛnzɛs] *pl med. cf.* Menstruation.
men·stru·al [mɛnstruˈaːl] *adj med.* menstrual. – **M~¡blu·tung** *f cf.* Menstruation.
Men·stru·a·ti·on [mɛnstruaˈtsĭoːn] *f* ⟨-;
-en⟩ *med.* menstruation, menses *pl* (construed as *sg* or *pl*), (menstrual) period, *Am.
auch* courses *pl*, (menstrual) flow, catamenia (*scient.*): **der ~ vorangehend** premenstrual; **normale ~** normal menstruation, eumenorrh(o)ea (*scient.*); **Ausbleiben
der ~** absence of menstruation: menostasis,
menolipsis (*scient.*). — **Men·stru·a·ti·ons-
¡mit·tel** *n med. pharm.* emmenagogue.
men·stru·ie·ren [mɛnstruˈiːrən] *v/i* ⟨*no
ge-*, h⟩ *med.* menstruate.
men·su·ell [mɛnˈzŭɛl] *adj med.* menstrual.
Men·sur [mɛnˈzuːr] *f* ⟨-; -en⟩ **1.** measure.
– **2.** (*sport*) measure, fencing distance. –
3. (*Duell*) students' duel: **auf die ~ gehen**
to fight a (students') duel. – **4.** *mus.* a) (*der
Noten*) scale, scaling, diapason (*scient.*),
b) (*der Blasinstrumente*) bore, c) (*der
Streichinstrumente*) stop. – **5.** *chem.*
(*Meßglas*) graduated cylinder.
men·su·ra·bel [mɛnzuˈraːbəl] *adj* (*Größe
etc*) measurable, mensurable. — **Men·
su·ra·bi·li·tät** [-rabiliˈtɛːt] *f* ⟨-; *no pl*⟩
measurability, mensurableness.
Men·su'ral¡mu¡sik [mɛnzuˈraːl-] *f mus.
hist.* mensural music. — **~no·ta·ti¡on,
~¡no·ten¡schrift** *f mus.* mensural notation.
Men·su·ra·ti·on [mɛnzuraˈtsĭoːn] *f* ⟨-; -en⟩
1. (*Abmessen*) mensuration. – **2.** *mus.* (*des
Pianofortes*) scale designing.
men·tal [mɛnˈtaːl] *adj auch med.* mental.
Men·ta·li·tät [mɛntaliˈtɛːt] *f* ⟨-; -en⟩ *psych.*
1. mentality. – **2.** way of thinking.
Men'tal·re·ser·va·ti¡on *f jur.* mental reservation.
Men·thol [mɛnˈtoːl] *n* ⟨-s; *no pl*⟩ *chem.*
menthol, (pepper)mint camphor ($C_{10}H_{19}$-
OH).
Men·tor [ˈmɛntɔr] **I** *npr m* ⟨-s; *no pl*⟩
1. *myth.* Mentor (*tutor of Telemachus*). –
II *m* ⟨-s; -en [-ˈtoːrən]⟩ **2.** (*Lehrer*) tutor,
teacher. – **3.** *fig.* mentor.
Me·nü [meˈnyː] *n* ⟨-s; -s⟩ **1.** (complete)
meal, dinner: **ein ~ zusammenstellen** to

make up a dinner; **sich** (*dat*) **ein ~ zusammenstellen** to choose one's meal; **bitte
das erste ~** please dinner number one,
please number one of the table d'hôte. –
2. *obs.* (*Speisekarte*) menu, bill of fare.
Me·nu·ett [meˈnŭɛt] *n* ⟨-(e)s; -e, *auch* -s⟩
mus. minuet, menuet, *auch* menuetto,
minuetto: **ein ~ tanzen** to dance a minuet,
to minuet.
Me'nü¡kar·te *f cf.* Speisekarte.
me·phi·sto·phe·lisch [mefɪstoˈfeːlɪʃ] *adj* Me-
phistophelian, Mephistophelean.
Mer·cap·tan [mɛrkapˈtaːn] *n* ⟨-s; -e⟩ *meist
pl chem.* mercaptan.
Mer·ca·tor·pro·jek·ti·on [mɛrˈkaːtɔr-] *f*
Mercator projection.
Mer·ce·rie [mɛrsəˈriː] *f* ⟨-; -n [-ən]⟩ *Swiss
for* Kurzwaren 1, Kurzwarengeschäft 1.
Mer·gel [ˈmɛrgəl] *m* ⟨-s; -⟩ *geol.* marl: **mit
~ düngen** *cf.* mergeln. — **~¡ar·tig** *adj*
marlaceous, marly. — **~¡bo·den** *m* marly
(*od.* marlaceous) soil. — **~¡dün·gung** *f agr.*
marling. — **~¡gru·be** *f geol.* marlpit.
'mer·ge·lig *adj geol. cf.* mergelartig.
mer·geln [ˈmɛrgəln] *v/t* ⟨h⟩ *agr.* fertilize
(*Br. auch -s-*) with marl, marl.
'merg·lig *adj geol. cf.* mergelartig.
Me·ri·di·an [meriˈdĭaːn] *m* ⟨-s; -e⟩ **1.** *geogr.*
meridian. – **2.** *astr.* meridian, equinoctial
colure: **durch den ~ gehen** to culminate.
— **~¡bo·gen** *m astr.* arc of the meridian. —
~¡durch¡gang *m astr.* (*eines Sterns*) meridian passage (*od.* transit). — **~¡fern¡rohr**
n transit (*od.* meridian) instrument. —
~¡kreis *m* meridian circle.
me·ri·di·o·nal [meridĭoˈnaːl] *adj astr.* meridional, meridian. — **Me·ri·di·o·na·li·tät**
[-naliˈtɛːt] *f* ⟨-; *no pl*⟩ meridionality.
Me·rin·ge [meˈrɪŋə] *f* ⟨-; -n⟩, **Me'rin·gel**
[-ŋəl] *n* ⟨-s; -⟩ *gastr.* (*Schaumgebäck*)
meringue.
Me·ri·no [meˈriːno] *m* ⟨-s; -s⟩ **1.** (*textile*)
merino. – **2.** *zo. cf.* Merinoschaf. — **~¡garn**
n (*textile*) merino (yarn). — **~¡schaf** *n zo.*
Merino (sheep): **Sächsisches ~** electoral
sheep. — **~¡wol·le** *f* (*textile*) merino (wool).
Me·ri·stem [merɪsˈteːm] *n* ⟨-s; -e⟩ *bot.*
meristem.
Me·ri·ten [meˈriːtən] *pl* merits.
Merk [mɛrk] *m* ⟨-s; -e⟩ *bot.* parsnip
(*Gattg Sium*): **Breitblättriger ~** a) water
parsnip (*S. latifolium*), b) skirret (*S. sisa-
rum*).
mer·kan·til [mɛrkanˈtiːl] *adj econ.* mercantile. — **Mer·kan·ti·lis·mus** [-tiˈlɪsmus]
m ⟨-; *no pl*⟩ *hist.* mercantilism, mercantile
system. — **Mer·kan·ti·list** [-tiˈlɪst] *m* ⟨-en;
-en⟩ mercantilist. — **mer·kan·ti·li·stisch**
adj mercantilistic, *auch* mercantilistic.
Mer·kan·til·sy¡stem *n econ. hist. cf.* Mer-
kantilismus.
'merk·bar *adj* **1.** (*Name, Zahl etc*) retain-
able. – **2.** *cf.* merklich I.
'Merk¡¡blatt *n* **1.** instruction card, sheet of
instructions. – **2.** (*Notizzettel*) slip. – **3.** *bes.
econ.* leaflet, notice. — **~¡buch** *n rare for*
Notizbuch.
mer·ken [ˈmɛrkən] **I** *v/t* ⟨h⟩ **1.** (*wahrnehmen*) perceive, notice, note: **du merkst
auch alles!** *colloq. iron.* you notice everything, you are very noticing; **er hat etwas
gemerkt** he has noticed s.th., he smelled
a rat; **von seiner Krankheit ist nichts
mehr zu ~** there are no longer any traces
of his (former) illness; **es war zu ~, daß**
it was noticeable (*od.* plain) that, one could
see (*od.* tell) that; **der Fleck ist kaum zu
~** the spot is hardly noticeable (*od.* perceptible, to be perceived); **man merkt es an
seiner Aussprache** one can tell by his
accent (*od.* pronunciation); **hast du die
Veränderung gemerkt?** did you notice
anything different? – **2.** (*erkennen*) realize
Br. auch -s-, see: **er merkte sofort meine
Absicht** he at once realized my intention;
**ich merkte sofort, worauf er hinaus-
wollte** I saw at once what he was aiming
at. – **3.** (*fühlen*) feel, notice: **ich habe
nichts von dem Stoß gemerkt** I did not
feel the blow. – **4.** (*entdecken*) find, detect:
den Fehler hat noch niemand gemerkt
no one has yet detected the mistake. –
5. (*gewahr sein*) know, be aware of: **er
merkt nie, wann er gehen sollte** he never
knows when it's time to go; **ich merke
ihn kaum** I don't even know (*od.* notice)
when he is (a)round. – **6.** (*auf etwas kommen*) hit upon, discover: **endlich hat er
gemerkt, was los ist** it has finally dawned

on him what is going on. – **7.** (*spüren*) feel, sense: er merkte, daß er eine Dummheit begangen hatte he felt that he had done s.th. foolish. – **8.** (*in Wendungen wie*) ich habe (mir) nichts ~ lassen I did not betray myself (*od.* my feelings), I did not let on; hast du ihn etwas ~ lassen? did you let him know (*od.* notice) anything? sie ließ nichts von ihrem Haß ~, sie ließ ihren Haß nicht ~ she did not show any signs of her hatred; j-n seine Absicht [seinen Kummer] ~ lassen to let s.o. know about one's intention [one's worries], to reveal one's intention [one's worries] to s.o. – **9.** *dial.* (*aufzeichnen, notieren*) note (down). – **10.** sich (*dat*) etwas ~ a) to remember s.th., b) (*einprägen*) to make a (mental) note of s.th., to note s.th., c) (*behalten*) to retain s.th., to bear (*od.* keep) s.th. in mind: das werde ich mir ~ a) I will remember that, b) (*ich bin gewitzigt*) that shall be a lesson to me, c) (*als Drohung*) I shan't forget that; merk dir meine Worte mark my words; ~ Sie sich das für die Zukunft kindly note that for the future; merk dir das gefälligst! *colloq.* get that into your thick skull! (*colloq.*); sich (*dat*) etwas im Kopf ~ *colloq.* to make a mental note of s.th.; merke wohl, wohl zu ~ *colloq.* mark my words, mind you; ~ Sie sich die Autonummer make a note of the licence (*Am.* license) number; ich kann mir diesen Namen [diese Zahl] nicht ~ I cannot retain this name [this number]; den Namen dieser Schauspielerin wird man sich ~ müssen this actress is one to keep an eye on. – **II** *v/i* **11.** auf j-n [etwas] ~ to pay attention to s.o. [s.th.], to listen to s.o. [s.th.].

'Mer·ker *m* ⟨-s; -⟩ **1.** *obs.* (*bes. im Minnesang*) watcher, informer, spy. – **2.** *obs.* (*im Meistergesang*) judge, critic. – **3.** *colloq. iron.* person that notices everything.

'Merk|,fä·hig·keit *f* memory. — **~,lam·pe** *f* *electr. tech.* pilot (*od.* indicator, signal) lamp.

'merk·lich I *adj* **1.** (*wahrnehmbar*) noticeable, perceptible, perceivable: eine ~e Veränderung a noticeable change. – **2.** (*deutlich*) distinct, obvious, evident, clear: ein ~er Unterschied an evident difference; eine ~e Tendenz zum Aufschwung *econ.* a distinct upward trend. – **3.** (*beträchtlich*) considerable, appreciable, siz(e)able: eine ~e Besserung trat ein a considerable improvement took place. – **4.** (*sehr stark*) striking, marked: eine ~e Zunahme der Autoverkäufe a marked increase in sales of cars. – **5.** (*sichtlich*) visible. – **II** *adv* **6.** es hat sich ~ abgekühlt it has become noticeably (*od.* markedly) cooler; die Kurse schwanken ~ prices vary markedly; sie war ~ gerührt she was visibly touched.

'Merk,mal *n* ⟨-(e)s; -e⟩ **1.** (*Zeichen*) mark, sign. – **2.** (*von Rasse etc*) (characteristic) feature, characteristic, trait: ein typisches [hervorstechendes] ~ a typical (salient *od.* prominent) feature; das gehört zu den charakteristischen ~en des Militarismus that's one of the characteristic features of militarism. – **3.** (*von Stil, Entwicklung etc*) characteristic feature. – **4.** (*von Krankheit etc*) symptom, sign. – **5.** (*Kennzeichen*) mark: keine besonderen ~e no distinguishing marks. – **6.** (*Eigentümlichkeit*) peculiarity. – **7.** (*Kriterium*) criterion. – **8.** (*Eigenschaft*) attribute, property. – **9.** *philos.* defining property, differentia specifica (*scient.*): kennzeichnendes [zufälliges] ~ essential [nonessential] property. – **10.** *biol.* character. [alleles *pl.*]

'Merk,mals,paar *n* *biol.* allelomorphs *pl.*

Merks [mɛrks] *m* ⟨-; *no pl*⟩ *colloq.* memory: einen guten ~ für etwas haben to have a good memory for s.th.

'Merk,spruch *m* mnemotechnic(al) verse.

Mer·kur¹ [mɛr'kuːr] **I** *npr m* ⟨-; *no pl*⟩ *myth.* Mercury (*Roman god of commerce and messenger of the gods*). – **II** *m* ⟨-s⟩ *astr.* Mercury.

Mer'kur² *m*, *n* ⟨-s; *no pl*⟩ *chem. cf.* Quecksilber.

Mer·ku·ri·a·lis·mus [mɛrkuria'lɪsmʊs] *m* ⟨-; *no pl*⟩ *med.* mercurialism, hydrargyrism.

Mer'kur,stab *m* *myth.* caduceus.

'Merk|,welt *f* *zo.* (*der Lebewesen*) perceptual world. — **~,wort** *n* catchword, keyword.

'merk,wür·dig I *adj* **1.** remarkable, noteworthy. – **2.** (*seltsam*) strange, odd, queer, curious, peculiar: ~er Mensch a strange person; sein ~es Verhalten war unverständlich his curious behavio(u)r was incomprehensible; ich finde es ~, daß I think it odd that. – **3.** (*komisch*) funny, comical. – **II** *adv* **4.** er benimmt sich ~ he behaves in a funny way (*od.* strangely); er war ~ still he was strangely silent.

'merk,wür·di·ger'wei·se *adv* strangely (*od.* oddly) enough, strange to say: ~ kam er nicht strangely enough he did not come.

'Merk,wür·dig·keit *f* ⟨-; -en⟩ **1.** ⟨*only sg*⟩ remarkableness, noteworthiness. – **2.** ⟨*only sg*⟩ (*Seltsamkeit*) strangeness, oddity, queerness, curiosity, curiousness, peculiarity. – **3.** ⟨*only sg*⟩ (*Komisches*) funniness, comicality, comicalness. – **4.** (*Kuriosität*) curiosity, curio.

'Merk,zei·chen *n* **1.** (*Erinnerungszeichen, Strich etc*) mark. – **2.** (*Lesezeichen*) (book)-marker. – **3.** *cf.* Merkmal 1.

Mer·lan [mɛr'laːn] *m* ⟨-s; -e⟩ *zo.* whiting (*Merlangus merlangus*).

Mer·le ['mɛrlə] *f* ⟨-; -n⟩ *zo. cf.* Amsel 1.

Mer·lin [mɛr'liːn; 'mɛr-] *m* ⟨-s; -e⟩, **~,fal·ke** *m* *zo.* a) pigeon hawk (*Falco columbarius*), b) rock falcon (*od.* hawk), merlin (*F. aesalon*).

Me·ro·win·ger ['meːrovɪŋər] *m* ⟨-s; -⟩ *hist.* Merovingian. — **'me·ro·win·gisch** *adj* Merovingian.

Mer·ze·ri·sa·ti·on [mɛrtsəriza'tsĭoːn] *f* ⟨-; -en⟩ (*textile*) *cf.* Merzerisierung. — **mer·ze·ri'sie·ren** [-'ziːrən] **I** *v/t* ⟨*no ge-*, h⟩ mercerize *Br. auch* -s-. – **II** *M~* *n* ⟨-s⟩ *verbal noun.* — **Mer·ze·ri'sie·rung** *f* ⟨-; -en⟩ *cf.* Merzerisieren. – **2.** mercerization *Br. auch* -s-.

'Merz|,schaf ['mɛrts-] *n* *agr.* sheep that is cast off. — **~,vieh** *n* culls *pl.*

Mes·al·li·ance [meza'liãːs] *f* ⟨-; -n [-sən]⟩ misalliance, mésalliance.

me·schant [me'ʃant] *adj dial.* for boshaft 1, ungezogen.

me·schug·ge [me'ʃʊgə] *adj* ⟨*pred*⟩ *colloq.* 'cracked' (*colloq.*), 'dotty' (*sl.*), nuts (*sl.*), mad, crazy.

Mes·en·ce·pha·lon [mezɛn'tseːfalɔn] *n* ⟨-s; -la [-la]⟩ (*Mittelhirn*) mesencephalon.

Mes·en·chym [mezɛn'çyːm] *n* ⟨-s; -e⟩ *biol.* mesenchyme, mesenchyma. — **mes·en·chy'mal** [-çy'maːl] *adj* mesenchymal.

Mes·en·te·ri·um [mezɛn'teːrĭʊm] *n* ⟨-s; *no pl*⟩ *med.* (*Dünndarmgekröse*) mesentery.

mes·en·ze·phal [mezɛntse'faːl] *adj med.* mesencephalic.

me·si·al [me'zĭaːl] *adj med.* mesial. — **M~,biß** *m* mesioclusion.

Me·sio..., **me·sio...** *combining form denoting* mesio...

Mes·ka·lin [mɛska'liːn] *n* ⟨-s; *no pl*⟩ *chem.* mescaline, *auch* mezcaline ($C_{11}H_{17}NO_3$).

Mes·mer ['mɛsmər] *m* ⟨-s; -⟩ *Southwestern G. and Swiss for* Kirchendiener.

Mes·me·ria·ner [mɛsmə'rĭaːnər] *m* ⟨-s; -⟩ mesmerist. — **'mes·me·risch** [-rɪʃ] *adj* mesmeric. — **Mes·me'ris·mus** [-'rɪsmʊs] *m* ⟨-; *no pl*⟩ (*Heilmagnetismus*) mesmerism, animal magnetism.

Mes·ner ['mɛsnər] *m* ⟨-s; -⟩ *Southern G. and Austrian for* Kirchendiener. — **Mes·ne'rei** *f* ⟨-; -en⟩ *obs.* office (and lodging) of a sacristan (*od.* sexton).

Me·so..., **me·so...** *combining form denoting* meso...

Me·so·derm [mezo'dɛrm] *n* ⟨-s; -e⟩ *biol.* mesoderm, mesoblast. — **me·so·der'mal** [-'maːl] *adj* mesodermal, mesodermic.

Me·so·karp [mezo'karp] *n* ⟨-s; -e⟩, **Me·so·'kar·pi·um** [-pĭʊm] *n* ⟨-s; -pien⟩ *bot.* mesocarp.

me·so·ke·phal [mezoke'faːl] *adj med. cf.* mesozephal.

Me·so·li·thi·kum [mezo'liːtikʊm; -'lɪ-] *n* ⟨-s; *no pl*⟩ *geol. hist.* Mesolithic (period). — **me·so'li·thisch** [-tɪʃ] *adj* Mesolithic.

Me·son ['meːzɔn] *n* ⟨-s; -en [me'zoːnən]⟩ *phys.* meson, mesotron.

Me·so·phyll [mezo'fyl] *n* ⟨-s; -en⟩ *bot.* mesophyll, mesophyllum.

Me·so·phyt [mezo'fyːt] *m* ⟨-en; -en⟩ *bot.* mesophyte.

Me·so·po·ta·mi·er [mezopo'taːmĭər] *m* ⟨-s; -⟩ Mesopotamian. — **me·so·po'ta·misch** [-mɪʃ] *adj* Mesopotamian.

Me·so·sphä·re [mezo'sfɛːrə] *f* *meteor.* mesosphere.

Me·so·tho·ri·um [mezo'toːrĭʊm] *n* ⟨-s; *no pl*⟩ *phys.* mesothorium.

Me·so·tron ['meːzotrɔn] *n* ⟨-s; -en [mezo'troːnən]⟩ *phys. cf.* Meson.

me·so·ze·phal [mezotse'faːl] *adj med.* mesocephalic.

Me·so·zoi·kum [mezo'tsoːikʊm] *n* ⟨-s; *no pl*⟩ *geol. hist.* Mesozoic, reptilian age. — **me·so'zo·isch** [-ɪʃ] *adj* Mesozoic, Secondary.

Mes'quit,strauch [mɛs'kiːt-] *m bot.* a) mesquit(e) (*Gattg Prosopis*), b) honey mesquite (*P. juliflora*).

'Meß|,amt *n relig.* mass. — **~ap·pa,rat** *m tech.* measuring apparatus (*od.* instrument), meter. — **~,band** *n* tape measure, measuring tape.

'meß·bar *adj* measurable, mensurable. — **'Meß·bar·keit** *f* ⟨-; *no pl*⟩ measurability, mensurableness, mensurability.

'Meß|,be·cher *m* **1.** (*im Haushalt*) measuring cup (*od.* jug). – **2.** *chem.* (*im Laboratorium*) graduated beaker (*od.* flask). — **~be,reich** *m* measuring range. — **~,bild** *n phot.* range-finder image. — **~,brief** *m mar.* (*eines Schiffes*) bill of measurement. — **~,brücke** (*getr.* -k·k-) *f electr.* measuring (*od.* resistance, Wheatstone) bridge. — **~,buch** *n relig.* missal, Mass (*od.* service) book. — **~,da·ten** *pl tech.* measuring data. — **~,die·ner** *m relig.* acolyte, server, ministrant.

Mes·se ['mɛsə] *f* ⟨-; -n⟩ **1.** *relig.* mass, Mass, office: eine ~ halten (*od.* lesen) [zelebrieren] to say [to celebrate] mass; eine feierliche [stille] ~ hören to hear a solemn [low *od.* Low] Mass (*od.* Mass, celebration); zur ~ gehen to attend (the) (*od.* to go to) mass; für j-n eine ~ lesen lassen to have a mass said for s.o. – **2.** *mus.* Mass: die Hohe ~ the High Mass; Beethovens ~ in C-Dur Beethoven's Mass in C major. – **3.** *econ.* fair, *Am. auch* show: auf der ~ at the fair; auf der Frankfurter ~ ausstellen to exhibit at the Frankfurt Fair. – **4.** *mil. mar.* (*Offiziersmesse*) mess (hall). — **~,amt** *n econ.* office of a fair (*Am. auch* show). — **~be,su·cher** *m*, **~be,su·che·rin** *f* visitor of (*od.* at, to) a fair, fairgoer, *Am. auch* showgoer. — **~ge,län·de** *n* fairground(s *pl construed as sg*), *Am. auch* showground. — **~,hal·le** *f* hall (*od.* pavilion) at a fair (*Am. auch* show). — **~,lei·tung** *f* management (of a fair, *Am. auch* show), fair authorities *pl*.

mes·sen ['mɛsən] **I** *v/t* ⟨mißt, maß, gemessen, h⟩ **1.** measure, *auch* take the measurements (*od.* measure, size) of: die Länge [Geschwindigkeit] ~ to measure the length [speed]; j-n ~ to measure s.o. (*od.* s.o.'s height); etwas nach Metern [Litern] ~ to measure s.th. by the meter (*bes. Br.* metre) [liter, *bes. Br.* litre]; etwas genau ~ to measure s.th. exactly; j-s Temperatur (*od.* Fieber) ~ to measure (*od.* take) s.o.'s temperature; er maß die Entfernung mit den Augen he judged (*od.* estimated) the distance with his eyes; er kann das Geld mit Scheffeln ~ *fig. colloq.* he has heaps (*od.* piles) of money, he is rolling in money (*alle colloq.*); ~ an *Maß*¹ 1. – **2.** *fig.* (*in Wendungen wie*) j-n (mit Blicken) ~ to measure s.o., to eye s.o., to size s.o. up: er maß den Fremden mit neugierigen Blicken he eyed the stranger curiously; die beiden Gegner maßen einander mit wütenden Blicken the two opponents measured each other with furious glances; j-n mit geringschätzigen Blicken ~ to measure s.o. with a contemptuous glance. – **3.** *tech.* a) (*mit einer Festlehre*) ga(u)ge, (*mittels verstellbarer Lehre*) ca(l)liper, b) (*Flüssigkeiten, Gase*) meter, c) (*Arbeitsvorgänge mit einer Uhr*) time. – **4.** (*vermessen*) (*Land etc*) survey. – **5.** (*bes. sport*) (*Zeit*) time, clock (*colloq.*). – **6.** *math.* (*Winkel etc*) measure. – **7.** *mar.* (*ausloten, peilen*) (*Tiefe*) sound. – **II** *v/i* **8.** measure: die Schnur mißt 3 Meter the string (*od.* cord) measures 3 meters (*bes. Br.* metres); ich messe 1,80 m I measure (*od.* am) 1,80 m, my height is 1.80 meters. – **9.** (*von Gefäßen*) contain, hold: der Eimer mißt 5 l the pail holds 5 liters (*bes. Br.* litres). – **III** *v/reflex* **10.** sich ~ (*von Person*) to compete with s.o., to measure oneself against (*od.* with) s.o.: sich (*od.* seine Kraft) mit j-m ~ to measure (*od.* try) oneself (*od.* one's strength) with s.o.; sich mit einem Rivalen ~ to compete with a rival; **ich kann mich (ruhig) mit ihm ~** I can confidently hold my own against (*od.* cope with) him; **er kann sich mit ihm an Wissen nicht ~** he is no match for (*od.* cannot match, does not hold a candle to) him in knowledge; **sich mit j-m im Laufen ~** to run against (*od.* race) s.o. – **11. sich mit etwas ~ können** (*von Dingen*) to come up to s.th., to stand comparison with s.th.: **ihre Qualität kann sich nicht mit unserer ~** their quality does not come up to ours. – IV **M~** *n* ⟨-s⟩ **12.** *verbal noun*. – **13.** *cf*. **Messung.**

Mes·ser¹ ['mɛsər] *n* ⟨-s; -⟩ **1.** knife: **mit ~ und Gabel essen** to eat with knife and fork; **das ~ ist stumpf** (*od.* schneidet nicht) the knife has no edge (*od.* is blunt, won't cut); **~ putzen** to scour knives; **ein ~ schärfen** to sharpen (*od.* grind) a knife; **~ mit doppelter Klinge** two- (*od.* double)-bladed knife; **er rannte** (*od.* stieß) **ihm das ~ in den Leib** he ran a knife into (*od.* through) him; **auf diesem ~ kann man (nach Rom) reiten** *fig. colloq.* this knife won't cut butter; **ein Kampf** (*od.* Krieg) **bis aufs ~** *fig.* (a) war to the knife, a fight to the finish; **j-m das ~ an die Kehle setzen** *fig. colloq.* to put a knife to s.o.'s throat; **ihm sitzt das ~ an der Kehle** *fig. colloq.* he feels the knife at his throat; **j-n ans ~ liefern** *fig. colloq.* to give (*od.* deliver) s.o. up, to send (*od.* lead) s.o. to his doom; **er hat seinem Gegner selbst das ~ in die Hand gegeben** *fig.* he has played right into his opponent's hand, he signed his own death warrant; **die Entscheidung steht auf des ~s Schneide** *fig.* the decision is on a razor's edge (*od.* razor edge), the decision hangs (*od.* trembles) in the balance; **es steht jetzt auf des ~s Schneide** *fig.* it is touch and go now; **~, Gabel, Scher' und Licht taugt für kleine Kinder nicht** (*Sprichwort*) children and fools must not play with edged tools (*proverb*). – **2.** *tech.* a) knife, cutter, b) (*einer Papiermaschine*) doctor (blade), c) (*eines Hobels*) iron, d) (*eines Messerkopfes*) blade. – **3.** *med.* knife, scalpel, bistoury: **er muß unters ~** *colloq.* he will have to go under the knife (*colloq.*). – **4.** *zo.* scalpellum (*Scalpellum vulgare*). – **5.** *electr.* blade.

'Mes·ser² *m* ⟨-s; -⟩ **1.** (*Person*) measurer, meter, ga(u)ger. – **2.** *tech. cf.* **Meßgerät 1.**

'Mes·ser|,bänk·chen *n* knife rest. — **~,eg·ge** *f agr.* scarifier. — **~,fisch** *m zo.* **1.** *Afrikanischer* (*od.* Schwarzer) **~** black knife fish (*Xenomystus nigri*). – **2.** *Südamerikanischer* (*od.* Grüner) **~** green knife fish (*Eigenmannia virescens*). — **m~,för·mig** *adj* knife-shaped; cultriform, cultrate, *auch* cultrated (*scient.*).

'Meß·er,geb·nis *n* result of measurement.

'Mes·ser|,gras *n bot.* a) knife grass (*Scleria latifolia*), b) razor grass (*S. scindens*), c) cutting grass (*S. flagellum*). — **~,griff** *m*, **~,heft** *n* knife handle. — **~,held** *m iron.* stabber, cutthroat, knifer (*sl.*). — **~,klin·ge** *f* knife blade, blade of a knife. — **~,kon·takt** *m electr.* blade contact. — **~,kopf** *m tech.* a) (*eines Fräsers*) face milling cutter, b) (*bei der Holzbearbeitung*) cutter head. — **~,mu·schel** *f zo.* razor, razor shell (*od.* clam, fish), knife-handle (*Fam. Solenidae*). — **~,rücken** *m* back of a knife. — **~,scha·len,mu·schel** *f zo. cf.* **Messermuschel.** — **~,schal·ter** *m electr.* knife switch. — **m~,scharf** *adj* knife-edged, razor-edged, razor-sharp, knifelike (*alle auch fig.*): **ein ~er Verstand** *fig.* a razor-sharp mind. — **~,schei·be** *f tech.* cutter (*od.* knife) disc (*od.* disk). — **~,schei·de** *f* **1.** knife case (*od.* sheath). – **2.** *zo. cf.* **Messermuschel.** — **~,schmied** *m* cutler. — **~,schmie·de** *f* cutler's workshop, cutlery works *pl* (*construed as sg or pl*). — **~,schmie·de,wa·ren** *pl* cutlery *sg*. — **~,schnei·de** *f* knife-edge, edge of a knife. — **~,schnitt** *m* razor cut. — **~,spit·ze** *f* point of a knife: **man nehme eine ~ voll Salz** *gastr.* take a pinch of salt. — **~,ste·cher** *m cf.* **Messerheld.** — **~,ste·che·rei** [,mɛsər-] *f* knife battle, knifing. — **~,stich** *m* thrust (*od.* stab, cut) with a knife.

'Mes·se|,stand *m econ.* stand (*od.* booth, stall) at a fair (*Am. auch* show). — **~,zeit** *f* time during which a fair (*Am. auch* show) is held.

'Meß|,fähn·chen *n* surveyor's flag (*od.* pole). — **~,feh·ler** *m* error in measurement.

— **~,fun·ken,strecke** (*getr.* -k·k-) *f electr.* spark gap. — **~ge,fäß** *n* **1.** measuring cup (*od.* jug). – **2.** *tech.* graduated vessel. – **3.** *relig.* sacred vessel. — **~ge,nau·ig·keit** *f* accuracy of measurement. — **~ge,rät** *n* **1.** *tech.* a) measuring apparatus (*od.* instrument, appliance, device, tool), b) (*Feldmeßgerät*) surveying instrument, c) (*Zähler*) meter, d) (*Feinmeßgerät*) microdetector, e) *cf.* **Meßuhr.** – **2.** *relig.* Mass requisites *pl*. — **~ge,wand** *n relig.* liturgical vestment (*od.* garment), *bes.* stole and chasuble, (*ärmelloses*) paenula, amphibalus: **die Meßgewänder** the canonicals. — **~,glas** *n* measuring glass, graduate(d measuring glass), burette. — **~,hemd** *n relig.* alb.

Mes·sia·de [mɛ'sĭaːdə] *f* ⟨-; -n⟩ Messianic poem, poem about Messiah (*od.* Christ).

mes·sia·nisch [mɛ'sĭaːnɪʃ] *adj* Messianic.

Mes·si·as [mɛ'siːas] *npr m* ⟨-; *no pl*⟩ *Bibl.* Messiah, Messias.

Mes·sing ['mɛsɪŋ] *n* ⟨-s; *no pl*⟩ (yellow) brass. — **~be,schlag** *m* brass mounting. — **~,blech** *n* sheet brass, brass plate. — **~,draht** *m* brass wire.

'mes·sin·gen *adj* **1.** (of) brass, brazen. – **2.** like brass, brassy.

'Mes·sing|,eu·le *f zo.* burnished brass moth (*Plusia chrysitis*). — **~ge,rät** *n* brass utensil(s *pl*). — **~ge,schirr** *n* brass (kitchen) vessels *pl* (*od.* utensils *pl*), brass kitchenware. — **~,gie·ßer** *m metall.* brass founder, brazier. — **~,gie·ße,rei** *f* brass foundry. — **~,guß** *m* **1.** (*Gußmessing*) cast brass. – **2.** (*Gußstücke*) brass castings *pl*. — **~,kä·fer** *m zo.* golden spider beetle (*Niptus hololeucus*). — **~,plat·te** *f* brass plate. — **~,rohr** *n* brass tube. — **~,schild** *n* brass plate. — **~,stan·ge** *f* brass rod. — **~,wa·ren** *pl* brassware *sg*, braziery *sg*.

'Meß|in·stru,ment *n tech. cf.* **Meßgerät 1.** — **~,känn·chen** *n relig.* cruet. — **~,kelch** *m* chalice. — **~,ket·te** *f* **1.** *tech.* surveyor's (*od.* measuring) chain. – **2.** *phot.* (*an Kleinbildkamera*) measuring chain. — **~,kol·ben** *m chem.* volumetric flask. — **~,kun·de** *f* (practical) surveying (*od.* mensuration), metrology. — **~,lat·te** *f tech.* measuring (*od.* surveyor's) staff (*od.* pole). — **~,op·fer** *n relig.* Sacrifice of the Mass, missal sacrifice. — **~,ord·nung** *f* ordinary, *auch* Ordinary. — **~,pult** *n* desk for the Mass book. — **~,punkt** *m* **1.** *tech.* measuring point. – **2.** *astr. phys.* collimating point. – **3.** *electr.* test point. — **~,rad** *n tech.* measuring wheel. — **~,schnur** *f cf.* **Meßband.** — **~,schrau·be** *f* micrometer screw (*od.* spindle). — **~,sen·der** *m* (*radio*) calibrating transmitter. — **~,stab** *m* **1.** *tech.* a) setting plug (*od.* parallel) ga(u)ge, b) (*bei der Landvermessung*) *cf.* **Meßlatte.** – **2.** *auto.* ga(u)ge rod, dipstick. — **~,stan·ge** *f* aligning pole, surveyor's staff. — **~,tech·nik** *f* **1.** measuring practice. – **2.** (*als Wissenschaft*) metrology. — **~,tisch** *m* surveyor's (*od.* plane) table. — **~,tisch,blatt** *n* **1.** *geogr.* ordnance (survey) map, plane table (survey) map. – **2.** *tech.* measuring-value sheet. — **~,trupp** *m* **1.** (*beim Vermessungswesen*) surveying gang. – **2.** *tel.* testing crew, test team. – **3.** *mil.* testing crew. — **~,tuch** *n relig.* corporal, communion cloth. — **~,uhr** *f tech.* dial indicator (*od.* ga(u)ge).

'Mes·sung *f* ⟨-; -en⟩ **1.** *cf.* **Messen.** – **2.** measurement, mensuration: **falsche ~** faulty (*od.* incorrect) measurement. – **3.** (*Prüfung*) test(ing).

'Meß|ver,fah·ren *n* **1.** method of measurement. – **2.** *tel.* testing method. — **~ver,stär·ker** *m electr.* measuring amplifier. — **~,wand·ler** *m* instrument transformer. — **~,wein** *m relig.* sacramental wine. — **~,wert** *m* **1.** a) reading, measured (*od.* test) value, b) *pl* test data. – **2.** *astr.* setting. — **~,win·kel** *m phot.* (*eines Belichtungsmessers*) angle of acceptance. — **~,zahl** *f econ.* index (number). — **~zy,lin·der** *m* **1.** *tech.* ga(u)ging cylinder. – **2.** *chem.* graduated cylinder.

Me·sti·ze [mɛs'tiːtsə] *m* ⟨-n; -n⟩ *anthrop.* mestizo, *Am.* half-breed, *Am. auch* quarter-breed. — **Me·sti·zin** *f* ⟨-; -nen⟩ mestiza.

Met [meːt] *m* ⟨-(e)s; *no pl*⟩ mead.

Me·ta...,me·ta... *combining form denoting* meta...

Me·ta·ba·sis [me'taːbazɪs] *f* ⟨-; -basen [-ta'baːzən]⟩ *ling.* (*in der Rhetorik*) metabasis.

Me·ta·bo·lie [metabo'liː] *f* ⟨-; -n [-ən]⟩ *biol.* metaboly. — **me·ta·bo·lisch** [-'boːlɪʃ] *adj* metabolic, *auch* metabolical. — **Me·ta·bo·lis·mus** [-'lɪsmʊs] *m* ⟨-; *no pl*⟩ metabolism.

Me·ta·ge·ne·se [metage'neːzə] *f biol.* metagenesis.

Me'ta·ge,schäft [me'ta-] *n econ.* joint business venture.

Me·ta·lep·se [meta'lɛpsə], **Me·ta·lep·sis** [meta'lɛpsɪs] *f* ⟨-; -lepsen [-ta'lɛpsən]⟩ *ling.* (*in der Rhetorik*) metalepsis.

'Me·ta·lin,gui·stik ['meːta-] *f ling.* metalinguistics *pl* (*construed as sg or pl*).

Me·tall [me'tal] *n* ⟨-s; -e⟩ **1.** metal: **aus ~** metallic; **edles ~** precious (*od.* noble) metal; **unedles ~** base metal; **gediegenes ~** native (*od.* pure) metal; **vergoldetes ~** ormolu; **plattiertes ~** clad metal. – **2.** **sie hat ~ in der Stimme** *mus.* her voice has a metallic ring (*od.* timbre). – **3.** *her.* metal, tincture. — **~,ab,fall** *m tech.* metal scrap (*od.* waste), scrap metal. — **~,ader** *f* (*mining*) metallic (*od.* metalliferous) vein (*od.* lode, seam). — **~,ar·bei·ter** *m tech.* metalworker. — **m~,ar·tig** *adj* metallic, resembling metal, metalline. — **~,band** *n* metal strip (*od.* band). — **~,bau,ka·sten** *m* (*Spielzeug*) steel construction set, meccano. — **~be,ar·bei·tung** *f tech.* metalworking, metal processing. — **~be,rüh·rung** *f* metal-to-metal contact. — **~be,schlag** *m* metal sheathing (*od.* mounting, fitting). — **~,blech** *n* **1.** (*Werkstoff*) sheet metal. – **2.** (*Erzeugnis*) metal sheet. — **~che,mie** *f* metallochemistry. — **~,dampf,lam·pe** *f* metal-vapor (*bes. Br.* -vapour) lamp. — **~,deckung** (*getr.* -k·k-) *f econ.* (*einer Währung*) metallic cover. — **~,draht** *m tech.* metal(lic) wire. — **~,dre·her** *m* metal turner.

Me'tall,gie·rung (*getr.* -ll·l-) *f* metal alloy, nonferrous (*Br.* non-ferrous) alloy.

me'tal·len *adj* (made of) metal, metallic, *Am. auch* metalic, metaled, *bes. Br.* metalled, metalline.

Me'tall|,fa·den,lam·pe *f electr.* metal filament lamp. — **~,far·be** *f* metal(lic) color (*bes. Br.* colour). — **~,fär·bung** *f* metallic coloring (*bes. Br.* colouring). — **~,fo·lie** *f* (metal) foil. — **~,ga·ze** *f cf.* **Metallgewebe.** — **~ge,halt** *m* (*eines Erzes*) amount (*od.* yield) of metal. — **~,geld** *n econ.* specie, coin(s *pl*), metallic currency. — **~ge,we·be** *n tech.* wire cloth, metal cloth (*od.* gauze), metallic tissue. — **~ge,win·nung** *f* extraction of nonferrous (*Br.* non-ferrous) metals: **auf galvanischem** (*od.* elektrischem) **Wege** electrometallurgy; **nasser Weg der ~** wet extraction method, hydrometallurgy; **trockener Weg der ~** dry extraction method. — **~,gie·ßer** *m* metal founder. — **~,gie·ße,rei** *f* metal foundry. — **~,glanz** *m* metallic luster (*bes. Br.* lustre), bronzing. — **~,guß** *m* **1.** (*Werkstoff*) cast metal. – **2.** (*Erzeugnis*) metal castings *pl*, nonferrous (*Br.* non-ferrous) castings *pl*. — **m~,hal·tig** *adj min.* metalliferous, metalline. — **~,haut** *f aer.* metal skin (*od.* envelope). — **~in·du,strie** *f* metal industry.

me'tal·lisch I *adj* **1.** metallic, *Am. auch* metalic, metalline: **~e Eigenschaft** metallic property; **~e Auflage** metal-to-metal support; **~er Schutzüberzug** metallic coating; **~er Glanz** metallic luster (*bes. Br.* lustre); **~er Stromleiter** *electr.* metal conductor; **ein ~es Aussehen haben** to have a metallic appearance. – **2.** *fig.* (*Stimme*) metallic, *Am. auch* metalic, brazen. – **II** *adv* **3.** **~ glänzend** metallic-shining.

me·tal·li·sie·ren [metali'ziːrən] *tech.* **I** *v/t* ⟨*no* ge-, h⟩ metallize *Br. auch* -s-, *Am. auch* metalize, metal-coat, metal-plate. – **II M~** *n* ⟨-s⟩ *verbal noun.* — **Me·tal·li·sie·rung** *f* ⟨-; -en⟩ metallization *Br. auch* -s-, *Am. auch* metalization.

Me·tal·lis·mus [meta'lɪsmʊs] *m* ⟨-; *no pl*⟩ *econ.* bullionism.

Me'tall|,kä·fer *m zo.* sun beetle (*Gattg Cetonia*). — **~,kar,bid** *n chem.* metal carbide. — **~ke,ra·mik** *f metall.* powder metallurgy, metal ceramics *pl* (*usually construed as sg*). — **~,kle·ber** *m* metal adhesive. — **~,kun·de** *f metall.* **1.** physical metallurgy. – **2.** metallography.

Me·tal·lo·chro·mie [metalokro'miː] *f* ⟨-; *no pl*⟩ *tech.* metallochromy.

Me·tal·lo·gra·phie [metalogra'fiː] *f* ⟨-; *no pl*⟩ *tech.* metallography.

Me·tal·lo·id [metalo'i:t] *n* ⟨-(e)s; -e⟩ *chem. obs.* metalloid, nonmetallic (*Br.* non-metallic) element.

Me'tall|oxyd [-ʔɔˌksy:t] *n chem.* metallic oxide. — **~pa,pier** *n* metallic paper, metal paper. — **~,plätt·chen** *n* 1. lame. – 2. (*als Besatz*) aglet. – 3. (*als Verzierung*) plaquette, flitter. – 4. (*an einem Schlüssel*) key label. — **~,plat·te** *f* metal plate. — **~,pro·be** *f* assay. — **~,putz,mit·tel** *n* metal-buffing compound. — **m~,reich** *adj* rich in metal, metalliferous (*scient.*). — **~,ring** *m* metal ring. — **~,sä·ge** *f tech.* metal-cutting saw. — **~,sche·re** *f* metal-cutting pliers *pl*, (*Blechschere*) tinner's snips *pl* (*beide construed as sg or pl*). — **~,schlacke** (*getr.* -k·k-) *f metall.* scoria, metal slag, dross. — **~,schlauch** *m* (flexible) metal tube. — **~,schrau·be** *f tech.* machine screw. — **~,ski** *m* (*sport*) metal ski. — **~,spä·ne** *pl tech.* 1. metal cuttings (*od.* chips). – 2. (*beim Bohren*) borings. — **~,spie·gel** *m* 1. metallic mirror. – 2. (*bes. für Teleskope*) speculum. — **~,spritz·ver,fah·ren** *n* metal-spraying process. — **~,spu·le** *f* metal spool. — **~,staub,lun·ge** *f med.* siderosis. — **~,ste·cher** *m tech.* metal engraver. — **~,stift** *m* metallic pencil, aglet. — **~,strei·fen** *m cf.* Metallband. — **~,tuch** *n* wire cloth. — **~,über,zug** *m* metal coat(ing): galvanischer ~ electroplated coating.

Me·tall·urg [meta'lʊrk] *m* ⟨-en; -en⟩ metallurgist. — **Me·tall·ur'gie** [-'giː] *f* ⟨-; no pl⟩ metallurgy. — **me·tall'ur·gisch** [-gɪʃ] *adj* metallurgical, *auch* metallurgic.

me·tall·ver,ar·bei·tend *adj* metalworking, *Br.* metal-working: ~e Industrie metal-working industry.

Me'tall|ver,ar·bei·tung *f tech.* metalworking, *Br.* metal-working. — **~ver,bin·dung** *f chem.* 1. metallic compound. – 2. amalgamation. — **~ver,gif·tung** *f med.* metal poisoning. — **~,vor,rat** *m econ.* (*Bank*) bullion reserve. — **~,wäh·rung** *f* metallic currency (*od.* standard).

Me'tall,wa·ren *pl* hardware *sg,* metalware, *Br.* metal-ware *sg.* — **~fa,brik** *f* metalworks, *Br.* metal-works *pl* (*construed as sg or pl*). — **~,händ·ler** *m* hardware dealer, *bes. Br.* ironmonger. — **~,hand·lung** *f* hardware store, *bes. Br.* ironmongery.

Me'tall,wol·le *f tech.* metal wool.

Me·ta·me·rie [metame'riː] *f* ⟨-; no pl⟩ *phys. zo.* metamerism.

me·ta·morph [meta'mɔrf], **me·ta'mor·phisch** *adj* metamorphic. — **Me·ta·mor'phis·mus** [-'fɪsmʊs] *m* ⟨-; -men⟩ *geol.* metamorphism, metamorphosis.

Me·ta·mor·pho·se [metamɔr'foːzə] *f* ⟨-; -n⟩ 1. *biol.* metamorphosis, *auch* transformation. – 2. *bes. myth.* metamorphosis. – 3. *geol. cf.* Metamorphismus. – 4. *mus.* (*Variation*) metamorphosis.

me·ta·mor·pho·sie·ren [metamɔrfo'ziːrən] *v/t* ⟨no ge-, h⟩ metamorphose, metamorphize, transform.

Me·ta·pher [me'tafər] *f* ⟨-; -n⟩ *ling.* metaphor(ical expression). — **Me·ta'pho·rik** [-'foːrɪk] *f* ⟨-; no pl⟩ imagery. — **me·ta'pho·risch** [-'foːrɪʃ] *adj* metaphorical, *auch* metaphoric, figurative.

Me·ta·phra·se [meta'fraːzə] *f* ⟨-; -n⟩ *ling.* metaphrase, metaphrasis.

Me·ta|phy·sik [metafy'ziːk] *f* ⟨-; no pl⟩ *philos.* metaphysics *pl* (*construed as sg*), *auch* ontology. — **~'phy·si·ker** [-'fyːzɪkər] *m* metaphysician, *auch* ontologist. — **m~'phy·sisch** [-'fyːzɪʃ] *adj* 1. metaphysical. – 2. (*übersinnlich*) extraphysical. – 3. (*bes. in der Scholastik*) transcendental, *auch* ontological.

Me·ta·pla·sie [metapla'ziː] *f* ⟨-; -n [-ən]⟩ *biol.* metaplasia, transformation.

Me·ta·psy·cho·lo·gie [metapsyçolo'giː] *f psych.* metapsychology.

'Me·ta,säu·re *f chem.* meta acid.

'Me·ta|,spra·che *f ling.* metalanguage. — **m~,sprach·lich** *adj* metalinguistic.

Me·ta·sta·se [meta'staːzə] *f* ⟨-; -n⟩ *ling. med.* metastasis.

me·ta·sta·sie·ren [metasta'ziːrən] *v/i* ⟨no ge-, h⟩ *med.* metastasize *Br. auch* -s-.

me·ta·sta·tisch [meta'staːtɪʃ] *adj med.* (*Geschwulst etc*) metastatic.

Me·ta·the·se [meta'teːzə] *f* ⟨-; -n⟩, **Me·ta·the·sis** [me'ta(ː)tezɪs] *f* ⟨-; -thesen [-ta'teːzən]⟩ *ling.* metathesis, transposition.

'Me·ta|ver,bin·dung *f chem.* meta com-pound. — **~zen·trum** [meta'tsɛntrʊm] *n* (*eines Schiffes etc*) metacenter, *bes. Br.* metacentre.

me·ta·zo·isch [meta'tsoːɪʃ] *adj zo.* metazoic, metazoan. — **Me·ta'zo·on** [-ən] *n* ⟨-s; -zoen⟩ metazoon.

Met·em·psy·cho·se [metɛmpsy'çoːzə] *f* ⟨-; -n⟩ *relig.* metempsychosis.

Me·te·or [mete'oːr] *m, scient. n* ⟨-s; -e⟩ 1. *astr.* meteor, fireball, shooting (*od.* falling) star: ein leuchtender ~ a fiery meteor. – 2. *fig.* meteor: sein Name leuchtete wie ein ~ am Kunsthimmel his name had a meteoric rise in the field of art. — **m~,ar·tig** *adj astr.* meteoric, meteoritic, meteorlike: ~er Körper meteoroid. — **~,ei·sen** *n* meteoric (*od.* falling) iron. — **~,ge,stein** *n* siderite: aus ~ (bestehend) sideritic.

me·te'or·haft *adj astr. cf.* meteorisch.

me·teo·risch [mete'oːrɪʃ] *adj astr.* meteoric, meteoritic.

Me·teo·rit [meteo'riːt; -'rɪt] *m* ⟨-s; -e⟩ *astr.* meteorite, meteoric (*od.* falling) stone. — **me·teo·ri·tisch** *adj cf.* meteorartig.

Me·te'or,kra·ter *m* meteor (*auch* meteorite) crater.

Me·teo·ro·lo·ge [meteoro'loːgə] *m* ⟨-n; -n⟩ meteorologist, (*bes. in Wettervorhersage, Flugberatung etc*) weatherman, (*weather*) forecaster. — **Me·teo·ro·lo'gie** [-lo'giː] *f* ⟨-; no pl⟩ meteorology. — **me·teo·ro'lo·gisch** *adj* meteorological, *auch* meteorologic: ~e Station meteorological observatory (*od.* station), weather station; ~e Aufzeichnung meteorogram.

Me·te'or|,schwarm *m astr.* meteor system, swarm of meteors, meteori(ti)c swarm. — **~,staub** *m* meteor dust. — **~,stein** *m* 1. *astr.* a) *cf.* Meteor 1, b) *cf.* Meteorit, c) (*bes. bei NASA*) meteoroid. – 2. *min.* aerolite, siderolite.

Me·ter ['meːtər] *m, n, Swiss only m* ⟨-s; -⟩ meter, *bes. Br.* metre: ein ~ ist [hat] hundert Zentimeter one meter is equal to [has] one hundred centimeters, there are one hundred centimeters in one meter; eine Entfernung von 20 ~n a distance of 20 meters; der Umfang beträgt 50 ~ the circumference is 50 meters; alle 10 ~ every 10 meters; ~ für ~ vorrücken to advance (*od.* go ahead) meter by meter; das Schiff war in einer Länge von 10 ~n aufgerissen the ship had a hole ten meters long (*od.* of ten meters in length); der laufende ~ Stoff kostet 1 Mark the material costs 1 mark per meter; den Stoff nach ~n verkaufen to sell (the) material by the meter. — **m~,dick** *adj u. adv* meters (*bes. Br.* metres) thick. — **~ge,din·ge** *n* (*mining*) (contract) footage. — **m~,hoch** *adj u. adv* meters (*bes. Br.* metres) high. — **~ki·lo,gramm** *n phys.* kilogram-meter, *bes. Br.* kilogramme-metre, *auch* meter-kilogram, *bes. Br.* metre-kilogramme. — **~ki·lo,pond** *n* meter-kilogram- (*bes. Br.* metre-kilogramme-)force. — **m~,lang I** *adj* meters (*bes. Br.* metres) long. – **II** *adv* for meters (*bes. Br.* metres) (on end). — **~,maß** *n* 1. meterstick, *bes. Br.* metrestick, meterrule(r), *bes. Br.* metrerule(r). – 2. (*Band*) (metric) tape measure. — **~,se,kun·de** *f* meter (*bes. Br.* metre) per second. — **~,stab** *m cf.* Metermaß 1. — **~,wa·re** *f econ.* material sold by the meter (*bes. Br.* metre). — **m~,wei·se** *adj u. adv* by the meter (*bes. Br.* metre). — **m~,weit I** *adj* many meters (*bes. Br.* metres) long. – **II** *adv* for many (*od.* several) meters (*bes. Br.* metres). — **~,wel·le** *f* (*radio*) very high frequency wave, ultrashort wave. — **~,zahl** *f* number of meters (*bes. Br.* metres). — **~,zent·ner** *m* *Austrian* 100 kilograms (*bes. Br.* kilogrammes).

Met·hä·mo·glo·bin [mɛthɛmoglo'biːn] *n biol.* meth(a)emoglobin, *auch* ferrih(a)emoglobin, h(a)emiglobin.

Me·than [me'taːn] *n* ⟨-s; no pl⟩ *chem.* methane, marsh gas (CH_4).

Me·tha·nol [meta'noːl] *n* ⟨-s; no pl⟩ *chem. cf.* Methylalkohol.

Me·tho·de [me'toːdə] *f* ⟨-; -n⟩ 1. (*Lehrweise*) method: eine zuverlässige [erfolgreiche] ~ a reliable [successful] method; ohne ~ without method, unmethodical, methodless; durch solche ~n schadet man sich nur by such methods one will only hurt oneself; was sind denn das für ~n? *colloq.* what kind of methods are those? hier herrschen ja rauhe ~n they use rough methods here. – 2. (*Art und Weise*) method, way, manner: jeder nach seiner ~ every man after his own method, each in his own way; mit dieser ~ wirst du nichts erreichen you won't get anywhere with this method; nach eigener ~ vorgehen to do it in one's own way; er hat so seine ~ *colloq.* a) that is his usual method, b) he has his own ways. – 3. (*planmäßiges Vorgehen*) method, system, technique: wissenschaftliche ~ scientific method; nach einer bestimmten ~ arbeiten to work according to (*od.* on the basis of) a certain method; er hat ~ in diese Arbeit [dieses Unternehmen] gebracht he has introduced method into this work [undertaking]. – 4. *tech.* method, way, practice, system, process: nasse ~ *auch chem.* wet method. – 5. (*sport*) method, system. – 6. *med.* method: abwartende ~ watchful waiting, expectant treatment. – 7. *math.* method: analytische ~ regressive method.

Me'tho·den,leh·re *f* methodology.

Me·tho·dik [me'toːdɪk] *f* ⟨-; -en⟩ methodology.

Me·tho·di·ker [me'toːdɪkər] *m* ⟨-s; -⟩ methodist, methodizer *Br. auch* -s-.

me·tho·disch [me'toːdɪʃ] **I** *adj* 1. method(al): streng ~ strictly methodical, methodistic; ~e Anordnung methodical scheme, methodization *Br. auch* -s-; ~es Verfahren methodical procedure, methodism. – 2. systematic, *auch* systematical. – **II** *adv* 3. ~ arbeiten to work methodically (and systematically).

me·tho·di·sie·ren [metodi'ziːrən] *v/t* ⟨no ge-, h⟩ methodize *Br. auch* -s-.

Me·tho·dis·mus [meto'dɪsmʊs] *m* ⟨-; no pl⟩ *relig.* Methodism, Wesleyanism, *auch* Wesleyism: zum ~ bekehren to Methodize *Br. auch* -s-. — **Me·tho'dist** [-'dɪst] *m* ⟨-en; -en⟩ Methodist, Wesleyan: wie ein ~ sprechen (*od.* handeln) to Methodize *Br. auch* -s-.

Me·tho'di·sten|,kir·che *f relig.* Methodist Church. — **~,pre·di·ger** *m* Methodist preacher.

me·tho'di·stisch *adj relig.* Methodist, Methodistic(al), Wesleyan.

Me·tho·do·lo·gie [metodolo'giː] *f* ⟨-; -n [-ən]⟩ methodology. — **me·tho·do'lo·gisch** [-'loːgɪʃ] *adj* methodological.

Me·thu·sa·lem [me'tuːzalɛm] **I** *npr m* ⟨-(s); no pl⟩ *Bibl.* Methuselah: ~s Alter erreichen to grow (as) old as (*od.* to attain the age of) Methuselah; so alt wie ~ *colloq.* (as) old as Methuselah, very old. – **II** *m* ⟨-(s); -s⟩ *fig.* Methuselah.

Me·thyl [me'tyːl] *n* ⟨-s; no pl⟩ *chem.* methyl (CH_3). — **~,ace,tat** *n* methyl acetate (CH_3COOCH_3). — **~,al·ko·hol** *m* ⟨-s; no pl⟩ methanol, methyl alcohol, wood alcohol (CH_3OH).

Me·thyl·amin [metyla'miːn] *n* ⟨-s; -e⟩ *chem.* methylamine (CH_3NH_2).

Me'thyl,äther *m chem.* (di)methyl ether [$(CH_3)_2O$].

Me·thy·len [mety'leːn] *n* ⟨-s; no pl⟩ *chem.* 1. methylene, carbene (CH_2). – 2. methylene (*od.* methene) group (—CH_2—). — **~,blau** *n* methylene blue.

me·thy·lie·ren [mety'liːrən] *v/t* ⟨no ge-, h⟩ *chem.* methylate.

Me'thyl|,kau·tschuk *m synth.* methyl (*od.* dimethylbutadiene) rubber. — **~oran·ge** [-ʔo,rãːʒə] *n chem.* methyl orange, *auch* Methyl Orange [$(CH_3)_2NC_6H_4N = NC_6H_4SO_3Na$].

Me·tier [me'tieː] *n* ⟨-s; -s⟩ *colloq. od. dial.* for Beruf 1, 3, 6, 7, Handwerk 1.

Met·öke [me'tøːkə] *m* ⟨-n; -n⟩ *antiq.* metic.

Me·to·nisch [me'toːnɪʃ] *adj astr.* (*Zyklus*) Metonic.

Met·ono·ma·sie [metonoma'ziː] *f* ⟨-; -n [-ən]⟩ *ling.* change of name by translation.

Met·onym [meto'nyːm] *n* ⟨-s; -e⟩ *ling.* (in der Rhetorik) metonym. — **Met·ony'mie** [-ny'miː] *f* ⟨-; -n [-ən]⟩ metonymy. — **met·ony·misch** [-'nyːmɪʃ] *adj* metonymic(al).

Met·ope [me'toːpə] *f* ⟨-; -n⟩ *arch. antiq.* metope.

Me·trik ['meːtrɪk] *f* ⟨-; -en⟩ 1. *metr.* metrics *pl* (*construed as sg or pl*), metric, prosody, metrical art, (theory of) versification. – 2. *mus.* (*Taktlehre*) metrics *pl* (*construed as sg or pl*), metric. — **'Me·tri·ker** [-trikər] *m*

⟨-s; -⟩ metrist, metrician. — **'me·trisch** [-trɪʃ] adj 1. (Maß und Gewicht betreffend) metric(al): ~es Maßsystem metric system (of measurement). - 2. metr. metric(al). - 3. mus. metric(al), measured.

Me·tro·lo·gie [metrolo'giː] f ⟨-; no pl⟩ metrology.

Me·tro·nom [metro'noːm] n ⟨-s; -e⟩ mus. metronome. — **me·tro·no·misch** adj metronomic, auch metronomical.

Me·tro·po·le [metro'poːlə] f ⟨-; -n⟩ metropolis.

Me·tro·po·lit [metropo'liːt] m ⟨-en; -en⟩ relig. metropolitan. — **Me·tro·po·li'tan-,kir·che** [-li'taːn-] f metropolitan church.

Me·trum ['meːtrum] n ⟨-s; -tren u. -tra [-tra]⟩ metr. mus. meter, bes. Br. metre.

Mett [mɛt] n ⟨-(e)s; no pl⟩ Low G. gastr. lean minced pork.

Met·ta·ge [mɛ'taːʒə] f ⟨-; -n⟩ print. (in Zeitungsdruckerei) makeup.

Met·te ['mɛtə] f ⟨-; -n⟩ relig. a) matins pl, Matins pl, Br. auch mattins pl (alle sometimes construed as sg), b) (zu Weihnachten) Midnight Mass.

Met·teur [mɛ'tøːr] m ⟨-s; -e⟩ print. (in Zeitungsdruckerei) lockup, clicker, makeup man.

'Mett,wurst f gastr. 1. (Streichwurst) soft pork (or beef) sausage for spreading. - 2. (Hartwurst) hard German sausage.

Met·ze¹ ['mɛtsə] f ⟨-; -n⟩ former dry measure (approximately three quarts).

'Met·ze² f ⟨-; -n⟩ obs. for Dirne.

Met·ze'lei f ⟨-; -en⟩ slaughter, massacre. — **met·zeln** ['mɛtsəln] v/t ⟨h⟩ rare od. dial. slaughter, kill.

'Met·zel,sup·pe f Southern G. dial. for Wurstsuppe.

Metz·ger ['mɛtsgər] m ⟨-s; -⟩ bes. Southern G. butcher, Am. auch meatman. — **Metzge'rei** f ⟨-; -en⟩ 1. (Geschäft) butcher's (shop), bes. Am. butcher store, Am. auch meat market. - 2. (Gewerbe) butcher's trade (od. business), butchering.

'Metz·ger,gang m dial. (vergeblicher Weg) fool's errand, wild-goose chase. — ~,**hand,werk** n bes. Southern G. butchery business (od. trade). — ~,**la·den** m cf. Metzgerei 1.

Meu·ble·ment [møblə'mãː] n ⟨-s; -s⟩ obs. for Wohnungseinrichtung, Zimmereinrichtung 1.

'Meu·chel,mord m (treacherous) assassination. — ~,**mör·der** m assassin, cutthroat: gedungener ~ hired assassin. — **m~,mörde·risch** adj cf. meuchlerisch.

meu·cheln ['mɔyçəln] v/t ⟨h⟩ obs. lit. assassinate. [mörder.]

'Meuch·ler m ⟨-s; -⟩ obs. lit. for Meuchel-**'meuch·le·risch** adj 1. murderous, assassinating. - 2. (heimtückisch) treacherous, insidious.

'meuch·lings adv treacherously, insidiously, in an underhand(ed) way, underhandedly: j-n ~ ermorden to assassinate (od. kill) s.o. treacherously.

Meu·te ['mɔytə] f ⟨-; -n⟩ 1. hunt. pack (of hounds), hounds pl: die ~ (der Hunde) wurde zur Jagd losgekoppelt the hounds were released for the hunt. - 2. fig. colloq. pack, mob, throng, crowd, gang.

Meu·te'rei f ⟨-; -en⟩ mutiny: auf dem Schiff brach eine ~ aus a mutiny broke out on the ship; unter den Soldaten entstand eine ~ a mutiny developed among the ranks; die ~ wurde niedergeschlagen [unterdrückt] the mutiny was put down [suppressed]. — **'Meu·te·rer** m ⟨-s; -⟩ mutineer. — **'meu·te·risch** adj mutinous, rebelling, revolting. — **meu·tern** ['mɔytərn] v/i ⟨h⟩ 1. (cause a) mutiny, mutineer, rebel, revolt: die Gefangenen meuterten the prisoners rebelled. - 2. fig. colloq. (sich entrüsten) flare up, become indignant (od. angry), rebel, revolt: er meutert bei jeder Gelegenheit he flares up at every opportunity.

Me·va'lon,säu·re [meva'loːn-] f chem. mevalonic acid [(HO)₂C₅H₉COOH].

Me·xi·ka·ner [mɛksi'kaːnər] m ⟨-s; -⟩, **Me·xi'ka·ne·rin** f ⟨-; -nen⟩ Mexican. — **me·xi'ka·nisch** adj Mexican (od. relating to) Mexico.

Mez·za·nin [mɛtsa'niːn] n ⟨-s; -e⟩ bes. Austrian mezzanine (floor od. story, bes. Br. storey), intermediate story (bes. Br. storey).

mez·za vo·ce ['mɛtsa 'voːtʃe] adv u. adj mus. mezza voce.

mez·zo ['mɛtso] adv u. adj mus. mezzo, half.

mez·zo·for·te [mɛtso'fɔrte] mus. I adv u. adj mezzo forte. - II M~ n ⟨-s; -s u. -ti [-ti]⟩ mezzo-forte.

mez·zo·pia·no [mɛtso'pĭaːno] mus. I adv u. adj mezzo piano. - II M~ n ⟨-s; -s u. -ni [-ni]⟩ mezzo-piano.

Mez·zo·so·pran [mɛtsozo'praːn] m mus. mezzo-soprano. — **Mez·zo·so·pra'ni·stin** [-pra'nɪstɪn] f mezzo-soprano.

Mez·zo·tin·to [mɛtso'tɪnto] n ⟨-(s); -s u. -ti [-ti]⟩ print. 1. ⟨only sg⟩ (photomechan. Tiefdruckverfahren) mezzotint, auch mezzotinto. - 2. (Schabkunstblatt) mezzotint, auch mezzotinto.

'Mia·na,wan·ze ['mĭaːna-] f zo. Miana bug (Argas mianensis).

mia·ro·li·tisch [mĭaro'liːtɪʃ; -'lɪtɪʃ] adj geol. miarolitic.

Mi·as·ma ['mĭasma] n ⟨-s; -men⟩ med. miasma, auch miasm. — **mi·as'ma·tisch** [-'maːtɪʃ] adj miasmal, miasmatic.

mi·au [mi'au] interj meow! miaow! auch miaou! mew. — **mi'au·en I** v/i ⟨no ge-, h⟩ 1. me(o)w, miaow. - II M~ n ⟨-s⟩ 2. verbal noun. - 3. meow, mew(l).

mich [mɪç] **I** pers pron ⟨acc of ich⟩ me: sie kennt ~ she knows me; laß ~ los! leave me alone! ~ geht es nichts an that doesn't concern me. - II reflex pron ⟨acc of 1st person⟩ myself: ich wusch [verletzte] ~ I washed [hurt] myself; ich freue ~ I am glad, I am pleased; ich setzte ~ I sat down; ich mußte über ~ (selbst) lachen I had to laugh at myself; ich irre ~ darin nicht I am not mistaken in this.   [(Prophet) Micah.]

Mi·cha ['mɪça] npr m ⟨-s; no pl⟩ Bibl.] **Mi·chae·li** [mɪça'eːli] n ⟨-; no pl⟩ cf. Michaelis. — ~,**blu·me** f bot. cf. Herbstzeitlose.

Mi·chae·lis [mɪça'eːlɪs] n ⟨-; no pl⟩ Michaelmas (Day).

'Mi·cha·els,tag ['mɪçaels-] m cf. Michaelis. **Mi·chel** ['mɪçəl] m ⟨-s; -⟩ 1. colloq. only in der deutsche ~ a caricature of the German nation or of the typical German. - 2. dial. for Michaelis.

micke·rig (getr. -k·k-) ['mɪkərɪç], **'mick·rig** adj colloq. contempt. 1. (Geschenk etc) paltry, poor, skimpy. - 2. (Person) weak, delicate, fragile.

'Micky,maus (getr. -k·k-) ['mɪki-] f ⟨-; no pl⟩ Mickey Mouse.

'Mi·das,flie·ge ['miːdas-] f zo. mydas (od. midas) fly (Fam. Midaidae). — ~,**ohr** n 1. zo. Midas's-ear (Ellobium aurismidae). - 2. pl myth. donkey's ears.

Mid·gard ['mɪt,gart] npr n ⟨-s; no pl⟩ myth. Midgard, auch Midgarth. — ~,**schlan·ge** npr f ⟨-; no pl⟩ Midgard serpent.

Mi·di·net·te [midi'nɛt] (Fr.) f ⟨-; -n [-tən]⟩ 1. midinette. - 2. obs. (leichtlebiges Mädchen) easygoing (Br. easy-going) (od. frivolous) girl.

Mi·drasch [mi'draːʃ] m ⟨-; no pl⟩ relig. midrash, auch Midrash.

mied [miːt] 1 u. 3 sg pret of meiden.

Mie·der ['miːdər] n ⟨-s; -⟩ (fashion) 1. (eines Dirndlkleides etc) bodice, waist, corsage: mit einem ~ waisted; ein ~ tragend bodiced. - 2. cf. Korsett, Korselett. - 3. hist. stomacher. — ~,**stäb·chen** n busk. — ~,**wa·ren** pl, ~,**wä·sche** f corsetry, corsetware.

Mief [miːf] m ⟨-(e)s; no pl⟩ colloq. bad (od. stale) air, fug (colloq.), Br. colloq. frowst. — **'mie·fen** v/i ⟨h⟩ colloq. (stinken) smell bad(ly), have a bad smell, stink: hier mieft es there's a fug here. — **'mie·fig** adj colloq. fuggy (colloq.), Br. colloq. frowsty.

Mie·ne ['miːnə] f ⟨-; -n⟩ 1. expression, look, mien (lit.): eine höhnische ~ a contemptuous look; mit feierlicher ~ with a solemn expression; eine freundliche [einfältige, verschlossene, besorgte] ~ aufsetzen (od. machen) to put on a friendly [stupid, reserved, an anxious] expression; eine saure ~ machen (od. ziehen) to give a sour look, to look sour (od. like a lemon); nach seiner ~ zu urteilen to judge by his expression (od. by the way he looks); seine ~ verriet [nicht], was er dachte one could [not] tell from his expression what he thought; mit frommen ~n kann man den Himmel nicht verdienen (Sprichwort) one cannot get to heaven on pious looks alone; → böse 4. - 2. (Gesicht) face, countenance: eine ernste ~ bewahren to keep a straight face; seine finstere ~ erhellte sich (od. klärte sich auf) his sullen face lit (od. brightened) up; eine finstere ~ machen to frown,

to scowl; ohne eine ~ zu verziehen without betraying the least emotion (od. turning a hair, batting an eyelid, flinching); er machte eine bedenkliche ~ he looked doubtful, he pulled a doubtful face. - 3. (Aussehen) air, look: mit der ~ eines Gekränkten with an injured air. - 4. fig. Wendungen wie: ~ machen, etwas zu tun to look as if one were about to do s.th.: er machte keine ~ aufzustehen he showed no sign of getting up.

'Mie·nen,spiel n, ~,**spra·che** f 1. play of features, changing expressions pl. - 2. (theater) mimicry, pantomime, dumb show.

Mie·re ['miːrə] f ⟨-; -n⟩ bot. a) chickweed, alsine (scient.) (Gattgen Arenaria, Cerastium), b) starwort (Gattg Stellaria): Blaue ~ blue pimpernel, mad-dog scullcap (od. weed) (Scutellaria lateriflora); Rote ~ scarlet (od. red) pimpernel, auch poor man's weatherglass (Anagallis arvensis).

mies [miːs] colloq. **I** adj ⟨-er; -est⟩ 1. (schlecht, übel) bad, poor, miserable, wretched, 'rotten' (sl.): ~e Laune haben to be in a bad mood; mir ist (sehr) ~ I feel (very) miserable. - 2. (unangenehm) unpleasant, awkward: das ist eine ~e Sache [ein ~er Laden] that is an unpleasant business [place]. - 3. j-m etwas ~ machen to spoil s.o.'s pleasure in s.th., to spoil s.th. for s.o.: er muß immer alles ~ machen he is always running everything down. - II adv 4. es geht ihm ~ things are going badly for him, he is in a bad way; das sieht ~ aus that looks bad.

Mies [miːs] f ⟨-; -en⟩, **'Mie·se,kat·ze** f cf. Miezekätzchen.

'Mie·se,pe·ter m ⟨-s; -⟩ colloq. spoilsport, kill-joy, wet blanket. — **'Mie·se,pe·trig**, **'mie·se,pet·rig** adj colloq. 1. (übellaunt) ill-humored (bes. Br. -humoured), ill-tempered, cross, in a bad mood, miserable, peevish, morose, grumpy (colloq.). - 2. (kränklich) sickly, poorly, miserable.

'Mies,ma·cher m colloq. defeatist, pessimist, grumbler. — **'Mies·ma·che'rei** f ⟨-; no pl⟩ colloq. defeatism, pessimism, grumbling.

'Mies,mu·schel f zo. 1. mussel, Am. auch muscle, mytilacean (scient.) (Fam. Mytilidae). - 2. (Pfahlmuschel) (common) edible mussel (Am. auch muscle), seamussel (Mytilus edulis). - 3. horse mussel (Am. auch muscle) (Modiolus modiola).

'Miet,aus,fall m loss of rent. — ~,**au·to** n cf. Mietwagen 1. — ~**be,din·gun·gen** pl rental terms (od. conditions), conditions (od. terms) for renting (od. hiring) (od. of rent, of hire). — ~**bei,hil·fe** f cf. Mietzuschuß. — ~**be,sitz** m jur. tenancy. — ~,**dau·er** f duration (od. term) of lease, tenancy.

Mie·te¹ ['miːtə] f ⟨-; -n⟩ 1. rent, (bes. Einkommen) rental: rückständige ~ overdue (od. arrears pl) rent, Br. hanging gale; überhöhte ~ overcharge of rent; die ~ ist fällig the rent is due; die ~n sind hier sehr teuer (od. hoch) the rents are very high here; sehr wenig ~ zahlen to pay a very low rent; kalte [warme] ~ colloq. rent exclusive [inclusive] of heating; die ~ vorauszahlen to pay the rent in advance; die ~ einziehen to collect the rent; j-m die ~ stunden to grant s.o. a respite from payment of rent; die ~ schuldig bleiben to owe the rent; mit der ~ im Rückstand sein to be behind in (od. in arrears with) one's rent. - 2. (Mietverhältnis) tenancy, lease: bei j-m in (od. zur) ~ wohnen to live in lodgings with s.o., to be a tenant (od. lodger) of s.o., to lodge with s.o.; j-n in ~ nehmen [haben] to take [to have] s.o. as lodger (od. tenant); ein Haus in (od. zur) ~ haben jur. to be tenant of a house, to tenant a house. - 3. (von beweglichen Sachen) hire. - 4. ⟨only sg⟩ (theater) (eines Platzes) rent (od. hire) of a seat, subscription: er hat seinen Platz in ~ he has a season ticket.

'Mie·te² f ⟨-; -n⟩ agr. 1. (Schober) rick, stack(ed heap), shock, bes. Br. stook: auf dem Feld eine ~ anlegen to build a rick in the field; die ~ öffnen to open (od. uncover) the stacked heap. - 2. (Grube) pit, clamp, silo: Kartoffeln [Rüben] in die ~ legen to store potatoes [turnips] in a (frost-protected) pit.

'mie·te,frei adj cf. mietfrei.

'Miet,ein,nah·me f rent(al) (receipts od. earnings pl).

mie·ten[1] ['mi:tən] v/t ⟨h⟩ **1.** (Wohnung etc) rent: ein Zimmer monatlich ~ to rent (od. take) a room by the month. – **2.** (Auto etc) rent, hire. – **3.** (Führer etc) engage, hire, take. – **4.** (Schiff, Flugzeug) charter, hire. **'mie·ten**[2] v/t ⟨h⟩ agr. stack, store, bes. Br. stook.

'Mie·ter m ⟨-s; -⟩ **1.** (eines Grundstückes, Hauses, einer Wohnung) tenant, lessee, Am. renter: alleiniger ~ sole tenant; das Haus wird von zwei ~n bewohnt the house is occupied by two tenants; dem ~ obliegende Reparaturen tenant's repairs; er nimmt (od. verlangt) wenig von seinen ~n he asks low rents from his tenants, he rents his tenants low. – **2.** (eines Zimmers) lodger, Am. roomer: ~ haben to have (od. keep) lodgers. – ~ haben to have (od. keep) lodgers. – **3.** (von Sachen) renter, hirer. – **4.** (eines Schiffes, Flugzeugs) charterer. — ~ dar·le·hen n tenant's loan. — ~ haf·tung f tenant's liability.

'Miet·er·hö·hung f rent increase, rise (Am. auch raise) in rent.

'Mie·te·rin f ⟨-; -nen⟩ cf. Mieter.

'Mie·ter·schaft f ⟨-; no pl⟩ tenantry, tenants pl.

'Mie·ter·schutz m jur. **1.** (in Deutschland u. Österreich) (legal) protection of tenants. – **2.** (in Großbritannien) rent restrictions pl. — ~ ge·setz n **1.** (in Deutschland u. Österreich) law for the protection of tenants. – **2.** (in Großbritannien) Rent Restriction Act.

'Miet·er·trag m revenue from rentals.

'Mie·ter·ver·band m, ~ ver·ei·ni·gung f tenants' association.

'Miet·flug·zeug n **1.** (für Gruppe) charter plane. – **2.** (für Einzelperson) Am. taxiplane. — ~ for·de·rung f **1.** claim for rent. – **2.** pl (Betrag) rents receivable. — **m~ frei** adj rent-free, free of rent. — ~ fuh·re f, ~ fuhr·werk n **1.** (Lastwagen) hired truck (Br. lorry). – **2.** (Pferdewagen) hired cart, hackney carriage (od. coach). — ~ geld n rent. — ~ ge·setz n cf. Mieterschutzgesetz. — ~ haus n **1.** rented house. – **2.** cf. Miets·haus. — ~ kauf m econ. hire purchase. — ~ kon·trakt m cf. Mietvertrag. — ~ kut·sche f hackney carriage (od. coach).

'Miet·ling m ⟨-s; -e⟩ archaic **1.** hireling, mercenary. – **2.** mil. mercenary, Am. auch Hessian.

'Miet·pferd n hired horse, livery (Br. auch job) horse.

'Miet·preis m rent, rental, amount of rent. — ~ er·hö·hung f cf. Mieterhöhung. — ~ sen·kung f reduction of rent.

'Miet·recht n law(s pl) governing tenancy. — ~ rück·stand m rent in arrears, arrears pl of rent, back rent, Br. hanging gale.

'Miets·haus n Am. apartment building (od. house), Br. block of flats. — ~ herr m **1.** landlord. – **2.** (Mieter) lodger, Am. roomer. — ~ ka·ser·ne f contempt. tenement (house), barracks pl (construed as sg or pl) (contempt.), rookery (sl.).

'Miet·stall m, ~ stal·lung f livery stable, Am. livery. — ~ stopp m rent freeze. — ~ ver·hält·nis n lease (for rent), tenancy: das ~ kündigen to give notice (of tenancy). — ~ ver·lust m cf. Mietausfall. — ~ ver·trag m **1.** lease, letting (od. lease) contract (od. agreement), tenancy agreement: Laufzeit eines ~ es duration (od. term) of a lease; langfristiger ~ long(-term) lease; einen ~ abschließen [unterzeichnen] to enter into [to sign] a lease. – **2.** mar. bareboat (od. demise) charter. — ~ wa·gen m **1.** rented (od. hired) car, bes. Br. hire-car. – **2.** (Taxi) taxi (cab), cab. — ~ wa·gen·ver·leih m rent-a-car (od. car-rental, Br. car-hire) service (od. agency). — **m~ wei·se** adv on lease (od. hire), by way of lease: etwas ~ überlassen to let s.th., to let s.th. out (on lease). — ~ wert m rental (od. renting, letting) value: ~ eines Jahres annual (od. yearly) rental. — ~ woh·nung f (rented) apartment, bes. Am. flat, tenement. — ~ wu·cher m exorbitant rent. — ~ zeit f term (od. duration, length) of a lease, lease. — ~ zins m ⟨-es; -e⟩ rent(al). — ~ zu·schuß m rent allowance (od. subsidy).

Miez [mi:ts] f ⟨-; -en⟩ colloq. cf. Mieze·kätzchen.

Mie·ze ['mi:tsə] f ⟨-; -n⟩ **1.** cf. Mieze·kätzchen. – **2.** colloq. girl friend. – **3.** colloq. floozy, floozie (beide sl.). — ~ kätz·chen n, ~ kat·ze f colloq. (little) pussy(cat).

Mi'gnon·fas·sung [min'jõ-] f electr. mignon holder, midget base, small Edison

---

screw cap. — ~ sockel (getr. -k·k-) m mignon (od. midget) base.

Mi·grä·ne [mi'grɛ:nə] f ⟨-; -n⟩ med. migraine, sick (od. bilious) headache, hemicrania, auch hemicrany (scient.): durch ~ verursacht migrainous, due to migraine.

Mi·gra·ti·on [migra'tsio:n] f ⟨-; -en⟩ (bes. der Zugvögel) migration.

Mi·ka·do[1] [mi'ka:do] npr m ⟨-s; -s⟩ hist. (jap. Kaiser) mikado.

Mi·ka·do[2] n ⟨-s; -s⟩ (games) mikado.

Mi·ka·do[3] m ⟨-s; -s⟩ (games) (Hauptstäbchen im Mikado) mikado.

Mi·kro..., mi·kro... combining form denoting micro...

Mi·kro|am·pere·me·ter [mikro³ampɛr'me:tər] n electr. microammeter. — ~ ana·ly·se [-³ana'ly:zə] f chem. microchemical analysis, microchemical analysis. — ~ auf·nah·me ['mi:kro-] f phot. **1.** (auf Mikrofilm) microphotograph. – **2.** (durchs Mikroskop) photomicrograph. — ~ bar [-'ba:r] n phys. meteor. microbar.

Mi·kro·be [mi'kro:bə] f ⟨-; -n⟩ biol. microbe, germ, microorganism, Br. micro-organism (scient.): pflanzliche ~ microphyte.

Mi'kro·ben·for·schung f biol. microbiological research.

Mi·kro|bio·lo·ge [mikrobio'lo:gə] m microbiologist. — ~ bio·lo·gie [-lo'gi:] f microbiology.

mi'kro·bisch adj biol. microbial, microbian, microbic.

Mi·kro|che·mie [mikroçe'mi:] f microchemistry. — ~ fa·rad [-fa'ra:t] n electr. microfarad. — ~ fau·na ['mi:kro-] f biol. microfauna.

'Mi·kro·film ['mi:kro-] m phot. microfilm. — ~ ab·zug m microcopy. — ~ le·se·ge·rät n microfilm reader.

Mi·kro·fon [mikro'fo:n; 'mi:-] n ⟨-s; -e⟩ cf. Mikrophon.

Mi·kro|ga·met [mikroga'me:t] m biol. microgamete. — ~ gramm [-'gram] n phys. microgram, bes. Br. microgramme. — ~ kli·ma ['mi:kro-] n meteor. microclimate. — ~ kok·kus [-'kokus] m biol. (micro)coccus.

Mi·kro|ko·pie [mikroko'pi:] f phot. **1.** microcopy. – **2.** (von Buchseiten etc) bibliofilm. — **m~ ko·pie·ren** [-rən] v/t u. v/i ⟨insep, no -ge-, h⟩ microcopy. — ~ ko·pier·ge·rät [-ko'pi:r-] n microcopying apparatus. [cosm.]

Mi·kro·kos·mos [mikro'kɔsmɔs] m micro-

Mi·kro·lith [mikro'li:t; -'lɪt] m ⟨-s; -e(n)⟩ **1.** min. microlite. – **2.** meist pl archeol. microlith.

Mi·kro·ma·nie [mikroma'ni:] f med. psych. micromania.

Mi·kro·me·ter[1] [mikro'me:tər] n **1.** tech. micrometer caliper gage (bes. Br. calliper gauge), micrometer screw. – **2.** (optics) filiar micrometer.

Mi·kro'me·ter[2] m, n (ein millionstel Meter) micrometer.

Mi·kro'me·ter|ein·stel·lung f tech. micrometer adjustment. — ~ schrau·be f cf. Mikrometer[1] 1.

Mi·kro·me·trie [mikrome'tri:] f ⟨-; no pl⟩ (optics) phys. micrometry.

Mi·kron ['mi:krɔn] n ⟨-s; -⟩ phys. micron.

Mi·kro·ne·si·er [mikro'ne:ziər] m ⟨-s; -⟩ geogr. Micronesian. — **mi·kro'ne·sisch** [-zɪʃ] I adj Micronesian. – II ling. M~ ⟨generally undeclined⟩, das M~ e ⟨-n⟩ Micronesian.

Mi·kro·or·ga·nis·mus [mikro³ɔrga'nɪsmʊs] m biol. microorganism, Br. micro-organism, microbe, germ.

Mi·kro·phon [mikro'fo:n; 'mi:-] n ⟨-s; -e⟩ microphone, mike (colloq.). — **mi·kro'pho·nisch** adj microphonic.

Mi·kro|pho·to·gra·phie [mikrofotogra'fi:] f phot. **1.** microphotography. – **2.** (durch ein Mikroskop) photomicrography. — **m~ pho·to'gra·phisch** [-'gra:fɪʃ] adj **1.** microphotographic. – **2.** photomicrographic. — ~ pho·to·ko·pie [-ko'pi:] f cf. Mikrokopie. — ~ phy·sik [-fy'zi:k] f microphysics pl (construed as sg).

Mi·kro·psie [mikro'psi:] f ⟨-; no pl⟩ med. micropsia, auch micropsy.

'Mi·kro|ril·le f (einer Schallplatte) microgroove. — ~ seis·mik [mikro'zaɪsmɪk] f phys. microseismology. — **m~ seis·misch** [mikro'zaɪsmɪʃ] adj microseismic(al). — ~ se·kun·de [mikroze'kʊndə] f microsecond.

Mi·kro·skop [mikro'sko:p] n ⟨-s; -e⟩ phys. microscope. — **Mi·kro·sko·pie** [-sko'pi:] f ⟨-; no pl⟩ microscopy, microscopic optics pl (usually construed as sg). — **mi·kro·sko·'pie·ren** [-sko'pi:rən] ⟨no ge-, h⟩ **I** v/t microscope, examine (s.th.) with (the) microscope. – **II** v/i work with a microscope.

mi·kro·sko·pisch I adj (Bild, Untersuchung etc) microscopic(al): ~ es Untersuchungspräparat biol. med. preparation, microscopical slide. – **II** adv microscopically: ~ scharf microscopically sharp; ~ klein microscopic; ~ kleine Tierchen (microscopical) animalcules, microzoa.

Mi·kro'skop|ob·jek·tiv n (optics) object glass of a microscope, microscope lens. — ~ tu·bus m microscope tube.

Mi·kro·spo·rie [mikrospo'ri:] f ⟨-; no pl⟩ med. microsporia, microsporosis.

Mi·kro|ste·reo·sko·pie [mikrostereosko'pi:] f (optics) stereomicroscopy. — ~ strahl ['mi:kro-] m cf. Mikrowelle. — ~ tech·nik [-'tɛçnɪk] f **1.** microscopic technology (od. optics pl usually construed as sg), microscopy. – **2.** bes. chem. micromethod.

Mi·kro·thek [mikro'te:k] f ⟨-; -en⟩ microscopical slide container.

Mi·kro·tom [mikro'to:m] m, n ⟨-s; -e⟩ phys. microtome, section cutter.

'Mi·kro|waa·ge f microbalance. — ~ wel·le f meist pl electr. microwave, ultra shortwave, quasi-optical wave.

mi·kro·ze·phal [mikrotse'fa:l] adj med. microcephalic, auch microcephalous. — **Mi·kro·ze·pha·le** m, f ⟨-n; -n⟩ microcephalic. — **Mi·kro·ze·pha·lie** [-fa'li:] f ⟨-; no pl⟩ microcephaly.

Mik·ti·on [mɪk'tsio:n] f ⟨-; -en⟩ med. urination, miction, micturition.

Mi·lan ['mi:lan; mi'la:n] m ⟨-s; -e⟩ zo. milvine, kite (Fam. Milvinae): Roter ~ kite, glede, auch glead, fork-tailed glead (Milvus milvus); Schwarzer (od. Brauner) ~ black kite (M. migrans).

Mil·be ['mɪlbə] f ⟨-; -n⟩ zo. mite, acarus (scient.) (Ordng Acarina): voller ~ n full of mites, mity.

'Mil·ben|be·fall m med. infestation with mites; acarinosis, acariasis (scient.). — **m~ tö·tend** adj miticidal: ~ es Mittel miticide.

Milch [mɪlç] f ⟨-; no pl⟩ **1.** milk: (ab)gekochte ~ boiled milk; abgerahmte ~ skim(med) (od. separated) milk; dicke (od. saure) ~ sour (od. curdled) milk; kondensierte ~ a) (ungesüßt) evaporated milk, b) (gesüßt) condensed milk; kuhwarme ~ milk fresh (od. warm) from the cow; pasteurisierte [peptonisierte, pulverisierte, rohe] ~ pasteurized [peptonized, powdered od. dried, untreated] milk; sterilisierte [verwässerte] ~ sterilized (Br. auch -s-) [watered od. blue] milk; sie sieht aus wie ~ und Blut fig. she looks all lilies and roses, she has a complexion like peaches and cream; die ~ der frommen Denkungsart poet. the milk of human kindness; das Land, wo ~ und Honig fließt fig. the land flowing with milk and honey. – **2.** bot. (der Pflanzen) milk, juice. – **3.** zo. a) (der Fische) (soft) roe, b) (der Frösche) milt. — **m~ ab·schei·dend, m~ ab·sondernd** adj milk-secreting. — **m~ ar·tig** adj milky; lacteous, lacteal (scient.). — ~ bar f milk bar, Am. colloq. dairy lunch. — ~ bart m **1.** downy beard, down. – **2.** fig. colloq. (young) shaver (colloq.). — ~ baum m 'Süd·ame·ri·ka·ni·scher m bot. cow tree, galactodendron (scient.) (Brosimum galactodendron). — ~ bil·dung f med. lactation. — ~ blät·ter·schwamm m bot. cf. Milchreizker. — ~ bon·bon m, n caramel, Br. toffee, Am. taffy. — ~ brät·ling m bot. cf. Milchreizker. — ~ brei m gastr. milk pudding (od. gruel). — ~ brot n milk loaf. — ~ bröt·chen n French (od. milk) roll, (mit Rosinen) bun. — ~ bru·der m obs. foster brother. — ~ brust·gang m med. thoracic (lymph) duct. — ~ busch m bot. African milkbush (Synadenium grantii). — ~ drü·se f med. lacteal (od. mammary) gland. — ~ ei·mer m milk pail (od. bucket). — ~ ei·weiß n chem. lactoprotein.

mil·chen ['mɪlçən] I adj **1.** milky. – **II** v/i ⟨h⟩ **2.** dial. (von Kuh) give milk. – **3.** bot. yield (od. give) a milky juice, be lactescent (scient.).

'Mil·cher m ⟨-s; -⟩ **1.** zo. cf. Milchner. – **2.** dial. for Melker.

'**Milch**|**fett** n milk fat, butterfat. — ~be-
,**stim·mer** m lactoscope. — ~,**mes·ser** m
lactocrit.
'**Milch**|,**fie·ber** n 1. med. milk (od. lacteal)
fever. – 2. vet. milk (od. parturition) fever.
— ~,**fisch** m zo. milkfish, salmon herring
(Chanos chanos). — ~,**fla·sche** f 1. milk
bottle. – 2. (für Kleinkinder) baby (od.
feeding) bottle. — ~,**flip** m gastr. milk
shake. — ~,**fluß** m med. lactorrh(o)ea. —
~,**frau** f colloq. dairywoman. — m~,**frei**
adj (Nahrung etc) milk-free. — ~,**gang** m
med. milk duct; galactophore, galactoph-
orous duct (scient.). — m~,**ge·bend** adj
giving milk, milch (attrib), milky; lactic,
lactiferous (scient.). — ~,**biß** n milk (od.
scient. deciduous) teeth pl. — ~,**ge·fäß** n
1. milk vessel (od. pot). – 2. pl med. (der
Mamma) lacteals, lacteal vessels. —
~,**ge·schäft** n econ. dairy, creamery. —
~,**ge·sicht** n colloq. baby face. — ~,**ge·tränk**
n milk drink (od. beverage). — ~,**glas** n
1. drinking glass (for milk). – 2. tech.
milk (od. opal[escent], frosted) glass.
– 3. (für Lampenschirm etc) cryolite (od.
porcelain) glass. — ~,**grind** m med. cf.
Milchschorf. — ~,**hal·le** f cf. Milchbar.
— m~,**hal·tig** adj lactiferous. — ~,**händ·**
ler m econ. dairyman, milkman. — ~,**händ·**
le·rin f dairywoman. — ~,**hand·lung** f cf.
Milchgeschäft. — ~,**hof** m municipal milk
collection center (bes. Br. centre).
'**mil·chig** adj 1. (Farbe, Flüssigkeit etc)
milky; lacteal, lactescent (scient.). – 2. med.
(Substanz etc) (milchfördernd) galactic. –
3. min. (Bernstein etc) milky. – 4. gastr.
(Auster) sick.
'**Milch**|,**jas·pis** m min. novaculite, auch
galactite. — ~,**kaf·fee** m coffee with milk,
café au lait, Br. white coffee. — ~,**kalb** n
agr. sucking calf. — ~,**kam·mer** f agr.
dairy. — ~,**känn·chen** n milk jug (od. pot).
— ~,**kan·ne** f milk can (Br. churn). —
~,**kel·ler** m cf. Milchkammer. — ~,**kraut**
n bot. sea milkwort (Glaux maritima). —
~,**kuh** f 1. agr. milch (od. milk, dairy) cow,
milcher, milker. – 2. fig. colloq. (Person)
the goose that lays the golden eggs. – 3. fig.
colloq. (Einnahmequelle) cf. Melkkuh 3.
— ~,**kur** f med. milk diet: sich einer ~
unterziehen to be on a milk diet. — ~-
,**la·den** m colloq. for Milchgeschäft. —
~,**lat·tich** m bot. blue lettuce (Gattg Mul-
gedium). — ~,**lei·stung** f agr. milking
capacity.
'**Milch·ling** m ⟨-s; -e⟩ bot. cf. Milchreizker.
'**Milch**,**mäd·chen** n dairymaid, milkmaid.
— ~,**rech·nung** f fig. colloq. idle and futile
calculation: das ist doch eine ~! you're
out in your reckoning there.
'**Milch**|,**magd** f cf. Milchmädchen. —
~,**man·gel** m 1. shortage of (od. in) milk. –
2. med. agalactia. — ~,**mann** m colloq.
milkman, dairyman, bes. Br. milk rounds-
man. — ~,**mes·ser** m tech. milk ga(u)ge:
(ga)lactometer, lactoscope, butyrometer
(scient.). — ~,**mix·ge·tränk** n gastr. milk
drink (od. shake). — ~,**nähr·scha·den** m
med. dietary deficiency syndrome due to
exclusive milk feeding. — ~,**nah·rung** f
milk diet.
'**Milch·ner** m ⟨-s; -⟩ zo. milter.
'**Milch**|,**pan(t)·scher** m colloq. adulterator
of milk. — ~,**preis** m price of milk, milk
price. — ~,**pro·dukt** n agr. milk (od. dairy)
product. — ~,**pro·duk·ti·on** f 1. agr. milk
production. – 2. med. milk production,
lactation (scient.). — ~,**prü·fer** m milk
tester. — ~,**pul·ver** n milk powder, powdered (od. dried) milk. — ~,**pum·pe** f
1. med. breast pump (od. glass). – 2. agr.
vet. milk pump. — ~,**quarz** m min. milk(y)
quartz. — ~,**rahm** m gastr. cream. —
~,**reis** m gastr. rice pudding, Br. auch
creamed rice. — ~,**reiz·ker** m bot. lacteous
agaric (Lactarius volemus). — ~,**saft** m
1. bot. a) milk, juice, b) (bes. des Kuhbau-
mes) tree milk: reich an ~ lactescent. –
2. med. chyle: ~ führend chyliferous. —
~,**sam·mel·stel·le** f agr. milk collection
center (bes. Br. centre).
'**Milch**,**säu·re** f chem. lactic acid (CH₃-
CH(OH)COOH). — ~,**bak·te·ri·en** pl biol.
lactic (acid) bacteria. — ~,**gä·rung** f chem.
lactic (acid) fermentation.
'**Milch**|,**schleu·der** f tech. cf. Milchzentri-
fuge. — ~,**scho·ko·la·de** f milk chocolate.
— ~,**schorf** m med. milk crust (od. scall),
infantile eczema, Am. cradle cap, crusta

lactea (scient.). — ~,**schwamm** m bot. cf.
Milchreizker. — ~,**schwe·ster** f obs. foster
sister. — ~,**spei·se** f gastr. dish prepared
with milk. — ~,**stern** m bot. star-of-Beth-
lehem (Gattg Ornithogalum, bes. O. umbellatum).
'**Milch**,**stra·ße** f astr. Milky Way (galaxy
od. system), galaxy, Galaxy: zur ~ gehörig
galactic. — '**Milch**,**stra·ßen·sy·stem** n
Milky Way system (od. galaxy).
'**Milch**|,**sup·pe** f gastr. milk soup (od. gruel).
— ~,**topf** m milk pot, (kleiner) milk jug. —
m~,**trei·bend** adj med. (ga)lactagogue,
galactopoietic: ~es Mittel galactagogue.
— ~,**tü·te** f milk bag. — ~,**un·ter·su·chung**
f milk testing. — ~,**ver·ar·bei·tung** f
processing of milk. — ~,**ver·fäl·schung** f
adulteration of milk. — ~,**ver·sor·gung** f
milk supply. — ~,**vieh** n collect. dairy
cattle (od. stock). — ~,**waa·ge** f galactom-
eter. — ~,**wa·gen** m milk cart (Br. float).
— m~,**weiß** adj milk-white, lacteous
(scient.). — ~,**wirt·schaft** f agr. dairy
farming, dairying. — ~,**zahn** m med. milk
(od. scient. deciduous) tooth. — ~,**zen·tri·**
fu·ge f tech. (cream od. centrifugal)
separator. — ~,**zucker** (getr. -k·k-) m chem.
milk sugar, lactose (scient.) (C₁₂H₂₂O₁₁). —
~,**zy·ste** f med. (ga)lactocele.
mild [mɪlt] I adj ⟨-er; -est⟩ 1. (Klima, Luft
etc) mild, gentle, auch balmy, clement: ein
~es Lüftchen a gentle breeze. – 2. (Wesen,
Behandlung, Worte etc) gentle, kind: ein ~es
Lächeln a gentle (od. an indulgent) smile;
du solltest ~ere Saiten aufziehen fig. you
ought to be more gentle. – 3. (Farben,
Licht etc) gentle, mellow, subdued. –
4. (Seife etc) mild, gentle, soft. – 5. (Speisen, Arznei etc) light, bland: ich darf nur
~e Kost essen I am only allowed (to eat)
light food(s), I am on a bland diet. –
6. (Tabak etc) mild, light. – 7. fig. (Gabe,
Stiftung) charitable, kind: j-n um eine ~e
Gabe bitten to ask s.o. for alms (od.
charity). – 8. fig. (Hand) open, liberal:
mit ~er Hand Gaben verteilen to distribute alms with an open hand (od. freely,
generously). – 9. (Strafe etc) mild, lenient:
er bekam ein ~es Urteil he was judged
leniently (od. with leniency). – 10. (Richter
etc) lenient, merciful: er fand ~e Richter
he was judged leniently (od. with mercy).
– 11. (Herrscher etc) benevolent, lenient,
liberal. – II adv meist ~e 12. da kann ich
nur ~e lächeln colloq. iron. all I can do
is smile; euer Verhalten war empörend
— ~ ausgedrückt your behavio(u)r was
shocking, to put it mildly.
Mil·de ['mɪldə] f ⟨-; no pl⟩ 1. (des Klimas
etc) mildness, gentleness, auch balminess,
clemency. – 2. (von Behandlung etc) gentleness, kindness. – 3. (von Farben etc) gentleness, mellowness. – 4. (von Seife etc) mildness, gentleness, softness. – 5. (von Speisen, Arzneien etc) lightness, blandness. –
6. (von Tabak etc) mildness, lightness. –
7. (von Strafe etc) mildness, leniency, mercy,
mercifulness, clemency: der Angeklagte
bat um ~ the accused begged for mercy;
~ walten lassen to apply mercy; allzu
große ~ wäre hier nicht angebracht too
much leniency would not be appropriate
here. – 8. (eines Herrschers etc) benevolence,
leniency, liberalness. – 9. obs. for Freigebigkeit.
mil·dern ['mɪldərn] I v/t ⟨h⟩ 1. (Schmerz,
Leiden etc) relieve, soothe, assuage, alleviate, ease, allay. – 2. (Zorn etc) appease,
abate, moderate. – 3. (Gegensätze etc) ease,
reduce. – 4. (Urteil, Ausdruck etc) moderate, tone down, qualify, soft-pedal (colloq.).
– 5. jur. (Strafe) mitigate, temper, commute,
lessen, relax. – 6. chem. (Säure) correct.
– II v/reflex sich ~ 7. (von Wetter etc) grow
(od. become) milder. – 8. (von Schmerz etc)
ease (off). – III M~ n ⟨-s⟩ 9. verbal noun.
– 10. cf. Milderung. — '**mil·dernd** I pres
p. – II adj 1. jur. (Umstände) mitigating,
mitigative, extenuating: das kann als ~er
Umstand angesehen werden that may be
regarded (od. treated) in mitigation; j-m
~e Umstände zubilligen a) to allow (for)
mitigating circumstances in s.o.'s case,
b) humor. to make allowances for s.o. –
2. chem. corrective. – 3. med. mitigant,
lenitive, palliative. – 4. ling. (Ausdruck)
euphemistic, auch euphemistical. — '**Mil·**
de·rung f ⟨-; no pl⟩ 1. cf. Mildern. –
2. (von Schmerz etc) relief, assuagement,

alleviation, easing. – 3. (des Zorns etc)
appeasement, abatement, moderation. –
4. (der Gegensätze) easing, reduction. –
5. (des Urteils, Ausdrucks) moderation,
qualification. – 6. jur. (der Strafe etc)
mitigation, extenuation. – 7. chem. correction. – 8. meteor. (des Frostes) easing
(off).
'**Mil·de·rungs**,**grund** m jur. excuse, mitigating cause, extenuating (od. mitigating)
circumstance (od. reason).
'**Mild·heit** f ⟨-; no pl⟩ cf. Milde.
'**mild**,**her·zig** adj kindhearted, Br. kind-
-hearted, tenderhearted, Br. tender-hearted.
— '**Mild**,**her·zig·keit** f ⟨-; no pl⟩ kind-
heartedness, Br. kind-heartedness, tender-
heartedness, Br. tender-heartedness.
'**mild**,**tä·tig** adj (Person, Zwecke etc) charitable, benevolent: ~e Zwecke charitable
causes, charities. — '**Mild**,**tä·tig·keit**
f ⟨-; no pl⟩ charitableness, charity, benevolence.
Mi·lia·ria [mi'liaːrĭa] f ⟨-; no pl⟩ med.
miliaria, prickly heat, heat (od. summer)
rash.
Mi·li·ar·tu·ber·ku·lo·se [mi'liaːr-] f med.
miliary tuberculosis.
Mi·lieu [mi'liœː] n ⟨-s; -s⟩ 1. milieu, environment, surroundings pl, auch background: das ~, aus dem er stammt his
(social) background; in einem solchen ~
fühle ich mich nicht wohl I do not feel
comfortable in such surroundings (od. an
atmosphere); das ist doch nicht das richtige ~ für dich that really isn't the right
(od. proper) (kind of) milieu (od. environment) for you; ländliches ~ rural environment; ein bürgerliches ~ a middle-class
background. – 2. (Lokalkolorit) local color
(bes. Br. colour). – 3. Austrian rare small
tablecloth. – 4. Swiss (Dirnenwelt) demimonde. — m~be·dingt adj environmental:
~e Unterschiede environmental differences,
differences due to (od. arising from) the
(social) background. — ~,**dra·ma** n (theater)
milieu drama. — m~ge·schä·digt adj
sociol. impaired by environmental influences. — ~,**schil·de·rung** f (literature) background description. — ~theo,**rie**
f sociol. environmentalism, auch environmental approach.
mi·li·tant [mili'tant] adj militant.
Mi·li·tär¹ [mili'tɛːr] n ⟨-s; no pl⟩ 1. (Wehrmacht, Heer) (armed) forces pl (od. services
pl), military, army: beim ~ sein to be in
the (armed) forces; zum ~ gehen (od. ein-
rücken) to join the army, to enter the
service. – 2. (Gesamtheit der Soldaten)
military, soldiers pl, soldiery: das ~ hatte
seine eigene Ideologie the military had
an ideology of their own.
Mi·li·tär² m ⟨-s; -s⟩ (army) officer: die ~s
the military (collect.); hohe ~s high-
-ranking officers.
mi·li·tär,**ähn·lich** adj paramilitary.
Mi·li·tär|**aka·de·mie** f mil. military acad-
emy. — ~,**arzt** m medical officer, army
surgeon: ~ der Luftwaffe flight surgeon.
— ~at·ta·ché m pol. military attaché. —
~aus,**schuß** m (der NATO) Military
Committee. — ~be,**fehls·ha·ber** m military commander. — ~be,**hör·de** f military
authority. — ~be,**schaf·fungs·ge·setz** n
military procurement act. — ~be,**voll·**
,**mäch·tig·te** m military plenipotentiary
(od. representative). — ~,**bünd·nis** n
military alliance.
Mi·li·tär,**dienst** m (military) service (od.
duty): seinen ~ ableisten to do one's military service; im aktiven ~ sein to be in
(od. on) active (military) service; j-n vom
~ befreien [zurückstellen] to exempt [to
defer] s.o. from military service; zum ~
einberufen werden to be called up, bes.
Br. to be conscripted, bes. Am. to be
drafted. — m~frei adj free (od. exempt)
from military service. — ~,**pflicht** f compulsory military service. — m~,**pflich·tig**
adj liable (od. subject) to (perform) military service. — ~ver,**wei·ge·rer** m conscientious objector. — ~,**zeit** f term (od.
period) of (military) service, call-up period.
Mi·li·tär|**dik·ta·tur** f military dictatorship.
— ~etat [-ʔeˌtaː] m military (od. Br. defence, Am. defense) budget. — ~ex,**per·te**
m military expert. — ~,**fahr·schein** m Am.
military-duty rail ticket, Br. railway warrant. — ~,**fahr·zeug** n military vehicle. —
~,**flug·ha·fen** m military airport (od. air

base). — ~,flug,zeug n military aircraft. — ~,fried,hof m military cemetery. — ~ge,fäng·nis n military prison, Am. auch disciplinary barracks pl (usually construed as sg), Br. sl. glasshouse. — ~,geist·li·che m (army) chaplain. — ~ge,richt n military court (od. tribunal), court-martial. — ~ge,richts·bar·keit f military jurisdiction. — ~ge,setz n martial (od. military) law. — ~ge,setz·buch n military code. — ~ge,walt f (einer Militärregierung) military government. — ~gou·ver,neur m military governor. — ~,haus,halt m military (od. Br. defence, Am. defense) budget. — ~,herr·schaft f military (od. army) rule, reign of the military, stratocracy (scient.). — ~,hil·fe f military aid (od. assistance). — ~,ho·heit f military authority (od. government): unter ~ under military command (od. authority). — ~hos·pi,tal n military hospital.

Mi·li·ta·ria [mili'ta:ria] pl 1. obs. military matters (od. affairs). – 2. books on military matters, military writings.

mi·li·tä·risch adj 1. (Auszeichnung, Gruß, Organisation etc) military: ~e Grundausbildung basic (military) training; ~e Operationen military operations. – 2. (Haltung etc) military, martial, soldierly.

mi·li·ta·ri·sie·ren [militari'zi:rən] v/t ⟨no ge-, h⟩ militarize Br. auch -s-. — **Mi·li·ta·ri'sie·rung** f ⟨-; no pl⟩ militarization Br. auch -s-.

Mi·li·ta·ris·mus [milita'rismus] m ⟨-; no pl⟩ pol. militarism. — **Mi·li·ta'rist** [-'rɪst] m ⟨-en; -en⟩ militarist. — **mi·li·ta·ri·stisch** adj militaristic.

Mi·li'tär|ka,pel·le f mus. military band. — ~kon,trol·le f military control: unter ~ stehen to be under military control (od. administration). — ~,last,wa·gen m military lorry (Am. truck). — ~,macht f military power. — ~,marsch m mus. military march. — ~mis·si,on f military mission. — ~,mu·sik f 1. military music. – 2. cf. Militärkapelle. — ~,müt·ze f mil. cap, (Schiffchen) forage cap. — ~pa,ra·de f military parade. — ~per,son f mil. military person, member of the armed forces. — ~,pfar·rer m (army) chaplain. — ~po·li,zei f military police. — ~putsch m military coup (d'état). — ~re,gie·rung f military government. — ~,rich·ter m military judge, judge advocate. — ~,schu·le f military academy. — ~seel,sor·ge f relig. military religious welfare. — ~,seel,sor·ger m (army) chaplain. — ~,staat m pol. military state. — ~,stütz,punkt m military (support) base. — ~trans,port m military transport. — ~ver,wal·tung f 1. military administration. – 2. (in besetztem Gebiet) military government. — ~,vor,la·ge f pol. army bill. — ~,we·sen n mil. military affairs pl.

Mi·li·ta·ry ['mɪlɪtəri] ⟨Engl.⟩ f ⟨-; -s⟩ (sport) (im Reitsport) three-day event, bes. Am. military.

Mi·li'tär|,zeit f ⟨-; no pl⟩ mil. time of (military) service. — ~,zug m military train.

Mi·liz [mi'lɪts] f ⟨-; -en⟩ militia. — ~,heer n militia army. — ~sol,dat m militiaman.

Mil·ke ['mɪlkə] f ⟨-; no pl⟩ Swiss for Kalbsbries(chen).

milkt [mɪlkt] archaic 3 sg pres of melken.

Mil·le ['mɪlə] n ⟨-; -⟩ thousand.

Mil·le·fio·ri,glas [mɪle'fio:ri-] n millefiori (auch milleflora) (glass).

Mil·len·ni·um [mɪ'lɛniʊm] n ⟨-s; -nien⟩ rare millennium, millenary. — ~,fei·er f millennium, millenary (celebration).

Mil·le·rit [mɪlə'ri:t; -'rɪt] m ⟨-s; -e⟩ min. millerite.

Mil·li·am·pere [mɪli°am'pɛːr] n electr. milliampere. — ~'me·ter [-pɛr'me:tər] n milliammeter, milliamperemeter.

Mil·li·ar·där [mɪliar'dɛːr] m ⟨-s; -e⟩ Am. billionaire, Br. multimilliardaire. — **Mil·li'ar·de** [-'liardə] f ⟨-; -n⟩ billion, Br. obs. a thousand millions, milliard.

Mil·li·bar [mɪli'baːr] n phys. meteor. millibar.

Mil·li·gramm [mɪli'gram] n milligram, bes. Br. milligramme.

Mil·li·me·ter [mɪli'me:tər] m, n, Swiss only m millimeter, bes. Br. millimetre: ein zehntel ~ a tenth of a millimeter; ein Glas von drei ~ Dicke a glass with a thickness of three millimeters, bes. Am. a glass three millimeters thick; ein Abstand von 20 ~n a distance of 20 millimeters; keinen ~ von

einer vorgefaßten Meinung abgehen fig. colloq. not to budge a fraction of an inch from a set (od. preconceived) opinion, to deviate not a millimeter from a preconceived opinion. — ~pa,pier n millimeter--ruled paper, (metric) graph (od. profile, scale, bes. Br. squared) paper. — ~,wel·le f phys. millimeter wave, (in Frequenzen ausgedrückt) extremely high frequency, e.h.f.

Mil·li·on [mɪ'lio:n] f ⟨-; -en⟩ million: zwei ~en Einwohner two million inhabitants; der Verlust geht in die ~en the loss runs into millions; vor ~en Jahren millions of years ago; er besitzt mehrere ~en he is worth several millions; drei ~en Dollar three million dollars; sie gewann eine ~ beim Spielen she won a million (in) gambling. — **Mil·lio'när** [-lio'nɛːr] m ⟨-s; -e⟩ millionaire: ein vielfacher ~ a multimillionaire. — **Mil·lio'nä·rin** f ⟨-; -nen⟩ millionairess.

Mil·lio·nen|,erb·schaft [mɪ'lio:nən-] f inheritance of (more than) one million. — **m~,fach** I adj millionfold, millioned. – II adv a million times: ~ bewährt tested a million times over.

mil·li'onst adj millionth.

mil·li·on·(s)tel I adj millionth: ein ~ Ampère a microampere. – II M~, n, Swiss m ⟨-s; -⟩ millionth: das M~ einer Einheit the millionth (part) of a unit.

Mil·li·pond [mɪli'pɔnt] n phys. millipond.

Mil·li·se·kun·de [mɪlize'kundə] f millisecond. — ~'volt [-'vɔlt] n electr. millivolt.

Mi·lu ['mi:lu] m ⟨-s; -s⟩ zo. cf. Davidshirsch.

Milz [mɪlts] f ⟨-; -en⟩ med. spleen. — ~,brand m anthrax, milzbrand, ragsorters' (Br. rag-sorters') (od. woolsorters', Br. wool-sorters') disease. — ~ent,zün·dung f splenitis, lienitis. — ~,farn m bot. spleenwort (Gattg Asplenium). — ~,krank adj med. splenetic, suffering from disease of the spleen. — ~,krank·heit f disease of the spleen, splenopathy (scient.). — ~,kraut n bot. golden saxifrage (auch spleen) (Gattg Chrysosplenium). — ~,schwel·lung f med. splenic enlargement, splenomegaly (scient.). — ~,ste·chen n stitches pl in the spleen. — ~,tu·mor m splenic enlargement (od. tumor, bes. Br. tumour).

Mi·me ['mi:mə] m ⟨-n; -n⟩ (theater) a) archaic actor, auch tragedian, b) antiq. mime, mimer, mimic. — '**mi·men** I v/t ⟨h⟩ 1. archaic play (the part of), act: er mimte den Faust he played the part of Faust. – 2. fig. colloq. act, play: er mimt den Arglosen he acts the innocent. – 3. fig. colloq. (vortäuschen) feign, sham, pretend to be: er mimt den Kranken he is feigning illness, he is pretending to be ill. – 4. fig. colloq. (durch Gesten etc nachäffen) imitate, mimic, mime. – II v/i 5. feign, put on an act.

Mi·me·se [mi'me:zə] f ⟨-; -n⟩ 1. (art) philos. mimesis, mimicry, imitation. – 2. zo. mimicry, mimesis.

Mi·me·sis ['mi:mezɪs] f ⟨-; -sen [mi'me:zən]⟩ bes. philos. cf. Mimese 1.

mi·me·tisch [mi'me:tɪʃ] adj mimetic.

Mi·mik ['mi:mɪk] f ⟨-; no pl⟩ (Mienen-, Gebärdenspiel) mimicry, mimic art. — '**Mi·mi·ker** [-mikər] m ⟨-s; -⟩ (theater) cf. Mimus 2.

Mi·mi·kry ['mi:mikri] f ⟨-; no pl⟩ 1. zo. mimicry. – 2. fig. (Schutzfärbung etc) camouflage.

'**mi·misch** adj (Darstellung etc) mimic(al).

Mi·mo·se [mi'mo:zə] f ⟨-; -n⟩ bot. mimosa, sensitive plant (Gattg Mimosa, bes. M. pudica): sie ist empfindlich wie eine ~ fig. she is extremely sensitive; sie ist die reinste ~ fig. colloq. he is an extremely sensitive person (od. creature). — **mi'mo·sen·haft** adj like a mimosa, very sensitive (od. touchy).

Mi·mus ['mi:mus] m ⟨-; Mimen⟩ antiq. (theater) 1. (Posse) mime. – 2. (Possenreißer) mime, mimer, mimic.

Mi·na·rett [mina'rɛt] n ⟨-s; -e u. -s⟩ (Turm einer Moschee) minaret.

Min·cha [mɪn'ça:] f ⟨-; no pl⟩ relig. min(c)hah, auch min(c)ha.

min·der ['mɪndər] I adj ⟨attrib⟩ 1. inferior: ~e Waren, Waren von ~er Qualität inferior goods, goods of inferior quality; er betrachtete ihn als ~en Menschen he regarded him as an inferior person. – 2. rare (geringer) less(er): das ist von ~er Bedeutung that is less important (od. of lesser impor-

tance); ein Volk ~en Rechts an underprivileged people; ~er Bruder relig. cf. Franziskaner. – 3. hunt. (Sau) young. — II adv 4. less: diese Arbeit ist nicht ~ gut this work is not less good; mit mehr oder ~ großer Sorgfalt [großem Fleiß] arbeiten to work more or less carefully [diligently]; er hat mehr oder ~ versagt he more or less failed; er hat furchtbar angegeben, und sein Freund ~ he boasted terribly and no less so his friend.

'**Min·der|,aus·ga·be** f econ. 1. reduced expenditure. – 2. (von Wertpapieren) reduced issue, underissue, Br. under-issue. — ~,aus,lie·fe·rung f short delivery. — **m~,be,gabt** adj less gifted. — ~be,ga·b·te m, f less gifted person. — **m~,be,gü·tert** adj of little or no wealth (od. fortune). — ~be,gü·ter·te m, f ⟨-n; -n⟩ person of little or no wealth (od. fortune). — **m~,be,mit·telt** adj 1. of moderate means, (stärker) poor. – 2. (geistig) ~ colloq. humor. somewhat wanting, not very bright, slow, bes. Am. colloq. 'dumb'. — ~be,mit·tel·te m, f ⟨-n; -n⟩ 1. person of moderate means, (stärker) poor person. – 2. colloq. humor. not very bright (od. slow, bes. Am. colloq. dumb) person.

'**Min·der|be,trag** m econ. deficit, deficiency (amount), shortage. — ~be,wer·tung f undervaluation. — ~,ein,nah·me f (Fehlbetrag) deficiency (od. shortfall) in receipts. — ~er,lös m smaller returns pl, reduced proceeds pl. — ~er,trag m 1. agr. (des Bodens) shortfall in output (od. yield), reduced yield. – 2. (Gewinn) reduced profit. — ~ge,wicht n short weight.

'**Min·der·heit** f ⟨-; -en⟩ 1. ⟨only sg⟩ minority: in der ~ sein a) to be in the minority, b) to be outnumbered. – 2. minority: die ~ der Aktionäre vertreten to represent the minority of shareholders. – 3. jur. sociol. minority (group): nationale ~en national minorities.

'**Min·der·hei·ten|,fra·ge** f pol. cf. Minderheitenproblem. — ~ka·bi,nett n minority--party cabinet. — ~pro,blem n minorities problem (od. question). — ~,recht n rights pl of minorities, right of minority. — ~,schutz m protection of (the rights of) minorities.

'**Min·der·heits|pa,ket** n econ. (von Aktien) minority holding. — ~re,gie·rung f pol. minority government.

'**min·der,jäh·rig** adj jur. underage, Br. under-age, not of age, minor, auch infant, nonaged Br. non-: er ist noch ~ he is (still) a minor. — '**Min·der,jäh·ri·ge** m, f ⟨-n; -n⟩ minor, underage (Br. under-age) person, auch infant: Verführung ~r seduction of minors. — '**Min·der,jäh·rig·keit** f ⟨-; no pl⟩ minority, nonage Br. non-, auch infancy.

'**Min·der|,kauf,mann** m minor (unregistered) trader. — ~,lie·fe·rung f econ. short delivery.

min·dern ['mɪndərn] I v/t ⟨h⟩ 1. diminish, lessen, decrease: das mindert meine Liebe nicht that does not diminish my love; den Einfluß der Armee ~ to diminish the army's influence; dadurch wurde seine Schuld nicht gemindert his guilt was not lessened (od. made any the less) because of this; sie minderte die Not der Armen she lessened (od. relieved) the need of the poor. – 2. (Geschwindigkeit etc) reduce, slacken, lower. – 3. econ. a) (Preis etc) reduce, abate, cut, b) (Umsatz etc) reduce, c) (Wert) diminish, depreciate. – 4. jur. (Schaden) mitigate. – II v/reflex sich ~ 5. (von Eifer etc) diminish, lessen, get less, decrease. – III M~ n ⟨-s⟩ 6. verbal noun. – 7. cf. Minderung.

'**Min·der,sin·nig·keit** f ⟨-; no pl⟩ med. psych. lack of one sense (od. several senses).

'**Min·de·rung** f ⟨-; -en⟩ 1. cf. Mindern. – 2. diminution, decrease. – 3. (der Geschwindigkeit etc) reduction. – 4. econ. a) (des Preises) reduction, abatement, b) (des Umsatzes) reduction, c) (des Wertes) diminution, depreciation. – 5. jur. (des Schadens) mitigation.

'**min·der,wer·tig** adj 1. of inferior (od. little) value: ~e Steine stones of little value; ein ~es Subjekt contempt. a worthless fellow (Am. guy) (colloq.), a bad egg (sl.). – 2. (von geringer Qualität) inferior, poor, mediocre, (*stärker*) cheap, trashy: von ~er Qualität of inferior quality; ~e Waren anbieten to offer inferior goods (for sale); ~es Fleisch poor quality (*od.* low-grade) meat; ~es Material material of inferior quality; ~es Zeug trash; eine ~e Arbeit inferior work; ein ~es Buch a mediocre (*od.* a third-rate) book. – **3.** *fig.* inferior, second- (*od.* third-)rate (*attrib*): er fühlt sich ~ he feels (himself to be) inferior. – **4.** *tech.* low-grade (*attrib*), poor, inferior: ~er Brennstoff low-grade fuel; ~e Konstruktion poor design. — '**Min·der,wer·tig·keit** *f* ⟨-; *no pl*⟩ **1.** inferior value. – **2.** *bes. econ.* (*an Qualität*) inferiority, inferior quality, mediocrity, (*stärker*) trashiness. – **3.** *fig.* inferiority.

'**Min·der,wer·tig·keits|ge,fühl** *n psych.* inferiority feeling, feeling of inferiority. — ~**kom,plex** *m* inferiority complex.

'**Min·der,zahl** *f* minority: wir waren in der ~ a) we were in the minority, b) we were outnumbered.

min·dest ['mɪndəst] **I** *sup of* minder. – **II** *adj* **1.** least, slightest, smallest: er hat nicht die ~e Aussicht he has not the least chance; sie hat nicht die ~e Anstrengung unternommen she did not make the slightest effort. – **III** (*substantiviert mit Kleinschreibung*) **2.** das ~e the (very) least: das ist (wohl) das ~e, was man verlangen kann that's the very least (that) one can ask. – **3.** nicht das ~e not anything, nothing (at all): sie versteht nicht das ~e vom Haushalt she doesn't know anything about housekeeping, she has not the slightest idea (*od.* notion) of good housekeeping; von ihm kann man nicht das ~e erwarten one cannot expect anything (*od.* the slightest) from him; hast du etwas dagegen? — nicht das ~e do you mind? — no, not at all (*od.* in the least); er bekommt nicht das ~e he won't get anything (at all). – **4.** nicht im ~en not in the least, not at all, by no means: das interessiert mich nicht im ~en that does not interest me in the least; daran ist nicht im ~en zu denken that is (just) out of the question. – **5.** zum ~en at least: er hätte zum ~en anrufen können he could at least have phoned (*colloq.*); es ist zum ~en zweifelhaft it is doubtful at the (very) least.

'**Min·dest|,ab,stand** *m* minimum distance. — ~**al·ter** *n* minimum age: das gesetzliche ~ the minimum age by law, the legal age. — ~**,an,for·de·rung** *f* minimum requirement. — ~**,an,ge,bot** *n econ.* lowest tender (*od.* bid, offer). — ~**,ar·beits,zeit** *f* minimum working hours *pl*. — ~**,auf,la·ge** *f print.* minimum of copies, (*bei Zeitungen*) *auch* minimum circulation. — ~**,aus,rü·stung** *f mil.* minimum essential equipment. — ~**be,steu·e·rung** *f econ.* minimum taxation. — ~**be,trag** *m* minimum (amount). — ~**,bie·ten·de** *m, f* ⟨-n; -n⟩ lowest bidder. — ~**,ein,kom·men** *n econ.* minimum income. — ~**,ein,la·ge** *f* (*bei einer Bank*) minimum deposit.

'**min·de·stens** *adv* at least: ~ 3 Personen at least 3 people; sie ist ~ 40 (Jahre alt) she is at least 40 (years of age); er ist ~ so groß wie du he is at least as tall as you are; er hätte sich ~ bei uns bedanken können he could at least have thanked us; er hat ein Gehalt von ~ 2000 Mark im Monat he has a salary of at least (*od.* not less than) 2,000 marks a month.

'**Min·dest|er,trag** *m econ.* minimum revenue (*od.* profit). — ~**,for·de·rung** *f* **1.** lowest charge (*od.* price). – **2.** minimum claim. — ~**ge,bot** *n* minimum (*od.* starting, lowest) bid. — ~**ge,bühr** *f* minimum charge.

'**Min·dest·ge,halt**[1] *n econ.* minimum salary.

'**Min·dest·ge,halt**[2] *m* minimum (*od.* lowest, smallest) percentage (*od.* content).

'**Min·dest|ge,schwin·dig·keit** *f* minimum speed. — ~**ge,wicht** *n* minimum weight. — ~**,lei·stung** *f tech.* minimum performance (*od.* power, capacity). — ~**,lohn** *m econ.* minimum pay (*od.* wage[s *pl*]). — ~**maß** *n* minimum: auf ein ~ herabsetzen to reduce to a minimum, to minimize *Br. auch* -s-; ein ~ an Geduld mußt du (schon) aufbringen you have to summon up (*od.* muster) a minimum of patience. — ~**,preis** *m econ.* **1.** minimum (*od.* lowest) price. – **2.** (*bei Auktionen*) knockdown (*Br.* knock-

-down) (*od.* reserve, floor, upset) price. — ~**re,ser·ve** *f* meist *pl* (*von Geschäftsbanken bei der Zentralbank*) minimum (*od.* legal) reserve. — ~**re,ser·ve,satz** *m* minimum (*od.* legal) reserve ratio. — ~**,satz** *m* minimum (*od.* lowest) rate. — ~**,stra·fe** *f jur.* minimum penalty. — ~**,ta,rif** *m* minimum tariff (*od.* scale, rate). — ~**,wert** *m* minimum value. — ~**,zahl** *f* **1.** minimum (number). – **2.** *pol.* (*eines Ausschusses etc*) quorum.

Min·do·ro [mɪn'doːro] *m* ⟨-s; -s⟩, ~**,büf·fel** *m zo.* tamarau, timarau, *auch* tamarao (*Bubalus mindorensis*).

Mi·ne[1] ['miːnə] *f* ⟨-; -n⟩ **1.** *mil.* mine: eine scharfe ~ an armed mine; eine ~ mit Fernzündung, eine abhängige ~ a controlled mine; ~n legen a) to lay mines, b) *fig.* to intrigue; ~n räumen *mar.* to sweep for mines; ~n suchen *mil.* to locate mines; auf eine ~ laufen to hit (*od.* strike, run on) a mine; alle ~n springen lassen *fig. colloq.* to move heaven and earth, to make every possible effort. – **2.** (*mining*) mine, (*Kohlenmine*) *auch* colliery: eine ~ stillegen to close a mine. – **3.** (*Bleistiftmine*) lead. – **4.** (*Kugelschreibermine*) refill: eine neue ~ einsetzen to insert a refill. – **5.** *biol.* (*Fraßgang*) mine.

'**Mi·ne**[2] *f* ⟨-; -n⟩ *antiq.* (*Geldsumme*) mina.

'**Mi·nen|,ar·bei·ter** *m* (*mining*) miner. — ~**,bom·be** *f mil.* mine bomb. — ~**,fal·le** *f* booby trap. — ~**,feld** *n* minefield. — ~**,flug,zeug** *n* mine-laying aircraft. — ~**,gür·tel** *m* mine belt: einen ~ legen to lay a mine belt. — ~**,krieg** *m* mine warfare. — ~**,le·gen** *n* minelaying, mineplanting. — ~**,le·ger** *m mar.* minelayer. — ~**ra,dar·ge,rät** *n* mine-watching radar. — ~**,räum,boot** *n mar.* (motor) minesweeper. — ~**,räu·men** *n* minesweeping, mine clearance. — ~**,räum,trupp** *m* mine--clearing party (*od.* detail). — ~**,sper·re** *f* mine barrier.

'**Mi·nen,such|,boot** *n mil.* minesweeper. — ~**ge,rät** *n* mine detector. — ~**,stab** *m* mine probe (*od.* probing rod). — ~**,trupp** *m* mine-locating party (*od.* detail), minefield reconnaissance patrol.

'**Mi·nen|,tau·cher** *m mar. mil.* clearance diver. — **m~ver,seucht** *adj* mined, mine--infested. — ~**,wer·fer** *m* minethrower, (trench) mortar.

Mi·ne·ral [mine'raːl] *n* ⟨-s; -e *u.* -ien [-liən]⟩ mineral: wasserhaltiges ~ enhydrite. — ~**,ab,la·ge·rung** *f geol.* deposit. — ~**,bad** *n med.* **1.** mineral bath. – **2.** (*Ort*) spa. — ~**be,stand,teil** *m* mineral constituent (*od.* ingredient). — ~**,brun·nen** *m cf.* Mineralquelle. — ~**,dün·ger** *m agr.* mineral (*od.* chemical) fertilizer (*Br. auch* -s-).

Mi·ne·ra·li·en,kun·de *f* mineralogy. — ~**,samm·lung** *f* mineralogical collection.

mi·ne·ra·lisch *adj* mineral.

Mi·ne·ra·li·sie·rung [minerali'ziːruŋ] *f* ⟨-; *no pl*⟩ *geol. min.* mineralization *Br. auch* -s-.

Mi·ne·ra·lo·ge [minera'loːgə] *m* ⟨-n; -n⟩ mineralogist. — **Mi·ne·ra·lo'gie** [-lo'giː] *f* ⟨-; *no pl*⟩ mineralogy. — **mi·ne·ra·lo·gisch** [-'loːgɪʃ] *adj* mineralogical, *auch* mineralogic.

Mi·ne·ral,öl *n chem.* mineral (*od.* rock, crude) oil, petroleum. — ~**er,zeug·nis** *n* **1.** *cf.* Mineralölprodukt. – **2.** petrochemical. — ~**ge,sell·schaft** *f* petroleum company. — ~**,han·del** *m econ.* mineral oil (*od.* petroleum) trade. — ~**,in·du,strie** *f* mineral (*od.* crude) oil industry, petroleum industry. — ~**,pro,dukt** *n* mineral oil (*od.* petroleum) product. — ~**,raf·fi·ne,rie** *f* mineral (*od.* crude) oil refinery. — ~**,steu·er** *f econ.* mineral oil(s) tax.

Mi·ne'ral|,quel·le *f* mineral spring (*od.* well), spa. — ~**,reich** *n min.* mineral kingdom (*od.* realm). — ~**,salz** *n* mineral salt. — ~**,säu·ren** *pl* mineral acids. — ~**,vor,kom·men** *n* ⟨-s; -⟩ *geol.* mineral occurrence.

Mi·ne'ral,was·ser *n* mineral (*od.* table, soda, sparkling) water, Vichy (*od.* vichy) water, seltzer (water), *auch* selter(s) water). — ~**,quel·le** *f* mineral spring.

Mi·ner·va [mi'nɛrva] *npr f* ⟨-; *no pl*⟩ *myth.* Minerva (*Roman goddess of wisdom, technical skill, and invention*).

Mi·ne·stra [mi'nɛstra] *f* ⟨-; -stren⟩, **Mi·ne'stro·ne** [-'troːnə] *f* ⟨-; -ni [-ni]⟩ *gastr.* (*ital. Suppe*) minestra, minestrone.

mi·ni ['miːni; 'mɪni] *adv* (*fashion*) mini: ~ gehen (*od.* tragen) to wear a mini.

Mi·nia·tur [minia'tuːr] *f* ⟨-; -en⟩ **1.** (*in Handschriften etc*) miniature, illumination. – **2.** (*Kleinmalerei*) miniature: eine ~ von Napoleon a miniature showing Napoleon; in ~ malen to (paint in) miniature. – **3.** (*Schachproblem*) miniature.

Mi·nia'tur|,aus,ga·be *f* **1.** *print.* miniature (*od.* vest-pocket) edition. – **2.** *fig.* miniature (edition). — ~**,bild**, ~**ge,mäl·de** *n* (*art*) miniature. — ~**,ei·sen,bahn** *f* **1.** miniature railway (*od.* train). – **2.** toy train. — ~**,ma·ler** *m* miniaturist. — ~**,ma·le,rei** *f* miniature painting.

Mi'nier|,amei·se *f zo.* mining ant (*Formica cunicularia*). — ~**,ar·beit** *f mil.* sapping. — ~**,mot·te** *f zo.* leaf miner (*Fam. Lithocolletidae*). — ~**,rau·pen** *pl* mining caterpillars. — ~**,vö·gel** *pl* mining birds.

'**Mi·ni|,golf** *n* miniature golf, mini-golf. — ~**,kleid** *n* (*fashion*) minidress.

Mi·ni·ma ['miːnima] *f* ⟨-; -mae [-mɛ] -men⟩ *mus. hist.* minim.

mi·ni·mal [mini'maːl] **I** *adj* **1.** *fig.* (*geringfügig*) minimal, insignificant, trifling: ~e Verluste minimal losses; die Beteiligung war ~ there was minimal (*od.* little or no) participation; ~e Unterschiede minimal (*od.* negligible) distinctions. – **2.** ⟨*attrib*⟩ (*mindest*) minimal: ~er Preis minimum price. – **II** *adv* **3.** (*wenigstens*) at least: er hat ~ tausend Mark dabei verdient he earned at least a thousand marks by it.

Mi·ni'mal|be,la·stung *f* minimum load. — ~**be,trag** *m* minimum (amount), lowest (*od.* smallest) amount. — ~**,flä·che** *f math.* minimal surface.

Mi·ni'mal·ge,halt[1] *n econ.* minimum salary.

Mi·ni'mal·ge,halt[2] *m cf.* Mindestgehalt[2].

Mi·ni'mal|ge,wicht *n cf.* Mindestgewicht. — ~**,lohn** *m econ. cf.* Mindestlohn. — ~**,wert** *m auch math.* minimum value.

Mi·ni·mum ['miːnimum] *n* ⟨-s; -ma [-ma]⟩ **1.** minimum: ein ~ an Aufwand [Kraft] a minimum of effort [strength]; etwas auf ein ~ herabsetzen [beschränken] to reduce [to limit] s.th. to a minimum; der Umsatz verringerte sich auf ein ~ turnover decreased to a minimum; die Reduzierung auf das (*od.* ein) ~ minimization *Br. auch* -s-, reduction to a minimum. – **2.** *electr.* (*bei Funkpeilgeräten*) null. – **3.** *math.* (*einer Funktion*) minimum. — ~**tem·pe·ra,tur** *f meteor.* minimum temperature. — ~**,ther·mo,me·ter** *n phys.* minimum thermometer.

'**Mi·ni,rock** *m* (*fashion*) miniskirt.

Mi·ni·ster [mi'nɪstər] *m* ⟨-s; -⟩ *pol.* minister, (*in Großbritannien*) Secretary (of State), (*in USA*) (cabinet) secretary: ~ des Äußeren, ~ für Auswärtige Angelegenheiten *cf.* Außenminister; ~ ohne Geschäftsbereich (*od.* Portefeuille, Ressort) Minister without Portfolio; zum ~ ernannt werden to be appointed (a) minister. — ~**amt** *n* ministry, portfolio, (*ministerial*) office: er hatte in der letzten Regierung ein ~ inne he held office in the last government. — ~**bank** *f* ministerial bench, *bes. Br.* treasury bench.

mi·ni·ste·ri·al [minɪste'rïaːl] *adj* ministerial.

Mi·ni·ste·ri'al|,aus,schuß *m* ministerial committee. — ~**be,am·te** *m* ministerial officer (*od.* official), senior civil servant. — ~**di,rek·tor** *m etwa* undersecretary. — ~**di·ri,gent** *m etwa* assistant secretary.

Mi·ni·ste·ri'a·le [minɪste'rïaːlə] *m* ⟨-n; -n⟩ *hist.* estate official.

Mi·ni·ste·ri'al|er,laß *m pol.* ministerial order (*od.* edict). — ~**,rat** *m etwa* principal.

mi·ni·ste·ri·ell [minɪste'rïɛl] *adj pol.* (*Maßnahme, Verfügung etc*) ministerial.

Mi·ni·ste·ri·um [minɪs'teːrïum] *n* ⟨-s; -rien⟩ *pol.* ministry, (*in Großbritannien*) office, (*in USA*) department: ~ des Äußeren Ministry of Foreign Affairs, (*in Großbritannien*) Foreign Office, (*in USA*) State Department.

Mi'ni·ster|kon·fe,renz *f pol.* conference of ministers. — ~**,po·sten** *m* ministerial post (*od.* position): Anwärter auf einen ~ prospective minister. — ~**,prä·si,dent** *m* **1.** prime minister, premier. – **2.** (*eines deutschen Landes*) minister-president. — ~**,rat** *m pol.* **1.** cabinet (council). – **2.** (*Ministerausschuß*) ministerial committee (*od.* council). – **3.** (*der EG etc*) Council of Ministers. – **4.** (*in sozialistischen Ländern*) Council of Ministers. — **~,ses·sel** *m colloq.* for Ministerposten. — **~,ver,ant,wort·lich·keit** *f* ministerial responsibility. **~,wech·sel** *m* change of minister(s), cabinet (re)shuffle.

Mi·ni·strant [minis'trant] *m* ⟨-en; -en⟩ *röm.kath.* ministrant, server, altar boy (*colloq.*). — **mi·ni'strie·ren** [-'triːrən] *v/i* ⟨no ge-, h⟩ officiate (as a ministrant), serve. — **mi·ni'strie·rend I** *pres p.* – **II** *adj* ministrative.

Mink [miŋk] *m* ⟨-s; -e⟩ **1.** *zo.* American mink (*Mustela vison*). – **2.** (*Fell*) mink (fur).

Min·na ['mina] *f* ⟨-; -s⟩ *colloq.* **1.** die grüne **~** the Black Maria. – **2.** *humor.* housemaid. – **3.** j-n zur **~** machen to make mincemeat out of s.o. (*colloq.*).

Min·ne ['minə] *f* ⟨-; *no pl*⟩ (*literature*) *poet.* love: hohe (*od.* höfische) **~** courtly love; niedere **~** love for a peasant girl; Frau **~** Mistress Love. — **~,dich·tung** *f cf.* Minnesang. — **~,dienst** *m* homage rendered by the knight to his mistress, courtly love: er hat heute **~** *fig. colloq.* he has to see his sweetheart today. — **~ge,sang** *m cf.* Minnesang. — **~,glück** *n poet.* happiness of love. — **~,hof** *m hist.* court of love. — **~,lied** *n* (*literature*) minnesong, minnesang, minnelied, song of a minnesinger. — **~,lohn** *m poet.* lover's reward.

min·nen ['minən] *v/t* ⟨h⟩ *poet.* love, court, woo.

'Min·ne|,sang *m* ⟨-(e)s; *no pl*⟩ (*literature*) minnesong, minnesang. — **~,sän·ger, ~,sin·ger** [-,ziŋər] *m* ⟨-s; -⟩ minnesinger, *auch* minnesänger.

'min·nig(·lich) *adj obs. od. poet.* **1.** (*lieblich*) lovely, charming. – **2.** (*liebend*) loving.

mi·no·isch [mi'noːiʃ] *adj hist.* (*Kultur etc*) Minoan.

Mi·nor ['miːnər] *m* ⟨-; *no pl*⟩ *math.* minor (determinant).

Mi·no·rat [mino'raːt] *n* ⟨-(e)s; -e⟩ *jur.* a) right of succession of the youngest son, b) property entailed on the youngest son.

mi·no·renn [mino'rɛn] *adj obs.* for minderjährig. — **Mi·no·ren·ni'tät** [-ni'tɛːt] *f* ⟨-; *no pl*⟩ *obs.* for Minderjährigkeit.

Mi·no·rist [mino'rist] *m* ⟨-en; -en⟩ *röm. kath.* cleric in minor orders.

Mi·no·rit [mino'riːt] *m* ⟨-en; -en⟩ *röm.kath.* Minorite, Minor.

Mi·no·ri·tät [minori'tɛːt] *f* ⟨-; -en⟩ *cf.* Minderheit.

Mi·nor·ka [mi'nɔrka] *n* ⟨-(s); -s⟩, **~,huhn** *n zo.* Minorca.

Mi·no·taur [mino'tauər], **Mi·no'tau·rus** [-'taurus] *npr m* ⟨-; *no pl*⟩ *myth.* Minotaur.

Min·strel ['minstrɛl] *m* ⟨-s; -s⟩ *mus. hist.* minstrel.

Mi·nu·end [mi'nŭɛnt] *m* ⟨-en; -en⟩ *math.* minuend.

mi·nus ['miːnus] **I** *adv* **1.** *math.* minus, less. – **2.** below freezing point (*od.* zero): **~** 6 Grad 6 degrees below freezing (point). – **3.** *electr.* negative. – **II** *prep* ⟨*gen*⟩ **4.** *bes. econ.* (*abzüglich*) less, minus, deducting.

'Mi·nus *n* ⟨-; -⟩ **1.** *math. cf.* Minuszeichen. – **2.** *econ.* deficit, shortage. – **3.** *fig. colloq.* minus: etwas als **~** buchen to count s.th. as a minus; das ist ein **~** für mich that's a point against me. — **~,be,trag** *m* **1.** deficiency. – **2.** *econ.* deficit, shortage. — **~,bür·ste** *f electr.* negative brush. — **~,glas** *n meist pl* (*optics*) concave (*od.* dispersing, negative) lens.

Mi·nus·kel [mi'nuskəl] *f* ⟨-; -n⟩ *print.* minuscule, small (*od.* lowercase) letter.

'Mi·nus|,lei·tung *f electr.* negative conductor. — **~,pol** *m electr.* negative (*od.* minus) pole. — **~,punkt** *m* **1.** (*bei Spielen etc*) point dropped (*od.* lost). – **2.** *fig.* minus. — **~,sei·te** *f econ.* debit side. — **~,zei·chen** *n math.* minus (*od.* negative) sign, minus.

Mi·nu·te [mi'nuːtə] *f* ⟨-; -n⟩ **1.** minute: eine Stunde hat 60 **~n** there are 60 minutes to (*od.* in) an hour; (es ist) 8 **~n** vor sieben (it's) 8 minutes to (*od.* before) seven; jede **~** landet ein Flugzeug the plane is landing every minute; 10 **~n** (lang) warten to wait for 10 minutes; 10 **~n** zu früh [spät] 10 minutes early [late]; hast du 5 **~n** Zeit für mich? have you (*bes. Am.* do you have) 5 minutes (to spare) for me? wenige **~n** später a few minutes later; noch eine **~** (*bis es losgeht etc*) still one minute to go; eine **~** vor Schluß with one

minute to go; ein Ei 6 **~n** lang kochen to boil an egg for 6 minutes; sie brauchte volle 20 **~n** it took her a good (*od.* full, clear) 20 minutes; **~** auf (*od.* um) **~** verging (*od.* verstrich) minutes (*od.* minute after minute) went by; die Uhr geht auf die **~** (genau) the clock is right to the minute; er kam auf die **~** (pünktlich) he arrived on the dot (*od.* punctual[ly] to the minute); 3000 Umdrehungen in der **~** *tech.* 3,000 revolutions per minute; ein Weg von 10 **~n** a ten minutes' walk; vor ein paar **~n** a few minutes ago. – **2.** *fig.* (*Moment*) minute, moment: bis zur letzten **~** warten to wait until the last (possible) minute; eine Einladung in letzter **~** ablehnen to decline an invitation at the (very) last minute; er kam in letzter **~** a) he came at the last minute, b) (*gerade zur rechten Zeit*) he came in the nick of time; du sollst nicht alle paar **~n** stören don't come bothering me every few minutes (*od.* all the time); das Spiel kann jede **~** zu Ende sein the match may end any minute; die **~n** wurden ihm zur Ewigkeit minutes seemed like an eternity to him; es klappte alles auf die **~** everything went exactly according to schedule; auf die **~** kommt es nicht an a few minutes one way or another won't matter (*od.* make any difference). – **3.** *math.* (*Winkelmaß*) minute.

mi'nu·ten|,lang I *adj* (*Beifall, Schweigen etc*) lasting several minutes, several minutes of. – **II** *adv* for (several) minutes. — **~,wei·se** *adv* every minute, by the minute. — **M~,zei·ger** *m* minute hand.

mi·nüt·lich [mi'nyːtlıç] *adv* every minute.

Mi·nu·zi·en [mi'nuːtsiən] *pl obs.* (*Kleinigkeiten*) minutiae. — **~,stift** *m* (*Aufsticknadel*) minute pin.

mi·nu·zi·ös [minu'tsiøːs] *adj* **1.** (*Beschreibung etc*) minute, exact, precise: mit **~er** Genauigkeit with great precision, with painstaking exactness. – **2.** (*ausführlich*) detailed. – **3.** *obs.* for kleinlich 3.

Minx [miŋks] *f* ⟨-; -e⟩ *zo. cf.* Mink.

Min·ze ['mıntsə] *f* ⟨-; -n⟩ *bot.* mint (*Gattg Mentha*): Rundblättrige **~** apple mint (*M. rotundifolia*). — **'min·zen,ar·tig** *adj* menthaceous.

Mio ['miːo] *f* ⟨-; -(s)⟩ *short for* Million.

Mio·se [mi'oːzə] *f* ⟨-; -n⟩, **Mio·sis** [mi'oːzıs] *f* ⟨-; -sen⟩ *med.* myosis. — **Mio·ti·kum** [-'oːtikum] *n* ⟨-s; -ka [-ka]⟩ *med. pharm.* miotic. — **mio·tisch** [-'oːtıʃ] *adj med.* miotic, myotic.

mio·zän [mio'tsɛːn] *geol.* **I** *adj* Miocene, *auch* Miocenic. – **II** *n* ⟨-s; *no pl*⟩ Miocene. — **M~,pe·ri,ode** *f* Miocene (epoch).

Mi·po·lam [mipo'laːm] (*TM*) *n* ⟨-s; *no pl*⟩ *synth.* mipolam, copolymer.

mir [miːr] **I** *pers pron* ⟨*dat of* ich⟩ **1.** me: er wird **~** helfen he will help me; er saß neben **~** he sat beside me; er sagte **~**, daß he told me that; ich habe kein Geld bei **~** I have no money with (*od.* on) me; ein Buch von **~** a) a book written by me, b) a book belonging to me; er ist ein Freund von **~** he is a friend of mine. – **2.** to me: gib es **~** give it to me; **~** ist es egal it's all the same to me; **~** ist zweifelhaft, ob I doubt whether, it is doubtful to me whether; er war **~** stets ein guter Freund he has always been a good friend to me; **~** kann keiner! *colloq.* no one can harm (*od.* frighten) me, I have no one to fear; und das ausgerechnet **~**! *colloq.* that had to happen to me of all people! – **3.** (*ethical dative, often not translated*) bleib **~** nur gesund! I just hope (*od.* I do hope) you'll stay well, keep healthy; paß **~** gut auf! take good care! laß **~** das bleiben! leave that alone! mach **~** keine Dummheiten! don't do anything foolish; du bist **~** ein feiner Kerl (*od.* der Richtige) *iron.* a fine fellow you are (*colloq.*). – **4.** (*in Wendungen wie*) **~** ist [wird] kalt I am feeling [getting] cold; **~** ist [wird] heiß I am feeling [getting] warm; **~** ist ganz elend I feel quite ill (*od.* sick, miserable); **~** → dir 4. – **II** *reflex pron* ⟨*dat of 1st person sg*⟩ **5.** myself: ich bin außer **~** I am beside myself; ich kämpfte mit **~** I struggled with myself. – **6.** (*in Verbindung mit ,unechten' reflexiven Verben*) my (*often not translated*): ich habe **~** den Arm gebrochen I have broken my arm.

Mir [miːr] *m* ⟨-s; *no pl*⟩ *hist.* (*in Rußland*) mir.

Mi·ra ['miːra] *f* ⟨-; *no pl*⟩ *astr.* Mira.

Mi·ra·bel·le [mira'bɛlə] *f* ⟨-; -n⟩ *bot.* Syrian plum (*Prunus domestica syriaca*).

Mi·ra·bi·li·en [mira'biːliən] *pl obs.* miracles, prodigies.

Mi·ra·ge [mi'raːʒə] *f* ⟨-; -n⟩ **1.** *meteor.* mirage, fata morgana. – **2.** *obs.* for Selbstbetrug.

Mi·ra·kel [mi'raːkəl] *n* ⟨-s; -⟩ miracle. — **~,spiel** *n* miracle play.

mi·ra·ku·lös [miraku'løːs] *adj obs.* for wunderbar 3.

Mi·re ['miːrə] *f* ⟨-; -n⟩ (*optics*) *astr.* meridian mark.

Mi·ri·ki·na [miri'kiːna] *m* ⟨-s; -s⟩ *zo.* douroucouli, night ape (*Aotes trivirgatus*).

Mir·za ['mirtsa] *m* ⟨-s; -s⟩ (*Herr, Prinz in Persien*) mirza.

Mis·an·drie [mizan'driː] *f* ⟨-; *no pl*⟩ *psych.* misandry.

Mis·an·throp [mizan'troːp] *m* ⟨-en; -en⟩ misanthrope, misanthropist. — **Mis·an·thro'pie** [-tro'piː] *f* ⟨-; *no pl*⟩ misanthropy. — **mis·an'thro·pisch** *adj* misanthropic, *auch* misanthropical.

'Misch|,an,la·ge *f* **1.** *tech.* a) mixing unit (*od.* plant), b) (*in Kokerei*) coal blending plant. – **2.** (*film*) dubbing machine room. — **~ap·pa,rat** *m tech.* mixing apparatus, mixer.

'misch·bar *adj* **1.** miscible, mixable. – **2.** *metall.* (*in Kristallographie*) soluble in each other.

'Misch·bar·keit *f* ⟨-; *no pl*⟩ **1.** miscibility, mixability. – **2.** solubility in each other.

'Misch|,bat·te,rie *f tech.* (water) mixer. — **~,be·cher** *m* shaker. — **~,bild·emp,fän·ger** *m telev.* end (*od.* master) monitor. — **~,bin·der** *m civ.eng.* (pre)mixed binder. — **~,bot·tich** *m* mixing vat (*od.* tank). — **~,brot** *n gastr.* wheat and rye bread. — **~de,pot** *n mil.* general depot. — **~,dün·ger** *m agr.* mixed fertilizers *pl.* — **~,ehe** *f* mixed marriage. — **~ele,ment** *n chem.* isotopic mixture.

mi·schen ['mıʃən] **I** *v/t* ⟨h⟩ **1.** mix: Wein und (*od.* mit) Wasser **~** to mix wine and (*od.* with) water; er mischte ein paar falsche Perlen unter die echten he mixed some false pearls in with the real ones; einen Cocktail **~** to mix a cocktail; Gift **~** to mix (*od.* concoct) poison; Gelb und (*od.* mit) Rot **~** to mix yellow and red. – **2.** (*aus bestimmten Zutaten*) compound, concoct: eine Medizin **~** to compound a medicine. – **3.** (*verschiedene Sorten*) blend, mix: deutschen mit orientalischem Tabak **~** to blend German tobacco with Oriental tobacco. – **4.** (*verfälschen, panschen*) adulterate, cut: Wasser in (*od.* unter) den Wein **~** to cut wine with water. – **5.** (*games*) (*Karten*) shuffle, mix: eine Karte unter die anderen **~** to mix a card among the others; wer muß **~**? who shuffles? whose deal is it? who makes the cards? – **6.** *chem.* a) (*Flüssigkeiten*) mix, b) (*Festkörper*) blend. – **7.** (*computer*) (*Lochkarten*) merge. – **8.** *telev.* (*radio*) mix. – **II** *v/reflex* **sich 9.** mix, blend: Öl und Wasser **~** sich nicht oil and water do not mix. – **10.** *biol.* (*von Vererbungsmerkmalen*) blend. – **11.** *fig.* (*in Wendungen wie*) misch dich nicht in meine Angelegenheiten! don't meddle in my affairs, don't interfere with (*od.* in) my affairs, mind your own business (*colloq.*); sich in ein Gespräch **~** a) to join in a conversation, b) (*störend*) to butt into (*od.* in on) a conversation; sich unter die Leute (*od.* Menge) **~** to mingle (*od.* mix) with the people (*od.* crowd). – **III M~** *n* ⟨-s⟩ **12.** *verbal noun*.

'Mi·scher *m* ⟨-s; -⟩ **1.** *tech. cf.* Mischapparat. – **2.** *metall.* hot mixer.

'misch,er·big [-,²ɛrbıç] *adj biol.* hybrid.

'Misch|,far·be *f* mixed color (*bes. Br.* colour). — **m~,far·ben, m~,far·big** *adj* of mixed color (*bes. Br.* colour). — **~,form** *f ling.* hybrid. — **~,fut·ter** *n agr.* mixed fodder (*od.* feed). — **~,garn** *n* (*textile*) blended (*od.* mixed) yarn. — **~gas** *n chem.* **1.** mixed gas. – **2.** city (*od.* illuminating) gas. — **~ge,fäß** *n* **1.** mixing vessel. – **2.** *cf.* Mischbecher. — **~ge,mü·se** *n gastr.* mixed vegetables *pl.* — **~ge,richt** *n gastr.* stew, hot pot. — **~ge,stein** *n geol.* migmatite. — **~ge,tränk** *n* mixed drink. — **~ge,we·be** *n* (*textile*) blended fabric, mixture cloth, union. — **~,kam·mer** *f auto.* mixing chamber. — **~,kan·ne** *f* oil pressure can. — **ˌkolˈlerˌgang** *m metall.* pug mill, pan grinder. — **ˌkriˌstalˈle** *pl chem.* mixed crystals, solid solution *sg.* — **ˌkulˌtur** *f agr.* mixed cultivation.

'Mischˈling *m* ⟨-s; -e⟩ **1.** *anthrop.* half--breed, half-caste, person of mixed blood, *auch* mongrel. — **2.** *biol.* hybrid, bastard, mongrel.

'Mischˈlingsˌkind *n* half-breed child.

'Mischˌmasch [-ˌmaʃ] *m* ⟨-(e)s; -e⟩ *colloq.* **1.** (*Eintopf etc*) hotchpotch, hodgepodge. – **2.** *fig.* hodgepodge, *bes. Br.* hotchpotch, jumble, medley, mishmash, *auch* mischmasch, hash: **sein Bericht ist ein ~ von Falschem und Wahrem** his report is a hodgepodge of falsehood and truth.

'Mischˌmaˌschiˈne *f tech.* mixing machine.

Mischˈna ['mɪʃna] *f* ⟨-; *no pl*⟩ *relig.* (*Teil des Talmuds*) Mishnah, *auch* Mishna.

Mischˈpoˈche [mɪʃˈpoːxə], **Mischˈpoˈke** [-ˈpoːkə] *f* ⟨-; *no pl*⟩ *colloq. contempt.* **1.** (*Gesindel*) riffraff, rabble. – **2.** (*Familie*) clan.

'Mischˈpoˌlyˈmeˌriˌsat *n synth.* copolymer. — **ˌpreis** *m econ.* composite price. — **ˌpult** *n* **1.** (*radio, tel*) (*Tonregiepult*) sound mixer. – **2.** *telev.* (*Bildmischpult*) video mixer. — **ˌrasˈse** *f anthrop.* cross-breed, mongrel race. — **ˌröhˈre** *f electr.* mixer (*od.* converter) tube (*bes. Br.* valve). — **ˌspraˈche** *f ling.* mixed (*od.* hybrid) language. — **ˌstrom** *m electr.* undulatory current. — **ˌstuˈfe** *f electr.* (*radio*) mixer (*od.* mixing, modulator) stage, mixer. — **ˌtromˈmel** *f tech.* mixing drum.

'Mischung *f* ⟨-; -en⟩ **1.** *cf.* Mischen. – **2.** mixture, *Am. auch* mix, mélange, *auch* melange (*lit.*). – **3.** (*aus bestimmten Zutaten*) compound, concoction. – **4.** (*verschiedener Sorten*) blend, mixture. – **5.** *metall.* alloy. – **6.** *fig.* mixture, blend, mélange, *auch* melange (*lit.*): **eine merkwürdige ~ von Höflichkeit und Kälte** a curious blend of politeness and coldness; **mit einer ~ aus Hoffnung und Furcht** with mingled hope and fear.

'Mischungsˌbeˌstandˌteil *m* constituent of a mixture, ingredient. — **ˌneˈbel** *m meteor.* mixing fog. — **ˌrechˈnung** *f math.* rule of alligation. — **ˌverˌhältˈnis** *n* **1.** mixing ratio (*od.* proportion). – **2.** *chem.* ratio of components. – **3.** *aer.* air-fuel ratio.

'Mischˈverˌfahˈren *n chem. tech.* mixing process (*od.* method). — **ˌvolk** *n anthrop.* mixed people (*od.* race). — **ˌwald** *m* (*forestry*) mixed forest. — **ˌwort** *n ling.* blend(-word), portmanteau (word).

Miˈse ['miːzə] *f* ⟨-; -n⟩ **1.** *econ.* (*in der Lebensversicherung*) single premium. – **2.** (*games*) (*Spieleinsatz*) stake.

'Miˈselˌsucht ['miːzəl-] *f med. cf.* Lepra.

miˈseˈraˈbel [mizeˈraːbəl] *colloq.* **I** *adj* (*Wetter, Essen, Schrift etc*) miserable, poor, 'atrocious' (*colloq.*), 'rotten' (*sl.*), 'lousy' (*sl.*): **ein miserables Ergebnis** a very poor result. – **II** *adv* **ich fühle mich heute ~** I'm feeling rotten today; **er schreibt ~** he writes atrociously.

Miˈseˈre [miˈzeːrə] *f* ⟨-; -n⟩ **1.** desperate state of affairs, desperate situation. – **2.** (*Not, Elend*) misery, wretchedness, distress.

Miˈseˈreˈre [mizeˈreːrə] *n* ⟨-(s); *no pl*⟩ *mus. relig.* Miserere.

Miˈseˈriˈcorˈdiˈas Doˈmiˈni [mizeriˈkɔrdias ˈdoːmini] *m* ⟨*undeclined*⟩ (*der Sonntag*) ~ *relig.* the second Sunday after Easter.

Miˈseˈriˈkorˈdie [mizeriˈkɔrdiə] *f* ⟨-; -n⟩ (*am Chorgestühl*) misericord(e), *auch* miserere.

Miˈsoˈgam [mizoˈgaːm] *m* ⟨-s *u.* -en; -e(n)⟩ *psych.* misogamist. — **Miˈsoˈgaˈmie** [-gaˈmiː] *f* ⟨-; *no pl*⟩ misogamy, hatred of marriage.

Miˈsoˈgyn [mizoˈgyːn] *m* ⟨-s *u.* -en; -e(n)⟩ *psych.* misogynist. — **Miˈsoˈgyˈnie** [-gyˈniː] *f* ⟨-; *no pl*⟩ misogyny, misogynism.

Miˈsoˈpäˈdie [mizopɛˈdiː] *f* ⟨-; *no pl*⟩ *psych.* misop(a)edia, hatred of children.

Misˈpel ['mɪspəl] *f* ⟨-; -n⟩ *bot.* (*Frucht*) medlar. — **ˌstrauch** *m* medlar (tree) (*Mespilus germanica*).

'Misˌpickel (*getr.* -k·k-) ['mɪs-] *m min.* arsenopyrite, *auch* mispickel.

miß [mɪs] *imp sg of* messen.

ˌmißˈachˈten [ˌmɪs-] *v/t* ⟨*insep, no* -ge-, h⟩ **1.** **etwas ~** to pay no attention to s.th., to give (*od.* pay) no heed to s.th., to disregard (*od.* ignore) s.th.: **j-s Rat ~** to disregard

s.o.'s advice; **eine Warnung ~** to give no heed to a warning. – **2.** **j-n ~** **a)** to despise (*od.* disdain) (s.o.), **b)** (*vernachlässigen*) to neglect (*od.* slight) s.o.: **von den Kameraden mißachtet werden** to be despised by one's companions.

'Mißˌachˈtung *f* **1.** disregard, disrespect: **er tat es unter ~ der bestehenden Regeln** he did it in disregard of (*od.* disregarding) the existing regulations. – **2.** (*Verachtung*) disdain, contempt. – **3.** (*Vernachlässigung*) neglect, slight. – **4.** *jur.* contempt: **~ des Gerichts [Gesetzes]** contempt of court [law].

Misˈsal[1] [mɪˈsaːl] *n* ⟨-s; -e⟩ *röm.kath.* missal, Mass book.

Misˈsal[2] *f* ⟨-; *no pl*⟩ *print.* missal.

Misˈsaˈle *n* ⟨-s; -n *u.* -lien [-liən]⟩ *röm.kath. cf.* Missal[1].

ˌmißˈarˈten *v/i* ⟨*insep, auch* -ge-, sein⟩ degenerate. — **ˌmißˈarˈtet I** *pp.* – **II** *adj* degenerate(d). — **ˌMißˈarˈtung** *f* ⟨-; -en⟩ *biol.* degeneration, degeneracy.

'mißˈbeˌhaˈgen *v/i* ⟨*insep, no* -ge-, h⟩ **etwas mißbehagt j-m** s.o. is displeased at (*od.* with) s.th., s.o. dislikes s.th.: **früh aufzustehen mißbehagt mir** I dislike (*od.* don't like) getting up early. — **'Mißˌbeˌhaˈgen** *n* ⟨-s; *no pl*⟩ **1.** uncomfortable feeling, uneasiness, discomfort, discomposure: **er fühlte ein leichtes ~** he felt slightly uneasy. – **2.** (*Abneigung*) dislike, repugnance, distaste. – **3.** (*Unzufriedenheit*) displeasure, discontent, disapproval, indignation.

'mißˌbilˈden *v/t* ⟨*insep,* -ge-, h⟩ deform, misshape. — **'Mißˌbilˈdung** *f biol.* **1.** deformity, deformation. – **2.** (*Fehlbildung*) malformation. – **3.** (*Anomalie*) anomaly, abnormality. – **4.** (*hochgradige, angeborene*) monstrosity.

ˌmißˈbilˈliˈgen *v/t* ⟨*insep, no* -ge-, h⟩ **etwas ~** to disapprove (of) s.th., to frown (up)on s.th., to find fault with s.th., to deprecate s.th.: **j-s Meinung ~** to disapprove of s.o.'s opinion; **etwas scharf ~** to disapprove of s.th. strongly, to reprobate s.th.; **das Spielen ~** to frown on gambling; **sein Verhalten ist entschieden zu ~** his behavio(u)r is distinctly to be disapproved of. — **ˌmißˈbilˈliˈgend I** *pres p.* – **II** *adj* (*Bemerkung etc*) disapproving, deprecating, deprecatory, *auch* disapprobatory, disapprobative. – **III** *adv* **j-n ~ ansehen** to look at s.o. disapprovingly. — **ˌMißˈbilˈliˈgung** *f* **1.** disapproval, disapprobation, deprecation: **seine ~ ausdrücken** to express one's disapproval. – **2.** (*Tadel*) reproof, reprobation, censure.

'Mißˌbrauch *m* **1.** abuse, misuse: **~ der Gastfreundschaft [des Vertrauens]** abuse of hospitality [trust]; **er hat es unter ~ seiner Stellung getan** he did it by abusing his position; **~ mit etwas treiben** to abuse s.th., to take an unfair advantage of s.th.; **Mißbräuche aufdecken [abstellen, abschaffen]** to reveal [to remedy, to put an end to] abuses. – **2.** (*falsche Anwendung*) misuse, misusage, misapplication: **der ~ von Medikamenten** the misuse of medicaments. – **3.** *jur.* **a)** (*einer Frau, eines Kindes*) abuse, **b)** (*der Amtsgewalt etc*) misfeasance, abuse. — **ˌmißˈbrauˈchen** *v/t* ⟨*insep, no* -ge-, h⟩ **1.** abuse, misuse: **j-s Vertrauen ~** to abuse s.o.'s confidence; **seine Macht ~** to abuse s.o.'s power; **j-s Güte ~** to take advantage of s.o.'s kindness (*od.* good nature). – **2.** (*falsch anwenden*) misuse, misapply: **öffentliche Gelder ~** to misapply public funds. – **3.** *jur.* **a)** (*eine Frau, ein Kind*) abuse, **b)** (*Amtsgewalt etc*) abuse.

'mißˌbräuchˈlich [-ˌbrɔʏçlɪç] **I** *adj* wrong, improper: **~e Anwendung eines Gerätes [einer Arznei]** improper use (*od.* misuse, misapplication) of an instrument [a remedy]; **~e Verwendung von Geldern** misapplication of funds. – **II** *adv* **etwas ~ anwenden** to apply s.th. wrongly, to misuse (*od.* misapply) s.th.; **das Wort wird ~ so benutzt** this word is used improperly in this sense, that's an improper use of this word.

'mißˌbräuchˈliˈcher'weiˈse *adv cf.* mißbräuchlich II.

ˌmißˈdeuˈten I *v/t* ⟨*insep, no* -ge-, h⟩ (*Text etc*) misinterpret, misunderstand, misread: **j-s Handlungen [Worte] ~** to misinterpret s.o.'s actions [words]; **j-s Schweigen als Zustimmung ~** to misinterpret s.o.'s

silence as consent. – **II M~** *n* ⟨-s⟩ *verbal noun.* — **'Mißˌdeuˈtung** *f* **1.** *cf.* Mißdeuten. – **2.** misinterpretation.

misˈsen ['mɪsən] *v/t* ⟨h⟩ **1.** miss: **ich möchte dieses Erlebnis nicht ~** I would not (like to) miss this experience. – **2.** (*entbehren*) do without, spare: **ich kann ihn heute nicht ~** I can't spare him today; **ich kann das Radio nicht mehr ~** I can't do without the radio any more.

'Mißˌerˌfolg *m* failure, unsuccess, (*stärker*) fiasco; fizzle, flop, washout (*colloq.*): **totaler ~** complete failure; **einen ~ erleiden** to suffer a failure; **~ haben** to fail, to meet with failure, to come a cropper (*colloq.*); **er hat nur ~e geerntet** he has had (*od.* reaped) nothing but failures; **das Buch [Stück] war ein ~** the book [play] was a flop; **er ist ein ~ als Lehrer** he is a failure as a teacher.

'Mißˌernˈte *f* bad harvest, crop failure.

'Misˈseˌtat ['mɪsə-] *f* **1.** *lit.* misdeed, misdoing, wrongdoing, evildoing, *Br.* evil--doing, malefaction (*lit.*): **eine ~ begehen** to commit a misdeed; **seine ~en bereuen** to repent one's misdeeds. – **2.** *jur.* malfeasance.

'Misˈseˌtäˈter *m* ⟨-s; -⟩ **1.** malefactor, wrongdoer, *Am. auch* wronger. – **2.** *relig.* (*Sünder*) evildoer, *Br.* evil-doer, transgressor, sinner. – **3.** *jur. cf.* Täter 3.

ˌmißˈfalˈlen *v/i* ⟨*irr, insep, no* -ge-, h⟩ **etwas mißfällt j-m** s.th. displeases s.o., s.o. is displeased with (*od.* at) s.th., s.o. dislikes s.th., *auch* s.o. disapproves (of) s.th.: **sein Verhalten mißfiel ihr** his conduct displeased her.

'Mißˌfalˈlen *n* ⟨-s; *no pl*⟩ (*über acc*) displeasure (with, at), disapproval (of), dislike (of, for): **j-n mit ~ ansehen** to look with displeasure at s.o.; **j-s ~ erregen** to incur s.o.'s displeasure; **sein ~ äußern** to express one's disapproval.

'Mißˌfalˈlens|**ˌäuˈßeˈrung**, **ˌbeˌzeiˈgung** *f* expression (*od.* manifestation) of one's displeasure (*od.* disapproval, dislike).

'mißˌfälˈlig I *adj* **1.** (*Benehmen etc*) displeasing, disagreeable, (*stärker*) shocking. – **2.** (*Äußerung etc*) disparaging, deprecatory. – **II** *adv* **3.** **sich ~ über j-n äußern** to speak disparagingly of s.o., to disparage s.o.

'miß|**ˌfarˈben**, **ˌfarˈbig** *adj* **1.** of an unharmonious (*od.* ugly, a disagreeable) color (*bes. Br.* colour). – **2.** (*verschossen etc*) discolored, *bes. Br.* discoloured.

'mißˌforˈmig *adj cf.* mißgestaltet.

'mißˌgeˌarˈtet I *pp.* – **II** *adj* degenerate(d).

'Mißˌgeˌbilˈde *n* miscreation, monstrosity. — **'mißˌgeˌbilˈdet I** *pp.* – **II** *adj cf.* mißgestaltet.

'Mißˌgeˌburt *f* **1.** *med.* monster, monstrosity, freak (*colloq.*), teratism (*scient.*). – **2.** **das Gedicht ist eine ~** *fig. colloq.* that's an atrocious (*od.* abominable) poem (*colloq.*).

'mißˌgeˌlaunt *adj* **1.** ill- (*od.* bad-)tempered, ill-humored (*bes. Br.* -humoured), cross, moody: **in ~er Stimmung sein** to be in a bad mood. – **2.** (*Gesicht etc*) cross.

'Mißˌgeˌschick *n* **1.** (*Unglück, Pech*) misfortune, bad luck, mischance: **~ haben** (*od.* erleiden) to suffer misfortune; **vom ~ verfolgt werden** to be persecuted by misfortune. – **2.** (*unglücklicher Vorfall*) mishap, misfortune, mischance: **ihm ist ein kleines ~ passiert** he had a slight mishap.

'Mißˌgeˌstalt *f* **1.** deformity, deformedness, misshapenness, *Br.* mis-shapenness. – **2.** (*Person*) miscreation. — **'mißˌgeˌstalˈtet** *adj* deformed, malformed, misshapen, *Br.* mis-shapen, miscreate(d).

'mißˌgeˌstimmt I *pp.* – **II** *adj* **1.** *mus.* out of tune. – **2.** *fig. cf.* mißgelaunt.

ˌmißˈglücken (*getr.* -k·k-) *v/i* ⟨*insep, no* -ge-, sein⟩ *cf.* mißlingen 1, mißraten[1].

ˌmißˈgönˈnen *v/t* ⟨*insep, no* -ge-, h⟩ **j-m etwas ~** to (be)grudge (*od.* envy) s.o. s.th.: **ich mißgönne ihm sein Glück nicht** I don't begrudge him his good fortune.

'Mißˌgriff *m* mistake, blunder: **einen ~ tun** (*od.* machen, begehen) to make a blunder. — **m~ˌsiˈcher** *adj tech.* foolproof.

'Mißˌgunst *f* **1.** (*Neid*) envy, enviousness, jealousy. – **2.** (*Übelwollen*) ill will, malevolence: **unter j-s ~ zu leiden haben** to have to suffer under s.o.'s ill will. – **3.** (*Ungunst*) displeasure, disfavor, *bes. Br.*

disfavour: **sich j-s ~ zuziehen** to incur s.o.'s displeasure. — **'miß,gün·stig** *adj* **1.** envious, jealous, begrudging, grudging: **~ auf j-s Erfolg** envious of s.o.'s success. – **2.** (*übelwollend*) malevolent.

miß'han·deln I *v/t* ⟨*insep, no* -ge-, h⟩ **1.** (*j-n, Tier*) maltreat, ill-treat, treat (*s.o.*) cruelly, abuse, mishandle, brutalize *Br. auch* -s-. – **2.** (*schlagen*) maul, *Am.* manhandle, rough up. – **3.** *fig. colloq.* (*Klavier etc*) maltreat, abuse. – **II M~** *n* ⟨-s⟩ **4.** *verbal noun.* — **'Miß'hand·lung** *f* **1.** *cf.* Mißhandeln. – **2.** maltreatment, ill-treatment, abuse, misusage, brutalization *Br. auch* -s-. – **3.** *fig. colloq.* (*eines Klaviers etc*) abuse, maltreatment.

'Miß,hei·rat *f* misalliance, mismarriage.

'miß,hel·lig [-,hɛlɪç] *adj* discordant, dissentient, dissonant, disagreeing. — **'Miß,hel·lig·keit** *f meist pl* discord, discordance, dissension, disagreement, dissonance.

Mis·singsch ['mɪsɪŋʃ] *ling.* **I** *n* ⟨-; *no pl*⟩ dialect mixture of Low German and High German. – **II m~** *adv* **~ sprechen** to speak a dialect mixture of Low German and High German.

Mis·sio ca·no·ni·ca ['mɪsio ka'noːnika] *f* ⟨- -; *no pl*⟩ *röm.kath.* canonical authorization *esp. for exercise of the teaching office.*

Mis·si·on [mɪ'sioːn] *f* ⟨-; -en⟩ **1.** (*Auftrag*) mission: **j-n mit einer diplomatischen [geheimen] ~ betrauen** to entrust s.o. with a diplomatic [secret] mission; **in einer besonderen ~ kommen** to come on a special mission; **seine ~ erfolgreich beenden** to complete one's mission successfully. – **2.** *pol.* (*diplomatische Vertretung*) mission. – **3.** *relig.* a) ⟨*only sg*⟩ mission, b) mission, missionary station: **~ treiben** to carry on a mission, to do missionary work, to mission; → **äußere 3; innere 11.** – **4.** *fig.* (*innere Berufung*) mission, call: **sie empfindet es als ihre ~, den Alkoholgenuß zu bekämpfen** she thinks her mission is to fight against the consumption of alcoholic drinks.

Mis·sio·nar [mɪsio'naːr], *bes. Austrian* **Mis·sio'när** [-'nɛːr] *m* ⟨-s; -e⟩ *relig.* missionary, *auch* missioner: **als ~ tätig sein** to act as a missionary, to mission. — **mis·sio'na·risch** *adj* missionary.

mis·sio·nie·ren [mɪsio'niːrən] **I** *v/i* ⟨*no* ge-, h⟩ do (*od.* perform) missionary work, mission. – **II** *v/t* (*Land etc*) mission. – **III M~** *n* ⟨-s⟩ *verbal noun.* — **Mis·sio'nie·rung** *f* ⟨-; -en⟩ *cf.* Missionieren.

Mis·si'ons|,an·stalt *f cf.* Missionshaus. — **~,ar·beit** *f* missionary work. — **~,chef** *m pol.* head (*od.* leader) of a mission. — **~,fest** *n relig.* missionary meeting, missions day. — **~ge,sell·schaft** *f cf.* Missionsverein. — **~,haus** *n* mission (house), missionary training school. — **~,pre·di·ger** *m* missionary priest, evangelist. — **~,schu·le** *f* mission school. — **~,schwe·ster** *f* missionary sister (*od.* nun). — **~,sta·ti·on** *f* mission station. — **~,ver,ein** *m* missionary society. — **~,we·sen** *n* missionary work (*od.* affairs *pl*). — **~,wis·sen·schaft** *f* scientific study of missionary methods and problems. — **~,zelt** *n* mission tent.

Mis·sis'sip·pi|al·li,ga·tor, ~,kai·man *m zo.* American alligator (*Alligator mississipiensis*).

Mis·siv [mɪ'siːf] *n* ⟨-s; -e⟩, **Mis·si·ve** [-və] *f* ⟨-; -n⟩ *obs.* circular, missive.

'Miß,jahr *n agr.* year of (crop) failure, bad year, year of bad harvest.

'Miß,klang *m* **1.** *mus.* discord, dissonance, dissonancy, cacophony. – **2.** *fig.* discord, dissonance: **die Party endete mit einem ~** the party ended up in discord. – **3.** (*radio*) dissonance.

'Miß,kre,dit *m* discredit, disrepute: **j-n [etwas] in ~ bringen** to bring s.o. [s.th.] into discredit, to bring discredit upon s.o. [s.th.], to discredit s.o. [s.th.]; **sich bei j-m in ~ bringen** to discredit oneself with s.o.; **in ~ geraten** (*od.* kommen) to get (*od.* fall) into disrepute; **in ~ stehen** to be in disrepute.

,miß'lang [-'laŋ] *3 sg pret*, **,miß'län·ge** [-'lɛŋə] *3 sg pret subj* of mißlingen.

'miß,lau·nig *adj cf.* mißgelaunt.

,miß'lei·ten *v/t* ⟨*insep, bes. no* -ge-, h⟩ *cf.* irreleiten 2.

'miß·lich I *adj* **1.** (*unangenehm*) awkward, inconvenient, troublesome: **eine ~e Sache** a troublesome affair. – **2.** (*unerfreulich*)

unpleasant. – **3.** (*schlecht*) bad: **allen ~en Erfahrungen zum Trotz** notwithstanding all bad experiences. – **4.** (*schwierig*) difficult, tough: **du hast mich in eine ~e Lage gebracht** you put me in a difficult situation (*od.* in a fix, in a predicament, on the spot). – **5.** (*bedenklich*) critical, precarious. – **6.** (*heikel*) delicate, ticklish. – **7.** (*gefährlich*) dangerous. – **8.** (*unglücklich*) unfortunate. – **II** *adv* **9. es sieht ~ aus** it looks bad. – **III M~e, das** ⟨-n⟩ **10.** the inconvenient (*od.* troublesome) thing: **das M~e an meiner Lage war, daß** the troublesome thing about my situation was that. — **'Miß·lich·keit** *f* ⟨-; *no pl*⟩ **1.** awkwardness, inconvenience, troublesomeness. – **2.** (*Unerfreulichkeit*) unpleasantness. – **3.** (*Schwierigkeit*) difficulty, toughness. – **4.** (*Bedenklichkeit*) precariousness. – **5.** (*das Heikle*) delicacy. – **6.** (*Unglück*) unfortunateness.

'miß,lie·big [-,liːbɪç] *adj* unpopular, not in favor (*bes. Br.* favour), disagreeable: **sich ~ machen bei j-m** to incur s.o.'s displeasure, to fall out of favo(u)r with s.o., to become unpopular with s.o. — **'Miß,lie·big·keit** *f* ⟨-; *no pl*⟩ unpopularity, disagreeableness.

,miß'lin·gen [-'lɪŋən] **I** *v/i* ⟨mißlingt, mißlang, mißlungen, sein⟩ **1.** (*von Plan, Unternehmen etc*) fail, miscarry, prove unsuccessful (*od.* abortive), come to naught, founder. – **2.** *cf.* mißraten¹. – **II M~** *n* ⟨-s⟩ **3.** *verbal noun.* – **4.** failure, miscarriage: **j-m das M~ eines Plans zuschreiben** to blame s.o. for the failure of a project.

,miß'lun·gen [-'lʊŋən] **I** *pp of* mißlingen. – **II** *adj* **1.** (*Versuch etc*) unsuccessful, abortive. – **2.** *cf.* mißraten² 1.

'Miß,mut *m* **1.** ill humor (*bes. Br.* humour), bad temper, moodiness. – **2.** sulkiness, moroseness, sullenness. – **3.** discontent. — **'miß,mu·tig** *adj* **1.** ill-humored (*bes. Br.* -humoured), ill- (*od.* bad-)tempered, out of humo(u)r, moody. – **2.** (*mürrisch*) morose, sullen, sulky. – **3.** (*unzufrieden*) discontent(ed).

,miß'ra·ten¹ *v/i* ⟨*irr, insep, no* -ge-, sein⟩ turn out badly, be a failure, *auch* fail: **die Arbeit [der Kuchen] ist ihr ~** her work [cake] has turned out badly; **die Ernte ist ~** the crop failed.

,miß'ra·ten² *pp of* mißraten¹. – **II** *adj* **1.** unsuccessful, *auch* having failed: **eine ~e Arbeit** a failure, a work that has failed. – **2.** (*Kind*) badly brought-up (*attrib*), wayward, ill-bred.

'Miß,stand *m* **1.** bad (*od.* deplorable) state of affairs: **auf Mißstände in der Regierung hinweisen** to point out a deplorable state of affairs within the government, *bes. Am.* to muckrake. – **2.** (*Übelstand*) grievance, nuisance: **Mißstände abschaffen** to remedy (*od.* redress) grievances. – **3.** (*Mangel*) defect: **offensichtliche Mißstände im Erziehungswesen** obvious defects in the educational system. – **4.** (*Mißbrauch*) abuse.

'miß,stim·men *v/t* ⟨*insep*, -ge-, h⟩ j-n ~ to put s.o. in a bad temper, to put s.o. out (of humor, *bes. Br.* humour). — **'Miß,stim·mung** *f* **1.** ill feeling, discord, discordance, dissonance: **es kam eine ~ auf** an ill feeling arose; **das Fest verlief ohne jede ~** the celebration went off without any discord. – **2.** *cf.* Mißmut.

mißt [mɪst] *2 u. 3 sg pres of* messen.

'Miß,ton *m* **1.** *mus.* jarring (*od.* discordant) note, jar, cacophony (*lit.*). – **2.** *fig. cf.* Mißklang 2. — **'miß,tö·nend, 'miß,tö·nig** [-,tøːnɪç] *adj bes. mus.* dissonant, discordant, inharmonious, unharmonious, jarring, sour (*colloq.*), cacophonous (*lit.*).

,miß'trau·en *v/i* ⟨*insep, no* -ge-, h⟩ j-m [etwas] ~ to distrust (*od.* mistrust) s.o. [s.th.], to have no confidence in s.o. [s.th.], to be distrustful of s.o. [s.th.], to hold s.o. [s.th.] in distrust, b) (*verdächtigen*) to have suspicions (*od.* to be suspicious) of (*od.* about) s.o. [s.th.]: **er mißtraute sich** (*dat*) **selbst** he distrusted himself. — **'Miß,trau·en** *n* ⟨-s; *no pl*⟩ **1.** distrust(fulness), mistrust(fulness): **begründetes [unbegründetes]** well-founded [unfounded] distrust; **~ gegen j-n [etwas] haben** (*od. lit.* hegen) to have (*od.* entertain) distrust of s.o. [s.th.], to be distrustful of s.o. [s.th.]; **~ säen** to sow the seeds of distrust; **~ gegen sich selbst** self-distrust. – **2.** (*Verdacht*) suspicion: **j-s ~ erregen**

(*od.* wecken) to arouse (*od.* awaken) s.o.'s suspicion.

'Miß,trau·ens|,an,trag *m pol.* motion of no-confidence (*od.* censure): **einen ~ einbringen** to present a motion of no-confidence (*od.* censure). — **~,vo·tum** *n* vote of no-confidence (*od.* censure), no-confidence vote: **ein ~ verwerfen** to throw out a vote of censure; → konstruktiv 2.

'miß,trau·isch *adj* **1.** distrustful, distrusting, mistrustful, mistrusting: **~ gegen j-n [etwas] sein** to be (*od.* feel) distrustful of s.o. [s.th.], to be suspicious of (*od.* about) s.o. [s.th.]; **sie ist sehr ~ gegen sich selbst** she is very self-distrustful. – **2.** (*argwöhnisch*) suspicious, wary; **krankhaft ~ sein** to be morbidly suspicious, to be suspicional. – **II** *adv* **3.** j-n ~ ansehen to look at s.o. in distrust (*od.* distrustfully, suspiciously), to look askance at s.o.

'Miß·ver,gnü·gen *n* ⟨-s; *no pl*⟩ **1.** displeasure: **die Sache bereitete ihm offensichtliches ~** the matter caused him obvious displeasure; **er sah mit ~ auf den vor ihm liegenden Aktenstoß** he looked with displeasure at the pile of documents before him. – **2.** (*Unzufriedenheit*) discontent, dissatisfaction. — **'miß·ver,gnügt I** *adj* **1.** displeasure: **~ über** (*acc*) **etwas sein** to be displeased at (*od.* with) s.th. – **2.** (*unzufrieden*) discontent(ed), dissatisfied, malcontent. – **3.** *cf.* mißgelaunt. – **II** *adv* **4.** j-n [etwas] ~ ansehen to look at s.o. [s.th.] with displeasure; **~ dreinschauen** to have a displeased (*od.* sulky) expression.

'Miß·ver,hält·nis *n* disproportion, incongruity: **zwischen seinen Forderungen und seinen Leistungen besteht ein schreiendes ~, seine Forderungen und seine Leistungen stehen in einem schreienden ~ zueinander** there is a strident disproportion between his demands and his performances; **ein ~ in der Größe zweier Dinge** an incongruity between the size of two things.

'miß·ver,stan·den I *pp of* mißverstehen. – **II** *adj* (*Bemerkung etc*) misunderstood, mistaken, misinterpreted: **sie fühlte sich ~** she felt herself misunderstood.

'miß·ver,ständ·lich I *adj* misleading. – **II** *adv* **sich ~ ausdrücken** to express oneself unclearly (*od.* in a misleading fashion).

'Miß·ver,ständ·nis *n* **1.** misunderstanding, misconception, misapprehension: **es lag ein ~ vor** there was a misunderstanding; **infolge eines bedauerlichen ~ses meinerseits** owing to a regrettable misapprehension on my part; **unsere Entfremdung beruhte auf einem ~** our estrangement was caused by a misunderstanding; **ein ~ klären** (*od.* beseitigen) to clear up a misunderstanding; **um ~sen vorzubeugen** (in order) to prevent misunderstandings. – **2.** *meist pl* (*Meinungsverschiedenheit*) misunderstanding, discord, discordance, disagreement, dissension: **~se zwischen den Nachbarn [Nationen]** misunderstandings between the neighbo(u)rs [nations].

'miß·ver,ste·hen *v/t* ⟨*irr, insep, no* -ge-, h⟩ **1.** j-n ~ to misunderstand (*od.* misapprehend, mistake, miscomprehend) s.o., to get s.o. wrong (*colloq.*): **du hast mich mißverstanden** you misunderstood me, you have got me (all) wrong. – **2. etwas ~** to misunderstand (*od.* misapprehend, mistake, miscomprehend, misconstrue, misinterpret) s.th., to get s.th. wrong (*colloq.*).

'Miß,wachs *m* ⟨-es; *no pl*⟩ *hort.* (*von Früchten*) bad harvest, failure of crops.

'Miß,wahl *f* beauty contest (*od.* competition).

'miß,wei·send *adj mar.* (*Peilung, Kurs*) magnetic.

'Miß,wei·sung *f* **1.** *phys.* a) (*der Magnetnadel*) magnetic declination (*od.* variation), b) (*von Radar*) indication error. – **2.** *mar.* compass variation.

'Miß,wirt·schaft *f* maladministration, mismanagement.

'Miß,wuchs *m bot.* misgrowth, monstrous growth, monstrosity.

'miß·zu·ver,ste·hend *adj* mistakable, equivocal: **er lehnte die Einladung in nicht ~er Weise ab** he declined the invitation leaving no room for misunderstanding; **eine nicht ~e Bewegung** an unequivocal gesture.

Mist¹ [mɪst] *m* ⟨-(e)s; *no pl*⟩ **1.** dung, manure, muck: **eine Fuhre ~** a cartload of dung; ~ fahren to cart out manure; mit ~ düngen to dung, to manure; das ist nicht auf deinem ~ gewachsen fig. colloq. that's not your own idea (od. colloq. brain wave). – **2.** (Tierkot) droppings pl, dung: Kleinvieh macht auch ~ (Sprichwort) many a little makes a mickle (proverb). – **3.** cf. Misthaufen: das kannst du auf den ~ werfen fig. you can throw that out on the rubbish heap. – **4.** fig. colloq. (Unsinn) rubbish, nonsense, rot, 'tripe' (sl.), 'bilge' (sl.), (stärker) bullshit (vulg.): red keinen ~ don't talk rubbish; er hat diesen ~ geschrieben he wrote this bilge; er hat ziemlich viel ~ verzapft he spouted a lot of rubbish. – **5.** (so ein od. verdammter) ~! fig. colloq. (Pech) damn it all! – **6.** fig. colloq. (Unfug) nonsense: mach keinen ~! none of that nonsense! – **7.** fig. colloq. (Schund, wertloses Zeug) trash, rubbish, junk: der Stoff ist ~ the material is trash; was soll ich mit all dem ~? what do I want with all that rubbish? das Buch ist ~ the book is (unadulterated) rubbish.

Mist² m ⟨-(e)s; no pl⟩ mar. (leichter Nebel) mist.

'Mist|,beet n hort. (manure) hotbed. — **~be,rei·tung** f agr. dung-making. — **~,ding** n sl. contempt. piece of junk, damned thing (colloq.), rotten thing (sl.).

Mi·stel ['mɪstəl] f ⟨-; -n⟩ bot. mistletoe, viscum (scient.) (Gattg Viscum, bes. V. album): Nordamerikanische ~ (American) mistletoe (Phoradendron flavescens). — **~,dros·sel** f zo. missel (od. mistletoe) thrush (Turdus viscivorus). — **~,fres·ser** m flower-pecker (Fam. Dicaeidae). — **~ge,wächs** n bot. mistletoe plant (Gattg Viscum). — **~,zie·mer** m zo. cf. Misteldrossel. — **~,zweig** m bot. mistletoe (bough).

mi·sten ['mɪstən] f/t ⟨h⟩ **1.** (Acker, Boden) manure, dung. – **2.** (Stall) clean.

'Mist|,fink m fig. colloq. contempt. **1.** (schmutziger Mensch) pig, filthy fellow (colloq.), (Junge) auch mud lark. – **2.** (unanständiger Mensch) dirty-minded person. — **~,flie·ge** f zo. dung fly (Fam. Cordyluridae). — **~,for·ke** f cf. Mistgabel. — **m~,fres·send** adj zo. coprophagous. — **~,fuh·re** f load of manure (od. dung). — **~,ga·bel** f dung (od. manure) fork, pitchfork. — **~,gru·be** f dung hole (od. pit), manure (od. muck, droppings) pit. — **~,hau·fen** m dunghill, manure (od. dung) heap (od. pile), muckhill, muckheap, Br. midden.

'mi·stig¹ adj **1.** dirty, mucky, filthy. – **2.** colloq. contempt. (schlecht) 'beastly' (colloq.), 'lousy' (sl.).

'mi·stig² adj mar. (nebelig) misty.

'Mist|,kä·fer m zo. **1.** dung beetle, auch dung chafer, scarab (scient.) (Unterfam. Coprophaginae). – **2.** (Roßkäfer) dorbeetle, auch dor bug, buzzard clock, earth-boring dung beetle, dumbledor, clock, lousy watchman, shard-borne beetle (Geotrupes stercorarius). – **3.** bullcomber (Typhaeus typhaeus). — **~,kar·re** f agr. dung (od. manure) barrow. — **~,kerl** m sl. contempt. nasty (od. disgusting) fellow (colloq.).

'Mist,mel·de f bot. stinking goosefoot (Chenopodium vulvaria).

Mi·stral [mɪs'traːl] m ⟨-s; -e⟩ meteor. (Wind) mistral.

'Mist|,stock m Swiss for Misthaufen. — **~,stück** n sl. contempt. mean (od. sneaky) person. — **~,vieh** n fig. colloq. contempt. nasty (od. disgusting) person: du ~! you horror (od. beast)! — **~,wa·gen** m dung (od. manure) cart (od. waggon, bes. Am. wagon). — **~,wet·ter** n colloq. contempt. foul weather (colloq.), rotten weather (sl.). — **~,wurm** m zo. muckworm.

Mis·zel·la·ne·en [mɪstsɛ'laːneən; -la'neːən], **Mis'zel·len** ['tsɛlən] pl (kleine Aufsätze etc) miscellany sg, miscellanea.

mit [mɪt] **I** prep ⟨dat⟩ **1.** (Zubehör, Ausstattung) with: Kaffee ~ Milch coffee with milk; das Kind ~ den langen Haaren the child with the long hair; ein Topf ~ zwei Henkeln a pot with two handles; ein Haus ~ Garage a house with a garage; eine Flasche Selterswasser ~ Geschmack a bottle of seltzer with flavo(u)ring (Br. flavoured mineral water). – **2.** (voll von) with, (full) of: ein Topf ~ Milch a jug of milk; ein Sack ~ Kartoffeln a sack full of potatoes. – **3.** (in Begleitung von, in Gemeinschaft) (together) with, accompanied by:

ich gehe ~ dir I'll go with you; ich gehe ~ dir spazieren [einkaufen] I'll go for a walk [go shopping] with you; ~ dir habe ich keine Angst (together) with you I'm not afraid; er wohnt ~ seinen Eltern in Berlin he lives in Berlin together with his parents; geh ~ Gott! God be with you. – **4.** (Wechselseitigkeit) with: ~ j-m kämpfen to fight with s.o.; er spielte [verhandelte] ~ mir he played [negotiated] with me; er hat sich ~ mir geschlagen he came to blows (od. fought) with me; ich unterhielt mich ~ ihm I had a talk with him. – **5.** (Mittel, Material, Stoff) in: ~ Bleistift [Tinte] schreiben to write in pencil [ink]. – **6.** (Verkehrsmittel) by: er kam ~ dem Abendzug he came by the evening train; ~ dem Bus fahren to go by bus; Pakete ~ der Post befördern to send parcels by post. – **7.** (Hilfsmittel, Werkzeug) with, by means of: ~ dem Finger auf (acc) etwas zeigen to point (one's finger) at s.th.; ich öffnete die Tür ~ dem Schlüssel I opened the door with the key; etwas ~ (Hilfe) einer Zange öffnen to open s.th. by means of a pair of tongs; (das Plural im Englischen wird meist ~ ,s' gebildet the plural in English is usually formed by adding an 's'. – **8.** (Begleitumstand, Art u. Weise) ~ Absicht with (full) intention, intentionally; er hat das ~ Bedacht (od. Berechnung) gesagt he said that deliberately; ~ Erfolg with success, successfully; ~ Gewalt by force; ~ ein wenig Glück with a little (bit of) luck; ~ dem Hut in der Hand hat in hand; ~ einer Mehrheit von by a majority of; ~ Muße with leisure, leisurely; ein Mann ~ Namen X a man by the name of X, a man named X; j-n ~ Namen nennen to call s.o. by his name; kennst du ihn ~ Namen? do you know him by name? das hat er ~ Recht getan he did that with good reason (od. with every justification); mit lauter [leiser] Stimme in a loud [low] voice; ~ 10 gegen 5 Stimmen by 10 votes to 5; ~ Steinen nach j-m werfen to throw stones at s.o.; das höre ich ~ Vergnügen I am glad to hear that; etwas ~ Verlust verkaufen to sell s.th. at a loss; das kann ich nicht ~ Worten ausdrücken I cannot express that in words; ~ anderen [wenigen] Worten in other [a few] words; ~ einem Wort in a word; was meinen Sie ~ diesen Worten? what do you mean by these words? – **9.** (im Hinblick auf, betreffend) with: wie weit bist du ~ deiner Arbeit? how far have you got (on) (od. how far along are you) with your work? ~ der Bezahlung hat es noch Zeit you don't have to pay at once; es ist nicht weit her ~ seinen Kenntnissen his knowledge is very limited, he won't go far with the knowledge he has; ~ unserem Plan hat es nicht geklappt our plan did not come off; er zögerte ~ der Zustimmung he hesitated to give his consent; ~ etwas sparsam [zufrieden] sein to be economical [content] with s.th.; sich ~ etwas beeilen, es eilig ~ etwas haben to be in a hurry to do s.th.; was hast du ~ mir vor? what do you want to do with me? wie wäre es ~ John? how (od. what) about John? what do you say to John? was ist los ~ ihm? what is the matter with him? es steht schlecht ~ ihm matters are bad with him; ~ mir ist's aus I am done for, it's all up with me now. – **10.** (bei Zeitangaben) ~ dem Abend wurde es kühler in the (od. toward[s]) evening it was getting cooler; ~ dem Alter in old age; ~ jedem Tag with each passing day; ~ einem Male suddenly, all of a sudden; es ist ~ dem Glockenschlag 12 it is 12 o'clock sharp; ~ 20 (Jahren) at (the age of) 20; die Verordnung tritt ~ dem heutigen Tage in Kraft the provision comes into force today; ~ der Zeit in the course of time; ~ 100 Stundenkilometern at 100 kilometers per hour. – **II** adv **11.** (ebenso) also, as well, too: ~ dabei sein (von der Partie) sein to take part (od. participate) too; das gehört ~ dazu that is (also a) part of it; du kannst auch mal ~ arbeiten you can do a bit of work as well; das alles ~ inbegriffen that is all included; Versandkosten sind ~ berechnet we have also charged you with the forwarding expenses; das mußt du ~ berücksichtigen you have to take that into consideration

too; es lag ~ an der schlechten Organisation it was also due to the bad organization (Br. auch -s-). – **12.** (unter anderen) among, one of: er ist ~ der Beste he is one of the best.

'Mit,an·ge,klag·te m, f jur. codefendant Br. co-, joint defendant.

'Mit,ar·beit f cooperation Br. auch co-, assistance, collaboration: unter ~ von in cooperation with; j-n zur ~ heranziehen to engage s.o. to cooperate; ich mußte mich zur ~ verpflichten I had to pledge (od. engage) myself to cooperate; er war nicht zur~geneigt he was noncooperative (Br. non-co[-]operative). — **'mit,ar·bei·ten** v/i ⟨sep, -ge-, h⟩ **1.** (bei, an dat) cooperate Br. auch co-, assist, collaborate: der Wissenschaftler X hat an der Erfindung mitgearbeitet the scientist X cooperated in this invention. – **2.** join (od. take part) in the work: wenn ihr mitarbeitet, sind wir schneller fertig if you join us in the work we'll have finished more quickly. – **3.** (bei Zeitungen etc) (bei, an dat to) contribute. — **'Mit,ar·bei·ter** m **1.** (Betriebsangehöriger) staff member, employee. – **2.** (Arbeitskollege) colleague, fellow worker, coworker Br. co-, workfellow. – **3.** (bes. bei wissenschaftlichen Arbeiten) cooperator Br. auch co-, collaborator. – **4.** (bes. in untergeordneter Stellung) assistant. – **5.** (bei Zeitungen etc) contributor: freier ~ (bei) einer Zeitung sein to be a free-lance contributor to a newspaper. — **'Mit,ar·bei·ter·schaft** f ⟨-; no pl⟩ staff, personnel, employees pl. — **'Mit,ar·bei·ter,stab** m ⟨-(e)s; no pl⟩ staff (of coworkers Br. co-). [author.] — **'Mit,au·tor** m coauthor Br. co-, associate] — **'mit·be,grün·den** v/t ⟨sep, no -ge-, h⟩ **1.** be one of the founders of. – **2.** contribute to: das Buch hat seinen Ruhm mitbegründet the book contributed to his fame. — **'Mit·be,grün·der** m cofounder Br. co-.

'Mit·be,klag·te m, f jur. **1.** codefendant Br. co-, joint defendant. – **2.** (bei Scheidungsfällen) corespondent Br. co-.

'mit·be,kom·men v/t ⟨irr, sep, no -ge-, h⟩ **1.** get (od. receive) (s.th.) on the journey (od. on one's way): das Kind bekam belegte Brote für den Schulausflug mit the child was given some sandwiches for the school excursion. – **2.** (als Mitgift) receive (s.th.) as dowry (od. portion): sie hat ein großes Vermögen mitbekommen she got a large fortune as her portion. – **3.** fig. colloq. 'get' (colloq.), understand, catch: das letzte Wort des Satzes habe ich nicht mitbekommen I didn't catch the last word of the sentence; hast du alles mitbekommen? did you understand (od. take in) everything? – **4.** fig. colloq. (aufschnappen) pick up.

'mit·be,nut·zen v/t ⟨sep, no -ge-, h⟩ share in the use of, use too (od. as well): darf ich das Radio ~? may I use the radio too? — **'Mit·be,nut·zer** m auch jur. joint user, couser Br. co-. — **'Mit·be,nut·zung** f joint use.

'Mit·be,nut·zungs,recht n jur. right of joint use, (right of) common, (von Weiderechten) auch commonage: das ~ an (dat) etwas haben to have the right of common of s.th.

'Mit·be,schenk·te m, f jur. codonee Br. co-.

'Mit·be,sitz m jur. joint possession. — **'mit·be,sit·zen** v/t ⟨irr, sep, no -ge-, h⟩ be joint possessor of, possess (s.th.) (together) with s.o. — **'Mit·be,sit·zer** m joint tenant (od. proprietor), copossessor Br. co-, cotenant Br. co-.

'mit·be,stim·men **I** v/t ⟨sep, no -ge-, h⟩ **1.** (beeinflussen) be a contributory factor of (od. in), contribute to. – **2.** (entscheiden) decide (s.th.) (together) with s.o. – **II** v/i **3.** share in a decision, have a say (od. voice) in a matter: die Mutter darf über die Ausbildung des Kindes ~ the mother has a say in the child's education. – **4.** econ. (im Betrieb) take part (od. participate) in the management. – **III** M~ n ⟨-s⟩ **5.** verbal noun. — **'mit·be,stim·mend** **I** pres p. – **II** adj (Faktoren etc) contributory: ~ sein bei to be a contributory factor of (od. in), to contribute to. — **'Mit·be,stim·mung** f ⟨-; no pl⟩ **1.** cf. Mitbestimmen. – **2.** participation in the decision. – **3.** econ. (im Betrieb) codetermination Br. co-.

'Mit·be,stim·mungs|ge,setz n jur. law of codetermination (Br. co-). — **~,recht** n right of codetermination (Br. co-).

'**mit·be·tei·li·gen I** *v/t* ⟨*sep, no* -ge-, **h**⟩ j-n ∼ (an *dat* of) to give s.o. a share. − **II** *v/reflex* sich ∼ (an *dat* in) participate, take part, join. — '**mit·be·tei·ligt I** *pp.* − **II** *adj econ.* (an *dat* in) interested, holding an interest. — **Mit·be·tei·lig·te** *m, f econ.* **1.** interested party (*od.* person). − **2.** partner, copartner. — '**Mit·be·tei·li·gung** *f* copartnership.

'**mit·be·ten I** *v/t* ⟨*sep,* -ge-, **h**⟩ pray (*s.th.*) (together) with s.o. − **II** *v/i* (mit j-m) ∼ to pray (together) with s.o., to join s.o. in prayer.

'**mit·be·trof·fen** *adj* **1.** affected too (*od.* as well). − **2.** *jur.* conjunct, implicated as well: ein ∼er Schuldner a conjunct debtor, a codebtor *Br.* co-. — '**Mit·be·trof·fe·ne** *m, f* ⟨-n; -n⟩ affected person.

'**Mit·be·voll·mäch·tig·te** *m jur. econ.* joint proxy (*od.* commissioner).

'**Mit·be·we·gung** *f med.* associated movement, synkinesis (*scient.*).

'**mit·be·wer·ben** *v/reflex* ⟨*irr, sep, no* -ge-, **h**⟩ sich ∼ (um for) compete. — '**Mit·be·wer·ber** *m* (um for) competitor, rival, contestant.

'**mit·be·woh·nend** *adj zo.* (*Schmarotzer etc*) inquiline. — '**Mit·be·woh·ner** *m* **1.** co(in)habitant *Br.* co-, fellow lodger. − **2.** *biol.* associate. − **3.** *zo.* inquiline.

'**mit·brin·gen** *v/t* ⟨*irr, sep,* -ge-, **h**⟩ **1.** bring (*s.o., s.th.*) (along) (with one): er hat mir Blumen [ein Geschenk] mitgebracht he brought me some flowers [a present]; hast du mir etwas (von deiner Reise) mitgebracht? have you brought me anything (from your journey)? kannst du zu der Party ein paar Freunde ∼? can you bring a few friends (along) with you to the party? würdest du mir bitte etwas aus der Stadt ∼? would you bring me something from town? schlechtes Wetter [gute Laune] ∼ *fig.* to bring along bad weather [one's good spirits]; j-m eine Nachricht ∼ *fig.* to bring s.o. a (piece of) news; er bringt [nicht] die Voraussetzungen für diese Stellung mit *fig.* he has [does not have] the qualifications for this position. − **2.** (*in die Ehe*) bring (*s.th.*) as one's dowry (*od.* portion): sie hat nichts (in die Ehe) mitgebracht she has brought nothing as her portion; sie hat zwei Kinder aus ihrer ersten Ehe mitgebracht she has brought two children from her first marriage. − **3.** *jur.* (*Zeugen, Unterlagen etc*) produce.

'**Mit·bring·sel** [-‚brıŋzəl] *n* ⟨-s; -⟩ little present, (*von einer Reise*) *auch* souvenir.

'**Mit·bru·der** *m* brother, fellow, comrade, confrere.

'**Mit·bür·ge** *m jur.* cosurety *Br.* co-, joint surety.

'**Mit·bür·ger** *m* fellow citizen.

'**Mit·bürg·schaft** *f jur.* cosurety *Br.* co-, joint surety.

'**mit·dür·fen** *v/i* ⟨*irr, sep,* -ge-, **h**⟩ *colloq.* be allowed to go (*od.* come) along: darf ich mit? may I go along (with you) too? du darfst auch mit you may come along too.

'**Mit·ei·gen·tum** *n jur. econ.* coownership *Br.* co-, joint ownership: ∼ zur gesamten Hand joint tenancy (*od.* estate); ∼ zur ungeteilten Hand a) tenancy (*od.* estate) in common, b) (*im römischen Recht*) condominium; ∼ an ererbten Grundstücken (co)parcenary. — '**Mit·ei·gen·tü·mer** *m* coowner *Br.* co-, coproprietor *Br.* co-, part owner, joint owner (*od.* proprietor).

‚**mit·ein·an·der** *adv* **1.** (*einer mit dem anderen*) with each other, with one another: wir kommen gut ∼ aus we get on well (with each other); wo seid ihr ∼ bekannt geworden? where did you get to know each other? ob wir wohl noch ∼ einig werden? do you think we'll ever agree one with the other? sie konnten ∼ nicht warm werden *colloq.* they did not warm up to one another. − **2.** (*zusammen*) together: ∼ vereinigen to join together; wir wollen es ∼ versuchen let's try it together; alle ∼ all together.

‚**mit·eins** *adv Northern G. colloq.* suddenly.

Mi·tel·la [mi'tɛla] *f* ⟨-; -tellen⟩ (*Armschlinge*) triangular bandage.

'**mit·emp·fin·den I** *v/t u. v/i* ⟨*irr, sep, no* -ge-, **h**⟩ **1.** *cf.* mitfühlen. − **II M**∼ *n* ⟨-s⟩ **2.** *verbal noun.* − **3.** sympathy.

'**Mit·er·be** *m jur.* coheir, coinheritor *Br.* co-, joint heir, (*von Grundstücken*) *auch* (co)parcener. — '**Mit·er·bin** *f* coheiress,

joint heiress, (*von Grundstücken*) *auch* (co)parcener. — '**Mit·erb·schaft** *f* coinheritance *Br.* co-.

'**mit·er·le·ben** *v/t* ⟨*sep, no* -ge-, **h**⟩ see, witness, be witness of.

'**Mit·er·werb** *m jur.* joint acquisition. — '**Mit·er·wer·ber** *m* joint purchaser.

'**mit·es·sen I** *v/t* ⟨*irr, sep, pp* mitgegessen, **h**⟩ eat (*s.th.*) too (*od.* as well): kann man die Haut ∼? is the skin edible? er hat alles mitgegessen he has eaten everything up. − **II** *v/i* eat with s.o., have one's meal with s.o.: du kannst (bei uns) ∼ you can eat with us.

'**Mit·es·ser** *m* **1.** *med.* blackhead, comedo (*scient.*). − **2.** *colloq. humor.* extra mouth to feed: jetzt haben wir noch einen ∼ now we have got an extra mouth to feed.

'**mit·fah·ren** *v/i* ⟨*irr, sep,* -ge-, **h**⟩ **1.** travel (*od.* ride, go) (along) with s.o.: ich fahre (mit dir) mit I'll go with you. − **2.** get (*od.* be given) a lift (*od.* ride): darf ich ∼? can you give me a lift? er ließ mich ∼ he gave me a lift.

'**Mit·fah·rer** *m* **1.** fellow passenger (*od.* travel[l]er). − **2.** *cf.* Beifahrer. — ∼**zen‚tra·le** *f* agency for arranged lifts.

'**Mit·fahr·ge·le·gen·heit** *f* opportunity of (getting) a lift, lift, chance of a ride.

'**mit·fi·nan·zie·ren** *v/t* ⟨*sep, no* -ge-, **h**⟩ etwas ∼ to pay for (*od.* finance) s.th. partially, to share in the financing of s.th.

‚**mit·fort·rei·ßen** *v/t* ⟨*irr, sep,* -ge-, **h**⟩ *cf.* mitreißen 1, 2.

'**mit·freu·en** *v/reflex* ⟨*sep,* -ge-, **h**⟩ sich ∼ (über *acc* over, at) rejoice with s.o., share (in) s.o.'s joy.

'**mit·füh·len I** *v/t* ⟨*sep,* -ge-, **h**⟩ etwas (mit j-m) ∼ to feel with (*od.* for) s.o., sympathize (*Br. auch* -s-) with s.o. in s.th.: ich fühle deinen Kummer mit I feel with you in your sorrow. − **II** *v/i* mit j-m ∼ to feel with (*od.* for) s.o., to sympathize (*Br. auch* -s-) with s.o.: wir fühlen alle mit dir mit we all sympathize with you. — '**mit·füh·lend I** *pres p.* − **II** *adj* compassionate, sympathetic, commiserative: ∼e Worte sympathetic words; ∼ sein to be sympathetic; ein ∼es Herz haben to have a feeling heart.

'**mit·füh·ren** *v/t* ⟨*sep,* -ge-, **h**⟩ **1.** (*Waren, Gepäck etc*) take (*od.* carry) along (with one). − **2.** carry: der Fluß führt Geröll mit the river carries debris. − **3.** *mil.* mount. − **4.** (*railway*) (*Schlafwagen etc*) have.

'**Mit·füh·rungs·ko·ef·fi·zi‚ent** *m phys.* drag coefficient.

'**mit·ge·ben** *v/t* ⟨*irr, sep,* -ge-, **h**⟩ **1.** j-m etwas ∼ a) to give s.o. s.th. (to take along), b) (*als Mitgift*) to give s.o. s.th. as portion (*od.* dowry): sie hat mir ein paar Äpfel für die Fahrt mitgegeben she gave me a few apples to take along on the journey; er hat mir einen Brief (für dich) mitgegeben he gave me a letter to take along (to you); er kann seiner Tochter gar nichts ∼ he cannot give anything to his daughter as her portion; seinem Kind eine gute Erziehung ∼ *fig.* to give one's child a good education. − **2.** j-m j-n ∼ to send s.o. along with s.o.: er gab den Fremden einen Einheimischen als Führer mit he sent a native along with the strangers as a guide.

'**mit·ge·fan·gen** *adj only in* ∼, mitgehangen (*Sprichwort*) in for a penny, in for a pound (*proverb*), cling together, swing together (*proverb*). — '**Mit·ge·fan·ge·ne** *m, f* fellow prisoner.

'**Mit·ge·fühl** *n* **1.** sympathy: aufrichtiges [echtes, tiefes] ∼ sincere [genuine, deep] sympathy; j-m sein ∼ ausdrücken to express one's sympathy (*od.* condolences) to s.o., to condole with s.o.; nicht viel ∼ zeigen not to show much feeling; er ist völlig ohne ∼ (*od.* bar jeden ∼s) he is completely unsympathetic, he is devoid of any (feeling of) sympathy. − **2.** (*Mitleid*) pity, compassion: ∼ erwecken to arouse pity.

'**mit·ge·hen** *v/i* ⟨*irr, sep,* -ge-, **sein**⟩ **1.** go (along) (with s.o.), come along (with s.o.): gehst du mit ins Theater? are you coming along to the theater? du kannst ∼, wenn du willst you may come along if you want to. − **2.** (*begleiten*) accompany s.o.: ich werde bis zum Bahnhof ∼ I'll accompany you as far as the station. − **3.** *fig.* respond: der Redner merkte, wie die Zuhörer mitgingen the speaker noticed how the audience was carried away (*od.* responding). − **4.** etwas ∼ lassen (*od.* heißen) *fig. colloq.*

to help oneself to s.th., to run off with s.th., to pocket s.th.

'**mit·ge·nie·ßen I** *v/t* ⟨*irr, sep, pp* mitgenossen, **h**⟩ share the pleasure of, enjoy (*s.th.*) too (*od.* as well). − **II** *v/i* take part in s.o.'s enjoyment.

'**mit·ge·nom·men I** *pp* of mitnehmen. − **II** *adj* ⟨*pred*⟩ **1.** (*Person*) worn out, run down, exhausted, shaken. − **2.** (*Kleidung etc*) the worse for wear, shabby. − **3.** (*Bauwerk, Fahrzeug etc*) run down, ramshackle. − **III** *adv* **4.** er sieht sehr ∼ aus he looks very worn out (*od.* the worse for wear).

'**Mit·gift** *f* ⟨-; -en⟩ *jur.* (*marriage*) portion, dot, dowry, *auch* dower: j-m eine ∼ geben to supply s.o. with a dowry, to dower s.o. — ∼**‚jä·ger** *m contempt.* fortune hunter.

'**Mit·gläu·bi·ger** *m econ. jur.* cocreditor *Br.* co-, joint creditor.

'**Mit·glied** *n* ⟨-(e)s; -er⟩ **1.** member: assoziiertes [ordentliches, außerordentliches, ständiges, ursprüngliches, korrespondierendes] ∼ associate [ordinary, extraordinary, permanent, original, corresponding] member; neues ∼ new member, entrant; ∼ auf Lebenszeit life member; ein langjähriges ∼ a member of long standing; ein nützliches ∼ der (menschlichen) Gesellschaft a useful member of society; einem Verein als ∼ beitreten to join a society (as a member); ∼er werben to enlist members; ∼ eines Ausschusses sein to be a member of (*od.* sit on) a committee; ∼ des Bundestages member of the Bundestag; ∼ des Parlaments member of parliament. − **2.** (*einer gelehrten Gesellschaft*) fellow.

'**Mit·glie·der‚ver·samm·lung** *f* assembly of the members. — ∼**ver‚zeich·nis** *n* membership list (*od.* book). — ∼**‚zahl** *f* membership (total).

'**Mit·glieds‚auf·nah·me** *f* admission of members. — ∼**‚aus·weis** *m* membership card. — ∼**‚bei·trag** *m* membership fee (*Br. auch* subscription).

'**Mit·glied·schaft** *f* ⟨-; *no pl*⟩ **1.** membership: die ∼ erwerben [verlieren] to become [to cease to be] a member. − **2.** (*einer gelehrten Gesellschaft*) fellowship.

'**Mit·glieds‚kar·te** *f* membership card. — ∼**‚land** *n* member country. — ∼**‚num·mer** *f* membership number. — ∼**‚staat** *m* member state.

'**mit·ha·ben** *v/t* ⟨*irr, sep,* -ge-, **h**⟩ *colloq.* have (*s.th.*) with (*od.* on) one: ich habe meinen Paß nicht mit I don't have my passport with me (*od.* on me); hast du Geld mit? have you (got) any money on you?

'**mit·haf·ten** *jur.* **I** *v/i* ⟨*sep,* -ge-, **h**⟩ be liable too (*od.* as well), share the liability, be jointly liable. − **II M**∼ *n* ⟨-s⟩ *verbal noun.* — '**Mit·haf·ten·de** *m* ⟨-n; -n⟩, '**Mit·haf·ter** *m* ⟨-s; -⟩ conjoint. — '**Mit·haf·tung** *f* **1.** *cf.* Mithaften. − **2.** joint liability, coliability *Br.* co-.

'**mit·hal·ten** *v/i* ⟨*irr, sep,* -ge-, **h**⟩ *colloq.* **1.** keep up (*od.* pace) with s.o.: ich hatte Mühe, bei dem Tempo mitzuhalten it was not easy for me to keep with that pace; bei dem Aufwand, den unsere Nachbarn treiben, können wir nicht mehr ∼ we cannot keep up any longer with the grand style in which our neighbo(u)rs live. − **2.** (*beim Trinken u. Essen*) hold one's own. − **3.** (*beim Skat*) stay in the bidding. − **II** *v/t* **4.** (*Zeitung etc*) be a joint subscriber to.

'**mit·hel·fen** *v/i* ⟨*irr, sep,* -ge-, **h**⟩ assist (in), help (with). — '**mit·hel·fend I** *pres p.* − **II** *adj* **1.** assisting, helping. − **2.** *jur.* accessory. — '**Mit·hel·fer** *m* **1.** aid, assistant, helper. − **2.** *jur. cf.* Mittäter.

'**Mit·her‚aus·ge·ber** *m* associate editor, coeditor *Br.* co-.

'**Mit·hil·fe** *f* assistance, help, cooperation *Br. auch* co-: wir können auf deine ∼ nicht verzichten (*od.* deine ∼ nicht entbehren) we cannot do without your assistance.

‚**mit·hin** *adv* therefore, so, consequently.

'**Mit·hör‚dienst** *m mil. cf.* Abhördienst. — ∼**‚ein·rich·tung** *f tel.* (*radio*) monitor, monitoring device, sidetone receiver.

'**mit·hö·ren I** *v/t* ⟨*sep,* -ge-, **h**⟩ **1.** (*Rundfunkprogramm etc*) listen in to (*od.* in on): wir haben das Konzert im Radio mitgehört we have listened in to the concert on the radio. − **2.** (*zufällig*) overhear: ich war im Nebenzimmer und habe die ganze Unterhaltung mitgehört I was in the next room and overheard the whole conversation. – **3.** (*abhören*) monitor, (wire)tap. – **4.** *mil.* monitor. – **II** *v/i* **5.** listen in, eavesdrop: Feind hört mit! *mil. etwa* no talk about classified matters!

Mi·thra(s) ['miːtra(s)] *npr m* ⟨-; *no pl*⟩ *antiq. relig.* (*altiranischer Lichtgott*) Mithras. — **~kult** *m* Mithras cult, cult of Mithras.

'Mit,in,ha·ber *m*, **'Mit,in,ha·be·rin** *f econ.* **1.** (co)partner. – **2.** (*von Wertpapieren*) joint holder.

'mit,kämp·fen *v/i* ⟨sep, -ge-, h⟩ **1.** *auch fig.* take part (*od.* join) in the fight (*od.* the combat). – **2.** (*sport*) compete (with others), take part in the contest. – **'Mit,kämp·fer** *m mil.* (fellow) combatant (*auch fig.*), comrade-in-arms.

'Mit,klä·ger *m jur.* joint plaintiff, coplaintiff *Br.* co-.

'mit,klin·gen *v/i* ⟨irr, sep, -ge-, h⟩ **1.** resonate, vibrate sympathetically. – **2.** die Enttäuschung klang in seinen Worten mit disappointment could be felt (*od.* sensed) in his words.

'mit,kom·men *v/i* ⟨irr, sep, -ge-, sein⟩ **1.** come (along): komm mit! come along! ich kann nicht (mit dir) ~ I cannot come along (with you); kommst du heute abend mit ins Theater? are you coming (*od.* going) to the theater (*Br.* theatre) with me tonight? wir waren am Zug, aber unser Besuch ist nicht mitgekommen we were at the train but our visitor(s) didn't come. – **2.** *auch fig.* (*Schritt halten*) keep up (*od.* pace): sie gingen so schnell, daß ich nicht ~ konnte they walked so fast that I couldn't keep pace with them; er diktierte so schnell, daß sie nicht mitkam he dictated so quickly that she couldn't keep up. – **3.** [nicht] mit dem Zug [Bus] ~ a) [not] to catch the train [bus], b) [not] to get into the train [bus]: die Straßenbahn war so voll, daß viele nicht mehr mitkamen the tram was so crowded that many people didn't get in. – **4.** *fig. colloq.* be able to follow (*od.* understand): bei seinen Vorlesungen kommt man nur schwer mit his lectures are difficult to understand; da komme ich nicht mehr mit! a) I can no longer follow! that is beyond me! b) that beats me! that is really beyond belief! – **5.** *fig. colloq.* (*in der Schule*) get on (*od.* along), keep up (with the class): wie kommt er denn in der Schule mit? how is he getting on at school? – **6.** *fig. colloq.* (*versetzt werden*) be promoted (to the next class), *Br. auch* get one's remove.

'mit,kön·nen *v/i* ⟨irr, sep, -ge-, h⟩ *colloq.* **1.** be able to go (along) (*od.* come along): ich kann nicht mit ins Kino, weil ich Besuch erwarte I cannot go (with you) to the cinema because I expect visitors. – **2.** *fig. cf.* mitkommen 4. – **3.** *fig.* (*finanziell*) keep up (*od.* abreast): da kann unsereins nicht mehr mit! people such as we cannot keep up with that!

'mit,krie·gen *v/t* ⟨sep, -ge-, h⟩ *colloq. cf.* mitbekommen.

'mit,krieg·rend *adj pol.* cobelligerent *Br.* co-: ~er Staat co(-)belligerent (nation).

'mit,la·chen *v/i* ⟨sep, -ge-, h⟩ join in the laugh(ter).

'mit,las·sen *v/t* ⟨irr, sep, -ge-, h⟩ j-n (mit j-m) ~ to allow s.o. to go (along) (with s.o.).

'mit,lau·fen *v/i* ⟨irr, sep, -ge-, sein⟩ **1.** run (along) with s.o.: darf ich ~? may I run along with you? – **2.** (*sport*) take part in a race. – **3.** *fig.* (*von Sachen*) pass with the rest: das läuft noch nebenbei mit that passes with the rest. – **4.** etwas ~ lassen *fig. colloq. cf.* mitgehen 4.

'Mit,läu·fer *m* ⟨-s; -⟩ *pol. contempt.* (*einer Partei*) nominal (party) member.

'Mit,laut *m, auch* **'Mit,lau·ter** *m* ⟨-s; -⟩ *ling.* consonant.

'Mit,laut,fol·ge *f ling.* consonant group (*od.* cluster).

'Mit,leid *n* ⟨-(e)s; *no pl*⟩ **1.** pity, compassion, commiseration, sympathy: aus ~ out of pity; ~ mit j-m haben to have (*od.* take) pity (*od.* compassion) on s.o., to pity s.o., to feel with s.o.; j-n voller ~ ansehen to look at s.o. with compassion; er appellierte an mein~ he appealed to my sympathy; er empfand (*od.* fühlte, kannte) kein ~ he felt no pity; j-s ~ erregen to arouse s.o.'s sympathy. – **2.** (*Erbarmen*) mercy: habt doch ~ mit mir have mercy on me.

'mit,lei·den *v/i* ⟨irr, sep, -ge-, h⟩ sympathize (*Br. auch* -s-) (*od.* commiserate) with s.o.

'Mit,lei·den·schaft *f* ⟨-; *no pl*⟩ (*in Wendun-*

---

gen wie) in ~ gezogen werden a) (*beeinträchtigt*) to be affected (*od.* involved, touched), b) (*beschädigt*) to be damaged (*od.* impaired): die Krankheit hat seine Leber auch schon in ~ gezogen the disease has also affected his liver; die gesamte Wirtschaft des Landes ist durch den Streik in ~ gezogen (worden) the whole economy of the country has been impaired by the strike.

'mit,leid·er,re·gend *adj* (*Zustand, Schluchzen etc*) pitiful, pitiable, piteous.

'mit,lei·dig I *adj* **1.** compassionate, pitying, sympathetic, *Br. auch* pitiful: sein ~es Herz his pitying heart; ein paar ~e Seelen nahmen sich seiner an a few compassionate souls took care of him. – **2.** (*verächtlich*) contemptuous: er hatte für ihren Vorschlag nur ein ~es Lächeln he had only a contemptuous smile for her suggestion. – **II** *adv* **3.** ~ lächeln to smile contemptuously.

'mit,leid·los *adj*, **'Mit,leid·lo·sig·keit** *f cf.* mitleidslos, Mitleidslosigkeit.

'Mit,leids·be,zei·gung *f* ⟨-; -en⟩ expression of one's sympathy, condolence.

'mit,leids·los *adj* pitiless, unpitying, uncompassionate, merciless. — **'Mit,leids·lo·sig·keit** *f* ⟨-; *no pl*⟩ pitilessness, mercilessness.

'mit,leid(s),voll *adj* compassionate, pitying, sympathetic, full of pity, *Br. auch* pitiful.

'mit,le·sen *v/t* ⟨irr, sep, -ge-, h⟩ **1.** (*Brief, Buch etc*) read (*s.th.*) (together) with s.o.: ich saß ihm so nah, daß ich den Brief ~ konnte I sat so close to him that I could read the letter with him. – **2.** eine Zeitung [Zeitschrift] mit j-m ~ to be a joint subscriber to a newspaper [magazine], to read a newspaper [magazine] together with s.o.

'mit,locken (*getr.* -k·k-) *v/t* ⟨sep, -ge-, h⟩ j-n ~ to entice s.o. to come along, to lure s.o. along.

'mit,ma·chen I *v/t* ⟨sep, -ge-, h⟩ **1.** (*Tanz, Ausflug, Reise, Unsinn etc*) take part in, participate in, join in: er macht alles mit he is a good sport, he is a game for anything (*colloq.*). – **2.** (*Veranstaltung, Vorlesung etc*) go to. – **3.** (*Mode*) follow, go with. – **4.** (*durchmachen*) go through: zwei Weltkriege mitgemacht haben to have gone (*od.* been) through two world wars; er hat viel mitgemacht he has gone through (*od.* suffered) a lot; da machst du (vielleicht) was mit! *colloq.* it's unbelievable what one has to put up with! – **II** *v/i* **5.** join in, take part, participate, make one of the party: da mache ich nicht mit I won't join in, count me out; warum machst du nicht mehr mit? why don't you take part any more? mach doch mit! join in! make one of us! ich mache mit! I'm on! count me in! nicht mehr lange ~ *fig.* not to last much longer, not to be long for this world. – **6.** (*dem Beispiel folgen*) follow suit. – **7.** (*mithalten*) (mit) with) keep up (*od.* pace). – **8.** (*am Unterricht etc*) be active, take an active part, respond.

'Mit,mensch *m* fellow man (*od.* creature, being).

'mit,mö·gen *v/i* ⟨irr, sep, -ge-, h⟩ (mit j-m) ~ *colloq.* to like (*od.* want) to go (along) (*od.* come along) (with s.o.).

'mit,müs·sen *v/i* ⟨irr, sep, -ge-, h⟩ (mit j-m) ~ *colloq.* to have to go (along) (*od.* come along) (with s.o.): du mußt nicht mit, wenn du nicht willst you don't have to go if you don't like to.

'Mit,nah·me *f* ⟨-; *no pl*⟩ unter ~ von taking along.

'mit,neh·men *v/t* ⟨irr, sep, -ge-, h⟩ **1.** (mit sich führen) take (*od.* carry) (s.th.) along (with one): ich bat ihn, das Paket mitzunehmen I asked him to take along the package. – **2.** (mit sich kommen lassen) take (s.o.) along (with one), let (s.o.) go with one: auf diesen Ausflug nehmen wir die Kinder mit we will take the children along (with us) on this excursion; nimm mich doch mit! please let me go with you! – **3.** (*befördern*) take (along), carry: Güterzüge nehmen keine Reisenden mit goods (*Am.* freight) trains don't take along any passengers. – **4.** (einsteigen lassen, abholen) pick up: der Zug hält, um die Reisenden mitzunehmen the train stops to pick up the passengers. – **5.** (im Auto) give (s.o.) a lift (*od.* ride): kannst du mich bis zum Bahnhof ~? can you give me a lift as far as the station? mitgenommen werden to get a lift.

– **6.** (entleihen) take away, borrow: darf ich dieses Buch ~? may I borrow this book? aus der Bücherei dürfen keine Bücher mitgenommen werden no books must be taken away from (*od.* out of) the library. – **7.** (kaufen) take (along), buy: für den Preis nehme ich gleich beide Kleider mit at that price I shall take both dresses. – **8.** (stehlen, entwenden) take, make away (*od.* off) with, *Am. colloq.* run off with: der Einbrecher hat Waren im Wert von 1000 Mark mitgenommen the burglar made away with goods valued at (*od.* with a value of) 1,000 marks. – **9.** *fig. colloq.* (rasch besuchen) touch, *bes. Am.* take in, call at: auf unserer Italienreise haben wir auch Venedig noch mitgenommen on our journey to Italy we also touched Venice. – **10.** *fig.* (lernen) learn, benefit, profit: haben Sie aus diesem Vortrag etwas mitgenommen? did you learn anything from this lecture? – **11.** *fig. colloq.* (Geld, Verdienst etc) pocket: er nimmt mit, was er kriegen kann he pockets whatever he can get hold of. – **12.** j-n sehr (*od.* arg, böse, tüchtig) ~ *fig. colloq.* a) (ermatten, schwächen) to pull s.o. down, to wear s.o. out, to exhaust (*od.* take it out of) s.o., b) (mißhandeln, leiden machen) to treat s.o. harshly, to let s.o. have it, c) (erschüttern) to move s.o. deeply: die Krankheit hat ihn arg mitgenommen the illness has really taken it out of (*od.* told on) him; so ein trauriger Film nimmt sie immer sehr mit such a sad film always touches her very deeply. – **13.** (games) (Stich) take.

'Mit,neh·mer *m* ⟨-s; -⟩ *tech.* driver, driving plate. — **~,bol·zen** *m* driving (*od.* driver) pin. — **~,lap·pen** *m* flat driving tang. — **~,nut** *f* driving slot. — **~,zap·fen** *m* driving tang.

'mit,nich·ten [-'nıçtən] *adv archaic* not at all, by no means.

Mi·to·chon·dri·on [mito'xɔndriɔn], **Mi·to·'chon·dri·um** [-um] *n* ⟨-s; -drien⟩ *biol.* mitochondrion.

mi·to·ge·ne·tisch [mitoge'neːtɪʃ] *adj biol.* mitogenetic.

Mi·to·se [mi'toːzə] *f* ⟨-; -n⟩ *biol.* mitosis, karyokinesis. — **mi·to·tisch** [-tɪʃ] *adj* mitotic, karyokinetic.

'Mit,pacht *f jur.* joint tenancy (*od.* tenure), cotenancy *Br.* co-, cotenure *Br.* co-. — **'Mit,päch·ter** *m* joint tenant, cotenant *Br.* co-, cotenant *Br.* co-.

Mi·tra ['miːtra] *f* ⟨-; Mitren⟩ *relig.* miter, *bes. Br.* mitre.

Mi·trail·leu·se [mitra(l)'jøːzə] *f* ⟨-; -n⟩ *mil. hist.* mitrailleuse.

mi·tral [mi'traːl] *adj med.* mitral. — **M~,klap·pe** *f* mitral valve.

'Mi·tra,schnecke (*getr.* -k·k-) *f zo.* miter (*bes. Br.* mitre) (shell) (Gattg Mitra).

'mit,ra·ten *v/i* ⟨irr, sep, -ge-, h⟩ help (to) solve the puzzle.

'mit,rech·nen I *v/t* ⟨sep, -ge-, h⟩ **1.** (hinzurechnen) count (in), include: es waren hundert Leute da, die Kinder nicht mitgerechnet there were a hundred people there, not counting the children. – **2.** *econ.* include (s.th.) in the account (*od.* invoice). – **3.** (Aufgabe etc) reckon (*od.* do) (s.th.) too (*od.* as well). – **II** *v/i* **4.** *colloq.* count: das rechnet nicht mit that doesn't count. – **5.** (zu einer Summe etc) join in the calculation: es stimmt, ich habe mitgerechnet it is correct, I arrived at the same result.

'mit,re·den *v/t* ⟨sep, -ge-, h⟩ have one's say too, put in a word too: ich habe dabei auch noch ein Wort (*od.* Wörtchen) mitzureden I have my say in this matter too, that's a concern of mine too; darf ich auch ein Wörtchen ~? may I put in a word as well? Sie haben hier nichts mitzureden you have (got) no say (*od.* nothing to say) in this matter, this matter is no concern of yours (*od. colloq.* none of your business). – **II** *v/i* join in the conversation (*od.* talk): du bist zu jung, um ~ zu können you are too young to join in the conversation.

'Mit,ree·der *m mar.* part (*od.* joint) owner.

'Mit·re,gent *m*, **'Mit·re,gen·tin** *f* coregent *Br.* co-. — **'Mit·re,gent·schaft** *f* coregency *Br.* co-.

'mit,rei·sen *v/i* ⟨sep, -ge-, sein⟩ (mit j-m) to travel (along) with s.o.: darf ich ~? may I travel with you? — **'Mit,rei·sen·de** *m, f* fellow passenger (*od.* travel[l]er).

'mit,rei·ßen *v/t* ⟨irr, sep, -ge-, h⟩ **1.** (Brücke etc) sweep away. – **2.** (Personen) drag along (with one): **sie riß ihre kleine Schwester mit** she dragged her little sister along (with her). – **3.** *fig. (begeistern)* sweep (*s.o.*) along (*od.* away) (with one), sweep (*s.o.*) off one's feet, carry (*s.o.*) away (with one), transport: **er riß seine Zuhörerschaft mit** he swept his audience along with him. — '**mit,rei-ßend I** *pres p.* – **II** *adj (Rede, Musik etc)* rousing, stirring, exciting, spirited, mettlesome.

'**mit,rei-ten** *v/i ⟨irr, sep, -ge-, sein⟩* ride (along) with s.o.

'**mit,rich-ten** *v/t ⟨sep, -ge-, h⟩ mil.* track.

,**mit'sam·men** [-'zamən] *adv dial.* together.

,**mit'samt** *prep ⟨dat⟩* (together) with: **sie besuchten uns ~ ihren Kindern** they visited us with their children.

'**mit,schicken** *(getr. -k·k-) v/t ⟨sep, -ge-, h⟩* **1.** (j-m) etwas ~ to send s.th. along (for s.o.), to send (s.o.) s.th.: **im nächsten Paket schicke ich dir deine Winterkleider mit** in the next parcel I shall send you your winter clothes. – **2.** *(in Briefen)* enclose: **ich schicke die versprochenen 20 Mark mit** I enclose the 20 marks I promised you. – **3.** (j-m) j-n ~ to send s.o. along (with s.o.), to ask s.o. to go along (with s.o.), to ask s.o. to accompany s.o.: **den Fremden einen Führer ~** to send a guide with the strangers.

'**mit,schlei-fen** *v/t ⟨sep, -ge-, h⟩* **1.** j-n [etwas] ~ to drag s.o. [s.th.] (along) (with one): **er wurde vom Zug erfaßt und noch eine beträchtliche Strecke mitgeschleift** he was caught by the train and dragged along for quite a stretch. – **2.** *fig. colloq. cf.* mitschleppen 2, 3.

'**mit,schlep·pen** *v/t ⟨sep, -ge-, h⟩* **1.** *(Schweres)* drag (*s.th.*) (along) (with one). – **2.** *fig. colloq. (mitnehmen)* take (*s.o., s.th.*) along (with one): **willst du das ganze Gepäck ~?** do you want to take the entire luggage along (with you)? **er hat mich zu allen Veranstaltungen mitgeschleppt** he took me along (with him) to all the events. – **3.** *fig. colloq. (schlechten Schüler)* carry along. – **4.** *mar. (abschleppen)* take (in) tow.

'**mit,schrei·ben I** *v/t ⟨irr, sep, -ge-, h⟩* **1.** write (down), take down, take a record of: **das Gesagte ~** to write down what has been said; **eine Rede ~** to take a record of a speech. – **2.** *(Notizen machen)* take notes of: **eine Vorlesung ~** to take notes of a lecture. – **3.** *ped. (Prüfungsarbeit)* take, do, write. – **4.** *(sport) (Punkte)* mark. – **II** *v/i* **5.** write (down) *(od.* take down) what s.o. says: **Sie müssen langsamer sprechen, sonst kann ich nicht ~** you must talk more slowly, otherwise I cannot take down what you say.

'**Mit,schuld** *f jur.* (an *dat* in) a) joint guilt, participation in guilt, b) complicity, c) *(durch Vorschubleistung)* accessoriness: **~ an** *(dat)* **etwas haben** to share the guilt in s.th., to be implicated in *(od.* accessory to) s.th.; **er ist der ~ stark verdächtig** he is strongly suspected of being an accomplice; **j-n der ~ überführen** to prove s.o.'s complicity. — '**mit,schul·dig** *adj* **~ an** *(dat)* **etwas sein** a) to be jointly guilty of *(od.* share the guilt in) s.th., b) to be an accomplice in s.th., to be privy to s.th., c) *(durch Vorschubleistung)* to be an accessory to s.th. — '**Mit,schul·di·ge** *m, f* (an *dat)* **1.** accessory (to), *auch* accessary (to), accomplice (in), confederate (to). – **2.** *(Beteiligte)* privy (to).

'**Mit,schuld·ner** *m econ.* codebtor *Br.* co-, joint debtor.

'**Mit,schü·ler** *m,* '**Mit,schü·le·rin** *f* classmate, schoolmate, schoolfellow.

'**mit,schwin·gen I** *v/i ⟨irr, sep, -ge-, h⟩* **1.** *phys.* resonate, covibrate. – **2.** *fig. cf.* mitklingen 2. – **II M~** *n ⟨-s⟩* **3.** *verbal noun.* – **4.** *phys.* resonance, covibration.

'**mit,sin·gen I** *v/t ⟨irr, sep, -ge-, h⟩* **1.** *(Lied, Melodie etc)* join in the singing of, sing *(s.th.)* (together) (with s.o.). – **II** *v/i* **2.** join in the singing, sing (together) (with s.o.): **alle sangen mit** they all joined in the singing, they all sang together. – **3.** **in einem Chor ~** to sing in *(od.* be a member of) a choir.

'**mit,sol·len** *v/i ⟨sep, -ge-, h⟩ colloq.* be supposed to go (along) *(od.* come along).

'**mit,spie·len I** *v/i ⟨sep, -ge-, h⟩* **1.** play with s.o., take part *(od.* join, participate) in the game: **er will (bei uns) ~** he wants to play with us, he wants to take part in our game. – **2.** *fig.* play a part, come

into play, be involved: **bei dem Plan spielten folgende Erwägungen** *(od.* Überlegungen) **mit** the following considerations came into play in connection with the plan; **es haben noch andere Gründe mitgespielt** other motives were involved too. – **3.** *fig. (mitmachen)* join in, take part, participate: **ich spiele nicht mehr (länger) mit** I won't take part any more, from now on you can count me out. – **4.** j-m wird arg *(od.* böse, schlimm, hart) **mitgespielt** *fig. colloq.* s.o. is ill used *(od.* treated badly): **das Schicksal spielte ihm hart mit** fate was very hard on him, fate used him very ill. – **5.** *(sport)* play, be on the team: **er ist verletzt und kann nicht ~** he cannot play because he is injured; **spielt X auch mit?** will X be on the team, too? – **6.** *(theater, film)* play *(od.* have, take) a part, be in the cast: **wer spielt beim „Hamlet" mit?** who plays a part in "Hamlet"? – **II** *v/t* **7.** play *(s.th.)* with s.o., take part in, participate in, join in. — '**Mit,spie·ler** *m* **1.** *(sport)* fellow player. – **2.** *(games)* partner. – **3.** *(theater, film)* supporting actor, (other) actor, (other) member of the cast.

'**Mit,spra·che,recht** *n* say.

'**mit,spre·chen I** *v/t ⟨irr, sep, -ge-, h⟩* **1.** *(gemeinsam sprechen)* say *(s.th.)* together (with s.o.): **alle sprachen das Gebet mit** they all said the prayer together; **sprechen Sie die Worte mit** a) say the words I say, b) say the words together with me. – **2.** *cf.* mitreden I. – **II** *v/i* **3.** *cf.* mitreden II. – **4.** *cf.* mitspielen 2.

'**mit,ste·no,gra,phie·ren** *v/t ⟨sep, no -ge-, h⟩* write *(od.* take) *(s.th.)* down in shorthand, take shorthand notes of.

'**mit,strei·ten** *v/i ⟨irr, sep, -ge-, h⟩ cf.* mitkämpfen 1. — '**Mit,strei·ter** *m ⟨-s; -⟩ cf.* Mitkämpfer.

'**Mit,strom** *m mar.* wake current.

Mit-tag¹ ['mita:k] **I** *m ⟨-(e)s; -e⟩* **1.** *(Tageszeit)* noon, midday, noonday: **des ~s at noon; am ~ at noon; gegen ~, um ~ herum toward(s)** *(od.* some time about) noon; **bis ~ until noon; eines ~s** one day at noon; **es ist ~** it is noon. – **2.** *colloq. (Mittagspause)* lunch(time), lunch hour: **wir haben um 12 Uhr ~** our lunchtime is at 12 o'clock; **jetzt machen wir ~** let's have our lunch now; **ich fahre über ~ nach Hause** I am going home during lunchtime; **es ist ~** it's lunchtime. – **3.** *(Süden)* south: **die Sonne steht im ~** the sun stands in the south. – **4.** *poet.* noon: **er steht im ~ seines Lebens** *(od.* seiner Jahre) he is at the noon of life. – **II m~** *adv* **5.** noon: **heute [gestern, morgen] ~** today [yesterday, tomorrow] at noon; **Dienstag ~** Tuesday at noon.

'**Mit-tag²** *n ⟨-(e)s; no pl⟩* **1.** lunch, *(formell) bes. Br.* luncheon: **zu ~ essen** *(od. lit.* speisen) to (have) lunch; **j-n zu ~ einladen** to invite s.o. to lunch; **ich bin bei ihm zu ~ eingeladen** he has invited me to lunch; **bleib doch zu ~** please stay for lunch; **was gibt es zu ~?** what are we having for lunch? – **2.** *(Hauptmahlzeit des Tages)* dinner. [essen.]

'**Mit-tag,brot** *n ⟨-(e)s; no pl⟩ cf.* Mittag-
'**Mit-tag,es·sen** *n* **1.** lunch, *(formell) bes. Br.* luncheon: **wollen wir mit dem ~ auf ihn warten?** shall we wait with lunch for him? **das ~ ist fertig** lunch is ready. – **2.** *(Hauptmahlzeit des Tages)* dinner.

mit-täg-ig ['mitɛ:gɪç] *adj ⟨attrib⟩ (an einem bestimmten Mittag)* **1.** noon, noonday, midday, noontime, noontide *(lit.)*: **die ~e Hitze** the noonday heat, the heat at noon. – **2.** *astr. rare* meridian.

mit-täg·lich ['mitɛ:klɪç] *adj ⟨attrib⟩ (jeden Mittag)* noon, noonday, midday, noontime, noontide *(lit.)*: **der ~e Spaziergang** the noon *(od.* midday) walk.

'**Mit-tag,mahl** *n cf.* Mittagsmahl.

'**mit-tags** *adv* **1.** (at) noon, midday: **von ~ bis abends** from midday until evening; **(um) 12 Uhr ~, ~ (um) 12 Uhr, ~ um 12** at twelve noon; **dienstags ~** on Tuesday at noon, *bes. Am.* Tuesdays at noon; **~ sind die Geschäfte geschlossen** at noon shops are closed. – **2.** *(in der Mittagspause)* at lunch(time).

'**Mit-tags|,aus,ga·be** *f (einer Zeitung)* noon *(od.* midday) edition. — **~,blatt** *n* noon *(od.* midday) paper. — **~,blu·me** *f bot.* marigold, mesembryanthemum *(scient.) (Gattg*

Mesembryanthemum). — **~,gast** *m* guest for lunch. — **~,glut, ~,hit·ze** *f* midday *(od.* noon, noonday) heat. — **~,hö·he** *f astr.* meridian altitude. — **~,kon,zert** *n mus.* lunchtime concert. — **~,kreis** *m astr.* meridian (circle). — **~,li·nie** *f* meridian (line). — **~,mahl** *n,* **~,mahl,zeit** *f* **1.** midday meal. – **2.** *cf.* Mittagessen. — **~,of,fi·zi·um** *n relig.* none, nones *pl (construed as sg od. pl)*. — **~,pau·se** *f* lunch hour, lunch(time). — **~,punkt** *m astr.* meridional point. — **~,ru·he** *f* midday *(od.* noon, noonday) rest. — **~,schlaf** *m* (afternoon) nap, siesta: **einen ~ halten** *(od.* machen) to have *(od.* take) an afternoon nap. — **~,schläf·chen** *n cf.* Mittagsschlaf. — **~,son·ne** *f* **1.** midday *(od.* noon) sun. – **2.** **die ~ haben** *(von Zimmer, Balkon etc)* to face the south. — **~,stun·de** *f* **1.** noon, midday, noonday, noontime, noontide: **es geschah um die ~** it happened at noontime *(od.* about noon). – **2.** *(Mittagspause)* lunch(time), lunch hour. — **~,ta·fel** *f lit.* for Mittagstisch 1. — **~,tisch** *m* **1.** dinner *(od.* dining) table. – **2.** **gutbürgerlicher ~** good home *(od.* plain) cooking; **~ für Studenten** meals *pl* (at reduced prices) for students. — **~,zeit** *f cf.* Mittagsstunde.

'**mit-tag,wärts** *adv obs.* toward(s) the south.

'**mit,tan·zen I** *v/t ⟨sep, -ge-, h⟩* join in: **tanzt du den nächsten Tanz mit?** are you going to join in the next dance? **ich werde den nächsten Tanz nicht ~** I'll sit out the next dance. – **II** *v/i* join in the dancing, dance with s.o.: **wollen Sie nicht ~?** don't you want to dance (with us)?

'**Mit,tä·ter** *m jur.* principal in the second degree, accomplice, accessory, *auch* accessary. — '**Mit,tä·ter·schaft** *f⟨-; no pl⟩* complicity: **ein der ~ Verdächtiger** a conjunct person.

,**Mitt'drei·ßi·ger** [,mɪt-] *m ⟨-s; -⟩ colloq.* man in his middle thirties.

Mit-te ['mɪtə] *f ⟨-; -n⟩* **1.** middle: **die genaue [ungefähre] ~** the exact [approximate *od.* rough] middle; **das ist ungefähr die ~** that's roughly the middle; **ziemlich die ~** more or less *(od.* fairly) the middle; **bis zur ~ der Straße fahren** to drive up to the middle of the road; **ein Blatt Papier in der ~ falten** to fold a sheet of paper in *(od.* down) the middle; **er ging in die ~** he was walking in the middle *(od.* between us); **wir nahmen ihn in die ~** we took him in the middle *(od.* between us); **etwas in die ~ stellen** to put s.th. in the middle; **in der ~ stehen** *auch fig.* to be *(od.* stand) in the middle; **X liegt in der ~ zwischen Hamburg und München** X lies halfway *(od.* in the middle) between Hamburg and Munich; **genau in der ~ (gelegen)** midmost, middlemost, centermost; **ab durch die ~!** *colloq.* off with you! clear out! *(colloq.)*. – **2.** *(Mittelpunkt)* center, *bes. Br.* centre: **die ~ eines Kreises [einer Kugel]** the center of a circle [ball]. – **3.** *(zeitlich)* middle: **die ~ des Jahres [Tages]** the middle of the year [day]; **in der ~ des 18. Jahrhunderts** in the middle of the eighteenth century; **~ Mai** in the middle of May, in mid-May; **er ist ~ Vierzig** *(od.* der Vierziger) he is in his middle forties; **~ des Winters** midwinter; **in der ~ der** *(od.* jeder) **Woche** midweek; **in der ~ der** *(od.* jeder) **Woche (stattfindend)** midweekly. – **4.** *fig. (Mittelweg)* mean, medium: **die goldene [gute** *od.* **schöne, rechte] ~ finden [halten]** to find [to stick to] the golden [happy, just] mean *(od.* medium). – **5.** *fig.* midst: **sie wählten einen aus ihrer ~** they elected one from their midst *(od.* of their number); **wir freuen uns, dich in unserer ~ zu haben** *(od.* sehen) we are pleased to have *(od.* see) you among us *(od.* in our midst). – **6.** *(sport)* a) *(des Spielfelds)* center, *bes. Br.* centre, b) *(der Schießscheibe)* bull's-eye: **er traf (genau) die ~** he hit the bull's-eye. – **7.** *pol.* center, *bes. Br.* centre: **ein Politiker der linken ~** a politician of the left center. – **8.** **Reich der ~** *(China) hist.* Middle Kingdom. – **9.** *mar.* **~ des Schiffs** midship: **in der ~ des Schiffs (befindlich)** amidship(s). – **10.** *poet. (Taille)* waist.

'**mit,teil·bar** *adj* communicable. — '**Mit,teil·bar·keit** *f⟨-; no pl⟩* communicability.

'**mit,tei·len I** *v/t ⟨sep, -ge-, h⟩* **1.** j-m etwas ~ a) to communicate s.th. to s.o., to tell s.o. s.th., to pass s.th. on to s.o., b) *(informieren)* to inform *(od.* apprise, *Am. auch* apprize, advise) s.o. of s.th., to make s.th. known to s.o., to let s.o. know (of) s.th., to acquaint s.o. with s.th., to break s.th. to s.o., c) (*offenbaren*) to reveal (*od.* disclose) s.th. to s.o., d) (*andeuten*) to intimate s.th. to s.o., e) (*anvertrauen*) to confide s.th. to s.o., f) (*berichten*) to report s.th. to s.o., g) (*amtlich*) to notify s.o. of s.th., h) (*Wissen, Erfahrung etc*) to impart (*od.* transmit) s.th. to s.o., i) (*öffentlich*) to announce s.th. to s.o.: j-m seine Ansicht ~ to tell (*od.* give) s.o. one's opinion; teile ihm die Nachricht schonend mit break the news gently to him; ich erlaube mir, Ihnen mitzuteilen, daß I beg to inform you that. – **2.** *bes. phys.* impart, communicate, convey: einer Sache eine Bewegung ~ to impart motion to a thing. – **II** *v/reflex lit.* **3.** sich (j-m) ~ (*von Person*) a) to talk to (*od.* with) others (*od.* s.o.), b) to unbosom oneself (to s.o.), to open one's heart to s.o.: sie hatte ein dringendes Bedürfnis, sich (j-m) mitzuteilen she had a strong desire to talk to (*vertraulich* to confide in) s.o. – **4.** etwas teilt sich j-m [etwas] mit (*geht über auf*) s.th. affects (*od.* infects) s.o. [s.th.]: die Erregung teilte sich den Zuhörern mit the excitement spread through (*od.* infected) the audience. – **III** M~ *n* ⟨-s⟩ **5.** *verbal noun.* – **6.** *cf.* Mitteilung.

'**mit,teil·sam** *adj* **1.** communicative. – **2.** (*gesprächig*) talkative, chatty, expansive: ~ werden to become talkative, to open up. – **3.** (*geschwätzig*) loquacious, voluble. — '**Mit,teil·sam·keit** *f* ⟨-; *no pl*⟩ **1.** communicativeness, communicability. – **2.** talkativeness, chattiness, expansiveness. – **3.** loquaciousness, volubility.

'**Mit,tei·lung** *f* ⟨-; -en⟩ **1.** communication: eine vertrauliche ~ a) a confidential communication, b) *jur.* a privileged communication; mündliche ~ verbal communication, communication by word of mouth; schriftliche ~ note, letter, written communication. – **2.** (*Benachrichtigung*) information, report, advice, statement: laut ~ des Presseamtes according to information of the press office; j-m von etwas ~ machen (*officialese*) to inform s.o. of s.th., to report s.th. to s.o. – **3.** (*Nachricht*) message, news *pl* (*construed as sg or pl*). – **4.** (*Eröffnung*) revelation, disclosure. – **5.** (*amtliche*) notice, notification: schriftliche ~ notice in writing. – **6.** (*öffentliche*) communiqué, official bulletin, announcement. – **7.** *bes. phys.* communication, transmission, impartation.

'**Mit,tei·lungs·be,dürf·nis** *n* urge (*od.* desire) to talk to (*od.* with) others (*od.* s.o.).

'**Mit·tel**[1] *n* ⟨-s; -⟩ **1.** (*Hilfsmittel etc*) means *pl* (*construed as sg or pl*), *auch* mean, way: ~ und Wege finden to find means and ways; auf ~ und Wege sinnen to think of ways and means; kein ~ unversucht lassen to leave no means untried, to leave no stone unturned; alle erdenklichen ~ anwenden to use every possible (*od.* conceivable) means; das äußerste (*od.* letzte) ~ anwenden to turn to the last resort, to take extreme measures; ihm ist jedes ~ recht he stops (*od.* sticks) at nothing, he will go any length; ich habe noch mehr ~ zur Hand I have more than one string to my bow, I have more than one trick up my sleeve; die ~ besitzen, etwas zu tun to be in a position to do s.th.; der Zweck heiligt die ~ the end justifies the means; sie bedienen sich seiner als ~ zum Zweck they use him as a means to an end (*od.* stepping stone); j-n mit allen ~n bekämpfen to oppose s.o. with all the means at one's command; er dient ihr nur als ~ zum Zweck he only serves her as a means to an end, he is only a means to an end for her. – **2.** (*Methode*) method: zu solchen ~n habe ich nie Zuflucht genommen I have never resorted to such methods. – **3.** (*Maßnahme*) measure: welche ~ werden sie anwenden? what measures will they take? – **4.** (*Ausweg*) shift, expedient. – **5.** *fig.* (*Werkzeug*) tool, instrument, instrumentality, agent, device: Propaganda ist ein politisches ~ propaganda is a political device. – **6.** *pl* (*Anlagen, Reserven, auch geistige*) resources. – **7.** sich (für j-n *od.* etwas) ins ~ legen to mediate (*od.* interfere, intervene, intercede, interpose) (for s.o. *od.* s.th.). – **8.** *pl bes. econ.* (*Geldmittel*) means, resources, funds, wherewithal *sg:*

reichliche ~ ample means; die ~ haben für to have the means for, to be able to afford; flüssige (*od.* verfügbare) [öffentliche] ~ liquid [public] funds; er verfügt über geringe ~ he is a man of slender means; meine ~ erlauben mir diese Ausgaben my resources allow me to incur this expenditure. – **9.** *fig.* (*Gegenmittel*) (*gegen* for, against) remedy: ~ gegen die Inflation remedies for inflation, deflationary instrument (*od.* device) *sg.* – **10.** *med.* remedy, cure, drug, medicine: ein blutstillendes ~ a styptic, a h(a)emostatic; ein schmerzstillendes ~ a painkilling (*Br.* pain-killing) remedy, a painkiller (*Br.* pain-killer); ein stärkendes ~ a tonic, a cordial. – **11.** *bes. math.* a) (*Durchschnitt*) average, b) (*Mittelwert*) mean: das ~ errechnen to work out the average; die Temperatur betrug im ~ 12° C the average temperature was 12° C, the temperature on the [*od.* an] average) was 12° C; das arithmetische (*od.* geometrische) ~ the arithmetic (*od.* geometric) mean. – **12.** *bes. phys.* (*Medium*) medium, agent: optisches ~ optical medium.

'**Mit·tel**[2] *f* ⟨-; *no pl*⟩ *print.* English.

'**Mit·tel,ach·se** *f* (*eines Dreiecks*) median axis, midline.

'**Mit·tel,al·ter** *n* ⟨-s; *no pl*⟩ **1.** *hist.* Middle Ages, *auch* middle ages *pl*, (*bes. frühes Mittelalter*) *auch* Dark Ages *pl:* in der Welt des ~s in the medi(a)eval world; Kenner des ~s medi(a)evalist; Geist des ~s medi(a)eval spirit, medi(a)evalism. – **2.** *colloq. humor.* (*einer Person*) middle age. — '**mit·tel,al·ter·lich I** *adj* **1.** *hist.* medieval, mediaeval, middle-age (*attrib*). – **2.** *fig.* medi(a)eval, old-fashioned, outmoded: seine ~en Ansichten his medi(a)eval views. – **3.** *colloq. humor.* (*Person*) middle-aged. – **II** *adv* **4.** die Leute leben hier noch ganz ~ the people here still live quite medi(a)evally.

'**Mit·tel,ame·ri·ka** [-ʔaˈmeːrika] *n geogr.* Central America. — **m~ame·ri·ka·nisch** *adj* Central American. — **m~asia·tisch** [-ʔaˈziaːtɪʃ] *adj* Central Asian. — ~**asi·en** *n* Central Asia. — ~**bal,kon** *m* (*theater*) dress circle.

'**mit·tel·bar I** *adj* **1.** (*Wirkung, Einfluß etc*) indirect, mediate. – **2.** (*Schaden etc*) consequential. – **3.** *jur.* a) (*Besitz*) indirect, b) (*Besitzer, Zeuge*) intermediate. – **II** *adv* **4.** ~ beteiligt indirectly involved.

'**Mit·tel,bau** *m* **1.** (*Gebäude*) central (portion of a) building (*od.* tract). – **2.** *fig.* a) (*beim Beamtentum*) medium-salary positions *pl*, b) (*bei Industrie u. Handel*) middle-range posts *pl*, c) (*an Universität*) nonprofessional staff. — ~**be,trieb** *m econ.* medium-sized enterprise. — ~**bo·gen** *m arch.* center (*bes. Br.* centre, main) arch. — ~**brust,ring** *m zo.* (*der Insekten*) mesothorax.

'**Mit·tel·chen** *n* ⟨-s; -⟩ **1.** *dim. of* Mittel[1]. – **2.** home remedy. – **3.** unfair means *pl* (*construed as sg or pl*), mean (*od.* little) trick.

'**Mit·tel,darm** *m med. zo.* midgut, mid-intestine. — ~**decker** (*getr.* -k·k-) *m aer.* midwing monoplane. — **m~deutsch I** *adj* Central German. – **II** *ling.* **M~** ⟨*generally undeclined*⟩, das **M~e** ⟨-n⟩ Central (*od.* Middle) German. — ~**deutsch,land** *n geogr.* Central Germany. — ~**ding** *n* intermediate thing, compromise: ein ~ zwischen Hut und Mütze something between a hat and a cap. — ~**ein,stieg** *m* (*railway*) midway entrance. — ~**en·te** *f zo. cf.* Schnatterente 1. — ~**eu·ro·pa** *n geogr.* Central Europe. — **m~eu·ro·pä·isch** *adj* Central European, *auch* Mid-European, Middle European: ~e Zeit Central European Time. — ~**far·be** *f* **1.** (*paints*) intermediate (*od.* neutral) color (*bes. Br.* colour), middle tint (*od.* tone). – **2.** *phys.* secondary color (*bes. Br.* colour). — **m~fein** *adj* medium-fine. — ~**feld** *n* **1.** (*sport*) (*beim Fußball, Hockey*) midfield. – **2.** *her.* center (*bes. Br.* centre) field. — ~**feld,spie·ler** *m* midfield man. — ~**fell,ent,zün·dung** *f med.* mediastinitis. — ~**fin·ger** *m* middle (*od.* third) finger; medius, median digit (*scient.*). — **m~fran·kisch** *adj* Middle Franconian. — ~**fre,quenz** *f* (*radio*) mean frequency. — **m~fri·stig** [-ˌfrɪstɪç] *adj econ.* medium-term (*attrib*). — **m~früh** *adj agr.* medium-early.

'**Mit·tel,fuß** *m* ⟨-es; *no pl*⟩ *med. zo.* metatarsus. — ~**kno·chen** *m* metatarsal (bone). — '**Mit·tel,gang** *m* **1.** (*im Kino, Zug etc*) center

(*bes. Br.* centre) aisle, *bes. Br.* (centre) gangway. – **2.** (*eines Pferdes*) broken amble, entrepas. — ~**ge,bir·ge** *n geogr.* low mountain range (*up to about 2,000 m high*). — ~**ge,wicht** *n* (*sport*) middleweight. — ~**ge,wicht·ler** *m* ⟨-s; -⟩ middleweight. — ~**ge,wichts,klas·se** *f* middleweight (class). — ~**glied** *n* **1.** middle joint. – **2.** *med.* (*vom Finger, Zeh*) middle joint (*od.* phalanx). – **3.** *philos.* (*eines Schlusses*) middle (term). – **4.** *math.* intermediate term (*od.* member). — ~**grie·chisch** ⟨*generally undeclined*⟩, das ~**e** ⟨-n⟩ *ling.* Byzantine (Greek). — **m~groß** *adj* **1.** (*Person*) medium-size(d), (of) medium size. – **2.** (*Sache*) medium-large (*od.* -size[d]). — ~**grö·ße** *f* medium size. — ~**grund** *m* (*art*) middle distance (*od.* ground).

'**Mit·tel,hand** *f* ⟨-; *no pl*⟩ **1.** *med.* metacarpus. – **2.** (*games*) (*beim Skat*) second hand: in der ~ sein (*od.* sitzen) to be second hand. — ~**kno·chen** *m med.* metacarpal (bone).

'**Mit·tel,hirn** *n med.* midbrain, mesencephalon (*scient.*).

'**mit·tel,hoch,deutsch** *ling.* **I** *adj* Middle High German. – **II M~** ⟨*generally undeclined*⟩, das **M~e** ⟨-n⟩ Middle High German.

'**Mit·tel,klas·se** *f* **1.** *sociol.* middle class. – **2.** *econ.* a) medium quality, b) (*in bezug auf Auto*) middle class: ein Wagen der ~ a car in the medium range. — ~**wa·gen** *m* car in the medium range, middle-class car.

'**Mit·tel,kreis** *m* (*eines Spielfeldes*) center (*bes. Br.* centre) circle. — ~**kurs** *m* **1.** *econ.* average rate (of exchange). – **2.** *fig.* middle course, middle-of-the-road course: einen ~ steuern to steer a middle course; Politik des ~es middle-of-the-road policy. — ~**la·ge** *f mus.* middle register. — **m~län·disch** *adj* (*Klima etc*) Mediterranean. — ~**la,tein** *n ling.* Medi(a)eval Latin. — **m~la,tei·nisch I** *adj* Medi(a)eval Latin. – **II M~** ⟨*generally undeclined*⟩, das **M~e** ⟨-n⟩ *cf.* Mittellatein. — ~**läu·fer** *m* (*sport*) center (*bes. Br.* centre) half. — ~**lei·ter** *m electr.* neutral (*od.* third) wire, central conductor. — ~**li·nie** *f* **1.** center (*bes. Br.* centre) line. – **2.** *math.* a) midline, median (*od.* medial) line, b) (*Halbierungslinie*) bisector, bisecting line. – **3.** *phys.* (*eines Magnets*) neutral zone. – **4.** *med. biol.* median line, midline. – **5.** (*sport*) center (*bes. Br.* centre) line, (*eines Fußballfeldes*) *auch* halfway line, (*eines Eishockeyfeldes*) *auch* middle line.

'**mit·tel·los** *adj* without means, poor, destitute, penniless, impecunious (*lit.*): ~ dastehen to be stranded (*od.* out of funds). — '**Mit·tel,lo·se** *m, f* ⟨-n; -n⟩ destitute, poor person, person without means. — '**Mit·tel·lo·sig·keit** *f* ⟨-; *no pl*⟩ want (*od.* lack) of means, destitution, poverty, pennilessness.

'**Mit·tel,mäch·te, die** *pol. hist.* the Central (European) Powers. — ~**maß** *n* (*Durchschnitt*) medium, average.

'**mit·tel,mä·ßig** *adj* **1.** moderate, medium, middling: eine ~e Qualität a medium quality. – **2.** (*durchschnittlich*) average, medium: eine ~e Leistung an average performance. – **3.** *contempt.* mediocre, indifferent: ein ~es Buch a mediocre book. — '**Mit·tel,mä·ßig·keit** *f* ⟨-; *no pl*⟩ **1.** moderateness. – **2.** *contempt.* mediocrity, indifference.

'**Mit·tel,meer,fie·ber** *n med.* Malta fever. — ~**frucht,flie·ge** *f zo.* Mediterranean fruit fly (*Ceratitis capitata*).

'**mit·tel,mee·risch** *adj* (*Klima etc*) Mediterranean.

'**Mit·tel,meer,län·der** *pl geogr.* Mediterranean countries. — ~**raum** *m* Mediterranean area. — ~**schild,laus, 'Ro·te** *f zo.* palm scale, Mediterranean red scale (*Chrysomphalus dictyospermi*).

'**Mit·tel,mo,rä·ne** *f geol.* medial moraine.

'**mit·tel,nie·der,deutsch I** *adj* Middle Low German. – **II** *ling.* **M~** ⟨*generally undeclined*⟩, das **M~e** ⟨-n⟩ Middle Low German.

'**Mit·tel,ohr** *n med.* middle ear, tympanic cavity, (ear)drum, tympanum (*scient.*). — ~**ei·te·rung** *f* middle ear suppuration, suppurative middle ear otitis, otitis media purulenta (*scient.*). — ~**ent,zün·dung** *f* inflammation of the middle ear; otitis media, tympanitis (*scient.*).

'**Mit·tel,pfei·ler** *m* **1.** *arch.* central pillar. – **2.** *civ.eng.* (*einer Brücke*) center (*bes. Br.* centre) pier. — **m~präch·tig** *colloq.*

humor. **I** adj middling, passable, tolerable, so-so (pred) (colloq.). – **II** adv wie geht es dir? ~ how are you? so-so (od. fair to middling). — ~**punkt** m **1.** middle, central point, midpoint. – **2.** math. a) (eines Kreises etc) center, bes. Br. centre, central (od. median) point, b) (einer Ellipse) focus: den ~ eines Kreises bestimmen to determine the center of a circle. – **3.** fig. center, bes. Br. centre: diese Frage bildet den ~ seines Vortrags this question is the center of his lecture. – **4.** fig. (kultureller, geistiger, politischer etc) center, bes. Br. centre, hub, heart. – **5.** fig. (Brennpunkt) focus, focal point: im ~ des Interesses stehen to be (in) the focus of interest, to be in the limelight. – **6.** fig. (Hauptperson) center (bes. Br. centre) of attention: sie war der ~ des Abends she was the center of attention of the evening; sie will immer ~ sein she always wants to be the center of attention, she is fond of the limelight (colloq.). – **7.** her. (eines Wappenschildes) nombril. – **8.** (sport) (Anstoßmarke) center (bes. Br. centre) spot. — ~**punkt,schu·le** f ped. center (bes. Br. centre) school (of rural districts).

'Mit·tel,rei·he f (von Bänken) middle row.
'mit·tels prep **I** ⟨gen⟩ by (means of), by (od. with) the help (od. aid) of, by way of, through, with: er öffnete die Tür ~ eines Stemmeisens he broke the door open with the help (od. by means of) of a crowbar (Br. crow-bar). – **II** ⟨nom⟩ ~ Draht with wire. – **III** ⟨dat⟩ ~ Drähten with wires.
'Mit·tel,salz n meist pl chem. neutral (od. secondary) salt. — ~**,schei·tel** m Am. center part, bes. Br. centre parting: sie trägt einen ~ she parts her hair in the middle. — ~**,schie·ne** f (railway) center (bes. Br. centre) rail. — ~**,schiff** n arch. nave, middle (od. center, bes. Br. centre) aisle. — **m~,schläch·tig** [-,ʃlɛçtɪç] adj tech. middle-shot, breast-shot (beide attrib): ~es Wasserrad middle-shot (od. breast) wheel; ~e Mühle center- (bes. Br. centre)-float mill. — ~**,schmerz** m med. intermenstrual pain, midpain. — ~**,schnep·fe** f zo. great snipe (Capella media). — ~**,schu·le** f ped. obs. for Realschule. — ~**,schü·ler** m, ~**,schü·le·rin** f obs. for Realschüler(in). — ~**,schul,leh·rer** m, ~**,schul,leh·re·rin** f obs. for Realschullehrer(in). — **m~,schwer** adj **1.** (Verletzungen etc) moderately severe, fairly serious. – **2.** (Prüfung, Diktat etc) of medium difficulty. — ~**,schwer·ge,wicht** n (sport) (beim Gewichtheben) middle heavyweight. — ~**,schwer·ge,wicht·ler** m ⟨-s; -⟩ middle heavyweight. — ~**,schwert** n mar. cf. Kielschwert. — ~**,senk,rech·te** f math. perpendicular bisector.
'Mit·tels,mann m ⟨-(e)s; -leute od. -männer⟩ **1.** middleman, intermediary, agent, negotiator: er nahm mit ihm Verbindung durch einen ~ auf he got in touch with him through a middleman; er hat es durch einen ~ erfahren he has learned it secondhand (Br. second-hand). – **2.** (Vermittler) mediator, intercessor, go-between.
'Mit·tel,sor·te f econ. middling (od. medium) quality (od. grade). — ~**,span·nung** f **1.** electr. medium voltage (od. tension). – **2.** tech. (bei Werkstoffprüfung) mean stress. — **m~,spät** adj agr. medium-late. — ~**,specht** m zo. middle-spotted woodpecker (Dendrocopus medius).
'Mit·tels,per·son f cf. Mittelsmann.
'mit·telst prep obs. for mittels.
'Mit·tel,stadt f medium-size(d) town. — ~**,stand** m sociol. middle classes pl, auch middle class, bourgeoisie: gehobener ~ upper middle class. — **m~,stän·dig** adj bot. central, perigynous (scient.). — **m~,stän·disch** adj sociol. middle-class (attrib), bourgeois. — ~**,stein,zeit** f geol. hist. Mesolithic Age, Middle Stone Age. — **m~,stein,zeit·lich** adj Mesolithic. — ~**,stel·lung** f intermediate position. — ~**,stim·men** pl mus. middle (od. medium, inner) parts (od. voices). — ~**,stra·ße** f **1.** central (od. middle) road (od. route). – **2.** fig. cf. Mittelweg 2.
'Mit·tel,strecke (getr. -k·k-) f **1.** average (od. medium) distance. – **2.** (sport) middle (od. medium) distance. – **3.** aer. medium range.
'Mit·tel,strecken,flug,zeug (getr. -k·k-) n aer. medium-range airplane (bes. Br. aero-

plane). — ~**,lauf** m (sport) (bei der Leichtathletik) a) middle-distance running, b) (Einzelwettbewerb) middle-distance race. — ~**,läu·fer** m middle-distance runner. — ~**ra,ke·te** f aer. mil. medium-range (ballistic) missile.
'Mit·tel,streck·ler m ⟨-s; -⟩ (sport) cf. Mittelstreckenläufer.
'Mit·tel,strei·fen m (einer Autobahn) median strip, Br. auch central reserve. — ~**,stück** n **1.** middle (od. center, bes. Br. centre, central) piece (od. part), centerpiece, bes. Br. centrepiece, midportion. – **2.** (von Röhrenknochen) midshaft, diaphysis (scient.). – **3.** gastr. flank. – **4.** tech. middle (od. central) piece. – **5.** metall. (eines Konverters) body, bell. – **6.** auto. (eines Wagens) center (bes. Br. centre) portion (od. section). — ~**,stu·fe** f ped. intermediate grade(s pl). — ~**,stür·mer** m (sport) center (bes. Br. centre) forward. — ~**,teil** m cf. Mittelstück 1. — ~**,tier** n zo. mesotherium. — ~**,ton** m **1.** mus. mediant. – **2.** (art) medium tone, half tint. — ~**,wa·che** f mar. middle watch. — ~**,wand** f arch. center (bes. Br. centre) wall. — ~**,was·ser** n half tide. — ~**,weg** m **1.** central path (od. way, lane). – **2.** fig. middle (course), mean, medium, compromise, via media: der goldene ~ the golden (od. happy) mean; einen ~ einschlagen to steer (od. adopt) a middle course.
'Mit·tel,wel·le f (radio) medium wave.
'Mit·tel,wel·len|be,reich m (radio) medium-wave band. — ~**,sen·der** m medium-wave transmitter.
'Mit·tel|wert m **1.** econ. mean (od. average) (value). – **2.** math. phys. mean (value), average, median: quadratischer ~ root-mean-square. – **3.** meteor. average, mean (value). — ~**,wort** n ling. participle: ~ der Gegenwart [Vergangenheit] present [past] participle. — ~**,zim·mer** n central room.
mit·ten ['mɪtən] adv **1.** in (od. down) the middle: der Teller brach ~ entzwei the plate broke in (od. down) the middle. – **2.** (mit Präposition) in the middle (od. midst) (of): ~ am Tage in broad daylight; er wurde ~ aus der Unterredung abberufen he was called away in the middle of the conference; das Auto stand ~ auf der Wiese the car was in the middle of the meadow; er kehrte ~ auf dem Wege wieder um he turned back midway; er wählte einen ~ aus der Menge aus he chose one from among the crowd; der Pfad geht ~ durch den Wald the path goes right through (the middle of) the forest; ~ im Gewühl in the thick of the crowd; ~ im Atlantik in mid-Atlantic; ~ im Winter in the depth of winter; ~ in der Nacht in the middle (od. dead) of the night; ~ in der Stadt in the heart (od. center, bes. Br. centre) of the town, Am. downtown; der Schuß traf ihn ~ ins Herz the shot hit him right (od. directly) in the heart; ~ in der Saison at the height of the season; er steht ~ im Leben he has both feet planted firmly on the ground; er hielt ~ im Satz inne he stopped (od. broke off) in the middle of the sentence; er traf ~ ins Schwarze auch fig. he hit the bull's-eye; er war ~ unter ihnen he was in their midst; er trat ~ in die Pfütze he stepped right into (the middle of) the puddle. — **'drein** [,mɪtən-] adv colloq. right in(to) the middle (od. midst) of it. — **'drin** [,mɪtən-] adv colloq. **1.** (im Gewühl etc) right in the middle (od. midst) of it, in the thick of it. – **2.** (im Vortrag etc) right in the middle (od. midst) of it. — **'drun·ter** [,mɪtən-] adv colloq. among: an der Ecke stand eine Gruppe junger Mädchen, ~ meine Schwester a group of young girls was standing at the corner, among them my sister. — **'durch** [,mɪtən-] adv colloq. (straight od. right) through the middle (od. center, bes. Br. centre): der Stock brach ~ the stick broke right in (od. through) the middle; er schnitt den Apfel ~ he cut the apple clean through (od. in two). — **M~kon,takt** m phot. hot flash contact: Aufsteckschuh mit ~ hot shoe mount.
,mit·ten'mang [-'maŋ] adv Northern G. colloq. in among, in the (very) midst (od. middle), smack (bang) in the middle (colloq.): er befand sich ~ he found himself in the very middle.
'Mit·ter,nacht ['mɪtər-] f **1.** midnight: um ~ cf. mitternachts. – **2.** obs. (Himmelsrichtung) North.

'mit·ter,näch·tig adj ⟨attrib⟩ rare for mitternächtlich.
'mit·ter,nächt·lich adj ⟨attrib⟩ **1.** midnight: zu ~er Stunde at the midnight hour. – **2.** (nächtlich) nocturnal. – **3.** obs. north, northern, northerly.
'mit·ter,nachts adv at (od. about, Am. around) midnight.
'Mit·ter,nachts|mes·se f röm.kath. midnight mass. — ~**,son·ne** f ⟨-; no pl⟩ midnight sun. — ~**,stun·de** f midnight hour. — ~**,zeit** f time of midnight.
'Mitt,fa·sten ['mɪt-] pl röm.kath. Mid-Lent sg, bes. Wednesday sg before Mid-Lent (od. Laetare) Sunday, auch Mid-Lent (od. Laetare) Sunday sg.
'mit·tig adj tech. (con)centric, central: ~e Last axial load.
'mitt·ler adj ⟨attrib⟩ **1.** middle: gib mir das ~e Buch give me the middle book; der M~e Osten the Middle East; ~es Alter middle age; im ~en Alter middle-age(d); ~e Reife ped. small (od. lesser) leaving certificate, (in Großbritannien) etwa General Certificate of Education Ordinary Level; ~er Beamter subordinate official. – **2.** (durchschnittlich) medium, average: ~e Begabung medium talent; ~e Feuergeschwindigkeit mil. average rate of fire; mit 90 km ~er Stundengeschwindigkeit at an average speed of 90 kilometers. – **3.** cf. mittelmäßig 1. – **4.** (Preise etc) medium. – **5.** (zentral) central, center, bes. Br. centre: ein ~er Stadtteil a central part of the city. – **6.** (Betrieb etc) medium-size(d). – **7.** tech. (Druck etc) mean, medium. – **8.** math. mean: ~er quadratischer Quadratwurzelwert root-mean-square value; ~e Proportionale mean proportional, geometric mean. – **9.** mus. middle: ~e Stimme (od. innerer) part; ~e Stimmlage middle register. – **10.** astr. (Mittag, Sonnenzeit etc) mean. – **11.** econ. average: ~er Lohnsatz average wage rate; ~er Zahlungstermin average term of payment. – **12.** mar. (Kurs, Hochwasser etc) mean: ~er Tidenhub mean (tidal) range; ~er Tiefgang mean draft (bes. Br. draught).
'Mitt·ler m ⟨-s; -⟩ **1.** cf. Mittelsmann. – **2.** relig. mediator, intercessor. — ~**amt** n relig. mediatorship.
'mitt·ler'wei·le adv **1.** meanwhile, (in the) meantime, in the interim. – **2.** (seitdem) since (then).
'mit,tö·nen v/i ⟨sep, -ge-, h⟩ **1.** sound simultaneously (od. in unison). – **2.** mus. (von Orgelpfeifen) (produce a) cipher. – **3.** phys. consonate.
'mit,tra·gen v/t ⟨irr, sep, -ge-, h⟩ **1.** carry (od. bear) (s.th.) jointly (od. with others): j-m etwas ~ to help s.o. bear s.th., to carry s.th. with s.o. – **2.** fig. (Verlust etc) share: j-s Schmerz ~ to share s.o.'s grief.
'mit,trin·ken **I** v/i ⟨irr, sep, -ge-, h⟩ join in a drink: mit j-m ~ to have (od. take) a drink with s.o. – **II** v/t join drinking: trinkst du etwas mit? will you have a drink with me (od. us)? will you join me (od. us) in a drink?
'mitt,schiffs adv mar. amidships, auch amidship: Ruder ~! helm amidship!
'Mitt,som·mer m ⟨-s; no pl⟩ midsummer. — ~**,fest** n midsummer festival, St. John's Day. — ~**,nacht** f midsummer night.
'mitt,som·mers adv in midsummer.
'mit,tun v/i ⟨irr, sep, -ge-, h⟩ cf. mitmachen 5, 6.
'Mitt,win·ter m ⟨-s; no pl⟩ midwinter.
'mitt,win·ters adv in midwinter.
'Mitt,woch [-,vɔx] m ⟨-(e)s; -e⟩ Wednesday: am ~ (nachmittag) on Wednesday (afternoon); ~ früh (early) Wednesday morning; ~ abends (on) Wednesday evenings (od. nights). — ~**,abend** m Wednesday evening (od. night).
'mitt,wochs adv on Wednesday(s), every (od. each) Wednesday, bes. Am. Wednesdays: ~ abends (on) Wednesday evenings (od. nights); ~ geschlossen closed on Wednesday(s).   [mitu]
Mi·tu ['miːtu] m ⟨-s; -s⟩ zo. mitu (Mitua]
,mit'un·ter adv (every) now and then (od. again), sometimes, occasionally, once in a while, from time to time.
'mit,un·ter,schrei·ben **I** v/t ⟨irr, sep, no -ge-, h⟩ **1.** add one's signature to, sign (s.th.) jointly. – **2.** (gegenzeichnen) countersign. – **II** v/i **3.** add one's signature, sign jointly. – **4.** countersign.

'Mit·un·ter,schrift f 1. joint signature. – 2. countersignature.

'mit,un·ter,zeich·nen v/i u. v/t ⟨sep, no -ge-, h⟩ cf. mitunterschreiben.

'Mit,un·ter,zeich·ner m cosignatory Br. co-, joint signer.

'Mit,ur,sa·che f concurring (od. concurrent, additional, secondary, concomitant) cause (od. reason), concause.

'mit·ver,ant,wort·lich adj jointly responsible. — **'Mit·ver,ant,wor·tung** f ⟨-; no pl⟩ joint responsibility.

'mit·ver,die·nen v/i ⟨sep, no -ge-, h⟩ contribute to the family income, be gainfully employed (as well): seine Frau verdient mit his wife is contributing to the family income. — **'mit·ver,die·nend I** pres p. – **II** adj die ∼en Ehefrauen wives having their own incomes, gainfully employed wives. — **'Mit·ver,die·ne·rin** f ⟨-; -nen⟩ working wife.

'Mit·ver,fas·ser m coauthor Br. co-.

'Mit·ver,haf·te·te m fellow arrestee.

'mit·ver,schul·den jur. **I** v/t ⟨sep, no -ge-, h⟩ etwas ∼ to be partly (od. partially) to blame for s.th. – **II M∼** n ⟨-s⟩ verbal noun: fahrlässiges M∼ contributory negligence.

'Mit·ver,schwo·re·ne m fellow conspirator, coconspirator Br. co-.

'mit·ver,si·chern v/t ⟨sep, no -ge-, h⟩ econ. 1. etwas ∼ to coinsure (Br. co-) s.th. – 2. j-n ∼ to insure s.o. (along od. together) with s.o.: die Kinder sind bei mir mitversichert the children are insured along with me. — **'Mit·ver,si·cher·te** m jointly insured (person), joined insuree. — **'Mit·ver,si·che·rung** f 1. (von Sachen) coinsurance Br. co-. – 2. (von Personen) joint insurance.

'mit·ver,ur,sa·chen v/t ⟨sep, no -ge-, h⟩ cf. mitverschulden.

'Mit·ver,wal·tung f ⟨-; no pl⟩ coadministration Br. co-.

'Mit,welt f ⟨-; no pl⟩ (our) contemporaries pl, (the) contemporary (od. present) generation.

'mit,wir·ken v/i ⟨sep, -ge-, h⟩ 1. (mitarbeiten) (an dat, bei) contribute (to), assist (in), be instrumental (in): bei der Ausarbeitung eines Plans ∼ to assist in the drawing up of a plan. – 2. (beitragen) (an dat) cooperate (Br. auch co-) (in), be instrumental (in): an der Aufklärung eines Verbrechens ∼ to cooperate in solving a crime. – 3. (teilnehmen) (an dat, bei) take part (in), enlist (in), participate (in): hast du daran (od. dabei) mitgewirkt? did you take part (in it)? – 4. (im Konzert etc) take a part (in), play (in), perform (in). – 5. (im Film, Theaterstück etc) play (od. act) (a part) (in), act (in), perform (in). – 6. (zusammenwirken) (bei) concur (in), contribute (to): verschiedene Faktoren wirkten dabei mit several factors contributed. – 7. med. contribute, auch co(-)operate. – **II M∼** n ⟨-s⟩ 8. verbal noun. – 9. cf. Mitwirkung.

'mit,wir·kend I pres p. – **II** adj 1. cooperative Br. auch co-, cooperant Br. auch co-, collaborating, coworking Br. auch co-, instrumental. – 2. jur. (mitverursachend) contributory, cooperative Br. auch co-. – 4. bes. phys. coefficient. — **'Mit,wir·ken·de** m, f ⟨-n; -n⟩ 1. (Mitarbeiter) assistant, cooperator Br. auch co-, contributor: die an der Aufklärung dieses Falles ∼n wußten, daß those who had a part in the solution of this case knew that. – 2. mus. player. – 3. (theater, film) player, performer, actor: ∼ sind the cast includes.

'Mit,wir·kung f ⟨-; no pl⟩ 1. cf. Mitwirken. – 2. (Mitarbeit) contribution, assistance: unter ∼ von with contribution of, assisted by; wir danken Ihnen für Ihre tatkräftige ∼ we thank you for your active assistance. – 3. (Beitrag) cooperation Br. auch co-. – 4. (Teilnahme) enlistment, participation. – 5. (im Konzert etc) play, performance. – 6. (im Film etc) play, performance, auch act. – 7. med. contribution, cooperation Br. auch co-.

'Mit,wis·sen n ⟨-s; no pl⟩ 1. joint knowledge: ohne mein ∼ without my knowledge, unknown to me. – 2. jur. (Kenntnis) cognizance, cognisance, privity. — **'mit,wis·send** adj (etwas) ∼ knowing ([of] s.th., cognizant (od. cognisant) (of s.th.), privy (to s.th.).

'Mit,wis·ser m ⟨-s; -⟩ 1. person in on a secret (od. privy to s.th., colloq. in the know), (bes. Vertrauter) confidant. – 2. jur.

accessory, auch accessary, privy. — **'Mit,wis·se·rin** f ⟨-; -nen⟩ 1. person in on a secret (od. privy to s.th., colloq. in the know), (bes. Vertraute) confidante. – 2. jur. cf. Mitwisser 2.

'Mit,wis·ser·schaft f ⟨-; no pl⟩ jur. cognizance, cognisance, privity, knowledge: er wurde der ∼ bezichtigt he was accused of privity.

'mit,wol·len v/i ⟨irr, sep, -ge-, h⟩ colloq. want to go (along) with others.

'mit,zäh·len I v/t ⟨sep, -ge-, h⟩ 1. take (s.th.) into account, include (s.th.) in the (ac)count: die Abwesenden sind mitzuzählen those absent are to be included in the count. – **II** v/i 2. count along (od. with others): zählen Sie bitte mit please count along (od. with me). – 3. fig. count, be of importance: das zählt nicht mit that doesn't count, that's of no importance.

'mit,zie·hen I v/t ⟨irr, sep, -ge-, h⟩ 1. pull (od. drag) (s.th.) along. – **II** v/i ⟨h u. sein⟩ 2. (sein) march (od. travel, journey) along (with others): das fünfte Regiment zieht mit the fifth regiment will also march (od. go). – 3. ⟨h⟩ fig. colloq. follow suit. – 4. ⟨h⟩ hunt. swing: mit dem Gewehr ∼ to swing the gun.

'Mix,be·cher m (cocktail) shaker.

Mixed Pick·les ['mɪkst 'pɪklz] (Engl.) pl gastr. mixed pickles (assorted young vegetables pickled in vinegar).

mi·xen ['mɪksən] v/t ⟨h⟩ 1. (Getränke) mix. – 2. tech. (Musik, Geräusche etc) mix.

'Mi·xer m ⟨-s; -⟩ 1. (Person) cocktail (od. drink) mixer, bartender. – 2. (Küchenmaschine) mixer. – 3. tech. (in Film, Funk u. Fernsehen) mixer, mixing stage.

'Mix,ge,tränk n mixed drink.

mi·xo·ly·disch [mɪkso'lyːdɪʃ] adj mus. (Tonart) mixolydian.

'Mix,pick·les [-,pɪkəls] pl gastr. cf. Mixed Pickles.

Mix·te·ke [mɪks'teːkə] m ⟨-n; -n⟩ meist pl anthrop. Mixtec, Mixteco.

Mix·tum com·po·si·tum ['mɪkstʊm kəm'poːzitʊm] n ⟨- -; -ta [-ta] -ta [-ta]⟩ (Mischmasch) hodgepodge, bes. Br. hotchpotch.

Mix·tur [mɪks'tuːr] f ⟨-; -en⟩ 1. auch pharm. mixture. – 2. mus. mixture (stop), (der Orgel) furniture (stop).

Mi·zell [mi'tsɛl] n ⟨-s; -e⟩, **Mi'zel·le** f ⟨-; -n⟩ biol. micelle, auch micella, micell.

MKS-Sy,stem [ɛmkaː'ʔɛs-] n ⟨-s; no pl⟩ phys. MKS system, meter- (bes. Br. metre-)kilogram-second system.

Mne·me ['mneːmə] f ⟨-; no pl⟩ med. psych. mneme, memory (trace). — **Mne·mo·nik** [mne'moːnɪk] f ⟨-; no pl⟩ cf. Mnemotechnik. — **Mne·mo·ni·ker** [mne'moːnikər] m ⟨-s; -⟩ cf. Mnemotechniker. — **mne·mo·nisch** [mne'moːnɪʃ] adj cf. mnemotechnisch. — **Mne·mo·tech·nik** [mnemo'tɛçnɪk] f ⟨-; no pl⟩ mnemonics pl (usually construed as sg), auch mnemonic, mnemotechny. — **Mne·mo·tech·ni·ker** [mnemo'tɛçnikər] m ⟨-s; -⟩ mnemonist, mnemonicalist, mnemotechnist. — **mne·mo·tech·nisch** [mnemo'tɛçnɪʃ] adj mnemonic, mnemotechnic(al).

Moa ['moːa] m ⟨-(s); -s⟩ zo. moa (Fam. Dinornithidae).

Moa·bi·ter [moa'biːtər] m ⟨-s; -⟩ Bibl. Moabite.

Mob [mɔp] m ⟨-s; no pl⟩ mob, rabble, rout.

Mö·bel ['møːbəl] n ⟨-s; -⟩ 1. pl furniture sg, furnishings. – 2. cf. Möbelstück. – 3. fig. colloq. (großer Gegenstand) outsized thing: dieses ∼ von Aschenbecher this outsized ashtray. – 4. altes ∼ (Person) fig. colloq. ancient fixture, old fog(e)y. — ∼,aus,stel·lung f furniture (od. exhibition). — ∼fa,brik f furniture factory. — ∼fur,nier n tech. furniture veneer. — ∼ge,schäft n furniture store (bes. Br. shop). — ∼,händ·ler m furniture dealer, dealer in furniture. — ∼in·du,strie f furniture industry. — ∼lack m (paints) cabinet (od. furniture) varnish. — ∼,la·den m cf. Möbelgeschäft. — ∼,la·ger n furniture warehouse (od. storehouse). — ∼,packer (getr. -k·k-) m bes. Am. mover, bes. Br. remover. — ∼,po·li,tur f furniture (od. French) polish. — ∼spe·di,teur m bes. Am. moving man, mover, bes. Br. removal contractor, remover. — ∼,stoff m (textile) upholstery (od. upholstering) fabric (od. cloth). — ∼,stück n piece of furniture: zerlegbares ∼ collapsible (auch collapsable) piece of furniture, bes. Am. colloq. knock-

down. — ∼,tisch·ler m cabinetmaker, Br. cabinet-maker. — ∼trans·por,teur m cf. Möbelspediteur. — ∼trans,port·ge,schäft n bes. Am. (firm of) movers pl, bes. Br. (firm of) removers pl, removal contractors pl. — ∼,über,zug m 1. furniture cover, Br. loose cover. – 2. (für nicht benutzte Möbel) dust cover, slip cover, Br. slip-cover. — ∼,wa·gen m bes. Am. moving van, bes. Br. furniture (od. removal) van, Br. pantechnicon. — ∼,zen·trum n furniture supermarket, furniture center (bes. Br. centre).

mo·bil [mo'biːl] adj 1. (beweglich) mobile, movable: ein ∼es Büro unterhalten to maintain a mobile office. – 2. mil. (Einheiten etc) mobile: ∼er Nachrichtentrupp field intelligence team; ∼ machen a) auch fig. to mobilize (Br. auch -s-), b) fig. to perk (s.o.) up, to give (s.o.) a lift, (aufwecken) to rouse. – 3. colloq. (lebendig, munter) active, lively, quick: der Alte ist noch sehr ∼ the old fellow is still very sprightly (colloq.); nach dem Dienst begann er, ∼ zu werden after work he started to become lively (od. to liven up); munter und ∼ hale and hearty, alive and kicking (colloq.).

Mo·bi·le ['moːbile] n ⟨-s; -s⟩ mobile.

Mo·bi·li·ar [mobi'liaːr] n ⟨-s; -e⟩ 1. furniture. – 2. cf. Mobilien. — ∼,kre,dit m econ. loan on movables (od. personal property). — ∼,pfän·dung f jur. distraint (od. execution) on chattels (od. furniture). — ∼ver,mö·gen n econ. jur. personal property (od. estate), (net) personalty, chattels pl, movables pl. — ∼ver,si·che·rung f econ. insurance of personal property.

Mo·bi·li·en [mo'biːliən] pl movables, movable assets (od. property sg), chattels.

Mo·bi·li·sa·ti·on [mobiliza'tsioːn] f ⟨-; -en⟩ 1. med. (operative) mobilization Br. auch -s-. – 2. mil. cf. Mobilmachung.

mo·bi·li·sie·ren [mobili'ziːrən] **I** v/t ⟨no ge-, h⟩ 1. mil. mobilize Br. auch -s-. – 2. colloq. mobilize Br. auch -s-, set (s.th.) in motion: den müssen wir ∼ we have to mobilize him. – 3. econ. cf. verflüssigen 3. – **II M∼** n ⟨-s⟩ 4. verbal noun. — **Mo·bi·li'sie·rung** f ⟨-; -en⟩ 1. cf. Mobilisieren. – 2. mil. mobilization Br. auch -s-.

Mo·bi·lis·mus [mobi'lɪsmus] m ⟨-; no pl⟩ geol. phys. (Wandertektonik) mobilism.

Mo·bi·li·tät [mobili'tɛːt] f ⟨-; no pl⟩ mobility.

Mo'bil,ma·chung f ⟨-; -en⟩ mil. auch fig. mobilization Br. auch -s-: die allgemeine ∼ general mobilization; die ∼ befehlen to order mobilization.

Mo'bil,ma·chungs|be,fehl m mil. mobilization (Br. auch -s-) order(s pl). — ∼,plan m mobilization (Br. auch -s-) scheme. — ∼,tag m mobilization (Br. auch -s-) day.

mö·blie·ren [mø'bliːrən] **I** v/t ⟨no ge-, h⟩ furnish: wieder (od. neu) ∼ to refurnish. – **II M∼** n ⟨-s⟩ verbal noun. — **mö'bliert I** pp. – **II** adj furnished: ein ∼es Zimmer a furnished room, Br. auch a bed-sitter; nicht ∼ unfurnished; ein ∼er Herr fig. colloq. a lodger, bes. Am. a roomer. – **III** adv ∼ wohnen to live in lodgings. — **Mö'blie·rung** f ⟨-; -en⟩ furnishing.

Moc·ca ['mɔka] m ⟨-s; -⟩ Austrian for Mokka.

Mo·cha ['mɔxa; 'mɔka] m ⟨-s; no pl⟩, ∼,stein m min. Mocha stone, moss agate.

moch·te ['mɔxtə] 1 u. 3 sg pret, **möch·te** ['mœçtə] 1 u. 3 sg pret subj of mögen¹.

'Möch·te,gern m ⟨-(s); -e⟩ iron. colloq. would-be.

Mocke (getr. -k·k-) ['mɔkə] f ⟨-; -n⟩ agr. dial. for Zuchtschwein.

'Mock,tur·tle,sup·pe [-,tœrtəl-] f gastr. mock turtle soup.

mo·dal [mo'daːl] adj ling. philos. (Konjunktion, Logik etc) modal. — **M∼ad,verb** n ling. modal adverb.

Mo·da·lis·mus [moda'lɪsmus] m ⟨-; no pl⟩ relig. modalism.

Mo·da·li·tät [modali'tɛːt] f ⟨-; -en⟩ 1. ling. modality. – 2. philos. modality, mode. – 3. econ. proviso, procedure, arrangement.

Mo'dal|,lo·gik f philos. modal logic. — ∼no·ta·ti,on f mus. modal notation. — ∼,satz m 1. ling. adverbial clause. – 2. philos. modal proposition. — ∼,verb n ling. modal auxiliary verb.

Mod·der ['mɔdər] m ⟨-s; no pl⟩ Low. G. cf. Moder 3. — **'mod·de·rig, 'modd·rig** adj Low G. for morastig.

Mo·de ['moːdə] f ⟨-; -n⟩ 1. fashion, vogue,

mode, style: die herrschende ~ the vogue of the day, the prevailing fashion; die neueste ~ the latest fashion (od. fad, rage, craze), the new look, (le) dernier cri; Frau ~ diktiert fashion dictates; mit der ~ gehen to follow fashion; in ~ kommen to come into fashion; Miniröcke bleiben (in) ~ miniskirts remain in fashion (od. fashionable), miniskirts are still in (colloq.); lange Röcke werden wieder ~ long skirts are coming in(to) fashion again; Leder ist jetzt große ~ leather is all the rage (od. the latest craze, the latest fad); die ~ schreibt vor, daß fashion dictates that; diese Hüte sind aus der ~ gekommen these hats got (od. grew) out of fashion, these hats are out-moded; sie macht jede ~ mit she keeps up with (od. follows) the latest style. – 2. fig. (Zeitgeschmack) vogue, fashion: der Schriftsteller [Sänger] ist ganz aus der ~ gekommen the writer [singer] is now entirely out of vogue. – 3. fig. (Sitte) mode, custom, use, way: wir wollen keine neuen ~n einführen colloq. let's not start any new customs. – 4. große ~ fashion, fad, craze, all the rage: es ist jetzt große ~, in die Oper zu gehen it is very much the fashion nowadays to go to the opera; dieses Jahr ist Italien große ~ this year it is the fad (od. everyone's craze) to go to (od. visit) Italy. — ~,ar,ti·kel m novelty, fashionable (od. fancy) article. — ~,aus,druck m vogue word, bes. Br. colloq. in-word. — ~,ba·de,ort m fashionable spa (od. bathing resort). — ~,da·me f fashionable (od. stylish) lady, lady of fashion (od. style). — ~,dich·ter m fashionable poet, poet in vogue (od. fashion). — ~,far·be f fashionable color (bes. Br. colour), colo(u)r in fashion (od. vogue). — ~,geck m colloq. dandy, fop, Am. sl. dude, auch 'clotheshorse'. — ~ge,schäft n fashion store (bes. Br. shop). — ~,haus n fashion house. — ~,heft n fashion magazine (od. journal). — ~,krank·heit f 1. fashionable complaint (od. illness). – 2. (Modetorheit) fashion mania. — ~,künst·ler m fashion designer, couturier.

Mo·del ['mo:dəl] m ⟨-s; -⟩ 1. Southern G., Austrian, and Swiss (wooden) butter (od. biscuit) mold (bes. Br. mould). – 2. (textile) (Muster beim Zeugdruck) block. – 3. tech. block. — ~,druck m ⟨-(e)s; -e⟩ (textile) block printing.

'Mo·de,li·nie f fashion line.

Mo·dell [mo'dɛl] n ⟨-s; -e⟩ 1. (Muster, Vorbild, Urform) model. – 2. (Modellkleid) model (dress): in Paris wurden neue ~e für Herbst und Winter vorgeführt in Paris new autumn (bes. Am. fall) and winter models were shown. – 3. (Ausführung) model, type, design: das neueste ~ von Opel the latest design of Opel. – 4. (Nachbildung) mock-up. – 5. (art) model: für j-n ~ stehen (od. sitzen), j-m als ~ dienen (to serve as a) model for s.o., to pose for s.o., to sit to s.o. – 6. cf. Mannequin 1. – 7. (literature) model, prototype: er diente als ~ für den Helden des Romans he served as a prototype for the hero of the novel. – 8. tech. (Erstkonstruktion) prototype. – 9. metall. (in Gießerei) pattern. – 10. tech. (beim Kopierfräsen) master form. – 11. print. print. – 12. (maßstabgetreue Verkleinerung von Schiff, Flugzeug etc) model. — ~,bau m model construction. — ~,bau,ka·sten m model construction kit. — ~,ei·sen,bahn f model (od. toy) railway (Am. railroad).

Mo·del·leur [modɛ'lø:r] m ⟨-s; -e⟩ modeler, bes. Br. modeller, molder, bes. Br. moulder.

Mo'dell|,flug,zeug n model airplane (bes. Br. aeroplane) (od. aircraft), mock-up. — ~,for·mer m metall. patternmaker, Br. pattern-maker. — ~,gips m casting plaster.

Mo·del'lier|,bank f (der Bildhauer) banker. — ~,bo·gen m cardboard sheet for cutting out models.

mo·del·lie·ren [modɛ'li:rən] I v/t ⟨no ge-, h⟩ 1. (nachbilden) model. – 2. tech. (art) model, form, shape, fashion, mold, bes. Br. mould: etwas in Ton ~ to model s.th. in clay. – II M~ n ⟨-s⟩ 3. verbal noun. — Mo·del'lie·rer m ⟨-s; -⟩ cf. Modelleur.

Mo·del'lier|,holz n (art) modelling stick. — ~,klas·se f model(l)ing class. — ~,mas·se f plasticine. — ~,ton m model(l)ing clay. — ~,wachs n molding (bes. Br. moulding) wax.

Mo'dell|,kleid n model (dress). — ~,ma-

cher m metall. patternmaker, Br. pattern-maker. — ~,pup·pe f 1. (Schneiderbüste) tailor's dummy. – 2. (Schaufensterpuppe) mannequin, dummy. — ~,schuh m model shoe. — ~,tisch·ler m metall. pattern-maker, Br. pattern-maker. — ~,tisch·le,rei f metall. (Gießerei) wood pattern (making) shop. — ~,ver,trag m econ. prototype contract. — ~,zeich·ner m 1. tech. pattern drawer. – 2. (art) model drawer.

mo·deln ['mo:dəln] v/t ⟨h⟩ 1. mold, bes. Br. mould, form. – 2. (Butter) roll (od. stamp) a pattern on. – 3. colloq. (anpassen) modulate. – 4. colloq. (ändern) change.

'Mo·de,narr m colloq. cf. Modegeck.

'Mo·den|,blatt n cf. Modeheft. — ~,haus n cf. Modehaus. — ~,schau f fashion show (od. parade). — ~,zeich·ner m, ~,zeich-ne·rin f cf. Modezeichner(in). — ~,zeit,schrift, ~,zei·tung f cf. Modeheft.

'Mo·de,pup·pe f fig. contempt. doll.

Mo·der ['mo:dər] m ⟨-s; no pl⟩ 1. (Fäulnis) decay, decomposition, rot(tenness), putre-faction: nach ~ riechen to smell rotten (od. of decay). – 2. (Schimmel) mildew, mold, bes. Br. mould, must, mustiness. – 3. Low G. mud.

Mo·de·ran·tis·mus [moderan'tısmus] m ⟨-; no pl⟩ hist. moderantism.

Mo·de·ra·ti·on [modera'tsio:n] f ⟨-; no pl⟩ 1. archaic od. dial. for Mäßigung. – 2. (radio) telev. (einer Sendung) presentation.

mo·de·ra·to [mode'ra:to] mus. I adv u. adj moderato. – II M~ n ⟨-s; -s u. -ti [-ti]⟩ moderato.

Mo·de·ra·tor [mode'ra:tər] m ⟨-s; -en [-ra'to:rən]⟩ 1. (radio) telev. moderator. – 2. relig. moderator. – 3. nucl. (im Kern-reaktor) moderator.

'Mo·der|,er·de f agr. mold (bes. Br. mould) (humus). — ~,fisch m zo. cf. Schlamm-fisch. — ~,fleck m 1. (an der Wand etc) damp spot (od. patch). – 2. (im Stoff, Tuch) mildewy patch. – 3. (im Papier) spot of mildew. – 4. (an gesalzenem Fleisch) rust. — m~,fleckig (getr. -k·k-) adj 1. (Wand etc) spotted with mildew. – 2. (Papier etc) foxed, foxy. — ~ge,ruch m 1. musty (od. moldy, bes. Br. mouldy) smell, bes. Br. fust. – 2. (faulender) rotten (od. putrid) smell. – 3. (einer Leiche) cadaverous smell.

'Mo·der,hin·ke f [-,hıŋkə] f ⟨-; no pl⟩ vet. foot rot, necrotic pododermatitis (scient.).

mo·de·rie·ren [mode'ri:rən] v/t ⟨no ge-, h⟩ 1. archaic od. dial. for mäßigen 1. – 2. (radio) telev. (Sendung) act as a moderator in, present.

'mo·de·rig adj 1. (faulend) decaying, rotten, putrid, decomposed. – 2. (Geruch) musty, fusty, moldy, bes. Br. mouldy. – 3. (schim-melig) mildewy, mildewed, moldy, bes. Br. mouldy, musty. – 4. (Holz) foxed, foxy.

'Mo·der,kä·fer m zo. mud beetle (Lathridius angusticollis).

mo·dern¹ ['mo:dərn] v/i ⟨h⟩ 1. (verfaulen) decay, decompose, rot, putrefy, molder, bes. Br. moulder. – 2. (schimmeln) mildew.

mo·dern² [mo'dɛrn] adj ⟨-er; -st⟩ 1. modern: er hat das ~ste Radio gekauft he bought the most modern (od. latest) radio (bes. Br. wireless). – 2. (gegenwärtig) modern, present-day (attrib), contemporary: ~e Kunst contemporary art. – 3. (fortschrittlich) progressive, modern, advanced: ein ~er Mensch a progressive person; ~e Waffen advanced (od. modern) weapons. – 4. (modisch) modern, modish, fashionable, stylish, trendy, a la mode, bes. Br. à la mode: das ist ~ that's quite the go (colloq.); lange Kleider werden wieder ~ long dresses are coming into fashion (od. vogue) again; eine ~e Frisur a modern hairstyle, bes. Br. colloq. an in-hairstyle. – 5. (zeitgemäß) up-to-date, Am. streamlined. – 6. (Roman etc) current, modern. – 7. contempt. newfangled. – II adv 8. in a modern manner, modernly, modern (colloq.): ~ eingerichtet a) (Wohnung) with all appointments, b) (Betrieb, Küche etc) with all the modern facilities, with all the improvements; ~ wohnen to live modern; ~ denken to think modern. – 9. (modisch) fashionably, modishly, after the latest fashion: sich ~ kleiden to dress fashionably. – III M~e, das ⟨-n⟩ 10. cf. Modernität.

Mo'der·ne f ⟨-; no pl⟩ 1. (Zeitgeist) modern spirit (od. times pl, age). – 2. (art) modern trend, modernity: vor der ~ geschehen

(od. lebend) premodern, Br. pre-modern; Vertreter der ~ representatives of the latest trend, modernists.

mo·der·ni·sie·ren [moderni'zi:rən] I v/t ⟨no ge-, h⟩ 1. (der Zeit anpassen) modernize Br. auch -s-, bring (s.th.) up to date, Am. streamline. – 2. (fashion) modernize (a dress) in the latest style. – II M~ n ⟨-s⟩ 3. verbal noun. — Mo·der·ni'sie·rung f ⟨-; -en⟩ 1. (der Zeit anpassen) modernization Br. auch -s-, Am. streamlining.

Mo·der·nis·mus [moder'nısmus] m ⟨-; no pl⟩ 1. modernism. – 2. relig. modernism, auch Modernism. — **Mo·der'nist** [-'nıst] m ⟨-en; -en⟩ 1. modernist. – 2. relig. modernist, rare new light. — **mo·der'ni·stisch** adj 1. modernist(ic). – 2. relig. modernist(ic).

Mo·der·ni·tät [moderni'tɛːt] f ⟨-; no pl⟩ modernness, modernity, up-to-dateness.

'Mo·der|,pilz m bot. cf. Schimmelpilz. — ~,wes·pe f zo. sapygid (Fam. Sapygidae).

'Mo·de|,sa·che f fashionable thing: nach Italien in Urlaub zu fahren, ist eine ~ it is a fashionable thing to go to Italy for holidays. — ~,sa,lon m fashion house (od. salon). — ~,schau f cf. Modenschau. — ~,schmuck m costume jewelry (bes. Br. jewellery). — ~,schöp·fer m, ~,schöp·fe-rin f (fashion) fashion (od. dress) designer, stylist, bes. Am. styler. — ~,schöp·fung f fashion creation. — ~,schrift,stel·ler m fashionable writer (od. author), author in fashion (od. vogue). — ~,stil m fashion style, (new) look. — ~,tanz m fashionable (od. vogue) dance. — ~,tor·heit f fad, craze, rage, ~,wa·ren pl fancy articles. — ~,welt f ⟨-; no pl⟩ world of fashion, fashionable world. — ~,wort n ⟨-(e)s; ~er⟩ vogue word, fashionable expression. — ~,zeich·ner m, ~,zeich·ne·rin f fashion (od. dress) designer, stylist, bes. Am. styler. — ~,zeich·nung f fashion drawing (od. plate). — ~,zeit,schrift, ~,zei·tung f cf. Modeheft.

Mo·di·fi·ka·bi·li·tät [modifikabili'tɛːt] f ⟨-; -en⟩ biol. modifiability.

Mo·di·fi·ka·ti·on [modifika'tsio:n] f ⟨-; -en⟩ 1. (Abänderung) modification, alter-ation. – 2. (Abart) modification, diversifi-cation. – 3. (Einschränkung) modification, qualification. – 4. biol. ling. chem. modi-fication.

mo·di·fi'zier·bar adj modifiable. — **Mo·di·fi'zier·bar·keit** f ⟨-; no pl⟩ modifiability, modifiableness.

mo·di·fi·zie·ren [modifi'tsi:rən] I v/t ⟨no ge-, h⟩ 1. modify, alter: einen Vertrag ~ to modify a treaty, to make a modification in a treaty. – 2. (einschränken) modify, qualify. – 3. ling. modify, qualify. – 4. biol. chem. modify. – II M~ n ⟨-s⟩ 5. verbal noun. — **Mo·di·fi'zie·rung** f ⟨-; -en⟩ 1. cf. Modifizieren. – 2. cf. Modifikation.

mo·disch ['mo:dıʃ] I adj fashionable, stylish, modish, vogue (attrib): ~e Klei-dung tragen to wear stylish clothes; eine ~e Frisur a fashionable hairdo; ~e Neu-heiten novelties. – II adv fashionably, stylishly, modishly, a la mode, bes. Br. à la mode: ~ gekleidet stylishly dressed; ihr Haar ist ~ kurz her hair is fashionably short.

Mo·di·stin [mo'dıstın] f ⟨-; -nen⟩ milliner.

'mo·dig adj cf. moderig.

Mo·dul ['mo:dul] m ⟨-s; -n⟩ 1. math. phys. modulus. – 2. tech. arch. module.

Mo·du·la·ti·on [modula'tsio:n] f ⟨-; -en⟩ 1. electr. modulation. – 2. mus. a) modu-lation, b) (der Stimme) modulation, cadence: (melodische) ~ a) inflection, Br. auch inflexion, b) ling. intonation; chro-matische [diatonische] ~ chromatic [dia-tonic] modulation.

Mo·du·la·ti·ons|,fä·hig·keit f mus. capabil-ity of modulation. — ~,fre,quenz f electr. modulating (od. modulation) frequency. — ~,röh·re f modulation tube (bes. Br. valve), modulator. — ~,stel·le f mus. transition. — ~trans·for,ma·tor m electr. modulation transformer. — ~ver,zer·rung f modu-lation distortion.

Mo·du·la·tor [modu'la:tər] m ⟨-s; -en [-la'to:rən]⟩ electr. modulator. — ~,röh·re f modulator tube (bes. Br. valve).

mo·du·lie·ren [modu'li:rən] v/t ⟨no ge-, h⟩ 1. electr. modulate. – 2. mus. modulate: etwas (melodisch) ~ to inflect s.th.

Mo·dus ['mo:dus] m ⟨-; Modi [-di]⟩ 1. way, means pl (construed as sg or pl), method, modus: einen ~ zur Verständigung finden to find a way to come to an agreement, to find a means of agreement. – **2.** (*Regel, Richtschnur*) rule: nach einem festgesetzten ~ handeln to act according to a set rule. – **3.** *mus.* mode. – **4.** *ling.* mood, mode: die Modi des Verbs the moods of the verb; der ~ des Indikativs [Konjunktivs] the indicative [subjunctive] mood. – **5.** *philos.* mode. — ~ **pro·ce'den·di** [protse'dɛndi] *m* ⟨-; -di -⟩ (way of) procedure. — ~ **vi'ven·di** [vi'vɛndi] *m* ⟨-; -di -⟩ modus vivendi: einen ~ finden to find a modus vivendi.

Mo·fa ['mo:fa] *n* ⟨-s; -s⟩ motor-assisted bicycle.

Mo·fet·te [mo'fɛtə] *f* ⟨-; -n⟩ *geol.* mofette, *auch* moffette.

Mo·ge'lei *f* ⟨-; -en⟩ *colloq.* cheating, trickery. — **mo·geln** ['mo:gəln] *v/i* ⟨h⟩ *colloq.* **1.** cheat, 'chisel' (*colloq.*), *Am. sl.* gyp: beim Kartenspielen ~ to cheat at cards. – **2.** (*abschreiben*) crib.

mö·gen[1] ['mø:gən] **I** *v/aux* ⟨mag, mochte, mögen, h⟩ **1.** (*zum Ausdruck der Möglichkeit od. der Wahrscheinlichkeit*) es mag sein, daß it may be that; sie mag 30 Jahre alt sein she may be (*od.* she looks about) 30 years old; das mag (wohl) sein that may be so, that's indeed possible; das mag wahr sein (*od.* stimmen) that may be true; der Himmel (*od. colloq.* Henker, Teufel) mag wissen, wo ich's hingelegt habe heaven (*od.* God, the devil) only knows where I have put it. – **2.** (*zum Ausdruck der Frage od. Ungewißheit, Verwunderung etc*) wer mag das sein? who may that be? I wonder who that can be? wie mag das gekommen (*od.* geschehen) sein? how may it have happened? wer mag ihm das wohl gesagt haben? who may have told him? was mag das bedeuten? what can (*od.* does) that mean? wie hoch ~ die Kosten sein? what may the costs be? wie mag es ihm gehen? I wonder how he is getting along (*Am.* may be); wie alt mag sie sein? how old can (*od.* may) she be? es mochten etwa 20 Leute dagewesen sein there may have been about 20 people present; wer mag das getan haben? who might (*od.* could) have done that? ... und wie sie alle heißen ~ and whatever their names may be. – **3.** (*zum Ausdruck der Erlaubnis etc*) du magst es behalten *lit.* you may keep it; für dieses Mal mag es hingehen a) it will do this time, b) I'll let it pass this time. – **4.** (*auffordernd, warnend etc*) let: er mag sich (nur) in acht nehmen he had better look out; ~ sie sich beschweren let them complain (about it); mag er zusehen, wie er durchkommt let him see how he gets along (*Am.* makes out), let him shift for himself; sag ihm, er möge nach Hause gehen tell him to go home. – **5.** (*einräumend etc*) er mag wollen oder nicht, er muß whether he wants to or not, he must; er mag tun, was er will (*od.* was er auch [immer] tun mag), nie ist es recht he may do what he will (*od.* no matter what he does), it's always wrong; mag kommen, was da will, ich bleibe come what may I'm staying; er mag sagen, was er will let him say whatever he likes; mag es regnen, soviel es will let it rain as much as it will (*od.* ever so much); wie dem auch sein mag however that may be, be that as it may; nur qualifizierte Kräfte ~ sich melden only qualified persons should apply; man mag rechnen, wie man will, nie stimmt es any way you figure it, it does not work out. – **6.** (*zum Ausdruck des Wunsches etc*) mögest du glücklich sein may you be happy; möge er lange leben may he live long; möge es ihm wohl bekommen *iron.* much good may it do (to) him. – **7.** (*wollen*) want, like: ich mag noch nicht nach Hause gehen I do not want to go home yet; ich mag davon nichts mehr hören I don't want to hear any more about it, I will hear no more of it; ich mag damit nichts zu tun haben I don't want to have anything to do with it; ich mag es ihm nicht sagen I don't like to tell him; ich mag ihn nicht mehr sehen I don't want (*od.* wish, like) to see him any more; ich möchte wissen I should like to know, I'm curious to know, I wonder; ich möchte sagen I should like

to say; ich möchte, daß ihr kommt I should like you to come, I want you to come; so gern ich auch möchte (as) much as I would like to; ich möchte laut jubeln I could shout with joy; ich möchte lieber hier bleiben I had (*od.* would) rather (*od.* I would prefer to) stay here; ich möchte, daß Sie es wissen I would like you to know it; ich möchte nicht, daß er es erfährt I don't want him to know; ich möchte nicht an seiner Stelle sein I would not like to be in his place; man möchte meinen one could almost think; man möchte rasend werden it's enough to drive one mad; ich möchte wohl behaupten, daß I would like to say that; ich hätte weinen ~ I could have cried; das hätte ich sehen ~ I would have liked to see that; das möchte ich doch (ein)mal sehen! *colloq.* I'd like to see that; da hätte ich dabeisein ~ I'd like to have been there. – **II** *v/i* ⟨*pp* gemocht⟩ **8.** want, like: ich tue es nicht, weil ich nicht mag I don't do it, because I do not want to; ich möchte schon, aber I should like to all right, but. – **III** *v/t* ⟨*pp* gemocht⟩ **9.** (*gerne haben*) like, be fond of: er mag sie [nicht] he likes [dislikes] her; ich mag keinen Kaffee I don't like coffee; ich mag lieber Tee I like tea better, I prefer tea; sie ~ sich they like each other. – **10.** want, wish, like, desire: ich möchte ein Glas Wein I should like to have a glass of wine, I want a glass of wine; was möchten Sie? what do you want? what can I do for you? das möchtest du wohl? *iron.* that's what you think! ich mag so etwas nicht I dislike that kind of thing.

'mö·gen[2] *pp* of **mögen**[1] I.

'Mog·ler *m* ⟨-s; -⟩ *colloq.* **1.** cheat(er), chisel(l)er (*colloq.*), *Am. sl.* gyp. – **2.** (*Abschreiber*) cribber.

mög·lich ['mø:klıç] **I** *adj* ⟨*no comp*; -st⟩ **1.** possible: so schnell [so bald, so oft] wie ~ as quickly [as soon, as often] as possible; er versuchte alle ~en Ausflüchte he tried every possible excuse; ein Gemisch von allen ~en Sprachen a mixture of all sorts of languages, a hodgepodge, *bes. Br.* a hotchpotch; man muß alle ~en Fälle erwägen one must consider all possibilities (*od.* contingencies); wir müssen mit aller nur ~en Vorsicht zu Werke gehen we must proceed with all possible care (*od.* with due caution); ~ sein a) to be possible, b) *philos.* to subsist; das ist ~, wenn auch nicht wahrscheinlich that is possible, though not probable; das Unmögliche ~ machen to make the impossible possible, to achieve the impossible; er machte es ihm ~ zu entkommen he enabled him (*od.* made it possible for him) to escape; kannst du es ~ machen, morgen zu kommen? can you manage to come tomorrow? is it possible for you to come tomorrow? wenn es irgend ~ ist, werde ich ihm helfen if it is in any way possible I shall help him; es ist sehr wohl ~ it is very well possible; es ist ~, daß er heute kommt he may possibly come today; wo ~ if possible; wenn es mir ~ ist if it's possible for me, if I possibly can; ich will tun, was mir ~ ist I will do my best (*od.* what's in my power, what I can); das ist gut ~ that's quite possible, that may well be (*od.* happen); das ist eher ~ that's more likely; bei ihm ist alles ~ with him everything is possible; wie ist das ~? how is that possible? how does that come to be? how come? (*colloq.*); (das ist doch) nicht ~! you don't say so! it's not possible! it can't be! not really! no kidding! (*colloq.*). – **2.** (*durchführbar*) feasible, practicable, possible: ein ~er Plan a feasible plan; der Gegenangriff ist ~ a counterattack (*Br.* counter-attack) is feasible. – **3.** (*etwaig*) eventual, potential: ein ~er Markt [Verbrecher] a potential market [criminal]; bei ~en Schwierigkeiten in case of difficulties, should any difficulties arise (*od.* occur); der Gedanke an einen ~en Krieg ist mir nie gekommen the thought of an eventual war has never occurred to me. – **II** M~e, das ⟨-n⟩ **4.** the possible: M~es und Unmögliches (the) possible and (the) impossible; im Rahmen des M~en within the limits of what is possible, within one's means; alles M~e in Betracht ziehen to consider all possibilities (*od.* everything possible). –

5. (*mit Kleinschreibung*) alles ~e all sorts of things.

'mög·li·chen'falls *adv cf.* möglicherweise.

'mög·li·cher'wei·se *adv* possibly, maybe, perhaps: ~ hast du recht you are possibly right, maybe you are right.

'Mög·lich·keit *f* ⟨-; -en⟩ **1.** possibility: es gibt zwei ~en there are two possibilities; zwischen zwei ~en wählen müssen to have to choose between two possibilities; es gibt (*od.* existiert, besteht) die ~, den Fehler zu korrigieren there is (*od.* exists) the possibility of correcting the error; ich sehe keine ~, ihn zu retten I can see no possibility of saving him; ich hatte keine andere ~, als nachzugeben I had no other possibility (*od.* no alternative) but to give in; nach ~ if possible; ist es (*od.* das) (denn) die ~? *colloq.* it's not possible! you don't say so! – **2.** possibility, opportunity, occasion, chance: ungeahnte ~en undreamed-of (*auch* undreamt-of) possibilities; die letzte ~ the last possibility; er hatte wenig ~, gute Musik zu hören he had little opportunity of hearing good music (*od.* to hear good music); j-m die ~ geben, etwas zu tun to give s.o. the opportunity of doing s.th.; seine ~en gut nutzen to make the best of one's opportunities; Amerika, das Land der unbegrenzten ~en America, the country of unlimited opportunities. – **3.** (*Aussicht*) possibility, chance, vista: wie sind die ~en zu gewinnen? what are the chances of winning? ich sehe große ~en in diesem Plan I see great possibilities in this plan; eine Entdeckung, die neue ~en eröffnet a discovery that opens up new possibilities. – **4.** (*Durchführbarkeit*) feasibility, practicability. – **5.** *pl* (*Entwicklungsmöglichkeiten*) potentialities, potential: ein Land mit großen wirtschaftlichen ~en a country with great economic potentialities. – **6.** (*mögliches Ereignis*) possibility, contingency, eventuality: man muß mit allen ~en rechnen (*od.* alle ~en einkalkulieren) one has to reckon with (*od.* take into consideration) all contingencies. – **7.** (*Wahrscheinlichkeit*) probability, likelihood. – **8.** *pl* (*geeignete Einrichtungen*) facilities: dort hat man gar nicht die ~en they lack the facilities there. – **9.** *jur.* ~(etwas zu wählen) option; im Bereich der ~ in posse.

'Mög·lich·keits,form *f ling.* **1.** subjunctive (mood). – **2.** *cf.* Potentialis.

'mög·lichst I *sup* of möglich. – **II** *adv* ~ gut [schnell, bald, viel, wenig] as good [quick, early, much, little] as possible: komm ~ schnell zurück come back as quickly as possible. – **III** (*substantiviert mit Kleinschreibung*) sein ~es tun to do one's level best (*od.* one's utmost), to do everything in one's power.

Mo·gul ['mo:gʊl] *m* ⟨-s; -n⟩ *hist.* Mogul.

Mo·hair [mo'hɛːr] *m* ⟨-s; -e⟩ (*textile*) mohair, angora (wool): aus ~ mohair (*attrib*).

Mo·ham·me·da·ner [mohame'da:nər] *m* ⟨-s; -⟩, **Mo·ham·me'da·ne·rin** *f* ⟨-; -nen⟩ Muhammadan, Mohammedan, Muslim, Moslem, *auch* Muslem: ~ werden to turn Mohammedan. — **mo·ham·me'da·nisch** *adj* Muhammadan, Mohammedan, Muslim, Moslem, *auch* Muslem. — **Mo·ham·me·da'nis·mus** [-da'nısmʊs] *m* ⟨-; *no pl*⟩ Muhammadanism, Mohammedanism, Muslimism, Islam.

Mo·här [mo'hɛːr] *m* ⟨-s; -e⟩ (*textile*) *cf.* Mohair.

Mo·hi·ka·ner [mohi'ka:nər] *m* ⟨-s; -⟩ Mahican, Mohican: der letzte (*od.* der Letzte der) ~ *auch fig. humor.* the Last of the Mohicans (*after the novel by Cooper*).

Mohn [mo:n] *m* ⟨-(e)s; -e⟩ **1.** *bot.* poppy (*Gattg* Papaver): Orientalischer ~ oriental poppy (*P. orientale*). – **2.** *econ. cf.* Mohnsame(n). — **m~,ar·tig** *adj* like poppy, papaverous (*scient.*). — ~**bie·ne** *f zo.* poppy bee (*Osmia papaveris*). — ~**blu·me** *f bot.* poppy (*Gattg* Papaver). — ~**bröt·chen** *n gastr.* roll with poppy seeds on top. — ~**ge,wäch·se** *pl bot.* Papaveraceae (*Fam. Papaveraceae*): zu den ~n gehörig papaveraceous. — ~**kap·sel** *f* poppy head. — ~**kopf** *m cf.* Mohnkapsel. — ~**kör·ner** *pl* poppy seed *sg*. — ~**ku·chen** *m gastr.* poppy-seed cake. — ~**,öl** *n* poppy-seed oil, *auch* poppy oil. — ~**saft** *m* poppy (juice). — ~**sa·me(n)** *m econ.* poppy seed, maw (seed). — **~,sem·mel** f Bavarian and Austrian for Mohnbrötchen. — **~,si·rup** m med. syrup of poppies; diacodion, auch diacodeum (scient.). — **~,strie·zel, ~,zopf** m gastr. poppy-seed cake.

Mohr [moːr] m ⟨-en; -en⟩ 1. obs. od. humor. negro, blackamoor, Ethiopian: einen **~en** bleichen (od. weiß waschen, weiß machen) wollen fig. colloq. to wash a blackamoor white, to milk the pigeon; schwarz wie ein **~** sein to be (as) black as pitch (od. as [the] night, as soot); der **~** hat seine Schuldigkeit getan, der **~** kann gehen (nach Schiller) the moor has done his duty, let him go. – **2.** zo. cf. Rappe.

Möh·re ['møːrə] f ⟨-; -n⟩ bot. carrot (Daucus carota): Wilde **~** wild carrot, devil's-plague, bird's-nest (plant), Queen Anne's lace (D. carota).

'Möh·ren,flie·ge f zo. carrot rust fly (Psila rosae).

'Moh·ren|,hir·se f bot. negro corn, durra (Sorghum vulgare). — **~,kopf** m 1. gastr. (Gebäck) Moor's (od. Negro's) head. – **2.** her. Saracen's (od. Moor's) head. – **3.** zo. (Haustaubenrasse) black-headed pigeon. — **~,ler·che** f zo. black lark (Melanocorypha yeltonensis). — **~,ma·kak** m moor macaque (od. monkey) (Macaca maurus). — **~,ma·ki** m black lemur (Lemur macaco). — **~,man,ga·be** f black mangabey (auch mangaby) (Cercocebus aterrimus).

'Möh·ren,mot·te f zo. 1. carrot-blossom moth (Depressaria purpurea). – **2.** parsnip webworm (Schistodepressaria depressella).

'Moh·ren|,müt·ze f zo. hooded merganser (Lophodytes cucullatus). — **~,pa·vi·an** m cf. Mohrenmakak.

'Möh·ren,saft m gastr. carrot juice.

'Moh·ren|,tau·be f zo. cf. Mohrenkopf 3. — **~,trom·mel** f mus. tambourine, Moorish tabor. — **~,wä·sche** f fig. colloq. whitewash(ing).

'Moh·rin f ⟨-; -nen⟩ obs. od. humor. cf. Mohr 1.

Möh·rin·gie [møˈrɪŋɡiə] f ⟨-; -n⟩ bot. cf. Nabelmiere.

'Mohr,rü·be f bot. cf. Möhre.

Moi·ré [mŏaˈreː] m, n ⟨-s; -s⟩ (textile) telev. print. moiré, moire. — **~,sei·de** f (textile) watered silk.

moi·rie·ren [mŏaˈriːrən] v/t ⟨no ge-, h⟩ 1. (textile) moiré, moire, tabby, water, cloud, wave. – **2.** print. moiré, moire. **moi'riert I** pp. – **II** adj 1. (textile) moiré, moire, tabby, watered, cloudy, clouded, waved: nicht **~** unwatered; **~er** Stoff moiré, moire. – **2.** print. telev. moiré, moire.

mo·kant [moˈkant] adj (Lächeln etc) mocking, (stärker) sardonic, sarcastic, sneering.

Mo·kas·sin [mokaˈsiːn; 'mɔ-] m ⟨-s; -s u. -e⟩ (weicher Lederschuh) mocassin. — **~,schlan·ge** f zo. a) water mocassin, cottonmouth (mocassin) (Agkistrodon piscivorus), b) (Southern) copperhead, highland mocassin (A. contortrix).

Mo·ker ['moːkər] m ⟨-s; -⟩ mar. (shipwright's two-faced) iron maul (od. mallet).

Mo·kett [moˈkɛt] m ⟨-s; no pl⟩ (Möbelplüsch) moquette.

mo·kie·ren [moˈkiːrən] v/reflex ⟨no ge-, h⟩ sich über j-n [etwas] **~** to mock (stärker sneer) at s.o. [s.th.], b) to make fun of s.o. [s.th.], to poke fun at s.o. [s.th.].

Mok·ka ['mɔka] m ⟨-s; -s⟩, **~,kaf·fee** m mocha (coffee). — **~,löf·fel** m coffee spoon, Am. demitasse spoon. — **~,ma,schi·ne** f espresso (od. mocha) machine. — **~,stein** m min. cf. Mochastein. — **~,tas·se** f demitasse, Br. demi-tasse.

Mo·ko ['moːko] m ⟨-s; -s⟩ zo. cf. Felsenmoko.

Mol [moːl] n ⟨-s; -e⟩ chem. phys. mole, (gram) molecule, gram-molecular weight.

Mo·la·li·tät [molaliˈtɛːt] f ⟨-; no pl⟩ chem. molality.

'Mol,äqui·va,lent n chem. molar equivalent.

mo·lar [moˈlaːr] adj phys. chem. molar, molal, molecular.

Mo'lar m ⟨-s; -en⟩ med. molar (tooth).

Mo·la·ri·tät [molariˈtɛːt] f ⟨-; no pl⟩ chem. molar concentration, molarity.

Mo'lar,zahn m med. cf. Molar.

Mo·las·se [moˈlasə] f ⟨-; no pl⟩ geol. Molasse.

Molch [mɔlç] m ⟨-(e)s; -e⟩ zo. 1. salamander (Fam. Salamandridae). – **2.** water newt, triton (Gattg Triturus).

Mol·da·wit [mɔldaˈviːt; -ˈvɪt] m ⟨-s; -e⟩ min. moldavite.

Mo·le[1] ['moːlə] f ⟨-; -n⟩ mar. breakwater, jetty, mole.

'Mo·le[2] f ⟨-; -n⟩ med. mole.

Mo·le·kül [moleˈkyːl] n ⟨-s; -e⟩ chem. phys. molecule. — **~,an,ord·nung** f molecular arrangement (od. structure).

mo·le·ku·lar [molekuˈlaːr] adj chem. phys. molecular.

Mo·le·ku·lar|be,we·gung f chem. phys. molecular (od. Brownian) motion (od. movement). — **~bio,lo·gie** f molecular biology. — **~de·stil·la·ti,on** f chem. phys. molecular (od. high-vacuum) destillation. — **~ge,wicht** n molecular weight. — **~,kraft** f molecular force (od. energy). — **~,strahl** m molecular beam (od. ray). — **~,wär·me** f molecular heat.

'Mo·len|,kopf m mar. pierhead, molehead. — **~,schwan·ger·schaft** f med. molar pregnancy.

mo·le·stie·ren [molɛsˈtiːrən] v/t ⟨no ge-, h⟩ obs. od. dial. for belästigen.

Mo·let·te [moˈlɛtə] f ⟨-; -n⟩ 1. (Mörserkeule) pestle. – **2.** tech. (Rändelrad) knurl. – **3.** print. (Prägewalze) embossing roller. – **4.** (textile) grooved roller.

'Mol·ge,wicht n phys. chem. molar weight.

Mo·li·nis·mus [moliˈnɪsmʊs] m ⟨-; no pl⟩ relig. Molinism.

molk [mɔlk] 1 u. 3 sg pret of melken.

Mol·ke ['mɔlkə] f ⟨-; -n⟩ (Käsewasser) whey.

möl·ke ['mœlkə] 1 u. 3 sg pret subj of melken.

'Mol·ken m ⟨-s; no pl⟩ dial. for Molke. — **~,kä·se** m gastr. green cheese. — **~,kur** f med. whey cure.

Mol·ke'rei f ⟨-; -en⟩, **~be,trieb** m dairy, creamery.

Mol·ke'rei|,but·ter f gastr. factory(-made) butter. — **~ge,nos·sen·schaft** f dairy cooperative (Br. auch co-operative). — **~pro,dukt** n dairy product. — **~,wirt·schaft** f dairy farming (od. husbandry), dairying.

'mol·kig adj wheyey, wheyish.

Moll [mɔl] n ⟨-; -⟩ mus. minor (key).

Mol·la ['mɔla] m ⟨-s; -s⟩ relig. (mohammedanischer Titel) mulla(h).

'Moll·ak,kord m mus. minor chord.

Mol·le ['mɔlə] f ⟨-; -n⟩ (in Berlin) 1. beer glass. – **2.** glass of beer.

Möl·ler ['mœlər] m ⟨-s; -⟩ metall. (blast-furnace) burden. — **'möl·lern I** v/t ⟨h⟩ (Hochofen) burden. – **II** v/i mix the burden.

'Möl·ler,wa·gen m metall. burden-charging carriage.

mol·lig ['mɔlɪç] **I** adj 1. (angenehm warm) pleasantly (od. cozily, cosily) warm: eine **~e** Wärme a pleasant (od. cozy) warmth. – **2.** (angenehm weich) snug, soft, downy: eine **~e** Decke a snug blanket. – **3.** colloq. (rundlich) plump: eine kleine **~e** Dame a small, plump lady; sie ist ein bißchen **~** geworden she has become a little plump, she has put on some weight. – **II** adv 4. **~** warm pleasantly (od. cozily, cosily) warm.

'Moll|,klang m mus. minor chord (od. harmony). — **~,maus** f zo. cf. Schermaus. — **~,ton,art** f mus. minor key: parallele **~** relative minor key. — **~,ton,lei·ter** f minor scale.

Mol·lus·ke [mɔˈlʊskə] f ⟨-; -n⟩ zo. cf. Weichtier.

Mo·loch[1] ['moːlɔx] npr m ⟨-s; no pl⟩ relig. (semitischer Gott) Moloch.

'Mo·loch[2] m ⟨-s; -e⟩ 1. (unersättliche Macht) Moloch, juggernaut. – **2.** zo. moloch, thorn devil (Moloch horridus).

'Mo·loch,ei,dech·se f zo. cf. Moloch[2] 2.

'Mo·lo·tow,cock·tail ['moːlotɔf-] m bes. mil. Molotov cocktail.

molsch [mɔlʃ] adj ⟨-er; -est⟩ Northern G. dial. (Apfel etc) rotten.

Mol·ton ['mɔltɔn] m ⟨-s; -s⟩ (textile) swanskin, molleton.

Mo'luk·ken,krebs [moˈlʊkən-] m zo. panfish, Asiatic horseshoe crab (Tachypleus gigas).

'Mol·vo,lu·men n phys. chem. molar (od. molecular) volume.

Mo·lyb·dän [molʏpˈdɛːn] n ⟨-s; no pl⟩ chem. min. molybdenum (Mo). — **~glanz** m min. molybdenite.

Mo·lyb·dä·nit [molʏpdɛˈniːt; -ˈnɪt] m ⟨-s; no pl⟩ chem. molybdenite (MoS$_2$).

Mo·lyb'dän,säu·re f chem. molybdic acid (bes. H$_2$MoO$_4$).

Mo·lyb·dat [molʏpˈdaːt] n ⟨-s; no pl⟩ chem. molybdate.

'Mol,zahl f chem. phys. number of moles.

Mom'bin,pflau·me [mɔmˈbiːn-] f bot. (Gelbe) **~** Spanish (od. hog, Jamaica) plum (Spondias mombin); Rote **~** mombin, auch jocote (S. purpurea); Süße **~** Otaheite apple (S. dulcis).

Mo'ment[1] n ⟨-(e)s; -e⟩ moment, instant, minute, second: einen **~**, bitte! one moment, please! der große [entscheidende, kritische] **~** the great [decisive, critical] moment; es dauert nur einen **~** it will only take a minute; in diesem **~** at this moment; im **~** at the moment; im letzten **~** at the last moment; ich komme nur auf einen **~** I have (od. I shall) only come for a moment; im richtigen **~** fällt einem nie etwas ein nothing ever occurs to one at the right moment; **~** (mal)! colloq. wait (od. hang on) a minute! just a minute! half a mo (od. jiff[y])! (colloq.); **~**, bitte! Bitte warten Sie einen **~**! wait a minute, please!

Mo'ment[2] n ⟨-(e)s; -e⟩ 1. (deciding) factor, consideration, element: das wichtigste (od. entscheidende) **~** dabei war, daß the most important factor in the matter was that; ein retardierendes (od. verzögerndes) **~** a retarding (od. delaying) factor. – **2.** (Gesichtspunkt) aspect, factor: die Besprechung brachte keine neuen **~e** the discussion failed to bring out any new aspects. – **3.** bes. philos. moment, factor: das **~** des Geistes the spiritual moment. – **4.** phys. moment, momentum: **~** einer Kraft moment of a force; das **~** der Trägheit the moment of inertia. – **5.** tech. (Drehmoment) torque.

mo·men·tan [momɛnˈtaːn] **I** adj 1. (vorübergehend) momentary, transitory, temporary: eine **~e** Unpäßlichkeit a momentary indisposition. – **2.** (gegenwärtig) present: die **~e** politische Lage the present political situation. – **3.** phys. (Geschwindigkeit etc) instantaneous. – **4.** electr. transient. – **II** adv 5. momentarily, temporarily. – **6.** presently, at the moment, at (od. for the) present, for the time being: wir haben **~** sehr viel zu tun we have a lot to do at present; die Lage wird sich **~** nicht bessern the situation will not improve for the time being. – **7.** phys. instantaneously: **~** wirkend impulsive. — **M~,wert** m phys. instantaneous value.

Mo'ment,auf,nah·me f phot. instantaneous (od. candid) photograph (od. shot), snapshot.

Mo·ment mu·si·cal [momāmyziˈkal] (Fr.) n ⟨- -; -s -caux [-ˈko]⟩ mus. moment musical.

Mo'ment,schal·ter m electr. quick-break (od. quick-action, quick-make-and-break) switch.

Mo·men·tum [moˈmɛntʊm] n ⟨-s; no pl⟩ phys. cf. Moment[2] 4.

Mo'ment|,un·ter,bre·chung f electr. instantaneous disconnection (Br. auch disconnexion). — **~ver,schluß** m phot. instantaneous shutter.

Mo·mot ['moːmɔt] m ⟨-s; -s⟩ zo. motmot, momot (Momotus momot).

Mo·na·de [moˈnaːdə] f ⟨-; -n⟩ philos. monad.

mo·na·den|,ar·tig adj philos. zo. monadic. — **M~,leh·re** f philos. 1. monadology, theory of monads. – **2.** (Atomlehre) monadism.

mo·na·disch adj philos. monad, monadic.

Mo·na·dis·mus [monaˈdɪsmʊs] m ⟨-; no pl⟩ philos. a) monadism, b) (bei Demokrit) doctrine of atoms.

Mo·na·do·lo·gie [monadoloˈɡiː] f ⟨-; no pl⟩ philos. cf. Monadenlehre 1.

'Mo·na-,Meer,kat·ze ['moːna-] f zo. mona monkey (Cercopithecus mona).

Mon·arch [moˈnarç] m ⟨-en; -en⟩ 1. monarch, sovereign. – **2.** zo. monarch (butterfly) (Danaus plexippus).

Mon'ar·chen·ge,schlecht n royal (od. regal) line (od. family, lineage, descent).

Mon'ar·chen,tum n ⟨-s; no pl⟩ monarchism.

Mon·ar·chie [monarˈçiː] f ⟨-; -n [-ən]⟩ monarchy: absolute **~** absolute monarchy.

Mon'ar·chin f ⟨-; -nen⟩ monarch, sovereign.

mon'ar·chisch adj (Regierung, Gewalt etc) monarchic(al), monarchial.

Mon·ar·chis·mus [monarˈçɪsmʊs] m ⟨-;

no pl⟩ monarchism, royalism. — **Mon-ar'chist** [-'çɪst] *m ⟨-en; -en⟩* monarchist, royalist. — **mon·ar'chi·stisch** *adj* monarchic(al), monarchist.

Mo·nar·de [mo'nardə] *f ⟨-; -n⟩ bot.* horsemint, monarda *(scient.) (Gattg Monarda, bes. M. punctata):* Scharlachrote ~ bergamot, *Am.* mountain balm *(M. didyma u. fistulosa).*

Mon·aster [mo'nastər] *m ⟨-s; -e* [-'teːrə]⟩ *biol. (Zelle)* monaster.

Mo·na·ste·ri·um [monas'teːriʊm] *n ⟨-s; -rien⟩ relig.* monastery.

mo·na·stisch [mo'nastɪʃ] *adj cf.* mönchisch.

Mo·nat ['moːnat] *m ⟨-(e)s; -e⟩* month: im ~ Mai in the month of May; Anfang [Ende] des ~s at the beginning [end] of the month; das Kind ist 3 ~e alt the child is 3 months old; ~ für ~ month by month, every month; er wurde zu drei ~en (Gefängnis) verurteilt he was sentenced to three months in jail *(Br. auch* gaol); sie ist im dritten ~ (schwanger) she is 3 months pregnant *(od. colloq.* gone, along); dieses *(od.* laufenden) ~s a) of this *(od.* the present, the current) month, b) *econ.* instant; nächsten *(od.* künftigen) ~s a) of next month, b) *econ.* proximo; ein Wechsel mit einem ~ Ziel a bill at one month's credit; pro ~, im ~ a) per month, b) *econ.* per mensem.

'mo·na·te·lang I *adj ⟨attrib⟩* of months: nach ~er Abwesenheit after an absence of months, after months of absence. – **II** *adv* for months (on end).

'mo·nat·lich I *adj* 1. *(Veranstaltung, Zahlungen etc)* monthly. – 2. *med.* menstrual, monthly: ~e Blutung menstrual flow; ~e Regel monthly period. – **II** *adv* 3. *(im Monat)* monthly, every month, by the month: Miete wird ~ bezahlt rent is paid monthly; die Zeitschrift erscheint ~ the magazine appears monthly; die Zinsen werden ~ verrechnet interest is compounded monthly *(od. econ.* per mensem). – 4. *(pro Monat)* a *(od.* per) month: er hat ein Gehalt von 2000 Mark ~ he has a salary of 2,000 marks per month.

'Mo·nats|ab,schluß *m econ.* monthly balance. — ~**an,fang** *m* beginning of the *(od.* a) month. — ~**aus,weis** *m econ. (Bankausweis)* monthly return. — ~**be,richt** *m* monthly report *(od.* statement). — ~**bin·de** *f med. pharm.* sanitary towel *(Am.* napkin), menstrual pad. — ~**blatt** *n cf.* Monatsschrift. — ~**blüm·chen** *n bot. cf.* Gänseblümchen. — ~**blu·tung** *f med.* period, menstruation, menstrual flow, cyclic h(a)emorrhage *(scient.).* — ~**durch,schnitt** *m* monthly average, average per month. — ~**en·de** *n* end of the *(od.* a) month. — ~**erd,bee·re** *f hort.* ever-flowering wood strawberry *(Fragaria semperflorens).* — ~**er·ste** *m* first (of the month). — ~**fluß** *m med. cf.* Monatsblutung. — ~**frist** *f econ.* time *(od.* term, space) of a month, one month's time: in *(od.* binnen) ~ within the (space of) a month. — ~**ge,halt** *n econ.* monthly salary *(od.* wage, wages *pl).* — ~**geld** *n* 1. monthly allowance. – 2. *(Wirtschaftsgeld)* household money for one month. - 3. *econ.* a) *cf.* Monatsgehalt, b) money lent for the duration of one month. — ~**glei·chung** *f astr.* monthly equation. — ~**heft** *n* monthly number (of a magazine). — ~**kar·te** *f (für Bahn etc)* monthly season ticket, *Am.* (monthly) commuter's *(od.* commutation) ticket. — ~**letz·te** *m* end *(od.* last day) of the month. — ~**lohn** *m econ.* monthly wage(s *pl) (od.* pay). — ~**na·me** *m* name of the month. — ~**ra·te** *f econ.* monthly instal(l)ment. — ~**schrift** *f* monthly (magazine *od.* journal, review, publication, periodical). — ~**sold** *m mil.* monthly pay. — ~**um,satz** *m econ.* monthly turnover. — ~**wech·sel** *m (von Studenten)* monthly allowance. — **m~,wei·se** *adv* every *(od.* by the) month, monthly. — ~**zei·ger** *m (watchmaking)* month disk.

'mo·nat,wei·se *adv cf.* monatsweise.

Mo·naul [mo'naul] *m ⟨-s; -e⟩ zo.* mona(u)l, moona(u)l, minaul, Impeyan pheasant *(Lophophorus impeyanus).*

Mo·na·zit [mona'tsiːt] *m ⟨-s; -e⟩ min.* monazite, turnerite.

Mönch [mœnç] *m ⟨-(e)s; -e⟩* 1. *relig.* a) monk, monastic, votary, b) *(Ordens-*

bruder) friar, frater: ~ werden to become a monk, to take monastic vows; er lebt wie ein ~ he lives like a monk. – 2. *hunt. (Kahlhirsch)* antlerless stag. – 3. *civ.eng. (Dachziegel)* overtile, imbrex. – 4. *print.* monk, friar.

'mön·chisch *adj* monkish, monastic: ein ~es Leben führen to live a monkish *(od.* an ascetic) life, to live the life of a monk.

'Mönchs|,af·fe *m zo. cf.* Zottelaffe. — ~**,bo·gen** *m print.* monk *(od.* friar, blank) sheet. — ~**,eu·le** *f zo.* hooded owlet, aster shark *(Cucullia umbratica).* — ~**,gei·er** *m* cinereous *(od.* ash, black) vulture *(Aegypius monachus).* — ~**ge,lüb·de** *n relig.* monastic vow(s *pl):* das ~ ablegen to take monastic vows. — ~**ge,wand** *n cf.* Mönchskutte. — ~**,gras,mücke** *(getr.* -k·k-) *f zo.* blackcap (warbler) *(Sylvia atricapilla).* — ~**,ha,bit** *n, auch m relig. cf.* Mönchskutte. — ~**ka,pu·ze** *f* (friar's) cowl, (monk's) hood. — ~**,klo·ster** *n* monastery, cloister. — ~**,kut·te** *f* frock, *(mit Kapuze)* cowl: die ~ anziehen *fig.* to take the cowl, to become a monk, to enter a monastery; die ~ ablegen *(od.* ausziehen) *fig.* to abandon the cowl. — ~**,la,tein** *n ling.* monastic Latin. — ~**,le·ben** *n* 1. *relig.* monastic life. – 2. *fig.* monkish *(od.* ascetic) life, life of a monk. — ~**,or·den** *m relig.* monastic *(od.* religious) order. — ~**,pfef·fer** *m bot. cf.* Keuschbaum. — ~**,rob·be** *f zo.* monk seal, sea monk *(Monachus albiventer).* — ~**,schlag** *m print.* pulling of monks. — ~**,schrift** *f* (pointed) black letter. — ~**,schwan** *m zo. cf.* Dronte. — ~**,sit·tich** *m* monk parrot *(od.* parrakeet) *(Myopsitta monachus).*

'Mönchs·tum *n ⟨-s; no pl⟩ relig. cf.* Mönchswesen.

'Mönchs|,we·sen *n relig.* monasticism, monachism, monkhood, monastic life. — ~**,zel·le** *f* monk's cell.

'Mönch·tum *n ⟨-s; no pl⟩ relig. cf.* Mönchswesen.

Mond [moːnt] *m ⟨-(e)s; -e⟩* 1. *⟨only sg⟩ astr.* moon: der ~ scheint the moon is shining; der ~ wird voll the moon is rounding *(od.* is getting full); wachsender *(od.* zunehmender) ~ waxing moon; abnehmender ~ waning moon; der ~ nimmt ab [zu] the moon is on the wane [wax]; der ~ hat Erdnähe the moon has reached perigee; erstes [letztes] Viertel des ~es first [last] quarter of the moon; der ~ hat einen Hof the moon has a halo; der Aufgang [Untergang] des ~es the rising [setting] of the moon; der bleiche [stille, silberne] ~ *poet.* the pale (silent, silver) moon; vom ~ beschienen moonlit; der ~ geht auf [unter] the moon rises [sets]; zum ~ fliegen *(od.* fahren) to fly to the moon; weich auf dem ~ landen to make a soft landing on the moon; den ~ anbellen *fig. colloq.* to bark at *(od.* bay [at]) the moon; und wir guckten in den ~ *fig. colloq.* and we were left empty-handed; (drei Meilen *od.* weit) hinterm ~ sein *fig. colloq.* to be (way) behind the times; ihr lebt wohl auf dem ~? *fig. colloq.* where have you been all this time? ich könnte ihn auf den ~ schießen *fig. colloq.* I wish him to the devil; → Mann 2; Uhr 1. – 2. *fig. colloq. (Glatze)* bald head, dome. – 3. *poet. (Monat)* moon, month: 3 ~e waren ins Land gezogen 3 months had passed. – 4. *astr. (Satellit)* satellite, moon: die ~e des Jupiter the satellites of Jupiter; künstliche ~e artificial satellites. – 5. *(sport) (beim Eiskunstlauf)* spread eagle: einen ~ laufen to spread-eagle. – 6. *med. cf.* Nagelmöndchen.

Mon·da·min [mɔnda'miːn] *(TM) n ⟨-s; no pl⟩ Br.* cornflour, *Am.* cornstarch.

mon·dän [mɔn'dɛːn] *adj* fashionable.

'Mond,an,zie·hungs,kraft *f astr. phys.* gravitational pull of the moon.

'Mond|,at·las *m* lunar atlas. — ~**,auf,gang** *m* moonrise. — ~**,auf,nah·me** *f* photograph of the moon, moon shot *(colloq.)* — ~**,au·ge** *n* 1. *vet. (Pferdekrankheit)* mooneye. - 2. *zo. cf.* Mondschnecke. — **m~,äu·gig** *adj vet.* moon-eyed, moon-blind. — ~**,au·to** *n (space)* moon rover *(od.* buggy). — ~**,bahn** *f astr.* moon's *(od.* lunar) orbit: Ungleichheit der ~ evection. — ~**,be·ben** *n* moonquake. — **m~,be,glänzt** *adj poet.* moonlit. — ~**,bein** *n med.* (semi)lunar bone, (os) lunatum *(scient.).* — **m~,be,schie·nen** *adj poet.* moonlit. — ~**,be,schrei·bung** *f* description

of the moon, selenography *(scient.).* — **m~,blind** *adj vet. (Pferd)* moon-eyed *(od.* -blind), moon-blind. — ~**,blind·heit** *f* moon blindness, moon-blind, mooneye. — ~**,boot** *n (space) cf.* Mondlandefähre.

Mönd·chen ['møːntçən] *⟨-s; -⟩* 1. *dim. of* Mond. - 2. *med. cf.* Nagelmöndchen.

'Mond·di,stanz *f astr.* lunar distance, *Br. auch* lunar.

'Mon·den,schein *m cf.* Mondschein 1.

'Mond|ent,fer·nung *f astr. cf.* Monddistanz. — ~**,ep,ak·te** *f* epact.

'Mon·des,glanz *m* splendor *(bes. Br.* splendour) of the moon.

'Mond|,fäh·re *f (space) cf.* Mondlandefähre. — ~**,fah·rer** *m* lunarnaut, astronaut on lunar mission. — ~**,fahrt** *f* trip to the moon. — ~**,fen·ster** *n (space)* lunar *(auch* firing) window. — ~**,fin·ster·nis** *f astr.* lunar eclipse: partielle ~ partial eclipse of the moon. — ~**,fisch** *m zo.* (common) sunfish *(Mola mola).* — ~**,fleck** *m* 1. *astr.* (lunar) macula. - 2. *zo. cf.* Mondvogel. — ~**,flug** *m (space)* flight to the moon. — ~**,flun·der** *f zo.* peacock flounder *(Platophrys lunatus).* — ~**,flut** *f astr. mar.* lunar tide. — **m~,för·mig** *adj* 1. moon-shaped, luniform *(scient.).* - 2. *cf.* halbmondförmig. - 3. *bot.* lunulate, lunate(d). — ~**,for·scher** *m astr.* selenographer. — ~**,fur·che** *f* (lunar) rill(e). — ~**,gas** *n chem.* Mond gas. — ~**ge,bir·ge** *n* lunar mountain range. — ~**ge,sicht** *n colloq. (rundes Gesicht)* moonface. — ~**ge,stein** *n* lunar rock. — ~**,göt·tin** *f myth.* goddess of the moon: die ~ Diana, Luna, Selene, Cynthia *(poet.).* — **m~'hell** *adj (Nacht, Landschaft etc)* moonlit, moonlighted, moony, *auch* mooney: es ist ~ the moon is shining brightly, it is a moonlit night. — ~**,horn,kä·fer** *m zo.* a tumble bug *(od.* dung beetle) *(Copris lunaris).* — ~**,jahr** *n astr.* lunar year. — ~**,kä·fer** *m zo. cf.* Mondhornkäfer. — ~**,kalb** *n colloq.* mooncalf, simpleton. — ~**,kar·te** *f astr.* map of the moon, moon chart. — ~**,klee** *m bot.* moon trefoil, tree medic *(Medicago arborea).* — ~**,kra·ter** *m astr.* moon *(od.* lunar) crater. — ~**,ku·gel** *f* moon, *auch* globe of the moon, lunar globe. — ~**la·bo·ra,to·ri·um** *n* lunar laboratory. — ~**,lan·de,fäh·re** *f (space)* lunar (excursion) module. — ~**,lan·dema,nö·ver** *n* lunar landing man(o)euver *(bes. Br.* man œuvre). — ~**,lan·de,un·ter,neh·men** *n* moon landing enterprise. — ~**,land·schaft** *f* 1. moonlit landscape. - 2. *astr. auch fig.* lunar landscape. — ~**,lan·dung** *f (space)* touchdown *(od.* landing) on the moon, moon-landing: weiche ~ soft landing *(od.* touchdown). — ~**,licht** *n* moonlight, light of the moon, moonshine. — ~**,meer** *n* lunar sea, mare. — ~**,mo,bil** [-mo,biːl] *n ⟨-s; -e⟩ (space) cf.* Mondauto. — ~**,nacht** *f* moonlit night. — ~**,ober,flä·che** *f astr.* surface of the moon, lunar surface: Beschreibung der ~ selenotopography. — ~**,pha·se** *f* phase of the moon. — ~**,platt,fisch** *m zo.* 1. moonfish, molebut, sunfish, mola *(scient.) (Mola mola).* - 2. Atlantic moonfish *(Vomer setapennis).* - 3. moonfish, lookdown, dollarfish, mooneye *(Selene vomer).* — ~**pro,jekt** *n (space)* lunar project. — ~**ra,ke·te** *f* lunar *(od.* moon) rocket, rocket to the moon. — ~**,Raum,schiff** *n* moonship. — ~**,rau·te** *f bot.* moonwort, grape fern, lunary *(scient.) (Botrychium lunaria):* Virginische ~ rattle fern *(B. virginianum).* — ~**,rei·se** *f (space)* trip to the moon. — ~**,rück,sei·te** *f astr.* far side of the moon. — ~**,sa·me** *m bot.* moonseed *(Menispermum palmatum).* — ~**,sa·tel,lit** *m (space)* lunar satellite. — ~**,schat·ten** *m astr.* shadow of the moon, lunar shadow. — ~**,schei·be** *f* disk *(od.* disc) of the moon.

'Mond,schein *m ⟨-(e)s; no pl⟩* 1. moonlight, moonshine, moon: es war (heller) ~ there was a (bright) moon; du kannst mir (mal) im ~ begegnen *fig. colloq.* you can go to hell *(sl.).* - 2. *fig. colloq.* bald head *(od.* pate). — ~**so,na·te"**, „**die** *mus.* "The Moonlight Sonata" *(by Beethoven).*

'Mond|,schnecke *(getr.* -k·k-) *f zo.* moon shell *(Gattg Natica).* — ~**,schuß** *m (space)* lunar shot. — ~**,schwe·re,feld** *n* lunar gravity field. — ~**,se·gel** *n mar.* moonsail, moonraker. — ~**,si·chel** *f* sickle *(od.* crescent) (of the moon). — ~**,son·de** *f (space)* lunar probe. — ~**,sta·ti,on** *f* lunar station. — **~stein** *m* min. moonstone, resplendent felspar, adularia (*scient.*).

'Mond,sucht *f* cf. Mondsüchtigkeit. — **'mond,süch·tig** *adj* moonstruck, somnambulistic (*scient.*). — **'Mond,süch·ti·ge** *m, f* sleepwalker, somnambulist (*scient.*). — **'Mond,süch·tig·keit** *f* ⟨-; *no pl*⟩ sleepwalking; lunatism, somnambulism (*scient.*).

'Mond,tag *m* astr. lunar day. — **~um-,krei·sung** *f* (*space*) 1. lunar orbit. - 2. cf. Mondumrundung. — **~um,lauf** *m* astr. revolution of the moon. — **~um,lauf-,bahn** *f* (*space*) lunar orbit. — **~um-,run·dung** *f* loop around the moon, lunar orbit. — **~un·ter,gang** *m* moonset. — **~vier·tel** *n* astr. quarter (of the moon). — **~vio·le** [-,vio:lə] *f* bot. lunary, lunaria (*scient.*) (*Gattg Lunaria*): Einjährige ~ honesty, satinflower (*L. annua*). — **~vo·gel** *m* zo. buff-tipped moth, buff-tip (*Phalera bucephala*). — **~wech·sel** *m* astr. change of the moon's phases, lunation (*scient.*): wir haben ~ the moon is changing. — **~win·de** *f* bot. moonflower (*Calonyction aculeatum*). — **~zeit** *f* lunar time.

Mo·ne·gas·se [mone'gasə] *m* ⟨-n; -n⟩, **Mo·ne'gas·sin** *f* ⟨-; -nen⟩ Monacan, inhabitant of Monaco. — **mo·ne'gas·sisch** *adj* Monacan, of (*od.* pertaining to) Monaco.

Mo'nel,me,tall [mo'nɛl-] *n* Monel Metal (*TM*) (*a nickel-base alloy*).

mo·ne·tär [mone'tɛːr] *adj* econ. (*Lage etc*) monetary.

Mo·ne·ten [mo'ne:tən] *pl colloq.* (*Geld*) 'shekels' (*colloq.*); moola(h) *sg,* 'brass' *sg,* 'dough' *sg* (*sl.*); *Am. sl.* 'jack' *sg,* dineros.

Mon·go·le [mɔŋ'go:lə] *m* ⟨-n; -n⟩ Mongol, Mongolian.

Mon'go·len,fal·te *f* anthrop. med. Mongolian (*od.* Mongoloid, Mongolic) fold, eye (*od.* semilunar) fold; epicanthus, epicanthic fold (*scient.*). — **~fleck** *m* blue (*auch* Mongolian, Mongol, sacral) spot.

mon·go·lid [mɔŋgo'li:t] *adj* anthrop. cf. mongolisch. — **Mon·go'li·de** *m, f* ⟨-n; -n⟩ cf. Mongole.   [(woman *od.* girl).|

Mon'go·lin *f* ⟨-; -nen⟩ Mongol(ian)|

mon'go·lisch *adj* Mongolian, Mongol (*attrib*), Mongoloid: die **~e** Rasse the Mongolian race, the yellow race.

Mon·go·lis·mus [mɔŋgo'lɪsmʊs] *m* ⟨-; *no pl*⟩ med. Mongolism.

mon·go·lo·id [mɔŋgolo'i:t] *adj* med. mongolian, mongoloid: **~e** Idiotie mongoloid idiocy, Mongolism. — **Mon·go·loi·de** [-'i:də] *m, f* ⟨-n; -n⟩ mongolian, mongoloid.

mo·nie·ren [mo'ni:rən] *v/t* ⟨*no* ge-, h⟩ *bes. econ.* 1. (*Rechnung etc*) question, query, find fault with, take exception to. - 2. (*Sendung etc*) complain about, make a complaint about. - 3. (*mahnen*) remind, (*stärker*) admonish, *bes. econ.* dun: j-n wegen etwas ~ to remind s.o. of s.th. - 4. (*in Wendungen wie*) es wurde moniert, daß du zu früh weggegangen bist there was a complaint (*od.* there were complaints) about your leaving too early.

Mo'ni·lia,krank·heit [mo'ni:lia-] *f* bot. brown rot, monilia (disease).

Mo·nis·mus [mo'nɪsmʊs] *m* ⟨-; *no pl*⟩ philos. monism. — **Mo'nist** [-'nɪst] *m* ⟨-en; -en⟩ monist. — **mo'ni·stisch** *adj* monistic, *auch* monistical.

Mo·ni·tor ['mo:nitər] *m* ⟨-s; -en [moni-'to:rən]⟩ 1. telev. phys. monitor. - 2. mar. mil. obs. (*Panzerschiffstyp*) monitor. - 3. ped. obs. monitor.

Mo·ni·tum ['mo:nitum] *n* ⟨-s; -nita [-ta]⟩ rare for Mahnung 2, Rüge 1, 2, Beanstandung 2.

Mo·no ['mo:no] *m* ⟨-s; -s⟩ zo. manakin (*Manacus manacus*).

'mo·no *adv* only in stereo — auch **~** abspielbar (*Aufschrift*) this record can be played either with stereo or mono equipment.

Mono..., mono... *combining form denoting* mono...

'Mo·no,auf,nah·me *f* (*radio*) mono pickup, *Am.* mono transcription.

Mo·no·chord [mono'kɔrt] *n* ⟨-(e)s; -e⟩ mus. monochord, intonator.

mo·no·chrom [mono'kro:m] *adj* monochrome, monochromic, *auch* monochromical, monochromatic.

Mo·no·chro·ma·sie [monokroma'zi:] *f* ⟨-; *no pl*⟩ med. monochromasia, monochromasy.

Mon·odie [mono'di:] *f* ⟨-; *no pl*⟩ mus. monody. — **mon·odisch** [-'no:dɪʃ] *adj* monodic, *auch* monodical.

Mo·no·dra·ma [mono'dra:ma] *n* (*theater*) monodrama.

'mo·no·emp,fän·ger *m* mono receiver.

mo·no·gam [mono'ga:m] *adj* monogamous, monogamistic, monogamic. — **Mo·no·ga'mie** [-ga'mi:] *f* ⟨-; *no pl*⟩ monogamy. — **mo·no·ga·misch** *adj* monogam. — **Mo·no·ga'mist** [-ga'mɪst] *m* ⟨-en; -en⟩ monogamist. — **mo·no·ga'mi·stisch** *adj* monogamistic.

mo·no·gen [mono'ge:n] *adj* math. geol. zo. monogenic.

Mo·no·ge·ne·se [monoge'ne:zə] *f* ⟨-; -n⟩ biol. monogenesis. — **mo·no·ge'ne·tisch** [-tɪʃ] *adj* monogenetic. — **Mo·no·ge'nie** [-'ni:] *f* ⟨-; -n [-ən]⟩ biol. monogeny. — **mo·no'ge·nisch** [-'ge:nɪʃ] *adj* zo. 1. monogenetic. - 2. cf. monogen.

Mo·no·go·nie [monogo'ni:] *f* ⟨-; -n [-ən]⟩ biol. monogony.

Mo·no·gramm [mono'gram] *n* ⟨-s; -e⟩ monogram.

Mo·no·gra·phie [monogra'fi:] *f* ⟨-; -n [-ən]⟩ (*literature*) monograph, treatise: Verfasser einer ~ monographer. — **mo·no'gra·phisch** [-'gra:fɪʃ] *adj* monographic.

mo·no·hy·brid [monohy'bri:t] *adj* biol. monohybrid. — **Mo·no·hy'bri·de** *m* ⟨-n; -n⟩ monohybrid.

Mo·no·kel [mo'nɔkəl] *n* ⟨-s; -⟩ monocle, eyeglass, quizzing glass: sich (*dat*) das ~ ins Auge klemmen to screw the monocle up to one's eye.

mo·no·klin [mono'kli:n] *adj* 1. min. monoclinic, monosymmetric(al), monoclinometric. - 2. geol. monoclinal.

Mo·no·ko·ty·le·do·ne [monokotyle'do:nə] *f* ⟨-; -n⟩ bot. monocotyledon.

mon·oku·lar [monoku'la:r] *adj* (*optics*) monocular.

'Mo·no·kul,tur ['mo:no-] *f* ⟨-; -en⟩ agr. one-crop agriculture (*od.* system), monoculture (*scient.*).

Mo·no·la·trie [monola'tri:] *f* ⟨-; *no pl*⟩ relig. henotheism, *auch* monolatry.

Mo·no·lith [mono'li:t; -'lɪt] *m* ⟨-s *od.* -en; -e(n)⟩ 1. (*Steinblock*) monolith, large block of stone. - 2. (*art*) monolith. — **mo·no-'li·thisch** *adj* monolithic: **~e** Schaltung electr. monolithic circuit.

Mo·no·log [mono'lo:k] *m* ⟨-s; -e⟩ monologue, *Am. auch* monolog, soliloquy. — **mo·no·lo·gisch** *adj* monologic(al). — **mo·no·lo·gi·sie·ren** [-logi'zi:rən] *v/i* ⟨*no* ge-, h⟩ monologize, soliloquize.

Mo·nom [mo'no:m] *n* ⟨-s; -e⟩ math. monomial.

mo·no·man [mono'ma:n] *adj* psych. monomaniac(al). — **Mo·no'ma·ne** *m* ⟨-n; -n⟩ monomaniac. — **Mo·no·ma'nie** [-ma'ni:] *f* ⟨-; -n [-ən]⟩ monomania. — **mo·no-'ma·nisch** *adj* cf. monoman.

mo·no·mer [mono'me:r] *adj* chem. phys. monomeric.

Mo·no'mer *n* ⟨-s; -e⟩, **Mo·no'me·re** *n* ⟨-n; -n⟩ *meist pl* chem. monomer.

mo·no·phag [mono'fa:k] *adj* biol. univorous, monophagous. — **Mo·no·pha'gie** [-fa'gi:] *f* ⟨-; *no pl*⟩ monophagy.

Mo·no·pho·bie [monofo'bi:] *f* ⟨-; *no pl*⟩ psych. monophobia.

Mon·oph·thal·mie [monɔftal'mi:] *f* ⟨-; *no pl*⟩ zo. cyclopia.

Mo·no·phthong [mono'ftɔŋ] *m* ⟨-s; -e⟩ ling. monophthong. — **mo·no·phthon-'gie·ren** [-tɔŋ'gi:rən] *v/t* ⟨*no* ge-, h⟩ monophthongize. — **mo·no'phthon·gisch** *adj* monophthongal.

mo·no·phy·le·tisch [monofy'le:tɪʃ] *adj* biol. monophyletic.

Mo·no·phy·si·tis·mus [monofyzi'tɪsmʊs] *m* ⟨-; *no pl*⟩ relig. Monophysitism.

'Mo·no,plat·te *f* cf. Monoschallplatte.

Mo·no·ple·gie [monople'gi:] *f* ⟨-; -n [-ən]⟩ med. monoplegia. — **mo·no'ple·gisch** [-'ple:gɪʃ] *adj* monoplegic.

Mo·no·po·die [monopo'di:] *f* ⟨-; -n [-ən]⟩ metr. monopody. — **mo·no'po·disch** [-'po:dɪʃ] *adj* monopodic.

Mo·no·pol [mono'po:l] *n* ⟨-s; -e⟩ 1. econ. (*auf acc,* für of, *Am.* on, in) monopoly: ein ~ (für *od.* in etwas) besitzen (*od.* haben), ein ~ ausüben to monopolize (*Br. auch* -s-) s.th., to hold (*od.* exercise) a monopoly of (*Am.* on, in) s.th.; ein ~ brechen to

---

break a monopoly; ein ~ an sich reißen to grab a monopoly; ~ der Krone *pol.* crown monopoly; staatliches ~, ~ des Staates *jur.* state monopoly; der Staat hat ein ~ auf Zündhölzer matches are a state monopoly. - 2. econ. (*Verband*) monopoly: ein ~ bilden [entflechten] to form [to decartelize] a monopoly. - 3. fig. colloq. (*Vorrecht*) privilege, monopoly.

mo·no·po·lar [mono'la:r] *adj* med. (*Ableitung etc*) unipolar.

Mo·no'pol|er,zeug·nis *n* econ. monopoly (*od.* proprietary) article. — **~gut** *n meist pl* monopoly, proprietary article. — **~in-,ha·ber** *m* holder of a monopoly, monopolist, monopolizer *Br. auch* -s-.

mo·no·po·li·sie·ren [monopoli'zi:rən] *v/t* ⟨*no* ge-, h⟩ econ. monopolize *Br. auch* -s-. — **Mo·no·po·li'sie·rung** *f* ⟨-; *no pl*⟩ monopolization *Br. auch* -s-.

Mo·no·po·lis·mus [monopo'lɪsmʊs] *m* ⟨-; *no pl*⟩ econ. monopolism. — **Mo·no·po'list** [-'lɪst] *m* ⟨-en; -en⟩ cf. Monopolinhaber. — **mo·no·po'li·stisch** *adj* (*Wirtschaft etc*) monopolistic, *auch* monopolist (*attrib*).

Mo·no'pol|ka·pi,tal *n* ⟨-s; *no pl*⟩ econ. monopolism. — **~ka·pi·ta,lis·mus** *m* (*bes. nach Lenin*) monopolism, monopoly capitalism, capitalism of monopoly. — **~ka·pi·ta,list** *m* monopolist. — **m~ka·pi-ta,li·stisch** *adj* monopolistic. — **~preis** *m* monopoly price. — **~stel·lung** *f* monopoly, exclusive control: der Staat hat die ~ für Salz the government has the salt monopoly.

Mo·no·po·ly [mo'no:poli] (*TM*) *n* ⟨-s; *no pl*⟩ (*games*) Monopoly.

Mo·no·po·sto [mono'pɔsto] *m* ⟨-s; -s⟩ auto. (*sport*) (single-seater) racing car.

Mo·no·psy·chis·mus [monopsy'çɪsmʊs] *m* ⟨-; *no pl*⟩ philos. monopsychism.

Mo·no·pte·ros [mə'nɔpteros] *m* ⟨-; -ren [-nɔ'pteːrən]⟩ arch. antiq. monopteron, *auch* monopteros.

'Mo·no,schall,plat·te *f* mono record.

Mo·no·skop [mono'sko:p] *n* ⟨-s; -e⟩ telev. monoscope.

mo·no·sti·chisch [mono'stɪçɪʃ] *adj* metr. monostichic. — **Mo·no·sti·chon** [mo-'nɔstɪçɔn] *n* ⟨-s; -cha [-ça]⟩ monostich.

mo·no·syl·la·bisch [monozy'la:bɪʃ] *adj* ling. (*Sprache*) monosyllabic.

Mo·no·syl·la·bum [mono'zylabum] *n* ⟨-s; -ba [-ba]⟩ ling. monosyllable.

Mo·no·the·is·mus [monote'ɪsmʊs] *m* ⟨-; *no pl*⟩ relig. monotheism. — **Mo·no-'the·ist** [-'ɪst] *m* ⟨-en; -en⟩ monotheist. — **mo·no·the·i·stisch** [-'ɪstɪʃ] *adj* monotheistic, *auch* monotheistical.

Mo·no·the·let [monote'le:t] *m* ⟨-en; -en⟩ relig. Monothelite, *auch* Monothelete. — **Mo·no·the·le'tis·mus** [-le'tɪsmʊs] *m* ⟨-; *no pl*⟩ Monothelitism, *auch* Monotheletism, Monothelism.

mo·no·ton [mono'to:n] I *adj* 1. (*Farbe, Stimme, Sprechen etc*) monotonous, monotone, monotonic: eine **~e** Landschaft a monotonous (*od.* drab) landscape. - 2. (*Arbeit, Leben etc*) monotonous, humdrum, tedious. - 3. (*Stil, Vortrag etc*) monotonous, wearisome. - 4. mus. a) (*Musik*) monotonous, b) (*Singen etc*) monotone. - II *adv* 5. etwas ~ vortragen to recite s.th. monotonously (*od.* in a monotone). — **Mo·no·to·nie** [-to'ni:] *f* ⟨-; -n [-ən]⟩ 1. monotony, monotonousness, monotone. - 2. monotony, humdrumness, tediousness. - 3. monotony, weariness. - 4. mus. a) monotony, b) (*Rezitation auf einem Ton*) monotone.

Mo·no·tre·men [mono'tre:mən], **Mo·no·tre'ma·ta** [-tre'ma:ta] *pl* zo. (*Kloakentiere*) monotremata (*Unterklasse Prototheria*).

mo·no·trop [mono'tro:p] *adj* min. chem. monotropic. — **Mo·no·tro'pie** [-tro'pi:] *f* ⟨-; *no pl*⟩ monotropy.

Mo·no·ty·pe ['mɔnotaɪp] (*TM*) *f* ⟨-; -s⟩ print. Monotype (machine).

Mo·no·ty·pie [monoty'pi:] *f* ⟨-; -n [-ən]⟩ print. monotype. — **mo·no'ty·pisch** [-'ty:pɪʃ] *adj* print. biol. monotypic, monotypal.

mo·no·va·lent [monova'lɛnt] *adj* chem. biol. univalent, monovalent. — **Mo·no·va'lenz** [-'lɛnts] *f* ⟨-; -en⟩ univalency, monovalency.

Mon·oxid [mono'ksi:t], **Mon·oxyd** [mono'ksy:t] *n* ⟨-(e)s; -e⟩ chem. monoxide.

Mon·özie [monø'tsi:] *f* ⟨-; *no pl*⟩ bot. (*Einhäusigkeit*) monoecism, monoecy. —

mon·özisch [-'nøːtsɪʃ] *adj* monoecious, monecious.

mo·no·zy·klisch [mono'tsyːklɪʃ] *adj chem. biol.* monocyclic.

Mo·no·zy·ten [mono'tsyːtən] *pl biol.* monocytes.

Mo·no·zy·to·se [monotsy'toːzə] *f ⟨-; no pl⟩ med.* monocytosis.

Mon·roe·dok·trin [mən'roː-; 'mɔnro-] *f ⟨-; no pl⟩ pol. hist.* Monroe Doctrine (*1823*).

Mon·sal·vatsch [mɔnzal'vatʃ] *m ⟨-(es); no pl⟩* (*literature*) cf. Montsalvatsch.

Mon·sei·gneur [mõsɛn'jøːr] *m ⟨-s; -e u. -s⟩* Monseigneur, Msgr.

Mon·si·eur [mə'sjöː] *m ⟨-(s); Messieurs* [me'sjöː]⟩ 1. Monsieur, M. – 2. Frenchman.

Mon·si·gno·re [mɔnzɪn'joːrə] *m ⟨-(s); -ri* [-ri]⟩ *röm.kath.* Monsignor(e), Msgr.

Mon·ster ['mɔnstər] *n ⟨-s; -(s)⟩* (*Ungeheuer*) monster.

'Mon·ster|,film *m colloq.* superfilm, monster production. — **~pro,zeß** *m jur. colloq.* spectacular trial.

Mon·stranz [mɔn'strants] *f ⟨-; -en⟩ röm. kath.* monstrance, ostensorium, ostensory.

mon·strös [mɔn'strøːs] *adj* 1. (*ungeheuerlich*) monstrous, shocking. – 2. *med.* monstrous, malformed, teratoid (*scient.*). — **Mon·stro·si·tät** [-strozi'tɛːt] *f ⟨-; -en⟩* 1. monstrosity. – 2. *med.* monstrosity, teratism (*scient.*).

Mon·strum ['mɔnstrum] *n ⟨-s; -stren u. -stra* [-stra]⟩ 1. (*Scheusal*) monster, beast, fright. – 2. *fig. colloq.* (*unförmiges Möbelstück etc*) monster. – 3. *med.* (*Mißbildung*) monster, monstrosity, freak of nature, teratism (*scient.*).

Mon·sun [mɔn'zuːn] *m ⟨-s; -e⟩ meteor.* monsoon. — **~aus,bruch** *m* breaking of the monsoon. [monsoon (*attrib*).\
mon'su·nisch *adj meteor.* monsoonal.⌡
Mon'sun|,re·gen *m meteor.* monsoon(al) rain. — **~wald** *m* monsoon forest.

'Mon·tag ['moːn-] *m ⟨-(e)s; -e⟩* Monday: am ~ on Monday; eines ~s one Monday; (am) vorigen (*od.* letzten) ~ last Monday, Monday last; (am) nächsten ~ next Monday, Monday next; ~ über acht [vierzehn] Tage (*od.* in acht [vierzehn] Tagen) *Br.* Monday week [fortnight], *Am.* a week [two weeks] from Monday; blauer ~ *fig. colloq.* etwa idle Monday, *Br. auch* Saint (*od.* St.) Monday; (einen) blauen ~ machen *fig. colloq.* to take Monday off unofficially, *Br. auch* to keep Saint (*od.* St.) Monday; ~ abends (on) Monday evenings (*od.* nights). — **~abend** *m* Monday evening (*od.* night).

Mon·ta·ge [mɔn'taːʒə] *f ⟨-; -n⟩* 1. *tech.* a) (*eines Gerüstes etc*) setting up, mounting, erecting, erection, b) (*einer Maschine etc*) assembling, setting up, assembly, c) (*einer Anlage etc*) fitting (up), installation. – 2. (*film*) *phot. telev.* montage. – 3. *mus.* (*art*) (*literature*) montage. – 4. *print.* a) montage, b) (*eines Entwurfs*) paste-up. — **~ar,bei·ten** *pl* general maintenance work *sg*, assembly work *sg*. — **~ar,bei·ter** *m* 1. maintenance man. – 2. (*Installateur*) fitter. – 3. (*am Fließband*) assembler. – 4. (*Maschinenmonteur*) erector. — **~band** *n* assembly line. — **~bau** *m* assembly work. — **~bau,wei·se** *f* precast construction. — **~bild** *n* 1. *phot.* montage, paste-up. – 2. (*art*) montage, papier collé, collage. — **~bock** *m* 1. *tech.* repair (*od.* mounting) stand. – 2. *auto.* servicing (*od.* assembly) stand. – 3. *jig.* — **m~fer·tig** *adj tech.* ready for assembly (*od.* installation). — **~ge,rüst** *n civ.eng.* 1. (*beim Brückenbau*) erection (*od.* erecting) tower. – 2. (*beim Hochbau*) assembling scaffold. — **~grup·pe** *f* unit assembly. — **~hal·le** *f* assembly (*od.* erection, erecting) shop (*od.* hall) (*Am. auch* room). — **~kran** *m* 1. *tech.* erection crane. – 2. *civ.eng.* (*Montagebaukran*) tower slewing crane. — **~turm** *m* (*für Raketen etc*) assembly tower: fahrbarer ~ assembly tower on rails. — **~werk** *n* assembly plant. — **~zeich·nung** *f* assembly drawing.

'mon,tä·gig *adj* (on) Monday.
'mon,täg·lich I *adj* Monday('s), on Monday(s). – II *adv* cf. montags.

Mon·ta·gnard [mõtaŋ'jaːr] *m ⟨-s; -s⟩ hist.* Montagnard.

'mon,tags *adv* on Monday(s), every (*od.* each) Monday, *bes. Am.* Mondays: ~ geschlossen closed on Monday(s).

mon·tan [mɔn'taːn] *adj* pertaining to mining.

Mon'tan|,ak·ti·en *pl econ.* mining and steel shares (*bes. Am.* stocks), steels. — **~,an,lei·he** *f* E.C.S.C. loan, loan of the European Coal and Steel Community. — **~ge,sell·schaft** *f meist pl* coal and iron mining company. — **~in·du,strie** *f* coal and steel industry.

Mon·tan·is·mus [mɔnta'nɪsmus] *m ⟨-; no pl⟩ relig. hist.* Montanism.

Mon·ta·nist[1] [mɔnta'nɪst] *m ⟨-en; -en⟩ econ.* mining engineer.

Mon·ta·nist[2] *m ⟨-en; -en⟩ relig. hist.* Montanist.

mon·ta·nist·isch[1] *adj econ.* cf. montan.
mon·ta·nist·isch[2] *adj relig. hist.* Montanist(ic).

Mon'tan|sal,pe·ter *m chem.* (*Kunstdünger*) ammonium sulfate-nitrate. — **~uni,on** *f econ. pol.* European Coal and Steel Community. — **~ver,trag** *m* Treaty on the Establishment of the European Coal and Steel Company. — **~wer·te** *pl* (mining and) steel shares (*bes. Am.* stocks), steels.

Mont·bre·tie [mõ'breːtsiə] *f ⟨-; -n⟩ bot.* montbretia (*Gattg Tritonia*).

Mon·te·ne·gri·ner [mɔntene'griːnər] *m ⟨-s; -⟩ geogr.* Montenegrin, *auch* Montenegrine. — **mon·te·ne'gri·nisch** *adj* Montenegrin.

Mon·teur [mɔn'tøːr] *m ⟨-s; -e⟩ tech.* 1. a) (*am Fließband*) assembler, assembly man, b) (*für Maschinen*) erector, c) (*für Wartungszwecke*) maintenance man, d) (*Installateur*) fitter, e) (*Mechaniker*) mechanic. – 2. *electr.* mechanician. — **~an,zug** *m* overalls *pl*.

Mon·te'zu·ma,wach·tel [mɔnte'tsuːma-] *f zo.* Massena quail (*od.* partridge) (*Cyrtonix montezumae*).

Mont·gol·fie·re [mõgɔl'fiːrə] *f ⟨-; -n⟩ aer. hist.* montgolfier, mongolfier, fire balloon.

Mon'tier,ei·sen *n auto.* (*für Reifen*) tire (*bes. Br.* tyre) lever.

mon·tie·ren [mɔn'tiːrən] I *v/t ⟨no ge-, h⟩* 1. *tech.* a) (*Maschinen*) erect, set up, b) (*Zubehörteile*) attach, c) (*Werkzeuge*) mount, fasten, d) (*am Fließband*) assemble, e) (*Anlage*) install, (*kleine Bauelemente*) fit. – 2. *civ.eng.* (*ein Gerüst*) scaffold. – 3. *phot.* (*film, literature*) mount, make a montage of. – II **M~** *n ⟨-s⟩* 4. *verbal noun.* – 5. cf. Montage 1.

Mon'tier,he·bel *m tech.* assembly lever.

Mon'tie·rung *f ⟨-; no pl⟩ tech.* 1. cf. Montieren. – 2. cf. Montage 1.

Mont·sal·vatsch [mɔntzal'vatʃ], **Mont·sal·'watsch** [-'vatʃ] *m ⟨-(es); no pl⟩* (*literature*) Grail castle.

Mon·tur [mɔn'tuːr] *f ⟨-; -en⟩* 1. *mil.* soldier's clothing, uniform, (*eines bestimmten Regiments*) regimentals *pl*. – 2. (*der Dienerschaft*) livery. – 3. *dial. humor.* (*work*) clothes *pl*. – 4. Kartoffeln in ~ *obs.* for Pellkartoffeln.

Mo·nu·ment [monu'mɛnt] *n ⟨-(e)s; -e⟩* monument.

mo·nu·men·tal [monumɛn'taːl] *adj* 1. (*Tempel etc*) monumental. – 2. *fig.* (*Gemälde etc*) monumental, enormous, immense.

Mo·nu·men·tal|,bau *m ⟨-(e)s; -ten⟩* monumental structure. — **~film** *m* superfilm, monster production.

Mo·nu·men·ta·li·tät [monumɛntali'tɛːt] *f ⟨-; no pl⟩* monumentality, enormity, enormousness.

Mon·zo·nit [mɔntso'niːt; -'nɪt] *m ⟨-s; -e⟩ geol. min.* monzonite.

Moor [moːr] *n ⟨-(e)s; -e⟩* 1. moor(land), fen, bog, swamp(land), marsh(land): ins ~ geraten to get into a bog; ~ trockenlegen [urbar machen] to drain (to cultivate) marshland. – 2. cf. Torf. — **~aal** *m zo.* fen eel (*Anguilla anguilla*). — **~an·ti,lo·pe** *f* puku, *auch* poku, pookoo (*Adenota vardoni*). — **~bad** *n med.* mud (*od.* peat) bath. — **m~ba·den** *v/i ⟨only inf⟩* take mud baths. — **~bee·re** *f bot.* cf. Moosbeere. — **~be,woh·ner** *m* boglander, marshlander, *Am. auch* swamper. — **~bin·se** *f bot.* moor rush (*Juncus squarrosus*). — **~bo·den** *m* marshy soil, quagmire. — **~bren·nen** *n agr.* I *v/i ⟨irr, sep, -ge-, h⟩* 1. burnbeat, *Br. auch* burnbait. – II **M~** *n ⟨-s⟩* 2. *verbal noun.* – 3. moorburn.

'Moore,licht ['muːr-] *n ⟨-(e)s; -er⟩ electr.* Moore light.

'Moor|,en·te *f zo.* white-eyed duck (*auch* pochard) (*Aythya nyroca*). — **~er·de** *f* bog earth, peaty soil, *Br. auch* moor. — **~frosch** *m zo.* moor frog (*Rana arvalis*). — **~ge,biet** *n*, **~ge,gend** *f agr.* swampy area. — **~grund** *m* marshy soil, quagmire. — **~hahn** *m zo.* male ptarmigan (*Lagopus lagopus*). — **~hei·de** *f bot.* 1. cf. Rosmarinheide. – 2. cross-leaved (*od.* cross-leaf) heath (*Erica tetralix*). — **~hen·ne** *f zo.* female ptarmigan (*Lagopus lagopus*). — **~huhn** *n* 1. cf. Moorschneehuhn. – 2. Schottisches ~ red grouse, moorfowl, moorbird, moor game (*Lagopus scoticus*).

'moo·rig *adj* (*Gebiet etc*) moorish, moory, fenny, boggy, swampy, marshy.

'Moor|,kom·mu·ni,tät *f hist.* fen community. — **~kul,tur** *f agr.* cultivation of peat soils, muck growing (*od.* farming). — **~kur** *f med.* mud treatment. — **~land** *n agr.* moorland, fenland, bog(land), swampland, marshland. — **~lei·che** *f archeol.* prehistoric corpse found in swamps where it has been chemically preserved. — **~packung** (getr. -k·k-) *f med.* mudpack. — **~rauch** *m meteor.* dust haze. — **~schnee,huhn** *n zo.* willow ptarmigan (*od.* grouse) (*Lagopus lagopus*). — **~see** *m* bog lake.

Moos[1] [moːs] *n ⟨-es; Arten -e⟩* 1. *bot.* moss: Isländisches ~ Iceland moss (*auch* lichen) (*Cetraria islandica*); Irisches ~ carrag(h)een, *auch* carageen, Irish (*od.* sea) moss (*Chondrus crispus*); Spanisches ~ Spanish (*auch* long, black) moss, *auch* old man's beard (*Tillandsia usneoides*); auf ~ wachsend muscicolous; Lehre von den ~en muscology, bryology; mit ~ bewachsene Steine stones overgrown with moss, mossy stones; von (*od.* mit) grünem ~ bedeckt covered with green moss; ~ ansetzen a) to become mossy, b) *fig.* to grow old, to be growing (*od.* getting) old. – 2. ⟨only sg⟩ *colloq. humor.* money, 'dough' (*sl.*), *Am. sl.* 'lettuce', *Br. sl.* 'dust', 'lolly': er hat viel ~ he has piles of dust.

Moos[2] *m ⟨-es; Möser⟩ Southern G. and Austrian dial.* for Moor 1.

'Moos|achat [-ʔa,xaːt] *m min.* moss agate, dendrachate, *Br. auch* mocha, *Am. auch* Mocha stone. — **m~ähn·lich** *adj bot.* mosslike, mossy; muscoid, musciform, muscose (*scient.*). — **m~ar·tig** *adj* cf. moosähnlich. — **m~be,deckt** *adj* moss-grown, moss-clad, moss-covered, mossy. — **~bee·re** *f* cranberry, bogberry, moorberry, fen berry (*Vaccinium oxycoccus u. V. macrocarpon*). — **m~be,wach·sen** *adj* cf. moosbedeckt. — **~blüm·chen** *n* crassula (*Gattg Crassula*). — **~farn** *m* selaginella (*Gattg Selaginella*). — **~garn** *n* (*textile*) Persian yarn. — **~glöck·chen** *n bot.* twinflower, linnaea (*Linnaea borealis*). — **m~grün** *adj* mossy-green.

moo·sig ['moːzɪç] *adj* mossy, moss-covered.

'Moos,knopf,kä·fer *m zo.* pygmy mangold beetle (*Atomaria linearis*).

'Moos|,pflan·ze *f meist pl bot.* bryophyte (*Stamm Bryophyta*). — **~pol·ster** *n* bear's-bed, moss(y) cushion. — **~rös·chen** *n*, **~,ro·se** *f* moss(y) rose (*Rosa centifolia f. muscosa*). — **~schrau·be** *f zo.* armed chrysalis shell (*Pupilla muscorum*). — **~stein,brech** *m bot.* lady's-cushion (*Saxifraga hypnoides*). — **~tier·chen** *n meist pl zo.* moss animalcule (*od.* coral, polyp), coraloid, polyzoon, bryozoon (*Klasse Bryozoa*): zu den ~ gehörend polyzoal, polyzoan, bryozoan, podostomatous; Kolonie von ~ polyzoarium.

Mop [mɔp] *m ⟨-s; -s⟩* mop: den Fußboden mit dem ~ reinigen to mop the floor.

Mo·ped ['moːpɛt; -pɛːt] *n ⟨-s; -s⟩* moped. — **~fah·rer** *m*, **~fah·re·rin** *f* moped rider.

mop·pen ['mɔpən] *v/t u. v/i ⟨h⟩* mop: den Fußboden ~ to mop the floor.

Mops [mɔps] *m ⟨-es; ⁼e⟩* 1. (*Hunderasse*) pug (*Canis familiaris decumanus*): sich langweilen wie ein ~ *fig. colloq.* to be bored stiff (*colloq.*). – 2. *fig. humor. colloq.* tubby person. – 3. *pl. humor. colloq.* cf. Moos[1].

'Mops|äbn·lich *adj* cf. mopsig.

mop·sen ['mɔpsən] *colloq.* I *v/t ⟨h⟩* 'swipe', 'pinch' (*beide sl.*), steal. – 2. cf. ärgern II. – II *v/reflex* sich ~ 3. be (*od.* feel) bored, be bored stiff (*colloq.*).

'mops·fi·del *adj colloq.* (as) merry as a cricket; 'cork', 'corky', chipper (*colloq.*).

'Mops|,fle·der,maus *f zo.* barbastel(le) (*Barbastellus barbastellus*). — **~ge,sicht** *n zo.* pug face. — **~hund** *m zo.* cf. Mops 1.

'**mop·sig** *adj colloq.* **1.** like a pug. – **2.** *fig.* boring.

'**Mops**|**kopf** *m* ⟨-(e)s; *no pl*⟩ *vet.* (*Schweinekrankheit*) bullnose, atrophic rhinitis (*scient.*). — ~**na·se** *f* pug nose: er hat eine ~ he has a pug nose, he is pug-nosed.

Mo·ra ['moːra] *f* ⟨-; -ren⟩ **1.** *metr. ling.* mora. – **2.** *jur.* delay, mora: er ist in ~ he is slow in paying.

Mo·ral [mo'raːl] *f* ⟨-; *no pl*⟩ **1.** (*Sittenlehre*) ethics *pl* (*construed as sg or pl*), morals *pl*, moral principles *pl*, morality: christliche [strenge] ~ Christian [strict] morals *pl*; doppelte ~ double standard (*od.* set of morals), dual morality; ~ predigen to moralize *Br. auch* -s-; gegen die ~ verstoßen to offend against moral principles. – **2.** (*Sittlichkeit*) morals *pl*, moral standards *pl*, morality, *Am. auch* morale, moral conduct: brüchige ~ frail morality; ein Mensch ohne ~ an immoralist; die ~ sinkt [steigt] (the) moral standards drop [rise]; seine ~ läßt viel zu wünschen übrig his morals leave much to be desired. – **3.** (*sittliche Verfassung*) morale, *auch* moral, moral condition: die ~ der Truppen the morale of the troops; die ~ eines Volkes the morale of a nation; die ~ heben [zersetzen] to improve [to undermine] the morale; die ~ zersetzend destructive to (*od.* of) the morale, demoralizing. – **4.** (*Nutzanwendung*) moral, epimyth (*lit.*): die ~ einer Fabel the moral of a fable; eine ~ ziehen aus etwas to moralize (*Br. auch* -s-) from s.th. — ~**ge·setz** *n* moral law (*od.* principle).

Mo·ra·lin [mora'liːn] *n* ⟨-s; *no pl*⟩ *auch humor.* hypocrisy, ostentatious morality. — **m~sau·er** *adj* hypocritically and ostentatiously moral.

mo·ra·lisch I *adj* **1.** ⟨*attrib*⟩ (*ethisch*) moral, ethical: M~e Aufrüstung Moral Re-Armament, MRA; ~e Festigung [Unterstützung] moral strengthening [support]; ~er Sieg moral victory; vom ~en Standpunkt betrachtet from an ethical point of view, in terms of morals; ~er Schwachsinn *psych.* moral insanity. – **2.** (*sittenstreng*) moral, virtuous, principled: ein ~es Leben a moral life; ein ~er Mensch a moralist. – **3.** (*lehrhaft*) moral, moralizing *Br. auch* -s-, didactic: eine ~e Erzählung a moral tale. – **4.** (*das Gewissen betreffend*) moral, concerning conscience: ~es Alibi moral alibi; einen ~en Druck auf j-n ausüben to exert (a) moral pressure on s.o.; ~er Katzenjammer *colloq.* bout of remorse, prick of conscience; eine ~e Ohrfeige bekommen *colloq.* to be put to shame by a (justified) rebuke; ~e Pflicht (moral) duty; ~e Verpflichtung moral obligation (*od.* commitment). – II *adv* **5.** ~ schlecht morally bad, wicked; ~ entrüstet morally provoked, with moral indignation; ~ verantwortlich morally responsible; ~ verpflichtet bound in hono(u)r, duty-bound; ~ verpflichtet sein, etwas zu tun to be on one's hono(u)r to do s.th., to be duty-bound to do s.th.; rein ~ betrachtet considered purely moralistically (*od.* in terms of morals). – III **M~e, der** ⟨-n⟩ **6.** *only in* einen M~en haben *colloq.* to be pricked by one's conscience, to have qualms (*od.* pangs) of conscience, to be troubled by remorse.

mo·ra·li·sie·ren [morali'ziːrən] I *v/i* ⟨*no ge-, h*⟩ **1.** moralize *Br. auch* -s-. – **2.** preach morals, sermonize *Br. auch* -s-. – II **M~** *n* ⟨-s⟩ **3.** *verbal noun.* – **4.** moralism. — **mo·ra·li'sie·rend** I *pres p.* – II *adj* moralizing *Br. auch* -s-, preachy (*colloq.*).

Mo·ra·lis·mus [mora'lısmus] *m* ⟨-; *no pl*⟩ *philos.* moralism. — **Mo·ra'list** [-'lıst] *m* ⟨-en; -en⟩ moralist, ethicist. – **2.** *contempt. cf.* Moralprediger. — **Mo·ra'li·stik** [-'lıstık] *f* ⟨-; *no pl*⟩ *philos.* ethics *pl* (*construed as sg od. pl*). — **mo·ra'li·stisch** *adj* moralistic.

Mo·ra·li·tät [morali'tɛːt] *f* ⟨-; -en⟩ **1.** ⟨*only sg*⟩ morality, *Am. auch* morale, morals *pl.* – **2.** (*literature*) *hist.* morality (play).

Mo·ra'li·täts·prin·zip *n psych.* morality principle.

Mo·ral|**leh·re** *f philos.* ethics *pl* (*construed as sg od. pl*), moral (*od.* ethical) philosophy, morality. — ~**pau·ke** *f colloq. cf.* Moralpredigt. — ~**phi·lo·soph** *m philos.* moral philosopher. — ~**phi·lo·so·phie** *f* moral philosophy, ethics *pl* (*construed as sg od. pl*): Schüler der ~ moralist. — ~**po·si·ti·vis-**

mus *m* moral positivism, positivistic doctrine of morals. — ~**pre·di·ger** *m colloq.* moralizer *Br. auch* -s-, sermonizer *Br. auch* -s-. — ~**pre·digt** *f colloq.* moral lecture, homily: j-m eine ~ halten to give s.o. a stern lecture. — ~**prin·zip** *n philos.* moral principle. — ~**psy·cho·lo·gie** *f psych.* psychology of morals. — ~**theo·lo·gie** *f röm.kath.* moral theology.

Mo·rä·ne [mo'rɛːnə] *f* ⟨-; -n⟩ *geol.* moraine. — **Mo'rä·nen**|**schutt** *m geol.* till. — ~**see** *m* morainic (*od.* morainal) lake.

Mo·rast [mo'rast] *m* ⟨-(e)s; -e *u.* ⸚e⟩ **1.** morass, mire, quagmire, bog, marsh, boggy ground, swamp: in ~ lebend *biol.* uliginous. – **2.** (*Schlamm*) mud, dirt, mire: im (tiefen) ~ steckenbleiben to be stuck in the mud, to be bogged down. – **3.** *fig.* mud, dirt, filth, squalor: im ~ waten to wallow in the mire.

mo'ra·stig *adj* **1.** boggy, marshy, swampy. – **2.** (*schlammig*) miry, muddy, sloughy.

Mo'rast|**loch** *n* mudhole, slough.

Mo·ra·to·ri·um [mora'toːrium] *n* ⟨-s; -rien⟩ *econ.* moratorium, postponement (*od.* extension) of payment.

mor·bid [mor'biːt] *adj* morbid. — **Morbi·di·tät** [-bidi'tɛːt] *f* ⟨-; *no pl*⟩ **1.** morbidity, morbidness. – **2.** *med.* a) morbidity, ratio of sick to healthy persons (*in a community*), b) condition of being diseased (*od.* morbid).

Mor·bi·di'täts|**sta·ti·stik** *f med.* statistics *pl* (*construed as sg od. pl*) of morbidity. — ~**zif·fer** *f* morbidity incidence.

mor·bleu [mor'blø] *interj obs.* damned! (*colloq.*).

Mor·bus ['morbus] *m* ⟨-; -bi [-bı]⟩ *med.* disease, morbus (*scient.*).

Mor·chel ['mɔrçəl] *f* ⟨-; -n⟩ *bot.* (*Pilz*) morel (*Gattg Morchella*).

Mord [mort] *m* ⟨-(e)s; -e⟩ (an *dat* of) murder, *bes. jur.* homicide, (*bes. politischer*) assassination: einfacher [schwerer] ~ *jur.* second- [first-]degree murder; gewaltsamer [grausamer] ~ violent [cruel] murder; vorbedachter ~ *jur.* premeditated (*od.* wil[l]ful) murder, murder with malice aforethought; auf ~ sinnen, einen ~ planen (*od.* vorhaben) to plan (*od.* premeditate) a murder; einen ~ begehen (*od.* verüben) to commit a murder; einen ~ aufklären to solve a murder; des ~es schuldig guilty of murder; j-n zum ~ anstiften to instigate s.o. to murder; j-n des ~es überführen to convict s.o. of murder; es gibt ~ und Totschlag *colloq.* there will be a hell of a row (*colloq.*); es war (der reinste) ~ *fig. colloq.* it was murder. — ~**ab·sicht** *f* murderous intent. — ~**an·kla·ge** *f jur.* murder charge: j-n unter ~ stellen to charge s.o. with murder; unter ~ stehen to be indicted of (*od.* on a charge of) murder. — ~**an·schlag** *m* attempt on s.o.'s life: einen ~ auf j-n unternehmen to make an attempt on s.o.'s life; einem ~ zum Opfer fallen to be murdered. — ~**ge·bär·de** *f cf.* Mordgier. — **m~be·gie·rig** *adj cf.* mordgierig. — ~**bren·ner** *m jur.* perpetrator of murder and arson. — ~**bren·ne'rei** [,mort-] *f* ⟨-; *no pl*⟩ perpetration of murder and arson. — ~**bu·be** *m obs.* cutthroat. — ~**dro·hung** *f* threat of murder.

mor·den ['mordən] I *v/i* ⟨h⟩ **1.** murder, commit a murder, kill. – II *v/t* **2.** *cf.* ermorden. – III **M~** *n* ⟨-s⟩ **3.** *verbal noun.* – **4.** *cf.* Mord.

Mor·dent [mor'dɛnt] *m* ⟨-(e)s; -e⟩ *mus. hist.* mordent, *Am. auch* mordant: ein langer ~ a double (*od.* long) mordent.

Mör·der ['mœrdər] *m* ⟨-s; -⟩ **1.** murderer, *bes. jur.* homicide, (*bezahlter*) *auch* killer, (*bes. politischer*) assassin: gedungener ~ cutthroat, hired assassin, bravo; zum ~ werden to become a murderer. – **2.** *fig. lit.* destroyer: er ist der ~ seines eigenen Glücks he has destroyed his own happiness. – **3.** *hunt.* old spike buck. – **4.** *zo. cf.* Schwertwal. — ~**gru·be** *f* den of cutthroats (*od. Bibl.* thieves): aus seinem Herzen keine ~ machen *fig.* to speak openly (*od.* freely), not to make a secret of one's thoughts. — ~**hand** *f lit.* murderer's hand: durch ~ fallen, von ~ sterben to die at the hands of a murderer.

Mör·de·rin *f* ⟨-; -nen⟩ murderess.

mör·de·risch I *adj* **1.** (*Feuer, Schlacht, Kampf etc*) murderous, homicidal, bloody, slaughterous (*lit.*). – **2.** (*Gedanken etc*)

murderous. – **3.** *fig. colloq.* (*Hitze etc*) murderous, grilling, cruel. – **4.** *fig. colloq.* (*Klima, Krankheit etc*) deadly. – **5.** *fig. colloq.* (*Tempo etc*) breakneck (*attrib*). – **6.** *fig. colloq.* (*Konkurrenz, Preise etc*) cutthroat (*attrib*). – II *adv* **7.** *cf.* mörderlich II.

'**mör·der·lich** *colloq.* I *adj* 'terrible', 'frightful', 'horrible', 'awful' (*alle colloq.*). – II *adv* ~ heiß beastly hot (*colloq.*); ~ schreien to cry to split one's ears; ~ fluchen to swear like a trooper.

'**Mör·der·wal** *m zo. cf.* Schwertwal.

'**Mord**|**flie·ge** *f zo.* robber fly (*Fam. Asilidae*): zu den ~n gehörig tachinid. — ~**ge·dan·ke** *m* thought of murder, murderous intent. — ~**ge·schich·te** *f* **1.** murder story, tale of murder. – **2.** *fig.* wild (*od.* dreadful) story: ~n erzählen to tell dreadful stories. — ~**ge·sel·le** *m* **1.** *jur.* accomplice in a murder. – **2.** *poet.* murderer. — ~**gier** *f* bloodthirstiness; krankhafte ~ *med.* homicidal insanity, andsrophonomania (*scient.*). — **m~gie·rig** *adj* bent on murder, bloodthirsty. — ~**in·stru·ment** *n jur.* murderous weapon (*od.* steel).

Mor·dio ['mordio] *interj* murder: → Zeter.

'**Mord**|**kom·mis·si·on** *f jur.* homicide squad. — ~**lust** *f cf.* Mordgier. — **m~lu·stig** *adj cf.* mordgierig. — ~**nacht** *f* night of (a) murder. — ~**pro·zeß** *m jur.* murder trial.

'**Mords**|**angst** *f colloq.* mortal fear, blue funk (*beide colloq.*): eine ~ haben to be scared stiff. — ~'**ar·beit** *f* eine ~ *colloq.* a very difficult piece of work, quite a job. — ~'**auf·re·gung** *f colloq.* frightful commotion (*colloq.*), hell of a stink (*sl.*). — '**ding** *n* ⟨-(e)s; -e(r)⟩ *colloq.* **1.** (*von ungewöhnlicher Größe*) smasher, whopper, whacker (*alle colloq.*), *Am. sl.* 'whaler'. – **2.** (*staunenerregend*) 'screamer' (*sl.*), *Am. sl.* humdinger. – **3.** (*heftiger Schlag*) walloper, 'snorter' (*beide colloq.*). — ~**durch·ein·an·der** *n colloq.* devil (*od.* hell) of a mess (*colloq.*). — ~'**durst** *m colloq.* almighty (*od.* hell of a) thirst (*colloq.*). — ~'**gau·di** *f colloq.* great fun, devil (*od.* hell) of a good time (*alle colloq.*): eine ~ haben to have a ripping good time (*sl.*). — ~**ge'schrei** *n colloq.* fearful outcry (*colloq.*), wild screams *pl*: ein ~ erheben to scream like hell (*colloq.*). — ~'**glück** *n colloq.* stupendous luck, whopping good luck (*colloq.*). — **m~groß** *adj colloq.* walloping big, whacking (*beide colloq.*). — ~'**hun·ger** *m colloq.* ravenous hunger. — ~'**kerl** *m colloq.* topper, thumper (*beide colloq.*); 'corker', bouncer (*sl.*), *Am. sl.* humdinger, 'whaler': du bist aber ein ~! what a corker you are! — ~'**krach**, ~'**lärm** *m colloq.* fearful din, terrific noise, awful racket (*alle colloq.*): einen ~ schlagen to kick up (*od.* raise) hell (*colloq.*). — ~'**lü·ge** *f colloq.* monstrous lie, thumper, whopper (*alle colloq.*): das ist eine ~ that's a good one (*colloq.*). — **m~mä·ßig** *colloq.* I *adj* (*Lärm etc*) 'terrific', thumping, 'mortal' (*alle colloq.*), ripping (*sl.*). – II *adv* ich habe mich ~ gefreut I was tickled to death (*colloq.*). — **m~schwer** *adj colloq.* **1.** terribly (*od.* awfully) heavy (*colloq.*). – **2.** *fig.* extremely (*od. colloq.* terribly) difficult. — ~'**spaß** *m colloq.* **1.** einen ~ haben to have great (*od.* no end of) fun, to have a hell of a good time (*alle colloq.*). – **2.** etwas ist ein ~ s.th. is great fun (*od.* a scream) (*colloq.*). — ~**spek·ta·kel** *m colloq.* fearful din, terrific noise (*od.* racket) (*alle colloq.*), hullaba(l)loo, pandemonium.

'**Mord**|**spin·ne** *f zo.* **1.** purse(web) spider (*Atypus piceus*). – **2.** running crab spider (*Gattg Thanatus*).

'**Mords**|**tem·po** *n colloq.* terrific speed (*od.* pace). — ~'**wut** *f colloq.* hell of a temper (*od.* frenzy) (*colloq.*).

'**Mord**|**tat** *f* murder, murderous deed, slaying. — ~**ver·dacht** *m* suspicion of murder: bei ~, wegen ~s on suspicion of murder; er steht unter ~ he is suspected (*od.* under suspicion) of murder. — ~**ver·such** *m* attempt of murder, attempted murder. — ~**waf·fe** *f* murder (*od.* murderous) weapon, (*unidentifizierte*) *auch* blunt instrument. — ~**wan·ze** *f zo.* conenose, assassin bug (*Conorhinus sanguisugus*). — ~**werk·zeug** *n cf.* Mordwaffe. — ~**wes·pe** *f zo. cf.* Grabwespe.

Mo·rel·le [mo'rɛlə] *f* ⟨-; -n⟩ morello (cherry), *auch* morel (*Prunus cerasus*).

mo·ren·do [mo'rɛndo] *adv u. adj mus.* morendo, dying away.

Mo·res ['moːrɛs] *pl only in* j-n (*colloq. auch* j-m) **lehren** *colloq.* to teach s.o. manners, to tell s.o. what's what.

mo·resk [mo'rɛsk] *adj* Moresque, *auch* Mauresque, Morisco, Moorish.

Mo·res·ke *f* ⟨-; -n⟩ (*art*) cf. Maureske.

mor·ga·na·tisch [mɔrga'naːtɪʃ] *adj only in* ~e Ehe *jur.* morganatic (*od.* left-handed) marriage.

Mor·ga·nit [mɔrga'niːt, -'nɪt] *m* ⟨-s; -e⟩ *min.* morganite.

mor·gen ['mɔrgən] *adv* **1.** tomorrow: ~ abend (by) tomorrow evening (*od.* night); ~ früh (by) tomorrow morning; ~ mittag tomorrow at noon, tomorrow at twelve o'clock; ~ in acht Tagen, ~ über acht Tage, ~ in einer Woche a week from tomorrow, *bes. Br.* tomorrow week; ~ um diese Zeit (by) this time tomorrow; ich tue es gleich ~ I'll do it first thing tomorrow; es hat Zeit bis ~ it can wait until (*od.* till) tomorrow, it will do tomorrow; von heute bis ~, zwischen heute und ~ from now until (*od.* till) tomorrow; lieber heute als ~ better today than tomorrow; das geht nicht von heute auf ~ that cannot be done (so) quickly (*od.* overnight); ~ ist Sonntag tomorrow is Sunday; ~ ist auch (noch) ein Tag tomorrow is another (*od.* new) day; ~ ~, nur nicht heute, sagen alle faulen Leute (*Sprichwort*) never do today what you can put off until (*od.* till) tomorrow. – **2.** (*in der Zukunft*) tomorrow, *bes. humor.* mañana: j-n auf ~ vertrösten to put (*od.* stall) s.o. off until (*od.* till) tomorrow; die Mode von ~ the fashion of tomorrow; sich in die Welt von ~ versetzen to project oneself into the world of tomorrow. – **3.** (*früh am Tage*) early in the day: heute ~ early today, this morning; Sonntag ~ Sunday morning.

'Mor·gen[1] *m* ⟨-s; -⟩ **1.** morning, forenoon, morn (*poet.*): diesen [jeden] ~ this [every] morning; des ~s, am ~ in the morning; gegen ~ toward(s) morning, with (the) morning (*poet.*); am anderen (*od.* folgenden, nächsten) ~ the next morning; am ~ des 1. Mai on the morning of May 1st; eines schönen ~s one fine morning; früh am ~ early in the morning; der ~ bricht an (*od.* graut) morning dawns; es wird ~ day is breaking, it is getting light; bis in den hellichten ~ hinein schlafen to sleep far into the day; guten ~! ('n) ~! *colloq.* good morning! morning! (*colloq.*); j-m guten ~ sagen (*od.* wünschen) to wish (*od.* bid) s.o. good morning. – **2.** *fig.* (*Anbruch*) morning, dawn, beginning: der ~ des Lebens the morning of life; der ~ der Freiheit the dawn of liberty. – **3.** *fig. poet.* (*Osten*) East, Orient, Levant: gegen ~ toward(s) the East, eastward(s).

'Mor·gen[2] *n* ⟨-s; *no pl*⟩ (*Zukunft*) tomorrow, *bes. humor.* mañana, future, morrow (*lit.*): auf ein besseres ~ hoffen to hope for a better future.

'Mor·gen[3] *m* ⟨-s; -⟩ *agr. measure of land varying from 0.6 to 0.9 acres.*

'Mor·gen|an,dacht *f relig.* a) morning service, b) (*der anglikanischen Kirche*) Morning Prayer, *Br. auch* matins, Matins, *Br. auch* mattins, Mattins *alle pl* (*sometimes construed as sg*), c) (*private*) morning devotions *pl.* — ~,aus,ga·be *f print.* morning edition (*od.* paper). — ~,blatt *n* morning paper.

mor·gend ['mɔrgənt] *adj obs. for* morgig 1.

'Mor·gen,däm·me·rung *f* dawn, daybreak: in der ~ at cockcrow(ing).

mor·gend·lich ['mɔrgəntlɪç] *adj* (in *od.* of the) morning: ~e Frische morning freshness; die ~e Fahrt in die Stadt the ride to (the) town in the morning.

'Mor·gen|emp,fang *m hist.* levee. — ~,es·sen *n Swiss for* Frühstück 2. — m~,frisch *adj* (as) fresh as a daisy. — ~,frost *m meteor.* cf. Nachtfrost. — ~,frü·he *f* prime: in aller ~ in the prime of day. — ~,ga·be *f jur. hist.* morning gift. — ~,ge,bet *n relig.* a) morning prayer(s *pl*), b) (*der anglikanischen Kirche*) (morning) office. — ~,grau·en *n* break of day, daybreak, daylight, dawn: bei(m) ~ at the (crack of) dawn. — ~,gruß *m* morning greeting. — ~gym,na·stik *f* morning exercises *pl*, daily dozen (*colloq.*). — ~,kleid *n* morning dress (*od.* gown), *Am. auch* duster.

'Mor·gen,land *n archaic* East, Orient: die

(drei) Weisen aus dem ~ *Bibl.* the wise men from the East, the (three) Magi. — **'Mor·gen,län·der** *m* ⟨-s; -⟩ Oriental. — **'mor·gen,län·disch** *adj* Oriental, eastern, Eastern: das ~e Kaisertum *hist.* the Eastern (*od.* Greek) Empire; die ~en Kirchen *relig.* the Eastern Churches.

'Mor·gen|licht *n* morning light. — ~,lied *n* (*der Vögel*) morning song (*od.* singing): die Vögel stimmten ihr ~ an the birds began to sing at dawn (*od.* their dawn chorus). — ~,luft *f* morning air: ~ wittern *fig. colloq.* to see a gleam (*od.* ray) of hope. — ~,man·tel *m* **1.** (*für Herren*) dressing gown. – **2.** (*für Damen*) cf. Morgenrock. — ~,post *f* morning (*od.* early) mail (*od.* delivery, *bes. Br.* post): dieser Brief kam mit der ~ this letter came with (*od.* by, in) the morning mail. — ~,rock *m* dressing gown, wrapper, robe-de-chambre, morning gown, negligée, peignoir, *Am. auch* matinee, duster. — ~,rot *n*, ~,rö·te *f* **1.** dawn, first flush of day (*od.* dawn), sunrise colors (*bes. Br.* colours) *pl*, Aurora (*poet.*): wir haben ~ there is a gleam (*od.* ray) of hope. – **2.** *fig.* (*Anbruch*) dawn: das Morgenrot der Freiheit the dawn of liberty.

'mor·gens *adv* in the morning, a.m.: ~ früh early in the morning; um 6 Uhr ~, um 6 (Uhr) at six (o'clock) in the morning (*od.* a.m.); ~ von 8 bis 9 Uhr from eight to nine (o'clock) in the morning; von ~ bis abends a) from morning till night, b) *fig.* constantly, all day long; er liegt mir von ~ bis abends damit in den Ohren he bothers me with it all day long; seine Sprechstunde ist Montag ~ his office (*od.* consulting) hours are (on) every Monday morning.

'Mor·gen|sei·te *f* east(ern) side: auf der ~ liegen to have an eastern exposure (*auch* aspect). — ~,son·ne *f* morning sun. — ~,spa,zier,gang *m* morning walk. — ~,ständ·chen *n mus.* morning music, aubade: j-m ein ~ bringen to entertain s.o. with morning music. — ~,stern *m* **1.** *astr.* morning star. – **2.** *mil. hist.* (*Schlagwaffe*) morning star, *auch* holy-water sprinkler, morgenstern. — ~,stun·de *f* morning hour: in den frühen ~n in the small (*od.* wee) hours of the day; zu früher ~ early in the morning; ~ hat Gold im Munde (*Sprichwort*) the early bird catches the worm (*proverb*). — ~,tau *m* morning dew. — ~tem·pe·ra,tur *f med.* morning temperature. — ~,vi,si·te *f* morning (*od.* AM) rounds *pl*. — ~,wa·che *f mar.* morning watch. — ~,wind *m* morning wind (*od.* breeze). — ~,zei·tung *f* morning paper. — ~,zug *m* early (*od.* morning) train.

mor·gig ['mɔrgɪç] *adj* ⟨*attrib*⟩ **1.** of tomorrow, tomorrow's: der ~e Tag tomorrow; die ~e Zeitung tomorrow's paper; meine ~e Abreise my departure tomorrow. – **2.** (*zukünftig*) of tomorrow, tomorrow's, future: die ~e Generation the generation of tomorrow (to come).

mo·ri·bund [mori'bunt] *adj med.* moribund, dying.

Mo·rin [mo'riːn] *n* ⟨-s; *no pl*⟩ *chem.* morin ($C_{15}H_{10}O_7$). — ~,gerb,säu·re *f* maclurin ($C_6H_3(OH)_2COC_6H_2(OH)_3$). — ~,säu·re *f* cf. Morin.

Mo·ri·on ['moːriɔn] *m* ⟨-s; *no pl*⟩ *min.* morion.

Mo·ri·tat ['moːritaːt] *f* ⟨-; -en⟩ **1.** *popular entertainment in which, to the accompaniment of a barrel organ, pictures of a murder or a sensational event are explained in a prose or verse monologue with interpolated songs.* – **2.** *picture sheet describing in verse or prose a murder or sensational event.* – **3.** *street ballad.*

'Mo·ri·ta·ten|lied *n* cf. Moritat 1, 3. — ~,sän·ger *m* singer of ballads (celebrating sensational events), street-ballad singer.

Mor·mo·ne [mɔr'moːnə] *m* ⟨-n; -n⟩ *relig.* Mormon, Latter-day (*auch* Latter-Day) Saint, Mormonist, Mormonite.

Mor·mo·nen|heu,schrecke (*getr.* -k·k-) *f zo.* Mormon cricket (*Anabrus simplex*). — ~,tul·pe *f bot.* cf. Mariposalilie.

Mor'mo·nen,tum *n* ⟨-s; *no pl*⟩ *relig.* Mormonism.

Mor'mo·nin *f* ⟨-; -nen⟩ *relig.* (female) Mormon (*od.* Latter-day Saint). — **mor'mo·nisch** *adj* Mormon.

Mor·nell [mɔr'nɛl] *m* ⟨-s; -e⟩, **Mor'nel·le** *f*

⟨-; -n⟩, **Mor'nell,re·gen,pfei·fer** *m zo.* dott(e)rel (*Charadrius morinellus*).

mo·ros [mo'roːs] *adj obs.* (*mürrisch*) morose. — **Mo·ro·si'tät** [-rozi'tɛːt] *f* ⟨-; *no pl*⟩ moroseness, morose disposition (*od.* outlook).

Morph [mɔrf] *n* ⟨-s; -e⟩ *ling.* morph.

Morph·al·la·xe [mɔrfa'laksə], **Morph·al'la·xis** [-ksɪs] *f* ⟨-; *no pl*⟩ *med.* morphallaxis.

Mor·phe [mɔr'feː] *f* ⟨-; *no pl*⟩ shape, form.

Mor·phem [mɔr'feːm] *n* ⟨-s; -e⟩ *ling.* morpheme.

Mor·pheus ['mɔrfɔys] *npr m* ⟨-; *no pl*⟩ *myth.* Morpheus: in ~' Armen ruhen *poet.* to lie in the arms of Morpheus, to sleep.

Mor·phin [mɔr'fiːn] *n* ⟨-s; *no pl*⟩ *chem. med. pharm.* morphine, morphia ($C_{17}H_{19}NO_3$).

Mor·phi·nis·mus [mɔrfi'nɪsmʊs] *m* ⟨-; *no pl*⟩ *med.* morphinism, morphinomania, morphine addiction. — **Mor·phi'nist** [-'nɪst] *m* ⟨-en; -en⟩, **Mor·phi·ni·stin** *f* ⟨-; -nen⟩ *med.* morphinist, morphine (*od.* morphia) addict.

Mor'phin|sucht *f med.* cf. Morphinismus. — ~ver,gif·tung *f* **1.** (*akute*) morphine poisoning. – **2.** (*chronische*) morphinism.

Mor·phi·um ['mɔrfium] *n* ⟨-s; *no pl*⟩ *med. pharm. obs. for* Morphin. — ~,ein,sprit·zung *f med.* morphine (*od.* morphia) injection. — ~ent,zug *m* withdrawal of morphine. — ~,sprit·ze *f* **1.** cf. Morphiumeinspritzung. – **2.** hypodermal syringe. — ~,sucht *f* cf. Morphinismus. — m~,süch·tig *adj* addicted to morphine. — ~,süch·ti·ge *m, f* ⟨-n; -n⟩ cf. Morphinist. — ~ver,gif·tung *f* cf. Morphinvergiftung.

'Mor·pho,fal·ter ['mɔrfo-] *m zo.* morpho (*Fam. Morphoidae*).

Mor·pho|ge·ne·se [mɔrfogeː'neːzə] *f* ⟨-; -n⟩, ~ge·ne·sis [-'geːnezɪs] *f* ⟨-; -nesen [-ge'neːzən]⟩ *biol.* morphogenesis. — m~ge'ne·tisch [-ge'neːtɪʃ] *adj* morphogen(et)ic.

Mor·pho·gra·phie [mɔrfogra'fiː] *f* ⟨-; *no pl*⟩ *geogr. obs.* morphography. — **mor·pho'gra·phisch** [-'graːfɪʃ] *adj* morphographic. [morphologist.]

Mor·pho·lo·ge [mɔrfo'loːgə] *m* ⟨-n; -n⟩ **Mor·pho·lo·gie** [mɔrfolo'giː] *f* ⟨-; *no pl*⟩ **1.** *biol. ling.* morphology. – **2.** *geol.* cf. Geomorphologie. — **mor·pho'lo·gisch** [-'loːgɪʃ] *adj* **1.** *biol. ling.* morphological. – **2.** *geol.* cf. geomorphologisch.

Mor·pho·pho·nem [mɔrfofo'neːm] *n* ⟨-s; -e⟩ *ling.* morphophoneme.

Mor·pho·se [mɔr'foːzə] *f* ⟨-; -n⟩ *biol.* cf. Morphogenese.

morsch [mɔrʃ] *adj* ⟨-er; -est⟩ **1.** (*Holz etc*) decayed, decomposed, rotten: ein ~er Zahn a decayed (*od.* carious) tooth; ~ werden to decay, to rot. – **2.** (*hinfällig*) unsound, rickety, ramshackle, dilapidated. – **3.** (*brüchig*) brittle. – **4.** *fig.* (*Staat etc*) decaying, disintegrating. – **5.** (*alt und*) ~ *fig.* (*von Person*) old and decrepit.

mor·schen ['mɔrʃən] *v/i* ⟨h⟩ *obs.* decay, rot.

'Morsch·heit *f* ⟨-; *no pl*⟩ **1.** rottenness. – **2.** (*Hinfälligkeit*) unsoundness. – **3.** (*Brüchigkeit*) brittleness.

'Mor·se|al·pha,bet ['mɔrzə-] *n tel.* Morse alphabet. — ~ap·pa,rat *m* Morse telegraph. — ~emp,fän·ger *m* Morse (code signal) receiver. — ~ge,rät *n* cf. Morseapparat. — ~,ke·gel, ~,ko·nus *m tech.* Morse taper.

mor·sen ['mɔrzən] *v/t* ⟨h⟩ *tel.* send (*od.* signal) (*s.th.*) in the Morse code, morse.

Mör·ser ['mœrzər] *m* ⟨-s; -⟩ **1.** mortar: ~ mit Pistill (*od.* Stößel) mortar with pestle; etwas im ~ zerstoßen to pestle (*od.* bray, pound) s.th. – **2.** *mil.* mortar. — ~bat·te,rie *f mil.* mortar battery. — ~,block *m* cf. Mörserlafette. — ~,keu·le *f med. pharm.* pestle. — ~,la,fet·te *f mil.* mortar bed (*od.* carriage).

mör·sern ['mœrzərn] *v/i u. v/t* ⟨h⟩ *med. pharm.* pestle, bray, pound.

'Mör·ser|or·tungs·ra,dar,ge,rät *n mil.* countermortar radar. — ~,stö·ßel *m med. pharm.* pestle.

'Mor·se|schrei·ber *m tel.* inkwriter, inker. — ~,schrift *f* Morse code. — ~,si,gnal *n* cf. Morsezeichen 1. — ~,ta·ste *f* Morse key. — ~,zei·chen *n* **1.** (*akustisches*) Morse signal. – **2.** (*geschriebenes*) Morse character, dot and dash.

Mor·ta·del·la [mɔrta'dɛla] *f* ⟨-; -s⟩ *gastr.* mortadella, Bologna (sausage), *Am. auch* boloney, baloney.

Mor·ta·li·tät [mərtali'tɛːt] f ⟨-; no pl⟩ mortality.

Mör·tel ['mœrtəl] m ⟨-s; -⟩ civ.eng. 1. (Bindemittel) mortar, (Mörtelschlamm) grout: fetter (od. fester, steifer) ~ fat mortar; magerer (od. schwacher, schlechter, geringer) ~ poor (od. lean) mortar; ~ rühren to pat mortar; ~ anmachen (od. anrühren, bereiten) to temper (od. to puddle, to prepare, to beat up, to mix up) mortar. – 2. (Verputzmörtel) plaster, parget, cement, stucco, compo: eine Wand mit ~ bewerfen [vergießen, verstreichen] to roughcast (od. plaster, parget) [to grout, to slush] a wall. — ~,bie·ne f zo. mason bee (Chalicodoma muraria). — ~,brett n civ.eng. mortar board. — ~,fül·lung f mortar fill(ing). — ~,kel·le f mortar trowel. — ~,kü·bel m mason's bucket, hod. — ~,mi·scher m mortar mixer. — ~,poch,trog m mortar stamp mill. — ~,putz m mortar rendering. — ~,sand m mortar sand. — ~ver,putz m mortar coating.

Mor·ti·fi·ka·ti·on [mərtifika'tsioːn] f ⟨-; -en⟩ 1. med. (Brand) mortification. – 2. obs. (Beleidigung) mortification, humiliation. – 3. obs. (Kasteiung) mortification (of the flesh). — **mor·ti·fi'zie·ren** [-'tsiːrən] v/t ⟨no ge-, h⟩ obs. 1. (beleidigen) mortify, humiliate. – 2. (kasteien) mortify (the flesh of).

Mo·ru·la ['moːrula] f ⟨-; no pl⟩ biol. morula.

Mo·sa·ik [moza'iːk] n ⟨-s; -en, auch -e⟩ 1. (art) mosaic (work), tessel(l)ated work, tessellation: römisches (od. imitiertes) ~ mosaic picture. – 2. fig. mosaic. — ~,ar·beit f cf. Mosaik 1. — m~,ar·tig adj mosaic, tessel(l)ated: etwas ~ zusammensetzen to tessel(l)ate s.th. — ~elek,tro·de f telev. mosaic electrode. — ~,fa·den,fisch m zo. pearl gourami (Trichogaster leeri). — ~,fuß,bo·den m tessel(l)ated floor (od. pavement). — ~,spiel n (games) jigsaw puzzle. — ~,stein m, ~,stein·chen n 1. arch. tessera, abaculus, abaciscus. – 2. fig. tessera.

mo·sa·isch [mo'zaːɪʃ] adj relig. Mosaic. — **Mo·sa·is·mus** [-za'ɪsmʊs] m ⟨-; no pl⟩ obs. for Judentum 3.

Mo·sa·ist [moza'ɪst], **Mo·sa'i·zist** [-i'tsɪst] m ⟨-en; -en⟩ (art) mosaicist, mosaist.

Mo·san·drit [mozan'driːt; -'drɪt] m ⟨-s; -e⟩ min. mosandrite.

Mosch [mɔʃ] m ⟨-es; no pl⟩ Middle G. dial. rubbish, junk.

Mo·schee [mɔ'ʃeː] f ⟨-; -n [-ən]⟩ relig. mosque, auch masjid. [waste.]

mo·schen ['mɔʃən] v/t ⟨h⟩ Middle G. dial.

Mosch,pa,pier n Middle G. dial. wastepaper.

Mo·schus ['mɔʃʊs] m ⟨-; no pl⟩ musk: nach ~ riechend (od. schmeckend) musky; moschate, moschatous (scient.). — ~,beu·tel m zo. cf. Moschusdrüse. — ~,bock m musk beetle (Aromia moschata). — ~,böck·chen n suni (Nesotragus moschatus). — ~,drü·se f musk (od. scent) bag (auch gland). — ~,en·te f muscovy (auch musk) duck (Cairina moschata). — ~,flocken,blu·me (getr. -k·k-) f bot. (white od. yellow, purple, sweet) sultan (Centaurea moschata). — ~,gar·be f musk milfoil (Achillea moschata). — ~ge,ruch m musk, musky odor (bes. Br. odour) (od. smell). — ~,hirsch m zo. Moschustier. — ~,hya,zin·the f bot. musk hyacinth (Gattg. Muscari). — ~,kä·fer m zo. cf. Moschusbock. — ~,kraut n bot. moschatel (Adoxa moschatellina). — ~,kür·bis m cushaw (Cucurbita moschata). — ~,mal·ve f musk mallow (Malva moschata). — ~,och·se m zo. musk-ox, auch musk sheep (Ovibos moschatus). — ~,rat·te f cf. Bisamratte. — ~,ro·se f bot. musk rose (Rosa moschata). — ~,spitz,maus f zo. musk shrew (Gattg Suncus). — ~,tier n musk deer, moschus (Moschus moschiferus): die ~e pl the moschinae. — ~,vo·gel m cf. Goldafter.

Mo·se ['moːze] npr m ⟨-; no pl⟩ Bibl. Moses: die fünf Bücher ~ the Pentateuch sg.

Mö·se ['møːzə] f ⟨-; -n⟩ vulg. cunt (vulg.).

Mo·sel ['moːzəl] m ⟨-s; -⟩, ~wein m gastr. Moselle.

mo·sern ['moːzərn] v/i ⟨h⟩ bes. Northern G. colloq. for nörgeln 2.

Mo·ses¹ ['moːzɛs; -zəs] npr m ⟨-; no pl⟩ Bibl. Moses.

Mo·ses² ['moːzəs] m ⟨-; -⟩ mar. 1. boy. – 2. (Beiboot) dinghi.

Mos·kau·er ['mɔskauər] I m ⟨-s; -⟩ Muscovite. – II adj ⟨attrib⟩ (of) Moscow, Muscovite. — **'mos·kau·isch** adj cf. Moskauer II.

Mos·ki·to [mɔs'kiːto] m ⟨-s; -s⟩ meist pl zo. mosquito (Fam. Culicidae). — ~netz n mosquito net. — ~,stich m mosquito bite.

Mos·ko·wi·ter [mɔsko'viːtər] m ⟨-s; -⟩ cf. Moskauer I. — **mos·ko'wi·tisch** adj cf. Moskauer II. — **mos·ko·wi·ti'sie·ren** [-viti'ziːrən] v/t ⟨no ge-, h⟩ pol. Russianize Br. auch -s-.

Mos·lem ['mɔslɛm] m ⟨-s; -s⟩ relig. Muslim, Moslem, auch Muslem. — ~,bru·der·schaft f pol. Muslim Brotherhood.

mos·le·mi·nisch [mɔslə'miːnɪʃ], **mos'le·misch** [-'leːmɪʃ] adj relig. Muslim, Moslem, auch Muslem.

'Mos·lem,li·ga f pol. Moslem League.

Mos·li·me [mɔs'liːmə] f ⟨-; -n⟩ relig. cf. Moslem.

'Möss,bau·er-Ef,fekt ['mœs,bauər-] m phys. Mössbauer effect.

Most [mɔst] m ⟨-(e)s; -e⟩ 1. must, stum: ~ bereiten (od. colloq. machen) to make must; der ~ gärt the must is fermenting; → Barthel I. – 2. (Apfelmost) cider. – 3. (Birnenmost) perry. – 4. Southern G., Austrian and Swiss for Obstwein. — ~,ap·fel m cider apple. — ~,bir·ne f perry pear.

mo·sten ['mɔstən] I v/i ⟨h⟩ make must. – II v/t (Trauben, Obst etc) press.

Mo·ste'rei f ⟨-; -en⟩ 1. place where people can make their own cider. – 2. firm producing must (od. cider).

Mo·stert ['mɔstərt] m ⟨-s; no pl⟩ Northwestern G. for Senf 2.

'Most,pres·se f must (od. cider) press.

Most·rich ['mɔstrɪç] m ⟨-(e)s; no pl⟩ Northern G. for Senf 2.

Mo·tel ['moːtɛl; mo'tɛl] n ⟨-s; -s⟩ motel.

Mo·tet·te [mo'tɛtə] f ⟨-; -n⟩ mus. motet.

Mo·ti·li·tät [motili'tɛːt] f ⟨-; no pl⟩ bes. med. motility.

Mo·ti·on [mo'tsioːn] f ⟨-; -en⟩ 1. pol. jur. motion. – 2. ling. inflection, Br. auch inflexion.

Mo·tio·när [motsio'nɛːr] m ⟨-s; -e⟩ Swiss pol. cf. Antragsteller 2.

Mo·tiv [mo'tiːf] n ⟨-s; -e⟩ 1. (Beweggrund) motive, impulse, incentive, inducement, spur, spring: ein religiöses [politisches] ~ a religious [political] motive (od. impulse); edle ~e noble impulses (od. promptings); aus welchen ~en mag er das getan haben? what motives may have made him do that? das ~ des Handelns the spring of action. – 2. psych. jur. motive, drive, need, incentive: das ~ seiner Tat (od. für seine Tat) war nicht bekannt the motive of (od. for) his deed was not known; seine Handlungsweise war durch persönliche ~e bestimmt his way of acting (od. dealing) was personally motivated. – 3. mus. motif, theme, auch motive. – 4. (art, literature) motif, subject, auch motive: ~e in der Malerei [Literatur] motifs in painting [literature].

Mo·ti·va·ti·on [motiva'tsioːn] f ⟨-; -en⟩ cf. Motivierung 2.

Mo·ti·va·ti·ons,for·schung, **Mo'tiv,for·schung** f psych. econ. motivation research.

mo·ti·vie·ren [moti'viːrən] I v/t ⟨no ge-, h⟩ 1. psych. motivate. – 2. (begründen) state the motive of, give reasons for, account for, found: einen Vorschlag mit etwas ~ to give good reasons for a proposal; wie ~ Sie das? how do you account for that? – II M~ n ⟨-s⟩ 3. verbal noun. — **Mo·ti'vie·rung** f ⟨-; -en⟩ 1. cf. Motivieren. – 2. bes. psych. motivation, reason(s pl), ground(s pl): mit der ~, daß on the ground(s) that... ~ ja. (eines Gesetzes) preamble.

Mo·to-Cross [moto'krɔs] n ⟨-; no pl⟩ (sport) moto-cross.

Mo·tor ['moːtor] m ⟨-s; -en [mo'toːrən]⟩, auch [mo'toːr] m ⟨-s; -e⟩ 1. (Verbrennungsmotor) engine: kopfgesteuerter ~ valve-in-head engine; luftgekühlter [wassergekühlter] ~ air- [water-]cooled engine; starker ~ powerful engine; ~ mit sechs Zylindern six-cylinder engine; ~ mit Turboaufladung bes. mar. turbo-charged engine; den ~ anlassen (od. starten, anstellen) to start the engine; den ~ abstellen (od. abschalten) to stop the engine; den ~ auseinandernehmen to take the engine apart, to dismantle the engine; den ~ zerlegen to disassemble the engine; den ~ überholen to overhaul the engine; den ~ absterben lassen (od. abwürgen) colloq. to stall (od. colloq. kill) the engine; mit laufendem ~ with engine running; mit abgestelltem ~ with engine turned off; der ~ springt nicht an the engine fails to (od. does not) start; er ließ den ~ warmlaufen he let the engine warm up. – 2. electr. (electric) motor. – 3. fig. motor, mover, impulse (od. propelling) force: der Wettbewerb ist der große ~ unseres Wirtschaftslebens competition is the great motor of our economy. — ~,an·ker m electr. motor armature. — ~,an,las·ser m tech. motor starter. — ~,an,trieb m motor drive: mit ~ motor-driven, power-driven. — ~,auf,hän·gung f motor (od. engine) suspension. — ~,aus,fall m motor (od. engine) failure (od. breakdown). — ~,bar·kas·se f mar. motor launch. — ~,block m tech. engine (od. cylinder) block. — ~,boot n mar. motorboat, powerboat. — ~,brem·se f auto. engine brake. — ~,de,fekt m cf. Motorschaden 1. — ~,dreh,mo,ment n tech. engine torque. — ~,dreh,zahl f motor (od. engine) speed: bei einer ~ von 5000 Umdrehungen at an engine speed of 5,000, at 5,000 revs.

Mo'to·ren,bau m tech. motor (od. engine) construction. — ~,bau·er m 1. engine manufacturer. – 2. manufacturer of electric motors. — ~ge,räusch n sound of engines (od. an engine). — ~,lärm m noise (od. roar) of engines (od. an engine). — ~,schlos·ser m mechanic. — ~,werk n engine factory.

'Mo·tor,fahr,rad n motor-assisted bicycle (od. pedal cycle), autocycle. — ~,fahr,zeug n motor vehicle. — ~,flug,zeug n tech. powered aircraft. — ~ge,häu·se n tech. 1. cf. Kurbelgehäuse. – 2. electr. motor casing (od. housing). — ~ge,ne,ra·tor m electr. motor generator. — ~,gon·del f aer. nacelle. — ~,gü·ter,schiff n mar. motor cargo vessel. — ~,hau·be f 1. auto. Am. (engine) hood, Br. bonnet. – 2. aer. engine cowling, cowl(ing).

Mo·to·rik [mo'toːrɪk] f ⟨-; no pl⟩ med. 1. motoricity. – 2. theory of motoricity.

mo·to·risch [mo'toːrɪʃ] adj 1. med. motor (attrib): ~er Nerv motorial (od. motory, efferent) nerve, efferent neuron. – 2. tech. motor-operated. – 3. mus. kinetic, motor (attrib).

mo·to·ri·sie·ren [motori'ziːrən] I v/t ⟨no ge-, h⟩ motorize Br. auch -s-. – II v/reflex sich ~ colloq. buy a car. – III M~ n ⟨-s⟩ verbal noun. — **mo·to·ri'siert** I pp. – II adj motorized Br. auch -s-, motored: ~e Truppe motorized troops pl; ~e Artillerieeinheit mil. mobile gun unit; ~e Streife mobile patrol; ~es Fahrrad cf. Motorfahrrad. — **Mo·to·ri'sie·rung** f ⟨-; no pl⟩ 1. cf. Motorisieren. – 2. motorization Br. auch -s-.

'Mo·tor,jacht f motor yacht. — ~,kar·ren m cf. Elektrokarren. — ~,kenn,da·ten pl engine data. — ~,kol·ben m engine piston. — ~,kraft f engine power. — ~,küh·lung f engine cooling (system). — ~,lei·stung f tech. engine (od. motor) output (od. capacity, performance, power, rating). — m~los adj motorless. — ~,mä·her m agr. 1. (für Gras) motor-driven mower, power mower. – 2. (für Getreide) motor-driven reaper. — ~,nenn,lei·stung f tech. rated motor power. — ~,num·mer f auto. engine number. — ~,öl n motor oil. — ~,pan·ne f cf. Motorschaden 1. — ~,pflug m agr. tractor (od. motor) plough (bes. Am. plow). — ~,prüf,stand m engine test bench. — ~,pum·pe f tech. power (od. motor) pump.

'Mo·tor,rad n motorcycle, motor bicycle, motorbike (colloq.): ~ mit Beiwagen motorcycle with sidecar; ~ fahren to ride a motorcycle, to motorcycle; mit dem ~ (zur Arbeit) fahren to ride (to work) on a motorcycle. — ~,bril·le f (motorcycle) goggles pl. — ~,fah·rer m motorcyclist. — ~,ren·nen n (sport) motorcycle race. — ~,renn,fah·rer m racing motorcyclist. — ~,sport m motorcycling.

'Mo·tor,rah·men m auto. engine frame. — ~,raum m tech. engine compartment (od. room, bay). — ~,rol·ler m (motor) scooter. — ~,sä·ge f tech. power saw. — ~,scha·den m 1. engine failure (od. breakdown). – 2. cf. Motorstörung. — ~,schiff n mar. motor ship. — ~,schlep·per *m tech.* traction engine. — ~‚**schlit·ten** *m* autosled, motor sleigh. — ~‚**schmie·rung** *f* engine lubrication. — ~‚**seg·ler** *m* **1.** *aer.* power(ed) (*od.* motor) glider. — **2.** *mar.* motor sailer. — ~‚**sport** *m* motoring, motor sport. — ~‚**sprit·ze** *f* (motor) fire engine (*od.* truck). — ~‚**steue·rung** *f* **1.** *tech.* motor control. — ~‚**stö·rung** *f* **1.** *tech.* engine trouble. – **2.** *electr.* motor trouble (*od.* failure). — ~‚**stüt·ze** *f tech.* motor bracket. — ~‚**tank‚wa·gen** *m auto.* tank truck. — ~‚**teil** *n, m* engine part. — ~‚**trieb‚wa·gen** *m* (*railway*) (rail) motor car, railcar. — ~‚**un·ter‚bre·cher** *m electr.* motor-driven interrupter. — ~**ven‚til** *n* engine valve. — ~**ver‚klei·dung** *f* engine cowling. — ~‚**wa·gen** *m* **1.** (*railway*) motor coach. – **2.** (*der Straßenbahn*) motor car. – **3.** *tech.* driving vehicle, tractive power unit, truck. — ~‚**wäh·ler** *m electr.* motor-operated selector. — ~‚**wech·sel** *m* motor (*od.* engine) replacement. — ~**‚wel·le** *f* motor (*od.* engine) shaft. — ~‚**win·de** *f* motor winch. — ~‚**zäh·ler** *m electr.* motor-driven hour-meter.

Mot·te ['mɔtə] *f* ⟨-; -n⟩ **1.** *zo.* a) moth (*Unterordng Jugatae*), b) tineid (moth) (*Fam. Tineidae*): voller ~n full of moths, mothy; von ~n zerfressene Kleider moth-eaten clothes; von etwas angezogen werden wie die ~n vom Licht to be attracted to s.th. like moths to a flame. – **2.** *fig. colloq.* (*in Wendungen wie*) das ist eine ~! he's a real card! he's quite a lad! (*beide colloq.*); du kriegst die ~n! for God's sake! look at that! what the dickens! (*sl.*); das ist, um die ~n zu kriegen! that's enough to drive one crazy (*od. colloq.* round the bend); die ~n haben to have TB. — **'Mot·ten‚be‚kämp·fung** *f* moth control. — m~**fest** *adj cf.* mottensicher. — ~‚**fraß** *m* damage done by moths. — ~‚**ki·ste** *f fig.* (*in Wendungen wie*) eine alte Geschichte aus der ~ holen to dust off an old legend; ein altes Stück aus der ~ hervorholen (*theater*) to revive an old play. — ~‚**ku·gel** *f* mothball. — ~‚**laus** *f zo.* aleyrodid, whitefly (*Unterordng Aleurodina*). — ~‚**loch** *n* moth hole. — ~‚**pul·ver** *n* insect powder, insecticide. — ~‚**scha·den** *m cf.* Mottenfraß. — ~‚**schild‚laus** *f zo. cf.* Mottenlaus. — ~‚**schutz‚mit·tel** *n* insecticide (for moths), moth killer. — m~‚**si·cher** *adj* mothproof. — m~**zer‚fres·sen** *adj* moth-eaten, mothy.

Mot·to ['mɔto] *n* ⟨-s; -s⟩ **1.** motto. – **2.** (*am Anfang eines Buches*) motto, epigraph. – **3.** (*Grundsatz*) maxim. – **4.** *pol.* slogan. – **5.** *her.* device, impresa, impress.

mouil·lie·ren [mu'jiːrən] *ling.* **I** *v/t* ⟨*no ge-, h*⟩ palatalize, pronounce (*s.th.*) palatally, pronounce (*s.th.*) with a mouillé sound. – **II M~** *n* ⟨-s⟩ *verbal noun.* — **mouil'liert I** *pp.* – **II** *adj ling.* palatal(ized), mouillé. — **Mouil'lie·rung** *f* ⟨-; -en⟩ *ling.* **1.** *cf.* Mouillieren. – **2.** palatalization, mouillé pronunciation, mouillation, mouillure.

Mou·la·ge [mu'laːʒə] *m* ⟨-; -s⟩, *auch f* ⟨-; -n⟩ *bes. med.* moulage.

Mou·li·né [muli'neː] *m* ⟨-s; -s⟩ (*textile*) colo(u)red twist yarn.

Mous·seux [mu'søː] *m* ⟨-; -⟩ *obs.* sparkling wine.

mous·sie·ren [mu'siːrən] **I** *v/i* ⟨*no ge-, h*⟩ **1.** (*von Schaumwein, Limonade etc*) effervesce, sparkle, bubble. – **II M~** *n* ⟨-s⟩ **2.** *verbal noun.* – **3.** effervescence. — **mous'sie·rend I** *pres p.* – **II** *adj* effervescent, sparkling, bubbling, (*Limonade*) *auch* carbonated.

Mou·sté·ri·en [muste'riɛ̃ː] *n* ⟨-(s); *no pl*⟩ *archeol. geol.* Moust(i)erian period.

Mö·we ['møːvə] *f* ⟨-; -n⟩ *zo.* (sea) gull (*od.* mew), mew (gull) (*Unterfam. Larinae*). — **'Mö·wen‚tau·be** *f zo.* turbit (*Columba livia turbida*).

Moz·ara·ber [mo'tsaːrabər] *m meist pl* Mozarab. — **moz·ara·bisch** [-tsa'raːbɪʃ] *adj* Mozarabic.

'Mo·zart‚‚ku·gel *f* (*Art Praline*) ball of marzipan covered with chocolate. — ~‚**zopf** *m* (*Haarmode*) pigtail.

Much·tar [mʊx'taːr] *m* ⟨-s; -s⟩ head of a Turkish village.

Muck [mʊk] *m* ⟨-(e)s; -e⟩ *colloq. cf.* Mucks.

Mucke (*getr.* -k·k-) ['mʊkə] *f* ⟨-; -n⟩ *colloq.* *meist pl* whim, caprice, crotchet: er hat so

---

seine ~n he has his (little) moods, he is crotchety; die Sache hat ihre ~n the matter has its difficulties; der Motor hat seine ~n the engine is difficult to handle (*Am. sl.* has got bugs).

Mücke (*getr.* -k·k-) ['mʏkə] *f* ⟨-; -n⟩ *zo.* mosquito, midge, *bes. Br.* gnat (*Unterordng Nematocera*): zu den ~n gehörend nematocerous; mich hat eine ~ gestochen I have been stung (*od.* bitten) by a mosquito; von ~n geplagt werden to be pestered by mosquitos; die ~n schwärmen the gnats swarm; aus einer ~ einen Elefanten machen *fig.* to make a mountain out of a molehill.

'Mücke‚fuck (*getr.* -k·k-) [-ˌfʊk] *m* ⟨-s; *no pl*⟩ *colloq.* thin (watery) coffee, coffee substitute, ersatz coffee.

mucken (*getr.* -k·k-) ['mʊkən] *colloq.* **I** *v/i* ⟨h⟩ **1.** (*murren*) growl, grumble, 'grouse' (*colloq.*): sie taten die Arbeit, ohne zu ~ they did their work without grumbling. – **2.** utter a word: nicht gemuckt! not another word! keep quiet! ohne zu ~ without a murmur (*od.* peep). – **3.** *mil.* shoot with closed eyes, bob. – **II** *v/reflex* sich ~ **4.** utter a word: die Kinder saßen da, ohne sich zu ~ the children were sitting there without a peep.

'Mücken‚be‚kämp·fungs‚mit·tel (*getr.* -k·k-) *n* insecticide, insect repellent. — ~‚**fän·ger** *m zo.* gnatcatcher (*Gattg Polioptila*). — ~‚**lar·ve** *f* mosquito (*bes. Br.* gnat) larva, wiggler: Rote ~ bloodworm, midge larva. — ~‚**schwarm** *m* swarm (*od.* host) of mosquitos (*bes. Br.* gnats). — **‚schwär·mer** *m* currant clearwing (*Ramosia tipuliformis*). — ~‚**se·hen** *n med.* muscae volitantes *pl.* — ~‚**stich** *m* mosquito (*bes. Br.* gnat) bite. — ~‚**wan·ze** *f zo.* crane-fly bug (*Leptocorisa tipulcides*).

'Mucker (*getr.* -k·k-) *m* ⟨-s; -⟩ *contempt.* **1.** *cf.* Duckmäuser 1, 2. – **2.** bigoted pietist, sanctimonious person. – **3.** grumbler, sulky person. — **'mucker·haft** (*getr.* -k·k-), **'mucke·risch** (*getr.* -k·k-) *adj* **1.** *cf.* duckmäuserisch 1, 2. – **2.** sanctimonious. – **3.** sulky. — **'Mucker·tum** (*getr.* -k·k-) *n* ⟨-s; *no pl*⟩ **1.** *cf.* Duckmäuserei 1, 2. – **2.** sanctimoniousness. – **3.** sulkiness.

Mucks [mʊks] *m* ⟨-es; -e⟩ *colloq.* **1.** feeble (*od.* faint) sound (*od.* noise): keinen ~ machen (*od.* von sich geben) to be (as) silent as a mouse, not to make (*od.* utter) a sound. – **2.** slight movement (*od.* stir): keinen ~ tun (*od.* machen) not to stir (*od.* budge). — **'muck·sen** *v/i u.* sich ~ *v/reflex* ⟨h⟩ (sich) nicht ~ a) not to say a word (*od.* to make a peep), b) not to stir (*od.* budge), c) not dare to grumble; ohne zu ~ without a peep. — **'Muck·ser** *m* ⟨-s; -⟩ *cf.* Mucks.

'mucks'mäus·chen'still *adj colloq.* (as) still (*od.* quiet, silent) as a mouse, mum.

Mu·co·id [muko'iːt] *n* ⟨-(e)s; -e⟩ *chem.* mucoid.

Mu·co·in [muko'iːn] *n* ⟨-s; *no pl*⟩ *biol.* mucoprotein.

Mu'con‚säu·re [mu'koːn-] *f chem.* muconic acid [(CHCHCOOH)₂].

Mu·co·pro·te·id [mukoprote'iːt] *n biol. cf.* Mucoin.

mu·cös [mu'køːs] *adj med.* mucous.

Mu·co·sa [mu'koːza] *f* ⟨-; -sae [-zɛ]⟩ *med.* mucosa, mucous membrane.

Mud [mʊt] *m* ⟨-s; *no pl*⟩ *Low G. cf.* Mudd.

Mudd [mʊt] *m* ⟨-s; *no pl*⟩ *Low G.* mud. — **mud·deln** ['mʊdəln] *v/i* ⟨h⟩ *Low G. for* hudeln. — **mud·dig** ['mʊdɪç] *adj Low G.* muddy.

mü·de ['myːdə] **I** *adj* ⟨-r; müd(e)st⟩ **1.** tired, sleepy, drowsy: gegen 10 Uhr wird sie immer ~ she always gets tired about 10 o'clock; der Wein macht ~ the wine makes one tired. – **2.** (*ermattet, erschöpft*) tired(-out), weary, fatigued, worn(-out): ~ Augen [Beine] tired eyes [legs]; ~ und matt sein to be weak and weary; ~ werden to get tired, to grow weary; er sieht ~ aus he looks jaded; die Arbeit macht mich ~ the work makes me tired (*od.* fags me [out]); ~ heimkommen to come home tired (out); er streckte seine ~n Glieder von sich he stretched his weary bones (*od.* limbs); ein Pferd ~ reiten to fag (*od.* tire) a horse out; zum Umfallen ~ sein to be fit to drop, to be completely exhausted, to be dead beat (*colloq.*); sich ~ reden to tire oneself out talking. – **3.** einer Sache ~ sein to be tired (*od. colloq.* sick, wearied) of s.th., to

---

be fed up with s.th. (*colloq.*), *Br. sl.* to be browned off at (*od.* about) s.th.: des Lebens ~ sein to be tired of living, to be weary of life; des ewigen Einerleis ~ sein to be sick of the daily routine; er wird (es) nicht ~, seine Ziele zu verfolgen he does not weary of pursuing his goals; ich bin seiner ~ I am tired of him; ich bin es jetzt ~! I've had enough of it! – **4.** (*langsam, schleppend*) languid, weary, *ein ~r* Gang a languid gait. – **II** *adv* **5.** wearily, exhaustedly: ~ umherschleichen to drag oneself about; da kann man ja nur ~ lächeln all you can do is put on a sickly smile. — **'Mü·dig·keit** [-dɪçkaɪt] *f* ⟨-; *no pl*⟩ **1.** tiredness, sleepiness, drowsiness: vor ~ einschlafen to fall asleep from tiredness; von ~ übermannt werden to be overcome by (*od.* with) tiredness. – **2.** (*Ermattung, Erschöpfung*) tiredness, weariness, fatigue, (*stärker*) exhaustion, lassitude (*lit.*): vor ~ umfallen to drop (*od.* fall down) from (sheer) exhaustion; nur keine ~ vorschützen let's not pretend to be tired, don't tell me you are tired; gegen die ~ ankämpfen to fight (*od.* struggle against) fatigue; die ~ überwinden to overcome fatigue. — **'Mü·dig·keits·ge‚fühl** *n* **1.** feeling of tiredness. – **2.** (*Abgespanntheit*) lassitude.

Mu·ez·zin [mu'ɛtsiːn] *m* ⟨-s; -s⟩ *relig.* (*Gebetsrufer im Islam*) muezzin, muazzin, *auch* mu'adhdhin.

Muff[1] [mʊf] *m* ⟨-(e)s; -e⟩ muff.

Muff[2] *m* ⟨-(e)s; *no pl*⟩ *Low G. for* Schimmel[1] 1, 2.

Muf·fe ['mʊfə] *f* ⟨-; -n⟩ **1.** *tech.* a) (*einer Kupplung*) sleeve, b) (*einer Rohrleitung*) socket, c) (*eines Reglers*) collar. – **2.** *metall.* (*einer Walze*) coupling box. – **3.** *electr.* (*eines Kabels*) box, joint. – **4.** *colloq.* (*in Wendungen wie*) ihm geht die ~ he is in a blue funk (*od.* scared stiff) (*sl.*).

Muf·fel[1] ['mʊfəl] *m* ⟨-s; -⟩ **1.** *zo. hunt.* (*des Elchs etc*) muffle, snout, muzzle. – **2.** *fig. colloq. contempt.* grouch (*colloq.*), grouser (*sl.*), crab, grumbler. – **3.** *fig. colloq. cf.* Krawattenmuffel.

'Muf·fel[2] *f* ⟨-s; -n⟩ *metall.* (*eines Retortenofens*) muffle.

'Muf·fel[3] *m* ⟨-s; -⟩ *zo. cf.* Mufflon.

'muf·fe·lig *adj colloq.* sulky, cross.

muf·feln[1] ['mʊfəln] *v/i* ⟨h⟩ *colloq.* **1.** (*dauernd kauen*) munch continually. – **2.** (*mürrisch sein*) grouse (*colloq.*), sulk, grumble. – **3.** (*undeutlich reden*) mumble, mutter.

'muf·feln[2] *v/i* ⟨h⟩ *Southern G. and Austrian for* müffeln.

müf·feln ['myfəln] *v/i* ⟨h⟩ *dial.* smell moldy (*bes. Br.* mouldy) (*od.* musty).

'Muf·fel‚ofen *m metall.* muffle (*od.* retort) furnace. — ~‚**schaf**, ~‚**tier**, ~‚**wild** *n zo. cf.* Mufflon.

muf·fen ['mʊfən] *v/i* ⟨h⟩ *dial. cf.* müffeln.

'Muf·fen‚kupp·lung *f tech.* sleeve coupling. — ~‚**rohr** *n* socket (head) pipe. — ~‚**sau·sen** *n colloq.* blue funk (*sl.*). — ~**‚schie·ber** *m tech.* sluice valve with socket ends, gate valve with bell ends. — ~‚**tül·le** *f* threaded-end fitting. — ~**ver‚bin·dung** *f* (*von Rohren*) spigot and socket joint.

'muf·fig *adj* **1.** musty, moldy, *bes. Br.* mouldy, stale(-smelling), fusty: ~e Luft musty air, fug; ein ~er Raum a stale-smelling room; hier riecht es ~ there is a fusty smell in here. – **2.** *fig. colloq.* (*Person*) sulky, sullen, morose, 'stuffy' (*colloq.*).

'muf·fig *adj colloq. cf.* muffelig.

Muff·lon ['mʊflɔn] *m* ⟨-s; -s⟩ *zo.* mouf(f)lon, muf(f)lon (*Ovis* [*ammon*] *musimon*).

Muf·ti ['mʊfti] *m* ⟨-s; -s⟩ *relig.* (*islamischer Rechtsgelehrter*) mufti.

mu·ge·lig ['muːgəlɪç], **mug·lig** ['muːglɪç] *adj* **1.** (*jewelry*) (*Edelsteine*) convex, en cabochon. – **2.** *dial.* hilly.

muh [muː] *interj* moo!: ~ schreien (*od.* machen) to moo, to low.

Mü·he ['myːə] *f* ⟨-; -n⟩ **1.** (*Anstrengung, Plage*) trouble, pains *pl*, effort, exertion: große ~ kosten to cost much trouble; leichte ~ little (*od.* no) trouble (at all); verlorene ~ wasted effort, lost labo(u)r; es machte mir (*od.* ich hatte) ~, die Sache in Ordnung zu bringen I had (some) trouble (*od.* difficulty) straightening out the matter; ich gebe mir (große) ~ I take (great) pains; ich gab mir alle erdenkliche ~ I went very much out of my way; sie machen sich (*dat*) nicht (einmal) die ~ zu schreiben they don't (even) bother to write; spar dir die ~, die ~ kannst du dir sparen save yourself the trouble, don't bother, you are wasting your time; er scheute keine ~, er ließ sich (*dat*) keine ~ verdrießen he spared (*od.* shirked) no pains, he left no stone unturned; es ist [nicht] der ~ wert, die ~ lohnt sich [nicht] it is [not] worth while, it is [not] worth doing (*od.* it, the trouble); die Sache ist nicht der ~ wert the game is not worth the candle; er hat sich (*dat*) die ganze ~ umsonst gemacht he went to all the trouble for nothing; es war verlorene ~, ihm den Rat zu erteilen the advice was thrown away on him. – **2.** (*Schwierigkeit*) difficulty: mit ~ und Not with great difficulty, barely, only, just; es kostet mich ~, ihm das zu sagen I find it hard to tell him. – **3.** (*Arbeit*) labor, *bes. Br.* labour, toil. – **4.** (*Sorgfalt*) care, attention: du mußt dir mehr ~ geben you have to be more careful.

'**mü·he·los I** *adj* easy, without difficulty (*od.* effort, trouble, pains), effortless, painless: ein ~er Aufstieg an easy climb; ein ~es Leben a life of ease. – **II** *adv* easily, without difficulty (*od.* effort, trouble, pains), with (effortless) ease, effortlessly, painlessly: ~ gewinnen to win hands down; er hat die Aufgabe ~ gelöst he had no difficulty in solving the problem. — '**Mü·he·lo·sig·keit** *f* ⟨-; *no pl*⟩ ease, easiness, facility, effortlessness, painlessness.

mu·hen ['muːən] **I** *v/i* ⟨h⟩ **1.** moo, low. – **II M~** *n* ⟨-s⟩ **2.** *verbal noun.* – **3.** moo, low.

mü·hen ['myːən] *v/reflex* ⟨h⟩ sich ~ take pains (*od.* trouble), work hard, struggle, strive, labor, *bes. Br.* labour, exert oneself, toil: wir ~ uns, ihm alles recht zu machen we strive to do everything as he would have it.

'**mü·he·voll** *adj* **1.** troublesome, hard, difficult: ~e Vorarbeit strenuous spade-work. – **2.** toilsome, effortful, laborious: ~e Aufgabe toilful task. – **3.** *cf.* mühsam 2–4.

'**Mü·he,wal·tung** *f* ⟨-; *no pl*⟩ **1.** trouble, effort (*s pl*), cooperation, *Br. auch* co-operation: wir danken für Ihre ~ thank you for the trouble taken (*od.* your efforts, your cooperation). – **2.** care.

'**Mühl,bach** *m* mill brook, millstream.

Müh·le ['myːlə] *f* ⟨-; -n⟩ **1.** mill: die ~ klappert (*od.* geht) the mill is going (*od.* working); das ist Wasser auf seine ~ *fig. colloq.* that is grist to his mill, that is just what he wanted; Gottes ~n mahlen langsam(, mahlen aber trefflich klein) (*Sprichwort*) God's mills (*od.* the wheels of fate) grind slow but sure (*od.* but exceeding fine) (*proverb*); der Antrag ist in die ~ der Verwaltung geraten *fig. colloq.* the petition has been caught in the maze of bureaucracy. – **2.** *fig. colloq. humor.* a) altes Auto 'bus' (*sl.*), *Am. sl.* 'heap', jalop(p)y, b) (*altes Flugzeug*) 'crate', 'bus', 'kite' (*alle sl.*): was ist denn das für eine alte ~? what kind of an old crate (*od.* heap) is that? – **3.** *tech.* a) mill, b) (*zur Grobmahlung*) crusher, c) (*zur Feinmahlung*) grinder, d) (*zur Feinstmahlung*) pulverizer *Br. auch* -s-. – **4.** ⟨*only sg*⟩ (*Brettspiel*) (nine-men's) morris, *auch* merels *pl* (*construed as sg*), mill, morelles *pl*: ~ spielen to play morris. – **5.** (*im Mühlespiel*) three stones *pl* in a row: eine ~ haben (*od.* zu-machen) to have three stones in a row. – **6.** (*Turnübung*) circle in riding seat, mill circle.

'**Müh·len|be,sit·zer** *m* millowner, owner of a flour (*od.* corn) mill. — ~**fa·bri,kat** *n* milling product. — ~**staub** *m* mill dust.

'**Müh·le,spiel** *n cf.* Mühle 4.

'**Mühl|,gang** *m tech.* run (of millstones), set of millstones. — ~**gra·ben** *m* millrace, *Br.* mill-race, millcourse, *Br.* mill course. — ~**knap·pe**, ~**knecht** *m obs. for* Müllerbursche.

'**Mühl,rad** *n auch fig.* mill wheel: mir geht (es wie) ein ~ im Kopf herum *fig. colloq.* I am completely dizzy, I feel as though my head were going around in circles, my head is spinning (*od.* reeling).

'**Mühl,stein** *m tech.* a) millstone, grindstone, b) (*einer Handmühle*) quernstone: die Sorgen lasten auf mir schwer wie ein ~ *fig.* worries weigh down upon me heavily (*od. colloq.* as heavy as a ton of bricks),

worries are weighing me down like a millstone (a)round my neck; zwischen die ~e kommen (*od.* geraten) *fig.* to be up the creek (*colloq.*). — ~**picke** (*getr.* -k·k-) *f tech.* mill bill (*od.* pick).

'**Mühl|,teich** *m* millpond, *Br.* mill-pond. — ~**wehr** *n* milldam, *Br.* mill-dam, mill weir. — ~**werk** *n tech.* mill(work), mill gearing: ihr Mund geht wie ein ~ *fig. colloq.* she is a regular chatterbox, she is talking nineteen to the dozen.

Muh·me ['muːmə] *f* ⟨-; -n⟩ *obs. for* Tante 1, 2.

'**Müh·sal** *f* ⟨-; -e⟩ **1.** toil (and trouble), trouble(s *pl*): die ~ des Lebens the troubles of life. – **2.** (*Plackerei*) toil, drudgery. – **3.** (*Ungemach*) hardship. – **4.** (*Strapaze*) strain.

'**müh·sam I** *adj* **1.** (*beschwerlich*) toilsome, (*lästig*) troublesome. – **2.** (*schwierig*) difficult, hard, tough. – **3.** (*anstrengend*) strenuous, toilsome, laborious, arduous: ein ~er Aufstieg a strenuous climb. – **4.** (*ermüdend*) tiring, fatiguing, tiresome, irksome, wearisome. – **II** *adv* **5.** with effort (*od.* difficulty): sich (*dat*) seinen Lebensunterhalt ~ verdienen to work hard for (*od.* eke out) one's living; sich ~ wieder aufrichten to struggle to one's feet; sich ~ fortschleppen to trudge (along).

'**müh,se·lig** *adj* **1.** *cf.* mühsam I. – **2.** *cf.* mühevoll 1, 2. — '**Müh,se·lig·keit** *f* ⟨-; *no pl*⟩ **1.** troublesomeness, wearisomeness, laboriousness. – **2.** toil(someness). – **3.** hardship.   [*chem. biol.* mucoid.]

Mu·ko·id [muko'iːt] *n* ⟨-(e)s; -e⟩ *meist pl*∫ **mu·kös** [mu'køːs] *adj med.* mucous.

Mu·ko·ze·le [muko'tseːlə] *f* ⟨-; -n⟩ *med.* mucocele, *auch* mucocoele.

Mu·lat·te [mu'latə] *m* ⟨-n; -n⟩ mulatto. — **Mu'lat·tin** *f* ⟨-; -nen⟩ mulatto, mulattress.

Mulch [mʊlç] *m* ⟨-(e)s; -e⟩ *agr.* mulch.

Mul·de ['mʊldə] *f* ⟨-; -n⟩ **1.** (*Holzgefäß, Backtrog*) trough. – **2.** (*flache Vertiefung*) hollow, hole: eine ~ in den Sand machen to hollow out the sand. – **3.** *geogr.* valley, hollow, basin, syncline (*scient.*). – **4.** (*mining*) basin, valley, trough, hollow. – **5.** *geol.* synclinal formation. – **6.** *metall.* (*einer Beschickungsmaschine*) charging box. – **7.** *tech.* a) (*zwischen Räumzähnen*) pocket, b) (*Oberflächenfehler*) depression, scar, pit, c) (*eines Förderbandes*) bucket, pan. – **8.** (*textile*) bowl, tray, trough. – **9.** *auto.* a) (*eines Rades*) recess, b) (*eines Kippers*) dump body, c) (*einer Batterie*) recess.

'**mul·den|,för·mig** *adj* **1.** trough-shaped. – **2.** *geol.* synclinal: ~e Biegung synclinal (fold), syncline. — **M~,kip·per** *m auto. Am.* dump truck, dump-type hopper truck, rear dump. — **M~,pres·se** *f* (*textile*) *tech.* rotary cloth press. — **M~,wa·gen** *m metall.* hopper truck, pan car.

Mu·le,garn ['muːlə-] *n* (*textile*) mule yarn.

Mu·li ['muːli] *n* ⟨-s; -(s)⟩ *Southern G. and Austrian* mule.

Mu·li·nee [muli'neː] *m* ⟨-s; -s⟩ (*textile*) *cf.* Mouliné. — **mu·li'nie·ren** [-'niːrən] *v/t* ⟨*no* ge-, h⟩ (*Seide*) throw, twist.

Mull¹ [mʊl] *m* ⟨-(e)s; -e⟩ **1.** (*textile*) muslin, thin (*od.* Indian) muslin, mull, tiffany, *auch* cheesecloth, *Br.* cheese-cloth. – **2.** *bes. med.* (dressing) gauze (*od.* mull). – **3.** *print.* book muslin.

Mull² *m* ⟨-(e)s; -e⟩ **1.** *agr.* (*Humusform*) mull. – **2.** *zo. dial. for* Maulwurf.

Müll [myl] *m* ⟨-(e)s; *no pl*⟩ **1.** (*Haushaltsabfall*) rubbish, refuse, waste, *Am.* garbage, *Br.* dust. – **2.** (*Industrieabfall*) waste. – **3.** (*Schutt*) rubble.

Mul·la ['mʊla] *m* ⟨-s; -s⟩ *relig. cf.* Molla.

'**Müll,ab,fuhr** *f* refuse (*Am.* garbage, *Br.* dust) disposal (*od.* collection). — ~**mann** *m Am.* garbageman, *Br.* dustman. — ~**wa·gen** *m* refuse (*Am.* garbage) collector, *Br.* refuse lorry, dust-cart.

'**Müll,ab,la·de,platz** *m* dump, *Am.* dumping ground, *bes. Br.* tip.

'**Müll,auf·be,rei·tungs,an,la·ge** *f* waste-treatment plant.

'**Mull|,bausch** *m bes. med.* tampon, gauze sponge. — ~**bin·de** *f* gauze bandage.

'**Müll|,ei·mer** *m* **1.** *Am.* garbage (*od.* trash) can, *Br.* dust-bin, waste bin. – **2.** *cf.* Mülltonne.

Mul·lem·ming (*getr.* -ll,l-) *m zo.* mole vole (*Ellobius talpinus*).

Mül·ler ['mylər] *m* ⟨-s; -⟩ **1.** miller. – **2.** *zo. dial.* a) (*Motte*) miller, b) *cf.* Müllerkäfer.

— ~**bur·sche** *m* miller's man (*od.* boy, assistant).

Mül·le·rei *f* ⟨-; -en⟩ **1.** (*Gewerbe*) miller's trade. – **2.** *cf.* Müllereibetrieb. — ~**be,trieb** *m* mill. — ~**er,zeug·nis** *n* mill produce.

'**Mül·ler·ge,sel·le** *m cf.* Müllerbursche.

'**Mül·le·rin** *f* ⟨-; -nen⟩ miller's wife.

'**Mül·ler|,kä·fer** *m zo.* meal beetle (*Tenebrio molitor*). — ~**kreuz** *n her.* miller's cross.

'**Müll|,fah·rer** *m cf.* Müllabfuhrmann. — ~**gru·be** *f* **1.** rubbish (*od.* refuse) pit (*od.* dump). – **2.** *cf.* Müllabladeplatz. — ~**hal·de** *f cf.* Müllabladeplatz. — ~**hau·fen** *m* rubbish (*Am.* garbage) heap, *Br.* dustheap, *Br. auch* laystall.

Mul·lit [mu'liːt; -'lɪt] *m* ⟨-s; *no pl*⟩ *min.* mullite.

'**Müll|,kar·re** *f Am.* garbage cart, *Br.* dust-cart. – **2.** *cf.* Mülleimer 1. — ~**kip·pe** *f* Müllabladeplatz. — ~**kip·per** *m* refuse (*Am.* garbage) dump(er) (*od.* tipper).

'**Mull,kleid** *n* (*textile*) *cf.* Musselinkleid.

'**Müll|,kü·bel** *m cf.* Mülleimer 1. — ~**kut·scher** *m colloq. for* Müllabfuhrmann. — ~**platz** *m cf.* Müllabladeplatz. — ~**schacht** *m cf.* Müllschlucker. — ~**schip·pe** *f Northern G.* dustpan. — ~**schlucker** (*getr.* -k·k-) *m* refuse (*Am.* garbage) chute. — ~**ton·ne** *f* ash can, *Am.* garbage can, *Br.* dust-bin.

'**Mull,tup·fer** *m med.* gauze pad.

'**Müll·ver,bren·nung** *f* refuse (*Am.* garbage) incineration (*od.* combustion).

'**Müll·ver,bren·nungs|,an,la·ge** *f tech.* incinerating plant, incinerator. — ~**ofen** *m* incinerator.

'**Müll|ver,wer·tung** *f* refuse (*Am.* garbage) dressing. — ~**ver,wer·tungs,an,la·ge** *f* garbage (*Br.* refuse) dressing equipment. — ~**wa·gen** *m cf.* Müllabfuhrwagen.

Mulm [mʊlm] *m* ⟨-(e)s; *no pl*⟩ **1.** (*Stauberde*) light (*od.* dusty) earth, dust. – **2.** (*verrottetes Holz*) decayed (*od.* rotten) wood. – **3.** (*Fäule*) decay, rot(tenness), moldiness, *bes. Br.* mouldiness.

mul·men ['mʊlmən] **I** *v/t* ⟨h⟩ (*zerbröseln*) pulverize *Br. auch* -s-, reduce (*s.th.*) to powder. – **II** *v/i* ⟨sein⟩ (*zerfallen*) decay, crumble away, fall to powder (*od.* dust).

'**mul·mig** *adj* **1.** (*Balken, Holz etc*) decayed, rotten, moldy, *bes. Br.* mouldy. – **2.** *fig. colloq.* (*Situation etc*) precarious, dubious, uncomfortable, 'rotten' (*sl.*): ein etwas ~er Auftrag a rather dubious order; die Sache ist ~ it's a precarious affair; hier wird es allmählich ~ things are getting uncomfortable around here. – **3.** *fig. colloq.* (*in Wendungen wie*) mir ist ~ (zumute) I have an uneasy (*od.* uncomfortable, unpleasant) feeling.

Mul·ti..., **mul·ti...** *combining form denoting* multi...

mul·ti·la·te·ral [multilate'raːl] *adj econ. pol.* (*Vertrag etc*) multilateral, multipartite. — **Mul·ti·la·te·ra·li'tät** [-rali'tɛːt] *f* ⟨-; *no pl*⟩ multilateralism.

'**Mul·ti·mil·lio,när** ['mʊlti-] *m* multimillionaire.

Mul·ti·pa·ra [mʊl'tiːpara] *f* ⟨-; -paren [-ti'paːrən]⟩ *med.* multipara, pluripara.

mul·ti·pel [mʊl'tiːpəl] *adj biol. med. psych.* multiple: multiple Sklerose *med.* multiple sclerosis.

mul·ti·plex ['mʊltiplɛks] *adj obs. for* vielfältig. — **M~ver,fah·ren** *n tel.* multiplex system.

Mul·ti·pli·kand [multipli'kant] *m* ⟨-en; -en⟩ *math.* multiplicand.

Mul·ti·pli·ka·ti·on [multiplika'tsi̯oːn] *f* ⟨-; -en⟩ *math.* multiplication.

Mul·ti·pli·ka·ti·ons|,fak·tor *m* **1.** *math. phys.* multiplying (*od.* multiplication) factor. – **2.** *nucl.* multiplication factor, *auch* reproduction constant (*od.* factor), K factor. – **3.** *phot.* exposure factor. — ~**ta,bel·le** *f math.* multiplication (*od.* Pythagorean) table. — ~**zei·chen** *n* multiplication sign (*od.* mark), sign of multiplication.

mul·ti·pli·ka·tiv [multiplika'tiːf] *adj math.* multiplicative.

Mul·ti·pli·ka·tor [multipli'kaːtər] *m* ⟨-s; -en [-ka'toːrən]⟩ *math.* multiplier.

mul·ti·pli'zier·bar *adj math.* multipliable, multiplicable. — **mul·ti·pli'zie·ren** [multipli'tsiːrən] **I** *v/t* ⟨*no* ge-, h⟩ multiply: 2 mit 3 ~ to multiply 2 by 3; 5 mit 2 multipliziert gibt 10 5 multiplied by 2 (*od.* 5 times 2) makes (*od.* is) 10; eine Zahl mit sich selbst ~ to raise a number to the square, to square a number; über Kreuz ~ to cross-multiply. – **II** *v/reflex* sich ~ *fig.* (*von Dingen etc*) multiply. – **III M~** *n* ⟨-s⟩ *verbal noun.* — **Mul·ti·pli'zie·rung** *f* ⟨-; -en⟩ **1.** *cf.* Multiplizieren. – **2.** multiplication.

Mul·ti·plum ['multiplum] *n* ⟨-s; -pla [-pla]⟩ *obs.* multiple.

mul·ti·po·lar [multipo'la:r] *adj* multipolar. — **M~'pol·mo·ment** [multi'po:l-] *n* *nucl.* multipole moment. — **~pro'gramm·be,trieb** *m* (*computer*) multiprogram(m)ing. — **M~vi,bra·tor** ['multi-] *m* (*radio*) multivibrator. — **M~vi·ta,min,kap·sel** ['multi-] *f* *med. pharm.* multivitamin capsule.

Mu·lus ['mu:lus] *m* ⟨-; Muli [-li]⟩ *ped. humor. obs.* a young man who has left school but not yet entered the university.

'Mu·me,baum ['mu:mə-] *m* *bot.* Japanese apricot, mume (*scient.*) (*Prunus mume*).

Mu·mie ['mu:miə] *f* ⟨-; -n⟩ mummy: zur ~ werden to become (*od.* be) mummified; er sieht aus wie eine (wandelnde) ~ *fig. colloq.* he looks like a walking (*od.* living) skeleton.

'Mu·mi·en|,bild·nis *n* (*art*) mummy portrait. — **m~,för·mig** *adj bes. zo.* mummiform. — **m~,haft** *adj auch fig.* mummylike, mummified.

Mu·mi·fi·ka·ti·on [mumifika'tsio:n] *f* ⟨-; -en⟩ **1.** *rare for* Mumifizierung. – **2.** *med.* mummification.

mu·mi·fi·zie·ren [mumifi'tsi:rən] **I** *v/t* ⟨*no* ge-, h⟩ mummify, mummy. – **II** *v/i* ⟨sein⟩ *med.* (*von Geweben*) become mummified, mummify, mummy. – **III M~** *n* ⟨-s⟩ *verbal noun.* — **Mu·mi·fi'zie·rung** *f* ⟨-; -en⟩ **1.** *cf.* Mumifizieren. – **2.** mummification.

Mumm [mum] *m* ⟨-s; *no pl*⟩ *colloq.* **1.** (*Mut*) pluck, grit, spunk (*colloq.*), 'guts' *pl* (*sl.*): keinen ~ in den Knochen haben to have no guts. – **2.** (*Schwung*) drive, initiative: ich habe dazu (*od.* zu dieser Arbeit) keinen rechten ~ I do not have the nerve to do that (job), I don't feel like doing that.

Mum·me[1] ['mumə] *f* ⟨-; *no pl*⟩ *dial.* (*Biersorte*) mum: Braunschweiger ~ Brunswick mum (*od.* beer).

'Mum·me[2] *f* ⟨-; -n⟩ *obs.* **1.** mask. – **2.** (*Person*) masker.

Mum·mel ['muməl] *f* ⟨-; -n⟩ *bot.* a) water lily (*Gattg Nuphar*), b) yellow water lily (*N. luteum*).

'Mum·mel,greis *m colloq.* very old (toothless) man, dodderer (*colloq.*).

'Müm·mel,mann *m* ⟨-(e)s; *no pl*⟩ *Low G. humor. for* Hase 1.

mum·meln ['muməln] **I** *v/t* ⟨h⟩ **1.** j-n in (*acc*) etwas ~ *colloq. humor.* to wrap s.o. up in s.th. – **II** *v/reflex* **2.** sich in (*acc*) etwas ~ *colloq. humor.* to wrap oneself up in s.th. – **III** *v/i dial.* **3.** mumble, speak indistinctly. – **4.** *cf.* mümmeln 2.

müm·meln ['myməln] *v/i* ⟨h⟩ **1.** (*von Hasen, Kaninchen*) graze, feed. – **2.** *dial.* chew (slowly), munch.

'Mum·men,schanz *m* ⟨-es; *no pl*⟩ *obs.* **1.** (*Maskerade*) masquerade, disguise: ~ treiben to run around masked (*od.* in disguise). – **2.** (*Maskenball*) fancy-dress, costume) ball.

Mumpf [mumpf] *m* ⟨-s; *no pl*⟩ *Swiss for* Mumps.

Mum·pitz ['mumpɪts] *m* ⟨-es; *no pl*⟩ *colloq.* (*Unsinn*) 'rubbish', bosh, humbug (*alle colloq.*), nonsense: das ist ja alles ~ that's all nonsense; mach doch keinen ~! don't play the fool!

Mumps [mumps] *m, colloq. meist f* ⟨-; *no pl*⟩ *med.* mumps *pl* (*construed as sg*); parotitis, *auch* epidemic parotitis (*scient.*).

Mün·chen ['mynçən] *n only in* es darf kein zweites ~ geben *pol.* there must not be another Munich.

Mün·che·ner ['mynçənər] *m* ⟨-s; -⟩ *cf.* Münchner I.

Münch·hau·se·nia·de, **Münch·hau·sia·de** [mynçhauzə'nia:də; -'zia:də] *f* ⟨-; -n⟩ Munchausenism, tall tale, Munchausen (*od.* impossible, fabulous) story, cock-and-bull story. — **münch'hau·sisch** [-zɪʃ] *adj* Munchausen (*attrib*).

Münch·ner ['mynçnər] **I** *m* ⟨-s; -⟩ native (*od.* inhabitant) of Munich. – **II** *adj*

⟨*attrib*⟩ Munich, of (*od.* relating to) Munich: das ~ Abkommen *hist.* the Munich Agreement (*1938*); das ~ Kindl *figure of monk in black-and-yellow habit*; ~ Bier Munich (*od.* Bavarian) beer.

Mund [munt] *m* ⟨-(e)s; ⸚er, *rare* -e, ⸚e⟩ **1.** mouth: ein sinnlicher ~ a sensuous mouth; ein spöttisch verzogener ~ a wry mouth; sie hat einen rosigen [süßen] ~ she has rosy [sweet] lips; den ~ auftun (*od. colloq.* aufmachen) a) to open one's mouth (*od.* lips), b) *fig.* to speak up; sich (*dat*) den ~ abwischen to wipe one's mouth; ihm blieb der ~ vor Staunen offenstehen, er riß ~ und Nase (*od.* ~ und Augen) auf *colloq.* his jaw dropped, he was flabbergasted (*colloq.*); sich (*dat*) den ~ vollstopfen *colloq.* to stuff one's mouth; j-n auf den ~ küssen to kiss s.o. on the (*od.* his) mouth; mir zog es den ~ zusammen it made me make (*od.* pull) a face, it was so sour that I made a face (*od.* that I grimaced); das Glas an den ~ setzen, um zu trinken to put the glass to one's mouth to drink; sie hingen ~ an ~ they kissed; j-n auf den ~ schlagen (*od. colloq.* hauen), j-m eins (*od.* eine) auf den ~ geben *colloq.* to hit s.o. in (*od.* on, *colloq.* up) the mouth (*od. sl.* kisser); ich war wie auf den ~ geschlagen I was speechless; er riecht aus dem ~ he has bad breath; etwas in den ~ nehmen to put s.th. in one's mouth; rede (*od.* sprich) nicht mit vollem ~! don't speak with your mouth full! er hat einen brutalen Zug um den ~ he has brutal features (a)round the mouth, his mouth has a brutal expression; halt dir beim Husten die Hand vor den ~ put your hand in front of your mouth when you cough; Schaum vor dem ~ haben to foam at the mouth; den Löffel zum (*od.* an den) ~ führen to put the spoon to one's mouth; Beatmung von ~ zu ~ mouth-to-mouth respiration. – **2.** *fig.* (*in Wendungen wie*) mach (*od.* tu) den ~ auf speak up, say something; warum machst du den ~ nicht auf? have you lost your tongue? sie braucht nur den ~ aufzumachen, dann bekommt sie, was sie will she only needs to open her mouth (*od.* to say a word) to have her (own) way (*od.* to get what she wants); er wagt (es) nicht, den ~ aufzutun a) he is afraid to open his mouth, b) he won't dare (to) open his mouth; den ~ aufreißen (*od.* voll nehmen) *colloq.* to talk big, to brag, to boast; der ~ geht den ganzen Tag, ihr ~ steht nicht einen Augenblick (*od.* nie) still *colloq.* her tongue never stops (*od.* her tongue is going) all day (long); halt den ~! *colloq.* hold your tongue! shut your mouth! shut up! (*sl.*); halt deinen ungewaschenen ~! *colloq.* shut your dirty trap! (*sl.*); sie kann (einfach) den ~ nicht halten a) she never shuts up (*od.* her mouth), b) she (simply) cannot keep her mouth shut (*od.* cannot hold her tongue); j-m seinen ~ leihen *lit.* to speak in favo(u)r of s.o., to speak in (*od.* on) s.o.'s behalf; j-m den ~ öffnen a) to make s.o. speak, b) to persuade (*od.* get) s.o. to speak; einen losen ~ haben to have a loose (*od.* an unbridled) tongue; j-m den ~ stopfen *colloq.* to shut (*od.* stop) s.o.'s mouth, to shut s.o. up, to muzzle s.o.; viele Münder zu stopfen haben *colloq.* to have several (*od.* a lot of) mouths to feed; ich lasse mir von niemand den ~ verbieten! I won't have anyone order me to be quiet! I'll say what I want to say! I'll have my say! j-m den ~ verbieten to order (*od.* tell) s.o. to be quiet; sich (*dat*) den ~ verbrennen to say too much, to put one's foot in it (*colloq.*); man wird sich den ~ zerreißen *colloq.* this will set people's tongues wagging; j-m den ~ wäßrig machen *colloq.* to make s.o.'s mouth water; wes das Herz voll ist, des gehet (*od.* fließt) der ~ über *Bibl.* when the heart is full, the tongue will speak; → fusselig. – **3.** (*mit Präpositionen*) an j-s ~ hängen a) to hang on s.o.'s lips, to dote on every word s.o. says, b) to listen very attentively to s.o.; sich (*dat*) etwas am (*od.* vom) ~e absparen to scrape (*od.* scrimp) and save for s.th., to stint (*od.* pinch) oneself for (*od.* to buy) s.th.; er ist nicht auf den ~ gefallen, er hat den ~ auf dem rechten Fleck he has a ready (*od.* glib, slick) tongue, he has an answer for everything, he knows all the answers; wir

hörten (*od.* erfuhren) es aus seinem ~(e) he told us so himself; du nimmst mir das Wort aus dem ~ *colloq.* you are taking the very words out of my mouth, that's just what I was going to say; wie aus einem ~e as one man, as (if) with one voice; aus berufenem ~ from an authorized (*Br. auch* -s-) source; das Wort blieb mir im ~(e) stecken *colloq.* I could not go on; etwas [j-n] im ~ ~ führen to talk constantly about s.th. [s.o.]; j-m das Wort im ~ herumdrehen to twist (*od.* misconstrue) s.o.'s words; in aller ~e sein *lit.* to be the talk of the town, to be common talk; du sollst dieses Wort nicht in den ~ nehmen! you shouldn't say (*stärker* you are not to say) that word! er hat mir die Antwort (förmlich) in den ~ gelegt he (more or less) told me what to answer; man hat mir Worte in den ~ gelegt, die ich nie gesagt habe I have been reported to have said (*od.* I have been accused of saying) things I never said; von der Hand in den ~ leben *colloq.* to live from hand to mouth; mit offenem ~ zuhören to listen agape (*od.* openmouthed); j-m nach dem ~ reden, j-m zum ~ reden to agree with everything s.o. says, to toady to s.o., to fawn on s.o.; j-m über den ~ fahren *colloq.* to cut s.o. short, to pull s.o. up sharply, to answer s.o. rudely (*od.* sharply); es geht von ~ zu ~ *colloq.* it passes from mouth to mouth; → Bissen 1; Blatt 1; Morgenstunde; Wasser 3. – **4.** *med. biol.* mouth; orifice, stoma (*scient.*): den ~ umgebend circumoral, peristom(i)al, amphistome, *Br.* post-oral; hinter dem ~ liegend postoral, *Br.* post-oral; vor dem ~ befindlich preoral, *Br.* pre-oral; zum ~ gehörig stomatic. – **5.** *tech.* a) mouth, muzzle, b) (*Luftloch*) vent, c) (*Öffnung*) opening, orifice, aperture, d) (*eines Hochofens*) funnel, e) (*eines Trichters*) bell, f) (*an Röhren*) snout, spout: ~ des Blasebalges mouth of the nozzle; ~ eines Ofens mouth of a stove. – **6.** *mil.* (*eines Geschützes*) mouth, muzzle.

mun·dan [mun'da:n] *adj obs. for* weltlich.

'Mund|,an,häng·sel *n zo.* (*der Gliederfüßler*) mouth appendage, gnathite. — **~,arm** *m* oral arm, tentacle.

'Mund,art *f ling.* dialect, patois, vernacular: irische ~ brogue; etwas in ~ übertragen to put s.th. into dialect, to vernacularize (*Br. auch* -s-) s.th. — **~,dich·tung** *f* dialect literature (*od.* poetry). — **~,for·scher** *m ling.* dialectologist. — **~,for·schung** *f* dialect research, dialectology.

'mund,art·lich *adj ling.* dialectal, patois, *auch* vernacular: ~er Ausdruck dialectism, dialect expression. — **'Mund,art·lich·keit** *f* ⟨-; *no pl*⟩ dialectal nature (*od.* character), dialecticism.

'Mund,art|,spre·cher *m,* **~,spre·che·rin** *f* (*auch radio*) dialect speaker. — **~,wör·ter,buch** *n* dialect dictionary, idioticon.

'Mund,at·mung *f med.* mouth breathing.

'Mun·da,völ·ker ['munda-] *pl anthrop.* Mundas.

'Mund|,bröt·chen *n dial. for* Milchbrötchen. — **~,darm** *m biol. med.* stomod(a)eum.

Mün·del ['myndəl] *m, n, jur. only m, Austrian m* ⟨-s; -⟩, (*bei Mädchen*) *rare f* ⟨-; -n⟩ **1.** ward, pupil, charge: j-s ~ sein to be in ward to s.o. – **2.** ward of court (*od.* in chancery). — **~,gel·der** *pl jur. econ.* **1.** (*eines Mündels*) orphan (*od.* trust, ward) money *sg.* – **2.** (*anvertrautes Geld*) trust money *sg:* Anlegung von ~n trustee(ship) investment. — **m~,si·cher I** *adj* **1.** (*eines Mündels*) absolutely safe, eligible for trusts: ~e Anlage eligible (*od.* trustee) investment; ~e Wertpapiere gilt-edged securities (*od.* stocks), gilts, gilt stocks (*colloq.*). – **II** *adv* Geld ~ anlegen to invest money in trustee (*od.* gilt-edged) securities (*od.* stocks).

mun·den ['mundən] *v/i* ⟨h⟩ *lit.* taste good, be delicious, tickle the palate, be to s.o.'s taste, be palatable: es mundet (mir) I like it; es mundet köstlich it has a delicious taste, it tastes excellent; sie ließen sich (*dat*) den Wein ~ they relished the wine.

mün·den ['myndən] *v/i* ⟨h⟩ **1.** (*von Fluß*) (in *acc* into) flow, open out, run, discharge: der Rhein und die Elbe ~ in die Nordsee the Rhine and the Elbe rivers flow into the North Sea; wo mündet der Fluß? where is the mouth of the river? – **2.** (*von Straße*) (in, auf *acc*) end (in), run (into), lead (in[to]), meet (*acc*). **– 3.** (*von Kanal, Leitung etc*) (in *acc*) in end. **– 4.** *med.* (in *acc*) open (into), join (*acc*), inosculate (*acc*) (*scient.*). **– 5.** *fig.* (*von Gespräch etc*) (in *acc* in) end up.

'**Mund**|**ent**,**zün·dung** *f med. cf.* Mundschleimhautentzündung. **— m.~faul** *adj cf.* maulfaul. **— ~fäu·le** *f* **1.** *med.* stomatocace, thrush, trench mouth, aphtha, *auch* aptha, ulcerative stomatitis. **– 2.** *vet.* (*des Pferds*) greese disease. **— ~feld** *n bot. zo.* peristome, peristomium. **— m.~fer·tig** *adj* **1.** (*Nahrung*) ready-cooked. **– 2.** ⟨*pred*⟩ ready with one's answer, quick-witted: er ist ~ he always has a ready answer. **— ~fer·tig·keit** *f* ⟨-; *no pl*⟩ readiness of tongue, gift of (the) gab (*colloq.*). **— ~flo·ra** *f med.* bacterial flora of the mouth. **— ~füh·ler** *m zo.* (*einer Quelle etc*) oral arm. **— m.~ge,recht** *adj* **1.** (*Bissen etc*) bite-size(d): j-m etwas ~ herrichten to cut s.th. bite-size(d) for s.o. **– 2.** *fig.* palatable: j-m etwas ~ machen to make s.th. palatable (*od.* digestible) to s.o. **— ~ge,ruch** *m med.* bad breath; halitosis, ozostomia (*scient.*). **— ~har,mo·ni·ka** *f mus.* mouth organ, (mouth) harmonica. **— ~höh·le** *f med. ling.* mouth (*od.* oral, *scient.* buccal) cavity.

mun·die·ren [mun'di:rən] *v/t* ⟨*no* ge-, h⟩ **1.** *obs.* make a fair copy of. **– 2.** *jur.* engross.

mün·dig ['myndɪç] *jur.* **I** *adj* **1.** of (full) age, major: ~ sein to be of age, to be (a) major; ~ werden to come of age, to attain majority; j-n für ~ erklären to declare (of. pronounce) s.o. of age. **– 2.** (*eigenberechtigt*) sui juris. **– II M.~e** *m, f* ⟨-n; -n⟩ **3.** major. **— 'Mün·dig·keit** *f* ⟨-; *no pl*⟩ *jur.* full age, majority.

'**Mün·dig·keits**|**al·ter** *n jur. cf.* Mündigkeit. **— ~er,klä·rung** *f* declaration of majority.

'**mün·dig,spre·chen** *v/t* ⟨*irr, sep,* -ge-, h⟩ j-n ~ *jur.* to declare (*od.* pronounce) s.o. of age. **— 'Mün·dig,spre·chung** *f* ⟨-; *no pl*⟩ *cf.* Mündigkeitserklärung.

'**Mün·dig,wer·den** *n jur.* coming of age, attaining one's majority.

Mun·di·um ['mundium] *n* ⟨-s; -dien *u.* -dia [-dia]⟩ *jur. hist.* guardianship.

'**Mund**|**ka,tarrh** *m med.* catarrhal stomatitis. **— ~krank·heit** *f* disease of the mouth. **— ~kranz** *m zo.* (*einer Schnecke*) peritreme. **— ~lei·ste** *f* lore, loreum.

münd·lich ['myntlɪç] **I** *adj* **1.** (*Abmachung, Einladung etc*) verbal, oral: ~e Mitteilung [Kritik] verbal (*od.* vocal) communication [criticism]. **– 2.** (*Prüfung, Übung etc*) oral, viva voce: morgen habe ich eine ~e Prüfung tomorrow I'll have an oral examination (*od. colloq.* a viva voce, an oral). **– 3.** *pol.* (*Abstimmung etc*) viva voce. **– 4.** *jur.* a) (*Beweis, Vertrag etc*) oral, parol, b) (*letztwillige Verfügung etc*) nuncupative: durch ~e Erklärung by parol; eine ~e Zeugenaussage machen to give oral testimony (*od.* parol evidence). **– II** *adv* **5.** orally, verbally, by word of mouth: j-n ~ prüfen to examine s.o. viva voce; etwas ~ wiedergeben to recite s.th.; ~ mehr (*am Briefende*) more when we meet (*od.* see each other). **– III M.~e, das** ⟨-n⟩ **6.** *colloq.* the viva voce (*od.* oral) examination; the viva voce, the oral (*colloq.*).

'**Mund**|**loch** *n* **1.** *mus.* (*einer Flöte etc*) mouth hole, blow(ing) hole, embouchure. **– 2.** *mil.* a) (*einer Bombe*) *Am.* fuse (*auch* fuze) hole, *Br.* nose fuse hole, b) (*eines Geschosses*) cavity. **— m.~los** *adj med. zo.* mouthless; astomatous, astomatal (*scient.*). **— ~öff·ner** *m med. cf.* Mundsperrer. **— ~öff·nung** *f* **1.** opening of the mouth, mouth opening, oral aperture (*scient.*). **– 2.** *zo.* mit nur einer ~ monostome, monostomous; mit vielen ~en polystomous. **— ~or·gel** *f mus.* (*chines. Blasinstrument*) cheng, sheng. **— ~pfle·ge** *f* oral hygiene, care of the mouth. **— ~pla·stik** *f* stomatoplasty. **— ~pu·bli,zi·stik** *f* face-to-face communication.

'**Mund,ra·chen** *m med.* oropharynx. **— ~höh·le** *f* oropharynx.

'**Mund**|**raub** *m* theft of victuals (*od.* food, comestibles). **— ~raum** *m ling. cf.* Mundhöhle. **— ~rohr** *n mus. cf.* Mundstück 3. **— ~saug,napf** *m zo.* suctorial disk (*od.* disc, pore), apical sucker.

'**Mund,schaft** *f* ⟨-; -en⟩ *jur. hist.* guardianship.

'**Mund,schei·be** *f med. zo.* oral disk (*od.* disc).

'**Mund,schenk** *m* ⟨-en; -en⟩ **1.** *hist.* cupbearer. **– 2.** *colloq.* Ganymede: den ~ spielen to pour (out).

'**Mund,schleim,haut** *f med.* mucous membrane of the mouth, oral mucosa. **— ~ent,zün·dung** *f* inflammation of the mouth, stomatitis (*scient.*).

'**Mund,schwamm** *m med. cf.* Soor. **— ~spal·te** *f* space between the lips; oral fissure, rima oris (*scient.*). **— ~sper·re** *f* lockjaw, trismus (*scient.*). **— ~sper·rer** *m* mouth gag (*od.* opener). **— ~stel·lung** *f* position of the mouth. **— ~stück** *n* **1.** (*einer Zigarette*) tip: mit ~ tipped. **– 2.** (*einer Pfeife*) mouthpiece, endpiece. **– 3.** *mus.* (*eines Blasinstruments*) mouthpiece, mouthpipe, embouchure. **– 4.** *tech.* a) mouthpiece, b) (*Düse*) nozzle, c) (*eines Blasebalgs, Schlauches etc*) nosepiece, d) (*einer Röhre etc*) snout, e) (*eines Brenners*) tip, nozzle. **– 5.** (*Teil des Zaumzeugs*) bit. **— ~ta·ster** *m zo.* (*labial*) palp, feeler. **— m.~tot** *adj* **1.** *only in* j-n ~ machen a) (*Gesprächspartner etc*) to squash (*od.* squelch) s.o. (*colloq.*), b) (*Opposition, Gegner, Zeitung etc*) to silence (*od.* gag, muzzle) s.o. **– 2.** *jur. obs.* dead in (the eye of the) law, in the state of civil death. **— ~tuch** *n* ⟨-(e)s; ⸚er⟩ (table) napkin.

Mun·dum ['mundum] *n* ⟨-s; Munda [-da]⟩ **1.** *obs.* for Reinschrift 1. **– 2.** *jur. econ. cf.* Reinschrift 2.

'**Mün·dung** *f* ⟨-; -en⟩ **1.** *geogr.* a) (*Flußmündung*) mouth, outlet, entry, issue; embouchure, debouchment, influx (*scient.*), b) (*den Gezeiten unterworfene*) estuary, firth: zur ~ hin downstream; an der ~ des Rheins at the mouth of the Rhine. **– 2.** *mil.* muzzle. **– 3.** *tech.* a) (*eines Rohrs etc*) orifice, mouth, opening, b) (*einer Röhre etc*) nozzle. **– 4.** *metall.* (*eines Konverters*) mouth. **– 5.** *med. zo.* orifice, mouth; aperture, ostium (*scient.*).

'**Mün·dungs**|**arm** *m geogr.* branch of a river mouth (*od.* delta). **— ~brem·se** *f mil.* muzzle brake. **— ~deckel** (getr. -k·k-) *m* muzzle cover (*od.* cap). **— ~draht** *m* muzzle wire. **— ~ener,gie** *f* muzzle energy. **— ~feu·er** *n* (muzzle) flash. **— ~ge,biet** *n geogr.* a) delta (area), b) estuary. **— ~ge,schwin·dig·keit** *f mil.* muzzle velocity. **— ~scho·ner** *m* muzzle protector. **— ~trich·ter** *m geogr.* a) delta, b) estuary.

'**Mund**|**voll** *m* ⟨-; -⟩ **1.** mouthful, morsel, bite: einen [ein paar] ~ Nahrung zu sich nehmen to take a mouthful [some mouthfuls] of food. **– 2.** (*Flüssigkeit*) mouthful, gulp, sup. **— ~vor,rat** *m* provisions *pl*, supplies *pl*, victuals *pl*. **— ~was·ser** *n* ⟨-s; ⸚er⟩ *med.* (aromatic) mouthwash. **— ~werk** *n* ⟨-(e)s; *no pl*⟩ *fig. colloq.* mouth, tongue: ein gutes ~ haben to have the gift of (the) gab, to have a big mouth (*beide colloq.*); was für ein ~! what a rattletrap! (*colloq.*); ein loses ~ haben to have a glib (*od.* an unbridled) tongue; ihr ~ kommt nie zur Ruhe her tongue runs (*od.* goes) continually. **— ~werk,zeug** *n meist pl zo.* (*wirbelloser Tiere*) jaw, mouthpart. **— ~win·kel** *m* corner of the mouth. **— ~zu-'**-**Be,at·mung** *f med.* mouth-to--mouth respiration (*od.* resuscitation), *Br.* colloq. kiss of life. **— ~zu-'Na·se-Be,at·mung** *f* mouth-to-nose respiration (*od.* resuscitation).

Mun·go¹ ['mungo] *m* ⟨-s; -s⟩ *zo.* mongoose (*Gattg Herpestes*): Indischer ~ common Indian mongoose (*H. edwardsii*); Afrikanischer ~ ichneumon (*H. ichneumon*).

'**Mun·go²** *m* ⟨-(s); -s⟩ (*textile*) mungo.

Mu·ni¹ ['mu:ni; 'muni] *f* ⟨-; -⟩ *mil. colloq.* for Munition.

Mu·ni² ['mu:ni] *m* ⟨-s; -⟩ *Swiss dial.* bull.

Mu·ni·fi·zenz [munifi'tsɛnts] *f* ⟨-; -en⟩ *obs.* for Freigebigkeit.

Mu·ni·ti·on [muni'tsio:n] *f* ⟨-; *no pl*⟩ *mil.* ammunition, *auch* munitions *pl*, ammo (*colloq.*): scharfe ~ live ammunition; mit ~ versehen to ammunition, to munition.

Mu·ni·ti·ons|**ar·bei·ter** *m* ammunition worker. **— ~auf,zug** *m* ammunition hoist. **— ~aus,ga·be,stel·le** *f* ammunition-distribution point. **— ~be,stand** *m* ammunition on hand. **— ~bun·ker** *m* blast-proof ammunition storage site. **— ~de,pot** *n* ammunition depot. **— ~fa,brik** *f* ammunition factory. **— ~fach** *n mil.* am-

---

munition rack. **— ~frei,sta·pel,platz** *m* ammunition dump. **— ~grund,aus,stattung, ~grund·be,la·dung** *f* basic load. **— ~kam·mer** *f bes. mar.* ammunition (storage) room, magazine. **— ~kar·ren** *m mil.* ammunition carrier, dolly. **— ~ka·sten** *m* ammunition (*od.* cartridge) box (*od.* chest), caisson. **— ~la·ger** *n*, **~la·ger,platz** *m cf.* Munitionsdepot. **— ~per·so,nal** *n* armorers *pl, bes. Br.* armourers *pl.* **— ~ta·sche** *f* ammunition pouch. **— ~tech·ni·ker** *m* ammunition technician, artificer. **— ~ver,brauch** *m* ammunition expenditure *pl* (*od.* consumption). **— ~wa·gen** *m* ammunition waggon (*bes. Am.* wagon) (*od.* car). **— ~wer·te,ta·fel** *f* ammunition data chart. **— ~zug** *m* (*railway*) ammunition train. **— ~zu,wei·sungs,an,trag** *m mil.* ammunition request.

mu·ni·zi·pal [munitsi'pa:l] *adj obs.* **1.** municipal. **– 2.** administrative. **— M.~be,am·te** *m obs.* municipal officer, local government official.

Mu·ni·zi·pa·li·tät [munitsipali'tɛ:t] *f* ⟨-; -en⟩ *obs.* municipality.

Mu·ni·zi·pi·um [muni'tsi:pium] *n* ⟨-s; -pien⟩ **1.** *antiq.* municipium. **– 2.** *obs.* municipality.

Munk [muŋk] *m* ⟨-s; -e⟩ *zo. cf.* Alpenmurmeltier.

Mun·ke·lei *f* ⟨-; -en⟩ *colloq.* whisper(s *pl*), rumor(s *pl*), *bes. Br.* rumour(s *pl*), gossip. **— mun·keln** ['muŋkəln] **I** *v/i* ⟨h⟩ whisper, rumor, *bes. Br.* rumour: man munkelt schon lange davon people have been whispering about it for a long time; im Dunkeln ist gut ~ (*Sprichwort*) *etwa* night is the friend of lovers (*od.* thieves). **– II** *v/t* whisper, rumor, *bes. Br.* rumour: man munkelt so allerlei people have been whispering all sorts of things; man munkelt, daß it is whispered (*od.* rumo[u]red) that.

Mün·ster ['mynstər] *n* ⟨-s; -⟩ cathedral, *bes. Br.* minster. **— ~kä·se** *m gastr.* münster (cheese), *auch* munster.

Munt [munt] *f* ⟨-; *no pl*⟩ *jur. hist. cf.* Mundium.

mun·ter ['muntər] **I** *adj* ⟨-er; -st⟩ **1.** (*lebhaft, frisch*) lively, sprightly, vivacious, spirited, brisk, frisky: ein ~es Kind a lively child; eine ~e Unterhaltung a spirited conversation; ~e Augen lively eyes; mit ~em Schritt at a brisk (*od.* smart) pace; ein ~es Lied singen to sing a lively (*od.* cheerful) tune; endlich wird er ~ at last he is beginning to liven up; ~! look alive! (*colloq.*). **– 2.** (*vergnügt, heiter, fröhlich*) merry, gay, cheerful, jolly, *Am. colloq.* chipper, blithe (*poet.*): ein ~es (*auch* muntres) Lächeln a cheerful smile; ~e Farben gay (*od.* lively, bright) colo(u)rs; ein ~er Knabe *colloq.* a jolly fellow (*colloq.*); wir waren in ~er Laune we were in a cheerful mood (*od.* in high spirits, [as] merry as a cricket). **– 3.** (*wach*) awake: ~ bleiben to stay awake; ist er schon ~? is he awake already? has he waked (*od.* woke[n], wakened) (up) yet? ich werde morgens leicht ~ I wake up easily in the morning; Kaffee hält mich ~ coffee keeps me awake (*od.* alert); du bist ja schon früh ~ heute morgen you're awake (*od.* astir) early this morning; die frische Luft hat mich wieder ~ gemacht the fresh air woke me [up] again. **– 4.** (*gesund, rüstig*) vigorous, lively, *Am. colloq.* chipper: der Patient ist heute schon ~er the patient is a little livelier today; gesund und ~ hale and hearty, alive and kicking (*colloq.*); bleib gesund und ~ take (good) care of yourself; ~ wie ein Fisch im Wasser (as) fit as a fiddle. **– 5.** *mus.* allegro, spiritoso. **– II** *adv* **6.** in a lively way (*od.* manner), friskily, merrily: der junge Hund sprang ~ umher the puppy jumped about merrily (*od.* frisked about). **– 7.** *mus.* allegro, spiritoso. **— 'Mun·ter·keit** *f* ⟨-; *no pl*⟩ **1.** (*Frische*) liveliness, sprightliness, vivaciousness, spiritedness, briskness, friskiness. **– 2.** (*Heiterkeit*) merriness, gaiety, gayety, cheerfulness, blitheness (*poet.*). **– 3.** (*Gesundheit*) vigorousness, liveliness.

Munt·jak ['muntjak] *m* ⟨-s; -s⟩, **~hirsch** *m zo. cf.* Bellhirsch.

'**Muntz·me,tall** ['munts-] *n metall.* beta brass, Muntz metal.

'**Münz**|**amt** *n econ.* mint office. **— ~an-**

,stalt f mint. — **~au·to,mat** m penny-in-the-slot (od. coin-operated, vending) machine.

Mün·ze ['myntsə] f ⟨-; -n⟩ 1. coin: falsche [abgegriffene] **~n** false (od. counterfeit) [worn] coins; **~n** prägen to stamp coins; in klingender (od. barer) **~** bezahlen to pay in hard (od. ready) cash; neue **~n** in Umlauf setzen to put (od. place) new coins into circulation; **~n** aus dem Verkehr ziehen to withdraw coins from circulation; j-m mit gleicher **~** heimzahlen fig. to pay s.o. back in his own coin, to pay s.o. in kind, to give s.o. tit for tat; etwas für bare **~** nehmen fig. to take s.th. at its face value (od. for gospel truth). – 2. (Münzstätte) mint. – 3. (Gedenkmünze) commemorative medal.

'Münz|,ein·heit f econ. monetary unit, standard of currency. — **~,ein,wurf** m 1. insertion of a coin. – 2. (coin) slot.

mün·zen ['myntsən] v/t ⟨h⟩ 1. mint, stamp, coin. – 2. die Bemerkung war auf ihn gemünzt fig. the remark was meant for (od. aimed at) him.

'Mün·zen|,samm·ler m collector of coins, numismatist (scient.). — **~,samm·lung** f collection of coins, numismatic collection (scient.).

'Mün·zer m ⟨-s; -⟩ obs. minter, coiner, moneyer.

'Münz|,fäl·scher m counterfeiter. — **~,fäl·schung** f counterfeiting of coins. — **~,fern,se·hen** n pay television. — **~,fern,spre·cher** m 1. public telephone (od. colloq. phone), Am. auch box telephone, pay station, Br. auch coin-box telephone. – 2. (Telephonzelle) telephone booth, Br. telephone (od. call) box, telephone kiosk, phone booth (colloq.). — **~,frei·heit** f privilege of minting coins, mintage (od. coinage) prerogative. — **~,fuß** m standard (of coinage). — **~ge,halt** m standard of alloy. — **~,geld** n coins pl, coinage. — **~ge,setz** n Coinage Act. — **~,gold** n coinage (od. mint, standard) gold. — **~herr** m hist. ruler who has the prerogative of minting coins. — **~,kun·de** f numismatics pl (construed as sg). — **~le,gie·rung** f metall. alloyage. — **~,mei·ster** m mintmaster. — **~me,tall** n metall. coinage, alloyage. — **~mo·no,pol** n econ. coinage monopoly. — **~pa·ri,tät** f mint par of exchange. — **~,prä·gung** f minting. — **~,pro·be** f assay of coins. — **~,recht** n right of minting coins, coinage right. — **~re,gal** n hist. sovereign's right of minting coins. — **~,samm·ler** m cf. Münzensammler. — **~,sil·ber** n coinage (od. standard) silver. — **~,stät·te** f mint. — **~,stein** m geol. nummulite. — **~,stem·pel** m coinage die. — **~,steu·er** f hist. brassage. — **~sy,stem** n cf. Münzwesen. — **~,tank-(au·to,mat)** m tech. coin-operated (filling station) pump. — **~ver,bre·chen, ~ver,ge·hen** n coinage offence (Am. offense), counterfeiting. — **~,wechs·ler** m change giver. — **~wert,zei·chen,ge·ber** m (postal service) cf. Wertzeichengeber. — **~,we·sen** n coinage (system). — **~,wis·sen·schaft** f cf. Münzkunde. — **~,zei·chen** n mint mark.

Mur [muːr] f ⟨-; -en⟩ Austrian dial. for Mure.

mu·ral [mu'raːl] adj med. mural.

Mu·rä·ne [mu'rɛːnə] f ⟨-; -n⟩ zo. moray, mur(a)ena (Fam. Muraenidae).

mür·be ['myrbə] adj ⟨-r; mürbst⟩ 1. (Gebäck, Teig etc) short, crisp, friable. – 2. (Fleisch etc) tender, well-cooked (od. -done) (attrib). – 3. (Holz etc) rotten, decayed. – 4. (Gestein etc) friable, crumbly. – 5. (Stoff etc) tender, friable. – 6. med. (Knochen) brittle. – 7. ⟨pred⟩ fig. colloq. (entnervt) unnerved, dispirited, demoralized: j-n **~** machen to break s.o.'s resistance, to wear s.o. down; **~** werden to give way, to give in. – 8. ⟨pred⟩ fig. colloq. (erschöpft) worn down, weary, down and out (colloq.). – 9. **~** machen mil. to soften up.

Mür·be ['myrbə] f ⟨-; no pl⟩ cf. Mürbheit.

'Mür·be|,bra·ten m gastr. 1. sirloin, Am. auch tenderloin. – 2. (von Wild) undermeat, undercut of venison. — **~,ku·chen** m gastr. shortbread, shortcake.

'Mür·be,teig m gastr. short pastry (od. dough). — **~ge,bäck** n short pastry.

'Mürb·heit f ⟨-; no pl⟩ 1. (des Kuchens etc) crispness, friableness, friability. – 2. (des Fleisches etc) tenderness. – 3. (des Holzes etc)

rottenness. – 4. (des Gesteins etc) crumbliness, friableness, friability.

'Mur,bruch m geol. cold lahar, mudflow, rock stream, debacle, auch débâcle, stone river (od. run), torrential wash.

Mu·re ['muːrə] f ⟨-; -n⟩ geol. mudflow.

mu·ren ['muːrən] v/t ⟨h⟩ mar. moor.

'Mur,gang m geol. cf. Murbruch.

mu·ria·tisch [mu'riatɪʃ] adj (Quelle etc) muriated.

Mu·ring ['muːrɪŋ] f ⟨-; -e⟩ mar. mooring. — **~,schä·kel** m mooring shackle.

Mur·kel ['murkəl] m ⟨-s; -⟩ colloq. baby (in swaddling clothes).

Murks [murks] m ⟨-es; no pl⟩ colloq. contempt. botched-up job (od. piece of work), bungle, botch. — **'murk·sen** v/i ⟨h⟩ bungle, botch. — **'Murk·ser** m ⟨-s; -⟩ bungler, botcher.

Mur·mel ['murməl] f ⟨-; -n⟩ dial. marble, Am. mib, mig(g), Br. bonce: (mit) **~n** spielen to play (od. shoot) (at) marbles.

'Mur·mel,laut m ling. neutral vowel, murmur (vowel), schwa, auch shwa.

mur·meln ['murməln] I v/i ⟨h⟩ 1. murmur, mutter, mumble. – 2. (von Menschenmenge) hum, buzz. – 3. poet. (von Bach etc) murmur, mutter, babble, prattle, purl, burble. – II v/t 4. murmur, mutter, mumble: etwas in seinen Bart **~** colloq. to mutter s.th. in(to) one's beard, to mumble s.th. under one's breath. – III M**~** n ⟨-s⟩ 5. verbal noun. – 6. murmur, mutter, mumble: durch die Menge ging ein beifälliges M**~** a murmur of approval ran through the crowd. – 7. poet. (eines Baches etc) murmur, babble, prattle, purl.

'Mur·mel|,spiel n dial. marbles pl (construed as sg), game of marbles, Br. bonce, Am. mibs pl (construed as sg). — **~,tier** n zo. marmot (Gattg Marmota), bes. a) cf. Alpenmurmeltier, b) Eisgraues **~** hoary marmot (M. caligata): wie ein **~** schlafen fig. colloq. to sleep like a top (od. log, dormouse).

Mur·ner ['murnər] m ⟨-s; no pl⟩ (in Fabeln) tomcat.

mur·ren ['murən] I v/i ⟨h⟩ 1. (über acc) grumble (over, at, about): grouse (about), grouch (at), gripe (about, at) (colloq.): die Arbeiter murrten über ihren niedrigen Lohn the workers grumbled at their low wages; ohne zu **~** without a murmur, unmurmuringly, uncomplainingly. – II M**~** n ⟨-s⟩ 2. verbal noun. – 3. grumble; grouse, gripe (colloq.): ohne M**~** without a murmur, unmurmuringly, uncomplainingly.

mur·ri·nisch [mu'riːnɪʃ] adj antiq. (Vase etc) murrhine, auch myrrhine.

mür·risch ['myrɪʃ] I adj ⟨-er; -st⟩ 1. (Veranlagung etc) morose, sullen, glum, dour: ein **~es** Wesen a morose nature (od. disposition). – 2. (Verhalten, Ton, Gesicht etc) morose, glum, sullen, ill-humored, bes. Br. ill-humoured, surly, fretful, peevish, sulky, grumpy, gruff, grouchy (colloq.): er ist heute wieder **~** he is in a sullen mood (od. in the sulks) again today. – II adv 3. **~** antworten to answer sulkily; **~** dreinschauen to have a sullen (od. sulky) look on one's face, to look sullen. — **'Mür·risch·keit** f ⟨-; no pl⟩ 1. moroseness, sullenness. – 2. surliness, grumpiness, gruffness, gruffiness, grouchiness (colloq.).

Mus [muːs] n ⟨-es; -e⟩ gastr. 1. pulp, mash, mush: etwas zu **~** kochen (lassen) to overcook s.th.; j-n zu **~** hauen fig. colloq. to beat s.o. to a pulp (od. jelly). – 2. (Fruchtmus) stewed fruit, jam: **~** kochen to make jam, to boil fruit. – 3. (von Kartoffeln, Hülsenfrüchten etc) purée, auch puree, mash. – 4. (für Babys, Kranke) pap. – 5. Swiss for Nahrung 4, Lebensunterhalt.

Mu·sa ['muːza] f ⟨-; -(s)⟩ bot. cf. Banane.

Mus·aget [muza'geːt] I npr m ⟨-en; no pl⟩ myth. (Beiname Apolls) Musagetes. – II m ⟨-en; -en⟩ obs. patron, Maecenas.

Mu·sang [mu'zaŋ] m ⟨-s; -s⟩ zo. musang (Paradoxurus hermaphroditus).

'Mus,ap·fel m cooking apple.

Mu·sche ['muʃə] f ⟨-; -n⟩ 1. (Schönheitspflästerchen) patch. – 2. dial. for Schlampe.

Mu·schel ['muʃəl] f ⟨-; -n⟩ 1. (Schale) shell, conch. – 2. zo. shell, mussel, muscle, clam; lamellibranch, acephal, bivalve (scient.). – 3. gastr. mussel, clam, scallop. – 4. (des Telephonhörers) earpiece. – 5. med. cf. a) Nasenmuschel, b) Ohrmuschel. – 6. metall. (einer Gießpfanne) nozzle. — **m~,ar·tig** adj

zo. shell-like, conchylious (scient.). — **~,bank** f shell bank (od. bed). — **~,blu·me** f bot. tropical duckweed, water lettuce (Pistia stratiotes). — **~er·de** f geol. faluns (pl). — **~,fleisch** n 1. flesh of a mussel (od. clam). – 2. gastr. clams pl. — **m~,för·mig** adj 1. shell-(od. mussel-)shaped, shelly. – 2. med. zo. tubinate. — **~es** Organ concha. – 3. metall. conchoidal. — **~,geld** n shell money, (der nordamer. Indianer) auch paga, auch plage, peak, wampum, (auf den Südseeinseln) auch wakiki. — **~ge,richt** n gastr. dish of mussels. — **~,gift** n zo. mytilotoxin. — **~,gold** n (paints) ormolu. — **~,hau·fen** pl archeol. cf. Kökkenmöddinger. — **~,horn** n zo. cf. Tritonshorn 2.

'mu·sche·lig adj min. conchoidal.

'Mu·schel|,kalk m ⟨-(e)s; no pl⟩ 1. geol. (Triasformation) Muschelkalk. – 2. zo. shell lime(stone). – 3. geol. min. cf. Muschelkalkstein. — **~,kalk,stein** m geol. min. shell(y) lime(stone), Bath stone, coquina. — **~,klap·pe** f zo. valve. — **~,knacker** m (getr. -k·k-) m biskop, auch musselcracker, musselcrasher (Cymatoceps nasutus). — **~,krebs** m meist pl ostracod (Ordng Ostracoda): zu den **~en** gehörig ostracodan. — **~,kun·de** f conchology. — **~,la·ger** n geol. mussel bed, stratum of shells. — **~,laich** m zo. spat. — **~,sand,stein** m geol. shell sandstone. — **~,scha·le** f zo. shell, conch, scallop, auch scallop shell, cockleshell, clamshell. — **~,sil·ber** n tech. silver for decorating porcelain. — **~,spi,ra·le** f zo. conchospiral. — **~,tier** n shell(fish), mollusk, mollusc, conchifer: die **~e** pl (als Gattung) conchylia. — **~ver,gif·tung** f med. mussel (od. clam) poisoning, mytilotoxism (scient.). — **~,wäch·ter** m zo. a) oyster crab, pinnotherid (scient.) (Gattg Pinnotheres), b) pea crab (P. pisum). — **~,werk** n (art) shellwork, rocaille.

Mu·schik [mu'ʃik] m ⟨-s; -s⟩ obs. (russ. Bauer) mushik, muzjik, mujik, moujik.

'musch·lig adj min. cf. muschelig.

Mu·se ['muːzə] f ⟨-; -n⟩ 1. myth. Muse: die neun **~** the nine Muses, the Nine; die **~** der Dichtkunst the Muse of poetry, Calliope; der Sitz der **~n** the abode of the Muses, Helicon (poet.). – 2. fig. muse, auch Muse: von der **~** geküßt werden poet. od. humor. to be inspired by the muses; die **~n** anrufen to invoke the muses; die leichte **~** fig. light entertainment.

mu·se·al [muze'aːl] adj 1. (Museums...) museum (attrib). – 2. fig. antiquated: ein **~er** Ausdruck an obsolete expression; ein **~es** Auto colloq. an antediluvian car.

Mu·sel·man ['muːzəlman] m ⟨-en [-maːnən]; -en [-maːnən]⟩, **'Mu·sel·ma·nin** [-maːnɪn] f ⟨-; -nen⟩ colloq. od. archaic Mussulman, auch Musulman, Mussalman, auch Musalman, Moslem. — **'mu·sel·ma·nisch** [-maːnɪʃ] adj Mussulman, auch Musulman (attrib), Moslem.

'Mu·sel,mann ['muːzəl-] m ⟨-(e)s; **~er**⟩ colloq. cf. Muselman.

'Mu·sen|,al·ma·nach m (literature) Musenalmanach. — **~,roß** n poet. Pegasus. — **~,sohn** m obs. son (od. favorite, bes. Br. favourite) of the Muses, poet. — **~,tem·pel** m lit. temple of the Muses.

Mu·sette [my'zɛt] (Fr.) f ⟨-; -s⟩ mus. musette.

Mu·se·um [mu'zeːum] n ⟨-s; Museen⟩ museum.

Mu·se·ums|,bau m museum (building). — **~,die·ner** m cf. Museumswärter. — **~di,rek·tor** m museum director, conservator. — **~,füh·rer** m museum guide. — **~,kä·fer** m zo. museum beetle (Anthrenus museorum). — **~,wär·ter** m museum attendant.

Mu·si·cal ['mjuːzɪkəl] (Engl.) n ⟨-s; -s⟩ musical.

mu·siert [mu'ziːrt] adj (Arbeit) inlaid.

Mu·sik [mu'ziːk] f ⟨-; -(en)⟩ 1. music: klassische [leichte] **~** classical [light] music; schräge **~** colloq. hot music; atonale [elektronische] **~** atonal [electronic] music; **~** hören to listen to music; **~** machen to make (od. play) music; einen Text in **~** setzen to set a text to music; Sinn für **~** haben to have a feeling for music, to be musically inclined; die **~** des 18. Jh.s 18th century music, the music of the 18th century; die **~** der Italiener Italian music; deine Worte sind **~** klingen wie) **~** in meinen Ohren fig. colloq. your words are music to my ears; der Ton macht die ~ (*Sprichwort*) etwa it is not so much what you say but the way you say it. – **2.** *colloq.* (*Musikkapelle*) band, (*Militärkapelle*) *auch* music: die ~ marschierte an der Spitze the band marched in front. — **~-,abend** *m* musicale. — **~-aka-de,mie** *f* academy of music, *bes. Br.* conservatoire, *Am.* conservatory.

Mu-si-ka-li-en [muzi'ka:liən] *pl* printed (*od.* written) music *sg.* — **~,händ-ler** *m* music dealer. — **~,hand-lung** *f* music shop (*bes. Am.* store).

mu-si-ka-lisch [muzi'ka:lɪʃ] **I** *adj* **1.** (*Mensch, Verständnis, Veranlagung etc*) musical: **~es** Wunder(kind) musical prodigy; **~es** Talent talent for music; er ist außergewöhnlich ~ he is very musical, he has a great talent for music. – **2.** (*Einlage, Zwischenspiel etc*) musical: **~e** Komödie musical comedy. – **3.** *ling.* tonic: **~er** Tonakzent tonic (*od.* pitch) accent. – **II** *adv* **4.** ~ geschult werden to have musical training, to be trained in music.

Mu-si-ka-li-tät [muzikali'tɛ:t] *f* <-; *no pl*> musicality, musicianship.

Mu-si-kant [muzi'kant] *m* <-en; -en> *dial. u. colloq., auch contempt.* musician: fahrender ~ vagrant musician.

Mu-si'kan-ten,kno-chen *m colloq.* funny (*bes. Am.* crazy) bone. — **~,trup-pe** *f hist.* group of musicians, minstrelsy.

mu-si'kan-tisch *adj cf.* musikfreudig.

Mu'sik|au-to,mat *m cf.* Musikbox. — **~be-,glei-tung** *f* (musical) accompaniment. — **~bi-blio,thek** *f* music library. — **~,bo-gen** musical bow. — **~,box** *f* juke(box), *Br.* juke-box, *Am.* music box. — **~,clown** *m* musical clown. — **~,di,rek-tor** *m* musical director, head conductor. — **~,dra-ma** *n* music (*od.* lyric) drama.

Mu-si-ker ['mu:zikər] *m* <-s; -> **1.** (*in einem Orchester*) musician, (*in einer Kapelle*) *auch* bandsman. – **2.** (*Komponist*) musician: tonaler ~ tonalist.

Mu'sik|er,zie-hung *f* musical education. — **~,fest** *n* music(al) festival. — **~,film** *m* musical (film). — **m~,freu-dig** *adj* fond of music, music-loving. — **~,freund** *m*, **~,freun-din** *f* lover of music, music lover. — **~,füh-rer** *m* musical guide. — **~ge,lehr-te** *m* musicologist; music scholar. — **~ge-,schich-te** *f* history of music, music(al) history. — **~ge,sell-schaft** *f* music(al) society. — **~,hal-le** *f* concert hall. — **~hi,sto-ri-ker** *m* historian of music, music historian. — **~,hoch,schu-le** *f bes. Br.* conservatoire, *Am.* conservatory. — **~in-stru,ment** *n* musical instrument. — **~ka,pel-le** *f cf.* Musik 2. — **~,kas,set-te** *f* musicassette. — **~,ken-ner** *m*, **~,ken-ne-rin** *f* <-; -nen> expert on music. — **~kon-,ser-ve** *f* recorded (*od. colloq.* canned) music. — **~,korps** *n mil.* band. — **~kri,tik** *f* music criticism, (*Zeitungsartikel etc*) *auch* music(al) review (*od.* critique). — **~kri-ti-ker** *m*, **~,kri-ti-ke-rin** *f* <-; -nen> music critic. — **~,le-ben** *n* musical life. — **~,leh-re** *f* theory of music. — **~,leh-rer** *m*, **~,leh-re-rin** *f* music teacher. — **~,le-xi-kon** *n* dictionary of music. — **m~,lie-bend** *adj* fond of music, music-loving. — **~-,lieb,ha-ber** *m* **1.** lover of music, music lover (*od. colloq.* fan). – **2.** amateur (musician). — **~,mei-ster** *m mil.* bandmaster. — **~,narr** *m* devotee of music; music fan, music fiend (*colloq.*), melomaniac (*scient.*).

Mu-si-ko-lo-ge [muziko'lo:gə] *m* <-n; -n> *cf.* Musikwissenschaftler. — **Mu-si-ko-lo'gie** [-lo'gi:] *f* <-; *no pl*> *cf.* Musikwissenschaft.

Mu'sik|,pa-vil-lon *m* bandstand, music pavilion, (*muschelförmiger*) band shell. — **~preis** *m* music award, prize for music. — **~,saal** *m* **1.** concert hall. – **2.** (*einer Schule*) music room. — **~,schrank** *m cf.* Musiktruhe. — **~,schu-le** *f* school of music, music school. — **~,stück** *n* **1.** piece of music, composition. – **2.** (*als Programmpunkt*) (musical) number. — **~stu,dent** *m*, **~stu,den-tin** *f* student of music, music student. — **~,stun-de** *f* music lesson. — **~-theo,rie** *f cf.* Musiklehre. — **~the-ra,pie** *f med. psych.* musicotherapy. — **~,tru-he** *f Am.* radio-phonograph, *Br.* radiogram(ophone) (*with radio*), cabinet gramophone (*without radio*). — **~,über,tra-gung** *f* music transmission. — **~,un-ter,richt** *m* music instruction (*od.* classes *pl*): j-m ~ geben to teach s.o. music.

Mu-si-kus ['mu:zikʊs] *m* <-; -sizi [-tsi]> *humor.* musician.

Mu'sik|ver,an,stal-tung *f* musical event (*od.* performance). — **~ver,ein** *m* musical society. — **~ver,lag** *m* music publishers *pl*, music publishing house (*od.* company). — **~ver,le-ger** *m* music publisher. — **m~ver-,stän-dig** *adj* appreciative of music. — **~-,werk** *n* **1.** *mus.* (musical) composition (*od.* work). – **2.** mechanical musical device (*od.* instrument). — **~,wett,streit** *m* music(al) competition (*od.* contest). — **~,wis-senschaft** *f* musicology. — **~,wis-sen-schaft-ler** *m* musicologist. — **~,zeit,schrift** *f* music magazine. — **~,zug** *m mil.* band.

mu-sisch ['mu:zɪʃ] **I** *adj* relating (*od.* pertaining) to the fine arts: **~e** Erziehung (*od.* Bildung) education in the fine arts; ein **~er** Mensch a person appreciative of the fine arts; **~es** Gymnasium *ped.* secondary school emphasizing modern languages and, above all, music; **~e** Fächer fine-arts subjects. – **II** *adv* er ist ~ veranlagt he has an artistic (*od.* [a]esthetic) vein.

Mu'siv|,ar-beit [mu'zi:f-] *f* inlaid work, marquetry. — **~,gold** *n* **1.** *chem.* stannic sulfide (*bes. Br.* -ph-) (SnS_2). – **2.** *metall.* mosaic gold.

mu-si-visch [mu'zi:vɪʃ] *adj* **1.** (*Arbeit etc*) inlaid. – **2.** *zo.* mosaic.

Mu'siv,sil-ber *n chem.* mosaic silver.

mu-si-zie-ren [muzi'tsi:rən] *v/i* <*no ge-*, h> make (*od.* play) music.

Mus-ka-lun-ge [muska'lʊŋə] *m* <-n; -n> *zo.* (*Fisch*) muskellunge (*Esox masquinongy*).

Mus-ka-rin [muska'ri:n] *n* <-s; *no pl*> *chem.* (*Gift des Fliegenpilzes*) muscarine ($C_8H_{19}NO_3$).

Mus-kat [mʊs'ka:t] *m* <-(e)s; -e> **1.** *gastr.* (*Gewürz*) nutmeg. – **2.** *bot. cf.* Muskatbaum. — **~,baum** *m bot.* nutmeg (tree) (*Myristica fragrans*). — **~,blü-te** *f* **1.** *bot.* flower of the nutmeg tree. – **2.** *med. pharm. econ.* (*Samenmantel der Muskatnuß*) mace. — **~,but-ter** *f* nutmeg butter.

Mus-ka-tel-ler [muska'tɛlər] *m* <-s; -> **1.** (*Wein*) muscatel, *auch* muscadel, muscadell(e), muscat, *auch* muskat. – **2.** (*Traube*) muscat, *auch* muskat, muscatel. — **~-,bir-ne** *f bot.* musk pear, muscadel, muscadine, supreme pear. — **~,kraut** *n*, **~sal,bei** *m* clary (*Salvia sclarea*). — **~,trau-be** *f cf.* Muskateller 2. — **~,wein** *m cf.* Muskateller 1.

Mus'kat,fink *m zo.* spotted munea (*Lonchura punctulata*).

Mus'kat,nuß *f bot.* nutmeg apple. — **~-,baum** *m cf.* Muskatbaum.

Mus'kat,wein *m cf.* Muskateller 1.

Mus-kel ['mʊskəl] *m* <-s; -n> *med.* muscle: willkürlicher ~ voluntary muscle, striated (*od.* striped) muscle; glatter ~ smooth (*od.* unstriped) muscle; einen ~ zerren to strain a muscle; seine **~n** spielen lassen to flex one's muscles. — **~,an,stren-gung** *f* muscular effort. — **~,ar-beit** *f* muscle work. — **~,atro,phie** *f med.* muscular atrophy; amyotrophia, amyotrophy (*scient.*). — **m~,bil-dend** *adj* muscle-forming (*od.* -building), myoblastic (*scient.*). — **~,bil-dung** *f* forming (*od.* building) of muscles, musculation. — **~,bruch** *m* myocele. — **~-,bün-del** *n* muscle bundle, fascicle of muscles. — **~,durch,blu-tung** *f* circulation of blood in the muscles. — **~dys-tro,phie** *f* muscular dystrophy, Erb's atrophy. — **~ei,weiß** *n biol. chem.* myosin. — **~ent-,zün-dung** *f* inflammation of a muscle, myositis (*scient.*). — **~er,wei-chung** *f* myomalacia. — **~,fa-ser** *f* muscle fiber (*bes. Br.* fibre). — **~,fa-ser,riß** *m* rupture of a muscle fiber (*bes. Br.* fibre). — **~funk-tio-nen** [-fʊŋk,tsio:nən] *pl* muscular functions. — **~ge,fühl** *n* muscular sense; kin(a)esthesia, kin(a)esthesis (*scient.*). — **~ge,schwulst** *f* muscular tumor (*bes. Br.* tumour), myoma (*scient.*). — **~ge,we-be** *n* muscular tissue. — **~,haut**, **~,hül-le** *f* muscular coat (*od.* sheath); myolemma, sarcolemma, perimysium (*scient.*).

'mus-ke-lig *adj u. adv cf.* muskulös.

'Mus-kel|,ka-ter *m colloq.* muscle ache (from exercise), muscular strain (*od.* soreness), *Am. colloq.* Charley horse: ~ haben to be muscle-bound. — **~,kraft** *f* muscular power (*od.* force, strength), muscle, brawn, sinews *pl*, thews *pl*, beef (*colloq.*). — **~,krampf** *m med.* muscle

cramp (*od.* spasm), crick, myospasm (*scient.*). — **~,läh-mung** *f* muscular (*od.* motor) paralysis; myoparalysis, amyosthenia (*scient.*). — **~,ma-gen** *m zo.* muscular stomach, gizzard. — **~,mensch**, **~,protz** *m colloq.* muscleman, *Am. sl.* 'muscle'. — **~,quet-schung** *f med.* contusion (*od.* bruise) of a muscle. — **~rheu-ma,tis-mus** *m* muscular rheumatism, rheumatoid myositis (*scient.*). — **~,riß** *m* rupture of a muscle. — **~,schmerz** *m* muscular pain, myalgia (*scient.*). — **~,schwä-che** *f* muscular weakness (*od.* debility), myasthenia (*scient.*). — **~,schwund** *m cf.* Muskelatrophie. — **~,sinn** *m cf.* Muskelgefühl. — **~,span-nung** *f* tension of a muscle, muscle tone. — **~,spiel** *n* play of muscles. — **~,star-re** *f* muscular rigidity. — **~,tä-tig-keit** *f* muscle activity. — **~ver,här-tung** *f* myogelosis. — **~,zer-rung** *f* muscle strain: sich (*dat*) eine ~ zuziehen to pull a muscle. — **~,zucken** (*getr.* -k·k-) *n* muscular twitching, (*leichtes*) crispation. — **~zu-,sam-men,zie-hung** *f* muscular contraction.

Mus-ke-te [mʊs'ke:tə] *f* <-; -n> *mil. hist.* musket. — **Mus-ke'tier** [-ke'ti:r] *m* <-s; -e> *hist.* musketeer: die **~e** *pl* the musketry *sg*.

Mus-ko-gi [mʊs'ko:gi] <*generally undeclined*>, **das Mus'ko-gi** <-> *ling.* Muskogee.

Mus-ko-vit [mʊsko'vi:t; -'vɪt] *m* <-s; -e> *min.* muscovite.

Mus-ku-la-tur [mʊskula'tu:r] *f* <-; -en> *med.* muscular apparatus (*od.* system), musculature, muscles *pl*.

mus-ku-lös [mʊsku'lø:s] **I** *adj* muscular, brawny, beefy (*colloq.*): er ist ~ he has muscles. – **II** *adv* er ist ~ gebaut he is a muscular man.

Müs-li ['my:sli] *n* <-s; *no pl*> *Swiss gastr.* Muesli.

Mus-lim ['mʊslɪm] *m* <-; -e> *cf.* Moslem.

'Mus-pel,heim ['mʊ:spəl-] *npr n* <-(e)s; *no pl*> *myth.* Muspellsheim, *auch* Muspelheim.

muß [mʊs] **I** *u.* **3** *sg pres of* müssen[1].

Muß [mʊs] *n* <-; *no pl*> must, necessity: wenn nicht das harte ~ dahinterstünde if grim necessity were not behind it, if one didn't have to; ~ ist eine harte Nuß (*Sprichwort*) must is a difficult word to take, necessity is a hard master.

Mu-ße ['mu:sə] *f* <-; *no pl*> leisure, leisure (*od.* spare) time; otiosity, otioseness (*lit.*): er las das Buch in aller ~ he read the book at his leisure; dazu fehlt mir die nötige ~ I don't have the spare time for that; etwas in (*od.* mit) (aller) ~ betrachten to look at s.th. leisurely (*od.* in a leisurely way).

Mus-se-lin [mʊsə'li:n] *m* <-s; -e> (*textile*) muslin: einfacher ~ plain muslin; glasierter ~ paper muslin. — **~,kleid** *n* muslin dress.

müs-sen[1] ['mysən] **I** *v/aux* <muß, mußte, müssen, h> **1.** have to, have got to (*colloq.*): ich muß ihn einfach sprechen I simply have to talk to him; ich muß jetzt gehen I must be going (*od.* off) now, I have to go now; es muß doch (doch) machen lassen! it must be possible to have (*od.* get) it done, it must be possible to do it; es muß (einfach) gehen! it will have to be managed somehow! eine Frau, wie sie sein muß a model woman; sie ~ heiraten *colloq.* they have to get married; er hat abreisen ~ he had to leave; ich muß gestehen I have to admit; wir ~ Ihnen leider mitteilen, daß we regret to inform you that; eines muß man ihm ja lassen, er ist ein guter Mensch one thing has to be admitted — he is a good fellow (*colloq.*); was habe ich da (von dir) hören ~! really, what did I hear (*od.* what did I have to learn) about you! wir ~ alle einmal sterben we all must die one day; ich muß schon sagen! *colloq.* (well,) I say! sie mußte sich übergeben she had to vomit, she was sick; warum ~ sie ausgerechnet heute kommen! why must they (*od.* do they have to) come today of all days! ich mußte ausgerechnet schlafen, als as chance would have it, I was sleeping when; warum mußtest du das (auch) sagen! why (on earth) did you have to say that! whatever made you say such things? jetzt muß ich dir mal was sagen now I have (*od.* want) to have a word with you (*od.* to tell you s.th.), let me tell you s.th.; es muß einfach richtig sein it has (*od. colloq.* it's) got to be right; wie schön muß [müßte] es sein, jetzt zu verreisen how nice (*od.* what a pleasure) it must [would] be to go on a journey now; das muß erst noch kommen that is yet to come. – **2.** (*gezwungen sein*) be forced (*od.* compelled) to, have to: er muß außer Landes gehen he is forced to leave the country; er müßte gegen seine Überzeugung handeln he was forced to act against his convictions; kein Mensch muß ~ *colloq.* a) who says you must (*od.* have to)? b) who says I must (*od.* have to)? – **3.** (*nötig sein*) be necessary, have to: es muß sein it is necessary (*od.* inevitable); wenn es unbedingt sein muß if it can't be helped, if it is absolutely necessary, if it must needs be; muß das (wirklich) sein? does that have to be? is that really necessary? das muß sein that is necessary, that has to be, that must be (done); was sein muß, muß sein *colloq.* what must be must be; müßt ihr dauernd streiten? do you have to quarrel all the time? – **4.** (*brauchen*) need (to), have to: das ist alles, was du tun mußt that's all you need (to) do; das muß nicht wahr sein that need not (necessarily) be true; er muß es nicht unbedingt erfahren he need not (*od.* he doesn't necessarily have to) hear about it; Kinder ~ nicht alles haben children need not have everything; du mußt es nicht sagen you need not say it; Sie ~ es nicht tun you need not (*od.* you don't have to, there is no need for you to) do it. – **5.** (*sollen*) du hättest pünktlicher sein ~ you ought to have been more punctual; Sie ~ nämlich wissen you ought to know; er hätte es besser wissen ~ he should have known better; das muß noch heute erledigt werden that ought to be (*stärker* must be) done today; der Zug müßte längst hier sein the train is long overdue. – **6.** (*verpflichtet sein*) be obliged to, have to: du mußt die Einladung annehmen you have to (*od.* you cannot but) accept the invitation; Sie ~ es nicht tun you are not obliged (*od.* you are under no obligation) to do it. – **7.** (*moralisch verpflichtet sein*) be bound to: du mußt helfen you are bound to help; du mußt ihn einfach gern haben you have to like him. – **8.** (*zwangsläufig geschehen*) be bound to, have to: das mußte mißlingen that was bound to fail; das mußte ja so kommen that was bound to happen (*od.* be) this way, that was to be expected; diese Bemerkung mußte ja kommen this remark was bound to come; der Krieg mußte kommen the war was bound to come. – **9.** (*nicht umhinkönnen*) er mußte weinen he could not help crying, he could not help but cry; ich muß lachen, wenn I cannot help laughing when. – **10.** (*bei Vermutung*) sie ~ vergessen haben, uns Bescheid zu geben they must have forgotten to inform us, apparently they forgot to inform us; sie muß (wohl) krank sein she must be ill, presumably she is ill; er muß es gewesen sein it must have been he (*od. colloq.* him); es muß geregnet haben it must have rained; wie ~ sie gelitten haben! how they must have suffered! meiner Ansicht nach ~ sie bald kommen to my mind (*od.* in my opinion) they ought to arrive soon; es muß etwas dran sein there must be s.th. to it (*od.* some truth in it); du mußt es ja wissen *colloq.* you know best. – **11.** (*konjunktivisch*) (*bei Möglichkeit*) es müßte schon sehr regnen it would have to rain hard; ich müßte schon sehr hungrig sein, um das zu essen I would have to be terribly hungry to eat that; ich müßte mich schon sehr irren, wenn er es nicht war if I am not badly mistaken it was he (*od. colloq.* him); er müßte denn krank sein unless he were ill. – **12.** (*konjunktivisch*) (*wünschenswert sein*) das müßte immer so sein that should always be the case; man müßte noch einmal 20 (Jahre alt) sein one ought to be twenty once more; du hättest pünktlicher sein ~ you ought to have been more punctual. – **13.** *colloq.* das mußt du nicht tun you mustn't do that, don't do that, you are not to do that; du mußt nicht mit vollem Munde sprechen you mustn't speak with your mouth full; Sie ~ es mir nicht übelnehmen you must not take it amiss, you mustn't be annoyed at me; Sie ~ sich von ihr nicht herumkommandieren lassen don't let

her order you about. – **14.** (*wollen*) want to: er muß immer alles wissen he always wants (*od.* has) to know everything; sie muß den ganzen Tag das Radio laufen haben she wants (*od.* has to have) the radio on all day long. – **15.** (*die Gewohnheit haben*) be given (*od.* prone) to: sie muß immer streiten she is always (given to) quarrelling. – **II** *v/i* ⟨*pp* gemußt⟩ **16.** morgen muß ich in die Stadt tomorrow I have to go (in)to town; er muß morgens sehr früh aus dem Haus he has to leave very early in the morning; der Brief muß zur Post the letter must be mailed (*bes. Br.* posted); ich muß nach Berlin I must go to Berlin; vor Gericht ~ to be summoned (to appear) before a court, to have to go to court; ich muß mal *colloq.* I have to go to the bathroom (*Br. colloq.* loo), *Br. colloq.* I have to spend a penny.

'**müs·sen²** *pp of* müssen¹ I.

'**Mu·ße,stun·de** *f* leisure (*od.* spare, idle) hour.

'**Muß,hei·rat** *f colloq.* shotgun marriage (*od.* wedding) (*colloq.*).

mü·ßig ['my:sɪç] **I** *adj* **1.** idle: ~e Stunden idle hours; ~e Hände idle (*od.* unemployed) hands; ~ sein to (be) idle. – **2.** (*untätig*) leisurely, leisured, inactive. – **3.** (*unnütz*) idle, useless, vain, futile, superfluous, otiose (*lit.*): ~es Gerede idle talk; es ist ~, das zu tun doing that is futile. – **4.** (*sinnlos*) pointless, senseless: es ist ~, darüber zu reden it is pointless to talk about it. – **II** *adv* **5.** ~ gehen to (be) idle; ~ dabeistehen to stand idly by; die Pferde stehen ~ im Stall the horses stand idly in the stable.

'**Mü·ßig,gang** *m* ⟨-(e)s; *no pl*⟩ idleness, idling, laziness: ~ ist aller Laster Anfang (*Sprichwort*) idleness is the root (*od.* mother) of all evil (*od.* sin, vice) (*proverb*). — '**Mü·ßig,gän·ger** *m* ⟨-s; -⟩ **1.** idler, idling person, loafer. – **2.** (*Faulpelz*) lazybones *pl* (*construed as sg or pl*).

Mus·sit [mu'si:t; -'sɪt] *m* ⟨-s; -e⟩ *min.* diopside, white augite.

'**Muß,kauf,mann** *m* automatically constituted trader.

'**Mus,sprit·ze** *f colloq.* gamp (*colloq.*).

mußt [must] *2 sg pres*, '**muß·te** *1 u. 3 sg pret*, **müß·te** ['mʏstə] *1 u. 3 sg pret subj of* müssen¹.

'**Muß-,Vor,schrift** *f jur.* obligatory disposition.

Mu·stak ['mustak] *m* ⟨-s; -e⟩ *zo.* moustache (monkey) (*Cercopithecus cephus*).

Mu·stang ['mustaŋ] *m* ⟨-s; -s⟩ *zo.* mustang, (*in den westl. USA*) auch pony.

'**Mus,teil** ['mus-] *m obs. for* Witwenteil.

Mu·ster ['mustər] *n* ⟨-s; -⟩ **1.** (*auf Stoff, Tapete etc*) pattern, design, *auch* ornament: ein fortlaufendes ~ a continuous design, a consecutive pattern; ein wiederkehrendes ~ a recurrent (*od.* repeated) pattern, a motif. – **2.** (*Figur*) figure: ~ in den Sand malen to draw figures in the sand. – **3.** (*für einen Brief etc*) specimen, model, sample, example: als ~ dienen to serve as a model. – **4.** (*Schnittmuster, Vorlage*) pattern: nach (einem) ~ sticken to embroider from a pattern. – **5.** (*Modell*) model. – **6.** *fig.* (*Vorbild*) model (example), example, exemplar, paragon: sie ist das ~ einer guten Hausfrau she is the model of a good housewife, she is an ideal (*od.* a model) housewife; er ist ein ~ an Höflichkeit he is a model (*od.* the pink, essence) of politeness; ein ~ an Sauberkeit a model (*od.* pattern) of neatness. – **7.** *fig.* (*Ideal*) ideal. – **8.** *econ.* (*Warenprobe*) sample, (*Stoffmuster etc*) *auch* pattern, (*Einzelstück*) *auch* specimen, model: ungeschütztes ~ *jur.* open pattern; unverkäufliches ~ a) free sample, b) (*Arznei*) professional sample — not to be sold; etwas nach ~ bestellen to order s.th. according to sample(s); dem ~ entsprechen to correspond to (*od.* with) the sample, to match the sample, to be up to sample. – **9.** *print.* specimen. – **10.** *tech.* a) (*einer Oberfläche*) pattern, b) (*zum Kopierfräsen*) master, c) (*Prüfstück*) specimen, sample. – **11.** (*in der Verhaltensforschung*) pattern.

'**Mu·ster,bei,spiel** *n* **1.** (*typical*) example, model, representative. – **2.** (*Person*) model (example), example, exemplar, paragon. – **3.** *cf.* Musterfall 1. — ~**,be,trieb** *m* **1.** (*gewerblicher, industrieller*) model plant (*od.* factory). – **2.** (*landwirtschaft-*

licher) model (*od.* pilot) farm. — ~**,beu·tel** *m* mailing bag. — ~**,bild** *n* **1.** (*Probe*) sample. – **2.** *cf.* Muster 1. – **3.** *fig. cf.* Musterbeispiel 1, 2. — ~**,brief** *m* specimen (*od.* model) letter. — ~**,buch** *n econ.* (*mit Stoffproben etc*) pattern book. — ~**ex·em-,plar** *n* **1.** *bes. tech.* type specimen, prototype, model. – **2.** *print.* specimen copy, sample. – **3.** *fig. meist iron. cf.* Musterbeispiel 2. — ~**,fall** *m* **1.** model (*od.* typical) case. – **2.** (*Präzedenzfall*) precedent. — ~**,gat·te** *m colloq.* model (*od.* perfect) husband. — **m~ge,mäß** *adj u. adv econ.* up (*od.* according) to sample. — **m~ge,prüft** *adj mil.* (*Gerät*) type-tested. — **m~ge,treu** *adj* (*textile*) true to shade. — **m~,gül·tig** *adj u. adv cf.* musterhaft. — ~**,gül·tig·keit** *f* ⟨-; *no pl*⟩ *cf.* Musterhaftigkeit. — ~**,gut** *n agr. cf.* Musterbetrieb 2.

'**mu·ster,haft I** *adj* **1.** (*vorbildlich*) exemplary, model (*attrib*): ein ~es Benehmen an exemplary behavio(u)r. – **2.** (*perfekt*) perfect, excellent, *auch* ideal: in ~er Ordnung in perfect order. – **II** *adv* **3.** sich ~ benehmen to behave perfectly, to be on one's best behavio(u)r. — '**Mu·ster,haf·tig·keit** *f* ⟨-; *no pl*⟩ **1.** exemplariness. – **2.** perfectness, perfection.

'**Mu·ster,kar·te** *f* (*textile*) sample (*od.* pattern, show) card. — ~**,kind** *n bes. iron.* model child. — ~**,klam·mer** *f* paper fastener. — ~**,kna·be** *m bes. iron.* model boy. — ~**,kof·fer** *m econ.* sample case (*od.* bag, box, trunk). — ~**kol·lek·ti,on** *f* **1.** *econ.* a) collection of samples, (*von Stoffen etc*) *auch* collection of patterns, b) (*Sortiment*) assortment. – **2.** (*fashion*) collection of models: die ~ für das Frühjahr the collection of new spring models. — ~**,la·ger** *n* **1.** *econ.* stock, storage, store, depot) of samples: ein ~ unterhalten to keep a stock of samples. – **2.** *mil.* model camp. — ~**,mes·se** *f econ.* samples exhibition (*od.* fair).

mu·stern ['mustərn] **I** *v/t* ⟨h⟩ **1.** (*Stoff etc*) pattern, figure, make a design on. – **2.** *fig.* (*genau betrachten*) examine (*s.th.*) (*critically*), survey, look over, inspect (*od.* scrutinize) (*s.th.*) closely: er musterte sie von oben bis unten (*od.* von Kopf bis Fuß) he eyed her up and down (*od.* from head to foot), he took her in from top to toe, he sized her up. – **3.** *mil.* (*Truppe*) a) review, inspect, b) (*antreten lassen*) muster. – **4.** *mil.* (*Rekruten*) call up (*s.o.*) for physical examination. – **5.** *mar. cf.* a) abmustern 1, b) anheuern. – **II M~** *n* ⟨-s⟩ **6.** *verbal noun.* – **7.** *cf.* Musterung.

'**Mu·ster,pro,zeß** *m jur.* test case. — ~**,rei·sen·de** *m, f* ⟨-n; -n⟩ *econ.* commercial traveler (*bes. Br.* traveller). — ~**,rol·le** *f mar.* ship's articles *pl*, articles *pl* of agreement. — ~**,samm·lung** *f* **1.** *bes. print.* specimen collection. – **2.** *econ. cf.* Musterkollektion 1. — ~**,schu·le** *f ped.* model school. — ~**,schü·ler** *m*, ~**,schü·le·rin** *f auch iron.* model (*od.* star) pupil. — ~**,schutz** *m* **1.** *jur. econ.* a) registration of design(s), b) (*bei Gebrauchsmustern*) protection (*od.* copyright in) designs, protection of patterns and designs, c) (*bei Geschmacksmustern*) protection of design patents. – **2.** (*textile*) registered pattern. — ~**,sen·dung** *f econ.* supply of samples. — ~**,stück** *n* **1.** *econ. cf.* Muster 8. – **2.** *fig. meist iron. cf.* Musterbeispiel 1.

'**Mu·ste·rung** *f* ⟨-; -en⟩ **1.** *cf.* Mustern. – **2.** (*eines Stoffes etc*) pattern, design. – **3.** *fig.* (*genaue Betrachtung*) examination, survey, close inspection (*od.* scrutiny). – **4.** *mil.* a) (*der Truppe*) review, inspection, survey, muster, b) (*der Rekruten*) registration for the draft (*Br.* call-up), (*ärztliche*) physical inspection (for military service). – **5.** *mar. cf.* a) Abmusterung 2, b) Anheuerung. – **6.** *bot. zo.* (*eines Blattes, eines Tieres etc*) maculation. —

'**Mu·ste·rungs,be,scheid** *m mil.* conscription (*Am.* draft) notice, *Br.* call-up, *Am. colloq.* greetings *pl* from the President. — ~**kom·mis·si,on** *f* conscription (*Am.* draft) board.

'**Mu·ster,werk** *n* standard (*od.* classic[al]) work. — ~**,wirt·schaft** *f agr. cf.* Musterbetrieb 2. — ~**,zeich·ner** *m* draftsman, designer, pattern-drawer. — ~**,zeich·nung** *f* design, pattern.

Mut [mu:t] *m* ⟨-(e)s; *no pl*⟩ **1.** courage, mettle, spirit: ~ beweisen [bekommen, fassen, haben] to show [to get, to pluck up, to have] courage; **das gibt uns neuen** ~ it gives us new spirit; j-m (wieder) ~ **machen** a) to encourage s.o., b) (*trösten*) to comfort s.o.; j-m ~ **zusprechen** to talk (*od.* instil[l]) courage into s.o.; **nur** ~! don't give up! never say die! cheer up! *Br. sl.* keep your pecker up! **nur** ~, **es wird schon schiefgehen!** *iron.* cheer up, things will get worse! **sich** (*dat*) ~ **antrinken** to get up Dutch courage; **ich habe nicht den** ~, **das zu tun** a) I don't have the courage (*od.* nerve) to do that, b) (*Herz*) I don't have the heart to do that; **wenn du nur ein bißchen** ~ **hättest** if you only had the spirit of a mouse; **dieser Vorfall nahm ihm allen** ~ this event discouraged him (*od.* deprived him of his courage); **ihm sank der** ~ his spirits sank, his courage quailed (*od.* fell, failed him); **laß den** ~ **nicht sinken** don't let your courage fail you; **den** ~ **nicht verlieren** to bear (*od.* keep) up one's courage; **den** ~ **verlieren** to lose courage (*od.* heart, one's nerve), to despond, to despair, to quail; **all seinen** ~ **zusammennehmen** to pluck up all one's courage; ~ **zum Leben** [Sterben] courage to live [die]; **mit dem** ~ **der Verzweiflung** (*etwas tun*) (to do s.th.) with the courage born of desperation. – **2.** (*Tapferkeit, Beherztheit*) bravery, braveness, valor, *bes. Br.* valour, valiancy, courageousness, heart. – **3.** (*Schneid*) pluck, grit, guts *pl* (*sl.*). – **4.** (*Seelenstärke*) fortitude. – **5.** (*Kühnheit, Verwegenheit*) daring(ness), boldness. – **6.** (*Heldenmut*) heroism, prowess, gallantry. – **7.** *lit.* (*Gemütszustand, Stimmung*) mood, state (of mind), spirit(s *pl*), humor, *bes. Br.* humour: **guten** ~**es sein** to be of good cheer; **frohen** ~**es sein** to be in a happy mood.

Mu·ta ['muːta] *f* ⟨-; -tä [-tɛ]⟩ *ling. obs. for* Explosivlaut.

mu·ta·bel [mu'taːbəl] *adj* **1.** (*veränderlich*) mutable. – **2.** (*wandelbar*) inconstant, fickle. — **Mu·ta·bi·li·tät** [-tabili'tɛːt] *f* ⟨-; *no pl*⟩ mutability.

mu·ta·gen [muta'geːn] *adj biol.* mutagenic.

Mu·tant [mu'tant] *m* ⟨-en; -en⟩, *auch* **Mu'tan·te** *f* ⟨-; -n⟩ *biol.* mutant.

Mu·ta·ti·on [muta'tsioːn] *f* ⟨-; -en⟩ **1.** *biol.* mutation, saltation, (*unerwartete*) sport: **zu** ~**en neigend** sportive. – **2.** *med.* (*Stimmbruch*) mutation, change of (*od.* breaking of the) voice. – **3.** *mus.* mutation.

Mu·ta·ti·ons|**art** *f biol.* kind of mutation. — ~**chi,mä·re** *f* mosaic hybrid. — **m**~**,fä·hig** *adj* mutable. — ~**fä·hig·keit** *f* mutability. — ~**theo,rie** *f* mutation theory.

'mut·be,seelt *adj lit.* courageous, high-spirited.

'Mut·be,weis *m cf.* Mutprobe.

Müt·chen ['myːtçən] *n* ⟨-s; *no pl*⟩ *only in* **sein** ~ **an j-m kühlen** *colloq.* to vent one's anger on s.o., to take it out on s.o.

mu·ten ['muːtən] *v/i* ⟨h⟩ (*mining*) take up claims: **um eine Grube** ~ to apply for permission to work a mine, to claim a mining concession. — **'Mu·ter** *m* ⟨-s; -⟩ claimant.

'mut·er,füllt *adj* courageous, full of courage, high-spirited.

mu·tie·ren [mu'tiːrən] **I** *v/i* ⟨*no* ge-, h⟩ **1.** *biol.* mutate. – **2.** *med.* (*von Stimme*) change, break. – **II M**~ *n* ⟨-s⟩ **3.** *verbal noun.* – **4.** *cf.* Mutation. — **mu'tie·rend I** *pres p.* – **II** *adj biol.* mutant.

'mu·tig **I** *adj* **1.** (*beherzt*) courageous, stouthearted, plucky, spirited, game (*colloq.*). – **2.** (*tapfer*) gallant, brave, valiant, *auch* valorous: **ein** ~**er Idealist** a valiant idealist. – **3.** (*verwegen*) daring, bold, audacious: **ein** ~**es Eingeständnis** a daring (*od.* bold) admission. – **II** *adv* **4.** **etwas** ~ **anpacken** to begin s.th. courageously; **j-n** ~ **verteidigen** to defend s.o. valiantly. — **'Mu·ti·ge** *m*, *f* ⟨-n; -n⟩ courageous (*od.* brave, valiant, daring, bold, spirited) person: **dem** ~**n gehört die Welt** (*Sprichwort*) fortune favo(u)rs the bold (*od.* brave) (*proverb*).

Mu·ti·la·ti·on [mutila'tsioːn] *f* ⟨-; -en⟩ *med.* mutilation.

Mu·tis·mus [mu'tɪsmʊs] *m* ⟨-; *no pl*⟩ *psych.* mutism.

'mut·los *adj* **1.** discouraged, disheartened: ~ **sein** to be disheartened; **j-n** ~ **machen** to discourage (*od.* dishearten) s.o., to break

---

s.o.'s spirit. – **2.** (*niedergeschlagen*) despondent, dejected, dispirited, spiritless, low-spirited, downcast, crestfallen. – **3.** (*furchtsam*) fainthearted, *Br.* faint-hearted, timid, afraid (*pred*): **das seltsame Erlebnis hatte ihn** ~ **gemacht** the strange adventure had rendered him faint(-)hearted. — **'Mut·lo·sig·keit** *f* ⟨-; *no pl*⟩ **1.** discouragement, disheartenment. – **2.** (*Niedergeschlagenheit*) despondence, despondency, dejectedness, dispiritedness, spiritlessness, low-spiritedness, crestfallenness. – **3.** (*Furchtsamkeit*) faintheartedness, *Br.* faint-heartedness, timidity.

'mut,ma·ßen *v/t* ⟨h⟩ **1.** surmise, conjecture, guess. – **2.** (*annehmen*) presume, assume, suppose, suspect.

'mut,maß·lich I *adj* ⟨*attrib*⟩ **1.** presumed, presumable, assumed, supposed, conjectural: **der** ~**e Täter** *jur.* the presumed perpetrator; **der** ~**e Erbe** *jur.* (*gen* to) the heir presumptive; **der** ~**e Vater** *jur.* the putative father. – **2.** (*wahrscheinlich*) probable. – **II** *adv* **3.** **es waren** ~ **fünf Leute** there were supposedly five people; **das wird** ~ **stimmen** that's probably true.

'Mut,ma·ßung *f* ⟨-; -en⟩ **1.** (*über acc* about) surmise, conjecture, guess: **das sind alles nur (bloße)** ~**en** that is all (mere) guesswork (*od.* speculation); ~**en anstellen** to form conjectures, to conjecture. – **2.** (*Annahme*) presumption, assumption, supposition. – **3.** (*Verdacht*) suspicion.

'Mut,pro·be *f* test (*od.* trial) of courage.

'Mut,schein *m* (*mining*) licence (*Am.* license) (*od.* permit) to work a mine.

Mutt·chen ['mʊtçən] *n* ⟨-s; -⟩ *colloq.* **1.** *dim.* of Mutter[1] **1.** – **2.** (*Kosewort*) *cf.* Mutti. – **3.** *cf.* Mütterchen **2.**

Mut·ter[1] ['mʊtər] *f* ⟨-; ⸚⟩ **1.** mother: **die leibliche** ~ one's own (*od.* real) mother; **werdende** ~ expectant mother, mother-to-be; ~ **werden** to become a mother; **sie ist** ~ **von 3 Kindern** she is mother of 3 children; **sich** ~ **fühlen** to feel oneself (*od.* to be) with child; (**einem Kind**) **die** ~ **ersetzen** to take the mother's place (with a child); **dem Kind fehlt die** ~ the child needs a mother; **sich wie bei** ~**(n) fühlen** *colloq.* to feel (just like) at home; **sie wird wie ihre** ~ she takes after her mother; **an** ~**s Rockschoß hängen** *fig.* to be tied to (one's) mother's apron strings, to be dependent on (one's) mother; **die** ~ **Gottes** *relig.* the Virgin Mary, the Holy Virgin, Our Blessed Lady, the Madonna; ~ **Oberin** (*Anrede*) mother superior; ~ **Erde** *poet.* mother earth; **bei** ~ **Grün übernachten** *fig. humor.* to sleep (*od.* rest) in the open (air); **der** ~ **Kompanie** *mil. humor. Am.* company sarge, topkick (*sl.*), *Br.* company sergeant-major; → Vorsicht **1.** – **2.** *zo. cf.* Muttertier. – **3.** *jur.* (*Mutterleib*) venter.

Mut·ter[2] *f* ⟨-; -n⟩ *tech.* nut: **etwas mit einer** ~ **befestigen** to tighten s.th. with a nut; **Schraube mit** ~ bolt, screw with nut; **halbblanke** [**niedrige, rohe**] ~ semi-finished [thin, unfinished] nut.

'Mut·ter,band *n med.* uterine ligament.

'Müt·ter·be,ra·tung *f med.* **1.** *cf.* Mütterberatungsdienst. – **2.** *colloq. for* Mütterberatungsstelle.

'Müt·ter·be,ra·tungs|**,dienst** *m med.* infant welfare service. — ~**,stel·le** *f* child health clinic.

'Mut·ter|**,bin·dung** *f psych.* mother fixation. — ~**,bo·den** *m* **1.** *agr.* surface (*od.* tilled) soil, topsoil. – **2.** *med.* parent tissue, matrix (*scient.*). – **3.** *fig.* native soil (*od.* ground). — ~**,brust** *f* mother's breast.

'Müt·ter·chen *n* ⟨-s; -⟩ **1.** *dim. of* Mutter[1] **1.** ~ **Rußland** Mother Russia. – **2.** (*alte Frau*) old woman, (little) mother.

'Mut·ter|**,er·de** *f cf.* Mutterboden **1, 3.** — ~**,freu·den** *pl* joys of motherhood: ~ **entgegensehen** to look forward to (the joys of) motherhood.

'Müt·ter|**,für,sor·ge** *f* **1.** maternal welfare (work). – **2.** *cf.* Mutterschutz **1.** — ~**ge,ne·sungs,heim** *n* home for mothers in need of a rest. — ~**ge,ne·sungs,werk** *n* welfare service for mothers in need of a rest.

'Mut·ter|**ge,sell·schaft** *f econ.* parent company (*od.* house). — ~**ge,stein** *n geol.* parent rock (*od.* material), bedrock. — ~**ge,win·de** *n tech.* nut (*od.* female) thread, internal screw thread. — **'got·tes** [,mʊtər-] *f* ⟨-; *no pl*⟩ *relig.* (the) Virgin Mary, (the) Holy Virgin, Our Blessed Lady, (the)

Madonna. — ~**'got·tes,bild** [,mʊtər-] *n* image of the Holy Virgin, Madonna. — ~**,harz** *n med. pharm.* galbanum. — ~**,haus** *n* **1.** (*eines röm.kath. Ordens*) motherhouse. – **2.** (*der evang. Kirche*) school of nursing.

'Müt·ter,heim *n* maternity home.

'Mut·ter|**,herz** *n* mother's (*od.* maternal) heart. — ~**in,stinkt** *m psych.* maternal instinct. — ~**,kalb** *n agr.* heifer calf. — ~**,kind** *n* **1.** *child who is excessively attached to its mother.* – **2.** *contempt.* pet (*od.* spoiled, spoilt) child, mother's favorite (*bes. Br.* favourite), sissy (*colloq.*). — ~**,kir·che** *f relig.* mother church. — ~**kom,paß** *m mar.* master gyrocompass. — ~**kom,plex** *m psych. cf.* Mutterbindung.

'Mut·ter,korn *n* ⟨-(e)s; -e⟩ *bot. med. pharm.* ergot (of rye). — ~**ver,gif·tung** *f med.* ergotism, ergot poisoning, St. Anthony's fire.

'Mut·ter|**,kraut** *n bot.* feverfew, pellitory (*Chrysanthemum parthenium*). — ~**,ku·chen** *m med.* placenta. — ~**,lamm** *n agr.* ewe lamb. — ~**,land** *n* ⟨-(e)s; ⸚er⟩ **1.** mother country, motherland, homeland. – **2.** (*eines Produktes*) land of origin. — ~**,lau·ge** *f chem.* a) mother liquor (*auch* liquid), b) (*aus Salzwasser*) bittern, bittering. — ~**,leib** *m* womb, *bes. jur.* venter: **vom** ~**e an** *fig.* from (one's) birth.

müt·ter·lich ['mʏtərlɪç] **I** *adj* **1.** motherly, maternal: **eine** ~**e Frau** a motherly woman; ~**e Liebe** maternal love; ~**e Pflichten** the duties of a mother, mothercraft *sg*. – **2.** (*von der Mutter her*) maternal: **die** ~**e Seite** (*einer Familie*) the maternal (*od.* spindle, distaff) side (of a family); **eine Tante** ~**er Seite** a maternal aunt; ~**es Erbteil** maternal inheritance. – **II** *adv* **3.** **j-n** ~ **umsorgen** to mother s.o.

'müt·ter·li·cher'seits *adv* on (*od.* from) the (*od.* one's) mother's side: **die Verwandten** (*od.* Verwandtschaft) ~ the relatives (*od.* kinship) on the mother's side, the enation (*jur.*); **ein Vorfahr** ~ a maternal ancestor.

'Müt·ter·lich·keit *f* ⟨-; *no pl*⟩ motherliness.

'Mut·ter,lie·be *f* mother(ly) (*od.* maternal) love.

'mut·ter·los *adj* motherless.

'Mut·ter|**,mal** *n med.* birthmark, (*kleines*) mole, n(a)evus (*scient.*). — ~**,milch** *f* mother's (*od.* breast) milk: **erste** ~ *med.* colostrum; **etwas mit der** ~ **einsaugen** *fig. colloq.* to imbibe s.th. from (one's) (earliest) infancy. — ~**,mord** *m med.* matricide, *auch* parricide. — ~**,mör·der** *m* matricide, *auch* parricide. — ~**,mund** *m med.* mouth of the womb, uterine orifice, orifice of the uterus, os uteri (*scient.*): **äußerer** [**innerer**] ~ external [internal] os of (the) uterus. — ~**,pferd** *n agr.* mare. — ~**,pflan·ze** *f hort.* stool. — ~**,pflicht** *f* maternal (*od.* mother's) duty. — ~**,recht** *n jur.* matriarchy. — ~**,ring** *m tech.* (ring) pessary, contraceptive diaphragm. — ~**,schaf** *n agr.* ewe.

'Mut·ter·schaft *f* ⟨-; *no pl*⟩ motherhood, maternity.

'Mut·ter|**,schiff** *n mar.* **1.** mother (*od.* parent) ship. – **2.** (*für Reparatur u. Versorgung*) tender. — ~**,schlüs·sel** *m tech. cf.* Schraubenschlüssel **2.** — ~**,schoß** *m* **1.** mother's lap. – **2.** (*Mutterleib*) womb.

'Mut·ter,schutz *m jur.* **1.** protection of motherhood. – **2.** *cf.* Mutterschutzgesetz. — ~**ge,setz** *n jur. law protecting mothers--to-be and nursing mothers.*

'Mut·ter,schwein *n agr.* sow: **trächtiges** ~ sow in pig. — **m**~**'see·len·al'lein** *adj* ⟨*pred*⟩ *u. adv* utterly alone (*od.* forlorn): **plötzlich war sie** ~ all of a sudden she was utterly forlorn; **er ging** ~ **im Walde spazieren** utterly alone he walked through the wood(s). — ~**,söhn·chen** *n* **1.** mother's boy. (*od.* pet, darling). – **2.** *contempt.* (*Weichling*) milksop, mollycoddle, *Am. auch* mam(m)a's boy. — ~**,spie·gel** *m chem.* bittern, bittering. — ~**,spie·gel** *m med.* uterine (*od.* vaginal) speculum. — ~**,spra·che** *f* **1.** mother tongue, native language. – **2.** (*Landessprache*) vernacular. — ~**,stel·le** *f* mother's place: ~ **bei** (*od.* an) j-m vertreten to be like a (second) mother to s.o.

'Müt·ter,sterb·lich·keit *f* maternal mortality.

'Mut·ter|**sub,stanz** *f nucl.* source material. — ~**,tag** *m* Mother's Day. — ~**,teil** *n* maternal portion. — ~**,tier** *n zo.* (*bes. bei Säugern*) dam, brood animal. — ~**trom-**

ͺ**pe·te** f med. oviduct, Fallopian tube. — ͺ**witz** m ⟨-es; no pl⟩ mother wit, natural (od. native) wit (od. intelligence). — ͺ**wurz** f bot. lovage (Gattg Ligusticum). — ͺ**zel·le** f biol. mother (od. parent) cell.

Mut·ti ['muti] f ⟨-; -s⟩ colloq. mam(m)a, bes. Am. mom(my), bes. Br. mum(my).

Mu·tua·lis·mus [mutŭa'lɪsmʊs] m ⟨-; no pl⟩ mutualism.

'**Mu·tung** f ⟨-; -en⟩ (mining) claim, application for a (mining) concession.

'**mut‚voll** adj courageous, brave, valiant.

'**Mut‚wil·le** m ⟨-ns; no pl⟩ **1.** playfulness, sportiveness, frolicsomeness, (stärker) devilry: er ist voller ͵n he is full of frolic. – **2.** (Schelmerei) mischief, mischievousness, waggery, waggishness: er hat es aus reinem ͵n getan he did it out of mere mischief. – **3.** (Bosheit) malice, spite, wickedness. —

'**mut‚wil·lig I** adj **1.** playful, sportive, frolicsome. – **2.** (schelmisch) mischievous, waggish. – **3.** (böswillig) malicious, spiteful, wicked. – **4.** (absichtlich) wil(l)ful, deliberate: ͵e Zerstörung deliberate destruction. – **II** adv **5.** etwas ͵ zerstören a) to destroy s.th. mischievously (od. out of mischief), b) (absichtlich) to destroy s.th. deliberately (od. on purpose).

Mutz [mʊts] m ⟨-es; -e⟩ dial. **1.** bear. – **2.** cropped (od. docked) animal, bobtail. – **3.** (Tabakspfeife) (short) pipe.

Müt·ze ['mʏtsə] f ⟨-; -n⟩ **1.** cap: eine ͵ aufsetzen [abnehmen] to put on [to take off, to doff] a cap; ͵ und Talar (Universitätstracht) cap and gown; etwas auf die ͵ bekommen (od. kriegen) fig. colloq. to be on the carpet (colloq.); der Berg trägt eine (weiße) ͵ fig. the mountain is snow-capped; eine ͵ Wind fig. a capful of wind. – **2.** (Baskenmütze) beret. – **3.** (Kaffeemütze) cozy, cosy. – **4.** bot. (der Moose) calyptra. – **5.** zo. cf. Haube 11. – **6.** cf. Narrenkappe.

'**Müt·zen‚schirm** m (cap) peak, visor (of a cap), cap visor. — ͵**schnecke** (getr. -k·k-) f zo. Hungarian cap (Caputus hungaricus).

My [myː] n ⟨-(s); -s⟩ **1.** ling. mu (12th letter of the Greek alphabet). – **2.** phys. micron (a unit of length equal to a millionth of a millimeter).

My·al·gie [myʔal'giː] f ⟨-; -n [-ən]⟩ med. muscular pain, myalgia (scient.).

My·asthe·nie [myʔaste'niː] f ⟨-; -n [-ən]⟩ med. muscular weakness (od. debility), myasthenia (scient.).

My·dria·sis [my'driːazɪs] f ⟨-; -sen [-dri-'aːzən]⟩ med. mydriasis. — **my·dria·tisch** [-dri'aːtɪʃ] adj mydriatic.

My·dria·ti·kum [mydri'aːtikʊm] n ⟨-s; -ka [-ka]⟩ med. pharm. mydriatic.

Myia·sis [my'iːazɪs] f ⟨-; -ses [-zɛs]⟩ med. myiasis.

my·ke·nisch [my'keːnɪʃ] adj Mycenaean, auch Mycenian.

My·ko...‚ my·ko... combining form denoting myco...

My·ko·bak·te·rie [mykobak'teːrĭə] f biol. mycobacterium.

My·ko·lo·ge [myko'loːgə] m ⟨-n; -n⟩ bot. mycologist. — **My·ko·lo·gie** [-lo'giː] f ⟨-; no pl⟩ (Pilzkunde) mycology. — **my·ko·'lo·gisch** adj mycologic(al).

My·ko·se [my'koːzə] f ⟨-; -n⟩ med. fungus infection, mycosis (scient.).

My·lo·nit [mylo'niːt; -'nɪt] m ⟨-s; -e⟩ geol. mylonite.

Myo...‚ myo... combining form denoting myo...

Myo·kard [myo'kart] n ⟨-s; no pl⟩ med. (Herzmuskel) myocardium. — ͵**in‚farkt** m myocardial infarction.

Myo·kar·di·tis [myokar'diːtɪs] f ⟨-; -tiden [-di'tiːdən]⟩ myocarditis, inflammation of the myocardium.

Myo·lo·gie [myolo'giː] f ⟨-; no pl⟩ med. myology, sarcology.

My·om [my'oːm] n ⟨-s; -e⟩ med. myoma: sarkomatös entartetes ͵ myosarcoma. — **myo·ma'tös** [-oma'tøːs] adj myomatous.

my·op [my'ʔoːp] med. **I** adj myopic, nearsighted, shortsighted. – **II M**͵ m ⟨-en; -en⟩ myope, myopic (od. shortsighted) person. — **My·opie** [-ʔo'piː] f ⟨-; no pl⟩ myopia, nearsightedness, shortsightedness. — **my'opisch** adj cf. myop I.

My·or·rhe·xis [myo'rɛksɪs] f ⟨-; no pl⟩ med. torn muscle, myorrhexis (scient.).

Myo·sin [myo'ziːn] n ⟨-s; no pl⟩ biol. chem. myosin.

Myo·si·tis [myo'ziːtɪs] f ⟨-; -tiden [-zi-'tiːdən]⟩ med. myositis, myitis.

Myo·tom [myo'toːm] n ⟨-s; -e⟩ med. muscular segment; myotome, myomere (scient.).

Myo·to·nie [myoto'niː] f ⟨-; -n [-ən]⟩ med. tonic spasm of muscle, myotonia (scient.).

My·ria·de [my'riːadə] f ⟨-; -n⟩ **1.** myriad. – **2.** meist pl fig. (von Sternen, Insekten etc) myriad.

My·ria‚gramm [myrĭa'gram] n myriagram(me). — ͵**me·ter** [-'meːtər] m, n, Swiss only m myriameter, bes. Br. myriametre.

My·ria·po·de [myrĭa'poːdə], **My·rio·po·de** [-rĭo'poːdə] m ⟨-n; -n⟩ meist pl zo. myriopod, myriapod, milliped(e), millepede (Gruppe Myriopoda).

Myr·me·ko·lo·gie [myrmekolo'giː] f ⟨-; no pl⟩ zo. myrmecology.

My·ro·sin [myro'ziːn] n ⟨-s; no pl⟩ biol. myrosin.

Myr·rhe ['myrə] f ⟨-; -n⟩ myrrh.

'**Myr·rhen‚baum** m bot. myrrh (tree) (Balsamodendron myrrha). — ͵**tink‚tur** f med. pharm. tincture of myrrh.

Myr·te ['myrtə] f ⟨-; -n⟩ bot. myrtle (Gattg Myrtus, bes. M. communis).

'**Myr·ten‚baum** m bot. myrtle (Fam. Myrtaceae): Weidenblätt(e)riger ͵ willow myrtle (Agonis flexuosa). — ͵**ge‚wäch·se** pl myrtaceae (Fam. Myrtaceae). — ͵‚**hei·de** f **1.** paper bark (Gattg Melaleuca). – **2.** (sweet) gale, sweet willow (Myrica gale). — ͵‚**kranz** m (einer Braut) myrtle wreath (od. crown).

My'ste·ri·en‚kult m antiq. relig. mystery (cult od. religion), mysteries pl. — ͵‚**spiel** n (literature) hist. mystery (play).

my·ste·ri·ös [myste'rĭøːs] adj **1.** mysterious: ein ͵er Vorfall a mysterious incident; seine ͵en Worte his mysterious words. – **2.** (rätselhaft) cryptic(al), enigmatic.

My·ste·ri·um [mys'teːrĭʊm] n ⟨-s; -rien⟩ **1.** (Geheimnis) mystery, arcanum (lit.). – **2.** (Geheimlehre) esoteric doctrine. – **3.** relig. (Wunder, Sakrament) (holy) mysteries pl. – **4.** pl antiq. relig. cf. Mysterienspiel. – **5.** (literature) hist. cf. Mysterienspiel.

My·sti·fi·ka·ti·on [mystifika'tsĭoːn] f ⟨-; -en⟩ mystification. — **My·sti·fi'zie·ren** [-'tsiːrən] **I** v/t ⟨no ge-, h⟩ mystify, hoax. – **II M**͵ n ⟨-s⟩ verbal noun. — **My·sti·fi-'zie·rung** f ⟨-; -en⟩ **1.** cf. Mystifizieren. – **2.** mystification.

My·stik ['mystɪk] f ⟨-; no pl⟩ relig. philos. mysticism. — '**My·sti·ker** [-tikər] m ⟨-s; -⟩, '**My·sti·ke·rin** f ⟨-; -nen⟩ mystic. — '**my·stisch** [-tɪʃ] adj **1.** mystic(al): ͵es Dunkel mystical dark(ness). – **2.** antiq. relig. mystic, relating to the mysteries. – **3.** relig. philos. a) mystic, b) (bes. jüd.) cabalistic. – **4.** colloq. (Person, Geschichte etc) mystic(al), enigmatic, auch enigmatical. — **My·sti'zis·mus** [-ti'tsɪsmʊs] m ⟨-; -men⟩ relig. philos. mysticism.

My·the ['myːtə] f ⟨-; -n⟩ cf. Mythos 1.

'**My·then‚‚bil·dung** f formation of myths, mythogenesis (scient.). — **m**͵**haft** adj cf. mythisch.

'**my·thisch** adj **1.** (Gestalt, Vorzeit etc) mythical, mythological, auch mythologic. – **2.** (sagenhaft) fabulous, legendary.

My·tho·lo·ge [myto'loːgə] m ⟨-n; -n⟩ mythologist, mythicist. — **My·tho·lo·gie** [-lo'giː] f ⟨-; -n [-ən]⟩ mythology. — **my·tho·'lo·gisch** adj mythological, auch mythologic. — **my·tho·lo·gi·sie·ren** [-logi-'ziːrən] v/t ⟨no ge-, h⟩ mythologize Br. auch -s-.

My·tho·ma·nie [mytoma'niː] f ⟨-; no pl⟩ psych. mythomania.

My·thos ['myːtɔs], '**My·thus** [-tus] m ⟨-; -then⟩ **1.** myth, fable: er ist von einem ͵ umgeben he is surrounded by myth; Mythen bilden to mythologize (Br. auch -s-). – **2.** pol. sociol. myth.

My·xo·bak·te·ri·en [myksobak'teːrĭən] pl biol. myxobacteriales, myxobacteria.

Myx·ödem [myksø'deːm] n ⟨-s; -e⟩ med. myx(o)edema. — **myx·öde·ma'tös** [-dema-'tøːs] adj myx(o)edematous, myx(o)edemic.

My·xom [my'ksoːm] n ⟨-s; -e⟩ med. myxoma. — **my·xo·ma'tös** [-ksoma'tøːs] adj myxomatous. — **My·xo·ma'to·se** [-ksoma'toːzə] f ⟨-; -n⟩ med. vet. myxomatosis.

My·xo·my·zet [myksomy'tseːt] m ⟨-en; -en⟩ bot. cf. Schleimpilz.

My·zel [my'tseːl] n ⟨-s; -ien⟩ biol. mycelium. — ͵‚**fä·den** pl spawn sg.

My·ze·li·um [my'tseːlĭʊm] n ⟨-s; -lien⟩ biol. mycelium.

My·ze·tom [mytse'toːm] n ⟨-s; -e⟩ med. Madura foot, mycetoma (scient.).

N

N, n [ɛn] *n* ⟨-; -⟩ **1.** N, n (*fourteenth letter of the German alphabet; eleventh consonant*): ein großes N a capital (*od.* large) N; ein kleines N a small (*od.* little) n. – **2.** n *math.* (*beliebige ganze Zahl*) n. – **3.** N *chem.* (*Stickstoff*) N. – **4.** *phys.* a) N (*Newton*) N, b) n (*Neutron*) n. – **5.** N *geogr.* (*Norden*) N, n. – **6.** n *econ.* (*netto*) n, nt.

na [na] *interj colloq.* **1.** (*Ausdruck des Ärgers, der Ungeduld*) now! then! well!: ~ endlich! well, at last! ~, wird's bald! well, get on! ~, beeil dich doch! (well,) do hurry up! ~, was soll denn das! well, what's that now! well, why are you doing that! ~ und? so what! what of it? – **2.** (*Ausdruck der zögernden Zustimmung*) ~ ja! ~ gut! ~ schön! well, all right (*od.* okay)! ~, warum (denn) eigentlich nicht! well, why not! ~, mal sehen (,was sich machen läßt) well, we'll see (what can be done about it); ~ ja, ich weiß (ja) schon! oh well, I know. – **3.** (*Ausdruck der Beschwichtigung*) ~, ~! well, well! there, there! now, now! ~, doch nicht gleich weinen! well, don't cry (now)! ~, nur nicht so stürmisch (*od.* hitzig)! take it easy! calm down! – **4.** (*Ausdruck des Unglaubens, des Zweifels*) ~, ~! a) really! is that so? honestly! (*colloq.*), come on! (*sl.*), b) (*bei Übertreibungen etc*) steady! ~, das wollen wir doch erst mal sehen! well, that remains to be seen! ~, wer das glaubt! well, who is to believe that! – **5.** (*Ausdruck des Erstaunens, der Verwunderung*) ~, so (et)was! well, I never! I say! ~, das ist ja eine schöne Geschichte! well, that's a pretty mess! ~, wer kommt denn da? well, who is that coming along? – **6.** (*Ausdruck des Verzichts*) ~, dann eben nicht! well, forget it! ~, dann laß es (eben) bleiben! okay then, leave it! ~, ich danke! well, of all things! that's nice! fancy that! ~, dann kann ich ja gehen! well, then I may as well go! – **7.** (*Ausdruck der Bestätigung*) ~ also! there! there you are! ~, und ob! well, indeed! well, I should say so! well, for sure (*od.* certainly)! ~, wenn schon! well, what does it matter! ~, hatte ich nicht recht! well, wasn't I right? didn't I say so? ~, da haben wir ja die Bescherung! well, there is a mess now! now we're in for it! ~ ja, dann wären wir soweit! well, there we go! ~, da staunst du! surprised, aren't you? ~, das wär' sowas! that would be s.th.! ~, das könnte dir wohl so passen! well, that would suit you (just) fine, wouldn't it? – **8.** (*Ankündigung einer Überraschung*) ~, die werden staunen (*od.* Augen machen)! well, they'll be surprised! ~, das wird eine Überraschung [Freude] werden! well, that will be a (real) surprise [joy]! ~, wenn das deine Frau erfährt! well (od. ha), if your wife finds out about that! – **9.** (*Ausdruck der Drohung*) ~ warte! a) (well,) you just wait! b) don't you dare! ~, komm du erst mal nach Hause! just wait till you get home! – **10.** (*zur Einleitung einer Unterhaltung*) ~, wie geht's? well, how are you? ~, was darf's sein? well, what can I do for you? ~, mein Kind, was möchtest du denn? now then (*od.* well), my dear, what is it you want? – **11.** (*zur Beendigung einer Unterhaltung*) ~ ja, wir

werden (schon) sehen well (*od.* all right), we'll see; ~, denn auf Wiedersehen! well, good-by(e) then! ~, dann bis morgen! well, see you tomorrow.

Na·ba·tä·er [naba'tɛːər] *m* ⟨-s; -⟩ *antiq.* Nabataean, *auch* Nabatean.

Na·be ['naːbə] *f* ⟨-; -n⟩ *tech.* **1.** (*eines Rades*) hub. – **2.** (*einer Schiffs-, Luftschraube*) boss. – **3.** (*einer Keilwelle*) splineway. – **4.** (*eines Kolbenbolzens*) boss.

Na·bel ['naːbəl] *m* ⟨-s; -⟩ **1.** *med. zo.* navel; umbilicus, omphalos, *auch* omphalus (*scient.*): mit einem ~ (*versehen*) navel(l)ed; den ~ betreffend omphalic. – **2.** *med.* (*des Trommelfells*) umbo. – **3.** *zo.* a) (*der Schneckenschale*) summit, b) (*Schalenwirbel der Muscheln*) umbo. – **4.** *bot.* umbilicus, hilum. – **5.** *her.* (*des Wappenschilds*) nombril. – **6.** *fig.* (*Mittelpunkt*) navel, omphalos (*lit.*): der ~ der Welt the navel of the world. — ~**₁band** *n med.* round ligament, ligamentum teres (*scient.*). — ~**₁bin·de** *f* (*für Säuglinge*) umbilical band(age). — ~**₁bruch** *m* umbilical hernia (*od.* rupture), omphalocele. — **n~₁för·mig** *adj* navel-shaped; umbilicate, umbilicated, umbiliform (*scient.*). — ~**ge·₁fä·ße** *pl* umbilical vessels, vasa umbilicalia (*scient.*). — ~**ge·gend** *f* umbilical region. — ~**ge·₁schwür** *n* umbilical ulcer. — ~**₁gru·be** *f* umbilical fossa. — ~**₁her·nie** *f cf.* Nabelbruch. — ~**₁kraut** *n* navelwort (*Gattg Umbilicus*). — **n~₁los** *adj med.* having no navel, anomphalous (*scient.*). — ~**₁mie·re** *f* ⟨-; -n⟩ *bot.* sandwort (*Gattg Moehringia*).

na·beln ['naːbəln] *v/t* ⟨h⟩ *med. cf.* abnabeln.

'Na·bel₁öff·nung *f* **1.** *med.* umbilical orifice. – **2.** *arch.* (*eines Kuppelgewölbes*) eye. — ~**oran·ge** [-ʔɔˌrãːʒə] *f bot.* navel (*od.* naval) orange, *auch* navel, naval. — ~**₁punkt** *m math.* umbilic(al) point, umbilicus. — ~**₁sche·re** *f med.* naval (*od.* umbilical) scissors *pl* (*sometimes construed as sg*). — ~**₁schlag₁ader** *f* umbilical artery. — ~**₁schnecke** *f* (*getr.* -k·k-) *f* **1.** moon shell (*od.* snail) (*Fam. Naticidae, bes. Natica heros*). – **2.** velvet shell (*Gattg Velutina*).

'Na·bel₁schnur *f* **1.** *med.* navel string, umbilical cord; funis, funicle, funiculus, funiculus umbilicalis (*scient.*). – **2.** (*space*) umbilical cable. — ~**₁bruch** *m med.* hernia of the umbilical cord, hernia funiculi umbilicalis (*scient.*). — ~**ge·₁räusch** *n* murmur in the umbilical cord, funic (*od.* umbilical) souffle. — ~**₁sche·re** *f cf.* Nabelschere. — ~**₁um·₁schlin·gung** *f* encircling of the f(o)etus by the umbilical cord. — ~**₁vor₁fall** *m* prolapse of the umbilical cord, prolapsus funiculi umbilicalis (*scient.*).

'Na·bel₁schwein *n zo.* peccary, *auch* pecari, pecary, razorback (*hog*), tayassu (*Fam. Tayassuidae*). — ~**₁stel·le** *f her.* nombril (point), *auch* navel. — ~**₁strang** *m med. cf.* Nabelschnur 1. — ~**₁streif**, ~**₁strei·fen** *m bot.* (*der Samenknospe*) raphe, rhaphe. — ~**₁ve·ne** *f med.* umbilical vein. — ~**₁was·ser₁bruch** *m* hydromphalus.

'Na·ben₁ach·se *f tech.* hub spindle. — ~**₁boh·rer** *m* hub (*od.* nave) borer. — ~**₁bohr·ma₁schi·ne** *f* hub-boring machine. — ~**₁brem·se** *f* hub brake. — ~**₁hau·be** *f aer.*

spinner. — ~**₁kap·pe** *f auto.* hub cap. — ~**₁loch** *n tech.* eye (*od.* bore) of the wheel hub. — ~**₁mu·schel** *f zo.* horse mussel (*Modiolus modiolus*). — ~**₁stern** *m tech.* hub spider.

Na·bob ['naːbɔp] *m* ⟨-s; -s⟩ **1.** *pol.* nabob, nawab. – **2.** *fig.* (*reicher Mann*) nabob, Croesus.

nach [naːx] **I** *prep* ⟨*dat*⟩ **1.** (*zu einem Punkt hin*) to, (*in Verbindung mit bestimmten Verben*) for, *auch* into: der Zug ~ London the train to (*od.* for) London; ~ Amerika fahren [abreisen] to go to [to depart for, to leave for, to set out for] America; wie weit ist es von Berlin ~ Köln? how far is it from Berlin to Cologne? ~ Hause home; ~ Hause gehen [schreiben] to go [to write] home; das Schiff fährt ~ Australien the ship is bound for Australia. – **2.** (*in Richtung*) toward(s), to: den Blick ~ Osten wenden to turn one's eyes (*od.* glance) toward(s) (*od.* to) the east, to look eastward(s); die Arme ~ j-m ausstrecken to stretch out one's arms toward(s) s.o.; die Vögel fliegen ~ Süden the birds are flying (to the) south; ~ der Straße facing the street; immer der Nase ~ straight ahead; ~ oben a) upward(s), b) (*im Hause*) upstairs; ~ oben zu toward(s) the top; ~ unten a) downward(s), b) (*im Hause*) downstairs; ~ unten zu toward(s) the bottom; ~ vorn(e) a) forward(s), ahead, b) to the front; ~ vorn(e) zu toward(s) the front; ~ hinten a) backward(s), back, rearward(s), b) to the rear; ~ hinten zu toward(s) the back; ~ rechts [links] to the right [left], rightward(s) [leftward(s)]; ~ außen [innen] toward(s) the outside [inside], outside [inside]; ein ~ außen [innen] gelegenes Zimmer an outside [inside] room; ein ~ hinten hinaus gelegenes Zimmer a back room; ~ der Mitte zu toward(s) the middle; ~ jeder Richtung, ~ allen Richtungen in every direction, in all directions. – **3.** (*hinter*) after: er verließ den Raum ~ mir he left the room after me; einer ~ dem ander(e)n one after the other, one after another, one at a time, one by one; bitte ~ Ihnen! after you, please. – **4.** (*der Reihenfolge nach später*) after, next to: wer kommt ~ Ihnen dran? who is next after you? das Subjekt steht ~ dem Verb the subject comes after (*od.* follows) the verb; er war der Mächtigste ~ dem König next to the king he was the most powerful man. – **5.** (*zeitlich später*) after: ~ dem Essen, ~ Tisch after dinner; ~ einer Weile after a while; ~ langer Zeit after a long time; drei Jahre ~ seinem Tod three years after his death; ~ drei Jahren after three years, three years later; ~ Jahren after many years; ~ einer Stunde after an hour, an hour later; ~ allem, was vorgefallen ist after all that happened; ~ Christi Geburt, ~ Christus anno (*od.* Anno) Domini, A.D. – **6.** (*von jetzt od. heute an*) in, within: ~ 20 Minuten in 20 minutes; ~ 30 Jahren 30 years from now; ~ einem halben Jahr within six months; ~ 10 Jahren zahlbar *econ.* payable in 10 years. – **7.** (*unmittelbar später*) after, at: ~ Ablauf der Frist *econ.* at the expiration of the term; ~ Überwindung der Gegner at the enemy's defeat; ~ Ablauf von at the end of; ~ Sicht *econ.* at sight. – **8.** (*bei Uhrzeitangaben*) past, *bes. Am.* after: zwanzig Minuten ~ drei twenty minutes past three; ein Viertel ~ neun a quarter past nine. – **9.** (*auf Grund, gemäß*) according to, by, from: der Kandidat wurde ~ dem Gesagten beurteilt the candidate was judged by what he said; ~ dem Gehör singen to sing by ear; ~ den neuesten Methoden according to the latest methods; ~ dem, was Sie sagen from what you say; meiner Ansicht ~ in my opinion (*od.* view); ~ Ansicht vieler according to the opinions of many people; allem Anschein ~ to all appearances; ~ seinem Aussehen according to (*od.* from, judged by) his appearance; ~ Ihrem Befehl by your order; dem Beruf ~ by profession; diesem Brief ~ zu urteilen according to this letter, it seems by (*od.* from) this letter; dem Schein ~ urteilen to judge by (*od.* from) appearances; die Uhr ~ dem Radio stellen to set the clock by the radio; aller Wahrscheinlichkeit ~ in all probability. – **10.** (*in Anlehnung an*) after: ~ der neuesten Mode gekleidet sein to dress after (*od.* in, according to) the latest fashion; ~ wem ist diese Straße benannt? who is this street named after? ~ Art von in the manner of; Gott schuf den Menschen ~ seinem Bild und Gleichnis God created man in his own image. – **11.** (*nach Vorbild*) after, from: ~ einem Roman von Balzac after a novel by Balzac; ~ der Natur malen to paint from nature; ein Porträt ~ einem Gemälde Goyas a portrait after a painting by Goya; frei ~ Schiller a) free paraphrase of Schiller, b) *humor.* with apologies to Schiller. – **12.** (*entsprechend*) according to: ~ j-s Beispiel handeln to act according to s.o.'s example; etwas ~ dem Alphabet ordnen to arrange s.th. alphabetically; (je) ~ den (gegebenen) Umständen according to the (given) circumstances; ~ dem Einkommen besteuern to tax according to income; ~ Vorschrift handeln to act according to instructions; ~ dem Gesetz according to the law. – **13.** (*im Einklang mit*) according to, in accordance (*od.* consonance) with, consonant with: das ist nicht ganz ~ meinem Geschmack this is not quite to my taste; seinen Grundsätzen ~ handeln to act in accordance with one's principles; ~ Belieben handeln to do as one likes (*od.* pleases), to act according to one's liking; wenn es ~ mir ginge a) if I had my way, b) if I had to choose. – **14.** (*mit einer bestimmten Absicht*) for, *auch* after: ~ Gold graben to dig for gold; ~ dem Arzt schikken to send for the doctor; das Verlangen ~ Ruhe the longing for peace; er strebt ~ Vollkommenheit he aims for (*od.* at) perfection; ~ einer Sache greifen to grab for (*od.* after) a thing. – **15.** (*zielend auf*) at: ~ j-m [etwas] schießen to shoot at s.o. [s.th.]; einen Stein ~ einem Hund werfen to throw a stone at a dog. – **16.** (*bezüglich*) about, *auch* after: ~ etwas sehen to see about s.th.; sich ~ etwas erkundigen to inquire about s.th.; ~ etwas fragen to ask about s.th.; ~ dem Rechten sehen to look after things, to see if everything is all right. – **17.** (*Maß*) in, by: ~ deutschem Geld in German money; etwas ~ Sekunden messen to measure s.th. by seconds; ~ dem Gewicht by the weight; in der Chemie werden Gase ~ Litern gemessen in chemistry gases are measured in liters (*od.* by the liter). – **18.** (*riechen*) ~ to smell of. – **19.** *jur.* under: ~ dem Gesetz von under the law of. – **II** *adv* **20.** after, *auch* behind: mir ~! after me! follow me! sollen wir ihnen ~? shall we go after them? – **21.** (*zeitlich*) (*in Wendungen wie*) ~ und ~ little by little, bit by bit, by and by, gradually, progressively, by degrees, step by step; ~ wie vor as always, now as ever, now as before, (the same) as usual, still.

'**Nach,ach·tung** *f* only in einem Gesetz ~ verschaffen to enforce a law.

'**nach,äf·fen I** *v/t* ⟨*sep*, -ge-, h⟩ *contempt.* **1.** ape, mimic, imitate, take off, mock, parody: j-n in seinen Bewegungen [Gebärden] ~ to mimic s.o.'s motions [gestures]. – **2.** (*Mode etc*) ape, imitate, copy, copycat (*colloq.*). – **II N~** *n* ⟨-s⟩ **3.** *verbal noun.* — '**Nach,äf·fer** *m* ⟨-s; -⟩ *contempt.* **1.** aper, mimicker, mimic, mocker. – **2.** (*von Mode etc*) aper, ape, imitator, copier, copy-

cat (*colloq.*). — ,**Nach·äf·fe'rei** *f* ⟨-; *no pl*⟩ *colloq.* **1.** mockery, takeoff, apery. – **2.** aping, apery, imitation.

'**nach,ah·men** [-,ʔaːmən] **I** *v/t* ⟨*sep*, -ge-, h⟩ **1.** (*Stil, Vogelruf etc*) imitate, copy. – **2.** (*zum Vorbild nehmen*) follow (the example of), follow in the (foot)steps of, emulate. – **3.** *cf.* nachäffen. – **4.** *jur.* a) (*fälschen*) counterfeit, (*Schecks etc*) forge, b) (*plagiieren*) plagiarize *Br. auch* -s-, c) (*Patente*) pirate. – **5.** *bes. mil.* simulate. – **II N~** *n* ⟨-s⟩ **6.** *verbal noun.* – **7.** *cf.* Nachahmung. – '**nach,ah·mens,wert** *adj* (*Tat, Beispiel etc*) worthy of imitation, worth imitating, exemplary. — '**Nach,ah·mer** *m* ⟨-s; -⟩ **1.** imitator, copier, copyist. – **2.** (*Anhänger*) follower, emulator. – **3.** *contempt. cf.* Nachäffer. – **4.** *jur.* a) (*Plagiator*) plagiarist, b) *cf.* Fälscher 1, 2. — ,**Nach·ah·me'rei** *f* ⟨-; *no pl*⟩ *colloq.* **1.** imitation. – **2.** *cf.* Nachäfferei. — '**Nach,ah·me·rin** *f* ⟨-; -nen⟩ **1.** imitator, copyist, imitatress, *auch* imitatrix. – **2.** *cf.* Nachahmer 2, 3, 4. — '**Nach,ah·mung** *f* ⟨-; -en⟩ **1.** *cf.* Nachahmen: j-m etwas zur ~ empfehlen to recommend s.th. to s.o. as worth emulating. – **2.** (*Vorgang*) imitation: ~ verboten! *jur.* imitation prohibited! patent registered! – **3.** (*Imitation*) imitation. – **4.** *jur.* a) (*Fälschung*) counterfeit, b) (*Plagiat*) plagiarism, c) (*eines Patents*) piracy.

'**Nach,ah·mungs,trieb** *m* imitative instinct (*od.* impulse). — **n~,wert, n~,wür·dig** *adj cf.* nachahmenswert.

'**Nach,an,mel·der** *m* (*patents*) subsequent applicant. — ~,**an,mel·dung** *f* subsequent application.

'**nach·apo,sto·lisch** *adj relig.* subapostolic, postapostolic.

'**Nach,ar·beit** *f tech.* **1.** refinishing operation, extra work. – **2.** *cf.* Nachbearbeitung. — '**nach,ar·bei·ten I** *v/t* ⟨*sep*, -ge-, h⟩ **1.** (*nachholen*) make up for: er mußte abends eine Stunde ~ he had to make up for one hour (of lost time) in the evening. – **2.** (*Muster etc*) copy. – **3.** (*überarbeiten*) redo, do (*s.th.*) over again, touch up. – **4.** *tech.* a) (*spanlos*) rework, finish, b) (*zerspanend*) remachine, finish-machine, (*beim Kopierfräsen*) retouch, c) (*Werkzeuge*) dress. – **II** *v/i* **5.** do extra work. – **III N~** *n* ⟨-s⟩ **6.** *verbal noun.* – **7.** *tech. cf.* Nachbearbeitung.

'**nach,ar·ten** *v/i* ⟨*sep*, -ge-, sein⟩ j-m ~ to take after s.o.

'**nach·au·gu,ste·isch** *adj hist.* post-Augustan.

Nach·bar ['naxbaːr] *m* ⟨-n, *auch* -s; -n⟩ neighbor, *bes. Br.* neighbour: unsere westlichen ~n our western neighbo(u)rs; Herr ~, einen Augenblick, bitte! *colloq.* (I) say, neighbo(u)r! mit den ~n (*od. colloq.* mit -s) verkehren to associate with the neighbo(u)rs (*od. colloq.* neighbo[u]rhood); bei den ~n, *colloq.* bei ~s at the neighbo(u)rs'; die lieben ~n *iron.* our dear neighbo(u)rs; ~s Garten the neighbo(u)r's garden; es kann der Frömmste nicht in Frieden leben, wenn es dem bösen ~n nicht gefällt *etwa* no man can live longer in peace than his neighbo(u)r pleases, ask your neighbo(u)r if you shall live in peace (*proverb*); was werden die ~n dazu sagen? what will Mrs. Grundy say? (*colloq.*). — ~,**be,zirk** *m pol.* neighboring (*bes. Br.* neighbouring) (*od.* adjacent) district, purlieu. — ~,**di·vi·si,on** *f mil.* neighbo(u)ring (*od.* adjacent) division. — ~,**dorf** *n* neighbo(u)ring village. — ~,**ein·heit** *f mil.* neighbo(u)ring (*od.* adjacent) unit. — ~,**gar·ten** *m* neighbo(u)r's garden. — ~,**ge,biet** *n* **1.** *pol.* neighbo(u)ring (*od.* adjacent) territory. – **2.** (*bes. in der Wissenschaft*) neighbo(u)ring (*od.* adjacent) field. — ~,**ge,mein·de** *f pol.* neighbo(u)ring (*od.* adjacent) community. — ~,**grund,stück** *n* neighbo(u)ring (*od.* adjacent) property (*od.* plot).

'**Nach·bar,grup·pe** *f chem.* neighboring (*bes. Br.* neighbouring) group.

'**Nach·bar,grup·pen|be,tei·li·gung** *f chem.* neighboring (*bes. Br.* neighbouring) group participation. — ~**ef,fekt** *m* neighbo(u)ring group effect.

'**Nach·bar,haus** *n* neighbor's (*bes. Br.* neighbour's) house, house next door, adjoining (*od.* adjacent) house: sie wohnen im ~ they live next door.

'**Nach·ba,rin** *f* ⟨-; -nen⟩ neighbor, *bes. Br.* neighbour.

'**Nach·bar,ka,nal** *m* (*radio*) *telev.* adjacent

channel. — ~**Se·lek·ti,on, ~-,Trenn-,schär·fe** *f* adjacent-channel selectivity.

'**Nach·bar,land** *n* neighboring (*bes. Br.* neighbouring) (*od.* adjoining) country (*od.* state).

'**nach·bar·lich I** *adj* **1.** (*Gesinnung etc*) neighborly, *bes. Br.* neighbourly: gute ~e Beziehungen (good) neighbo(u)rly (*od.* amicable) relations. – **2.** (*benachbart*) neighboring, *bes. Br.* neighbouring, adjacent, adjoining, next-door (*attrib*). – **II** *adv* **3.** mit j-m ~ verkehren to live on neighbo(u)rly terms with s.o.

'**Nach·bar,ort** *m* **1.** neighboring (*bes. Br.* neighbouring) place (*od.* locality). – **2.** *cf.* Nachbardorf. — ~**recht** *n jur.* law of neighbors (*bes. Br.* neighbours).

'**Nach·bar,schaft** *f* ⟨-; *no pl*⟩ **1.** (*Nähe*) neighborhood, *bes. Br.* neighbourhood, vicinity: er wohnt in der ~ he lives in the neighbo(u)rhood; in j-s ~ ziehen to move into s.o.'s neighbo(u)rhood. – **2.** (*unmittelbare Nähe*) vicinity, proximity, contiguity: unsere Gärten liegen in unmittelbarer ~ our gardens neighbo(u)r on (*od.* adjoin) each other. – **3.** *collect.* neighborhood, *bes. Br.* neighbourhood, neighbo(u)rs *pl*: die ganze ~ spricht davon the whole neighbo(u)rhood is talking about it. – **4.** (*Verhältnis*) neighborliness, *bes. Br.* neighbourliness, neighbo(u)rly relations *pl*: gute ~ halten to maintain (good) neighbo(u)rly relations. – **5.** *civ. eng.* (*bei Städteplanung*) neighborhood, *bes. Br.* neighbourhood. – **6.** *med.* relationship.

'**Nach·bar·schafts,hil·fe** *f* ⟨-; *no pl*⟩ neighborly (*bes. Br.* neighbourly) help.

'**Nach·bars|,frau** *f* neighbor, *bes. Br.* neighbour, lady next door, neighbo(u)r's wife. — ~**kind** *n* neighbo(u)r's child, child next door: die ~er *pl* the children of the neighbo(u)rhood. — ~,**leu·te** *pl* neighbo(u)rs, people next door.

'**Nach·bar|,staat** *m* neighbor(ing) (*bes. Br.* neighbour[ing]) (*od.* adjoining, adjacent) state (*od.* country). — ~,**stadt** *f* **1.** neighbo(u)ring town (*od.* city): München und seine Nachbarstädte Munich and vicinity. – **2.** (*bei gemeinsamer Stadtgrenze*) adjoining (*od.* adjacent) town (*od.* city). — ~,**stu·fe** *f mus.* adjacent degree. — ~-,**tisch** *m* neighbo(u)ring (*od.* adjacent) table. — ~,**volk** *n* neighbo(u)ring (*od.* adjacent, adjoining) nation (*od.* people). — ~,**zim·mer** *n* adjoining (*od.* adjacent) room.

'**Nach,bau** *m* **1.** *cf.* Nachbauen. – **2.** *tech.* reproduction: ~ unter Lizenz construction (*od.* manufacturing) on licence (*Am.* license). — '**nach,bau·en I** *v/t* ⟨*sep*, -ge-, h⟩ **1.** reproduce, copy. – **2.** build (*od.* construct) (*s.th.*) after a model. – **3.** etwas ~ to construct (*od.* manufacture) s.th. on licence (*Am.* license). – **II N~** *n* ⟨-s⟩ **4.** *verbal noun.* – **5.** *cf.* Nachbau.

'**nach·be,ar·bei·ten I** *v/t* ⟨*sep*, no -ge-, h⟩ **1.** work (*s.th.*) over again, rework. – **2.** *tech.* a) (*spanlos*) rework, finish, b) (*zerspanend*) remachine, finish-machine, (*beim Kopierfräsen*) retouch, c) (*Werkzeuge*) dress. – **II N~** *n* ⟨-s⟩ **3.** *verbal noun.* – **4.** *cf.* Nachbearbeitung. — '**Nach·be,ar·bei·tung** *f* **1.** *cf.* Nachbearbeiten. – **2.** *tech.* (*spanlose*) rework.

'**nach,be·ben** *geol.* **I** *v/i* ⟨*sep*, -ge-, h⟩ die Erde bebte nach there were aftershocks. – **II N~** *n* ⟨-s⟩ aftershock.

'**nach·be,han·deln** *v/t* ⟨*sep*, no -ge-, h⟩ **1.** etwas ~ to give s.th. subsequent (*od.* further) treatment. – **2.** j-n *med.* a) to give s.o. follow-up treatment (*od.* aftercare), b) (*nach der Operation*) to give s.o. postoperative (*Br.* post-operative) treatment. — '**Nach·be,hand·lung** *f* **1.** subsequent (*od.* further) treatment, re-treatment. – **2.** *med.* a) follow-up treatment, aftercare, *Br.* after-care, b) (*nach der Operation*) postoperative (*Br.* post-operative) treatment.

'**nach·be,kom·men** *v/t* ⟨*irr, sep*, no -ge-, h⟩ **1.** (*später*) receive (*od.* get, obtain) (*s.th.*) afterward(s) (*od.* subsequently, later): Sie bekommen noch eine bestellte Tasse nach you are to receive another cup you ordered. – **2.** (*zusätzlich*) receive (*od.* get, obtain) (*s.th.*) in addition (*od.* additionally): kann ich bitte noch etwas ~? (*Essen etc*) may I have a second helping, please? may I have some more, please?

'**nach·be,la·sten** *v/t* ⟨*sep*, no -ge-, h⟩ *econ. cf.* nachberechnen.

'nach·be,rech·nen v/t ⟨sep, no -ge-, h⟩ econ. charge (s.o., s.th.) subsequently (od. additionally): wir müssen Ihnen die zusätzlichen Verpackungskosten ~ we must charge you subsequently for the extra packing. — **'Nach·be,rech·nung** f recalculation, subsequent (od. additional) calculation (od. charge).

'nach·be,rei·ten v/t ⟨sep, no -ge-, h⟩ 1. gastr. (Salat etc) prepare some more (of). – 2. ped. cf. vertiefen 4.

'nach·bes·sern I v/t ⟨sep, -ge-, h⟩ 1. improve (up)on, touch up. – 2. (ausbessern) repair, mend. – 3. phot. retouch. – II N~ n ⟨-s⟩ 4. verbal noun. — **'Nach·bes·se·rung** f 1. cf. Nachbessern. – 2. subsequent improvement. – 3. phot. retouch.

'nach·be,stel·len I v/t ⟨sep, no -ge-, h⟩ 1. (zusätzlich) order some more (of), order (s.th.) additionally (od. in addition): er bestellte Brot nach he ordered some more bread. – 2. econ. a) (zusätzlich) order (s.th.) additionally, b) (erneut) reorder, order (s.th.) again, renew (od. repeat) an order for, order a fresh supply of: sie bestellten 2 Dutzend Blusen nach they reordered 2 dozen blouses. – II N~ n ⟨-s⟩ 3. verbal noun. — **'Nach·be,stel·lung** f 1. cf. Nachbestellen. – 2. econ. a) (Zusatzbestellung) additional (od. supplementary, subsequent) order, b) (Zweitbestellung) renewal (od. second, repeat) order, reorder.

'nach·be,steu·ern v/t ⟨sep, no -ge-, h⟩ j-n [etwas] ~ econ. to levy a subsequent tax on s.o. [s.th.]. — **'Nach·be,steue·rung** f subsequent taxation, additional tax.

'nach·be,ten I v/t ⟨sep, -ge-, h⟩ 1. relig. (Gebet etc) repeat, recite: das Gebet des Priesters ~ to repeat the prayer after the priest. – 2. fig. colloq. repeat (s.th.) blindly (od. mechanically), parrot, echo: er betet alles nach, was sie sagt he parrots her every word, he repeats blindly everything she says. – II N~ n ⟨-s⟩ 3. verbal noun. – 4. fig. colloq. blind (od. mechanical) repetition. — **'Nach·be·ter** m fig. colloq. repeater, parrot, echo(er). — **,Nach·be·te'rei** f ⟨-; no pl⟩ fig. colloq. cf. Nachbeten.

'Nach·be,trach·tung f second consideration (od. thought), afterthought.

'nach·be,wil·li·gen v/t ⟨sep, no -ge-, h⟩ econ. pol. 1. (nachträglich) grant (od. vote) (s.th.) subsequently (od. afterward[s]). – 2. (zusätzlich) grant (od. vote) (s.th.) additionally (od. in addition): das Parlament bewilligte Gelder nach the parliament granted (od. voted) additional funds. — **'Nach·be,wil·li·gung** f 1. (nachträgliche) subsequent grant (od. appropriation). – 2. (zusätzliche) additional (od. supplementary) grant (od. appropriation).

'nach·be,zah·len v/i u. v/t ⟨sep, no -ge-, h⟩ cf. nachzahlen. — **'Nach·be,zah·lung** f cf. Nachzahlung 1, 3.

'nach·be,zeich·net adj listed (od. stated, mentioned) below, aftermentioned.

'Nach·be,zugs·recht n econ. (eines Aktionärs) right to cumulative dividend.

'Nach·bier n brew. (Dünnbier) weak beer, small beer.

'Nach·bild n med. psych. afterimage, aftersensation, aftereffect, Br. after-effect. — **'nach·bil·den** v/t ⟨sep, -ge-, h⟩ 1. (kopieren) copy, reproduce, imitate, duplicate: etwas genau (od. getreu) ~ to make a facsimile of s.th. – 2. (nachmodellieren) model, pattern, copy: etwas der Natur ~ to model (od. pattern) s.th. after nature, to copy s.th. from nature; etwas in Ton ~ to model s.th. in clay. – 3. (rekonstruieren) reconstruct, rebuild. – 4. (fälschen) counterfeit, forge. – 5. electr. (Schalteranordnung) imitate, simulate. – II v/reflex ⟨h⟩ sich ~ 6. bes. zo. regenerate, rebuild. – III N~ n ⟨-s⟩ 7. verbal noun. — **'Nach·bil·der** m ⟨-s; -⟩, **~·bild·ner** m imitator, copier, reproducer. — **'Nach·bil·dung** f ⟨-; -en⟩ 1. cf. Nachbilden. – 2. (Kopie) copy, reproduction, imitation: genaue (od. getreue) ~ facsimile, replica. – 3. (Rekonstruktion) reconstruction. – 4. (Attrappe) dummy, sham. – 5. (Fälschung) counterfeit, forgery. – 6. bes. zo. regeneration. – 7. electr. (eines Netzwerkes) equivalent (od. balancing) network. – 8. tech. a) (in natürlicher Größe) mock-up, b) (eines Werkstückes) reproduction.

'nach·bla·sen v/t ⟨irr, sep, -ge-, h⟩ metall. (im Bessemerbetrieb) after-blow.

'nach·blät·tern I v/t ⟨sep, -ge-, h⟩ look (s.th.) up, search (od. look) for. – II v/i er blätterte in seinen Aufzeichnungen nach he turned over the leaves of (od. thumbed, leafed through) his notes.

'nach·blei·ben v/i ⟨irr, sep, -ge-, sein⟩ 1. cf. übrigbleiben. – 2. cf. nachsitzen.

'nach·blicken (getr. -k·k-) v/i ⟨sep, -ge-, h⟩ j-m ~ to look after s.o., to follow s.o. with one's eyes.

'Nach·blü·te f 1. second blossom(ing) (od. bloom). – 2. agr. aftergrowth, afterbloom.

'nach·blu·ten v/i ⟨sep, -ge-, h⟩ med. bleed again (od. a second time). — **'Nach·blu·tung** f ⟨-; -en⟩ secondary h(a)emorrhage (od. bleeding), (nach Operation) auch postoperative (Br. post-operative) h(a)emorrhage (od. bleeding).

'nach·boh·ren I v/t ⟨sep, -ge-, h⟩ 1. tech. a) (tiefer bohren) drill (s.th.) deeper, b) (mit Spiralbohrer) re-drill, c) (mit Bohrmeißel) re-bore, d) (mit Gewindebohrer) re-tap, e) (ein Bohrloch aufweiten) enlarge, widen, f) (fertigbohren) finish-bore. – II v/i fig. colloq. 2. keep (on) asking questions. – 3. inquire, auch enquire.

'Nach·bör·se f econ. unlisted securities market. — **'nach·börs·lich** adj only in ~er Kurs free-market quotation, rate in the outside market, prices after official (stock exchange) hours.

'Nach·brand m tech. (in der Ziegelei) second baking.

'nach·brau·sen v/i ⟨sep, -ge-, sein⟩ j-m ~ colloq. (mit dem Auto etc) to tear (od. to rush) after s.o.

'nach·bren·nen I v/i ⟨irr, sep, -ge-, h⟩ 1. smolder, bes. Br. smoulder. – 2. mil. (von Schuß) hang fire. – II v/t 3. (Kaffee etc) roast (s.th.) again (od. a second time). – III N~ n ⟨-s⟩ 4. verbal noun. – 5. mil. (von Munition) hangfire. – 6. aer. (von Rückstoßtriebwerken) afterburning.

'Nach·bren·ner m ⟨-s; -⟩ 1. mil. hangfire shell (od. cartridge). – 2. aer. afterburner. — **~,schub·ver,hält·nis** n (space) augmented thrust ratio. — **~-Tur,bi·nen,strahl,werk** n aer. afterburner (od. reheat) turbojet engine.

'nach·brin·gen v/t ⟨irr, sep, -ge-, h⟩ (Fehlendes) bring (s.th.) later: j-m etwas ~ to bring (od. take) s.th. to s.o. (later).

'nach·brül·len I v/t ⟨sep, -ge-, h⟩ j-m ~ to bellow (od. shout, howl) after s.o. – II v/t j-m etwas ~ to bellow (od. shout, howl) s.th. after s.o.

'nach·brum·men I v/i ⟨sep, -ge-, h⟩ colloq. for nachsitzen. – II v/t j-m etwas ~ to growl (od. grumble, grunt) s.th. after s.o.

'Nach·brust f gastr. hind brisket, plate.

'Nach·brut f zo. later (od. second) brood. —

'nach·brü·ten v/i ⟨sep, -ge-, h⟩ über (acc) etwas ~ fig. to brood (od. ponder) over s.th., to ruminate on (od. over) s.th., to meditate on s.th.

'nach·buch·sta,bie·ren v/t ⟨sep, no -ge-, h⟩ respell, spell (s.th.) again (od. anew).

'Nach·bür·ge m jur. collateral (auch second) bail (od. bailsman, surety, security, guarantor). — **'Nach·bürg·schaft** f collateral (auch second) surety (od. security, guarantee).

'nach·christ·lich adj post-Christian.

'nach·da,tie·ren v/t ⟨sep, no -ge-, h⟩ 1. post-date, Br. post-date. – 2. cf. rückdatieren. — **'Nach·da,tie·rung** f ⟨-; -en⟩ 1. post-dating, Br. post-dating. – 2. postdate, Br. post-date. – 3. cf. Rückdatierung.

,nach'dem conj 1. (zeitlich) after, when: ~ er uns begrüßt hatte, ging er weg after greeting us he left (od. went away), having greeted us he left; ~ der Wind nachgelassen hatte, gingen wir hinaus when the wind had abated we went out; unmittelbar ~ directly (od. immediately) after, as soon as. – 2. je ~ according to, depending on: er kommt, oder er kommt nicht, je ~ he comes or he does not come, according to (the) circumstances; kommst du? — je ~ do you come? — it (all) depends; je ~ (,wie) der Versuch ausfällt, wird die Entscheidung getroffen the decision depends on the result of the experiment; je ~ (,wie) die Sache ausfällt according to the way (od. depending on how) the matter is resolved. – 3. obs. obs. Southern G. (da, weil) since, as. – II adv 4. obs. for danach 1, 2.

'nach·den·ken I v/i ⟨irr, sep, -ge-, h⟩ 1. (über acc) think (about, over), reflect (on), consider (acc), deliberate (on, upon): denk mal nach! think about it! stör mich nicht, ich denke gerade nach! don't disturb me, I am thinking! laß mich (mal) ~! let me think! sie dachte angestrengt (od. scharf) nach she thought hard; über ein Problem ~ to deliberate on a problem, to turn a problem over in one's mind; ich habe viel darüber nachgedacht I have given much thought to the matter. – 2. (nachsinnen) (über acc) meditate (on, upon), muse (on, upon), ponder (on, over), speculate (on, over), cogitate (on, upon): über ein Gedicht ~ to meditate on a poem. – 3. (nachgrübeln) (über acc) brood (over, on, upon), ponder (over, on, upon), ruminate (over, on, upon), pore (over), mull (over): er dachte lange über das Ergebnis nach he brooded for a long while over the result; er dachte viel über den Tod seiner Frau nach his thoughts dwelt on the death of his wife. – II N~ n ⟨-s⟩ 4. verbal noun. – 5. (Überlegung) thought, reflection, Br. auch reflexion, consideration, deliberation: nach langem N~ zu einem Entschluß kommen to come to a decision after long consideration; nach kurzem N~ after a pause for thought (od. a thoughtful pause). – 6. (Nachsinnen) thought, reflection, Br. auch reflexion, meditation, cogitation: in tiefes N~ versunken sein to be lost in deep thought, to be in a brown study. – 7. (Nachgrübeln) rumination. — **'nach·denk·lich** I adj 1. (gedankenvoll) thoughtful, reflective, contemplative: ein ~er Mensch a reflective person. – 2. (in Gedanken versunken) thoughtful, pensive, meditative: mit ~er Miene with a thoughtful expression; ~e Stimmung pensive mood; das stimmte mich ~ this caused me to ponder, this made me reflect. – 3. ~ werden (stutzen) to start wondering. – 4. obs. lit. (Geschichte, Worte etc) thought-provoking, thoughtful. – II adv 5. er blickte sie ~ an he looked at her thoughtfully; ~ schweigen to keep a meditative silence. — **'Nach·denk·lich·keit** f ⟨-; no pl⟩ 1. (Bedachtsamkeit) thoughtfulness, reflectiveness, contemplativeness. – 2. (Versonnenheit) thoughtfulness, pensiveness, meditativeness.

'nach·dich·ten I v/t ⟨sep, -ge-, h⟩ (literarisches Werk) paraphrase, render (s.th.) freely (od. loosely). – II N~ n ⟨-s⟩ verbal noun. — **'Nach·dich·tung** f ⟨-; -en⟩ 1. cf. Nachdichten. – 2. paraphrase, free version.

'nach·dop·peln v/t ⟨sep, -ge-, h⟩ Swiss 1. cf. nachbessern. – 2. set about (s.th.) once more.

'nach·drän·gen v/i ⟨sep, -ge-, h⟩ 1. press (od. crowd, push) after (od. from behind). – 2. mil. pursue (closely).

'nach·drin·gen v/i ⟨irr, sep, -ge-, sein⟩ 1. j-m ~ to pursue s.o. (closely), to press after s.o. – 2. mil. pursue (closely).

'nach·dro·hen v/i ⟨sep, -ge-, h⟩ j-m ~ to call (od. fling) threats after s.o.

'Nach·druck[1] m ⟨-(e)s; no pl⟩ 1. (Betonung, Gewicht) emphasis, stress, auch weight: seinen Worten ~ verleihen to give weight to one's words, to speak emphatically; ~ auf (acc) etwas legen to lay stress (up)on s.th., to lay (od. place) emphasis on s.th., to emphasize (Br. auch -s-) (od. accentuate, stress) s.th.; zu großen ~ auf (acc) etwas legen to overemphasize (Br. auch -s-) s.th.; einer Forderung ~ verleihen to give emphasis to a demand; mit ~ emphatically; etwas mit ~ zurückweisen to reject s.th. emphatically (od. firmly, flatly). – 2. (Tatkraft, Energie) energy, vigor, bes. Br. vigour: ein Ziel mit ~ verfolgen to pursue an aim with vigo(u)r; etwas mit ~ betreiben to carry on s.th. with energy. – 3. metr. (Betonung) stress. – 4. agr. second pressure.

'Nach·druck[2] m ⟨-(e)s; -e⟩ print. 1. ⟨only sg⟩ (Vorgang) reprinting. – 2. a) (eines Buches, einer Briefmarke etc) reprint, reissue, reimpression, reproduction, b) (unerlaubter) piracy, pirated edition: ~ verboten! copyright, all rights reserved! reproduction not permitted! ~ nur unter Quellenangabe reproduction must include credit (od. mention of the source).

'nach·drucken (getr. -k·k-) I v/t ⟨sep, -ge-, h⟩ print. 1. reprint, reissue. – 2. (unerlaubt) pirate. – II N~ n ⟨-s⟩ 3. verbal noun.

'**Nach,drucker** (getr. -k-k-) m print. **1.** reprinter. — **2.** (betrügerischer) piratical (auch piratic) printer, pirate.
'**Nach,druck·er,laub·nis** f print. permission to reprint, right of reproduction.
'**nach,drück·lich** I adj **1.** (betont) emphatic, pointed: in einem ~en Ton sprechen to speak emphatically. — **2.** (ausdrücklich) explicit, express, strict. — **3.** (energisch) energetic(al), vigorous, serious: ~e Einwände erheben to raise energetic objections. — **4.** (streng) strong. — II adv **5.** ich möchte ~ darauf hinweisen I would like to point out emphatically; etwas ~ betonen to lay special emphasis on s.th.; j-m etwas ~ befehlen to give s.o. strict orders; j-n ~ ermahnen to warn (od. to admonish) s.o. seriously; etwas ~ verlangen to insist (emphatically) on s.th., to make a point of s.th.; er riet ~ davon ab he strongly advised against it. — '**Nach,drück·lich·keit** f ⟨-; no pl⟩ cf. Nachdruck[1] 1.
'**Nach,drucks,recht** n print. right of reproduction.
'**nach,drucks,voll** adj u. adv cf. nachdrücklich.
'**Nach,druck·ver,fah·ren** n print. reprinting process.
'**nach,dun·keln** I v/i ⟨sep, -ge-, h u. sein⟩ darken, deepen, become (od. grow, get) darker. — II v/t ⟨h⟩ (Haar etc) darken.
'**nach,dür·fen** v/i ⟨irr, sep, -ge-, h⟩ colloq. be allowed (od. permitted) to follow, have permission to go after.
'**Nach,durst** m dry mouth.
'**Nach,ei** n zo. after-egg, metovum (scient.).
'**Nach,ei·fe·rer** m emulator. — '**nach,ei·fern** I v/i ⟨sep, -ge-, h⟩ **1.** j-m ~ to emulate s.o., to strive to equal s.o., to vie with s.o.: einem Vorbild ~ to emulate an example. — II N~ n ⟨-s⟩ **2.** verbal noun. — **3.** cf. Nacheiferung. — '**nach,ei·ferns·wert** adj worthy of emulation, worth emulating. — '**Nach,ei·fe·rung** f ⟨-; no pl⟩ **1.** cf. Nacheifern. — **2.** emulation: j-n zur ~ reizen to spur s.o. on to emulation; etwas zur ~ empfehlen to recommend s.th. for emulation.
'**nach,ei·len** v/i ⟨sep, -ge-, sein⟩ **1.** j-m ~ to hasten (od. hurry, run, rush) after s.o., to hotfoot it after s.o. (colloq.). — **2.** electr. lag in phase. — **3.** metall. (von Walzen) creep.
,**nach,ein·an·der** adv **1.** one after another (od. the other): die Flugzeuge starten ~ the planes take off one after the other. — **2.** (folgend) successively, consecutively, one by one, in succession: drei Tage ~ three days in succession (od. in a row, running), for three successive days. — **3.** (abwechselnd) by turns, in turn, alternately. — **4.** sie wollen ~ schauen they want to look after one another (od. each other).
'**Nach,eis,zeit** f geol. postglacial (od. postdiluvian, auch postdiluvial) age. — '**nach,eis,zeit·lich** adj postdiluvian, auch postdiluvial, postglacial.
'**Nach·emp,fäng·nis** f med. superfecundation.
'**nach·emp,fin·den** I v/t ⟨irr, sep, no -ge-, h⟩ **1.** (nachfühlen) feel, auch sympathize (Br. auch -s-) with: ich kann Ihren Schmerz ~ I can really feel for you in your sorrow; ich kann Ihnen das lebhaft ~ I can imagine how you feel, I can understand your feelings (od. what you feel). — **2.** (Dichtung, Lied etc) have a feeling (od. an empathy) for. — **3.** appropriate: das hatte der Autor nachempfunden the author had recreated that in his imagination. — II N~ n ⟨-s⟩ **4.** verbal noun. — '**Nach·emp,fin·dung** f ⟨-; -en⟩ **1.** cf. Nachempfinden. — **2.** (gen) sympathy (od. empathy) (with), sympathetic participation (in). — '**nach·emp,fun·den** I pp of nachempfinden. — II adj (dat with) shared (od. felt in common).
Na·chen ['naxən] m ⟨-s; -⟩ dial. poet. **1.** boat, skiff. — **2.** (Barke) barge, bark (poet.): Charons ~ myth. Charon's bark. — ~,**schnecke** (getr. -k-k-) f sea snail, bleeding tooth (Fam. Neritidae).
'**nach·ent,wickeln** (getr. -k-k-) I v/t ⟨sep, no -ge-, h⟩ phot. redevelop. — II N~ n ⟨-s⟩ verbal noun. — '**Nach·ent,wick·lung** f ⟨-; -en⟩ **1.** cf. Nachentwickeln. — **2.** redevelopment.
'**Nach·ent,zer·rung** f electr. de-emphasis.
'**Nach,er·be** m jur. **1.** reversion(ary) heir,

reversioner, remainderman. — **2.** (Nachvermächtnisnehmer) residuary legatee, (bes. im röm. Recht) substitute. — '**Nach,er·ben,recht** n (right of) reversion, remainder. — '**Nach,erb·schaft** f inheritance by substitution (od. surrogation, subrogation).
'**Nach,ern·te** f **1.** aftercrop. — **2.** (Heu) aftermath.
'**nach·er,zäh·len** v/t ⟨sep, no -ge-, h⟩ **1.** (mündlich) retell: etwas mit eigenen Worten ~ to retell s.th. in one's own words. — **2.** (schriftlich) rewrite, reproduce, reconstruct: etwas in gekürzter Form ~ to give a précis of s.th. — **3.** (wiederholen) repeat, retell. — **4.** (bearbeiten) adapt: die Geschichte wurde (aus) dem Englischen nacherzählt the story was adapted from the English. — '**Nach·er,zäh·lung** f ⟨-; -en⟩ bes. ped. **1.** ⟨only sg⟩ (mündliche) retelling. — **2.** (schriftliche) reproduction. — **3.** (als Prüfung) comprehension test.
'**nach,es·sen** v/i ⟨irr, sep, pp nachgegessen, h⟩ eat (od. dine) later (od. after the others): wer zu spät kommt, muß ~ he who is late must eat alone (od. by himself).
'**nach·ex·er,zie·ren** I v/i ⟨sep, no -ge-, h⟩ mil. **1.** (zur Strafe) do extra drill. — II N~ n ⟨-s⟩ **2.** verbal noun. — **3.** extra drill.
'**Nach,fahr** [-,fa:r] m ⟨-s; -en⟩, '**Nach,fah·re** m ⟨-n; -n⟩ cf. Nachkomme.
'**nach,fah·ren** v/i ⟨irr, sep, -ge-, sein⟩ (dat) **1.** (folgend) drive behind, follow. — **2.** (verfolgend) drive after, follow. — **3.** (später) follow later (od. afterward[s]): j-m mit dem Zug [Auto] ~ to follow s.o. by train [in a car]. — **4.** hunt. a) keep the gun on the moving game, b) (von Hunden) chase: einen zweiten Dachshund ~ lassen to send to earth (od. put in) a second dachshund. — II v/t ⟨h⟩ **5.** j-m etwas ~ to bring (od. transport) s.th. after s.o. (by car).
'**Nach,fähr·te** f hunt. **1.** print of the hind foot. — **2.** doubling back on the same trail.
'**Nach,fall** m ⟨-(e)s; no pl⟩ **1.** (mining) following. — **2.** civ.eng. (Einsturz) cave-in, caving. — ~,**bank** f (mining) ramble.
'**nach,fal·len** v/i ⟨irr, sep, -ge-, sein⟩ **1.** (von Erde etc) fall after. — **2.** (mining) subside, cave (in), fall (in).
'**Nach,fall,packen** (getr. -k-k-) m (mining) draw roof.
'**nach,fär·ben** v/t ⟨sep, -ge-, h⟩ (textile) redye, redip.
'**nach,fas·sen** v/i ⟨sep, -ge-, h⟩ **1.** grasp (od. grab) again. — **2.** (beim Essen) have some more, get a second helping. — **3.** econ. (in der Werbung) follow up. — II v/t **4.** (Essen) have some more of, get a second helping of. — III N~ n ⟨-s⟩ **5.** verbal noun. — **6.** econ. (in der Werbung) follow-up.
'**Nach,faß,wer·bung** f econ. follow-up advertising.
'**Nach,fei·er** f **1.** after-celebration, subsequent (od. later, extra) celebration (od. fête). — **2.** relig. octave. — '**nach,fei·ern** I v/i ⟨sep, -ge-, h⟩ have (od. hold) a subsequent (od. a later, an extra) celebration. — II v/t celebrate (s.th.) later (od. afterward[s]).
'**nach,fei·len** v/t ⟨sep, -ge-, h⟩ re-file, touch (s.th.) up with a file, retouch.
'**nach,feu·ern** v/i ⟨sep, -ge-, h⟩ **1.** j-m ~ to fire after s.o. — **2.** cf. nachheizen. — II v/t **3.** j-m etwas ~ a) to fire s.th. after s.o., b) fig. colloq. to fire (od. hurl) s.th. after (od. at) s.o.: j-m eine Kugel ~ to fire (od. send) a bullet after (od. at) s.o.
'**nach,flie·gen** v/i ⟨irr, sep, -ge-, sein⟩ (dat) **1.** (folgend) fly behind. — **2.** (verfolgend) fly after. — **3.** (später) fly later (od. afterward[s]): j-m im Flugzeug ~ to follow s.o. by plane.
'**nach,flie·ßen** v/i ⟨irr, sep, -ge-, sein⟩ flow, continue flowing: es fließt ständig frisches Wasser nach there is a continual flow of fresh water.
'**nach,flu·chen** v/i ⟨sep, -ge-, h⟩ j-m ~ to swear (od. curse) after s.o., to hurl curses after s.o.
'**nach,fo·kus,sie·ren** v/t ⟨sep, no -ge-, h⟩ (optics) refocus. — '**Nach,fo·kus,sie·rung** f refocussing, focus correction (od. control).
'**Nach,fol·ge** f ⟨-; no pl⟩ **1.** succession: j-s ~ antreten to succeed s.o., to become s.o.'s successor; die ~ regeln to establish the right of succession; ~ in gerader Linie lineal succession; die weibliche ~ female succession; rechtmäßige ~ legitimacy;

apostolische ~ röm.kath. apostolic succession. — **2.** (spätere Folge) subsequence. — **3.** (Reihenfolge) sequence. — **4.** bes. relig. emulation, imitation: die ~ Christi the Imitation of Christ. — **n~be,rech·tigt** adj entitled to succession. — **~ge,sell·schaft** f econ. successor company.
'**nach,fol·gen** v/i ⟨sep, -ge-, sein⟩ (dat) **1.** lit. follow, come after: wir werden euch ~ we will come after you; folge mir nach! follow me! j-m (im Tode) bald ~ fig. to die soon after s.o., to follow s.o. (in death). — **2.** j-m (im Amt) ~ to succeed s.o. (in [his] office): der Kronprinz folgte dem König nach the crown prince succeeded the king (to the throne). — **3.** (später stattfinden) follow (od. take place) later. — **4.** fig. (nachstreben) emulate, ensue, take after. — '**nach,fol·gend** I pres p. — II adj **1.** subsequent, following: die ~e Beschreibung the following description; im ~en in the following, below, bes. jur. hereinafter. — **2.** (im Amt etc) succeeding, succedent: der ~e Präsident the succeeding (od. incoming) president. — **3.** (resultierend) consequent: die ~e Reaktion the ensuing (od. resulting, consequent) reaction. — **4.** med. consecutive. — '**Nach,fol·gen·de** m, f ⟨-n; -n⟩ **1.** follower. — **2.** econ. jur. person named below (od. subsequently).
'**Nach,fol·ge,ord·nung** f system of succession: vorherbestimmte ~ (im Amt etc) jur. entail. — **~or·ga·ni·sa·ti,on** f successor organization (Br. auch -s-).
'**Nach,fol·ger** m ⟨-s; -⟩ **1.** (im Amt etc) successor, superseder: j-s ~, der ~ für j-n the successor to s.o., s.o.'s successor; j-s ~ werden to succeed (od. supersede) s.o.; W. Müller, J. Schmidts ~ econ. W. Müller, successor to J. Schmidt; als ~ von in succession to. — **2.** bes. relig. emulator, imitator: ~ Christi imitator of Christ. — **3.** jur. (Rechtsnachfolger) (real od. natural) representative.
'**Nach,fol·ge,recht** n jur. right of succession.
'**Nach,fol·ge·rin** f ⟨-; -nen⟩ cf. Nachfolger.
'**Nach,fol·ger·schaft** f ⟨-; no pl⟩ successorship. [state.]
'**Nach,fol·ge,staat** m meist pl succession
'**nach,for·dern** bes. econ. I v/t ⟨sep, -ge-, h⟩ **1.** demand (od. charge, claim) (s.th.) extra (od. additionally, in addition). — **2.** demand (od. charge, claim) (s.th.) later (od. subsequently, afterward[s]). — II N~ n ⟨-s⟩ **3.** verbal noun. — '**Nach,for·de·rung** f ⟨-; -en⟩ **1.** cf. Nachfordern. — **2.** extra (od. additional, supplementary) charge (od. claim, demand). — **3.** subsequent (od. later) charge (od. claim, demand). — **4.** (von Steuern) additional demand (for a past period).
'**Nach,for·de·rungs,vor·la·ge** f pol. bill for a supplementary vote.
'**nach,for·men** v/t ⟨sep, -ge-, h⟩ **1.** form (s.th.) after a model. — **2.** tech. (Zerspanung) a) reproduce, duplicate, bes. Br. copy, b) (zweidimensional) contour, profile.
'**nach,form,frä·sen** v/t ⟨insep, -ge-, h⟩ tech. **1.** copy-mill. — **2.** (Gesenke) die-sink. — **N~,fräs,ma,schi·ne** f **1.** copy-milling machine, copying miller. — **2.** (für zweidimensionale Profile) profiling machine, profile miller. — **3.** (für Gesenke) die-sinking machine.
'**nach,for·schen** I v/i ⟨sep, -ge-, h⟩ **1.** investigate, inquire, auch enquire, check (up): dem Verbleib der Karten ~ to investigate where the cards are; ich werde in der Sache ~ I will look (od. inquire) into the matter, I will investigate the matter. — **2.** (offiziell untersuchen) make (od. hold, conduct) an investigation (od. inquiry, auch enquiry, inquest). — **3.** j-m ~ to search (od. inquire) for s.o., to try to trace s.o. — **4.** (wissenschaftlich) (in dat in) research, do (od. carry on) research. — II v/t **5.** investigate: wir forschen nach, wo er ist we are investigating where he is. — III N~ n ⟨-s⟩ **6.** verbal noun. — '**Nach,for·schung** f **1.** cf. Nachforschen. — **2.** investigation, inquiry, auch enquiry, inquest: ~en anstellen to make (od. hold) investigations, to conduct inquiries; die ~en über die Affäre verliefen ergebnislos the investigations of (od. the inquiry into, the inquest of) the affair yielded no results. — **3.** (wissenschaftliche) research, investigation. — **4.** (Suche) (nach after, for) (re)search.

'Nach,fra·ge f ⟨-; -n⟩ **1.** econ. demand, need, requirements pl: Angebot und ~ supply and demand; große [lebhafte, elastische] ~ great [brisk, elastic] demand; die gesamtwirtschaftliche ~ overall demand; die ~ nach Zucker the demand for sugar; dafür besteht keine ~ there is no market for that; eine ~ befriedigen (od. decken) to meet (od. supply) a demand; die ~ nach Öl stieg the need for oil rose, oil met with increased demand. – **2.** (zweite Anfrage) second (od. repeated) inquiry (auch enquiry). – **3.** lit. (Erkundigung) inquiry, auch enquiry: danke der (gütigen) (od. für die [gütige]) ~ colloq. thank you for the kind inquiry. — **~,boom** m econ. surge of (od. boom in, wave of) demand. — **~,druck** m ⟨-(e)s; no pl⟩ pressure of demand. — **~er,mäch·ti·gung** f jur. inquirendo. — **~funk·ti,on** f econ. demand curve: individuelle ~ individual demand curve. — **~,lücke** (getr. -k·k-) f demand gap, hiatus in demand (scient.).

'nach,fra·gen v/i ⟨sep, -ge-, h⟩ (sich erkundigen) (nach after) inquire, auch enquire, ask: ich werde erst einmal ~ I'll go and inquire first; fragen Sie morgen wieder nach call again tomorrow.

'Nach,fra·ge·stoß m econ. surge of demand, sudden impact of demand.

'Nach,frist f econ. jur. respite, period of grace.

'nach,füh·len I v/t ⟨sep, -ge-, h⟩ **1.** cf. nachempfinden 1. – **2.** (verstehen) understand: ich kann dir deine Enttäuschung ~ I can understand your disappointment. – **II** v/i **3.** fig. (einer Sache auf den Grund gehen) probe: als sie näher nachfühlte, stellte sich heraus, daß er schon verheiratet war when she probed more deeply it turned out that he was married already. – **4.** mil. probe: der Feind fühlte an mehreren Stellen nach the enemy probed at various points. — **'nach,füh·lend I** pres p. – **II** adj understanding, sympathizing Br. auch -s-.

'Nach,führ|,mo·tor m (space) slaving torque motor. — **~sy,stem** n slaving system.

'nach,füll·bar adj refillable.

'nach,fül·len I v/t ⟨sep, -ge-, h⟩ **1.** (Tasse, Tank etc) refill, fill up, top up, replenish: j-s Glas ~ to fill up s.o.'s glass. – **2.** (Flüssigkeit etc) add: Benzin ~ to refuel; Öl ~ to add oil. – **3.** (Kissen) restuff. – **II** v/reflex sich ~ **4.** tech. refill itself, be self-feeding. – **III** N~ n ⟨-s⟩ **5.** verbal noun. — **'Nach,fül·lung** f **1.** cf. Nachfüllen. – **2.** refill.

'nach,gaf·fen v/i ⟨sep, -ge-, h⟩ j-m ~ contempt. to stare (od. gape) after s.o.

'Nach,gang m only in im ~ zu unserem Schreiben econ. further to our letter.

'nach,gän·gig adj gastr. (Wein) tasting of the cask.

'nach,gä·ren brew. **I** v/i ⟨irr, sep, -ge-, h⟩ ferment again: Bier ~ lassen to cleanse beer. – **II** N~ n ⟨-s⟩ verbal noun. — **'Nach,gä·rung** f **1.** cf. Nachgären. – **2.** after-fermentation, Br. after-fermentation, secondary fermentation.

'nach,ge·ben I v/i ⟨irr, sep, -ge-, h⟩ **1.** (von Erde, Grund etc) yield, give (way): der Moorboden gab (unter seinen Füßen) nach the marshy soil gave (way) (under his feet). – **2.** (von Balken, Fußboden etc) yield, give (way), sag, buckle: das Dach gab unter der Last des Schnees nach the roof sagged under the weight of the snow. – **3.** cf. dehnen 12—14. – **4.** (schlaff werden) relax, slacken. – **5.** fig. (Widerstand aufgeben) (dat to) yield, give in, give way, submit, succumb, surrender: nicht ~ wollen to die hard; nur nicht ~ don't give way, die; der Klügere gibt nach (Sprichwort) etwa the wiser head gives in. – **6.** fig. (unter Druck nachgeben) concede, relent: stillschweigend ~ to acquiesce; auf ihre dringenden Bitten hin gab er nach at her urgent requests he relented. – **7.** fig. (klein beigeben) knuckle under, cave in, come round, climb down. – **8.** j-m ~ fig. a) (nachsichtig) to indulge s.o., to humor (bes. Br. humour) s.o., to comply with s.o., to let s.o. have his way, b) (aus Respekt) to submit to s.o.: die Mutter gab ihrem kranken Kinde nach the mother indulged (od. pampered) her sick child; der Sohn gibt dem Vater nach the son submits to the father. – **9.** fig. (in

Wendungen wie) j-s Bitten (od. Drängen) ~ to grant (od. give in to) s.o.'s requests; einem Impuls ~ to succumb to an impulse; er gab all ihren Launen nach he indulged (in) (od. complied with) all her humo(u)rs; er gab seinem Verlangen nach einer Zigarette nach he indulged (himself) (in) his craving for a cigarette. – **10.** in seinen Forderungen ~ fig. to moderate one's demands. – **11.** j-m in nichts ~ fig. to be by no means inferior to s.o.: er gibt ihm an (od. im) Wissen nichts nach he is not inferior to him in knowledge. – **12.** econ. (von Kurs, Preis etc) decline, give way, go down, fall. – **13.** hunt. (von Hunden) lag on the scent. – **II** v/t **14.** (zusätzlich geben) give more: sich (dat) etwas Gemüse ~ lassen to ask for another helping of vegetables; geben Sie mir bitte noch etwas Suppe nach please give me some more soup. – **III** N~ n ⟨-s⟩ **15.** verbal noun: j-n zum N~ veranlassen to cause s.o. to relent.

'nach·ge,bil·det I pp. – **II** adj imitated, imitative, ectypal (lit.).

'nach·ge,bo·ren adj **1.** born after one's father's death, posthumous, after-born. – **2.** born after one's parents' divorce. – **3.** (jünger) born later, after-born, junior, younger.

'Nach·ge,bühr f (postal service) postage due, Br. auch excess postage.

'Nach·ge,burt f **1.** med. zo. afterbirth, Br. after-birth; placenta, secundines pl, secundines pl (scient.). – **2.** vet. afterbirth, cleansings pl, bes. Br. cleanings pl.

'Nach·ge,burts|,blu·tung f med. postpartum h(a)emorrhage. — **~,vor,fall** m placental prolapse.

'nach,ge·hen v/i ⟨irr, sep, -ge-, sein⟩ **1.** j-m ~ to follow (od. go after) s.o.: j-m auf Schritt und Tritt ~ to be at s.o.'s heels, to dog s.o. – **2.** (einem Geräusch etc) follow. – **3.** (einer Spur etc) pursue, trace, trail, track: der Detektiv ging den Spuren des Verbrechers nach the detective was trailing the criminal (od. was on the criminal's tracks). – **4.** fig. (einem Problem, Vorfall etc) investigate, inquire (auch enquire) into, trace, look (od. go) into, follow up, check up on: einer Sache ~ to check up on a matter; einem Gerücht ~ to follow up a rumo(u)r. – **5.** (einem Geschäft, Beruf etc) attend to, pursue: seiner Arbeit ~ to pursue one's work. – **6.** (einer Neigung etc) follow, pursue, indulge in, seek: seinem Vergnügen ~ to follow one's pleasure, to be out for a good time. – **7.** (von Uhr) lose (time), be (od. go) slow: die Uhr geht nach the watch is slow; meine Uhr geht fünf Minuten nach my watch is five minutes slow (od. has lost five minutes). – **8.** colloq. (fortwirken) affect: dieses Ereignis ging ihm lange nach this affair affected him for a long time. — **'nach,ge·hend I** pres p. – **II** adj (Uhr) slow.

'nach·ge,las·sen I pp of nachlassen. – **II** adj (Werke etc) posthumous.

'nach·ge,macht I pp. – **II** adj **1.** (Handschrift, Dokumente etc) false, spurious, sham, fake, phon(e)y (attrib) (colloq.). – **2.** (Leder etc) artificial, imitated, imitation (attrib). – **3.** (Münzen, Papiergeld etc) counterfeit, forged, bogus (attrib).

'nach·ge,nannt adj mentioned below, bes. Br. undermentioned.

'nach·ge,ord·net adj **1.** jur. pol. subordinate(d), lower, junior, puisne (scient.): die ~en Behörden [Dienststellen] the lower authorities [offices]. – **2.** mil. subordinate, subsidiary.

'nach·ge'ra·de adv colloq. **1.** (schließlich) after all, by now, by this time: das müßtest du ~ wissen you should know that by now. – **2.** (allmählich) gradually, little by little, by degrees: dein ewiges Jammern wird mir ~ zuviel your constant complaining is slowly getting under my skin. – **3.** (geradezu) really, positively: er ist ~ unerträglich he is really unbearable.

'nach·ge,ra·ten v/i ⟨irr, sep, pp nachgeraten, sein⟩ j-m ~ to take after s.o.

'Nach·ge,richt n gastr. dessert.

'Nach·ge,sang m (im griech. Drama) epode.

'Nach·ge,schmack m aftertaste, Br. after-taste, lingering taste: scharfer ~ tang; einen üblen ~ hinterlassen auch fig. to leave a bad taste in one's mouth.

'nach·ge,stellt I pp. – **II** adj ling. postpositive: ~e Präposition postposition.

'nach·ge,wie·se·ner'ma·ßen adv evidently, as has been proved (od. shown).

'nach,gie·big [-,gi:bɪç] adj **1.** (Erde, Grund etc) yielding, unresisting, soft. – **2.** fig. (leicht umzustimmen) yielding, flexible, pliable, compliant, acquiescent, consenting, relenting, placable: seine Bitten machten mich ~ his entreaties made me give in. – **3.** fig. (nachsichtig) yielding, forbearing, indulging, indulgent, lenient, soft, easy(-going): du bist ihm gegenüber zu ~ you are too forbearing with him; sich ~ zeigen to be indulgent. – **4.** metall. a) (biegsam) pliable, b) (federnd) flexible, c) (verformbar) ductile. — **'Nach,gie·big·keit** f ⟨-; no pl⟩ **1.** yieldingness, softness. – **2.** fig. yieldingness, flexibility, pliability, acquiescence, compliance, compliancy, placability. – **3.** fig. forbearance, indulgence, leniency. – **4.** metall. a) pliability, b) flexibility, c) ductility.

'nach,gie·ßen I v/t ⟨irr, sep, -ge-, h⟩ **1.** add, pour in more: soll ich Ihnen noch etwas ~? may I fill up your cup? – **2.** (art) take a cast of (od. from), cast from. – **II** v/i **3.** fill up.

'Nach,glanz m afterglow, reflection, Br. auch reflexion.

'nach,gra·ben v/i ⟨irr, sep, -ge-, h⟩ (einem Schatz etc) dig for.

'nach,grü·beln v/i ⟨sep, -ge-, h⟩ (über acc) ponder ([up]on, over), muse ([up]on), brood (over, [up]on), revolve (s.th.) in one's mind, mull (over): einer (od. über eine) Äußerung ~ to ponder over an utterance; der (od. über die) Vergangenheit ~ to brood over the past.

'nach,gucken (getr. -k·k-) v/i ⟨sep, -ge-, h⟩ j-m ~ colloq. to follow s.o. with one's eyes.

'Nach,guß m (art) second cast, cast (od. copy) from another one.

'Nach,hall m **1.** phys. a) reverberation, artificial echo, b) echo, resonance, reflected sound. – **2.** fig. echo, response: seine Rede fand starken ~ im Publikum his speech met with a strong response in the audience. — **'nach,hal·len** v/i ⟨sep, -ge-, h⟩ **1.** phys. reverberate, resound, (re-)echo: einen Ton ~ lassen to reflect (od. re-echo) a sound. – **2.** fig. lit. (von Ruhm etc) last (od. endure) for a long time.

'nach,hal·ten ⟨irr, sep, -ge-, h⟩ **I** v/t eine Stunde ~ to make up for an omitted lesson, to give an omitted lesson later. – **II** v/i hold out, last, make a lasting impression: das hält nach that lasts.

'nach,hal·tig I adj **1.** (andauernd) lasting, durable, permanent, enduring, persistent: eine ~e Wirkung a lasting effect; ein ~er Eindruck an enduring impression; eine ~e Besserung a durable improvement. – **2.** (stark) vigorous, forcible, strong: ein ~er Widerstand a vigorous resistance. – **3.** (forestry) only in ~e Nutzung cf. Nachhaltigkeit 3. – **II** adv **4.** (andauernd) lastingly, for a long time: j-n ~ beeinflussen to have a lasting influence on s.o. – **5.** (wiederholt) persistently, repeatedly, again and again, over and over: den Hausfrieden ~ stören jur. to invade the privacy of a home persistently. — **'Nach,hal·tig·keit** f ⟨-; no pl⟩ **1.** lastingness, durableness. – **2.** vigor, bes. Br. vigour. – **3.** (forestry) sustained yield method.

'Nach,hand f ⟨-; no pl⟩ cf. Hinterhand 1. — **~,läh·mung** f vet. paralysis of the hind legs.

'nach,hän·gen v/i ⟨irr, sep, -ge-, h⟩ **1.** (dat) indulge (in), give one's self (od. oneself) up (to), give free play (od. way) (to), be lost (in): seinen Gedanken ~ to give way to one's thoughts; seinen Erinnerungen ~ to be lost in remembrances. – **2.** colloq. (zurückbleiben) hang back, lag (od. tag, trail) behind. – **3.** auf der Fährte ~ hunt. to go after, to follow a trail with dogs.

,Nach'hau·se|,ge·hen n only in beim ~ on the way home. — **~,weg** m way home.

'nach,hei·zen v/i u. v/t ⟨sep, -ge-, h⟩ put more fuel on the fire.

'nach,hel·fen v/i ⟨irr, sep, -ge-, h⟩ **1.** j-m ~ a) to help s.o. on, to assist s.o., to give s.o. assistance, b) (j-n fördern) to boost s.o., to give s.o. a leg up, c) ped. to coach (od. tutor) s.o., to give private tuition to s.o., d) colloq. (j-n antreiben) to push (od. prod) s.o.: j-m in Französisch (od. im Französischen) ~ to coach s.o. in French.

- **2.** einer Sache ～ a) to push s.th. forward (*od.* on), b) (*etwas fördern*) to boost s.th., to give s.th. a leg up, c) (*dem Aussehen etc*) to touch s.th. up: seinem Glück etwas ～ to help one's luck along a bit; seiner Schönheit durch Schminke ～ to improve (*od.* touch up) one's beauty with make-up.

nach·her [,naːrˈheːr; ˈnaːx,heːr] *adv* **1.** (*darauf*) after that, afterward(s), subsequently: vorher und ～ before and since. – **2.** (*später*) later (on): bis ～! see you later! so long! – **3.** *Bavarian dial.* thus, so, then: ～ stimmt's well then, it's right.

'Nach,herbst *m cf.* Spätherbst.

,nach'he·rig *adj* ⟨*attrib*⟩ rare for folgend 3, 4, später 1, 2.

'nach,het·zen I *v/t* ⟨*sep*, -ge-, h⟩ **1.** j-m einen Hund ～ to set a dog on s.o. – **2.** Hunde dem Wild ～ *hunt.* to send dogs after game. – **II** *v/i* ⟨*sein*⟩ **3.** j-m ～ *fig. colloq.* to hasten (*od.* hurry, *colloq.* hotfoot it) after s.o. – **4.** *hunt.* (*dat* after) rush.

'Nach,hieb *m* **1.** (*beim Fechten*) remise, cut after parrying. – **2.** (*forestry*) removal cutting (*od.* felling), *Am.* relogging, *Br.* secondary felling.

'Nach,hil·fe *f* **1.** aid, assistance, help. – **2.** (*Förderung*) boost. – **3.** *ped. colloq.* for Nachhilfeunterricht. — ～,leh·rer *m ped.* tutor, coach. — ～,leh·re·rin *f* tutoress, coach. — ～,stun·de *f ped.* **1.** private lesson. – **2.** *pl cf.* Nachhilfeunterricht. — ～,un·ter,richt *m* private lessons *pl*, coaching: j-m ～ geben to coach (*od.* tutor) s.o.; ～ nehmen to take private lessons; er hatte ～ in Französisch he had some coaching in French.

'nach,hin,ein *adv only in* im ～ afterward(s), after the event, in retrospect.

'nach,hin·ken *v/i* ⟨*sep*, -ge-, sein⟩ **1.** (*dat*) limp (*od.* hobble) after: j-m ～ to limp after s.o. – **2.** *fig.* (*nicht Schritt halten*) lag behind, draggle, trail.

'Nach,hol·be,darf *m* ⟨-(e)s; *no pl*⟩ *bes. econ.* (od. backlog) demand.

'nach,ho·len *v/t* ⟨*sep*, -ge-, h⟩ **1.** (*wettmachen*) make up for, catch up on, retrieve, recover, make good, overtake: rückständige Korrespondenz ～ to overtake arrears of correspondence; Schlaf ～ to catch up on one's sleep; eine Stunde ～ *ped.* to give (*od.* take) a lesson later on; etwas Versäumtes ～ to recover lost ground; das ist nicht mehr nachzuholen that is beyond recovery (*od.* irretrievable); er hat viel nachzuholen he has a lot to catch up on. – **2.** (*später holen*) collect (*od.* fetch, get, pick up) later (*od.* afterward[s]): wenn du nicht fertig bist, holen wir dich nach if you are not ready we'll pick you up later.

'Nach,hut *f* ⟨-; -en⟩ *mil.* rear (guard), arrière-garde: die ～ bilden [heranführen] to form [to bring up] the rear. — ～ge,fecht *n* rearguard action.

'nach,imp·fen I *v/t* ⟨*sep*, -ge-, h⟩ *med.* a) reinoculate, b) (*gegen Pocken*) revaccinate. – **II N～** *n* ⟨-s⟩ *verbal noun.* — **'Nach,imp·fung** *f* **1.** *cf.* Nachimpfen. – **2.** a) reinoculation, b) (*gegen Pocken*) revaccination.

'nach,ja·gen I *v/i* ⟨*sep*, -ge-, sein⟩ (*dat*) **1.** *hunt.* (*nachhetzen*) chase (*od.* hunt) (after), give chase (to): die Hunde jagen dem Hirsch nach the dogs chase (after) the stag. – **2.** (*nacheilen*) chase (after), give chase (to), be in pursuit (of), run (after), pursue (*s.o.*) in hot haste, *Am. colloq.* shag (*acc*): die Polizei jagte den Verbrechern nach the police followed the criminals in hot pursuit. – **3.** *fig.* (*zu erreichen suchen*) hunt (for, after), pursue (*acc*), scramble (for): einer Einbildung (*od.* Phantomen) ～ to catch at shadows; dem Erfolg ～ to hunt for success; dem Reichtum [Geld] ～ to scramble for wealth [money]; Vergnügungen ～ to seek pleasure, to racket about. – **II** *v/t* **4.** j-m Hunde ～ to send dogs in pursuit of s.o. – **5.** *fig.* send after, send in pursuit of: j-m eine Kugel ～ to send a bullet after s.o., to fire a shot after s.o.; j-m ein Telegramm ～ to send a telegram after s.o.

'nach,jam·mern *v/i* ⟨*sep*, -ge-, h⟩ j-m [einer Sache] ～ *cf.* nachweinen.

'nach,ju,stie·ren I *v/t* ⟨*sep*, *no* -ge-, h⟩ readjust, correct, reset, true up. – **II N～** *n* ⟨-s⟩ *verbal noun.* — **'Nach,ju,stie·rung** *f* ⟨-; -en⟩ **1.** *cf.* Nachjustieren. – **2.** readjustment.

'nach,kau·en *v/t* ⟨*sep*, -ge-, h⟩ **1.** chew again. – **2.** j-m alles ～ *fig. colloq.* to repeat mechanically everything s.o. says.

'nach,kau·fen *v/t* ⟨*sep*, -ge-, h⟩ **1.** buy afterward(s) (*od.* later). – **2.** buy (*s.th.*) in addition. – **3.** buy replacement(s) for.

'nach,keu·chen *v/i* ⟨*sep*, -ge-, sein⟩ (*dat* after) pant, gasp.

'Nach,kind *n* **1.** child born after its father's death. – **2.** child of a second marriage.

'Nach,klang *m* **1.** resonance, reverberation, echo. – **2.** *fig.* (*Erinnerung*) reminiscence, recollection: ein ～ der Jugend a recollection of youth. – **3.** *fig.* (*Nachwirkung*) aftereffect, *Br.* after-effect, repercussion: seine Rede hatte einen starken ～ his speech had a strong aftereffect.

'Nach,klas·sik *f* postclassicism, *Br.* post-classicism. — **'nach,klas·sisch** *adj* postclassic(al), *Br.* post-classic(al).

'nach,klin·gen *v/i* ⟨*irr*, *sep*, -ge-, sein⟩ **1.** (re)echo, resound, resonate, reverberate. – **2.** *fig.* linger in one's mind (*od.* memory): seine Worte klingen noch immer in mir nach his words still linger in my mind.

'Nach,kom·me [-,kɔmə] *m* ⟨-n; -n⟩ **1.** (direct) descendant (*auch* descendent), offspring, issue: die ～n the descendants, the issue *sg*, the progeny *sg*; zwei ～n two offspring; ohne ～n without issue, issueless; ohne männliche ～n without male issue. – **2.** *jur.* child, issue. – **3.** *zo.* offspring, descendant.

'nach,kom·men *v/i* ⟨*irr*, *sep*, -ge-, sein⟩ **1.** (*später kommen*) follow, come later: geht schon voraus, ich werde gleich ～ you go ahead, I'll come after (*od.* be with, join) you presently. – **2.** (*folgen*) follow (*od.* come, go, walk) after: j-n ～ lassen to let s.o. follow; ist dir jemand nachgekommen? did anyone follow you? → Ende 1. – **3.** (*Schritt halten*) keep up (*od.* pace) with: gehen wir dir zu schnell, oder kannst du ～? are we walking too fast for you, or can you keep up? nicht ～ to drag behind. – **4.** *fig.* (*folgen können*) be able to follow, keep up: bitte diktieren Sie nicht so schnell, ich komme nicht nach please don't dictate so fast, I cannot keep up. – **5.** (*einer Pflicht etc*) meet, satisfy, fulfil, *Am.* fulfill, correspond (*od.* comply) with: seinen Verbindlichkeiten ～ a) to meet one's obligations (*od.* engagements), b) (*finanziellen*) to pay one's dues (*od.* one's way), to cover (*od.* discharge) one's liabilities; seinen Zahlungsverpflichtungen nicht ～ to default on one's payments. – **6.** (*einem Versprechen, einer Verpflichtung etc*) redeem, keep. – **7.** (*einem Wunsch, Befehl etc*) comply with, follow, obey: einer Vorschrift ～ to follow a direction; einer Vorladung ～ to comply with a summons; einer Bitte ～ to grant (*od.* accede to) a request. – **8.** (*einem Gesetz etc*) observe, adhere (*od.* submit) to. — **'nach,kom·mend I** *pres p*: Ihrer Bitte ～ in compliance with your request. – **II** *adj* subsequent, later, posterior.

'Nach,kom·men·schaft *f* ⟨-; *no pl*⟩ **1.** offspring (*construed as sg or pl*), descendants, *auch* descendents *pl*, descent, progeniture, issue; progeny, posterity (*collect.*): zahlreiche ～ haben to have many descendants. – **2.** *jur.* issue, proles *pl*. – **3.** *Bibl.* fruit, seed.

'Nach,kömm·ling [-,kœmlɪŋ] *m* ⟨-s; -e⟩ **1.** *cf.* Nachkomme 1. – **2.** child born late, late arrival in the family.

'nach,kön·nen *v/i* ⟨*irr*, *sep*, -ge-, h⟩ *colloq.* (*mithalten können*) be able to keep up.

'Nach,kon,trol·le *f tech.* control, check(ing), inspection. — **'nach·kon,trol,lie·ren** *v/t* ⟨*sep*, *no* -ge-, h⟩ check (up), inspect, control.

'Nach,kriegs|er,schei·nung *f* postwar (*Br.* post-war) phenomenon, aftereffects (*Br.* after-effects) *pl* of the war. — **~,jah·re** *pl* postwar (*Br.* post-war) years. — **~ver,hält·nis·se** *pl* postwar (*Br.* post-war) conditions. — **~,zeit** *f* postwar (*Br.* post-war) (*od.* postbellum) period (*od.* era).

'Nach,kur *f med.* aftertreatment, *Br.* after-treatment, follow-up treatment.

'nach,la·den I *v/t* ⟨*irr*, *sep*, -ge-, h⟩ **1.** (*Batterie*) recharge, *Br.* re-charge. – **2.** (*Motor*) boost, supercharge. – **3.** *mil.* reload. – **II N～** *n* ⟨-s⟩ *verbal noun.* — **'Nach,la·dung** *f cf.* Nachladen.

'Nach,laß *m* ⟨-sses; -sse *u.* ￫sse⟩ **1.** *jur.* (*Erbschaft*) inheritance, estate, left property: der aktive ～ the assets *pl*; einen ～ ordnen (*od.* verwalten) to execute a will, to be executor (*od.* to administer) an estate;

Klage auf Herausgabe des Nachlasses action for recovery of the inheritance; den ～ veräußern to dispose of (*od.* to sell) the estate. – **2.** *jur.* (*einer Strafe etc*) remission. – **3.** *econ.* (*von Preis etc*) deduction, reduction, allowance, abatement, rebate, discount, remission: einen ～ gewähren to grant (*od.* allow) a reduction; einen ～ fordern to demand an allowance. – **4.** *econ.* (*von Steuern, Schulden etc*) reduction, remission, abatement. – **5.** *fig.* remains *pl*: der literarische ～ the literary bequest (*od.* remains *pl*), the posthumous works *pl*. – **6.** *relig.* (*der Sünden*) remission.

'nach,las·sen I *v/i* ⟨*irr*, *sep*, -ge-, h⟩ **1.** (*von Hitze, Kälte etc*) abate. – **2.** (*von Regen, Sturm etc*) abate, subside, (*von Sturm, Zorn*) *auch* calm (*od.* die, settle) down. – **3.** (*von Lärm etc*) abate. – **4.** (*von Eifer, Interesse etc*) slack off, slacken, fall off, wane, fade away, weaken, diminish, grow less. – **5.** (*von Leistung, Qualität etc*) fall off: er hat in seiner Arbeit sehr nachgelassen he fell off considerably in his work. – **6.** (*von Kraft, Gesundheit etc*) weaken, wane, fail, wither away. – **7.** (*von Gehör, Sehschärfe etc*) fail, weaken. – **8.** (*von Druck, Spannung etc*) slacken, relax, lessen. – **9.** (*von Widerstand*) weaken, slacken. – **10.** (*von Schmerz, Bedrängnis etc*) ease off. – **11.** (*von Gefahr*) diminish. – **12.** (*von Fieber*) abate, go down, decline. – **13.** (*von Gefühlen*) cool (down). – **14.** an Geschwindigkeit ～ to lose speed, to slow down, to slacken. – **15.** *econ.* a) (*von Absatz, Nachfrage etc*) fall off, decline, recede, slacken, lessen, b) (*von Preisen*) drop, decline: die Geschäfte lassen nach business is slackening. – **16.** (*aufgeben, aufhören*) give up, cease, leave off, stop: ich werde nicht ～, bis ich mein Ziel erreicht habe I won't give up until I have reached my goal; nicht ～! don't give up! keep it up! → Schreck. – **II** *v/t* **17.** *jur.* (*vermachen*) leave, bequeath, transmit. – **18.** *jur.* (*Strafe*) mitigate, remit part of. – **19.** *econ.* (*Preis, Steuern etc*) take off, allow, abate, remit, deduct, make an allowance on; zehn Prozent vom Preis ～ to deduct ten per cent from the price; wir können von unserer Forderung nichts ～ we cannot make any allowances on our demand, we cannot recede from our terms; ich werde keinen Pfennig ～ I'll not knock off a single cent (*Br.* halfpenny). – **20.** (*Seil etc*) slacken, slack (off), relax, ease (off), loosen, let go: die Zügel ein wenig ～ *auch fig.* to slacken the reins a bit. – **21.** (*Schraube etc*) loosen, slacken. – **22.** *metall. cf.* tempern. – **23.** (*textile*) (*Kette*) loosen. – **III N～** *n* ⟨-s⟩ **24.** *verbal noun.* – **25.** (*von Hitze, Lärm etc*) abatement, (*von Regen, Sturm*) *auch* subsidence. – **26.** (*von Eifer, Interesse, Leistung, Qualität etc*) diminution, decrease. – **27.** (*von Kraft, Gesundheit etc*) failure, decline. – **28.** (*von Druck, Spannung etc*) relaxation. – **29.** (*von Fieber*) abatement, decline. – **30.** *econ.* decline. – **31.** *jur.* mitigation, remission.

'nach,las·send I *pres. p.* – **II** *adj* **1.** (*rückläufig*) regressive. – **2.** (*Fieber*) remittent.

'Nach,las·sen·schaft *f* ⟨-; -en⟩ *jur. obs.* for Nachlaß 1.

'Nach,las·ser *m* ⟨-s; -⟩ *obs.* for Erblasser.

'Nach,laß||ge·gen,stand *m meist pl jur.* asset (*od.* object forming part) of an estate. — **~ge,richt** *n* probate court, *Am.* register's court, *auch* ordinary's (*od.* surrogate's) court. — **~gläu·bi·ger** *m* creditor to (*od.* of) an estate, *Am. auch* creditor to a decedent's estate.

'nach,läs·sig I *adj* **1.** (*ohne Sorgfalt*) careless, negligent, neglectful, slack, remiss, sloppy (*colloq.*), *Am. auch* derelict: in seiner Arbeit ～ werden to become neglectful of (*od.* slacken in) one's work; bei der Arbeit ～ sein to slack (*od.* be negligent) in one's work; er schreibt einen ～en Stil he writes (in) a sloppy (*od.* slipshod) style. – **2.** (*unaufmerksam*) inattentive, heedless, unheeding, regardless, inadvertent. – **3.** (*ungenau*) inexact, inaccurate. – **4.** (*schlampig*) careless, slovenly, slipshod, dowdy, dowdyish, sloppy (*colloq.*), *Am. colloq.* tacky: ～e Kleidung sloppy dress. – **5.** (*lässig*) careless, lax, nonchalant, casual. – **II** *adv* **6.** ～ arbeiten to work carelessly (*od.* in a careless manner); er tat es nur ～ he only did it in (*od.* after) a fashion; sie war sehr ～ gekleidet she was dressed very sloppily; **er lehnte sich ~ zurück** he leant back nonchalantly.

'nach,läs·si·ger'wei·se *adv* carelessly enough.

'Nach,läs·sig·keit *f* ⟨-; -en⟩ **1.** (*mangelnde Sorgfalt*) carelessness, negligence, neglect, neglectfulness, slackness, sloppiness (*colloq.*). – **2.** (*Unaufmerksamkeit*) inattentiveness, heedlessness, inadvertence. – **3.** (*Ungenauigkeit*) inexactitude, inexactness, inaccuracy. – **4.** (*Schlampigkeit*) carelessness, slovenliness, sloppiness (*colloq.*). – **5.** (*Lässigkeit*) carelessness, laxity, nonchalance, casualness.

'Nach,laß|in·ven,tar *n jur.* inventory of an estate. — **~,kon,kurs** *m* insolvency (*od.* bankruptcy) of an estate (*bes. Am.* of a decedent's estate). — **~,mas·se** *f* bulk (*od.* mass) of an inheritance, property to be divided (*od.* distributed) among the heirs, estate. — **~,pfle·ger** *m* curator (*od.* administrator) of an estate, personal representative, curator cujus (*scient.*). — **~,rich·ter** *m* probate court judge, judge of (*od.* in) probate, *Am.* register of wills, judge of register's court, *auch* surrogate, ordinary. — **~,schuld** *f meist pl* debts *pl* of an estate. — **~,steu·er** *f econ. cf.* Erbschaftssteuer. — **~ver,bind·lich·keit** *f meist pl jur.* liabilities *pl* (*od.* debts *pl*) of an estate. — **~ver,fah·ren** *n* probate procedure (*od.* proceedings *pl*). — **~ver,wal·ter** *m cf.* Nachlaßpfleger. — **~ver,wal·tung** *f* administration of an estate. — **~ver,zeich·nis** *n cf.* Nachlaßinventar.

'Nach,lauf *m* **1.** *tech.* caster (*bes. Br.* castor) (action, length), camber-and-pivot inclination, backward cant. – **2.** *chem.* afterrun, *Br.* last (*od.* second) runnings *pl*, (*des Zuckers*) drips *pl*, singlings *pl*. – **3.** *electr.* automatic control. – **4.** *aer.* wake. – **5.** *auto.* (*des Motors*) after-running. – **6.** **~ spielen** (*od. colloq.* machen) *Western G.* to play tag.

'nach,lau·fen *v/i* ⟨*irr, sep, -ge-, sein*⟩ (*dat*) **1.** (*verfolgend*) run after: **einem Ball ~** to run after (*Am. colloq.* shag) a ball. – **2.** *fig.* (*aufdringlich, werbend*) run (*od.* tail, tag) after: **einem Mädchen ~** to run (*od.* dangle) after a girl; **wir laufen niemandem nach** *colloq.* we won't force ourselves (up)on anybody. – **3.** *fig.* (*einer Sache*) follow, pursue: **einem Trugbild ~** to pursue a phantom. – **4.** *tech.* a) (*beim Formdrehen*) follow, b) (*von Motoren*) slow down. – **5.** *electr.* lag (*od.* go) behind: **der Strom läuft der Spannung nach** the current lags behind the voltage. – **6.** (*beim Billard*) **mit einem Ball ~, seinen Ball ~ lassen** to do a running-through stroke, to run a ball through. – **II N~** *n* ⟨-s⟩ **7.** *verbal noun.*

'Nach,lauf,win·kel *m auto.* caster (*bes. Br.* castor) angle.

'Nach,laut *m ling.* transitional sound, offglide.

'nach,le·ben I *v/i* ⟨*sep, -ge-, h*⟩ (*dat*) **1.** (*einem Vorbild etc*) live according (*od.* up) to, emulate, follow. – **II N~** *n* ⟨-s⟩ **2.** (*nach dem Tode*) afterlife. – **3.** (*von Ideen etc*) aftereffect, *Br.* after-effect: **das N~ seiner Theorien** the after(-)effect (*od.* impact) of his theories.

'nach,le·gen I *v/t* ⟨*sep, -ge-, h*⟩ (*Holz, Kohlen etc*) put on, add: **noch etwas Holz ~** to put on (*od.* add) some more wood, to replenish a fire (with some more wood), *Br. auch* to mend the fire. – **II** *v/i* put on some more wood (*od.* coal), *Br. auch* mend the fire.

'nach,lei·ern *v/t* ⟨*sep, -ge-, h*⟩ echo, repeat (*s.th.*) automatically, parrot.

'nach,ler·nen *v/t* ⟨*sep, -ge-, h*⟩ learn (*s.th.*) afterward(s) (*od.* later).

'Nach,le·se *f* **1.** *agr.* a) (*Tätigkeit*) gleaning, b) (*Ertrag*) gleanings *pl*, pickings *pl*: **~ halten** to glean. – **2.** *fig.* (*Nachtrag*) second (*od.* last) selection (*od.* publication) of poems.

'nach,le·sen I *v/t* ⟨*irr, sep, -ge-, h*⟩ **1.** *agr.* (*Ähren etc*) glean. – **2.** (*sich über etwas informieren*) read (about), look (*od.* s.th.) up: **du kannst es bei Goethe ~** you may look it up in Goethe's works; **ich habe es** (*od.* darüber) **im Lexikon nachgelesen** I read about it in the encyclop(a)edia, I consulted the encyclop(a)edia on the subject. – **3.** (*noch einmal lesen*) reread, go over (*s.th.*) again. – **4.** *print.* revise. – **II** *v/i* **5.** *agr.* glean, have a gleaning. – **6. über** (*acc*) **etwas ~** to read about s.th., to look s.th. up. – **III N~** *n* ⟨-s⟩ **7.** *verbal noun.* – **8.** *print.* revision.

'nach,leuch·ten I *v/i* ⟨*sep, -ge-, h*⟩ **1.** continue to glow (*od.* shine). – **2.** *phys.* phosphoresce, remain fluorescent (*od.* luminescent). – **II N~** *n* ⟨-s⟩ **3.** *verbal noun.* – **4.** afterglow, *Br.* after-glow. – **5.** *phys.* phosphorescence, after(-)glow. – **6.** *telev.* persistence.

'nach,lie·fern I *v/t* ⟨*sep, -ge-, h*⟩ *econ.* **1.** (*später liefern*) supply (*od.* deliver) (*s.th.*) subsequently (*od.* later): **das fehlende Teil wird schnellstens nachgeliefert** the missing part will be supplied (*od.* delivered) at once. – **2.** (*ergänzend liefern*) supply (*od.* deliver) (*s.th.*) in addition, repeat the supply of, complete the delivery of: **können Sie uns diesen Artikel ~?** can you repeat the supply of this article? – **II N~** *n* ⟨-s⟩ **3.** *verbal noun.* — **'Nach,lie·fe·rung** *f* **1.** *cf.* Nachliefern. – **2.** (*spätere Lieferung*) subsequent (*od.* later) delivery (*od.* supply). – **3.** (*ergänzende Lieferung*) supplementary (*od.* additional, repeated) delivery (*od.* supply).

'nach,locken (*getr.* -k·k-) *v/t* ⟨*sep, -ge-, h*⟩ allure (*s.o., a dog*) to follow.

'nach,lö·sen I *v/i u. v/t* ⟨*sep, -ge-, h*⟩ (*eine Fahrkarte*) **~** a) (*nach Fahrtantritt*) to buy (*od.* take) a ticket en route, b) (*zur Weiterfahrt*) to buy (*od.* take) a supplementary ticket, to pay the additional fare. – **II N~** *n* ⟨-s⟩ *verbal noun.*

'Nach,lö·se,schal·ter *m* (*railway*) excess-fare office (*od.* window), supplementary ticket office.

'Nach,lö·sung *f* **1.** *cf.* Nachlösen. – **2.** (*nach Fahrtantritt*) purchase of a ticket en route. – **3.** (*zur Weiterfahrt*) purchase of an additional (*od.* supplementary) ticket.

'nach,ma·chen *v/t* ⟨*sep, -ge-, h*⟩ **1.** (*erneut anfertigen*) copy, duplicate: **der Schlüssel kann nicht nachgemacht werden** the key cannot be duplicated. – **2.** (*Vogelstimmen etc*) imitate, reproduce. – **3.** *colloq.* (*nachahmen*) imitate, copy, (im)personate: **j-m etwas ~** to imitate s.o. in s.th.; **er macht mir immer alles nach!** he always does as I do! **das soll mir erst** (*mal*) **einer ~** I'd like to see anyone equal that (*od.* do as well), I challenge anyone to do that. – **4.** *colloq.* (*nachäffen*) mimic, ape, mock, take off: **j-s Stimme ~** to mimic s.o.'s voice. – **5.** (*Geld, Unterschrift etc*) counterfeit, forge, fake. – **6.** (*künstlich herstellen*) imitate, copy, counterfeit. – **7.** (*später machen*) do (*od.* make) (*s.th.*) afterward(s) (*od.* later): **er mußte die Prüfung ~** he had to take a make-up examination.

'Nach,mahd *f agr.* **1.** aftermath, second-growth mowing. – **2.** (*nachwachsendes Gras*) aftergrass.

'nach,ma·len *v/t* ⟨*sep, -ge-, h*⟩ copy, paint (*od.* draw) a copy of.

'nach,ma·lig *adj* ⟨*attrib*⟩ *rare* subsequent, later: **Prinz Friedrich, der ~e Kaiser** Prince Frederick, the subsequent emperor.

'nach,mals *adv cf.* später **5.**

'Nach,mann *m econ.* subsequent endorser (*od.* holder).

'Nach,mast *f agr.* second pasture.

'Nach,mehl *n agr.* pollard, coarse flour.

'nach,mes·sen I *v/t* ⟨*irr, sep, -ge-, h*⟩ **1.** measure (*s.th.*) again (*od.* a second time), remeasure, check the measurements of, control the size (*od.* dimension) of. – **2.** (*im Vermessungswesen*) resurvey. – **II N~** *n* ⟨-s⟩ **3.** *verbal noun.* — **'Nach,mes·sung** *f* **1.** *cf.* Nachmessen. – **2.** check, verification. – **3.** resurvey.

'Nach,milch *f agr.* strippings *pl.*

'Nach,mit·tag *m* afternoon: **später ~** late afternoon, early evening; **an einem sonnigen ~** on a sunny afternoon; **früh am ~** early in the afternoon; **an diesem ~** this afternoon; **heute n~** this afternoon, today in the afternoon; **morgen** [**gestern**] **n~** tomorrow [yesterday] (in the) afternoon; **er kommt** (am) **Freitag n~** he'll come (*od.* arrive) (on) Friday afternoon; **am ~ des 20. April** on (*od.* in) the afternoon of April 20th; **jeden ~ zwischen 3 und 4** (Uhr) (on) every afternoon (*od.* in the afternoon) between 3 and 4; **sich** (*dat*) **den ~ freihalten** to keep one's afternoon free; **er wird erst am ~ ankommen** he'll arrive only in the afternoon, he'll not arrive until afternoon; **des ~s** *lit.* in the afternoon; **es war schon später** (*od.* noch) **~, als er kam** it was in the late afternoon when he came; **drei ~e hindurch haben wir daran gearbeitet** we have worked on it (for) three whole afternoons; **bis in den späten** (*od.*

spät in den*) **~ (hinein) **schlafen** to sleep far into the afternoon; **im Laufe des ~s anrufen** to call (*Br.* ring up) some time in the afternoon.

'nach,mit·tä·gig [-,mitɛːgiç] *adj* ⟨*attrib*⟩ (happening in the) afternoon.

'nach,mit·täg·lich [-,mitɛːklɪç] *adj* ⟨*attrib*⟩ (happening every) afternoon: **unsere ~en Spaziergänge** our afternoon walks.

'nach,mit·tags *adv* **1.** (*an einem bestimmten Nachmittag*) in the afternoon. – **2.** (*jeden Nachmittag*) every afternoon, *bes. Am.* afternoons: **das Museum ist nur ~ geöffnet** the museum is open(ed) only in the afternoon; **er hat Dienstag ~ Sprechstunde** he has office hours (*od.* consulting hours) (on) every Tuesday afternoon; **wir haben zweimal die Woche ~ Englischkurs** we have 2 afternoon sessions in English a week. – **3.** (*bei genauen Zeitangaben*) in the afternoon, post meridiem, p.m., *Br. sl.* **pip emma: (um) 4** (Uhr) **~, ~ um 4** (Uhr) (at) 4 o'clock in the afternoon, (at) 4 p.m.

'Nach,mit·tags|emp,fang *m* afternoon reception, matinee, *bes. Br.* matinée. — **~,kaf·fee** *m* afternoon coffee: **sie saßen gerade beim ~** they were having their afternoon coffee. — **~,kleid** *n* (*fashion*) afternoon (*bes. Am.* cocktail) dress, tea gown. — **~,schläf·chen** *n* afternoon nap. — **~,un·ter,richt** *m ped.* afternoon instruction (*od.* classes *pl*). — **~,vor,stel·lung** *f* afternoon performance, matinee, *bes. Br.* matinée.

'nach,mit·ter,nächt·lich *adj* ⟨*attrib*⟩ (happening) after midnight.

'nach,mu·stern I *v/t* ⟨*sep, -ge-, h*⟩ *mil.* (*Wehrpflichtige*) reexamine, *Br.* re-examine, reinspect. – **II N~** *n* ⟨-s⟩ *verbal noun.* — **'Nach,mu·ste·rung** *f* **1.** *cf.* Nachmustern. – **2.** reexamination, *Br.* re-examination, reinspection.

'Nach,nah·me *f* ⟨-; -n⟩ (*postal service*) **1. etwas als** (*od.* mit, per, unter) **~ schicken** to send s.th. (*bes. Am.* collect) on delivery (*od.* C.O.D.); (*Zahlung*) **gegen** (*od.* per) **~** cash (*bes. Am.* collect) on delivery, C.O.D., to be paid for on delivery; **unter ~ ihrer Spesen** carrying your charges forward; **etwas durch ~ erheben** to collect s.th. on delivery. – **2.** *colloq. for* Nachnahmesendung. — **~,be,trag** *m* amount to be collected on delivery. — **~ge,bühr** *f* collection fee. — **~,kar·te** *f* cash- (*bes. Am.* collect-)on-delivery (*od.* C.O.D.) form: **~ mit anhängender Zahlkarte** cash- (*bes. Am.* collect-)on-delivery (*od.* C.O.D.) form with attached paying-in form. — **~,pa,ket** *n* cash- (*bes. Am.* collect-)on-delivery (*od.* C.O.D.) parcel. — **~,sen·dung** *f* cash- (*bes. Am.* collect-)on-delivery (*od.* C.O.D.) item. — **~ver,fah·ren** *n* C.O.D. system.

'Nach,na·me *m* surname, last (*Am. auch* family) name.

'nach,neh·men *v/t* ⟨*irr, sep, -ge-, h*⟩ **1. sich** (*dat*) **etwas ~** (*bei Tisch*) to take an other helping of s.th. – **2.** (*postal service*) (*Betrag*) charge forward, collect on delivery.

'Nach,nen·nung *f* (*sport*) post entry.

'Nach,nie·re *f med.* hind kidney, metanephros (*scient.*).

'nach,pfei·fen ⟨*irr, sep, -ge-, h*⟩ **I** *v/t* whistle (*s.th.*) by ear. – **II** *v/i* **j-m ~** to whistle after s.o.

'nach,pflan·zen I *v/t* ⟨*sep, -ge-, h*⟩ (*Bäume, Blumen etc*) replant. – **II N~** *n* ⟨-s⟩ *verbal noun.* — **'Nach,pflan·zung** *f* **1.** *cf.* Nachpflanzen. – **2.** replant, replantation.

'nach,plap·pern *v/t* ⟨*sep, -ge-, h*⟩ *colloq.* repeat (*s.th.*) mechanically (*od.* automatically), parrot: **das Kind plappert alles nach, was es hört** the child repeats everything it hears.

'nach·po,lie·ren *v/t* ⟨*sep, no -ge-, h*⟩ **1.** polish (*s.th.*) again (*od.* a second time), polish (*s.th.*) up, repolish, buff. – **2.** *bes. tech.* repolish, redress, finish-polish.

'Nach,por·to *n* (*postal service*) surcharge, additional charge. — **~,mar·ke** *f* (*in USA u. Großbritannien*) postage-due stamp.

'nach,prä·gen I *v/t* ⟨*sep, -ge-, h*⟩ **1.** (*wieder prägen*) coin (*s.th.*) (over) again, recoin. – **2.** (*unerlaubt prägen*) counterfeit, forge. – **II N~** *n* ⟨-s⟩ **3.** *verbal noun.* — **'Nach,prä·gung** *f* **1.** *cf.* Nachprägen. – **2.** recoinage. – **3.** (*Fälschung*) counterfeit, forgery.

'nach,prel·len *v/i* ⟨*sep, -ge-, h u. sein*⟩

hunt. (*von Vorstehhund*) break point and chase.

'nach,prüf·bar *adj* verifiable, controllable, checkable. — **'Nach,prüf·bar·keit** *f* ⟨-; *no pl*⟩ verifiability, controllability.

'nach,prü·fen I *v/t* ⟨*sep*, -ge-, h⟩ **1.** (*Richtigkeit etc*) check (up), make sure (of), verify, control, examine, test: etwas genau ~ to check s.th. thoroughly (*od.* carefully), to scrutinize (*Br. auch* -s-) s.th.: j-s Angaben ~ to check (up on) s.o.'s statements; prüfe nach, ob die Ergebnisse stimmen! make sure whether (*od.* if) the results are correct; das läßt sich schwer (*od.* schlecht) ~ this is hard to verify. — **2.** (*Bremsen, Reifendruck etc*) check (up), inspect. — **3.** (*erneut prüfen*) reexamine, *Br.* re-examine, recheck, review, reconsider, rejudge. — **4.** j-n *ped.* to examine s.o. later (*od.* afterward[s]). — **5.** *jur.* (*Gerichtsurteile etc*) review, reexamine, *Br.* re-examine. — **II N~** *n* ⟨-s⟩ **6.** *verbal noun.* — **'Nach,prü·fung** *f* **1.** *cf.* Nachprüfen. — **2.** verification, check, examination, test: die ~ der vorliegenden Unterlagen the verification of (*od.* check on) the present documents (*od.* records); genaue ~ thorough (*od.* careful) examination, scrutiny. — **3.** (*von Bremsen, Reifendruck etc*) check, inspection. — **4.** (*erneute Prüfung*) reexamination, *Br.* re-examination, recheck, review, reconsideration, rejudg(e)ment. — **5.** *ped.* second (*od.* later, additional) examination, reexamination, *Br.* re-examination. — **6.** *jur.* review, reexamination, *Br.* re-examination.

'nach,put·zen *v/t* ⟨*sep*, -ge-, h⟩ polish (*s.th.*) again (*od.* a second time), polish (*s.th.*) up.

'nach,ra·sen *v/i* ⟨*sep*, -ge-, sein⟩ j-m ~ *colloq.* to rush (*od.* tear) after s.o.

'nach,rech·nen I *v/i* ⟨*sep*, -ge-, h⟩ **1.** go over the figures again, check the calculation, recalculate: hier muß ich noch einmal ~ I have to check the figures again here. — **2.** *econ.* go over the figures again, recalculate, revise, recompute. — **II** *v/t* **3.** check, verify, reckon (*s.th.*) over again, (re)examine, *Br.* (re-)examine. — **4.** *econ.* recalculate, revise, recompute. — **III N~** *n* ⟨-s⟩ **5.** *verbal noun.* — **'Nach,rech·nung** *f* **1.** *cf.* Nachrechnen. — **2.** reexamination, *Br.* re-examination. — **3.** *econ.* (*Ergänzungsrechnung*) supplementary invoice (*od.* bill, account).

'Nach,re·de *f* ⟨-; *no pl*⟩ **1.** üble ~ a) evil (*od.* ill) report, (foul) aspersion, detraction; backbiting, stone-throwing (*colloq.*), b) *bes. jur.* (*mündlich*) slander, defamation, (*schriftlich*) libel: j-n in üble (*od.* schlechte) ~ bringen to cast (a foul) aspersion on s.o., to defame (*od.* slander, calumniate, *colloq.* backbite) s.o.; üble ~ über j-n verbreiten (*od.* gegen j-n führen) a) (*mündlich*) to defame (*od.* slander) s.o., b) (*schriftlich*) to libel (against *od.* on) s.o. — **2.** *jur.* (*Duplik*) rejoinder. — **3.** epilog(ue). — **'nach,re·den** *v/t* ⟨*sep*, -ge-, h⟩ **1.** repeat (*s.th.*): er redet ihr alles nach he repeats (mechanically) everything (that) she says, he parrots her every word. — **2.** j-m Übles [Böses] ~ to cast (foul) aspersions on s.o., to calumniate (*od.* defame, *colloq.* backbite) s.o. — **3.** *cf.* nachsagen 1.

'nach,rei·chen *v/t* ⟨*sep*, -ge-, h⟩ **1.** (*Unterlagen etc*) hand in (*od.* over) (*s.th.*) later (*od.* subsequently), supply (*od.* file) (*s.th.*) later (*od.* subsequently). — **2.** (*Speisen*) serve second helpings (*od.* more) of: darf ich Ihnen noch etwas Lachs ~? may I serve you some more salmon?

'Nach,rei·fe *f* ⟨-; *no pl*⟩ *agr.* afterripening, *Br.* after-ripening, ripening in storage. — **'nach,rei·fen** *v/i* ⟨*sep*, -ge-, sein⟩ ripen in storage (*od.* later).

'nach,rei·sen *v/i* ⟨*sep*, -ge-, sein⟩ j-m ~ to travel after s.o., to follow s.o. (on his journey).

'nach,rei·ten *v/i* ⟨*irr*, *sep*, -ge-, sein⟩ j-m ~ to ride after s.o., to follow s.o. on horseback.

'nach,ren·nen *v/i* ⟨*irr*, *sep*, -ge-, sein⟩ j-m ~ to run (*od.* race) after s.o.

'Nach,richt [-ˌrɪçt] *f* ⟨-; -en⟩ **1.** (*Kunde*) news *pl* (*construed as sg or pl*), tiding(s *pl*) (*lit.*): eine gute [schlechte] ~ (a piece of) good [bad] news; von j-m ~ haben to have news from s.o.; ~ von j-m bekommen (*od.* erhalten*) a) (*direkt*) to hear (*od.* have

word) from s.o., b) (*indirekt*) to hear of (*od.* about) s.o.; ~ bringen von j-m a) (*direkt*) to bring (*od.* bear) news (*od.* a message) from s.o., b) (*indirekt*) to bring (*od.* bear) news about s.o.; ~ geben a) (*mündlich*) to send word, b) (*schriftlich*) to write word; geben Sie uns bitte bald ~ please let us hear from you soon; haben Sie schon ~(en) erhalten? have you had any news yet? ich habe schon lange keine ~ mehr von ihm I haven't heard from him for a long time now; die ~ kommt zu spät the tidings come too late; schlimme ~ kommt stets zu früh (*Sprichwort*) ill news flies apace (*proverb*); eine gute ~ kommt stets gelegen (*Sprichwort*) good news may be told at any time (*proverb*). — **2.** (*Bericht*) news *pl* (*construed as sg or pl*), report, account, communication: nach den letzten ~en zu schließen to judge from the latest news (*od.* accounts). — **3.** *pl* (*im Radio u. Fernsehen*) news *pl* (*construed as sg or pl*), news report *sg*, communications, newscast *sg*: ~en hören to listen to the news (*od.* newscast); Sie hören (die) ~en here is the news; die neuesten ~en the latest (*od.* last) news; ~en aus dem Ausland news (*od.* reports, intelligence *sg*) from abroad; ~en über solche Vorkommnisse werden oft aufgebauscht news about (*od.* of, concerning) such events are often exaggerated; ~en vom Kriegsschauplatz war news; vermischte ~en miscellaneous news (*od.* items), miscellanies; ~en verbreiten to spread (*od.* circulate) news. — **4.** (*Mitteilung*) information, notice, intelligence, advice: j-m von etwas ~ geben to notify (*od.* inform, advise) s.o. of s.th.; ~en für Seeleute notices to sailors (*od.* mariners); Ihnen zur ~ *econ.* for your guidance (*od.* information); hiermit geben wir Ihnen ~, daß herewith we advise you that. — **5.** (*schriftliche od. mündliche Botschaft*) message, communication, (*schriftliche*) *auch* note: er hinterließ keine ~ he didn't leave a message; eine telephonische ~ a telephone message.

'nach,rich·ten *v/t* ⟨*sep*, -ge-, h⟩ *tech.* **1.** (*mittels Wasserwaage*) relevel, realign. — **2.** (*geraderichten*) restraighten. — **3.** (*mit Stellschraube*) readjust.

'Nach,rich·ten|,ab,tei·lung *f* **1.** *mil.* a) intelligence department (*od.* division), b) (*bis einschließlich 2. Weltkrieg*) communications (*od.* signal) section (*od.* battalion). — **2.** *pol.* *cf.* Nachrichtendienst 4. — **~agen,tur** *f* **1.** news (*od.* press) agency, press bureau. — **2.** *tel.* telegraph office. — **~,aus,tausch** *m* exchange of information. — **~,aus,wertung** *f* *mil.* evaluation of information. — **~be,schaf·fung** *f* collection of information. — **~,blatt** *n* **1.** newspaper, news sheet (*od.* bulletin), *auch* tabloid. — **2.** *cf.* Mitteilungsblatt. — **~,bü·ro** *n* *cf.* Nachrichtenagentur. — **~,dienst** *m* **1.** (*bei Rundfunk, Presse etc*) news (*od.* information) service (*od.* agency). — **2.** *tel.* communication service, (the) communications *pl.* — **3.** *mil.* a) (military) intelligence (service), b) *cf.* Nachrichtentruppe: technischer ~ technical intelligence. — **4.** *pol.* intelligence service (*od.* department), *bes. Br.* secret service. — **~,frei·heit** *f* *jur.* free communications *pl.* — **~,hel·fe·rin** *f* *mil. hist.* (*im 2. Weltkrieg*) signal-communication woman auxiliary. — **~kom·men,ta·tor** *m* (*radio*) (news) commentator, *bes. Am.* newscaster. — **~kom·pa,nie** *f* *mil. hist.* (*bis einschließlich 2. Weltkrieg*) signal company. — **~ma·ga,zin** *n* news magazine (*od.* journal). — **~ma·te·ri,al** *n* news material, information. — **~,mit·tel** *n* **1.** means (*od.* channel) of communication. — **2.** *mil.* signal equipment. — **~,netz** *n* **1.** communications network. — **2.** *mil.* intelligence net(work). — **~of·fi,zier** *m* *mil.* **1.** (*in einem Generalstab*) intelligence officer. — **2.** (*einer Fernmeldetruppe*) signal (*od.* communications) officer. — **~,quel·le** *f* source of information. — **~raum** *m* newsroom. — **~sa·tel,lit** *m* communications satellite. — **~,sen·dung** *f* **1.** (*im Radio*) news broadcast, newscast. — **2.** (*im Fernsehen*) news telecast, newscast. — **~,sper·re** *f* *pol.* news blackout (*od.* ban), ban on news. — **~,spre·cher** *m* news announcer, *bes. Am.* newscaster. — **~sy,stem** *n* communication service (*od.* network), communications *pl.* — **~,tech·nik** *f* *electr.* communication engineer-

ing. — **~theo,rie** *f* *math. tech.* communication theory. — **~,trup·pe** *f* *meist pl mil.* (*Fernmeldetruppe*) signals *pl*, *Am. auch* Signal Corps, *Br.* Corps of Signals. — **~über,brin·ger** *m* intelligencer. — **~über,mitt·lung** *f* *cf.* Nachrichtenübertragung. — **~über,sicht** *f* summary of the news, news summary. — **~über,tra·gung** *f* **1.** transmission of ̦news (*od.* intelligence): ~ mittels Satelliten satellite communication. — **2.** *mil.* message transmission. — **~ver,bin·dung** *f* communications *pl.* — **~ver,brei·tung** *f* diffusion of news. — **~ver,kehr** *m* news exchange, exchange of news (*od.* signals, signaling, *bes. Br.* signalling, information, intelligence), signal-communication activities *pl.* — **~,we·sen** *n* communications *pl*, communication activities *pl.* — **~,zeit,schrift** *f* *cf.* Nachrichtenmagazin. — **~zen,tra·le** *f* communications (*od.* message) center (*bes. Br.* centre).

'nach,richt·lich *adj only in* ~e Ausfertigung *mil.* information (*od.* info) copy.

'nach,rol·len I *v/i* ⟨*sep*, -ge-, sein⟩ roll after (*od.* behind). — **II** *v/t* ⟨h⟩ roll (*od.* send) (*s.th.*) after.

'nach,rö·sten *v/t* ⟨*sep*, -ge-, h⟩ roast (*od.* broil, brown) (*s.th.*) (over) again.

'nach,rücken (*getr.* -k·k-) *v/i* ⟨*sep*, -ge-, sein⟩ **1.** (*aufrücken*) move up, advance. — **2.** (*befördert werden*) be promoted (*od.* advanced), move up (*colloq.*): dem (*od.* für den) versetzten Beamten rückte ein anderer nach another official was promoted to the transferred official's post; in eine höhere Stelle ~ to be advanced to a higher post. — **3.** *mil.* a) (*folgen*) march after, follow, b) (*verfolgen*) pursue, follow up, move up to, close in (up)on.

'Nach,ruf *m* ⟨-(e)s; -e⟩ **1.** (*schriftlich*) obituary (notice *od.* note); necrologue, necrology (*lit.*): j-m einen ~ widmen to write a necrologue on s.o.; in der Zeitung steht ein ~ auf ihn there is an obituary note on him in the paper. — **2.** (*mündlich*) obituary (speech): j-m einen ~ widmen (*od.* halten) to make (*od.* deliver) an obituary (speech) in hono(u)r of s.o.

'nach,ru·fen *v/t* ⟨*irr*, *sep*, -ge-, h⟩ j-m etwas ~ to call (*od.* shout, cry) s.th. after s.o.: er rief mir nach, daß he called after me that; sie rief mir einen Gruß an dich nach she called to me to give you her kind regards.

'Nach,ruhm *m* posthumous fame, renown after death, lasting renown (*od.* celebrity). — **'nach,rüh·men** *v/t* ⟨*sep*, -ge-, h⟩ j-m etwas ~ to praise s.o. for s.th.: ihm wird nachgerühmt, daß er ein besonnener Politiker sei he is praised for being a circumspect politician.

'Nach,saat *f* *agr.* second sowing.

'nach,sa·gen *v/t* ⟨*sep*, -ge-, h⟩ **1.** j-m etwas ~ to say (*od.* speak) s.th. of s.o., to talk s.th. about s.o.: j-m Schlechtes (*od.* Übles) ~ to speak badly of s.o., to cast a slur on s.o.; man kann ihm nichts Gutes ~ one can't say anything good about him, you can't say a good word for him; man kann ihm nichts Schlechtes ~ one (*od.* you) can't say anything bad about him; man kann ihm nur Gutes ~ one cannot but speak well of him; man sagt ihm nach, daß er ein Lügner sei he is said to be a liar, he has a reputation of being a liar; das würde ich mir nicht ~ lassen I wouldn't let that be said of (*od.* about) me, I wouldn't let anybody say that of (*od.* about) me; ihm wird Stolz [Hochmut] nachgesagt he is said to be proud [arrogant]. — **2.** (*wiederholen*) repeat (mechanically), echo: er sagt mir immer alles nach he always repeats what I'm saying, he parrots my every word.

'Nach,sai,son *f* off-season.

'nach,sal·zen *v/t* ⟨*irr*, *sep*, -ge-, h⟩ *gastr.* add more salt to, salt (*s.th.*) (over) again.

'Nach,satz *m* **1.** (*in einer Rede etc*) addition, additional (*od.* supplementary) sentence (*od.* remark). — **2.** *ling.* secondary clause following the main clause. — **3.** *philos.* minor proposition. — **4.** *mus.* consequent phrase. — **5.** (*games*) additional stake. — **6.** *cf.* Nachschrift 1.

'nach,schaf·fen *v/t* ⟨*irr*, *sep*, -ge-, h⟩ (*art*) (*kopieren*) create (*od.* produce) (*s.th.*) after a model, model, copy, imitate, reproduce: der Künstler schuf den Kopf in Marmor nach the artist reproduced the head in marble. — '**nach,schaf·fend I** *pres p.* – **II** *adj* (*Künstler etc*) reproductive.

'**nach,schär·fen** *v/t* ⟨*sep*, -ge-, h⟩ *tech.* **1.** resharpen. – **2.** (*Werkzeuge*) (re)dress. – **3.** (*durch Schleifen*) regrind.

'**nach,schau·en** *v/i u. v/t* ⟨*sep*, -ge-, h⟩ *cf.* nachsehen 1—9.

'**nach,schen·ken I** *v/i* ⟨*sep*, -ge-, h⟩ j-m etwas ~ to give s.o. more of s.th.: schenk mir bitte noch etwas Tee nach give me some more tea, please; j-m Wein ~ to pour (some) more wine into s.o.'s glass, to refill (*od.* fill up) s.o.'s glass with wine. – **II** *v/i* j-m ~ to refill (*od.* fill up) s.o.'s glass (*od.* cup).

'**nach,schicken** (*getr.* -k·k-) *v/t* ⟨*sep*, -ge-, h⟩ *cf.* nachsenden.

'**nach,schie·ben** *v/t* ⟨*irr*, *sep*, -ge-, h⟩ **1.** push (*od.* shove) (s.th.) from behind. – **2.** einen Ball ~ (*im Billard*) to make a foul stroke. – **II** *v/i* **3.** (von hinten) ~ (*im Gedränge*) push (*od.* press) from behind.

'**nach,schie·ßen** *v/i* ⟨*irr*, *sep*, -ge-, h u. sein⟩ **1.** ⟨h⟩ j-m ~ to shoot (*od.* fire, send a bullet) after s.o. – **2.** ⟨sein⟩ j-m ~ *fig.* to rush (*od.* dash, dart, tear) after s.o.: er schoß ihm nach wie ein geölter Blitz *colloq.* he shot (*od.* dashed) after him like a bat out of hell. – **3.** ⟨sein⟩ (*von Pflanzen*) shoot (*od.* spring up) afterward(s) (*od.* later). – **II** *v/t* ⟨h⟩ **4.** j-m eine Kugel ~ *colloq.* to shoot (*od.* fire, send a bullet) after s.o. – **5.** (j-m) etwas ~ *fig.* (*Gelder etc*) to pay (*od.* give, grant) (s.o.) s.th. additionally (*od.* in addition): den Rest einer Summe ~ to pay the balance of a sum.

'**Nach,schim·mer** *m* reflection, *Br. auch* reflexion, afterglow.

'**nach,schimp·fen** *v/i* ⟨*sep*, -ge-, h⟩ j-m ~ to curse after s.o.

'**Nach,schlag** *m* **1.** (*beim Boxen*) counter(blow). – **2.** *mus.* termination (of a trill). – **3.** *colloq.* (*beim Essen*) seconds *pl* (*colloq.*), second (*od.* extra) helping: einen ~ fassen to go up for a second helping.

'**Nach,schla·ge,buch** *n cf.* Nachschlagewerk.

'**nach,schla·gen I** *v/t* ⟨*irr*, *sep*, -ge-, h⟩ **1.** (*Stelle, Wort etc*) look up: eine Stelle bei Goethe ~ to look up a passage in Goethe; etwas in einem Buch ~ to look s.th. up in a book. – **II** *v/i* ⟨h u. sein⟩ **2.** ⟨h⟩ im Lexikon ~ to consult (*od.* refer to) a dictionary. – **3.** ⟨h⟩ (*sport*) a) (*beim Boxen*) counter, b) (*beim Fußball*) retaliate. – **4.** ⟨sein⟩ j-m ~ *fig. colloq.* to take after s.o. – **III** N~ *n* ⟨-s⟩ **5.** *verbal noun.* – **6.** consultation, reference: beim N~ im Wörterbuch (up)on consultation of a dictionary.

'**Nach,schla·ge,werk** *n* work (*od.* book) of reference, reference book (*od.* work).

'**nach,schlei·chen** *v/i* ⟨*irr*, *sep*, -ge-, sein⟩ j-m ~ a) to sneak (*od.* steal, skulk) after s.o., b) (*j-n beschatten*) to shadow s.o.

'**nach,schlei·fen**[1] *v/t* ⟨*irr*, *sep*, -ge-, h⟩ *tech.* **1.** regrind. – **2.** (*auf genaues Maß*) finish-grind. – **3.** (*nachschärfen*) resharpen.

'**nach,schlei·fen**[2] **I** *v/t* ⟨*sep*, -ge-, h⟩ *cf.* nachschleppen 2. – **II** *v/i cf.* nachschleppen 3.

'**nach,schlep·pen I** *v/t* ⟨*sep*, -ge-, h⟩ **1.** j-m etwas ~ to lug (*od.* carry) s.th. after s.o.: der Träger schleppte ihr 2 schwere Koffer nach the porter lugged two heavy suitcases after her. – **2.** (*verletzten Fuß*) drag: seine Füße ~ to drag one's feet. – **II** *v/i* **3.** (*von Kleid etc*) trail (along). – **III** *v/reflex* sich ~ **4.** drag oneself (along) after: der Verwundete schleppte sich den anderen nach the wounded man dragged himself along after the others.

'**Nach,schliff** *m tech.* **1.** regrinding. – **2.** (*Nachschärfen*) resharpening.

'**Nach,schlüs·sel** *m* **1.** skeleton key, passkey. – **2.** (*Hauptschlüssel*) master key, passkey. – **3.** *cf.* Dietrich 1. – **4.** extra (*od.* duplicate) key.

'**nach,schmecken** (*getr.* -k·k-) *v/i* ⟨*sep*, -ge-, h⟩ leave a taste (in the mouth).

'**Nach,schmer·zen** *pl med.* afterpains, *Br.* after-pains.

'**nach,schmie·ren** *v/i u. v/t* ⟨*sep*, -ge-, h⟩ relubricate.

'**nach,schnei·den** *v/t* ⟨*irr*, *sep*, -ge-, h⟩ **1.** (*Brot etc*) cut some more. – **2.** *tech.* a) (*Gewinde etc*) finish-cut, b) (*Gewindeloch*) resize, c) (*Innengewinde*) retap.

'**Nach,schöp·fung** *f* **1.** (*art*) reproduction. – **2.** *cf.* Nachdichtung 2.

'**nach,schrei·ben I** *v/t* ⟨*irr*, *sep*, -ge-, h⟩ **1.** *ped.* a) copy (s.th.) out, b) (*Buchstaben etc*) copy, c) (*versäumte Klassenarbeit etc*) write (s.th.) later, d) (*nach Diktat*) take (s.th.) down. – **2.** (*Rede, Vorlesung etc*) write (s.th.) down, take notes of, (*nachträglich*) copy, make (*od.* write) a copy of, transcribe. – **II** *v/i* **3.** take notes: er hat fleißig nachgeschrieben he took copious notes. – **4.** j-m ~ to copy s.o.'s writing (*od.* style).

'**nach,schrei·en I** *v/i* ⟨*irr*, *sep*, -ge-, h⟩ j-m ~ to call (*od.* cry) after s.o. – **II** *v/t* j-m etwas ~ to cry s.th. to s.o., to shout s.th. after s.o.

'**Nach,schrift** *f* **1.** (*im Brief etc*) postscript. – **2.** (*Abschrift*) copy, transcript(ion). – **3.** (*Notizen*) writing, notes *pl*, record. – **4.** (*Diktat*) dictation.

'**Nach,schub** *m mil.* **1.** supply, supplies *pl*: ~ auf dem Luftweg air supply. – **2.** (*Verstärkungen*) reinforcements *pl*. — ~**ba·sis** *f* supply base. — ~**ko,lon·ne** *f* supply column (*od.* train). — ~**la·ger** *n* supply depot (*od.* dump), magazine. — ~**li·nie** *f*, ~**weg** *m* line of communication (*od.* supply).

'**nach,schu·lisch** *adj* ⟨*attrib*⟩ *ped.* post-school, after-school.

'**Nach,schur** *f agr.* subsequent (*od.* second) shearing (*od.* clipping).

'**Nach,schuß** *m* **1.** (*sport*) follow-up shot. – **2.** *econ. cf.* Nachschußzahlung. — ~**pflicht** *f econ.* **1.** (*im Versicherungswesen*) obligation to pay supplementary contribution. – **2.** (*von Vorschußschuldnern*) obligation to provide additional security. – **3.** (*bei Aktienemission*) obligation to make supplementary payment. — ~**zah·lung** *f* **1.** additional (*od.* fresh, supplementary) payment. – **2.** (*bei Darlehen, Effekten etc*) additional margin (*od.* cover).

'**nach,schüt·ten** *v/t* ⟨*sep*, -ge-, h⟩ **1.** (*Kohlen etc*) put on more, add. – **2.** *colloq. cf.* nachgießen 1.

'**Nach,schwa·den** *pl* (*mining*) **1.** (*nach einer Explosion*) afterdamp *sg*. – **2.** (*nach einer Sprengung*) shotfiring fumes. – **3.** (*in ihrer Wirkung auf die Atemwege*) choke (*od.* black) damp *sg*. [after-swarm.]

'**Nach,schwarm** *m zo.* afterswarm, *Br.*

'**nach,schwat·zen** *v/t* ⟨*sep*, -ge-, h⟩ repeat (s.th.) mechanically (*od.* by rote), echo, parrot.

'**nach,schwim·men** *v/i* ⟨*irr*, *sep*, -ge-, sein⟩ j-m ~ to swim after s.o.: er schwamm voraus und ich schwamm nach he swam ahead and I followed.

'**Nach,schwin·dung** *f* ⟨-; *no pl*⟩ *synth.* after-contraction.

'**nach,schwin·gen** *v/i* ⟨*irr*, *sep*, -ge-, h⟩ *phys.* **1.** (*in der Akustik*) resound. – **2.** (*in der Mechanik*) continue to vibrate.

'**nach,se·hen I** *v/i* ⟨*irr*, *sep*, -ge-, h⟩ **1.** look (*od.* gaze) after, follow (s.o., s.th.) with the eyes: er sah ihr [dem Zug] nach he looked after her [the train]. – **2.** (*nach etwas od. j-m suchen*) look (*od.* go) and see, look, see, have a look: ich werde ~, ob ich das Buch habe I shall look and see whether I have (got) the book; sieh einmal nach, wer draußen ist look and see who's at the door (*od.* outside). – **3.** *cf.* nachschlagen 2. – **II** *v/t* **4.** look up: ein Wort im Wörterbuch ~ to look up a word in the dictionary. – **5.** (*auf Fehler od. Schäden hin untersuchen*) look (*od.* go) over (*od.* through), examine, check. – **6.** (*Hausaufgaben etc*) correct, go through. – **7.** (*Rechnungsbücher etc*) revise, audit. – **8.** (*überholen*) overhaul. – **9.** *auto.* a) (*Wagen*) inspect, b) (*Öl*) check. – **10.** let pass, overlook, condone, excuse, shut one's eyes to: ich werde es dir diesmal ~ I will overlook it (*od.* pass it over) this time; sie sieht ihren Kindern alles nach she indulges her children in everything, she lets her children get away with anything. – **III** N~ *n* ⟨-s⟩ **11.** *verbal noun.* – **12.** (*in Wendungen wie*) das N~ haben *fig.* to be left behind (*od.* out in the cold), to come off badly, to have one's trouble for nothing, to be left holding the baby (*colloq.*); j-m das N~ geben to beat s.o. to (*od.* to it), to leave s.o. behind (*od. colloq.* holding the baby). – **13.** examination. – **14.** correction. – **15.** revision, auditing. – **16.** overhauling. – **17.** inspection.

'**Nach,sen·de|,an,schrift** *f* (*postal service*) forwarding address. — ~**,an,trag** *m* application to have one's mail forwarded.

'**nach,sen·den I** *v/t* ⟨*bes. irr*, *sep*, -ge-, h⟩ **1.** forward, readdress, redirect: j-m einen Brief ~ to forward a letter to s.o., to send a letter after (*od.* on to) s.o.; bitte ~! please forward. – **2.** (*später schicken*) send (s.th.) later (*od.* afterward[s]). – **II** N~ *n* ⟨-s⟩ **3.** *verbal noun.* — '**Nach,sen·dung** *f* **1.** *cf.* Nachsenden 1. – **2.** *econ.* following (*od.* later) consignment.

'**nach,set·zen I** *v/t* ⟨*sep*, -ge-, h⟩ **1.** *cf.* nachstellen 1. – **2.** *fig.* (*Interessen etc*) put (*od.* consider) (s.th.) last, set aside. – **II** *v/i* ⟨sein u. h⟩ **3.** ⟨sein⟩ j-m ~ to run (*od.* make, speed) after s.o., to give chase to s.o., to pursue s.o. – **4.** ⟨h⟩ (*games*) increase one's stake.

'**Nach,sicht** *f* **1.** indulgence, forbearance: mit j-m ~ haben to be indulgent toward(s) (*od.* lenient with) s.o.; j-n mit ~ behandeln to treat s.o. with indulgence; gegenseitig ~ üben to bear and forbear; mit j-s Schwächen ~ haben to make allowance(s) for s.o.'s frailties; j-n um ~ bitten to ask s.o.'s indulgence. – **2.** (*Geduld*) patience: haben Sie ~ mit mir be patient with me, bear with me, I ask your indulgence. – **3.** (*Milde*) leniency, clemency: seinen Kindern gegenüber zuviel ~ walten lassen to be too lenient with one's children. – **4.** (*Rücksicht*) mercy: ohne ~ vorgehen to proceed without mercy (*od.* indulgence); keine ~ kennen to give no pardon; → Vorsicht.

'**nach,sich·tig** *adj* **1.** indulgent, forbearing: ~ gegenüber (*od.* mit) j-m [etwas] sein to indulge s.o. [s.th.], to make allowances for s.o. [s.th.]. – **2.** (*geduldig*) patient. – **3.** (*milde*) lenient, clement: ~e Eltern lenient (*od.* indulgent) parents. – **II** *adv* **4.** j-n ~ behandeln to treat s.o. with indulgence. — '**Nach,sich·tig·keit** *f* ⟨-; *no pl*⟩ *cf.* Nachsicht.

'**nach,sichts|los** *adj u. adv cf.* unnachsichtig. — ~**voll** *adj u. adv cf.* nachsichtig. ,**Nach'sicht,wech·sel** *m econ.* after-sight bill (*od.* draft).

'**Nach,sil·be** *f ling.* suffix (*of one syllable*).

'**nach,sin·gen** *v/t* ⟨*irr*, *sep*, -ge-, h⟩ (*Lied*) repeat.

'**nach,sin·nen** *v/i* ⟨*irr*, *sep*, -ge-, h⟩ **1.** (*nachdenken*) (*über acc*) reflect (upon), ponder (*acc od.* on, over), meditate (on, upon), chew (on, upon, over) (*colloq.*): er sann darüber nach, wie er ihr helfen könnte he reflected how he could help her. – **2.** (*in Gedanken versunken sein*) (*dat od.* über *acc*) meditate (on, upon), muse (on, upon, over), ruminate (over, about, on), speculate (on, upon): den glücklichen Tagen der Vergangenheit ~ to muse over the happy days of the past; über sein Unglück ~ to brood (*od.* meditate) over one's misfortune. – **II** N~ *n* ⟨-s⟩ **3.** *verbal noun.* – **4.** reflection, *Br. auch* reflexion, meditation, speculation. – **5.** meditation, rumination: in tiefes N~ versunken sein to be in a brown study, to be lost in thought.

'**nach,sint,flut·lich** *adj* postdiluvian, *Br.* post-diluvian.

'**nach,sit·zen** *colloq.* **I** *v/i* ⟨*irr*, *sep*, -ge-, h u. sein⟩ ~ (müssen) to stay in (*od.* overtime), to be kept in, to be detained; einen Schüler ~ lassen to make a pupil stay in, to keep in (*od.* detain) a pupil. – **II** N~ *n* ⟨-s⟩ detention, extra school.

'**Nach,som·mer** *m* **1.** late (*bes. Am.* Indian) summer, *auch* St. Luke's summer, St. Martin's summer. – **2.** *fig. poet.* Indian summer.

'**nach,spä·hen** *v/i* ⟨*sep*, -ge-, h⟩ j-m ~ to follow s.o. closely (*od.* carefully) with one's eyes.

'**Nach,spei·se** *f gastr. cf.* Nachtisch.

'**Nach,spiel** *n* **1.** *mus.* postlude, (*bes. nach Gottesdienst, oft improvisiert*) voluntary. – **2.** (*theater*) epilog(ue), afterpiece. – **3.** *fig.* sequel, consequence, aftermath: die Sache wird ein gerichtliches ~ haben the affair will have legal consequences; das wird noch ein ~ haben we haven't heard the last of it.

'**nach,spie·len I** *v/t* ⟨*sep*, -ge-, h⟩ **1.** *mus.* (*Melodie etc*) replay (s.th.) (by ear). – **2.** (*Ereignis, Theaterstück etc*) reenact, *Br.* re-enact, perform. – **3.** (*games*) dieselbe Farbe ~ to return (*od.* follow) the lead, to follow suit; eine andere Farbe ~ to lead another suit. – **II** *v/i* **4.** (*sport*) ~ lassen to extend time, to allow injury time: der

Schiedsrichter ließ ~ the referee allowed injury time; er ließ 10 Minuten ~ he allowed an extra 10 minutes.

'**nach,spio,nie·ren** v/i ⟨sep, no -ge-, h⟩ j-m ~ to spy (up)on s.o.

'**nach,spre·chen** v/t ⟨irr, sep, -ge-, h⟩ repeat: j-m etwas ~ to say (od. repeat) s.th. after s.o.; sprecht mir die Worte nach say the words after me; etwas gedankenlos ~ to repeat s.th. mechanically, to parrot s.th.

'**nach,spren·gen** v/i ⟨sep, -ge-, sein⟩ canter (od. gallop) after.

'**nach,sprin·gen** v/i ⟨irr, sep, -ge-, sein⟩ 1. jump after: einem Ertrinkenden ~ to jump after a drowning man. – 2. Southern G., Austrian and Swiss for nachrennen.

'**nach,spü·len I** v/t ⟨sep, -ge-, h⟩ 1. (Wäsche etc) rinse (s.th.) again. – 2. rinse (s.th.) down: eine Pille nehmen und mit Wasser ~ to take a pill and rinse it down with water. – 3. (Abflußrohr etc) rinse out. – 4. tech. reflush. – **II** v/i 5. rinse out one's mouth.

'**nach,spü·ren** v/i ⟨sep, -ge-, h⟩ 1. hunt. track: einem Tier ~ to track an animal. – 2. j-m ~ fig. to trace s.o., to spy (up)on s.o. – 3. einem Geheimnis ~ to try to find out about a secret, to trace a secret.

nächst [nɛːçst] **I** sup of nahe. – **II** adj **1.** (örtlich) a) nearest, immediate, proximate, b) (kürzest) nearest, shortest, c) (in einer Reihenfolge) next: im ~en Haus next door; meine ~en Nachbarn my next-door neighbo(u)rs; die ~e Umgebung the immediate vicinity; aus ~er Nähe betrachtet viewed close-up (od. at close range, at close quarters); der ~e Ort ist 3 Kilometer entfernt the nearest town (od. village) is three kilometers distant; der ~e Weg the nearest way, the shortest way. – **2.** (zeitlich) next, coming, following, proximate: am ~en Tag (on) the next day, the day after; in den ~en Tagen in the next few days, one of these days; ~e Woche um diese Zeit by this time next week; Mittwoch ~er Woche Wednesday week, a week from Wednesday; ~en Dienstag next Tuesday, on Tuesday next; in den ~en Jahren in the years to come; in ~er Zeit in the near future, shortly, soon. – **3.** (Reihenfolge) next, following, proximate: die ~e Seite the next page; das ~e Kapitel the following chapter; ~es Mal (the) next time; die ~e Generation the next (od. coming) generation; die ~e Straße rechts the next street to the right. – **4.** der [die, das] ~e beste the next best. – **5.** fig. nearest, closest: meine ~en Verwandten my nearest relatives, my next of kin; meine ~en Freunde my closest (od. intimate) friends. – **III** N~e, das ⟨-n⟩ **6.** the next (thing): das N~e, was ihm in die Finger kam the next (best) thing he could get hold of. – **7.** (mit Kleinschreibung) the next thing: das n~e, was sie kaufen wollen, ist ein Auto the next thing they are going to buy is a car; was kommt als n~es? what comes next? – **IV** adv **8.** am ~en (dat to) next, nearest, closest: er sitzt mir am ~en he sits next to me; er ist mir im Alter am ~en he is closest to me in age. – **9.** fig. (in Wendungen wie) er kommt ihm an Intelligenz am ~en he is closer to him in intelligence than anyone else; er kommt seinem Vater in der äußeren Erscheinung am ~en he resembles his father most, he is most like his father in looks; diese Erklärung liegt am ~en this explanation is the most obvious (od. most likely) one; sie steht mir (innerlich) am ~en she is most akin to me. – **10.** fürs ~e for the time being, for some time to come. – **V** prep ⟨dat⟩ **11.** next (to): sie saß ~ dem Gastgeber she was placed next to the host; ~ dem Haus ist ein Garten there is a garden next to the house; ~ seinen Kindern bist du ihm am liebsten next to (od. after) his children he likes you best.

'**nach,star·ren** v/i ⟨sep, -ge-, h⟩ j-m ~ to stare after s.o.

'**nächst'best I** adj ⟨attrib⟩ **1.** (beliebig) next best: ich werde den ~en Zug nehmen I shall take the next best train. – **2.** (in Qualität) second-best: mein ~es Paar Schuhe my second-best pair of shoes. – **II** N~e, das ⟨-n⟩ **3.** the next best (thing): das N~e ist, ins Kino zu gehen the next best thing to do is to go to the pictures (Am. colloq. movies). — '**Nächst'be·ste** m, f ⟨-n

-n⟩ the next best (person): sie fragte den ~n she asked the next best person (od. the first person she came across).

,**nächst'dem** adv rare **1.** next to (od. after) that. – **2.** (darauf) thereupon.

'**Näch·ste** m ⟨-n; -n⟩ **1.** (Mitmensch) fellow-man, fellow creature, neighbor, bes. Br. neighbour: jeder ist sich selbst der ~ (Sprichwort) charity begins at home, every man is his own best friend (proverb); liebe deinen ~n wie dich selbst Bibl. love thy neighbo(u)r as thyself. – **2.** (mit Kleinschreibung) next person: der n~, bitte next, please; er kam als n~r an he was the next to arrive; er war als n~r an der Reihe it was his turn next, he was next in turn.

'**nach,ste·hen** v/i ⟨irr, sep, -ge-, h u. sein⟩ **1.** stand (od. come) after, be placed at the end: diese Partikel steht immer nach this particle is always placed at the end, this is a postpositive (od. postpositional) particle. – **2.** j-m ~ fig. (in, an dat in) to be inferior to s.o., to be s.o.'s inferior, to be behind s.o.: er steht seinem Bruder an (od. in) Intelligenz kaum nach he is hardly inferior to his brother in intelligence; keinem in etwas ~ to be second to none in s.th., to yield to none in s.th.; j-m in nichts ~ to be in no way inferior to s.o. – **3.** play a secondary role, take a back seat (colloq.): sie mußte immer ihrer jüngeren Schwester ~ she always had to play a secondary role to her younger sister. — '**nach,ste·hend I** pres p. – **II** adj **1.** (Bemerkung etc) following. – **III** adv **2.** in the following, in what follows, bes. jur. hereinafter: ~ finden Sie die Preise für in the following you will find the prices for. – **3.** die ~ verzeichneten (od. aufgeführten) Preise the prices mentioned (od. listed, specified) below. – **IV** N~e, das ⟨-n⟩ **4.** the following. – **5.** (mit Kleinschreibung) ich möchte Ihnen n~es zur Kenntnis bringen I want to inform you of the following; im n~en in the following, in what follows; im n~en Verkäufer genannt econ. jur. (in Verträgen) hereinafter called seller.

'**nach,stei·gen** v/i ⟨irr, sep, -ge-, sein⟩ einem Mädchen ~ colloq. humor. to be after a girl, to chase (after) a girl.

'**nach,stell·bar** adj tech. adjustable: ~e Reibahle expansion reamer.

'**nach,stel·len I** v/t ⟨sep, -ge-, h⟩ **1.** place (od. put) behind (od. after): das Prädikat dem Subjekt ~ to place the predicate after the subject; das Verb wird nachgestellt the verb is placed after (od. postponed); er stellte ihm all seine andern Freunde nach fig. he placed all his other friends after him, he preferred him to all his other friends. – **2.** (Uhr etc) put back. – **3.** tech. a) (Meßgeräte, Kupplung etc) (re)adjust, b) (Schneidmeißel) reset. – **II** v/i **4.** j-m ~ a) to persecute (od. hound) s.o., to lay snares (od. set traps) for s.o., to lie in wait for s.o., to waylay s.o., b) colloq. (einem Mädchen) cf. nachsteigen. – **5.** hunt. dem Wild ~ to pursue (od. hunt) the game; den Vögeln ~ to ensnare (od. trap) birds. – **III** N~ n ⟨-s⟩ **6.** verbal noun. – **7.** cf. Nachstellung.

'**Nach,stell,schrau·be** f tech. cf. Stellschraube.

'**Nach,stel·lung** f ⟨-; -en⟩ **1.** cf. Nachstellen. – **2.** meist pl fig. persecution: er war nie sicher vor den ~en seiner Feinde he was never safe from the persecution of his enemies. – **3.** tech. a) (von Meßgeräten) (re)adjustment, b) (von Schneidmeißel) resetting. – **4.** ling. postposition.

'**Nach,stell,vor,rich·tung** f tech. (re)adjusting device.

'**Näch·sten,lie·be** f ⟨-; no pl⟩ charity, altruism: ~ predigen to preach charity; ~ üben to practice charity, to carry out philanthropic activities; etwas mit dem Mantel christlicher ~ bedecken to cover s.th. with the cloak of charity.

'**nach·ste·no,gra,phie·ren** v/t ⟨sep, no -ge-, h⟩ etwas ~ to take s.th. down in shorthand.

'**näch·stens** adv **1.** (bald einmal, demnächst) before long, (very) soon, in the near future: ich werde dich ~ besuchen kommen I'll come to see you before long. – **2.** (bald) (very) soon, shortly. – **3.** one of these days: ~ fängt er auch noch zu trinken an! one of these days he might even take to drink(ing)! – **4.** (nächstes Mal) next time: paßt du

(aber) besser auf! a) next time you should pay more attention! b) next time you should be more careful!

'**Nach,steu·er** f econ. additional tax.

'**nächst,fol·gend** adj ⟨attrib⟩ **1.** next (in order), (next) following: das ~e Kapitel the next chapter. – **2.** (untergeordnet) secondary. — '**Nächst,fol·gen·de** m, f ⟨-n; -n⟩ next (od. following) person, next person in order.

'**nächst·ge,le·gen** adj ⟨attrib⟩ nearest, next: im ~en Dorf in the nearest village.

'**nächst'grö·ßer** adj ⟨attrib⟩ next in size.

'**nächst'hö·her** adj ⟨attrib⟩ (Rangstufe, Vorgesetzter etc) next higher. — '**Nächst'hö·he·re** m, f ⟨-n; -n⟩ **1.** next higher (person). – **2.** (Vorgesetzter) one's immediate superior.

'**nächst,jäh·rig** adj ⟨attrib⟩ of next year, of the year to come.

'**nächst,lie·gend** adj ⟨attrib⟩ nearest (at hand). — '**Nächst,lie·gen·de, das** ⟨-n⟩ the thing nearest at hand, the (most) obvious thing: das ~ wäre nachzufragen the next thing to do would be to inquire; an das ~ denkt man meist nicht one doesn't usually think of the nearest (od. most obvious) thing.

'**nächst,mög·lich** adj ⟨attrib⟩ next possible: zum ~en Termin at the next possible date.

'**Nach,stoß** m **1.** second thrust (od. kick). – **2.** (beim Fechten) remise, riposte, auch repost, return. — '**nach,sto·ßen I** v/i ⟨irr, sep, -ge-, h u. sein⟩ **1.** ⟨h⟩ thrust (od. kick) again. – **2.** ⟨h⟩ (beim Fechten) remise, riposte, auch repost, return. – **3.** ⟨sein⟩ mil. follow up, pursue. – **II** v/t **4.** ⟨h⟩ push (s.th.) forward, thrust (s.th.) after.

'**nach,stre·ben** v/i ⟨sep, -ge-, h⟩ (dat) strive (for od. after), aspire (to): j-m ~ to emulate s.o.; einem höheren Ziel ~ to strive for (od. pursue) a higher goal.

'**nach,strö·men** v/i ⟨sep, -ge-, sein⟩ **1.** (von Wasser etc) stream (od. flow, rush, surge) after. – **2.** fig. stream (od. crowd) after, follow in masses.

'**nächst,ste·hend** adj ⟨attrib⟩ next.

'**nach,stür·men** v/i ⟨sep, -ge-, sein⟩ j-m ~ cf. nachstürzen 2.

'**nach,stür·zen** v/i ⟨sep, -ge-, sein⟩ **1.** (von Mauerwerk, Erdmassen etc) fall (od. cave in, tumble, precipitate) after, plunge down. – **2.** j-m ~ to rush after s.o.

'**nach,su·chen I** v/t ⟨sep, -ge-, h⟩ (nachsehen, nachschlagen) search for (od. after), look for, (bes. im Wörterbuch etc) look up. – **II** v/i um etwas ~ to apply (od. sue, petition) for s.th., to seek (od. request, solicit, petition) s.th.: um Vergebung [Privataudienz] ~ to apply for (od. ask, seek) forgiveness [private audience]. – **III** N~ n ⟨-s⟩ verbal noun. — '**Nach,su·chung** f ⟨-; -en⟩ **1.** cf. Nachsuchen. – **2.** (Antrag) application, suit, petition, request.

'**nach·syn·chro·ni,sie·ren** v/t ⟨sep, no -ge-, h⟩ (film) postsynchronize, Br. post-synchronise, dub.

Nacht [naxt] f ⟨-; ⸚e⟩ **1.** night: gute ~! auch iron. good night! eine sternklare [mondhelle] ~ a starlit [moonlit] night; nach durchwachter [durchtanzter, durchzechter] ~ gingen sie nach Hause after staying up [dancing, carousing] all night they went home; der Patient hatte eine unruhige ~ the patient had a restless night; j-m eine gute ~ wünschen to wish (od. bid) s.o. good night; ich habe eine schlaflose ~ verbracht I had a sleepless night; j-m schlaflose Nächte bereiten auch fig. to cause s.o. to have sleepless nights; die ~ zum Tag machen to turn night into day; es wird ~ it is growing (od. getting) dark, night is coming on; sich (dat) die ~ um die Ohren schlagen fig. to make a night of it; häßlich wie die ~ (as) ugly as night (od. sin); schwarz wie die ~ (as) black as night (od. coal, ink, the devil, Styx), (as) dark as Hades; verschieden wie Tag und ~ (as) different as chalk and cheese; ~ für ~ jede ~ every night; bei ~ at night; Tag und ~ day and night; während der ~, lit. des ~s in (od. during) the night, at night; eines ~s one night; bis spät (od. tief) in die ~, bis in die späte ~ (hinein) until late in the (od. at) night; er arbeitet bis in die späte ~ hinein he is burning the midnight oil; bis in die sinkende ~ (hinein) to the last of daylight, till nightfall; bei Einbruch der ~, mit einbrechender ~ at nightfall; mitten in der ~ in the middle of night; zu ~ essen to have supper, to sup; **in finstrer ~** in the dark of night; **in tief(st)er ~** at dead of night; **die ~ über** (*od.* **über ~**) **bleiben** to stay overnight, to stay (*od.* spend) the night; **er wurde über ~ berühmt** *fig.* he became famous overnight (*od.* from one day to the other, all of a sudden); **diese** (*od.* **in dieser**) **~** this night; **letzte** (*od.* **in der letzten**) **~, vergangene** (*od.* **in der vergangenen, verflossenen**) **~** last night; **in der ~ vom 5. zum** (*od.* **auf den**) **6. Januar** in the night of (*od.* from) the 5th to the 6th of January; **während** (*od.* **im Laufe**) **der ~** during the night; **drei Nächte lang** (*od.* **hindurch**) three nights long (*od.* in succession); **die ganze** (*od.* **lang**) **~** all night (long), the entire night; **die Heilige ~** Holy Night; „**Tausendundeine ~**" (*literature*) "The Arabian Nights" *pl*, "The Thousand and One Nights" *pl* (*a collection of Arabian fairy tales*); **die Zwölf Nächte** the Twelve Nights (*between Christmas and Epiphany*); **das Recht der ersten ~** *jur. hist.* jus primae noctis, the right of the first night; → **Katze** 2; **Königin** 3. – **2.** (*mit Kleinschreibung in Wendungen wie*) **heute** [**gestern, morgen, Dienstag**] **n~** tonight [last night, tomorrow night, Tuesday night]. – **3.** *fig.* (*Dunkelheit*) night, darkness: **sie fuhren durch die ~** they drove through the darkness; **ringsum war schwarze ~** all around it was pitch-dark; **er entkam unerkannt im Schutze** (*od.* **Dunkel**) **der ~** he escaped unrecognized under the cover of night; **er machte sich bei ~ und Nebel davon** he made off under the cover of night (*od.* furtively); **es wurde ~ vor ihren Augen** she fainted, she swooned (away). – **4.** *fig.* (*Verhängnis*) night: **die ~ des Wahnsinns senkte sich über ihn** the night of insanity descended on him; **mit dem 2. Weltkrieg brach die ~ über Europa herein** at the outbreak of the Second World War the dark shadow of night (*od.* a total blackout) settled down over Europe.

'**Nacht|,af·fe** *m meist pl* zo. night ape (*od.* monkey), owl monkey, (red-footed) douroucouli (*auch* dourocouli, durukuli) (*Gattg Aotes*). — **~,an,griff** *m aer. mil.* night attack.

'**nach,tan·ken** *v/i u. v/t* ⟨*sep*, -ge-, h⟩ refuel.

'**Nacht|,ar·beit** *f* nightwork, *Br.* night-work. — **~,asyl** *n* ['-ʔa,zyːl] *n* night shelter; „**~**" "The Lower Depths" (*by Gorki*). — **~,auf,klä·rung** *f* aer. mil. night reconnaissance. — **~,auf,nah·me** *f* phot. night photo(graph) (*od.* exposure). — **~,aus,ga·be** *f* (*einer Zeitung*) late night edition. — **~,baum,nat·ter** *f* zo. brown tree-snake (*Boiga irregularis*). — **~,be,leuch·tung** *f* dimmed (*od.* night) light (*od.* illumination). — **n~,blau** *adj* midnight-blue. — **n~,blind** *adj med.* night- (*od.* moon-)blind; nyctalopic, hemeralopic (*scient.*). — **~,blind·heit** *f* night blindness, day sight; nyctalopia, nocturnal amblyopia (*scient.*). — **~,blu·me** *f* bot. 1. Arabian jasmine (*Jasminum sambac*). – **2.** *pl* nocturnal flowers. — **~,bom·ben,an,griff** *m* aer. mil. night bombing attack. — **~,bom·ber** *m* night bomber. — **~,creme** *f* (*cosmetics*) night cream. — **~,dienst** *m* 1. (*von Arzt, Krankenschwester etc*) night duty: **Dr. X hat morgen ~** Dr. X is on night duty tomorrow. – **2.** (*einer Apotheke etc*) night service. — **~,ech·se** *f meist pl* night lizard (*Fam. Xantusiidae*).

'**Nach,teil** *m* 1. (*Beeinträchtigung*) disadvantage: **er mußte viele ~e in Kauf nehmen** he had to put up with many disadvantages; **wegen seines Alters befand er sich im ~ gegenüber den andern** compared with the others he was at a disadvantage (*od.* handicapped) because of his age; **wir befinden uns im ~** the odds are against us. – **2.** (*Mangel*) disadvantage, drawback, shortcoming: **die ~e des Landlebens** the drawbacks of country living; **dieser Plan hat einen ~** this plan has one disadvantage. – **3.** (*Schaden*) disadvantage, detriment, damage: **diese Entwicklung kann für uns ~e bringen, aus dieser Entwicklung können für uns ~e erwachsen** (*od.* entstehen) this development can bring us disadvantages (*od.* can be disadvantageous, detrimental to us); **ihre Handlungsweise gereichte ihnen zum ~** their action was detrimental (*od.* damaging) (*od.* proved a disadvantage, handicap) to them; **er hat sich zu seinem ~ verändert** he has changed to his disadvantage. – **4.** *jur.* detriment, prejudice, injury, (*Verlust, Scha-*

den) damnum: **zum ~ von j-m** to the detriment of s.o.; **ohne ~ für j-n** without prejudice to s.o. – **5.** (*sport*) handicap. – **6.** *econ.* (*Verlust*) loss, disadvantage: **etwas mit ~ verkaufen** to sell s.th. at a loss. — '**nach,tei·lig I** *adj* **1.** (*ungünstig*) disadvantageous, unfavorable, *Br.* unfavourable, adverse. – **2.** (*schädlich*) disadvantageous, detrimental, damaging: **seine Handlungsweise hatte ~e Folgen** his action had damaging consequences. – **3.** (*abträglich*) derogatory. – **4.** *jur.* prejudicial, detrimental, injurious. – **II** *adv* **5. j-n ~ behandeln** to discriminate against s.o.; **sich ~ auswirken für** to be prejudicial to; **j-n ~ beeinflussen** a) to prejudice s.o., b) to affect s.o. adversely. – **III N~e,** **das ~** *only in* **über ihn ist nichts N~es bekannt** nothing is known to his detriment (*od.* against him).

'**Nacht,ein,satz** *m* aer. mil. night mission (*od.* operation).

'**näch·te,lang I** *adj* nightlong: **durch ~e Arbeit konnte er sein Werk vollenden** through nightlong work he was able to finish his task. – **II** *adv* for nights (together), night after night, whole nights together, for whole nights: **er arbeitete ~** he worked for nights.

nach·ten ['naxtən] *v/impers* ⟨h⟩ **es nachtet** *poet.* night is falling.

näch·tens ['nɛçtəns] *adv poet.* for nachts.

'**Nacht|,es·sen** *n Southern G. and Swiss* supper, evening meal. — **~,eu·le** *f* 1. zo. screech owl (*Ordng Striges*). – **2.** *fig. humor. cf.* Nachtschwärmer 2. — **~,fal·ter** *m* zo. moth, miller (*Unterordng Heterocera*). — **n~,far·big** *m*, **n~,far·big** *adj cf.* nachtblau.

'**Nacht|,flug** *m* aer. night flight. — **~,aus,bil·dung** *f* night flight training, night flying instruction. — **~,aus,rü·stung** *f* night flying equipment.

'**Nacht|,frost** *m* meteor. night frost. — **~,ge,bet** *n* evening prayer. — **~,ge,bühr** *f* econ. night rate. — **~,ge,fecht** *n* mil. night combat (*od.* engagement, operation). — **~,ge,schirr** *n cf.* Nachttopf. — **~,ge,spenst** *n* night phantom (*od.* spook), ghost, specter, *bes. Br.* spectre. — **~,ge,wand** *n* humor. nightdress, nightgown. — **~,glas** *n* (*optics*) night glass. — **~,glei·che** *f* ⟨-; -n⟩ *cf.* Tagundnachtgleiche. — **~,glocke** *f* (*getr.* -k·k-) *f* night bell. — **~,hau·be** *f* nightcap. — **~,hemd** *n* nightgown, (*bes. für Männer*) nightshirt, (*bes. für Frauen u. Kinder*) nightdress, nightie, *auch* nighty (*colloq.*). — **~,him·mel** *m* night skies *pl*, nocturnal heavens *pl*. — **~,him·mels,licht** *n* ⟨-(e)s; *no pl*⟩ astr. night-sky glow, night-airglow. — **~,horn** *n* mus. (*bei Orgeln*) nachthorn, cor de nuit. — **~,hund** *m* zo. fruit bat (*Gattg Rousettus*).

näch·tig ['nɛçtıç] *adj* **1.** *obs. for* nächtlich. – **2.** *hunt.* (*Fährte etc*) made the previous evening.

Nach·ti·gall ['naxtɪgal] *f* ⟨-; -en⟩ zo. nightingale (*Gattg Luscinia, bes. L. megarhynchus*): **Chinesische ~** *cf.* Sonnenvogel; **Polnische ~** *cf.* Sprosser; **Virginische ~** (red) cardinal (*Richmondena cardinalis*); **er will die ~ singen lehren** *fig.* he wants to teach the nightingale how to sing; **was dem einen sin Uhl, ist dem andern sin ~** (*Sprichwort*) one man's food is another man's poison (*proverb*); **~, ich** (*od.* **ick**) **hör' dir trapsen** *colloq. humor.* aha, I can see what you're leading up to (*od.* driving at).

'**Nach·ti·gal·len,schlag** *m* song of the nightingale, *auch* jug.

näch·ti·gen ['nɛçtıgən] *v/i* ⟨h⟩ *lit.* pass (*od.* spend) the night, stay overnight.

'**Nach·tisch** *m* ⟨-(e)s; -e⟩ gastr. dessert, *Br. colloq.* afters *pl*, (*Süßspeise*) *Br. auch* sweet: **sie sitzen beim ~** they are having their dessert; **zum ~ gab es Erdbeeren und Schlagsahne** for dessert we had strawberries with whipped cream.

'**Nacht|,jagd** *f* mil. aer. night fighting (*od.* interception). — **~,jä·ger** *m* night fighter (*od.* interceptor). — **~,käst·chen** *n Southern G. and Austrian for* Nachttisch. — **~,kat·ze** *f* zo. kodkod (*Noctifelis guigna*). — **~,ker·ze, Ge'mei·ne** *f* bot. evening (*od.* night, tree) primrose (*Oenothera biennis*). — **~,klub** *m* nightclub. — **~,la·ger** *n* ⟨-s; -⟩ **1.** night's lodging. – **2.** bed(stead). – **3.** *mil.* night camp (*od.* encampment). — **~,lan·dung** *f* aer. night landing. — **~,le·ben** *n* night life.

nächt·lich ['nɛçtlıç] *I adj* nightly, nocturnal:

~e Ruhestörung nocturnal disturbance, disorder by night; **~es Dunkel** (the) darkness of night. – **II** *adv* every night. — '**nächt·li·cher'wei·le** *adv* at nighttime, in the night.

'**Nacht|,licht** *n* night-light. — **~,lo,kal** *n* nightclub, night spot (*colloq.*). — **~,luft** *f* night air. — **~,mahl** *n bes. Austrian for* Abendessen. — **n~,mah·len** *v/i* ⟨*insep*, ge-, h⟩ *Austrian* have supper, sup. — **~,mahr** *m* nightmare. — **~,marsch** *m mil.* night march. — **~,met·te** *f relig.* nocturn (*a part of matins*). — **~,mu,sik** *f* serenade. — **~,müt·ze** *f* **1.** nightcap. – **2.** *fig. cf.* Schlafmütze 2–4. — **~,nat·ter** *f* zo. spotted night snake (*Hypsiglena ochrorhyncha*). — **~,nel·ke** *f* bot. a) **Weiße ~** white bachelor's-button, white campion (*od.* lychnis) (*Melandrium album*), b) **Rote ~** red bachelor's-button, red campion (*M. rubrum*).

'**nach,tö·nen I** *v/i* ⟨*sep*, -ge-, h⟩ *cf.* nachklingen. – **II** *v/t* (*Haare etc*) (re)tint, tint (*od.* tinge) again.

'**Nacht|,pa·pa,gei** *m* zo. kakapo, *auch* owl parrot (*Strigops habroptilus*). — **~,pfau·en,au·ge** *n* a) **Kleines ~** emperor moth (*Saturnia pavonia*), b) **Großes** (*od.* **Wiener**) **~** Viennese emperor moth (*S. pyri*). — **~,por·ti,er** *m* night porter (*od.* clerk). — **~,pro,gramm** *n* (*radio*) night program (*bes. Br.* programme). — **~,quar,tier** *n* night lodgings *pl* (*od.* quarters *pl*, accommodation): **j-m ~ geben** to put s.o. up for the night.

'**Nach,trab** *m* ⟨-(e)s; -e⟩ *mil. obs.* rear (guard).

'**Nach,trag** [-,traːk] *m* ⟨-(e)s; ≈e⟩ **1.** supplement, addendum. – **2.** (*Anhang*) appendix, annex. – **3.** *meist pl* (*in einem Buch*) addendum, addenda *pl.* – **4.** (*zu einem Brief*) postscript. – **5.** *jur.* (*zu einem Testament*) codicil. – **6.** *econ.* a) (*zu einem Versicherungspolice*) additional clause, rider, b) (*zum Etat*) supplementary estimate.

'**nach,tra·gen** *v/t* ⟨*irr, sep*, -ge-, h⟩ **1.** **j-m etwas ~** to carry s.th. after s.o. – **2.** *fig.* (*Beispiel etc*) add (to), append. – **3.** *econ.* a) (*Posten etc*) book, enter (*s.th.*) (as additional item), make a supplementary entry of, b) (*Bücher*) post up, bring (*s.th.*) up to date: **ich habe den Betrag nachgetragen** I booked (*od.* entered) the omitted (*od.* missing) amount (afterward[s]). – **4.** **j-m etwas ~** *fig.* to bear s.o. a grudge, to bear (*od.* hold) a grudge against s.o.: **er trägt es ihr nicht nach** he bears her no ranco(u)r; **ich will es dir nicht ~** no hard feelings, I won't hold it against you, let bygones be bygones. — '**nach,tra·gend I** *pres p.* – **II** *adj* resentful, vindictive, rancorous, unforgiving, vengeful. — '**nach,trä·ge·risch** [-,trɛːgərıʃ] *adj cf.* nachtragend II.

'**nach,träg·lich** [-,trɛːklıç] *I adj* **1.** (*Eintrag etc*) supplementary, additional. – **2.** (*Kurskorrektur etc*) additional, second. – **3.** (*später*) subsequent, later. – **4.** (*verspätet*) belated. – **5.** *rare for* nachtragend II. – **II** *adv* **6.** further, by way of addition. – **7.** (*hinterher*) later, subsequently, afterward(s): **j-m ~ gratulieren** to congratulate s.o. after the event; **~ noch alles Gute!** belated best wishes. – **8.** (*nach gemachter Erfahrung*) with hindsight.

'**Nach,trags·bud,get** *n* pol. additional (*od.* supplementary) budget.

'**Nacht|,raub,vo·gel** *m meist pl* zo. *cf.* Eule 1.

'**nach,trau·ern** *v/i* ⟨*sep*, -ge-, h⟩ **j-m ~** to mourn (*od.* grieve) after s.o.

'**Nacht|,rei·her** *m* zo. night heron (*Nycticorax nycticorax*). — **~,ruf** *m tel.* night call. — **~,ru·he** *f* night's rest (*od.* sleep): **die Aufregung hat mich um meine ~ gebracht** the excitement robbed me of my night's sleep (*od.* prevented me from sleeping).

'**Nach,trupp** *m mil. cf.* Nachhut.

nachts *adv* **1.** at night, by night, in the night, nights (*colloq.*): **spät ~** late at night; (**um**) **2 Uhr ~, ~ um 2 Uhr, ~ um 2** at 2 (o'clock) in the morning; **tags und ~ unterwegs sein** to be on the move day and night; **~ arbeiten** to work at night (*od. colloq.* nights). – **2.** (*während der Nacht*) during the night, in the nighttime (*Br.* night-time): **der Bahnhof ist ~ geschlossen** the station is closed during the night.

'**Nacht|,schat·ten** *m* bot. nightshade, solanum (*scient.*) (*Gattg Solanum*): **Bittersüßer ~** bittersweet, woody nightshade (*S. dul-*

camara); **Schwarzer** ~ black (*od.* common) nightshade, morel (*S. nigrum*). — **~ge-,wäch·se** *pl* nightshade family *sg*, Solanaceae (*Fam. Solanaceae*).

'Nacht|,schicht *f* night shift: ~ **haben** to be on night shift. — **n~,schla·fend** *adj colloq.* (*in Wendungen wie*) **zu** (*od.* **bei**) ~**er Zeit** (*od.* **Stunde**) in the middle of the night. — **~,schnell,zug** *m* night express (train). — **~,schränk·chen** *n cf.* Nachttisch. — **~,schwal·be** *f zo. cf.* Ziegenmelker. — **~,schwär·mer** *m* **1.** *zo. cf.* Schwärmer 7. – **2.** *fig. humor.* night bird, nighthawk, night-reveler (*bes. Br.* -reveller), night owl (*colloq.*). — **~,schwär·me'rei** [,naxt-] *f fig. humor.* night-reveling (*bes. Br.* -revelling). — **~,schweiß** *m med.* night sweat. — **~,schwe·ster** *f* night nurse. — **~,se·hen** *n med.* hemeralopia, *auch* day blindness. — **~,sei·te** *f fig.* seamy side: **die ~ des Lebens** the seamy side of life. — **~,sich·tig·keit** *f med. cf.* Nachtsehen. — **~,sit·zung** *f* all-night sitting. — **~,start** *m aer.* night takeoff. — **~,strom** *m electr.* night current. — **~,stück** *n* **1.** (*art*) night piece, nocturne. – **2.** *mus.* nocturne. — **~,stuhl** *m med.* closestool, *bes. Br.* nightstool, night chair, commode. — **~,stun·de** *f* hour of the night, night hour: **in den späten ~n** in the wee (*od.* small) hours.

'nachts,über *adv cf.* nachts 2.

'Nacht|ta,rif *m electr. tel.* night tariff. — **~,tier** *n meist pl zo.* nocturnal animal.

'Nacht|,tisch *m*, **~,tisch·chen** *n* bedside table, *bes. Am.* night table, nightstand.

'Nacht,tisch,lam·pe *f* bedside lamp.

'Nacht|,topf *m* chamber pot. — **~,tre,sor** *m econ. bes. Am.* night depository, *bes. Br.* night safe. — **~,übung** *f mil.* night training exercise.

'nach,tun *v/t* ⟨*irr, sep,* -ge-, *h*⟩ *colloq.* **1.** **es j-m ~** (*nachahmen*) to imitate (*od.* copy) s.o.: **sie möchte es mir in allem ~** she wants to imitate me in everything. – **2.** **keiner kann es ihm ~** (*gleichkommen*) nobody can match him; **es j-m ~ wollen** (*nacheifern*) to emulate (*od.* vie with) s.o.

'Nacht|,ur,laub *m mil.* overnight (*od.* night) pass. — **~,vio·le** [-,vio:lə] *f bot.* a) rocket (*Gattg Hesperis*), b) dame's violet (*od.* gillyflower, rocket), damewort, winter gillyflower (*H. matronalis*). — **~,vo·gel** *m meist pl zo.* night (*od.* nocturnal) bird. — **~,vor,stel·lung** *f* night performance. — **~,wa·che** *f* **1.** night watch. – **2.** (*bei Kranken etc*) night watch, vigil: **~ halten bei** to keep vigil over. — **~,wäch·ter** *m* **1.** (night) watchman. – **2.** *fig. colloq. contempt.* slow coach, *bes. Am.* slowpoke. — **~,wäch·ter,staat** *m pol. colloq.* welfare state which imposes a minimum of duties on its citizens. — **n~,wan·deln I** *v/i* ⟨*insep,* ge-, sein *u.* h⟩ **1.** sleepwalk, *Br.* sleep-walk, walk in one's sleep, somnambulate (*scient.*). – **II N~** *n* ⟨-s⟩ **2.** *verbal noun.* – **3.** somnambulism, somnambulation, noctambulation, noctambulism. — **n~,wan·delnd I** *pres p.* – **II** *adj* sleepwalking, *Br.* sleep-walking; somnambulant, noctambulant, noctambulous (*scient.*). — **~,wand·ler** *m* ⟨-s; -⟩ sleepwalker, *Br.* sleep-walker; somnambulist, noctambulist (*scient.*). — **n~,wand·le·risch** *adj* sleepwalking, *Br.* sleep-walking; somnambulistic, noctambulic, *auch* noctambulistic (*scient.*): **mit ~er Sicherheit** *fig.* with instinctive certainty. — **~,wind** *m* night wind. — **~,wol·ke** *f meist pl* night cloud: **leuchtende ~n** noctilucent clouds, luminous night clouds. — **~,zeit** *f* nighttime, *Br.* night-time, nighttide, *Br.* night-tide. — **~,zeug** *n* **1.** nightclothes, *Br.* night-clothes *pl*, nightwear, nightgear. – **2.** (*Nachthemd, Seife etc*) night things *pl*. — **~,zug** *m* (*railway*) night train. — **~,zu·schlag** *m* additional (*od.* extra) pay for nightwork.

'Nach,un·ter,su·chung *f* **1.** *med.* reexamination, *Br.* re-examination: **postoperative ~** postoperative (*Br.* post-operative) checking. – **2.** *tech.* reinvestigation, reexamination, *Br.* re-examination.

'Nach,ur,laub *m* additional (*od.* extended) leave.

'nach·ver,an,la·gen *v/t* ⟨*sep, no* -ge-, *h*⟩ *econ.* make a subsequent assessment of. — **'Nach·ver,an,la·gung** *f* subsequent assessment.

'Nach·ver,bren·nung *f tech. aer.* afterburning, reheat, *auch* thrust augmentation.

'nach·ver,lan·gen *v/t* ⟨*sep, no* -ge-, *h*⟩ **etwas ~** to demand s.th. in addition (*od.* extra).

'Nach·ver,mächt·nis *n jur.* residuary (*od.* reversionary) legacy. — **~,neh·mer** *m* residuary (*od.* reversionary) legatee.

'nach·ver,si·chern *v/t* ⟨*sep, no* -ge-, *h*⟩ *econ.* insure (*s.th.*) for a larger amount, increase the insurance of (*od.* on), take out subsequent insurance on. — **'Nach·ver,si·che·rung** *f* additional (*od.* subsequent) insurance.

'nach,voll,zie·hen *v/t* ⟨*irr, sep, no* -ge-, *h*⟩ (*Gedankengang etc*) reconstruct.

'nach,wach·sen I *v/i* ⟨*irr, sep,* -ge-, sein⟩ **1.** (*wieder*) ~ regrow, grow again (*od.* back). – **2.** *med. biol.* (*von Organen*) grow again (*od.* back), regrow, regenerate. – **II N~** *n* ⟨-s⟩ **3.** *verbal noun.* – **4.** regrowth. – **5.** *med. biol.* (*der Organe*) regeneration, regrowth.

'Nach,wahl *f pol. Br.* by-election, *auch* bye-election, *Am.* special election, run-off primary.

'Nach,währ·schaft *f* ⟨-; -en⟩ *Swiss* liability of the seller for serious deficiency (*od.* fault) in goods sold.

'Nach,we·hen *pl* **1.** *med.* afterpains. – **2.** *fig.* painful consequences (*od.* aftermath *sg*, aftereffects, *Br.* after-effects).

'Nach,wein *m agr.* press wine.

'nach,wei·nen *v/t* ⟨*sep,* -ge-, *h*⟩ **1.** shed tears over: **wir weinen ihm [dem Verlust] keine Träne nach** we won't shed tears over him [the loss]. – **II** *v/i* **2.** shed tears: **wir weinen ihm nicht nach** we shan't be sorry to see the last of him. – **3.** *cf.* nachtrauern.

'Nach,weis ['na:x,vais] *m* ⟨-es; -e⟩ **1.** proof, evidence: **den ~ erbringen** (*od.* führen) to furnish (*od.* give) proof; **~ der Echtheit** proof of authenticity. – **2.** (*urkundlicher*) document, voucher. – **3.** *chem.* detection, test: **Gifte, die sich dem chemischen ~ entziehen** poisons which elude chemical detection.

'nach,weis·bar *adj* **1.** provable. – **2.** (*feststellbar*) ascertainable. – **3.** *chem.* testable, detectable.

'nach,wei·sen *v/t* ⟨*irr, sep,* -ge-, *h*⟩ **1.** prove, establish (proof of), furnish proof (*od.* evidence) of: **er konnte seine Unschuld nicht ~** he could not prove his innocence; **man konnte ihm die Tat nicht ~** he could not be proved guilty of the deed (*od.* crime); **er wies seine Staatsangehörigkeit nach** he established proof of his nationality; **ich konnte ihm seinen Fehler ~** I gave him proof of his mistake. – **2.** (*angeben, vermitteln*) direct to, inform of: **j-m ein Zimmer ~** to direct s.o. to a room. – **3.** *chem.* detect, test.

'nach,weis·lich I *adj cf.* nachweisbar. – **II** *adv* as can be proved.

'Nach,weis|,li·nie *f* (*optics*) reference line. — **~,pflicht** *f* accountability.

'nach,wei·ßen *v/t* ⟨*sep,* -ge-, *h*⟩ whitewash (*s.th.*) (over) again.

'Nach,welt *f* ⟨-; *no pl*⟩ posterity, future generations *pl*: **der ~ überliefern** to hand (*s.th.*) down to posterity.

'nach,wer·fen *v/t* ⟨*irr, sep,* -ge-, *h*⟩ **j-m etwas ~** to throw s.th. after s.o.: **etwas nachgeworfen kriegen** *colloq.* to get s.th. a dime a dozen (*colloq.*).

'nach,wie·gen *v/t* ⟨*irr, sep,* -ge-, *h*⟩ reweigh, weigh (*s.th.*) again.

'nach,win·ken *v/i* ⟨*sep,* -ge-, *h*⟩ **j-m ~** to wave (good-by[e]) to s.o.

'Nach,win·ter *m* late (*od.* second) winter. — **'nach,win·ter·lich** *adj* late-winter, second-winter (*beide attrib*).

'nach,wir·ken I *v/i* ⟨*sep,* -ge-, *h*⟩ **1.** (*von Arznei, Speise etc*) have an aftereffect (*Br.* after-effect), be felt afterward(s). – **2.** (*von Erlebnis etc*) have a lasting effect. – **II N~** *n* ⟨-s⟩ **3.** *verbal noun.* — **'Nach,wir·kung** *f* ⟨-; -en⟩ **1.** *cf.* Nachwirken. – **2.** aftereffect, *Br.* after-effect. – **3.** *meist pl* (*Folgen*) repercussions *pl*, aftermath(s *pl*), backwash, consequences *pl*: **die ~en der Weltwirtschaftskrise** the repercussions of the Great Depression; **die ~en des Krieges** the aftermath *sg* of war.

'nach,wol·len *v/i* ⟨*irr, sep,* -ge-, *h*⟩ *colloq.* want to follow: **er wollte ihr nach** he wanted to follow her.

'Nach,wort *n* ⟨-(e)s; -e⟩ epilogue, *Am. auch* epilog, *Am.* afterword.

'Nach,wuchs *m* ⟨-es; *no pl*⟩ **1.** rising

(*od.* new, younger) generation. – **2.** *humor.* (*Nachkommen, Erben*) offspring, progeny: **hat sich schon ~ eingestellt?** have you got any offspring yet? – **3.** *econ.* (*im Betrieb etc*) junior staff, trainees *pl*, recruits *pl*. – **4.** (*theater*) young talents *pl*. – **5.** *agr.* second growth, aftergrowth, *Br.* after-growth. — **~,au·tor** *m* up-and-coming (*od.* promising) author. — **~,be,darf** *m* **1.** need for young personnel. – **2.** (*im Handwerk*) need for young craftsmen. — **~,fah·rer** *m* (*sport*) a) (*Autorennfahrer*) up-and-coming driver, b) ([*Motor*]*Radrennfahrer*) up-and-coming rider. — **~,för·de·rung** *f* promotion of young people. — **~,kraft** *f* **1.** *econ.* junior member of staff, trainee. – **2.** (*theater*) young talent. — **~,man·gel** *m econ.* lack of recruits. — **~,pro,blem** *n* (*bes. in Wissenschaft u. Industrie*) problem of recruitment. — **~,schau,spie·ler** *m* talented young actor. — **~,schau,spie·le·rin** *f* talented young actress.

'nach,zah·len I *v/t* ⟨*sep,* -ge-, *h*⟩ **1.** pay (*s.th.*) in addition (*od.* extra). – **2.** pay (*s.th.*) later. – **3.** *econ.* make a subsequent (*od.* supplementary) payment of, pay (*s.th.*) in (*od.* as) arrears. – **4.** *cf.* nachlösen. – **II N~** *n* ⟨-s⟩ **5.** *verbal noun.*

'nach,zäh·len I *v/t* ⟨*sep,* -ge-, *h*⟩ recount, count (*s.th.*) over again. – **II N~** *n* ⟨-s⟩ *verbal noun.*

'Nach,zah·lung *f* ⟨-; -en⟩ **1.** *cf.* Nachzahlen. – **2.** additional (*od.* extra) payment. – **3.** *econ.* subsequent (*od.* supplementary) payment, payment of arrears.

'Nach,zäh·lung *f* **1.** *cf.* Nachzählen. – **2.** recount.

'nach,zeich·nen I *v/t* ⟨*sep,* -ge-, *h*⟩ **1.** draw (*s.th.*) from a model. – **2.** (*kopieren*) copy. – **3.** (*pausen*) trace. – **4.** (*schildern*) describe. – **5.** *econ.* (*Anleihe etc*) subscribe to (*s.th.*) subsequently. — **II N~** *n* ⟨-s⟩ **6.** *verbal noun.* — **'Nach,zeich·nung** *f* **1.** *cf.* Nachzeichnen. – **2.** (*Kopie*) copy. – **3.** (*Pause*) tracing. – **4.** (*Schilderung*) description. – **5.** *econ.* (*gen* to) subsequent subscription.

'nach,zei·tig *adj ling.* posterior. — **'Nach,zei·tig·keit** *f* ⟨-; *no pl*⟩ posteriority.

'nach,zie·hen I *v/t* ⟨*irr, sep,* -ge-, *h*⟩ **1.** (*Linie etc*) (re)trace. – **2.** (*Fuß*) drag. – **3.** *tech.* a) (*Schraube etc*) retighten, b) (*Profile beim Schleifen*) retrue, c) (*weiterziehen beim Pressen*) redraw. – **4.** (*cosmetics*) a) (*Augenbrauen*) pencil, b) (*Lippen*) touch up, freshen up. – **5.** *hort.* a) (*Blumen, Pflanzen*) plant (*s.th.*) in addition, plant more, b) (*vermehren*) propagate. – **6.** (*games*) (*beim Schach*) (*Figur*) move, make a move with. – **II** *v/i* ⟨sein⟩ **7.** (*hinterher-, umziehen*) move to the same place: **sie zog ihrer Tochter nach Berlin nach** she moved to Berlin to live in the same place as her daughter. – **8.** (*verfolgen*) follow (after). – **9.** (*einem Beispiel folgen*) follow suit: **die Industrie zog mit Preiserhöhungen nach** industry followed suit by raising their prices. – **10.** (*games*) (*beim Schach*) make the next move.

'Nach,zoll *m* additional duty.

'nach,zot·teln *v/i* ⟨*sep,* -ge-, sein⟩ **j-m ~** *colloq.* to lag (*od.* tag along) behind s.o., to trail after s.o.

'Nach,zucht *f zo.* late breed.

'nach,zuckeln (*getr.* -k·k-) *v/i* ⟨*sep,* -ge-, sein⟩ *colloq. cf.* nachzotteln.

'Nach,zug *m* (*railway*) additional (*od.* relief) train.

'Nach,züg·ler [-,tsy:klər] *m* ⟨-s; -⟩ **1.** *auch mil.* straggler. – **2.** latecomer, *Br.* latecomer. – **3.** *colloq. cf.* Nachkömmling 2. — **'nach,züg·le·risch** *adj* straggling.

'Nach,zugs,ak·tie *f meist pl econ.* deferred share (*od.* stock), *Am.* stock.

'Nach,zün·dung *f auto.* retarded ignition.

Nacke·dei (*getr.* -k·k-) ['nakədai] *m* ⟨-(e)s; -e *u.* -s⟩ *colloq. humor.* **1.** naked child. – **2.** naked person. – **3.** nudist.

Nacken (*getr.* -k·k-) ['nakən] *m* ⟨-s; -⟩ **1.** nape, (back of the) neck, nucha (*scient.*): **ein steifer ~** a stiff neck; **sie warf stolz den Kopf in den ~** she threw her head back proudly. – **2.** *fig.* (*in Wendungen wie*) **ein Mann mit einem starren ~** *fig.* störrischen, unbeugsamen) **~** a stiff-necked (*od.* stubborn, an obstinate, headstrong) man; **den ~ beugen** to knuckle down (*od.* under), to submit, to yield; **j-m den ~ beugen** to bend s.o. to one's will; **den Feind im ~ haben** to have the enemy hard at (*od.* on, upon) one's heels, to be closely followed (*od.* to be trailed) by the enemy; j-m den Fuß auf den ~ setzen (*od.* stellen) to force s.o. to obey, to bend s.o. to one's will; j-m auf dem (*od.* im) ~ sitzen to be on s.o.'s back, to press s.o. hard; die Furcht sitzt ihr im ~ fear chills her spine; die Verfolger saßen ihm im ~ the pursuers followed him (*od.* were) at his heels; j-m den ~ steifen to back s.o. up, to give s.o. moral support; den ~ steifhalten *colloq.* to keep a stiff upper lip; → Schalk 3. – **3.** *zo.* (*bei Insekten*) nucha. — ~**band** *n* **1.** *med.* nuchal ligament. – **2.** *cf.* Nackenriemen.

'**Nacken**|**haar** (*getr.* -k·k-) *n* hair on the nape of the neck. — ~**he·bel** *m* (*sport*) (*beim Ringen*) neck lever (*od.* hold), nelson: doppelter [einfacher] (*od.* double) [half] nelson. — ~**kip·pe** *f* (*beim Turnen*) neckspring. — ~**kis·sen** *n* bolster, neck cushion. — ~**le·der** *n* (*bes. am Feuerwehrhelm*) neck flap (*od.* guard). — ~**mus·kel** *m med.* posterior cervical muscle. — ~**mus·ku·la·tur** *f* musculature in the back of the neck. — ~**rie·men** *m* (*beim Zaumzeug*) headpiece. — ~**schlag** *m fig.* (*severe*) setback, reverse: schwere geschäftliche [politische] Nackenschläge erleiden (*od.* erhalten) to suffer (*od.* meet with) a severe business [political] setback. — ~**schutz** *m cf.* Nackenleder. — ~**star·re** *f med. cf.* Genickstarre. — ~**stütze** *f* neck support. — ~**wir·bel** *m med.* cervical vertebra. [Nackedei 1.]

'**Nack,frosch** ['nak-] *m colloq.* humor. *cf.* **nackig** (*getr.* -k·k-) *adj colloq.* for nackt I. **nackt** [nakt] **I** *adj* **1.** naked, (*ausgezogen*) stripped, (*bes. art*) nude: das Kind war ~ the child was naked; sich ~ ausziehen to take off all one's clothes, to strip; ~ baden to swim in the nude; der Künstler malte sie ~ the artist painted her (in the) nude; er gibt an wie zehn ~e Neger *colloq.* he is a terrible show-off (*colloq.*). – **2.** (*Arm, Fuß etc*) bare: lauf nicht mit ~en Füßen herum! don't run about with bare feet (*od.* barefoot, barefooted); mit ~em Oberkörper with a bare chest, bare-chested, bare to the waist. – **3.** *fig.* (*leer, kahl*) bare: ~e Bäume bare trees, trees stripped of their leaves; ~e Felsen [Wände] bare rocks [walls]; ein ~er Hügel a barren (*od.* bald) hill; wir mußten auf dem ~en Boden schlafen we had to sleep on the bare (*od.* naked) floor. – **4.** *fig.* (*Schwert*) naked, bare. – **5.** *fig.* (*in Wendungen wie*) er sah nur die ~en Tatsachen he saw nothing but the bare (*od.* unvarnished, cold) facts; er verschließt die Augen vor der ~en Wirklichkeit he closes his eyes to (*stark*) reality; das ist die ~e Wahrheit that is the plain truth; wir sahen die ~e Armut we saw utter (*od.* sheer) poverty; nur das ~e Leben retten to escape with one's (bare) life; seine Augen verrieten die ~e Gier his eyes betrayed sheer greed. – **6.** *electr.* (*Draht*) bare, naked. – **7.** *zo.* a) naked, b) (*Vogel*) callow, unfledged, deplumate (*scient.*). – **II N~e,** *die,* gen *N~en* **8.** the nude: die Darstellung des N~en in der Kunst the presentation of the nude in art.

'**Nackt**|**ba·de,strand** *m* nudist (bathing) beach. — ~**farn** *m bot.* silver fern (*Gattg Gymnogramma*). — ~**fin·ger** *m zo.* naked-fingered gecko (*Gattg Gymnodactylus*). — ~**fle·der,maus** *f cf.* Halsbandfledermaus. — ~**flie·ge** *f meist pl* psilid (*Fam. Psilidae*), *bes.* carrot rust fly (*Psila rosae*). — ~**frosch** *m colloq. humor. cf.* Nackedei 1.

'**Nackt·heit** *f* ⟨-; *no pl*⟩ **1.** nakedness, nudity, nudeness: völlige [paradiesische] ~ complete [paradisiacal] nakedness. – **2.** *fig.* (*Kahlheit*) bareness, nakedness: die ~ des Bodens the bareness of the ground. – **3.** *fig.* (*Mangel an Vegetation*) bareness, baldness: die ~ der Landschaft the baldness of the landscape. – **4.** *fig.* (*Ungeschminktheit etc*) nakedness, plainness.

'**Nackt**|**hund** *m zo.* (*Haushundrasse*) Mexican hairless. — ~**kul,tur** *f* nudism: Anhänger der ~ nudist. — ~**mull** *m zo.* naked mole-rat (*Heterocephalus glaber*). — ~**sa·mer** [-,za:mər] *m* ⟨-s; -⟩ *meist pl bot.* gymnosperm. — **n~,sa·mig** [-,za:mɪç] *adj* gymnospermous, *auch* gymnospermic, gymnospermal: ~e Pflanze gymnosperm. — ~**schnecke** (*getr.* -k·k-) *f meist pl zo.* slug

---

(*Fam. Limacidae*). — ~**tanz** *m* **1.** dance in the nude. – **2.** (*Striptease*) striptease (dance *od.* display). — ~**tän·ze·rin** *f* **1.** nude dancer. – **2.** stripteaser.

Na·del ['na:dəl] *f* ⟨-; -n⟩ **1.** needle: eine ~ einfädeln to thread a needle; ich habe mich mit einer ~ gestochen I have pricked myself with a needle; eine Masche von der ~ fallen lassen to drop a stitch from the needle; das ist mit einer heißen ~ genäht *Northern G. colloq.* that was sewn very carelessly; (wie) auf ~n sitzen *fig.* to be on tenterhooks, to sit (*od.* be) on pins and needles; keine ~ konnte zur Erde fallen *fig.* people were packed like sardines. – **2.** (*Steck-, Haar-, Hutnadel*) pin: etwas mit einer ~ feststecken to fasten s.th. with a pin, to pin s.th. – **3.** (*Schmuck-, Anstecknadel*) pin, (*Brosche*) brooch. – **4.** (*Abzeichen*) pin, badge, button. – **5.** (*Krawattennadel*) tiepin, scarfpin. – **6.** *tech.* a) (*Kompaß-, Magnetnadel*) needle, b) (*des Plattenspielers*) needle, stylus, c) (*Ätz-, Radiernadel*) needle, stylus, d) *cf.* Anreißnadel, e) (*Räumnadel*) broach, f) (*eines Rollenlagers*) needle, g) (*eines Ventils*) pin: trockene ~ drypoint. – **7.** *med.* needle, (*zum Nähen*) surgical needle: eine ~ legen to put in a stitch. – **8.** *bot.* needle: die Lärche wirft ihre ~n ab the larch sheds its needles. – **9.** *zo.* (*eines Schwammes etc*) spicule. – **10.** *fig.* (*Bergspitze etc*) needle. — ~**ab,wei·chung** *f* (*des Kompasses*) magnetic declination (*od.* deviation). — ~**ar·beit** *f* needlework, stitchwork. — ~**aus,schlag** *m* (*des Kompasses*) deflection (*Br. auch* deflexion) of the needle. — ~**baum** *m bot.* coniferous tree, conifer (*Ordng Coniferae*). — ~**brief** *m* packet (*od.* paper) of needles. — ~**büch·se** *f* needlecase, pincase. — ~**dü·se** *f auto.* needle jet. — ~**ein,fäd·ler** *m* needle threader. — ~**ei·sen,erz** *n min.* needle iron ore, *Am.* goethite. — ~**fa,brik** *f* needle factory. — **n~,fer·tig** *adj* (*Stoff*) ready-cut. — ~**fisch** *m zo.* needlefish, pipefish (*Fam. Syngnathidae*). — **n~,för·mig** *adj* **1.** needle-shaped. – **2.** *bot. biol.* acicular, acerose, acerate, aciform. – **3.** *zo.* spicular, spiculiform. – **4.** *med.* needle-shaped, belonoid (*scient.*). — ~**geld** *n obs.* pin money. — ~**hal·ter** *m* (*einer Nähmaschine*) needle bar. — ~**holz** *n* ⟨-es; ⁼er⟩ **1.** coniferous wood, softwood. – **2.** *pl* (*forestry*) coniferous trees, conifers. — ~**ker·bel** *m bot.* lady's- (*od.* Venus's-)comb, needle chervil, Adam's needle, shepherd's needle (*Scandix pectenveneris*). — ~**kis·sen** *n* pincushion, *Am. auch* cushion, (*kugelförmiges*) *Am.* pinball. — ~**kopf** *m* pinhead, *Br.* pin-head. — **n~,kopf,groß** *adj* of a pin's head size. — ~**la·ger** *n tech.* needle (roller) bearing, *Am. auch* Hyatt (*od.* flexible) roller bearing. — ~**loch** *n cf.* Nadelöhr.

na·deln ['na:dəln] *v/i* ⟨h⟩ (*von Koniferen, Adventskranz etc*) (*od.* shed) needles.

'**Na·del**|**öhr** *n* eye of a needle. — ~**spat** *m min.* needle (*od.* Aragon) spar, aragonite. — ~**spit·ze** *f* **1.** point of a needle, pinpoint, *Br.* pin-point. – **2.** (*textile*) needle lace. — ~**stär·ke** *f* (*needle*) ga(u)ge. — ~**stich** *m* **1.** pinprick, prick of a pin (*od.* needle). – **2.** (*beim Nähen*) stitch. – **3.** *fig.* pinprick: j-m dauernd ~e versetzen to pinprick (*od.* needle) s.o. continually; eine Politik der ~e *pol.* a policy of pinpricks. — ~**strei·fen** *m* (*Stoffmuster*) pinstripe: mit ~ pinstripe(d). — ~**wald** *m* coniferous wood(s *pl*) (*od.* forest). — ~**wehr** *n civ.eng.* (*im Wasserbau*) needle weir. — ~**wurm** *m zo.* needle worm (*Ascaris acus*).

Na·dir ['na:dir] *m* ⟨-s; *no pl*⟩ *astr.* nadir.

Na·do·wes·sier [nado'vɛsiər] *m* ⟨-s; -⟩ (*nordamer. Indianer*) Natchez. — **na·do·wes·sisch** [-sɪʃ] *adj* Natchez.

Na·gai·ka [na'gaɪka] *f* ⟨-; -s⟩ (*Peitsche*) nagaika.

Na·ga·na [na'ga:na] *f* ⟨-; *no pl*⟩ *vet.* (*afrik. Tierseuche*) nagana, n'gana.

'**Na·ge,kä·fer** *m zo.* anobium (*Fam. Anobiidae*).

Na·gel ['na:gəl] *m* ⟨-s; ⁼⟩ **1.** nail, (*Fingernagel*) fingernail, (*Zehennagel*) toenail: saubere [lackierte] Nägel clean [varnished, enameled, *bes. Br.* enamelled] nails; an den Nägeln kauen to bite one's nails; ich habe mir das Buch unter den ~ gerissen *fig. colloq.* I have walked off with

---

(*od. colloq.* swiped, pinched) the book; auf den Nägeln brennen *fig. colloq.* to be urgent; die Arbeit brennt mir auf den Nägeln *fig. colloq.* I am hard pressed, the work is very pressing; er gönnt mir nicht das Schwarze unter den Nägeln *fig. colloq.* he begrudges me everything. – **2.** *tech.* a) (*aus Eisen*) nail, b) (*Stiftnagel*) pin, c) (*Polsternagel*) tack, d) (*Schienennagel*) spike: einen ~ in die Wand schlagen to drive (*od.* hammer) a nail into the wall; einen ~ herausziehen [krumm schlagen] to draw (*od.* pull) out [to bend] a nail; einen ~ vernieten to clinch a nail; etwas an einem ~ aufhängen to hang s.th. up on a nail; Schuhe mit Nägeln beschlagen to nail shoes, to stud shoes; er hängte seinen Beruf an den ~ *fig. colloq.* he gave (*od.* threw, chucked) up his profession; den ~ auf den Kopf treffen *fig. colloq.* to hit the nail on the head; er ist ein ~ zu meinem Sarg *fig. colloq.* he is a nail in (*od.* drives a nail into) my coffin, he causes me a lot of worry. – **3.** (*Holznagel*) peg, nog, dowel, treenail, *auch* trenail, *auch* trunnel. – **4.** (*railway*) spike. – **5.** *bot.* claw; unguis, ungula (*scient.*). – **6.** *zo.* nail, ungula (*scient.*).

'**Na·gel**|**bett** *n* ⟨-(e)s; -en, *auch* -e⟩ *med.* nail bed; hyponychium, matrix (*scient.*). — ~**ei·te·rung** *f* paronychia. — ~**ent·zün·dung** *f* onychitis.

'**Na·gel**|**boh·rer** *m tech.* gimlet. — ~**bür·ste** *f* (*cosmetics*) nail brush.

Nä·ge·lein ['nɛːgəlaɪn] *n* ⟨-s; -⟩ **1.** *dim. of* Nagel. – **2.** *bot. Southern G. dial. for* Nelke 1a. – **3.** *obs. od. dial.* (*aromatic*) clove.

'**Na·gel**|**ei·sen** *n tech.* nail puller. — ~**fei·le** *f* (*cosmetics*) (nail) file. — **n~,fest** *adj* → niet- und nagelfest. — ~**fe·sti·ger** *m* ⟨-s; -⟩ (*cosmetics*) nail hardener. — ~**fleck** *m* **1.** *zo.* tau (*Aglia tau*). – **2.** *med.* (*weißer*) leuconychia, onychopacity. — ~**fluh** *f geol.* (*Gesteinskonglomerat*) nagelfluh. — ~**ge,schwür** *n med.* felon, whitlow, paronychia (*scient.*).

'**Na·gel**|**haut** *f*, ~**häut·chen** *n med.* cuticle. — ~**haut·ent,fer·ner** *m* ⟨-s; -⟩ (*cosmetics*) cuticle remover.

'**Na·gel**|**he·ber** *m tech. cf.* Nageleisen. — ~**ka·sten** *m* nail box.

'**Nä·gel**|**kau·en** *n med.* nail-biting, onychophagia (*scient.*).

'**Na·gel**|**kopf** *m tech.* nailhead, *Br.* nail-head, head of a nail. — ~**kraut** *n bot.* nailwort, whitlowwort (*Gattg Paronychia*): Vierblätt(e)riges ~ allseed (*Polycarpon tetraphyllum*).

'**Na·gel**|**lack** *m* (*cosmetics*) nail polish (*od.* enamel, *bes. Br.* varnish). — ~**ent,fer·ner** *m* ⟨-s; -⟩ nail polish (*od.* enamel, *bes. Br.* varnish) remover.

'**Na·gel**|**mal** *n* ⟨-(e)s; -e⟩ *bes. relig.* nail-mark, nailprint: die ~e Christi the nail-marks of Christ, the stigmata. — ~**ma·schi·ne** *f tech.* nailing machine. — ~**mönd·chen** *n med.* half-moon (of a nail): lunule, lunula (*scient.*).

na·geln ['na:gəln] **I** *v/t* ⟨h⟩ **1.** nail: ein Brett an (*od.* auf) die Tür ~ to nail a board on (*od.* to) the door. – **2.** *med.* pin, nail: der Knochen muß genagelt werden the bone has to be pinned. – **II** *v/i* **3.** (*von Motor*) knock.

'**Na·gel**|**ne·ces,saire** *n* (*cosmetics*) manicure set. — **n~,neu** *adj colloq.* brand-new, *auch* bran-new. — ~**ort** *m*, ~*n* (*Schuhmacherwerkzeug*) brad awl.

'**Na·gel,pfle·ge** *f* (*cosmetics*) care of the nails, (*Maniküre*) manicure, (*Pediküre*) pedicure. — ~**be,steck** *n* manicure set. — ~**ka·sten** *m* manicure case (*od.* kit).

'**Na·gel**|**plat·te** *f med.* nail plate (*od.* body). — ~**po·lie·rer** *m* (*cosmetics*) nail-polisher. — ~**po·li,tur** *f* powder for polishing nails, nail-polishing powder. — ~**pro·be** *f* **1.** (*paints*) scratch test. – **2.** die ~ machen *fig.* to leave no heeltaps. — ~**rei·ni·ger** *m* (*cosmetics*) nail cleaner, (*aus Holz*) orange stick. — ~**ro·chen** *m zo.* thornback (ray) (*Raja clavata*). — ~**sche·re** *f* (*cosmetics*) nail-scissors *pl* (*sometimes construed as sg*). — ~**schmied** *m tech.* nailer, nail maker (*od.* smith). — ~**schmie·de** *f* nailery. — ~**schuh** *m meist pl* nailed shoe. — ~**schwund** *m med.* atrophy of a nail, onychatrophy (*scient.*). — ~**trei·ber** *m tech.* nail set.

'Na·ge·lung f ‹-; -en› bes. med. nailing, pinning.
'Na·gel|,wall m med. nail wall. — ~,wur·zel f 1. nail root, matrix (scient.). - 2. (Niednagel) hangnail. — ~,zan·ge f 1. (cosmetics) clippers pl. - 2. tech. a) carpenter's pincers pl (sometimes construed as sg), b) cf. Nagelzieher. — ~,zie·her m tech. nail puller.
na·gen ['naːgən] I v/i ‹h› 1. gnaw, (knabbernd) nibble: der Hund nagt am Knochen the dog gnaws (at) (od. picks) the bone; er nagte an der Unterlippe he was gnawing (at) (od. biting) his lower lip; ~Hungertuch. - 2. ~ an (dat) bes. geol. to erode: das Meer nagt an der Küste the sea erodes (od. gnaws at) the coast(line). - 3. ~ an (dat) (ätzend) to eat into, to corrode. - 4. fig. (von Gram, Kummer, Sorge etc) (an dat) gnaw (at, on), prey (on, upon), rankle (in): Kummer nagte an ihr (od. an ihrem Herzen) grief was gnawing at her (heart) (od. preying upon her mind). - 5. ~ an (dat) fig. (von Hitze, Krankheit etc) to wear down, to undermine: das Klima nagt an meiner Gesundheit the climate is wearing down my health. - II v/t 6. etwas von etwas ~ to gnaw (od. nibble) s.th. off from s.th. — 'na·gend I pres p. - II adj 1. auch fig. gnawing: ein ~es Hungergefühl gnawing hunger pains pl; ~e Reue [Zweifel] gnawing remorse [doubts]. - 2. med. a) (Schmerz) gnawing, b) (Geschwür) rodent. - 3. zo. rodent.
'Na·ger m ‹-s; -› zo. cf. Nagetier.
'Na·ge|,tier n zo. rodent, gnawer (Ordng Rodentia). — ~,zahn m rodent (od. chisel) tooth.
Näg·lein ['nɛːglaɪn] n ‹-s; -› cf. Nägelein.
nah [naː] I adj ‹ˣer; nächst› 1. near, bes. Am. nearby, close, (benachbart) neighboring, bes. Br. neighbouring: in der ~en Umgebung in the near (od. immediate) vicinity, in the neighbo(u)rhood; der N~e Osten geogr. the Near East, auch the Middle East; ich will dir ~(e) sein I want to be near you. - 2. (zeitlich) near, (bevorstehend) imminent, impending: der Sommer [Weihnachten] ist ~ (the) summer [Christmas] is near; die ~e Abreise [Ankunft] the impending departure [arrival]; er fürchtete den ~en Tod he was afraid of imminent death; in ~er Zukunft in the near future. - 3. fig. near, close: eine ~e Berührung close contact; eine ~e Beziehung (od. Verbindung) [Freundschaft] a close relationship [friendship]; ein ~er Freund a close (od. an intimate) friend; ein ~er Verwandter a near relation; er war mir (sehr) ~(e) he was very close to me; Hilfe [Rettung] ist ~ help [rescue] is near; er war einer Ohnmacht ~e he was nearly unconscious; er war der Verzweiflung ~ he was close to despair (od. nearly desperate); sie ist dem Tode ~ she is on the point of death, she is near(ing) (od. approaching) her end (od. death); den Tränen ~ sein to be on the verge of tears, to be almost weeping. - II adv 4. near, close (to od. by), bes. Am. nearby: ein ~(e) gelegenes (od. liegendes) Dorf a nearby village; bleib ~(e) bei mir stay close to me; geh nicht zu ~(e) heran don't go (too) near; er ist dem Ziel sehr ~(e) gekommen he came near his destination; wir sind ~(e) am Ziel we are near our destination; das Buch hat ~(e) bei der Lampe gelegen the book was lying near the lamp; der Wald liegt ~(e) (od. ist) ~(e) bei der Stadt the forest lies close to the town; er wohnt ~(e) bei der Post he lives near the post office; die Menge strömte von ~ und fern (od. fern und ~) herbei the crowd flocked together from far and near; er betrachtete die Blume von ~ he looked closely at the flower; die Alpen lagen zum Greifen ~ vor uns the Alps lay within a stone's throw in front of us; komm mir nicht zu ~(e)! don't come too close to me. - 5. fig. near, close(ly): er ist ~(e) mit mir verwandt he is a near relative of mine, he is closely related to me; j-m zu ~ treten to offend s.o.; ich war ~(e) daran, ihm alles zu sagen I was close to telling him everything; sie ist ~(e) an die Achtzig she is nearing (od. nearly) eighty.
'Nah|,an,griff m mil. close-range attack.
'Näh|ap·pa,rat m (für Nähmaschinen) sew-

ing machine attachment. — ~,ar·beit f sewing, (bes. Handarbeit) needlework.
'Nah|,auf,klä·rung f mil. close (od. tactical) reconnaissance. — ~,auf,nah·me f phot. close-up (photograph od. view). — ~,be·ben n geol. near (od. neighboring, bes. Br. neighbouring) earthquake. — ~,be,ob·ach·tung f mil. close-range (od. local) observation.
'Näh,beu·tel m sewing bag.
'Nah,bril·le f (optics) near(-vision) glasses pl (od. spectacles pl).
'na·he I prep ‹dat› near, bes. Am. nearby, close to, adjacent to. - II adj u. adv cf. nah.
Nä·he ['nɛːə] f ‹-; no pl› 1. (räumlich) nearness, closeness, proximity, propinquity, (nahe Umgebung) neighborhood, bes. Br. neighbourhood, vicinity: wir haben den Umzug aus nächster (od. unmittelbarer) ~ gesehen we watched the procession at close range (od. quarters) (od. from close up); in nächster (od. unmittelbarer) ~ von in close proximity to, in the immediate vicinity of; etwas aus der ~ beobachten (od. betrachten) [besichtigen, prüfen] to watch [to inspect, to examine] s.th. closely; halten Sie sich bitte in der ~ auf please stay near by (bes. Am. nearby); komm nicht in meine ~ don't come near me; das Theater liegt ganz in der ~ the theater (bes. Br. theatre) is in the neighbo(u)rhood (od. close by); er wohnt ganz in der ~ he lives nearby; in der ~ der Stadt in the neighbo(u)rhood of the town, near the town; ich bin beruhigt, wenn ich dich in der ~ weiß I feel at ease when I know that you are near by (Am. colloq. around); es war niemand in der ~ there was no one about; ich möchte in deiner ~ sein I want to be near you. - 2. (zeitlich) nearness, propinquity: das ist jetzt alles in greifbare ~ gerückt all that has come within easy reach now.
'na·he'bei adv near by, bes. Am. nearby, close by, auch hard by: er wohnt ~ he lives near by.
'na·he,brin·gen v/t ‹irr, sep, -ge-, h› fig. 1. j-m etwas ~ to make s.o. familiar (od. acquainted) with s.th., to teach s.o. to appreciate s.th.: den Schülern eine Dichtung ~ to make pupils acquainted with a poem. - 2. Menschen einander ~ (von Erlebnis, Arbeit etc) to bring people close together (od. to each other).
'na·he,ge·hen v/i ‹irr, sep, -ge-, sein› j-m fig. to grieve s.o., to distress s.o., to touch (od. affect) s.o. deeply (od. closely): sein Tod [Unglück] geht mir nahe his death [misfortune] grieves me deeply.
'na·he,ge,le·gen I pp of naheliegen. - II adj nearby (attrib), neighboring, bes. Br. neighbouring.
'Nah|,ein,stell·ge,rät n phot. close-up focus(s)ing device. — ~,ein,stel·lung f close-up focus(s)ing.
'na·he,kom·men v/i ‹irr, sep, -ge-, sein› fig. 1. come near (od. close to), approach: der Wahrheit ~ to come close to the truth. - 2. j-m ~ to come (od. get) close to s.o.: wir sind uns sehr nahegekommen we have come close to each other (spiritually). - 3. bes. math. approximate.
'na·he,le·gen v/t ‹sep, -ge-, h› j-m etwas ~ fig. to suggest s.th. to s.o., to urge s.th. upon s.o.: ich habe ihm nahegelegt zu kündigen I urged him to give notice.
'na·he,lie·gen v/i ‹irr, sep, -ge-, h u. sein› fig. 1. suggest itself: dieser Gedanke lag nahe this idea suggested itself. - 2. (von Vermutung etc) be obvious: es lag nahe, ein Verbrechen zu vermuten it was natural to suspect that a crime had been committed, the suspicion that a crime had been committed immediately came into one's mind. — 'na·he,lie·gend I pres p. - II adj 1. suggesting itself: ein ~er Gedanke a thought that suggests itself. - 2. obvious: ein ~er Schluß an obvious conclusion; er ist aus ~en Gründen nicht erschienen he did not appear for reasons which are obvious (od. plain).
'Nah·emp,fang m ‹-(e)s; no pl› (radio) short-distance reception.
na·hen ['naːən] I v/i u. v/impers ‹sein› approach, draw near: es naht Gefahr danger is approaching; der Abschied naht the moment of farewell is approaching; der Morgen [Winter] naht morning [winter] is drawing near; wir sahen das Unglück ~ we

saw the accident approaching. – II v/reflex ‹h› sich ~ approach: ich nahte mich dem Lehrer mit einer Bitte I approached the teacher with a request.
nä·hen ['nɛːən] I v/t ‹h› 1. (Kleid, Naht etc) sew, stitch: (sich dat) ein Kleid ~ to make a dress (for oneself); Knöpfe an ein Hemd ~ to sew buttons on a shirt. - 2. med. (Wunde) sew (up), stitch, suture. - II v/i sew, stitch: sie hat den ganzen Abend genäht she has been sewing all evening; mit der Nähmaschine ~ to sew with the sewing machine; → doppelt 10.
'na·hend I pres p. - II adj (Gewitter, Unheil etc) approaching.
nä·her ['nɛːər] I comp of nah. - II adj 1. nearer, closer: die ~e Verwandtschaft fig. the close relatives pl. - 2. (kürzer) shorter: dieser Weg ist ~ this way is shorter. - 3. (genauer) further, more detailed (od. precise): ~e Angaben further particulars; ~e Auskünfte more detailed information sg; bei ~er Betrachtung on close(r) inspection; ich möchte gern die ~en Umstände erfahren I would like to know the exact circumstances (od. details). – III adv 4. closely: ich kenne ihn ~ I am closely acquainted with him, I know him fairly well (od. intimately); ich muß mir das Bild etwas ~ ansehen I have to look at the picture from close up (od. range); etwas ~ ausführen to point out details (od. particulars), to elaborate (up)on s.th.; ich habe mich ~ damit befaßt I have studied (od. looked into) it in great detail (od. very thoroughly). - 5. (örtlich) closer, nearer: er wohnt ~ am Meer als ich he is living closer to the seaside than I do; bitte treten Sie ~! please come in! this way, please! ~ liegen (bei) to lie closer (to); ~ stehen (bei) to stand closer (to); ~ kommen to approach, to (come) near. - 6. ~ kommen (zeitlich) to approach, to (come) near, to draw near: Weihnachten kommt ~ Christmas is drawing near.
'nä·her,brin·gen v/t ‹irr, sep, -ge-, h› 1. j-m etwas ~ fig. to make s.o. understand (od. comprehend) s.th. better, to interpret s.th. to s.o., to give s.o. an understanding of s.th.: ich konnte ihm die Sache ~ I could make him understand the matter better. - 2. Menschen einander ~ (von Ereignis etc) fig. to bring people closer (to each other).
'Nä·he·re n ‹-n; no pl› details pl, (further) particulars pl: ~s (od. das ~) werden Sie noch erfahren you'll learn (all) the details later; ich bin gespannt, ~s zu erfahren I am anxious to hear more details about it.
Nä·he'rei f ‹-; -en› 1. (das Nähen) sewing. – 2. (Näharbeit) needlework. - 3. (Abteilung) sewing department.
'Nah·er,ho·lungs·ge,biet n recreation area in the immediate vicinity.
'Nä·he·rin f ‹-; -nen› sewer, stitcher, seamstress, auch sempstress, needlewoman.
'nä·her,kom·men v/i ‹irr, sep, -ge-, sein› 1. j-m ~ fig. to get closer (to) s.o.: sich (dat) (od. einander) (menschlich) ~ to get closer to each other. - 2. fig. (einer Sache) come (od. get) to the point: jetzt kommen wir der Sache allmählich näher now we are gradually coming to the point.
'nä·her,lie·gen v/i ‹irr, sep, -ge-, h u. sein› fig. be more obvious: was lag näher als diese Frage? what was more obvious (od. natural) than this question?
nä·hern ['nɛːərn] I v/reflex ‹h› sich ~ (dat) 1. (örtlich) approach, near, come near(er) (to), come close(r) (to), draw near (to): wir ~ uns der Stadt we are approaching the town; niemand durfte sich dem Haus ~ nobody was to approach the house; leise Schritte näherten sich light steps were heard coming nearer; sich dem Wild ~ hunt. to approach the game; das Kind hat sich mir nur langsam genähert fig. the child only gradually took to (od. confided in) me. - 2. (zeitlich) approach, (come) near: der Winter näherte sich (the) winter was approaching; er nähert sich den Fünfzigern he is getting (od. going) on for fifty; das Semester nähert sich dem Ende the term is coming to an end. - 3. math. approach, approximate: sich dem richtigen Wert unmittelbar ~ to approximate closely the correct value. – II v/t 4. etwas ~ to bring s.th. nearer (od. closer). - 5. sich ~ a) (von Personen) to approach each other (od. one another), b) (von

Auffassungen etc) to approach each other, to become more similar, c) *math.* (*von Parallelen*) to converge toward(s) each other: **wir haben uns in unseren Standpunkten genähert** we have come closer in our points of view. – **III N.** *n* ⟨-s⟩ **6.** *verbal noun.*

'**nä·her·tre·ten** *v/i* ⟨*irr, sep, -ge-, sein*⟩ *fig.* (*einem Projekt etc*) become more familiar (with).

'**Nä·he·rung** *f* ⟨-; -en⟩ **1.** *cf.* Nähern. – **2.** approach. – **3.** *math.* approximation, approximate value.

'**Nä·he·rungs**|**for·mel** *f math.* approximation (*od.* approximate) formula. — **~·rech·nung** *f* approximation calculus, approximate calculation. — **n.·wei·se** *adv* approximatively, by approximation. — **~·wert** *m* approximate (*od.* approximative) value, approximate, approximation.

'**na·he·ste·hen** *v/i* ⟨*irr, sep, -ge-, h u. sein*⟩ **j-m ~** *fig.* a) to be close to s.o., b) to be closely connected (*od.* associated, allied) with s.o. — '**na·he·ste·hend I** *pres p.* – **II** *adj fig.* **1.** close, intimate: **ein mir ~er Mensch** a) an intimate acquaintance of mine, b) a close associate of mine. – **2.** **eine den Konservativen ~e Zeitung** a newspaper sympathizing (*Br. auch* -s-) with the conservatives.

'**na·he·tre·ten** *v/i* ⟨*irr, sep, -ge-, sein*⟩ **j-m ~** *fig.* to become familiar with s.o.: **er ist mir in letzter Zeit sehr nahegetreten** he has become very familiar with me of late.

'**na·he·zu** *adv* almost, nearly: **das ist ~ unmöglich** that is almost (*od.* next to) impossible; **das ist eine ~ hoffnungslose Angelegenheit** that is an almost (*od.* a well-nigh) hopeless matter.

'**Näh·fa·den** *m* needle (*od.* sewing) thread.

'**Nah·feld·mes·ser** *m* (*optics*) proximity field meter.

'**Näh**|**fuß** *m* (*einer Nähmaschine*) presser foot. — **~·garn** *n* sewing cotton.

'**Nah·gü·ter·ver·kehr** *m* **1.** (*railway*) local freight (*Br.* goods) traffic. – **2.** *econ.* short-haul traffic, short-distance transport (*od.* carriage, cartage).

'**Nah·kampf** *m* **1.** *mil.* close (*od.* hand-to-hand) combat, hand-to-hand fighting. – **2.** (*sport*) (*beim Fechten*) fighting at close quarters (*od.* range), (*beim Boxen*) *auch* infighting. — **~·waf·fe** *f mil.* close-range weapon.

'**Näh**|**käst·chen** *n*, **~·ka·sten** *m* sewing box, workbox. — **~·kis·sen** *n* sewing cushion. — **~·korb** *m*, **~·körb·chen** *n* sewing basket, workbasket, *Br.* work-basket.

'**Nah·kre·pie·rer** *m* ⟨-s; -⟩ *mil.* near miss.

'**Näh·kurs** *m* sewing course (*od.* classes *pl*).

nahm [naːm] *1 u. 3 sg pret of* nehmen.

'**Näh·ma·schi·ne** *f tech.* sewing machine: **versenkbare ~** collapsible sewing machine. — '**Näh·ma·schi·nen·tisch** *m* sewing machine bench.

näh·me ['nɛːmə] *1 u. 3 sg pret subj of* nehmen.

'**Nah·mes·sung** *f phot.* close-up (exposure) measurement: **eine ~ vornehmen** to take a close-up reading.

'**Näh·na·del** *f* (sewing) needle.

·Nah'**ost** ⟨*invariable*⟩ *geogr.* (the) Near East, *auch* (the) Middle East.

'**Nah·punkt** *m* (*optics*) near point.

'**Nähr**|**bier** *n brew.* nutrient beer, near beer, *Br.* near-beer. — **~·bo·den** *m* **1.** fertile soil; substrate, substratum (*scient.*). – **2.** *fig.* (*für Gerüchte, Verbrechen etc*) fertile soil, breeding ground, hotbed. – **3.** *biol. med.* a) culture (*od.* nutritive) medium, b) (*für Pilze etc*) matrix, substrate. — **~·creme** *f* (*cosmetics*) nourishing (*od.* nutrient) cream.

näh·ren ['nɛːrən] *lit.* **I** *v/t* ⟨h⟩ **1.** feed, nourish, nurture: **das Handwerk nährt seinen Mann** (*Sprichwort*) handicraft is always a living. – **2.** (*Kind*) nurse, (breast-)feed. – **3.** *fig.* (*hegen*) nurse, nourish, nurture, foster, harbor, *bes. Br.* harbour: **eine Hoffnung ~** to nourish a hope; **einen Verdacht** [**Argwohn, Zorn**] **~** to foster (*od.* harbo[u]r) suspicion [mistrust, anger]; **eine Schlange am Busen ~** *poet.* to nurse (*od.* foster, harbo[u]r) a snake (*od.* viper) in one's bosom; **das Feuer seiner Leidenschaft ~** to add fuel to the fire of one's passion. – **II** *v/i* **4.** be nourishing (*od.* nutritious): **Milch nährt** milk is nutritious; **dieses Essen sättigt, aber es nährt nicht** this food is filling but not nourishing. – **III** *v/reflex* **sich ~ 5.** (**von on**) live, feed: **sich von Fleisch** [**Obst**] **~**

to live on meat [fruit]; **er nährte sich von Pflanzen** he lived on plants; **mühsam nährt sich das Eichhörnchen** *fig.* life is not all beer and skittles: **bleibe im Lande und nähre dich redlich** (*Sprichwort*) *etwa* seek an honest living at home. – **6. sich von seiner Hände Arbeit ~** to earn one's living by the work of one's hands. — '**näh·rend I** *pres p.* – **II** *adj* **1.** *cf.* nahrhaft 1. – **2.** (*Mutter*) nursing.

'**Nähr**|**flüs·sig·keit** *f* nutrient (*od.* nutritive) fluid. — **~·ge·halt** *m* nutritional contents *pl.* — **~·ge·we·be** *n bot.* (*des Samens*) endosperm.

'**nahr·haft** *adj* **1.** nutritious, nourishing, nutritive, nutrient: **~e Kost** nutritious (*od.* nourishing) food; **Nüsse sind sehr ~** nuts are very nutritious (*od.* of great nutritious value); **sie kocht sehr ~** she cooks very nourishing food. – **2.** (*Essen etc*) substantial, (*stärker*) hearty. – **3.** *fig. colloq.* (*Gewerbe etc*) lucrative. – **4.** *agr.* (*Boden*) rich, productive. — '**Nahr·haf·tig·keit** *f* ⟨-; *no pl*⟩ **1.** nutritiousness, nutritiveness. – **2.** *agr.* richness, productivity.

'**Nähr**|**he·fe** *f biol.* nutritive yeast. — **~·kli·stier** *n med.* nutrient (*od.* nutritive) enema, rectal feeding. — **~·kraft** *f* nutritive (*od.* nourishing) power. — **~·lö·sung** *f* **1.** *biol.* (*zur Bakterienzüchtung*) (bacterial) culture (*od.* nutritive) broth. – **2.** *med.* (*intravenöse*) nutritive solution for intravenous feeding.

'**Nähr·mit·tel** *pl* **1.** (prepared) cereals. – **2.** (*Teigwaren*) alimentary pastes, pasta *sg* (*collect.*). – **3.** foodstuffs, food *sg.* — **~·fabrik** *f* cereal- (*od.* food-)processing plant.

'**Nähr**|**mut·ter** *f lit.* foster-mother. — **~·prä·pa·rat** *n* patent food, nutrient (*od.* alimentary) preparation. — **~·salz** *n meist pl* nutrient (*od.* nutritive) salt, mineral nutriment. — **~·scha·den** *m med.* nutritional (*od.* dietary) deficiency. — **~·stand** *m* ⟨-(e)s; *no pl*⟩ *agriculture.* — **~·stoff** *m* nutritive (*od.* nutritious) substance, nutrient.

Nah·rung ['naːruŋ] *f* ⟨-; *no pl*⟩ **1.** food, nourishment, sustenance: **menschliche ~** human nourishment; **reichliche** [**fette**] **~** plentiful [rich] food; **pflanzliche ~** vegetable food; **tierische ~** a) animal food, b) (*im engeren Sinne*) meat; **~ und Kleidung** food and clothing (*od. poet.* raiment); **zu sich nehmen** to take food, to eat; **sie kann nur flüssige ~ zu sich nehmen** she is only able to take liquid nourishment; **j-m die ~ entziehen** to deprive s.o. of food, to starve s.o.; **er verweigert jede ~** he refuses to eat, he is on hunger strike; **er lebte eine Woche ohne ~** he lived for a week without food (*od.* taking nourishment); **für ~ sorgen** to be the breadwinner (*Br.* bread-winner); **j-n mit ~ versorgen** to feed s.o.; **zur ~ gehörig** nutritional. – **2.** (*Kost*) diet, fare: **leichte ~** light diet. – **3.** *fig.* (*Unterhalt*) livelihood, subsistence. – **4.** *fig.* food: **geistige ~** spiritual (*od.* intellectual) food; **das gab seinem Zorn neue ~** this served to increase his anger, this added fuel to the flames; **einem Gerücht neue ~ zuführen** to strengthen (*od.* add support to) a rumo(u)r; **einem Verdacht neue ~ geben** to give added support to a suspicion, to help nourish a suspicion.

'**Nah·rungs**|**auf·nah·me** *f* **1.** eating. – **2.** *med. biol.* a) ingestion (*of food*), b) assimilation, resorption. — **~·be·darf** *m* nutritional requirements *pl.* — **~·gut** *n cf.* Nahrungsmittel. — **~·man·gel** *m* lack of food, alimentary deficiency, food shortage.

'**Nah·rungs·mit·tel** *n* foodstuff, food: **~** *pl* foodstuffs, food *sg*, foods, provisions, victuals; **hochwertige ~** food of high nutritive value. — **~·be·darf** *m* food requirements *pl*, demand for food(stuffs). — **~·che·mie** *f* food chemistry. — **~·fäl·schung** *f* adulteration of food. — **~·in·du·strie** *f* food(-processing) industry. — **~·ver·gif·tung** *f bes. med.* a) food poisoning, b) (*durch zersetzte Eiweißstoffe*) ptomaine poisoning.

'**Nah·rungs**|**pflan·ze** *f* food plant. — **~·quel·le** *f* source of food. — **~·sor·gen** *pl* worries over food (*od.* subsistence). — **~·stoff** *m cf.* Nährstoff. — **~·su·che** *f only in* **auf** (**der**) **~** in search of food: **auf ~ gehen** to go in search of food, to search for food.

'**Nah·rungs- und Ge·nuß·mit·tel·in·du·strie** *f econ.* general and luxury food industry (*sometimes including tobaccos and stimulants*).

'**Nah·rungs·ver·wei·ge·rung** *f* **1.** refusal of

food, sit(i)ophobia (*scient.*). – **2.** (*Streik*) hunger strike. — **~·zu·fuhr** *f* taking nourishment, food intake.

'**Nähr**|**va·ter** *m lit.* foster-father. — **~·wert** *m* nutritional value. — **~·zucker** (*getr.* -k·k-) *m* nutritive sugar.

'**Nah·schnell**|**ver·kehr** *m* (*railway*) short-distance express service. — **~·ver·kehrs·zug** *m* short-distance express (train).

'**Näh·schu·le** *f* **1.** sewing school. – **2.** (*Lehrbuch*) instruction book in sewing.

'**Nah·se·hen** *n* (*optics*) near vision.

'**Näh·sei·de** *f* sewing silk.

'**Nah·se·lek·ti·on** *f* (*radio*) *telev.* nearby selection. — **~·sen·der** *m cf.* Ortssender.

'**Näh**|**stich** *m* **1.** stitching. – **2.** stitch size. — **~·stu·be** *f* sewing room. — **~·stun·de** *f* sewing lesson.

Naht [naːt] *f* ⟨-; ⸚e⟩ **1.** (*textile*) seam: **eine eingefaßte** [**falsche**] **~** a bound [mock] seam; **eine ~ nähen** [**auftrennen**] to sew [to undo] a seam; **die ~ ist geplatzt** the seam has split (*od.* burst); **aus allen Nähten platzen** *fig. colloq.* to burst at all seams, to be bursting out of one's clothes; **j-m auf den Nähten knien**, **j-m auf die Nähte rücken** (*od.* gehen) *fig. colloq.* to press s.o. hard; **eine tüchtige** (*od.* **kräftige**) **~ bekommen** *fig. colloq.* to get a (sound) whipping; **er lügt** (**sich *dat***) **eine ~ zusammen** *fig. colloq.* he is a downright liar; **er gibt eine ~ an** *fig. colloq.* he puts on airs (*Br. sl.* side); **j-m auf die Nähte fühlen** to test s.o. – **2.** *metall.* a) (*Gußnaht*) fin, feather, b) (*Walznaht*) lap, seam. – **3.** *tech.* (*Schweißnaht*) seam, weld. – **4.** *mar.* seam: **eine ~ verpichen** to pitch a seam. – **5.** *med.* a) (*des Knochens, Schädels*) joint, commissure, suture, r(h)aphe (*scient.*), b) (*Wundnaht*) suture: **eine ~ legen** to (apply a) suture. – **6.** *bot.* suture, commissure, juncture.

'**Näh·täsch·chen** *n* needlecase, housewife.

'**Naht·band** *n* ⟨-(e)s; ⸚er⟩ (*zum Einnähen*) seam binding.

'**Naht·teil** *n* (*optics*) (*im Zweistärkenglas*) near portion (*od.* segment).

'**Näh·tisch** *m*, **~·tisch·chen** *n* sewing table, worktable.

'**naht**|**los I** *adj* **1.** seamless, unsewed, unsewn. – **2.** *tech.* (*Rohr etc*) seamless. – **3.** *med.* seamless. – **4.** *fig.* (*Übergang*) smooth. – **II** *adv* **5.** **~ gezogenes Rohr** seamless drawn tube. — **~·schwei·ßen** *v/t* ⟨*insep*, -ge-, h⟩ seam-weld. — **N~·schwei·ßung** *f tech.* seam welding. — **~·stel·le** *f* **1.** *cf.* Naht. – **2.** *fig.* link: **eine ~ zwischen Ost und West** a link between East and West. – **3.** (*in einem Schrift- od. Musikwerk*) suture. – **4.** *mil.* boundary, interface.

Na·hum ['naːhum] *npr m* ⟨-(s); *no pl*⟩ *Bibl.* (Prophet) Nahum.

Na·hur ['naːhur] *m* ⟨-s; -s⟩ *zo.* bharal, *auch* barhal, burrhel (*Pseudois nahoor*).

'**Nah·ver·kehr** *m* ⟨-s; *no pl*⟩ **1.** (*der Bahn, Buslinien*) short-distance traffic, suburban traffic. – **2.** *econ.* (*im Straßentransport*) *cf.* Nahgüterverkehr 2. – **3.** *tel.* local traffic. – **4.** *aer.* a) short-haul flights *pl*, b) *cf.* Zubringerverkehr.

'**Näh·zeug** *n* **1.** sewing gear (*od.* things *pl*). – **2.** sewing basket (*od.* kit), workbasket, workbag, housewife.

'**Nah·ziel** *n* **1.** *mil.* immediate objective. – **2.** *fig.* short-term objective.

'**Näh·zwirn** *m cf.* Nähgarn.

na·iv [na'iːf] **I** *adj* **1.** (*unbefangen, treuherzig*) naïve, *auch* naive, ingenuous, innocent: **ein ~es Mädchen** a naïve girl. – **2.** (*völlig unerfahren*) naïve, *auch* naive, unsophisticated, artless: **eine ~e Anschauung** [**Einstellung**] a naïve opinion [attitude]. – **3.** (*arglos*) guileless, innocent. – **4.** (*einfältig*) naïve, *auch* naive, simple: **er ist ein ~er Mensch** he is a simple person, he is a bit simple; **~e Rolle** (*theater*) part of an ingenue; **die ~en Rollen spielen** (*theater*) to play (*od.* act) the ingenues; **bist du aber ~** *colloq.* you really are naïve, aren't you); **das finde ich aber sehr ~ (von dir)** *colloq.* that's very naïve (of you); **sei doch nicht so ~** *colloq.* don't be so naïve. – **5.** *cf.* gutgläubig 1. – **II** *adv* **6.** **tu nicht so ~** *colloq.* don't act the innocent; **benimm dich nicht so ~** *colloq.* don't behave so naïvely; **das war (aber) sehr ~ gedacht** [**gehandelt**] that was thinking [acting] very naïvely. – **III N~e**, **das** ⟨-n⟩ **7.** the naïveté (*auch* naiveté, naïvety).

Nai·ve[1] [na'iːvə] *m* ⟨-n; -n⟩ naïve (*auch*

naive) person, innocent, ingenue: **er spielte den ~n** he played the innocent.

Nai·ve² [na'iːvə] f ⟨-n; -n⟩ **1.** cf. Naive¹. - **2.** (theater) ingenue: **die ~ spielen** to play (the part of) the ingenue.

Nai·vi·tät [naivi'tɛːt] f ⟨-; no pl⟩ **1.** (Unbefangenheit) naïveté, auch naiveté, ingenuousness, innocence: **sie sagte das mit der ihr eigenen ~** she said that with the ingenuousness characteristic of her. - **2.** (völlige Unerfahrenheit) naïveté, auch naiveté, naïvety, lack of sophistication, artlessness. - **3.** (Arglosigkeit) guilelessness, innocence. - **4.** (Einfältigkeit) naïveté, auch naiveté, naïvety, simplicity: **ihre Ansichten zeugen von einer gewissen ~** her views betray (od. show) a certain simplicity.

Na·iv·ling m ⟨-s; -e⟩ contempt. simpleton, simple soul.

Na·ja·de [na'jaːdə] npr f ⟨-; -n⟩ myth. naiad, water nymph.

Na·ma ['naːma] m ⟨-(s); -(s)⟩ anthrop. Nama(n), Namaqua(n). — **~rind** n (südwestafrik. Hausrindrasse) nama cattle.

Na·mas [na'maːs], **Na'maz** [-'maːs] n ⟨-; no pl⟩ relig. (im Islam) (Stundengebet) namaz.

Na·me ['naːmə] m ⟨-ns; -n⟩ **1.** name, moni(c)ker (colloq.), handle (sl.): **~n with** (od. by) the name of; **ohne ~n** with (od. by) the name of; without name, unnamed, anonymous; **unter dem ~n** under (od. by) the name of; **der ~ Smith** the name of Smith; **ein Mann mit ~n Müller** a man by the name of Müller, a man named Müller; **einen (anderen) ~n annehmen** to assume a(nother) name; **j-n nach dem (od. seinem) ~n fragen** to ask s.o. his name; **wie ist Ihr ~?** what is your name? **darf ich (Sie) um Ihren ~n bitten** may I ask your name, please; **sein voller ~** his full name; **ein (voll) ausgeschriebener ~** a name (written) in full; **j-n mit ~n anreden** to address s.o. by name; **er führt den ~n seiner Mutter** he bears (od. goes) by the name of his mother; **j-n nur dem ~n nach kennen** to know s.o. by name; **j-n nur dem ~n nach kennen** to know s.o. merely by name (od. by name only); **ich kenne ihn (nur) unter dem ~n X** I (only) know him by (od. under) the name of X; **j-s ~n mißbrauchen** to misuse (od. abuse) s.o.'s name; **seinen ~n nennen** a) to give (od. tell) one's name, b) to say his name; **j-n bei seinem ~n nennen** to call s.o. by his name; **j-s ~n rufen** to shout (od. call) s.o.'s name; **sich (dat) einen anderen ~n zulegen** to give oneself another (od. a different) name; **sein ~ wird fortbestehen** (od. fortleben) his name will endure; **die ~n verlesen** to call the roll; **der ~ tut nichts zur Sache** the name is not relevant (od. important); **seinem Kind einen ~n geben** a) to name one's child, b) (taufen) to christen one's child; **der Hund hört auf den ~ 'Lux'** the dog answers to the name of 'Lux'; **das Geschäft geht auf den ~n der Ehefrau** the business is (od. goes, runs) under the wife's name; **die Rechnung geht auf seinen ~n** the bill goes to his account, the bill is made out to him; **auf den ~n lautend** registered (od. inscribed, made out) in the name of; **seinen ~n unter ein Schriftstück setzen** to sign a document; **etwas unter falschem ~n veröffentlichen** to publish s.th. under a false (od. pen) name (od. nom de plume, pseudonym); **unter falschem (od. fremdem) ~n reisen** to travel incognito; **der ~ des Herrn sei gelobt** Bibl. the name of the Lord be praised; **etwas beim rechten ~n nennen** fig. to call s.th. by its proper name; **die Dinge (od. das Kind) beim (rechten) ~n nennen** fig. to call a spade a spade; **das Kind muß doch einen ~n haben** fig. colloq. the thing (od. matter) must have a name; → Hase 2. - **2.** (Gattungsnamen u. Sachbezeichnungen) name, species, nomenclature (scient.): **die ~n der Bäume [Pflanzen, Tiere]** the names (od. species) of trees [plants, animals]; **die ~n der Wochentage [Monate]** the names of the days of the week [months]. - **3.** (Bezeichnung, Benennung) name, designation: **er ist nur dem ~n nach der Leiter des Werkes** he is the nominal manager of the factory, he is the manager of the factory in (od. by) name only; **er verdient den ~n Vater nicht** he is not worthy to bear the designation 'father'; **er macht dem ~n eines Christen keine Ehre** he does not live up to Christian standards; **Greueltaten ohne ~n**

lit. unnamed deeds of horror. - **4.** (Ruf, Ansehen) name, reputation, repute: **ein ehrlicher ~** an honest name; **einen guten ~n haben** to be of good report (od. well reputed); **ihr unbescholtener ~** her irreproachable (od. lit. fair) name; **sein guter ~ ist hin** colloq. his reputation is gone; **er hat einen ~n zu verlieren** his reputation (od. good name) is at stake; **was bedeutet schon ein ~?** what's in a name? **sich (dat) einen ~n machen** to make one's name, to make oneself a name, to acquire renown, to build up a reputation; **sich (dat) bei j-m einen ~n machen** to gain s.o.'s respect; **seinem ~n Schande** (od. keine Ehre) **machen** to do no credit to one's name, not to live up to one's name; **er macht seinem ~n alle Ehre** he does hono(u)r to his name; **ein Mann [Wissenschaftler] von ~n** a man [scientist] of reputation (od. repute); **der junge Mann hat schon einen ~n** the young man has made a name for himself (od. is renowned) already; **er ist es seinem ~n schuldig** he owes it to his reputation; **~ ist Schall und Rauch** fig. what's in a name? **besser die Mittel als ~ und Titel** (Sprichwort) etwa rather have the means than name and title; **ein guter ~ ist besser als Silber und Gold** (Sprichwort) a good name is worth more than silver and gold (proverb). - **5.** (berühmte Person) (big) name: **die großen ~n unseres Jahrhunderts** the great names of our century. - **6.** (Auftrag, Bevollmächtigung) name, behalf: **in j-s ~n (handeln)** (to act) in s.o.'s name (od. in behalf of s.o., on behalf of s.o., in the name of s.o.); **ich spreche nur in meinem eigenen ~n** I speak for myself only; **Sie können in meinem ~n handeln** you may act on my behalf (od. in my name); **ich gratuliere auch im ~n meines Mannes** I congratulate also on my husband's behalf; **im ~n des Gesetzes [des Volkes, Gottes]** in the name of (the) law [of the people, of God]; **im ~n der Menschlichkeit [Gerechtigkeit, Wissenschaft]** in the name of humanity [justice, science]; **nun geh in Gottes ~n!** colloq. go for heaven's sake! **in des** (od. in drei) **Teufels ~n!** colloq. hang it (all)! damn it (all)! - **7.** ling. a) (Gattungsname) appellative, b) (Eigenname) (proper) name.

Na·men ['naːmən] m ⟨-s; -⟩ rare for Name. — **~buch** n dictionary (od. book) of names, onomasticon (scient.). — **~for·schung** f cf. Namenkunde. — **~ge·bung** f **1.** naming. - **2.** (wissenschaftliche) nomenclature. - **3.** (Taufe) christening. — **~ge·dächt·nis** n memory for names. — **~'Je·su·,Fest** [ˌnaːmən-] n relig. Feast of the Holy Name of Jesus. — **~kun·de** f study of (proper) names; onomastics pl (usually construed as sg), onomatology (scient.). — **n·~kund·lich** [-ˌkʊntlɪç] adj onomastic, onomatological. — **~li·ste** f **1.** list (od. register) of names, (name) roll: **die ~ verlesen** to call the roll. - **2.** (von Ärzten, Geschworenen etc) panel. - **3.** pol. a) register of voters, b) list of candidates, Am. slate.

'na·men·los adj **1.** nameless, unnamed. - **2.** (unbekannt) unknown, anonymous, innominate (lit.). - **3.** fig. (Leid, Elend etc) unspeakable, unheard-of (attrib), unutterable. — **'Na·men·lo·se** m, f ⟨-n; -n⟩ **1.** nameless (od. unnamed) person. - **2.** (Unbekannter, Unbekannte) unknown (od. anonymous) person. — **'Na·men·lo·sig·keit** f ⟨-; no pl⟩ **1.** namelessness. - **2.** anonymity, anonymousness.

'Na·men|nen·nung f calling (od. giving) of names: **ohne ~** anonymous(ly). — **~re·gi·ster** n **1.** register (od. index) of names. - **2.** nomenclature. — **n·~reich** adj having (od. with) many names, abounding in names.

'na·mens I adv by (the) (od. of the) name of, named: **ein Mann ~ Müller** a man named (od. by the name of) Müller. - **II** prep ⟨gen⟩ on behalf of, in the name of: **ich frage ~ meiner Mutter** I ask on behalf of my mother; **~ und auftrags** jur. in the name and on behalf of.

'Na·mens|,ak·tie f econ. registered share (bes. Am. stock). — **~,än·de·rung** f change of name. — **~,auf·ruf** m **1.** roll call, calling out of names. - **2.** pol. (im Parlament) roll call (of the House). — **~,bru·der** m namesake. — **~,fest** n röm.kath. cf. Namenstag. — **~,nen·nung** f cf. Namennennung. — **~pa,pier** n econ. cf. Namensaktie.

~pa,tron m patron saint. — **~,schild** n **1.** nameplate. - **2.** tech. (e)scutcheon, escucheon. - **3.** (gewebtes) name tape. — **~,schwe·ster** f namesake. — **~,stem·pel** m rubber stamp of a name (od. signature). — **~,tag** m röm.kath. name day, fete (od. fête) (day), Br. fête-day. — **~,un·ter,schrift** f signature. — **~ver,wechs·lung** f confusion of names. — **~,vet·ter** m namesake, homonym (rare). — **~,zei·chen** n **1.** name sign. - **2.** cf. Namenszug. — **~,zug** m **1.** signature, mark. - **2.** monogram. - **3.** (Schnörkel) flourish, paraph.

'na·ment·lich I adj **1.** nominal, by name: **~e Abstimmung** (voting by) call. - **II** adv **2.** by name: **j-n ~ kennen** [aufrufen, eintragen] to know [to call upon, to register] s.o. by name. - **3.** fig. mainly, especially, particularly, in particular: **Obst, ~ Äpfel, esse ich gern** I like fruit, particularly (od. above all) apples; **er kommt, ~ wenn sie kommt** he will come, especially if she comes; **Haustiere, ~ Hunde** domestic animals, dogs in particular.

'Na·men|ver,wechs·lung f confusion of names. — **~ver,zeich·nis** n **1.** (von Teilnehmern etc) list of names. - **2.** cf. Namenliste, Namenregister. — **~,wech·sel** m cf. Namensänderung.

nam·haft ['naːmhaft] adj **1.** (Summe, Spende etc) considerable, substantial. - **2.** (Persönlichkeit) well-known (attrib), renowned, noted. - **3.** j-n ~ machen a) to find out s.o.'s name, b) (beim Namen nennen) to name s.o., to give the name of s.o., to mention (od. identify, specify) s.o. by name. — **'Nam·haft,ma·chung** f ⟨-; -en⟩ naming.

näm·lich ['nɛːmlɪç] **I** adj ⟨attrib⟩ **1.** (self-)same, very: **der ~e Mann** the same man; **das ~e Kind** the same child; **das ~e Kleid** the very dress. - **II** adv **2.** namely, that is (to say), videlicet, viz.: **ich werde Anfang nächster Woche kommen, ~ am Dienstag** I shall come by the beginning of next week, namely on Tuesday; **das ist ~** so as it happens, matters lie (od. the facts are) as follows. - **3.** (begründend) for, you see, you know: **er konnte heute nicht kommen, er ist ~ krank** he was not able to come today for he is ill; **sie geht ~ sehr gern ins Kino** she is very fond of going to the pictures (Am. colloq. movies), you know.

Na·mur [na'myːr] n ⟨-s; no pl⟩ geol. Namurian.

Nan·du ['nandu] m ⟨-s; -s⟩ zo. **1.** Gewöhnlicher ~ rhea, (American) nandu (auch nandow) (Rhea americana). - **2.** Darwins ~ Darwin's rhea, Patagonian nandu (Pterocnemia pennata).

Nä·nie ['nɛːniə] f ⟨-; -n⟩ antiq. (funeral) dirge.

nann·te ['nantə] 1 u. 3 sg pret of nennen.

Na·no|fa·rad [nanofa'raːt] n electr. nanofarad. — **~'me·ter** [-'meːtər] n nanometer, bes. Br. nanometre.

'Nan·sen-,Paß ['nanzən-] m pol. jur. Nansen passport.

na·nu [na'nuː] interj colloq. **1.** well, well! hey! bes. Am. wow!: **~, das ist aber eigenartig!** well, isn't that strange! - **2.** **~?** well? now then?

Na·palm ['naːpalm] n ⟨-s; no pl⟩ mil. chem. napalm. — **~,bom·be** f mil. napalm bomb.

Napf [napf] m ⟨-(e)s; ⸚e⟩ **1.** (Schale) bowl, auch basin: **ein ~ voll Reis** a bowl of rice. - **2.** (Schüsselchen) dish.

'napf,för·mig adj **1.** bowllike, Br. bowl-like, basinlike, Br. basin-like. - **2.** zo. cotyloid, cotyliform.

'Napf|,ku·chen m gastr. napfkuchen. — **~,schnecke** f (getr. -k·k-) f zo. **1.** limpet, shield snail (Fam. Ancylidae). - **2.** (old world) limpet, tent shell (Fam. Patellidae).

Naph·tha ['nafta] n ⟨-s; no pl⟩, f ⟨-; no pl⟩ min. naphtha, bes. Br. rock oil: **mit ~ sättigen** to naphthalize (Br. auch -s-).

Naph·tha·lin [nafta'liːn] n ⟨-s; no pl⟩ chem. naphthalene ($C_{10}H_8$).

Naph·then [naf'teːn] n ⟨-s; -e⟩ meist pl chem. naphthene (C_nH_{2n}).

Naph·thol [naf'toːl] n ⟨-s; -e⟩ meist pl chem. naphthol ($C_{10}H_7OH$).

Naph·thyl [naf'tyːl] n ⟨-s; -e⟩ chem. naphthyl ($C_{10}H_7$).

Naph·thyl·amin [naftyla'miːn] n ⟨-s; -e⟩ chem. naphthylamine ($C_{10}H_7NH_2$).

Na·po·le·on [na'poːleɔn] m ⟨-s; -s⟩, **Na·po·le·on·dor** [napoleon'doːr] m ⟨-s; -e⟩ (altfranz. Goldmünze) napoleon.

Na·po·leo·ni·de [napoleo'niːdə] m ⟨-n; -n⟩ hist. descendant of Napoleon.

na·po·leo·nisch [napole'oːnɪʃ] adj Napoleonic.

Na·po·li·tain [napoli'tɛ̃ː] n ⟨-s; -s⟩ gastr. chocolate wafer (biscuit).

Nap·pa ['napa] n ⟨-; no pl⟩, **~le·der** n (leather) Napa (leather).

'Na·ras,pflan·ze ['naːras-] f bot. naras (Acanthosicyos horrida).

Nar·be ['narbə] f ⟨-; -n⟩ **1.** scar; cicatrix, cicatrice (scient.): **sein Gesicht war von ~n bedeckt** (od. **voller ~n**) his face was covered with scars (od. full of scars, scarred); **die Wunde ließ eine [keine] ~ zurück** the wound left a [no] scar; **die ~ bleibt, auch wenn die Wunde heilt** (Sprichwort) the scar remains even when the wound has healed. – **2.** med. (bes. Pockennarbe) (pock)mark, pit. – **3.** bot. a) stigma, b) (an Zweigen etc) pitting, scar, callus (scient.): **die ~ betreffend** stigmal, stigmatic. – **4.** agr. a) topsoil, b) (Grasdecke) sward, sod. – **5.** (leather) scar. – **6.** metall. (Oberflächenfehler) pit, scar.

'nar·ben¹ I v/t ⟨h⟩ **1.** (leather) grain, bruise, board. – II v/i **2.** rare for vernarben. – III N~ n ⟨-s⟩ **3.** verbal noun. – **4.** cf. Narbung.

'Nar·ben² m ⟨-s; -⟩ (leather) grain side: **aufgepreßter ~** pebble grain.

'Nar·ben,bil·dung f **1.** bes. med. scar formation, formation of a scar, cicatrization Br. auch -s- (scient.). – **2.** metall. pitting. — **~,bruch** m **1.** med. incisional (od. postoperative, Br. post-operative) hernia. – **2.** (leather) cracking of the grain. — **n~los** adj scarless, without a scar, unscarred. — **~,sei·te** f (leather) grain side.

'nar·big adj **1.** metall. pitty, pitted. – **2.** (leather) scarred. – **3.** med. a) scarred, cicatrized Br. auch -s- (scient.), b) (pockennarbig) pockmarked, pitted.

'Nar·bung f ⟨-; -en⟩ **1.** cf. Narben¹. – **2.** (leather) grain.

Nar·de ['nardə] f ⟨-; -n⟩ bot. nard, spikenard (Nardus stricta).

Nar·gi·leh [nargi'leː; -'giːlə] f ⟨-; -(s)⟩, n ⟨-s; -s⟩ (orient. Wasserpfeife) nargileh, auch narghile.

Nar·ko·ana·ly·se [narko?ana'lyːzə] f med. psych. narcoanalysis.

Nar·ko·lep·sie [narkolɛ'psiː] f ⟨-; -n [-ən]⟩ med. narcolepsy, paroxysmal sleep, sleep epilepsy.

Nar·ko·ma·nie [narkoma'niː] f ⟨-; no pl⟩ med. drug addiction, narcomania (scient.).

Nar·ko·se [nar'koːzə] f ⟨-; -n⟩ med. narcosis, (general) anesthesia (bes. Br. anaesthesia): **aus der ~ erwachen** to come out of (od. to wake from od. after) the an(a)esthesia; **die ~ betreffend** narcotic; **nach der ~** postan(a)esthetic, Br. post-anaesthetic. — **~(fach),arzt** m an(a)esthetist, anesthesiologist. — **~,schwe·ster** f an(a)esthetist nurse.

Nar·ko·ti·kum [nar'koːtikum] n ⟨-s; -ka [-ka]⟩ med. pharm. an(a)esthetic, auch narcotic.

Nar·ko·tin [narko'tiːn] n ⟨-s; no pl⟩ med. pharm. narcotine ($C_{22}H_{23}NO_7$).

nar·ko·tisch [nar'koːtɪʃ] adj med. an(a)esthetic, auch narcotic: **~es Mittel** cf. Narkotikum.

Nar·ko·ti·seur [narkoti'zøːr] m ⟨-s; -e⟩ med. an(a)esthetist.

nar·ko·ti·sie·ren [narkoti'ziːrən] I v/t ⟨no ge-, h⟩ med. (Patienten) an(a)esthetize Br. auch -s-). – II N~ n ⟨-s⟩ verbal noun. — **Nar·ko·ti'sie·rung** f ⟨-; -en⟩ an(a)esthetization Br. auch -s-.

Nar·ko·tis·mus [narko'tɪsmus] m ⟨-; no pl⟩ med. (Sucht nach Narkotika) narcotism, narcomania.

Narr [nar] m ⟨-en; -en⟩ **1.** fool(ish person), half-wit, tomfool: **ein alter ~** an old fool; **ich bin doch kein ~** I am no fool; **ein gedankenloser ~** a thoughtless fool; **ein verliebter ~** a love-sick fool; **du (du)! you fool! you idiot! einen ~en an** (dat) **etwas** [**j-m**] **gefressen haben** colloq. to fall for s.th. [s.o.] (colloq.), to take a great fancy to s.th. [s.o.]; **j-n für einen ~en halten** to take s.o. for a fool; **j-n zum ~en halten** (od. **haben**) colloq. to make a fool (od. an ass) of s.o., to pull s.o.'s leg (colloq.), to hoax (od. fool) s.o.; **sich zum ~en machen** to make a fool of oneself; **j-n einen**

~**en nennen** to call s.o. a fool; **den ~en spielen** to play the fool, to tomfool (colloq.); **ein ~ kann in einer Stunde mehr fragen, als zehn Weise in einem Jahr beantworten können** (Sprichwort) a fool may ask more questions in an hour than a wise man can answer in a year (proverb); **ein ~ fragt viel, worauf ein Weiser nicht antwortet** (Sprichwort) the fool asks much but he is more fool that grants it (proverb); **jedem ~en gefällt seine Kappe** (Sprichwort) every man thinks his own geese swans (proverb); **Kinder und ~en reden die Wahrheit** (Sprichwort) etwa children and fools speak the truth; **die ~en werden nicht alle** (Sprichwort) there is a sucker born every minute (proverb). – **2.** (Possenreißer, Spaßmacher) auch revel(l)er, buffoon, jester, (bes. zu Fasching) auch revel(l)er.

Nar·ra·ti·on [nara'tsioːn] f ⟨-; -en⟩ obs. narration, report.

Närr·chen ['nɛrçən] n ⟨-s; -⟩ **1.** dim. of Narr. – **2.** (Dummerchen) little silly.

nar·ren ['narən] v/t ⟨h⟩ j-n ~ a) to fool (od. dupe, hoax) s.o., b) to make a fool of s.o.: **du hast dich ~ lassen** you have been fooled.

'Nar·ren,fest n **1.** All (od. April) Fools' Day. – **2.** (kind of) carnival, masked (od. fancy dress) ball. — **~,frei·heit** f **1.** carnival licence (Am. license). – **2.** fig. iron. fool's privilege: **~ genießen** to enjoy the privilege of fools. — **n~haft** adj foolish. — **~hän·de** pl only in **~ beschmieren Tisch und Wände** (Sprichwort) fools when able smear walls and table (proverb), a white wall is a fool's writing paper (proverb). — **~,haus** n **1.** fig. colloq. madhouse: **das ist ja das reinste ~ hier** this is a real madhouse here. – **2.** obs. contempt. for Irrenanstalt. — **~,kap·pe** f foolscap, fool's cap. — **~,kleid** n motley. — **~,or·den** m fool's badge. — **~,pos·se** f (tom)foolery, buffoonery: **das sind ~n!** nonsense! — **~,seil** n only in **j-n am ~ führen** (od. **haben**) colloq. archaic to make a fool of s.o., to ridicule s.o. — **n~,si·cher** adj colloq. (Methode, Maschine etc) foolproof: **etwas ~ machen** to foolproof s.th.

'Nar·rens,pos·se f cf. Narrenposse.

'Nar·ren,streich m **1.** foolish trick. – **2.** piece of folly.

'Nar·ren,tei·ding [-,taidɪŋ] m ⟨-s; -e⟩ obs. od. dial. for Narrenposse.

'Nar·ren·tum n ⟨-s; no pl⟩ folly, foolishness, foolery.

'Nar·ren,zep·ter n, auch m bauble: **Prinz Karneval führt das ~** King Carnival reigns supreme.

Nar·re·tei [narə'tai] f ⟨-; -en⟩ colloq. **1.** (tom)foolery, buffoonery. – **2.** cf. Narrheit 2.

'Narr·heit f ⟨-; -en⟩ **1.** (dummer od. lustiger Streich) folly, (tom)foolery, buffoonery. – **2.** (Verrücktheit) foolishness, madness, idiocy.

När·rin ['nɛrɪn] f ⟨-; -nen⟩ foolish (od. silly) woman (od. girl).

när·risch ['nɛrɪʃ] I adj **1.** (Treiben, Zeug etc) foolish, funny, silly. – **2.** (Kauz, Geschichte etc) odd, strange, funny. – **3.** (Einfälle etc) eccentric, extravagant. – **4.** (verrückt) insane, mad (auch fig.): **vor Freude ~ sein** fig. to be mad (od. wild) with joy. – **5. auf** (acc) **etwas ~ sein** fig. to be crazy about s.th., to be infatuated with s.th. – II adv **6. ~ verliebt** fig. madly in love.

Nar·thex ['nartɛks] m ⟨-; -thizes [-titsɛs]⟩ arch. (einer frühchristlichen Kirche) narthex.

Nar·wal ['narva(ː)l] m ⟨-(e)s; -e⟩ zo. narwhal, narwal, narwhale (Monodon monoceros).

Nar·ziß [nar'tsɪs] I npr m ⟨-; no pl⟩ myth. Narcissus. – II m ⟨- u. -sses; -sse⟩ narcissist, narcist.

Nar·zis·se [nar'tsɪsə] f ⟨-; -n⟩ bot. narcissus (Gattg Narcissus): **Gelbe ~** daffodil (N. pseudo-narcissus); **Weiße ~** a) poet's narcissus (auch N. poëticus), b) paper narcissus (N. tazetta var. papyraceus); **Zweiblütige ~** primrose peerless (N. biflorus).

Nar·zis·sen,blü·te f bot. narcissus blossom. — **~,li·lie** f amaryllis (Amaryllis belladonna).

Nar·ziß·mus [nar'tsɪsmus] m ⟨-; no pl⟩ psych. narcissism, narcism.

Nar·zißt [nar'tsɪst] m ⟨-en; -en⟩ psych. narcissist, narcist. — **nar'ziß·tisch** adj narcissistic, narcistic, auch narcissic.

na·sal [na'zaːl] I adj **1.** ling. nasal. – **2.** med. nasal. – II N~ m ⟨-s; -e⟩ **3.** ling. nasal (sound).

na·sa·lie·ren [naza'liːrən] v/t ⟨no ge-, h⟩ ling. nasalize. — **na·sa'liert** I pp. – II adj (Laut) nasal(ized). — **Na·sa'lie·rung** f ⟨-; -en⟩ nasalization.

Na·sa·li·tät [nazali'tɛːt] f ⟨-; no pl⟩ ling. nasality.

Na'sal,laut m ling. nasal (sound). — **~vo,kal** m nasal vowel.

Na·sat [na'zaːt] m ⟨-(e)s; no pl⟩ mus. (Orgelregister) nazard, nasard, nason.

na·schen ['naʃən] I v/i ⟨h⟩ **1.** (an dat, von at) nibble, (von from) eat: **an** (od. **von) einem Stück Torte ~** to nibble at a piece of cake; **gerne ~** to have a sweet tooth, to be fond of sweets; **wer nascht, stiehlt auch** (Sprichwort) he who likes sweets steals them. – **2.** (heimlich) eat on the sly, snitch eats: **hat er schon wieder genascht?** has he been eating on the sly again? – II v/t **3.** eat (a little, some), take (some): **Marmelade ~** to eat some jam; **einen Löffel Zucker ~** to take a spoonful of sugar.

'Na·scher, archaic **Nä·scher** ['nɛʃər] m ⟨-s; -⟩ person fond of (eating) sweet things, sweet tooth. — **Na·sche'rei**, archaic **Nä·sche'rei** f ⟨-; -en⟩ **1.** ⟨only sg⟩ nibbling, eating on the sly: **laß doch die ~ sein!** stop your nibbling! – **2.** sweets pl, tidbit, bes. Br. titbit, dainty, goody (colloq.). — **'Na·sche·rin**, archaic **'Nä·sche·rin** f ⟨-; -nen⟩ girl (od. woman) fond of (eating) sweet things, sweet tooth.

nasch·haft adj fond of sweet things, sweet-toothed. — **'Nasch·haf·tig·keit** f ⟨-; no pl⟩ fondness of sweet things (od. sweets).

'Nasch,kätz·chen n, **~,kat·ze** f colloq. for Nascher(in). — **~,maul** n sl. for Nascher(in). — **~,sucht** f ⟨-; no pl⟩ passion (od. craving) for (eating) sweets. — **n~,süch·tig** adj longing (od. craving) for sweet things, sweet-toothed. — **~,werk** n ⟨-(e)s; no pl⟩ sweets pl, tidbits pl, bes. Br. titbits pl, dainties pl, goodies pl (colloq.).

Na·se ['naːzə] f ⟨-; -n⟩ **1.** nose: **meine ~ läuft** [**ist verstopft**] my nose is running [stopped up, stuffed, stuffy, blocked up]; **er blutet aus der ~** his nose is bleeding; **sich** (dat) **die ~ putzen** to blow (od. wipe) one's nose; **mich friert (es) an der ~, ich friere an der ~, es friert mich an der ~** my nose is freezing (od. cold); **seine ~ läuft rot an** his nose is getting red (od. reddening); **der Geruch geht mir in die ~** the scent (od. smell) goes (od. rises) to my nose; **er ist auf die ~ gefallen** (od. **geflogen**) a) he fell on his nose, b) fig. colloq. he had bad luck, he had a misfortune; **eins auf die ~ kriegen** colloq. a) to get a punch on the nose, b) fig. to get a good dressing down; **durch die ~ sprechen** cf. **näseln; in der ~ bohren** to pick one's nose; **sich** (dat) **die ~ an der Fensterscheibe platt drücken** to press one's nose flat against the windowpane; **sich** (dat) **die ~ zuhalten** to hold one's nose. – **2.** fig. colloq. (in Wendungen wie) **du brauchst es ihr ja nicht gerade auf die ~ zu binden** you need not tell (od. reveal it to) her; **eine ~ bekommen** (od. **kriegen**) to be rebuked (od. reprimanded), to get a good dressing down, to be hauled over the coals; **sein Gesichtskreis geht nicht über die eigene ~ hinaus, er sieht nicht weiter als die eigene ~** he doesn't see beyond (the tip of) his nose; **eine (feine)** (od. **die richtige) ~ für etwas haben** to have a scent (od. flair, colloq. nose) for s.th.; **das beleidigt meine ~** that offends my nose (od. sense of smell); **j-n an der ~ herumführen** to lead s.o. up the garden path (colloq.), to play a trick on s.o.; **j-m auf der ~ herumtanzen** to do as one pleases with s.o., to do what one likes with s.o.; **die ~ hoch tragen** to stick one's nose (up) in the air (colloq.), to be aloof (od. colloq. stuck-up); **du bist wohl auf der ~ gelaufen?** did you fall (on your nose)? **auf der ~ liegen** (krank sein) to be flat on one's back, to be laid up; **mit langer ~ abziehen** to go away disappointed; **j-m eine (lange) ~ machen, j-m eine ~ drehen** Am. to thumb one's nose at s.o., Br. sl. to cock (od. make) a snook at s.o.; **ich sehe es dir an der ~ an, daß du lügst** I can tell by the expression (od. look) on your face that you are lying; **Mund und ~ aufsperren** to stand gaping, to be flabbergasted (colloq.); das ist nicht nach seiner ~ that is not to his taste; immer der ~ nach follow your nose; der ~ nachgehen to follow one's nose; es j-m unter die ~ reiben to rub it in (sl.), to bring it home to s.o.; über meine Bemerkungen rümpfte sie die ~ she turned up (od. looked down) her nose at my remark, she sneered (od. sniffed) at my remark; seine ~ in alles (od. jeden Dreck od. Quark) stecken (od. hängen) to poke (od. stick, put) one's nose into everything; seine ~ in anderer Leute Angelegenheiten stecken to stick one's nose into other people's business; du solltest deine ~ lieber in deine Bücher stecken you'd better stick your nose into (od. start reading) your books; er hat seine ~ zu tief ins Glas gesteckt he has had one over the eight; sich (dat) die ~ begießen a) to have a drink, to wet one's whistle (colloq.), b) to get drunk; j-n mit der ~ auf (acc) etwas stoßen to stick s.o.'s nose into s.th.; das [die Bemerkung] steigt mir in die ~ that [the remark] makes me angry; das Angebot sticht mir in die ~ the offer smells good to (od. entices) me; die ~ voll haben (von etwas) to have had enough (of s.th.), to have one's belly full (of s.th.) (colloq.), to be fed up (with s.th.) (sl.); j-m etwas aus der ~ ziehen to wheedle (od. worm) s.th. out of s.o.; man muß ihm die Antworten (od. Wörter, sl. auch Würmer) (einzeln) aus der ~ ziehen to get an answer from him is like pulling teeth; sich (dat) den Wind um die ~ wehen lassen to see s.th. of the world; zupf (od. zieh) dich doch an deiner eigenen ~, faß dich an deine[r] eigene[n] ~ a) think of your own failings, b) mind your own business, you have no room to talk; das Buch liegt (direkt) vor deiner ~ the book is (right) under your nose (od. in front of you); sie haben ihm einen Jüngeren vor die ~ gesetzt they put a younger man (od. person) above him; j-m die Tür vor der ~ zuschlagen to shut (od. slam) the door in s.o.'s face, to shut the door (up)on s.o.; sie haben den Wald direkt vor der ~ a) they have the wood(s) right in front of them, b) they have the wood(s) right at their front door; j-m etwas vor der ~ wegschnappen to take s.th. away from under s.o.'s nose; der Zug fuhr ihm vor der ~ weg the train went off before his very nose. – 3. fig. colloq. (Kopf) person, head: fünf Äpfel pro ~ five apples per person; pro ~ gab es zwei Stück Kuchen there were two pieces of cake per person. – 4. (des Tieres) nose, snout: trockene ~ parched nose. – 5. (Geruchssinn) nose, scent: der Hund hat einen Hasen in der ~ the dog has a hare in the wind. – 6. tech. a) nose, b) (Ansatz, Vorsprung) projection, lug, c) (einer Spindel) nose, d) (eines Keils) gib head, e) (einer Dichtung) tab, f) (eines Pleuelkopfes) splasher. – 7. (einer Röhre od. Kanne) snout, spout, nozzle. – 8. agr. (eines Pfluges) beak. – 9. mar. mil. (eines Schiffes od. Pontons) nose, head. – 10. mil. (eines Geschosses) nose. – 11. aer. a) (Bug) nose, b) (eines Propellers) spinner. – 12. metall. (einer Gießpfanne) lip. – 13. arch. nosing cusp, foil, feathering. – 14. civ.eng. (eines Dachziegels) nose, hook, crocket, tongue, knob, nib, stud. – 15. meteor. pressure nose.

'na·se,lang adv only in alle ~ colloq. a) repeatedly, again and again, b) (fortwährend) continually, constantly, c) (in kurzen Abständen) every few steps (od. zeitlich minutes).

nä·seln ['nɛːzəln] I v/i ⟨h⟩ 1. speak through the nose, (speak with a [nasal]) twang, nasalize. – II N~ n ⟨-s⟩ 2. verbal noun. – 3. (nasal) twang, nasalization. — 'nä·selnd I pres p. – II adj nasal, twangy. – III adv nasally, with a (nasal) twang.

'Na·sen|,af·fe m zo. nose ape, proboscis monkey (Nasalis larvatus). — ~an·ti,lo·pe f cf. Saigaantilope. — ~,bär m coati (Gattgen Nasua u. Nasuella): Roter ~ red coati (Nasua nasua). — ~,bein n med. nasal bone. — ~,beu·tel,dachs n zo. rat bandicoot (Perameles nasuta). — ~,beut·ler m zo. cf. Beuteldachs. — ~,bies,flie·ge f sheep botfly (Oestrus ovis). — ~,blatt n (der Fledermäuse) nose leaf: mit einem ~ leaf-nosed; phyllorhine, phyllostomine

(scient.). — ~,blu·ten n med. nosebleed, epistaxis (scient.). — ~,boh·ren n nose picking. — ~,brem·se f 1. (für Pferde) twitch. – 2. zo. nose bot (od. fly) (Unterfam. Oestrinae). — ~,fach,arzt m med. nose specialist, rhinologist (scient.). — ~,flö·te f mus. nose flute. — ~,flü·gel m meist pl side (od. wing) of the nose, nasal ala (scient.). — ~,frosch m mouth-breeding frog, bell frog (Rhinoderma darwinii). — ~,gang m med. nasal meatus, meatus of the nose. — ~,haar n hair in the nostrils, vibrissa (scient.). — ~,hai m zo. goblin shark (Scapanorhynchus owstoni). — ~,heil,kun·de f med. rhinology: die ~ betreffend rhinological. — ~,höh·le f nasal cavity (od. scient. fossa). — ~,höh·len·ka,tarrh m rhinitis. — ~ka,tarrh m head cold, sniffles pl, rhinitis (scient.). — ~,ke·gel m (space) (einer Rakete) nose cone. — ~,keil m tech. gib-head key. — ~,klem·mer, ~,knei·fer m (optics) pince-nez. — ~kor·rek,tur f med. rhinoplastic surgery, rhinoplasty. — ~,krö·te f zo. bird toad (Rhinophrynus dorsalis). — ~,lang adv colloq. cf. naselang. — ~,län·ge f fig. colloq. (length of a) nose: um eine ~ by a nose (Br. short head); um eine ~ gewinnen to win by a nose; j-n um eine ~ schlagen to beat s.o. by a nose, to nose s.o. out. — ~,laut m ling. cf. Nasal. — ~,loch n 1. med. nose, nostril, naris: die Nasenlöcher betreffend narial, naric. – 2. zo. (eines Wals) spout (hole), blowhole. — ~,mu·schel f med. turbinate (bone), nasal concha. — ~,nat·ter f zo. long-nosed snake (Gattg Rhinocheilus). — ~,pla·stik f med. rhinoplastic surgery, rhinoplasty. — ~pla·stisch adj rhinoplastic. — ~po,lyp m nasal polypus, rhinopolypus (scient.).

'Na·sen|ra·chen|ka,tarrh m med. postnasal (Br. post-nasal) (od. nasopharyngeal) catarrh, rhinopharyngitis, nasopharyngitis. — ~,raum m nasopharyngeal cavity, nasopharynx.

'Na·sen|,rie·men m (am Zaumzeug) noseband. — ~,ring m 1. anthrop. (bei Naturvölkern) nose ring. – 2. agr. a) nose ring, b) (bes. für Rindvieh) cattle leader. — ~,rücken (getr. -k·k-) m med. bridge (od. scient. dorsum) of the nose. — ~,schei·de,wand f nasal septum.

'Na·sen|,schleim m med. nasal mucus. — ~,haut f nasal mucous membrane.

'Na·sen|,schmuck m anthrop. (bei Naturvölkern) nose jewelry (bes. Br. jewellery). — ~spe·zia,list m med. cf. Nasenfacharzt.

'Na·sen|,spie·gel m med. nasal speculum. — ~un·ter,su·chung f rhinoscopy.

'Na·sen|,spit·ze f (vorl. point) of the nose: j-m etwas an der ~ ansehen fig. colloq. (to be able) to tell s.th. by the expression on s.o.'s face. — ~,spray m, n med. pharm. nose spray. — ~,stü·ber m colloq. 1. fillip (Am. auch filip) (on the nose): einen ~ bekommen to get a fil(l)ip on the nose; j-m einen ~ geben to fil(l)ip s.o. – 2. fig. (Rüge) reprimand, rebuke. — ~,tier n zo. macrosmatic (auch macro-osmatic) animal. — ~,trop·fen pl med. pharm. nose drops. — ~,wur·zel f med. root of the nose, radix nasi (scient.).

'na·se,weis I adj ⟨-er; -est⟩ 1. (vorlaut) pert, saucy, cheeky, bes. Am. colloq. smart-alecky. – 2. (neugierig) prying, inquisitive, nos(e)y (colloq.). – II N~ m ⟨-es; -e⟩ 3. pert (od. saucy, cheeky) person, bes. Am. colloq. smart aleck: Jungfer ~ Miss Pert, bes. Br. colloq. Miss Nosy Parker. – 4. prying (od. inquisitive, colloq. nos[e]y) person.

'nas,füh·ren v/t ⟨insep, ge-, h⟩ j-n ~ rare to fool (od. hoax) s.o., to lead s.o. up the garden path (colloq.).

'Nas,horn n ⟨-(e)s; ⁀er⟩ zo. rhinoceros, nasicorn (Fam. Rhinocerotidae). — ~,fisch m unicorn fish (Gattg Naso). — ~,kä·fer m rhinoceros beetle (Dynastes tityrus). — ~,le·gu,an m rhinoceros iguana (Metopoceros cornutus). — ~,vo·gel m rhinoceros bird, (rhinoceros) hornbill (Buceros rhinoceros).

'nas,lang adv colloq. cf. naselang.

naß [nas] I adj ⟨nasser, auch nässer; nassest, auch nässest⟩ 1. (Kleider, Gras etc) wet: ~ werden to become (od. get) wet; nasse Füße bekommen to get one's feet wet; sich [das Bett, die Hose] ~ machen to wet oneself [the bed, one's trousers];

er fand ein nasses Grab fig. lit. (ist ertrunken) he had a watery grave; er ist ein nasser Bruder fig. colloq. he is a tippler (od. drunkard); dastehen wie ein nasser Sack fig. to cut a sorry figure. – 2. (durchnäßt, triefend) dripping (wet), soaked, soaking (wet), drenched: durch und durch (od. bis auf die Haut) ~ sein to be wet through, to be thoroughly drenched, to be wet (od. soaked) to the skin. – 3. (feucht) damp, moist, humid: nasse Augen moist eyes; die Wäsche ~ machen to damp (od. moisten, wet) the washing. – 4. (regenreich) rainy, wet, pluvious (scient.): wir hatten einen nassen Sommer we had a rainy summer. – 5. (Schnee) wet, cloggy, slushy. – 6. agr. (Boden etc) sour, dank, wet: nasse Stelle slop. – 7. für ~ hineindürfen Northern G. colloq. to be admitted without paying. – II N~ n ⟨Nasses; no pl⟩ poet. od. humor. 8. water: das kühle N~ the cool water. – 9. drink, liquid, wine: wie kannst du dieses edle (od. köstliche) N~ verschütten! how can you spill this noble (od. precious) liquid!

Nas·sau·er ['nasauər] m ⟨-s; -⟩ 1. (Einwohner) Nassovian. – 2. fig. colloq. (Schmarotzer) sponge(r), parasite, Am. colloq. deadbeat. — 'nas·sau·ern v/i ⟨h⟩ (bei j-m) ~ colloq. to sponge ([up]on s.o.).

'Naß|bat·te,rie f electr. wet battery. — ~,dampf m tech. wet steam. — ~,dreh,ein,rich·tung f wet turning attachment.

Näs·se ['nɛsə] f ⟨-; no pl⟩ 1. wet(ness). – 2. damp(ness), moisture, humidity: vor ~ schützen! keep dry, to be kept dry. – 3. (der Straße) wetness, sloppiness. – 4. agr. sourness, dankness, wetness.

näs·seln ['nɛsəln] v/i ⟨h⟩ colloq. be (od. get) slightly wet.

näs·sen ['nɛsən] I v/t ⟨näßt, näßte, genäßt, h⟩ 1. (make) (s.th.) wet. – 2. (anfeuchten) moisten. – II v/i 3. med. (von Wunde) discharge, ooze, (bes. von Ekzem) weep. – 4. hunt. urinate, make water. – III v/impers 5. es näßt it drizzles, it spits.

'Naß|,fäu·le f hort. wet rot. — ~,forsch adj colloq. brazenfaced, Br. brazen-faced. — ~ge,wicht n econ. weight in wet condition. — ~,guß,form f metall. green sand mold (bes. Br. mould). — ~,guß,sand m green sand. — ~,kalt adj 1. (Wetter etc) wet (od. damp) and cold, raw. – 2. (Hand etc) clammy.

'näß·lich adj seemingly wet (od. damp), wettish, dampish, somewhat wet (od. damp, moist).

'Naß|me·tall,ur·gie f metall. hydrometallurgy. — ~ra,sur f wet shave. — ~,schleif·ma,schi·ne f tech. wet grinder, wet grinding machine. — ~,schnee m wet (od. cloggy) snow. — ~,spin·ne,rei f (textile) wet (od. water) spinning mill. — ~ver,bren·nung f nucl. wet combustion method. — ~,wä·sche f 1. metall. wet cleaning, washing. – 2. (housekeeping) wet (od. rough-dry) wash (od. laundry).

Na·stie [nas'tiː] f ⟨-; no pl⟩ bot. biol. nastic movement.

nas·zie·rend [nas'tsiːrənt] adj chem. nascent.

Na·ta·li·tät [natali'tɛːt] f ⟨-; no pl⟩ natality, birthrate.

Na·ti·on [na'tsĭoːn] f ⟨-; -en⟩ nation: die befreundeten ~en the friendly nations; die Vereinten ~en the United Nations; die ganze ~ ist dafür the whole country is for it.

na·tio·nal [natsĭo'naːl] I adj 1. (Einheit, Kultur etc) national. – 2. nationalist, national, auch patriotic: ~e Gesinnung nationalism. – 3. (Interesse) public, national. – II adv 4. ~ denken [fühlen] to think [to feel] in national terms (auch nationalistically). — ~be,wußt adj proudly conscious of one's nationality, patriotic. — N~be,wußt,sein n national consciousness (and pride), patriotism. — N~cha,rak·ter m national character. — ~chi,ne·sisch adj Nationalist Chinese, of (od. belonging to) Nationalist China. — N~denk,mal n national monument.

Na·tio'na·le n ⟨-s; -⟩ Austrian (im Paß etc) personal data (od. particulars pl), signalment.

Na·tio'nal|,elf f (sport) national (football) team. — ~,far·ben pl national colors (bes. Br. colours). — ~,fei·er,tag m national holiday. — ~,flag·ge f 1. national flag: britische ~ Union Jack; amerikanische ~

Stars and Stripes *pl.* – **2.** *aer. mar.* ensign. — **~ga·le·rie** *f* (*art*) national gallery. – **~₁gar·de** *f* **1.** (*in USA*) national guard. – **2.** *hist.* French militia after 1789. — **~ge₁fühl** *n* feeling for one's country, national consciousness, *auch* patriotism. — **~ge₁richt** *n gastr.* national dish. — **~₁held** *m* national hero. — **~₁hym·ne** *f* national anthem.

na·tio·na·li·sie·ren [natsĭonali'ziːrən] *v/t* ⟨*no* ge-, h⟩ nationalize *Br. auch* -s-. — **Na·tio·na·li·sie·rung** *f* ⟨-; *no pl*⟩ nationalization *Br. auch* -s-.

Na·tio·na·lis·mus [natsĭona'lısmus] *m* ⟨-; -men⟩ nationalism. — **Na·tio·na·list** [-'lıst] *m* ⟨-en; -en⟩ nationalist. — **na·tio·na·li·stisch** *adj* nationalistic, *auch* nationalist.

Na·tio·na·li·tät [natsĭonali'tɛːt] *f* ⟨-; -en⟩ **1.** nationality. – **2.** ethnic group, nationality.

Na·tio·na·li·tä·ten₁staat *m* state made up of different nationalities (*od.* ethnic groups), multination(al) state.

Na·tio·na·li·täts₁kenn₁zei·chen *n* **1.** *auto.* a) country's identification sign (*od.* letter), b) (*Kennzeichenschild*) nationality plate. – **2.** nationality mark.

Na·tio·nal₁kir·che *f relig.* state church. — **~kon₁vent** *m pol.* **1.** (*in USA*) national convention. – **2.** der ~ *hist.* (*in Frankreich*) the National Convention (*1792—95*). — **n~li·be·ral** *adj* national liberal. — **~₁li·ga** *f* (*sport*) Austrian for Bundesliga. — **~₁li·te·ra·tur** *f* national literature. — **~₁mann·schaft** *f* (*sport*) national team. — **~öko₁nom** *m econ.* (political) economist. — **~öko₁no·mie** *f* political economy (*od.* economics *pl construed as sg*). — **n~öko₁no·misch** *adj* economic, of political economy (*od.* economics). — **~₁park** *m* national park. — **~₁preis** *m DDR* national award. — **~₁rat** *m Austrian and Swiss pol.* **1.** ⟨*only sg*⟩ National Council (*Lower House of Parliament*). – **2.** member of the National Council. — **~so·zia₁lis·mus** *m* National Socialism, Nazism, *auch* Hitlerism (*in Germany 1919—45*). — **~so·zia₁list** *m* national socialist, Nazi, *auch* Hitlerite. — **n~so·zia₁li·stisch** *adj* national socialist, Nazi (*attrib*), *auch* Hitlerian. — **~₁spie·ler** *m* (*sport*) international. — **~₁staat** *m pol.* national state, nation-state. — **~₁stolz** *m* national pride. — **~₁tanz** *m* **1.** folk dance. – **2.** national dance. — **~₁thea·ter** [-₁teˌaːtər] *n* national theater (*bes. Br.* theatre). — **~₁tracht** *f* national costume. — **~ver₁samm·lung** *f* national assembly.

na·tiv [na'tiːf] *adj* native, natural.

Na·tive ['neɪtɪv] (*Engl.*) *m* ⟨-s; -s⟩ (*in britischen Kolonien*) native.

Na·ti·vis·mus [nati'vɪsmus] *m* ⟨-; *no pl*⟩ *philos.* nativism. — **Na·ti·vist** [-'vɪst] *m* ⟨-en; -en⟩ nativist. — **na·ti·vi·stisch** *adj* nativistic.

Na·ti·vi·tät [nativi'tɛːt] *f* ⟨-; -en⟩ **1.** *astrol.* nativity, horoscope, horologue: j-m die ~ stellen to cast s.o.'s horoscope (*od.* nativity), to horoscope s.o. – **2.** *obs.* for Geburt 1.

'NA·TO|-₁Län·der ['naːto-] *pl* (the) Nato countries. — **~-₁Part·ner** *pl* (the) Nato partners. — **~-₁Staa·ten** *pl* (the) member states of the Nato.

Na·tri·um ['naːtrĭum] *n* ⟨-s; *no pl*⟩ *chem.* sodium, natrium (Na): doppeltkohlensaures ~ cf. Natriumbikarbonat; schwefelsaures ~ cf. Natriumsulfat. — **~₁bi·kar·bo₁nat** *n* sodium bicarbonate, baking soda ($NaHCO_3$). — **~chlo₁rid** *n* sodium chloride, kitchen (*od.* common) salt (NaCl). — **~hy·dro₁xyd**, *auch* **~hy·dro₁xid** *n* sodium hydroxide (NaOH). — **~per·oxyd** [-pe·rɔˌksyːt], *auch* **~per·oxid** [-perɔˌksiːt] *n* sodium peroxide (Na_2O_2). — **~sul₁fat** *n* **1.** *chem.* sodium sulfate (*bes. Br.* -ph-) (Na_2SO_4). – **2.** *min.* thenardite.

Na·tro·lith [natro'liːt; -'lɪt] *m* ⟨-s *u.* -en; -e(n)⟩ *min.* natrolite.

Na·tron ['naːtrɔn] *n* ⟨-s; *no pl*⟩ **1.** *chem.* cf. Natriumbikarbonat. – **2.** *gastr.* bicarbonate of soda. – **3.** *chem. obs.* for Natrium. — **~₁lau·ge** *f chem.* soda lye, aqueous sodium hydroxide. — **~sal₁pe·ter** *m* sodium nitrate, soda (*od.* Chile) niter (*bes. Br.* nitre) (*od.* saltpeter, *bes. Br.* saltpetre) ($NaNO_3$). — **~₁sei·fe** *f* soda (*od.* hard) soap.

Nat·ter ['natər] *f* ⟨-; -n⟩ **1.** *zo.* adder (*bes. Gattg Aglypha*), *auch* viper (*Gattgen Vipera,*

Bitis, Cerastes): Virginische ~ blowing (*od.* hog) snake, puffing adder (*Heterodon contortrix*); Familie der ~n Colubridae *pl*; wie von einer ~ gebissen *fig. colloq.* as if stung by an adder. – **2.** *zo. cf.* a) Ringelnatter, b) Glattnatter. — **3.** *fig. lit.* viper, serpent, snake: eine ~ am Busen nähren to nurse a viper in one's bosom.

'Nat·tern|₁brut *f* **1.** nest of adders (*od.* vipers). – **2.** *fig. contempt.* pack of spiteful (*od.* deceitful) people. — **~ge₁zücht** *n Bibl.* brood of vipers. — **~hemd** *n zo.* slough (*od.* cast-off skin) of a serpent, shed. — **~₁kopf** *m bot.* echium (*Gattg Echium*): (Gemeiner) ~ (common) viper's bugloss, blueweed (*E. vulgare*).

'Nat·ter|₁wurz *f bot.* bistort (*Polygonum bistorta*). — **~₁zun·ge** *f* adder's-tongue, *auch* adder tongue, adder's-fern (*Gattg Ophioglossum, bes. O. vulgatum*).

Na·tur [na'tuːr] *f* ⟨-; -en⟩ **1.** ⟨*only sg*⟩ nature: das Walten [die Wunder] der ~ the working [the wonders] of nature; die freie ~ the open air (*od.* countryside); die erwachende ~ the awakening nature; in Gottes freier ~ in God's untrammel(l)ed (*od.* unspoilt) nature; in der freien ~ leben to live an outdoor life; sie ist von der ~ stiefmütterlich behandelt worden she has been niggardly favo(u)red by nature; nach der ~ zeichnen to draw from nature (*od.* life); Eisen kommt in der ~ vor iron occurs naturally; zurück zur ~! back to nature! *Am. colloq.* let's go native! – **2.** ⟨*only sg*⟩ etwas ist ~ *colloq.* s.th. is not artificial: ihr Haar ist ~ her hair is natural(ly curly) (and has its natural colo[u]r). – **3.** ⟨*only sg*⟩ (*Wesen, Beschaffenheit*) nature, character: es liegt in der ~ der Dinge, daß it is in the nature of things that, it is quite natural that; es handelt sich um Fragen grundsätzlicher ~ these are fundamental questions; die Sache ist ernster ~ the matter is of a grave nature; Eis ist seiner ~ nach kalt ice is cold by nature (*od.* naturally cold). – **4.** ⟨*only sg*⟩ (*Veranlagung*) character, disposition, nature, temperament, frame of mind: die menschliche ~ human nature; er hat eine glückliche ~ he has a happy disposition; das ist nicht seine wahre ~ that is not his true nature; er ist von ~ (aus) schüchtern he is by nature (*od.* naturally, inherently) shy; das geht mir wider die ~ that goes against my nature (*od.* grain); das Lügen ist ihm zur zweiten ~ geworden lying has become his second nature (*od.* second nature with *od.* to him). – **5.** ⟨*only sg*⟩ (*Körperbeschaffenheit*) constitution, nature: er hat eine gesunde [kräftige] ~ he has a healthy [strong] constitution, he is of a healthy [strong] nature. – **6.** (*Person*) character, person, creature: sie sind 2 grundverschiedene ~en they are 2 basically different characters, they are as like as chalk and cheese; sie ist eine schöpferische ~ she is a creative person.

Na·tu·ral·be₁zü·ge [natu·raːl-] *pl* remuneration *sg* (*od.* payment *sg*) in kind.

Na·tu·ra·li·en [natu·raːlĭən] *pl* **1.** (*Bodenerzeugnisse*) natural produce *sg*, crops of the soil. – **2.** (*Sachgüter*) material assets: in ~ zahlen to pay in kind. – **3.** (*naturwissenschaftliche Schaustücke*) natural history (*od.* teaching, demonstration) objects (*od.* specimens). — **~ka·bi₁nett** *n*, **~₁samm·lung** *f* natural history collection.

Na·tu·ra·li·sa·ti·on [naturaliza'tsĭoːn] *f* ⟨-; -en⟩ naturalization *Br. auch* -s-. — **na·tu·ra·li·sie·ren** [-'ziːrən] **I** *v/t* ⟨*no* ge-, h⟩ naturalize *Br. auch* -s-: sich ~ lassen to get (*od.* become) naturalized. – **II** *v/reflex* sich ~ *biol.* (*von Pflanzen, Tieren etc*) become naturalized (*Br. auch* -s-), *auch* naturalize *Br. auch* -s-. — **Na·tu·ra·li·sie·rung** *f* ⟨-; -en⟩ naturalization *Br. auch* -s-.

Na·tu·ra·lis·mus [natura'lısmus] *m* ⟨-; *no pl*, naturalistische Züge eines Kunstwerks -men⟩ **1.** naturalism. – **2.** (*naturalistischer Zug*) naturalism, naturalistic trait. – **3.** *relig.* naturalism. — **Na·tu·ra·list** [-'lıst] *m* ⟨-en; -en⟩ naturalist. — **na·tu·ra·li·stisch** *adj* **1.** naturalist(ic). – **2.** (*Wiedergabe*) naturalistic, naturalesque, photographic.

Na·tu·ral|₁lei·stung *f* payment in kind. — **~₁lohn** *m* wage(s *pl*) in kind. — **~ob·li·ga·ti₁on** *f jur.* natural (*od.* imperfect) obli-

gation. — **~₁steu·er** *f* meist *pl* tax paid in kind (*od.* in services). — **~ver₁pfle·gung** *f mil.* rations *pl* in kind, supply of provisions, sustenance (of troops) by the inhabitants. — **~₁wert** *m* value in kind. — **~₁wirt·schaft** *f* barter economy. — **~₁zins** *m* rent paid in (farm) produce (*od.* in kind).

Na'tur₁an₁la·ge *f* (natural) disposition, temper(ament), nature. — **~₁arzt** *m med.* naturopath, naturopathic physician. — **~be₁ob₁ach·tung** *f* observation of nature, nature study. — **~be₁schrei·bung** *f* description of nature, physiography. — **~₁blu·me** *f* real (*od.* genuine) flower. — **~₁bur·sche** *m colloq.* **1.** real (*od.* true) country type, rustic boy (*od. colloq.* fellow). – **2.** unceremonious (*od.* unsophisticated, homespun) person. — **~₁but·ter** *f gastr.* real (*od.* genuine) butter. — **~₁denk₁mal** *n* natural monument (*od.* wonder). — **~₁dich·tung** *f* (*literature*) nature poetry. — **~₁dün·gung** *f agr.* fertilizing (*Br. auch* -s-) by (natural) manure. — **~₁eis** *n* natural ice.

Na·tu·rell [natu·rɛl] *n* ⟨-s; -e⟩ natural disposition, temper(ament), nature: eine Frau von lebhaftem ~ a vivacious kind of woman.

na·tu·rell *adj* ⟨*nachgestellt*⟩ *gastr.* au naturel, prepared without any special ingredients.

Na'tur|er₁eig·nis *n* natural occurrence. — **~er₁schei·nung** *f* natural phenomenon. — **~er₁zeug·nis** *n econ. cf.* Naturprodukt. — **n~₁far·ben** *adj* natural-colored (*bes. Br.* -coloured), russet: ~es Leder russet leather. — **~₁far·ben₁druck** *m print.* natural color (*bes. Br.* colour) printing. — **~₁farb₁stoff** *m chem.* natural pigment. — **~₁fa·ser** *f* (*textile*) natural fiber (*bes. Br.* fibre). — **~₁for·scher** *m* (natural) scientist, naturalist, student of (the) natural science(s). — **~₁for·schung** *f* **1.** natural science. – **2.** research in the natural sciences. — **~₁freund** *m* **1.** nature lover. – **2.** member of a mountaineering club. — **~₁ga·be** *f* gift of nature, talent.

Na'tur₁gas *n* natural gas. — **~₁feue·rung** *f* natural gas firing.

Na'tur|ge₁fühl *n* feeling for nature. — **n~ge₁ge·ben** *adj* natural, of nature: er hielt es für eine ~e Tatsache he considered it a matter of course. — **n~ge₁mäß I** *adj* by (*od.* from) nature, natural, according to nature. – **II** *adv* naturally, according to nature. — **~ge₁schich·te** *f* natural history. — **n~ge₁schicht·lich** *adj* of (*od.* relating to) natural history. — **~ge₁setz** *n* law of nature, natural law. — **n~ge₁treu I** *adj* true to nature (*od.* life), natural, lifelike. – **II** *adv* in a true-to-life manner, in a lifelike way, naturally. — **~ge₁walt** *f* meist *pl* force of nature. — **~₁gum·mi** *n*, *auch m cf.* Naturkautschuk. — **n~haft** *adj* native, natural. — **n~₁hart** *adj* metall. (*Stahl*) self-hardening, air-hardening. — **~₁här·te** *f* (*des Stahls*) temper. — **~₁harz** *n* natural resin. — **~₁heil₁kun·de** *f med.* naturopathy. — **~₁heil₁kun·di·ge** *m* nature-healer, naturopath (*scient.*). — **~₁heil₁schlaf** *m* healing sleep. — **~₁heil·ver₁fah·ren** *n* treatment by natural remedies, naturopathy (*scient.*). — **n~hi₁sto·risch** *adj cf.* naturgeschichtlich. — **~ka·ta₁stro·phe** *f* natural catastrophe, catastrophe of nature. — **~₁kau·tschuk** *m* natural rubber, India rubber. — **~₁ken·ner** *m* person well versed in natural history. — **~₁kind** *n* child of nature, unsophisticated person. — **~kon₁stan·te** *f* meist *pl phys.* physical constant. — **~₁kraft** *f* meist *pl* natural power (*od.* force).

Na'tur₁kun·de *f* biology.

na'tur₁kund·lich [-₁kuntlıç] *adj* of (*od.* relating to) biology.

Na'tur|₁land·schaft *f* natural landscape (unspoilt by man). — **~₁leh·re** *f* **1.** physics and chemistry. – **2.** (*Lehrfach*) general science.

na·tür·lich [na'tyːrlıç] **I** *adj* **1.** (*auf der Natur beruhend*) natural, of (*od.* relating to) nature: ~e Auslese natural selection; das Gebirge bildet eine ~e Grenze the mountains form a natural border; ~es Hindernis *geogr.* natural (*od.* topographical) obstacle (*od.* barrier); ~e Funktion des Körpers natural function of the body, bodily function; ein ~es Bedürfnis befriedigen a) to satisfy a natural need, b) *euphem.* to relieve nature; ein ~er Vorzug an asset. – **2.** (*wirklich, echt*) real, natural, actual, genuine: ~e Pflanzen [Zweige] real (*od.* genuine) plants [branches]; ~e Größe real (*od.* actual, full) size. – **3.** (*angeboren*) natural, native, innate, (in)born: ~e Anmut natural charm; der Vater ist der ~e Beschützer der Familie the father is the born protector of the family. – **4.** (*üblich, normal*) natural, normal, usual: der ~e Verlauf der Krankheit the natural course of the disease; eine ~e Haltung a natural position, an unstudied pose; eines ~en Todes sterben to die a natural death; das geht nicht mit ~en Dingen zu there is something uncanny (*od. colloq.* fishy) about it. – **5.** (*einfach*) natural, artless, simple: sie hat ein ~es Wesen she has a natural way of behaving. – **6.** (*ungezwungen*) unaffected, natural: ein ~er Mensch an unaffected person. – **7.** (*unverbildet*) natural, unsophisticated. – **8.** (*selbstverständlich*) natural: das ist die ~ste Sache von der Welt *colloq.* it is only natural, it's the most natural thing in the world; es ist ganz ~, daß it is quite natural that, it stands to reason that. – **9.** (*naturgetreu*) natural, true to nature (*od.* life), lifelike: das Photo ist sehr ~ the photograph looks (*od.*) very lifelike. – **10.** *jur.* natural: ~e Person natural person; ein ~es Kind a) one's own (not adopted) child, b) *archaic* a natural (*od.* an illegitimate) child, a child born out of wedlock. – **11.** *ling.* (*Geschlecht*) natural. – **12.** *math.* (*Logarithmus*) natural. – **13.** *tech.* ~er Maßstab plain scale; ~e Größe actual (*od.* full) size. – **II** *adv* **14.** (*nicht gekünstelt*) naturally, in a matter-of-course way: ~ reden [spielen] to talk [to act] naturally; sich ~ geben to have a natural manner; das geht ganz ~ zu there is nothing strange about it. – **15.** (*selbstverständlich*) naturally, of course, certainly, surely, *Am. colloq.* sure, course (*colloq.*): er möchte ~ die Welt sehen he would naturally like to see the world. – **III** *interj* **16.** naturally! of course! certainly!: gehst du auch zur Versammlung? ~! are you also attending the meeting? of course! (*od.* certainly! yes, I am! to be sure! (*colloq.*), *Am. colloq.* you bet [I am]! *Br. colloq.* rather!). – **IV N~e, das** ⟨-n⟩ **17.** the naturalness, the unaffectedness: an ihr ist nichts N~es there is no naturalness in (*od.* about) her; es ist nichts N~es in seinem Stil there is nothing natural in his style.

na·tür·li·cher·wei·se *adv cf.* natürlich 14, 15.

Na·tür·lich·keit *f* ⟨-; *no pl*⟩ **1.** (*Naturgegebenheit*) naturalness. – **2.** (*Einfachheit*) naturalness, artlessness, simplicity. – **3.** (*Ungezwungenheit*) absence of affectation, unaffectedness. – **4.** (*Unverbildetheit*) lack of sophistication. – **5.** (*der Wiedergabe*) faithfulness, realism.

Na·tur┊,mensch *m* **1.** unsophisticated type (of person), natural person. – **2.** nature lover. – **3.** primitive man. — **n~,na·he** *adj* close to nature. **n~,not,wen·dig** *adj* absolutely necessary (*od.* essential). — **~,not,wen·dig·keit** *f* absolute (*od.* physical) necessity. — **~phi·lo,soph** *m* natural philosopher, philosopher of science. — **~phi·lo·so,phie** *f* natural philosophy, naturalism, philosophy of science. — **~pro,dukt** *n econ.* produce, natural product. — **~,ras·se** *f zo.* natural race (*od.* breed). — **~,recht** *n* **1.** *jur.* law of nature, jus naturale (*scient.*). – **2.** natural right. — **~,reich** *n* kingdom of nature. — **n~,rein** *adj* unadulterated, without (chemical) additives. — **~re·li·gi,on** *f* natural religion. — **~,schät·ze** *pl* natural resources. — **~,schön·heit** *f meist pl* (*Natur*) beauty of nature, beautiful scenery: reich an ~en scenic, abounding in scenic beauty.

Na·tur,schutz *m* nature protection, nature (*od.* wildlife) conservation. — **~ge,biet** *n* national (*od.* state, provincial) park, wildlife sanctuary, protected area, nature (*od.* wildlife) (p)reserve. — **~,park** *m* national (*od.* state, provincial) park.

Na·tur┊,schwamm *m* natural sponge. — **~,spiel** *n* freak of nature. — **~,stein** *m* **1.** (natural) stone. – **2.** *geol.* rocks *pl.* — **~,ta,lent** *n colloq.* (*Sportler etc*) 'natural' (*colloq.*). — **~,thea·ter** *n* [-te,a:tər] open-air (*od.* outdoor) theater (*bes. Br.* theatre). — **~,treue** *f* fidelity (*od.* close resemblance) to nature, lifelikeness, realism, reality.

~,trieb *m* (natural) urge, instinct, *auch* appetence, appetency. — **~ver,eh·rung** *f relig.* worship of nature, nature worship, physiolatry (*scient.*). — **~ver,jün·gung** *f* (*forestry*) natural regeneration (*od.* reproduction). — **~,volk** *n* **1.** people (still very) close to nature, people living in a natural state. – **2.** primitive race (*od.* tribe). — **n~,voll** *adj* natural. — **n~,wahr** *adj* *adv cf.* naturgetreu. — **n~,wein** *m* pure (*od.* unadulterated) wine. — **n~,wid·rig** *adj* **1.** contrary to nature, unnatural. – **2.** abnormal.

Na'tur┊,wis·sen·schaft *f meist pl* (natural) science. — **~,wis·sen·schaft·ler** *m* (natural) scientist, student of (natural) science. **n~,wis·sen·schaft·lich I** *adj* scientific, of (*od.* relating to) (natural) science: ~e Abteilung department of (natural) science. – **II** *adv* scientifically: ~ ausgerichtet stressing the (natural) sciences; ein ~ gebildeter (*od.* tätiger) Mann a scientific man, a man of science.

na·tur,wüch·sig [-,vy:ksɪç] *adj* natural, original.

Na'tur┊,wun·der *n* **1.** (*Tatsache*) wonder of nature, natural wonder. – **2.** (*Person*) prodigy. — **~zu,stand** *m* natural (*od.* original) state, state of nature: im ~ in its original (*od.* primitive) state.

Nau·arch [nau''arç] *m* ⟨-en; -en⟩ *antiq.* admiral.

Naue ['nauə] *f* ⟨-; -n⟩ *obs. od. Southern G. and Swiss, bes. Swiss* **'Nau·en** *m* ⟨-s; -⟩ boat, barge.

'nauf [nauf] *adv colloq. for* hinauf.

Nau·ma·chie [nauma'xi:] *f* ⟨-; -n [-ən]⟩ *antiq.* naumachia.

Nau·pli·us ['nauplius] *m* ⟨-; -plien⟩, **~,lar·ve** *f zo.* (*Krebslarve*) nauplius.

'naus [naus] *adv colloq. for* hinaus.

Nau·tik ['nautɪk] *f* ⟨-; *no pl*⟩ *mar.* navigation, (*Lehrfach*) *auch* nautics *pl* (construed as *sg*), nautical science. — **'Nau·ti·ker** [-tɪkər] *m* ⟨-s; -⟩ navigator.

Nau·ti·lus ['nautilus] *m* ⟨-; - *u.* -se⟩ *zo. cf.* Papierboot.

nau·tisch ['nautɪʃ] *adj* nautical.

na·var·re·sisch [nava're:zɪʃ] *adj* Navarrese, Navarrian.

Na·vel,oran·ge ['ne:vəl'o,rã:ʒə] *f bot. cf.* Nabelorange.

Na·vi·cert ['nævɪsɔ:t] (*Engl.*) *n* ⟨-s; -s⟩ *mar.* (*Geleitschein*) navicert.

Na·vi·ga·ti·on [naviga'tsĭo:n] *f* ⟨-; *no pl*⟩ *mar. aer.* navigation.

Na·vi·ga·ti'ons┊,ak·te *f* ⟨-; *no pl*⟩ *hist.* Navigation Acts *pl* (*1651*). — **~,feh·ler** *m mar. aer.* navigational error. — **~in·stru,men·te** *pl* navigation instruments. — **~,kar·te** *f* navigation chart. — **~of·fi,zier** *m mar.* navigation (*od.* navigating) officer, navigator. — **~,raum** *m* chart room (*od.* house). — **~sa·tel,lit** *m* (*space*) navigation satellite. — **~,schu·le** *f mar.* nautical college, *auch* navigation school.

Na·vi·ga·tor [navi'ga:tor] *m* ⟨-s; -en [-ga'to:rən]⟩ *aer.* navigator.

na·vi·gie·ren [navi'gi:rən] *aer. mar.* **I** *v/t u. v/i* ⟨*no ge-, h*⟩ **1.** navigate. – **II N~** *n* ⟨-s⟩ **2.** *verbal noun.* – **3.** navigation.

Na·za·rä·er [natsa'rɛ:ər] *m* ⟨-s; -⟩ **1.** ⟨*only sg*⟩ *cf.* Nazarener 1. – **2.** *meist pl relig.* a) early Christian, b) (*Angehöriger einer judenchristlichen Sekte*) Nazarene.

Na·za·re·ner [natsa're:nər] *m* ⟨-s; -⟩ **1.** ⟨*only sg*⟩ der ~ *Bibl.* Jesus of Nazareth, the Nazarene. – **2.** Nazarene, Nazarean. – **3.** *meist pl relig. rare for* Nazaräer 2. – **4.** (*art*) Nazarene (one of a group of 19th century German painters). — **na·za're·nisch** *adj* Nazarene.

Na·zi ['na:tsi] *m* ⟨-s; -s⟩ *pol. hist. contempt.* Nazi, *auch* nazi. — **Na·zis·mus** [na'tsɪsmus] *m* ⟨-; *no pl*⟩ Nazism, *auch* Naziism. — **na·zi·stisch** [na'tsɪstɪʃ] *adj* Nazi (*attrib*). **'Na·zi,zeit** *f pol. hist. contempt.* Nazi period.

ne [ne:] *adv dial. and colloq.* no.

'ne [nə] *colloq. for* eine I, II.

Ne·an·der·ta·ler [ne'andər,ta:lər] *m* ⟨-s; -⟩, **Ne'an·der,tal,mensch** *m anthrop.* Neandert(h)al Man.

Nea·pe·ler [ne'a:pələr] *m* ⟨-s; -⟩ *rare for* Neapolitaner.

Nea·pel,gelb [ne'a:pəl-] *n* ⟨-⟩ **1.** (*paints*) Naples (*od.* Neapolitan) yellow. – **2.** *chem.* Naples (*od.* antimony) yellow.

Nea·pler [ne'a:plər] *m* ⟨-s; -⟩ *rare for* Neapolitaner.

Nea·po·li·ta·ner [neapoli'ta:nər] *m* ⟨-s; -⟩ **1.** Neapolitan, native (*od.* inhabitant) of Naples. – **2.** *pl Austrian gastr.* sweet sandwich wafer biscuits. — **nea·po·li'ta·nisch** *adj* Neapolitan, of (*od.* relating to) Naples.

ne·ark·tisch [ne'arktɪʃ] *adj geogr. biol.* Nearctic, Anglogaean: ~e Region Nearctic Region, Nearctica, Anglogaea.

neb·bich ['nɛbɪç] *interj* **1.** (*thieves' Latin*) too bad! – **2.** *colloq.* so what! who cares! **'Neb·bich** *m* ⟨-s; -e⟩ *Austrian* (*unbedeutender Mensch*) nobody.

Ne·bel ['ne:bəl] *m* ⟨-s; -⟩ **1.** fog, (*weniger dicht*) mist, brume (*poet.*): dichter (*od.* dicker) ~ thick (*od.* heavy) fog; leichter (*od.* feiner) ~ light fog, mist; mit Rauch vermischter ~ smog; feuchter ~ damp (*od.* wet) fog; vom ~ behindert *mar.* fogbound; in ~ gehüllte Berge mountains enshrouded (*od.* wrapped) in fog; der ~ fällt (*od.* senkt sich) the fog is descending, it is getting foggy; der ~ hebt sich (*od.* steigt) the fog is rising (*od.* lifting); der ~ verdichtet sich the fog thickens (*od.* is thickening); der ~ löste sich auf the fog disappeared (*od.* was dissipated); dichter ~ lag über dem See the lake was covered by fog; du wirst dich im ~ verirren you will get lost in the fog; der ~ ist so dick, daß man ihn schneiden kann you can cut the fog with a knife; er hat sich bei Nacht und ~ davongemacht *fig.* he stole away under cover of darkness; die ganze Angelegenheit war in ~ gehüllt *fig.* the entire matter was enshrouded in fog; das fällt aus wegen ~ *fig. colloq.* that won't take place, that has to be cancel(l)ed. – **2.** (*Dunst*) haze. – **3.** *bes. mil.* a) (*Tarnnebel*) smoke, b) *cf.* Nebelvorhang. – **4.** *fig.* mist, veil, cloud. – **5.** *astr.* nebula, galaxy. — **~an,la·ge** *f mil.* smoke generator. — **~,bank** *f* fogbank. — **~,bil·dung** *f* formation of fog. — **~,bo·je** *f mar.* fog buoy. — **~,bom·be** *f mil.* smoke bomb. — **~,decke** (*getr.* -k·k-) *f* **1.** *meteor.* fog layer, blanket of fog. – **2.** *mil.* smoke screen. — **~,dunst** *m* ⟨-⟨e⟩s; *no pl*⟩ *meteor.* mist. — **~,dü·se** *f tech.* atomizer nozzle. — **~ent,wick·lung** *f* **1.** *meteor.* formation of fog. – **2.** *mil.* generation of smoke. — **n~,feucht** *adj* wet from fog. — **~,fleck** *m astr.* nebula. — **~ge,rät** *n mil.* smoke generator. — **~ge,schoß** *n*, **~gra,na·te** *f* smoke shell. — **n~,grau** *adj* misty gray (*bes. Br.* grey), mist-gray. — **n~,haft** *adj* **1.** *fig.* nebulous, hazy, dim, vague, obscure, foggy (*colloq.*): das liegt noch in ~er Ferne that lies still in the dim future; eine ~e Vorstellung haben to have a vague idea (*od.* dim notion). – **2.** *rare* foggy, hazy. — **~,hau·fen** *m astr.* nebula. — **~,horn** *n mar.* foghorn.

'ne·be·lig *adj cf.* neblig.

'Ne·bel┊,kam·mer *f phys.* cloud chamber. — **~,kap·pe** *f myth. cf.* Tarnkappe. — **~,ker·ze** *f mil.* smoke candle. — **~,krä·he** *f zo.* hooded (*od.* bunting, dun, gray, *bes. Br.* grey) crow, saddleback (*Corvus cornix*). — **~,lam·pe**, **~,leuch·te** *f auto. cf.* Nebelscheinwerfer. — **~,mo·nat**, **~,mond** *m obs. od. poet.* November. — **~mu·ni·ti,on** *f mil.* smoke(-generating) ammunition.

ne·beln ['ne:bəln] **I** *v/impers* ⟨*h*⟩ es nebelt it is foggy (*od.* misty). – **II** *v/i* spray aerosol to protect plant life.

'Ne·bel┊,par·der *m zo.* clouded leopard (*Panthera nebulosa*). — **~,re·gen** *m meteor.* **1.** (*Nieselregen*) drizzle, drizzling rain. – **2.** *Br.* Scotch mist. — **~,schein,wer·fer** *m auto.* fog headlight (*od.* light, lamp). — **~,schlei·er** *m meteor.* misty veil. — **~,schutz** *m mil.* smoke screen. — **~,schwa·den** *m meist pl meteor.* streak (*od.* swath) of fog, fog in patches, patch of fog. — **~,si,gnal** *n bes. mar.* fog signal. — **~,strei·fen** *m meist pl meteor.* streak of fog, misty cloud, streamer. — **~,topf** *m mil.* smoke generator.

'Ne·be·lung *m* ⟨-s; -e⟩ *obs.* November.

'Ne·bel┊,vor,hang *m mil.* smoke screen. — **~,wald** *m geogr.* tropical mountain forest. — **~,wand** *f* **1.** wall of fog. – **2.** *mil. cf.* Nebelvorhang. — **~,wer·fer** *m mil.* **1.** smoke mortar. – **2.** *cf.* Mehrfachraketenwerfer. — **~,wet·ter** *n meteor.* foggy weather.

ne·ben ['ne:bən] *prep* **1.** ⟨*dat*⟩ (*Lage betreffend*) by, beside, by (*od.* at) the side of, alongside (of), (*ganz dicht*) close to, near (to), (*unmittelbar*) next to: **sie saß ~ mir** she was sitting next to me (*od.* beside me); **mein Mantel hängt rechts ~ der Tür** my coat is hanging to the right of the door; **sein Haus steht dicht ~ dem meinen** his house is right next to mine; **ihr Boot legte ~ dem unseren an** their boat docked alongside ours. – **2.** ⟨*acc*⟩ (*Richtung betreffend*) by, beside, by (*od.* at) the side of, (*ganz dicht*) close to, near (to), (*unmittelbar*) next to: **setzen Sie sich ~ mich** come and sit beside me. – **3.** ⟨*dat*⟩ (*außer*) besides, apart (*Am. auch* aside) from, in addition to, independently of: **~ seinem Beruf ist er abends noch tätig** he does a second job in the evenings; **~ anderen Dingen** among other things. – **4.** ⟨*dat*⟩ (*verglichen mit*) in comparison with, compared with (*od.* to), beside: **~ ihr kannst du nicht bestehen** compared to her you are a cipher. – **5.** ⟨*dat*⟩ (*gleichzeitig mit*) simultaneously with, at the same time as: **~ ihrer Arbeit hörte sie Radio** *colloq.* she did her work listening to the radio at the same time, she listened to the radio whilst doing her work. **'Ne·ben|,ab,re·de** f jur. additional (*od.* collateral) agreement (*od.* clause). — **~,ab,schnitt** m mil. adjacent sector. — **~,ab,sicht** f **1.** secondary object(ive) (*od.* motive, purpose). – **2.** (*Hintergedanke*) ulterior motive. — **~ak,zent** m **1.** *ling.* secondary accent (*od.* stress). – **2.** *mus.* secondary (*od.* subordinate) accent. — **~,amt** n **1.** (*Zweigstelle*) branch office, subsidiary office. – **2.** (*zusätzliche Beschäftigung*) additional job, *Am. auch* by-job. – **3.** *tel.* branch (*od.* satellite) exchange. — **n~,amt·lich** *adj* in addition to one's regular duties, *Am. auch* as a by-job. — **n~'an** [,ne:bən-] *adv* **1.** next door, in the next house (*od.* room). – **2.** (*in der Nähe*) near (*od.* close) by. — **~,an,schluß** m tel. **1.** (*Nebenstelle*) branch (*od.* telephone) extension. – **2.** (*Nebenstellenanlage*) P.B.X., private branch exchange. — **~,an,trieb** m tech. auxiliary drive. — **~,ar·beit** f **1.** (*zusätzliche Arbeit*) extra (*od.* additional) work, *Am. auch* by-job. – **2.** spare-time work. – **3.** sideline. — **~,arm** m geogr. (*eines Flusses*) side arm (*od.* branch). — **~,aus,ga·be** f pl econ. extra (*od.* additional, incidental) expenses (*od.* charges), incidentals, extras. – **2.** print. extra edition, subedition. — **~,aus,gang** m side exit (*od.* door). — **~,bahn** f **1.** (*railway*) branch (*od.* local, secondary) line, *Am.* shortline railroad. – **2.** (*paper*) offcuts *pl*. — **~be,deu·tung** f secondary (*od.* side) meaning, connotation. — **~be,griff** m secondary (*od.* accessory, subordinate) notion (*od.* concept). — **n~'bei** [,ne:bən-] *adv* **1.** (*außerdem*) besides, in addition, moreover, (*along*) with it, *Am. colloq.* on the side: **er beschäftigt sich ~ mit Psychologie** he is busying himself with psychology besides; **sich ~ mit etwas beschäftigen** (*aus Liebhaberei*) to dabble in s.th. – **2.** (*beiläufig*) by the way, by the by(e), incidentally, in passing: **~ bemerkt** (*od.* gesagt) incidentally, by the way; **er hat es nur so ganz ~ erwähnt** he just happened to be mentioning it. – **3.** *Northern G. dial.* for nebenan. — **~be,ruf** m additional (*od.* extra) occupation (*od.* job), sideline: **im ~** *cf.* nebenberuflich II. — **n~be,ruf·lich** I *adj* sideline (*attrib*). – **II** *adv* (*as an occupation*) on the side, as a side (*od.* an extra) occupation, as a sideline, *Am. auch* as a by-job. — **~be,schäf·ti·gung** f **1.** *cf.* Nebenberuf. – **2.** (*als Freizeitbeschäftigung*) avocation, part- (*od.* spare-)time job, hobby. – **3.** *iron.* additional (*od.* extra) work. — **~be,stand,teil** m secondary ingredient. — **~be,trieb** m econ. subsidiary business (*od.* establishment, enterprise). — **~,buch** n meist pl econ. subsidiary book. — **~,buh·ler** m rival, competitor, (*um eine Frau*) *auch* rival lover. — **~,buh·le·rin** f rival. — **~,buh·ler·schaft** f ⟨-; no pl⟩ rivalry, rivalship. — **~,bür·ge** m **1.** jur. additional (*od.* second) bail. – **2.** econ. cosurety Br. co-, coguarantor Br. co-. — **~,bürg·schaft** f collateral (security *od.* surety), cosurety Br. co-, coguarantee Br. co-. — **~,dar,stel·ler** m (*film, theater*) supporting actor (*od.* character) matter. **,ne·ben,ein'an·der** I *adv* **1.** a) side by side, beside (*od.* next to) one another, abreast,

b) (*Rennpferde*) neck and neck (*auch fig.*), (*Läufer*) shoulder to shoulder (*auch fig.*): **~ liegen** to lie side by side (*od.* beside one another, together); **~ gehen [stehen]** to walk [to stand] side by side; **~ wohnen** to live next door (to each other); **~ bestehen** to coexist. – **2.** (*gleichzeitig*) together, simultaneously, concurrently. – **II N~** n ⟨-s; no pl⟩ **3.** (*örtliches*) coexistence. – **4.** (*zeitliches*) simultaneousness. — **~ge,schal·tet** electr. I pp. – **II** adj a) (connected) in parallel (*od.* in shunt), b) (*Kraftwerk*) synchronized, parallel. — **~ge,stellt** I pp. – **II** adj **1.** put (*od.* placed) side by side (*od.* beside one another, together). – **2.** her. accosted. — **~'her** [,ne:bən,ʔaɪ̯ˌnandər-] adv side by side, abreast. – **N~,le·ben** n ⟨-s; no pl⟩ coexistence. — **~,le·gen** ⟨sep, -ge-, h⟩ **1.** put (*od.* lay, place) (*things*) side by side (*od.* beside one another), juxtapose: **zwei Gegenstände genau ~** to arrange two things parallel (to each other). – **2.** **Personen ~** (*im Krankenhaus etc*) to lay persons (*od.* to have persons lie) next to one another (*od.* side by side). — **~,lie·gen** v/i ⟨irr, sep, -ge-, h u. sein⟩ lie side by side (*od.* beside one another, together). — **~,schal·ten** v/t ⟨sep, -ge-, h⟩ electr. (*Widerstände etc*) connect (*resistances*) in parallel, shunt. — **~,set·zen** I v/t ⟨sep, -ge-, h⟩ **1.** *cf.* nebeneinanderlegen 1. – **2.** **Personen ~** to seat persons (*od.* have persons sit) next to one another (*od.* side by side). – **3.** *cf.* nebeneinanderstellen 1. – **II** v/reflex **sich ~ 4.** sit down next to one another (*od.* side by side). — **~,sit·zen** v/i ⟨irr, sep, -ge-, h u. sein⟩ sit next to one another (*od.* side by side). — **~,ste·hen** v/i ⟨irr, sep, -ge-, h u. sein⟩ stand side by side. — **~,stel·len** I v/t ⟨sep, -ge-, h⟩ **1.** put (*od.* place) (*things*) side by side (*od.* beside one another), juxtapose. – **2.** **Personen ~** to place persons (*od.* to have persons stand) next to one another (*od.* side by side). – **3.** *fig.* (*vergleichend*) compare: **zwei Begriffe ~** to compare two notions. – **II N~** n ⟨-s⟩ **4.** verbal noun. — **N~,stel·lung** f **1.** *cf.* Nebeneinanderstellen. – **2.** juxtaposition. – **3.** *fig.* comparison. **'Ne·ben|,ein,gang** m side entrance. — **~,ein,kom·men** n econ. supplementary income, extra (*od.* additional) income, casual earnings pl (*od.* emoluments pl). — **~,ein,künf·te** pl, **~,ein,nah·men** pl cf. Nebeneinkommen. — **~er,schei·nung** f **1.** (*Nebenwirkung*) side effect. – **2.** (*Folgeerscheinung*) subsequent (*od.* secondary) effect. – **3.** phys. attendant phenomenon. — **~er,werb** m **1.** cf. Nebeneinkommen. – **2.** cf. Nebenberuf. — **~er,zeug·nis** f econ. by-product. — **~,fach** n ped. (*bei Prüfungen*) secondary (*od.* subsidiary, Br. additional) subject, *Am.* minor (subject): **Philosophie im ~ studieren** to take philosophy as a subsidiary subject, *Am.* to minor in philosophy. — **~,fi,gur** f **1.** (*eines Romans etc*) minor (*od.* subordinate) character. – **2.** (*art*) accessory (figure). – **3.** (*beim Schach*) minor piece. – **4.** fig. unimportant person. — **~,flü·gel** m arch. (*eines Gebäudes*) side (*od.* lateral) wing. — **~,fluß** m geogr. tributary, affluent, confluent, subsidiary stream: **kleiner ~** small tributary, *Am. auch* creek. — **~,form** f variant. — **~,fra·ge** f secondary question, side issue. — **~,frau** f **1.** lesser wife, concubine. – **2.** *colloq.* mistress, concubine. — **~,gas·se** f by-lane, side lane. — **~ge,bäu·de** n **1.** annex, *Br. auch* annexe, wing (of a building), adjoining (*od.* annexed) building, *bes. Br.* penthouse. – **2.** (*separates*) additional (*od.* adjacent) building, dependency, *bes. Br.* outbuilding, *bes. Br.* outhouse. — **~ge,büh·ren** pl econ. incidental (*od.* additional, extra) charges. — **~ge,dan·ke** m **1.** secondary thought. – **2.** cf. Nebenabsicht. — **~ge,lei·se** n (*railway*) cf. Nebengleis. — **n~ge,ord·net** I pp. – **II** adj ling. (*Satzglieder etc*) coordinated *Br.* co-. — **~ge,räusch** n **1.** accompanying noise. – **2.** (*radio*) interference, atmospherics pl, static, *bes. Br.* statics pl (*construed as sg*), stray, ambient noise, (*durch Störsender*) jamming. – **3.** tel. (*radio*) telev. crackling, background noise. — **~ge,richt** n gastr. side dish, entremets pl (*construed as sg or pl*). — **~ge,schmack** m slight (*od.* peculiar) flavor (*bes. Br.* flavour),

smack, tang. — **~ge,stein** n (*mining*) surrounding strata pl, (*in Erzbergwerken*) *auch* country rock. — **~ge,winn** m econ. incidental (*od.* extra, casual) profit. — **~gleis** n (*railway*) **1.** siding (track), *Am. auch* sidetrack: **einen Zug auf ein ~ schieben** to sidetrack (*od.* shunt) a train; **j-n auf ein ~ schieben** fig. colloq. to sidetrack s.o. – **2.** cf. Abstellgleis. — **~,hand·lung** f (*im Roman etc*) subplot, secondary plot. — **~,haus** n **1.** cf. Nachbarhaus. – **2.** cf. Nebengebäude. **,ne·ben'her** adv **1.** cf. nebenbei 1, 2. – **2.** (*begleitend*) by his (*od.* her) side, beside, alongside. – **3.** colloq. humor. (*in Wendungen wie*) **eine Freundin ~ haben** to have a bit of fluff on the side (*sl.*). — **~,ge·hen** v/i ⟨irr, sep, -ge-, sein⟩ walk beside (*od.* alongside). — **~ge·hend** I pres p. – **II** adj accessory, secondary, additional, extra, minor. — **~,lau·fen** v/i ⟨irr, sep, -ge-, sein⟩ **1.** run beside (*od.* alongside). – **2.** cf. nebenhergehen. **,ne·ben'hin** adv **1.** at (*od.* by) the side. – **2.** cf. nebenbei 2. **'Ne·ben|,ho·den** m med. epididymis, parorchis. — **~,höh·le** f **1.** (*der Nase*) (paranasal) sinus. – **2.** (*des Oberkiefers*) antrum, maxillary sinus. – **3.** (*der Stirn*) frontal sinus. — **~,in·ter,es·se** n side (*od.* private, additional) interest. — **~,kla·ge** f jur. secondary (*od.* subsidiary) charge, incidental action. — **~,klä·ger** m co-plaintiff *Br.* co-, joint plaintiff. — **~,ko·sten** pl econ. **1.** (*Ausgaben*) additional (*od.* extra, bes. unvorhergesehene*) incidental expenses, incidentals, extras. – **2.** subsidiary cost(s). — **~,kriegs,schau,platz** m mil. secondary theater (*bes. Br.* theatre) of war. — **~,lei·stung** f **1.** tech. additional service. – **2.** econ. supplementary (*od.* additional) payment (*od.* delivery, output). – **3.** jur. accessory consideration. — **~,li·nie** f **1.** parallel (*od.* collateral) line. – **2.** (*eines Geschlechtes*) collateral line (*od.* branch), branch line, offset, offshoot. – **3.** (*railway*) a) cf. Nebenbahn 1, b) secondary line (*od.* track), c) branch (*od.* siding) line. — **~,mann** m ⟨-(e)s; ᵉer u. -leute⟩ bes. mil. next man: **rechter [linker] ~** right-hand [left-hand] man; **mein ~ bei Tisch** my neighbo(u)r at table. — **~,mensch** m cf. Mitmensch. — **~,mond** m astr. (*Haloerscheinung*) mock moon, moon dog, paraselene (*scient.*): **zu einem ~ gehörig** paraselenic. — **~,nie·re** f med. suprarenal body (*od.* gland), adrenal (gland). — **n~,ord·nen** I v/t ⟨only inf and pp nebengeordnet, h⟩ coordinate *Br.* co-. — **II N~** n ⟨-s⟩ verbal noun. — **~,ord·nung** f ⟨-; no pl⟩ **1.** cf. Nebenordnen. – **2.** co-ordination *Br.* co-: **Mangel an ~** lack of co(-)ordination. – **3.** ling. coordination *Br.* co-, parataxis (*scient.*). — **~per,son** f cf. Nebenfigur 4. **'Ne·ben·pro,dukt** n chem. tech. by-product, side product. **'Ne·ben·pro,duk·ten|ge,win·nung** f metall. chem. by-product recovery. — **~,ko·ke,rei** f by-product coking practice. **'Ne·ben|,punkt** m (*einer Tagesordnung etc*) additional item. — **~,quan·ten,zahl** f math. subordinate (*od.* subsidiary) quantum number. — **~,raum** m **1.** cf. Nebenzimmer 1. – **2.** secondary room, side room. — **~,rol·le** f (*theater*) subordinate (*od.* secondary, minor) part (*od.* character, role, *auch* rôle): **(die) ~n spielen** to take (*od.* play) subordinate parts. **'Ne·ben,sa·che** f **1.** secondary (*od.* minor, accessory) matter (*od.* consideration), unessential, inessential, accessory, accessories *pl*: **das ist ~** that's a minor detail, that's quite unimportant (here); **der Preis ist ~** the price is immaterial (*od.* of minor importance); **ganz ~ sein** to be of no consequence. – **2.** jur. incident. **'ne·ben,säch·lich** I *adj* **1.** (*unwesentlich*) unimportant, immaterial, insignificant, trivial: **es ist völlig ~** it is of no importance whether, it does not matter whether; **das ist ~** that is unimportant (*od.* not essential); **wir sprachen über die ~sten Dinge** we talked about the most insignificant things, we talked about trifles; **eine Sache als ~ betrachten** to consider a matter as inconsequential. – **2.** (*untergeordnet*) secondary, subordinate, accessory, minor, incidental: **eine ~e Rolle spielen** fig. to be of secondary importance. – **II N~e, das** ⟨-n⟩ 3. cf. Nebensächlichkeit. — **'Ne·ben·säch·lich·keit** f ⟨-; -en⟩ **1.** ⟨only sg⟩ unimportance, triviality, negligibility. – **2.** matter of secondary importance, unessential matter, trifle, triviality.

'Ne·ben|satz m ling. subordinate (od. dependent) clause. — **~scha·le** f zo. (der Bohrmuscheln) palet(te), pallet. — **n.~|schal·ten** v/t ⟨only inf and pp nebengeschaltet, h⟩ electr. cf. nebeneinanderschalten. — **~schal·tung** f **1.** parallel (od. shunt) connection (Br. auch connexion). – **2.** (von Kraftwerk) synchronization. — **~|schild,drü·se** f med. parathyroid (gland). — **n~|schlie·ßen** v/t ⟨insep, -ge-, h⟩ electr. shunt.

'Ne·ben,schluß m electr. shunt (resistance), bypass: in (od. für) ~ (gewickelt) shunt-wound; im ~ tel. bridge-connected. — **~ge·ne,ra·tor** m shunt generator (od. dynamo). — **~mo·tor** m shunt(-wound) motor. — **~wi·der,stand** m electr. bleeder (od. bypass) resistor, shunt resistance.

'Ne·ben|,sen·der m (radio) **1.** relay station: lokaler ~ regional station. – **2.** outlet (od. affiliated) station. — **~si·cher·heit** f econ. collateral (security), secondary (od. additional) security. — **~son·ne** f astr. mock sun, sun dog, parhelion (scient.). — **~,spe·sen** pl econ. additional (od. extra) expenses (od. costs), extras. — **~|spre·chen** n tel. cross talk. — **n~|ste·hend** I adj **1.** standing by (od. near), accompanying. – **2.** (am Rande) marginal. – **3.** (Abbildung) opposite. – **II** adv **4.** in (od. on) the margin: **wie ~** as per (od. by) margin. — **~|stel·le** f **1.** (sub)branch (office). – **2.** (Vertretung) agency. – **3.** tel. (telephone) extension. — **~|stel·len,an,la·ge** f tel. cf. Nebenanschluß 2. — **~|stel·len,num·mer** f extension number. — **~|stra·fe** f jur. secondary punishment, additional penalty. — **~|stra·ße** f byway, Br. by-way, byroad, Br. by-road, minor road, bystreet, side (od. adjoining, adjacent) street: **eine ~ der Oxford Street** a street off Oxford Street. — **~|strecke** (getr. -k·k-) f (railway) a) cf. Nebenbahn 1, b) cf. Nebenlinie 3 b. — **~|tisch** m next (od. neighboring, bes. Br. neighbouring, adjoining) table. — **~|ti·tel** m **1.** cf. Untertitel 1. – **2.** print. subhead. — **~|ton** m **1.** mus. neighboring (bes. Br. neighbouring) note (od. tone), overtone: **abspringender ~** neighbo(u)ring note (od. tone) left by leap, échappé, escape note (od. tone); **anspringender ~** neighbo(u)ring note (od. tone) approached by leap. – **2.** pl mus. secondary notes (od. tones), seconds. – **3.** ling. secondary accent (od. stress). — **~|ton,art** f mus. attendant key (key other than the main key of a composition). — **n~|to·nig** [-,to:nɪç] adj ling. (Silbe) having (od. bearing) secondary stress. — **~|trep·pe** f arch. service stairs pl, backstairs pl (beide construed as sg or pl). — **~|tür** f **1.** side (od. back) door, postern (lit.). – **2.** (Nachbartür) next (od. neighboring, bes. Br. neighbouring) door. — **~|um,stand** m **1.** jur. a) (Begleiterscheinung) accompanying (od. collateral, accessory) circumstance, b) (Nebensache) (minor) detail, incident, incidental: **abhängiger ~** attendant. – **2.** bes. philos. adjunct. — **~|ur,sa·che** f secondary (od. collateral, incidental) cause. — **~va,lenz** f meist pl chem. secondary (od. supplementary) valence (od. valency). — **~ver,dienst** m econ. secondary (od. additional) income, extra earnings pl (od. profit, gain). — **~ver,si·che·rung** f econ. collateral insurance (Br. auch assurance). — **~ver,trag** m collateral (od. supplementary) agreement, (Untervertrag) subcontract: **einen ~ abschließen** to subcontract, to draw up a supplementary contract. — **~weg** m side path, bypath, side road, byroad, Br. by-road, byway, Br. by-way. — **~wi·der,stand** m electr. **1.** shunt (resistance), parallel resistance. – **2.** (in Meßtechnik) instrument shunt. — **~win·kel** m math. adjacent (od. supplementary) angle. — **~wir·kung** f secondary (od. side, incidental) effect, by-effect. — **~woh·nung** f Am. adjacent (od. neighboring) apartment, apartment next door, Br. adjacent (od. neighbouring) flat. — **~zeit** f ling. secondary tense. — **~zim·mer** n **1.** next (od. adjoining) room. – **2.** cf. Nebenraum 2. —

~zweck m secondary (od. subordinate, subsidiary) aim (od. purpose, object, intention), by-end. — **~zweig** m **1.** fig. (eines Stammbaumes) lateral branch. – **2.** econ. sideline, ancillary line (od. organization).

neb·lig ['ne:blɪç] adj misty, foggy, hazy. **Neb·lung** ['ne:blʊŋ] m ⟨-s; -e⟩ obs. November.

nebst [ne:pst] prep ⟨dat⟩ together with, along with: **er kam ~ seinem Sohn** he came along with his son. — **~'bei** [,ne:pst-] adv Austrian rare for nebenbei 1, 2.

Ne·bu·li·um [ne'bu:liʊm] n ⟨-s; no pl⟩ astr. nebulium.

ne·bu·los [nebu'lo:s], **ne·bu'lös** [-'lø:s] adj fig. (Ideen, Vorstellungen etc) nebulous, obscure, hazy, vague, unclear, cloudy, foggy.

Ne·ces·saire [nesɛ'sɛ:r] (Fr.) n ⟨-s; -s⟩ **1.** toilet bag, Am. travel kit. – **2.** (für Kosmetika) vanity bag (od. case). – **3.** (zur Nagelpflege) manicure case.

Neck [nɛk] m ⟨-en; -en⟩, **'Necken** (getr. -k·k-) m ⟨-s; -⟩ myth. cf. Nix.

necken (getr. -k·k-) ['nɛkən] I v/t ⟨h⟩ tease, banter, chaff (colloq.); rag, kid (sl.), Am. sl. razz: **ihr sollt mich nicht immer damit ~** you're not to tease me about that all the time; **sie ~ einander** (od. sich) they like to tease each other; → **lieben 2.** – **II** v/reflex **sich ~** rare tease: **warum neckst du dich mit ihm?** what are you teasing him for?

Necke'rei (getr. -k·k-) f ⟨-; -en⟩ teasing, banter(ing), chaff(ing) (colloq.), kidding (sl.).

'neckisch (getr. -k·k-) adj **1.** (fond of) teasing (od. bantering, colloq. chaffing). – **2.** (drollig) droll, funny. – **3.** (verschmitzt) roguish, impish, mischievous, arch. – **4.** (Kleid, Hütchen etc) frivolous.

Neer [ne:r] f ⟨-; -en⟩, **~strom** f mar. eddy. **Nef·fe** ['nɛfə] m ⟨-n; -n⟩ nephew.

Ne·ga·ti·on [nega'tsi̯o:n] f ⟨-; -en⟩ **1.** negation. – **2.** ling. negative: **eine doppelte ~** a double negative.

ne·ga·tiv [nega'ti:f; 'ne:-] I adj **1.** (Einstellung, Ergebnis, Antwort, Haltung etc) negative. – **2.** (Kritik etc) destructive. – **3.** (Aspekt, Seite etc) negative, unfavorable, bes. Br. unfavourable. – **4.** math. (Vorzeichen, Zahl etc) negative, minus (attrib). – **5.** electr. phys. (Ladung etc) negative: **~er Pol** negative (od. minus) pole. – **6.** med. (Befund) negative. – **7.** phot. negative. – **II** adv **8.** negatively: **er antwortete ~** he answered negatively (od. in the negative). – **9. ~ geladen** electr. phys. negative(ly charged). – **III N~e, das** ⟨-n⟩ **10.** the negative: **er hat nur N~es über dich gesagt** he said only negative things about you. **Ne·ga·tiv** [nega'ti:f; 'ne:-] n ⟨-s; -e⟩, **~bild** n phot. negative.

Ne·ga·ti·ve [nega'ti:və] f ⟨-; -n⟩ obs. for Verneinung: **sich in der ~ halten** to reply in the negative.

Ne·ga'tiv,film m phot. negative film.

Ne·ga·tron ['ne:gatrɔn] m ⟨-s; -en [nega-'tro:nən]⟩ electr. negatron.

Ne·ger ['ne:gər] m ⟨-s; -⟩ Negro, auch negro, colored (bes. Br. coloured) person, Am. auch black, African. — **~fra·ge** f cf. Negerproblem. — **n~haft** adj Negrolike, Negroid, auch negroid. — **~häupt·ling** m Negro chief. — **~hir·se** f bot. a) Indian (od. pearl) millet, feterita (Sorghum vulgare), b) sorgo, auch sorgho (S. dochna): **Wilde ~** Johnson grass (S. halepense).

'Ne·ge·rin f ⟨-; -nen⟩ Negress, auch negress (often contempt.), colored (bes. Br. coloured) woman, Am. auch black, African.

'Ne·ger|ka,pel·le f mus. Negro band. — **~kind** n Negro child, auch pickaninny. — **~kuß** m gastr. cream-filled chocolate cake. — **~mu,sik** f Negro music. — **~pro·blem** n Negro problem (od. question). — **~pup·pe** f Negro doll. — **~sän·ger** m Negro singer (od. vocalist). — **~skla·ve** m hist. Negro slave. — **~spra·chen** pl ling. Negro (od. African) languages. — **~tanz** m Negro dance.

ne·gie·ren [ne'gi:rən] I v/t ⟨no ge-, h⟩ negate, deny. – **II N~** n ⟨-s⟩ verbal noun. — **Ne'gie·rung** f ⟨-; -en⟩ **1.** cf. Negieren. – **2.** negation, denial, negative.

Ne·gli·gé [negli'ʒe:] n ⟨-s; -s⟩ negligee, neglige(e), négligé, auch neglige, dishabille, (Morgenrock) dressing gown, bes. Am. house coat, morning gown.

ne·gli·geant [negli'ʒant] adj obs. for nachlässig 1, 4.

ne·gli·gie·ren [negli'ʒi:rən] v/t ⟨no ge-, h⟩ obs. for vernachlässigen 1—3.

ne·grid [ne'gri:t] adj anthrop. Negroid, auch negroid. — **Ne'gri·de** m ⟨-n; -n⟩ Negroid, auch negroid, Negroid individual.

Ne·gri·to [ne'gri:to] m ⟨-(s); -(s)⟩ anthrop. Negrito, auch negrito.

ne·gro·id [negro'i:t] adj anthrop. (negerähnlich) Negroid, auch negroid. — **Ne'groi·de** [-'i:də] m ⟨-n; -n⟩ Negroid, auch negroid.

Ne·gus ['ne:gʊs] m ⟨-; - u. -se⟩ negus (title of the sovereign of Ethiopia).

Ne·he·mia [nehe'mi:a] npr m ⟨-s; no pl⟩ Bibl. Nehemiah: **das Buch ~** the book of Nehemiah.

neh·men ['ne:mən] I v/t ⟨nimmt, nahm, genommen, h⟩ **1.** take: **er nahm seinen Mantel und ging** he took his coat and left; **nimm den Schirm** take the umbrella. – **2.** (ergreifen, in Besitz nehmen) take, seize, grab, take hold of: **alles ~, was man kriegen kann** to take all that one can get; **er nahm (sich dat) die besten Stücke** he grabbed the best pieces (for himself). – **3.** j-m etwas ~ a) (wegnehmen) to take s.th. (away) from s.o., b) fig. (entziehen) to take s.th. (away) from s.o., to rob (od. deprive, divest) s.o. of s.th.: **j-m das Brot ~** fig. to take away s.o.'s livelihood, to deprive s.o. of a living; **j-m jede Gelegenheit ~** to rob s.o. of every opportunity; **j-m alle Hoffnung ~** to deprive s.o. of all hope; **j-m jeden Zweifel ~** to relieve s.o.'s mind of all doubt(s); **sich** (dat) **das Leben ~** to take one's own life, to commit suicide; **ihr Sohn ist ihnen genommen worden** lit. their son was taken (away) from them; **ich lasse es mir nicht ~** fig. I won't be talked out of it, I insist (upon it). – **4.** (Hürde, Hindernis etc) take, do, negotiate: **zwei Stufen auf einmal ~** to take two steps at a time; **die Hindernisse ~** to take (od. clear) the obstacles; **er nahm alle Hürden auch fig.** he cleared all the hurdles. – **5.** (stehlen) take, rob, steal: **der Einbrecher nahm alles, was er fand** the burglar took everything he found. – **6.** (bei Tisch) take, have, help oneself to, partake of (lit.): **er nahm keine Suppe** he didn't take any soup; **sie nahm sich** (dat) **noch ein Stück Kuchen** she helped herself to another piece of cake; **~ Sie Bier oder Wein?** will you have beer or wine? **eine Probe von etwas ~** to take a taste (od. sample) of s.th., to taste (od. sample) s.th.: **~ Sie noch ein Stück** have another piece. – **7.** (einnehmen) have, take: **wo ~ wir den Kaffee?** where shall we have our coffee? → **darauf 1.** – **8.** (benutzen) take, use: **welche Seife nimmst du?** which soap do you use? **das Auto [ein Taxi, den Zug] ~** to take the car [a taxi, the train]. – **9.** (auffassen) take: **alles in allem genommen** all in all, (taken) on the whole; **etwas buchstäblich** (od. wörtlich) ~ to take s.th. literally; **er nimmt alles [sich] viel zu ernst** he takes everything [himself] much too seriously; **wenn man's recht** (od. genau) **nimmt** strictly speaking; **wie man's nimmt** that depends on (one's point of view); **~ wir den Fall, daß** (let us) suppose (od. assume) that; **etwas persönlich ~** to take s.th. personally; **etwas wichtig ~** to consider s.th. important. – **10.** (akzeptieren) take, accept: **die Menschen, wie sie sind ~** to accept people as they are (od. as one finds them); **man muß das Leben eben ~, wie das Leben eben ist** (Sprichwort) one must take things as they come. – **11.** (kaufen) take, buy, purchase: **es ist günstiger, ein großes Paket zu ~** it is more economical to buy a large packet. – **12.** (wählen) take, choose: **ich weiß nicht, welches Kleid ich ~ soll** I don't know which dress to take; **die falsche Richtung ~** to choose the wrong direction. – **13.** (verlangen) charge, take, ask, demand: **wieviel ~ Sie?** how much do you take (od. are you asking)? – **14.** (behandeln) deal with, treat, manage, handle: **sie versteht es, ihn zu ~** she knows how to deal with him, she has a way with him; **ich weiß nicht, wie ich ihn ~ soll** I don't know how to take him. – **15.** (entgegennehmen) take, accept: **kein Trinkgeld ~** not to accept tips; **~ Sie meinen herzlichen Dank** please accept my sincere thanks (*od.* gratitude); **Geld** ~ a) to take money, b) (*bestechlich sein*) to take bribes, to be bribable. – **16.** *fig.* (*erleichtern*) take away, relieve: **die Tablette nimmt den Schmerz** the tablet relieves the pain. – **17.** **sich** (*dat*) ~ to take (*od.* hire) s.o.: **sich einen Diener** ~ to hire a servant; **sich eine Frau** ~ to take a wife, to get married, to marry; **sich einen Anwalt** ~ *jur.* to retain a solicitor. – **18.** (*Zimmer, Wohnung etc*) take, rent. – **19.** *mil.* (*Stellung etc*) take, capture, seize. – **20.** *gastr.* take: **man nehme 3 Eier** take 3 eggs. – **II** *v/i* **21.** (*in Wendungen wie*) **woher** ~ **und nicht stehlen?** where do you think I'd get that? – **III** **N**~ *n* ⟨-s⟩ **22.** *verbal noun.* – **23. Geben ist seliger denn N.** *Bibl.* it is more blessed to give than to receive; → **hart** 1.

Verbindungen mit Präpositionen:
j-n an (*od.* **bei**) **der Hand** ~ to take s.o. by the hand; **j-n fest an die Kandare** ~ *fig. colloq.* to keep s.o. on a tight rein, to put the curb on s.o.; **etwas an** (*acc*) **sich** ~ a) to take (*od.* pocket, collect) s.th., b) (*aufbewahren*) to keep (*od.* take care of) s.th., c) (*unrechtmäßig*) to steal (*od.* misappropriate, purloin) s.th.; **nimm dir ein Beispiel an ihm** let him be an example to you; **j-n auf den Arm** ~ a) to take s.o. on one's arm, b) *fig. colloq.* to pull s.o.'s leg (*colloq.*); **er nahm die Last auf seine Schulter** *auch fig.* he took the burden on his shoulder; **etwas auf** (*acc*) **sich** ~ to undertake (to do) s.th., to take it upon oneself to do s.th.; **die Schuld auf** (*acc*) **sich** ~ *fig.* to take the blame upon oneself, to assume the blame; **ich werde die Folgen auf mich** ~ I shall take (*od.* bear) the consequences; **er mußte die Folgen auf** (*acc*) **sich** ~ he had to face the music (*colloq.*); **etwas auf seinen Eid** ~ to swear to s.th., to take one's oath on s.th.; **das nehme ich auf meine Kappe** *fig. colloq.* I shall take the responsibility for that; **Waren auf Kredit** ~ to buy goods on credit; **etwas auf die leichte Schulter** ~ *fig.* to take s.th. lightly, to make light of s.th.; **j-n auf die Seite** ~ to draw (*od.* take) s.o. aside; → **Korn³**; **ein Buch aus dem Regal** ~ to take a book from the shelf; **den Schlüssel aus der Tasche** ~ to take the key out of one's pocket; **ein Kind aus der Schule** ~ to withdraw (*od.* remove) a child from school, to take a child away from school; **du nimmst mir das Wort aus dem Mund!** *fig.* that's just what I was going (*od.* about) to say! you took the very words from my mouth! **eine Gelegenheit beim Schopf(e)** ~ *colloq.* to take time by the forelock, to make hay while the sun shines; **j-n beim Wort** ~ to take s.o. at his word; **alles für bare Münze** ~ *fig. colloq.* to take everything for gospel truth; **etwas für ein günstiges Omen** (*od.* **Zeichen**) ~ to take s.th. to be a good omen (*od.* sign); **eine Arbeit in Angriff** ~ to start (*od.* begin, set to) work; **etwas in Arbeit** ~ to take s.th. in hand, to start (*od.* set to) work on s.th.; **das nimmt viel Zeit in Anspruch** that takes (up) a lot of time; **j-n in die Arme** ~ to take s.o. in one's arms; **das muß ich erst einmal in Augenschein** ~ I'll have to have a good look at (*od.* examine) that first; **etwas in Besitz** ~ to take possession of s.th.; **eine Maschine in Betrieb** ~ to put a machine into operation; **j-n in Dienst** ~ to take s.o. into one's service(s) (*od.* employ); **j-n in Empfang** ~ to receive s.o.; **ein Paket in Empfang** ~ to accept a parcel; **etwas in die Hand** ~ a) to take s.th. in one's hand, b) *fig.* to attend to s.th., to take s.th. in hand; **etwas in Kauf** ~ to put up with (*od.* accept) s.th., to take s.th. into the bargain; **wir nahmen sie in die Mitte** we took her in the middle (*od.* between us); **j-n ins Schlepptau** ~ *fig. colloq.* to take s.o. in tow; **j-n in Schutz** ~ a) to take s.o. under one's protection (*od.* wing), b) (*eintreten für*) to defend s.o., to come to s.o.'s defence (*Am.* defense), to back s.o. up, to speak up for s.o.; **eine Festung im Sturm** ~ to take a fortress by storm (*od.* assault); **j-n ins Verhör** ~ *auch fig.* to (cross-)examine s.o., to question s.o. closely; **etwas in Zahlung** ~ to take s.th. in part payment; → **Acht³** 2; **Gebet** 1; **Haft** 1; **etwas mit Gewalt** ~ to take s.th. by force; **ein Mädchen mit Gewalt** ~ to violate (*od.* rape, force, ravish) a girl; **die**

Beine unter die Arme ~ *fig. colloq.* to take to one's heels; **den Feind unter Feuer** ~ *mil.* to bring (*od.* put) the enemy under fire; **j-n unter seine Fittiche** ~ *fig.* to take s.o. under one's wing; **etwas unter die Lupe** ~ *fig.* to examine (*od.* scrutinize) s.th. (closely), to take a good (*od.* close) look at s.th.; **j-m die Binde von den Augen** ~ *fig.* to open s.o.'s eyes, to disillusion s.o.; **die Lampe vom Tisch** ~ to take the lamp off the table, to remove the lamp from the table; **der nimmt's von den Lebendigen** *colloq.* he would take your last penny (*od.* the eye out of your head); **kein Blatt vor den Mund** ~ *fig.* to speak one's mind, not to mince matters (*od.* one's words); **er hat sie zur Frau genommen** he married her, he took her as his wife, he took her to wife (*lit.*); **j-n zum Gehilfen** ~ to take (*od.* hire) s.o. as an assistant; **etwas zu Hilfe** ~ to make use of s.th., to resort to s.th.; **etwas** (*od.* **eine Kleinigkeit**) **zu sich** ~ to have (*od.* take, help oneself to) s.th. to eat; **er hat seit Tagen nichts zu sich genommen** he hasn't eaten (*od.* taken any food) for days; **er hat seine alte Mutter zu sich genommen** (*aufgenommen*) he has taken his old mother in, he has received his elderly mother into his household; **Gott hat ihn zu sich genommen** *lit.* God has taken him unto himself; **etwas zum Anlaß** ~, **j-n zu besuchen** to take s.th. as an opportunity (*od.* excuse) to call on s.o.; **sich** (*dat*) **etwas zu Herzen** ~ to take s.th. to heart; **sich** (*dat*) **j-n zum Vorbild** ~ to take s.o. as an example; **sie nahmen ihn zwischen sich** they took him between them (*od.* in the middle).

Verbindungen mit Substantiven:
Abschied ~ to take (one's) leave, to say good-bye; **von etwas Abstand** ~ to refrain (*od.* desist) from s.th.; **so nahm alles seinen Anfang** that is how it all (*od.* everything) began (*od.* started); **einen Anlauf** (**zu etwas**) ~ to take a run (at s.th.), to take off (for s.th.); **Anstoß an** (*dat*) **etwas** ~ to take offence (*Am.* offense) (*od.* be scandalized) at s.th., to disapprove of s.th.; (*regen*) **Anteil an** (*dat*) **etwas** ~ to take an (active) interest in s.th.; **die Wirtschaft hat einen gewaltigen Aufschwung genommen** the economy has taken a mighty turn for the better (*od.* has improved greatly, has boomed); **ein Bad** ~ to take a bath; **Einsicht in** (*acc*) **etwas** ~ to look at s.th.; **der Weg** [**die Diskussion**] **nahm kein Ende** the path [discussion] went on and on; **es wird noch ein schlimmes Ende mit dir** ~ you will come to a bad end; **ich habe mir die Freiheit genommen, Sie aufzusuchen** I took the liberty of calling on you; **Kenntnis von etwas** ~ to take note of s.th.; **die Kutte** ~ *fig.* to take the cowl, to enter a monastery, to become a monk; **Maß** ~ to take measurements; **sich** (*dat*) **die Mühe** ~, **j-n zu benachrichtigen** to take the trouble of informing s.o.; **keine Notiz von j-m** ~ to take no notice of s.o., to ignore s.o.; **Platz** ~ to take a seat, to sit down; **Rache** ~ to take revenge; → **Reißaus**; **Rücksicht** 1; **Schaden** ~ to suffer (*od.* sustain) injury, to come to harm, to be injured (*od.* damaged); **den Schleier** ~ *fig.* to take the veil, to enter a convent, to become a nun; **zu etwas Stellung** ~ to comment (*od.* give one's opinion) on s.th., to adopt an attitude regarding s.th.; **Stunden** ~ to take lessons; **Urlaub** ~ to take one's holidays (*Am.* vacation); **das Gespräch hat eine unerwartete Wendung genommen** the conversation took an unexpected turn; **bei j-m Wohnung** ~ to take up (one's) lodgings with s.o.; **sich** (*dat*) **Zeit** ~ to take one's time; **Zuflucht zu etwas** ~ *fig.* to take refuge in s.th., to resort to s.th.

'Neh·mer *m* ⟨-s; -⟩ taker. — ~**,land** *n econ.* receiving country.

Neh·rung ['neːruŋ] *f* ⟨-; -en⟩ *geogr.* spit, sand bar.

Neid [naɪt] *m* ⟨-(e)s; *no pl*⟩ envy, enviousness, jealousy, *auch* heartburning, *Br.* heart-burning: **der blanke** (*od.* **blasse**) ~ *colloq.* pure envy; **grün vor** ~ green with envy; **vor** ~ **blaß werden** (*od.* **erblassen**) *colloq.* to become pale with envy; **an ihm zehrt** (*od.* **frißt**) **der** ~ he is eaten with (*od.* gnawed by) envy; **vor** ~ **platzen** *colloq.* to burst with envy; **seine Bibliothek erregt**

den ~ **aller seiner Freunde** his library provokes (*od.* is) the envy of all of his friends; **das muß ihm der** ~ **lassen** *colloq.* you've got to grant him that (*od.* to hand it to him); **das ist nur der** ~ **der Besitzlosen** *colloq.* that's just pure jealousy.

nei·den ['naɪdən] *v/t* ⟨h⟩ **j-m etwas** ~ a) to envy s.o. s.th., b) (*mißgönnen*) to grudge (*od.* begrudge) s.o. s.th.

'Nei·der *m* ⟨-s; -⟩ **1.** envier, envious (*od.* jealous) person. – **2.** (be)grudger.

'neid·er,füllt *adj* (*Blick etc*) filled with envy (*od.* jealousy), envious, jealous.

'Neid,ham·mel *m*, **'Neid,hart** [-,hart] *m* ⟨-(e)s; -e⟩ *contempt.* dog in the manger, (be)grudging person.

'nei·dig *adj u. adv dial. for* neidisch.

'nei·disch **I** *adj* **1.** envious, jealous, green(-eyed): **auf j-n** [**etwas**] ~ **sein** to be jealous of s.o. [s.th.]. – **2.** (be)grudging. – **II** *adv* **3.** enviously, with envy: **er blickte** ~ **auf den neuen Wagen** he looked enviously at the new car, he cast an envious glance at the new car.

'neid·los *adj* ungrudging, unenvious, free from envy (*od.* jealousy). — **'Neid·lo·sig·keit** *f* ⟨-; *no pl*⟩ absence of envy (*od.* jealousy).

'Neid,na·gel *m cf.* Niednagel.

Nei·ge ['naɪgə] *f* ⟨-; -n⟩ **1.** slope: **auf der** ~ **sein** to be aslant, (*von Faß*) to be atilt. – **2.** (*Ende, Niedergang*) decline, close, end: **an der** ~ **des Jahrhunderts** at the close of the century; **an der** ~ **des Lebens** *lit.* at the decline (*od.* sunset, ebb, twilight) of life; **bis zur bitteren** ~ to the bitter end; **auf die** (*od.* **zur**) ~ **gehen** a) (*von Tag, Jahr etc*) to decline, to draw to a close, to wane, to be on the wane (*od.* decline), b) (*von Geld, Vorräten etc*) to run low. – **3.** (*im Glas etc*) rest, heeltap, dregs *pl*, lees *pl*: **den Becher** [**das Glas**] **bis zur** ~ **leeren** to drain the cup [glass] to the dregs (*od.* lees).

nei·gen ['naɪgən] **I** *v/t* ⟨h⟩ **1.** bend, incline: **die Bäume** ~ **ihre Zweige zur Erde** the trees bend their branches to(ward[s]) the earth. – **2.** (*grüßend*) (*Kopf*) bow, nod: **das Haupt zum Gruß** ~ to nod one's head in greeting. – **3.** (*kippen*) tilt, tip, cant: **das Faß** ~ to tilt the barrel. – **II** *v/reflex* **sich** ~ **4.** (*Neigung haben*) lean, incline, tilt, slant, cant (over), pitch, heel (over), list: **der Turm neigt sich um 10°** the tower leans (by) (*od.* has a tilt of) 10°. – **5.** (*kippen*) tilt: **das brennende Haus neigte sich und fiel in sich zusammen** the burning house listed and collapsed. – **6.** (*von Bäumen etc*) sway, bend: **die Birke neigte sich im Wind** the birch tree swayed in the wind. – **7.** (*sich verbeugen*) bow (down). – **8.** (*von Waage etc*) tip. – **9.** (*von Magnetnadel etc*) swing, dip. – **10.** *fig. lit.* (*von Tag, Jahr etc*) decline, draw to a close, wane, be on the wane (*od.* decline). – **III** *v/i* **11. zu etwas** ~ a) to lean (*od.* tend, be [*od.* feel] inclined) to(ward[s]) s.th., b) (*Veranlagung haben*) to be given to s.th., (*zu Krankheit etc*) to be prone (*od.* susceptible, subject) to s.th., to have a propensity for s.th., d) (*Schwäche haben*) to fancy s.th., to have a liking (*od.* weakness) for s.th.: **ich neige zu der Ansicht, daß** I tend to the opinion that, I am inclined to think that; **er neigt zu Übertreibungen** he is given to exaggeration; **das Kind neigt zu Erkältungen** the child is susceptible to colds (*od.* catches cold easily); **er neigt zu Bronchitis** he is susceptible (*od.* subject) to bronchitis, he is bronchitis-prone; **sie neigt mehr zu klassischer Musik** she is rather fond of (*od.* keen on) classical music. – **IV** **N**~ *n* ⟨-s⟩ **12.** *verbal noun.* – **13.** *cf.* Neigung.

'Nei·gung *f* ⟨-; -en⟩ **1.** *cf.* Neigen. – **2.** (*geneigte Lage*) inclination, slope, gradient, slant, cant, tilt, pitch, lean, list. – **3.** (*Kipplage*) tilt. – **4.** (*Verbeugung*) bow. – **5.** *civ.eng.* (*der Straße, Schienen etc*) gradient, incline, dip, slope. – **6.** (*einer Waage*) tip. – **7.** *phys.* dip, inclination. – **8.** *geol.* (*einer Landschaft*) slope, versant. – **9.** *fig.* (*Hang*) (**zu**) inclination (toward[s], to, for), propensity (toward[s], to), leaning (toward[s]), trend (toward[s]), tendency (to): **er hat starke künstlerische** [**politische**] ~**en** he has strong artistic [political] inclinations. – **10.** *fig.* (*Vorliebe*) (**zu**) liking (for, of), preference (for, toward[s]), penchant (for): **sie hat eine** ~ **zu bunten Kleidern** she has a liking for colo(u)rful dresses. – **11.** *fig.* (*Veranlagung*) (zu) (pre)disposition (for, toward[s], to), bent (for): er zeigte schon früh eine ~ zur Musik (already) at an early age he showed a flair for music. – **12.** *fig.* (*Lust*) (zu) liking (for), fancy (for, to), mind (for, to): nur geringe ~ zu etwas verspüren not to fancy (*od.* like) s.th. very much; wenn Sie ~ dazu haben if you feel like it, if you are so inclined. – **13.** *fig.* (*Zuneigung*) (zu) affection (for), liking (for), attachment (to), love (for): eine ~ zu j-m fassen to develop an attachment to s.o.; j-s ~ gewinnen to gain s.o.'s affection; j-s ~ erwidern to return s.o.'s love. – **14.** *pol. econ.* (zu toward[s]) tendency, trend. – **15.** *med.* (zu) disposition (for, toward[s]), tendency (to), proneness (to), susceptiblity (to).

'**Nei·gungs**|**an**,**zei·ger** m **1.** (*railway*) gradient indicator. – **2.** *civ.eng.* clinometer, gradiometer. – **3.** *aer.* inclinometer. — **~**,**ebe·ne** f **1.** *tech.* plane of inclination. – **2.** (*bes. railway*) gradient, incline(d plane). — **~**,**ehe** f love match, marriage for affection (*od.* love). — **~**,**flä·che** f cf. Neigungsebene. — **~**,**mes·ser** m *geol.* clinometer, inclinometer (*auch aer.*), gradiometer. — **~ver**,**hält·nis** n *geol.* ratio of inclination. — **~**,**win·kel** m **1.** *tech.* a) angle of inclination (*auch space*), b) (*eines Schneidmeißels*) back rake. – **2.** *civ.eng.* angle of gradient (*od.* slope). – **3.** *aer.* angle of tilt (*od.* dip): ~ in Längsrichtung angle of pitch; ~ in Querrichtung bank angle. – **4.** *geol.* hade, dip.

nein [naɪn] **I** *adv* **1.** (*ablehnend, widersprechend*) no, (*bei Abstimmungen*) *auch* nay, *Am. colloq. auch* nope: ~, ich habe keine Zeit no, I have no time; aber ~! but no! ach ~! a) better not! b) *iron.* you don't say! ~ doch! definitely not! no, indeed! ~ und abermals ~! no and no again! a thousand times no! ~, ich gehe auch nicht nor do I (go); ~, ich habe ihn auch nicht gesehen nor have I seen him; ich glaube, ~ I think not, I don't think so; ~ sagen a) to say no, to refuse, b) (*abstreiten*) to deny s.th.; ich kann weder ja noch ~ sagen I can't say either yes or no, I can't say whether or not (*od.* no); er kann nicht ~ sagen he can't refuse anything. – **2.** (*berichtigend*) no, wait: da kommen 3, ~ 4 Leute there come three, no (*od.* wait), four people. – **3.** (*bekräftigend*) no, no sir: ~, das ist zuviel! no, that's too much! – **4.** (*überrascht*) my (*colloq.*), well: ~, wie schön! my, how beautiful! ~, so etwas! well, I never! bless my soul! I say! ~, was du nicht sagst! well, you don't say! – **II** N~ n ⟨-s; *no pl*⟩ **5.** no, refusal, denial: j-m ein entschiedenes N~ entgegensetzen to give s.o. a square refusal, to give s.o. a curt no; er blieb bei seinem N~ he persisted in his denial; mit N~ stimmen to vote no (*od.* nay), *Br. pol.* (*im Oberhaus*) to declare oneself not content; ein N~ zur rechten Zeit erspart viel Widerwärtigkeit (*Sprichwort*) etwa a no in time may save much unpleasantness later.

'**Nein**|**sa·gen** n saying no, refusal, denial, contradiction. — **~**,**sa·ger** m ⟨-s; -⟩ *contempt.* one who always says no, no-man (*colloq.*). — **~**,**stim·me** f *bes. pol.* no, nay, negative vote, vote to the contrary, vote against, *Br. pol.* (*im Oberhaus*) non-content: die ~n überwiegen the no(e)s have it.

Ne·kro·bio·se [nekrobi'o:zə] f ⟨-; *no pl*⟩ *med.* necrobiosis. — **ne·kro·bio·tisch** [-'o:tɪʃ] *adj* necrobiotic.

Ne·kro·log [nekro'lo:k] m ⟨-(e)s; -e⟩ obituary (notice), necrology, *auch* necrologue. — **Ne·kro·lo·gi·um** [-'lo:gɪʊm] n ⟨-s; -gien⟩ necrology.

Ne·kro·mant [nekro'mant] m ⟨-en; -en⟩ necromancer. — **Ne·kro·man'tie** [-'ti:] f ⟨-; *no pl*⟩ necromancy. — **ne·kro·man·tisch** *adj* necromantic.

Ne·kro·phi·lie [nekrofi'li:] f ⟨-; -n [-ən]⟩ *psych.* necrophilia, necrophilism, necrophily.

Ne·kro·po·le [nekro'po:lə] f ⟨-; -n⟩, **Ne'kro·po·lis** [-'kro:polɪs] f ⟨-; -polen [-kro:poːlən]⟩ *archeol.* necropolis.

Ne·krop·sie [nekrɔ'psi:] f ⟨-; -n [-ən]⟩ *med.* necropsy, post-mortem examination, autopsy.

Ne·kro·se [ne'kro:zə] f ⟨-; -n⟩ *med. vet.* necrosis, gangrene, necrobiosis. — **ne'kro·tisch** [-tɪʃ] *adj* necrotic.

Nek·tar ['nɛktar] m ⟨-s; *no pl*⟩ *bot. auch myth.* nectar. — **~**,**drü·se** f *bot.* nectary, nectar gland.

Nek·ta·ri·ne [nɛkta'ri:nə] f ⟨-; -n⟩ *bot.* nectarine (*Prunus persica var. nectarina*).

nek·ta·risch [nɛk'ta:rɪʃ] *adj* (*Getränk etc*) nectareous, *auch* nectareous, nectar-sweet.

'**Nek·tar**,**vo·gel** m *zo.* cf. Honigfresser.

Nek·ton ['nɛktən] n ⟨-s; *no pl*⟩ *biol.* nekton, *auch* necton. — **nek'to·nisch** [-'to:nɪʃ] *adj* nektonic.

Nel·ke ['nɛlkə] f ⟨-; -n⟩ *bot.* **1.** a) pink, dianthus (*scient.*) (*Gattg Dianthus*), b) (*Gartennelke*) clove pink, carnation (*D. caryophyllus*). – **2.** cf. Gewürznelke.

'**nel·ken**|**ähn·lich**, **~**,**ar·tig** *adj bot.* carnationlike, caryophyllaceous (*scient.*).

'**Nel·ken**|,**baum** m *bot.* cf. Gewürznelkenbaum. — **~**,**beet** n bed of pinks (*od.* carnations). — **~ge**,**wäch·se** *pl* caryophyllaceous plants, caryophyllaceae (*Fam. Caryophyllaceae*). — **~**,**holz** n (*wood*) cf. Nelkenrinde. — **~**,**öl** n *med. pharm.* clove oil, oil of cloves. — **~**,**pfef·fer** m *bot.* allspice, pimento, bayberry, Jamaica pepper (*Pimenta officinalis*). — **~**,**rin·de** f (*wood*) clove bark, clove tree wood. — **~strauß** m bouquet of pinks (*od.* carnations). — **~**,**wurz** f *bot.* a) avens (*Gattg Geum*), bes. (*Echte*) ~ herb bennet (*G. urbanum*), b) (mountain) avens (*G. montanum*) c) water avens, cure-call (*G. rivale*).

'**Nel·ken**,**zimt** m (*wood*) cf. Nelkenrinde. — **~**,**baum** m *bot.* cf. Gewürznelkenbaum.

Nel·son ['nɛlzən] m ⟨-(s); -(s)⟩ (*Ringergriff*) nelson.

Ne·ma·to·de [nema'to:də] m ⟨-n; -n⟩ *meist pl zo.* cf. Fadenwurm 1.

ne·me·isch [ne'meːɪʃ] *adj antiq.* Nemean: die N~en Spiele the Nemean games; der N~e Löwe *myth.* the lion of Nemea.

Ne·me·sis ['ne:mezɪs] *npr* f ⟨-; *no pl*⟩ *myth.* nemesis.

NE-Me,**tall** [ɛn'?eː-] n *metall.* nonferrous (*Br.* non-ferrous) metal.

'**nenn·bar** *adj* mentionable, nameable, *auch* namable: ein nicht ~er Betrag an unmentionable (*od.* unnam[e]able) amount.

'**Nenn**|**be**,**la·stung** f *tech.* rated load. — **~be**,**trag** m *econ. jur.* nominal amount, face (*od.* par) value. — **~**,**drall** m (*space*) nominal spin. — **~**,**dreh**,**zahl** f *electr. tech.* rated speed. — **~**,**durch**,**mes·ser** m *tech.* nominal (*od.* basic) diameter (*od.* size).

nen·nen ['nɛnən] **I** *v/t* ⟨nennt, nannte, genannt, h⟩ **1.** name, call: er wurde nach seinem Vater genannt he was named after his father, he was given his father's name; er heißt Thomas, aber sie ~ ihn Kleiner he is called Tom, but they dub (*od.* nickname) him Shorty (*od.* Tiny). – **2.** (*bezeichnen*) call, name, term, style, designate, denominate, label: das nenne ich Ausdauer [Mut] that's what I (would) call perseverance [courage]; sie nannte ihn einen Lügner she called him a liar; er wurde von seinen Freunden Professor genannt he was styled professor by his friends; etwas sein eigen ~ to designate s.th. as one's own; das Kind beim (rechten) Namen ~ *colloq.* to call a spade a spade, to call things by their right (*od.* proper) names. – **3.** (*betiteln*) call, title, entitle: er nannte den Roman „Diana" he entitled the novel "Diana". – **4.** (*anführen, angeben*) tell, give (the name[s] of), name: kannst du mir seine Adresse ~? can you tell me his address? nenne mir die Hauptdarsteller give me the names of the main (*od.* leading) actors. – **5.** (*schriftlich aufzählen*) list, state: nenne die Nebenflüsse des Rheins list the tributaries of the Rhine. – **6.** (*erwähnen*) mention, name: ein Beispiel ~ to mention an example; j-d, den ich nicht ~ will s.o. who shall remain nameless, s.o. whom I wish to remain anonymous; um nur einen zu ~ to name but one. – **7.** (*Kandidaten etc*) nominate, propose (*s.o.*) for election, *Am. auch* slate. – **8.** (*Film, Pferd etc*) (für for) enter. – **II** *v/reflex* sich ~ **9.** (*heißen*) call oneself, be called (*od.* named): er nennt sich Harry he is called Harry, he goes by the name of Harry. – **10.** give one's name: sich als Verfasser ~ to declare (*od.* acknowledge) oneself (to be) the author; sich nicht ~ to remain anonymous. – **11.** *iron.* call oneself: und so einer (*od.* etwas) nennt sich Freund and he calls (*od.* dubs, terms) himself a friend. –

12. (*sich ausgeben für, als*) pretend to be, pass oneself off as, style oneself: er nennt sich Doktor he calls (*od.* styles) himself a doctor. – **III** N~ n ⟨-s⟩ **13.** *verbal noun.* – **14.** cf. Nennung.

'**nen·nens**,**wert** *adj* worth mentioning, worth speaking of, considerable, appreciable: er hat keine ~en Einnahmen he has no income to speak of; keine ~en Fortschritte no appreciable progress *sg*.

'**Nen·ner** m ⟨-s; -⟩ *math.* denominator: auf einen gemeinsamen ~ bringen *auch fig.* to reduce (*things*) to a common denominator.

'**Nenn**,**fall** m *ling.* nominative (case).

'**Nenn**,**form** f *ling.* infinitive. — **~**,**satz** m cf. Infinitivsatz.

'**Nenn**|**fre**,**quenz** f *electr.* rated frequency. — **~ge**,**bühr** f, **~**,**geld** n (*sport*) entry fee. — **~**,**kurs** m *econ.* cf. Nennwert. — **~**,**lei·stung** f **1.** *tech.* (*einer Maschine*) rated output (*od.* capacity). – **2.** *electr.* rated power, (*eines Motors*) rating, rated horsepower. — **~**,**li·ste** f (*bei Wettbewerben, Rennen etc*) list of entries, entry list, entry. — **~**,**span·nung** f *electr.* rated voltage.

'**Nen·nung** f ⟨-; -en⟩ **1.** cf. Nennen. – **2.** ⟨*only sg*⟩ (*von Namen etc*) mention, designation, denomination. – **3.** (*bei Wettbewerben, Rennen etc*) entry: die ~ eines Pferdes zurückziehen to scratch (*od.* declare) a horse.

'**Nen·nungs**|**geld** n (*sport*) cf. Nenngebühr. — **~**,**li·ste** f cf. Nennliste. — **~**,**schluß** m close of entries.

'**Nenn**,**wert** m *econ.* nominal (*od.* face, par) value, (*bei Banknoten u. Briefmarken*) *auch* denomination: Aktie ohne ~ no-par (value) stock (*bes. Br.* share); über dem ~ above par, at a premium; unter dem ~ below par, at a discount; zum ~ at par. — **n~los** *adj* (*Aktien*) no-par (*attrib*).

Neo..., **neo...** *combining form denoting* neo...

Neo·dym [neo'dy:m] n ⟨-s; *no pl*⟩ *chem.* neodymium (Nd).

Neo·fa·schis·mus [neofa'ʃɪsmus] m *pol.* neofascism, *Br.* neo-fascism, *auch* neo-Fascism. — **Neo·fa'schist** [-'ʃɪst] m neofascist, *Br.* neo-fascist, *auch* neo-Fascist. — **neo·fa'schi·stisch** *adj* neofascist, *Br.* neo-fascist, *auch* neo-Fascist.

Neo·gäa [neo'gɛːa] f ⟨-; *no pl*⟩ *biol.* Neogaea.

Neo·gen [neo'ge:n] n ⟨-s; *no pl*⟩ *geol.* Neocene (*auch* Neogene) (*period*).

Neo·im·pres·sio·nis·mus [neo'impresˈo-ˈnɪsmʊs] m (*art*) Neo-Impressionism. — **Neo·im·pres·sio'nist** [-'nɪst] m Neo-Impressionist.

Neo·klas·si·zis·mus [neoklasi'tsɪsmʊs] m neoclassicism, *Br.* neo-classicism. — **neo·klas·si'zi·stisch** [-'tsɪstɪʃ] *adj* neoclassic(al), *Br.* neo-classic(al).

Neo·kom [neo'ko:m] n ⟨-s; *no pl*⟩ *geol.* Neocomian period.

Neo·li·be·ra·lis·mus [neolibera'lɪsmʊs] m neoliberalism, *Br.* neo-liberalism, *auch* neo-Liberalism.

Neo·li·thi·kum [neo'li:tikum; -'lɪtikum] n ⟨-s; *no pl*⟩ *geol.* Neolithic period. — **neo'li·thisch** [-tɪʃ] *adj* Neolithic.

Neo·lo·gis·mus [neolo'gɪsmus] m ⟨-; -men⟩ *ling.* neologism.

Ne·on ['ne:ən] n ⟨-s; *no pl*⟩ *chem.* neon (Ne).

Neo·na·zis·mus [neona'tsɪsmʊs] m *pol.* neo-Nazism (*auch* -Naziism). — **neo·na'zi·stisch** [-tɪʃ] *adj pol.* neo-Nazi (*attrib*), neo-Nazist.

'**Ne·on**|**be**,**leuch·tung** f *electr.* neon light (*od.* lighting, illumination). — **~**,**lam·pe** f neon lamp. — **~**,**licht** n neon light. — **~re**,**kla·me** f neon lights (*pl*). — **~**,**röh·re** f neon tube, luminous discharge lamp.

Neo·phyt [neo'fy:t] m ⟨-en; -en⟩ *relig.* neophyte.

Neo·plas·ma [neo'plasma] n *biol. med.* neoplasm. — **neo'pla·stisch** [-tɪʃ] *adj* neoplastic.

Neo·pren [neo'pre:n] n ⟨-s; *no pl*⟩ (*rubber*) neoprene.

neo·tro·pisch [neo'tro:pɪʃ] *adj geogr.* Neotropical, *auch* Neotropic: die ~e Region the Neotropics *pl*.

Neo·vi·ta·lis·mus [neovita'lɪsmʊs] m ⟨-; *no pl*⟩ *philos.* neovitalism, *Br.* neo-vitalism.

Neo·zoi·kum [neo'tso:ikum] n ⟨-s; *no pl*⟩ *geol.* Neozoic period. — **neo'zo·isch** [-ɪʃ] *adj* Neozoic.

Ne·pa·le·se [nepa'le:zə] m ⟨-n; -n⟩, **Ne·pa'le·sin** f ⟨-; -nen⟩ Nepali, Nepalese. —

ne·pa'le·sisch *adj* Nepal, Nepali (*beide attrib*), Nepalese.

Ne·per ['ne:pər] *n* ‹-s; -› *electr.* neper.

Ne·phe·lin [nefe'li:n] *m* ‹-s; -e› *min.* nepheline, nephelite, el(a)eolite.

Ne·phe·lo·me·trie [nefelome'tri:] *f* ‹-; *no pl*› *chem.* nephelometry, turbidimetry, turbidimetric analysis.

Ne·pho·skop [nefo'sko:p] *n* ‹-s; -e› *meteor.* (*Wolkenmesser*) nephoscope.

Ne·phral·gie [nefral'gi:] *f* ‹-; -n [-ən]› *med.* nephralgia.

Ne·phrek·to·mie [nefrɛkto'mi:] *f* ‹-; -n [-ən]› *med.* nephrectomy.

Ne·phri·di·um [ne'fri:diʊm] *n* ‹-s; -dien› *meist pl zo.* nephridium.

Ne·phrit [ne'fri:t; -'frɪt] *m* ‹-s; -e› *min.* jade, jadeite, nephrite. — **ne'phri·tis** [ne'fri:tɪs] *f* ‹-; -tiden [-fri-'ti:dən]› *med.* nephritis. — **ne'phri·tisch** [-'fri:tɪʃ] *adj* nephritic.

Ne·phro·se [ne'fro:zə] *f* ‹-; -n› *med.* nephrosis.

Ne·po·tis·mus [nepo'tɪsmʊs] *m* ‹-; *no pl*› nepotism.

Nepp [nɛp] *m* ‹-s; *no pl*› *colloq.* swindle, 'clip' (*colloq.*), *bes. Am. colloq.* gyp: das ist ~! this is a gyp!

'nep·pen *v/t* ‹h› *colloq.* 'fleece', 'clip', *bes. Am.* gyp (*alle colloq.*); diddle, 'sting' (*sl.*); overcharge, cheat.

Nep·pe'rei *f* ‹-; -en› *colloq. cf.* Nepp.

'Nepp|lo·kal *n*, **~·sta·ti·on** *f colloq.* clip (*bes. Am.* gyp, skin) joint (*colloq.*).

Nep·tun [nɛp'tu:n] **I** *npr m* ‹-; *no pl*› *myth.* Neptune. — **II** *m* ‹-s; *no pl*› *astr.* Neptune. — **nep'tu·nisch** *adj geol.* neptunian. — **Nep·tu'nis·mus** [-tu'nɪsmʊs] *m* ‹-; *no pl*› neptunism. — **Nep·tu'nist** [-tu'nɪst] *m* ‹-en; -en› neptunist, neptunian.

Nep·tu·ni·um [nɛp'tu:niʊm] *n* ‹-s; *no pl*› *chem.* neptunium (Np).

Nep'tun,mond *m astr. cf.* Neptuntrabant.

Nep'tuns,be·cher *m zo.* Neptune's cup (*auch* goblet) (*Poterion neptuni*).

Nep'tun,tra·bant *m astr.* satellite of Neptune, Neptunian satellite (*od.* moon).

Ne·rei·de [nere'i:də] **I** *npr* ‹-; -n› *meist pl myth.* Nereid. — **II** *f* ‹-; -n› *zo.* nereid (*Gattg Nereis*).

Nerf·ling ['nɛrflɪŋ] *m* ‹-s; -e› *zo. cf.* Aland.

ne·ri·tisch [ne'ri:tɪʃ] *adj geol.* neritic.

'Nernst,lam·pe ['nɛrnst-] *f electr.* Nernst lamp.

'Ne·ro·li,öl ['ne:roli-] *n* (*cosmetics*) neroli oil, orange-flower oil.

ne·ro·nisch [ne'ro:nɪʃ] *adj* Neronian, Neronic, of Nero.

Nerv [nɛrf] *m* ‹-s; -en [-fən]› **1.** nerve: motorischer ~ motor nerve; sympathischer ~ sympathetic (*od.* gangliated) nerve; auf die ~en wirkend nervine; den ~ (im Zahn) abtöten to kill the nerve (in a tooth); er hat eiserne [schwache, starke] ~en *fig.* he has (got) iron [weak, strong] nerves; ich bin mit den ~en (völlig) herunter *fig. colloq.* my nerves are (completely) worn out, my nerves are worn to a frazzle; meine ~en machen nicht mehr mit *fig.* my nerves won't take it any longer; die ~en behalten [verlieren] *fig.* to keep [to lose] one's head; der hat (vielleicht) ~en! *fig. colloq.* he's got a nerve! das geht mir auf die ~en *fig.* that gets on my nerves, that sets my teeth on edge; j-m den ~ töten *fig.* to drive s.o. crazy (*od.* mad); er hat ~en wie Drahtseile *fig.* he has (got) nerves of steel; jeder ~ spannte sich *fig.* every muscle was tense; seine ~en waren zum Zerreißen gespannt *fig.* his nerves were taut as bowstrings (*od.* extremely tense). – **2.** *fig.* (*wunder Punkt*) nerve (center, *bes. Br.* centre), heart, sore point: die Angriffe trafen den ~ der Stadt the attacks hit the nerve center of the town (*od.* city). – **3.** *bot.* (*Blattader*) vein, nerve, nervure, nervule: ein Blatt mit vorstehenden [zusammenlaufenden] ~en a nervose [convergent--nerved] leaf. – **4.** *zo.* a) (*bei Insektenflügeln*) wing vein, b) (*zur Reizleitung*) nerve.

ner·val [nɛr'va:l] *adj med.* nervous.

Ner·va·tur [nɛrva'tu:r] *f* ‹-; -en› *bot. zo.* nervation, nervature, venation.

'Ner·ven|an,fall *m med.* nervous attack (*od.* fit), fit of nerves. — **~an,span·nung** *f* nervous strain. — **~arzt** *m*, **~ärz·tin** *f* nerve specialist, neurologist (*scient.*). — **~ast** *m* branch of a nerve, ramus (*scient.*). — **n~auf,peit·schend** *adj* highly exciting,

stirring, *auch* excitant, excitative, excitatory. — **n~auf,rei·bend** *adj* nerve-racking, *auch* nerve-wracking, nerve-shaking (*od.* -trying), grating, jarring. — **~bahn** *f med.* nerve tract (*od.* path). — **~bau** *m* nervous structure. — **n~be,ru·hi·gend** *adj* sedative. — **~be,ru·hi·gungs,mit·tel** *n med. pharm.* sedative, nervous depressant, tranquilizer, *bes. Br.* tranquilliser. — **~bün·del** *n* **1.** *med.* nerve bundle (*od.* fascicle), nerve tract, fasciculus (*scient.*). – **2.** *fig. colloq.* bundle (*od.* bag) of nerves: er ist ein rechtes ~ he is all nerves. — **~durch,tren·nung** *f med.* neurotomy. — **~ent,zün·dung** *f* inflammation of a nerve, neuritis (*scient.*). — **~ex·stir·pa·ti,on,** **~ex·zi·si,on** *f* excision of a nerve, neurectomy (*scient.*). — **~fa·ser** *f* nerve fiber (*bes. Br.* fibre). — **~fie·ber** *n obs.* for Typhus. — **~gas** *n chem. mil.* nerve gas. — **~ge,flecht** *n med.* nerve (*od.* nervous) plexus, neuroplexus. — **~ge,schwulst** *f* neuroma. — **~ge,we·be** *n* nerve tissue. — **~gift** *n* neurotoxin. — **~heil,an,stalt** *f* clinic for nervous diseases, mental hospital (*od.* institute), psychiatric clinic (*od.* institute). — **~heil,kun·de** *f* neurology. — **~kit·zel** *m fig.* thrill, sensation, titillation, kick (*colloq.*): sich (*dat*) einen ~ ver-schaffen to get (*od.* obtain) an emotional thrill. — **~kli·nik** *f med. cf.* Nervenheil-anstalt. — **~kno·ten** *m med.* Ganglion. — **~kraft** *f* nervous strength (*od.* energy). — **n~krank** *adj* **1.** *med.* neuropathic. - **2.** *psych.* neurotic. – 2. *fig.* crazy, insane. — **~kran·ke** *m, f* **1.** *med.* neuropath. - **2.** *psych.* neurotic. — **~krank·heit** *f* **1.** *med.* nervous disease (*od.* disorder), neuropathy (*scient.*). – **2.** *psych.* nervous disorder (*od.* illness), neurosis (*scient.*). — **~krieg** *m fig.* war of nerves. — **~kri·se** *f med. psych.* nervous attack (*od.* breakdown). — **~läh·mung** *f med.* neuroparalysis. — **~lei·den** *n* **1.** *med.* nervous disease (*od.* disorder, affection, complaint), neuropathy (*scient.*). – **2.** *psych.* nervous disorder (*od.* illness), neurosis (*scient.*). — **n~lei·dend** *adj cf.* nervenkrank 1, 2. — **~lei·den·de** *m, f cf.* Nervenkranke. — **~mit·tel** *n med. pharm.* **1.** (*stärkendes*) nerve tonic, stimulant, tonic. - **2.** (*beruhigendes*) sedative, tranquilizer, *bes. Br.* tranquilliser. — **~pro·be** *f fig.* ordeal, trying affair, test (*od.* trial) of one's nerves. — **~reiz** *m med.* nervous impulse. — **~rei·zung** *f* **1.** (*krankhafte*) nerve irri-tation. – **2.** (*experimentelle*) stimulation of a nerve. — **~sä·ge** *f fig. colloq.* pain in the neck (*colloq.*): sie ist eine ~ she puts you on edge. — **~sa·na,to·ri·um** *n med. cf.* Ner-venheilanstalt. — **~schä·di·gung** *f* nervous lesion. — **~schei·de** *f* nerve sheath. — **~schmerz** *m* neuralgia, neuralgic (*od.* nerve) pain. — **~schnitt** *m* neurotomy. — **~schock** *m* **1.** *med.* nervous shock: j-m einen ~ versetzen *auch fig.* to shock s.o. – **2.** *psych.* mental shock, trauma (*scient.*). — **n~schwach** *adj* nervous, neurasthenic (*scient.*). — **~schwä·che** *f* nervousness, neurasthenia (*scient.*): an ~ leiden to be neurasthenic. — **n~stark** *adj* strong-nerved, nervy. — **~stär·ke** *f* **1.** nervous strength. - **2.** *fig.* deliberateness, calmness. — **n~stär·kend** *adj med.* nerve-strengthening, innervating. — **~strang** *m* (peripheral) nerve. — **~sy,stem** *n* nervous system: sympathisches ~ sympathetic nervous system; vegetatives ~ autonomic (*od.* autonomous) nervous system; zentrales ~ central nervous system; Physiologie des ~s neurophysiology. — **~über,rei,zung** *f* nervous strain (*od.* irritation). — **~zel·le** *f* nerve cell; neuron, neurocyte (*scient.*). — **~zen·trum** *n auch fig.* nervous center (*bes. Br.* centre). — **n~zer,rüt·tend** *adj cf.* nervenaufreibend. — **~zer,rüt·tung** *f* nervous breakdown, shattering of the nerves. — **~zucken** (*getr.* -k·k-) *n med.* nervous twitching; vellication, neuro-spasmus (*scient.*). — **~zu,sam·men,bruch** *m* nervous breakdown (*od.* collapse, prostration), crack-up (*colloq.*): einen ~ erleiden to have a nervous breakdown, to break down, to crack up (*colloq.*).

ner·vig [ˈnɛrfɪç] *adj* **1.** *fig.* (*sehnig*) sinewy, wiry: eine ~e Faust a sinewy fist. - **2.** *fig.* (*kräftig, muskulös*) strong, muscular, thewy, vigorous, pithy: seine ~e Gestalt his brawny figure. - **3.** *bot.* (*Blätter*) ribbed, veined.

'nerv·lich I *adj* nervous, of the nerves: das ist eine ~e Belastung für sie this is a strain on her nerves. – **II** *adv* ~ bedingt neu-rogenous.

ner·vös [nɛr'vø:s] **I** *adj* **1.** nervous (*auch med.*), restless, restive; fidgety, shaky, nervy (*colloq.*); jittery, jumpy (*sl.*): ~ sein to be nervous; er war wegen des Ren-nens sehr ~ he was very nervous (*od.* keyed up, on edge) about the race; j-n ~ machen to make s.o. nervous (*od.* irritable), to fluster s.o.; ~e Unruhe restlessness; ~ werden to become (*od.* get) nervous, to get into a fluster, to get the fidgets (*colloq.*) (*od. sl.* the jitters). - **2.** (*reizbar*) irritable, excitable: sie ist heute sehr ~ she is very irritable (*od.* touchy, edgy) today. - **3.** (*überempfindlich*) high-strung, hyper-sensitive. - **4.** (*Pferd*) skittish. - **II** *adv* **5.** er ging ~ auf und ab he nervously walked up and down (*od.* back and forth), he nervously paced the floor; ~ veranlagt sein to have a nervous temperament.

Ner·vo·si'tät [-vozi'tɛ:t] *f* ‹-; *no pl*› **1.** nervousness, restlessness, restiveness, fidgetiness (*colloq.*); jitters *pl* (*construed as sg or pl*), heebie-jeebies *pl*, jumpiness (*sl.*). - **2.** (*Reizbarkeit*) irritability, excitability. - **3.** (*Überempfindlichkeit*) hypersensitivity. - **4.** (*eines Pferdes*) skittishness. - **5.** *med. cf.* Nervenschwäche.

Ner·vus re·rum [ˈnɛrvʊs ˈreːrʊm] *m* ‹-; -; *no pl*› **1.** (*Triebfeder, -kraft*) main (*od.* essential, most important) thing, nerve center (*bes. Br.* centre). - **2.** *fig. humor.* (*Geld*) lucre (*contempt.*), money.

Nerz [nɛrts] *m* ‹-es; -e› **1.** *zo.* old world mink (*Mustela lutreola*): Amerikanischer ~ American mink (*M. vison*). - **2.** *cf.* Nerz-pelz. - **3.** *colloq. for* Nerzmantel. — **~farm** *f* mink ranch, *Am. auch* minkery. — **~fell** *n* mink, minkskin. — **~frosch** *m zo.* mink (*od.* Northern, Hoosier, Rocky Mountain) frog (*Rana septentrionalis*). — **~man·tel** *m* mink (coat). — **~mu·ta·ti,on** *f* mutation mink. — **~pelz** *m* mink (fur). — **~sto·la** *f* mink stole. — **~zucht** *f* mink breeding.

Nes·chi [ˈnɛsçi] *n, f* ‹-; *no pl*› (*arab. Schrift*) Nesk(h)i, Naskhi.

Nes·sel[1] [ˈnɛsəl] *f* ‹-; -n› *bot.* nettle (*Fam. Urticaceae, bes. Gattg Urtica, bes. U. urens*): die ~ brennt the nettle stings; sich in die ~n setzen *fig. colloq.* to get into trouble (*od.* hot water), to put one's foot in it.

'Nes·sel[2] *m* ‹-s; -› (*textile*) nettle cloth, gray (*bes. Br.* grey) muslin, *bes. Am.* cheesecloth.

'Nes·sel|aus,schlag *m med.* nettle rash, (itching) hives *pl* (*construed as sg or pl*); urticaria, urticarial rash (*scient.*). — **~fa·ser** *f* (*textile*) nettle fiber (*bes. Br.* fibre). — **~fie·ber** *n med. cf.* Nessel-ausschlag. — **~ge,wächs** *n bot.* nettle family *sg* (*Fam. Urticaceae*). — **~haar** *n* sting, stinging hair. — **~qual·le** *f zo.* stinging jellyfish, sea nettle, scyphozoan (*scient.*) (*Klasse Scyphozoa*). — **~sucht** *f med. cf.* Nesselausschlag. — **~tie·re** *pl zo.* cnidaria (*Unterstamm Cnidaria*). — **~tuch** *n* (*textile*) *cf.* Nessel[2]. — **~zel·le** *f zo.* a) nettle cell; cnide, cnidocell (*scient.*), b) (*mit Schleuderfaden*) thread cell, nematocyst (*scient.*), c) (*mit Harpunen-faden*) sting(ing) cell, penetrant, stenotele (*scient.*).

'Nes·sus|ge,wand, **~hemd** ['nɛsʊs-] *n* **1.** *myth.* shirt of Nessus. - **2.** *fig.* poisonous (*od.* fatal) gift.

Nest [nɛst] *n* ‹-(e)s; -er› **1.** *zo.* a) nest, nidus (*scient.*), b) (*eines Eichhörnchens*) nest, drey, *auch* dray, c) (*von Schlangen*) bed: ~er aus Stroh nests of straw; die Vögel bauen ihr ~ the birds build their nests; ein ~ ausnehmen to rob a nest; ein ~ mit Eiern a nest (full) of eggs, a clutch. - **2.** *zo.* (*Horst*) nest, *auch* aery, eyrie. - **3.** *fig. colloq.* (*Heim*) nest, (sweet) home: → be-schmutzen I. - **4.** *fig. colloq.* (*Versteck von Dieben etc*) nest, den, hideout, *Br.* hide-out, lair, hideaway, *Br.* hide-away, *Am.* hang-out: die Polizei fand das ~ leer the police found the hide(-)out empty (*od.* deserted) (*od.* that the birds had flown). - **5.** *fig. colloq.* (*Schlupfwinkel für Verliebte etc*) nest, bower. - **6.** sich ins warme [ge-machte] ~ setzen *fig. colloq.* to snuggle (*od.* ease) oneself into a snug (*od.* comfortable) position. - **7.** *fig. colloq.* (*Bett*) 'hay' (colloq.), Am. colloq. auch 'sack': ins ~ kriechen to hit the hay (Am. auch sack). – **8.** fig. colloq. (Kleinstadt) nest, village; hole, dump (contempt.): ein stilles [romantisches] ~ a quiet [romantic] little nest; ein elendes ~ a miserable (od. colloq. an awful) dump (od. hole). – **9.** fig. (von Haaren etc) tangle, knot. – **10.** (Haarknoten) bun, chignon. – **11.** mil. machine-gun nest. – **12.** (sport) (beim Turnen) cf. Nesthang. – **13.** (textile) knot, tangle. — ~,bau m zo. nest-building, nidification (scient.). — ~,bau·er m nest-builder. — ~,ei n nest egg. — ~,be,schmut·zer m ⟨-s; -⟩ fig. colloq. nest fouler. — ~,ein,gang m entrance to a nest.

Ne·stel ['nɛstəl] f ⟨-; -n⟩ dial. lace.

ne·steln ['nɛstəln] **I** v/t ⟨h⟩ tie, bind, lace (up), fasten. – **II** v/i an (dat) etwas ~ to fiddle (od. fidget, fuss) on (od. with) s.th.

'**Nest**|,flüch·ter m ⟨-s; -⟩ meist pl zo. a) pteropaedic (od. precocial, nidifugous) bird, b) nidifugous animal: die ~ the pteropaedes. — n~,för·mig adj nidiform. — ~,häk·chen n **1.** nestling. – **2.** fig. youngest child, pet. — ~,hang m (sport) (beim Turnen) nest hang. — ~,hocker (getr. -k·k-) m zo. **1.** insessorial (od. altricial, nidicolous) bird. – **2.** nidicolous animal. — ~,küch·lein, ~,kü·ken n cf. Nesthäkchen.

'**Nest·ling** m ⟨-s; -e⟩ **1.** zo. nestling, (Falke) auch eyass, eyess. – **2.** fig. cf. Nesthäkchen 2.

Ne·stor ['nɛstɔr] **I** npr m ⟨-; no pl⟩ **1.** myth. Nestor. – **II** m ⟨-s; -en [-'to:rən]⟩ **2.** nestor, doyen: er ist der ~ der Rechtswissenschaft he is the Nestor of legal science. – **3.** obs. for Greis.

Ne·sto·ria·ner [nɛstoˈriaːnər] m ⟨-s; -⟩ relig. Nestorian. — **ne·sto·ria·nisch** [-ˈriaːnɪʃ] adj Nestorian. — **Ne·sto·ria·nis·mus** [-ˈriaːnɪsmʊs] m ⟨-; no pl⟩ Nestorianism.

'**Ne·stor·pa·pa·gei** m ⟨-s; -⟩ zo. Nestor (Gattg Nestor, bes. N. meridionalis).

'**nest,warm** adj (Eier) nest-warm.

'**Nest**|,wär·me f **1.** warmth of the nest. – **2.** fig. warmth and shelter of one's home. — ~,wurz f bot. bird's nest (Neottia nidus avis).

nett [nɛt] **I** adj ⟨-er; -est⟩ **1.** nice: ein ~es Kind [Mädchen] a nice child [girl]; er ist ein ~er Mensch he is a nice person (od. colloq. fellow). – **2.** (gefällig, freundlich) nice, kind: das ist [nicht] ~ von Ihnen that is [not] nice of you; wie ~ von dir! how kind of you; sei so ~ und bring mir das Buch mit be kind enough to bring me the book when you come. – **3.** (niedlich) pretty, dainty, Br. colloq. dinky, Am. colloq. cute: ein ~es Kerlchen a pretty (od. cute) little boy. – **4.** (schmuck) neat, tidy: ein ~es Häuschen a tidy little house. – **5.** (angenehm, erfreulich) pleasant, nice, fine: ein ~es Wochenende verbringen to spend a pleasant (od. jolly) weekend; das war gestern eine ~e Party that was a nice party yesterday; es war ein ~er Abend it was a nice evening. – **6.** colloq. iron. fine, nice: eine ~e Bescherung! a nice mess, a fine business (this); das sind ja ~e Zustände that's a nice state of affairs; du bist (mir) ja ein ~es Früchtchen you are a fine rascal; das kann ja ~ werden! that's going to be just nice. – **7.** (anständig) decent, nice: sehr ~e Leute very decent people. – **8.** colloq. humor. (ansehnlich) precious, handsome (beide colloq.), fair: ein ~es Sümmchen a tidy sum (colloq.). – **II** adv **9.** neatly, prettily: ein ~ ausgestattetes Zimmer a neatly furnished (od. appointed) room; ~ gekämmtes Haar neatly combed hair; sie hat sich ~ zurechtgemacht she has made herself up prettily; sie kleidet sich immer ~ she always dresses well (od. suitably), she is always well groomed. – **10.** colloq. (ziemlich gut) pretty well: er spielt recht ~ Klavier he plays the piano pretty well (od. quite nicely). – **11.** colloq. (ziemlich) fairly, pretty: er ist ganz ~ groß he is pretty tall. – **12.** colloq. humor. badly, roughly: den haben sie aber ganz ~ zugerichtet they certainly have used him very badly (od. handled him very roughly); j-m ganz ~ Bescheid sagen to give s.o. a good piece of one's mind, to give s.o. a good talking-to. – '**Net·tig·keit** f ⟨-; -en⟩ **1.** niceness. – **2.** kindness, friendliness, pleasantness: j-m ein paar ~en sagen to say a few kind words to s.o. – **3.** pleasantness.

net·to ['nɛto] adv econ. net, clear: ~ Kasse

net cash; rein ~ pure net; er verdient 800 DM ~ he earns 800 marks net.

'**Net·to**|,be,trag m econ. net amount. — ~,ein,kom·men n net income. — ~,ein-,nah·me f meist pl net proceeds pl (od. receipts pl, takings pl). — ~,er,trag m net proceeds pl (od. yield, returns pl). — ~,füll-ge,wicht n net weight (of contents). — ~,ge,halt n net salary, take-home pay. — ~,ge,wicht n net weight. — ~,ge,winn m net gain (od. gains pl, profit), clear profit. — ~,in,halt m net contents pl. — ~,lohn m net wages pl, take-home pay. — ~,preis m net price. — ~,raum·ge,halt m mar. net tonnage: ~ in Registertonnen net register(ed) tonnage; ~ in Register-ton-ne-f net register(ed) ton. — ~,so·zi,al·pro,dukt n econ. net national product. — ~,ver,dienst m **1.** net earnings pl. – **2.** (eines Angestellten) net income (od. salary). — ~,ver,kaufs-,preis m net sales price. — ~,wert m net value.

Netz [nɛts] n ⟨-es; -e⟩ **1.** (Fangnetz) net, (Fischnetz) auch fishnet, fishing net, trammel (net), (Jagdnetz) auch hunting net, toil(s pl): Vögel mit dem ~ fangen to catch birds in (od. with) a net, to net birds; ~e auslegen (od. stellen) to lay (od. put, set) out nets; seine ~e auswerfen auch fig. to cast (od. throw) out one's nets; sich in j-s ~ fangen, in j-s ~e fallen auch fig. to be entrapped (od. ensnared, caught) in s.o.'s net, to walk into the trap; die Verbrecher gingen der Polizei ins ~ fig. the criminals were caught in the police (drag)net; j-n ins ~ locken fig. to entice (od. ensnare) s.o.; du wirst dich im ~ deiner Lügen selbst verstricken fig. you'll be caught in the meshes of your own lies. – **2.** (Einkaufsnetz) string bag, shopping net (od. bag). – **3.** (Haarnetz) (hair)net: das Haar in einem ~ tragen to wear one's hair in a net. – **4.** (Gepäcknetz) rack. – **5.** (Spinnennetz) (cob)web, (spider) web. – **6.** (Sicherheitsnetz) net: die Artisten arbeiteten ohne ~ the acrobats performed without a net. – **7.** fig. (von Verkehrswegen, Stationen etc) network, system: das Land besitzt ein gutausgebautes ~ von Eisenbahnlinien the country has a well-developed network of railways. – **8.** (sport) a) (beim Tennis etc) net, b) (eines Tores) net: er schoß den Ball ins ~ he shot the ball into (the) goal; ans ~ stürmen (beim Tennis) to rush to the net; ~! (beim Tennis etc) let! – **9.** (textile) a) netting, b) mesh. – **10.** tech. mil. (Fadenkreuz) reticle, reticule. – **11.** geogr. (Gradnetz, Kartengitter) grid, graticule. – **12.** math. (Koordinatennetz) graticule. – **13.** med. a) (Netzwerk von Zellen) reticulum, b) (der Nerven) plexus, c) omentum. – **14.** electr. (Versorgungsnetz) power-distribution network, b) (Lichtnetz) (supply) mains pl, c) (Verteilungsnetz) grid: eine Wohnung ans ~ anschließen to connect a house with (od. to) the supply (od. power) mains. – **15.** tel. a) telephone network, b) (Fernmeldenetz) telecommunication system. – **16.** astr. Net, reticle.

'**Netz,an,ode** f **1.** electr. battery eliminator. – **2.** (radio) grid terminal.

'**Netz,an,schluß** m electr. mains (od. power) supply, connection (Br. auch connexion) to the mains: mit ~ with mains cable connection. — ~,emp,fän·ger m (radio) cf. Netzempfänger. — ~,ge,rät n cf. Netzgerät.

'**Netz,an,ten·ne** f (radio) mains (od. socket) antenna (bes. Br. aerial), Am. auch lightline antenna. — n~,ar·tig adj **1.** netlike, reticular (scient.). – **2.** bot. min. zo. reticulate(d): ~e Zeichnung reticulation. — ~,au·ge n zo. compound (od. faceted) eye. — ~,aus,fall m electr. mains failure. — ~,ball m (beim Tennis etc) net (od. let) (ball). — ~,blatt n, ~,blatt·or·chi,dee f bot. rattlesnake plantain (Gattg Goodyera). — ~,brumm m, ~,brum·men n (radio) mains hum. — ~,emp,fän·ger m mains receiving set.

net·zen ['nɛtsən] v/t ⟨h⟩ **1.** lit. wet, sprinkle: du netz(es)t mein Gesicht mit deinen Tränen you are wetting my face with your tears. – **2.** (benetzen) moisten, wet.

'**Netz**|,flie·ge f meist pl zo. tangle-veined fly (Fam. Nemestrinidae). — ~,flüg·ler [-,flyːglɔr] m ⟨-s; -⟩ meist pl zo. lacewing fly, neuropteron (scient.) (Ordng Neuroptera). — n~,för·mig adj netlike; reticular, reticulate(d), retial, retiform (scient.).

~,fre,quenz f electr. power (od. mains, industrial) frequency. — n~,frisch adj (Fisch) fresh(-caught). — ~,garn n (für Fischernetze) fisher's yarn. — ~,ge,rät n electr. (radio) power supply unit, power pack. — n~,ge,speist adj mains-fed. — ~,ge,wöl·be n arch. net vault. — ~,gi,raf·fe f zo. reticulated giraffe (Giraffa camelopardalis reticulata). — n~,gleich,rich·ter m electr. full-wave rectifier. — ~,grund m (textile) (bei Spitzenstoff) net ground, reseau, bes. Br. réseau.

'**Netz**,haut f med. retina. — ~,ab,lö·sung f retina(l) detachment. — ~,bild n retinal image. — ~,ent,zün·dung f retinitis.

'**Netz**|,hemd n (fashion) cellular shirt. — ~,ka·bel n electr. mains (od. power) cable. — ~,kar·te f (railway) area season ticket. — ~,ko,ral·le f zo. retepore (Gattg Retepora). — ~,ma·gen m honeycomb stomach, reticulum (bonnet), (bei Kamelen) auch water bag. — ~,maß,werk n arch. reticulated tracery. — ~,mit·tel n tech. wetting agent. — ~,mücke (getr. -k·k-) f meist pl zo. net-winged midge (Fam. Blepharoceridae). — ~,pfo·sten m (sport) (beim Tennis) net post. — ~,plan m, ~,plan-,tech·nik f econ. program (bes. Br. programme) evaluation and review technique, critical path method, project planning and control system. — ~,py·thon m zo. reticulated python (Python reticulatus). — ~,sa·la,man·der m ringed salamander (Ambystoma cingulatum). — ~,schal·ter m electr. mains switch, power supply switch. — ~,schlan·ge f zo. cf. Netzpython. — ~,schnur f electr. cf. Geräteanschlußschnur. — ~,span·nung f mains (od. line, supply) voltage. — ~,spei·sung f power mains supply. — ~,sper·re f mar. mil. net defence (Am. defense) (od. barrier), boom defence (Am. defense). — ~,spiel n (sport) net play (od. game). — ~,spie·ler m (sport) a) (beim Tennis) net player, attacker, b) (beim Volleyball) front-line player. — ~,stecker (getr. -k·k-) m electr. power (od. mains) plug. — ~,stoff m (textile) cellular cloth, netting. — ~,strom m electr. mains (od. line) current. — ~,strumpf m (fashion) net stocking. — ~,tang m bot. dictyota (Dictyota dichotoma). — ~,teil n (radio) power pack (od. stage), power supply unit, mains supply. — ~,werk n **1.** network, netting, meshwork, meshes pl. – **2.** med. network, reticulum (scient.). – **3.** metall. network, meshwork. – **4.** electr. network. – **5.** fig. network, web, meshes pl. — ~,wüh·le [-,vyːlə] f ⟨-; -n⟩ zo. ash-colored (bes. Br. -coloured) worm lizard, ash-colo(u)red amphisbaena (scient.) (Amphisbaena cinerea).

neu [nɔy] **I** adj ⟨-er; -(e)st⟩ **1.** (nicht alt) new: ein ~es Haus [Kleid] a new house [dress]; ein ~es Stück (theater) a new play; eine ~e Besetzung (theater) a new cast; die ~(e)sten Nachrichten the latest news pl (construed as sg od. pl); ein ~es Erzeugnis auf den Markt bringen to introduce a new product on the market; ziemlich ~ fairly (od. rather) new, newish; etwas ~ machen to renew (od. renovate) s.th.; etwas für ~ verkaufen to sell s.th. for (od. as) new. – **2.** (unverbraucht) new: der Mantel sieht wie ~ the coat looks like new; ich brauche einen ~en Bleistift I need a new pencil; ~e Truppen an die Front werfen mil. to send fresh troops to the front. – **3.** (bisher unbekannt) new, different: ~e Entdeckungen machen to make new discoveries; Kolumbus entdeckte die N~e Welt Columbus discovered the New World; vor ihm tat sich eine ~e Welt auf a new horizon (od. a different world) loomed up before him; er zeigte eine ganz ~e Seite seines Wesens he revealed a very different side of his nature; dadurch bekommt die ganze Sache einen ~en Sinn thus the whole affair takes on a different meaning; das ist mir ~! that is new(s) to me, that's a new one on me, I've never heard of such a thing. – **4.** (erneut) new, fresh: ein ~er Anfang a fresh start; ~e Hoffnung haben to foster new hope; ~en Mut schöpfen to take fresh courage; mit ~en Kräften ans Werk gehen to go about one's job with fresh (od. renewed) strength; das lieferte dem Gerede ~e Nahrung that strengthened (od. revived) the rumo(u)rs; ~e Schwierigkeiten new (od. more, further) difficulties;

~es **Unglück** fresh (od. additional) misfortune; ~e **Unruhen** more disturbances; ein ~er **Versuch** another attempt. – **5.** (anders od. besser als früher) new, different: eine ~e **Methode** a new method; eine ~e **Auffassung** a new concept; eine ~e **Frisur** a new hairstyle; ~e **Sitten** new mores (od. morals, ethics); ein ~es **Leben** beginnen to begin a new life, to make a new (od. fresh) start in life, to turn over a new leaf; er ist ein ~er **Mensch geworden** he's become a different man; → **Wind** 1. – **6.** (modern) new, recent, modern: ~ere **Geschichte** recent history; ~(e)ste **Geschichte** contemporary history, history of our days; die ~ere **Theologie** modern (od. present-day, current) theology; der ~(e)ste **Stand der Forschung** the most recent (od. the latest) state of research; die ~ere **Zeit** modern times pl; in ~erer **Zeit** of late years, in recent times; die ~eren **Sprachen** the modern languages; sich nach der ~(e)sten **Mode** kleiden to dress according to the latest (od. newest) fashion; dieser **Tanz** ist nicht mehr ganz ~ colloq. this dance is no longer new. – **7.** (neuartig) new, novel: eine **Kollektion** der ~(e)sten **Muster** a collection of the newest (od. latest, most modern) samples; ~e **Erfindungen** new inventions; ~e **Ideen** novel (od. original) ideas. – **8.** (eben begonnen) new: das ~e **Jahr** the new year; die ~e **Woche** the new week; j-m ein gutes ~es **Jahr** (od. viel Glück im ~en Jahr) wünschen to wish s.o. a Happy New Year. – **9.** (kürzlich geschehen) new, recent: alle **Zeitungen** berichten von dem ~en **Verbrechen** all newspapers report about the new (od. latest) crime. – **10.** (im Entstehen begriffen) new: er **schreibt** an seinem ~en **Roman** he is working on his new (od. latest) novel; die ~e **Generation** the new (od. rising) generation. – **11.** (unerfahren) new: ich bin noch ganz ~ in meinem **Beruf** I am still quite new in my profession. – **12.** (fremd) new: er ist noch ~ in dieser **Stadt** he is still new (od. a newcomer) to this town. – **13.** (neuaufgenommen od. -eingestellt) new: ein ~er **Mitarbeiter** [**Lehrer**] a new colleague [teacher]; ein ~es **Mitglied** a new member. – **14.** gastr. (Äpfel, Kartoffeln, Wein etc) new, b) (Heringe) fresh. – **15.** colloq. (wiederverkörpernd) new, second: sie ist eine ~e **Piaf** she is a second (od. another) Piaf. – **16.** jur. new, fresh: ~e **Beweise** fresh evidence sg. – **17.** relig. new: der N~e **Bund** the New Covenant; das N~e **Testament** the New Testament, the Gospel. – **18.** geol. recent. – **19.** econ. additional, further: ~es **Kapital** additional capital. – **II** adv **20.** (kürzlich) newly: er ist ~ angekommen he has just arrived; das **Buch** ist gerade ~ erschienen the book has just been published (od. brought out), the book has just come out; die **Zeitschrift** ist ~ erschienen the periodical has just appeared. – **21.** (erneut) afresh, anew: ein **Buch** ~ bearbeiten to revise (the previous edition of) a book; seinen **Glauben** ~ bekennen to reaffirm one's faith; einen **Beschluß** ~ bekräftigen to reiterate a decision; j-n [eine alte **Tradition**] ~ beleben to revive s.o. [an old tradition], to bring s.o. [an old tradition] to life again; j-s **Mut** ~ beleben to restore (od. revive) s.o.'s courage; ein **Stück** ~ besetzen (theater) to recast a play; seine **Möbel** ~ beziehen lassen to have one's furniture reupholstered (Br. re-upholstered); sich ~ einkleiden to renew (od. refurnish) one's wardrobe; einen **Krieg** ~ entfachen to rekindle a war; ein **Haus** ~ erbauen to rebuild (od. reconstruct) a house; nach dem **Winter** hat das **Hotel** ~ eröffnet after the winter the hotel reopened; das **Buch** ist ~ aufgelegt worden the book has been republished; sich ~ gekräftigt fühlen to feel (oneself) refortified (od. restrengthened); etwas auf ~ herrichten to make s.th. look like new again; eine **Wohnung** ~ herrichten to renovate (od. refurbish) an apartment (bes. Br. a flat); zwei **Schüler** sind ~ hinzugekommen two new pupils (od. newcomers) have joined the class; ein **Stück** ~ inszenieren (theater) to restage (od. put on a new production of) a play, to stage a play anew; etwas ~ ordnen a) to reorganize (od. rearrange, reorder) s.th., b) to reform (od. re-form) s.th.; einen

Aufsatz ~ schreiben to rewrite an essay; etwas ~ verteilen to redistribute s.th. – **III** N~e, das ⟨-n⟩ **22.** the latest: viel N~es erfahren to hear a lot of new things; auf alles N~e erpicht sein to be keen on everything new; was gibt es N~es? what's the news? Am. what's new? das ist mir nichts N~es that's nothing new (od. no news) to me; es geschieht nichts N~es unter der **Sonne** Bibl. there is nothing new under the sun; das N~(e)ste vom N~en the very latest; etwas ganz N~es something entirely new, the latest novelty; etwas ganz N~es unternehmen to break fresh ground; das N~e setzt sich durch the new will prevail; das N~e an diesem **Verfahren** the novel feature in this technique; diese **Kleider** sind jetzt das N~(e)ste these dresses are the latest (od. last) word in fashion; weißt du schon das N~(e)ste? have you heard the latest? – **23.** (mit Kleinschreibung) aufs ~e, von ~em afresh, anew, again; auf ein ~es colloq. here we go again; aufs ~e (od. von ~em) beginnen to start afresh.

'Neu|**,an,fer·ti·gung** f (textile) **1.** (Tätigkeit) manufacture of new articles: wir **führen Reparaturen** und ~en durch we do alterations and make new (custom-tailored) articles. – **2.** dieses **Kleid** ist eine ~ this is a custom-tailored dress (od. model). — ~**,an,kömm·ling** m, auch ~**,an·ge,kom·me·ne** m ⟨-n; -n⟩ newcomer, new arrival. — ~**,an,la·ge** f **1.** new installation. – **2.** econ. reinvestment. — ~**,an,mel·dung** f new application. — ~**,an,schaf·fung** f **1.** new purchase (od. acquisition): die ~ von **Möbeln** kostet eine Menge **Geld** purchasing (od. the purchase of) new furniture is most expensive. – **2.** (für Museum, Bibliothek etc) (recent) accession, new acquisition. — n~**,apo,sto·lisch** adj relig. new-apostolic. — n~**,ar·tig** adj new, novel. — ~**,auf,bau** m (eines Landes, einer Partei etc) reconstruction on new lines. — ~**,auf,füh·rung** f **1.** (theater, film) revival, new performance. – **2.** mus. (eines Werkes) revival, reprise. — n~**,auf·ge,legt** adj ⟨attrib⟩ print. (Buch etc) republished, reprinted. — n~**,auf·ge,stellt** adj ⟨attrib⟩ mil. newly formed (od. activated). — ~**,auf,la·ge** f print. a) new edition, republication, re-edition, b) cf. Neudruck. – **2.** fig. (einer alten Theorie etc) reincarnation. – **3.** (sport) (eines Endspiels etc) repetition. — ~**,auf,nah·me** f **1.** (film) retake. – **2.** (von Patienten, Mitgliedern) new admission. — ~**,aus,ga·be** f **1.** econ. (von Banknoten, Briefmarken etc) reissue, a) (pfandrechtlich gesichert) junior issue. – **2.** print. cf. Neuauflage 1. — n~**,backen** (getr. -k·k-) adj cf. neugebacken 1. — ~**,ba,rock** n, auch m (art) neobaroque.
'Neu,bau m ⟨-(e)s; -ten⟩ **1.** ⟨only sg⟩ (Tätigkeit) reconstruction, rebuilding. – **2.** (soeben errichtetes Haus) new house (od. building): morgen werden wir unseren ~ beziehen tomorrow we'll move into our new house. – **3.** (im Bau befindliches Haus) building under construction: auf dem ~ hat sich ein **Unfall** ereignet there was an accident on the site of the new building. – **4.** ⟨only sg⟩ fig. (eines Staates etc) reconstruction. – **5.** (Auto etc) new model (od. type). – **6.** aer. new version. – **7.** tech. (Umbau) redesign. — **'Neu**|**,bau·er** m newly settled farmer, farmer in a recently established holding. — ~**,bau,woh·nung** f apartment (bes. Br. flat) in a new building. — n~**,be,ar·bei·tet** adj ⟨attrib⟩ (newly) revised (od. adapted). — ~**,be,ar·bei·tung** f **1.** revision. – **2.** (eines Buchs etc) revised edition. – **3.** (eines Themas, Stoffes etc) (re)adaptation. – **4.** mus. recomposition. — ~**,be,ginn** m new beginning. — n~**,be,kehrt** adj ⟨attrib⟩ newly converted. — ~**,be,kehr·te** m, f ⟨-n; -n⟩ **1.** relig. proselyte, new convert. – **2.** fig. proselyte, convert. — ~**,be,le·bung** f revival, regeneration (auch fig.): die ~ der **Außenpolitik** the revival of foreign policy. — ~**,be,set·zung** f **1.** (theater) new cast. – **2.** (einer freien Stelle etc) filling (anew). — ~**,bil·dung** f **1.** new formation, reformation, re-formation. – **2.** med. a) neogenesis, regeneration, b) (Geschwulst) neoplasm, new growth, tumor, bes. Br. tumour, neoformation. – **3.** biol. a) epigenesis, b) (durch Mutation) neomorphism. – **4.** bot. innovation. – **5.** ling. neologism. – **6.** philos. emergence. — ~**,bud,dhis·mus** m

relig. Neo-Buddhism. — ~**,bür·ger** m cf. Umsiedler. — n~**,deutsch** I adj modern German. – **II** ling. N~ ⟨generally undeclined⟩, das N~e ⟨-n⟩ Modern German. — ~**,druck** m print. reprint, reimpression.
'Neue m ⟨-n; -n⟩ colloq. **1.** new man. – **2.** (in Kunst, Literatur etc) modernist.
'Neu|**,ein,rich·tung** f **1.** (einer Wohnung etc) a) (Handlung) refurnishing, b) (Möbel etc) new furniture (od. furnishings pl). – **2.** (eines Kindergartens etc) building, construction. – **3.** fig. new institution. – **4.** tech. new installation. — ~**,ein,stel·lung** f **1.** taking on (new) labor (bes. Br. labour), new employment. – **2.** (Person) new employee. – **3.** tech. readjustment. — ~**,ein,stu,die·rung** f (theater) restudy, new production. — n~**,eng·lisch** I adj modern English. – **II** ling. N~ ⟨generally undeclined⟩, das N~e ⟨-n⟩ Modern English. — n~**,ent,deckt** adj ⟨attrib⟩ **1.** recently discovered. – **2.** rediscovered. — ~**,ent,deckung** (getr. -k·k-) f **1.** recent discovery. – **2.** rediscovery. — n~**,er,baut** adj ⟨attrib⟩ newly constructed (od. built).
'neu·er'dings adv **1.** (in letzter Zeit) lately, recently, of late. – **2.** (abermals) afresh, anew, (over) again.
'Neue·rer m ⟨-s; -⟩ **1.** innovator. – **2.** iconoclast.
'neu·er·lich I adj ⟨attrib⟩ **1.** (kürzlich) recent, late: ~en **Bestimmungen** zufolge ist dies nicht mehr erlaubt according to recent regulations this is no longer allowed (od. not allowed any more). – **2.** (nochmalig) repeated, renewed, fresh, new: nach ~en **Versuchen** after repeated attempts. – **II** adv **3.** cf. neuerdings.
neu·ern ['nɔyərn] v/t u. v/reflex ⟨h⟩ obs. for erneuern.
'neu,er,öff·net adj ⟨attrib⟩ (Geschäft etc) newly opened. — **N~,er,öff·nung** f (eines Geschäftes) **1.** (nach Instandsetzung etc) reopening. – **2.** (Eröffnung) opening. — **N~,er,schei·nung** f new publication, pl ~en latest arrivals. — ~**,er,schie·nen** adj ⟨attrib⟩ recent(ly published).
'Neue·rung f ⟨-; -en⟩ **1.** innovation, novelty: ~en einführen (bei, an, in dat in) to make innovations. – **2.** (Änderung) change, alteration. – **3.** reform.
'Neue·rungs|**geist** m **1.** spirit of innovation. – **2.** iconoclasm. — ~**,sucht** f mania (od. passion) for innovation(s), modernism. — n~**,süch·tig** adj bent on (making) (od. colloq. crazy to make) innovations.
'Neu·er,wer·bung f **1.** cf. Neuanschaffung. – **2.** (sport) (new) acquisition.
'neue·stens adv quite recently, lately, of late.
'Neu|**,fas·sung** f **1.** revised form (od. draft, text, version). – **2.** jur. (eines Gesetzes) amendment, amended version. – **3.** pol. redrafting, new draft, revision. — ~**,flos·ser** pl zo. neopterygians (Unterklasse Neopterygii). — n~**,fran,zö·sisch** I adj modern French. – **II** ling. N~ ⟨generally undeclined⟩, das N~e ⟨-n⟩ Modern French. — ~**,fund,län·der** [ˌnɔyˈfʊnt-] m ⟨-s; -⟩ **1.** geogr. Newfoundlander. – **2.** zo. (Hunderasse) Newfoundland (dog), Labrador dog. — n~**,ge,backen** (getr. -k·k-) adj ⟨attrib⟩ **1.** (Brot etc) freshly (od. newly) baked. – **2.** fig. colloq. (Eheleute) newly married. – **3.** fig. colloq. (Arzt, Lehrer etc) newly qualified.
'neu,ge,bo·ren I adj ⟨meist attrib⟩ (Kind) newborn: ich fühle mich wie ~ I feel like a new person. – **II** N~e n ⟨-n; -n⟩ newborn (child). — **'Neu,ge,bo·re·nen,sterb·lich·keit** f neonatal mortality.
'Neu|**,ge,burt** f fig. new birth, regeneration. — n~**,ge,grün·det** adj ⟨attrib⟩ (Arbeitskreis, Club, Staat etc) newly founded. — n~**,ge,schaf·fen** adj ⟨attrib⟩ **1.** newly created. – **2.** fig. reborn. — ~**,ge,stal·tung** f **1.** reformation, re-formation, reorganization. – **2.** (Erneuerung) innovation. – **3.** (eines Themas, Stoffes etc) (re)adaptation. — n~**,ge,wählt** adj ⟨attrib⟩ (Vorstand, Regierung etc) newly elected.
'Neu,gier, auch **'Neu,gier·de** [-ˌgiːrdə] f ⟨-; no pl⟩ curiosity, inquisitiveness: seine ~ befriedigen (od. stillen) to satisfy [restrain] one's curiosity; ich frage aus reiner ~ I ask out of mere curiosity; ich brannte vor ~, mich plagte (od. quälte) die ~ I was dying of (od. burning with) curiosity. — **'neu,gie·rig**

I adj **1.** (auf acc) curious (about, of), inquisitive (after, about): ein ~er Blick an inquisitive look; eine ~e Frage a curious question; ich bin ~ (darauf zu erfahren), ob er es geschafft hat I am anxious to learn (od. I wonder) whether (od. if) he has been successful; ich bin ~ darauf I am curious about it; ich bin ~ auf ihn I wonder what kind of man he may be; du machst mich ~ you arouse my curiosity (od. make me curious). – **2.** (naseweis) inquisitive, prying, nos(e)y (colloq.): ~e Person cf. Neugierige. – **II** adv **3.** curiously, inquisitively: j-n ~ ausfragen to ask s.o. inquisitively, to pump s.o. (colloq.). –
'**Neu,gie·ri·ge** m, f ⟨-n; -n⟩ curious person, prier, auch pryer, Am. sl. rubberneck, snooper, Br. colloq. Nosy Parker.
'**Neu|,go·tik** f arch. Gothic Revival. — **n~,go·tisch** adj Neo-Gothic, auch neo-Gothic. — **~,grad** m math. grade (one hundredth of a right angle). — **n~,grie·chisch** **I** adj modern Greek. – **II** ling. N~ ⟨generally undeclined⟩, das N~e ⟨-n⟩ Modern Greek. — **~,grün·dung** f **1.** new establishment. – **2.** reestablishment, Br. re-establishment. – **3.** econ. a) new foundation (od. promotion, establishment), b) reincorporation, reorganization. — **~grup,pie·rung** f regrouping, reclassification, realignment, auch reshuffling. — **~gui'nea-Kro·ko,dil** [,nɔygiˈneːa-] n zo. New Guinean crocodile (Crocodylus novaeguineae). — **n~,he,brä·isch** ling. **I** adj modern Hebrew. – **II** N~ ⟨generally undeclined⟩, das N~e ⟨-n⟩ Modern Hebrew.
'**Neu|he·ge·lia·ner** [-heːgə‚liaːnər] m philos. Neo-Hegelian, auch neo-Hegelian. — **n~he·ge·lia·nisch** [-‚liaːnɪʃ] adj Neo-Hegelian, auch neo-Hegelian. — **~he·ge·lia,nis·mus** m Neo-Hegelianism, auch neo-Hegelianism.
'**Neu|,hei·de** m relig. neopagan, Br. neo-pagan. — **~,hei·den·tum** n neopaganism, Br. neo-paganism.
'**Neu·heit** f ⟨-; -en⟩ **1.** ⟨only sg⟩ newness, freshness: der Reiz der ~ the attraction of novelty. – **2.** ⟨only sg⟩ (Ursprünglichkeit) originality. – **3.** (Erfindung, Gegenstand etc) novelty: auf der letzten Ausstellung wurden viele ~en gezeigt at the last exhibition (od. fair) many novelties were on display; die ~en der Frühjahrsmode the latest sg in spring fashion; ~en auf dem Büchermarkt the latest (od. most recent) publications; die letzte ~ a) the latest novelty, b) (bes. fashion) the dernier cri.
'**neu,hoch,deutsch** ling. **I** adj New High (od. modern) German. – **II** N~ ⟨generally undeclined⟩, das N~e ⟨-n⟩ New High (od. modern) German.
'**Neu·hu·ma,nis·mus** m new humanism, neo-humanism.
'**Neu·ig·keit** f ⟨-; -en⟩ **1.** news pl (construed as sg or pl), piece of news: j-m eine ~ berichten to tell s.o. a piece of news; weißt du ~en aus der Stadt? do you know any news from the town? eine ~ verbreiten to spread a piece of news. – **2.** cf. Neuheit 3. — '**Neu·ig·keits,krä·mer** m colloq. newsmonger, retailer of gossip.
'**neu,in·disch** ling. **I** adj modern Indic. – **II** N~ ⟨generally undeclined⟩, das N~e ⟨-n⟩ Modern Indic.
'**Neu·in·sze,nie·rung** f (theater) new production (od. mise-en-scène).
Neu·jahr ['nɔy,jaːr; ‚nɔy'jaːr] n **1.** new year, auch New Year: Prosit ~! Happy New Year! – **2.** (Neujahrstag) New Year, New Year's Day: zu ~ on New Year's Day.
'**Neu,jahrs|,abend** m New Year's Eve. — **~,bot·schaft** f New Year's address (od. message). — **~,fest** n **1.** New Year. – **2.** New Year's festivities pl (od. celebration). — **~,grü·ße** pl New Year's greetings. — **~,kar·te** f New Year's card. — **~,nacht** f New Year's night. — **~,tag** m cf. Neujahr 2. — **~,wunsch** m meist pl good wishes pl for the New Year, New Year's congratulation (od. compliments pl).
'**Neu|kan·tia·ner** [-kan‚tiaːnər] m philos. Neo-Kantian, auch neo-Kantian. — **n~kan·tia·nisch** [-‚tiaːnɪʃ] adj Neo-Kantian, auch neo-Kantian. — **~kan·tia,nis·mus** [-‚tiaˌnɪsmʊs] m Neo-Kantianism, auch neo-Kantianism.
'**Neu|,klas·sik** f, **~,klas·si,zis·mus** m neo-

classicism, Br. neo-classicism. — **~kon·fu·zia,nis·mus** m philos. Neo-Confucianism, auch neo-Confucianism. — **~kon·struk·ti,on** f tech. a) reconstruction, redesign, b) (neuartige Konstruktion) new (od. novel) construction (od. design).
'**Neu,land** n ⟨-(e)s; no pl⟩ **1.** new land (od. country), virgin soil (od. land): auf dieser Expedition wurde viel ~ erforscht during this expedition a lot of new country was explored. – **2.** fig. new ground, virgin territory: mit diesen Arbeiten hat der Wissenschaftler ~ betreten in the course of these investigations the researcher broke new ground; das ist ~ für mich that's new ground for me. – **3.** agr. cf. Umbruch 2. — **~ge,win·nung** f reclamation of land.
'**Neu,la·tein** n ling. New Latin, Neo-Latin. — **n~la,tei·nisch** ling. **I** adj New Latin, Neo-Latin. – **II** N~ ⟨generally undeclined⟩, das N~e ⟨-n⟩ cf. Neulatein.
'**neu·lich** adv the other day, recently, lately: ich bin ihm ~ begegnet I met him the other day; wegen der Sache von ~ brauchen Sie sich keine Sorgen zu machen you don't have to worry about the matter that happened the other day.
'**Neu·ling** m ⟨-s; -e⟩ **1.** (unerfahrener Anfänger) beginner, newcomer, novice, tyro, auch tiro, greenhorn (colloq.), rookie (sl.), neophyte (lit.). – **2.** (in einem Kreis) new man (od. woman): er ist bei uns ein ~ he is new (od. a newcomer) here.
Neu·me ['nɔymə] f ⟨-; -n⟩ meist pl mus. (mittelalterliches Tonzeichen) neume.
'**neu,mo·disch** adj **1.** fashionable, modern. – **2.** contempt. (Sitten etc) newfangled.
'**Neu,mond** m ⟨-(e)s; no pl⟩ new moon.
neun [nɔyn] **I** adj ⟨cardinal number⟩ **1.** nine: es ist ~ (Uhr) it is nine (o'clock); halb ~ half past eight; sie sind zu ~, sie sind ihrer ~ there are nine of them; die ~ Musen the Nine Muses; alle ~(e) werfen (beim Kegeln) to throw all the ninepins, to have (od. get) a strike; alle ~(e)! strike! – **II** N~ f ⟨-; -en⟩ **2.** (Ziffer, Spielkarte etc) nine: eine römische N~ a Roman nine; ach, du grüne N~e! colloq. good gracious (od. heavens)! my goodness! – **3.** colloq. (streetcar, Br. tram) number nine: ich steige in die N~ um I change to number nine.
'**Neun|,au·ge** n zo. lamprey (Fam. Petromyzontidae). — **n~,bän·dig** [-‚bendɪç] adj nine-volume (attrib): ein ~es Lexikon a nine-volume encyclop(a)edia, an encyclop(a)edia in nine volumes. — **~,bin·den,gür·tel,tier** n zo. peba (armadillo), nine-banded armadillo (Dasypus novemcinctus). — **~,eck** n ⟨-(e)s; -e⟩ math. nine-sided figure, nonagon (scient.). — **n~,eckig** (getr. -k·k-) adj nine-cornered (od. -sided), nonagonal (scient.). — **n~,ein'halb** [‚nɔyn-] adj nine and a half.
'**Neu·ner** m ⟨-s; -⟩ **1.** colloq. (Zahl, Ziffer, Spielkarte etc) nine. – **2.** (Kegelwurf) strike: einen ~ schieben colloq. to throw all the ninepins, to have (od. get) a strike.
'**neu·ner'lei** adj ⟨invariable⟩ of nine (different) kinds (od. sorts, varieties), nine different kinds of: ~ Zutaten nine kinds of ingredients; das kann ~ bedeuten this can have nine (different) meanings.
'**neun,fach** **I** adj ninefold; nonuple, nonary (scient.): die ~e Menge nine times the amount; in ~er Ausfertigung in nine copies; eine ~e Vergrößerung an enlargement nine times the (original) size. – **II** adv ninefold, nine times: sich ~ vermehren to increase ninefold. – **III** N~e, das ⟨-n⟩ the ninefold (amount): der Preis hat sich um das N~e erhöht the price has risen ninefold, the price has gone up nine times as high.
'**neun'hun·dert** adj ⟨cardinal number⟩ nine hundred. — **N~'jahr,fei·er** [‚nɔyn,hundərt-] f ninth centenary.
'**neun,jäh·rig** adj **1.** of nine years, nine-year-old (attrib), nine years old (pred): meine ~e Schwester my nine-year-old sister. – **2.** nine-year (attrib), lasting nine years, of nine years(' standing): nach ~er Pause after an interval of nine years. – **II** N~e, m, f ⟨-n; -n⟩ **3.** nine-year-old.
'**neun,mal** adv nine times: ~ soviel Leute nine times the number of people.
'**neun,ma·lig** adj ⟨attrib⟩ done (od. repeated) nine times: ~e Wiederholung repetition for the ninth time; nach ~em

Versuch after nine attempts, after the ninth attempt.
'**neun,mal,klug** **I** adj humor. colloq. know-it-all, auch know-all (beide attrib), bes. Am. colloq. smart-alecky. – **II** N~e m, f ⟨-n; -n⟩ know(-it)-all, wiseacre, wisehead, bes. Am. colloq. smart aleck, Am. sl. wisenheimer, weisenheimer: Herr N~ Mr. Know-all.
'**neun|,mo·na·tig** adj **1.** of nine months, nine-month-old (attrib), nine months old (pred). – **2.** of (od. lasting) nine months, nine-month (attrib): ein ~er Aufenthalt a stay of nine months. — **~mo·nat·lich** **I** adj every ninth month. – **II** adv every nine months. — **~pro,zen·tig** [-pro‚tsentɪç] adj (Lohnerhöhung etc) nine-percent (attrib), of (od. at, bearing) nine percent. — **~,schwän·zig** [-‚ʃventsɪç] adj only in ~e Katze (Peitsche) cat-o'-nine-tails. — **~,sei·tig** adj **1.** math. nine-sided, nonagonal (scient.). – **2.** (Brief etc) nine-page (attrib), covering nine pages. — **~,sil·big** [-‚zɪlbɪç] adj of nine syllables, enneasyllabic (scient.). — **~,stel·lig** [-‚ʃtelɪç] adj math. **1.** (ganze Zahl) of nine digits; nine-digit, nine-figure (attrib). – **2.** (Dezimalzahl) having nine places; nine-figure, nine-place (attrib). — **~,stöckig** (getr. -k·k-) [-‚ʃtœkɪç] adj nine-storeyed (bes. Am. -storied), nine-storey (bes. Am. -story) (attrib). — **~,stün·dig** [-‚ʃtyndɪç] adj nine-hour (attrib), lasting (od. of) nine hours. — **~,stünd·lich** adj u. adv every nine hours.
neunt adj **1.** ⟨ordinal number⟩ ninth: an ~er Stelle in the ninth place; am ~en Juli (on) the ninth of July. – **2.** zu ~ (the) nine of us (od. you, them): wir sind zu ~ there are nine of us, we are nine.
'**neun|,tä·gig** adj nine-day (attrib), lasting (od. of) nine days. — **~'tau·send** adj ⟨cardinal number⟩ nine thousand.
'**Neun·te** m, f ⟨-n; -n⟩, n ⟨-n; no pl⟩ **1.** ninth: bis zum ~n des Monats by the ninth of this month; „Die ~“ mus. "The Choral Symphony" (by Beethoven). – **2.** (bei Kleinschreibung) ninth: der n~ von rechts the ninth from the right. – **3.** Karl IX. (od. der ~) von Frankreich hist. Charles IX (od. the Ninth) of France.
'**neun·tel** **I** adj ninth (part) of: ein ~ Teil des Geldes a ninth part of the money. – **II** N~ n, Swiss meist m ⟨-s; -⟩ ninth (part).
'**neun·tens** adv ninth(ly), in the ninth place.
'**Neun,tö·ter** m ⟨-s; -⟩ zo. red-backed shrike, flusher (Lanius collurio).
'**neun,und·ein'halb** adj cf. neuneinhalb.
'**neun|,wer·tig** adj math. nine-valued. — **~,wöch·ig** [-‚vœçɪç] adj lasting (od. of) nine weeks, nine-week (attrib).
'**neun,zehn** **I** adj ⟨cardinal number⟩ nineteen. – **II** N~ f ⟨-; -en⟩ (number) nineteen.
'**neun,zehn,jäh·rig** adj nineteen-year-old (attrib): ein ~es Mädchen a nineteen-year-old girl, a girl of (od. aged) nineteen.
'**neun,zehnt** **I** adj ⟨ordinal number⟩ nineteenth. – **II** N~e, der ⟨-n⟩ the nineteenth: der N~e des Monats the nineteenth of the month.
'**Neun,zehn·tel** **I** n, Swiss meist m nineteenth (part). – **II** n~ adj nineteenth (part) of.
neun·zig ['nɔyntsɪç] **I** adj ⟨cardinal number⟩ **1.** ninety: ~ (Jahre alt) sein to be ninety (years old); mit ~ Sachen fahren colloq. to drive at a speed of ninety kilometers, to do ninety (colloq.). – **II** N~ f ⟨-; -en⟩ **2.** (number) ninety. – **3.** ⟨only sg⟩ nineties pl: er ist Anfang der N~ he is in his early nineties.
'**neun·zi·ger** adj ⟨invariable⟩ only in in den ~ Jahren des 19. Jahrhunderts in the nineties of the 19th century.
Neun·zi·ger¹ ['nɔyntsɪgər] m ⟨-s; -⟩ **1.** man in his nineties. – **2.** man of ninety, nonagenarian (lit.). – **3.** die ~ pl (Alter) the nineties: in den ~n sein to be in one's nineties; Mitte [Ende] der ~ sein to be in one's middle [late] nineties; hoch in den ~n sein to be in one's late nineties.
'**Neun·zi·ger²** f ⟨-; -⟩ colloq. ninety-pfennig stamp.
'**Neun·zi·ge·rin** f ⟨-; -nen⟩ **1.** woman in her nineties. – **2.** woman of ninety, nonagenarian (lit.).
'**Neun·zi·ger,jah·re, die** the nineties.
'**neun·zig,fach** adj ninetyfold: in ~er Ausfertigung in ninety copies.
'**neun·zig|,jäh·rig** **I** adj **1.** ninety-year-old

(*attrib*), of ninety (years), nonagenarian (*lit.*). – **2.** ninety-year (*attrib*), lasting (*od.* of) ninety years. – **II N‿e** *m, f* ⟨-n; -n⟩ ninety-year-old (person). — **N‿'pfen·nig(‚brief)‚mar·ke** [‚nɔʏntsıç-] *f* ninety-pfennig stamp.

'neun·zigst I *adj* ⟨*ordinal number*⟩ ninetieth. – **II N‿e, der** ⟨-n⟩ the ninetieth.

'Neun·zig·stel I *n, Swiss meist m* ⟨-s; -⟩ ninetieth (part). – **II n‿** *adj* ninetieth (part) of.

'Neu‚ord·nung *f* reorganization *Br. auch* -s-.

'Neu‚ori·en‚tie·rung *f* reorientation.

'Neu·phi·lo·lo·ge *m* **1.** student of modern languages and literatures. – **2.** teacher of modern languages and literatures. – **3.** expert in modern languages and literatures. — **'Neu·phi·lo·lo‚gie** *f* modern languages and literatures *pl* (*construed as sg or pl*). — **'neu·phi·lo·lo·gisch** *adj* of (*od.* relating to) modern languages, *auch* modern-language (*attrib*).

'Neu·pla‚to·ni·ker *m philos.* Neoplatonist, *auch* neoplatonist, *Br.* neo-Platonist. — **'neu·pla‚to·nisch** *adj* Neoplatonic, *auch* neoplatonic, *Br.* neo-Platonic. — **'Neu·pla‚to‚nis·mus** *m* Neoplatonism, *auch* neoplatonism, *Br.* neo-Platonism.

'Neu·py‚tha·go‚re·er *m philos.* Neo-Pythagorean, *bes. Br.* neo-Pythagorean.

Neu·ral·dia‚gno·stik [nɔʏ'raːl-] *f med.* neurodiagnosis.

Neur·al·gie [nɔʏral'giː] *f* ⟨-; -n [-ən]⟩ *med.* neuralgia. — **neur'al·gisch** [-gıʃ] *adj* **1.** *med.* neuralgic: ‿er Schmerz neuralgic pains *pl*, neuralgia. – **2.** *fig.* sore, touchy: das ist mein ‿er Punkt that is my sore spot (*od.* point).

Neu·ral·the·ra‚pie *f med.* neurotherapy.

Neur·asthe·nie [nɔʏraste'niː] *f* ⟨-; -n [-ən]⟩ *psych.* neurasthenia. — **Neur·asthe·ni·ker** [-'teːnikər] *m* ⟨-s; -⟩ neurasthenic. — **neur·asthe·nisch** [-'teːnıʃ] *adj* neurasthenic.

'Neu‚re·ge·lung, ‿reg·lung *f* **1.** new regulation. – **2.** *cf.* Neuordnung.

'neu‚reich I *adj* new-rich, upstart (*attrib*). – **II N‿e** *m, f* ⟨-n; -n⟩ new-rich, nouveau riche, parvenu, upstart, *pl collect.* the new rich, the nouveaux riches.

Neur·ek·to·mie [nɔʏrɛkto'miː] *f* ⟨-; *no pl*⟩ *med.* neurectomy.

'Neu‚ries *n* ⟨-es; -e⟩ mille thousand (*standard unit for sheets of paper*).

Neu·rin [nɔʏ'riːn] *n* ⟨-s; *no pl*⟩ *biol. chem.* neurine ($CH_2 = CHN(CH_3)_3OH$).

Neu·ri·nom [nɔʏri'noːm] *n* ⟨-s; -e⟩ *med.* neurinoma.

Neu·ri·tis [nɔʏ'riːtıs] *f* ⟨-; -tiden [-ri'tiːdən]⟩ *med.* (*Nervenentzündung*) neuritis.

Neu·ro..., **neu·ro...** *combining form denoting* neuro...

Neu·ro‖chir·urg [nɔʏroçi'rurk] *m med.* neurosurgeon. — **‿chir·ur'gie** [-'giː] *f* neurosurgery. — **‿fi'bril·le** [-fi'brılə] *f meist pl* (neuro)fibril, neurofibrilla.

neu·ro·gen [nɔʏro'geːn] *adj med.* neurogenic, neurogenous.

Neu·ro·lo·ge [nɔʏro'loːgə] *m* ⟨-n; -n⟩ *med.* neurologist. — **Neu·ro·lo'gie** [-lo'giː] *f* ⟨-; *no pl*⟩ neurology. — **neu·ro'lo·gisch** *adj* neurological.

Neu·ro·ly·se [nɔʏro'lyːzə] *f* ⟨-; -n⟩ *med.* neurolysis.

Neu·rom [nɔʏ'roːm] *n* ⟨-s; -e⟩ *med.* neuroma.

'Neu·ro‚man·tik *f* (*literature*) *mus.* neoromanticism, *Br.* neo-romanticism. — **'Neu·ro‚man·ti·ker** *m* neoromantic, *Br.* neo-romantic. — **'neu·ro‚man·tisch** *adj* neoromantic, *Br.* neo-romantic.

Neu·ron ['nɔʏrɔn] *n* ⟨-s; -en [-'roːnən] *u.* Neuren⟩ *med. zo.* neuron, neurone, *auch* neurone.

Neu·ro·pa·thie [nɔʏropa'tiː] *f* ⟨-; -n [-ən]⟩ *med.* neuropathy. — **neu·ro'pa·thisch** [-'paːtıʃ] *adj* neuropathic. — **Neu·ro·pa·tho·lo'gie** [-tolo'giː] *f* neuropathology.

Neu·ro·pte·ren [nɔʏro'pteːrən] *pl zo.* lacewings, Neuroptera (*scient.*) (*Ordng Neuroptera*).

Neu·ro·se [nɔʏ'roːzə] *f* ⟨-; -n⟩ *med.* neurosis. — **Neu·ro·ti·ker** [-tikər] *m* ⟨-s; -⟩ neurotic (person). — **neu·ro·tisch** [-tıʃ] *adj* neurotic.

Neu·ro·to·mie [nɔʏroto'miː] *f* ⟨-; -n [-ən]⟩ *med.* neurotomy.

'Neu‖‚satz *m print.* reset, recomposition. — **‿‚schät·zung** *f econ.* **1.** reassessment. – **2.** (*Grobschätzung*) reestimation.

'Neu‚schnee *m* new- (*od.* fresh-)fallen snow.

— **‿‚decke** (*getr.* -k‧k-) *f* layer of new- (*od.* fresh-)fallen snow.

'Neu‖scho·la‚stik *f philos. relig.* neo-scholasticism, *auch* neo-Scholasticism. — **n‿scho·la‚stisch** *adj* neo-scholastic, *auch* neo-Scholastic.

'Neu‚schöp·fung *f* **1.** (*Tätigkeit*) re-creation. – **2.** new creation.

‚Neu'see‚län·der *m* ⟨-s; -⟩ New Zealander.

‚Neu'see‚land‚flachs *m bot.* New Zealand flax (*Phormium tenax*).

‚neu'see‚län·disch *adj* New Zealand (*attrib*).

'Neu‚sied·ler *m agr.* new settler, *Am.* pioneer farmer.

'Neu‖‚sil·ber *n chem.* nickel (*auch* German) silver. — **n‿‚sil·bern** *adj* of nickel (*auch* German) silver.

'Neu‖‚sprach·ler *m* ⟨-s; -⟩ *cf.* Neuphilologe. — **n‿‚sprach·lich** *adj* modern-language (*attrib*): → Gymnasium 1.

'Neu‚stadt *f* new town, new part of the town.

'Neu‚stein‚zeit *f* New Stone Age, Neolithic period (*scient.*). — **'neu‚stein‚zeit·lich** *adj* New Stone Age (*attrib*), Neolithic (*scient.*).

'Neu‖te·sta‚ment·ler *m* ⟨-s; -⟩ *relig.* student of the New Testament, New Testament scholar. — **n‿te·sta‚ment·lich** *adj* New Testament (*attrib*): ‿e Theologie New Testament theology.

neu·tral [nɔʏ'traːl] **I** *adj* **1.** neutral: ‿ bleiben to remain neutral; ich bleibe bei diesem Streit ‿ I'll remain neutral in this dispute, I'll sit on (*bes. Am.* ride) the fence; ein ‿er Staat *pol.* a neutral country; ‿er Boden neutral territory. – **2.** (*Veranlagung, Wesen etc*) neutral, indifferent, middling. – **3.** (*Briefpapier etc*) plain, blank. – **4.** (*Farbe*) neutral. – **5.** *electr.* (*Leitung, Ader etc*) neutral. – **6.** *chem.* (*Flüssigkeit etc*) neutral. – **7.** *phys.* neutral, indifferent: optisch ‿ optically neutral, inactive. – **8.** *electr.* neutral: der ‿e Teil eines Magneten the neutral part of a magnet. – **9.** *ling.* (*Substantiv*) neuter. – **II** *adv* **10.** sich ‿ verhalten to remain neutral.

Neu'tra·le¹ *m* ⟨-n; -n⟩ neutral (state).

Neu'tra·le² *f* ⟨-n; -n⟩ *math.* neutral line.

Neu·tra·li·sa·ti·on [nɔʏtraliza'tsıoːn] *f* ⟨-; -en⟩ neutralization *Br. auch* -s-.

Neu·tra·li·sa·ti·ons‚wär·me *f chem.* heat of neutralization (*Br. auch* -s-).

neu·tra·li·sie·ren [nɔʏtrali'ziːrən] **I** *v/t* ⟨*no* ge-, h⟩ neutralize *Br. auch* -s-. – **II N‿** *n* ⟨-s⟩ *verbal noun.* — **Neu·tra·li'sie·rung** *f* ⟨-; -en⟩ **1.** *cf.* Neutralisieren. – **2.** neutralization *Br. auch* -s-.

Neu·tra·li·tät [nɔʏtrali'tɛːt] *f* ⟨-; *no pl*⟩ *bes. pol.* neutrality: die ‿ eines Staates wahren [verletzen] to preserve (*od.* safeguard) [to violate] the neutrality of a state.

Neu·tra·li'täts‖‚bruch *m pol.* violation of neutrality. — **‿er‚klä·rung** *f* declaration of neutrality, neutralization *Br. auch* -s-. — **‿ver‚let·zung** *f* violation of neutrality. — **‿‚zei·chen** *n* indication (*od.* sign) of neutrality.

Neu'tral‚sal·ze *pl chem.* neutral (*od.* normal) salts.

Neu·tri·no [nɔʏ'triːno] *n* ⟨-s; -s⟩ *phys. nucl.* neutrino.

Neu·tro'dyn‚schal·tung [nɔʏtro'dyːn-] *f electr.* neutrodyne circuit.

Neu·tron ['nɔʏtrɔn] *n* ⟨-s; -en [-'troːnən]⟩ *phys.* neutron.

Neu'tro·nen‖‚aus‚beu·te *f nucl.* neutron yield. — **‿be‚schuß** *m* neutron bombardment. — **‿be‚strah·lung** *f* neutron radiation. — **‿‚brem·sung** *f* neutron moderation. — **‿‚bün·del** *n* neutron beam. — **‿de‚tek·tor** *m* neutron detector. — **‿‚dich·te** *f* neutron density. — **‿‚ein‚fang** *m* neutron capture. — **‿‚fluß** *m* neutron flux. — **‿spek·tro‚me·ter** *n* neutron spectrometer. — **‿‚strahl** *m meist pl* neutron ray (*od.* beam). — **‿‚strah·lung** *f* neutron radiation. — **‿‚streu·ung** *f* neutron scattering. — **‿‚über‚schuß** *m* neutron excess. — **‿‚zäh·ler** *m* neutron counter.

Neu'trum ['nɔʏtrum] *n* ⟨-s; -tra [-tra], *auch* -tren⟩ *ling.* neuter.

'Neu‖ver‚an‚la·gung *f econ.* reassessment. — **n‿ver‚mählt I** *adj* ⟨*meist attrib*⟩ newly married. – **II N‿e** *m, f* ⟨-n; -n⟩ newly married person, newlywed: die N‿en the newlyweds. — **‿ver‚tei·lung** *f* **1.** redistribution. – **2.** (*Neuvergebung*) reallocation. — **‿‚wahl** *f* **1.** new election. – **2.** (*Wiederwahl*) reelection, *Br.* re-election.

'Neu‚welt‚gei·er *m zo.* new-world (*od.* American) vulture (*Fam. Cathartidae*).

'neu‚welt·lich *adj* new-world (*attrib*).

'Neu‚wert *m econ.* **1.** original (*od.* new) value. – **2.** (*im Versicherungswesen*) replacement value. — **'neu‚wer·tig** *adj* (as) new, not used.

'Neu‚wert·ver‚si·che·rung *f econ.* replacement (*od.* reinstatement, reconstruction) insurance.

'Neu‚wort *n* ⟨-(e)s; ⸚er⟩ *ling.* new word (*od.* coinage), neologism.

'Neu‚zeit *f* ⟨-; *no pl*⟩ modern times *pl.* — **'neu‚zeit·lich** *adj* modern, up-to-date, neoteric (*lit.*).

'Neu‚zu‚las·sung *f auto.* new licence (*Am.* license).

New Look ['njuː 'luk] (*Engl.*) *m, n* ⟨- -(s); *no pl*⟩ (*bes. fashion*) new look.

New·ton ['njuːtən] *n* ⟨-s; -⟩ *phys. tech.* (*Einheit für Kraft*) newton.

'New·tonsch *adj* ⟨*attrib*⟩ *phys.* Newtonian: ‿es Axiom Newtonianism; ‿es Gravitationsgesetz Newton's law of gravitation; ‿e Ringe Newton's rings; ‿e Verbesserung Newton's method for solving equations.

Ne·xus ['nɛksus] *m* ⟨-; -⟩ rare for Zusammenhang 1, 3.

NF-‚Mes·sung [ɛn'ʔɛf-] *f electr.* audiometry. — **NF-‚Span·nung** [ɛn'ʔɛf-] *f* low-frequency (*od.* l.f.) voltage. — **NF-‚Stu·fe** [ɛn'ʔɛf-] *f* audiostage, audio frequency stage. — **NF-Ver‚stär·ker** [ɛn'ʔɛf-] *m* l.f. amplifier.

Ni·be·lung ['niːbəluŋ] *npr m* ⟨-en; -en⟩ Nibelung: die ‿en the Nibelungs; „Der Ring des ‿en" *mus.* "the Ring of the Nibelung", "the Ring Cycle" (*by Wagner*).

'Ni·be‚lun·gen‖‚hort *m* hoard of the Nibelungs, Nibelungen hoard (*od.* treasure). — **‿‚lied** *n* (*literature*) Nibelungenlied, lay (*od.* song) of the Nibelungs. — **‿‚sa·ge** *f* Nibelungen legend. — **‿‚stro·phe** *f* Nibelungen stanza. — **‿‚treue** *f fig.* faithfulness until death.

ni·cä·isch [ni'tsɛːıʃ], **ni'cä·nisch** [-nıʃ] *adj cf.* nizäisch, nizänisch.

nicht [nıçt] *adv* **1.** not: durchaus (*od.* überhaupt, ganz und gar, beileibe) ‿ not at all, definitely (*od.* absolutely) not, in no way; bestimmt ‿ certainly not; wirklich ‿ really not; ‿ im mindesten (*od.* geringsten), ‿ ein bißchen not in the slightest, by no means, not in the (very) least, on no account; ‿ ums (liebe) Leben not for (*od.* on) one's life, not for dear life; im Leben ‿! *colloq.* not on your life! → Bohne 6. – **2.** (*als Verneinung von Verben*) not: hattest du ‿ gesagt, du wolltest kommen? didn't you say you would come? das kann ich ‿ verantworten I cannot answer for that; du brauchst ‿ auf mich (zu) warten you don't have to wait for me; er kam ‿ he failed to appear; ich verstehe ‿, warum I fail to see why; ich kenne ihn auch ‿ I don't know him either; wäre er nur ‿ gekommen! I wish he had not come; (es ist) ‿ zu glauben, wie faul er ist you can hardly believe how lazy he is, he is incredibly lazy; sie sah es ‿, und ich auch ‿ she did not see it, nor (*od.* neither, no more) did I; ‿ füttern! do not feed (the animals); bitte ‿ berühren! please do not touch; damit ‿ lest; wenn ‿ unless; ‿ stürzen [werfen]! (fragile,) handle with care! – **3.** (*als Verneinung von nichtverbalen Begriffen*) not, (*vor Adjektiven oft*) auch in..., un...: ‿ einlösbar inconvertible; ‿ abtrennbar nondetachable; ‿ anziehend unattractive; ich habe ‿ die geringste Lust dazu I don't have the slightest desire (*od.* any inclination) to do so; ‿ sein Bruder kam, sondern er selbst it was not his brother who came but he himself; das ist ‿ jedermanns Sache this is not everybody's cup of tea (*colloq.*) (*od.* to everyone's taste), that's not for everybody; das ist etwas noch ‿ Dagewesenes this is something entirely unprecedented; es ist mir ‿ früher eingefallen I didn't think of it earlier, it didn't occur to me before; ‿ lange darauf not long (*od.* shortly) afterward(s); seine Bemühungen waren ‿ umsonst his efforts were not in vain; es ist etwas ‿ in Ordnung damit s.th. is wrong with it; ich werde dies ‿ länger dulden! I won't tolerate this any longer; dein Plan wird ‿ ohne weiteres auszuführen sein your project can't be carried out just so easily; ~ so schnell! not so fast; er hatte ~ einmal genug zu essen he didn't even have enough to eat; sie war so arm, daß sie ~ einmal ein Paar Schuhe besaß she was so poor that she had not so much as a pair of shoes; er fing mit seiner Arbeit gar ~ erst an he didn't even try (od. make an attempt) to start his work; → ohne 1. – **4.** (im Vergleichssatz) not: sie ist ~ so schön wie ihre Schwester she is not as beautiful as her sister. – **5.** (in der Ellipse) not: alle gehen spazieren, nur er ~ they are all going for a walk except him; ich auch ~ nor I; ~, daß ich wüßte, soviel ich weiß, ~ not to my knowledge, not that I know of, not as far as I know; ~, daß wir überrascht gewesen wären not that we would have been surprised; wie geht es dir? ~ besonders how are you? not too well (od. colloq. so-so, humor. fair to middling); wer war das? ich ~ who did that? not I (od. colloq. me); kannst du ihn leiden? ~ sehr do you like him? not much (od. [e]specially); was hältst du von dieser Idee? ~ schlecht (od. colloq. übel) what do you think of this idea? not (half) bad; nur das ~! anything but that; natürlich habe ich diesen Film gesehen — du etwa ~? naturally I have seen this film—haven't you? willst du etwa behaupten, das sei wahr? das ~ (gerade) but do you mean to say this is true? not exactly, but; warum ~? why not? noch ~ not yet; er ist krank, ~ wahr? he is ill, isn't he? er hat keine Zeit, ~ wahr? he hasn't (got any) time, has he? du kaufst das Buch für mich, ~ wahr? you will buy the book for me, won't you? du gehst ~ hin, ~ wahr? you won't go there, will you? du kommst doch, ~ wahr? you are coming after all, aren't you? du kennst ihn ~, ~ wahr? you don't know him, do you? – **6.** (als Ausdruck der Verneinung, der Abwehr, des Unwillens) ~! don't! (aber) ~ doch! don't! bitte ~! please don't (od. stop)! – **7.** (vor Komparativ) no: ~ länger no longer; ~ besser no better; ~ mehr no more. – **8.** ~ nur ... sondern auch ... not only ... but also ... – **9.** (in der doppelten Verneinung) es gab keinen, der das ~ geglaubt hätte there was no one who wouldn't have believed it, everyone would have believed it; es gab keinen Grund, ihm ~ zu glauben there was no reason for not believing him; da ist niemand, der das ~ zugibt there is no one who does not admit it (od. but admits it). – **10.** (als Aufhebung einer Verneinung) er tat es ~ ungern he was not reluctant (od. disinclined) to do it; er ist bei dieser Arbeit ~ ungeschickt he is rather clever at this work; ihre Haltung war reserviert, aber ~ unfreundlich her attitude was reserved but not unfriendly; diese Arbeit ist (gar) ~ ungefährlich this work is not without its dangers; er hat das ~ zu Unrecht behauptet he was not entirely unjustified in claiming this; er tat dies ~ ohne Grund he had a good reason for doing this; er hatte seine Rettung ~ zuletzt seinem Arzt zu verdanken it was primarily his doctor to whom he owed his recovery; man sollte seinen Einfluß ~ unterschätzen one shouldn't underestimate his influence; er ist ~ der Schlechteste für die Arbeit (od. colloq. Sache) he is not the worst for the job; ~ wenige quite a few. – **11.** (als Ausdruck der Bekräftigung od. Verwunderung) was die Einbildung (doch) alles tut! it's extraordinary what imagination does; was er ~ alles weiß! his knowledge is amazing; ist das ~ ungerecht? isn't that unfair? hab ich das ~ gleich gesagt? didn't I say that from the (very) beginning? was man hier ~ alles tun soll! the things they ask of you here! (colloq.). – **12.** lit. od. rare (kein u. kein) neither ... nor: er hat ~ Geld noch Gut he has neither goods nor money.

'nicht|ab·sor,bie·rend adj ⟨attrib⟩ nonabsorbing Br. non-. — **N~,ach·tung** f **1.** disregard: sie handelten unter völliger ~ der Gefahr they acted under complete disregard of (the) danger. – **2.** (Geringschätzung) disrespect, slight. — **~,ade·lig, ~,ad·lig I** adj ⟨attrib⟩ not noble (od. nobly born), common. – **II N~e** m, f ⟨-n; -n⟩ commoner. — **~,amt·lich** adj ⟨attrib⟩ (Stellungnahme etc) unofficial, nonofficial Br. non-.

'Nicht|,an·er,ken·nung f **1.** nonacknowl-

---

edgement Br. non-, disavowal. – **2.** bes. pol. nonrecognition Br. non-. – **3.** jur. econ. (eines Rechtes, Anspruches etc) disallowance, rejection, (bes. einer Staatsschuld) repudiation. — **n~,an,grei·fend** adj ⟨attrib⟩ chem. noncorroding Br. non-, noncorrosive Br. non-. — **~'an,griffs,pakt** [,nɪçt-] m pol. nonaggression (Br. non-aggression) treaty (od. pact). — **~,an,nah·me** f econ. (eines Wechsels etc) nonacceptance Br. non-. — **~,ari·er** m (in NS-Zeit) non-Aryan (auch -Arian). — **n~,arisch** adj ⟨attrib⟩ non-Aryan (auch -Arian). — **~,aus,füh·rung** f **1.** (einer Pflicht etc) nonperformance Br. non-, nonfulfil(l)ment Br. non-. – **2.** (eines Planes etc) nonexecution Br. non-, failure to carry out. — **~,aus,übung** f **1.** failure to exercise, nonuse Br. non-, nonusage Br. non-. – **2.** jur. (eines Rechts) nonuser Br. non-. — **~be,ach·tung** f (von od. gen) **1.** disregard (of): die ~ der Gefahr the disregard of (the) danger. – **2.** (Nichtbefolgung) nonobservance Br. non- (of), failure to observe (od. to comply [with]), inobservance (of), auch inobservancy (of), noncompliance Br. non- (with). — **~be,ant,wor·tung** f nonresponse Br. non-. — **~be,fol·gung** f cf. Nichtbeachtung 2. — **~be,nut·zung** f nonuse Br. non-, disuse. — **n~be,rech·tigt I** adj ⟨attrib⟩ unauthorized Br. auch -s-, unqualified. – **II N~e** m, f ⟨-n; -n⟩ bes. jur. unauthorized (Br. auch -s-) person, person without a title. — **n~be,rufs,tä·tig I** adj ⟨attrib⟩ having no occupation, not (occupationally od. professionally) employed. – **II N~e** m, f ⟨-n; -n⟩ person having no occupation (od. profession): die N~en pl those having no occupation. — **~be,ste·hen** n **1.** nonexistence Br. non-. – **2.** ped. failure to pass: das ~ der Prüfung failure to pass the examination. — **~be,tei·li·gung** f nonparticipation Br. non-. — **n~be,wirt·schaf·tet** adj ⟨attrib⟩ bes. econ. nonrationed Br. non-, noncontrolled Br. non-, (Importe) liberalized. — **~be,zah·lung** f econ. **1.** nonpayment Br. non-. – **2.** (von Wechseln etc) dishonoring, bes. Br. dishonouring. — **~christ** m relig. non-Christian, infidel. — **n~christ·lich** adj ⟨attrib⟩ non-Christian, infidel. — **n~deutsch I** adj ⟨attrib⟩ non-German: in einer ~en Währung in a non-German currency, in a currency other than German. – **II N~e** m, f ⟨-n; -n⟩ non-German.

Nich·te ['nɪçtə] f ⟨-; -n⟩ niece.

'Nicht|,eig·nung f only in bei ~ in case of nonqualification (Br. non-qualification) (od. nonsuitability, Br. non-suitability). — **~,ein,hal·tung** f cf. Nichtbeachtung 2. — **n~,ein,klag·bar** adj ⟨attrib⟩ unenforceable. — **n~,ein,lös·bar** adj ⟨attrib⟩ econ. **1.** (Währungen) inconvertible, nonconvertible Br. non-. – **2.** (Wertpapiere) irredeemable. — **~,ein,lö·sung** f **1.** nonredemption Br. non-. – **2.** (eines Wechsels etc) dishonoring, bes. Br. dishonouring.

'Nicht|,ein,mi·schung f **1.** noninterference Br. non-. – **2.** pol. nonintervention Br. non-. **,Nicht',ein,mi·schungs,pakt** m pol. nonintervention (Br. non-intervention) pact. — **~po·li,tik** f policy of nonintervention (Br. non-intervention).

'Nicht|,ei·sen·me,tall n metall. nonferrous (Br. non-ferrous) metal. — **~er,ful·lung** f **1.** nonfulfil(l)ment Br. non-. – **2.** jur. econ. nonperformance Br. non-, default, failure of performance. — **~er,schei·nen** n **1.** (zum Dienst, in der Schule etc) nonattendance Br. non- (of), failure to appear, absence (from): bei ~ in case of nonattendance. – **2.** jur. (vor Gericht) nonappearance Br. non-, default, failure to appear: j-n wegen ~s vor Gericht verurteilen to enter a default against s.o. – **3.** print. (eines Buches) nonpublication Br. non-. — **n~eu,kli·disch** adj ⟨attrib⟩ math. non-Euclidean. — **n~exi,stent** adj ⟨attrib⟩ nonexistent Br. non-. — **~,fach,mann** m nonprofessional Br. non-, layman, amateur. — **n~flek,tier·bar** adj ⟨attrib⟩ ling. noninflectional, Br. auch non-inflexional, uninflected. — **~ge,brauch** m **1.** nonuse Br. non-, nonusage Br. non-, disuse: bei ~ when not in use. – **2.** jur. (eines Rechts) nonuser Br. non-. — **~ge,fal·len** n only in bei ~ (Geld zurück) (cash refunded) if not satisfied. — **~ge,lin·gen** n failure, unsuccess. — **~ge,schäfts,fä·hi·ge** m, f ⟨-n; -n⟩ jur. person not competent to

---

contract. — **~ge,wünsch·te** n ⟨-n; no pl⟩ undesired thing. — **~-,Ich** n philos. nonego Br. non-, not-self, object.

'nich·tig adj **1.** (wertlos, unbedeutend) futile, hollow, vain, idle, empty: ~e Dinge futile things; ~e Freuden vain joys; ~e Wahrheiten vain truths; ~e Worte idle (od. empty) words; alles ist ~ all things are vain; ein ~er Vorwand a flimsy excuse. – **2.** (geringfügig, belanglos) trivial, trifling. – **3.** relig. (Leib) vile. – **4.** jur. void, invalid: null und ~ null and void; etwas für (null und) ~ erklären to declare s.th. null and void; null und ~ machen to nullify, to make null and void, to invalidate. — **'Nich·tig·keit** f ⟨-; -en⟩ **1.** ⟨only sg⟩ futility, hollowness, vanity, idleness, emptiness: über die ~ der Welt nachdenken to meditate on the vanity of all things. – **2.** futile (od. hollow, vain, idle, empty) thing: er legt zu viel Wert auf ~en he attaches too much importance to trifles (od. futile things). – **3.** triviality, trifling matter: wie kann man sich über solche ~en nur so aufregen! how can anyone get excited over such trifling matters. – **4.** ⟨only sg⟩ jur. voidness, nullity, invalidity. — **'Nich·tig·keits|be,schwer·de** f jur. plea of nullity. — **~er,klä·rung** f declaration of nullity, annulment, defeasance, avoidance, nullification. — **~,kla·ge** f action for annulment, nullity suit. — **~,klau·sel** f defeasance (clause). — **~,ur·teil** n judg(e)ment of annulment (od. of nullity), decree of nullity.

'Nicht|in·ter,ven·ti,on f pol. cf. Nichteinmischung 2. — **~,kämp·fer** m mil. noncombatant Br. non-. — **~ka·tho,lik** m relig. non-Catholic. — **~,kauf,mann** m econ. nonmerchant Br. non-. — **~,ken·ner** m nonacquainted (Br. non-) person. — **~kom,bat,tant** m cf. Nichtkämpfer. — **n~kon·ver,tier·bar** adj ⟨attrib⟩ econ. inconvertible, nonconvertible Br. non-. — **~kon·ver,tier·bar·keit** f inconvertibility, nonconvertibility Br. non-. — **n~,kriegs,füh·rend** adj ⟨attrib⟩ pol. nonbelligerent Br. non-. — **~,lei·stung** f bes. jur. nonperformance Br. non-. — **n~,lei·tend** adj ⟨attrib⟩ electr. nonconducting Br. non-. — **~,lei·ter** m nonconductor Br. non-. — **n~,leuch·tend** adj ⟨attrib⟩ nonluminous Br. non-. — **~,lie·fe·rung** f econ. nondelivery Br. non-. — **n~,ma,gne·tisch** adj ⟨attrib⟩ electr. nonmagnetic Br. non-. — **~me,tall** n metall. nonmetal Br. non-, metalloid. — **n~me,tal·lisch** adj ⟨attrib⟩ nonmetallic Br. non-. — **~,mit,glied** n **1.** nonmember Br. non-. – **2.** econ. (einer Gewerkschaft) nonunionist Br. non-. — **n~,öf·fent·lich** adj ⟨attrib⟩ closed, private: in ~er Sitzung in closed session, in chambers, in camera. — **n~or·ga,ni,siert** adj bes. econ. (Arbeiter etc) nonorganized, Br. auch non-organised, nonunion Br. non-. — **n~,oxy,die·rend** adj ⟨attrib⟩ chem. **1.** nonoxidizing Br. non-. – **2.** (nichttoxydierbar) nonoxidizable Br. non-. — **n~,pakt·ge,bun·den** adj ⟨attrib⟩ pol. (Staat etc) not bound by a (od. the) treaty.

'Nicht,rau·cher m **1.** nonsmoker Br. non-: er ist ~ he doesn't smoke. – **2.** (bei Bahn etc) a) (Aufschrift) no smoking, b) cf. Nichtraucherabteil. — **~,ab,teil** n nonsmoker Br. non-, nonsmoking (Br. non-smoking) compartment. — **~,rau·che·rin** f nonsmoker Br. non-. — **n~,ro·stend** adj ⟨attrib⟩ (Stahl etc) rustproof, nonrusting Br. non-, incorrodible, rust-resisting, stainless, rustless.

nichts indef pron **1.** ⟨adjektivisch⟩ nothing, naught, nought, not anything: ~ Neues nothing new; ~ anderes als nothing (else) but; er redet von ~ anderem he talks of nothing else; ~ dergleichen nothing of the kind (od. sort), no such thing; weißt du ~ Besseres? don't you know anything better? ich weiß ~ Genaues (od. Näheres) I don't know any particulars (od. details); auf meinen Freund lasse ich ~ Schlechtes kommen colloq. I won't have my friend insulted; ich ahnte ~ Böses I didn't suspect anything wrong (od. evil). – **2.** ⟨substantivisch⟩ nothing, naught, nought, not anything: ~ als Ärger nothing but vexation; ~ da! colloq. nothing doing! (colloq.); ich habe ~ dagegen (einzuwenden) I have nothing against it, I have no objections (to raise), I don't object (to it), I don't mind; daran läßt sich ~ ändern (od. machen) there is nothing to be done (od. that can be done) about it, it can't be helped; an dem Gerücht ist ~ dran *colloq.* there is nothing (od. no substance) to the rumo(u)r; es ist ~ daraus geworden *colloq.* nothing has come of it, it has come to nothing; ~ mehr davon! no more about that; ich habe ~ davon gewußt I didn't know anything about that; er wußte noch ~ (davon) he didn't yet know anything (about that); ich mag ~ mehr davon hören I don't want to hear any more about that; (ganz und) gar ~ nothing at all, nothing what(so)ever; fast gar ~ almost (od. next to) nothing, hardly anything; er hat so gut wie (gar) ~ gegessen he ate practically nothing; ich will mit ihm ~ mehr zu tun haben I don't want to have any(thing) more to do with him (od. any more dealings with him); ein Spaziergang würde dir so gut wie gar ~ schaden you would be none the worse for a walk; sonst ~? nothing else? weiter ~? ~ weiter? nothing more? is that all? wenn es weiter ~ ist if that is all; es bleibt ihm weiter ~ (od. ~ weiter) übrig there is nothing more he can do; es blieb uns ~ weiter übrig als zu gehen there was nothing for us but to go; ~ wie hin! *colloq.* let's go there; ~ wie raus! *colloq.* let's get out of here (*colloq.*); ich lasse mich durch ~ abhalten nothing will deter me; für (od. um) ~ und wieder ~ *colloq.* to no purpose whatever, in vain; das ist ~ für mich that's not for me, that's not (in) my line, *Br. colloq.* that's not my cup of tea; du bist auch für (gar) ~ zu haben *colloq.* you are a hard man to get to do s.th., you are a hard man to pin down; ~ für ungut *colloq.* no offence (*Am.* offense) (od. harm) meant, no hard feelings; ich habe ~ gegen ihn I have (got) nothing against him; die Wolke hat sich in ~ aufgelöst the cloud dissolved into nothing; die beiden Häuser unterscheiden sich in ~ voneinander the two houses do not differ in any way (od. differ in no way); sie ist mit ~ zufrieden she is content with nothing; dieser Garten sieht nach ~ aus (od. stellt ~ dar) *colloq.* this garden looks like nothing; um ~ spielen to play for nothing (od. love); um ~ in der Welt not for anything in the world; ich weiß von ~ I know of nothing; er wird es zu ~ bringen he won't go far, he won't get anywhere; das ist zu ~ zu gebrauchen that's no (earthly) good (for anything), that's of no (earthly) use (for anything); du bist aber auch zu ~ zu gebrauchen *colloq.* you can turn your hand to nothing, you are no help at all; er kommt zu ~ he never gets round to (doing) anything; alles oder ~ it's all or nothing; du kannst doch nicht so mir ~, dir ~ davonlaufen *colloq.* you can't run off without so much as a 'by your leave'; ~ zu machen! nothing doing! can't be helped! *Am. sl.* no soap! ich werde ~ unversucht lassen I'll leave no stone unturned; das (od. es) tut ~ auf sich, das (od. es) tut ~ zur Sache, es ist ~ von Bedeutung (od. Belang) that is of no importance (od. consequence); das macht (od. tut, schadet) ~ that does not matter, never mind; er tut ~ he does no work; der Hund tut dir ja ~ the dog won't do you any harm; auf meinen Freund lasse ich ~ kommen *colloq.* I won't have my friend insulted; ~ ahnend ging ich hin I went there unsuspectingly; weiter willst du ~? is that all you want? mir liegt ~ daran I am not greatly interested in it; ich habe ~ davon I get nothing out of it; ich konnte ~ erfahren I couldn't find out anything; ich will ~ gesagt haben don't quote me; er ist um ~ gebessert he has not improved one bit; es ist ~ von Bedeutung it is not of any significance; es gibt ~, was ihn aus der Ruhe bringen kann nothing can upset him; da ist ~ zu wollen it's no use trying; ~ zu danken! don't mention it! not at all! *bes. Am.* you're welcome! zu ~ nütze sein to be good for nothing; auf ~ Lust haben not to care to have anything, to lack any definite desire; zu ~ Lust haben not to feel like doing anything; du hast hier ~ zu suchen you've (got) no business being (*bes. Br.* to be) here; ~ hören und ~ sehen to be oblivious to (od. of) everything, to be blind and deaf

to everything; aus ~ wird ~, von ~ kommt ~ nothing comes of (od. from) nothing; → Lärm 1.

Nichts n ⟨-; no pl⟩ **1.** nothing, nothingness, naught, nought, nil, (*Leere*) void: seine Hoffnungen sind in ein ~ zerronnen his hopes have come to naught; am Anfang war das ~ in the beginning (there) was void. – **2.** (*Nirgendwo*) nowhere: aus dem ~ auftauchen to appear from nowhere. – **3.** (*Geringfügigkeit*) trifle, mere nothing: wollt ihr euch um ein ~ streiten? do you want to argue about a trifle (od. bagatelle)? oft entscheidet ein ~ a mere nothing can often decide the issue. – **4.** (*erster Anfang*) scratch: aus dem ~ anfangen to start from scratch. – **5.** (*etwas Kleines*) mere (od. little) nothing: ein ~ von einem Bikini a teeny-weeny (od. an apology for a) bikini (*colloq.*). – **6.** (*Person*) nonentity: er ist beruflich ein ~ he is a nonentity in his profession. – **7.** (*Zusammenbruch, Ruin*) ruin: nach Aufgabe seines Geschäftes steht er vor dem ~ having closed down his business he is on the brink of (od. faced with) ruin. – **8.** *philos.* nothingness, negation of being, nonentity.

'nichts·be,deu·tend adj insignificant, unimportant, of no importance.

'Nicht,schwim·mer m nonswimmer *Br.* non-: er ist ~ he can't swim. — **~,becken** (*getr.* -k·k-) n non(-)swimmers' pool.

'nichts·de·sto'min·der adv cf. nichtsdestoweniger.

'nichts·de·sto'trotz adv *colloq. humor.* nonetheless (*Br.* none the less) and notwithstanding (*humor.*).

'nichts·de·sto'we·ni·ger adv nevertheless, nonetheless, *Br.* none the less, notwithstanding.

'Nicht,sein n nothingness, nonexistence *Br.* non-.

'nicht,seß·haft adj ⟨attrib⟩ (*Volksstamm*) nomadic, vagabond.

'Nichts,kön·ner m ⟨-s; -⟩ ne'er-do-well, duffer (*colloq.*).

'Nichts,nutz m ⟨-es; -e⟩ good-for-nothing, *auch* good-for-naught.

'nichts,nut·zig adj good-for-nothing (attrib), worthless. — **'Nichts,nut·zig·keit** f ⟨-; no pl⟩ good-for-nothingness, worthlessness.

'nicht·so·zia,li·stisch adj ⟨attrib⟩ *pol.* nonsocialist *Br.* non-.

'nichts,sa·gend adj **1.** (*ausdruckslos*) inexpressive, vacant, vacuous: ein ~er Blick [Gesichtsausdruck] a vacant look [expression]. – **2.** (*bedeutungslos*) insignificant, meaningless, empty, trivial, pointless, shallow: ~e Worte empty words, words empty of meaning; die Rede war langweilig und ~ the speech was dull and meaningless. – **3.** (*unbestimmt*) uninformative, vague, noncommittal *Br.* non-: eine ~e Antwort a vague answer. – **4.** (*farblos*) colorless, *bes. Br.* colourless, flat.

'nicht|,staat·lich adj ⟨attrib⟩ **1.** (*Organisation etc*) nongovernmental *Br.* non-. – **2.** (*Schule etc*) private. — **~,stän·dig** adj ⟨attrib⟩ (*Mitglied etc*) nonpermanent *Br.* non-.

'Nichts,tu·er m ⟨-s; -⟩ *colloq.* **1.** do-nothing, idler, loafer. – **2.** (*Faulpelz*) lazybones pl (*construed as sg or pl*). — **Nichts·tue'rei** f ⟨-; no pl⟩ cf. Nichtstun. — **'nichts,tue·risch** adj **1.** idle, loafing, inactive. – **2.** (*faul*) lazy. — **'Nichts,tun** n idling, idleness, inaction: süßes ~ dolce far niente; seine Zeit mit ~ verbringen to idle away one's time.

'Nichts,wis·ser m ⟨-s; -⟩ know-nothing, ignoramus.

'nichts,wür·dig adj **1.** worthless, mean, base. – **2.** (*verächtlich*) miserable, contemptible, vile. — **'Nichts,wür·dig·keit** f ⟨-; no pl⟩ **1.** worthlessness, meanness, baseness. – **2.** contemptibility, vileness.

'Nicht|,tän·zer m nondancer *Br.* non-: ich bin ~ I don't dance. — **~,teil,nah·me** f nonparticipation *Br.* non-. — **n~,tropfend** adj ⟨attrib⟩ (*Kerze etc*) non-drip. — **~,über,ein,stim·mung** f (mit) disagreement (with), dissent (from), discord (with), discordance (with), *auch* discordancy (with). — **n~,über,trag·bar** adj ⟨attrib⟩ **1.** nontransferable *Br.* non-. – **2.** *econ.* nonnegotiable *Br.* non-, not negotiable. – **3.** *jur.* (*Rechte etc*) inalienable. — **n~,um,wan·del·bar** adj ⟨attrib⟩ *econ.* inconvertible. — **~,um,wan·del·bar·keit** f inconvertibility.

— **n~ver,ant,wort·lich** adj ⟨attrib⟩ *jur.* irresponsible. — **~ver,ant,wort·lich·keit** f irresponsibility. — **~ver,füg·bar·keit** f unavailability, unavailableness. — **n~ver,si·chert** adj ⟨attrib⟩ uninsured. — **~,voll,streckung** (*getr.* -k·k-), **~,voll,zie·hung** (*getr.* -k·k-) f nonexecution, inexecution. — **~,vor·be,straf·te** m, f *jur.* person with no police record, person with no previous conviction. — **~,vor,han·den,sein** n *philos.* nonexistence *Br.* non-, inexistence. — **~,wäh·ler** m, **~,wäh·le·rin** f *pol.* **1.** abstentionist, nonvoter *Br.* non-. – **2.** (*Nichtwahlberechtigter*) nonvoter *Br.* non-, disenfranchised person. — **~,wei·ter·ver,brei·tung** f *pol.* (*von Atomwaffen etc*) nondiffusion *Br.* non-. — **~,wis·sen** n ignorance. — **~,wol·len** n unwillingness. — **~,zah·lung** f *econ.* nonpayment *Br.* non-, default of payment: bei ~ in default of payment. — **n~,zie·lend** adj ⟨attrib⟩ *ling.* intransitive. — **~,zu,las·sung** f nonadmission *Br.* non-. — **~,zu,stan·de,kom·men** n (*eines Geschäftes, Vertrages etc*) nonconclusion *Br.* non-. — **~,zu,stän·dig·keit** f *jur.* incompetence, *auch* incompetency. — **~,zu,tref·fen·de** n ⟨-n; no pl⟩ only in ~s streichen! delete (od. cross out) what does not apply.

'Nick,ach·se f (*space*) pitch axis.

Nickel[1] (*getr.* -k·k-) ['nɪkəl] n ⟨-s; no pl⟩ *chem. min.* nickel (Ni).

'Nickel[2] (*getr.* -k·k-) m ⟨-s; -⟩ **1.** *myth.* nix, water sprite. – **2.** *fig. colloq.* stubborn (od. obstinate) person. – **3.** *dial. for* Knirps 1. – **4.** *dial. for* Nikolaus II.

'Nickel[3] (*getr.* -k·k-) m ⟨-s; -⟩ *obs.* **1.** (*Nickelgeld*) nickel. – **2.** cf. Nickelmünze.

'Nickel|,blü·te (*getr.* -k·k-) f *min.* nickel bloom (od. ocher, bes. *Br.* ochre), annabergite. — **~,chrom,stahl** m chrome-nickel steel. — **~,ei·sen** n *metall.* nickel-iron. — **~,erz** n nickel ore. — **n~,hal·tig** adj *chem. min.* nickelic, nickelous, nickeliferous.

Nicke·lin (*getr.* -k·k-) [nɪkə'liːn] m ⟨-s; no pl⟩ *min.* nickeline.

'Nickel|,le,gie·rung (*getr.* -k·k-) f *metall.* nickel alloy. — **~,mann** m *myth.* cf. Nickel[2] 1. — **~,mün·ze** f nickel coin. — **~,stahl** m *metall.* nickel steel. — **~sul,fat** n *chem.* nickel sulfate (*bes. Br.* -ph-) (NiSO$_4$). — **~sul,fid** n nickel sulfide (*bes. Br.* -ph-) (NiS). — **~,über,zug** m *metall.* nickel plating.

nicken (*getr.* -k·k-) ['nɪkən] v/i ⟨h⟩ **1.** nod: mit dem Kopf ~ to nod one's head; zustimmend (mit dem Kopf) ~ to nod one's head in approval, to nod (one's) approval (od. agreement). – **2.** (*als Gruß*) bow. – **3.** (*als Wink*) beckon. – **4.** *colloq.* (*schlummern*) snooze (*colloq.*), doze, nap, nod. – **5.** *poet.* (*von Blumen, Schilf etc, bes. im Wind*) nod. – **6.** (*space*) pitch.

'Nicker (*getr.* -k·k-) m ⟨-s; -⟩ **1.** *colloq. for* Nickerchen. – **2.** *hunt.* cf. Nickfänger. —

'Nicker·chen, 'Nicker·lein (*getr.* -k·k-) n ⟨-s; -⟩ only in ein ~ machen *colloq.* to take a nap; to have a snooze (*Am. auch* catnap) (od. [one's] forty winks) (*colloq.*).

'Nick|,fän·ger m *hunt.* hunting knife. — **~,haut** f *zo.* nictitating membrane, (bei Vögeln) third eyelid. — **~,krampf** m *med.* nodding (od. salaam) spasm.

Ni·da·ti·on [nida'tsi̯oːn] f ⟨-; -en⟩ *med.* nidation, implantation.

Ni·del ['niːdəl] m ⟨-s; no pl⟩, f ⟨-; no pl⟩ *Swiss dial. for* Sahne 1.

nie [niː] adv never, at no time: fast ~ hardly ever; ~ mehr (od. wieder) never again; jetzt oder ~ (it's) now or never; ~ und nimmer werde ich das vergessen I will never forget that, never in my life will I forget that; so etwas war noch ~ da a thing like that has never happened before; es ist noch ~ so gewesen it has never been like that before; eine ~ wiederkehrende Gelegenheit an opportunity that will never come again; ich habe noch ~ erlebt, daß er gedankt hat I am yet to see the day when (od. that) he would say thank you; ~ im Leben! never ever! not on your life! besser spät als ~ (*Sprichwort*) better late than never.

nie·der ['niːdər] **I** adj **1.** (*Dienststelle, Rang, Wert etc*) lower: von ~er Geburt of low (od. mean) birth; der ~e Adel the gentry, the lower aristocracy. – **2.** (*Gesinnung etc*) low, base, mean. – **3.** *biol. geogr. jur.* lower:

in den ⁓en Breiten *geogr.* in the lower latitudes. – **4.** ⁓e Jagd *hunt.* cf. Niederjagd. – **5.** cf. niedrig 1, 9, 10, 12. – **II** *adv* **6.** down: ⁓ mit ihm! down with him! die Waffen ⁓! lay down your arms! down with your arms! die Zweige schwanken auf und ⁓ the twigs wave up and down; er ging im Zimmer auf und ⁓ he paced (up and down) the room. – **III** N⁓e, das ⟨-n⟩ **7.** the vulgarity: er hat einen Hang zum N⁓en he tends to be vulgar. — **N⁓,bay·er** *m* Lower Bavarian. — **⁓,bay(e)·risch** *adj* Lower Bavarian. — **⁓,beu·gen** *v/t u.* sich ⁓ *v/reflex* ⟨*sep*, -ge-, h⟩ bend down, bow. — **⁓,bie·gen** *v/t* ⟨*irr, sep*, -ge-, h⟩ bend down. — **⁓,bla·sen** *v/t* ⟨*irr, sep*, -ge-, h⟩ *metall.* (*Hochofen*) blow down. — **N⁓,bord,wa·gen** *m* (*railway*) low-sided freight car (*Br.* waggon). — **⁓,bre·chen I** *v/t* ⟨*irr, sep*, -ge-, h⟩ break (*od.* pull) down. – **II** *v/i* ⟨*sein*⟩ break down. — **⁓,bren·nen I** *v/t* ⟨*irr, sep*, -ge-, h⟩ burn down, burn (*s.th.*) to (*od.* lay [*s.th.*] in) ashes: ein Haus ⁓ to burn down a house. – **II** *v/i* ⟨*sein*⟩ burn down: das Haus ist bis auf die Grundmauern niedergebrannt the house burnt down to its very foundations; das Feuer [die Kerze] ist niedergebrannt the fire [the candle] has burned (*od.* burnt) down. — **⁓,brin·gen** *v/t* ⟨*irr, sep*, -ge-, h⟩ eine Bohrung ⁓ (*mining*) to drill a hole. — **⁓,brül·len** *v/t* ⟨*sep*, -ge-, h⟩ **1.** shout (*s.o.*) down. – **2.** (*im Parlament*) boo. — **⁓,deutsch I** *adj* Low German. – **II** *ling.* **N⁓** ⟨*generally undeclined*⟩, das N⁓e ⟨-n⟩ Low German. — **N⁓,deut·sche** *m, f* Low German. — **⁓,don·nern** *v/i* ⟨*sep*, -ge-, sein⟩ come down with a crash: die Lawine donnerte ins Tal nieder the avalanche came thundering down into the valley. – **II** *v/t* ⟨h⟩ j-n ⁓ *fig. colloq.* to shout *s.o.* down. — **'Nie·der,druck** *m* ⟨-(e)s; ⁓e⟩ *phys.* low pressure. — **⁓,bren·ner** *m phys.* low-pressure burner. — **⁓,dampf** *m* low-pressure steam. — **⁓,dampf,kes·sel** *m* low-pressure steam boiler. — **⁓,dampf·ma,schi·ne** *f* low-pressure steam engine. — **'nie·der,drücken** (*getr.* -k·k-) *v/t* ⟨*sep*, -ge-, h⟩ **1.** (*Hebel etc*) depress, press (*od.* push) down: das Gewicht drückt die Waagschale nieder the weight depresses the scale. – **2.** (*mit starkem Druck*) weigh down: der Schnee drückt die Zweige nieder the snow weighs down the branches. – **3.** *mus.* (*Tasten*) depress. – **4.** *fig.* weigh down, depress, oppress, weigh on (*od.* upon): die Sorge [der Mißerfolg] drückt ihn nieder sorrow [failure] weighs on him. — **⁓,drückend** (*getr.* -k·k-) **I** *pres p.* – **II** *adj fig.* (*Nachricht, Stimmung etc*) depressing. — **'Nie·der,druck|,hei·zung** *f tech.* low-pressure heating. — **⁓,kraft,werk** *n* low-heat hydropower station. — **'nie·der|,fah·ren** *v/i* ⟨*irr, sep*, -ge-, sein⟩ **1.** descend: zur Hölle ⁓ to descend to hell. – **2.** (*von Blitz*) strike. — **⁓,fal·len** *v/i* ⟨*irr, sep*, -ge-, sein⟩ fall down: er fiel auf die Knie nieder und betete he fell down on his knees and prayed; vor j-m ⁓ to fall (*od.* throw oneself) at *s.o.*'s feet, to prostrate oneself before *s.o.* — **N⁓,flur,wa·gen** *m tech.* low-cradled tramcar (*Am.* streetcar). — **⁓,fre,quent** *adj electr.* low- (*od.* audio)-frequency (*attrib*). — **'Nie·der·fre,quenz** *f electr.* low (*od.* audio) frequency. — **⁓,ofen** *m* low-frequency furnace. — **'Nie·der,gang** *m* ⟨-(e)s; ⁓e⟩ **1.** ⟨*only sg*⟩ (*der Gestirne*) setting: vom Aufgang bis zum ⁓ der Sonne from sunrise to sunset. – **2.** ⟨*only sg*⟩ *fig.* (*Untergang*) fall, decline: der ⁓ des römischen Reiches the fall of the Roman Empire. – **3.** ⟨*only sg*⟩ *fig.* (*sittlich u. kulturell*) decline, descent, decay, decadence, *auch* decadency: der ⁓ der Mayakultur the decline of the Maya culture; der ⁓ der Moral the decay of moral principles. – **4.** *mar.* companion (hatchway *od.* ladder), companionway. – **5.** ⟨*only sg*⟩ *metall.* (*einer Gicht*) descent, fall. – **6.** ⟨*only sg*⟩ *tech.* a) (*eines Kolbens*) downstroke, b) (*eines Aufzugkübels*) downward travel, c) (*eines Pressenstößels*) downstroke, downtravel, downward advance. — **'nie·der·ge,drückt I** *pp.* – **II** *adj* cf. niedergeschlagen II. — **'Nie·der·ge,drückt·heit** *f* ⟨-; *no pl*⟩ cf. Niedergeschlagenheit.

'nie·der,ge·hen *v/i* ⟨*irr, sep*, -ge-, sein⟩ **1.** (*von Regen etc*) fall, come down. – **2.** (*von Gewitter*) break, burst. – **3.** (*theater*) (*von Vorhang*) fall, descend, drop. – **4.** *aer.* (*Notlandung von Flugzeugen*) touch (*od.* come) down, land. – **5.** (*space*) (*von Flugkörpern*) come down, (*auf dem Wasser*) touch (*od.* splash) down. — **'nie·der·ge,schla·gen I** *pp* of niederschlagen. – **II** *adj* **1.** depressed, dejected, downcast, oppressed, downhearted, crestfallen: er ist ganz ⁓ he is very downcast. – **2.** (*mutlos*) discouraged, disheartened, despondent, low-spirited. — **'Nie·der·ge,schla·gen·heit** *f* ⟨-; *no pl*⟩ **1.** depression, dejection, dejectedness, downheartedness, crestfallenness, oppression. – **2.** (*Mutlosigkeit*) despondency, low-spiritedness. — **'nie·der·ge,streckt I** *pp.* – **II** *adj bot. zo.* prostrate. — **⁓,hal·ten** *v/t* ⟨*irr, sep*, -ge-, h⟩ **1.** hold (*od.* keep) down. – **2.** (*Feuersbrunst*) contain, fight back. – **3.** *fig.* (*Aufstand, Empörung etc*) repress, suppress. – **4.** *mil.* neutralize *Br. auch* -s-, pin down: den Feind ⁓ to pin the enemy down. — **⁓,hau·en** *v/t* ⟨*irr, sep*, -ge-, h⟩ cut down, fell: er hieb den Gegner nieder he cut his opponent down. — **⁓,hocken** (*getr.* -k·k-) *v/reflex* ⟨*sep*, -ge-, h⟩ sich ⁓ squat (down). — **⁓,ho·len** *v/t* ⟨*sep*, -ge-, h⟩ **1.** (*Fahne etc*) lower, haul down. – **2.** *mar.* strike, lower, haul down. — **N⁓,holz** *n* (*forestry*) cf. Unterholz. — **N⁓,jagd** *f hunt.* small-game shooting (*Am.* hunting). — **⁓,kämp·fen** *v/t* ⟨*sep*, -ge-, h⟩ **1.** overcome, subdue: einen Gegner ⁓ to overcome an adversary. – **2.** *mil.* a) neutralize *Br. auch* -s-, put (*s.o.*) out of action, b) (*feindliches Feuer*) silence. – **3.** *fig.* subdue: eine Abneigung gegen j-n ⁓ to suppress an aversion to *s.o.*; sie kämpfte die Tränen nieder she suppressed (*od.* fought back) her tears. — **⁓,knal·len** *v/t* ⟨*sep*, -ge-, h⟩ j-n ⁓ *colloq.* to shoot *s.o.* down, to bump *s.o.* off (*sl.*). — **⁓,kni·en** *v/i* ⟨*sep*, -ge-, sein⟩ kneel down. — **⁓,knüp·peln** *v/t* ⟨*sep*, -ge-, h⟩ bludgeon. — **⁓,kom·men** *v/i* ⟨*irr, sep*, -ge-, sein⟩ (*mit*) be confined (of), be delivered (of), give birth (to): meine Tochter ist mit einem Sohn niedergekommen my daughter has given birth to a son. — **'Nie·der,kunft** *f* ⟨-; ⁓e⟩ *med.* **1.** childbirth, confinement, lying-in, accouchement: sie geht (*od.* sieht) ihrer ⁓ entgegen she is approaching her confinement; sie ist ihrer ⁓ nahe she is near(ing) her time. – **2.** (*Entbindung*) delivery, parturition (*scient.*). — **'Nie·der,la·ge¹** *f* **1.** *mil. auch fig.* defeat, beating: eine schwere ⁓ erleiden (*od.* einstecken müssen, hinnehmen müssen) to suffer (*od.* to take) a heavy defeat; eine vernichtende ⁓ a crushing (*od.* devastating) defeat, a rout; j-m eine ⁓ beibringen to inflict (a) defeat (up)on *s.o.* – **2.** (*sport*) defeat: eine knappe ⁓ a narrow defeat; die Mannschaft mußte eine weitere ⁓ hinnehmen the team was beaten again. — **'Nie·der,la·ge²** *f econ.* **1.** (*Zweiggeschäft*) branch (office). – **2.** (*Lager, Aufbewahrungsort*) warehouse, storehouse, depot. — **'Nie·der,län·der** *m* ⟨-s; -⟩ Dutchman, Netherlander. — **'Nie·der,län·de·rin** *f* ⟨-; -nen⟩ Dutchwoman, Netherlander. — **'nie·der,län·disch I** *adj* Dutch, Netherlandian, Netherlandic, Netherlandish: die ⁓e Schule (*art*) the Dutch school (of painting). – **II** *ling.* **N⁓** ⟨*generally undeclined*⟩, das N⁓e ⟨-n⟩ Dutch, the Dutch language. — **'nie·der,las·sen I** *v/t* ⟨*irr, sep*, -ge-, h⟩ **1.** (*herablassen*) lower, let down: eine Flagge ⁓ to lower a flag. – **2.** (*fallen lassen*) drop: den Vorhang [eine Last] ⁓ to drop the curtain [a burden]. – **II** *v/reflex* sich ⁓ **3.** (*sich herunterlassen*) let oneself down, lower oneself: sich an einem Seil ⁓ to let oneself down by a rope; sich auf die Knie ⁓ to drop (*od.* fall down) on one's knees, to kneel (down). – **4.** (*sich setzen*) sit down, seat (*od.* settle) oneself, take a seat: sich behaglich ⁓ to ensconce oneself (comfortably); sich in einen (*od.* einen) Sessel ⁓ to sink into an armchair; sich auf ein(em) Sofa ⁓ to sit down on a sofa. – **5.** (*von Vögeln*) (auf *dat od.* acc on) (a)light, settle, perch. – **6.** (*von Schmetterling*) (auf *dat od.* acc on) (a)light, settle. – **7.** (*Wohnsitz*

nehmen) settle (down), take up (*od.* establish) (one's) residence (*od. lit.* one's abode, domicile, *auch* domicil), install (*Am. auch* instal) oneself, fix oneself (*od.* one's residence, *bes. Am.* locate): sich häuslich ⁓ a) to settle (down), b) to stay for a long time as a guest, to move in; ich ließ mich in Hamburg nieder I settled (down) in Hamburg. – **8.** (*Praxis, Geschäft eröffnen*) establish oneself, set (oneself) up: sich als praktischer Arzt ⁓ to set oneself up as a general practitioner (*od.* G.P.); sich als Rechtsanwalt ⁓ to settle down in the practice of law, to establish oneself in legal practice. – **III** N⁓ *n* ⟨-s⟩ **9.** *verbal noun.* — **'Nie·der,las·sung** *f* ⟨-; -en⟩ **1.** cf. Niederlassen. – **2.** (*Kolonie*) settlement, colony. – **3.** (*Gründung eines Wohnsitzes*) establishment of one's residence, domiciliation. – **4.** (*Eröffnung einer Praxis*) establishment of a practice: ⁓ als Arzt [Rechtsanwalt] establishment of a doctor's office (*od.* practice) [a legal practice]. – **5.** *econ.* (*Filiale*) branch (office, establishment), agency: die Firma hat eine ⁓ in Frankreich the firm has a branch office (*od.* an establishment) in France. — **'Nie·der,las·sungs|be,stim·mun·gen** *pl* establishment provisions, provisions (*od.* rules) governing new establishments (*od.* settlements). — **⁓,frei·heit** *f* freedom to settle (*od.* to establish a residence). — **⁓,recht** *n* right of domicile (*auch* domicil). — **'nie·der,le·gen I** *v/t* ⟨*sep*, -ge-, h⟩ **1.** lay (down), put (down), deposit: ein Werkzeug ⁓ to put down a tool; einen Kranz (am Grabe) ⁓ to lay a wreath (at the grave); etwas heftig ⁓ to dump *s.th.* – **2.** (*Waffen etc*) lay down. – **3.** *fig.* (*aufgeben*) a) (*Amt etc*) leave, resign, vacate, (*bes. hohes Amt*) abdicate, b) (*Geschäft etc*) retire from, give up: die Arbeit ⁓ to (go on) strike, to down tools, to walk out (*colloq.*); → Krone 1. – **4.** *jur.* (*Verteidigung*) abandon. – **5.** *fig.* (*aufzeichnen*) lay (*od.* put, set) down, record: schriftlich ⁓ to put in (*od.* to commit to) writing; Regeln ⁓ to lay down rules; Gedanken in einem Buche ⁓ to record thoughts in a book. – **6.** (*zur Ruhe legen*) recline, rest: sein Haupt auf ein(em) Kissen ⁓ to recline one's head on a pillow. – **7.** (*zu Bett bringen*) put (*s.o.*) to bed. – **8.** cf. niederreißen. – **II** *v/reflex* sich ⁓ **9.** lie down, repose, (*zu Bett gehen*) go (*od.* retire) to bed (*od.* rest), retire. – **10.** da legst dich nieder! *fig. colloq. dial.* that's great (*od.* terrific)! (*colloq.*), *bes. Br. vulg.* blimey! – **III** N⁓ *n* ⟨-s⟩ **11.** *verbal noun.* — **'Nie·der,le·gung** *f* ⟨-; *no pl*⟩ **1.** cf. Niederlegen. – **2.** *fig.* (*Aufgabe*) a) (*eines Amtes*) resignation, demission, (*bes. eines höheren Amtes*) abdication, b) retirement: ⁓ der Arbeit strike, walkout (*colloq.*). – **3.** *jur.* (*der Verteidigung*) abandonment. — **'nie·der|,ma·chen** *v/t* ⟨*sep*, -ge-, h⟩ cf. niedermetzeln. — **⁓,mä·hen** *v/t* ⟨*sep*, -ge-, h⟩ *fig.* **1.** mow down: Truppen ⁓ to mow down troops. – **2.** (*sport*) (*bes. beim Fußball*) scythe down. — **⁓,met·zeln I** *v/t* ⟨*sep*, -ge-, h⟩ massacre, butcher, slaughter, cut down. – **II** N⁓ *n* ⟨-s⟩ *verbal noun.* — **N⁓,met·ze·lung, N⁓,metz·lung** *f* **1.** cf. Niedermetzeln. – **2.** massacre, slaughter, battue (*lit.*). — **N⁓,öster·rei·cher** *m* Lower Austrian. — **⁓,öster·rei·chisch** *adj* Lower Austrian. — **⁓,pras·seln** *v/i* ⟨*sep*, -ge-, sein⟩ **1.** (*von Hagel, Regen etc*) lash down, pelt. – **2.** *fig.* (*von Beschimpfungen etc*) hail (*od.* shower) down, rain: eine Flut von Flüchen prasselte auf ihn nieder a torrent of curses showered down upon him. — **⁓,rau·schen** *v/i* ⟨*sep*, -ge-, sein⟩ (*von Regenwasser*) rush down. — **'nie·der,rei·ßen I** *v/t* ⟨*irr, sep*, -ge-, h⟩ **1.** (*einreißen*) tear (*od.* pull) down, demolish, raze: ein Haus ⁓ to tear down a house. – **2.** *fig.* (*beseitigen*) tear (*od.* break, pull) down, overthrow, abolish: die Schranken zwischen den Völkern ⁓ to break down (*od.* abolish) the barriers between (the) nations. – **II** N⁓ *n* ⟨-s⟩ **3.** *verbal noun.* — **'Nie·der,rei·ßung** *f* ⟨-; *no pl*⟩ **1.** cf. Niederreißen. – **2.** (*Zerstörung*) demolition. – **3.** *fig.* (*Beseitigung*) overthrow, abolition. — **'nie·der|,rei·ten** *v/t* ⟨*irr, sep*, -ge-, h⟩ ride down, override. — **⁓,ren·nen** *v/t* ⟨*irr, sep*, -ge-, h⟩ run down. — **⁓,rhei·nisch** *adj* geogr. of (od. relating to) the Lower Rhine. — ~·**rin·gen** v/t ⟨irr, sep, -ge-, h⟩ 1. (zu Boden werfen) wrestle (s.o.) down, overwhelm, flatten. – 2. fig. (bezwingen) overpower, overwhelm, overcome, master, conquer: eine Leidenschaft ~ to master a passion; quälende Zweifel ~ to overcome harrowing doubts; der Feind wurde niedergerungen the enemy was overpowered. — ~·**sä·beln** v/t ⟨sep, -ge-, h⟩ 1. saber, bes. Br. sabre, cut down. – 2. cf. niedermähen 2.

'**Nie·der**|**sach·se** m Lower Saxon. — **n**~·**säch·sisch** I adj Lower Saxon. – II ling. **N**~ ⟨generally undeclined⟩, **das N**~**e** ⟨-n⟩ Lower Saxon(ian).

'**nie·der**|**sau·sen** v/i ⟨sep, -ge-, sein⟩ whiz down. — **N**~·**schacht·ofen** m metall. low shaft furnace. — ~·**schie·ßen** I v/t ⟨irr, sep, -ge-, h⟩ j-n ~ to shoot s.o. down. – II v/i ⟨sein⟩ (auf acc [up]on, at) swoop down, pounce: der Habicht schoß auf seine Beute nieder the hawk pounced upon his prey.

'**Nie·der**|**schlag** m 1. (Bodensatz) dregs pl, lees pl, sediment, settlings pl, deposit: ~ in Weinflaschen crust; auf dem Boden der Flasche hat sich ein ~ abgesetzt sediment settled on the bottom of the bottle. – 2. (nach Atomexplosionen) radioactive dust, fallout, Br. fall-out. – 3. meteor. (Regen) rain(fall), precipitation (scient.): der Wetterbericht sagte schwere Niederschläge voraus the weather forecast announced heavy rain(fall). – 4. chem. a) precipitate, precipitation, b) (Schwitzwasser) condensation. – 5. (sport) (beim Boxen) a) knockdown, Br. knock-down, b) (kampfentscheidender) knockout, Br. knock-out. – 6. mus. downstroke, downbeat, thesis: der Dirigent bezeichnete die Stelle durch einen deutlichen ~ mit seinem Taktstock the conductor marked the place by a distinct downstroke of his baton. – 7. seinen ~ in (dat) etwas finden fig. to be embodied (od. reflected) in s.th., to find (its) expression in s.th.: dieses Ereignis fand seinen ~ in einem berühmten Roman this event was reflected in a famous novel. — **n**~·**schlagen** I v/t ⟨irr, sep, -ge-, h⟩ 1. j-n ~ a) to knock (od. strike) s.o. down, to fell s.o., b) (sport) (beim Boxen) to knock s.o. down, to floor s.o., (kampfentscheidend) to knock s.o. out. – 2. strike down, beat down: Hagel hat das Getreide niedergeschlagen hail beat the corn down. – 3. lay: den Staub ~ to lay the dust. – 4. (Augen) cast down, lower: sie schlug die Augen nieder she cast her eyes down, she looked down. – 5. (Kragen etc) turn down. 6. fig. (Aufstand etc) put down, suppress, crush, quell, quash: einen Aufstand blutig ~ to suppress a revolt cruelly. – 7. jur. a) (Strafprozeß etc) quash, b) (Forderung) waive, c) (Kosten, Gebühren) cancel. – 8. chem. precipitate, deposit. – 9. fig. (bedrücken) depress, deject, dishearten. – II v/reflex sich ~ 10. fig. be reflected, occur. – 11. chem. a) precipitate, deposit, b) (von Dampf etc) condense. – 12. der Nebel hat sich als Tau niedergeschlagen the fog has settled as dew. – III N~ n ⟨-s⟩ 13. verbal noun. – 14. cf. Niederschlagung. — ~·**schlagend** I pres p. – II adj disheartening. — '**nie·der·schlags**|**arm** adj meteor. of light precipitation. — **N**~·**bil·dung** f formation of precipitation. — **N**~·**dau·er** f duration of precipitation. — ~·**frei** adj free of precipitation, dry. — **N**~·**häu·fig·keit** f frequency of precipitation (od. rainfall). **N**~·**hö·he**, **N**~·**men·ge** f amount of precipitation (od. rainfall). — **N**~·**mes·ser** m rain ga(u)ge. — ~·**reich** adj of heavy precipitation, wet, rainy.

'**Nie·der**|**schla·gung** f ⟨-; no pl⟩ 1. cf. Niederschlagen. – 2. fig. (eines Aufstandes etc) suppression. – 3. chem. a) precipitation, b) (Verdunstung) condensation. – 4. jur. a) (eines Strafprozesses etc) quashing, b) (einer Forderung) waiver, c) (von Kosten, Gebühren) cancellation.

'**nie·der**|**schmet·tern** v/t ⟨sep, -ge-, h⟩ 1. dash (od. knock, throw) down (od. to the ground), floor: etwas [j-n] mit der Faust ~ to knock s.th. down with one's fist; der Wind schmetterte den Baum nieder the wind dashed the tree to the ground. – 2. fig. (erschüttern) shatter, crush, prostrate: j-n völlig ~ to shatter s.o. completely; die

Nachricht schmetterte ihn nieder the news shattered him. — ~·**schmet·ternd** I pres p. – II adj (Nachricht etc) shattering, crushing, staggering, devastating. — ~·**schrei·ben** I v/t ⟨irr, sep, -ge-, h⟩ 1. (aufschreiben) write down, record, indite (lit.): etwas in ungekürzter Form ~ to write s.th. out in full. – 2. jur. register. – II N~ n ⟨-s⟩ 3. verbal noun. — ~·**schrei·en** I v/t ⟨irr, sep, -ge-, h⟩ shout (s.o.) down. — **N**~·**schrift** f 1. cf. Niederschreiben. – 2. (Aufzeichnung) notes pl, writing. – 3. (Protokoll) record, minutes pl: eine ~ von den Ergebnissen einer Konferenz anfertigen to make a record of the results of a conference. — ~·**set·zen** I v/t ⟨sep, -ge-, h⟩ 1. put (od. set) down, deposit: seine Tasse ~ to put down one's cup; eine Last ~ to set down a burden. – II v/reflex sich ~ 2. sit down: sich auf einem (od. einen) Stuhl ~ to sit down on a chair. – 3. (von Vögeln etc) cf. niederlassen 5, 6. — ~·**sin·ken** v/i ⟨irr, sep, -ge-, sein⟩ sink (od. go) down, descend: auf die Knie ~ to go down on one's knees; ohnmächtig ~ to collapse. — **N**~·**span·nung** f electr. low voltage (od. tension). — ~·**stamp·fen** v/t ⟨sep, -ge-, h⟩ stamp (od. trample) (s.o.) down. — ~·**ste·chen** v/t ⟨irr, sep, -ge-, h⟩ stab (s.o.) (down). — ~·**stei·gen** I v/i ⟨irr, sep, -ge-, sein⟩ 1. step down, descend: auf- und ~ to ascend and descend; vom Berge ~ to descend from a mountain. – II v/t 2. step down, descend: eine Leiter ~ to descend (od. come down, climb down) a ladder. – III N~ n ⟨-s⟩ 3. verbal noun. – 4. descent. — ~·**stim·men** v/t ⟨sep, -ge-, h⟩ pol. 1. (Person) outvote, defeat (s.o.) by vote. – 2. (Vorlage etc) vote down. — ~·**sto·ßen** I v/t ⟨irr, sep, -ge-, h⟩ 1. (herabstoßen) push (od. knock, strike) down, detrude (lit.). – II v/i ⟨sein⟩ 2. cf. niederschießen II. – III N~ n ⟨-s⟩ 3. verbal noun. – 4. (Sturzflug) swoop, stoop. — ~·**strecken** (getr. -k·k-) I v/t ⟨sep, -ge-, h⟩ 1. j-n ~ a) (mit Faustschlag) to knock (od. strike) s.o. down, to floor s.o., b) (mit Schuß) lay s.o. low. – 2. (Waffen) lay down. – II v/reflex sich ~ 3. (sich hinlegen) lie down, stretch out: sich ermattet auf einem (od. ein) Sofa ~ to stretch out exhausted on a sofa. — ~·**stür·zen** v/i ⟨sep, -ge-, sein⟩ 1. rush down, crash down. – 2. cf. niedersinken. — ~·**tou·rig** [-·tuːriç] adj (Motor) low-speed (attrib).

'**Nie·der**|**tracht** f ⟨-; no pl⟩ 1. meanness, lowness, baseness, vileness. – 2. (gemeine Handlung) mean (od. base) act, dirty (od. scurvy, sl. rotten) trick. — '**nie·der**|**träch·tig** I adj 1. mean, low, base, vile: eine ~e Gesinnung a low mind; ein ~er Mensch a mean fellow, a wretch; ein ~er Schurke (od. Lump) a rascal, a scoundrel; ein ~er Streich, eine ~e Gemeinheit a mean (od. dirty, sl. rotten, Am. colloq. low-down) trick; das war wirklich ~! that was really mean! – 2. (heimtückisch) insidious. – II adv 3. j-n ~ behandeln, mit j-m ~ verfahren to deal meanly (od. in a mean way) with s.o. — '**Nie·der**|**träch·tig·keit** f ⟨-; -en⟩ cf. Niedertracht.

'**nie·der**|**tram·peln** v/t ⟨sep, -ge-, h⟩ tread (od. trample, stamp) down: er wurde von seinem Pferd niedergetrampelt he was savaged by his horse. — ~·**tre·ten** v/t ⟨irr, sep, -ge-, h⟩ 1. tread (s.th.) (down od. underfoot). – 2. (Schuhabsätze etc) run (od. wear) (s.th.) down.

'**Nie·de·rung** f ⟨-; -en⟩ 1. geogr. a) lowland(s pl), b) (im Gelände) low plain (od. ground), valley: sumpfige ~ marshy lowlands pl. – 2. pl lit. (des Lebens) harder side sg: er kannte die ~en des Lebens he had experienced the harder (od. darker) side of life.

'**Nie·der**|**wald** m (forestry) coppice, copse, brushwood. — **n**~·**wärts** adv down, downward(s), netherward(s) (lit.). — **n**~·**wer·fen** I v/t ⟨irr, sep, -ge-, h⟩ 1. throw (od. fling, cast) down, flatten, prostrate (lit.). – 2. (bes. sport) bring (s.o.) to the ground (od. down), flatten (sl.). – 3. von einer Krankheit niedergeworfen werden fig. to be prostrated (od. stricken) by an illness. – 4. fig. (Aufstand etc) cf. niederschlagen 6. – II v/reflex sich ~ throw (od. hurl) oneself down, prostrate oneself: sich flehend vor j-m ~ to throw oneself at s.o.'s feet. – III N~ n ⟨-s⟩ 6. verbal noun. — ~·**wer·fung** f ⟨-; no pl⟩ 1. cf. Niederwerfen.

– 2. fig. (eines Aufstandes etc) suppression. — ~·**wild** n hunt. small game. — **n**~·**zwin·gen** v/t ⟨irr, sep, -ge-, h⟩ j-n ~ to force s.o. down.

nied·lich ['niːtliç] I adj 1. (hübsch) pretty, nice (colloq.), sweet (colloq.), Am. colloq. cute, winsome: ein ~es Mädchen [Gesicht] a pretty girl [face]; sie ist recht ~ geworden she has become quite cute. – 2. (entzückend) (bes. Kind) sweet, ducky (beide colloq.), Am. colloq. cute, cunning: ein ~ Kätzchen a sweet little kitten. – 3. (zierlich) delicate, dainty: ein ~es Füßchen a dainty little foot; eine ~e Frau a petite woman. – 4. (Kleidung) pretty, nice (colloq.): ein ~es Hütchen a pretty little hat. – 5. (drollig) droll. – 6. das kann ja ~ werden! iron. that can turn out a pretty state of affairs! – II adv 7. prettily, nicely (colloq.): sie ist immer sehr ~ angezogen she always dresses very nicely. — '**Nied·lich·keit** f ⟨-; no pl⟩ 1. (des Aussehens) prettiness, niceness (colloq.), sweetness (colloq.), Am. colloq. cuteness, winsomeness. – 2. (des Wesens) sweetness, duckiness (beide colloq.), Am. colloq. cuteness, cunningness. – 3. (Zierlichkeit) delicacy, daintiness. – 4. (Drolligkeit) drollness.   [agnail.]

'**Nied·na·gel** ['niːt-] m med. hangnail,] **nie·drig** ['niːdriç] I adj 1. low: eine ~e Hütte a low(-roofed) hut; eine ~e Stirn a low forehead; ein ~es Zimmer a low--ceiling(ed) room; Schuhe mit ~en Absätzen low-heeled shoes; bei ~em Wasserstand mar. at low water; er machte die Mauer ~er he lowered the wall; am ~sten Punkt at the lowest (od. nethermost, lowermost) point. – 2. (tiefliegend) low-lying. – 3. fig. (gering) low: ein ~er Gang tech. a low gear; ~e Löhne low wages; eine ~e Schätzung a low estimate; ein Gebiet ~en Luftdrucks meteor. a low area, a depression, an area of low pressure; ~e Steuern low tax rate(s); seine Mittel waren an ihrem ~sten Punkt angelangt his means had reached their lowest (level). – 4. fig. (Preise etc) low, cheap, moderate: ~e Preise berechnen (od. fordern) to ask moderate prices; zu ~erem Preis at a lower (od. reduced) price; zu ~sten Preisen at lowest (od. [rock-]bottom, minimum) prices. – 5. fig. (Zahlen etc) low, small: ~e Karten (games) low cards; vier ist eine ~ere Zahl als sechs four is a lower figure than six. – 6. fig. (Barometerstand, Kurs, Ton etc) low: der Devisenkurs hat seinen ~sten Stand erreicht econ. the exchange (rate) is at its lowest; Es ist einen halben Ton ~er als E mus. E flat is half a tone lower than E. – 7. fig. (minderwertig) low, inferior: ~e Qualität inferior quality. – 8. fig. (primitiv) low, primitive, simple, (schlecht) bad: ~er Geschmack bad (od. low) taste; die Diskussion hielt sich auf einem ~en geistigen Niveau the discussion remained at a low intellectual level. – 9. fig. (untergeordnet) low, subordinate, inferior, humble: ein ~er Dienstgrad a subordinate rank; gemäß seiner ~eren Stellung according to his juniority. – 10. fig. (nicht vornehm) low(ly), humble, mean, simple, obscure: meine ~e Hütte humor. my humble abode; eine ~e Kaste a low caste; ~es Volk low (od. common) people; von ~er Geburt of low birth; seine ~e Herkunft bedrückt ihn sehr his humble origin distresses him greatly. – 11. fig. (mißachtet) low, menial, humble: ~e Arbeit menial work. – 12. fig. (gemein) low, base, mean, vile: ein ~er Charakter a vile nature; ~e Gedanken mean thoughts; ~e Gesinnung low-mindedness. – 13. fig. (schlecht) base, low, vulgar, contemptible, groveling, bes. Br. grovelling, scurvy: ~e Leidenschaften vulgar passions; ~e Neigungen contemptible inclinations; die ~sten Instinkte the basest instincts. – 14. fig. (ungünstig) low, unfavorable, bes. Br. unfavourable: er hat eine ~e Meinung von ihr he has a low opinion of her. – II adv 15. low: ~ brennen to burn low; ~ gehen hunt. to have cast the antlers, to be without antlers; ~ sitzen to sit down low; das Dorf liegt ~ the village lies low down (od. at a low level); etwas zu ~ angeben to understate s.th.; der Patient liegt mit seinem Kopf zu ~ the patient is lying with his head too low; die Schwalben fliegen ~ the swallows are flying low; das Wasser steht ~ the water is low; er wohnt ein Stockwerk ~er he lives one floor lower; etwas ~er setzen [stellen] to set [to place] s.th. lower (down); etwas ~er hängen a) to hang s.th. lower down, b) *fig.* to take s.th. down from its pedestal, to debunk s.th. (*colloq.*). – **16.** *fig.* (*gering*) low, (*mäßig*) moderately: ~ geschätzt werden to be moderately estimated; zu ~ schätzen to underestimate; den Preis ~ berechnen to charge a low price; die Preise stehen ~ the prices are low; die Kurse standen ¼ % ~er the rates of exchange were ¼ % worse. – **17.** *fig.* (*tief*) low. – **18.** *fig.* (*nicht vornehm*) low: ~ geboren of low(ly) (*od.* humble) birth. – **19.** *fig.* (*gemein*) low, meanly, *bes. Am.* mean, basely, (*erbärmlich*) vulgarly: ~ gesinnt sein to be vulgar-minded (*od.* low-minded). – **20.** *fig.* (*ungünstig*) low, unfavorably, *bes. Br.* unfavourably: j-n ~ einschätzen to have a low opinion of s.o.

'**nie·drig·ge,sinnt** *adj* ⟨*attrib*⟩ vulgar--minded, low-minded.

'**Nie·drig·keit** *f* ⟨-; *no pl*⟩ **1.** lowness. – **2.** *fig.* (*Gemeinheit*) lowness, baseness, meanness. – **3.** *fig.* (*von Gedanken etc*) vulgarness, vulgarity, contemptibility, scurviness.

'**nie·drig,ste·hend** *adj* **1.** (*unkultiviert*) uncultured, underdeveloped, primitive. – **2.** (*untergeordnet*) low, subordinate, inferior, humble. – **3.** (*minderwertig*) low--class (*attrib*), of low standing. – **N~was·ser** *n* ⟨-s; -⟩ *mar.* low water.

Ni·el'lier,ar·beit *f* (*art*) niello work.

ni·el·lie·ren [niɛ'liːrən] *v/t* ⟨*no* ge-, h⟩ niello, work (s.th.) in niello.

Ni·el·lo [niˈɛlo] *n* ⟨-(s); -s *u.* Niellen⟩ (*art*) niello (work): mit ~ verzieren to niello.

'**nie,mals** *adv cf.* nie.

nie·mand ['niːmant] **I** *indef pron* ⟨*gen* -(e)s, *dat* -em, *auch* -, *acc* -en, *auch* -⟩ nobody, no one, none, not ... anybody, not a soul (*colloq.*): ~ als no one but; ~ anders, *auch* sonst (*od.* weiter) ~ nobody else; überhaupt ~ no one at all; ~ Fremdes no stranger; ~ ausgenommen no one excepted, with the exception of no one; ~ da? anybody there? (bietet) ~ mehr? no other bid? ~es Freund sein to be nobody's friend; auf ~ anderen (*od.* ~en anderes) warten to wait for no one else; ich habe es ~(em) erzählt I didn't tell anyone; ich habe ~(en) gesehen I didn't see anybody; ~ will es gewesen sein nobody admits having done it; ~ sprach ein Wort nobody said a word. – **II** N~ *m* ⟨-(e)s; *no pl*⟩ nobody, no one: der böse N~ *euphem.* for Teufel 1.

'**Nie·mands,land** *n* ⟨-(e)s; *no pl*⟩ no-man's--land.

Nie·re ['niːrə] *f* ⟨-; -n⟩ **1.** *med. zo.* kidney: künstliche ~ artificial kidney; die ~n betreffend, zu den ~n gehörig renal; ich habe es mit den ~n (zu tun) *colloq.* I have kidney trouble; das geht mir (mächtig) an die ~n *fig. colloq.* that puts me out; → Herz *Bes. Redewendungen.* – **2.** *gastr.* kidney: saure ~n sour kidneys. – **3.** *geol.* reniform concretion.

'**Nie·ren,becken** (*getr.* -k·k-) *n med.* renal pelvis, pelvis of the kidney (*od.* ureter): pelvis renalis (*scient.*). — ~ent,zün·dung *f* pyelitis, pyelonephritis.

'**Nie·ren,bra·ten** *m gastr.* roast loin of veal. — ~ent,fer·nung *f med.* nephrectomy. — ~ent,zün·dung *f* inflammation of the kidneys, nephritis (*scient.*). — ~,fett *n gastr.* suet, kidney fat. — **n~,för·mig** *adj* **1.** kidney-shaped, nephroid (*scient.*). – **2.** *min.* reniform: ~er Hämatit kidney ore. — ~ge·gend *f med.* renal region. — ~,grieß *m* renal gravel (*od.* sand). — ~,ko·lik *f* renal colic. — **n~,krank I** *adj* suffering from the kidney(s). – **II** N~e *m, f* ⟨-n; -n⟩ patient suffering from a kidney disease. — ~,krank·heit *f*, ~,lei·den *n* disease of the kidneys, renal disease. — ~,schlag *m* (*sport*) (*beim Boxen*) kidney blow (*od.* punch). — ~,schwund *m med.* renal atrophy. — ~,stein *m* **1.** *meist pl med.* kidney stone; renal calculus, nephrolith (*scient.*). – **2.** *min.* jade, nephrite, spherulite. — ~tu·ber·ku,lo·se *f med.* tuberculosis of the kidneys, renal tuberculosis; nephrophthisis, nephrotuberculosis (*scient.*).

'**nie·rig** *adj min. cf.* nierenförmig 2.

'**Nies·at,tacke** (*getr.* -k·k-) *f med.* sneezing spell.

---

nie·seln ['niːzəln] *meteor. colloq.* **I** *v/impers* ⟨h⟩ **1.** es nieselt it is drizzling. – **II** N~ *n* ⟨-s⟩ **2.** *verbal noun.* – **3.** drizzle.

'**Nie·sel,priem** *m Northern G. colloq.* dunce, *Am. sl.* 'dumbbell'. — ~,re·gen *m meteor.* drizzle.

nie·sen ['niːzən] **I** *v/i* ⟨h⟩ sneeze: laut [kräftig] ~ to sneeze loudly [violently]; sie mußte dreimal ~ she sneezed three times. – **II** *v/t only in* ich werde dir [ihm] was ~! *colloq.* you [he] may whistle for it!

'**Nie·ser** ['niːzər] *m* ⟨-s; -⟩ *colloq.* (*das Niesen*) sneeze.

'**Nies,pul·ver** *n* sneezing powder. — ~,reiz *m* urge to sneeze. — ~,reiz,schwel·le *f nucl.* nose-blow triggering level.

'**Nieß,brauch** ['niːs-] *m* ⟨-(e)s; *no pl*⟩ *jur. cf.* Nutznießung. — '**Nieß,brau·cher** *m* ⟨-s; -⟩ *cf.* Nutznießer 3.

'**Nieß,nutz** *m* ⟨-(e)s; *no pl*⟩, ~,nut·zung *f jur. obs.* for Nutznießung.

'**Nies,wurz** *f* ⟨-; -en⟩ *bot.* hellebore (*Gattg Helleborus*): Stinkende ~ helleboraster, bear's-foot, pegroots *pl* (*construed as sg or pl*) (*H. foetidus*); Grüne ~ green hellebore, boar's-foot (*H. viridis*); Schwarze ~ Christmas rose, (black) hellebore (*H. niger*).

Niet [niːt] *m, auch n* ⟨-(e)s; -e⟩ *tech.* rivet. — ~,bol·zen *m* riveting bolt.

Nie·te ['niːtə] *f* ⟨-; -n⟩ **1.** (*beim Los*) blank: eine ~ ziehen to draw a blank. – **2.** *fig. colloq.* (*Versager*) failure, 'washout', *Br.* 'wash-out' (*sl.*), dud (*sl.*), *bes. Am. sl.* 'lemon': er ist eine ~ he is a washout. – **3.** *fig. colloq.* (*Reinfall*) failure, 'washout', *Br.* 'wash-out' (*sl.*), 'flop' (*colloq.*): das Buch war eine ~ the book was a flop. – **4.** *colloq.* for Niet.

nie·ten ['niːtən] *tech.* **I** *v/t* ⟨h⟩ **1.** rivet. – **II** N~ *n* ⟨-s⟩ **2.** *verbal noun.* – **3.** *cf.* Nietung.

'**Nie·ten,ho·se** *f* (*fashion*) (blue) jeans *pl.*

'**Nie·ter** *m* ⟨-s; -⟩ *tech.* riveter.

'**Niet,ham·mer** *m tech.* riveting hammer. — ~,kopf *m* rivet head. — ~,kopf,set·zer *m* snap die, heading set. — ~,loch,reib,ah·le *f* taper bridge reamer. — ~,ma,schi·ne *f* **1.** (*durch Schlag*) riveting machine. – **2.** (*durch Druck*) riveter. — ~,na·gel *m* **1.** *med. cf.* Niednagel. – **2.** *tech. cf.* Niet. — ~,senk,kopf *m tech.* countersunk rivet head. — ~,stahl *m* rivet steel (*od.* stock). — ~,stem·pel *m* snap head die, snap set.

'**niet- und 'na·gel,fest** *adj* ⟨*pred*⟩ *colloq.* nailed (*od.* screwed) down, clinched and riveted: die Diebe nahmen alles mit, was nicht ~ war the thieves took everything that they could carry.

'**Nie·tung** *f* ⟨-; -en⟩ *tech.* **1.** *cf.* Nieten. – **2.** (*Nietverbindung*) rivet joint.

'**Niet,ver,bin·dung** *f tech.* rivet joint. — ~,werk,zeug *n* rivet set and header. — ~,win·de *f* screw dolly. — ~,wip·pe *f* dolly bar. — ~,zan·ge *f* riveting tongs *pl* (*sometimes construed as sg*).

Ni·fe ['niːfə] *n* ⟨-; *no pl*⟩, ~,kern *m geol.* iron-nickel core, nickel-iron core, nife.

'**Nifl,heim** ['niːfəl-] *npr n* ⟨-(e)s; *no pl*⟩ *myth.* Niflheim, Nifelheim.

'**ni·gel'na·gel'neu** ['niːɡəl-] *adj Swiss and Austrian colloq. cf.* funkelnagelneu.

Nig·ger ['nɪɡər; 'nɪɡə] (*Engl.*) *m* ⟨-s; -⟩ *contempt.* nigger.

Ni·gro·sin [niɡro'ziːn] *n* ⟨-s; -e⟩ *chem.* (*paints*) nigrosine, *auch* nigrosin, Nigrosin(e).

Ni·hi·lis·mus [nihi'lɪsmʊs] *m* ⟨-; *no pl*⟩ *philos. pol.* nihilism. — **Ni·hi'list** [-'lɪst] *m* ⟨-en; -en⟩ nihilist, *auch* Nihilist. — **ni·hi'li·stisch** *adj* nihilist(ic).

Ni·ko·laus ['niːkolaus] **I** *npr m* ⟨-; *no pl*⟩ Nicholas: der heilige ~ Saint Nicholas. – **II** *m* ⟨-; -e, *humor. colloq.* ~e⟩ Santa Claus. — ~,abend *m* St. Nicholas' Eve. — ~,tag *m* St. Nicholas' Day.

Ni·ko·lo ['nɪkolo] *m* ⟨-s; -s⟩ *Austrian for* Nikolaus II.

Ni·ko·tin [niko'tiːn] *n* ⟨-s; *no pl*⟩ *chem.* nicotine ($C_{10}H_{14}N_2$): ~ entziehen to denicotinize (*Br. auch* -s-). — **n~,arm** *adj* with (a) low nicotine content, with little nicotine, denicotinized *Br. auch* -s-. — **n~,frei** *adj* nicotine-free, free of (*od.* from) nicotine, nonnicotinic *Br.* non-, nicotineless. — ~ge,halt *m* nicotine content. — **n~,hal·tig** *adj* containing nicotine, nicotinic. — ~,säu·re *f chem.* nicotinic acid, *auch* niacin (C_5H_4NCOOH). — ~ver,gif·tung *f med.* nicotine poisoning, nicotinism, tobacco (*od.* nicotine) intoxication.

'**Nil,barsch** ['niːl-] *m zo.* cockup (*Lates niloticus*). — ~,del·ta *n geogr.* delta of the Nile. — ~,frosch *m zo.* heka (*od.* Nile) frog (*Rana mascareniensis*). — ~,gans *f* Egyptian (*od.* Nile) goose (*Alopochen aegypticus*).

Nil·gau ['nɪlɡau] *m* ⟨-(e)s; -e⟩, ~,an·ti,lo·pe *f zo.* nilgai, *auch* nylghai(e), nylghau (*Boselaphus tragocamelus*).

'**Nil,hecht** *m zo.* gymnarchus (*Gymnarchus niloticus*). — ~,kro·ko,dil *n* Nile crocodile (*Crocodylus niloticus*).

Ni·lo·te [ni'loːtə] *m* ⟨-n; -n⟩ *geogr.* Nilot. — **ni'lo·tisch** *adj* Nilotic.

'**Nil,pferd** *n zo. cf.* Flußpferd. — ~,peit·sche *f* sjambok.

'**Nil,wa,ran** *m zo.* African monitor (*Varanus niloticus*).

Nim·bo·stra·tus [nimbo'straːtus] *m* ⟨-; -⟩ *meteor.* nimbostratus (cloud).

Nim·bus ['nɪmbus] *m* ⟨-; *rare* -se⟩ **1.** (*bes. art*) (*Heiligenschein*) nimbus, halo, aureole, glory. – **2.** *fig.* aura, halo, nimbus, prestige: er hat den (*od.* steht im) ~ der Unbesiegbarkeit he has an aura of invincibility about him; j-n seines ~ entkleiden to strip (*od.* divest) s.o. of his prestige, to debunk s.o. (*colloq.*). — ~,wol·ke *f meteor.* nimbus (cloud).

nimm [nɪm] *imp sg of* nehmen.

nim·mer ['nɪmər] *adv colloq.* **1.** never (again), nevermore (*lit.*): nie und ~! never (ever)! das hat er nie und ~ getan he certainly never did that; ich will ihn ~ wiedersehen I don't want to see him ever again; ich werde ihn ~ wiedersehen I shall never see him again; das ist nun und ~ so that's certainly not so. – **2.** *Southern G. dial.* no longer, no more, not ... anymore (*Br.* any more): ich halt' das ~ aus I can't bear it any longer.

'**Nim·mer·leins,tag** *m colloq. iron.* Greek calends *pl* (*od.* kalends *pl*): er bezahlt seine Rechnung am ~ he will pay his bill at the Greek calends, he will never pay up.

'**nim·mer,mehr** *adv dial.* **1.** never again, nevermore (*lit.*): nun und ~ now and never again. – **2.** (*keinesfalls*) by no means, on no account, never. — ~'mü·de *adj* untiring, indefatigable. — ~,satt **I** *adj* **1.** (*Junge etc*) insatiable. – **2.** *fig.* insatiable, greedy. – **II** N~ *m* ⟨- *u.* -(e)s; -e⟩ **3.** glutton. – **4.** *fig.* glutton, greedy (*od.* insatiable) person. – **5.** *zo.* wood ibis (*Ibis ibis*). — N~,wie·der,se·hen [,nɪmər-] *n colloq. only in* auf ~ never to meet (*od.* be seen) again; auf ~ verschwinden to disappear never to be seen again, to leave for good.

nimmst [nɪmst] *2 sg*, **nimmt** [nɪmt] *3 sg pres of* nehmen.

Nim·rod ['nɪmrɔt] **I** *npr m* ⟨-; *no pl*⟩ *Bibl.* Nimrod. – **II** *m* ⟨-s; -e⟩ *fig. lit.* (*leidenschaftlicher Jäger*) nimrod, *auch* Nimrod.

Ni·ni·vit [nini'viːt] *m* ⟨-en; -en⟩ *hist.* Ninevite, Ninivite. — **ni·ni'vi·tisch** *adj* Ninevitical, Ninevitish.

Ni·ob [ni'oːp] *n* ⟨-s; *no pl*⟩ *chem.* niobium (Nb).

Ni·o·bi·de [nio'biːdə] *npr m, f* ⟨-n; -n⟩ *myth.* Niobid. — **Nio'bi·den,grup·pe** *f* (*art*) *myth.* group of Niobe and her children, Niobean group.

Ni·o·bi·um [ni'oːbium] *n* ⟨-s; *no pl*⟩ *chem. cf.* Niob.

Nip·pel ['nɪpəl] *m* ⟨-s; -⟩ *tech.* nipple: mit ~n versehen to nipple.

nip·pen ['nɪpən] *v/i auch v/t* ⟨h⟩ **1.** (take a) sip: an einem Glas ~ to sip from (*od.* at) a glass; an einem Getränk ~ to take a sip of (*od.* from) a drink, to sip at a drink. – **II** N~ *n* ⟨-s⟩ **2.** *verbal noun.* – **3.** sip.

Nip·per ['nɪpər] *m* ⟨-s; -⟩ *Austrian* (*Schleppseilklemme eines Zugschiffes*) towrope stopper.

Nip·pes ['nɪpəs; nɪps; nɪp] *pl* knick-knacks, *Br.* knick-knacks, nicknacks, *Br.* nick-nacks, *bes. Am.* nicnacs, bric-a-brac *sg*, rattletraps, pretty-pretties (*colloq.*), bibelots.

'**Nipp,flut** *f mar.* neap tide.

'**Nipp,sa·chen** *pl cf.* Nippes.

nir·gend ['nɪrɡənt] *adv rare for* nirgends. — N~,heim *n* ⟨-(e)s; *no pl*⟩ *only in* von ~ homeless. — ~,her *adv cf.* nirgendsher. — N~,land *n* ⟨-(e)s; *no pl*⟩ never-never land (*od.* country), neverland, utopia.

'**nir·gends** *adv* nowhere, not anywhere: sonst ~ nowhere else; das Buch war ~ zu finden the book was nowhere to be found;

er ist überall und ~ zu Hause his home is where he makes it. — ~,**her** adv from nowhere. — ~,**wo** adv cf. nirgends. — **~wo,hin** adv nowhere, nowhither (lit.), not anywhere.

'**nir·gend**|,**wo** adv cf. nirgends. — **~wo,hin** adv cf. nirgendswohin.

Ni·ro·sta [ni'rosta] (TM) m ⟨-(s); no pl⟩ metall. nirosta (a chrome-nickel alloy).

Nir·wa·na [nɪr'vaːna] n ⟨-(s); no pl⟩ relig. u. fig. Nirvana: ins ~ eingehen to die.

Ni·sche ['niːʃə] f ⟨-; -n⟩ **1.** arch. a) niche, b) (für Statuen) aedicula: runde ~ roundel; in eine ~ stellen to place (od. put) in a niche, to niche. – **2.** antiq. (eines Kolumbariums) loculus. – **3.** med. (des Magens) niche, recess. – **4.** (Koch-, Eßnische) recess.

Nis·se ['nɪsə] f ⟨-; -n⟩ zo. nit.

Nis·sen,hüt·te ['nɪsən-] f (Wellblechbaracke) Nissen hut, Am. auch Quonset (hut).

'**nis·sig** adj nitty, full of (od. infested with) nits.

ni·sten ['nɪstən] I v/i ⟨h⟩ **1.** (von Vögeln) nest, build a nest, (bei Insekten) nidify, nidificate (scient.). – II N~ ⟨-s⟩ **2.** verbal noun. – **3.** nidification.

'**Nist**|,**ka·sten** m nest(ing) box. — ~,**ort·treue** f zo. nest site. — ~,**platz** m nesting (od. breeding) place, (der Seevögel u. Robben etc) auch rookery. — ~,**zeit** f breeding time.

Ni·ton ['niːtən] n ⟨-s; no pl⟩ chem. obs. for Radiumemanation.

Ni·trat [ni'traːt] n ⟨-(e)s; -e⟩ chem. nitrate.

Ni·trid [ni'triːt] n ⟨-(e)s; -e⟩ chem. nitride.

Ni'trier,an,la·ge f metall. nitriding equipment.

ni·trie·ren [ni'triːrən] I v/t ⟨no ge-, h⟩ **1.** metall. nitride. – **2.** chem. nitrate. – II N~ n ⟨-s⟩ **3.** verbal noun. – **4.** cf. Nitrierung.

ni'trier|,**här·ten** v/t ⟨insep, -ge-, h⟩ metall. nitride. — N~,**här·tung** f nitrogen (od. nitride) hardening, nitriding. — N~,**stahl** m nitriding steel.

Ni'trie·rung f ⟨-; -en⟩ **1.** cf. Nitrieren. – **2.** chem. nitration. – **3.** metall. nitriding, nitrogen case hardening.

Ni·tri·fi·ka·ti·on [nitrifika'tsɪoːn] f ⟨-; -en⟩ chem. nitrification. — **ni·tri·fi'zie·ren** [-'tsiːrən] v/t ⟨no ge-, h⟩ chem. nitrify.

Ni·tril [ni'triːl] n ⟨-s; -e⟩ chem. nitrile.

Ni·trit [ni'triːt; -'trɪt] n ⟨-s; -e⟩ chem. nitrite.

Ni·tro..., ni·tro... combining form denoting nitro-.

Ni·tro|**bak·te·ri·en** [nitrobak'teːrɪən] pl biol. nitrobacteria. — ~**ben'zol** [-bɛn'tsoːl] n ⟨-s; no pl⟩ chem. nitrobenzene ($C_6H_5NO_2$). — ~,**farb,stoff** ['niːtro-] m (paints) nitro dye.

Ni·tro·gen [nitro'geːn], **Ni·tro'ge·ni·um** [-nium] n ⟨-s; no pl⟩ chem. nitrogen (N).

Ni·tro|**gly·ze·rin** [nitroglytse'riːn] n chem. nitroglycerin(e) ($C_3H_5(ONO_2)_3$). — ~**grup·pe** ['niːtro-] f nitro group.

ni·tros [ni'troːs] adj chem. (Gase) nitrous.

'**Ni·tro,spreng,stoff** ['niːtro-] m chem. nitroexplosive.

Ni·tro·zel·lu·lo·se [nitrotselu'loːzə] f chem. cellulose nitrate, auch nitrocellulose. — ~,**lack** m nitrocellulose (od. pyroxylin) lacquer.

Nit·schel ['nɪtʃəl] f ⟨-; -n⟩ (textile) rubbing device.

Ni·veau [ni'voː] n ⟨-s; -s⟩ **1.** (ebene Fläche) level, plane: sie liegen auf gleichem ~, sie haben gleiches ~ they are on the same level; sie haben ungleiches ~ they are on different levels. – **2.** (Höhenstufe) height: das ~ des Sees ist 500 m über dem Meeresspiegel this lake lies 500 meters (bes. Br. metres) above sea level. – **3.** fig. (Norm, Maßstab) standard: seine Leistungen liegen über dem allgemeinen ~ his achievements are above average (od. the general standard). – **4.** fig. (geistiges) level, plane, niveau: er hat ~ he is a man of culture; er hat ein hohes geistiges ~ his intellectual niveau is of a high order; das Buch hat ~ the book is on a high level (od. colloq. has class); unter dem ~ not up to standard, below par. – **5.** tech. level. – **6.** quasistatisches ~ nucl. virtual level. — ~,**ein,stell,schrau·be** f tech. level adjustment screw. — ~,**kur·ve** f geogr. cf. Höhenlinie. — **n~·los** adj fig. indifferent, mediocre. — ~,**re·gel·ven,til** n tech. level adjustment valve.

Ni·vel·le·ment [nivɛl(ə)'mãː] n ⟨-s; -s⟩ tech. leveling, bes. Br. levelling.

ni·vel·lie·ren [nivɛ'liːrən] I v/t ⟨no ge-, h⟩ **1.** tech. level. – **2.** civ.eng. level, take (the) level of. – **3.** fig. (Unterschiede etc) iron out, even, assimilate. – II N~ n ⟨-s⟩ **4.** verbal noun.

Ni·vel'lier|**ge,rät**, ~**in·stru,ment** n (für Vermessung) instrument. — ~,**lat·te** f level(l)ing rod. — ~,**schrau·be** f level(l)ing screw.

Ni·vel'lie·rung f ⟨-; -en⟩ tech. civ.eng. auch fig. cf. Nivellieren.

Ni·vel'lier,waa·ge f tech. spirit level.

nix [nɪks] indef pron colloq. nothing, bes. Am. sl. nix.

Nix m ⟨-es; -e⟩ myth. water sprite, merman, nicker, nix. — **Ni·xe** ['nɪksə] f ⟨-; -n⟩ nix, nixie, water sprite, mermaid. — '**ni·xen·haft** adj like a nix.

'**Ni·xen,kraut**, '**Nix,kraut** n bot. naiad, water nymph (Gattg Najas).

ni·zä·isch [ni'tsɛːɪʃ], **ni'zä·nisch** [-nɪʃ] adj Nicene: das N~e Glaubensbekenntnis the Nicene Creed.

Noa·chi·de [noa'xiːdə] m ⟨-n; -n⟩ Bibl. descendant of Noah.

no·bel ['noːbəl] I adj ⟨nobler; -st⟩ **1.** noble: er ist ein nobler Mensch he is a noble (od. noble-minded) person. – **2.** (freigebig) generous, liberal, free-handed, lavish, munificent (lit.). – **3.** (Handlung, Geschenk etc) generous, handsome, lavish, munificent (lit.). – **4.** ⟨attrib⟩ colloq. (elegant, vornehm) elegant, stylish, fashionable, posh (sl.), (k)nobby (sl.): noble Passionen fashionable foibles (od. vices). – II adv **5.** sich ~ zeigen to show generosity; ~ gekleidet fashionably dressed; ~ geht die Welt zugrunde (Sprichwort) etwa abundance, lavish, ruins many (proverb).

'**No·bel** m ⟨-s; no pl⟩ (in der Tierfabel) lion.

'**No·bel,gar·de** f (des Papstes) Swiss guard.

No·be·li·um [no'beːlium] n ⟨-s; no pl⟩ chem. nobelium (No).

No'bel|,**preis** [no'bɛl-] m Nobel prize. — ~,**preis,trä·ger** m Nobel prize winner. — ~,**stif·tung** f ⟨-; no pl⟩ Nobel foundation.

No·bi·li·tät [nobili'tɛːt] f ⟨-; no pl⟩ antiq. u. fig. nobility. — **no·bi·li'tie·ren** [-'tiːrən] v/t ⟨no ge-, h⟩ obs. for adeln 1.

No·bles·se [no'blɛsə] f ⟨-; -n⟩ **1.** obs. noblesse. – **2.** ⟨only sg⟩ rare fig. nobility: ein Mann von wahrer ~ a man of true nobility.

no·bles·se ob·lige [nɔblɛsə'bliːʒ] (Fr.) noblesse oblige.

noch [nɔx] I adv **1.** still: er wohnt ~ hier he is still living here; ~ habe ich Vertrauen zu ihm I still have confidence in him; er hofft immer ~ auf ein Wort von ihr he still hopes for (a) word from her (od. to hear from her). – **2.** (mit Negation) yet: ~ nicht [nichts] not [nothing] yet; wir haben ~ nichts von ihm gehört we haven't heard anything from him yet, we have not yet heard anything from him; ich habe das Buch ~ nicht gefunden I have not yet found the book; ich bin ~ nicht dazu gekommen abzuwaschen I have not got round to washing up yet; ich gehe ~ lange nicht nach Hause I'm not going home for a long time yet; das habe ich ~ lange nicht gesagt I didn't mean that, not by a long shot (od. way); das ist ~ nie vorgekommen that has never happened before; wir haben uns ~ nie gestritten we have never yet had a row, we have yet to have a row; ein ~ nie dagewesener Fall an unprecedented case. – **3.** (weiterhin) still, yet: wird er ~ hier sein, wenn ich zurückkomme? will he still be here when I get back? ich habe ~ viel Arbeit I have a lot of work to do yet, I still have a lot of work to do; das Fleisch muß ~ kochen the meat has still (od. yet) to be cooked; solange ~ Zeit ist while there is still time; wird es ~ lange dauern? will it take much longer? ist ~ etwas übrig? is there still some(thing) left? is there any(thing) left? er hat nur ~ 10 Mark he has only 10 marks left. – **4.** (außerdem, dazu) besides, in addition (to that), further: ich möchte es ~ einmal tun I want to do it (once) again (od. once more); (sonst) ~ etwas? anything else? möchten Sie ~ etwas (Fleisch)? would you like some more (meat)? ~ dazu over and above that, (and) what is more, in addition (to that); ~ einer one more, (yet od. still) another; ~ ein solches Unglück another such disaster; ~ eins

will ich dir sagen I will tell you one more thing; Herr Ober, ~ ein Bier waiter, another (od. one more) beer; geben Sie mir ~ ein Pfund Weintrauben give me another (od. one more) pound of grapes, please; ich wartete ~ zwei Stunden I waited for another two hours; ~ ein paar Jahre another year or so; ~ zwei Minuten two minutes to go (od. more); was sagten Sie ~? what else did you say? wer war denn ~ da? who else was there? was willst du ~? what more do you want? auch das ~! colloq. that's about the limit! that crowns (it) all! das fehlte uns ~ colloq. that's all we need(ed); und was sonst ~ alles colloq. and all the rest of it, and what else besides; sonst ~ was? a) anything else? b) colloq. iron. what next? drei Dollar und ~ ein paar Cents three dollars and a few odd cents; es war kalt, und außerdem regnete es ~ it was cold and it was raining into the bargain (od. besides); er ist dumm und dazu ~ faul he is stupid and lazy into the bargain. – **5.** (irgendwann) yet, some time: er wird schon ~ kommen I'm sure he will come yet; sie wird es dir ~ selbst sagen she will tell you herself some time; du wirst es ~ bereuen you will (live to) regret it, you will regret it yet; das bleibt ~ abzuwarten that remains to be seen. – **6.** (steigernd beim Komparativ) still, even, yet: es war ~ schlimmer als ich dachte it was even worse than I imagined (it to be); das wäre ~ besser that would be better still; diese Aufgabe ist ~ schwieriger this task is still (od. yet, even) more difficult; ~ einmal so alt wie er twice his age; ~ einmal so viel twice as much, as much again. – **7.** (vor so kurzer Zeit) as recently as, only: ich habe ihn ~ vor zwei Tagen gesehen I saw him only two days ago; ~ vor einer Woche war er gesund und munter only a week ago he was hale and hearty; ~ bis vor ganz kurzer Zeit until very recently. – **8.** (zur Betonung u. Verstärkung) even: ~ am gleichen Tag ging er zu ihr on the very same day he went to see her; es muß ~ heute gemacht werden it must be done before the day is out; ~ lange nachher for a long time after(wards); er hat Bücher und ~ he has ever so many books (colloq.); er kann reden ~ und ~ he can talk without end; er hat Geld ~ und ~ he has money to burn; nur ~ verdächtiger all the (od. even) more suspicious. – **9.** ~ so however, ever so (colloq.): sei es auch ~ so wenig however (od. no matter how) little it may be; Sie mögen ~ so viel reden say what you like, however much you may talk; und wenn er sich ~ so sehr bemüht no matter how hard he may try. – **10.** (eben, gerade) just: er erreichte den Zug gerade ~ he caught the train just in time; das mag ~ hingehen that may just do (od. work). – **11.** (so spät wie) as late as: ~ im elften Jahrhundert as late as the eleventh century. – II conj **12.** weder (od. nicht) nicht) ... ~ neither ... nor, (nach Verneinung) either ... or: weder du weißt es ~ er neither you nor he knows; es reicht weder für mich ~ für dich it is not enough either for you or for me; sie konnte weder hören ~ sprechen she could not hear nor speak either (colloq.).

'**noch,ma·lig** adj ⟨attrib⟩ repeated, reiterated, renewed: nach ~er Durchsicht after renewed examination; ~e Überprüfung countercheck; ~e Zählung recount, Br. re-count; bei ~er Überlegung on second thought.

'**noch,mals** adv (over) again, once more (od. again), a second time; anew, afresh (lit.): ich muß den Brief ~ schreiben I must write the letter again; ~ anfangen to begin anew (od. again), to recommence; etwas ~ tun to do s.th. again, to redo s.th.; etwas ~ überdenken (od. überlegen) to reconsider s.th.; etwas ~ prüfen to reexamine (Br. re-examine) (od. recheck, countercheck, revise) s.th.

Nock [nɔk] n ⟨-(e)s; -e⟩, auch f ⟨-; -en⟩ mar. (einer Rahe) yardarm.

Nocken[1] (getr. -k·k-) ['nɔkən] m ⟨-s; -⟩ tech. **1.** cam. – **2.** (Anschlagnocken) (trip)dog.

'**Nocken**[2] (getr. -k·k-) f ⟨-; -⟩ bes. Austrian contempt. silly goose (od. goat).

'**Nocken**|,**an,trieb** (getr. -k·k-) m tech. cam drive. — ~,**schei·be** f cam disk (od. wheel). — ~,**wel·le** f camshaft.

Nockerl (getr. -k-k-) ['nɔkərl] n ⟨-s; -n⟩ *Bavarian and Austrian* small (semolina) dumpling: → Salzburger. — ~,sup·pe f semolina dumpling soup.

Noc·turne [nɔk'tʏrn] n ⟨-s; -s⟩, f ⟨-; -s⟩ mus. nocturne.

Noe·sis ['noːezɪs] f ⟨-; no pl⟩ philos. noesis. — **Noe·tik** [no'eːtɪk] f ⟨-; no pl⟩ noetic(s pl).

No·fre·te·te [nofre'teːtə] npr f ⟨-; no pl⟩ hist. Nefertiti, auch Nofretete, auch Nefretete.

Nok·tur·ne [nɔk'tʊrnə] f ⟨-; -n⟩ mus. cf. Nocturne.

nö·len ['nøːlən] v/i ⟨h⟩ *Northern G.* dilly-dally, dawdle, shilly-shally, (im Reden) drawl.

no·lens vo·lens ['noːlɛns 'voːlɛns] adv perforce, willy-nilly, bes. Br. nolens volens.

No·li·me·tan·ge·re [nolime'taŋgere] n ⟨-; -⟩ bot. cf. Rührmichnichtan 1.

'Nöl|,pe·ter [-,peːtər] m ⟨-s; -⟩, ~,su·se f ⟨-; -n⟩ *Northern G. colloq.* dawdler, bes. Am. slowpoke, bes. Br. slow coach.

No·ma·de [no'maːdə] m ⟨-n; -n⟩ nomad, auch nomade.

no'ma·den·haft adj nomadic, nomad (attrib), migratory, migrant, vagrant, roving, roaming: ein ~es Leben führen to lead a nomadic life. — **No'ma·den|,le·ben** n fig. nomadic (od. unsettled) life. — ~,stamm m nomadic (od. wandering) tribe. — **No'ma·den·tum** n ⟨-s; no pl⟩ nomadism. — **No'ma·den,volk** n nomadic people (od. tribe).

no'ma·disch adj cf. nomadenhaft.

no·ma·di·sie·ren [nomadi'ziːrən] v/i ⟨no ge-, h⟩ auch fig. nomadize, lead a nomadic (od. wandering) life.

No·men ['noːmən] n ⟨-s; Nomina [-mina]⟩ ling. **1.** (Hauptwort) nomen, noun, substantive. – **2.** (Eigenschaftswort) adjective.

No·men·kla·tur [nomɛnkla'tuːr] f ⟨-; -en⟩ nomenclature.

'No·men 'pro·pri·um ['proːprium] n ⟨-; Nomina propria [-mina -pria]⟩ proper name.

no·mi·nal [nomi'naːl] adj nominal. — **N~be,trag** m econ. nominal amount. — **N~,ein,kom·men** n nominal income.

No·mi·na·lis·mus [nomina'lɪsmus] m ⟨-; no pl⟩ philos. nominalism. — **No·mi·na'list** [-'lɪst] m ⟨-en; -en⟩ nominalist. — **no·mi·na'li·stisch** adj nominalistic, nominalist (attrib).

No·mi'nal,lohn [nomi'naːl-] m econ. money wage(s pl). — ~,stil m substantival style. — ~,wert m money (od. nominal, face) value, nominal par.

No·mi·na·ti·on [nomina'tsioːn] f ⟨-; -en⟩ bes. relig. nomination.

No·mi·na·tiv ['noːminatiːf; nomina'tiːf] m ⟨-s; -e⟩ ling. nominative (case).

no·mi·nell [nomi'nɛl] adj nominal, by (od. in) name, titular.

no·mi·nie·ren [nomi'niːrən] I v/t ⟨no ge-, h⟩ nominate: j-n wieder ~ to renominate s.o. – II N~ n ⟨-s⟩ verbal noun. — **No·mi'nie·rung** f ⟨-; -en⟩ **1.** cf. Nominieren. – **2.** nomination.

No·mo·gramm [nomo'gram] n ⟨-s; -e⟩ math. nomogram, auch nomograph. — **No·mo·gra'phie** [-gra'fiː] f ⟨-; no pl⟩ nomography.

no·mo·the·tisch [nomo'teːtɪʃ] adj jur. pol. obs. nomothetic.

No·na·gon [nona'goːn] n ⟨-s; -e⟩ math. nonagon.

Non·cha·lance [nõʃa'lãːs] (Fr.) f ⟨-; no pl⟩ nonchalance: etwas mit ~ tun to do s.th. nonchalantly. — **non·cha'lant** [-'lãː] flektiert -e -'lantə] adj nonchalant.

No·ne ['noːnə] f ⟨-; -n⟩ **1.** mus. ninth. – **2.** relig. nones pl (construed as sg or pl). – **3.** pl antiq. nones pl (construed as sg or pl).

No·ni·us ['noːniʊs] m ⟨-; -nien u. -se⟩ tech. vernier. — ~,ab,le·sung f vernier reading. — ~,tei·lung f vernier scale.

Non·kon·for·mis·mus [nɔnkɔnfɔr'mɪsmus] m nonconformism. — **Non·kon·for'mist** [-'mɪst] m **1.** nonconformist. – **2.** relig. cf. Dissenter. — **non·kon·for'mi·stisch** adj nonconformist, nonconforming.

non li·quet ['noːn 'liːkvɛt] bes. jur. non liquet, it is not clear.

Non·ne ['nɔnə] f ⟨-; -n⟩ **1.** relig. nun, vestal (lit.): ~ werden to become a nun, to take the veil, to enter a convent. – **2.** arch. (Dach-

ziegel) undertile, tegula. – **3.** zo. nun-(moth) (Lymantria monacha).

'Non·nen|,hau·be f coif. — ~,klo·ster n relig. convent, nunnery (obs.). — ~,or·den m order for (od. of) nuns.

Non·pa'reille,schrift [nõpa'rɛːj-] f print. nonpareil.

Non·plus·ul·tra [nɔnplus'ʔultra] n ⟨-; no pl⟩ non plus ultra, ne plus ultra, acme, height.

Non·sens ['nɔnzɛns] m ⟨- u. -es; no pl⟩ nonsense.

Non'stop|,flug [nɔn'stɔp-] m aer. nonstop (Br. non-stop) flight. — ~,vor,stel·lung f (im Kino) continuous (od. nonstop, Br. non-stop) showing.

Noo·lo·gie [noolo'giː] f ⟨-; no pl⟩ philos. noology. — **noo·lo·gisch** [-'loːgɪʃ] adj noological.

Noor [noːr] n ⟨-(e)s; -e⟩ *Low G.* for Haff 1.

Nop·pe ['nɔpə] f ⟨-; -n⟩ (textile) burl, nap, noil.

nop·pen ['nɔpən] I v/t ⟨h⟩ **1.** nap. – **2.** (rauhen) burl. – II N~ n ⟨-s⟩ **3.** verbal noun. – **4.** nap finish.

'Nop·pen,garn n (textile) knop yarn.

Nord¹ [nɔrt] ⟨invariable⟩ **1.** (Himmelsrichtung) north: sie kamen von ~ und Süd they came from north and south; ~ zu Ost mar. north by east. – **2.** (Landstrich, Gegend) North: ~ und Süd arbeiten eng zusammen North and South work closely together.

Nord² m ⟨-(e)s; rare -e⟩ meteor. (Nordwind) north (od. northerly) wind, auch north: es weht ein eisiger ~ an icy north wind is blowing.

'Nord|afri'ka·ner m, ~afri'ka·ne·rin f North African. — **n~afri'ka·nisch** adj North African. — ~ame'ri'ka·ner m, ~ame'ri'ka·ne·rin f North American. — **n~ame'ri'ka·nisch** adj North American: der N~e Unabhängigkeitskrieg the American War of Independence.

'Nord·at'lan·tik m geogr. North Atlantic. — **'Nord·at·lan·tik,pakt** m pol. North Atlantic Treaty. — ~,or·ga·ni·sa·ti,on f North Atlantic Treaty Organization, NATO.

'nord|,deutsch I adj North(ern) German: N~er Bund hist. North German Confederation (1866—70). – II ling. N~ ⟨generally undeclined⟩, das N~e ⟨-n⟩ North German. — **N~,deut·sche** m, f North(ern) German.

Nor·den ['nɔrdən] m ⟨-s; no pl⟩ **1.** (Himmelsrichtung) north: im ~ in the north, up north (colloq.); im ~ von to the north of; nach ~ (gerichtet) northward(s); von ~ aus ~ northerly; dies Schiff geht nach ~ this boat is northbound; ein Flug in Richtung ~ a northbound flight; das Fenster geht nach ~ the window faces north. – **2.** (Landstrich, Gegend) North, auch north: der ~ des Landes the North of the country; unseren Urlaub verbringen wir gern im ~ we like to spend our holidays (Am. vacation) in the North; der kalte [hohe] ~ the cold [far] North; im ~ von in (od. to) the north of.

Nor·der ['nɔrdər] m ⟨-s; -⟩ **1.** *Low G.* for Nord¹. – **2.** meteor. (Wind) north.

'Nord|eu·ro'pä·er m, ~eu·ro'päe·rin f North European. — **n~eu·ro'pä·isch** adj North (od. Northern) European.

'Nord,flüs [-,flyːs] n ⟨-(es); no pl⟩ *Low G.* for Nordlicht.

'Nord·ger,ma·nen pl hist. North Germanic peoples, auch Scandinavians (a group of Germanic peoples in Northern Europe).

'nord·ger,ma·nisch I adj North Germanic. – II ling. N~ ⟨generally undeclined⟩, das N~e ⟨-n⟩ North Germanic.

nor·disch ['nɔrdɪʃ] I adj northern, Northern, northerly, Nordic, Scandinavian: ~er Typ Nordic (od. Norse, Scandinavian, Teutonic) type (of person); N~e Kombination (sport) Nordic (Combined); ~e Sprachen Scandinavian languages. – II ling. N~ ⟨generally undeclined⟩, das N~e ⟨-n⟩ North Germanic, Scandinavian, Norse.

Nor·dist [nɔr'dɪst] m ⟨-en; -en⟩ ling. **1.** specialist in Scandinavian languages, literature, and civilization. – **2.** scholar in Nordic (od. Scandinavian) studies.

'Nord,ka·per m ⟨-s; -⟩ zo. cf. Biskayawal.

'Nord|ko'rea·ner [-kore'aːnər] m, ~ko'rea·ne·rin [-kore'aːnərɪn] f ⟨-; -nen⟩ North

Korean. — **n~ko'rea·nisch** [-kore'aːnɪʃ] adj North Korean. — ~,kü·ste f north(ern) coast. — ~,land n poet. northland, norland.

'Nord,län·der m ⟨-s; -⟩ Nordic, Northman. — **'Nord,län·de·rin** f ⟨-; -nen⟩ Nordic, Northwoman.

'Nord,land,fahrt f travel (od. journey) to the North (od. northern countries), northern trip.

'nord,län·disch adj cf. nordisch I.

'Nord,land,rei·se f cf. Nordlandfahrt.

nörd·lich ['nœrtlɪç] I adj **1.** (Landesteil etc) north(ern), northerly: ~st northernmost; ~e Breite north(ern) latitude; die ~e Halbkugel the northern hemisphere; nach (od. unter) ~em Kurs on a northern course. – **2.** (Wind, Richtung) north, norther(n)ly, northwardly: Wind aus ~en Richtungen meteor. northerly wind. – **3.** (arktisch) arctic, hyperborean (lit.): das N~e Eismeer the Arctic Ocean. – **4.** bes. biol. boreal. – **5.** northern, northerly. – II adv **6.** north, northward(s), norther(n)ly: ~ von Berlin (to the) north of Berlin. – III prep ⟨gen⟩ **7.** ~ des Waldes (to the) north of the forest; ~ Berlins (to the) north of Berlin.

'Nord,licht n meteor. aurora borealis, auch northern (od. polar) lights pl. — ~,schein m radiance of aurora borealis (auch of northern lights).

'Nord,meer n geogr. (the) Arctic Ocean.

'Nord,nord'ost¹ ⟨invariable⟩ north-north-east.

'Nord,nord'ost² m ⟨-(e)s; -e⟩ meteor. cf. Nordnordostwind.

'Nord|,nord'osten m north-northeast. — **n~,nord'öst·lich** adj north-north-eastern. — ~,nord'ost,wind m north-northeast wind, north-north-easterly.

'Nord,nord'west¹ ⟨invariable⟩ north-north-west.

'Nord,nord'west² m ⟨-(e)s; -e⟩ meteor. cf. Nordnordwestwind.

'Nord|,nord'we·sten m north-northwest. — **n~,nord'west·lich** adj north-north-western. — ~,nord'west,wind m north-northwest wind, north-north-westerly.

'Nord'ost¹ ⟨invariable⟩ northeast.

'Nord'ost² m ⟨-(e)s; -e⟩ meteor. cf. Nordostwind.

'Nord|'osten m northeast. — **n~'öst·lich** I adj **1.** (Landes-, Stadtteil etc) north-east(ern). – **2.** (Wind, Richtung) northeast(ward), northeasterly. – II adv **3.** northeast-(ward[s]), northeasterly: ~ von dieser Stelle (to the) northeast of that place. – III prep ⟨gen⟩ **4.** (to the) northeast of. — ~'ost-pas,sat m northeast trade wind. — **n~'ost,wärts** adv northeastward(s), (to the) northeast, northeasterly. — ~'ost,wind m northeast (wind), northeasterly, bes. mar. (stürmischer) northeaster.

'Nord,pol m ⟨-s; no pl⟩ geogr. north pole, North Pole: magnetischer ~ north magnetic pole.

'Nord·po,lar|ge,biet n (the) Arctic region, (the) Arctic. — ~,kreis m (the) Arctic Circle. — ~,län·der pl Arctic countries. — ~,meer n (the) Arctic Ocean.

'Nord,pol|ex·pe·di·ti,on f arctic expedition. — ~,fah·rer m explorer of the Arctic. — ~,fahrt f cf. Nordpolexpedition.

'Nord,see f ⟨-; no pl⟩ geogr. (the) North (od. German) Sea. — ~,gar,ne·le f zo. common shrimp (Crangon crangon).

'Nord|,sei·te f north side. — ~,spit·ze f geogr. northern tip. — ~,staa·ten, die pl (der USA) the Northern States, the North sg, (im Sezessionskrieg) the Union sg. — ~,stern n astr. North Star, polestar.

'Nord|vi·et·na'me·se m, ~vi·et·na'me·sin f North Vietnamese. — **n~vi·et·na'me·sisch** adj North Vietnamese.

'nord,wärts adv northward(s), (to the) north, northerly: die Vögel ziehen ~ the birds migrate to the north.

'Nord'west¹ ⟨invariable⟩ northwest.

'Nord'west² m ⟨-(e)s; -e⟩ meteor. cf. Nordwestwind.

'Nord|'we·sten m ⟨-s; no pl⟩ northwest. — **n~'west·lich** I adj **1.** (Landes-, Stadtteil etc) northwest(ern). – **2.** (Wind, Richtung) northwest(ward), northwesterly. – II adv **3.** northwest(ward[s]), northwesterly: ~ von Berlin (to the) northwest of Berlin. – III prep ⟨gen⟩ **4.** (to the) northwest of. — **n~'west,wärts** adv northwestward(s), (to the) northwest, northwesterly. — ~'west,wind m northwest (wind), northwesterly, bes.

mar. (*stürmischer*) northwester. — ~**wind** ['nɔrt-] *m* north wind, *auch* north, northerly, Boreas (*poet.*): der stürmische ~ the stormy north wind, the boreal blast (*poet.*).

'**Nor·folk,tan·ne** ['nɔːfək-] (*Engl.*) *f bot.* Norfolk Island pine (*Araucaria excelsa*).

Nör·ge'lei *f* ⟨-; -en⟩ **1.** nagging, carping, faultfinding, crabbing (*colloq.*): ihre ständige ~ geht mir auf die Nerven her continuous nagging gets on my nerves. — **2.** (*ständiges Klagen*) *Am.* grouching, crabbing, griping, *Br.* grousing (*alle colloq.*).

'**Nör·gel,frit·ze** *m colloq. for* Nörgler.

'**nör·ge·lig** *adj* **1.** nagging, naggy, carping, faultfinding, crabbing (*colloq.*). — **2.** (*stets unzufrieden*) *Am.* grouchy, grouching, crabbing, griping, *Br.* grousing (*alle colloq.*), querulous, peevish.

nör·geln ['nœrgəln] **I** *v/i* ⟨h⟩ **1.** nag, carp, find fault, crab (*colloq.*): immer muß er ~ he is always nagging; nörgle doch nicht immer an mir don't always find fault with me. — **2.** (*meckern*) *Am.* grouch, crab, gripe, *Br.* grouse (*alle colloq.*). — **II N~** *n* ⟨-s⟩ **3.** *verbal noun.* — **4.** *cf.* Nörgelei.

'**Nörg·ler** *m* ⟨-s; -⟩, '**Nörg·le·rin** *f* ⟨-; -nen⟩ **1.** nagger, carper, faultfinder, crab (*colloq.*). — **2.** *Am.* grouch, crab, griper, kicker, *Br.* grouser (*alle colloq.*).

'**nörg·lig** *adj cf.* nörgelig.

Norm [nɔrm] *f* ⟨-; -en⟩ **1.** (*Regel, Richtschnur*) standard, rule, norm (*auch econ.*): als ~ gelten to serve as a standard; das liegt unter der (gültigen) ~ that is substandard; ~en festsetzen to set up rules, to standardize *Br. auch* -s-; das liegt außerhalb der ~ that is out of the common (*od.* ordinary); auf eine ~ bringen to reduce (*s.th.*) to a standard, to standardize, to normalize. — **2.** (*Maßstab*) measure, yardstick. — **3.** *econ.* (*Leistungssoll*) norm, (production) quota: eine ~ aufstellen to set (*od.* draw) up a norm; die ~ erfüllen to come up to (*od.* meet) the quota; die ~ steigern (*Richtsatz für Akkordarbeit*) to raise the standard. — **4.** *jur.* rule. — **5.** *tech.* a) (*Größenanweisung*) standard, b) (*Normvorschrift*) standard specification. — **6.** *math.* norm. — **7.** *print.* signature title.

nor·mal [nɔr'maːl] **I** *adj* **1.** normal, standard: ~es Gewicht [Maß] standard weight [measure]; eine ~e Größe [Weite] a normal size [width]. — **2.** (*nicht ungewöhnlich, üblich*) normal, usual, regular: er fuhr mit ~er Geschwindigkeit he drove at a normal speed. — **3.** (*geordnet*) normal: bei (*od.* unter) ~en Verhältnissen under normal circumstances, normally; ~e Zustände normal conditions. — **4.** *colloq.* (*geistig gesund*) normal, right: er ist völlig [nicht] ganz ~ he is [not] quite normal; kein ~er Mensch würde das machen nobody in his right mind would do that; sie benahm sich nie wie ein ~er Mensch she never behaved like an ordinary Christian; er war wieder ganz ~ he was quite himself again. — **5.** *math.* normal: ~e Stellung normal position, normality. — **6.** *print.* (*Schriftform*) standard. — **7.** *tech.* regular, plain, standard. — **8.** *biol. med. mus.* normal. — **9.** *auto.* (*Benzin*) non-premium (*Am.* regular) grade. — **10.** *chem.* normal, standard. — **II N~e**, das ⟨-n⟩ **11.** the normal (thing).

Nor'mal *n* ⟨-s; -e⟩ *tech.* comparison standard.

Nor'mal|,ar·beits,tag *m econ.* ordinary working day. — ~**,aus,füh·rung** *f* standard design (*od.* model). — ~**,aus,rü·stung**, ~**,aus,stat·tung** *f* standard equipment. — ~**ba·ro,me·ter** *n meteor.* standard barometer. — ~**be,din·gun·gen** *pl* standard conditions. — ~**be,la·stung** *f* normal (*od.* standard) load. — ~**ben,zin** *n* non-premium (*bes. Am.* regular) grade gasoline (*Br.* petrol). — ~**be,stand** *m zo.* natural density. — ~**,druck** *m meteor.* standard (*od.* normal) pressure.

Nor·ma·le *f* ⟨-; -n⟩ *math.* (*in Geometrie*) normal (line), perpendicular.

Nor'mal,ein·heit *f* **1.** *econ.* regular lot. — **2.** *electr.* standard unit.

'**nor·ma·ler'wei·se** *adv* normally, as a rule, usually, generally.

Nor'mal|,fall *m* normal case, rule: im ~ normally, as a rule. — ~**,far·be** *f print.* standard ink. — ~**film** *m phot.* standard film. — ~**,for,mat** *n bes. print.* standard size. — ~**,fre,quenz** *f phys.* standard frequency. — ~**ge,schwin·dig·keit** *f auto.* normal (*od.* proper) speed. — ~**ge,wicht** *n* standard weight. — ~**,grö·ße** *f* standard (*od.* normal) size: unter ~ undersized, *auch* undersize (*attrib*).

Nor·ma·li·en [nɔr'maːliən] *pl* **1.** standards. — **2.** (*Regeln, Vorschriften*) rules, regulations.

nor·ma·li·sie·ren [nɔrmali'ziːrən] **I** *v/t* ⟨no ge-, h⟩ normalize *Br. auch* -s-. — **II** *v/reflex* sich ~ return to normal(cy). — **III N~** *n* ⟨-s⟩ *verbal noun.* — **nor·ma·li'siert I** *pp.* — **II** *adj* **1.** normalized *Br. auch* -s-. — **2.** *med.* restored to normal. — **Nor·ma·li·sie·rung** *f* ⟨-; *rare* -en⟩ **1.** *cf.* Normalisieren. — **2.** *bes. pol.* (*von Beziehungen*) normalization *Br. auch* -s-. — **3.** standardization *Br. auch* -s-.

Nor·ma·li·tät [nɔrmali'tɛːt] *f* ⟨-; *no pl*⟩ normality, normalcy.

Nor'mal|,kurs *m econ. cf.* Normalsatz. — ~**,län·ge** *f* standard (*od.* normal) length. — ~**,leh·re** *f tech.* standard (*od.* reference) ga(u)ge. — ~**,lei·stung** *f* **1.** *econ.* normal output. — **2.** *tech.* nominal (*od.* standard) capacity. — ~**,lö·sung** *f chem.* standard (*od.* normal) solution. — ~**,maß** *n tech.* **1.** standard size (*od.* dimension). — **2.** (*im Rundpaßsystem*) standard (*od.* nominal) diameter. — **3.** (*als Lehrwerkzeug*) standard (*od.* reference) ga(u)ge. — ~**,null** *n* ⟨-s; *no pl*⟩ *phys.* mean sea level: 1000 m über ~ 1,000 meters above sea level. — ~**,preis** *m econ.* standard price. — ~**pro,fil** *n* **1.** *civ.eng.* standard section. — **2.** *tech.* a) (*beim Stahlbau*) regular section, b) (*bei der Verzahntechnik*) normal profile. — ~**,satz** *m econ.* standard rate.

nor'mal,sich·tig *adj med.* having normal sight, normal-sighted, emmetropic (*scient.*). — **Nor'mal,sich·tig·keit** *f* ⟨-; *no pl*⟩ normal sight, emmetropia (*scient.*).

Nor'mal|,spur, ~**,spur,wei·te** *f* (*railway*) standard ga(u)ge. — ~**,tem·pe·ra,tur** *f med. meteor.* standard temperature. — ~**,ton** *m mus.* standard (*od.* chamber, concert) pitch. — ~**,typ** *m* **1.** (*Dinge*) standard type. — **2.** (*Person*) normal. — ~**,ty·pus** *m* normal. — ~**,uhr** *f* standard clock. — ~**,ver,brauch** *m econ.* ordinary consumption. — ~**ver,brau·cher** *m* **1.** (*bei Rationierung*) person living on normal (*od.* standard) rations. — **2.** *auch colloq. iron.* ordinary consumer: das ist nichts für den ~ that is of no use to the average user; geistiger ~ *humor.* average person, man in the street (*colloq.*). — ~**,wert** *m* **1.** standard value, norm. — **2.** *med. meteor.* normal value, normal. — ~**,wi·der,stand** *m electr.* standard resistance. — ~**,zeit** *f* standard (*od.* mean) time. — ~**,zu,stand** *m* normal condition (*od.* state), normality. — ~**,zu,tei·lung** *f* normal (*od.* standard) ration.

Nor·man·ne [nɔr'manə] *m* ⟨-n; -n⟩ *hist.* Norman. — **nor'man·nisch I** *adj* Norman: die N~en Inseln the Channel Islands. — **II** *ling.* **N~** ⟨*generally undeclined*⟩, **das N~e** ⟨-n⟩ Norman, the Norman language.

nor·ma·tiv [nɔrma'tiːf] *adj* normative. — **N~be,stim·mung** *f* general rule, regulation.

Nor·ma·ti·ve [nɔrma'tiːvə] *f* ⟨-; -n⟩ normative provisions *pl*.

'**Norm,blatt** *n* **1.** standard sheet. — **2.** (*als Vorschrift*) standard specification.

nor·men ['nɔrmən] **I** *v/t* ⟨h⟩ **1.** *tech.* standardize *Br. auch* -s-, make uniform. — **II N~** *n* ⟨-s⟩ **2.** *verbal noun.* — **3.** *cf.* Normung.

'**Nor·men|,aus,schuß** *m* standardization (*Br. auch* -s-) committee. — ~**kol·li·si,on** *f jur.* collision of legal norms. — ~**kon,trol·le** *f* judicial review of the constitutionality of an act. — ~**kon,troll,kla·ge** *f* voidance petition.

'**norm|ent,spre·chend** *adj* standard, in accordance with (*od.* conforming to) the standard. — ~**ge,bend** *adj* normative. — ~**ge,recht** *adj* conforming to standard.

nor·mie·ren [nɔr'miːrən] *v/t* ⟨no ge-, h⟩ *cf.* normen. — **Nor'mie·rung** *f* ⟨-; -en⟩ *cf.* Normung.

Nor'mie·rungs,aus,schuß *m* committee for the establishment of (international) norms (*od.* standards).

'**Norm,teil** *n*, *m* standardized (*Br. auch* -s-) component (*od.* member, part).

'**Nor·mung** *f* ⟨-; -en⟩ **1.** *cf.* Normen. — **2.** standardization *Br. auch* -s-.

'**Norm,ver,brauch** *m* **1.** *tech.* normal (*od.* standard) consumption. — **2.** *auto.* level-road fuel consumption. — ~**vor,schrift** *f* standard specification. — ~**,wert** *m* normal value. — **n~,wid·rig** *adj* abnormal, anomalous, nonstandard *Br.* non-.

Nor·ne ['nɔrnə] *f* ⟨-; -n⟩ *meist pl myth.* Norn.

nor·thum·brisch [nɔːˈθʌmbrɪʃ] (*Engl.*) **I** *adj* Northumbrian. — **II** *ling.* **N~** ⟨*generally undeclined*⟩, **das N~e** ⟨-n⟩ Northumbrian.

Nor·we·ger ['nɔrveːgər] *m* ⟨-s; -⟩ **1.** Norwegian. — **2.** *hist.* Norseman, Northman. — '**Nor·we·ge·rin** *f* ⟨-; -nen⟩ Norwegian (girl *od.* woman).

'**nor·we·gisch I** *adj* Norwegian. — **II** *ling.* **N~** ⟨*generally undeclined*⟩, **das N~e** ⟨-n⟩ Norwegian, the Norwegian language.

No'se·ma,seu·che [no'zeːma-] *f vet.* (*der Bienen*) nosema (*od.* microsporidia) disease.

No·so..., no·so... *combining form denoting* noso...

No·so·lo·gie [nozolo'giː] *f* ⟨-; *no pl*⟩ *med.* nosology.

'**No-,Spiel** ['noː-] *n* (*theater*) No Play.

Nost·al·gie [nɔstal'giː] *f* ⟨-; *no pl*⟩ *psych.* (*Heimweh, Sehnsucht*) nostalgia. — **nost·al·gisch** [-gɪʃ] *adj* nostalgic.

No·stri·fi·ka·ti·on [nɔstrifika'tsioːn] *f* ⟨-; -en⟩ **1.** *jur. cf.* Einbürgerung 2. — **2.** *ped.* nostrification (*the acceptance of a foreign academic degree as equal to one's own*). — **no·stri·fi'zie·ren** [-'tsiːrən] *v/t* ⟨no ge-, h⟩ **1.** *jur. cf.* einbürgern 1. — **2.** *ped.* nostrificate (*accept a foreign academic degree as equal to one's own*).

'**No·stro,kon·to** ['nɔstro-] *n meist pl econ.* (*im Bankverkehr*) nostro account.

not [noːt] *adj* ⟨*pred*⟩ *u. adv* (*in Wendungen wie*) es ist (*od.* tut) ~ it is necessary (*od.* needful); Eile tut ~ speed is essential.

Not *f* ⟨-; ⁻e⟩ **1.** ⟨*only sg*⟩ need: bittere [große] ~ dire [great] need; j-s ~ lindern to alleviate s.o.'s need; j-m in der ~ beistehen (*od.* helfen) to help (*od.* stand by) s.o. in (his) need; in der Stunde der ~ in the hour of need; im Falle der ~ in case of need (*od.* necessity), in an emergency; zur ~ a) *fig.* (*gerade noch*) at (*Am.* in) a pinch, b) if need be, if necessary; zur ~ kann man das sagen you could say so at a pinch; er kann zur ~ bei uns wohnen he can live with us if need be; wenn ~ am Mann ist if the worst comes to the worst, in the last resort; jetzt ist ~ am Mann we are in desperate need of help now; die ~ fernhalten to keep the wolf from the door; Freunde in der ~ gehen hundert (*od.* tausend) auf ein Lot (*Sprichwort*) a friend in need is a friend indeed (*proverb*). — **2.** ⟨*only sg*⟩ (*Notwendigkeit*) necessity: aus der ~ eine Tugend machen to make a virtue of necessity; ~ macht erfinderisch (*Sprichwort*) necessity is the mother of invention (*proverb*); ~ kennt kein Gebot (*Sprichwort*) necessity knows no law (*proverb*); in der ~ frißt der Teufel Fliegen (*Sprichwort*) any port in a storm; ohne ~ a) easily, b) without necessity. — **3.** (*Bedrängnis*) distress, trouble: er steckt (*od.* ist) wieder einmal in tausend Nöten he is up to his neck in trouble again. — **4.** ⟨*only sg*⟩ (*Mühe*) trouble, difficulty, bother: seine liebe ~ mit j-m [etwas] haben *colloq.* to have no end of trouble with [s.th.], to have a hard time with s.o. [s.th.]; er hatte (seine) ~, mit seinem Geld auszukommen he found it difficult to make both ends meet; mit Mühe und ~ schaffte er es he barely (*od.* just) managed (to do) it, he just made it and no more (*colloq.*); mit knapper ~ davonkommen to escape by the skin of one's teeth. — **5.** ⟨*only sg*⟩ (*Mangel*) want, need, (*an Lebensmitteln*) famine: ~ leiden to suffer want, to suffer (great) privation. — **6.** (*Notlage*) emergency, predicament, plight: → Holland. — **7.** ⟨*only sg*⟩ (*Dringlichkeit*) urgency, exigency. — **8.** (*Sorge*) trouble, anxiety, worry: die Nöte des Alltags [Alters] the troubles of everyday life [of old age]; in Ängsten und Nöten schweben to be hot and bothered, to get hot under the collar (*beide colloq.*); j-m seine Nöte klagen *colloq.* to tell s.o. one's troubles. — **9.** ⟨*only sg*⟩ (*Elend, Leid*) hardship, misery: j-n in ~ bringen to cause s.o. hardship. — **10.** ⟨*only sg*⟩ (*Armut*) poverty, destitution, indigence, extremity: in ~ geraten to fall on hard times, to become destitute; für Zeiten der ~ for a rainy day.

No·ta ['noːta] f <-; -s> econ. **1.** (Vormerkung) note, memorandum, memo (colloq.), advance order. – **2.** (Rechnung) bill, invoice. – **3.** (Anzeige des Saldenstandes) note.

No·ta·beln [no'taːbəln] pl hist. Notables pl. — **~ver₁samm·lung** f hist. Assembly of Notables.

no·ta·be·ne [nota'beːnə] **I** adv **1.** (wohlgemerkt) nota bene. – **2.** (übrigens) by the way. – **II N~** n <-(s); -(s)> **3.** (Merkzeichen) reminder. – **4.** (Denkzettel) lesson.

No·ta·bi·li·tät [notabili'tɛːt] f <-; -en> **1.** (only sg) obs. for Vornehmheit. – **2.** meist pl obs. (berühmte Persönlichkeiten) notabilities pl, notables pl.

'Not₁ab·itur [-'ʔabiˌtuːr] n ped. 'Abitur' examination sat for under emergency conditions. — **~ab₁wurf** m aer. a) (von Lasten) emergency drop, jettison(ing), b) (von Bomben) emergency release. — **~adres·se** [-'ʔaˌdrɛsə] f, auch **~adres₁sat** m econ. (bei Wechseln) address (od. reference, direction) in case of need, emergency address, substitute acceptor. — **~an·ker** m **1.** mar. spare (od. sheet) anchor. — **2.** fig. (letzte Rettung) sheet anchor, last refuge. — **~an₁ten·ne** f electr. emergency antenna (bes. Br. aerial).

No·tar [no'taːr] m <-s; -e> jur. **1.** etwa notary (public). – **2.** (bei Grundstücksübertragungen) conveyancer.

No·ta·ri·at [nota'rĭaːt] n <-(e)s; -e> jur. **1.** (Büro) notary's office. – **2.** (Amt) profession (od. office) of a notary (public), notaryship.

No·ta·ri'ats₁|an·ge₁stell·te m, f <-n; -n> notary's clerk. — **~ge₁bühr** f meist pl jur. notary's fees pl, notarial charges (od. fees, expenses) pl. — **~kanz₁lei** f cf. Notariat 1. — **~sie·gel** n notary's (od. notarial) seal. — **~ur₁kun·de** f notarial act (od. document, deed).

no·ta·ri·ell [nota'rĭɛl] jur. **I** adj notarial, attested (od. authenticated, certified) by a notary (public), notarized: **~e** Beglaubigung (od. Beurkundung) notarial act, bes. Am. notarization; **~e** Vollmacht power of attorney (attested by [od. drawn up before] a notary). – **II** adv beglaubigt notarially certified, attested (od. certified, legalized) by a notary, bes. Am. notarized.

Not₁arzt m med. surgeon (trained for) treating serious road accidents on the scene. — **~wa·gen** m ambulance equipped with operating facilities for serious road accidents.

No·ta·ti·on [nota'tsĭoːn] f <-; -en> mus. (musical) notation.

'Not₁auf₁nah·me f **1.** pol. (von Flüchtlingen) provisional (od. provisionary) accommodation. – **2.** med. (in Krankenhaus) a) emergency admission, b) emergency ward. — **~la·ger** n (für Flüchtlinge) temporary reception camp.

'Not₁|aus·ga·be f philat. emergency issue. — **~₁aus·gang** m emergency exit (od. door). — **~₁aus₁rü·stung** f aer. emergency equipment. — **~₁aus₁stieg** m **1.** escape (od. emergency) hatch. – **2.** (in Bussen, U-Bahnen etc) emergency exit (od. window). — **~be₁darf** m **1.** emergency (od. minimum) supplies pl. – **2.** jur. (right to a) competence (auch competency), beneficium competentiae (scient.). — **~be₁hand·lung** f med. emergency treatment. — **~be₁helf** m maskeshift, (emergency) stopgap, (temporary) expedient, auch resource, shift, apology: das ist nur ein unzureichender **~** that is just an inadequate makeshift; als **~** für etwas dienen to serve as a stopgap (od. an apology) for s.th. — **~be₁leuch·tung** f electr. emergency lighting. — **~₁bett** n (in Hotels, Krankenhäusern etc) emergency bed. — **~₁brem·se** f **1.** tech. emergency brake. – **2.** (railway) emergency brake, communication cord: die **~** ziehen a) to pull the emergency brake, b) fig. colloq. to take emergency measures, to put on the brakes, c) colloq. (sport) (beim Fußball etc) to bring (s.o.) down as a last resort. — **~₁brem·sung** f emergency braking. — **~₁brücke** f (getr. -k·k-) f temporary (od. provisional, provisionary) bridge. — **~₁dienst** m **1.** (Einrichtung) emergency service (od. duty): er hat heute nacht **~** he is on emergency duty tonight. – **2.** (Personal) emergency service (od. crew). — **~₁durft** [-₁dʊrft] f <-; no pl> **1.** call of na-

ture, pressing need: seine **~** verrichten to relieve nature (od. oneself). – **2.** archaic (Bedarf) needs pl, want, necessity, necessaries pl: des Lebens **~** the necessaries pl (od. necessities pl) of life.

'not₁dürf·tig I adj **1.** (unzureichend) scanty, needy, poor: **~e** Bekleidung scanty dress (od. clothing); eine **~e** Beleuchtung (a) scanty illumination. – **2.** (behelfsmäßig) temporary, provisional, provisionary, makeshift, rough-and-ready (attrib): **~e** Befestigungen makeshift fortifications; **~e** Behausung rough-and-ready habitation. – **II** adv **3.** etwas **~** herstellen (aus) to improvise s.th. (from); **~** bekleidet sein to be scantily dressed; einen Schaden **~** ausbessern to repair a damage provisionally. — **'Not₁dürf·tig·keit** f <-; no pl> **1.** scantiness, need, indigence. – **2.** temporary (od. provisional, provisionary) character (od. aspect), temporariness, provisionalness.

No·te ['noːtə] f <-; -n> **1.** mus. note: ganze **~** whole note, bes. Br. semibreve; halbe **~** half note, bes. Br. minim; erhöhte [erniedrigte] **~** sharp [flat] note; punktierte **~** dotted note; **~n** lesen to read the notes, to read music; **~n** abschreiben to copy notes (od. music); j-n nach **~n** verprügeln [schelten] fig. colloq. to give s.o. a sound thrashing [scolding]; das geht ja (wie) nach **~n**! fig. colloq. that works marvel(l)ously (od. beautifully, pretty smoothly), it's going without a hitch, it's running like clockwork. – **2.** pl mus. music sg: er hat seine **~n** vergessen he left his music at home; nach **~n** singen [spielen] to sing [to play] from music (od. with the music in front of one); ein Gedicht in **~n** setzen to set a poem to music. – **3.** ped. mark, grade: gute [schlechte] **~n** haben [bekommen] to have got (Am. gotten) [to be given, to receive] good [poor od. bad] marks; er bestand die Prüfung mit der **~** 1 he passed the examination with an A; ganze **~n** full marks. – **4.** pol. note, memorandum: j-m eine **~** überreichen to hand s.o. a note; die Regierungen wechselten **~n** (od. tauschten **~n** aus) the governments exchanged notes. – **5.** (Banknote) (bank) note, bes. Am. bill. – **6.** fig. (Eigenart) character, touch, note, mark, stamp: einer Sache eine besondere **~** geben (od. verleihen) to give (od. lend) a distinctive character to s.th.; das ist seine persönliche **~** that is his personal note; eine heitere **~** in (acc) etwas bringen to bring a cheerful (od. gay) note into s.th. – **7.** econ. cf. Nota – **8.** (sport) mark(s pl): der Kampfrichter gab ihm die **~** 6 (beim Eiskunstlauf) the judge gave him maximum points. – **9.** print. (foot)note, annotation.

'No·ten₁auf₁ruf m econ. calling in of notes, notes pl called in.

'No·ten₁aus·ga·be f econ. issue of (bank) notes, (bank-)note issue. — **~₁recht** n privilege of (bank-)note issue (od. issuing [bank] notes). — **~₁stel·le** f (bank-)note issue department.

'No·ten₁|aus·tausch m pol. cf. Notenwechsel. — **~₁bal·ken** m mus. stroke, note bar, cross-bar, beam. — **~₁bank** f econ. bank of issue, issuing (od. central) bank. — **~₁blatt** n mus. (sheet of) music. — **~₁buch** n (book of) music, (von Gesangsnoten) auch songbook, book of songs. — **~₁büch·lein** n ped. mark(s) (od. grade[s]) book. — **~₁deckung** (getr. -k·k-) f econ. cover of (bank) notes, note cover. — **~₁druck** m print. **1.** printing of music. – **2.** (von Banknoten) printing of (bank) notes (bes. Am. bills). — **~₁durch₁schnitt** m ped. (auch sport) average mark. — **~₁emis·si₁on** f econ. cf. Notenausgabe. — **~₁fähn·chen** n mus. flag, hook. — **~₁hals** m mus. tail, stem (of a note). — **~₁hal·ter** m music lyre. — **~₁heft** n **1.** (Schulheft) music notebook. – **2.** cf. Notenbuch. — **~₁in₁ha·ber** m econ. bearer (od. holder) of (bank) notes. — **~₁kon·fe₁renz** f ped. cf. Zeugniskonferenz. — **~₁kon·tin₁gent** n econ. (bank-)note quota, note issue limit. — **~₁kopf** m mus. note head, head of a note. — **~₁krieg** m pol. war of notes. — **~₁le·sen** n mus. reading of notes (od. music), music-reading.

'No·ten₁li·nie f mus. staff (od. stave) line: die (5) **~n** the staff sg, the stave sg. — **'No·ten₁li·ni·en₁klam·mer** f print. brace. — **~₁zie·her** m mus. cf. Rastral.

'No·ten₁|map·pe f mus. **1.** (aus Leder) music

case (od. satchel). – **2.** (aus Karton) music folder. — **~pa₁pier** n music paper (od. sheets pl). — **~₁pres·se** f print. **1.** (für Musiknoten) music press. – **2.** (für Banknoten) (bank-)note press. — **~₁pult** n mus. music rest (od. rack), music desk (od. stand). — **~₁satz** m print. matter for printed music. — **~₁schlüs·sel** m mus. clef. — **~₁schrank** m music cabinet. — **~₁schrei·ber** m music copyist. — **~₁schrift** f (musical) notation: gotische [römische] **~** mus. hist. Gothic-[Roman-]style notation. — **~₁stän·der** m music stand. — **~₁stich** m engraving of music, music-engraving. — **~₁stu·fe** f meist pl ped. grade (od. Am. mark) level. — **~₁sy₁stem** n mus. system of notation. — **~₁um₁lauf** m econ. **1.** circulation of (bank) notes, (bank-)note circulation. – **2.** (Art u. Anzahl) notes pl in circulation. — **~₁wech·sel** m pol. exchange of notes (od. memorandums, memoranda). — **~₁wert** m mus. time value (od. duration) (of the note), note value.

'Not₁|fall m **1.** (Ausnahmesituation) emergency, case of emergency, emergency case: im (äußersten) **~** in an emergency; für den **~** haben wir (vor)gesorgt we are prepared for an emergency. – **2.** (Notwendigkeit) case of need (od. necessity), exigency: im **~** in case of need (od. necessity), if need be, if necessary, if need arise, at (Am. in) a pinch, at a push; sich (dat) etwas für den **~** aufbewahren to keep (od. save) s.th. for a rainy day. — **n₁falls** adv **1.** in case of emergency, in an emergency. – **2.** cf. nötigenfalls. — **~₁feu·er** n **1.** (in einer Notlage) signal fire. – **2.** myth. anthrop. exorcistic(al) fire. – **3.** (bei Seuchengefahr) anthrop. counterplague fire. — **~₁flag·ge** f **1.** mar. distress flag, flag of distress. – **2.** (railway) red (od. bloody) flag. — **~₁fre₁quenz** f (in Nachrichtentechnik) distress frequency. — **~₁frist** f jur. econ. final (od. latest) date (od. term), bes. Am. peremptory term. — **~₁ge₁biet** n cf. Notstandsgebiet. — **n₁ge₁drun·gen I** adj forced, compelled, compulsory. – **II** adv (out) of (od. driven by) necessity, perforce, enforcedly; needs, willy-nilly (lit.): ich muß es **~** tun I am driven to it, I have no choice but to do it; I must needs do it (lit.); ich gab mich **~** damit zufrieden I was compelled to be content with it. — **~₁geld** n econ. emergency currency. — **~₁ge₁mein·schaft** f pol. **1.** emergency association (od. organization). – **2.** association for mutual assistance in emergencies. — **~₁ge₁richt** n hist. emergency (od. ad hoc) court (od. tribunal). — **~₁ge₁setz** n **1.** jur. emergency law. – **2.** pol. cf. a) Notverordnung, b) Notstandsgesetz. — **~₁ge₁setz₁ge·bung** f emergency legislation. — **~₁gro·schen** m money saved for an emergency, auch nest egg: (sich dat) einen **~** zurücklegen to save money for a rainy day, auch to lay aside a nest egg. — **~₁ha·fen** m mar. port of refuge (od. distress). — **~₁halt** m **1.** lit. support in distress (od. an emergency). – **2.** (railway etc) emergency stop. — **~₁hel·fer** m helper in time of need (od. distress): die vierzehn **~** röm.kath. the fourteen auxiliary saints. — **~₁hil·fe** f **1.** help (od. aid) in need (od. distress). – **2.** med. first aid. – **3.** jur. emergency protective measures pl. – **4.** tech. emergency assistance: Technische **~** hist. Organization for the Maintenance of Supplies, Emergency Men pl.

no·tie·ren [no'tiːrən] **I** v/t <no ge-, h> **1.** (aufschreiben) note (down), make a note (od. memorandum) of, mark (od. put, take) (s.th.) down: (sich dat) ein Datum **~** to note (down) a date; er notierte ihn für die Teilnahme am Lehrgang he noted (down) his name for participation in the course; (sich dat) etwas flüchtig (od. schnell) **~** to jot s.th. down. – **2.** (vormerken, buchen) book, order (s.th.) in advance, place an advance order for. – **3.** econ. (Waren, Preise etc) mark, price, quote. – **4.** econ. (Aktienkurse etc) quote, note, bes. Am. list: die Börse notiert die Aktien mit 500 the stock exchange is quoting these shares (Am. stocks) at 500. – **5.** mus. (s.th.) down in notes, record music in writing. – **II** v/i **6.** quote, rule: die Kurse **~** höher prices quote (od. are quoted, listed) higher. – **III N~** n <-s> **7.** verbal noun. — **no'tiert I** pp. – **II** adj econ. quoted, noted: mit 4% **~e** Wertpapiere securities quoted at (od. ruling) 4 p.c.; zum ~en Kurs at the noted quotation (od. rate, price); nicht ~ unquoted. — **No'tie·rung** f ⟨-; -en⟩ **1.** cf. Notieren. – **2.** notation, note, advance order. – **3.** econ. (von Aktienkursen etc) quotation, listing. – **4.** mus. cf. Notation.

No·ti·fi·ka·ti·on [notifika'tsio:n] f ⟨-; -en⟩ **1.** pol. notification. – **2.** obs. notice, information. — **no·ti·fi'zie·ren** v/t ⟨no ge-, h⟩ **1.** pol. notify. – **2.** obs. for benachrichtigen. — **No·ti·fi'zie·rung** f ⟨-; -en⟩ notification.

'no·tig adj Bavarian dial. for a) arm 1, b) knauserig.

nö·tig ['nøːtiç] **I** adj **1.** necessary, required, requisite, needful: die ~en Unterlagen the necessary (od. needed) documents; es ist ~, Straßen zu bauen it is necessary to build roads; es ist ~, daß ich es tue it is necessary for me to do it, I must needs do it (lit.); du bist hier (sehr) ~ you are (very much) needed here; wenn ~, komme ich sofort if necessary (od. need be) I shall come at once; er hielt es nicht für ~, sich zu entschuldigen he did not think (od. deem) it necessary to apologize (Br. auch -s-); unbedingt ~ very necessary, absolutely essential, indispensable, imperative; sie hatten nicht einmal die nötigsten Dinge zum Leben they did not have the bare necessities of life (od. lit. the wherewithal to live). – **2.** etwas (unbedingt, dringend, bitter) ~ haben to need (od. want) s.th. (badly od. urgently): er hatte es nicht ~ zu arbeiten he didn't need (od. have) to work; das habe ich (doch) nicht ~! I don't have to do that! das hast du gerade ~! you can hardly afford to do that! just why did you have to do that? – **II** adv **3.** j-n [etwas] ~ brauchen to need s.o. [s.th.] badly (od. urgently), to be in (dire) need of s.o. [s.th.]; ich muß [so] ~ fig. colloq. I need [am dying] to go to the lavatory (bes. Br. colloq. loo), I have to make an urgent call. – **III** N~e, das ⟨-n⟩ **4.** ich werde das N~e tun [veranlassen] I shall do [arrange] what is necessary (od. required, needed, requisite); es fehlt am Nötigsten (even) the essentials are lacking.

nö·ti·gen ['nøːtɪgən] **I** v/t ⟨h⟩ **1.** (zwingen) coerce, force, compel, constrain: j-n ~, etwas zu tun to force s.o. to do s.th.; ich sah mich genötigt, den Plan aufzugeben I saw myself compelled to give up the plan. – **2.** (dringend bitten) urge, press, twist (s.o.'s) arm (colloq.): er nötigte mich zum Trinken he urged (od. pressed) me to drink, he twisted my arm until I consented to drink; er läßt sich gern ~ he likes to be urged; wir ließen uns nicht lange ~ we did not wait to be asked, we did not need much pressing, we didn't stand up(on) ceremony; sie nötigte ihn ins Zimmer she urged him to enter (the room). – **II** N~ n ⟨-s⟩ **3.** verbal noun.

'nö·ti·gen·falls adv if necessary, in case of need, if need be, if need arise, should the need arise.

'Nö·ti·gung f ⟨-; no pl⟩ **1.** cf. Nötigen. – **2.** coercion, force, compulsion, constraint. – **3.** jur. duress(e): Einwand der ~ plea of duress(e).

No·tiz [no'tiːts] f ⟨-; -en⟩ **1.** (schriftlicher Vermerk) note, memorandum, memo (colloq.), bes. Br. minute: flüchtige ~ jotting; er machte sich ~en he made (od. took) notes (for himself). – **2.** (Zeitungsnotiz) notice, item. – **3.** von j-m [etwas] ~ nehmen fig. to take notice of s.o. [s.th.]; sie nahm keine ~ von ihm she took no notice of him, she ignored him. — **~,block** m note pad, memorandum (od. colloq. memo) pad (od. block), tablet, bes. Am. scratch pad, bes. Br. scribbling block. — **~,buch** n notebook, memorandum (od. colloq. memo) book, jotter, bes. Am. tickler, bes. Br. scribbling book.

No'ti·zen,samm·lung f collection of notes (od. memorandums, memoranda), adversaria pl (construed as sg or pl).

No'tiz,zet·tel m note (od. memorandum, colloq. memo) sheet, bes. Am. scratch sheet, bes. Br. scribbling sheet.

'Not|,jahr n year of scarcity (od. distress), lean year. — **~,klau·sel** f jur. escape (od. emergency) clause. — **~,la·ge** f **1.** (state of) distress, distressed state, (state of) need, emergency, plight, predicament, fix (colloq.): die Landwirtschaft war (od. befand

---

sich) in einer ~ agriculture was in a state of distress; sie nutzten die ~ der Arbeiter aus they took advantage of the workers' distress (od. plight); die ~ der Flüchtlinge beunruhigt uns we are troubled about the distress (od. destitution) of the refugees; verzweifelte ~ dire distress, calamity; in eine ~ kommen (od. geraten) to get into a state of distress (od. an emergency). – **2.** (Geldmangel) embarrassment, (financial) difficulty; pinch, fix, tight spot (colloq.): können Sie mir aus einer ~ helfen? can you help me out of a fix? — **~,la·ger** n **1.** shakedown, improvised bed. – **2.** emergency camp (od. encampment). — **~,lam·pe** f emergency lamp. — **n~,lan·den** aer. **I** v/i ⟨insep, -ge-, sein⟩ make an emergency (od. a forced) landing: auf dem Wasser ~ to make an emergency landing on water, to ditch; ~ müssen to be forced to make an emergency landing. – **II** N~ n ⟨-s⟩ verbal noun. — **~,lan·de,platz** m emergency landing field (od. ground). — **~,lan·dung** f **1.** cf. Notlanden. – **2.** emergency (od. forced) landing: auf dem Wasser ditching. – **3.** emergency (od. forced) landing: auf dem Wasser ditching. — **n~,lei·dend I** adj **1.** (Bevölkerung etc) needy, indigent, destitute, necessitous, distressed. – **2.** econ. a) (Industrie etc) distressed, ailing, b) (Wechsel) dishonored, bes. Br. dishonoured, c) (Währung) depreciated, d) (Sendung) unclaimed: ~e Obligationen overdue bonds, bes. Am. defaulted bonds; ~e Gesellschaften companies in default. – **II** N~e m, f ⟨-n; -n⟩ **3.** needy (od. indigent, destitute, distressed) person: die N~en the needy (construed as pl). — **~,lei·ter** f cf. Feuerleiter. — **~,lö·sung** f **1.** temporary (od. provisional, provisionary) solution. – **2.** makeshift, shift, (emergency) stopgap, (temporary) expedient. — **~,lü·ge** f white lie, fib. — **~,maß-,nah·me** f emergency (od. stopgap) measure. — **~,mast** m mar. jury mast. — **~,na·gel** m fig. cf. Lückenbüßer 1. — **~,ope·ra·ti,on** f med. emergency operation. — **~,op·fer** n **1.** emergency relief tax. – **2.** ~ Berlin philat. emergency relief stamp for Berlin.

no·to·risch [no'toːrɪʃ] **I** adj **1.** (Lügner, Trinker etc) notorious, arrant. – **2.** das ist doch ~, daß er ein Trinker ist it is common knowledge that he is a drinker. – **II** adv **3.** er ist ~ faul he is notoriously lazy.

'Not|,pfen·nig m cf. Notgroschen. — **~quar,tier** n temporary (od. provisional, provisionary) accommodation. — **~,recht** n jur. **1.** emergency legislation. – **2.** (eines Staates) emergency powers pl. — **n~,reif** adj agr. (Korn etc) prematurely ripe. — **~,rei·fe** f **1.** ped. cf. Notabitur. – **2.** agr. (von Korn etc) premature ripening. — **~,ru·der** n mar. jury rudder. — **~,ruf** m **1.** cf. Notschrei 1. – **2.** tel. a) emergency (od. distress) call, b) emergency number. — **~,ruf,säu·le** f tel. call box. — **~,rut·sche** f aer. (eines Flugzeugs) emergency chute. — **~,schal·ter** m emergency switch. — **n~,schlach·ten I** v/t ⟨insep, -ge-, h⟩ ein Tier ~ to slaughter an animal out of (od. by) necessity. — **II** N~ n ⟨-s⟩ verbal noun. — **~,schlach·tung** f **1.** cf. Notschlachten. – **2.** emergency (od. forced) slaughter, slaughter (out) of necessity. — **~,schrei** m **1.** cry of distress, cry for help. – **2.** zo. (bei Tieren) distress call. — **~,se·gel** n mar. makeshift sail, jury rig. — **~,sen·der** m (radio) emergency transmitter. — **~si,gnal** n **1.** distress signal, signal of distress. – **2.** (railway) danger signal. – **3.** mar. a) (Flaggenzeichen) distress signal, b) (Kanonenschuß) distress shot. – **4.** (über Funk) distress message, SOS, (im Funksprechverkehr) mayday. — **~,sitz** m **1.** spare (od. emergency) seat. – **2.** auto. emergency (bes. Am. rumble) seat, bes. Br. colloq. dickey seat (od. box).

'Not,stand m **1.** pol. jur. state of emergency: den nationalen ~ verkünden (od. erklären, ausrufen) to proclaim (od. promulgate) the state of national emergency. – **2.** (Notlage) (state of) distress (od. need), plight, predicament, emergency: der ~ an den Universitäten the plight of the universities; einem ~ abhelfen to meet an emergency. – **3.** jur. (state of) necessity.

'Not,stands|,ar·bei·ten pl relief works. — **~,bei,hil·fe** f sociol. emergency relief. — **~,dar,le·hen** n econ. emergency loan. — **~ge,biet** n distressed (bes. Br. depressed)

---

area, (bei Naturkatastrophen) auch disaster area. — **~ge,setz** n jur. pol. emergency (powers) act, Br. auch Defence of the Realm Act. — **~ge,setz,ge·bung** f emergency (od. crisis) legislation. — **~kre,dit** m econ. relief loan. — **~,maß,nah·me** f jur. pol. emergency measure.

'Not,steue·rungs,vor,rich·tung f **1.** (railway) dead-man control. – **2.** mar. emergency steering gear.

'Not,strom m electr. emergency power. — **~ag,gre,gat** n emergency generator (set), stand-by set.

'Not|ta·ke·la·ge f mar. jury rig. — **~,tau·fe** f relig. emergency (od. exigent) baptism (od. christening). — **n~,tau·fen** v/t ⟨insep, -ge-, h⟩ ein Kind ~ relig. to baptize (Br. auch -s-) (od. christen) a child in an emergency (od. in extremis). — **~,trau·ung** f emergency (od. exigent) marriage. — **~,trep·pe** f cf. Feuertreppe. — **~,tür** f emergency door (od. exit).

Not·tur·no [no'turno] n ⟨-s; -s u. -ni [-ni]⟩ mus. notturno.

'Not|,un·ter,kunft f emergency accommodation. — **~,ver,band** m **1.** med. emergency (od. first-aid, provisional, provisionary, mil. auch field) dressing. – **2.** pol. cf. Notgemeinschaft. — **~,ver,kauf** m econ. forced sale (od. selling). — **~,ver,ord·nung** f pol. emergency decree: eine ~ erlassen to issue (od. promulgate) an emergency decree. — **n~,was·sern** aer. **I** v/i ⟨insep, -ge-, sein u. h⟩ ditch. – **II** N~ n ⟨-s⟩ verbal noun. — **~,was·se·rung** f cf. Notwassern.

'Not,wehr f self- (od. justifiable, necessary) defence (Am. defense): aus (od. in) ~ handeln to act in self-defence (od. in defence of [one's] life, jur. auch se defendendo); er hat ihn aus (od. in) ~ erschossen he shot him in self-defence (od. in defending his life). — **~,mit·tel** n jur. legitimate means pl (construed as sg or pl) of defence (Am. defense). — **~,recht** n right of (self-)defence (Am. defense).

'not,wen·dig I adj **1.** necessary, needful, required: die ~en Anschaffungen the necessary (od. needed, requisite) acquisitions; eine ~e Voraussetzung (für) a necessary qualification (for), a basic requirement (for), a sine qua non (for): es ist ~, daß du gehst it is necessary for you to go, you must needs go (lit.); es war nicht ~, daß it was not necessary (od. requisite) that; etwas ~ machen (Reparatur etc) to make s.th. necessary, to necessitate s.th.; er hält es für ~, das Auto zu verkaufen he thinks (od. deems) it necessary to sell the car; dringend (od. unbedingt) ~ a) (unerläßlich) absolutely necessary, essential, imperative, indispensable, b) (keinen Aufschub duldend) urgently necessary, extremely urgent; nehmen Sie nur die notwendigsten Dinge take only what is indispensable (od. take only the absolutely necessary) with you. – **2.** (wesentlich) essential, fundamental: ein ~er Bestandteil an essential (part). – **3.** (unvermeidlich) necessary, inevitable: diese Maßnahme hat sich als ~ erwiesen this measure proved (od. turned out) to be necessary (od. unavoidable); ein ~es Übel a necessary evil. – **4.** (natürlich, folgerichtig) logical: die ~e Folge the logical consequence. – **5.** ~er Relativsatz ling. restrictive clause. – **II** adv **6.** ich muß ~ verreisen it is necessary for me to go (od. that I go) away; sie braucht ~ einen neuen Mantel she needs a new coat badly (od. urgently), she is badly in (od. in dire) need of a new coat. – **III** N~e, das ⟨-n⟩ **7.** ich werde alles N~e tun [veranlassen] I shall do [arrange] whatever is necessary (od. needed), I shall do [see to] the necessary (od. needful); sich auf das N~ste beschränken to confine (od. limit) oneself to the (od. what is) absolutely necessary (od. to [the] essentials); ihnen fehlt es am N~sten they lack the bare necessities.

'not,wen·di·gen·falls adv cf. nötigenfalls.

'not,wen·di·ger'wei·se adv necessarily, as a (od. out of) necessity; perforce, needs (lit.).

'Not,wen·dig·keit f ⟨-; -en⟩ **1.** necessity, needfulness: es besteht keine ~, meine Ansicht zu ändern there is no need for me to change my opinion, there is no reason why I should change my opinion; unter dem Zwang der ~ handeln to act under the force (*od.* under pressure) of necessity; **zwingende** ~ pressing (*od.* imperative) necessity, must. – **2.** (*Dringlichkeit*) urgency. – **3.** (*Unvermeidbarkeit*) necessity, inevitability. – **4.** *philos.* necessity.

'Not|,woh·nung *f* temporary (*od.* provisional, provisionary) accommodation. — ~,wurf *m* aer. cf. Notabwurf. — ~,zei·chen *n* cf. Notsignal. — ~,zeit *f* time (*od.* period) of distress (*od.* emergency): in ~en in emergency (*od.* critical) times. — ~,zucht *f* ⟨-; *no pl*⟩ *jur.* rape, violation, ravishment, indecent (*od.* criminal) assault: ~ an j-m begehen to commit rape (up)on s.o. — n~,züch·ti·gen *v/t* ⟨*insep,* ge-, h⟩ j-n ~ to commit rape [up]on s.o., to violate (*od.* ravish) s.o. — ~,züch·ti·gung *f* cf. Notzucht. — ~,zu,stand *m* cf. Notstand 2.

Nou·gat ['nu:gat; nu'ga:] *m,* auch *n* ⟨-s; -s⟩ *gastr.* nougat.

Nou·me·non [no'u:menən] *n* ⟨-s; *no pl*⟩ *philos.* noumenon. [*etc*] novelty.|

Nou·veau·té [nuvo'te:] *f*⟨-; -s⟩ (*der Mode*)

No·va[1] ['no:va] *f*⟨-; -vä [-vɛ]⟩ *astr.* nova.

'No·va[2] *pl collect. print.* new (*od.* latest) publications (*od.* titles).

No·va·tia·ner [nova'tsia:nər] *m* ⟨-s; -⟩ *relig. hist.* Novatian.

No·va·ti·on [nova'tsio:n] *f* ⟨-; -en⟩ *jur. econ.* (*einer Schuld*) novation.

No·vel·le [no'vɛlə] *f* ⟨-; -n⟩ **1.** (*literature*) short novel, *auch* (long-)short story, novella, nouvelle, novelet(t)e. – **2.** *pol. jur.* (*Nachtragsgesetz*) amendment, supplementary (*od.* amending) bill, rider.

No'vel·len|,band *m* volume (*od.* book) of short stories (*od.* novellas, *auch* novelle, nouvelles, novelet[te]s). — ~,form *f* form of a short story, novella (*od.* nouvelle, novelet[te]) form. — ~,samm·lung *f* collection of short stories (*od.* novellas, *auch* novelle, nouvelles, novelet[te]s). — ~,zy·klus *m* cycle of short stories, novella (*od.* nouvelle, novelet[te]) cycle.

No·vel·let·te [nove'lɛtə] *f*⟨-; -n⟩ (*literature*) short novella (*od.* nouvelle, novelet[te]).

no·vel·lie·ren [nove'li:rən] *v/t* ⟨*no* ge-, h⟩ *jur. pol.* (*Gesetze*) amend.

No·vel·list [nove'lɪst] *m* ⟨-en; -en⟩, No·vel·li·stin *f* ⟨-; -nen⟩ (*literature*) writer of short stories (*od.* novellas, *auch* novelle, nouvelles, novelet[te]s). — No·vel·li·stik [-tɪk] *f* ⟨-; *no pl*⟩ **1.** (*Kunst*) art of the short story (*od.* novella, nouvelle, novelet[te]). – **2.** die ~ (*Gattung*) the short story, the novella, the nouvelle, the novelet(te), short stories *pl,* novellas, *auch* novelle *pl,* nouvelles *pl,* novelet(te)s *pl.* — no·vel·li·stisch *adj* **1.** (*in Novellenform*) in the form of a short story, in novella (*od.* nouvelle, novelet[te]) form. – **2.** (*novellenartig*) novelettish. – **3.** of a short story (*od.* novella, nouvelle, novelet[te]).

No·vem·ber [no'vɛmbər] *m* ⟨-s; *rare* -⟩ November: im (Monat) ~ in (the month of) November: am 1. ~ on 1st November, on November 1st.

No'vem·ber|,ne·bel *m* November fog. — ~re·vo·lu·ti,on *f hist.* November revolution (*1918*). — ~,schwarm *m astr.* **1.** (*atmosphärisches Phänomen*) November meteor shower. – **2.** (*im interplanetarischen Raum*) meteoroid swarm. — ~,sturm *m* November storm. — ~,wind *m* November wind.

No·ve·ne [no've:nə] *f* ⟨-; -n⟩ *röm.kath.* novena.

No·vi·tät [novi'tɛ:t] *f*⟨-; -en⟩ **1.** (*Neuheit der Mode etc*) novelty, new (*od.* latest) fashion. – **2.** *print.* (*Neuerscheinung*) new (*od.* latest) publication (*od.* title). – **3.** (*theater*) new play.

No·vi·ze[1] [no'vitsə] *m*⟨-n; -n⟩ **1.** *röm.kath.* novice, novitiate, *auch* noviciate, neophyte. – **2.** *fig.* (*Anfänger*) novice, beginner, tyro, novitiate, *auch* noviciate, neophyte.

No'vi·ze[2] *f*⟨-; -n⟩ cf. Novizin.

No·vi·zen,haus *n röm.kath.* novitiate, *auch* noviciate.

No·vi·zi·at [novi'tsia:t] *n* ⟨-(e)s; -e⟩ *röm.kath.* novitiate, *auch* noviciate. — ~,jahr *n* novitiate (*auch* noviciate) year.

No'vi·zin *f* ⟨-; -nen⟩ **1.** *röm.kath.* novice, novitiate, *auch* noviciate, neophyte. – **2.** *fig.* (*Anfängerin*) novice, beginner, tyro, novitiate, *auch* noviciate, neophyte.

No·vo·ca·in [novoka'i:n] (*TM*) *n med. pharm.* novocaine.

No·vum ['no:vum] *n* ⟨-s; -va [-va]⟩ **1.** (*Neuheit*) novelty. – **2.** (*neuer Gesichtspunkt*) new fact, something (quite) new, unheard-of fact.

No·xe ['nɔksə] *f* ⟨-; -n⟩ *med.* **1.** noxa. – **2.** noxious agent.

NS-,Zeit [ɛn'ʔɛs-] *f pol. hist.* Nazi period (*1933-1945*).

nu [nu:] *interj colloq. for* nun II.

Nu *m* ⟨-s; *no pl*⟩ *only in* im Nu in an instant, in no time, in the twinkling of an eye, in a split second, in a trice (*od.* flash); before one can say Jack Robinson, in a jiffy (*colloq.*): im Nu war er weg he was gone in an instant (*od.* in a flash).

Nu·an·ce [ny'ã:sə] *f* ⟨-; -n⟩ **1.** *auch fig.* nuance, shade (of difference), subtle distinction, minute variation: sein Haar ist um eine ~ heller als meines his hair is a nuance (*od.* a slight bit) lighter than mine, his hair has a lighter tint (*od.* tinge) than mine; die beiden Wörter unterscheiden sich um eine ~ there is a shade of (*od.* a subtle) difference between the two words. – **2.** *mus.* nuance, shade.

nu'an·cen,reich *adj* rich in (*od.* full of, filled with) nuances (*od.* subtle distinctions, minute variations).

nu·an·cie·ren [nyã'si:rən] **I** *v/t* ⟨*no* ge-, h⟩ **1.** (*abstufen*) nuance, shade, tinge, tint. – **2.** (*kaum merklich ändern*) modulate (*od.* vary) (*s.th.*) slightly (*od.* subtly, *auch* subtlely). – **3.** *mus.* nuance, modulate, shade. – **II N~** *n* ⟨-s⟩ **4.** *verbal noun.*

Nu·bi·er ['nu:biər] *m* ⟨-s; -⟩ Nubian. — 'nu·bisch [-bɪʃ] *adj* Nubian. — **N~** ⟨*generally undeclined*⟩, das **N~e** ⟨-n⟩ *ling.* Nubian, the Nubian language.

nüch·tern ['nʏçtərn] **I** *adj* ⟨-er; -st⟩ **1.** (*Magen*) empty: ich bin noch ~ I have not eaten yet, I still have had no food (*morgens* breakfast); eine Arznei auf ~en Magen einnehmen to take a medicine on an empty stomach; das war ein Schreck auf ~en Magen! *fig. colloq.* that was a fright (*od.* shock) and a half! that really bowled me over! – **2.** (*nicht betrunken*) sober, not intoxicated, not inebriated: ich muß ~ bleiben I have to stay sober; am Tag danach wurde er wieder ~ he sobered up the day after; ich bin völlig ~ I am quite (*od.* completely, *colloq.* cold) sober; das hat ihn (wieder) ~ gemacht that sobered him up (*od.* steadied him [up]) (again). – **3.** *fig.* (*besonnen*) sober, prudent, level-headed, sensible, circumspect(ive): ein ~es Urteil abgeben to give a sober judg(e)ment; nach dem Begeisterungssturm wurden sie wieder ~ after the frenzy of enthusiasm they sobered (*od.* cooled, calmed) down (*od. colloq.* cooled off, came down to earth) again; → Verstand 1. – **4.** *fig.* (*auf Tatsachen beruhend*) matter-of-fact, straightforward, down-to-earth (*attrib*): er gab einen ~en Bericht he gave a matter-of-fact report. – **5.** *fig.* (*phantasielos*) unimaginative, dull, dry(asdust [*attrib*]), insipid, vapid. – **6.** *fig.* (*schlicht, schmucklos*) plain, austere: ein ~er Raum a plain room; ein ~er Stil a) (*Bauweise etc*) an austere style, b) (*Schreibweise*) a prosaic style. – **7.** (*von Speisen etc*) tasteless, insipid, flat: die Suppe schmeckt etwas ~ the soup tastes somewhat insipid (*od.* lacks flavo[u]r). – **II** *adv* **8.** etwas ~ betrachten [beurteilen] to consider (*od.* look at) [to judge] s.th. soberly (*od.* matter-of-factly); (ganz) ~ betrachtet verhält sich die Sache so, daß if we look at things quite matter-of-factly (*od.* if we look at the plain facts), the matter is such that.

'Nüch·tern,blut,zucker (*getr.* -k·k-) *m med.* fasting blood sugar.

'Nüch·tern·heit *f* ⟨-; *no pl*⟩ **1.** (*des Magens*) emptiness (of the stomach). – **2.** soberness, sobriety. – **3.** *fig.* (*Besonnenheit*) soberness, sobriety, prudence, level-headedness, circumspection, circumspectness: mit ~ handeln to act with prudence (*od.* prudently, level-headedly). – **4.** *fig.* (*Sachlichkeit*) matter-of-factness, straightforwardness: etwas mit aller ~ berichten to report s.th. very matter-of-factly (*od.* straightforwardly). – **5.** *fig.* (*Phantasielosigkeit*) dullness, insipidness, insipidity, vapidness, vapidity. – **6.** *fig.* (*Schlichtheit*) plainness, austerity, austereness.

Nucke (*getr.* -k·k-) ['nʊkə], Nücke (*getr.*

-k·k-) ['nʏkə] *f* ⟨-; -n⟩ *dial. for* Laune 2, 3, Schrulle 1.

Nuckel (*getr.* -k·k-) ['nʊkəl] *m* ⟨-s; -⟩ *colloq.* pacifier, *bes. Br.* comforter, dummy. — 'nuckeln (*getr.* -k·k-) *v/i* ⟨h⟩ *colloq.* suck.

'Nuckel,pin·ne (*getr.* -k·k-) *f* ⟨-; -n⟩ *colloq.* jalopy, *auch* jallopy, jaloppy, jalop, 'crate' (*alle colloq.*).

'nückisch (*getr.* -k·k-) *adj dial.* whimsical, capricious, fanciful.

Nu·del ['nu:dəl] *f* ⟨-; -n⟩ **1.** *gastr.* noodle: ~n (*Fadennudeln*) vermicelli *pl.* – **2.** ⟨*meist sg*⟩ *fig. colloq.* contempt. 'bird' (*colloq.*), 'egg' (*sl.*), 'number' (*sl.*), *Am. sl.* 'duck': das ist eine komische ~ that is a funny bird (*od.* a queer duck); sie ist eine dicke ~ she is a fat one (*od.* a fat number). – **3.** *agr.* (*zum Mästen von Gänsen*) fattening ball. – **4.** *Southern G. dial.* pastry. — ~,brett *n* pastry-board. — n~'dick *adj fig. colloq.* (as) round as a barrel, (as) plump as a partridge. — ~,holz *n* rolling pin.

nu·deln ['nu:dəln] *v/t* ⟨h⟩ **1.** (*Federvieh*) fatten, cram. – **2.** *fig.* cram (*s.o.*) with food, stuff.

'Nu·del|,rol·le *f* cf. Nudelholz. — ~,sup·pe *f gastr.* noodle (*od.* vermicelli) soup. — ~,teig *m* noodle paste (*od.* dough). — ~,wal·ker *m* Bavarian and Austrian for Nudelholz.

Nu·dis·mus [nu'dɪsmʊs] *m* ⟨-; *no pl*⟩ nudism, gymnosophy. — Nu'dist [-'dɪst] *m* ⟨-en; -en⟩ nudist, gymnosophist. — nu'di·stisch *adj* nudist (*attrib*), gymnosophical.

nu·dis ver·bis ['nu:dɪs 'vɛrbɪs] *adv* in plain (*od.* blunt, terse) words (*od.* terms).

Nu·di·tät [nudi'tɛ:t] *f* ⟨-; -en⟩ (*rare*) **1.** nudity, nakedness. – **2.** *meist pl* cf. Schlüpfrigkeit 3.

Nu·do·ma·nie [nudoma'ni:] *f* ⟨-; *no pl*⟩ *med. psych.* nudomania.

Nu·do·phi·lie [nudofi'li:] *f* ⟨-; *no pl*⟩ *med. psych.* nudophilia.

Nu·gat ['nu:gat; nu'ga:] *m,* auch *n* ⟨-s; -s⟩ *gastr.* cf. Nougat.

Nug·get ['nʌgɪt] (*Engl.*) *n* ⟨-(s); -s⟩ (*natürlicher Goldklumpen*) nugget.

nu·kle·ar [nukle'a:r] *adj* (*Gefechtskopf, Waffen etc*) nuclear.

Nu·kle'ar|,for·schung *f* nuclear research. — ~me·di,zin *f med.* nuclear (*od.* atomic) medicine. — ~phy,sik *f* nuclear physics *pl* (*usually construed as sg*). — ~,teil·chen *n* sub-atomic particle. [nuclease.]

Nu·klea·se [nukle'a:zə] *f* ⟨-; -n⟩ *chem.*

Nu·kle·in [nukle'i:n] *n* ⟨-s; -e⟩ *biol. chem.* cf. Nukleoproteid. — ~,säu·re *f* nucleic acid.

Nu·kleo·lus [nu'kle:olus] *m* ⟨-; -li [-li] *u.* -len [-kle'o:lən]⟩ *biol.* (*Kernkörperchen*) nucleolus.

Nu·kle·on ['nu:kleɔn] *n* ⟨-s; -en [nukle'o:nən]⟩ *nucl.* nucleon.

Nu·kleo·nik [nukle'o:nɪk] *f* ⟨-; *no pl*⟩ *nucl.* nucleonics *pl* (*construed as sg or pl*).

Nu·kleo·pro·te·id [nukleoprote'i:t], Nu·kleo·pro·te·in [-'i:n] *n* ⟨-(e)s; -e⟩ *biol. chem.* nucleoproteid, nucleoprotein.

Nu·kleo·tid [nukleo'ti:t] *n* ⟨-(e)s; -e⟩ *chem.* nucleotide.

Nu·kle·us ['nu:kleʊs] *m* ⟨-; -klei [-klei]⟩ *biol.* (*Zellkern*) nucleus.

null [nʊl] *adj* **1.** zero: wir haben ~ Grad it is zero; ~ Uhr twelve o'clock midnight; es ist ~ Uhr acht it is eight minutes past (*bes. Am.* after) midnight; ich habe in der Klassenarbeit ~ Fehler I have no mistakes in my class test; es handelt sich um Werte von ~ bis drei we are concerned with values from zero (*od.* naught, nought) to three. – **2.** ~ und nichtig *bes. jur.* null and void: der Vertrag ist ~ und nichtig the contract is null and void; etwas für ~ und nichtig erklären to declare s.th. null and void, to annul s.th., to nullify s.th. – **3.** (*sport*) a) *bes. Am.* nothing, *bes. Br.* nil, b) (*beim Tennis*) love: das Spiel steht eins zu ~ (1 : 0) the game stands at (*od.* the score is) 1—0 (*od.* one [to] nothing, *bes. Br.* one [goal to] nil); unsere Mannschaft gewann 3:0 our team won (by) 3—0; das Spiel endete 0 : 0 the game ended 0—0 (*od.* in a goalless draw), there was no score; er gewann den Satz mit 6 : 0 (*beim Tennis*) he won the set (with *od.* by) 6 love. – **4.** (*bei Telefonnummern etc*) 0, zero: vier ~ fünf four 0 five; acht ~ ~ zwo sieben eight double 0 two seven.

Null[1] f ⟨-; -en⟩ **1.** *math.* a) (*Zahlzeichen*) zero, naught, nought, cipher, *Am. auch* aught, ought, b) (*Zahlenwert*) zero, naught, nought, null, c) (*als Betrag*) nil, nothing: **eine ~** (an eine Zahl) **anhängen** to add a zero (*od.* naught, nought, cipher) (to a number); **eine Zahl mit ~ multiplizieren** to multiply a number by zero; **eine Zahl mit mehreren ~en** a number having (*od.* with) several naughts; **sie stellte die Stoppuhr auf ~** she set the stopwatch at zero; **der Zeiger steht auf ~** the hand is at zero; **das Thermometer steht auf ~** the thermometer is at (*od.* registers) zero (degrees centigrade); **(bei) 10° über [unter] ~** (at) 10 degrees (centigrade) above [below] zero; **ihre Stimmung sank unter ~** *fig.* her spirits sank. – **2.** (*bei Telefonnummern etc*) 0, zero: **die erste Ziffer ist eine ~** the first figure is an 0. – **3.** *fig.* (*von Personen*) nobody, nonentity, cipher: **im Geschäftsleben ist er eine (reine) ~** in business life he is a (mere) cipher (*od.* [just] a nobody). – **4.** *fig.* (*von Sachen*) nil, nothing: **das Ergebnis der Verhandlungen ist gleich ~** the result of the negotiations is (*od.* equals) nil (*od.* nothing); **in ~ Komma nichts** (*od.* nix) **war er mit seiner Arbeit fertig** *colloq.* he finished his work in no time (*od.* in nothing flat). – **5. die Stunde ~** *bes. mil.* (the) zero hour (*od.* time). – **6.** (*games*) (*im Fußballtoto etc*) zero: **eine ~ tippen** to tip a zero. – **7.** *mus.* zero (*in string instrument notation*).

Null[2] m, auch n ⟨-(s); -s⟩ (*im Skatspiel*) null(o).

'**Null**|**ach·se** f **1.** *math.* coordinate axis: **mit einer ~** zeroaxial. – **2.** *tech.* neutral axis. — **n~acht'fuff,zehn** [ˌnʊlˌ⁹axt'fʊf-] adj ⟨pred⟩ *colloq.* (*in Wendungen wie*) **das Kleid ist ~** that is a dress one can see on every Tom, Dick and Harry, that is a nondescript dress; **diese Möbel sind alle ~** that's the sort of furniture (that) every Tom, Dick and Harry has, that is such nondescript furniture.

'**Nulla·ge** (getr. -ll,l-) f *tech.* neutral (*od.* zero) position.

'**Null**|**am·pli,tu·de** f *electr.* (*radio*) zero carrier (*od.* amplitude, reading). — **n~di·men·sio,nal** adj *math.* zero-dimensional.

'**Null·ef,fekt** m *phys.* background counting rate. — **~im,puls** m *phys.* back count.

'**Null,ein,stel·lung** f (*eines Meßgerätes*) zero adjustment (*od.* setting).

'**Nullei·ter** (getr. -ll,l-) m *electr.* zeroaxial (*od.* identified) conductor, neutral conductor (*od.* wire, line), third (*od.* return, white) wire: **geerdeter ~** power ground wire.

'**Null,ele,ment** n *math.* zero element.

nul·len ['nʊlən] **I** v/t ⟨h⟩ *electr.* **1.** neutralize *Br. auch* -s-. – **II N~** n ⟨-s⟩ **2.** *verbal noun.* – **3.** *cf.* Nullung.

'**Nul·len,zir·kel** m *math. tech.* bow compass(es pl).

'**Nul·ler** m ⟨-s; -⟩ *colloq. for* Null[1] 1a.

'**Null,ge,trie·be** n *tech.* gears pl without correction, nultransmission, unmodified gearing.

'**Null,grad** m *cf.* Nullpunkt 3. — **~,gren·ze** f *meteor.* freezing level.

nul·li·fi·zie·ren [nʊlifi'tsiːrən] v/t ⟨no ge-, h⟩ nullify. — **Nul·li·fi'zie·rung** f ⟨-; -en⟩ nullification.

'**Nulli·nie** (getr. -ll,l-) f *math. phys. tech.* neutral line (*od.* axis), zero (*od.* base) line, center (*bes. Br.* centre) line, (*eines Passungssystems*) reference line.

'**Null·in·stru,ment** n *electr.* null detector, zero indicator, balance galvanometer.

Nul·li·pa·ra [nʊ'liːpara] f ⟨-; -ren [-li'paːrən]⟩ *med.* nullipara.

'**Null,iso,ther·me** f *meteor.* zero isotherm. — **~,me·ri·di,an** m *geogr.* prime (*od.* zero) meridian. — **~,me,tho·de** f *electr.* null (*od.* zero) method. — **~,mor,phem** n *ling.* zero morpheme.

Null ou·vert [nʊl u'vɛːr] m, auch n ⟨- -; - -s⟩ (*beim Skatspiel*) open null(o).

'**Null,pho,nem** n *ling.* zero phoneme.

'**Null,punkt** m **1.** *tech.* a) (*einer Skaleneinteilung*) zero point, b) (*eines Passungssystems*) reference point, c) (*eines Diagramms*) starting (*od.* initial) point. – **2.** *electr.* (*einer Schaltung*) neutral point, earthed terminal. – **3.** *phys.* a) zero point, b) (*Gefrierpunkt*) freezing point: **absoluter ~** absolute zero. – **4.** *fig.* zero level, rock bottom: **unsere Stimmung sank auf den**

~ our spirits went down (*od.* dropped) to rock bottom (*od.* zero, the bottom of the scale); **ihre Beziehungen hatten den (absoluten) ~ erreicht** their relations had reached the zero point (*od.* rock bottom). — **~,aus,wan·de·rung** f (*space*) zero drift. — **~,ener,gie** f *phys.* zero-point energy.

'**Null|,schicht** f *meteor.* zero level, level of zero vertical motion. — **~,se·rie** f *tech.* pilot lot (*od.* production). — **~,span·nung** f *electr.* zero voltage, no-voltage. — **~,span·nungs,schal·ter** m **1.** (*Schalter im spannungslosen Zustand*) disconnected switch. – **2.** (*Schalter mit Nullspannungsauslöser*) no-voltage circuit breaker. — **~,spant** m *mar.* midship frame. — **~,spiel** n (*beim Skat*) *cf.* Null[2]. — **~,stel·le** f **1.** *math.* zero coefficient. – **2.** *electr.* (*einer Antenne*) gap. — **~,stel·lung** f *tech.* **1.** (*Nulleinstellung*) zero adjustment. – **2.** (*eines Zählwerkes*) zero (*od.* neutral) position. – **3.** (*eines Hebels*) starting position. – **4.** (*Ruhelage eines Einstellgliedes*) resting position, point of rest, *Am.* null position. — **~,strich** m zero mark (*od.* line).

nullt adj ⟨attrib⟩ *math. phys.* zeroth.

'**Null|ta,rif** m (*in öffentlichen Verkehrsmitteln*) free fare tariff. — **~,ta·ste** f (*auf der Schreibmaschine*) zero (*od.* naught, nought, cipher) key.

'**Nul·lung** f ⟨-; -en⟩ **1.** *cf.* Nullen. – **2.** *tech.* neutralization *Br. auch* -s-. – **3.** *electr.* earthed (*bes. Am.* grounded) neutral connection (*Br. auch* connexion), connection (*Br. auch* connexion) to the neutral conductor.

'**null,wer·tig** adj **1.** *math. phys.* nonvalent, zero-valent. – **2.** *chem.* null valent.

Nul·pe ['nʊlpə] f ⟨-; -n⟩ *colloq.* **1.** simpleton; boob, simple simon (*sl.*), *Am. sl.* crazy duck. – **2.** *cf.* Null[1] 3.

Nu·me·ra·le [nume'raːlə] n ⟨-s; -lien [-lĭən] *od.* -lia [-lĭa]⟩ *ling. cf.* Zahlwort.

Nu·me·ri ['nuːmeri] **I** pl *of* Numerus. – **II** pl *Bibl.* (4. Buch Mose) Numbers pl (*construed as sg*).

nu·me·rie·ren [nume'riːrən] **I** v/t ⟨no ge-, h⟩ number, give (*s.th.*) a number, provide (*s.th.*) with a number, assign a number to: **etwas fortlaufend** (*od.* durchgehend) **~** to number s.th. successively (*od.* consecutively, continuously, in sequence). – **II N~** n ⟨-s⟩ *verbal noun.* — **nu·me'riert I** pp. – **II** adj numbered, supplied with a number: **sind die Plätze ~?** are the seats numbered? **nicht ~** unnumbered. — **Nu·me'rie·rung** f ⟨-; -en⟩ **1.** *cf.* Numerieren. – **2.** assignment of numbers.

Nu·me'rie·rungs,stem·pel m *cf.* Nummernstempel.

nu·me·risch [nu'meːrɪʃ] **I** adj **1.** numeric(al), numeral. – **2.** *math.* (*Gleichung*) numerical. – **3.** *econ.* numerical: **~er Wertkoeffizient** figure of merit. – **4.** *tech.* numerical: **~e Verschlüsselung** numeric coding. – **II** adv **5.** **~ gesteuerte Werkzeugmaschine** *tech.* numerically controlled machine tool.

Nu·me·ro ['nuːmero] n ⟨-s; -s⟩ *archaic for* Nummer 1—4.

Nu·me·rus ['nuːmerus] m ⟨-; -ri [-ri]⟩ **1.** *ling.* (*Singular u. Plural*) number. – **2.** *math.* (*von Logarithmen*) antilogarithm, antilog: **den ~ von 2 aufschlagen** to look up (*od.* take) the antilog of 2.

'**Nu·me·rus 'clau·sus** ['klauzus] m ⟨- -; no pl⟩ *ped.* limitation of admission to a profession (*od.* university, society).

Nu·mi·der [nu'miːdər], **Nu'mi·di·er** [-dĭər] m ⟨-s; -⟩ Numidian. — **nu'mi·disch** [-dɪʃ] adj Numidian.

Nu·mis·ma·tik [numɪs'maːtɪk] f ⟨-; no pl⟩ numismatics pl (*construed as sg*), numismatology. — **Nu·mis'ma·ti·ker** [-tikər] m ⟨-s; -⟩ numismat(olog)ist. — **nu·mis'ma·tisch** adj numismatic, *auch* numismatical.

Num·mer ['nʊmər] f ⟨-; -n⟩ **1.** (*Kennzahl*) number: **er gab allen Gegenständen eine ~** he gave every object a number, he assigned a number to (*od.* he numbered) every object; **die Kartei ist nach (fort)laufenden ~n geordnet** the card index is arranged in numerical (*od.* numerically, in consecutive [*od.* successive] numbers). – **2.** (*Hausnummer, Telefonnummer etc*) number: **sie wohnen in ~ 7** they live at number 7; **dieser Gast wohnt auf [hat] Zimmer ~ 18** this guest is staying in [has] room

(number) 18; **welche ~ haben Sie?** *tel.* what is your ([tele]phone) number? **unter welcher ~ sind Sie zu erreichen?** *tel.* under what number can you be reached? **das Bild steht im Katalog unter ~ 69** the picture is (listed) in the catalog(ue) under number 69. – **3.** (*von Zeitschriften etc*) number, issue, edition, copy: **in Heft ~ 6** in (issue *od.* edition) number 6, in edition 6; **hast du die ~ vom 9. Mai gelesen?** did you read the edition of May 9th? – **4.** (*Größe, Schuhnummer etc*) size, number: **welche ~ haben Sie?** what size do you wear (*od.* take)? **eine große [kleine] ~** a large [small] size; **er kaufte den Anzug um ein paar ~n zu groß** he bought the suit a few numbers too large. – **5.** *mus.* number, piece: **die zweite ~ im Konzert war eine Symphonie von Brahms** the second number in the concert was a Brahms symphony. – **6.** (*Auftritt*) number, act: **welche ~ ist jetzt dran?** (*im Varieté etc*) what number is on (*od.* is now being performed)? **in der nächsten ~ kommt der Clown Beppo** the next number features Beppo the Clown; **eine (tolle) ~ abziehen** *fig. colloq.* to put on quite a show. – **7.** *fig. colloq.* (*Person*) 'character', 'card', 'case' (*alle colloq.*): **ulkige** (*od.* komische) **~** wag, joker, *Am. colloq.* jester: **er ist eine ~ für sich** he is quite a character, he's a real (*od.* an awful) case, he is unique; **er ist eine üble ~** he is a bad egg (*od.* lot) (*colloq.*); **sie ist eine verrückte ~** she is a funny (*od.* queer, crazy) character (*od.* one); **Albert ist eine tolle ~** Albert is a live wire (*bes. Am. sl.* a humdinger, a crackerjack, a wow, *Am. sl.* [just] bully); **sie ist eine tolle ~** a) she is a live wire, b) she is quite a number (*od.* piece), she is a bit of hot stuff. – **8.** *fig. colloq.* (*in Wendungen wie*) **er hat eine gute ~ bei ihm** he rates high with him, he stands high in his books (*od.* esteem), he is highly esteemed by him, he is in high favo(u)r with him; **er ist dort nur eine kleine ~** he has only a minor (*od.* petty) position there, he is one of the small fry there, *Am. colloq.* he is only a small potato there; **Herr X ist der deutsche Fernsehstar eins** (*od.* Nr. 1) Mr. X is Germany's No. 1 TV star. – **9.** *fig. colloq.* **er geht auf ~ Sicher** he plays (it) safe, he stays on the safe side; **wir haben den Dieb auf ~ Sicher gebracht** we brought the thief behind bars (*od.* into the lockup [*bes. Am. sl.* hoos(e)gow], *bes. Br. sl.* in jug). – **10. eine ~ machen** (*od.* schieben) *vulg.* to score, *bes. Am.* to have a (little) nooky (*beide vulg.*).

'**num·me·risch** adj u. adv *cf.* numerisch.

num·mern ['nʊmərn] v/t ⟨h⟩ *rare for* numerieren.

'**Num·mern**|**be,zeich·nung** f numbering, assignment of numbers. — **~,fol·ge** f numerical order (*od.* succession). — **~,girl** n (*im Varieté etc*) number girl (*od.* announcer). — **~,schei·be** f *tel.* calling dial, telephone (*od.* number) dial, (finger) disk (*od.* disc). — **~,schild** n **1.** (*eines Autos*) number (*od.* licence, *Am.* license) plate, *Am. colloq. auch* car tag. – **2.** (*eines Motorrads etc*) identity plate. — **~,stem·pel** m numbering machine (*od.* stamp). — **~,ta·fel** f (*beim Pferderennen*) numberboard. — **~,wei·se** adv by numbers.

nun [nuːn] **I** adv **1.** (*jetzt*) now, at present: **~ muß ich gehen** I must (*od.* have to) go now; **~ ist es** (aber) **genug!** it's enough now! that's the limit now! that's the last of it! **~ habe ich aber genug davon!** I'm fed up with it now! I'll have no more of it! **bist du ~ zufrieden?** are you satisfied now? **von ~ an soll alles anders werden** from now on (*od.* from this time on, *lit.* henceforth) everything is going to be different (*od.* changed); **wir kommen ~ zu Kapitel V** we are coming now to chapter V; **was ist ~ zu tun?** what is to be done now (*od.* next)? **~ sag bloß, du hättest es vergessen** you don't mean to say that you have forgotten it; **~ erst gestand er seine Tat** only now he confessed his deed; **~ und immerdar** [nimmermehr] *poet.* for now and evermore [nevermore]; **was ~, mein Junge?** well now? what next? – **2.** (*seitdem*) from then on, (since) then, from that time on, henceforth (*lit.*): **~ ging er nicht mehr zu ihr** from then on he no longer went to her. – **3.** (*unter den Umständen*) as things now stand, as things are (now), as it is (now): **~ denke ich nicht**

mehr daran as it is now I shall not think of it any more; ~ erst recht (nicht)! now (*od.* as things now stand) all the more (not)! now just for that (not)! now positively (not)! - **4.** (*zur Fortsetzung der Rede*) well, well now (*od.* yes), why. - **5.** (*also*) now, well (now), so: ~, warum antwortest du nicht? well, why don't you answer? du hast A gesagt, ~ mußt du auch B sagen well, in for a penny, in for a pound; ~, wird's bald? *colloq.* for the last time! ~, meinetwegen! a) well, on my account (*od.* for my sake!) b) well, for all I care! ~ so sprich doch! well, then speak up! ~ gut, ich will es glauben all right, I'll believe it; er mag ~ kommen well, he may come now. - **6.** (*eben*) well, just: das ist ~ einmal so that's just the way it is; da es ~ einmal so ist well, since that's the way it is; ich habe es ~ einmal getan I just happen to have done it; es mag ~ kommen, wie es will it may happen (just) as it will. - **7.** (*fragend*) well? how (*od.* what) now? ~, was schadet es? well (*od.* so, why), what is the harm? - **8.** (*aber*) what, but: wenn es ~ regnet? what (*od.* but) if it rains? (but) suppose it rains; wenn ich ~ recht habe? what if I am right? - **II** *interj* **9.** now! well!: ~ los! now, off (with you)! ~ ja! a) well! all right! b) (*einschränkend*) so, so! ~ denn! well then! ~, ~! now, now! - **III** *conj rare* **10.** now that, since: ~ du mich kennst now that you know me.

'**nun'mehr** *adv u. conj* **1.** (*von jetzt ab*) from now on, from this time on, henceforth (*lit.*). - **2.** (*von dann ab*) from then on, since then, from that time on, henceforth (*lit.*).

'**nun'meh·rig** *adj cf.* jetzig.

'**nun·ter** ['nuntər] *adv Southern G. dial. colloq. for* hinunter.

Nun·tia·tur [nuntsɪa'tuːr] *f* ⟨-; -en⟩ *röm.kath.* nunciature.

Nun·ti·us ['nuntsɪus], *Austrian obs.* '**Nun·zi·us** [-tsɪus] *m* ⟨-; -ien⟩ *röm.kath.* nuncio: päpstlicher ~ papal legate; → apostolisch.

nup·ti·al [nup'tsɪaːl] *adj archaic* nuptial.

nur [nuːr] **I** *adv* **1.** (*bloß*) only, just: ich habe ~ 5 Mark I have only 5 marks; es war ~ ein Traum it was just a dream; er tut ~ so he just pretends (to); ~ der Form halber just for form's sake; ich wollte dir ~ sagen, daß I only wanted to tell you that; ~ noch (*Southern G. and Austrian* ~ mehr) zwei Jahre just two more years; ~ einmal just (*lit.* but) once; mit ~ wenigen Ausnahmen with only (*lit.* but) few exceptions; das ist ~ allzu wahr that is only (all) too true; ich gehe ~ eben zum Bäcker I'll just run over to the baker's; es waren ~ etwa 10 Leute dort there were only about 10 people there; es sind ~ noch zwei Photos auf dem Film there are only two photos left on the film; er ißt fast ~ noch Fleisch he hardly eats anything but meat now; ohne auch ~ zu lächeln without so much as a smile; ~ ein wenig (*od.* bißchen) Geduld just (*lit.* but) a little patience; nicht ~, sondern auch not only but also. - **2.** (*allein*) alone: ~ ich I alone, no one but me; er liebt ~ dich he loves only you, you are the only one he loves. - **3.** (*lediglich*) only, solely, merely, simply: das beweist ~, daß that solely proves that; das ist ~ eine Frage des Geldes it is merely a question of money; er ist ~ ein kleiner Angestellter he is simply a petty official; er beweist seine Freundschaft nicht ~ mit Worten he shows his friendship not merely with words; ich kann im Moment ~ sagen, daß at the moment I can merely say that. - **4.** (*ausschließlich*) only, exclusively: diese Veranstaltung ist ~ für Mitglieder this event is for members only. - **5.** (*nichts als*) nothing but: ich höre ~ Gutes über ihn I hear nothing but good about him; er hat ~ Schulden he has nothing but debts; sie haben ~ diese eine Tochter they have no one but (*od.* they have only) this one daughter; ich will ~ meine Ruhe I want nothing (else) but peace (and quiet); tu das ~ ja nicht! don't do that on any account! - **6.** wenn ~ if only: wenn du ~ hier wärest! if only you were here! wenn (sich) ~ das Wetter hält! if only the weather stays (*od.* would stay) fine! wenn sie mich ~ in Ruhe lassen! if only they leave me in peace! - **7.** (*bewilligend*) er mag ~ gehen he may go if he pleases, let him go; mögen sie ~ lachen let them laugh. - **8.** (*verstärkend*) just:

geh ~! just (you) go! ~ weiter! just go on! ~ mach ~ weiter so! (you) just go on like that! stell dir ~ vor! just imagine! ~ zu! go on! more power to you! (*colloq.*); ~ sachte! come, come! come now! take it easy! laß mich ~ machen! just let me do it! sieh ~! just look (at that)! warte ~! just (you) wait! - **9.** (*fragend, zweifelnd*) just: wie ist er ~ hereingekommen? just how (*od. colloq.* how on earth) did he get in here? how did he ever get in here? was soll ich ~ dazu sagen? just what (*od.* whatever) am I to say to that? was meint sie ~? whatever (*od.* just what) does she mean? - **10.** (*verallgemeinernd*) ever: du kannst einladen, wen du ~ magst you may invite whomever (*od. colloq.* whoever) you like; er kauft, was er ~ kriegen kann he buys whatever he can get; wo sie ~ eine Bank sah, wollte sie sich setzen she wanted to sit down wherever (*od.* whenever) she saw a bench; du kannst essen, soviel du ~ willst you may eat as much as you like; ich helfe dir, soviel ~ kann I shall help you as much as I possibly (*od.* as ever I) can; die Prüfung war so schwer, wie sie ~ sein konnte the examination was as difficult as it could (possibly) be (*od.* was ever so difficult). - **11.** etwas ~ aus Spaß [Bosheit, Liebe] tun to do s.th. out of sheer fun [spite, love]. - **II** *conj* **12.** (*allerdings*) but, however, only: ein guter Aufsatz, ~ ist er sehr unleserlich geschrieben a good essay but it is written very illegibly; ich möchte wohl, ~ traue ich mich nicht I'd like to but I don't dare; alles, ~ das nicht! anything but that! alle kamen, ~ er nicht they all came but (*od.* except) (for) him.

'**Nur,flü·gel,flug,zeug** *n aer.* flying wing, tailless (*od.* allwing[-type]) airplane (*Br.* aeroplane).

'**Nur,haus,frau** *f* full-time housewife.

Nürn·ber·ger ['nyrn,bɛrgər] **I** *m* ⟨-s; -⟩ native (*od.* inhabitant) of Nürnberg (*od.* Nuremberg). - **II** *adj* (*of*) Nuremberg, (*of*) Nürnberg, (*of*) Nurnberg, (*of*) Nuernberg: das ~ Ei the Nuremberg egg; die ~ Gesetze *hist.* the Nuremberg Laws; die ~ Prozesse *hist.* the Nuremberg trials; → Trichter 2.

Nusch [nuʃ] *m* ⟨-es; no pl⟩ *bes. Northern G. dial.* rubbish, trash.

nu·scheln ['nuʃəln] *v/i* ⟨h⟩ *colloq.* mumble, mutter.

'**nu·sche·lig**, '**nusch·lig** *adj bes. Northern G. dial.* **1.** (*Redeweise*) indistinct. - **2.** *cf.* unordentlich 1—6, unsauber 1—5.

Nuß [nus] *f* ⟨-; Nüsse⟩ **1.** nut: eine hohle (*od.* leere, taube) ~ a hollow (*od.* empty, *Br. auch* deaf) nut; eine bittere ~ a bitter nut; Nüsse knacken (*od.* aufmachen) to crack (*od.* open) nuts. - **2.** (*Walnuß*) walnut. - **3.** (*Haselnuß*) hazelnut. - **4.** *fig.* nut, task, problem: diese Mathematikaufgabe ist eine harte ~ this mathematical problem is a hard nut (to crack) (*od. colloq.* a tough job); j-m eine harte ~ zu knacken geben to give s.o. a hard nut to crack; Muß ist eine harte ~ (*Sprichwort*) necessity is a hard master (*proverb*). - **5.** du (bist eine) doofe ~! *colloq.* you (are a) stupid (*od. colloq.* fathead, *Am. sl. auch* nut)! - **6.** *fig. colloq.* 'noggin' (*colloq.*), 'nut' (*sl.*), *Am. sl.* 'bean', head. - **7.** *fig. colloq. cf.* Kopfnuß 1. - **8.** *fig.* nut(-sized piece). - **9.** *gastr.* (*Fleischstück*) tender piece of leg of veal. - **10.** *hunt. cf.* Schnalle 4. - **11.** *tech.* (*Werkzeug*) button die.

'**Nuß,baum** *m* **1.** *bot.* (wal)nut tree, *Am. auch* nogal (*Juglans regia*): Amerikanischer ~ *cf.* Hickory. - **2.** *cf.* Nußbaumholz. — ~,holz *n* walnut, nutwood.

'**Nuß|,bei·ze** *f* nut mordant. — ~,boh·rer *m zo. cf.* Haselnußbohrer. — n~,braun *adj* **1.** nut-brown. - **2.** (*bes. Haar*) auburn. - **3.** (*bes. Augen*) hazel. — ~,but·ter *f gastr.* nut butter.

Nüß·chen ['nysçən] *n* **1.** *dim. of* Nuß. - **2.** *cf.* Nußkohle.

'**Nuß|,ei·be, Ka·li'for·ni·sche** *f bot.* stinking cedar (*Torreya californica*). — n~,far·ben *adj cf.* nußbraun 1. — ~,frucht *f* nut. — ~ge,bäck *n gastr. Br.* nut biscuits *pl*, *Am.* nut cookies *pl*. — ~ge,schmack *m* nutty taste, nuttiness: mit (einem) ~ nutty. — ~,kern *m* nut kernel, kernel of a nut. — ~,knacker (*getr.* -k·k-) *m* **1.** nutcracker. - **2.** *fig. colloq.* so ein ~! (*komischer Kauz*) what a funny old bird! (*colloq.*). — ~-

,koh·le *f econ.* nut coal, nuts *pl.* — ~,ku·chen *m gastr.* nutcake.

'**Nüß·li·sa,lat** ['nysli-] *m Swiss for* Feldsalat.

'**Nuß|,mu·schel** *f zo.* nut shell, nucula (*Nucula margaritacea*). — ~,öl *n* (wal)nut oil. — ~,scha·le *f* **1.** *bot.* (nut)shell: grüne ~ green walnut shell, walnut husk; etwas wie eine ~ wegwerfen to throw s.th. away carelessly; das Boot tanzte auf den Wellen wie eine ~ the boat danced on the waves like a nutshell. - **2.** *fig. iron.* (*kleines Boot*) nutshell, cockleshell. — ~,tor·te *f gastr.* layer cake made with a nut dough.

Nü·ster ['nystər; 'nyːstər] *f* ⟨-; -n⟩ *meist pl zo.* nostril: die ~n des Stieres blähten sich the nostrils of the bull became distended (*od.* dilated).

Nut [nuːt] *f* ⟨-; -en⟩ *tech.* **1.** a) groove, b) (*Langnut*) slot, c) (*Kerbnut*) V-notch, d) (*Spann-Nut*) T-slot, work-holding slot, e) (*Keilnut*) keyway, keyseat, f) (*eines Gewindes*) groove: ~ und Feder tongue and groove, slot and key. - **2.** (*in der Zimmerei*) a) groove, slot, notch, housing, b) (*einer Schwalbenschwanzverbindung*) mortise, c) (*eines Schiebefensters*) window stile: ~ und Zapfen mortise and tenon; Bretter fügt man mit (Hilfe von) Feder und ~ boards are joined by (means of) tongue and groove.

Nu·ta·ti·on [nuta'tsɪoːn] *f* ⟨-; -en⟩ *astr. bot.* (*space*) nutation.

Nu·te ['nuːtə] *f* ⟨-; -n⟩ *tech. cf.* Nut.

nu·ten ['nuːtən] *v/t* ⟨h⟩ *tech.* **1.** a) groove, b) (*Spiralbohrer etc*) flute, c) (*Vielkeilwellen*) spline, d) (*Wellen*) keyway, keyseat. - **2.** (*in der Zimmerei*) groove, slot, notch: etwas ~ und spunden to match s.th.

'**Nu·ten|,frä·ser** *m*, ~,fräs·ma,schi·ne *f tech.* keyway milling machine. — ~,mei·ßel *m* slotting (*od.* grooving) tool.

'**Nut|,ho·bel** *m*, ~,ho·bel·ma,schi·ne *f tech.* fluting (*od.* matching) plane. — ~,kreis,sä·ge *f* circular slitting saw. — ~,mut·ter *f* slotted (*od.* ring) nut.

Nu·tria ['nuːtria] *f* ⟨-; -s⟩ **1.** *zo.* coyp(o)u, nutria (*Myocastor coypus*). - **2.** (*Fell*) nutria, coyp(o)u.

nu·trie·ren [nu'triːrən] *v/t* ⟨no ge-, h⟩ *obs. for* ernähren I. — **Nu·tri'ment** [-tri'mɛnt] *n* ⟨-(e)s; -e⟩ *med.* nutriment, nutritive substance. — **nu·tri'tiv** [-tri'tiːf] *adj med.* nutritive, nourishing.

Nut·sche ['nuːtʃə] *f* ⟨-; -n⟩ *chem. tech.* suction (*od.* vacuum) filter. — '**nut·schen I** *v/i* ⟨h⟩ *colloq. dial. for* lutschen II. – **II** *v/t chem.* filter, filtrate (s.th.) by suction.

Nut·te ['nuːtə] *f* ⟨-; -n⟩ *vulg.* 'tart' (*sl.*), floozy (*sl.*), whore, prostitute, strumpet, slut.

'**Nut|-,und-'Spund,ho·bel** *m tech.* match plane. — ~,wel·le *f* spline(d) shaft.

nutz [nuts] *adj* ⟨*pred*⟩ *cf.* nütze.

Nutz *m* ⟨-es; no pl⟩ *obs. for* Nutzen[1]: → Fromme[2].

'**Nutz,an,wen·dung** *f* **1.** (practical) application, utilization *Br. auch* -s-. - **2.** (*einer Fabel*) moral (application).

'**nutz·bar** *adj* **1.** usable, utilizable *Br. auch* -s-, useful: sich (*dat*) etwas ~ machen a) to utilize (*Br. auch* -s-) s.th., to turn s.th. to account, to take advantage of s.th., b) (*Naturkräfte etc*) to harness s.th. - **2.** (*gewinnbringend*) profitable, productive, lucrative, exploitable. - **3.** *tech.* (*Kraft etc*) effective. - **4.** ~er Kofferraum usable luggage space; ~er Laderaum payload space. — '**Nutz·bar·keit** *f* ⟨-; no pl⟩ **1.** usableness, usefulness. - **2.** profitableness, productiveness, lucrativeness, exploitability. - **3.** *tech.* effectiveness, usability, practicability.

'**Nutz·bar,ma·chung** *f* ⟨-; no pl⟩ **1.** utilization *Br. auch* -s-, (*von Naturkräften etc*) *auch* harnessing. - **2.** exploitation.

'**Nutz|be,an,spru·chung** *f tech.* working stress. — ~,brem·sung *f* (*bei Elektromotoren*) regenerative braking. — n~,brin·gend **I** *adj econ.* **1.** (*gewinnbringend*) profitable, useful, lucrative, advantageous: ~ sein to be profitable, to yield a profit. - **2.** (*Kapital*) productive. - **II** *adv* **3.** etwas ~ anwenden to turn s.th. to good account.

nüt·ze ['nytsə] *adj* ⟨*pred*⟩ useful, of use: das ist zu nichts ~ that's good for nothing, that's useless (*od.* [of] no use); so war die Reise doch wenigstens zu etwas ~ thus the journey was at least good for s.th.; er ist zu weiter nichts ~ als he is fit only for, he is only fit for.

'**Nutz·ef,fekt** *m* useful effect.

Nut·zen[1] ['nʊtsən] *m* ⟨-s; *no pl*⟩ **1.** use, utility, service: [nicht] von ~ sein to be of [no] use, [not] to be useful; persönlicher ~ subjective utility; ohne ~ useless; ~ aus etwas ziehen to make use of s.th.; j-m zum ~ sein (*od.* gereichen) to be of use to s.o. – **2.** (*Gewinn*) profit, gain: ohne ~ profitless; ~ bringen to yield (*od.* show) a profit; mit ~ verkaufen *obs.* to sell (*s.th.*) at a profit. – **3.** (*Vorteil*) advantage, benefit: diese Situation kann für uns nur von ~ sein this situation can only be of advantage (*od.* advantageous) for us; sich (*dat*) von etwas ~ versprechen to see an advantage in s.th.; in (*dat*) etwas seinen ~ suchen to seek one's advantage in s.th.; ich habe dieses Buch mit großem ~ gelesen I have read this book to great advantage. – **4.** (*Ertrag*) yield, returns *pl*.

'Nut·zen[2] *pl print.* number *sg* of copies.

'nut·zen[3], **nüt·zen** ['nʏtsən] **I** *v/i* ⟨h⟩ **1.** be of use (*od.* help), be useful, be helpful, avail: das nützt nichts that's useless, that's of no use (*od.* avail, help); was nützt es, daß du dir Sorgen machst? what is the good (*od.* use) of your worrying? was nützt das? what is the good of that? what good will that do? what avails it? das würde dir nicht viel ~ that would be of little use to you; es nützt nichts, wir müssen weiter it's no use (*od.* good), we have to go on. – **2.** (*vorteilhaft sein*) be of advantage (*od.* benefit): es würde dir mehr ~, wenn it would be more advantageous for you if, you would benefit more if; das wird ihr eines Tages sehr ~ that will be of great advantage to her one day. – **3.** (*Gewinn bringen*) yield (*od.* show) profit: wem nützt das? who will profit by that? – **II** *v/t* **4.** use, make use of, utilize *Br. auch* -s-: die Zeit ~ to utilize the time; den Augenblick ~ to use the moment; die Gelegenheit ~ to make use of (*od.* to seize, to avail oneself of) the opportunity (*od.* chance). – **5.** (*nutzbringend anwenden*) turn (*od.* put) (*s.th.*) to account (*od.* good use, profit): er hat das Geld [seine Begabung] gut genützt he has turned the money [his talent] to good account. – **6.** (*ausnutzen*) exploit. – **III N~** *n* ⟨-s⟩ **7.** *verbal noun.* – **8.** *cf.* Nutzung.

'Nutz,fahr,zeug *n auto.* commercial (*od.* utility) vehicle. — **~,fak·tor** *m econ.* **1.** (*Ausnutzung*) utilization (*Br. auch* -s-) factor (*od.* coefficient). – **2.** (*Nützlichkeit*) utility factor. — **~,flä·che** *f* **1.** useful (*od.* usable, effective) area. – **2.** *agr.* agricultural acreage. — **~,gar·ten** *m* kitchen (*od.* vegetable) garden. — **~ge,wächs** *n cf.* Nutzpflanze. — **~,holz** *n* (commercial) timber, *bes. Am.* lumber. — **~,in,halt** *m* working contents *pl*, useful capacity. — **~,la·de,fä·hig·keit** *f econ.* useful load. — **~,last** *f* **1.** *aer. econ.* payload: zahlende ~ revenue payload. – **2.** (*space*) payload. – **3.** *mar. cf.* Tragfähigkeit 3. — **~,lei·stung** *f tech.* **1.** (*einer Maschine*) effective capacity. – **2.** (*eines Motors*) useful

power (*od.* horsepower). – **3.** (*einer Hydraulikpumpe*) hydraulic efficiency.

'nütz·lich *adj* **1.** useful, of use (*pred*): ein ~es Geschenk a useful present; j-m zu (*od.* bei, in *dat*) etwas ~ sein to be useful to s.o. (*od.* in s.th.; sich (j-m) ~ machen to make oneself useful (to s.o.); ein ~es Glied der Gesellschaft a useful member of society; das Fahrrad erwies sich dort als sehr ~ the bicycle proved (to be) very useful (*od.* of great use) there. – **2.** (*dienlich*) useful, serviceable, helpful, handy: ein Hammer wäre jetzt sehr ~ a hammer would be very helpful (*od.* of great help) now. – **3.** (*vorteilhaft*) advantageous, beneficial, of advantage (*pred*): gute Beziehungen sind oft recht ~ good connections (*Br. auch* connexions) are often rather advantageous. – **4.** (*gewinnbringend*) profitable, beneficial, lucrative, rewarding. – **II** *adv* **5.** sich ~ betätigen to make oneself useful. — **III N~e, das** ⟨-n⟩ **6.** das Angenehme mit dem N~en verbinden to combine business with pleasure. — **'Nütz·lich·keit** *f* ⟨-; *no pl*⟩ **1.** usefulness, use, utility. – **2.** (*Dienlichkeit*) usefulness, serviceableness, helpfulness, handiness. – **3.** (*Vorteil*) advantage, benefit. – **4.** (*finanzielle*) profitableness, benefit, beneficialness, lucrativeness.

'Nütz·lich·keits,leh·re, ~phi·lo·so,phie *f philos.* utilitarianism. — **~prin,zip** *n* utilitarian principle: Anhänger des ~s utilitarian. — **~stand,punkt** *m* utilitarian point of view.

'Nütz·ling [-lɪŋ] *m* ⟨-s; -e⟩ *zo.* beneficial animal.

'nutz·los I *adj* **1.** useless, unavailing, futile, of no use (*pred*): ein ~es Beginnen (*od.* Unternehmen, Unterfangen) a useless undertaking; es ist ~ zu reden it is (of) no use talking (*od.* to talk). – **2.** (*unnötig*) needless, unnecessary, unneeded: ~e Zerstörung needless destruction. – **3.** (*müßig*) idle, vain, ineffective, ineffectual, fruitless, otiose (*lit.*): es ist ~, nach dem Grund zu fragen it is idle to ask for the reason; es war alles ~ it was all in vain. – **4.** (*verschwendet*) wasted: eine ~e Geldausgabe a wasted expense; Schmeicheleien sind bei ihm völlig ~ flattery is completely wasted on him (*bes. Am. colloq.* gets you nowhere with him). – **5.** *bes. econ.* (*nichts einbringend*) unprofitable, profitless, unproductive: ~es Kapital unproductive (*od.* dead) capital. – **II** *adv* **6.** uselessly: er hat sein Leben ~ aufs Spiel gesetzt he has uselessly risked his life. — **'Nutz·lo·sig·keit** *f* ⟨-; *no pl*⟩ **1.** uselessness, futility. – **2.** needlessness. – **3.** idleness, vanity, ineffectiveness, fruitlessness. – **4.** waste. – **5.** *bes. econ.* unprofitableness, profitlessness, unproductiveness.

'Nutz,mas·se *f* (*space*) payload. — **~,kör·per** *m* payload section.

'nutz,nie·ßen [-,niːsən] *v/t* ⟨insep, ge-, h⟩

rare enjoy the benefit (*od.* profit, *jur.* usufruct) of.

'Nutz,nie·ßer *m* ⟨-s; -⟩, **'Nutz,nie·ße·rin** *f* ⟨-; -nen⟩ **1.** beneficiary. – **2.** *contempt.* profiteer. – **3.** *jur.* usufructuary. — **'nutz,nie·ße·risch** *adj jur.* usufructuary. — **'Nutz,nie·ßung** *f* ⟨-; *no pl*⟩ usufruct: ~ auf Lebenszeit life interest; die ~ von etwas haben to enjoy the usufruct of s.th.

'Nutz,pflan·ze *f bot.* useful (*od.* economic) plant. — **~si,gnal** *n* (*computer*) information signal. — **~,span·nung** *f electr.* useful voltage. — **~,strom** *m* useful (*od.* active) current.

'Nut·zung *f* ⟨-; *no pl*⟩ **1.** *cf.* Nutzen[3]. – **2.** (*der Zeit, Gelegenheit etc*) utilization *Br. auch* -s-: friedliche ~ der Atomenergie, ~ der Atomenergie zu friedlichen Zwecken peaceful use of atomic energy, use of atomic energy for peaceful purposes. – **3.** (*des Geldes, der Begabung etc*) putting (*od.* turning) to account (*od.* good use, profit). – **4.** (*des Bodens etc*) exploitation. – **5.** (*Ertrag*) yield, produce, revenue. – **6.** (*Benutzung*) utilization *Br. auch* -s-. – **7.** *jur. cf.* Nutznießung.

'Nut·zungs,dau·er *f* **1.** *jur.* period of usufruct. – **2.** *tech.* service (*od.* useful) life. — **~ent,gelt** *n econ.* rental fee, compensation for use. — **~er,trag** *m* revenue, return, yield. — **~,gü·ter** *pl* productive goods, income-yielding assets. — **~,recht** *n* **1.** *jur.* usufructuary right, (right of) usufruct, perfect usufruct. – **2.** *agr.* right of use. — **~,wert** *m econ.* value in use, utility (value).

'Nutz,vieh *n agr.* domestic cattle. — **~,was·ser** *n* water for industrial purposes. — **~,wert** *m econ.* economic value. — **~,wild** *n hunt.* useful game. [*Greek alphabet*).\

Ny [nyː] *n* ⟨-s; -s⟩ nu (*13th letter of the*

Nya·la(-An·ti,lo·pe) ['njaːla-] *f zo.* inyala (*Nyala angasi*).

Nykt·al·opie [nyktalo'piː] *f* ⟨-; *no pl*⟩ *med.* day blindness, nyctalopia (*scient.*).

Nykt·urie [nyktu'riː] *f* ⟨-; -n [-ən]⟩ *med.* nycturia.

Ny·lon ['naɪlən] (*TM*) *n* ⟨-s; -s⟩ **1.** ⟨*only sg*⟩ *chem.* nylon. – **2.** *pl* nylon stockings, nylons. — **~,strumpf** *m* nylon stocking: ein Paar Nylonstrümpfe a pair of nylon stockings (*od.* nylons). — **n~ver,stärkt** *adj* reinforced (*od.* fortified) with nylon, nylon-reinforced.

Nym·phä·um [nʏm'fɛːʊm] *n* ⟨-s; -phäen⟩ *antiq.* nymphaeum, *auch* nympheum.

Nym·phe ['nʏmfə] *f* ⟨-; -n⟩ *myth. zo.* nymph. — **'nym·phen·haft** *adj* nymphish, nymphlike, nymphean.

nym·pho·man [nʏmfo'maːn] *adj psych.* nymphomaniac, *auch* nymphomaniacal, nymphomanic. — **Nym·pho·ma·nie** [-ma'niː] *f* ⟨-; *no pl*⟩ nymphomania. — **Nym·pho'ma·nin** *f* ⟨-; -nen⟩ nymphomaniac.

ny·stag·misch [nʏs'tagmɪʃ] *adj med.* nystagmic. — **Ny'stag·mus** [-mʊs] *m* ⟨-; *no pl*⟩ (*Augenzittern*) nystagmus, nystaxis.

O

O, o¹ [oː] *n* ⟨-; -⟩ **1.** O, o (*fifteenth letter of the German alphabet; fourth vowel*): ein großes O a capital (*od.* large) O; ein kleines O a small (*od.* little) o; das o in (dem Wort) ,so' the o in the word 'so'. – **2.** O *chem.* (*Sauerstoff*) O. – **3.** O *geogr.* (*Osten*) O, east. – **4.** O (*s.th. having the shape of the capital letter O*) O.

o² *interj* O, oh: o ja! O yes! yes indeed! o nein! O no! no indeed! certainly not! not by any means! o doch! O certainly! o weh! oh dear (me)! alas! (*lit.*); o Gott, wie konntest du nur! O goodness (*od.* good heavens), how could you! o wie schön! oh how beautiful! o welche Freude! oh, what happiness! o dieser dumme Kerl! O this stupid fellow! o ich Unglückliche! poor me! o daß er doch käme! oh, if he would only come! (how) I wish (that) he would come!

Ö, ö [øː] *n* ⟨-; -⟩ O (*od.* o) modified, O (*od.* o) umlaut.

Oa·se [oˈaːzə] *f* ⟨-; -n⟩ *geogr. auch fig.* oasis: eine ~ des Friedens [der Stille] *fig.* an oasis of peace [quietness].

Oa·sen|be,woh·ner [oˈaːzən-] *m* inhabitant of an oasis. — **~land·schaft** *f* region of (fertile) oases.

ob¹ [ɔp] **I** *conj* **1.** (*mit indirektem Fragesatz*) whether, if, (*zweifelnd*) *auch* that: die Frage, ~ the question as to whether; hast du gehört, ~ er gekommen ist? have you heard whether he has arrived? er fragte mich, ~ ich nicht wüßte, wie he asked me whether (*od.* if) I knew how; ich bin nicht sicher, ~ es dort sein wird I'm not sure that it will be there; wer weiß, ~ es wahr ist who is to know (*od.* say) that it's true, who knows if it's true; ~ nun kommt oder nicht, wir müssen jetzt anfangen we must start now, whether he comes or not; ~ ..., ~ nicht whether ... or not. – **2.** (*mit direktem Fragesatz*) ~ er wohl kommt? will he come? I wonder if he'll come; ~ er noch rechtzeitig fertig wird? I wonder if he will be ready in time. – **3.** als ~ as if (*od.* though), *Am. colloq. od. dial.* like: es sieht so aus, als ~ es regnen wollte it looks as if it would (*od.* is going to) rain; er tat, als ~ er nicht bis drei zählen könnte he looked as if butter wouldn't melt in his mouth; mir war, als ~ mich j-d berührte it seemed to me as if s.o. were touching me. – **4.** ~ ..., ~ ... whether ... or ...: alle wollen mitmachen, ~ jung, ~ alt everyone wants to participate, whether (*od.* be he) young or old (*od.* regardless of age). – **5.** *colloq.* (*in Wendungen wie*) (na) und ~! of course! certainly! rather! and how! you bet! (*colloq.*); (na,) hat sie dir gefallen? Und ~! (well,) did you like her? And how (*od.* I certainly [*Am. colloq.* sure] did)! kennst du das Theaterstück? Und ~ ich es kenne! do you know the play? I should think I do! – **6.** und ~ ich lange gewandert bin, bin ich nicht müde *poet. obs.* although I have walked for quite some time I am not tired. – **II Ob** *n* ⟨*undeclined*⟩ **7.** das Ob und das Wann the if and the when.

ob² *prep* **I** ⟨*gen, auch dat*⟩ *lit.* (*wegen*) be-cause of, on account of: ich schalt ihn ~ seiner Faulheit I scolded him on account of (*od.* for) his laziness. – **II** ⟨*dat*⟩ *obs.* (*oberhalb*) (up)on: Rothenburg ~ der Tauber Rothenburg on the Tauber.

Ob·acht [ˈoːˌbaxt] *f* ⟨-; *no pl*⟩ *bes. Southern G.* heed, attention: auf (*acc*) etwas [j-n] geben (*od.* haben) to pay attention to s.th. [s.o.], to take heed of s.th. [s.o.]; (gib) ~! look out! be careful! watch it (*od.* out)!

Obad·ja [oˈbatja] *npr m* ⟨-s; *no pl*⟩ *Bibl.* (*Prophet*) Obadiah.

'Ob,dach *n* ⟨-(e)s; *no pl*⟩ **1.** (*Unterkunft*) shelter, lodging, harborage, *bes. Br.* harbourage: kein ~ haben to be homeless, to have no shelter; j-m ~ gewähren to shelter (*od.* to give shelter to) s.o. – **2.** *fig.* (*Wohnstätte*) house, housing, dwelling, lodging.

'ob,dach·los *adj* without shelter, unsheltered, homeless, roofless, unhoused: ~ machen to unhouse. — **'Ob,dach·lo·se** *m, f* ⟨-n; -n⟩ homeless person.

'Ob,dach·lo·sen|asyl [-ʔaˌzyːl] *n* house of refuge, night shelter. — **~für,sor·ge** *f* relief for the homeless. — **~heim** *n* shelter for the homeless.

'Ob,dach·lo·sig·keit *f* ⟨-; *no pl*⟩ homelessness, houselessness.

Ob·duk·ti·on [ɔpdukˈtsi̯oːn] *f* ⟨-; -en⟩ *med. jur.* autopsy, postmortem (*Br.* post-mortem) (examination). — **Ob·duk·ti'ons·be,fund** *m* autopsy result, postmortem (*Br.* post-mortem) findings *pl*.

ob·du·zie·ren [ɔpduˈtsiːrən] *v/t* ⟨*no* ge-, h⟩ eine Leiche (*od.* einen Leichnam) ~ to perform an autopsy, to do a postmortem (*Br.* post-mortem) (examination).

Ob·edi·enz [obeˈdi̯ɛnts] *f* ⟨-; *no pl*⟩ *relig.* **1.** obedience. – **2.** *hist.* support for a candidate for the papacy.

'O-,bei·ne *pl* bandy legs, *Am.* bandy-legs, bowlegs, genuavara (*scient.*). — **'O-,bei·nig** *adj* bowlegged, *Br.* bow-legged, bandy(-legged). [obelisk.]

Obe·lisk [obeˈlɪsk] *m* ⟨-en; -en⟩ *arch.*|

oben [ˈoːbən] *adv* **1.** above, overhead, (*in der Höhe*) up: da (*od.* dort) ~ up there; ganz ~ uppermost, right up above; hoch (*od.* weit) ~ high (*od.* far) above; nach ~ upward(s); er kam von ~ herab he came down from above; j-n von ~ herab behandeln *fig.* to treat s.o. haughtily (*od.* condescendingly); weiter ~ further (*od.* higher) up; ~ in der Luft up in the air; ~ und unten above and below; bis ~ (hin) zugeknöpft a) buttoned all the way up, b) *fig.* very reserved (*od.* standoffish, *Br.* stand-offish); nach ~ gerichtet level(l)ed (*od.* pointed) upward(s); ~ bleiben a) to stay up (there) (*od.* upstairs, *auf dem Wasser* afloat), b) *fig.* to have (*od.* keep) the upper hand; ~ im Kasten liegen to lie uppermost in the box; mir steht die Sache bis hier ~ *fig. colloq.* I am sick (and tired) of the matter; man wußte kaum noch, wo (*od.* was) ~ und unten war *fig. colloq.* one couldn't tell up from down (*od.* heads from tails); von hier ~ (aus) haben wir eine schöne Aussicht we have a beautiful view from up here; → Gute². – **2.** (*an einem Gegenstand*) at the top: von ~ bis unten a) from top to bottom, b) (*bei Personen*) from head to foot (*od.* toe), from top to toe; die Schublade links ~ the top drawer on the left; etwas ~ anfassen to grasp s.th. at the top; ~ am Tisch sitzen to sit at the top (*od.* head) of the table; j-s Glas bis ~ füllen to fill s.o.'s glass brimful (*auch* brimfull) (*od.* to the brim). – **3.** (*auf einem Gegenstand*) on (the) top: hoch ~ auf dem Berge high up on top of the mountain; nun sind wir ~ now we've reached the top. – **4.** (*im Himmelsraum*) above, aloft, on high, overhead. – **5.** (*im Hause*) upstairs, *Am. auch* abovestairs, (*im obersten Stockwerk*) at the top: ich gehe nach ~ I'm going upstairs; das Haus wurde von ~ bis unten durchsucht the house was searched from top to bottom; ich bleibe heute abend ~ I'll remain (*od.* stay) upstairs this evening; wir wohnen ganz ~ we live right at the top (*od.* on the top floor). – **6.** ~ ohne *colloq.* (*fashion*) topless. – **7.** (*an der Oberfläche*) on the surface: ~ schwimmen, sich ~ halten to float (on the surface), to keep oneself afloat; Fett schwimmt ~ a) fat floats, b) *colloq.* fat people don't drown; den Kopf ~ behalten *fig.* a) to keep one's head (*od.* presence of mind), b) to keep one's heart up, not to lose heart; ~ hui, unten pfui (*Sprichwort*) nothing but (outside) show. – **8.** (*in einiger Entfernung*) up there: er lebt schon einige Zeit dort ~ he has been living up there for some time. – **9.** er ist ~ herum recht mollig he is rather full-chested (*od.* stout above the waist). – **10.** *fig.* (*an leitender Stelle*) in high quarters, high(er) up: er scheint ~ beliebt zu sein he seems to be popular in higher quarters; die Anordnung kommt von ~ the order comes from higher up. – **11.** Tendenz nach ~ *econ.* upward tendency (*od.* trend). – **12.** *mar.* (*in der Takelage*) aloft. – **13.** *print.* a) (*auf einer Seite*) at the top, above, b) (*im vorhergehenden Text*) above, hereinabove, hereinbefore, supra: ~ auf der Liste at the top of the list; das Bild links ~ the picture at (*od.* on) the upper left (*od.* left above); weiter ~ above; wie ~ angeführt (*od.* angegeben) as stated above, ut supra; siehe ~ see above, ut supra, vide ante; ~ auf Seite 10 at the top of page 10, page 10 at the top; Paragraph 24 ~ section 24 above; das ~ Erwähnte the above-mentioned, the aforementioned, the aforesaid, the above-quoted, *jur.* the premises *pl*. – **14.** *econ.* (*Aufschrift auf Versandkisten etc*) ~! this side up!

'oben'an *adv* **1.** at the top: sein Name steht ganz ~ (*auf der Liste*) his name is at the top of the list (*od.* first on the list). – **2.** at the head: er sitzt ~ he sits at the head of the table. – **3.** *fig.* in first place: ~ stehen to hold (the) first place.

'oben'auf *adv* **1.** (*zuoberst*) on top, uppermost: das Buch liegt ganz ~ the book is lying right on (the) top. – **2.** (*auf der Oberfläche*) on the surface. – **3.** *fig. colloq.* (*in guter Verfassung*) in good health and high spirits, going strong (*colloq.*): ~ sein to be on top of the world (*colloq.*); er ist wieder ~ he has recovered, he is well again. '**oben'drauf** *adv colloq.* **1.** *cf.* obenauf. - **2.** j-m eins ~ geben a) to hit s.o. on (*od.* over) the head, b) *fig.* to give s.o. a warning. '**oben'drein** *adv colloq.* over and above, besides, in addition; into the bargain, at that, to boot (*nachgestellt*). '**oben·er,wähnt I** *adj* ⟨*attrib*⟩ **1.** above--mentioned, aforementioned. - **II O~e,** das ⟨-n⟩ **2.** the above-mentioned, the afore-mentioned. - **3.** *jur.* the premises *pl.* — '**Oben·er,wähn·te** *m, f* ⟨-n; -n⟩ above--mentioned person. '**oben,nannt** *adj* ⟨*attrib*⟩ above-said, aforesaid. — '**Oben·ge,nann·te** *m, f* ⟨-n; -n⟩ above-said person. '**oben·ge,steu·ert** *adj* ⟨*attrib*⟩ *tech.* over-head: ~ Motor valve-in-head engine, overhead-valve engine; ~es Ventil overhead (*od.* drop) valve, *bes. Am.* valve-in-head. '**oben'hin** *adv* superficially, perfunctorily, casually, in a cursory manner: ~ bemerken to say (*s.th.*) casually (*od.* lightly); so ~ antworten to answer absently (*od.* unheedingly); etwas ~ abtun to pass over s.th. (lightly). '**oben·hin'aus** *adv* only in ~ wollen *fig. colloq.* to be ambitious, to have high notions. '**Oben-,oh·ne-|,Ba·de,an,zug** *m* (*fashion*) topless (bathing suit [*bes. Br.* dress]). — ~,**Mo·de** *f* topless fashion. '**oben,ste·hend** *adj* ⟨*attrib*⟩ *cf.* obenerwähnt I, abgenannt.

ober ['oːbər] **I** *adj* ⟨*attrib*⟩ ⟨*sup* -st⟩ **1.** upper: das ~e Ende the upper end; die ~e Kreide *geol.* the upper cretaceous layer; der ~e Rhein *geogr.* the Upper Rhine; die rechte ~e Schublade the right upper drawer, the top drawer on the right; die ~e Seite the top (*od.* upper) side, the top, the upside; wir wohnen im ~en Stockwerk we live on the upper (*od.* top) floor; ein Zimmer im ~en Stockwerk an upstairs room; ich habe das ~e Buch genommen I took the top book. - **2.** *fig.* (*ranghöher*) upper, superior, higher: eine ~e Behörde a higher authority; die ~en Ränge the higher ranks. - **3.** *fig.* (*Schulklasse*) upper, higher. - **4.** *fig.* (*sozial höherstehend*) upper, higher: die ~en Zehntausend the upper classes, the upper ten (thousand), *Am.* auch the four hundred. - **5.** *mus.* (*Töne, Lagen etc*) higher, upper. - **II** *prep* ⟨*dat*⟩ **6.** *Austrian for* über 1, oberhalb I. - **III O~e,** das ⟨-n⟩ **7.** the upper part. '**Ober** *m* ⟨-s; -⟩ **1.** (head)waiter: (Herr) ~, bitte zahlen! waiter, the bill (*Am.* check), please! - **2.** (*Spielkarte*) queen. '**Ober,arm** *m med.* upper (part of the) arm. — ~,**kno·chen** *m* bone of the upper arm, humerus (*scient.*). '**Ober|,arzt** *m,* ~,**ärz·tin** *f med.* **1.** senior consultant (*od.* physician), assistant medical director. - **2.** (*für Chirurgie*) senior surgeon. — ~,**auf,se·her** *m* **1.** a) (*Aufsichtsbeamte*) superintendent, chief (*od.* senior) inspector (*od.* supervisor), b) (*in der Fabrik etc*) chief (*od.* senior) overseer, c) (*Generalinspektor*) inspector general. - **2.** *jur.* (*in Gefängnissen*) master warden. — ~,**auf,sicht** *f* superintendence, presidence, presidency, (general) inspection (*od.* control, supervision): die ~ haben über (*acc*) etwas to superintend s.th., to supervise s.th., to preside over s.th. — ~,**bau** *m* **1.** *civ.eng.* a) building above ground, b) (*einer Brücke*) superstructure, overhead construction, c) (*einer Straße*) surface, d) (*eines Bahnkörpers*) permanent way. - **2.** *electr.* overhead structure. - **3.** *geol. philos.* superstructure. — ~,**bauch** *m med.* epigastric region, epigastrium. — ~,**bay·er** *m* Upper Bavarian. — o~,**bay(e)·risch** *adj* Upper Bavarian. — ~,**be,fehl** *m mil.* high (*od.* supreme) command: den ~ führen (*od.* haben) to be commander in chief; die Truppen standen unter dem ~ von the troops were commanded by. — ~,**be,fehls,ha·ber** *m* commander in chief. — ~,**be,griff** *m* **1.** *philos. ling.* general (*od.* generic) term, *auch* head(ing). - **2.** *zo.* superimposed concept. — ~,**be,klei·dung** *f* outer garments *pl* (*od.* clothing), outerwear, *Am. auch* overclothes *pl.* — ~,**berg,amt** *n* (*mining*) *BRD* regional Mines Inspectorate. — ~,**bett** *n* **1.** (*eines Etagenbetts*) upper (*od.* top) bed. - **2.** (*mit Daunen gefülltes*)

eiderdown, quilt. — ~,**buch,hal·ter** *m econ.* chief (*od.* senior, head) bookkeeper (*od.* accountant). — ~,**bür·ger,mei·ster** *m* chief burgomaster (*auch* burghermaster), *Br.* Lord Mayor. — ~,**deck** *n mar.* **1.** upper deck. - **2.** (*Hauptdeck*) main deck. '**ober,deutsch I** *adj* Southern German. - **II** *ling.* O~ ⟨*generally undeclined*⟩, das O~e ⟨-n⟩ Upper (*od.* Southern) German. — '**Ober,deut·sche** *m, f* South German. '**obe·re** *adj* ⟨*attrib*⟩ *cf.* ober I. '**Obe·re** *m* ⟨-n; -n⟩ *röm.kath.* superior, (*eines Klosters*) Father Superior. '**Ober|,fa·den** *m* (*einer Nähmaschine*) upper (*od.* needle) thread. — o~,**faul** *adj u. adv colloq.* (very) fishy (*colloq.*); queer: die Sache ist (*od.* steht) ~ it's a very fishy affair. — ~,**feld** *n med.* (*der Lunge*) upper lung field, apical region. — ~,**feld,arzt** *m mil.* lieutenant colonel (Medical Corps). — ~,**feld,we·bel** *m mil.* **1.** *Am.* sergeant 1st class, *Br.* staff sergeant. - **2.** *aer.* technical (*Br.* flight) sergeant. '**Ober,flä·che** *f* **1.** surface: eine rauhe [glatte] ~ a rough [smooth] surface; die ~ der Erde [eines Würfels] the surface (*od.* face, *scient.* superficies) of the earth [a cube]; er kam nicht wieder an die ~ he did not (come to the) surface again, he did not reappear (at the surface); auf (*od.* an) der ~ schwimmen a) to float (on the surface), b) *fig.* to be superficial; das U-Boot kam an die ~ the submarine surfaced (*od.* rose to the surface); er bleibt viel zu sehr an der ~ *fig.* he doesn't get to the heart of the problem; alles, was er sagt, bleibt an der ~ *fig.* nothing he says goes below the surface, everything he says is shallow. - **2.** (*Flächeninhalt*) (superficial) area, surface, superficies (*scient.*). - **3.** *tech.* surface finish: ein Stoff mit einer wasserundurchlässigen ~ a fabric with a water-resistant finish; geätzte ~ a) (*bei Metall*) etched surface, b) (*bei Glas*) frosted surface. '**Ober,flä·chen|,ab,lei·tung** *f electr.* surface leakage. — o~,**ak,tiv** *adj phys.* surface-active. — ~,**be,ar·bei·tung** *f tech.* surface finishing. — ~,**be,hand·lung** *f* surface treatment. — ~,**be,schaf·fen·heit** *f* surface quality (*od.* finish). — ~,**ent,la·dung** *f electr.* surface discharge. — ~,**ge,stalt** *f* shape of surface. — ~,**här·te** *f tech.* surface hardness. — ~,**här·tung** *f metall.* (sur)face hardening. — ~,**kon·den·sa·ti,on** *f tech.* (*bei Dampfmaschinen*) surface condensation. — ~,**kon·den,sa·tor** *m* (*an Dampfmaschinen*) surface condenser. — ~,**küh·lung** *f tech.* surface cooling. — ~,**rau·heit** *f* surface roughness. — ~,**span·nung** *f phys. metall.* surface tension. — ~,**struk,tur** *f ling.* surface structure. — ~,**ver,ede·lung, ~ver,ed·lung** *f tech.* surface refinement (*od.* finishing). '**ober,fläch·lich I** *adj* **1.** *rare* (*äußerlich*) superficial, external, outward. - **2.** *fig.* (*nachlässig*) superficial, cursory, perfunctory, (*stärker*) slapdash: ~e Arbeit slapdash work; ~e Nachforschungen superficial investigations; bei ~er Prüfung on superficial (*od.* surface) inspection. - **3.** *fig.* (*flüchtig*) superficial, hasty: ein ~er Blick a quick (*od.* hasty) glance; eine ~e Schätzung a rough estimate. - **4.** *fig.* (*nicht tiefgehend*) superficial, slight: eine ~e Bekanntschaft a casual (*od.* nodding) acquaintance; ~e Kenntnisse haben to have a slight knowledge, to have a (mere) smattering. - **5.** *fig.* (*seicht*) superficial, shallow, trivial, trifling: ein ~er Mensch a superficial person, a shallow character, a trifler, a superficialist. - **6.** *fig.* (*äußerlich*) superficial, external. - **7.** *med.* a) superficial, surface (*attrib*), b) (*Atmung, Geschwür*) shallow. - **II** *adv* **8.** *fig.* superficially, cursorily: ~ arbeiten to work superficially; etwas ~ durchgehen to go over (*od.* through) s.th. in a cursory manner, to run over s.th.; ich kenne ihn nur ~ I know him only slightly; ein Buch nur ~ lesen to skim over (*od.* skip through) a book. — '**Ober,fläch·lich·keit** *f* ⟨-; -en⟩ *fig.* (*bes. einer Person*) **1.** (*Nachlässigkeit*) superficiality, cursoriness, perfunctoriness. - **2.** (*Flüchtigkeit*) hastiness, slapdash (manner), slapdashness. - **3.** (*Seichtheit*) shallowness, triviality. '**Ober|,för·ster** *m etwa* head forester, forest officer, *Am.* head forest ranger. — ~,**för·ste,rei** *f* office of head forester. — ~,**forst-**

~,**mei·ster** *m etwa Br.* head forest officer, *Am.* (chief) forest officer (*academically trained*). — ~,**fran·ke** *m* Upper Franconian. — o~,**frän·kisch** *adj* Upper Franconian. — o~,**gä·rig** [-,gɛːrɪç] *adj* **1.** *brew.* top-fermenting. - **2.** *biol.* top-fermenting. — ~,**ge,frei·te** *m* **1.** *Am.* private 1st class, (*bei der Marineinfanterie*) corporal, *Br.* lance corporal (*od.* bombardier). - **2.** *aer. Am.* airman 2nd class, *Br.* junior technician, leading (*od.* senior) aircraftman. — ~,**ge,richt** *n Swiss cf.* Kantonsgericht. — ~,**ge,schoß** *n arch.* upper floor, upper storey (*bes. Am.* story): er wohnt im ~ he lives on the upper floor. — ~,**ge,senk** *n tech.* **1.** (*einer Schmiedemaschine*) top (*od.* upper) die. - **2.** (*als Schmiedegerät*) top swage. — ~,**ge,walt** *f* supreme power (*od.* authority), supremacy. — ~,**ge,wicht** *n* top weight. — ~,**gren·ze** *f* upper limit. — ~,**gut,ach·ten** *n* resurvey, countervaluation, counterexpertise, opinion of a chief consultant (*od.* assessor, expert, valuer). — ~,**gut,ach·ter** *m* chief consultant (*od.* assessor, expert, valuer). '**ober,halb I** *prep* ⟨*gen*⟩ **1.** (*über*) above: das Flugzeug flog ~ der Wolken the plane flew above the clouds. - **2.** (*an einem Berg*) above: die Straße verläuft ~ des Dorfes the road runs above the village. - **3.** (*am Oberlauf eines Flusses*) above, (upstream) beyond (*od.* from): ~ Hamburg(s) upstream beyond Hamburg; die Themse ~ London(s) the Thames upstream beyond London, the upper Thames. - **II** *adv* **4.** weiter ~ higher (*od.* further) up. '**Ober|,hand** *f* ⟨-; *no pl*⟩ *fig.* upper (*od.* whip) hand, predominance, predomination: die ~ behalten (*od.* behaupten) to keep the upper hand, to carry the day; die ~ über j-n gewinnen (*od.* bekommen, erringen, erhalten) to get the better (*od.* the best) of (*od.* the whip hand over) s.o.; die ~ haben (über j-n) to have the upper hand (over s.o.), to dominate (s.o.). — ~,**haupt** *n* **1.** head, chief, (*bes. einer Partei*) leader. - **2.** *tech.* (*einer Schleuse*) head bay (*od.* crown), upper chamber (*od.* head). — ~,**haus** *n pol.* **1.** upper (*od.* second) chamber. - **2.** (*in USA*) Senate. - **3.** (*in Großbritannien*) House of Lords, Upper House, (the) Lords *pl, auch* Gilded Chamber. — ~,**haut** *f med.* cuticle, epiderm(is) (*scient.*): die ~ betreffend cuticular, epidermal (*scient.*). — ~,**häut·chen** *n* **1.** *med.* cuticle. - **2.** (*auf Flüssigkeit*) film. — ~,**hemd** *n* shirt. — ~,**herr** *m pol.* **1.** sovereign, overlord, supreme lord. - **2.** *hist.* a) (*Lehnsherr*) liege (lord), lord paramount, overlord, b) (*Suzerän*) suzerain. — o~,**herr·lich** *adj pol.* **1.** sovereign. - **2.** *hist.* a) (*lehnsherrlich*) seigniorial, b) (*suzerän*) suzerain. — ~,**herr·schaft** *f* **1.** *pol. hist.* a) sovereignty, supremacy, b) (*Suzeränität*) suzerainty, c) (*Hegemonie*) hegemony: ~ zur See naval supremacy, sovereignty of the seas. - **2.** *fig.* (*Überlegenheit*) upper (*od.* whip) hand, superiority, supremacy. — ~,**hes·se** *m* Upper Hessian. — o~,**hes·sisch** *adj* Upper Hessian. — ~,**hir·te** *m relig.* **1.** bishop, pastor. - **2.** (*Papst*) pope. — ~'**hof,mei·ster** *m hist.* (Lord) Steward of the Household, palatine, Mayor of the Palace. — ~,**ho·heit** *f* **1.** *cf.* Obergewalt. - **2.** sovereignty. — ~,**holz** *n* (*forestry*) overhead trees *pl*, overstorey, *bes. Am.* overstory, uppercrop. '**Obe·rin** *f* ⟨-; -nen⟩ **1.** *röm.kath.* mother superior, superioress: Schwester ~ Lady (*od.* Mother) Superior (*od.* Superintendent); (die) Frau ~ (the) Mother Superior; Frau ~ (*Anrede*) Matron. - **2.** *med.* supervisor. '**Ober|in·ge·ni,eur** *m tech.* chief (*od.* head) engineer, engineer in chief. — ~,**in,spek·tor** *m* chief inspector. — o~,**ir·disch** *adj* **1.** *tech.* (*Keller etc*) surface, aboveground, overground (*alle attrib*): ~e Leitung *electr.* overhead (*od.* aerial) line. - **2.** *bot.* epigeous. — o~,**ita·lie·nisch** *adj* Upper Italian. — ~,**jä·ger** *m* **1.** *hunt.* chief hunter, first huntsman. - **2.** *mil. hist.* (*Unteroffizier bei den Gebirgsjägern*) corporal. — ~,**kan·te** *f* upper edge. — ~,**kell·ner** *m* headwaiter, maître d'hôtel. — ~,**kell·ne·rin** *f* headwaitress. '**Ober,kie·fer** *m med.* upper jaw, maxilla (*scient.*): den ~ betreffend maxillary. — ~,**höh·le** *f* maxillary sinus, antrum (of Highmore). — ~**kno·chen** *m* upper jawbone, (superior) maxilla (*scient.*).

'**Ober|'kir·chen,rat** *m relig.* (*der evang. Kirche*) **1.** (*Versammlung*) High Consistory. – **2.** (*Mitglied*) member of the High Consistory. — ~**klas·se** *f meist pl ped.* (*einer Schule*) *Br.* top (*od.* upper) form, *bes. Am.* senior class. — ~**kleid** *n,* ~**klei·dung** *f cf.* Oberbekleidung. — ~**kom·man·die·ren·de** *m* ⟨-n; -n⟩ *mil.* commander in chief. — ~**kom,man·do** *n cf.* Oberbefehl. — ~**kom·mis,sar** *m* high commissioner. — ~**kör·per** *m* upper (part of the) body (*od.* trunk): den ~ **freimachen** to strip to the waist. — ~**la·bi·um** *n mus.* (*der Orgelpfeifen*) upper lip.

Ober,land *n* ⟨-(e)s; *no pl*⟩ *geogr.* upland, highland. — '**Ober,län·der** *m* ⟨-s; -⟩ inhabitant of an upland (*od.* a mountainous) country, uplander, highlander.

'**Ober|'lan·des·ge,richt** *n jur.* Higher Regional Court. — ~'**lan·des·ge,richts,rat** *m* councillor of a Higher Regional Court. — ~**län·ge** *f print.* (*eines Buchstabens*) ascender. — o~**la·stig** [-,lastɪç] *adj bes. mar.* top-heavy. — ~**lauf** *m* (*eines Flusses*) upper part (*od.* course), headwaters *pl.* — ~**le·der** *n* (*der Schuhe*) upper leather, (*Blatt*) vamp. — ~**leh·rer** *m ped.* (*an einer Volksschule*) senior teacher (*bes. Br.* master). — ~**leh·re·rin** *f* senior teacher (*bes. Br.* mistress). — ~**leib** *m cf.* Oberkörper.

'**Ober,lei·tung** *f* **1.** chief (*od.* top) management, supreme direction: j-m die ~ **übertragen** to transfer the chief management to s.o. – **2.** *electr. tech.* a) (*eines Zuges etc*) overhead (*od.* aerial) line (*od.* conductor), b) (*des Obusses*) trolley wire.

'**Ober,lei·tungs|,bus** *m* trolleybus. — ~**,netz** *n* overhead system. — ~**,om·ni·bus** *m cf.* Oberleitungsbus.

'**Ober|,leut·nant** *m mil. Am.* first lieutenant, *Br.* lieutenant: ~ **zur See** *Am.* lieutenant (junior grade), *Br.* sub-lieutenant, senior commissioned branch officer. — ~**licht** *n* ⟨-(e)s; -er *u.* -e⟩ **1.** ⟨*only sg*⟩ (*von oben einfallendes Licht*) light from above, *Am.* top light, *auch* toplighting. – **2.** *arch.* a) skylight (in a roof), b) (*Oberhälfte des Fensters*) transom window, *Am. colloq.* transom, c) (*Fenster über einer Tür*) fanlight, *auch* transom window. – **3.** ⟨*only sg*⟩ (*film*) headlight. — ~**lid** *n* upper eyelid (*od. scient.* palpebra). — ~**lip·pe** *f* **1.** upper lip. – **2.** *zo.* (*bei Insekten*) labrum. – **3.** *mus. cf.* Oberlabium. — ~**,maat** *m mar.* chief petty officer, warrant (officer), *Am. sl.* broken striper. — ~**me·di·zi'nal,rat** *m med.* etwa senior medical officer. — ~**mei·ster** *m econ.* (*einer Innung*) master of a guild (*od.* corporation).

Obe·ron ['o:bərɔn] *npr m* ⟨-s; *no pl*⟩ *myth.* (*König der Elfen*) Oberon.

'**Ober|,öster·rei·cher** *m* Upper Austrian. — o~**,öster·rei·chisch** *adj* Upper Austrian. — ~**,pfäl·zer** *m* Upper Palatine. — o~**,pfäl·zisch** *adj* Upper Palatinate (*attrib*). — ~**,post·di·rek·ti,on** *f* Regional Postal Directorate. — ~**,prie·ster** *m relig.* high priest, pontiff, pontifex. — ~**,pri·ma** *f ped.* ninth and final year of a German secondary school. — ~**,pri·ma·ner** *m,* ~**,pri·ma·ne·rin** *f pupil of an 'Oberprima'.* — ~**re,al,schu·le** *f ped. obs.* secondary school emphasizing mathematics and science. — ~**re,al,schü·ler** *m student of an 'Oberrealschule'.* — ~**rech·nungs,kam·mer** *f hist.* audit office, senior (*od.* supreme) audit department. — ~**re'gie·rungs,rat** *m etwa* senior executive officer. — o~**,rhei·nisch** *adj geogr.* of (*od.* relating to) the Upper Rhine. — ~**,rich·ter** *m jur.* chief justice, *Br.* (*Lordoberrichter*) Lord Chief Justice, *Am.* Chief Justice of the United States.

'**Obers** *n* ⟨-; *no pl*⟩ *Bavarian and Austrian for* Sahne 1.

'**Ober,satz** *m philos.* a) major premise, b) (*im Syllogismus*) sumption.

'**Ober,schen·kel** *m med.* **1.** thigh. – **2.** *cf.* Oberschenkelknochen. — ~**,bruch** *m* fracture of the thigh, femoral fracture (*scient.*). — ~**,hals** *m* neck of the femur. — ~**kno·chen** *m* thigh(bone), femur (*scient.*). — ~**,nerv** *m* femoral nerve. — ~**schlag,ader** *f* femoral artery.

'**Ober|,schicht** *f* **1.** *sociol.* upper class (*od.* stratum), top drawer (*colloq.*): die Lebensweise der ~ the upper-class way of life; die geistige ~ the intelligentsia, the egg-

heads *pl* (*colloq.*). – **2.** *geol.* upper stratum, top layer, superstratum. – **3.** *med.* upper layer, top. — o~**,schläch·tig** [-,ʃlɛçtɪç] *adj tech.* (*Wasser-, Mühlrad etc*) overshot. — o~**,schlau** *adj colloq. iron.* overwise. — ~**,schle·si·er** *m* ⟨-s; -⟩ inhabitant of Upper Silesia, Upper Silesian. — o~**,schle·sisch** *adj* Upper Silesian. — ~**,schu·le** *f ped.* any school between higher primary school and university. — ~**,schü·ler** *m,* ~**,schü·le·rin** *f* pupil (*od.* student) in an 'Oberschule'. — ~**,schul,rat** *m Br.* (school) inspector, *Am.* (school) superintendent. — ~**,schwa·be** *m* Upper Swabian. — o~**,schwä·bisch** *adj* Upper Swabian. — ~**,schwel·le** *f arch.* (*einer Fenster- od. Türöffnung*) lintel. — ~**,schwe·ster** *f med. Am.* head (*od.* chief) nurse, *Br.* sister, *auch* matron. — ~**,schwin·gung** *f phys.* (*in Akustik*) harmonic (oscillation *od.* vibration). — ~**,sei·te** *f* **1.** upside, upper side (*od.* surface). – **2.** (*des Stoffes etc*) face, right side. — ~**,se,kun·da** *f ped.* seventh year of a German secondary school. — ~**,se·kun,da·ner** *m,* ~**,se·kun,da·ne·rin** *f pupil of an 'Obersekunda'.*

'**oberst I** *sup of* ober I. – **II** *adj* ⟨*attrib*⟩ **1.** (*ganz oben befindlich*) uppermost, top(most): die ~e Schublade the top drawer. – **2.** (*höchst*) highest: die ~e Stufe a) the highest step, b) *fig.* the last stage. – **3.** (*rangmäßig*) highest, supreme: O~es Gericht a) *Bundesverfassungsgericht*, b) (*in England u. Wales*) Supreme Court of Judicature, c) (*in USA*) Supreme Court; ~e Gewalt supreme power; ~e Aufsichtsbehörde supreme board of control, supervisory authority. – **4.** (*maximal*) highest, maximum: ~e Gehaltsstufe maximum salary level. – **5.** (*wichtigst*) chief, principal, leading, first: ~er Grundsatz, ~es Gesetz leading principle. – **6.** O~e Heeresleitung *mil. hist.* General Headquarters *pl* (*often construed as sg*). – **III** O~e, das ⟨-n⟩ **7.** the uppermost part, the top: das O~e zuunterst kehren *colloq.* to turn everything upside down (*od.* topsy-turvy).

'**Oberst** *m* ⟨-en *u.* -s; -en, *rare* -e⟩ *mil.* colonel, *Br. aer.* group captain: Rang eines ~en colonelcy; die Frau ~ the Colonel's wife; Herr und Frau ~ N Colonel and Mrs N.

'**Ober|'staats,an,walt** *m jur.* director of public prosecution(s), senior public prosecutor. — ~'**stabs,arzt** *m mil.* major (Medical Corps). — ~**,stadt** *f* uptown. — ~'**stadt·di,rek·tor** *m jur.* chief official of a town (*od.* municipal) administration. — o~**,stän·dig** *adj bot.* superior.

'**Oberst,arzt** *m mil.* colonel (Medical Corps).

'**Ober|,ste** *m, f* ⟨-n; -n⟩ *colloq.* (big) boss (*colloq.*), chief. — ~**,stei·ger** *m* (*mining*) senior overman. — ~**,steu·er,mann** *m mar.* first mate. — ~**,stim·me** *f mus.* a) upper (*od.* top) part, treble, descant, discant(us), cantus superius (*lit.*), b) (*Sopran*) soprano.

'**Oberst'leut·nant** *m mil.* lieutenant colonel, (*in der Royal Air Force*) wing commander.

'**Ober|,stock** *m* ⟨-(e)s; *no pl*⟩ upper floor (*od.* storey, *bes. Am.* story). — ~**,strö·mung** *f* **1.** *mar.* surface current. – **2.** *meteor.* (*Höhenwind*) upper wind (*od.* air current). — ~**,stüb·chen** *n only in* nicht richtig im ~ sein *colloq. humor.* to be not quite right in the head (*colloq.*), to be cracked (in the noddle) (*colloq.*), to have bats in the belfry (*sl.*), *bes. Br. sl.* to be off one's chump.

'**Ober'stu·di·en|di,rek·tor** *m ped.* (*an einer höheren Schule*) *Br.* headmaster, *Am.* principal. — ~**di·rek,to·rin** *f Br.* headmistress, *Am.* (woman) principal. — ~**,rat** *m,* ~**,rä·tin** *f teacher at a secondary school having served for five years as a 'Studienrat'.*

'**Ober|,stu·fe** *f* **1.** *ped.* upper school, *bes. Am.* upper (*od.* higher) grades *pl* (*od.* classes *pl*), *bes. Br.* senior forms *pl.* – **2.** (*space*) upper stage. — ~**,tas·se** *f* cup. — ~**,ta·ste** *f mus.* upper (*od.* chromatic) key: schwarze ~ black key. — ~**,teil** *n, m* **1.** upper (*od.* top) part (*od.* side), top. – **2.** (*eines Kleidungsstückes*) top. — ~**,ter·tia** *f ped.* fifth year of a German secondary school. — ~**,ter·tia·ner** [-tɛr,tsiɑːnər] *m,* ~**,ter·tia·ne·rin** [-tɛr,tsiɑːnərɪn] *f pupil of an 'Obertertia'.*

'**Ober,ton** *m meist pl mus.* upper partial, overtone, harmonic (tone): ohne Obertöne

cf. obertonfrei. — o~**,frei** *adj* free of overtones, simple, pure. — ~**,rei·he** *f* overtone series (*od.* row), harmonic series.

'**Ober|ver'wal·tungs·ge,richt** *n jur.* Higher Administrative Court. — ~**,was·ser** *n* ⟨-s; *no pl*⟩ **1.** (*einer Mühle*) overshot water. – **2.** (*einer Schleuse*) upper water. – **3.** *fig. colloq.* (*in Wendungen wie*) ~ bekommen to get the advantage (*od.* upper hand); ~ haben to be top dog (*colloq.*). — ~**,wei·te** *f* (*Maß*) bust size. — ~**,wel·le** *f phys.* harmonic (wave). — ~**,welt** *f* upper world. — ~**,werk** *n mus.* swell organ, oberwerk. — ~**,zahn** *m meist pl med.* upper (tooth), maxillary tooth (*scient.*).

Ob·esi'tät [obezi'tɛːt] *f* ⟨-; *no pl*⟩ *med.* obesity.

'**ob·ge,nannt** *adj archaic Austrian officialese for* obengenannt.

,**ob'gleich** *conj* (al)though, *Am. auch* altho, notwithstanding that, in spite of the fact that: ~ sie fleißig ist, macht sie kaum Fortschritte although she is hardworking (*od.* hardworking as she is), she does not make much progress.

'**Ob,hut** *f* ⟨-; *no pl*⟩ **1.** (*Fürsorge*) care, charge, guardianship, protection: sich j-s ~ anvertrauen, sich in j-s ~ begeben to entrust oneself to s.o.'s care, to commit (*od.* consign) oneself to s.o.'s care (*od.* to the charge of s.o.); das Unternehmen wurde seiner ~ übergeben he was put in charge of the enterprise; er nahm die Kinder in ~ he took care of the children. – **2.** (*Verwahrung*) keeping, custody, trust: in j-s ~ sein to be in s.o.'s custody.

obig ['oːbɪç] *adj* ⟨*attrib*⟩ above(-said, -mentioned), foregoing: bitte senden Sie die Blumen an die ~e Anschrift please send the flowers to the address mentioned above (*od.* to the aforementioned address).

'**Obi·ge, der, die** ⟨-n; -n⟩ **1.** the above(-mentioned), the foregoing. – **2.** (*unter einer Nachschrift im Brief*) the above-signed.

Ob·jekt [ɔp'jɛkt] *n* ⟨-(e)s; -e⟩ **1.** object, thing: auf dem Radarschirm zeigen sich ~e unbekannter Herkunft there are unidentified objects on the radar screen; die Tücke des ~s the malice of things. – **2.** (*zu behandelnder Gegenstand*) subject (matter): das ~ einer Untersuchung the subject of an investigation. – **3.** *philos.* object: subjektives ~ (*der Erkenntnis*) subject-object; reales ~ transcendental object. – **4.** *ling.* object: direktes (*od.* näheres) ~ (*od.* accusative) object; indirektes ~ indirect (*od.* dative) object; ~ des Inhalts cognate object. – **5.** *econ.* (*Vermögensgegenstand*) property: der Verkauf eines größeren ~es the sale of a major property. – **6.** *econ.* (*Transaktion*) transaction: bei diesem Geschäft handelt es sich um ein lohnendes ~ this business deal is a profitable transaction. – **7.** *civ.eng.* (building) property. – **8.** *mil.* target: ein zu sprengendes ~ a demolition target. – **9.** *colloq.* sum, amount, item: das ist doch gar kein ~ für dich! that's nothing for you!

Ob·jekt|be,set·zung *f psych.* object cathexis. — ~**,bin·dung** *f* fixation (to a person *od.* object). — ~**ero·tik** [-ʔe,roːtɪk] *f* object libido (*od.* love), alloerotism (*scient.*). — ~**,glas** *n* (*optics*) *cf.* Objektträger. — ~**,hal·ter** *m* specimen (*od.* slide) holder.

ob·jek·tiv [ɔpjɛk'tiːf] **I** *adj* ⟨*colloq.* -er; -est⟩ **1.** (*sachlich, unbeeinflußt*) objective, (*bes. unparteiisch*) impartial, unbias(s)ed, detached, dispassionate: eine ~e Untersuchung des Falles an objective investigation of the case; ein ~er Bericht an unbias(s)ed account, a factual report. – **2.** (*tatsächlich*) objective, actual, factual: der ~e Tatbestand *jur.* the material facts *pl*, (*offenkundige Handlung*) the overt act; ~es Recht *law.* – **II** *adv* **3.** etwas ~ betrachten to view s.th. dispassionately; sich ~ in einer Sache verhalten to be impartial (*od.* to conduct oneself impartially) in a matter.

Ob·jek'tiv *n* ⟨-s; -e⟩ **1.** (*optics*) objective, object glass, object lens. – **2.** *phot.* lens.

Ob·jek·ti·va·ti·on [ɔpjɛktivaˈtsi̯oːn] *f* ⟨-; -en⟩ *cf.* Objektivierung.

Ob·jek'tiv|,deckel (*getr.* -k·k-) *m* (*optics*) *phot.* lens cap (*od.* cover). — ~**,fas·sung** *f* lens mount.

ob·jek·ti·vie·ren [ɔpjɛktiˈviːrən] *v/t* ⟨*no ge-, h*⟩ **1.** (*konkretisieren*) objectify, objectivize. – **2.** *bes. philos.* externalize. — **Ob·jek·ti'vie·rung** *f* ⟨-; *no pl*⟩ **1.** objectification. – **2.** *bes. philos.* externalization.

Ob·jek·ti·vis·mus [ɔpjɛkti'vɪsmʊs] *m* ⟨-; *no pl*⟩ *philos.* objectivism. — **Ob·jek·ti'vist** [-'vɪst] *m* ⟨-en; -en⟩ objectivist. — **ob·jek·ti'vi·stisch** *adj* objectivistic.
Ob·jek·ti·vi·tät [ɔpjɛktivi'tɛːt] *f* ⟨-; *no pl*⟩ **1.** (*Sachlichkeit*) objectivity, objectiveness, (*bes. Unparteilichkeit*) impartiality, disinterestedness, detachment, detachedness. – **2.** (*Tatsächlichkeit*) factuality, factualness, facticity.
Ob·jek'tiv,lin·se *f phot.* objective (lens). — **~,öff·nung** *f* lens aperture: bei voller ~ at full aperture. — **~re,vol·ver** *m* (*film*) lens turret.
Ob'jekt,mes·sung *f phot.* reflected light reading, measuring reflected light. — **~,satz** *m ling.* objective clause. — **~,tisch** *m* (*optics*) microscope (*od.* object) stage. — **~,trä·ger** *m* (*des Mikroskops*) microscopic(al) (*od.* object) slide, mount, specimen holder. — **~,trieb** *m psych.* sexual drive (*od.* instinct). — **~,wahl** *f* object (*od.* mate) selection.
ob·ji·zie·ren [ɔpji'tsiːrən] *v/t* ⟨*no* ge-, h⟩ *obs. for* einwenden 1, entgegnen.
Ob·la·te¹ [o'blaːtə] *f* ⟨-; -n⟩ **1.** *gastr.* a) (*für Lebkuchen etc*) wafer, b) (*Gebäck*) wafer cake: Karlsbader ~n Karlsbad wafers. – **2.** *med. pharm.* (*Arzneikapsel*) wafer. – **3.** *relig.* wafer: geweihte ~ consecrated wafer, host.
Ob'la·te² *m* ⟨-n; -n⟩ *relig.* oblate.
Ob·la·ti·on [obla'tsïoːn] *f* ⟨-; -en⟩ *relig.* oblation.
'ob,lie·gen¹ *v/i* ⟨*irr, insep, auch sep,* -ge-, h⟩ *lit.* **1.** (*often impers*) etwas obliegt j-m (*od.* liegt j-m ob) a) s.th. is incumbent (up)on s.o., s.th. is s.o.'s duty, s.th. devolves on (*od.* falls to) s.o., b) *jur.* s.th. is incumbent (up)on s.o.: diese Aufgabe obliegt Herrn X this task is Mr X's duty; es obliegt der Personalabteilung zu prüfen, ob it is incumbent on the staff (*od.* personnel) department to check whether; die Beweislast obliegt dem Kläger *jur.* the onus of proof is incumbent on (*od.* lies on, rests with) the plaintiff. – **2.** j-d obliegt einer Sache (*od.* liegt einer Sache ob) *archaic* s.o. applies (*od.* devotes) himself to s.th., s.o. attends to s.th., s.o. occupies himself with s.th.: er obliegt seinem Beruf mit großer Hingabe he applies himself devotedly to his profession.
,ob'lie·gen² *v/i* ⟨*irr, insep,* -ge-, h⟩ *lit. cf.* obliegen¹.
ob·lie·gend ['ɔp,liːgənt; ,ɔp'liːgənt] **I** *pres p of* obliegen¹ *u.* **2.** – **II** *adj* incumbent: die ihm ~en Angelegenheiten the affairs incumbent (up)on him; die mir ~e Pflicht my bounden duty (*lit.*). — **Ob·lie·gen·heit** ['ɔp,liːgən-; ,ɔp'liːgən-] *f* ⟨-; -en⟩ *lit.* obligation, duty, function, incumbency: es gehört zu seinen (täglichen) ~en, die Post zu holen one of his (daily) duties is to fetch the mail (*bes. Br.* post).
ob·li·gat [obli'gaːt] *adj* ⟨*attrib*⟩ **1.** *bes. Austrian for* obligatorisch. – **2.** (*unerläßlich*) indispensable, *auch* indispensible. – **3.** (*unvermeidlich*) inevitable. – **4.** *mus.* obbligato, *auch* obligato: mit ~er Violine with violin obbligato.
Ob·li·ga·ti·on [obliga'tsïoːn] *f* ⟨-; -en⟩ **1.** *jur.* obligation, liability. – **2.** *econ.* bond, debenture (bond), obligation (*rare*): prolongierte ~ continued (*od.* renewed) bond; unkündbare ~en irredeemable bonds; ~en mit Kaufoption bonds with warrants.
Ob·li·ga·tio·när [obligatsïo'nɛːr] *m* ⟨-s; -e⟩ *econ.* bondholder.
Ob·li·ga·tio·nen,aus,ga·be [obliga'tsïoːnən-] *f econ.* issue of debenture bonds. — **~,recht** *n Swiss jur. for* Schuldrecht 1.
Ob·li·ga·ti·ons,ein,lö·sung *f econ.* redemption of bonds. — **~,gläu·bi·ger** *m* bondholder, debenture holder. — **~,in,ha·ber** *m* bondholder. — **~,schuld** *f* bond debt. — **~,schuld·ner** *m* bond debtor, *bes. Am.* obligor.
ob·li·ga·to·risch [obliga'toːrɪʃ] *adj* (*Vorlesung, Lehrfach etc*) (*für*) obligatory (on, upon), compulsory (for), mandatory (for), of obligation (for).
Ob·li·ga·to·ri·um [obliga'toːrïʊm] *n* ⟨-s; -rien⟩ *Swiss* **1.** obligation. – **2.** compulsory subject.
ob·li·geant [obli'ʒant] *adj obs. for* a) gefällig 1–3, b) verbindlich 1.
Ob·li·go [o'bliːgo] *n* ⟨-s; -s⟩ **1.** engagement, commitment. – **2.** *econ.* financial obligation

(*od.* liability): ohne ~, *bes. Austrian* außer ~ (*ohne Gewähr*) free from liability.
ob·lique [o'bliːk] *adj* **1.** *ling.* oblique: ~r Kasus [-kvər] oblique case. – **2.** *obs.* oblique. — **Ob·li·qui·tät** [oblikvi'tɛːt] *f* ⟨-; *no pl*⟩ obliquity.
Ob·li·te·ra·ti·on [oblitera'tsïoːn] *f* ⟨-; -en⟩ **1.** *med.* obliteration. – **2.** *econ. cf.* Tilgung 6. — **ob·li·te'rie·ren** [-'riːrən] *v/t* ⟨*no* ge-, h⟩ *med.* obliterate.
ob·long [ɔp'lɔŋ] *adj obs. for* länglich.
'Ob,mann *m* ⟨-(e)s; ⁀er *u.* Obleute⟩ **1.** (*Vorsitzender*) chief, chairman, president, presiding officer. – **2.** (*Vertrauensmann*) a) shop steward, b) (*Sprecher*) spokesman. – **3.** *jur.* a) (*eines Schiedsgerichts*) umpire, b) (*der Geschworenen*) foreman.
Oboe [o'boːə] *f* ⟨-; -n⟩ *mus.* oboe; hautbois, hautboy (*hist.*). — **Obo·ist** [obo'ɪst] *m* ⟨-en; -en⟩ oboe player, oboist.
Obo·lus ['oːbolus] *m* ⟨-; - *u.* -se⟩ **1.** *antiq.* (*Münze*) obol. – **2.** *fig.* mite, contribution: seinen ~ entrichten (*od.* beisteuern) *humor.* to pay one's mite.
Ob·rig·keit ['oːbrɪçkait] *f* ⟨-; -en⟩ authorities *pl*, magistracy, government: die weltliche ~ the temporal authorities *pl*, the secular arm; die geistliche ~ the spiritual authorities *pl*. — **'ob·rig·keit·lich I** *adj* magisterial, official, governmental: ~es Denken *contempt.* submissiveness to officialdom; ~e Verordnung regulation (*od.* decree) issued by the authorities. – **II** *adv* by authority.
'Ob·rig·keits,staat *m pol.* authoritarian (*od.* totalitarian) state.
Ob·rist [o'brɪst] *m* ⟨-en; -en⟩ *mil. pol. for* Oberst.
,ob'schon *conj cf.* obgleich.
Ob·se·qui·en [ɔp'zeːkvïən] *pl röm.kath. cf.* Exequien.
Ob·ser·vant [ɔpzɛr'vant] *m* ⟨-en; -en⟩ *röm.kath.* observant.
Ob·ser·vanz [ɔpzɛr'vants] *f* ⟨-; -en⟩ **1.** *relig.* observance, custom, rule: strenge ~ strict observance. – **2.** *jur.* (*Gewohnheitsrecht*) customary law. – **3.** verschiedener ~ of different sorts.
Ob·ser·va·ti·on [ɔpzɛrva'tsïoːn] *f* ⟨-; -en⟩ observation.
Ob·ser·va·tor [ɔpzɛr'vaːtɔr] *m* ⟨-s; -en [-va'toːrən]⟩ (astronomical) observer. — **Ob·ser·va'to·ri·um** [-va'toːrïʊm] *n* ⟨-s; -rien⟩ observatory.
'ob,sie·gen¹ *v/i* ⟨*insep, auch sep,* -ge-, h⟩ *lit.* (*über acc* over) prevail, be victorious, triumph: sie siegten ob they carried (*od.* won) the day.
,ob'sie·gen² *v/i* ⟨*insep, no* -ge-, h⟩ *lit. cf.* obsiegen¹.
ob·sie·gend ['ɔp,ziːgənt; ,ɔp'ziːgənt] **I** *pres p of* obsiegen¹ *u.* ². – **II** *adj* **1.** victorious. – **2.** *jur.* a) (*Urteil*) affirmative, in s.o.'s favor (*bes. Br.* favour), b) (*Partei*) successful.
ob·skur [ɔps'kuːr] *adj* ⟨-er; -st⟩ *contempt.* **1.** (*zweifelhaft*) suspicious, doubtful, dubious, fishy (*sl.*): die Sache scheint mir etwas ~ zu sein the affair looks somewhat suspicious to me. – **2.** (*anrüchig*) disreputable, notorious, discreditable. – **3.** (*unbekannt*) obscure, nameless, humble. – **4.** (*dunkel*) obscure, abstruse.
Ob·sku·ran·tis·mus [ɔpskuran'tɪsmʊs] *m* ⟨-; *no pl*⟩ *archaic* obscurantism.
Ob·sku·ri·tät [ɔpskuri'tɛːt] *f* ⟨-; *no pl*⟩ obscurity.
ob·so·let [ɔpzo'leːt] *adj archaic* obsolete, antiquated.
'Ob,sor·ge *f* ⟨-; *no pl*⟩ *Austrian* (*sorgende Aufsicht*) care, supervision.
Obst [oːpst] *n* ⟨-(e)s; *no pl*⟩ **1.** fruit: eingemachtes [frisches, gedörrtes] ~ preserved [fresh, dried] fruit; ~ züchten to grow (*od.* cultivate) fruit; ~ pflücken to pick (*od.* gather) fruit; (da) danke für ~ (und Südfrüchte)! *fig. colloq. iron.* thank you for nothing, I am not taking any; no thank you, you can have it. – **2.** fruit trees *pl*: er hat viel ~ in seinem Garten he has many fruit trees in his garden.
Ob·sta·kel [ɔp'staːkəl] *n* ⟨-s; -⟩ *obs. for* Hindernis 1–5.
'Obst,bau *m* fruit growing (*od.* farming, culture), cultivation of fruit, orcharding, pomiculture, pomology (*scient.*). — **~,bau·er** *m* fruit farmer (*od.* grower, cultivator), pomologist, pomiculturist (*scient.*).
'Obst,bau,kun·de *f* pomology.

'Obst,baum *m* fruit tree, *pl collect.* orchard (*collect.*): tragender ~ fruiter. — **~,zucht** *f cf.* Obstbau. — **~,züch·ter** *m cf.* Obstbauer.
'Obst·be,steck *n* fruit knife and fork.
'Obst,blatt·mi,nier,mot·te *f zo.* apple leaf miner (*Lyonetia clerkella*). — **~,blü·te** *f* **1.** (*einzelne*) (fruit) blossom, bloom. – **2.** *collect.* (fruit) blossom, bloom, blossoming fruit trees *pl*: die ~ war dieses Jahr sehr schön the (fruit) blossom was very beautiful this year. — **~,brannt,wein** *m gastr.* spirits *pl* distilled from fruit. — **~,bu·de** *f cf.* Obststand. — **~,dar·re** *f agr.* fruit kiln. — **~,di,ät** *f* fruit diet.
ob·sten ['oːpstən] *v/i* ⟨h⟩ gather (*od.* pick) fruit.
'Obst,ern·te *f* **1.** (*Tätigkeit*) gathering (*od.* picking) of fruit, fruit gathering (*od.* picking). – **2.** (*Ertrag*) fruit crop. — **~,es·sig** *m gastr.* fruit vinegar.
Ob·ste·trik [ɔp'steːtrik] *f* ⟨-; *no pl*⟩ *med.* obstetrics *pl* (*construed as sg od pl*).
'Obst,farm *f agr.* fruit farm (*Am. auch* ranch). — **~,fäu·le** *f* fruit rot. — **~,fleck** *m* fruit stain. — **~,frau** *f colloq. for* Obsthändlerin. — **~,gar·ten** *m* orchard, *auch* fruit garden. — **~ge,lee** *n gastr.* fruit jelly. — **~,glas** *n* preserve jar. — **~,han·del** *m econ.* fruit trade. — **~,händ·ler** *m*, **~,händ·le·rin** *f* fruit dealer, *bes. Br.* fruiterer, *Br.* (*bes. mit Wagen*) coster(monger). — **~,hand·lung** *f Am.* fruit store, *bes. Br.* fruiterer's (*od.* greengrocer's) (shop).
ob·sti·nat [ɔpsti'naːt] *adj obs.* obstinate.
Ob·sti·pans [ɔp'stiːpans] *n* ⟨-; -tien [-sti'pantsïən] *od.* -tia [-sti'pantsïa]⟩ *med. pharm.* constipating drug.
Ob·sti·pa·ti·on [ɔpstipa'tsïoːn] *f* ⟨-; -en⟩ *med.* (severe) constipation, obstipation.
'Obst,jahr *n* fruit harvest: ein gutes ~ a good year for fruit. — **~,kel·ler** *m* fruit cellar. — **~,kel·ter** *f* fruit press. — **~,kern** *m* **1.** (*des Steinobstes*) stone, *Am. auch* pit. – **2.** (*des Kernobstes*) pip, seed. – **3.** *pl* (*des Beerenobstes*) seeds, *auch* pips. — **~kon,ser·ve** *f meist pl* canned (*bes. Br.* tinned) fruit, (*im weiteren Sinne*) preserved fruit. — **~,korb** *m* fruit basket. — **~,ku·chen** *m gastr.* fruit cake. — **~kul,tur** *f* **1.** *cf.* Obstbau. – **2.** *pl* fruit plantations. — **~,kun·de** *f* pomology. — **~,la·den** *m colloq. for* Obsthandlung.
'Obst·ler, *bes. Austrian* **Öbst·ler** ['øːpstlər] *m* ⟨-s; -⟩ *dial. for* Obstschnaps.
'Obst,le·se *f cf.* Obsternte 1. — **~,mann** *m colloq. for* Obsthändler. — **~,markt** *m* fruit market. — **~,mes·ser** *n* fruit knife. — **~,most** *m gastr.* cider, (*von Birnen*) *bes. Br.* perry: gegorener ~ hard cider; ungegorener ~ sweet cider, must. — **~,pflan·zung** *f cf.* Obstplantage. — **~,pflü·cker** (*getr.* -k·k-) *m*, **~,pflü·cke·rin** (*getr.* -k·k-) *f* fruit picker (*od.* gatherer). — **~,plan,ta·ge** *f* fruit plantation. — **~,pres·se** *f* fruit press. — **o~,reich** *adj* abounding in fruit.
ob·stru·ie·ren [ɔpstru'iːrən] *v/t* ⟨*no* ge-, h⟩ **1.** obstruct. – **2.** *pol.* obstruct, *bes. Am.* filibuster, *bes. Br.* stonewall. — **Ob·struk·ti'on** [-strʊk'tsïoːn] *f* ⟨-; -en⟩ **1.** obstruction. – **2.** *pol.* obstructiveness, obstructionism, *bes. Am.* filibuster(ing), *bes. Br.* stonewalling: ~ treiben to obstruct, *bes. Am.* to filibuster, *bes. Br.* to stonewall. – **3.** (*in Fabriken*) slowdown, *bes. Br.* ca' canny, work to rule.
Ob·struk·tio·nist [ɔpstrʊktsïo'nɪst] *m* ⟨-en; -en⟩ *pol. cf.* Obstruktionspolitiker.
Ob·struk·ti'ons,po·li,tik *f pol.* obstructionism. — **~po,li·ti·ker** *m* obstructionist, *bes. Am.* filibuster(er), *bes. Br.* stonewaller.
ob·struk·tiv [ɔpstrʊk'tiːf] *adj* **1.** obstructive, hindering. – **2.** *med.* obstructive.
'Obst,saft *m gastr.* (fruit) juice. — **~,sa,lat** *m* fruit salad. — **~,schäd·ling** *m meist pl* fruit pest. — **~,scha·le** *f* **1.** (*Gefäß*) fruit bowl (*od.* dish). – **2.** *meist pl* (*das Abgeschälte*) peel (*od.* skin) of fruit, peeling(s *pl*). – **3.** *cf.* Kaltschale. — **~,schaum,wein** *m gastr. cf.* Obstsekt. — **~,schnaps** *m gastr.* (alcoholic) fruit liquor, (*aus Äpfeln*) apple brandy, *Am.* applejack, (*aus Aprikosen*) apricot brandy, (*aus Pflaumen*) plum brandy, slivovitz. — **~,schwem·me** *f colloq.* glut of fruit. — **~,sekt** *m gastr.* (*aus Äpfeln*) champagne cider, (*aus Birnen*) *bes. Br.* champagne perry. — **~,si·rup** *m* fruit syrup. — **~,sor·te** *f* kind (*od.* sort) of fruit, fruit variety. — **~,sor,tie·rer** *m*, **~,sor,tie·re·rin** *f*

fruit grader (*od.* sorter, separator). — **~spa‚lier** *n hort.* espalier, trellis. — **~‚stand** *m* fruit stand (*od.* stall). — **~‚stein** *m cf.* Obstkern 1. — **~‚tag** *m* fruit diet day. — **~‚tört‚chen** *n gastr.* fruit tart(let). — **~‚tor-te** *f* fruit flan (*od.* tart), *Am.* fruit pie. — **o~‚tra‚gend** *adj* fruit-bearing. — **~ver-‚käu‚fer** *m*, **~ver‚käu‚fe‚rin** *f cf.* Obst-händler(in). — **~ver‚wer‚tungs‚be‚trieb** *m* fruit-processing plant. — **~‚wein** *m gastr.* fruit wine, (*aus Äpfeln*) cider, (*aus Birnen*) *bes. Br.* perry. — **~‚zeit** *f* fruit season. — **~‚zucht** *f cf.* Obstbau. — **~‚züch‚ter** *m cf.* Obstbauer.

ob·szön [ɔps'tsøːn] *adj* ⟨-er; -st⟩ obscene, pornographic, lewd, foul, dirty, smutty, filthy, bawdy: **~e Rede** *psych.* utterance of obscene words, coprolalia (*scient.*); **ein ~er Roman** a smutty novel. — **Ob·szö·ni'tät** [-tsøni'tɛːt] *f* ⟨-; *only sg*⟩ (*obszöne Art*) obscenity, smut(tiness), lewdness. – **2.** (*obszöne Bemerkung*) obscene (*od.* dirty, smutty) remark, obscenity: **er ergeht sich gern in ~en** he likes to indulge in obscenities.

Ob·tu·ra·ti·on [ɔptura'tsioːn] *f* ⟨-; -en⟩ *med.* obturation. — **Ob·tu'ra·tor** [-'raːtər] *m* ⟨-s; -en [-ra'toːrən]⟩ obturator.

Obus ['oː‚bus] *m* ⟨-ses; -se⟩ troll(e)y bus.

'ob‚wal·ten¹ *v/i* ⟨*sep*, -ge-, h⟩ *lit.* **1.** (*von Gefahr, Zuständen etc*) exist. – **2.** (*vorherr-schen*) prevail, dominate, rule (over).

‚ob'wal·ten² *v/i* ⟨*insep*, -ge-, h⟩ *lit. cf.* ob-walten¹.

ob·wal·tend ['ɔp‚valtənt] *I pres p of* obwalten¹ *u.* ². – **II** *adj* existing, present, given: **unter** (*od.* **bei**) **den ~en Umständen** under (*od.* in) the given (*od.* prevailing) circumstances, as things are, as matters stand.

‚ob'wohl *conj* (al)though, *Am. auch* altho. **‚ob'zwar** *conj cf.* obgleich, obwohl.

och [ɔx] *interj colloq.* **1.** oh: **~, das ist nicht so schlimm** oh, that's not as bad as all that. – **2.** (*vor Überraschung*) ha! hah!

Ochlo·kra·tie [ɔxlokra'tiː] *f* ⟨-; -n [-ən]⟩ *pol.* (*Pöbelherrschaft*) ochlocracy, mob rule, mobocracy. — **ochlo'kra·tisch** [-'kraːtɪʃ] *adj* ochlocratic(al), mobocratic.

Ochro·it [ɔxro'iːt] *m* ⟨-s; -e⟩ *min.* ochroite.

Ochs [ɔks] *m* ⟨-en; -en⟩ *Austrian, colloq. and dial. for* Ochse.

Och·se ['ɔksə] *m* ⟨-n; -n⟩ **1.** *agr.* ox, bullock: **junger ~** steer, bullock; **der ~ brüllt** the ox bellows; **~n vor den Pflug spannen** to yoke oxen to the plough (*bes. Am.* plow). – **2.** *fig.* (*in Wendungen wie*) **er steht da wie der ~ am** (*od.* **vorm**) **Berg** (*od.* **neuen Tor, Scheunentor**) *colloq.* he stands there like a bull at the gate, he is all at sea; **ich komme mir vor wie der ~ vorm Berg** (*od.* **neuen Tor, Scheunentor**) *colloq.* I am at my wit's end, I am all at sea; **der taugt dazu gerade so gut wie der ~ zum Seiltanzen** *colloq.* he is no use at all, he is good for nothing; **den ~n hinter den Pflug spannen** to put the cart before the horse; **der ~ stößt sich nur einmal am Scheunentor** (*Sprich-wort*) once bitten, twice shy (*proverb*); **du sollst dem ~n, der da drischt, das Maul nicht verbinden** *Bibl.* thou shalt not muzzle the ox when he treadeth out the corn. – **3.** *fig. contempt.* donkey, block-head, duffer, *Am. colloq.* lummox: **du ~!** you damn fool!

och·sen ['ɔksən] *colloq.* **I** *v/i* ⟨h⟩ **1.** study hard, 'cram' (*colloq.*), 'grind' (*colloq.*), *Br. sl.* swot, *Br. sl.* mug, *bes. Am. sl.* 'bone': **er ochst unentwegt** he is spending all his time cramming. – **II** *v/t* **2.** 'cram' (*colloq.*), grind away at (*colloq.*) *Br. sl.* swot (up), *Br. sl.* mug (up), *bes. Am. sl.* bone up on: **Latein ~** to cram Latin. – **III O~** *n* ⟨-s⟩ **3.** *verbal noun:* **trotz allem O~ hatte er keinen Erfolg** in spite of his swotting he did not succeed. – **4.** *cf.* Ochserei.

'Och·sen‚au·ge *n* **1.** *gastr. colloq.* fried egg. – **2.** *arch.* a) (*rundes od. ovales Fenster*) oeil-de-boeuf, *bes. Br.* œil-de-bœuf, oxeye, *Br.* ox-eye, bull's-eye, *cf.* Butzenscheibe. – **3.** *bot.* a) oxeye, *Br.* ox-eye (*Anthemis arvensis*), b) dyer's camomile (*A. tinctoria*). – **4.** *zo.* peacock butterfly (*Nymphalis io*). – **5.** *min.* oxeye (*Br.* ox-eye) feldspar. – **6.** *mar. cf.* Bullauge. — **o~‚äu·gig** *adj* ox-eyed. — **~‚fie·sel** [-‚fiːzəl] *m* ⟨-s; -⟩ *dial. for* Och-senziemer. — **~‚fleisch** *n gastr.* beef. — **~‚frosch** *m zo.* **1.** Nordamerikanischer ~

(North American) bullfrog, bloodnoun, jug-o'-rum, bully (*Rana catesbeiana*). – **2.** Südamerikanischer ~ South American bullfrog, piping frog (*Leptodactylus penta-dactylus*). — **~‚fuhr‚werk** *n* oxcart, ox-drawn cart. — **~‚gal·le** *f bes. med.* oxgall, ox bile. — **~‚ge‚spann** *n* team (*bes. Am.* span) of oxen, oxteam. — **~‚haut** *f* oxhide. — **~‚her·de** *f* herd (*od.* drove) of oxen. — **~‚herz** *n* **1.** heart of an ox. – **2.** *med.* bovine heart, cor taurinum (*od.* bovinum) (*scient.*). – **3.** *bot.* custard apple, bullock's-heart (*Annona reticulata*). – **4.** *zo.* heart shell, oxhorn cockle, foolscap (*Isocardia cor*). — **~‚joch** *n agr.* ox yoke. — **~‚kar·ren** *m* oxcart, ox-drawn cart, ox wagon (*bes. Br.* waggon): **im ~ ziehen** (*od.* **reisen**) to travel by oxcart, to trek. — **~‚knie** *n vet.* (*der Pferde*) knock-knee. — **~‚kraut** *n bot. cf.* Hauhechel. — **~‚le·der** *n* neat's leather, oxhide. — **~‚maul‚sa‚lat** *m gastr.* ox-muzzle salad. — **~‚schlepp** *m* ⟨-(e)s; -e⟩ *Austrian for* Ochsenschwanz.

'Och·sen‚schwanz *m* oxtail. — **~‚sup·pe** *f gastr.* oxtail soup.

'Och·sen‚stall *m agr.* ox stable. — **~‚trei-ber** *m* drover, oxman, driver of oxen. — **~‚wa·gen** *m cf.* Ochsenkarren. — **~‚wur-zel**, **'Rote** *f bot.* redroot (*Alkanna tinctoria*). — **~‚zie·mer** *m agr.* (horse)whip, cow-hide. — **~‚zun·ge** *f* **1.** tongue of an ox. – **2.** *civ.eng.* flat tile. – **3.** *bot.* a) Gemeine ~ oxtongue, bugloss (*Anchusa officinalis*), b) Gelbe ~ meadow sorrel (*Rumex pratensis*).

Och·se'rei *f* ⟨-; *no pl*⟩ *colloq.* cram(ming), grind(ing) (*beide colloq.*), *bes. Am. sl.* boning, *Br. sl.* swot(ting), 'sap'.

Öchs·le ['œkslə] *n* ⟨-s; -⟩ *chem.* (*Maßein-heit des Mostgewichts*) Oechsle degree: **Burgunder hat 75—95 Grad ~** Burgundy has 75—95 Oechsle degrees. — **~‚grad** *m cf.* Öchsle.

Ocker (*getr.* -k·k-) ['ɔkər] *m*, *n* ⟨-s; -⟩ **1.** *min.* ocher, *bes. Br.* ochre: **dunkel-roter ~** almagra; **roter ~** ruddle, red ochre. – **2.** (*paints*) (yellow) ocher (*bes. Br.* ochre). — **o~‚ar·tig** *adj* ocherous, *bes. Br.* ochr(e)ous. — **~‚far·be** *f* ocher, *bes. Br.* ochre. — **o~‚far·ben**, **o~‚far·big** *adj* ocher (*bes. Br.* ochre) (*attrib*), ocherous, *bes. Br.* ochr(e)ous. — **o~‚gelb I** *adj* yellow-ocher (*bes. Br.* -ochre), ocher--yellow. – **II O~** *n* yellow ocher (*bes. Br.* ochre), ocher yellow. — **o~‚hal·tig** *adj* ochery, ochr(e)y, ocherous, *bes. Br.* ochr(e)ous.

'ocke·rig (*getr.* -k·k-) *adj cf.* ockerartig.

Ock·ha·mis·mus [ɔka'mɪsmus] *m* ⟨-; *no pl*⟩ *philos.* Ockhamism, Occamism.

Od [oːt] *n* ⟨-(e)s; *no pl*⟩ *phys. hist.* od.

öd [øːt] *adj u. adv cf.* öde.

Odal ['oːdaːl] *n* ⟨-s; -e⟩ *hist.* odal.

Oda·lis·ke [oda'lɪskə] *f* ⟨-; -n⟩ *hist.* (*weiße türk. Haremssklavin*) odalisque, *auch* oda-lisk.

Odds [ɔdz] (*Engl.*) *pl* (*sport*) odds *pl* (*some-times construed as sg*).

Ode ['oːdə] *f* ⟨-; -n⟩ (*literature*) ode: **pin-darische ~** Pindaric ode; **Schlußgesang einer ~** epode.

öde ['øːdə] **I** *adj* ⟨-r; -st⟩ **1.** (*verlassen*) deserted, desolate, solitary: **ringsherum war alles öd(e) und leer** roundabout everything was deserted and bare. – **2.** (*unfruchtbar*) barren, waste, desert, bleak. – **3.** (*unbebaut*) uncultivated, waste, un-productive: **das Land liegt ~** the land lies waste. – **4.** *fig.* (*eintönig*) monotonous, tedious, humdrum, dull: **das ~ Einerlei des Alltags** the tedious monotony of everyday life. – **5.** *fig.* (*langweilig*) boring, tedious, dull, dreary, drab: **~ Büroarbeit** boring office work, business routine. – **6.** (*flau*) empty, hollow: **ein ~s Gefühl im Magen haben** to have a hollow feeling in the stomach. – **7.** *hunt.* gameless, lacking game. – **II** *adv* **8.** in a dull (*od.* boring) way.

'Öde *f* ⟨-; -n⟩ **1.** (*Einöde*) waste(land), des-ert, wilderness. – **2.** *fig.* (*Trostlosigkeit*) desolation, desolateness, dreariness. – **3.** *fig.* (*Eintönigkeit*) monotony, dullness. – **4.** *fig.* (*Langeweile*) boredom, tedium.

Odem ['oːdəm] *m* ⟨-s; *no pl*⟩ *lit. u. poet. for* Atem 1, 3.

Ödem [ø'deːm] *n* ⟨-s; -e⟩ *med.* (o)edema, dropsy. — **o~‚ar·tig** *adj cf.* ödematös.

öde·ma·tös [ødema'tøːs] *adj med.* (o)edem-atous, *auch* (o)edematose.

'oden‚ar·tig *adj* (*Gedicht etc*) odic. — **O~‚dich·ter** *m* writer of odes, odist. — **O~‚dich·tung** *f* a) ode, b) *collect.* odes *pl*.

Ode·on [o'deːɔn] *n* ⟨-s; -s⟩ *cf.* Odeum.

oder ['oːdər] *conj* **1.** (*beiordnend*) or: **kom-men Sie Montag ~ Dienstag, wann Sie wollen** come on Monday, or on Tuesday, whenever you like. – **2.** (*ausschließend*) either … or: **ich komme (entweder) Mon-tag ~ Dienstag** I shall come (either) on Monday or on Tuesday. – **3.** (*verstärkend*) **~ aber, ~ sonst** or else: **in 14 Tagen ~ aber erst in 4 Wochen** in a fortnight or else in a month; **morgen mache ich einen Spa-ziergang, ~ aber ich gehe ins Kino(, falls es regnen sollte**) tomorrow I'll take a walk or else I'll go to the cinema (*Am. colloq.* movies) (if it should rain). – **4.** (*sonst*) or (else), else, otherwise: **man muß sich an die Instruktionen halten, ~ man hat Unannehmlichkeiten** you have to com-ply with the instructions or else you are in trouble. – **5.** (*korrigierend*) (*vielmehr*) or rather: **das ist falsch ~ übertrieben** that's wrong or rather exaggerated. – **6.** (*ungefähr*) **~ so** *colloq.* or so: **vor 300 Jahren ~ so** 300 years ago or so. – **7.** *colloq.* (*fragend*) or am I mistaken? **da hast du dich nicht sehr angestrengt, ~?** you haven't exactly strained yourself, have you? – **8.** *colloq.* (*drohend*) **~ (wehe)!** or else!

'Oder‚men·nig [-‚mɛnɪç] *m* ⟨-(e)s; -e⟩ *bot.* agrimony, liverwort (*Agrimonia eupatoria*).

Ode·um [o'deːum] *n* ⟨-s; Odeen⟩ odeum, *auch* odeon.

Odeur [o'døːr] *n* ⟨-s; -s *u.* -e⟩ scent, per-fume, odor, *bes. Br.* odour.

'Öd‚feld *n agr.* barren (*od.* untilled) field.

'Öd‚heit, **'Ödig‚keit** *f* ⟨-; *no pl*⟩ *fig. cf.* Öde 2—4.

Odin ['oːdɪn] *npr m* ⟨-s; *no pl*⟩ *myth.* Odin, *auch* Othin (*chief Norse god*).

odi·ös [o'diøːs] *adj* odious, hateful.

Ödi·pus ['øːdipus] *npr m* ⟨-; *no pl*⟩ *myth.* Oedipus: „König ~“ ''Oedipus Rex'' (*trag-edy by Sophocles*). — **~kom‚plex** *m psych.* Oedipus complex.

'odisch *adj* **1.** *phys.* of (*od.* relating to) od. – **2.** *metr.* relating to (*od.* forming) an ode.

Odi·um ['oːdium] *n* ⟨-s; *no pl*⟩ **1.** (*Haß*) odium, hatred, dislike. – **2.** (*Makel*) odium, stigma, infamy.

'Öd‚land *n* ⟨-(e)s; -ländereien⟩ *agr.* waste-(land), wild, desert.

odo·nisch [o'doːnɪʃ] *adj mus.* (*Notation*) Odonic, Odoistic.

Odont·al·gie [odɔntal'giː] *f* ⟨-; -n [-ən]⟩ *med.* odontalgia, toothache.

Odon·to·blast [odɔnto'blast] *m* ⟨-en; -en⟩ *meist pl med.* odontoblast, dentin(e) cell.

odon·to·gen [odɔnto'geːn] *adj med.* odon-togenic.

Odon·to·lo·ge [odɔnto'loːgə] *m* ⟨-n; -n⟩ *med.* odontologist. — **Odon·to·lo'gie** [-lo'giː] *f* ⟨-; *no pl*⟩ odontology, dentistry. — **odon·to'lo·gisch** *adj* odontological.

Odys·see [ody'seː] *f* ⟨-; -n [-ən]⟩ **1.** ⟨*only sg*⟩ (*literature*) Odyssey. – **2.** *fig.* (*aben-teuerliche Irrfahrt*) odyssey. — **odys'se-isch** [-ɪʃ] *adj* Odyssean.

Odys·seus [o'dysɔys] *npr m* ⟨-; *no pl*⟩ *myth.* Odysseus, Ulysses.

Oe·ko·sy·stem [økozys'teːm] *n biol.* eco-system.

Oer·sted ['øːrstɛt] *n* ⟨-(s); -⟩ *phys.* oersted.

Öf·chen ['øːfçən] *n* ⟨-s; -⟩ *cf.* Ofen.

Ofen ['oːfən] *m* ⟨-s; ⸚⟩ **1.** (*Heizofen*) stove: **~ mit Ölfeuerung** oil burner (*od.* heater); **einen ~ anheizen** to light a stove; **den ~ heizen** to heat the stove; **einen ~ setzen** to put in (*od.* fit) a stove; **dieser ~ heizt gut** this stove heats well; **der ~ läßt sich gut heizen** the stove is easily heated; **am** (*od.* **beim**) [**vor dem**] **~ sitzen** to sit by (*od.* near) [in front of] the stove; **nach dem ~ sehen** to see to the stove; **hinterm ~ hok-ken, nicht hinterm ~ vorkommen** *fig.* to be a stay-at-home (*od.* homebody); **jetzt ist der ~ aber aus** *fig.* a) that's enough, b) that's the limit; → Hund 2. – **2.** (*Heiz-körper*) heater. – **3.** (*Kochofen*) cook-stove, cooker. – **4.** (*Backofen*) oven. – **5.** *tech.* a) (*großer, gemauerter*) oven, b) (*Schmelz-, Hochofen*) furnace, c) (*Darr-, Brennofen*) kiln: **~ mit Wassermantel** water oven; **den ~ beschicken** to charge the furnace; **den ~ entleeren** to draw (*od.* discharge) the furnace. — **~‚aus‚klei·dung**

f metall. furnace lining. — ~‚**bank** *f* bench by the stove. — ~‚**blech** *n* **1.** oven tin. – **2.** *plate of metal in front of a stove for protection of the floor.* — ~‚**dar·re**, ~‚**darr**‚**kam·mer** *f tech.* (drying) kiln. — ~‚**ecke** (*getr.* -k·k-) *f* stove corner. — ~**fa·bri‚kant** *m* stove maker (*od.* manufacturer). — ~**fa·bri·ka·ti‚on** *f* **1.** (*für Heizzwecke*) stove manufacture. – **2.** (*für industrielle Zwecke*) furnace manufacture. — ~‚**far·be** *f cf.* Ofenschwärze. — **o**~‚**frisch** *adj gastr.* fresh from the oven. — ~‚**fül·lung** *f* oven charge, (*eines Schmelzofens*) furnace charge. — ~‚**fut·ter** *n tech. metall.* furnace lining. — ~**ge‚rät** *n meist pl* fire irons *pl.* — ~‚**gicht** *f metall.* **1.** (*Gichtöffnung*) furnace throat (*od.* top). – **2.** (*Schmelzgut*) furnace charge. — ~‚**guß** *m metall.* stove castings *pl.* — ~‚**hei·zer** *m tech.* stoker, fireman. — ~‚**hei·zung** *f* heating by stove. — ~‚**hocker** (*getr.* -k·k-) *m*, ~‚**hocke·rin** (*getr.* -k·k-) *f* ‹-; -nen› *fig. contempt.* stay-at-home, homebody. — ~‚**ka·chel** *f* stove tile. — ~‚**lack** *m* stove enamel (*od.* varnish). — ~‚**loch** *n tech.* oven (*od.* stove) mouth, stokehole. — ~‚**man·tel** *m* kiln shell, furnace shell (*od.* jacket). — ~‚**mau·er‚werk** *n metall.* furnace brickwork. — ~‚**plat·te** *f* stove plate. — ~‚**put·zer** *m* stove cleaner. — ~‚**rei·se** *f metall.* furnace campaign. — ~‚**rohr** *n* stovepipe. — ~‚**röh·re** *f* (*Backröhre*) (kitchen) oven. — ~‚**rost** *m* stove grate, (*eines Industrieofens*) furnace grate. — ~‚**ruß** *m* oven soot. — ~‚**sau** *f metall.* salamander, *auch* shadrach, sow. — ~‚**schacht** *m* furnace shaft (*od.* stack). — ~‚**schau·fel** *f*, *bes. Northern and Eastern G.* ~‚**schip·pe** *f* coal (*od.* fire) shovel. — ~‚**schirm** *m* fire screen. — ~‚**schlacke** (*getr.* -k·k-) *f metall.* furnace cinder (*od.* slag). — ~‚**schwär·ze** *f* black lead, stove polish. — ~‚**set·zer** *m* stove fitter. — **o**~‚**trocken** (*getr.* -k·k-) *adj* oven- (*od.* kiln-)dried. — ~‚**trock·nung** *f* oven- (*od.* kiln-)drying, kilning. — ~‚**tür** *f* oven (*od.* stove) door, fire door, (*eines Industrieofens*) furnace door. — ~**vor**‚**set·zer** *m* (stove) fender. — ~‚**wär·ter** *m metall.* furnace operator (*od.* attendant). — ~‚**zie·gel** *m* firebrick, stove tile. — ~**zug** *m* a) furnace draft (*bes. Br.* draught), b) (*als Bauteil*) flue.

of·fen ['ɔfən] **I** *adj* ‹off(e)ner; -st› **1.** open, (*nicht ge- od. verschlossen*) unshut, unclosed: **halb** ~ sein to be half open (*od.* ajar); **weit** ~ **sein** to be wide open; **die Tür war sperrangelweit** ~ the door was wide open; **bei** (*od.* mit) ~**em Fenster schlafen** to sleep with the window open; **mit** ~**em Mund atmen** to breathe through the mouth; **er starrte ihn mit** ~**em Mund an** he stared at him with his mouth open, he gaped at him; **deine Bluse ist** ~ your blouse is open; **im** ~**en Wagen fahren** to drive in an open car; **Fleisch auf** ~**em Feuer braten** to fry meat over an open fire; ~**er Güterwagen** *Am.* gondola (car), *Br.* open goods truck (*od.* waggon). – **2.** (*unverhüllt*) bare, naked: **mit** ~**er Brust** with one's chest bare (*od.* exposed). – **3.** (*aufgeschlagen*) open: **ein** ~**es Buch** *auch fig.* an open book; **eine** ~**e Landkarte** an open (*od.* unfolded) map. – **4.** (*frei, weit, öffentlich*) open: **auf die** ~**e See hinausfahren** to sail (out) into the open (sea); **auf** ~**er See** on the open sea; **auf** ~**er Strecke** a) on the open road, b) (*railway*) on the open track, between stations; **auf** ~**er Straße überfallen werden** to be assaulted in the open street (*od.* in public). – **5.** (*eisfrei*) open, clear, unblocked. – **6.** (*unbesetzt, leer*) open, vacant: **eine** ~**e Stelle** a vacant situation (*od.* post), a vacancy, an opening. – **7.** *fig.* (*ungeklärt*) open, unsettled: **es blieben noch einige** ~**e Fragen** some questions were left open (*od.* unsettled). – **8.** *fig.* (*frei, zugänglich*) open: **ein** ~**es Geheimnis** an open secret, everybody's (*od.* nobody's) secret; **einen offenen Brief an j-n richten** to address an open letter to s.o. – **9.** (*Geschäft, Museum etc*) open. – **10.** *fig.* (*gastfreundlich, freigebig*) open: **ein** ~**es Haus halten** (*od.* haben, führen) to keep open house; **eine** ~**e Hand haben** to be open(-)handed (*od.* generous). – **11.** *fig.* (*aufgeschlossen, aufmerksam*) open: **mit** ~**en Augen** (*od.* Sinnen) **durch die Welt gehen** to go through life with one's eyes open; → Arm 1; Ohr 3. – **12.** *fig.* (*offenkundig, klar zutage tretend*)

open, *overt:* **da kam es zwischen ihnen zum** ~**en Bruch** it came to an open breach between them; **in** ~**er Feindschaft mit j-m leben** to be at open enmity with s.o.; **in** ~**er Feldschlacht** in pitched (*od.* open) battle. – **13.** *fig.* (*ehrlich, aufrichtig*) open, frank, sincere, plain, straightforward, candid: **eine** ~**e Antwort** a straightforward answer; **ein ehrlicher und** ~**er Kerl** *colloq.* a straight, honest fellow (*colloq.*); **ein** ~**es Wort mit j-m sprechen** to speak openly (*od.* frankly) with s.o.; **darf ich dir meine** ~**e Meinung sagen?** may I tell you my candid opinion? **ein** ~**es Wesen** an open manner; **ich will** ~ (**und ehrlich**) **mit dir sein** I'll be frank (and honest) with you; → Visier 1. – **14.** *gastr.* (*Wein etc*) open: **in diesem Restaurant serviert man auch** ~**en Wein** in this restaurant wine is also obtainable (*od.* served) by the glass. – **15.** Beifall **auf** (*od.* bei) ~**er Szene** (*od.* Bühne) (*theater*) applause during the action. – **16.** *med.* open, (*Wunde*) *auch* raw: ~**e Beine** *colloq.* varicose ulcers; ~**er Leib** open bowels *pl*; ~**e Tuberkulose** open tuberculosis. – **17.** *bot. lax.* – **18.** *zo.* pervious. – **19.** *ling.* a) (*Silbe*) open, b) (*Vokal*) open, low. – **20.** *sociol.* (*Fürsorge etc*) open. – **21.** *mil.* open, undefended: ~**e Stadt** open (*od.* unfortified) city (*od.* town). – **22.** *econ.* a) (*Kredit, Konto etc*) open, b) (*Rechnung*) outstanding, unsettled, c) (*Versicherungspolice*) floating: **O**~**e Handelsgesellschaft** general (*od.* ordinary) partnership. – **23.** *jur.* open, *overt:* **ein** ~**er Akt** an overt act; → Arrest 2. – **24.** *hunt.* (*Zeit*) open. – **25.** *electr.* (*Stromkreis etc*) open: ~**e Leitung** open-ended line; ~**e Wicklung** open-coil armature winding; ~**e Verlegung** open installation. – **26.** *arch.* detached: ~**e Bauweise** detached building. – **27.** (*sport*) a) (*Spielweise*) open, *bes. Br.* loose, b) (*ausgeglichen*) (*Runde etc*) even: **wir konnten das Spiel** ~ **gestalten** we could hold our own in the match. – **28.** *her.* false. – **II** *adv* **29.** *fig.* (*ehrlich*) openly, frankly, freely: ~ **antworten** to answer freely (*od.* point-blank); **etwas** ~ **bekennen** (*od.* gestehen) to confess s.th. frankly; ~ **gesagt** (*od.* gestanden) frankly speaking; **darf ich** ~ **meine Meinung sagen?** may I speak my mind freely? **ich will ganz** ~ **sprechen** I'll speak quite openly; **sie hat ihre Mitschuld** ~ **zugegeben** she has freely admitted her complicity. – **30.** (*unverhüllt*) openly: **seine Seele lag** ~ **vor mir** his soul lay open before me; **etwas** ~ **vor j-m tun** to do s.th. in front of s.o. (*od.* under s.o.'s nose).

'**of·fen'bar I** *adj* **1.** (*offensichtlich, deutlich*) obvious, manifest, evident, apparent, *overt:* **eine** ~**e Absicht** an obvious intention; **ein** ~**er Irrtum** an obvious mistake; ~ **werden** a) to become apparent, b) to become known in public; **es ist** ~, **daß er gelogen hat** it is quite obvious that he was lying. – **2.** (*klar*) clear. – **II** *adv* **3.** (*anscheinend*) obviously, apparently, evidently: **das ist** ~ **ein Fehler** that is obviously a mistake; **er kommt** ~ **später** he is apparently coming later, it looks as if he'll be coming later; **er hat** ~ **angenommen, daß** he obviously supposed that; ~ **ist** (ihm) **etwas dazwischengekommen** s.th. evidently crossed (*od.* interfered with) his plans.

‚**of·fen'ba·ren** ‹*insep,* pp **offenbart,** *relig. obs.* **geoffenbart,** h› **I** *v/t* **1.** (*bekennen*) manifest, reveal, disclose: **damit offenbarst du nur deine Schwäche** [**Ungeduld**] thus you only reveal your weakness [impatience]. – **2.** (*enthüllen*) reveal, divulge, make (s.th.) known, unveil: **er offenbarte ihnen das Geheimnis** he disclosed the secret to them. — **II** *v/reflex* **sich** ~ **3.** open one's heart, unbosom oneself (*lit.*): **ich habe mich ihm offenbart** I opened my heart to him. – **4.** (*von Dingen*) become evident, manifest itself: **jetzt offenbart sich, welche Fehler früher begangen wurden** the mistakes of the past are now becoming evident (*od.* manifest); **hier offenbart sich sein wahres Wesen** his true nature manifests itself here. – **5.** *relig.* reveal oneself: **Gott offenbarte sich den Menschen durch Christus** God revealed himself to man through Christ. — **III O**~ *n* ‹-s› **6.** *verbal noun.* – **7.** *cf.* Offenbarung. — ‚**of·fen'bart I** *pp.* — **II** *adj* revealed. — ‚**Of·fen'ba·rung** *f* ‹-; -en› **1.** *cf.* Offenbaren.

– **2.** revelation, disclosure, divulgence, manifestation. – **3.** *relig.* **die (Geheime)** ~ **des Johannes** *Bibl.* the Revelation of St. John the Divine: **göttliche** ~ (divine) revelation.

‚**Of·fen'ba·rungs‚eid** *m jur. econ.* insolvent debtor's oath, oath of manifestation (*od.* disclosure): **den** ~ **leisten** to swear an insolvent debtor's oath.

'**of·fen‚blei·ben** *v/i* ‹irr, sep, -ge-, sein› **1.** remain (*od.* be kept) open: **das Fenster muß** ~ the window must (*od.* has to) remain open. – **2.** *fig.* (*von Frage etc*) remain (*od.* be left) undecided (*od.* open).

'**Of·fen‚blitz·me‚tho·de** *f phot.* open flash technique.

'**of·fen‚hal·ten I** *v/t* ‹irr, sep, -ge-, h› **1.** (*aufhalten*) hold (s.th.) open: **er hielt die Tür für mich offen** he held the door open for me. – **2.** (*offenlassen*) keep (s.th.) open: **er konnte kaum die Augen** ~ he could hardly keep his eyes open. – **3.** *fig.* keep (s.th.) open: **du mußt die Ohren [Augen]** ~ you have to keep your ears [eyes] open; **er will die Tür zu weiteren Verhandlungen** ~ he wants to keep (*od.* leave) the door open for further negotiations. – **4.** (*vorbehalten*) leave (*od.* open, reserve: **ich muß mir diese Möglichkeit [Entscheidung]** ~ I have to leave this possibility [decision] open, I have to reserve this possibility [decision] for myself; **sie wollen sich** (*dat*) **den Rückzug** ~ they want to leave open the possibility of retreat(ing). – **II** *v/i* **5.** *rare* be open: **dieses Gasthaus hält bis fünf Uhr morgens offen** this inn (*Br. colloq.* pub) is open until five o'clock in the morning.

'**Of·fen·heit** *f* ‹-; *no pl*› (*Ehrlichkeit*) openness, frankness, sincerity, plainness, straightforwardness, candor, *bes. Br.* candour, candidness.

'**of·fen‚her·zig** *adj* **1.** openhearted, *Br.* open-hearted, frank, candid, outspoken: **du bist viel zu** ~ you are much too openhearted, you really wear your heart (up)on your sleeve. – **2.** *colloq.* (*Kleid etc*) low(-neck(ed)), revealing. — '**Of·fen‚her·zig·keit** *f* ‹-; *no pl*› openheartedness, *Br.* open-heartedness, frankness, candor, *bes. Br.* candour, candidness, outspokenness.

'**of·fen‚kun·dig I** *adj* **1.** (*Irrtum, Lüge, Mißverständnis etc*) obvious, manifest, evident, apparent, *overt,* patent: ~**e Beweise** overt evidence *sg*; **es ist** ~, **daß** it is obvious (*od.* plain) that. – **2.** (*allseits bekannt*) notorious, commonly known, well-known (*attrib*), flagrant: **ein** ~**er Betrüger** a notorious swindler. – **3.** *jur.* (*Handlung*) *overt.* — **II** *adv* **4.** **die Geschichte ist** ~ **erfunden** the story is obviously an invention. — '**Of·fen‚kun·dig·keit** *f* ‹-; *no pl*› **1.** obviousness, manifestness. – **2.** (*Bekanntsein*) notoriousness, notoriety, flagrancy.

'**of·fen‚las·sen** *v/t* ‹irr, sep, -ge-, h› **1.** leave (s.th.) open: **du sollst die Tür nicht immer** ~ don't leave the door open all the time. – **2.** *fig.* leave (s.th.) undecided (*od.* open): **die Frage wurde zunächst offengelassen** the question was left undecided for the time being.

'**of·fen‚le·gen** *v/t* ‹sep, -ge-, h› *fig. lit.* (*Geheimnis etc*) reveal, disclose, lay (s.th.) bare.

'**Of·fen‚markt·po·li·tik** *f econ.* (*zwischen Noten- u. Geschäftsbanken*) open-market policy (*od.* operations *pl*).

'**of·fen‚sicht·lich** *adj u. adv cf.* offenbar.

of·fen·siv [ɔfɛn'ziːf] **I** *adj bes. mil.* (*sport*) offensive: ~ **werden** to become offensive. – **II** *adv* ~ **spielen** (*sport*) to play on the offensive.

Of·fen'siv‚al·li‚anz *f*, ~‚**bünd·nis** *n pol. jur.* offensive alliance.

Of·fen·si·ve [ɔfɛn'ziːvə] *f* ‹-; -n› *bes. mil.* (*sport*) offensive: **die** ~ **ergreifen** to take the offensive; **in der** ~ **sein** to be on the offensive; **zur** ~ **übergehen** a) *mil.* to switch over to offensive operations, b) (*sport*) to switch over to the offensive.

Of·fen'siv‚kampf *m mil.* offensive combat (*od.* battle). — ~‚**krieg** *m* offensive war. — ~‚**spiel** *n* (*sport*) offensive play, (*beim Fußball*) attacking football.

'**of·fen‚ste·hen** *v/i* ‹irr, sep, -ge-, h *u.* sein› **1.** be open: **sein Kragen [ihre Bluse] stand offen** his collar [her blouse] was open (*od.* unbuttoned); **das Fenster steht offen** the window is (*od.* stands) open; **ihr Mund stand offen** her mouth was (*od.*

stood) open. – **2.** *fig.* be open: dir stehen alle Wege offen all roads are open to you; mir steht die ganze Welt offen the whole world lies open before me; es steht Ihnen offen zu gehen you are free (*od.* at liberty) to go. – **3.** *econ.* be due (*od.* unsettled, outstanding, unpaid): zwei Rechnungen stehen noch offen two bills are still unsettled; auf Ihrem Konto steht noch ein Betrag offen one item on your account is still due. — 'of·fen,ste·hend I *pres p.* – II *adj econ.* a) (*Forderung etc*) outstanding, b) (*Konto*) unsettled.

öf·fent·lich ['œfəntlıç] I *adj* **1.** (*Aufruf, Bekanntmachung, Veranstaltung etc*) public: ~e Anlagen public gardens; ~e Ausschreibung public invitation of tenders, *bes. Am.* public announcement of bids (for supplies *etc*); ~e Bedürfnisanstalt public lavatory (*bes. Br.* convenience), *Am. auch* comfort station; ~e Betriebe public utilities and services; ~e Einrichtungen public facilities; ~er Fernsprecher, ~e Fernsprechstelle telephone booth, *Br.* telephone (*od.* call box), telephone kiosk, *Am.* phone booth; ~es Haus brothel; im ~en Leben in public life; im Brennpunkt des ~en Lebens stehen to be very much in the public eye; ~e Schulen state schools, *Am.* public schools; ~e Verkehrsmittel public transport (*bes. Am.* transportation) *sg.* – **2.** (*staatlich, städtisch*) public: ~e Abgaben rates and taxes, taxes and dues, dues; ~e Ämter [Anstalten] public appointments (*od.* offices) [institutions]; er ist im ~en Dienst a) he is in the public service, he is a public servant, b) (*Staatsdienst*) he is in the civil service, he is a civil servant; ~e Gebäude public buildings; ~e Gelder (*od.* Mittel) public funds (*auch* moneys); die ~e Hand *pol.* the public (authorities *pl*), the state; ~er Notar *etwa* notary public; die ~e Ordnung wahren to maintain public order (*od.* law and order); gegen die ~e Ordnung verstoßen to violate law and order, to break the peace, *bes. Am.* to offend against order and decency; das ~e Wohl, die ~e Wohlfahrt *sociol.* public welfare. – **3.** *jur.* (*Ankläger, Urkunde etc*) public: ~es Register public (*od.* official) register; in ~er Sitzung (*od.* Verhandlung) in open court; ~es Ärgernis erregen to cause (*od.* commit) a public nuisance, to give public offence (*Am.* offense). – II *adv* **4.** publicly, in public: ~ auftreten [reden] to appear [to talk] in public, to make a public appearance; etwas ~ bekanntgeben (*od.* bekanntmachen) to announce s.th. in public, to make s.th. public, to give public notice of s.th.; ~ bekannt sein a) to be known to the public, to be a matter of common knowledge, b) (*berüchtigt sein*) to be notorious; etwas ~ versteigern to sell s.th. by public auction; ein Gesetz ~ bekanntmachen to promulgate a law; über eine Sache ~ verhandeln *jur.* to try a case in open court. — 'Öf·fent·lich·keit *f* ⟨-; *no pl*⟩ **1.** (*die Allgemeinheit*) public: im Lichte der ~ in the public eye, in the limelight; die ~ ausschließen a) to exclude the public, b) *jur.* to hear a case behind closed doors (*od.* in camera), to clear the court, c) (*im Parlament*) to clear the galleries; etwas in aller (*od.* vor aller) ~ tun [sagen] to do [to say] s.th. in public (*od.* publicly, openly); es ist bereits an (*od.* in) die ~ gedrungen (*od.* gekommen) it has leaked out already; mit etwas vor (*od.* an) die ~ treten to come forward (*od.* out into the open) with s.th.; unter Ausschluß der ~ *jur.* behind closed doors, in camera. – **2.** (*Zugänglichkeit*) public character, publicity: die ~ der Gerichtsbarkeit [Rechtsprechung] the publicity of jurisprudence [jurisdiction]; die ~ einer Diskussion the public character of a debate. — 'öf·fent·lich-'recht·lich *adj jur.* under public law: ~e Anstalt public institution; → Körperschaft 1.

of·fe·rie·ren [ɔfeˈriːrən] *v/t* ⟨*no* ge-, h⟩ offer, (*bes. bei einer Ausschreibung*) tender, *bes. Am.* bid.

Of·fert [ɔˈfɛrt] *n* ⟨-(e)s; -e⟩ *Austrian for* Offerte. — **Of·fer·te** [ɔˈfɛrtə] *f* ⟨-; -n⟩ *econ.* offer, (*bes. bei einer Ausschreibung*) tender, *bes. Am.* bid: eine ~ machen to offer, to quote, to make an offer (*od.* a tender, *bes. Am.* a bid). — **Of'fer·ten-**

,ab·ga·be *f* making (*od.* tendering, submission) of an offer.

Of·fer·to·ri·um [ɔfɛrˈtoːriʊm] *n* ⟨-s; -rien⟩ *relig.* offertory.

Of·fice¹ ['ɔfɪs] (*Engl.*) *n* ⟨-; -s [-fɪs]⟩ (*Büro, Dienststelle*) office.

Of·fice² [ɔˈfiːs] (*Fr.*) *n* ⟨-; -s [-ˈfiːs]⟩ *Swiss* (*in Gaststätten*) pantry.

Of·fi·ci·um [ɔˈfiːtsiʊm] *n* ⟨-s; -cia [-tsiɑ]⟩ *obs. for* Obliegenheit, Pflicht 1.

Of·fi·zi·al [ɔfiˈtsiɑːl] *m* ⟨-s; -e⟩ **1.** *röm.kath.* official. – **2.** *Austrian* (*senior*) clerk in the lower grade of the Austrian civil service. — ~,an,kla·ge *f jur.* public prosecution.

Of·fi·zia·lat [ɔfitsiɑˈlaːt] *n* ⟨-(e)s; -e⟩ *röm.kath.* officiality.

Of·fi·zi'al|de,likt *n jur. cf.* Offizialvergehen. — ~,ma·xi·me *f*, ~,prin,zip *n* principle of judicial (*od.* public) investigation. — ~ver,fah·ren *n* official proceedings *pl.* — ~ver,ge·hen *n* offence (*Am.* offense) dealt with officially (*od. ex* officio). — ~ver,tei·di·ger *m* counsel (*bes. Am.* attorney) for the defence (*Am.* defense) appointed by the court, assigned counsel (*bes. Am.* attorney) for the defense (*od.* defendant).

Of·fi·zi·ant [ɔfiˈtsiant] *m* ⟨-en; -en⟩ **1.** *obs. for* Unterbeamte, Bedienstete 2. – **2.** *röm. kath.* officiant.

of·fi·zi·ell [ɔfiˈtsiɛl] I *adj* **1.** (*Meldung, Nachricht, Vertreter etc*) official: die Rede hatte (*od.* trug) ~en Charakter the speech had an official character; eine ~e Erklärung abgeben to make an official statement. – **2.** (*formell, förmlich*) official: j-m einen ~en Besuch abstatten to pay s.o. an official visit; an einem ~en Empfang teilnehmen to take part in an official reception; danach wurde die Feier wieder sehr ~ afterward(s) the celebration reassumed a very official character; nicht ~ not official, unofficial. – II *adv* **3.** officially: ist Ihnen ~ etwas davon bekannt? do you know anything about that officially? sich ~ bei j-m entschuldigen to apologize (*Br. auch* -s-) formally to s.o., to make s.o. a formal apology.

Of·fi·zier [ɔfiˈtsiːr] *m* ⟨-s; -e⟩ **1.** *mil. mar.* (commissioned) officer: erster ~ *mar.* a) second-in-command, b) (*bei der Handelsmarine*) first mate (*od.* officer); aktiver ~ active officer; hoher ~ high-ranking officer; höherer (*od.* vorgesetzter) ~ senior officer; wachhabender ~ a) *mar.* watch officer, officer of the watch, b) *mil.* commander of the guard, guard commander; zum ~ ernannt werden to receive one's commission, to be commissioned. – **2.** (*beim Schach*) piece, *pl auch* noblemen. – **3.** (*eines Ordens*) officer.

Of·fi'zier(s)|,an,wär·ter *m mil. mar.* officer cadet. — ~,aus,bil·dung *f* officers' training. — ~,be,wer·ber *m cf.* Offizier(s)-anwärter. — ~,bur·sche *m obs.* orderly, *Br. auch* batman, *Am. colloq.* striker. — ~,eh·re *f* honor (*bes. Br.* honour) of an officer: bei meiner ~ (up)on my hono(u)r as an officer. — ~,ka·si·no *n mil.* officers' mess (*od.* club). — ~,korps *n mil. mar.* (the) officers *pl.* — ~,lauf,bahn *f* officer's career, career as an officer: die ~ einschlagen to enter upon an officer's career. — ~,mes·se *f* officers' messroom, *mar. auch* wardroom. — ~,nach,wuchs *m* future officers *pl*, coming generation of officers. — ~pa,tent *n mar.* **1.** commission: j-m ein ~ verleihen to commission s.o. – **2.** (*in der Handelsmarine*) certificate of competency. — ~,rang *m mil. mar.* officer's rank, officership. — ~,schu·le *f* officers' school. — ~,un·ter,künf·te *pl mil.* officers' quarters.

of·fi·zi·nal [ɔfitsiˈnaːl], **of·fi·zi'nell** [-ˈnɛl] *adj med.* medicinal, officinal.

of·fi·zi·ös [ɔfiˈtsiøːs] *adj* (*Meldung etc*) semi-official, *Br.* semi-official, officious.

Of·fi·zi·um [ɔˈfiːtsiʊm] *n* ⟨-s; -zien⟩ *obs. for* Obliegenheit, Pflicht 1.

öff·nen ['œfnən] I *v/t* ⟨h⟩ **1.** open: die Augen [Lippen] ~ to open one's eyes [lips]; das Fenster ~ to open the window; j-m die Tür ~ to open the door for s.o.; die Faust ~ to open (*od.* unclench) one's fist; ein Grab ~ to open (*od.* unseal) a tomb; der Laden wird um acht Uhr geöffnet the shop will be opened at eight o'clock; etwas halb ~ to half-open s.th., to open s.th. halfway. – **2.** (*Mantel, Bluse etc*) open, undo, unbutton. – **3.** (*Knoten, Päckchen*

etc) open, untie, unlace, unfasten, undo. – **4.** (*Türschloß etc*) open, unlock, undo: der Dieb öffnete das Schloß mit einem Dietrich the thief picked the lock. – **5.** (*Flaschen etc*) open, uncork. – **6.** *gastr.* (*Austern etc*) open, prize (*od.* pry) (*s.th.*) open. – **7.** *med.* a) (*Leib*) open (up), b) (*Geschwür, Abszeß etc*) open, lance, break, c) (*Blase*) open, cut, d) (*Leiche*) perform an autopsy, do a postmortem (*Br.* post-mortem) (examination). – **8.** *fig.* open (up): er hat mir (über dich) die Augen geöffnet he opened my eyes (*od.* he gave me an eye-opener) (as far as you are concerned); sie hat mir den Blick (*od.* das Verständnis) dafür geöffnet she has made me aware of things like that; sie öffneten der Korruption Tür und Tor they opened the door to corruption. – II *v/reflex* sich ~ **9.** open: das Tor öffnete sich the gate opened; → Sesam². – **10.** *aer.* (*von Fallschirm*) open, release. – **11.** *bot.* (*von Blüten*) open, unfold. – III *v/i* **12.** open, (*nach Klingeln*) answer the door: hier ~! open here! please open this side! der Pförtner öffnete mir the doorman opened for me; ich klingelte, aber niemand öffnete I rang the bell but nobody answered (the door). – IV Ö~ *n* ⟨-s⟩ **13.** *verbal noun.* — 'öff·nend I *pres p.* – II *adj med.* aperient, aperitive.

'Öff·ner *m* ⟨-s; -⟩ **1.** opener. – **2.** (*textile*) opener, willow. – **3.** *cf.* a) Büchsenöffner, b) Flaschenöffner.

'Öff·nung *f* ⟨-; -en⟩ **1.** *cf.* Öffnen. – **2.** (*Loch*) opening, hole, (*bes. kleine*) loophole: die ~en für Türen und Fenster the openings for doors and windows. – **3.** (*für den Abzug von Rauch und Gasen etc*) vent. – **4.** (*Schlitz*) slit, aperture, slot. – **5.** (*Eingang*) entrance: die ~ einer Höhle the mouth (*od.* orifice) of a cave. – **6.** (*Spalte, Kluft*) gap, aperture, cleft, break: eine ~ in der Mauer a gap in the wall. – **7.** *tech.* a) (*Mündung*) mouth, b) (*einer Düse*) orifice, c) (*eines Hochofens*) throat, d) (*eines Schmelzofens*) port, e) (*Auslaß*) outlet, f) (*Einlaß*) inlet. – **8.** *med.* a) (*einer Leiche*) *cf.* Obduktion, b) (*Leibesöffnung*) orifice, aperture, c) (*Verbindungsöffnung*) foramen, ostium: ringförmige ~ annulus; warzenartige ~ (*einer Fettdrüse*) nipple. – **9.** *zo.* foramen, ostium, (*bei Insekten*) stoma. – **10.** *bot.* a) foramen, b) (*von Blüten*) opening. – **11.** *mar.* (*Seegatt, Passage*) gat. **'Öff·nungs,zei·ten** *pl* **1.** hours of opening. – **2.** (*Geschäftszeit*) business hours.

'Off·set|,druck ['ɔfsɛt- *m* ⟨-(e)s; -e⟩ *print.* offset (printing): photographischer ~ photo-offset. — ~,drucker (*getr.* -k·k-) *m* offset printer. — ~,drucke,rei (*getr.* -k·k-) *f* **1.** ⟨*only sg*⟩ (*Verfahren*) offset printing. – **2.** (*Gebäude*) offset printing office.

'Off·set,druck|,far·be *f print.* offset printing ink. — ~,ma,schi·ne *f* offset printing machine. — ~ver,fah·ren *n* offset printing process.

'Off·set|ma,schi·ne *f print. cf.* Offsetdruckmaschine. — ~pa,pier *n* offset paper.

'O-,för·mig *adj* o-shaped.

oft [ɔft] *adv* ⟨ö̈er; ö̈est⟩ often, frequently, many a time, many times: er war ~ bei uns zu Besuch he often paid us a visit; wir haben diesen Film sehr ~ gesehen we have seen this film very (*od. colloq.* ever so) often; ich habe es dir ~ genug gesagt I have told you often enough; ich habe ihn schon so ~ gewarnt I have warned him so often (*od.* many a time); wie ~ bist du dort gewesen? how often have you been there? how frequently did you go there? ich habe ihm nur zu ~ geglaubt I believed him much too often; er wird noch ~ warten müssen he'll have to wait many a time yet; ich habe dir schon soundso ~ gesagt *colloq.* I told you time and (time) again (*od. colloq.* ever so often).

öf·ter ['œftər] I *comp of* oft. – II *adv* **1.** (*häufiger*) more frequently, more often: wir werden dich noch ~ sehen we'll see more of you; je ~ ich das Stück sehe, desto mehr gefällt es mir the more (often) I see the play the more I like it; ich bin ~ als du dort gewesen I have been there more often than you (have). – **2.** (*mehrmalig, wiederholt, gelegentlich*) repeatedly, time and again, reiteratedly: sie ist schon ~ bei uns gewesen she has stayed with us several times. – **III** *adj* **3.** *colloq.* (*Besuche etc*) repeated, (more) frequent: bei ~em Hinschauen merkte er after looking at it repeatedly he noticed.

'**öf·ters** *adv colloq. for* öfter II.

'**öf·test I** *sup of* oft. – **II** *adv only in* am ~en most frequently, most often: etwas [j-n] am ~en erwähnen to mention s.th. [s.o.] most frequently.

'**oft,ma·lig** *adj* ⟨*attrib*⟩ repeated, frequent, reiterated.

'**oft,mals** *adv cf.* oft.

ogi·val [ogi'vaːl; oʒi-] *adj arch.* (*spitzbogig*) ogival.

oh [oː] *interj* a) oh, ho, b) (*bei Langeweile*) heigh-ho: ~, wie schön! oh, isn't it beautiful? how lovely! ~, Pardon! oh, I'm sorry!

oha [o'ha] *interj* ho! oho! aha! soho! *Am.* auch gee (whiz[z] *od.* whillikers, whillikins)! boy!

Oheim ['oːhaɪm] *m* ⟨-s; -e⟩ *obs. for* Onkel 1.

Ohm[1] [oːm] *n* ⟨-(s); -⟩ *electr.* ohm.

Ohm[2] *n* ⟨-(e)s; -e, *bei Maßangaben* -⟩ (*früheres Flüssigkeitsmaß*) aam, awm.

Ohm[3] *m* ⟨-(e)s; -e⟩ *obs. od. poet. for* Onkel 1.

'**Ohm,me·ter** *n* ⟨-s; -⟩ *electr.* ohmmeter.

ohmsch *adj* ⟨*attrib*⟩ *electr.* ohmic: der ~e Widerstand ohmic resistance; das O~e Gesetz Ohm's law.

'**Ohm,zahl** *f electr.* ohmage.

oh·ne ['oːnə] **I** *prep* ⟨*acc*⟩ **1.** without: Töpfe ~ Henkel pots without handles; du sollst nicht ~ Hut gehen you are not to go without your hat (*od.* bareheaded); eine Flasche Sprudel ~ Geschmack a bottle of soda (water) without flavor (*bes. Br.* flavour); ich habe es ~ Absicht getan I did not do it intentionally (*od.* on purpose); er ist ~ Arbeit he is without work (*od.* a job), he is jobless (*od.* out of work); (alle) ~ Ausnahme (all) without exception; Fragen ~ Bedeutung questions lacking in importance, unimportant (*od.* insignificant, minor) questions; ich bin ~ Geld [Mittel] I have no money [means], I am lacking (*od.* I am devoid of, I am out of) money (*od.* funds) [means]; sei (nur) ~ Sorge! never fear! don't worry! das alles geschah ~ mein Wissen all of that happened without my knowledge; ~ (jeden *od.* allen) Zweifel, ~ (jede) Frage without (*od.* beyond) (all) doubt (*od.* question), doubtlessly, undoubtedly, unquestionably; er sagte mir ~ Umschweife seine Meinung he told me his opinion point-blank (*od.* straightforwardly, plainly, bluntly), he told me his opinion without beating about the bush; ~ weiteres a) (*ohne Zögern*) without further ado, without ceremony (*od.* hesitation), at once, without any fuss (*colloq.*), b) (*mühelos*) easily, hands down (*colloq.*), c) (*ohne Bedenken*) readily, easily; das geht nicht so ~ weiteres *colloq.* it's not such an easy matter, that can't be managed so easily; ~ mich! count me out! das ~ die Sache) ist nicht (ganz) ~ *colloq.* a) (*nicht ohne Grund*) the matter is not without cause, b) (*nicht übel*) it's not a bad thing, it's not without advantages, there is a great deal to be said for it, that's not half bad (*colloq.*), c) (*nicht ohne Gefahr*) it's not without its pitfalls (*od.* risks), that's not to be trifled with (*od. colloq.* sneezed at); er ist (gar) nicht (so) ~ *colloq.* a) (*nicht übel*) he's not so bad, b) (*nicht dumm*) he knows a thing or two, he knows which side his bread is buttered (on), there are no flies on him (*colloq.*), c) (*zäh, mutig*) he is not to be trifled with, he is a tough customer (*colloq.*). – **2.** (*wenn etwas od. j-d nicht gewesen wäre*) but for, without: was hätte ich ~ ihn getan? what would I have done without him? ~ seine Verletzung wäre er Sieger geworden but for his injury he would have been the winner. – **3.** (*abzüglich*) without, minus: ~ die laufenden Kosten minus the running expenses. – **4.** *mil.* → marsch 3. – **5.** (*fashion*) → oben 6. – **II** *conj* **6.** without: er ging ~ ein Wort zu sagen he went away without saying a word; er hat mich besucht, ~ daß ich ihn eingeladen hatte he came to visit me without my having invited me; er bot mir seine Hilfe an, ~ daß ich ihn erst bitten mußte he offered me his help without my having to ask him first.

,**oh·ne**|'**dem**, ~'**dies** *adv obs. for* ohnehin.

,**oh·ne,ein'an·der** *adv* without each other:

sie können ~ nicht leben they can't live without each other.

,**oh·ne**'**glei·chen** *adj* ⟨*nachgestellt u. pred*⟩ **1.** unequaled, *bes. Br.* unequalled, matchless, unrivaled, *bes. Br.* unrivalled, peerless, nonpareil (*lit.*): Unwissenheit ~ unequal(l)ed ignorance; im Fechten ist er ~ in fencing he is without a rival. – **2.** (*beispiellos*) unexampled, without (a) parallel, unparalleled, unprecedented: ein Ereignis ~ an event without a parallel. – **3.** (*einzigartig*) unique.

,**oh·ne**'**hin** *adv* anyhow, anyway, at any rate, in any case: du brauchst dich nicht (zu) beeilen, es ist jetzt ~ zu spät you need not hurry, it's too late now anyhow; das ist ~ wenig that's little enough, anyhow.

,**oh·ne**'**wei·ters** *adv Austrian* **1.** (*ohne Zögern*) without further ado, without ceremony (*od.* hesitation), at once, without any fuss (*colloq.*). – **2.** a) (*mühelos*) easily, hands down (*colloq.*), b) (*ohne Bedenken*) readily, easily.

'**Ohn,horn** ['oːn-] *n bot.* man orchis (*Aceras anthrophora*).

'**Ohn,macht** *f* ⟨-; -en⟩ **1.** (*Bewußtlosigkeit*) faint(ing), swoon, unconsciousness; lipothymy, lipothymia (*scient.*): tiefe (*od.* schwere) ~ deep faint, unconsciousness, coma (*scient.*); kurze ~ blackout, *Br.* blackout; in ~ fallen to faint, to swoon (away), to pass out (*colloq.*); von einer ~ befallen werden to be seized with a fainting spell; sie lag in schwerer ~ she was lying in a deep coma (*od.* deeply unconscious); sie kam aus ihrer ~ wieder zu sich, sie erwachte aus ihrer ~ she came round (*od.* to [herself]) after her faint, she regained consciousness after being in a coma; ich wäre beinahe in ~ gefallen, als ich das hörte *fig.* I nearly fainted (on the spot) when I heard that. – **2.** ⟨*only sg*⟩ *fig.* (*Machtlosigkeit*) powerlessness, helplessness, impotence: ein Gefühl der ~ wandelte sie an a feeling of helplessness came over her; seine ~ kam ihm zum Bewußtsein he became conscious of his powerlessness.

— '**ohn,mäch·tig I** *adj* **1.** (*bewußtlos*) unconscious, in a faint (*od.* swoon), fainting, swooning: tief ~ comatose; ~ werden to faint, to swoon (away), to pass out (*colloq.*); vor Schmerzen ~ werden to black out with pain. – **2.** *fig.* (*machtlos*) powerless, helpless, impotent: ~e Anstrengungen machen to make helpless (*od.* impotent) efforts; ~e Wut ergriff ihn he was seized by (*od.* with) impotent rage. – **II** *adv* **3.** helplessly, impotently: ~ zusehen müssen to have to look on helplessly.

'**Ohn,machts,an,fall** *m med.* fainting spell, swoon; syncopal attack, syncope (*scient.*).

oho [o'hoː] *interj* oho, *Br. vulg.* coo: klein aber ~! *colloq. Br. colloq.* small but a bit of all right! *Am. colloq.* small but oh boy!

Ohr [oːr] *n* ⟨-(e)s; -en⟩ **1.** (*Gehörsinn*) ear: sie hat gute [schlechte] ~en she has good [bad] ears (*od.* hearing); die ~en sausen [schmerzen] mir my ears are singing (*od.* buzzing) [aching]; ein scharfes (*od.* ein feines) ~ haben to have a sharp (*od.* keen) ear, to have keen hearing; meine ~en sind zu my ears are deaf; dem ~ wehtun to grate on the ear; Musik schlug an sein ~ music caught his ear; auf einem ~ [beiden ~en] taub sein to be deaf in one ear [both ears]; → klingen 1. – **2.** (*Ohrmuschel*) ear: äußeres ~ external (*od.* outer) ear, ear conch, auricle (*scient.*); große [abstehende, hängende] ~en large (*od.* big) [protruding, lop] ears; ohne ~en earless; mit zwei ~en with two ears, binaural (*scient.*); der Hund spitzte die ~en the dog pricked up (*od.* cocked) his ears; die ~en stutzen to crop the ears; sich (*dat*) die ~en zuhalten a) to hold (one's fingers over) one's ears, b) *fig.* to refuse to listen; meine ~en brennen mir vor Kälte my ears are burning (*od.* tingling) with cold; den Hut aufs ~ setzen to cock one's hat (over one ear), to wear one's hat cocked over one ear (*od.* at an angle); j-n am ~ (*od.* an, bei den ~en) ziehen, *colloq.* j-m die ~en langziehen a) to pull s.o.'s ear(s), to pull s.o. by the ear(s), b) *fig.* to teach s.o. manners; j-m eins (*od.* ein paar) hinter die ~en geben *colloq.* to box s.o.'s ears; eins hinter die ~en bekommen *colloq.* to get a box on the ears; sich hinter den ~en kratzen to scratch one's head; j-m etwas ins ~ flüstern [sagen] to whisper

[to say] s.th. in(to) s.o.'s ear; der Wind pfiff uns um die ~en the wind whistled (a)round our ears; die Kugeln pfiffen uns um die ~en the bullets whistled past our ears. – **3.** *fig.* ear: er hat ein ~ für Musik he has an ear for music; diese Melodie geht leicht ins ~ this is a catchy tune, the tune is easy to remember; er hatte dafür kein ~ he was not interested in the slightest; ich traute meinen ~en nicht I could hardly believe my ears; die ~en spitzen *colloq.* to prick up one's ears, to listen intently; die ~en hängenlassen *colloq.* to be downcast (*od.col-loq.* down in the mouth), to look crestfallen (*od. lit.* woebegone); die ~en steifhalten *colloq.* to keep a stiff upper lip, to keep one's chin (*od. sl.* pecker) up; die ~en offenhalten to have one's ear to the ground; tauben ~en predigen to talk (*od.* preach) to deaf ears; seine Worte stießen auf taube ~en his words fell on deaf ears; lange ~en haben *colloq.* to be nos(e)y (*colloq.*) (*od.* inquisitive, curious); ich bin ganz ~ I am all ears; ich bin ganz Auge und ~ I'm all eyes and ears, I'm (very much) on the qui vive; er fand bei dem Richter ein offenes ~ the judge was ready to listen to all his complaints; ich habe es mit eigenen ~en gehört I heard it with my own ears (*od.* myself); die Wände haben ~en *colloq.* the walls have ears; j-m ein geneigtes (*od.* williges) ~ leihen to lend s.o. a willing ear; er fand bei ihr ein williges ~ she was ready to listen to him, she listened to him understandingly; j-m sein ~ verschließen to refuse to listen to s.o.; das schmeichelt seinem ~ that is music in his ear, he likes to hear that; taube ~en für j-n [etwas] haben to turn a deaf ear to s.o. [s.th.]; nur mit halbem ~ hinhören to listen with half an ear, to half-listen; bis über die ~en in Arbeit [Schulden] stecken *colloq.* to be up to one's ears in work [debt]; bis über die ~en (*od.* beide ~en) verliebt sein *colloq.* to be head over heels in love; bis über die ~en rot werden to blush to the roots of one's hair; es ist mir zu ~en gekommen it has come to my knowledge (*od.* attention); das ist nichts für zarte ~en that's for men's ears only; j-m die ~en volljammern *colloq.* to give s.o. no peace with one's complaining (*od.* moaning); er sitzt auf seinen ~en *colloq.* he is (as) deaf as a post; haben dir nicht die ~en geklungen? *colloq.* were your ears (not) burning? didn't your ears burn? didn't you sense that we were talking about you? noch feucht (*od.* naß, nicht trocken) hinter den ~en sein *colloq.* to be (still) wet behind the ears, to be (still) rather a greenhorn, to be a fledg(e)ling, to be (like) an unlicked cub; schreib dir das hinter die ~en *colloq.* now don't you forget that; es faustdick (*od.* knüppeldick) hinter den ~en haben *colloq.* to be (as) cute as a fox, to be a sly (old) fox, to know all the dodges, to be up to all the tricks, *Am.* to know one's way around; j-m in den ~en liegen *colloq.* a) to pester (*od.* plague) s.o., b) to nag (at) s.o.; sperr die ~en auf! *colloq.* listen carefully, pay good attention, take the wax out of your ears (*colloq.*); wasch dir die ~en! *colloq.* you should give your ears a wash (*od.* wash your ears), pay attention; sich aufs ~ legen *colloq.* to take (*od.* have) a nap, to get [one's] forty winks; j-n übers ~ hauen *colloq.* to do s.o. (in the eye) (*sl.*), to swindle (*od.* cheat, *Am. sl.* gyp) s.o.; zu einem ~ hinein und zum anderen wieder hinaus *colloq.* in one ear and out the other; dieser Ratschlag geht bei ihm bei einem ~ hinein, beim anderen hinaus *colloq.* the advice runs off him like water off a duck's back; auf diesem ~ hört er schlecht *colloq. humor.* he's deaf to that, he doesn't want to hear anything about that; → Fell 7; Floh 2; Mann 2; schlackern I.

Öhr [øːr] *n* ⟨-(e)s; -e⟩ **1.** (*Nadelöhr*) eye. – **2.** *tech.* eye, ear.

'**Ohr**|,**boh·rer** *m zo. colloq. for* Ohrwurm 1. — ~,**bü·schel** *n zo.* **1.** ear. – **2.** (*der Eulen*) plumicorn.

Öhr·chen ['øːrçən] *n* ⟨-s; -⟩ **1.** *dim. of* Ohr. – **2.** *dim. of* Öhr. – **3.** *bot.* (*am Blattgrund*) auricle.

'**Ohr,drü·se** *f zo.* (*der Kröte*) parotoid gland.

öh·ren ['øːrən] *v/t* ⟨h⟩ (*Nadeln etc*) eye, provide (*s.th.*) with an eye (*od.* eyelet).

'Oh·ren|,arzt *m*, **~,ärz·tin** *f med.* ear specialist; tologist, aurist (*scient.*). — **~,aus,spü·lung** *f* syringing (*od.* irrigation) of the ear canal. — **~,beich·te** *f röm.kath.* auricular confession. — **o~be,täu·bend** *adj* (*Lärm etc*) deafening, earsplitting, *Br.* ear-splitting, ear-piercing, ear-rending: **ein ~es Geschrei erheben** (*od.* anstimmen) to scream the place down (*colloq.*). — **~,blä·ser** *m colloq.* talebearer, telltale, scandalmonger. — **~blä·se'rei** [,oːrən-] *f* ⟨-; *no pl*⟩ talebearing, scandalmongering. — **~,bluten** *n med.* otorrhagia. — **~,brau·sen** *n cf.* Ohrensausen. — **~chir·ur,gie** *f* aural surgery. — **~ent,zün·dung** *f* inflammation of the ear(s), otitis (*scient.*). — **~,fle·der,maus** *f* long-eared bat (*Plecotus auritus*). — **~,fluß** *m med.* discharge from an ear, running ear (*colloq.*), otorrh(o)ea (*scient.*). — **~,heil,kun·de** *f* otology, otiatry. — **~,höh·ler** [-,høːlər] *m* ⟨-s; -⟩ *zo. colloq.* for Ohrwurm 1. — **~,klap·pe** *f* (*an Mütze etc*) earflap, *Am. auch* earlap, *bes. Br.* tab. — **~,klin·gen** *n med.* ringing in (*od.* of) one's ears, tinnitus (aurium) (*scient.*). — **~,krank·heit** *f med.* ear disease. — **~,krie·cher** *m zo. colloq.* for Ohrwurm 1. — **~,lei·den** *n* ear complaint (*od.* trouble). — **~,ma·ki** *m zo.* galago (*Fam. Lorisidae*). — **~,qual·le** *f zo.* aurelia (*Aurelia aurita*). — **~,rat·te** *f* vlei rat (*Otomys irroratus*). — **~,rei·ßen** *n med. dial. cf.* Ohrenschmerz. — **~,rob·be** *f zo.* eared seal (*Fam. Otariidae*): **zu den ~n gehörig** otarian, otarine. — **~,sau·sen** *n med.* noises *pl* (*od.* buzzing) in one's ears, tinnitus (aurium) (*scient.*).

'Oh·ren|,schmalz *n med.* earwax, *Br.* earwax, cerumen (*scient.*). — **~,drü·se** *f* earwax gland, ceruminal gland (*scient.*).

'Oh·ren|,schmaus *m colloq.* feast (*od.* treat) for the ears: **die Musik war ein ~** the music was a feast for the ears. — **~,schmerz** *m meist pl* earache, *Br.* ear-ache; otalgia, otodynia (*scient.*): **ich habe ~en** I have an ear(-)ache. — **~,schnecke** (*getr.* -k·k-) *f med.* cochlea. — **~,schüt·zer** *m* ear muff(s *pl*), earflap(s *pl*), *Am. auch* earlap(s *pl*). — **~,schwamm** *m bot. cf.* Judasohr 1. — **~,ses·sel** *m* wing chair. — **~,spe·zia,list** *m med. cf.* Ohrenarzt. — **~,spie·gel** *m* ear speculum, otoscope: **Untersuchung mit dem ~** ear examination, otoscopy (*scient.*). — **~,sprit·ze** *f* ear syringe. — **o~zer,reißend** *adj* (*Schrei etc*) earsplitting, *Br.* ear-splitting, ear-rending. — **~,zeu·ge** *m jur.* earwitness, auricular witness.

'Ohr|er,öff·nung *f med.* ototomy. — **~,eu·le** *f zo. cf.* Waldohreule 1. — **~fa,san** *m* eared pheasant (*Gattg Crossoptilon*).

'Ohr,fei·ge *f* 1. slap (in the face), box on the ear: **j-m eine ~ geben** to slap s.o.'s face, to box s.o.'s ears. – 2. *fig.* slap in the face. — **'ohr,fei·gen** *v/t* ⟨h⟩ **j-n ~** to slap s.o., to slap s.o. in (*od.* on) the face, to box (*od.* cuff) s.o.'s ears.

'Ohr,fei·gen·ge,sicht *n colloq.* provoking face, face that invites to be slapped.

'ohr,för·mig *adj med. zo.* ear-shaped; auriform, auriculate, *auch* auriculated, auricular (*scient.*).

'Ohr|ge,hän·ge *n* eardrop, *Br.* ear-drop, earring, *Br.* ear-ring, (ear) pendant. — **~,kä·fer** *m zo. colloq. for* Ohrwurm 1. — **~ka,nal** *m med.* ear canal. — **~,klap·pe** *f cf.* Ohrenklappe. — **~,klips** *m* earclip, *Br.* ear-clip. — **~,knö·chel·chen** *n med.* (auditory) ossicle. — **~,läpp·chen** *n* lobe (of the ear), earlobe, *Br.* ear-lobe, tip (*od.* lobule) of the ear, lappet (*auch zo.*). — **~,lei·ste** *f med.* helix. — **~,loch** *n* 1. *med.* auditory meatus. – 2. (*für Ohrring*) earhole, *Br.* ear-hole. — **~,löf·fel** *m med.* ear curette (*od.* scoop). — **o~los** *adj* earless, anotous (*scient.*). — **~,mar·ke** *f* (*für Tiere*) earmark, *Am.* halfpenny. — **~,mu·schel** *f* ear conch, auricle, concha, pinna. — **~,ring** *m* earring, *Br.* ear-ring. — **~,schmuck** *m cf.* Ohrgehänge, Ohrring. — **~,schnecke** (*getr.* -k·k-) *f* 1. *med. cf.* Ohrenschnecke. – 2. *zo.* a) sea-ear, abalone, ear shell (*Gattg Haliotis*), b) ear snail, auricle (*scient.*) (*Gattg Auricula*). — **~,son·de** *f med.* ear probe. — **~,spei·chel,drü·se** *f* parotid gland. — **~,spie·gel** *m cf.* Ohrenspiegel. — **~,spü·lung** *f cf.* Ohrenausspülung. — **~,stein,fisch** *m zo.* (*Fossil*) cynoscion

(*Gattg Otolithus*). — **~,tau·be** *f zo. cf.* Haubentaube. — **~,trom·mel** *f med.* eardrum, tympanic membrane (*scient.*). — **~,trom,pe·te** *f* Eustachian tube, tuba auditiva (*scient.*). — **~,wa·schel** [-,vaʃəl], **~,waschl** [-,vaʃəl] *n* ⟨-s; -n⟩ *Bavarian and Austrian colloq.* ear. — **~,wurm** *m* 1. *zo.* a) earwig (*Ordng Dermaptera*), b) Gemeiner ~ European earwig, forficula (*scient.*) (*Forficula auricularia*). – 2. *vet.* otitis. – 3. *fig. colloq.* haunting tune.

oi [ɔʏ] *interj* 1. (*Ausruf freudiger Überraschung*) yow! bully! (*beide colloq.*); (it's) great! – 2. (*Ausruf des Bedauerns*) *cf.* oje(-mine).

Oie ['ɔʏə] *f* ⟨-; -n⟩ *Low G.* small island.

oje(·mi·ne) [o'jeː(mine)], **oje·rum** [o'jeːrum] *interj colloq.* dear me! good gracious!

o.k., O.K. [o'keː] *interj short for* okay.

Oka·pi [o'kaːpi] *n* ⟨-s; -s⟩ *zo.* okapi (*Okapia johnstoni*).

Oka·ri·na [oka'riːna] *f* ⟨-; -s *u.* -rinen⟩ *mus.* ocarina, *Am. colloq.* sweet potato.

okay [o'keː], **~,way** [-,veːʃ] *I adj* occlusive. – **II O~** (Engl.) *interj* OK, okay, *auch* okey, okeh.

Okea·ni·de [okea'niːdə] *f* ⟨-; -n⟩ *myth. cf.* Ozeanide.

Ok·ka·si·on [əka'zᵢoːn] *f* ⟨-; -en⟩ 1. *obs. for* a) Gelegenheit 1, b) Anlaß 2. – 2. *econ.* bargain.

Ok·ka·sio·na·lis·mus [əkaziona'lɪsmus] *m* ⟨-; *no pl*⟩ *philos.* occasionalism. — **ok·ka·sio·na'list** [-'lɪst] *m* ⟨-en; -en⟩ occasionalist. — **ok·ka·sio·na'li·stisch** *adj* occasionalistic. — **ok·ka·sio·nell** [əkazio'nɛl] *adj obs. for* gelegentlich I.

ok·klu·die·ren [əklu'diːrən] *v/t* ⟨*no ge-*, h⟩ 1. *med.* occlude. – 2. *chem.* (*adsorbieren*) occlude, sorb. – 3. *meteor.* occlude. — **Ok·klu·si·on** [-'zioːn] *f* ⟨-; -en⟩ occlusion. — **ok·klu·siv** [əklu'ziːf] *I adj* occlusive. – **II O~** *m* ⟨-s; -e⟩ *ling. cf.* Verschlußlaut.

Ok·klu'siv|pes,sar *n med.* occlusive pessary. — **~,ver,band** *m* occlusive dressing.

ok·kult [ə'kʊlt] *adj* 1. occult, cryptic, *auch* cryptical: **~e Wissenschaften** occult sciences. – 2. *med.* occult, obscure. — **Ok·kul'tis·mus** [-'tɪsmus] *m* ⟨-; *no pl*⟩ occultism. — **Ok·kul'tist** [-'tɪst] *m* ⟨-en; -en⟩ occultist. — **ok·kul'ti·stisch** *adj* occultist.

Ok·ku,pant [əku'pant] *m* ⟨-en; -en⟩ *mil. pol.* 1. occupier. – 2. occupying power. — **Ok·ku·pa·ti·on** [-pa'tsᵢoːn] *f* ⟨-; -en⟩ *mil. pol.* occupation. — **ok·ku'pie·ren** [-'piːrən] *v/t* ⟨*no ge-*, h⟩ occupy.

Öko·lo·ge [øko'loːgə] *m* ⟨-n; -n⟩ ecologist, *auch* oecologist, ecological expert. — **Öko·lo'gie** [-lo'giː] *f* ⟨-; *no pl*⟩ 1. *biol.* (*Umweltlehre*) ecology, *auch* oecology, aecology, bionomics *pl* (*construed as sg od pl*). – 2. *sociol.* (human) ecology. — **öko·lo·gisch** *adj* ecological, *auch* ecologic, bionomic(al).

Öko·nom [øko'noːm] *m* ⟨-en; -en⟩ *bes. Austrian* (*Landwirt*) farmer, agriculturist.

Öko·no·me·trie [økonome'triː] *f* ⟨-; *no pl*⟩ *econ.* econometrics *pl* (*construed as sg*).

Öko·no·mie [økono'miː] *f* ⟨-; -n [-ən]⟩ 1. ⟨*only sg*⟩ (*sparsame Wirtschaftsführung*) economy, thrift. – 2. *bes. Austrian obs.* a) agricultural undertaking, farm, b) agriculture, farming. – 3. ⟨*only sg*⟩ *obs. econ.* economics *pl* (*construed as sg*). — **~,rat** *m* honorary title conferred upon a deserving agriculturist.

Öko·no·mik [øko'noːmɪk] *f* ⟨-; *no pl*⟩ *econ. cf.* Ökonomie 3.

öko·no·misch [øko'noːmɪʃ] *I adj* 1. economical, thrifty. – 2. *econ.* economic: **die ~e Theorie** the economic theory. – **II adv** 3. economically: **mit seinen Kräften ~ umgehen** to use one's strength economically (*od.* sparingly), to economize (on) (*od.* to husband) one's strength.

Ok·ta·chord [əkta'kɔrt] *n* ⟨-(e)s; -e⟩ *mus.* octachord.

Ok·ta·eder [əkta'ᵖeːdər] *n* ⟨-s; -⟩ *math. min.* octahedron. — **ok·ta'edrisch** [-'ᵖeːdrɪʃ] *adj* octahedral.

Ok·ta·gon [əkta'goːn] *n* ⟨-s; -e⟩ *math. cf.* Oktogon.

Ok·tan [ək'taːn] *n* ⟨-s; *no pl*⟩ *chem.* octane ($CH_3(CH_2)_6CH_3$).

Ok·tant [ək'tant] *m* ⟨-en; -en⟩ 1. *math.* octant. – 2. *mar.* (*Winkelmeßgerät*) octant.

Ok'tan,zahl *f chem.* (*eines Kraftstoffes*) octane number (*od.* rating), (anti)knock value.

O·ktav¹ [ək'taːf] *n* ⟨-s; -e⟩ *print.* octavo: **in ~** in octavo.

Ok'tav² *f* ⟨-; -en⟩ 1. *Austrian for* Oktave 1. – 2. *relig. cf.* Oktave 3.

Ok'tav|,band *m print.* octavo (volume). — **~,bo·gen** *m* octavo.

Ok·ta·ve [ək'taːvə] *f* ⟨-; -n⟩ 1. *mus.* a) eighth note of the diatonic scale, b) octave: **eine reine ~** a perfect octave; **eine ~ höher** [tiefer] an octave higher [lower]. – 2. *metr.* octave, ottava rima. – 3. *relig.* octave.

Ok'tav,for,mat *n print.* octavo.

ok·ta·vie·ren [əkta'viːrən] *v/i* ⟨*no ge-*, h⟩ *mus.* transpose (*od.* double) a part in an octave above (*od.* below).

Ok·tett [ək'tɛt] *n* ⟨-(e)s; -e⟩ 1. *mus.* octet. – 2. *phys.* octet, *auch* octette.

Ok·to·ber [ək'toːbər] *m* ⟨-(s); -⟩ October: **im (Monat) ~** in (the month of) October; **am 3. ~** on 3rd October, on October 3rd. — **~,fest** *n* October festival (*big fun fair held in Munich in late September and early October*). — **~re·vo·lu·ti,on** *f hist.* October Revolution (*1917*). — **~,tag** *m* 1. October day, day in October. – 2. *pl hist. cf.* Oktoberrevolution.

Ok·to·de [ək'toːdə] *f* ⟨-; -n⟩ *electr.* octode.

Ok·to·de·ka·gon [əktodeka'goːn] *n* ⟨-s; -e⟩ *math.* octodecagon.

Ok·to·gon [əkto'goːn] *n* ⟨-s; -e⟩ *math.* octagon. — **ok·to·go'nal** [-go'naːl] *adj* octagonal.

Ok·to·po·de [əkto'poːdə] *m* ⟨-n; -n⟩ *zo.* octopod, octopus (*Octopus vulgaris*).

Ok·troi [ək'trŏa] *m*, *n* ⟨-s; -s⟩ *jur. obs.* octroi.

Oku·lar [oku'laːr] **I** *n* ⟨-s; -e⟩ (*optics*) eyepiece, eyeglass, *Br.* eye-glass, ocular: **umkehrendes** [**nichtumkehrendes**] **~** inverting [erecting] eyepiece. – **II o~** *adj* ocular. — **~,lin·se** *f* (*optics*) ocular (*od.* eyepiece) lens. — **~,tu·bus** *m* eyepiece tube. [*cf.* Okulieren.]

Oku·la·ti·on [okula'tsᵢoːn] *f* ⟨-; -en⟩ *hort.*

Oku·li [ɔ'kuːli] *m* ⟨*undeclined*⟩ (*der Sonntag*) **~** *relig.* the third Sunday in Lent.

oku·lie·ren [oku'liːrən] *hort.* **I** *v/t* ⟨*no ge-*, h⟩ 1. inoculate, graft, bud, (*ein Edelreis*) *auch* inlay. – **II O~** *n* ⟨-s⟩ 2. *verbal noun*. – 3. inoculation.

Oku'lier|,mes·ser *n hort.* grafting (*od.* budding) knife, grafter. — **~,reis** *n* graft, grafting twig.

Oku'lie·rung *f* ⟨-; -en⟩ *hort. cf.* Okulieren.

Öku·me·ne [øku'meːnə] *f* ⟨-; *no pl*⟩ ecumene, *auch* oecumene. — **öku'me·nisch** *adj bes. relig.* ecumenical, *auch* oecumenical: **~es Konzil** (o)ecumenical council.

Ok·zi·dent ['ɔktsidɛnt; -'dɛnt] *m* ⟨-s; *no pl*⟩ (the) Occident, (the) West. — **ok·zi·den'tal** [-'taːl], **ok·zi·den'ta·lisch** *adj* occidental, western.

ok·zi·pi·tal [əktsipi'taːl] *adj med.* occipital.

Öl [øːl] *n* ⟨-(e)s; -e⟩ 1. oil: **ätherische ~e** essential (*od.* volatile) oils; **fette ~e** fatty (*od.* fixed) oils; **gehärtetes ~** fixed (*od.* hydrogenated) oil; **trocknende ~e** drying (*od.* siccative) oils; **viskoses** (*od.* dickflüssiges) **~** tech. viscous (*od.* thick) oil; **kaltgepreßtes ~** cold-drawn (*od.* virgin) oil; **mit ~ tränken** to soak in (*od.* impregnate with) oil; **Stahl in ~ härten** *metall.* to oil-harden steel; **~ wechseln** *auto.* to change oil; **mit Zusätzen** *tech.* doped oil; **ohne Zusätze** *tech.* straight oil; **~ verbindet sich nicht mit Wasser** oil and water don't mix; **~ ins Feuer gießen** *fig.* to add fuel to the fire (*od.* the flame), to fan the flame, to blow the coals, to pour oil on the flames; **~ auf die Wogen gießen** (*od.* schütten) *fig.* to pour oil on the (troubled) waters; **~ auf die Lampe gießen** *fig. colloq.* to wet one's whistle (*colloq.*). – 2. (*Erdöl*) oil, petroleum, mineral oil: **auf ~ stoßen** to strike oil. – 3. (*Heizöl*) fuel oil. – 4. *gastr.* oil: **pflanzliches** [**tierisches**] **~** vegetable [animal] oil; **mit ~ kochen** to cook with oil; **Salat mit Essig und ~ anmachen** to dress salad with vinegar and oil. – 5. (*art*) oil(s *pl*): **in ~ malen** to paint in oils (*od.* in colo[u]rs). – 6. *relig.* **geweihtes ~** consecrated oil, (*Salböl*) chrism, unction; **mit ~ salben** to anoint (with oil). — **~,ab,dich·tungs,ring** *m tech.* oil retainer. — **~,ab,laß** *m* 1. oil drain. – 2. (*Ablaßöffnung*) oil outlet. — **~,ab,laß,schrau·be** *f* oil drain plug. — **~,ab,schei·der** *m* oil separator (*od.* trap). — **~,ab,schreckung** (*getr.* -k·k-) *f* oil hardening (*od.* quenching). — **~,ab,streif,ring** *m auto.* oil scraper ring.

ola·la [ola'laː] *interj* wow! whew! (*beide colloq.*).

'Öl|alarm [-ˀa‚larm] m oil alarm. — **~‚an-las·ser** m tech. oil(-immersed) starter. — **~‚an‚strich** m (paints) (coat of) oil paint: erster ~ first coat, oil primer; letzter ~ flat coat of oil paint. — **ö~‚ar·tig** adj oily, oleaginous. — **~‚aus-‚biß** m oil outcrop. — **~‚bad** n metall. oil bath. — **~‚bad‚schmie·rung** f tech. oil-bath lubrication. — **~‚baum** m bot. olive (tree) (Olea europaea): Wilder ~ wild olive, oleaster (scient.) (Olea europaea var. ole-aster). — **ö~‚häl·ter** m oil container (od. tank, reservoir). – **2.** tech. a) (Ölkanne) oil-can, b) (einer Maschine) oil tank (od. reservoir), c) (in Hydraulik) hydraulic fluid reservoir. — **~‚berg, der** Bibl. the Mount of Olives. — **~‚bild** n cf. Ölgemälde. — **~‚boh·rung** f (mining) oil drilling. — **~-‚bren·ner** m tech. oil burner. — **ö~‚dicht** adj oiltight, oilproof. — **~‚dich·tungs‚filz** m oil seal felt.

'Öl‚druck¹ m ⟨-(e)s; no pl⟩ tech. auto. oil pressure.

'Öl‚druck² m ⟨-(e)s; -e⟩ print. **1.** (Bild) oleograph, chromo(lithograph). – **2.** cf. Öl-druckverfahren.

'Öl‚druck|‚an‚zei·ger m oil-pressure ga(u)ge. — **~‚brem·se** f auto. (oil-)hydrau-lic brake. — **~‚lei·tung** f (in Hydraulik) oil-pressure pipe. — **~‚mes·ser** m cf. Öl-druckanzeiger. — **~‚pum·pe** f oil (od. hydraulic) pump. — **~‚schal·ter** m oil--pressure switch. — **~‚schmie·rung** f oil--pressure lubrication. — **~‚stoß‚dämp·fer** m auto. hydraulic shock absorber. — **~-ver‚fah·ren** n print. oleography, chromo-lithography, lithochrom(at)ics pl (construed as sg).

Old·ti·mer ['ould‚taımə] (Engl.) m ⟨-s; -⟩ colloq. humor. **1.** (sport) old-timer. – **2.** automobile (od. plane) of the early days.

Ole·an·der [ole'andər] m ⟨-s; -⟩ bot. olean-der, rosebay, rose laurel, nerium (scient.) (Nerium oleander). — **~‚schwär·mer** m zo. oleander hawkmoth (Daphnis nerii).

Olea·ster [ole'astər] m ⟨-s; -⟩ bot. **1.** ole-aster, wild olive (Olea europaea var. ole-aster). – **2.** cf. Ölweide.

Ole·at [ole'aːt] n ⟨-(e)s; -e⟩ chem. (Salz der Ölsäure) oleate.

Ole·fin [ole'fiːn] n ⟨-s; -e⟩ chem. olefin, auch olefine, alkene.

Ole·in [ole'iːn] n ⟨-s; -e⟩ chem. olein, auch oleine.

'Öl‚ein‚füll|‚schrau·be f tech. oil-filler plug. — **~‚stut·zen** m oil-filler neck.

'Öl‚em‚bar·go n econ. oil embargo.

ölen ['øːlən] I v/t ⟨h⟩ **1.** oil: sich (dat) die Haut ~ to oil one's skin. – **2.** (schmieren) oil, lubricate. – **3.** relig. (salben) anoint (s.o.) with oil. – II Ö~ n ⟨-s; -e⟩ **4.** verbal noun. – **5.** cf. Ölung.

'Öler m ⟨-s; -⟩ tech. oiler, lubricator.

Ole·um ['oːleum] n ⟨-s; -lea [-a]⟩ **1.** pharm. cf. Öl 1. – **2.** chem. fuming sulfuric (bes. Br. -ph-) acid.

ol·fak·to·risch [əlfak'toːrıʃ] adj med. olfac-tory. — **Ol·fak'to·ri·us** [-rius] m ⟨-; no pl⟩ (Riechnerv) olfactory nerve.

'Öl|‚fän·ger m tech. oil collector (od. tray). — **~‚fang‚ring** m auto. oil-retainer ring. — **~‚far·be** f **1.** (paints) oil paint, Br. oil--paint. – **2.** (art) oil color, Br. oil-colour: mit ~n malen to paint in oil(s) (od. in oil-colo[u]rs). — **~‚far·ben‚druck** m ⟨-(e)s; no pl⟩ print. cf. Öldruckverfahren. — **~‚feld** n meist pl oil field. — **~‚fern‚ther-mo‚me·ter** n auto. oil temperature ga(u)ge. — **~‚feue·rung** f tech. **1.** oil firing. – **2.** oil (-fired) furnace. — **~‚film** m **1.** oil film. – **2.** (Schmiermittelschicht) layer of oil, oil layer. — **~‚fil·ter** n, m oil filter (od. strainer). — **~‚fisch** m zo. oilfish, escolar (Ruvettus pretiosus). — **~‚fläsch·chen** n **1.** (am Tisch) oil cruet. – **2.** relig. holy vial. — **~‚fleck, ~‚flecken** (getr. -k·k-) m **1.** oil stain. – **2.** (auf dem Wasser) (oil) slick. — **~‚frucht** f bot. **1.** oil-producing (od. oleag-inous) fruit (od. plant). – **2.** olive. — **ö~-‚füh·rend** adj geol. oil-bearing. — **~‚fund** m oil find. — **ö~‚fün·dig** adj die Bohrung ist ~ the drilling has struck oil (od. has been successful). — **ö~‚gas** n oil gas. — **ö~-ge‚här·tet** adj metall. oil-hardened. — **ö~‚ge‚heizt** adj oil-heated. — **ö~‚ge‚kühlt** adj oil-cooled. — **~‚ge‚mäl·de** n (art) oil painting, Br. oil-painting, picture in oil, canvas, oil (colloq.). — **~‚ge‚sell·schaft** f econ. petroleum (od. oil) company. — **ö~-**

ge‚tränkt adj oil-impregnated, oiled, oil--soaked. — **~‚ge‚trie·be** n tech. oil hydrau-lic transmission. — **~‚ge‚win·nung** f **1.** (von Erdöl) oil production. – **2.** (aus Samen etc) oil extraction. — **~‚göt·ze** m only in wie ein ~ dastehen colloq. to stand there like a stuffed dummy. — **~‚hahn** m oil tap: j-m den ~ zudrehen a) to turn off the oil tap, b) fig. to turn off the oil tap, to starve (s.o.) of oil (for political reasons). — **ö~‚hal·tig** adj **1.** containing oil, oily. – **2.** geol. oil-bearing. – **3.** bot. oily, oleifer-ous, oleaginous: ~er Same oilseed. — **~‚han·del** m econ. oil trade. — **~‚händ·ler** m **1.** oil merchant. – **2.** (im Einzelhandel) oilman. — **ö~‚här·tung** f **1.** metall. oil hardening. – **2.** chem. hydrogenation. — **~‚här·tungs‚stahl** m oil-hardening steel. — **~‚hei·zung** f tech. oil heating. — **ö~-‚höf·ig** [-‚hœfıç] adj (mining) promising rich oil deposits.

Oli·ba·num [o'liːbanum] n ⟨-s; no pl⟩ (Gummiharz, Weihrauch) olibanum.

'ölig adj **1.** oily. – **2.** (schmierig) oleaginous, greasy, unctuous. – **3.** gastr. (Wein) oily, silky. – **4.** fig. (salbungsvoll) oily, unctuous, smooth in manner (od. speech).

Olig·arch [oli'garç] m ⟨-en; -en⟩ oligarch. — **Olig·ar'chie** [-'çiː] f ⟨-; -n [-ən]⟩ oli-garchy. — **olig·ar·chisch** adj oligarchic, oligarchical, oligarchal.

Oli·go·chä·ten [oligo'çɛːtən] pl zo. oligo-ch(a)eta (Ordng Oligochaeta).

oli·go·phag [oligo'faːk] adj zo. oligoph-agous.

Oli·go·phre·nie [oligofre'niː] f ⟨-; no pl⟩ med. mental defect, oligophrenia (scient.).

Oli·go·pol [oligo'poːl] n ⟨-s; -e⟩ econ. oligopoly.

oli·go·troph [oligo'troːf] adj agr. (nährstoff-arm) oligotrophic.

Oli·go·zän [oligo'tsɛːn] geol. I n ⟨-s; no pl⟩ Oligocene. – II o~ adj Oligocene.

Olig·urie [oligu'riː] f ⟨-; no pl⟩ med. (Harn-mangel) oliguria.

Olim ['oːlım] only in zu [seit] ~s Zeiten humor. in [since] the olden days, in [since] the days of yore, in [since] the year dot (bes. Am. one) (colloq.). [industry.]

'Öl-in·du‚strie f econ. oil (od. petroleum)

Olin·go [o'lıŋgo] m ⟨-s; -s⟩ zo. cf. Schlank-bär.

oliv [o'liːf] I adj cf. olivenfarbig: ein ~ (od. colloq. ~es) Kleid an olive-colo(u)red dress. – II O~ n ⟨-s; -, colloq. -s⟩ cf. Olivenfarbe.

Oli·ve [o'liːvə] f ⟨-; -n⟩ **1.** bot. a) (Frucht) olive, b) cf. Ölbaum. – **2.** med. (des Ge-hirns) olivary body, olive, oliva. – **3.** zo. olive (shell), oliva (scient.) (Gattg Oliva).

Oli·ven|‚baum [o'liːvən-] m bot. cf. Öl-baum. — **~‚ern·te** f olive harvest (od. season). — **~‚far·be** f olive color (bes. Br. colour). — **o~‚far·ben, o~‚far·big** adj olive-colored (bes. Br. -coloured), olive--green (od. -drab), olive, olivaceous. — **o~-‚för·mig** adj **1.** olive-shaped, olivary, oliv-iform. – **2.** med. olivary, olive-shaped. — **~‚hain** m olive grove. — **~‚holz** n olive wood. — **~‚kern** m olive kernel. — **~‚laus** f zo. olive white fly (Aleurolobus olivinus). — **~‚öl** n gastr. olive oil, sweet oil, Prov-ence (od. Florence) oil: ~ erster Sorte virgin oil, oil of the first pressing. — **~-‚pflan·zung** f olive plantation.

oliv‚grün [o'liːf-] adj olive (-green od. -drab), olivaceous: ~es Uniformtuch olive drab.

Oli·vin [oli'viːn] m ⟨-s; -e⟩ min. olivine, chrysolite, peridot.

'Öl|‚ka·bel n electr. oil-filled cable. — **~‚kä-fer** m zo. oil beetle (Gattg Meloe): Gemei-ner ~ buttercup oil beetle (M. angusticol-lis). — **~‚ka‚ni·ster** m oil can. — **~‚känn-chen** n bench (od. hand) oiler. — **~‚kan·ne** f **1.** oiler, bench oiler, hand oiler. – **2.** (Vorratskanne) oilcan. — **~‚koh·le** f oil coal, stellarite. — **~‚kon‚den‚sa·tor** m electr. oil capacitor. — **~‚kri·se** f oil crisis. — **~‚ku·chen** m tech. (auch als Viehfutter) oil (od. linseed, rape) cake. — **~‚küh·ler** m tech. oil cooler. — **~‚la·che** f (auf Flüssen etc) oil slick. — **~‚lack** m oil varnish. — **~‚lam·pe** f oil lamp.

Ol·le¹ ['ɔlə] m ⟨-n; -n⟩ Northern G. colloq. **1.** (Vater) 'governor' (colloq.). – **2.** (Ehe-mann) (the) old man (colloq.).

'Ol·le² f ⟨-n; -n⟩ Northern G. colloq. **1.** (Mutter) mother. – **2.** (Ehefrau) missus, (the) old woman (beide colloq.).

'Öl|‚le·der n tech. chamois, chammy, sham-my, shamoy, shamoy. — **~‚lein** m bot. linseed flax. — **~‚lei·tung** f tech. **1.** (über Land) oil pipeline, oil line. – **2.** oil pipe (od. duct). — **~‚lie·fe·rung** f econ. oil supply.

Olm [ɔlm] m ⟨-(e)s; -e⟩ zo. proteus, olm (Proteus anguinus).

'Öl|‚ma·le‚rei f oil painting, Br. oil-paint-ing, painting in oil(s). — **~‚meß‚stab** m auto. oil level dipstick, oil dipper (rod). — **~mo‚rin·gie** [-mo‚rıŋgɪə] f ⟨-; -n⟩ bot. ben, horseradish tree (Moringa oleifera). — **~‚müh·le** f tech. oil mill. — **~‚ne·bel** m oil mist. — **~‚ne·bel‚schmie·rung** f oil-mist lubrication. — **~‚nuß** f bot. **1.** oil nut. – **2.** buffalo nut (Pyrularia oleifera). – **3.** castor-oil nut (Ricinus communis). — **~‚nuß‚baum** m bot. Ölmoringie. — **~‚ofen** m **1.** tech. oil-fired furnace. – **2.** (im Haushalt) oil stove. — **~‚pal·me** f bot. oil palm (od. tree), palm oil tree (Elaeis guineensis). — **~‚pal·men‚hörn·chen** n zo. cry squirrel (Protoxerus stangeri). — **~‚pa‚pier** n (Packpapier) oiled paper, oil-paper. — **~‚pe·gel** m auto. oil level. — **~‚pest** f mar. oil pollution. — **~‚pflan·ze** f bot. oil plant, benne (Sesamum indicum): **~n** pl oleiferous plants. — **~‚pres·se** f tech. oil press. — **~‚pum·pe** f oil (circu-lation) pump, (in Hydraulik) hydraulic pump. — **~‚quel·le** f **1.** oil well. – **2.** (reich-lich fließende) gusher. – **3.** (nicht unter Kontrolle gebrachte) spouter. — **~‚raf·fi-ne‚rie** f oil refinery. — **~‚ring** m tech. oil ring. — **~‚ring‚schmie·rung** f oil ring lubrication. — **~‚rück‚stand** m oil residue. — **~‚saa·ten** pl agr. oil (od. oleiferous) seeds, oil-bearing seeds. — **~‚sa·me(n)** m oilseed, Br. oil-seed, linseed, rapeseed, Br. rape-seed. — **~‚sar‚di·ne** f gastr. sardine in oil. — **~‚saug‚pum·pe** f auto. scavenger pump. — **~‚säu·re** f chem. oleic acid ($CH_3(CH_2)_7CH=CH(CH_2)_7COOH$): tech-nische ~ impure oleic acid, red oil. — **~-‚schal·ter** m tech. oil switch, oil circuit--breaker, oil-break switch. — **~‚scheich** m oil sheik(h). — **~‚schicht** f tech. cf. Ölfilm. — **~‚schie·fer** m geol. oil shale. — **~‚schlä·ger** m tech. oil-presser. — **~-‚schmier‚pum·pe** f lubricating oil pump. — **~‚schmie·rung** f oil lubrication. — **~-‚schrau·be** f oil plug. — **~‚sei·fe** f **1.** oil (od. yellow) soap. – **2.** Castile (od. castile) (soap), olive-oil castile soap. — **~‚sieb** n tech. oil strainer. — **~‚sper·re** f econ. oil embargo. — **~‚spritz‚kan·ne** f force-feed oiler, squirt oiler. — **~‚stab** m cf. Ölmeß-stab. — **~‚stand** m oil level. — **~‚stand-‚an‚zei·ger** m oil level ga(u)ge, oil sight ga(u)ge. — **~‚stel·le** f oiling point. — **~‚stoß‚dämp·fer** m hydraulic shock ab-sorber. — **~‚süß** n ⟨-es; no pl⟩ chem. obs. for Glyzerin. — **~‚tank** m oil tank. — **~-‚tan·ker** m mar. (oil) tanker, oiler. — **~‚tuch** n oilcloth. — **~‚um‚lauf** m oil circulation. — **~‚um‚lauf‚schmie·rung** f circulation oiling, oil-circulating lubrication.

'Ölung f ⟨-; -en⟩ **1.** cf. Ölen. – **2.** (Schmie-rung) oiling, lubrication. – **3.** röm.kath. anointment, unction: die Letzte ~ the Ex-treme Unction; er empfing die Letzte ~ he received the last sacrament; dem Ster-benden die Letzte ~ erteilen to administer the last sacrament to a dying person. – **4.** hist. (Salbung) anointment.

'Öl‚ver‚brauch m oil consumption: der Wagen hat einen großen ~ the car has a high oil consumption, the car consumes (od. uses) a great deal of oil. — **~‚vor-‚kom·men** n (mining) oil reserves pl (od. resources pl). – **2.** cf. Ölfeld. — **~‚wan·ne** f tech. (einer Maschine) oil sump (od. trough, pan). — **~‚wech·sel** m auto. oil change: den ~ machen lassen to have an oil change done (od. carried out), to have the oil changed. — **~‚wei·de** f bot. oleaster (Gattg Elaeagnus): Schmalblättrige ~ oleaster (E. angustifolia); Silberbeerige ~ silverberry (E. argentea).

Olymp [o'lʏmp] I npr m ⟨-s; no pl⟩ geogr. myth. Olympus. – II m ⟨-s; no pl⟩ (theater) colloq. humor. (the) Gods pl, Am. sl. Ethi-opian paradise, nigger heaven: der Beifall des ~s applause from the (upper) gallery.

Olym·pia·de [olʏm'pɪaːdə] f ⟨-; -n⟩ **1.** Olympiad. – **2.** (die Olympischen Spiele) Olympic Games pl, Olympics pl, Olympiad. – **3.** fig. (Wettbewerb) competition.

Olym·pia|‚fahr‚kar·te [o'lʏmpia-] f (sport)

colloq. permission to participate in the Olympic Games. — **~mann·schaft** *f* Olympic team. — **~me,dail·le** *f* Olympic medal. — **~norm** *f* Olympic qualifying standard. — **~qua·li·fi·ka·ti,on** *f* qualification for the Olympic Games. — **~sieg** *m* Olympic victory. — **~sie·ger** *m* Olympic champion. — **~sta·di·on** *n* Olympic stadium. — **~teil,neh·mer** *m* Olympic competitor.

Olym·pi·er [o'lympiər] *m* ⟨-s; -⟩ 1. *myth.* Olympian. - 2. *fig.* (*hervorragende Persönlichkeit*) Olympian: Goethe, der ~ Goethe, the Olympian.

Olym·pio·ni·ke [olympio'ni:kə] *m* ⟨-n; -n⟩, **Olym·pio'ni·kin** *f* ⟨-; -nen⟩ (*sport*) 1. Olympic champion. - 2. Olympic competitor.

olym·pisch [o'lympiʃ] *adj* 1. Olympian: die ~en Götter *myth.* the Olympian gods. - 2. (*sport*) Olympic: die O~en Spiele a) the Olympic Games, the Olympics, b) *antiq.* the Olympian (*od.* Olympic) Games; ~en Lorbeer erringen to win Olympic laurels; ~es Dorf [Feuer, Gelöbnis, Komitee] Olympic village [flame, oath, Committee]. - 3. *fig.* (*erhaben, majestätisch*) Olympian: ~e Ruhe Olympian composure.

'Öl|,zeug *n mar.* oilskin (*pl*), oil clothes *pl.* — **~,zu,fuhr, ~,zu,füh·rung** *f tech.* oil feed. — **~,zweig** *m bot.* olive branch.

Oma ['o:ma] *f* ⟨-; -s⟩ 1. granny, grannie, grandma (*alle colloq.*), grandmother. - 2. *colloq. humor.* (*ältere Frau*) granny, grannie (*beide colloq.*) — **'Oma·ma** [-ma] *f* ⟨-; -s⟩ *cf.* Oma 1.

Om·bro·graph [ombro'gra:f] *m* ⟨-en; -en⟩ *meteor.* (*Regenmesser*) ombrograph.

'Om·buds,mann ['ombuts-] *m pol.* ombudsman.

Ome·ga ['o:mega] *n* ⟨-(s); -s⟩ omega (*24th letter of the Greek alphabet*): → Alpha 1.

Ome·lett [əm(ə)'lɛt] *n* ⟨-(e)s; -e *u.* -s⟩, **Ome'let·te** *f* ⟨-; -n⟩ *gastr.* omelet(te): süßes Omelett, süße Omelette sweet omelet(te), French pancake.

Omen ['o:mən] *n* ⟨-s; - *u.* Omina [-mina]⟩ (*Vorzeichen, Vorbedeutung*) omen, augury, foretoken, presage, portent, prognostic, foreboding: ein gutes [schlechtes] ~ a good [bad] omen; ein gutes [schlechtes] ~ sein (für) to augur well [ill] (for); das ist ein gutes ~ für unseren Plan that's a good omen for our plan; nomen est omen nomen est omen, the name says everything.

Omi ['o:mi] *f* ⟨-; -s⟩ *colloq.* for Oma 1.

Omi·kron ['o:mikrən] *n* ⟨-s; -s⟩ omicron (*15th letter of the Greek alphabet*).

omi·nös ['o:mi'nø:s] *adj* 1. (*unheilvoll*) ominous, presageful, foreboding, portentous, fateful. - 2. (*bedenklich, verdächtig*) suspicious. - 3. (*anrüchig*) shady.

Om·ni·bus ['ɔmnibus] *m* ⟨-ses; -se⟩ (omni)bus, motor bus (*od.* coach): ~ mit elektrischer Oberleitung *cf.* Obus; den ~ erreichen to catch the bus; mit dem ~ fahren to go by bus, to take a bus, to ride on a bus. — **~,bahn,hof** *m* 1. bus station (*Am. auch* depot). - 2. (*großer*) bus terminal (*bes. Br.* terminus). — **~,fah·rer** *m* bus driver, busman. — **~,fahrt** *f* 1. (*vom Fahrer aus gesehen*) bus drive. - 2. (*Reise*) bus ride, journey by bus. — **~,hal·te,stel·le** *f* bus stop. — **~,li·nie** *f* bus line. — **~,schaff·ner** *m* bus conductor. — **~ver,bin·dung** *f* bus connection (*Br. auch* connexion). — **~ver,kehr** *m* bus service.

om·ni·la·te·ral [ɔmnilate'ra:l] *adj econ.* omnilateral.

om·ni·po·tent [ɔmnipo'tɛnt] *adj rare for* allmächtig. — **Om·ni·po'tenz** [-'tɛnts] *f* ⟨-; no pl⟩ *rare for* Allmacht.

Om·ni·um ['ɔmnium] *n* ⟨-s; -nien⟩ 1. *econ.* omnium (*aggregate value of different stocks in public funds*). - 2. (*sport*) (*beim Radrennen*) track competition consisting of several events. — **~ver,si·che·rung** *f econ.* omnium (*od.* combined) insurance.

Om·ni·vo·re [ɔmni'vo:rə] *m* ⟨-n; -n⟩ *meist pl zo. cf.* Allesfresser.

Om·pha·li·tis [ɔmfa'li:tɪs] *f* ⟨-; -tiden [-li'ti:dən]⟩ *med.* (*Nabelentzündung*) omphalitis.

Ona·ger ['o:nagər] *m* ⟨-s; -⟩ *zo.* onager (*Equus hemionus onager*).

Ona·nie [ona'ni:] *f* ⟨-; no pl⟩ *med. psych.* masturbation, onanism, self-abuse. — **ona'nie·ren** [-rən] *v/i* ⟨*no* ge-, h⟩ masturbate. — **Ona'nist** [-'nɪst] *m* ⟨-en; -en⟩ masturbator, onanist.

Ön·anth,säu·re [ø'nant-] *f chem.* (o)enanthic (*od.* heptanoic) acid ($CH_3(CH_2)_5COOH$).

On·dit [õ'di:] *n* ⟨-; -s⟩ on-dit, rumor, *bes. Br.* rumour: einem ~ zufolge according to a rumo(u)r.

On·du·la·ti·on [ɔndula'tsǐo:n] *f* ⟨-; -en⟩ 1. *cf.* Ondulieren. - 2. (*onduliertes Haar*) marcel (wave). - 3. *mus. cf.* Tremolieren. — **on·du'lie·ren** [-'li:rən] I *v/t* ⟨*no* ge-, h⟩ wave, marcel. – II *v/i mus. cf.* tremolieren. - III O~ *n* ⟨-s⟩ *verbal noun.* — **On·du'lie·rung** *f* ⟨-; -en⟩ 1. *cf.* Ondulieren. - 2. marcel (wave).

One-step ['wʌnstɛp] (*Engl.*) *m* ⟨-s; -s⟩ (*Gesellschaftstanz*) one-step.

On·kel¹ ['ɔŋkəl] *m* ⟨-s; -⟩ 1. uncle: angeheirateter ~ uncle by marriage, uncle-in-law; Rat eines ~s an uncle's (*od.* avuncular) advice. - 2. (*children's language*) (*bekannter Erwachsener*) uncle.

'On·kel² *m only in* über den großen ~ gehen (*od.* laufen) *fig. colloq.* to walk pigeon-toed (*colloq.*).

'On·kel|,ehe *f colloq. for* Rentenkonkubinat. — **o~haft** *adj* 1. avuncular, like an uncle. - 2. *meist iron.* (*gönnerhaft*) patronizing *Br. auch* -s-.

'On·kel Sam [zam; zɛm; sæm] (*Engl.*) *m humor.* (*für USA*) Uncle Sam.

On·ko·lo·gie [ɔŋkolo'gi:] *f* ⟨-; no pl⟩ *med.* (*Geschwulstlehre*) oncology.

Öno·lo·gie [ønolo'gi:] *f* ⟨-; no pl⟩ (*Wein[bau]kunde*) (o)enology. — **öno'lo·gisch** [-'lo:gɪʃ] *adj* (o)enological.

Ono·ma·sio·lo·gie [onomazǐolo'gi:] *f* ⟨-; no pl⟩ *ling.* (*Bezeichnungslehre*) onomasiology.

Ono·ma·stik [ono'mastɪk] *f* ⟨-; no pl⟩ *ling.* (*Namenkunde*) onomatology, onomastics *pl* (*usually construed as sg*).

Ono·ma·to·lo·gie [onomatolo'gi:] *f* ⟨-; no pl⟩ *ling. cf.* Onomastik.

ono·ma·to·poe·tisch [onomatopo'e:tɪʃ] *adj ling. cf.* lautmalend.

Ono·ma·to·pö·ie [-pø'i:] *f* ⟨-; -n [-ən]⟩ *ling. cf.* Lautmalerei.

Öno·me·ter [øno'me:tər] *n* ⟨-s; -⟩ (*Weinalkoholmesser*) oenometer.

on·tisch ['ɔntɪʃ] *adj philos.* (*dem Sein nach*) ontic, *auch* ontal (*with regard to being*).

On·to·ge·ne·se [ɔntoge'ne:zə] *f* ⟨-; no pl⟩ *biol.* ontogeny, ontogenesis. — **on·to·ge'ne·tisch** [-tɪʃ] *adj biol.* ontogenetic, ontogenic. — **On·to·ge'nie** [-'ni:] *f* ⟨-; no pl⟩ *cf.* Ontogenese.

On·to·lo·ge [ɔnto'lo:gə] *m* ⟨-n; -n⟩ *philos.* ontologist. — **On·to·lo'gie** [-lo'gi:] *f* ⟨-; no pl⟩ ontology. — **on·to'lo·gisch** *adj* ontological: ~er Gottesbeweis ontological argument.

Onyx ['o:nyks] *m* ⟨-(es); -e⟩ *min.* onyx.

Oo·ge·ne·se [ooge'ne:zə] *f biol.* oogenesis.

Oo·zyt [oo'tsy:t] *m* ⟨-en; -en⟩ *biol.* oocyte.

Opa ['o:pa] *m* ⟨-s; -s⟩ 1. grandpa, gran(d)dad, granddaddy, *auch* grandaddy (*alle colloq.*), grandfather. - 2. *colloq. humor.* (*älterer Mann*) grandpa, gran(d)dad (*beide colloq.*).

opak [o'pa:k] *adj* (*Glas*) opaque.

Opal [o'pa:l] *m* ⟨-s; -e⟩ *min.* opal. — **~blau** *n* opal blue.

Opa·les·zenz [opalɛs'tsɛnts] *f* ⟨-; no pl⟩ opalescence. — **opa·les'zie·ren** [-'tsi:rən] *v/i* ⟨*no* ge-, h⟩ *u.* opalisieren.

Opal·glas [o'pa:l-] *n* (*optics*) opal (*od.* frosted, light-diffusing) glass.

opa·li·sie·ren [opali'zi:rən] I *v/i* ⟨*no* ge-, h⟩ 1. (*Glas*) opalize, opalesce. – II O~ *n* ⟨-s⟩ 2. *verbal noun.* - 3. opalescence. — **opa·li'sie·rend I** *pres p.* – **II** *adj* opalescent, opalesque, cymophanous.

Opa·pa ['o:papa] *m* ⟨-s; -s⟩ *colloq. for* Opa 1.

Opa·zi·tät [opatsi'tɛ:t] *f* ⟨-; no pl⟩ (*optics*) opacity.

Oper ['o:pər] *f* ⟨-; -n⟩ 1. (*Musikwerk*) opera: dramatische ~ dramatic opera; große ~ grand opera; komische ~ comic opera; heute wird eine ~ gegeben (*od.* gespielt) an opera will be performed (*od.* is on) today. - 2. (*Vorstellung*) opera (performance): in die ~ gehen to go to the opera. - 3. (*Gebäude*) opera (house): zur ~ gehen *fig. colloq.* to become an opera singer.

'Ope·ra *f* ⟨-; -re [-re]⟩ *mus.* 1. opera. - 2. (*house*).

ope·ra·bel [ope'ra:bəl] *adj med.* operable.

'Ope·ra|'buf·fa ['bufa] *f* ⟨- -; -re -fe [-fe]⟩ opera buffa, comic opera. — **~ 'se·ria** ['ze:ria] *f* ⟨- -; -re -rie [-riə]⟩ opera seria, serious (*od.* tragic) opera.

Ope·ra·teur [opera'tø:r] *m* ⟨-s; -e⟩ 1. *med.* operating surgeon. - 2. *obs.* projectionist.

Ope·ra·ti·on [opera'tsǐo:n] *f* ⟨-; -en⟩ 1. *med.* operation: eine größere ~ a major operation; ~ eines Patienten (*od.* bei einem Patienten) operation on a patient; kosmetische ~ cosmetic operation; sich einer ~ unterziehen to undergo (*od.* submit to) an operation, to undergo surgery, to go under the knife (*colloq.*); eine schwierige [harmlose] ~ vornehmen to perform (*od.* carry out) a difficult [simple] operation. - 2. *mil.* (*auch Deckname*) operation: die ~en einer Division [eines Flottenverbandes] the operations of a division [of a fleet]; ~ verbundener Waffen combined arms operation; ~ Tiger Operation Tiger. - 3. *math.* operation: eine ~ erster [zweiter] Stufe an operation of the first [second] order; die ~ auf eine Funktion anwenden to apply the operation to a function. - 4. *fig.* (*Arbeitsvorgang*) operation: das wird eine schwierige ~ sein that will be a difficult thing to do.

Ope·ra·ti·ons|as·si·stent *m med.* assistant surgeon. — **~ba·sis** *f mil.* base of operations, base. — **~be,fund** *m* operation report. — **~be,steck** *n* surgical kit. — **~,fä·hig** *adj cf.* operierbar. — **~feld** *n* 1. *mil. cf.* Operationsgebiet. - 2. *med.* operative field, operating area. — **~ge,biet** *n mil.* area (*od.* zone) of operation(s), theater (*bes. Br.* theatre) of operations, front. — **~,hand,schuh** *m meist pl med.* surgical glove. — **~,kit·tel** *m* sterile gown, operating-room gown. — **~,ko·sten** *pl* operation charges (*od.* costs). — **~,mas·ke** *f med.* surgeon's face mask. — **~,mes·ser** *n* scalpel, (*zum Amputieren*) amputating knife. — **~,nar·be** *f* postoperative (*Br.* post-operative) scar. — **~,plan** *m mil.* operation(s) plan, plan of operations. — **~,saal** *m med.* a) operating room, b) (*mit Hörsaal*) operating theater (*bes. Br.* theatre). — **~,schür·ze** *f* surgeon's apron. — **~,schwe·ster** *f* surgical nurse (*bes. Br.* sister), *Am.* operating-room nurse. — **~,stuhl** *m* 1. operating chair. - 2. (*beim Zahnarzt*) dental operating chair. — **~,tisch** *m* operating table. — **~,ziel** *n mil.* objective, operational (*od.* tactical) objective.

ope·ra·tiv [opera'ti:f] I *adj* 1. *med.* operative, surgical: ~er Eingriff operation. - 2. *mil.* a) operational, b) (*strategisch*) strategic. – II *adv* 3. etwas ~ entfernen *med.* to remove s.th. surgically.

Ope·ra·tor [ope'ra:tər] *m* ⟨-s; -en [-ra'to:rən]⟩ *ling.* function word, operator.

Ope·ret·te [ope'rɛtə] *f* ⟨-; -n⟩ *mus.* operetta, operette, comic opera: die klassische ~ (the) classic(al) operetta.

ope'ret·ten|haft *adj* operettalike. — **O~,sän·ger** *m*, **O~,sän·ge·rin** *f* operetta singer. — **O~te,nor** *m* operetta tenor.

ope'rier·bar *adj med.* operable.

ope·rie·ren [ope'ri:rən] I *v/t* ⟨*no* ge-, h⟩ 1. j-n ~ to operate (*od.* perform an operation) on s.o. ich muß mich (am Fuß) lassen I have to be operated (on my foot), I have to undergo an operation (on my foot); der Star muß operiert werden the cataract must be operated on (*od.* be removed); er ist am Blinddarm operiert worden he had an appendectomy, he had his appendix removed; er operiert ihn selbst he operates on him himself. – II *v/i* 2. *mil.* operate: die Flotte operiert im Mittelmeer the fleet is operating in the Mediterranean (Sea). - 3. *fig.* (*handeln*) proceed: vorsichtig ~ to proceed carefully. - 4. *fig.* (*Gebrauch machen von*) (mit) operate (with), work (with), use (*acc*): gern mit Fremdwörtern [philosophischen Begriffen] ~ to be fond of using foreign words [philosophical terms].

'Opern|,arie *f mus.* operatic aria, aria from an opera. — **~,auf,füh·rung** *f* opera performance. — **~,ball** *m* opera ball. — **~,buch** *n cf.* Operntext. — **~,dich·ter** *m* libretto writer, librettist. — **~en,sem·ble** *n* opera ensemble. — **~,füh·rer** *m* opera guidebook. — **~,glas** *n*, **~,gucker** (*getr. -k·k-*) *m* opera glass(es *pl*), binoculars *pl* (*sometimes construed as sg*). — **o~haft** *adj* operalike, operatic. — **~｣haus** n opera (house). — **~kom･po｣nist** m opera composer, composer of operas. — **~mu｣sik** f opera (od. operatic) music. — **~sän･ger** m, **~sän･ge･rin** f opera (od. operatic) singer. — **~te｣nor** m operatic tenor. — **~｣text** m **1.** words pl (od. text) of an opera, libretto. – **2.** cf. Operntextbuch. — **~｣text｣buch** n (opera) libretto. — **~｣thea･ter** [-te｣a:tər] n opera (house). — **~über｣tra･gung** f (radio) opera broadcast, broadcast(ing) of an opera.

Op･fer ['ɔpfər] n ⟨-s; -⟩ **1.** relig. a) sacrifice, offering, oblation, b) (geopfertes Tier) victim, immolation (lit.): Gott ein ~ (dar)bringen to make an offering (od. a sacrifice) to God; ~ des Leibes Christi offering of the body of Jesus Christ. – **2.** fig. (Verzicht, Entbehrung) sacrifice: ich habe viele ~ an Geld [Zeit] dafür gebracht I have sacrificed a good deal of money [time] in the interest of this cause; er scheute kein ~ für sie he spared (od. shunned) no sacrifice for her, there was no sacrifice he wouldn't make for her; ich mußte so manches ~ auf mich nehmen, ich mußte mir manche ~ auferlegen I had to submit to (od. to undergo) many a sacrifice; unter schweren ~n at a great sacrifice, at a burdensome cost; das war ein vergebliches ~ that was a futile sacrifice (od. a wasted effort). – **3.** fig. victim, prey: er fiel einem Verbrechen zum ~ he fell a victim (od. a prey) to a crime; sie fiel einem Schwindler zum ~ she became the victim of a swindler; das Haus wurde ein ~ der Flammen the house was destroyed by fire; das Erdbeben forderte zahlreiche ~ the earthquake caused a high death toll (od. heavy casualties); er war das ~ eines Betrügers he was the dupe of an impostor; ein ~ der Wissenschaft sein to die a martyr to science. – **4.** (Beute eines Raubtiers) prey. – **5.** (Menschenopfer, Opfertier) (immolated) victim, sacrifice.

'Op･fer｣al｣tar m sacrificial altar. — **o~be｣reit** adj **1.** willing (od. ready) to make sacrifices. – **2.** devoted. — **~be｣reit･schaft** f willingness (od. readiness) to make sacrifices. — **~bräu･che** pl sacrificial rites. — **~｣büch･se** f **1.** alms box, collecting (od. offering) box. – **2.** (für Armenspenden) poor box. — **~flam･me** f sacrificial flame. — **o~freu･dig** adj eager to make sacrifices. — **~freu･dig･keit** f eagerness to make sacrifices. — **~ga･be** f offering, oblation. — **~gang** m **1.** relig. a) offertory, b) (der Gläubigen) (the) presentation of the offering. – **2.** fig. self-sacrifice. — **~ge｣fäß** n sacrificial vessel. — **~geld** n offertory, money offering. — **o~gru･be** f antiq. relig. sacrificial pit. — **~｣ka･sten** m cf. Opferstock. — **~｣lamm** n **1.** relig. a) sacrificial lamb, b) (Jesus Christus) (the) Lamb (of God). – **2.** fig. innocent victim. — **~｣mahl** n sacrificial feast (od. meal, repast). — **~｣mes･ser** n sacrificial knife. — **~mut** m spirit of sacrifice.

op･fern ['ɔpfərn] **I** v/t ⟨h⟩ **1.** relig. sacrifice, offer, (bes. Tier) immolate (lit.). – **2.** fig. (hingeben) sacrifice: seine Gesundheit ~ to sacrifice one's health; er hat seine ganze Zeit [sein ganzes Geld] dafür geopfert he spent (od. sacrificed) all his time [all his money] for it; sein Leben für die Freiheit ~ to sacrifice (od. lay down, give) one's life for (the sake of) freedom; er opferte sie unbarmherzig für seine Ziele he sacrificed her without mercy for his purposes; eine Figur ~ (games) to sacrifice a man. – **II** v/i **3.** sacrifice, offer, make a sacrifice. – **4.** j-m ~ lit. to make sacrifices (od. offerings) to s.o., to sacrifice to s.o.: (dem) Neptun ~ fig. humor. to make one's sacrifice to Neptune, to get (od. become) seasick. – **III** v/reflex sich ~ **5.** sacrifice (od. lit. immolate) oneself: er opferte sich für seine Familie he sacrificed himself for his family. – **IV** v/t. n ⟨-s⟩ **6.** verbal noun. – **7.** auch fig. sacrifice, immolation (lit.). – **8.** relig. (von Brot und Wein) offertory. — **'Op･fern･de** m, f ⟨-n; -n⟩ bes. relig. one who offers (od. sacrifices) s.th., offerer, auch offeror, sacrificator, immolator (lit.).

'Op･fer｣prie･ster m sacrificing priest, sacrificer, sacrificator. — **~｣scha･le** f **1.** offering cup. – **2.** basin (od. dish) for receiving the blood of the victim. – **3.** bes. antiq.

patera. — **~｣schau** f antiq. inspection of the entrails of sacrificial animals (for the purpose of making predictions). — **~｣stät･te** f place of sacrifice. — **~｣stein** m cf. Opferaltar. — **~｣stock** m offertory (od. poor) box. — **~｣tag** m Am. tag day, Br. flag day. — **~｣tier** n relig. victim, sacrificial animal, animal to be immolated (lit.). — **~｣tod** m **1.** relig. sacrificial (od. sacrificatory) death: ~ am Kreuze sacrifice (od. expiation) on the cross; den ~ sterben a) to die a sacrificial death, b) (von Christus) to die the expiatory death. – **2.** fig. sacrifice of one's life. — **~｣trank** m libation.

'Op･fe･rung f ⟨-; no pl⟩ cf. Opfern.
'Op･fer｣wein m sacramental wine. — **~｣wil･le** m cf. Opferbereitschaft. — **o~｣wil･lig** adj cf. opferbereit. — **~｣wil･lig･keit** f ⟨-; no pl⟩ cf. Opferbereitschaft.

Ophi･kal･zit [ofikal'tsi:t; -'tsɪt] m ⟨-s; -e⟩ geol. ophicalcite.
Ophi･klei･de [ofikle'i:də] f ⟨-; -n⟩ mus. ophicleide.
Ophio･la･trie [ofiola'tri:] f ⟨-; no pl⟩ relig. (Schlangenkult) ophiolatry.
Ophit[1] [o'fi:t] m ⟨-en; -en⟩ relig. (Schlangenanbeter) ophite.
Ophit[2] [o'fi:t; o'fɪt] m ⟨-s; -e⟩ min. ophite, serpentine stone.
Oph･thal･mie [ɔftal'mi:] f ⟨-; -n [-ən] med. (Augenentzündung) ophthalmia. — **Oph･thal･mo'lo･ge** [-mo'lo:gə] m ⟨-n; -n⟩ ophthalmologist. — **Oph･thal･mo'lo･gie** [-molo'gi:] f ⟨-; no pl⟩ ophthalmology. — **oph･thal･mo'lo･gisch** [-mo'lo:gɪʃ] adj ophthalmologic, auch ophthalmological. — **Oph･thal･mo'me･ter** [-mo'me:tər] n ⟨-s; -⟩ ophthalmometer. — **Oph･thal･mo'skop** [-mo'sko:p] n ⟨-(e)s; -e⟩ ophthalmoscope. — **Oph･thal･mo･sko'pie** [-mosko'pi:] f ⟨-; no pl⟩ ophthalmoscopy.

Opi･at [o'pi̯a:t] n ⟨-(e)s; -e⟩ med. pharm. opiate. — **opia･tisch** [o'pi̯a:tɪʃ] adj opiatic.
Opi･um [o:'pi̯ʊm] n ⟨-s; no pl⟩ **1.** med. pharm. opium, Am. sl. hop, dope (sl.): weißes ~ Egyptian opium. – **2.** fig. opiate: die Religion ist ~ für das Volk religion is opiate for the people. — **~｣es･sen** n opium eating; opiophagy, opiophagism (scient.). — **~｣es･ser** m opium eater. — **o~｣hal･tig** adj containing opium, opiate(d): ~es Mittel opiate. — **~｣han･del** m opium trade. — **~｣höh･le** f contempt. opium den. — **~｣krieg** m hist. Opium War (1840—42). — **~｣pfei･fe** f opium pipe. — **~｣prä･pa｣rat** n meist pl med. pharm. opiate. — **~｣rau･cher** m opium smoker. — **~｣rausch** m opium intoxication. — **~｣saft** m poppy juice. — **~｣sucht** f addiction to opium, opiumism, opiomania, opium habit. — **o~｣süch･tig** adj addicted to opium. — **~｣süch･ti･ge** m, f opium addict, opiomaniac. — **~｣tink｣tur** f med. pharm. tincture of opium, opium tincture, laudanum (scient.). — **~ver｣gif･tung** f med. opium poisoning.

Opo･del･dok [opo'dɛldɔk] m, n ⟨-s; no pl⟩ med. pharm. camphorated soap liniment.
Opos･sum [o'pɔsʊm] n ⟨-s; -s⟩ **1.** zo. (common) opossum, possum (colloq.) (Didelphys virginiana). – **2.** (Pelz) opossum (fur).
Op･po･nent [opo'nɛnt] m ⟨-en; -en⟩ **1.** (Gegner) opponent, adversary. – **2.** (bes. in Wortgefechten) opponent, opposer, objector. — **op･po'nie･ren** [-'ni:rən] v/i ⟨no ge-, h⟩ **1.** be in (od. offer) opposition, object. – **2.** (gegen) oppose (s.th., s.o.), resist (s.th., s.o.), offer opposition (od. resistance) (to), object (to).
op･por･tun [ɔpɔr'tu:n] adj ⟨-er; -st⟩ **1.** (passend, angebracht) opportune, suitable, expedient: ein Eingreifen schien uns zu diesem Zeitpunkt nicht ~ (zu sein) it did not seem to us to be opportune to become involved at this time. – **2.** (bequem) convenient. – **3.** (nützlich) useful. — **Op･por･tu'nis･mus** [-'nɪsmʊs] m ⟨-; no pl⟩ opportunism: j-m ~ vorwerfen to accuse s.o. of opportunism. — **Op･por･tu'nist** [-tu'nɪst] m ⟨-en; -en⟩ opportunist, timeserver, Br. time-server. — **op･por･tu'ni･stisch** adj opportunistic, timeserving, Br. time-serving. — **Op･por･tu･ni'tät** [-tuni'tɛ:t] f ⟨-; -en⟩ opportunity, expedience, expediency.
Op･po･si･ti･on [ɔpozi'tsi̯o:n] f ⟨-; -en⟩ **1.** (Gegensatz, Widerstand) opposition, resistance: in ~ stehen (zu) to be in opposition (to); in ~ treten to go into opposition; ~ gegen j-n [etwas] machen (od.

treiben) to oppose s.o. [s.th.] actively. – **2.** pol. opposition (party): in die ~ gehen to go into opposition. – **3.** astr. (zu to) opposition. – **4.** (beim Schach) opposition. — **op･po･si･tio'nell** [-tsi̯o'nɛl] adj **1.** (gegensätzlich) opposing, oppositional. – **2.** (gegnerisch) oppositional, adversary. – **3.** (zum Widerspruch neigend) contradictory, contradictious. – **4.** pol. oppositional. **Op･po･si･ti･ons｣füh･rer** m pol. opposition leader, leader of the opposition. — **~｣geist** m ⟨-(e)s; no pl⟩ **1.** spirit of contradiction. – **2.** sociol. mentality of dissent. — **~par｣tei** f pol. opposition (party).
Op･pres･si･on [ɔprɛ'si̯o:n] f ⟨-; -en⟩ **1.** obs. for Unterdrückung. – **2.** med. (Bedrückung) oppression.
Op･so･ni･ne [ɔpso'ni:nə] pl med. (bakterienschädigende Stoffe im Blutserum) opsonines.
Op･tant [ɔp'tant] m ⟨-en; -en⟩ pol. optant.
Op･ta･tiv ['ɔptati:f; -'ti:f] ling. **I** m ⟨-s; -e⟩ optative (mood). – **II** adj optative.
op･tie･ren [ɔp'ti:rən] **I** v/i ⟨no ge-, h⟩ pol. (für) opt (for), decide (for), choose (acc). – **II** O~ n ⟨-s⟩ verbal noun. — **Op'tie･rung** f ⟨-; -en⟩ **1.** cf. Optieren. – **2.** cf. Option.
Op･tik ['ɔptɪk] f ⟨-; rare -en⟩ **1.** ⟨only sg⟩ (Lehre) optics pl (usually construed as sg). – **2.** (optisches System) optics pl, optical system: die ~ eines Photoapparates the optics pl of a camera. – **3.** ⟨only sg⟩ fig. (optischer Eindruck) optical effect: der besseren ~ halber for a better optical effect.
'Op･ti･ker [-tikər] m ⟨-s; -⟩ optician.
op･ti･ma fi･de ['ɔptima 'fi:de] adv (im besten Glauben) in best faith.
'op･ti･ma 'for･ma ['fɔrma] adv (in bester Form) in the best possible form.
op･ti･mal [ɔpti'ma:l] **I** adj **1.** optimum (attrib), optimal, best, highest (od. best) possible: unter ~en Voraussetzungen under optimum conditions. – **2.** (computer) (Programm) optimally coded. – **II** adv **3.** ~ gerechnet calculated in the best possible way. — **O~kost** f med. optimal diet. — **O~leistung** f tech. **1.** (einer Maschine) optimum capacity. – **2.** (eines Motors) optimum power output.
Op･ti･mat [ɔpti'ma:t] m ⟨-en; -en⟩ antiq. optimate.
op･ti･mie･ren [ɔpti'mi:rən] (computer) **I** v/t ⟨no ge-, h⟩ optimize Br. auch -s-, optimalize Br. auch -s-. – **II** O~ n ⟨-s⟩ verbal noun. — **op･ti'miert I** pp. – **II** adj ~es Programm optimally coded (od. optimized Br. auch -s-) program(me).
Op･ti･mis･mus [ɔpti'mɪsmʊs] m ⟨-; no pl⟩ auch philos. optimism. — **Op･ti'mist** [-'mɪst] m ⟨-en; -en⟩ optimist: unverbesserlicher ~ confirmed optimist. — **op･ti'mi･stisch I** adj optimistic, auch optimistical, optimist (attrib): er sieht alles mit ~en Augen he views everything with rose-colo(u)red spectacles. – **II** adv optimistically: er äußerte sich ~ über die Lage he gave an optimistic view of the situation.
Op･ti･mum ['ɔptimʊm] n ⟨-s; -ma [-ma]⟩ optimum, best.
Op･ti･on [ɔp'ti̯o:n] f ⟨-; -en⟩ **1.** pol. option for (od. right to choose) a particular citizenship. – **2.** bes. econ. option.
Op･ti'ons｣be｣rech･tig･te m, f holder (od. owner) of an option. — **~er｣klä･rung** f declaration (od. exercise) of an option. — **~ge｣schäft** n econ. option business. — **~｣klau･sel** f **1.** econ. option(al) clause. – **2.** jur. optional clause. — **~｣recht** n right of option, optional right, option. — **~｣ur｣kun･de** f deed of option. — **~ver｣trag** m option agreement.
op･tisch ['ɔptɪʃ] **I** adj **1.** (das Sehen betreffend) optic, optical: ~e Achse optic axis; ~e Brechung refraction; ~e Täuschung optical illusion, pseudopsia (scient.); ~e Hilfsmittel, ~e Lehrhilfen med. visual aids. – **2.** (optics) optical: ~e Erzeugnisse products of the optical industry; ~e Geräte optical instruments; ~e Industrie optical industry; ~e Telegraphie (visual) signal(l)ing. – **3.** fig. (äußerlich betrachtet) optical: aus ~en Gründen for the optical effect. – **II** adv **4.** etwas ~ wahrnehmen to perceive s.th. optically (od. with the eye, visually). – **5.** etwas wirkt ~ gut fig. s.th. has a good optical effect.
Op･to･me･ter [ɔpto'me:tər] n ⟨-s; -⟩ med. (Sehweitenmesser) optometer. — **Op･to･me'trie** [-me'tri:] f ⟨-; no pl⟩ optometry.

— **Op·to·me'trist** [-me'trɪst] *m* ⟨-en; -en⟩ optometrist.

opu·lent [opu'lɛnt] *adj* opulent, wealthy, abundant, sumptuous, luxurious: ein ~es Mahl a luxurious (*od.* sumptuous) meal. — **Opu'lenz** [-'lɛnts] *f* ⟨-; *no pl*⟩ opulence, wealth, sumptuousness.

Opun·tie [o'pʊntsiə] *f* ⟨-; -n⟩ *bot.* (*Feigenkaktus*) tuna, cholla, Indian fig (*Gattg Opuntia*).

Opus ['o:pʊs] *n* ⟨-; Opera [-pera]⟩ **1.** *mus.* opus, composition: ~ 12 (*abbr.* op. 12) opus 12. – **2.** work (of art), production: ~ postumum (*auch* posthumum) posthumous work. – **3.** *arch. antiq.* opus: ~ alexandrinum opus Alexandrinum.

ora et la·bo·ra ['o:ra ˌɛt la'bo:ra] (*Benediktinerregel*) pray and work.

Ora·kel [o'ra:kəl] *n* ⟨-s; -⟩ *antiq.* **1.** (*Ort*) oracle: das Delphische ~ the Delphic (*od.* Delphian) Oracle; das ~ befragen to consult the oracle. – **2.** (*Weissagung*) a) oracle, prophecy, b) ambiguous statement: er spricht in ~n *fig.* he speaks in riddles (*od.* oracles), he utters ambiguities. — **o~haft** **I** *adj* **1.** (*wie ein Orakel*) oracular, pythonic. – **2.** *fig.* (*rätselhaft, mehrdeutig*) oracular, obscure, enigmatic, ambiguous. – **II** *adv* **3.** ~ sprechen to speak oracularly (*od.* in oracles, in riddles).

ora·keln [o'ra:kəln] *v/i* ⟨*no ge-*, h⟩ **1.** oracle, prophesy. – **2.** *fig.* speak in riddles (*od.* oracles).

Ora·kel,spruch [o'ra:kəl-] *m* oracle, oracular utterance.

oral [o'ra:l] *med.* **I** *adj* oral: auf ~em Wege by mouth, orally. – **II** *adv* orally, by mouth.

Oran·ge¹ [o'rã:ʒə] **I** *n* ⟨-s; *no pl*⟩ red yellow, orange (color, *bes. Br.* colour). – **II** o~ *adj* *cf.* orangefarben.

Oran·ge² [o'rã:ʒə] *f* ⟨-; -n⟩ *bot.* orange (*Citrus sinensis*): Bittere ~ sour (*od.* bitter, Seville) orange (*C. aurantium*); Süße ~ sweet (*od.* China) orange (*C. sinensis*).

Oran·gea·de [orã'ʒa:də] *f* ⟨-; -n⟩ *gastr.* orangeade.

Oran·geat [orã'ʒa:t] *n* ⟨-s; -e⟩ *gastr.* candied orange peel.

oran·ge|,far·ben [o'rã:ʒə-], ~**,far·big** *adj* orange(-colored, *bes. Br.* -coloured), red-yellow.

Oran·gen|,baum [o'rã:ʒən-] *m bot.* orange (tree) (*Citrus aurantium u. C. sinensis*): Holz des ~s orangewood. — ~**,blü·te** *f* orange blossom (*od.* flower). — ~**,blü·ten-** ,**öl** *n* neroli oil, *auch* orange-flower oil. — **o~,far·ben, o~,far·big** *adj cf.* orangefarben. — ~**,mar·me,la·de** *f gastr.* (bitter) orange marmalade, *Br.* marmalade. — ~**,öl** *n* orange oil, oil of orange peel. — ~**,saft** *m* orange juice. — ~**,scha·le** *f* orange peel.

Oran·ge·rie [orãʒə'ri:] *f* ⟨-; -n [-ən]⟩ *n hist.* orangery, orangerie.

Orang-Utan ['o:raŋ'ʔu:tan] *m* ⟨-s; -s⟩ *zo.* orang(o)utan, o(u)rangoutang, oranutan, satyr, pongo (*Pongo pygmaeus*).

Ora·ni·en [o'ra:niən] *npr n* ⟨-s; -⟩ *hist.* (*Fürstengeschlecht*) Orange: Prinz von ~ Prince of Orange.

Orant [o'rant] *m* ⟨-en; -en⟩ (*art*) orant, *auch* orans.

Ora·to·ria·ner [orato'ria:nər] *m* ⟨-s; -⟩ *röm.kath.* oratorian, priest (*od.* father) of the Oratory.

ora·to·risch [ora'to:rɪʃ] *adj* oratorical, *auch* oratoric, oratorial, rhetorical.

Ora·to·ri·um [ora'to:riʊm] *n* ⟨-s; -rien⟩ **1.** *mus.* oratorio. – **2.** *relig.* a) (*Betraum*) oratory, b) (*Haus der Oratorianer*) Oratory.

Or·bis ['ɔrbɪs] *m* ⟨-; *no pl*⟩ world.

Or·bit ['ɔrbɪt] *m* ⟨-s; -s⟩ *phys.* (*space*) orbit.

Or·bi·ta ['ɔrbita] *f* ⟨-; -tae [-tɛ]⟩ *med.* (*Augenhöhle*) eye socket, orbit, orbita (*scient.*).

Or·bi'tal·sta·ti,on [ɔrbi'ta:l-] *f* (*space*) orbital station: bemannte ~ manned orbital station.

Or·che·ster [ɔr'kɛstər] *n* ⟨-s; -⟩ *mus.* **1.** orchestra: großes ~ full orchestra; ein schwachbesetztes ~ an undermanned orchestra. – **2.** (*Kapelle*) band. – **3.** *cf.* Orchesterraum. — ~**be,glei·tung** *f* orchestral accompaniment. — ~**,gra·ben** *m colloq.* for Orchesterraum. — ~**,klang** *m* orchestral sound. — ~**kon,zert** *n* orchestra(l) concert. — ~**,lo·ge** *f* (*theater*) box (*od.* loge) next to the orchestra (*od.* stage). — ~**,mit,glied** *n* **1.** member of an orchestra, orchestra member. – **2.** (*einer Kapelle*) member of a band. — ~**mu,sik** *f* music for

orchestra (*od.* a band), orchestral music. — ~**,pa·vil·lon** *m* bandstand. — ~**,pro·be** *f* orchestral rehearsal. — ~**,raum** *m* orchestra (pit), pit. — ~**,ses·sel** *m* (*theater*) orchestra seat, *Br.* stall. — ~**,wart** *m* orchestral librarian.

or·che·stral [ɔrkɛs'tra:l] *adj mus.* **1.** orchestral. – **2.** orchestra-like.

or·che·strie·ren [ɔrkɛs'tri:rən] **I** *v/t* ⟨*no ge-*, h⟩ *mus.* orchestrate, instrument, score. — **II O~** *n* ⟨-s⟩ *verbal noun.* — **Or·che'strie·rung** *f* ⟨-; -en⟩ **1.** *cf.* Orchestrieren. – **2.** orchestration, instrumentation, scoring.

Or·che·stri·on [ɔr'çɛstriɔn] *n* ⟨-s; -strien⟩ *mus. hist.* orchestrion.

Or·chi·dee [ɔrçi'de:ə] *f* ⟨-; -n⟩ *bot.* orchid, orchis (*Fam. Orchidaceae*).

or·chi·de·en|,ar·tig *adj* like an orchid, orchidaceous, orchidacean. — **O~ge,wäch·se** *pl* orchids, orchidaceae (*scient.*) (*Fam. Orchidaceae*).

Or·chis¹ ['ɔrçɪs] *m* ⟨-; -⟩ *med.* (*Hoden*) orchis, testicle.

Or·chis² *f* ⟨-; -⟩ *bot. cf.* Knabenkraut.

Or·dal [ɔr'da:l] *n* ⟨-s; -ien [-liən]⟩ *hist. relig.* (*Gottesurteil*) ordeal.

Or·den¹ ['ɔrdən] *m* ⟨-s; -⟩ **1.** *relig.* a) (religious) order, b) *cf.* Mönchsorden, c) *cf.* Nonnenorden: ein ~ strengster Observanz an order of strictest rule; in einen ~ eintreten a) (*von Mönch*) to take one's holy orders, b) (*von Nonne*) to take the veil; aus einem ~ austreten to secede (*od.* withdraw) from an order; einem ~ angehören to be a member of a religious order (*od.* an order); aus einem ~ ausgeschlossen werden to be expelled from an order. – **2.** *hist.* (*Ritterorden*) order: der ~ vom Goldenen Vlies the Order of the Golden Fleece; Ritter eines ~s knight of an order; → deutsch I.

Or·den² *m* ⟨-s; -⟩ (*Auszeichnung*) order, decoration, badge, medal, distinction: einen ~ erhalten to receive a distinction; j-m einen ~ verleihen to confer (*od.* bestow) an order on s.o., to award s.o. an order; j-m einen ~ anheften to pin an order on s.o.; seine ~ anlegen to put on one's decorations; seine Brust war mit vielen ~ geschmückt his chest was covered with many medals.

or·den·ge,schmückt *adj* decorated with orders, bemedaled, *bes. Br.* bemedalled, *Am. sl.* laden with chest hardware.

Or·dens|,band *n* ⟨-(e)s; =er⟩ **1.** *relig.* cordon. – **2.** (*Band zum Tragen des Ordens*) a) ribbon (of an order), medal ribbon, b) (*Schärpe*) sash (*od.* belt) of an order. – **3.** *zo.* (*Schmetterlingsart*) underwing, Catocala (*scient.*) (*Gattg Catocala*): Blaues ~ blue underwing (*C. fraxini*); Rotes ~ red underwing (*C. nupta*); Gelbes ~ yellow underwing (*C. fulminea*). — ~**,bru·der** *m relig.* member of an order, friar, monk. — ~**,burg** *f hist. relig.* castle of the Teutonic Order. — ~**,frau** *f relig. cf.* Ordensschwester. — ~**,geist·li·che** *m* member of an order (*od.* of the regular clergy), regular, ecclesiastic. — ~**,geist·lich·keit** *f* regular clergy, religious *pl*. — ~**ge,lüb·de** *n* (monastic) vow, profession: die ~ ablegen to take the vows, to profess. — ~**ge,sell·schaft** *f* congregation. — ~**ka,pi·tel** *n* (*Ordensversammlung*) chapter of an order. — ~**,ket·te** *f* neckchain (*od.* neckband) of an order. — ~**,kleid** *n relig.* dress (*od.* habit) of an order, frock, monastic garb (*od.* gown): das ~ anlegen a) to become a monk, to take the hood, b) to become a nun, to take the veil. — ~**,kreuz** *n* cross of an order. — ~**,leu·te** *pl* a) (*allgemein*) religious (*collect.*), b) (*Mönche*) monks, friars, c) (*Nonnen*) nuns. — ~**,mann** *m* monk, friar. — ~**,mei·ster** *m hist.* (*eines Ritterordens*) master (*od.* head) of an order. — ~**,mit,glied** *n relig.* member of an order. — ~**,re·gel** *f* rule (*od.* statute) of an order, observance: Verzeichnis der ~n canon. — ~**,rit·ter** *m hist.* knight of an order. — ~**,schlei·fe** *f cf.* Ordensband 2. — ~**,schmuck** *m* orders *pl*, decorations *pl*, medals *pl*, fruit salad (*sl.*). — ~**,schnal·le** *f* (decoration) clasp (*od.* pin). — ~**,schwe·ster** *f relig.* nun, sister. — ~**,span·ge** *f cf.* Ordensschnalle. — ~**,staat** *m hist.* state of an order of knights. — ~**,stern** *m* star-shaped order: ein mit ~en geschmückter General a star-bemedal(l)ed general. — ~**,tracht** *f relig. cf.* Ordenskleid. — ~**,trä-**

ger *m* holder of an order. — ~**ver,lei·hung** *f* conferring (*od.* bestowal) of an order. — ~**we·sen** *n relig.* institution of (religious) orders, (religious) orders *pl*. — ~**,zei·chen** *n cf.* Orden². — ~**,zucht** *f relig.* monastic discipline.

or·dent·lich ['ɔrdəntlɪç] **I** *adj* **1.** (*aufgeräumt, sauber*) tidy, neat, shipshape, trim: ein ~es Zimmer a tidy room. – **2.** (*geordnet*) orderly, well-kept (*od.* -managed) (*attrib*): ein ~er Haushalt an orderly household. – **3.** (*ordnungsliebend*) orderly, fond of order, tidy(-minded): er ist ein ~er Mensch he is an orderly person. – **4.** (*exakt, gewissenhaft*) thorough, accurate, diligent. – **5.** (*vernünftig, geregelt*) orderly, proper: ein ~es Leben führen to lead an orderly life. – **6.** (*achtbar*) decent, honest, respectable: ~e Leute decent (*od.* respectable) people; sie ist ~er Leute Kind she comes from an honest family. – **7.** (*planmäßig*) regular, expected: die Sache geht ihren ~en Gang the matter is taking its regular course. – **8.** *jur.* ordinary, regular: durch ein ~es Gerichtsverfahren by due process (*rare course*) of law; ~er Richter ordinary judge, judge in ordinary; ~es Gericht regular court of law, ordinary court, court of record. – **9.** *ped.* ordinary, full: ~er Professor full professor; ~e Professur full professorship. – **10.** (*ständig, regelmäßig*) regular, stationary, *Am.* stated: eine ~e Sitzung a regular session (*od.* meeting); eine ~e Versammlung a statutory meeting; ein ~es Mitglied eines Vereins a regular member of an association. – **11.** *colloq.* (*richtig, zünftig*) proper: ohne ein Gläschen Wein ist das keine ~e Geburtstagsfeier without a glass of wine it's not a proper birthday celebration. – **12.** *colloq.* (*tüchtig, kräftig, gehörig*) good, sound, real, *bes. Br. colloq.* proper: ein ~er Schluck aus der Flasche a good pull at the bottle; das war ein ~er Schrecken für mich that was a real (*od.* quite a) scare for me; ein ~er Schlag one in the eye; eine ~e Tracht Prügel a sound thrashing, a proper licking. – **13.** ganz (*od.* recht) ~ *colloq.* quite good. – **II** *adv* **14.** die Bücher standen ~ im Regal the books stood in order on the shelf; ~ angezogene Kinder neatly dressed children; er macht seine Arbeit ~ he does his work properly (*od.* thoroughly, diligently); sitz ~ bei Tisch! sit properly (*od.* decently) at table! greif nur ~ zu take a proper helping; ich hab's ihm ~ gegeben I gave it to him hot and strong, I served him out; ich war ~ froh I was awfully glad (*colloq.*); es ist ~ kalt it is pretty (*od.* fairly, really) cold. – **III O~e, das** ⟨-n⟩ **15.** etwas [nichts] O~es zu essen bekommen to get s.th. [nothing] decent to eat, to get (*od.* have) [no] proper (*od.* regular) meals; er hat nichts O~es gelernt he has learnt nothing much (*od.* of real value); er wollte etwas O~es für sein Geld haben he wanted his money's worth. — **Or·dent·lich·keit** *f* ⟨-; *no pl*⟩ **1.** (*Sauberkeit*) tidiness, neatness. – **2.** (*eines Haushalts etc*) orderliness, good (*od.* proper) order. – **3.** (*Ordnungsliebe*) orderliness, love of order, tidy-mindedness, tidiness. – **4.** (*der Arbeitsweise*) orderliness. – **5.** (*Genauigkeit*) thoroughness, accurateness, method(icalness).

Or·der ['ɔrdər] *f* ⟨-; -s *u.* -n⟩ **1.** *obs. od. dial.* (*Befehl, Anweisung*) order(s *pl*), command, injunction, direction: ~ erteilen to give orders; ~ parieren a) to carry out (*od.* execute) an order, b) *colloq.* to obey orders; bis auf weitere ~ until further orders. – **2.** *econ.* order: unbefristete ~ open order; an die ~ von to the order of; auf ~ von by order of; Ihrer ~ gemäß in obedience to (*od.* in conformity with) your commission. – **3.** versiegelte ~ *mar.* sealed orders *pl*. — ~**,buch** *n econ.* order book. — ~**,ha·fen** *m mar.* **1.** port of order. – **2.** (*Anlaufhafen*) port of call. — ~**,klau·sel** *f* order clause. — ~**kon·nos·se,ment** *n* order bill of lading. — ~**pa,pier** *n* order paper (*od.* instrument), negotiable instrument. — ~**,scheck** *m* order check (*Br.* cheque), check to order.

Or·di·nal,zahl [ɔrdi'na:l-] *f math.* ordinal (number, *auch* numeral).

or·di·när [ɔrdi'nɛːr] **I** *adj* **1.** (*gewöhnlich, alltäglich*) common, ordinary. – **2.** (*gemein, unanständig*) vulgar, common, coarse, low: sie ist sehr ~ she is very common; ein ~er

Witz a vulgar joke; ~es Benehmen vulgar behavio(u)r. – **3.** *econ.* (*geringwertig*) inferior; ~er Wein wine of inferior quality. – **II** *adv* **4.** vulgarly, in a vulgar manner (*od.* way): er benimmt sich sehr ~ he behaves in a rather vulgar manner.

Or·di·na·ria [ɔrdi'naːria] f ⟨-; -rien⟩ (*weiblicher Ordinarius*) (*an einer Universität*) full professor.

Or·di·na·ri·at [ɔrdina'riaːt] n ⟨-(e)s; -e⟩ **1.** (*an einer Universität*) (full) professorship, university (professorial) chair. – **2.** *röm. kath.* diocesan authorities *pl.*

Or·di·na·ri·um [ɔrdi'naːriʊm] n ⟨-s; -rien⟩ **1.** *relig.* (*Gottesdienstordnung*) Ordinal. – **2.** *pol.* regular (*od.* ordinary) budget. — **~·mis·sae** ['mɪsɛ] *röm.kath.* ordinary, *auch* Ordinary.

Or·di·na·ri·us [ɔrdi'naːriʊs] m ⟨-; -rien⟩ **1.** (*an einer Universität*) full professor. – **2.** *röm.kath.* ordinary, *auch* Ordinary.

Or·di'när,preis m (*im Buchhandel*) publisher's price.

Or·di·na·te [ɔrdi'naːtə] f ⟨-; -n⟩ *math.* ordinate, y-coordinate. — **Or·di'na·ten·ach·se** f axis of ordinates, y-axis.

Or·di·na·ti·on [ɔrdina'tsioːn] f ⟨-; -en⟩ **1.** *relig.* ordination. – **2.** *med.* a) (*Verordnung*) prescription, b) (*Sprechstunde*) consulting (*od.* consultation, *bes. Br.* surgery, *Am.* office) hour(s *pl*), c) *Austrian for* Sprechzimmer 2.

Or·di·na·ti·ons|,raum m *Austrian med. for* Sprechzimmer 2. — **~,stun·de** f *cf.* Ordination 2 b. — **~,zim·mer** n *Austrian for* Sprechzimmer 2.

or·di·nie·ren [ɔrdi'niːrən] **I** v/t ⟨no ge-, h⟩ **1.** *relig.* ordain, confer (holy) orders upon: j-n zum Priester ~ to ordain s.o. (as) priest, to priest s.o.; sich ~ lassen to take (*od.* enter into) holy orders. – **2.** *med.* (*verordnen*) prescribe. – **II** v/i **3.** *med.* have consulting (*od.* consultation, *bes. Br.* surgery, *Am.* office) hours. – **III** O~ n ⟨-s⟩ **4.** verbal noun. — **or·di'niert I** pp. – **II** adj relig. in (holy) orders, ordained. — **Or·di'nie·rung** f ⟨-; -en⟩ relig. **1.** cf. Ordinieren. – **2.** cf. Ordination 1.

ord·nen ['ɔrdnən] **I** v/t ⟨h⟩ **1.** (*in Ordnung bringen*) put (*od.* set) (*s.th.*) in order, tidy (up), straighten (up), (*s.th.*) straight: das Nähkästchen ~ to tidy up the workbox. – **2.** (*Kleidung, Blumen etc*) arrange: sich (*dat*) das Haar ~ to ~ (*od.* arrange, do, dress, smooth) one's hair; Blumen zu einem hübschen Strauß ~ to arrange flowers in a pretty bouquet. – **3.** (*nach bestimmten Gesichtspunkten*) arrange, grade, sort (out): etwas nach Klassen ~ to arrange s.th. in classes, to classify s.th.; etwas systematisch ~ to arrange s.th. systematically, to systematize s.th.; etwas nach der Größe ~ to arrange s.th. according to size; etwas alphabetisch (*od.* nach dem Alphabet) ~ to arrange s.th. alphabetically (*od.* in alphabetical order). – **4.** (*entwirren*) disentangle. – **5.** fig. (*Gedanken etc*) sort (*s.th.*) out, get (*s.th.*) into shape, arrange, marshal, *Am. auch* marshal. – **6.** (*regeln*) settle, regulate, adjust, dispose, *Am.* fix (up), arrange, set (*s.th.*) right (*od.* to rights): seine Angelegenheiten ~ auch jur. to settle one's affairs; bei gutem Willen ließe sich alles ~ with a bit of goodwill everything could be settled easily. – **7.** (*Papiere*) file. – **II** v/reflex sich ~ **8.** (*sich formieren*) (zu into) form: die Leute ordneten sich zu einem Festzug people formed (into) (*od.* took their places for) a procession. – **9.** mil. rally, array, marshal, *Am. auch* marshal. – **III** O~ n ⟨-s⟩ **10.** verbal noun.

'Ord·ner m ⟨-s; -⟩ **1.** (*bei Festen, Versammlungen etc*) supervisor, *Br. auch* steward, (*bei akademischen Prozessionen*) marshal. – **2.** (*für Akten*) file. – **3.** (*Klassenordner*) monitor.

'Ord·nung f ⟨-; -en⟩ **1.** cf. Ordnen. – **2.** order: bürgerliche [göttliche, soziale] ~ civil [divine, social] order; ~ schaffen to establish order; ~ wahren to keep order; die ~ wiederherstellen to restore order; die ~ in der Welt aufrechterhalten to maintain order in the world; hier herrscht ~! we must have some order here! alles muß seine ~ haben! there's a time and place for everything! auf ~ halten (*od.* sehen, achten) to stand (up)on order; (das ist) in ~! (that's) all right (*bes. Am. colloq.* alright) (*od. colloq.* okay, O.K.)!

die Maschine ist [nicht] in ~ the machine is in working [out of] order; dein Freund ist in ~! *colloq.* your friend is all right (*bes. Am. colloq.* alright) (*od. colloq.* a good sort); eine Angelegenheit in ~ bringen to settle a matter; die Haare in ~ bringen to do (*od.* arrange) one's hair; etwas in ~ halten to keep s.th. in order; es wird schon alles wieder in ~ kommen things will turn out all right; es ist alles in ~ everything is all right; alles in schönster ~ vorfinden to find everything in perfect order; ich finde das in ~ I think it quite right (*od.* proper); soweit wäre alles in ~ so far so good; hier ist etwas nicht in ~ s.th. is wrong here; nicht in ~ sein *colloq.* (*gesundheitlich*) to be out of sorts, not to be quite up to the mark (*colloq.*); j-n zur ~ rufen a) (*im Parlament, etc*) to call s.o. to order, b) (*in der Schule, bei Tisch etc*) to tick s.o. off (*colloq.*); ~ ist das halbe Leben (*Sprichwort*) etwa a place for everything, and everything in its place, order is heaven's first law (*lit.*). – **3.** (*Sauberkeit*) neatness, tidiness, cleanliness, order(liness): peinliche ~ scrupulous cleanliness; ~ machen to tidy up; sein Zimmer in ~ bringen to tidy up one's room; er ist die ~ selbst he is extremely tidy, he is orderliness personified. – **4.** (*Anordnung*) arrangement, array(al), disposition, regulation. – **5.** (*Reihenfolge*) order, sequence, succession: alphabetische ~ alphabetical order; das kehrt in regelmäßiger ~ wieder that keeps recurring in the same order (*od.* pattern). – **6.** (*System*) system, frame, *Am.* setup. – **7.** (*geregelte Lebensweise*) order(liness), steadiness: in seinem Leben herrscht ~ he leads an orderly (*od.* steady) life; aus seiner ~ herausgerissen werden to be uprooted, to be taken out of the ordered pattern of life. – **8.** (*Zucht*) discipline. – **9.** (*Gesetz, Vorschrift*) law, order, regulations *pl*, rules *pl*: öffentliche ~ public order; die öffentliche ~ stören to disturb the peace (*od.* public order); gegen die ~ verstoßen to offend against order. – **10.** (*Rang, Klasse*) class, order, rank: Straßen erster ~ primary (*od.* main, first-class) roads; er will kein Bürger zweiter ~ sein he does not want to be a second-class citizen. – **11.** math. order: Kurven erster ~ curves of first order; zweiter ~ quadric; sechster ~ sextic. – **12.** biol. order, (*Überordnung*) superorder: zu einer höheren ~ gehörig belonging to a higher category; Tiere und Pflanzen werden in ~en eingeteilt animals and plants are divided into orders. – **13.** mil. order, formation, array: geöffnete [geschlossene, aufgelockerte] ~ open (*od.* extended) [closed, dispersed] order.

'Ord·nungs|,dienst m organization (*Br. auch* -s-) for the maintenance of public order. – **2.** (*gesetzlich vorgeschrieben*) regular, lawful, legal. – **II** adv **3.** in (due) order, according to order, orderly, duly, regularly: er hat sich ~ bei der Polizei angemeldet he has duly registered with the police. — **o~,hal·ber** adv for regularity's sake, for the sake of order (*od.* form). — **~,lie·be** f love (*od.* sense) of order, orderliness, tidiness. — **o~,lie·bend** adj orderly, tidy, fond of order. — **o~,mä·ßig** adj. u. adv cf. ordnungsgemäß. — **~,po·li,zei** f **1.** regular police, constabulary. – **2.** (*Sicherheitspolizei*) security police. — **~,prin,zip** n principle of order (*od.* arrangement, disposition). — **~,ruf** m (*im Parlament*) call to order: j-m einen ~ erteilen to call a person to order; einen ~ erhalten to be called to order. — **~,sinn** m sense of order. — **~,stra·fe** f jur. **1.** fine, penalty: j-n mit einer ~ belegen to fine s.o. – **2.** (*Disziplinarstrafe*) disciplinary penalty. – **3.** (*zur Durchsetzung*) exacting penalty. — **o~,wid·rig** adj **1.** unlawful, illegal, disorderly, against the rules (*od.* regulations); ~es Verhalten disorderly conduct. – **2.** (*regelwidrig*) contrary to (*od.* against) the rules, irregular. — **~,wid·rig·keit** f **1.** breach of the rules (*od.* regulations), irregularity. – **2.** minor breach (*od.* infringement) of the rules (*od.* regulations). — **~,zahl** f **1.** math. ordinal (number, *auch* numeral). – **2.** phys. atomic number.

Or·don·nanz [ɔrdɔ'nants] f ⟨-; -en⟩ **1.** mil.

orderly: auf ~ on orderly duty. – **2.** obs. (*Befehl*) order, ordinance. — **~,dienst** m mil. orderly duty: ~ haben to be on orderly duty. — **~of·fi,zier** m assistant adjutant.

Or·do·vi·zi·um [ɔrdo'viːtsiʊm] n ⟨-s; no pl⟩ geol. Ordovician (period).

Öre ['øːrə] n ⟨-s; -⟩, auch f ⟨-; -⟩ (*skandinav. Münze*) öre.

'Ore·gon|-,Ei·che ['oːrɛgɔn-] f bot. white oak (*Quercus garryana*). — **~-,Esche** f Oregon ash (*Fraxinus oregona*).

Orest [o'rɛst], **Ore·stes** [o'rɛstɛs] npr m ⟨-; no pl⟩ myth. Orestes.

Ore·stie [orɛs'tiː] f ⟨-; no pl⟩ (*literature*) Oresteia.

Or·fe ['ɔrfə] f ⟨-; -n⟩ zo. cf. Aland.

Or·gan [ɔr'gaːn] n ⟨-s; -e⟩ **1.** med. biol. organ: innere [lebenswichtige] ~e internal [vital] organs. – **2.** (*Stimme*) voice, organ: klangvolles [starkes, schwaches] ~ sonorous [strong, weak] voice; er hat ein lautes ~ he has a loud voice. – **3.** fig. (*Verständnis etc*) sense, feeling, understanding, *bes. Am. colloq.* bump: dafür hat er kein ~ he has no feeling for that kind of thing. – **4.** (*Zeitung, Zeitschrift etc als Kommunikationsmittel*) organ, mouthpiece: das ~ einer Partei the organ of a party. – **5.** (*Amt, Stelle*) institution, organ, authority: die ~e des Staates [der Justiz] the organs of state [of justice]; ausführendes ~ executive body. – **6.** (*Beauftragter*) agent. – **7.** tech. agent, element, component, member. — **o~,ähn·lich** adj med. organoid. — **~,bank** f ⟨-; -en⟩ organ bank. — **~be,hand·lung** f organotherapy. — **~,bil·dung** f organogenesis.

Or·gan·dy [ɔr'gandi] m ⟨-s; no pl⟩ (*textile*) organdy, auch organdie.

Or·ga·nell [ɔrga'nɛl] n ⟨-s; -en⟩, **Or·ga·nel·le** f ⟨-; -n⟩ biol. organelle, auch organella.

Or'gan|emp,fän·ger m med. organ receiver. — **~er,kran·kung** f organic disease, organopathy (*scient.*). — **~ge,sell·schaft** f jur. (controlled) subsidiary company, *bes. Am.* organ company.

Or·ga·ni·sa·ti·on [ɔrganiza'tsioːn] f ⟨-; -en⟩ **1.** cf. Organisieren. – **2.** ⟨only sg⟩ (*Gestaltung*) organization *Br. auch* -s-; ein Fehler in der ~ a defect (*od.* fault) in (the) organization. – **3.** ⟨only sg⟩ (*Gliederung, Aufbau*) organization *Br. auch* -s-, structure. – **4.** (*Verband, Zusammenschluß*) organization *Br. auch* -s-: ~ der Amerikanischen Staaten pol. Organization of American States; ~ für europäische wirtschaftliche Zusammenarbeit econ. Organization for European Economic Cooperation (*Br. auch* Co-operation). – **5.** biol. organic structure.

Or·ga·ni·sa·ti·ons|,feh·ler m faulty organization (*Br. auch* -s-). — **~ge,walt** f jur. right of the state to set up, modify or abolish public corporations. — **~ko·mi,tee** n organizing (*Br. auch* -s-) committee. — **~,plan** m plan of organization (*Br. auch* -s-). — **~ta,lent** n talent for organization (*Br. auch* -s-), organizing (*Br. auch* -s-) talent.

Or·ga·ni·sa·tor [ɔrgani'zaːtɔr] m ⟨-s; -en [-za'toːrən]⟩ organizer *Br. auch* -s-. — **or·ga·ni·sa·to·risch** [-za'toːrɪʃ] adj (*Fähigkeiten, Probleme etc*) organizational *Br. auch* -s-.

or'ga·nisch I adj organic: ~e Krankheit organic (*od.* structural) disease; ~e Chemie organic chemistry; ~e Verbindungen organic compounds; ~er Zusammenhang fig. organic connection (*Br. auch* connexion). – **II** adv organically: ~ miteinander verbunden sein fig. to be connected organically with one another; ein ~ gewachsenes System a system resulting from natural growth.

or·ga·ni·sie·ren [ɔrgani'ziːrən] **I** v/t ⟨no ge-, h⟩ **1.** organize *Br. auch* -s-: wer organisiert das Klassentreffen? who is organizing the class reunion? – **2.** colloq. bes. Am. colloq. finagle, *Br. sl.* 'organize', procure (*s.th.*) (in devious ways): Zigaretten und Alkohol auf dem schwarzen Markt ~ to procure cigarettes and alcohol on the black market. – **II** v/reflex **3.** sich ~ (*gewerkschaftlich*) ~ to organize *Br. auch* -s-, to unionize *Br. auch* -s-. – **III** O~ n ⟨-s⟩ **4.** verbal noun. – **5.** organization *Br. auch* -s-. — **or·ga·ni'siert I** pp. – **II** adj **1.** organized *Br. auch* -s-. – **2.** (*gewerkschaftlich*) organized *Br. auch* -s-, unionized *Br. auch* -s-: ~e Arbeiterschaft organized labo(u)r; nicht ~ unorganized, nonunion *Br.* non- *(attrib)*; ~e Arbeiter unionists.

or·ga·nis·misch [ɔrga'nɪsmɪʃ] *adj* organic, relating to an organism.

Or·ga·nis·mus [ɔrga'nɪsmʊs] *m* ⟨-; -nismen⟩ **1.** *biol.* *(Lebewesen)* organism. - **2.** *fig.* organism, system, structure.

Or·ga·nist [ɔrga'nɪst] *m* ⟨-en; -en⟩, **Or·ga·ni·stin** *f* ⟨-; -nen⟩ *mus.* organist.

Or·gan|kon,ser·ve *f med.* banked *(od.* stored*)* organ. — **~kon,ser,vie·rung** *f* banking *(od.* storing*)* of organs.

Or·gan·man,dat *n Austrian* fine, penalty.

or·ga·no·gen [ɔrgano'geːn] *adj* **1.** *biol.* a) *(Organe bildend)* organogenetic, b) *(von Organen gebildet)* organogenic. - **2.** *chem.* organic.

Or·ga·no|ge'ne·se [ɔrganoge'neːzə] *f* ⟨-; *no pl*⟩ *biol.* organ formation; organogenesis, organogeny *(scient.).* — **o~ge'ne·tisch** [-tɪʃ] *adj* organogenetic.

Or·ga·no·gra·phie [ɔrganogra'fiː] *f* ⟨-; -n [-ən]⟩ *med.* organography.

or·ga·no·id [ɔrgano'iːt] *adj med.* organoid.

Or·ga·no·lo·gie [ɔrganolo'giː] *f* ⟨-; *no pl*⟩ *biol.* organology.

Or·ga·non ['ɔrganɔn] *n* ⟨-s; *no pl*⟩ *philos.* organon, organum.

Or·ga·no·the·ra·pie [ɔrganotera'piː] *f med.* organotherapy.

or·ga·no·trop [ɔrgano'troːp] *adj med.* organotropic. — **Or·ga·no·tro'pie** [-tro'piː] *f* ⟨-; *no pl*⟩ organotropism, organotropy.

Or·gan'sin [ɔrgan'ziːn] *m, n* ⟨-s; *no pl*⟩ *(textile)* organzine (silk).

Or·gan|,spen·der *m med.* organ donor. — **~,über,tra·gung** *f* transplantation of an organ.

Or·ga·num ['ɔrganum] *n* ⟨-s; -gana [-na]⟩ *mus.* **1.** *obs. for* Orgel. - **2.** *hist.* organum.

Or'gan·ver,pflan·zung *f med. cf.* Organübertragung.

Or·gan·za [ɔr'gantsa] *m* ⟨-s; *no pl*⟩ *(textile)* organza.

Or·gas·mus [ɔr'gasmus] *m* ⟨-; -gasmen⟩ *med. psych.* orgasm. — **or'ga·stisch** [-tɪʃ] *adj* orgastic.

Or·gel ['ɔrgəl] *f* ⟨-; -n⟩ *mus.* (pipe) organ: volle ~, ~ mit vollem Werk full *(od.* grand*)* organ; (die) ~ spielen to play the organ. — **~,balg** *m* organ bellows *pl (construed as sg or pl).* — **~,bank** *f* organ bench *(od.* seat*).* — **~,bau** *m* ⟨-(e)s; *no pl*⟩ organ building. — **~,bau·er** *m* organ builder. — **~,chor** *m cf.* Orgelempore. — **~cho,ral** *m* organ chorale. — **~em,po·re** *f* organ loft *(od.* gallery*).* — **~ge,häu·se** *n* (organ) case. — **~kon,zert** *n* **1.** *(Musikwerk)* organ concerto. - **2.** *(Aufführung)* organ recital. — **~ko,ral·le** *f zo.* organ-pipe coral *(Gattg Tubipora).* — **~mu,sik** *f* organ music.

or·geln ['ɔrgəln] *v/i* ⟨h⟩ **1.** *mus.* play (on) the organ. - **2.** *hunt.* *(vom Hirsch)* bell, roar, bugle. - **3.** *fig. lit. (von Sturm, Wind)* roar, howl. - **4.** *vulg.* fuck *(vulg.).*

'Or·gel|,pfei·fe *f mus.* organ pipe: tremulierende ~ tremolant; ungedeckte ~ open organ pipe; die ~n the pipework *sg;* die Kinder stehen da wie die ~n *colloq. humor.* the children stand lined up according to their size; → Kind 4. — **~pro,spekt** *m* organ front. — **~,punkt** *m ped.* (organ) point, pedal note. — **~,re·gi·ster** *n* organ stop, register, voice. — **~,spie·ler** *m* organ player. — **~,spiel,tisch** *m* console (of an organ). — **~,stim·me** *f* **1.** *(Register)* organ stop. - **2.** *(Noten)* part for an organ, organ part. — **~,wal·ze** *f (eines Leierkastens)* barrel.

Or·gi·as·mus [ɔr'gĭasmus] *m* ⟨-; -asmen⟩ *antiq.* orgy, *auch* orgie. — **Or·gia·stik** [-'gĭastɪ] *adj (Verzückung etc)* orgiastic.

Or·gie ['ɔrgĭə] *f* ⟨-; -n⟩ **1.** *(ausschweifendes Gelage)* orgy, *auch* orgie, carousal, bacchanal(ia): wilde ~n feiern to celebrate *(od.* indulge in*)* wild orgies. - **2.** *antiq.* orgy, *auch* orgie. - **3.** *fig. lit.* orgy, *auch* orgie: sein Haß feiert wahre ~n his hate knows no bounds.

Ori·ent ['oːrĭɛnt; o'rĭɛnt] *m* ⟨-s; *no pl*⟩ East, Orient: der Vordere ~ *(kulturell meist)* the Near East, *(politisch oft)* the Middle East.

Ori·en·ta·le [orĭɛn'taːlə] *m* ⟨-n; -n⟩, **Ori·en·ta·lin** *f* ⟨-; -nen⟩ Oriental, Eastern.

ori·en·ta·lisch *adj* oriental, *auch* Oriental, eastern.

Ori·en·ta·list [orĭɛnta'lɪst] *m* ⟨-en; -en⟩ orientalist, *auch* Orientalist. — **Ori·en·ta·'li·stik** [-tɪk] *f* ⟨-; *no pl*⟩ *(Orientkunde)* orientalism, *auch* Orientalism. — **ori·en·ta·li·stisch** *adj* relating to orientalism.

'Ori·ent|,beu·le *f med. cf.* Aleppobeule. — **~ex,preß** *m (railway)* Orient express.

ori·en·tie·ren [orĭɛn'tiːrən] **I** *v/t* ⟨*no* ge-, h⟩ **1.** *(informieren)* inform, instruct: j-n über *(acc)* etwas ~ to inform s.o. about s.th. - **2.** etwas nach etwas ~ *(ausrichten)* to orient(ate) s.th. according to s.th.: er hat seine Taktik nach den neuesten Verhältnissen orientiert he has oriented his tactics according to the latest conditions. - **3.** *mil. (einweisen)* brief, instruct. — **II** *v/reflex* sich ~ **4.** orient(ate) oneself, take *(od.* get*)* one's bearings, find one's way: sich nach der Sonne ~ to orient oneself by the sun; er kann sich in jeder Stadt ~ he can find his way about (easily) in any town; ich muß mich erst ~ I must first see where I am; sich nicht mehr ~ können to have lost one's way *(od.* bearings), to be (all) at sea *(colloq.).* - **5.** *(sich erkundigen)* inform oneself, gather information, inquire, *auch* enquire, make inquiries, find out: sich über j-s Verhältnisse ~ to inquire about *(od.* into*)* s.o.'s circumstances. - **6.** *aer.* take one's bearings. — **III** O~ *n* ⟨-s⟩ **7.** *verbal noun.* — **ori·en'tiert I** *pp.* — **II** *adj* **1.** *(ausgerichtet)* orient(at)ed: dieses Werk ist stark religiös ~ this work is very religiously orientated. - **2.** *(informiert)* informed: er ist schlecht ~ he is badly informed; ~ sein über *(acc)* to be informed about, to be familiar with. — **Ori·en'tie·rung** *f* ⟨-; *no pl*⟩ **1.** *cf.* Orientieren. - **2.** orientation, bearing(s *pl):* j-m die ~ nehmen to disorient(ate) s.o.; die ~ verlieren to lose one's bearing(s). - **3.** *(Information)* information, instruction, orientation, guidance: zu Ihrer ~ for your guidance. - **4.** *(Ausrichtung)* orientation, tendency, bearing.

Ori·en'tie·rungs|,da·ten *pl econ.* guidance data, guidelines. — **~,hil·fe** *f* guideline assistance. - **2.** *(Bezugslinie)* datum line. - **2.** *(Bezugspunkt)* reference point. - **3.** *(eines Luftbildes)* aiming point. — **~,schild** *n (im Straßenverkehr)* direction sign. — **~,sinn** *m* orientation, sense of direction. — **~,stu·fe** *f ped.* term used to denote the 5th and 6th years at German secondary schools, in which pupils are promoted according to their individual ability. — **~sy,stem** *n (space)* attitude reference system. — **~,ta·fel** *f* orientation chart *(od.* map), reference table, *(Verkehrsschild)* signboard. — **~ver,mö·gen** *n cf.* Orientierungssinn.

'Ori·ent,tep·pich *m* Oriental carpet *(od.* rug), *bes. Br.* Turkey *(od.* Turkish*)* carpet.

ori·gi·nal [origi'naːl] *adj* **1.** *(ursprünglich, echt)* original: nicht ~ unoriginal. - **2.** *(urschriftlich)* authentic, original.

Ori·gi·nal *n* ⟨-s; -e⟩ **1.** *(Urstück)* original: das ~ befindet sich in Berlin the original is in Berlin. - **2.** *(Urschrift)* autograph, original, manuscript *(od.* autograph*)* version. - **3.** *(Urtext)* original (text): ~ und Übersetzung original and translation; ein Buch im ~ lesen to read a book in the original. - **4.** *colloq. (Sonderling)* eccentric, odd fellow *(od.* character), queer *(od.* peculiar*)* person, oddity: er ist ein wahres ~ he is quite a character *(colloq.).* — **~,ab,** **,fül·lung** *f (Aufschrift auf Flaschenetiketten)* a) *(von Wein)* estate-bottled, b) *(von Bier)* brewery-bottled. — **~,auf,nah·me** *f (auf Tonträger)* original recording. — **~,aus,ga·be** *f print.* original *(od.* first, princeps*)* edition, princeps. — **~,fas·sung** *f (art, literature)* original version. — **~,fla·sche** *f* original bottle. — **o~fran'zö·sisch** *adj (Parfüm etc)* genuine French. — **~ge,mäl·de** *n* original (painting). — **o~ge,treu** *adj (Wiedergabe etc)* true, in accordance with the original. — **~,hand,schrift** *f* original manuscript, *auch* autograph.

Ori·gi·na·li·tät [originali'tɛːt] *f* ⟨-; *no pl*⟩ **1.** originality. - **2.** *(einer Person)* peculiarity, eccentricity, oddity, queerness, singularity.

Ori·gi·nal|ko,pie *f* **1.** *(art)* replica. - **2.** *(von Dokumenten, Filmen etc)* master copy. — **~ma·nu,skript** *n cf.* Originalhandschrift.

— **~,packung** *f (getr. -k-k-) cf.* Originalverpackung. — **~,rech·nung** *f econ.* original invoice *(Am. auch* bill*).* — **~,sen·dung** *f (radio) cf.* Originalübertragung. — **~,text** *m* original text. — **~,über,tra·gung** *f* live broadcast *(od.* program, *bes. Br.* programme*).* — **~,ur,kun·de** *f jur.* original document, authentic deed. — **~ver,packung** *f (getr. -k-k-) f econ.* original packing *(od.* packaging): in ~ in original packing, factory-packed. — **~,zeich·nung** *f (art)* original drawing *(od.* draft*).* — **~,zeug·nis** *n* original testimonial.

ori·gi·när [origi'nɛːr] *adj (ursprünglich)* original, initial, primary: nicht ~ *jur.* derivative.

ori·gi·nell [origi'nɛl] *adj* **1.** *(ursprünglich, echt)* original. - **2.** *(einfallsreich, erfinderisch)* original, ingenious, novel: ein ~er Gedanke an original *(od.* ingenious*)* idea; ein ~es Muster an original *(od.* novel*)* design. - **3.** *(sonderbar)* peculiar, odd, strange, bizarre. - **4.** *(komisch)* funny, amusing.

Or·kan [ɔr'kaːn] *m* ⟨-(e)s; -e⟩ **1.** hurricane, (whole) gale, violent storm: der ~ tobte die ganze Nacht the gale raged all night. - **2.** *fig. (der Begeisterung, Entrüstung etc)* storm, tempest. — **o~,ar·tig** *adj* **1.** *(Sturm etc)* violent. - **2.** *fig. (Beifall etc)* thunderous, tempestuous, frenzied. — **~,stär·ke** *f* gale force.

Or·kus ['ɔrkus] *myth.* **I** *npr m* ⟨-; *no pl*⟩ *(Gott der Unterwelt)* Orcus, Hades. - **II** *m* ⟨-; *no pl*⟩ *(Reich der Toten)* Orcus, Hades, underworld, infernal regions *pl,* realm of the dead: zum ~ hinabfahren *poet.* to descend to the underworld.

Or·le·an [ɔrle'aːn] *m* ⟨-s; *no pl*⟩ *chem.* (orlean) bixin ($HOOCC_{22}H_{26}COOCH_3$).

Or·le·a·nist [ɔrlea'nɪst] *m* ⟨-en; -en⟩ *hist.* Orleanist.

Or·le·ans [ɔrle'ãː; 'ɔrleã], **Or·lé·ans** [ɔrle'ã] *(Fr.) m* ⟨-; -⟩ Orleans: das Haus ~ the House of Orleans.

Or·le·an,strauch *m bot.* annatto (tree), roucou, *auch* rocou *(Bixa orellana).*

Or·na·ment [ɔrna'mɛnt] *n* ⟨-(e)s; -e⟩ **1.** ornament, decoration: mit ~en verziert ornamented. - **2.** *meist pl arch.* ornament *(only sg):* sechsblätt(e)riges ~ sexfoil, *auch* sixfoil. - **3.** *(Blumenornament)* floral ornament. - **4.** *mus.* ornament, embellishment, grace (note).

or·na·men·tal [ɔrnamɛn'taːl] *adj* ornamental, decorative.

Or·na·men·ten,stil *m* ⟨-(e)s; *no pl*⟩ ornamental style.

or·na·men·tie·ren [ɔrnamɛn'tiːrən] *v/t* ⟨*no* ge-, h⟩ ornament, decorate.

Or·na·men·tik [ɔrna'mɛntɪk] *f* ⟨-; *no pl*⟩ **1.** *(Zierkunst)* ornamental *(od.* decorating*)* art. - **2.** *collect.* ornament, ornamentation, decoration.

Or·nat [ɔr'naːt] *m* ⟨-(e)s; -e⟩ **1.** *(für Priester etc)* vestments *pl,* clerical costume *(od.* vestments *pl,* robes *pl),* canonicals *pl, (bes. für Bischof, Papst)* pontificals *pl.* - **2.** *(für Richter etc)* gown, *(official, judiciary)* robes *pl.* - **3.** *(für Professoren etc)* gown, *(academic)* robes *pl,* academic costume, academicals *pl:* in vollem ~ a) in full academicals, with cap and gown, capped and gowned, in full array(ment), in full fig *(sl.),* b) *fig. colloq.* all dressed *(od.* smartened, spruced*)* up, dolled up *(to the gills) (colloq.).*

Or·nis ['ɔrnɪs] *f* ⟨-; *no pl*⟩ *zo. (Vogelwelt einer Gegend)* ornis.

Or·ni·tho·lo·ge [ɔrnito'loːgə] *m* ⟨-n; -n⟩ ornithologist. — **Or·ni·tho·lo'gie** [-lo'giː] *f* ⟨-; *no pl*⟩ ornithology. — **or·ni·tho'lo·gisch** *adj* ornithologic(al).

Or·ni·tho·phi·lie [ɔrnitofi'liː] *f* ⟨-; *no pl*⟩ *bot.* ornithophily.

Or·ni·tho·se [ɔrni'toːzə] *f* ⟨-; -n⟩ *med.* ornithosis, psittacosis.

oro·gen [oro'geːn] *adj geol.* orogenic. — **Oro·ge'ne·se** [-ge'neːzə] *f* ⟨-; -n⟩ orogeny, orogenesis.

Oro·gra·phie [orogra'fiː] *f* ⟨-; -n [-ən]⟩ *geol.* orography. — **oro'gra·phisch** [-'graːfɪʃ] *adj* orographic, *auch* orographical.

Oro·hy·dro·gra·phie [orohydrogra'fiː] *f* ⟨-; *no pl*⟩ *geol.* orohydrography. — **oro·hy·dro'gra·phisch** [-'graːfɪʃ] *adj* orohydrographic(al).

Oro·me·trie [orome'triː] *f* ⟨-; *no pl*⟩ *geol.* orometry. — **oro'me·trisch** [-'meːtrɪʃ] *adj* orometric.

Oron·go-An·ti·lo·pe [o'rɔŋgo-] *f zo.* chiru (*Pantholops hodgsoni*).

Or·phe·um [ɔr'fe:um] *n* ⟨-s; -pheen⟩ music hall, *Am. auch* orpheum.

Or·pheus ['ɔrfɔys] *npr m* ⟨-; *no pl*⟩ *myth.* Orpheus: „~ und Eurydike" "Orpheus and Euridice" (*opera by Gluck*); „~ in der Unterwelt" "Orpheus in the Underworld (*od.* Underground)" (*operetta by Offenbach*). – ~**spöt·ter** *m zo.* melodious warbler (*Hippolais polyglotta*).

Or·phik ['ɔrfɪk] *f* ⟨-; *no pl*⟩ *antiq. relig.* Orphism, Orphicism. — **'Or·phi·ker** [-fi-kər] *m* ⟨-s; -⟩ Orphic. — **'or·phisch** [-fɪʃ] *adj* 1. *antiq. relig.* Orphic, *auch* Orphian: O~e Mysterien Orphic Rites; ~es Gedicht Orphic (hymn). – 2. *fig.* (*Worte etc*) orphic, *auch* orphical, Orphic(al), esoteric, mystic, *auch* oracular. – 3. *fig.* (*Musik etc*) orphic, *auch* orphical, Orphean, entrancing.

Ör·sted ['ø:rstɛt] *n* ⟨-(s); -⟩ *phys.* cf. Oersted.

Ort[1] [ɔrt] *m* ⟨-(e)s; -e *u. astr. mar. math.* Örter⟩ 1. (*Platz, Stelle*) place, locality, spot: geweihter ~ consecrated place (*od.* ground); ein gewisser ~ *euphem.* lavatory, toilet, *bes. Am. colloq.* john; *bes. Br. colloq.* (the) Houses *pl* of Parliament, loo: öffentliche ~e public places; schattiger ~ shady place, shade; ein sicherer ~ a safe place; ein stiller ~ a quiet spot; an allen ~en in every place, everywhere; an keinem ~ nowhere; am angegebenen ~ (*in Büchern*) in the place cited, loco citato; kein ~ war vor ihm sicher no place was safe from him; man kann nicht an zwei ~en gleichzeitig sein one cannot be in two places at once (*od.* at the same time); an einem dritten ~ zusammenkommen to meet somewhere else (*od.* on neutral ground); bin ich hier recht am ~ (*od.* am rechten ~)? am I in the right place (*od.* spot) here? an ~ und Stelle a) on the spot, b) *bes. jur. econ.* on the premises, in situ; er war pünktlich an ~ und Stelle he was punctually on the spot; etwas an ~ und Stelle bringen to put s.th. where it belongs (*od.* into position); an ~ und Stelle (nach)forschen to make investigations on the (very) spot; ~ und Zeit (*od.* Stunde) time and place; etwas an seinem ~ lassen to leave s.th. in its place; hier ist nicht der ~ für solche Betrachtungen this is not the proper place (*od.* this is no place) for considerations like that. – 2. (*Szene, Schauplatz*) scene, site, locale: an den ~ des Verbrechens zurückkehren to go back to the scene (*od.* locale) of the crime; ein ~ des Grauens a scene of horror. – 3. (*Ortschaft*) place, (*Stadt*) *auch* town, (*Dorf*) *auch* village: ein berühmter [verrufener] ~ a celebrated (*od.* famous) [an ill-reputed] place; ein vielbesuchter ~ a much-frequented place; von ~ zu ~ reisen (*od.* ziehen) to travel from place to place; hier am ~ here in this place; der ~, wo du geboren bist the place where you were born, your birthplace, your native place (*od.* town), *bes. Am.* your hometown; sich an einem ~ niederlassen to settle (down) in a place, to fix one's abode in a place (*lit.*); am ~e wohnend resident; er kommt aus meinem ~ he comes from the same place I do (*bes. Am.* from my hometown); der ganze ~ spricht davon *fig.* the whole place (*od.* all the town, all the village) talks of it; niemand kannte den ~, wo er sich aufhielt nobody knew his whereabouts (*auch* whereabout). – 4. (*Behörde*) authority: etwas gehörigen ~es melden to notify the (proper) authorities of s.th.; es ist höheren ~(e)s genehmigt it is approved by a higher authority (*od.* at high quarters); ich werde Sie geeigneten ~es empfehlen I shall recommend you to the proper persons. – 5. (*theater*) scene, place: ~ der Handlung scene of action; Einheit des ~es und der Zeit unity of time and place. – 6. *econ. jur.* place: ~ der Ausstellung (*eines Wertpapieres*) place of issue; ~ der Ausfertigung (*einer Urkunde*) place of execution; am ~ loco. – 7. ⟨-(e)s; Örter⟩ (geometrischer) ~ *math.* (geometric) locus. – 8. ⟨-(e)s; Örter⟩ *astr. mar.* position.

Ort[2] *n* ⟨-(e)s; ⸗er⟩ (*mining*) a) (*Ende einer Strecke*) head of a road, roadhead, b) (*als Betriebspunkt*) face (coal), drift (stone):

vor ~ arbeiten to work at the face, to work in (*od.* in) the drift.

Ort[3] *m, n* ⟨-; -(e)s; -e⟩ *Swiss obs.* canton: die 8 Alten ~e the 8 original cantons.

Ort[4] *m, n* ⟨-(e)s; -e⟩ *obs.* fourth part (*of a measure, coin*), quarter.

Ort[5] *m, n* ⟨-(e)s; -e⟩ 1. *geogr.* (*Landspitze, meist an der Ostseeküste*) point, head, (*in Eire*) ceann. – 2. *obs. dial.* for Ahle.

Ört·chen ['œrtçən] *n* ⟨-s; -⟩ 1. *dim. of* Ort. – 2. (stilles, verschwiegenes) ~ *colloq. euphem.* lavatory, toilet, *bes. Am. colloq.* john; *bes. Br. colloq.* (the) Houses *pl* of Parliament, loo: aufs ~ gehen to go to the john, *bes. Br. colloq.* to spend a penny, to powder one's nose.

or·ten ['ɔrtən] **I** *v/t* ⟨h⟩ 1. *aer. mar.* (*Flugzeug, U-Boot etc*) locate, find (*od.* fix) the position of, get a fix on, (*mit Funk*) radiolocate. – 2. *tech. math.* find the direction (*od.* position) of. – **II** *v/i* 3. *aer. mar.* take a fix (*od.* bearing), take (the) bearings. – **III** O~ *n* ⟨-s⟩ 4. *verbal noun.* – 5. *cf.* Ortung. — **'Or·ter** *m* ⟨-s; -⟩ *aer. mar.* navigator, (*am Funkpeilgerät*) radiolocator, (*am Radar*) observer.

Or·thit [ɔr'ti:t; -'tɪt] *m* ⟨-(e)s; -e⟩ *min.* allanite, orthite.

Or·tho..., **or·tho...** *combining form denoting* ortho...

or·tho·chro·ma·tisch [ɔrtokro'ma:tɪʃ] *adj phot.* orthochromatic.

Orth·odon·tie [ɔrtodɔn'ti:] *f* ⟨-; *no pl*⟩ (*Zahnregulierung*) orthodontics *pl* (*construed as sg or pl*).

or·tho·dox [ɔrto'dɔks] *adj* 1. *relig.* orthodox: die O~e Kirche the Orthodox Church. – 2. (*strenggläubig*) orthodox: ein ~er Christ an orthodox (*od.* a good) Christian. – 3. *fig.* (*unnachgiebig, engstirnig*) orthodox, *Am.* colloq. hard-shell (*attrib*). — **Or·tho'do·xe** *m* ⟨-n; -n⟩ *relig.* Orthodox. — **Or·tho·do'xie** [-'ksi] *f* ⟨-; *no pl*⟩ *relig. auch fig.* orthodoxy.

or·tho·drom [ɔrto'dro:m] *adj mar.* (*in der Nautik*) orthodromic. — **Or·tho'dro·me** *f* ⟨-; -n⟩ orthodrome, orthodromic line.

Or·tho·epie [ɔrto⁹e'pi:] *f* ⟨-; *no pl*⟩ *ling.* (*richtige Lautung*) orthoepy, standard (German) pronunciation.

Or·tho·ge·ne·se [ɔrtoge'ne:zə], **~'ge·ne·sis** [-'ge:nezis] *f biol.* orthogenesis. — **o~ge'ne·tisch** [-ge'ne:tɪʃ] *adj* orthogenetic.

Or·tho·gon [ɔrto'go:n] *n* ⟨-s; -e⟩ *math.* rectangle. — **or·tho·go'nal** [-go'na:l] *adj* orthogonal, rectangular.

Or·tho·gra·phie [ɔrtogra'fi:] *f* ⟨-; -n [-ən]⟩ *ling.* orthography, (correct) spelling. — **or·tho'gra·phisch** [-'graːfɪʃ] **I** *adj ling. math.* orthographic, *auch* orthographical: ein ~er Fehler an orthographic mistake; ~e Projektion orthographic projection. – **II** *adv ling.* orthographically: ~ richtig schreiben to spell correctly.

Or·tho·klas [ɔrto'klaːs] *m* ⟨-es; -e⟩ *min.* orthoclase.

Or·tho·pä·de [ɔrto'pɛːdə] *m* ⟨-n; -n⟩ *med.* orthop(a)edist.

Or·tho·pä·die [ɔrtopɛ'di:] *f* ⟨-; *no pl*⟩ orthop(a)edics *pl* (*construed as sg or pl*). – **~me·cha·ni·ker** *m* orthop(a)edic technician (*od.* mechanic).

or·tho·pä·disch *adj* (*Schuhe etc*) orthop(a)edic.

Or·tho·pte·re [ɔrto'ptɛːrə] *f* ⟨-; -n⟩, **Or·'tho·pte·ron** [-'tɔptərɔn] *n* ⟨-s; -pteren [-to'ptɛːrən]⟩ *meist pl zo.* orthopteron (*Ordng Orthoptera*).

Or·tho·skop [ɔrto'sko:p] *n* ⟨-s; -e⟩ *med.* orthoscope. — **Or·tho·sko'pie** [-sko'pi:] *f* ⟨-; *no pl*⟩ orthoscopy. — **or·tho'sko·pisch** *adj* orthoscopic.

or·tho·ze·phal [ɔrtotse'fa:l] *adj anthrop.* orthocephalic, orthocephalous. — **Or·tho·ze'pha·le** *m* ⟨-n; -n⟩ orthocephalic. — **Or·tho·ze·pha'lie** [-fa'li:] *f* ⟨-; *no pl*⟩ orthocephaly.

ört·lich ['œrtlɪç] **I** *adj* 1. (*auf einen Ort bezogen*) local, regional: ~e Besonderheiten local (*od.* regional) peculiarities (*od.* characteristics); ~e Nachrichten local news (*construed as sg or pl*); ~e Selbstverwaltung *pol.* local self-government; ~e Sitten und Gebräuche local (*od.* vicinal) mores and customs. – 2. *med.* local, topical: ~e Begrenzung localization *Br. auch* -s-; ~e Betäubung local (*od.* topical) an(a)esthetic (*od.* an[a]esthesia); ~e Entzündung local inflammation. – **II** *adv* 3.

locally: das ist ~ verschieden that varies from place to place (*od.* locally); ~ begrenzen *bes. med.* to localize *Br. auch* -s-; ~ betäuben to an(a)esthetize (*Br. auch* -s-) locally, to give a local an(a)esthetic (*od.* an[a]esthesia); ~ verbreitete Krankheit endemic disease; ~ angewandtes Heilmittel topical remedy. — **'Ört·lich·keit** *f* ⟨-; -en⟩ 1. place, locality. – 2. (*Schauplatz*) locality, locale. – 3. eine gewisse ~ *euphem.* cf. Örtchen 2. – 4. *philos.* ubiety, locality.

Or·to·lan [ɔrto'la:n] *m* ⟨-s; -e⟩, **~am·mer** *f zo.* ortolan (bunting) (*Emberiza hortulana*).

'Ort,pfahl *m civ.eng.* bored (*od.* drilled) pile, cast-in-place pile.

'Orts,ad,verb *n ling.* adverb of place. — **~,amt** *n tel.* local exchange, local control office. — **~,an,ga·be** *f* 1. indication (*od.* statement) of place. – 2. (*Adresse*) address, name of place: ohne ~ without (an) address. – 3. (*auf der Landkarte*) (map) reference. — **o~,an,säs·sig** *adj* local, resident. — **~,an,säs·si·ge** *m, f* local, resident, residentiary. — **~,an,säs·sig·keit** *f* ⟨-; *no pl*⟩ residence. — **o~,an,we·send** *adj* present. — **~,aus,gang** *m* exit of a town (*od.* village). — **~,aus,schuß** *m* local committee. — **~,be,ben** *n geol.* local earthquake. — **~,be,hör·de** *f* local authorities *pl.* — **~,be,schaf·fen·heit** *f* nature (*od.* peculiarities *pl*) of a place (*od.* a locality). — **~,be,schrei·bung** *f geogr.* topography. — **~,be,sich·ti·gung** *f* 1. inspection of a locality. – 2. *jur.* (*Lokaltermin*) local inspection. — **~,be,stim·mung** *f* 1. (*Lokalisierung*) localization *Br. auch* -s-. – 2. *geogr.* determination (*od.* fixing) of the geographical position. – 3. *aer. mar.* (*Peilung*) a) (*als Ergebnis*) fix, bearing, location, b) (*als Fähigkeit*) fixing of position, position-finding. – 4. *ling.* adverb (*od.* adverbial phrase) of place. — **o~,be,weg·lich** *adj tech.* (*Maschine etc*) mobile, movable, (*kleinere Maschinen*) *auch* portable. — **~,be,woh·ner** *m* inhabitant, local, resident, *pl* local people, inhabitants. — **~,be,zeich·nung** *f* name of a place (*od.* village, town).

'Ort·schaft *f* ⟨-; -en⟩ 1. small town, place: geschlossene ~ (*Verkehrszeichen*) built-up area. – 2. (*Dorf*) village.

'Ort,scheit *n tech.* (*beim Wagenbau*) swingletree, *Br.* swingle-tree, singletree, *Br.* single-tree, *Br.* splinter bar, *Am.* whiffletree.

'Orts,emp,fang *m* (*radio*) *telev.* local (*od.* short-distance) reception. — **~,fern,sprech,netz** *n tel.* local exchange network. — **o~,fest** *adj* 1. (*unbeweglich*) stationary. – 2. *tech.* stationary, fixed, rigidly mounted. – 3. *mil.* (*Stellung*) permanent. — **o~,fremd** *adj* nonlocal, nonresident, from outside: ich bin hier ~ I am a stranger to this locality. — **~,ge,brauch** *m* 1. local custom. – 2. *econ.* local usage (*od.* custom). — **o~,ge,bun·den** *adj* 1. (*Person*) attached (*od.* tied) to a certain place. – 2. (*Sache*) stationary, permanent: nicht ~ mobile. – 3. *econ.* (*Industrie*) resources-bound. – 4. *med.* (*Typhus etc*) localized *Br. auch* -s-. — **~,ge,dächt·nis** *n* (good *od.* retentive) memory for places. — **~,geist·li·che** *m relig.* local clergyman (*od.* minister, parson), *bes. Br.* local. — **~,ge,schich·te** *f* local history. — **~,ge,spräch** *n tel.* local call. — **~,grup·pe** *f* (*einer Partei, eines Vereins etc*) local branch, *Am. auch* chapter. — **~,kennt·nis** *f* knowledge of (*od.* familiarity with) a place, local knowledge: ~ besitzen (*od.* haben) to know a place. — **~,kenn,zahl** *f tel.* cf. Ortsnetz-Kennzahl. — **~,klas·se** *f* locality class, classification of a residential area (*according to living costs*). — **~,kom·man,dant** *m mil.* town commander, *bes. Br.* town major. — **~,kom·man·dan,tur** *f army* post, local headquarters *pl* (*often construed as sg*). — **~,kran·ken,kas·se, 'All·ge,mei·ne** *f* German form of compulsory health insurance. — **o~,kun·dig** *adj* familiar with a place (*od.* locality): ~ sein to know a place. — **~,na·me** *m* place name, toponym (*scient.*). — **~,na·men,for·schung** *f* study of place names; toponymy, *auch* toponomy (*scient.*).

'Orts,netz *n* 1. *tel.* local exchange (*od.* telephone) network. – 2. *electr.* local network. — **~,be,reich** *m tel.* local service area. — **~,Kenn,zahl** *f* trunk (dial[l]ing) code, preselection number, prefix.

'Orts,pfar·rer *m relig.* cf. Ortsgeistliche.

— ˌpo·li·zei(·be¦hör·de) *f* local police (authorities *pl*). — ˌschild *n* signpost indicating name of town. — ˌsen·der *m* (*radio*) *telev*. local transmitter. — ˌsinn *m* sense of location (*od*. orientation), sense (*od*. bump) of locality. — ˌsta¦tut *n* by(e)-law, *Br*. by(e)-law, *bes. Am*. town ordinance. — ˌta·fel *f cf*. Ortsschild. — ˌteil¦neh·mer *m tel*. local subscriber.

'Ort¦stein *m agr*. hardpan.

'orts·üb·lich *adj* customary at (*od*. in) a place.

'Orts¦un·ter¦kunft *f mil*. billet(s *pl*), cantonment. — ˌver¦än·de·rung *f* change of place (*od*. scenery), locomotion (*scient*.). — ˌver¦kehr *m* 1. local traffic. – 2. (*von öffentlichen Verkehrsmitteln*) local traffic (*od*. communication). – 3. *tel*. local telephone traffic. – 4. (*postal service*) local service. — ˌver¦zeich·nis *n* gazetteer. — ˌvor¦ste·her *m* chief magistrate of a (small) community, *Br. etwa* chairman of the parish council. — ˌwech·sel *m cf*. Ortsveränderung. — ˌzeit *f* local time: mittlere ˌ local mean time. — ˌzu·la·ge *f*, ˌzu¦schlag *m econ*. local bonus. — ˌzu¦stel·lung *f* (*postal service*) local delivery.

'Or·tung *f* ⟨-; -en⟩ 1. *cf*. Orten. – 2. *aer. mar*. a) (*als Oberbegriff*) navigation, direction-finding, detection, b) (*Funkortung*) radiolocation. – 3. *tech. math*. direction (*od*. position) finding, location.

'Or·tungs¦ba·ke *f aer*. beacon. — ˌge¦rät *n* 1. *aer. mar*. position fixer (*od*. finder), localizer *Br. auch* -s-. – 2. *mar. mil*. (*gegen U-Boote*) detection equipment, locator. — ˌpunkt *m* location (*od*. reference) point. — ˌsta·ti¦on *f* (*Peilstation*) direction-finder (*od*. -finding) station.

Os·car ['ɔskar] *m* ⟨-(s); -(s)⟩ (*amer. Filmpreis*) Oscar.

Öse ['øːzə] *f* ⟨-; -n⟩ 1. (*an Kleidern etc*) eye: Haken und ˌn hooks and eyes; sie spielten mit Haken und ˌn (*sport*) *colloq*. they used every trick in the book (*colloq*.). – 2. (*am Schuh*) eyelet: durch eine ˌ ziehen to lace (*s.th.*) through an eyelet. – 3. *tech*. (*kleiner Metallring*) ring, eye, eyelet, loop. – 4. (*einer Nadel*) eye(let). – 5. (*eines Knopfes*) shank. – 6. (*Schleife eines Taues etc*) loop, bend.

'Ösen¦ha·ken *m* eyehook. — ˌschrau·be *f tech*. eye bolt. — ˌzan·ge *f* eyelet pliers *pl* (*construed as sg or pl*).

Osi·ris [o'ziːrɪs] *npr m* ⟨-; *no pl*⟩ *myth*. Osiris (*Egyptian god of the lower world*).

Os·kar ['ɔskar] *npr m* ⟨-s; *no pl*⟩ Oscar: er ist frech wie ˌ *colloq*. he is (as) bold as brass, he is a cheeky (*od*. saucy) fellow (*colloq*.), *Br. colloq*. he is a proper cheeky Charlie.

Os·ker ['ɔskər] *m* ⟨-s; -⟩ *antiq*. Oscan. — **'os·kisch I** *adj* Oscan. – **II** *ling*. O~ ⟨generally undeclined⟩, das O~e ⟨-n⟩ Oscan. — **'Os·kisch-'Um·brisch** *ling*. ⟨generally undeclined⟩, das ˌe ⟨-n⟩ Osco-Umbrian.

Os·ma·ne [-'maːnə] *m* ⟨-n; -n⟩ Ottoman, Osmanli, *auch* Osman. — **os·ma·nisch I** *adj* Osmanli, *auch* Osman, Ottoman: das O~e Reich the Ottoman Empire. – **II** *ling*. O~ ⟨generally undeclined⟩, das O~e ⟨-n⟩ Osmanli, *auch* Osman, Turkish.

Os·mi·um ['ɔsmi̯um] *n* ⟨-s; *no pl*⟩ *chem*. osmium (Os). — ˌsäu·re *f* osmic acid (H₂OsO₄).

Os·mo·lo·gie [ɔsmolo'giː] *f* ⟨-; *no pl*⟩ *med*. osmology.

Os·mo·se [ɔs'moːzə] *f* ⟨-; *no pl*⟩ *chem*. osmosis. — **os'mo·tisch** [-tɪʃ] *adj* (*Druck, Wert etc*) osmotic.

Öso·pha·go·sko·pie [øzofagosko'piː] *f* ⟨-; *no pl*⟩ *med*. (*Speiseröhrenspiegelung*) (o)esophagoscopy.

Öso·pha·gus [ø'zoːfagus] *m* ⟨-; -gi [-gi]⟩ *med*. (*Speiseröhre*) (o)esophagus.

Os·sa·ri·um [ɔ'saːri̯um] *n* ⟨-s; -rien⟩ (*Beinhaus*) ossuary.

Os·se·in [ɔse'iːn] *n* ⟨-s; *no pl*⟩ *biol*. ossein.

Os·se·te [ɔ'seːtə] *m* ⟨-n; -n⟩ (*im Kaukasus*) Osset, *auch* Os(s)ete, Ossetian, Ossetine.

Os·si·fi·ka·ti·on [ɔsifika'tsi̯oːn] *f* ⟨-; -en⟩ *med*. (*Verknöcherung*) ossification.

Os·sua·ri·um [ɔ'sŭaːri̯um] *n* ⟨-s; -rien⟩ *cf*. Ossarium.

Ost¹ [ɔst] ⟨*invariable*⟩ 1. (*Himmelsrichtung*) east: von ˌ nach West verlaufen to run from east to west; ˌ zu Nord *mar*. east by north; Süd zu ˌ *mar*. south by east. – 2. *pol*. eine Konferenz mit Teilnehmern aus

ˌ und West a conference with participants from East and West; die Spannungen zwischen ˌ und West abbauen to reduce the tension(s) between East and West.

Ost² *m* ⟨-(e)s; *rare* -e⟩ *meteor*. (*Ostwind*) east wind, *auch* east, easterly.

'ost|afri·ka·nisch *adj* East African. — **O~·asia·te** [-ʔa'zi̯aːtə] *m* East Asian, Oriental. — **ˌasia·tisch** [-ʔa'zi̯aːtɪʃ] *adj* East Asian, Oriental. — **O~·Ber·lin** *n* ⟨-s⟩ 1. East Berlin. – 2. *colloq*. East Berlin, (the) German Democratic Republic. — **O~·ber·li·ner** *m* East Berliner.

'Ost¦block *m pol*. Eastern Bloc. — ˌstaat *m* state of the Eastern Bloc, Eastern Bloc state.

'ost¦deutsch *adj* 1. *geogr*. Eastern German. – 2. *pol*. East German. — **O~¦deut·sche** *m, f* inhabitant of Eastern Germany.

Os·ten ['ɔstən] *m* ⟨-s; *no pl*⟩ 1. (*Himmelsrichtung*) east: im ˌ in the east; im ˌ von to the east of; nach ˌ east; in Richtung ˌ eastward(s); von ˌ, aus ˌ easterly; genau nach ˌ due east; der Wind kommt von ˌ the wind is in the east; die Sonne geht im ˌ auf the sun rises in the east; dieses Schiff geht nach ˌ this boat is eastbound; ein Flug in Richtung ˌ an eastbound flight; das Zimmer geht (*od*. liegt) nach (*od. poet*. gen) ˌ the room faces east. – 2. (*Landstrich, Gegend*) East, *auch* east: der ˌ spricht eine andere Mundart als der Süden in the East they speak a dialect different from that in the South; im ˌ einer Stadt in the East End (*Am*. Side) of a town. – 3. *geogr. pol*. East, Orient: wir reisen nach dem ˌ we are going to travel to the East (*od*. Orient); → fern 1; mittler 1; nah 1. – 4. *colloq*. for Ostblock. – 5. *colloq*. (the) German Democratic Republic.

'osten *v/t* ⟨h⟩ *arch*. (*Kirche*) orient.

osten·si·bel [ɔstɛn'ziːbəl] *adj obs*. 1. presentable. – 2. conspicuous.

osten·siv [ɔstɛn'ziːf] *adj u. adv obs*. for ostentativ.

Osten·so·ri·um [ɔstɛn'zoːri̯um] *n* ⟨-s; -rien⟩ *röm.kath. cf*. Monstranz.

osten·ta·tiv [ɔstɛnta'tiːf] **I** *adj* 1. (*Maßnahme, Erscheinung etc*) ostentatious. – 2. (*herausfordernd*) ostentatious, challenging, defiant. – 3. (*prahlend*) boasting, ostentatious. – **II** *adv* 4. er verließ ˌ den Raum he ostentatiously left the room.

Osteo·ar·thri·tis [ɔsteoʔar'triːtɪs] *f med*. osteoarthritis.

Osteo·blast [ɔsteo'blast] *m* ⟨-en; -en⟩ *med*. osteoblast.

osteo·gen [ɔsteo'geːn] *adj med*. osteogenetic, osteogenic, osteogenous. — **Osteo·ge'ne·se** [-ge'neːzə] *f* osteogenesis.

Osteo·klast [ɔsteo'klast] *m* ⟨-en; -en⟩ *med*. osteoclast.   [osteolysis.]

Osteo·ly·se [ɔsteo'lyːzə] *f* ⟨-; *no pl*⟩ *med*.

Oste·om [ɔste'oːm] *n* ⟨-s; -e⟩ *med*. osteoma, bone tumor (*bes. Br*. tumour).

Osteo·ma·la·zie [ɔsteomala'tsiː] *f* ⟨-; -n [-ən]⟩ *med*. osteomalacia.

Osteo·mye·li·tis [ɔsteomye'liːtɪs] *f* ⟨-; *no pl*⟩ *med*. osteomyelitis.

Osteo·path [ɔsteo'paːt] *m* ⟨-en; -en⟩ *med*. osteopath, osteopathic physician. — **Osteo·pa'thie** [-pa'tiː] *f* ⟨-; -n [-ən]⟩ osteopathy.

Osteo·tom [ɔsteo'toːm] *n* ⟨-s; -e⟩ *med*. (*Instrument*) osteotome. — **Osteo·to'mie** [-to'miː] *f* ⟨-; -n [-ən]⟩ osteotomy.

'Oster|¦beich·te ['oːstər-] *f röm.kath*. confession made at Easter. — ˌblu·me *f bot*. 1. (*gelbe*) daffodil, Easter lily, bastard narcissus (*Narcissus pseudonarcissus*). – 2. (*weiße*) wood anemone (*Anemona nemorosa*). — ˌbrauch *m* Easter custom. — ˌei *n* Easter egg: ˌer suchen to search for Easter eggs. — ˌfei·er¦tag *m* Easter (holi)day. — ˌfe·ri·en *pl* Easter holidays (*Am*. vacation *sg*). — ˌfest *n relig. cf*. Ostern 2. — ˌfeu·er *n* 1. bonfire made on Easter Eve. – 2. *röm.kath*. fire kindled outside the church by means of flint and steel. — ˌglocke *f* (*getr*. -k·k-) *bot. cf*. Narzisse. — ˌha·se *m* 1. Easter rabbit (*od*. bunny). – 2. (*Geschenk*) Easter present. — ˌkar·te *f* Easter card. — ˌker·ze *f röm.kath*. (*geweihte*) paschal (*od*. Easter) candle. — ˌlamm *n* 1. paschal lamb. – 2. (*der Juden*) paschal (lamb), passover.

öster·lich ['øːstərlɪç] *adj* Easter (*attrib*), paschal: ˌe Zeit Easter time.

'Oster·lu¦zei [-lu¦tsai] *f* ⟨-; -en⟩ *bot*. hollowroot, birthwort (*Gattg Aristolochia*): Gemeine ˌ common birthwort (*A. clematitis*).

'Oster|¦mahl *n relig*. paschal (supper). — ˌmarsch *m pol*. Easter protest march. — ˌmes·se *f relig*. Easter mass. — ˌmo·nat, ˌmond *m obs*. Easter month, April. — ˌmon¦tag *m* Easter Monday.

Ostern ['oːstərn] *n* ⟨-; *dial*. (*in Wunschformeln od. Austrian and Swiss only*) -⟩ 1. Easter: zu (*Southern G*. an) ˌ at Easter; weiße ˌ (*mit Schnee*) white Easter *sg*; frohe (*od*. fröhliche) ˌ! Happy Easter! ˌ fällt diesmal (*od. dial*. diese ˌ fallen) spät Easter is late this year; ˌ steht vor der Tür Easter is just round the corner; wenn ˌ und Pfingsten auf einen Tag fallen *fig. colloq*. when Good Friday falls on a Thursday, when two Sundays come together (*od*. in a week), not in a month of Sundays, when Dover and Calais meet. – 2. *relig*. (*Osterfest*) a) Easter, b) (*der Juden*) Pasch(a), Passover: Samstag vor ˌ Holy Saturday; zweiter Sonntag vor ˌ Passion Sunday; Sonntag nach ˌ Low Sunday, Quasimodo (geniti).

'Oster|¦nacht *f* Easter Eve. — ˌnest *n* nest for Easter eggs. — ˌop·fer *n relig*. passover.

Öster·rei·cher ['øːstəraiçər] *m* ⟨-s; -⟩, **'Öster·rei·che·rin** *f* ⟨-; -nen⟩ Austrian. — **'öster·rei·chisch** *adj* Austrian.

'öster·rei·chisch-'un·ga·risch *adj hist*. Austro-Hungarian. — **'Öster·reich-'Un·garn** *n* ⟨-s; *no pl*⟩ *hist*. Austria-Hungary.

'Oster|'sams¦tag *m* Easter Eve, Holy Saturday. — ˌschel·le *f bot. cf*. Küchenschelle. — ˌsonn¦tag *m* Easter Sunday, Easter day. — ˌspiel *n* (*literature*) Easter play. — ˌwas·ser *n röm.kath*. Easter water. — ˌwo·che *f* 1. Easter week. – 2. *relig*. Holy Week. — ˌzeit *f* Easter tide, *auch* Easter time (*od*. season).

'Ost|eu·ro·pä·er *m* East European. — **o~eu·ro'pä·isch** *adj* (*od*. Eastern) European: ˌe Zeit Eastern Time.

'Ost¦fa·le [-'faːlə] *m* ⟨-n; -n⟩ *hist*. Ostphalian.

'Ost|¦flücht·ling *m pol*. refugee from the German Democratic Republic. — ˌfran·ke *m meist pl hist*. East Franconian. — **o~¦frän·kisch I** *adj* East Franconian. – **II** *ling*. O~ ⟨generally undeclined⟩, das O~e ⟨-n⟩ East Franconian. — ˌfrie·se *m* East Frisian. — **o~'frie·sisch I** *adj* East Frisian. – **II** *ling*. O~ ⟨generally undeclined⟩, das O~e ⟨-n⟩ East Frisian. — ˌfront *f mil. hist*. east(ern) front. — ˌge¦bie·te *pl pol*. Eastern territories (of Germany). — ˌgeld *n econ. cf*. Ostmark². — **o~ger¦ma·nisch** *hist*. **I** *adj* East Germanic. – **II** *ling*. O~ ⟨generally undeclined⟩, das O~e ⟨-n⟩ East Germanic. — ˌgo·te *m hist*. East Goth, Ostrogoth. — **o~¦go·ten¦reich** *n* East Gothic Empire. — **o~¦go·tisch** *adj* East Gothic, Ostrogothic, Ostrogothian. — ˌgren·ze *f pol*. Eastern frontier (*od*. border).

Ostia·ri·us [ɔs'ti̯aːri̯us] *m* ⟨-; -rier⟩ *röm. kath*. ostiary, doorkeeper, porter.

osti·nat [ɔsti'naːt], **osti'na·to** [-to] *adv u. adj mus*. ostinato.

'Ost|'in·der *m* East Indian. — **o~'in·disch** *adj* (*od*. East) Indian: O~e Gesellschaft *hist*. East India Company.

'ostisch *adj anthrop*. (*Rasse*) Alpine.

Osti·tis [ɔs'tiːtɪs] *f* ⟨-; -tiden [-ti'tiːdən]⟩ *med*. osteitis.

Osti·um ['ɔsti̯um] *n* ⟨-s; Ostia [-ti̯a]⟩ *med*. ostium, mouth, opening, orifice.

Ostja·ke [ɔs'ti̯aːkə] *m* ⟨-n; -n⟩ Ostyak, *auch* Ostiak. — **ostja·kisch** [-'ti̯aːkɪʃ] *adj* Ostyak, *auch* Ostiak.

'Ost|¦ju·de *m* Eastern Jew, Ashkenazi. — ˌkir·che *f relig*. Orthodox Church.

'Ost¦län·der *pl pol*. Eastern Countries.

öst·lich ['œstlɪç] **I** *adj* 1. (*Landesteil etc*) east(ern), easterly: ˌst easternmost; ˌe Länge east longitude; in ˌer Richtung (toward[s]) the east, eastward(s); der ˌe Teil Bayerns the eastern part of Bavaria. – 2. (*Wind, Richtung*) east, easter(n)ly, eastwardly: Wind aus ˌen Richtungen *meteor*. easterly wind. – 3. (*morgenländisch*) Oriental, *auch* oriental, orient (*poet*.). – **II** *adv* 4. east, eastward(s), easter(n)ly: ˌ von Berlin (to the) east of Berlin. – **III** *prep* ⟨gen⟩ 5. (to the) east of: ˌ des Waldes (to the) east of the forest; ˌ Berlins (to the) east of Berlin.

'**Ost,mark**[1] *f hist.* a) Austria, b) Eastern march (*od.* borderland), c) Ostmark.

'**Ost,mark**[2] *f econ.* East German mark.

'**Ost,mit·tel,deutsch** *ling.* ⟨*generally undeclined*⟩, **das ⁓e** ⟨-n⟩ East Middle German.

,**Ost,nord'ost**[1] ⟨*invariable*⟩ (*Himmelsrichtung*) east-northeast.

,**Ost,nord'ost**[2] *m* ⟨-(e)s; -e⟩ (*Wind*) east-northeast wind.

,**Ost,nord'osten** *m cf.* Ostnordost[1].

'**Ost|po·li,tik** *f pol.* Eastern policy, *auch* Ostpolitik. — ⁓,**preu·ße** *m* ⁓,**preu·ßin** *f* East Prussian. — **o⁓,preu·ßisch I** *adj* East Prussian. — **II O⁓** ⟨*generally undeclined*⟩, **das O⁓e** ⟨-n⟩ East Prussian. — ⁓,**punkt** *m astr.* east point, due east.

Östra·di·ol [œstraˈdioːl] *n* ⟨-s; *no pl*⟩ *biol.* (o)estradiol.

Ostra·kis·mos [ɔstrakɪsˈmɔs] *m* ⟨-; *no pl*⟩ *antiq. cf.* Ostrazismus.

Ostra·ko·de [ɔstraˈkoːdə] *m* ⟨-n; -n⟩ *zo. cf.* Muschelkrebs.

Ostra·kon [ˈɔstrakɔn] *n* ⟨-s; -ka [-ka]⟩ *antiq.* ostracon, ostrakon.

Ostra·zis·mus [ɔstraˈtsɪsmʊs] *m* ⟨-; *no pl*⟩ *antiq.* ostracism.

Östri·ol [œstriˈoːl] *n* ⟨-s; *no pl*⟩ *biol.* (o)estriol.

Östro·gen [œstroˈgeːn] *n* ⟨-s; -e⟩ *biol.* (o)estrogen.

'**Ost,rom** *n* ⟨-s; *no pl*⟩ *hist.* the Eastern Roman (*od.* Byzantine) Empire, the Empire of the East. — '**Ost,rö·mer** *m* Eastern Roman. — '**ost,rö·misch** *adj* Eastern Roman, Byzantine: **das O⁓e Reich** *cf.* Ostrom.

Östron [ˈœstrɔn] *n* ⟨-(s); *no pl*⟩ *biol.* (o)estrone, folliculin.

Östrus [ˈœstrʊs] *m* ⟨-; *no pl*⟩ *med. zo.* (o)estrus, *auch* (o)estrum.

'**Ost|,sei·te** *f* east side. — ⁓,**sek·tor** *m pol.* (*von Berlin*) East Sector. — ⁓,**sla·wen** *pl* Eastern Slavs.

,**Ost,süd'ost**[1] ⟨*invariable*⟩ (*Himmelsrichtung*) east-southeast.

,**Ost,süd'ost**[2] *m* ⟨-(e)s; -e⟩ (*Wind*) east-southeast wind.

,**Ost,süd'osten** *m cf.* Ostsüdost[1].

'**Ostung** *f* ⟨-; *no pl*⟩ *arch.* orientation.

'**Ost·ver,trä·ge** *pl pol.* treaties with Eastern Bloc (*od.* Warsaw Pact) states.

'**ost,wärts** *adv* eastward(s), (to the) east, easterly.

'**Ost-'West|-Be,zie·hun·gen** *pl pol.* East-West relations, relations between East and West. — ⁓-,**Han·del** *m econ.* East-West trade.

'**Ost,wind** *m* east wind, *auch* east, easterly.

'**ost|zo,nal** *adj* relating to the Eastern Zone. — **O⁓,zo·ne** *f obs.* Eastern Zone, Soviet-occupied Zone.

Os·zil·la·ti·on [ɔstsɪlaˈtsioːn] *f* ⟨-; -en⟩ *phys.* oscillation, swing.

Os·zil·la·tor [ɔstsɪˈlaːtɔr] *m* ⟨-s; -en [-laˈtoːrən]⟩ *phys. electr.* oscillator. — ⁓,**röh·re** *f electr.* oscillator tube (*bes. Br.* valve).

os·zil·lie·ren [ɔstsɪˈliːrən] *v/i* ⟨*no* ge-, h⟩ oscillate, swing.

Os·zil·lo·gramm [ɔstsɪloˈgram] *n* ⟨-s; -e⟩ *electr. phys. tech.* oscillogram: ⁓ **einer Schallwelle** visible sound.

Os·zil·lo·graph [ɔstsɪloˈgraːf] *m* ⟨-en; -en⟩ *phys.* oscillograph, *auch* oscilloscope.

Ot·al·gie [otalˈgiː] *f* ⟨-; -n [-ən]⟩ *med.* (*Ohrenschmerz*) otalgia.

Oti·tis [oˈtiːtɪs] *f* ⟨-; -tiden [otiˈtiːdən]⟩ *med.* otitis, inflammation of the ear.

Oto·lith [otoˈliːt; -ˈlɪt] *m* ⟨-s; -e⟩ *med.* (*Hörstein*) statolith, otolith.

Oto·lo·gie [otoloˈgiː] *f* ⟨-; *no pl*⟩ *med.* otology.

Oto·skop [otoˈskoːp] *n* ⟨-s; -e⟩ *med.* (*Ohrspiegel*) otoscope.

Ot·ta·ve·ri·me [ɔˌtaːveˈriːme] *pl metr.* ottava rima *sg.*

Ot·ter[1] [ˈɔtər] *m* ⟨-s; -⟩ *zo.* otter (*Unterfam.* Lutrinae).

'**Ot·ter**[2] *f* ⟨-; -n⟩ *zo.* adder, viper (*Fam.* Viperidae).

'**Ot·ter|,fell** *n* otter('s skin). — ⁓,**hund** *m* (*Hunderasse*) otter hound (*od.* dog).

Ot·tern... *cf.* Otter...

'**Ot·ter|,spitz,maus** *f zo.* otter shrew (*Potamogale velox*). — ⁓,**zun·ge** *f* **1.** *bot. cf.* Natterzunge. - **2.** *geol.* fossilized (*Br. auch* -s-) shark's tooth.

Ot·to·ma·ne[1] [ɔtoˈmaːnə] *m* ⟨-n; -n⟩ *cf.* Osmane.

Ot·to'ma·ne[2] *f* ⟨-; -n⟩ *obs. for* Sofa.

ot·to'ma·nisch *adj cf.* osmanisch.

'**Ot·to,mo·tor** [ˈɔto-] *m auto.* Otto (internal-combustion) engine, Otto carburetor (*bes. Br.* carburettor) engine, gasoline (*Br.* petrol) (*od.* spark-ignition) engine.

Ot·to·ne [ɔˈtoːnə] *m* ⟨-n; -n⟩ *hist.* Ottonian. — **ot'to·nisch** *adj* Ottonian.

Ott·re·lith [ɔtreˈliːt; -ˈlɪt] *m* ⟨-s; -e⟩ *min.* ottrelite.

out [aʊt] (*Engl.*) *bes. Austrian and Swiss* (*sport*) **I** *adj only in* ⁓ **sein** (*vom Ball*) to be out. – **II O⁓** *n* ⟨-(s)⟩ out.

Out·cast [ˈaʊt,kaːst] (*Engl.*) *m* ⟨-s; -s⟩ outcast, pariah.

Out·put [ˈaʊt,pʊt] (*Engl.*) *m* ⟨-; *no pl*⟩ **1.** *electr.* output. - **2.** *econ.* (*auch in der Statistik*) output.

ou·trie·ren [uˈtriːrən] *v/t u. v/i* ⟨*no* ge-, h⟩ *obs. for* übertreiben.

Out·si·der [ˈaʊtsaɪdər; ˈaʊtˈsaɪdə] (*Engl.*) *m* ⟨-s; -⟩ (*sport*) *econ.* outsider.

Ou·ver·tü·re [uverˈtyːrə] *f* ⟨-; -n⟩ **1.** *mus.* overture, prelude. – **2.** *fig.* overture, prelude, commencement.

oval [oˈvaːl] **I** *adj* **1.** oval(-shaped), oviform, egg-shaped, ovate (*scient.*). – **II O⁓** *n* ⟨-s; -e⟩ **2.** oval, egg form (*od.* shape). – **3.** (*sport*) (*Stadion, Rennbahn etc*) oval.

Ov·al·bu·min [ovalbuˈmiːn] *n* ⟨-s; *no pl*⟩ *chem. biol.* ovalbumin, egg albumin.

ova·ri·al [ovaˈriaːl] *adj med.* ovarian.

Ova·ri·ek·to·mie [ovariɛktoˈmiː] *f* ⟨-; -n [-ən]⟩ *med.* removal of an ovary; ovariectomy, oophorectomy (*scient.*). — **ova·ri·ek·to'miert** [-ˈmiːrt] *adj* ovariectomized *Br. auch* -s-.

Ova·rio·to·mie [ovarioˈmiː] *f* ⟨-; -n [-ən]⟩ *med.* ovariotomy.

Ova·ri·um [oˈvaːriʊm] *n* ⟨-s; -rien⟩ *med. biol.* (*Eierstock*) ovary.

Ova·ti·on [ovaˈtsioːn] *f* ⟨-; -en⟩ ovation: **j-m eine ⁓ darbringen** (*od.* bereiten) to give s.o. an ovation, to give s.o. an enthusiastic applause, to cheer s.o.

Over·all [ˈoːvərɔːl; ˈoʊvərɔːl] (*Engl.*) *m* ⟨-s; -s⟩ overalls *pl*, boiler suit, dungarees *pl*, *Am.* coverall(s *pl*).

Ovi·disch [oˈviːdɪʃ] *adj* (*von Ovid stammend*) of (*od.* by) Ovid, Ovidian.

ovi·disch [oˈviːdɪʃ] *adj* (*in der Art Ovids*) Ovidian.

Ovi·dukt [oviˈdʊkt] *m* ⟨-(e)s; -e⟩ *med.* oviduct.

ovi·par [oviˈpaːr] *adj biol. zo.* oviparous.

ovo·id [ovoˈiːt] **ovoi·disch** [-ˈiːdɪʃ] *adj* ovoid, egg-shaped.

ovo·vi·vi·par [ovoviviˈpaːr] *adj zo.* ovoviviparous.

Ovu·la·ti·on [ovulaˈtsioːn] *f* ⟨-; -en⟩ *biol.* ovulation. — **Ovu·la·ti·ons,hem·mer** *m* ⟨-s; -⟩ *meist pl* ovulation inhibitor.

Ovu·lum [ˈoːvulʊm] *n* ⟨-s; Ovula [-la]⟩ *biol.* ovule, ovulum.

Ovum [ˈoːvʊm] *n* ⟨-s; Ova [-va]⟩ *biol.* ovum.

Oxa·lat [ɔksaˈlaːt] *n* ⟨-s; -e⟩ *meist pl chem.* oxalate.

Oxa·lit [ɔksaˈliːt; -ˈlɪt] *m* ⟨-s; -e⟩ *min.* oxalite, humboldtine.

Oxal,säu·re [ɔˈksaːl-] *f* ⟨-; *no pl*⟩ *chem.* oxalic acid. [(COOH)$_2$].

Oxer [ˈɔksər; ˈɔksə] (*Engl.*) *m* ⟨-s; -⟩ (*sport*) (*beim Springreiten*) oxer.

'**Ox·ford-Be,we·gung** [ˈɔksfɔrt-] *f relig.* Oxford movement, *auch* Oxford Movement, Tractarianism.

Ox·for·der [ˈɔksfɔrdər] **I** *m* ⟨-s; -⟩ **1.** Oxonian, Oxfordian, inhabitant of Oxford. – **2.** *ped.* Oxonian, Oxfordian, Oxford man, student (*od.* graduate) of Oxford University. – **II** *adj* ⟨*attrib*⟩ **3.** Oxonian, Oxfordian, (of) Oxford.

Ox·hoft [ˈɔkshɔft] *n* ⟨-(e)s; -e⟩ (*altes Flüssigkeitsmaß*) hogshead.

Oxid [ɔˈksiːt] *n* ⟨-(e)s; -e⟩ *chem.* oxide, *auch* oxyde.

Oxim [ɔˈksiːm] *n* ⟨-s; -e⟩ *meist pl chem.* oxime.

Oxy·bio·se [ɔksybiˈoːzə] *f* ⟨-; -n⟩ *biol.* oxybiosis, aerobiosis.

Oxyd [ɔˈksyːt] *n* ⟨-(e)s; -e⟩ *chem. cf.* Oxid.

Oxy·da·se [ɔksyˈdaːzə] *f* ⟨-; -n⟩ *biol.* oxidase.

Oxy·da·ti·on [ɔksydaˈtsioːn] *f* ⟨-; -en⟩ *chem.* oxidation.

oxy·da·ti·ons|,fä·hig *adj* oxidizable. — ⁓,**fest** *adj* nonoxidizable *Br. non-*. — **O⁓,flam·me** *f* oxidizing (*od.* oxidation) flame, outer flame. — **O⁓,mit·tel** *n* oxidizing agent, oxidizer, oxidant. — **O⁓,vor,gang** *m* oxidation process.

Oxy·da·tor [ɔksyˈdaːtɔr] *m* ⟨-s; -en [-daˈtoːrən]⟩ (*space*) oxidizer.

oxy'dier·bar *adj chem.* oxidizable, *auch* oxidable: **nicht ⁓** unoxidizable, nonoxidizable *Br. non-*.

oxy·die·ren [ɔksyˈdiːrən] **I** *v/t u. v/i* ⟨*no* ge-, h⟩ *chem.* oxidize. – **II O⁓** *n* ⟨-s⟩ *verbal noun.* — **Oxy'die·rung** *f* ⟨-; -en⟩ **1.** *cf.* Oxydieren. – **2.** oxidation.

Oxy·di·me·trie [ɔksydimeˈtriː] *f* ⟨-; *no pl*⟩ *chem.* oxidimetry.

Oxy·dul [ɔksyˈduːl] *n* ⟨-s; -e⟩ *chem.* suboxide, lower oxide, protoxide.

Oxy·gen [ɔksyˈgeːn] *n* ⟨-s; *no pl*⟩ *chem.* oxygen (O). — ⁓,**gas** *n* oxygen gas.

Oxy·ge·ni·um [ɔksyˈgeːniʊm] *n* ⟨-s; *no pl*⟩ *chem. cf.* Oxygen.

Oxy·hä·mo·glo·bin [ɔksyhɛmogloˈbiːn] *n* *biol. chem.* oxyhemoglobin (HbO$_2$).

Oxy·mo·ron [ɔˈksyːmɔrɔn] *n* ⟨-s; -ra [-ra]⟩ *ling.* oxymoron.

Oxy·to·non [ɔˈksyːtɔnɔn] *n* ⟨-s; -na [-na]⟩ *ling.* oxytone.

Oxy·ure [ɔksyˈʔuːrə] *m* ⟨-n; -n⟩ *zo. cf.* Madenwurm 1.

Oza'lid|,licht,pau·se [otsaˈliːt-] *f tech.* Ozalid print. — ⁓**ver,fah·ren** *n* Ozalid printing process.

Oze·an [ˈoːtseaːn; otseˈaːn] *m* ⟨-s; -e⟩ ocean, sea: **Großer** (*od.* Stiller, Pazifischer) ⁓ Pacific (Ocean); **Atlantischer** [**Indischer**] ⁓ Atlantic [Indian] Ocean.

Ozea·na·ri·um [otseaˈnaːriʊm] *n* ⟨-s; -rien⟩ (*für Seetiere*) oceanarium.

'**Oze·an|,dampf·er** *m* (ocean) liner, ocean-going (*od.* transoceanic) steamer, (*bes. schneller*) *auch* (ocean) greyhound (*bes. Br.* greyhound). — ⁓,**flug** *m* transoceanic flight.

Ozea·ni·de [otseaˈniːdə] *f* ⟨-; -n⟩ *myth.* (*Meernymphe*) Oceanid.

Ozea·ni·er [otseˈaːniər] *m* ⟨-s; -⟩ *geogr.* Oceanian, inhabitant of Oceania.

ozea·nisch [otseˈaːnɪʃ] *adj* **1.** oceanic. – **2.** *geogr.* Oceanian, oceanic. – **3.** *meteor.* (*Klima*) maritime.

Ozea·no·gra·phie [otseanograˈfiː] *f* ⟨-; *no pl*⟩ *geogr.* oceanography. — **ozea·no'gra·phisch** [-ˈgraːfɪʃ] *adj* oceanographic(al).

'**Oze·an,rie·se** *m colloq.* huge ocean liner.

Oze·lot [ˈoːtselɔt] *m* ⟨-s; -e⟩ **1.** *zo.* ocelot (*Leopardus pardalis*). – **2.** (*Pelz*) ocelot (fur): **ein Mantel aus ⁓** an ocelot coat.

Ozo·ke·rit [otsokeˈriːt; -ˈrɪt] *m* ⟨-s; *no pl*⟩ *min.* ozokerite, earth wax.

Ozon [oˈtsoːn] *n, colloq. m* ⟨-s; *no pl*⟩ *chem.* ozone (O$_3$). — ⁓**ge,halt** *m* ⟨-(e)s; *no pl*⟩ concentration of ozone, ozone concentration. — **o⁓,hal·tig** *adj* ozonic, ozonous, ozoniferous.

Ozo·nid [otsoˈniːt] *n* ⟨-(e)s; -e⟩ *chem.* ozonide.

Ozo·ni·sa·tor [otsoniˈzaːtɔr] *m* ⟨-s; -en [-zaˈtoːrən]⟩ *chem.* ozonizer. — **ozo·ni'sie·ren** [-ˈziːrən] *v/t* ⟨*no* ge-, h⟩ ozonize, ozonate.

Ozo·no·sphä·re [otsonoˈsfɛːrə] *f meteor.* ozonosphere.

ozon|,reich [oˈtsoːn-] *adj* rich in ozone, with a high ozone content. — **O⁓,schicht** *f meteor.* ozone layer, ozonosphere.

P

P, p [pe:] *n* ⟨-; -⟩ **1.** P, p (*sixteenth letter of the German alphabet; twelfth consonant*): **ein großes P** a capital (*od.* large) P; **ein kleines P** a small (*od.* little) p. – **2.** P *chem.* (*Phosphor*) P. – **3.** P *phys.* (*Kraft*) F. – **4.** P *econ.* (*Pesete; span. Währungseinheit*) PTA. – **5.** P *ling.* (*Prädikat*) P.

Pä·an [pɛˈaːn] *m* ⟨-s; -e⟩ *antiq.* paean, *auch* pean, song of victory (*od.* gratitude).

paar [paːr] **I** *indef pron* ⟨*undeclined*⟩ **1. ein ～** (*einige*) a few, some, a couple of (*colloq.*): **sind viele von deinen Freunden gekommen? nur ein ～** did many of your friends come? only a few; **ich war mit ein ～ Freunden dort** I was there with some friends; **ein ～ hundert** several (*od.* a few) hundred; **die ～ Mark!** the couple of marks! the odd mark or two! **mit ein ～ Mark in der Tasche** with a few marks in one's pocket; **warte doch die ～ Minuten!** just wait a few minutes (*od.* a minute or two)! **er machte ein ～ Schritte** he took a few steps; **die Umrisse mit ein ～ groben Strichen andeuten** to sketch the outlines with a few rough strokes; **auf ein ～ Tage** for a few days, for a day or two; **vor ein ～ Jahren** a few years ago; **vor ein ～ Tagen** a few days ago, the other day; **wir kommen in ein ～ Tagen zurück** we will be back in (*od.* within) a few days (*od.* in a day or two); **in den nächsten ～ Tagen** in the next few days; **mit ein ～ Worten** in a few words, in a nutshell; **kann ich Sie auf ein ～ Worte sprechen?** may I have a word (*od.* a few words) with you? **schreiben Sie mir ein ～ Zeilen!** drop me a line! **sich mit ein ～ Zeilen bedanken** to write a few words of thanks; **du kriegst gleich ein ～! colloq. I'll land you one in a minute (*colloq.*)**; **ein ～ Dutzend Male** a few dozen times; **ich habe es dir schon ein ～ dutzendmal gesagt!** I have told you that dozens (and dozens) of times (*od.* time and again)! **ein ～ Male** *cf.* paarmal. – **II** *adj* **2.** *bot. zo.* (*Blätter, Flossen*) paired. – **3.** *math.* (*Zahl*) even: **～ oder unpaar** even or odd (*od.* uneven).

Paar *n* ⟨-(e)s; -e, *nach Zahlenangabe* -⟩ **1.** (*zwei gleiche, zusammengehörige Dinge*) pair: **ein ～ neue** (*rare* neuer) **Schuhe** a pair of new shoes; **mit einem ～ Schuhe(n)** with one pair of shoes; **mit etlichen ～ Schuhen** with several pairs of shoes; **ein ～ Schuhe kostete(n) 50 Mark** a pair of shoes cost 50 marks; **mit zwei ～ gestrickten Strümpfen** (*rare* gestrickter Strümpfe) with two pairs of knitted stockings; **ein ～ Hosen** (*eine Hose*) a pair of trousers; **ein ～ Würstchen** a pair of sausages; **Insekten haben drei ～ Beine** insects have three pairs of legs; **ein ～ Augen hat die im Kopf!** *colloq.* she has (a pair of) wonderful eyes. – **2.** (*Mann und Frau*) pair, couple, two, twain (*poet.*): **zum Tanzen stellten sie sich in** (*od. zu*) **～en auf** they arranged themselves in pairs (*od.* couples) (*od.* two by two, in twos) to dance; **they paired off to dance**; **ein neuvermähltes ～** a newly-wed(ded) couple; **ein unzertrenn-**

liches [verliebtes] **～** an inseparable [a loving] pair (*od.* couple); **sie sind** (*od.* bilden) **ein ungleiches ～** they are (*od.* make) a poorly matched couple; **ein ～ zusammenbringen** to pair a couple off, to bring a couple together; **ein ～ werden** to make a match, to become man and wife; **aus denen wird bestimmt bald ein ～** they will surely soon be man and wife (*od.* married); **sie sind ein würdiges ～!** *iron.* they are a fine pair! there's a pair of them! – **3.** (*Zweigespann*) a) (*von Zugtieren*) pair, couple, yoke, b) (*von Hunden*) brace, pair, couple: **zwei ～ Ochsen** two yoke (*od.* pairs) of oxen. – **4.** *hunt.* (*von Wild, Geflügel*) brace, pair, couple. – **5.** (*beim Kartenspiel*) pair. – **6.** *phys. tech.* (*Kräftepaar*) pair, couple. – **7. zu ～en treiben** *fig. obs.* to scatter, to rout, to put (*people*) to flight.

'Paar·bil·dung *f nucl.* pair production.

paa·ren [ˈpaːrən] **I** *v/t* ⟨h⟩ **1.** *zo.* pair, mate, couple, match: **Tiere** (miteinander) **～** to pair animals. – **2.** (*Mannschaften etc*) match. – **3.** *fig.* (*vereinigen*) join, unite, combine, associate: **er paart Bosheit mit Verschlagenheit** he combines malice with slyness. – **4.** *tech.* a) (*Teile*) mate, b) (*Zahnräder*) mount (*s.th.*) in pairs, pair. – **II** *v/reflex* **sich ～ 5.** *biol. zo.* (*bes. von Tieren*) a) (*von höheren Tieren*) mate, pair, b) (*von Einzellern, niederen Tieren*) copulate, couple, (*bes. von Zellen*) conjugate. – **6.** *phys. math.* conjugate, unite. – **7.** *fig.* (*sich vereinigen*) join, unite, combine, associate: **bei ihm paart sich das Liebenswürdige mit dem Schroffen** he combines charm and gruffness. – **III P～** *n* ⟨-s⟩ **8.** *verbal noun.* – **9.** *cf.* Paarung.

'Paar·hu·fer [-ˌhuːfər] *m* ⟨-s; -⟩ *zo.* artiad, even-toed ungulate: **die ～** the even-toed ungulates, the artiodactyla (*scient.*) (*Ordng Artiodactyla*).

'paa·rig *adj* **1.** *bot.* in pairs, paired, double; conjugate, geminate, binate (*scient.*): **～ gefiedert** with paired leaflets, paripinnate (*scient.*). – **2.** *zo. med.* a) (*gepaart*) paired, b) (*doppelt*) jugate, geminate: **～e Zeugung** true (*od.* sexual) generation.

'Paar|,lauf *m*, **～,lau·fen** *n* (*sport*) (*beim Eis- und Rollkunstlauf*) pair skating. – **～,läu·fer** *m*, **～,läu·fe·rin** *f* pair skater.

'paar,mal *adv* **ein ～**, *colloq.* **～** a few (*od.* several) times, once or twice, a couple of times (*colloq.*): **ich mußte ihn** (ein) **～ ermahnen** I had to warn him several times; **du hast dich** (ein) **～ geirrt** you have made one or two mistakes; **das glaube ich dir nicht! du hast dich schon** (ein) **～ geirrt!** I don't believe that! you've been wrong before! **das wiederholte sich noch ein ～** that was repeated (*od.* repeated itself) another few times (*od.* a few more times).

'Paar,reim *m metr.* consecutive (*od.* adjacent) rhyme.

'Paa·rung *f* ⟨-; -en⟩ **1.** *cf.* Paaren. – **2.** *zo.* a) (*Hochzeit*) mating, b) (*Akt*) copulation. – **3.** (*sport*) (*von Gegnern*) matching. – **4.** *telev.* (line) pairing. – **5.** *tech.* (*Austauschbau*) mating assembly, assembly of mating parts.

'Paa·rungs|,meß·ge,rät *n tech.* sizing and mating device. – **～,trieb** *m biol. zo.* mating urge. – **～,zeit** *f zo. hunt.* mating (*od.* pairing, rutting) season (*od.* time).

'Paar|ver,nich·tung *f nucl. cf.* Zerstrahlung 2. – **～ver,zah·nung** *f tech.* intermating tooth system.

'paar,wei·se I *adv* **1.** in pairs, in couples, in (*od.* by) twos, two by two, two at a time: **～ antreten** a) to line up two by two, b) *bes. mil.* to draw up in double file; **～ ordnen** (*od.* gruppieren) to pair (*od.* arrange in pairs); **～ weggehen** to pair off; **～ zusammenfügen** to put (*things*) together in pairs (*od.* couples), to couple, to pair. – **2.** *bot.* conjugate: **～ stehend** conjugate; **～ verbunden** conjugational. – **II** *adj* **3.** *zo.* as a couple, in couples: **～s Zusammenleben** a) (*in Einehe*) monogamy, b) (*in ökologischen Gruppen*) living in couples.

Pace [peːs; peɪs] (*Engl.*) *f* ⟨-; *no pl*⟩ (*sport*) (*Tempo*) pace. — **Pacer** [ˈpeːsər; ˈpeɪsə] (*Engl.*) *m* ⟨-s; -⟩ (*beim Reitsport*) pacer.

Pacht [paxt] *f* ⟨-; -en⟩ *econ.* **1.** lease: **die ～ aufheben** (*od.* kündigen) to cancel the lease, to give notice; **auf ～** by (*od.* on) lease; **in ～ geben** to let (*od.* put out) (*s.th.*) on lease; **in ～ haben** a) to have (*s.th.*) on lease, to hold (*s.th.*) under lease, to rent, b) *jur.* to tenant; **die ～ läuft ab** the lease is running out; **in ～ nehmen** to take (*s.th.*) on lease, to take a lease of; **die ～ verlängern** (*od.* erneuern) to renew (*od.* extend) the lease. – **2.** (*Pachtbesitz*) leasehold (property), tenure by lease, tenement, tenancy, *bes. Br.* holding, *auch* take: **～ einer Jagd** tenancy of a hunting ground (*od.* shoot, shooting). – **3.** (*Pachtgeld*) rent, rental: **wucherische ～** rack rent; **das Gut bringt x Mark ～ ein** the estate brings in (*od.* yields) a rent of x marks. — **～be,din·gun·gen** *pl* terms of lease, leasehold conditions. — **～be,sitz** *m cf.* Pacht 2. — **～be,trieb** *m* **1.** *agr.* farm under (*od.* on) lease, leasehold estate (*od.* farm), tenant farm. – **2.** *econ.* enterprise (*od.* plant) under lease. — **～,brief** *m cf.* Pachtvertrag. — **～,dau·er** *f* tenancy, term (of lease), lease.

pach·ten [ˈpaxtən] **I** *v/t* ⟨h⟩ **1.** *jur. econ.* (*Grundstück, Bauernhof etc*) (take [*s.th.*] on) lease, take a lease of, rent: **wieder ～** to re-lease. – **2.** *fig. colloq.* (*in Wendungen wie*) **sie tut, als ob sie dich gepachtet hätte** she acts (*od.* behaves) as if she had a monopoly on (*od.* of) you; **er tut, als ob er die Weisheit** (allein) **gepachtet hätte** he thinks he knows everything, *Am. colloq.* he is playing the wise guy. – **II P～** *n* ⟨-s⟩ **3.** *verbal noun.* – **4.** *cf.* Pachtung.

Päch·ter [ˈpɛçtər] *m* ⟨-s; -⟩ *jur. econ.* (*eines Grundstückes, Hofes etc*) tenant (farmer), leaseholder, lessee, renter: **Verpächter und ～** a) landlord and tenant, b) lessor and lessee.

'Pacht|er,trag *m jur. econ.* **1.** rental (received). – **2.** (*Summe verschiedener Pachterträge*) rent-roll. — **p～frei** *adj* rent-free. — **～ge·gen,stand** *m* object of lease (contract). — **～geld** *n cf.* Pacht 3. — **～grund,stück** *n* leasehold (property), (lease-)holding (of land): **kleines landwirtschaftliches** ~ small holding (of land), *Br.* allotment, croft. — **~gut** *n* leasehold property (*od.* estate), holding, (rented) farm, *pl auch* tenemental lands. — **~herr** *m* 1. lessor. – 2. (*eines Hofes etc*) landlord, owner (of a farm). — **~hof** *m* leased (*od.* rented, tenant) farm. — **~jahr** *n* leasehold (*od.* tenancy) year. — **~land** *n* leasehold (*od.* rented) land. — **~schein** *m cf.* Pachturkunde. — **~sum·me** *f* amount of lease, rent, rental. — **~,und-'Leih-,setz** *n jur. pol.* U.S. Lend-Lease Act (1941). — **~-,und-'Leih·ver,trag** *m jur. econ.* lend-lease (contract).

'Pach·tung *f* ⟨-; -en⟩ *jur. econ.* 1. *cf.* Pachten. – 2. (taking on) lease. – 3. *cf.* Pacht 2.

'Pacht|,ur,kun·de *f jur.* (instrument of) lease. — **~ver,hält·nis** *n jur. econ.* tenancy. — **~ver,trag** *m* (contract *od.* indenture of) lease. — **p.~'wei·se** *adv* on lease, by (way of) lease. — **~wert** *m* rental value. — **~,wirt·schaft** *f agr.* tenant (*od.* leased) farm. — **~zeit** *f* (term of) lease, tenure. — **~zins** *m* rent, rental, (*anstelle von Dienstleistungen*) quit rent: **zu hohen ~ verlangen** to demand excessive rent.

Pack¹ [pak] *m* ⟨-(e)s; -e *u.* ⁻e⟩ 1. (*Bücher, Wäsche etc*) pack, packet, package, bundle. – 2. (*Zeitungen, Karten etc*) pile, stack, heap: **zwei ~(e) alter Briefe** two piles of old letters. – 3. (*Gepäck*) luggage, *bes. Am.* baggage: **mit Sack und ~** *fig.* bag and baggage, with all one's goods and chattels. – 4. (*Ballen*) bale. – 5. (*Papiergeld*) sheaf, wad.

Pack² *n* ⟨-(e)s; *no pl*⟩ *colloq. contempt.* (*Gesindel*) rabble, riffraff, pack, mob: **so ein ~!** what a pack of cads! **mit solchem ~ darfst du dich nicht abgeben!** I don't want you to mix with such riffraff! **~ schlägt sich, ~ verträgt sich** (*Sprichwort*) *etwa* the rabble are foes one minute, friends the next.

Päck·chen ['pɛkçən] *n* ⟨-s; -⟩ 1. (*kleines Paket*) (small) parcel. – 2. (*Zigaretten etc*) pack, package. – 3. (*Kartenspiel*) pack, *bes. Am.* deck: **ein ~ Spielkarten** a pack of cards. – 4. *fig.* (*Bürde*) burden, worries *pl*, troubles *pl*: **jeder hat sein ~ zu tragen** everyone has his burden to bear (*od.* carry), each of us has his own troubles. – 5. *mar. colloq.* overall.

'Pack,eis *n mar.* 1. pack (ice): **im ~ festsitzen** to be icebound. – 2. (*Eisbank*) ice pack.

packeln (*getr.* -k·k-) ['pakəln] *v/i* ⟨h⟩ **mit j-m ~** *Austrian colloq. contempt.* to make secret arrangements with s.o.

packen (*getr.* -k·k-) ['pakən] **I** *v/t* ⟨h⟩ 1. (*einpacken*) pack (up): **Kleider [Bücher] in eine Tasche ~** to pack clothes [books] into a bag; **die Tasche voll(er) Bücher ~** to pack the bag full of books; **seine Koffer ~** a) to pack one's suitcases (*od.* trunks), b) *fig. colloq.* to clear out (*colloq.*), to be off, to leave; **ich muß jetzt meine Sachen ~** now I must pack (my things); **Sachen aus dem Koffer ~** to unpack one's suitcase, to take things out of one's suitcase; **du kannst deine Siebensachen ~** *fig. colloq.* (you can) pack up your things and go. – 2. (*einwickeln*) wrap (up): **etwas in** (*acc*) **etwas ~** to wrap s.th. (up) in s.th., to pack s.th. in s.th.; **Zeitungen zu einem Bündel ~** to wrap (*od.* tie) newspapers up in a bundle, to bundle newspapers; **die Bücher zu einem Paket ~** to make a parcel of the books, to do the books up in a parcel, *Am. auch* to package the books; **sie packte ihn fest in die Decke** *colloq.* she wrapped him up well in a blanket; **j-n in Watte ~** *fig.* to handle s.o. with kid gloves; **j-n ins Bett ~** *colloq.* to pack s.o. off to bed. – 3. (*ergreifen*) grab, seize, grip, get hold of, grasp, clutch: **j-n ~** to grab s.o.; **j-n an der Gurgel [am Arm] ~** to grab s.o. by the throat [arm], to grab s.o.'s throat [arm]; **j-n am Kragen ~** to collar s.o., to seize s.o. by the scruff of the neck; **j-n bei der Ehre ~** *fig.* to appeal to s.o.'s hono(u)r, to put s.o. on his hono(u)r (*od.* mettle); **das Entsetzen [die Wut, Liebe] packte ihn** *fig.* he was seized with (*od.* smitten by) horror [wrath, love]; **diesmal hat es mich gepackt** *fig. colloq.* a) (*ich bin krank*) I've got (*od.* caught) it now, this time I've got sick, b) (*ich bin verliebt*) it's got me this time, I've fallen (in love) this time; → Gelegenheit 1; Stier 1; Übel 2. – 4. *fig.* (*er-*

schüttern) seize, get (hold of), grip, shake (*s.o.*) (up), upset: **das Buch [der Film] hat mich gepackt** the book [film] gripped (*od.* captivated) me; **diese rührende Szene packte ihn** he was touched (*od.* very much affected) by this moving scene. – 5. (*spannen*) thrill, hold (*s.o.*) (spellbound): **er versteht es, seine Zuhörer zu ~** he knows how to hold (*od.* fascinate) his audience. – 6. *fig. colloq.* (*bewältigen*) manage: **das packe ich nicht** I cannot manage that; **~ wir's noch?** can we make it in time? – **II** *v/i* 7. pack: **ich muß jetzt ~** now I must pack (my things). – **III** *v/reflex* **sich ~** 8. *fig. colloq.* make (*od.* be) off, decamp, clear out (*colloq.*); beat it, scram (*sl.*): **pack dich! packt euch!** be off! off with you! out you go! **endlich hat er sich zum Teufel gepackt** he's finally gone to the devil (*od.* to blazes, to hell).

'Packen (*getr.* -k·k-) *m* ⟨-s; -⟩ 1. (*Geldscheine, Fotos etc*) pack, pile, bundle. – 2. (*Bücher etc*) pack, stack, pile.

'packend (*getr.* -k·k-) **I** *pres p.* – **II** *adj* 1. (*fesselnd*) gripping, enthralling, impressive, (*intensely*) absorbing: **eine ~e Rede** a gripping speech. – 2. (*spannend*) thrilling, exciting, breathtaking, fascinating: **ein ~es Stück** a thrilling play. – 3. (*ergreifend*) moving, stirring, touching: **eine ~e Szene** a touching scene.

'Packer (*getr.* -k·k-) *m* ⟨-s; -⟩ 1. *econ.* packer. – 2. (*Möbelpacker*) moving (*bes. Br.* removal) man. – 3. *hunt.* (*Hetzhund*) boar hound, coursing dog.

Packe'rei (*getr.* -k·k-) *f* ⟨-; -en⟩ 1. *colloq.* packing: **das ist eine elende ~** this (constant) packing is really annoying. – 2. *econ.* packing room (*od.* department).

'Packe·rin (*getr.* -k·k-) *f* ⟨-; -nen⟩ *econ.* woman packer.

'Packer,lohn (*getr.* -k·k-) *m econ.* (*des Packers*) packer's wage(s *pl sometimes construed as sg*).

'Pack|,esel *m* 1. pack mule, *Br.* pack-mule, sumpter mule, *Br.* sumpter-mule: **wie ein ~ beladen** (*Person*) laden from head to foot. – 2. *fig. colloq.* drudge, fag, slave. — **~,film** *m phot.* film pack.

Pack·fong ['pakfɔŋ] *n* ⟨-s; *no pl*⟩ *chem.* paktong, *auch* packfong.

'Pack|,korb *m* 1. basket, hamper. – 2. (*für Lasttiere*) pannier. — **~,la·ge** *f civ.eng.* (*beim Straßenbau*) base, subbase, bottoming, stone pitching. — **~,lei·nen** *n*, **~,lein,wand** *f* packcloth, sackcloth, packing cloth (*od.* sheet, canvas), sacking, bagging. — **~,li·ste** *f* packing list. — **~ma,schi·ne** *f* 1. *econ.* packing (*od.* casing) machine, packer. – 2. *tech. cf.* Packpresse. — **~ma·te,ri,al** *n cf.* Verpackungsmaterial. — **~,mei·ster** *m* 1. *econ.* head (*od.* supervisor) of the packing department (*od.* room), packmaster. – 2. (*railway*) packmaster. — **~,pa,pier** *n* 1. wrapping (*od.* packing) paper, (*parcel*) wrapper, (*bes. festes, braunes*) kraft (paper). – 2. (*als Papiersorte*) brown paper. — **~,pferd** *n* pack horse, *Br.* pack-horse, sumpter horse, *Br.* sumpter-horse. — **~,pres·se** *f tech.* packing (*od.* bundle) press, scrap baling press, baler. — **~,raum** *m econ.* packing room (*od.* department). — **~,sat·tel** *m* (*für Muli, Esel etc*) packsaddle, *Br.* pack-saddle, sumpter saddle, *Br.* sumpter-saddle. — **~,schnur** *f* (packing) cord, pack twine, packthread. — **~,tisch** *m* packing table.

'Packung (*getr.* -k·k-) *f* ⟨-; -en⟩ 1. *econ.* (*Verpacktes*) packet, package, pack: **eine ~ Zigaretten** *bes. Am.* a pack (*bes. Br.* a packet) of cigarettes; **die kleinen ~en haben wir jetzt nicht vorrätig** we don't have the small packages (*od.* size) in stock. – 2. (*Pralinen etc*) box. – 3. *econ.* (*Verpackung*) package, wrapping, wrapper: **bitte den Tee in der grünen ~** the tea in the green wrapping, please. – 4. *med.* (*Umschlag*) pack, packing, compress, (*Breiumschlag*) poultice, *auch* cataplasm, (*heißer*) fomentation: **j-m heiße [kalte] ~en machen** to give s.o. hot [cold] packs. – 5. (*cosmetics*) (*Gesichtspackung*) pack. – 6. *tech.* (*Dichtung*) packing, gasket. – 7. *civ.eng. cf.* Packlage. – 8. *fig. colloq.* beating: **eine tüchtige ~ kriegen** to take an awful beating (*colloq.*).

'Packungs,an,teil (*getr.* -k·k-) *m nucl.* packing fraction.

'Pack|,wa·gen *m* 1. *mil.* baggage van. –

2. (*railway*) *cf.* Gepäckwagen. — **~,werk** *n civ.eng.* 1. (*Steingrund*) pitched work, pitching, stone packing. – 2. (*Ufereinbau*) fascine mattresses weighted with rubble, water fence. — **~,zet·tel** *m econ.* 1. (*Packliste*) packing list, list of goods contained. – 2. (*Kontrollschein*) packing label (*od.* slip), *Br. auch* docket.

Päd·ago·ge [pɛda'go:gə] *m* ⟨-n; -n⟩ *ped.* 1. (*Lehrer*) p(a)edagogue, *Am. auch* pedagog, schoolmaster, teacher, educator. – 2. (*Erziehungswissenschaftler*) education(al)ist, educator, p(a)edagogue, *Am. auch* pedagog. — **Päd·ago·gik** [-'go:gɪk] *f* ⟨-; *no pl*⟩ pedagogics *pl* (*construed as sg*), p(a)edagogy, (*theory of*) education. — **Päd·ago·gin** [-'go:gɪn] *f* ⟨-; -nen⟩ 1. (*Lehrerin*) p(a)edagogue, *Am. auch* pedagog, (*school*)mistress, teacher, educator. – 2. *cf.* Pädagoge 2. — **päd·ago·gisch** [-'go:gɪʃ] *adj* p(a)edagogic(al), educational: **~e Hochschule** college of education.

Pad·del ['padəl] *n* ⟨-s; -⟩ 1. paddle. – 2. (*Doppelpaddel*) double-bladed paddle.

'Pad·del,boot *n* (*sport*) 1. canoe, paddling boat, boat for paddling. – 2. (*Faltboot*) folding boat (*od.* canoe), *Am.* faltboat, foldboat. — **~,fah·rer** *m* canoeist, paddler.

pad·deln¹ ['padəln] *v/i* ⟨sein⟩ *u.* *v/t* ⟨h⟩ paddle, (*in einem Kanu*) canoe.

'pad·deln² *v/i* ⟨h⟩ *colloq.* (*im Wasser planschen*) paddle.

'Padd·ler *m* ⟨-s; -⟩ canoeist, paddler.

Pad·dock ['padɔk; 'pædək] (*Engl.*) *m* ⟨-s; -s⟩ paddock.

Pad·dy ['pɛdi; 'pædi] (*Engl.*) *m* ⟨-s; *no pl*⟩ *gastr.* paddy (rice), *auch* padi.

Päd·erast [pɛde'rast] *m* ⟨-en; -en⟩ p(a)ederast. — **Päd·era'stie** [-'ti:] *f* ⟨-; *no pl*⟩ p(a)ederasty. — **päd·era·stisch** [pɛde'rastɪʃ] *adj* p(a)ederastic.

Päd·ia·ter [pɛdi'a:tər] *m* ⟨-s; -⟩ *med.* p(a)ediatrician, *auch* p(a)ediatrist, specialist in children's diseases. — **Päd·ia'trie** [-'tri:] *f* ⟨-; *no pl*⟩ (*Kinderheilkunde*) p(a)ediatrics *pl* (*construed as sg or pl*), p(a)ediatry, *auch* p(a)edonosology. — **päd·ia·trisch** [-'a:trɪʃ] *adj* p(a)ediatric.

Pa·di·schah [padi'ʃa:] *m* ⟨-s; -s⟩ *hist.* (*Sultanstitel*) padishah, *auch* Padisha.

Pä·do·ge·ne·se [pɛdoge'ne:zə], **Pä·do·ge·ne·sis** [-'ge:nezis] *f* ⟨-; *no pl*⟩ *zo.* p(a)edogenesis.

Pä·do·lo·gie [pɛdolo'gi:] *f* ⟨-; *no pl*⟩ *psych. obs.* (*Kinder- u. Jugendpsychologie*) pedology.

Pä·do·phi·lie [pɛdofi'li:] *f* ⟨-; *no pl*⟩ *med. psych.* p(a)edophilia.

Pa·dre ['pa:dre] (*Ital.*) *m* ⟨-; -dri [-dri]⟩ *röm.kath.* padre.

Pa·duk ['pa:dʊk] *m* ⟨-s; *no pl*⟩ padauk (wood), padouk (wood).

paff [paf] **I** *interj* bang! crack! pop!: piff, ~(, puff)! pop, bang, ~! ging der Schuß los bang! off went the gun. – **II** *adj* *fig. colloq. cf.* baff.

paf·fen ['pafən] **I** *v/t* ⟨h⟩ *colloq. oft contempt.* smoke, (*bes. Pfeife*) puff (away) at. – **II** *v/i* smoke, puff (away) at a pipe.

Pa·gaie [pa'gaiə] *f* ⟨-; -n⟩ (*sport*) (*Stechpaddel*) single-bladed paddle.

Pa·ga·nis·mus [paga'nɪsmʊs] *m* ⟨-; *no pl*⟩ *relig.* paganism.

Pa·ge ['pa:ʒə] *m* ⟨-n; -n⟩ 1. *hist.* page. – 2. (*Hoteljunge*) page (boy), boy, footboy, foot page, *Am.* bellboy, *bes. Br. colloq.* buttons *pl* (*construed as sg*): **j-n durch einen ~n suchen lassen** to page s.o., to have s.o. paged.

'Pa·gen|,dienst *m* page's service, duties *pl* of a page. — **~fri,sur** *f*, **~,kopf** *m* (*Frisur*) pageboy bob, *bob, auch* coiffure.

Pa·gi·na ['pa:gina] *f* ⟨-; -s⟩ *print. obs.* page, folio. — **pa·gi·nie·ren** [pagi'ni:rən] **I** *v/t* ⟨*no ge-*, h⟩ *print.* 1. paginate, page, number, folio. – **II** P~ *n* ⟨-s⟩ 2. *verbal noun.* – 3. *cf.* Paginierung. — **Pa·gi'nier·ma,schi·ne** *f* paging machine. — **Pa·gi'nie·rung** *f* ⟨-; -en⟩ 1. *cf.* Paginieren. – 2. pagination, folio.

Pa·go·de¹ [pa'go:də] *f* ⟨-; -n⟩ (*ostasiatischer Tempel*) pagoda.

Pa'go·de² *f* ⟨-; -n⟩, *obs. od. Austrian m* ⟨-n; -n⟩ 1. (*ostasiatisches Götterbild*) pagod, idol. – 2. *small sitting china figure with movable head.*

pah! [pa:] *interj* *contempt.* pah! pooh! pshaw! ~ **sagen** to pooh-pooh.

Pai·deia [paɪ'daɪa] *f* ⟨-; *no pl*⟩ *antiq.* paideia.

Pail·let·te [pa'jɛtə] *f* ⟨-; -n⟩ *meist pl* paillette, *auch* pailette, sequin, tinsel: mit ⁓n verziert ornamented with paillettes, pailletted, sequined.

Pair [pɛːr] (*Fr.*) *m* ⟨-s; -s⟩ *hist.* peer, noble(man).

Pai·rie [pɛˈriː] *f* ⟨-; -n [-ən]⟩ *hist.* peerage, peerdom, rank of a peer.

'Pairs|ˌkam·mer *f hist.* (*in Frankreich*) Chambre des Pairs, Upper House (*1814 — 1848*). — ⁓ˌschub *m pol.* **1.** creation of new peers. – **2.** batch of new peers. — ⁓ˌwür·de *f hist.* peerage, peerdom, rank of a peer.

Pak [pak] *f* ⟨-; -(s)⟩ *mil. short for* Panzerabwehrkanone.

Pa·ka ['paːka] *n* ⟨-s; -s⟩ *zo.* paca (*Agouti paca*).

Pa·ket [pa'keːt] *n* ⟨-(e)s; -e⟩ **1.** package, parcel, pack, (*kleines*) packet: ein ⁓ Waschmittel a package of detergent; soll ich daraus ein ⁓ machen? shall I make it up into a parcel? ein ⁓ Aktien *econ.* a parcel (*od.* block) of shares. – **2.** (*postal service*) a) (*Paketsendung*) parcel, *Am. auch* package, b) (*gewöhnliches*) ordinary parcel, c) (*Wertpaket*) insured parcel, parcel with value declared: ⁓ mit Eilzustellung express parcel. – **3.** *pol.* package. – **4.** *tech.* fag(g)ot, pile, truss, bundle. – **5.** *print.* (*von Bogen*) packet: ⁓ setzen to compose in companionship (*od.* in packets, slips). — ⁓adres·se [-ʔaˌdrɛsə] *f* (*postal service*) cf. Paketaufschrift. — ⁓ˌan,nah·me *f* parcel acceptance service. — ⁓ˌan,nah·me₁stel·le *f* **1.** parcel acceptance counter. – **2.** *cf.* Paketannahme. — ⁓ˌauf₁schrift *f* parcel address. — ⁓ˌaus₁ga·be *f* parcel delivery service. — ⁓ˌaus₁ga·be₁stel·le *f* **1.** parcel delivery counter. – **2.** *cf.* Paketausgabe. — ⁓be₁för·de·rung *f* conveyance (*od.* transport) of parcels.

pa·ke·tie·ren [pake'tiːrən] *v/t* ⟨no ge-, h⟩ **1.** *econ.* package, pack(et), make (*s.th.*) up into a parcel. – **2.** *metall.* pile, fag(g)ot, briquet(te). – **3.** *tech.* (*Werkstücke*) stack.

Pa·ke'tier·ma₁schi·ne *f tech.* packing (*od.* baling, bundling) press, (*bes. für Schrott*) cabbaging press.

Pa'ket|ˌkar·te *f* (*postal service*) dispatch (*od.* despatch) note, parcel bill. — ⁓ˌpost *f* parcel mail (*bes. Br.* post), *Am. auch* fourth-class mail. — ⁓ˌschal·ter *m* **1.** (*postal service*) parcel counter. – **2.** *electr.* multi-section-type rotary switch, gang switch. — ⁓ˌsen·dung *f* (*postal service*) cf. Paket 2a. — ⁓ˌsprung *m* (*sport*) (*beim Schwimmen*) cowering (*od.* squat) plunge. — ⁓ver·ˌsi·che·rung *f econ.* parcel-post insurance. — ⁓ˌwa·gen *m* **1.** (*postal service*) parcel truck (*Br.* van). – **2.** (*railway*) express car (*Br.* waggon), parcels express. — ⁓ˌzu₁stel·lung *f* (*postal service*) parcel delivery, delivery of parcels. — ⁓ˌzu₁stell₁wa·gen *m* parcel delivery truck (*Br.* van).

'Pakˌge₁schütz *n mil.* antitank (*Br.* anti-tank) gun.

Pa·ki·sta·ner [pakɪs'taːnər] *m* ⟨-s; -⟩ Pakistani, inhabitant (*od.* native) of Pakistan.

Pa·ki·sta·ni [pakɪs'taːni] *m* ⟨-s; -⟩ *cf.* Pakistaner.

pa·ki·sta·nisch [pakɪs'taːnɪʃ] *adj* Pakistan, Pakistani.

Pa·ko ['pako] *m* ⟨-s; -s⟩ *zo. cf.* Alpaka 1.

Pakt [pakt] *m* ⟨-(e)s; -e⟩ *bes. pol.* pact, agreement, compact: Warschauer ⁓ *pol.* Warsaw Pact; einen ⁓ zur gegenseitigen Hilfeleistung (ab)schließen to make a mutual assistance pact.

pak·tie·ren [pak'tiːrən] *v/i* ⟨no ge-, h⟩ mit j-m ⁓ to make a pact (*od.* a deal, an agreement) with s.o., to come to terms with s.o.

Pa·lä·an·thro·po·lo·gie [palɛʔantropolo'giː] *f anthrop.* pal(a)eoanthropology.

pa·lä·ark·tisch [palɛˈʔarktɪʃ] *adj biol. geogr.* Pal(a)earctic: ⁓e Region Pal(a)earctic region.

Pa·lä·asi·at [palɛʔa'ziaːt] *m anthrop.* Pal(a)eo-Asiatic.

Pa·la·din [pala'diːn] *m* ⟨-s; -e⟩ **1.** *hist.* paladin: die ⁓e Karls des Großen the paladins (*od.* peers) of Charlemagne. – **2.** *hist.* (*Hofritter*) paladin, peer. – **3.** *fig.* paladin, faithful companion, protagonist.

Pa·lä|eth·no·lo·ge [palɛʔɛtno'loːgə] *m* pal(a)eethnologist. — ⁓eth·no·lo'gie [-lo'giː] *f* pal(a)eethnology. — p⁓eth·no'lo·gisch *adj* pal(a)eethnologic(al).

Pa·lais [pa'lɛː] *n* ⟨- [-'lɛ(ː)s]; - [-'lɛːs]⟩ palais, palace.

Pa·lan·kin [palaŋ'kiːn] *m* ⟨-s; -e *u.* -s⟩ (*indische Sänfte*) palanquin, *auch* palankeen, palkee, palki.

Pa·läo..., pa·läo... *combining form denoting* pal(a)eo...

Pa·läo·an·thro·po·lo·gie [palɛoʔantropolo'giː] *f* ⟨-; no pl⟩ *anthrop. cf.* Paläanthropologie.

pa·läo·ark·tisch [palɛoˈʔarktɪʃ] *adj biol. geogr. cf.* paläarktisch.

Pa·läo·bio·lo·gie [palɛobiolo'giː] *f* pal(a)eobiology.

Pa·läo|bo·ta·nik [palɛobo'taːnɪk] *f* pal(a)eobotany, pal(a)eophytology. — ⁓bo'ta·ni·ker [-nikər] *m* pal(a)eobotanist, pal(a)eophytologist. — p⁓bo'ta·nisch [-nɪʃ] *adj* pal(a)eobotanic, pal(a)eobotanical, pal(a)eophytic. [Pal(a)eogene.]

Pa·läo·gen [palɛo'geːn] *n* ⟨-s; no pl⟩ *geol.*

Pa·läo|geo·gra·phie [palɛogeogra'fiː] *f* pal(a)eogeography. — p⁓geo'gra·phisch [-'graːfɪʃ] *adj* pal(a)eogeographic, *auch* pal(a)eogeographical. — ⁓geo·lo'gie [-'giː] *f* pal(a)eogeology. — p⁓geo·lo'gisch [-'loːgɪʃ] *adj* pal(a)eogeologic.

Pa·läo·graph [palɛo'graːf] *m* ⟨-en; -en⟩ (*Kenner alter Handschriften*) pal(a)eographer, pal(a)eographist. — **Pa·läo·gra'phie** [-gra'fiː] *f* ⟨-; no pl⟩ pal(a)eography. — **pa·läo'gra·phisch** *adj* pal(a)eographic, *auch* pal(a)eographical.

pa·läo·kry·stisch [palɛo'krystɪʃ] *adj geogr.* (*Eis*) pal(a)eocrystic.

Pa·läo·lith [palɛo'liːt; -'lɪt] *m* ⟨-en; -en⟩ *archeol.* pal(a)eolith.

Pa·läo·li·thi·ker [palɛo'liːtikər; -'lɪtikər] *m* ⟨-s; -⟩ *anthrop.* Pal(a)eolithic man.

Pa·läo·li·thi·kum [palɛo'liːtikum; -'lɪtikum] *n* ⟨-s; no pl⟩ *geol. cf.* Altsteinzeit. — **pa·läo'li·thisch** [-tɪʃ] *adj cf.* altsteinzeitlich.

Pa·läo·lo·ge [palɛo'loːgə] *m* ⟨-n; -n⟩ **1.** *rare* pal(a)eologist. – **2.** *pl* die ⁓n *hist.* (*letzte byzantinische Dynastie*) the Pal(a)eologi.

Pa·läo·lo'gie [-lo'giː] *f* ⟨-; no pl⟩ pal(a)eology.

Pa·lä·on·to·gra·phie [palɛontogra'fiː] *f* ⟨-; no pl⟩ pal(a)eontography. — **pa·lä·on·to'gra·phisch** [-'graːfɪʃ] *adj* pal(a)eontographic.

Pa·lä|on·to·lo·ge [palɛonto'loːgə] *m* ⟨-n; -n⟩ pal(a)eontologist. — ⁓on·to·lo'gie [-lo'giː] *f* ⟨-; no pl⟩ pal(a)eontology. — p⁓on·to'lo·gisch *adj* pal(a)eontological, *auch* pal(a)eontologic.

Pa·läo·phy·ti·kum [palɛo'fyːtikum] *n* ⟨-s; no pl⟩ *geol.* pal(a)eophytic period.

Pa·lä|or·ni·tho·lo·gie [palɛʔornitolo'giː] *f* pal(a)eornithology. — p⁓or·ni·tho'lo·gisch [-'loːgɪʃ] *adj* pal(a)eornithological.

Pa·läo·zoi·kum [palɛo'tsoːikum] *n* ⟨-s; no pl⟩ *geol.* pal(a)eozoic (age *od.* era). — **pa·läo'zo·isch** [-ɪʃ] *adj* Pal(a)eozoic.

Pa·läo|zoo·lo·ge [palɛotsoo'loːgə] *m* pal(a)eozoologist. — ⁓zoo·lo'gie [-lo'giː] *f* pal(a)eozoology. — p⁓zoo·lo'gisch *adj* pal(a)eozoological.

Pa·las ['palas] *m* ⟨-; -se⟩ *arch. hist.* main residential tract (of a medi[a]eval castle), (great) hall.

Pa·last [pa'last] *m* ⟨-(e)s; Paläste⟩ palace: er hat sich einen ganz schönen ⁓ hingesetzt *colloq.* he has built himself quite a palace. — **p⁓ar·tig** *adj* palacelike, like a palace, palatial. — ⁓da·me *f obs.* (*in Frankreich*) lady in attendance. — ⁓hund, Chi'ne·si·scher *m zo. cf.* Pekinese.

Pa·lä·sti·nen·ser [palɛsti'nɛnzər] *m* ⟨-s; -⟩ *pol.* Palestinian. — **pa·lä·sti·nen·sisch** [palɛsti'nɛnzɪʃ], **pa·lä'sti·nisch** [-'tiːnɪʃ] *adj* Palestinian.

Pa·lä·stra [pa'lɛstra] *f* ⟨-; -stren⟩ *antiq.* palaestra, *auch* palestra, palaistra, wrestling school, gymnasium.

Pa'last·re·vo·lu·ti,on *f auch fig.* palace (*od.* court) revolution.

pa·la·tal [pala'taːl] *ling.* **I** *adj* palatal. – **II P⁓** *n* ⟨-s; -e⟩ *cf.* Palatallaut.

pa·la·ta·li·sie·ren [palatali'ziːrən] *v/t* ⟨no ge-, h⟩ *ling.* palatalize.

Pa·la'tal₁laut *m ling.* palatal (sound).

Pa·la·tin¹ [pala'tiːn], **der** ⟨-s⟩ the Palatine (Hill) (*in Rome*).

Pa·la·tin² [pala'tiːn] *m* ⟨-s; -e⟩ *hist.* **1.** *cf.* Pfalzgraf. – **2.** (*in Ungarn*) palatine.

Pa·la·ti·nat [palati'naːt] *n* ⟨-(e)s; -e⟩ *hist. cf.* Pfalzgrafschaft.

pa·la'ti·nisch *adj* **1.** *hist.* (*pfälzisch*) palatine. – **2.** der P⁓e Hügel (*in Rom*) the Palatine (Hill).

Pa·la·tschin·ke [pala'tʃɪŋkə] *f* ⟨-; -n⟩ *meist pl gastr. Austrian* thin pancake filled with jam.

Pa·la·tum [pa'laːtum] *n* ⟨-s; -ta [-ta]⟩ *med. cf.* Gaumen.

Pa·la·ver [pa'laːvər] *n* ⟨-s; -⟩ **1.** *fig. colloq.* palaver, idle talk, endless (small) talk, 'jaw' (*sl.*): bei dem ganzen ⁓ kommt nichts heraus the whole palaver leads to nothing. – **2.** palaver. — **pa'la·vern** *v/i* ⟨no ge-, h⟩ palaver, blather, chatter.

pa·len ['paːlən] *v/t* ⟨h⟩ *Northern G.* (*Erbsen*) shell.

Pal·eo·zän [paleo'tsɛːn] *n* ⟨-s; no pl⟩ *geol.* Paleocene.

Pa·le·tot ['palɛto; palɛ'toː] *m* ⟨-s; -s⟩ (*fashion*) *obs.* paletot, overcoat, greatcoat, topcoat.

Pa·let·te [pa'lɛtə] *f* ⟨-; -n⟩ **1.** (*art*) palette, pallet: die Farben auf die ⁓ setzen to set the palette, to lay out the colo(u)rs on the palette; eine bunte ⁓ von Varietédarbietungen *fig.* a colo(u)rful selection of variety acts. – **2.** *tech. econ.* pallet.

pa·let·tie·ren [palɛ'tiːrən] *v/t* ⟨no ge-, h⟩ *tech. econ.* palletize.

Pa·lim·psest [palɪm'psɛst] *m, n* ⟨-(e)s; -e⟩ (*von neuem beschriebene Handschrift*) palimpsest, rescript.

Pa·lin·drom [palɪn'droːm] *n* ⟨-s; -e⟩ palindrome.

Pa·lin·ge·ne·se [palɪnge'neːzə] *f* ⟨-; -n⟩ *biol. geol. relig.* palingenesis.

Pa·lin·odie [palino'diː] *f* ⟨-; -n [-ən]⟩ *metr.* palinode.

Pa·li·sa·de [pali'zaːdə] *f* ⟨-; -n⟩ *mil. hist.* palisade, *auch* pallisade, stockade.

Pa·li·sa·den|ge₁we·be *n bot.* palisade tissue (*od. scient.* parenchyma). — ⁓wurm *m zo.* palisade (*od.* kidney) worm (*Eustrongylus gigas*). — ⁓zaun *m mil. hist.* stockade.

Pa·li·san·der [pali'zandər] *m* ⟨-s; -⟩, ⁓holz *n* (*Brazilian*) rosewood, palisander, *auch* palis(s)andre, *auch* jacaranda, purple wood. — **pa·li'san·dern** *adj* (of) rosewood (*od.* palisander).

Pal·la·di·um¹ [pa'laːdium] *n* ⟨-s; -dien⟩ **1.** *antiq.* (Statue der Pallas Athene) palladium. – **2.** *fig.* palladium, safeguard.

Pal'la·di·um² *n* ⟨-s; no pl⟩ *chem.* palladium (Pd).

Pal·lasch ['palaʃ] *m* ⟨-(e)s; -e⟩ *mil. hist.* broadsword, cut-and-thrust sword.

Pal·la·watsch ['palavatʃ] *m* ⟨-; no pl⟩ *Austrian colloq.* for Durcheinander.

Pal·le ['palə] *f* ⟨-; -n⟩ *mar.* block.

Pal·lia·tiv [palia'tiːf] *n* ⟨-s; -e⟩, ⁓mit·tel *n med.* palliative (agent).

Pal·lia·ti·vum [palia'tiːvum] *n* ⟨-s; -va [-va]⟩ *med. cf.* Palliativ.

Pal·li·um ['palium] *n* ⟨-s; -lien⟩ **1.** *relig.* pallium, pall. – **2.** *hist.* (Königs-, Krönungsmantel) pallium, pall, royal robe. – **3.** *antiq.* pallium.

Pal·lot·ti·ner [palɔ'tiːnər] *m* ⟨-s; -⟩, **Pallot'ti·ne·rin** *f* ⟨-; -nen⟩ *röm.kath.* Pallottine.

Palm [palm] *m* ⟨-s; -e⟩ *relig.* (Palmzweig) (consecrated) palm.

Pal·ma·rum [pal'maːrum] *n* ⟨undeclined⟩ *relig. cf.* Palmsonntag.

'Palm|ˌbaum *m bot.* palm tree. — ⁓blatt *n* **1.** *bot.* palm (leaf). – **2.** (*textile*) shawl pattern. — ⁓bu·schen *m röm.kath. bes. Bavarian and Austrian* branches of pussy willow which are bound together, decorated and consecrated on the Feast of Palm Sunday. — ⁓but·ter *f cf.* Palmfett.

Pal·me ['palmə] *f* ⟨-; -n⟩ **1.** *bot.* palm (*Fam. Palmae*): j-n auf die ⁓ bringen *fig. colloq.* to make s.o. see red, to drive s.o. to distraction (*od. sl.* up the wall[s]), to infuriate s.o.; er war (ganz schön) auf der ⁓ *fig. colloq.* he was raving mad, he was beside himself with rage; er ist schnell auf der ⁓ *fig. colloq.* he has a quick temper. – **2.** *fig.* (Palmzweig als Siegeszeichen) palm: die ⁓ erringen to carry off (*od.* win) the palm, to be victorious; j-m die ⁓ zuerkennen to give s.o. the palm, to award the palm to s.o., to pronounce s.o. victor.

'Pal·men|ˌblatt·ka·pi₁tell *n arch.* palm capital. — ⁓boh·rer *m zo.* palm weevil (*Rhynchophorus ferrugineus*). — ⁓ˌdieb *m zo.* robber crab (*Birgus latro*). — ⁓ˌgar·ten *m* palm garden, palmery, palmetum. — ⁓ˌhain *m* palm grove, grove of palms (*od.* palm trees). — ⁓ˌhaus *n* palm house, palmery. — ⁓ˌrol·ler *m zo.* palm civet

(*Gattg Paradoxurus*). — ~**we·del** *m* cf. Palmwedel. — ~**zweig** *m* cf. Palmzweig.
'**Palm·esel** *m röm.kath.* life-size carved statue of Christ sitting on a female donkey, carried in procession on Palm Sunday.

Pal·met·te [pal'mɛtə] *f* ⟨-; -n⟩ *arch.* palmette.

'**Palm·fett** *n* palm butter.

Pal·mi·tin [palmi'tiːn] *n* ⟨-s; *no pl*⟩ *chem.* palmitin. — ~**säu·re** *f* palmitic acid ($CH_3(CH_2)_{14}COOH$).

'**Palm**|**,kätz·chen** *n meist pl bot.* (willow) catkin. — ~**kern** *m* palm kernel (*od.* nut). — ~**kohl** *m bot. gastr.* (palm) cabbage. — ~**öl** *n* palm oil. — ~**schwät·zer** *m zo.* palmchat (*Dulus dominicus*). — ~**sonn,tag** *m relig.* Palm Sunday. — ~**we·del** *m* palm branch (*od.* leaf, frond). — ~**wein** *m gastr.* palm wine.

Pal'my·ra,pal·me [pal'myːra-] *f bot.* palmyra (palm) (*Borassus flabelliformis*).

'**Palm**|**,zucker** (*getr.* -k·k-) *m* palm sugar. — ~**zweig** *m* palm branch.

Pa'lo·lo,wurm [pa'loːlo-] *m zo.* palolo (worm) (*Eunice viridis*).

pal·pa·bel [pal'paːbəl] *adj med.* palpable. —

Pal·pa·ti·on [-pa'tsǐoːn] *f* ⟨-; -en⟩ palpation.

Pal·pe [pal'paə] *f* ⟨-; -n⟩ *zo.* (*Taster, Fühler*) palp(us).

'**Pal·pen,kä·fer** *m zo.* pselaphid (*Fam. Pselaphidae*).

pal·pie·ren [pal'piːrən] *v/t* ⟨*no* ge-, h⟩ *med.* feel, palpate (*scient.*).

Pal·pi·ta·ti·on [palpita'tsǐoːn] *f* ⟨-; -en⟩ *med.* (*Herzklopfen*) palpitation. — **pal·pi·tie·ren** [-'tiːrən] *v/i* ⟨*no* ge-, h⟩ palpitate.

'**Pa·mir,schaf** [pa'miːr-] *n zo.* Pamir argali (*Ovis ammon poli*).

Pam·pa ['pampa] *f* ⟨-; -s⟩ *geogr.* pampas *pl, rare* pampa.

'**Pam·pas**|**,gras** *n bot.* pampas grass (*Cortaderia selloana*). — ~**,ha·se** *m zo.* a) Großer ~ Patagonian cavy, mara (*Dolichotis patagona*), b) Kleiner ~ dwarf Patagonian cavy (*D. salinicola*). — ~**hirsch** *m* pampas deer (*Odocoileus bezoarticus*). — ~**kat·ze** *f* pampas cat (*Lynchailurus pampanus*).

Pam·pe ['pampə] *f* ⟨-; *no pl*⟩ *Eastern Middle G. colloq.* 1. (thick) mud. – 2. (thick) pap.

Pam·pel·mu·se ['pampəl,muːzə; ,pampəl'muːzə] *f* ⟨-; -n⟩ *bot.* 1. (*Frucht*) grapefruit, pomelo, *auch* pum(m)elo, b) (*Baum*) grapefruit (tree) (*Citrus paradisi*). – 2. (*Pampelmusenart*) a) (*Frucht*) shaddock, pompelmous, *auch* pompelmoose, pomelo, *auch* pum(m)elo, b) (*Baum*) shaddock (tree) (*Citrus grandis od. maxima*).

Pampf [pampf] *m* ⟨-s; *no pl*⟩ *colloq. dial.* (thick) pap.

Pam·phlet [pam'fleːt] *n* ⟨-(e)s; -e⟩ lampoon, (*bes. Flugblatt*) (defamatory) pamphlet. — **Pam·phle'tist** [-fle'tɪst] *m* ⟨-en; -en⟩ lampooner, lampoonist, pamphleteer.

pam·pig ['pampɪç] *adj* 1. *colloq.* cheeky, insolent, *Am. colloq.* 'fresh'. – 2. *dial.* pappy, pulpy.

Pamps [pamps] *m* ⟨-(es); *no pl*⟩ *colloq.* (thick) pap.

Pam·pu·sche [pam'puʃə] *f* ⟨-; -n⟩ *meist pl Low G.* for Babusche.

Pan[1] [paːn] *npr m* ⟨-s; *no pl*⟩ *myth.* Pan.

Pan[2] [paːn] (*TM*) *n* ⟨-s; *no pl*⟩ *synth.* polyacrylnitrile fiber (*bes. Br.* fibre).

Pan..., **pan...** *combining form denoting* pan...

Pa·na·de [pa'naːdə] *f* ⟨-; -n⟩ *gastr.* panada, *auch* panade.

Pa'na·del,sup·pe [pa'naːdəl-] *f Austrian gastr.* clear soup with slices of white bread dipped in egg and lightly fried.

pan·afri·ka·nisch [panʔafri'kaːnɪʃ] *adj pol.* Pan-African.

Pa·na·ma·er [pana'maːər; 'pa(ː)namaər] *m* ⟨-s; -⟩ *geogr.* Panamanian, *auch* Panaman.

'**Pa·na·ma,hut** ['pa(ː)nama-] *m* panama (*G.* Panama) hat, panama.

pa·na·ma·isch [pana'maːɪʃ] *adj* Panamanian, Panaman, *auch* Panamaian.

'**Pa·na·ma,rin·de** *f med. pharm.* soap bark.

pan·ame·ri·ka·nisch [panʔameri'kaːnɪʃ] *adj pol.* Pan-American. — **Pan·ame·ri·ka'nis·mus** [-ka'nɪsmus] *m* ⟨-; *no pl*⟩ Pan-Americanism.

Pa·na·ri·ti·um [pana'riːtsǐum] *n* ⟨-s; -tien⟩ *med.* (*Nagelgeschwür*) felon, whitlow, panaritium (*scient.*).

Pa·nasch [pa'naʃ] *m* ⟨-(e)s; -e⟩ (*Helmbusch*) panache.

---

pa·na·schie·ren [pana'ʃiːrən] **I** *v/i* ⟨*no* ge-, h⟩ 1. variegate with stripes of color (*bes. Br.* colour), mottle. – 2. *pol.* (*bei der Wahl*) split one's vote (*Am. auch* ticket). – **II P~** *n* ⟨-s⟩ 3. *verbal noun.* – 4. *pol.* preferential (*bes. Am.* split) voting. — **Pa·na'schie·rung** *f* ⟨-; -en⟩ 1. cf. Panaschieren. – 2. *bot.* (*auf Blättern*) mottling, panachure.

Pan·athe·nä·en [panʔate'nɛːən] *pl antiq.* Panathenaea.

Pan·azee [pana'tseː(ə)] *f* ⟨-; -n⟩ [-'tseːən] *med. pharm.* (*Allheilmittel*) panacea, cure-all.

pan·chro·ma·tisch [pankro'maːtɪʃ] *adj phot.* panchromatic.

Pan·da ['panda] *m* ⟨-s; -⟩ *zo.* 1. Kleiner ~ panda (*Ailurus fulgens*). – 2. Großer ~ cf. Bambusbär.

Pan·dai'mo·ni·um [pandai'moːnǐum], **Pandä'mo·ni·um** [pandɛ-] *n* ⟨-s; -nien⟩ *myth.* Pand(a)emonium.

Pan·dek·ten [pan'dɛktən] *pl jur. hist.* pandects, (*Digesten*) digests.

Pan·de·mie [pande'miː] *f* ⟨-; -n⟩ [-ən⟩ *med.* (*Seuche*) pandemia, pandemic. — **pan'de·misch** [-'deːmɪʃ] *adj* pandemic.

Pan·dit ['pandɪt] *m* ⟨-s; -e⟩ (*indischer Titel*) pandit, pundit.

Pan·do·ra [pan'doːra] *npr f* ⟨-; *no pl*⟩ *myth.* Pandora: die Büchse der ~ Pandora's box.

Pan·dur [pan'duːr] *m* ⟨-en; -en⟩ *hist.* pandour.

Pa·neel [pa'neːl] *n* ⟨-s; -e⟩ *arch.* 1. (*Täfelung*) panel, panel(l)ing, wainscot, wainscoting, *auch* wainscotting. – 2. (*einzelnes Fach*) panel. — **pa·nee'lie·ren** [-ne'liːrən] *v/t* ⟨*no* ge-, h⟩ panel, wainscot.

Pan·egy·ri·ker [pane'gyːrikər] *m* ⟨-s; -⟩ panegyrist, eulogist. — **Pan·egy·ri·kos** [-'gyːrikəs] *m* ⟨-; -rikoi [-kɔy]⟩, **Pan·egy·ri·kus** [-'gyːrikus] *m* ⟨-; -riken *u.* -rizi [-tsi]⟩ panegyric, eulogy. — **pan·egy·risch** [-'gyːrɪʃ] *adj* panegyric(al).

Pa·nel ['pɛnəl; pænl] (*Engl.*) *n* ⟨-s; -s⟩ *sociol.* panel.

Pan·en·the·is·mus [panɛnte'ɪsmus] *m* ⟨-; *no pl*⟩ *philos.* panentheism. — **pan·en·thei·stisch** [-'ɪstɪʃ] *adj* panentheistic.

Pan·eu·ro·pa [panʔɔy'roːpa] *n* ⟨-s; *no pl*⟩ *pol.* Pan-Europe, Pan-Europa. — **pan·eu·ro'pä·isch** [-ro'pɛːɪʃ] *adj* Pan-European.

'**Pan,flö·te** *f mus.* panpipe, panpipes *pl* (*construed as sg or pl*), Pandean pipes *pl, auch* mouth organ, syrinx.

päng [pɛŋ] *interj* bang!

Pan·ger·ma·nis·mus [pangɛrma'nɪsmus] *m* ⟨-; *no pl*⟩ *philos.* Pan-Germanism.

Pan·has ['pan,has] *m* ⟨-es; -e⟩ *dial. gastr.* buckwheat cooked in a savory (*bes. Br.* savoury) stock until thick, sliced and fried when cold, *Am.* etwa scrapple.

Pan·hel·le·nis·mus [panhɛle'nɪsmus] *m* ⟨-; *no pl*⟩ *philos.* Panhellenism.

Pa·ni ['paːni] *m* ⟨-; -⟩ (*Indianer*) Pawnee (Indian).

Pa·nier[1] [pa'niːr] *n* ⟨-s; -e⟩ 1. *archaic for* Banner. – 2. *fig.* (*Wahlspruch*) banner, standard, motto.

Pa·nier[2] *f* ⟨-; *no pl*⟩ *Austrian gastr.* cover of egg and bread crumbs.

pa·nie·ren [pa'niːrən] *v/t* ⟨*no* ge-, h⟩ *gastr.* bread, crumb, cover (*s.th.*) with (egg and) bread crumbs.

Pa'nier,mehl *n gastr.* bread crumbs *pl.*

Pa·nik ['paːnɪk] *f* ⟨-; -en⟩ 1. panic: j-n in ~ versetzen to panic s.o.; von (einer) ~ ergriffen werden to be seized with panic; es brach eine ~ aus panic broke out. – 2. (*Schrecken*) scare. – 3. (*wilde Flucht*) stampede. — **p~,ar·tig I** *adj* panic-like. – **II** *adv* ~ fliehen to flee in panic-like fear. — ~**,ma·che** *f* ⟨-; *no pl*⟩ *colloq. contempt.* scaremongering. — ~**,stim·mung** *f* 1. atmosphere of panic. – 2. panic: in (eine) ~ geraten to get into a panic.

'**pa·nisch** *adj* ⟨*attrib*⟩ panic, panicky: ~em Schrecken in panic (fear); von ~er Angst ergriffen panic-stricken (*od.* -struck), seized with panic.

Pan·is·la·mis·mus [panʔɪsla'mɪsmus] *m* ⟨-; *no pl*⟩ *pol.* Pan-Islam, Pan-Islamism.

Pan·je [pan'jeː] *m* ⟨-s; -s⟩ *humor.* 1. Polack. – 2. Russki, *auch* Rusky, Russky. — ~**,pferd** *n* small Russian farm horse, konik. — ~**,wa·gen** *m* small Russian one-horse cart.

pan·kra·tisch [pan'kraːtɪʃ] *adj* (*optics*) pancratic: ~es Fernrohr [Okular] pancratic telescope [eyepiece *od.* ocular].

Pan·kre·as ['pankreas] *n* ⟨-; -kreaten [-'aːtən]⟩ *med.* pancreas.

Pan·lo·gis·mus [panlo'gɪsmus] *m* ⟨-; *no pl*⟩ *philos.* panlogism.

Pan·mi·xie [panmɪ'ksiː] *f* ⟨-; -n [-ən]⟩ *biol.* panmixia, panmixis, *auch* panmixy, panmixie.

Pan·ne ['panə] *f* ⟨-; -n⟩ *colloq.* 1. breakdown: eine ~ haben to have a breakdown, to break down. – 2. (*Motorschaden*) engine trouble (*od.* failure). – 3. (*Reifenschaden*) puncture, flat tire (*bes. Br.* tyre), blowout, *Br.* blow-out. – 4. *fig.* (*Mißgeschick*) mishap, technical hitch (*colloq. humor.*): es passierte eine kleine ~ there was a slight mishap. – 5. *fig.* (*Schnitzer*) blunder, faux pas.

'**Pan·nen,hil·fe** *f auto.* road patrol.

Pan·op·ti·kum [pa'nəptikum] *n* ⟨-s; -tiken⟩ waxworks *pl* (*construed as sg or pl*).

pan·op·tisch [pa'nəptɪʃ] *adj* panoptic, *auch* panoptical.

Pan·ora·ma [pano'raːma] *n* ⟨-s; -ramen⟩ panorama. — ~**,auf,nah·me** *f phot.* panorama, panorama (*od.* panoramic) photograph. — ~**,bild** *n* panoramic picture (*od.* view). — ~**,fern,rohr** *n* 1. (*optics*) panoramic telescope. – 2. *mil.* (*Richtmittel am Geschütz*) panoramic sight. — ~**,ka·me·ra** *f phot.* panoramic camera. — ~**,kar·te** *f geogr.* panoramic map. — ~**,kopf** *m* (*film*) (cine) panoramic head, panhead. — ~**,schei·be** *f* 1. panorama (*od.* wrap-around) window. – 2. *auto.* (*Windschutzscheibe*) panoramic windshield (*bes. Br.* windscreen). — ~**,schlit·ten** *m* (*film*) cf. Panoramakopf. — ~**,schwenk** *m* pan(orama) shot, movie panning. — ~**,spie·gel** *m auto.* panoramic rear-view mirror. — ~**,stra·ße** *f* scenic road.

pan·ora·mie·ren [panora'miːrən] *v/i* ⟨*no* ge-, h⟩ *phot.* (*film*) pan.

Pan·ple·gie [panple'giː] *f* ⟨-; *no pl*⟩ *med.* panplegia.

Pan·psy·chis·mus [panpsy'çɪsmus] *m* ⟨-; *no pl*⟩ *philos.* panpsychism.

pan·schen ['panʃən] *colloq.* **I** *v/t* ⟨h⟩ contempt. (*Wein, Milch etc*) water (down), adulterate. – **II** *v/i* cf. planschen. – **III P~** *n* ⟨-s⟩ *verbal noun.* — '**Pan·scher** *m* ⟨-s; -⟩ *colloq. contempt.* (*von Wein, Milch etc*) adulterator. — **Pan·sche'rei** *f* ⟨-; -en⟩ *colloq. contempt.* 1. cf. Panschen. – 2. adulteration.

Pan·sen ['panzən] *m* ⟨-s; -⟩ *zo.* paunch, rumen (*scient.*).

'**Pans,flö·te** *f mus.* cf. Panflöte.

Pan·sla·wis·mus [pansla'vɪsmus] *m* ⟨-; *no pl*⟩ *pol.* Pan-Slavism. — **Pan·sla'wist** [-'vɪst] *m* ⟨-en; -en⟩ Pan-Slavist. — **pan·sla'wi·stisch** *adj* Pan-Slav.

Pan·so·phie [panzo'fiː] *f* ⟨-; *no pl*⟩ pansophy.

Pan·sper·mie [panspɛr'miː] *f* ⟨-; *no pl*⟩ *biol. obs.* panspermia, *auch* panspermatism.

Pan·ta·lo·ne [panta'loːnə] *m* ⟨-s; -s *u.* -loni [-ni]⟩ (*literature*) Pantaloon, Pantalone (*commedia dell'arte character*).

Pan·ta·lons ['pantaləns; pɑ̃ta'lɔ̃ːs] *pl* (*lange Hose*) pantaloons.

Pan·the·is·mus [pante'ɪsmus] *m* ⟨-; *no pl*⟩ *philos.* pantheism, cosmotheism. — **Pan·the'ist** [-'ɪst] *m* ⟨-en; -en⟩ pantheist, cosmotheist. — **pan·the'istisch** *adj* pantheistic, *auch* pantheistical, cosmotheistic.

Pan·the·on ['pantenən] *n* ⟨-s; -s⟩ *antiq. auch fig.* pantheon.

Pan·ther ['pantər] *m* ⟨-s; -⟩ *zo.* (*Leopard*) panther, leopard (*Panthera pardus*): Schwarzer ~ black panther. — ~**cha,mä·le·on** *n* spotted chameleon (*Chamaeleo pardalis*). — ~**,nat·ter** *f* green-spotted snake (*Drymobius bifossatus*). — ~**,schild,krö·te** *f* leopard tortoise (*Testudo pardalis*).

Pan·ti·ne [pan'tiːnə] *f* ⟨-; -n⟩ *meist pl Northern G.* for Pantoffel: → kippen 2.

Pan·tof·fel [pan'təfəl] *m* ⟨-s; -⟩ slipper, mule, pantofle, *auch* pantoufle, pantoffle: unter dem ~ stehen *fig. colloq.* to be henpecked, to let one's wife wear the pants (*Br.* trousers), to be under petticoat government; sie hat ihn unter dem ~ *fig. colloq.* she has him under her thumb, she wears the pants (*Br.* trousers), she henpecks him, she rules the roost. — ~**,blu·me** *f bot.* slipperwort, calceolaria (*scient.*) (*Gattg Calceolaria*). — ~**,held** *m colloq. contempt.* henpecked husband. — ~**,schnecke** (*getr.* -k·k-) *f zo.* arched slipper shell (*Crepidula fornicata*). — ~**tier·chen** *n* *zo.* slipper animalcule, param(o)ecium (*scient.*) (*Gattg Paramecium*).

Pan·to·graph [panto'gra:f] *m* ⟨-en; -en⟩ *tech.* pantograph. — ~**ge,senk,fräs·ma,schi·ne** *f* *tech.* pantograph die-sinking machine.

Pan·to·gra·phie [pantogra'fi:] *f* ⟨-; -n [-ən]⟩ *tech.* pantography. — **pan·to'gra·phisch** [-'gra:fɪʃ] *adj* pantographic.

Pan·to·kra·tor [panto'kra:tɔr] *m* ⟨-s; *no pl*⟩ (*art*) *relig.* Pantocrator.

Pan·to·me·ter [panto'me:tɔr] *n* ⟨-s; -⟩ *tech.* pantometer.

Pan·to·mi·me[1] [panto'mi:mə] *f* ⟨-; -n⟩ (*theater*) dumb show, pantomime.

Pan·to'mi·me[2] *m* ⟨-n; -n⟩ (*theater*) pantomime, pantomimist.

Pan·to·mi·mik [panto'mi:mɪk] *f* ⟨-; *no pl*⟩ (*theater*) pantomime. — **pan·to'mi·misch** *adj* pantomimic, pantomime (*attrib*).

pan·to·sko·pisch [panto'sko:pɪʃ] *adj* (*optics*) pantoscopic: ~e Form (*eines Brillenglases*) pantoscopic shape.

Pan·try ['pɛntri; 'pæntrɪ] (*Engl.*) *f* ⟨-; -s⟩ *mar.* pantry.

pant·schen ['pantʃən] *v/t u. v/i* ⟨h⟩ *cf.* panschen.

Pän·ul·ti·ma [pɛ'nultima] *f* ⟨-; -mä [-mɛ] *u.* -men⟩ *metr.* (*vorletzte Silbe*) penult, *auch* penultimate (syllable), penultima.

Pan·zen ['pantsən] *m* ⟨-s; -⟩ *dial.* *contempt.* paunch, potbelly: sich (*dat*) einen ~ an·fressen to develop a paunch (from overeating).

Pan·zer ['pantsər] *m* ⟨-s; -⟩ **1.** *mil.* (battle) tank. - **2.** *mil. hist.* a) (*Rüstung*) (suit of) armor (*bes. Br.* armour), b) (*Kettenpanzer*) (coat of) mail, c) (*Harnisch*) corslet, cuirass, d) (*eines Pferds*) bard(e) *pl*: er umgab sich mit einem ~ aus Gleichgültigkeit *fig.* he surrounded himself with an armo(u)r (*od.* a wall) of indifference. - **3.** *tech.* a) (*Gehäuse, Ummantelung*) casing, b) (*eines Hochofens*) steel jacket, c) (*Ausfütterung*) steel-plate lining. - **4.** *zo.* a) (*der Schildkröten, Insekten*) shell, shield, b) (*der Krokodile*) cuirass. — ~**ab,wehr** *f* *mil. Br.* anti-tank defence, *Am.* antitank defense. — ~**ab,wehr·ge,schütz** *n*, ~**ab,wehr·ka,no·ne** *f* anti(-)tank gun. — ~**ab,wehr·ra,ke·te** *f* anti(-)tank rocket. — ~**an,griff** *m* armored (*bes. Br.* armoured) (*od.* tank) attack. — ~**ar·til·le,rie** *f* armo(u)red artillery. — ~**au·to** *n* armo(u)red car. — ~**ba·tail,lon** *n* armo(u)red (*od.* tank) battalion, *Br.* auch tank squadron. — ~**be,sat·zung** *f cf.* Panzerabwehr. — ~**be,sat·zung** *f* tank crew. — **p~bre·chend** *adj* (*Munition etc*) armo(u)r-piercing. — ~**deckungs,stel·lung** *f* (*-k·k-*) *f* hull defilade. — ~**di·vi·si,on** *f* armo(u)red division. — ~**dreh,turm** *m* revolving armo(u)red turret. — ~**ech·se** *f zo. cf.* Krokodil 1. — ~**fah·rer** *m mil.* tank driver. — ~**fahr,zeug** *n* armo(u)red vehicle. — ~**fal·le** *f* tank trap. — ~**faust** *f* (recoilless) anti(-)tank rocket launcher. — ~**fi·sche** *pl zo.* (fossile) placoderms (*Klasse Placodermi*). — ~**för·de·rer** *m* (*mining*) armo(u)red conveyor (*od.* conveyer), *auch* panzer. — ~**ge,fecht** *n mil.* tank battle. — ~**ge,schoß** *n* armo(u)r-piercing projectile. — ~**ge,wöl·be** *n* (*einer Bank*) strong room. — ~**glas** *n* bulletproof (*Br.* bullet-proof) glass. — ~**gra·ben** *m* (*anti[-]*)tank ditch. — ~**gre·na,dier** *m* armo(u)red infantryman: ~e *pl* armo(u)red (*od.* mechanized) infantry *sg*. — ~**hand,schuh** *m mil. hist.* ga(u)ntlet. — ~**hemd** *n* shirt (*od.* coat) of mail, ha(u)bergeon, hauberk. — ~**jä·ger** *m mil.* anti(-)tank gunner: ~ *pl* tank destroyer troops. — ~**ka·bel** *n tech.* armo(u)red (*od.* shielded) cable. — ~**kampf,wa·gen** *m mil.* tank, armo(u)red fighting vehicle. — ~**ka,no·ne** *f* tank gun. — ~**ket·te** *f* tank track. — ~**knacker** (*getr.* -k·k-) *m mil. colloq.* tank buster (*od.* killer). — ~**kom·man,dant** *m* tank commander. — ~**korps** *n* armo(u)red corps. — ~**kräf·te** *pl* armo(u)red forces (*od.* units). — ~**krebs** *m zo.* sea crayfish (*Fam. Palinuridae*). — ~**kreu·zer** *m mar. mil.* heavy cruiser. — ~**kup·pel** *f mil.* armo(u)red cupola. — ~**lan·dungs,boot** *n* tank landing craft. — ~**mi·ne** *f* anti(-)tank mine. — ~**mu·ni·ti,on** *f* armo(u)r-piercing ammunition.

pan·zern ['pantsərn] **I** *v/t* ⟨h⟩ **1.** *mil.* armor, *bes. Br.* armour. - **2.** *mil. hist.* (*ein Pferd*)

bard(e). - **3.** *tech.* armor, *bes. Br.* armour, metal-sheathe, encase. - **II** *v/reflex* **4.** sich gegen j-s Bosheit ~ *fig.* to arm oneself against s.o.'s malice. - **III P~** *n* ⟨-s⟩ **5.** *verbal noun*.

'**Pan·zer,nas,horn**, '**In·di·sches** *n zo.* Indian rhinoceros (*Rhinoceros unicornis*). — ~**plat·te** *f mil. tech.* armor (*bes. Br.* armour) plate. — ~**re·gi,ment** *n mil.* armo(u)red regiment, *Br.* tank regiment. — ~**schiff** *n mar. mil.* armo(u)red naval vessel, ironclad. — ~**schlacht** *f mil.* tank battle. — ~**schott** *n mar.* armo(u)red bulkhead. — ~**schrank** *m* safe. — ~**schutz** *m mil.* **1.** unter ~ protected by tanks. - **2.** *hist.* armo(u)r protection. — ~**schüt·ze** *m* tank gunner. — ~**späh,wa·gen** *m* armo(u)red (reconnaissance) car, scout (*od.* patrol) car. — ~**sper·re** *f* anti(-)tank obstacle. — ~**spit·ze** *f* armo(u)red spearhead. — ~**trup·pen** *pl mil.* armo(u)red troops (*od.* forces), tank corps *sg*. — ~**turm** *m* **1.** armo(u)red turret. - **2.** (*eines Panzers*) tank turret.

'**Pan·ze·rung** *f* ⟨-; -en⟩ **1.** *cf.* Panzern. - **2.** *mil.* armor, *bes. Br.* armour, armoring, *bes. Br.* armouring, armo(u)r-plating. - **3.** *mil. hist.* a) (coat of) mail, b) (*eines Pferdes*) bard(e)s *pl*. - **4.** *tech.* metal sheathing, armoring, *bes. Br.* armouring. - **5.** *zo.* armor, *bes. Br.* armour.

'**Pan·zer,un·ter,stüt·zung** *f mil.* armored (*bes. Br.* armoured) (*od.* tank) support. — ~**ver,bän·de** *pl* armo(u)red units (*od.* forces). — ~**waf·fe** *f* armo(u)red (*od.* tank) force. — ~**wa·gen** *m* armo(u)red car. — ~**we·ste** *f* bulletproof (*Br.* bullet-proof) (*od.* shotproof) jacket, body armo(u)r, armo(u)red vest. — ~**zug** *m mil.* **1.** (*railway*) armo(u)red train. - **2.** (*Einheit*) tank platoon.

Päo·nie [pɛ'o:nĭə] *f* ⟨-; -n⟩ *bot. cf.* Pfingstrose.

Pa·pa [pa'pa:; *colloq. auch* 'papa] *m* ⟨-s; -s⟩ father; papa, daddy, dad, pa, *Am. auch* pop, poppa (*child's language*).

Pa·pa·gei [papa'gai] *m* ⟨-s *u.* -en; -en, *rare* -e⟩ *zo.* parrot (*Fam. Psittacidae*): Grauer ~ common gray (*bes. Br.* grey) parrot (*Psittacus erithacus*); Kleiner ~ parrakeet, parakeet, *auch* paroquet, parroquet; sie plappert alles nach wie ein ~ *fig.* she repeats everything (you say) like a parrot, she poll-parrots.

pa·pa'gei·en·haft I *adj* parrot-like, psittacine (*scient.*). - **II** *adv* ~ nachplappern to repeat (*s.th.*) like a parrot.

Pa·pa'gei·en,krank·heit *f* **1.** *med.* parrot disease (*od.* fever), psittacosis (*scient.*). - **2.** *vet.* ornithosis. — ~**weib·chen** *n zo.* hen-parrot.

Pa·pa'gei,fisch *m zo.* parrot fish, scaroid (*scient.*) (*Fam. Scaridae*).

pa·pal [pa'pa:l] *adj röm.kath.* papal. — **P~sy,stem** *n* papalism, papal system.

Pa·pat [pa'pa:t] *m, auch n* ⟨-(e)s; *no pl*⟩ *röm.kath.* papacy.

Pa·pa·ve·rin [papave'ri:n] *n* ⟨-s; *no pl*⟩ *med. pharm.* papaverine ($C_{20}H_{21}NO_4$).

Pa·pel ['pa:pəl] *f* ⟨-; -n⟩ *med.* papule, papula.

Pa·per·back ['peipə,bæk] (*Engl.*) *n* ⟨-s; -s⟩ *print.* paperback.

Pa·pe·te·rie [papɛtə'ri:] *f* ⟨-; -n [-ən]⟩ *Swiss for* a) Schreibwarenhandlung, b) Schreibwaren.

Pa·pi ['papi] *m* ⟨-s; -s⟩ *cf.* Papa.

Pa·pier [pa'pi:r] *n* ⟨-s; -e⟩ **1.** ⟨*only sg*⟩ paper: kariertes [lini(i)ertes] ~ squared (*Am.* checkered) [ruled] paper; satiniertes [holzfreies, gummiertes] ~ glazed [wood-free, gummed] paper; ~ mit Wasserzeichen filigreed (*od.* watermarked) paper; etwas zu ~ bringen to write s.th. down, to commit s.th. to paper, to reduce s.th. to writing; das steht nur auf dem ~ that exists on paper only; ~ ist geduldig *fig. colloq.* paper won't blush (*colloq.*). - **2.** *meist pl* (*Ausweis*) (identity *od.* identification) paper: er reiste ohne ~e he travel(l)ed without any identification (*od.* identity) papers; Ihre ~e, bitte! papers (*od.* documents), please! - **3.** *meist pl jur. econ.* (*Urkunde*) paper, document, instrument. - **4.** *pl econ.* (*Wertpapiere, Kupons etc*) a) security documents, securities, stocks, effects, b) (*Dividendenpapiere*) *bes. Br.* shares, *bes. Am.* stocks: festverzinsliche ~e fixed-interest(-bearing) securities,

bonds; ~e mit kurzer [mittlerer, langer] Laufzeit short- [medium-, long-]term stocks; mündelsichere ~e gilt-edged securities, gilts. - **5.** *pl econ.* (*Arbeitspapiere*) working papers *pl*: holen Sie sich Ihre ~e, Sie sind entlassen take your working papers (*Br.* your cards), you are sacked (*od.* fired) (*colloq.*).

Pa'pier|,ab,fäl·le *pl* waste paper *sg*. — **p~,ar·tig** *adj* paperlike, papery: papyraceous, chartaceous (*scient.*). — ~**bahn** *f* (paper-)web, paper strip, length of paper. — ~**band** *n* ⟨-(e)s; ~er⟩ paper tape. — ~**beu·tel** *m* paper bag. — ~**blatt** *n cf.* Papierbogen. — ~**block** *m* paper (*od.* note-)block. — ~**blu·me** *f* **1.** artificial paper flower. - **2.** *bot.* a) xeranthemum (*Gattg Xeranthemum*), b) *cf.* Katzenpfötchen 2. — ~**bo·gen** *m* leaf (*od.* sheet) of paper. — ~**boot** *n zo.* (paper) nautilus, argonaut (*Argonauta argo*). — ~**brei** *m tech.* (paper) pulp. — ~**deutsch** *n ling.* bookish (*od.* lifeless, dryasdust, stilted) German. — ~**dra·chen** *m* paper kite. — ~**ein,band** *m print.* paper cover.

pa'pie·ren *adj* **1.** paper (*attrib*): papier(e)ne Umhüllung paper wrapping. - **2.** *cf.* papierartig. - **3.** *fig.* bookish, lifeless, stiff, stilted, vapid: papier(e)ner Stil bookish style.

Pa'pier|fa,brik *f* paper mill (*od.* factory). — ~**fa·bri·ka·ti,on** *f tech.* paper manufacture, papermaking. — ~**falz·ma,schi·ne** *f print.* folding machine, folder. — ~**fet·zen** *m* scrap of paper. — ~**fil·ter** *n, m* paper filter. — ~**for,mat** *n* size (of paper), paper (*od.* sheet) size. — ~**garn** *n* pulp yarn.

Pa'pier,geld *n* ⟨-(e)s; *no pl*⟩ *econ.* paper money (*od.* currency), *Am. auch* bills *pl*, *Br.* (bank-)notes *pl*, *Am. sl.* folding money. — ~**wäh·rung** *f* paper currency.

Pa'pier|ge,schäft *n econ.* **1.** stationer's (*od.* stationery) shop (*bes. Am.* store). - **2.** *cf.* Papierhandel. — ~**gir,lan·de** *f* paper garland. — ~**gra·da·ti,on** *f phot.* paper grades *pl*. — ~**han·del** *m econ.* paper trade. — ~**händ·ler** *m* stationer. — ~**hand·lung** *f cf.* Papiergeschäft. — ~**her,stel·lung** *f tech. cf.* Papierfabrikation. — ~**holz** *n* pulpwood. — ~**hül·le** *f* paper envelope. — ~**in·du,strie** *f* paper industry. — ~**kle·ber** *m synth.* adhesive for paper, paste. — ~**korb** *m* wastepaper basket, *bes. Am.* wastebasket: etwas in den ~ werfen to throw s.th. in(to) the wastepaper basket, to basket s.th.; das gehört in den ~ *auch fig. colloq.* that's ready for the wastepaper basket, that is rubbish; → landen 4. — ~**kram** *m colloq.* red tape. — ~**krieg** *m colloq. u. contempt.* red tape, paper war(fare), bureaucratic labyrinth. — ~**la,ter·ne** *f* paper lampion, Chinese lantern.

Pa·pi·er·ma·ché [papĭema'ʃe:] *n* ⟨-s; -s⟩ (*paper*) papier-mâché, *auch* papier mache, papier-maché.

Pa'pier|man,schet·te *f* (*eines Blumentopfes*) paper frill. — ~**ma,schi·ne** *f tech.* paper machine. — ~**maß** *n* paper size, size of paper. — ~**mas·se** *f tech. cf.* Papierstoff. — ~**mes·ser** *n tech.* **1.** paper knife. - **2.** (*Schaber*) doctor. - **3.** (*des Kalanders, Holländers*) bar, blade. — ~**müh·le** *f* paper mill. — ~**rol·le** *f* roll of paper. — ~**sack** *m* paper bag. — ~**sche·re** *f* paper scissors *pl* (*sometimes construed as sg*). — ~**schlan·ge** *f* (paper) streamer, coiled-up paper. — ~**schnei·de·ma,schi·ne** *f tech.* paper cutter, (*Formatschneider*) guillotine cutting machine (*od.* cutter). — ~**schnit·zel** *n, m meist pl* paper shred (*od.* scrap, shaving). — ~**schnur** *f* paper string (*od.* twine). — ~**ser·vi,et·te** *f* paper napkin. — ~**sor·te** *f* type (*od.* grade) of paper. — ~**stau·de** *f bot.* papyrus (*Cyperus papyrus*). — ~**stoff** *m tech.* stuff, (*Stoffbrei*) pulp. — ~**strei·fen** *m* **1.** paper strip. - **2.** (*Lochstreifen*) paper tape. — ~**ta·schen,tuch** *n* tissue (handkerchief), *bes. Am.* kleenex (*TM*). — ~**ti·ger** *m colloq.* paper tiger. — ~**tisch,tuch** *n* paper tablecloth. — ~**tü·te** *f* paper bag, (*spitze*) cornet. — **p~ver,ar·bei·tend** *adj* ~e Industrie *econ.* paper-processing industry. — ~**ver,ar·bei·tung** *f* paper processing. — ~**wäh·rung** *f econ. cf.* Papiergeldwährung.

Pa'pier,wa·ren *pl* **1.** paper goods. - **2.** (*Schreibwaren*) stationery *sg*. — ~**händ·ler** *m* stationer. — ~**hand·lung** *f* sta-

tioner's (*od.* stationery) shop (*bes. Am.* store).
Pa'pier|**,wes-pe** *f zo.* paper hornet (*Vespa maculata*). — **~,win-del** *f* paper diaper (*bes. Br.* napkin, *colloq.* nappy). — **~,wisch** *m* scrap of paper. — **~,wolf** *m tech.* paper shredder (*od.* shredding machine). — **~,zei-chen** *n print.* watermark.

Pa-pi-lio-ni-den [papilio'niːdən] *pl zo. cf.* Ritterfalter.

pa-pil-lär [papi'lɛːr] *adj med.* papillar(y).

Pa-pil-le [pa'pilə] *f* ⟨-; -n⟩ **1.** *med.* papilla. **- 2.** *meist pl bot.* papilla.

Pa-pil-lom [papi'loːm] *n* ⟨-s; -e⟩ *med.* papilloma.

Pa-pil-lon [papi'jõ] *m* ⟨-s; -s⟩ *zo.* (*Kleinhund*) papillon.

Pa-pil-lo-te [papi'joːtə] *f* ⟨-; -n⟩ (*Haar-, Lockenwickel*) (hair) curler, (hair) roller.

Pa'pin-scher 'Topf [pa'pɛ̃ːʃər] *m phys.* Papin's digester (*od.* pot).

Pa-pis-mus [pa'pɪsmʊs] *m* ⟨-; *no pl*⟩ contempt. papistry, papism, popery. — **Pa-'pist** [-'pɪst] *m* ⟨-en; -en⟩ contempt. papist, papalist, Roman. — **pa'pi-stisch** adj contempt. popish, Romanish, papistic(al).

papp [pap] *interj colloq. only in* nicht mehr ~ sagen können to be so full one can hardly move, to be stuffed to the gills.

Papp *m* ⟨-(e)s; -e⟩ *colloq. dial.* **1.** (*Brei*) pap, mash, mush, gruel. **- 2.** (*Kleister*) paste. — **~,ar-beit** *f* cardboard (*od.* pasteboard) work. — **~,band** *m* ⟨-(e)s; ːe⟩ *print.* (book in) boards, (hard) paperback. — **~,be-cher** *m* paper cup. — **~,dach** *m* felt roof. — **~,deckel** (*getr.* -k·k-) *m* (card)-board, millboard, paperboard, pasteboard.

Pap-pe ['papə] *f* ⟨-; -n⟩ pasteboard, paperboard, (*dünne*) cardboard, (*starke*) millboard: das Buch ist in ~ gebunden the book is bound in boards; das ist nicht von ~ *fig. colloq.* a) that's not to be trifled with, b) that's not to be sneezed at (*colloq.*); er ist nicht aus ~ *fig. colloq.* he is not to be trifled with, he's pretty tough, *bes. Am.* he is no jellyfish.

'Papp,ein,band *m print.* pasteboard (*od.* cardboard) cover (*od.* binding), boards *pl.*

Pap-pel ['papəl] *f* ⟨-; -n⟩ *bot.* a) poplar (tree), *Am. dial.* alamo (*Gattg Populus*), b) *Am.* cottonwood (*P. deltoides*). — **~,al,lee** *f* avenue of poplars, *Am. auch* alameda. — **~,blatt,kä-fer** *m zo.* poplar leaf beetle (*Melasoma populi*). — **~,bock** *m* a) Großer ~ poplar borer (*Saperda carcharias*), b) Kleiner ~ lesser poplar borer (*S. populnea*). — **~,holz** *n* poplar (wood), (*bes. von Populus deltoides*) cottonwood.

pap-peln[1] ['papəln] *v/t* ⟨h⟩ *cf.* päppeln.

'papp-eln[2] *adj* (of) poplar wood.

päp-peln ['pɛpəln] *v/t* ⟨h⟩ **1.** *colloq.* (feed with) pap. **- 2.** *fig.* pamper, cosset, coddle.

'Pap-pel,schwär-mer *m zo.* poplar hawk moth (*Amorpha populi*). — **~,wei-de** *f bot.* **1.** black poplar (*Populus nigra*). **- 2.** *cf.* Silberpappel.

pap-pen ['papən] **I** *v/t* ⟨h⟩ **1.** *colloq.* paste. **- II** *v/i* **2.** *colloq.* stick. **- 3.** (*von Schnee etc*) stick, clog.

Pap-pen-hei-mer ['papən,haimər] *m* ⟨-s; -⟩ *only in* ich kenne meine ~ *colloq.* I know my customers (*od.* men), I know who I'm dealing with (*colloq.*).

'Pap-pen,stiel *m* ⟨-(e)s; *no pl*⟩ *fig. colloq.* straw, trifle: etwas für einen ~ verkaufen to sell s.th. for a (mere) song (*od.* dirt cheap); das ist keinen ~ wert that's not worth a sou (*od.* bean); das ist kein ~ a) that is not easy (*od.* to be trifled with), b) (*von Geld*) that is quite a nice sum (*od.* pretty penny).

pap-per-la-papp [,papərla'pap] *interj colloq.* rubbish! fiddlesticks! nonsense! bosh! blether! blather! *Am. auch* blatherskite!

'pap-pig adj **1.** (*Brei etc*) pulpy, pappy, pasty, sticky, stodgy, goo(e)y (*sl.*). **- 2.** *colloq.* (*Hände etc*) goo(e)y (*sl.*), sticky. **- 3.** (*Schnee etc*) sticky, cloggy. **- 4.** *colloq.* (*Brot etc*) goo(e)y (*sl.*), stodgy, doughy, gluey, sticky.

'Papp|**ka-me,rad** *m mil. auch fig. colloq.* (aiming) silhouette, silhouette target. — **~,kar,ton** *m cf.* Pappschachtel.

Papp-ma-ché [papma'ʃeː] *n* ⟨-s; -s⟩ (*paper*) *cf.* Papiermaché.

'Papp|**,na-se** *f* false nose. — **~,schach-tel** *f* carton, cardboard (*od.* paper) box. — **~,schnee** *m* sticky (*od.* cloggy) snow. — **~,tel-ler** *m* paper plate.

Pa-pri-ka ['paprika] *m* ⟨-s; -s⟩ **1.** *bot.*

---

a) paprika, red pepper, chili, chile, *bes. Br.* chilli, chilly (*Capsicum frutescens*), b) paprika, pod pepper (*C. annuum*), c) pepper (*C. tetragonum*). **- 2.** (*Gewürz*) paprika. **- 3.** *gastr.* (*Paprikaschote*) paprika: gefüllter ~ stuffed paprika (*od.* peppers *pl*). — **~,gu-lasch** *n, auch m gastr.* (Hungarian) goulash. — **~,schnit-zel** *n* paprika cutlet. — **~,scho-te** *f bot.* pepper pod, peppers *pl*. — **~,so-ße** *f* chili sauce.

Papst [paːpst] *m* ⟨-es; ːe⟩ **1.** *röm.kath.* Pope, pontiff, pontifex, Holy Father: → päpstlich **1. - 2.** *fig.* authority: er ist der ~ der Medizin he is the authority in the world of medicine. — **~fa,mi-lie** *f röm.-kath.* papal household. — **~,feind-lich** adj antipapal. — **~,kro-ne** *f* papal (od. triple) crown, tiara.

päpst-lich ['pɛːpstlɪç] adj **1.** papal, apostolic, pontifical: ~er Gesandter nuntius; ~e Würde papal dignity, popehood, popedom, pontificate, papacy; P~er Stuhl Apostolic (*od.* Holy) See. **- 2.** papistic(al): ~er als der Papst sein *fig.* to want to outpope the pope, to be more royal than the king (*to be more intolerant in one's judg[e]ments than established authority*).

'Papst-tum *n* ⟨-s; *no pl*⟩ *röm.kath.* popedom, popehood, papacy, papalism, pontificality.

'Papst|**,wahl** *f röm.kath.* election of a pope. — **~,wür-de** *f* papal dignity, popehood, popedom, pontificate, papacy.

Pa-pua ['paːpŭa; pa'puːa] *m* ⟨-(s); -(s)⟩, **~,ne-ger** *m* Papuan. — **pa-pua-nisch** [pa-'pŭaːnɪʃ] adj Papuan.

'Pa-pua,schwein *n zo.* Papuan wild pig (*Sus papuensis*). — **~,spra-chen, die** *pl ling.* Papuan *sg*, the Papuan languages.

Pa-py-rin [papy'riːn] *n* ⟨-s; *no pl*⟩ (*paper*) papyrin(e).

Pa-py-ro-lo-ge [papyro'loːgə] *m* ⟨-n; -n⟩ papyrologist. — **Pa-py-ro-lo'gie** [-lo'giː] *f* ⟨-; *no pl*⟩ papyrology. — **pa-py-ro'lo-gisch** adj papyrological.

Pa-py-rus [pa'pyːrʊs] *m* ⟨-; -ri [-ri]⟩ **1.** *bot.* papyrus, *auch* paper reed (*od.* rush) (*Cyperus papyrus*). **- 2.** *antiq.* papyrus, biblus, *auch* biblos. — **~,kun-de** *f* ⟨-; *no pl*⟩ *cf.* Papyrologie. — **~,rol-le** *f* papyrus (roll *od.* scroll). — **~,stau-se** *f bot. cf.* Papyrus 1. — **~,text** *m* papyrus text.

Pa-ra ['paːra] *m* ⟨-; -⟩ *econ.* para (*small Turkish and Yugoslav monetary unit*).

Pa-ra-ba-se [para'baːzə] ⟨-; -n⟩ *f* (*literature*) (*in der griech. Komödie*) parabasis.

Pa-ra-bel [pa'raːbəl] *f* ⟨-; -n⟩ **1.** (*literature*) parable. **- 2.** *math.* parabola. — **~,kur-ve** *f math.* parabolic curve.

Pa-ra-bio-se [parabi'oːzə] *f* ⟨-; -n⟩ *biol.* parabiosis.

Pa-ra'bol-an,ten-ne [para'boːl-] *f electr.* parabolic-reflector antenna, dish antenna (*bes. Br.* aerial).

pa-ra'bo-lisch adj **1.** (*literature*) parabolic(al), allegorical, *auch* allegoric, symbolic. **- 2.** *math.* parabolic(al).

Pa-ra-bo-lo-id [parabolo'iːt] *n* ⟨-(e)s; -e⟩ *math.* paraboloid. — **~kon,den-sor** *m* (*für Mikroskop*) paraboloidal condenser.

Pa-ra'bol,spie-gel *m* **1.** *tech.* projector. **- 2.** (*optics*) *tech.* parabolic reflector (*od.* mirror).

Pa-ra-de [pa'raːdə] *f* ⟨-; -n⟩ **1.** *mil.* parade, review, (*von Fahrzeugen*) drive-past, (*von Flugzeugen*) flypast: ~ abnehmen to hold a review. **- 2.** (*sport*) a) (*beim Fechten, Boxen etc*) parry, parade, b) (*des Tormanns*) save, c) (*beim Reiten*) halt. **- 3.** j-m in die ~ fahren *fig. colloq.* a) to upset (*od.* interfere with) s.o.'s plans, b) to interrupt s.o. — **~an,zug** *m bes. mil. cf.* Paradeuniform. — **~auf,stel-lung** *f* review order. — **~bei,spiel** *n* outstanding example. — **~bett** *n* bed of state. — **~flug** *m aer. mil.* flypast.

Pa-ra-deis [para'dais] *n* ⟨-es; *no pl*⟩ *obs. poet.* for Paradies 1, 2, 4.

Pa-ra-dei-ser [para'daizər] *m* ⟨-s; -⟩ *Austrian for* Tomate.

Pa'ra-de|**,kis-sen** *n colloq.* best pillow. — **~,marsch** *m mil.* march in review.

Pa-ra-den-ti-tis [paradɛn'tiːtɪs] *f* ⟨-; -titiden [-ti'tiːdən]⟩ *med.* Parodontitis.

Pa-ra-den-to-se [paraden'toːzə] *f* ⟨-; -n⟩ *med. archaic for* Parodontose.

Pa'ra-de|**,pferd** *n* **1.** parade horse. **- 2.** *fig. colloq.* showpiece, star. — **~,platz** *m mil.* parade ground. — **~,rol-le** *f* (*theater*) star part (*od.* role, *auch* rôle). — **~,schritt** *m mil.*

---

parade (*od.* drill) step, goose step. — **~,stück** *n* showpiece. — **~uni,form** *f mil.* dress uniform, full dress.

pa-ra-die-ren [para'diːrən] *v/i* ⟨*no ge-,* h⟩ **1.** *mil.* parade: ~ lassen to parade. **- 2.** *fig.* parade, flaunt, prance: mit etwas ~ to make a show of s.th.

Pa-ra-dies [para'diːs] *n* ⟨-es; -e⟩ **1.** das ~ *Bibl.* Paradise, Eden: die Vertreibung aus dem ~ the expulsion from Paradise. **- 2.** ⟨*only sg*⟩ *relig.* paradise, heaven, Heavenly City. **- 3.** *arch. hist.* paradise, parvis, *auch* parvise, atrium, ceremonial forecourt. **- 4.** *fig.* paradise, heaven, Eldorado, Shangri-la: ins ~ versetzen to put (*s.o.*) in paradise, to imparadise; das ~ auf Erden heaven on earth. — **~,ap-fel** *m* **1.** *bot.* Paradise (apple) (*Malus sylvestris paradisiaca*). **- 2.** *dial. obs. for* Tomate. — **~,el-ster** *f zo.* paradise grackle (*od.* pie) (*Astrapia nigra*). — **~,fei-ge** *f bot.* plantain (*Musa paradisiaca*). — **~,fisch** *m zo.* paradise fish, polynemid (*Polynemus paradiseus*). — **~,gar-ten** *m* (the) Garden of Eden, Paradise.

pa-ra-die-sisch [para'diːzɪʃ] adj **1.** paradisiacal, *auch* paradisiac, paradisal, paradisaic(al), paradisial, *auch* paradisian, paradisic(al), Edenic: ~e Unschuld paradisiacal innocence. **- 2.** *fig.* paradisiacal, heavenly, delightful: ein ~es Plätzchen a heavenly spot; eine Zeit ~en Glücks a period (*od.* an age) of paradisiacal happiness.

Pa-ra'dies|**,kör-ner** *pl bot.* grains of Paradise, guinea grains, melegueta (*od.* malaguet[a], *auch* malagetta) pepper *sg* (*seed of Aframomum melegueta*). — **~,vo-gel** *m zo.* **1.** bird of paradise, paradise bird (*Fam. Paradiseidae*): Großer ~ *cf.* Göttervogel. **- 2.** lesser superb bird of paradise (*Lophorina superba*). — **~,wit-we** *f* whydah, whidah, widow bird (*od.* finch) (*Steganura paradisea*).

Pa-ra-dig-ma [para'dɪgma] *n* ⟨-s; -men, *auch* -mata [-ta]⟩ *ling.* paradigm. — **pa-ra-dig'ma-tisch** [-'maːtɪʃ] adj paradigmatic, *auch* paradigmatical.

pa-ra-dox [para'dɔks] **I** adj paradoxical, paradoxal, paradoxal, paradoxic. **- II P~** *n* ⟨-es; -e⟩ *cf.* Paradoxon.

pa-ra-do-xer'wei-se adv paradoxically.

Pa-ra-do-xie [parado'ksiː] *f* ⟨-; -n [-ən]⟩ paradoxy, paradoxicalness, paradoxicality.

Pa-ra-do-xon [pa'ra(ː)dɔksən] *n* ⟨-s; -xa [-ksa]⟩ *philos. ling.* paradox.

Pa-raf-fin [para'fiːn] *n* ⟨-s; -e⟩ **1.** *chem.* paraffin, *auch* paraffine, alkane. **- 2.** *cf.* Paraffinwachs. — **~,be,hand-lung** *f med.* medical treatment with paraffin.

pa-raf-fi-nie-ren [parafi'niːrən] *v/t* ⟨*no ge-,* h⟩ paraffin.

Pa-raf'fin|**,ker-ze** *f* paraffin candle. — **~,krebs** *m* ⟨-es; *no pl*⟩ *med.* paraffin cancer, paraffinoma (*scient.*). — **~,öl** *n* **1.** *chem.* paraffin oil, liquid paraffin (white) mineral oil. **- 2.** *med.* (liquid) paraffin, paraffin oil. — **~,pa,pier** *n* paraffin paper. — **~,sal-be** *f med. pharm.* vaseline, petrolatum, paraffin ointment. — **~,wachs** *n* paraffin (wax).

Pa-ra-ge-ne-se [parage'neːzə] *f* ⟨-; *no pl*⟩ *geol.* paragenesis.

'Pa-ra|**ge,stein** ['paːra-] *n meist pl geol.* para-rock. — **~,glei-ter** *m* (*space*) hypersonic glider.

Pa-ra-graph [para'graːf] *m* ⟨-en, *auch* -s; -en⟩ **1.** (*Textabschnitt*) article, paragraph. **- 2.** *jur.* section, article. **- 3.** *print.* paragraph.

Pa-ra'gra-phen,rei-ter *m* ⟨-s; -⟩ *colloq. contempt.* red-tapist, stickler, legalist, pedant, pettifogger.

Pa-ra-gra-phie [paragra'fiː] *f* ⟨-; *no pl*⟩ *psych.* paragraphia.

pa-ra-gra-phie-ren [paragra'fiːrən] *v/t* ⟨*no ge-,* h⟩ paragraph.

Pa-ra'graph,zei-chen *n* section (mark).

'Pa-ra'gum-mi *n, m,* **~,kau-tschuk** *m* Pará (*od.* Para, para) rubber.

Pa-ra-kla-se [para'klaːzə] *f* ⟨-; -n⟩ *geol.* paraclase.

Pa-ra-klet [para'kleːt] *relig.* **I** *npr m* ⟨-(e)s *u.* -en; *no pl*⟩ Paraclete, Comforter. **- II** *m* ⟨-(e)s *u.* -en; -e(n)⟩ paraclete, advocate, intercessor.

Pa-ra-la-lie [parala'liː] *f* ⟨-; *no pl*⟩ *med. psych.* paralalia, speech defect.

Par-al-de-hyd [paraldə'hyːt] *n* ⟨-(e)s; -e⟩ *chem.* paraldehyde, paraacetaldehyde ($C_6H_{12}O_3$).

Pa·ra·lip·se [para'lɪpsə] f ⟨-; -n⟩ ling. (in der Rhetorik) paralipsis.

par·al·lak·tisch [para'laktɪʃ] adj astr. phys. parallactic: ~e Montierung (eines Teleskops) equatorial mount; ~e Verschiebung parallactic motion, parallax.

Par·al·la·xe [para'laksə] f ⟨-; -n⟩ phys. astr. phot. mil. parallax: tägliche ~ diurnal (od. geocentric) parallax; jährliche ~ annual (od. heliocentric) parallax. — **Par·al'la·xen,aus,gleich** m (optics) phot. parallax (od. parallactic) compensation.

par·al·lel [para'leːl] I adj 1. parallel: ~e Lage parallel to; ~ machen to parallelize. – 2. math. parallel, auch equidistant (from): ~e Linien parallels; etwas ~ machen to parallel s.th. – 3. electr. parallel: ~ schalten to connect in parallel, to shunt; ~ (geschaltet) shunt, connected across. – 4. (optics) parallel: ~e Lichtstrahlen collimated light sg. – 5. mus. consecutive, Am. auch parallel. – 6. fig. parallel, similar: das ist eine ganz ~e Entwicklung this is a very analogous development. – II adv 7. der Weg (ver)läuft ~ zur Hauptstraße the path runs parallel with (od. to) the main road, bes. Am. colloq. the path parallels the main road. – 8. ~ verschieben math. to translate. – 9. ~ gespeiste Antenne electr. shunt-fed antenna (bes. Br. aerial). — **P~,aus,ga·be** f print. parallel edition. — **P~be,we·gung** f parallel motion.

Par·al'le·le f ⟨-; -n⟩ 1. math. parallel (line): eine ~ ziehen (zu) to draw a parallel (to). – 2. fig. parallel: eine ~ bilden to form a parallel (case); eine ~ ziehen (zu, zwischen dat) to draw (od. establish) a comparison (od. parallel) (with, between). – 3. mil. parallel, trenchwork: eine ~ ausheben to dig out a parallel. – 4. pl mus. consecutives, consecutive intervals, Am. auch parallels. – 5. pl (Orgelbau) sliders.

Par·al'lel·epi·ped [-ʔepi,peːt] n ⟨-(e)s; -e⟩, **Par·al·lel·epi·pe·don** [paralele'piːpedɔn] n ⟨-s; -peda [-da] u. -peden [-pi'peːdən]⟩ math. cf. Parallelflach.

Par·al'lel|,fall m parallel case: mir fällt kein ~ ein I cannot think of a parallel case. — **~,fe·der** f tech. double pointed pen. — **~,flach** n ⟨-(e)s; -e⟩ math. parallelepiped.

par·al·le·li·sie·ren [paraleli'ziːrən] v/t ⟨no ge-, h⟩ parallelize.

Par·al·le·lis·mus [parale'lɪsmʊs] m ⟨-; -lismen⟩ parallelism: psychophysischer ~ psychophysical parallelism.

Par·al·le·li·tät [paraleli'tɛːt] f ⟨-; no pl⟩ 1. math. parallelism. – 2. (Gleichlauf) parallelism, correspondence: die ~ der Ereignisse the parallel course of events.

Par·al'lel|,klas·se f ped. parallel class (of grade). — **~,kreis** m astr. parallel (of latitude). — **p~,lau·fend** adj (running) parallel. — **~,li·nie** f parallel (line).

Par·al·le·lo·gramm [paralelo'gram] n ⟨-s; -e⟩ math. phys. tech. parallelogram.

Par·al'lel|,schal·tung f electr. parallel (od. shunt) connection (Br. auch connexion) (od. circuit), paralleling. — **~,sche·re** f tech. guillotine shears pl. — **~,schwung** m (beim Skilauf) parallel turn (od. swing). — **~,stra·ße** f parallel street. — **~,ton,art** f mus. parallel key. — **~ver,lauf** m parallelism, parallel process (od. course). — **~ver,samm·lung** f overflow meeting. — **~ver,schie·bung** f math. parallel translation (od. displacement, shift). — **~,wäh·rung** f econ. parallel currency. — **~,wick·lung** f electr. parallel (od. shunt) winding. — **~,wi·der,stand** m parallel (od. shunt) resistance. [philos. paralogia.⟩

Pa·ra·lo·gie [paralo'giː] f ⟨-; -n [-ən]⟩ **Pa·ra·lo·gis·mus** [paralo'gɪsmʊs] m ⟨-; -gismen⟩ philos. paralogism.

Pa·ra·ly·se [para'lyːzə] f ⟨-; -n⟩ med. paralysis, palsy: progressive ~ general paralysis of the insane, G.P.I., paralytic dementia. — **pa·ra·ly'sie·ren** [-ly'ziːrən] v/t ⟨no ge-, h⟩ 1. med. paralyze Br. auch -s-. – 2. fig. paralyze Br. auch -s-, cripple.

Pa·ra·ly·ti·ker [para'lyːtikər] m ⟨-s; -⟩ med. paralytic (patient). — **pa·ra·ly·tisch** [-tɪʃ] adj paralytic, paralyzed Br. auch -s-.

pa·ra|ma·gne·tisch [parama'gneːtɪʃ] adj phys. paramagnetic: ~e Substanz paramagnet. — **P~ma·gne'tis·mus** [-gne'tɪsmʊs] m paramagnetism.

Pa·ra·ment [para'mɛnt] n ⟨-(e)s; -e⟩ meist pl relig. parament.

Pa·ra·me·ter [para'(ː)metər] m ⟨-s; -⟩ math. parameter.

Pa·ra·me·tri·tis [parame'triːtɪs] f ⟨-; no pl⟩ med. parametritis, pelvic cellulitis.

'pa·ra·mi·li,tä·risch adj paramilitary.

Par·amne·sie [paramne'ziː] f ⟨-; -n [-ən]⟩ med. paramnesia, retrospective falsification.

Pa·ra·noia [para'nɔya] f ⟨-; no pl⟩ psych. paranoia, paranoid reaction. — **pa·ra·no'id** [-no'iːt] adj paranoid, auch paranoidal. — **Pa·ra'noi·ker** [-'noːikər] m ⟨-s; -⟩ paranoiac (auch paranoic) (patient). — **pa·ra'no·isch** [-'noːɪʃ] adj paranoiac, auch paranoic.

'Pa·ra,nuß f bot. 1. Brazil nut (tree) (Bertholletia excelsa). – 2. (Frucht) Brazil (od. Para, cream) nut, Am. colloq. niggertoe.

Pa·ra·pha·sie [parafa'ziː] f ⟨-; no pl⟩ psych. (Sprechstörung) paraphasia.

Pa·ra·phe [pa'raːfə] f ⟨-; -n⟩ 1. paraph. – 2. initials pl. – 3. stamp bearing a signature. — **pa·ra'phie·ren** [-ra'fiːrən] I v/t ⟨no ge-, h⟩ pol. (Vertrag etc) initial. – II P~ n ⟨-s⟩ verbal noun. — **Pa·ra'phie·rung** f ⟨-; -en⟩ cf. Paraphieren.

Pa·ra·phi·mo·se [parafi'moːzə] f ⟨-; -n⟩ med. paraphimosis.

Pa·ra·phra·se [para'fraːzə] f ⟨-; -n⟩ (literature) mus. paraphrase. — **pa·ra·phra'sie·ren** [-fra'ziːrən] v/t ⟨no ge-, h⟩ paraphrase. — **pa·ra'phra·stisch** [-'frastɪʃ] adj paraphrastic.

Pa·ra·plas·ma [para'plasma] n biol. paraplasm.

Pa·ra·ple·gie [paraple'giː] f ⟨-; -n [-ən]⟩ med. paraplegia.

Pa·ra·pluie [para'plyː] m, n ⟨-s; -s⟩ obs. for Regenschirm.

Pa·ra|psy·cho·lo·gie [parapsyço'loːgiː] f psych. parapsychology. — **p~psy·cho'lo·gisch** [-'loːgɪʃ] adj parapsychological, parapsychical, auch parapsychic.

Pa·ra·sit [para'ziːt] m ⟨-en; -en⟩ 1. biol. med. zo. parasite: mit ~en infizieren to parasitize Br. auch -s-. – 2. fig. parasite, leech, sponge(r) (colloq.), bleeder (sl.). – 3. antiq. parasite (character in ancient comedy). – 4. geol. parasitic crater. — **pa·ra·si'tär** [-zi'tɛːr] adj cf. parasitisch.

Pa·ra·si·ten|be,fall m med. parasitic infestation. — **p~be,fal·len** adj parasitized Br. auch -s-.

Pa·ra·si·ten·tum n ⟨-s; no pl⟩ parasitism.

pa·ra·si·tisch adj biol. med. zo. auch fig. parasitic, auch parasitical, parasital, parasitary: er führt ein ~es Leben fig. he leads a parasitic life. — **Pa·ra·si'tis·mus** [-zi'tɪsmʊs] m ⟨-; no pl⟩ 1. biol. med. zo. parasitism. – 2. fig. parasitism, parasiticalness.

Pa·ra·si·to·lo·ge [parazito'loːgə] m ⟨-n; -n⟩ biol. parasitologist. — **Pa·ra·si·to·lo·gie** [-lo'giː] f ⟨-; no pl⟩ parasitology.

Pa·ra·sol[1] [para'zoːl] m, n ⟨-s; -s⟩ obs. for Sonnenschirm.

Pa·ra·sol[2] m ⟨-s; -e u. -s⟩, **~,pilz** m bot. parasol mushroom (Lepiota procera).

Par·äs·the·sie [parɛste'ziː] f ⟨-; -n [-ən]⟩ med. par(a)esthesia.

Pa·ra|sym·pa·thi·kus [parazym'paːtikus] m ⟨-; no pl⟩ med. parasympathetic ([nervous] system). — **p~sym'pa·thisch** [-tɪʃ] adj parasympathetic.

pa·rat [pa'raːt] adj ⟨pred⟩ 1. ready, prepared: er hatte die Antwort ~ he had his answer pat. – 2. ready to use, on hand: ich habe keinen Bleistift ~ I have no pencil on hand.

pa·ra·tak·tisch [para'taktɪʃ] adj 1. ling. (nebenordnend) paratactic, auch paratactical. – 2. psych. parataxic. — **Pa·ra'ta·xe** [-'taksə] f ⟨-; -n⟩ ling. psych. parataxis. — **Pa·ra·ta'xie** [-ta'ksiː] f ⟨-; no pl⟩ psych. parataxis.

Pa·ra·ta·xis [para'(ː)taksɪs] f ⟨-; -taxen [-ra'taksən]⟩ ling. rare for Parataxe.

Pa·ra·thor·mon [paratər'moːn] n ⟨-s; no pl⟩ med. Para-thor-mone (TM).

'Pa·ra,ty·phus [-'taksɪs] m ⟨-; no pl⟩ med. paratyphoid (fever). — **~ba,zil·lus** m salmonella paratyphi.

pa·ra·ve·nös [parave'nøːs] adj med. paravenous.

Pa·ra·zen·te·se [paratsɛn'teːzə] f ⟨-; -n⟩ med. (Einstich) paracentesis.

pa·ra·zen·trisch [para'tsɛntrɪʃ] adj math. paracentral.

par·bleu [par'bløː; par'blø] (Fr.) interj obs. od. dial. Good Lord yes! gosh! (colloq.).

Pär·chen ['pɛːrçən] n ⟨-s; -⟩ 1. couple, pair. – 2. (Liebespaar) young couple, couple in love. – 3. zo. pair.

Par·cours [par'kuːr] m ⟨- [-'kuːr(s)]; - [-'kuːrs]⟩ (beim Springreiten) course.

Pard [part] m ⟨-en; -en⟩ zo. cf. Leopard 1.

par·dauz [par'dauts] interj archaic (w)oopsadaisy! whoops! (beide colloq.).

Par·del ['pardəl] m ⟨-s; -⟩ zo. cf. Leopard 1. — **~,kat·ze** f cf. Ozelot 1. **'Par·del,rol·ler** m zo. African palm civet (Nandinia binotata).

Par·der ['pardər] m ⟨-s; -⟩ zo. cf. Leopard 1.

par di·stance [pardɪs'tãːs] (Fr.) adv from a distance: mit j-m ~ verkehren to maintain a certain reserve in one's relations with s.o.

par·don [par'dõː] interj archaic (I) beg your pardon, pardon (me), bes. Br. (I'm) sorry, bes. Am. excuse me.

Par·don [par'dõː] m ⟨-s; no pl⟩ 1. obs. od. dial. (Gnade) pardon: (j-n) um ~ bitten to ask (s.o.) for pardon; ~ geben to grant pardon. – 2. obs. mil. quarter: keinen ~ geben to give no quarter; Kampf ohne ~ no-quarter struggle. — **par·do·'nie·ren** [-do'niːrən] v/t ⟨no ge-, h⟩ j-n ~ obs. od. dial. to pardon s.o.

Par·dun [par'duːn] n ⟨-(e)s; -s⟩, **Par'du·ne** f ⟨-; -n⟩ mar. backstay.

Par·en·chym [parɛn'çyːm] n ⟨-s; -e⟩ bot. med. (Grundgewebe) parenchyma, auch parenchym(e).

pa·ren·tal [parɛn'taːl] adj biol. parental.

Pa·ren·tel [parɛn'teːl] f ⟨-; -en⟩ jur. parentela.

par·en·te·ral [parɛnte'raːl] adj med. parenteral.

Par·en·the·se [parɛn'teːzə] f ⟨-; -n⟩ 1. ling. parenthesis. – 2. math. print. parenthesis, parentheses pl, brackets pl: runde ~ round (od. curved) brackets pl; in ~ setzen to put (od. place) in parenthesis (od. in parentheses, between brackets). – 3. print. (Gedankenstriche) dashes pl. — **par·en'the·tisch** [-tɪʃ] I adj parenthetic(al). – II adv by way of parenthesis, in parentheses.

Pa·re·se [pa'reːzə] f ⟨-; -n⟩ med. paresis, partial paralysis. — **pa're·tisch** [-tɪʃ] adj paretic.

par ex·cel·lence [parɛksɛ'lãːs] (Fr.) adv par excellence: er ist ein Weinkenner ~ he is a superb connoisseur of wine.

par force [par'fɔrs] (Fr.) adv obs. od. dial. 1. perforce, violently. – 2. cf. unbedingt 6.

Par'force|,jagd f hunt. course, coursing, riding to hounds: an einer ~ teilnehmen to ride to (od. to follow) the hounds. — **~,lei·stung** f tour de force. — **~,marsch** m forced march. — **~,ritt** m hunt. ride at full speed, forced (od. mad) ride.

Par·fum [par'fœ̃ː] n ⟨-s; -s⟩ cf. Parfüm.

Par·füm [par'fyːm] n ⟨-s; -e u. -s⟩ perfume, bes. Br. scent, auch essence: sie benutzt starkes ~ she uses (od. wears) strong perfume. — **Par·fü·me'rie** [-fymə'riː] f ⟨-; -n [-ən]⟩ 1. scent shop, perfumery, Am. cosmetics store. – 2. pl perfumes, scents.

Par'füm,fläsch·chen n perfume (bes. Br. scent) bottle.

par·fü·mie·ren [parfy'miːrən] I v/t ⟨no ge-, h⟩ perfume, scent: sie parfümiert ihre Taschentücher she perfumes her handkerchiefs. – II v/reflex sich ~ perfume oneself: sie parfümiert sich a) she puts on perfume, b) she wears (od. uses) perfume.

Par'füm|,stoff m scent. — **~zer,stäu·ber** m (hand-)spray(er), atomizer.

Pa·ri ['paːri] n ⟨-s; no pl⟩ 1. par (value), face value. – 2. (mit Kleinschreibung) über p~ at a premium, above par; unter p~ at a discount, below par; auf p~ at par; (al) p~ stehen to be at par.

Pa·ria ['paːria] m ⟨-s; -s⟩ 1. (kastenloser Inder) pariah. – 2. fig. (Ausgestoßener) pariah, outcast.

pa·rie·ren[1] [pa'riːrən] I v/i ⟨no ge-, h⟩ 1. (beim Fechten) parry: er parierte mit der einfachen Terz he parried in tierce. – 2. fig. (mit with) counter. – II v/t 3. (beim Boxen, Fechten) parry, ward off: er pariert den Schlag he wards off the blow. – 4. (Pferd) halt. – 5. (Schuß, Wurf) save. – 6. fig. (Einwand etc) parry, turn aside. – III P~ n ⟨-s⟩ 7. verbal noun. – 8. parade, parry.

pa·rie·ren[2] v/i ⟨no ge-, h⟩ colloq. 1. obey, knuckle under. – 2. fall in line, toe the mark (od. line).

pa·rie·tal [parie'taːl] adj med. zo. bot. parietal. — **P~,au·ge, P~,or·gan** n zo. pineal organ (od. body, eye, gland), epiphysis (scient.).

Pa·ri·fi·ka·ti·on [parifika'tsĭo:n] f ⟨-; -en⟩ obs. for Gleichstellung 2, Ausgleich 1.

'Pa·ri‚kurs m econ. 1. (Währungen) par (of exchange). – 2. (Wertpapiere) parity.

Pa·ri·ser [pa'ri:zər] I m ⟨-s; -⟩ 1. Parisian. – 2. colloq. Br. colloq. French letter, Am. sl. 'rubber', condom. – II adj ⟨invariable⟩ 3. Parisian, (of) Paris: die ~ Mode Paris fashions pl; während meines ~ Aufenthaltes during my stay (od. while I was staying) in Paris; ~ Schrift print. Am. agate, Br. ruby; ~ Rot Paris red, rouge; ~ Blau Paris blue, pure Prussian blue, Chinese blue.

pa·ri·se·risch adj Parisian, Lutetian (poet.).

Pa·ri·si·enne [pari'zĭɛn] (Fr.) f ⟨-; no pl⟩ hist. a French song of freedom.

'Pa·ris‚ur·teil ['pa:rɪs-] n myth. judg(e)ment of Paris.

pa·ri·syl·la·bisch [parizy'la:bɪʃ] adj ling. parisyllabic.

Pa·ri·tät [pari'tɛ:t] f ⟨-; no pl⟩ 1. parity, equality. – 2. econ. parity. — **pa·ri·tä·tisch** [-tɛ:tɪʃ] I adj 1. in equal numbers, on equal terms: ~e Lohn- und Preiskommission Joint Commission on Wages and Prices; ~e Mitbestimmung co(-)determination on the basis of parity (of representation). – 2. relig. nonsectarian Br. non-, nondenominational Br. non-: ~e Schule nondenominational (od. nonsectarian) school. – 3. econ. at par, at parity. – II adv 4. on an equal footing, in equal numbers: ~ besetzt with representation on the principle of parity, with both parties having equal voting strength.

'Pa·ri‚wech·sel m econ. bill at par. — **~‚wert** m value at par, par value.

Park [park] m ⟨-s; -s, auch -e⟩ 1. park. – 2. mil. park, (base) depot.

Par·ka ['parka] f ⟨-; -s⟩ u. m ⟨-(s); -s⟩ (fashion) parka.

'Park-‚and-'ride-Sy‚stem ['pa:k‚ænd-'raɪd-] (Engl.) n park-and-ride system.

'Park‚an‚la·ge f park (grounds pl). — **p~‚ar·tig** adj parklike. — **~‚auf‚se·her** m park-keeper. — **~‚au·to‚mat** m cf. Parkuhr. — **~‚bahn** f (space) parking orbit.

par·ken ['parkən] I v/t u. v/i ⟨h⟩ 1. (Auto etc) park: in zweiter Reihe ~ to double-park; schräg ~ to angle-park. – II P~ n ⟨-s⟩ 2. verbal noun. – 3. P~ verboten! no parking; wildes P~ unauthorized parking. — **'par·kend** I pres p. – II adj (Auto) parked.

par·ke·ri·sie·ren [parkeri'zi:rən] v/t ⟨no ge-, h⟩ tech. parkerize.

Par·kett [par'kɛt] n ⟨-s; -e⟩ 1. (Fußboden) parquet, parquetry, inlaid (od. parqueted) floor: mit ~ auslegen cf. parkettieren; sich auf dem ~ bewegen können fig. to be perfectly at ease in the best society. – 2. (im Theater-, Konzertsaal etc) Am. orchestra, Br. stalls pl: vorderes ~ Am. parquet, Br. front stalls pl; hinteres ~ Am. rear orchestra section, (orchestra) circle, Br. back stalls pl. – 3. (Tanzparkett) dance floor: → Sohle 2. – 4. econ. (der Pariser Börse) floor. — **~‚bo·den** m cf. Parkett 1.

Par·ket·te [par'kɛtə] f ⟨-; -n⟩ Austrian (Einzelbrett des Parkettfußbodens) parquet block.

Par'kett‚fuß‚bo·den m cf. Parkett 1.

par·ket·tie·ren [parkɛ'ti:rən] v/t ⟨no ge-, h⟩ parquet, inlay (a floor) with parquetry.

Par'kett|‚le·ger m floorer. — **~‚lo·ge** f (theater) orchestra (Br. stalls) loge (od. box). — **~‚platz, ~‚sitz** m Am. orchestra seat, Br. seat in the stalls. — **~‚stab** m (Einzelbrett des Parkettfußbodens) parquet block. — **~‚wachs** n floor wax.

'Park‚ga‚ra·ge f cf. Parkhaus. — **~ge‚büh·ren** pl parking rates (od. fees, charges). — **~ge‚le·gen·heit** f opportunity to park: haben wir dort eine ~? will we be able to park there? es gab überhaupt keine ~ there was simply no place to park. — **~‚haus, ~‚hoch‚haus** n Am. parking garage, Br. multi-storey car park.

par·kie·ren [par'ki:rən] v/t u. v/i ⟨no ge-, h⟩ Swiss for parken.

Par·kin·so·nis·mus [parkɪnzo'nɪsmus] m ⟨-; no pl⟩ med. Parkinson's disease, parkinsonism, shaking palsy, paralysis agitans (scient.).

'Par·kin·son·sche 'Krank·heit ['parkɪnzənʃə] f med. cf. Parkinsonismus.

'Park|‚ki·no n drive-in (cinema). — **~‚leuch·te** f auto. parking lamp. — **~‚licht** n parking light. — **~‚lücke** (getr. -k·k-) f parking space (od. gap) (for one car).

Par·ko·me·ter [parko'me:tər] n ⟨-s; -⟩ cf. Parkuhr.

'Park‚platz m 1. bes. Br. car park, parking place (od. space), Am. parking lot: bewachter [unbewachter] ~ Br. car park with [without] an attendant, Am. supervised [unsupervised] parking lot. – 2. (freie Parkstelle) parking place. – 3. (Autobahnrastplatz etc) parking area, roadside park, bes. Br. lay-by. – 4. (für Wohnwagen) Br. caravan park, Am. trailer parking lot. — **~‚not** f lack of parking space. — **~‚wäch·ter** m parking (od. car-park) attendant (od. warden).

'Park‚raum m parking area. — **~‚schei·be** f parking dial. — **~‚strei·fen** m parking line. — **~‚sün·der** m parking offender. — **~‚uhr** f parking meter, bes. Am. parkometer. — **~ver‚bot** n 1. prohibition of parking: hier ist ~ it is prohibited to park here, parking is prohibited here, no parking. – 2. (räumliche Fläche) "no parking" area, clearway zone. — **~ver‚bots‚schild, ~ver‚bots‚zei·chen** n "no parking" sign. — **~‚wäch·ter** m 1. cf. Parkplatzwächter. – 2. park-guard. — **~‚zeit‚uhr** f cf. Parkuhr.

Par·la·ment [parla'mɛnt] n ⟨-(e)s; -e⟩ pol. a) parliament, b) (Bezeichnung einiger ausländischer Parlamente) diet, c) (in den USA) Congress: das ~ einberufen to convoke (od. convene) parliament; das ~ auflösen to dissolve parliament; im ~ sitzen to be (od. sit) in parliament; das ~ vertagt sich Parliament is adjourning, bes. Br. Parliament is up; nicht im ~ vertreten unrepresented.

Par·la·men·tär [parlamɛn'tɛ:r] m ⟨-s; -e⟩ mil. parlementaire, parley (od. truce) delegate. — **~‚flag·ge** f mil. white flag of truce.

Par·la·men·ta·ri·er [parlamen'ta:rĭər] m ⟨-s; -⟩ pol. parliamentarian, member of parliament, bes. Br. Member of Parliament, MP, (in den USA) Congressman.

par·la·men·ta·risch [-rɪʃ] I adj pol. parliamentary: ~er Ausschuß parliamentary committee, Am. congressional committee; ~e Geschäftsordnung parliamentary rules pl of procedure; ~er Rat Parliamentary Council; ~e Regierung(sform) (system of) representative government. – II adv parliamentarily: ~ regiert ruled by parliamentary procedures. — **Par·la·men·ta·ris·mus** [-ta'rɪsmus] m ⟨-; no pl⟩ pol. parliamentary system, parliamentarism, parliamentarianism. — **par·la·men·tie·ren** [-'ti:rən] v/i ⟨no ge-, h⟩ 1. obs. (mit with) parley. – 2. fig. colloq. od. dial. converse enthusiastically.

Par·la'ments|‚ak·te f 1. pol. act of parliament. – 2. jur. pol. statute. — **~‚auf‚lö·sung** f dissolution of parliament. — **~‚aus‚schuß** m parliamentary committee, Am. congressional committee. — **~be‚richt** m parliamentary report. — **~be‚schluß** m 1. act of parliament, parliamentary act. – 2. decision by vote of parliament. — **~‚dau·er** f (length od. duration of) parliamentary session, (duration of the) session (of parliament). — **~de‚bat·te** f parliamentary debate. — **~‚fe‚ri·en** pl parliamentary recess sg, recess sg of parliament: in die ~ gehen to rise for the recess. — **~frak‚ti‚on** f parliamentary group (od. faction). — **~ge‚bäu·de** n a) parliament (building[s pl]), b) (in Großbritannien) Houses pl of Parliament, c) (in den USA) national Capitol, d) (in den US-Bundesstaaten) state Capitol, statehouse. — **~ge‚setz** n cf. Parlamentsakte. — **~‚mit‚glied** n cf. Parlamentarier. — **~‚re·de** f parliamentary speech. — **~‚sit‚zung** f 1. (Zusammentreten) sitting of parliament. – 2. (Sitzungsperiode) session of parliament. — **~‚wah·len** pl parliamentary elections.

par·lie·ren [par'li:rən] v/i u. v/t ⟨no ge-, h⟩ bes. dial. chatter, parley, parley-voo (sl.): er parliert gern Französisch he likes to parley French.

Par·mä·ne [par'mɛ:nə] f ⟨-; -n⟩ hort. (Apfelsorte) pearmain.

Par·me·san [parme'za:n] m ⟨-(s); no pl⟩, **~‚kä·se** m gastr. Parmesan (cheese).

Par·naß [par'nas] m ⟨-sses; no pl⟩ 1. antiq. geogr. myth. (Mount) Parnassus. – 2. fig.

(literature) Parnassus. — **par'nas·sisch** adj (literature) Parnassian.

par·ochi·al [parɔ'xĭa:l] adj relig. parochial, parish (attrib). — **P~‚kir·che** f parochial (od. parish) church.

Par·odie [paro'di:] f ⟨-; -n [-ən]⟩ 1. (literature) (auf acc on, of) parody, skit. – 2. parody, ridiculous imitation. – 3. mus. parody. — **par·odie·ren** [-'di:rən] I v/t ⟨no ge-, h⟩ 1. parody, burlesque. – II P~ n ⟨-s⟩ 2. verbal noun. – 3. parody. — **Par·odist** [-'dɪst] m ⟨-en; -en⟩ parodist. — **par·odi·stisch** [-'dɪstɪʃ] adj parodistic, parodic, auch parodical, burlesque.

Par·odon·ti·tis [parodɔn'ti:tɪs] f ⟨-; -titiden [-ti'ti:dən]⟩ med. parodontitis.

Par·odon·to·se [parodɔn'to:zə] f ⟨-; -n⟩ med. parodontosis.

Pa·ro·le [pa'ro:lə] f ⟨-; -n⟩ 1. mil. a) password, watchword, auch word, b) (Anruf) challenge, c) (Antwort) countersign: eine ~ ausgeben to give out a password. – 2. fig. motto. – 3. pol. catchword, catchphrase, slogan, rallying cry.

Pa·ro·li ['pa:roli; pa'ro:li] n ⟨-s; -s⟩ (games) (double) stakes pl: j-m ~ bieten fig. to defy (od. stand up to, stick up to) s.o.

Par·ono·ma·sie [paronoma'zi:] f ⟨-; -n [-ən]⟩ (in der Rhetorik) paronomasia, auch pun.

Par·ony·chie [parony'çi:] f ⟨-; -n [-ən]⟩ med. paronychia, felon, auch whitlow.

Par·os·mie [parɔs'mi:] f ⟨-; -n [-ən]⟩ med. parosmia.

Par·otis [pa'ro:tɪs] f ⟨-; -tiden [-ro'ti:dən]⟩ med. parotid (gland).

Par·oti·tis [paro'ti:tɪs] f ⟨-; -tiden [-ti'ti:dən]⟩ med. parotitis.

Par·oxys·mus [parɔ'ksysmus] m ⟨-; -men⟩ 1. med. paroxysm, convulsion. – 2. geol. paroxysm.

Par·se ['parzə] m ⟨-n; -n⟩ relig. Parsi, auch Parsee, Guebre, Gabar.

Par·sec [par'zɛk], **Par'sek** [-'zɛk] n ⟨-; -⟩ astr. parsec.

'par·sisch adj relig. Parsic (relating to the Parsi and their religion). — **Par'sis·mus** [-'zɪsmus] m ⟨-; no pl⟩ relig. Parsiism, Parseeism, Parsism.

Pars pro to·to ['pars ‚pro: 'to:to] n ⟨- - -; no pl⟩ (in der Rhetorik) pars pro toto (substitution), metonymy through pars pro toto.

Part [part] m ⟨-s; -e⟩ 1. part, portion. – 2. mus. (theater) part, role, auch rôle. – 3. mar. part.

Par·te ['partə] f ⟨-; -n⟩ Austrian for Todesanzeige.

Par·tei [par'taɪ] f ⟨-; -en⟩ 1. pol. party: die konservative [liberale] ~ the conservative [liberal] party; die oppositionelle ~ the opposition (party), the outs pl; sich einer ~ anschließen, einer ~ beitreten, in eine ~ eintreten to join a party; einer ~ angehören to be a member of a party; sie gehören derselben ~ an they are members of the same party; einer ~ nahestehen to favo(u)r (od. support) a party; aus der ~ austreten to resign from the party; seine ~ im Stich lassen to desert one's party, to rat (sl.); eine ~ spalten to split a party; sich zu einer ~ zusammenschließen to team up; die ~ wechseln to change sides (od. one's party), to go over to the other side; eine Außenpolitik, die die Unterstützung beider ~en findet a bipartisan foreign policy; er steht über den ~en he is above party politics. – 2. jur. litigator, litigant, side, contestant, party (to a [law] suit [od. litigation]): die streitenden ~en the contending parties; beklagte ~ defendant, defending party; klagende ~ plaintiff; obsiegende ~ successful (od. winning) party; unterliegende ~ unsuccessful (od. losing) party; abgewiesene ~ dismissed (od. rejected) party; geladene ~ summoned party; nicht erschienene ~ säumige (od. ausgebliebene) ~ party in default; gegnerische ~ adverse (od. opposing) party; vertragschließende ~en contracting parties; Antrag einer ~ ex parte application. – 3. fig. side, camp: er ergreift ~ für seinen Freund he takes his friend's part; für (od. gegen) j-n ~ nehmen to take sides with [against] s.o., to side with [against] s.o.; es mit keiner ~ halten to remain neutral, to sit (od. be) on the fence; du bist hier ~ you are an interested party, you are bias(s)ed in this matter. – 4. (Mietspartei) party (*colloq.*), household, tenant(s *pl*): in diesem Haus wohnen drei ~en there are three parties living in this house. – **5.** (*sport*) team, *bes. Br.* side: gegnerische ~ opposite side. — **~ab,zei-chen** *n pol.* party badge. — **~ak,tiv** *n DDR pol.* collective of party activists. — **~amt** *n* party office (*od.* post). — **p~amt-lich** *adj* of (*od.* pertaining to) the official party policy: die ~e Zeitung „Prawda" the official party organ "Prawda". — **~an,hän-ger** *m* party man (*od.* follower): treuer ~ faithful party man, *Am.* regular, party-liner. — **~ap-pa,rat** *m* party (*od.* political) machine. — **~ar-beit** *f* party work. — **~aus-,schluß** *m* expulsion from a (*od.* the) party. — **~aus,schuß** *m* steering committee of a party. — **~bon-ze** *m contempt.* party boss. — **~buch** *n pol.* party book, membership book (*od.* card) of a party. — **~chi-ne,sisch** *n* ⟨*generally undeclined*⟩ *pol. colloq. contempt.* party lingo. — **~dis-zi-,plin** *f* party discipline: sich der ~ beugen to follow the party line, to toe the line. — **~fä-hig-keit** *f jur.* admissibility as a party in court (*od.* to legal proceedings). — **~,flü-gel** *m pol.* wing of a party. — **~-,freund** *m* party colleague. — **~füh-rer** *m* party leader, *Am.* (*im Kongreß*) floor leader. – **2.** *collect.* party leaders *pl*. — **~füh-rung** *f* **1.** party leadership. – **2.** *collect.* party leaders *pl.* — **~funk-tio,när** *m* party official (*od.* functionary). — **~gän-ger** *m* ⟨-s; -⟩ **1.** partisan, fellow party member. – **2.** party man, *Am.* party-liner. — **p~ge,bun-den** *adj* determined (*od.* conditioned) by party policy: nicht ~e Wählerschaft floating voters *pl*, (the) floating vote. — **~geist** *m* **1.** party spirit. – **2.** *contempt.* factious spirit, factionalism. — **~ge,nos-se** *m*, **~ge,nos-sin** *f* (*bes. in NS-Zeit*) (party) comrade, fellow party member. — **~gre-mi-um** *n* body (*od.* group) of party leaders. — **~grund-,satz** *m* party principle: die Partei-grundsätze the party plank *sg.* — **~-,grup-pe** *f* **1.** party group. – **2.** (*Splitter-partei*) faction, clique (*contempt.*). — **~-,hän-del** *pl* party disputes. — **~,herr-schaft** *f* party rule. — **p~in,tern** *adj* within the party.

par'tei-isch I *adj* **1.** (für to) partial. – **2.** (*befangen*) (gegen against) bias(s)ed, prejudiced, prepossessed. – **II** *adv* **3.** sich ~ verhalten to take sides.

Par'tei|,klün-gel *m pol. contempt.* party machine. — **~,kon,greß** *m cf.* Parteitag. — **~kon,vent** *m* party convention: ~ der Republikaner (*in USA*) Republican National Convention. — **~,lei-tung** *f* **1.** party leadership. – **2.** *collect.* party leaders *pl.*

par'tei-lich *adj pol.* **1.** (*eine Partei betreffend*) party (*attrib*): ~e Arbeit party work. – **2.** (*Einstellung etc*) party-line (*attrib*). – **3.** *cf.* parteiisch I. — **Par'tei-lich-keit** *f* ⟨-; *no pl*⟩ **1.** partiality. – **2.** (*Voreingenommenheit*) bias, prejudice, prepossession. – **3.** *pol.* adherence to a party line.

Par'tei,li-nie *f pol.* party line.

par'tei-los *adj* **1.** *pol.* independent, non-party *Br.* non- (*attrib*), *Br.* cross-bench (*attrib*). – **2.** impartial, neutral. — **Par-'tei-lo-se** *m*, *f* ⟨-n; -n⟩ independent, non-party (*Br.* non-party) member, *Br.* cross-bencher. — **Par'tei-lo-sig-keit** *f* ⟨-; *no pl*⟩ **1.** independence. – **2.** impartiality, neutrality.

Par'tei|,mann *m pol.* party politician. — **~,mit-glied** *n* party member. — **~,nah-me** *f* (für) partisanship, *auch* partizanship (for), siding (with), support (of). — **~or,gan** *n* party organ. — **~or-ga-ni-sa-ti,on** *f* party organization (*Br. auch* -s-), *Am.* party machine (*od.* machinery). — **~po-li,tik** *f* party politics *pl* (*usually construed as sg*). — **~po,li-ti-ker** *m* party politician. — **p~po,li-tisch** *adj* party-political. — **~pro,gramm** *n* party program (*bes. Br.* programme), (party) platform. — **~pro,zeß** *m jur.* civil proceedings *pl* with no obligation of the parties to be represented by a lawyer (*od.* attorney). — **~sat-zung** *f* statutes *pl* of the party. — **p~schä-di-gend** *adj* (*Verhalten*) detrimental to the party. — **~se-kre,tär** *m* party secretary: Erster ~ First Secretary of the Party. — **~,spal-tung** *f* party split (*od.* rift). — **~,sucht** *f* factiousness. — **p~,süch-tig** *adj* factious. — **~,tag** *m* party congress (*od.* convention). — **~-ver,kehr** *m* office hours *pl*. — **~ver,samm-**

lung *f pol.* party meeting (*od.* rally): jährliche ~ annual party congress. — **~,vor-,sit-zen-de** *m* chairman of the party. — **~,vor,stand** *m* executive committee of the party. — **~,we-sen** *n* party system, partyism. — **~,wirt-schaft** *f oft contempt.* **1.** partisanship. – **2.** manipulation of affairs to the advantage of the party. — **~zu-ge,hö-rig-keit** *f* party membership (*od.* affiliation).

'Par-ten-ree-de,rei *f mar.* part (*od.* joint) owners *pl*.

Par-ter-re [par'tɛr; -'tɛrə] **I** *n* ⟨-s; -s⟩ **1.** *Am.* first floor, *Br.* ground floor, *Am. auch* English basement: im ~ wohnen to live on the first (*Br.* ground) floor. – **2.** (*theater*) *Am.* parterre, orchestra (*od.* parquet) circle, *Br.* pit, (*vorderes*) stalls *pl*, (*Stehparterre*) standing room. – **3.** *hort.* (*Zierbeet etc*) parterre. – **II p~** *adv* **4.** ~ wohnen to live on the first (*Br.* ground) floor. — **~akro,bat** *m* (*im Zirkus*) (floor) acrobat. — **~akro,ba-tik** *f* (floor) acrobatics *pl* (*construed as pl or sg*). — **~,lo-ge** *f* baignoire, *Am. auch* parterre box (*od.* loge), *Br.* pit box. — **~,woh-nung** *f Am.* first-floor apartment, *Br.* ground-floor flat.

'Par-te,zet-tel *m Austrian* obituary (notice).

Par-the-no-ge-ne-se [partenoge'ne:zə], **Par-the-no-ge-ne-sis** [-'ge:nezis] *f* ⟨-; *no pl*⟩ *biol. relig.* parthenogenesis, virgin birth. — **par-the-no-ge'ne-tisch** [-ge'ne:tiʃ] *adj biol.* parthenogenetic, parthenogenic, parthenogenitive, parthenogenous.

Par-the-no-kar-pie [partenokar'pi:] *f* ⟨-; *no pl*⟩ *bot.* parthenocarpy.

Par-the-non, der ['partenɔn] ⟨-s⟩ *antiq.* the Parthenon.

Par-ther ['partər] *m* ⟨-s; -⟩ *hist.* Parthian.

par-ti-al [par'tsĭa:l] *adj obs.* partial.

Par-ti,al|,druck *m* ⟨-(e)s; ˉe⟩ *phys.* partial pressure. — **~ob-li-ga-ti,on** *f econ. cf.* Teilschuldverschreibung. — **~,scha-den** *m bes. mar.* partial loss.

par'ti-en,wei-se *adv econ.* in lots, in parcels.

Par'tie,wa-re *f econ.* job lot, goods *pl* bought in one lot, sub-standard goods *pl*.

Par-ti-kel [par'ti:kəl] *f* ⟨-; -n⟩ **1.** *ling. phys.* particle. – **2.** *relig.* (*der Hostie, einer Reliquie etc*) particle.

par-ti-ku-lar [partiku'la:r], **par-ti-ku-lär** [-'lɛːr] *adj* individual, single, separate.

Par-ti-ku-lar-be-stre-bun-gen *pl pol.* particularist tendencies.

Par-ti-ku-la-ris-mus [partikula'rısmus] *m* ⟨-; *no pl*⟩ particularism. — **Par-ti-ku-la-'rist** [-'rıst] *m* ⟨-en; -en⟩ particularist. — **par-ti-ku-la'ri-stisch** *adj* particularist(ic).

Par-ti-ku-lier [partiku'li:r] *m* ⟨-s; -e⟩ (*in der Binnenschiffahrt*) master (*od.* captain and owner) (of a ship).

Par-ti-san [parti'za:n] *m* ⟨-s *u.* -en; -en⟩ *mil.* partisan, *auch* partizan, guerila, irregular.

Par-ti-sa-ne *f* ⟨-; -n⟩ *mil. hist.* partisan, *auch* partizan.

Par-ti-sa-nen,krieg *m mil.* partisan (*od.* guerilla) warfare.

Par-ti-ta [par'ti:ta] *f* ⟨-; -titen⟩ *mus.* partita.

Par-ti-ti-on [parti'tsĭo:n] *f* ⟨-; -en⟩ (*in der Logik*) *math.* partition.

par-ti-tiv [parti'ti:f] *adj ling.* partitive.

Par-ti-tur [parti'tu:r] *f* ⟨-; -en⟩ *mus.* score: in ~ (gesetzt *od.* herausgegeben) in score. — **~,le-sen** *n* score reading.

Par-ti-zip [parti'tsi:p] *n* ⟨-s; -ien [-pĭən]⟩ *ling.* participle: ~ Präsens present participle; ~ Perfekt past (*auch* perfect) participle.

Par-ti-zi-pa-ti-on [partitsipa'tsĭo:n] *f* ⟨-; *no pl*⟩ participation.

Par-ti-zi-pa-ti-ons-ge,schäft *n econ.* **1.** (*Gemeinschaftsgeschäft*) business for (*od.* on) joint account, joint business (*od.* undertaking) on a temporary basis. – **2.** (*Bank-Konsortialgeschäft*) syndicate transaction (*e.g. for the joint issue of securities*).

par-ti-zi-pi-al [partitsi'pĭa:l] *adj ling.* participial, participle (*attrib*). — **P~kon-struk-ti,on** *f* participle construction.

par-ti-zi-pie-ren [partitsi'pi:rən] *v/i* ⟨*no ge-*, h⟩ *lit.* **1.** (an *dat* in) take part, participate. – **2.** (an *dat* in, of) have a share (*od.* part).

Par-ti-zi-pi-um [parti'tsi:pĭum] *n* ⟨-s; -pia [-pĭa]⟩ *ling. cf.* Partizip.

Part-ner ['partnər] *m* ⟨-s; -⟩, **'Part-ne-rin** *f* ⟨-; -nen⟩ **1.** partner, *Am. sl.* pard: ebenbürtiger ~ *econ. pol.* equal partner; die ~ unserer Firma *econ.* the partners of our firm. – **2.** (*film, theater*) partner, *auch* costar, colleague: ~ von X sein, als ~ von X spielen to play opposite X.

'Part-ner-schaft *f* ⟨-; *no pl*⟩ partnership.

'Part-ner|,stadt *f* twin city. — **~,tausch** *m* (*zwischen mehreren Paaren*) exchange of partner.

par-tout [par'tu:; par'tu] (*Fr.*) *adv colloq.* absolutely, entirely, by all means.

Par-tus [partus] *m* ⟨-; -⟩ *med.* (*Geburt*) delivery; parturition, partus (*scient.*).

Par-ty ['pa:rti; 'pɑ:ti] (*Engl.*) *f* ⟨-; -s *od.* Parties [-ti:s]⟩ party: auf eine ~ gehen to go to a party. — **~girl** *n* party girl.

Par-usie [paru'zi:] *f* ⟨-; *no pl*⟩ *relig. philos.* parousia.

Par-ve-nü [parvə'ny:] *m* ⟨-s; -s⟩ **1.** parvenu, upstart. – **2.** new-rich, nouveau riche.

Par-ze ['partsə] *npr f* ⟨-; -n⟩ *myth.* Fatal Sister: die ~n the Three Fates, the Destinies.

Par-zel-le [par'tsɛlə] *f* ⟨-; -n⟩ plot (of land), lot, parcel, allotment: in ~n verkaufen to lot (out), to parcel (out). — **par-zel'lie-ren** [-'li:rən] **I** *v/t* ⟨*no ge-*, h⟩ (*Land*) lot (out), parcel (out), divide into lots. – **II P~** *n* ⟨-s⟩ *verbal noun.* — **Par-zel'lie-rung** *f* ⟨-; -en⟩ *cf.* Parzellieren.

Par-zi-val ['partsifal] *npr m* ⟨-s; *no pl*⟩ *myth.* Percival, *auch* Percivale, Perceval.

Pas [pa] *m* ⟨- [pa(s)]; - [pas]⟩ *choreogr.* pas.

Pas-cal [pas'kal] *n* ⟨-s; -s⟩ *phys. tech.* (*Einheit des Druckes*) pascal.

Pasch [paʃ] *m* ⟨-es; -e *u.* Päsche⟩ **1.** (*beim Würfelspiel*) doublets *pl*: einen ~ werfen to throw doublets. – **2.** einen ~ setzen (*beim Dominospiel*) to lay doublets.

Pa-scha ['paʃa] *m* ⟨-s; -s⟩ pasha, *auch* bashaw: sich wie ein ~ bedienen lassen *fig.* to let oneself be waited on hand and foot. — **~al,lü-ren** *pl* pampered (*od.* spoilt) behavior (*bes. Br.* behaviour) *sg.* — **p~-,mä-ßig** *adj* pashalike, pashalic.

pa-schen[1] ['paʃən] *v/t u. v/i* ⟨h⟩ *colloq.* smuggle, run.

'pa-schen[2] *v/i* ⟨h⟩ **1.** play (at) dice, throw dice, (*im engeren Sinne*) throw doublets. – **2.** *Bavarian and Austrian cf.* patschen[1].

'Pa-scher *m* ⟨-s; -⟩ *colloq.* smuggler, runner.

Pas de deux [padə'dø:; pad'dø] (*Fr.*) ⟨- - -; - - -⟩ *choreogr.* pas de deux.

Pa-so do-ble ['pa:zo 'do:blə] *m* ⟨- -; - -⟩ (*Tanz*) paso doble.

Pas-pel ['paspəl] *f* ⟨-; -n⟩, *selten m* ⟨-s; -⟩ piping, edging, braid. — **pas-pe'lie-ren** [-'li:rən] *v/t* ⟨*no ge-*, h⟩, **'pas-peln** *v/t* ⟨h⟩ pipe, trim (*s.th.*) with piping, edge, braid.

Pas-quill [pas'kvɪl] *n* ⟨-s; -e⟩ (*Spottschrift*) pasquinade, lampoon, pasquil, pasquin. — **Pas-quil'lant** [-'lant] *m* ⟨-en; -en⟩ pasquinader, author of a pasquinade, lampooner.

Pas-qui-na-de [paskvi'na:də] *f* ⟨-; -n⟩ *rare for* Pasquill.

Paß [pas] *m* ⟨Passes; Pässe⟩ **1.** (*Reisepaß*) passport: mein ~ ist abgelaufen my passport has expired; sich (*dat*) einen

~ **ausstellen lassen** to have a passport issued; **seinen** ~ **verlängern lassen** to have one's passport renewed; **die Pässe kontrollieren** to inspect the passports. – **2.** (*Gebirgspaß*) pass, col, defile, (wind) gap, notch, gorge: **einen** ~ **überqueren** to cross a pass. – **3.** (*Paßgang*) amble: **im** ~ **at an amble**, *Br.* at a jog; **schneller** ~ **rack.** – **4.** (*sport*) pass. – **5.** *hunt.* run. – **6.** *electr.* (*frequenzfähiger Vierpol*) pass.

pas·sa·bel [pa'saːbəl] **I** *adj* ⟨-bler; -st⟩ passable, tolerable, decent, fair; so-so, middling (*colloq.*): **das Essen war (ganz)** ~ the food was fair; **sein Angebot war recht** ~ he made a fairly decent offer. – **II** *adv* passably, fairly well, decently, tolerably, so-so (*colloq.*): **es geht ihm ganz** ~ he is getting along fairly well. [ports.]

'Paß,ab,fer·ti·gung *f* inspection of pass-

Pas·sa·ca·glia [pasa'kalja] *f* ⟨-; -caglien [-ljən]⟩ *mus.* passacaglia.

Pas·sa·de [pa'saːdə] *f* ⟨-; -n⟩ (*sport*) (*in der Hohen Schule*) passade.

Pas·sa·ge [pa'saːʒə] *f* ⟨-; -n⟩ **1.** (*Durchgang*) passage(way). – **2.** (*Überfahrt mit Schiff*) crossing, passage. – **3.** *mus.* passage. – **4.** (*eines Buches, einer Rede etc*) passage, strain. – **5.** (*film*) sequence. – **6.** (*sport*) (*in der Hohen Schule*) passage.

Pas·sa·gier [pasa'ʒiːr] *m* ⟨-s; -e⟩ passenger: **blinder** ~ *mar.* stowaway.

Pas·sa'gier|damp·fer *m mar.* passenger steamer (*od.* liner). — ~**flug,zeug** *n aer.* passenger plane (*od.* aircraft). — ~**gut** *n* (*railway*) passengers' luggage (*bes. Am.* baggage) (checked [through] [*Br.* carried] on same train). — ~**li·ste** *f aer. mar.* passenger list, waybill. — ~**schiff** *n mar.* passenger ship: **Fracht- und** ~ cargo-passenger ship, combined ship.

Pas·sah ['pasa] *n* ⟨-s; *no pl*⟩ ~**fest** *n relig.* Passover, Passah, Pesach, Pesah.

'Paß,amt *n* passport office.

Pas·sant [pa'sant] *m* ⟨-en; -en⟩, **Pas·san·tin** *f* ⟨-; -nen⟩ **1.** passer-by: **einige Passanten** some passers-by. – **2.** *rare for* Durchreisende 1.

Pas·sat [pa'saːt] *m* ⟨-(e)s; -e⟩, ~**wind** *m meteor.* trade wind.

'Paß,bild *n* passport(-size) photograph.

Pas·se ['pasə] *f* ⟨-; -n⟩ (*fashion*) yoke.

pas·sé [pa'seː] *adj* ⟨*pred*⟩ **das ist** ~ *colloq.* a) (*vorbei*) that's over (and done with), b) (*überlebt*) that's out of date (*od.* fashion), that's obsolete: **diese Mode ist längst** ~ this fashion has had its day long ago.

pas·sen ['pasən] **I** *v/i* ⟨h⟩ **1.** (*die richtigen Maße haben*) fit: **die Schuhe** ~ **mir gut** the shoes fit (me) well (*od.* nicely); **dieser Anzug paßt mir nicht** this suit does not fit me, this suit is a misfit (*od.* poor fit); **wie angegossen** ~ to fit like a glove; **das Bild paßt genau in den Rahmen** the picture just fits into the frame (*od.* fits the frame exactly); **das Rohr muß in die Öffnung** ~ the pipe has to fit (into) (*od.* go into) the opening. – **2.** ~ **zu** (*in Art od. Farbe abgestimmt sein*) to match, to go with, to suit: **der Teppich paßt gut zu der Tapete** the carpet matches (*od.* goes well with) the wallpaper; **Grün und Blau** ~ **schlecht zueinander** blue does not go well with green, blue and green do not go well together (*od.* do not harmonize). – **3.** (*genehm sein*) suit, be suitable (*od.* convenient), fit in: **dieses Datum paßt mir nicht** this date does not suit me (*od.* is not convenient for me); **das paßt in meinen** (*od. zu meinem*) **Plan** that fits in with my plan; **das paßt mir gar nicht in den Kram** *colloq.* a) I don't feel like it at all, b) that doesn't suit me at all; **es paßt ihm gar nicht, so viel zu arbeiten** he is not at all keen on working so hard; **das würde dir so** ~ what next? **das paßt mir großartig** that suits me to perfection (*od.* to a T, *Br.* down to the ground, fine). – **4.** (*harmonieren, in Einklang stehen mit*) suit, fit, match, tally: **er paßt in jede Gesellschaft** he fits into any company; **die Beschreibung paßt haargenau auf ihn** the description fits him perfectly (*od.* to a T); **Eitelkeit paßt schlecht zu Frömmigkeit** vanity does not befit piety; **der Stil paßt nicht zum Thema** the style is not appropriate for (*od.* does not fit) the subject; **die beiden Berichte** ~ **nicht zueinander** the two reports do not tally; **das paßt wie die Faust aufs Auge** that is (*od.* fits) like a square peg in

a round hole; **das paßt nicht hierher** that is entirely out of place here. – **5.** **zueinander** (*von Personen*) to be suited (to each other): **die beiden** ~ **gut zueinander** the two are well suited (*od.* matched), **die beiden** ~ **schlecht zueinander** the two are not suited (to each other). – **6.** (*geeignet sein*) suit, be suited, be fit: **er paßt nicht für diese Arbeit** he is not suited (*od.* cut out, the man) for this job. – **7.** (*schicklich sein*) be fit (*od.* proper, appropriate, seemly): **die Kleider, die für ihr Alter** ~ **würden, gefallen ihr nicht** she does not like the clothes that would be proper (*od.* appropriate, suitable) for her age. – **8.** (*beim Kartenspiel, Sport*) pass: **nicht** ~ to stand. – **9.** **auf j-n** [etwas] ~ *bes. Austrian dial.* to wait (*od.* watch, lie in wait) for s.o. [s.th.]. – **II** *v/reflex* **sich** ~ **10.** be fit (*od.* proper, seemly, becoming): **das paßt sich nicht** that is not the proper thing to do, it is not done, it is not good form; **das paßt sich nicht für dich** that is not becoming (*od.* proper) for you, it ill becomes you. – **III** *v/t* **11.** *tech. cf.* einpassen 1. — **'pas·send I** *pres p.* – **II** *adj* **1.** (*Kleidung, Schlüssel etc*) fitting: **ein (gut)** ~**er Schuh** a (well-)fitting shoe, a shoe that fits; **etwas** ~ **machen** to make s.th. fit. – **2.** (*in Farbe etc*) matching, to match (*nachgestellt*). – **3.** (*kleidsam*) becoming. – **4.** (*Bemerkung, Wort etc*) fit(ting), suitable, appropriate, apt: **er findet immer ein** ~**es Wort** he always finds fitting words; **sie gab ihm eine** ~**e Antwort** she gave him a good answer; **bei** ~**er Gelegenheit** on an appropriate (*od.* a suitable) occasion; **er erwähnt diese Sache bei** (*od.* zu) **jeder** ~**en und unpassenden Gelegenheit** he persists in mentioning this matter in season and out of season, he is always on about this (*colloq.*). – **5.** (*Zeit*) suitable, timely, seasonable, opportune. – **6.** (*Augenblick etc*) suitable, convenient. – **7.** (*Geschenk etc*) suitable. – **8.** (*entsprechend*) corresponding. – **9.** (*geziemend, angemessen*) fit, befitting, becoming, seemly, proper: **für** ~ **halten** to think (*s.th.*) fit (*od.* proper). – **10.** *tech.* suitable, fit, appropriate. – **III** **P**~**e, das** ⟨-n⟩ **11.** **haben Sie schon etwas P**~**s gefunden?** have you found anything suitable?

Passe·par·tout [paspar'tuː] *n*, *Swiss m* ⟨-; -s⟩ **1.** *phot.* mount, passe-partout. – **2.** (*Hauptschlüssel*) master key. – **3.** *obs. od. Swiss* (*Dauerkarte*) season ticket.

Passe·poil [pas'pŏal] *m* ⟨-s; -s⟩ *bes. Austrian for* Paspel. — **passe·poi'lie·ren** [-'liːrən] *v/t* ⟨*no ge-*, h⟩ *bes. Austrian for* paspelieren.

'Paß|er,leich·te·run·gen *pl pol.* facilitation *sg* of passport control, passport-control concessions. — ~**form** *f* (*von Kleidung*) fit. — ~**fo·to** *n cf.* Paßbild. — ~**gang** *m* (*des Pferdes etc*) *cf.* Paß 3: **im** ~ **gehen** to amble. — ~**gän·ger** *m* ⟨-s; -⟩ *zo.* ambler. — ~**ge,setz** *n jur.* passport law. — ~**hö·he** *f geogr.* **1.** height of a pass. – **2.** head of a pass.

pas'sier·bar *adj* (*Fluß, Weg, Brücke etc*) passable, traversable, trafficable, practicable. — **Pas'sier·bar·keit** *f* ⟨-; *no pl*⟩ passableness, traversability, trafficability, practicability.

pas·sie·ren [pa'siːrən] **I** *v/t* ⟨*no ge-*, h⟩ **1.** (*kommen durch*) pass (through), go through: **einen Ort** ~ to pass through a town. – **2.** (*hinter sich lassen*) pass: **der Zug hatte gerade den Bahnübergang passiert, als** the train had just passed the level crossing when. – **3.** **den Zoll** ~ a) to pass through (the) customs, b) *econ.* to clear (the) customs. – **4.** (*überqueren*) cross, traverse, pass. – **5.** *gastr.* strain, sieve: **Erbsen durch ein Sieb** ~ to pass peas through a sieve. – **II** *v/i* ⟨*sein*⟩ **6.** *colloq.* (*geschehen*) happen, occur: **es soll nicht wieder** ~ it won't happen again; **das mußte mir ja** ~! just my luck! **wie ist das passiert?** how did that happen (*od.* come about)? **das kann jedem mal** ~ that can happen to anyone; **jetzt ist es passiert!** *colloq.* the fat is in the fire now! **das kann in den besten Familien** ~ *iron.* it happens in the best of families; **das kann auch nur ihm** ~ *colloq.* that can really only happen to him; **wenn mir etwas** ~ **sollte** should anything happen to me, if I should have (*od.* meet with) an accident.

Pas'sier·ma,schi·ne *f* food mill.

Pas'sier,schein *m auch econ.* (*für Waren*) pass, permit. — ~**ab,kom·men** *n pol.* agreement on the issue of frontier-crossing permits.

Pas'sier,sieb *n* strainer, sieve.

pas·sim ['pasɪm] *adv* passim, throughout.

Pas·si·on [pa'sjoːn] *f* ⟨-; -en⟩ **1.** (*Leidenschaft*) passion: **Jäger aus** (*od.* von) ~ **sein** to be passionately fond of hunting. – **2.** (*Steckenpferd*) hobby: **Golfspielen ist seine** ~ golf is his hobby. – **3.** (*Hang, Vorliebe*) craze. – **4.** *relig. auch mus.* (*art, theater*) Passion.

pas·sio·nie·ren [pasjo'niːrən] *v/reflex* ⟨*no ge-*, h⟩ *obs. for* begeistern 2. — **pas·sio'niert I** *pp.* – **II** *adj* ⟨*attrib*⟩ (*Jäger, Rennfahrer, Sammler etc*) ardent, enthusiastic, impassioned, passionate.

Pas·si'ons|blu·me *f bot.* passionflower (*Gattg Passiflora*): **Blaue** ~ common blue passionflower (*P. coerulea*); **Lorbeerblättrige** ~ water lemon, bell apple, Jamaica honeysuckle (*P. laurifolia*); **Eßbare** ~ purple grenadilla (*P. edulis*); **Fleischfarbene** ~ maypop, apricot vine (*P. incarnata*); **Frucht der** ~ passion fruit. — ~**ge,schich·te** *f relig.* (account of the) Passion. — ~**mu,sik** *f mus.* Passion music. — ~**pre·digt** *f relig.* Passion sermon. — ~**sonn,tag** *m* Passion Sunday. — ~**spiel** *n relig.* Passion (play). — ~**weg** *m* Stations *pl* of the Cross, stations *pl* of the cross. — ~**wo·che** *f* Passion Week. — ~**zeit** *f* Passiontide.

pas·siv ['pasiːf; -'siːf] *adj* **1.** passive: ~**e Resistenz**, ~**er Widerstand** passive resistance; ~**es Wahlrecht** eligibility; ~**e Bestechung** *jur.* receiving (*od.* taking) of a bribe; ~**er Wortschatz** *ling.* passive vocabulary, reading knowledge; **sich** ~ **verhalten** to remain passive, to maintain a passive attitude. – **2.** (*teilnahmslos*) passive, apathetic, impassive. – **3.** *ling. cf.* passivisch. – **4.** *econ.* unfavorable, *bes. Br.* unfavourable: **eine** ~**e Bilanz** adverse balance; **eine** ~**e Handelsbilanz** an unfavo(u)rable (*od.* adverse) balance of trade (*od.* trade balance). – **5.** ⟨*meist attrib*⟩ (*Clubmitglied*) supernumerary.

Pas·siv ['pasiːf; -'siːf] *n* ⟨-s; *rare* -e⟩ *ling.* passive (voice): **dieses Verb steht im** ~ this verb is in the passive (voice); **dieses Verb kann kein** ~ **bilden** (*od.* kann nicht ins ~ gesetzt werden) this verb has no passive (voice).

Pas·si·va [pa'siːva] *pl econ.* liabilities: **Aktiva und** ~ assets and liabilities.

'Pas·siv|bi,lanz *f econ.* unfavorable (*bes. Br.* unfavourable) (*od.* adverse, deficitary) balance. — ~**bil·dung** *f ling.* forming of the passive (voice).

Pas·si·ven [pa'siːvən] *pl econ.* liabilities.

'Pas·siv|ge,schäft *n econ.* credit operation involving liabilities. — ~**han·del** *m* **1.** foreign trade operations *pl* of nonresidents. – **2.** foreign trade deficit.

pas·si·vie·ren [pasi'viːrən] **I** *v/t* ⟨*no ge-*, h⟩ **1.** **einen Betrag** ~ *econ.* to enter an amount on the passive (*od.* liabilities) side of the balance sheet. – **2.** *chem.* (*Metalle*) passivate. – **II** *v/reflex* **sich** ~ **3.** *econ.* become adverse.

pas·si·visch ['pasiːvɪʃ; -'siːvɪʃ] *adj ling.* (*Konstruktion etc*) passive.

Pas·si·vi·tät [pasivi'tɛːt] *f* ⟨-; *no pl*⟩ **1.** passivity, passiveness. – **2.** (*Teilnahmslosigkeit*) passivity, apathy, impassivity. – **3.** *chem.* passivity.

'Pas·siv|mas·se *f econ.* liabilities *pl*. — ~**po·sten** *m* debit (*od.* deficit) item. — ~**sal·do**, *m* **1.** debit balance. – **2.** (*der Handelsbilanz*) deficit (*od.* adverse) balance. — ~**sei·te** *f* (*einer Bilanz etc*) debit (*od.* liabilities) side.

Pas·si·vum [pa'siːvum] *n* ⟨-s; *rare* -siva [-va]⟩ *ling. cf.* Passiv.

'Pas·siv,wech·sel *m econ.* bill payable.

'Paß·kon,trol·le *f* passport inspection (*od.* control).

paß·lich ['pasliç] *adj obs.* suitable, proper, fit.

'Paß|pho·to *n cf.* Paßbild. — ~**schrau·be** *f tech.* body-fit bolt. — ~**stel·le** *f* passport office. — ~**stra·ße** *f* pass. — ~**stück** *n tech.* adapter, *auch* adaptor. — ~**teil** *n*, *auch m* fitting (*od.* mating) part (*od.* member). — ~**to·le,ranz** *f* fit tolerance.

'Pas·sung *f* ⟨-; -en⟩ *tech.* (machine) fit.

Pas·sus ['pasus] *m* ⟨-; -⟩ (*Schriftstelle*) passage, passus (*lit.*).

'Paß|we·sen n pol. passport matters pl (od. regulations pl). — **~wort** n ‹-(e)s; ⸚er› mil. password. — **~zwang** m obligation to hold (od. present) a (valid) passport.

Pa·sta ['pasta] f ‹-; Pasten› cf. Paste.

Pa·ste ['pastə] f ‹-; -n› 1. gastr. a) (streichbare Masse) paste, b) (fetter Teig) paste, dough. – 2. med. pharm. (cosmetics) paste. – 3. (art) (Abdruck) plaster cast.

Pa·stell [pas'tɛl] n ‹-(e)s; -e› (art) 1. pastel: in ~ malen to paint in pastel. – 2. cf. Pastellzeichnung. — **~far·be** f 1. (Pigment) pastel. – 2. (Farbton) pastel color (bes. Br. colour). — **~ma·ler** m pastel(l)ist. — **~ma·le,rei** f pastel (painting). — **~stift** m pastel pencil (od. crayon), pastel. — **~zeich·nung** f pastel (drawing).

Pa'stet·chen n ‹-s; -› gastr. 1. pie, pasty, patty, bouchée. – 2. (mit süßer Füllung) tartlet, pastry.

Pa·ste·te [pas'te:tə] f ‹-; -n› gastr. 1. cf. Pastetchen. – 2. (aus Kalbs-, Gänseleber etc) paste, pâté. – 3. (aus Blätterteig) vol-au-vent. [cook.\

Pa'ste·ten,bäcker (getr. -k·k-) m pastry-]

Pa·steu·ri·sa·ti·on [pastøriza'tsĭo:n] f ‹-; -en› pasteurization Br. auch -s-.

Pa·steu·ri'sier·ap·pa,rat m tech. pasteurizer Br. auch -s-.

pa·steu·ri·sie·ren [pastøri'zi:rən] v/t ‹no ge-,› pasteurize Br. auch -s-. — **pa·steu·ri'siert** I pp. – II adj pasteurized Br. auch -s-: **~e** Milch pasteurized milk. — **Pa·steu·ri'sie·rung** f ‹-; -en› cf. Pasteurisation.

Pa·stil·le [pas'tɪlə] f ‹-; -n› med. pharm. 1. (gegen Husten etc) lozenge, cough drop, pastille, pastil, bes. Am. pastille, troche. – 2. (Tablette) tablet.

Pa·sti·nak ['pastinak] m ‹-s; -e›, **Pa·sti·na·ke** [-'na:kə] f ‹-; -n› bot. parsnip (Pastinaca sativa).

'Past,milch ['past-] f Swiss pasteurized (Br. auch -s-) milk.

Pa·stor ['pastər; pas'to:r] m ‹-s; -en [-'to:rən], Northern G. auch -e [-'to:rə], dial. auch ⸚e [-'tø:rə]› relig. 1. clergyman, minister, pastor, (bes. anglikanischer) vicar, rector, curate. – 2. rare for Pfarrer 1.

pa·sto·ral [pasto'ra:l] adj 1. relig. (seelsorgerisch) pastoral. – 2. (feierlich) solemn. — **P~,brief** m Bibl. Pastoral (Epistle od. epistle).

Pa·sto·ra·le[1] n ‹-s; -s›, f ‹-; -n› 1. mus. pastorale. – 2. (art) pastoral.

Pa·sto·ra·le[2], „die ‹-; no pl› mus. "The Pastoral Symphony" (Beethoven's Sixth Symphony).

Pa·sto·ra·li·en [pasto'ra:lĭən] pl relig. pastoral matters.

Pa·sto'ral·theo·lo,gie f relig. pastoral theology.

Pa·sto·rat [pasto'ra:t] n ‹-(e)s; -e› relig. 1. pastorate, ministry, (bes. anglikanisches) vicarage, rectorate, curacy, röm.kath. auch priesthood. – 2. rare for Pfarrei.

Pa·sto·rel·le [pasto'rɛlə] f ‹-; -n› mus. pastoral song.

Pa·sto·rin [pas'to:rɪn] f ‹-; -nen› relig. 1. (woman) minister (od. pastor). – 2. cf. Pastorsfrau.

'Pa·stors,frau f clergyman's wife.

pa·stos [pas'to:s] adj 1. (art) pastose, impasto (attrib). – 2. gastr. cf. a) teigig, b) dickflüssig 2.

pa·stös [pas'tø:s] adj med. swollen, puffy, pasty.

Pa·te[1] ['pa:tə] m ‹-n; -n› 1. (Taufzeuge) godfather, godparent, godpapa (colloq.), sponsor: bei einem Kinde ~ stehen (od. sein) to stand sponsor (od. godfather) to a child; ich bin sein ~ I am his godfather. – 2. ich habe dabei ~ gestanden fig. I sponsored (od. patronized) it. – 3. godson, godchild.

'Pa·te[2] f ‹-; -n› 1. (Taufzeugin) godmother, godparent, godmamma (colloq.), sponsor. – 2. goddaughter, godchild.

Pa·tel·la [pa'tɛla] f ‹-; -tellen› med. kneecap, kneepan, patella (scient.).

pa·tel·lar [patɛ'la:r] adj med. patellar. — **P~,flex** m knee jerk, patellar reflex (scient.).

Pa·te·ne [pa'te:nə] f ‹-; -n› relig. (Hostienteller) paten.

'Pa·ten|ge,schenk n godparent's (od. sponsor's) present. — **~kind** n godchild. — **~on·kel** m cf. Pate[1] 1.

'Pa·ten·schaft f ‹-; -en› relig. sponsorship, godparenthood: die ~ für eine Stadt übernehmen fig. to adopt a town as a twin town, to enter into twinning arrangements with another town.

'Pa·ten|sohn m godson. — **~stadt** f pol. twin town. — **~stel·le** f sponsorship: bei einem Kind ~ vertreten to act as godfather to a child.

pa·tent [pa'tɛnt] adj colloq. capital, splendid, fine, great, grand: er ist wirklich ein ~er Kerl he really is a great fellow (bes. Am. a good scout); das ist ein ~er Einfall that's a great idea.

Pa'tent n ‹-(e)s; -e› 1. jur. econ. patent: ein ~ anmelden to apply for a patent; ein ~ erteilen to grant (od. issue) a patent; zum ~ angemeldet patent applied for, patent pending. – 2. (Ernennungsurkunde) (letters pl) patent. – 3. mil. (für Offiziere) commission: sein ~ als Kapitän erhalten to obtain one's captain's commission. — **~amt** n patent office. — **~an,mel·der** m patent applicant. — **~an,mel·dung** f application for a patent, patent application. — **~an,spruch** m patent claim.

'Pa'ten,tan·te f cf. Pate[2] 1.

Pa'tent|an,walt m jur. patent lawyer, Br. patent agent, Am. auch patent attorney. — **~be,schrei·bung** f patent specification (od. description). — **~dieb,stahl** m piracy (od. infringement) of a patent. — **~ein,spruch** m opposition to the granting of a patent. — **~ein,tra·gung** f registration of a patent. — **~er,tei·lung** f grant (od. granting, issue, issuing) of a patent. — **p~,fä·hig** adj patentable. — **~fä·hig·keit** f patentability. — **~ge·ber** m patentor. — **~ge,bühr** f 1. (Anmeldungsgebühr) patent (od. filing) fee. – 2. (Erteilungsgebühr) patent fee, fee for issue of a patent. – 3. (Jahresgebühr) patent (od. renewal) fee, patent annuity. — **~ge·gen,stand** m object (od. subject matter) of a patent. — **~ge,setz** n patent law (act), Patent (Br. Patents) Act. — **~ge,setz·ge·bung** f patent legislation. — **~ge,such** n cf. Patentanmeldung.

pa'ten·tier·bar adj jur. patentable.

pa·ten·tie·ren [patɛn'ti:rən] I v/t ‹no ge-,› 1. jur. patent, protect (s.th.) by patent, secure (s.th.) by letters patent, issue (od. grant) a patent for (od. on): (sich dat) etwas ~ lassen to apply for a patent for (od. on) s.th. – 2. metall. (Draht) patent. – II P~ n ‹-s› verbal noun. — **Pa·ten'tie·rung** f ‹-; -en› cf. Patentieren.

Pa'tent|in·ge·ni,eur m patent engineer. — **~in,ha·ber** m jur. patentee, patent holder. — **~kla·ge** f patent action (od. suit). — **~lö·schung** f expiry (od. expiration, lapse) of a patent. — **~lö·sung** f colloq. ingenious solution. — **~ob,jekt** n jur. cf. Patentgegenstand. — **~recht** n 1. patent law (act). – 2. patent right(s pl). — **p~,recht·lich** adv ~ geschützt patented, protected by (letters) patent. — **~re,gi·ster** n patent register (Br. auch rolls pl). — **~sa·che** f patent matter. — **~schrift** f (printed) patent specification (od. description). — **~schutz** m patent protection, protection by (letters) patent. — **~schutz·ge,setz** n patent law (act), Patent (Br. Patents) Act. — **~über,tra·gung** f assignment of a patent. — **~ur,kun·de** f (letters pl) patent. — **~ver,let·zung** f patent infringement. — **~ver,schluß** m tech. patent stopper (od. closure). — **~ver,wer·tung** f jur. patent exploitation.

Pa·ter ['pa:tər] m ‹-s; - u. Patres [-trɛs]› röm.kath. father, padre.

Pa·ter·ni·tät [patɛrni'tɛt] f ‹-; no pl› obs. for Vaterschaft.

Pa·ter·no·ster[1] [patər'nɔstər] n ‹-s; -› relig. (Gebet) pater, paternoster, Our Father, Lord's Prayer.

Pa·ter'no·ster[2] m ‹-s; -› tech. cf. Paternosteraufzug.

Pa·ter'no·ster|auf,zug m tech. Am. paternoster elevator, Br. paternoster (lift). — **~werk** n (Becherwerk) bucket-type elevator.

Pa·ter·pec·ca·vi [patərpɛ'ka:vi] n ‹-; -› remorseful confession.

pa·the·tisch [pa'te:tɪʃ] adj 1. full of pathos, pathetic, auch pathetical. – 2. pompous, bombastic, grandiloquent. – 3. (feierlich) solemn. – 4. contempt. (salbungsvoll) unctuous.

pa·tho·gen [pato'ge:n] adj med. pathogenic, pathogenous, pathogenetic. — **Pa·tho·ge'ne·se** [-ge'ne:zə] f ‹-; -n› pathogenesis, (a)etiopathology. — **Pa·tho·ge·ni'tät** [-geni'tɛt] f ‹-; no pl› pathogenicity.

Pa·tho·lo·ge [pato'lo:gə] m ‹-n; -n› med. pathologist, pathological anatomist. — **Pa·tho·lo·gie** [-lo'gi:] f ‹-; no pl› pathology. — **pa·tho·lo·gisch** adj pathologic(al).

Pa·thos ['pa:tɔs] n ‹-; no pl› 1. pathos: falsches ~ bathos, insincere pathos. – 2. (Feierlichkeit) solemnity. – 3. contempt. great pathos, pomposity.

Pa·ti·ence [pa'sĭãːs] f ‹-; -n [-sən]› (games) bes. Br. patience, bes. Am. solitaire: eine ~ legen to play patience.

Pa·ti·ent [pa'tsĭɛnt] m ‹-en; -en›, **Pa·ti'en·tin** f ‹-; -nen› med. patient: ambulanter ~ outpatient, Br. auch out-patient; stationärer ~ inpatient, Br. auch in-patient; die ~en eines Arztes the clientele sg of a doctor.

'Pa·tin f ‹-; -nen› relig. cf. Pate[2] 1.

Pa·ti·na[1] ['pa:tina] f ‹-; no pl› 1. chem. patina, patine, (auf Kupfer) auch aerugo, verdigris: ~ ansetzen to become covered with patina. – 2. fig. patina.

'Pa·ti·na[2] f ‹-; -tinen [pa'ti:nən]›, **Pa·ti·ne** [pa'ti:nə] f ‹-; -n› bes. relig. patina.

pa·ti·nie·ren [pati'ni:rən] v/t ‹no ge-, h› chem. patinate.

Pa·tis·se·rie [patɪsə'ri:] f ‹-; -n [-ən]› Swiss and Austrian for a) Feingebäck, b) Konditorei 1. — **Pa·tis·si·er** [-'sĭe:] m ‹-s; -s› Swiss and Austrian for Konditor.

Pa·tois [pa'tŏa] n ‹- [-'tŏa(s)]; no pl› ling. patois.

Pa·tri·arch [patri'arç] m ‹-en; -en› relig. patriarch. — **pa·tri·ar'cha·lisch** [-'ça:lɪʃ] adj patriarchal. — **Pa·tri·ar'chat** [-'ça:t] n ‹-(e)s; -e› 1. relig. patriarchate. – 2. sociol. patriarchy, patriarchate.

Pa·tri'ar·chen,wür·de f relig. patriarchate, patriarchal dignity.

pa·tri'ar·chisch adj cf. patriarchalisch.

pa·tri·mo·ni·al [patrimo'nĭa:l] adj jur. patrimonial. — **P~ge,richts·bar·keit** f patrimonial jurisdiction. — **P~staat** m patrimonial state.

Pa·tri·mo·ni·um [patri'mo:nĭum] n ‹-s; -nien› jur. patrimony. — **~ 'Pe·tri** ['pe:tri] n ‹-; no pl› relig. hist. cf. Kirchenstaat 1.

Pa·tri·ot [patri'o:t] m ‹-en; -en›, **Pa·tri'otin** f ‹-; -nen› patriot. — **pa·tri·o·tisch** [-'o:tɪʃ] adj patriotic, auch patriotical. — **Pa·trio'tis·mus** [-o'tɪsmus] m ‹-; no pl› patriotism.

Pa·tri·stik [pa'trɪstɪk] f ‹-; no pl› relig. patrology, auch patristics pl (construed as sg). — **Pa'tri·sti·ker** [-tɪkər] m ‹-s; -› patrologist. — **pa'tri·stisch** [-tɪʃ] adj patristic(al).

Pa·tri·ze [pa'tri:tsə] f ‹-; -n› tech. print. counter (od. upper, top) die, punch.

Pa·tri·zi·at [patri'tsĭa:t] n ‹-(e)s; -e› patriciate, patricians pl.

Pa·tri·zi·er [pa'tri:tsĭər] m ‹-s; -› 1. antiq. (im alten Rom) patrician, aristocrat. – 2. (wohlhabender Bürger) patrician. — **~fa·mi,lie** f patrician family. — **~haus** n patrician house, mansion. — **~herr·schaft** f hist. patrician rule.

pa·tri·zisch [pa'tri:tsɪʃ] adj 1. hist. patrician. – 2. fig. a) noble, b) wealthy.

Pa·tro·lo·ge [patro'lo:gə] m ‹-n; -n› relig. patrologist. — **Pa·tro·lo·gie** [-lo'gi:] f ‹-; no pl› cf. Patristik. — **pa·tro·lo·gisch** adj patrologic(al), patristic(al).

Pa·tron [pa'tro:n] m ‹-s; -e› 1. (Schirmherr) patron, protector. – 2. relig. (Schutzheiliger) patron (saint). – 3. obs. (Gönner) patron. – 4. colloq. contempt. (Bursche) fellow (colloq.), bes. Br. sl. bloke, bes. Am. customer: ein unverschämter ~ an impudent fellow; das ist mir ja ein sauberer ~! iron. a fine customer he is!

Pa·tro·na [pa'tro:na] f ‹-; -tronä [-nɛ]› relig. patroness, patron (saint).

Pa·tro·na·ge [patro'na:ʒə] f ‹-; -n› cf. Günstlingswirtschaft.

Pa·tro·nanz [patro'nants] f ‹-; no pl› Austrian for Patronat 1.

Pa·tro·nat [patro'na:t] n ‹-(e)s; -e› 1. (Schirmherrschaft) patronage, patronate: unter dem ~ von under the patronage (od. auspices) of. – 2. relig. patronage, patronate, bes. Br. advowson. – 3. antiq. patronage.

Pa·tro'nats,fest n relig. feast of the patron saint of a church. — **~herr** m advowee, patron.

Pa·tro·ne [pa'troːnə] *f* ⟨-; -n⟩ **1.** *mil.* cartridge: **panzerbrechende** ~ armo(u)r--piercing cartridge; ~ **mit Brandgeschoß [Leuchtspur]** incendiary [tracer] cartridge. - **2.** *phot.* cartridge, *auch* cassette. - **3.** (*im Füllfederhalter*) cartridge. - **4.** (*textile*) point paper design. - **5.** *tech.* a) (*eines Spannfutters*) spring collet, b) (*eines Leitapparats*) leader. - **6.** *metall.* die. - **7.** *electr.* (*einer Schmelzsicherung*) cartridge fuse link.
Pa'tro·nen|,aus,wer·fer *m mil.* ejector. — ~,**füll,fe·der,hal·ter** *m* cartridge pen. — ~,**gurt**, ~,**gür·tel** *m mil.* **1.** cartridge (*od.* ammunition) belt. - **2.** (*Bandelier*) bandoleer. — ~,**ma·ga,zin** *n* cartridge case (*od.* shell). — ~,**ma·ga,zin** *n* cartridge magazine. — ~,**rah·men** *m* charger, clip. — ~,**si·che·rung** *f electr.* cartridge fuse. — ~,**ta·sche** *f mil.* ammunition pocket, pouch. — ~-,**trom·mel** *f* cartridge drum. — ~,**zu·füh·rung** *f* cartridge feed.
Pa'tro·nin *f* ⟨-; -nen⟩ patroness, protectress.
pa·tro·ni·sie·ren [patroni'ziːrən] *v/t* ⟨*no* ge-, h⟩ *obs.* protect, patronize *Br. auch* -s-.
Pa·tro·ny·mi·kon [patro'nyːmikɔn], **Pa·tro'ny·mi·kum** [-kʊm] *n* ⟨-s; -mika [-ka]⟩ *ling.* patronymic. — **pa·tro'ny·misch** [-mɪʃ] *adj* patronymic, *auch* patronymical.
Pa·trouil·le [pa'trʊljə] *f* ⟨-; -n⟩ *bes. mil.* patrol: ~ **gehen** to patrol.
Pa'trouil·len|,boot *n mar. mil.* patrol vessel (*od.* boat). — ~,**füh·rer** *m mil.* leader of a patrol.
pa·trouil·lie·ren [patrʊl'jiːrən] *v/i* ⟨*no* ge-, sein *u.* h⟩ **1.** *bes. mil.* patrol. - **2.** **vor etwas** (*auf und ab*) ~ *fig.* to walk (*od.* pace) up and down in front of s.th.
Pa·tro·zi·ni·um [patro'tsiːnium] *n* ⟨-s; -nien⟩ **1.** *jur. hist.* patronage, patronate. - **2.** *relig.* a) patron saint's patronage of a church, b) *cf.* Patronatsfest.
patsch [patʃ] **I** *interj* slap! smack! - **II P~** *m* ⟨-es; -e⟩ (*klatschender Schlag*) slap, smack.
Pat·sche ['patʃə] *f* ⟨-; -n⟩ *colloq.* **1.** (*Händchen*) paw, little hand. - **2.** (*zum Schlagen*) swat(ter), (*bes. Fliegenklappe*) flyswat(ter). - **3.** ⟨*only sg*⟩ *fig.* scrape, fix, spot, pickle, jam (*colloq.*): **in der** ~ **sitzen** to be in a fix (*od.* spot), to be in the soup; **in die** ~ **geraten** to get into hot water (*od.* a jam); **j-m aus der** ~ **helfen** to get (*od.* help) s.o. out of a scrape; **sich aus der** ~ **ziehen** to get oneself out of the fix (*od.* mess); **er sitzt ganz schön in der** ~ he is in a nice (*od.* pretty) pickle, he is in a nice mess, he is in for it now.
pat·schen ['patʃən] *v/i* ⟨h *u.* sein⟩ *colloq.* **1.** ⟨h⟩ splash, plash: **mit den Händen ins Wasser** ~ to splash one's hands in the water. - **2.** ⟨h⟩ **in die Hände** ~ (*von Kindern*) to clap one's hands. - **3.** ⟨sein⟩ splash, plash: **durch die Pfützen** ~ to splash through the puddles.
'Pat·schen *m* ⟨-s; -⟩ *Austrian colloq.* **1.** *cf.* Hausschuh. - **2.** *cf.* Plattfuß 2.
'pat·sche'naß *adj colloq. cf.* patschnaß.
'Patsch|,hand *f*, ~,händ·chen *n colloq.* chubby (little) hand.
'patsch'naß *adj* (*Kleidung etc*) sopping (*od.* soaking, dripping, wringing) wet: **ich war** ~ **vom Regen** I was soaking wet (*od.* wet through, soaked to the skin) from the rain.
Pat·schu·li ['patʃuli] *n* ⟨-s; -s⟩ **1.** *bot.* patchouli, patchouly, *auch* pachouli (*Pogostemon patchouli od. cablin*). - **2.** (*Duftstoff*) patchouli, patchouly, *auch* pachouli. — ~,**öl** *n* patchouli, *auch* patchouly oil.
patt [pat] (*beim Schach*) **I** *adj* stalemate: ~ **sein** to be stalemated; **j-n** ~ **machen** (*od.* **setzen**) to stalemate s.o. - **II P~** *n* ⟨-s; -s⟩ stalemate.
Pat·te ['patə] *f* ⟨-; -n⟩ **1.** (*Taschenklappe*) flap. - **2.** (*Ärmelaufschlag*) cuff facing. - **3.** (*doppelter Stoffstreifen*) facing.
'Pat·ten·ver,schluß *m* (*fashion*) lapel.
pat·tie·ren [pa'tiːrən] *v/t* ⟨*no* ge-, h⟩ **1.** *print.* (*rastern*) screen. - **2.** *mus.* rule.
pat·zen ['patsən] *v/i* ⟨h⟩ *colloq.* **1.** blunder, bungle, make mistakes. - **2.** (*klecksen*) blot, make blots. - **3.** *mus.* make a boner (*colloq.*).
'Pat·zen *m* ⟨-s; -⟩ *Bavarian and Austrian dial. for* Klecks.
'Pat·zer *m* ⟨-s; -⟩ *colloq.* **1.** (*Person*) blunderer, bungler. - **2.** (*Fehler*) blunder,

howler (*colloq.*), *bes. Br. colloq.* bloomer, botch.
Pat·ze'rei *f* ⟨-; -en⟩ *colloq.* blundering, bungling.
'pat·zig *adj colloq.* **1.** (*frech*) saucy, insolent, impudent: ~**e Antwort** saucy answer, back talk (*colloq.*): **eine** ~**e Antwort geben** to give a saucy (*od.* an insolent) answer. - **2.** (*schroff, abweisend*) unfriendly, harsh, brusque, curt, sharp, snappish. — '**Pat·zig·keit** *f* ⟨-; *no pl*⟩ **1.** (*Frechheit*) insolence, impudence, sauciness. - **2.** (*Schroffheit*) unfriendliness, harshness, brusqueness, curtness, sharpness, snappishness.
Pau·kant [pau'kant] *m* ⟨-en; -en⟩ *colloq.* participant in a (German) students' duel.
'Pauk|,arzt *m* surgeon present at (German) students' duels. — ~,**bo·den** *m* (German) students' duel(l)ing loft.
Pau·ke ['paukə] *f* ⟨-; -n⟩ **1.** *mus.* a) bass drum, tamburone, b) (*Kesselpauke*) kettledrum: **die** ~**n** the kettledrums, the timpani; **mit** ~**n und Trompeten** with drums beating and trumpets sounding. - **2.** *fig. colloq.* (*in Wendungen wie*) **mit** ~**n und Trompeten durchfallen** to flunk (*od.* fail) ingloriously; **j-n mit** ~**n und Trompeten empfangen** to receive s.o. with full hono(u)rs; → **hauen** 12. - **3.** *med. cf.* Paukenhöhle.
pau·ken ['paukən] **I** *v/i* ⟨h⟩ **1.** *mus.* play (*od.* beat) the (kettle)drum. - **2.** *colloq.* (*büffeln*) cram, grind, stew (*sl.*), *Am. auch* bone, *Br. auch* swot: **er paukt noch tüchtig für seine Prüfung** he is still grinding hard for his exam. - **3.** *colloq.* (*fight a*) duel: **mit j-m** ~ to (fight a) duel with s.o. - **II** *v/t* **4.** *colloq.* (*Mathematik, Vokabeln etc*) cram, grind, stew (*sl.*), *Am. auch* bone (up on), *Br. auch* swot (up). - **III P~** *n* ⟨-s⟩ **5.** *verbal noun.*
'Pau·ken|,fell *n* **1.** *mus.* drum head (*od.* skin), vellum. - **2.** *med.* tympanic membrane. — ~,**höh·le** *f med.* middle ear; tympanic cavity, tympanum (*scient.*). — ~,**schlag** *m mus.* beat of the (kettle)drum: „**Symphonie mit dem** ~" "Surprise Symphony" (*by* Haydn). — ~,**schlä·ger** *m cf.* Pauker 1. — ~,**schle·gel** *m meist pl* kettledrum (*od.* timpani) stick. — ~,**wir·bel** *m* (kettle)drum roll: „**Symphonie mit dem** ~" "Drum-roll Symphony" (*by* Haydn).
'Pau·ker *m* ⟨-s; -⟩ **1.** *mus.* timpanist, (kettle)drummer. - **2.** *ped. colloq.* crammer, teacher.
Pau·ke'rei *f* ⟨-; *no pl*⟩ *colloq.* **1.** *cf.* Pauken. - **2.** grind, *Br.* swot.
pau·li·nisch [pau'liːnɪʃ] *adj Bibl.* Pauline, of (*od.* relating to) (St.) Paul.
Pau·li·nis·mus [pauli'nɪsmʊs] *m* ⟨-; *no pl*⟩ *relig.* Paulinism, Paulism.
Pau·low·nie [pau'lɔvniə] *f* ⟨-; -n⟩ *bot.* blue catalpa, kiri, paulownia (*scient.*) (*Paulownia imperialis*).
Pau·pe·ris·mus [paupe'rɪsmʊs] *m* ⟨-; *no pl*⟩ pauperism.
'Paus,back ['paus-] *m* ⟨-(e)s; -e⟩ *colloq.* (*bes. Kind*) chubby face. — '**Paus,backen** (*getr.* -k·k-) *pl* chubby cheeks. — '**paus,backig**, '**paus,bäckig** [-,bɛkiç] (*getr.* -k·k-) *adj* chubby-faced (*od.* -cheeked).
pau·schal [pau'ʃaːl] *econ.* **I** *adj* **1.** lump-sum (*attrib*), global, overall, *Br.* over-all (*attrib*), all-inclusive (*attrib*), all-in (*attrib*). - **II** *adv* **2.** all included: **300 Mark** ~ 300 marks all (*cost*) included. - **3.** *fig.* as a whole, in (*od.* by) the lump.
Pau'schal|,ab,fin·dung *f econ.* lump-sum (*od.* overall, *Br.* over-all) compensation. — ~,**be,steue·rung** *f* lump-sum taxation (*od.* assessment), taxation at the comprehensive rate. — ~,**be,trag** *m cf.* Pauschale.
Pau·scha·le *f* ⟨-; -n⟩, *auch* *n* ⟨-s; -lien [-liən]⟩ *econ.* **1.** lump sum, global amount, flat charge (rate). - **2.** (*im Hotel etc*) all-inclusive price.
Pau'schal|,ent,schä·di·gung *f econ. cf.* Pauschalabfindung. — ~,**ge,bühr** *f* flat fee (rate), flat rate, charge (duty).
pau·scha·lie·ren [pauʃa'liːrən] *v/t* ⟨*no* ge-, h⟩ *econ.* express (*s.th.*) as a round amount.
Pau'schal|,kauf *m econ.* purchase in bulk, bulk purchase. — ~,**preis** *m* lump-sum (*od.* comprehensive) price. — ~,**rei·se** *f* all-inclusive tour. — ~,**satz** *m* flat (*od.* blanket) rate. — ~,**steu·er** *f* comprehensive tax. — ~,**sum·me** *f cf.* Pauschale. — ~,**ta,rif** *m* flat-rate tariff. — ~,**ur·teil** *n* sweeping judg(e)ment. — ~,**ver,si·che·rung** *f econ.*

blanket-cover (*od.* lump-sum) insurance. — ~,**wert** *m* lump-sum value. — ~,**zah·lung** *f* lump-sum payment.
Pau·sche ['pauʃə] *f* ⟨-; -n⟩ **1.** (*am Sattel*) (knee) roll, (*crupper*) dock loop. - **2.** (*sport*) (*am Seitpferd*) pommel.
Pau·se¹ ['pauzə] *f* ⟨-; -n⟩ **1.** (*Frühstückspause, Mittagspause etc*) break. - **2.** (*Unterbrechung*) stop: **wir machten eine lange** ~, **um das Schloß zu besichtigen** we made a long stop to visit the castle. - **3.** (*im Gespräch*) pause. - **4.** (*Ruhepause*) rest: **sich** (*dat*) **eine** ~ **gönnen** to allow (*od. colloq.* give) oneself a rest; **eine** ~ **machen** (*od.* **einlegen**) to have (*od.* take) a rest, to rest. - **5.** (*in der Schule*) break, *Am. auch* recess: **die große** ~ the long (*od.* mid-morning) break, recreation time. - **6.** (*Atempause*) breather. - **7.** (*bei Veranstaltungen*) intermission, interval. - **8.** *mus.* rest: **die ganze** [**halbe**] ~ the semibreve (*Am.* whole-note) [minim, *Am.* half-note] rest; **5 Takte** ~ a five measures' rest. - **9.** *ling.* pause, break.
'Pau·se² *f* ⟨-; -n⟩ *tech.* **1.** tracing, traced design, trace, copy: **eine** ~ **anfertigen** to make a copy. - **2.** (*Blaupause*) blueprint.
'pau·sen *v/t* ⟨h⟩ **1.** (*durchzeichnen*) trace. - **2.** (*lichtpausen*) print, photostat.
'pau·sen·los **I** *adj* uninterrupted, incessant, ceaseless, nonstop *Br.* non- (*attrib*). - **II** *adv* **es hat** ~ **geregnet** it rained incessantly.
'Pau·sen,zei·chen *n* **1.** (*radio*) station (identification) signal, interval signal. - **2.** *mus.* rest (mark). - **3.** (*in der Schule*) bell.
pau·sie·ren [pau'ziːrən] *v/i* ⟨*no* ge-, h⟩ **1.** (*ausspannen*) (take a) rest, relax. - **2.** (*vorübergehend aufhören*) (make a) pause, (make a) stop.
'Paus,pa,pier *n* tracing paper.
Pa·vi·an ['paːviaːn] *m* ⟨-s; -e⟩ *zo.* baboon (*Gattg Papio*): **Roter** ~ *cf.* Sphinxpavian.
Pa·vil·lon ['pavɪljõ] *m* ⟨-s; -s⟩ **1.** (*Musikpavillon etc*) pavilion, bandstand. - **2.** (*Sommerhaus*) pavilion, summerhouse, pleasure-house. - **3.** (*Kiosk*) pavilion, kiosk. - **4.** (*Vorbau eines Schlosses*) facade, *bes. Br.* façade, pavilion. - **5.** *cf.* Messehalle.
Pax [paks] *relig.* **I** *f* ⟨-; *no pl*⟩ (*Friedenskuß*) pax, kiss of peace. - **II** *interj* (*Friedensgruß*) pax!
pa·zi·fisch [pa'tsiːfɪʃ] *adj geogr.* Pacific: **der P~e Ozean** the Pacific (Ocean).
Pa·zi·fis·mus [patsi'fɪsmʊs] *m* ⟨-; *no pl*⟩ *pol.* pacifism. — **Pa·zi'fist** [-'fɪst] *m* ⟨-en; -en⟩, **Pa·zi'fi·stin** *f* ⟨-; -nen⟩ pacifist.
pa·zi'fi·stisch **I** *adj* pacifist, pacifistic. - **II** *adv* pacifistically.
pa·zi·fi·zie·ren [patsifi'tsiːrən] *pol.* **I** *v/t* ⟨*no* ge-, h⟩ pacify. - **II P~** *n* ⟨-s⟩ *verbal noun.* — **Pa·zi·fi'zie·rung** *f* ⟨-; *no pl*⟩ **1.** Pazifizieren. - **2.** pacification.
Pech [pɛç] *n* ⟨-s, *rare* -es; -e⟩ **1.** *tech.* a) pitch, b) (*Schusterpech*) cobbler's wax: **schwarz wie** ~ pitch-black; **zusammenhalten wie** ~ **und Schwefel** *fig. colloq.* to stick together, to be inseparable, to be as thick as thieves (*colloq.*). - **2.** ⟨*only sg*⟩ *colloq.* (*Mißgeschick*) bad (*od.* hard, ill, tough) luck, bad break (*colloq.*), *bes. Br.* hard lines *pl*: **ich hatte** ~ I was unlucky, *Am.* I was out of luck; **ich habe auch immer** ~ I have no luck; ~ **im Spiel haben** to be unlucky in games of chance, to have hard luck in gambling; **er hatte** ~ **bei der Prüfung** he had bad luck in the exam; **so ein** ~! hard luck! (*das ist eben*) ~! *iron.* (that's just) too bad! — ~,**blen·de** *f min.* pitchblende, uraninite. — ~,**draht** *m tech.* pitch(ed) (*od.* shoemaker's, cobbler's) thread. — ~,**fackel** (*getr.* -k·k-) *f* (pitch) torch. — ~,**fa·den** *m tech. cf.* Pechdraht. — **p~'fin·ster** *adj colloq. cf.* pech(raben)schwarz. — ~,**harz** *n* pitch resin.
'pe·chig *adj* pitchy.
'Pech|,kie·fer *f bot.* pitch (*od.* torch, sap) pine (*Pinus rigida*). — ~,**koh·le** *f min.* pitch (*od.* bituminous, brown) coal. — ~,**na·se** *f mil. hist.* machicolation, machicoulis. — ~,**nel·ke** *f bot.* catchfly, rock lychnis (*Viscaria vulgaris*). — **p~'ra·ben**|**schwarz** *adj colloq.* jet(-black). - **2.** (*Nacht*) pitch-black (*od.* -dark). — ~,**stein** *m min.* pitchstone. — ~,**sträh·ne** *f colloq.* spell (*od.* bout, run, *Am. auch* streak) of bad luck: **eine** ~ **haben** to strike a bad patch; **seine** ~ **riß nicht ab** his run of bad luck never ended. — ~,**vo·gel** *m colloq.* unlucky fellow (*colloq.*): **er ist wirklich ein** ~ he really is out of luck, he really has no luck.

Pe·dal [pe'daːl] *n* ⟨-s; -e⟩ **1.** *mus.* pedal: **rechtes ~** (*des Klaviers*) right (*od.* forte, sustaining, damper, *colloq.* loud) pedal; **linkes ~** (*des Klaviers*) left (*od.* piano, shifting, *colloq.* soft) pedal; **das ~ treten** (*od.* spielen) to pedal, to use (*od.* work) the pedal. **- 2.** (*am Fahrrad etc*) (foot) pedal: **sie traten kräftig in die ~e** they pedal(l)ed away (*od.* off) vigorously. **- 3.** a) (*Gaspedal*) accelerator (*od.* gas) pedal, b) (*Bremspedal*) braking pedal: **auf das ~ treten** to step on the pedal (*Am. auch on the gas*). **- 4.** *pl colloq.* trotters (*colloq.*), pedals (*humor.*), feet. **— ~ˌach·se** *f* **1.** (*eines Fahrrads*) pedal pin (*od.* spindle). **- 2.** (*eines Motorrads*) accelerator (*od.* gas) pedal shaft. **— ~ˌhar·fe** *f mus.* pedal (*od.* double- -action) harp. **— ~ˌkla·viaˌtur** *f* pedal (key)board. **— ~reˌgi·ster** *n* (*der Orgel*) pedal organ.

Pe·dant [pe'dant] **I** *m* ⟨-en; -en⟩ pedant, precisionist, stickler, niggler, *Am. colloq.* fussbudget, *Br. colloq.* fuss-pot. **- II p~** *adj u. adv Austrian for* pedantisch. **— Pe·danˈte·rie** [-təˈriː] *f* ⟨-; -n [-ən]⟩ pedantry, punctiliousness, meticulousness, meticulosity, fastidiousness, fussiness, pernicketiness (*colloq.*). **— Pe'dan·tin** *f* ⟨-; -nen⟩ *cf.* Pedant. **— pe'dan·tisch I** *adj* punctilious, meticulous, fastidious, fussy, pernickety (*colloq.*): **sie ist in** (*od.* mit, bei) **ihrer Arbeit sehr ~** she is very meticulous in (*od.* pernickety about) her work. **- II** *adv* **er hält seine Kleidung ~ sauber** he keeps his clothing meticulously clean.

'Ped·digˌrohr ['pɛdɪç-] *n* rat(t)an reed, cane (*collect.*).

Pe·dell [pe'dɛl] *m* ⟨-s, *bes. Austrian* -en; -e, *bes. Austrian* -en⟩ **1.** *ped. colloq.* a) (*einer Schule*) janitor, caretaker, *bes. Br.* porter, b) (*einer Hochschule*) warden, *bes. Am.* warder. *Br.* porter. **- 2.** *obs. for* Gerichtsdiener.

Pe·di·gree ['pɛdigri; 'pɛdɪgriː] (*Engl.*) *m* ⟨-s; -s⟩ *biol.* pedigree. **— Stammbaum)**

Pe·di·kü·re [pedi'kyːrə] *f* ⟨-; -n⟩ **1.** ⟨*only sg*⟩ chiropody, pedicure. **- 2.** (*Fußpflegerin*) chiropodist, pedicure, *Br. auch* pedicurist. **— pe·di'kü·ren** *v/t* ⟨h⟩ give (*s.o.*) a pedi-cure, pedicure; **sich ~ lassen** to have a pedicure.

Pe·do·lo·ge [pedo'loːgə] *m* ⟨-n; -n⟩ pedol-ogist. **— Pe·do·lo'gie** [-lo'giː] *f* ⟨-; *no pl*⟩ pedology. **— pe·do'lo·gisch** *adj* pedo-logic(al).

Pe·do·me·ter [pedo'meːtər] *n* ⟨-s; -⟩ *phys.* pedometer.

Peer [piːr; piə] (*Engl.*) *m* ⟨-s; -s⟩ peer: **j-n zum ~ machen** to create (*od.* make) s.o. a peer. **— Pee·rage** ['piːrɪʃ; 'piərɪdʒ] (*Engl.*) *f* ⟨-; *no pl*⟩, **Peers,wür·de** *f* peerage.

Pe·ga·sus ['peːgazus] **I** *npr m* ⟨-; *no pl*⟩ **1.** *myth.* Pegasus. **- II** *m* ⟨-; *no pl*⟩ **2.** *poet.* (*Musenroß*) Pegasus: **den ~ satteln** (*od.* besteigen, reiten), **sich auf den ~ schwin-gen** *humor.* to mount Pegasus. **- 3.** *astr.* (*Sternbild*) Pegasus.

Pe·gel ['peːgəl] *m* ⟨-s; -⟩ **1.** (water *od.* tide) ga(u)ge. **- 2.** *tech.* (*des Öls*) level. **- 3.** *tel.* (*radio*) level. **- 4.** *mar.* tide pole. **— ~·anˌzei·ger** *m tel.* level indicator. **— ~aus,gleich** *m* level equalization. **— ~,bild-ge,rät** *n electr.* level tracer. **— ~haus** *n* ga(u)ging station. **— ~,hö·he** *f mar. cf.* Pegelstand. **— ~schrei·ber** *m electr.* level recorder (*od.* indicator). **— ~,sen·der** *m* level oscillator. **— ~,stab** *m tech.* level rod, dipstick. **— ~stand** *m mar.* water mark (*od.* level).

Peg·ma·tit [pɛgmaˈtiːt; -ˈtɪt] *m* ⟨-s; -e⟩ *geol.* pegmatite.

'Peg·nitzˌor·den ['peːgnɪts-] *m* ⟨-s; *no pl*⟩ Order of the Pegnitz Shepherds (*17th century literary society*).

Peh·le·wi ['pɛçlevi] *n* ⟨-; *no pl*⟩ *ling.* Pahlavi, *auch* Pehlevi, Middle Persian.

Pei·es ['paɪəs] *pl* orthodox Jews' ringlets.

Pei·gneur [pɛn'jøːr] *m* ⟨-s; -e⟩ (*textile*) doffer.

'Peilˌanˌla·ge *f* **1.** *mar.* direction-finder installation. **- 2.** *aer.* direction-finding equipment (*od.* system). **— ~anˌten·ne** *f* (*radio*) direction-finding antenna (*bes. Br.* aerial), turning frame (*od.* loop), cross frame (*od.* loop). **— ~,ba·ke** *f aer. mar.* radio beacon. **— ~boot** *n mar.* surveying (*od.* sounding) boat. **— ~empˌfän·ger** *m* (*radio*) direction-finding receiver.

pei·len ['paɪlən] **I** *v/t* ⟨h⟩ **1.** *aer. mar.* (*radio*) (*Richtung*) take a bearing of, take (the) bearings of, fix (*colloq.*). **- 2.** *mar.* (*Wasser-tiefe*) sound. **- 3.** *fig.* (*in Wendungen wie*) **die Lage ~** *colloq.* to see how the land lies, to see which way the wind blows; **etwas über den Daumen ~** *colloq.* to estimate s.th. roughly, to make a rough (*Am.* horseback) estimate of s.th. **- II P~** *n* ⟨-s⟩ **4.** *verbal noun.* **- 5.** *cf.* Peilung.

'Pei·ler *m* ⟨-s; -⟩ (*radio*) **1.** direction finder. **- 2.** (*Person*) direction-finding operator.

'Peilˌfa·den *m* **1.** (*beim Radar*) *cf.* Peil-linie 2. **- 2.** (*optics*) bearing string. **— ~,feh·ler** *m* bearing error. **— ~,funk** *m* (*wireless*) direction finding. **— ~,funk·ge-ˌrät** *n* (*wireless od.* radio) direction finder. **— ~,funk·staˌti·on, ~,funk,stel·le** *f* radio bearing station. **— ~geˌrät** *n* **1.** radar (*od.* direction-finding) equipment, direction finder. **- 2.** *mar.* a) *cf.* Echolot, b) (*beim Kompaß*) azimuth mirror. **— ~,kom·paß** *m mar.* **1.** bearing compass. **- 2.** azimuth compass. **— ~,li·nie** *f* **1.** *aer. mar.* bearing line. **- 2.** (*beim Radar*) cursor, line of bearing. **— ~,lot** *n mar.* (sounding) lead. **— ~,rah·men** *m* loop antenna (*bes. Br.* aerial), direction-finding loop (*od.* aerial). **— ~,rich·tung** *f* bearing (direction). **— ~,schei·be** *f mar.* pelorus, bearing disk (*od.* disc), dumb (*od.* dummy) compass. **— ~,sen·der** *m* (*radio*) bearing transmitter. **— ~staˌti·on** *f cf.* Peilfunkstation. **— ~,stock** *m mar.* sounding rod. **— ~,strahl** *m* (*radio*) (direction-finding) beam, beacon course.

'Pei·lung *f* ⟨-; -en⟩ **1.** *cf.* Peilen. **- 2.** (*Orts-bestimmung*) bearing, fixing: **magnetische ~** *mar.* magnetic bearing. **- 3.** *cf.* Funk-peilung. **- 4.** *mar.* (*Lotung*) sounding.

'Peil,zei·chen *n* (*radio*) directional (*od.* direction-finding, bearing) signal.

Pein [paɪn] *f* ⟨-; *no pl*⟩ *lit.* **1.** (*körperliche Schmerzen*) pain, suffering, agony, anguish, affliction, torment, torture: **j-m ~ ver-ursachen** a) to cause s.o. pain, b) (*durch Personen*) to inflict pain on s.o. **- 2.** (*see-lische Qual*) pain, suffering, affliction, distress, torment, torture: **der Gedanke daran bereitete** (*od.* machte) **ihm viel ~** the thought of it distressed him greatly (*od.* caused him much distress), the thought of it tormented (*od.* tortured) him. **- 3.** **die ewige ~** *relig.* everlasting punishment (*od.* torments *pl*).

pei·ni·gen ['paɪnɪgən] **I** *v/t* ⟨h⟩ **1.** (*körper-lich quälen*) pain, afflict, (*foltern*) torment, torture, rack. **- 2.** *fig.* (*seelisch*) afflict, distress, pain, excruciate, torment, torture: **er wurde von Furcht gepeinigt** he was tormented by (*od.* with) fear. **- 3.** *fig.* (*ständig*) pester, torment, plague, harass, harry: **j-n bis aufs Blut ~** to torment the life out of s.o. **- II P~** *n* ⟨-s⟩ **4.** *verbal noun.* **—**
'Pei·ni·ger *m* ⟨-s; -⟩ tormentor. **—**
'Pei·ni·ge·rin *f* ⟨-; -nen⟩ tormentress. **—**
'Pei·ni·gung *f* ⟨-; -en⟩ **1.** *cf.* Peinigen. **- 2.** torment, torture, excruciation. **- 3.** *fig.* torment, torture, affliction.

'pein·lich I *adj* **1.** (*unangenehm*) awkward, embarrassing, disconcerting, *auch* painful: **in eine ~e Lage geraten** to get in an awkward situation, to be caught in a tight corner; **sein Benehmen war allen** (*od.* für alle) **sehr ~** his behavio(u)r was embar-rassing to everybody; **es ist mir höchst ~, Ihnen sagen zu müssen** I hate to have to tell you. **- 2.** (*übergenau*) punctilious, meticulous, scrupulous, painstaking: **mit ~er Sorgfalt [Genauigkeit]** with meticulous (*od.* the utmost) care [accuracy]; **~e Sauber-keit** scrupulous (*od.* utmost) cleanliness, spit and polish (*auch mar. mil.*) (*colloq.*). **- 3.** *hist. jur.* (*Leib und Leben betreffend*) penal, criminal, capital: **~e Gerichtsbar-keit** *obs.* criminal jurisdiction; **~e Be-fragung** *hist.* torture, (the) question. **- II** *adv* **4.** painfully: **der Vorfall hat mich ~ berührt** the incident embarrassed me greatly. **- 5.** punctiliously: **das Zimmer war ~ sauber** the room was scrupulously clean; **er vermied es ~(st), davon zu sprechen** he carefully avoided talking about it. **— 'Pein·lich·keit** *f* ⟨-; -en⟩ **1.** ⟨*only sg*⟩ awkwardness, embarrassment, painfulness. **- 2.** ⟨*only sg*⟩ scrupulousness, scrupulous care, punctiliousness, meticu-lousness, *auch* meticulosity, painstaking-ness. **- 3.** awkward remark.

'pein·sam *adj humor. colloq. for* peinlich 1.

'Peit·sche ['paɪtʃə] *f* ⟨-; -n⟩ **1.** whip, lash, (*aus Lederstreifen*) rawhide, *Br.* raw hide: **die ~ schwingen** to flourish (*od.* swing) the whip; **mit der ~ knallen** to crack (*od.* snap) the whip; **→ Zuckerbrot 3. - 2.** (*Reitpeitsche*) (horse)whip, switch: **die Pferde mit der ~ antreiben** to whip up the horses, to whip the horses on. **- 3.** (*eines Dompteurs*) long (*od.* lunging) whip. **- 4.** *fig.* scourge.

'peit·schen I *v/t* ⟨h⟩ **1.** whip, lash, flog, *Am. colloq.* whale. **- 2.** *fig.* (*Regen, Wellen etc*) whip, lash, beat: **der Wind peitschte den Regen ans Fenster** the wind whipped the rain against the window. **- II** *v/i* **3.** *fig.* (*von Regen*) lash, pelt, beat: **der Regen peitschte ans Fenster** the rain lashed against the window. **- 4.** *fig.* (*von Wind*) (um around) lash. **- 5.** *fig.* (*von Segel etc*) whip. **- III P~** *n* ⟨-s⟩ **6.** *verbal noun.*

'peit·schenˌan,ten·ne *f electr.* whip an-tenna (*bes. Br.* aerial). **— ~,fa·den** *m bot.* flimmer, mastigoneme (*scient.*) (*Gattg Mastigonema*). **— p~,för·mig** *adj biol.* flagelliform. **— ~ge,knall** *n* cracking of a whip (*od.* of whips). **— ~,griff** *m cf.* Peitschenstiel. **— ~,hieb** *m* cut (*od.* stroke, blow, flick) (of *od.* with a whip), stripe, swish, lash: **dem Pferd einen ~ versetzen** to lash the horse with a whip; **die Worte trafen ihn wie ein ~** *fig.* the words cut him to the bone. **— ~,knall** *m* crack (*od.* snap) of a whip, whipcrack. **— ~,mast** *m* (*für Straßenbeleuchtung*) whip-shaped lamppost. **— ~,rie·men** *m* (whip)lash, *Br.* (whip)-lash, thong of a whip. **— ~,schlan·ge** *f zo.* whip snake (*Ahaetulla nasuta, A. prasina*). **— ~,schmit·ze** *f dial.* for Peitschenriemen. **— ~,schnur** *f* (whip)lash, *Br.* (whip-)lash, whipcord. **— ~,stiel, ~,stock** *m* whipsocket, whipstock, handle of a whip. **— ~,wurm** *m med. zo.* whipworm; trichocephalus, tri-churis (*scient.*) (*Gattg Trichuris*).

'Peit·schung *f* ⟨-; -en⟩ *cf.* Peitschen.

Pe·jo·ra·ti·on [pejoraˈtsi̯oːn] *f* ⟨-; -en⟩ *ling.* pejoration. **— pe·jo·ra'tiv** [-ˈtiːf] *adj* pejorative. **— Pe·jo·ra'ti·vum** [-ˈtiːvʊm] *n* ⟨-s; -tiva [-va]⟩ pejorative.

Pe·ka·ri [pe'kaːri] *n* ⟨-s; -s⟩ *zo. cf.* Nabel-schwein.

Pe·ki·ne·se [peki'neːzə] *m* ⟨-n; -n⟩ *zo.* (*Hunderasse*) Pekingese, *auch* Pekinese.

Pe·koe ['peːko] *m* ⟨-(s); *no pl*⟩, **~,tee** *m gastr.* pekoe.

Pek·tin [pɛk'tiːn] *n* ⟨-s; -e⟩ *bot. chem.* pectin.

pek·to·ral [pɛkto'raːl] *adj med.* pectoral, thoracic.

Pek·to·ra·le [pɛkto'raːlə] *n* ⟨-(s); -s *u.* -lien [-li̯ən]⟩ **1.** *röm.kath.* (*Brustkreuz*) pectoral cross. **- 2.** (*im Mittelalter*) a) (*Gewandschließe*) pec-toral, b) (*am Harnisch*) pectoral.

Pe·ku·li'ar,be,we·gung *f* ⟨*peku'li̯aːr-*⟩ *astr.* (*eines Fixsterns*) peculiar motion.

pe·ku·ni·är [peku'ni̯ɛːr] **I** *adj* pecuniary, financial: **er hat ~e Schwierigkeiten** he is in pecuniary straits (*od.* difficulties); **aus ~en Gründen** for financial reasons. **- II** *adv* **~ geht es ihm gut** *colloq.* he is well off (financially).

pek·zie·ren [pɛk'tsiːrən] *v/t* ⟨*no* ge-, h⟩ *dial.* (*Böses, Dummheit*) commit, be up to.

pe·la·gi·al [pela'gi̯aːl] *biol.* **I** *adj* (*Pflanze, Tier*) pelagic, pelagial.

Pe·la·gi·al [pela'gi̯aːl] *n* ⟨-s; *no pl*⟩ *biol.* pelagic fauna (*od.* pelagial) habitat. **— ~,fau·na** *f zo.* pelagic fauna.

Pe·la·gia·ner [pela'gi̯aːnər] *m* ⟨-s; -⟩ *relig.* Pelagian. **— Pe·la·gia'nis·mus** [-gi̯a'nis-mus] *m* ⟨-; *no pl*⟩ Pelagianism.

pe·la·gisch [pe'laːgɪʃ] *adj biol. cf.* pelagial.

Pe·lar·go·nie [pelar'goːni̯ə] *f* ⟨-; -n⟩ *bot.* pelargonium, storksbill, geranium (*Gattg Pelargonium*).

Pe·las·ger [pe'lasgər] *m* ⟨-s; -⟩ *antiq. hist.* Pelasgian. **— pe'las·gisch** *adj* Pelasgian, Pelasgic.

Pe·le·mele [pɛl'mɛl] *n* ⟨-; *no pl*⟩ **1.** hodge-podge, *bes. Br.* hotchpotch, medley. **- 2.** *gastr.* kind of sundae.

Pe·le·ri·ne [pelə'riːnə] *f* ⟨-; -n⟩ (*Umhang*) cape, pelerine.

Pe·li·kan ['peːlikaːn] *m* ⟨-s; -e⟩ *zo.* pelican (*Fam. Pelecanidae*): **Brauner ~** brown pelican (*Pelecanus occidentalis*). **— ~,aal** *m* pelican fish (*od.* eel) (*Eurypharynx pelecano-ides*). **— ~,fuß** *m* (*Schnecke*) pelican's-foot (*Aporrhais pespelicani*).

Pe·lit [pe'liːt; -'lɪt] *m* ⟨-s; -e⟩ *meist pl min.* pelite, pelitic rock.

Pel·la·gra ['pɛlagra] *n* ⟨-; *no pl*⟩ *med.*

pellagra. — **~₁kran·ke** m, f pellagrous patient, pellagrin.
pel·la·grös [pɛla'grøːs] adj med. pellagrous.
Pel·le ['pɛlə] f <-; -n> bes. Northern G. **1.** (Wursthaut etc) skin, casing. — **2.** (Kartoffelschale etc) peel, skin, (abgepellte) peeling: Kartoffeln in der ~ kochen to boil potatoes in their jackets. — **3.** fig. colloq. (in Wendungen wie) j-m auf die ~ rücken to importune (od. pester) s.o., to impose (od. force) oneself on s.o.; rück mir nicht zu nah auf die ~! don't come too close! j-m nicht von der ~ rücken (od. gehen), j-m (dauernd) auf der ~ sitzen to give s.o. no peace, to pester (od. plague, harass) s.o., to dog s.o.'s footsteps; der Raum war so eng, daß wir uns gegenseitig auf der ~ saßen the place was so narrow that we were sitting on top of one another.
pel·len ['pɛlən] bes. Northern G. **I** v/t <h> (bes. Kartoffel etc) peel, skin. — **II** v/reflex sich ~ colloq. (von Haut etc) peel (off), come off.
'Pell·kar₁tof·feln pl gastr. potatoes (boiled) in their skins (od. jackets).
pel·lu·zid [pɛlu'tsiːt] adj min. pellucid.
Pe·lo·pon·ne·si·er [pelopo'neːziər] m <-s; -> Peloponnesian. — **pe·lo·pon·ne·sisch** [-zɪʃ] adj Peloponnesian.
Pe·lo·rie [pe'loːriə] f <-; -n> bot. peloria.
Pe·lo·ta [pe'loːta] f <-; no pl> (baskisches Ballspiel) pelota.
Pe·lot·te [pe'lɔtə] f <-; -n> med. (für Bruchband) truss pad.
Pel·tast [pɛl'tast] m <-en; -en> antiq. mil. peltast.
'Pel·ton₁rad ['pɛltɔn-] n tech. (einer Hochdruckturbine) Pelton wheel.
Pel·vio·pla·stik [pɛlvio'plastɪk] f med. pelvioplasty.
Pel·vis ['pɛlvɪs] f <-; -ves [-vɛs]> med. pelvis.
Pelz [pɛlts] m <-es; -e> **1.** (des lebenden Tieres) fur, coat, auch jacket: er brannte dem Hasen eins auf den ~ colloq. he hit (od. scorched) the rabbit with a shot. — **2.** (des toten Tieres) pelt, skin. — **3.** (der Insekten, bes. Raupen) wool. — **4.** (fashion) a) fur, b) (Pelzmantel) fur (coat), c) (Pelzjacke) fur (jacket): etwas mit ~ besetzen (od. verbrämen) to trim s.th. with fur, to fur s.th.; einen Mantel mit ~ füttern to line a coat with fur, to fur a coat. — **5.** fig. colloq. (in Wendungen wie) j-m auf den ~ rücken to press s.o. hard; er ließ sich die Sonne auf den ~ brennen (od. scheinen) he let himself be burned by the sun, he basked in the sun; → Laus 1. — **6.** (textile) (in der Spinnerei) fleece. — **~art** sort (od. species) of fur. — **~be₁satz** m fur (trimming). — **p~be₁setzt** adj furred, trimmed with fur. — **~bie·ne** f zo. mason bee, potter flower beetle (Gattg Anthophora).
pel·zen¹ ['pɛltsən] v/t <h> **1.** hort. (pfropfen) graft. — **2.** obs. for abbalgen I.
'pel·zen² v/reflex <h> sich ~ Bavarian colloq. for faulenzen 1, 2.
'Pel·zer¹ m <-s; -> hort. layer.
'Pel·zer² m <-s; -> Bavarian colloq. for Faulenzer 1.
'Pelz|₁farn m bot. cloak (od. gold, silver) fern (Gattg Notholaena). — **~₁flat·te·rer** m <-s; -> zo. cf. Flattermaki. — **~₁fres·ser** m meist pl zo. cf. Federling. — **~₁fut·ter** n (fashion) fur lining. — **~gar·ni₁tur** f fur accessories pl (od. trimming, garniture). — **p~ge₁füt·tert** adj fur-lined. — **~ge₁schäft** n **1.** fur (od. furrier's) shop (bes. Am. store). — **2.** cf. Pelzhandel. — **~₁han·del** m fur trade (od. business), trade in furs, furriery. — **~₁händ·ler** m **1.** (für bearbeitete Pelze) furrier, fur dealer (od. merchant). — **2.** (für Rohpelze) pelterer, skinner. — **~₁hand·lung** f cf. Pelzgeschäft 1. — **~₁hand₁schuh** m meist pl fur(red) glove.
'pel·zig adj **1.** (haarig) furry, furred, covered with fur. — **2.** med. a) (Zunge) furred, coated, b) (Glieder etc) numb, asleep (pred), c) (Gefühl) furry. — **3.** bot. a) (flaumig) cottony, downy, nappy, b) (Rettich) stringy, c) (schwammig) spongy.
'Pelz|₁jacke (getr. -k·k-) f fur jacket. — **~₁jä·ger** m (fur) trapper, Am. auch hide hunter. — **~₁kä·fer** m zo. larder beetle (Attagenus pellio). — **~₁kap·pe** f fur cap. — **~₁kol·li₁er** n fur cape (od. tippet). — **~₁kra·gen** m fur cape (od. collar, neckpiece, tippet). — **~₁man·tel** m fur (coat).

— **~₁müt·ze** f **1.** fur cap. — **2.** mil. bearskin, fur cap. — **~₁rob·be** f zo. fur seal (Fam. Otariidae): Nördliche [Südliche] ~ cf. Seebär 1. — **~₁stie·fel** m fur boot. — **~₁sto·la** f fur stole.
'Pelz₁tier n fur-bearing (od. furred) animal, furbearer: die ~e collect. fur(s). — **~₁farm** f fur farm. — **~₁jä·ger** m cf. Pelzjäger. — **~₁zucht** f fur farming.
'pelz|ver₁brämt adj cf. pelzbesetzt. — **P~₁wa·re** f, **P~₁werk** n <-(e)s; no pl> furs pl, skins pl, (bes. unverarbeitet) peltry, pelts pl.
Pem·mi·kan ['pɛmikaːn] m <-s; no pl> gastr. (der Indianer) pemmican, auch pemican.
Pem·phi·gus ['pɛmfigus; -'fiːgus] m <-; no pl> med. (Blasenausschlag) pemphigus.
Pe·nal·ty ['pɛnalti; Austrian, Swiss pe'nalti; 'pɛnalti] (Engl.) m <-(s); -s> bes. Austrian and Swiss (sport) penalty.
Pe·na·ten [pe'naːtən] npr pl myth. penates, auch Penates.
Pen·dant [pã'dãː] n <-s; -s> **1.** (Gegenstück) pendant, counterpart, parallel. — **2.** (Seitenstück, Ergänzung) pendant, companion piece, complement.
Pen·del ['pɛndəl] n <-s; -> pendulum: das ~ anstoßen to set the pendulum going (od. in motion); das ~ schlägt nach der anderen Seite aus fig. the pendulum swings (back) to the other side. — **~₁ach·se** f **1.** tech. pivoted axle. — **2.** auto. swing (od. floating) axle. — **~₁an·ker** m phys. swinging lever. — **p~₁ar·tig** adj like a pendulum, pendulous. — **~₁aus₁schlag** m (amplitude of) pendulum swing. — **~₁be·cher₁werk** n tech. pivoted bucket conveyor (od. conveyer). — **~₁be₁we·gung** f **1.** pendulum (od. oscillating, swinging) movement (od. motion). — **2.** fig. pendulum. — **~₁dienst** m cf. Pendelverkehr 1. — **~₁druck₁knopf₁ta·fel** f electr. pendant push-button station, pendant control station. — **~₁frä·sen** n tech. cycle (od. reciprocal) milling. — **~₁kreis₁sä·ge** f swing saw. — **~₁ku·gel₁la·ger** n self-aligning ball bearing. — **~₁la·ger** n self-aligning (od. swivel) bearing. — **~₁leuch·te** f electr. droplight, pendant (lamp), hanging lamp, pendant lighting fitting.
pen·deln ['pɛndəln] **I** v/i <h u. sein> **1.** <h> swing to and fro (od. back and forth), pendulate, oscillate, librate (lit.): etwas ~ lassen to swing (od. oscillate) s.th. — **2.** <sein> fig. sway, oscillate: zwischen zwei Möglichkeiten ~ to oscillate between two possibilities. — **3.** <h> math. oscillate, swing. — **4.** <h> tech. a) (von Lagern) self-align, b) (von Maschinentischen etc) reciprocate, cycle, c) (von Werkzeug) float. — **5.** <h> (sport) a) (bes. beim Boxen) weave, sway, b) (bes. beim Turnen) swing: mit dem Oberkörper ~ to sway, to weave. — **6.** <sein> (von Verkehrsmitteln) shuttle. — **7.** <sein> (von Personen) commute. — **II P~** n <-s> **8.** verbal noun. — **9.** cf. Pendeling.
'Pen·del|₁schleif·ma₁schi·ne f tech. swing frame grinder. — **~₁schwin·gung** f **1.** phys. swing (od. oscillation) of the pendulum. — **2.** (beim Radar) hunt. — **~₁tisch** m tech. shuttle-type table, reciprocating table. — **~₁tür** f swinging door. — **~₁uhr** f pendulum clock.
'Pen·de·lung f <-; -en> **1.** cf. Pendeln. — **2.** phys. oscillation, swing.
'Pen·del|ver₁kehr m **1.** (von Bussen, Eisenbahn etc) shuttle (service). — **2.** (von Menschen) commuting. — **~₁werk₁zeug₁hal·ter** m tech. floating toolholder. — **~₁zug** m (railway) commuter train.
Pen·den·tif [pãdã'tiːf] n <-s; -s> arch. pendentive (arch).
Pend·ler ['pɛndlər] m <-s; -> commuter.
Pen·du·le [pã'dyːlə], **Pen·dü·le** [pɛn'dyːlə] f <-; -n> obs. for Pendel, Stutzuhr.
pe·ne·trant [pene'trant] **I** adj **1.** (Geruch etc) penetrating, penetrant, pervasive. — **2.** (Geräusch, Stimme etc) piercing, penetrating. — **3.** (Art, Kerl etc) intrusive, obtrusive, importunate. — **II** adv **4.** es riecht hier ~ nach Fisch there is a strong smell of fish here. — **Pe·ne'tranz** [-'trants] f <-; -en> **1.** penetratingness, penetrativeness, pervasiveness. — **2.** piercingness, penetratingness. — **3.** intrusiveness, obtrusiveness, importunateness. — **4.** biol. (in der Erblehre) penetrance. — **Pe·ne·tra·ti·on** [penetra'tsioːn] f <-; -en>

---

1. (Durchdringung) penetration, permeation, pervasion. — **2.** (Eindringtiefe) depth of penetration. — **pe·ne'trie·ren** [-'triːrən] v/t <no ge-, h> penetrate, permeate, pervade.
peng [pɛŋ] interj ping! bang!
pe·ni·bel [pe'niːbəl] adj **1.** colloq. (äußerst sorgfältig, genau) fastidious, finicky, auch finnicky, meticulous, (over)particular, punctilious, pernickety (colloq.). — **2.** (mühevoll) exacting, tedious, tiresome, wearisome: eine penible Arbeit an exacting task. — **3.** dial. for peinlich 1.
Pe·ni·cil·lin [penitsɪ'liːn] n <-s; -e> med. pharm. cf. Penizillin.
Pe·ni·cil·li·um [peni'tsɪlium] n <-s; no pl> bot. penicillium.
Pen·in·su·la [pe'nɪnzula] f <-; -suln [-zuln]> geogr. peninsula.
Pe·nis ['peːnɪs] m <-; -se u. Penes [-nɛs]> med. penis.
Pe·ni·zil·lin [penitsɪ'liːn] n <-s; -e> med. pharm. penicillin. — **~be₁hand·lung** f penicillin therapy (od. treatment). — **~re·si₁stenz** f (der Bakterien) penicillin-resistance. — **~₁sprit·ze** f penicillin injection.
Pen·nal [pɛ'naːl] n <-s; -e> **1.** Austrian pen case. — **2.** obs. secondary school. — **Pen·nä·ler** [pɛ'nɛːlər] m <-s; -> colloq. for Oberschüler, Gymnasiast. — **~₁lie·be** f colloq. calf (od. puppy) love.
'Penn₁bru·der m **1.** colloq. contempt. tramp, vagabond, vagrant, knight of the road (humor.), Am. hobo, Am. sl. vag, bum(mer), bo. — **2.** colloq. humor. for Langschläfer.
Pen·ne¹ ['pɛnə] f <-; -n> colloq. secondary school.
'Pen·ne² f <-; -n> (thieves' Latin) (einfache Herberge) kip (sl.), bes. Br. sl. doss house, Am. sl. flophouse.
pen·nen ['pɛnən] v/i <h> colloq. sleep, kip (sl.), bes. Br. sl. doss, (kurze Zeit) snooze (colloq.). — **'Pen·ner** m <-s; -> colloq. cf. Pennbruder.
penn·syl·va·nisch [pɛnzɪl'vaːnɪʃ] adj Pennsylvanian.
Pen·ny ['pɛni; 'pɛni] (Engl.) m <-s; Pennies [-niːs] u. Pence [pɛns]> penny.
pen·see [pã'seː], Swiss **pen'sée** [-'seː] adj <undeclined> pansy-colored (bes. Br. -coloured).
Pen·see [pã'seː] n <-s; -s> bot. cf. Stiefmütterchen.
Pen·si·on [pã'zioːn; pã'sioːn; pɛn'zioːn] f <-; -en> **1.** <only sg> (Ruhestand) retirement, superannuation: in ~ gehen to retire; er ist seit Jahren in ~ he has been retired for years. — **2.** (Ruhegeld) (old-age) pension, superannuation, retirement allowance (od. pension), (bes. beim Militärdienst) retired pay: eine ~ beziehen to draw a pension; mit ~ verabschiedet pensioned-off (attrib); sie steht ohne ~ da she has been left without a pension. — **3.** (Fremdenheim) boardinghouse, Br. boarding-house, private hotel, guesthouse, Br. guest-house, (bes. auf dem Kontinent) pension, auch pensione, (ohne Verpflegung) lodging (Am. rooming) house. — **4.** (Unterkunft u. Verpflegung) room and board, board and lodging, (bes. auf dem Kontinent) pension: bei j-m in ~ sein to board with s.o.; j-n in ~ nehmen to take s.o. in to board (od. as a boarder); halbe ~ half-pension; volle ~ full board (od. pension).
Pen·sio·när [pãzio'nɛːr; pãsio-; pɛnzio-] m <-s; -e>, **Pen·sio·nä·rin** f <-; -nen> **1.** (Ruhegehaltsempfänger) pensioner, auch pensionary, superannuate. — **2.** bes. Swiss for Kostgänger.
Pen·sio·nat [pãzio'naːt; pãsio-; pɛnzio-] n <-(e)s; -e> ped. **1.** cf. Internat. — **2.** cf. Mädchenpensionat.
pen·sio·nie·ren [pãzio'niːrən; pãsio-; pɛnzio-] **I** v/t <no ge-, h> **1.** pension (off), retire, (aus Altersgründen) superannuate, bes. mil. put (s.o.) on the retired list: er läßt sich ~ he is retiring (on a pension); pensioniert werden to go into retirement, to go on a pension. — **II P~** n <-s> **2.** verbal noun. — **3.** cf. Pensionierung. — **pen·sio'niert** I pp. — **II** adj pensioned(-off attrib), retired, on the retired list, in retirement, superannuated, pensionary. — **Pen·sio'nie·rung** f <-; -en> **1.** cf. Pensionieren. — **2.** retirement: ~ wegen Erreichung der Altersgrenze superannuation; vorzeitige ~ early retirement.

Pen·si·o·nist [pãzĭo'nıst; pãsĭo-; pɛnzĭo-] m ⟨-en; -en⟩, **Pen·si·o'ni·stin** f ⟨-; -nen⟩ Austrian for Pensionär(in) 1.

Pen·si·ons|,al·ter n retirement (od. retiring, pension, pensionable) age. — **~,an,spruch** m cf. Pensionsberechtigung. — **~,bei·,trag** m contribution to the pension scheme. — **p~be,rech·tigt** adj pensionable, entitled to (od. eligible for) a pension. — **~be,rech·tig·te** m, f person entitled to (od. eligible for) a pension. — **~be,rech·ti·gung** f right to a pension, expectation of (od. claim to) a pension. — **~emp,fän·ger** m, **~emp,fän·ge·rin** f cf. Pensionär(in) 1. — **~,fonds** m cf. Pensionskasse. — **~,gast** m boarder. — **~ge,setz** n law on pensions, Pensions Act. — **~,kas·se** f pension (od. retirement, superannuation) fund. — **~,preis** m (charge for) board and lodging, bes. Am. room and board, pension. — **p~,reif** adj colloq. ripe for retirement. — **~,satz** m pension rate. — **~ver,si·che·rung** f old-age insurance.

Pen·sum ['pɛnzʊm] n ⟨-s; Pensen u. Pensa [-za]⟩ 1. allotted task (od. work), stint, quota: sie erledigt ihr tägliches ~ she does her daily task. – 2. ped. a) (assigned) task, lesson, subject, auch pensum, b) (Jahres-, Klassenpensum) syllabus, curriculum: das ~ erfüllen to complete (od. cover) the syllabus; wir haben noch ein großes ~ zu erledigen we still have a great amount of work to do.

Pen·ta·de [pɛn'taːdə] f ⟨-; -n⟩ meteor. pentad.

Pen·ta·eder [pɛnta'ʔeːdər] n ⟨-s; -⟩ math. obs. pentahedron.

Pen·ta·gon¹ [pɛnta'goːn] n ⟨-s; -e⟩ math. pentagon.

Pen·ta·gon², das ['pɛntagɔn] ⟨-s⟩ (amer. Verteidigungsministerium) the Pentagon.

Pen·ta·go'nal,pris·ma [pɛntago'naːl-] n (optics) pentagonal prism.

Pen·ta|gramm [pɛnta'gram] n ⟨-s; -e⟩ pentacle, pentagram, pentalpha, pentangle. — **~me·ter** [-'taːmetər] m ⟨-s; -⟩ metr. pentameter.

Pen·tan [pɛn'taːn] n ⟨-s; -e⟩ chem. pentane (C_5H_{12}).

Pen·ta·teuch [pɛnta'tɔyç] m ⟨-s; no pl⟩ Bibl. Pentateuch, Law of Moses, auch Tora, Torah.

Pent·ath·lon ['pɛntatlɔn; pɛnt'ʔaːtlɔn] n ⟨-s; no pl⟩ antiq. (Fünfkampf) pentathlon.

Pen·ta·to·nik [pɛnta'toːnɪk] f ⟨-; no pl⟩ mus. pentatonic scale, pentatone. — **pen·ta'to·nisch** adj pentatonic.

Pen·te·ko·ste [pɛntekɔs'teː] f ⟨-; -⟩ Pentecost, auch Whitsunday.

Pent·house ['pɛnt,haʊs] (Engl.) n ⟨-; -s [-zɪz]⟩ penthouse.

Pent·lan·dit [pɛntlan'diːt; -'dɪt] m ⟨-s; no pl⟩ min. pentlandite.

Pent·ode [pɛn'toːdə] f ⟨-; -n⟩ electr. (Fünfpolröhre) pentode, five-electrode tube (bes. Br. valve).

pen·zen ['pɛntsən] v/t ⟨h⟩ Austrian colloq. pester.

Pe·pe·ro·ni [pepe'roːni] pl gastr. red (od. hot) peppers.

Pe·pi·ta [pe'piːta] m, n ⟨-s; -s⟩ (textile) pepita, small houndstooth (od. hound's-tooth) check.

Pe·plon ['peːplɔn] n ⟨-s; Peplen u. -s⟩, **'Pe·plos** [-plɔs] m ⟨-; Peplen u. -⟩ (altgriech. Frauengewand) peplos, auch peplus, peplum.

Pep·sin [pɛ'psiːn] n ⟨-s; -e⟩ chem. med. pepsin. — **~,drü·se** f med. peptic gland.

Pep·tid [pɛp'tiːt] n ⟨-(e)s; -e⟩ chem. peptide.

'pep·tisch [-tɪʃ] adj med. peptic, pepsic.

pep·ti·sie·ren [pɛpti'ziːrən] v/t ⟨no ge-, h⟩ chem. med. pept(on)ize.

Pep·ton [pɛp'toːn] n ⟨-s; -e⟩ chem. peptone.

per [pɛr] prep ⟨acc⟩ 1. (durch, mittels) per, by: ~ Adresse (des) Herrn N care of Mr. N; ~ Achse a) by road, b) colloq. by car; ~ Anhalter fahren colloq. to hitchhike, to thumb a lift (od. ride); ~ Bahn [Schiff] by rail (od. train) [boat]; ~ Post by mail, bes. Br. by (od. per) post; ~ Luftpost via (od. by) air mail, by air; ~ Eilboten by express (Am. special) delivery. – 2. (pro) per: ~ Jahr per year (od. annum); ~ Pfund per pound; ~ Stück apiece. – 3. econ. (für, zu) per, (due) on: ~ sofort gesucht required (od. wanted) immediately; ~ 1. 1. fällig due (od. payable) on

January 1st; ~ Saldo a) per balance, b) (pauschal) on balance. – 4. econ. (durch, in) per, by: ~ procura by (od. per) procuration, by proxy. – 5. econ. (gegen) for, against, in: ~ cassa for (od. against, in) cash. – 6. sie sind ~ du they are on familiar terms, they are very friendly and on Christian- (od. first-)name terms; j-n ~ Sie anreden to be on formal terms with s.o.

Per·bo·rat [pɛrbo'raːt] n ⟨-(e)s; -e⟩ meist pl chem. perborate.

Per·chlo·rat [pɛrklo'raːt] n ⟨-(e)s; -e⟩ chem. perchlorate.

Perch·ten ['pɛrçtən] pl bes. Austrian dial. young men who wander about between Christmas and Epiphany wearing masks. — **~,lau·fen** n the wandering about of the 'Perchten'.

per·em(p)·to·risch [perɛm(p)'toːrɪʃ] adj jur. (Einrede, Frist etc) peremptory.

per·en·nie·rend [perɛ'niːrənt] adj bot. perennial.

per·fekt [pɛr'fɛkt] I adj ⟨-er; -est⟩ 1. (vollkommen, vollendet) perfect, excellent, accomplished, consummate: eine ~e Hausfrau a perfect housewife; sie ist ~ in Stenographie und Schreibmaschine she is an accomplished stenographer and typist (od. shorthand-typist). – 2. (abgeschlossen) settled, concluded: die Sache ist ~ the matter is settled; der Vertrag ist ~ the contract is concluded; einen Handel ~ machen to clinch a deal. – 3. (Mord) perfect. – II adv 4. perfectly, excellently: er spricht ~ Französisch he speaks a perfect French, he has an excellent command of French.

Per·fekt ['pɛrfɛkt; -'fɛkt] n ⟨-(e)s; -e⟩ ling. perfect (tense), present perfect.

per·fek·ti·bel [pɛrfɛk'tiːbəl] adj perfectible, perfectable, improvable. — **Per·fek·ti·bi·'lis·mus** [-tibi'lɪsmʊs] m ⟨-; no pl⟩ philos. cf. Perfektionismus. — **Per·fek·ti·bi·li'tät** [-tibili'tɛːt] f ⟨-; no pl⟩ perfectibility, perfectability.

Per·fek·ti·on [pɛrfɛk'tsĭoːn] f ⟨-; -en⟩ 1. perfection, excellence: er hat es zur ~ gebracht he has attained perfection. – 2. jur. obs. consummation (of a legal transaction). — **per·fek·tio'nie·ren** [-tsĭo-'niːrən] I v/t ⟨no ge-, h⟩ 1. (vervollkommnen) perfect. – 2. (verbessern) improve. – II v/reflex sich ~ 3. (in dat in) perfect oneself. – 4. improve one's knowledge (od. oneself): ich möchte mich in Französisch ~ I want to improve my French. — **Per·fek·tio·nis·mus** [pɛrfɛktsĭo'nɪsmʊs] m ⟨-; no pl⟩ auch philos. perfectionism, perfectibilism. — **Per·fek·tio'nist** [-'nɪst] m ⟨-en; -en⟩ 1. perfectionist. – 2. relig. Perfectionist. — **per·fek·tio'ni·stisch** adj perfectionist, auch perfectionistic.

per·fek·tiv ['pɛrfɛktiːf; -'tiːf] adj only in ~e Aktionsart ling. perfective (aspect).

per·fek·ti·visch [pɛrfɛk'tiːvɪʃ] adj ling. 1. relating to the perfect. – 2. cf. perfektiv.

Per·fek·tum [pɛr'fɛktʊm] n ⟨-s; -fekta [-ta]⟩ ling. cf. Perfekt.

per·fid [pɛr'fiːt], **per'fi·de** [-də] adj 1. (treulos) perfidious, disloyal, faithless. – 2. (heimtückisch) perfidious, insidious, treacherous, deceitful. — **Per·fi'die** [-fi'diː] f ⟨-; -n [-ən]⟩ 1. (Treulosigkeit) perfidy, disloyalty, faithlessness. – 2. (Heimtücke) perfidy, insidiousness, deceitfulness, treacherousness. – 3. (perfide Tat) perfidious act, treachery. — **Per·fi·di'tät** [-fidi'tɛːt] f ⟨-; -en⟩ rare for Perfidie.

Per·fo·ra·ti·on [pɛrfora'tsĭoːn] f ⟨-; -en⟩ perforation. — **per·fo'rie·ren** [-'riːrən] I v/t ⟨no ge-, h⟩ 1. perforate. – II P~ n ⟨-s⟩ 2. verbal noun. – 3. cf. Perforierung. — **Per·fo'rier·ma,schi·ne** f tech. perforating machine, perforator.

per·fo'riert I pp. – II adj perforated.

Per·fo'rie·rung f ⟨-; -en⟩ 1. cf. Perforieren. – 2. perforation.

per·ga·me·nisch [pɛrga'meːnɪʃ] adj 1. Trojan. – 2. Pergamene, of (od. relating to) Pergamum.

Per·ga·ment [pɛrga'mɛnt] n ⟨-(e)s; -e⟩ 1. (bearbeitete Tierhaut zum Beschreiben) parchment, (aus Kalbfell) vellum, (aus Schafleder) sheepskin. – 2. (Dokument, Handschrift) (document on) parchment, scroll. – 3. print. (zum Binden) for(e)l. — **p~,ähn·lich, p~,ar·tig** adj parchmentlike, Br. parchment-like, parchmenty; pergamaneous, vellum (attrib) (scient.). — **~,band**

m parchment (od. vellum) volume. — **~,blatt** n leaf of parchment.

per·ga'men·ten adj (made of) parchment.

per·ga·men·tie·ren [pɛrgamɛn'tiːrən] v/t ⟨no ge-, h⟩ parchmentize Br. auch -s-.

Per·ga'ment|pa,pier n 1. (Butterbrotpapier) greaseproof paper, wax paper, Br. wax-paper. – 2. (paper) a) parchment (paper), vegetable parchment, b) (echtes) cotton parchment, c) (Ersatz) imitation (od. artificial) parchment, parchmoid. — **~,rol·le** f roll (od. scroll) of parchment.

Per·ga·min [pɛrga'miːn] n ⟨-s; no pl⟩ (paper) Am. parchmyn, Br. pergamyn, glassine (paper).

Per·go·la ['pɛrgola] f ⟨-; -golen [-'goːlən]⟩ arch. pergola, bower, arbor, bes. Br. arbour.

Pe·ri..., pe·ri... combining form denoting peri...

Pe·ri·anth [pe'rĭant] n ⟨-s; -e⟩, **Pe·ri·'an·thi·um** [-tĭʊm] n ⟨-s; -thien⟩ bot. floral envelope; perianth, perianthium (scient.).

Pe·ri·astron [peri'ʔastrɔn], **Pe·ri·astrum** [-trʊm] n ⟨-s; -astren⟩ astr. periastron.

Pe·ri·derm [peri'dɛrm] n ⟨-s; -e⟩ bot. cork, periderm (scient.).

Pe·ri·dot [peri'doːt] m ⟨-s; no pl⟩ min. peridot, auch peridote. — **Pe·ri·do'tit** [-do'tiːt; -do'tɪt] m ⟨-s; -e⟩ min. peridotite.

Pe·ri·gä·um [peri'gɛːʊm] n ⟨-s; -gäen⟩ astr. perigee.

Pe·ri·gon [peri'goːn] n ⟨-s; -e⟩, **Pe·ri·'go·ni·um** [-nĭʊm] n ⟨-s; -gonien⟩ bot. perigonium, perigone.

Pe·ri·hel [peri'heːl] n ⟨-s; -e⟩, **Pe·ri·'he·li·um** [-lĭʊm] n ⟨-s; -lien⟩ astr. perihelium.

Pe·ri·kard [peri'kart] n ⟨-(e)s; -e⟩, **Pe·ri·'kar·di·um** [-dĭʊm] n ⟨-s; -dien⟩ med. pericardium.

Pe·ri·karp [peri'karp] n ⟨-(e)s; -e⟩ bot. pericarp.

Pe·ri·klas [peri'klaːs] m ⟨- u. -es; -e⟩ min. periclase, periclasite.

pe·ri·kle·isch [peri'kleːɪʃ] adj Periclean.

Pe·ri·klin [peri'kliːn] m ⟨-s; -e⟩ min. pericline.

Pe·ri·ko·pe [peri'koːpə] f ⟨-; -n⟩ relig. metr. pericope.

Pe·ri·me·ter [pe'riːmetər] n ⟨-s; -⟩ med. perimeter. [med. perineum.]

Pe·ri·ne·um [peri'neːʊm] n ⟨-s; -neen⟩

Pe·ri·ode [pe'rĭoːdə] f ⟨-; -n⟩ 1. (Zeitabschnitt) period, spell: eine ~ von drei Monaten a period of three months, a trimester. – 2. geol. hist. archeol. period, epoch, era, age, date: Skulpturen aus einer frühen ~ sculptures (dating) from an early age. – 3. med. a) periods pl, (monthly) courses pl; menstruation, menses pl (construed as sg or pl), catamenia pl (construed as sg or pl) (scient.), b) (einzelnes Auftreten) (menstrual) period, menstruation. – 4. meteor. period, spell. – 5. electr. (complete) cycle: ~n je Sekunde cycles (per second). – 6. math. (eines Dezimalbruches) repetend, period, repeating (od. circulating) figure(s pl) (of a decimal): einzifferige [mehrzifferige] ~ simple [compound] repetend; der Dezimalbruch bildet eine ~ von 5 Ziffern the decimal circulates in a period of 5 figures. – 7. mus. sentence, period. – 8. astr. (Kreislauf, Umlaufzeit) period. – 9. ling (Satzgefüge) period.

Pe·ri·oden|,bau m 1. ling. structure of periods. – 2. mus. cf. Periodizität 2. — **~sy,stem** n chem. periodic system (od. table), Mendeleev's classification. — **~um,for·mer** m electr. frequency changer (od. converter). — **~,zahl** f frequency, number of cycles, periodicity.

pe·ri·odisch I adj 1. periodic(al), recurrent, recurring, cyclic(al). – 2. print. periodical: ~e Veröffentlichung a) periodical publication, serialization, b) periodical, serial. – 3. ~es System der Elemente chem. periodic table. – 4. math. recurring, circulating, repeating: ~er Dezimalbruch recurring decimal; ~e Reihe recurring series. – 5. mus. periodic. – 6. meteor. (Winde etc) periodic(al). – 7. zo. (Wanderung) seasonal. – II adv 8. periodically, recurrently, at regular intervals of time: ~ wiederkehren (od. vorkommen) to recur (periodically), to cycle; ~ veröffentlichen to serialize; ~ erscheinende Zeitschrift periodical (magazine), serial.

pe·ri·odi·sie·ren [perĭodi'ziːrən] v/t ⟨no ge-, h⟩ divide (s.th.) into periods.

Pe·ri·odi·zi·tät [perĭoditsi'tɛːt] f ⟨-; no pl⟩ 1. (regelmäßige Wiederkehr) periodicity. – 2. mus. meter, bes. Br. metre, metrics pl (construed as sg).

Pe·ri·odon·ti·tis [periʔodɔn'tiːtɪs] f ⟨-; -titiden [-ti'tiːdən]⟩ med. periodontitis.

Pe·ri·öke [peri'ʔøːkə] m ⟨-n; -n⟩ antiq. (in Sparta) Perioecian.

Pe·ri·ost [peri'ʔɔst] n ⟨-(e)s; -e⟩ med. periosteum. — **pe·ri·ostal** [-'taːl] adj periosteal.

Pe·ri·pa·te·ti·ker [peripa'teːtikər] m ⟨-s; -⟩ philos. Peripatetic, Aristotelian. — **pe·ri·pa'te·tisch** [-'teːtɪʃ] adj Peripatetic, Aristotelian: ~e Philosophie Peripateticism.

Pe·ri·pe·tie [peripe'tiː] f ⟨-; -n [-ən]⟩ (Wendepunkt im Drama etc) peripeteia, auch peripetia.

pe·ri·pher [peri'feːr] adj 1. (am Rande, außen) peripheral, auch peripheric: ~e Verteidigung mil. perimeter defence (Am. defense). – 2. fig. (Fragen, Probleme etc) subordinate, secondary.

Pe·ri·phe·rie [perife'riː] f ⟨-; -n [-ən]⟩ 1. math. circumference, periphery. – 2. (Stadtrand) outskirts pl, periphery: er wohnt an der ~ der Stadt he lives on the outskirts of the town. – 3. fig. (Oberfläche) surface, outskirts pl: er bleibt immer an der ~ des Problems he never goes to the heart of the problem. — **~,win·kel** m math. inscribed (od. circumferential) angle, angle at the circumference.

pe·ri'phe·risch adj rare for peripher.

Pe·ri·phra·se [peri'fraːzə] f ⟨-; -n⟩ (Umschreibung) periphrasis, periphrase. — **pe·ri·phra'sie·ren** [-fra'ziːrən] v/t ⟨no ge-, h⟩ periphrase. — **pe·ri'phra·stisch** [-'frastɪʃ] adj periphrastic.

Pe·ri·pte·ral,tem·pel [peripte'raːl-] m arch. antiq. peripteral temple. — **Pe'ri·pte·ros** [-'rɪpterɔs] m ⟨-; - od. -pteren [-ri'pteːrən]⟩ peripteros.

Pe·ri·skop [peri'skoːp] n ⟨-s; -e⟩ (optics) mar. periscope. — **pe·ri'sko·pisch** adj periscopic, auch periscopical.

Pe·ri·stal·tik [peri'staltɪk] f ⟨-; no pl⟩ med. 1. (des Darmes) peristalsis. – 2. (des Magens) peristole. — **pe·ri'stal·tisch** adj peristaltic.

Pe·ri·sta·se [peri'staːzə], **Pe·ri·sta·sis** [pe'rɪstazɪs] f ⟨-; -sen⟩ med. peristasis, environment. — **pe·ri·sta·sisch** [peri'staːzɪʃ] adj environmental.

Pe·ri·styl [peri'styːl] n ⟨-s; -e⟩, **Pe·ri'sty·li·um** [-lĭum] n ⟨-s; -lien⟩ antiq. arch. peristyle.

Pe·ri·the·zi·um [peri'teːtsĭum] n ⟨-s; -zien⟩ bot. (der Schlauchpilze) perithece, perithecium.

Pe·ri·to·ni·tis [perito'niːtɪs] f ⟨-; -nitiden [-ni'tiːdən]⟩ med. peritonitis, inflammation of the peritoneum.

Per·kal [pɛr'kaːl] m ⟨-s; -e⟩ (textile) percale.

Per·ko·lat [pɛrko'laːt] n ⟨-(e)s; -e⟩ med. pharm. percolate. — **Per·ko·la·ti·on** [-la'tsĭoːn] f ⟨-; -en⟩ percolation. — **Per·ko·la·tor** [-tər] m ⟨-s; -en [-la'toːrən]⟩ percolator. — **per·ko'lie·ren** [-'liːrən] v/t ⟨no ge-, h⟩ percolate.

Per·kus·si·on [pɛrku'sĭoːn] f ⟨-; -en⟩ mil. med. mus. percussion.

Per·kus·si·ons|ge,wehr n mil. hist. percussion gun (od. musket). — **~,ham·mer** m med. plexor, percussor. — **~,zün·der** m mil. tech. percussion fuse.

per·kus·so·risch [pɛrku'soːrɪʃ] I adj med. percussion (attrib), percussory. – II adv by percussion.

per·ku·tan [pɛrku'taːn] adj med. percutaneous, transcutaneous.

per·ku·tie·ren [pɛrku'tiːrən] v/t u. v/i ⟨no ge-, h⟩ med. tap, percuss.

Perl [pɛrl] f ⟨-; no pl⟩ print. (kleiner Schriftgrad) pearl. — **~,boot** n zo. (pearly) nautilus (Nautilus pompilius).

Per·le ['pɛrlə] f ⟨-; -n⟩ 1. (jewelry) a) (echte Perle) pearl, b) (aus Glas etc) bead, c) cf. Zuchtperle: eine Kette aus echten ~n tragen to wear a necklace of real (od. genuine, natural) pearls; der Juwelier faßt die ~ in einen Ring the jew(e)ler mounts (od. sets, enchases) the pearl in a ring: unechte (od. nachgemachte) ~n imitation (od. false, sham) pearls; sie hat Zähne wie ~n her teeth are like pearls; ~n bedeuten Tränen pearls mean tears; es

---

wird dir keine ~ aus der Krone fallen fig. colloq. it won't hurt you; ~n vor die Säue werfen fig. to cast (one's) pearls before swine. – 2. fig. gem, jewel: eine ~ unter den deutschen Städten a gem amongst Germany's cities; die ~ der Antillen the queen of the Antilles. – 3. fig. colloq. jewel, gem, treasure: sie ist eine ~ a) (Gattin, Hausfrau) she is a jewel (of a wife), b) (Hausangestellte) she is a treasure (of a housekeeper). – 4. fig. humor. servant, maid. – 5. (Tropfen) bead, drop: der Schweiß stand ihm in ~n auf der Stirn beads of sweat stood on his forehead. – 6. (Bläschen im Wein etc) bubble, bead. – 7. med. pharm. perle.

'Perl,ei·dech·se f zo. eyed lizard (Lacerta lepida).

'per·len¹ adj pearl, (made) of pearls, pearly.

'per·len² I v/i ⟨h⟩ 1. (von Getränken) sparkle, bubble, rise in pearls, effervesce. – 2. (von Wasser, Tau etc) pearl, bead: Schweiß perlte ihm auf der Stirn, seine Stirne perlte von Schweiß sweat beaded (on) his forehead, sweat pearled his forehead (lit.). – 3. glisten, glitter: Tränen ~ in ihren Augen tears glisten in her eyes. – 4. mus. drop like pearls, pearl. – 5. (von Lachen) bubble, ripple. – II P~ n ⟨-s⟩ 6. verbal noun. – 7. (eines Getränkes) effervescence.

'Perl,au·ster f zo. cf. Perlmuschel. — **~,fi·scher** m pearl fisher. — **~,fi·sche,rei** f pearl fishery (od. fishing). — **~,(hals)·,ket·te** f (jewelry) string (od. strand) of pearls (od. beads), pearl necklace, pearls pl: eine enganliegende ~ a pearl necklet. — **~,kro·ne** f crown of pearls. — **~,schmuck** m (jewelry) pearl jewelry (bes. Br. jewellery). — **~,schnur** f cf. Perlenkette. — **~,sticke,rei** (getr. -k·k-) f embroidery in pearls, beadwork, beading. — **~,tau·cher** m pearler, pearl diver.

'Perl|,fisch m zo. lantern fish (Myctophum phengodes). — **p~,för·mig** adj pearl-shaped, pearly, margaritaceous (scient.). — **~,garn** n (textile) bead yarn. — **~,gras** n bot. melic grass, auch melic(k) (Gattg Melica). — **p~,grau** adj pearl-gray (bes. Br. -grey), griseous. — **~,grau·pen** pl gastr. pearl barley sg. — **~,huhn** n zo. guinea fowl, (bes. männliches) guinea cock, (bes. weibliches) guinea hen (Unterfam. Numidinae).

'per·lig adj 1. cf. perlförmig. – 2. (matt-glänzend) pearly, pearlescent, nacreous.

'Per·lit [pɛr'liːt; -'lɪt] m ⟨-s; -e⟩ 1. min. pearlstone, perlite, auch pearlite. – 2. chem. pearlite.

'Perl|,moos n bot. carrag(h)een (auch carageen) moss, (Irish) pearl moss (Sphaerococcus crispus). — **~,mu·schel** f zo. 1. (des Meeres) pearl oyster, oriental pearl mussel (Pinctada margaritifera). – 2. (des Süßwassers) pearl mussel (Unio margaritifera).

'Perl,mutt [-,mʊt] n ⟨-s; no pl⟩ cf. Perlmutter.

'Perl,mut·ter f ⟨-; no pl⟩, n ⟨-s; no pl⟩ mother-of-pearl, pearl, nacre (scient.). — **p~,ar·tig** adj like mother-of-pearl, pearly; nacreous, auch nacrous, margaritaceous (scient.). — **~,fal·ter** m zo. silverspot, fritillary (Gattg Argynnis): Großer ~ dark-green fritillary (A. aglaia); Kleiner ~ Queen of Spain fritillary (A. latonia). — **~,glanz** m pearly (od. iridescent, scient. nacreous) luster (bes. Br. lustre). — **~,knopf** m cf. Perlmuttknopf.

'perl,mut·tern adj mother-of-pearl (attrib); nacreous, auch nacrous, nacred (scient.).

'Perl,mut·ter|,schicht f layer of mother-of-pearl, nacreous layer (scient.). — **~,wol·ke** f meteor. iridescent cloud.

'Perl,mutt,knopf m mother-of-pearl (od. iridescent) button.

Per·lon ['pɛrlɔn] (TM) n ⟨-s; no pl⟩ (Kunstfaser) Perlon (TM). — **p~,strumpf** m Perlon stocking. — **p~ver,stärkt** adj Perlon-reinforced.

'Perl|,schrift f print. pearl. — **~,stich** m (beim Sticken) pearl (od. tent) stitch. — **~,sucht** f vet. pearl disease, tuberculosis.

per·lu·strie·ren [pɛrlus'triːrən] v/t ⟨no ge-, h⟩ obs. and Austrian for a) durchsuchen 1, b) untersuchen 6. — **Per·lu'strie·rung** f ⟨-; -en⟩ obs. and Austrian for a) Durchsuchung 6, b) Untersuchung 9.

'Perl|,wein m gastr. sparkling wine. — **p~,weiß** adj pearl-white. — **~,zwie·bel** f

---

bot. gastr. pearl onion (Allium ophioscorodon).

Perm [pɛrm] n ⟨-s; no pl⟩ geol. Permian (period), (in Europa) auch Dyas.

per·ma·nent [pɛrma'nɛnt] I adj (Mehrheit etc) permanent, perpetual, constant. – II adv permanently. — **Per·ma'nenz** [-'nɛnts] f ⟨-; no pl⟩ 1. permanence, permanency, perpetuity, perpetualness, permanency, constancy, constantness: sich in ~ erklären pol. (von Ausschuß etc) to declare oneself (to be) in permanent session, to declare a meeting to be in session without a time limit (Am. open-ended). – 2. phys. (bes. des Magnetismus) permanence.

Per·man·ga·nat [pɛrmaŋga'naːt] n ⟨-(e)s; -e⟩ chem. permanganate. — **~,lö·sung** f permanganate solution.

per·mea·bel [pɛrme'aːbəl] adj phys. permeable, penetrable, pervious: permeable Körper permeable bodies. — **Per·mea·bi·li'tät** [-abili'tɛːt] f ⟨-; no pl⟩ permeability, perviousness.

per·misch ['pɛrmɪʃ] adj geol. Permian.

per·mu·ta·bel [pɛrmu'taːbəl] adj math. permutable: permutable Größen permutable quantities.

Per·mu·ta·ti·on [pɛrmuta'tsĭoːn] f ⟨-; -en⟩ math. permutation. — **per·mu'tie·ren** [-'tiːrən] v/t ⟨no ge-, h⟩ permute, permutate.   [chem. permutit.]

Per·mu·tit [pɛrmu'tiːt; -'tɪt] n ⟨-s; -e⟩

Per·nam'bu·co,holz [pɛrnam'buːko-], **Per·nam'buk,holz** [pɛrnam'buːk-] n Pernambuco (od. Brazil) wood.

per·ni·zi·ös [pɛrni'tsĭøːs] adj med. pernicious.

per·oral [pɛrʔo'raːl] med. I adj peroral. – II adv perorally, per os (scient.).

Pe·row·skit [perɔf'skiːt; -'skɪt] m ⟨-s; -e⟩ min. perovskite.

Per·oxid [pɛrʔo'ksiːt; 'pɛr-], **Per·oxyd** [pɛrʔo'ksyːt; 'pɛr-] n ⟨-(e)s; -e⟩ chem. peroxide.

per pe·des (apo·sto·lo·rum) [pɛr 'peːdɛs (apɔsto'loːrum)] adv humor. on shanks' (auch shank's) mare (od. pony): ich gehe ~ I'll go by (od. take, ride) shanks' mare, I'll foot (od. leg, hoof) it (colloq.).

Per·pen·di·kel [pɛrpɛn'diːkəl] n, m ⟨-s; -⟩ 1. (einer Uhr) pendulum. – 2. math. (Senkrechte) perpendicular (line), vertical (line). – 3. pl mar. tech. (beim Schiffsbau) perpendicular (line) sg. — **per·pen·di·ku·lar** [-diku'laːr], **per·pen·di·ku·lär** [-'lɛːr] adj 1. bes. math. (senkrecht) perpendicular, vertical, normal. – 2. arch. (bes. in der englischen Spätgotik) perpendicular.

Per·pe·tu·um mo·bi·le [pɛr'peːtuum 'moːbile] n ⟨-; - -(s) u. -tua -bilia [-tŭa mo'biːlĭa]⟩ 1. phys. perpetuum mobile, perpetual motion machine. – 2. mus. perpetuum mobile, moto perpetuo.

per·plex [pɛr'plɛks] adj ⟨-er; -est⟩ 1. (verblüfft) perplexed, bewildered, baffled, puzzled, confounded, flummoxed (colloq.). – 2. (bestürzt) stunned, astounded, dum(b)founded, stupefied, flabbergasted (colloq.). — **Per·ple·xi'tät** [-ksi'tɛːt] f ⟨-; no pl⟩ 1. perplexity, bewilderment, bafflement, puzzlement, confoundedness. – 2. astoundment, stupefaction.

Per·ron [pɛ'rõː] m ⟨-s; -s⟩ obs. (Swiss for a) Bahnsteig, b) Plattform 1.

per se [pɛr 'zeː] adv per se, by (od. of, in) itself: das versteht sich ~ that goes without saying.

Per·sei·tät [pɛrzei'tɛːt] f ⟨-; no pl⟩ philos. perseity.

Per·sen·ning [pɛr'zɛnɪŋ] f ⟨-; -e(n)⟩ bes. mar. tarpaulin.

Per·se·pho·ne [pɛr'zeːfone] npr f ⟨-; no pl⟩ myth. Persephone (Greek goddess of the underworld).

Per·ser ['pɛrzər] m ⟨-s; -⟩ 1. Persian, Iranian. – 2. Perserteppich. — **'Per·se·rin** f ⟨-; -nen⟩ Persian (woman od. girl), Iranian (woman od. girl).

'Per·ser|,kat·ze f zo. 1. Persian cat. – 2. cf. Angorakatze. — **~,krie·ge** pl hist. Persian Wars. — **~,tep·pich** m Persian carpet.

Per·se·ve·ranz [pɛrzeve'rants] f ⟨-; no pl⟩ obs. for Ausdauer.

Per·se·ve·ra·ti·on [pɛrzevera'tsĭoːn] f ⟨-; -en⟩ psych. perseveration.

Per·sia·ner [pɛr'zĭaːnər] m ⟨-s; -⟩ 1. (Pelz) Persian lamb(skin). – 2. (Mantel) Persian lamb coat. — **~,man·tel** m cf. Persianer 2.

Per·si·fla·ge [pɛrzi'flaːʒə] f ⟨-; -n⟩ persiflage. — **per·si'flie·ren** [-'fliːrən] v/t ⟨no ge-, h⟩ ridicule, deride, satirize Br. auch -s-, burlesque.

Per·si·ko ['pɛrziko] m ⟨-s; -s⟩ (ein Likör) persico, auch persicot.

Per·si·mo·ne [pɛrzi'moːnə] f ⟨-; -n⟩ bot. (Frucht u. Baum) persimmon (Gattg Diospyros).

'per·sisch I adj Persian, Iranian. – **II** ling. **P~** ⟨generally undeclined⟩, **das P~e** ⟨-n⟩ Persian, the Persian language.

per·si·stent [pɛrzis'tɛnt] adj auch med. biol. persistent. — **Per·si'stenz** [-'tɛnts] f ⟨-; -en⟩ persistence.

Per·son [pɛr'zoːn] f ⟨-; -en⟩ **1.** (Einzelwesen) person, individual: eine bestimmte [unbekannte] ~ a certain [an unknown] person; die Familie besteht aus 5 ~en the family consists of 5 persons (od. members, people); der Eintritt kostet 3 Mark pro ~ admission (od. the entrance fee) is 3 marks per person (od. each, apiece, a head, per capita); er ist Chauffeur und Gärtner in einer ~ he is a chauffeur as well as (od. and also) a gardener, he is a chauffeur and a gardener in one (person); ~en sind bei dem Brand nicht umgekommen no lives were lost in the fire; das Boot faßt 20 ~en the boat has room for (od. a capacity of) 20 persons (od. people); der christliche Glaube unterscheidet in Gott 3 ~en Christian faith distinguishes 3 divine beings (od. recognizes the trinity) in God. – **2.** (das Ich, das Selbst) person, self: die eigene ~ one's self; ich für meine ~ (I) for my part, I for one (od. myself), as for me, as far as I am concerned, personally; er war in (höchst)eigener ~ anwesend he was personally present, he was present in person; er hält viel auf seine ~ he thinks a lot of himself, he is conceited; sie stellt ihre ~ stets in den Vordergrund she always puts herself in the foreground. – **3.** (Inkarnation) der Teufel in ~ the devil incarnate, the incarnation of the devil; sie ist die Gutmütigkeit [Bosheit] in ~ she is good nature [wickedness] personified (od. itself). – **4.** (Persönlichkeit) person (of importance), personality, somebody, figure, personage: eine bedeutende [hochgestellte] ~ an important [a high-ranking] person (od. personality, figure); dies betraf nicht die ~ des Kanzlers the chancellor was not concerned personally, this did not concern the chancellor's person; ohne Ansehen der ~ without regard to (the) rank (od. position, importance); die ~ des Künstlers wurde kaum erwähnt the artist himself was hardly mentioned. – **5.** (Identität) identity: sich in der ~ irren to mistake the identity of s.o.; von ~ bekannt jur. of known identity; j-n zur ~ vernehmen jur. to interrogate (od. question) s.o. concerning his personal data (od. particulars). – **6.** meist pl (in Romanen, Theaterstücken etc) person, character, personage, pl auch personae: in diesem Stück treten die Tugenden als ~en auf in this play the virtues appear as persons (od. are personified). – **7.** meist pl (Akteur auf der Bühne) person, character, actor, performer, player: die ~en und ihre Darsteller the characters and performers, the cast sg, dramatis personae. – **8.** (der Mensch in seiner Eigenart) person: er ist die wichtigste ~ in unserer Firma he is the most important person (od. figure) in our firm; sie ist eine hübsche [gescheite] ~ she is a pretty [clever] person; so eine (ordinäre) ~! contempt. what an ordinary creature! – **9.** rare (Äußeres) person, personal appearance: er ist von ~ ein stattlicher Mann he has an imposing appearance, he is an impressive figure; der Anblick meiner ~ the sight of me. – **10.** jur. person: juristische ~ a) juridical (od. juristic, legal, artificial) person, legal entity, b) (Körperschaft) body corporate: natürliche ~ natural (od. physical) person. – **11.** ling. person: die erste [zweite, dritte] ~ the first [second, third] person; j-n in der dritten ~ anreden to address s.o. in the third person.

Per·so·na| gra·ta [pɛr'zoːna 'graːta] f ⟨- -; no pl⟩ pol. persona grata. — **~ in'gra·ta** [ɪn'graːta] f ⟨- -; - -⟩ persona non grata.

Per·so·nal [pɛrzo'naːl] n ⟨-s; no pl⟩ **1.** (Angestellte, Arbeiter) personnel, employees,

auch employes, employés pl, staff: ständiges ~ permanent staff; geschultes [technisches] ~ skilled (od. trained) [technical] personnel (od. staff); leitendes ~ leading (od. executive) personnel, executives pl; ~ einstellen to engage (od. hire) personnel; ~ abbauen to reduce the personnel (od. number of employees); unser ~ reicht nicht aus we are understaffed (od. short-staffed); wir haben zuviel ~ we are overstaffed, we have a surplus of staff. – **2.** (Dienerschaft) domestic staff, servants pl, attendants pl. – **3.** aer. a) fliegendes ~ flying personnel, (air) crew, b) (Bodenpersonal) ground (od. nonflying) personnel, c) (Bodenbesatzung) ground crew. – **4.** med. (in Kliniken) staff: pflegerisches ~ nursing staff. — **~,ab,bau** m personnel (od. staff) reduction. — **~,ab,tei·lung** f personnel department (od. division), staff department. — **~,ak·te** f personal file, personal record (od. conduct) sheet. — **~,an,ga·ben** pl personal data, personalia. — **~,an·ge,le·gen·hei·ten** pl personnel (od. staff) matters (od. affairs). — **~,auf,wen·dun·gen, ~,aus,ga·ben** pl personnel expenditure sg. — **~,aus,weis** m identity (od. identification) card. — **~,be,schrei·bung** f personal description (od. particulars pl), description (of a person). — **~,be,stand** m **1.** econ. (number of) personnel (od. persons pl employed), manpower. – **2.** mil. personnel (od. effective) strength. — **~,bo·gen** m econ. **1.** cf. Personalakte. – **2.** (behördlicher) registration card. – **3.** (Fragebogen) personal questionnaire. — **~,bü,ro** n personnel office. — **~,chef** m personnel (od. staff) manager (od. director), director of personnel, head of the personnel department. — **~,ein,spa·rung** f reduction in the number of employe(e)s. — **~,en·dung** f ling. personal suffix. — **~,ge,sell·schaft** f econ. partnership. — **~,ho·heit** f jur. (im Völkerrecht) personal sovereignty.

Per·so·na·li·en [pɛrzo'naːliən] pl personal data: j-s ~ aufnehmen to note (od. write) down s.o.'s personal data (od. particulars); die ~ angeben to give (od. furnish) one's personal data.

Per·so·na·lis·mus [pɛrzona'lɪsmʊs] m ⟨-; no pl⟩ philos. personalism. — **Per·so·na'list** [-'lɪst] m ⟨-en; -en⟩ personalist.

Per·so·na·li·tät [pɛrzonali'tɛːt] f ⟨-; -en⟩ cf. Persönlichkeit. — **Per·so·na·li'täts·prin,zip** n ⟨-s⟩ jur. principle of personality.

Per·so'nal|kar,tei f personal file (od. record) index, personal files pl (od. records pl). — **~,ko·sten** pl cf. Personalaufwendungen. — **~,kre,dit** m econ. personal loan (od. credit). — **~,lei·ter** m cf. Personalchef. — **~,man·gel** m shortage of personnel (od. staff, employe[e]s, manpower): wir haben ~ we are short of staff. — **~,po·li,tik** f personnel policy. — **~,pro,no·men** n ling. personal pronoun. — **~,stär·ke** f bes. mil. personnel strength. — **~,sta,tut** n staff regulations pl. — **~,steu·er** f econ. personal tax. — **~,uni,on** f pol. personal union. — **~,ver,tre·ter** m representative (od. delegate) of the personnel (od. staff), employe(e)s' representative (od. delegate). — **~,ver,tre·tung** f representation of the personnel (od. staff). — **~,ver,tre·tungs·ge,setz** n jur. law governing the status of the Civil Service Association. — **~,ver,zeich·nis** n staff list, list (od. register) of employe(e)s. — **~,wech·sel** m turnover (od. change, shift) in the personnel (od. staff).

Per·sön·chen [pɛr'zøːnçən] n ⟨-s; -⟩ **1.** dim. of Person. – **2.** little thing: sie ist ein hübsches [reizendes, zierliches] ~ she's a pretty [charming, tiny] little thing (od. body).

per·so·nell [pɛrzo'nɛl] adj **1.** cf. persönlich 1. – **2.** (das Personal betreffend) of (od. relating to) the personnel (od. staff): ~e Veränderungen personnel (od. staff) changes, changes in personnel.

Per·so·nen|,auf,zug m (passenger) elevator (bes. Br. lift). — **~,auto** n cf. Personenkraftwagen. — **~,be,för·de·rung** f conveyance (od. transport) of passengers, passenger service. — **~,be,schrei·bung** f personal (od. physical) description, description (of a person), (bei der Polizei) auch signalment, prosopography (scient.). — **~,do·sen** pl only in Überwachung der ~ nucl. personnel monitoring. — **~,ge,dächt·nis** n memory

for faces (od. names). — **~,ge,sell·schaft** f econ. unincorporated firm. — **~,kraft,wa·gen** m passenger (od. private) car, (motor)car, bes. Am. automobile. — **~,kreis** m **1.** (Kategorie) set (of persons), group (od. category, class) of persons. – **2.** (mit gleichen Interessen) circle (od. set, group) (of persons). — **~,kult** m cult (od. worship, idolatry, idolization Br. auch -s-) of a person (od. an individual), personality cult. — **~,na·me** m (personal) name. — **~,scha·den** m injury to persons, casualties pl.

Per'so·nen,stand m personal (od. civil) status.

Per'so·nen,stands|,buch n jur. cf. Personenstandsregister. — **~,fäl·schung** f falsification of the personal status. — **~,kla·ge** f action of an illegitimate child to claim its status. — **~,re,gi·ster** n Am. register of births, marriages and burials, Br. register of births, deaths and marriages.

Per'so·nen|ta,rif m passenger tariff (od. fares pl). — **~,ver,ei·ni·gung** f association. — **~,ver,kehr** m passenger traffic (od. service). — **~,ver,si·che·rung** f insurance of persons. — **~,ver,wechs·lung** f mistake in the person (od. in identity), mistaken identity. — **~,ver,zeich·nis** n **1.** list (od. register) of persons. – **2.** (theater) list of characters, dramatis personae pl, cast. — **~,waa·ge** f **1.** (auf Straßen, Plätzen etc) scale(s pl), weighing machine. – **2.** (mit Laufgewicht) lever scale(s pl), steelyard. – **3.** (Badezimmerwaage) bathroom scale(s pl). — **~,wa·gen** m **1.** cf. Personenkraftwagen. – **2.** (railway) passenger car (bes. Br. coach), coach, Br. railway carriage, (im Gegensatz zum Schlafwagen) Am. day car (od. coach): ~ erster Klasse first-class car (od. coach). — **~,zahl** f number of persons. — **~,zug** m (railway) **1.** (Gegensatz zu Güterzug) passenger train. – **2.** (Gegensatz zu Schnellzug) slow (od. local, bes. Br. stopping) train.

Per·so·ni·fi·ka·ti·on [pɛrzonifika'tsɪoːn] f ⟨-; -en⟩ personification, personation, embodiment, incarnation, prosopopeia (scient.).

per·so·ni·fi·zie·ren [pɛrzonifi'tsiːrən] **I** v/t ⟨no ge-, h⟩ personify, (im)personate, embody, incarnate. – **II P~** n ⟨-s⟩ verbal noun. — **per·so·ni·fi'ziert I** pp. – **II** adj personified, incarnate, impersonate, embodied (alle nachgestellt): sie ist die ~e Unschuld she is the personification (od. incarnation) of innocence, she is innocence incarnate (od. itself, personified). — **Per·so·ni·fi'zie·rung** f ⟨-; -en⟩ **1.** cf. Personifizieren. – **2.** cf. Personifikation.

per·sön·lich [pɛr'zøːnlɪç] **I** adj **1.** (eine Person betreffend, privat) personal, private: ~es Eigentum private property; ~e Sachen things personal (od. Ausgaben personal expenses (od. expenditure sg); ~e Freiheit personal (od. individual) freedom; das ist meine (ganz) ~e Meinung this is my (strictly) personal opinion; ~er Referent pol. personal (od. private) assistant; er hat ein ~es Interesse an der Sache he has a personal (od. particular) interest in the matter; nehmen Sie das nicht als ~e Beleidigung! don't take that as a personal insult! aus ~en Gründen for personal reasons; darf ich mir eine ~e Bemerkung erlauben? might I venture a personal remark? ~! (auf Briefen) confidential! personal! ein ~er Gott philos. relig. a personal God. – **2.** (in Person) personal: ich habe seine ~e Bekanntschaft gemacht I made his (personal) acquaintance. – **3.** (auf private Dinge anspielend) personal: er wird immer gleich ~ colloq. he is always bringing in personalities (od. becoming personal, making personal remarks); diese Frage ist mir zu ~ this is too personal a question; ~e Anspielungen machen to make personal insinuations, to indulge in personalities. – **4.** (individuell) individual, personal: sie schreibt einen sehr ~en Stil she has an individual (od. a very particular) style (of writing). – **5.** ~es Fürwort ling. personal pronoun. – **6.** ~er Fehler astr. personal error. – **II** adv **7.** (in Person, selbst) personally, in person: ich kenne ihn ~ I know him personally; er kam [erschien] ~ he came [appeared] in person; ich mache dich ~ dafür verantwortlich I hold you personally responsible for it; du haftest (mir) ~ dafür! you are personally responsible for it! you'll have to answer for it personally! gegen Sie ~ habe ich nichts I have nothing against you personally; ich ~ bin nicht davon betroffen I am not concerned personally. – **8.** (vertraulich) er sprach sehr nett und ~ mit mir he spoke to me in a very friendly and personal way (od. manner). – **9.** (als Angriff auf j-s Person) du darfst nicht alles ~ nehmen! don't take everything personally! ich habe diese Bemerkung nicht ~ gemeint I didn't mean that remark personally (od. to be taken personally). – **III P~e, das** ⟨-n⟩ **10.** (the) personal (od. private) things (od. belongings pl): er entfernte alles P~e aus seinem Zimmer he removed all his personal belongings from his room; das P~e interessiert mich nicht I am not interested in personal matters.

Per'sön·lich·keit f ⟨-; -en⟩ **1.** ⟨only sg⟩ (persönliche Wesensart) personality: die freie Entfaltung der ~ the free development of (the) personality; die menschliche ~ achten to respect the human person (od. individual). – **2.** (Mensch eigener Prägung) personality: er ist eine ~ he has personality, he is quite a personality; er ist ein netter Kerl, aber keine ~ colloq. he is a nice fellow but he lacks individuality (od. personality) (colloq.); sie ist die richtige ~ dazu she is the right person for it. – **3.** (herausragende Person) (leading) personality, personage, figure, notoriety: bekannte [prominente] ~en well-known [prominent] personalities (od. persons); ~en des öffentlichen Lebens personalities of public life, notables; es waren keine hohen ~en anwesend there were no eminent (od. high-ranking) persons (od. personages) present; er ist eine führende ~ unserer Stadt he is a leading figure in our town. – **4.** philos. personality.

per'sön·lich·keits·be,wußt adj conscious of one's personality.

Per'sön·lich·keits|,bil·dung f personality (od. character) formation. — **~ent,fal·tung** f development of personality. — **~,kult** m personality cult. — **~,recht** n jur. personal (od. individual) right. — **~,spal·tung** f psych. dual (od. split) personality, schizophrenia. — **~,wahl** f pol. uninominal voting, voting for one member only.

Per·spek·tiv [pɛrspɛkˈtiːf] n ⟨-s; -e⟩ (optics) field glass, spyglass.

Per·spek·ti·ve [pɛrspɛkˈtiːvə] f ⟨-; -n⟩ **1.** (art, optics) math. perspective: die ~ des Bildes stimmt nicht the perspective of the picture is wrong (od. incorrect), the picture is perspectively (od. scenographically) wrong; in richtiger ~ gezeichnet sein to be drawn in true (od. correct) perspective. – **2.** fig. (Ausblick, Zukunftsaussicht) perspective, prospect, aspect, vista: das eröffnet neue [verblüffende, ungeahnte] ~n that opens up new [startling, unforeseen] perspectives. – **3.** fig. (Standpunkt) point of view: aus deiner ~ from your point of view.

per·spek·ti·visch [pɛrspɛkˈtiːvɪʃ] **I** adj perspective, scenographic. – **II** adv perspectively, in perspective: eine Strecke ~ verkürzen to foreshorten a line.

Per·spek·ti·vis·mus [pɛrspɛktiˈvɪsmʊs] m ⟨-; no pl⟩ philos. perspectivism.

Per·spek·to·graph [pɛrspɛktoˈɡraːf] m ⟨-en; -en⟩ tech. perspectograph.

Per·spi·ra·ti·on [pɛrspiraˈtsi̯oːn] f ⟨-; no pl⟩ med. perspiration. — **per·spi·ra·to·risch** [-ˈtoːrɪʃ] adj perspiratory.

Per·sua·si·on [pɛrzu̯aˈzi̯oːn] f ⟨-; no pl⟩ psych. persuasion.

Per·tus·sis [pɛrˈtʊsɪs] f ⟨-; no pl⟩ med. (Keuchhusten) pertussis, whooping cough.

Pe·rua·ner [peˈru̯aːnər] m ⟨-s; -⟩, **Pe·rua·ne·rin** [-ˈru̯aːnərɪn] f ⟨-; -nen⟩ Peruvian. — **pe·rua·nisch** [-ˈru̯aːnɪʃ] adj Peruvian.

Pe'ru,bal·sam [peˈruː-] m ⟨-s; no pl⟩ med. pharm. Peruvian balsam, balsam of Peru. — **~,baum** m bot. balsam of Peru, Peru balsam (Myroxylon pereirae).

Pe·rücke (getr. -k·k-) f ⟨-; -n⟩ **1.** wig: eine ~ tragen to wear a wig. – **2.** (fashion) hist. a) (Allongeperücke) full-bottomed wig, b) (Stutzperücke) bob wig, c) (Zopfperücke) pigtail wig. – **3.** hunt. a pathological growth on horn (od. antler) caused by an injury to the male genitalia.

Pe'rücken|,baum (getr. -k·k-) m bot.

---

smoke (od. wig) tree, fustet, Venus's (od. Venetian) sumac (Cotinus coggygria od. C. americana). — **~,ma·cher** m, **~,ma·che·rin** f ⟨-; -nen⟩ wigmaker, wigger.

Pe'ru,rin·de f med. pharm. Peruvian bark, Jesuits' (auch Jesuit) bark, cinchona.

per·vers [pɛrˈvɛrs] adj ⟨-er; -est⟩ med. psych. **1.** perverted, perverse, abnormal: ein ~er Mensch a pervert. – **2.** (homosexuell) homosexual. — **Per·ver·si'on** [-ˈzi̯oːn] f ⟨-; -en⟩ med. psych. perversion, abnormality. — **Per·ver·si'tät** [-ziˈtɛːt] f ⟨-; no pl⟩ perversity, (sexual) perversion, perverseness.

per·ver·tie·ren [pɛrvɛrˈtiːrən] v/t ⟨h⟩ (verderben) pervert, corrupt, spoil, deprave.

Per·zent [pɛrˈtsɛnt] n ⟨-(e)s; -e⟩ Austrian rare percent, Br. per cent.

per·zep·ti·bel [pɛrtsɛpˈtiːbəl] adj philos. perceptible, discernible, recognizable: perzeptible Geräusche perceptible noises.

Per·zep·ti·bi·li·tät [pɛrtsɛptibiliˈtɛːt] f ⟨-; -en⟩ philos. perceptibility.

Per·zep·ti·on [pɛrtsɛpˈtsi̯oːn] f ⟨-; -en⟩ philos. psych. (Wahrnehmung) perception.

Per·zep·tio·na·lis·mus [pɛrtsɛptsi̯onaˈlɪsmʊs] m ⟨-; no pl⟩ philos. perceptionism.

per·zep·tiv [pɛrtsɛpˈtiːf] adj psych. perceptive. — **Per·zep·ti·vi'tät** [-tiviˈtɛːt] f ⟨-; no pl⟩ perceptivity.

per·zep·to·risch [pɛrtsɛpˈtoːrɪʃ] adj philos. perceptual, perceptional.

Pe·sa·de [peˈzaːdə] f ⟨-; -n⟩ (in der Hohen Schule) pesade.

pe·sen [ˈpeːzən] v/i ⟨sein⟩ colloq. tear, rush, hurry, hasten.

Pe·se·ta [peˈzeːta] f ⟨-; -seten⟩ (span. Münzeinheit) peseta.

Pe·so [ˈpeːzo] m ⟨-(s); -(s)⟩ (südamer. Münzeinheit) peso.

Pes·sar [pɛˈsaːr] n ⟨-s; -e⟩ med. pessary.

Pes·si·mis·mus [pɛsiˈmɪsmʊs] m ⟨-; no pl⟩ pessimism. — **Pes·si'mist** [-ˈmɪst] m ⟨-en; -en⟩, **Pes·si'mi·stin** f ⟨-; -nen⟩ pessimist. — **pes·si·mi·stisch** I adj pessimistic, auch pessimistical. – **II** adv pessimistically.

Pes·si·mum [ˈpɛsimʊm] n ⟨-s; -sima [-ma]⟩ biol. (schlechteste Umweltbedingungen) pessimum.

Pest [pɛst] f ⟨-; no pl⟩ **1.** med. plague, pestilence, pest: indische ~ mahamari; an der ~ sterben to die from the plague; der ~ zum Opfer fallen to fall a victim to the plague; er hat die ~ he is infected with the plague; j-m die ~ an den Hals wünschen fig. colloq. to wish a plague on s.o. (colloq.); er meidet Arbeit wie die ~ fig. colloq. he avoids (od. shuns) work like the plague (colloq.); j-n [etwas] wie die ~ hassen fig. colloq. to hate s.o. [s.th.] like poison (colloq.), to loathe (od. detest) s.o. [s.th.]; das stinkt (ja) wie die ~! fig. colloq. that stinks to high heaven! – **2.** med. (Seuche) epidemic, pestilence, plague. – **3.** vet. (Rinderpest) cattle plague, rinderpest. — **p~,ar·tig** adj med. pestiferous, pestilential. — **~ba,zil·lus** m plague bacillus, bacillus pestis (scient.). — **~,beu·le** f **1.** med. plague (od. malignant) bubo, plague spot. – **2.** fig. (Schandfleck) plague spot, canker. — **~ge,ruch, ~ge,stank, ~,hauch** m pestilential (od. pestilent, pestiferous, mephitic) smell (od. stench), miasma, auch miasm.

Pe·sti·lenz [pɛstiˈlɛnts] f ⟨-; -en⟩ cf. Pest 1, 2. — **pe·sti·len·zia·lisch** [-ˈtsi̯aːlɪʃ] adj pestilential, pestilent, pestiferous.

Pe·sti'lenz,wurz f bot. pestilence weed (od. wort), (common) butterbur(r) (Petasites officinalis).

'pest|,krank adj med. plague-infected (od. -stricken), suffering from the plague. — **P~,kran·ke** m, f ⟨-n; -n⟩ plague-infected (od. -stricken) person: die ~n the plague-infected (od. -stricken); Spital für ~ pesthouse. — **P~,rat·te** f zo. Indian mole rat (Nesocia bandicuta). — **P~,säu·le** f plague monument (od. column). — **P~,wurz** f bot. **1.** Indian plantain (Gattg Adenostyles). – **2.** cf. Pestilenzwurz.

Pe·tar·de [peˈtardə] f ⟨-; -n⟩ mil. hist. (Sprengkörper) petard.

Pe·te·chie [peˈteçi̯ə] f ⟨-; -n⟩ meist pl med. petechia.

Pe·tent [peˈtɛnt] m ⟨-en; -en⟩ obs. for Bittsteller.

Pe·ter [ˈpeːtər] m ⟨-s; -⟩ **1.** Schwarzer ~ spielen (games) etwa to play 'old maid'; j-m den Schwarzen ~ zuschieben (od. zuspielen) fig. a) (die Schuld) to lay (od.

---

put) the blame for s.th. on s.o., to blame s.o. for s.th., to pass the buck to s.o. (sl.), b) (eine unangenehme Aufgabe) to let s.o. do the dirty work. – **2.** Blauer ~ mar. (Fahrtflagge) Blue Peter. — **~,männ·chen, 'Gro·ßes** n zo. stingbull, stingfish, greater weever, weever fish (Trachinus draco).

'Peters|,fisch m zo. (Saint) Peter's fish, John Dory (Fam. Zeidae). — **~,gro·schen** m röm.kath. cf. Peterspfennig.

Pe·ter·si·lie [petərˈziːli̯ə] f ⟨-; -n⟩ bot. parsley (Petroselinum hortense): Wilde ~ corn parsley (P. segetum); ihm ist die ~ verhagelt fig. colloq. he is down in the dumps (colloq.), the bottom has fallen (od. dropped) out of his world.

'Peters|,kir·che, die ⟨-⟩ (in Rom) St. Peter's (Church). — **~,pfen·nig** m röm.kath. Peter's pence (od. penny), Romescot.

'Pe·ter,wa·gen m Northern G. (Streifenwagen) radio patrol car.

Pe·tit [pəˈtiː, -ˈtɪt] f ⟨-; no pl⟩ print. brevier.

Pe·ti·ti·on [petiˈtsi̯oːn] f ⟨-; -en⟩ petition: eine ~ aufsetzen [einreichen] to draw up [to present od. submit] a petition.

pe·ti·tio·nie·ren [petitsi̯oˈniːrən] v/i ⟨no ge-, h⟩ (um for) petition, make (od. present, submit) a petition.

Pe·ti·ti'ons,recht n right of petition. — **~,weg** m only in auf dem ~(e) by way of (od. through a) petition.

Pe·tit point [pətiˈpwɛ̃] (Fr.) n ⟨- -; no pl⟩ (textile) petit point.

Pe'tit,schrift f print. cf. Petit.

Pe·ti·tum [peˈtiːtʊm] n ⟨-s; -tita [-ta]⟩ obs. for Antrag 3, Gesuch 1, 2.

Pe·tre·fakt [petreˈfakt] n ⟨-(e)s; -e(n)⟩ geol. cf. Versteinerung 3.

Pe·tri·fi·ka·ti·on [petrifikaˈtsi̯oːn] f ⟨-; -en⟩ geol. petrification. — **pe·tri·fi·zie·ren** [-ˈtsiːrən] v/t ⟨no ge-, h⟩ petrify.

'Pe·tri,jün·ger [ˈpeːtri-] m humor. angler.

Pe·tro·che·mie [petroçeˈmiː] f ⟨-; no pl⟩ chem. petrochemistry.

Pe·tro·graph [petroˈɡraːf] m ⟨-en; -en⟩ petrographer. — **Pe·tro·gra'phie** [-ɡraˈfiː] f ⟨-; no pl⟩ petrography, petrology. — **pe·tro·gra'phisch** adj petrographic(al).

Pe·trol [peˈtroːl] n ⟨-s; no pl⟩ Swiss for Petroleum. — **~,äther** m petroleum ether, naphtha, light petroleum.

Pe·tro·le·um [peˈtroːleʊm] n ⟨-s; no pl⟩ **1.** (Erdöl) petroleum, (mineral, crude, rock, stone, coal, fossil) oil. – **2.** (für Heiz- u. Leuchtzwecke) Am. kerosine, kerosene, Br. paraffin (oil), lighting (od. illuminating) oil. — **~,fla·sche** f kerosene (Br. paraffin) bottle. — **~ge,sell·schaft** f econ. oil (od. petroleum) company. — **p~,hal·tig** adj oil-bearing, containing petroleum, petroliferous. — **~,kan·ne** f kerosene (Br. paraffin) can. — **~,ko·cher** m oilstove, petroleum stove. — **~,lam·pe** f oil (od. kerosene, Am. kerosene, Br. paraffin) lamp. — **~,quel·le** f oil well, petroleum spring.

Pe·trus [ˈpeːtrʊs] npr m ⟨-; no pl⟩ Bibl. Peter: (Brief des) ~ cf. Petrusbrief. — **~,brief** m Epistle of St. Peter.

Pet·schaft [ˈpɛtʃaft] n ⟨-s; -e⟩ seal, signet, cachet.

pet·schie·ren [pɛˈtʃiːrən] v/t ⟨no ge-, h⟩ (Briefe etc) seal, signet, cachet. — **pet'schiert I** pp. – **II** adj petschiert sein Austrian colloq. to be the sucker (colloq.). — **Pet'schier·te** m, f ⟨-n; -n⟩ only in der [die] ~ sein Austrian colloq. to be the sucker (colloq.).

Pet·ti·coat [ˈpɛtikoːt; ˈpɛtikout] (Engl.) m ⟨-s; -s⟩ (steifer Halbrock) stiff petticoat.

Pet·ting [ˈpɛtɪŋ] (Engl.) n ⟨-s; -s⟩ petting.

Pe·tu·nie [peˈtuːni̯ə] f ⟨-; -n⟩ bot. petunia (Gattg Petunia).

Petz [pɛts] m ⟨-es; -e⟩ Meister ~ (in der Fabel) (Master) Bruin.

Pet·ze¹ [ˈpɛtsə] f ⟨-; -n⟩ **1.** cf. Hündin. – **2.** cf. Bärin.

'Pet·ze² f ⟨-; -n⟩ colloq. cf. Petzer(in).

pet·zen [ˈpɛtsən] **I** v/i colloq. ⟨h⟩ (gegen) 'squeal' (on), 'squeak' (on), 'tell' (on) (alle colloq.), (gegen einen Mitschüler) auch tell tales (about), peach (on od. against) (sl.), Br. sl. 'sneak' (on). – **II** v/t blab.

'Pet·zer m ⟨-s; -⟩, **'Pet·ze·rin** f ⟨-; -nen⟩ colloq. telltale; 'squealer', 'squeaker' (colloq.), Br. sl. 'sneak'.

peu à peu [pøaˈpø] (Fr.) adv colloq. little by little, gradually, by degrees.

pe·xie·ren [pɛˈksiːrən] v/t ⟨no ge-, h⟩ cf. pekzieren.

Pfad [pfaːt] *m* ⟨-(e)s; -e⟩ **1.** path(way), footpath: ein ausgetretener ~ a well--trodden (*od. lit.* much-trodden) path; auf ausgetretenen ~en wandeln *fig.* to keep to the beaten track; ein steiler ~ a steep path; ein dorniger (*od.* ,dornenreicher) ~ *fig.* a stony path, a path beset with difficulties (*od.* thorns); vom ~ der Tugend abweichen *fig. poet. od. iron.* to stray from the path of virtue; vom rechten ~ abkommen *fig.* to stray from the straight and narrow. – **2.** (*bes. durch Wildnis etc*) trail, track. – **3.** (*bes. zwischen Hecken, Mauern etc*) lane.

Pfa·der ['pfaːdər] *m* ⟨-s; -⟩ *Swiss colloq.* for Pfadfinder 1, 2.

'**Pfad,fin·der** *m* **1.** (*Mitglied*) boy scout. – **2.** *pl* (*Bewegung*) Boy Scouts. – **3.** *aer.* pathfinder. — ~**be,we·gung** *f* Boy Scout movement.

'**Pfad,fin·de·rin** *f* **1.** (*Mitglied*) *Br.* girl guide, *Am.* girl scout, camp fire girl. – **2.** *pl* (*Bewegung*) *Br.* Girl Guides, *Am.* Girl Scouts.

'**pfad·los** *adj* (*Wildnis etc*) pathless, wayless, trackless.

Pfaf·fe ['pfafə] *m* ⟨-n; -n⟩ **1.** *contempt.* cleric(al), priest, parson, shaveling (*contempt.*), *bes. Am. contempt.* sky pilot. – **2.** *metall.* (*in Gießerei*) hob.

'**Pfaf·fen,herr·schaft** *f contempt.* priestly power (*od.* rule), government (*od.* domination) of priests, popery, popeism: unter ~ stehen to be priest-ridden. — ~**,hüt·chen** *n bot.* spindle tree (*Euonymus europaeus*): Rotblütiges ~ wahoo (*E. atropurpureus*). — ~**,knecht** *m contempt.* priest-ridden person, slave of priests. — ~**,stück** *n gastr.* pope's (*od.* parson's) nose.

'**Pfaf·fen·tum** *n* ⟨-s; *no pl*⟩ *contempt.* **1.** *cf.* Pfaffenherrschaft. – **2.** *collect.* (*Priesterschaft*) priesthood, parsons *pl*, priests *pl*.

'**Pfaf·fen,wirt·schaft** *f contempt.* misrule (*od.* negative influence) of the priesthood, priestly (*od.* clerical) misrule (*od.* machinations *pl*), clericalism.

pfäf·fisch ['pfɛfɪʃ] *adj contempt.* priestish, priestlike, clerical.

Pfahl [pfaːl] *m* ⟨-(e)s; ⁼e⟩ **1.** stake, pile, pole, post, pale: einen ~ (in die Erde) einschlagen *od.* eintreiben, einrammen) to drive a stake in(to the ground); in (*od.* zwischen) seinen vier Pfählen *fig. colloq.* within one's own four walls; ein ~ im Fleisch *fig.* a thorn in the flesh. – **2.** (*Pfosten*) post. – **3.** (*Zaunpfahl*) pale, paling, picket, stake, post. – **4.** (*Stütze*) prop, support, spile, pier: einen Ast mit einem ~ stützen to prop (*od.* stake) a branch (up). – **5.** (*Stange*) pole, *Br.* standard. – **6.** (*im Vermessungswesen*) picket, marking pole, stake: etwas mit Pfählen abstecken to picket s.th. – **7.** *arch.* stilt, pillar, pier. – **8.** *jur. hist.* (*Schandpfahl*) pillory. — ~**,bau** *m* ⟨-(e)s; -ten⟩ **1.** *meist pl archeol.* lake dwelling, pile dwelling (*od.* house), lacustrine (*od.* lacustral) dwelling, palafitte. – **2.** *civ.eng.* a) pilework, piling, b) pile foundation structure. — ~**,bau·er** *m archeol.* lake (*od.* pile) dweller, lacustrian, inhabitant of a lake dwelling (*od.* village). — ~**,bür·ger** *m* **1.** *contempt.* (*Spießbürger*) bourgeois, Philistine, square (*sl.*). – **2.** *archeol. cf.* Pfahlbauer. — ~**,dorf** *n archeol.* pile village, lake village (*od.* settlement).

pfäh·len ['pfɛːlən] **I** *v/t* ⟨h⟩ **1.** (*Bäume*) prop (up), support, train. – **2.** (*Reben etc*) stake. – **3.** j-n ~ *jur. hist.* to impale (*od.* stake) s.o. – **II P~** *n* ⟨-s⟩ **4.** *verbal noun.* – **5.** *cf.* Pfählung.

'**Pfahl,fun·da,ment** *n*, ~**,grün·dung** *f civ.eng.* pile foundation. — ~**,joch,brücke** *f* (*getr.* -k·k-) *f civ.eng.* pile bridge, bridge (resting) on piles. — ~**,mu·schel** *f zo. cf.* Miesmuschel 2. — ~**,ram·me** *f civ.eng.* pile driver (*od.* engine), pile-driving machine. — ~**,rost** *m* pile grating (*od.* frame, framing). — ~**,schuh** *m* pile point (*od.* shoe).

'**Pfäh·lung** *f* ⟨-; -en⟩ **1.** *cf.* Pfählen. – **2.** *jur. hist.* (*Folterstrafe*) impalement.

'**Pfahl,werk** *n* **1.** *civ.eng.* paling, pale work, piling, pilework, spiling. – **2.** *mil. hist.* a) palisade, stockade, fraise, b) (*Pfahlsperre*) picket obstacle. — ~**,wur·zel** *f bot.* tap root. — ~**,zaun** *m* paling, fence of pales.

Pfalz [pfalts] *f* ⟨-; -en⟩ *hist.* **1.** (*Schloß*) (imperial) palace. – **2.** (*Lehensland*) palat-

inate, county palatine: Kurfürst von der ~ Elector Palatine.

Pfälz·er ['pfɛltsər] **I** *m* ⟨-s; -⟩ *geogr.* (inhabitant of the) Palatinate, Palatine. – **II** *adj* ⟨*attrib*⟩ Palatine, (of the) Palatinate: ~ Wein Palatinate wine.

'**Pfäl·ze·rin** *f* ⟨-; -nen⟩ *geogr. cf.* Pfälzer I.

'**Pfalz,graf** *m hist.* count palatine, pal(s)-grave. — ~**,grä·fin** *f* countess palatine, palsgravine. — **p~,grä·fisch** [-,grɛːfɪʃ], **p~,gräf·lich** *adj* of (*od.* pertaining to) a count palatine. — ~**,graf·schaft** *f* palatinate, county palatine.

'**pfäl·zisch** *adj cf.* Pfälzer II.

Pfand [pfant] *n* ⟨-(e)s; ⁼er⟩ **1.** *jur. econ.* a) pledge, pawn, gage, b) (*Bürgschaft*) security, surety, c) (*auf Immobilien*) mortgage, d) (*Kaution*) bail, e) (*gepfändeter Gegenstand*) distress: als ~ für in pledge of; j-m etwas als (*od.* zum) ~ geben to give s.o. s.th. as a pledge (*od.* as security); etwas als ~ haben (*od.* halten) to hold s.th. in pledge; etwas als ~ geben to give (*od.* put) s.th. in pledge; ein ~ einlösen (*od.* auslösen) to redeem a pledge, to take s.th. out of pawn; Geld gegen (*od.* auf) ~ (aus)leihen (*od.* geben) to lend money against security (*od.* on pawn); etwas als (*od.* in) ~ nehmen to accept s.th. as pledge, to take s.th. as security (*od.* in pawn); ich gebe (*od.* setze) mein Wort [meine Ehre] dafür zum ~ *fig.* I'll pledge my word [hono(u)r] on that; dafür setze ich mein Leben zum ~ *fig.* I'll stake my life on it. – **2.** *econ.* (*Hinterlegungsbetrag*) deposit: auf dieser Flasche ist (*od.* steht) ~ there is a deposit on this bottle. – **3.** (*beim Pfänderspiel*) forfeit: ein ~ zahlen (*od.* hergeben) to pay a forfeit. – **4.** *fig.* (*Unterpfand, Beweis*) token, pledge: als (ein) ~ seiner Liebe as a token of one's love. — ~**,an-,stalt** *f cf.* Leihhaus.

'**pfänd·bar** *adj jur.* distrainable, seizable, attachable. — '**Pfänd·bar·keit** *f* ⟨-; *no pl*⟩ capability of being distrained, liability to distraint (*od.* attachment).

'**Pfand,brief** *m econ.* mortgage debenture (*od.* bond). — ~**,an,lei·he** *f* loan on mortgage. — ~**,an,stalt**, ~**,bank** *f* mortgage bank.

'**Pfand,bruch** *m jur.* tampering with goods under attachment. — ~**,dar,le·hen** *n econ.* loan on security (*od.* pledge, pawn). — ~**,ein,lö·sung** *f* redemption of a pledge.

pfän·den ['pfɛndən] *jur.* **I** *v/t* ⟨h⟩ **1.** etwas ~ to seize s.th. (as a pledge *od.* security), to distrain (upon) s.th., to take s.th. in execution, to attach s.th., (*Forderungen beim Drittschuldner*) to garnish s.th.: ein Konto ~ to garnish an account; j-s Eigentum ~ to have s.o.'s property seized (*od.* attached); einem säumigen Zahler die Möbel ~ (lassen) to levy (a) distress (*od.* to levy execution) upon a debtor's furniture. – **2.** j-n ~ to distrain upon s.o. – **II P~** *n* ⟨-s⟩ **3.** *verbal noun.* – **4.** *cf.* Pfändung.

'**Pfän·der** *m* ⟨-s; -⟩ *Southern G.* for Gerichtsvollzieher. — ~**,spiel** *n* (game of) forfeits *pl* (*construed as sg*).

'**Pfand,frei,ga·be** *f jur.* replevin. — ~**,ge·ber** *m* **1.** (*von beweglichen Sachen*) pledger, pawner, debtor on pawn. – **2.** (*von Immobilien*) mortgagor, duck mortgager, debtor on mortgage. — ~**,ge·gen,stand** *m cf.* Pfand 1. — ~**,gläu·bi·ger** *m* **1.** (*von beweglichen Sachen*) holder (*od.* receiver) of a pledge, pledgee, pawnee, (*Partei, die Forderungspfändung erwirkt hat*) garnisher. – **2.** (*von Immobilien*) mortgagee, lienor, encumbrancer. — ~**,haus** *n* pawnshop, pawnbroker's shop: etwas ins ~ tragen to put s.th. in pawn, to pawn (*od. sl.* to hock) s.th. — ~**,hin·ter,le·gung** *f econ.* deposit (as a pledge, a security *od.* in pawn). — ~**,leih,an,stalt** *f cf.* Leihhaus. — ~**,lei·he** *f econ.* pawnbroking. — ~**,lei·her** *m* ⟨-s; -⟩ pawnbroker, pawner, pawnor: ihr Ring ist beim ~ her ring is in pawn. — ~**,lö·sung** *f cf.* Pfandeinlösung. — ~**,neh·mer** *m cf.* Pfandgläubiger. — ~**,ob,jekt** *n cf.* Pfand 1. — ~**,recht** *n jur.* **1.** hypothecary law, (*law of distraint and*) mortgage. – **2.** (*subjektives*) lien. – **3.** (*vertragliches*) pledge. — ~**,rück,ga·be** *f* restitution of a pledge(d object). — ~**,sa·che** *f cf.* Pfand 1. — ~**,schein** *m* **1.** (*vom Pfandhaus etc*) pawn ticket. – **2.** *econ.* (*von Kreditbanken*) certificate of pledge. — ~**,schuld** *f jur.* **1.** (*bei beweglichen*

Sachen) debt on pawn (*od.* pledged articles). – **2.** (*bei Immobilien*) (debt on) mortgage, mortgage debt, hypothecary debt. — ~**,schuld·ner** *m cf.* Pfandgeber. — ~**,si·cher·heit** *f* **1.** security in the form of a pawn (*od.* pledge). – **2.** hypothecary security, mortgage security.

'**Pfän·dung** *f* ⟨-; -en⟩ *jur.* **1.** *cf.* Pfänden. – **2.** seizure, distraint, attachment, distress: ~ einer Geldforderung garnishment; eine ~ vornehmen lassen (bei) to levy a distress (on), to distrain (on *od.* upon); Aufhebung der ~ replevin; ~ der Ernte auf dem Halm distraint by seizure of crops.

'**Pfän·dungs,be·fehl** *m jur.* warrant of attachment (*od.* distress), *Am.* writ of attachment, *Br.* distringas. — ~**,be,schluß** *m* order of attachment. — ~**,pro·to,koll** *n* report of the proceedings of distress (*od.* attachment proceedings). — ~**,recht** *n* right to attach (*od.* to seize). — ~**,ver,fah·ren** *n* attachment proceedings *pl*.

'**Pfand,ver,kauf** *m jur.* realization (*od.* sale) of a pledge. — ~**,ver,schrei·bung** *f* bill of sale (by way of security), mortgage deed. — ~**,ver,stei·ge·rung** *f* auction of the pledge. — ~**,ver,trag** *m* deed of security. — ~**,ver,wah·rung** *f* keeping of the pledge. — ~**,ver,wer·tung** *f cf.* Pfandverkauf. — **p~,wei·se** *adv* by way of a pledge (*od.* of security), by pawn, by mortgage. — ~**,zet·tel** *m cf.* Pfandschein 1.

Pfänn·chen ['pfɛnçən] *n* ⟨-s; -⟩ *dim. of* Pfanne.

Pfan·ne ['pfanə] *f* ⟨-; -n⟩ **1.** (*Bratpfanne*) (frying) pan, *Am. auch* skillet, spider: Eier in die ~ schlagen to break eggs into the pan; eine ~ (voll) Bratkartoffeln a panful of fried potatoes; j-n in die ~ hauen *fig. colloq.* a) (*vernichtend schlagen*) to beat s.o. hollow, to beat the boots off s.o., to make mincemeat of s.o. (*alle colloq.*), to flatten (*od.* lick) s.o. (*sl.*), b) (*verraten*) to betray s.o.; da wird doch der Hund in der ~ verrückt! *fig. colloq.* well, I never (did)! did you ever! blow me down! etwas auf der ~ haben *fig. colloq.* to have s.th. up one's sleeve (*od.* in stock). – **2.** (*im Backofen*) roasting pan. – **3.** (*zum Grillen*) broiling pan, broiler. – **4.** (*einer Waagschale*) scale(pan), pan, tray. – **5.** *civ.eng.* (*Dachpfanne*) pantile. – **6.** *tech.* (*Siedekessel*) pan, copper. – **7.** *tech.* a) pan, b) (*einer Schneide*) seat. – **8.** *metall.* (*Gießpfanne*) ladle. – **9.** *brew.* (brewing) copper. – **10.** *med.* a) pan, b) (*beim Gelenk*) socket, c) (*beim Hüftgelenk*) acetabulum, d) (*an der Schulter*) glenoid cavity: der Knochen ist aus der ~ gesprungen the bone has slipped out of joint (*od.* out of its socket). – **11.** *mil. hist.* (*eines Gewehrs*) (powder) pan.

'**Pfan·nen,aus,guß** *m metall.* ladle lip, nozzle of a ladle. — ~**,bär** *m* ladle skull. — ~**,flicker** (*getr.* -k·k-) *m* tinker. — ~**,stiel** *m* handle of a pan, panhandle.

'**Pfann,ku·chen** *m* ⟨-s; -⟩ *gastr.* **1.** pancake, *Am.* wheat (*od.* griddle, hot) cake, flapjack: platt wie ein ~ *fig.* (as) flat as a pancake; aufgehen (*od.* auseinandergehen) wie ein ~ *fig. colloq.* to swell up like a balloon. – **2.** (*Berliner*) ~ *bes. Northern G.* (Berlin) doughnut.

'**Pfarr,amt** *n relig.* **1.** clergyman's office. – **2.** *cf.* Pfarrstelle. — **p~,amt·lich** *adj* parochial, pastoral. — ~**,be,zirk** *m* parish, cure. — ~**,buch** *n* parish register.

Pfar·re ['pfarə] *f* ⟨-; -n⟩ *relig. cf.* Pfarrbezirk.

Pfar·rei *f* ⟨-; -en⟩ *relig.* **1.** parish. – **2.** *cf.* Pfarramt 1. — **pfar·rei·lich** *adj* parochial, pastoral.

Pfar·rer ['pfarər] *m* ⟨-s; -⟩ *relig.* **1.** (*katholischer*) (parish) priest, *bes. Am.* pastor. – **2.** (*protestantischer*) *cf.* Pastor 1. – **3.** (*anglikanischer*) clergyman, vicar, rector, curate. – **4.** (*der engl. Hochkirche*) priest.

'**Pfar·re·rin** *f* ⟨-; -nen⟩ (*in evangelischer Kirche*) woman pastor.

'**Pfar·rers,toch·ter** *f* clergyman's (*od.* parson's) daughter: unter uns (katholischen) Pfarrerstöchtern *colloq. humor.* between you and me and the lamppost.

'**Pfarr,frau** *f* clergyman's (*od.* parson's) wife. — ~**,ge,hil·fe** *m relig.* curate: Stelle des ~ curacy. — ~**,ge,hil·fin** *f* **1.** clergyman's assistant, deaconess. – **2.** *cf.* Pfarrvikarin. — ~**,ge,mein·de** *f* parish. — ~**,haus** *n* clergyman's house, parish house, (*Amtswohnung*) parsonage, (*eines anglika-*

nischen Pfarrers) rectory, *auch* vicarage, (*freikirchliches*) manse, (*römisch-katholisches*) presbytery, *auch* presbytere. — ~**ˌhelfer** *m* curate intern. — ~**ˌhof** *m* **1.** *cf.* Pfarrhaus. – **2.** courtyard of a parsonage. — ~**ˌkind** *n* parishioner. — ~**ˌkirche** *f* parish church. — ~**ˌschule** *f* parish (*od.* parochial) school. — ~**ˌstelle** *f* pastorate, ecclesiastical (*od.* clerical) benefice, (*anglikanische*) *auch* rectorate, incumbency: er hat eine ~ bekommen he has been appointed to a parish. — ~**ˌverˌweser** *m* curate in charge of a parish, curate in charge. — ~**viˌkar** *m* *cf.* Pfarrhelfer. — ~**viˌkarin** *f* woman assistant minister.

Pfau [pfau] *m* ⟨-(e)s *od.* -en; -(e)n, *Austrian auch* -e⟩ **1.** *zo.* (Blauer *od.* Gemeiner) ~ *zo.* Indian peacock, peafowl, pavo (*scient.*) (*Pavo cristatus*); junger ~ peachick; der ~ schlägt ein Rad the peacock spreads his feathers (*od.* his train, tail), the peacock fans (out) his tail. – **2.** *fig. colloq.* (*in Wendungen wie*) einherstolzieren wie ein ~ to strut like a peacock; stolz wie ein ~ (as) proud (*od.* vain) as a peacock; sich spreizen wie ein ~ to plume oneself, to swell (*od.* be puffed up) with pride; sich aufputzen wie ein ~ to doll oneself up (*colloq.*). – **3.** *her.* pawn, *auch* peacock.

pfauchen [ˈpfauxən] *v/i u. v/t* ⟨h⟩ *obs. od. Southern G. and Austrian for* fauchen.

'Pfau·enˌau·ge *n* **1.** a) peacock's eye, b) eye in a peacock's feather. – **2.** *zo. a*) *cf.* Tagpfauenauge, b) *cf.* Abendpfauenauge, c) *cf.* Nachtpfauenauge. — ~**ˌau·gen-ˌBuntˌbarsch** *m* *zo.* velvet cichlid, oscar (*Gattg Astronotus*). — ~**ˌau·gen-ˌKammˌbarsch** *m* pike cichlid (*Crenicichla lepidota*). — **p~ˌblau** *adj* peacock-blue, pavonian, pavonine. — ~**ˌfe·der** *f* peacock's feather. — ~**ˌkra·nich** *m* *zo. cf.* Kronenkranich. — ~**ˌrad** *n* peacock's fan. — ~**ˌthron** *m* (*in Persien*) Peacock Throne.
'Pfauˌhahn *m* *zo.* peacock. — ~**ˌhen·ne** *f* peahen.

Pfef·fer [ˈpfɛfər] *m* ⟨-s; -⟩ **1.** (*Gewürz*) pepper: gemahlener [weißer] ~ ground [white] pepper; mit ~ würzen to season with pepper, to pepper; das ist starker ~ *fig. colloq.* that's a bit thick (*od.* much); j-n dahin wünschen, wo der ~ wächst *fig. to* wish s.o. to the bottom of the sea (*od.* at the other end of the world, a thousand miles away); → Hase 2. – **2.** *bot.* pepper (*Gattg Piper, bes. P. nigrum*). – **3.** *bot.* (*Pfefferstaude*) pepper (*Gattg Capsicum*): Spanischer ~ (Spanish) paprika, capsicum, (Spanish) pepper (*C. annuum*); Roter ~ red (*od.* Cayenne, hot) pepper, *auch* chil(l)i, chile, *bes. Br.* chilli, chilly (*C. frutescens*). – **4.** ~ und Salz (*textile*) (*Muster*) pepper-and-salt. — ~**ˌbaum** *m* *bot.* pepper shrub (*od.* tree) (*Schinus molle*). — ~**ˌbüch·se** *f* *cf.* Pfefferstreuer. — ~**ˌfres·ser** *m* *zo.* pepper bird, toucan (*Fam. Rhamphastidae*). — ~**geˌwäch·se** *pl bot.* piperaceae (*Fam. Piperaceae*). — ~**ˌgur·ke** *f* *gastr.* gherkin.
ˈpfefˌferig *adj* peppery, piperaceous (*scient.*).
'Pfef·ferˌkorn *n* *bot.* peppercorn, grain of pepper. — ~**ˌkraut** *n* *cf.* Bohnenkraut.
'Pfef·ferˌku·chen *m* *gastr.* gingerbread (cake), parkin. — ~**ˌhäus·chen** *n* gingerbread house.
'Pfef·ferˌmilch·ling *m* *bot.* pepper mushroom (*od.* toadstool) (*Lactarius piperitus*).
'Pfef·ferˌminz¹ [-ˌmɪnts] *m* ⟨-es; -⟩ *cf.* Pfefferminzlikör.
'Pfef·ferˌminz² *n* ⟨-es; -e⟩ *gastr. cf.* a) Pfefferminzplätzchen, b) Pfefferminzbonbon.
'Pfef·ferˌminz·bonˌbon *m, n* peppermint drop (*od.* lozenge), *Am.* peppermint candy, *Br.* humbug.
'Pfef·ferˌmin·ze *f* ⟨-; *no pl*⟩ *bot.* peppermint, bergamot, brandy mint (*Mentha piperita*).
'Pfef·ferˌminzˌliˌkör *m* peppermint liqueur, crème de menthe. — ~**ˌöl** *n* *med. pharm.* peppermint oil, peppermint. — ~**ˌplätzchen** *n* **1.** peppermint drop. – **2.** biscuit with peppermint flavor (*bes. Br.* flavour), peppermint biscuit (*Am.* cookie). — ~**ˌtee** *m* peppermint tea.
'Pfef·ferˌmüh·le *f* pepper mill. — ~**ˌmu·schel** *f* *zo.* scrobicularia (*Scrobicularia piperata*).
'pfef·fern *v/t* ⟨h⟩ **1.** *gastr.* pepper: sie hat die Soße zu stark gepfeffert there is too

much pepper in the sauce; er pfefferte seine Rede mit spitzen Bemerkungen *fig.* he peppered (*od.* salted) his speech with pungent remarks. – **2.** *colloq.* fling, chuck (*colloq.*): er pfefferte seine Tasche in die Ecke he flung his bag into the corner.
'Pfef·ferˌnuß *f* *gastr.* ginger(bread) nut, *auch* spice nut.
Pfef·fe·ro·ni [pfɛfəˈroːni] *m* ⟨-; -⟩ *bes. Austrian* hot peppers *pl.*
'Pfef·ferˌsack *m* **1.** pepper bag. – **2.** *fig. contempt.* moneybags *pl* (*construed as sg or pl*). — ~**ˌscho·te** *f* *bot.* pepper pod. — ~**ˌstau·de** *f* *cf.* Pfeffer 3. — ~**ˌstrauch** *m* pepper bush (*Piper nigrum*). — ~**ˌstreu·er** *m* pepper shaker, *auch* pepper caster (*od.* pot), *bes. Br.* pepper-box. — ~**ˌvo·gel** *m* *zo. cf.* Pfefferfresser.

Pfei·fe [ˈpfaifə] *f* ⟨-; -n⟩ **1.** whistle, (*Trillerpfeife*) alarm whistle: eine schrille ~ ertönte a shrill whistle sounded; es muß alles nach seiner ~ tanzen *fig. colloq.* everybody has to dance to his tune. – **2.** *mus. a*) (*Querpfeife*) fife, b) (*der Orgel*) (organ) pipe: → gedackt. – **3.** (*Tabakpfeife*) (tobacco) pipe: kurze ~ short pipe, *bes. Br.* cutty; (sich *dat*) eine ~ stopfen to stuff (*od.* fill) a pipe; er sog (*od.* zog) an seiner ~ he sucked (*od.* pulled) at his pipe; er klopfte seine ~ aus he knocked the ashes out of his pipe. – **4.** *tech. a*) pipe, b) (*bei der Glasbläserei*) blowpipe, blowing tube. – **5.** *fig. sl. cf.* Niete 2. – **6.** *hunt.* birdcall.
pfei·fen [ˈpfaifən] **I** *v/t* ⟨pfeift, pfiff, gepfiffen⟩ **1.** (*Melodie etc*) whistle. – **2.** *fig. colloq.* (*in Wendungen wie*) ich pfeife ihm was he can whistle for it; ich werde dir was ~ I'll do nothing of the sort; er pfiff sich eins he pretended not to care; → Spatz 1. – **3.** (*sport*) (*Spiel*) be the referee (*od.* umpire) for: Schiedsrichter X wird morgen das Spiel ~ tomorrow's match will be refereed (*od.* umpired) by Mr. X. – **II** *v/i* **4.** (*von Personen*) j-m ~ to whistle to s.o.; als sie vorbeiging, pfiff er bewundernd as she passed he gave a wolf whistle; er pfiff leise vor sich hin he whistled softly to himself. – **5.** (*aus Mißfallen*) hiss, hoot, catcall. – **6.** *fig. colloq.* (*in Wendungen wie*) ich pfeife auf seine Einladung I don't give (*od.* care) a damn (*od.* two hoots) about his invitation (*colloq.*); also daher pfeift der Wind? so that's the way the wind blows? → Loch 1. – **7.** (*von Wasserkessel*) whistle. – **8.** (*von Lokomotive etc*) whistle, hoot, scream, screech. – **9.** (*vom Wind*) whistle, shrill, pipe: der Wind pfiff ihm um die Ohren the wind whistled round his ears; der Wind pfeift ums Haus the wind shrills round the house. – **10.** *mus.* pipe, whistle: auf der Querpfeife ~ to fife; auf dem Dudelsack ~ to skirl. – **11.** (*sport*) a) whistle, blow (*od.* give) a whistle, b) (*Schiedsrichter sein*) be the referee (*od.* umpire), referee, umpire. – **12.** *mar.* (*mit Bootsmannspfeife*) pipe. – **13.** *mil.* (*von Geschoß, Kugel*) whistle, pipe, sing, ping, whiz(z), zip: → Kugel 2. – **14.** (*beim Atmen*) a) *med.* wheeze, whistle, b) *vet.* roar. – **15.** *zo. a*) (*von Vögeln*) sing, pipe, b) (*vom Murmeltier*) whistle. – **16.** *hunt.* call, give a warning call. – **17.** (*von Radio etc*) squeal, whistle, sing. – **18.** (*thieves' Latin*) (*alles verraten*) 'squeal', 'squeak', 'sing' (*alle colloq.*): er hat bei der Polizei gepfiffen he sang to the police. – **III** P~ *n* ⟨-s⟩ **19.** *verbal noun*: er spitzte seine Lippen zum P~ he pursed (up) his lips to whistle. – **20.** whistle. – **21.** (*aus Mißfallen*) hiss, hoot, catcall, *Am. sl.* Bronx cheer. – **22.** (*einer Lokomotive, eines Schiffes etc*) whistle, hoot, scream, shrill. – **23.** *mil.* (*von Geschoß, Kugel*) whistle, pipe, sing, ping, whiz(z), zip. – **24.** *med.* (*der Lunge*) sibilant rhonchi *pl.*
'Pfei·fenˌanˌzün·der *m* pipe light(er).
'pfei·fend I *pres p.* – **II** *adj* **1.** (*Geräusch etc*) whistling. – **2.** *med.* (*Atmen*) wheezing, sibilant.
'Pfei·fenˌdeckel (*getr.* -k·k-) **I** *m* **1.** lid of a pipe bowl, pipe cap. – **2.** *Austrian mil. colloq. for* Offizier(s)bursche. – **II** *interj* **3.** ~! *colloq.* nothing doing! (*colloq.*), no go! — ~**ˌfisch** *m* *zo. cf.* Tabakspfeife 2. — ~**geˌstell** *n* pipe rack. — ~**ˌgras** *n* *bot.* (purple) moor grass (*Molinia coerulea*). — ~**ˌhal·ter** *m* *cf.* Pfeifengestell. — ~**ˌkopf** *m* **1.** (pipe) bowl. – **2.** *colloq. for* Dummkopf. — ~-

~**ˌkraut** *n* *bot. cf.* Pfeifenstrauch. — ~**ˌrau·cher** *m* pipe smoker. — ~**ˌrei·ni·ger** *m* (tobacco) pipe cleaner (*od.* cleanser, picker). — ~**ˌrohr** *n* pipe tube, pipestem. — ~**ˌstän·der** *m* pipe rack. — ~**ˌstop·fer** *m* tobacco (*od.* pipe) stopper. — ~**ˌstrauch** *m* *bot.* hogweed, *Am.* Dutchman's pipe, pipe shrub (*od.* vine) (*Aristolochia sipho*). — ~**ˌta·bak** *m* pipe tobacco.
'Pfeif·en·te *f* *zo.* European widgeon, whistling duck (*Anas penelope*).
'Pfeif·ton *m* *min.* pipe clay, bolus, *auch* bole, terra alba. — ~**ˌwerk** *n* *mus.* (*einer Orgel*) pipework.
'Pfei·fer *m* ⟨-s; -⟩ **1.** whistler. – **2.** *mus. a*) piper, b) fife player, *auch* fifer.
Pfei·feˈrei *f* ⟨-; *no pl*⟩ *contempt.* (continuous) whistling.
'Pfeifˌfrosch *m meist pl zo.* white-lipped (*od.* white-jawed robber) frog (*Fam. Leptodactylidae*). — ~**ˌha·se** *m* calling hare, *auch* mouse hare, pika (*Fam. Ochotonidae*). — ~**ˌkes·sel** *m* whistling kettle. — ~**konˌzert** *n* *fig.* chorus of whistles (*od.* boos), catcalling. — ~**siˌgnal** *n* whistle (signal). — ~**ˌton** *m* **1.** *electr.* whistling (*od.* feedback) tone. – **2.** whistle. – **3.** *med.* (*beim Atmen*) wheezing sound. — ~**ˌtopf** *m* pressure cooker.

Pfeil [pfail] *m* ⟨-(e)s; -e⟩ **1.** (*Bogengeschoß*) arrow, bolt: ein gefiederter [vergifteter] ~ a feathered [poisoned] arrow; einen ~ schnitzen to cut an arrow; mit ~ und Bogen with bow and arrow; er schoß wie ein ~ davon *fig.* he darted off; alle seine ~e verschossen haben *fig.* to be at the end of one's resources, to have shot one's bolt; von Amors ~ getroffen werden *fig.* to be hit by Cupid's shaft. – **2.** (*games*) dart. – **3.** (*Richtungsweiser u. Zeichen*) arrow. – **4.** *tech.* arrow. – **5.** *astr.* Arrow, Sagitta. – **6.** *arch. cf.* Pfeilhöhe. — **p~ˌähn·lich**, **p~ˌar·tig** *adj* arrowlike, sagittal (*lit.*).
'Pfei·ler *m* ⟨-s; -⟩ **1.** *arch. a*) pillar, b) (*einer Brücke*) pier. – **2.** *fig.* pillar, foundation. – **3.** (*mining*) pillar: einen ~ abbauen to rob a pillar. — ~**ˌbo·gen** *m* *arch.* pilaster arch. — ~**ˌbrücke** (*getr.* -k·k-) *f* *civ.eng.* pier bridge, bridge resting on piers. — **p~ˌförmig** *adj* pillar-shaped. — ~**ˌschaft** *m* **1.** pier shaft. – **2.** pillar shaft. — ~**ˌspie·gel** *m* pier glass.
'Pfeilˌflü·gel *m* *aer.* swept-back wing. — ~**ˌform** *f* **1.** *aer.* (*der Tragflächen*) sweepback, *Br.* sweep-back. – **2.** *mil.* wedge formation. — **p~ˌförmig** *adj* **1.** arrow-shaped, arrowy. – **2.** *bot.* sagittate, sagittal, sagittiform. – **3.** *aer.* swept-back (*attrib*). — **p~geˈra·de** *adj* (as) straight as an arrow (*od.* a die). — **p~geˈschwind** *adj* (as) swift as an arrow. — ~**ˌgift** *n* arrow poison, curare. — ~**ˌha·gel** *m* shower of arrows. — ~**ˌhecht** *m* *zo. cf.* Barrakuda. — ~**ˌhö·he** *f* *arch.* (*eines Bogens, Gewölbes*) rise. — ~**ˌkraut** *n* *bot.* arrowhead, arrowleaf (*Gattg Sagittaria*): Gemeines ~ common arrowhead (*S. sagittifolia*). — ~**ˌrad** *n* *tech. cf.* Pfeilzahnrad. — ~**ˌre·gen** *m* shower of arrows. — ~**ˌschaft** *m* arrow shaft, stele. — ~**ˌschnäb·ler** [-ˌʃnɛːblər] *m* ⟨-s; -⟩ *zo.* spiny eel (*Fam. Mastocembelidae*). — **p~ˈschnell** *adj cf.* pfeilgeschwind. — ~**ˌschuß** *m* bowshot, arrowshot. — ~**ˌschüt·ze** *m* bowman, archer. — ~**ˌschwanzˌkrebs** *m* *zo.* horseshoe crab, *auch* king crab (*Limulus polyphemus*). — ~**ˌspit·ze** *f* **1.** arrowhead, arrow tip, pike. – **2.** *her.* pheon. — ~**ˌstel·lung** *f* *aer.* (*der Tragflächen*) sweepback, *Br.* sweep-back.
'Pfei·lung *f* ⟨-; *no pl*⟩ *aer.* (*des Flügels*) sweep.
'Pfeilˌverˌzah·nung *f* *tech.* herringbone (*Br.* herring-bone) tooth system, double helical gearing. — ~**ˌwurfˌspiel** *n* darts *pl* (*construed as sg*). — ~**ˌwurm** *m* *zo.* **1.** chaetognath (*Klasse Chaetognatha*). – **2.** arrowworm, sagitta (*scient.*) (*Sagitta hexaptera*).
'Pfeilˌwurz *f* *bot.* arrowroot (plant), maranta (*scient.*) (*Gattg Maranta, bes. M. arundinacea*). — ~**ˌmehl** *n* arrowroot, maranta, tous-les-mois.
'Pfeilˌzahnˌrad *n* *tech.* herringbone (*Br.* herring-bone) gear, double helical gear.
Pfen·nig [ˈpfɛnɪç] *m* ⟨-(e)s; -e⟩ **1.** pfennig: eine Briefmarke zu 20 ~ a 20-pfennig stamp. – **2.** *fig.* penny, *Br. auch* farthing, bean (*sl.*), *Am.* cent: er hat keinen ~ he hasn't a penny; ohne einen ~ stone-broke,

bes. Br. stony-broke (*beide sl.*); **sie muß mit dem ~ rechnen, sie muß jeden ~ umdrehen** she has to count every penny, she has to scrimp and save; **er dreht jeden ~ zehnmal um** *fig.* (*ist geizig*) he counts every penny, he is a scrimp; **das ist nicht einen ~ wert** that's not worth a penny (*Am. colloq.* red cent, plugged nickel); **er hat nicht für fünf ~ Lust** he doesn't care two cents (*od.* a rap) for that; **wer den ~ nicht ehrt, ist des Talers nicht wert** (*Sprichwort*) who needs not a penny will never have many (*proverb*), penny and penny laid up will be many (*proverb*), look after the pennies and the pounds will look after themselves (*proverb*); → **Heller 2.** — **~₁ab₁satz** *m* (*eines Damenschuhes*) stiletto heel. — **~₁fuch·ser** *m* ⟨-s; -⟩ *colloq. contempt.* skinflint, miser, niggard; penny pincher, *bes. Br.* pinchpenny (*colloq.*). — **~fuch·se'rei** [₁pfɛnɪç-] *f* ⟨-; -en⟩ *colloq. contempt.* stinginess, niggardliness. — **p~₁groß** *adj* of the size of a pfennig. — **~₁kraut** *n* *bot.* 1. moneywort, twopenny grass, creeping Jenny (*od.* loosestrife) (*Lysimachia nummularia*). — 2. pennycress, *auch* fanweed, field pennycress, French weed, penny grass (*Thlaspi arvense*). — **~₁stück** *n* pfennig piece (*od.* coin). — **~₁wa·re** *f* trinkets *pl*, odds and ends *pl*, bits and pieces *pl*. — **p~₁wei·se** *adv* by pennyworths, in driblets.

Pferch [pfɛrç] *m* ⟨-(e)s; -e⟩ *agr.* pen, fold, pinfold, *auch* penfold, *bes. Am.* corral: **die Schafe in den ~ bringen** to pen the sheep. — **'pfer·chen** *v/t* ⟨h⟩ **1.** *agr.* pen, fold, *Am.* corral. – **2.** *fig.* cram, pack (*s.th.*) closely.

Pferd [pfeːrt] *n* ⟨-(e)s; -e⟩ **1.** horse, equine (*scient.*): **ein edles ~** a well-bred horse; **ein feuriges ~** a fiery (*od.* spirited, high-mettled) horse; **sich aufs ~ setzen** to mount a horse; **vom ~ steigen** to dismount (from one's horse), to alight (from horseback); **auf ein ~ wetten** (*od.* setzen) to back a horse; **zu ~e** on horseback, (*Truppen etc*) mounted; **ein Polizist zu ~e** a mounted policeman; **stark wie ein ~** (as) strong as a horse; **schuften** (*od.* arbeiten) **wie ein ~** *fig.* to work like a Trojan (*od.* black); **einem ~ die Zügel schießen lassen** to give a horse the bridle (*od.* his head); **er kann mit ~en umgehen** he has a hand with horses. – **2.** *fig. colloq.* (*in Wendungen wie*) **auf das falsche ~ setzen** to back the wrong horse; **sich aufs hohe ~ setzen** to get on (*od.* be on, ride) the high horse; **er ist das beste ~ im Stall** he is the best horse in the stable; **das ~ beim Schwanz aufzäumen** to put the cart before the horse; **mich brächten keine zehn ~e dazu** wild horses would not drag me to it, no one could persuade me to do it; **keine zehn ~e bringen mich dahin** wild horses would not drag me there, I would not go there for love or money; **mit ihr kann man ~e stehlen** she is a good sport, she is game for anything; **ihm gingen die ~e durch** he flew off the handle (*colloq.*); **das hält kein ~ aus** that's beyond endurance, nobody would stand that; **mach mir nicht die ~e scheu!** don't put me off! don't try to frighten me! **immer sachte mit den jungen ~en!** not so fast! steady, steady! — **3.** (*Turngerät*) a) (box) horse, b) (*Längspferd*) vaulting (*bes. Am.* long) horse, c) (*Seitpferd*) side (*od.* pommeled, *bes. Br.* pommelled) horse. – **4.** (*games*) (*Schachfigur*) knight.

'Pfer·de|₁ap·fel *m colloq.* (ball of) horse dung, horse droppings *pl*. — **~₁bahn** *f hist.* horse streetcar (*bes. Am.* tram), horsecar. — **p~be₁spannt** *adj* horse-drawn. — **~be₁stand** *m* stock of horses. — **~₁boh·ne** *f bot.* horsebean, tickbean, broad bean (*Vicia faba*). — **~₁box** *f* horse box. — **~₁brem·se** *f zo.* horse botfly (*Gastrophilus intestinalis*). — **~₁bur·sche** *m* groom, stableboy, stableman, (h)ostler, *Br.* horseboy. — **~₁decke** (*getr.* -k·k-) *f* horse blanket (*od.* rug), horsecloth, *Br.* horse-cloth. — **~₁dieb** *m* horse thief. — **~dres₁sur** *f* dressage. — **~₁drosch·ke** *f* horse cab. — **~₁egel** *m zo.* horseleech (*Haemopis vorax u. H. sanguisuga*). — **~₁fleisch** *n* horseflesh, horsemeat. — **~₁flie·ge** *f zo.* cf. Pferdebremse. — **~₁fuhr₁werk** *n* horse-drawn vehicle. — **~₁fuß** *m* **1.** cf. Klumpfuß. – **2.** *fig. colloq.* cloven hoof (*od.* foot): **die Sache hat einen ~** there's a fly in the ointment; **da**

schaut der ~ hervor there's (*od.* that's) the nigger in the woodpile (*sl.*). — **~₁futter** *n* (horse's) fodder (*od.* provender, feed). — **~ge₁biß** *n colloq.* teeth *pl* like a horse. — **~ge₁schirr** *n* (horse's) harness (*od.* gear), tackle. — **~ge₁spann** *n* **1.** team of horses. - **2.** *cf.* Pferdewagen. — **~ge₁trap·pel** *n* horses' hoofbeats *pl*, (the) trot of horses, (the) sound of horses' hooves. — **~₁gurt** *m* (horse) girth, surcingle, circingle. — **~₁haar** *n meist pl* cf. Roßhaar. — **~₁hal·ter** *m* keeper of horses, stablekeeper. — **~₁han·del** *m* trade in horses, horse dealing (*bes. Am.* trading). — **~₁händ·ler** *m Br.* (horse-)coper, horsedealer, *bes. Am.* horse trader (*od.* dealer). — **~₁hirsch** *m zo.* cf. Sambarhirsch. — **~₁huf** *m* horse's hoof. — **~₁jun·ge** *m* cf. Pferdebursche. — **~₁ken·ner** *m* good judge of horses, horseman, hippologist (*scient.*). — **~₁knecht** *m* cf. Pferdebursche. — **~₁kop·pel** *f* paddock, *Am. auch* corral. — **~₁kraft** *f phys.* cf. Pferdestärke. — **~₁kur** *f colloq.* cf. Roßkur. — **~₁län·ge** *f* (*sport*) horse length: **er gewann um 2 ~n** he won by 2 lengths. — **~₁laus₁flie·ge** *f zo.* forest fly (*Hippobosca equina*). — **~₁len·ker** *m antiq.* charioteer. — **~₁lieb·ha·ber** *m* horse lover, hippophile (*scient.*). — **~₁lieb·ha·be₁rei** *f* fondness of horses, horsiness. — **~₁mäh·ne** *f* mane of a horse. — **~₁markt** *m* horse fair (*od.* market). — **~₁metz·ger** *m Southern G.* for Pferdeschlachter. — **~₁metz·ge₁rei** *f Southern G.* for Pferdeschlachterei. — **~₁mist** *m* horse dung (*od.* droppings *pl*). — **~₁narr** *m colloq.* for Pferdeliebhaber. — **p~₁när·risch** *adj* horsey, *auch* horsy, crazy about horses. — **~₁na·tur** *f* only in **eine ~ haben** *fig. colloq.* to have a robust constitution. — **~₁peit·sche** *f* horsewhip. — **~₁ras·se** *f* breed of horses, equine race. — **~₁renn₁bahn** *f* (*sport*) racecourse, turf, flat, *Am. auch* racetrack. — **~₁ren·nen** *n* a) horse racing, (the) races *pl*, b) horse race: **bei ~ wetten** to play the races. — **~₁renn₁sport** *m* (horse) racing, (the) turf: **sein ganzes Interesse gilt dem ~** the turf is his only interest. — **~₁rücken** (*getr.* -k·k-) *m* horseback. — **~₁sat·tel** *m* saddle. — **~₁schlach·ter** *m* horsemeat butcher. — **~₁schlach·te·rei** *f* horsemeat butcher's (shop). — **~₁schlit·ten** *m* (horse) sleigh (*bes. Br.* sledge). — **~₁schwanz** *m* **1.** horsetail, horse's tail: **gestutzter ~** bobbed tail, bob. – **2.** *bot.* cf. Schachtelhalm. – **3.** (*Frisur*) ponytail. — **~₁schweif** *m* cf. Pferdeschwanz 1. — **~₁schwem·me** *f* horsepond, *Br.* horse-pond. — **~₁sport** *m* equestrian sport. — **~₁sprin·ger** *m zo.* five-toed jerboa (*Allactaga maior*). — **~₁stall** *m* (horse) stable. — **~₁stär·ke** *f phys.* horsepower: **dies ist ein Auto mit 50 ~n** this is a 50-horsepower car. — **~₁strie·gel** *m* horse comb, currycomb. — **~₁trän·ke** *f* cf. Pferdeschwemme. — **~ver₁stand** *m fig. colloq.* horse sense. — **~₁wa·gen** *m* horse-drawn carriage (*od.* wagon, *Br.* waggon). — **~₁wurm** *m zo.* bot, *auch* bott (*Gasterophilus equi*). — **~₁zaum** *m* bridle. — **~₁zucht** *f* horse breeding, horse husbandry. — **~₁züch·ter** *m* horse breeder. — **~₁zun·ge** *f* **1.** tongue of a horse. – **2.** *zo.* cf. Heilbutt.

'Pferd₁sprung *m* ⟨-(e)s; *no pl*⟩ (*sport*) (*beim Turnen*) (horse) vault.

Pfet·te ['pfɛtə] *f* ⟨-; -n⟩ *arch.* purlin, *auch* purline.

pfiff [pfɪf] *1 u. 3 sg pret of* pfeifen.

Pfiff *m* ⟨-(e)s; -e⟩ **1.** whistle: **er rief den Hund mit einem ~ herbei** he whistled for his dog. - **2.** *fig. colloq.* trick: **er kannte den ~, er hatte den ~ heraus** he knew the trick, he had the knack of it; **mit allerlei Kniffen und ~en** with all sorts of tricks and dodges. – **3.** *fig. colloq.* style, swank (*colloq.*): **das Kleid hat ~** that's a chic (*bes. Am.* neat) dress. - **4.** **sie ist ein Mädchen mit ~** *fig. colloq.* she has that certain something, she's got what it takes.

Pfif·fer·ling ['pfɪfərlɪŋ] *m* ⟨-s; -e⟩ **1.** *bot.* chanterelle, *auch* chantarelle, chantarella (*Cantharellus cibarius*). - **2.** *fig. colloq.* straw, fig, *bes. Br.* penny, *bes. Am.* rap, red cent (*colloq.*), *Am. colloq.* 'whoop', tinker's dam(n): **ich gebe keinen ~ dafür** (*od.* darum) I wouldn't give (you) a penny for it; **ich mache mir keinen ~ daraus** I don't care a fig (*Am. colloq.* whoop) for

it; **das ist keinen ~ wert** that's not worth a penny (*od.* brass farthing); → kümmern 3.

'pfif·fig *colloq.* **I** *adj* **1.** smart, sharp, shrewd, clever, adroit, cunning, crafty: **ein ~er Bursche** a smart lad (*od.* boy). - **2.** (*spitzbübisch*) roguish, impish. – **II** *adv* **3.** **er hat sich ~ angestellt** he acted pretty sharply. — **'Pfif·fig·keit** *f* ⟨-; *no pl*⟩ **1.** sharpness, cunning(ness). - **2.** roguishness, impishness.

Pfif·fi·kus ['pfɪfikus] *m* ⟨- *u.* -ses; -se⟩ *colloq.* cunning fellow (*colloq.*), slyboots *pl* (*construed as sg*) (*humor.*), dodger.

'Pfingst|₁abend *m* eve of Whitsunday, Whitsun Eve. — **~₁blu·me** *f bot.* cf. Pfingstrose.

Pfing·sten ['pfɪŋstən] *n* ⟨-; *dial.* (*in Wunschformeln od. Austrian and Swiss only*) -⟩ **1.** Whitsun(tide), Whit, *bes. Am.* Pentecost: **~ fällt** (*bes. Austrian and Swiss dial.* fallen) **dieses Jahr früh** Whit(sun) is early this year; **wir verbrachten ~ zu Hause** we spent Whit(sun) at home; **zu** (*Southern G.* an) **~ at** Whitsun; **~ Ostern 1.** - **2.** *relig.* Pentecost.

'Pfingst|₁fe·ri·en *pl* Whitsun(tide) (*od.* Whit) holidays (*Am.* vacation *sg*). — **~₁fest** *n* Whitsun(tide), Whit, *bes. Am.* (feast of) Pentecost.

'pfingst·lich *adj* Whit(sun) (*attrib*), *bes. Am.* Pentecostal.

'Pfingst|₁mon₁tag *m* Whitmonday, *Br. auch* Whit Monday. — **~₁och·se** *m* only in **er war geputzt** (*od.* geschmückt) **wie ein ~, er sah aus wie ein ~** *colloq.* he was dressed up to the nines (*od.* nineties, gills) (*colloq.*), *bes. Br.* he was dressed up like a dog's dinner (*colloq.*). — **~₁ro·se** *f bot.* peony, *Br. auch* paeony (*Gattg Paeonia*): **Echte ~** common peony (*P. officinalis*). — **~'sonn₁tag** *m* Whitsunday, *Br. auch* Whit Sunday, *bes. Am.* Pentecost. — **~₁vo·gel** *m zo.* cf. Pirol. — **~₁wo·che** *f relig.* Whit Week, *auch* Whit week, Whitweek. — **~₁zeit** *f* Whitsun(tide), Whit, *bes. Am.* (season of) Pentecost.

Pfir·sich ['pfɪrzɪç] *m* ⟨-s; -e⟩ **1.** (*Frucht*) peach: **~ Melba** *gastr.* cf. Pfirsicheis. - **2.** *bot.* cf. Pfirsichbaum. — **~₁baum** *m bot.* peach (tree) (*Prunus persica*). — **~₁blü·te** *f* peach blossom. — **~₁bow·le** *f gastr.* peach punch (*od.* cup). — **~₁eis** *n* peach ice (cream), pêche (*od.* peach) Melba. — **~₁far·be** *f* peach (color, *bes. Br.* colour). — **p~₁far·ben, p~₁far·big** *adj* peach(-colored, *bes. Br.* -coloured). — **~₁haut** *f* **1.** skin (*od.* peel) of a peach. - **2.** *fig.* skin like peaches and cream, peachy skin. — **~₁kern** *m* peach kernel (*od.* stone), *Am. auch* peach pit.

Pflanz [pflants] *m* ⟨-es; *no pl*⟩ *Bavarian and Austrian dial.* for a) Angeberei 1, b) Schwindel 3.

Pflänz·chen ['pflɛntsçən] *n* ⟨-s; -⟩ **1.** *dim.* of Pflanze. - **2.** *bot.* young plant, seedling, plantlet. - **3.** **ein nettes ~** *fig. colloq. iron.* a brat, an ill-bred young girl (*od.* boy).

Pflan·ze ['pflantsə] *f* ⟨-; -n⟩ **1.** *bot.* a) plant, b) (*bes. Topfpflanze*) wort, c) (*bes. Gemüsepflanze*) vegetable: **fleischfressende ~** carnivorous (*od.* insectivorous) plant; **junge ~** cf. Pflänzchen 2; **schmarotzende ~** parasitic plant, parasite; **~n ziehen** to cultivate plants; **~n sammeln** to collect plants, to botanize, to herborize (*scient.*). - **2.** *fig. colloq.* (*in Wendungen wie*) **das ist vielleicht eine ~!** *contempt.* that's a pert (*od. colloq.* cocky, *Am. sl.* gally) one (*od.* article); **eine echte Berliner ~** *humor.* a trueborn Berlin girl (*od.* boy).

pflan·zen¹ ['pflantsən] **I** *v/t* ⟨h⟩ **1.** (*Bäume, Blumen etc*) plant: **in einen Topf ~** to pot. - **2.** (*Setzlinge etc*) set (out), plant: **mit einem Setzholz ~** to dibble. - **3.** *agr.* (*Kartoffeln etc*) grow, plant. - **4.** *poet.* (*Haß, Liebe etc*) (im)plant: **j-m etwas ins Herz ~, etwas in j-s Herz ~** to implant s.th. in s.o. - **5.** (*Banner etc*) (auf acc on) plant. – **II** *v/reflex* **sich ~ 6.** *fig. colloq.* (*sich hinlümmeln*) plant oneself: **er pflanzte sich auf den Stuhl** he planted himself (down) on the chair. - **III P~** *n* ⟨-s⟩ **7.** *verbal noun.* **'pflan·zen²** *v/t* ⟨h⟩ **j-n ~** *Bavarian and Austrian dial.* to kid s.o. (*sl.*).

'Pflan·zen|ana·to₁mie *f bot.* plant anatomy. — **~₁art** *f* species of plant. — **p~₁ar·tig** *adj* plantlike, herby, phytoid (*scient.*). — **~₁asche** *f* vegetable (*od.* plant) ashes *pl*. — **~₁bau** *m* ⟨-(e)s; *no pl*⟩ (plant) cultivation, crop farming. — **~be,schrei·bung** f bot. descriptive botany, description of plants, phytography (scient.). — **~be,stim·mung** f determination (od. identification, definition) of a plant. — **~,but·ter** f gastr. vegetable butter. — **~che,mie** f chemistry of plants, phytochemistry (scient.). — **~-,decke** (getr. -k·k-) f bot. cover(ing) of vegetation, plant cover(ing) (od. soil). — **~,dün·ger** m agr. 1. (organischer) manure. – 2. (mineralischer) fertilizer. — **~,ei,weiß** n bot. vegetable albumin, phytoalbumin (scient.). — **~,er·de** f agr. garden mold (bes. Br. mould), vegetable mo(u)ld (od. soil). — **~,ex,trakt** m med. pharm. plant (od. vegetable) extract. — **~,farb,stoff** m plant pigment. — **~,fa·ser** f vegetable (od. plant) fiber (bes. Br. fibre). — **~,fett** n 1. vegetable fat, Am. shortening. – 2. chem. biol. vegetable fat. — **~for·ma·ti,on** f bot. plant formation. — **p~,fres·send** adj zo. 1. (bes. Säugetiere) herbivorous. – 2. (bes. Insekten) phytophagous, phytophagic. – 3. (bes. Schädlinge) plantivorous. — **~-,fres·ser** m 1. (bes. Säugetiere) herbivore. – 2. (bes. Insekten) phytophagan. — **~,gat·tung** f bot. genus of plants. — **~geo-gra,phie** f botanic(al) geography, geobotany, phytogeography (scient.). — **~,gift** n vegetable poison, phytotoxin (scient.). — **~,grün** n bot. cf. Chlorophyll. — **~,heil-,kun·de** f med. phytotherapy. — **~,ken·ner** m herbalist, botanist, phytologist (scient.). — **~,kost** f vegetarian (od. vegetable) diet, vegetable food. — **~,krank·heit** f bot. plant disease. — **~,kun·de** f botany, phytology (scient.). — **~,laus** f zo. cf. Blattlaus. — **~,le·ben** n bot. plant (od. vegetable) life, vegetation. — **~,leh·re** f cf. Pflanzenkunde. — **~,leim** m chem. vegetable glue, gliadin (scient.). — **~-,milch** f chem. bot. (vegetable) milk. — **~,öl** n gastr. vegetable oil. — **~phy·sio-lo,gie** f bot. plant physiology. — **~,reich** n vegetable kingdom (od. world), flora, vegetation. — **~,saft** m sap, juice of plants. — **~sam·meln** n botanizing, herborization (scient.). — **~,samm·ler** m collector of plants, botanist, herbalist (scient.). — **~,samm·lung** f botanic(al) collection; hortus siccus, herbarium (scient.). — **~,schäd·ling** m bot. plant pest. — **~-,schleim** m mucilage. — **'Pflan·zen,schutz** m plant protection. — **~,dienst** m plant (od. crop) protection service, phytopathologic(al) service (scient.). — **~,mit·tel** n agr. chem. (plant) protectant, pesticide, plant-protective agent. — **'Pflan·zen|sy,stem** n bot. (botanical) plant system, classification of plants: das Linnésche ~ the Linn(a)ean system (of botany). — **~ver,stei·ne·rung** f geol. fossil plant. — **~,wachs** n bot. vegetable (od. plant) wax. — **~,wachs,tum** n vegetable growth, vegetation, growth of plants. — **~,welt** f cf. Pflanzenreich. — **~,wes·pe** f zo. cf. Blattwespe. — **~,wuchs** m bot. vegetation: überwuchernder ~ overgrowth. — **~,zel·le** f plant cell. — **~,zell-,stoff** m cellulose. — **~,zucht** f hort. cf. Pflanzenzüchtung. — **~,züch·ter** m plant breeder, nurseryman. — **~,züch·tung** f cultivation of plants, plant breeding.

'Pflan·zer m ⟨-s; -⟩ 1. planter, cultivator, grower. – 2. (Besitzer einer Pflanzung) planter, owner of a plantation. – 3. cf. Pflanzholz.

'Pflanz|,gar·ten m (forestry) hort. nursery, seedbed, seed-plot. — **~,holz** n planter, dibble, planting pin (od. peg, stick). — **~kar,tof·fel** f meist pl seed potato.

'pflanz·lich adj bes. bot. vegetable (attrib): **~en** Ursprungs of plant (od. vegetable) origin; phytogenic, phytogenous (scient.).

'Pflänz·ling m ⟨-s; -e⟩ agr. seedling, young plant.

'Pflanz|ma,schi·ne f agr. planting machine, planter. — **~,reis** n scion, auch cion. — **~,schu·le** f 1. agr. nursery. – 2. fig. cf. Pflanzstätte. — **~,stät·te** f fig. nursery, seminary. — **~,stock** m agr. cf. Pflanzholz.

'Pflan·zung f ⟨-; -en⟩ 1. cf. Pflanzen¹. – 2. agr. (Plantage) plantation. – 3. (forestry) planted (od. forest) stand, forest plantation.

'Pfla·ster n ⟨-s; -⟩ 1. med. pharm. a) (Heftpflaster) (adhesive) plaster, b) (Leukoplast) adhesive tape: ein ~ auflegen to apply a plaster. – 2. fig. colloq. plaster, salve, sop: ein großzügiges Geschenk

als ~ für erlittenes Unrecht a generous present as a salve for injustice suffered. – 3. civ.eng. a) cf. Pflasterstein 1, b) (Pflasterung) pavement, paving, paved surface, stone set(t): gutes [schlechtes, holpriges] ~ good [bad, bumpy] pavement; das ~ einer Straße aufreißen to tear up the pavement of a street; das ~ legen to sett pave, to lay the pavement; ~ treten fig. colloq. to walk through a town for hours on end. – 4. (im Haus) pavement, flagging. – 5. fig. colloq. place, spot: München ist ein teures ~ Munich is an expensive place (to live in). — **~,ar·beit** f civ.eng. paving. — **~be,lag** m block pavement.

'Pfla·ste·rer m ⟨-s; -⟩ paver, pavio(u)r, pavier.

'Pfla·ster|,ka·sten m 1. colloq. plaster box. – 2. mil. humor. ambulance man. — **~,ma·ler** m pavement artist. — **p~,mü·de** adj colloq. foot-weary, weary from walking on asphalt.

pfla·stern ['pflastərn] I v/t ⟨h⟩ 1. (Straße etc) pave: → Hölle. – II P~ n ⟨-s⟩ 2. verbal noun. – 3. pavage.

pflä·stern ['pflɛstərn] v/t ⟨h⟩ Swiss u. dial. for pflastern.

'Pfla·ster|,na·sen,nat·ter f zo. patch-nosed snake (Gattg Salvadora). — **~-,set·zer** m cf. Pflasterer. — **~,stein** m 1. civ.eng. a) paving stone, (paving) set(t), b) (Kopfstein) cobble(stone). – 2. gastr. (Gebäck) (a variety of) gingerbread. — **~,stra·ße** f paved road (od. street). — **~,test** m med. patch test.

'Pfla·ste·rung, bes. Swiss u. dial. **'Pflä·ste·rung** f ⟨-; -en⟩ civ.eng. 1. cf. Pflastern. – 2. cf. Pflaster 3 b.

'Pfla·ster,zie·gel m civ.eng. paving brick.

Pflatsch [pflatʃ] m ⟨-(e)s; -e⟩, **'Pflat·schen** m ⟨-s; -⟩ colloq. u. dial. 1. sudden downpour. – 2. (nasser Fleck) spatter, stain, spot. — **'pflat·schen** v/i ⟨h⟩ colloq. u. dial. splash.

Pflau·me ['pflaumə] f ⟨-; -n⟩ 1. bot. a) plum, b) cf. Pflaumenbaum: gedörrte (od. getrocknete) ~ dried plum, prune. – 2. fig. colloq. pointed remark. – 3. du ~! fig. colloq. a) (Dummkopf) you nitwit! (colloq.), bes. Am. sl. you prune! b) (Versager) you washout (Br. wash-out)! (colloq.), c) (Feigling) you coward!

pflau·men ['pflaumən] v/i u. v/t ⟨h⟩ colloq. chaff.

'Pflau·men|,baum m bot. plum (tree) (Gattg Prunus, bes. P. domestica). — **~,boh·rer** m zo. plum borer (Rhynchites cupreus). — **~,kern** m plum stone. — **~,ku·chen** m gastr. plum cake. — **~,mus** n plum jam, (steifes) damson cheese. — **~,schle·he** f bot. bullace (plum), damson plum (Prunus insititia). — **~,span·ner** m zo. orange moth (Angerona prunaria). — **~,ste·cher** m 1. plum gouger (Anthonomus scutellaris). – 2. plum curculio (Conotrachelus nenuphar). — **~,stein** m plum stone. — **p~'weich** adj 1. (as) soft as a plum: ~ gekochte Eier gastr. lightly boiled eggs. – 2. fig. (charakterschwach) of weak character, weak(-kneed). — **~,wick·ler** m zo. red plum maggot, plum fruit moth (Laspeyresia funebrana).

'pflaum'weich adj cf. pflaumenweich.

Pfle·ge ['pfle·gə] f ⟨-; -n⟩ 1. (bes. von Kranken, Kleinkindern) nursing, care: aufopfernde [liebevolle] ~ devoted [loving] care; j-m gute ~ angedeihen lassen to take good care of s.o.; er braucht (od. erfordert, verlangt) ~, er bedarf der ~ he is in need of care, he needs to be cared for (od. taken care of); eine gute ~ haben to be well looked after (od. cared for); wir haben das Kind in ~ gegeben we have put the child out to nurse; das Baby ist bei uns in ~ the baby is at nurse with us, we are nursing the baby; unter ihrer (od. durch ihre) ~ wurde er rasch wieder gesund he recovered quickly under her care. – 2. (Obhut) charge, care: j-n [etwas] in ~ haben to have charge of s.o. [s.th.], to have s.o. [s.th.] in (one's) charge; ein Kind [einen Hund] in ~ geben to put a child [a dog] in s.o.'s charge, to board a child [a dog] with s.o.; bei j-m in ~ sein to be under s.o.'s care, to be in s.o.'s charge. – 3. (des Haares, der Hände, des Körpers etc) care, grooming. – 4. (von Pflanzen, Rasen etc) care, attention: die ~

des Gartens nimmt viel Zeit in Anspruch attending to (od. tending) the garden takes a lot of time. – 5. tech. care, maintenance, upkeep: ~ und Wartung upkeep and maintenance, auch servicing. – 6. fig. (der Kunst, Wissenschaft etc) cultivation. — **~,an-,lei·tung** f (für Textilien etc) caring. — **~,an,stalt** f med. home, asylum. — **p~,arm** adj cf. pflegeleicht. — **p~be-,dürf·tig** adj cf. pflegeleicht. — **p~be-,dürf·tig** adj someone in need of care. — **~be,foh·le·ne** m, f ⟨-n; -n⟩ 1. charge. – 2. (Mündel) ward. — **~,dienst** m 1. med. hospital (od. nursing) service. – 2. auto. service, servicing. — **~,el·tern** pl foster parents. — **~,fall** m person in need of care. — **~,geld** n nursing allowance. — **~,heim** n med. nursing home. — **~,kind** n foster child, fosterling. — **p~,leicht** adj 1. (Kleidung) drip-dry, wash-and-wear, (bügelfrei) non-iron (alle attrib). – 2. (Teppich, Schonbezug etc) easy-to-keep (attrib). — **~,mit·tel** n 1. cosmetic. – 2. (für Auto, Fußboden etc) preservative (agent). — **~,mut·ter** f foster mother.

pfle·gen ['pfle·gən] I v/t ⟨h⟩ 1. (Kranke, Kinder etc) nurse, take care of: j-n gesund ~ to nurse s.o. back to health; → hegen 3. – 2. (Haar, Hände, Nägel, Zähne etc) take care of, look after, groom. – 3. (Pflanzen, Rasen etc) take care of, attend to, tend. – 4. (Tiere) groom. – 5. (erhalten) conserve, preserve. – 6. (Maschinen etc) maintain, take care of. – 7. (Kunst, Wissenschaft, Geselligkeit, Sprache, Musik etc) cultivate. – 8. (Freundschaft, Beziehungen etc) cultivate, keep up, maintain, entertain: Umgang mit j-m ~ to associate (od. cultivate relations) with s.o. – 9. (in Ehren halten) cherish. – 10. fig. colloq. (in Wendungen wie) seinen Bauch ~ to gormandize, to do oneself proud (colloq.). – 11. etwas zu tun ~ to be in the habit of doing s.th., to be wont to do s.th. (lit.): er pflegt mittags eine Stunde zu schlafen he usually sleeps for an hour in the afternoon; wie sein Vater zu sagen pflegte as his father used to (od. would) say; wie es so zu geschehen pflegt as (it) usually happens, as is usually the case; so pflegt es zu gehen that's the way it goes; wie man zu sagen pflegt as the saying goes. – II v/reflex sich ~ 12. care for one's appearance, groom oneself: du solltest dich ein bißchen besser (od. mehr) ~ you should care a little more for your appearance. – III v/i ⟨pflegt, pflog, gepflogen, h⟩ 13. archaic (in Wendungen wie) der Ruhe ~ to take a rest; Rat(s) ~ to deliberate, to confer.

'Pfle·ge·per·so,nal n med. nursing staff.

'Pfle·ger m ⟨-s; -⟩ 1. (von Kranken) (male) nurse, ward attendant. – 2. jur. a) (Vormund) guardian, Am. auch conservator, b) (für das Vermögen Entmündigter) Am. committee, Br. receiver, c) (Vermögensverwalter) curator, trustee. – 3. (Denkmalspfleger) conservator. – 4. fig. (Förderer) fosterer. — **'Pfle·ge·rin** f ⟨-; -nen⟩ 1. (von Kranken) (sick) nurse. – 2. jur. (Vermögensverwalterin) curatrix. – 3. cf. Pfleger 2 a–b.

'pfle·ge·risch adj ⟨attrib⟩ (Berufe, Neigungen etc) nursing.

'Pfle·ge|,satz m (der Krankenversicherung) hospital allowance. — **~,schwe·ster** f med. visiting (od. attending) nurse. — **~,sohn** m foster son. — **~sta·ti,on** f (im Altenheim etc) sick ward. — **~,stel·le** f (für Kleinkinder) nursing place. — **~,toch·ter** f foster daughter. — **~,va·ter** m foster father.

pfleg·lich ['pfle·klɪç] I adj (Behandlung etc) careful. – II adv mit etwas umgehen, etwas ~ behandeln to handle s.th. carefully, to take good care of s.th.

'Pfleg·ling ['pfle·klɪŋ] m ⟨-s; -e⟩ 1. cf. Pflegekind. – 2. (Mündel) ward, charge.

'pfleg·sam adj u. adv cf. pfleglich.

'Pfleg·schaft f ⟨-; -en⟩ jur. 1. (für Personen) guardianship. – 2. (für Vermögen) curatorship, trust, trusteeship.

Pflicht [pflɪçt] f ⟨-; -en⟩ 1. duty: berufliche [gesellschaftliche, häusliche, eheliche] ~en professional [social, domestic, conjugal] duties; ich halte es für (od. betrachte es als) meine ~ (od. ich sehe es als meine ~ an), ihn zu informieren I think (od. consider) it my duty to inform him; j-m eine ~ auferlegen to impose a duty on s.o.; die ~ befiehlt (od. fordert, gebietet, verlangt, will), daß ich dorthin gehe duty demands that I go there; **seine ~en erfüllen** (*od. lit.* beobachten), **seinen ~en genügen** to fulfil(l) one's duties; **ich habe es mir zur ~ gemacht, jeden Tag spazierenzugehen** I have made it my duty (*od.* have resolved) to go for a walk every day; **seine ~** (*und* Schuldigkeit) **tun**, **seiner ~ nachkommen** to do one's duty; **seine ~ tun** to do one's bit, to pull one's weight; **die ~ ruft** *colloq.* duty calls; **seine ~en vernachlässigen**, es **mit seinen ~en nicht** (so) **genau nehmen** to be remiss (*od.* slack) in (*od.* about) one's duties; **es ist seine** (*colloq.* verdammte) ~ **und Schuldigkeit** it is his bounden duty; **Mathe ist ~ in der Prüfung** *colloq.* math(s) is compulsory in the exam (*colloq.*); **gleiche Rechte, gleiche ~en** equal rights, equal duties. – **2.** *auch econ.* (*Verpflichtung*) obligation: **j-n seiner ~ entbinden** (*od.* entheben) to release s.o. from his obligations. – **3.** (*sport*) a) (*beim Eis- u. Rollkunstlauf*) compulsory (*od.* school) figures *pl*, b) (*beim Wasserspringen*) compulsory dives *pl*, c) (*beim Turnen*) compulsory exercises *pl*: **sie führt nach der ~** she is in the lead after completing the compulsory figures (*od.* dives, exercises).

'Pflicht|,ab,lie·fe·rung *f econ.* obligatory delivery. — **~,ak·tie** *f* qualifying share. — **~,an,teil** *m jur. cf.* Pflichtteil. — **~,an,walt** *m cf.* Pflichtverteidiger. — **~,auf,fas·sung** *f* sense of duty. — **~,bei,trag** *m* (*zu Vereinen, Gewerkschaften etc*) obligatory (*od.* compulsory) contribution. — **p~be,wußt** *adj* **1.** dutiful, duteous. – **2.** (*gewissenhaft*) conscientious. — **~,be,wußt,sein** *n* **1.** sense of duty, dutifulness, duteousness. – **2.** conscientiousness. — **~,ei·fer** *m* zeal. — **p~,eif·rig** *adj* zealous. — **~,ein,la·ge** *f econ.* compulsory contribution to a firm's capital. **'Pflich·ten|,kreis** *m* duties *pl*, responsibilities *pl*, sphere of responsibility. — **~,leh·re** *f* ethics *pl* (*construed as sg or pl*) of duty, deontology (*scient.*).

'Pflicht|er,fül·lung *f* performance of one's duties. — **~,ex·em,plar** *n print.* presentation copy. — **~,fach** *n ped.* compulsory subject. — **~,fi,gur** *f* (*sport*) (*beim Eis- u. Rollkunstlauf*) compulsory (*od.* school) figure. — **~ge,fühl** *n* sense of duty. — **p~ge,mäß I** *adj* ⟨*attrib*⟩ dutiful, due. – **II** *adv* **erschien er um acht Uhr zur Arbeit** he dutifully appeared for work at eight o'clock; **~ teile ich Ihnen mit, daß** I duly inform you that, as is my duty I inform you that. — **p~ge,treu I** *adj cf.* a) pflichtgemäß I, b) pflichttreu. – **II** *adv cf.* pflichtgemäß II. — **~,gren·ze** *f econ.* (*für die Krankenversicherung*) income limit for compulsory (insurance) contribution. — **~,jahr** *n* compulsory one-year service. — **~,kür** *f* (*sport*) (*beim Eiskunstlauf*) short program (*bes. Br.* programme). — **~,lauf** *m* (*beim Eis- u. Rollkunstlauf*) compulsory (*od.* school) figures *pl.* — **~,lek,tü·re** *f ped.* required reading, set book(s *pl*). — **p~,mä·ßig** *adj* ⟨*attrib*⟩ *u. adv cf.* pflichtgemäß. — **~,re,ser·ve** *f* **1.** (*der Kapitalgesellschaften*) legal reserve. – **2.** *cf.* Mindestreserve. — **~,schul,al·ter** *n ped.* statutory school age. — **p~,schul·dig** *adj* ⟨*attrib*⟩ *u. adv cf.* pflichtgemäß. — **~,spiel** *n* (*sport*) *bes.* Austrian for Punktspiel. — **~,sprin·gen** *n* (*beim Wasserspringen*) compulsory dives *pl.* — **~,sprung** *m* compulsory dive. — **~,stun·den,zahl** *f ped.* (*eines Lehrers*) obligatory number of lessons, teaching load. — **~,teil** *m, n jur.* statutory (*od.* legal, hereditary) portion, legitim. — **~,tor** *n* (*sport*) (*beim Abfahrtslauf*) (compulsory) gate. — **p~,treu** *adj* dutiful, duteous. — **~,treue** *f* dutifulness, duteousness. — **~,tur·nen** *n* (*sport*) compulsory exercises *pl.* — **~,übung** *f* **1.** (*beim Turnen*) compulsory exercise. – **2.** *fig.* compulsory exercise. – **3.** *ped.* (*an der Universität*) compulsory (*od.* required) practical. — **~,un·ter,su·chung** *f med.* compulsory physical (*od.* medical) examination. — **p~ver,ges·sen I** *adj* undutiful, unduteous, remiss, neglectful, *auch* derelict. – **II** *adv* **~ handeln** to neglect one's duty. — **~ver,ges·sen·heit** *f* dereliction of duty, neglectfulness, undutifulness, unduteousness. — **~ver,let·zung** *f* violation of one's duty, breach of duty: **grobe ~** gross dereliction of duty. — **~ver,säum·nis** *n* dereliction of duty, neglect (*od.* lapse) of

duty. — **p~ver,si·chert** *adj econ.* compulsorily insured, subject to compulsory insurance. — **~ver,si·cher·te** *m, f* ⟨-n; -n⟩ compulsorily insured person. — **~ver,si·che·rung** *f* compulsory insurance (*od.* obligatory) insurance. — **~ver,tei·di·ger** *m jur.* assigned (*od.* court-appointed) counsel, *Am. auch* public defender. — **~ver,tei·di·gung** *f* defence (*Am.* defense) ordered by the court, court-appointed defence (*Am.* defense). — **~,vor,le·sung** *f ped.* compulsory lecture. — **p~,wi·drig I** *adj* undutiful, unduteous, disloyal, contrary to (one's) duty. – **II** *adv* **~ handeln** to act contrary to (one's) duty.

Pflock [pflɔk] *m* ⟨-(e)s; ⸚e⟩ **1.** peg, picket, *auch* piquet, stake, pole, post: **einen ~ einschlagen** to drive in a peg; **Weidevieh an Pflöcken festbinden** (*od.* an Pflöcke binden) to stake cattle; **er steht wie ein ~ da** *colloq.* he is standing there as stiff as a ramrod; **einen ~** (*od.* einige, ein paar Pflöcke) **zurückstecken müssen** *fig. colloq.* to have to come down a peg or two. – **2.** (*Stöpsel, Zapfen*) plug. – **3.** *tech.* (*Dübel, Bolzen*) pin.

pflöcken (*getr.* -k·k-) ['pflœkən] *v/t* ⟨h⟩ **1.** fasten (*s.th.*) with (*od.* to) a peg, peg, picket. – **2.** (*Stöpsel, Zapfen etc*) plug.

pflog [pflo:k] *1 u. 3 sg pret*, **pflö·ge** ['pflø:gə] *1 u. 3 sg pret subj of* pflegen III.

Pflotsch [pflɔtʃ] *m* ⟨-(e)s; *no pl*⟩ *Swiss dial. for* Schneematsch.

Pflücke (*getr.* -k·k-) ['pflʏkə] *f* ⟨-; -n⟩ **die ~ des Hopfens** *agr.* the hop crop.

pflücken (*getr.* -k·k-) ['pflʏkən] *v/t* ⟨h⟩ (*Hopfen, Obst etc*) pick, gather, (*bes. Blumen*) pluck: **hier sind Lorbeeren zu ~** *fig. colloq.* you can win (*od.* reap) laurels here. — **'Pflücker** (*getr.* -k·k-) *m* ⟨-s; -⟩, **'Pflücke·rin** (*getr.* -k·k-) *f* ⟨-; -nen⟩ picker.

'Pflück|ma,schi·ne *f agr.* picker. — **~,sa,lat** *m* leaf lettuce.

Pflug [pflu:k] *m* ⟨-(e)s; ⸚e⟩ plough, *bes. Am.* plow: **ein Feld unter dem ~ haben** to have a field under the plough; **Felder unter den ~ nehmen** to put fields to the plough, to bring fields into cultivation; **die Hand an den ~ legen** *Bibl. auch fig.* to put one's hands to the plough. — **~,ar·beit** *f* ploughing, *bes. Am.* plowing. — **~,bal·ken** *m* plough beam.

'pflüg·bar *adj* ploughable, *bes. Am.* plowable.

pflü·gen ['pfly:gən] **I** *v/t* ⟨h⟩ **1.** *agr.* (*Acker, Feld etc*) plough, *bes. Am.* plow, cut. – **2.** *fig.* (*durchfurchen*) plough, *bes. Am.* plow, furrow: **das Schiff pflügt die Wellen** *poet.* the ship ploughs the waves. – **II** *v/i* **3.** *agr.* plough, *bes. Am.* plow: **mit dem Traktor ~** to plough with the tractor. — **'Pflü·ger** *m* ⟨-s; -⟩ ploughman, *bes. Am.* plowman, plougher, *bes. Am.* plower. — **'Pflug|,land** *n agr.* ploughland, *bes. Am.* plowland, arable land. — **~,mes·ser** *n* colter, *auch* coulter.

'Pflug,schar *f* ⟨-; -en⟩, *agr. auch n* ⟨-(e)s; -e⟩ ploughshare, *bes. Am.* plowshare, plough (*bes. Am.* plow) iron. — **~,bein** *n med.* vomer, ploughshare bone.

'Pflug,stel·lung *f* (*beim Skilaufen*) snowplough (*bes. Am.* snowplow) position, double-stem position. — **~,sterz** *m* ⟨-es; -e⟩, Austrian auch **~,ster·ze** *f* ⟨-; -n⟩ ploughtail, *bes. Am.* plowtail, plough (*bes. Am.* plow) handles *pl.*

Pfnü·sel ['pfny:zəl] *m* ⟨-s; -⟩ *Swiss dial. for* Schnupfen.

'Pfort,ader *f med.* portal (vein), vena portae (*scient.*).

Pfört·chen ['pfœrtçən] *n* ⟨-s; -⟩ **1.** *dim. of* Pforte. – **2.** (*in einem großen Tor*) wicket.

Pfor·te ['pfɔrtə] *f* ⟨-; -n⟩ **1.** gate, door, entrance: **die hintere ~** (zum Garten) the back gate (to the garden); **die Ausstellung hat gestern ihre ~n geöffnet** [geschlossen] *fig.* the exhibition opened [closed] its doors yesterday; **die ~ des Himmels** [Lebens, Todes] *poet.* the gate (*od. poet.* portal) of heaven [life, death]; **an der ~ des Jenseits stehen** *lit.* to be at the gate of the great beyond. – **2.** (*in Krankenhäusern etc*) reception (office): **sich an der ~ melden** to report at the reception. – **3.** *med.* a) orifice, entrance, b) (*Öffnung*) opening, c) (*Gefäß*) hilum, hilus. – **4.** *zo.* (*Eintrittspforte bei Bakterien u. Insekten*) gateway. – **5. die Hohe ~** *hist.*

(*türk. Regierung bis 1918*) the Sublime Porte. – **6.** *mar.* port.

Pfört·ner ['pfœrtnər] *m* ⟨-s; -⟩ **1.** (*in Banken, Großbetrieben etc*) doorkeeper, *Am. auch* doorman, *bes. Br.* porter. – **2.** (*in Parks, auf Gütern etc*) gatekeeper. – **3.** (*Hausmeister*) janitor, caretaker. – **4.** (*eines Klosters*) porter. – **5.** (*einer Kirche*) ostiary. – **6.** *med.* (*Magenausgang*) pylorus. — **~,haus** *n* gatehouse, (gatekeeper's, *Br.* porter's) lodge. — **'Pfört·ne·rin** *f* ⟨-; -nen⟩ **1.** doorkeeper, *bes. Br.* port(e)ress. – **2.** gatekeeper. – **3.** (*Hausmeisterin*) janitress. – **4.** *relig.* (*in Klöstern*) port(e)ress. — **'Pfört·ner|,klap·pe** *f med.* pyloric valve. — **~,lo·ge** *f* **1.** (gatekeeper's, *bes. Br.* porter's) lodge. – **2.** (*in Bürohäusern etc*) reception. — **~,woh·nung** *f cf.* Pförtnerhaus.

Pfo·sten ['pfɔstən] *m* ⟨-s; -⟩ **1.** post. – **2.** *tech. arch.* a) (*Tür-, Fensterpfosten*) jamb, b) (*Ständer*) standard, c) (*eines Drehtores*) swinging (*od.* hinging) post, gatepost. – **3.** (*sport*) (*eines Tores*) post, upright: **X steht zwischen den ~** X is under the crossbar (*od.* in goal); **X schoß am ~ vorbei** X's shot went wide, X shot wide. — **~,schuß** *m* (*sport*) (*beim Fußball, Hockey*) shot against (*od.* that hits) the post.

Pföt·chen ['pføːtçən] *n* ⟨-s; -⟩ **1.** *dim. of* Pfote. – **2. gib ~!** *colloq.* give your (*od.* a) paw! (*colloq.*).

Pfo·te ['pfoːtə] *f* ⟨-; -n⟩ **1.** paw, (*bes. des Hasen, Fuchses*) pad: **der Hund gibt** (die) ~ the dog gives his paw; **mit weißen ~n** white-pawed (*od.* -handed). – **2.** *fig. colloq.* 'paw' (*colloq.*), fist (*humor.*), fingers *pl*: **j-m etwas** (*od.* eins) **auf die ~n geben**, **j-m auf die ~n klopfen** to give s.o. a rap on (*od.* over) the knuckles, to rap s.o.'s fingers (*od.* knuckles); **schmutzige ~n haben** to have dirty hands (*od.* paws); **er hat sich dabei die ~n verbrannt** *bes. fig.* he burnt his fingers there; **~ weg!** paws off! – **3.** *fig. colloq.* (*schlechte Handschrift*) scrawl, scribble: **der Junge hat eine fürchterliche ~** the boy has a terrible scrawl (*colloq.*). [Ahle 1.\]

Pfriem [pfriːm] *m* ⟨-(e)s; -e⟩ *tech. obs. for*

'Pfrie·men|,gras *n bot.* esparto (grass), (h)alfa (grass), matweed (*Stipa tenacissima*). — **~,mücke** (*getr.* -k·k-) *f zo.* fruit (*od.* window) midge (*Fam. Ryphidae*). — **~,schwanz** *m cf.* Madenwurm 1.

Pfril·le ['pfrɪlə] *f* ⟨-; -n⟩ *zo. cf.* Elritze.

Pfropf [pfrɔpf] *m* ⟨-(e)s; -e⟩ *cf.* Pfropfen. — **~,ba·stard** *m hort. bot.* graft hybrid.

Pfrop·fen ['pfrɔpfən] *m* ⟨-s; -⟩ **1.** (*Korken*) cork: **den ~** (heraus)ziehen to draw the cork; **eine Flasche mit einem ~ verschließen** to cork (up) a bottle; **die ~ knallen** (*od.* springen) **lassen** *fig. colloq.* to make the (champagne) corks fly. – **2.** (*Stöpsel, Spund*) plug, stop(per), stopple. – **3.** (*in einem verstopften Rohr etc*) clump, lump. – **4.** *hort.* (*Veredelungsreis*) graft, scion. – **5.** *med.* a) (*im Furunkel*) core, b) (*in einem Gefäß*) embolus, blood clot, c) (*Thrombus*) thrombus, d) (*aus Watte, Gaze*) plug, tampon, e) (*Ohrenschmalz*) ceruminal plug. – **6.** *mil. hist.* (*Ladepropfen*) wad. – **7. ein dicker ~** *fig. colloq.* a fatty (*colloq.*).

'pfrop·fen *v/t* ⟨h⟩ **1.** (*mit Korken versehen*) cork. – **2.** (*zustöpseln*) plug, stop(per), stopple. – **3.** *hort.* a) graft, engraft, *auch* ingraft, b) (*in den Spalt*) splice, graft (*s.th.*) in the slit, c) (*in der Krone*) top-graft, topwork, d) (*mit dem Zünglein*) whipgraft: **ein Reis auf einen Baum ~** to graft a twig on a tree. – **4.** *med. cf.* verpflanzen 2. – **5.** *colloq.* (*stopfen, zwängen*) cram, stuff.

Pfröpf·ling ['pfrœpflɪŋ] *m* ⟨-s; -e⟩ *hort. cf.* Pfropfreis.

'Pfropf|,mes·ser *n hort.* grafter, grafting knife. — **~,reis** *n* graft, scion, slip. — **~,schild** *n agr.* (e)scutcheon, escucheon. — **~,spalt** *m* slit for grafting. — **~,wachs** *n* grafting wax.

Pfrün·de ['pfrʏndə] *f* ⟨-; -n⟩ **1.** *röm.kath.* prebend, benefice, *Br. auch* (church) living: **von einer mageren ~ leben müssen** to have to live on a mere pittance; **~ ohne Seelsorge** *hist.* sinecure; **Verleihung einer ~** collation. – **2.** (*Platz in einem Altersheim*) place in a home for the aged. – **3.** *fig.* sinecure: **fette ~** fat living, profitable source (of income).

'**Pfrün·den·er,trag** *m röm.kath.* prebendal income.

Pfründ·ner ['pfryndnər] *m ⟨-s; -⟩* **1.** *röm. kath.* prebendary, beneficiary, incumbent. – **2.** inmate of a home for the aged. — '**Pfründ·ne·rin** *f ⟨-; -nen⟩ cf.* Pfründner 2.

Pfuhl [pfu:l] *m ⟨-(e)s; -e⟩* **1.** mudhole, (quag)mire, sink: ein stinkender ~ a fetid sink. – **2.** (*Pfütze*) pool, puddle. – **3.** *fig.* sink, cesspool, sty, *auch* stye, slough: der ~ der Sünde the cesspool (*od.* slough) of sin (*od.* iniquity). – **4.** *dial. for* Jauche 1.

Pfühl [pfy:l] *m, n ⟨-(e)s; -e⟩ obs. u. poet.* **1.** *cf.* Kissen 1, 2. – **2.** *cf.* Lagerstatt 1.

pfui [pfui] *I interj* **1.** pugh! pew! ugh! *bes. Am.* phooey! ~, welch ein Gestank! *bes. Am.* phooey! ~, welch ein Gestank! pew, what a nasty smell! ~ Teufel! bah! ~, wie konntest du nur! how could you — shame on you! ~ über ihn! shame on him! – **2.** ~ rufen to boo. – **II P~** *n ⟨-s; -s⟩* **3.** boo.
'**Pfui,ruf** *m meist pl* boo.

Pful·men ['pfulmən] *m ⟨-s; -⟩ Swiss* broad pillow.

Pfund [pfunt] *n ⟨-(e)s; -e, nach Zahlen -⟩* **1.** pound: zwei ~ Fleisch two pounds of meat; ein halbes ~ half a pound; ein ~ Äpfel ist (*od.* sind) zuwenig one pound of apples is not enough; drei ~ Äpfel sind zuviel three pounds of apples are too much. – **2.** *econ.* (*brit. Währungseinheit*) pound: 10 ~ (Sterling) 10 pounds (sterling), 10 quid (*od.* smackers) (*beide sl.*); Zahlung erfolgt in ~ payment is in sterling. – **3.** *Bibl.* talent: mit seinen ~en wuchern *fig.* to make the most of one's talents, to turn one's talents to good account. — ~**ge,wicht** *n* pound weight.

pfun·dig ['pfundɪç] *adj colloq.* 'great', 'grand' (*beide colloq.*), *Am. sl.* swell, *bes. Br. sl.* smashing, 'ripping': ein ~er Kerl *cf.* Pfundskerl; (das ist ja) ~! (that's) great! *Br. colloq.* (jolly) good show! jolly good!

'**Pfund|,kurs** *m econ.* sterling exchange rate. — ~**,no·te** *f* pound note.

'**Pfunds|idee** [-?i'de:] *f colloq.* capital idea, 'brain wave' (*colloq.*), *bes. Am. colloq.* 'brainstorm'. — ~'**kerl** *m colloq.* (good) sport, 'trump' (*colloq.*), 'brick' (*sl.*), *bes. Am. sl.* crackerjack. — ~'**sa·che** *f colloq.* stunner (*colloq.*): das war eine ~! that was really (*od.* quite) something!

'**pfund,wei·se** *adj u. adv* by the pound.

Pfusch [pfuʃ] *m ⟨-(e)s; no pl⟩,* ~**,ar·beit** *f cf.* Pfuscherei 1.

pfu·schen ['pfuʃən] *I v/i ⟨h⟩ colloq.* **1.** work superficially (*od.* carelessly, perfunctorily), botch things, bungle: heute hat er ein bißchen (bei seiner Arbeit) gepfuscht today he bungled his work a little; j-m ins Handwerk ~ *fig.* to interfere in s.o.'s business, to meddle in s.o.'s affairs. – **2.** (*mogeln*) cheat, crib. – **II P~** *n ⟨-s⟩* **3.** *verbal noun.* — '**Pfu·scher** *m ⟨-s; -⟩* superficial (*od.* careless, slipshod, perfunctory) worker, botcher, bungler. — **Pfu·sche'rei** *f ⟨-; -en⟩* **1.** (*Pfuscharbeit*) botch, careless (*od.* slipshod, scamped, bungled) work. – **2.** *cf.* Pfuschen. — '**pfu·scher·haft** *adj* (*Arbeit etc*) botchy, superficial, careless, slipshod, perfunctory, scamped, bungling. — '**Pfu·sche·rin** *f ⟨-; -nen⟩ cf.* Pfuscher. — '**pfu·schig** *adj cf.* pfuscherhaft.

Pfüt·ze ['pfytsə] *f ⟨-; -n⟩* puddle, pool, plash: in eine ~ treten to step into a puddle; voller ~n puddly, full of puddles (*od.* plashes).

Phä·ake [fɛ'a:kə] *m⟨-n; -n⟩ myth.* Phaeacian.
Phae·thon ['fa:etɔn] *npr m ⟨-; no pl⟩ myth.* Phaëthon (*the son of Helios, the sun-god*).

Pha·ge ['fa:gə] *m ⟨-n; -n⟩ med.* (*Bakteriophage*) phage.
Pha·ge·dä·na [fage'dɛ:na] *f ⟨-; -dänen⟩ med.* (*Geschwür*) phaged(a)ena. — **pha·ge·dä·nisch** [-nɪʃ] *adj* phaged(a)enic.
Pha·go·zy·te [fago'tsy:tə] *f ⟨-; -n⟩ meist pl biol. med.* phagocyte. — **pha·go·zy'tär** [-tsy'tɛ:r] *adj* phagocytic, cytophagous.
Pha·go·zy·to·se [fagotsy'to:zə] *f ⟨-; no pl⟩ med.* phagocytosis.
Pha·ko·lit [fako'li:t; -'lɪt] *m ⟨-s; -e⟩ min.* phacolite.
pha·lä·kisch [fa'lɛ:kɪʃ] *adj metr.* Phalaecean: ~er Vers Phalaecean.
Pha·lan·ge [fa'laŋə] *f ⟨-; -n⟩ med.* (*Fingerglied*) phalanx.
Pha·lanx ['fa:laŋks] *f⟨-; -langen* [fa'laŋən]⟩ **1.** *mil. hist. auch fig.* phalanx: die Op-

position bildete eine geschlossene ~ *fig.* the opposition formed a closed phalanx. – **2.** *med. cf.* Phalange.
phal·lisch ['falɪʃ] *adj* phallic.
Phal·lus ['falus] *m ⟨-; Phalli* [-li], Phallen, *auch* -se⟩ **1.** *antiq.* phallus, priapus. – **2.** *med.* phallus. — ~**,kult** *m,* ~**ver,eh·rung** *f antiq.* phallic cult, phallicism, phallism.
Pha·ne·ro·ga·me [fanero'ga:mə] *f ⟨-; -n⟩ meist pl bot.* phanerogam.
Phä·no·lo·gie [fɛnolo'gi:] *f ⟨-; no pl⟩ biol.* phenology.
Phä·no·men [fɛno'me:n] *n ⟨-s; -e⟩* **1.** (*Erscheinung*) phenomenon, appearance. – **2.** *colloq.* (*Wunderding, Wunder*) phenomenon, prodigy: er ist ein (wahres) ~! he is a real prodigy! he's quite phenomenal!
phä·no·me·nal [fɛnome'na:l] *adj* **1.** *colloq.* phenomenal, extraordinary. – **2.** *philos.* phenomenal.
Phä·no·me·na·lis·mus [fɛnomena'lɪsmus] *m ⟨-; no pl⟩ philos.* phenomenalism.
Phä·no·me·no·lo·gie [fɛnomenolo'gi:] *f ⟨-; no pl⟩ philos.* phenomenology. — **phä·no·me·no'lo·gisch** [-'lo:gɪʃ] *adj* phenomenological, *auch* phenomenologic.
Phä·no·me·non [fɛ'no:menɔn] *n ⟨-s; -mena* [-na]⟩ *cf.* Phänomen 1.
phä·no·ty·pisch [fɛno'ty:pɪʃ] *adj biol.* phenotypic. — **Phä·no'ty·pus** [-pus] *m ⟨-; -typen⟩* phenotype.
Phan·ta·sie [fanta'zi:] *f ⟨-; -n* [-ən]⟩ **1.** ⟨*only sg*⟩ imagination: blühende (*od.* lebhafte) [krankhafte, wilde] ~ vivid [morbid, wild *od.* wanton] imagination; eine schmutzige ~ a dirty mind; das beflügelt die ~ that fires the imagination; j-s ~ anregen to stir s.o.'s imagination; du hast aber ~! you certainly have imagination! seiner ~ freien Lauf (*od.* die Zügel schießen) lassen to give free rein(s) to one's imagination; die ~ geht mit ihm durch his imagination runs wild (*od.* gets the better of him); ein Gebilde (*od.* Erzeugnis, Produkt) seiner ~ a product of his imagination. – **2.** (*bloße Einbildung, Hirngespinst*) fancy, fantasy, phantasy: das ist reine ~ that is pure phantasy (*od.* mere fancy). – **3.** (*Wahngebilde*) hallucination, vision, fantasy, phantasy: fieberhafte ~ feverish hallucinations. – **4.** *pl* daydreams, reverie *sg*, revery *sg*. – **5.** *mus.* fantasia, *auch* fantasie, fantasy, phantasy. — **p~,arm** *adj* lacking (in) imagination. — ~**bild** *n* vision. — ~**blu·me** *f* fanciful flower. — ~**ge,bil·de** *n* fantasy, phantasy, creation of fancy. — ~**ko,stüm** *n* fancy dress.
phan·ta'sie·los *adj* unimaginative, fanciless, dull. — **Phan·ta'sie·lo·sig·keit** *f ⟨-; no pl⟩* unimaginativeness, dul(l)ness.
Phan·ta'sie|,na·me *m* fancy name. — ~**,preis** *m* fantastic price (*colloq.*). — **p~,reich** *adj* imaginative, fanciful. — ~**,reich·tum** *m* imaginativeness.
phan·ta·sie·ren [fanta'zi:rən] *v/i ⟨no ge-, h⟩* **1.** indulge in fancies (*od.* daydreams, reveries), daydream, dream, fantasy, phantasy, fancy, imagine. – **2.** *med.* be delirious, rave, have delusions (*od.* phantasies), wander. – **3.** (*Unsinn reden*) ramble, rave, talk incoherently, talk nonsense. – **4.** *mus.* improvise, extemporize *Br. auch* -s-, play extempore.
phan·ta'sie,voll *adj cf.* phantasiereich.
Phan·tas·ma [fan'tasma] *n ⟨-s; -men⟩ med.* fantasm, phantasm(a), phantom.
Phan·tas·ma·go·rie [fantasmago'ri:] *f ⟨-; -n* [-ən]⟩ (*theater*) phantasmagoria, *auch* phantasmagory.
Phan·tast [fan'tast] *m ⟨-en; -en⟩* visionary, dreamer, castle-builder, fantast, phantast, romancer.
Phan·ta·ste'rei *f ⟨-; -en⟩* **1.** (*Träumerei*) daydream, romance, chim(a)era. – **2.** ⟨*only sg*⟩ (*Überspanntheit*) fantastic ideas *pl*, fantasy, wild fancy, imagination run wild. – **3.** *pl* nonsense *sg*, crazy ideas.
phan'ta·stisch *adj* **1.** (*verstiegen, überspannt*) fantastic, *auch* fantastical, fanciful, visionary, whimsical, absurd, eccentric: ~e Pläne eccentric (*od.* wild) plans. – **2.** (*schwärmerisch*) romantic, idealistic, visionary, high-flown, romancing, chimeric(al), chimeral: seine Ideen sind etwas ~ his ideas are somewhat high-flown. – **3.** (*seltsam, merkwürdig*) strange, weird, odd, fantastic: das war ein ~es Erlebnis that was a weird experience. – **4.** *colloq.* (*großartig*) 'fantas-

tic', 'fabulous', 'magnificent', 'marvellous', *Am. auch* 'marvelous', 'terrific' (*alle colloq.*). – **5.** *colloq.* (*unglaublich*) 'fantastic', 'incredible', 'fabulous' (*alle colloq.*): ~e Preise fantastic (*od.* incredibly high) prices.
Phan·tom [fan'to:m] *n ⟨-s; -e⟩* **1.** *bes. psych.* (*Trugbild*) phantom, shadow, phantasm, (phantasm): er jagt einem ~ nach *fig.* he's chasing after a dream. – **2.** (*Gespenst*) ghost, specter, *bes. Br.* spectre. – **3.** *med.* manikin, manakin, model. — ~**,salm·ler** *m ⟨-s; -⟩ zo.* phantom tetra (*Megalamphodus megalopterus*).
Pha·rao ['fa:rao] *m ⟨-s; -nen* [fara'o:nən]⟩ *hist.* Pharaoh, *auch* pharaoh. — ~**,amei·se** *f zo.* Pharaoh('s) ant (*Monomorium pharaonis*).
Pha·rao·nen|,grab [fara'o:nən-] *n* Pharaonic grave. — ~**,rat·te** *f zo. cf.* Ichneumon. — ~**,reich** *n hist.* realm (*od.* empire) of the Pharaohs.
pha·rao·nisch [fara'o:nɪʃ] *adj* Pharaonic.
Pha·ri·sä·er [fari'zɛ:ər] *m ⟨-s; -⟩* **1.** *Bibl.* Pharisee. – **2.** *fig.* pharisee, *auch* Pharisee, hypocrite. — **Pha·ri'sä·er·tum** *n ⟨-s; no pl⟩* **1.** *relig.* Pharisaism. – **2.** *fig.* pharisaism, *auch* Pharisaism, hypocrisy, sanctimoniousness. — **pha·ri'sä·isch** *adj* **1.** *relig.* pharisaical, *auch* Pharisaical, Pharisaic. – **2.** *fig.* pharisaic(al), *auch* Pharisaic(al), sanctimonious, self-righteous, hypocritical. — **Pha·ri'sä·is·mus** [-zɛ'ismus] *m ⟨-; no pl⟩ cf.* Pharisäertum.
Phar·ma·ko·lo·ge [farmako'lo:gə] *m ⟨-n; -n⟩ med. pharm.* pharmacologist. — **Phar·ma·ko·lo'gie** [-lo'gi:] *f ⟨-; no pl⟩* pharmacology. — **phar·ma·ko'lo·gisch** *adj* pharmacologic(al).
Phar·ma·kon ['farmakɔn] *n ⟨-s; -ka* [-ka]⟩ *med. pharm.* medicine, drug, remedy, pharmacon.
Phar·ma·ko·pöe [farmako'pø:] *f ⟨-; -n* [-ən]⟩ *med. pharm.* pharmacop(o)eia.
Phar·ma·zeut [farma'tsɔyt] *m ⟨-en; -en⟩* **1.** *med. pharm.* pharmacist, *Am.* druggist, *Br.* chemist, apothecary. – **2.** *ped.* pharmacology (*od.* pharmacy) student, student of pharmacy. — **Phar·ma'zeu·tik** [-tɪk] *f ⟨-; no pl⟩* **1.** (*Wissenschaft*) pharmaceutics *pl* (*construed as sg*). – **2.** (*Heilmittelbereitung*) pharmacy. — **phar·ma'zeu·tisch** *adj* pharmaceutic(al). [*pharm.* pharmacy.]
Phar·ma·zie [farma'tsi:] *f ⟨-; no pl⟩ med.*
Pha·ryn·gi·tis [faryŋ'gi:tɪs] *f ⟨-; -tiden* [-gi'ti:dən]⟩ *med.* pharyngitis.
Pha·ryn·go·skop [faryŋgo'sko:p] *n ⟨-s; -e⟩ med.* pharyngoscope. — **Pha·ryn·go·sko'pie** [-sko'pi:] *f ⟨-; -n* [-ən]⟩ pharyngoscopy.
Pha·rynx ['fa:ryŋks] *m ⟨-; -ryngen* [fa'ryŋən]⟩ *med.* **1.** (*Schlund*) pharynx. – **2.** (*Mundteil*) oropharynx.
Pha·se ['fa:zə] *f ⟨-; -n⟩* **1.** phase, stadium, stage: die Verhandlungen sind in eine entscheidende ~ getreten the negotiations have entered a decisive stage; die Krankheit befindet sich in der zweiten ~ (*od.* stadium). – **2.** *astr. electr. phys.* phase.
'**Pha·sen|,an,zei·ger** *m electr.* phase indicator. — ~**dia,gramm** *n* phase pattern. — **p~gleich** *adj* (coincident) in phase. — ~**gleich·heit** *f* phase balance (*od.* coincidence).
'**Pha·sen·kon,trast|kon,den·sor** *m* (*optics*) (*am Mikroskop*) phase-contrast condenser. — ~**mi·kro,skop** *n* phase-difference microscope.
'**Pha·sen|,mes·ser** *m electr.* phase meter, power-factor indicator. — ~**,schie·ber** *m* phase converter (*od.* changer, shifter), rotary phase converter. — ~**span·nung** *f* star (*od.* "Y") voltage, phase-(to-neutral) voltage. — ~**sprung** *m* phase jump, rapid phase change. — ~**ver,schie·bung** *f* phase displacement (*od.* shift[ing]). — ~**ver,zö·ge·rung** *f* phase lag(ging). — ~**,zahl** *f* number of phases.
'**pha·sisch** *adj electr.* phasic.
Phe·nol [fe'no:l] *n ⟨-s; no pl⟩ chem.* phenol, carbolic (*od.* phenic) acid (C_6H_5OH). — ~**,harz** *n synth.* phenolic resin, phenoplast, phenolphthalein ($C_{20}H_{14}O_4$).
Phe·no·plast [feno'plast] *m ⟨-(e)s; -e⟩ synth. cf.* Phenolharz. — ~**,Preß,mas·se** *f* phenoplastic compression molding (*bes. Br.* moulding) material, phenolic mo(u)lding material.

Phe·nyl [fe'ny:l] *n* ⟨-s; *no pl*⟩ *chem.* phenyl (group) (C_6H_5).

Phi [fi:] *n* ⟨-(s); -s⟩ phi (*21st letter of the Greek alphabet*).

Phil·an·throp [filan'tro:p] *m* ⟨-en; -en⟩ philanthropist, altruist, humanitarian. — **Phil·an·thro·pie** [-tro'pi:] *f* ⟨-; *no pl*⟩ philanthropy, philanthropism. — **phil·an·'thro·pisch** *adj* philanthropic.

Phil·ate·lie [filate'li:] *f* ⟨-; *no pl*⟩ philately. — **Phil·ate·list** [-'lɪst] *m* ⟨-en; -en⟩ philatelist, stamp collector. — **phil·ate·'li·stisch** *adj* philatelic.

Phi·le·mon [fi'le:mən] *npr m* ⟨-s; *no pl*⟩ Philemon: (der Brief des Paulus an) ∼ *cf.* Philemonbrief. — ∼**brief, der** the Epistle (of St. Paul) to Philemon.

Phil·har·mo·nie [fɪlharmo'ni:] *f* ⟨-; -n [-ən]⟩ *mus.* 1. philharmonic (*auch* Philharmonic) (society). — 2. (Berliner) ∼ (Berlin) Philharmonic Hall. — 3. philharmonic (*auch* Philharmonic) (orchestra). — **Phil·har·'mo·ni·ker** [-'mo:nikər] *m* ⟨-s; -⟩ 1. member of a philharmonic orchestra. — 2. *pl* philharmonic orchestra *sg*: die Berliner [Wiener] ∼ the Berlin [Vienna] Philharmonic Orchestra. — **phil·har·'mo·nisch** [-'mo:nɪʃ] *adj* philharmonic.

Phil·hel·le·ne [fɪlhɛ'le:nə] *m* ⟨-n; -n⟩ philhellene, *auch* Philhellene, philhellenist. — **Phil·hel·le·'nis·mus** [-le'nɪsmʊs] *m* ⟨-; *no pl*⟩ philhellenism.

Phil·ip·per [fi'lɪpər] *m* ⟨-s; -⟩ Philippian: (der Brief des Paulus an die) ∼ *Bibl. cf.* Philipperbrief. — ∼**brief, der** *Bibl.* the Epistle (of St. Paul) to the Philippians, Philippians *pl* (construed as sg).

Phil·ip·pi·ka [fi'lɪpika] *f* ⟨-; -ken⟩ 1. *antiq.* Philippic. — 2. *fig.* (Straf-, Kampfrede) philippic (tirade).

Phi·li·ster [fi'lɪstər] *m* ⟨-s; -⟩ 1. *relig. hist.* Philistine, inhabitant of Philistia. — 2. *fig. contempt.* Philistine, *auch* philistine, bourgeois, square (*sl.*), *Am.* Babbitt, *auch* Babbit, *Br.* gigman. — 3. *colloq.* (Nichtstudent) townny (*sl.*), local, outsider. — 4. *colloq.* (Altakademiker) alumnus, *Am.* old grad. — **Phi·li·ste'rei** *f* ⟨-; *no pl*⟩ *fig. contempt.* Philistinism, *auch* philistinism, narrow-mindedness, prosaic (*od.* unimaginative) outlook. — **phi'li·ster·haft** *adj fig. contempt.* Philistine, *auch* philistine, bourgeois, narrow-minded, square (*sl.*).

Phi·li·ste·ri·um [fɪlɪs'te:rɪʊm] *n* ⟨-s; *no pl*⟩ (students' sl.) 1. humdrum (*od.* bourgeois, routine) life (*od.* existence), very ordinary life. — 2. *cf.* Altherrenschaft.

Phi'li·ster·tum *n* ⟨-s; *no pl*⟩ *cf.* Philisterei. **phi·li·strös** [fɪlɪs'trø:s] *adj cf.* philisterhaft.

Phi·lo·den·dron [filo'dɛndrɔn] *n, auch m* ⟨-s; -dren⟩ *bot.* philodendron (*Fam. Araceae*).

Phi·lo·lo·ge [filo'lo:gə] *m* ⟨-n; -n⟩ a) teacher (*od.* student) of languages and literatures, b) *ling.* philologist, philologian, *auch* philologer. — **Phi·lo·lo'gie** [-lo'gi:] *f* ⟨-; -n [-ən]⟩ a) study (*od.* science) of languages and literatures, b) *ling.* philology: neuere [klassische] ∼ modern [classical] philology. — **Phi·lo'lo·gin** *f* ⟨-; -nen⟩ *cf.* Philologe. — **phi·lo'lo·gisch** *adj* a) of (*od.* relating to) languages and literatures, b) *ling.* philological, *auch* philologic.

Phi·lo·se·mit [filoze'mi:t] *m* ⟨-en; -en⟩ pro-Semite.

Phi·lo·soph [filo'zo:f] *m* ⟨-en; -en⟩ philosopher.

Phi·lo·so·pha·ster [filozo'fastər] *m* ⟨-s; -⟩ philosophaster, dabbler in philosophy.

Phi·lo·so·phem [filozo'fe:m] *n* ⟨-s; -e⟩ 1. philosopheme, philosophical problem, proposition. — 2. (Ausspruch) philosophical dictum.

Phi·lo·so·phie [filozo'fi:] *f* ⟨-; -n [-ən]⟩ *philos.* philosophy. — **phi·lo·so'phie·ren** [-rən] *v/i* ⟨*no* ge-, h⟩ (über *acc* on) philosophize (*Am. auch* -s-), reflect, theorize. — **phi·lo'so·phisch** [-'zo:fɪʃ] **I** *adj* philosophic(al): ∼e Fakultät *ped.* faculty of arts (*od.* humanities), arts faculty (*Am. auch* department). — **II** *adv* philosophically.

Phi·mo·se [fi'mo:zə] *f* ⟨-; -n⟩ *med.* phimosis, capistration.

Phio·le ['fio:lə] *f* ⟨-; -n⟩ vial, phial, ampulla.

Phle·bi·tis [fle'bi:tɪs] *f* ⟨-; -tiden [-bi'ti:dən]⟩ *med.* phlebitis.

Phleg·ma ['flɛgma] *n* ⟨-s; *no pl*⟩ 1. stolidness, phlegm, equanimity, *bes. contempt.* indifference: sein ∼ ist durch nichts zu

---

erschüttern his stolidness is not to be shaken. — 2. (Trägheit) sluggishness, indolence. — 3. *med.* (Schleim) phlegm. — **Phleg'ma·ti·ker** [-'gma:tikər] *m* ⟨-s; -⟩, **Phleg'ma·ti·ke·rin** *f* ⟨-; -nen⟩ phlegmatic person. — **Phleg'ma·ti·kus** [-'gma:tikus] *m* ⟨-; -se⟩ *colloq. humor. for* Phlegmatiker. — **phleg'ma·tisch** [-'gma:tɪʃ] *adj* 1. stolid, phlegmatic, *bes. contempt.* indifferent. — 2. sluggish, indolent.

Phleg·mo·ne [flɛ'gmo:nə] *f* ⟨-; -n⟩ *med.* phlegmon.

Phlox [flɔks] *m* ⟨-es; -e⟩, *auch* f ⟨-; -e⟩ *bot.* phlox (*Gattg Phlox*).

Pho·bie [fo'bi:] *f* ⟨-; -n [-ən]⟩ *med. psych.* phobia, morbid dread (*od.* fear).

Phö·bus ['fø:bus] *npr m* ⟨-; *no pl*⟩ *myth.* Phoebus.

Phon [fo:n] *n* ⟨-s; -s⟩ 1. *phys.* phon, decibel: dieser Motor entwickelt ein Geräusch von 50 ∼ this engine produces a sound with a volume of 50 phons. — 2. *ling.* phone.

Pho·nem [fo'ne:m] *n* ⟨-s; -e⟩ *ling. psych.* phoneme. — **Pho·ne'ma·tik** [-ne'ma:tɪk] *f* ⟨-; *no pl*⟩ *ling.* phonematics *pl*, phonemics *pl* (*beide construed as sg*). — **pho·ne'ma·tisch** [-ne'ma:tɪʃ] *adj* phonematic, phonemic. — **pho·ne·misch** *adj* phonemic. — **pho·ne·mi·'sie·ren** [-nemi'zi:rən] *v/t* ⟨*no* ge-, h⟩ phonemicize.

Pho·ne·tik [fo'ne:tɪk] *f* ⟨-; *no pl*⟩ *ling.* phonetics *pl* (*construed as sg*). — **Pho·ne'ti·ker** [-tikər] *m* ⟨-s; -⟩ phonetician, phoneti(ci)st. — **pho'ne·tisch** [-tɪʃ] **I** *adj* phonetic, *auch* phonetical: ∼e Umschrift phonetic transcription. — **II** *adv* phonetically: ∼ darstellen to phoneticize, *Am. auch* to transcribe.

'pho·nisch *adj phys.* phonic.

Phö·nix ['fø:nɪks] *m* ⟨-(es); -e⟩ *myth.* phoenix: → Asche 1.

Phö·ni·zi·er [fø'ni:tsiər] *m* ⟨-s; -⟩ *antiq.* Phoenician, *auch* Phenician. — **phö·'ni·zisch** [-tsɪʃ] *adj* Phoenician, *auch* Phenician.

'Pho·no·ge·rät ['fo:no-] *n electr.* phono equipment.

Pho·no·gramm [fono'gram] *n* ⟨-s; -e⟩ *electr.* phonogram.

Pho·no·graph [fono'gra:f] *m* ⟨-en; -en⟩ *electr.* phonograph. — **pho·no'gra·phisch** *adj* phonographic.

'Pho·no·kof·fer *m electr.* portable record player, phono box.

Pho·no·la [fo'no:la] *f* ⟨-s; -s⟩, f ⟨-; -s⟩ *mus.* player piano.

Pho·no·lith [fono'li:t] *m* ⟨-s; -e⟩ *min.* phonolite.

Pho·no·lo·ge [fono'lo:gə] *m* ⟨-n; -n⟩ *ling.* phonemicist. — **Pho·no·lo·gie** [fonolo'gi:] *f* ⟨-; *no pl*⟩ *ling.* 1. (Lehre von den Phonemen) phonemics *pl* (construed as sg). — 2. (Lautlehre) phonology. — **pho·no·'lo·gisch** [-'lo:gɪʃ] *adj* 1. (Phoneme betreffend) phonemic. — 2. (allgemeine Lautlehre betreffend) phonological.

Pho·no·me·ter [fono'me:tər] *n* ⟨-s; -⟩ *phys.* phonometer.

Pho·no·thek [fono'te:k] *f* ⟨-; -en⟩ *auch ling.* phonotheque.

Pho·no·ty·pi·stin [fonoty'pɪstɪn] *f* ⟨-; -nen⟩ phonotypist.

'Phon·zahl *f phys.* number of phons, volume.

Pho·ro·me·ter [foro'me:tər] *n* ⟨-s; -⟩ (optics) phorometer.

Phor·op·ter [fo'rɔptər] (*TM*) *m* ⟨-s; -⟩, ∼**ge·rät** *n* (optics) Phoropter (*TM*).

Phos·phat [fɔs'fa:t] *n* ⟨-(e)s; -e⟩ *chem.* phosphate. — ∼**dün·ger** *m* phosphate fertilizer. — **p∼hal·tig** *adj* phosphatic.

Phos·phor ['fɔsfər] *m* ⟨-s; *no pl*⟩ *chem.* phosphorus (P). — **p∼ar·tig** *adj* phosphorous, phosphorlike. — ∼(brand)- **bom·be** *f mil.* phosphorus (incendiary) bomb.

Phos·pho·res·zenz [fɔsfɔrɛs'tsɛnts] *f* ⟨-; *no pl*⟩ *phys. chem.* phosphorescence. — **phos·pho·res·zie·ren** [fɔsfɔrɛs'tsi:rən] *v/i* ⟨*no* ge-, h⟩ *chem. phys.* phosphoresce. — **phos·pho·res'zie·rend I** *pres p.* — **II** *adj chem. phys.* phosphorescent, phosphorous, phosphoric.

'phos·phor·hal·tig *adj chem.* phosphoric, phosphorous.

phos·pho·rig ['fɔsfɔrɪç] *adj chem.* phosphorous.

'phos·phor·sau·er *adj chem.* phosphoric. — **P∼säu·re** *f* phosphoric acid (H_3PO_4).

P∼ver·gif·tung *f med.* phosphorus poisoning, phosphorism. — **P∼was·ser·stoff** *m chem.* phosphine, hydrogen phosphide (PH_3).

Phot [fo:t] *n* ⟨-s; -⟩ *phys.* phot.

Pho·to¹ ['fo:to] *n* ⟨-s; -s⟩, *Swiss only f* ⟨-; -s⟩ *colloq.* photo (*colloq.*).

'Pho·to² *m* ⟨-s; -s⟩ *colloq. for* Photoapparat.

'Pho·to|al·bum *n* photo album. — ∼**ap·pa·rat** *m phot.* camera. — ∼**aus·rü·stung** *f* photographic equipment (*od.* outfit). — ∼**che·mie** *f chem.* photochemistry. — **p∼che·misch** [foto-'çe:mɪʃ] *adj* photochemical. — **p∼chro·ma·tisch** [fotokro'ma:tɪʃ] *adj phot.* photochromatic. — ∼**chro·mie** [fotokro'mi:] *f* ⟨-; *no pl*⟩ photochromism. — **p∼elek·trisch** [foto'e'lɛktrɪʃ] *adj electr.* photoelectric. — ∼**ele·ment** *n cf.* Photozelle.

pho·to·gen [foto'ge:n] *adj* ⟨-er; -st⟩ *phot.* photogenic, photographable.

Pho·to·gramm [foto'gram] *n* ⟨-s; -e⟩ *phot.* photogram. — **Pho·to·gramme'trie** (getr. -mm-m-) [-grame'tri:] *f* ⟨-; *no pl*⟩ photogrammetry. — **pho·to·gramme·trisch** (getr. -mm'm-) [-gra'me:trɪʃ] *adj* photogrammetric, *auch* photogrammetrical.

Pho·to·graph [foto'gra:f] *m* ⟨-en; -en⟩ *phot.* photographer.

Pho·to·gra·phie [fotogra'fi:] *f* ⟨-; -n [-ən]⟩ 1. (Kunst, Verfahren) photography, photographic art. — 2. (Bild) photograph, picture, shot, photo (*colloq.*): eine ∼ machen to take a picture. — 3. (Schnappschuß) snapshot.

pho·to·gra·phie·ren [fotogra'fi:rən] **I** *v/t* ⟨*no* ge-, h⟩ *phot.* photograph, take a picture (*od.* shot) of, shoot: ich habe mich ∼ lassen I have had my picture taken. — **II** *v/i* photograph, take pictures (*od.* a picture).

Pho·to·gra'phier·ge·sicht *n colloq.* Sunday--go-to-meeting expression.

pho·to·gra·phisch I *adj* photographic. — **II** *adv* photographically.

Pho·to|gra·vü·re [fotogra'vy:rə] *f print. cf.* Heliogravüre. — ∼**händ·ler** ['fo:to-] *m* photo(graphic) dealer. — ∼**kon·duk·ti·vi·tät** [-konduktivi'tɛ:t] *f electr.* photoconductivity. — ∼**ko·pie** [-ko'pi:] *f phot.* Photostat (*TM*), photographic copy, photoprint. — **p∼ko·pie·ren** [-ko'pi:rən] *v/t* ⟨*no* ge-, h⟩ photostat, make a Photostat of, copy. — ∼**la·bor** ['fo:to-] *n* photographic laboratory.

Pho·to·ly·se [foto'ly:zə] *f* ⟨-; -n⟩ *chem.* photolysis.

pho·to·me·cha·nisch [fotome'ça:nɪʃ] *adj print.* photomechanical.

Pho·to·me·ter [foto'me:tər] *n* ⟨-s; -⟩ *phys.* photometer, light meter. — **Pho·to·me'trie** [-me'tri:] *f* ⟨-; *no pl*⟩ photometry. — **pho·to'me·trisch** [-'me:trɪʃ] *adj* photometric, *auch* photometrical.

'Pho·to|mo·dell *n* (photographer's) model. — ∼**mon·ta·ge** *f phot.* photomontage, cut-and-paste montage.

Pho·ton ['fo:tɔn; fo'to:n] *n* ⟨-s; -en [fo-'to:nən]⟩ *phys.* photon, light quantum.

Pho·to·nen·an·trieb *m* (space) photon engine (*od.* propulsion).

'Pho·to|pa·pier *n phot.* photographic paper. — ∼**re·por·ta·ge** *f* photographic reportage. — **p∼sen·si·tiv** [fotozɛnzi'ti:f] *adj* photosensitive. — ∼**sen·si·ti·vi·tät** [fotozɛnzitivi'tɛ:t] *f* photosensitivity. — ∼**sphä·re** [foto'sfɛ:rə] *f* ⟨-; *no pl*⟩ *astr.* photosphere. — ∼**syn·the·se** [fotozyn'te:zə] *f biol.* photosynthesis.

Pho·to·thek [foto'te:k] *f* ⟨-; -en⟩ *phot.* 1. (Bilder) photograph collection. — 2. (Bücher) photo library. — 3. (Dokumente) photographic record.

Pho·to·the·ra·pie [fototera'pi:] *f* ⟨-; *no pl*⟩ *med.* phototherapy.

pho·to·trop [foto'tro:p] *adj bot.* phototropic. — **Pho·to·tro'pis·mus** [-tro'pɪsmʊs] *m* ⟨-; -men⟩ phototropism.

'Pho·to|ver·viel·fa·cher *m nucl.* photomultiplier, electron multiplier. — ∼**zel·le** *f electr.* photocell, photoelectric (*od.* selenium) cell, electric eye. — ∼**zin·ko·gra·phie** [fotstsɪŋkogra'fi:] *f print.* photozincography. — ∼**zu·be·hör** *n phot.* photographic accessories *pl*.

Phra·se ['fra:zə] *f* ⟨-; -n⟩ 1. (Redewendung etc) (set) phrase. — 2. *contempt.* empty talk, hot air, claptrap, idle chatter: **das sind alles nur (leere)** ~n *colloq.* that is a lot of empty talk; → **dreschen** 1. – **3.** *contempt.* (*Klischee*) cliché, *Am. sl.* bromide. – **4.** *mus.* phrase, figure.

'Phra·sen|,dre·scher *m* ⟨-s; -⟩ *contempt.* phrasemonger, phraseman, phrasemaker, phraseologist, gasbag (*colloq.*). — ~**dre·sche'rei** [,frazən-] *f* ⟨-; -en⟩ phrasemongering. — **p~haft** *adj* empty, meaningless, windy, phrasey, *auch* phrasy. — ~**held**, ~**ma·cher** *m* ⟨-s; -⟩ *cf.* Phrasendrescher.

Phra·seo·lo·gie [frazeolo'giː] *f* ⟨-; -n [-ən]⟩ *ling.* phraseology, (idiomatic) phrasing. — **phra·seo'lo·gisch** [-'loːɡɪʃ] *adj* phraseological.

phra·sie·ren [fra'ziːrən] *v/t* ⟨*no* ge-, h⟩ *mus.* phrase. — **Phra'sie·rung** *f* ⟨-; -en⟩ phrasing.

Phre·ne·sie [frene'ziː] *f* ⟨-; *no pl*⟩ *psych.* (*Wahnsinn*) phrenitis, phrenesia, phrenesis, insanity. — **phre'ne·tisch** [-'neːtɪʃ] *adj* phrenetic, insane, mentally ill.

Phre·no·lo·ge [freno'loːɡə] *m* ⟨-n; -n⟩ *med.* phrenologist. — **Phre·no·lo'gie** [-lo'giː] *f* ⟨-; *no pl*⟩ phrenology. — **phre·no·'lo·gisch** *adj* phrenological, *auch* phrenologic.

Phry·ger ['fryːɡər], **'Phry·gi·er** [-ɡiər] *m* ⟨-s; -⟩ *antiq.* Phrygian, inhabitant of Phrygia. — **'phry·gisch** [-ɡɪʃ] *adj* Phrygian.

Phtha·lat [fta'laːt] *n* ⟨-(e)s; -e⟩ *chem.* phthalate.

Phtha·le·in [ftale'iːn] *n* ⟨-s; -e⟩ *chem.* phthalein.

'Phthal,säu·re ['ftaːl-] *f chem.* phthalic acid ($C_6H_4(COOH)_2$).

Phthi·se ['ftiːzə] *f* ⟨-; -n⟩, **'Phthi·sis** [-zɪs] *f* ⟨-; -sen⟩ *med.* phthisis, consumption, pulmonary tuberculosis. — **'phthi·sisch** *adj* phthisic, consumptive, tuberculous.

pH-,Wert [peːˈhaː-] *m chem.* pH (value).

Phy·ko·lo·gie [fykolo'giː] *f* ⟨-; *no pl*⟩ *obs.* algology.

Phy·le ['fyːlə] *f* ⟨-; -n⟩ *antiq. pol.* phyle.

Phyl·lit [fy'liːt; -'lɪt] *m* ⟨-s; -e⟩ *min.* phyllite.

Phyl·lo·di·um [fy'loːdiʊm] *n* ⟨-s; -dien⟩ *bot.* phyllode, phyllodium.

Phyl·lo·kla·di·um [fylo'klaːdiʊm] *n* ⟨-s; -dien⟩ *bot.* phylloclade.

Phyl·lo·pha·ge [fylo'faːɡə] *m* ⟨-n; -n⟩ *zo.* phyllophagan.

Phyl·lo·po·de [fylo'poːdə] *m* ⟨-n; -n⟩ *meist pl zo.* phyllopod, *auch* phyllopodan.

Phy·lo·ge·ne·se [fyloge'neːzə] *f* ⟨-; -n⟩ *biol.* phylogenesis, phylogeny, phylogeny. — **phy·lo·ge'ne·tisch** [-tɪʃ] *adj* phylogenetic. — **Phy·lo·ge·nie** [fyloge'niː] *f* ⟨-; -n [-ən]⟩ *biol. cf.* Phylogenese.

Phy·sik [fy'ziːk] *f* ⟨-; *no pl*⟩ *phys.* physics *pl* (*usually construed as sg*).

phy·si·ka·lisch [fyzi'kaːlɪʃ] *adj* physical. — ~-**'che·misch** *adj* physicochemical.

Phy·si·ker ['fyːzikər] *m* ⟨-s; -⟩, **'Phy·si·ke·rin** *f* ⟨-; -nen⟩ physicist.

Phy·si·kum ['fyːzikʊm] *n* ⟨-s; -ka [-ka]⟩ *ped.* intermediary preclinical examination for students of medicine.

Phy'sik,un·ter,richt *m ped.* 1. physics lesson. – 2. physics instruction, teaching of physics.

Phy·sio·gno·mie [fyziogno'miː] *f* ⟨-; -n [-ən]⟩ physiognomy. — **Phy·sio'gno·mik** [-'ɡnoːmɪk] *f* ⟨-; *no pl*⟩ physiognomy, physiognomics *pl* (*usually construed as sg*). — **phy·sio·gno·misch** [-'ɡnoːmɪʃ] *adj* physiognomic, *auch* physiognomical.

Phy·si·o·krat [fyzio'kraːt] *m* ⟨-en; -en⟩ *econ. hist.* physiocrat. — **Phy·sio·kra'tie** [-kra'tiː] *f* ⟨-; *no pl*⟩ physiocracy. — **phy·sio·kra·tisch** *adj* physiocratic: ~es System physiocracy. — **Phy·sio·kra'tis·mus** [-kra'tɪsmʊs] *m* ⟨-; *no pl*⟩ physiocracy, physiocratism.

Phy·sio·lo·ge [fyzio'loːɡə] *m* ⟨-n; -n⟩ *med.* physiologist. — **Phy·sio·lo'gie** [-lo'giː] *f* ⟨-; *no pl*⟩ physiology. — **phy·sio·lo'gisch** *adj* physiologic(al).

Phy·sio·the·ra·pie [fyziotera'piː] *f med.* physical therapy, physiotherapy.

Phy·sis ['fyːzɪs] *f* ⟨-; *no pl*⟩ *philos. biol.* physis.

phy·sisch ['fyːzɪʃ] *adj* physical, somatic.

Phy·to|geo·gra·phie [fytogeogra'fiː] *f bot.* phytogeography. — ~**pa·tho·lo·gie** [-patolo'giː] *f* phytopathology. — **p~pa·tho·'lo·gisch** [-pato'loːɡɪʃ] *adj* phytopathologic(al).

Phy·to·pha·ge [fyto'faːɡə] *m* ⟨-n; -n⟩ *meist pl zo.* phytophagan, *auch* phytophage.

Phy·to·the·ra·pie [fytotera'piː] *f med.* phytotherapy.

Pi [piː] *n* ⟨-(s); -s⟩ pi (*16th letter of the Greek alphabet*).

Pi·af·fe ['piafə] *f* ⟨-; -n⟩ (*sport*) (*bei der Dressur*) piaffe. — **pi·af'fie·ren** [-'fiːrən] *v/i* ⟨*no* ge-, h⟩ piaffe.

Pia·ni·no [pia'niːno] *n* ⟨-s; -s⟩ *mus.* upright (piano), pianino, cottage piano.

pia·nis·si·mo [pia'nɪsimo] *mus.* **I** *adv u. adj* pianissimo. – **II P~** *n* ⟨-s; -s u. -nissimi [-mi]⟩ pianissimo.

Pia·nist [pia'nɪst] *m* ⟨-en; -en⟩, **Pia·'ni·stin** *f* ⟨-; -nen⟩ *mus.* pianist. — **pia'ni·stisch** *adj* pianistic.

pia·no ['piano] *adv u. adj mus.* piano.

Pia·no[1] ['piano] *n* ⟨-s; -s u. -ni⟩ *mus.* (*leises Spielen*) piano.

Pia·no[2] ['piano] *n* ⟨-s; -s⟩ *mus. cf.* Pianoforte.

Pia·no·for·te [piano'fortə] *n* ⟨-s; -s⟩ *mus.* piano, pianoforte.

Pia·no·la [pia'noːla] (*TM*) *n* ⟨-s; -s⟩ *mus.* Pianola (*TM*).

Pia·rist [pia'rɪst] *m* ⟨-en; -en⟩ *röm.kath.* Piarist.

Pi·as·sa·va [pia'saːva] *f* ⟨-; -ven⟩ *bot.* 1. *cf.* Piassavapalme. – 2. *cf.* Piassavafaser. — ~**fa·ser** *f bot.* piassava (*od.* Tampico) fiber (*bes.* Br. fibre) (*od.* hemp), monkey grass. — ~**pal·me** *f* 1. piassava, *auch* pias(s)aba, piasava, (Bahia) bast palm (*Attalea funifera*). – 2. (Pará) piassava (palm) (*Leopoldinia piassaba*).

Pia·ster ['piastər] *m* ⟨-s; -⟩ *econ.* piaster, piastre.

Pi·az·za ['piatsa] *f* ⟨-; -azze⟩ piazza, (town) square.

Pi·ca ['piːka] *f* ⟨-; *no pl*⟩ *med.* (*der Schwangeren*) pica.

Pi'cas·so,fisch [pi'kaso-] *m zo.* black-barred triggerfish, picasso fish (*Rhinecanthus aculeatus*).

Pi·che'lei *f* ⟨-; -en⟩ *colloq.* tippling (*od. colloq.* boozing) session (*od.* bout), booze, *auch* boose (*colloq.*). — **'Pi·che·ler** *m* ⟨-s; -⟩ *colloq.* tippler, boozer (*colloq.*). — **pi·cheln** ['pɪçəln] *v/i* ⟨h⟩ *colloq.* tipple, booze, *auch* boose (*colloq.*).

Pi·chel,stei·ner ['pɪçəl,ʃtainər] *n* ⟨-; *no pl*⟩, ~ **'Fleisch** *n gastr.* meat and vegetable stew.

pi·chen ['pɪçən] *v/t* ⟨h⟩ *dial.* pitch, tar, (*Schuhe*) wax.

'Pich·ler *m* ⟨-s; -⟩ *colloq. cf.* Picheler.

Pick [pɪk] *m* ⟨-s; *no pl*⟩ *Austrian colloq. for* Klebstoff 1–3.

Picke (*getr.* -k·k-) ['pɪkə] *f* ⟨-; -n⟩ 1. *tech.* pick(point). – 2. (*mining*) pick: Wasserbedüsung durch die ~n pick flushing; Schnittiefe der ~n pick penetration.

Pickel[1] (*getr.* -k·k-) ['pɪkəl] *m* ⟨-s; -⟩ 1. *tech. cf.* Kreuzspitzhacke. – 2. *cf.* Eispickel.

'Pickel[2] (*getr.* -k·k-) *m* ⟨-s; -⟩ *med.* pimple, pustule.

'Pickel|,hau·be (*getr.* -k·k-) *f colloq.* spiked helmet, pickelhaube. — ~**,he·ring** *m* 1. *gastr. obs.* pickled herring. – 2. (*literature*) clown, buffoon, harlequin, Tomfool, Merry-Andrew, merry-andrew.

'picke·lig (*getr.* -k·k-) *adj med.* pimpled, pimply.

picken[1] (*getr.* -k·k-) ['pɪkən] **I** *v/t* ⟨h⟩ pick, peck. – **II** *v/i* j-m in den Finger ~ to peck s.o.'s finger.

'picken[2] (*getr.* -k·k-) *v/i* ⟨h u. sein⟩ 1. ⟨h⟩ *Austrian colloq. for* haften 1, kleben 6. – 2. ⟨sein⟩ ~ bleiben *Austrian colloq. for* klebenbleiben 1, 3.

'Pick,ham·mer *m* (*mining*) *cf.* Abbauhammer.

Pick·les ['pɪkəls; pɪklz] (*Engl.*) *pl gastr. cf.* Mixed Pickles.

'pick·lig *adj med. cf.* pickelig.

Pick·nick ['pɪknɪk] *n* ⟨-s; -e u. -s⟩ picnic, *Am. auch* picknick: ein ~ machen *cf.* picknicken. — **'pick·nicken** (*getr.* -k·k-) *v/i* ⟨h⟩ picnic, have (*od.* go on) a picnic.

'Pick·nick,kof·fer *m* picnic basket (*od.* hamper).

Pick-up [pɪk'ʔap; 'pɪkʌp] (*Engl.*) *m* ⟨-s; -s⟩ *electr.* (*of* Tonabnehmer, Tonarm).

pi·co·bel·lo ['piːko'bɛlo] *adj* ⟨*pred*⟩ *colloq.* fantabulous (*sl.*), *Am. sl.* snazzy.

Pi·co·fa·rad [pikofa'raːt] *n electr.* picofarad.

Pi·cot [pi'koː] *m* ⟨-s; -s⟩ (*textile*) (*an Spitzen*) picot.

'Pid·gin-,Eng·lisch ['pɪdʒɪn-] *n* ⟨-(s); *no pl*⟩ *ling.* pidgin (*auch* pigeon, pidgeon) English.

Pie·ce ['piɛːs(ə)] *f* ⟨-; -n [-sən]⟩ *mus.* piece.

Pie·de·stal [piedɛs'taːl] *n* ⟨-s; -e⟩ *arch.* pedestal.

Piek [piːk] *f* ⟨-; -en⟩ *mar.* (*einer Gaffel*) peak.

pie·ken ['piːkən] *colloq.* **I** *v/t* ⟨h⟩ (in acc into) stick, poke. – **II** *v/i* prick. – **III** *v/reflex* sich in den Finger ~ to prick one's finger.

'piek|'fein *adj colloq.* smart, spruce, dapper, nifty (*sl.*), *Am. sl.* snazzy. — ~**'sau·ber** *adj* spotlessly clean, spic(k)-and-span.

piep [piːp] **I** *interj* 1. cheep, tweet, chirp, peep: ~, ~! tweet-tweet! – **II P~** *n* ⟨-s; *no pl*⟩ 2. *cf.* Pieps 1. – 3. *fig. colloq.* (*in Wendungen wie*) sie sagte keinen P~ she didn't say (*od.* utter) a word, she didn't say boo; er tat keinen P~ mehr he was out for the count; einen P~ haben to have a screw loose (*colloq.*).

pie·pe ['piːpə] *adj only in* es ist mir völlig ~ *colloq.* I couldn't care less, I don't give a damn, I don't care a hoot (*od.* two hoots) (*sl.*).

'piep·egal [-ʔe'ɡaːl] *adj colloq. cf.* piepe.

pie·pen ['piːpən] **I** *v/i* ⟨h⟩ 1. (*von Küken, Vögeln*) cheep, chirp, tweet: bei dir piept's wohl? *fig. colloq.* you must be crazy, are you daft (*colloq.*) (*od. sl.* nuts)? – 2. (*von Funksignal*) bleep. — **II P~** *n* ⟨-s; *no pl*⟩ 3. *verbal noun*: das ist ja wirklich zum P~ *fig. colloq.* that's a perfect (*od.* an absolute) scream (*colloq.*).

'Pie·pen *pl colloq.* 'dough' *sg* (*sl.*), cash *sg*, money *sg*: 100 ~ 100 marks.

'Pie·per *m* ⟨-s; -⟩ *zo.* pipit, *auch* titlark (*Gattg* Anthus).

'Piep,matz *m* ⟨-es; -e u. ⸚e⟩ *colloq.* dickey, *auch* dicky, dick(e)y bird: du hast wohl einen ~? *fig. colloq.* you must be crazy, are you daft (*colloq.*) (*od. sl.* nuts)?

Pieps [piːps] *m* ⟨-es; -e⟩ 1. cheep, chirp, tweet. – 2. *fig. colloq. cf.* Piep 3.

piep·sen ['piːpsən] *v/i* ⟨h⟩ 1. (*von Maus*) squeak. – 2. *cf.* piepen. – 3. *colloq.* (*bes. von Kindern*) squeak. [reedy.⟩

'piep·sig *adj colloq.* (*Stimme*) squeaky, thin,⟩

'Piep,vo·gel *m colloq. cf.* Piepmatz.

Pier[1] [piːr] *m* ⟨-s; -e u. -s⟩, *mar. auch f* ⟨-; -s⟩ pier, wharf, quay.

Pier[2] *m* ⟨-(e)s; -e⟩ *zo.* lobworm, lugworm (*Arenicola marina*).

Pi·er·ret·te [piɛ'rɛt(ə)] *f* ⟨-; -n [-tən]⟩ (*theater*) Pierrette, pierrette.

Pi·er·rot [piɛ'roː] *m* ⟨-s; -s⟩ (*theater*) Pierrot, pierrot.

pie·sacken (*getr.* -k·k-) ['piːzakən] *v/t* ⟨h⟩ *colloq.* torment, pester, badger, plague, harass, *bes. Am. sl.* bug.

Pie·ta [pie'ta(ː)] *f* ⟨-; -s⟩ (*art*) Pietà, pietà.

Pie·tät [pie'tɛːt] *f* ⟨-; *no pl*⟩ 1. (*Frömmigkeit*) piety, piousness. – 2. (*Ehrfurcht*) reverence. – 3. (*kindliche Liebe*) filial love.

pie'tät·los *adj* 1. impious, irreverent. – 2. irreverent, disrespectful. — **Pie'tät·lo·sig·keit** *f* ⟨-; *no pl*⟩ 1. impiety, impiousness, irreverence, lack of reverence. – 2. irreverence, disrespect.

pie'tät,voll *adj* 1. pious, reverent. – 2. reverent, respectful, regardful.

Pie·tis·mus [pie'tɪsmʊs] *m* ⟨-; *no pl*⟩ *relig. hist.* Pietism. — **Pie'tist** [-'tɪst] *m* ⟨-en; -en⟩ Pietist. — **pie'ti·stisch** *adj* pietistic(al).

Pie·zo·ef,fekt ['pieːtso-] *m electr.* piezoelectric effect. — **p~elek·trisch** [-eˈlektrɪʃ] *adj* piezoelectric. — ~**elek·tri·zi·tät** [pieːtsoʔelɛktritsiˈtɛːt] *f* piezoelectricity. — ~**me·ter** [pieːtsoˈmeːtər] *n* ⟨-s; -⟩ piezometer.

piff, paff(, puff) ['pɪf'paf('pʊf)] *interj* (*von Gewehr*) bang! bang! bang!

'Pi·geon-,Eng·lisch ['pɪdʒɪn-] *n ling. cf.* Pidgin-Englisch.

Pig·ment [pi'ɡmɛnt] *n* ⟨-(e)s; -e⟩ *biol.* (*paints*) pigment.

Pig·men·ta·ti·on [pɪɡmɛntaˈtsioːn] *f* ⟨-; -en⟩ *biol.* pigmentation.

Pig'ment|,bil·dung *f biol.* formation of pigment, chromogenesis (*scient.*). — ~**,druck** *m* ⟨-(e)s; -e⟩ *print.* 1. ⟨*only sg*⟩ (*Verfahren*) pigment printing. – 2. carbon print. — ~**,farb,stoff** *m chem.* pigment, toner. — ~**,fleck** *m med.* stain, pigmental mole, soft n(a)evus.

pig·men·tie·ren [pɪgmɛn'tiːrən] **I** v/t ⟨no ge-, h⟩ pigment, color, bes. Br. colour. – **II** v/reflex sich ∼ become pigmented. – **III P∼** n ⟨-s⟩ verbal noun. — **pig·men'tiert** **I** pp. – **II** adj **1.** pigmented. – **2.** (Geschwulst) melanotic. — **Pig·men'tie·rung** f ⟨-; -en⟩ **1.** cf. Pigmentieren. – **2.** pigmentation. — **Pig'ment|,mal** n med. soft n(a)evus, pigmental mole. — ∼,**man·gel** m (der Haut) hypochromia. — ∼**ver,lust** m loss of pigment, parachroma (scient.).

Pi·gno·le [pɪn'joːlə], Austrian **Pi'gno·lie** [-liə] f ⟨-; -n⟩ (Pinienfrucht) pignolia, pignoli.

Pik¹ [piːk] m ⟨-s; -e⟩ colloq. pique, (secret) grudge, rancor, bes. Br. rancour (lit.): sie hat einen ∼ auf ihn she has a grudge against (od. a down on) him.

Pik² m ⟨-s; -e u. -s⟩ (mountain) peak.

Pik³ n ⟨-s; -s⟩, Austrian auch f ⟨-; -⟩ (Spielkartenfarbe) spades pl: ∼ ist Trumpf spades are trump(s).

Pi·ka ['piːka] m ⟨-(s); -(s)⟩ zo. calling hare, pika (Ochotona princeps).

pi·kant [pi'kant] **I** adj **1.** gastr. (gutgewürzt) piquant, spicy, highly seasoned, (Fleisch, bes. Wild) high, racy: eine ∼e Soße a piquant sauce; ∼e Vorspeise appetizer; ∼e Nachspeise savory, bes. Br. savoury. – **2.** ⟨attrib⟩ fig. (Abenteuer) amorous, gallant. – **3.** fig. (anzüglich) piquant, spicy, off-color, bes. Br. off-colour (attrib), racy: ein ∼er Witz a spicy (od. suggestive, risqué) joke. – **II** adv **4.** ∼ gewürzt gastr. spicily flavo(u)red, highly seasoned; ∼ schmecken to taste spicy.

Pi·kan·te·rie [pikantə'riː] f ⟨-; -n [-ən]⟩ piquant (od. spicy, risqué, racy) remark.

pi·ka·resk [pika'rɛsk] adj (Roman) picaresque.

Pik-'As n (Spielkarte) ace of spades.

Pi·ke ['piːkə] f ⟨-; -n⟩ **1.** mil. hist. pike: von der ∼ auf dienen fig. colloq. to rise from the ranks, to start at the bottom. – **2.** colloq. cf. Pik¹.

Pi·kee [pi'keː] m, Austrian auch n ⟨-s; -s⟩ (textile) piqué, pique. — ∼,**we·ste** f piqué vest (Br. waistcoat).

pi·ken ['piːkən] v/t, v/i u. v/reflex ⟨h⟩ colloq. cf. pieken.

Pi·kett [pi'kɛt] n ⟨-(e)s; -e⟩ **1.** (games) piquant, auch picquet. – **2.** Swiss inlying picket (auch piquet): auf ∼ stehen to be on picket duty. – **3.** mil. picket, auch piquet.

pi·kie·ren [pi'kiːrən] v/t ⟨no ge-, h⟩ hort. (junge Pflanzen) transplant.

pi'kiert I pp. – **II** adj **1.** hort. transplanted. – **2.** fig. piqued, nettled, peeved (colloq.), irritated, huffed: ich war ziemlich ∼ I was peeved to say the least; sie machte einen ∼en Eindruck she seemed (to be) rather piqued.

Pik·ko·lo¹ ['pɪkolo] m ⟨-s; -s⟩ **1.** apprentice waiter. – **2.** gastr. small bottle of champagne.

'Pik·ko·lo² m, auch n ⟨-s; -s⟩ mus. cf. Pikkoloflöte.

'Pik·ko·lo,flö·te f mus. piccolo (flute), octave flute.

Pi·kör [pi'køːr] m ⟨-s; -e⟩ hunt. piqueur, whipper-in, huntsman's assistant.

Pi·krat [pi'kraːt] n ⟨-(e)s; -e⟩ chem. picrate.

Pi'krin,säu·re [pi'kriːn-] f ⟨-; no pl⟩ chem. picric acid ($C_6H_2(NO_2)_3OH$).

pik·sen ['piːksən] v/t, v/i u. v/reflex ⟨h⟩ colloq. cf. pieken.

Pik·te ['pɪktə] m ⟨-n; -n⟩ hist. Pict.

Pi·lar [pi'laːr] m ⟨-en; -en⟩ pillar, post.

Pi·la·ster [pi'lastər] m ⟨-s; -⟩ arch. pilaster.

Pi·la·tus [pi'laːtus] **I** npr m ⟨-; no pl⟩ Bibl. Pilate. – **II** m ⟨-; no pl⟩ fig. colloq. (in Wendungen wie) j-n von Pontius zu ∼ schicken to send s.o. on a wild-goose chase, bes. Am. colloq. to give s.o. the runaround; von Pontius zu ∼ laufen (od. rennen) to go on a wild-goose chase, to run from pillar to post.

Pi·lau [pi'lau; 'piː-], **Pi·law** [pi'laf; 'piː-] m ⟨-s; no pl⟩ gastr. pilaf(f), pilau, auch pilav, pilaw.

Pil·chard ['pɪltʃərt; 'pɪltʃəd] (Engl.) m ⟨-s; -s⟩ zo. pilchard (Sardina pilchardus).

Pil·ger ['pɪlgər] m ⟨-s; -⟩ relig. pilgrim. — ∼,**fahrt** f pilgrimage. — ∼**ge,wand** n cf. Pilgerkleid. — ∼,**hut** m pilgrim's (od. cockle) hat.

'Pil·ge·rin f ⟨-; -nen⟩ (woman) pilgrim.

'Pil·ger|,kleid n pilgrim's dress (od. garb). — ∼,**mu·schel** f zo. cf. Kammuschel 1.

pil·gern ['pɪlgərn] v/i ⟨sein⟩ **1.** make (od. go on) a pilgrimage, pilgrimage, pilgrim, pilgrimize. – **2.** fig. cf. wandern 1, 3.

'Pil·ger·schaft f ⟨-; no pl⟩ pilgrimage.

'Pil·gers,char f group (od. troop) of pilgrims.

'Pil·gers,mann m ⟨-(e)s; ⸚er u. -leute⟩ obs. for Pilger.

'Pil·ger|,stab m pilgrim's staff. — ∼,**stra·ße** f pilgrim route. — ∼,**vä·ter, die** pl hist. the Pilgrim Fathers, the Pilgrims. — ∼,**zug** m **1.** (Sonderzug) pilgrim train. – **2.** cf. Pilgerschar.

Pil·grim ['pɪlgrɪm] m ⟨-s; -e⟩ obs. poet. for Pilger.

Pil·le ['pɪlə] f ⟨-; -n⟩ med. pharm. **1.** pill: ∼n drehen to make pills; ∼n schlucken to take pills; eine (od. die) bittere ∼ schlucken müssen fig. colloq. to have to swallow a (od. the) bitter pill; j-m die bittere ∼ versüßen fig. colloq. to sugar the pill (od. to soften the blow) for s.o. – **2.** die ∼ colloq. the (contraceptive od. birth-control) pill: die ∼ nehmen to be on (od. take) the pill. – **3.** (textile) pilot cloth. – ∼,**bal,lon** m aer. pilot (od. sounding) balloon.

Pi·lo·te [pi'loːtə] f ⟨-; -n⟩ civ.eng. pile.

'Pil·len|,dre·her m **1.** zo. tumblebug, bullcomber (Gattg Scarabaeus): Heiliger ∼ sacred beetle, scarabaeus (scient.) (S. sacer). – **2.** humor. for Apotheker. — ∼,**farn** m bot. pillwort, pepper grass (Pilularia globulifera). — **p∼,för·mig** adj pill-shaped, pilular (scient.). — ∼,**kraut** n bot. cf. Pillenfarn. — ∼,**schach·tel** f pill box.

Pi·lot [pi'loːt] m ⟨-en; -en⟩ **1.** aer. pilot, (Flieger) aviator: zweiter ∼ second pilot, copilot Br. co-; automatischer ∼ automatic pilot. – **2.** mar. (Lotse) pilot. – **3.** (textile) pilot cloth.

Pi·lo·te [pi'loːtə] f ⟨-; -n⟩ civ.eng. pile.

Pi'lo·ten|,kan·zel f aer. cockpit. — ∼,**kap·sel** f (space) command capsule.

Pi'lot|,film m pilot film. — ∼,**fisch** m zo. cf. Lotsenfisch.

pi·lo·tie·ren [pilo'tiːrən] v/t ⟨no ge-, h⟩ civ.eng. (Pfahl) drive (in).

Pi'lot,ton m (film) (bei der Synchronisation) pilot tone.

Pils [pɪls] n ⟨-; -⟩ brew. a (German) kind of beer similar to Pilsner.

Pil·se·ner ['pɪlzənər], **Pils·ner** ['pɪlznər] n ⟨-s; -⟩ brew. **1.** Pilsner, auch Pilsener. – **2.** cf. Pils.

Pilz [pɪlts] m ⟨-es; -e⟩ **1.** bot. mushroom, fungus: eßbarer ∼ mushroom; giftiger ∼ toadstool; in die ∼e gehen colloq. to go mushrooming; die Häuser schießen wie ∼e aus dem Boden (od. der Erde) fig. the houses shoot up like mushrooms, the houses mushroom (up). – **2.** pathogener ∼ med. disease fungus. – **3.** fig. (von Rauch) mushroom. — ∼,**an·ker** m mar. mushroom anchor. — ∼,**bir·ne** f electr. mushroom bulb. — **p∼,för·mig** adj mushroom-shaped, mushroom (attrib), mushroomy; fungiform, fungoid (scient.). — ∼**ge,flecht** n bot. mycelium.

'pil·zig adj mushroomlike; fungous, fungal, auch fungus (attrib) (scient.).

'Pilz|iso,la·tor m electr. mushroom insulator. — ∼**kon·struk·ti,on** f arch. mushroom construction. — ∼**ko,ral·le** f zo. mushroom coral (Gattg Fungia). — ∼,**krank·heit** f med. mycosis. — ∼,**kun·de** f bot. mycology, fungology. — ∼,**laut-**,**spre·cher** m electr. mushroom loudspeaker. — ∼,**mücke** (getr. -k·k-) f zo. fungus (od. agaric) gnat (od. midge) (Fam. Fungivoridae). — **p∼,tö·tend** adj fungicidal: ∼es Mittel fungicide. — ∼**ver,gif·tung** f med. mushroom poisoning; mycetismus, mycetism (scient.). — ∼,**wol·ke** f mil. mushroom cloud.

Pi·ment [pi'mɛnt] m, n ⟨-(e)s; -e⟩ gastr. (Küchengewürz) allspice. — ∼,**baum**, ∼-,**strauch** m bot. cf. Jamaika-Pfeffer.

Pim·mel ['pɪməl] m ⟨-s; -⟩ colloq. 'prick', 'cock' (beide vulg.), penis.

Pim·pe·lei f ⟨-; -en⟩ colloq. **1.** continual whimpering (od. whining). – **2.** (Verweichlichung) pampering, effemination. — 'pim·pe·lig adj **1.** (wehleidig) whimpering, whining, whiny, Am. auch whiney, puling. – **2.** (kränklich) sickly, peaked, peaky, delicate. – **3.** (verweichlicht) coddled, pampered, (Erwachsener) effeminate.

'Pim·pel,lie·se f ⟨-; -n⟩ colloq. peaky (od. puling) girl.

pim·peln ['pɪmpəln] v/i ⟨h⟩ dial. (weinerlich, wehleidig tun) whimper, whine, pule.

'Pim·pel,nuß f bot. cf. Pimpernuß.

pim·pern ['pɪmpərn] v/t u. v/i ⟨h⟩ vulg. cf. vögeln.

Pim·per·nell [pɪmpər'nɛl] m ⟨-(e)s; -e⟩ bot. cf. Pimpinelle.

'Pim·per,nuß f bot. bladdernut (Gattg Staphylea).

Pimpf [pɪmpf] m ⟨-(e)s; -e⟩ **1.** colloq. oft contempt. imp, squirt, scamp. – **2.** hist. (in NS-Zeit) member of the Hitler Youth.

Pim·pi·nel·le [pɪmpi'nɛlə] f ⟨-; -n⟩ bot. **1.** burnet saxifrage (Pimpinella saxifraga). – **2.** cf. Wiesenknopf.

'pimp·lig adj colloq. cf. pimpelig.

Pi·na·ko·id [pinako'iːt] n ⟨-(e)s; -e⟩ min. pinacoid, auch pinakoid.

Pi·na·ko·thek [pinako'teːk] f ⟨-; -en⟩ picture gallery, pinacotheca.

Pi·nas·se [pi'nasə] f ⟨-; -n⟩ mar. mil. pinnace.

Pince·nez [pɛ̃s'neː] n ⟨- [-'neːs)]; - [-'neːs]⟩ obs. (Klemmer, Kneifer) pince-nez.

'Pinch-Ef,fekt m ['pɪntʃ-] m nucl. pinch effect (constriction of plasma in thermonuclear reaction).

pin·da·risch [pɪn'daːrɪʃ] adj Pindaric.

Pi·ne·al,or·gan [pineaːl-] n med. zo. pineal body.

pin·ge·lig ['pɪŋəlɪç] adj colloq. **1.** (empfindlich, wehleidig) squeamish. – **2.** (übergenau) fussy, fastidious, pernickety (colloq.): ∼ tun to be fussy.

Ping·pong ['pɪŋ,pɔŋ] n ⟨-s; -s⟩ colloq. ping-pong, table tennis.

Pin·gu·in ['pɪŋguiːn; rare pɪŋgu'iːn] m ⟨-s; -e⟩ zo. penguin (Ordng Sphenisciformes).

Pi·nie ['piːniə] f ⟨-; -n⟩ bot. stone (od. nut, parasol) pine (Pinus pinea).

'Pi·ni·en|,kern m, ∼,**nuß** f bot. pine nut, piñon, pignon. — ∼,**wald** m stone pine forest, pinewood(s pl). — ∼,**zap·fen** m stone pine cone.

Pi·nio·le [pi'nioːlə] f ⟨-; -n⟩ bot. cf. Pinienkern.

Pin·ke ['pɪŋkə] f ⟨-; no pl⟩ colloq. (Geld) 'dough' (sl.), Br. sl. 'brass', lolly: er hat keine ∼ mehr he has not dough left, he hasn't a bean left (sl.).

Pin·kel ['pɪŋkəl] m ⟨-s; -⟩ only in feiner (od. vornehmer) ∼ colloq. dandy, Br. colloq. swank, Am. sl. dude.

pin·keln ['pɪŋkəln] v/i ⟨h⟩ colloq. 'piddle', pee (beide colloq.); piss, 'tinkle' (vulg.): er pinkelte an (od. gegen) die Wand he pissed the wall.

'Pin·ke'pin·ke f ⟨-; no pl⟩ cf. Pinke.

Pin·ne ['pɪnə] f ⟨-; -n⟩ **1.** (Zwecke) pin. – **2.** (Stift) peg, plug, (spitzer) tack. – **3.** (eines Hammers) pane, peen. – **4.** (eines Kompasses) dab. – **5.** mar. (Ruderpinne) tiller, helm.

pin·nen ['pɪnən] v/t ⟨h⟩ dial. pin.

Pi·no·le [pi'noːlə] f ⟨-; -n⟩ tech. **1.** (einer Drehmaschine) (center, bes. Br. centre) sleeve. – **2.** (einer Fräsmaschine) quill.

Pin·scher ['pɪnʃər] m ⟨-s; -⟩ (Haushundrasse) pinscher.

Pin·sel¹ ['pɪnzəl] m ⟨-s; -⟩ **1.** (paint)brush. – **2.** (Staubpinsel) dusting brush. – **3.** vulg. 'prick', 'cock' (beide vulg.), penis.

'Pin·sel² m ⟨-s; -⟩ colloq. contempt. nincompoop, noodle, blockhead, ninny, fool, simpleton, fathead.

'Pin·sel,äff·chen n zo. true marmoset (Gattg Callithrix).

Pin·se·lei f ⟨-; -en⟩ contempt. **1.** ⟨only sg⟩ daubing. – **2.** (schlechtes Gemälde) daub, (piece of) daubing.

'Pin·se·ler m ⟨-s; -⟩ contempt. dauber.

'pin·sel|,för·mig adj bot. penicillate(d), penicilliform. — **P∼,füh·rung** f (art) touch, brushwork.

'pin·se·lig adj u. adv colloq. for pedantisch.

'Pin·sel,kä·fer m zo. brushed flower beetle (Trichius fasciatus).

pin·seln ['pɪnzəln] **I** v/i ⟨h⟩ colloq. **1.** paint, daub: die Kinder pinselten eifrig in ihren Malbüchern the children were painting away industriously in their painting books. – **II** v/t **2.** etwas auf (acc) etwas ∼ (mit einem Pinsel malen) to paint s.th. on s.th. – **3.** j-m den Hals ∼ med. to paint s.o.'s throat. – **III P∼** n ⟨-s⟩ **4.** verbal noun.

'Pin·sel|,schim·mel m bot. brown (od. blue, green) mold (bes. Br. mould), penicillium (scient.) (Gattg Penicillium). — ∼,**stiel** m brush handle. — ∼,**strich** m (art)

a) brushstroke, b) cf. **Pinselführung**. — **~zun·gen·pa·pa,gei** m zo. cf. Lori 1.

Pin·te ['pɪntə] f ⟨-; -n⟩ 1. colloq. cf. Kneipe 1. — 2. Swiss for **Blechkanne**.

Pin-'up-,girl [pɪn'ʔap-] n ⟨-s; -s⟩ pinup (girl).

Pin·zet·te [pɪn'tsɛtə] f ⟨-; -n⟩ tweezers pl, pincers pl (beide sometimes construed as sg), thumb (od. pick-up) forceps.

Pio·nier [pĭo'niːr] m ⟨-s; -e⟩ 1. mil. a) engineer, b) (als Dienstgrad) sapper. – 2. (Erstsiedler) pioneer. – 3. fig. (Wegbereiter) pioneer, Am. auch trailblazer: ein ~ (in) der Krebsforschung a pioneer in cancer research. – 4. er ist bei den Jungen ~en DDR he is a member of the Young Pioneers. — **~,ar·beit** f 1. mil. pioneer work. – 2. fig. spadework, pioneer work. — **~ba·tail,lon** n mil. engineer battalion: leichtes ~ Am. engineer combat battalion, Br. field engineer battalion; schweres ~ engineer construction battalion. — **~de,pot** n engineer depot. — **~,korps** n corps of engineers: Britisches ~ Royal Engineers pl. — **~,trup·pe** f engineers pl, engineer troops pl.

Pipe[1] [paɪp] n, f ⟨-; -s⟩ (engl. u. amer. Hohlmaß) pipe.

Pi·pe[2] ['piːpə] f ⟨-; -n⟩ 1. Northern G. (tobacco) pipe. – 2. geol. pipe.

Pi·pe[3] ['piːpə] f ⟨-; -n⟩ Austrian (Faßhahn) tap.

Pipe·line ['paɪplaɪn] (Engl.) f ⟨-; -s⟩ (für Öl etc) pipeline.

Pi·pet·te [pi'pɛtə] f ⟨-; -n⟩ 1. chem. pipette, auch pipet, Am. auch dropper. – 2. (für Wein) wine taster, sampling tube. — **pi·pet'tie·ren** [-'tiːrən] v/t ⟨no ge-, h⟩ pipette, auch pipet.

Pi·pi [pi'piː] n ⟨-s; no pl⟩ (child's language) wee-wee, Am. auch pee-pee (beide colloq.): ~ machen to (do) wee-wee, to do number one (colloq.).

Pip·pau ['pɪpau] m ⟨-(e)s; no pl⟩ bot. hawk's-beard (Gattg Crepis).

Pips [pɪps] m ⟨-es; no pl⟩ vet. (des Geflügels) pip, roup.

Pi·ran·ha [pi'ranja] m ⟨-(s); -s⟩ zo. piranha, auch piraña, caribe, piraya (Serrasalmus piraya).

Pi·ra·ten|,barsch m zo. pirate perch (Aphredoderus sayanus). — **~,flag·ge** f Jolly Roger. — **~,schiff** n hist. pirate (ship), pi(c)karoon. — **~,sen·der** m, **~sta·ti,on** f pirate radio station.

Pi·ra·te·rie [piratə'riː] f ⟨-; -n [-ən]⟩ piracy.

Pi·ra·ya [pi'raːja] m ⟨-(s); -s⟩ zo. cf. Piranha.

Pi·ro·ge [pi'roːgə] f ⟨-; -n⟩ (südamer. Boot) piragua, pirogue.

Pi·rog·gen [pi'rəgən] pl gastr. pirogen, pirogi, piroshki, auch pirojki.

Pi·rol [pi'roːl] m ⟨-s; -e⟩ zo. (golden) oriole, loriot (Oriolus oriolus).

Pi·ro·plas·men [piro'plasmən] pl vet. zo. piroplasms, piroplasmata (Fam. Babesiidae).

Pi·rou·et·te [pi'rŭɛtə] f ⟨-; -n⟩ (sport) a) (bei der Dressur) pirouette, b) (beim Eiskunst- u. Rollkunstlauf) spin. — **pi·rou·et'tie·ren** [-'tiːrən] v/i ⟨no ge-, h⟩ a) (od. perform a) pirouette, b) (do od. perform a) spin.

Pirsch [pɪrʃ] f ⟨-; no pl⟩ hunt. stalk (hunt), (deer)stalking, still-hunting: auf die ~ gehen to go (deer)stalking.

pir·schen ['pɪrʃən] v/i ⟨h⟩ hunt. stalk (deer), still-hunt.

'Pirsch|,gang m, **~,jagd** f hunt. cf. Pirsch. — **~,jä·ger** m deer stalker, still-hunter.

Pi·sang ['piːzaŋ] m ⟨-s; -e⟩ bot. 1. cf. Bananenstaude 2. – 2. (Frucht) plantain, pisang.

Pi'see,bau [pi'zeː-] m ⟨-(e)s; no pl⟩ arch. pisé de terre.

pis·pern ['pɪspərn] v/i ⟨h⟩ dial. for wispern II.

Piß [pɪs] m ⟨-sses; no pl⟩, **'Pis·se** f ⟨-; no pl⟩ vulg. pee (colloq.), piss (vulg.).

pis·sen ['pɪsən] v/i ⟨h⟩ vulg. pinkeln.

Pis·soir [pɪ'sŏaːr] n ⟨-s; -e u. -s⟩ public urinal, Am. auch pissoir.

Pi·sta·zie [pɪs'taːtsĭə] f ⟨-; -n⟩ bot. 1. (Baum) pistachio (tree), pistache (Pistacia vera). – 2. (Frucht) pistachio nut. — **Pi'sta·zi·en,nuß** f cf. Pistazie 2.

Pi·ste ['pɪstə] f ⟨-; -n⟩ 1. (sport) a) (Skipiste) course, piste, b) (Radrennpiste) track. – 2. aer. runway. – 3. (im Zirkus) ring fence.

Pi·still [pɪs'tɪl] n ⟨-s; -e⟩ 1. (eines Mörsers) pestle. – 2. bot. (Stempel) pistil.

Pi'stol [pɪs'toːl] n ⟨-s; -en⟩ obs. for Pistole[1].

Pi·sto·le[1] [pɪs'toːlə] f ⟨-; -n⟩ pistol, revolver, gun; Am. sl. shooting iron, rod: mit vorgehaltener ~ at gunpoint, at the point of a gun; j-n auf ~n fordern to challenge s.o. to a pistol duel; seine Antwort kam wie aus der ~ geschossen fig. his answer came like a shot (od. in a flash); → Brust 1.

Pi'sto·le[2] f ⟨-; -n⟩ (alte Münze) pistole.

Pi'sto·len|du,ell n duel (fought) with pistols, pistol duel. — **~,griff** m pistol grip (od. handle), handle of a pistol. — **~,schuß** m pistol shot. — **~,schuß,wei·te** f in (od. auf) (acc) ~ within pistol shot. — **~,schüt·ze** m pistoleer, Am. pistol shot. — **~,ta·sche** f (pistol) holster.

Pi·ston [pɪs'tõː] n ⟨-s; -s⟩ 1. mus. cornet (à pistons). – 2. tech. (Kolben, Pumpenventil etc) piston (valve). — **~,blä·ser** m mus. cornet player, cornet(t)ist. — **~-kor,nett** n cf. Piston 1.

Pi·ta ['piːta] f ⟨-; no pl⟩, **~,hanf** m pita, Mauritius hemp (Furcraea gigantea).

Pi·ta·val [pita'val] m ⟨-(s); -s⟩ jur. a collection of criminal cases (named after the famous French lawyer Pitaval 1643—1743).

Pi·thek·an·thro·pus [pite'kantropus] m ⟨-; -thropi [-pi]⟩ anthrop. Pithecanthropus, pithecanthrope (Gattg Pithecanthropus). — **pi·the·ko'id** [-ko'iːt] adj pithecoid.

'pitsch'naß ['pɪtʃ-] adj colloq. soaking wet, drenched, wet (od. soaked) to the skin.

pitsch, patsch ['pɪtʃ'patʃ] interj splash! plash!

pit·to·resk [pɪto'rɛsk] adj picturesque.

Piz·za ['pɪtsa] f ⟨-; -s⟩ gastr. pizza (pie). — **Piz·ze'ria** [-tse'riːa] f ⟨-; -s⟩ pizzeria.

piz·zi·ca·to [pɪtsi'kaːto] adv u. adj mus. pizzicato. — **Piz·zi·ka·to** [pɪtsi'kaːto] n ⟨-s; -s u. -kati [-ti]⟩ pizzicato.

Pla·ce·bo [pla'tseːbo] n ⟨-s; -s⟩ med. pharm. placebo.

Pla·ce·ment [plas(ə)'mãː] n ⟨-s; -s⟩ 1. econ. (von Wertpapieren) placement. – 2. rare for Placierung 2, 4.

Pla·che ['plaxə] f ⟨-; -n⟩ bes. Austrian for Blache.

pla·cie·ren [pla'tsiːrən, -'siːrən] I v/t ⟨no ge-, h⟩ 1. place: wir wurden in eine dunkle Ecke placiert we were placed in a dark corner. – 2. econ. a) (Wertpapiere) place, issue, b) (Wechsel etc) place, negotiate. – 3. (sport) a) (Bälle etc) place, spot, b) (Boxschläge) land. – II v/reflex sich ~ 4. (sich setzen) take one's seat. – 5. (sport) be placed: er hat sich hervorragend placiert he was placed (od. came off, finished) very well. – III P~ n ⟨-s⟩ 6. verbal noun. — **pla'ciert** I pp. – II adj (Schuß, Wurf) well-placed (attrib), angled. — **Pla'cie·rung** f ⟨-; -en⟩ 1. cf. Placieren. – 2. placement. – 3. econ. placement, issue, sale. – 4. (sport) placing.

placken (getr. -k·k-) [plakən] v/reflex ⟨h⟩ sich ~ colloq. drudge, slave.

'Placken (getr. -k·k-) m ⟨-s; -⟩ Northern G. colloq. for Fleck 1, 13.

Placke'rei (getr. -k·k-) f ⟨-; -en⟩ colloq. drudgery, slavery, bes. Br. fag; 'sweat', grind (colloq.).

plad·dern ['pladərn] v/i ⟨h⟩ Low G. (vom Regen) pelt, patter.

plä·die·ren [plɛ'diːrən] v/i ⟨no ge-, h⟩ jur. 1. für (od. auf acc) etwas ~ to plead for (od. in) s.th.: für Strafmilderung ~ to plead in mitigation of sentence, to plead mitigating circumstances; für schuldig (auf Freispruch) ~ to plead for guilty (acquittal); wir ~ für die Gleichberechtigung fig. we plead for equality of rights. – 2. (Plädoyer halten) plead, sum up.

Plä·doy·er [plɛdŏa'jeː] n ⟨-s; -s⟩ jur. pleading, summing-up.

Pla·fond [pla'fõː] m ⟨-s; -s⟩ 1. obs. od. Austrian and Swiss for Zimmerdecke. – 2. econ. a) ceiling, upper limit, b) (Kreditplafond) credit ceiling, borrowing limit, credit line.

pla·gal [pla'gaːl] adj mus. plagal: ~e Kirchentonarten plagal modes.

Pla·ge ['plaːgə] f ⟨-; -n⟩ 1. (Mühsal, Qual) trouble, (stärker) affliction, torment, torture: sie ertrug alle ~n geduldig (od. mit Geduld) she bore all her troubles patiently. – 2. (Last, Bürde) burden, infliction: dies alles macht ihm das Leben zur ~ all these things make his life a heavy burden. – 3. (Landplage) plague, disaster, calamity. – 4. (Geißel, Strafe) plague, scourge: die Ägyptischen ~n Bibl. the Egyptian plagues. – 5. colloq. (Ärgernis) nuisance, annoyance, bother, vexation, (stärker) pest, plague: es ist schon eine rechte ~ mit ihm, er ist schon eine rechte ~ he is a perfect nuisance (od. pest), he is a pain in the neck (sl.).

'Pla·ge,geist m ⟨-(e)s; -er⟩ tease, Am. auch teaze, (stärker) plague, pest(er), torment(or).

pla·gen ['plaːgən] I v/t ⟨h⟩ 1. trouble, (stärker) afflict, torment, torture: die Hitze plagte sie they were tormented by the heat; von Kopfschmerzen geplagt werden to be troubled with a headache. – 2. (von Gedanken, Zweifeln, Sorgen etc) torment, haunt, prey (up)on: ihn plagte der Gedanke, daß er versagt hatte the thought that he had failed preyed upon his mind. – 3. (ärgern) annoy, bother, harass, vex, pester, (stärker) plague, scourge: die Kinder plagten sie den ganzen Tag the children bothered her all day. – II v/reflex sich ~ 4. struggle hard, slave, drudge, toil (lit.): er hat sich in seinem Leben viel ~ müssen he had to struggle hard through life. – 5. (sich abmühen) take pains: der Lehrer plagte sich redlich mit dem Jungen the teacher took great pains with the boy. – III P~ n ⟨-s⟩ 6. verbal noun. – 7. annoyance, bother, trouble.

Plag·ge ['plagə] f ⟨-; -n⟩ Low G. agr. sod (of turf), facing sod.

Pla·gi·at [pla'gĭaːt] n ⟨-(e)s; -e⟩ plagiarism, (literary) piracy, cribbage: ein ~ begehen to plagiarize (Br. auch -s-).

Pla·gia·tor [pla'gĭaːtər] m ⟨-s; -en [-gĭa'toːrən]⟩ plagiarist, (literary) pirate, cribber.

pla·gi·ie·ren [plagi'iːrən] v/t u. v/i ⟨no ge-, h⟩ plagiarize, Br. auch -s-, crib.

Pla·gio·klas [plagĭo'klaːs] m ⟨-es; -e⟩ min. plagioclase.

Plaid [plɛt; pleːd] (Engl.) m, n ⟨-s; -s⟩ 1. (Reisedecke) travel(l)ing rug. – 2. (Umhangtuch) plaid, tartan.

Pla·kat [pla'kaːt] n ⟨-(e)s; -e⟩ placard, bill, poster, bes. Am. affiche: ein ~ ankleben (od. anbringen) to post (od. stick) a bill; ~e ankleben verboten! post (od. stick) no bills. — **~an,kle·ber** m billposter, Br. bill-poster, billsticker, Br. bill-sticker. — **~an,schlag** m cf. Plakat. — **~,far·be** f lithographic (od. poster, placard) color (bes. Br. colour), poster paint.

pla·ka·tie·ren [plaka'tiːrən] I v/t ⟨no ge-, h⟩ (öffentlich anschlagen) placard. – II v/i (Plakate ankleben) post (od. stick) bills.

Pla'kat|,ma·ler m poster artist (od. designer). — **~,ma·le,rei** f poster-painting (od. -designing). — **~,säu·le** f placard (od. advertisement, auch advertizement, advertising, auch advertizing) pillar, bill post. — **~,schrift** f script, poster type. — **~,trä·ger** m sandwich man, bes. Am. boardman. — **~,wer·bung** f poster publicity. — **~,zeich·ner** m cf. Plakatmaler.

Pla·ket·te [pla'kɛtə] f ⟨-; -n⟩ 1. (Reliefplatte) plaque, auch placque, plaquette. – 2. (Abzeichen) plaque, auch placque, badge, bes. Br. plateau. – 3. (Medaille) medal.

Pla·ko·der·men [plako'dɛrmən] pl zo. cf. Panzerfische.

plan [plaːn] adj ⟨-er; -st⟩ 1. (eben, flach) level, even, plane, horizontal. – 2. tech. a) (eben) plane, b) (flach) flat, c) (glatt) smooth.

Plan[1] m ⟨-(e)s; ⁼e⟩ 1. plan: Pläne machen (od. schmieden, fassen) to make (od. hatch) plans, to scheme; einen ~ aufstellen to make (out) a plan; sich (dat) einen ~ zurechtlegen to work out a plan; er ist (od. steckt) voller Pläne he is full of plans; das paßt nicht in meine Pläne that does not suit my plans; ich habe noch keine festen Pläne I have no definite plans yet. – 2. (Absicht) plan, intention, design: j-s Pläne durchkreuzen to thwart s.o.'s intentions. – 3. (Vorhaben) project, scheme: dieser ~ wird sich nicht verwirklichen lassen this project won't materialize. – 4. (Entwurf) plan, design, layout. – 5. (Skizze) draft, design, blueprint, scheme, plot. – 6. (Grundriß) ground plan. –

7. (*Stadtplan*) street map. – **8.** (*Zeitplan*) timetable, schedule. – **9.** (*graphische Darstellung*) diagram. – **10.** *pol. econ.* plan, project: der Grüne ~ the Green Plan.

Plan² *m* ⟨-(e)s; ⁓e⟩ *obs. for* a) Ebene 1, b) Kampfplatz 3: auf den ~ treten, auf dem ~ erscheinen *fig.* to appear on the scene, to make one's appearance, to turn up; j-n auf den ~ rufen *fig.* to call s.o. to the scene (*od.* into action); auf dem ~ sein *fig.* to be present.

Pla·na·rie [pla'na:riə] *f* ⟨-; -n⟩ *zo.* planaria(n), *bes.* black planaria(n) (*Planaria lugubris*).

Plan·chet·te [plɑ̃'ʃɛt(ə)] *f* ⟨-; -n [-tən]⟩ (*Miederstäbchen*) busk.

'**plan|,dre·hen** *v/t* ⟨*sep*, -ge-, h⟩ *tech.* **1.** face (down), surface. – **2.** (*Ansätze*) square (out). – **3.** (*Stirnfläche*) end-face. — **P~,dreh·ma,schi·ne** *f* face (*od.* facing) lathe, facing (*od.* surfacing) machine.

Pla·ne ['pla:nə] *f* ⟨-; -n⟩ **1.** awning, tilt, canvas (cover). – **2.** *mar.* (*Persenning*) tarpaulin. – **3.** *tech.* hood. – **4.** *auto.* canvas cover, tarpaulin, *Am. auch* tarp.

'**Plä·ne,ma·cher** *m* ⟨-s; -⟩ schemer, projector, plotter.

pla·nen ['pla:nən] **I** *v/t* ⟨h⟩ **1.** plan. – **2.** (*vorhaben*) plan, intend, design, purpose. – **3.** (*im Auge haben*) envisage. – **4.** (*entwerfen*) plan, design, project. – **5.** (*zeichnerisch*) draft, design. – **6.** (*zeitlich*) schedule, time, phase. – **7.** einen Anschlag auf (*od.* gegen) j-n ~ to plan to plot, scheme) an attack against s.o., to plot (*od.* scheme) against s.o. – **8.** *tech.* face, surface. – **9.** *econ.* a) plan, project, b) (*im Etat*) budget. – **II P~** *n* ⟨-s⟩ **10.** *verbal noun.*

'**Pla·ner** *m* ⟨-s; -⟩ **1.** *cf.* Plänemacher. – **2.** (*Entwerfer*) designer, planner. – **3.** *econ. colloq.* planner. [(stone).]

Plä·ner ['plɛːnər] *m* ⟨-s; *no pl*⟩ *min.* rag-⟨

'**Plan·er,fül·lung** *f DDR econ.* fulfil(l)ment of quotas (*od.* targets, objectives).

'**Plä·ne,schmied** *m cf.* Plänemacher.

Pla·net [pla'ne:t] *m* ⟨-en; -en⟩ *astr.* a) planet, b) (*kleiner*) asteroid, c) (*bes. Erde*) globe: unser ~ the planet.

pla·ne·tar [plane'ta:r], **pla·ne'ta·risch** [-rɪʃ] *adj astr.* planetary.

Pla·ne·ta·ri·um [plane'ta:riʊm] *n* ⟨-s; -rien⟩ *astr.* **1.** (*Instrument*) planetarium (instrument *od.* projector). – **2.** (*Gebäude*) planetarium.

Pla·ne·ten|,bahn *f astr.* orbit of a planet, planetary orbit. — ~**ge,trie·be** *n tech.* planet(ary) (*od.* epicyclic) gear, planetary gearing system. — ~**jahr** *n astr.* period of revolution of a planet. — ~**lauf** *m* orbit of a planet. — ~**son·de** *f* (*space*) planetary probe. — ~**stand** *m* **1.** *astr.* position of (the) planets, configuration. – **2.** *astrol.* aspect. — ~**sy,stem** *n* planetary system.

Pla·ne·to·id [planeto'i:d] *m* ⟨-en; -en⟩ *astr.* planetoid, asteroid, minor planet.

'**Plan|,film** *m phot.* cut (*od.* flat, sheet) film. — ~**,frä·sen** *n tech.* face milling. — ~**,frä·ser** *m* face mill(ing cutter). — ~**,fräs·ma,schi·ne** *f* **1.** (*Langfräsmaschine*) *Am.* fixed-bed (*od.* manufacturing) type miller, *Br.* bench (*od.* bed-type) milling machine. – **2.** face milling machine. — **p~·ge,mäß I** *adj cf.* planmäßig 1, 3. – **II** *adv cf.* planmäßig II. — ~**,glas** *n* optical flat, plane glass disk (*od.* disc).

pla·nie·ren [pla'ni:rən] **I** *v/t* ⟨*no* ge-, h⟩ **1.** *civ.eng.* level, plane, grade, (*durch Planierraupen*) *auch* bulldoze. – **2.** *metall.* planish, spin out the wrinkles of. – **II P~** *n* ⟨-s⟩ **3.** *verbal noun.*

Pla'nier|ma,schi·ne, ~**rau·pe** *f civ.eng.* a) (*Straßenpflug*) (crawler-type) grader, b) (*Fronträumer*) bulldozer, c) (*mit Seitenräumschild*) angledozer.

Pla'nie·rung *f* ⟨-; -en⟩ *cf.* Planieren.

Pla·ni·fi·ka·ti·on [planifika'tsio:n] *f* ⟨-; -en⟩ *econ.* (national [economic]) planning.

Pla·ni·glob [plani'glo:p] *n* ⟨-s; -en⟩, **Pla·ni'glo·bi·um** [-'glo:biʊm] *n* ⟨-s; -bien⟩ *geogr. astr.* planisphere.

Pla·ni·me·ter [plani'me:tər] *n* ⟨-s; -⟩ *tech.* (*Flächenmesser*) planimeter. — **Pla·ni·me'trie** [-me'tri:] *f* ⟨-; *no pl*⟩ *math.* plane geometry, planimetry. — **pla·ni·me'trisch** [-'me:trɪʃ] *adj* planimetric.

Plan·ke ['plaŋkə] *f* ⟨-; -n⟩ plank, (thick) board.

Plän·ke'lei *f* ⟨-; -en⟩ *mil. auch fig.* skirmish(ing).

plän·keln ['plɛŋkəln] *v/i* ⟨h⟩ *mil. auch fig.* skirmish.

'**Plan·ken,gang** *m mar.* strake.

'**Plänk·ler** *m* ⟨-s; -⟩ skirmisher.

'**Plan·kom·mis·si,on** *f DDR econ.* state commission for economic planning and control.

'**plan·kon'kav** *adj* (*optics*) plano-concave.

'**Plan·kon,trol·le** *f DDR econ.* constant control of the plan.

'**plan·kon'vex** *adj* plano-convex.

'**Plan,ko·sten** *pl econ.* **1.** budgeted expenses. – **2.** standard costs (worked out as a target with which actual costs are compared). — ~**,rech·nung** *f* standard cost accounting.

Plank·ter ['plaŋktər] *m* ⟨-s; -⟩ *biol. cf.* Plankton.

Plank·ton ['plaŋktən] *n* ⟨-s; *no pl*⟩ *biol.* plankton. — **plank'to·nisch** [-'to:nɪʃ] *adj* planktonic, *auch* planctonic. — **Plank'tont** [-'tont] *m* ⟨-en; -en⟩ plankter, planktont.

'**plan·los I** *adj* **1.** (*Vorgehen etc*) planless. – **2.** (*ziellos, aufs Geratewohl*) aimless, haphazard, random (*attrib*). – **3.** (*ohne Methode*) unmethodical, unsystematic, *auch* unsystematical, methodless, desultory. – **II** *adv* **4.** without a plan: ~ umherlaufen to wander about aimlessly; völlig ~ vorgehen to proceed without any plan (*od.* unmethodically). — '**Plan·lo·sig·keit** *f* ⟨-; *no pl*⟩ **1.** planlessness. – **2.** aimlessness, haphazardness. – **3.** lack of method (*od.* system), desultoriness.

'**plan,mä·ßig I** *adj* **1.** (*nach Plan*) planned. – **2.** (*Ankunft, Zug etc*) scheduled, normal. – **3.** (*methodisch*) methodical, systematic, *auch* systematical. – **4.** (*Dienststelle etc*) regular. – **II** *adv* **5.** as planned, according to plan (*od.* schedule): alles verlief ~ everything went off according to plan.

pla·no ['pla:no] *adv print.* unfolded.

'**plan|par·al'lel** *adj math.* (*optics*) plane-parallel. — **P~,pau·se** *f print.* **1.** overlay, traced map. – **2.** (*Blaupause*) blueprint. — **P~,qua,drat** *n* (*bes. auf Landkarten*) grid (*od.* map) square.

'**Plansch,becken** (*getr.* -k·k-) *n* paddling (*bes. Am.* paddle) pond (*od.* pool), children's pool.

'**Plan,schei·be** *f tech.* **1.** (*einer Drehmaschine*) faceplate. – **2.** (*eines Karussells*) table.

plan·schen ['planʃən] **I** *v/i* ⟨h⟩ paddle, splash. – **II P~** *n* ⟨-s⟩ *verbal noun.*

Plan·sche'rei *f* ⟨-; *no pl*⟩ *colloq. for* Planschen.

'**Plan|,schie·ßen** *n mil.* (unobserved) map fire, scheduled (*od.* prearranged) fire. — ~**,schlei·fen** *n tech.* face grinding. — ~**,schlit·ten** *m* cross slide rest, facing slide. — ~**,schnei·der** *m print.* guillotine. — ~**,skiz·ze** *f* sketch. — ~**,soll** *n DDR econ.* target, quota, goal (scheduled): das ~ übererfüllen to exceed the quota.

'**Plan|,spie·gel** *m tech.* plane mirror. — ~**,spiel** *n* **1.** *mil.* map exercise. – **2.** *econ.* planning game. — ~**,stär·ke** *f* authorized strength. — ~**,stel·le** *f* permanent (*od.* established) office (*od.* post, appointment), *Br. auch* place within the (*od.* authorized by) establishment: freie ~ vacant permanent post.

Plan·ta·ge [plan'ta:ʒə] *f* ⟨-; -n⟩ plantation. — **Plan'ta·gen·be,sit·zer** *m* planter.

'**Plantsch,becken** (*getr.* -k·k-) ['plantʃ-] *n cf.* Planschbecken. [schen.⟩

plant·schen ['plantʃən] *v/i* ⟨h⟩ *cf.* plan-⟩

Pla·num ['pla:nʊm] *n* ⟨-s; *no pl*⟩ *civ.eng.* **1.** level plane, formation level, prepared track. – **2.** (*Untergrund*) subsoil, foundation soil.

'**Pla·nung** *f* ⟨-; -en⟩ *cf.* Planen.

'**Pla·nungs|,amt** *n* planning board. — ~**in·ge,ni·eur** *m* production (*od.* planning) engineer, planner. — ~**kom·mis·si,on** *f* planning commission. — ~**,sta·di·um** *n* planning stage.

'**plan,voll** *adj* **1.** well-planned (*attrib*), carefully planned. – **2.** methodical, systematic, *auch* systematical.

'**Plan|,vor,schub** *m tech.* cross (*od.* surfacing) feed. — ~**,wa·gen** *m* covered (*od.* tilt) waggon (*bes. Am.* wagon). — ~**,wirt·schaft** *f econ.* planned (*od.* centrally managed) economy. — ~**,zeich·nen** *n tech.* plan drawing.

'**Plan,ziel** *n econ.* target, planned output (quota), objective: das ~ nicht erreichen

to remain below plan. — ~**,ma·na·ge·ment** *n* management by objectives.

'**plan·zy'lin·drisch** *adj* (*optics*) plano-cylindrical.

Plap·pe'rei *f* ⟨-; *no pl*⟩ *colloq.* **1.** *cf.* Plappern. – **2.** twaddle, blather, prattle, chatter, gab (*colloq.*). – **3.** (*von Kleinkindern*) babble, gibber(ish), jibber, gabble.

'**Plap·per|,maul**, ~**,mäul·chen** *n colloq.* little chatterbox.

plap·pern ['plapərn] *colloq.* **I** *v/i* ⟨h⟩ **1.** twaddle, blather, prattle, chatter, gab (*colloq.*). – **2.** (*von Kleinkindern*) babble, gibber, jibber, gabble. – **II P~** *n* ⟨-s⟩ **3.** *verbal noun.* – **4.** *cf.* Plapperei.

'**Plap·per,ta·sche** *f colloq.* chatterbox.

plär·ren ['plɛrən] *colloq.* **I** *v/i* ⟨h⟩ **1.** cry, bawl, blubber. – **2.** (*laut und unschön schreien*) bawl. – **II** *v/t* **3.** (*Lied etc*) bellow, bawl out. – **III P~** *n* ⟨-s⟩ **4.** *verbal noun.*

Plä·san·te·rie [plɛzɑ̃tə'ri:] *f* ⟨-; -n [-ən]⟩ *obs. for* Scherz.

Plä·sier [plɛ'zi:r] *n* ⟨-s; -e⟩ *obs. u. humor.* **1.** (*Vergnügen, Spaß*) pleasure, amusement. – **2.** (*Unterhaltung*) entertainment.

Plä'sier·chen *n* ⟨-s; -⟩ **1.** *dim. of* Pläsier. – **2.** jedem Tierchen sein ~ every man to his taste, to each his own.

plä'sier·lich *adj obs. od. dial.* amusing, enjoyable, delightful.

Plas·ma ['plasma] *n* ⟨-s; Plasmen⟩ **1.** *biol. cf.* Protoplasma. – **2.** *med. phys. min.* plasm, plasma. – **3.** *tech.* plasma. — ~**an,trieb** *m* (*space*) plasma propulsion. — ~**bren·ner** *m tech.* plasma welding torch. — ~**flam·me** *f* plasma flame. — ~**phy,sik** *f* plasma physics *pl* (*usually construed as sg*). — ~**über,tra·gung** *f med.* transfusion of plasm(a).

Plas·mo·di·um [plas'mo:diʊm] *n* ⟨-s; -dien⟩ *biol. med.* plasmodium.

Plast [plast] *m* ⟨-(e)s; -e⟩ *meist pl synth.* plastic(s *pl construed as sg*).

Pla·sti·de [plas'ti:də] *f* ⟨-; -n⟩ *meist pl biol.* plastid, *auch* plastide.

Pla·stik¹ ['plastɪk] *f* ⟨-; -en⟩ **1.** ⟨*only sg*⟩ (*art*) plastic (art), plastics *pl* (construed as *sg* or *pl*). – **2.** (*art*) (*Bildwerk*) sculpture, statue, effigy. – **3.** *med.* plastics *pl* (construed as *sg* or *pl*), plastic surgery. – **4.** ⟨*only sg*⟩ *fig. cf.* Plastizität 2.

'**Pla·stik²** *n* ⟨-s; -s⟩, *auch* *f* ⟨-; -en⟩ *synth.* plastic.

'**Pla·stik,bom·be** *f mil.* plastic bomb.

Pla·sti·ker ['plastikər] *m* ⟨-s; -⟩ (*Bildhauer*) sculptor, statuary.

Pla·sti·lin [plasti'li:n] *n* ⟨-s; *no pl*⟩ (*Knetmasse*) Plasticine (*TM*).

'**pla·stisch I** *adj* **1.** (*Kunst etc*) plastic. – **2.** (*Figur etc*) three-dimensional, solid. – **3.** (*Masse, Werkstoff etc*) plastic. – **4.** *fig.* (*anschaulich*) graphic, vivid, (*highly*) descriptive: er schreibt einen sehr ~en Stil he writes a highly descriptive style. – **5.** *metall.* plastic: ~e Verformung plastic deformation. – **6.** ~e Chirurgie *med.* plastic surgery. – **II** *adv* **7.** Dinge ~ sehen (*dreidimensional*) to see things as solids. – **8.** etwas ~ darstellen *fig.* (*anschaulich*) to describe s.th. vividly.

Pla·sti·zi·tät [plastitsi'tɛːt] *f* ⟨-; *no pl*⟩ **1.** plasticity. – **2.** *fig.* (*Anschaulichkeit*) vividness, descriptiveness, descriptive power.

Pla·stron [plas'trõ:] *m*, *auch* *n* ⟨-s; -s⟩ **1.** (*fashion*) ascot (tie). – **2.** (*sport*) (*beim Fechten*) plastron.

Pla·ta·ne [pla'ta:nə] *f* ⟨-; -n⟩ *bot.* plane (tree) (*Gattg Platanus*): Abendländische (*od.* Amerikanische) ~ occidental (*od.* North American) plane (tree), *Am.* (North) American sycamore, buttonwood, cotton tree (*P. occidentalis*); Morgenländische (*od.* orientalische) ~ oriental plane tree, chenar (*P. orientalis*).

Pla·teau [pla'to:] *n* ⟨-s; -s⟩ *geogr.* plateau, tableland.

Pla·tin ['pla:ti:n; pla'ti:n] *n* ⟨-s; *no pl*⟩ *chem.* platinum, *auch* platina (Pt): mit ~ überzogen (*od.* belegt) platinized *Br. auch* -s-. — ~**,blech** *n metall.* platinum sheet. — **p~,blond** *adj* platinum-blonde. — ~**,blon·de** *f* platinum blonde. — ~**,draht** *m metall.* platinum wire. — ~**,druck** *m* ⟨-(e)s; -e⟩ *phot.* **1.** platinotype. – **2.** (*mit Palladium*) palladiotype.

Pla·ti·ne [pla'ti:nə] *f* ⟨-; -n⟩ **1.** *metall.* (*Ausgangsstück*) mill (*od.* rough, sheet) bar. – **2.** (*textile*) a) (*in Weberei*) hook, lifter, b) (*in Wirkerei*) sinker.

'pla·tin,hal·tig *adj chem.* platinous, platinic.
pla·ti·nie·ren [plati'niːrən] *v/t ⟨no ge-, h⟩ metall.* platinize *Br. auch* -s-, platinate, platinum-plate.
'Pla·tin|kon,takt *m electr.* platinum contact. — **~mohr** *m,* **~schwamm** *m chem.* platinum black (*od.* mohr).
Pla·ti·tü·de [plati'tyːdə] *f ⟨-; -n⟩ contempt.* platitude: er erging sich in ~n he indulged in platitudes.
Pla·to·ni·ker [pla'toːnikər] *m ⟨-s; -⟩ philos.* Platonist, follower of Plato. — **pla·to·nisch** [-nɪʃ] **I** *adj* Platonic: P~e Schriften Platonic (*od.* platonian, *auch* Platonian) works; ~e Liebe Platonic Love, *auch* platonic love. — **II** *adv* platonically, *auch* Platonically. — **Pla·to·nis·mus** [-to'nɪsmus] *m ⟨-; no pl⟩ philos.* Platonism.
platsch [platʃ] *interj* splash! flop! plash!
plat·schen ['platʃən] *v/i ⟨h⟩* **1.** splash, plash. – **2.** (*klatschen*) swash. – **3.** (*von Regen*) pelt, patter.
plät·schern ['plɛtʃərn] **I** *v/i ⟨h⟩* **1.** (*von Quelle, Brunnen etc*) bubble, ripple, bicker, (*vom Bach*) *auch* murmur, babble: ihre Rede plätscherte ununterbrochen *fig. colloq.* the murmur of her talk went on and on. – **2.** (*vom Regen*) (pitter-)patter. – **3.** *cf.* planschen. – **II P~** *n ⟨-s⟩* **4.** *verbal noun.* – **5.** ripple, (*vom Bach*) *auch* murmur, babble. – **6.** (*vom Regen*) (pitter-)patter.
platt [plat] **I** *adj ⟨-er; -est⟩* **1.** (*Nase, Stirn, Reifen etc*) flat: etwas ~ drücken to flatten s.th. out, to press ~ s.th. flat; die Kinder drückten sich an der Scheibe die Nase ~ the children pressed their noses (flat) against the window; ~ auf dem Boden liegen to lie flat on the ground; sie ist so ~ wie ein Bügelbrett *fig. colloq.* she is (as) flat as a board (*od.* pancake) (*colloq.*); auf dem ~en Lande leben to live in the provinces; ~ machen *colloq.* to (have a) puncture. – **2.** (*abgeplattet*) flattened. – **3.** (*eben*) even, level. – **4.** *fig.* (*Redensarten etc*) trivial, trite, commonplace, shallow. – **5.** ⟨*pred*⟩ *fig. colloq.* (*erstaunt*) dum(b)founded, flabbergasted (*colloq.*): ich war einfach ~ I was simply flabbergasted, you could have knocked me down (with a feather); da bin ich ~! (well,) blow me down (*colloq.*). – **II P~e** *m ⟨-n; no pl⟩* **6.** *colloq. cf.* Plattfuß 2.
Platt *n ⟨-(s); no pl⟩ ling.* Low German.
'Plätt|,an,stalt *f cf.* Bügelanstalt. — **~,brett** *n* ironing board.
Plätt·chen ['plɛtçən] *n ⟨-s; -⟩* **1.** *dim. of* Platte. – **2.** *tech.* a) (*aus Glas, Holz*) panel, b) small plate (*od.* sheet), lamina, c) (*längliches*) (metal) strip, d) (*Aufschweißplättchen*) tip. – **3.** (*Zündplättchen*) cap. – **4.** *bot.* lamella. – **5.** *zo.* a) lamina, leaf, b) (*Knochen- od. Schuppenplättchen*) scale. – **6.** *med. zo.* (*Blutplättchen*) platelet.
'platt,deutsch I *adj* Low German, Plattdeutsch. – **II P~** ⟨*generally undeclined*⟩, **das P~e** ⟨-n⟩ Low German, Plattdeutsch.
Plat·te ['platə] *f ⟨-; -n⟩* **1.** (*aus Metall, Blech, Glas etc*) plate, sheet, slab: dünne ~ sheet, leaf, foil; kleine ~ panel; runde ~ round plate, disk, disc; eine ~ gießen [bearbeiten, polieren] to cast [to finish, to polish] a plate. – **2.** (*aus Holz*) board, slab. – **3.** (*aus Stein, Marmor, Beton etc*) plate, slab, flag. – **4.** (*Tischplatte*) (table)top, (table)board, (*bei Tapeziertischen etc*) *auch* trestle board. – **5.** (*Ausziehplatte*) leaf (of a table), (pullout) slide. – **6.** (*Fliese*) flag(stone), tile: ~n legen to lay flags; die Terrasse mit ~n auslegen to lay (*od.* pave) the terrace with flags, to flag the terrace; die ~ putzen *fig. colloq.* to take to one's heels, to make off, to turn tail, to clear out (*od.* off) (*colloq.*). – **7.** (*Kachel*) tile. – **8.** (*der Täfelung*) panel. – **9.** (*Felsplatte*) ledge, shelf. – **10.** (*Plateau*) plateau, tableland. – **11.** (*großer Teller*) platter, dish, plate: kalte ~ *gastr.* dish of assorted cold sliced meats and sausages, *Am.* cold cuts *pl.* – **12.** (*Schallplatte*) record, disk, disc: eine ~ auflegen [abspielen] to put on [to play] a record; er läßt ständig die alte (*od.* gleiche) ~ ablaufen *fig. colloq.* he is always harping on the same old thing (*od.* tune), he is always on (*od.* about) the same old thing; leg mal eine neue ~ auf! *fig. colloq.* tell us something new! the record's stuck! (*colloq.*); die ~ kenne ich schon! *fig. colloq.* not that again! jetzt legt er wieder die pathetische ~ auf *fig.*

colloq. he is turning on the pathos (*od. colloq.* the tear taps) again. – **13.** *colloq.* (*Glatze*) bald head (*od. colloq.* patch, pate, spot): gib (*od.* hau) ihm eins auf die ~! *fig.* bash him one over the head! crown him one! (*colloq.*). – **14.** *phot.* (photographic) plate: lichtempfindliche ~ sensitized plate. – **15.** *print.* a) (*Druckplatte*) (stereotype *od.* printing) plate, stereotype, b) (*Gegendruckplatte*) platen. – **16.** (*art*) (*Schmuckplatte*) plaque, *auch* placque, plaquette. – **17.** *med.* (*Gebiß-, Gaumenplatte*) (dental) plate. – **18.** *zo.* a) (*Schild*) scute, scutum (*scient.*), b) (*Knochenplatte*) scale, lamina.
Plät·te ['plɛtə] *f ⟨-; -n⟩ dial. for* Bügeleisen 1, 2.
'Plätt,ei·sen *n cf.* Bügeleisen 1, 2.
plät·ten ['plɛtən] **I** *v/t ⟨h⟩* **1.** *Northern G. for* bügeln I. – **2.** (*platt machen, einebnen*) make (*s.th.*) flat (*od.* level, even), flatten, level, plane, surface. – **II** *v/i* **3.** *Northern G. for* bügeln II.
'Plat·ten|,ab,zug *m print.* stereotype(d) proof. — **~ar,chiv** *n* record archives *pl* (*od.* library). — **~,bau,wei·se** *f civ.eng.* (large-)-panel construction (*od.* system). — **~be,lag** *m* flagging. — **~,druck** *m ⟨-(e)s; no pl⟩* **1.** *print.* a) stereotype printing, stereotypy, stereotypography, b) (*in der Kupferstecherei*) copperplate printing. – **2.** (*textile*) plate printing. – **~,fett** *n econ.* solid vegetable fat. — **~,fuß,bo·den** *m* flagged (*od.* tiled) floor. — **~,jockei** (*getr.* -k·k-) *m* disk (*od.* disc) jockey. — **~ka·me·ra** *f phot.* plate-back camera. — **~kas,set·te** *f* **1.** (record) album. – **2.** *phot.* (photographic) plateholder, *auch* dark slide. — **~kon·den,sa·tor** *m electr.* plate condenser (*od.* capacitor). — **~,le·ger** *m* (*für Fußbodenbelag*) paver, (floor) tiler. — **~,spei·cher** *m* (*computer*) disk (*od.* disc) memory (*od.* storage). — **~,spie·ler** *m* record player, gramophone, *bes. Am.* phonograph: Radio mit eingebautem ~ *Br.* radiogram(ophone), *Am.* combined radio and record player. — **~,tel·ler** *m* turntable. — **~,wechs·ler** *m* (automatic) record changer. — **~,weg** *m* (*im Garten etc*) flagged path (*od.* walk). — **~,wen·der** *m cf.* Plattenwechsler.
'Platt,erb·se *f bot.* vetchling, meadow pea (*Gattg Lathyrus, bes. L. pratensis*).
'plat·ter'dings *adv archaic* absolutely, entirely, utterly: es ist ~ unmöglich it is absolutely (*od.* downright) impossible.
Plätt·te·rei *f ⟨-; -en⟩ cf.* Bügelanstalt.
'Plät·te·rin *f ⟨-; -nen⟩ cf.* Büglerin.
'Platt|,fisch *m zo.* **1.** flatfish, plaice, butt, dab, pleuronectid (*scient.*) (*Ordng Pleuronectiformes*). – **2.** fluke (*Platichthys flesus*). – **3.** flatfish (*Unterordng Heterosomata*). — **~,form** *f* **1.** (*bes. in der Straßen- u. Eisenbahn*) platform. – **2.** (*Treppenabsatz*) landing. – **3.** *fig.* (*Basis, Ausgangspunkt*) platform, basis: nach einer gemeinsamen ~ suchen to look for a common basis. — **~,form,bir·ne** *f* (*sport*) (*beim Boxen*) platform ball.
'Platt,fuß *m* **1.** *med.* flatfoot; pes valgus, talipes planus (*scient.*). – **2.** *fig. colloq.* flat tire, *bes. Br.* tyre). — **~,ein,la·ge** *f med.* arch support, instep raiser.
'platt,fü·ßig *adj* flat-footed.
'Platt,heit *f ⟨-; -en⟩* **1.** ⟨*only sg*⟩ flatness. – **2.** ⟨*only sg*⟩ (*Geistlosigkeit*) triviality, triteness, shallowness. – **3.** (*Floskel*) platitude, banality, (*vapid*) phrase, *Am. colloq.* bromide, insipidity.
plat·tie·ren [plat'tiːrən] **I** *v/t ⟨no ge-, h⟩* **1.** *metall.* clad: etwas galvanisch ~ to plate (*od.* electroplate) s.th. – **2.** (*textile*) plate, plait. – **II P~** *n ⟨-s⟩* **3.** *verbal noun.* — **plat'tiert I** *pp.* – **II** *adj* **1.** (*Metall*) clad, b) (*galvanisch*) plated: ~er Stahl clad steel. – **2.** (*Textilien*) plated, plaited. — **Plat'tie·rung** *f ⟨-; -en⟩* **1.** *cf.* Plattieren. – **2.** (*Metallüberzug*) cladding.
'platt,na·sig [-,naːzɪç] *adj* flat-nosed.
'Platt|,schie·ne *f* (*railway*) flat (*bes. Br.* plate) rail. — **~,stich** *m* (*in der Stickerei*) satin stitch. — **~sticke,rei** (*getr.* -k·k-) *f* couching, satin stitch embroidery.
'Platt,tuch (*getr.* -tt,t-) *n ⟨-(e)s; ~er⟩ cf.* Bügeltuch.
'Platt,wan·ze *f zo.* cimex, flat bug (*Fam. Cimicidae*).
'Plätt,wä·sche *f cf.* Bügelwäsche.
'Platt,wurm *m zo.* flatworm, platyhelminth (*scient.*) (*Stamm Platyhelminthes*).

Platz [plats] *m ⟨-es; ~e⟩* **1.** (*Ort, Stelle*) place, spot: ein stiller [schattiger] ~ a quiet [shady] spot; die Bücher stehen nicht an ihrem ~ the books are not in their (proper) (*od.* the right) place; geh auf deinen ~ go to your place; hier ist mein ~ this is where I belong; ein ~ an der Sonne *auch fig.* a place in the sun; hier ist nicht der ~ für Scherze *fig.* this is not the place for jokes. – **2.** etwas ist am ~(e) [nicht *od.* fehl am ~(e)] s.th. is in place [out of place]. – **3.** (*Lage, Standort*) site, place, spot, location, locality: das Haus steht an einem schönen ~ the house stands on a beautiful site (*od.* is beautifully situated). – **4.** (*Bauplatz*) (building) site, (building) plot. – **5.** ⟨*only sg*⟩ (*verfügbarer Raum*) room: im Wagen ist noch (genügend) ~ there is still room (enough) in the car; in der Wohnung ist viel ~ there is plenty (*od. colloq.* lots) of room in the apartment (*bes. Br.* flat); der Saal bietet 90 Personen bequem ~ the hall can easily accommodate 90 persons, the hall has ample room for 90 persons; j-m ~ machen a) to make room for s.o., b) *fig.* to give way to s.o.; lassen Sie ~ für meine Unterschrift frei please leave room (*od.* a space) for my signature; die Couch nimmt zuviel ~ weg the couch takes up too much room (*od.* space); wir müssen ~ schaffen we have to make room; ~ da! (*frei*)! make room (*od.* way)! get (*od.* stand) out of the way! ~ greifen *fig.* a) to be gaining ground, b) to take place. – **6.** (*Sitzplatz*) seat: bitte nehmen Sie ~ please take (*bes. Am.* have) a seat, please sit down; ist an diesem Tisch noch ein ~ frei? is there a seat free at this table? ich möchte zwei Plätze vorbestellen (*od.* reservieren lassen) I'd like to book (*od.* reserve) two seats; j-m einen ~ anweisen to show (*od.* direct) s.o. to a seat; würdest du mir einen ~ freihalten? would you keep a seat for me? would you keep me a seat? der ~ ist besetzt (*od.* belegt) the seat is occupied (*od.* taken, reserved); die Halle war bis auf den letzten ~ besetzt (*od.* gefüllt) the hall was filled to capacity (*od. colloq.* packed to the door); er bot der Dame seinen ~ an he offered the lady his seat; wollen wir den ~ (*od.* die Plätze) tauschen? shall we change (*od. colloq.* swap) seats (*od.* places)? er sprach vom ~ aus he spoke from his seat (*od.* from the hall); behalten Sie doch ~ please keep your seat; ~! (*zum Hund*) sit! down! – **7.** (*in einer Stadt*) square, place, *bes. Am.* plaza: ein großer [verkehrsreicher] ~ a large [busy] square; ein runder ~ a circus. – **8.** (*Rang, Stellung*) place: den ersten ~ einnehmen to take the first place, to rank first; seinen ~ behaupten to hold one's own, to stand one's ground, to keep one's place, to maintain one's position. – **9.** (*Amt, Position*) place, position, post, job: er füllt seinen ~ gut aus he fills his post well; er ist der rechte Mann am rechten ~ he is the right (*od. colloq.* very) man for the job. – **10.** (*Posten*) post, place, station: seinen ~ einnehmen to take (up) one's place (*od.* position); jeder Mann auf seinen ~! every man to his station! – **11.** fester ~ *mil.* fortified place, stronghold. – **12.** *econ.* place: auf ausländischen Plätzen at places abroad; die wichtigsten Plätze für Baumwollhandel the most important cotton trading centers (*bes. Br.* centres), the most important markets for cotton; → Haus 1. – **13.** erster [zweiter, dritter] ~ (*im Kino, Theater etc*) third [second, first] tier (*od.* section of the front stalls, row). – **14.** (*sport*) a) (*für Feldspiele*) ground, field, b) (*für Tennis, Badminton, Basketball, Volleyball*) court, c) (*für Golf*) course, d) (*für Eishockey*) rink: es wurden zwei Spieler vom ~ gestellt (*od.* des ~es verwiesen) two players were sent off (the field) (*od. colloq.* got their marching orders); ein Spiel auf eigenem [gegnerischem] ~ austragen to play a match on one's own (*od.* home) [on the opponent's] ground, to have a home [an away] match. – **15.** (*sport*) (*Rang, Reihenfolge*) place: der Läufer kam auf (*od.* belegte) den zweiten ~ the runner was (*od.* came [in], was placed) second; unsere Mannschaft ist (*od.* steht) auf dem ersten ~ our team is first, our team is in first (*od.* top) place; er verwies die übrigen Teilnehmer auf die

Plätze he outranked the other competitors. - **16.** Auf die Plätze! Fertig! Los! (*sport*) on your marks! get set! go! *bes. Am.* ready! set! go! *Br.* ready! steady! go! - **17.** auf ~ setzen (*od.* wetten) (*sport*) (*beim Pferderennen*) to back a horse for a place.

'Platz|agent [-ʔaˌgɛnt] *m econ.* local (commission) agent. — **~ˌangst** *f* **1.** *med. psych.* agoraphobia. - **2.** *colloq.* (*in überfüllten Räumen*) claustrophobia, closed-in feeling: hier kann man ja (die) ~ kriegen this place gives you claustrophobia. — **~anˌweiser** *m* ⟨-s; -⟩ usher, attendant. — **~anˌweiseˌrin** *f* ⟨-; -nen⟩ usherette, female usher (*od.* attendant). — **~beˌdarf** *m* **1.** floor space required. - **2.** *econ.* local requirements *pl* (*od.* needs *pl*). — **~beˌstellung** *f* reservation of a seat (*od.* seats).

Plätz·chen ['plɛtsçən] *n* ⟨-s; -⟩ **1.** *dim.* of Platz: ein hübsches ~ für ein Picknick a nice (*od.* cosy) little place (*od.* spot) for a picnic. - **2.** (*Gebäck*) *Br.* biscuit, snap, *Am.* cookie.

Plat·ze ['platsə] *f only in* da kann man ja die ~ kriegen! *colloq.* it is driving me crazy (*od.* mad, *sl.* nuts, *Br. sl.* scatty)! I'm at the end of my tether!

plat·zen¹ ['platsən] **I** *v/i* ⟨sein⟩ **1.** (*bersten, zerspringen*) burst, bust (*colloq.*): mir ist ein Reifen geplatzt I had a flat (tire, *bes. Br.* tyre) (*od.* a puncture), one of my tires (*bes. Br.* tyres) burst; die Flasche wird gleich ~ the bottle will go pop any moment (*colloq.*); sie ist vor Lachen [Neid, Neugierde] fast geplatzt *fig. colloq.* she was bursting with laughter [envy, curiosity]; vor Wut ~ *fig. colloq.* to blow up, to explode (*beide colloq.*); to blow one's top, to hit the roof (*sl.*); ich bin fast geplatzt I could hardly contain myself; → Kragen 1. - **2.** (*reißen*) burst, rip, split: mir ist der Rock geplatzt my skirt burst at the seam; die Stadt platzt aus allen Nähten *fig.* the city is bursting at the seams. - **3.** (*explodieren*) explode, detonate: gleich platzt die Bombe! *fig.* the bomb will go off any minute! any minute now! - **4.** ins Haus [in eine Versammlung] ~ *fig. colloq.* to burst (*od. colloq.* barge) into a room [meeting]. - **5.** *fig. colloq.* (*scheitern*) fail, come to nothing. - **6.** *fig. colloq.* (*von Veranstaltungen etc*) dissolve, split up. - **7.** *fig. colloq.* (*auffliegen*) be disbanded: der Spionagering ist geplatzt the espionage ring was disbanded. - **8.** *med.* (*von Gefäßen, Trommelfell etc*) break, burst, rupture, perforate (*scient.*): ihm ist eine Ader geplatzt he ruptured a blood vessel. - **9.** *fig. colloq.* (*von Wechseln u. Schecks*) be dishonored (*bes. Br.* dishonoured), 'bounce' (*colloq.*). - **10.** *tech.* (*von Schweißnähten*) crack. **II P~** *n* ⟨-s⟩ **11.** *verbal noun:* zum P~ voll full to burst. - **12.** (*Explodieren*) explosion, detonation: die Bombe zum P~ bringen *fig.* to spark (*od.* trigger) off the explosion. - **13.** *med.* rupture, perforation.

'plat·zen² *v/reflex* ⟨h⟩ sich ~ *colloq. humor.* sit down, seat oneself.

plät·zen ['plɛtsən] *v/i* ⟨h⟩ **1.** *dial.* bang, pop. - **2.** (*forestry*) bark in patches (*od.* in strips). - **3.** *hunt.* (*von Rehwild, Rotwild*) scrape the surface of the ground (with the front hoofs).

'Platz|erˌspar·nis *f* saving (in) space: aus Gründen der ~ in order to save space. — **~ˌfeu·er** *n* aer. airport (*od.* airfield, *Br. auch* aerodrome) lighting (*od.* lights *pl*). — **~ˌflug** *m* local flight. — **~geˌdeck** *n cf.* Set¹ 2. — **~geˌschäft** *n econ.* local transaction (*od.* dealings *pl*). — **~ˌhänd·ler** *m* dealer engaged in local transactions. — **~ˌher·ren** *pl* (*sport*) home team (*od.* side) *sg.* — **~ˌhirsch** *m* hunt. strongest stag of a rutting place. — **~ˌkar·te** *f* (*railway*) reservation ticket (for a certain seat). — **~ˌkomˌmanˌdant** *m mil. hist.* commandant. — **~ˌkonˌzert** *n* bandstand concert (*od.* music). — **~ˌmaˌjor** *m mil. hist.* town major. — **~ˌman·gel** *m* lack of room (*od.* space). — **~ˌmann·schaft** *f* (*sport*) home team (*od.* side). — **~ˌmie·te** *f* (*theater*) subscription (for a season). — **~ˌnum·mer** *f* **1.** (*im Kino, Theater etc*) seat number. - **2.** (*in der Bücherei*) shelf number. — **~ˌpaˌtro·ne** *f* blank cartridge: mit ~n schießen to fire blank. — **p~ˌrau·bend** *adj* taking up too much room, bulky. — **~ˌre·gen** *m meteor.* **1.** downpour, pelting rain. - **2.** (*Wolken-*

bruch) cloudburst. — **~reˌserˌvie·rung** *f* booking (*od.* reservation) of a seat (*od.* seats). — **~ˌrun·de** *f aer.* **1.** airport (*od.* airfield) traffic circuit. - **2.** (*für die Flugsicherung*) circling: eine ~ fliegen to circle the airport. — **p~ˌspa·rend** *adj* space-saving. — **~verˌhält·nis·se** *pl* (*sport*) field conditions. — **~verˌtre·ter** *m econ. cf.* Platzagent. — **~verˌweis** *m* (*sport*) sending off: der Spieler bekam (*od.* erhielt) ~ the player was sent off (the field) (*od. colloq.* got his marching orders). — **~ˌvor·teil** *m* home (*od.* ground) advantage. — **~ˌwahl** *f* choice of ends. — **~ˌwart** *m* groundkeeper, groundsman, *auch* groundman. — **~ˌwechsel** *m* **1.** change of place (*od.* seat). - **2.** *econ.* local (*od.* town) bill. - **3.** (*sport*) *cf.* Seitenwechsel. — **~ˌwet·te** *f* (*sport*) (*beim Pferderennen*) betting on place. — **~ˌwun·de** *f med.* laceration. — **~ˌzahl**, **~ˌzif·fer** *f* (*sport*) (*beim Eiskunst- u. Rollkunstlauf*) place number.

Plau·de·rei *f* ⟨-; -en⟩ chat, gossip, chin-wag (*sl.*), confabulation, confab (*colloq.*), coze, (*im Radio, in einer Zeitung*) *auch* causerie.

'Plau·de·rer *m* ⟨-s; -⟩ **1.** conversationalist, conversationist, causeur: ein amüsanter ~ an entertaining conversationalist. - **2.** (*Ausplauderer*) gossip(er), talebearer, blab(ber), babbler, tattler.

'plau·der·haft *adj* **1.** (*geschwätzig*) talkative, chatty, loquacious, garrulous, talky. - **2.** (*klatschsüchtig*) gossipy.

'Plau·de·rin *f* ⟨-; -nen⟩ *cf.* Plauderer.

plau·dern ['plaudərn] *v/i* ⟨h⟩ **1.** chat, gossip, chin-wag (*sl.*), confabulate, confab (*colloq.*), coze: mit j-m ~ to chat with (*od.* talk to) s.o.; wir wollen ein wenig ~! let's have a chat! - **2.** (*Geheimnisse weitererzählen*) gossip, blab, babble, tattle: j-d muß geplaudert haben somebody must have blabbed, somebody must have let (*od.* blurted) it out; → Schule 8.

'Plau·derˌstünd·chen *n* chat, coze. — **~ˌta·sche** *f humor.* **1.** chatterer, chatterbox, gabbler, babbler. - **2.** (*Klatschbase*) gossip(er), gossipmonger, scandalmonger, talebearer. — **~ˌton** *m* casual (*od.* chatty) tone.

Plausch [plauʃ] *m* ⟨-(e)s; -e⟩ *cf.* Plauderei.

plau·schen ['plauʃən] *v/i* ⟨h⟩ *Southern G., Austrian and Swiss for* plaudern 1.

plau·si·bel [plau'ziːbəl] *adj* plausible, comprehensible: plausible Gründe plausible reasons; j-m etwas ~ machen to make s.th. clear to s.o., to explain s.th. to s.o.

plauz [plauts] *interj cf.* bauz.

Plau·ze ['plautsə] *f* ⟨-; -n⟩ *dial. for* Lunge.

Play|-back, *auch* **~back** ['pleɪˌbɛk; 'pleɪˌbæk] (*Engl.*) *n* ⟨-s; no *pl*⟩ (*film*) *telev.* playback.

Play·boy ['pleɪˌbɔɪ; 'pleɪˌbɔɪ] (*Engl.*) *m* ⟨-s; -s⟩ playboy. — **Play·girl** ['pleɪˌgœːrl; -ˌgœrl; 'pleɪˌgəːl] (*Engl.*) *n* ⟨-s; -s⟩ playgirl.

Pla·zen·ta [pla'tsɛnta] *f* ⟨-; -s *u.* -zenten⟩ *med. zo.* placenta, afterbirth. — **pla·zen·tal** [-'taːl], **pla·zen·tar** [-'taːr] *adj* placental, placentary.

Pla·zet ['plaːtsɛt] *n* ⟨-s; -s⟩ placet, assent: er wird zu diesem Plan niemals sein ~ geben he will never give his placet to this plan.

pla·zie·ren [pla'tsiːrən] *v/t u.* sich ~ *v/reflex* ⟨no ge-, h⟩ *cf.* placieren. — **pla'ziert** **I** *pp.* - **II** *adj cf.* placiert II. — **Pla'zie·rung** *f* ⟨-; -en⟩ *cf.* Placierung.

Ple·be·jer [ple'beːjər] *m* ⟨-s; -⟩ **1.** *antiq.* plebeian, *auch* plebian. - **2.** *fig. contempt.* pleb (*sl.*). — **ple'be·jisch** *adj* plebeian, *auch* plebian.

Ple·bis·zit [plebis'tsiːt] *n* ⟨-(e)s; -e⟩ *pol.* plebiscite, *auch* plebescite, referendum. — **ple·bis·zi'tär** [-tsi'tɛːr] *adj* plebiscitary, *auch* plebiscitarian. [**2.** *cf.* Plebs².]

Plebs¹ [pleːps] *m* ⟨-; no *pl*⟩ **1.** *antiq.* plebs. -⌐

Plebs² *m* ⟨-es; no *pl*⟩ *contempt.* (*niederes Volk, Pöbel*) plebs, rabble, mob, populace.

Plei·sto·zän [plaisto'tsɛːn] *geol.* **I** *n* ⟨-s; no *pl*⟩ Pleistocene. - **II p~** *adj* Pleistocene.

plei·te ['plaitə] *adj* ⟨pred⟩ *colloq.* broke (*colloq.*), bust (*sl.*), bankrupt, insolvent: ich bin ~ I'm broke (*od.* on the rocks) (*colloq.*), I am on my beam-ends; völlig ~ sein to be stone- (*od.* stony-)broke (*sl.*), *Am. sl.* to be flat (*od.* dead) broke; ~ gehen *od.* to go bankrupt (*od. colloq.* broke, *sl.* bust).

'Plei·te *f* ⟨-; -n⟩ *colloq.* **1.** (*Bankrott*) bankruptcy, failure, 'smash' (*colloq.*), *Am. sl.* bust: er hat ~ gemacht he has gone bankrupt (*od. colloq.* broke, *sl.* bust), he has smashed (*colloq.*), he has become insolvent (*od.* bankrupt, a bankrupt). - **2.** (*Reinfall, Mißerfolg*) fiasco, failure: 'flop', 'washout', *Br.* 'wash-out', fizzle (*colloq.*).

'Plei·teˌgei·er *m colloq.* **1.** threat of bankruptcy: über der Firma X schwebt der ~ the firm X is on the brink of disaster. - **2.** (*Bankrotteur*) bankrupt, *Br. sl. auch* businessman in Queer street.

Ple·ja·den [ple'jaːdən] **I** *npr pl myth.* Pleiades. - **II** *pl astr.* Pleiades, *auch* Atlantides.

Plek·tron ['plɛktrɔn] *n* ⟨-s; Plektren *u.* Plektra [-tra]⟩ *mus.* plectrum, plectron, quill.

Plem·pe ['plɛmpə] *f* ⟨-; -n⟩ **1.** *mil. sl.* a) side arm, b) saber, *bes. Br.* sabre. - **2.** *colloq.* (*schales Getränk*) swill, dishwater.

plem·pern ['plɛmpərn] *v/i* ⟨h⟩ *colloq.* fritter away one's time.

plem·plem [plɛm'plɛm] *adj* ⟨pred⟩ *colloq.* 'cracked' (*colloq.*); nuts, bats, batty (*sl.*), crazy: er ist völlig ~ *Am. colloq.* he is plumb crazy.

Ple·narˌsit·zung [ple'naːr-] *f pol.* plenary session. — **~verˌsamm·lung** *f* plenary (*od.* general) assembly.

ple·ni·po·tent [plenipo'tɛnt] *adj jur. obs.* plenipotentiary, *auch* plenipotent, plenipotential. — **Ple·ni·po'tenz** [-'tɛnts] *f* ⟨-; no *pl*⟩ plenipotence.

Ple·num ['pleːnum] *n* ⟨-s; no *pl*⟩ *jur. pol.* plenum, general assembly.

Pleo·chro·is·mus [pleokro'ismus] *m* ⟨-; no *pl*⟩ (*optics*) pleochroism.

pleo·morph [pleo'mɔrf] *adj cf.* polymorph.

Pleo·nas·mus [pleo'nasmus] *m* ⟨-; -nasmen⟩ *ling.* pleonasm, *auch* tautology. — **pleo·na·stisch** [-tıʃ] *adj* pleonastic, *auch* tautological.

Ple·sio·sau·ri·er [plezio'zaurjər] *m* ⟨-s; -⟩, **Ple·sio'sau·rus** [-rus] *m* ⟨-; -saurier [-rjər]⟩ *zo.* plesiosaurus.

Ple·thi ['pleːti] → Krethi und Plethi.

Pleu·el ['plɔyəl] *m* ⟨-s; -⟩, **~ˌstan·ge** *f tech.* connecting (*od.* piston) rod.

Pleu·ra ['plɔyra] *f* ⟨-; Pleuren⟩ *med. zo.* (*Brust-, Rippenfell*) pleura.

Pleu'ralˌsack [plɔy'raːl-] *m med.* pleural space.

Pleu·reu·se [plɔ'røːzə] *f* ⟨-; -n⟩ (*fashion*) **1.** ostrich plume. - **2.** *obs. for* a) Trauerflor, b) Trauerbesatz.

Pleu·ri·tis [plɔy'riːtıs] *f* ⟨-; -ritiden [-ri'tiːdən]⟩ *med.* pleurisy, pleuritis.

Ple·xus ['plɛksus] *m* ⟨-; -⟩ *med. zo.* plexus.

Pli [pli:] *m* ⟨-s; no *pl*⟩ *Western G. dial. for* Gewandtheit 5, Schliff 8.

Plicht [plıçt] *f* ⟨-; -en⟩ *mar.* **1.** cockpit. - **2.** cuddy.

plie·ren ['pliːrən] *v/i* ⟨h⟩ *Northern G.* peer, squint one's eyes.

pli·e·ren [pli'iːrən] *v/t* ⟨no ge-, h⟩ *obs. for* a) falten 1—3, b) biegen 1.

plin·kern ['plıŋkərn] *v/i* ⟨h⟩ *Northern G. for* blinzeln.

Plin·se ['plınzə] *f* ⟨-; -n⟩ *Eastern Middle G. gastr.* pancake.

plin·sen ['plınzən] *v/i* ⟨h⟩ *Northern G. for* weinen 1.

Plin·the ['plıntə] *f* ⟨-; -n⟩ *arch.* (*Sockel*) plinth.

Plio·zän [plio'tsɛːn] *n* ⟨-s; no *pl*⟩ *geol.* Pliocene.

Plis·see [plı'seː] *n* ⟨-s; -s⟩ plissé, plissee, pleating, plaiting, kilting. — **~ˌrock** *m* pleated skirt.

plis·sie·ren [plı'siːrən] *v/t* ⟨no ge-, h⟩ pleat, plait.

'Plockˌwurst ['plɔk-] *f gastr.* a kind of saveloy.

Plom·be ['plɔmbə] *f* ⟨-; -n⟩ **1.** seal, lead seal. - **2.** *med.* (*Zahnfüllung*) filling, *bes. Br.* stopping. - **3.** *tech.* (*am Motor*) lead seal.

plom·bie·ren [plɔm'biːrən] *v/t* ⟨no ge-, h⟩ **1.** seal, lead. - **2.** *med.* (*Zähne*) fill, *bes. Br.* stop, plug.

Plöt·ze ['plœtsə] *f* ⟨-; -n⟩ *zo.* European roach (*Rutilus rutilus*).

plötz·lich ['plœtslıç] **I** *adj* **1.** sudden: eines ~en Todes sterben to die a sudden death. - **2.** (*unerwartet*) unexpected: das Spiel nahm eine ~e Wendung the game took an unexpected turn. - **3.** (*jäh, abrupt*) sharp,

abrupt. – **II** adv **4.** suddenly, (auf einmal) all of a sudden: ~ fiel es ihm wieder ein it suddenly came back to him; ~ war das Geld weg bang went the money (colloq.); es kommt mir so ~ colloq. it is all so sudden; er hielt ~ in seiner Rede inne he stopped short; etwas (od. ein bißchen) ~! colloq. get a move on! (sl.), look sharp! get going! nicht so ~! colloq. hang on! Am. colloq. hold your horses! — **'Plötz·lich·keit** f ⟨-; no pl⟩ **1.** suddenness. – **2.** unexpectedness. – **3.** abruptness.

'Plu·der₁ho·se f wide breeches pl.

plu·dern ['pluːdərn] v/i ⟨h⟩ (sich bauschen) puff (od. swell) out.

Plum·bum ['plumbum] n ⟨-s; no pl⟩ chem. cf. Blei¹ 1.

Plu·meau [ply'moː] n ⟨-s; -s⟩ eiderdown, Am. comforter.

plump [plump] adj ⟨-er; -st⟩ **1.** plump, plumpy: eine ~e Gestalt a plump figure. – **2.** (dicklich) chubby, podgy, pudgy. – **3.** (ungeschickt) ungainly, clumsy, awkward, wooden. – **4.** (unfein) coarse, crude. – **5.** (taktlos) blunt, tactless. – **6.** (dreist) impudent, forward, bold: ~e Vertraulichkeiten bold familiarities. – **7.** (Gang etc) heavy, ungainly. – **8.** (Lüge, Schmeichelei etc) gross. – **9.** (Stil) ponderous, clumsy.

Plum·pe ['plumpə] f ⟨-; -n⟩ bes. Eastern Middle G. for Pumpe.

'Plump·heit f ⟨-; no pl⟩ **1.** plumpness. – **2.** (Dicklichkeit) chubbiness, podginess, pudginess. – **3.** (Ungeschicklichkeit) ungainliness, clumsiness, awkwardness, woodenness. – **4.** (Unfeinheit) coarseness, crudeness. – **5.** (Taktlosigkeit) bluntness, tactlessness. – **6.** (Dreistigkeit) impudence, forwardness, boldness. – **7.** (des Ganges etc) heaviness, ungainliness. – **8.** (einer Lüge etc) grossness. – **9.** (des Stils) ponderousness, clumsiness, ponderosity.

'Plump₁lo·ri m zo. loris, auch slow loris (Nycticebus coucang).

plumps [plumps] interj colloq. **1.** (beim Hinfallen) thud! bump! – **2.** (bes. im Wasser) plop! flop!

Plumps m ⟨-es; -e⟩ colloq. **1.** (beim Hinfallen) thud, bump, plump. – **2.** (bes. im Wasser) plop, flop.

'Plump₁sack m **1.** (im Kinderspiel) knotted handkerchief. – **2.** fig. colloq. bumpkin.

plump·sen ['plumpsən] v/i ⟨sein⟩ colloq. **1.** (schwerfällig hinfallen) plump. – **2.** (bes. in Wasser) flop, plop.

Plum·pud·ding ['plʌm'pudɪŋ] (Engl.) m gastr. plum (od. Christmas) pudding.

Plun·der ['plundər] m ⟨-s; no pl⟩ colloq. **1.** trash, rubbish, junk, stuff: wirf den ganzen ~ weg! throw out the whole lot! – **2.** (Lumpen) rags pl.

Plün·de'rei f ⟨-; -en⟩ cf. Plünderung.

'Plün·de·rer m ⟨-s; -⟩ bes. mil. plunderer, pillager, sacker, looter, depredator, despoiler, marauder.

'Plun·der₁ge₁bäck n gastr. puff pastry.

plün·dern ['plyndərn] **I** v/t ⟨h⟩ **1.** bes. mil. plunder, pillage, sack, loot, depredate, despoil, maraud. – **2.** (Laden etc) ransack, raid, rifle. – **3.** fig. (leer machen) raid, clear: die Speisekammer ~ to raid the pantry. – **4.** fig. strip: den Weihnachtsbaum ~ to strip the Christmas tree. – **II P~** n ⟨-s⟩ **5.** verbal noun.

'Plün·de·rung f ⟨-; -en⟩ **1.** cf. Plündern. – **2.** bes. mil. plunder, plunderage, pillage, loot, sack, depredation, despoilment, despoliation: eine Stadt zur ~ freigeben to give a town up to pillage, to allow a town to be sacked.

'Plün·drer m ⟨-s; -⟩ bes. mil. cf. Plünderer.

Plun·ger ['plʌndʒə] (Engl.) m ⟨-s; -⟩, **~₁kol·ben** m tech. plunger (piston).

Plün·nen ['plynən] pl Northern G. dial. **1.** rags, togs. – **2.** stuff sg, things.

Plun·ze ['pluntsə] f ⟨-; -n⟩ Eastern Middle G. gastr. (Blutwurst) black pudding, blood sausage.

Plun·zen ['pluntsən] f ⟨-; -⟩ Bavarian **1.** gastr. cf. Plunze. – **2.** humor. lump of a woman.

Plu·ral ['pluːraːl; plu'raːl] m ⟨-s; -e⟩ ling. plural. — **Plu·ra·le·tan·tum** [plurale·'tantum] n ⟨-s; -s u. Pluraliatantum [plura·lia-]⟩ word existing only in the plural. — **plu·ra·lisch** [plu'raːlɪʃ] adj (attrib). **Plu·ra·lis ma·je·sta·tis** [plu'raːlɪs majɛs'taːtɪs] m ⟨- -; -rales - [-lɛs]⟩ ling. royal plural.

Plu·ra·lis·mus [plura'lɪsmus] m ⟨-; no pl⟩ philos. sociol. pluralism. — **Plu·ra'list** [-'lɪst] m ⟨-en; -en⟩ pluralist. — **plu·ra·li·stisch** adj pluralist(ic).

Plu·ra·li·tät [plurali'tɛːt] f ⟨-; no pl⟩ plurality.

Plu'ral₁wahl₁recht n pol. plural vote (od. voting).

plus [plus] **I** adv **1.** math. plus: 2 ~ 2 ist (od. macht, gibt) 4 2 plus 2 are 4. – **2.** meteor. plus, above: das Thermometer zeigt drei Grad ~ the thermometer shows three degress above zero. – **3.** electr. plus. – **II** prep ⟨gen⟩ **4.** bes. econ. (zuzüglich) plus.

Plus n ⟨-; -⟩ **1.** math. (Pluszeichen) plus sign. – **2.** econ. (Überschuß) a) surplus, increment, b) (Zuwachs) increase. – **3.** fig. (Vorteil) plus, asset, advantage: etwas als ~ für sich buchen to count s.th. to one's credit.

Plüsch [plyːʃ; plyʃ] m ⟨-(e)s; -e⟩ (textile) plush, pile. — **p~₁ar·tig** adj plushy, plushlike.

'Plus₁lei·tung f electr. plus wire. — **~₁lin·se** f (optics) plus lens. — **~₁pol** m electr. phys. positive (od. plus) pole, anode. — **~₁punkt** m **1.** (bei Spielen etc) point won (od. gained). – **2.** fig. cf. Plus 3.

Plus·quam·per·fekt ['pluskvamperfɛkt; -'fɛkt] n ⟨-s; -e⟩, archaic **Plus·quam·per·'fek·tum** [-tum] n ⟨-s; -fekta [-ta]⟩ ling. pluperfect (tense), auch past perfect.

plu·stern ['pluːstərn] v/t u. sich ~ v/reflex ⟨h⟩ cf. aufplustern.

'Plus₁zei·chen n math. cf. Plus 1.

Plu·to ['pluːto] **I** npr m ⟨-s; no pl⟩ myth. Pluto (god of the dead and the nether world). – **II** m ⟨-s; no pl⟩ astr. Pluto.

Plu·to·krat [pluto'kraːt] m ⟨-en; -en⟩ pol. plutocrat. — **Plu·to·kra'tie** [-kra'tiː] f ⟨-; -n [-ən]⟩ plutocracy. — **plu·to'kra·tisch** adj plutocratic, auch plutocratical.

plu·to·nisch [plu'toːnɪʃ] adj **1.** myth. plutonian, Plutonian, plutonic, Plutonic. – **2.** geol. (Gesteine) plutonic, Huttonian.

Plu·to·nis·mus [pluto'nɪsmus] m ⟨-; no pl⟩ geol. plutonic theory, Huttonianism. — **Plu·to'nist** [-'nɪst] m ⟨-en; -en⟩ plutonist.

Plu·to·ni·um [plu'toːnium] n ⟨-s; no pl⟩ chem. plutonium (Pu). — **~re₁ak·tor** m plutonium(-producing) reactor.

Plut·zer ['plutsər] m ⟨-s; -⟩ Austrian dial. **1.** bot. cf. Kürbis 1. – **2.** earthenware bottle. – **3.** cf. Rübe 2.

Plu·via·le [plu'viaːlə] n ⟨-s; -(s)⟩ bes. relig. pluvial.

Plu·vi'al₁zeit [plu'viaːl-] f geogr. pluvial (od. pluviose, pluvious) period.

Plu·vio·graph [pluvio'graːf] m ⟨-en; -en⟩ meteor. pluviograph. — **Plu·vio'me·ter** [-'meːtər] m ⟨-s; -⟩ pluviometer, rain ga(u)ge.

Pneu [pnɔy] m ⟨-s; -s⟩ short for a) Pneumatik², b) Pneumothorax.

Pneu·ma ['pnɔyma] n ⟨-s; no pl⟩ **1.** bes. philos. relig. (Seele) pneuma, soul, spirit. – **2.** relig. (the) Holy Spirit.

Pneu·ma·tik¹ [pnɔy'maːtɪk] f ⟨-; no pl⟩ phys. pneumatics pl (construed as sg), pneumatic system.

Pneu'ma·tik² m ⟨-s; -s⟩, Austrian f ⟨-; -en⟩ pneumatic (tire, bes. Br. tyre).

Pneu'ma·tik³ f ⟨-; -en⟩ mus. pneumatic action.

pneu·ma·tisch [pnɔy'maːtɪʃ] adj pneumatic(al).

Pneu·mo·graph [pnɔymo'graːf] m ⟨-en; -en⟩ med. pneumograph, pneumatograph.

Pneu·mo·kok·kus [pnɔymo'kɔkus] m ⟨-; -kokken⟩ med. pneumococcus.

Pneu·mo·ko·nio·se [pnɔymoko'nioːzə] f ⟨-; no pl⟩ med. pneumoconiosis, pneumoniosis.

Pneu·mo·nie [pnɔymo'niː] f ⟨-; -n [-ən]⟩ med. pneumonia.

Pneu·mo·tho·rax [pnɔymo'toːraks] m ⟨-(es); -e⟩ med. pneumothorax.

Po [poː] m ⟨-s; -s⟩ colloq. humor. for Popo.

Pö·bel ['pøːbəl] m ⟨-s; no pl⟩ rabble, riffraff, mob. — **Pö·be'lei** f ⟨-; -en⟩ vulgar ways pl (od. behavior, bes. Br. behaviour).

'pö·bel·haft adj vulgar, common, coarse, low, plebeian. — **'Pö·bel·haf·tig·keit** f ⟨-; no pl⟩ vulgarity, commonness, coarseness, lowness.

'Pö·bel₁herr·schaft f mob rule, ochlocracy, mobocracy.

pö·beln ['pøːbəln] v/i ⟨h⟩ use coarse (od. bad) language.

Poch [pɔx] n, auch m ⟨-(e)s; no pl⟩ an old German card game. — **~₁brett** n a round board used at 'Poch'.

po·chen ['pɔxən] **I** v/i ⟨h⟩ **1.** (an acc at) knock, rap, (leicht) tap. – **2.** (vom Herz) pound, throb, thump, palpitate (scient.): ihm pochte das Herz bis zum Hals his heart was in his mouth. – **3.** auf (acc) etwas ~ fig. a) (bestehen) to insist (od. stand) (up)on s.th., b) (prahlen) to boast (od. brag) about (od. of) s.th.: auf sein (gutes) Recht ~ to stand (od. insist) on one's rights; er pocht auf seine Verdienste [seinen Adel] he boasts of his merits [his noble lineage]. – **II** v/impers **4.** es pocht there is a knock at the door. – **III** v/t **5.** (Erze) stamp, pound, crush. – **IV P~** n ⟨-s⟩ **6.** verbal noun. – **7.** (an der Tür etc) knock, rap, (leichtes) tap. – **8.** (des Herzens) palpitation. – **9.** (games) cf. Poch.

'Poch₁erz n (mining) milling ore.

po·chie·ren [pɔ'ʃiːrən] v/t ⟨no ge-, h⟩ gastr. (Eier) poach. — **po'chiert** **I** pp. – **II** adj poached: ~e Eier poached eggs.

'Poch₁kä·fer m zo. cf. Klopfkäfer. — **~₁spiel** n (games) cf. Poch. — **~₁werk** n tech. stamp mill, steam stamp.

Pocke (getr. -k·k-) ['pɔkə] f ⟨-; -n⟩ **1.** (Hautunreinheit) pimple, spot, pustule (scient.). – **2.** (Pockennarbe) pockmark.

Pocken (getr. -k·k-) ['pɔkən] pl med. smallpox sg, variola sg (scient.). — **p~₁ar·tig** adj resembling smallpox, variolous (scient.). — **~epi·de·mie** f smallpox epidemic. — **~er₁re·ger** m smallpox virus. — **~gift** n smallpox poison (od. virus). — **~imp·fung** f smallpox vaccination. — **~nar·be** f pockmark, pit. — **p~₁nar·big** adj pockmarked, pitted (by smallpox). — **~schutz₁imp·fung** f cf. Pockenimpfung.

'Pock₁holz n cf. Guajakholz.

'pockig (getr. -k·k-) ['pɔkɪç] adj cf. pockennarbig.

po·co ['poːko] adv mus. poco: ~ a ~ poco a poco, little by little, gradually.

Pod·agra ['poːdagra] n ⟨-s; no pl⟩ med. (Fußgicht) podagra, gout in the feet. — **~₁kraut** n bot. goutweed, acheweed (Aegopodium podagraria).

pod·agrisch [po'daːgrɪʃ] adj med. podagral, gouty.

Po·dest [po'dɛst] n, m ⟨-(e)s; -e⟩ **1.** (Treppenabsatz) landing. – **2.** (Sockel) pedestal, base: j-n von seinem ~ stoßen fig. to take s.o. down from his pedestal, to debunk s.o. (colloq.). – **3.** small podium.

Po·dex ['poːdɛks] m ⟨-(es); -e⟩ colloq. humor. bottom.

Po·di·um ['poːdium] n ⟨-s; -dien⟩ **1.** (für Orchester etc) podium, (raised) platform, dais. – **2.** (eines Redners) podium, platform, rostrum. – **3.** (Bühne) stage. – **4.** arch. (eines Tempels) podium.

'Po·di·ums₁dis·kus·si₁on f, **~ge₁spräch** n panel (discussion).

Po·do·me·ter [podo'meːtər] n ⟨-s; -⟩ (Schrittzähler) pedometer.

Pod·sol [po'tsɔl] m ⟨-s; no pl⟩ geol. podzol (auch podsol) (soil). — [poem.]

Po·em [po'eːm] n ⟨-s; -e⟩ bes. contempt.

Po·e·sie [poe'ziː] f ⟨-; -n [-ən]⟩ **1.** poetry. – **2.** fig. (poetischer Zauber) poetry, poetic charm. — **~al·bum** n an album for (edifying) poems from friends and relatives.

poe'sie·los adj **1.** unpoetic(al). – **2.** fig. (nüchtern) prosy, prosaic(al), pedestrian, matter-of-fact (attrib). — **Poe'sie·lo·sig·keit** f ⟨-; no pl⟩ **1.** unpoeticalness. – **2.** fig. prosiness, prosaic(al)ness, pedestrianism, matter-of-factness.

Po·et [po'eːt] m ⟨-en; -en⟩ bes. iron. for Dichter.

Po·e·ta lau·rea·tus [po'eːta laure'aːtus] m ⟨- -; Poetae laureati [-tɛ -ti]⟩ poet laureate.

Po·e·ta·ster [poe'tastər] m ⟨-s; -⟩ contempt. poetaster, rhymester, rimester, versifier, versemonger.

Po·e·tik [po'eːtik] f ⟨-; -en⟩ poetics pl (usually construed as sg), auch poetic, poetic theory.

Po·e·tin [po'eːtin] f ⟨-; -nen⟩ bes. iron. for Dichterin.

poe·tisch [po'eːtɪʃ] adj **1.** (Sprache, Ausdrucksweise etc) poetic(al): er hat eine ~e Ader colloq. he has a poetical vein, he is of a poetical turn of mind. – **2.** fig. (stimmungsvoll) idyllic.

poe·ti·sie·ren [poeti'ziːrən] v/t ⟨no ge-, h⟩ poeticize Br. auch -s-.

Po·fel ['poːfəl] m ⟨-s; no pl⟩ Southern G. and Austrian colloq. for a) Bafel, b) Schund.

Po·grom [po'groːm] m ⟨-s; -e⟩ pol. pogrom.

poi·ki·lo·therm [pɔykilo'tɛrm] adj zo. cf. wechselwarm.

Poi·lu [pŏa'lyː] m ⟨-(s); -s⟩ mil. sl. (Spitzname des franz. Soldaten) poilu.

Point [pŏɛ̃ː] m ⟨-s; -s⟩ **1.** (games) a) (beim Kartenspiel) (Stich) trick, b) (beim Würfelspiel) (Auge) point, c) (beim Billard) spot. - **2.** econ. (an der Börse) point.

Poin·te ['pŏɛ̃ːtə] f ⟨-; -n⟩ **1.** (eines Witzes) point, punch line, Am. colloq. nub: ein Witz ohne ∼ a witless joke; wo bleibt denn die ∼? where's the joke? - **2.** (witzige Bemerkung) piece of wit, witticism.

Poin·ter ['pɔyntər] m ⟨-s; -⟩ zo. (Vorstehhund) pointer, tracking dog.

poin·tie·ren [pŏɛ̃'tiːrən] **I** v/t ⟨no ge-, h⟩ (unterstreichen, betonen) point (up), express (s.th.) pointedly. - **II** v/i (games) punt. **poin'tiert I** pp. - **II** adj (Bemerkung, Satz etc) pointed. - **III** adv eine Geschichte ∼ erzählen to tell a story pointedly.

Poin·til·lis·mus [pŏɛ̃ti'jɪsmʊs; -'lɪsmʊs] m ⟨-; no pl⟩ (art) pointillism, auch pointillisme. — **Poin·til'list** [-'jɪst; -'lɪst] m ⟨-en; -en⟩ pointillist, auch pointilliste. — **poin·til'li·stisch** adj pointillistic.

Poi·se ['pŏazə] n ⟨-; -⟩ phys. (Maßeinheit der Viskosität) poise.

Po·kal [po'kaːl] m ⟨-s; -e⟩ **1.** (Trinkgefäß) goblet, rummer. - **2.** (sport) cup, plate, pot (sl.). — ∼₁**end·spiel** n (sport) cup final. — ∼₁**paa·rung** f cf. Pokalspiel. — ∼₁**sie·ger** m cup winner. — ∼₁**spiel** n cup tie.

Pö·kel ['pøːkəl] m ⟨-s; -⟩ gastr. **1.** (mit Essig u. Gewürzen) pickle, souse. - **2.** (mit Salz) brine. — ∼₁**faß** n salt(ing) (od. pickling) tub. — ∼₁**fleisch** n **1.** salted meat. - **2.** (vom Rind) corned (od. salt[ed]) beef. - **3.** (vom Schwein) pickled pork. - **4.** (bes. von Schweineohren etc) souse: getrocknetes ∼ dried salt(ed) beef, mar. auch salt horse (od. junk). — ∼₁**he·ring** m pickled (od. soused, red) herring. — ∼₁**la·ke** f cf. Pökel.

pö·keln ['pøːkəln] v/t ⟨h⟩ gastr. **1.** (in Essig u. Gewürzen) pickle, souse. - **2.** (in Salz) salt, corn. - **3.** (in Rauch) cure.

Po·ker ['poːkər] n ⟨-s; no pl⟩ (Glücksspiel) poker. — ∼₁**ge₁sicht** n poker face.

'po·kern v/i ⟨h⟩ (games) play poker.

'Po·ker₁spiel n (games) cf. Poker.

Pök·ling ['pøːklɪŋ] m ⟨-s; -e⟩ obs. for Bückling 1.

po·ku·lie·ren [poku'liːrən] v/i ⟨no ge-, h⟩ obs. od. dial. for bechern, zechen.

Pol¹ [poːl] m ⟨-s; -e⟩ **1.** geogr. Pole: Flug über den ∼ aer. transpolar flight; der ruhende ∼ fig. a source of tranquil(l)ity. - **2.** phys. pole: positiver ∼ positive pole (od. element), anode; negativer ∼ negative pole (od. element), cathode; ungleiche (od. entgegengesetzte)∼e unlike (od. opposite) poles. - **3.** electr. pole, terminal.

Pol² m ⟨-s; -e⟩ (textile) (Haardecke) pile.

Po·lack [po'lak] m ⟨-en; -en⟩, **Po·lacke** (getr. -k·k-) [po'lakə] m ⟨-n; -n⟩ contempt. Pola(c)k.

po·lar [po'laːr] **I** adj ⟨attrib⟩ **1.** polar: ∼e Kaltluft polar air (masses pl). - **2.** fig. polar, diametric(al): ∼e Gegensätze trennen uns we are poles apart. - **II** adv **3.** fig. directly, diametrically.

Po'lar₁bahn f (space) polar orbit. — ∼₁**bär** m zo. cf. Eisbär. — ∼₁**eis** n polar ice. — ∼ex·pe·di·ti₁on, ∼₁**fahrt** f polar expedition. — ∼₁**fau·na** f zo. fauna of the polar regions. — ∼₁**fil·ter** n, m phot. cf. Polarisationsfilter. — ∼₁**flo·ra** f bot. flora of the polar regions. — ∼₁**flug** m aer. transpolar flight. — ∼₁**for·scher** m polar explorer. — ∼₁**for·schung** f exploration of the polar regions. — ∼₁**front** f meteor. polar front. — ∼₁**fuchs** m zo. arctic (od. ice, polar, stone) fox (Alopex lagopus). — ∼₁**ge₁biet** n, ∼₁**ge·gend** f polar region(s pl): diese Tierart findet sich in den beiden ∼en this animal species has a bipolar distribution. — ∼₁**hund** m zo. Eskimo dog, husky.

Po·la·ri·me·ter [polari'meːtər] n ⟨-s; -⟩ (optics) polarimeter.

Po·la·ri·sa·ti·on [polariza'tsioːn] f ⟨-; -en⟩ phys. electr. polarization Br. auch -s-.

Po·la·ri·sa·ti·ons₁,bril·le f (optics) polarization (Br. auch -s-) (od. antidazzle, Br. anti-dazzle) spectacles pl. — ∼₁**ebe·ne** f phys. electr. polarization plane, plane of polarization. — ∼₁**fil·ter** n, m phot. polarizing filter, auch polarizer. — ∼mi·kro₁skop n (optics) polarizing microscope. — ∼₁**strom** m phys. electr. polarizing current, polarization current.

Po·la·ri·sa·tor [polari'zaːtər] m ⟨-s; -en [-za'toːrən] (optics) polarizer Br. auch -s-.

po·la·ri'sier·bar adj phys. electr. polarizable Br. auch -s-.

po·la·ri·sie·ren [polari'ziːrən] **I** v/t ⟨no ge-, h⟩ phys. electr. polarize Br. auch -s-. - **II** P ∼ n ⟨-s⟩ verbal noun. — **po·la·ri'sie·rend I** pres p. - **II** adj ∼es Brillenglas (optics) polarizing (Br. auch -s-) (od. antidazzle, Br. anti-dazzle) lens. - **1.** cf. Polarisieren. - **2.** polarization Br. auch -s-.

Po·la·ri·tät [polari'tɛːt] f ⟨-; -en⟩ **1.** phys. electr. polarity: Aufhebung der ∼ depolarization Br. auch -s-. - **2.** fig. (Gegensätzlichkeit) polarity.

Po'lar₁kap·pe f geogr. (polar) icecap. — ∼₁**kreis** m polar circle: nördlicher [südlicher] ∼ Arctic [Antarctic] Circle. — ∼₁**län·der** pl countries of the polar regions, polar countries. — ∼₁**licht** n meteor. **1.** polar lights pl, aurora (scient.). - **2.** (in der nördlichen Hemisphäre) northern lights pl, aurora borealis (scient.). - **3.** (in der südlichen Hemisphäre) southern lights pl, aurora australis (scient.). — ∼₁**luft** f polar air. — ∼₁**meer** n geogr. polar sea (od. ocean): Nördliches [Südliches] ∼ Arctic [Antarctic] Ocean. — ∼₁**nacht** f polar night. — ∼₁**rou·te** f aer. transpolar route. — ∼₁**stern** m astr. polestar, North Star. — ∼₁**tag** m polar day. — ∼₁**zo·ne** f geogr. frigid zone.

Pol·der ['pɔldər] m ⟨-s; -⟩ (eingedeichtes Land) polder.

Po·le ['poːlə] m ⟨-n; -n⟩ Pole.

Po·lei [po'lai] m ⟨-(e)s; -e⟩ bot. pennyroyal (Mentha pulegium).

Po·le·mik [po'leːmɪk] f ⟨-; -en⟩ (Meinungsstreit) polemic, controversy, controversial argument. — **Po'le·mi·ker** [-mikər] m ⟨-s; -⟩ polemic, polemist, polemicist, controversialist, argumentative person. — **po'le·misch** [-mɪʃ] adj polemic(al), controversial, argumentative. — **po·le·mi'sie·ren** [-mi'ziːrən] v/i ⟨no ge-, h⟩ polemize, carry on a controversy.

po·len ['poːlən] v/t ⟨h⟩ electr. polarize Br. auch -s-.

Po·len·ta [po'lɛnta] f ⟨-; Polenten u. -s⟩ gastr. polenta.

Po·len·te [po'lɛntə] f ⟨-; no pl⟩ colloq. contempt. cop(per)s pl (sl.), police.

'Pol₁hö·he f **1.** astr. geogr. altitude (od. elevation) of the pole, latitude. - **2.** geogr. angle at which the polestar is visible.

Po·li·ce [po'liːsə] f ⟨-; -n⟩ econ. (insurance) policy: ∼ für eine Lebensversicherung life insurance (bes. Br. assurance) policy; ∼ ohne [mit] Wertangabe open [valued] policy; Inhaber einer ∼ policyholder.

Po·lier [po'liːr] m ⟨-s; -e⟩ civ.eng. foreman.

Po'lier₁,bür·ste f polishing brush, polisher. — **p∼,drücken** (getr. -k·k-) v/t ⟨insep, -ge-, h⟩ tech. burnish.

po·lie·ren [po'liːrən] v/t ⟨no ge-, h⟩ **1.** (Schuhe, Möbel etc) polish, burnish, furbish, rub (up). - **2.** tech. a) (polish up), b) (schwabbeln) buff, c) (polierdrücken) burnish, d) (glätten) smooth, e) (läppen) lap, f) (blank polieren) give (s.th.) a bright finish. - **3.** metall. (Walzgut) planish. - **4.** fig. polish (up), perfect, add the finishing touches to: diesen Aufsatz mußt du noch etwas ∼ you must polish this essay up a bit.

Po'lie·rer m ⟨-s; -⟩ tech. polisher, burnisher.

Po'lier₁,fei·le f tech. polishing file. — ∼₁**le·der** n **1.** (housekeeping) chamois (leather), auch chammy, shammy, shamoy. - **2.** tech. polishing leather, buffing (leather). — ∼₁**mit·tel** n polish, polishing material (od. agent, compound). — ∼₁**rot** n (lapping) rouge, crocus. — ∼₁**schei·be** f tech. polishing wheel (od. pad, disk, disc). — ∼₁**stahl** m burnishing tool. — ∼₁**tuch** n ⟨-(e)s; ⸚er⟩ polishing cloth, rubber. — ∼₁**wachs** n **1.** polishing (od. rubbing) wax. - **2.** (in der Schuhmacherei) heelball.

'Po·li₁kli·nik ['poːli-] f outpatient department (od. clinic), Am. auch dispensary.

'Po·lin f ⟨-; -nen⟩ Pole, Polish woman (od. girl).

Po·lio ['poːlio] f ⟨-; no pl⟩ med. polio(-myelitis). — ∼₁**impf₁stoff** m poliomyelitis vaccine. — ∼₁**imp₁fung** f polio inoculation.

Po·lio·mye·li·tis [poliomye'liːtɪs] f ⟨-; -lititen [-li'tiːdən]⟩ med. poliomyelitis.

Po'lit·bü₁ro [po'liːt-; po'lɪt-] n pol. politburo, auch politbureau.

Po·li·tes·se¹ [poli'tɛs(ə)] f ⟨-; no pl⟩ obs. for Höflichkeit 1.

Po·li·tes·se² [poli'tɛsə] f ⟨-; -n⟩ Am. park-meter attendant, metermaid (colloq.), Br. traffic warden.

po·li·tie·ren [poli'tiːrən] v/t ⟨no ge-, h⟩ Austrian for polieren 1.

Po·li·tik [poli'tiːk] f ⟨-; rare -en⟩ **1.** (Staatsangelegenheiten) politics pl (construed as sg or pl): in der ∼ in politics; über (acc) ∼ sprechen to talk politics, to politick. - **2.** (Taktik) policy: ∼ der starken Hand show of strength, Am. colloq. get-tough policy; ∼ der offenen Tür open-door policy; ∼ der friedlichen Koexistenz policy of peaceful coexistence; die auswärtige ∼ foreign policy; eine ∼ auf lange Sicht a long-range policy; eine abwartende ∼ einschlagen to adopt a wait-and-see policy; eine erfolgreiche (kurzsichtige, gewissenlose) ∼ a successful [a shortsighted, an unscrupulous] policy; eine ∼ verfolgen to pursue a policy.

Po·li·ti·ka·ster [politi'kastər] m ⟨-s; -⟩ contempt. **1.** politicaster. - **2.** coffeehouse politician.

Po·li·ti·ker [po'liːtikər] m ⟨-s; -⟩ **1.** politician. - **2.** (in führender Rolle) statesman.

Po'li·ti·ke·rin f ⟨-; -nen⟩ **1.** politician. - **2.** (in führender Rolle) stateswoman.

Po·li·ti·kum [po'liːtikum] n ⟨-s; -tika [-ka]⟩ pol. political affair (od. matter).

Po·li·ti·kus [po'liːtikus] m ⟨-; -se⟩ colloq. humor. for Schlauberger.

Po·li·tik₁wis·sen·schaft f political science, politics pl (construed as sg or pl), political theory.

po·li·tisch [po'liːtɪʃ] **I** adj **1.** (Partei, Prozeß, Verbrechen etc) political: die ∼e Laufbahn einschlagen to go into politics. - **2.** (staatsmännisch) politic, judicious. - **II** adv **3.** politically: er ist ∼ tätig he is in politics; ∼ denken to consider things from a political point of view; ∼ interessiert politically minded.

po·li·ti·sie·ren [politi'ziːrən] **I** v/i ⟨no ge-, h⟩ **1.** talk politics, politicize Br. auch -s-, politick. - **II** v/t **2.** (politisch behandeln) politicize Br. auch -s-. - **3.** (politisch aus-schlachten) politicalize Br. auch -s-. - **III** P∼ n ⟨-s⟩ **4.** verbal noun. — **Po·li·ti'sie·rung** f ⟨-; no pl⟩ **1.** cf. Politisieren. - **2.** politicalization Br. auch -s-.

Po·li·to·lo·ge [polito'loːgə] m ⟨-n; -n⟩ student of political science. — **Po·li·to·lo'gie** [-lo'giː] f ⟨-; no pl⟩ cf. Politikwissenschaft. — **po·li·to'lo·gisch** adj concerning political science.

Po·li·tur [poli'tuːr] f ⟨-; -en⟩ **1.** (Glanz) polish, gloss, luster, bes. Br. lustre, bright finish. - **2.** cf. Poliermittel. - **3.** ⟨only sg⟩ fig. (Schliff) polish, finish, refinement.

Po·li·zei [poli'tsai] f ⟨-; rare -en⟩ **1.** (Behörde) police: sich bei der ∼ anmelden to register with the police; j-n bei der ∼ anzeigen to report s.o. to the police; er ist dümmer, als es die ∼ erlaubt fig. colloq. he is incredibly stupid. - **2.** (die Polizisten) police (construed as pl): die ∼, dein Freund und Helfer the police, your friends and advisers; er wird von der ∼ gesucht he is wanted by the police, the police are after him (colloq.); sich der ∼ stellen to give oneself up to the police; die ∼ (an)rufen (od. verständigen, holen) to call the police. - **3.** (Polizeitruppe) police (force), constabulary (force), force: er ist bei der berittenen ∼ he is with the mounted police (force). - **4.** cf. Polizeirevier 1. — ∼ak·ti₁on f **1.** (Einsatz) police operation. - **2.** (Razzia) (police) raid. — ∼₁**amt** n cf. Polizeirevier 1. — ∼₁**auf·ge₁bot** n police detachment, detachment of police, posse, Am. auch platoon. — ∼₁**auf₁sicht** f police supervision (od. surveillance): j-n unter ∼ stellen to put s.o. under police supervision. - **2.** (bei bedingter Entlassung) probation, parole supervision. — ∼**be₁am·te** m **1.** (police) officer. - **2.** cf. Polizist. — ∼**be₁hör·de** f police (authorities *pl*). — **~be,richt** *m* (official) police report. — **~bü,ro** *n cf.* Polizeirevier 1. — **~,chef** *m cf.* Polizeipräsident. — **~,dienst** *m* police service. — **~di·rek·ti,on** *f* police headquarters *pl* (*often construed as sg*). — **~,ein·hei·ten** *pl* police squads. — **~,funk** *m* police radio. — **~ge,wahr·sam** *m* police custody: j-n in **~** halten to hold s.o. in police custody. — **~ge,walt** *f* police power: unter **~** halten to police. — **~,haft** *f* police custody. — **~,hund** *m* police dog. — **~kom,mis,sar** *m* police superintendent. — **~kor,don** *m* police cordon.

po·li'zei·lich I *adj* (of the) police: **~e** Meldepflicht obligatory registration with the police; **~e** Anmeldung registration with the police; **~e** Abmeldung report of change of address to the police; **~e** Vorschriften police regulations; unter **~er** Bewachung under police surveillance (*od.* supervision); **~e** Vernehmung police interrogation; → Führungszeugnis. — II *adv* by the police: das ist **~** verboten that is prohibited by the police, that is against the law.

Po·li'zei|,macht *f* police force. — **~,ord·nung** *f* police regulations *pl.* — **~,po·sten** *m* police picket. — **~prä·si,dent** *m* chief (commissioner) of the police, *Br.* chief constable. — **~prä·si·di·um** *n* police headquarters *pl* (*often construed as sg*). — **~re,vier** *n* 1. police station (*Br. auch* office), *Am. auch* station house. - 2. (*Bereich*) (police) precinct (*od.* district). — **~,schutz** *m* police protection (*od.* guard). — **~,spi,on** *m* police informer (*od.* spy), stool pigeon, *Am. sl.* setter, *Br. sl.* nark, split. — **~,staat** *m* police state. — **~,stra·fe** *f* police penalty. — **~,strei·fe** *f* 1. police patrol. - 2. (*Trupp*) police squad. - 3. (*einzelner Polizist*) (police) patrolman. - 4. (*Razzia*) (police) raid. — **~,strei·fen,wa·gen** *m cf.* Streifenwagen. — **~,stun·de** *f* (legal) closing time (*od.* hour), *auch* curfew: **~,** meine Herren! time, gentlemen, please! — **~,trupp** *m* police squad (*od.* detachment). — **~,trup·pe** *f mil.* police (force), constabulary (police), force. — **~ver,ord·nung** *f* police regulation(s *pl*). — **~,wa·che** *f cf.* Polizeirevier. — **~,wacht·mei·ster** *m Br.* constable, *Am.* patrolman. — **~,we·sen** *n* police system. — **p~,wid·rig** *jur.* I *adj* (*Verhalten etc*) illegal, contrary to police regulations. - II *adv* contrary to police regulations: er fährt **~** schnell he is exceeding the speed limit; er ist **~** dumm *fig. colloq.* he is incredibly stupid.

Po·li'zist [poli'tsıst] *m* ⟨-en; -en⟩ policeman, (*police*) officer, *Br.* constable, cop(per) (*sl.*), *Br. colloq.* bobby: ein **~** in Zivil a policeman in plain clothes, *bes. Am.* a plainclothesman.

Po·li'zi·stin *f* ⟨-; -nen⟩ policewoman.

Po·liz·ze [po'lıtsə] *f* ⟨-; -n⟩ *Austrian for* Police.

Pol·ka ['pɔlka] *f* ⟨-; -s⟩ *mus.* polka: **~** tanzen to (dance the) polka. [terminal post.]

'Pol·klem·me *f electr.* pole terminal,

Pol·lack ['pɔlak] *m* ⟨-s; -s⟩ *zo.* (*Fisch*) green pollack, pollock (*Pollachius pollachius*).

Pol·len ['pɔlən] *m* ⟨-s; -⟩ *bot.* pollen. — **~ana,ly·se** *f* pollen analysis. — **~,korn** *n* ⟨-(e)s; **~**er⟩ pollen, pollen grain. — **~,schlauch** *m* pollen (*od.* fertilization *Br. auch* -s) tube.

Pol·ler ['pɔlər] *m* ⟨-s; -⟩ *mar.* 1. (*am Kai*) bollard. - 2. (*an Bord*) bitt.

Pol·lu·ti·on [pɔlu'tsi̯oːn] *f* ⟨-; -en⟩ *med.* nocturnal emission, wet dream (*colloq.*).

pol·nisch ['pɔlnıʃ] I *adj* Polish: **~e** Wirtschaft *fig. colloq.* topsy-turvydom, awful mess (*colloq.*). - II *ling.* **P~** ⟨*generally undeclined*⟩, **das P~e** ⟨-n⟩ Polish, the Polish language.

Po·lo ['poːlo] *n* ⟨-s; -s⟩ (*sport*) polo. — **~,feld** *n* polo ground. — **~,hemd** *n* (*fashion*) polo shirt.

Po·lo·nai·se [polo'nɛːzə], **Po·lo'nä·se** [-'nɛːzə] *f* ⟨-; -n⟩ *mus.* polonaise: eine **~** tanzen to (dance a) polonaise.

Po·lo·ni·um [po'loːni̯ʊm] *n* ⟨-s; *no pl*⟩ *chem.* polonium (*Po*).

'Po·lo|,schlä·ger *m* (*sport*) mallet. — **~,spiel** *n* 1. ⟨*only sg*⟩ *cf.* Polo. - 2. polo match. — **~,spie·ler** *m* poloist, polo player.

'Pol|,rad *n tech.* magnet wheel, pole spider. — **~,schuh** *m electr.* pole shoe (*od.* piece). — **~,stär·ke** *f electr.* pole strength.

Pol·ster ['pɔlstər] *n, Austrian m* ⟨-s; -, *Austrian auch* **~**⟩ 1. (*für Stühle, Sessel, Sofas etc*) cushion: ein Sessel mit herausnehmbaren **~n** an armchair with removable cushions. - 2. (*Kopfpolster*) bolster. - 3. *Austrian for* Kissen 1, 2, Kopfkissen 1. - 4. *tech. cf.* Polstermaterial. - 5. *fig. cf.* Fettpolster. — **~,ar·beit** *f* upholstery.

'Pol·ste·rer *m* ⟨-s; -⟩ upholsterer.

'Pol·ster|gar·ni,tur *f* living-room (*od.* three-piece) suite. — **~,klas·se** *f* (*railway*) *obs.* first (and second) class. — **~ma·te·ri,al** *n tech.* 1. upholstery (material), stuffing. - 2. (*Wattierung*) pad(ding). - 3. (*Füllung*) filling, wadding. — **~,mö·bel** *pl* upholstered furniture *pl*.

pol·stern ['pɔlstərn] I *v/t* ⟨h⟩ (*Sessel etc*) upholster, pad, cushion. - II **P~** *n* ⟨-s⟩ *verbal noun.*

'Pol·ster|,pflan·zen *pl bot.* cushion plants. — **~,schon·be,zug** *m bes. auto.* slipcover, car seat cover. — **~,ses·sel** *m* easy chair, armchair. — **~,stuhl** *m* upholstered chair. — **~,tür** *f* padded door. — **~,über,zug** *m Austrian for* Kissenbezug.

'Pol·ste·rung *f* ⟨-; -en⟩ 1. *cf.* Polstern. - 2. *cf.* Polstermaterial.

'Pol·ter,abend *m* party held traditionally on the eve of a wedding, when dishes are smashed.

'Pol·te·rer *m* ⟨-s; -⟩ blusterer.

'Pol·ter,geist *m* ⟨-(e)s; -er⟩ poltergeist.

'pol·te·rig *adj cf.* polternd II, III.

pol·tern ['pɔltərn] *v/i* ⟨h *u.* sein⟩ 1. ⟨sein⟩ rumble (along): die Steine polterten vom Wagen the stones rumbled off the cart. - 2. ⟨h⟩ rumble, grumble, make a racket (*od.* din), *Am.* lumber: er polterte auf dem Dachboden he made a racket in the attic. - 3. ⟨h⟩ *fig.* (*gutmütig schelten*) bluster. - 4. ⟨h⟩ *colloq.* celebrate a 'Polterabend'. — **'pol·ternd** I *pres p.* - II *adj fig.* (*schimpfend*) blustering, blusterous, blustery. - III *adv* **~** kam er die Treppe herab he came thundering down the stairs.

'pol·trig *adj cf.* polternd II, III.

Pol·tron [pɔl'trõː] *m* ⟨-s; -s⟩ *obs.* (*Feigling, Maulheld*) poltroon.

'Pol,wechs·ler *m electr.* pole changer, pole-changing switch.

Po·ly..., **po·ly...** *combining form denoting* poly...

Po·ly·amid [poly^ʔa'miːt] *n synth.* polyamide.

Po·ly·an·drie [poly^ʔan'driː] *f* ⟨-; *no pl*⟩ (*Vielmännerei*) polyandry. — **po·ly'an·drisch** [-drıʃ] *adj* polyandrous.

Po·ly·ar·thri·tis [poly^ʔar'triːtıs] *f* ⟨-; -thritiden [-tri'tiːdən]⟩ *med.* rheumatoid arthritis.

Po·ly·äs·the·sie [poly^ʔɛste'ziː] *f* ⟨-; *no pl*⟩ *med.* poly(a)esthesia.

Po·ly·äthy·len [poly^ʔɛty'leːn] *n chem.* polyethylene (-CH_2CH_2-)$_x$.

po·ly·chrom [poly'kroːm] *adj* polychrome, polychrom(at)ic. — **Po·ly·chro'mie** [-kro'miː] *f* ⟨-; -n [-ən]⟩ (*art*) polychromy.

Po·ly·dip·sie [polydı'psiː] *f* ⟨-; *no pl*⟩ *med.* excessive thirst; polydipsia, *auch* polydypsia (*scient.*).

Po·ly·eder [poly^ʔeːdər] *n* ⟨-s; -⟩ *math.* polyhedron. — **~,krank·heit** *f zo.* (*der Raupen*) polyhedral disease, polyhedrosis (*scient.*).

po·ly·edrisch [poly^ʔeːdrıʃ] *adj math.* polyhedral, polyhedric, *auch* polyhedral.

Po·ly·ester [poly^ʔɛstər] *m* ⟨-s; -⟩ *chem.* polyester.

po·ly·gam [poly'gaːm] *adj* polygamous, polygamic, *bot. auch* polygamian. — **Po·ly·ga'mie** [-ga'miː] *f* ⟨-; *no pl*⟩ 1. *auch bot. zo.* polygamy. - 2. (*Vielehe*) polygamy, plural marriage. — **Po·ly·ga'mist** [-ga'mıst] *m* ⟨-en; -en⟩ polygamist.

po·ly·gen [poly'geːn] *adj* 1. *biol.* polygen(et)ic. - 2. *geol.* polygen(et)ic, polygene.

Po·ly·ge·ne·se [polyge'neːzə], **~ge·ne·sis** [-'geːnezıs] *f biol. geol.* polygenesis. — **p~ge'ne·tisch** [-'neːtıʃ] *adj* polygen(et)ic.

po·ly·glott [poly'glɔt] *adj ling.* polyglot(tal), multilingual.

Po·ly'glot·te[1] *m, f* ⟨-n; -n⟩ *ling.* polyglot.

Po·ly'glot·te[2] *f* ⟨-; -n⟩ (*Buch*) polyglot.

Po·ly'glot·ten,bi·bel *f* polyglot Bible.

Po·ly·gon [poly'goːn] *n* ⟨-s; -e⟩ *math.* polygon. — **po·ly·go'nal** [-go'naːl] *adj* polygonal, polygonic, polygonous.

Po·ly·graph [poly'graːf] *m* ⟨-en; -en⟩ *DDR print.* printer. — **Po·ly·gra'phie** [-gra'fiː] *f* ⟨-; *no pl*⟩ printing trade. —

---

po·ly'gra·phisch *adj* of (*od.* relating to) the printing trade.

Po·ly·gy·nie [polygy'niː] *f* ⟨-; *no pl*⟩ (*Vielweiberei*) polygyny.

Po·ly·hi·stor [poly'hıstɔr] *m* ⟨-s; -storen [-'toːrən]⟩ polyhistor, *auch* polyhistorian, polymath.

po·ly·hy·brid [polyhy'briːt] *adj biol.* polyhybrid. — **Po·ly·hy'bri·de** *m* ⟨-n; -n⟩ polyhybrid.

Po·ly·hym·nia [poly'hymni̯a] *npr f* ⟨-; *no pl*⟩ *myth.* Polyhymnia, *auch* Polymnia (*Greek Muse of the sacred lyric*).

po·ly·karp [poly'karp], **po·ly'kar·pisch** *adj bot.* polycarpic, polycarpous.

Po·ly·kon·den·sa·ti·on [polykɔndɛnza'tsi̯oːn] *f synth.* polycondensation.

Po·ly·ma·thie [polyma'tiː] *f* ⟨-; *no pl*⟩ *obs.* polymathy.

po·ly·mer [poly'meːr] *adj chem.* polymeric: **~er** Körper polymer.

Po·ly'mer *n* ⟨-s; -e⟩ *meist pl chem.* polymer, *bes. Br.* polymeride. — **~ben,zin** *n* polymerization gasoline (*Br.* petrol).

Po·ly'me·re *n* ⟨-n; -n⟩ *meist pl chem. cf.* Polymer.

Po·ly·me'rie [-me'riː] *f* ⟨-; -n [-ən]⟩ *chem. biol.* polymerism.

Po·ly·me'ri·sat [-meri'zaːt] *n* ⟨-(e)s; -e⟩ *chem. cf.* Polymer.

Po·ly·me·ri·sa·ti·on [-meriza'tsi̯oːn] *f* ⟨-; -en⟩ polymerization.

Po·ly·me·ri·sa·ti·ons|,an,la·ge *f chem.* polymerization reactor, polymerizer. — **~in,hi·bi·tor** *m* polymerization inhibitor. — **~ka·ta·ly,sa·tor** *m* polymerization catalyst.

po·ly·me·ri·sie·ren [polymeri'ziːrən] *v/t* ⟨*no* ge-, h⟩ *chem.* polymerize. — **Po·ly·me·ri'sie·rung** *f* ⟨-; *no pl*⟩ *cf.* Polymerisation.

Po·ly·me·ter [poly'meːtər] *n* ⟨-s; -⟩ *meteor.* polymeter.

Po·ly·me'trie [-me'triː] *f* ⟨-; -n [-ən]⟩ *metr.* polymetry.

po·ly·morph [poly'mɔrf] *adj bes. biol. min.* polymorphic, polymorphous: **~er** Körper polymorph. — **Po·ly·mor'phie** [-'fiː] *f* ⟨-; *no pl*⟩, **Po·ly·mor'phis·mus** [-'fısmus] *m* ⟨-; *no pl*⟩ polymorphism, polymorphy.

Po·ly·ne·si·er [poly'neːzi̯ər] *m* ⟨-s; -⟩ Polynesian. — **po·ly'ne·sisch** [-zıʃ] I *adj* Polynesian, (*in der Biogeographie*) *auch* Nesog(a)ean. - II *ling.* **P~** ⟨*generally undeclined*⟩, **das P~e** ⟨-n⟩ Polynesian, the Polynesian language.

Po·ly·neu·ri·tis [polynɔy'riːtıs] *f med.* polyneuritis, multiple neuritis.

Po·ly·nom [poly'noːm] *n* ⟨-s; -e⟩ *math.* polynomial, multinomial. — **po·ly'no·misch** *adj* polynomial, multinomial.

Po·lyp [po'lyːp] *m* ⟨-en; -en⟩ 1. *zo.* polyp: versteinerter **~** *geol.* polypite. - 2. *meist pl med.* polyp, polypus. - 3. *colloq. humor.* (*Polizist*) cop(per) (*sl.*), *Br. colloq.* bobby, *Am. sl.* 'bull', 'flatfoot'. - 4. *obs. od. colloq.* for Tintenfisch.

Po·ly·pen,arm *m zo.* feeler (*od.* tentacle, tentaculum [*scient.*]) (of a polyp).

po·ly·pen,ar·tig *adj zo.* polypean, polypous, polypoid(al).

po·ly·phag [poly'faːk] *adj biol.* polyphagous, polyphagic. — **Po·ly·pha·ge** [-'faːgə] *m* ⟨-n; -n⟩ *meist pl* polyphage. — **Po·ly·pha'gie** [-fa'giː] *f* ⟨-; *no pl*⟩ polyphagia, *auch* polyphagy.

po·ly·phon [poly'foːn] *adj mus.* polyphonic: **~er** Satz polyphony. — **Po·ly·pho'nie** [-fo'niː] *f* ⟨-; *no pl*⟩ polyphony.

Po·ly·pty·chon [po'lyptyçɔn] *n* ⟨-s; -ptychen *u.* -ptycha [-ça]⟩ (*art*) *relig.* polyptych.

Po·ly·rhyth·mik [poly'rytmık] *f mus.* polyrhythm. — **po·ly'rhyth·misch** *adj* polyrhythmic.

Po·ly·sac·cha·rid [polyzaxa'riːt] *n* ⟨-(e)s; -e⟩ *chem.* polysaccharide [($C_6H_{10}O_5$)x].

Po·ly·se·mie [polyze'miː] *f* ⟨-; *no pl*⟩ *ling.* polysemy.

Po·ly·sty·rol [polysty'roːl] *n* ⟨-s; -e⟩ *chem.* polystyrene, styrene resin.

po·ly·syn·de·tisch [polyzyn'deːtıʃ] *adj ling.* polysyndetic. — **Po·ly'syn·de·ton** [-'zyndetɔn] *n* ⟨-s; -deta [-ta]⟩ polysyndeton.

Po·ly·syn·the·se [polyzyn'teːzə] *f ling.* polysynthesism, polysynthetism, *auch* polysynthesis. — **po·ly·syn'the·tisch** [-tıʃ] *adj* polysynthetic, *auch* polysynthetical, incorporating. — **Po·ly·syn·the'tis·mus** [-te'tısmus] *m* ⟨-; *no pl*⟩ *cf.* Polysynthese.

Po·ly·tech·ni·ker [poly'tɛçnikər] *m* polytechnician. — **Po·ly'tech·ni·kum** [-nikum] *n* polytechnic (school). — **po·ly'tech·nisch** [-nɪʃ] *adj* polytechnic, *auch* polytechnical.

Po·ly·the·is·mus [polyte'ɪsmus] *m relig.* polytheism. — **Po·ly·the'ist** [-'ɪst] *m* polytheist. — **po·ly·the·i·stisch** [-'ɪstɪʃ] *adj* polytheistic, *auch* polytheistical.

po·ly·to·nal [polyto'naːl] *adj mus.* polytonal. — **Po·ly·to·na·li'tät** [-nali'tɛːt] *f* ⟨-; *no pl*⟩ polytonality, polytonalism.

po·ly·trop [poly'troːp] *adj biol.* polytropic. — **Po·ly·tro'pis·mus** [-tro'pɪsmus] *m* ⟨-; *no pl*⟩ polytropism.

Po·ly·vi'nyl|ace·tal [polyvi'nyːl-] *n chem.* polyvinyl acetal. — **~ace·tat** *n* polyvinyl acetate [(-CH₂CH(OOCCH₃)-)ₓ]. — **~al·ko·hol** *m* polyvinyl alcohol [-CH₂CH(OH)-)ₓ]. — **~äther** *m* polyvinyl ether. — **~chlo·rid** *n* polyvinyl chloride [(-CH₂CHCl-)ₓ].

pöl·zen ['pœltsən] *v/t* ⟨h⟩ *Austrian tech.* support (*s.th.*) by beams (*od.* props), prop (up).

Po·ma·de [po'maːdə] *f* ⟨-; -n⟩ (*cosmetics*) pomade, pomatum.

po'ma·dig *adj* 1. (*Haar*) greasy. – 2. *colloq.* (*träge*) sluggish, indolent: ein ~er Mensch a sluggard.

po·ma·di·sie·ren [pomadi'ziːrən] *v/t* ⟨*no* ge-, h⟩ (*cosmetics*) pomade.

Po·me·ran·ze [pomə'rantsə] *f* ⟨-; -n⟩ *bot.* 1. (*Frucht*) sour (*od.* bitter, Seville) orange, bigarade. – 2. (*Baum*) sour orange (tree) (*Citrus aurantium amara*).

Po·me'ran·zen|,baum *m bot. cf.* Pomeranze 2. — **~öl** *n* (*cosmetics*) *gastr.* orange oil, oil of oranges (*od.* orange peel).

Pom·mer¹ ['pɔmər] *m* ⟨-n; -n⟩ Pomeranian. **'Pom·mer²** *m* ⟨-s; -⟩ *mus. hist. cf.* Bomhart.

'pom·me·risch *adj*, **'pom·mersch** *adj* ⟨*attrib*⟩ *geogr.* Pomeranian.

Pommes chips [pɔm'ʃɪp(s)] *pl gastr.* potato chips (*bes. Br.* crisps).

Pommes frites [pɔm'frɪt(s)] *pl gastr.* chips, *Am.* French fried potatoes, French fries (*auch* frieds).

Po·mo·lo·ge [pomo'loːgə] *m* ⟨-n; -n⟩ *hort.* pomologist. — **Po·mo·lo'gie** [-lo'giː] *f* ⟨-; *no pl*⟩ pomology. — **po·mo'lo·gisch** *adj* pomological.

Pomp [pɔmp] *m* ⟨-(e)s; *no pl*⟩ 1. (*Prunk*) pomp(ousness), splendor, *bes. Br.* splendour, (brilliant) display, show, ostentation. – 2. (*bes. bei Staatsfeierlichkeiten*) state, pageant(ry), heraldry. – 3. (*großartiges Auftreten*) pomp(osity), grandeur, ostentation.

Pom·pa·dour [pɔmpa'duːr; 'pɔm-] *m* ⟨-s; -e *u.* -s⟩ *obs.* (*beutelartige Handtasche*) reticule.

Pom·pe·ja·ner [pɔmpe'jaːnər] *m* ⟨-s; -⟩ *bes. antiq.* Pompeian, *auch* Pompeiian. — **pom·pe'ja·nisch**, **pom·pe'jisch** [-'peːjɪʃ] *adj* Pompeian, *auch* Pompeiian.

'pomp·haft *adj* 1. (*prunkvoll*) pompous, showy, grandiose, ostentatious. – 2. (*bes. bei Staatsfeierlichkeiten*) stately, heraldic. – 3. (*Auftreten etc*) pompous, grand, ostentatious. — **'Pomp·haf·tig·keit** *f* ⟨-; *no pl*⟩ *cf.* Pomp.

Pom·pon [põ'põː; pɔm-] *m* ⟨-s; -s⟩ (*Quaste*) pompon, *Am. auch* pom-pom.

pom·pös [pɔm'pøːs] *adj* (Ausstattung, Einrichtung etc) pompous, splendid, gorgeous, *auch* spectacular.

pö·nal [pø'naːl] *adj jur. obs.* penal. — **Pö'na·le** *n* ⟨-s; -nalien [-li̯ən], *Austrian* -⟩ *jur. obs. od. Austrian for* Strafe 3.

Pon·cho ['pɔntʃo] *m* ⟨-s; -s⟩ (*Umhang*) poncho.

pon·cie·ren [põ'siːrən] *v/t* ⟨*no* ge-, h⟩ 1. *print.* pounce. – 2. *tech.* rub (*od.* polish) (*s.th.*) with pumice.

Pond [pɔnt] *n* ⟨-s; -⟩ *phys.* gram(me) force.

pon·de·ra·bel [pɔndə'raːbəl] *adj obs.* ponderable. — **Pon·de·ra'bi·li·en** [-ra'biːli̯ən] *pl obs.* ponderables.

Pö·ni·tent [pø'nitɛnt] *m* ⟨-en; -en⟩ *röm. kath.* penitent. — **Pö·ni·ten·ti'ar** [-tsi̯aːr] *m* ⟨-s; -e⟩ father confessor. — **Pö'ni·tenz** [-'tɛnts] *f* ⟨-; -en⟩ penance.

Pon·ti·cel·lo [pɔnti'tʃɛlo] *m* ⟨-s; -s *u.* -celli [-li]⟩ *mus.* ponticello, bridge.

Pon·ti·fex ['pɔntifɛks] *m* ⟨-; -tifizes [-'tiːfitses]⟩ *antiq. relig.* pontifex, pontiff. — **~ 'ma·xi·mus** ['maksimus] *m* ⟨- -; -tifices -ximi [-'tiːfitses -mi]⟩ 1. *antiq.* (*im alten Rom*) Pontifex maximus. – 2. *röm.kath.*

(*Titel des Papstes*) Pontifex maximus, Summus Pontifex.

pon·ti·fi·kal [pɔntifi'kaːl] *adj röm.kath.* pontifical, episcopal. — **P~amt** *n* Pontifical Mass: ein ~ halten to pontificate.

Pon·ti·fi·ka·li·en [pɔntifi'kaːli̯ən] *pl röm. kath.* 1. pontificals, pontificalia. – 2. liturgical service *sg* of a bishop.

Pon·ti·fi'kal,mes·se *f röm.kath. cf.* Pontifikalamt.

Pon·ti·fi·kat [pɔntifi'kaːt] *n, m* ⟨-(e)s; -e⟩ *röm.kath.* pontificate.

Pon·ti·us ['pɔntsi̯us] **I** *npr m* ⟨-; *no pl*⟩ *Bibl.* Pontius. – **II** *m* ⟨-; *no pl*⟩ *fig. colloq.* → Pilatus II.

Pon·ton [põ'tõː; pɔn-] *m* ⟨-s; -s⟩ *civ.eng.* pontoon. — **~brücke** (*getr.* -k·k-) *f bes. mil.* pontoon (*od.* boat) bridge. — **~form** *f auto.* boxy (*od.* ponton) shape. — **~kran** *m* floating crane.

Po·ny¹ ['pɔni; *rare* 'poːni] *n* ⟨-s; -s⟩ *zo.* pony.

'Po·ny² *m* ⟨-s; -s⟩ (*Frisur*) *Am.* bang(s *pl*), *Br.* fringe.

'Po·ny·fri,sur *f cf.* Pony².

Pool [puːl] (*Engl.*) *m* ⟨-s; -s⟩ 1. (*games*) pool. – 2. *econ.* pool. — **~ab,kom·men** *n econ.* pooling agreement.

Po·panz ['poːpants] *m* ⟨-es; -e⟩ 1. (*Schreckgespenst*) bugbear, bugaboo, bog(e)y, bogie, bogeyman. – 2. (*Marionette*) puppet.

Pop-art ['pɔp,ʔaːrt; 'pɔp'aːt] (*Engl.*) *f* ⟨-; *no pl*⟩ (*art*) pop art.

Pop·corn ['pɔp,kɔrn; 'pɔp,kɔːn] (*Engl.*) *n* ⟨-s; *no pl*⟩ *gastr.* popcorn.

Po·pe ['poːpə] *m* ⟨-n; -n⟩ *colloq.* Russian (*od.* Greek) Orthodox priest.

Po·pel ['poːpəl] *m* ⟨-s; -⟩ *colloq. od. dial.* 1. hardened snot (*vulg.*). – 2. snot, snotty child (*beide vulg.*). – 3. *contempt.* paltry fellow.

'po·pe·lig *adj colloq.* 1. (*armselig, dürftig*) miserable, meager, *bes. Br.* meagre. – 2. stingy.

Po·pe·lin [popə'liːn] *m* ⟨-s; -e⟩, **Po·pe'li·ne** *f* ⟨-; -⟩ (*textile*) poplin.

po·peln ['poːpəln] *v/i* ⟨h⟩ *colloq.* pick one's nose.

'pop·lig *adj colloq. cf.* popelig.

Po·po [po'poː] *m* ⟨-s; -s⟩ *colloq.* bottom, *Br. sl.* botty, *Am. colloq.* fanny.

po·pu·lär [popu'lɛːr] *adj* 1. (*volkstümlich, beliebt*) popular: ein ~er Künstler [Politiker] a popular artist [politician]; etwas ~ machen to make s.th. popular, to popularize (*Br. auch* -s-) s.th.; das Lied wurde rasch ~ the song became popular (*od.* caught on) quickly; sich ~ machen to make oneself popular, to win popularity. – 2. (*gemeinverständlich*) popular, exoteric (*lit.*): eine ~e Darstellung [Schreibweise] a popular presentation [style].

po·pu·la·ri·sie·ren [populari'ziːrən] *v/t* ⟨*no* ge-, h⟩ popularize *Br. auch* -s-, make (*s.th.*) popular, vulgarize *Br. auch* -s-. — **Po·pu·la·ri'sie·rung** *f* ⟨-; *no pl*⟩ popularization *Br. auch* -s-, vulgarization *Br. auch* -s-.

Po·pu·la·ri·tät [populari'tɛːt] *f* ⟨-; *no pl*⟩ popularity, vogue: große ~ genießen to enjoy great popularity; dieser Roman erfreute sich nur einer kurzen ~ this novel enjoyed (*od.* had) only a short-lived vogue.

Po·pu·la·ri'täts,sucht *f* craving (*od.* thirst, mania) for popularity.

Po·pu'lar·phi·lo,so·phie [popu'laːr-] *f philos.* popular philosophy.

Po·pu'lar|,wis·sen·schaft *f* popular science. — **p~,wis·sen·schaft·lich** *adj* popular-science (*attrib*), popularized *Br. auch* -s-.

Po·pu·la·ti·on [popula'tsi̯oːn] *f* ⟨-; *no pl*⟩ 1. *obs. for* Bevölkerung. – 2. *biol. astr.* population.

Po·re ['poːrə] *f* ⟨-; -n⟩ pore.

'po·rig *adj cf.* porös 1.

Po·ris·ma [po'rɪsma] *n* ⟨-s; -rismen [-rɪsmən]⟩ *math.* porism. — **po·ris'ma·tisch** [-'maːtɪʃ] *adj* porismatic, porismic.

Pör·kel(t) ['pœrkəl(t)], **'Pör·költ** [-kœlt] *n* ⟨-s; *no pl*⟩ *gastr.* (Hungarian) goulash.

Por·no ['pɔrno] *m* ⟨-s; -s⟩ *cf.* a) Pornofilm, b) Pornoroman. — **~film** *m colloq.* pornographic film (*Am. colloq.* movie).

Por·no·graph [pɔrno'graːf] *m* ⟨-en; -en⟩ pornographer. — **Por·no·gra'phie** [-gra'fiː] *f* ⟨-; *no pl*⟩ pornography. — **por·no'gra·phisch** *adj* pornographic, obscene.

'Porno|,ro·man *m colloq.* pornographic novel. — **~,wel·le** *f colloq.* pornographic wave.

po·rös [po'røːs] *adj* ⟨-er; -est⟩ 1. porous, porose. – 2. (*durchlässig*) permeable, pervious. — **Po·ro·si'tät** [-rozi'tɛːt] *f* ⟨-; *no pl*⟩ 1. porosity. – 2. permeability, perviousness.

Por·phyr ['pɔrfyr; -'fyːr] *m* ⟨-s; -e⟩ *min.* porphyry: quarzfreier ~ quartz-free porphyry, porphyrite. — **p~ar·tig** *adj* porphyritic. — **~ge,stein** *n* porphyritic rock.

por·phy·risch [pɔr'fyːrɪʃ] *adj min. cf.* porphyrartig.

Por·phy·rit [pɔrfy'riːt; -'rɪt] *m* ⟨-s; -e⟩ *min.* porphyrite.

Por·ree ['pɔre] *m* ⟨-s; -s⟩ *bot. gastr.* leek (*Allium porrum*).

Por·ridge ['pɔrɪtʃ; 'pɔrɪdʒ] (*Engl.*) *n, m* ⟨-s; *no pl*⟩ *gastr.* porridge.

Porst [pɔrst] *m* ⟨-(e)s; -e⟩ *bot.* wild rosemary, cankerroot, ledum (*scient.*) (*Gattg Ledum*).

Port [pɔrt] *m* ⟨-(e)s; -e⟩ *obs. od. poet.* port, harbor, *bes. Br.* harbour.

Por·ta·ble [pɔr'taːbl] (*Engl.*) *n* ⟨-s; -s⟩ portable (television set).

por·tal [pɔr'taːl] *adj med.* portal.

Por·tal [pɔr'taːl] *n* ⟨-s; -e⟩ 1. *arch.* portal. – 2. *tech.* a) (*eines Krans*) gantry, b) (*einer Maschine*) portal, c) (*eines Karussellbohrwerkes*) frame. — **~au·to,mat** *m tech.* portal automatic (machine). — **~kran** *m mar.* gantry crane.

Por·ta·ment [pɔrta'mɛnt] *n* ⟨-(e)s; -e⟩, **Por·ta'men·to** [-to] *n* ⟨-s; -menti [-ti]⟩ *mus.* portamento.

Por·ta·tiv [pɔrta'tiːf] *n* ⟨-s; -e⟩ *mus.* portative organ.

por·ta·to [pɔr'taːto] *adv u. adj mus.* portato.

Porte-chai·se [pɔrt'ʃɛːzə] *f* ⟨-; -n⟩ *obs.* (*Sänfte*) sedan chair.

Porte·feuille [pɔrt'fœj] *n* ⟨-s; -s⟩ 1. *obs.* (*Aktentasche*) portfolio. – 2. *pol.* portfolio: Minister ohne ~ minister without portfolio.

Porte·mon·naie [pɔrtmo'nɛː; -'neː] *n* ⟨-s; -s⟩ purse, wallet, *auch* porte-monnaie.

Port·epee [pɔrte'peː] *n* ⟨-s; -s⟩ *mil.* sword knot.

Por·ter ['pɔrtər] *m, auch n* ⟨-s; -⟩, **~bier** *n gastr.* porter.

Por·ti·er [pɔr'tieː; *Austrian auch* -'tiːr] *m* ⟨-s; -s, *Austrian auch* -e [-'tiːrə]⟩ 1. (*im Hotel etc*) a) doorman, commissionaire, *bes. Br.* porter, b) (*an der Rezeption*) receptionist, desk clerk. – 2. (*im Theater etc*) doorman, commissionaire. – 3. *cf.* Pförtner 1.

Por·tie·re [pɔr'tieːrə] *f* ⟨-; -n⟩ portiere, *bes. Br.* portière.

por·tie·ren [pɔr'tiːrən] *v/t* ⟨*no* ge-, h⟩ *Swiss* (*zur Wahl vorschlagen*) nominate.

Por·ti'er,lo·ge *f* (porter's) lodge.

Por·ti'ers,frau *f cf.* Pförtnerin 1.

Por·ti·kus ['pɔrtikus] *m, auch f* ⟨-; - *od.* -ken⟩ *arch.* portico.

Por·ti·on [pɔr'tsi̯oːn] *f* ⟨-; -en⟩ 1. (*bei Tisch*) portion, helping, serving: große ~en ample helpings; eine doppelte ~ Gemüse a double portion of vegetables. – 2. (*beim Bestellen*) portion: drei ~en Eis ice cream for three, three ice creams. – 3. (*Kaffee, Tee etc*) pot: zwei ~en Kaffee coffee for two. – 4. (*Anteil*) share, portion, part. – 5. *mil.* ration. – 6. eine große (*od.* tüchtige, gehörige) ~ Frechheit [Mut, Geduld] *colloq.* a good dose (*od.* deal) of impudence [courage, patience]. – 7. eine halbe ~ *fig. contempt.* a shrimp, a half-pint.

por·tio·nen,wei·se [pɔr'tsi̯oːnən-] *adv cf.* portionsweise.

por·tio·nie·ren [pɔrtsi̯o'niːrən] *v/t* ⟨*no* ge-, h⟩ portion.

por·ti·ons,wei·se *adv* in portions, by the portion.

'Port,land|,va·se ['pɔrt-] *f antiq.* Portland vase. — **~ze,ment** *m civ.eng.* Portland cement.

Por·to ['pɔrto] *n* ⟨-s; -s *u.* Porti [-ti]⟩ postage, postal rate: das ~ beträgt 40 Pfennige the postage is 40 pfennigs. — **~aus,la·gen** *pl econ.* postage expenses. — **~buch** *n* postage book. — **~er,mä·ßigung** *f* reduction (*od.* of charges). — **p~frei** *adj cf.* postgebührenfrei. — **~kas·se** *f econ.* stamp money, postage fund, stamp cash till. — **~ko·sten** *pl* postage costs, postage *sg.* — **~mar·ke** *f* (*im Ausland*) postage due stamp. — **p~pflich·tig** *adj cf.* gebührenpflichtig 2. — **~,spe·sen** *pl econ. cf.* Portoauslagen.

Por·trait [pɔr'trɛː] *n* ⟨-s; -s⟩ *cf.* Porträt.

Por·trät [pɔr'trɛː; -'trɛt] *n* ⟨-s [-'trɛːs;

-'trɛɪts] *od.* -es [-'trɛɪtəs]; -s [-'trɛɪs] *od.* -e [-'trɛɪtə]⟩ portrait, portrayal, likeness: ein ~ von j-m machen a) *art* to paint s.o.'s portrait, b) *phot.* to take s.o.'s portrait; ~ sitzen to sit (for one's [*od.* a] portrait); ~ in ganzer [halber] Figur full-length [half-length] portrait; ~ in Lebensgröße life-size *od.* life-sized) portrait.

por·trä·tie·ren [pɔrtrɛ'tiːrən] *v/t ⟨no ge-, h⟩* 1. *(art)* paint a portrait of. – 2. *phot.* take a portrait of: j-n ~ to take s.o.'s portrait.

Por·trä·tist [pɔrtrɛ'tɪst] *m ⟨-en; -en⟩ (art) phot.* portraitist.

Por'trät,ma·ler *m (art)* portraitist, portrait painter. — **~ma·le,rei** *f* portrait painting, portraiture. — **~pho·to,graph** *m* portrait photographer.

Por·tu·gie·se [pɔrtu'giːzə] *m ⟨-n; -n⟩* Portuguese. — **por·tu'gie·sisch I** *adj* Portuguese. – **II** *ling.* **P~** ⟨*generally undeclined*⟩, **das P~e** *⟨-n⟩* Portuguese, the Portuguese language.

Por·tu·lak ['pɔrtulak] *m ⟨-s; -e u. -s⟩ bot.* a) purslane *(Portulaca oleracea)*, b) wax pink *(P. grandiflora).*

'Port,wein *m gastr.* port (wine).

Por·zel·lan [pɔrtsɛ'laːn] *n ⟨-s; -e⟩* porcelain, china(ware): gutes [feines, dünnes] ~ good [fine, delicate *od.* eggshell] china; chinesisches ~ Chinese porcelain; ~ brennen [bemalen] to bake [to paint] china; sie ist wie ~ she's (as) delicate as porcelain; unechtes ~ common china, delft(ware), *auch* delph(ware), *auch* delf, earthenware; unnötig ~ zerschlagen *fig. colloq.* to cause unnecessary trouble; durch diese Äußerung ist viel ~ zerschlagen worden *fig. colloq.* a great deal of damage has been done by this statement; zerschlagenes ~ (wieder) kitten *fig. colloq.* to mend the damage; → Meißner. — **~blüm·chen** *n bot.* London pride, none-so-pretty *(Saxifraga umbrosa)*. — **~email·le** [-ʔe,maljə] *f* vitreous *(od.* porcelain) enamel.

por·zel'la·nen *adj* made of porcelain *(od.* china).

Por·zel'lan,er·de *f min. cf.* Kaolin. — **~fa,brik** *f* china *(od.* porcelain) factory *(od.* works *pl* construed as *sg or pl).* — **~fi,gur** *f* china *(od.* porcelain) figure. — **~,fül·lung** *f med. (Zahnfüllung)* porcelain filling. — **~ge,schirr** *n* china(ware), porcelain. — **~in·du,strie** *f* porcelain *(od.* china) industry. — **~,ki·ste** *f* crate of porcelain *(od.* china): → Vorsicht 1. — **~,la·den** *m* china *(od.* porcelain) shop *(bes. Am.* store): → Elefant 1. — **~,ma·ler** *m* china *(od.* porcelain) painter. — **~ma·le,rei** *f* painting on china *(od.* porcelain). — **~ma·nu·fak,tur** *f* manufacture of porcelain *(od.* china). — **~,mas·se** *f tech.* porcelain paste. — **~,schnecke** *(getr.* -k·k-) *f zo.* cowry *(Fam. Cypraeidae).* — **~,ser,vice** *n* set *(od.* service) of china *(od.* porcelain). — **~,tas·se** *f* china *(od.* porcelain) cup. — **~,tel·ler** *m* china *(od.* porcelain) plate. — **~,wa·ren** *pl* chinaware *sg*, porcelain ware *sg.*

Po·sa·ment [poza'mɛnt] *n ⟨-(e)s; -en⟩ meist pl (textile)* trimming, passement, *auch* passament, passementerie.

Po·sa·men·ter [poza'mɛntər] *m ⟨-s; -⟩ (textile)* 1. trimmings manufacturer. – 2. dealer in passementerie.

Po·sa·men·tier [pozamɛn'tiːr] *m ⟨-s; -⟩ (textile) cf.* Posamenter. — **~,ar·beit** *f* passementerie work. *[Posamenter.]* **Po·sa·men'tie·rer** *m ⟨-s; -⟩ (textile) cf.*

Po·sa·men'tier,wa·ren *pl (textile)* passementerie *sg*, trimmings.

Po·sau·ne [po'zaʊnə] *f ⟨-; -n⟩* 1. *mus.* trombone: (die) ~ blasen to blow *(od.* play) the trombone. – 2. *fig.* trumpet: sie machten einen Lärm wie die ~ von Jericho they raised the roof *(colloq.)*; die ~n des Jüngsten Gerichts *Bibl.* the last trumpet *sg*, the trump *sg* of doom.

po·sau·nen [po'zaʊnən] **I** *v/i ⟨no ge-, h⟩ mus.* blow *(od.* play) the trombone. – **II** *v/t* etwas in die Welt ~ *colloq.* to broadcast s.th., to advertise *(auch* advertize) s.th.

Po'sau·nen,blä·ser *m mus. cf.* Posaunist. — **~,chor** *m* trombone choir. — **~,ruf** *m* call of the trombone *(lit. poet.* of the trump). — **~,schall**, **~,ton** *m* sound *(od.* blast) of the trombone, trombone blast.

Po·sau·nist [pozaʊ'nɪst] *m ⟨-en; -en⟩ mus.* trombonist, trombone player.

Po·se¹ ['poːzə] *f ⟨-; -n⟩* 1. pose, attitude, posture: eine ~ annehmen *(od.* einnehmen) to strike a pose. – 2. *fig.* pose, front, *Br.* pretence, *Am.* pretense: seine Kunstbegeisterung ist nur eine ~ his love of art is nothing but a pose.

'Po·se² *f ⟨-; -n⟩* quill (pen).

Po·sei·don [po'zaɪdɔn] *npr m ⟨-s; no pl⟩ myth.* Poseidon *(Greek god of the sea).*

Po·se·muckel *(getr.* -k·k-) [poːzə'mʊkəl], **Po·se·mu·kel** ['poːzəmukəl] *only in* in ~ wohnen *(od.* leben) *colloq.* to live at the back of beyond.

Po·seur [po'zøːr] *m ⟨-s; -e⟩* poseur.

po·sie·ren [po'ziːrən] *v/i ⟨no ge-, h⟩* 1. pose. – 2. *fig. (sich gekünstelt benehmen)* pose, attitudinize *Br. auch* -s-.

Po·si·ti·on [pozi'tsɪoːn] *f ⟨-; -en⟩* 1. *auch fig. (Stellung, Lage)* position: die ~ eines Geschützes the position of a gun; sich j-m gegenüber in einer starken [schwachen] ~ befinden to be in a strong [weak] position with regard to s.o. – 2. *(berufliche Stellung)* position, post, job: eine einträgliche ~ a lucrative position. – 3. *(Rang)* position, status, standing, station: das kann ich mir in meiner ~ nicht erlauben I cannot afford that in my position. – 4. *econ.* item: einige ~en wurden gestrichen several items were cancel(l)ed. – 5. *math. (Stelle)* position. – 6. *mar. (Standort)* position, bearing. – 7. *astr.* position. – 8. *philos. (Bejahung)* position, affirmation.

Po·si·ti'ons,an,zei·ger *m mar. aer.* position indicator. — **~,lam·pe** *f* 1. *mar.* a) running *(od.* navigation, position) light *(od.* lamp), b) *(am Mast)* top light. – 2. *aer. auto. cf.* Positionsleuchte 2, 3. — **~,län·ge** *f metr.* positional length. — **~,la,ter·ne** *f mar. cf.* Positionslampe 1. — **~,leuch·te** *f*, **~,licht** *n* 1. *mar. cf.* Positionslampe 1. – 2. *auto.* side parking *(od.* side-marker, side, clearance, *Am. auch* fender) light. – 3. *aer.* navigation light. — **~,mel·dung** *f mar. aer.* position report.

po·si·tiv ['poːzitiːf; pozi'tiːf] **I** *adj* 1. *(Einstellung, Ergebnis, Haltung etc)* positive. – 2. *(Antwort etc)* positive, affirmative. – 3. *(Kritik, Vorschlag etc)* positive, constructive. – 4. *(Aspekt, Seite etc)* positive, favorable, *bes. Br.* favourable. – 5. *colloq. (bestimmt, gewiß)* positive, certain, definite: ist es schon ~, daß du gehst? is it now definite that you leave? – 6. *math. (Vorzeichen, Zahl etc)* positive, plus *(attrib).* – 7. *electr. phys.* positive, plus *(attrib)*: ~er Pol positive *(od.* plus) pole, anode. – 8. ~es Recht *jur.* positive law. – 9. *med. (Befund)* positive. – 10. *phot. (optics)* positive. – **II** *adv* 11. positively, affirmatively: er antwortete ~ he answered affirmatively *(od.* in the affirmative); er hat sich ~ geäußert he expressed a positive opinion. – 12. *(bestimmt, gewiß)* positively, certainly, for certain, definitely: das weiß ich ~ I know that for certain. – 13. ~ geladen *electr. phys.* positive(ly charged). – **III** *P~, das ⟨-n⟩* 14. the positive thing: das P~e an der Sache ist the positive thing about *(od.* the positive side of) it is; sie wissen nichts P~es they know nothing positive.

Po·si·tiv¹ ['poːzitiːf; pozi'tiːf] *n ⟨-s; -e⟩* 1. *phot.* positive (print), print. – 2. *mus.* choir *(od.* positive) organ, positive.

Po·si·tiv² ['poːzitiːf; pozi'tiːf] *m ⟨-s; -e⟩ ling.* positive (degree).

'Po·si·tiv,bild *n phot. cf.* Positiv¹ 1: **p~elek·trisch** [-ʔe,lɛktrɪʃ] *adj* positively electric(al).

Po·si·ti·vis·mus [poziti'vɪsmʊs] *m ⟨-; no pl⟩ philos.* positivism, Comtism, *auch* comtism. — **Po·si·ti'vist** [-'vɪst] *m ⟨-en; -en⟩* positivist, comtist. — **po·si·ti'vi·stisch** *adj* positivist(ic), comtist.

Po·si·tron ['poːzitrɔn] *n ⟨-s; -en* [pozi'troːnən]⟩ *phys.* positron.

Po·si·tur [pozi'tuːr] *f ⟨-; -en⟩* 1. posture, pose, position, attitude: sich in ~ stellen *(od.* setzen, werfen) to posture, to pose, to attitudinize *Br. auch* -s-. – 2. *(bes. sport)* position: die Boxer stellten sich in ~ the boxers took up their positions.

Pos·se ['pɔsə] *f ⟨-; -n⟩* 1. buffoonery, tomfoolery, clownery, antics *pl*, drollery: ~n reißen to fool about *(bes. Am.* around), to play the fool, to clown (about, *bes. Am.* around). – 2. *cf.* Possen. – 3.

(theater) farce(-comedy), burlesque, harlequinade.

Pos·sen ['pɔsən] *m ⟨-s; -⟩* 1. trick, prank, (practical) joke: j-m einen ~ spielen to play a trick on s.o.; j-m etwas zum ~ tun to do s.th. to spite *(od.* annoy) s.o. – 2. *cf.* Posse 1.

'Pos·sen,dich·ter *m* writer of farces *(od.* burlesques, harlequinades).

'pos·sen,haft *adj* 1. farcical, buffoonish, clownish, burlesque. – 2. *(theater)* farcical, burlesque. — **'Pos·sen,haf·tig·keit** *f ⟨-; no pl⟩* 1. farcicality, clownishness. – 2. *(theater)* farcicality, burlesque character.

'Pos·sen,ma·cher, **~,rei·ßer** *m ⟨-s; -⟩* farceur, buffoon, clown. — **~rei·ße'rei** [-,rɛɪsə'raɪ] *f ⟨-; -en⟩* 1. buffoonery. – 2. *cf.* Posse 1. – 3. *(theater)* farce.

pos·ses·siv ['pɔsɛsiːf; -'siːf] *adj ling.* possessive.

Pos·ses·siv ['pɔsɛsiːf; -'siːf] *n ⟨-s; -e⟩*, **'Pos·ses·siv·pro,no·men** *n*, **Pos·ses·si·vum** [pɔsɛ'siːvʊm] *n ⟨-s; -siva* [-va]⟩ *ling.* possessive pronoun *(od.* adjective).

pos·ses·so·risch [pɔsɛ'soːrɪʃ] *adj jur.* possessory.

pos·sier·lich [pɔ'siːrlɪç] *adj* droll, funny: ein ~es Tierchen an amusing *(od.* a droll) little animal. — **Pos'sier·lich·keit** *f ⟨-; no pl⟩* drollness, funniness.

Post [pɔst] *f ⟨-; no pl⟩* 1. post office, postal service, *bes. Br.* post, *bes. Am.* (the) mails *pl*: er arbeitet *(od. colloq.* ist) bei der ~ he works for the post office. – 2. *(Postbeförderung)* mail (service), postal service, *bes. Br.* post: per *(od.* durch die) ~ by mail, *bes. Br.* by *(od.* per) post; etwas mit der *(od.* durch die) ~ schicken *(od.* senden) to send *(od.* forward) s.th. by *(od.* through the) mail, to mail *(bes. Br.* to post) s.th.; etwas durch die ~ bestellen to order s.th. by mail; mit umgehender ~ by return (of post), *Am.* by return mail; mit getrennter ~ under separate cover; mit gewöhnlicher ~ by surface mail. – 3. *(Postsendung)* mail, *bes. Br.* post, letters *pl*: die ~ ist noch nicht da the mail is not in yet; ist ~ für mich da? are there any letters for me? die ~ abholen to pick up the mail; die ~ erledigen [durchsehen] to see to [to look through] the mail. – 4. *(Austragung)* delivery, mail, *bes. Br.* post: mit der ersten ~ by the first delivery; die ~ kommt heute nicht there is no delivery today. – 5. *(Postamt)* post (office): zur *(od.* auf die) ~ gehen to go to the post office; die ~ ist geschlossen the post office is closed. – 6. *(Postauto)* post bus: mit der ~ fahren to travel by post bus. – 7. *archaic (Nachricht)* news *pl* (construed as *sg or pl)*: gute [schlechte] ~ good [bad] news. – 8. *obs. (Postkutsche)* mail coach, stage(coach): ab geht die ~ *fig. colloq.* off we go.

Post..., post... *combining form denoting* post...

'Post,ab,fer·ti·gung *f* mail dispatch *(auch* despatch). — **~,ab,ho·ler** *m* caller (for mail at the post office). — **~,ab,ho·lung** *f* 1. *(vom Empfänger aus gesehen)* calling for mail (items) at the post office. – 2. *(von der Post aus gesehen)* delivery at the post office. — **~abon·ne,ment** *n* postal subscription. — **~,ab,schnitt** *m (einer Postanweisung etc)* coupon, *Am. auch* stub, *Br.* counterfoil. — **~agen,tur** *f* postal agency, *Am. auch* postal substation, *Br. auch* sub-post office, agency post office.

po·sta·lisch [pɔs'taːlɪʃ] *adj* postal: ~e Anschrift postal *(od.* mailing) address.

Po·sta·ment [pɔsta'mɛnt] *n ⟨-(e)s; -e⟩ arch.* pedestal.

'Post,amt *n* post (office): ~ mit Verwaltungsdienst post office with administrative service. — **~,amts,lei·ter** *m* 1. *(Amtsvorsteher)* head (postmaster). – 2. *(Betriebsleiter)* postmaster. — **~,an·ge,stell·te** *m, f* post-office *(od.* postal) employee *(od.* clerk). — **~,an,nah·me,stem·pel** *m* date stamp. — **~,an,schrift** *f* postal *(od.* mailing) address. — **~,an,stalt** *f cf.* Postamt. — **~,ant,wort,schein** *m bes.* internationaler ~ international reply coupon. — **~,an,wei·sung** *f* 1. postal money order. – 2. *(in Großbritannien)* postal order, money order. — **~,an,wei·sungs-Te·le,gramm** *n* money order telegram. — **~,auf,trag** *m* postal collection order. — **~,aus,ga·be** *f* (mail) delivery at the counter. — **~,au·to** *n* 1. mail truck *(Br.* van). –

2. cf. Postbus. — **~¸bar¸scheck** m open (od. uncrossed) postal check (Br. cheque), uncrossed postal order. — **~be¸am·te** m post-office official. — **~be¸för·de·rung** f conveyance of mail, postal (od. mail) transport. — **~be¸hör·de** f postal authorities pl. — **~¸beu·tel** m mailbag, postbag, pouch. — **~be¸zirk** m postal district. — **~be¸zug** m **1.** (für Zeitungen etc) postal subscription. **2.** econ. mail ordering. — **~be¸zugs¸preis** m postal subscription rate (od. charges pl). — **~¸boot** n cf. Postdampfer. — **~¸bo·te** m mailman, bes. Br. postman, Am. letter (od. mail) carrier. — **~¸bus** m post (omni)bus, postal (motor) bus.

Pöst·chen ['pœstçən] n ⟨-s; -⟩ **1.** dim. of Posten. **2.** cushy (od. soft) job.

post Chri·stum (na·tum) [pɔst 'krɪstʊm ('naːtʊm)] adv obs. after Christ, A.D.

'Post¸damp·fer m mail steamer (od. boat).

post·da·tie·ren [pɔstdaˈtiːrən] v/t ⟨no ge-, h⟩ econ. obs. **1.** postdate. **2.** antedate.

'Post¸dienst m postal service. — **~di·rek·ti¸on** f short for Oberpostdirektion. — **~¸ein¸gang** m incoming mail. — **~¸ein·lie·fe·rungs¸schein** m receipt, certificate of posting.

post·em·bryo·nal [pɔstʔɛmbryoˈnaːl] adj med. postembryonic, auch postembryonal.

po·sten ['pɔstən] v/i ⟨h⟩ Swiss dial. run errands.

'Po·sten m ⟨-s; -⟩ **1.** (Stellung) post, position, situation, job, berth (colloq.): einen guten [einträglichen] ~ haben to have a good [lucrative] position. **2.** (Amt) office. **3.** mil. a) (Wachtposten) post, station, guard, b) (Soldat auf Wache) sentinel, sentry: vorgeschobener ~ outpost, advanced post, picket; ~ vor Gewehr arms sentry; (auf) ~ stehen to stand sentinel, to guard, to keep watch; den ~ ablösen to relieve the guard; auf seinem ~ ausharren auch fig. to stick to one's guns; auf verlorenem ~ kämpfen auch fig. to fight a losing battle, to fight for a lost cause; auf dem ~ sein fig. colloq. to be alert (od. on one's toes); sie ist heute nicht ganz auf dem ~ fig. colloq. she doesn't feel well today, she doesn't feel quite up to par (od. to the mark) today (colloq.); na, wieder auf dem ~? colloq. well, feeling up to it again? (colloq.). **4.** (Streikposten) picket. **5.** mar. watch, quarter: ~ stehen to stand (od. have the) watch. **6.** econ. a) (Rechnungsposten) item, b) (Betrag) amount, sum, c) (Eintrag) entry: ein ~ ist noch offen one item is still uncovered; einen ~ begleichen to settle an amount. **7.** econ. (Partie) lot, parcel, installment, bes. Br. instalment: einen ~ Hemden bestellen to order a lot of shirts. **8.** tech. (Schub) batch. **9.** hunt. a) (bei der Treibjagd) position, stand, b) (Schrot) buckshot.

'Po·sten¸ab¸lö·sung f mil. changing of the guards. — **~¸auf¸stel·lung** f disposition of guards. — **~¸dienst** m guard (duty), sentry duty. — **~¸jä·ger** m contempt. job hunter, job-jockey (sl.). — **~¸ket·te, ~¸li·nie** f chain of posts, line of sentries, cordon. — **p~¸wei·se** adv econ. in (od. by) lots (od. parcels, instal[l]ments).

poste re·stante ['pɔst rɛsˈtãːt] adv poste restante, bes. Am. general delivery.

Po·ste·ri·tät [pɔsteriˈtɛːt] f ⟨-; no pl⟩ obs. for Nachkommenschaft 1, Nachwelt.

'Post¸fach n (postal service) post-office (od. private, locked) box, P.O. box. — **~¸num·mer** f post-office (od. private, locked) box number.

post fe·stum [pɔst ˈfɛstʊm] adv **1.** afterward(s). **2.** too late, belatedly.

'Post¸flag·ge f postal flag. — **~¸flug¸zeug** n mail plane. — **~¸form¸blatt, ~¸for·mu¸lar** n postal form (Am. auch blank). — **p~¸frisch** adj philat. mint (attrib). — **~¸ge¸bäu·de** n post-office (od. postal) building.

'Post¸ge¸bühr f **1.** postage, postal tariff. **2.** (Gebührensatz) postal charge (od. fee, duty, rate).

'Post¸ge¸büh·ren|er¸mä·ßi·gung f reduction of postage (od. charges). — **p~¸frei** adj postage-free, exempted from (od. free of) charge(s). — **~¸frei·heit** f ⟨-; no pl⟩ free postage, exemption from charge(s).

'Post¸ge¸heim·nis n **1.** postal secrecy, secrecy of posts. **2.** postal secret. — **~¸ge¸hil·fe** m post-office assistant (od.

helper). — **~¸gut** n parcels pl transmitted at reduced rates. — **~¸hal·ter** m **1.** hist. keeper of post-horses. **2.** archaic holder of a postal agency, Br. (scale-payment) sub-postmaster. — **~hal·te¸rei** [¸pɔst-] f ⟨-; -en⟩ **1.** hist. posthouse. **2.** archaic for Posthilfsstelle. — **~hilfs¸stel·le** f auxiliary (sub)office (od. substation). — **~¸horn** n ⟨-(e)s; ⁼er⟩ auch mus. post (od. coach) horn.

post·hum [pɔsˈtuːm] adj u. adv cf. postum.

po·stie·ren [pɔsˈtiːrən] **I** v/t ⟨no ge-, h⟩ bes. mil. post, place, set up, station, position. – **II** v/reflex sich ~ post (od. place, station) oneself. – **III** P~ n ⟨-s⟩ verbal noun. — **Po'stie·rung** f ⟨-; no pl⟩ cf. Postieren.

Po·stil·le [pɔsˈtɪlə] f ⟨-; -n⟩ relig. postil.

Po·stil·li·on [pɔsˈtɪljoːn; 'pɔs-] m ⟨-s; -e⟩ hist. stagecoach driver.

'Post¸kar·te f **1.** postcard, bes. Am. postal card: ~ mit Antwortkarte reply-paid postcard. **2.** (Ansichtskarte) picture postcard.

'Post¸kar·ten|for¸mat n, **~¸grö·ße** f postcard size.

'Post|¸ka·sten m mailbox, postbox, letter box, (in Großbritannien) auch pillar-box. — **~¸kraft¸fahr¸dienst** m **1.** postal omnibus service. **2.** postal road service. — **~¸kun·de** m post office customer. — **~¸kut·sche** f hist. mail coach, stagecoach, post (chaise). — **~¸kut·scher** m cf. Postillion.

'Post¸la·ger¸kar·te f poste restante card.

'post¸la·gernd adj poste restante: ~e Sendungen poste restante mail sg (od. items).

'Post¸leit¸zahl f (postal service) Br. postal (od. code) code, Am. zip code number.

'Post¸ler Bavarian and Austrian colloq., Swiss colloq. **'Pöst·ler** ['pœst-] m ⟨-s; -⟩ cf. a) Postbeamte, b) Postangestellte.

Post·lu·di·um [pɔstˈluːdiʊm] n ⟨-s; -dien⟩ mus. postlude.

'Post|¸mei·ster m postmaster. — **~¸mei·ste·rin** f postmistress. — **~mi·ni·ster** m Postmaster General. — **~mo·no·pol** n postal monopoly.

post·mor·tal [pɔstmɔrˈtaːl] **I** adj postmortal, postmortem, Br. post-mortem (attrib). – **II** adv postmortally, post-mortem, Br. post mortem.

post mor·tem [pɔst ˈmɔrtɛm] adv cf. postmortal II.

post·nu·me·ran·do [pɔstnumeˈrando] adv etwas ~ bezahlen econ. a) to pay s.th. after receipt, b) to pay (od. settle) s.th. at the end of an accounting period.

Po·sto ['pɔsto] only in ~ fassen archaic to get into position, to take up one's station.

'Post¸om·ni·bus m cf. Postbus.

post·ope·ra·tiv [pɔstʔopeaˈtiːf] med. **I** adj postoperative. – **II** adv postoperatively, after the operation.

'Post|¸ord·nung f postal regulations pl. — **~pa·ket** n (postal) parcel. — **~pa¸ket¸sack** m cf. Postsack 2. — **~¸pferd** n hist. post-horse. — **~pro¸test¸auf¸trag** m postal protest order (for nonpayment Br. non-). — **~¸recht** n **1.** postal law, Law of Posts. **2.** (Postregal) sovereign right of posts, postal privilege (od. monopoly). — **~re¸gal** n cf. Postrecht 2. — **~¸sa·che** f meist pl cf. Postsendung. — **~¸sack** m **1.** mailbag, bes. Br. postbag. — **2.** (für Pakete) (postal parcel) sack. — **~¸schal·ter** m post-office counter (od. window).

'Post¸scheck m econ. postal check (Br. cheque). — **~¸amt** n giro center (bes. Br. centre), Am. postal check office, Br. Post Office Giro Office. — **~¸dienst** m Am. postal check service, Br. postal giro service. — **~¸kon·to** n Am. postal check account, Br. postal giro account. — **~Te·le¸gramm** n postal check (Br. cheque) telegram. — **~¸ver¸kehr** m Am. postal check service, Br. postal giro service.

'Post|¸schiff n cf. Postdampfer. — **~¸schließ¸fach** n cf. Postfach. — **~¸sen·dung** f postal item (od. article), mail matter.

Post¸skript [pɔstˈskrɪpt] n ⟨-(e)s; -e⟩, **Post'skrip·tum** [-tʊm] n ⟨-s; -skripta [-ta]⟩ postscript(um).

'Post|¸spar¸buch n Am. postal savings bank book, Br. post-office savings book. — **~¸spa·rer** m postal saver, Am. holder of a postal savings account, Br. holder of a post-office savings account. — **~¸spar¸gut¸ha·ben** n Am. postal savings pl (od.

deposit), Br. post-office savings pl, deposit in the post office. — **~¸spar¸kas·se** f postal (Br. post-office) savings bank. — **~¸spar¸kas·sen¸dienst** m postal (Br. post-office) savings bank service. — **~¸spar¸kon·to** n postal (Br. post-office) savings account. — **~¸stel·le** f cf. Posthilfsstelle. — **~¸stem·pel** m postmark, (postal) date stamp. — **~¸tag** m mail day. — **~ta¸rif** m Postgebühr 1. — **~¸ta·sche** f (des Briefträgers) delivery pouch (od. bag).

post·trau·ma·tisch [pɔsttrauˈmaːtɪʃ] adj med. posttraumatic.

'Post|¸über¸wa·chung f postal control. — **~¸über¸wei·sung** f **1.** postal check (Br. cheque) (od. giro) transfer. **2.** (Formblatt) postal giro transfer form.

Po·stu·lant [pɔstuˈlant] m ⟨-en; -en⟩, **Po·stu·lan·tin** f ⟨-; -nen⟩ postulant.

Po·stu·lat [pɔstuˈlaːt] n ⟨-(e)s; -e⟩ **1.** demand, claim. **2.** philos. postulate, assumption, thesis. **3.** röm.kath. (Probezeit) postulancy.

po·stu·lie·ren [pɔstuˈliːrən] v/t ⟨no ge-, h⟩ **1.** demand, claim. **2.** philos. postulate, assume, posit. **3.** röm.kath. postulate.

po·stum [pɔsˈtuːm] **I** adj posthumous. – **II** adv posthumously.

Po·stu·mus ['pɔstumʊs] m ⟨-; -stumi [-mi]⟩ jur. posthumous person.

'Post- ¸und 'Fern¸mel·de|ge¸heim·nis n secrecy of posts and telecommunications. — **~¸we·sen** n ⟨-s; no pl⟩ posts and telecommunications pl.

Po·stur [pɔsˈtuːr] f ⟨-; -en⟩ Swiss shape, stature, build.

'Post|ver¸bin·dung f postal connection (Br. auch connexion) (od. communication). — **~ver¸ein** m postal union. — **~ver¸kehr** m postal traffic (od. service), mail service. — **~ver¸sand** m conveyance by mail. — **~ver¸sand¸ge¸schäft, ~ver¸sand¸haus** n mail-order house (od. firm). — **~ver¸tei·lung** f mail distribution. — **~ver¸trag** m postal convention. — **~ver¸triebs¸stück** n newspaper to be delivered by the Deutsche Bundespost. — **~ver¸wal·tung** f post-office (od. postal) administration. — **~¸voll¸macht** f postal procuration (od. proxy, power of attorney). — **~¸wa·gen** m (railway) mail carriage.

'post¸wen·dend adv **1.** by return (of post), Am. by return mail. **2.** fig. colloq. at once, immediately.

'Post|¸wert¸sen·dung f insured item. — **~¸wert¸zei·chen** n **1.** (postage) stamp. **2.** pl (Dauerserie) permanent (postage) stamp series sg. — **~¸we·sen** n ⟨-s; no pl⟩ post, postal matters pl (od. affairs pl). — **~¸wurf¸sen·dung** f cf. Wurfsendung. — **~¸zei·tungs¸dienst** m postal newspaper service. — **~¸zei·tungs·ver¸trieb** m postal newspaper service. — **~zen·sur** f postal (od. mail) censorship. — **~¸zug** m mail train. — **~¸zu¸stell¸be¸zirk** m postal (delivery) area (od. zone). — **~¸zu¸stel·ler** m cf. Postbote. — **~¸zu¸stel·lung** f postal (od. mail) delivery. — **~¸zwang** m postal monopoly.

Po'tem·kin·sche 'Dör·fer [poˈtɛmkinʃə] pl fig. (Trugbilder) Potemkin villages.

po·tent [poˈtɛnt] adj **1.** med. potent. **2.** fig. potent, powerful. **3.** econ. solvent.

Po·ten·tat [potɛnˈtaːt] m ⟨-en; -en⟩ potentate, ruler.

po·ten·ti·al [potɛnˈtsiaːl] **I** adj **1.** bes. philos. potential, possible, latent. – **II** P~ n ⟨-s; -e⟩ **3.** (wirtschaftliches etc) potential. **4.** phys. (electric) potential.

Po·ten·ti·al|dif·fe·renz f electr. phys. potential difference, difference in potential. — **~ge¸fäl·le** n electr. potential drop.

Po·ten·tia·lis [potɛnˈtsiaːlɪs] m ⟨-; -tiales [-lɛs]⟩ ling. potential.

Po·ten·tia·li·tät [potɛntsiaˈliˈtɛːt] f ⟨-; -en⟩ potentiality.

Po·ten·ti·al¸reg·ler m electr. voltage (od. potential) regulator.

po·ten·ti·ell [potɛnˈtsiɛl] adj potential, possible: ~e Energie phys. potential energy; eine ~e Gefahr a possible danger.

Po·ten·tio·me·ter [potɛntsioˈmeːtər] n ⟨-s; -⟩ electr. potentiometer. — **po·ten·tio·me·trisch** [-ˈmeːtrɪʃ] adj potentiometric.

Po·tenz [poˈtɛnts] f ⟨-; -en⟩ **1.** ⟨only sg⟩ med. (sexual) potency, virile power, (sexual) potence. — **2.** math. power: zweite ~ square; dritte ~ cube; zehn zur vierten ~

ten to the power of four; etwas zur zweiten ~ erheben to raise s.th. to the second power; er ist ein Taugenichts in höchster ~ *fig. colloq.* he is a good-for-nothing par excellence (*od.* of the first order, of the first water). – **3.** *med. pharm.* (*Grad der Verdünnung*) potency. – ~**ex·po,nent** *m math.* power exponent (*od.* index). – ~**funk·ti,on** *f* power function.

po·ten·zie·ren [potɛnˈtsiːrən] *v/t ⟨no ge-, h⟩* **1.** strengthen, intensify, increase the strength (*od.* potency, potential) of, potentize. – **2.** *math.* raise (*s.th.*) to a higher power. – **3.** *med. pharm.* potentiate.

Po'tenz|,schwä·che *f med.* impaired potency. – ~**stö·rung** *f* disturbance of potency.

Po·te·rie [potəˈriː] *f ⟨-; -n [-ən]⟩ obs. for* a) Töpferware, b) Töpferwerkstatt.

Pot·pour·ri [ˈpɔtpuri] *n ⟨-s; -s⟩* **1.** *mus.* potpourri, medley: ein ~ aus a potpourri on (*od.* of). – **2.** *fig.* (*Kunterbunt*) potpourri, hodgepodge, *bes. Br.* hotchpotch, salmagundi, *auch* salmagundy.

Pots·da·mer [ˈpɔtsˌdamər] **I** *m ⟨-s; -⟩* native (*od.* inhabitant) of Potsdam. – **II** *adj* ~ Vertrag (*od.* Abkommen) Potsdam Agreement (*1945*).

Pott [pɔt] *m ⟨-(e)s; ⁻e⟩ Low G.* **1.** (*Topf*) pot. – **2.** *colloq. contempt.* (*altes Schiff*) (old) tub (*sl.*). – ~**asche** *f chem.* potash, potassium carbonate (K_2CO_3). – ~**lot** *n ⟨-(e)s; no pl⟩ min.* graphite, *auch* black lead. – ~**wal** *n zo.* sperm whale, cachalot (*Physeter catodon*).

potz [pɔts] *interj* ~ Blitz! ~ Wetter! goodness! heavens! good gracious (me)! — ~**'tau·send** *interj cf.* potz.

Pou·lard [puˈlaːr] *n ⟨-s; -s⟩,* **Pou'lar·de** [-ˈlardə] *f ⟨-; -n⟩ gastr.* poularde, *auch* poulard.

Pou·let [puˈleː] *n ⟨-s; -s⟩* young chicken, *Br.* chicken, pullet.

Pous'sa·de [puˈsaːdə], **Pous'sa·ge** [-ʒə] *f ⟨-; -n⟩ archaic colloq. for* a) Geliebte[1] 1, Geliebte[2] 1, b) Liebelei.

pous·sie·ren [puˈsiːrən] *colloq.* **I** *v/i ⟨no ge-, h⟩* **1.** flirt, court: er poussiert mit ihr he is flirting with her, he is courting her. – **II** *v/t* **2.** flirt with, court. – **3.** (*schmeicheln*) flatter, butter (*s.o.*) up, soft-soap. —

Pous'sier,sten·gel *m colloq. humor.* flirt, flirtatious person. [armselig 3.]

po·wer [ˈpoːvər] *adj dial. od. colloq. for]*

Po·widl [ˈpoːvidəl] *m ⟨-s; -⟩ Austrian for* Pflaumenmus.

Poz·z(u)o'lan,er·de [pɔts(u)oˈlaːn-] *f min.* pozzolan(a), *auch* pozzuolana, puzzolan(a).

Prä [prɛː] *n only in* das ~ haben *colloq.* to come first, to have priority.

Prä..., **prä...** *combining form denoting* pre...

Prä·am·bel [prɛˈʔambəl] *f ⟨-; -n⟩ jur. pol.* (*Einleitung*) preamble.

Prä·ben·dar [prɛbɛnˈdaːr] *m ⟨-s; -e⟩, auch* **Prä·ben'da·ri·us** [-riʊs] *m ⟨-; -darien⟩ relig.* prebendary.

Prä·ben·de [prɛˈbɛndə] *f ⟨-; -n⟩ relig.* prebend.

Pra·cher [ˈpraxər] *m ⟨-s; -⟩ bes. Northern G. dial.* importunate beggar. — **'pra·chern** *v/i ⟨h⟩ bes. Northern G. dial. for* a) betteln 1, b) prahlen, großtun.

Pracht [praxt] *f ⟨-; no pl⟩* **1.** magnificence, splendor, *bes. Br.* splendour: ein Raum von unvergleichlicher ~ a room of incomparable splendo(u)r; ~ entfalten to display splendo(u)r. – **2.** (*verschwenderische*) luxury, sumptuousness, sumptuosity. – **3.** (*feierliche*) pomp, state. – **4.** (*übertriebene*) display, pomp, ostentation: kalte ~ cold ostentation. – **5.** (*Glanz*) glitter, brilliance. – **6.** es war eine (wahre) ~, wie er Klavier spielte *fig. colloq.* it was a real treat (*od.* joy) to hear him play the piano; es war eine wahre ~, wie sie ihn abfertigte *fig. colloq. iron.* it was a treat (to see) the way she dealt with him. — ~**aus,ga·be** *f print.* deluxe edition, edition de luxe. — ~**bau** *m ⟨-(e)s; -ten⟩ arch.* magnificent (*od.* splendid) building. — ~**ent,fal·tung** *f* display of magnificence (*od.* splendor, *bes. Br.* splendour). — ~**ex·em,plar** *n* splendid (*od.* excellent) specimen, showpiece: er ist ein ~ von einem Menschen *fig.* he's a splendid person.

präch·tig [ˈprɛçtɪç] **I** *adj* **1.** (*Ausstattung, Raum etc*) magnificent, splendid, gorgeous. – **2.** (*kostbar*) luxurious, sumptuous. —

3. (*prunkvoll*) pompous. – **4.** (*glänzend*) glittering, brilliant. – **5.** *colloq.* (*vortrefflich, großartig*) magnificent, splendid, superb, marvel(l)ous, 'grand' (*colloq.*): das ist ja ~! that's marvellous! er ist ein ~er Kerl he is a splendid fellow (*bes. Am.* a great guy) (*colloq.*); ~es Wetter glorious weather. – **II** *adv* **6.** *colloq.* splendidly, magnificently: das hast du ~ gemacht you did that splendidly.

'Pracht|,kä·fer *m zo.* metallic beetle, buprestid (*scient.*) (*Fam. Buprestidae*). — ~**kerl** *m colloq.* splendid fellow, 'trump' (*beide colloq.*), *bes. Am. colloq.* great guy, 'brick' (*sl.*), *bes. Am. sl.* crackerjack. — ~**lie·be** *f* love of splendo(u)r (*od.* magnificence, sumptuousness). — **p~,lie·bend** *adj* loving (*od.* fond of) splendo(u)r (*od.* magnificence, sumptuousness). — ~**mäd·chen,** ~**mä·del** *n colloq.* splendid girl, brick (*od.* peach) (of a girl) (*sl.*). — ~**mensch** *m colloq. cf.* Prachtkerl. — ~**stra·ße** *f* boulevard, *bes. Am.* avenue. — ~**stück** *n cf.* Prachtexemplar. — **p~,voll** *adj u. adv cf.* prächtig.

Pracker (*getr.* -k·k-) [ˈprakər] *m ⟨-s; -⟩ Austrian dial. for* Teppichklopfer.

Prä·de·sti·na·ti·on [prɛdɛstinaˈtsioːn] *f ⟨-; no pl⟩ relig. philos.* (*Vorherbestimmung*) predestination, foreordination, predetermination, preordination.

Prä·de·sti·na·ti'ons,leh·re *f relig.* doctrine of predestination, predestinarianism: Anhänger der ~ predestinarian.

prä·de·sti·nie·ren [prɛdɛstiˈniːrən] *v/t ⟨no ge-, h⟩ relig. philos.* (*vorherbestimmen*) predestinate, (pre)destine, foreordain, predetermine, preordain. — **prä·de·sti'niert I** *pp.* – **II** *adj* **1.** *relig. philos.* predetermined, predestinate(d), *auch* predestined, foreordained. – **2.** zu (*od.* für) etwas ~ sein *fig.* to be destined (*od.* cut out, made) for s.th. — **Prä·de·sti'nie·rung** *f ⟨-; no pl⟩ cf.* Prädestination.

Prä·di·kant [prɛdiˈkant] *m ⟨-en; -en⟩ relig.* **1.** predicant, preacher. – **2.** (*Hilfsprediger*) assistant preacher.

Prä·di'kan·ten,or·den *m röm.kath.* predicant (*od.* preaching) order.

Prä·di·kat [prɛdiˈkaːt] *n ⟨-(e)s; -e⟩* **1.** *ling.* predicate, *auch* verb. – **2.** (*Bewertung, Beurteilung*) rating, grading, marks *pl*: sie bekam das beste ~ she got the best rating, she was rated best; der Film erhielt das ~ „(besonders) wertvoll" the film was (highly) commended, the film was rated "(highly) commendable". – **3.** eine Prüfung (*od.* ein Examen) mit ~ bestehen *ped.* to pass an examination with distinction (*od.* hono[u]rs). – **4.** (*Titel, Rangbezeichnung*) title, predicate. – **5.** *cf.* Adelstitel.

prä·di·ka·tiv [prɛdikaˈtiːf] *ling.* **I** *adj* predicative. – **II** *adv* ~ konstruiert construed predicatively (*od.* as a predicative clause). – **III** **P~** *n ⟨-s; -e⟩* predicative (component *od.* part).

Prä·di·kats|ex,amen *n ped.* honors (*bes. Br.* honours) degree: ein ~ ablegen to pass an examination with hono(u)rs. — ~**no·men** *n ling.* complement. — ~**wein** *m agr.* vintage wine.

Prä·di·lek·ti·on [prɛdilɛkˈtsioːn] *f ⟨-; -en⟩ obs. for* Vorliebe 1.

prä·dis·po·nie·ren [prɛdɪspoˈniːrən] *v/t ⟨no ge-, h⟩ bes. med.* (für to) predispose. — **prä·dis·po'niert I** *pp.* – **II** *adj bes. med.* (für to) predisposed. — **Prä·dis·po·si·ti'on** [-ziˈtsioːn] *f ⟨-; -en⟩* (für to) predisposition.

Prä·do·mi·na·ti·on [prɛdominaˈtsioːn] *f ⟨-; no pl⟩* (über *acc* over) predominance, *auch* predomination, predominancy, prevalence, ascendancy. — **prä·do·mi·nie·ren** [-ˈniːrən] *v/i ⟨no ge-, h⟩* (über *acc* over) predominate, prevail, preponderate.

Prä·exi·stenz [prɛʔɛksɪsˈtɛnts] *f ⟨-; no pl⟩ relig. philos.* preexistence, *Br.* pre-existence.

Prä·fa·ti·on [prɛfaˈtsioːn] *f ⟨-; -en⟩ relig.* preface, *auch* Preface.

Prä·fekt [prɛˈfɛkt] *m ⟨-en; -en⟩* **1.** *hist.* (*im alten Rom*) prefect, *auch* praefect. – **2.** *pol.* (*in Frankreich u. Italien*) prefect, *auch* praefect. – **3.** *relig.* prefect: Apostolischer ~ prefect apostolic. – **4.** *ped.* (*in Internaten*) tutor. — **Prä·fek'tur** [-ˈtuːr] *f ⟨-; -en⟩* prefecture.

Prä·fe·renz [prɛfeˈrɛnts] *f ⟨-; -en⟩* **1.** *econ.* a) preference, b) (*im Außenhandel*) pref-

erence, c) (*in der Besteuerung*) preferential treatment: ~ genießen to be accorded preferential tariffs. – **2.** *obs. for* Vorrang 1. – **3.** (*games*) *obs. for* Trumpffarbe. — ~**span·ne** *f econ.* preference margin. — ~**sy,stem** *n* preferential system, preferentialism. — ~**ta,rif** *m* preferential tariff. — ~**zoll** *m* preferential duty (*od.* tariff).

Prä·fi·gu·ra·ti·on [prɛfigurˈatsioːn] *f ⟨-; -en⟩ philos.* **1.** (*vorausdeutende Darstellung*) prefiguration. – **2.** (*Urbild*) prototype, archetype, prefiguration.

Prä·fix [prɛˈfɪks; ˈprɛːfɪks] *n ⟨-es; -e⟩ ling.* prefix.

Prä·for·ma·ti·on [prɛfɔrmaˈtsioːn] *f ⟨-; -en⟩ biol.* preformation. — **Prä·for·ma·ti'ons,theo,rie** *f biol.* theory of preformation.

prä·for·mie·ren [prɛfɔrˈmiːrən] *v/t ⟨no ge-, h⟩ biol.* preform. — **Prä·for'mie·rung** *f ⟨-; -en⟩ cf.* Präformation.

Prä·ge [prɛˈgəo] *f ⟨-; -n⟩,* ~**an,stalt** *f* mint. **'Prä·ge|,bild** *n* coining picture (*od.* pattern). — ~**druck** *m ⟨-(e)s; -e⟩* **1.** *print.* a) letterpress, relief (*od.* typographical) print(ing), b) (*Hohldruck*) embossing, raised print(ing) (*od.* impression). – **2.** (*textile*) embossed print. — ~**eisen** *n tech. cf.* Prägestempel 1. — ~**form** *f* **1.** (*für Massivprägungen*) coining die. – **2.** (*für Hohlprägungen*) embossing die. — ~**ma,schi·ne** *f* **1.** (*leather*) embossing machine. – **2.** (*paper*) die-stamping machine. – **3.** *tech. cf.* Prägepresse.

prä·gen [ˈprɛːgən] **I** *v/t ⟨h⟩* **1.** (*Münzen*) coin, mint, strike: Falschgeld ~ to coin counterfeit money, to forge (*od.* counterfeit) money; Gold [Silber] zu Münzen ~ to mint gold [silver] into coins; die Münze wurde neu geprägt the coin was newly struck (*od.* was restruck). – **2.** etwas auf (*acc*) etwas ~ to stamp (*od.* impress, incuse) s.th. on s.th.: einen Namen auf eine Medaille ~ to stamp a name on a medal. – **3.** *fig.* (*Wörter, Begriffe etc*) coin, mint. – **4.** *fig.* (*formen, gestalten*) shape, form, mold, *bes. Br.* mould: diese Jahre haben seinen Charakter geprägt these years have mo(u)lded his character. – **5.** *tech.* a) (*hohlprägen*) emboss, b) (*massivprägen*) coin, c) (*Bleche*) stamp, d) (*kalibrieren*) size, e) (*Leder*) emboss, f) (*Pappe*) die-stamp. – **6.** *print.* (*Matern etc*) press, cut. – **II** *v/reflex* sich ~ **7.** *fig.* be impressed (*od.* imprinted, engraved): das Erlebnis hat sich mir tief ins Gedächtnis geprägt the experience is deeply impressed (*od.* imprinted) on my memory, the experience has left a deep impression on my memory. – **III** **P~** *n ⟨-s⟩* **8.** *verbal noun.* – **9.** *auch fig.* coinage, mintage.

'Prä·ge,pres·se *f tech. print.* **1.** (*für Hohlprägungen*) embossing press. – **2.** (*für Massivprägungen*) coining press. – **3.** (*für Blechmarkierungen*) stamping press.

'Prä·ger *m ⟨-s; -⟩* **1.** (*von Münzen*) coiner, minter. – **2.** *fig.* (*eines Wortes, Begriffes etc*) coiner.

'Prä·ge|,stan·ze *f tech. print. cf.* Prägepresse. — ~**stem·pel** *m* **1.** *tech.* a) (*für Münzen etc*) coining (*od.* coinage) stamp (*od.* die), b) (*für Hohlprägungen*) embossing die. – **2.** *print.* block. – **3.** (*auf Urkunden*) raised seal. — ~**stock** *m ⟨-(e)s; ⁻e⟩ tech.* matrix, die.

prä·gla·zi·al [prɛglaˈtsiaːl] *adj geol.* preglacial.

Prag·ma·tik [praˈgmaːtɪk] *f ⟨-; -en⟩ Austrian for* Dienstordnung.

Prag·ma·ti·ker [praˈgmaːtikər] *m ⟨-s -⟩* pragmatist, pragmaticist.

prag·ma·tisch [praˈgmaːtɪʃ] **I** *adj* **1.** pragmatic(al): ~e Geschichtsschreibung pragmatic historiography; P~e Sanktion *hist.* Pragmatic Sanction. – **2.** *philos.* pragmatic(al), pragmatist(ic). – **II** *adv* **3.** pragmatically, *philos. auch* pragmatistically.

Prag·ma'tis·mus [-gmaˈtɪsmus] *m ⟨-; no pl⟩* pragmatism, pragmaticism.

prä·gnant [prɛˈgnant] *adj* **1.** (*kurz u. treffend*) concise, terse, pithy: ein ~er Stil a pithy (*od.* succinct) style; seine Ausdrucksweise ist sehr ~ he has a terse manner of expression. – **2.** (*genau*) exact, precise. – **3.** (*scharf u. klar*) incisive, trenchant.

Prä·gnanz [prɛˈgnants] *f ⟨-; no pl⟩* **1.** conciseness, terseness, pithiness. – **2.** (*Genauig-*)

keit) exactness, exactitude, preciseness, precision. – **3.** (*Schärfe*) incisiveness, trenchancy. –

'Präg,stock *m* ⟨-(e)s; ⸚e⟩ *tech. cf.* Prägestock.

'Prä·gung *f* ⟨-; -en⟩ **1.** *cf.* Prägen. – **2.** (*Münzbild*) stamp, impress, incuse. – **3.** *auch fig.* (*Geprägtes*) coinage, mintage. – **4.** *fig.* (*Gepräge, Eigenart*) character, stamp (*lit.*): ein Mensch (von) eigener ~ a person of (an) individual (*od.* a singular) character; eine Demokratie englischer ~ a democracy of the English type (*od.* pattern).

Prä·hi·sto·rie [prɛhɪs'toːriə; 'prɛ-] *f* ⟨-; no pl⟩ prehistory. — **Prä·hi·sto·ri·ker** [prɛhɪs'toːrikər; 'prɛ-] *m* prehistorian. — **prä·hi·sto·risch** [prɛhɪs'toːrɪʃ; 'prɛ-] *adj* prehistoric(al).

prah·len ['praːlən] **I** *v/i* ⟨h⟩ **1.** (mit) boast (about, of), brag (about), vaunt (*acc*), talk big (*Br. auch* tall) (about), *Am. colloq.* blow (about): er prahlt mit seinen Erfolgen he boasts about his successes, he vaunts his successes. – **2.** (*prunken*) (mit) parade (with), show off (with), make a show (of) (*colloq.*): er prahlt gern mit seinem Wagen he likes to parade (*od.* show off) (with) his car, he likes to show his car off. – **II** P~ *n* ⟨-s⟩ **3.** *verbal noun.* – **4.** *cf.* Prahlerei. — **'Prah·ler** *m* ⟨-s; -⟩ **1.** (*Großsprecher*) boaster, brag(gart), *Am. colloq.* blower, *Am. sl.* blow. – **2.** (*Protz*) ostentatious person, exhibitionist, show-off. — **Prah·le'rei** *f* ⟨-; -en⟩ **1.** *cf.* Prahlen. – **2.** (*Großsprecherei*) boast, brag, vaunt, big (*Br. auch* tall) talk. – **3.** (*Prunken*) ostentation, exhibitionism, showing off. — **'prah·le·risch** *adj* **1.** (*großsprecherisch*) boastful, boasting, bragging, vauntful, vaunting. – **2.** (*prunkend*) ostentatious, exhibitionist(ic), showy.

'Prahl|,hans [-,hans] *m* ⟨-es; ⸚e⟩ *contempt. cf.* Prahler. — **~,sucht** *f* ⟨-; no pl⟩ **1.** (*Großsprecherei*) boastfulness, braggartism, passion for boasting (*od.* bragging). – **2.** (*Prunksucht*) ostentatiousness, passion for showing off.

Prahm [praːm] *m* ⟨-(e)s; -e⟩ *mar.* pram, *auch* praam, lighter, float, pontoon, *Am.* flatboat.

Prä·ju·diz [prɛju'diːts] *n* ⟨-es; -e *u.* -ien [-tsiən]⟩ **1.** *jur.* a) (*Präzedenzfall*) (judicial) precedent, b) (*vorher gefälltes Urteil*) prejudication. – **2.** *obs.* (*Vorurteil*) prejudice. — **prä·ju·di·zi'ell** [-di'tsiɛl] *adj* precedential.

prä·ju·di·zie·ren [prɛjudi'tsiːrən] *v/t* ⟨no ge-, h⟩ (*Entscheidungen etc*) prejudge, judge (*s.th.*) beforehand: ich möchte diese Frage nicht ~ I don't want to prejudge this matter, I don't want to anticipate a decision on this matter. — **prä·ju·di·'ziert I** *pp.* – **II** *adj* ~er Wechsel *econ.* bill of exchange invalidated on account of belated presentment.

prä·kam·brisch [prɛ'kambrɪʃ] *adj geol.* Precambrian, *Br.* Pre-Cambrian. — **Prä·'kam·bri·um** [-brium] *n* ⟨-s; no pl⟩ Precambrian, *Br.* Pre-Cambrian.

prä·kar·bo·nisch [prɛkar'boːnɪʃ] *adj geol.* Precarboniferous, *Br.* Pre-Carboniferous, *Am.* Premississippian.

prä·kar·di·al [prɛkar'diaːl] *adj med.* precordial, *Br.* pre-cordial, precardiac.

Prä·kau·ti·on [prɛkau'tsioːn] *f* ⟨-; -en⟩ *obs. for* a) Vorkehrung 1, b) Vorsicht 1.

prä·klu·die·ren [prɛklu'diːrən] *v/t* ⟨no ge-, h⟩ *jur.* foreclose. — **Prä·klu·si'on** [-'zioːn] *f* ⟨-; -en⟩ foreclosure.

prä·klu·siv [prɛklu'ziːf] *adj jur.* foreclosable, subject to foreclosure. — **P~,frist** *f* term of foreclosure, time allowed for proving claims.

prä·ko·lum·bisch [prɛko'lumbɪʃ] *adj* (*Zeit*) pre-Columbian.

Prä·ko·ni·sa·ti·on [prɛkoniza'tsioːn] *f* ⟨-; -en⟩ *röm.kath.* preconization *Br. auch* -s-. — **prä·ko·ni'sie·ren** [-'ziːrən] *v/t* ⟨no ge-, h⟩ preconize *Br. auch* -s-.

prä·kor·di·al [prɛkor'diaːl] *adj med. cf.* präkardial. — **P~,angst** *f* precordial anxiety; stenocardia, angina pectoris (*scient.*).

Pra·krit ['praːkrɪt] *n* ⟨-s; no pl⟩ *ling.* (*mittelind. Volkssprachen*) Prakrit.

Prak·tik ['praktɪk] *f* ⟨-; -en⟩ **1.** (*Verfahrensweise*) practice, method, procedure. – **2.** *meist pl* (*Gepflogenheit*) practice, habit,

custom, convention. – **3.** *meist pl contempt.* (*Kniff, Trick*) trick, dodge (*colloq.*), machination (*lit.*): unsaubere (*od.* dunkle) ~en underhand (*od.* illicit) practices. – **4.** *econ. jur.* practice: restriktive ~en restrictive practices.

prak·ti·ka·bel [prakti'kaːbəl] *adj* **1.** (*durchführbar*) practicable, feasible, *auch* practical. – **2.** (*theater*) (*Dekorationsteile*) practicable, practical: eine praktikable Tür a practicable door.

Prak·ti·kant [prakti'kant] *m* ⟨-en; -en⟩ **1.** trainee. – **2.** (*während des Studiums*) student participating in a practical course. – **3.** *med.* (*an einer Klinik*) junior intern(e), *Br.* houseman, house officer.

Prak·ti'kan·ten,stel·le *f* trainee post, post (*od.* place) for a trainee: bei uns ist eine ~ frei geworden we have a vacancy for a trainee.

Prak·ti'kan·tin *f* ⟨-; -nen⟩ **1.** *cf.* Praktikant 1, 2. – **2.** *med.* (*an einer Klinik*) junior intern(e), *Br.* house officer.

Prak·ti·ker ['praktikər] *m* ⟨-s; -⟩ practician, practical man, *auch* practitioner: er ist ein alter ~ *colloq.* he is an experienced practician, he is an old hand, he knows the ropes (*od.* all the ins and outs).

Prak·ti·kum ['praktikum] *n* ⟨-s; -tika [-ka] *u.* -tiken⟩ **1.** practical training (course), practical (*colloq.*): sein ~ machen (*od.* absolvieren) to do one's practical (training); ein halbjähriges [zweijähriges] ~ a six-month [two-year] practical. – **2.** (*Hochschulübung*) practical course, practical (*colloq.*).

Prak·ti·kus ['praktikus] *m* ⟨-; -se⟩ **1.** *colloq. humor.* handyman, Jack-of-all-trades. – **2.** *med. colloq.* (general) practitioner.

prak·tisch ['praktɪʃ] **I** *adj* **1.** practical: ~e Ausbildung [Anwendung] practical training [application]; ~er Arzt *med.* (general) practitioner; ~er Versuch a) practical test, b) *bes. tech.* field (*od.* service) test, (trial) test; ~es Jahr one year's practical (*colloq.*); ~e Erfahrung in (*dat*) etwas haben to have practical experience of (*od.* in) s.th.; etwas hat sich im ~en Leben bewährt s.th. has proved efficient in practice; ein ~es Beispiel a practical (*od.* working) example; ~e Gebrauchseigenschaften *tech.* service properties; ~es Christentum a) practical christianity, b) (*Bewegung*) Life and Work. – **2.** (*manuell*) practical, manual. – **3.** (*zweckmäßig*) practical, useful, handy, serviceable, expedient: eine ~e Einrichtung a) a handy gadget (*colloq.*), b) a practical institution. – **4.** (*geschickt, findig*) practical, skil(l)ful, handy, dexterous, adroit: ~e Veranlagung practical talent, practicality, handiness; er ist ein ~er Mensch he is practical, he can turn his hand to anything. – **5.** (*sachlich, nüchtern*) practical(-minded): matter-of-fact, down-to-earth (*attrib*): er hat eine ~e Art zu denken he is realistic in his thinking, he is practical-minded. – **6.** (*angewandt*) applied: ~e Psychologie applied psychology. – **II** *adv* **7.** practically, in practice: das läßt sich ~ nicht durchführen that cannot be put into practice, that is not practicable (*od.* feasible); du machst das sehr ~ you are doing it very cleverly, that is very practical of you; er ist ~ veranlagt he is practical, he can turn his hand to anything. – **8.** (*so gut wie*) virtually, practically, almost: das ist ~ wertlos this is virtually worthless. – **III** P~e, das ⟨-n⟩ **9.** j-m etwas P~es schenken to give s.o. a useful present.

prak·ti·zie·ren [prakti'tsiːrən] **I** *v/i* ⟨no ge-, h⟩ **1.** practice, *bes. Br.* practise: als Arzt [in einer Klinik] ~ to practice medicine [in a clinic]; als Rechtsanwalt ~ to practice law, *Br. auch* to practise as a barrister (*od.* solicitor). – **2.** *med.* have one's consultation hours (*Am.* office hours, *Br.* surgery): er praktiziert nur morgens he has his consultation hours only in the morning. – **II** *v/t* **3.** practice, *bes. Br.* practise, exercise, employ, apply, use: neue Methoden ~ to employ new methods. – **4.** etwas in [auf, unter] (*acc*) etwas ~ *colloq.* to slip s.th. in(to) [on, under] s.th.: sie praktizierte ihm einen Brief in die Tasche she slipped a letter into his pocket. — **prak·ti'zie·rend I** *pres p.* – **II** *adj* ~er Arzt practicing physician.

Prä·lat [prɛ'laːt] *m* ⟨-en; -en⟩ *bes. röm.*

kath. prelate. — **Prä·la'tur** [-la'tuːr] *f* ⟨-; -en⟩ prelacy.

Prä·le·gat [prɛle'gaːt] *n* ⟨-(e)s; -e⟩ *jur. obs. for* Vorausvermächtnis.

Prä·li·mi·na·re [prɛlimi'naːrə] *n* ⟨-s; -narien [-riən]⟩ *pol.* **1.** *pl* (*Vorverhandlungen*) preliminary talks, preliminaries. – **2.** *jur.* (*einleitender Vertragsartikel*) preliminary article. – **3.** *pl fig.* (*Vorbereitungen*) preliminaries.

Prä·li·mi'nar,frie·de(n) [prɛlimi'naːr-] *pol.* peace preliminaries *pl.*

prä·li·mi·nie·ren [prɛlimi'niːrən] *v/t* ⟨no ge-, h⟩ *rare* make a preliminary arrangement for.

Pra·li·ne [pra'liːnə] *f* ⟨-; -n⟩ chocolate (cream): eine Schachtel ~n a box of chocolates (*od. colloq.* chocs); gemischte ~n assorted chocolates.

Pra·li·né [prali'neː], **Pra·li·nee** [-'neː] *n* ⟨-s; -s⟩ *obs. od. Austrian and Swiss for* Praline.

prall [pral] **I** *adj* ⟨-er; -st⟩ **1.** (*Schenkel, Arme, Brüste etc*) stout, sturdy, firm. – **2.** (*straff gespannt*) taut: mit ~en Segeln with taut sails. – **3.** (*angefüllt*) plump: ein ~er Beutel a plump (*od.* tightly filled) bag. – **4.** (*Backen*) chubby. – **5.** in der ~en Sonne in the blazing sun. – **II** *adv* **6.** tightly: der Sack war ~ gefüllt the sack was full (*od.* filled) to bursting, the sack was tightly filled (*od.* was crammed full, was cram-full); ihr Pullover saß ~ her pullover was tightly fitting (*od.* was rather revealing), her pullover clung to her figure.

Prall *m* ⟨-(e)s; -e⟩ impingement, percussion. — **~,blech** *n* baffle plate.

pral·len ['pralən] *v/i* ⟨h *u.* sein⟩ **1.** ⟨sein⟩ gegen (*od.* an *acc*) etwas ~ a) to bounce (*od.* [re]bound) against s.th., b) (*stoßen*) to bump (*od.* knock) against s.th., c) (*kollidieren*) to crash (*od.* smash, bump) into s.th.: der Ball prallt gegen die Wand the ball bounces against (*od.* rebounds from) the wall; er prallte mit dem Kopf gegen die Wand his head bumped against the wall; das Auto prallte gegen einen Baum the car crashed into (*od.* hit) a tree. – **2.** ⟨sein⟩ gegen j-n ~ to bump (*od.* knock, run) into s.o. – **3.** auf (*acc*) etwas ~ a) ⟨sein⟩ to bounce (*od.* [re]bound) (up)on (*od.* against) s.th., b) ⟨h⟩ to beat down on s.th.: der Ball prallte auf den Boden the ball bounced on (*od.* hit) the floor; die Sonne prallte auf die Felder the sun beat down on the fields.

'Prall,hang *m geol. cf.* Hang 2 b.

'Prall·heit *f* ⟨-; no pl⟩ **1.** (*der Arme, Schenkel etc*) stoutness, sturdiness, firmness. – **2.** (*Straffheit*) tautness. – **3.** (*eines Beutels etc*) plumpness. – **4.** (*der Backen*) chubbiness.

'Prall|,tril·ler *m mus.* inverted (*od.* upper) mordent, pralltriller. — **p~,voll** *adj* tightly filled, full (*od.* filled) to bursting, crammed full, cram-full.

prä·lu·die·ren [prɛlu'diːrən] *v/i* ⟨no ge-, h⟩ *mus.* prelude, preludize.

Prä·lu·di·um [prɛ'luːdium] *n* ⟨-s; -dien⟩ **1.** *mus.* prelude. – **2.** *fig.* (*Einleitung*) prelude, prelusion, introduction.

Prä·me·di·ta·ti·on [prɛmedita'tsioːn] *f philos.* premeditation. — **prä·me·di'tie·ren** [-'tiːrən] *v/t* ⟨no ge-, h⟩ premeditate.

prä·men·stru·ell [prɛmɛnstru'ɛl] *adj med.* premenstrual.

Prä·mie ['prɛːmiə] *f* ⟨-; -n⟩ **1.** (*Belohnung, Ehrenpreis*) premium, prize, award, reward, bonus: eine ~ auf (*acc*) etwas aussetzen to put a premium (up)on s.th. – **2.** (*Versicherungsbeitrag*) (insurance) premium, (*für die Sozialversicherung*) (insurance) contribution: die ~ auf 100 DM festsetzen to assess (*od.* put) the premium at 100 marks. – **3.** (*Zusatzlohn*) bonus, premium, extra (*Am.* premium) pay. – **4.** (*zur Förderung der Wirtschaft*) bounty. – **5.** (*beim Prämiensparen*) premium. – **6.** *econ.* (*im Börsenwesen*) a) (*Reugeld*) premium, forfeit (money), b) (*Stellgeld*) option money, *Br. auch* option, bonus, c) (*Agio*) agio, mium, d) (*Extradividende*) bonus.

'Prä·mien|,an,lei·he *f econ.* premium (*od.* lottery) loan. — **p~,be·gün·stigt** *adj* bonus-linked, eligible for bonuses (*od.* premiums): ~es Sparen *cf.* Prämiensparen. — **~,ein,zie·hung** *f* collection of premium. — **p~,frei** *adj* free of premium, without premium (*od.* bonus). — **~ge,schäft** *n* premium (transaction), optional bargain, *Am.* privilege. — ~**lohn** *m* payment by result (*od.* by premium, bonus). — ~**los** *n cf.* Prämienschein. — ~**rück·ge,währ** *f* return of premium(s), no-claim bonus. — ~**satz** *m* **1.** (*im Börsenwesen*) option rate. – **2.** (*bei Versicherungen*) rate (of premium *od.* contribution). — ~**schein** *m* premium bond. — ~**spa·ren** *n* saving with benefit of premiums, premium saving. — ~**spar·ver,trag** *m* premium-linked savings agreement. — ~**sy,stem** *n* **1.** (*im Börsenwesen*) bonus system. – **2.** (*zur Leistungssteigerung*) incentive pay (*od.* premium, bonus) system. — ~**zu,schlag** *m* (*im Versicherungswesen*) loading, extra premium.

prä·mie·ren [prɛˈmiːrən] *v/t* ⟨*no* ge-, h⟩ *cf.* prämiieren. — **Prä'mie·rung** *f* ⟨-; -en⟩ *cf.* Prämiierung.

prä·mi·ie·ren [prɛmiˈiːrən] **I** *v/t* ⟨*no* ge-, h⟩ give (*od.* grant) a premium (*od.* prize, reward, an award) to, award a prize (*od.* premium) to. – **II P~** *n* ⟨-s⟩ *verbal noun.* — **prä·mi'iert I** *pp.* – **II** *adj* prize (*attrib*): ein ~er Roman a prize novel. — **Prä·mi'ie·rung** *f* ⟨-; -en⟩ **1.** *cf.* Prämiieren. – **2.** presentation of a prize (*od.* an award).

Prä·mis·se [prɛˈmɪsə] *f* ⟨-; -n⟩ *philos.* premise, *auch* premiss, sumption, reason, antecedent: von einer falschen ~ ausgehen to start from a wrong premise.

Prä·mon·stra·ten·ser [prɛmɔnstraˈtɛnzər] *m* ⟨-s; -⟩ *röm.kath.* Premonstratensian.

prä·na·tal [prɛnaˈtaːl] *adj med.* prenatal.

pran·gen [ˈpraŋən] *v/i* ⟨h⟩ be resplendent, make a magnificent show (*colloq.*): die Wiesen prangten in frischem Grün *lit.* the meadows were resplendent in a fresh green; er prangte in (*od.* mit) einem neuen Anzug he was resplendent (*od.* shone forth, paraded) in a new suit; auf seinem Hemd prangte ein großer Tintenfleck *humor.* a big blot of ink shone (forth) on his shirt.

Pran·ger [ˈpraŋər] *m* ⟨-s; -⟩ *hist.* pillory, little-ease: j-n an den ~ stellen *auch fig.* to put s.o. into the pillory, to pillory s.o.

'Prang,tag *m* Bavarian and Austrian *röm. kath.* for Fronleichnamstag.

Pran·ke [ˈpraŋkə] *f* ⟨-; -n⟩ *cf.* Pratze.

Prä·no·men [prɛˈnoːmən] *n* ⟨-s; -nomina [-mina]⟩ *antiq.* (*Vorname*) pr(a)enomen.

prä·no·tie·ren [prɛnoˈtiːrən] *v/t* ⟨*no* ge-, h⟩ *obs. for* vormerken.

prä·nu·me·ran·do [prɛnumeˈrando] *adv econ.* in advance, beforehand: (etwas) ~ zahlen to pay (s.th.) in advance, to prepay (s.th.).

Prä·ok·ku·pa·ti·on [prɛʔɔkupaˈtsɪoːn] *f* ⟨-; -en⟩ *obs.* preoccupation. — **prä·ok·ku·pie·ren** [-ˈpiːrən] *v/t* ⟨*no* ge-, h⟩ *obs.* preoccupy.

Prä·pa·rand [prɛpaˈrant] *m* ⟨-en; -en⟩ *ped. obs.* applicant for a normal school.

Prä·pa·rat [prɛpaˈraːt] *n* ⟨-(e)s; -e⟩ **1.** *med. pharm.* preparation, medicament. – **2.** *chem.* preparation, compound. – **3.** *bot. med. zo.* a) (*zu Lehrzwecken*) dissection, specimen, model, preparation, b) (*zum Mikroskopieren*) (microscopic) slide. – **4.** (*ausgestopftes Tier*) taxidermal specimen.

Prä·pa·ra·ti·on [prɛparaˈtsɪoːn] *f* ⟨-; -en⟩ **1.** *cf.* Präparieren. – **2.** *obs. for* Vorbereitung 2.

Prä·pa·ra·tor [prɛpaˈraːtɔr] *m* ⟨-s; -en [-raˈtoːrən]⟩ **1.** (*Tierausstopfer*) taxidermist. – **2.** dissector. – **3.** (*Hersteller von Präparaten*) preparator.

Prä·pa'rier·be,steck *n med. bot. zo.* dissecting instruments *pl* (*od.* case).

prä·pa·rie·ren [prɛpaˈriːrən] **I** *v/t* ⟨*no* ge-, h⟩ **1.** (*Lesestück etc*) prepare. – **2.** (*Arzneimittel etc*) prepare. – **3.** *bot. med. zo.* a) (*zerlegen*) dissect, b) (*konservieren*) preserve, c) (*mikroskopisch*) mount, fix. – **4.** (*ausstopfen*) stuff. – **5.** (*Skelett etc*) mount. – **6.** *phot.* (*lichtempfindlich machen*) sensitize *Br. auch* -s-. – **II** *v/reflex* sich ~ **7.** do one's preparation, prepare: ich habe mich für diese Stunde nicht präpariert I have not prepared (for) this lesson. – **III P~** *n* ⟨-s⟩ **8.** *verbal noun.* – **9.** preparation. – **10.** *bot. med. zo.* a) dissection, b) preservation. – **11.** (*von Tieren*) taxidermy. – **12.** *phot.* sensitization *Br. auch* -s-.

Prä·pa'rier|,kurs *m* (*an der Hochschule*) dissecting (*od.* dissection) course. — ~**na·del** *f med.* dissecting needle. — ~**saal** *m* dissecting (*od.* pathological) room.

---

prä·pa'riert I *pp.* – **II** *adj ped.* prepared: gut ~ sein to be well prepared; ein nicht ~er Text an unprepared (*od.* unseen) text.

Prä·pon·de·ranz [prɛpɔndeˈrants] *f* ⟨-; *no pl*⟩ *obs.* preponderance. — **prä·pon·de·rie·ren** [-ˈriːrən] *v/i* ⟨*no* ge-, h⟩ preponderate.

Prä·po·si·ti·on [prɛpoziˈtsɪoːn] *f* ⟨-; -en⟩ *ling.* preposition.

prä·po·si·tio·nal [prɛpozitsɪoˈnaːl] *adj ling.* prepositional. — **P~,aus,druck** *m* prepositional phrase.

Prä·po·si·tur [prɛpoziˈtuːr] *f* ⟨-; -en⟩ *röm. kath.* provostry, provostship.

Prä·po·si·tus [prɛˈpoːzitus] *m* ⟨-; -siti [-ti]⟩ *röm.kath.* provost.

prä·po·tent [prɛpoˈtɛnt] *adj obs. for* übermächtig 1. — **Prä·po'tenz** [-ˈtɛnts] *f* ⟨-; *no pl*⟩ *obs. for* Übermacht 1.

Prä·pu·ti·um [prɛˈpuːtsɪum] *n* ⟨-s; -tien⟩ *med.* preputium, prepuce, foreskin.

Prä·raf·fae·lit [prɛrafaˈliːt] *m* ⟨-en; -en⟩ (*art*) Pre-Raphaelite.

Prä·rie [prɛˈriː] *f* ⟨-; -n [-ən]⟩ prairie. — ~**au·ster** *f gastr.* prairie oyster. — ~**gras** *n bot.* **1.** prairie grass (*Sporobolus cryptandrus u. Sphenopholis obtusata*). – **2.** prairie cordgrass (*Spartina pectinata*). — ~**ha·se** *m zo.* white-tailed jackrabbit (*Lepus townsendi*). — ~**huhn** *n* a) pinnated grouse, prairie chicken (*od.* fowl, grouse, hen), *auch* greater prairie chicken (*Tympanuchus cupido pinnatus*), b) Kleines ~ prairie chicken, *auch* lesser prairie chicken (*T. pallidicinctus*). — ~**hund** *m* prairie dog, *auch* prairie marmot (*Cynomys ludovicianus*). — ~**klap·per,schlan·ge** *f* prairie rattler (*od.* rattlesnake) (*Crotalus viridis*). — ~**mal·ve** *f bot.* sidalcea (*Fam. Malvaceae*). — ~**ro·se** *f* prairie rose (*Rosa setigera*). — ~**wolf** *m zo.* coyote, *auch* prairie wolf (*Canis latrans*).

Prä·ro·ga·tiv [prɛrogaˈtiːf] *n* ⟨-s; -e⟩, **Prä·ro·ga·ti·ve** [-və] *f* ⟨-; -n⟩ *pol.* prerogative, peculiar (right).

Prä·sens [ˈprɛːzɛns] *n* ⟨-; -sentia [prɛˈzɛntsɪa] *u.* -senzien [prɛˈzɛntsɪən]⟩ *ling.* present (tense).

prä·sent [prɛˈzɛnt] *adj* ⟨*pred*⟩ **1.** (*anwesend*) present: es war gerade niemand ~ there was nobody present (*od.* around) at that moment. – **2.** das ist mir im Augenblick nicht ~ I don't remember (*od.* I can't think of) it at the moment. – **3.** (*zur Hand*) on hand: ich habe das Buch nicht ~ I haven't (got) the book on hand (*od.* here).

Prä'sent *n* ⟨-s; -e⟩ gift, present, token.

Prä·sen·tant [prɛzɛnˈtant] *m* ⟨-en; -en⟩ *econ.* (*eines Wechsels, Schecks etc*) presenter, *auch* presentor, presenting party.

Prä·sen·ta·ti·on [prɛzɛntaˈtsɪoːn] *f* ⟨-; -en⟩ **1.** *cf.* Präsentieren. – **2.** *econ.* (*eines Wechsels, Schecks etc*) presentation, presentment: bei ~ on presentation. – **3.** *bes. relig.* (*für ein Amt*) presentation, nomination.

Prä·sen·ta'ti·ons,recht *n bes. relig.* right of presentation (*od.* nomination).

prä·sen·tie·ren [prɛzɛnˈtiːrən] **I** *v/t* ⟨*no* ge-, h⟩ **1.** offer, present: er präsentierte ihr eine Schachtel Pralinen he presented her (with) a box of chocolates. – **2.** (*darbieten, vorzeigen*) present, produce, show. – **3.** (*vorlegen*) present, submit: er präsentierte uns die Rechnung a) he presented us with the bill, b) *fig.* he made us pay for it. – **4.** *econ.* (*Wechsel, Scheck etc*) present. – **5.** präsentiert das Gewehr! *mil.* present arms! – **II** *v/reflex* sich ~ **6.** present oneself, appear: er präsentierte sich in einem modischen Anzug he presented himself in a fashionable suit. – **III P~** *n* ⟨-s⟩ **7.** *verbal noun.* – **8.** presentation, (*für Dokumente etc*) *auch* submission.

Prä·sen'tier,tel·ler *m only in* auf dem ~ sitzen *fig. colloq.* to be in full view, to be exposed to view, *bes. Br.* to be (exposed) to the view of all and sundry.

Prä·sen'tie·rung *f* ⟨-; *no pl*⟩ *cf.* Präsentieren.

prä·sen·tisch [prɛˈzɛntɪʃ] *ling.* **I** *adj* present. – **II** *adv* in the present tense.

Prä·senz [prɛˈzɛnts] *f* ⟨-; *no pl*⟩ presence. — ~**bi·blio,thek, ~bü·che,rei** *f* reference library. — ~**dienst** *m Austrian mil.* military service. — ~**gel·der** *pl econ.* **1.** (*zu zahlende*) attendance fee *sg.* – **2.** (*empfangene*) attendance allowance *sg.* — ~**li·ste** *f cf.* Anwesenheitsliste. — ~**stär·ke** *f mil.* actual (*od.* effective) strength.

Pra·seo·dym [prazeoˈdyːm] *n* ⟨-s; *no pl*⟩ *chem.* praseo(di)dymium (Pr).

Prä·ser·va·tiv [prɛzɛrvaˈtiːf] *n* ⟨-s; -e, *rare* -s⟩, ~**mit·tel** *n* condom, sheath.

Prä·ser·ve [prɛˈzɛrvə] *f* ⟨-; -n⟩ *meist pl* (*Halbkonserve*) preserve.

prä·ser·vie·ren [prɛzɛrˈviːrən] **I** *v/t* ⟨*no* ge-, h⟩ **1.** *cf.* a) bewahren 1, b) erhalten[1] 3, 5, 6. – **2.** *gastr.* preserve. – **II P~** *n* ⟨-s⟩ **3.** *verbal noun.* – **4.** preservation. — **Prä·ser'vie·rung** *f* ⟨-; *no pl*⟩ *cf.* Präservieren.

Prä·ses [ˈprɛːzɛs] *m* ⟨-; Präsides [-zidɛs] *u.* Präsiden [prɛˈziːdən]⟩ *relig.* **1.** *röm. kath.* head of a church assembly. – **2.** (*in der evangelischen Kirche*) head of a synod.

Prä·si·de [prɛˈziːdə] *m* ⟨-n; -n⟩ (*eines Studentenkommerses*) chairman.

Prä·si·dent [prɛziˈdɛnt] *m* ⟨-en; -en⟩ **1.** *pol.* a) president, (*im Präsidialsystem*) *auch* chief executive, b) (*eines Parlaments*) speaker, chairman, chair: sie wählten ihn zum ~en they elected him president; er wurde zum ~en des Parlaments ernannt he was appointed (as) chairman (*od.* to the chair) of the parliament. – **2.** (*einer Organisation, Behörde etc*) president, chairman. – **3.** (*einer Versammlung etc*) chairman, president. – **4.** *econ.* (*einer Bank*) governor, *bes. Am.* president, *auch* chairman.

Prä·si·den·ten|,amt *n* **1.** *pol.* a) office of president, presidency, presidentship, b) (*im Parlament*) office of speaker, chairmanship, chair. – **2.** (*in Organisationen, Behörden, Versammlungen*) presidency, presidentship, chairmanship, chair. – **3.** *econ.* (*in einer Bank*) governorship, *bes. Am.* presidency, presidentship, *auch* chairmanship. — ~**stuhl** *m* presidential chair: den ~ besteigen *fig.* to take the chair. — ~**wahl** *f* **1.** *pol.* a) presidential election(s *pl*), election of a president, b) (*im Parlament*) election of a speaker (*od.* chairman). – **2.** (*bei Organisationen, in Versammlungen etc*) election of a chairman (*od.* president).

Prä·si·den·tin *f* ⟨-; -nen⟩ **1.** (*lady od.* woman) president, presidentess. – **2.** chairwoman.

Prä·si·dent·schaft *f* ⟨-; *no pl*⟩ **1.** *cf.* Präsidentenamt. – **2.** (*Amtsperiode*) presidential term (*od.* period), presidency, presidentship. – **3.** speakership, chairmanship. – **4.** governorship.

Prä·si'dent·schafts·kan·di,dat *m pol.* presidential candidate, candidate for the presidency (*od.* presidentship).

Prä·si·di'al|ge,walt [prɛziˈdɪaːl-] *f pol.* presidential power (*od.* authority). — ~**sy,stem** *n* presidential system.

prä·si·die·ren [prɛziˈdiːrən] **I** *v/i* ⟨*no* ge-, h⟩ preside, be in (*od.* hold) the chair, officiate (*od.* act) as chairman: (in) einer Versammlung ~ to preside over (*od.* at) a meeting. – **II** *v/t Swiss* preside over (*od.* at): einen Ausschuß ~ to preside over a committee.

Prä·si·di·um [prɛˈziːdɪum] *n* ⟨-s; -dien⟩ **1.** (*Amt, Vorsitz*) presidency, chairmanship: das ~ übernehmen to assume the chairmanship, to take the chair. – **2.** (*Vorstand*) executive (*od.* managing) committee, directorate: er wurde in das ~ gewählt he was elected to the executive committee, he was elected a member of the executive committee; das ~ trat zusammen the committee met. – **3.** *cf.* Polizeipräsidium.

prä·skri·bie·ren [prɛskriˈbiːrən] *v/t* ⟨*no* ge-, h⟩ **1.** *obs. for* vorschreiben 4, 5, verordnen. – **2.** *jur. obs.* declare (s.th.) void under statute of limitation (*od.* barred by limitation). — **Prä·skrip·ti·on** [-skripˈtsɪoːn] *f* ⟨-; -en⟩ **1.** *obs. for* Vorschrift, Verordnung 1, 2. – **2.** *jur. obs.* (*Verjährung*) limitation, (*Am.* extinctive) prescription.

Praß [pras] *m* ⟨-sses; *no pl*⟩ *obs. for* Plunder 1.

pras·seln [ˈprasəln] **I** *v/i* ⟨h *u.* sein⟩ **1.** ⟨h *u.* sein⟩ (*von Regen etc*) patter, (*stärker*) pelt(er), pepper: der Regen prasselt auf das Dach the rain patters (down) (up)on the roof. – **2.** ⟨h⟩ (*von Feuer*) crackle, crepitate (*lit.*). – **3.** ⟨sein⟩ (*von Geschossen etc*) (*auf acc* one) hail, shower, rain, pelt (*od.* pepper) down: Schimpfworte prasselten nur so auf uns *fig.* we were showered with curses. – **II P~** *n* ⟨-s⟩ **4.** *verbal noun.* – **5.** (*des Regens etc*) patter, (*stärker*) pelt. – **6.** (*des Feuers*) crackle, crepitation (*lit.*). – **7.** (*von Geschossen etc*) hail, pelt. —

'pras·selnd I *pres p.* – **II** *adj* ~er Beifall *fig.* thunderous (*od.* thundering) applause.

pras·sen ['prasən] **I** *v/i* ⟨h⟩ **1.** live it up, have a splurge (*od.* splash) (*colloq.*). – **2.** (*mit Geld*) squander one's money, throw one's money away. – **II P~** *n* ⟨-s⟩ **3.** *verbal noun.* – **'Pras·ser** *m* ⟨-s; -⟩ **1.** person who lives it up. – **2.** (*Verschwender*) spendthrift, squanderer, *bes. Am.* spend-all. – **Pras·se'rei** *f* ⟨-; *no pl*⟩ *cf.* Prassen.

prä·sta·bi·lie·ren [prɛstabiˈliːrən] *v/t* ⟨*no* ge-, h⟩ *obs.* preestablish, *Br.* pre-establish.

prä·su·mie·ren [prɛzuˈmiːrən] *v/t* ⟨*no* ge-, h⟩ *bes. jur. philos.* presume, assume. – **Prä·sum·ti·on** [-zumˈtsǐoːn] *f* ⟨-; -en⟩ presumption, assumption. – **prä·sum'tiv** [-zumˈtiːf] *adj* presumptive. – ~er Testamentserbe heir presumptive, *auch* presumptive heir.

Prä·ten·dent [prɛtɛnˈdɛnt] *m* ⟨-en; -en⟩ (*bes. Thronanwärter*) (auf *acc* to) pretender, claimant. – **prä·ten'die·ren** [-ˈdiːrən] *v/t* ⟨*no* ge-, h⟩ *rare for* beanspruchen 1. – **Prä·ten·ti·on** [-ˈtsǐoːn] *f* ⟨-; -en⟩ *rare for* Anspruch, Anmaßung. – **prä·ten·ti'ös** [-ˈtsǐøːs] *adj* pretentious.

Prä·ter·ito·prä·sens [prɛteritoˈprɛːzɛns] *n* ⟨-; -tia [-prɛˈzɛntsǐa] *u.* -zien [-prɛˈzɛn-tsǐən]⟩ *ling.* preterit-present.

Prä·te·ri·tum [prɛˈteːritum] *n* ⟨-s; -rita [-ta]⟩ *ling.* preterit(e) (tense).

Prä·text [prɛˈtɛkst] *m* ⟨-(e)s; -e⟩ *obs. for* Vorwand.

Prä·tor ['prɛːtɔr] *m* ⟨-s; -en [prɛˈtoːrən]⟩ *antiq.* praetor, *auch* pretor.

Prä·to·ria·ner [prɛtoˈriaːnər] *m* ⟨-s; -⟩ *antiq.* Praetorian, *auch* Pretorian.

Prä·tur [prɛˈtuːr] *f* ⟨-; -en⟩ *antiq.* praetorship, *auch* pretorship.

Prat·ze ['pratsə] *f* ⟨-; -n⟩ *bes. Southern G. and Austrian* **1.** *cf.* Tatze 1, Pfote 1. – **2.** *fig.* contempt. (*große Hand*) paw (*colloq.*).

prä·va·lent [prɛvaˈlɛnt] *adj* *rare* prevailing, prevalent, predominant, preponderant. – **Prä·va'lenz** [-ˈlɛnts] *f* ⟨-; *no pl*⟩ prevalence, predominance, preponderance.

prä·ve·nie·ren [prɛveˈniːrən] *v/i* ⟨*no* ge-, sein⟩ *obs. for* zuvorkommen.

Prä·ven·ti·on [prɛvɛnˈtsǐoːn] *f* ⟨-; *no pl*⟩ *bes. jur.* **1.** (*Vorbeugung*) prevention. – **2.** (*Abschreckung*) deterrence.

prä·ven·tiv [prɛvɛnˈtiːf] *adj* *bes. med.* **1.** preventive, prophylactic (*scient.*). – **2.** (*empfängnisverhütend*) contraceptive. – **P~be,hand·lung** *f* *med.* preventive treatment; prophylactic treatment, prophylaxis, *auch* prophylaxy (*scient.*). – **P~,krieg** *m* *mil.* preventive war. – **P~,maß,nah·me** *f* preventive measure. – **P~,mit·tel** *n* *med.* **1.** preventive, prophylactic (*scient.*). – **2.** (*zur Empfängnisverhütung*) contraceptive.

Pra·xis ['praksis] *f* ⟨-; Praxen⟩ **1.** ⟨*only sg*⟩ practice: in (der) ~ a) in (general) practice, b) *tech.* in action, in practical operation; etwas in die ~ umsetzen to put s.th. into practice; die ~ sieht meist anders aus als die Theorie more often than not practice differs from theory; das wird die ~ lehren practice will show. – **2.** ⟨*only sg*⟩ (*praktische Erfahrung*) (practical) experience, practice, practical knowledge: das lernt man erst durch die (*od.* in der) ~ this can only be learned by practice; er besitzt auf diesem Gebiet eine langjährige ~ he has long years of experience in this field; Bewerber mit entsprechender beruflicher ~ applicants with adequate professional experience; ein Mann der ~ a practical man. – **3.** ⟨*only sg*⟩ (*Geschick, Fertigkeit*) skill, practical knowledge: er hat sich darin eine gewisse ~ angeeignet he has acquired a certain skill in it. – **4.** ⟨*only sg*⟩ (*Brauch, Sitte*) practice, custom, usage, praxis (*lit.*). – **5.** (*Berufsausübung*) practice: ärztliche ~ medical practice; juristische ~ legal (*od.* law) practice. – **6.** (*Praxisräume eines Arztes*) practice, consulting (*od.* consultation) rooms *pl, Am.* office, *Br.* surgery. – **7.** (*Praxisräume eines Anwalts etc*) office, practice, (*eines Barristers*) *Br.* chamber. – **8.** ⟨*only sg*⟩ *colloq.* (*Sprechstunde eines Arztes*) consulting (*od.* consultation) hours *pl, Br.* surgery, *Am.* office hours *pl.* – **9.** (*Patienten eines Arztes*) clientele, practice, patients *pl:* eine gutgehende ~ a large practice, a large number of patients. – **10.** (*Klienten eines Anwalts*) practice, clientele, clients *pl.* – **11.** *psych. sociol.* (*Realität*) field.

'pra·xis|be,zo·gen *adj* relating to practice: ~er Unterricht *ped.* practical training. – **P~ver,tre·ter** *m* *med.* locum tenens. – **P~ver,tre·tung** *f* locum-tenency.

Prä·ze·dens [prɛˈtseːdɛns] *n* ⟨-; -denzien [-tseˈdɛntsǐən]⟩ *bes. jur.* precedent.

Prä·ze'denz,fall [prɛˈtseːdɛns-] *m* *auch fig.* precedent, precedential (*od.* leading, test) case: einen ~ schaffen to set (*od.* create) a precedent; sich über einen ~ hinwegsetzen to overrule a precedent; es gibt hierfür noch keinen ~ this is quite unprecedented. – **~,strei·tig·keit** *f* dispute on (*od.* about) precedence.

Prä·zep·tor [prɛˈtsɛptɔr] *m* ⟨-s; -en [-ˈtoːrən]⟩ *obs. for* Lehrer 1, Erzieher 1.

prä·zes·sie·ren [prɛtsɛˈsiːrən] *v/i* ⟨*no* ge-, h⟩ *astr.* precess.

Prä·zes·si·on [prɛtsɛˈsǐoːn] *f* ⟨-; *no pl*⟩ *astr.* precession. – **Prä·zes·si·ons,ach·se** *f* (*space*) precession axis.

Prä·zi·pi·tat [prɛtsipiˈtaːt] *n* ⟨-(e)s; -e⟩ *chem.* **1.** precipitate. – **2.** ammonia complex of mercuric chloride.

Prä·zi·pi·ta·ti·on [prɛtsipitaˈtsǐoːn] *f* ⟨-; *no pl*⟩ *chem.* precipitation.

Prä·zi·pi·tin [prɛtsipiˈtiːn] *n* ⟨-s; -e⟩ *med. pharm.* precipitin.

prä·zis [prɛˈtsiːs], **prä'zi·se** [-zə] **I** *adj* **1.** (*unzweideutig, klar*) precise. – **2.** (*genau, exakt*) exact, accurate, precise. – **3.** (*pünktlich*) punctual. – **4.** (*gewissenhaft*) precise, meticulous, scrupulous. – **II** *adv* **5.** um 3 Uhr ~ at exactly 3 o'clock; das Uhrwerk arbeitet sehr ~ the clock is working very accurately.

prä·zi·sie·ren [prɛtsiˈziːrən] **I** *v/t* ⟨*no* ge-, h⟩ **1.** specify, put (*s.th.*) more precisely (*od.* exactly): würden Sie das bitte ~! would you please put it more precisely! would you please be more specific! – **II P~** *n* ⟨-s⟩ **2.** *verbal noun.* – **3.** specification, (*clear od. exact*) definition. – **Prä·zi'sie·rung** *f* ⟨-; *no pl*⟩ *cf.* Präzisieren.

Prä·zi·si·on [prɛtsiˈzǐoːn] *f* ⟨-; *no pl*⟩ **1.** precision, preciseness. – **2.** (*Genauigkeit, Exaktheit*) exactness, exactitude, accuracy, precision: er arbeitet mit der ~ eines Uhrwerks he works with clocklike precision. – **3.** (*Pünktlichkeit*) punctuality. – **4.** (*Gewissenhaftigkeit*) preciseness, meticulousness, meticulosity, scrupulousness. – **5.** (*optics*) definition. – **Prä·zi·si·ons|,ar·beit** *f* precision work. – **~bom·bar,die·rung** *f* *mil.* precision bombing, pinpoint bombardment. – **~in·stru,ment** *n* *tech.* precision instrument. – **~,meß,uhr** *f* precision dial (*od.* indicator). – **~,schie·ßen** *n* *mil.* precision fire. – **~,uhr** *f* chronometer. – **~,waa·ge** *f* precision balance.

Pre·del·la [preˈdɛla] *f* ⟨-; -s *u.* -dellen⟩, **Pre'del·le** *f* ⟨-; -n⟩ (*Altarstaffel*) predella.

pre·di·gen ['preːdɪgən] **I** *v/i* ⟨h⟩ **1.** *relig.* (zu to, über *acc* on, about) preach, sermonize, homilize: er predigte gegen den Materialismus *fig.* he preached against materialism, he ran down materialism (*colloq.*); tauben Ohren ~ *fig.* to preach (*od.* talk) to deaf ears (*od.* to the winds). – **2.** *fig. colloq.* (*lange reden*) preach, preachify. – **3.** *fig. colloq.* (*mahnen*) preach, sermonize, moralize *Br. auch* -s-. – **II** *v/t* **4.** *relig. auch fig.* preach: das Wort Gottes ~ to preach the Word of God; willst du mir Moral ~? do you want to preach (morals) at me? do you want to preach a lecture on morals? – **III P~** *n* ⟨-s⟩ **5.** *verbal noun.*

'Pre·di·ger *m* ⟨-s; -⟩ **1.** *relig.* preacher, homilist, pulpiteer: der ~ in der Wüste *fig.* the voice in the wilderness. – **2.** *fig.* (*Mahner*) sermonizer, moralizer *Br. auch* -s-. – **3.** *fig.* (*Verfechter*) preacher. – **~,mönch** *m* *relig.* preaching friar, predicant, (*in England*) *auch* Black Friar. – **~,or·den** *m* predicant order. – **~se·mi,nar** *n* theological training college, seminary.

Pre·digt ['preːdɪçt] *f* ⟨-; -en⟩ **1.** *relig.* sermon, homily: eine ~ halten to deliver (*od.* preach) a sermon. – **2.** *fig.* (*ermahnende Rede*) lecture, sermon, talking-to: j-m eine ~ halten to give s.o. a lecture, to lecture (*od.* preach at) s.o. – **~,amt** *n* *relig.* ministry, clerical profession. – **~,samm·lung** *f* collection of sermons, homiliary, book of homilies. – **~,stuhl** *m* *obs.* pulpit.

prei·en ['praǐən] *v/t* ⟨h⟩ *mar.* hail.

Preis [praǐs] *m* ⟨-es; -e⟩ **1.** (*für Waren*) price: hohe [niedrige] ~e high [low *od.*

cheap, moderate] prices; stabile [feste] ~e stable (*od.* steady, stationary) [fixed] prices; äußerster ~ *econ.* lowest (*Br. auch* keenest) price, rock-bottom (*Am. auch* bedrock) price; gegenwärtiger ~ *econ.* ruling price; wie hoch ist der ~? what (is the) price? um jeden ~ *fig.* at any price (*od.* cost), at all costs, by all means, cost what it may; um keinen ~ *fig.* not at any price, not for (anything in) the world, not for all the tea in China (*colloq.*); kostendeckende ~e prices covering production costs; gebundener [empfohlener] ~ controlled (*od.* fixed, *bes. Am.* firm) [recommended *od.* suggested] price; konkurrenzlose [konkurrenzfähige] ~e unrival(l)ed [competitive] prices; gleitende (*od.* sliding) prices; zum ~e von 200 Mark at a price of 200 marks; zu erschwinglichen [unerschwinglichen] ~en at prices within [beyond] one's means; j-m etwas zum halben ~ verkaufen to sell s.th. to s.o. at half price; zum amtlich festgesetzten ~ at an officially fixed price, at a controlled price; die ~e steigen prices are going up (*od.* rising, moving up); die ~e fallen (*od.* sinken, gehen zurück) prices are going down (*od.* are falling, slackening, declining, dropping); einen guten ~ erzielen to get (*od.* obtain) a good price; der ~ des Mantels beträgt the price of the coat is; ich habe ihm 20 Mark vom ~ abgehandelt I got him to reduce the price by 20 marks, I brought (*od.* beat) him down 20 marks (*colloq.*); dieser Artikel ist im ~e gestiegen (gefallen) this article has gone up (*od.* moved up, risen) [gone down] in price; du mußt mit dem ~ heruntergehen *colloq.* you have to lower (*od.* reduce) the price; etwas um einen bestimmten ~ verkaufen to sell s.th. at a certain price. – **2.** (*für Dienstleistungen etc*) charge(s *pl*), price: einen hohen ~ für etwas verlangen to demand (*od.* charge, ask) a high price for s.th. – **3.** (*Gebühr, Honorar*) fee, charge, price. – **4.** (*Fahrpreis*) fare. – **5.** (*Betrag, Summe*) price, sum, amount. – **6.** (*Kosten*) cost, price, expense: es kommt nicht auf den ~ an! der ~ spielt keine Rolle! it's not a matter of cost! it's not a question of price (*od.* money)! money is no object! – **7.** (*Tarif*) rate, tariff, price, charge: der ~ für Stromverbrauch ist gestiegen the electricity rate has gone up. – **8.** *econ.* a) (*Notierung, Preisangabe*) quotation, price, b) (*Wert*) value, price, worth. – **9.** (*Ehrenpreis*) prize, award: ihm wurde der erste ~ zugesprochen (*od.* zuerkannt) he was awarded (*od.* given) first prize; sie errang (*od.* gewann) einen ~ she won (*od.* received) a prize; das Buch [der Film] erzielte einen ~ the book [film] fetched (*od.* was awarded) a prize; → Fleiß 2. – **10.** (*Geldpreis*) (money *od.* cash) prize, premium, award. – **11.** (*Prämie, Kopfpreis*) reward, price: auf den Kopf des Mörders wurde ein ~ ausgesetzt a price was put on the head of the murderer. – **12.** (*sport*) a) prize, b) (*Trophäe*) trophy, c) (*Pokal*) cup, plate: um einen ~ ringen (*od.* kämpfen) to compete for a prize. – **13.** (*sport*) (*Veranstaltung*) Prize, Prix: ~ der Nationen Prix des Nations, Nations Cup. – **14.** *lit.* praise, laudation, eulogy: j-m Lob und ~ singen to sing s.o.'s praise(s). – **15.** *relig.* praise, glory: Gott sei Ehr' und ~! hono(u)r and glory be to God!

'Preis|,ab,bau *m* *econ.* abatement (*od.* reduction) of prices, cut(back) (*Br.* cut-[-back]) in prices. – **~,ab,kom·men** *n*, **~,ab,ma·chung** *f*, **~,ab,re·de** *f* price agreement (*od.* arrangement, settlement), agreement on prices. – **~,ab,schlag** *m* reduction in price, price reduction (*od.* allowance). – **~,ab,spra·che** *f* *cf.* Preisabkommen. – **~,ab,stu·fung** *f* price gradation, gradation of prices. – **~,ab-wei·chung** *f* divergence from the price, price difference. – **~,amt** *n* *cf.* Preisbehörde. – **~,än·de·rung** *f* change in price(s): ~en vorbehalten prices are subject to change without notice. – **~,an,ga·be** *f* quotation (of prices): ohne ~ unmarked, unpriced, unlabel(l)ed, not marked (*od.* priced, label[l]ed). – **~,an·ge·bot** *n* **1.** (*Verkaufsangebot*) quotation (of price): ein ~ machen to quote a price. – **2.** (*Kaufangebot*) bid: das höchste ~ machen to make the highest bid. – **~,an,stieg** *m* rise in prices, upward price movement, up (in prices): **plötzlicher** ~ sudden rise in prices, spurt (*auch* spirt) (in prices). — **~ˌaufˌgaˈbe** *f* (subject set for a) competition, prize question. — **~ˌaufˌschlag** *m econ.* addition to the price, price mark-up, additional (*od.* extra, supplementary) charge, surcharge. — **~ˌaufˌtrieb** *m* upward trend in prices: **jäher** ~ (sudden *od.* unexpected, abrupt) upward thrust in prices, *Am. auch* price-hike. — **~ˌausˌgleich** *m* price equalization. — **~ˌausˌschreiˌben** *n* (prize) competition. — **~ˌausˌzeichˌnung** *f econ.* 1. pricing, price-marking (*od.* -label[l]ing). – 2. *cf.* Preisschild 1. — **pˌbeˌdingt** *adj* price-conditioned (*od.* -determined). — **~beˌhörˈde** *f* price(-control) board (*od.* authority). — **~beˌruˈhiˌgung** *f* price steadying. — **pˌbeˌstimˈmend** *adj* price-determining: **~e Faktoren** price determinants. — **~beˌweˈgung** *f* price movement, movement of prices. — **~beˌweˈber** *m*, **~beˌwerˈberin** *f* competitor, *Am. auch* contestant. — **~bilˈdung** *f econ.* price formation (*od.* setting). — **~binˈdung** *f* 1. price fixing. – 2. ~ **der zweiten Hand** resale price maintenance. — **~boˈxen** *n* (*sport*) prizefighting. — **~boˈxer** *m* prizefighter. — **~breˈcher** *m econ.* price-cutter. — **~difˌfeˈrenz** *f* difference in prices, price difference. — **~druck** *m* ⟨-(e)s; *no pl*⟩ downward pressure on prices. — **~drücker** (*getr.* -k·k-) *m* 1. *cf.* Preisbrecher. – 2. (*Feilscher*) close bargainer, haggler. — **~drückeˈrei** (*getr.* -k·k-) [ˌpraɪs-] *f* ⟨-; *no pl*⟩ 1. price-cutting. – 2. (*Feilschen*) close bargaining, haggling.

'Preisˌeinˌbruch *m cf.* Preissturz.

'Preiˈselˌbeeˈre ['praɪzəl-] *f bot.* (mountain) cranberry, red whortleberry (*od.* bilberry), *auch* cowberry, foxberry (*Vaccinium vitis idaea*).

preiˈsen ['praɪzən] **I** *v/t* ⟨preist, pries, gepriesen, h⟩ 1. praise, laud, glorify, extol, *auch* extoll, exalt, magnify; eulogize *Br. auch* -s-, panegyrize *Br. auch* -s- (*lit.*): **man pries ihn als den größten deutschen Dichter** he was praised (*od.* celebrated) as the greatest German poet; **j-n glücklich** ~ to call s.o. lucky. – 2. *bes. relig.* praise, laud, glorify: **Gott sei gepriesen!** God (*od.* Heaven) be praised! Glory be to God! – **II** *v/reflex* 3. **sich glücklich** ~ to call oneself lucky, to thank (*od.* bless) one's lucky stars.

'Preisˌentˌwickˌlung *f econ.* price trend, trend in (*od.* of) prices: **die** ~ **geht nach oben** there is an upward trend in prices. — **~erˌhöˈhung** *f* 1. (*unbeabsichtigte*) rise (*od.* increase) in prices. – 2. (*beabsichtigte*) raising of prices. — **~erˌmäˈßiˌgung** *f* 1. price cut, reduction in (*od.* of) prices. – 2. (*Rabatt*) discount, abatement: **j-m eine** ~ **von 10 Mark geben** to give s.o. a discount of 10 marks, to allow s.o. 10 marks. — **~fraˈge** *f* 1. *cf.* Preisaufgabe. – 2. *fig. colloq. humor.* (*schwierige Frage*) puzzler, *bes. Am. colloq.* 64-dollar question. – 3. *colloq.* matter (*od.* question) of price: **der Kauf des Autos ist eine** ~ the purchase of the car is a matter of (the) price.

'Preisˌgaˈbe *f* 1. *cf.* Preisgeben. – 2. (*Aufgabe*) abandonment, relinquishment, surrender. – 3. (*Verzicht*) abandonment, renunciation, renouncement. – 4. (*Opfern*) sacrifice. – 5. (*von Geheimnissen etc*) disclosure, divulgence, divulgement, revelation.

'preisˌgeˈben I *v/t* ⟨*irr, sep,* -ge-, h⟩ 1. (*aufgeben*) abandon, give up, relinquish, surrender: **lebenswichtige Interessen** ~ to give up vital interests. – 2. (*verzichten auf*) abandon, renounce. – 3. *fig.* (*aussetzen*) expose: **j-n der Schande** ~ to expose s.o. to shame (*od.* disgrace); **j-n** [**etwas**] **der Lächerlichkeit** ~ to expose s.o. [s.th.] (*od.* hold s.o. [s.th.] up) to ridicule. – 4. (*opfern*) sacrifice: **sein Leben** ~ to sacrifice (*od.* give) one's life. – 5. (*Geheimnisse etc*) disclose, give (*s.th.*) away, divulge, reveal, let (*s.th.*) out (*colloq.*). – **II** *v/reflex* **sich** ~ 6. (*sich ausliefern*) abandon *od.* surrender, yield oneself, give oneself up. – 7. *fig.* (*sich aussetzen*) expose oneself. – **III P~** *n* ⟨-s⟩ 8. *verbal noun.* – 9. *cf.* Preisgabe.

'preisˌgeˌbunˈden *adj econ.* at fixed (*bes. Am.* firm) price, fixed-price (*attrib*).

'Preisˌgeˌfälˈle *n econ.* price differential, disparity in prices. — **~geˌfüˈge** *n* price structure.

'preisˌgeˌgeˈben I *pp* of **preisgeben**. – **II** *adj* **j-m** [**etwas**] ~ **sein** to be exposed to (*od.* a prey to, at the mercy of, in the hands of) s.o. [s.th.].

'preisˌgeˌkrönt I *pp*. – **II** *adj* ⟨*attrib*⟩ (*Film, Roman etc*) prize(winning).

'Preisˌgeˌricht *n* jury. — **~geˌstalˈtung** *f econ.* 1. *cf.* Preispolitik. – 2. *cf.* Preisbildung. — **~gleitˌklauˈsel** *f* sliding-price clause. — **~grenˈze** *f* price limit: **obere** ~ price ceiling; **untere** ~ minimum (price), bottom price. — **pˌgünˈstig** *adj cf.* preiswert 2. — **~hausˈse** *f* price boom. — **~herˌabˌsetˈzung** *f cf.* Preissenkung. — **~höˈhe** *f* price (level), level of prices. — **~inˈdex** *m* price index. — **~kalˌkuˈlaˌtiˌon** *f* price calculation, calculation of prices. — **~karˈtell** *n* price cartel, cartel to enforce minimum price charging. — **~klasˈse** *f* price category (*od.* class, range): **Hotel mittlerer** ~ a medium-priced hotel. — **~klemˈme** *f* squeeze in prices, price squeeze. — **~komˌmisˌsar** *m* price commissioner (*od.* administrator). — **~konˌtrolˈle** *f* price control. — **~korˈrekˌtur** *f* adjustment of prices.

'preisˌkröˈnen *v/t* ⟨*only pp*⟩ **preisgekrönt werden** (*Film, Buch etc*) to be awarded (*od.* to win) a prize.

'Preisˌlaˈge *f* price range (*od.* level, category), range of prices: **in dieser** ~ at this price (level), in this price range; **in jeder** ~ at all prices. — **~lenˈkung** *f* control of prices.

'preisˌlich I *adj* 1. ⟨*attrib*⟩ *econ.* concerning (*od.* regarding, with regard to, relating to) the price, in price: **ein** ~**er Unterschied** a price difference, a difference in (*od.* of) price. – 2. *obs. for* löblich. – **II** *adv* 3. ~ **verschieden sein** to vary in price; ~ **gesehen** (*od.* betrachtet) **besteht** (*od.* ist) **kein Unterschied** there is no difference as regards (the) price.

'Preisˌliˈste *f econ.* 1. price list. – 2. (*im Handel*) trade list. — **~nachˌlaß** *m* 1. price reduction (*od.* deduction), reduction in (*od.* of) price(s), discount. – 2. (*bei Mängelrügen*) allowance. — **~niˌveau** *n* price level. — **~noˌtieˈrung** *f* (*an der Börse*) (price) quotation, quotation of prices. — **~poˈliˌtik** *f* price policy. — **~rätˌsel** *n* 1. puzzle competition. – 2. (*Kreuzworträtsel*) crossword (puzzle) competition. — **pˌreaˌgiˈbel** [-reˀaˌgiːbəl] *adj econ.* sensitive to price changes. — **~reˌguˈlaˌtor** *m* price regulator. — **'Preisˌrichˈter** *m* (competition) judge, juror, adjudicator: **die** ~ the jurors, the jury *sg.* — **~kolˌleˈgiˌum** *n* jury.

'Preisˌrückˌgang *m econ.* fall (*od.* decline, drop, recession) in prices, price recession (*od.* decline), (*an der Börse*) *auch* reaction in prices. — **~scheˈre** *f* price scissors *pl* (*sometimes construed as sg*), price gap. — **~schieˈßen** *n* (*sport*) rifle (*od.* shooting) competition (*od.* match). — **~schild** *n econ.* 1. (*an Waren*) price tag (*od.* ticket). – 2. *cf.* Preistafel. — **~schlaˈger** *m* (price) sensation. — **~schleuˌdeˈrei** [ˌpraɪs-] *f* ⟨-; -en⟩ reckless undercutting (of prices), price cutting (*od.* slashing). — **~schrauˈbe** *f* upward price pressure: **die** ~ **anziehen** to exert an upward price pressure. — **~schrift** *f* (*literature*) prize essay. — **~schwanˈkung** *f meist pl econ.* price fluctuation. — **~senˌkung** *f* reduction in (*od.* of) price(s), price reduction, cut in price(s), price cut(ting), markdown. — **~skaˈla** *f* price scale: **gleitende** ~ sliding scale of prices. — **~spanˈne** *f* price margin, (price) spread, (price) span (*od.* range). — **~spiˌraˈle** *f* price spiral. — **~staˌbiˌliˌtät** *f* price stability. — **~steiˈgeˌrung** *f* rise (*od.* increase, advance) in (*od.* of) prices, price increase (*od.* advance). — **~stopp** *m* price stop (*od.* freeze), freeze of prices: **einen** ~ **durchführen** to freeze prices. — **~strukˌtur** *f cf.* Preisgefüge. — **~sturz** *m* (sharp *od.* sudden) fall (*od.* decline) in (*od.* of) prices, slump (in prices), collapse of prices, *Am.* break, (*an der Börse*) *auch* (stock)-market decline, *Am. colloq.* double bottom. — **~stütˌzung** *f* price support(ing) (*od.* pegging, supports *pl*), support (*od.* pegging) of prices. — **~taˈfel** *f* 1. (*vor Geschäften etc*) price board. – 2. *cf.* Preisliste. — **~träˈger** *m*, **~träˈgerin** *f* ⟨-; -nen⟩ prizewinner. — **pˌtreiˈbend** *adj* price-raising. — **~treiˈber** *m econ.* 1. profiteer, rack-

---

eteer, inflator, inflater, *Am. colloq.* booster. – 2. (*bei Auktionen*) puffer. — **~treiˌbeˈrei** [ˌpraɪs-] *f* ⟨-; -en⟩ 1. profiteering, forcing up of prices (*od.* the market), inflating (*od.* bulling) of prices, rigging the market (corner), *Am. colloq.* boost. – 2. (*bei Auktionen*) puffing. — **~überˌhöˈhung** *f* excessive prices *pl*. — **~überˌwaˈchung** *f* price control. — **~überˌwaˈchungsˌstelˈle** *f* price-control board (*od.* authority). — **~unterˌbieˈtung** *f* 1. price cutting, undercutting, underselling. – 2. (*auf Auslandsmärkten*) dumping. — **~unterˌschied** *m* price difference (*od.* differential, spread), difference in (*od.* of) price(s). — **~verˌänˈdeˌrung** *f* change in (*od.* of) price(s). — **~verˌband** *m* price combine, cartel. — **~verˌeinˌbaˈrung** *f cf.* Preisabkommen. — **~verˌleiˈhung** *f* presentation of a prize. — **~verˌteiˈlung** *f* 1. distribution of prizes. – 2. (*Feier*) prize distribution. — **~verˌzeichˈnis** *n econ. cf.* Preisliste.

'preisˌwert I *adj* 1. good value (for the money), worth the money (*od.* price). – 2. (*billig*) reasonably (*od.* low-)priced, economy-priced, moderate in price, inexpensive, cheap: **ein** ~**es Angebot** a reasonable offer, a bargain; **das ist sehr** ~ that is very reasonable (*od.* good value), that is a good buy (*od.* bargain). – **II** *adv* 3. at a fair (*od.* reasonable) price, reasonably, cheap, cheaply: **etwas** ~ **kaufen** to buy s.th. at a fair price.

'Preisˌwuˈcher *m econ.* charging exorbitant prices. — **pˌwürˈdig** *adj cf.* lobenswert. — **~würdigˌkeit** *f* 1. (*Angemessenheit*) fairness of price. – 2. (*Billigkeit*) reasonable (*od.* moderate) price, good value, cheapness. — **~zuˌschlag** *m* addition to the price, additional (*od.* extra, supplementary) charge, surcharge.

preˈkär [preˈkɛːr] *adj* ⟨-er; -st⟩ precarious, delicate, critical: **es war eine** ~**e Situation** (*od.* Lage) it was a precarious situation, it was touch and go.

'Prellˌbock *m* 1. (*railway*) *Am.* bumping (*od.* bumper) post, *Br.* buffer (stop), buffers *pl*, track end bumper. – 2. **immer ist er der** ~ *fig. colloq.* he always has to bear (*od.* take) the blame (*od.* he is always blamed) for everything.

prelˈlen ['prɛlən] **I** *v/t* ⟨h⟩ 1. *fig. colloq.* **j-n** (**um etwas**) ~ to swindle (*od.* cheat) s.o. (out of s.th.), to defraud s.o. (of s.th.), to bilk (*od.* trick, do) s.o. (out of s.th.), to stick s.o. (for s.th.) (*sl.*): **sie prellten ihn um 10 Mark** they swindled him out of 10 marks; ~ **Zeche**[1]. – 2. **sich** (*dat*) **etwas** ~ (*Knie, Ellbogen etc*) to bruise (*od. scient.* contuse) s.th. – 3. **j-n** (*hochschnellen lassen*) to toss s.o. (up) (in a blanket). – 4. (*sport*) (*Ball*) bounce, make (*a ball*) rebound. – **II** *v/i* ⟨sein⟩ 5. **nach vorn** ~ (*bes. sport*) to dash (*od.* rush) forward. – 6. *hunt.* (*vom Wild u. Jagdhund*) dash wildly. — **'Prelˈler** *m* ⟨-s; -⟩ (*Betrüger*) swindler, fraud, cheat, bilk. – 2. *cf.* Prellschuß. — **Prelˈleˈrei** *f* ⟨-; -en⟩ swindle, fraud, cheating, cheat.

'Prellˌschuß *m hunt.* rebounding shot, ricochet (shot). — **~stein** *m* (an Häusern, Toren etc) curb(stone), *bes. Br.* kerb(-stone), *Am.* edgestone.

'Prelˌlung *f* ⟨-; -en⟩ *med.* bruise, contusion (*scient.*).

Preˈmiˈer [prəˈmǐe:; pre-] *m* ⟨-s; -s⟩ *pol. cf.* Premierminister.

Preˈmieˈre [prəˈmǐɛːrə; pre-] *f* ⟨-; -n⟩ (*theater, film*) 1. (*Erstaufführung*) first night, premiere, *bes. Br.* première, (*eines Films*) *auch* first run. – 2. (*Uraufführung*) (world) premiere, *bes. Br.* (world) première.

Preˈmieˈrenˌabend [prəˈmǐɛːrən-; pre-] *m* 1. (*einer Uraufführung*) world premiere (*bes. Br.* première) performance. – 2. (*einer Erstaufführung*) first night performance. — **~beˌsuˈcher** *m* first-nighter. — **~kiˌno** *n* first-run cinema (*bes. Am. colloq.* movie).

Preˈmiˈerˌmiˌnisˈter *m pol.* prime minister, premier.

Presˈbyˈop [prɛsbyˈˀoːp] *m* ⟨-s; -e⟩ (*optics*) (*Alterssichtige*) presbyope. — **Presˈbyˈopie** [-ˀoˈpiː] *f* ⟨-; *no pl*⟩ old-age sight, presbyopia (*scient.*). — **presˈbyˈopisch** *adj* presbyopic.

Presˈbyˈter ['prɛsbytər] *m* ⟨-s; -⟩ *relig.* 1. *hist.* presbyter, elder. – 2. *röm.kath.* priest. – 3. (*in der evangelischen Kirche*)

presbyter. — **Pres·by·te·ri'al·ver‚fas·sung** [-te'rɪaːl-] f presbyterial constitution.
Pres·by·te·ria·ner [prɛsbyte'rɪaːnər] m ⟨-s; -⟩ relig. Presbyterian. — **pres·by·te·ria·nisch** [-'rɪaːnɪʃ] adj Presbyterian: die ~e Kirche the Presbyterian Church.
Pres·by'te·ri·um [-'teːrɪʊm] n ⟨-s; -rien⟩ 1. relig. a) (evangelischer Kirchenvorstand) presbytery, presbyterate, consistory, b) (Versammlungsraum) presbytery. — 2. röm. kath. (Priesterkollegium) college of priests. — 3. arch. (Chorraum) presbytery.
pre·schen ['prɛʃən] v/i ⟨sein⟩ colloq. rush, dash, shoot, tear.
Pre·sen·ning [pre'zɛnɪŋ] f ⟨-; -e(n)⟩ mar. cf. Persenning.
pres·sant [prɛ'sant] adj obs. od. dial. for a) dringlich 1, b) eilig I.
'Preß‚brett n print. (in der Buchbinderei) (press)board, (pressing) board. — **~‚deckung** (getr. -k·k-) f (sport) (beim Basketball) pressing.
Pres·se[1] ['prɛsə] f ⟨-; -n⟩ 1. tech. (power) press: hydraulische [pneumatische, mechanische] ~ hydraulic [pneumatic, mechanical] press. — 2. (Weinpresse) (wine)press, crusher. — 3. print. (Druckerpresse) (printing) press: autographische [lithographische] ~ autographic [lithographic] press; die Zeitung kommt frisch (od. eben) aus (od. von) der ~ the newspaper comes fresh from the press; das Buch ist noch in der ~ the book is still in press; in die ~ gehen to go to press. — 4. (housekeeping) (Fruchtpresse) (fruit)press, fruit-juice extractor, squeezer, juicer. — 5. ⟨only sg⟩ (textile) (Appretur) press, calender. — 6. colloq. contempt. (Schule) cram school.
Pres·se[2] f ⟨-; no pl⟩ print. 1. (Zeitungswesen) press, journalism: die Freiheit der ~ the freedom of the press; er ist bei der ~ he works for the press, he is with the press, he is a journalist. — 2. (Gesamtheit der Zeitungen) press, newspapers pl: die inländische [ausländische] ~ the national (od. home) [the foreign] press; die ~ ist sich darüber einig, daß the press agrees that, there is a consensus in the press that. — 3. (Vertreter der Presse) press, (news) reporters pl, newspapermen pl, Br. pressmen pl, journalists pl: die ~ war auch anwesend the press was also represented. — 4. (Pressekritik) press, critique, (lobende) auch write-up (colloq.): der Film hatte eine gute [schlechte] ~ the film had a good [bad] press; eine gute favo[u]rable [bad od. poor, an unfavo(u)rable] press. — 5. eine gute [schlechte] ~ haben fig. colloq. (von Politiker etc) to enjoy a good press [to have a bad press].
'Pres·se|agent [-ʔa‚gɛnt] m press agent. — **~agen‚tur** f press agency. — **~‚amt** n pol. press and information office, press office (od. bureau), Br. Central Office of Information. — **~at·ta‚ché** m press attaché. — **~‚aus‚weis** m press card. — **~be‚richt** m press (od. newspaper) report. — **~be‚richt·er‚stat·ter** m press (od. news) correspondent. — **~bü‚ro** n cf. Presseagentur. — **~‚chef** m pol. press secretary, Am. auch press chief. — **~‚de‚likt** n cf. Pressevergehen. — **~‚dienst** m 1. news (od. press) service. — 2. public information service. — **~emp‚fang** m reception for the press, press reception. — **~‚feld‚zug** m press campaign. — **~‚fo·to** n cf. Pressephoto. — **~‚frei·heit** f freedom of the press. — **~‚ge‚setz** n jur. press law, Am. auch journalists' law. — **~‚kam‚pa·gne** f cf. Pressefeldzug. — **~‚kom‚men‚tar** m press comment (od. commentary). — **~kon·fe‚renz** f press (od. news) conference. — **~kon·zen·tra·ti‚on** f press concentration. — **~kor·re·spon‚dent** m press correspondent. — **~‚krieg** m (news)paper (od. press) war (od. warfare, feud). — **~‚kri‚tik** f press, (press) critique, (lobende) auch write-up (colloq.). — **~‚mel·dung** f 1. press report (od. communication). — 2. cf. Pressenotiz. — **~‚mit‚tei·lung** f 1. cf. Pressemeldung. — 2. (an die Presse) press release: eine amtliche ~ an official press release, a (press) handout.
pres·sen ['prɛsən] I v/t ⟨h⟩ 1. (ausdrücken, ausquetschen) press, squeeze, express (obs.): den Saft aus den Trauben ~ to press the juice out of the grapes. — 2. (stark drücken) press, squeeze: j-m die Hand ~ to press s.o.'s hand. — 3. (zusammendrücken) (com)press, squeeze. — 4. (Pflanzen etc)

press. — 5. (seihen) strain: Saft durch ein Tuch ~ to strain juice through a cloth. — 6. press: j-n an (od. gegen) die Wand ~ to press s.o. against the wall; sie preßte das Kind an ihre Brust she pressed the child to her breast, she hugged the child closely; er preßte sie an sich he pressed her close to him. — 7. (zwängen) press, squeeze, jam, stuff, cram, force. — 8. j-n zu etwas ~ fig. to force (od. urge) s.o. to (doing) s.th. — 9. mil. obs. (gewaltsam anwerben) (im)press, crimp, (bei Matrosen) auch shanghai (sl.). — 10. tech. a) (bei der Kaltarbeit) press, squeeze, b) (bei der Warmarbeit) die-press, die-form, c) (prägen) coin, emboss, d) (Radscheiben) cone, disk, auch disc, e) (Glas) mold, bes. Br. mould, press, f) (Leder) emboss, g) (Blech etc) press, (zusammenpressen) compress: etwas in eine Form ~ to press s.th. into a form; in Würfel ~ a) to cube, b) (Kohlenstaub) to briquette. — 11. metall. (strangpressen) extrude. — 12. synth. compression-mold (bes. Br. -mould), mo(u)ld. — 13. (textile) a) (glanzpressen) press, gloss, dress, b) (Hüte etc) form, block: in Falten ~ to goffer, to crimp. — 14. (paper) press, calender. — 15. agr. (Stroh etc) bale, bundle. — 16. mar. Segel ~ to press (od. crowd) sail (od. all sails), to carry a press of sail; den Wind ~ to sail (od. haul) close to the wind. — II v/i 17. med. (beim Stuhlgang) strain. — 18. med. (bei der Geburt) bear down. — III v/reflex sich ~ 19. press oneself: ich preßte mich gegen (od. an) die Hauswand I pressed myself against the wall (of the house). — 20. (sich zwängen) squeeze (od. cram, press) oneself: 20 Personen hatten sich in den Fahrstuhl gepreßt 20 people had squeezed (themselves) into the elevator (bes. Br. lift). — IV P~ n ⟨-s⟩ 21. verbal noun. — 22. cf. Pressung. 23. (Drücken, Quetschen) pressing, squeezing, jam(ming). — 24. (Ausquetschen) expression. — 25. hist. (gewaltsames Anwerben) impressment. — 26. (Zusammendrücken) compression. — 27. metall. extrusion. — 28. synth. compression molding (bes. Br. moulding).
'Pres·se|no‚tiz f news (od. press) item, (press) notice. — **~or‚gan** n (press) organ. — **~‚pho·to** n news picture. — **~pho·to‚graph** m press photographer. — **~re·fe‚rent** m press and public relations officer. — **~‚schau** f (press od. newspaper) review. — **~‚spie·gel** m press review. — **~‚stel·le** f cf. Presseamt. — **~‚stim·men** pl 1. press comment (od. commentary sg). — 2. (als Zeitungsüberschrift) opinion sg of the press. — **~tri‚bü·ne** f press gallery, (bes. sport) press box.
Pres·seur [prɛ'søːr] m ⟨-s; -e⟩ print. press.
'Pres·se|ver‚band m press association. — **~ver‚gehen** n offence (Am. offense) against the press laws. — **~ver‚laut·ba·rung** f cf. Pressemeldung 1. — **~ver‚tre·ter** m representative of the press, (news) reporter, newspaperman, bes. Br. pressman, journalist. — **~‚we·sen** n press, journalism. — **~zen‚sur** f censorship of the press, press censorship (od. curb).
'Preß|form f 1. tech. stamping (od. pressing) die. — 2. metall. (beim Strangpressen) extrusion die. — 3. synth. a) impression die, b) (beim Formpressen) compression mold (bes. Br. mould). — 4. print. (Prägestempel) die, matrix. — **~‚fut·ter** n agr. (com)pressed forage, pressed fodder. — **~‚gas** n tech. pressure (od. compressed) gas. — **~‚glas** n press glass. — **~‚guß** m press (od. pressure) casting, pressure die casting. — **~‚guß‚teil** n cf. press (od. die) casting. — **~‚he·fe** f brew. press (od. compressed) yeast.
pres·sie·ren [prɛ'siːrən] v/impers ⟨no ge-, h⟩ es pressiert bes. Southern G. colloq. it is urgent, time is running short (od. is pressing); es pressiert mir I am in a hurry; es pressiert nicht it is not urgent, there is no hurry.
Pres·si·on [prɛ'sɪoːn] f ⟨-; -en⟩ 1. (Druck) pressure. — 2. fig. (Nötigung, Zwang) compulsion.
'Preß|koh·le f tech. briquette, auch briquet, briquetted coal, compressed fuel. — **~‚kopf** m gastr. brawn, bes. Am. headcheese. — **'Preß·ling** m ⟨-s; -e⟩ 1. tech. (gepreßtes Stück) pressed part (od. piece), die-pressed

(od. die-formed) part. — 2. metall. (in der Pulvermetallurgie) compact. — 3. synth. molding, bes. Br. moulding. — 4. cf. Brikett.
'Preß·luft f tech. 1. compressed air. — 2. cf. Druckluft. — **~be‚tä·tigt** adj air-operated. — **~‚boh·rer** m pneumatic (od. air) drill. — **~‚fla·sche** f compressed-air cylinder. — **~‚ham·mer** m pneumatic (od. air) hammer, compressed-air hammer. — **~‚stamp·fer** m compressed-air rammer.
'Preß|mas·se f 1. tech. molding (bes. Br. moulding) compound (od. composition). — 2. synth. cf. Formmasse. — **~ma‚tri·ze** f (in der Schallplattenherstellung) stamper. — **~mus·kel** m med. compressor. — **~‚öler** m tech. pressure (od. force-feed) oiler. — **~‚öl‚schmie·rung** f pressure (od. force-feed) lubrication. — **~‚pas·sung** f interference (od. press) fit. — **~po‚lie·ren** n die-burnishing. — **~‚pul·ver** n synth. molding (bes. Br. moulding) powder. — **~‚sack** m gastr. cf. Preßkopf. — **~‚schicht‚holz** n (wood) compressed (bes. Br. densified) laminated wood. — **~‚schmier‚pum·pe** f tech. grease gun. — **~‚schwei‚ßung** f pressure welding (process). — **~‚sitz** m 1. (einer Bohrung) heavy drive fit, light force fit. — 2. (der Welle) (heavy) force fit. — **~‚span** m laminated fiber (bes. Br. fibre) sheet. — **~‚spritz‚werk‚zeug** n bes. Am. plunger mold, bes. Br. transfer mould. — **~‚stan·ge** f metall. extruded bar. — **~‚stoff** m synth. plastic material, (plastic) molding (bes. Br. moulding) compound, mo(u)lded plastic compound, plastic(s pl construed as sg): geschichteter ~ laminated material. — **~‚stroh** n agr. baled (pressed) straw. — **~‚stück**, **~‚teil** n tech. cf. Preßling 1—3. — **~‚torf** m pressed peat.
'Pres·sung f ⟨-; -en⟩ 1. cf. Pressen. — 2. (Schub) shot.
Pres·sure-group ['prɛʃə‚gruːp] (Engl.) f ⟨-; -s⟩ meist pl pol. pressure group.
'Preß|ver‚fah·ren n 1. tech. pressing (od. stamping, squeezing) process (od. method). — 2. synth. molding (bes. Br. moulding) process (od. method). — **~‚we·hen** pl med. final stage of labor (bes. Br. labour) causing the woman to bear down.
Pre·sti·ge [prɛs'tiːʒə] n ⟨-s; no pl⟩ prestige: sein ~ verlieren [retten] to lose [save] one's prestige, to lose [save] face. — **~‚fra·ge** f question of prestige. — **~ge‚winn** m gain in prestige. — **~‚grün·de** pl only in aus ~n for prestige reasons, for reasons of prestige (od. face). — **~ver‚lust** m loss of prestige (od. face).
pre·stis·si·mo [prɛs'tɪsimo] mus. I adv u. adj prestissimo. — II P~ n ⟨-s; -s u. -simi [-mi]⟩ prestissimo.
pre·sto ['prɛsto] mus. I adv u. adj presto. — II P~ n ⟨-s; -s u. Presti [-ti]⟩ presto.
Pre·tio·sen [pre'tsɪoːzən] pl obs. for Kostbarkeit 5, Geschmeide.
Preu·ße ['prɔysə] m ⟨-n; -n⟩ Prussian: so schnell schießen die ~n nicht! fig. colloq. things don't go as quickly as (all) that! — **'Preu·ßen·tum** n ⟨-s; no pl⟩ Prussianism. — **'Preu·ßin** f ⟨-; -nen⟩ Prussian (woman).
'preu·ßisch adj Prussian. — **P~‚blau** n Prussian (od. Berlin, Paris) blue.
pre·zi·ös [pre'tsɪøːs] adj obs. for a) kostbar 1, geziert II, b) geschraubt II.
Pre·zio·sen [pre'tsɪoːzən] pl obs. for Kostbarkeit 5, Geschmeide.
pria·pe·isch [pria'peːɪʃ] adj 1. obs. for obszön. — 2. ~er Vers metr. Priapean (meter, bes. Br. metre). — **Pria'pe·us** [-'peːʊs] m ⟨-; -pei [-'peːɪ]⟩ metr. Priapean (meter, bes. Br. metre). — **pria·pisch** [pri'aːpɪʃ] adj obs. for obszön.
Pria·pis·mus [pria'pɪsmʊs] m ⟨-; no pl⟩ med. priapism.
Pricke (getr. -k·k-) ['prɪkə] f ⟨-; -n⟩ 1. mar. perch. — 2. zo. cf. Flußneunauge.
Pricke'lei (getr. -k·k-) f ⟨-; no pl⟩ colloq. for Prickeln.
'pricke·lig (getr. -k·k-) adj cf. prickelnd 1.
prickeln (getr. -k·k-) ['prɪkəln] v/i ⟨h⟩ 1. tingle: als ich ins Warme kam, prickelten meine Füße my feet tingled when I came into the warmth. — 2. (von Sekt, Selterswasser etc) prickle, tickle: der Sekt prickelte auf der Zunge the champagne prickled on the tongue (od. tickled the tongue). — 3. (jucken) itch. — 4. (brennen, beißen) sting, prickle. — 5. (perlen, schäumen) sparkle. — II v/impers 6. es prickelt

mir in der Nase I have a tickle in my nose; **es prickelt mir in allen Fingerspitzen** a) my fingers are tingling, I have pins and needles in my fingers, b) *fig.* I'm itching to do s.th. − **III P.~** *n* ⟨-s⟩ **7.** *verbal noun.* − **8.** (*in Händen u. Füßen*) tingle, tingling sensation, pins and needles *pl.* − **9.** (*von Sekt, Selterswasser etc*) prickle, tickle. − **10.** (*Perlen, Schäumen*) sparkle, briskness. − **'prickelnd** (*getr.* -k·k-) **I** *pres p.* − **II** *adj* **1.** (*Gefühl etc*) tingling, tingly, prickling, prickly. − **2.** (*perlend, schäumend*) sparkling, brisk. − **3.** *fig.* (*von Witzen etc*) spicy, piquant. − **4.** *fig.* (*aufregend*) exciting, thrilling.

pricken (*getr.* -k·k-) ['prɪkən] *v/t* ⟨h⟩ **1.** *mar.* (*Fahrwasser etc*) mark (*s.th.*) with perches. − **1.** *dial.* a) ausstechen 1, b) abstecken 1, c) stechen.

'prick·lig *adj cf.* prickelnd 1.

Priel [priːl] *m* ⟨-(e)s; -e⟩ *Northern G.* tideway, tidal gully.

Priem [priːm] *m* ⟨-(e)s; -e⟩ plug, quid, chew, *Am. colloq.* cud. − **'prie·men** *v/i* ⟨h⟩ chew tobacco. − **'Priem,ta·bak** *m* chewing tobacco.

pries [priːs] *1 u. 3 sg pret of* preisen.

Prie·ster ['priːstər] *m* ⟨-s; -⟩ **1.** *relig.* a) priest, clergyman, cleric(al), b) *röm.kath.* priest: **j-n zum ~ weihen** to ordain s.o. priest. − **2.** *relig. antiq.* priest. − **~,amt** *n* priesthood, priestly office, ministry. − **~,ehe** *f* marriage of priests (*od.* of the clergy). − **~,ge,wand** *n* **1.** priestly (*od.* clerical) vestment (*od.* robes *pl*, dress), clericals *pl* (*colloq.*). − **2.** (*Soutane*) cassock, soutane. − **~,herr·schaft** *f* government by ecclesiastics, clerical government, (ecclesiastical) hierarchy, hierocracy (*lit.*).

'Prie·ste·rin *f* ⟨-; -nen⟩ *relig. antiq.* priestess.

'Prie·ster,kö·nig *m antiq. hist.* priest-king.

'prie·ster·lich *adj relig.* priestly, sacerdotal, hieratic, *auch* hieratical.

'Prie·ster,rock *m cf.* Priestergewand 2.

'Prie·ster·schaft *f* ⟨-; no pl⟩ *relig.* **1.** (body of) priests *pl*, priesthood, clergy, sacerdocy, hierarchy, ministry. − **2.** *cf.* Priesteramt.

'Prie·ster·se·mi,nar *n* college (*od.* seminary) for Roman Catholic priests.

'Prie·ster·tum *n* ⟨-s; no pl⟩ **1.** *cf.* Priesterwürde 1. − **2.** *cf.* Priesteramt.

'Prie·ster|,vo·gel *m zo. cf.* Honigfresser. − **~,wei·he** *f relig.* **1.** ordination, consecration. − **2.** *bes. röm.kath.* Holy Orders *pl*, orders *pl*: **die ~ empfangen** to take Holy Orders. − **~,wür·de** *f* **1.** priestly (*od.* sacerdotal) dignity. − **2.** *cf.* Priesteramt.

Prim [priːm] *f* ⟨-; -en⟩ **1.** *mus.* prime: **reine ~** perfect unison. − **2.** (*sport*) (*beim Fechten*) prime. − **3.** *relig.* a) (*erste Gebetsstunde*) prime, b) (*erstes Stundengebet*) Prime, *auch* prime, Prime Song.

Pri·ma ['priːma] *f* ⟨-; Primen⟩ *ped.* eighth and ninth year of a German secondary school.

'pri·ma I *adj* ⟨invariable⟩ **1.** *colloq.* (*prächtig, fabelhaft*) marvel(l)ous, 'great', 'grand', 'capital', 'tremendous', super, 'terrific' (*colloq.*), 'smashing' (*sl.*), *Am. sl.* swell: **er ist ein ~ Kerl** he is a grand fellow, he is a good sort (*od.* type), *Am. sl.* he is a swell guy; (**das ist ja**) **~!** (that's) great! *Br. colloq.* (jolly) good show! jolly good! − **2.** *colloq.* (*außergewöhnlich gut*) excellent, outstanding, first-class (*od.* -rate): top-notch, tip-top, *bes. Br.* topping (*colloq.*). − **3.** *econ. archaic* a) of prime (*od.* best, first) quality, prime, first-class (*od.* -rate), b) (*bes. von Wertpapieren*) gilt-edge(d). − **II** *adv colloq.* **4.** marvel(l)ously, 'fantastically' (*colloq.*): **er kann ~ tanzen** he is a marvellous dancer; **es ist alles ~ gegangen** everything went off very well (*od.* without a hitch, *colloq.* fine), everything was just hunky-dory (*colloq.*); **wir verstehen uns ~** we get on (*od.* along) very well together.

Pri·ma·bal·le·ri·na [primabale'riːna] *f* ⟨-; -rinen⟩ *choreogr.* prima ballerina, premiere danseuse.

Pri·ma·don·na [prima'dɔna] *f* ⟨-; -donnen⟩ **1.** (*theater*) prima donna, diva, star. − **2.** *sie* [*er*] **hat Allüren wie eine ~** *contempt.* she [he] gives herself [himself] (great) airs.

Pri·ma·ge [pri'maːʒə] *f* ⟨-; -n⟩ *mar. cf.* Primgeld.

Pri·ma·ner [pri'maːnər] *m* ⟨-s; -⟩, **Pri·'ma·ne·rin** *f* ⟨-; -nen⟩ pupil of a 'Prima'.

Pri'ma·ner,lie·be *f* schoolboy romance.

Pri·mar [pri'maːr] *m* ⟨-s; -e⟩ *Austrian med. cf.* Primararzt.

pri·mär [pri'mɛːr] **I** *adj* **1.** (*vorrangig, vordringlich*) primary, principal, chief, prime: **von ~er Bedeutung sein** to be of primary significance (*od.* first importance). − **2.** (*grundlegend*) primary, basic, fundamental. − **3.** (*ursprünglich*) primary, original, primitive, prime. − **4.** (*anfänglich*) primary, initial. − **5.** *geol.* (*Gesteine etc*) primary. − **6.** *biol.* (*in der Urform*) primitive, protomorphic (*scient.*). − **7.** *electr.* primary. − **II** *adv* **8.** (*in erster Linie*) primarily, principally, chiefly, mainly.

Pri'mar,arzt *m Austrian med.* chief physician, head of a department (*od.* clinic).

Pri'mär·ge,stein *n geol.* primary rock.

Pri·ma·ri·us [pri'maːriʊs] *m* ⟨-; -rien⟩ **1.** *mus. cf.* Primgeiger. − **2.** *Austrian med. cf.* Primararzt.

Pri'mär,kreis *m electr.* primary circuit.

Pri'mär,leh·rer *m*, **Pri'mär,leh·re·rin** *f Swiss ped.* preparatory (*od.* primary, bes. *Am.* elementary) school teacher.

Pri'mär·li·te·ra,tur *f* primary literature, sources *pl*.

Pri'mär,schu·le *f Swiss ped.* preparatory (*od.* primary, bes. *Am.* elementary) school.

Pri'mär|,span·nung *f electr.* primary voltage. − **~,sta·di·um** *n med.* primary stage. − **~,strom** *m electr.* primary current. − **~,wick·lung** *f* primary winding.

Pri·mas¹ ['priːmas] *m* ⟨-; -se, *auch* -maten [pri'maːtən]⟩ *relig.* (*oberster Landesbischof*) primate, *auch* Primate.

'Pri·mas² *m* ⟨-; -se⟩ (*einer Zigeunerkapelle*) primas.

Pri·mat¹ [pri'maːt] *m, n* ⟨-(e)s; -e⟩ **1.** (*Vorrang, Vorzugsstellung*) primacy, preeminence, *Br.* pre-eminence, precedence. − **2.** *relig.* (*bes. des Papstes*) primacy, primateship. − **3.** *jur.* (*Erstgeburtsrecht*) primogeniture(ship).

Pri'mat² *m* ⟨-en; -en⟩ *meist pl zo.* Primate.

pri·ma vi·sta ['priːma 'vɪsta] *adv mus.* (*vom Blatt*) at sight.

'Pri·ma|,wa·re *f econ.* goods *pl* of prime (*od.* the best, *colloq.* A 1) quality, *auch* prime ware. − **~,wech·sel** *m* **1.** approved bill of exchange. − **2.** first of exchange.

Pri·me ['priːmə] *f* ⟨-; -n⟩ **1.** *mus. cf.* Prim 1. − **2.** *print.* first form (*od.* page).

Pri·mel ['priːməl] *f* ⟨-; -n⟩ *bot.* a) primrose, primula (*scient.*) (*Gattg Primula*), b) cowslip (*P. veris*). − **~,krank·heit** *f med.* primrose (*od.* primula) dermatitis.

'Prim|,gei·ger *m mus.* first violinist in (*od.* leader of) a string quartet(te). − **~,geld** *n mar.* primage.

pri·mi·tiv [primi'tiːf] **I** *adj* ⟨-er; -st⟩ **1.** (*urzuständlich, urtümlich*) primitive, primary, original, rudimentary, pristine (*lit.*). − **2.** (*Volk, Stamm etc*) primitive, savage, uncivilized *Br. auch* -s-. − **3.** (*Kunst, Musik etc*) primitive. − **4.** (*ungebildet, unkultiviert*) primitive, uncultured, uncultivated. − **5.** (*roh, gemein*) uncouth, rough, crude, coarse: **so ein ~er Mensch** (*od. colloq.* Kerl)! what an uncouth lout! what a brute! − **6.** (*nieder, niedrig*) primitive: **die ~en Bedürfnisse der Massen** the primitive needs (*od.* wants) of the masses. − **7.** (*behelfsmäßig*) primitive, rough, rough-and-ready (*attrib*): **eine ~e Hütte** a primitive (*od.* poor, wretched) hut. − **8.** (*grundlegend*) elementary, fundamental, basic, rudimentary. − **9.** (*einfach, simpel*) simple, elementary: **die primitivsten Grundbegriffe** the simplest basic facts, the basics. − **10.** *biol.* (*ursprünglich*) primitive, protomorphic (*scient.*). − **11.** *math.* (*Wurzel etc*) primitive. − **II** *adv* **12.** primitively: **sie leben sehr ~** they live very primitively (*od.* under very primitive conditions). − **Pri·mi·'ti·ve** *m, f* ⟨-n; -n⟩ *meist pl* primitive.

Pri·mi·ti·vis·mus [primiti'vɪsmʊs] *m* ⟨-; no pl⟩ (*art*) primitivism.

Pri·mi·ti·vi·tät [primitivi'tɛːt] *f* ⟨-; no pl⟩ **1.** primitiveness, primitivity. − **2.** (*Roheit, Gemeinheit*) uncouthness, roughness, crudeness, coarseness. − **3.** (*Einfachheit*) simplicity, elementariness.

Pri·miz [pri'miːts] *f* ⟨-; -en⟩, **~,fei·er** *f röm.kath.* first mass (of a newly ordained priest).

Pri·mi·zi·ant [primi'tsiant] *m* ⟨-en; -en⟩ *röm.kath.* newly ordained priest celebrating his first mass.

Pri·mi·zi·en [pri'miːtsiən] *pl relig. antiq.* primices, firstfruits.

Pri·mo·ge·ni·tur [primogeni'tuːr] *f* ⟨-; -en⟩ *jur.* (*Erstgeburtsrecht*) primogeniture(ship).

Pri·mus ['priːmʊs] *m* ⟨-; Primi [-mi] *u.* -se⟩ *ped.* (*Klassenbester*) head (*od.* top) of the class (*bes. Br.* form), *Br.* dux.

'Pri·mus 'in·ter 'pa·res ['ɪntər 'paːrɛs] *m* ⟨- - -⟩ Primi [- -mi] primus inter pares, first among equals.

'Prim,zahl *f math.* prime (number).

Prin·te ['prɪntə] *f* ⟨-; -n⟩ *meist pl gastr.* nut biscuit.

Prinz [prɪnts] *m* ⟨-en; -en⟩ prince.

Prin·zeß [prɪn'tsɛs] *f* ⟨-; Prinzessen⟩ princess. − **~,boh·nen** *pl gastr.* bush beans.

Prin'zes·sin *f* ⟨-; -nen⟩ princess.

Prin'zeß,kleid *n* (*fashion*) princess(-line) dress.

'Prinz·ge,mahl *m* prince consort.

Prin·zip [prɪn'tsiːp] *n* ⟨-s; -zipien [-piən]⟩ **1.** principle: **etwas aus ~ tun** to do s.th. on (*od.* as a matter of) principle; **im ~ bin ich dagegen** I am against it in principle (*od.* basically); **ein ~ aufstellen** to lay down a principle; **ich habe meine [strengen] ~ien** I have my [rigid] principles; **nach ~ien handeln** to act according to (*od.* on) principles; **sich** (*dat*) **etwas zum ~ machen** to make s.th. one's principle, to make a point of s.th.; **seinen ~ien treu bleiben** to stand (*od.* stick, remain true) to one's principles; **er reitet immer auf ~ien herum** *fig. colloq.* he is always harping on (*od.* about) his principles; **ein ~ zu Tode reiten** *fig. colloq.* to flog a principle. − **2.** (*bes. in den Naturwissenschaften*) principle, law: → **archimedisch**. − **3.** *tech.* principle: **diese Maschine beruht auf einem einfachen ~** this machine works on a simple principle.

Prin·zi·pal¹ [prɪntsi'paːl] *m* ⟨-s; -e⟩ *obs.* for a) Geschäftsinhaber, b) Lehrherr.

Prin·zi·pal² *n* ⟨-s; -e⟩ *mus.* (*der Orgel*) **1.** **~ 4 Fuß** principal. − **2.** **~ 8 Fuß** (open) diapason.

Prin·zi·pal,gläu·bi·ger *m econ. cf.* Hauptgläubiger.

prin·zi·pi·ell [prɪntsi'pɪɛl] **I** *adj* **1.** in (*od.* of) principle: **ich habe keine ~en Einwände dagegen** I have no objections in (*od.* on grounds of) principle. − **II** *adv* **2.** (*im Prinzip*) in principle: **er ist ~ dagegen** he is against it in principle; **sich ~ voneinander unterscheiden** to differ in principle. − **3.** (*aus Prinzip*) on principle: **er geht ~ nicht ins Kino** he doesn't go to the cinema (*od.* pictures, *bes. Am. colloq.* movies) on (*od.* as a matter of) principle.

prin·zi·pi·en|,fest *adj* firm in one's principle(s). − **P~,fra·ge** *f* question of principle. − **P~,rei·ter** *m colloq. contempt.* stickler for principles, dogmatist. − **P~,rei·te'rei** [prɪn,tsiːpiən-] *f* continuous harping on (*od.* obstinate sticking to) principles, dogmatism. − **P~,streit** *m* dispute about principles. − **~,treu** *adj* true (*od.* loyal) to one's principles.

'prinz·lich *adj* princely.

'Prinz·re,gent *m* prince regent.

Pri·or [pri'oːr] *m* ⟨-s; -e [pri'oːrən]⟩ *röm.kath.* **1.** (*Klostervorsteher*) prior. − **2.** (*eines Konvents*) conventual prior. − **3.** (*Stellvertreter des Abts*) claustral prior.

Pri·o·rat [prio'raːt] *n* ⟨-(e)s; -e⟩ priorate, priory, priorship. − **Pri·o·rin** [pri'oːrɪn] *f* ⟨-; -nen⟩ prioress.

Pri·o·ri·tät [priori'tɛːt] *f* ⟨-; -en⟩ **1.** (*Vorrecht, Vorrang*) (**vor** *dat* over, **to**) priority, precedence, preference: **~en setzen** to set priorities. − **2.** *econ. jur.* (*patents*) (*Vorzugsrecht*) priority (right), right of priority. − **3.** *pl econ.* a) (*Obligationen*) priority bonds, b) *Br.* preference shares, *Am.* preferred stocks. − **4.** ⟨only *sg*⟩ (*zeitliches Vorhergehen*) priority, precedence.

Prio·ri·täts|,ak·tie *f econ. cf.* Vorzugsaktie. − **~,an,lei·he** *f econ.* preference bonds *pl*, priority loan. − **~,an,spruch** *m econ. jur.* (*patents*) priority claim, claim to priority. − **~,gläu·bi·ger** *m* preferential (*od.* privileged, preferred) creditor. − **~ob·li·ga·tio·nen** [-ʔɔbliga,tsioːnən] *pl econ. cf.* Priorität 3a. − **~,recht** *n jur. econ.* priority (right), right of priority, preferential right.

Pri·se ['priːzə] *f* ⟨-; -n⟩ **1.** (*Salz etc*) pinch: **eine ~ Schnupftabak** a pinch of snuff, a snuff. – **2.** *mar. jur.* *(aufgebrachtes Schiff)* prize (ship), capture: eine ～ machen *(od.* einbringen) to make prize of a ship, to make *(od.* take, secure) a prize, to effect a capture; ein Schiff als gute ～ erklären to condemn a ship as *(od.* declare a ship) a lawful prize. — **'Pri·sen|ˌgeld** *n meist pl mar.* prize money. — **～geˌricht** *n* prize court. — **～komˌman·do** *n* prize crew. — **～ˌrecht** *n* law of prize, prize law.

Pris·ma ['prɪsma] *n* ⟨-s; Prismen⟩ **1.** *phys. (optics)* prism: gerades *(od.* senkrechtes, normales) [schiefes] ～ right [oblique] prism; zusammengesetztes ～ polyprism; Licht durch ein ～ zerlegen to disperse light by a prism. – **2.** *meist pl (an Kronleuchtern etc)* drop. — **pris'ma·tisch** [-'maːtɪʃ] *adj* prismatic(al): doppelt ～ doubly prismatic, diprismatic; ～es Brillenglas prismatic (spectacle) lens.

Pris·ma·to·id [prɪsmatoˈiːt] *n* ⟨-(e)s; -e⟩ *math.* prismatoid.

'Pris·men|ˌbril·le *f (optics)* prismatic spectacles *pl.* — **～ˌdi·opˌtrie** *f* prism diopter *(od.* dioptre, dioptry). — **～ˌfern·rohr** *n* prism telescope. — **～ˌform** *f* prismatic form. — **～ˌfüh·rung** *f tech.* prismatic guide, V-(guide)ways *pl.* — **～ˌglas** *n (optics)* **1.** prism. – **2.** *(Fernglas)* prism binocular(s *pl* [*sometimes construed as sg*]). – **3.** *(Teleskop)* prism telescope. — **～ˌlu·pe** *f* prism magnifier *(od.* loupe, magnifying glass). — **～ˌspek·troˌgraph** *m* prism spectrograph. — **～ˌspek·troˌme·ter** *n* prism spectrometer. — **～ˌspek·troˌskop** *n* prism spectroscope. — **～ˌsu·cher** *m phot.* prismatic viewfinder.

Prit·sche ['prɪtʃə] *f* ⟨-; -n⟩ **1.** *(Lagerstatt)* plank bed. – **2.** *(des Harlekins etc)* slapstick. – **3.** *tech. (zum Glätten u. Schlagen)* bat. – **4.** *mil. (Geschützbank)* barbette. – **5.** *auto. (Ladefläche)* platform. – **6.** *(beim Rudersport)* raft.

prit·schen ['prɪtʃən] **I** *v/t* ⟨h⟩ **1.** j-n ～ *obs. od. dial.* to beat s.o. with a slapstick. – **II P～** *n* ⟨-s⟩ **2.** *verbal noun.* – **3.** *(sport) (beim Volleyball)* overarm passing.

'Prit·schenˌwa·gen *m auto.* platform van *(Am.* truck), flatbed, pickup, *bes. Br.* lorry with dropside body.

pri·vat [priˈvaːt] **I** *adj* **1.** *(persönlich)* private, personal: das ist meine (ganz) ～e Meinung [Angelegenheit] that is (strictly) my personal opinion [affair]; für meinen ～en Gebrauch for my (own) private use; in j-s ～e Sphäre eindringen to intrude on s.o.'s privacy. – **2.** *(vertraulich)* private, confidential, closet *(lit.)*: ein ～es Gespräch a confidential conversation, a talk in private. – **3.** *(nicht öffentlich od. staatlich)* private: das ist mein ～es Eigentum this is my (own) private *(od.* personal) property; ～! private! man ist von ～er Seite an mich herangetreten I have been approached privately; ～e Handelsschule private business *(od.* commercial) school; ～e Einfuhr *econ.* imports *pl* on private account. – **4.** *(Patient, Behandlung etc)* private: ich bin bei Dr. X in ～er Behandlung I am a private patient of Dr. X, I am with Dr. X as a private patient. – **II** *adv* **5.** *(persönlich)* privately, personally. – **6.** *(vertraulich)* privately, confidentially: könnte ich Herrn M. einmal ～ sprechen? may I speak to Mr. M. privately *(od.* in private)? – **7.** *(im Privatleben)* in private life: ～ ist er ganz anders he is quite different in private life. – **8.** ～ wohnen *(nicht im Hotel)* to live in a private house. – **9.** ～ versichert sein to be privately insured. – **III P～** ⟨invariable⟩ **10.** *econ. only in* Verkauf auch an ～ we also sell to private customers; Ankauf von ～ private purchase.

Pri'vat|ˌab·komˌmen *n,* **～ˌab·maˌchung** *f* private agreement. — **～ˌadresˌse** [-ʔaˌdrɛsə] *f* private *(od.* home) address. — **～anˌge·le·gen·heit** *f* private *(od.* personal) affair *(od.* matter, business, concern). — **～ˌan·schrift** *f cf.* Privatadresse. — **～ˌau·diˌenz** *f pol.* private audience. — **～ˌaus·kunft** *f* private *(od.* confidential, exclusive) information. — **～ˌau·to** *n* private car. — **～ˌbahn** *f (railway)* private railroad *(Br.* railway). — **～ˌbank** *f* ⟨-; -en⟩ *econ.* private *(od.* commercial) bank. — **～beˌsitz** *m cf.* Privateigentum. — **～beˌtrieb** *m* private enterprise *(od.* firm, business, concern, undertaking), privately

owned enterprise. — **～ˌbrief** *m* personal *(od.* private) letter. — **～ˌbüh·ne** *f (theater)* private theater *(bes. Br.* theatre) *(od.* playhouse). — **～ˌbü·ro** *n* private office. — **～deˌtekˌtiv** *m* private detective *(od.* investigator), *Am. colloq.* spotter, *Am. sl.* private eye. — **～ˌdisˌkont** *m econ.* **1.** *cf.* Privatdiskontsatz. – **2.** *pl* prime acceptances, acceptances of first-class bankers. — **～ˌdisˌkontˌsatz** *m* prime acceptance *(od.* discount) rate. — **～doˌzent** *m lecturer at German universities eligible for a professorship, Am. etwa* instructor, docent. — **～ˌdruck** *m print.* private publication: im ～ erschienen privately printed. — **～ˌei·genˌtum** *n* private property *(od.* ownership): in ～ in private ownership, privately owned; in ～ übergehen to pass into private hands. — **～ˌein·komˌmen** *n* private *(od.* personal) income. — **～ˌfah·rer** *m (im Rennsport)* private entrant. — **～ˌfahrˌzeug** *n cf.* Privatwagen. — **～ˌflie·geˌrei** *f* private aviation. — **～ˌflugˌzeug** *n* private aircraft *(Br. auch* aeroplane, *Am.* airplane, *colloq.* plane). — **～geˌbrauch** *m* private *(od.* personal, own) use. — **～geˌlehr·te** *m* private scholar. — **～geˌspräch** *n* **1.** private conversation *(od.* talk). – **2.** *(per Telephon)* private call. — **～ˌhaus** *n* private house. — **～ˌhausˌhalt** *m* private household.

Pri·va·ti·er [privaˈtieː] *m* ⟨-s; -s⟩ *obs.* **1.** person of private means. – **2.** *(Pensionär)* (old-age) pensioner, pensionary.

pri·va·tim [priˈvaːtɪm] *adv archaic* **1.** privatim, privately, in private. – **2.** *(vertraulich)* confidentially.

Pri'vat|in·duˌstrie *f* private industry. — **～inˌitiaˌti·ve** *f* private initiative *(od.* venture). — **～inˌter·esˌse** *n* private interest.

pri·va·ti·sie·ren [privatiˈziːrən] **I** *v/i* ⟨no ge-, h⟩ *obs.* **1.** live on one's own *(od.* private) means. – **2.** *(als Pensionär)* live on one's (old-age) pension. – **II** *v/t* **3.** *econ. (staatliche Betriebe etc)* a) put *(od.* pass, transfer) *(s.th.)* into private ownership *(od.* hands), b) *(reprivatisieren)* denationalize *Br. auch* -s-. – **III P～** *n* ⟨-s⟩ **4.** *verbal noun.* — **Pri·va·ti'sie·rung** *f* ⟨-; -en⟩ **1.** *cf.* Privatisieren. – **2.** *econ. (von staatlichen Betrieben etc)* a) transfer *(od.* transference) into private ownership *(od.* hands), b) *(Reprivatisierung)* denationalization *Br. auch* -s-.

pri·va·tis·si·me [privaˈtɪsime] *adv* strictly *(od.* privately), privately. — **Pri·va'tis·si·mum** [-mum] *n* ⟨-s; -sima [-ma]⟩ *(an der Universität) etwa* exclusive tutorial.

Pri'vat|ka·piˌtal *n econ.* private capital *(od.* means *pl).* — **～ˌkas·se** *f (Krankenkasse)* private health-insurance fund. — **～ˌkla·ge** *f jur.* private complaint. — **～ˌklä·ger** *m* plaintiff, complainant: als ～ auftreten to lodge a private complaint. — **～ˌkli·nik** *f med.* private clinic *(od.* hospital), *bes. Br.* nursing home. — **～ˌkon·to** *n econ.* private account. — **～ˌkonˌtor** *n obs. for* Privatbüro. — **～ˌkor·re·sponˌdenz** *f* personal *(od.* private) correspondence. — **～ˌkun·de** *m* individual customer. — **～ˌle·ben** *n* ⟨-s; *no pl*⟩ private life: im ～ in private (life); das Recht auf ein ～ the right to privacy; er zog sich ins ～ zurück he retired (from public life); in j-s ～ eindringen to intrude *(od.* infringe) on *(od.* to invade) s.o.'s private life *(od.* privacy). — **～ˌleh·rer** *m* private teacher, tutor, coach. — **～ˌleh·re·rin** *f* private teacher, tutoress. — **～lekˌtü·re** *f* private reading. — **～ˌleu·te** *pl* private persons *(od.* people). — **～ˌmann** *m* ⟨-(e)s; ～er *od.* Privatleute⟩ **1.** private person. – **2.** *cf.* Privatier. — **～paˌti·ent** *m,* **～paˌti·en·tin** *f med.* private patient. — **～perˌson** *f* private person. — **～quarˌtier** *n (für die Ferien)* private lodgings *pl (od.* accommodation). — **～ˌrecht** *n jur.* private *(od.* civil) law. — **p～ˌrecht·lich** *adj* under private *(od.* civil) law: ～e Verträge private law contracts. — **～ˌsa·che** *f cf.* Privatangelegenheit. — **～ˌschaˌtul·le** *f (eines Herrschers)* privy purse. — **～ˌschrei·ben** *n cf.* Privatbrief. — **～ˌschu·le** *f* private *(od.* independent) school. — **～seˌkreˌtär** *m,* **～seˌkreˌtä·rin** *f* private secretary. — **～ˌsek·tor** *m* private sector. — **～ˌsphä·re** *f* privacy, private life. — **～ˌspiel** *n (sport) cf.* Freundschaftsspiel. — **～ˌstra·ße** *f* private road. — **～ˌstun·de** *f* private lesson. — **～ˌun·terˌneh·men** *n* **1.** private enterprise *(od.* undertaking). –

2. *econ. cf.* Privatbetrieb. — **～ˌun·ter·ˌneh·mer** *m* private contractor. — **～ˌun·terˌricht** *m* private lessons *pl (od.* tuition, instruction), coaching: j-m ～ geben to give s.o. private lessons, to tutor *(od.* coach) s.o.; ～ nehmen to have *(od.* take) private lessons, *Am. colloq.* to tutor. — **～verˌbrauch** *m* private *(od.* personal) consumption. — **～verˌgnü·gen** *n* private amusement *(od.* pleasure): das ist mein ～ I'm doing this for my own pleasure. — **～verˌmö·gen** *n econ.* private *(od.* personal) property *(od.* capital, means *pl,* assets *pl).* — **～verˌsi·che·rer** *m* private underwriter *(od.* insurer). — **～verˌsi·che·rung** *f* private insurance. — **～ˌwa·gen** *m* private car *(od.* motor verhicle). — **～ˌweg** *m* private road *(od.* path), *Am. auch* private drive(way). — **～ˌwirt·schaft** *f* private economy, (the) private sector. — **p～ˌwirt·schaft·lich** *adj* private-sector *(od.* -enterprise) *(attrib).* — **～ˌwoh·nung** *f* **1.** private rooms *pl (bes. Am.* apartment, *bes. Br.* flat). – **2.** *(Wohnsitz)* private residence. — **～ˌzweck** *m* private *(od.* personal) purpose *(od.* end, object), individual aim.

Pri·vi·leg [priviˈleːk] *n* ⟨-(e)s; -ien [-ɡiən], *auch* -e⟩ **1.** *(des Adels, der Kirche etc)* privilege, prerogative, *Am. auch* franchise. – **2.** *jur. (Sonderrecht)* privilege, immunity, charter, *Am. auch* franchise: Verstoß gegen die ～ien breach of privilege. – **3.** *jur. econ. (Konzession)* a) *Br.* licence, *Am.* license, privilege, patent, b) *(einer Bank)* charter. — **pri·vi·le'gie·ren** [-leˈɡiːrən] *v/t* ⟨*no* ge-, h⟩ **1.** privilege, grant a privilege to. – **2.** *(konzessionieren)* a) license, *Br. auch* licence, b) *(Bank)* charter. — **pri·vi·le'giert** *pp.* — **II** *adj* privileged: ～e Forderung *jur. econ. (bei Konkurs)* privileged *(od.* preferred, preferential) claim *(od.* debt). — **Pri·vi·le·gi·um** [-ɡiʊm] *n* ⟨-s; -gien⟩ *archaic for* Privileg **1.**

pro [proː] **I** *prep* ⟨acc⟩ per: ～ Jahr per year *(od.* annum), annually; ～ Monat per month, monthly; ～ Kopf *(od.* Person) a) per head *(od.* person), each, b) *bes. jur. econ.* per capita *(od.* caput); ～ Nase *colloq.* a head; 2 Mark ～ Stück 2 marks apiece *(od.* each); ～ tausend *(od.* mille) per thousand *(od.* mille); 5 Einwohner ～ qkm 5 inhabitants to the square kilometer *(bes. Br.* kilometre). – **II P～** *n* ⟨-; *no pl*⟩ *only in* das ～ und Kontra the pros and cons *pl.*

pro·ba·bel [proˈbaːbəl] *adj (wahrscheinlich)* probable. — **Pro·ba·bi'lis·mus** [-babiˈlɪsmus] *m* ⟨-; *no pl*⟩ *relig. philos.* probabilism. — **Pro·ba·bi·li'tät** [-babiliˈtɛːt] *f* ⟨-; *no pl*⟩ probability.

pro·bat [proˈbaːt] *adj (bewährt)* (ap)proved, proven, established.

Pro·be ['proːbə] *f* ⟨-; -n⟩ **1.** *(Versuch, Erprobung)* trial, test, *Am. colloq.* tryout: ich habe das nur zur ～ gemacht I was only trying it out. – **2.** *(Probezeit)* probation, trial: j-n auf *(od.* zur) ～ einstellen to employ *(od.* engage) s.o. on probation. – **3.** *(Prüfung, Untersuchung)* test, testing, trial. – **4.** *(Nachprüfung)* verification, check(ing): die ～ machen *bes. math.* to check it *(od.* the result, the solution) back *(od.* over), to verify the result; → Exempel 1. – **5.** *(Bewährungsprobe)* test: j-n auf die ～ stellen to put s.o. to the test *(od.* on trial, *lit.* to the proof), to try s.o.'s mettle *(lit.);* j-s Geduld auf eine harte ～ stellen to tax *(od.* try) s.o.'s patience; er hat die ～ nicht bestanden he did not stand *(od. colloq.* make) the test. – **6.** *(von Handschrift, Schriftmustern etc)* specimen. – **7.** *auch fig. (Kostprobe)* taste, tasting, sample. – **8.** *fig. (Beweis)* proof, evidence: eine ～ seines Könnens [seiner Tapferkeit] ablegen *(od.* liefern) to give proof *(od.* evidence) of one's ability [bravery]. – **9.** *(theater) mus.* a) *(eines Stücks etc)* rehearsal, b) *(Gesangs-, Sprechprobe)* audition. – **10.** *econ. (Warenprobe)* sample, specimen, *(bei Stoffen) auch* pattern: laut ～ as per sample; Kauf nach ～ purchase according to sample; ～ liegt bei a sample is enclosed, enclosed please find a sample. – **11.** *chem. biol.* a) *(Probemenge)* specimen, sample, b) *(Probeexemplar)* assay (sample), sample, specimen, c) *(Prüfung, Analyse)* assay, test: das Resultat der ～ the result of the test, the assay. – **12.** *metall.* a) specimen, sample, b) *(Metall-, Erzprobe)* assay. – **13.** *med. (von Urin etc)* specimen, sample.

'Pro·be|,ab,druck *m print. cf.* Probe-
abzug 1. — ~,ab,zug *m* 1. *print.* proof
(impression *od.* sheet), specimen print. —
2. *phot.* proof, test print. — ~alarm
[-'?a,larm] *m* 1. practice alarm. — 2. (*der
Feuerwehr*) fire drill. — ~,ar·beit *f* 1.
practical test. — 2. proof work, specimen
(of one's work). — 3. *ped.* test (paper). —
~,auf,nah·me *f* 1. (*für einen Film etc*)
screen test: ~n von (*od.* mit) j-m machen
to screen-test s.o. — 2. (*für eine Schallplatte*)
test recording. — ~,auf,trag *m econ.* trial
order. — ~,be,la·stung *f tech. cf.* Prüf-
belastung. — ~,be,stel·lung *f econ.* trial
order. — ~,bi,lanz *f* trial balance. —
~,bo·gen *m print. cf.* Probeabzug 1. —
~,boh·rung *f* (*mining*) trial (*od.* exploratory)
boring. — ~,druck *m print. cf.* Probeabzug 1. — ~,ent,nah·me *f cf.* Probe-
nahme. — ~ex·em,plar *n* 1. *print.* specimen (copy *od.* issue). — 2. *cf.* Muster 8. —
~ex·zi·si·on *f med.* test (*od.* exploratory,
sample) excision, biopsy (*scient.*). — p~-
,fah·ren I *v/t* ⟨*only inf u. pp* probegefahren,
h⟩ (*Wagen*) take (car) for a test drive. —
II *v/i* ⟨*sein*⟩ take a test drive. — ~,fahrt
f 1. (*in Auto*) test drive: eine ~ machen to
take a test drive. — 2. (*auf Schiff*) trial run
(*od.* trip). — ~,film *m* test film, screen test.
— ~,flug *m aer.* test (*od.* trial) flight. —
~,heft *n print.* specimen copy (*od.* issue). —
~,in·zi·si·on *f med.* test (*od.* exploratory,
sample) incision. — ~,jahr *n* year of
probation, probationary year. — ~-
kan·di,dat *m* probationer. — ~,lauf *m*
1. *tech.* (*sport*) trial (*od.* test) run. — 2. ~ im
Prüfstand (*eines Raketenmotors*) captive
firing. — ~,lek·ti,on *f ped.* trial lesson.
prö·beln ['prø:bəln] *v/i* ⟨h⟩ *Swiss* experi-
mentalize.
pro·ben ['pro:bən] I *v/t* ⟨h⟩ 1. (*Theaterstück etc*) rehearse, go over (*colloq.*). —
2. den Aufstand ~ *pol.* to rehearse the
revolt. — II *v/i* 3. rehearse: wir müssen
morgen nochmals ~ we have to rehearse
again tomorrow.
'Pro·be,nah·me *f* ⟨-; -n⟩ sampling, drawing
of samples.
'Pro·ben,ar·beit *f* (*theater*) *mus.* rehearsing.
'Pro·be|,num·mer *f print. cf.* Probe-
exemplar 1. — ~,packung (*getr.* -k·k-) *f*
trial package. — ~,pfeil *m* (*beim Bogenschießen*) sighter arrow. — ~,schie·ßen *n*
mil. trial (*od.* test) firing. — ~,schuß *m mil.*
(*sport*) 1. trial (*od.* test) shot. — 2. (*zur
Visierkontrolle*) sighting shot. — ~,sei·te *f
print.* specimen page. — ~,sen·dung *f econ.*
sample sent on approval. — ~,se·rie *f*
trial (*od.* test) series. — ~,sprung *m* (*sport*)
trial jump. — ~,stoß *m* (*beim Kugelstoßen*)
trial put. — ~,strei·fen *m phot.* test strip.
— ~,stück *n* 1. specimen, sample. — 2. *tech.*
(test) specimen, test piece. — p~,wei·se
adv 1. by way of trial. — 2. for (a) trial. —
3. (*auf Probezeit*) on probation. — ~-
,wurf *m* (*sport*) trial throw. — ~,wür·fel
m civ.eng. cube test specimen. — ~,zeit *f*
1. probation, probationary (*od.* trial,
qualifying, *Am. colloq.* tryout) period:
nach einer ~ von drei Monaten after (*od.*
at the end of) three months' probation. —
2. (*der Mönche u. Nonnen*) novitiate, *auch*
noviciate.
Pro'bier|,bril·le *f* (*optics*) (*Brillenfassung
für Sehprüfungen*) test (*od.* trial) frame. —
~,bril·len,glas *n cf.* test (*od.* trial, neu-
tralizing *Br. auch* -s-) lens.
pro·bie·ren [pro'bi:rən] I *v/t* ⟨no ge-, h⟩
1. (*kosten, schmecken*) taste, sample, try. —
2. (*versuchen*) try, attempt: ~ wir es doch
einmal let's try it, let's give it a try, let's
have a try (*od. colloq.* go at it); er pro-
biert's nur *fig. colloq.* he's just chancing
his arm (*colloq.*). — II P~ *n* ⟨-s⟩ *verbal noun.*
— 4. (*Experimentieren*) experiment: ~ geht
über Studieren (*Sprichwort*) the proof of
the pudding is in the eating (*proverb*), an
ounce of practice is worth a pound of
theory (*proverb*). — 5. *metall.* assay.
Pro'bier|ge,wicht *n metall.* assay weight. —
~,glas *n* 1. taster. — 2. *chem.* test tube. —
~,gold *n metall.* standard gold. — ~,kunst *f*
assaying. — ~,löf·fel *m* assay spoon. —
~,stein *m min.* touchstone, *auch* basanite,
Lydian stone. — ~,stu·be *f* wineshop where
customers can try the wines before ordering.
— ~,waa·ge *f metall.* assay balance.
Pro·blem [pro'ble:m] *n* ⟨-s; -e⟩ problem:
das sind alles ungelöste ~e these are all

---

unsolved problems; ein ~ lösen to solve
a problem; vor einem ~ stehen to face (*od.*
be confronted with) a problem; das ist
doch kein ~! *colloq.* that's no problem at
all!
Pro·ble·ma·tik [proble'ma:tɪk] *f* ⟨-; *no pl*⟩
1. (*fragwürdige Beschaffenheit*) problems
pl, problematic nature: in diesem Punkt
wird die ganze ~ des Vortrags deutlich
this point demonstrates the whole problem-
matic nature of the lecture. — 2. problems
pl, difficulties *pl*. — pro·ble'ma·tisch *adj*
problematic(al).
Pro'blem|,kreis *m* complex of problems.
— p~·los *adj u. adv* without any difficulties
(*od.* problems). — ~,stel·lung *f* 1. formulation of a problem. — 2. problem, task:
die ~ ist folgende the problem is this. —
~,stück *n* (*theater*) thesis (*od.* problem)
play.
'Pro·de,kan *m* (*an deutschen Universitäten*)
vice-dean, *bes. Am.* assistant dean.
Pro·di·ga·li·tät [prodigali'tɛːt] *f* ⟨-; *no pl*⟩
obs. prodigality.
pro do·mo [pro: 'do:mo] *only in* ~ sprechen *lit.* to speak for one's own benefit
(*od.* in one's own interest).
Pro·drom [pro'dro:m] *n* ⟨-s; -e⟩, Pro-
dro'mal·sym,ptom [-dro'ma:l-] *n med.*
prodrome, premonitory symptom.
Pro·dro·mus ['pro:dromus] *m* ⟨-; -men
[pro'dro:mən]⟩ *obs. for* Vorrede, Vorwort[1].
Pro·dukt [pro'dʊkt] *n* ⟨-(e)s; -e⟩ 1. product: ein tierisches [pflanzliches] ~ an
animal [a vegetable] product; landwirtschaftliche ~e agricultural products (*od.*
produce *sg*). — 2. (*Ergebnis*) product,
result: das Werk ist das ~ jahrelanger
Arbeit the work is the result (*od.* outcome)
of several years' work; er ist ein ~ seiner
Zeit he is a product of his time. — 3. *math.*
product, result: das ~ von 3 mal 3 ist 9 the
product of 3 times 3 is 9.
Pro'duk·ten|,bör·se *f econ.* commodity (*od.*
goods, produce) exchange. — ~,han·del *m*
produce trade, trade in agricultural
produce (*od.* products). — ~,händ·ler *m*
dealer in (agricultural) produce (*od.*
products). — ~,markt *m* produce market.
Pro·duk·ti·on [prodʊk'tsi̯o:n] *f* ⟨-; -en⟩
1. (*Herstellung*) production: maschinelle
[handwerkliche] ~ machine [manual]
production. — 2. ⟨*only sg*⟩ (*Menge*) production, output: die ~ steigern [ein-
schränken] to increase [limit *od.* cut down]
(the) output. — 3. ⟨*only sg*⟩ (*Ertrag*) yield. —
4. *colloq.* (*Betrieb*) production end: in der
~ arbeiten (*od.* stehen) to work in the
production end (*od.* on the factory floor).
Pro·duk·ti'ons|,ab,nah·me *f econ. cf.*
Produktionsrückgang. — ~,an,la·ge *f*
production plant (*od.* facilities *pl*). —
~,an,stieg *m* increase in production (*od.*
output), production (*od.* output) increase.
— ~as·si,stent *m* (*film*) assistant executive
producer. — ~,auf,nah·me *f econ.* commencement of production. — ~,auf,wand
m production expenditure. — ~,aus,fall *m*
loss of production. — ~,aus,wei·tung *f*
extension (*od.* expansion) of production. —
~be,reich *m* producing (*od.* production)
line (*od.* sector). — ~be,schrän·kung *f*
restriction (*od.* curtailment, limitation) of
production (*od.* output), output restriction.
— ~be,trieb *m* producing firm. — ~,ein-
rich·tun·gen *pl* production (*od.* productive) facilities (*od.* equipment *sg*). —
~,ein,schrän·kung *f cf.* Produktions-
beschränkung. — ~,ein,stel·lung *f* stoppage (*od.* termination) of production. —
~er,geb·nis *n* production, output. — ~-
er,hö·hung *f cf.* Produktionssteigerung.
— ~,fak·tor *m* production factor. —
p~,för·dernd *adj* ~e Maßnahmen measures for the promotion of production. —
~,gang *m* process of production, production process, phase of production. —
~ge,nos·sen·schaft *f* producers' cooperative (*Br. auch* co-operative): → landwirtschaftlich.
Pro·duk·ti'ons,gü·ter *pl econ.* producer
(*od.* capital) goods. — ~,in·du,strie *f*
producer (*od.* capital) goods industry.
Pro·duk·ti'ons,in·dex *m econ.* production
index. — ~ka·pa·zi,tät *f* production (*od.*
productive) capacity. — ~,ko·sten *pl*
cost *sg* of production, production cost *sg*.
— ~,lei·stung *f* 1. production capacity. —
2. productive (*od.* manufacturing) efficiency.

— 3. output. — ~,lei·ter *m* 1. *econ.* production (*bes. Am.* plant) manager. —
2. (*film*) executive producer. — ~,lei·tung *f*
1. *econ.* production (*od.* plant) management. — 2. (*film*) production, producers *pl*.
— ~,men·ge *f* 1. production, output. —
2. (*bes. der Landwirtschaft*) production. —
3. (*Durchsatz*) throughput. — ~,mit·tel *pl*
capital goods, means of production. —
~pro,zeß *m* process of production, production process. — p~,reif *adj* ready for
production. — ~,rück,gang *m* fall (*od.*
decline, decrease, setback) in production
(*od.* output), falling off of production. —
~,sek·tor *m* production sector, line of
production. — ~,sen·kung *f cf.* Pro-
duktionsbeschränkung. — ~,soll *n* production quota (*od.* target). — ~,stand *m*
level of production (*od.* output). — ~-
,stät·te *f* 1. production center (*bes. Br.*
centre). — 2. manufacturing (*od.* production)
plant. — ~,stei·ge·rung *f* increase in (*od.*
expansion of) production. — ~,über-
,schuß *m* production surplus. — ~,um-
,fang *m*, ~vo,lu·men *n* volume of production. — ~,vor,gang *m cf.* Produktions-
prozeß. — ~,wirt·schaft *f* producing
industry (*od.* industries *pl*). — ~,zen-
trum *n cf.* Produktionsstätte 1. — ~,zif·fer
f production (*od.* output) figure (*od.* rate). —
~,zweig *m* line of production.
pro·duk·tiv [prodʊk'ti:f] *adj* 1. *econ.*
productive. — 2. *fig.* (*schöpferisch*) productive, prolific, fertile. — Pro·duk·ti·vi-
'tät [-tivi'tɛːt] *f* ⟨-; *no pl*⟩ 1. *econ.* productivity, productiveness. — 2. *fig.* productivity, productiveness, *auch* prolificacy,
prolificness, prolificity, fertility.
Pro·duk·ti·vi'täts|,gren·ze *f econ.* pro-
ductivity limit (*od.* ceiling). — ~,ren·te *f*
productivity-linked pension. — ~,stei·ge-
rung *f*, ~,zu,wachs *m* increase in (*od.* rise
of) productivity.
Pro·duk·tiv|,kräf·te *pl econ.* productive
resources. — ~,wert *m* productivity value.
Pro·du·zent [produ'tsɛnt] *m* ⟨-en; -en⟩
1. *econ.* a) producer, (*Hersteller*) manufacturer, maker, b) (*von landwirtschaftlichen
Erzeugnissen*) grower. — 2. (*film*) producer.
Pro·du'zen·ten,preis *m econ.* producer
price.
pro·du·zie·ren [produ'tsi:rən] I *v/t* ⟨no
ge-, h⟩ 1. *econ.* a) produce, turn out, (*herstellen*) manufacture, make, b) (*landwirtschaftliche Erzeugnisse*) grow. — 2. (*Film
etc*) produce. — 3. Beweismaterial ~ *jur.* to
furnish (*od.* produce) evidence. — II *v/i*
4. wir ~ viel billiger als unsere Konkurrenz we manufacture goods much
cheaper than our rival firms. — III *v/reflex*
sich ~ 5. (*auftreten*) perform. — 6. *contempt.*
make a big show, show off, make a big
show (*od.* an exhibition) of oneself.
pro·fan [pro'fa:n] *adj* 1. (*weltlich*) profane,
secular. — 2. (*alltäglich*) everyday (*attrib*),
common, trivial. — Pro·fa·na·ti·on [-fana-
'tsi̯o:n] *f* ⟨-; -en⟩ profanation, (*stärker*)
sacrilege, desecration, pollution.
Pro'fan,bau *m* secular (*od.* civic, profane)
building.
Pro'fa·ne[1] *m* ⟨-n; -n⟩ *relig.* uninitiated
person, layman, outsider.
Pro'fa·ne[2] *f* ⟨-n; -n⟩ *relig.* uninitiated
woman, laywoman, outsider.
pro·fa·nie·ren [profa'ni:rən] I *v/t* ⟨no ge-,
h⟩ 1. profane, desecrate, pollute. — II P~ *n*
⟨-s⟩ *verbal noun.* — 3. Profanation. —
Pro·fa'nie·rung *f* ⟨-; -en⟩ *cf.* Profanation. — Pro·fa·ni'tät [-ni'tɛːt] *f* ⟨-;
no pl⟩ profanity, profaneness, secularity.
Pro·feß[1] [pro'fɛs] *m* ⟨-ssen; -ssen⟩ *röm.
kath.* professed monk.
Pro·feß[2] *f* ⟨-; -sse⟩ *röm.kath.* profession:
~ leisten to profess.
Pro·fes·si·on [profɛ'si̯o:n] *f* ⟨-; -en⟩ *obs.
for* Beruf 1, 2, Gewerbe 1, 4.
Pro·fes·sio·nal [profɛsi̯o'na:l; pro'fɛʃənəl] *m*
⟨-s; -e [profɛsi̯o'na:lə], -s [pro'fɛʃənəls]⟩
(*sport*) professional.
Pro·fes·sio·na·lis·mus [profɛsi̯ona'lɪsmus]
m ⟨-; *no pl*⟩ professionalism.
pro·fes·sio·nell [profɛsi̯o'nɛl] *adj* (*Sport
etc*) professional.
Pro·fes·sio·nist [profɛsi̯o'nɪst] *m* ⟨-en;
-en⟩ *Austrian od. dial. for* a) Facharbeiter 1,
b) Handwerker.
Pro·fes·sor [pro'fɛsor] *m* ⟨-s; -en [-'soːrən]⟩
1. professor: ordentlicher ~ professor, *Am.
auch* full professor; außerordentlicher ~

Br. reader, Am. associate professor; ~ der Medizin professor of medicine; ein zerstreuter ~ colloq. humor. an absentminded professor. – **2.** Bavarian and Austrian for Gymnasiallehrer.

pro·fes·so·ral [profɛso'raːl], **pro·fes'so·ren·haft** adj professorial.

Pro·fes'so·ren·kol,le·gi·um n, **Pro·fes'so·ren·schaft** f ‹-; no pl› professoriat(e), professorate, Am. auch faculty of (full) professors.

Pro·fes'so·ren,ti·tel m title of (a) professor.

Pro·fes'so·rin f ‹-; -nen› professor.

Pro·fes'sur [profɛ'suːr] f ‹-; -en› professorship, professor's (od. professorial) chair, chair: ordentliche ~ (full) professorship; j-m eine ~ übertragen to appoint s.o. to a professorship; eine ~ innehaben to hold a (professor's) chair.

Pro·fi ['proːfi] m ‹-s; -s› (sport) colloq. pro (colloq.), professional.

Pro·fil [pro'fiːl] n ‹-s; -e› **1.** profile, side (od. half) face: ein markantes ~ a striking profile; j-n im ~ malen to paint s.o. in profile; verlorenes ~ (art) quarter face. – **2.** (Umrißlinie) profile, contour, silhouette. – **3.** (Kerbung) profile, (von Reifen) auch tread: das ~ ist völlig abgefahren the profile is worn completely thin. – **4.** tech. a) (Querschnitt) profile, (cross) section, b) (Umriß) contour, outline, profile, c) (Raumform) shape, form. – **5.** geol. profile, section. – **6.** aer. wing section. – **7.** fig. personality: ein Mann von ~ a man with personality (od. of character); der Minister hat kein ~ the minister lacks personality; ~ gewinnen to gain personality. — **~,draht** m tech. section(al) (od. shaped) wire. — **~,ei·sen** n metall. cf. Profilstahl. — **~,form** f profile. — **~,frä·ser** m tech. profile cutter.

pro·fi·lie·ren [profi'liːrən] I v/t ‹no ge-, h› **1.** profile, form, shape. – **2.** (Reifen etc) provide (s.th.) with a profile (od. tread). – **3.** tech. profile, form, contour, shape. – II v/reflex sich ~ **4.** gain personality, (von Politiker) auch gain status. – III P~ n ‹-s› **5.** verbal noun. — **pro·fi'liert** I pp. – II adj **1.** (Persönlichkeit etc) prominent, distinguished, having class: der Künstler ist für diese Aufgabe nicht ~ genug the artist doesn't have the necessary class for this task. – **2.** (scharf umrissen) clear-cut, clearly defined, salient: ~e politische Zielsetzung clear-cut political objectives. — **Pro·fi'lie·rung** f ‹-; -en› cf. Profilieren.

Pro'fil|neu,ro·se f fig. colloq. image neurosis. — **~,rei·fen** m nonskid tire, bes. Br. non-skid tyre. — **~,schlei·fen** n tech. profile grinding. — **~,soh·le** f profiled sole. — **~,stahl** m metall. section(al) (od. structural) steel. — **~,tie·fe** f (eines Reifens) depth of profile. — **~,trä·ger** m tech. structural (od. sectional) girder.

Pro·fit [pro'fiːt] m ‹-(e)s; -e› profit, gain: ~ machen (od. haben) to make a profit; ohne ~ arbeiten to work without profit; sehr auf ~ bedacht sein (od. colloq. aussein) to have an eye to (od. to be out for) profit; aus einer Situation ~ ziehen (od. colloq. herausschlagen) fig. to turn a situation to (one's) profit (od. advantage, benefit), to take advantage of a situation.

pro·fi·ta·bel [profi'taːbəl], **pro'fit,brin·gend** adj profitable, (stärker) lucrative.

Pro'fit·chen n ‹-s; -› **1.** small profit, cut (colloq.), penny on the side (colloq.). – **2.** (für Kerzen) candlestick point.

Pro'fit|,gier f avidity, cupidity, moneygrubbing, Br. money-grubbing. — **p~,gie·rig** adj profit-seeking, moneygrubbing, Br. money-grubbing.

pro·fi·tie·ren [profi'tiːrən] v/i u. v/t ‹no ge-, h› auch fig. (von, bei) profit (by, from), gain (by), capitalize ([up]on): davon kann ich nichts ~ I won't gain anything by (od. get anything out of) it; dabei kann er nur ~ he has everything to gain, he only stands to gain.

Pro'fit|,jä·ger, **~,ma·cher** m contempt. profit hunter, profiteer.

Pro,fit·ma·che'rei f ‹-; no pl› contempt. profiteering.

pro for·ma [proː 'fɔrma] adv **1.** (der Form halber) pro forma, as a matter of form: er muß nur noch ~ zustimmen he has to assent merely as a matter of form. – **2.** (nur zum Schein) pro forma, as a matter of form, for the sake of appearance, for (od. to keep up)

---

appearance(s), for appearance's sake, for the look of it (colloq.).

Pro'for·ma|,rech·nung [pro'fɔrma-] f econ. pro forma invoice. — **~,ver,kauf** m pro forma sale. — **~,wech·sel** m **1.** pro forma bill. – **2.** (Gefälligkeitswechsel) accommodation bill (od. draft).

Pro·fos [pro'foːs] m ‹-es u. -en; -e(n)› hist. provost.

pro·fund [pro'funt] adj (Kenntnisse, Wissen etc) profound.

pro·fus [pro'fuːs] adj bes. med. profuse.

Pro·ge·nie [proge'niː] f ‹-; no pl› med. prognathous (od. prognathic) chin, prognathism, progenia.

Pro·ge·ni·tur [progeni'tuːr] f ‹-; -en› (Nachkommenschaft) progeniture.

Pro·glot·tid [proglɔ'tiːt] m ‹-en; -en› zo. (Bandwurmglied) proglottid, proglottis, segment.

Pro·gna·thie [progna'tiː] f ‹-; no pl› med. prognathism, auch prognathy.

Pro·gno·se [pro'gnoːzə] f ‹-; -n› **1.** prognosis, prediction, prognostication: (über acc etwas) eine ~ stellen to make a prognosis (of s.th.). – **2.** med. prognosis, prognostication. – **3.** bes. meteor. forecast.

Pro·gno·sti·kon [pro'gnɔstikɔn], **Pro'gno·sti·kum** [-kʊm] n ‹-s; -stiken u. -stika [-ka]› auch med. prognostic(ation).

pro'gno·stisch [-tɪʃ] adj prognostic(al). — **pro·gno·sti'zie·ren** [-ti'tsiːrən] v/t u. v/i ‹no ge-, h› prognosticate.

Pro·gramm [pro'gram] n ‹-s; -e› **1.** program, gram, bes. Br. programme: verschiedene Punkte des ~s mußten gestrichen werden various items on the program(me) had to be cancel(l)ed; olympisches ~ Olympic program(me); ein ~ aufstellen to set up a program(me); ein ~ steht nicht auf unserem ~ fig. colloq. that is not on our program(me); das paßt gar nicht in mein ~ fig. that does not suit me at all; was steht heute auf dem ~? fig. colloq. what's the program(me) for today? – **2.** (Programmzettel) program, bes. Br. programme, Am. playbill: das ~ kostet 50 Pfennig the program costs (od. is) 50 pfennigs. – **3.** (Zeitplan) schedule. – **4.** (Fernsehkanal) channel, program, bes. Br. programme: erstes [zweites] ~ first [second] program(me). – **5.** (einer Partei) program, bes. Br. programme, bes. Am. platform. – **6.** tech. (eines Computers etc) program, bes. Br. programme: ~ in Maschinensprache (computer) object program(me). – **7.** tech. (einer Waschmaschine etc) cycle. — **~,ab,sa·ge** f (radio) telev. back (od. closing) announcement. — **~,än·de·rung** f change of program(me). — **~,an,sa·ge** f (radio) telev. presentation announcement. — **~,an,zei·ger** m program(me) announcement (board).

pro'gram·mä·ßig (getr. -mm,m-) adv cf. programmgemäß.

pro·gram·ma·tisch [progra'maːtɪʃ] adj programmatic: eine ~e Erklärung abgeben to make a programmatic statement; eine ~e Rede a programmatic speech, Am. pol. a keynote address (od. speech).

Pro'gramm|,aus,wahl f choice of program(me). — **~,bei,rat** m (radio) telev. program(me) committee. — **~,di,rek·tor** m program(me) director. — **~,durch,lauf** m (computer) run. — **~,ein,blen·dung** f telev. program(me) insert. — **~,ele,ment** n (computer) program(me) item. — **p~ge,mäß** adv according to plan (od. schedule), without a hitch (colloq.). — **~ge,stal·tung** f program(me)ing. — **p~ge,steu·ert** adj tech. (computer) program(me)-controlled. — **~,heft** n cf. Programm 2.

Pro·gram'mier|,ein,rich·tung f (computer) program(m)ing device.

pro·gram·mie·ren [progra'miːrən] (computer) I v/t ‹no ge-, h› program, bes. Br. programme. – II P~ n ‹-s› verbal noun.

Pro·gram'mie·rer m ‹-s; -› (computer) programmer.

Pro·gram'mier|,spra·che f (computer) program(m)ing language. — **~,sy,stem** n program(m)ing system.

pro·gram'miert I pp. – II adj (computer) (Stopp, Prüfung etc) program(m)ed: ~er Unterricht program(me)d instruction.

Pro·gram'mie·rung f ‹-; -en› (computer) cf. Programmieren.

Pro·gram'mie·rungs|,feh·ler m (computer) program(m)ing mistake. — **~,me,tho·de** f program(m)ing method.

Pro'gramm,lei·ter m (radio) telev. cf. Programmdirektor.

Pro'gramm|,punkt m **1.** item. – **2.** pol. item, plank. — **~,schritt** m (computer) program(me) step. — **~,spei·cher** m program(me) store. — **~,steu·er** m program(me) control. — **~,ta·ste** f **1.** (eines Fernsehers etc) channel selector switch (od. button). – **2.** (eines Geschirrspülers etc) cycle setting button.

Pro'gramm,mu·sik (getr. -mm·m-) f mus. program music (bes. Br. programme).

Pro'gramm|,vor,schau f **1.** preview of forthcoming program(me)s. – **2.** (im Fernsehen) program(me) parade. – **3.** (im Kino) trailer. — **~,wahl** f (eines Fernsehers etc) choice of program(me). — **~,wäh·ler** m (radio) telev. program(me) selector. — **~,wech·sel** m change of program(me), program(me) change. [progress.]

Pro·greß [pro'grɛs] m ‹-sses; -sse›

Pro·gres·si·on [progrɛ'sioːn] f ‹-; -en› bes. math. progression: arithmetische ~ arithmetic progression; geometrische ~ geometric progression (od. series).

Pro·gres·sist [progrɛ'sɪst] m ‹-en; -en› pol. progressive, progressist.

pro·gres·siv [progrɛ'siːf] adj auch econ. pol. med. progressive.

Pro·gres'siv|,lohn m econ. progressive wage rate. — **~,steu·er** f progressive tax.

'Pro,gym·na·si·um n ped. six-form secondary school emphasizing the study of Latin and Greek.

pro·hi·bie·ren [prohi'biːrən] v/t ‹no ge-, h› obs. prohibit. — **Pro·hi·bi·ti·on** [-bi'tsioːn] f ‹-; -en› **1.** obs. prohibition. – **2.** ‹only sg› pol. hist. (Alkoholverbot) prohibition. — **Pro·hi·bi·tio'nist** [-bitsio'nɪst] m ‹-en; -en› prohibitionist.

pro·hi·bi·tiv [prohi'biːf] adj prohibitive.

Pro·hi·bi'tiv|,maß,re·gel f econ. prohibitive measure. — **~,sy,stem** n prohibitive system. — **~,zoll** m prohibitive duty.

Pro·jekt [pro'jɛkt] n ‹-(e)s; -e› project, scheme: dieses ~ ist nicht durchführbar this scheme is not feasible.

Pro'jek·ten,ma·cher m colloq. planner, projector, designer.

pro·jek·tie·ren [projɛk'tiːrən] I v/t ‹no ge-, h› project, scheme. – II P~ n ‹-s› verbal noun. — **Pro·jek'tie·rung** f ‹-; -en› **1.** cf. Projektieren. – **2.** cf. Projekt.

Pro·jek·til [projɛk'tiːl] n ‹-s; -e› mil. projectile.

Pro·jek·ti·on [projɛk'tsioːn] f ‹-; -en› **1.** math. geogr. projection. – **2.** phot. projection, projected image. – **3.** psych. projection; ~ von Gefühlen projection of emotions. – **4.** (bes. in der Statistik) projection.

Pro·jek·ti·ons|ap·pa,rat m phot. cf. Projektor. — **~,bild** n **1.** projection, projected image. – **2.** (Diapositiv) lantern slide. — **~,ebe·ne** f bes. math. projection plane. — **~,flä·che** f phot. (film) **1.** projection area. – **2.** (Leinwand) (projection) screen. — **~,lam·pe** f projection lamp. — **~,raum** m **1.** projection room. – **2.** (im Kino) projection booth. — **~,röh·re** f telev. projection tube (bes. Br. valve). — **~,schirm** m phot. cf. Projektionsfläche 2. — **~,tech·nik** f psych. projective technique. — **~,wand** f (film) (projection) screen, bes. Am. silver screen.

Pro·jek·tor [pro'jɛktər] m ‹-s; -en [-'toːrən]› phot. (film) projector.

pro·ji·zie·ren [proji'tsiːrən] I v/t ‹no ge-, h› **1.** (Photos, Filme etc) project (s.th.) (onto a screen). – **2.** math. project. – **3.** psych. (Gefühle) (auf acc [up]on) project. – II P~ n ‹-s› **4.** verbal noun. – **5.** projection.

Pro·kla·ma·ti·on [proklama'tsioːn] f ‹-; -en› proclamation.

pro·kla·mie·ren [prokla'miːrən] I v/t ‹no ge-, h› proclaim. – II P~ n ‹-s› verbal noun. — **Pro·kla'mie·rung** f ‹-; -en› **1.** cf. Proklamieren. – **2.** cf. Proklamation.

Pro·kli·se [pro'kliːzə] f ‹-; -n›, **Pro·kli·sis** ['proːklizɪs] f ‹-; -klisen [pro'kliːzən]› ling. proclisis.

Pro·kli·ti·kon [pro'kliːtikɔn] n ‹-s; -tika [-ka]› ling. proclitic (word). — **pro'kli·tisch** [-tɪʃ] adj proclitic.

'Pro,kon·sul m hist. proconsul. — **'Pro,kon·su,lat** n proconsulate, proconsulship.

Pro-'Kopf-,Ein,kom·men [pro-] n econ. income per head (od. person, capita), per capita income. — **~-Ver|brauch** *m* per capita consumption.

Pro'kru·stes|bett [pro'krʊstes-] *n myth.* *auch fig.* Procrustean (*od.* Procrustes) bed, *auch* procrustean (*od.* procrustes) bed.

Prokt·al·gie [prɔktal'giː] *f* ‹-; -n [-ən]› *med.* proctalgia, proctodynia.

Prok·ti·tis [prɔk'tiːtɪs] *f* ‹-; -tiden [-ti'tiːdən]› proctitis.

Prok·to·lo·gie [prɔktolo'giː] *f* ‹-; no pl› *med.* proctology.

Pro·ku·ra [pro'kuːra] *f* ‹-; -kuren› *jur. econ.* (limited) power of attorney.

Pro·ku·ra·tor [-ku'raːtər] *m* ‹-s; -en [-kura'toːrən]› *relig. jur. hist.* procurator.

Pro·ku·rist [proku'rɪst] *m* ‹-en; -en› *econ.* authorized (*Br. auch* -s-) signatory, proxy.

Pro·laps [pro'laps] *m* ‹-es; -e›, **Pro·lap·sus** [-psʊs] *m* ‹-; -› *med.* prolapse, prolapsus, procidence.

Pro·lep·se [pro'lɛpsə] *f* ‹-; -n›, **Pro·lep·sis** [pro'lɛpsɪs; 'proːlɛpsɪs] *f* ‹-; -lepsen [pro'lɛpsən]› *ling.* prolepsis. — **pro·'lep·tisch** [-tɪʃ] *adj* proleptic, *auch* proleptical.

Pro·let [pro'leːt] *m* ‹-en; -en› **1.** *contempt. for* Proletarier. – **2.** *fig. colloq.* pleb (*colloq.*). — **Pro·le·ta·ri·at** [-leta'riaːt] *n* ‹-(e)s; -e› proletariat, *auch* proletariate: das geistige ~ *fig.* the intellectual plebs. — **Pro·le·ta·ri·er** [-le'taːriər] *m* ‹-s; -› proletarian. — **pro·le·ta·risch** [-le'taːrɪʃ] *adj* proletarian. — **pro·le·ta·ri·sie·ren** [-letari'ziːrən] **I** *v/t* ‹no ge-, h› reduce (*s.o.*) to the status of a proletarian, *auch* proletarianize, proletarize. – **II P~** *n* ‹-s› *verbal noun.* — **Pro·le·ta·ri·sie·rung** *f* ‹-; no pl› **1.** *cf.* Proletarisieren. – **2.** proletarianization, proletarization.

pro·le·ten·haft *adj colloq.* plebeian, *auch* plebian.

Pro·li·fe·ra·ti·on *f* ‹-; -en› **1.** [prolifera'tsioːn] *med.* (Wucherung) proliferation. – **2.** ‹only sg› [proʊlɪfə'reɪʃən] (*Engl.*) *pol.* (von Atomwaffen) proliferation.

pro·li·fe·rie·ren [prolife'riːrən] *v/i* ‹no ge-, sein› *med. biol.* proliferate.

Pro·log [pro'loːk] *m* ‹-(e)s; -e› prologue, *auch* prolog: einen ~ sprechen to prolog(u)ize *Br. auch* -s-.

Pro·lon·ga·ti·on [prolɔŋga'tsioːn] *f* ‹-; -en› **1.** *econ.* a) (eines Wechsels etc) prolongation, b) (beim Termingeschäft) carry-over, continuation, c) (Kreditverlängerung) extension. – **2.** (eines Films) extended run.

Pro·lon·ga·ti·ons|ge,bühr *f econ.* continuation (*od.* contango) rate. — **~ge,schäft** *n* prolongation (*od.* contango) business. — **~wech·sel** *m* prolongation (*od.* renewal) bill.

pro·lon·gie·ren [prolɔŋ'giːrən] **I** *v/t* ‹no ge-, h› *econ.* **1.** (Wechsel etc) prolong, renew. – **2.** (an der Börse) carry over, continue. – **3.** (Kredit) extend. – **II P~** *n* ‹-s› **4.** *verbal noun.* — **Pro·lon'gie·rung** *f* ‹-; -en› **1.** *cf.* Prolongieren. – **2.** *cf.* Prolongation.

Pro·me·na·de [prome'naːdə] *f* ‹-; -n› **1.** (Spazierweg) promenade, esplanade, *bes. Br.* parade; *bes. Am.* avenue, alameda. – **2.** (Spaziergang) promenade, walk, stroll.

Pro·me'na·den|,deck *n mar.* promenade (deck). — **~kon,zert** *n mus.* promenade (concert). — **~mi·schung** *f colloq. humor.* mongrel, *bes. Am.* Heinz fifty-seven dog. — **~weg** *m cf.* Promenade 1.

pro·me·nie·ren [prome'niːrən] *v/i* ‹no ge-, h u. sein› *lit.* promenade, (take a) walk, (take a) stroll.

Pro·mes·se [pro'mɛsə] *f* ‹-; -n› **1.** *econ. jur.* promissory note. – **2.** *econ.* a) (von Wertpapieren etc) written promise to effect delivery, b) (Zwischenlos bei Losanleihen) interim lot.

Pro·me·theus [pro'meːtɔys] *npr m* ‹-; no pl› *myth.* Prometheus.

Pro·me·thi·um [pro'meːtiʊm] *n* ‹-s; no pl› *chem.* promethium (Pm).

Pro·mil·le [pro'mɪlə] *n* ‹-(s); -› **1.** per thousand, per mill, *auch* per mille, per mil, pro mille. – **2.** *colloq.* pro mille content: er hatte 1,3 ~ he had a pro mille content of 1.3. — **~ge,halt** *m* pro mille content. — **~gren·ze** *f med. jur.* blood-alcohol level up to which a person is allowed to drive. — **~sün·der** *m colloq.* driver exceeding the 'Promillegrenze'.

pro·mi·nent [promi'nɛnt] *adj* prominent,

outstanding, notable: eine ~e Persönlichkeit an outstanding personality. — **Pro·mi·nen·te** *m, f* ‹-n; -n; -n› prominent person, celebrity, *Am. colloq.* socialite. — **Pro·mi·nenz** [-'nɛnts] *f* ‹-; no pl› notables *pl*, celebrities *pl*.

Pro·mis·kui·tät [promɪskui'tɛːt] *f* ‹-; no pl› **1.** *cf.* Vermischung. – **2.** *auch zo.* (regellose Partnerwahl) promiscuity, promiscuousness.

Pro·mit·tent [promɪ'tɛnt] *m* ‹-en; -en› *jur. obs.* promisor, promiser. — **pro·mit·'tie·ren** [-'tiːrən] *v/i* ‹no ge-, h› *obs.* promise.

Pro·mon·to·ri·um [promɔn'toːriʊm] *n* ‹-s; -rien› *med.* promontory.

Pro·mo·ter [pro'moːtər] *m* ‹-s; -› (sport) promoter.

Pro·mo·ti·on [promo'tsioːn] *f* ‹-; -en› awarding (*od.* conferment) of a doctorate.

pro·mo·vie·ren [promo'viːrən] **I** *v/i* ‹no ge-, h› attain (*od.* obtain) a (*od.* one's) doctorate. – **II** *v/t* j-n (zum Doktor) ~ to award a doctorate to s.o., to confer (*od.* bestow) a doctorate on s.o.

prompt [prɔmpt] **I** *adj* ‹attrib› **1.** (Erledigung, Abfertigung etc) prompt. – **2.** (Antwort etc) quick, ready. – **II** *adv* **3.** promptly: ~ antworten [kommen] to answer [to come] promptly (*od.* like a shot); wir haben ihm eine Falle gestellt, und er ist auch ~ hineingefallen *fig. colloq.* we laid a trap for him and he walked right (*od.* fell straight) into it.

'Prompt·ge,schäft *n econ.* (an der Warenbörse) cash dealing, spot transaction.

'Prompt·heit *f* ‹-; no pl› **1.** promptness, promptitude. – **2.** (einer Antwort) quickness, readiness.

Pro·mul·ga·ti·on [promʊlga'tsioːn] *f* ‹-; -en› *pol.* promulgation. — **pro·mul·'gie·ren** [-'giːrən] *v/t* ‹no ge-, h› (Gesetze etc) promulgate.

Pro·no·men [pro'noːmən] *n* ‹-s; - u. -nomina [-mina]› *ling.* pronoun.

pro·no·mi·nal [pronomi'naːl] *adj ling.* pronominal. — **P~,ad·jek·tiv** *n* pronominal adjective. — **P~,ad,verb** *n* pronominal adverb.

pro·non·cie·ren [pronõ'siːrən] *v/t* ‹no ge-, h› *obs.* pronounce. — **pro·non'ciert I** *pp.* – **II** *adj* pronounced: ~e Eleganz pointed (*od.* pronounced) elegance.

Pro·ömi·um [pro'ˀøːmiʊm] *n* ‹-s; -mien› (literature) proem, prooemium, *auch* proemion.

Pro·pä·deu·tik [prope'dɔytɪk] *f* ‹-; no pl› *ped.* propaedeutic, grounding, preparatory instruction. — **pro·pä'deu·tisch** *adj* propaedeutic.

Pro·pa·gan·da [propa'ganda] *f* ‹-; no pl› **1.** *pol.* propaganda: ~ für etwas machen (*od.* treiben) to propagate (*od.* propagandize, agitate for) s.th. – **2.** *econ.* (Werbung) publicity, advertising, *auch* advertizing, sales promotion. — **~feld,zug** *m* **1.** *pol.* propaganda campaign. – **2.** *econ.* publicity (*od.* advertising, *auch* advertizing) campaign. — **~film** *m pol.* propaganda film. — **~lei·ter** *m* publicity director, propaganda manager. — **~,mär·chen** *n* propaganda story. — **~mi·ni,ste·ri·um** *n pol.* ministry of propaganda, propaganda ministry. — **~mit·tel** *n* means *pl* (construed as sg or pl) of propaganda. — **~schrift** *f* propaganda pamphlet (*od.* sheet).

pro·pa·gan·die·ren [propagan'diːrən] *v/t* ‹no ge-, h› rare for propagieren. — **Pro·pa·gan'dist** [-'dɪst] *m* ‹-en; -en› *bes. pol.* propagandist. — **pro·pa·gan'di·stisch** *adj* propagandist(ic).

Pro·pa·ga·ti·on [propaga'tsioːn] *f* ‹-; no pl› *bes. biol.* propagation.

pro·pa·gie·ren [propa'giːrən] *v/t* ‹no ge-, h› **1.** *bes. pol.* propagate, propagandize. – **2.** *bes. econ.* publicize, advertise, *auch* advertize.

Pro·pan [pro'paːn] *n* ‹-s; no pl›, **~gas** *n chem.* propane ($CH_3CH_2CH_3$).

Pro·pel·ler [pro'pɛlər] *m* ‹-s; -› **1.** *aer.* (Luftschraube) propeller, *auch* propellor, *bes. Br.* airscrew, prop (*colloq.*). – **2.** *mar.* (screw) propeller (*auch* propellor), prop (*colloq.*). — **~,an,trieb** *m only in* Maschine mit ~ *cf.* Propellerflugzeug. — **~,blatt** *n*, **~flü·gel** *m* **1.** *aer.* propeller (*bes. Br.* airscrew) blade. – **2.** *mar.* propeller blade. — **~flug,zeug** *n*, **~ma,schi·ne** *f aer.* propeller- (*bes. Br.* airscrew-)driven plane. — **~,na·be** *f* propeller hub. — **~,schlit·ten**

m propeller-driven toboggan *od.* (sled). — **~,schub** *m tech.* propeller thrust. — **~tur,bi·ne** *f*, **~tur,bi·nen,werk** *n aer.* propeller turbine engine, turbo-propeller (*od.* turboprop) engine. — **~,wind** *m* (propeller) slipstream.

pro·per ['prɔpər] *adj colloq.* tidy, neat.

P~ge,schäft *n econ.* dealing for one's own account.

Pro·phet [pro'feːt] *m* ‹-en; -en› prophet: der ~ gilt nichts in seinem Vaterlande (*Sprichwort*) a prophet is not without hono(u)r save in his own country (*Bibl.*); ich bin doch kein ~! *colloq. humor.* I can't prophesy; → Bart 1.

Pro·phe·ten,ga·be *f* gift of prophecy.

Pro·phe·tie [profe'tiː] *f* ‹-; -n [-ən]› *cf.* Weissagung.

Pro·phe·tin *f* ‹-; -nen› prophetess.

pro·phe·tisch *adj* prophetic, fatidic(al), vatic, vaticinal.

pro·phe·zei·en [profe'tsaɪən] **I** *v/t* ‹no ge-, h› **1.** prophesy, *auch* prophecy. – **2.** (voraussagen) predict, foretell, portend, presage. – **II P~** *n* ‹-s› **3.** *verbal noun.* — **Pro·phe·'zei·ung** *f* ‹-; -en› **1.** *cf.* Prophezeien. – **2.** prophecy, *auch* prophesy. – **3.** prediction, presagement.

Pro·phy·lak·ti·kum [profy'laktikʊm] *n* ‹-s; -tika [-ka]› *med. pharm.* prophylactic, preventive. — **pro·phy'lak·tisch** [-tɪʃ] *adj* (Maßnahmen, Mittel etc) prophylactic, preventive. — **Pro·phy'la·xe** [-'laksə] *f* ‹-; -n› prophylaxis, prevention.

Pro·po·nent [propo'nɛnt] *m* ‹-en; -en› *obs.* for Antragsteller 3.

Pro·por·ti·on [propɔr'tsioːn] *f* ‹-; -en› **1.** proportion: gute ~en haben *fig. colloq.* to be well proportioned. – **2.** *math.* proportion, balance. — **pro·por·tio·nal** [-tsio'naːl] **I** *adj* proportional: umgekehrt ~ zu inversely proportional to, in inverse ratio to. – **II** *adv* proportionally, in proportions. — **Pro·por·tio'na·le** *f* ‹-; -n› *math.* proportional: mittlere ~ a) mean proportional, b) (geometrisches Mittel) geometric mean. — **Pro·por·tio·na·li·tät** [-tsionali'tɛːt] *f* ‹-; no pl› proportionality. — **Pro·por·tio'nal|,steu·er** *f econ.* proportional tax. — **~,wahl** *f pol. cf.* Verhältniswahl. — **pro·por·tio·niert** [propɔrtsio'niːrt] *adj* proportioned: gut ~ sein to be well proportioned.

Pro·por·ti·ons,glei·chung *f math. cf.* Proportion 2.

Pro·porz [pro'pɔrts] *m* ‹-es; -e› *bes. Austrian and Swiss pol. for* Verhältniswahlsystem. — **~,wahl** *f bes. Austrian and Swiss pol. for* Verhältniswahl.

Pro·po·si·ti·on [propozi'tsioːn] *f* ‹-; -en› *obs. for* Vorschlag 1, Antrag 4.

'prop·pen'voll ['prɔpən-] *adj colloq.* packed, crammed full.

Pro·prä·tor [pro'prɛːtor] *m* ‹-s; -en [-prɛ-'toːrən]› *antiq.* propraetor.

pro·pre ['proːpər] *adj colloq. cf.* proper.

Pro·pre·tät [proprə'tɛːt] *f* ‹-; no pl› *obs. od. dial. for* Reinlichkeit, Sauberkeit.

Pro·pri·um mis·sae ['proːprium 'mɪsɛ] *n* ‹-; no pl› *röm.kath.* Proper of the Mass.

Propst [proːpst] *m* ‹-(e)s; ᵘe› *relig.* provost. — **Prop·stei** *f* ‹-; -en› **1.** (Amt) provostry, provostship. – **2.** (Bezirk) provost's district.

pro·pul·siv [propʊl'ziːf] *adj med.* propulsive.

Pro·py·lä·en [propy'lɛːən] *pl arch.* propylaea.

Pro·py·len [propy'leːn] *n* ‹-s; no pl› *chem.* propylene, propene ($CH_3CH = CH_2$).

pro ra·ta (par·te) [proː 'raːta ('partə)] *adv econ.* pro rata, in proportion.

pro 'ra·ta 'tem·po·ris ['tɛmpɔrɪs] *adv econ.* pro rata temporis.

'Pro,rek·tor *m ped.* (einer Universität) *Am.* prorector, vice-president, *Br.* vice-chancellor. — **'Pro·rek·to,rat** *n Am.* prorectorate, vice-presidency, *Br.* vice-chancellorship.

Pro·ro·ga·ti·on [proroga'tsioːn] *f* ‹-; -en› *pol. jur.* **1.** (Aufschub) prorogation, postponement. – **2.** (Verlängerung) extension. — **pro·ro·gie·ren** [-'giːrən] *v/t* ‹no ge-, h› **1.** (aufschieben) prorogue, postpone. – **2.** (verlängern) extend.

Pro·sa ['proːza] *f* ‹-; no pl› **1.** (literature) prose: Poesie und ~ poetry and prose; ~ schreiben to write in prose; gereimte ~ *contempt.* rhyming prose. – **2.** *fig.* (Nüchternheit) prose, ordinariness, matter-of-factness. — **Pro·sai·ker** [pro'zaːikər] *m*

⟨-s; -⟩ **1.** cf. Prosaist. – **2.** fig. prosaic person, prosaist. — **pro·sa·isch** [pro'za:ıʃ] **I** adj **1.** (in Prosa) prose (attrib). – **2.** fig. (Person) prosaic(al); down-to-earth, matter-of-fact (attrib). – **3.** fig. (Sache) commonplace, prosy, prosaic(al). – **II** adv **4.** prosaically. — **Pro·sa·ist** [proza'ıst] m ⟨-en; -en⟩ prose writer.

Pro·sek·tor [pro'zɛktər] m ⟨-s; -en [-'to:-rən]⟩ med. prosector, demonstrator, dissector.

Pro·se·ku·ti·on [prozeku'tsio:n] f ⟨-; -en⟩ jur. rare prosecution. — **Pro·se'ku·tor** [-'ku:tər] m ⟨-s; -en [-ku'to:rən]⟩ rare prosecutor.

Pro·se·lyt [proze'ly:t] m ⟨-en; -en⟩ relig. proselyte, neophyte. — **Pro·se'ly·ten-ma·cher** m contempt. proselytizer.

'Pro·se·mi,nar n ped. proseminar.

Pro·ser·pi·na [pro'zɛrpina] npr f ⟨-; no pl⟩ myth. Proserpina, Proserpine (Roman goddess of the underworld).

pro·sit ['pro:zıt] interj **1.** (beim Trinken) cheers! bes. Br. cheerio! your (very good) health! here's luck and here's to you! Am. pros(i)t! Am. sl. (here's) mud in your eye! ~ Neujahr! happy New Year! ~ Mahlzeit! fig. colloq. iron. that's a fine mess! – **2.** (beim Niesen) bless you!

'Pro·sit n ⟨-s; -s⟩ toast: ein ~ dem Gastgeber! (here's) to the host!

pro·skri·bie·ren [proskri'bi:rən] v/t ⟨no ge-, h⟩ hist. (ächten) proscribe, outlaw. — **Pro·skrip·ti·on** [-skrıp'tsio:n] f ⟨-; -en⟩ proscription.

Pros·odie [prozo'di:] f ⟨-; -n [-ən]⟩ auch ling., rare **Pros·odik** ['-'zo:dık] f ⟨-; -en⟩ metr. mus. prosody. — **pros'odisch** [-'zo:dıʃ] adj prosodic(al), prosodiac(al), prosodial.

Pro·spekt [pro'spɛkt] m ⟨-(e)s; -e⟩ **1.** (Ansicht) prospect. – **2.** (Werbeschrift) brochure, leaflet, pamphlet, prospectus, bes. Am. folder, handbill, literature. – **3.** (Reiseprospekt) brochure, prospectus, program, bes. Br. programme, Am. colloq. literature. – **4.** mus. (der Orgel) front. – **5.** (theater) (Bühnenhintergrund) backdrop, bes. Br. back-cloth.

pro·spek·tie·ren [prospɛk'ti:rən] **I** v/t ⟨no ge-, h⟩ **1.** geol. prospect. – **II P~** n ⟨-s⟩ **2.** verbal noun. — **Pro·spek'tie·rung** f ⟨-; -en⟩ cf. Prospektieren. — **Pro·spek·ti·on** ['-'tsio:n] f ⟨-; -en⟩ geol. cf. Prospektieren.

pro·spek·tiv [prospɛk'ti:f] adj prospective. **Pro'spekt·ma·te·ri,al** n bes. econ. advertising (auch advertizing) (od. descriptive) literature.

pro·spe·rie·ren [prospe'ri:rən] v/i ⟨no ge-, h⟩ prosper, flourish, thrive. — **Pro·spe·ri'tät** [-ri'tɛ:t] f ⟨-; no pl⟩ bes. econ. prosperity.

Pro·sper·mie [prospɛr'mi:] f ⟨-; -n [-ən]⟩ med. prospermia, premature ejaculation, ejaculatio pr(a)ecox (scient.).

prost [pro:st] interj cf. prosit.

Pro·sta·ta ['prostata] f ⟨-; no pl⟩ med. prostate (gland).

Pro·sta·ti·tis [prosta'ti:tıs] f ⟨-; -titiden [-ti:dən]⟩ med. prostatitis.

pro·sti·tu·ie·ren [prostitu'i:rən] lit. obs. **I** v/reflex ⟨no ge-, h⟩ sich ~ prostitute oneself. – **II** v/t cf. bloßstellen I.

Pro·sti·tu'ier·te f ⟨-n; -n⟩ prostitute, streetwalker, whore, harlot, 'tart' (sl.), Am. sl. floozie.

Pro·sti·tu·ti·on [prostitu'tsio:n] f ⟨-; no pl⟩ prostitution, streetwalking, harlotry.

Pro·stra·ti·on [prostra'tsio:n] f ⟨-; -en⟩ **1.** (Fußfall) prostration. – **2.** med. (extreme) exhaustion, prostration.

Pro·sze·ni·um [pro'stse:nıʊm] n ⟨-s; -nien⟩ (theater) proscenium. — **Pro'sze·ni·ums-lo·ge** f proscenium (od. stage) box.

Prot·ac·ti·ni·um [protak'ti:nıʊm] n ⟨-s; no pl⟩ chem. prot(o)actinium (Pa).

Prot·ago·nist [protago'nıst] m ⟨-en; -en⟩ **1.** (theater) hist. protagonist, leading actor. – **2.** fig. (Vorkämpfer) champion, protagonist.

Prot·an·drie [protan'dri:] f ⟨-; no pl⟩ biol. cf. Proterandrie. — **prot'an·drisch** [-drıʃ] adj cf. proterandrisch.

Pro·te·gé [prote'ʒe:] m ⟨-s; -s⟩ protégé. — **pro·te'gie·ren** [-'ʒi:rən] v/t ⟨no ge-, h⟩ patronize Br. auch -s-, promote, further.

Pro·te·id [prote'i:t] n ⟨-(e)s; -e⟩ biol. chem. proteid(e), albuminoid.

Pro·te·in [prote'i:n] n ⟨-s; -e⟩ biol. chem. protein. — **~lücke** (getr. -k·k-) f protein deficiency.

pro·te·isch [pro'te:ıʃ] adj lit. (wandelbar) protean, auch Protean.

Pro·tek·ti·on [protɛk'tsio:n] f ⟨-; -en⟩ **1.** (Gönnerschaft) patronage, protection. – **2.** (Schirmherrschaft) sponsorship, patronage, auspices pl; aegis, auch egis (lit.). – **3.** (Förderung) promotion, furtherance. – **4.** bes. pol. contempt. favoritism, bes. Br. favouritism, Am. sl. pull. — **Pro·tek·tio'nis·mus** [-tsĭo'nısmus] m ⟨-; no pl⟩ econ. protectionism. — **Pro·tek·tio'nist** [-tsĭo'nıst] m ⟨-en; -en⟩ protectionist. — **pro·tek·tio'ni·stisch** adj protectionist.

Pro·tek·ti'ons,kind n contempt. for Protegé. — **~wirt·schaft** f econ. cf. Protektionismus.

Pro·tek·tor [pro'tɛktər] m ⟨-s; -en [-'to:-rən]⟩ **1.** (Beschützer) protector. – **2.** (Gönner) patron, protector. – **3.** (Schirmherr) sponsor, patron. – **4.** (Förderer) promoter, furtherer. – **5.** (Ehrenvorsitzender) honorary president. – **6.** tech. (eines Reifens) cap. — **Pro·tek·to'rat** [-to'ra:t] n ⟨-(e)s; -e⟩ **1.** pol. a) (Schutzgebiet) protectorate, protected territory, b) (Schutzherrschaft) protectorate. – **2.** (Schirmherrschaft) sponsorship, patronage, auspices pl; aegis, auch egis (lit.): unter dem ~ der Vereinten Nationen under the auspices of the United Nations. – **3.** (Ehrenvorsitz) honorary presidency.

pro tem·po·re [pro: 'tɛmpore] adv (vorläufig) pro tempore, pro tem (colloq.), for the time being.

Pro·ter·an·drie [proteran'dri:] f ⟨-; no pl⟩ biol. protandry, proterandry, proterandrousness. — **pro·ter'an·drisch** [-drıʃ] adj protandrous, proterandr(i)ous, proterandric.

Pro·test [pro'tɛst] m ⟨-(e)s; -e⟩ **1.** protest, remonstrance, remonstration: heftiger ~ violent (od. vigorous) protest; bei j-m gegen etwas ~ einlegen (od. erheben) to lodge (od. enter) a protest with s.o. against (od. about) s.th., to (make a) protest to s.o. against (od. about) s.th.; er tut das nur aus ~ he is only doing it in (od. as a) protest; er verließ den Saal unter ~ he left the hall in protest. – **2.** pol. (von Diplomaten etc) representations pl: bei j-m gegen etwas ~ einlegen to make representations to s.o. about s.th. – **3.** econ. jur. protest: ~ mangels Annahme [Zahlung] protest for nonacceptance (Br. non-) [nonpayment (Br. non-)]; einen Wechsel zu ~ gehen lassen to protest a bill, to cause a bill to be (od. have a bill) protested; Verzicht auf ~ waiver of protest. — **~ak·ti,on** f protest campaign.

Pro·te·stant [protɛs'tant] m ⟨-en; -en⟩, **Pro·te'stan·tin** f ⟨-; -nen⟩ relig. Protestant. — **pro·te'stan·tisch** adj Protestant, evangelic(al), auch Evangelic(al): die ~e Kirche the Protestant Church. — **Pro·te·stan'tis·mus** [-'tısmus] m ⟨-; no pl⟩ Protestantism.

Pro'test|,an,zei·ge f econ. jur. notice of dishonor (bes. Br. dishonour). — **~be,zeu·gung** f display of protest. — **~brief** m cf. Protestschreiben. — **~de·mon·stra·ti,on** f protest demonstration. — **p~,fä·hig** adj **1.** (Inlandswechsel) eligible for being noted. – **2.** (Auslandswechsel etc) protestable. — **~,flag·ge** f (beim Segelsport) protest flag. — **~,frist** f **1.** (sport) term for protest. – **2.** econ. time in which a bill has to be noted (od., bes. bei Auslandswechseln, protested). — **~ge,bühr** f protest fee.

pro·te·stie·ren [protɛs'ti:rən] **I** v/i ⟨no ge-, h⟩ (gegen against, about) **1.** protest, remonstrate, lodge (od. enter, make) a protest. – **2.** pol. (von Diplomaten etc) (bei to) make representations. – **II** v/t **3.** einen Wechsel ~ econ. jur. a) (Inlandswechsel) to note a bill, b) (Auslandswechsel) to protest a bill, to cause a bill to be (od. have a bill) protested. — **Pro·te'stie·ren·de** m, f ⟨-n; -n⟩ protester, protestor, remonstrant.

Pro'test|,ko·sten pl econ. jur. protest charges (od. fees). — **~,kund,ge·bung** f protest rally.

Pro'test·ler m ⟨-s; -⟩ colloq. contempt. for Demonstrant.

Pro'test|,marsch m protest march: Teil-

nehmer an einem ~ protest marcher. — **~,no·te** f pol. note of protest. — **~,ruf** m cry of protest. — **~,sän·ger** m protest singer. — **~,schrei·ben** n letter of protest, written protest. — **~,song** m protest song. — **~,streik** m econ. protest strike. — **~,sturm** m storm of protest, outcry. — **~ur,kun·de** f econ. jur. protest certificate, Am. deed (od. certificate) of protest. — **~ver,samm·lung** f protest (od. indignation) meeting.

Pro·teus ['pro:tɔys] npr m ⟨-; no pl⟩ myth. Proteus. — **p~,ar·tig** adj auch fig. protean, auch Protean.

Prot·evan·ge·li·um [protevaŋ'ge:lĭum] n relig. protevangelium.

Pro·the·se [pro'te:zə] f ⟨-; -n⟩ **1.** med. a) prosthesis, artificial limb, b) (Zahnersatz) prosthesis, denture, false teeth pl. – **2.** ling. prosthesis. — **Pro'the·sen-,trä·ger** m **1.** person who wears an artifical limb. – **2.** person who wears a denture (od. false teeth).

Pro·the·tik [pro'te:tık] f ⟨-; no pl⟩ med. **1.** prosthetics pl (construed as sg or pl), prosthetic surgery. – **2.** dental prosthetics pl (construed as sg or pl), prosthetic dentistry.

Pro·tist [pro'tıst] m ⟨-en; -en⟩ meist pl biol. protist.

Pro·to·evan·ge·li·um [proto⁹evaŋ'ge:lĭum] n relig. protevangelium.

pro·to·gen [proto'ge:n] adj geol. protogenetic.

Pro·to·koll [proto'kɔl] n ⟨-s; -e⟩ **1.** (von Sitzungen, Verhandlungen etc) minutes pl, proceedings pl, register, record: das ~ führen [verlesen] to keep (od. take) [to read] the minutes; etwas ins ~ aufnehmen to enter (od. record) s.th. in the minutes. – **2.** jur. protocol, record, procès-verbal: ein ~ aufnehmen (od. aufsetzen, erstellen) to draw up (od. draft) a record (od. the minutes); etwas zu ~ geben to give evidence of s.th., to state (od. depose) s.th. in evidence; etwas zu ~ nehmen to place (od. put) s.th. on record, to take s.th. down in evidence, to make a note of s.th. – **3.** pol. (diplomatisches Zeremoniell) protocol: Chef des ~s Chief of Protocol. – **4.** pol. (kleineres Vertragswerk) (über acc of) protocol.

Pro·to·kol·lant [protokɔ'lant] m ⟨-en; -en⟩ cf. Protokollführer.

pro·to·kol·la·risch [protokɔ'la:rıʃ] **I** adj **1.** recorded, entered in the minutes. – **2.** jur. serving as evidence: ~e Aussage a statement taken down in evidence. – **3.** pol. protocolar(y), auch protocolic. – **II** adv **4.** etwas ~ festhalten a) to record (od. enter) s.th. in the minutes, to minute s.th., b) jur. (bei der Beweisaufnahme) to take s.th. down in evidence, to put s.th. on record.

Pro·to'koll|,auf,nah·me f **1.** recording of the minutes (od. proceedings). – **2.** jur. (bei Polizeiverhören) taking of evidence. — **~,chef** m pol. Chief of Protocol. — **~,ein,trag** m entry in the minutes, minute. — **~,füh·rer** m **1.** (bei Sitzungen etc) keeper of the minutes, (Schriftführer) secretary. – **2.** jur. a) (bei Polizeiverhören) recording clerk, b) (bei Gerichtsverhandlungen) clerk of the court.

pro·to·kol·lie·ren [protokɔ'li:rən] **I** v/t ⟨no ge-, h⟩ **1.** record, record (od. enter) (s.th.) in the minutes (od. record), minute. – **2.** jur. (beurkunden) record, put (s.th.) on record. – **II** v/i **3.** keep the minutes (od. record). – **III P~** n ⟨-s⟩ **4.** verbal noun. – **5.** cf. Protokollierung. — **Pro·to·kol'lie·rung** f ⟨-; no pl⟩ **1.** cf. Protokollieren. – **2.** entry in the minutes (od. record).

Pro·ton [pro'to:n] n ⟨-s; -en [pro'to:nən]⟩ phys. proton.

Pro'to·nen|,bahn f nucl. proton path. — **~,schleu·ni·ger** m phys. proton accelerator. — **~,mas·se** f mass of protons, proton mass. — **~,mi·kro,skop** n (optics) proton microscope. — **~-,Syn·chro·tron** n nucl. proton-synchrotron.

Pro·to·no·tar [protono'ta:r] m röm.kath. (des Papstes) prothonotary, protonotary.

Pro·to·plas·ma [proto'plasma] n ⟨-s; no pl⟩ biol. protoplasm, auch protoplasma, plasma.

Pro·to·typ [proto'ty:p] m ⟨-s; -en⟩ **1.** biol. prototype. – **2.** fig. (Inbegriff) prototype, archetype, perfect example. – **3.** tech. (eines Autos, Flugzeugs etc) prototype. — **pro·to-**

'ty·pisch adj biol. prototypical, auch prototypic, prototypal.

Pro·to·zo·on [proto'tso:ɔn] n ⟨-s; -zoen⟩ meist pl zo. protozoon, protozoan.

pro·tra·hie·ren [protra'hi:rən] v/t ⟨no ge-, h⟩ bes. med. protract, prolong. — pro·tra'hie·rend I pres p. – II adj protracting: ~er Verlauf (einer Krankheit) protracted course.

Pro·tu·be·ranz [protube'rants] f ⟨-; -en⟩ 1. astr. prominence. – 2. med. (an Knochen etc) protuberance.

Protz [prɔts] m ⟨-en u. -es; -e(n)⟩ colloq. contempt. ostentatious person, flaunter, show-off; swank, bes. Br. swanker (colloq.).

Prot·ze ['prɔtsə] f ⟨-; -n⟩ mil. (von Geschützen) limber.

prot·zen ['prɔtsən] v/i ⟨h⟩ colloq. flaunt, show off, swank (colloq.): er protzt mit seinem Geld [Auto] he shows off with his money [car], he shows his money [car] off, he parades (od. flaunts) his money [car].

'prot·zen·haft adj colloq. cf. protzig. — 'Prot·zen·haf·tig·keit f ⟨-; no pl⟩ colloq. cf. Protzentum.

'Prot·zen·tum n ⟨-s; no pl⟩ colloq. ostentatiousness, swank(iness) (colloq.).

Prot·ze'rei f ⟨-; -en⟩ colloq. contempt. ostentation, flaunt(ing), showing-off, show, swank (colloq.).

'prot·zig adj colloq. ostentatious, flaunty, showy, flashy, swank(y) (colloq.).

'Protz·ka·sten m mil. limber chest. — ~wa·gen m limber.

Pro·ve·ni·enz [prove'niɛnts] f ⟨-; -en⟩ provenance, provenience, origin (od. brand) (of goods).

Pro·ven·za·le [proven'tsa:lə] m ⟨-n; -n⟩, Pro·ven·za·lin f ⟨-; -nen⟩ Provençal, inhabitant of the French Provence. — pro·ven·za·lisch I adj Provençal. – II ling. P~ ⟨generally undeclined⟩, das P~e ⟨-n⟩ Provençal.

Pro·verb [pro'vɛrp] n ⟨-s; -en⟩, Pro·ver·bi·um [-biʊm] n ⟨-s; -bien⟩ obs. for Sprichwort.

Pro·vi·ant [pro'viant] m ⟨-s; rare -e⟩ 1. provisions pl, food, eatables pl, eats pl (sl.): sich [j-n] mit ~ versorgen (od. versehen) a) to supply oneself [s.o.] with provisions, b) bes. mil. to provision oneself [s.o.]. – 2. mil. a) (food) supply, supplies pl, b) (Tagesration) ration. — ~aus·ga·be f issue of rations.

pro·vi·an·tie·ren [provian'ti:rən] v/t ⟨no ge-, h⟩ obs. for verproviantieren I.

Pro·vi'ant·la·ger, ~ma·ga·zin n ration depot. — ~schiff n supply-ship, storeship, victual(l)er. — ~wa·gen m supply wagon (bes. Br. waggon). — ~zug m supply train.

pro·vi·den·ti·ell [providɛn'tsiɛl] adj obs. providential. — Pro·vi'denz [-'dɛnts] f ⟨-; -en⟩ obs. providence.

Pro·vinz [pro'vɪnts] f ⟨-; -en⟩ 1. (Verwaltungsbezirk) province. – 2. ⟨only sg⟩ (im Gegensatz zu großen Städten) country, provinces pl: er stammt (od. kommt) aus der ~ he comes from the provinces, he is a provincial, he's up from the country. – 3. ⟨only sg⟩ fig. contempt. (rückständige Gegend) backwoods pl (construed as sg or pl), grass roots pl (construed as sg or pl), Am. colloq. (the) sticks pl: tiefste (od. finsterste, hinterste) ~ depths pl of the backwoods. — ~aus·ga·be f (einer Zeitung) regional edition. — ~bank f ⟨-; -en⟩ provincial (od. country) bank. — ~be·woh·ner m inhabitant of a province, provincial. — ~blatt n provincial (od. backwoods) paper, local rag (colloq.). — ~büh·ne f cf. Provinztheater.

Pro·vin·zi·al [provin'tsia:l] m ⟨-s; -e⟩ röm.kath. provincial.

Pro·vin·zia·lis·mus [provintsia'lɪsmʊs] m ⟨-; -lismen⟩ 1. ⟨only sg⟩ provincialism, provinciality. – 2. ling. provincialism.

Pro·vin·zi'al·re·gie·rung f provincial government.

pro·vin·zi·ell [provin'tsiɛl] adj 1. provincial. – 2. fig. contempt. (rückständig) provincial, backward. – 3. ling. provincial, regional.

Pro'vinz·ler m ⟨-s; -⟩ 1. cf. Provinzbewohner. – 2. contempt. provincial, yokel, (country) bumpkin, backwoodsman, clodhopper, hick (sl.).

pro'vinz·le·risch adj contempt. provincial, yokelish, backwoodsy, hick (sl.).

Pro'vinz·nest n contempt. one-horse town, Am. colloq. burg, hick town (sl.). —

~stadt f provincial (od. country) town. — ~thea·ter [-te͜a:tər] n provincial theater (bes. Br. theatre). — ~zei·tung f cf. Provinzblatt.

Pro·vi·si·on [provi'zio:n] f ⟨-; -en⟩ econ. 1. a) (eines Handelsvertreters etc) commission (on sale), b) (bei Verkauf im eigenen Namen) factorage: Waren gegen ~ verkaufen to sell goods on commission; mit einer ~ von 20% on a 20 percent commission. – 2. (Maklergebühr) brokerage, commission.

Pro·vi·si·ons·ba·sis f only in auf ~ econ. on a commission basis, on commission; Makler auf ~ (an der Börse) commission broker. — ~be·rech·nung f statement of commission, account commission. — p~frei adj free of commission. — p~pflich·tig adj subject to (a) commission. — ~rei·sen·de m travel(l)er on commission, commission travel(l)er. — ~satz m rate of commission, commission rate.

Pro·vi·sor [pro'vi:zɔr] m ⟨-s; -en [-vi'zo:rən]⟩ manager of a chemist's shop (Am. pharmacy, drugstore).

pro·vi·so·risch [provi'zo:rɪʃ] I adj 1. (vorläufig) provisional, provisionary, temporary, provisory; stopgap, interim (attrib): eine ~e Regierung a provisional (od. caretaker) government. – 2. (behelfsmäßig) provisional, provisionary, makeshift, stopgap. – II adv 3. etwas ~ reparieren to fix s.th. for the time being.

Pro·vi·so·ri·um [provi'zo:riʊm] n ⟨-s; -rien⟩ 1. provisional (od. provisionary, temporary, provisory, stopgap, interim) solution (od. arrangement). – 2. (Notbehelf) provisional (od. makeshift, stopgap) solution, makeshift, stopgap, (temporary) expedient.

Pro·vit·amin [provita'mi:n] n biol. provitamin.

Pro·vo·ka·teur [provoka'tø:r] m ⟨-s; -e⟩ provoker.

Pro·vo·ka·ti·on [provoka'tsio:n] f ⟨-; -en⟩ 1. cf. Provozieren. – 2. auch med. provocation. — pro·vo·ka'to·risch [-'to:rɪʃ] adj provocative, provoking.

pro·vo·zie·ren [provo'tsi:rən] I v/t ⟨no ge-, h⟩ 1. provoke: j-n zu etwas ~ to provoke s.o. to s.th.; ich lasse mich von Ihnen nicht ~! I won't let you provoke me! – 2. (hervorrufen) provoke, cause, trigger off: diese Auseinandersetzung könnte leicht einen Krieg ~ this dispute could easily trigger (od. spark) off a war; einen Streit ~ to provoke (od. pick) a quarrel. – 3. med. (Krankheitserscheinungen etc) provoke. – II v/i 4. er will nur ~ he is just trying to provoke people. – III P~ n ⟨-s⟩ 5. verbal noun. – 6. auch med. provocation. — pro·vo'zie·rend I pres p. – II adj provocative, provoking. — Pro·vo'zie·rung f ⟨-; no pl⟩ cf. Provozieren.

pro·xi·mal [prɔksi'ma:l] adj med. (rumpfwärts) proximal.

pro·ze·die·ren [protse'di:rən] v/i ⟨no ge-, sein⟩ obs. for verfahren 1, vorgehen 7.

Pro·ze·dur [protse'du:r] f ⟨-; -en⟩ 1. (Verfahren) procedure, process. – 2. (umständliche) ritual. – 3. (unangenehme) ordeal: eine ~ über sich ergehen lassen to suffer an ordeal. – 4. jur. (Rechts-, Verfahrensgang) proceedings pl, procedure, course of action. – 5. tech. (Arbeitsvorgang) process, procedure.

Pro·zent [pro'tsɛnt] n ⟨-(e)s; -e, nach Zahlen -⟩ 1. percent, Br. per cent: ein Darlehen zu 5 ~ Zinsen a loan at 5 percent interest (od. at an interest of 5 percent); zu wieviel ~? econ. at what percentage? at how much percent? zuzüglich 10 ~ Bedienung plus 10 percent service charges; die Steuer wurde um 8 ~ erhöht the tax was raised by 8 percent; das Kapital wird mit 4 ~ [zu hohen ~en] verzinst econ. there is an interest of 4 percent [there is a high rate of interest] on the capital; das Geschäft trägt nur 3 ~ (od. wirft nur 3 ~ ab) colloq. the business yields (od. brings in) only 3 percent profits; 80 ~ der Bevölkerung 80 percent of the population; zu 50 ~ hast du recht colloq. half of what you say is right. – 2. pl econ. colloq. a) (Rabatt) rebate sg, discount sg, b) (Gewinnanteil) share sg (od. percentage sg) of profits, c) (Vermittlungsgebühr) commission sg, d) (Tantiemen) royalty sg, percentage sg, e) (Abschlag) percentage sg.

...pro·zen·tig combining form denoting percent, Br. per cent: eine 10prozentige Lohnerhöhung a 10 percent increase in salary (od. wages).

Pro'zent·rech·nen n math. percentage calculation. — ~rech·nung f percentage calculation: ~en machen to do percentages. — ~satz m 1. bes. econ. a) percentage, b) (von Zinsen) rate of interest, interest rate. – 2. (Teil, Anzahl) percentage, proportion: ein hoher ~ der Studenten a high percentage (od. a large proportion) of the students.

pro·zen·tu·al [protsɛn'tŭa:l] I adj proportional: ~er Anteil percentage; eine ~e Beteiligung an einem Unternehmen to have a percentage share (od. a partnership on percentage) in an enterprise. – II adv in percent (Br. per cent), in terms of percentage: er ist ~ am Gewinn beteiligt he receives a percentage of the profit.

pro·zen·tu·ell [protsɛn'tŭɛl] adj cf. prozentual.

Pro'zent·zei·chen n percentage sign.

Pro·zeß [pro'tsɛs] m ⟨-sses; -sse⟩ 1. jur. (Rechtsstreit) lawsuit, suit at (od. in) law, (legal) proceedings pl, litigation, case, cause: anhängiger (od. schwebender) ~ pending lawsuit; j-m einen ~ anhängen to file a suit against s.o., to sue s.o.; einen ~ gegen j-n führen a) to carry on a lawsuit against s.o., b) (vom Rechtsanwalt) to conduct a lawsuit against s.o., to plead a case against s.o.; einen ~ gegen j-n anstrengen (od. anfangen) to institute (od. take) (legal) proceedings against s.o., to proceed (od. bring [od. file] an action) against s.o., to sue (od. have the law of [od. on]) s.o.; einen ~ gewinnen [verlieren] to win [lose] a lawsuit (od. case); im ~ X gegen Y in the lawsuit X versus Y; einen ~ selbst führen to plead one's own case; er wird es zum ~ kommen lassen he will go to law about it, he will take the matter to court, he will bring the matter before the court; einen ~ wiederaufnehmen to revive a lawsuit (od. an action); in einen ~ mit j-m verwickelt sein to be involved (od. entangled) in a lawsuit with s.o.; besser ein magerer Vergleich als ein fetter ~ (Sprichwort) a lean compromise is better than a fat lawsuit (proverb). – 2. jur. a) (Strafverfahren) trial, criminal procedure, (criminal) proceedings pl, b) (Zivilverfahren) civil procedure, (civil) proceedings pl: j-m den ~ machen to try s.o., to put s.o. on trial; kurzen ~ mit j-m [etwas] machen fig. colloq. to make short work of s.o. [s.th.]. – 3. jur. (Rechts-, Verfahrensgang) proceedings pl, procedure, course of action. – 4. (Ablauf, Entwicklungsprozeß) process, development: geschichtlicher ~ historical process. – 5. bes. biol. chem. phys. process. – 6. tech. (Arbeitsvorgang) operation, process, method, procedure. — ~ak·ten pl jur. a) case files (od. records), minutes of a case, b) (vorbereitende Schriftsätze) pleadings: Einsichtnahme in die ~ consultation of case files.

— ~be·voll·mäch·tig·te m agent, bes. Am. attorney of record: klägerischer ~r agent for the plaintiff; ~r der beklagten Partei agent for the defendant. — p~fä·hig adj capable to sue and be sued, capable of appearing in court. — ~fä·hig·keit f capacity to sue and be sued, capacity to appear in court: aktive ~ capacity to sue; passive ~ capacity to be sued. — ~füh·rer m 1. (für den Beklagten) counsel (bes. Am. attorney) for the defence (Am. defense). – 2. (für den Kläger) counsel (bes. Am. attorney) for the plaintiff. – 3. cf. Prozeßpartei. — ~füh·rung f conduct of a case (od. litigation). — ~ge·gen·stand m matter in dispute (od. controversy). — ~geg·ner m opposing party, opponent, adversary: die ~ einigten sich the opposing (od. litigant) parties (od. opponents, adversaries) came to an agreement. — p~hin·dernd adj ~e Einrede plea in bar, demurrer.

pro·zes·sie·ren [protsɛ'si:rən] v/i ⟨no ge-, h⟩ jur. (mit, gegen against) 1. (Prozeß führen) carry on a lawsuit (od. legal proceedings), litigate. – 2. (Prozeß anstrengen) institute (od. take) legal proceedings, take action, sue.

Pro·zes·si·on [protsɛ'sio:n] f ⟨-; -en⟩ 1. relig. procession: in einer ~ durch die

Stadt ziehen to walk in procession through the town. – **2.** *fig.* (*langer Zug*) train, procession, parade.

Pro·zes·si·ons|spin·ner *m zo.* processionary moth (*Fam. Thaumatopoeiidae*).

Pro'zeß|,ko·sten *pl jur.* cost *sg* of litigation (*od.* of a lawsuit), legal charges, law costs; **die ~ tragen** to bear (*od.* pay) the costs of the lawsuit. — **~,ord·nung** *f* rules *pl* (*od.* code) of procedure, court rules *pl*, rules *pl* of (the) court. — **~par,tei** *f* party (to an action), suitor. — **~,rech·ner** *m* (*computer*) process computer. — **~,recht** *n jur.* law of practice (*od.* procedure), procedural (*od.* adjective) law. — **~,sa·che** *f* legal matter, case. — **~,sucht** *f* litigiousness. — **p~,süch·tig** *adj* litigious.

pro·zes·su·al [protse'sŭaːl] *adj jur.* procedural, processual.

pro'zeß|,un,fä·hig *adj jur.* incapable of suing. — **P~,un,fä·hig·keit** *f* incapacity to sue. — **P~ver,schlep·pung** *f* protraction of a lawsuit. — **P~,voll,macht** *f* power of attorney, retainer, (legal) mandate.

pro·zöl [pro'tsøːl] *adj biol.* (*Wirbelknochen*) procoelous.

prü·de ['pryːdə] *adj* ⟨-r; -st⟩ *contempt.* prudish, strait-laced, prim.

Pru·de'lei *f* ⟨-; -en⟩ *dial.* for Pfuscherei 1. — **'pru·de·lig** *adj dial.* for unordentlich 6. — **pru·deln** ['pruːdəln] *v/i* ⟨h⟩ *dial.* for pfuschen 1.

Prü·de·rie [prydə'riː] *f* ⟨-; -n [-ən]⟩ *contempt.* prudery, prudishness, primness.

'Prüf|,an,stalt *f tech.* **1.** testing institute. – **2.** physical laboratory. — **~at,test** *n* test certificate. — **~be,fund** *m* test result. — **~be,la·stung** *f* test(ing) load. — **~,draht** *m* pilot wire, C-wire. — **~,druck** *m* ⟨-(e)s; ᵘe⟩ test(ing) pressure. — **~,ein,rich·tung** *f* **1.** testing outfit (*od.* equipment). – **2.** (*Werksabnahme*) inspection facility.

prü·fen ['pryːfən] **I** *v/t* ⟨h⟩ **1.** (*im Examen*) examine: **j-n mündlich ~** to examine s.o. orally (*od.* viva voce), *Am. auch* to quiz s.o.; **schriftlich geprüft werden** to have a written examination, to be examined in writing. – **2.** (*untersuchen*) examine, study, look into: **etwas flüchtig ~** to examine s.th. superficially, to go (*od.* look) over (*od.* through) s.th.; **etwas gründlich** (*od.* **sorgfältig**) **~** to examine s.th. thoroughly (*od.* carefully), to scrutinize s.th.; **j-n auf Herz und Nieren ~** *fig.* to put s.o. to the acid test. – **3.** (*durch Augenschein*) inspect. – **4.** (*durch Nachforschung*) examine (into), look into, inquire (*auch* enquire) into, investigate, search into (*lit.*). – **5.** (*sondieren*) probe, explore, sound out, fathom, plumb-line: **Möglichkeiten zu einer Einigung ~** to sound out possibilities for reaching an agreement. – **6.** (*erwägen*) consider, weigh (*s.th.*) (up), contemplate, study: **der Vorschlag wird geprüft** the proposal is under consideration, the proposal is being considered. – **7.** (*kontrollieren*) check, control, inspect, prove: **die Richtigkeit von etwas ~, etwas auf seine Richtigkeit ~** to check the correctness of s.th., to verify s.th.; **die Anwesenheit der Schüler ~** to call (*od.* check) the roll. – **8.** (*erproben*) test, try (*s.th.*) out, put (*s.th.*) to the test (*od.* proof): **j-n auf seine Tauglichkeit ~** to test s.o.'s fitness; **etwas auf seine Reinheit ~** to test s.th. for purity, to test the purity of s.th. – **9.** *econ.* (*Rechnung etc*) audit. – **10.** *tech.* a) (*testen*) test, b) (*nachprüfen*) check, control, c) (*überprüfen*) inspect, d) (*messen*) ga(u)ge. – **11.** *gastr.* (*Kaffee, Tee, Wein etc*) sample, taste. – **12.** *chem. metall.* (*Erz*) assay. – **13.** *jur.* (*Prozeß, Entscheidung etc*) review. – **14.** *fig.* (*forschend betrachten*) scrutinize, examine, size up, eye: **sie prüfte ihre Nachbarin von der Seite** she sized up her neighbo(u)r from the side. – **15.** *fig.* (*heimsuchen*) try, afflict: **das Schicksal hatte ihn schwer geprüft** he was sorely tried by fate. – **II** *v/reflex* **sich ~ 16.** examine oneself, search one's heart (*lit.*). – **III P~** *n* ⟨-s⟩ **17.** *verbal noun.* – **18.** *cf.* Prüfung. — **'prü·fend I** *pres p.* – **II** *adj* (*Blick etc*) searching.

'Prü·fer *m* ⟨-s; -⟩ **1.** (*im Examen*) examiner. – **2.** (*Überprüfer*) checker. – **3.** (*Untersucher*) examiner, examinant, scrutinizer, investigator, searcher. – **4.** (*durch Inaugenscheinnahme*) inspector. – **5.** *tech.* inspector.

– **6.** *econ.* auditor. – **7.** *metall.* assayer. – **8.** *gastr.* sampler, taster.

'Prüf|er,geb·nis *n tech.* test result. — **~,feld** *n* test department (*od.* room, bay, floor, shop, ground), inspection room. — **~,feld·in·ge·ni,eur** *m* test engineer. — **~ge,rät** *n* **1.** *tech.* testing apparatus (*od.* equipment, instrument). – **2.** *electr.* test set, tester, meter. — **~,lam·pe** *f electr.* test lamp. — **~,last** *f tech.* test load. — **~,leh·re** *f* master (*od.* check) ga(u)ge.

'Prüf·ling *m* ⟨-s; -e⟩ **1.** (*Person*) candidate, examinee. – **2.** *tech.* (*Objekt*) (test) specimen, test piece.

'Prüf|ma,schi·ne *f tech.* testing machine. — **~pro,gramm** *n* (*computer*) test routine. — **~,span·nung** *f electr.* test voltage.

'Prüf,stand *m* **1.** *tech.* test bench (*od.* floor), testing bay. – **2.** (*für Motoren*) test block. – **3.** (*für Laufversuche*) test rig. — **~ver,such** *m auto.* bench (*od.* rig) test.

'Prüf|,stein *m fig.* touchstone. — **~,stel·le** *f* inspection office. — **~,strom** *m electr.* test(ing) current, C-wire current. — **~,stück** *n tech. cf.* Probestück 2.

'Prü·fung *f* ⟨-; -en⟩ **1.** *cf.* Prüfen. – **2.** *ped.* a) (*Examen*) examination, exam (*colloq.*), b) (*Zwischenprüfung, Test*) test: **schriftliche** [**mündliche**] **~** written [oral (*od.* viva voce)] examination; **sich einer ~ unterziehen** to sit for (*Br. auch* to sit) an examination; **er macht zur Zeit ~** he is taking (*od.* in for) his examination; **in die ~ steigen** *colloq.* to take an exam; **eine ~ bestehen** to pass an examination; **in einer ~ durchfallen** to fail (in) an examination, *Am. colloq.* to flunk (*Br. colloq.* plough) an examination; **eine ~ anberaumen** (*od.* ansetzen) to schedule an examination. – **3.** (*Untersuchung*) examination, study: **gründliche** (*od.* **sorgfältige**) **~** thorough (*od.* careful) examination, scrutiny; **flüchtige ~** look-over. – **4.** (*Inaugenscheinnahme*) inspection: **bei näherer ~** on closer inspection. – **5.** (*Nachforschung*) examination, inquiry, *auch* enquiry, investigation: **~ einer Sache** inquiry into s.th. – **6.** (*Erwägung*) consideration, contemplation, study. – **7.** (*Kontrolle*) check(up), control, inspection: **eine regelmäßige ~ aller Instrumente** a regular check of all instruments. – **8.** (*Erprobung*) test, trial, proof: **etwas hält jeder ~ stand** s.th. will stand any test; **etwas einer ~ unterwerfen** (*od.* unterziehen) to subject s.th. to a test, to test (*od.* prove) s.th. – **9.** *econ.* (*Buchprüfung*) audit. – **10.** *tech.* a) (*Test*) test(ing), b) (*Überprüfung*) check, control, c) (*Abnahmeprüfung*) inspection. – **11.** *chem. metall.* assay. – **12.** *mil.* proving. – **13.** *jur.* review. – **14.** *fig.* (*Leid*) trial, tribulation, ordeal, calvary (*lit.*): **er mußte schwere ~en überstehen** he went through a period of trials and tribulations.

'Prü·fungs|,amt *n ped.* examination office. — **~,an,for·de·run·gen** *pl* examination requirements (*od.* standards). — **~,angst** *f* fear of examinations, examination phobia. — **~,ar·beit** *f* examination (*od.* test) paper: **schriftliche ~** a) (*written examination*, b) (*geschriebenes Produkt*) examination paper. — **~,auf,ga·be** *f* **1.** *cf.* Prüfungsarbeit. – **2.** topic (*od.* question) set for an examination. — **~,aus,schuß** *m* **1.** *ped.* board of examiners, examining board. – **2.** *pol. cf.* Prüfungskommission 2. — **~be,din·gun·gen** *pl cf.* Prüfungsanforderungen. — **~be,richt** *m* **1.** statement of results, test report. – **2.** (*analytische Darstellung*) survey, analysis. – **3.** *econ.* auditing report. — **~be·schei·ni·gung** *f ped.* examination certificate. — **~,bo·gen** *m* examination (*od.* test) paper. — **~er,geb·nis** *n* **1.** *ped.* examination results *pl.* – **2.** *metall.* assay. — **~,fach** *n ped.* examination subject. — **~,fra·ge** *f* examination question. — **~ge,bühr** *f meist pl* examination fee. — **~kan·di,dat** *m* (*examination*) candidate, examinee. — **~kom·mis·si,on** *f* **1.** *ped. cf.* Prüfungsausschuß 1. – **2.** *pol.* commission of inquiry (*od.* investigation). — **~,ord·nung** *f ped.* examination regulations *pl* (*od.* rules *pl*), regulations *pl* for the conduct of an examination. — **~ter,min** *m* examination date. — **~ver,fah·ren** *n* examination procedure. — **~,zeug·nis** *n* certificate, diploma.

'Prüf|ver,fah·ren *n tech.* **1.** test (*od.* testing) method. – **2.** test procedure. –

~vor,rich·tung *f* testing outfit. — **~,zei·chen** *n* test mark. — **~,zei·le** *f telev.* test line.

Prü·gel¹ ['pryːgəl] *m* ⟨-s; -⟩ (*Knüttel*) club, cudgel.

'Prü·gel² *pl colloq.* thrashing, flogging, hiding, whipping, (*mit dem Rohrstock*) *auch* caning: **j-m** (**eine Tracht**) **~ verabreichen** to give s.o. a good (*od.* sound) thrashing, (**eine Tracht**) **~ beziehen** to come in for a good hiding (*od. colloq.* licking), to get (*od.* be given) a good beating.

Prü·ge'lei *f* ⟨-; -en⟩ *colloq.* brawl, fight, scrap (*sl.*).

'Prü·gel,kna·be *m* scapegoat, whipping boy: **den ~n für j-n abgeben** to be s.o.'s scapegoat.

prü·geln ['pryːgəln] *v/t* ⟨h⟩ *colloq.* **1.** beat, thrash, flog, whip, (*mit dem Rohrstock*) *auch* cane: **der Vater prügelt seinen Sohn** the father gives his son a whipping. – **2. sich ~** to have a fight (*od. sl.* scrap), to come to blows.

'Prü·gel|,stra·fe *f* corporal punishment, flogging, (*in der Schule*) *auch* caning. — **~,weg** *m cf.* Knüppeldamm.

Prü·nel·le [pry'nɛlə] *f* ⟨-; -n⟩ **1.** (*gedörrte Pflaume*) prunelle, prunello. – **2.** *gastr.* (*Likör*) prunelle.

Prunk [pruŋk] *m* ⟨-(e)s; *no pl*⟩ **1.** (*Pracht*) magnificence, splendor, *bes. Br.* splendour. – **2.** pageantry, splendid (*od.* gorgeous) display. – **3.** (*Aufwand*) pomp, state. — **~,bett** *n* bed of state.

prun·ken ['pruŋkən] *v/i* ⟨h⟩ *lit.* **1.** (*prangen*) exhibit great splendor (*bes. Br.* splendour). – **2. mit etwas ~** (*prahlen*) to parade (*od.* flaunt) s.th., to show off with s.th.: **er prunkt mit seinem Reichtum** he flaunts his riches.

'Prunk·ge,mach *n* stateroom, *Br.* state-room.

'prunk·haft *adj* ostentatious, showy, flamboyant.

'Prunk|ka,ros·se *f* state carriage. — **~,lie·be** *f* love of show (*od.* display). — **p~,lie·bend** *adj* fond of show (*od.* display).

'prunk·los *adj* unostentatious, plain, without pomp.

'Prunk|,saal *m* large stateroom (*Br.* state-room). — **~,stück** *n* spectacular piece, showpiece (*colloq.*). — **~,sucht** *f cf.* Prunkliebe. — **p~,süch·tig** *adj cf.* prunkliebend. — **p~,voll** *adj* (*Empfang, Ausstattung etc*) gorgeous, sumptuous, splendid, magnificent, pompous. — **~,zim·mer** *n* stateroom, *Br.* state-room, apartment of state.

Pru·ri·go [pru'riːgo] *m* ⟨-s; *no pl*⟩ *od. f* ⟨-; *no pl*⟩ *med.* (*Juckflechte*) prurigo.

Pru·ri·tus [pru'riːtus] *m* ⟨-; *no pl*⟩ *med.* (*Hautjucken*) pruritus.

pru·sten ['pruːstən] *v/i* ⟨h⟩ **1.** (*keuchen*) puff (and blow), pant. – **2.** (*schnauben*) snort, wheeze. – **3.** (*Flüssigkeit ausstoßen*) splutter. – **4. vor Lachen ~** to burst out laughing.

Psa·li·gra·phie [psaligra'fiː] *f* ⟨-; *no pl*⟩ art of making silhouettes.

Psalm [psalm] *m* ⟨-s; -en⟩ *Bibl.* psalm, *auch* Psalm.

'Psal·men|,dich·ter *m* psalmist, psalmodist. — **~,sän·ger** *m* psalmist, psalmodist.

Psal·mist [psal'mist] *m* ⟨-en; -en⟩ *relig.* psalmist, psalmodist.

Psalm·odie [psalmo'diː] *f* ⟨-; -n [-ən]⟩ *relig. mus.* psalmody. — **psalm·odie·ren** [-'diːrən] *v/i* ⟨*no* ge-, h⟩ **1.** *relig.* sing psalms, psalmodize, chant. – **2.** *mus.* (*liturgisch singen*) intone, psalmodize. — **psalm'odisch** [-'moːdɪʃ] *adj* psalmodic, *auch* psalmodical.

Psal·ter ['psaltər] *m* ⟨-s; -⟩ ⟨*only sg*⟩ *Bibl. auch* Book of) Psalms *pl*, Psalter. – **2.** *mus.* (*Saiteninstrument*) psaltery, psalterion. – **3.** *zo. cf.* Blättermagen.

pscht [pʃt] *interj cf.* pst 1.

Pseud..., pseud... *combining form denoting* pseudo...

Pseud·epi·gra·phen [psɔydepi'graːfən] *pl antiq.* pseudepigrapha, *auch* Pseudepigrapha.

Pseudo..., pseudo... *combining form denoting* pseudo...

pseu·do·isi·do·ri·sche De·kre'ta·len [psɔydo'ʔizi'doːrɪʃə] *pl relig. hist.* Pseudo-Isidorian (*od.* -Isidorean, -Isidoran) decretals.

pseu·do·morph [psɔydo'mɔrf] *adj min.*

pseudomorphous, pseudomorphic. — **Pseu·do·mor'pho·se** [-'fo:zə] f pseudomorphosis.

Pseu·do·nym [psɔydo'ny:m] **I** n ⟨-s; -e⟩ pseudonym, *auch* pseudonyme, anonym, *(eines Autors) auch* pen name, nom de plume (*lit.*): er schreibt unter einem ~ he writes under a pen name. – **II p~** *adj* pseudonymous, *auch* pseudonymic.

Pseu·do·po·di·um [psɔydo'po:dium] n ⟨-s; -dien⟩ zo. (*Scheinfüßchen*) pseudopodium, pseudopod, *auch* pseudopode.

'**pseu·do·wis·sen·schaft·lich** ['psɔydo-] *adj* pseudoscientific, *Br.* pseudo-scientific.

Psi [psi:] n ⟨-s; -s⟩ psi (*23rd letter of the Greek alphabet*).

Psi·lo·me·lan [psilome'la:n] n ⟨-s; -e⟩ min. psilomelane.

Psit·ta·ko·se [psɪta'ko:zə] f ⟨-; -n⟩ med. cf. Papageienkrankheit 1.

Pso·ri·a·sis [pso'ri:azɪs] f ⟨-; -riasen [-'ria:zən]⟩ med. (*Schuppenflechte*) psoriasis.

pst [pst] *interj* 1. sh! pst! hush! shush! ~ machen to shush. – 2. (*als Anruf*) pst! hey!

Psych·ago·ge [psyça'go:gə] m ⟨-n; -n⟩ psychagogue.

Psych·ago·gik [psyça'go:gɪk] f ⟨-; no pl⟩ psychagogy.

Psy·che ['psy:çə] f ⟨-; -n⟩ 1. (*Seele*) psyche, soul, mind, self. – 2. *Austrian* dressing table.

psy·che·de·lisch [psyçe'de:lɪʃ] *adj* psych. psychedelic.

Psych·ia·ter [psyçi'a:tər] m ⟨-s; -⟩ psychiatrist, (*bes. in der Gerichtsmedizin*) alienist. — **Psych·ia'trie** [-a'tri:] f ⟨-; no pl⟩ 1. psychiatry. – 2. *colloq.* (*Abteilung eines Krankenhauses*) psychiatric ward. — **psych·ia'trie·ren** [-a'tri:rən] v/t ⟨no ge-, h⟩ j-n ~ *Austrian* to examine s.o. psychiatrically: er läßt sich ~ he is having psychiatric treatment. — **psych·ia·trisch** [-'a:trɪʃ] *adj* (*Klinik, Untersuchung etc*) psychiatric, *auch* psychiatrical.

'**psy·chisch** *adj* (*Krankheiten, Störungen, Hemmungen etc*) psychic, psychical, *auch* mental.

Psycho..., psycho... *combining form denoting* psycho...

Psy·cho·ana·ly·se [psyçoʔana'ly:zə] f psychoanalysis, *Br.* psycho-analysis, *auch* psychanalysis. — **~ana'ly·ti·ker** [-tikər] m psychoanalyst, *Br.* psycho-analyst. — **p~ana'ly·tisch** [-tɪʃ] *adj* psychoanalytic(al), *Br.* psycho-analytic(al), *auch* psychanalytic(al). — **~chir·ur'gie** [-çirur'gi:] f psychosurgery, *Br.* psycho-surgery. — **~dia'gno·stik** [-dia'gnɔstɪk] f psycho-diagnostics, *Br.* psycho-diagnostics pl (*construed as sg*). — **~'dra·ma** [-'dra:ma] n psychodrama.

psy·cho·gen [psyço'ge:n] *adj* psychogenic.

Psy·cho·ge·ne·se [psyçoge'ne:zə], **~ge·ne·sis** [-'ge:nezɪs] f psychogenesis, psychogeny.

Psy·cho·gramm [psyço'gram] n ⟨-s; -e⟩ psychogram, psychograph, (*psychic*) profile.

Psy·cho·graph [psyço'gra:f] m ⟨-en; -en⟩ psychograph.

Psy·cho·id [psyço'i:t] n ⟨-(e)s; no pl⟩ psychoid.

Psy·cho·lin·gui·stik [psyçolɪŋ'gu̯ɪstɪk] f ling. psycholinguistics pl (*usually construed as sg*).

Psy·cho·lo·ge [psyço'lo:gə] m ⟨-n; -n⟩ 1. psychologist. – 2. er ist ein guter ~ (*Menschenkenner*) he is a good psychologist. — **Psy·cho·lo'gie** [-lo'gi:] f ⟨-; no pl⟩ psychology. — **psy·cho'lo·gisch I** *adj* (*Studien, Test, Kampfführung, Roman etc*) psychological, *auch* psychologic. – **II** *adv* das war ~ sehr geschickt that was a clever psychological move. — **Psy·cho·lo'gis·mus** [-lo'gɪsmus] m psychologism.

Psy·cho·man·tie [psyçoman'ti:] f ⟨-; no pl⟩ cf. Nekromantie.

Psy·cho·me·trie [psyçome'tri:] f psychometrics pl (*construed as sg*), psychometry. — **psy·cho'me·trisch** [-'me:trɪʃ] *adj* psychometric.

Psy·cho·mo·to·rik [psyçomo'to:rɪk] f psychomotility, psychomotion. — **p~mo'to·risch** *adj* psychomotor, ideomotor (*beide attrib*). — **~neu'ro·se** [-nɔy'ro:zə] f psychoneurosis. — **p~neu'ro·tisch** [-'ro:tɪʃ] *adj* psychoneurotic.

Psy·cho·path [psyço'pa:t] m ⟨-en; -en⟩ psychopath, psychopathic. — **Psy·cho·pa'thie** [-pa'ti:] f psychopathy, psycho-

pathia. — **psy·cho'pa·thisch** *adj* psychopathic.

Psy·cho·pa·tho·lo·gie [psyçopatolo'gi:] f psychopathology, mental pathology. — **p~pa·tho'lo·gisch** [-'lo:gɪʃ] *adj* psychopathologic(al). — **~'phar·ma·kon** [-'farmakən] n med. psychopharmacologic drug. — **~phy'sik** [-fy'zi:k] f psychophysics pl (*construed as sg*). — **p~'phy·sisch** [-'fy:zɪʃ] *adj* psychophysical.

Psy·cho·se [psy'ço:zə] f ⟨-; -n⟩ psychosis.

Psy·cho·so·ma·tik [psyçozo'ma:tɪk] f ⟨-; no pl⟩ psychosomatics pl (*construed as sg*), psychosomatic medicine. — **psy·cho·so'ma·tisch** *adj* psychosomatic.

Psy·cho·tech·nik [psyço'tɛçnɪk] f psychotechnology, industrial psychology, psychotechnics pl (*construed as sg*). — **~the·ra'peut** [-tera'pɔyt] m psychotherapist. — **~the·ra'peu·tik** [-tera'pɔytɪk] f psychotherapeutics pl (*construed as sg*). — **p~the·ra'peu·tisch** *adj* psychotherapeutic. — **~the·ra'pie** [-tera'pi:] f psychotherapy.

Psy·chro·me·ter [psyçro'me:tər; psykro-] n meteor. (*Luftfeuchtigkeitsmesser*) psychrometer.

Pter·an·odon [pte'ra:nodɔn] n ⟨-s; -donten [-rano'dɔntən]⟩ zo. (*großer Flugsaurier*) pteranodon.

Pte·ro·dak·ty·lus [ptero'daktylus] m ⟨-; -tylen [-'ty:lən]⟩ zo. (*kleiner Flugsaurier*) pterodactyl.

Pte·ro·po·de [ptero'po:də] f ⟨-; -n⟩ zo. cf. Flügelschnecke.

Pte·ro·sau·ri·er [ptero'zauriər] m ⟨-s; -⟩ *meist pl* zo. (*Flugechse*) pterosaur.

Pte·ry·gi·um [pte'ry:gium] n ⟨-s; -gia [-gia]⟩ med. pterygium, webeye.

Pto·le·mä·er [ptole'mɛ:ər] m ⟨-s; -⟩ *antiq.* Ptolemy. — **pto·le'mä·isch** *adj* 1. *antiq.* Ptolemaic, *auch* Ptolemaean. – 2. *astr.* Ptolemaic: das ~e System the Ptolemaic system.

Pto·ma·in [ptoma'i:n] n ⟨-s; -e⟩ chem. (*Leichengift*) ptomaine.

'**Pto·sis·bril·le** ['pto:zɪs-] f (*optics*) (*zur Augenhaltung*) ptosis spectacles pl.

Pty·a·lin [ptya'li:n] n ⟨-s; no pl⟩ chem. (*Speichelferment*) ptyalin.

Pu·ber·tät [puber'tɛ:t] f ⟨-; no pl⟩ puberty: in der ~ sein to be in puberty.

Pu·ber·täts·al·ter n puberty, pubescence, age of puberty. — **~jah·re** pl period (*od. age*) sg of puberty. — **~zeit** f puberty, pubescence.

pu·ber·tie·ren [puber'ti:rən] v/i ⟨no ge-, h⟩ reach puberty.

Pu·bes·zenz [pubɛs'tsɛnts] f ⟨-; no pl⟩ med. pubescence.

pu·bli·ce ['pu:blitse] *adv* obs. for öffentlich 4.

Pu·bli·ci·ty [pa'blɪsiti; pʌb'lɪsɪti] (*Engl.*) f ⟨-; no pl⟩ publicity: einem Produkt ~ geben to advertise (for) a product.

Pu·blic Re·la·tions ['pʌblɪk rɪ'leɪʃənz] (*Engl.*) pl (*Öffentlichkeitsarbeit*) public relations.

pu·blik [pu'bli:k] *adj* ⟨pred⟩ (*öffentlich bekannt*) public, generally known: etwas ~ machen to publicize s.th., to make s.th. generally known; es ist ~ geworden, daß it has become public knowledge that.

Pu·bli·ka·ti·on [publika'tsio:n] f ⟨-; -en⟩ (*Veröffentlichung*) publication.

Pu·bli·kum [pu'bli:kum] n ⟨-s; no pl⟩ 1. (*Öffentlichkeit*) public: das breite ~ the general public, the public at large. – 2. (*im Theater etc*) audience, house: vor einem großen ~ spielen to play to a large audience; das ~ begeistern to bring down the house. – 3. (*bes. bei Sportveranstaltungen etc*) crowd, spectators pl, onlookers pl, watchers pl. – 4. telev. audience, (*TV*) watchers pl. – 5. (*radio*) audience, listeners pl. – 6. (*Leserschaft*) readers pl, (*reading*) public. – 7. (*Kundschaft*) customers pl, clientele, patronage: ein Restaurant mit sehr feinem ~ a restaurant with a very distinguished clientele. – 8. *rare* (*öffentliche Vorlesung*) public (*od. open*) lecture.

'**Pu·bli·kums·er·folg** m box-office success. — **~ge·schmack** m public taste, taste of the majority. — **~in·ter·es·se** n (general) interest. — **~lieb·ling** m favorite (*bes. Br.* favourite) of the audience: ~ sein to be very popular with the audience. — **~ver·kehr** (*officialese*) office hours pl. — **p~wirk·sam** *adj* (*Film, Stück*) attractive. — **~wirk·sam·keit** f attractiveness.

pu·bli·zie·ren [publi'tsi:rən] v/t ⟨no ge-, h⟩ 1. (*veröffentlichen*) publish, issue. – 2. *rare* (*publik machen*) publicize, make (*s.th.*) public.

Pu·bli·zist [publi'tsɪst] m ⟨-en; -en⟩ publicist, journalist. — **Pu·bli'zi·stik** [-tɪk] f ⟨-; no pl⟩ publicity. — **pu·bli'zi·stisch** *adj* of (*od. relating to*) publicity. **Pu·bli·zi·tät** [publitsi'tɛ:t] f ⟨-; no pl⟩ publicity.

Puck [pʊk; pʌk] (*Engl.*) m ⟨-s; -s⟩ 1. (*Kobold*) puck, imp, (hob)goblin. – 2. (*sport*) (*beim Eishockey*) puck, rubber: den ~ treiben to dribble; to carry the puck, to stickhandle (*colloq.*).

'**Pud·del·ei·sen** n metall. cf. Puddelstahl. **pud·deln** ['pudəln] v/i ⟨h⟩ metall. puddle. '**Pud·del·ofen** m metall. puddling furnace. — **~roh·ei·sen** n forge pig (iron). — **~schlacke** (*getr.* -k·k-) f puddle (*od.* puddling) cinder. — **~stahl** m puddled iron. — **~ver·fah·ren** n puddling process.

Pud·ding ['pudɪŋ] m ⟨-s; -e u. -s⟩ gastr. pudding: er ist hart wie ~ fig. colloq. he is very pliable. — **~form** f pudding mold (*bes. Br.* mould) (*od.* shape). — **~pul·ver** n pudding mix.

Pu·del ['pu:dəl] m ⟨-s; -⟩ 1. zo. (*Hunderasse*) (French) poodle: wie ein begossener ~ dastehen fig. colloq. to look crestfallen (*od.* colloq. like a dying duck in a thunderstorm); wie ein begossener ~ abziehen (*od.* davonschleichen) fig. colloq. to go (*od.* slink) off with one's tail between one's legs; des ~s Kern fig. the essence (*od.* gist) of the matter; das also ist des ~s Kern! fig. there's the rub! – 2. colloq. (*Fehler*) blunder. – 3. colloq. (*Kegelfehlwurf*) miss, *Br. sl.* boss: einen ~ schieben cf. pudeln 2.

'**Pu·del·müt·ze** f ski-cap.

pu·deln ['pu:dəln] v/i ⟨h⟩ colloq. 1. (make a) blunder, make a mistake, boob (*sl.*), *Am. sl.* goof. – 2. (*sport*) (*beim Kegeln*) miss (a shot).

'**pu·del·nackt** *adj* colloq. mother- (*od.* stark-)naked. — **~när·risch** *adj* colloq. crazy (*od.* wild) with joy. — **~naß** *adj* colloq. cf. patschnaß. — **~wohl** *adv* sich ~ fühlen colloq. to feel snug and cosy (*bes. Am.* cozy), *Am.* to feel like a million dollars, *Br. colloq.* to feel as snug as a bug in a rug.

Pu·der ['pu:dər] m, colloq. n ⟨-s; -⟩ 1. (*cosmetics*) a) (*für Gesicht*) (face) powder, b) (*für den Körper*) dusting (*od.* toilet, talcum) powder. – 2. med. powder. — **~do·se** f 1. powder box. – 2. (*für Kompaktpuder*) powder compact, *bes.* flapjack.

'**pu·de·rig** *adj* powdery, powdered.

pu·dern ['pu:dərn] **I** v/t ⟨h⟩ powder. – **II** v/reflex sich ~ powder oneself.

'**Pu·der·qua·ste** f (powder) puff. — **~zucker** (*getr.* -k·k-) m gastr. powdered (*bes. Am.* confectioners', *bes. Br.* icing) sugar.

Pu·du ['pu:du] m ⟨-s; -s⟩ zo. pudu (*Pudu pudu*).

pue·ril [pŭe'ri:l] *adj* puerile, childish, immature. — **Pue·ri·li'tät** [-rili'tɛ:t] f ⟨-; no pl⟩ puerility, childishness, immaturity, immatureness.

Pu·er·pe·ra ['pŭerpera] f ⟨-; -perä [-rɛ]⟩ med. (*Wöchnerin*) puerpera.

pu·er·pe·ral [pŭerpe'ra:l] *adj* med. puerperal. — **P~fie·ber** n puerperal fever, lechopyra.

Pu·er·pe·ri·um [pŭer'pe:rium] n ⟨-s; -rien⟩ (*Wochenbett*) puerperium.

Pu·er·to·ri·ca·ner [pŭertori'ka:nər] m ⟨-s; -⟩ Puerto Rican, *auch* Porto Rican. — **pu·er·to·ri'ca·nisch** *adj* Puerto Rican, *auch* Porto Rican, Puerto Rico.

puff [pʊf] *interj* puff! chuff!

Puff¹ m ⟨-(e)s; ⁻e, rare -e⟩ colloq. 1. thump, punch, knock, blow: er teilte Püffe nach allen Seiten aus he dealt out blows on all sides; er kann (schon) einen ~ vertragen fig. he can stand a knock, he can take a lot (*beide colloq.*). – 2. (*leichter, vertraulicher*) nudge, dig (in the ribs) (*colloq.*).

Puff² m ⟨-(e)s; -e⟩ 1. (*für Wäsche*) dirty linen (*od.* laundry) basket (*od.* box). – 2. (*Hocker*) pouf, *auch* pouff, pouffe. – 3. *obs. u. dial.* for Bausch 5.

'**Puff³** m, *auch* n ⟨-s; -s⟩ colloq. (*Bordell*) brothel, whorehouse, *bes. Am. colloq.* 'crib'.

Puff⁴ n ⟨-(e)s; no pl⟩ (*games*) backgammon.

'**Puff·är·mel** m (*fashion*) puff(ed) sleeve. —

~,boh·ne f bot. broad (od. Windsor) bean, horsebean, bon (Vicia faba).

puf·fen ['pʊfən] **I** v/t ⟨h⟩ **1.** colloq. thump, punch, knock: j-n in die Seite ~ to thump s.o. in the ribs; zu allem muß man ihn ~ fig. he always needs a push, he always has to be egged on. – **2.** colloq. (leicht) nudge, dig (colloq.). – **3.** (fashion) cf. bauschen 1. – **II** v/i **4.** colloq. puff, chuff. – **III** P~ n ⟨-s⟩ **5.** verbal noun. – **6.** puff, chuff.

'Puf·fer m ⟨-s; -⟩ **1.** buffer, bumper: sie war der ~ zwischen den beiden Brüdern fig. she was (od. acted as) a buffer between the two brothers. – **2.** auto. bumper, buffer. – **3.** (railway) buffer, bes. Am. bumper, auch bumper beam. – **4.** gastr. potato pancake made from grated raw potatoes. — **~bat·te·rie** f electr. floating battery. — **~fe·der** f tech. buffer spring. — **~,lö·sung** f chem. buffer solution. — **~,staat** m pol. buffer state. — **~,tel·ler** m (railway) buffer head.

'Puf·fe·rung f ⟨-; -en⟩ **1.** tech. buffer action (od. effect). – **2.** chem. buffering, buffer action.

'Puf·fer,wir·kung f chem. buffer effect (od. action). — **~zo·ne** f pol. buffer zone.

'puf·fig adj puffy, puffed.

'Puff|,mais m gastr. popcorn. — **~,mut·ter** f colloq. 'madam' (colloq.), bawd, procuress. — **~,ot·ter** f zo. puff adder (Britis lachesis). — **~,reis** m gastr. puffed rice. — **~spiel** n (games) cf. Puff⁴.

puh [puː] interj **1.** (vor Abscheu) pew! ugh! – **2.** (vor Erleichterung) phew! whew!

Pül·cher ['pʏlçər] m ⟨-s; -⟩ Austrian colloq. for Strolch 2.

pu·len ['puːlən] v/i ⟨h⟩ Northern G. colloq. pick: in der Nase ~ to pick one's nose.

Pulk [pʊlk] m ⟨-(e)s; -s, rare -e⟩ **1.** aer. mil. flight. – **2.** (sport) bunch, (bei Pferderennen) auch ruck. – **3.** (größere Ansammlung) ruck.

Pul·le ['pʊlə] f ⟨-; -n⟩ colloq. bottle.

pul·len ['pʊlən] v/i ⟨h⟩ **1.** (vom Pferd) pull, bore. – **2.** mar. row, pull. – **3.** vulg. piddle (colloq.), urinate.

Pul·li ['pʊli] m ⟨-s; -s⟩ colloq. (leichter Pullover) jersey, light sweater.

'Pull·man,wa·gen ['pʊlman-] m (railway) pullman (car), Pullman.

Pull·over [pʊ'loːvər] m ⟨-s; -⟩ pullover, sweater, bes. Br. jumper.

pul·mo·nal [pʊlmo'naːl] adj med. pulmonary, pulmonic. — **P~,kreis,lauf** m pulmonary circulation.

Pul·mo·na·ten [pʊlmo'naːtən] pl zo. pulmonate molluscs (Ordng Pulmonata).

'Pul,mo·tor ['pʊl-] m ⟨-s; -en⟩ (künstliche Lunge) pulmotor.

Pulp [pʊlp] m ⟨-s; -en⟩ (Fruchtmark) fruit pulp.

Pul·pa ['pʊlpa] f ⟨-; -pae [-pɛ]⟩ med. pulp.

Pul·pe ['pʊlpə], **Pül·pe** ['pʏlpə] f ⟨-; -n⟩ cf. Pulp. [cavity.]

'Pul·pen,höh·le f med. (des Zahnes) pulp

Pul·pi·tis [pʊl'piːtɪs] f ⟨-; -pitiden [-pi'tiːdən]⟩ med. pulpitis.

pul·pös [pʊl'pøːs] adj med. pulpy, pulpous.

Pul·que ['pʊlkə] m ⟨-(s)⟩ no pl gastr. pulque.

Puls [pʊls] m ⟨-es; -e⟩ auch fig. pulse: j-m den ~ fühlen auch fig. colloq. to feel s.o.'s pulse; der ~ der Stadt fig. the pulse of the city.

'Puls,ader f med. artery. — **~ge,schwulst** f aneurysm, auch aneurism.

'Puls·am·pli,tu·de f med. amplitude of the pulse.

Pul·sar [pʊl'zaːr] m ⟨-s; -e⟩ astr. pulsar.

Pul·sa·ti·on [pʊlza'tsi̯oːn] f ⟨-; no pl⟩ med. pulsation, beat.

Pul·sa·tor [pʊl'zaːtər] m ⟨-s; -en [-za'toːrən]⟩ tech. pulsator. — **~,setz·ma,schi·ne** f metall. pulsator classifier.

'Puls·be,schleu·ni·gung f med. quickened (od. accelerated) pulse, tachycardia (scient.).

pul·sen ['pʊlzən] v/i ⟨h⟩ cf. pulsieren.

'Puls·er,hö·hung f med. raised pulse rate. — **~,fol·ge, ~,fre,quenz** f pulse rate.

pul·sie·ren [pʊl'ziːrən] v/i ⟨no ge-, h⟩ **1.** med. pulsate, throb, beat. – **2.** fig. pulsate, pulse. — **pul'sie·rend I** pres p. – **II** adj **1.** med. a) pulsating, pulsatile, throbbing, b) (Schmerz) throbbing. – **2.** electr. (Strom, Spannung etc) intermittent, pulsating. – **3.** fig. pulsating, pulsing: das ~e Leben einer Großstadt the pulsating life of a big city.

Pul·si·on [pʊl'zi̯oːn] f ⟨-; -en⟩ phys. pulse, impulse.

'Puls|ir·re·gu·la·ri,tät f med. irregularity of pulse (od. of heartbeats); allorrhythmia, allodromy (scient.). — **~,kur·ve** f pulse curve, sphygmotechny (scient.). — **~,kur·ven,schrei·ber** m sphygmograph. — **p~los** adj pulseless.

Pul·so·me·ter [pʊlzo'meːtər] n ⟨-s; -⟩ tech. obs. pulsometer, auch vacuum pump, aquometer, auch aquameter.

'Puls,trieb,werk ['pʊlzo-] n aer. pulse-jet engine.

'Puls|,schlag m **1.** pulsation, (pulse)beat. – **2.** fig. pulsation: der ~ der Stadt the pulsation of the city. — **~ver,lang·sa·mung** f slowing of the pulse rate, bradysphygmia (scient.). — **~,wär·mer** m (fashion) wristlet. — **~,wel·le** f med. pulse wave. — **~,zahl** f pulse rate. — **~,zahl,stei·ge·rung** f increase in the pulse rate.

Pult [pʊlt] n ⟨-(e)s; -e⟩ **1.** desk. – **2.** (in der Kirche) lectern. – **3.** mus. music desk (od. stand): am ~: XY XY conducting. — **~,dach** n arch. **1.** (Flugdach) penthouse roof. – **2.** (Halbdach) shed roof. – **3.** (Schleppdach, einhängiges Dach) pen roof. — **~,klap·pe** f desk flap.

Pul·ver ['pʊlfər; -vər] n ⟨-s; -⟩ **1.** auch med. powder. – **2.** (Schießpulver) (gun)powder: er ist keinen Schuß ~ wert fig. colloq. he is not worth his salt, he's not worth powder and shot; er hat sein ~ schon verschossen fig. colloq. he has shot his bolt; er kann kein ~ riechen fig. colloq. he is chicken-livered (od. chickenhearted, Br. chicken-hearted), he is chicken (sl.); sie hat das ~ auch nicht erfunden fig. colloq. she is no great light (od. sl. shakes), she won't set the Thames on fire; er hat schon ~ gerochen fig. he has seen a battle or two. – **3.** fig. colloq. (Geld) wherewithal (colloq.), bes. Br. cash, 'dough' (sl.); Br. sl. 'brass', 'lolly'. — **p~,ar·tig** adj cf. pulverig.

Pül·ver·chen ['pʏlfərçən; -vərçən] n ⟨-s; -⟩ dim. of Pulver: sie hat für jedes Wehwehchen ein ~ colloq. she has powders for every pain and ache.

'Pul·ver|,dampf m gun smoke. — **~fa,brik** f powder factory (od. mill). — **~,faß** n powder keg (od. barrel): (wie) auf einem (od. dem) ~ sitzen fig. to be sitting on the edge of a powder keg (od. volcano); das war der Funke im ~ fig. that was the match in the powder barrel; der Nahe Osten ist ein (od. gleicht einem) ~ the Middle East is a powder keg. — **~,flag·ge** f mar. powder flag. — **~,form** f in ~ powdered.

'pul·ve·rig adj powdery, pulverous, pulverulent.

Pul·ve·ri·sa·tor [pʊlveri'zaːtər] m ⟨-s; -en [-za'toːrən]⟩ tech. pulverizer Br. auch -s-.

pul·ve·ri·sie·ren [pʊlveri'ziːrən] **I** v/t ⟨no ge-, h⟩ **1.** pulverize Br. auch -s-, reduce (s.th.) to powder. – **2.** med. pharm. triturate, levigate. – **II** P~ n ⟨-s⟩ **3.** verbal noun. — **Pul·ve·ri'sie·rung** f ⟨-; no pl⟩ **1.** cf. Pulverisieren. – **2.** pulverization Br. auch -s-. – **3.** med. pharm. trituration, levigation.

'Pul·ver|,kaf·fee m gastr. instant coffee. — **~,kam·mer** f mil. **1.** magazine. – **2.** (im Geschütz) exploding chamber. – **3.** (eines Minenstollens) powder chamber. — **~,korn** n grain of gunpowder, powder grain. — **~,la·dung** f powder charge. — **~,ma·ga,zin** n cf. Pulverkammer 1, 3. — **~,me·tall·ur,gie** f powder metallurgy.

pul·vern ['pʊlfərn; -vərn] **I** v/t ⟨h⟩ cf. pulverisieren. – **II** v/i colloq. shoot.

'Pul·ver|,rauch m cf. Pulverdampf. — **~,rück,stand** m powder fouling, residue of powder. — **~,schnee** m powdery (od. powder) snow. — **~,turm** m mil. hist. (powder) magazine.

'pulv·rig adj cf. pulverig.

Pu·ma ['puːma] m ⟨-s; -s⟩ zo. puma, cougar, auch couguar, mountain lion (Felis concolor).

Pum·mel ['pʊmel] m ⟨-s; -⟩, **'Pum·mel·chen** n ⟨-s; -⟩ colloq. podge, pudge, Am. butterball (alle colloq.). — **'pum·me·lig** adj colloq. podgy, pudgy, tubby (alle colloq.).

Pump [pʊmp] m ⟨-(e)s; -e⟩ **1.** colloq. credit, 'tick' (colloq.): etwas auf ~ kaufen to buy s.th. on credit. – **2.** obs. od. dial. (dumpfer Schlag od. Schall) bump. — **~,brun·nen** m pump well.

Pum·pe ['pʊmpə] f ⟨-; -n⟩ tech. pump.

pum·pen ['pʊmpən] **I** v/t ⟨h⟩ **1.** pump. – **2.** colloq. (entleihen) borrow: ich habe mir 20 Mark von ihm gepumpt I borrowed 20 marks from him, I touched him for 20 marks (sl.); ich habe mir den Regenschirm gepumpt I borrowed the umbrella. – **3.** colloq. (verleihen) lend, bes. Am. loan: kannst du mir dein Auto ~? would you lend me your car? – **II** v/i **4.** pump.

'Pum·pen|ag·gre,gat n tech. pump unit. — **~an,la·ge** f pumping plant (od. installation). — **~,boot** n mar. pump engine boat. — **~ge,häu·se** n tech. pump casing (od. housing). — **~,haus** n pump house, pumping station. — **~,hub** m pump lift (od. stroke). — **~,kol·ben** m pump plunger (od. piston). — **~,schwen·gel** m pump handle. — **~,sod** m mar. well. — **~,ven,til** n tech. pump valve.

pum·pern ['pʊmpərn] v/i ⟨h⟩ Eastern Middle G. **1.** (laut klopfen) bump. – **2.** (vom Herzen) thump, throb, pound. – **3.** (rumpeln, poltern) rumble.

'Pum·per,nickel (getr. -k·k-) m ⟨-s; -⟩ gastr. pumpernickel, Westphalian rye bread.

'Pump,ho·se f (fashion) knickerbockers pl, plus fours, Br. plus-fours pl.

Pumps [pœmps; pʌmps] (Engl.) m ⟨-; -⟩ meist pl bes. Br. court shoe, bes. Am. pump.

'Pump|,spei·cher,werk n tech. pump storage station. — **~sta·ti,on** f pumping station. — **~,ven,til** n mus. piston valve. — **~,werk** n tech. pumping plant.

'Pun·ching,ball ['pantʃɪŋ-] m (sport) (beim Boxen) cf. Plattformbirne.

Pu·ni·er ['puːni̯ər] m ⟨-s; -⟩ antiq. Carthaginian. — **'pu·nisch** [-nɪʃ] adj Punic, Carthaginian: die P~en Kriege the Punic (od. Carthaginian) Wars: ~e Treue fig. faithlessness, treachery.

Punkt [pʊŋkt] m ⟨-(e)s; -e⟩ **1.** (Tupfen, kleiner Fleck) dot, spot: ein Kleid mit ~en a dress with polka dots, a polka-dot dress. – **2.** (Satzzeichen) bes. Am. period, bes. Br. (full) stop, full point: einen ~ setzen to put a period. – **3.** (I-Tüpfelchen) dot, tittle. – **4.** (Ort, Stelle) point, spot, place: ein günstiger ~ a vantage point. – **5.** (um) ~ (Austrian and Swiss punkt) zehn (Uhr) on the stroke of ten, at ten o'clock sharp, on the dot of ten (colloq.). – **6.** (Angelegenheit, Frage) matter, subject, topic, point: einen ~ besprechen [berühren] to discuss [to touch on] a point; ein heikler ~ a delicate matter; wir sind in einem ~e anderer Meinung we differ on one point; wir kommen noch auf diesen ~ zurück we'll come back (od. revert) to this topic later. – **7.** (Einzelheit) point, item, detail: etwas für ~ durchgehen to go through s.th. point by point (od. in detail). – **8.** (der Tagesordnung) item (on the agenda). – **9.** (eines Parteiprogramms) item, bes. Am. plank. – **10.** fig. point: in vielen ~en on many points, in many respects; bis zu einem gewissen ~ up to a point; das ist der springende ~ that's the crux of the matter, that's the crucial (od. lit. salient) point, that's the (whole) point (colloq.); ein dunkler ~ in seiner Vergangenheit a shady (od. dark) point in his past; der strittige ~ the (point at) issue; ein wunder ~ a sore point; ein neuralgischer ~ a critical point; toter ~ a) (Ermüdungsaugenblick) lowest point, b) (Sackgasse) impasse, deadlock, c) tech. dead center (bes. Am. centre), dead point; den toten ~ überwinden a) to break the deadlock, b) to get one's second wind; nun mach aber einen ~! colloq. come, come now! that will do! – **11.** (Bewertungseinheit in der Schule etc) point. – **12.** (sport) (in der Bewertung) point, score, (beim Judo) full point: einen ~ machen to score a point; ~e machen to score; nach ~en führen to lead on points; nach ~en siegen (od. gewinnen) to win on points, in a decision; nach ~en verlieren to lose on points, to be outpointed; ~e sammeln to pile up points, to score. – **13.** (sport) (Kinnspitze der Boxer) point, button (sl.). – **14.** (auf Lebensmittelkarten etc) coupon, point. – **15.** math. point. – **16.** jur. a) (einer Anklageschrift) count, charge, b) (eines Vertrages) clause, term. – **17.** (an der Börse) point. – **18.** print. ⟨-(e)s; -e, nach Zahlenangaben -⟩ (zur Bestimmung der Schrift-

größe) point. – **19.** *mus.* dot. – **20.** (*im Fernsehbild*) spot. – **21.** (*im Morsealphabet*) dot.
punkt *adv Austrian and Swiss cf.* Punkt 5.
'Punkt,ab,zug *m* (*sport*) deduction of points.
Punk'tal,glas [puŋk'taːl-] *n* (*optics*) point focal (spectacle) lens.
Punk·ta·ti·on [puŋkta'tsĭoːn] *f* ⟨-; -en⟩ **1.** *jur.* punctation, draft of a contract. – **2.** *pol.* preliminary drafting of a treaty. – **3.** *ling.* punctuation, vowelization *Br. auch* -s-.
'Punkt|,au·ge *n zo.* ocellus. — **~,ball** *m* (*sport*) (*beim Boxen*) punch ball.
Pünkt·chen ['pyŋktçən] *n* ⟨-s; -⟩ **1.** *dim. of* Punkt. – **2.** (*bes. I-*)Tüpfelchen) dot, tittle.
'Punk·te,kampf *m* (*sport*) **1.** fight for points. – **2.** (*beim Pferderennen*) point-to-point race.
punk·ten ['puŋktən] **I** *v/t* ⟨h⟩ dot. – **II** *v/i* (*sport*) score.
'Punkt|,feu·er *n* **1.** *mil.* a) point (*od.* precision) fire, b) (*von Maschinengewehren*) single rounds *pl.* – **2.** *aer.* (*zur Flugsicherung*) point light. — **p~,för·mig** *adj* formed like a point (*od.* dot); punctual, punctate(d), punctiform (*scient.*). — **p~,gleich** *adj* (*sport*) equal (*od.* tied) in (*od.* on) points. — **~,gleich·heit** *f* (*sport*) draw, tie. — **~,haus** *n arch.* point block (*od.* building).
punk·tie·ren [puŋk'tiːrən] *v/t* ⟨*no* ge-, h⟩ **1.** *auch mus.* dot, point. – **2.** (*hebräischen Text*) dot, punctuate. – **3.** *med.* puncture, (*bes. Bauchgegend*) tap, (*Abszeß*) needle. – **4.** (*art*) stipple. – **II P~** *n* ⟨-s⟩ **5.** *verbal noun.* – **6.** *cf.* Punktierung.
Punk'tier|,kunst *f* geomancy. — **~,ma,nier** *f* ⟨-; *no pl*⟩ (*art*) stipple: in ~ stechen to stipple. — **~,na·del** *f* **1.** (*art*) stipple graver, stippling tool, stippler. – **2.** *med.* puncture needle.
punk'tiert I *pp.* – **II** *adj* **1.** (*Linie, Note etc*) dotted. – **2.** (*Text*) dotted, punctuated. – **3.** *med.* a) (*Vene*) punctured, b) (*Bauch*) tapped. — **Punk'tie·rung** *f* ⟨-; -en⟩ **1.** *cf.* Punktieren. – **2.** *med. cf.* Punktion. – **3.** (*art*) stipple.
Punk·ti·on [puŋk'tsĭoːn] *f* ⟨-; -en⟩ *med.* **1.** puncture, (*bes. in der Bauchgegend*) tapping. – **2.** (*bei Katarakt*) puncture, needling.
'Punkt,lan·dung *f aer.* (*space*) precision (*od.* point) landing.
pünkt·lich ['pyŋktlıç] **I** *adj* **1.** punctual, prompt: er ist ~ wie eine Uhr he is (as) punctual as clockwork. – **2.** (*gewissenhaft, genau*) accurate, precise, exact, conscientious, strict, punctual (*lit.*). – **II** *adv* **3.** punctually, on time (*od.* schedule), *Am. sl.* on the nose, on the button: ~ (da)sein to be on time; ~ um 3 (Uhr) on the stroke (*od.* dot) of three, at three (o'clock) sharp (*od.* prompt). – **4.** (*gewissenhaft, genau*) strictly, conscientiously, exactly: etwas aufs ~ste besorgen a) to execute s.th. to the last, b) to execute s.th. most promptly. — **'Pünkt·lich·keit** *f* ⟨-; *no pl*⟩ **1.** punctuality, punctualness, promptness, promptitude: ~ ist die Höflichkeit der Könige (*Sprichwort*) punctuality is the politeness of princes (*proverb*). – **2.** (*Gewissenhaftigkeit, Genauigkeit*) exactness, precision, accuracy, conscientiousness, strictness, punctualness (*lit.*).
'Punkt|,li·nie *f* dotted line. — **~,nie·der,la·ge** *f* (*sport*) defeat on points.
punk·to ['puŋkto] *prep* **1.** ⟨*gen*⟩ with regard to, as for: ~ klassischer Musik as regards classical music. – **2.** ⟨*nom*⟩ ~ Theater as far as the theater (*bes. Br.* theatre) is concerned.
'Punkt|,rich·ter *m* (*sport*) judge. — **~,rol·ler** *m* (*Massagegerät*) massage roller. — **~,schrift** *f cf.* Blindenschrift. — **p~,schwei·ßen** *v/t* ⟨*nur inf and pp* punktgeschweißt, h⟩ *tech.* spot-weld. — **~,schwei·ßung** *f* spot welding. — **~,sieg** *m* (*sport*) win on points, points decision (*od.* victory). — **~,sie·ger** *m* winner on points. — **~,spiel** *n* league game (*od.* match). — **~sy,stem** *n* point system, (*sport*) *auch* scoring system.
punk·tu·ell [puŋk'tŭɛl] *adj* punctual: ~e Lichtquelle punctual light source.
Punk·tum ['puŋktum] *only in* (und damit) ~! *colloq.* and that's the end of it! and that's that! that's flat!
Punk·tur [puŋk'tuːr] *f* ⟨-; -en⟩ *med. cf.* Punktion.

'Punkt|ver,lust *m* (*sport*) loss of a point (*od.* of points). — **p~,vor,sprung** *m* lead on points. — **p~,wei·se** *adv* point for (*od.* by) point. — **~,wer·tung** *f* classification by (*od.* awarding of) points. — **~,zahl** *f* **1.** number of points. – **2.** (*games, sport*) number of points (*od.* marks). — **~,zet·tel** *m* (*sport*) scorecard. — **~,ziel** *n mil.* point target.
Punsch [punʃ] *m* ⟨-(e)s; -e⟩ *gastr.* punch: einen ~ ansetzen (*od.* brauen) to brew (*od.* make) a punch. — **~,bow·le** *f* **1.** (*Getränk*) negus, bowl of punch. – **2.** (*Gefäß*) punch bowl. — **~es,senz** *f* essence for punch-making. — **~,glas** *n* punch glass. — **~,löf·fel** *m* punch ladle. — **~,schüs·sel** *f cf.* Punschbowle 2.
'Punz,ar·beit *f* embossing work.
Pun·ze ['puntsə] *f* ⟨-; -n⟩ *tech.* **1.** (*Bossierhammer*) embossing hammer. – **2.** (*Gravierstichel*) engraving chisel, burin.
pun·zen ['puntsən] **I** *v/t* ⟨h⟩ **1.** *tech.* (*bossieren, treiben*) emboss. – **2.** *metall.* (*ziselieren*) chase, engrave. – **3.** (*jewelry*) engrave. – **II P~** *n* ⟨-s⟩ **4.** *verbal noun.*
'Punz,ham·mer *m tech.* embossing hammer.
pun·zie·ren [pun'tsiːrən] *v/t* ⟨*no* ge-, h⟩ *cf.* punzen.
Pup [puːp] *m* ⟨-(e)s; -e⟩ *colloq.* poop (*colloq.*), fart (*vulg.*). — **'pu·pen** *v/i* ⟨h⟩ *colloq.* poop (*colloq.*), fart (*vulg.*).
pu·pil·lar [pupı'laːr] *adj* **1.** *med.* pupillary, *auch* pupilary, pupilar, *auch* pupillar. – **2.** *jur.* pupillary.
pu·pil·la·risch *adj jur.* pupillary.
Pu·pil·le [pu'pılə] *f* ⟨-; -n⟩ *med.* pupil: starre [weite, enge] ~ fixed [dilated, contracted *od.* narrow] pupil.
Pu'pil·len|,ab,stand *m med.* pupillary distance. — **p~,er,wei·ternd** *adj* mydriatic. — **~,er,wei·te·rung** *f* enlargement (*od.* dil[at]ation) of the pupils, mydriasis (*scient.*): krankhafte ~ corectasis. — **~,star·re** *f* iridoplegia. — **p~,ver,en·gernd** *adj* miotic, *auch* myotic. — **~,ver,en·ge·rung** *f* contraction of the pupils; miosis, *auch* myosis (*scient.*).
pu·pi·ni·sie·ren [pupini'tsiːrən] *electr.* **I** *v/t* ⟨*no* ge-, h⟩ pupinize, coil-load. – **II P~** *n* ⟨-s⟩ *verbal noun.* — **Pu·pi·ni'sie·rung** *f* ⟨-; -en⟩ *cf.* Pupinisieren.
Pu'pin,spu·le [pu'piːn-] *f electr.* Pupin (*od.* loading) coil.
pu·pi·par [pupi'paːr] *adj zo.* (*Insekten*) pupiparous.
Püpp·chen ['pypçən] *n* ⟨-s; -⟩ **1.** *dim. of* Puppe. – **2.** *cf.* Puppe 4. – **3.** *cf.* Puppe 6. – **4.** (*Kosewort*) pet, popsy, poppet.
Pup·pe ['pupə] *f* ⟨-; -n⟩ **1.** doll, *Am. auch* baby doll: mit ~n spielen to play (with) dolls. – **2.** *auch fig.* (*Marionette*) puppet, marionette: die ~n tanzen lassen *fig. colloq.* a) (*toll feiern*) to paint the town red (*colloq.*), b) (*Krach schlagen*) to raise hell (*sl.*). – **3.** (*Groteskpuppe*) golliwog(g). – **4.** *colloq.* (*hübsches Mädchen*) 'doll' (*sl.*), *Am. sl.* 'babe': sie ist eine süße ~ (*od.* tolle) ~ she is a peach (*sl.*). – **5.** (*niedliches Kind*) pet, popsy. – **6.** *colloq.* (*als Anrede*) sweetie (*colloq.*), 'baby' (*sl.*). – **7.** *contempt.* a) (*aufgeputztes Mädchen*) 'doll', 'skirt', *bes. Am.* 'dame' (*alle sl.*), b) 'tart' (*sl.*). – **8.** *fig. colloq.* (*in Wendungen wie*) bis in die ~n feiern [zechen] to celebrate [to revel] into the (wee) small hours (of the morning); bis in die ~n schlafen to sleep till all hours. – **9.** (*Schneiderpuppe*) dummy. – **10.** *fig.* (*Strohmann*) dummy, man of straw. – **11.** *zo.* a) nymph, chrysalis, chrysalid, pupa, b) (*bes. von Schmetterlingen*) aurelia, c) (*des Seidenspinners*) cocoon. – **12.** *agr.* (*Getreidepuppe*) shock, *bes. Br.* stook.
'Pup·pen|,dok·tor *m colloq.* doll mender. — **~,fee** *f* fairy doll. — **~,ge,sicht** *n auch fig.* doll's face. — **p~haft** *adj* doll-like, dollish. — **~,haus** *n* doll's house, *Am.* dollhouse. — **~,herd** *m* doll's cooking stove (*od.* cooker). — **~,kü·che** *f* doll's kitchen. — **~,mö·bel** *pl* doll's furniture *sg.* — **~,spiel** *n* **1.** puppet (*od.* marionette) show. — **2.** Punch-and-Judy show. — **~,spie·ler** *m*, **~,spie·le·rin** *f* puppet player, puppeteer, puppet master. — **~,stu·be** *f* doll's house, *Am.* dollhouse. — **~,thea·ter** [-te,aːtər] *n* puppet (*od.* toy) theater (*bes. Br.* theatre). — **~,wa·gen** *m Am.* doll carriage (*od. colloq.* buggy), *Br.* doll's pram. — **~,wie·ge** *f* doll's cradle. — **~,woh·nung** *f fig.* neat little house (*od.* apartment, *bes. Br.* flat).

---

pup·pern ['pupərn] *v/i* ⟨h⟩ *colloq.* **1.** (*vom Herzen*) thump. – **2.** (*zittern*) tremble, shake.
Pups [puːps] *m* ⟨-es; -e⟩ *colloq. cf.* Pup. — **'pup·sen** *v/i* ⟨h⟩ *colloq. cf.* pupen.
pur [puːr] *adj* ⟨-er; -st⟩ **1.** ⟨*attrib*⟩ (*rein*) pure: ~es Gold pure gold. – **2.** (*Getränk*) straight, neat, undiluted: seinen Whisky ~ trinken to drink one's whisk(e)y straight (*od.* neat); bitte einen Whisky ~ a neat whisk(e)y, please. – **3.** ⟨*attrib*⟩ *fig.* pure, sheer: ~er Unsinn pure (*od.* utter) nonsense; das ist die ~e Wahrheit that's the pure truth, that's nothing but the truth; aus ~em Eigensinn out of sheer obstinacy; ein ~er Zufall a mere coincidence, pure coincidence (*od.* chance).
Pü·ree [py'reː] *n* ⟨-s; -s⟩ *gastr.* puree, *bes. Br.* purée, mash.
Pur·gans ['purgans] *n* ⟨-; -ganzien [-'gantsĭən] *u.* -gantia [-'gantsĭa]⟩ *med. pharm. cf.* Abführmittel 1. — **pur·ga'tiv** [-ga'tiːf] *adj* purgative, aperient, laxative, cathartic.
Pur·ga·to·ri·um [purga'toːrĭum] *n* ⟨-s; *no pl*⟩ *röm.kath.* purgatory.
pur·gie·ren [pur'giːrən] *v/i* ⟨*no* ge-, h⟩ *med. pharm. cf.* abführen 13.
Pur'gier,mit·tel *n med. pharm. cf.* Abführmittel 1.
Pu·ri·fi·ka·ti·on [purifika'tsĭoːn] *f* ⟨-; -en⟩ *relig.* purification. — **pu·ri·fi'zie·ren** [-'tsiːrən] *v/t* ⟨*no* ge-, h⟩ *obs.* purge, purify, cleanse.
Pu·rim [pu'riːm; 'puːrım] *n* ⟨-s; *no pl*⟩, **~,fest** *n relig.* Purim, Feast of Lots.
Pu·rin [pu'riːn] *n* ⟨-s; -e⟩ *chem.* purine, imidazo-pyrimidine ($C_5H_4N_4$).
Pu·ris·mus [pu'rısmus] *m* ⟨-; *no pl*⟩ (*literature, art*) purism. — **Pu'rist** [-'rıst] *m* ⟨-en; -en⟩ purist. — **pu'ri·stisch** *adj* purist(ic), *auch* puristical.
Pu·ri·ta·ner [puri'taːnər] *m* ⟨-s; -⟩, **Pu·ri·'ta·ne·rin** *f* ⟨-; -nen⟩ **1.** *relig. hist.* Puritan, Precisian. – **2.** *fig.* puritan, prude. —
pu·ri'ta·nisch *adj* **1.** *relig. hist.* Puritan, Puritanical, Puritanic. – **2.** *fig.* (*sittenstreng*) puritan, puritanic(al), straitlaced, straightlaced, *Am. auch* blue, prudish. —
Pu·ri·ta'nis·mus [-ta'nısmus] *m* ⟨-; *no pl*⟩ **1.** *relig. hist.* Puritanism. – **2.** *fig.* puritanism.
Pu·ri·tät [puri'tɛːt] *f* ⟨-; *no pl*⟩ *obs.* purity.
Pur·pur ['purpur] *m* ⟨-s; *no pl*⟩ **1.** (*paints*) (*Purpurrot*) a) purple (red), b) (*gewonnen aus der Purpurschnecke*) Tyrian purple, crimson, c) (*gewonnen aus der Koschenillelaus*) carmine, d) (*Scharlachrot*) scarlet: ihre Lippen sind rot wie ~ *poet.* her lips are cherry-red. – **2.** (*Gewand*) purple (gown *od.* robe): nach dem ~ streben *fig.* to aspire to the crown; den ~ tragen *röm.kath.* to wear the purple, to have the office of cardinal.
'Pur·pur|,al·ge *f bot.* slack, sloke (*Porphyra umbilicalis*). — **~,far·be** *f cf.* Purpur 1. — **p~,far·ben, p~,far·big** *adj cf.* Purpurrot II. — **~,ge,wand** *n cf.* Purpur 2.
Pur·pu·rin [purpu'riːn] *n* ⟨-s; *no pl*⟩ *chem.* purpurin ($C_{14}H_5O_2(OH)_3$).
'pur·purn *adj cf.* Purpurrot II.
'Pur·pur|,rot (*paints*) **I** *n cf.* Purpur 1. – **II p~** *adj* a) purple(-red), b) Tyrian purple, crimson, c) carmine, d) (*scharlachrot*) scarlet. — **~,schnecke** (*getr.* -k·k-) *f zo.* murex (*od.* rock) shell (*Murex brandaris*).
pur·ren ['purən] **I** *v/t* ⟨h⟩ **1.** *Northern G. dial.* (*Feuer etc*) poke, stir. – **2.** *mar.* (*Wache*) rouse out, call, purr (up). – **II** *v/i* **3.** *dial.* purr.
pu·ru·lent [puru'lɛnt] *adj med.* purulent, suppurative, festering. — **Pu·ru'lenz** [-'lɛnts] *f* ⟨-; -en⟩ purulence, suppuration.
Pur·zel ['purtsəl] *m* ⟨-s; -⟩ *colloq.* (*kleiner Kerl*) little thing, mite.
Pür·zel ['pyrtsəl] *m* ⟨-s; -⟩ *hunt.* (*vom Bären, Schwarzwild u. Dachs*) tail.
'Pur·zel,baum *m* somersault, *auch* summersault, somerset, summerset: einen ~ schlagen (*od.* machen, schießen) to (do *od.* turn a) somersault.
pur·zeln ['purtsəln] *v/i* ⟨sein⟩ **1.** (*von Kindern*) tumble (down), fall down. – **2.** über (*acc*) etwas ~ to trip over s.th.
Pu·schel ['puʃəl] *f* ⟨-; -n⟩ **1.** *dial. for* Quaste 1–3. – **2.** *dial.* hobby.
Pü·schel ['pyʃəl] *m* ⟨-s; -⟩ *dial. for* Quaste 1–3.
'Push,ball ['puʃ-] *m* ⟨-s; *no pl*⟩ (*sport*) pushball.
'Pus·sel,ar·beit *f colloq.* niggling work.

'pus·se·lig adj colloq. **1.** (niedlich) sweet. – **2.** (Arbeit etc) niggling.

pus·seln ['pʊsəln] v/i ⟨h⟩ colloq. potter (about).

'Pus·sel,spiel n (games) auch fig. puzzle.

Puß·ta ['pʊsta] f ⟨-; Pußten⟩ geogr. puszta.

Pu·ste ['puːstə] f ⟨-; no pl⟩ colloq. breath, wind: mir geht die ~ aus, ich bin aus der ~, ich habe keine ~ mehr I am out of breath, I'm puffed; ihm ist die ~ ausgegangen fig. he has overshot his means; halt die ~ an! fig. come off it (colloq.), bes. Br. draw it mild. — ~,blu·me f bot. colloq. for Löwenzahn. — ~,ku·chen only in (ja,) ~! a) fiddlesticks! b) (als Ausdruck der Enttäuschung) that was (od. is) wishful thinking.

Pu·stel ['pʊstəl] f ⟨-; -n⟩ med. **1.** pustule, pimple. – **2.** (Bläschen) vesicle.

pu·sten ['puːstən] colloq. **I** v/t ⟨h⟩ (blasen) blow, puff, whiff: ich puste dir was! ich werde dir was ~! fig. you may whistle for it! – **II** v/i (keuchen) pant, puff, blow, huff.

'Pu·ste,rohr n colloq. for Blasrohr 2.

pu·stu·lös [pʊstuˈløːs] adj med. pustular.

pu·ta·tiv [putaˈtiːf] adj jur. putative. — **P~,de,likt** n putative offence (Am. offense). — **P~,ehe** f putative marriage. — **P~,not,wehr** f putative self-defence (Am. -defense). — **P~,va·ter** m putative father.

Pu·te ['puːtə] f ⟨-; -n⟩ **1.** zo. turkey hen. – **2.** fig. colloq. contempt. 'goose' (colloq.): eine dumme ~ a silly goose; eine eingebildete ~ a conceited ass. — **'Pu·ten,bra·ten** m gastr. roast turkey.

Pu·ter ['puːtər] m ⟨-s; -⟩ zo. turkey(-cock), gobbler (Meleagris gallopavo). — ~,bra·ten m gastr. roast turkey. — **p~,rot** adj (as) red as a lobster (od. beet, Br. beetroot): sie wurde ~ she turned (od. went) scarlet (od. crimson, as red as a beet).

put, put ['pʊt'pʊt] interj (Lockruf für Hühner) chuckie, chuckie.

Pu·tre·fak·ti·on [putrefakˈtsi̯oːn] f ⟨-; -en⟩ med. cf. Putreszenz.

Pu·tres·zenz [putrɛsˈtsɛnts] f ⟨-; -en⟩ med. putrescence, putrefaction. — **pu·tres·'zie·ren** [-ˈtsiːrən] v/i ⟨sein⟩ putrefy, auch putrify.

Putsch [pʊtʃ] m ⟨-(e)s; -e⟩ **1.** pol. a) (Handstreich) coup de main, b) (Erhebung) insurrection, uprising, revolt, c) (Umsturzversuch) putsch, coup d'état. – **2.** Swiss dial. for Stoß 1. — **'put·schen** v/i ⟨h⟩ (raise a) revolt, make (od. organize Br. auch -s-) a putsch (od. coup d'état).

'püt·sche·rig adj Low G. colloq. for pedantisch I. — **püt·schern** ['pʏtʃərn] v/i ⟨h⟩ potter (about).

Put'schist [-'tʃɪst] m ⟨-en; -en⟩ putschist, participant in an uprising.

Pütt [pʏt] m ⟨-s; -s, auch -e⟩ dial. (coal) mine, colliery.

Put·te ['pʊtə] f ⟨-; -n⟩ (art) putto.

put·ten ['pʊtən] v/i u. v/t ⟨h⟩ (beim Golf) putt. — **'Put·ter** m ⟨-s; -⟩ (Spezialschläger) putter.

Püt·ting ['pʏtɪŋ] n ⟨-s; -s⟩ mar. chain plate.

Putz [pʊts] m ⟨-es; no pl⟩ **1.** civ.eng. a) plaster(ing), parget, b) (Rauhputz) roughcast, parget: eine Wand mit ~ bewerfen a) to plaster (od. parget) a wall, b) to roughcast a wall; der ~ bröckelt (od. blättert) ab the plaster is flaking (od. peeling) off; eine Leitung unter ~ legen to conceal a lead; → hauen 12. – **2.** (feine Kleidung) finery, trim, array; getup, Br. get-up, turnout, Br. turn-out (colloq.). – **3.** (Zierat, Schmuck) ornaments pl, decorations pl, trim, finery; frippery, gaudery (contempt.). – **4.** (Besatz) trimmings pl, trappings pl, trim. – **5.** (Hutschmuck) millinery, trimmings pl.

Pütz [pʏts] f ⟨-; -en⟩ mar. bucket, pail.

'Putz·ar,ti·kel pl (fashion) millinery sg, millinery articles.

Püt·ze ['pʏtsə] f ⟨-; -n⟩ mar. cf. Pütz.

put·zen ['pʊtsən] **I** v/t ⟨h⟩ **1.** (Fenster, Wohnung, Gemüse etc) clean. – **2.** (Brille, Porzellan etc) wipe, clean. – **3.** (Kleid, Rock etc) brush, clean. – **4.** (Nase) blow, wipe: sie putzte dem Kind die Nase she wiped the child's nose, she made the child blow its nose; sich (dat) die Nase ~ to blow one's nose. – **5.** (Zähne) brush, clean: sich (dat) die Zähne ~ to brush one's

teeth. – **6.** (Fingernägel etc) trim, clean. – **7.** (Schuhe etc) polish, shine, clean: sich (dat) die Schuhe ~ to polish one's shoes, to give one's shoes a shine. – **8.** (Silber, Besteck, Leder etc) polish, clean, burnish, rub (colloq.): etwas blank ~ to polish (od. shine, colloq. rub) s.th. (up); Leder läßt sich (od. kann man) gut ~ leather polishes well; Klingeln ~ fig. to ring (door)bells and run away; →Klinke 1. – **9.** (Waffen, Musikinstrumente etc) polish, furbish. – **10.** (Hüte, Kleidung, Weihnachtsbaum etc) decorate, adorn, deck, trim, trim (s.th.) up. – **11.** j-n ~ cf. herausputzen 1. – **12.** (Pferd) curry(comb), groom. – **13.** (Lampe, Docht etc) (Kerze) snuff. – **14.** gastr. (Beeren, Früchte etc) (top and) tail, pick, clean. – **15.** hort. (Bäume, Hecken etc) trim, prune, lop. – **16.** civ.eng. cf. verputzen 1. – **17.** metall. a) (Gußstücke) clean, dress, fettle, b) (Walzblöcke) deseam, chip. – **18.** agr. (Getreide, Samen etc) clean. – **19.** Austrian (chemisch reinigen) dry-clean. – **II** v/i **20.** (zieren) be decorative (od. ornamental). – **21.** work as a cleaner. – **III** v/reflex sich ~ **22.** (sich schmücken) dress oneself up, deck oneself out, spruce (od. rig, smarten) oneself up (colloq.). – **23.** (von Tieren) preen itself, (von Vögeln) auch plume itself. – **24.** Austrian colloq. for abhauen 4.

'Put·zer m ⟨-s; -⟩ **1.** cleaner. – **2.** metall. a) (in der Gießerei) fettler, b) (im Walzwerk) chipper. – **3.** mil. (Offiziersbursche) orderly, Br. auch batman. — **Put·ze'rei** f ⟨-; -en⟩ **1.** ⟨only sg⟩ colloq. contempt. fanatical cleaning. – **2.** metall. (in der Gießerei) cleaning room, dressing (od. fettling) shop. – **3.** Austrian dry-cleaning shop, (dry) cleaners pl.

'Putz|,frau f cleaning woman, cleaner, Br. char(woman), Am. auch scrubwoman. — ~,ge,schäft n (fashion) milliner's shop. — ~,ho·bel m tech. smoothing plane.

'put·zig adj **1.** droll, quaint, funny. – **2.** dial. small, little.

'Putz|,lap·pen m cleaning rag (od. cloth). — ~,le·der n chamois (od. chammy, shammy, shamoy) (leather). — ~,lum·pen m Southern G. for Scheuertuch. — ~,ma·che·rin f ⟨-; -nen⟩ milliner. — ~,mit·tel n **1.** cleaning (od. cleansing) agent (od. material). – **2.** (flüssiges) polishing agent, polish. – **3.** (Paste) polishing compound (od. composition). — **p~'mun·ter** adj colloq. humor. cf. kreuzfidel. — ~,öl n cleaning oil. — ~,pa·ste f cleaning paste. — ~,pul·ver n polishing (od. cleaning) powder. — ~,sand m **1.** burnishing sand. – **2.** metall. (in der Gießerei) sandblasting sand. — ~,sche·re f tech. (für Kerzen) snuffers pl (construed as sg or pl). — ~,sucht f **1.** passion for finery; dressiness, ultrastylishness (colloq.). – **2.** cf. Hausfrau) mania for cleanliness. — **p~,süch·tig** adj **1.** overfond of finery; dressy, ultrastylish (colloq.). – **2.** excessively house-proud. — ~,teu·fel m colloq. contempt. **1.** maniac for cleanliness, excessively house-proud woman (od. person). – **2.** cf. Putzsucht 2. — ~,trä·ger m civ.eng. ornamental plaster base, base for plaster(ing), back(ground) for plaster. — ~,trom·mel f tech. tumbling (od. rolling, rattle) barrel, tumbler. — ~,tuch n **1.** polishing cloth, wiper. – **2.** cf. Putzlappen. — ~,wa·ren pl cf. Putz 3, 4, 5. — ~,wol·le f tech. cotton (waste), waste wool. — ~,zeug n cleaning utensils pl.

Puz·zle ['pazəl, 'pʌzl] (Engl.) n ⟨-s; -s⟩, ~,spiel n (games) auch fig. puzzle.

Puz·zo·lan [pʊtsoˈlaːn] n ⟨-s; -e⟩, ~,er·de f civ.eng. cf. Pozz(u)olanerde. — ~ze,ment m Puzz(u)olan cement.

Py·ämie [pyˀɛˈmiː] f ⟨-; -n [-ən]⟩ med. py(a)emia, pyosapr(a)emia. — **py'ämisch** [-ˈˀɛːmɪʃ] adj py(a)emic.

Pyr·ar·thro·se [pyˀarˈtroːzə] f ⟨-; -n⟩ med. pyarthrosis.

Pye·li·tis [pyeˈliːtɪs] f ⟨-; -litiden [-liˈtiːdən]⟩ med. pyelitis, inflammation of the pelvis of the kidney. — **Pye·lo·gra'phie** [-lograˈfiː] f ⟨-; no pl⟩ med. pyelography.

Pyg·mäe [pyˈɡmɛːə] m ⟨-n; -n⟩ anthrop. Pygmy, auch Pigmy. — **pyg'mä·en·haft, pyg'mä·isch** adj **1.** anthrop. pygmy (attrib), pygm(a)ean. – **2.** fig. (zwergenhaft) pygmy (attrib), pygm(a)ean, dwarfish.

Pyg·ma·li·on [pyˈɡmaːli̯ɔn] npr m ⟨-(s); no pl⟩ antiq. myth. Pygmalion.

Py·ja·ma [pyˈdʒaːma; pyˈʒaːma; piˈdʒaːma; piˈʒaːma; pyˈjaːma; piˈjaːma] m, Austrian and Swiss auch n ⟨-s; -s⟩ (pair of) pajamas pl (bes. Br. pyjamas pl). — ~,ho·se f pajama (bes. Br. pyjama) bottoms pl (od. trousers pl). — ~,jacke f pajama (bes. Br. pyjama) top (od. jacket).

Pyk·ni·die [pykˈniːdi̯ə] f ⟨-; -n⟩ bot. pycnidium.

Pyk·ni·ker ['pyknikər] m ⟨-s; -⟩ psych. pyknic, auch pycnic. — **'pyk·nisch** [-nɪʃ] adj pyknic, auch pycnic.

Pyk·no·me·ter [pyknoˈmeːtər] n ⟨-s; -⟩ chem. phys. pycnometer, auch picnometer, pyknometer.

Py·lon [pyˈloːn] m ⟨-en; -en⟩, **Py'lo·ne** f ⟨-; -n⟩ **1.** antiq. pylon. – **2.** civ.eng. (einer Hängebrücke) pylon.

Py·lo·rus [pyˈloːrus] m ⟨-; -loren⟩ med. (Magenausgang) pylorus. — ~,spas·mus m pylorospasm. — ~,ste,no·se f stenosis (od. stricture) of the pyloric orifice, pyloristenosis. — ~ver,en·ge·rung f pyloric stricture.

Pyo·der·mie [pyodɛrˈmiː] f ⟨-; -n [-ən]⟩ med. pyodermia.

pyo·gen [pyoˈɡeːn] adj med. pyogenic.

Pyo·me·tra [pyoˈmeːtra] f ⟨-; no pl⟩ med. pyometra.

Pyo·ne·phro·se [pyoneˈfroːzə] f med. pyonephrosis.

Pyo·pneu·mo·tho·rax [pyopnɔymoˈtoːraks] m med. pyopneumothorax.

Pyor·rhö [pyoˈrøː] f ⟨-; -en⟩, **Pyor'rhöe** [-ˈrøː] f ⟨-; -n [-ən]⟩ med. pyorrhoea. — **pyor'rho·isch** [-ˈroːɪʃ] adj pyorrheal, pyorrheic, auch pyorrhetic.

py·ra·mi·dal [pyramiˈdaːl] adj **1.** math. pyramidal, pyramidical, auch pyramidic. – **2.** fig. colloq. huge, enormous, imposing.

Py·ra·mi·de [pyraˈmiːdə] f ⟨-; -n⟩ **1.** auch math. med. min. pyramid (auch fig.). – **2.** mil. stack (of arms): Gewehre in ~n setzen to stack rifles.

Py·ra·mi·den,bahn f med. pyramidal (od. corticospinal) tract. — ~,kreu·zung f pyramidal decussation. — ~sy,stem n pyramidal system.

Py·ra·mi·den|,dach n civ.eng. pyramidal (od. spire) roof, polygonal broach roof. — ~,form f pyramid(al) form (od. shape). — **p~,för·mig** adj pyramid-shaped, pyramidal. — ~,pap·pel f bot. Lombardy (od. pyramidal) poplar (Populus nigra var. italica). — ~,stumpf m math. frustum of a pyramid.

Pyr·ano·me·ter [pyranoˈmeːtər] n ⟨-s; -⟩ meteor. pyranometer.

Py·ra·zol [pyraˈtsoːl] n ⟨-s; no pl⟩ chem. pyrazole ($C_3H_4N_2$).

Py·ra·zo·lin [pyratsoˈliːn] n ⟨-s; no pl⟩ chem. pyrazoline ($C_3H_6N_2$).

Py·ra·zo·lon [pyratsoˈloːn] n ⟨-s; no pl⟩ chem. pyrazolone ($C_3H_4N_2O$).

Py·ren [pyˈreːn] n ⟨-s; no pl⟩ chem. pyrene ($C_{16}H_{10}$).

Py·re·nä·en|-,Bi·sam,spitz,maus [pyreˈnɛːən-] f zo. desman (Galemys pyrenaicus). — ~,halb,in·sel f geogr. Iberian Peninsula. **py·re'nä·isch** adj geogr. Pyrenean.

Py·re·thrum [pyˈreːtrum] n ⟨-s; -rethra [-tra]⟩ bot. med. pyrethrum.

Pyr·exie [pyrɛˈksiː] f ⟨-; -n [-ən]⟩ med. pyrexia, fever.

Py·ri·da·zin [pyridaˈtsiːn] n ⟨-s; no pl⟩ chem. pyridazine ($C_4H_4N_2$).

Py·ri·din [pyriˈdiːn] n ⟨-s; no pl⟩ chem. pyridine (C_5H_5N).

Py·ri·do·xin [pyridoˈksiːn] n ⟨-s; no pl⟩ meist pl biol. chem. pyridoxine ($C_8H_{11}NO_3$).

Py·ri·mi·din [pyrimiˈdiːn] n ⟨-s; no pl⟩ chem. pyrimidine ($C_4H_4N_2$).

Py·rit [pyˈriːt, -ˈrɪt] m ⟨-s; -e⟩ min. pyrite, fool's gold, firestone. — **py'ri·tisch** adj pyritic, auch pyritical.

py·ro·che·misch [pyroˈçeːmɪʃ] adj chem. pyrochemical.

Py·ro·gal·lol [pyroɡaˈloːl] n ⟨-s; no pl⟩, **Py·ro·gal·lus,säu·re** [-lus-] f chem. pyrogallol ($C_6H_3(OH)_3$).

py·ro·gen [pyroˈɡeːn] adj med. geol. pyrogenic, pyrogenous.

Py·ro·graph [pyroˈɡraf] m ⟨-en; -en⟩ (art) pyrographer. — **Py·ro·gra'phie** [-ɡraˈfiː] f ⟨-; -n [-ən]⟩ (art) pyrography. — **py·ro'gra·phisch** adj pyrographic.

Py·ro·hy·dro·ly·se [pyrohydroˈlyːzə] f ⟨-; -n⟩ chem. pyrohydrolysis.

py·ro·kla·stisch [pyro'klastɪʃ] *adj geol.* pyroclastic.

Py·ro·ly·se [pyro'lyːzə] *f* ⟨-; -n⟩ *chem.* pyrolysis. — **py·ro·ly·tisch** [pyro'lyːtɪʃ] *adj* pyrolytic.

Py·ro·ma·ne [pyro'maːnə] *m* ⟨-n; -n⟩ *psych.* pyromaniac. — **Py·ro·ma'nie** [-ma'niː] *f* ⟨-; *no pl*⟩ pyromania, incendiarism.

Py·ro·man·tie [pyroman'tiː] *f* ⟨-; *no pl*⟩ *antiq. relig.* pyromancy.

Py·ro·me·tall·ur·gie [pyrometalur'giː] *f* pyrometallurgy.

Py·ro·me·ter [pyro'meːtər] *n* ⟨-s; -⟩ *phys.* pyrometer. — **Py·ro·me'trie** [-me'triː] *f* ⟨-; *no pl*⟩ pyrometry. — **py·ro·me·trisch** [-'meːtrɪʃ] *adj* pyrometric, *auch* pyrometrical.

Py·ro·mor·phit [pyromər'fiːt; -'fɪt] *m* ⟨-s; -e⟩ *min.* pyromorphite, green lead ore.

Py·ron [py'roːn] *n* ⟨-s; -e⟩ *chem.* pyrone ($C_5H_4O_2$).

Py·ro·pho·bie [pyrofo'biː] *f* ⟨-; *no pl*⟩ *psych.* pyrophobia.

py·ro·phor [pyro'foːr] *chem.* **I** *adj* pyrophoric, *auch* pyrophorous. — **II P~** *m* ⟨-s; -e⟩ pyrophorus.

Py·ro·phos·phat [pyrofəs'faːt] *n* ⟨-(e)s; -e⟩ *meist pl chem.* pyrophosphate.

Py·ro'phos·phor,säu·re [pyro'fosfər-] *f chem.* pyrophosphoric acid ($H_4P_2O_7$).

Py·ro·phyl·lit [pyrofy'liːt; -'lɪt] *m* ⟨-s; -e⟩ *min.* pyrophyllite.

'Py·ro,schwe·fel,säu·re *f chem.* pyrosulfuric (*bes. Br.* -ph-) acid ($H_2S_2O_7$).

Py·ro·sis [py'roːzɪs] *f* ⟨-; *no pl*⟩ *med.* (*Sodbrennen*) pyrosis, heartburn.

Py·ro·sul·fat [pyrozul'faːt] *n chem.* pyrosulfate *bes. Br.* -ph-.

Py·ro|tech·nik [pyro'tɛçnɪk] *f chem. tech.* pyrotechnics *pl* (*construed as sg or pl*), pyrotechny. — **~'tech·ni·ker** [-nikər] *m* pyrotechnist, pyrotechnician. — **p~'tech·nisch** [-nɪʃ] *adj* pyrotechnic, *auch* pyrotechnical.

Pyr·rho·nis·mus [pyro'nɪsmʊs] *m* ⟨-; *no pl*⟩ *philos.* Pyrrhonism.

'Pyr·rhus,sieg ['pyrʊs-] *m fig.* Pyrrhic victory.

Pyr·rol [py'roːl] *n* ⟨-s; *no pl*⟩ *chem.* pyrrole, azole (C_4H_5N).

Py·tha·go·ras [py'taːgoras] **I** *npr m* ⟨-; *no pl*⟩ Pythagoras. — **II** *m* ⟨-; *no pl*⟩ *math.* Pythagorean proposition (*od.* theorem). — **Py·tha·go're·er** [-tago'reːɛr] *m* ⟨-s; -⟩ *philos.* Pythagorean. — **py·tha·go're·isch** [-tago'reːɪʃ] *adj* Pythagorean: ~er Lehrsatz *math.* Pythagorean proposition (*od.* theorem); P~e Philosophie Pythagorean philosophy, Pythagoreanism.

Py·thia ['pyːtia] **I** *npr f* ⟨-; *no pl*⟩ *antiq.* Pythia. — **II** *f* ⟨-; *no pl*⟩ *fig.* (*orakelnde Frau*) pythoness. — **'py·thisch** [-tɪʃ] *adj* **1.** *antiq.* Pythian, Pythic: P~e Spiele Pythian games. – **2.** *rare fig.* (*orakelhaft*) pythonic, oracular.

Py·thon ['pyːtɔn] *m* ⟨-s; -s *u.* -en [py'toːnən]⟩, **~,schlan·ge** *f zo.* python (*Gattg Python*).

Py·urie [py'ʔu'riː] *f* ⟨-; *no pl*⟩ *med.* (*Eiterharnen*) pyuria.

Py·xis ['pyksɪs] *f* ⟨-; Pyxiden [-'ksiːdən], *auch* Pyxides ['pyksidɛs]⟩ *relig.* (*Hostienbehälter*) pyx.

Q

Q, q [kuː] *n* ⟨-; -⟩ **1.** Q, q (*seventeenth letter of the German alphabet; thirteenth consonant*): ein großes Q a capital (*od.* large) Q; ein kleines Q a small (*od.* little) q. – **2.** Q, q *phys.* (*Ladung des Elektrons*) e. – **3.** Q *electr.* (*Elektrizitätsmenge*) Q.

Q-An,ten·ne ['kuː-] *f electr.* Q-aerial, stub-matched antenna (*bes. Br.* aerial).

Quab·be ['kvabə] *f* ⟨-; -n⟩ *Low G.* (*Fettwulst*) flab, blubber. — **'quab·be·lig** *adj* **1.** (*fett, weich*) flabby, flaccid, blubbery, wobbly, wobbling. – **2.** (*von moorigem Boden*) quaggy, spongy. — **quab·beln** ['kvabəln] *v/i* ⟨h⟩ **1.** (*von Pudding, Gallerte etc*) wobble, quiver, waver, shake. – **2.** (*von fettem Fleisch, Muskeln*) be flabby, be flaccid. – **3.** (*von moorigem Boden*) be quaggy, be spongy. — **'quab·big, 'quabb·lig** *adj cf.* quabbelig.

Quacke'lei (*getr.* -k·k-) *f* ⟨-; no *pl*⟩ *dial.* **1.** (*Unentschlossenheit, Schwanken*) wavering, vacillation, irresolution, irresoluteness. – **2.** *contempt.* (*Geschwätz*) silly talk, blab, gab (*colloq.*). — **'Quacke·ler** (*getr.* -k·k-) *m* ⟨-s; -⟩ *cf.* Schwätzer 1–3. — **quackeln** (*getr.* -k·k-) ['kvakeln] *v/i* ⟨h⟩ **1.** (*unschlüssig sein, schwanken*) waver, vacillate, be irresolute. – **2.** *contempt.* (*schwatzen*) blab, gab (*colloq.*). — **'Quack·ler** *m* ⟨-s; -⟩ *cf.* Schwätzer 1–3.

'Quack,sal·ber ['kvak-] *m* ⟨-s; -⟩ *colloq. contempt.* quack (doctor), medicaster, charlatan, mountebank. — **,Quack·sal·be'rei** *f* ⟨-; -en⟩ quackery, charlatanry, charlatanism, mountebankery. — **'quack,sal·be·risch** *adj* quack(ish), charlatanic(al).

'Quack,sal·ber,mit·tel *n colloq. contempt.* quack remedy (*od.* medicine), nostrum.

'quack,sal·bern [-,zalbərn] *v/i* ⟨h⟩ *colloq. contempt.* (play the) quack, practice (*bes. Br.* practise) quackery.

Quad·del ['kvadəl] *f* ⟨-; -n⟩ *med.* w(h)eal.

Qua·den ['kvaːdən] *pl hist.* (*germanischer Volksstamm*) Quadi.

Qua·der ['kvaːdər] *m* ⟨-s; -⟩, *auch f* ⟨-; -n⟩, *Austrian only m* ⟨-s; -n⟩ **1.** *math.* right (*od.* rectangular) parallelepiped. – **2.** *civ.eng.* (*Bruchsteinblock*) ashlar, *auch* ashler, freestone, broad (*od.* square) stone. — **~,bau** *m* ⟨-(e)s; -ten⟩ *arch.* squared-stone masonry (work). — **~,stein** *m civ.eng. cf.* Quader 2.

Qua·dra·ge·si·ma [kvadra'geːzima] *f* ⟨-; no *pl*⟩ *relig.* **1.** (*Beginn der Fastenzeit*) Quadragesima. – **2.** (*Fastenzeit*) forty days *pl* of Lent.

Qua·dran·gel [kva'draŋəl] *n* ⟨-s; -⟩ *bes. math. cf.* Viereck 1.

Qua·drant [kva'drant] *m* ⟨-en; -en⟩ **1.** *math.* a) quadrant, b) (*eines Koordinatensystems*) square. – **2.** *astr. mar.* (*Meßgerät*) quadrant.

Qua·drat¹ [kva'draːt] *n* ⟨-(e)s; -e⟩ *math.* **1.** (*Figur*) square. – **2.** (*zweite Potenz*) square, power of two: eine Zahl ins ~ erheben to square a number, to raise a number to the power of two (*od.* to the second power), to multiply a number by itself; 5 (im) ~ ist 25 5 squared (*od.* 5 to the power of two) equals 25.

Qua·drat² *n* ⟨-(e)s; -e(n)⟩ *print.* quad, quadrat.

Qua'drat·de·zi,me·ter *m, n* square decimeter (*bes. Br.* decimetre).

Qua'drat|,esel *m fig. colloq. contempt.* stupid ass. — **~,fuß** *m* ⟨-es; -⟩ (*Flächenmaß*) square foot: 100 ~ 100 square feet.

qua'dra·tisch *adj* **1.** (*Platz, Hof etc*) square, quadrate. – **2.** *bes. math.* quadratic, quadriform: eine ~e Gleichung a quadratic (equation); ~er Mittelwert root-mean-square.

Qua'drat|ki·lo,me·ter *m* square kilometer (*bes. Br.* kilometre). — **~,lat·schen** *pl colloq. humor.* **1.** (*große Schuhe*) clodhoppers, beetle crushers (*sl.*). – **2.** (*große Füße*) 'hooves', beetle crushers (*beide sl.*). — **~,maß** *n* square measure. — **~,mei·le** *f* square mile. — **~,me·ter** *m, n* square meter (*bes. Br.* metre). — **~mil·li,me·ter** *m, n* square millimeter (*bes. Br.* millimetre). — **~,netz** *n* (*in der Kartographie*) graticule, square grid. — **~,schä·del** *m colloq. humor.* **1.** square head. – **2.** *fig. cf.* Dickkopf 1.

Qua·dra·tur [kvadra'tuːr] *f* ⟨-; -en⟩ **1.** *math.* quadrature, squaring: die ~ des Kreises *auch fig.* the quadrature of the circle. – **2.** *astr.* quadrature.

Qua'drat|,wur·zel *f math.* square root: die ~ ziehen to find (*od.* extract) the square root. — **~,zahl** *f* square (number). — **~zen·ti,me·ter** *m, n* square centimeter (*bes. Br.* centimetre). — **~,zoll** *m* ⟨-(e)s; -⟩ square inch.

Qua·dri·en·ni·um [kvadri'?ɛnĭum] *n* ⟨-s; -nien⟩ *obs.* quadrennium, quadriennium.

qua·drie·ren [kva'driːrən] *v/t* ⟨no ge-, h⟩ *math.* **1.** (*Zahlen*) square, raise (*s.th.*) to the power of two. – **2.** (*eine Fläche*) square.

Qua·dri·ga [kva'driːga] *f* ⟨-; -drigen⟩ *antiq.* (*art*) quadriga.

Qua·dril·le [k(v)a'driljə] *f* ⟨-; -n⟩ (*Tanz*) quadrille, square dance.

Qua·dril·li·on [kvadrɪ'lĭoːn] *f* ⟨-; -en⟩ *Am.* septillion, *Br.* quadrillion.

Qua·dri·nom [kvadri'noːm] *n* ⟨-s; -e⟩ *math.* quadrinom.

Qua·dri·vi·um [kva'driːvĭum] *n* ⟨-s; no *pl*⟩ *ped. hist.* quadrivium.

Qua·dro·pho·nie [kvadrofo'niː] *f* ⟨-; no *pl*⟩ (*radio*) quadrophony. — **qua·dro'pho·nisch** [-'foːnɪʃ] *adj* quadrophonic.

Qua·dru·pe·de [kvadru'peːdə] *m* ⟨-n; -n⟩ *meist pl* (*Vierfüßler*) quadruped.

Qua·dru·pel [kva'druːpəl] *m* ⟨-s; -⟩ *math.* quadruple. — **~al·li,anz** *f hist. pol.* Quadruple Alliance (*1718*).

Quag·ga ['kvaga] *n* ⟨-s; -s⟩ *zo.* quagga (*Equus quagga*).

Quai [keː] *m, n* ⟨-s; -s⟩ *cf.* Kai.

quak [kvaːk] *interj* **1.** (*einer Ente*) quack! – **2.** (*eines Frosches*) croak!

Quä·ke ['kvɛːkə] *f* ⟨-; -n⟩ *hunt.* hare call.

qua·ken ['kvaːkən] I *v/i* ⟨h⟩ **1.** (*von Fröschen*) croak. – **2.** (*von Enten*) quack. – **3.** *fig. colloq.* croak: hör auf zu ~! stop croaking! stop your noise! – **4.** Q~ *n* ⟨-s⟩ *verbal noun.* – **5.** (*eines Frosches*) croak. – **6.** (*einer Ente*) quack.

quä·ken ['kvɛːkən] I *v/i* ⟨h⟩ **1.** (*von Stimme*) squawk. – **2.** (*von Säugling*) squall, *auch* squawl. – **3.** (*von Hasen*) squeak, squeal. –

4. (*von Vögeln*) squawk. – II *v/t* **5.** (*Lieder, Schlager etc*) squeak. — **'quä·kend** I *pres p.* – II *adj* (*Stimme etc*) squawky, squawking.

'Quä·ker *m* ⟨-s; -⟩ *relig.* Quaker, Friend: die ~ the Quakers, the (Society *sg* of) Friends. — **~,bund** *m* ⟨-(e)s; no *pl*⟩, **~ge,mein·de** *f* Society of Friends.

'Quä·ke·rin *f* ⟨-; -nen⟩ *relig.* Friend, Quakeress.

'Quä·ker·tum *n* ⟨-s; no *pl*⟩ *relig.* Quakerism, Quakerdom.

Qual [kvaːl] *f* ⟨-; -en⟩ **1.** (*körperliche u. seelische*) pain, suffering, (*stärker*) agony, anguish (*lit.*): seelische ~ agony of spirit; ~en erleiden [aushalten *od.* ertragen] to suffer (*od.* go through) [to endure *od.* to bear, to stand] pain; j-s ~en lindern (*od.* erleichtern) to relieve (*od.* alleviate, mitigate) s.o.'s pain; j-m ~en bereiten to inflict pain on s.o.; er wurde von seinen ~en erlöst he was released from his sufferings; er starb unter großen ~en he died in agony; → Wahl. – **2.** (*der Hitze, des Hungers etc*) pain, torment, torture, (*stärker*) excruciation: die Hitze [der Hunger] wurde ihnen zur ~ the heat [hunger] began to torture (*od.* torment) them. – **3.** (*Last, Pein*) pangs *pl*: die ~en des Gewissens [der Reue] the pangs of conscience [remorse]. – **4.** (*Ärger, Verdruß*) vexation. – **5.** (*Nervenprobe, Belastung*) ordeal: sie machte ihm den Aufenthalt zur ~ she made his stay an ordeal. – **6.** (*Bedrückung, Sorge*) distress, tribulation, affliction. – **7.** (*Schufterei, Schinderei*) drudgery, toil, labor, *bes. Br.* labour.

quä·len ['kvɛːlən] I *v/t* ⟨h⟩ **1.** (*körperlich u. seelisch*) torment, anguish (*lit.*): er wurde von Hunger und Durst gequält he was tormented by (*od.* with) hunger and thirst; ein Tier ~ to torment (*od.* be cruel to) an animal; j-n zu Tode ~ to torment the life out of s.o., to torment s.o. to death. – **2.** (*von Krankheiten etc*) trouble, bother, vex: ein starker Husten quälte ihn he was troubled with a bad cough. – **3.** (*peinigen, martern*) torment, torture, rack, (*stärker*) excruciate: sie quälten ihn bis aufs Blut they tortured him to the utmost. – **4.** (*bedrücken, plagen*) distress, trouble, (*stärker*) haunt, harrow, agonize *Br. auch* -s-, tantalize *Br. auch* -s-: der Gedanke [die Vorstellung] quält mich I am haunted by the thought [idea], the thought [idea] preys on my mind; er wurde von Zweifeln gequält he was agonized (*od.* torn) by doubt(s). – **5.** (*bedrängen, belästigen*) torment, pester, bother, plague, harass: j-n mit Fragen ~ to pester s.o. with questions. – **6.** (*Motor, Auto etc*) overstrain, labor, *bes. Br.* labour, flog. – **7.** er quälte seine Geige *colloq. humor.* he sawed at his violin. – II *v/reflex* sich ~ **8.** suffer (*od.* be in) pain: er mußte sich sehr ~, bevor er starb he suffered great pain (*od.* went through agony) before he died. – **9.** (*seelisch*) torment (*od.* distress) oneself, worry (oneself): du quälst dich noch zu Tode! *fig.* you'll worry yourself to death! – **10.** (*sich körperlich anstrengen*) struggle hard, exert (*od.* strain) oneself, toil, labor, *bes.* Br. labour: er mußte sich sehr ~, die Last hinaufzuziehen he had to sweat and strain to pull the weight up (*colloq.*). – 11. (*sich geistig anstrengen*) struggle hard, labor, *bes.* Br. labour. – 12. (*sich durcharbeiten*) struggle: ich quälte mich durch die Zaunlücke [das Buch] I struggled through the fence [book]. – 13. (*sich abplacken*) drudge, slave, toil, labor, *bes.* Br. labour. — **'quä·lend I** *pres p.* – **II** *adj* 1. (*Schmerz, Husten etc*) agonizing Br. *auch* -s-, racking, (very) painful, (*stärker*) excruciating. – 2. (*Hunger*) gnawing. – 3. (*Durst*) raging. – 4. (*Situation, Ungewißheit*) agonizing Br. *auch* -s-, tantalizing Br. *auch* -s-. – 5. (*Gedanke, Vorstellung etc*) agonizing Br. *auch* -s-, harrowing, tormenting, torturing.

'Quä·ler *m* ⟨-s; -⟩ tormentor, torturer.

Quä·le'rei *f* ⟨-; -en⟩ 1. (*körperliche*) torment, torture. – 2. (*seelische*) torment, worry, Am. *colloq. auch* worriment. – 3. (*Schufterei, Schinderei*) hard struggle, drudgery, toil, labor, *bes.* Br. labour.

'quä·le·risch *adj cf.* quälend 5.

'Quäl·geist *m* ⟨-(e)s; -er⟩ *colloq.* nuisance; 'pest', 'plague' (*colloq.*): du bist ein alter ~ you're a perfect nuisance, you're an old pest.

Qua·li·fi·ka·ti·on [kvalifika'tsĭoːn] *f* ⟨-; -en⟩ 1. (*Befähigung, Eignung*) (für, zu for) qualification, capability, ability, fitness, eligibility. – 2. (*Befähigungsnachweis*) qualification, certificate (of competency), qualifying certificate. – 3. (*Beurteilung*) qualification. – 4. (*sport*) (für for) qualification.

Qua·li·fi·ka·ti·ons|,kampf *m* (*sport*) qualifying contest. — **~,ren·nen** *n* (*beim Radsport*) qualifying heat. — **~,spiel** *n* qualifying match (*od.* game). — **~,wett·be,werb** *m* qualifying event. — **~,wett,kampf** *m* qualifying competition.

qua·li·fi·zie·ren [kvalifi'tsiːrən] **I** *v/t* ⟨no ge-, h⟩ 1. (*befähigen*) (für, zu for) qualify, fit, capacitate. – 2. (*bezeichnen, beurteilen*) (als as) qualify, describe, designate, characterize Br. *auch* -s-. – 3. (*als geeignet anerkennen*) qualify. – 4. (*berechtigen*) (zu for) qualify, entitle. – **II** *v/reflex* sich ~ (für for) 5. qualify (*od.* fit) oneself. – 6. (*bei Wettbewerben*) qualify. – **III** Q~ *n* ⟨-s⟩ 7. *verbal noun.* – 8. *cf.* Qualifikation 3. — **qua·li·fi'ziert I** *pp.* – **II** *adj* 1. (*geeignet*) (für for) qualified, fit, eligible. – 2. (*fähig*) qualified, able, capable, competent. – 3. (*Arbeiter, Techniker etc*) qualified. – 4. (*Stelle, Tätigkeit etc*) demanding, exacting. – 5. (*erstklassig*) first-class, first- (*od.* top-)rate, excellent. – 6. (*bei Wettbewerben*) qualified. – 7. ~e Mehrheit [Minderheit] *pol.* qualified majority [minority]. – 8. *jur.* (*Delikte etc*) under aggravating circumstances. — **Qua·li·fi'zie·rung** *f* ⟨-; -en⟩ 1. *cf.* Qualifizieren 7. – 2. *rare for* Qualifikation.

Qua·li·tät [kvali'tɛːt] *f* ⟨-; -en⟩ 1. ⟨only sg⟩ (*Art, Beschaffenheit*) quality. – 2. *meist pl* (*gute Eigenschaft, Fähigkeit*) quality: menschliche [fachliche] ~en humane [professional] qualities; auch er [sie] hat seine [ihre] ~en he [she], too, has his [her] qualities (*od.* good points); seine ~en beweisen to display one's qualities, to show one's good points. – 3. *bes. econ.* (*Wertstufe, Güteklasse*) quality, grade: Waren erster [zweiter] ~ first-class (*od.* first-rate, grade A, A 1) [second-class (*od.* -rate), grade B] goods; bessere [mindere] ~ superior [inferior] quality; der Kaffee ist von bester [schlechter] ~ the coffee is of the best [a bad, a poor] quality. – 4. *bes. econ.* (*gute Qualität*) quality: das ist ~! that's quality (for you)! dieser Name bürgt für ~ this name is a guarantee for quality. – 5. *econ.* (*Sorte*) kind, sort, description. – 6. *ling.* quality. – 7. die ~ gewinnen [verlieren] (*beim Schachspiel*) to make an advantageous [disadvantageous] exchange.

qua·li·ta·tiv [kvalita'tiːf] **I** *adj* qualitative: ein ~er Unterschied a qualitative difference, a difference in quality. – **II** *adv* qualitatively, in quality: diese Ware ist ~ besser this article is better in quality (*od.* is of a better quality).

Qua·li'täts|,ar·beit *f* 1. high-quality work, work of superior craftsmanship (*od.* workmanship). – 2. *cf.* Qualitätsartikel. — **~ar,ti·kel** *m*, **~er,zeug·nis** *n econ.* article (*od.* product) of (high) quality, high-quality article (*od.* product). —**~kon,trol·le**

---

f quality control. — **~,mar·ke** *f* mark of quality, brand. — **~,min·de·rung** *f* reduction in quality. — **~,mu·ster** *n* representative sample. — **~,prü·fung** *f* (*einer Ware*) quality test (*od.* inspection). — **~,stahl** *m metall.* high-grade (*od.* high-quality) steel. — **~,über,wa·chung** *f* quality control. — **~,un·ter,schied** *m* difference in quality. — **~ver,bes·se·rung** *f* improvement in quality. — **~ver,schlech·te·rung** *f* deterioration in quality. — **~,wa·re** *f* high-quality (*od.* high-class) product (*od.* article): wir führen nur ~n we sell only quality (*od.* choice) goods. — **~,wein** *m agr.* vintage wine. — **~zer·ti,kat** *n* certificate of quality.

Quall [kval] *m* ⟨-(e)s; -e⟩ *obs. od. dial.* surge of water.

Qual·le ['kvalə] *f* ⟨-; -n⟩ *zo.* jellyfish, sea nettle; medusa, hydroid (*scient.*) (*Klassen Hydrozoa u. Scyphozoa*). — **'qual·lig** *adj* jellylike.

Qualm [kvalm] *m* ⟨-(e)s; no pl⟩ (dense) smoke, smother. — **'qual·men I** *v/i* ⟨h⟩ 1. smoke, (*stärker*) billow (*od.* belch) smoke: die Lokomotive qualmt the engine is belching (*od.* puffing) smoke. – 2. *colloq.* (*viel rauchen*) smoke: er qualmt wie ein Schlot he smokes like a chimney (*od.* train). – **II** *v/t* 3. *colloq.* (*Zigaretten, Pfeife etc*) smoke, puff. – **III** *v/impers* 4. in der Küche qualmt es the kitchen is full of smoke. — **'qual·mend I** *pres p.* – **II** *adj* smoking, smoky, *auch* smokey. — **'Qualm·mer** *m* ⟨-s; -⟩ *colloq. contempt.* heavy (*od.* inveterate) smoker. — **'qual·mig** *adj* smoky, *auch* smokey, full of smoke.

Qual·ster ['kvalstər] *m* ⟨-s; -⟩ *colloq. for* Auswurf 3, Schleim 2.

'qual,voll *adj* 1. (*Leiden, Schmerzen etc*) agonizing Br. *auch* -s-, racking, (very) painful, tormenting, harrowing, (*stärker*) excruciating: eines ~en Todes sterben to die a painful death. – 2. (*Situation, Ungewißheit*) agonizing Br. *auch* -s-. – 3. (*Gedanke, Vorstellung etc*) agonizing Br. *auch* -s-, torturing.

Quant [kvant] *n* ⟨-s; -en⟩ *phys.* quantum, quant. — **'quan·teln I** *v/t* ⟨h⟩ quantize. – **II** Q~ *n* ⟨-s⟩ *verbal noun.* — **'Quan·te·lung** *f* ⟨-; no pl⟩ 1. *cf.* Quanteln. – 2. quantization.

Quan·ten ['kvantən] *pl colloq.* (*Füße*) trotters (*humor.*), 'hooves' (*sl.*), feet. — **'Quan·ten|bio·lo,gie** *f biol.* quantum biology. — **~,elek·tro·dy,na·mik** *f phys.* quantum electrodynamics *pl* (*usually construed as sg*). — **~me,cha·nik** *f* quantum mechanics *pl* (*construed as sg or pl*). — **~,op·tik** *f* (*optics*) quantum optics *pl* (*usually construed as sg*). — **~theo,rie** *f* ⟨-; no pl⟩ *phys.* quantum theory. — **~,zahl** *f* quantum number.

quan·ti·fi·zie·ren [kvantifi'tsiːrən] **I** *v/t* ⟨no ge-, h⟩ quantify. – **II** Q~ *n* ⟨-s⟩ *verbal noun.* — **Quan·ti·fi'zie·rung** *f* ⟨-; -en⟩ 1. *cf.* Quantifizieren. – 2. quantification.

Quan·ti·tät [kvanti'tɛːt] *f* ⟨-; -en⟩ 1. quantity, amount. – 2. *ling. metr. philos.* quantity.

quan·ti·ta·tiv [kvantita'tiːf] **I** *adj* quantitative, quantitive: eine ~e Verminderung a quantitative decrease, a decrease in quantity; ~e Analyse *chem.* quantitative analysis. – **II** *adv* sich ~ unterscheiden to differ in quantity.

Quan·ti'täts|be,stim·mung *f* quantification, quantitative determination. — **~theo,rie** *f econ.* quantity theory.

Quan·ti·té né·gli·geable [kãtitenegli'ʒabl] (*Fr.*) *f* ⟨- -; no pl⟩ negligible (*auch* negligeable) quantity.

quan·ti·tie·ren [kvanti'tiːrən] *v/t* ⟨no ge-, h⟩ *metr.* (*Silben*) measure the length of.

Quan·tum ['kvantum] *n* ⟨-s; Quanten⟩ 1. quantum, quantity, amount. – 2. (*Anteil*) quantum, share, portion.

Quap·pe ['kvapə] *f* ⟨-; -n⟩ *zo.* a) burbot (*Lota lota*), b) ling (*L. maculosa*).

Qua·ran·tä·ne [karan'tɛːnə; karã-] *f* ⟨-; -n⟩ quarantine: j-n in ~ legen [halten] to put (*od.* place) s.o. in(to) [to keep s.o. in] quarantine; die ~ aufheben to lift the quarantine; (die) ~ verhängen über (*acc*) to quarantine; in ~ sein (*od.* liegen) to be in (*od.* under) quarantine, (*von Schiffen*) *auch* to ride at quarantine. — **~,flag·ge** *f mar.* yellow (*od.* sick, quarantine) flag, yellow jack. — **~,sta·ti,on** *f med.* quarantine ward.

Quar·gel ['kvargəl] *n, m* ⟨-s; -⟩ *Austrian gastr.* a small round cheese.

Quark [kvark] *m* ⟨-s; no pl⟩ 1. *gastr.* curd(s *pl*). – 2. *gastr.* (*Quarkkäse*) cottage (*auch* curd) cheese, Am. *auch* smearcase, smiercase, *auch* schmierkase. – 3. *fig. colloq.* (*in Wendungen wie*) red keinen ~! don't talk rubbish! don't talk tripe (*od.* bilge, *bes.* Br. rot)! (*sl.*); das ist doch (alles) ~! that's a load of rubbish! (*colloq.*), *bes.* Br. *sl.* that's a lot of rot! kümmere dich nicht um jeden ~! don't fuss about trifles (*od.* minor details)! er regt sich über jeden ~ auf he gets excited (*od.* worked up) about the slightest thing; du verstehst einen ~ davon! you know damn all (*Am.* beans) about it! (*sl.*); er mischt sich (*od.* steckt seine Nase) in jeden ~ he pokes his nose into everything; alten ~ aufrühren to rake up the ashes.

'quar·kig *adj* curdy.

'Quark|,kä·se *m gastr. cf.* Quark 2. — **~,ku·chen** *m* cheesecake, curdcake.

Quar·re ['kvarə] *f* ⟨-; -n⟩ *Low G.* 1. (*weinerliches Kind*) whiner. – 2. (*zänkische Frau*) scold. — **'quar·ren** *v/i* ⟨h⟩ *cf.* quaken 3, quäken 1, 2, nörgeln, quengeln. — **'quar·rig** *adj* whin(e)y, whining, querulous.

Quart[1] [kvart] *n* ⟨-s; -e, *nach Zahlen* -⟩ 1. ⟨only sg⟩ *print.* quarto. – 2. *obs.* (*Flüssigkeitsmaß*) quart (*ranging from 0.24 to 1.1 liters*).

Quart[2] *f* ⟨-; -en⟩ 1. (*sport*) (*beim Fechten*) quarte, *auch* quart. – 2. *mus.* fourth: reine ~ perfect fourth; übermäßige ~ augmented fourth; verminderte ~ diminished fourth.

Quar·ta ['kvarta] *f* ⟨-; Quarten⟩ *ped.* third year of a German secondary school.

Quar·tal [kvar'taːl] *n* ⟨-s; -e⟩ quarter: angefangenes ~ broken quarter. — **~,ab,rech·nung** *f cf.* Quartalsabrechnung.

Quar'tals|,ab,rech·nung *f*, **~,ab,schluß** *m econ.* quarterly statement (of accounts), quarterly account (*od.* balance, bill). — **~di·vi,den·de** *f* quarterly dividend. — **~,en·de** *n* end of the quarter: zum ~ kündigen to give notice for the end of the quarter. — **~,kün·di·gung** *f* quarterly notice. — **~,säu·fer** *m* 1. dipsomaniac. – 2. *colloq.* habitual drunkard. — **~,tag** *m econ.* quarter day. — **q~,wei·se** *adv* quarterly, by the quarter, every three months. — **~,zah·lung** *f* 1. quarterly payment. – 2. (*von Dividenden, Zinsen etc*) quarterly disbursement.

Quar·ta·ner [kvar'taːnər] *m* ⟨-s; -⟩, **Quar·ta·ne·rin** *f* ⟨-; -nen⟩ pupil of a 'Quarta'.

Quar·tant [kvar'tant] *m* ⟨-en; -en⟩ *print. rare for* Quartband.

quar·tär [kvar'tɛːr] *adj* 1. *geol.* Quaternary. – 2. *chem.* (*Verbindungen*) quaternary. — **Quar'tär** *n* ⟨-s; no pl⟩ *geol.* Quaternary (period). — **~for·ma·ti,on** *f* Quaternary formation. — **~struk,tur** *f biol. chem.* (*von Proteinen*) quaternary structure.

'Quart|,band *m* ⟨-(e)s; ⁼e⟩ *print.* quarto volume. — **~,blatt** *n* quarter of a sheet.

Quar·te ['kvartə] *f* ⟨-; -n⟩ *mus. cf.* Quart[2] 2.

Quar·tel ['kvartəl] *n* ⟨-s; -⟩ Bavarian dial. (*Biermaß*) a quarter liter (*bes.* Br. litre).

'Quar·ten,zir·kel *m mus.* circle of fourths.

'Quar·ter,deck ['kvartər-] *n mar.* quarterdeck.

Quar·tett [kvar'tɛt] *n* ⟨-(e)s; -e⟩ 1. *mus.* quartet, quartette. – 2. (*games*) (*children's*) card game, Br. *etwa* Happy Families *pl* (*construed as sg*).

'Quart·for,mat *n print. cf.* Quart[1] 1.

Quar·tier [kvar'tiːr] *n* ⟨-s; -e⟩ 1. (*Unterkunft*) accommodation, lodging(s *pl*): ein ~ suchen to look for accommodation; wir haben unser ~ bei einem Bauern aufgeschlagen we found lodgings with a farmer (*od.* at a farmer's), we are lodging with a farmer. – 2. *mil.* a) (*Standort*) quarters *pl*, cantonment, b) (*in Privathäusern*) billet(s *pl*): ~ beziehen [machen] to take up [to prepare] quarters; j-n bei j-m in ~ legen to billet s.o. (up)on (*od.* with) s.o.; bei j-m im ~ liegen to be billeted (*od.* quartered) (up)on (*od.* with) s.o.; ins ~ rücken to move to the quarters. – 3. (*beim Billard*) balk. – 4. *her.* quarter, canton. – 5. *Swiss and Austrian rare for* Stadtviertel.

quar·tie·ren [kvar'tiːrən] *v/t u. sich ~ v/reflex* ⟨no ge-, h⟩ *obs. for* einquartieren.

Quar'tier|,ma·cher *m mil.* billeting officer. — **~,mei·ster** *m* quartermaster. — **~,schein** *m*, **~,zet·tel** *m* billeting slip.

Quar·to ['kvarto] *n* ⟨-; no pl⟩ *print. cf.* Quart[1] 1.

'**Quart**|‚sei·te f print. quarto page. — ~·
'**sext**·ak‚kord [‚kvart-] m mus. chord of the
six-four, six-four chord.
Quarz [kvarts] m ⟨-es; -e⟩ min. quartz.
— ~‚fa·den m electr. quartz filament.
— ~ge‚stein n min. cf. Quarzit. — **q~ge-**
‚steu·ert adj electr. crystal-controlled. —
~‚glas n tech. quartz glass, fused quartz,
vitreous silica (scient.).
'**quarz‚hal·tig**, '**quar·zig** adj min. containing quartz; quartzose, quartzous, quartz-
iferous (scient.).
Quar·zit [kvar'tsiːt; -'tsɪt] m ⟨-s; -e⟩ min.
quartzite.
'**Quarz**|kon‚den·sor m (optics) quartz con-
denser. — ~‚lam·pe f electr. quartz lamp.
— ~‚rohr n quartz tube. — ~‚steue·rung f
crystal control. — ~‚uhr f quartz-crystal
clock, quartz (od. crystal) clock.
Quas [kvaːs] m ⟨-es; -e⟩ Low and Middle G.
feast, banquet, spread (colloq.).
Qua·sar [kva'zaːr] m ⟨-s; -e⟩ astr. quasar.
'**qua·sen** [-zən] Low and Middle G. I v/i ⟨h⟩
cf. schmausen 1, prassen. – **II** v/t cf. vergeuden.
qua·si ['kvaːzi] adv to a certain extent (od.
degree), in a way, as it were, quasi.
Qua·si·mo·do·ge·ni·ti [kvazimodo'geːniti]
m ⟨undeclined⟩ (der Sonntag) ~ relig. Low
Sunday, Quasimodo.
Quas·se'lei f ⟨-; -en⟩ colloq. contempt.
(constant od. continuous) blather (bes. Br.
blether), babble, gabble, gab. Am. colloq.
blatherskite. — '**Quas·se·ler** m ⟨-s; -⟩
blatherer, bes. Br. bletherer, Am. colloq.
blatherskite. — '**Quas·sel‚frit·ze**, '**Quas-**
sel‚kopf m cf. Quasseler.
quas·seln ['kvasəln] colloq. contempt. I v/i
⟨h⟩ blather, bes. Br. blether, babble, gabble.
– **II** Q~ n ⟨-s⟩ verbal noun.
'**Quas·sel**|‚strip·pe f colloq. humor. 1. (Tele-
phon) phone (colloq.), Br. sl. 'blower'. –
2. (geschwätzige Person) babbler, gabbler,
'gasbag' (sl.). — ~‚was·ser n only in du hast
wohl ~ getrunken? colloq. you are in a
very talkative mood.
Quas·sia ['kvasia] f ⟨-; -sien⟩ 1. bot. a)
Quassia (tree) (Gattg Quassia), b) bitter-
wood (Q. amara u. Q. excelsa). – 2. med.
pharm. (gegen Spulwürmer) quassia (wood).
Quas·sie ['kvasiə] f ⟨-; -n⟩ bot. med. pharm.
cf. Quassia.
Quast [kvast] m ⟨-(e)s; -e⟩ 1. (des Anstrei-
chers, Tapezierers etc) flat bristle brush,
wall brush. – 2. cf. Quaste 2.
Qua·ste ['kvastə] f ⟨-; -n⟩ 1. (Troddel)
tassel. – 2. (Büschel) tuft. – 3. (Puderquaste)
(powder) puff. – 4. cf. Quast 1. – 5. relig.
cf. Weihwedel.
'**Qua·sten**|‚flos·ser [-‚flɔsər] m ⟨-s; -⟩ zo.
crossopterygian (Ordng Crossopterygii). —
q~‚för·mig adj (shaped) like a tassel. —
~‚stach·ler [-‚ʃtaxlər] m ⟨-s; -⟩ zo. brush-
-tail(ed) porcupine (Gattg Atherurus).
Quä·sti·on [kvɛs'tioːn] f ⟨-; -en⟩ philos.
question, problem.
Quä·stor ['kvɛstər] m ⟨-s; -en [-'toːrən]⟩
1. (an Hochschulen) bursar. – 2. antiq.
qu(a)estor. – 3. Swiss for Rechnungsführer, Kassenwart.
Quä·stur [kvɛs'tuːr] f ⟨-; -en⟩ 1. (an
Hochschulen) bursar's office. – 2. antiq.
qu(a)estorship.
Qua·tem·ber [kva'tɛmbər] m ⟨-s; -⟩
röm.kath. ember day. — ~‚fa·sten n ember
days pl.
qua·ter·när [kvatɛr'nɛːr] adj chem. quaternary.
Qua·ter·ne [kva'tɛrnə] f ⟨-; -n⟩ obs. (Vierer-
gewinn) quaterne.
Quatsch [kvatʃ] m ⟨-es; no pl⟩ colloq.
1. (dummes Gerede) nonsense, trash,
balderdash, rubbish, bosh, bull, Am.
colloq. blatherskite, bes. Br. colloq. 'rot':
so ein ~! such tommyrot! (sl.); red doch
keinen ~! don't talk such nonsense! hör
nicht auf ihn! Es ist alles ~ don't listen to
him! It's all a lot of bunkum (od. rubbish,
ballyhoo) (colloq.); ~ (mit Soße)! rubbish!
nuts! (sl.). – 2. (dumme Späße) tomfoolery:
fooling around, carrying-on (colloq.): die
Kinder machten nur ~ the children were
fooling around (od. carrying on) all the
time. – 3. (unkluge Handlung) stupidity,
foolishness: mach keinen ~! don't do
anything stupid!
quatsch interj squelch! squilch!
quat·schen[1] ['kvatʃən] colloq. I v/i ⟨h⟩
1. (Unsinn reden) talk nonsense, twaddle,

drivel, blather, bes. Br. blether. – 2. (reden)
chat: wir haben lange gequatscht we had
a long chat. – 3. (Geheimnisse ausplaudern)
blab; 'squeak', 'squeal' (colloq.): die
Bande flog auf, weil einer gequatscht
hatte the gang broke (up) because one of
them had squeaked. – **II** v/t 4. dummes
Zeug ~ to talk nonsense (od. drivel, blather).
– **III** Q~ n ⟨-s⟩ 5. verbal noun.
'**quat·schen**[2] colloq. I v/i ⟨h u. sein⟩ 1. ⟨h⟩
squelch, slush, slosh. – 2. ⟨sein⟩ über
(acc) [durch] etwas ~ to slush (od. slosh,
squelch) over [through] s.th. – **II** v/impers
⟨h⟩ 3. es quatscht bei jedem Schritt there
is a squelch with every step.
Quat·sche'rei f ⟨-; -en⟩ colloq. cf. Quatschen[1].
'**quat·schig** adj colloq. (Geräusch etc)
squelchy, slushy, sloshy.
'**Quatsch**|‚kopf m colloq. contempt. twad-
dler, driveler, bes. Br. driveller, Am. colloq.
blatherskite. — ~‚lie·se f colloq. cf.
Quatschtante.
'**quatsch'naß** adj colloq. cf. pitschnaß.
'**Quatsch‚tan·te** f colloq. chatterbox; 'windbag' (colloq.), 'gasbag' (sl.).
Quat·tro·cen·tist [kvatrotʃen'tɪst] m ⟨-en;
-en⟩ (art) quattrocentist. — **Quat·tro-**
'**cen·to** [-'tʃɛnto] n ⟨-(s); no pl⟩ quattrocento, auch Quattrocento.
Que·bra·cho [ke'bratʃo] n ⟨-s; no pl⟩ 1. cf.
Quebrachoholz. – 2. cf. Quebrachorinde.
— ~‚baum m bot. 1. (Weißer) ~ (white)
quebracho (Aspidosperma quebracho). –
2. (Roter) ~ (red) quebracho (Schinopsis
balansae u. Quebracho lorentzii). — ~‚holz
n quebracho. — ~‚le·der n quebracho-
-tanned leather. — ~‚rin·de f 1. med. pharm.
quebracho (bark), aspidosperma. – 2. (leather) (Gerbstoff) quebracho bark.
Quecke (getr. -k·k-) ['kvɛkə] f ⟨-; -n⟩ bot.
couch grass, auch couch, quack (od. quick,
quitch, scutch, twitch, wheat) grass,
witchgrass (Agropyron repens).
'**Queck**‚sil·ber ['kvɛk-] n chem. mercury,
quicksilver, hydrargyrum (scient.) (Hg):
etwas mit ~ verbinden to mercurate (od.
mercurize) s.th., to amalgamate s.th. with
mercury; etwas mit ~ überziehen to quicksilver s.th.; sie hat ~ im Leib fig. colloq.
she has got ants in her pants (colloq.); sie
ist das reinste ~ fig. colloq. she is a real
live wire. — ~‚ba·ro‚me·ter n mercury
barometer. — ~be‚hand·lung f 1. chem.
mercuration. – 2. med. treatment with
mercurials. – 3. phot. hypersensitizing
(Br. auch -s-) (of) negative material by
exposure to mercury vapor (bes. Br. vapour).
'**Queck‚sil·ber‚dampf** m phys. mercury
vapor (bes. Br. vapour). — ~‚gleich‚richter m electr. mercury-vapor (bes. Br.
-vapour) rectifier. — ~‚lam·pe f mercury-
-vapor (bes. Br. -vapour) lamp, mercury-arc
lamp.
'**queck‚sil·ber‚hal·tig** adj chem. 1. (einwer-
tiges Quecksilber enthaltend) mercurous. –
2. (zweiwertiges Quecksilber enthaltend)
mercuric.
'**queck‚sil·be·rig** adj fig. cf. quecksilbrig.
'**Queck‚sil·ber**|jo‚did n chem. (red) mercury
iodide, mercuric iodide (HgI₂). — ~‚kur f
med. mercurial treatment (od. inunction).
— ~‚le‚gie·rung f chem. amalgam. — ~‚
oxid [-ʔɔ‚ksiːt] n med. mercury (auch mercury)
oxide (HgO). — ~‚prä·pa‚rat n med. pharm.
mercurial preparation. — ~‚sal·be f mercurial ointment. — ~‚säu·le f phys. meteor.
mercury column, mercury. — ~‚sto·ma‚ti-
tis f med. mercurial stomatitis. — ~‚ther-
mo‚me·ter n phys. mercury thermometer.
— ~‚ver‚gif·tung f med. mercurial poisoning, mercurialism; hydrargyrism, hydrar-
gyrosis (scient.).
'**queck‚sil·brig** adj fig. (Kind, Temperament
etc) sprightly, lively, brisk; mercurial,
volatile (lit.).
Quell [kvɛl] m ⟨-(e)s; -e⟩ poet. for
Quelle 1, 4. — ~‚ader f vein of a spring.
Quel·le ['kvɛlə] f ⟨-; -n⟩ 1. spring, source:
mineralische [warme] ~n mineral [hot od.
thermal] springs; eine ~ fassen civ.eng. to
impound a source. – 2. geogr. (eines Flusses)
source, head(spring), fountainhead: von
der ~ bis zur Mündung from the source
to the mouth; die ~n des Nils the sources
of the Nile. – 3. (Ölquelle) oil well. – 4. fig.
(Ursprung) source, origin: die ~ allen Übels
the source of all evil; ~ des Lebens source
(od. fount[ain]) of life. – 5. fig. (Herkunft)

source: aus guter (od. sicherer) ~ from a
reliable source, on good authority; eine
Nachricht aus erster ~ bekommen to
receive firsthand (od. inside) information,
to hear news straight from the horse's
mouth; an der ~ sitzen a) (für Informationen etc) to be on the inside, to hear the
news straight from the horse's mouth,
b) (für Waren etc) to be on the spot, to have
(direct) access. – 6. (Literaturnachweis)
source, authority: die ~n angeben to give
one's sources. – 7. econ. (Hilfsmittel etc) re-
source: neue ~n erschließen auch fig. to
tap new resources.
quel·len[1] ['kvɛlən] I v/i ⟨quillt, quoll, gequollen, sein⟩ 1. spring, well, pour, (stärker) gush, surge: aus der Wunde quoll
Blut blood gushed from the wound; Tränen
quollen ihr aus den Augen tears poured
(od. trickled) from her eyes. – 2. (von
Rauch etc) pour, billow. – 3. (von Augen)
pop: die Augen quollen ihm fast aus dem
Kopf his eyes nearly popped out of his head.
– 4. fig. pour: die Menschen quollen aus
dem Kino the people poured out of the
cinema (bes. Am. motion-picture theater).
– 5. (seinen Ursprung haben) (in dat from)
originate, arise, emanate. – **II** Q~ n ⟨-s⟩
6. verbal noun.
'**quel·len**[2] I v/t ⟨quellt, quellte, gequellt, h⟩
(Erbsen, Gerste, Flachs etc) soak, steep. –
II v/i ⟨quillt, quoll, gequollen, sein⟩ (von
Erbsen, Reis, Holz, Fasern etc) swell (up). –
III Q~ n ⟨-s⟩ verbal noun.
'**Quel·len**|‚an‚ga·be f 1. (in der Fußnote)
reference. – 2. cf. Quellennachweis. —
~‚for·scher m student (od. investigator) of
(literary od. historical) sources, researcher.
— ~‚for·schung f study of (od. research
into) (literary od. historical) sources. —
~‚kri·tik f criticism of sources. — ~‚kun·de
f source study, research into (historical)
sources. — **q~‚mä·ßig** adj (literature) (Ausgabe) (directly) based on the sources. —
~‚ma·te·ri‚al n source material. — ~‚moos
n bot. water moss (Gattg Fontinalis). —
~‚nach‚weis m cf. Quellenangabe. — ~‚
‚stu·di·um n cf. Quellenforschung. — ~‚
ver‚zeich·nis n bibliography, list of works
consulted (od. of references), list of authors.
'**Quel·ler** m ⟨-s; -⟩ bot. glasswort, saltwort,
(marsh) samphire, salicornia (scient.) (Gattg
Salicornia).
'**Quell**|‚fluß m geogr. headstream, source.
— ~‚ge‚biet n headwater region. — ~‚kraut
n ⟨-(e)s; no pl⟩ bot. blinking (od. water-
-chickweed, Indian) lettuce (Gattg Montia).
— ~‚moos n cf. Quellenmoos. — ~‚
‚nym·phe f myth. nereid, naiad. — ~‚salz
n brew. spring salt.
'**Quel·lung** f ⟨-; no pl⟩ cf. Quellen[1] u. [2].
'**Quell**|‚was·ser n ⟨-s; -⟩ springwater. —
~‚wol·ke f meteor. cf. Haufenwolke.
Quen·del ['kvɛndəl] m ⟨-s; -⟩ bot. wild (od.
creeping) thyme (Thymus serpyllum).
Quen·ge'lei f ⟨-; -en⟩ colloq. cf. Quengeln.
'**Quen·gel‚frit·ze** m colloq. cf. Quengler.
'**quen·ge·lig** adj colloq. 1. (bes. Kind)
whin(e)y, fretful, crabbed, cross (colloq.).
– 2. cf. nörgelig.
'**Quen·gel‚lie·se** f colloq. cf. Quenglerin.
quen·geln ['kvɛŋəln] colloq. I v/i ⟨h⟩ 1.
whine, be fretful, be cross (colloq.): Kinder
~ leicht, wenn sie müde sind children are
inclined to whine when they are tired. –
2. whine, pester: er quengelte so lange,
bis ich nachgab he whined at me (od.
pestered me) until I gave in. – 3. cf. nörgeln.
– **II** Q~ n ⟨-s⟩ 4. verbal noun.
'**Queng·ler** m ⟨-s; -⟩, '**Queng·le·rin** f ⟨-;
-nen⟩ colloq. 1. (bes. Kind) whiner, pester,
pesterer. – 2. cf. Nörgler(in).
'**queng·lig** adj colloq. cf. quengelig.
Quent·chen ['kvɛntçən] n ⟨-s; -⟩ only in
ein ~ a little bit, a pinch, a knob, a dram,
a grain: ein ~ Salz a pinch of salt; du hast
kein ~ Verstand fig. you haven't got a
dram (od. an ounce) of wit (od. sense). —
q~‚wei·se adv in dribs and drabs.
Quent·lein ['kvɛntlaɪn] n ⟨-s; -⟩ cf. Quent-
chen.
quer [kveːr] adv 1. crosswise, crossways,
athwart (lit.): leg das Blatt ~ lay the paper
crosswise. – 2. über (acc) (straight)
across: ~ über die Straße gehen to go
(straight) across the road, to cross the road.
– 3. ~ durch (straight) through: sie ging ~
durch den Wald she went straight through
the wood; wir sind ~ durch Deutschland

gewandert we have wandered all over Germany; → kreuz und quer. – **4.** ~ zu at right angles to. – **5.** den Stoff ~ nehmen (beim Zuschneiden) to cut the fabric on the weft. — **~,ab** adv (beim Segeln) abeam.

'Quer|,ach·se f **1.** math. transverse (od. lateral) axis. – **2.** tech. transverse axle. — **~,bahn,steig** m (railway) underpass. — **~,bal·ken** m **1.** arch. civ.eng. crossbeam, collar beam, crosspiece, crossbar, transom, summer(tree), spanner. – **2.** her. bar, fess, auch fesse. – **3.** mus. bind, crossbar, beam. — **~,baum** m **1.** cf. Querbalken 1. – **2.** (in der Zimmerei) gibbet. — **~,bin·der** m bow tie, bow (colloq.). — **~,brett** n (in Regalen) shelf. — **~,bruch** m med. transverse fracture.

Quer·der ['kvɛrdər] m ‹-s; -› zo. (Larve der Neunaugen) lamprey larva, ammocoetes, auch ammocoete.

,quer'durch adv right (od. straight) across (od. through).

'Quer,durch,mes·ser m transverse diameter.

'Que·re f ‹-; no pl› transverse (od. cross) direction: der ~ nach, in die ~ crossways, crosswise, across; in die Kreuz und (in die) Quer(e) laufen to run in all directions; es ist ihm etwas in die ~ gekommen fig. colloq. things have gone wrong for him; j-m in die ~ kommen colloq. a) to cross s.o.'s path, b) fig. to thwart (od. cross) s.o.'s plans, to put a spoke in s.o.'s wheel.

Que·re·le [kve'reːlə] f ‹-; -n› obs. od. dial. complaint.

que·ren ['kveːrən] v/t ‹h› **1.** (beim Bergsteigen) traverse. – **2.** obs. for a) überschreiten 1, b) überschneiden 1.

'Quer|,fa·den m (textile) cf. Schußfaden. — **~,fal·te** f (fashion) transverse (od. cross) pleat.

,quer'feld·ein adv across (the) country, cross-country. — **Q~,fah·ren** n (beim Radsport) cyclo-cross. — **Q~,fah·rer** m cyclo-cross rider. — **Q~,lauf** m cross-country run. — **Q~,ren·nen** n (beim Radsport) cyclo-cross race. — **Q~,ritt** m cross-country race. — **Q~,strecke** (getr. -k·k-) f cross-country course.

'Quer|,flö·te f mus. transverse (od. cross, German) flute. — **~,for,mat** n print. oblong size, broadside. — **~,fort,satz** m med. zo. (eines Wirbels) transverse process, diapophysis. — **~,fra·ge** f cross-question. — **~,fu·ge** f civ.eng. transverse (od. cross) joint. — **~,gang** m **1.** geol. cross lode. – **2.** (beim Bergsport) traverse. — **~ge,fäl·le** n civ.eng. (einer Straße) crossfall. — **q~,ge·hen** v/i ‹irr, sep, -ge-, sein› fig. colloq. go wrong (od. amiss): mir geht alles quer everything is going wrong for me. — **q~ge,streift** adj ‹attrib› **1.** horizontally striped. – **2.** med. (Muskel) striped, striated. — **~,hieb** m (sport) (beim Fechten) crosscut. — **~,holz** n **1.** arch. cf. Querbalken 1. – **2.** mar. toggle. — **~,ko·lon** n med. transverse colon. — **'Quer,kopf** m contempt. contrary (od. wrongheaded) person. — **'quer,köp·fig** [-,kœpfɪç] adj contrary, wrongheaded. — **'Quer,köp·fig·keit** f ‹-; no pl› contrariness, wrongheadedness.

'Quer|,la·ge f **1.** med. transverse (od. torso) presentation. – **2.** aer. bank. — **~,lat·te** f (sport) crossbar. — **q~,lau·fend** adj transverse, transversal, transverse. — **~,lei·ste** f tech. cross-rib. — **~,len·ker** m auto. track (od. transverse) control arm, wishbone. — **~,li·nie** f **1.** crossline, transverse line. – **2.** print. space rule. — **~,mau·er** f arch. cross wall. — **~,mo·du·la·ti,on** f (radio) cf. Kreuzmodulation. — **~,paß** m (sport) (beim Fußball etc) cross pass. — **~,pfei·fe** f mus. fife. — **~,pfei·fer** m fifer. — **~,rin·ne** f (auf Straßen) transverse furrow. — **~,ru·der** n aer. aileron. — **~,sä·ge** f tech. cf. Schrotsäge. — **~,sa·ling** f mar. crosstrees pl. — **~,sat·tel** m sidesaddle. — **~,schal·tung** f electr. cross connection (Br. auch connexion). — **q~,schie·ßen** v/i ‹irr, sep, -ge-, h› fig. colloq. Am. throw a monkey wrench in(to) things, Br. throw a spanner in(to) the works. — **~,schiff** n arch. (einer Kirche) transept.

'quer,schiffs [-,ʃɪfs] adv mar. (a)thwartships.

'Quer|,schlag m (mining) crosscut. — **~,schlä·ger** m **1.** mil. ricochet. – **2.** (beim Schießsport) keyhole dipping.

'Quer,schnitt m **1.** math. tech. cross section. – **2.** (Fläche) sectional area. – **3.** med. (in der

Chirurgie) transverse section. – **4.** fig. cross section, crosscut. – **5.** (in der Holzbearbeitung) a) (Arbeitsvorgang) cutting across the grain, b) (Arbeitsergebnis) crosscut. – **6.** mus. (durch from) medley, potpourri. — **~,an,sicht** f side elevation.

'quer,schnitts|ge,lähmt adj med. paraplegic. — **Q~ge,lähm·te** m, f paraplegic. — **Q~,läh·mung** f paraplegia. — **Q~lä·si,on** f transverse lesion.

'Quer|,schnitt,zeich·nung f tech. cf. Schnittzeichnung. — **~,schott** n mar. cross (od. transverse) bulkhead. — **q~,schrei·ben** v/t ‹irr, sep, -ge-, h› econ. (Wechsel, Scheck etc) accept. — **~,schuß** m fig. colloq. Am. monkey wrench, Br. spanner in the works. — **~,stand** m **1.** mus. cross (od. false) relation. – **2.** (sport) (beim Turnen) cross stand. — **~,stra·ße** f (cross) street, (cross)road, intersecting road (od. street): gehen Sie die zweite ~ rechts take the second street on the right, take the second turning right. — **~,stre·be** f tech. crossgirth, cross-rib. — **~,strei·fen** m **1.** cross (od. horizontal) stripe, crossbar. – **2.** zo. (des Zebras etc) band. — **~,strei·fung** f med. (des Muskels) transverse striation. — **~,strich** m **1.** crossline. – **2.** (in Buchstaben) crossbar. – **3.** print. dash. — **~,stütz** m (sport) (beim Turnen) cross support. — **~,sum·me** f math. sum of the digits. — **~,trä·ger** m civ.eng. transverse (od. cross) girder, crossbeam. — **~,trei·ber** m colloq. contempt. thwarter, (bes. politischer) obstructionist. — **~,trei·be'rei** [,kveːr-] f ‹-; -en› thwarting, (bes. politische) obstruction(ism). — **q~'über** [,kveːr-] adv obs. (right od. almost) opposite.

Que·ru·lant [kveru'lant] m ‹-en; -en› querulous person, Br. colloq. grouser, Am. colloq. grouch, Am. sl. griper. — **que·ru·lie·ren** [-'liːrən] v/i ‹no ge-, h› grumble, be querulous, Br. colloq. grouse, Am. colloq. grouch, Am. sl. gripe.

'Quer|ver,bin·dung f **1.** (zwischen Straßen etc) cross connection (Br. auch connexion). – **2.** meist pl (zwischen Interessenverbänden, Lehrfächern etc) interconnection, Br. auch interconnexion. – **3.** tel. (inter)communication: (System von) ~en intercom(munication system). – **4.** electr. tie trunk, cross connection (Br. auch connexion). — **~ver,stei·fung** f tech. transverse (od. cross) bracing. — **~ver,strebung** f cross bracing. — **~ver,weis** m cross reference. — **~,wall** m mil. traverse. — **~,wand** f transverse (od. partition) wall. — **~,weg** m **1.** intersecting lane (od. road), crossroad, crossway. – **2.** (Abkürzungsweg) shortcut. — **~,wel·len** pl crosswash sg. — **~,wind** m mar. beam wind.

Quer·zi·tron [kvɛrtsi'troːn] n ‹-s; no pl› (bes. wood) quercitron. — **~,rin·de** f (Gerbmittel) quercitron bark.

Que·se ['kveːzə] f ‹-; -n› Low G. blister.

Quet·sche¹ ['kvɛtʃə] f ‹-; -n› Middle G. dial. for Zwetsche.

'Quet·sche² f ‹-; -n› **1.** dial. squeezer, wringer, presser. – **2.** colloq. cf. Klitsche. – **3.** colloq. cf. Quetschkommode.

quet·schen ['kvɛtʃən] **I** v/t ‹h› **1.** (drücken) squeeze: j-m die Hand ~ to squeeze s.o.'s hand; j-n in die Ecke ~ to squeeze s.o. into the corner. – **2.** med. a) (Finger, Hand etc) jam, (zerdrücken) crush, b) (Haut etc) bruise, contuse (scient.): sich (dat) den Finger ~ to get one's finger jammed (od. squashed), to jam (od. squash) one's finger. – **3.** (zusammenpressen) (in acc into) squeeze, squash, jam, cram: Kleider in einen Koffer ~ to squeeze (od. cram) clothes into a suitcase. – **4.** gastr. (Kartoffeln etc) mash. – **5.** dial. for pressen 1. – **II** v/reflex sich ~ **6.** (verletzen) bruise (od. scient. contuse) oneself, get a bruise. – **7.** (sich zusammendrängen) (in acc into) jam (od. squeeze, cram) oneself: wir quetschten uns in den überfüllten Bus we jammed ourselves into the overcrowded bus. – **III Q~** n ‹-s› **8.** verbal noun.

'Quetsch|,fal·te f (fashion) inverted pleat. — **q~,fest** adj crushproof. — **~,fe·stig·keit** f crushing strength. — **~,kar,tof·feln** pl gastr. mashed (od. creamed) potatoes. — **~,kom,mo·de** f colloq. humor. (Ziehharmonika) squeeze-box (sl.), Br. sl. squiffer. — **~,müh·le** f agr. (Futterpresse) roller mill, crusher, crushing mill.

'Quet·schung f ‹-; -en› **1.** cf. Quetschen.

– **2.** med. bruise, crush injury, contusion (scient.).

'Quetsch|,wal·ze f **1.** tech. crushing cylinder (od. roll), squeegee. – **2.** phot. squeegee (roller). — **~,wun·de** f med. contused wound.

Queue¹ [køː] n, Austrian auch m ‹-s; -s› (Billardstock) cue.

Queue² f ‹-; -s› (lange Reihe, Schlange) queue.

quick [kvɪk] adj dial. for lebhaft 1, 2, schnell 1, 5.

'Quick,born m obs. for Jungbrunnen.

quicken (getr. -k·k-) ['kvɪkən] v/t ‹h› metall. obs. amalgamate (s.th.) with mercury.

'quick|le·ben·dig adj colloq. lively, vivacious, spirited, full of life (od. sl. pep). — **Q~,sand** m cf. Treibsand.

Qui·dam ['kviːdam] m ‹-; no pl› obs. somebody, a certain person.

Quid·pro·quo [kvɪtpro'kvoː] n ‹-s; -s› (Ersatz) quid pro quo.

quiek [kviːk] interj squeak!

quie·ken ['kviːkən] v/i ‹h› squeal, squeak: das Kind quiekte vor Freude the child squealed with delight.

quiek·sen ['kviːksən] v/i ‹h› colloq. for quieken. — **'Quiek·ser** m ‹-s; -› squeal, squeak.

Quie·tis·mus [kvie'tɪsmus] m ‹-; no pl› relig. quietism. — **Quie'tist** [-'tɪst] m ‹-en; -en› quietist. — **quie'ti·stisch** adj quietist(ic).

quiet·schen ['kviːtʃən] v/i ‹h› **1.** (von Türen, Schuhen etc) squeak, creak: die Tür quietscht in den Angeln the door squeaks (od. creaks) (up)on its hinges. – **2.** (von Bremsen) screech, squeak, squeal. – **3.** (von Menschen) shriek, squeal, squeak: die Kinder quietschten vor Vergnügen the children squealed with delight.

'quietsch·ver,gnügt adj colloq. chirpy, (as) pleased as Punch, (as) gay (od. merry) as a lark, (as) merry as a cricket (od. grig), (as) happy as a sandboy.

quil·len ['kvɪlən] v/i ‹quillt, quoll, gequollen, sein› poet. for quellen¹.

quillst [kvɪlst] 2 sg pres, **quillt** [kvɪlt] 3 sg pres of quellen¹, quellen² II, quillen.

Quin·qua·ge·si·ma [kvɪŋkva'geːzima] f ‹undeclined› (der Sonntag) ~ relig. Quinquagesima (Sunday), Shrove Sunday.

Quin·quen·ni·um [kvɪŋ'kvɛnium] n ‹-s; -nien› obs. for Jahrfünft.

Quint [kvɪnt] f ‹-; -en› **1.** mus. fifth: verminderte ~ flatted (od. diminished) fifth. – **2.** (sport) (beim Fechten) quinte.

Quin·ta ['kvɪnta] f ‹-; Quinten› ped. second year of a German secondary school. — **Quin'ta·ner** [-'taːnər] m ‹-s; -›, **Quin'ta·ne·rin** f ‹-; -nen› pupil of a 'Quinta'.

Quin·te ['kvɪntə] f ‹-; -n› mus. cf. Quint 1.

'Quin·ten,zir·kel m mus. circle of fifths.

'Quint,es,senz f ‹-; -en› **1.** (Wesen, Kern) quintessence, essence. – **2.** philos. quintessence.

Quin·tett [kvɪn'tɛt] n ‹-(e)s; -e› mus. quintet, auch quintette.

Quin·til·li·on [kvɪntɪ'lioːn] f ‹-; -en› Br. quintillion, Am. nonillion.

Quin·to·le [kvɪn'toːlə] f ‹-; -n› mus. quintuplet.

'Quint|,sai·te f mus. (einer Geige) E-string. — **~'sext,ak,kord** [,kvɪnt-] m first inversion of the seventh chord, six-five chord.

Qui·pro·quo [kvipro'kvoː] n ‹-s; -s› (bes. theater) (Verwechslung) qui pro quo.

Qui·pu ['kɪpu] n ‹-(s); -(s)› (der Inkas) quipu, quipo, knot-record.

Quirl [kvɪrl] m ‹-(e)s; -e› **1.** (housekeeping) kitchen utensil used for mixing liquid substances with flour, eggs etc. – **2.** bot. (Wirtel) whorl, verticil. – **3.** fig. (unruhiger Mensch) fidget.

quir·len ['kvɪrlən] **I** v/t ‹h› (housekeeping) mix (s.th.) with a 'Quirl'. – **II** v/i ‹h u. sein› (von Wildwasser) twirl, whirl (about od. round).

'quir·lig adj fig. (Person, Temperament etc) fidgety, restless.

Quis·ling ['kvɪslɪŋ] m ‹-s; -e› pol. contempt. quisling, collaborator (with the enemy).

quitt [kvɪt] adj ‹pred› colloq. **1.** mit j-m ~ sein a) to be quits (od. square, even) with s.o., b) to be finished (bes. Am. through, done) with s.o.: jetzt sind wir ~ now we are quits (od. square), that leaves us even.

– 2. mit j-m ~ werden to come to terms with s.o. **– 3.** etwas [j-n] ~ sein to be (*od.* have got) rid of s.th. [s.o.], to be free of s.th. [s.o.]: den (Kerl) sind wir ~ we have got rid of that fellow.
Quit·te ['kvɪtə] f ⟨-; -n⟩ *bot.* **1.** (*Frucht*) quince. **– 2.** (*Baum*) quince (tree) (*Cydonia oblonga*): Echte ~ pear quince (*C. oblonga var. pyriformis*); Japanische ~ Japanese quince (*Chaenomeles lagenaria*). **— q~ˌgelb** *adj cf.* quittengelb.
'Quit·tenǀˌbaum m *bot. cf.* Quitte 2. **— q~ˌgelb** *adj* quince-yellow, capucine.
quit·tie·ren [kvɪˈtiːrən] **I** v/t ⟨*no* ge-, h⟩ **1.** *econ.* receipt, give a receipt of (*od.* for): eine Rechnung ~ to receipt a bill (*od.* an invoice), to give a receipt of a bill; den Empfang von Geld [Waren] ~ to acknowledge receipt of (the) money [goods]. **– 2.** den Dienst ~ to quit office (*od.* service), to retire, to resign. **– 3.** *fig.* meet, counter (*lit.*): eine Bemerkung mit einem Lächeln ~ to meet a remark with a smile. **– II Q~** n ⟨-s⟩ **4.** *verbal noun.* **– 5.** *econ.* (*einer Rechnung*) receipt. **– 6.** (*von Geld, Waren etc*) acknowledgement (*bes. Am.* acknowledgment) (of receipt). **– 7.** (*des Dienstes*) retirement.

Quit·tung ['kvɪtʊŋ] f ⟨-; -en⟩ **1.** *econ.* a) (*Empfangsbescheinigung*) receipt, acquittance, discharge, b) (*Rechnungsbeleg*) voucher: j-m eine ~ über einen bestimmten Betrag ausstellen to give s.o. a receipt for a certain amount; gegen ~ against (*od.* on) receipt. **– 2.** *fig.* penalty, payment, requital: das ist die ~ für euer Benehmen that is the penalty for your behavio(u)r.
'Quit·tungsǀˌblock m, ~ˌbuch n *econ.* **1.** receipt book. **– 2.** book of blank receipts. **— ~du·pliˌkat** n duplicate receipt. **— ~forˌmuˌlar** n receipt form. **— ~ˌmar·ke** f receipt stamp. **— ~ˌstem·pel** m receipt stamp.
Qui·vive [kiˈviːv] (*Fr.*) *only in* auf dem ~ sein *colloq.* to be on the qui vive, to be on the alert (*od.* lookout).
Quiz [kvɪs; kwɪz] (*Engl.*) n ⟨-; -⟩ (*games*) quiz. **— ~ˌma·ster** [-ˌmaːstər; -ˌmɑːstə] (*Engl.*) m ⟨-s; -⟩ quizmaster. **— ~ˌsendung** f (*im Radio, Fernsehen*) quiz program (*bes. Br.* programme).
Quod·li·bet ['kvɔtlibɛt] n ⟨-s; -s⟩ **1.** *mus.* quodlibet. **– 2.** *fig. cf.* Mischmasch 2.
quoll [kvɔl] *1 u. 3 sg pret*, **quöl·le** ['kvœlə] *1 u. 3 sg pret subj of* quellen[1], quellen[2] II, quillen.

Quo·rum ['kvoːrʊm] n ⟨-s; *no pl*⟩ *pol.* quorum.
quo·tal [kvoˈtaːl] *adj econ.* according to quotas (*od.* ratios, proportions).
Quo·ta·ti·on [kvotaˈtsioːn] f ⟨-; -en⟩ *econ.* (*Kursnotierung*) (price *od.* market) quotation.
Quo·te ['kvoːtə] f ⟨-; -n⟩ **1.** *econ.* a) (*Verhältniszahl*) ratio, b) (*Kontingent*) quota, c) (*Tranche bei Devisenzuteilung etc*) (foreign exchange) quota, proportion, tranche. **– 2.** *jur.* (*einer Konkursmasse*) quota.
'Quo·tenǀˌstichˌpro·be f *econ.* (*in Statistik*) quota sample. **— ~verˌtrag** m (*bei Versicherungen*) quota-share reinsurance.
Quo·ti·ent [kvoˈtsiɛnt] m ⟨-en; -en⟩ **1.** *bes. math.* quotient. **– 2.** (*bei Tests etc*) quotient, ratio.
quo·tie·ren [kvoˈtiːrən] *econ.* **I** v/t ⟨*no* ge-, h⟩ **1.** (*Kurs, Preise*) quote. **– II Q~** n ⟨-s⟩ **2.** *verbal noun.* **– 3.** *cf.* Quotation. **— Quo'tie·rung** f ⟨-; -en⟩ **1.** *cf.* Quotieren. **– 2.** quotation.
quo·ti·sie·ren [kvotiˈziːrən] **I** v/t ⟨*no* ge-, h⟩ divide (*s.th.*) in(to) quotas (*od.* shares). **– II Q~** n ⟨-s⟩ *verbal noun.* **— Quo'ti·sie·rung** f ⟨-; -en⟩ *cf.* Quotisieren.

R

R, r [ɛr] *n* ⟨-; -⟩ **1.** R, r (*eighteenth letter of the German alphabet; fourteenth consonant*): ein großes R a capital (*od.* large) R; ein kleines R a small (*od.* little) r; das R guttural sprechen to pronounce the R with a guttural (*od.* uvular) trill, to burr one's r's. – **2.** *math.* a) r, R (*Radius*) r, rad, b) R (*rechter Winkel*) right angle, c) r (*Fakultät*) r. – **3.** *phys.* a) R (*Réaumur*) R, *auch* r, b) R (*allgemeine Gaskonstante*) R, c) r (*Röntgen*) r, *auch* R. – **4.** R *electr.* (*Widerstand*) r, *auch* R.

Raa [raː] *f* ⟨-; -en⟩ *mar. obs. for* Rah.

Ra·batt [ra'bat] *m* ⟨-(e)s; -e⟩ *econ.* **1.** discount, deduction: einen ~ geben (*od.* gewähren) (auf *acc* etwas) to give (*od.* allow, grant) a discount (*od.* rebate, reduction) (on s.th.); etwas mit 3 Prozent ~ verkaufen to sell s.th. at a 3 percent discount (*od.* at a reduction of 3 percent). – **2.** (*Barzahlungsrabatt*) discount for cash, (cash) discount, abatement. – **3.** (*Mengenrabatt*) quantity discount (*od.* rebate). – **4.** (*Händlerrabatt*) trade (*od.* dealer['s], wholesale) discount. – **5.** (*Treuerabatt*) rebate.

Ra·bat·te [ra'batə] *f* ⟨-; -n⟩ *hort.* **1.** (*Randbeet*) border. – **2.** (*Beet*) bed.

ra·bat·tie·ren [raba'tiːrən] *v/t* ⟨*no* ge-, h⟩ *econ.* discount, deduct: etwas um 3 Prozent ~ to discount (*od.* deduct) 3 percent from s.th., to abate s.th. by 3 percent, to allow (s.o.) 3 percent on s.th., to allow (s.o.) a discount of 3 percent (*od.* a 3 percent discount) on s.th.

Ra·batt|mar·ke *f econ.* discount (*od.* trading, trade) stamp.

Ra·batz [ra'bats] *m* ⟨-es; *no pl*⟩ *colloq.* racket, *bes. Br.* row, rowdydow, row-de-dow: gestern abend haben wir schwer ~ gemacht we made a hell of a racket (*od.* row) last night (*colloq.*).

Ra·bau·ke [ra'baukə] *m* ⟨-n; -n⟩ *colloq. cf.* Rüpel, Rohling 1.

Rab·bi ['rabi] *m* ⟨-(s); -nen [-'biːnən], *auch* -s⟩ **1.** (*Anrede*) rabbi, rabboni. – **2.** (*jüdischer Schriftgelehrter*) rabbi.

Rab·bi·nat [rabi'naːt] *n* ⟨-(e)s; -e⟩ *relig.* rabbinate.

Rab·bi·ner [ra'biːnər] *m* ⟨-s; -⟩ *relig.* rabbi. — ~amt *n cf.* Rabbinat.

rab'bi·nisch I *adj* **1.** rabbinic(al). – **2.** *ling. hist.* Rabbinic: ~e Sprache Rabbinic (Hebrew). – **II** *ling.* R~ ⟨*generally undeclined*⟩, das R~e ⟨-n⟩ **3.** *hist.* Rabbinic, Rabbinic Hebrew.

Ra·be ['raːbə] *m* ⟨-n; -n⟩ *zo.* raven (*Corvus corax*): ein weißer ~ *fig. colloq.* a black swan; stehlen wie ein ~ *fig. colloq.* to steal like a magpie; du bist ja schwarz wie ein ~! *colloq.* you're (as) black as the pot!

'Ra·ben|aas *n fig. colloq. contempt.* (*für Frauen*) 'bitch' (*colloq.*). — ~el·tern *pl fig. colloq. contempt.* cruel parents. — ~gei·er *m zo.* carrion crow, black vulture (*Coragyps atratus*). — ~krä·he *f* carrion (*od.* flesh) crow (*Corvus corone*). — ~mut·ter *f fig. colloq. contempt.* cruel mother. — ~schna·bel|fort,satz *m med. zo.* coracoid process. — r~schwarz *adj colloq.* raven(-black), jet-black, pitch-black: ~es

Haar raven- (*od.* jet-)black hair; ~e Nacht pitch-black night. — ~va·ter *m fig. colloq. contempt.* cruel father. — ~vö·gel *pl zo.* crows (*Fam. Corvidae*).

ra·bi·at [ra'bia̤t] *adj* **1.** (*wütend*) rabid, raving mad: wenn du das noch einmal tust, werde ich ~ *colloq.* I'll be rabid (*od.* go raving mad) if you do this again. – **2.** (*grob, roh*) rough, rude: ein ~er Bursche *colloq.* a rough (*od.* rude) fellow (*colloq.*).

Ra·bi·es ['raːbies] *f* ⟨-; *no pl*⟩ *med. vet.* (*Tollwut*) rabies, hydrophobia.

Ra·bu·list [rabu'lɪst] *m* ⟨-en; -en⟩ **1.** (*Rechtsverdreher*) pettifogger, pettifogging lawyer, chicaner. – **2.** (*Haarspalter*) hairsplitter, *Br.* hair-splitter, quibbler, cavil(l)er. – **3.** (*Wortverdreher*) equivocator, prevaricator.

Ra·bu·li·ste'rei *f* ⟨-; *no pl*⟩, **Ra·bu·'li·stik** [-tɪk] *f* ⟨-; *no pl*⟩ **1.** pettifoggery, pettifogging, chicanery. – **2.** hairsplitting, *Br.* hair-splitting, quibbling, cavil(l)ing. – **3.** equivocation. — **ra·bu'li·stisch** *adj* **1.** pettifogging, chicaning. – **2.** hairsplitting, *Br.* hair-splitting, quibbling, cavil(l)ing. – **3.** equivocating.

Ra·che ['raxə] *f* ⟨-; *no pl*⟩ **1.** revenge, (*bes. Strafe*) vengeance: ~ des Schicksals nemesis; der Tag der ~ the day of reckoning; aus ~ [für etwas] in (*od.* out of) revenge [for s.th.], out of vengeance [for s.th.]; ~ brüten, auf ~ sinnen to brood revenge, to nurse thoughts of vengeance; blutige (*od.* bloody) revenge; an j-m ~ [für etwas] nehmen (*od.* üben) to take revenge (up)on s.o. [for s.th.], to take (*od. lit.* wreak, visit) vengeance (up)on s.o. [for s.th.], to avenge oneself (up)on s.o. [for s.th.]; nach ~ dürsten to thirst for revenge; sein Blut schreit nach ~ his blood cries out for vengeance; j-m ~ schwören to swear (*od.* vow) vengeance on s.o.; der Gott der ~ the God of wrath; ~ ist Blutwurst *colloq. humor.* you'll live to regret it; ~ ist süß (*Sprichwort*) revenge is sweet (*proverb*). – **2.** (*Vergeltung*) retaliation. — ~akt *m* act of revenge. — ~durst *m cf.* Rachgier. — **r~dur·stig** *adj* thirsting for revenge, (re)vengeful, vindictive. — ~en·gel *m* avenging angel. — ~ge,dan·ke *m* thought of revenge, vindictive thought. — ~ge,fühl *n* feeling of revenge, vindictive feeling, (re)vengefulness. — ~göt·tin *f myth.* avenging goddess; Erinys, Fury (*myth.*): die ~nen *pl* the Erinyes, the Furies, the Eumenides.

Ra·chen ['raxən] *m* ⟨-s; -⟩ **1.** *med.* throat, (*Rachenhöhle*) pharynx. – **2.** (*Maul*) mouth, maw, jaws *pl*: der Löwe sperrte den ~ auf the lion opened (up) its jaws. – **3.** *fig. poet.* (*Abgrund*) jaws *pl*, (yawning) abyss, chasm: der ~ der Hölle *lit.* the jaws of hell; er entriß ihn dem ~ des Todes *lit.* he rescued him from the jaws of death. – **4.** *fig. colloq.* (*in Wendungen wie*) er kann den ~ nicht voll genug kriegen a) (*er ist ungeheuer gefräßig*) he has an ever open door, b) (*er ist unersättlich*) he is never satisfied, he can't get enough; j-m Geld in den ~ werfen to waste money on s.o.; j-m einen Brocken in den ~ werfen (*damit er eine Weile Ruhe gibt*) to throw s.o. a sop; j-m

den ~ stopfen to silence (*od.* muzzle, quiet, *bes. Br.* quieten) s.o. – **5.** *tech.* (*einer Presse*) throat.

rä·chen ['rɛçən] **I** *v/t* ⟨h⟩ **1.** avenge, (*bes. Person*) revenge: j-s Tod ~ to avenge s.o.'s death, to take revenge for s.o.'s death; etwas an j-m ~ to revenge s.th. (up)on s.o. – **II** *v/reflex* sich ~ **2.** (an j-m [up]on s.o.; für *od.* wegen etwas ~ for s.th.) avenge (*od.* revenge) oneself, take revenge (*od.* vengeance), retaliate, wreak one's vengeance (*lit.*): es rächte sich an ihm he suffered for it, it came home to him, he had to pay (the penalty) for it; es wird sich (noch) bitter ~, daß du so leichtsinnig bist you'll have to pay dearly for being so reckless; alle Schuld rächt sich auf Erden *poet.* all guilt comes home on earth. – **3.** (*sich revanchieren*) get one's own back, get quits (*od.* even) with s.o., get back at s.o. – **III** R~ *n* ⟨-s⟩ **4.** *verbal noun.*

'Ra·chen|ab,strich *m med.* throat swab. — ~be,schwer·den *pl* sore throat *sg.* — ~brem·se *f zo.* botfly, horzel (*Fam. Oestridae*). — ~ent,zün·dung *f med. cf.* Rachenkatarrh. — ~höh·le *f* (cavity of the) pharynx. — ~ka,tarrh *m* pharyngitis, pharyngeal catarrh. — ~leh·re *f tech.* (snap) ga(u)ge. — ~man·del *f med.* pharyngeal (*od.* third, faucial, palatine) tonsil. — ~put·zer *m colloq.* **1.** inferior sour wine. – **2.** (*Schnaps*) raw spirits *pl*, rotgut. – **3.** (*Pastille*) lozenge. — ~reiz,stoff *m mil. chem.* throat irritant, sternutator (*scient.*). — ~ring *m med.* Waldeyer's tonsillar ring, lymphatic ring. — ~spie·gel *m* pharyngoscope. — ~ton,sil·le *f cf.* Rachenmandel. — ~wand *f* pharyngeal wall.

'Rä·cher *m* ⟨-s; -⟩, **'Rä·che·rin** *f* ⟨-; -nen⟩ avenger, (re)venger.

'ra·che,schnau·bend *adj u. adv* breathing revenge.

'Rach|gier *f* thirst for revenge, (re)vengefulness, vindictiveness. — **r~gie·rig** *adj* vindictive, (re)vengeful.

Ra·chi·tis [ra'xiːtɪs] *f* ⟨-; *no pl*⟩ *med.* rickets *pl* (construed as *sg*), rachitis, *auch* rhachitis. — **ra'chi·tisch** *adj* rickety, rachitic.

'Rach|sucht *f* ⟨-; *no pl*⟩ *cf.* Rachgier. — **r~süch·tig** *adj cf.* rachgierig.

rackeln (*getr.* -k·k-) ['rakəln] *v/i* ⟨h⟩ *hunt.* call.

'Rackel|wild (*getr.* -k·k-) *n hunt.* hybrid (*od.* cross) between male heath cock and female wood grouse.

Racker (*getr.* -k·k-) ['rakər] *m* ⟨-s; -⟩ *colloq. humor.* (little) rascal (*od.* rogue, devil).

Racke'rei (*getr.* -k·k-) *f* ⟨-; *no pl*⟩ *colloq.* hard work, drudgery. — **'rackern** (*getr.* -k·k-) *v/i u.* sich ~ *v/reflex* ⟨h⟩ *colloq.* toil, drudge, slave.

Racket (*getr.* -k·k-) ['rakət; ra'kɛt] *n* ⟨-s; -s⟩ *cf.* Rakett.

Rad [raːt] *n* ⟨-(e)s; ⸚er⟩ **1.** (*Laufrad*) wheel: die rechten [linken] Räder the wheels on the right, *Br.* the off wheels, [the wheels on the left, *Br.* the near wheels];

Räder untereinander vertauschen *auto.* to change round (*od.* reposition) the wheels; das fünfte ~ am Wagen sein *fig.* to be the odd man out, to be the fifth wheel; er ist unter die Räder gekommen *fig. colloq.* he has gone to the dogs; man kann das ~ der Geschichte nicht zurückdrehen *fig.* you cannot alter the course of history. – **2.** *tech.* a) wheel, b) (*Zahnrad*) gear (wheel), (*kleines, treibendes Zahnrad, Triebling*) pinion, c) (*eines Gebläses*) impeller: die Räder (einer Maschine) the gearing *sg*, the gear mechanism *sg*; alle Räder stehen still *fig.* the entire machinery is at a standstill. – **3.** *colloq.* (*Fahrrad*) bicycle, bike (*colloq.*), *Br. colloq.* push-bike, *Am. colloq.* 'wheel': mit dem ~ fahren *cf.* radfahren 1; sich aufs ~ setzen (*od. humor.* schwingen) to mount (*od.* get on) one's bicycle. – **4.** j-n aufs ~ flechten (*od.* binden) *hist.* to break s.o. (up)on the wheel. – **5.** (*eines Pfaues*) fan, spread tail: der Pfau schlägt ein ~ the peacock fans (*od.* spreads) its tail. – **6.** (*Turnübung*) cartwheel, Catherine wheel: ein ~ schlagen to turn a cartwheel. – **7.** *cf.* Mühlrad.

'**Rad**,**ab**,**stand** *m tech.* wheelbase. — ~**ab**,**zie**,**her** *m auto.* wheel puller. — ~,**ach**,**se** *f* **1.** (*eines Fahrzeugs*) axle(tree), wheel axle. – **2.** (*eines Zahnrads*) gear axis. — ~,**an**,**trieb** *m* **1.** wheel drive. – **2.** (*eines Zahnrads*) gear drive.

Ra·dar [ra'da:r; 'ra:dar] *m, n* ⟨-s; *no pl*⟩ *electr.* radar, radiolocation: mit ~ ausgerüstet radar-equipped. — ~,**an**,**flug** *m aer.* radar approach. — ~,**an**,**la·ge** *f* radar installation. — ~,**an**,**ten·ne** *f* radar antenna (*bes. Br.* aerial). — ~,**ant**,**wort**,**ba·ke** *f cf.* Radarbake. — ~,**auf**,**klä·rer** *m mil.* radar reconnaissance aircraft. — ~,**auf**,**klä·rung** *f* radar reconnaissance. — ~,**ba·ke** *f aer.* (*u. in Navigation*) radar beacon. — ~**be**,**ob**,**ach·ter** *m bes. mil.* radarman, radar operator. — ~**be**,**ob**,**ach·tung** *f* radar interception. — ~**be**,**ob**,**ach·tungs**,**turm** *m cf.* Radarturm. — ~**be**,**reich** *m* radar coverage. — ~,**bild** *n* (plan position indicator) prediction, blip. — ~,**bild**,**schirm** *m electr.* (*einer Funkmeßanlage*) radar screen (*od.* scope). — ~,**echo** *n* radar echo (*od.* response). — ~**emp**,**fän·ger** *m* receiver radar, radar receiver. — ~**ent**,**fer·nungs**,**meß**,**ge**,**rät** *n* radar ranging equipment, range-finding radar. — ~**er**,**fas·sung** *f* radar detection. — ~**er**,**ken·nung** *f* radar identification (*od.* recognition). — ~,**fal·le** *f auto.* (*der Polizei*) radar trap. — ~,**feu·er**,**leit·sy**,**stem** *n mil.* radar fire control system. — ~**früh**,**warn**,**ge**,**rät** *n aer. mil.* early warning radar. — **r**~**ge**,**lenkt** *adj* (*Auto, Rakete etc*) radar-guided (*od.* -controlled). — ~,**ge**,**rät** *n electr.* radar (equipment): was ist im ~ zu sehen? what is on the radar? ein Flugzeug mit dem ~ erfassen to pick up an aircraft (by radar); tragbares ~ portable radar. — **r**~**ge**,**rich·tet**, **r**~**ge**,**steu·ert** *adj cf.* radargelenkt. — ~,**hö·hen**,**mes·ser** *m* radar altimeter. — ~**kon**,**trol·le** *f auto.* police radar control. — ~,**lan·de**,**hil·fe** *f aer.* radar landing aid. — ~,**lot·se** *m* radar controller. — ~,**mast** *m mar.* radar mast. — ~,**meß**,**wa·gen** *m electr.* radar control trailer, tracking station trailer. — ~**me·teo·ro·lo·gie** *f* radar meteorology. — ~,**na·se** *f aer.* radome. — ~,**na·vi·ga·ti**,**on** *f aer. mar.* radar navigation. — ~**na·vi·ga·ti**,**ons**,**ge**,**rät** *n* radar navigation device. — ~,**or·tung** *f* radiolocation. — ~,**or·tungs**,**emp**,**fän·ger** *m* radar locator. — ~,**reich**,**wei·te** *f* range of radar. — ~,**schat·ten** *m* radar shadow. — ~,**schirm** *m aer. electr.* radar screen. — ~,**sen·der** *m* radar transmitter unit. — **r**~,**si·cher** *adj* radarproof, *Br.* radar-proof. — ~,**sicht** *f aer. mar.* radar visibility. — ~,**sta·ti**,**on** *f* radar station. — ~,**sta·ti**,**ons**,**schiff** *n mar.* ocean radar station ship. — ~,**steue·rung** *f aer. mil.* (*von Geschossen*) radar guidance, radar control. — ~,**stör**,**flug**,**zeug** *n* jammer radar, *Am.* radar jamming aircraft. — ~,**stör**,**ge**,**rät** *n electr.* radar jamming equipment. — ~,**stö·rung** *f* radar jamming (*od.* interference). — ~,**strahl** *m* radar beam. — ~,**su·cher** *m*, ~,**such·ge**,**rät** *n* search-radar set. — ~,**tar·nung** *f mil.* radar camouflage. — ~,**tech·nik** *f* radar engineering. — ~,**tech·ni·ker** *m* radar operator, radarman. — ~,**turm** *m* radar tower. — ~,**über·**

~**wa·chungs**,**netz** *n aer. mil.* radar surveillance network. — ~**vi**,**sier** *n* radar (gun)sight. — ~,**warn**,**netz** *n mil.* radar warning network. — ~,**warn**,**sy**,**stem** *n* radar warning system. — ~,**wet·ter**,**mel·dung** *f meteor.* radar weather report. — ~,**wind**,**mes·sung** *f* radar wind observation. — ~,**zei·chen** *n electr.* (*auf dem Schirm*) radar trace, blip. — ~,**zeich·nung** *f electr.* radar plotting. — ~,**ziel** *n aer. mil.* (*u. in Navigation*) radar target. — ~,**ziel**,**punkt** *m mil.* radar spot, director point. — ~,**ziel·ver**,**fol·gung** *f aer. mil.* radar tracking.

Ra·dau [ra'dau] *m* ⟨-s; *no pl*⟩ *colloq.* racket, *bes. Br.* row; rumpus, shindy (*colloq.*): ein wilder ~ a hell of a racket (*colloq.*); (einen) ~ machen to kick up a racket (*od.* row, shindy), to raise the roof (*alle colloq.*). — ~,**bru·der** *m colloq.* rowdy, tough (*colloq.*). — '**Rad**,**auf**,**hän·gung** *f auto.* wheel suspension.

Ra'dau,**ma·cher** *m colloq. cf.* Radaubruder. — '**Rad**,**aus**,**flug** *m* bicycle tour (*od.* excursion). — '**Rad**,**brem·se** *f auto.* wheel brake (*od.* lock). — **Räd·chen** ['rɛːtçən] *n* ⟨-s; - *u.* Räderchen⟩ **1.** *dim.* of Rad: er ist nur ein ~ im Getriebe *fig. colloq.* he is just a cog in the machine. – **2.** *tech.* a) (*eines Glasschneiders*) cutting wheel, b) (*eines Kordelwerkzeugs*) knurl. – **3.** (*in der Schneiderei*) dot-wheel, pricker. – **4.** (*am Feuerzeug*) ignition wheel. — '**Rad**,**damp·fer** *m mar.* paddle steamer, *Am.* auch side-wheeler.

Ra·de ['ra:də] *f* ⟨-; -n⟩ *bot.* corn cockle (*od.* campion) (*Agrostemma githago*).

'**ra·de**,**bre·chen** *v/t* ⟨radebrecht, radebrechte, geradebrecht, h⟩ (*eine Sprache*) murder, mangle: englisch ~ to speak broken English, to murder the English language, to fumble around in English.

ra·deln ['ra:dəln] *v/i* ⟨sein⟩ *colloq. for* radfahren.

rä·deln ['rɛːdəln] *v/t* ⟨h⟩ **1.** (*Schnittmuster*) mark out. – **2.** *gastr.* (*Teig*) flute, cut (*dough*) with a fluted pastry wheel.

'**Rä·dels**,**füh·rer** ['rɛːdəls-] *m*, ~,**füh·re·rin** *f* ⟨-; -nen⟩ ringleader, instigator.

'**Rä·der**,**fahr**,**zeug** *n tech.* wheeled vehicle. — ~,**ge**,**trie·be** *n* **1.** wheel gear. – **2.** gear train. — ~,**ka·sten** *m* **1.** (*einer Werkzeugmaschine*) gearbox. – **2.** (*Räderkastengehäuse*) gearbox compartment. – **3.** (*Schloßkasten*) feedback. — ~,**ka·sten·ge**,**häu·se** *n* gearbox compartment. — ~,**ket·ten**,**fahr**,**zeug** *n* track-laying (*od.* tracked, crawler-type) vehicle. — **r**~**los** *adj* without wheels, wheelless.

rä·dern ['rɛːdərn] *v/t* ⟨h⟩ j-n ~ *hist.* to break s.o. (up)on the wheel.

'**Rä·der**,**tier·chen** *pl zo.* wheel animals (*od.* animalcules, *auch* bearers), rotifers (*scient.*) (*Klasse Rotifera*). — ~,**über**,**set·zung** *f tech.* **1.** (*Zahnradübertragung*) gear transmission. – **2.** (*Übersetzungsverhältnis*) gear ratio. – **3.** (*beim Gewindeschneiden von Zoll- in Modulteilung*) gear translation. — ~,**un·ter**,**set·zung** *f* gear reduction. — ~,**vor·ge**,**le·ge** *n* back gears *pl*, back gear mechanism. — ~,**werk** *n* **1.** *tech.* (*Getriebe*) gear train (*od.* unit). – **2.** (*watchmaking*) watchwork, clockwork, gear mechanism. – **3.** *fig.* machinery, wheels *pl*: er ist in das ~ der Bürokratie geraten he has been caught (up) in the machinery of bureaucracy.

'**rad**,**fah·ren** *v/i* ⟨fährt Rad, fuhr Rad, radgefahren, sein⟩ **1.** (bi)cycle, ride a bicycle, go by bicycle, pedal (a bicycle), bike (*colloq.*), *Am. colloq.* wheel: bist du radgefahren? have you been riding your bicycle? es ist gefährlich, bei diesem Wetter radzufahren it is dangerous to cycle in this kind of weather; ich weiß, daß er radfährt I know that he can ride a bicycle. – **2.** *fig. colloq.* toady, *Am. sl.* bootlick, apple-polish, *Am. vulg.* brownnose: bei j-m ~ to toady (*od.* bootlick) s.o.; er ist immer radgefahren he has always been a toady (*Am. sl.* a bootlicker).

'**Rad**,**fah·rer** *m*, ~,**fah·re·rin** *f* **1.** cyclist, bicycle rider, *bes. Am.* cycler. – **2.** *fig. colloq.* toady, *Am. sl.* bootlicker, apple-polisher, *Am. vulg.* brownnose(r). — ~,**fahr**,**weg** *m* cycle path (*od.* track). — ~,**fel·ge** *f tech.* wheel rim, felloe. — ~,**fen·ster** *n arch.* wheel window. — ~,**flansch** *m* wheel flange. — **r**~,**för·mig** *adj* **1.** wheel-shaped, wheel-like, radial; cycloidal, rotular (*scient.*). – **2.** *bot.* rotate, rotiform.

~,**ga·bel** *f tech.* wheel fork. — ~**ge**,**stell** *n* **1.** *tech.* wheel frame. – **2.** (*railway*) *cf.* Drehgestell.

Ra·di ['ra:di] *m* ⟨-s; -⟩ *Bavarian and Austrian for* Rettich.

ra·di·al [ra'dĭa:l] *adj* **1.** (*strahlenförmig*) radial, radiate. – **2.** (*den Radius betreffend*) radial.

Ra·di'al|**ar·te·rie** *f med.* radial artery. — ~**be**,**we·gung** *f astr.* radial motion. — ~,**bohr**,**ma**,**schi·ne** *f tech.* radial drill, radial drilling machine.

Ra·dia·lis [ra'dĭa:lɪs] *m* ⟨-; *no pl*⟩ *med.* **1.** (*Nerv*) radial nerve. – **2.** *cf.* Radialarterie. — ~,**läh·mung** *f* paralysis of the radial nerve, wristdrop. — ~,**puls**,**kur·ve** *f* brachiogram.

Ra·di'al|**kraft** *f tech.* radial force. — ~,**li·nie** *f Austrian* radial route. — ~,**span·nung** *f electr.* radial potential. — ~**tur**,**bi·ne** *f tech.* radial-flow turbine.

Ra·di·ant [ra'dĭant] *m* ⟨-en; -en⟩ **1.** *astr.* radiant. – **2.** *math.* radian.

ra·di·är [ra'dĭɛːr] *adj biol. bot. zo.* radial, radiate; actinomorphic, *auch* actinomorphous (*scient.*).

Ra·dia·ti·on [radĭa'tsĭo:n] *f* ⟨-; -en⟩ radiation.

ra·die·ren [ra'di:rən] **I** *v/i* ⟨*no* ge-, h⟩ **1.** (*mit Gummi*) erase, rub (s.th.) out. – **2.** (*mit Federmesser*) scratch (s.th.) out. – **3.** (*scheuern*) rub, graze. – **II** *v/t* **4.** *cf.* ausradieren. – **5.** (*art*) etch. – **6.** (*scheuern*) (gegen against) rub. – **III R**~ *n* ⟨-s⟩ **7.** *verbal noun.* – **8.** (e)rasure.

Ra'die·rer *m* ⟨-s; -⟩ **1.** (*art*) etcher. – **2.** *cf.* Radiergummi.

Ra'dier|**gum·mi** *m* eraser, *bes. Br.* (India)rubber, india-rubber. — ~,**kunst** *f* (*art*) (art of) etching. — ~**mes·ser** *n* eraser, desk (*od.* erasing) knife. — ~**na·del** *f* (*art*) **1.** (etching) needle, point(er), stylus. – **2.** (*Punktiernadel*) drypoint, dry (*od.* engraving) needle.

Ra'die·rung *f* ⟨-; -en⟩ (*art*) **1.** ⟨*only sg*⟩ (*Vorgang*) etching, (*Kaltnadelradierung*) drypoint. – **2.** (*Bild*) etching, etched plate, drypoint (print).

Ra·dies·chen [ra'di:sçən] *n* ⟨-s; -⟩ **1.** *bot.* radish (*Raphanus sativus*): (sich *dat*) die ~ von unten ansehen (*od.* begucken) *fig. colloq. humor.* to be under the daisies, to push up (the) daisies (*beide sl.*). – **2.** *mil.* signal (*od.* illuminating) flare.

ra·di·kal [radi'ka:l] **I** *adj* **1.** (*bis auf die Wurzel*) *auch philos.* radical, essential, fundamental. – **2.** (*gründlich, rücksichtslos*) radical, extreme, thoroughgoing, drastic. – **3.** *pol.* radical, extreme, extremist. – **4.** *math.* radical. – **5.** *med.* radical. – **II** *adv* **6.** radically: wir müssen unsere Taktik ~ ändern we have to make a drastic change in our tactics; etwas ~ beseitigen to eradicate (*od.* eliminate) s.th.

Ra·di'kal *n* ⟨-s; -e⟩ **1.** *math.* radical. – **2.** *chem.* a) radical group, b) free radical. — **Ra·di'ka·le** *m* ⟨-n; -n⟩ *pol.* radical, extremist, ultra(ist).

Ra·di·ka·lin·ski [radika'lɪnski] *m* ⟨-s; -s⟩ *pol. colloq. contempt.* unreasonable extremist, rabble-rouser.

ra·di·ka·li·sie·ren [radikali'zi:rən] **I** *v/t* ⟨*no* ge-, h⟩ *bes. pol.* radicalize. – **II R**~ *n* ⟨-s⟩ *verbal noun.* — **Ra·di·ka·li'sie·rung** *f* ⟨-; -en⟩ **1.** *cf.* Radikalisieren. – **2.** radicalization.

Ra·di·ka·lis·mus [radika'lɪsmus] *m* ⟨-; -lismen⟩ *bes. pol.* radicalism, extremism, ultraism.

Ra·di'kal|**kur** *f med. colloq.* radical (*od.* drastic) cure (*auch fig.*). — ~**ope·ra·ti**,**on** *f* radical operation.

Ra·di·kand [radi'kant] *m* ⟨-en; -en⟩ *math.* radicand.

ra·di·ku·lär [radiku'lɛːr] *adj med.* radicular.

Ra·dio ['ra:dĭo] *n, colloq., bes. Swiss, auch m* ⟨-s; -s⟩ **1.** (*Rundfunkgerät*) radio, *bes. Br.* wireless (set): das ~ einschalten (*od.* anstellen) [ausschalten *od.* abstellen] to turn on [to turn off] the radio; das ~ einstellen to tune in the radio; das ~ leiser drehen to turn the radio down; das ~ auf Zimmerlautstärke stellen to turn the radio down to a moderate volume; das ~ den ganzen Tag laufen lassen to leave the radio on all day (long); das ~ spielt die radio is on. – **2.** (*Rundfunk*) broadcasting (service *od.* system), radio, *bes. Br.* wireless: im ~ on the air (*od.* radio, *bes. Br.* wireless); im ~

sprechen to speak over the radio, to go on the air, to broadcast; ~ hören to listen to the radio, to listen in (to a broadcast); ~ Madrid Radio Madrid, the Madrid broadcasting service; das Konzert wird im ~ übertragen the concert will be broadcast (*auch* broadcasted).

ra·di·o·ak·tiv [radĭo?ak'tiːf] *adj phys.* radioactive, *Br. auch* radio-active, hot (*sl.*): ~er Niederschlag radioactive deposit, fallout, *Br.* fall-out; ~er Abfall radioactive debris, hot waste (*sl.*); ~es Produkt radioactive metabolon; ~e Strahlung radioactive radiation; ~e Verseuchung radioactive contamination; ~er Zerfall, ~e Spaltung radioactive decay (*od.* disintegration); ~e Zerfallsreihe radioactive series (*od.* chain); ~ machen to radioactivate, to make (*od.* render) (*s.th.*) radioactive. — **Ra·di·o·ak·ti·vi·tät** [-tivi'tɛːt] *f* radioactivity, *Br. auch* radio-activity: haftende [induzierte, künstliche] ~ residual [induced, artificial] radio(-)activity.

'Ra·di·o|ama,teur *m* radio amateur, amateur radio operator, ham (*sl.*). — **~,an·la·ge** *f electr.* 1. radio system. – 2. radio outfit. — **~ap·pa,rat** *m* radio, *bes. Br.* wireless (set); ~ mit Plattenspieler *Br.* radiogramophone, radiogram, *Am.* radio-phonograph (combination). — **~astro·no'mie** [radĭo?astrono'miː] *f astr.* radio astronomy. — **~,bast·ler** *m* radio amateur. — **r~bio·lo·gisch** [radĭobio'loːgɪʃ] *adj* radiobiologic(al). — **~che'mie** [radĭoçe'miː] *f* radiochemistry. — **r~'che·misch** [radĭo'çeːmɪʃ] *adj chem.* radiochemical. — **~,durch,sa·ge** radio (*bes. Br.* wireless) information. — **r~elek'trisch** [radĭo?e'lɛktrɪʃ] *adj* radioelectric(al), *Br.* radio-electric(al). — **~elek·tri·zi'tät** [radĭo?elektrisi'tɛːt] *f* radio electricity. — **~emp,fän·ger** *m cf.* Radio 1. — **~ge,häu·se** *n* radio (*od.* receiver) cabinet (*od.* housing, box). — **~ge,rät** *n cf.* Radioapparat. — **~ge,schäft** *n* radio shop (*bes. Am.* store).

Ra·dio·gramm [radĭo'gram] *n* ⟨-s; -e⟩ 1. *med.* radiograph: ein ~ machen to radiograph, to take an X-ray plate. – 2. *tel.* radiogram. — **Ra·dio·gra·phie** [radĭogra'fiː] *f* ⟨-; no pl⟩ *med. tech.* radiography.

'Ra·dio|händ·ler *m* radio dealer. — **~in·di'ka·tor** [radĭo?ɪndi'kaːtor] *m med.* (radioactive) tracer. — **~iso'top** [radĭo?izo'toːp] *n phys.* radioisotope, *Br.* radio-isotope.

Ra·dio·kar'bon·me,tho·de [radĭokar'boːn-], **'Ra·dio,koh·len,stoff-Da,tie·rung** ['raːdĭo-] *f chem. anthrop. archeol.* radiocarbon dating.

'Ra·dio,kom·paß *m aer.* radio compass: automatischer ~ automatic direction finder.

Ra·dio·la·rie [radĭo'laːrĭə] *f* ⟨-; -n⟩ *meist pl zo.* radiolarian (*Ordng Radiolaria*).

Ra·dio·la·ri·en,schlamm *m zo. geol.* radiolarian ooze.

Ra·dio·la·rit [radĭola'riːt; -'rɪt] *m* ⟨-s; no pl⟩ *zo. geol. cf.* Radiolarienschlamm.

Ra·dio·lo·ge [radĭo'loːgə] *m* ⟨-n; -n⟩ *med.* radiologist, roentgenologist. — **Ra·dio·lo'gie** [-lo'giː] *f* ⟨-; no pl⟩ radiology, roentgenology. — **ra·dio·lo·gisch** *adj* radiologic(al).

'Ra·dio|me,cha·ni·ker *m* radio mechanic (*od.* technician), *bes. Am.* radiotrician. — **~me·teo·ro·lo'gie** [radĭometeorolo'giː] *f* radio meteorology.

Ra·dio·me·ter [radĭo'meːtər] *n* ⟨-s; -⟩ *phys.* radiometer. — **Ra·dio·me'trie** [-me'triː] *f* ⟨-; no pl⟩ radiometry.

Ra·dio|na·vi·ga·ti·on [radĭonaviga'tsĭoːn] *f* (*radio*) radio navigation. — **~,peil,ge,rät** ['raːdĭo-] *n aer. mar.* Funkpeiler. — **~,pei·lung** ['raːdĭo-] *f* radio bearing.

Ra·dio·pho·nie [radĭofo'niː] *f* ⟨-; no pl⟩ radiophony, radiotelephony.

'Ra·dio|re,kla·me *f* radio advertising, commercials *pl.* — **~,röh·re** *f electr.* radio tube (*bes. Br.* valve). — **~,se·de,fre,quenz** *f* radio frequency. — **~,sen·der** *m* 1. (*Gerät*) radio transmitter. – 2. (*Rundfunkstation*) radio (*od.* broadcasting, transmitting) station. — **~,sen·dung** *f* 1. radio transmission. – 2. (*als Programm*) broadcast.

Ra·dio·skop [radĭo'skoːp] *n* ⟨-s; -e⟩ *phys.* radioscope. [meteorograph.]

'Ra·dio,son·de *f meteor.* radiosonde, radio-/

'Ra·dio,son·den·be,ob·ach·tung *f* radiosonde observation.

'Ra·dio|sta·ti,on *f cf.* Radiosender 2. — **~,stern** *m astr.* radio star. — **~,strah·lung** *f* 1. radio emission (*od.* radiation). – 2. radiation in the radio spectrum. — **~,tech·nik** *f* radio engineering. — **~,tech·ni·ker** *m* 1. radio technician (*od.* engineer), radioman. – 2. (*Funkingenieur*) radioman. — **~te·le'fon** [radĭotele'foːn] *n cf.* Radiotelephon. — **~te·le·fo'nie** [radĭotelefo'niː] *f cf.* Radiotelephonie. — **~te·le·gra'fie** [radĭotelegra'fiː] *f cf.* Radiotelegraphie. — **~te·le'gramm** [radĭotele'gram] *n* radiotelegram, radiogram. — **~te·le·gra'phie** [radĭotelegra'fiː] *f* radiotelegraphy, *bes. Br.* wireless telegraphy. — **~te·le'phon** [radĭotele'foːn] *n* radio(tele)phone: tragbares ~ walkie-talkie, *auch* walky-talky (*colloq.*). — **~te·le·pho'nie** [radĭotelefo'niː] *f* radiotelephony. — **~te·le'skop** [radĭotele'skoːp] *n astr.* radio telescope. — **~the·ra'pie** [radĭotera'piː] *f med.* radiotherapy. — **~,tru·he** *f* radio. Musiktruhe. — **~,über,tra·gung** *f cf.* Radiosendung 2. — **~,wel·len** *pl* radio waves. — **~,wind,mes·sung** *f meteor.* radio wind observation. — **~,zei·tung** *f* radio magazine (*od.* periodical).

Ra·di·um ['raːdĭum] *n* ⟨-s; no pl⟩ *chem.* radium (Ra). — **~be,hand·lung** *f med.* radiotherapy, radium therapy. — **~be,strah·lung** *f cf.* Radiumbehandlung. — **~ema·na·ti,on** *f chem.* radium emanation, niton, radon (Rn): Einheit der ~ curie. — **r~,hal·tig** *adj* containing radium. — **~,heil·ver,fah·ren** *n med. cf.* Radiumbehandlung. — **r~re,si·stent** *adj* radium-resistant. — **~,strah·len** *pl* radium rays, radium radiation *sg.*

Ra·di·us ['raːdĭus] *m* ⟨-; -dien⟩ 1. *math.* radius, semidiameter: ~ des eingeschriebenen Kreises midradius. – 2. *med.* radius, spoke bone. – 3. *tech.* a) radius, b) (*eines Formfräsers*) diameter of circle. — **~,frak,tur** *f med.* fracture of the radius, chauffeur's fracture. — **~,vek·tor** *m math.* radius vector.

Ra·dix ['raːdɪks] *f* ⟨-; Radizes [ra'diːtsɛs]⟩ 1. *cf.* Wurzel. – 2. *math.* radix. — **ra·di·zie·ren** [radi'tsiːrən] *v/t* ⟨no ge-, h⟩ *math.* extract the root of.

'Rad|,kap·pe *f auto.* hubcap. — **~,ka·sten** *m* 1. *mar. auto.* wheel housing, paddlebox, *Am.* wheelhouse. – 2. *tech. cf.* Räderkasten. — **~,kör·per** *m auto.* 1. wheel body. – 2. *tech.* a) (*eines Laufrads*) wheel body, b) (*eines Zahnrads*) gear blank. — **~,kranz** *m tech.* 1. (*eines Laufrads*) wheel rim. – 2. (*eines Zahnrads*) gear rim. — **~,län·ge** *f only in* um (eine) ~ gewinnen (*beim Radsport*) to win by a wheel's length. — **~,last** *f auto.* wheel load.

'Rad·ler *m* ⟨-s; -⟩, **'Rad·le·rin** *f* ⟨-; -nen⟩ *colloq. for* Radfahrer(in) 1.

'Rad·ler,maß *f bes.* Bavarian shandy.

'Rad|,li·nie *f math.* (epi)cycloid, epicycle, trochoid, roulette. — **~,man·tel** *m* 1. *tech. cf.* Reifendecke. – 2. (*fashion*) cape. — **~,mut·ter,steck,schlüs·sel** *m tech.* rim wrench. — **~,na·be** *f* wheel hub (*od.* boss). — **~,na·ben,kap·pe** *f cf.* Radkappe. — **~,netz,spin·nen** *pl* round-web spiders, orb weavers (*Fam. Araneidae*).

Ra·don ['raːdɔn; ra'doːn] *n* ⟨-s; no pl⟩ *chem. cf.* Radiumemanation.

'Rad|,rei·fen *m tech.* (wheel) tire (*bes. Br.* tyre). — **~,renn,bahn** *f* (*sport*) cycling track, cycle racing track, velodrome. — **~,ren·nen** *n* (bi)cycle race, cycling race. — **~,renn,fah·rer** *m* racing cyclist. — **~,renn,schuh** *m meist pl* cycling shoe. — **~,satz** *m* 1. *tech.* (*Getriebe*) gear assembly, set of gears. – 2. *auto.* wheel set.

Ra·dscha ['raːdʒa] *m* ⟨-s; -s⟩ Raja(h), Raia, *auch* raja(h), raia.

'Rad|,schal·ter *m electr.* (*Drehschalter*) rotary switch. — **~,schau·fel** *f* 1. *mar.* float, paddle board. – 2. *tech.* (*einer Pumpe, Turbine*) wheel blade. – 3. (*eines Mühlrads*) sweep, sail.

'rad,schla·gen *v/i* ⟨schlägt Rad, schlug Rad, radgeschlagen, h⟩ (*sport*) turn (*od.* do) cartwheels, cartwheel.

'Rad|,schlüs·sel *m tech. cf.* Radmuttersteckschlüssel. — **~,spei·che** *f* (wheel) spoke, arm of a wheel. — **~,sport** *m* cycling. — **~,sport·ler** *m* cyclist. — **~,spur** *f* 1. print (*od.* track, mark) of a wheel. – 2. (*auf längerer Strecke*) rut. — **~,stand** *m auto.* (*railway*) wheelbase. — **~,sturz** *m* wheel camber. — **~,tour** *f* bicycle tour (*od.*

---

excursion). — **~,wech·sel** *m auto.* change (*od.* changing) of a wheel. — **~,weg** *m* cycle path (*od.* track). — **~,wel·le** *f* 1. *tech.* gear shaft. – 2. *mar.* (*am Raddampfer*) paddle shaft. — **~,wen·de** *f* (*sport*) (*beim Kunstturnen*) roundoff. — **~,zahn** *m tech.* gear tooth.

raf·fae·lisch [rafa'eːlɪʃ] *adj* Raphaelesque, Raffaelesque: die R~e Madonna the Raphael (*auch* Raffael) Madonna, Raphael's Madonna, the Madonna by Raphael.

Raf·fel ['rafəl] *f* ⟨-; -n⟩ 1. (*textile*) hackle, flax comb. – 2. (*Klapper*) rattle. – 3. *dial.* blueberry (*od.* bilberry) stripper. – 4. (*Reibeisen*) grater. – 5. *contempt.* a) loose tongue, b) old hag, termagant. — **'raf·feln** *v/t* ⟨h⟩ 1. (*Flachs*) comb. – 2. (*Äpfel etc*) grate.

raf·fen ['rafən] **I** *v/t* ⟨h⟩ 1. (*hastig od. gierig fassen*) snatch (*s.th.*) up, gather (*s.th.*) up quickly, grab. – 2. (*Geld etc*) amass, hoard. – 3. (*beim Nähen*) a) gather, full, b) (*Vorhänge*) drape. – 4. (*Kleid etc*) take (*od.* gather) (*s.th.*) up, *auch* tuck (*s.th.*) up. – 5. *tech.* gather (*s.th.*) in. – 6. *fig.* (*Handlung*) concentrate. — **II R~** *n* ⟨-s⟩ 7. *verbal noun.* – 8. *cf.* Raffung.

'Raff|,gier *f* greed, rapacity. — **r~,gie·rig** *adj* greedy, grasping, rapacious.

Raf·fi·na·de [rafi'naːdə] *f* ⟨-; -n⟩, **~,zucker** (*getr.* -k·k-) *m gastr.* refined (*od.* white) sugar.

Raf·fi·nat [rafi'naːt] *n* ⟨-s; -e⟩ *metall. chem.* refined product, raffinate.

Raf·fi·na·ti·on [rafina'tsĭoːn] *f* ⟨-; -en⟩ *chem. tech.* refinement, refining.

Raf·fi·ne·ment [rafinə'mã, *Swiss auch* -'mɛnt] *n* ⟨-s; -s, *Swiss auch* -e [-'mɛntə]⟩ 1. (*Ver-, Übersteigerung*) refinement. – 2. *cf.* Raffinesse 1, 2. – 3. *Swiss for* Raffinerie.

Raf·fi·ne·rie [rafinə'riː] *f* ⟨-; -n [-ən]⟩ *chem. metall.* refinery, finery.

Raf·fi·nes·se [rafi'nɛsə] *f* ⟨-; -n⟩ 1. (*Durchtriebenheit, Schlauheit*) shrewdness, cunning, craftiness, slyness, guile, smartness, *bes. Am.* slickness. – 2. (*Berechnung*) design, artfulness. – 3. (*des Geschmacks etc*) finesse, subtlety, *bes. Am.* smartness. – 4. mit allen ~n ausgestattet sein (*von Auto etc*) to be fitted with all the trappings (*od.* with every technical refinement).

Raf·fi·neur [rafi'nøːr] *m* ⟨-s; -e⟩ *tech.* refiner.

raf·fi·nie·ren [rafi'niːrən] *v/t* ⟨no ge-, h⟩ *chem. metall.* refine, purify.

Raf·fi'nier|,ofen *m metall.* refining furnace. — **~,stahl** *m* refined steel.

raf·fi·niert **I** *pp.* – **II** *adj* 1. *chem. metall.* refined, purified: ~er Zucker refined sugar; nicht ~ unrefined. – 2. *fig.* (*durchtrieben, schlau*) shrewd, cunning, crafty, sly, wily, smart, subtle, *bes. Am.* slick. – 3. *fig.* (*berechnend*) designing, artful, wily. – 4. *fig.* (*ausgeklügelt*) clever, ingenious, well-devised (*attrib*): ein ~er Einbruch [Plan] a well-devised burglary [plan]. – 5. *fig.* (*verfeinert, übersteigert*) subtle, refined, sophisticated: ~er Luxus subtle extravagance. – **III** *adv* 6. das hat er ~ ausgedacht he has plotted that craftily (*od.* subtly); das hat sie ~ eingefädelt that was a very clever move on her part, she managed that (one) artfully. — **Raf·fi'niert·heit** *f* ⟨-; no pl⟩ *cf.* Raffinesse 1—3.

Raf·fi·no·se [rafi'noːzə] *f* ⟨-; no pl⟩ *chem.* raffinose, melitose ($C_{18}H_{32}O_{16}$).

Raff·ke ['rafkə] *m* ⟨-s; -s⟩ *colloq. contempt. for* neureich II.

'Raf·fung *f* ⟨-; -en⟩ 1. *cf.* Raffen. – 2. (*beim Nähen*) gather(s *pl*). – 3. *fig.* (*der Handlung*) concentration.

'Raff,zahn *m zo. cf.* Fangzahn.

Ra·ge ['raːʒə] *f* ⟨-; no pl⟩ *colloq.* rage, fury: er ist in ~ gekommen he flew into a rage; j-n in ~ bringen to enrage s.o.

ra·gen ['raːgən] *v/i* ⟨h⟩ tower (up), rise up: ringsherum ragten gefährliche Klippen aus dem Wasser perilous cliffs rose (*od.* loomed) (up) out of the water on all sides.

Ra·gio·nen,buch [ra'dʒoːnən-] *n Swiss econ.* register of commercial companies.

Ra·glan ['raglan; 'reglən] *m* ⟨-s; -s⟩ (*fashion*) raglan. — **~,är·mel** *m* raglan sleeve. — **~,schnitt** *m* 1. raglan cut. – 2. (*Schnittmuster*) raglan pattern.

Ra·gout [ra'guː] *n* ⟨-s; -s⟩ *gastr.* ragout, stew, hodgepodge, *bes. Br.* hotchpotch:

weißes ~ white veal stew; ich mach dich zu ~ *fig. colloq.* I'll make mincemeat of you (*colloq.*).

Rag·time ['ræg‚taɪm] (*Engl.*) m ⟨-; *no pl*⟩ rag(time) (*music*).

'Rag‚wurz ['ra:k-] *f bot.* insect orchis (*od.* orchid) (*Gattg Ophrys*): Einknollige ~ musk orchis (*Herminium monorchis*); Kleine ~ cuckooflower, dead-man's-fingers *pl* (construed *as sg or pl*) (*O. mascula*).

Rah [ra:] *f* ⟨-; -en⟩, **'Ra·he** *f* ⟨-; -n⟩ *mar.* yard: Große ~ main yard; die ~ brassen (*od.* heißen) to brace (*od.* hoist) the yard.

Rahm [ra:m] *m* ⟨-s, *auch* -es; *no pl*⟩ cream, *auch* head: den ~ abschöpfen a) to take the cream off the milk, to skim the milk, b) *fig. colloq.* to take (*od.* cream off) the best for oneself, to take the pickings; ~ ansetzen to form cream. — **‚bon‚bon** *m*, *n Br.* toffee, *auch* toffy, *Am.* toffee (*auch* toffy) candy, taffy. — **‚but·ter** *f* farm (*od.* dairy) butter.

rah·men[1] ['ra:mən] *v/t* ⟨h⟩ (*Milch*) skim (off), cream.

'rah·men[2] *v/t* ⟨h⟩ 1. (put *s.th.* into a) frame: wir ließen das Bild ~ we had the picture framed; wir ließen das Bild hell [dunkel] ~ we had the picture put into a light [dark] frame. – 2. *phot.* (*Dia*) mount.

'Rah·men *m* ⟨-s; -⟩ 1. (*eines Bildes etc*) (picture) frame: in einen ~ stecken [fassen] *cf.* rahmen[2]; ein Bild aus dem ~ nehmen to take a painting out of its frame. – 2. (*Gestell*) rack. – 3. *civ.eng.* a) window frame, (*schiebbarer*) sash, b) doorframe, *Br.* door-frame. – 4. *tech.* a) (*einer Maschine etc*) frame(work), b) (*eines Autos*) chassis (frame), c) (*eines Scheinwerfers*) rim, d) (*eines Kühlers*) box, case, e) (*eines Fahrrads*) frame, f) (*eines Waggons*) underframe, *Br.* under-frame, forecarriage, g) (*Mitnehmer*) carrier. – 5. (*eines Siebes*) rim. – 6. (*eines Schuhes*) welt: einen Schuh auf ~ arbeiten to welt a shoe. – 7. (*Spannrahmen*) a) (*für Tuch*) tenter (frame), b) (*für Stickerei*) tambour (frame). – 8. *print.* (form) chase. – 9. (*literature*) frame. – 10. *fig.* (*Umgebung*) environment, situation, circumstance: sich in einen ~ einfügen to adjust to a situation (*od.* to circumstance). – 11. *fig.* (*Gefüge*) framework, structure. – 12. ⟨*only sg*⟩ *fig.* (*Hintergrund*) setting, background: eine bewegte Zeit bildet den ~ dieses Werkes a period of turmoil forms the setting for this work, the work is set in a period of turmoil; die Rezitationen gaben der Feier einen würdigen ~ the recitations lent the festivity a dignified atmosphere. – 13. ⟨*only sg*⟩ *fig.* (*Grenze*) limit(s *pl*): im ~ des Möglichen within the bounds of possibility; den ~ des Üblichen sprengen to go beyond the limits of established practice. – 14. ⟨*only sg*⟩ *fig.* (*Bereich*) scope: im engem ~ within a close compass; im ~ von within the scope (*od.* framework, limits) of. – 15. *fig.* (*in Wendungen wie*) im ~ des Festes in the course of the celebration; im ~ der Ausstellung werden einige mittelalterliche Gemälde gezeigt the exhibition includes a few medi(a)eval paintings; im ~ des üblichen Geschäftsverkehrs in the ordinary course of business; so etwas ist nur in kleinerem [größerem] ~ möglich such a thing can only be done on a small [large] scale; die Darbietung fiel ganz aus dem ~ the performance was entirely out of the ordinary; mußt du immer aus dem ~ fallen? do you always have to be different?

'Rah·men|‚ab‚kom·men *n econ. jur.* skeleton (*od.* basic) agreement. — **‚an‚ten·ne** *f electr.* frame antenna (*bes. Br.* aerial). — **‚be‚stim·mung** *f* basic rule (*od.* regulation). — **‚bruch** *m tech.* fracture (*od.* failure) of the frame. — **‚er‚zäh·lung** *f* frame story (*od.* tale), 'link and frame' story, *auch* framework novella. — **r‚ge‚näht** *adj* (*Schuh*) welted. — **‚ge‚schich·te** *f* (*literature*) frame story (*od.* tale). — **‚ge‚setz** *n jur. econ.* skeleton law. — **‚hand·lung** *f* frame story (*od.* tale). — **‚kampf** *m* (*sport*) (*beim Boxen*) supporting (*od.* preliminary) bout (*od.* fight). — **‚kämp·fer** *m* preliminary fighter. — **‚schuh** *m* welted shoe. — **‚soh·le** *f* (*eines Schuhes*) welted sole. — **‚sticke‚rei** *f* (*getr.* -k-k-) (*textile*) frame embroidery, tambour work. — **‚su·cher** *m phot.* frame finder. — **‚ta‚rif** *m econ.* framework (*od.* skeleton) wage scale. —

‚ta‚rif·ver‚trag *m* skeleton wage agreement. — **‚ver‚trag** *m econ. jur.* skeleton (*od.* basic) contract.

'rah·mig *adj* creamy.

'Rahm|‚kä·se *m gastr.* cream cheese. — **‚sau·ce** *f gastr.* cream sauce. — **‚schnit·zel** *n* cutlet prepared in a cream sauce.

Rah·ne ['ra:nə] *f* ⟨-; -n⟩ *obs. od. Southern G. dial.* beet, *bes. Br.* beetroot.

'Rah‚se·gel *n mar.* square sail.

'Raiff‚ei·sen|‚bank ['raɪf-], **‚kas·se** *f econ.* agricultural credit cooperative (*Br. auch* co-operative), farmers' co(-)operative bank.

'Rai‚gras ['raɪ-] *n* ⟨-es; *no pl*⟩ *bot.* rye grass, *Br.* rye-grass, red darnel (*Lolium perenne*).

Rain [raɪn] *m* ⟨-(e)s; -e⟩ 1. *lit. for* Ackerrain. – 2. *dial. for* Grenze 1.

rai·nen ['raɪnən] I *v/i* ⟨h⟩ *lit. for* aneinandergrenzen 1. – II *v/t cf.* abgrenzen 1.

'Rain|‚farn *m bot.* a) parsley fern (*Gattg Tanacetum*), b) tansy (*T. vulgare*). — **‚wei·de** *f* privet (*Ligustrum vulgare*).

Rai·son [rɛ'zõ:] *f* ⟨-⟩; *no pl*⟩ *cf.* Räson.

Ra·ja(h) ['ra:dʒa] *m* ⟨-s; -s⟩ *cf.* Radscha.

ra·jo·len [ra'jo:lən] *v/t* ⟨*no* ge-, h⟩ *cf.* rigolen.

Ra·ke ['ra:kə] *m* ⟨-(s); *no pl*⟩ *gastr. cf.* Raki.

Ra·kel ['ra:kəl] *f* ⟨-; -n⟩ *print.* (doctor) blade.

rä·keln ['rɛ:kəln] *v/reflex* ⟨h⟩ sich ~ *cf.* rekeln I.

'Ra·kel‚tief‚druck *m print.* photogravure, rotogravure.

Ra·ke·te [ra'ke:tə] *f* ⟨-; -n⟩ 1. (*space*) a) rocket, b) (*Träger*) launcher: eine zweistufige [mehrstufige] ~ a two-stage [multistage] rocket; eine ~ abschießen (*od.* abfeuern) to launch a rocket. – 2. *mil.* a) (*für Erdziele*) rocket, b) (*Flugkörper*) missile: eine ferngelenkte ~ a guided missile; eine ~ mit rasanter Flugbahn a flat-trajectory rocket; eine interkontinentale ballistische ~ an intercontinental ballistic missile; ein mit ~n ausgerüsteter Düsenjäger a missile-carrying jet fighter, a jet fighter equipped with rockets; mit ~n beschießen to rocket. – 3. (*Feuerwerkskörper*) (sky)rocket, shell, (*kleinerer Feuerwerkskörper*) (fire)cracker, squib: eine ~ abbrennen to let off a rocket; sie ging wie eine ~ in die Luft *fig. colloq.* she exploded, she flew off the handle (*colloq.*).

Ra'ke·ten‚ab‚schuß *m* (*space*) launching of a rocket.

Ra'ke·ten‚ab‚schuß|‚ba·sis, *auch* **‚ba·se** *f* 1. (*space*) (rocket-)launching site (*od.* pad, ramp). – 2. *mil. cf.* Raketenstellung. — **‚ram·pe** *f* (*space*) launch pad. — **‚vor‚rich·tung** *f* rocket launcher, rocket-launching platform.

Ra'ke·ten‚ab‚wehr *f mil.* 1. (*Abwehr mit Raketen*) missile defence (*Am.* defense). – 2. (*Abwehr von ballistischen Raketen*) antiballistic missile defence (*Am.* defense). — **‚ra‚ke·te** *f* antimissile missile.

Ra'ke·ten‚an‚trieb *m* rocket propulsion, (*als physikalische Antriebseinheit*) reaction propulsion: mit ~ rocket-propelled (*od.* -powered). — **‚ap‚pa‚rat** *m mar.* rocket apparatus. — **‚au·to** *n tech.* rocket(-propelled) car. — **‚bat·te‚rie** *f mil.* rocket battery. — **‚be‚schuß** *m* (application of) rocket fire: unter ~ liegen to be under rocket fire. — **‚bom·be** *f mil.* rocket(-propelled) bomb. — **‚brenn‚kam·mer** *f tech.* rocket combustion chamber. — **‚flug** *m* 1. (*space*) flight of a rocket. – 2. *mil.* flight of a missile. — **‚flug‚bahn** *f* trajectory of a rocket. — **‚flug‚zeug** *n aer.* rocket(-propelled) aircraft. — **‚for·scher** *m* rockete(e)r, scientist specializing in rocketry. — **‚for·schung** *f* rocketry, rocket research. — **‚grund‚glei·chung** *f* fundamental equation of rocket motion. — **‚kopf** *m tech.* rocket head. — **‚kör·per** *m* rocket body. — **‚kreu·zer** *m mar. mil.* guided missile cruiser. — **‚la·dung** *f* 1. *mil.* rocket charge. – 2. *cf.* Raketentreibstoff. — **‚mo·tor** *m* rocket motor. — **‚prüf‚stand** *m* rocket test stand. — **‚schlit·ten** *m* rocket(-propelled) sled. — **‚son·de** *f* (*Wetterrakete*) rocket sonde. — **‚start** *m* 1. launching (*od.* blast-off, takeoff, *Br.* take-off) (of a rocket). – 2. (*eines Flugzeugs etc*) jet-assisted takeoff (*Br.* take-off), jato. — **‚start‚hil·fe** *f* jato unit. — **‚start‚ram·pe** *f* (fahrbare) ~ *bes. mil.* (mobile) rocket-firing ramp. — **‚-**

‚stel·lung *f mil.* missile site. — **‚stu·fe** *f* (*space*) rocket stage: ausgebrannte ~ spent rocket stage. — **‚stütz‚punkt** *m mil.* missile site. — **‚tech·nik** *f* 1. (*Oberbegriff*) rocket technology, rocketry. – 2. *mil.* (*Entwurf u. Bau von Lenkwaffen*) missilery, *auch* missilry. — **‚trä·ger** *m mil.* missile carrier. — **‚treib‚stoff** *m* rocket propellant (*od.* fuel, *auch* propellent). — **‚trieb‚werk** *n* (*space*) rocket, *auch* rocket engine (*od.* motor). — **‚trup·pe** *f mil.* missile unit. — **‚-U-‚Boot** *n mar. mil.* missile submarine. — **‚ver‚suchs‚ge‚län·de** *n* (*space*) rocket range. — **‚waf·fen** *pl mil.* (rocket) missiles, *Am. auch* missilery *sg.* — **‚wa·gen** *m tech. cf.* Raketenauto. — **‚wer·fer** *m mil.* launcher, rocket launcher (*od.* projector): mehrfacher ~ multiple rocket launcher. — **‚werk‚stof·fe** *pl* (*space*) space rocket and vehicle materials. — **‚we·sen** *n* ⟨-s; *no pl*⟩ rocketry.

Ra·kett [ra'kɛt] *n* ⟨-(e)s; -e *u.* -s⟩ *obs. for* Schläger 4a, d.

Ra·ki ['ra:ki] *m* ⟨-(s); *no pl*⟩ *gastr.* raki.

Ral·le ['ralə] *f* ⟨-; -n⟩ *zo.* 1. rail (*Fam. Rallidae*). – 2. *cf.* Wasserralle.

ral·len·tan·do [ralɛn'tando] *adv u. adj mus.* rallentando, decreasing in tempo.

Ral·lye ['rali; 'rɛli] (*Engl.*) *f* ⟨-; -s⟩, *Swiss n* ⟨-s; -s⟩ (*sport*) rally, *auch* rallye. — **‚fah·rer** *m* rally (*auch* rallye) driver.

Ra·ma·dan [rama'da:n] *m* ⟨-(s); *no pl*⟩ *relig.* (*im Islam*) Ramadan, Ramazan, *auch* Ramadhan.

Ra·ma·ja·na [ra'ma:jana] *n* ⟨-; *no pl*⟩ (*literature*) Ramayana.

'Ra·man‚ef‚fekt ['ra:man-] *m phys.* Raman effect.

Ra·ma·su·ri [rama'zu:ri] *f* ⟨-; *no pl*⟩ *Bavarian and Austrian colloq.* racket, hullabaloo, *auch* hullaballoo, hellabaloo.

Ra·mie [ra'mi:] *f* ⟨-; -n [-ən]⟩ *bot.* China (*od.* cambric) grass, ramie (*Boehmeria nivea*). — **‚fa·ser** *f econ.* ramie fiber (*bes. Br.* fibre).

Ramm [ram] *m* ⟨-(e)s; -e⟩ *dial. for* Widder 1. — **‚bär** *m* ⟨-s; -en, *auch* -e⟩ *civ.eng.* ram, pile driver. — **r‚dö·sig** *adj colloq.* 1. (*benommen*) dazed. – 2. (*überreizt*) overwrought.

Ram·me ['ramə] *f* ⟨-; -n⟩ *civ.eng.* 1. ram(mer). – 2. (*für Pfähle*) pile driver. – 3. (*zum Pflastern*) paving beetle (*od.* hammer).

Ram·mel[1] ['raməl] *m* ⟨-s; -⟩ 1. *dial. contempt.* cheeky brat. – 2. *zo. cf.* Rammler 2.

'Ram·mel[2] *f* ⟨-; -n⟩ *civ.eng. obs. for* Ramme.

Ram·me·lei *f* ⟨-; *no pl*⟩ *colloq.* jostle, hustle.

ram·meln ['raməln] I *v/t* ⟨h⟩ 1. *colloq. for* rammen I. – II *v/i* 2. an der Tür ~ *colloq.* to rattle at the door. – 3. *zo.* (*von Hasen, Kaninchen*) mate, copulate, buck, rut. – 4. *colloq.* (*von Kindern*) tumble about, romp, fight. – III *v/reflex* sich ~ 5. *colloq. cf.* rammeln 4. – IV R~ *n* ⟨-s⟩ 6. *verbal noun.* – 7. *zo.* (*von Hasen, Kaninchen*) copulation.

ram·men ['ramən] *v/t* ⟨h⟩ 1. etwas in (*acc*) etwas ~ to ram *s.th.* into *s.th.*: Pfähle in die Erde ~ to drive piles into the ground, to pile the ground. – 2. *civ.eng.* (*Beton etc*) tamp, ram. – 3. (*Auto, Schiff etc*) ram, collide with: er hat mich von der Seite gerammt he rammed me from the side.

'Ramm|‚ham·mer *m tech.* ram hammer. — **‚hau·be** *f civ.eng.* (*für Stangen*) (rod) driving cap. — **‚klotz** *m civ.eng. cf.* Rammbär.

'Ramm·ler *m* ⟨-s; -⟩ *zo.* 1. (*männlicher Hase, männliches Kaninchen*) buck. – 2. (*Schafbock*) ram, *bes. Br.* tup.

'Ramm‚pfahl‚fun·da‚ment *n civ.eng.* piled foundation.

'Ramm|‚spit·ze *f civ.eng.* (*für Pfähle*) woodpile shoe. — **‚ste·ven** *m mar. hist.* ram bow.

Ram·pe ['rampə] *f* ⟨-; -n⟩ 1. (*Auffahrt*) ramp, elevated approach, ascent. – 2. (*Verladerampe*) loading ramp. – 3. (*railway*) platform. – 4. *metall.* (*für Koks*) wharf. – 5. (*theater*) apron (of the stage). – 6. *civ.eng. cf.* Böschung 1. – 7. (*beim Bergsport*) ledge. – 8. (*space*) *cf.* Raketenabschußrampe.

'Ram·pen‚licht *n* 1. (*theater*) footlights *pl*, floats *pl.* – 2. *fig.* limelight, publicity: im ~ der Öffentlichkeit stehen to be in the limelight; das ~ der Öffentlichkeit scheuen to avoid (*od.* shun) the limelight.

ram·po·nie·ren [rampo'niːrən] *v/t* ⟨*no ge-*, *h*⟩ *colloq.* **1.** (*beschädigen*) damage. – **2.** (*zerknittern*) crease, crumple, crush. – **rampo'niert I** *pp.* – **II** *adj colloq.* **1.** (*Wagen etc*) damaged: schwer ~ sein to be battered. – **2.** marred, spoiled: ihre Frisur war etwas ~ her hairdo was somewhat spoiled, her hair was slightly dishevel(l)ed. – **3.** crumpled, creased, crushed. – **III** *adv* **4.** ~ aussehen *colloq. humor.* (*auch von Personen*) to look the worse for wear.
Ramsch¹ [ramʃ] *m* ⟨-(e)s; *rare* -e⟩ **1.** (*Plunder*) junk, trash, rubbish, rummage, *Br.* jumble. – **2.** *econ.* job goods *pl*, job lot: im ~ kaufen a) to buy in bulk (*od.* in lots, in the lump), b) to buy dirt cheap; im ~ verkaufen a) to sell as a job lot, b) to sell dirt cheap.
Ramsch² *m* ⟨-(e)s; -e⟩ **1.** (*games*) round of skat in which the largest number of points loses. – **2.** (*students' slang*) student quarrel resulting in a challenge (*to a duel*).
ram·schen¹ ['ramʃən] *v/t* ⟨*h*⟩ *econ.* buy (*s.th.*) in bulk (*od.* in lots, in the lump), buy (*s.th.*) dirt cheap.
'ram·schen² **I** *v/i* ⟨*h*⟩ (*games*) play a 'Ramsch'. – **II** *v/t* (*students' slang*) challenge (*s.o.*) (to a duel).
'Ram·scher *m* ⟨-s; -⟩ *colloq. for* Ramschhändler.
'Ramsch|,händ·ler *m*, **~,händ·le·rin** *f* junk dealer, junkman. — **~,la·den** *m colloq. contempt.* junk (*Br.* jumble) shop. — **~ver,kauf** *m* rummage (*Br.* jumble) sale. — **~,wa·re** *f colloq. contempt. econ.* **1.** reject, junk article. – **2.** *pl* job lot *sg*, trash *sg*, refuse *sg*, job goods, cheap stuff *sg*. — **~,wei·se** *adv colloq.* in job lots.
'Rams|,kopf ['rams-] *m*, **~,na·se** *f* (*eines Pferdes*) Roman nose, arched muzzle.
ran [ran] *interj colloq.* **1.** go it! (*colloq.*). – **2.** (*gib's ihm*) let him have it! (*sl.*). – **3.** (*los*) let's go!
ran... ['ran-] *cf.* heran...
Ranch [rentʃ; raːntʃ] *f* ⟨-; -(e)s⟩ ranch. — **'Ran·cher** *m* ⟨-s; -(s)⟩ rancher, *auch* ranchero, ranchman.
Rand [rant] *m* ⟨-(e)s; ⁼er⟩ **1.** (*äußerste Grenze*) edge. – **2.** (*eines Waldes etc*) edge, fringe, outskirts *pl*: am ~e der Stadt on the outskirts (*od.* periphery) of the town. – **3.** (*eines Abgrunds*) brink. – **4.** (*vorspringender Rand*) shoulder, ledge, flange. – **5.** (*eines Tellers, einer Brille etc*) rim. – **6.** (*eines Hutes, Glases*) brim: bis an den ~, voll bis zum ~ full to the brim, brimful, *auch* brimfull; ein Glas bis an den ~ füllen to fill a glass to the brim. – **7.** *bes. print.* (*eines Buches etc*) margin: der obere [rechte] ~ the top [right-hand] margin; der untere ~ a) the bottom margin, b) *print.* the tail margin; einen Fehler am ~ anstreichen to mark a mistake in the margin. – **8.** (*kreisförmige Spur*) mark: die Wassertropfen hatten Ränder auf dem Kleid hinterlassen the drops of water had left marks on the dress. – **9.** (*Umrandung, Saum*) border, edging, fringe: Briefpapier mit schwarzem ~ notepaper with black edging, black-edged notepaper. – **10.** *fig.* (*in Wendungen wie*) halt deinen ~! *sl.* shut your mouth! shut up! (*sl.*); er kommt damit nicht zu ~e he can't manage it; das versteht sich am ~e that goes without saying, that's understood (*od.* a matter of course); am ~e bemerken to remark in passing; am ~e bemerkt by the way, incidentally; am ~e seiner Kräfte sein to be near exhaustion; am ~e der Verzweiflung sein to be on the verge (*od.* brink) of despair; er hat mich an den ~ der Verzweiflung gebracht (*od.* getrieben) he nearly drove me to distraction; am ~e des Grabes stehen to be at death's door, to be near one's end; j-n an den ~ des Abgrunds [Ruins] bringen to bring s.o. to the verge (*od.* brink) of destruction [ruin]; [vor Freude] außer ~ und Band geraten *colloq.* to be beside oneself [with joy], to go wild (*od.* crazy) [with joy] (*colloq.*); wegen etwas außer ~ und Band geraten *colloq.* to go wild (*od.* crazy) over s.th. (*colloq.*); die Kinder waren außer ~ und Band *colloq.* the children were completely out of hand; das interessiert mich nur am ~e that's not what I am mainly interested in; etwas (nur) am ~e miterleben to be a bystander to s.th. – **11.** *med.* a) (*einer Wunde*) edge, b) (*dunk-*

le) Ränder um die Augen (livid) rings (*od.* circles). – **12.** *tech.* edge, rim, border.
Ran·dal [ran'daːl] *m* ⟨-s; -e⟩ *dial. for* Lärm 1, 3, 4, 5, Gejohl(e).
ran·da·lie·ren [randa'liːrən] *v/i* ⟨*no ge-*, *h*⟩ kick up a racket (*od.* shindy, *bes. Br.* row), raise the roof (*alle colloq.*). — **Ran·da'lie·rer** *m* ⟨-s; -⟩ *colloq.* rowdy, roisterer.
'Rand|,aus,gleich *m*, **~,aus,lö·sung** *f* (*einer Schreibmaschine*) margin(al) release. — **~be,mer·kung** *f* **1.** marginal note, sidenote, *Br.* side-note: ~en marginal notes, marginalia; ~en machen (*od.* anbringen) to make notes in the margin. – **2.** *fig.* gloss, comment: ~en zu etwas machen to comment (up)on s.th. — **~be,satz** *m* (*fashion*) trimming. — **~be,völ·ke·rung** *f* fringe population. — **~be,zirk** *m cf.* Randgebiet 1. — **~,ein,stel·ler** *m* (*einer Schreibmaschine*) margin stop.
Rän·del ['rɛndəl] *n* ⟨-s; -⟩, **~,ei·sen** *n tech.* **1.** knurling tool. – **2.** (*für Holzwerk*) punching iron. – **3.** (*in Münzerei*) check. — **~ma,schi·ne** *f print.* bordering machine. — **~,mut·ter** *f tech.* straight-knurled nut.
rän·deln ['rɛndəln] *v/t* ⟨*h*⟩ **1.** rim, border. – **2.** (*Muttern etc*) (straight-)knurl. – **3.** (*Münzen*) mill, engrail. – **4.** *print.* border.
'Rän·del|,rad *n tech.* straight-knurling roll (*od.* disc), straight knurl. — **~,schrau·be** *f* knurled-head screw.
'Rän·de·lung *f* ⟨-; -en⟩ *tech.* **1.** a) (*Vorgang*) straight knurling, b) (*Ergebnis*) straight-knurled portion. – **2.** (*bei Münzen*) milled edge, engrailment.
rän·dern ['rɛndərn] *v/t* ⟨*h*⟩ *cf.* rändeln.
'Rand|er,schei·nung *f* side issue. — **~fi,gur** *f cf.* Nebenfigur 4. — **~,ge,biet** *n* **1.** *geogr.* a) (*eines Staates*) peripheral area, fringe(s *pl*), b) (*einer Stadt*) outskirts *pl.* – **2.** *fig.* peripheral subject: ~ der Wissenschaft borderland of science. — **r~ge,näht** *adj cf.* rahmengenäht. — **~glos·se** *f cf.* Randbemerkung 2. — **~gum,mie·rung** *f print.* edge gumming. — **~,lei·ste** *f* **1.** *tech.* ledge, end strip. – **2.** *print.* a) galley flange, b) border. — **~,loch,kar·te** *f* (*computer*) edge-notched card. — **r~los** *adj* (*Brille*) rimless. — **~no,tiz** *f cf.* Randbemerkung 1. — **~pro,blem** *n* side issue. — **~,schär·fe** *f* (*optics*) *phot.* marginal sharpness. — **~,sied·lung** *f* suburban housing development (*Br.* estate), *auch* suburban settlement. — **~,spur** *f* (*einer Autobahn*) **1.** side verge. – **2.** (*Ausweichstelle, Parkstreifen*) turnout, *Br.* lay-by. — **~,staat** *m pol.* border state. — **~,stein** *m* (*eines Gehsteigs*) curb(stone), edgestone, *Br.* kerb(stone): mit ~en einfassen to curb, *Br.* to kerb. — **~,stel·ler** *m* (*einer Schreibmaschine*) margin stop. — **~,stel·lung** *f mil.* defensive position. — **~,strei·fen** *m* (*einer Straße*) shoulder: „~ nicht befahrbar" "Do not drive on hard shoulder". — **~,stück** *n* **1.** *gastr.* a) (*eines Brotes*) heel, end piece, b) (*eines Kuchens*) crusty edge. – **2.** *tech.* bordage. — **~ver,merk** *m cf.* Randbemerkung 1. — **r~voll** *adj* **1.** (*Gefäß*) brimful, *auch* brimfull, brimming, topful(l), flush (*pred.*). – **2.** (*Maß*) stricken. — **~,zeich·nung** *f* marginal (*od.* border) drawing (*od.* sketch), vignette. — **~,zo·ne** *f geogr. cf.* Randgebiet 1.
rang [raŋ] *1 u. 3 sg pret of* ringen.
Rang *m* ⟨-(e)s; ⁼e⟩ **1.** (*Stellung*) position, station, rank: einen hohen ~ bekleiden (*od.* innehaben) to hold a high position, to occupy a high rank; j-m den ~ streitig machen to compete (*od.* vie) with s.o.; j-m den ~ ablaufen to get the better of s.o., to outstrip s.o., to steal a march on s.o.; ein Problem zweiten ~es *fig.* a problem of secondary importance. – **2.** (*eines Beamten, Offiziers etc*) rank, status, (*bei der Marine*) *auch* ranking, rating, *Am.* (*besoldungsmäßig*) grade, rating: den ~ eines Generals haben to hold the rank of a general; j-m einen ~ verleihen to bestow a rank upon s.o.; j-n j-m im ~ gleichstellen to put s.o. on the same footing as s.o. else; j-m unmittelbar im ~ folgen to rank next to s.o.; eine Persönlichkeit von hohem ~e a personality of high rank, a high-ranking personality; er nimmt den ersten ~ unter den zeitgenössischen Malern ein *fig.* he holds the foremost rank (*od.* ranks foremost) among contemporary painters. – **3.** (*Stand*) class, (*social*) status: er ist

ein Mann ohne ~ und Namen he is of the rank and file, he is an ordinary man; alles, was ~ und Namen hatte, war da all the notables (*od. colloq.* V.I.P.'s) were there. – **4.** (*Würde*) dignity. – **5.** (*Güte*) quality, rate, class, order: ersten ~es first-rate, first-class, of the first order; ein gesellschaftliches Ereignis ersten ~es a social event of the first order; ein Hotel ersten ~es a first-class hotel; er ist ein Arzt [Sänger] von ~ he is a first-class (*od.* first-rate) doctor [singer]. – **6.** (*theater*) a) (*im Parkett*) row, b) (*einer Loge*) tier: erster ~ dress circle, *bes. Am.* first balcony; zweiter ~ *bes. Br.* upper circle, *bes. Am.* second balcony, *bes. Am. colloq.* peanut gallery. – **7.** *pl* (*sport*) (*Zuschauerränge*) terraces: die Ränge waren dicht besetzt the terraces were closely packed. – **8.** (*bei Lotterie etc*) *cf.* Gewinnklasse.
'Rang|,ab,zei·chen *n mil.* badge of rank, *pl auch* insignia(s) of rank. — **r~,äl·test** *adj* ⟨*attrib*⟩ senior, superior, premier. — **~,äl·te·ste** *m* **1.** superior, senior. – **2.** *mil.* senior (officer). — **~be,zeich·nung** *f* designation of rank.
Ran·ge ['raŋə] *m* ⟨-n; -n⟩, *f* ⟨-; -n⟩ *dial.* (*young*) rascal (*od.* scamp), brat, (*Junge*) cub, urchin, *bes. Am. colloq.* hellion.
rän·ge ['rɛŋə] *1 u. 3 sg pret subj of* ringen.
'ran·ge·hen *v/i* ⟨*irr, sep, -ge-, sein*⟩ *colloq.* (*in Wendungen wie*) an die Arbeit ~ to get going, to go it (*colloq.*), *bes. Br. colloq.* to get stuck in; ~ wie Blücher to go really hard at it; an die Sache mußt du ganz anders ~ you must tackle it differently; Mensch, geht der [die] ran! he [she] fairly gives her [him] the glad eye (*sl.*).
'ran·geln ['raŋəln] *dial.* **I** *v/i* ⟨*h*⟩ (*von Kindern*) scuffle, wrestle, tussle. – **II** *v/reflex* sich ~ stretch (oneself).
'Rang|er,hö·hung *f* advancement in rank (*od.* position), promotion, step up the ladder (*colloq.*). — **~,fol·ge** *f* order of rank (*od.* priority). — **r~,gleich** *adj* of equal rank (*od.* position). — **r~,höchst** *adj* ⟨*attrib*⟩ highest-ranking. — **r~,hö·her** *adj* senior.
Ran'gier,bahn,hof *m* (*railway*) shunting station (*od.* yard), railroad (*Br.* railway) yard, marshaling (*bes. Br.* marshalling) yard, *bes. Am.* switchyard.
ran·gie·ren [rã'ʒiːrən] *v/i* **I** ⟨*no ge-*, *h*⟩ **1.** rank, be classed: vor [hinter] j-m ~ to rank before [behind] s.o.; an erster Stelle ~ to rank foremost. – **II** *v/t* **2.** (*railway*) a) (*verschieben*) shunt, *bes. Am.* switch, b) (*zusammensetzen*) marshal, *auch* marshall: ~ vom Ablaufberg to hump. – **3.** *auto.* man(o)euver, *bes. Br.* manœuvre.
Ran'gie·rer *m* ⟨-s; -⟩ (*railway*) shunter, *bes. Am.* switchman.
Ran'gier|,gleis *n* (*railway*) siding (track), shunting (*bes. Am.* switching) track. — **~lo·ko·mo,ti·ve**, **~ma,schi·ne** *f* shunting (*bes. Am.* switch, switching, [kleine] pony) engine (*od.* locomotive), shunter engine, *bes. Am.* switcher (engine). — **~,mei·ster** *m* shunting inspector, yardmaster.
'Rang|,klas·se *f* **1.** class, degree of quality. – **2.** *mil. cf.* Rang 2. — **~,li·ste** *f* **1.** list of ranks. – **2.** (*sport*) ranking list. – **3.** *mil.* a) army list (*bes. Am.* register), b) (*bei der Marine*) navy list (*bes. Am.* register), c) (*bei der Luftwaffe*) air force list (*bes. Am.* register). — **~,lo·ge** *f* (*theater*) dress circle (*bes. Am.* first-balcony) box. — **r~,mä·ßig** *adj u. adv* according to rank. — **r~,nied·rigst** *adj* ⟨*attrib*⟩ lowest-ranking. — **~,ord·nung** *f* **1.** *auch mil.* order of precedence (*od.* rank), hierarchy. – **2.** *econ. jur.* standing. — **~,platz** *m* (*theater*) seat in the dress circle (*bes. Am.* first balcony), dress circle (*bes. Am.* first-balcony) seat. — **~,streit** *m*, **~,strei·tig·keit** *f* dispute (*od.* quarrel) about rank (*od.* precedence). — **~,stu·fe** *f* (degree of) rank: eine ~ höher one step further (*od.* up). — **~ver,lust** *m bes. mil.* loss of rank, (*strafweise*) degradation, demotion.
'ran,hal·ten *v/reflex* ⟨*irr, sep, -ge-, h*⟩ sich ~ *colloq.* **1.** hurry up. – **2.** (*beim Essen*) dig in. – **3.** (*beim Arbeiten*) work hard, get going, go it (*colloq.*).
rank [raŋk] *adj* ⟨-er; -est⟩ *lit.* **1.** (*schlank*) slim, slender: ~ und schlank slim and slender. – **2.** (*geschmeidig*) lithe, lissome, *auch* lissom, limber.
Ran·ke ['raŋkə] *f* ⟨-; -n⟩ *bot.* **1.** tendril, string, (*bes. der Rebe*) (vine) shoot, (*bes.*

des Hopfens) bine, cirrus, *auch* cirrhus *(scient.)*. – **2.** *cf.* Rankengewächs.

Rän·ke ['rɛŋkə] *pl* intrigues, schemes, machinations, plots: ~ schmieden to intrigue, to contrive, to plot and scheme.

ran·ken ['raŋkən] **I** *v/reflex* ⟨h⟩ sich ~ **1.** creep, run, climb: sich an *(dat)* etwas in die Höhe ~ to climb up s.th. – **2.** sich um etwas ~ a) to climb (a)round s.th., b) *(sich winden)* to wind *(od.* twist, entwine) *(itself)* (a)round s.th., c) *fig.* to be centered *(bes. Br.* centred) (a)round s.th.: Rosen ~ sich um den Balkon roses climb around the balcony; Efeu rankt sich um den Baum ivy winds round the tree; um dieses Ereignis ~ sich viele Geschichten *fig.* many stories are centered around this event. – **II** *v/i* ⟨h u. sein⟩ **3.** creep, run, climb.

'Ran·ke *m* ⟨-s; -⟩ ein ~ Brot *bes. Southern G. and Austrian dial.* a hunk of bread.

'ran·ken,ar·tig *adj bot.* tendril-shaped; cirrh(ous), cirr(h)ose *(scient.)*.

'Ran·ken|,fü·ßer *m* ⟨-s; -⟩ *zo.* barnacle, cirriped(e) *(scient.) (Ordng Cirripedia).* — **~ge,wächs** *n bot.* creeper, climber, vine runner.

'Rän·ke|,schmied *m contempt. (Intrigant)* intriguer, plotter, schemer, contriver. — **~,spiel** *n* intrigue(s *pl*). — **r~,süch·tig, r~,voll** *adj* intriguing, plotting, scheming, contriving.

'ran·kig *adj bot.* **1.** creeping, with tendrils. – **2.** tendril-shaped.

rann [ran] *3 sg pret,* **rän·ne** ['rɛnə] *3 sg pret subj* of **rinnen**.

rann·te ['rantə] *1 u. 3 sg pret of* **rennen**.

Ra·nu·la ['ra:nula] *f* ⟨-; -lae [-lɛ]⟩ *med.* frog tongue; ranine tumor *(bes. Br.* tumour), ranula *(scient.)*.

Ra·nun·kel [ra'nʊŋkəl] *f* ⟨-; -n⟩ *bot.* buttercup, ranunculus *(scient.) (Gattg Ranunculus)*.

Ränz·chen ['rɛntsçən] *n* ⟨-s; -⟩ *dim. of* Ranzen.

Rän·zel ['rɛntsəl] *n, Northern G. auch m* ⟨-s; -⟩ *cf.* Ranzen 1, 2.

Ran·zen ['rantsən] *m* ⟨-s; -⟩ **1.** knapsack, *(travel[l]ing)* bag: seinen ~ schnüren *fig. colloq.* to pack one's bag (and be off). – **2.** *(Schulranzen)* satchel. – **3.** *colloq. (Bauch)* paunch, potbelly: sich *(dat)* den ~ vollschlagen *vulg.* to fill one's belly, to eat one's fill. – **4.** *colloq. (Buckel)* hump, hunch.

'ran·zen *v/i* ⟨h⟩ *hunt. (von Haarraubwild)* copulate, mate.

'ran·zig *adj (Butter etc)* rancid, rank: ~ werden to turn rancid. – **'Ran·zig·keit** *f* ⟨-; *no pl*⟩ rancidity, rancidness.

'Ranz,zeit *f hunt. (des Haarraubwilds)* rut, rutting time.

Rap·fen ['rapfən] *m* ⟨-s; -⟩ *zo.* a rapacious carp *(Aspius aspius)*.

Ra·phia ['ra:fia] *f* ⟨-; Raphien⟩ *bot.* raffia (palm) *(Raphia pedunculata).* — **~,bast** *m* raffia, raphia. — **~,pal·me** *f bot. cf.* Raphia.

Ra·phi·den [ra'fi:dən] *pl bot.* raphides.

ra·pid [ra'pi:t], **ra·pi·de** [-də] **I** *adj (Tempo, Abbau, Wachstum etc)* rapid. – **II** *adv* rapidly: mit der Wirtschaft geht es ~ abwärts the economy is declining rapidly *(od.* is in rapid decline); mit ihm geht es ~ abwärts *fig. colloq.* he is going downhill rapidly.

Ra'pid·ent,wick·ler *m phot.* high-speed developer.

Ra·pi·di'tät [-pidi'tɛːt] *f* ⟨-; *no pl*⟩ rapidity, rapidness.

Ra·pier [ra'pi:r] *n* ⟨-s; -e⟩ *(sport) (beim Fechten)* rapier.

Rap·pe ['rapə] *m* ⟨-n; -n⟩ black (horse): auf Schusters ~n reiten *fig. colloq.* to go on foot, to go on *(od.* by) Shank's mare, to foot *(od.* hoof) it *(colloq.)*.

Rap·pel ['rapəl] *m* ⟨-s; -⟩ *colloq.* **1.** tantrum, fit of madness *(od.* rage): er hat wieder einmal seinen ~ he is having another of his tantrums, he is in another tantrum. – **2.** *(Verrücktheit, Fimmel)* mad whim *(od.* freak, notion) *(colloq.),* craze, fad, mania: du hast wohl einen ~ you must be crazy *(od.* off your head, out of your mind, *sl.* nuts, *Br. sl.* crackers). — **'rap·pe·lig** *colloq.* **I** *adj* **1.** irritable, nervous: der Lärm machte mich ganz ~ the noise made me irritable *(od.* put me on edge). – **2.** *(aufgedreht)* wound-up, worked-up *(beide attrib)*. – **3.** *(Sprechweise)* flustered. – **II** *adv* **4.** ~ reden to talk in a fluster.

'Rap·pel,kopf *m colloq. (aufbrausender Mensch)* hothead, irritable person. — **'rap·pel,köp·fisch** [-,kœpfɪʃ] *adj colloq.* hotheaded.

rap·peln ['rapəln] **I** *v/i* ⟨h⟩ *(leise klappern, rasseln)* rattle, clatter. – **II** *v/reflex* sich *(wieder)* in die Höhe ~ *auch fig.* to get back on to one's feet (again); sich aus dem Schnee ~ to pick oneself up out of the snow. – **III** *v/impers* es hat an der Tür gerappelt there was a rattle at the door; bei dir rappelt's wohl *fig. colloq.* you must be off your head *(od. sl.* rocker, nut, onion), you must have a screw loose, you must be nuts *(sl.)*.

Rap·pen ['rapən] *m* ⟨-s; -⟩ *(schweizerische Münze)* rappen. — **~an·ti,lo·pe** *f zo.* sable antelope *(Hippotragus niger)*.

'rapp·lig *adj u. adv colloq. cf.* rappelig.

Rap·port [ra'pɔrt] *m* ⟨-(e)s; -e⟩ **1.** *mil. econ.* report: sich bei j-m zum ~ melden *bes. mil.* to report to s.o. – **2.** *econ.* report(s *pl*) to the central management. – **3.** *(textile)* pattern repeat. — **rap·por'tie·ren** [-'ti:rən] *v/i* ⟨no ge-, h⟩ *obs.* report.

Raps [raps] *m* ⟨-es; Arten -e⟩ **1.** *bot.* rape, colza *(Brassica napus).* – **2.** *cf.* Rapssamen.

rap·schen ['rapʃən], **rap·sen** ['rapsən] *v/t* ⟨h⟩ *dial.* snatch.

'Raps|,feld *n agr.* field of rape. — **~,ku·chen** *m (Viehfutter)* rape cake. — **~,öl** *n* rape (*od.* colza, rape[-]seed) oil. — **~,saat** *f,* **~,sa·men** *m agr.* rapeseed, *Br.* rape-seed, colzaseed, *Br.* colza-seed.

Rap·tus[1] ['raptus] *m* ⟨-; -⟩ *med. psych.* raptus.

'Rap·tus[2] *m* ⟨-; -se⟩ *colloq. cf.* Rappel.

Ra·pünz·chen [ra'pʏntsçən] *n* ⟨-s; -⟩ *bot. cf.* Rapunzel.

Ra·pun·zel [ra'pʊntsəl] *f* ⟨-; -n⟩ *bot.* lamb's-lettuce, corn salad *(Valerianella locusta)*.

rar [ra:r] *adj* ⟨-er; -st⟩ **1.** rare, scarce: Gold ist ein ~es Metall gold is a rare metal; sich ~ machen *colloq.* a) *(selten kommen)* to make oneself scarce, b) *(bes. von einem Mädchen)* to play hard to get. – **2.** *(Marke, Münze etc)* rare.

Ra·ri·tät [rari'tɛːt] *f* ⟨-; -en⟩ **1.** rarity, scarcity. – **2.** rarity, curio, curiosity: seine Bibliothek birgt viele ~en his library contains many curios *(od.* curiosa).

Ra·ri'tä·ten|,händ·ler *m* curio dealer. — **~ka·bi,nett** *n* curio cabinet, cabinet of curiosities. — **~,samm·ler** *m* collector of curios *(od.* rarities).

ra·sant [ra'zant] **I** *adj* **1.** *colloq. (Tempo etc)* breakneck *(attrib),* headlong, wild. – **2.** *colloq. (Wagen, Beschleunigung)* fast. – **3.** *colloq. (rassig)* 'smashing', snazzy *(beide sl.)*: eine ~e Frau a smashing woman, a smasher *(sl.).* – **4.** *colloq. (Arbeiter etc)* energetic, vigorous. – **5.** *mil. (in der Ballistik)* flat: ~e Flugbahn flat trajectory. – **II** *adv* **6.** er fährt ~ *colloq.* he drives at (a) breakneck speed. – **7.** *mil.* on a flat trajectory. — **Ra'sanz** [-'zants] *f* ⟨-; *no pl*⟩ **1.** *colloq.* breakneck *(od.* headlong, wild, high) speed. – **2.** *mil. (einer Flugbahn)* flatness.

rasch [raʃ] **I** *adj* ⟨-er; -est⟩ **1.** quick: eine ~e Auffassungsgabe haben to have quick *(od.* keen) perception; in ~er Folge in quick *(od.* close) succession; ~! hurry up! quick! make it snappy! *(colloq.).* – **2.** *(Bewegung, Schritte etc)* brisk. – **3.** *(vorschnell)* hasty, rash. – **4.** *(Aktion, Handlung)* speedy, swift. – **5.** *(Erledigung, Antwort etc)* prompt. – **6.** *(schnippisch, heftig)* brusque, *auch* brusk, snappish, snappy. – **II** *adv* **7.** komm ~ come quickly; zu ~ entschlossen sein to make rash decisions; einen Auftrag ~ erledigen to meet an order promptly; ~ herbeieilen to hurry to the scene; ~ vorwärtskommen to make (good) time *(colloq.);* ~ vorankommen to make good *(od.* quick) progress; wer ~ gibt, gibt doppelt *(Sprichwort) etwa* prompt help is the best help.

ra·scheln ['raʃəln] **I** *v/i* ⟨h⟩ **1.** rustle: die Blätter ~ im Wind the leaves rustle in the wind; Mäuse ~ im Stroh mice are rustling in the straw; was raschelt da? what's that rustle? – **2.** *(von Seide etc)* swish, crinkle. – **II** R~ *n* ⟨-s⟩ **3.** *verbal noun.* – **4.** rustle. – **5.** *(von Seide etc)* swish, crinkle, froufrou.

'Rasch·heit *f* ⟨-; *no pl*⟩ **1.** quickness. – **2.** *(der Bewegung)* briskness. – **3.** *(Vorschnellheit)* hastiness, rashness. – **4.** *(im Handeln)* speediness, swiftness. – **5.** *(einer*

Erledigung) promptness. – **6.** *(Heftigkeit)* brusqueness, snappishness, snappiness.

ra·sen[1] ['ra:zən] **I** *v/i* ⟨h u. sein⟩ **1.** ⟨sein⟩ *(schnell fahren od. laufen)* race, shoot, speed, tear, scorch *(colloq.)*: das Auto raste um die Ecke the car shot *(od.* whizzed) round the corner. – **2.** ⟨sein⟩ über *(acc)* etwas ~ *fig. (vom Sturm etc)* to sweep over s.th. – **3.** ⟨h⟩ *(in Wendungen wie)* vor Begeisterung ~ to be wild *(od.* beside oneself) with enthusiasm; vor Wut ~ to be beside oneself *(od.* to fume) with rage, to be raging; im Wahnsinn ~ to rave, to be frantic, to be out of one's mind *(od.* senses); der Sturm raste the storm raged. – **II** R~ *n* ⟨-s⟩ **4.** *verbal noun.* – **5.** *cf.* Raserei.

'Ra·sen[2] *m* ⟨-s; -⟩ **1.** lawn, grass: einen ~ anlegen to lay a lawn, to plant grass; er ruht schon lange unterm grünen ~, ihn deckt schon lange der grüne ~ *poet.* he has been long since under the sward. – **2.** *cf.* Rasenplatz 1.

'ra·sen|be,deckt, ~be,wach·sen *adj* lawn-covered. — R~,blei·che *f* **1.** bleaching on grass, grass bleach(ing). – **2.** *(Platz)* bleaching ground.

'ra·send *pres p of* rasen[1]. – **II** *adj* **1.** ⟨attrib⟩ breakneck, scorching *(colloq.)*: mit ~er Geschwindigkeit at a scorching speed. – **2.** *(wütend)* mad, raging, frenzied *(od.* frantic) with rage: in ~er Wut mad with rage, in a towering rage; mach mich nicht ~! don't drive me mad *(od.* frantic)! ~ werden to go mad, to see red. – **3.** *(Schmerz)* agonizing, searing, *(bes. Kopfschmerzen)* splitting. – **4.** *(Angst etc)* desperate. – **5.** *(Hunger)* ravenous. – **6.** *(Durst)* raging. – **7.** *(Eifersucht)* mad *(colloq.).* – **8.** *(Beifall)* roaring, thunderous. – **III** *adv* **9.** *(sehr)* very, extremely, terribly *(colloq.)*: das tu ich ~ gern *colloq.* I love to do *(od.* doing) that, I adore that; er ist ~ verliebt *colloq.* he is madly in love *(colloq.);* der Hut war ~ teuer *colloq.* the hat was terribly expensive.

'Ra·sen·de[1] *m* ⟨-n; -n⟩ madman.

'Ra·sen·de[2] *f* ⟨-n; -n⟩ madwoman.

'Ra·sen,decke *(getr.* -k·k-) *f* grass(y) cover, turf.

'Ra·send,wer·den *n only in* es ist zum ~ it's enough to drive you mad *(od. sl.* round the bend).

'Ra·sen,ei·sen|,erz *n,* **~,stein** *m min.* bog iron ore, swamp ore, limonite.

'Ra·sen|,flä·che *f* lawn, grassplot, *Am. auch* grassplat. — **~,hän·ge,bank** *f* ⟨-; ~e⟩ *(mining)* pit bank. — **~,hockey** *(getr.* -k·k-) *n (sport)* field hockey. — **~,mä·her** *m,* **~,mäh·ma,schi·ne** *f* lawn mower. — **~,platz** *m* **1.** grassplot, *Am. auch* grassplat, lawn. – **2.** *(sport)* a) *(beim Tennis)* lawn *(od.* grass) court, b) *(beim Fußball etc)* lawn *(od.* grass) ground. — **~,sche·re** *f* edging shears *pl.* — **~,spie·le** *pl (sport)* lawn games. — **~,sport** *m* lawn sport. — **~,spren·ger** *m (lawn)* sprinkler. — **~,ste·cher** *m* turf *(od.* sod) cutter. — **~,stück** *n* **1.** sod, turf. – **2.** *cf.* Rasenfläche. — **~,ten·nis** *n (sport)* lawn tennis. — **~,tep·pich** *m* velvet lawn, carpet of grass *(od.* lawn).

Ra·se'rei *f* ⟨-; *no pl*⟩ **1.** *cf.* Rasen[1]. – **2.** *(wildes Fahren)* reckless driving, racing. – **3.** *(Wüten)* tantrum, frenzied *(od.* towering) rage: in ~ geraten to fly into a rage; das bringt ihn zur ~ that drives him mad. – **4.** *(Wahnsinn)* frenzy, madness.

Ra'sier|ap·pa,rat *m* safety razor: elektrischer ~ electric *(od.* dry) razor *(od.* shaver). — **~,creme** *f* shaving cream.

ra·sie·ren [ra'zi:rən] **I** *v/reflex* ⟨no ge-, h⟩ sich ~ **1.** (have a) shave: er hat sich noch nicht rasiert he hasn't shaved yet; sich naß [trocken] ~ to shave with a safety razor [dry]. – **II** *v/t* **2.** shave: sich ~ lassen to get shaved, to get *(od.* have) a shave; ~, bitte! *(beim Friseur)* a shave, please! sich *(dat)* die Beine ~ to shave one's legs. – **3.** *fig. colloq. cf.* abrasieren 2. – **4.** *fig. colloq.* cheat, trick. – **III** R~ *n* ⟨-s⟩ **5.** *verbal noun.* – **6.** shave: was kostet das R~? how much is a shave?

Ra'sier|,klin·ge *f* razor blade. — **~,krem** *f* shaving cream. — **~,mes·ser** *n (straight)* razor, *Br. colloq. auch* cut-throat razor. — **~,napf** *m* shaving mug. — **~,pin·sel** *m* shaving brush. — **~,schaum** *m (in der Tube)* shaving lather. — **~,sei·fe** *f* shaving soap *(od.* stick). — **~,spie·gel** *m* shaving mirror. — **~,was·ser** *n* ⟨-s; - *od.* ⸚⟩

a) (*vor der elektrischen Rasur*) pre-shave lotion, b) (*nach der Rasur*) shaving (*od.* after-shave) lotion. – **2.** (hot) water for shaving. — **~,zeug** *n* shaving things *pl* (*od.* utensils *pl*, tackle).

'ra·sig *adj* grassy, turfy, lawn-covered.

Rä·son [rɛ'zõ:] *f* ⟨-; *no pl*⟩ *obs.* reason: j-n zur ~ bringen to talk sense into s.o.; ~ annehmen to listen to reason. — **rä·so·'nie·ren** [-zo'ni:rən] *v/i* ⟨*no* ge-, h⟩ **1.** *obs.* reason. – **2.** *colloq.* for a) meckern 2, b) nörgeln, c) schimpfen 2.

Ras·pel ['raspəl] *f* ⟨-; -n⟩ **1.** *tech.* rasp. – **2.** (*housekeeping*) grater. — **~,brot** *n* bread crumbs *pl*.

ras·peln ['raspəln] *v/t* ⟨h⟩ **1.** *tech.* rasp. – **2.** *gastr.* grate: ~ Süßholz 2.

raß [ras] *adj* ⟨-sser; -ssest⟩ *Bavarian and Austrian dial.* **1.** (*Speise*) hot, spicy. – **2.** (*Pferd*) fiery. – **3.** (*Frau*) brusque, sharp.

räß [rɛːs] *adj* ⟨-sser; -ssest⟩ *Swiss dial.* for raß 1.

Ras·se ['rasə] *f* ⟨-; -n⟩ **1.** *anthrop.* race: die weiße [gelbe] ~ the white [yellow] race. – **2.** *zo.* (*Zucht*) breed, stock, blood, strain, subspecies: gekreuzte ~ crossbreed; dieses Pferd hat ~ this horse is well bred (*od.* has a good pedigree). – **3.** *colloq.* 'class' (*colloq.*): diese Frau hat ~ this woman has class. — **~,hund** *m* zo. pedigree (*od.* thoroughbred, purebred) dog.

Ras·sel ['rasəl] *f* ⟨-; -n⟩ rattle, (*für Kinder*) baby's rattle. — **~,ban·de** *f colloq. humor.* band (*od.* pack) of rascals (*od.* ruffians), noisy lot (*Am.* gang) (*colloq.*). — **~ge,räusch** *n meist pl med.* a) rattling, rale, rhonchus (*scient.*), b) (*bei Pleuritis*) crackle.

ras·seln ['rasəln] *v/i* ⟨h *u.* sein⟩ **1.** ⟨h⟩ rattle, *auch* clank, clatter: mit den Ketten ~ to rattle the chains; mit dem Säbel ~ *fig. colloq.* to rattle the saber (*bes. Br.* sabre). – **2.** ⟨sein⟩ durch eine Prüfung (*od.* ein Examen) ~ *fig. colloq. Am. sl.* to flunk an exam, *Br. sl.* to get ploughed in an exam. – **3.** *med.* a) (*bei Asthma*) wheeze, b) (*trocken*) crackle. – **II R~** *n* ⟨-s⟩ **4.** *verbal noun.*

'Ras·sen|be,wußt,sein *n* **1.** racial consciousness (*od.* awareness), awareness of one's race. – **2.** (*übertriebenes*) racialism, racism. — **~bio·lo,gie** *f* study of animal breeds. — **~dis·kri·mi,nie·rung** *f* racial discrimination. — **~fa·na·ti·ker** *m* racialist, racist. — **~fa·na,tis·mus** *m* racialism. — **~,for·schung** *f* racial research. — **~,fra·ge** *f* racial issue. — **~ge,misch** *n anthrop. cf.* Rassenmischung. — **~ge,setz** *n pol.* racial law. — **~ge,setz,ge·bung** *f* racial legislation (*od.* jurisdiction). — **~,haß** *m* racial hatred, racism, racialism. — **~hy·gie·ne** [-hy,giɛnə] *f biol.* eugenics *pl* (*usually construed as sg*). — **r~hy·gie·nisch** [-hy,giɛnɪʃ] *adj* eugenic, *auch* eugenical. — **~,kampf** *m pol.* racial conflict. — **~kon·flikt** *m* race (*od.* racial) conflict. — **~,kra,wall** *m* race riot. — **~,kreu·zung** *f zo.* crossbreeding. — **~,kun·de** *f* ⟨-; *no pl*⟩ *anthrop.* study of race(s), ethnology (*scient.*). — **~,leh·re** *f* racial theory (*od.* doctrine). — **~,merk,mal** *n* racial characteristic. — **~,mi·schung** *f* racial mixture, miscegenation, *Am.* (racial) amalgamation. — **~po·li,tik** *f* racial policy, racism, racialism. — **~,schan·de** *f* racial disgrace. — **~,schran·ke** *f* racial barrier, color (*bes. Br.* colour) (*bes. Am.* line) bar. — **~,stolz** *m* **1.** racial pride. – **2.** racism, racialism. — **~theo,rie** *f anthrop.* racial theory (*od.* doctrine). — **~,tren·nung** *f* racial segregation, (*in Südafrika*) apartheid. — **~,un,ru·hen** *pl* racial unrest *sg.* — **~ver·fol·gung** *f* racial persecution. — **r~ver,wandt** *adj* racially related, related by race. — **~,vor,ur·teil** *n* racial prejudice, racialism, racism.

'Ras·se|,pferd *n* thoroughbred (*od.* purebred, pureblood, pedigree) horse. — **r~,rein** *adj zo. cf.* reinrassig 2. — **~,rein·heit** *f* pedigree. — **~,vieh** *n agr.* registered (*od.* pedigree) cattle.

'ras·sig *adj* **1.** zo. *cf.* reinrassig 2. – **2.** (*Wein*) aromatic, fragrant. – **3.** (*feurig, temperamentvoll*) fiery. – **4.** (*Profil, Gesicht etc*) noble. – **5.** (*Auto etc*) streamlined, snazzy (*sl.*). – **6.** (*Frau*) classy (*colloq.*): sie ist ~ she has class (*colloq.*).

'ras·sisch *adj biol.* (*Merkmal etc*) racial.

Ras'sis·mus *m* ⟨-; *no pl*⟩ *pol. sociol.* racism, racialism.

Rast [rast] *f* ⟨-; *rare* -en⟩ **1.** (*Ausruhen, Muße etc*) rest, repose: er ist ohne ~ und (ohne) Ruh(e) he is never at peace (*od.* rest); eine Bank lud zur ~ (ein) *lit.* a bench invited us to take a rest. – **2.** (*Pause*) break, pause, *bes. mil.* halt: eine kurze ~ einlegen (*od.* machen) a) to have (*od.* take) a short break, b) *mil.* to make a short halt; er arbeitet ohne ~ und Ruh he works without a letup (*Br.* let-up) (*colloq.*). – **3.** ~ des Hochofens *metall.* bosh. — **~,blen·de** *f phot.* click stop.

Ra·ste ['rastə] *f* ⟨-; -n⟩ *tech.* **1.** (*einer Rastenscheibe*) notch, slot, recess. – **2.** (*einer Lochscheibe*) hole. – **3.** (*einer Sperrvorrichtung*) catch.

Ra·stel ['rastəl] *n* ⟨-s; -⟩ *Austrian for* a) Schutzgitter 3, b) Drahtgeflecht. — **~,bin·der** *m Austrian obs.* itinerant tinker (*od.* sieve-maker).

ra·sten ['rastən] *v/i* ⟨h⟩ **1.** (*müßig sein*) rest, repose: er ruhte und rastete nicht, ehe er sein Ziel erreicht hatte *lit.* he did not rest until he had reached his goal; wer rastet, der rostet (*Sprichwort*) *etwa* he who is idle stagnates. – **2.** (*Pause machen*) (have *od.* take a) break, (have a) pause, *bes. mil.* (make a) halt.

Ra·ster ['rastər] *m, telev. n* ⟨-s; -⟩ **1.** *print.* screen. – **2.** *telev.* screen, raster. – **3.** *phot.* screen. – **4.** a) (*in der Reproduktionstechnik*) regular pattern of dots and lines, b) (*beim Siebdruck*) silk screen. – **5.** *med.* (*beim Röntgen*) (*Gitter*) grid. — **~,ät·zung** *f print.* **1.** autotype. – **2.** *phot.* halftone etching. – **3.** (*Vorgang*) autotypy, autotype. — **~,bild** *n telev.* **1.** frame. – **2.** (*Halbbild bei Zeilensprung*) field. — **~,druck** *m* ⟨-(e)s; -e⟩ **1.** *print. cf.* Rasterätzung. – **2.** *phot.* halftone printing (*od.* process). — **~fre,quenz** *f telev.* scanning frequency. — **~mi·kro,skop** *n* (*optics*) screen (*od.* raster, electron) scan microscope.

ra·stern ['rastərn] *v/t* ⟨h⟩ **1.** *phot. print.* screen. – **2.** *telev.* scan.

'Ra·ster|,schirm *m telev.* scanning (*od.* mosaic) screen. — **~,tief,druck** *m* ⟨-(e)s; -e⟩ *print.* photogravure.

'Rast,haus *n* (*bes. an Autobahnen*) **1.** roadhouse, rest house, *Br. auch* (motorway) service area. – **2.** (*mit Hotelbetrieb*) motel.

'rast·los *adj* **1.** restless. – **2.** (*unermüdlich*) indefatigable. – **3.** (*unablässig*) incessant, ceaseless, restless (*lit.*). – **4.** (*zappelig*) restless, fidgety. — **'Rast·lo·sig·keit** *f* ⟨-; *no pl*⟩ **1.** restlessness. – **2.** indefatigability. – **3.** incessantness, ceaselessness, restlessness (*lit.*). – **4.** restlessness, fidgetiness.

'Rast,platz *m* picnic area, stopping place, (*an der Autobahn*) *Br.* lay-by.

Ra·stral [ras'tra:l] *n* ⟨-s; -e⟩ *mus.* pen with five points for ruling staff.

'Rast|,stät·te *f* **1.** *cf.* Rasthaus. – **2.** *cf.* Rastplatz. — **~,tag** *m* day of rest, rest day.

Ra·sur [ra'zu:r] *f* ⟨-; -en⟩ **1.** *cf.* Rasieren. – **2.** shave. – **3.** *cf.* Radieren. – **4.** (*ausradierte Stelle*) erasure.

Rat¹ [ra:t] *m* ⟨-(e)s; Ratschläge⟩ **1.** advice, counsel: ein ~ a piece (*od.* word) of advice; guter [wohlgemeinter] ~ good [well-meant] advice; auf j-s ~ (hin) on s.o.'s advice; ich gebe dir einen ~ let me give you some (*od.* a piece of) advice; ich holte mir ~ bei ihm, ich fragte ihn um ~ I asked him for advice; hör auf meinen ~ heed (*od.* listen to) my advice; bei j-m ~ suchen to seek advice from s.o.; ärztlichen ~ in Anspruch nehmen to take (*od.* get) medical advice; befolge meinen ~! take my advice! j-m mit ~ und Tat zur Seite stehen to stand by s.o. with help and advice, to support s.o. by word and deed; nun ist guter ~ teuer now we are really in a fix (*od. sl.* jam); kommt Zeit, kommt ~ (*Sprichwort*) time will bring an answer; guter ~ kommt über Nacht (*Sprichwort*) night is the mother of counsel (*proverb*). – **2.** (*Vorschlag*) suggestion, proposal. – **3.** (*Empfehlung*) recommendation. – **4.** ⟨*only sg*⟩ (*Beratung*) deliberation, consultation: (über acc etwas) ~ halten to deliberate (*od.* confer) (on s.th.); mit sich (selbst) zu ~e gehen, ob to deliberate (*od.* to contemplate seriously) whether, to go into a huddle with oneself about (*colloq.*). – **5.** ⟨*only sg*⟩ j-n [etwas] zu ~e ziehen to consult s.o. [s.th.]. – **6.** (*Ausweg, Abhilfe*) way out, means *pl*, remedy, expedient: ~ schaffen to find a way out (*od.* ways and

---

means); er weiß sich immer ~ he is never at a loss; ich weiß mir keinen ~ mehr I am at my wit's end.

Rat² *m* ⟨-(e)s; ⸚e⟩ **1.** (*Ratsversammlung*) a) council, board, b) (*in kommunistischen Ländern*) soviet: den ~ einberufen to call a council meeting; der Hohe ~ (*in Jerusalem*) the Council; der ~ der Außenminister *hist. pol.* Council of Foreign Ministers. – **2.** (*Person*) councillor, *auch* councilor, counsel(l)or, (*im Stadtrat*) *auch* alderman. – **3.** der Große ~ *Swiss cf.* Kantonsrat.

rät [rɛ:t] *3 sg pres of* raten.

Rät *n* ⟨-s; *no pl*⟩ *geol.* uppermost layer of Triassic formation, (the) Rhaetic.

Ra·te ['ra:tə] *f* ⟨-; -n⟩ *econ.* **1.** installment, *bes. Br.* instalment: die erste [monatliche] ~ the first [monthly] instal(l)ment; eine ~ ist fällig an instal(l)ment is due; (etwas) auf ~n kaufen to buy (s.th.) by instal(l)ments; eine ~ zahlen to pay an instal(l)ment; in ~n zahlen to pay by (*od.* in) instal(l)ments; mit einer ~ im Rückstand (*od.* Verzug) sein to be one payment behind, to be behind (*od.* in arrears) with a payment. – **2.** (*Verhältniszahl*) proportion, ratio. – **3.** (*Zuwachsrate*) rate (of growth). – **4.** (*Frachtrate*) freight rate.

Ra·tel ['ra:təl] *m* ⟨-s; -⟩ *zo. cf.* Honigdachs.

ra·ten ['ra:tən] **I** *v/i* ⟨rät, riet, geraten, h⟩ **1.** j-m (zu etwas) ~ a) to advise (*od.* counsel) s.o. (to do s.th.), b) to recommend s.th. to s.o.: ~ sich (*dat*) [nicht] ~ lassen [not] to take advice, [not] to listen to reason; man hat ihm dazu geraten he was advised to do it; laß dir (von mir) ~ take my advice; tu es nicht, ich rate dir gut! don't do it, that's well-meant advice! zu diesem Mantel kann ich Ihnen nur ~ I can really recommend this coat to you; wem nicht zu ~ ist, dem ist auch nicht zu helfen (*Sprichwort*) those who will not listen to reason cannot be helped. – **2.** ~ Sie mal! have a guess! – **II** *v/t* **3.** j-m etwas ~ to advise (*od.* counsel) s.o. to do s.th.: das würde ich dir nicht ~ I wouldn't advise you to do that; laß dir das geraten sein! let that be a warning to you! das will ich dir auch [nicht] geraten haben you had better [not], it's well (*od.* a good thing, *bes. Br.* a good job) you did [didn't]. – **4.** (*erraten*) guess: rat(e) mal, wie alt sie ist guess how old she is; das ist ja nur geraten! that's only guesswork! – **5.** (*lösen*) solve: ein Rätsel [Kreuzworträtsel] ~ to solve a riddle [crossword (puzzle)]. – **III R~** *n* ⟨-s⟩ **6.** *verbal noun:* ich gebe das R~ auf I'll stop guessing.

'Rat,kauf *m bes. Br.* hire purchase, *Am.* installment purchase (*od.* buying).

'ra·ten,wei·se *adv* by (*od.* in) installments (*bes. Br.* instalments).

'Ra·ten,zah·lung *f* payment by installments (*bes. Br.* instalments): etwas auf ~ kaufen *Br.* to buy s.th. on the hire purchase system (*od. colloq.* on the HP, *colloq. humor.* on the never-never), *Am.* to buy s.th. on the installment plan.

'Ra·ten,zah·lungs·sy,stem *n Br.* hire purchase system, *Am.* installment plan.

'Rä·te|re,gie·rung *f pol.* **1.** government by commissars. – **2.** (*in kommunistischen Ländern*) soviet government. — **~re·pu,blik** *f* republic governed by commissars.

'Rate,spiel *n* guessing game.

'Rat|,ge·ber *m* **1.** adviser, *auch* advisor, counsel(l)or. – **2.** (*Buch etc*) guide. — **~,haus** *n* town (*od.* city) hall, guildhall.

Ra·ti·fi·ka·ti·on [ratifika'tsio:n] *f* ⟨-; -en⟩ *pol.* ratification.

Ra·ti·fi·ka·ti·ons·ur,kun·de *f pol.* instrument of ratification.

ra·ti·fi·zie·ren [ratifi'tsi:rən] *pol.* **I** *v/t* ⟨*no* ge-, h⟩ ratify. – **II R~** *n* ⟨-s⟩ *verbal noun.* — **Ra·ti·fi'zie·rung** *f* ⟨-; -en⟩ **1.** *cf.* Ratifizieren. – **2.** *cf.* Ratifikation.

Ra·tio ['ra:tsio] *f* ⟨-; *no pl*⟩ *philos.* **1.** (*Vernunft*) reason. – **2.** (*Seinsursache*) ratio essendi, basic cause (*od.* reason).

Ra·ti·on [ra'tsio:n] *f* ⟨-; -en⟩ **1.** ration: eine ~ Reis a ration of rice; eiserne ~ *mil.* emergency (*od.* iron) ration, individual reserves *pl*. – **2.** (*Anteil*) portion, share, allowance.

ra·tio·nal [ratsio'na:l] *adj* (*vernünftig*) rational.

ra·tio·na·li·sie·ren [ratsionali'zi:rən] *econ.* **I** *v/t* ⟨*no* ge-, h⟩ rationalize *Br. auch* -s-, streamline. – **II** *v/i* rationalize *Br. auch* -s-.

– III R~ n ⟨-s⟩ *verbal noun.* — **Ra·tio·na·li'sie·rung** f ⟨-; -en⟩ **1.** *cf.* Rationalisieren. – **2.** rationalization *Br. auch* -s-.

Ra·tio·na·li'sie·rungs|,fach,mann m *econ.* efficiency (*od.* rationalization) expert. — **~,maß,nah·me** f rationalization measure.

Ra·tio·na·lis·mus [ratsiona'lɪsmʊs] m ⟨-; no pl⟩ *philos.* rationalism. — **Ra·tio·na·list** [-'lɪst] m ⟨-en; -en⟩ rationalist. — **ra·tio·na'li·stisch I** *adj* rationalist(ic). – **II** *adv* rationalistically.

ra·tio·nell [ratsio'nɛl] *adj* **1.** (*wirtschaftlich, produktiv*) efficient. – **2.** (*zweckmäßig*) streamlined. – **3.** (*sparsam*) economical, thrifty. – **4.** *cf.* rational.

ra·tio·nen,wei·se [ra'tsioːnən-] *adv* in (*od.* by) rations.

ra·tio·nie·ren [ratsio'niːrən] v/t ⟨no ge-, h⟩ ration. — **Ra·tio'nie·rung** f ⟨-; -en⟩ rationing: die ~ von etwas aufheben to lift the rationing of s.th., to deration s.th., to decontrol s.th.

Ra·tio'nie·rungs|,sät·ze pl *econ.* ration scales (*od.* rates). — **~sy,stem** n ration(ing) system.

ra·ti'ons,wei·se *adv* in rations.

rät·lich ['rɛːtlɪç] *adj obs. for* ratsam, empfehlenswert 1.

'rat·los *adj* (*completely*) at a loss, helpless, perplexed. — **'Rat·lo·sig·keit** f ⟨-; no pl⟩ helplessness, perplexity.

Rä·to·ro·ma·ne [rɛtoro'maːnə] m ⟨-n; -n⟩ *geogr.* Rhaeto-Roman. — **rä·to·ro'ma·nisch I** *adj* Rhaeto-Romanic (*od.* -Romansh), Rheto-Romanic (*od.* -Romansh). – **II** *ling.* R~ ⟨*generally undeclined*⟩, das R~ ⟨-n⟩ Rhaeto-Romanic (*od.* -Romansh), Rheto-Romanic (*od.* -Romansh).

'rat·sam *adj* ⟨*pred*⟩ **1.** advisable, expedient: das halte ich für ~ I think it advisable; ich halte es nicht für ~, das zu tun I do not think it advisable (*od.* I think it ill-advised) to do that; etwas für ~ erscheinen lassen to make s.th. seem advisable. – **2.** (*klug*) wise, prudent. – **3.** (*zu empfehlen*) recommendable.

'Rats·be,schluß m decree (*od.* decision) of the (town *od.* city) council.

ratsch [ratʃ] *interj cf.* ritsch.

Rat·sche ['raːtʃə; 'ratʃə], **Rät·sche** ['rɛːtʃə; 'rɛtʃə] f ⟨-; -n⟩ *Southern G. u. Austrian dial.* **1.** rattle, ratchet. – **2.** *fig. colloq.* chatterbox, gossip. – **3.** *tech.* a) ratchet, b) (*einer Schraublehre*) ratchet stop.

rat·schen[1] ['raːtʃən; 'ratʃən] v/i ⟨h⟩ **1.** rattle. – **2.** *Southern G. and Austrian* chatter, gab (*colloq.*).

'rat·schen[2] v/reflex ⟨h⟩ sich ~ *dial.* (*an einem Nagel etc*) graze oneself.

rät·schen ['rɛːtʃən; 'rɛtʃən] v/i ⟨h⟩ *cf.* ratschen[1] 1.

'Rat,schlag m (piece of) advice, counsel: er hat mir einige gute Ratschläge erteilt (*od.* gegeben) he gave me some good (pieces of) advice. — **'rat,schla·gen** v/i ⟨ratschlagt, ratschlagte, geratschlagt, h⟩ (*über acc*) confer (about), deliberate ([up]on, over), take counsel (on).

'Rat,schluß m resolution, decision, decree: nach Gottes unerforschlichem ~ *relig.* according to God's inscrutable ways.

'Rats,die·ner m beadle, apparitor (*lit.*).

Rät·sel ['rɛːtsəl] n ⟨-s; -⟩ **1.** riddle, puzzle: ein ~ lösen [raten] to solve [to guess] a riddle; j-m ein ~ aufgeben a) to ask s.o. a riddle, b) *fig.* to be a mystery to s.o. – **2.** (*scherzhaftes*) conundrum. – **3.** *fig.* (*Geheimnis*) mystery, puzzle, enigma, riddle: in ~n sprechen to speak in riddles; wir standen vor einem ~ we were confronted with a mystery; des ~s Lösung the answer to the riddle; das ist mir ein ~ it's a mystery to me, it puzzles (*od.* beats) me; es ist mir ein ~, wie das geschehen konnte it is a mystery to me how that could happen; sie ist mir ein ~ she is an enigma to me, she is a puzzler for me, she puzzles me, I can't make her out. — **~,auf,ga·be** f *cf.* Rätsel 1. — **~,ecke** (*getr.* -k·k-) f (*einer Zeitung*) puzzle corner (*od.* column). — **~,fra·ge** f **1.** puzzling question. – **2.** (*Scherzrätsel*) conundrum.

'rät·sel·haft I *adj* **1.** (*unerklärlich*) puzzling, baffling: es ist mir ~, wie so etwas geschehen konnte it baffles me (*od.* it is a complete mystery to me) how such a thing could happen. – **2.** (*geheimnisvoll*) cryptic, mysterious, enigmatic, *auch* enigmatical: das ~e Geschehen auf Schloß Fenimore

the mysterious events at Fenimore Castle. – **II** *adv* **3.** j-m ~ vorkommen to be a mystery to s.o. — **'rät·sel·haf·ter'wei·se** *adv* mysteriously.

'Rät·sel,heft n book of riddles (*od.* puzzles), puzzle book. — **~,lö·sung** f solution (*od.* answer) to a problem (*od.* riddle, mystery).

rät·seln ['rɛːtsəln] v/i ⟨über acc over, about⟩ puzzle, rack one's brains: er hat lange gerätselt, woran es gelegen haben könnte he puzzled for a long time about what might have been the reason.

'Rät·sel,ra·ten n **1.** guessing (at) riddles. – **2.** *fig.* (*Vermutungen*) speculation, guesswork: die Rede des Ministers löste großes ~ aus the minister's speech caused wild speculations. — **~,ra·ter** m ⟨-s; -⟩ (*passionierter*) ~ puzzler, solutionist. — **~,reim** m riddle in rhyme (*od.* rime). — **~,zei·tung** f puzzle magazine.

'Rats|,herr m *hist.* councillor, *auch* councilor, alderman. — **~,kel·ler** m cellar (*od.* restaurant) of a town (*od.* city) hall, *Am.* rathskeller. — **~,schrei·ber** m *hist.* town clerk. — **~,sit·zung** f council meeting (*od.* session). — **~,stu·be** f council chamber.

rätst [rɛːtst] *2 sg pres of* raten.

'Rats·ver,samm·lung f *hist. cf.* Ratssitzung.

Rat·te ['ratə] f ⟨-; -n⟩ *zo.* rat (*Gattg Rattus*): ~n fangen to rat, to catch rats; er schwimmt wie eine ~ he swims like a fish; die ~n verlassen das sinkende Schiff *fig.* the rats desert the sinking ship.

'Rat·ten|be,kämp·fung f *cf.* Rattenvertilgung. — **~,fal·le** f rattrap, *Br.* rat-trap. — **~,fän·ger** m **1.** (*bes. Hund, Katze*) ratcatcher, *Br.* rat-catcher, ratter. – **2.** *fig. colloq.* enticer, Pied Piper: der ~ von Hameln the Pied Piper of Hamelin. — **~,fraß** m loss (*od.* damage) caused by rats. — **~,gift** n rat poison, raticide (*scient.*). — **~,kö·nig** m **1.** litter of rats joined together at the tails. – **2.** *fig. colloq.* tangle, entanglement. — **~,nest** n **1.** rat's nest. – **2.** *fig. colloq.* contempt. (*Verbrecherschlupfwinkel*) den, hideout (*colloq.*).

'Rat·ten,schwanz m **1.** *zo.* rattail, *Br.* rat-tail, rat's tail. – **2.** *tech.* (*Feile*) rattail (*Br.* rat-tail) file. – **3.** *fig. humor.* (*dünner Haarzopf*) pigtail. – **4.** *fig. colloq.* string, succession, series: diese Maßnahme zog einen ganzen ~ von Folgen nach sich this measure had a whole string of consequences. — **~,lar·ve** f *zo.* rat-tailed larva (*od.* maggot) (*larva of Eristalis tenax*).

'Rat·ten|ver,til·gung f extermination of rats, *bes. Am.* deratization. — **~ver,til·gungs,mit·tel** n rat poison, raticide (*scient.*).

Rät·ter ['rɛtər] m ⟨-s; -⟩, *auch* f ⟨-; -n⟩ (*mining*) coal (*od.* ore) sieve, *auch* riddle.

rat·tern ['ratərn] **I** v/i ⟨h u. sein⟩ **1.** (*sein*) (*von Zügen, Wagen etc*) rattle, clatter: der Zug ratterte über die Brücke the train rattled (*od.* went rattling) over the bridge. – **2.** ⟨h⟩ (*von Maschinengewehr, Nähmaschine etc*) rattle, clatter. – **3.** ⟨h⟩ *tech.* (*von Maschinen*) chatter. – **II** R~ n ⟨-s⟩ **4.** *verbal noun.* – **5.** (*von Zügen etc*) rattle, clatter.

rät·tern ['rɛtərn] v/t ⟨h⟩ (*mining*) screen, sift.

Ratz [rats] m ⟨-es; -e⟩ *zo.* **1.** *Southern G. and Austrian for* Ratte: → schlafen 1. – **2.** *hunt. cf.* Iltis.

Rat·ze ['ratsə] f ⟨-; -n⟩ *zo. colloq. for* Ratte.

'rat·ze'kahl *adv* alles ~ aufessen *colloq.* to finish everything up, to lick the platter clean (*colloq.*).

rat·zen ['ratsən] v/i ⟨h⟩ *colloq. for* schlafen 1.

Raub [raup] m ⟨-(e)s; no pl⟩ **1.** (*von materiellem Eigentum*) robbery, robbing: schwerer ~ *jur.* aggravated robbery; bewaffneter ~ armed robbery; bewaffneten ~ begehen to commit robbery. – **2.** (*Menschenraub*) kidnap(p)ing, rape (*poet.*), *Am. auch* hijacking, high-jacking, *jur. auch* abduction: der ~ der Sabinerinnen *myth.* the rape of the Sabine women; der ~ der Helena *myth.* the abduction of Helen. – **3.** *jur.* (*von geistigem Eigentum*) plagiarism, piracy. – **4.** (*Straßenraub*) highway robbery, hijacking, high-jacking. – **5.** *cf.* Plünderung. – **6.** (*Diebesbeute*) loot, booty: den ~ aufteilen to divide the loot; auf ~ ausgehen (*auch bei Tieren*) to go on the prowl, to prowl about. – **7.** (*Kriegsbeute*) plunder, pillage, booty, spoil(s *pl*). – **8.** (*bei Tieren*) prey. – **9.** *fig.*

(*Opfer*) prey: das Haus wurde ein ~ der Flammen the house fell a prey to (*od.* was destroyed by) the flames. — **~,aal** m *zo.* freshwater eel (*Anguilla anguilla*). — **~,adel** m *hist.* robber barons *pl.* — **~,ad·ler** m *zo.* tawny eagle (*Aquila rapax*). — **~,bau** m ⟨-(e)s; no pl⟩ **1.** *econ.* wasteful (*od.* destructive, predatory) exploitation: mit seiner Gesundheit ~ treiben *fig.* to ruin one's health, to burn the candle at both ends. – **2.** *agr.* robbing of the soil, overcropping, robber farming: ~ treiben to exhaust the soil, to overcrop. – **3.** ~ am Wald (*forestry*) destructive lumbering. — **~,beut·ler** *pl zo.* dasyurids (*Überfam. Dasyuroidea*). — **~,druck** m ⟨-(e)s; -e⟩ *print.* piracy, pirated (*od.* piratical, *auch* piratic) edition.

rau·ben ['raubən] **I** v/t ⟨h⟩ **1.** (*Geld etc*) rob, take (*s.th.*) (by force): j-m etwas ~ to rob (*od.* deprive) s.o. of s.th. – **2.** *fig.* rob: die Sorge raubte ihm allen Schlaf the worry robbed him of his sleep; j-m die Ehre ~, j-m seinen guten Namen ~ to defame s.o.; ~ Sie ihm nicht die letzte Hoffnung! don't take his last hope! es raubt mir den Atem it takes my breath away; es raubt mir zu viel Zeit it takes up too much of my time; (j-m) einen Kuß ~ to steal (s.o.) a kiss; → Unschuld 4. – **3.** (*Menschen*) kidnap, abduct. – **II** v/i **4.** ~ (und morden) to rob (and murder). – **III** R~ n ⟨-s⟩ **5.** *verbal noun.* – **6.** *cf.* Raub 1—4.

Räu·ber ['rɔybər] m ⟨-s; -⟩ **1.** robber: von ~n überfallen werden to be waylaid by robbers; unter die ~ fallen to fall among thieves; du siehst aus, als wärst du unter die ~ gefallen *fig. colloq.* you are looking the worse for wear; er ist der ~ meiner Ehre *lit.* he has robbed me of my hono(u)r; „Ali Baba und die vierzig ~" "Ali Baba and the Forty Thieves" (*Oriental fairy tale*); „Die ~" "The Robbers" (*drama by Schiller*). – **2.** (*Straßenräuber*) highwayman, brigand, hijacker, high-jacker, holdup man; stickup man, *auch* stickup (*sl.*). – **3.** (*games*) robber: ~ und Gendarm spielen to play cops and robbers. – **4.** *cf.* Plünderer. — **~,ban·de** f band of robbers (*od.* thieves, brigands), *Am.* holdup gang. — **~,braut** f (*gangster's od.* gun) moll (*sl.*). — **Räu·be'rei** f ⟨-; -en⟩ *colloq. for* Raub 1, 4. — **'Räu·ber|ge,schich·te** f **1.** tale of robbers. – **2.** *fig. colloq.* cock-and-bull story, tall tale (*colloq.*). — **~,haupt,mann** m gangleader, robber (*od.* bandit) chief. — **~,höh·le** f robbers' (*od.* thieves') den: dein Zimmer ist die reinste ~ *fig. colloq.* your room looks like a pigsty.

'räu·be·risch *adj* **1.** (*Stämme etc*) predatory: ~e Methoden *jur.* predatory actions (*Am.* practices); ~er Überfall *jur.* (armed) robbery, raid. – **2.** (*Tiere*) rapacious, predacious, *Am. auch* predaceous.

räu·bern ['rɔybərn] v/i ⟨h⟩ **1.** *colloq.* (*plündern*) raid, maraud: in der Speisekammer ~ to raid (in) the pantry. – **2.** (*games*) (*beim Schach etc*) accept any possible exchange.

'Räu·ber|pi,sto·le f **1.** robber's pistol. – **2.** *fig. colloq. cf.* Räubergeschichte 2. — **~ro,man** m (*literature*) novel on (*od.* of) bandit life. — **~zi,vil** n *fig. colloq.* casual dress.

'Raub|,fisch m *zo.* predatory fish, fish of prey. — **~,flie·ge** f robber (*od.* hornet, wasp) fly, asilid (*scient.*) (*Fam. Asilidae*): Schwarze ~ black murder fly (*Laphria gibbosa*). — **~ge,sin·del** n *contempt.* pack of robbers (*od.* thieves). — **~,gier** f (*bes. bei Tieren*) rapacity, rapaciousness, wolfishness, predaciousness, *Am. auch* predaceousness. — **r~,gie·rig** *adj* (*bes. Tiere*) rapacious, wolfish, predacious, *Am. auch* predaceous. — **~,gut** n *jur.* **1.** stolen goods *pl* (*od.* property). – **2.** (*Beute*) booty. — **~,kä·fer** m *zo.* hunting beetle, carabid (*scient.*) (*Fam. Carabidae*). — **~,kat·ze** f *meist pl* cat (of prey) (*Fam. Felidae*). — **~,krieg** m *mil.* predatory war. — **~,lust** f *cf.* Raubgier. — **~,mord** m *jur.* murder (attended) with robbery. — **~,mör·der** m person committing *murder* (attended) with robbery. — **~,mö·we** f *zo.* skua, robber gull, boatswain, teaser, marline spike (*Gattg Catharacta*): Große ~ skua (*C. skua*); Mittlere ~ pomatorhine skua (*C. pomarinus*); Kleine ~ long-tailed skua (*C. longicaudus*).

'Raub,rit·ter m *hist.* robber knight (*od.* baron). — **~,burg** f castle of a robber baron.

'Raub,see,schwal·be f zo. Caspian tern (*Hydroprogne caspia*).

'Raub,tier n beast of prey, predatory animal, *auch* wild animal (*od.* beast); carnivore, predacena (*scient.*). — **~,haus** n house for beasts of prey. — **~,kä·fig** m wild animal cage. — **~,schau** f wild animal show.

'Raub|,über,fall m jur. robbery, raid, holdup: bewaffneter ~ armed robbery. — **~,vo·gel** m zo. bird of prey, predatory bird, raptorial (bird) (*scient.*). — **~,wan·ze** f masked hunter, reduviid (*scient.*) (*Fam. Reduviidae*). — **~,wild** n hunt. wild animals protected by game laws. — **~,zeug** n ‹-(e)s; no pl› hunt. predatory animals pl, Am. auch varmints pl (*wild animals not protected by game laws*). — **~,zug** m gang robbery, raid.

Rauch [raux] m ‹-(e)s; no pl› **1.** (*eines Feuers, einer Zigarette etc*) smoke: der ~ beißt in den Augen the smoke bites (*od.* stings) the eyes; (*Fleisch*) in den ~ hängen to smoke; nach ~ schmecken to have a smoky flavo(u)r; das Haus ging in ~ und Flammen auf the house went up in smoke (*od.* flames); sich in ~ auflösen *fig.* to come to nothing; kein ~ ohne Feuer (*Sprichwort*) there's no smoke without a fire (*proverb*); → Name 4. — **2.** chem. (*einer Säure etc*) fume. — **~,ab,zug** m chimney, smoke outlet, flue. — **~,ab,zugs·ka,nal** m flue. — **~al,tar** m relig. incense altar. — **r~bar** adj smok(e)able. — **~be,kämp·fung** f smoke abatement. — **~be,lä·sti·gung** f (*der Industrie*) smoke nuisance. — **~,bil·dung** f cf. Rauchentwicklung. — **~,bom·be** f mil. smoke bomb.

rau·chen ['rauxən] **I** v/i ‹h› **1.** smoke: der Ofen [Schornstein] raucht the stove [chimney] smokes (*od.* fumes); darf ich ~? may I smoke (*od.* have a smoke)? ~ wie ein Schlot *colloq.* to smoke like a chimney; er raucht kalt a) he sucks a cold pipe, b) he draws on an unlit cigarette; mir raucht der Kopf *fig. colloq.* my head is spinning. – **2.** chem. (*von Säuren etc*) fume. – **II** v/t **3.** (*Zigaretten etc*) smoke: eine leichte [schwere] Marke ~ to smoke a mild [strong] brand. – **III** v/impers **4.** (*in Wendungen wie*) paß auf oder es raucht *fig. colloq.* stop it or there'll be feathers flying; wir arbeiteten, daß es nur so rauchte *fig. colloq.* we worked with a vengeance (*Am. colloq.* to beat the band). – **IV R~** n ‹-s› **5.** verbal noun: R~ verboten no smoking; das R~ aufgeben to stop smoking; das übermäßige R~ bekommt ihm nicht excessive smoking does not agree with him.

'Rauch|ent,wick·ler m smoke generator (*od.* producer). — **~ent,wick·lung** f formation of smoke.

'Rau·cher m ‹-s; -› **1.** smoker: ein starker ~ a heavy smoker. – **2.** (*railway*) (*Raucherabteil*) smoking car (*od.* carriage, compartment), smoker: ~ (*Aufschrift*) smoking.

'Räu·cher,aal m gastr. smoked eel.

'Rau·cher,ab,teil n (*railway*) cf. Raucher 2.

'Räu·cher|,faß n cf. Rauchfaß. — **~,fisch** m gastr. smoked fish. — **~,he·ring** m red (*od.* smoked) herring, kipper, bloater.

'Rau·cher,hu·sten m med. smoker's cough.

'Räu·cher,kam·mer f smoking chamber, Am. auch smokehouse.

'Rau·cher,ka,tarrh m med. smoker's catarrh.

'Räu·cher|,ker·ze f pastille, auch pastil(e), fumigating candle. — **~,mit·tel** n **1.** cf. Räucherwerk. – **2.** chem. fumigant.

räu·chern ['rɔyçɐrn] **I** v/t ‹h› **1.** (*Fleisch, Fisch etc*) smoke(-dry), cure: Heringe ~ to smoke (*od.* cure, bloat[er]) herrings. – **II** v/i **2.** burn incense. – **3.** fumigate. – **III R~** n ‹-s› **4.** verbal noun. – **5.** relig. (*mit Weihrauch*) thurification.

'Räu·cher|,pfan·ne f relig. cf. Rauchfaß. — **~,schin·ken** m gastr. smoked (*od.* cured) ham. — **~,speck** m smoked (*od.* cured) bacon. — **~,stab** m, **~,stäb·chen** n, **~,stock** m joss stick.

'Räu·che·rung f ‹-; -en› **1.** cf. Räuchern. – **2.** med. (*Desinfektion*) fumigation, suffumigation.

'Räu·cher|,wa·re f meist pl gastr. smoked meat (*od.* fish). — **~,werk** n **1.** perfumes pl, bes. Br. scents pl, perfumery. – **2.** (*Weihrauch*) incense.

'Rauch,fah·ne f trail (*od.* plume) of smoke, smoke trail.

'Rauch,fang m **1.** (*bei Kaminen etc*) chimney (hood). – **2.** bes. Austrian chimney: etwas in den ~ schreiben *fig. colloq.* to write s.th. off (as a dead loss), to say good-by(e) to s.th., to whistle for s.th. (*colloq.*). – **3.** tech. flue, uptake, stack. — **~,keh·rer** m ‹-s; -› bes. Austrian for Schornsteinfeger.

'rauch|,far·ben, **~,far·big** adj smoke-colored (*bes. Br.* -coloured).

'Rauch|,faß n relig. censer, thurible. — **~,fleisch** n gastr. smoked (*od.* buccaned) meat, buc(c)an, boucan. — **~,gas** n meist pl tech. flue (*od.* stack) gas, fumes pl. — **r~ge,schwärzt** adj smoke-stained, blackened with smoke. — **~,glas** n smoke-tinted glass. — **~,gra,na·te** f mil. smoke bomb. — **r~,grau** adj smoke-gray (*bes. Br.* -grey), smoky, auch smokey, dun.

'rau·chig adj **1.** smoky, auch smokey, full of (*od.* filled with) smoke, fumy. – **2.** (*Stimme*) smoky, auch smokey, hoarse.

'Rauch|,kam·mer f **1.** cf. Räucherkammer. – **2.** tech. (*einer Lokomotive*) smoke arch. — **~,ka,nal** m tech. chimney (*od.* smoke, waste-gas, stack-gas) flue. — **~,klap·pe** f (*eines Ofens*) damper. — **r~,los** adj (*Pulver etc*) smokeless. — **~,mas·ke** f smoke mask. — **~,näch·te, die** pl cf. Rauhnächte. — **~op·fer** n relig. incense offering. — **~,pa,tro·ne** f mil. smoke cartridge. — **~,pla·ge** f smoke nuisance. — **~,quarz** m min. cairngorm (stone), auch smoky quartz. — **~,sa,lon** m (*auf Schiffen, in Hotels etc*) smoking room. — **~,säu·le** f column (*od.* pillar) of smoke. — **~,schicht** f layer of smoke, weft. — **~,schirm**, **~,schlei·er** m mil. (smoke) screen: mit einem ~ einhüllen to smokescreen. — **r~,schwach** adj (*Pulver etc*) smokeless. — **~,schwa·den** pl vapors (*bes. Br.* vapours) of smoke. — **~,schwal·be** f zo. common (*od.* chimney) swallow (*Hirundo rustica*). — **~,ser,vice** n smoking set. — **~,si,gnal** n cf. Rauchzeichen. — **~,spur,ge,schoß** n mil. smoke tracer. — **~,ta·bak** m smoking tobacco. — **~,tisch** m smoking table. — **~,to,pas** m min. smoky topaz. — **~,ver,bot** n ban on smoking, prohibition of smoking: ~! (*Aufschrift*) no smoking. — **~,ver,gif·tung** f med. poisoning by smoke inhalation, smoke poisoning. — **r~,ver,zeh·rend** adj smoke-consuming. — **~,ver,zeh·rer** m smoke consumer. — **~,vor,hang** m mil. smoke screen (*od.* curtain).

'Rauch,wa·ren[1] pl tobacco products.

'Rauch,wa·ren[2] pl (*Pelze*) furs, peltry sg.

'Rauch,wa·ren,händ·ler[1] m tobacconist.

'Rauch,wa·ren,händ·ler[2] m fur dealer (*od.* trader), furrier.

'Rauch,wa·ren,zu,rich·ter m fur dresser.

'Rauch|,werk n ‹-(e)s; no pl› cf. Rauchwaren[2]. — **~,wol·ke** f smoke cloud, cloud (*od.* pall) of smoke. — **~,zei·chen** n smoke signal. — **~,zim·mer** n smoking room.

Räu·de ['rɔydə] f ‹-; -n› **1.** vet. (*bei Tieren*) mange, scabies. – **2.** Southern G. dial. for Schorf 1.

'räu·dig adj **1.** vet. mangy, scabby, scabbed, scabious, scabietic. – **2.** ein ~es Schaf fig. a black sheep.

rauf... ['rauf-] colloq. for herauf..., hinauf...

'Rauf,bold [-,bɔlt] m ‹-(e)s; -e› contempt. rough, rowdy, tough (*colloq.*).

Rau·fe ['raufə] f ‹-; -n› agr. (*Futtergestell*) (hay)rack, hack, crib.

rau·fen ['raufən] **I** v/t ‹h› **1.** (*Flachs, Unkraut etc*) cf. rupfen 2. – **2.** sich (*dat*) die Haare ~ to tear one's hair. – **II** v/i **3.** (*von Kindern, Hunden etc*) tussle, scuffle, fight, scrap (*sl.*). – **III** v/reflex **4.** sich [mit j-m um etwas] ~ to tussle (*od.* scuffle, fight, sl. scrap) [with s.o. for s.th.]. – **IV R~** n ‹-s› **5.** verbal noun. – **6.** cf. Rauferei.

'Rau·fer m ‹-s; -› contempt. cf. Raufbold.

Rau·fe'rei f ‹-; -en› scuffle, tussle, fight, brawl, scrap (*sl.*): er wurde in eine ~ verwickelt he got involved in a tussle.

'Rauf|,han·del m **1.** cf. Rauferei. – **2.** jur. brawl. — **~,lust** f ‹-; no pl› pugnacity. — **r~,lu·stig** adj pugnacious, combative, scrappy (*sl.*).

'Rau,graf ['rau-] m hist. (*im Mittelalter*) raugrave.

rauh [rau] **I** adj ‹-er; -(e)st› **1.** (*Oberfläche, bei Holz etc*) rough, coarse, uneven. – **2.** (*Material*) rough, coarse, unsmooth. – **3.** (*Haut*) rough, coarse, chapped. – **4.** (*Stimme*) harsh, raucous, (*bes. heiser*) husky, rough, hoarse. – **5.** (*Gegend*) rough,

bleak, wild, rugged: eine ~e und unwirtliche Landschaft a wild and uninviting (*od.* inhospitable) region. – **6.** (*Gelände, Weg etc*) rough, uneven, rugged: der ~e Pfad der Tugend *fig.* the rugged (*od.* difficult) path of virtue. – **7.** *fig.* (*hart*) harsh: (die) ~e Wirklichkeit harsh (*od.* stark) reality, hard facts pl. – **8.** *fig.* (*ungehobelt*) coarse(-grained), churlish, rude, uncouth: er ist ein ~er Patron *colloq.* he is a coarse-grained fellow (*colloq.*). – **9.** *fig.* (*schroff*) rough, harsh, blunt, gruff, crusty: ~e Behandlung rough handling (*od.* treatment); ~e Worte harsh words; eine ~e Sprache sprechen to have a sharp (*od.* rough) tongue; es herrscht ein ~er Umgangston they have a gruff manner with each other; hier herrschen ~e Sitten *colloq.* you have pretty rough practices here; ~ aber herzlich with rugged kindness. – **10.** *fig. colloq.* → Menge 9. – **11.** med. (*Hals etc*) sore, hoarse, raw. – **12.** meteor. a) (*Klima etc*) harsh, bleak, raw, inclement, b) (*Wind*) harsh, bleak, raw, biting: ein ~er Winter a severe (*od.* hard) winter. – **13.** mar. (*See*) rough, stormy, boisterous. – **14.** bot. a) (*Pflanzen etc*) scabrous, hispid (*scient.*), b) (*Rinde*) rough, harsh: ~e Schale, weicher Kern *fig.* a rough exterior may hide a heart of gold. – **15.** tech. a) (*Oberfläche*) rough, b) (*Blechrand*) ragged, c) (*mattiert*) frosted. – **II** adv **16.** der Stoff fühlt sich ~ an the cloth is rough to the touch. – **17.** j-n ~ anpacken *fig. colloq.* to treat s.o. roughly, to manhandle s.o. (*colloq.*).

'Rauh,bank f ‹-; ⁓e› tech. jack (*od.* adjustable iron fore) plane.

'Rauh,bauz [-,bauts] m ‹-es; -e› colloq. rough, boisterous person. — **'rauh,bau·zig** adj boisterous.

'Rauh,bein n colloq. **1.** (*rauher, aber herzensguter Mensch*) rough diamond, diamond in the rough. – **2.** (*Grobian*) crusty (*od.* bluff, gruff, rude) person, rough customer (*colloq.*). – **3.** (*roher, streitsüchtiger Mensch*) rowdy, brawler, Am. sl. roughneck. — **'rauh,bei·nig** adj **1.** (*grob*) crusty, bluff, gruff. – **2.** (*streitsüchtig*) rowdy, rough.

'Rauh|,bir·ke f bot. verrucose birch (*Betula verrucosa*). — **r~,blät·te·rig**, **r~,blätt·rig** adj asperifoliate, asperifolious. — **r~,bor·stig** adj colloq. cf. rauhbeinig. — **~,brand** m chem. cf. Lutter. — **~,di·stel** f bot. teasel (*Gattg Dipsacus*).

Rau·heit ['rauhaɪt] f ‹-; no pl› **1.** (*einer Oberfläche*) roughness, coarseness, unevenness. – **2.** (*eines Materials*) roughness, coarseness, unsmoothness. – **3.** (*der Haut*) roughness, coarseness. – **4.** (*der Stimme*) harshness, raucousness, huskiness, roughness, hoarseness. – **5.** (*einer Gegend*) roughness, bleakness, wildness. – **6.** (*eines Geländes*) roughness, unevenness, ruggedness. – **7.** (*des Klimas etc*) harshness, bleakness, rawness, inclemency. – **8.** *fig.* (*Unschliffenheit*) churlishness, rudeness, coarseness, uncouthness. – **9.** *fig.* (*Schroffheit*) roughness, harshness, bluntness, gruffness, crustiness.

rau·hen ['rauən] **I** v/t ‹h› **1.** make (*s.th.*) rough, roughen. – **2.** (*textile*) nap, raise, teasel, tease, *auch* teaze. – **II R~** n ‹-s› **3.** verbal noun. – **4.** (*textile*) tease, *auch* teaze. — **Rau·he'rei** f ‹-; -en› napping (*od.* raising, teaseling) workshop.

'Rauh,fa·ser f **1.** (*textile*) raised fabric. – **2.** civ.eng. roughed fiber (*bes. Br.* fibre). — **~,ta,pe·te** f rough-textured plain wallpaper.

'Rauh,frost m meteor. cf. Rauhreif.

'Rauh,fuß|,huhn n meist pl zo. grouse (*Fam. Tetraonidae*). — **~,kauz** m Tengmalm's owl (*Aegolius funereus*).

'Rauh|,fut·ter n agr. roughage, coarse fodder. — **~,haar,dackel** (getr. -k·k-) m zo. wire-haired (*od.* rough-haired) dachshund. — **r~,haa·rig** adj (*Hunde, Pflanzen etc*) wire-haired, shaggy, hirsute (*scient.*). — **~,hai** m zo. cf. Walhai.

'Rauh,hig·keit f ‹-; no pl› cf. Rauheit.

'Rauh|,kar·de f (*textile*) teasel, breaker card. — **~,ma,schi·ne** f napping mill, raising machine (*od.* gig). — **~,näch·te, die** pl Christmastide sg, the twelve nights of Christmas. — **~,nat·ter** f zo. rough earth snake (*Haldea striatula*). — **~,putz** m civ.eng. roughcast plastering.

'Rauh,reif m meteor. white frost, hoar(frost), rime(frost). — **~,bil·dung** f formation of hoarfrost (*od.* white frost).

'Rauh|ver,putz m civ.eng. cf. Rauhputz. —
~,wacke (getr. -k·k-) f <-; no pl> min.
crystallized dolomite, rau(c)hwacke. — **~-
,was·ser** n (beim Segelsport) choppy water.
Rau·ke ['rauka] f <-; -n> bot. 1. garden
rocket (Eruca sativa). - 2. hedge mustard
(Gattg Sisymbrium).
Raum [raum] m <-(e)s; ⁼e> 1. (Zimmer etc)
room: einige Räume des Hauses werden
vermietet several rooms of the house are
let. - 2. <only sg> space, room: nur über be-
schränkten ~ verfügen to have only limited
space at one's disposal; die Möbel nehmen
zuviel ~ ein the furniture takes up too
much room; in Ihrem Referat nimmt dieser Aspekt einen zu breiten ~ ein fig.
this point has been given too much attention in your paper; diese Anordnung spart
~ this arrangement saves space; auf eng-
stem ~ zusammenleben to live on top of
one another; ~ ist in der kleinsten Hütte
colloq. there's room for all and room to
spare; ~ am Rande eines Bogens (frei)
lassen to leave space at the margin of a
sheet, to leave a margin; ~ für die Unterschrift lassen to leave room (od. a blank)
for the signature; der Hoffnung ~ geben
fig. to entertain the (od. indulge in a) hope;
einer Bitte ~ gewähren lit. to grant (od.
yield to) a request; hier ist kein ~ für
Zweifel fig. there is no room for doubt
here. - 3. <only sg> scope, opportunity:
seine Arbeit läßt ihm ~ zur geistigen
Entfaltung his work allows latitude for
his intellectual development. - 4. (Gegend) area, region, zone, territory: im ~
(von) Berlin in the Berlin area; der mitteleuropäische ~ the Central European region. - 5. (Gebiet) space, area, expanse,
expansion: gewaltige Räume unerschlos-
senen Landes a tremendous expanse of
unexplored territory; der weite ~ des
Pazifischen Ozeans the broad expanse of
the Pacific Ocean; durch Bewässerung
wurde zusätzlicher ~ für die Landwirtschaft gewonnen additional space for
farming has been provided by means of
(od. through) irrigation. - 6. (Ausdehnung)
expanse, expansion: der unendliche ~
des Himmels the infinite expanse (od. the
infinity) of heaven; eine Bemerkung in
den ~ stellen fig. to make a statement. -
7. <only sg> realm, domain, region, sphere:
im politischen ~ in the realm of politics.
- 8. (Weltraum) (outer) space: ein Satellit
ist zum Flug in den ~ gestartet a satellite
has been launched into space. - 9. phys.
space: ebener [gekrümmter] ~ straight-
-line [curved] space; (luft)leerer ~ vacuous
space, vacuum. - 10. math. a) space,
b) (Rauminhalt) volume, capacity, c) (Fläche) area: dreidimensionaler ~ three-
-dimensional (od. tridimensional) space;
vierdimensionaler ~ four-dimensional
space, hyperspace. - 11. <only sg> philos.
space: Zeit und ~ time and space. - 12.
tech. a) room, space, b) (für Getriebe
etc) compartment, c) (einer Pumpe, eines
Kolbens) chamber: schädlicher ~ (eines
Zylinders) dead space. - 13. mar. a) (Laderaum) (cargo) hold, b) (Freiraum) free space:
unten im ~ down in the hold. - 14. mil.
zone: bestrichener ~ beaten zone; unbe-
strichener (od. gedeckter) ~, ~ im toten
Winkel dead space. - 15. den Ball in den
freien ~ spielen (sport) (beim Fußball,
Hockey etc) to pass the ball into space. -
16. (sport) (Segelkommando) lee oh!
raum adj mar. a) (See) open, main, b) (bes.
Wind) quartering, large, free, favorable,
bes. Br. favourable: die ~e See haben
to have a good offing, to have offing ahead;
~er Kurs easy (od. broad) reach.
'Raum|aku·stik [-ˀa,kustık] f phys. 1. (For-
schungsgebiet) room (od. architectural)
acoustics pl, stereoacoustics pl (alle
construed as sg). - 2. (eines Saales etc)
acoustics pl (construed as pl), auch acoustic
(properties pl). — **~,an,ord·nung** f arch.
layout of rooms. — **~,an,zug** m (der Astro-
nauten) space suit. — **~,auf,tei·lung** f cf.
Raumanordnung. — **~,aus,nut·zung** f
economy of space. — **~,be,darf** m 1. space
requirement (od. required). - 2. tech. (einer
Maschine) floor space occupied. - 3. mar.
cubic contents pl, shipping volume. —
~be,griff m philos. conception of space. —
~be,leuch·tung f electr. room lighting (od.
illumination). — **~be,rech·nung** f math.

cubature, determination of cubic contents
(od. volume capacity). — **r~be,stän·dig**
adj chem. phys. constant-volume (attrib).
'Raum,bild n (optics) 1. stereoscopic picture.
- 2. space diagram, panorama picture. —
~ent,fer·nungs,mes·ser m phys. stereo-
comparator, stereoscopic telemeter (od.
range finder).
'Raum,boot n mar. mil. (mine)sweeper.
'Raum|,deckung (getr. -k·k-) f (sport) zone
defence (Am. defense). — **~,dich·te** f
phys. volume (od. volumetric) density. —
~ef,fekt m cf. Raumwirkung. — **~,ein,heit**
f phys. unit of space (od. volume), spatial
unit.
räu·men ['rɔymən] I v/t <h> 1. (verlassen)
vacate, quit, leave: das Zimmer muß bis
12 Uhr geräumt werden the room has to
be vacated by 12 o'clock; ~ Sie den Saal!
leave the (meeting) room! j-m das Feld ~
fig. to give way to s.o., to quit the field in
favo(u)r of s.o. - 2. (Straße, Gleis etc) clear.
- 3. (entfernen) clear, remove: sie räumte
das Geschirr vom Tisch she cleared the
table; etwas aus dem Weg ~ to clear s.th.
away, to remove (od. dispose of) s.th.; j-n
aus dem Weg ~ fig. colloq. a) (ausschalten)
to get rid of s.o., to eliminate s.o., b) (töten)
to finish s.o. off (colloq.). - 4. (Kanäle,
Flüsse etc) dredge, clean (up). - 5. mil.
evacuate, abandon: die Stadt wurde von
der Zivilbevölkerung geräumt the civilian
population of the city was evacuated; das
Lager ~ to decamp. - 6. mil. mar. (Minen)
clear, sweep. - 7. econ. (Lager) sell off,
clear (out). - 8. tech. (Bohrungen) broach.
- 9. civ.eng. (mit Planierraupen) bulldoze. -
II v/i 10. (mil. aufräumen 4, umräumen 3. -
III R~ n <-s> 11. verbal noun. - 12. cf.
Räumung.
'Räu·mer m <-s; -> 1. tech. a) (Maschine)
broaching machine, b) (Arbeiter) broaching
operator. - 2. civ.eng. bulldozer.
'Raum|er,spar·nis f saving (in) space: der
~ wegen, zwecks ~ in order to save space.
— **~,fah·rer** m (space) astronaut, space-
man.
'Raum,fahrt f (space) 1. (Wissenschaft)
astronautics pl, (in Ostblockländern) cosmonautics pl (beide usually construed as sg).
- 2. space travel (od. navigation), interplanetary aviation: bemannte ~ manned
space travel. — **~,an,trieb** m space
propulsion (system). — **~me,di,zin** f space
medicine. — **~,tech·nik** f space technology.
— **~,un·ter,neh·men** n space venture. —
~,zen·trum n space center (bes. Br. centre).
'Raum|,fahr,zeug n (space) spacecraft,
spaceship. — **r~,fest** adj (Antenne) despun.
— **~,film** m phot. three-dimensional (od.
stereoscopic) film.
'Raum,flug m (space) space flight. — **~,ha-
fen** m spaceport. — **~,kör·per** m space
vehicle, (mit experimenteller Ausrüstung)
space capsule. — **~na·vi·ga·ti,on** f space
navigation. — **~si·mu,la·tor** m space
simulator. — **~,tech·nik** f space technology.
— **r~,tüch·tig** adj spaceworthy. — **~-
,tüch·tig·keit** f spaceworthiness.
'Raum|,for·scher m (space) space research
expert. — **~,for·schung** f 1. (space) space
research. - 2. pol. cf. Raumplanung. —
~,ge,halt m 1. math. cf. Rauminhalt 1. -
2. (eines Schiffes) tonnage, capacity. —
~ge,stal·ter m arch. interior designer (od.
decorator). — **~ge,stal·tung** f interior
design (od. decoration). — **~ge,wicht** n
phys. 1. apparent specific gravity. -
2. (spezifisches Gewicht) specific gravity,
volumetric weight. — **~,git·ter** n min.
crystal (od. space) lattice. — **~,glei·ter** m
(space) space shuttle, hypersonic glider. —
~,in,halt m 1. math. phys. cubic contents
pl, volume, cubic capacity. - 2. mar. (des
Laderaums) hold capacity, tonnage. — **~-
,ka,bi·ne** f (space) space cabin. — **~-
,kap·sel** f capsule (of spacecraft). — **~-
,krüm·mung** f phys. space curvature,
curvature of space. — **~,kunst** f arch. cf.
Innenarchitektur. — **~,la,bor** n (space)
space laboratory, skylab, spacelab. — **~,la-
de,git·ter** n electr. space charge grid. —
~,la·dung f (space) space charge. — **~,leh-
re** f math. geometry.
'räum·lich I adj 1. spatial, (of od. relating
to) space, three-dimensional. - 2. (optics)
(stereo- skopisch) stereoscopic, auch stereoscopical.
- 3. chem. (Atomanordnung) steric, spatial.

- 4. math. three-dimensional, cubic. -
II adv 5. spatially: ~ beengt close-quartered;
wir wohnen ~ sehr beengt we are cramped
for space; Wohnung und Praxis sind
~ getrennt residence and practice (od.
consultation room) are separate. — **'Räum-
lich·keit** f <-; -en> 1. spatiality, three-
-dimensional character. - 2. pl (eines Hauses) rooms, (bes. einer Firma) premises,
auch premises.
'Raum|,man·gel m lack of room (od.
space). — **~,maß** n measure of capacity,
dimensions pl. — **~,mes·sung** f stereometry. — **~,me·ter** m, n 1. math. cubic
meter (bes. Br. metre). - 2. (forestry) stacked
cubic meter (bes. Br. metre), cubic meter
of piled wood.
'Räum,na·del f tech. broach.
'Raum,ord·nung f pol. cf. Raumplanung.
'Räum,ot·ter f mar. paravane.
'Raum,pfle·ge·rin f cf. Reinemachefrau.
'Räum,pflug m tech. 1. (beim Straßenbau
etc) bulldozer. - 2. cf. Schneepflug.
'Raum|,pi,lot m (space) space pilot, as-
tronaut. — **~,pla·nung** f pol. area planning.
— **~pro,gramm** n (space) space program (bes. Br. programme). — **~,schiff** n
spaceship, spacecraft. — **~,schiff·fahrt**
(getr. -ff,f-) f cf. Raumfahrt. — **~,son-
de** f space probe. — **r~,spa·rend** adj
space-saving. — **~,sta·ti,on** f (space) space
station (od. platform). — **~,strah·lung** f
phys. space radiation. — **~tem·pe·ra,tur** f
1. room (od. ambient) temperature. - 2.
space temperature. — **~,tie·fe** f depth. —
~,ton m (radio) stereophonic sound. —
~trans,por·ter m (space) space transport.
'Raum,trupp m civ.eng. demolition squad
(od. party).
'Räu·mung f <-; -en> 1. cf. Räumen. -
2. (einer Straße, eines Saales etc) clearance.
- 3. (von Kanälen, Flüssen etc) cleaning (up),
dredging. - 4. econ. (des Lagers) clearance,
selling off. - 5. jur. (zwangsweise) eviction,
ejection, ejectment: Befehl auf ~ cf.
Räumungsbefehl 1; auf ~ klagen to sue
for eviction, Am. to take legal proceedings
for ejectment. - 6. mil. (einer Stadt etc)
evacuation: ~ des Lagers decampment. -
7. mil. (von Landminen) clearing. - 8. mar.
(von Minen) sweeping.
'Räu·mungs|,auf,schub m jur. delay of
eviction. — **~be,fehl** m 1. jur. eviction
notice, Am. writ of eviction. - 2. mil.
evacuation order. — **~,frist** f jur. term of
vacation. — **~ge,biet** n 1. jur. clearance
area. - 2. mil. evacuation area. — **~,kla·ge**
f jur. action for ejection (od. possession,
eviction), Am. auch action of ejectment. —
~ver,fah·ren n ejection (od. possession,
eviction, Am. auch ejectment) proceedings
pl. — **~ver,kauf** m econ. 1. clearance sale.
- 2. (bei Geschäftsauflösung) closing-down
sale.
'Raum|ver,schwen·dung f waste of space.
— **~ver,tei·lung** 1. disposition of space. -
2. arch. layout of rooms. - 3. print. spacing.
— **~,wel·le** f electr. sky (od. indirect, space)
wave. — **~,wir·kung** f 1. three-dimensional
(od. plastic) effect. - 2. (optics) stereoscopic
(od. spatial) effect. - 3. mus. stereophonic
effect. — **~,zeit,al·ter** n space age. — **r~-
,zeit·lich** adj spatiotemporal.
rau·nen ['raunən] I v/t <h> 1. whisper,
murmur: j-m etwas ins Ohr ~ to whisper
s.th. in s.o.'s ear; man raunt, daß there is
a rumo(u)r (od. rumo[u]r has it, it is whispered) that. - II v/i 2. poet. (von Wäldern,
Wind etc) whisper, murmur. - III R~ n
<-s> 3. verbal noun. - 4. (des Waldes etc)
whisper(ing), murmur(ing).
raun·zen ['rauntsən] v/i <h> bes. Austrian
dial. 1. cf. nörgeln 2. - 2. (von Kind)
whimper fretfully, Br. grizzle.
Rau·pe ['raupə] f <-; -n> 1. zo. a) caterpillar,
b) (von Käferlarve) grub: schädliche ~
canker, cankerworm; von ~n zerfressen
cankered. - 2. ~n im Kopf haben fig. colloq.
to have maggots in one's head, to have
eccentric notions; j-m ~n in den Kopf
setzen to put ideas into s.o.'s head, Am.
colloq. to put a bug into s.o.'s ear. -
3. tech. a) crawler-type (od. tracklaying)
vehicle, b) (beim Schweißen) bead. - 4.
civ.eng. cf. Planiermaschine.
'Rau·pen|,an,trieb m tech. tracklaying
drive. — **~,band** n tech. cf. Raupenkette.
— **~,fahr,zeug** n full-track (od. tracked)
vehicle. — **~,flie·ge** f meist pl zo. tachina

fly (*Fam. Tachinidae*). — ~**fraß** *m* damage done by caterpillars. — ~**ket·te** *f tech.* (*eines Tanks, Traktors etc*) creeper (*od. endless, track*) chain. — ~**klee** *m bot.* scorpion's-tail (*Gattg Scorpiurus*). — ~**leim** *m hort.* insect lime. — ~**le·sen** *n agr.* clearing of caterpillars. — ~**nest** *n* nest of caterpillars. — ~**schlep·per** *m tech.* tracklaying (*od. crawler-type*) tractor, tractor.

'**rau·pig** *adj* infested (*od.* teeming) with caterpillars.

raus... ['raus-] *colloq. for* heraus..., hinaus...

raus [raus] *interj* get out! scram! (*sl.*), beat it! (*sl.*).

Rausch [rauʃ] *m* ⟨-(e)s; ⁼e⟩ **1.** (*Betrunkenheit*) drunkenness, intoxication, inebriation, inebriety: kleiner (*od.* leichter) ~ tipsiness (*colloq.*); schwerer ~ dead drunkenness; einen ~ haben to be drunk, to have had one over the eight, to be in one's cups; to be half-seas over, to be boozed (up) (*colloq.*), to be stewed (*sl.*); einen gehörigen (*od.* ordentlichen) ~ haben to be dead (*od. sl.* blind) drunk, to be tight (*od. sl.* sloshed, smashed), to be (as) drunk as a lord (*od.* fiddler); sich (*dat*) einen ~ antrinken (*od.* holen) to (go and) get drunk (*od. sl.* sloshed); j-m einen ~ anhängen *colloq.* to make s.o. drunk; er trank sich einen ~ an, um seinen Kummer zu vergessen he drowned his sorrows (in drink); seinen ~ ausschlafen to sleep oneself sober, to sleep it off; im ~ in a state of drunkenness, under the influence of alcohol. – **2.** *fig.* rapture, ecstasy, frenzy, transport, intoxication: ~ der Begeisterung frenzy of enthusiasm; im ~ des Entzückens in a transport of delight; im ersten ~ in a fit of enthusiasm. – **3.** *med.* a) intoxication, b) (*kurze Narkose*) light ether an(a)esthesia, rausch. — **r~arm** *adj tech.* low-noise (*attrib*). — ~**bee·re** *f bot.* **1.** bog bilberry (*od.* whortleberry) (*Vaccinium uliginosum*). – **2.** *cf.* Krähenbeere, Schwarze. — ~**brand** *m* ⟨-(e)s; *no pl*⟩ *vet.* quarter ill.

rau·schen ['rauʃən] **I** *v/i* ⟨h *u.* sein⟩ **1.** ⟨h⟩ (*vom Wind*) rush. – **2.** ⟨h⟩ (*von Wasser*) rush, brawl. – **3.** ⟨h⟩ (*von kleineren Bächen*) burble, bubble, gurgle, murmur. – **4.** ⟨h⟩ (*von Brandung u. Sturm*) roar, thunder, brawl. – **5.** ⟨h⟩ (*von Blättern*) rustle, whisper. – **6.** ⟨h⟩ (*von Seide*) rustle, swish. – **7.** ⟨h⟩ (*von Gefieder*) whir, *auch* whirr. – **8.** ⟨h⟩ (*radio*) *telev.* (*von Mikrophon, Radar, Schallplatte etc*) noise. – **9.** ⟨sein⟩ *fig. colloq.* sweep, sail: sie rauschte aus dem Zimmer she swept out of the room. – **10.** ⟨h⟩ *hunt.* (*beim Schwarzwild*) rut. – **II R~** *n* ⟨-s⟩ **11.** *verbal noun.* – **12.** (*des Windes*) rush. – **13.** (*des Wassers*) rush, brawl. – **14.** (*von kleineren Bächen*) burble, bubble, gurgle, murmur. – **15.** (*der Brandung, des Sturms*) roar, thunder, brawl. – **16.** (*der Blätter*) rustle, whisper. – **17.** (*der Seide etc*) rustle, swish, froufrou. – **18.** (*des Gefieders*) whir, *auch* whirr. – **19.** (*radio*) a) noise, b) (*der Schallplatte*) surface noise, needle scratch. – **20.** *hunt.* (*Blasen*) beginning of the mating call of the heathcock. – **21.** (*des Beifalls*) thunder. — '**rau·schend I** *pres p.* – **II** *adj* **1.** (*Beifall*) thunderous, thundering. – **2.** *fig.* (*Fest etc*) sumptuous.

'**Rau·scher** *m* ⟨-s; *no pl*⟩ *gastr.* strongly fermenting must.

'**Rausch·fak·tor** *m* (*radio*) noise ratio. — ~**gelb** *n min.* orpiment.

'**Rausch·gift** *n* narcotic, drug, dope (*sl.*), *Am. sl.* hop: j-n unter ~ setzen to drug s.o., to dope s.o. (*sl.*); mit ~ betäubt drugged. — ~**han·del** *m* drug traffic (*od.* trafficking). — ~**händ·ler** *m* narcotics (*od. sl.* dope) trafficker, dealer (*sl.*), *Am. sl.* pusher. — ~**schmug·gel** *m cf.* Rauschgifthandel. — ~**schmugg·ler** *m* drug trafficker, dope smuggler (*sl.*). — ~**sucht** *f med.* drug addiction (*od.* habit); narcoticism, narcomania (*scient.*). — **r~süch·tig** *adj med.* addicted (*od.* given) to drugs, addicted to drugs. — ~**süch·ti·ge** *m, f* drug (*od.* narcotic) addict, dope addict (*sl.*), *Am. sl.* hop fiend.

'**Rausch·gold** *n* tinsel, Dutch foil (*od.* gold). — ~**en·gel** *m* tinsel angel.

'**rausch·haft** *adj fig.* ecstatic, frenzied, rapturous.

'**Rausch·lei·stung** *f* (*eines Satelliten*) noise power. — ~**nar·ko·se** *f med. cf.* Rausch 3b. — ~**rot** *n min. cf.* Realgar. — ~**sil·ber** *n*

---

tinsel. — ~**zeit** *f hunt.* (*des Schwarzwildes*) rut(ting time).

'**Räus·pe·rer** *m* ⟨-s; -⟩ hem.

räus·pern ['rɔyspərn] *v/reflex* ⟨h⟩ sich ~ **1.** clear one's throat, hawk. – **2.** (*aus Verlegenheit*) hem: sich wiederholt ~ to hem and haw. – **3.** (*sich bemerkbar machen*) cough.

'**raus·schmei·ßen I** *v/t* ⟨*irr, sep, -ge-, h*⟩ *colloq.* **1.** throw (*od. sl.* kick) (*s.o.*) out; *Am. sl.* 'bounce', give (*s.o.*) the bounce (*od.* bum's rush). – **2.** (*entlassen*) 'fire', 'sack' (*beide colloq.*), give (*s.o.*) the sack (*colloq.*) (*od. sl.* boot, push), kick (*s.o.*) out (*sl.*). – **II** R~ *n* ⟨-s⟩ **3.** *verbal noun.* – **4.** *cf.* Rausschmiß. — **R~schmei·ßer** *m* **1.** (*in Lokalen*) *Am. sl.* bouncer, *bes. Br. sl.* chuckerout. – **2.** (*letzter Tanz*) last dance, *Am. colloq.* 'chaser'. — **R~schmiß** *m* ⟨-sses⟩ **1.** *Br. sl.* 'chuck', *Am. sl.* bum's rush. – **2.** (*Entlassung*) dismissal, discharge, 'sack' (*colloq.*); 'boot', 'push' (*sl.*).

Rau·te¹ ['rautə] *f* ⟨-; -n⟩ **1.** diamond, lozenge. – **2.** *math.* rhombus, rhomb, diamond, lozenge. – **3.** *her.* fusil, lozenge. – **4.** (*Diamantenschliff*) facet. – **5.** (*im Walzwesen*) diamond. – **6.** (*games*) *rare for* Karo 2.

'**Rau·te**² *f* ⟨-; -n⟩ *bot.* ruewort, rue (*Ruta graveolens*).

'**Rau·ten|an,ten·ne** *f* (*radio*) rhombic antenna (*bes. Br.* aerial). — ~**flä·che** *f* (*von Glas, Steinen*) facet. — **r~för·mig** *adj* **1.** *math.* rhombic, rhomboid(al). – **2.** lozenged, lozenge-shaped, diamond-shaped. — ~**ge,wäch·se** *pl bot.* rutaceous plants, rutaceae (*scient.*) (*Fam. Rutaceae*). — ~**glas** *n tech.* (*in der Glaserei*) rhombic pane. — ~**gru·be** *f med.* (*des Hirns*) rhomboid fossa. — ~**ka,li·ber** *n metall.* diamond pass. — ~**kranz** *m her.* lozenged chaplet (*od.* wreath). — ~**schlan·ge** *f zo.* Australian python (*Morelia argus*).

Ra·vio·li [ra'vio:li] *pl gastr.* ravioli.

Ray·on [rɛ'jɔ̃:] *m* ⟨-s; -s⟩ **1.** *Austrian for* Dienstbereich. – **2.** *mil. archaic* rayon (*of a fortress*). – **3.** (*im Warenhaus*) department. — ~**chef** *m* (*im Warenhaus*) head of department.

Ra·ze·mat [ratse'ma:t] *n* ⟨-s; -e⟩ *chem.* racemate, racemic compound (*od.* mixture). — **ra·ze·misch** [-'tse:mɪʃ] *adj* racemic.

Raz·zia ['ratsia] *f* ⟨-; Razzien, *auch* -s⟩ (*police*) raid (*od.* roundup, *Br.* round-up, swoop): eine ~ [auf Verbrecher] machen (*od.* veranstalten) to make a raid [on criminals], to raid [criminals].

re [re:] **I** *adv* ~ geben (*od.* sagen) (*games*) to redouble. – **II** R~ *n* ⟨-s; -s⟩ j-m ~ geben (*games*) to redouble.

Rea·gens [re'ʔa:gɛns; re'ʔa'gɛns] *n* ⟨-; -genzien [-ʔa'gɛntsien]⟩ *chem. cf.* Reagenz.

Rea·genz [re'ʔa'gɛnts] *n* ⟨-es; -ien [-tsiən]⟩ *chem.* reagent. — ~**glas** *n* test tube. — ~**lö·sung** *f* test solution. — ~**pa,pier** *n* **1.** test paper. – **2.** indicator paper. – **3.** (*Lackmuspapier*) litmus paper.

rea·gi·bel [re'ʔa'gi:bəl] *adj econ.* sensitive, responsive.

rea·gie·ren [re'ʔa'gi:rən] **I** *v/i* ⟨*no ge-, h*⟩ **1.** *chem.* (*auf acc, mit on*) react: basisch [sauer] ~ to show an alkaline [acid] reaction. – **2.** *tech.* (*auf acc*) react (with), respond (to), answer (to), answer. – **3.** *auch med.* (*auf einen Reiz ansprechen*) (*auf acc to*) react, respond, be responsive. – **4.** *fig.* (*auf acc to*) react, respond: auf etwas nicht ~ a) to take no notice of s.th., to ignore s.th., b) *med.* (*auf Reize, Impfung etc*) to be unresponsive to s.th.; er reagierte darauf mit einem Lächeln he answered with a smile; auf etwas sauer ~ *colloq.* to take s.th. in bad part, to be peeved at s.th. (*colloq.*). – **II** R~ *n* ⟨-s⟩ **5.** *verbal noun.* – **6.** *cf.* Reaktion 1, 2, 3, 5.

Re·ak·tanz [re'ʔak'tants] *f* ⟨-; -en⟩ *electr.* (*inductive and capacitive*) reactance: strombegrenzende ~ reactor.

Re·ak·ti·on [re'ʔak'tsio:n] *f* ⟨-; -en⟩ **1.** *chem.* reaction. – **2.** *tech.* (*auf acc to*) reaction, response. – **3.** *med.* a) reaction, b) (*Reflex*) response, reflex, c) (*auf Behandlung*) (*auf acc to*) response. – **4.** ⟨*only sg*⟩ *pol.* reaction. – **5.** *fig.* (*auf acc to*) reaction, response.

re·ak·tio·när [re'ʔaktsio'nɛ:r] **I** *adj* **1.** (*rückschrittlich*) reactionary. – **2.** *pol. contempt.* reactionary, unprogressive, rightist, right-wing (*attrib*), *Br.* Tory, *auch* tory, hidebound, stick-in-the-mud (*attrib*). – **II** R~ *m* ⟨-s; -e⟩ **3.** *pol. contempt.* reactionary,

---

reactionist, rightist, *Br.* Tory, *auch* tory, stick-in-the-mud, *Am. sl.* mossback, Hunker.

Re·ak·ti'ons·di,stanz *f* (*Verkehrswesen*) reaction (*od.* thinking) distance.

re·ak·ti'ons,fä·hig *adj* **1.** responsive, reactive, capable of reaction. – **2.** *chem.* reactive: ~e Gruppe reactive (*od.* functional) group. — **Re·ak·ti'ons,fä·hig·keit** *f* **1.** responsiveness, reactivity. – **2.** *chem.* reactivity.

Re·ak·ti'ons|ge,schwin·dig·keit *f* **1.** *chem.* rate of reaction, reaction velocity, chemical reaction rate. – **2.** speed of response. — ~**ket·te** *f* reaction chain (*od.* series), chain of reactions. — ~**mit·tel** *n* reagent, reactant. — ~**mo·tor** *m* (*space*) *cf.* Reaktionstriebwerk. — ~**prin,zip** *n* (principle of) reaction. — **r~schnell** *adj* quickly reacting (*od.* responding) (*attrib*), quick, quick-off-the-mark (*attrib*) (*colloq.*). — ~**träg·heit** *f* **1.** *phys.* inactivity, inertness. – **2.** *chem.* a) inertia, inertness, b) (*auf Grund von Sättigung*) saturation. — ~**trieb,werk** *n* (*space*) reaction engine (*od.* motor). — ~**ver,mö·gen** *n cf.* Reaktionsfähigkeit. — ~**wär·me** *f chem.* heat of reaction. — ~**zeit** *f* reaction time.

re·ak·tiv [re'ʔak'ti:f] *adj* (*rückwirkend*) reactive. – **2.** ~er Antrieb (*space*) (principle of) reaction (propulsion).

re·ak·ti·vie·ren [re'ʔakti'vi:rən] **I** *v/t* ⟨*no ge-, h*⟩ **1.** *auch chem.* reactivate. – **2.** *mil.* recommission. – **II** R~ *n* ⟨-s⟩ **3.** *verbal noun.* — **Re·ak·ti'vie·rung** *f* ⟨-; -en⟩ **1.** *cf.* Reaktivieren. – **2.** reactivation. – **3.** *mil.* recommission(ing).

Re·ak·ti·vi·tät [re'ʔaktivi'tɛ:t] *f* ⟨-; -en⟩ *obs.* reactivity.

Re·ak·tor [re'ʔ'aktɔr] *m* ⟨-s; -en [-'to:rən]⟩ *nucl.* (nuclear *od.* atomic) reactor: der ~ ist kritisch geworden the reactor has gone (*od.* become) critical. — ~**kern** *m* core (of a reactor). — ~**phy,sik** *f* reactor physics *pl* (*usually construed as sg*). — ~**tank** *m* reactor vessel. — ~**tech·nik** *f* reactor technology.

re·al [re'al] **I** *adj* **1.** (*wirklich*) real, actual. – **2.** (*dinglich*) material, substantial, corporeal. – **3.** (*konkret*) concrete, tangible, palpable. – **4.** *jur. econ.* corporeal, tangible: ~e Vermögensgüter tangible assets; ~es Wachstum increase in real terms. – **II** *adv* **5.** ~ denken to think realistically.

Re·al|,akt *m* **1.** real (*od.* factual) action. – **2.** *jur.* judicial act concerning a piece of land (*od.* real estate). — ~**be,steue·rung** *f* taxation of landed property (*od.* real estate). — ~**ein,kom·men** *n* real income (*od.* revenue). — ~**en·zy·klo·pä,die** *f cf.* Reallexikon.

Re·al·gar [real'ga:r] *m* ⟨-s; -e⟩ *min.* realgar, ruby sulphur.

Re·al·gym·na·si·um *n ped. obs. and Swiss* German secondary school emphasizing modern languages.

Rea·li·en [re'a:liən] *pl* **1.** real (*od.* actual) facts, realities. – **2.** (*wissenschaftliche Fächer*) humanities and natural sciences. – **3.** (*Sachkenntnisse*) expert knowledge *sg.*

Re·al,in,ju·rie *f* ⟨-; -n⟩ *jur.* (*tätliche Beleidigung*) assault and battery.

rea·li'sier·bar *adj* **1.** realizable *Br. auch* -s-. – **2.** *econ.* realizable *Br. auch* -s-, convertible into money: nicht ~ unrealizable, frozen, unmarketable; nicht ~e Werte frozen assets. — **Rea·li'sier·bar·keit** *f* ⟨-; *no pl*⟩ **1.** realizability *Br. auch* -s-. – **2.** *econ.* realizability *Br. auch* -s-, marketability.

rea·li·sie·ren [reali'zi:rən] *v/t* ⟨*no ge-, h*⟩ **1.** (*verwirklichen*) realize *Br. auch* -s-: ich konnte meine Pläne ~ I was able to realize my plans, my plans materialized. – **2.** *econ.* a) (*flüssigmachen*) realize *Br. auch* -s-, convert (*s.th.*) into money (*od.* cash), b) (*abstoßen*) dispose of, sell (*s.th.*) out. – **II** R~ *n* ⟨-s⟩ **3.** *verbal noun.* — **Rea·li'sie·rung** *f* ⟨-; *no pl*⟩ **1.** *cf.* Realisieren. – **2.** (*Verwirklichung*) realization *Br. auch* -s-. – **3.** *econ.* a) realization *Br. auch* -s-, conversion into money (*od.* cash), b) selling out.

Rea·lis·mus [rea'lɪsmus] *m* ⟨-; *no pl*⟩ **1.** *philos.* realism: Anhänger (*od.* Vertreter) des ~ realist. – **2.** (*art*) realism, objectivism. – **3.** (poetischer) ~ (*literature*) poetic realism.

Rea·list [rea'lɪst] *m* ⟨-en; -en⟩, **Rea·li·stin** *f* ⟨-; -nen⟩ **1.** realist. – **2.** (*art*) realist, objectivist.

rea'li·stisch I adj **1.** (sachlich-nüchtern) realistic, matter-of-fact, down-to-earth (attrib). – **2.** (wirklichkeitsgetreu) realistic. – **3.** philos. realistic, realist. – **4.** (art) realistic, objectivistic. – **II** adv **5.** realistically: ein Thema ~ gestalten to present a subject realistically; ein ~ denkender Mensch a down-to-earth person.

Rea·li·tät [reali'tɛːt] f ⟨-; -en⟩ **1.** (Wirklichkeit) reality. – **2.** (Gegebenheit) fact. – **3.** pl bes. Austrian econ. for Immobilien 2.

Rea·li·tä·ten|bü,ro n Austrian econ. for Immobilienbüro. — ~,händ·ler m Austrian for Immobilienhändler. [fact.]

rea·li·ter [re'aːlitər] adv in reality, in actual⌋

Re'al|ka·pi,tal n econ. real capital, sum total of operating resources. — ~ka·ta,log m (in Bibliotheken) subject-matter catalog (bes. Br. catalogue). — ~kon·kur,renz f jur. cumulation: in ~ cumulative. — ~kon,trakt m real contract. — ~kre,dit m jur. econ. **1.** credit on real estate (od. property). — **2.** credit against tangible securities. — ~,la·sten pl recurrent charges on real estate. — ~,le·xi·kon n encyclopedia, auch encyclopaedia cyclopedia, auch cyclopaedia. — ~,lohn m econ. real wages pl, wages pl in real terms. — ~po·li,tik f practical politics (construed as sg or pl), politics pl (construed as sg or pl) of realism, realpolitik. — ~,schu·le f school leading to the General Certificate of Education Ordinary Level (Am. etwa junior high school diploma). — ~,schü·ler m, ~,schü·le·rin f pupil (od. student) at a 'Realschule'. — ~,schul,leh·rer m, ~schul-,leh·re·rin f teacher at a 'Realschule'. — ~,steu·er f econ. tax on real estate and trading capital. — ~,uni,on f pol. real union. — ~,wert m econ. real value. — ~,wör·ter,buch n cf. Reallexikon.

re·ama·teu·ri·sie·ren [reʔamatøri'ziːrən] v/t ⟨no ge-, h⟩ (sport) reinstate (s.o.) as an amateur. — **Re·ama·teu·ri·sie·rung** f ⟨-; no pl⟩ reinstatement as an amateur.

Re·as·se·ku,ranz [reʔaseku'rants] f ⟨-; -en⟩ econ. cf. Rückversicherung 1.

Reb|bach m ⟨-s; no pl⟩ colloq. (Gewinn) profit(s pl): seinen ~ machen to make one's pile (colloq.).

'Reb|,bau m ⟨-(e)s; no pl⟩ vine cultivation, viticulture. — ~,berg m cf. Weinberg.

Re·be ['reːbə] f ⟨-; -n⟩ **1.** (Weinstock) vine: junge ~ (Steckling) plant. – **2.** (Weinranke) tendril, shoot. – **3.** fig. poet. grape: Saft der ~ juice of the grape.

Re·bell [re'bɛl] m ⟨-en; -en⟩ **1.** (Aufrührer) rebel, revolutionary. – **2.** (Aufständischer) insurgent, insurrectionist. – **3.** (Meuterer) mutineer. — **re·bel'lie·ren** [-'liːrən] v/i ⟨no ge-, h⟩ (gegen against) **1.** (sich auflehnen) rebel, revolt. – **2.** (einen Aufstand machen) insurrect, rise (in rebellion od. up in arms). – **3.** (meutern) mutiny. – **4.** fig. (protestieren) rebel, protest strongly. — **Re'bel·lin** f ⟨-; -nen⟩ cf. Rebell.

Re·bel·li·on [rebɛ'lioːn] f ⟨-; -en⟩ **1.** (Aufruhr) rebellion, revolt. – **2.** (Aufstand) insurrection, uprising, Br. auch rising, insurgence, insurgency. – **3.** (Meuterei) mutiny. – **4.** fig. rebellion, protest.

re'bel·lisch adj **1.** (aufrührerisch) rebellious, rebel (attrib), rebelly (colloq.). – **2.** (aufständisch) insurgent, insurrectionary, insurrectional. – **3.** (meuternd) mutinous. – **4.** fig. colloq. up in arms, wild: die Steuererhöhung machte das ganze Land ~ the whole country was up in arms about the tax increase, the tax increase caused a nation-wide uproar.

re·beln ['reːbəln] v/t ⟨h⟩ dial. for abbeeren.

'Re·ben|,blatt n bot. vine leaf. — ~,blut n poet. blood of the grape. — ~,hü·gel m vine--covered hill. — ~,laub n vine leaves pl (od. foliage): mit ~ arch. vined. — ~,mes·ser m ⟨-(e)s; no pl⟩ pruning knife. — ~,saft m ⟨-(e)s; no pl⟩ humor. poet. juice of the grape. — ~spa,lier n vine trellis. — ~,ste·cher m zo. (Rüsselkäfer) grape curculio (Byctiscus betulae). — r~,um,spon·nen adj vine-clad.

'Reb|,huhn n zo. gray (bes. Br. grey) partridge (Perdix perdix): eine Kette Rebhühner a covey of partridges; Rebhühner aufjagen to spring partridges. — ~,laus f zo. vine fretter, auch vine louse (od. pest), phylloxera (scient.) (Phylloxera vitifoliae).

Reb·ling ['reːplɪŋ] m ⟨-s; -e⟩ bot. vine shoot (od. branch).

'Reb|,pfahl m vine prop. — ~,ste·cher m zo. cf. Rebenstecher. — ~,stock m bot. vine.

Re·bus ['reːbus] m, n ⟨-; -se⟩ (Bilderrätsel) rebus.

re·bus sic stan·ti·bus ['reːbus 'ziːk 'stantibus] **1.** as things stand. – **2.** jur. pol. rebus sic stantibus.

Re·cei·ver [ri'siːvər; rɪ'siːvə] (Engl.) m ⟨-s; -⟩ (radio) receiver.

Re·chaud [re'ʃoː] m, n ⟨-s; -s⟩ Southern G. and Austrian **1.** cf. Gasherd, Gaskocher. – **2.** cf. Wärmeplatte.

re·chen ['rɛçən] v/t ⟨h⟩ rake.

'Re·chen m ⟨-s; -⟩ **1.** rake. – **2.** (an einer Mähmaschine) rake. – **3.** (an Abwässeranlagen etc) grid, Am. auch thrashrake, screen.

'Re·chen|,an,la·ge f tech. computer, Am. auch computor. — ~,auf,ga·be f math. a) (einfache) sum, b) (schwierige) (arithmetical) problem: ~n pl a) (einfache) sums, b) maths (Am. math) homework sg; eine ~ lösen a) to do a sum, b) to work out a problem; das ist eine simple ~ fig. it's a matter of simple arithmetic. — ~,au·to,mat m cf. Rechenmaschine 2. — ~,brett n math. abacus. — ~,buch n arithmetic book. — ~bü,ro n (bei Sportwettkämpfen) scoring office. — ~,ex,em·pel n cf. Rechenaufgabe: das ist ein ganz einfaches ~ fig. that's a matter of simple arithmetic. — ~,fehler m **1.** bes. math. miscalculation, error in calculation, arithmetical error (auch mistake), miscount. – **2.** bes. tech. computational mistake (od. error). — ~ge,rät n **1.** calculator. – **2.** (computer) (programmgesteuertes) computer (Am. auch computor) (machine od. unit). — ~,heft n sum book, arithmethic book. — ~,kniff m arithmetical shortcut. — ~,kunst f arithmetic, numeration. — ~,künst·ler m, ~,künst·le·rin f arithmetical genius. — ~,leh·rer m, ~,leh·re·rin f arithmetical teacher. — ~,ma,schi·ne f **1.** tech. calculating machine, calculator. – **2.** elektronische ~ electr. computer, Am. auch computor, computing machine. – **3.** (Addiermaschine) adding machine, calculating machine, counting machine, comptometer (scient.). – **4.** (Rechenbrett) abacus.

'Re·chen,schaft f ⟨-; no pl⟩ account: ~ ablegen (od. geben) von (od. über acc) etwas a) to account (od. answer) for s.th., b) to give (od. render) (an) account of s.th.; darüber habe ich mir nie ~ gegeben I have never tried to find a personal justification for that; j-n für etwas zur ~ ziehen a) to call (od. bring) s.o. to account (od. to book) for s.th., b) (ermahnen) to take s.o. to task for s.th.; j-m ~ schuldig sein (od. schulden, geben müssen) über (acc) etwas to be accountable (od. answerable) to s.o. for s.th.; ich bin dir darüber keine ~ schuldig I am not answerable to you for that, I owe you no explanation for that; von j-m ~ fordern (od. verlangen) to demand an explanation from s.o.; sich der ~ entziehen a) to shirk one's responsibility, b) to evade the consequences.

'Re·chen·schafts|be,richt m **1.** account, statement of accounts. – **2.** (Auskunft über Tun u. Lassen) report (of activities). – **3.** econ. (director's) report, report and accounts pl, accounts pl rendered. — ~,legung f rendering of an account: Verpflichtung zur ~ accountability, answerability. — r~,pflich·tig adj liable to account, accountable.

'Re·chen|,schie·ber, ~,stab m tech. slide rule. — ~,stun·de f arithmetic lesson. — ~ta,bel·le f **1.** tech. math. cf. Rechentafel 2. – **2.** (für Währungen etc) ready reckoner, calculator, calculation chart. — ~,ta·fel f **1.** counting frame (od. rail), abacus. – **2.** tech. math. a) multiplication tables pl, b) alignment chart; nomogram, nomograph (scient.). — ~,un·ter,richt m arithmetic lesson(s pl): ~ geben to teach (od. give lessons in) arithmetic. — ~,zen·trum n math. computing center (bes. Br. centre).

Re·cher·che [re'ʃɛrʃə] f ⟨-; -n⟩ meist pl cf. Nachforschung. — **re·cher·chie·ren** [-'ʃiːrən] v/i ⟨no ge-, h⟩ cf. nachforschen I.

rech·nen ['rɛçnən] **I** v/i ⟨h⟩ **1.** calculate, reckon: im Kopf ~ to reckon in one's head; falsch ~ to miscalculate; er rechnet an einer Aufgabe a) (bei leichten Aufgaben) he does a sum, b) (bei schwierigen Aufgaben) he works out a problem; ma-

schnell [elektronisch] ~ to compute; mit Zahlen ~ to reckon in figures; in Schillingen ~ to calculate in shillings; gut ~ können to be good at figures. – **2.** (zählen) count: nach Stunden [Einheiten] ~ to count by the hour [unit]; von heute an gerechnet (as) from today; wir ~ von Christi Geburt an we count from the year of the birth of Jesus Christ. – **3.** colloq. (berechnen) charge: Sie haben zuviel gerechnet you charged too much. – **4.** (kalkulieren) calculate, reckon, estimate: für Lebensmittel rechne ich 20 Mark pro Tag I reckon 20 marks a day for food; rechne nicht zu knapp don't cut it too fine; der Verlust beträgt knapp gerechnet 1000 Mark the loss is estimated at a minimum of 1,000 marks, the loss is estimated at 1,000 marks at the lowest; gut gerechnet 150 km a good 150 kilometers. – **5.** ~ zu to be counted as, to rank as (od. among), to number among: sie rechnet zu seinen Freunden she is counted as one of his friends, she numbers among his friends. – **6.** mit etwas [j-m] a) (erwarten) to expect s.th. [s.o.], to reckon with s.th. [s.o.], b) (bauen auf) to count (od. rely) on s.th. [s.o.], c) (berücksichtigen) to take s.th. [s.o.] into account, to reckon with s.th. [s.o.]: mit dem Schlimmsten ~ to reckon with (od. be prepared for) the worst; mit Erfolg ~ to expect (od. hope for) success; es ist damit zu ~, daß er die Wahl gewinnt he is expected (od. likely) to win the election; damit hatte ich nicht gerechnet I didn't reckon with that, I didn't bargain for that; ich rechne mit deiner Hilfe I am counting on your help; mit ihm hätte ich am allerwenigsten gerechnet he is the last person I expected to see; mit ihm muß man ~ he is a man to be reckoned with. – **7.** auf etwas [j-n] ~ to count (od. rely) on s.th. [s.o.]. – **8.** fig. (sparsam sein) economize, be economical, be careful with one's money: ich muß diesen Monat sehr ~ I have to be very careful with my money this month; mit jedem Pfennig ~ to count every penny. – **II** v/t **9.** (Aufgabe, Gleichung etc) work out, calculate, reckon, do: eine einfache Aufgabe ~ to do a sum. – **10.** (zählen) calculate: wir ~ die Entfernung nach (od. in) Lichtjahren we calculate the distance in light-years; eins zum andern ~ a) to add one thing to another, b) fig. to put two and two together; alles in allem gerechnet fig. (taken) all in all, (taken) as a whole. – **11.** j-n [etwas] ~ zu to count s.o. [s.th.] as, to number (od. rate, rank) s.o. [s.th.] among: man rechnet ihn zu unseren besten Schriftstellern he ranks among our best writers. – **12.** (berücksichtigen) count, take (s.th.) into account, allow for: sie müssen auch den ideellen Wert ~ you have to take the intrinsic value into account; die Nebenkosten nicht gerechnet not counting (od. allowing for) the incidentals. – **13.** es sich (dat) zur Ehre ~, j-m zu helfen to count (od. consider, lit. deem) it an hono(u)r to help s.o. – **III** v/reflex **14.** sich ~ zu to count (od. reckon, rank) oneself among: er rechnet sich zur Elite he counts himself among the elite. – **IV** R~ n ⟨-s⟩ **15.** verbal noun. – **16.** (als Schulfach) arithmetic: er ist gut im ~ he is good in arithmetic (od. at figures); kaufmännisches ~ commercial arithmetic. – **17.** calculation: elektronisches ~ electronic calculation (od. computation).

'Rech·ner m ⟨-s; -⟩ **1.** calculator, reckoner, arithmetician: er ist ein guter ~ a) he is a good reckoner, he is good at figures, b) fig. he is very economical (od. thrifty); → kühl 5. – **2.** tech. computer, Am. auch computor.

'rech·ne·risch I adj arithmetic, arithmetical, mathematical, auch mathematic. – **II** adv mathematically, by way of calculation: etwas ~ ermitteln to work s.th. out mathematically.

'Rech·nung f ⟨-; -en⟩ **1.** calculation, reckoning, computation: seine ~ geht nicht auf a) his calculation doesn't work out, b) fig. colloq. things are not working out for him, things are not working out as he had planned. – **2.** (Rechenaufgabe) problem. – **3.** (Kalkulation) calculation, plan: nach meiner ~ müßte er längst hier sein according to my calculation (od.

as far as I can make out) he should have been here hours ago; **die** ~ **ohne den Wirt machen** *fig. colloq.* to reckon without one's host; **j-m einen Strich durch die** ~ **machen** *fig. colloq.* to upset (*od.* thwart, foil) s.o.'s plans. – **4.** bill, account: be**zahlte** [**unbezahlte**] ~**en paid** [**unpaid**] bills; **eine** ~ **bezahlen** (*od.* **begleichen**) to pay (*od.* settle, square [up]) a bill; **die** ~ **macht** (*od.* **beträgt, beläuft sich auf**) **20 Mark** the bill is for (*od.* comes to, amounts to) 20 marks; **mit j-m eine alte** ~ **zu begleichen haben** *fig. colloq.* to have an old account (*od.* score) to settle (*od.* pay off) with s.o.; **j-m die** ~ **präsentieren** a) to present s.o. with the bill, b) *fig.* to make s.o. pay for it. – **5.** (*im Lokal*) bill, *bes. Am.* check: **die** ~, **bitte** may I have the bill, please; **setzen Sie das auf meine** ~ put it on my bill; **die nächste Runde geht auf meine** ~ the next round is on me; **trinken Sie ein Bier auf meine** ~ let me stand you (*od.* treat you to) a beer. – **6.** *econ.* a) invoice, *Am. meist* bill, b) (*bes. laufende*) account: **eine laufende** ~ a current (*od.* running, open) account; **eine** ~ **über 500 Mark ausstellen** to make out an invoice for 500 marks; **laut** ~ as per invoice; **auf** ~ on account; **auf Ihre** ~ **und Gefahr** for your account and risk; **für gemeinschaftliche** ~ for (*od.* on) joint account; **eine** ~ **ausgleichen** (*od.* **settle**) an account; ~ **führen** (**über** *acc*) to keep accounts (of); **über** (*acc*) **etwas** ~ **legen** to render (an) account of (*od.* for) s.th.; **j-m etwas in** ~ **stellen** to charge (*od.* put, debit) s.th. to s.o.'s account; **j-m zuviel in** ~ **stellen** to overcharge s.o.; **auf seine** ~ **kommen** a) to cover one's expenses (*od.* oneself), b) *fig. colloq.* to get one's money's worth. – **7.** (*etwas*) **auf** ~ **kaufen** *econ.* to buy (s.th.) on credit. – **8.** *fig.* account: **etwas in** ~ **ziehen** (*od.* **stellen**), **einer Sache** ~ **tragen** to take s.th. into account (*od.* consideration); **etwas außer** ~ **lassen** not to take s.th. into account.

'**Rech·nungs**|**ab·gren·zung** *f econ.* apportionment between (*od.* of) accounting periods, accounting apportionment. — ~**ab·gren·zungs·po·sten** *m* accounting apportionment item. — ~**ab·schluß** *m* **1.** statement of account: **vierteljährlicher** ~ quarterly account. – **2.** closing of accounts. — ~**ab·schrift** *f* invoice duplicate. — ~**art** *f math.* calculus, method of calculation, arithmetical (*od.* mathematical) operation, *auch* rule: **die vier** ~**en** the four operations of arithmetic, the four rules. — ~**auf·stel·lung** *f* accounting statement. — ~**aus·schuß** *m* board of audit, audit committee. — ~**aus·zug** *m cf.* Kontoauszug. — ~**be·trag** *m* amount of invoice, invoice amount (*od.* total), invoiced price. — ~**buch** *n* invoice book, book of accounts. — ~**durch·schlag** *m* invoice copy (*od.* duplicate). — ~**ein·heit** *f* **1.** *econ.* unit of account. – **2.** *math.* unit of calculation. — ~**füh·rer** *m econ.* **1.** (*Buchhalter*) accountant, bookkeeper, *Br.* book-keeper, invoice clerk. – **2.** (*bei Zahlungsabkommen*) accounting agent. — ~**füh·rung** *f* accountancy, *bes. Am.* accounting, keeping of accounts. — ~**hof** *m* audit office. — ~**jahr** *n* accounting (*od.* fiscal, financial) year. — ~**kam·mer** *f cf.* Rechnungshof. — ~**le·gung** *f* rendering (*od.* of) accounts, accounting. — ~**num·mer** *f* invoice number. — ~**pe·ri·ode** *f* accounting period. — ~**po·sten** *m* item of (a) bill, invoice item. — ~**prü·fer** *m* auditor, certified public (*Br.* chartered) accountant, comptroller. — ~**prü·fung** *f* auditing (of accounts), audit: **eine** ~ **vornehmen** to audit (an account). — ~**sal·do** *m* balance (of an invoice). — ~**stel·le** *f* accountancy (*bes. Am.* accounting) department. — ~**über·schlag** *m* accounts estimate. — ~**vor·la·ge** *f* submission of account, presentation of invoice. — ~**we·sen** *n* ⟨-s; *no pl*⟩ accountancy, *bes. Am.* accounting.

recht [rɛçt] **I** *adj* **1.** ⟨*attrib*⟩ right, right-hand: **die** ~**e Hand** the right hand; ~**er Hand steht ein Haus** there is a house on the right(-hand side); **die** ~**e Seite eines Stoffes** the right side (*od.* face) of a material; **ein** ~**er Haken** (*beim Boxen*) a right hook; → **Hand**¹ *Verbindungen mit Adjektiven*. – **2.** ⟨*attrib*⟩ *pol.* (*Politiker,*

Partei etc) right(-wing): **dem** ~**en Flügel angehören** to be a right-wing politician. – **3.** ⟨*attrib*⟩ (*Maschen*) plain. – **4.** **ein** ~**er Winkel** *math.* a right angle. – **5.** (*richtig*) right: **ganz** ~ quite (*od.* dead) right; **zur** ~**en Zeit ankommen** to arrive in good (*od.* on) time; **ich bin gerade im** ~**en Augenblick gekommen** I just arrived in the nick of time; **der** ~**e Mann am** ~**en Ort** the right man in the right place, the right man for the job; **an den** ~**en Mann kommen** (*od.* **geraten**) *auch iron.* to come (*od.* get) to the right (*od.* very) person (*od.* man); **bin ich hier** ~ **nach München?** *colloq.* am I right for Munich (here), is this the right way to Munich? **das Kind beim** ~**en Namen nennen** *fig.* to call things by their right (*od.* proper) name, to call a spade a spade; **sich** [**etwas**] **ins** ~**e Licht setzen** (*od.* **rücken**) *fig.* to show oneself [s.th.] off to (one's [its]) best advantage; **wir wollen mal die Dinge ins** ~**e Licht rücken** let's put things in their right perspective; **auf dem** ~**en Weg sein** *auch fig.* to be on the right road; **das ist nicht** ~ **von dir** that is not right (*od.* fair) (of you), you are not being fair; → **Herz** *Bes. Redewendungen*; **Zeit** 4. – **6.** (*passend, gelegen, geeignet*) right, suitable, proper, fitting: **den** ~**en Augenblick abwarten** to wait for the right (*od.* a suitable) moment; **wir werden zur** ~**en Zeit aufhören** we shall stop in good time (*od.* due course); **alles zur** ~**en Zeit** there is a time (and place) for everything; **mir ist es** (**schon**) ~ I don't mind, it's all right (*bes. Am. colloq.* okay) with me; **ist es dir** ~, **wenn** would you mind if, is it all right with you if; **wenn es Ihnen** ~ **ist** if you please; **mir ist alles** ~ a) that's (all) fine with me, b) it's all the same to me, it doesn't matter to me; **ihm ist jedes Mittel** ~ *fig. colloq.* he stops at nothing; **das ist mir nur zu** ~ that suits me perfectly, that just fits my book. – **7.** (*gerecht*) right, just, fair: **das ist nur** ~ **und billig** it's only (right and) fair, it's only right; **was dem einen** ~ **ist, ist dem andern billig** (what is) sauce for the goose is sauce for the gander; **alles was** ~ **ist, aber das geht zu weit!** *colloq.* fair is fair, but that's too much; → **Ding**¹ 3. – **8.** (*gut*) good, all right, *bes. Am. colloq.* OK, okay, ok, *auch* okey: (**das ist**) ~, ~ **so** a) that's the stuff (*sl.*), b) (*zu Kindern*) that's it, that's a good boy (*od.* girl); **es ist schon** ~ **so** that will do; **ist alles** ~ **so?** is everything satisfactory (*od.* all right, okay, to your liking)? – **9.** ⟨*attrib*⟩ (*wirklich*) real, regular: **er ist ein** ~**er Narr** he is a regular (*od.* downright) fool; **ich habe keine** ~**e Lust zum Arbeiten** I don't really feel like working; **das Buch hatte keinen** ~**en Erfolg** the book was not much of a (*od.* not a great) success. – **10.** (*substantiviert mit Kleinschreibung*) ~ **behalten** to be right in the end; **j-m** ~ **geben** to agree with s.o., to admit (*od.* concede) that s.o. is right; ~ **haben** to be right. – **II** *adv* **11.** (*ganz, ziemlich*) quite, rather: ~ **herzlichen Dank** thank you so (*od.* very) much; **ein** ~ **tüchtiger Arzt** quite a good doctor; (**das ist**) **alles** ~ **schön und gut, aber** that's all very fine (*od.* well) but; **du bist** (**wohl**) **nicht** ~ **gescheit** (*od.* **bei Trost**) *colloq.* you are not in your right mind; **ich habe ihn** ~ **gern** I rather (*od.* quite) like him, I like him quite well; ~ **gern gladly,** with pleasure; **du weißt** ~ **gut, daß** you know very (*od.* right) well that; **ich weiß nicht** ~ I don't really know, I'm not so sure; → **schlecht** 20. – **12.** (*passend, gelegen*) right(ly): **du kommst mir gerade** ~ *auch iron.* you are (just) the very person I was looking for. – **13.** (*richtig*) ~ **gehe ich in der Annahme, daß** am I right in thinking that; **das geschieht ihm ganz** ~ that serves him right; ~ **handeln** to do right; **ich höre wohl nicht** ~! *colloq.* I beg your pardon! pardon me! **j-m etwas** ~ **machen** to comply with s.o.'s wishes; **man kann ihm nichts** ~ **machen** he is impossible to please; **es allen** ~ **machen wollen** to want to please everybody; ~ **daran tun, etwas zu verschweigen** to do right to keep s.th. a secret; **wenn ich es** ~ **überlege** (*od.* **bedenke**) when I come to think about it, now that I think of it; **wenn ich Sie** ~ **verstehe** if I understand (*od. colloq.* get) you right. – **14.** (*nun*) **erst** ~ all the more, more than ever (*od.* before); **jetzt erst** ~

nicht! now even less! so geht es erst ~ **nicht!** that's even less help! – **III** **R**~**e, das** ⟨-n⟩ **15.** **the right thing: er hat das R**~**e getroffen** he chose the right thing, he has hit it; **das ist mal endlich was R**~**es** *colloq.* that's the very thing; **das wird schon so was R**~**es sein** *iron.* that'll be nothing to brag about; **nichts R**~**es gelernt haben** to have had no proper training; **nach dem R**~**en sehen** to see to (*od.* look after) things.

Recht *n* ⟨-(e)s; -e⟩ **1.** (*Berechtigung*) right: **angestammtes** ~ birthright; **erworbene** ~**e** acquired rights; **von** ~**s wegen** by right; ~ **auf Arbeit** right to work; ~ **auf Selbstbestimmung** right of self-determination; ~ **über Leben und Tod** right over life and death; **gleiches** ~ **für alle** equal rights for all, *Am.* equal justice under law; **gleiche** ~**e, gleiche Pflichten** equal rights, equal duties; **alle** ~**e vorbehalten** all rights reserved; ~**e und Pflichten aus einem Vertrag** rights and obligations arising under a contract; **auf seinem** ~ **bestehen, sein** ~ **geltend machen** to assert (*od.* insist on, stand on) one's right; **j-m sein** ~ **streitig machen** to dispute (*od.* contest) s.o.'s right; **j-m zu seinem** ~ **verhelfen** to see s.o. righted, to right s.o.; **das** ~ **zu klagen und angeklagt zu werden** the right to sue and to be sued; **von einem** ~ **Gebrauch machen** to avail oneself of a right; **sein** ~ **fordern** to claim one's right; **seine** ~**e mißbrauchen** to abuse one's rights; **sich** (*dat*) **ein** ~ **anmaßen** to assume a right; **auf seine** ~**e verzichten** to renounce one's rights; **seine** ~ **übertragen** to transfer one's rights; **in j-s** ~**e eingreifen** to intrude (*od.* encroach upon, infringe [upon]) s.o.'s rights; **er verlangt nur sein** ~ he only demands his right; **der müde Körper verlangt sein** ~ *fig.* the tired body demands its due; **j-m sein** ~ **verweigern** (*od.* **absprechen**) to refuse (*od.* deny) s.o. his right; **sein** ~ **bekommen** to be given (*od.* obtain) one's right; **ein** ~ **verwirken** to forfeit a right; **j-m ein** ~ **einräumen** [**verleihen**] to concede [to grant] s.o. a right; **ein** ~ **herleiten von** to derive a right from; **auch die Erholung muß zu ihrem** ~ **kommen** *fig.* recreation must also be given its due; ~ **muß** ~ **bleiben** fair is fair; **das ist mein gutes** ~ that's my due; **er hat älteres** ~ **e** he has senior (*od.* prior) rights; **mit** ~ **justly,** with good reason; **mit welchem** ~ **tust du das?** what right have you to do that? **mit dem gleichen** ~ **könnte ich behaupten, daß** I would have as much right to maintain that; **und mit** ~! and rightly so! **mit um so mehr** (*od.* **größerem**) ~ **kann ich verlangen, daß** there's even more reason for me to demand that; **diese Forderung besteht zu** ~ this claim is legally founded (*od.* valid, justified); **zu seinem** ~ **kommen** to come into one's own; **er ist im** ~ he is right; → **Fug; Gnade** 1. – **2.** (*Gesetz*) law: **formelles** [**materielles**] ~ adjective [substantive] law; **bürgerliches** [**öffentliches, bestehendes, zwingendes**] ~ civil [public *od.* constitutional, established, binding] law; **nach geltendem** ~ under law in force; **nach deutschem** ~ under German law; **nach** ~ **und Billigkeit** according to law and equity; **von** ~**s wegen** by operation of law, de jure; **Doktor der** ~**e** Doctor of Laws; **Student der** ~**e** student of law, law student; ~ **des Stärkeren** law of the strongest; ~ **brechen** to violate (*od.* infringe [upon]) the law; ~ **sprechen** to administer the law, to administer justice; **die** ~**e studieren** to study (*bes. Br.* read) law; **sich** (*dat*) **selbst** ~ **verschaffen** to take the law into one's own hands; **das** ~ **mit Füßen treten** to fly in the face of law; **das Gericht erkennt für** ~ the court adjudges, decrees and determines. – **3.** (*Anspruch*) right: ~ **des Erstgeborenen** right (*od.* claim) of the firstborn; **unabdingbares** (*od.* **wohlerworbenes**) ~ **vested interest; das** ~ **der ersten Nacht** *hist.* jus primae noctis, droit du seigneur; **ein** ~ **auf** (*acc*) **etwas haben** to have a right (*od.* claim) to s.th.; **das** ~ **haben, etwas zu tun** to have the right (*od.* to be entitled) to do s.th.; **er hat ein** ~ **auf Belohnung** he is entitled to a reward. – **4.** (*Gerechtigkeit*) justice: **das** ~ **auf seiner Seite haben** to have justice on one's side. – **5.** (*Vollmacht*) power, authority: **ein** ~ **ausüben** to

exercise a power. – **6.** (*Vorrecht*) privilege.
– **7.** (*rechtliches Gehör*) due process.

'Rech·te[1] *m* ⟨-n; -n⟩ right (*od.* very) person (*od.* man): du bist mir der ~! *colloq. iron.* you are a right (*od.* good, fine, nice) one! a fine fellow you are! (*colloq.*); an den ~n kommen (*od.* geraten) *iron.* to go to the wrong person (*od. colloq.* shop).

'Rech·te[2] *f* ⟨-n; -n⟩ **1.** right (*od.* very) person (*od.* woman). – **2.** (*rechte Seite*) right, right hand (*od.* side): zur ~n (*od.* at, to) the right; zu (*od.* an) seiner ~n at (*od.* on, to) his right(-hand side). – **3.** *pol.* Right, right wing: die äußerste ~ the extreme right wing, the right-wing extremists *pl.* – **4.** (*sport*) (*beim Boxen*) right: Schlag mit der ~n right-hander.

'Recht|,eck *n math.* rectangle. — **r~,eckig** (*getr.* -k·k-) *adj* rectangular, orthogonal (*scient.*).

'Rech·te,hand,re·gel *f phys.* right-hand rule.

rech·ten ['rɛçtən] *v/i* ⟨h⟩ argue, dispute: mit j-m (um etwas) ~ to argue (*od.* dispute) with s.o. (about s.th.).

'Rech·tens *only in* das (*od.* es) ist ~ it is lawful (*od.* legitimate, legal).

'rech·ter'seits *adv* on (*od.* at, to) the right-hand side, on (*od.* to) the right hand.

'recht,fer·ti·gen I *v/t* ⟨h⟩ **1.** justify, warrant: der Erfolg rechtfertigte seine Politik success justified his policy; ist das zu ~? is that justifiable? – **2.** (*verteidigen*) vindicate, exculpate, justify, exonerate, defend. – **3.** (*von einem Verdacht befreien*) clear. – **II** *v/reflex* sich ~ **4.** justify oneself. – **5.** (*sich verteidigen*) vindicate (*od.* exculpate, justify) oneself: sich vor j-m wegen etwas ~ to vindicate one's action to s.o. – **6.** (*sich von einem Verdacht befreien*) clear oneself. – **III R~** *n* ⟨-s⟩ **7.** *verbal noun.* — **'Recht,fer·ti·gung** *f* ⟨-; -en⟩ **1.** *cf.* Rechtfertigen. – **2.** justification, warrant, warranty. – **3.** (*Verteidigung*) vindication, exculpation, justification, exoneration, *Br.* defence, *Am.* defense: zu meiner ~ in my defence, to my justification, in justice to myself.

'Recht,fer·ti·gungs|,grund *m jur.* excuse, (*legal*) justification, *Br.* defence, *Am.* defense. — **~,schrift** *f* apology, apologia, letter of justification.

'recht,gläu·big *adj relig.* orthodox, orthodoxical, sound: nicht ~ unorthodox, *auch* infidel. — **'Recht,gläu·bi·ge** *m, f* ⟨-n; -n⟩ orthodox (person). — **'Recht,gläu·big·keit** *f* ⟨-; *no pl*⟩ orthodoxy.

'Recht,ha·ber [-,ha:bər] *m* ⟨-s; -⟩ **1.** dogmatic person, dogmatist. – **2.** (*Besserwisser*) know-it-all, *auch* know-all. — **,Recht·ha·be'rei** *f* ⟨-; *no pl*⟩ **1.** dogmatism. – **2.** know-it-all (*auch* know-all) attitude (*od.* behavior, *bes. Br.* behaviour). — **'recht,ha·be·risch I** *adj* **1.** dogmatic, *auch* dogmatical: er ist ein ~er Mensch he always insists that he is right. – **2.** know-it-all, *auch* know-all. – **3.** (*stur*) stubborn, opinionated. – **II** *adv* **4.** dogmatically.

'recht,läu·fig *adj astr.* in direct motion.

'Recht,lau·tung *f* ⟨-; *no pl*⟩ *ling. cf.* Orthoepie.

'recht·lich *adj* **1.** *jur.* (*Anspruch, Grundlage, Mittel etc*) legal, jural, juristic, *auch* juristical: ~es Gehör due process of law. – **2.** *jur.* (*rechtmäßig*) lawful, legitimate. – **3.** *cf.* rechtschaffen 1. – **II** *adv* **4.** legally: seine Stellung ist ~ unanfechtbar his position is juristically unimpeachable; etwas ist ~ begründet s.th. is legally founded; ~ erheblich sein to be relevant in law (*od.* to the legal issue); er ist ~ verpflichtet he is bound by law. — **'Recht·lich·keit** *f* ⟨-; *no pl*⟩ **1.** legality. – **2.** lawfulness, legitimacy, legitimateness. – **3.** *rare for* Rechtschaffenheit.

'recht·los *adj* **1.** *jur.* without rights, deprived of rights, rightless. – **2.** *jur.* (*vogelfrei*) outlawed, outcast. – **3.** *fig.* outcast. — **'Recht·lo·se** *m, f* ⟨-n; -n⟩ **1.** *jur.* outlaw, outcast. – **2.** *fig.* (*sozial Ausgestoßener*) outcast, pariah. — **'Recht·lo·sig·keit** *f* ⟨-; *no pl*⟩ *jur.* **1.** rightlessness. – **2.** (*Vogelfreiheit*) outlawry.

'recht,mä·ßig *jur.* **I** *adj* lawful, legitimate, rightful, (*gesetzmäßig*) legal: ein ~er Anspruch a rightful (*od.* legitimate) claim; der ~e Erbe the lawful (*od.* true) heir, the heir apparent; etwas für ~ erklären to legitimate (*od.* legitimize, legalize) s.th. –

II *adv* ~ erworben rightfully obtained. — **'Recht,mä·ßig·keit** *f* ⟨-; *no pl*⟩ lawfulness, rightfulness, legality, legitimacy, legitimateness.

rechts I *adv* **1.** on (*od.* at) the right(-hand) side, right: von ~ (her) from the right; nach ~ (hin) to the right, rightward(s); von ~ nach links from (the) right to (the) left; ~ abbiegen to turn (off) (to the) right, to take a right turn; ~ heranfahren to draw in to the right, *Am.* to pull to the right; ~ fahren, sich ~ halten to keep (to the) right; das Auto kam von ~ the car came from the right; halten Sie sich halb ~ take the fork to the right; dritter Stock ~ third floor on the right; die erste Straße ~ the first turn(ing) to the right; lassen Sie das Dorf ~ liegen pass the village on your right; nach ~ und links schauen to look right and left; ~ oben on the upper right; er saß ~ von mir he sat on my right. – **2.** etwas von ~ bügeln to iron s.th. on the right side; den Ärmel nach ~ drehen to turn the sleeve to the right side. – **3.** ~ stehen *pol.* to be on the right, to be a conservative (*od.* rightist, Rightist). – **4.** ~ stricken to knit (plain): zwei ~, zwei links two plain, two purl. – **5.** *mil.* ~ schwenkt, marsch! column right, march (*Br.* wheel)! (die) Augen ~! eyes right! – **6.** ~ umspringen *mar.* (*vom Wind*) to veer. – **II** *prep* ⟨*gen*⟩ **7.** on (*od.* at) the right(-hand) side of: ~ des Rheins on the right bank of the Rhine.

'Rechts|,ab,bie·gen *n* (*im Verkehr*) turning to the right: ~ verboten no right turn. — **~,ab,bie·ger** *m* **1.** vehicle turning right. – **2.** *pl* traffic *sg* turning right. — **~,ab,tei·lung** *f* (*eines Unternehmens*) law department (*od.* division). — **~,an·ge·,le·gen·heit** *f jur.* legal matter. — **~,an·spruch** *m* legal (*od.* legitimate) claim, (*bes. auf Liegenschaften*) title.

'Rechts|,an,walt *m* **1.** (*in Großbritannien*) lawyer, solicitor, (*plädierender*) barrister(-at-law), counsel, (*nur vor niederen Gerichten plädierender*) solicitor. – **2.** (*in den USA etc*) lawyer, (*plädierender*) attorney(-at-law), counsel(l)or(-at-law). — **~,an,walt·schaft** *f* bar: Zulassung zur ~ call(ing) to the bar.

'Rechts,an,walts|ge,büh·ren *pl jur.* lawyer's fees. — **~,kam·mer** *f Am.* Bar Association, *Br.* (*für Barristers*) General Council of the Bar, Bar Council, (*für Solicitors*) Law Society. — **~,kanz,lei** *f* lawyer's (*Br. auch* solicitor's) office. — **~,pra·xis** *f* **1.** *cf.* Rechtsanwaltskanzlei. – **2.** (*Kundenkreis*) lawyer's practice.

'Rechts|,auf,fas·sung *f* **1.** legal conception. – **2.** (*rechtliche Interpretation, Rechtsauslegung*) legal interpretation, interpretation of the law. — **~,aus,druck** *m* legal term. — **~,aus,füh·run·gen** *pl* **1.** legal arguments. – **2.** (*Parteivorbringen*) pleadings. — **~,aus,kunft** *f* legal advice.

'Rechts,aus,le·ger *m* (*sport*) (*beim Boxen*) southpaw.

'Rechts|,aus,le·gung *f* interpretation of the law, legal interpretation. — **~,aus,schuß** *m jur. pol.* legal committee.

,Rechts,au·ßen *m* ⟨-; -⟩ **1.** (*sport*) outside right. – **2.** *pol. colloq.* (*einer Partei*) extreme rightist.

'Rechts|be,fug·nis *f jur.* competence. — **~,be,geh·ren** *n* relief sought, petition, *Br.* statement of claim. — **~,be,griff** *m* legal term. — **~,be,helf** *m* **1.** (*legal*) remedy, relief. – **2.** (*prozessuales Vorbringen*) plea. — **~,bei,stand** *m* **1.** legal adviser. – **2.** (*vor Gericht*) counsel, counsel(l)or. — **~,be,leh·rung** *f* **1.** legal instruction (*od.* information). – **2.** (*des Richters an die Geschworenen*) directions *pl*, charge. — **~,be,ra·ter** *m* legal adviser (*auch* advisor), *Am.* counsel. — **~,be,ra·tung** *f* legal advice: unentgeltliche ~ *Br.* legal advice, *Am.* legal aid. — **~,be,ra·tungs,stel·le** *f* legal advisory board, *auch* legal aid office. — **~,beu·gung** *f* perversion of justice. — **~,bre·cher** *m* lawbreaker, transgressor. — **~,bruch** *m* infringement, breach (*od.* violation) of the law.

'recht,schaf·fen I *adj* **1.** (*Person*) honest, upright, straight, righteous. – **2.** *colloq.* 'awful', 'mighty', 'pretty', *bes. Br.* 'jolly' (*alle colloq.*): ich habe einen ~en Hunger I am awfully hungry. – **II** *adv* **3.** ~ leben to live honestly (*od.* straight), to lead an honest life. – **4.** *colloq.* 'awfully' (*colloq.*): ~ müde

sein to be pretty (*od.* awfully, mighty, *bes. Br.* jolly) tired; er mußte sich sein Leben lang ~ plagen he had to struggle hard all his life. — **'Recht,schaf·fen·heit** *f* ⟨-; *no pl*⟩ honesty, uprightness, straightness, probity, righteousness.

'Recht|,schreib,buch, **~,schrei·be,buch** *n* **1.** spelling book, speller. – **2.** orthographic dictionary.

'recht,schrei·ben I *v/i* ⟨*only inf*⟩ **1.** spell (correctly). – **II R~** *n* ⟨-s⟩ **2.** verbal noun. – **3.** *cf.* Rechtschreibung.

'Recht,schreib|,feh·ler *m* spelling mistake. — **~,re,form** *f* spelling reform.

'Recht,schrei·bung *f* ⟨-; *no pl*⟩ orthography, spelling.

'Rechts|,drall *m* **1.** *tech.* a) right-hand twist, b) (*eines Fräsers*) right-hand helix (*od.* spiral). – **2.** *fig.* tendency to the right, list to the right (*od.* to starboard) (*colloq. humor.*): er hat einen ~ *colloq.* he always keeps going over to the right. – **3.** *pol.* rightward tendency, rightist sympathy. — **r~,dre·hend** *adj* **1.** *chem. phys.* dextrorotatory, *auch* dextrorotary, dextrogyrate, dextrogyre. – **2.** *tech.* rotating right-hand (*od.* clockwise). — **~,dre·hung** *f* **1.** right turn. – **2.** *tech.* right-hand (*od.* clockwise) rotation (*od.* revolution).

'Rechts|,ein,wand *m jur.* **1.** (*im Zivilrecht*) a) demurrer, objection, plea in bar, b) (*Fristgesuch*) dilatory plea (*od.* defence, *Am.* defense). – **2.** (*im Strafrecht*) plea. — **~,emp,fin·den** *n* sense of justice.

'Recht·ser *m* ⟨-s; -⟩ *colloq. for* Rechtshänder(in).

'rechts|er,fah·ren *adj jur.* **1.** versed in (the) law. – **2.** (*rechtskundig*) learned in the law. — **~,er,heb·lich** *adj* relevant in law (*od.* to the legal issue).

'Rechts|ex,tre,mist *m pol.* right-extremist. — **r~ex,tre,mi·stisch** *adj* right-extremist, ultrarightist.

'rechts|,fä·hig *adj jur.* having legal capacity (*od.* status): ~er Verein incorporated society. — **R~,fä·hig·keit** *f* ⟨-; *no pl*⟩ legal capacity (*od.* status). — **R~,fall** *m* (*law*) case, cause. — **R~,fol·ge** *f* legal consequence (*od.* effect). — **R~,form** *f* legal form. — **R~,fra·ge** *f* legal problem (*od.* question), (*strittige*) issue of law. — **~,fü·ßig** *adj* (*beim Fußball*) right-footed. — **R~,ga,lopp** *m* (*beim Dressurreiten*) canter right: im ~ enden to finish on the right leg.

'Rechts,gang[1] *m jur.* course of law, (*legal*) procedure (*od.* process, practice): ordnungsgemäßer ~ due course (*Am. auch* process) of law.

'Rechts,gang[2] *m tech.* (*einer Schraube etc*) right-hand(ed) rotation (*od.* movement, motion).

'rechts,gän·gig *adj tech.* right-hand(ed), clockwise.

'Rechts|ge,fühl *n jur. cf.* Rechtsempfinden. — **~ge,lehr·sam·keit** *f* jurisprudence. — **r~ge,lehrt** *adj* learned in the law. — **~ge,lehr·te** *m* lawyer, jurist, jurisconsult, jurisprudent. — **~ge,schäft** *n* legal transaction, legal (*od.* juristic) act. — **~ge·,schich·te** *f* legal history, history of law.

'Rechts,ge,win·de *n tech.* right-hand thread.

'Rechts|,grund *m jur.* **1.** cause, legal argument. – **2.** (*Anspruch*) title. — **~,grund,la·ge** *f* legal basis (*od.* grounds *pl*). — **~,grund,satz** *m* legal maxim (*od.* principle, rule). — **r~,gül·tig** *adj* **1.** (*legally*) valid, legal, authentic, good in law, (*in den USA etc*) entitled to full faith and credit. – **2.** *cf.* rechtskräftig. — **~,gül·tig·keit** *f* (*legal*) validity, legality, authenticity. — **~,gut,ach·ten** *n* (*legal*) opinion, counsel's opinion: ein ~ einholen to obtain (*od.* take) counsel's opinion.

'Rechts,ha·ken *m* (*sport*) (*beim Boxen*) right hook.

'Rechts,han·del *m jur.* lawsuit, litigation, action, cause.

'Rechts,hän·der [-,hɛndər] *m* ⟨-s; -⟩, **'Rechts,hän·de·rin** *f* ⟨-; -nen⟩ right-handed person, right-hander: er ist Rechtshänder he is right-handed.

'rechts,hän·dig I *adj* right-handed; dext(e)rous, dextral (*scient.*). – **II** *adv* right-handed(ly), with the (*od.* one's) right hand. — **'Rechts,hän·dig·keit** *f* ⟨-; *no pl*⟩ right-handedness; dextrality, dexterity (*scient.*).

'Rechts,hand·lung *f jur.* legal (*od.* juristic) act.

'rechts,hän·gig *adj jur.* pending, sub judice.

— '**Rechts,hän·gig·keit** f ⟨-; no pl⟩ pendency, litispendence.
'**rechts|,her** adv from the right. — ~**her,um** adv to the right, clockwise: sich [etwas] ~ drehen to turn [s.th.] (round) to the right.
'**Rechts,hil·fe** f jur. judicial assistance, legal aid: ~ in Strafsachen assistance in criminal matters. — ~**er,su·chen** n Am. letters pl rogatory, Br. letters pl of request, request for legal aid.
'**rechts,hin** adv (to the right).
'**Rechts|hi·sto·ri·ker** m jur. legal historian. — ~**,irr·tum** m error in law. — ~**koa·li·ti,on** f pol. right-wing coalition. — ~**,kraft** f ⟨-; no pl⟩ jur. legal force, (legal) validity: ~ erlangen to become effective (od. final), to enter into effect. — **r~,kräf·tig** adj **1.** absolute, valid, legal(ly binding): ~ werden to become final (od. effective), to enter into effect. – **2.** (Urteil) final, non-appealable: ~es Scheidungsurteil decree absolute. — **r~,kun·dig** adj cf. rechtsgelehrt. — ~**,kun·di·ge** m cf. Rechtsgelehrte.
'**Rechts,kur·ve** f **1.** right turn. – **2.** (einer Straße) right-hand curve (od. bend). – **3.** aer. (im Schräglage) right bank.
'**Rechts,la·ge** f right position.
'**rechts,läu·fig** adj **1.** (Schrift) left-to-right. – **2.** tech. clockwise.
'**Rechts|,leh·re** f jur. jurisprudence, legal science, (science of) law. — ~**,leh·rer** m teacher (od. professor) of law. — ~**,len·ker** m auto. right-hand drive vehicle, vehicle with right-hand steering. — ~**,man·gel** m defect (od. deficiency) in title. — ~**,miß,brauch** m abuse of rights.
'**Rechts,mit·tel** n jur. legal remedy (od. redress), relief, appeal: ~ einlegen to appeal, to enter (od. lodge, file, make) an appeal. — ~**be,leh·rung** f instructions pl on s.o.'s right to appeal, caution.
'**Rechts|,nach,fol·ge** f jur. succession. — ~**,nach,fol·ger** m assignee, assign, (legal) successor, successor in title. — ~**,norm** f legal norm. — ~**op·po·si·ti,on** f pol. opposition from the right (od. Right), right-wing opposition. — ~**,ord·nung** f jur. legal system.
'**rechts|ori·en,tiert** adj pol. rightist, right-wing (attrib), conservative. — **R~ori·en·tie·rung** f rightism, auch Rightism. — **R~par,tei** f right-wing party.
'**Rechts|,per·son** f jur. legal person (od. entity), body corporate. — ~**,per,sön·lich·keit** f legal (od. juridical) personality, body corporate. — ~**,pfle·ge** f (administration of) justice, judicature. — ~**,pfle·ger** m judicial administrator. — ~**,phi·lo·so,phie** f philosophy of law, legal philosophy.
'**Rechts-Pi·rou,et·te** f (beim Dressurreiten) pirouette to the right.
'**Recht,spre·chung** [-,ʃprɛçuŋ] f ⟨-; -en⟩ jur. jurisdiction, administration of justice.
'**rechts|ra·di,kal** adj pol. right-extremist. — **R~ra·di,ka·le** m, ⟨-n; -n⟩ right (auch Right) extremist, extremist of the Right. — **R~re,gie·rung** f rightist (od. right-wing) government. — ~**,rhei·nisch** geogr. **I** adj on (od. pertaining to) the right bank of the Rhine. – **II** adv ~ gelegen on the right bank of the Rhine. — ~**,ruck** m pol. swing to the right.
'**Rechts,sa·che** f jur. **1.** legal matter. – **2.** (Streitsache) case.
'**Rechts,schutz** m legal protection, relief. — ~**ver,si·che·rung** f insurance covering legal (od. lawyer's) charges.
'**Rechts|,schwen·kung** f **1.** right wheeling: eine ~ machen mil. to turn (Br. wheel) to the right. – **2.** pol. cf. Rechtsruck. — **r~,sei·tig** adj u. adv on the right(-hand side).
'**Rechts|,si·cher·heit** f jur. legal security (od. guaranty), confidence of the public in the legal system. — ~**,spra·che** f legal terminology (od. parlance). — ~**,spruch** m **1.** (bes. im Strafrecht) sentence. – **2.** (bes. im Zivilrecht) judg(e)ment. – **3.** (bes. bei Konkurs- u. Jugendstrafsachen, auch im Völkerrecht) adjudication. — ~**,staat** m pol. constitutionally governed state, constitutional state. — **r~,staat·lich** adj constitutional. — ~**,staat·lich·keit** f ⟨-; no pl⟩ constitutionality. — ~**,stand,punkt** m jur. legal point of view. — ~**,stel·lung** f (legal) status.
'**Rechts,steue·rung** f auto. right-hand drive (od. steering).

'**Rechts|,streit** m jur. cf. Rechtshandel. — ~**,ti·tel** m legal title. — ~**,trä·ger** m legal entity.
,**rechts'um** adv ~! mil. a) Am. right face! Br. right turn! b) (im Marsch) by the right flank, march!
'**rechts|,un,gül·tig** adj jur. invalid. — ~**,un,kun·dig** adj not versed in the law, without (a) legal training. — ~**,un,wirk·sam** adj ineffective, without legal force, invalid. — **R~,un,wirk·sam·keit** f ineffectiveness. — ~**ver,bind·lich** adj legally binding, binding in law, obligatory. — **R~ver,bind·lich·keit** f (legal) obligation. — **R~ver,dre·her** m ⟨-s; -⟩ contempt. pettifogger, Am. sl. shyster. — **R~ver,dre·hung** f ⟨-; -⟩ contempt. pettifogging, chicanery, chicane. — **R~ver,fah·ren** n **1.** legal procedure. – **2.** (Prozeß) legal action (od. proceedings pl). — **R~ver,fas·sung** f judicial system, judiciary. — **R~ver,glei·chung** f comparative law. — **R~ver,hält·nis** n cf. Rechtslage.
'**Rechts·ver,kehr** m right-hand traffic.
'**Rechts|ver,let·zung** f jur. injury, infringement (od. violation, breaking) of a (od. the) law. — ~**ver,ord·nung** f rule, regulation, Br. statutory instrument. — ~**ver,tre·ter** m legal representative, authorized agent. — ~**ver,tre·tung** f legal representation. — ~**ver,wei·ge·rung** f denial of justice.
'**Rechts,vol·te** f (beim Dressurreiten) volte to the right.
'**Rechts|,vor·be,halt** m (legal) reservation, reserve, reservation of a right. — ~**,weg** m course of law: auf dem ~ in court; den ~ beschreiten to take legal action (od. steps, measures), to go to law (od. court); unter Ausschluß des ~es excluding the right to take legal action.   [right.\]
'**Rechts,wen·dung** f right turn, turn to the|
'**rechts|,wid·rig** adj jur. illegal, unlawful, illegitimate, illicit, wrongful. — **R~,wid·rig·keit** f illegality, unlawfulness, illegitimacy, illegitimateness, wrongfulness, wrong. — ~**,wirk·sam** adj cf. rechtskräftig. — **R~,wirk·sam·keit** f cf. Rechtskraft. — **R~,wis·sen·schaft** f jurisprudence, legal science, (science of) law: vergleichende ~ comparative jurisprudence.
'**recht,wei·send** adj bes. mar. (Kompaß, Kurs etc) true.
'**recht|,win·ke·lig**, ~**,wink·lig I** adj **1.** bes. math. right-angled, auch right-angle (attrib), rectangular; orthogonal, orthographic, auch orthographical (scient.): ein ~es Dreieck a right-angled triangle. – **2.** tech. rectangular: ~ schneiden to square (off), to cut square. – **II** adv **3.** ~ zueinander stehen, ~ angeordnet sein to be at right angles (od. to be perpendicular) to each other.
'**recht,zei·tig I** adj **1.** punctual: um ~es Erscheinen wird gebeten you are requested to be punctual. – **II** adv **2.** in (od. on) time: ich kam gerade noch ~ I was just in time; die Krankheit muß ~ behandelt werden the disease must be treated in time. – **3.** (pünktlich) on time, punctually. – **4.** (früh genug) in good time: wir müssen ~ dasein, um Platz zu bekommen we must be there in good time to get seats. —
'**Recht,zei·tig·keit** f ⟨-; no pl⟩ punctuality.
Reck [rɛk] n ⟨-(e)s; -e⟩ (sport) horizontal bar.
Recke (getr. -k·k-) ['rɛkə] m ⟨-n; -n⟩ **1.** archaic for Held 1, Krieger 2. – **2.** fig. (Hüne) giant.
recken (getr. -k·k-) ['rɛkən] **I** v/t ⟨h⟩ **1.** (Glieder) stretch. – **2.** den Hals (nach etwas) ~ to crane one's neck (to see s.th.). – **3.** dial. (Wäsche) pull. – **4.** tech. stretch, strain, extend. – **5.** metall. hammer-forge. — **II** v/reflex **6.** sich ~ (und strecken) stretch oneself, have a good stretch (colloq.).
'**Reck|,stan·ge** f (sport) (horizontal) bar. — ~**,tur·nen** n gymnastics pl at the bar. — ~**,übung** f exercise on the bar.
Re·cor·der [re'kɔrdər] m ⟨-s; -⟩ (radio) recorder.
Re·dak·teur [redak'tøːr] m ⟨-s; -e⟩ (sub)editor, redactor, (des lokalen Teils) local news editor, Am. city editor, (des Finanzteils) city (Am. financial) editor. — **Re·dak'teu·rin** f ⟨-; -nen⟩ (woman) (sub)editor, (sub)editress.
Re·dak·ti·on [redak'tsioːn] f ⟨-; -en⟩ **1.** (Tätigkeit) editorship, editing. – **2.** (Personal) editors pl, editorial staff. – **3.** (Büro) editorial office (od. department). — **re·dak·tio'nell** [-tsio'nɛl] adj editorial.

Re·dak·ti'ons|,aus,schuß m editorial committee. — ~**,leiter** m head of editorial staff, (managing) editor. — ~**,lei·tung** f editorial management. — ~**,schluß** m print. copy deadline (od. date): nach ~ eingegangene Nachrichten stop-press news.
Re·dak·tor [re'daktɔr] m ⟨-s; -en [-'toːrən]⟩ **1.** scientific editor. – **2.** Swiss for Redakteur.
Re·de ['reːdə] f ⟨-; -n⟩ **1.** speech, address: eine feierliche ~ a solemn speech, an oration (lit.); eine ~ halten to make (od. deliver) a speech; eine ~ ausarbeiten to draft (od. work on) a speech; eine ~ an die Nation an address to the nation; er schwingt gern große ~n colloq. he likes to talk big; j-m in die ~ fallen to cut s.o. short, to interrupt s.o.; in der ~ steckenbleiben to falter (od. get stuck) during a speech; halt nicht so lange ~n (, sondern tu etwas)! fig. stop talking (and get on with it)! – **2.** (Unterhaltung) conversation, (längere) discourse: die ~ kam auf ihn the conversation turned to him; wenn die ~ darauf kommen sollte should the conversation turn to it, if the subject should come up; die ~ auf (acc) etwas bringen to bring the conversation round to s.th. – **3.** (Gespräch) talk: es ist die ~ davon, daß er kommt there is talk about his coming; wovon ist die ~? what are you (od. they) talking about? – **4.** (Redeweise) language: gehobene ~ elevated language. – **5.** pl (Äußerungen) remarks, utterances: seinen ~n nach according to what he says; er führt recht seltsame ~n he makes the oddest remarks; er führt immer lose ~n he is always making loose remarks. – **6.** (Gerücht) rumor, bes. Br. rumour: es geht die ~, daß er trinkt it is rumo(u)red (od. they say) that he drinks; es gehen schlimme ~n über ihn there is a lot of evil (od. nasty) talk about him going round; ich gebe nichts auf die ~n der Leute I don't give twopence (bes. Am. a nickel) for what people say. – **7.** (Ansprache) address, (bes. feierliche od. ermahnende) allocution. – **8.** ling. direkte [indirekte] ~ direct [indirect (od. reported] speech; gebundene [ungebundene] ~ verse, poetry [prose]. – **9.** fig. (in Wendungen wie) ~ und Gegenrede arguments pl for and against; keine ~! nothing of the sort (od. kind)! j-n zur ~ stellen to call s.o. to account, to take s.o. to task; davon ist nicht die ~ that's not the point; davon kann keine ~ sein that's out of (the) question; die in ~ stehende Person the person in question; es ist nicht der ~ wert a) it's not worth talking about, b) (macht nichts) don't mention it! that's all right! das war schon immer meine ~ that's what I always said, I was always telling you that; → Antwort 1; lang 4.
'**Re·de|du,ell** n battle of words. — ~**fi,gur** f ling. figure of speech. — ~**,fluß** m ⟨-sses; no pl⟩ flow of words (od. speech). — ~**,frei·heit** f ⟨-; no pl⟩ freedom of speech, free speech. — ~**,ga·be** f ⟨-; no pl⟩ eloquence, gift of speech (od. colloq. the gab). — **r~ge,wandt** adj **1.** eloquent, fluent. – **2.** bes. contempt. glib. — ~**ge,wandt·heit** f ⟨-; no pl⟩ eloquence, fluency. – **2.** bes. contempt. glibness. — ~**kunst** f rhetoric, oratory, art of speaking (od. speech), elocution.
Red·emp·to·rist [redɛmpto'rɪst] m ⟨-en; -en⟩ röm.kath. Redemptorist.
re·den ['reːdən] **I** v/i ⟨h⟩ **1.** talk: mit j-m über (acc) etwas ~ to talk to s.o. about s.th.; über Politik ~ to talk politics; du hast gut ~! it's easy (od. all very well) for you to talk; rede (mir) nicht mehr davon! stop talking about it! ~ wir nicht mehr davon! let's forget about it! ~ wir von etwas anderem! let's change the subject! let's talk about s.th. else! laß ihn doch ~! let him talk! er hört sich gern ~ he likes the sound of his own voice; mit sich selbst ~ to talk to oneself; sie redet im Schlaf she talks in her sleep; sie redet immer vernünftig she always talks sense; → fusselig; Hand¹ Verbindungen mit Präpositionen; Wand 1; Wasserfall 1; Wind 1. – **2.** (sprechen) speak: sie ~ nicht mehr miteinander they are not speaking to each other, they are not on speaking terms any longer; offen ~ to speak out (od. one's mind); nicht zu ~ von to say nothing of. – **3.** (plaudern) chat: wir haben von diesem und jenem geredet we chatted about this and that. – **4.** (sich unterhalten) (über acc) converse (about,

on), (*ausführlich*) discourse (on), discuss (*acc*). – **5.** (*in Wendungen wie*) darüber läßt sich ~ that sounds reasonable, that could be done; heute redet er ganz anders he changed his tune today; j-m ins Gewissen ~ to appeal to s.o.'s conscience; j-m nach dem Munde ~ to butter s.o. up; er läßt mit sich ~ a) he will listen (*od.* is open) to reason, b) you can come to terms with him; sie läßt nicht mit sich ~ she won't listen to reason. – **II** *v/reflex* **6.** sich heiser ~ to talk oneself hoarse; sich in Hitze ~ to get (all) worked up; er hat sich in Wut geredet he talked himself into a rage. – **III** *v/t* **7.** speak: Gutes [Böses] über j-n ~ to speak well [ill] of s.o.; ein paar Worte mit j-m ~ to speak a word or two with s.o.; er hat den ganzen Abend kein Wort geredet he didn't speak (*od.* say) a word all evening; ich habe ein Wörtchen mit dir zu ~ *colloq.* I want to have a word with you. – **8.** talk: Unsinn ~ to talk nonsense; rede nicht soviel! don't talk so much! Leute ~ viel, wenn der Tag lang ist people talk a lot (*colloq.*); j-m das Wort ~ to talk in favo(u)r of s.o.; viel von sich ~ machen to be very much in the news, to get oneself much talked about; → Kohl 2. – **IV R~** *n* ⟨-s⟩ **9.** *verbal noun:* j-n zum R~ bringen to get s.o. to talk; das R~ wird ihm schwer he finds it difficult to talk; all mein R~ war umsonst all my talk was to no purpose; viel R~s von etwas machen to make a fuss about s.th.; ~ ist Silber, Schweigen ist Gold (*Sprichwort*) speech is silver(n), (but) silence is gold(en) (*proverb*). — **'re·dend I** *pres p.* – **II** *adj* ~e Künste rhetorical arts.

'Re·dens·art *f* **1.** phrase, expression: allgemeine ~ common saying (*od.* phrase); eine leere ~ an empty phrase; das ist nur eine schöne ~ that's merely a nice phrase, that's just flowery talk; nichts als ~en pure (*od.* empty) talk, mere words; nur keine ~en! please don't fuss (*od.* stand on ceremony)! – **2.** (*sprichwörtliche*) saying, *auch* saw.

Re·de'rei *f* ⟨-; -en⟩ *colloq.* **1.** (*Geschwätz*) chatter, idle talk, prattle. – **2.** *cf.* Gerede 1, 2.

Re·de·ri·tis [redə'riːtis] *f* ⟨-; *no pl*⟩ *only in* die ~ haben *colloq. humor.* to be in a talkative mood, to suffer from verbal diarrh(o)ea (*colloq. humor.*).

're·de·scheu *adj* shy of speaking, tongue-tied.

'Re·de|schwall *m* torrent (*od.* exuberance, flood) of words. — **~,strom** *m cf.* Redefluß. — **~,teil** *m ling.* part of speech. — **~,übung** *f* exercise in oratory (*od.* rhetoric). — **~,ver·bot** *n* prohibition of speech. — **~,wei·se** *f* manner of speech (*od.* speaking), mode of expression, language. — **~,wen·dung** *f ling.* **1.** figure (*od.* turn, term) of speech, expression, phrase: eine feststehende ~ a fixed expression, a set phrase. – **2.** (*idiomatische*) idiom. — **~,zeit** *f* speaking time: die ~ begrenzen to limit the speaking time, to impose time limits on individual speakers.

re·di·gie·ren [redi'giːrən] *v/t* ⟨*no* ge-, h⟩ *print.* **1.** redact, edit. – **2.** (*überarbeiten*) revise, *Am. auch* copyread, *Br. auch* subedit.

Re·dis·kont [redɪs'kɔnt] *m econ.* rediscount. — **r~,fä·hig** *adj* eligible for rediscount.

re·dis·kon·tie·ren [redɪskɔn'tiːrən] *v/t* ⟨*no* ge-, h⟩ *econ.* rediscount.

Re·dis'kont,satz *m econ.* rediscount rate.

red·lich ['reːtlɪç] **I** *adj* **1.** upright, honest, square, fair. – **2.** (*aufrichtig*) sincere, candid. – **3.** sich (*dat*) ~e Mühe geben to take great pains, to do one's (very) best (*od.* utmost). – **II** *adv* **4.** *cf.* rechtschaffen 4. – **5.** sich ~ bemühen to take great pains, to do one's level best; etwas ~ teilen to divide s.th. fairly; du hast das ~ verdient you thoroughly deserve it. — **'Red·lich·keit** *f* ⟨-; *no pl*⟩ **1.** uprightness, honesty, probity, squareness, fairness. – **2.** sincerity, candidness, candor, *bes. Br.* candour.

Red·ner ['reːdnər] *m* ⟨-s; -⟩ **1.** speaker, (*sehr guter*) orator: er ist ein faszinierender ~ he is a fascinating speaker (*od.* a spellbinder). – **2.** *pol.* (platform) speaker, platformer. — **~,büh·ne** *f* platform, rostrum, speaker's stand, (*improvisierte*) soapbox, *Br.* soap-box: die ~ besteigen to take the floor, to mount the rostrum. — **~,ga·be** *f* gift of oratory (*od.* speech), oratorical (*od.* rhetorical) gift, eloquence.

'Red·ne·rin *f* ⟨-; -nen⟩ speaker, (*sehr gute*) oratrix.

'red·ne·risch *adj* rhetorical, *auch* rhetoric, oratorical, *auch* oratoric.

'Red·ner|,li·ste *f* list of speakers. — **~,po·di·um** *n cf.* Rednerbühne. — **~,pult** *n* speaker's desk. — **~,tri,bü·ne** *f cf.* Rednerbühne.

Re·dou·te [re'duːtə] *f* ⟨-; -n⟩ **1.** *mil. archaic* redoubt. – **2.** *obs. and Austrian for* Maskenball.

'red,se·lig *adj* talkative, loquacious, garrulous, chatty. — **'Red,se·lig·keit** *f* ⟨-; *no pl*⟩ talkativeness, loquaciousness, loquacity, garrulousness, garrulity, chattiness.

Re·duk·ti·on [redʊk'tsioːn] *f* ⟨-; -en⟩ **1.** reduction. – **2.** (*von Preisen etc*) reduction, cut. – **3.** (*von Arbeitsaufwand etc*) cut, reduction. – **4.** *biol. chem. ling. philos.* reduction.

Re·duk·ti'ons|ge,trie·be *n tech. cf.* Reduziergetriebe. — **~,kraft** *f chem.* reducing power. — **~,mit·tel** *n* reducing agent. — **~,ofen** *m metall.* reduction furnace. — **~,stu·fe** *f ling.* reduced grade. — **~,tei·lung** *f* **1.** *biol.* reduction (*od.* maturation) division, meiosis. – **2.** *phys.* (*eines Nonius*) reduction graduation.

Re·duk·tor [re'dʊktɔr] *m* ⟨-s; -en [-'toːrən]⟩ *electr.* reductor.

red·un·dant [redʊn'dant] *adj* redundant. — **Red·un'danz** [-'dants] *f* ⟨-; *no pl*⟩ (*bes. einer Information etc*) redundancy.

Re·du·pli·ka·ti·on [reduplika'tsioːn] *f* ⟨-; -en⟩ *ling.* reduplication. — **re·du·pli'zie·ren** [-'tsiːrən] *v/t* ⟨*no* ge-, h⟩ reduplicate.

re·du'zier·bar *adj* reducible. — **Re·du'zier·bar·keit** *f* ⟨-; *no pl*⟩ reducibility.

re·du·zie·ren [redu'tsiːrən] **I** *v/t* ⟨*no* ge-, h⟩ **1.** reduce. – **2.** (*Preise, Ausgaben etc*) (*auf acc* to) reduce, lower, cut. – **3.** (*Personal etc*) reduce, cut. – **4.** (*Aufwand, Arbeit etc*) limit, cut, reduce. – **5.** *chem.* reduce, deoxidize (*Br. auch* -s-) and hydrogenate. – **II** *v/reflex* sich ~ **6.** diminish, recede, decrease: die Zahl der Mitglieder reduzierte sich ständig the number of members diminished (*od.* dwindled) constantly. – **III R~** *n* ⟨-s⟩ **7.** *verbal noun.* – **8.** *cf.* Reduktion.

Re·du'zier|ge,trie·be *n tech.* speed reduction gear. — **~,stück** *n* (*Verbindungsstück bei Radio, Tonband*) reducing coupling (*od.* piece).

re·du'ziert I *pp.* – **II** *adj* ~ aussehen *fig. colloq.* to look worn.

Re·du'zie·rung *f* ⟨-; -en⟩ **1.** *cf.* Reduzieren. – **2.** *cf.* Reduktion.

Re·du'zier·ven,til *n tech.* reducing valve.

Ree·de ['reːdə] *f* ⟨-; -n⟩ *mar.* road(s *pl*), *auch* roadstead: auf der ~ liegen to lie in the roads; geschlossene [offene] ~ shut [open] anchorage.

ree·den ['reːdən] *v/t* ⟨h⟩ *mar.* (*Schiff*) fit out. **'Ree·der** *m* ⟨-s; -⟩ *mar.* shipowner.

Ree·de'rei *f* ⟨-; -en⟩ *mar.* **1.** shipping company (*od.* firm, house), *bes. Br.* shipping office, shipowner's office. – **2.** shipping line. – **3.** (*Branche*) shipping business (*od.* trade): ~ betreiben to be in the shipping trade. — **~be,trieb** *m cf.* Reederei 1. — **~,flag·ge** *f* house flag. — **~ver,tre·ter** *m* shipping agent.

ree·fen ['reːfən] *v/t* ⟨h⟩ *mar.* reef.

re·ell [re'ɛl] **I** *adj* ⟨-er; -st⟩ **1.** (*Person*) honest, solid, straight. – **2.** (*Preis, Angebot etc*) fair. – **3.** (*Geschäft, Firma*) solid, respectable, straight, honest. – **4.** (*Ware*) good, sound. – **5.** (*Gewinn*) clear, solid. – **6.** (*echt*) (*Chance etc*) real, genuine. – **7.** *math.* (*Zahl*) real. – **II** *adv* **8.** ~ bedient werden to get (good) value for one's money. – **III R~e, das** ⟨-n⟩ **9.** (*in Wendungen wie*) da hast du doch etwas R~es there you have something decent; das ist nichts R~es that's not up to much, that's nothing of lasting value.

Reep [reːp] *n* ⟨-(e)s; -e⟩ *mar.* rope.

Reet [reːt] *n* ⟨-s; *no pl*⟩ *Low G. for* Ried 1.

re·ex·pe·die·ren [re⁹ɛkspe'diːrən] *v/t* ⟨*no* ge-, h⟩ *econ.* reforward.

Re·ex·port [re⁹ɛks'pɔrt] *m econ.* reexport.

Re·fak·tie [re'faktsiə] *f* ⟨-; -n⟩ *econ.* allowance (for unfit [*od.* damaged] goods). — **re·fak'tie·ren** [-'tiːrən] *v/i* ⟨*no* ge-, h⟩ grant an allowance.

Re·fek·to·ri·um [refɛk'toːrium] *n* ⟨-s; -rien⟩ (*in Klöstern*) refectory.

Re·fe·rat [refe'raːt] *n* ⟨-(e)s; -e⟩ **1.** report. – **2.** (*Vortrag*) lecture, paper: ein ~ halten (*über acc* on) to give a lecture, to read a paper. – **3.** (*Besprechung, Kritik*) review. – **4.** (*Dienststelle*) (departmental) section.

Re·fe·ren·dar [referɛn'daːr] *m* ⟨-s; -e⟩ **1.** candidate for higher civil service after passing his first state examination. – **2.** *ped. cf.* Studienreferendar.

Re·fe·ren·dum [refe'rɛndum] *n* ⟨-s; -renda [-da] *u.* -renden⟩ *pol.* referendum, plebiscite, *auch* plebiscite.

Re·fe·rent [refe'rɛnt] *m* ⟨-en; -en⟩ **1.** reporter, speaker. – **2.** (*Sachverständiger*) expert, consultant, official adviser (*auch* advisor), *auch* referee. – **3.** (*Ressortchef*) departmental chief. – **4.** (*Kritiker*) reviewer.

Re·fe·renz [refe'rɛnts] *f* ⟨-; -en⟩ **1.** reference, information: ~en über j-n einholen to ask for references on s.o. – **2.** (*Empfehlung*) recommendation, reference: gute ~en haben to have good references (*od.* credentials). – **3.** (*Firma, Institution etc*) reference: j-n als ~ angeben to give s.o. as a reference.

re·fe·rie·ren [refe'riːrən] *v/i* ⟨*no* ge-, h⟩ **1.** (*über acc*) report (on). – **2.** (*Vortrag halten*) give a lecture (on). – **3.** *ped.* read a paper (on).

Reff¹ [rɛf] *n* ⟨-(e)s; -e⟩ *mar.* reef.

Reff² *n* ⟨-(e)s; -e⟩ *colloq. contempt.* old hag (*od.* bag).

ref·fen ['rɛfən] *v/t* ⟨h⟩ *mar.* (*Segel*) reef.

'Reff,kno·ten *m mar.* reef knot.

re·fi·nan·zie·ren [refinan'tsiːrən] **I** *v/t* ⟨*no* ge-, h⟩ *econ.* **1.** refinance. – **2.** (*rediskontieren*) rediscount. – **II R~** *n* ⟨-s⟩ **3.** *verbal noun.* — **Re·fi·nan'zie·rung** *f* ⟨-; *no pl*⟩ *cf.* Refinanzieren.

Re·flek·tant [reflɛk'tant] *m* ⟨-en; -en⟩ *econ.* prospective buyer, prospect, intending purchaser.

re·flek·tie·ren [reflɛk'tiːrən] **I** *v/t* ⟨*no* ge-, h⟩ **1.** *phys.* (*Licht, Strahlen etc*) reflect, reverberate. – **II** *v/i* **2.** auf (*acc*) etwas ~ *fig. colloq.* to be interested in (*od.* to have one's eye on) s.th.: er reflektiert schon lange auf diesen Posten he has had his eye on this position for a long time. – **3.** über (*acc*) etwas ~ *fig.* (*nachsinnen*) to reflect (up)on s.th. — **re·flek'tie·rend I** *pres p.* – **II** *adj* ~es Kennzeichen *auto.* reflectorizing sign (*od.* marking). — **re·flek'tiert I** *pp.* – **II** *adj* (*Licht, Strahlen etc*) reflected, reverberated.

Re·flek·tor [re'flɛktɔr] *m* ⟨-s; -en [-'toːrən]⟩ **1.** *phys. electr. med.* reflector, reverberator. – **2.** (*optics*) a) (*Spiegelfernrohr*) reflector, b) (*Parabolspiegel*) parabolic mirror (*od.* reflector). – **3.** *auto.* reflector.

re·flek·to·risch [reflɛk'toːrɪʃ] *adj med.* reflex (*attrib*).

Re·flex [re'flɛks] *m* ⟨-es; -e⟩ **1.** *phys.* reflex, reflection, *Br. auch* reflexion. – **2.** *med.* reflex, response: unbedingter [bedingter] ~ unconditional [conditional] reflex. — **~,bahn** *f med.* reflex path (*od.* tract, pathway). — **~be,lag** *m tech.* reflective sheeting. — **~be,we·gung** *f* reflex movement (*od.* action). — **~,bo·gen** *m med.* reflex arc. — **~,hand·lung** *f* reflex action. — **~her,ab·set·zung** *f* hyporeflexia.

Re·fle·xi·on [reflɛ'ksioːn] *f* ⟨-; -en⟩ **1.** *phys.* reflection, *Br. auch* reflexion, reverberation. – **2.** *med. psych.* reflection, *Br. auch* reflexion. – **3.** *fig. lit.* (*Betrachtung, Überlegung*) reflection, *Br. auch* reflexion.

Re·fle·xi·ons|mi,kro·skop *n* (*optics*) reflecting microscope. — **~,ne·bel** *m astr.* reflection (*Br. auch* reflexion) nebula. — **~,pris·ma** *n* (*optics*) reflecting prism. — **~ver,mö·gen** *n phys.* reflecting power: spezifisches ~ reflectivity. — **~,win·kel** *m* angle of reflection (*Br. auch* reflexion).

re·fle·xiv [reflɛ'ksiːf] *ling.* **I** *adj* (*Verbum*) reflexive. – **II R~** *n* ⟨-s; -e⟩ *ling. cf.* Reflexivpronomen. — **R~pro,no·men** *n ling. cf.* Reflexivpronomen.

Re·fle·xi·vum [reflɛ'ksiːvum] *n* ⟨-s; -xiva [-va]⟩ *ling. cf.* Reflexivpronomen.

Re'flex|,licht *n* ⟨-(e)s; -er⟩ *phys.* reflected light, flare. — **~,schal·tung** *f electr.* reflex circuit. — **~,schmerz** *m med.* reflex (*od.* referred) pain. — **~,stei·ge·rung** *f* hyperreflexia. — **~ver,min·de·rung** *f* hyporeflexia.

Re·form [re'fɔrm] *f* ⟨-; -en⟩ reform: eine durchgreifende ~ a sweeping reform.

Re·for·ma·ti·on [refɔrma'tsioːn] *f* ⟨-; -en⟩ **1.** ⟨*only sg*⟩ die ~ *relig. hist.* the Reformation. – **2.** reformation.

Re·for·ma·ti·ons|,fest *n* ⟨-es; *no pl*⟩ *relig.* celebration of the Reformation. — **~,tag** *m* ⟨-(e)s; *no pl*⟩ Reformation Day. — **~,zeit** *f,*

~,zeit,al·ter n relig. hist. time of the Reformation, Reformation period.

Re·for·ma·tor [refor'ma:tor] m ⟨-s; -en [-ma'to:rən]⟩ **1.** relig. hist. Reformer. – **2.** bes. pol. cf. Reformer. — **re·for·ma'to·risch** [-ma'to:rɪʃ] adj **1.** reformatory, reformative. – **2.** relig. reformational.

re'form|be,dürf·tig adj needing (od. in need of) reform(s). — **R~be,stre·bun·gen** pl reformatory efforts (od. endeavors, bes. Br. endeavours).

Re'for·mer m ⟨-s; -⟩ bes. pol. reformer, reformist.

Re'form,haus n health (food) shop (bes. Am. store).

re·for·mie·ren [refor'mi:rən] I v/t ⟨no ge-, h⟩ **1.** reform: etwas gründlich ~ to make a fundamental reform of s.th. – **II R~** n ⟨-s⟩ **2.** verbal noun. – **3.** reform, reformation. — **re·for'miert** I pp. – **II** adj **1.** reformed. – **2.** die ~e Kirche relig. the Reformed Church. — **Re·for'mier·te** m, f ⟨-n; -n⟩ relig. member of the Reformed Church, Reformed, reformist: die ~n the Reformed. — **Re·for'mie·rung** f ⟨-; no pl⟩ cf. Reformieren.

Re·for·mis·mus [refor'mɪsmʊs] m ⟨-; no pl⟩ pol. reformism. — **Re·for'mist** [-'mɪst] m ⟨-en; -en⟩ reformist, reformer. — **re·for'mi·stisch** adj reformist(ic).

Re'form|ka·tho·li,zis·mus m reform Catholicism. — **~,kost** f health food. — **~,maß,nah·men** pl bes. pol. reformatory measures.

Re·frain [rə'frɛ̃:; re-] m ⟨-s; -s⟩ **1.** mus. refrain, burden, chorus, repetend: den ~ mitsingen to join in the refrain (od. chorus). – **2.** metr. cf. Kehrreim 1.

re·frak·tär [refrak'tɛːr] adj med. refractory: gegen Reize ~ bleiben not to respond to stimuli. – **R~,pha·se** f (des Herzens) rest period.

Re·frak·ti·on [refrak'tsio:n] f ⟨-; -en⟩ (optics) phys. refraction.

Re·frak·ti'ons·ano·ma,lie f med. refractive abnormality, ametropia (scient.).

Re·frak·to·me·ter [refrakto'me:tər] n ⟨-s; -⟩ (optics) refractometer.

Re·frak·tor [re'fraktor] m ⟨-s; -en [-'to:rən]⟩ (optics) astr. refractor, refracting telescope. — **re·frak'to·risch** [-'to:rɪʃ] adj med. refractory.

Re·fu·gi·um [re'fu:gium] n ⟨-s; -gien [-giən]⟩ cf. Zufluchtsort.

Re·gal¹ [re'ga:l] n ⟨-s; -e⟩ **1.** (Warenregal) shelves pl, shelf unit, stand, rack. – **2.** (Bücherregal) (book)shelves pl, bookcase, (in einer Bibliothek) stack. – **3.** (Bücherbrett) (book)shelf. – **4.** (Küchenregal) rack, dresser. – **5.** (Flaschenregal) rack. – **6.** print. (Schriftkastengestell) (case) stand, (composing) frame (od. stand), rack. – **7.** mus. regal.

Re'gal² n ⟨-s; -galien [-liən]⟩ meist pl jur. hist. (Hoheitsrecht) regale, regality, royal prerogative, royalty.

Re·ga·le [re'ga:lə] n ⟨-s; -galien⟩ cf. Regal².

re·ga·lie·ren [rega'li:rən] v/t ⟨no ge-, h⟩ j-n ~ obs. to regale s.o.

Re·ga·li·tät [regali'tɛːt] f ⟨-; -en⟩ jur. hist. claim for regalia (od. royalties).

Re'gal,wand f wall lined with shelf units.

Re·gat·ta [re'gata] f ⟨-; -gatten⟩ (sport) regatta. — **~,lei·ter** m competition organizer (Br. auch -s-). — **~,strecke** (getr. -k·k-) f (regatta) course.

re·ge ['re:gə] I adj ⟨-r; regst⟩ **1.** (geistig u. körperlich frisch) active, alert: er ist für sein Alter noch sehr ~ he is still very active despite his (old) age. – **2.** (aktiv) busy, active: sie ist immer ~ she is always busy (od. busying about, colloq. on the go); eine ~ Tätigkeit entfalten to display great activity. – **3.** (lebhaft) lively, keen: wir rechnen mit einer ~n Beteiligung we expect lively (od. good, an active) participation; es besteht eine ~ Nachfrage nach Schmuck there is a keen (od. brisk) demand for jewelry, jewelry is in great demand. – **4.** (angeregt) animated, lively: ~r Briefwechsel animated correspondence; eine ~ Diskussion a lively discussion. – **5.** (geschäftig, betriebsam) busy: auf dem Platz herrscht ~s Leben the square is very busy, the square bustles (od. is astir) with activity. – **6.** (munter, flink) nimble, sprightly, lively, agile. – **7.** (wach) quick, alert: sie hat einen ~n Geist she is very alert, she has a keen (od. nimble) mind, she is very sharp-witted; der

Kaffee hat mich ~ gemacht the coffee perked (od. stirred, roused) me up; der Wunsch wurde in ihm ~ the desire arose (od. lit. welled up) in him (od. in his heart). – **II** adv **8.** actively, busily, lively: das Bad wurde ~ besucht the swimming pool attracted a great many visitors.

Re·gel ['re:gəl] f ⟨-; -n⟩ **1.** (Vorschrift, Bestimmung) rule: gegen die ~n verstoßen to offend (against) (od. violate) the rules; das ist gegen die ~! that is against the rules! sich streng an die ~n halten to stick (od. keep, adhere) closely to the rules; du hast die ~ nicht beachtet you ignored (od. didn't observe) the rule; nach allen ~n der Kunst with a vengeance; eine unumstößliche ~ an ironclad rule; keine ~ ohne Ausnahme (Sprichwort) there is an exception to every rule (proverb); die Ausnahme bestätigt die ~ (Sprichwort) the exception proves the rule (proverb). – **2.** (Richtlinie, Richtschnur) (guiding) rule (od. principle), precept, guide: hierfür läßt sich keine ~ aufstellen you cannot lay down (od. set up) a rule here (od. about this). – **3.** (das Übliche, Norm) standard, norm, rule: in der ~ as a rule, usually, normally, ordinarily. – **4.** (Gewohnheit) habit, rule: es ist ihm zur ~ geworden it has become a habit (od. the rule) with him; ich habe es mir zur ~ gemacht, früh schlafen zu gehen I have made it a rule to go to bed early, I have made a habit (od. point) of going to bed early. – **5.** med. (Menstruation) (menstrual) period(s pl), menstruation, course(s pl) (colloq.); menses pl (construed as sg or pl), catamenia pl (construed as sg or pl) (scient.): sie hat die ~ she has her period; ihre ~ ist ausgeblieben she has missed a period. – **6.** röm.kath. (Ordensregel) observance. – **7.** math. rule.

'Re·gel|,an,las·ser m electr. rheostat starter. — **~,aus,füh·rung** f tech. standard design (od. type).

're·gel·bar adj **1.** adjustable, controllable. – **2.** tech. a) (einstellbar) adjustable, b) (variabel) variable, c) (steuerbar) controllable: ~es Getriebe variable- (od. adjustable-)speed transmission; ~er Motor variable-speed motor. — **'Re·gel·bar·keit** f ⟨-; no pl⟩ bes. tech. a) adjustability, b) variability, c) controllability.

'Re·gel|,blu·tung f med. cf. Regel 5. — **~,buch** n (sport) rule book.

,Re·gel·de'tri [-de'tri:] f ⟨-; no pl⟩ math. obs. for Dreisatz.

'Re·gel|,fall m normal case: im ~ as a rule, normally. — **~ge,trie·be** n tech. variable- (od. adjustable-)speed transmission: stufenloses ~ infinitely variable speed transmission. — **~,kreis** m (in der Kybernetik) feedback control system.

're·gel·los adj **1.** ruleless. – **2.** (unregelmäßig, ungleichförmig) irregular, erratic. – **3.** (ungeregelt, unordentlich) disorderly: ein ~es Leben führen to lead a disorderly (od. disordered) life; in ~er Flucht in panic, in a stampede. — **'Re·gel·lo·sig·keit** f ⟨-; no pl⟩ **1.** lack of rules. – **2.** (Unregelmäßigkeit) irregularity. – **3.** (Unordentlichkeit) disorder(liness).

're·gel,mä·ßig I adj **1.** (Briefwechsel, Bauweise, Puls, Schwingung etc) regular: in ~en Zeitabständen at regular intervals, periodically; eine ~e Beschäftigung a regular (od. steady) occupation; ~e Körper math. regular bodies; ~ machen to regularize (Br. auch -s-). – **2.** (ebenmäßig, gleichmäßig) regular, even: ein ~es Gesicht regular features pl. – **3.** (geordnet, geregelt) regular, regulated, orderly: ein ~es Leben führen to lead a regular life. – **4.** ling. (Verben etc) regular. – **II** adv **5.** regularly: sein Puls geht ~ his pulse is regular; etwas ~ tun to do s.th. regularly; er kommt ~ zu spät he is always (od. generally) late. — **'Re·gel,mä·ßig·keit** f ⟨-; no pl⟩ **1.** regularity: mit schöner ~ iron. with infallible regularity. – **2.** (Ebenmaß, Gleichmaß) regularity, evenness. – **3.** (Geregeltsein) regularity, orderliness.

re·geln ['re:gəln] I v/t ⟨h⟩ **1.** (Verkehr, Verdauung etc) regulate. – **2.** (Unstimmigkeiten, Finanzen, Schulden etc) settle: seine Angelegenheiten ~ to settle one's affairs, to put one's affairs in order; ich werde das mit ihm schon ~ I'll settle that with him, I'll fix it up with him (colloq.). – **3.** (durch

Gesetze, Verordnungen etc) regulate, provide for, settle, regularize Br. auch -s-. – **4.** (Rechtschreibung, Sprache etc) determine, lay down (the) rules for. – **5.** tech. (Geschwindigkeit, Wärme etc) a) (einstellen) adjust, vary, regulate, b) (steuern) regulate, govern. – **6.** electr. control. – **II** v/reflex sich ~ **7.** be regulated: das wird sich von selbst ~ that will take care of itself (colloq.). – **III R~** n ⟨-s⟩ **8.** verbal noun. – **9.** cf. Regelung.

're·gel,recht I adj **1.** (korrekt, vorschriftsmäßig) proper, correct. – **2.** (normal, üblich) regular, normal, usual. – **3.** fig. colloq. (ausgesprochen, wahrhaftig) 'real', 'proper', 'positive' (alle colloq.), downright. – **4.** fig. colloq. (faktisch) virtual. – **II** adv **5.** (korrekt, vorschriftsmäßig) properly, correctly. – **6.** (normal, wie üblich) regularly. – **7.** fig. colloq. (ausgesprochen) downright, positively: er war ~ unverschämt zu mir he was downright (od. colloq. plain) rude to me. – **8.** fig. colloq. (sozusagen, gewissermaßen) virtually, more or less.

'Re·gel|,schal·ter m electr. regulating switch. — **~,schal·tung** f control circuit. — **~,span·nung** f control voltage. — **~,spur** f (railway) normal ga(u)ge. — **~,stö·rung** f med. menstrual irregularity (od. disorder). — **~,tech·nik** f cf. Regelungstechnik. — **~trans·for,ma·tor** m electr. variable (ratio od. voltage) transformer. — **~,über,tre·tung** f (sport) cf. Regelverstoß.

'Re·ge·lung f ⟨-; -en⟩ **1.** cf. Regeln. – **2.** (des Verkehrs, der Verdauung etc) regulation. – **3.** (von Unstimmigkeiten, Schulden etc) settlement. – **4.** (gesetzliche) regulation, provision, regularization Br. auch -s-. – **5.** (von Rechtschreibung, Sprache etc) determination. – **6.** tech. (von Geschwindigkeit, Wärme etc) adjustment, regulation. – **7.** electr. (Steuerung) control.

'Re·ge·lungs,tech·nik f automatic control technology.

'Re·gel|ven,til n tech. regulating valve. — **~ver,let·zung** f (bes. sport) violation of a rule (od. the rules). — **~ver,stoß** m infraction of a rule (od. of the rules), rule infringement, irregularity. — **~vor,rich·tung** f tech. **1.** (zum Einstellen) adjusting (od. regulating) device. – **2.** (Steuerung) control element. — **~wi·der,stand** m electr. **1.** regulating (od. variable) resistance. – **2.** (Rheostat) rheostat.

're·gel,wid·rig (bes. sport) I adj **1.** against (od. contrary to) the rule(s), irregular. – **2.** (unfair) foul, unfair. – **II** adv **3.** einen Spieler ~ angreifen to tackle (od. charge) a player in foul (od. colloq. dirty) play. — **'Re·gel,wid·rig·keit** f ⟨-; -en⟩ (bes. sport) **1.** cf. Regelverstoß. – **2.** (Foulspiel) foul, unfair (od. foul, colloq. dirty) play.

re·gen ['re:gən] I v/t ⟨h⟩ **1.** move, stir: ich konnte vor Kälte kaum noch die Finger ~ it was so cold that I could hardly move a finger, my fingers were numb with cold. – **II** v/reflex sich ~ **2.** (sich bewegen) move, stir, budge, be astir (lit.): er regt (und rührt) sich nicht colloq. he doesn't stir; es regte sich kein Lüftchen (od. Blatt) there was not a breath of air, there was not the slightest breeze astir (lit.). – **3.** (tätig sein) be active (od. busy): reg dich! get up and do something! move! stir yourself! (colloq.); sich ~ bringt Segen (Sprichwort) of idleness comes no good(ness) (proverb). – **4.** (von Gefühl, Zweifel etc) arise, be roused, well up (lit.): Mitleid regte sich in ihm (a feeling of) pity arose in him, he was stirred to pity. – **5.** (von Gewissen) be stirred, be roused. – **6.** (von Hunger, Durst) make itself felt. – **7.** fig. colloq. (in Wendungen wie) du hast dich ja nicht geregt you did not make a move; ich kann mich nicht ~ fig. I can't do a thing.

'Re·gen m ⟨-s; -⟩ **1.** rain: feiner ~ drizzle; starker ~ heavy rain, downpour; bei ~ fahren wir nicht we won't go if it rains; bei (od. in) strömendem ~ in (the) pouring rain; strichweise ~ occasional rain(s pl), scattered showers pl; der ~ fällt (od. geht nieder) the rain comes down; sie sind in den ~ gekommen they met with rain; es gibt (od. kommt) heute noch ~ we shall have (od. we are in for) rain today; es sieht nach ~ aus it looks like rain; vom ~ in die Traufe kommen colloq. to jump out of the frying pan into the fire, to go

from bad to worse; auf ~ folgt Sonnenschein (*Sprichwort*) sunshine follows the rain, after black weather, clear weather (*proverb*), every cloud has a silver lining (*proverb*). – **2.** *fig.* (von Blüten, Geschenken etc) shower, rain. – **3.** *fig.* (von Steinen, Schimpfwörtern etc) hail, volley: ein ~ von Vorwürfen prasselte auf ihn herab reproaches hailed down on him, he was showered with reproaches. — **r~arm** *adj* of low (*od.* little) rainfall (*od.* precipitation). — **~be,klei·dung** *f* (*fashion*) rainwear. — **~bö** *f* rainsquall, line squall. —
'Re·gen|bo·gen *m* rainbow. — **~-,Erd-,schlan·ge** *f zo.* iridescent earth snake (*Xenopeltis unicolor*). — **~,far·ben** *pl* **1.** colors (*bes.* Br. colours) (*od.* tints) of the rainbow: in allen ~ schillern to shine in all (the) colo(u)rs of the rainbow, to iridesce. – **2.** *bes. phys.* spectral (*od.* prismatic) colors (*bes.* Br. colours), iris *sg.* — **r~,far·ben**, **r~,far·big** *adj* rainbow-colored (*bes.* Br. -coloured), in the colors (*bes.* Br. colours) of the rainbow, iridescent. — **~,fo,rel·le** *f zo.* rainbow trout (*Salmo irideus*). — **~,haut** *f med.* iris. — **~,pres·se** *f* rainbow press. —
'Re·gen|,cape *n* (*fashion*) rain cape. — **~,dach** *n* penthouse. — **r~,dicht** *adj* rainproof, raintight. —
Re·ge·ne·ra·ti·on [regenera'tsio:n] *f* ‹-; -en› **1.** (*Erneuerung, Umgestaltung*) regeneration, renewal. – **2.** *biol.* (von Körperteilen) regeneration, reproduction, (von Gewebe) *auch* anagenesis. – **3.** *chem. phys. tech.* regeneration. — **Re·ge·ne·ra·ti·ons-,fä·hig·keit** *f biol.* regenerative power, power of reproduction. —
Re·ge·ne·ra·tiv|,küh·lung [regenera'ti:f-] *f* (*space*) regenerative cooling. — **~,ofen** *m metall.* regenerative furnace. —
Re·ge·ne·ra·tor [regene'ra:tor] *m* ‹-s; -en [-'ra:to·rən]› *tech. metall.* regenerator. —
re·ge·ne·rie·ren [regene'ri:rən] **I** *v/t* ‹no ge-, h› **1.** regenerate, renew. – **2.** *biol.* (*Körperteile, Gewebe etc*) regenerate, reproduce. – **3.** *chem. phys.* regenerate, reclaim. – **4.** *metall.* a) regenerate, recover, b) (*Stahlschmelze*) refine, c) (*Formsand*) reclaim. – **II** *v/reflex* sich ~ **5.** (*sich erneuern*) regenerate, become regenerate. – **6.** (sich erholen, wiederaufleben) regenerate, recreate, recover. – **7.** *biol.* (von Körperteilen) regenerate, be reproduced. — **III R~** *n* ‹-s› **8.** verbal noun. – **9.** *cf.* Regeneration. — **Re·ge·ne·rie·rung** *f* ‹-; no pl› **1.** *cf.* Regenerieren. – **2.** *cf.* Regeneration. —
'Re·gen|,fall *m meteor.* rainfall: heftige Regenfälle heavy rain(fall) *sg*, rainstorms. — **~,fall,rohr** *n* downspout, downcomer, downpipe. — **~,faß** *n cf.* Regentonne. — **~,flut** *f* flood of rain, deluge. — **r~,frei** *adj* without (*od.* free from) rain, rainless, dry. — **~,front** *f meteor.* belt of rain. — **r~,glatt** *adj* (*Straße*) slippery with rain. — **~,guß** *m* **1.** (heavy) shower, rain. – **2.** (*Platzregen*) downpour. — **~,haut** *f* (*TM*) (*fashion*) plastic raincoat. — **~,jahr** *n* rainy (*od.* scient. pluvial) year. — **~,kar·te** *f meteor.* rain chart (*od.* map), hyetograph(ic map) (*scient.*). — **~,klei·dung** *f* (*fashion*) rainwear. — **r~,los** *adj* rainless, without rain, dry. — **~,ma·cher** *m* rainmaker, rain doctor. — **~,man·gel** *m* lack of rain, dryness. — **~,man·tel** *m* (*fashion*) raincoat, rainproof, *bes.* Br. waterproof, mackintosh, *auch* macintosh, Br. colloq. mac. — **~,men·ge** *f meteor.* amount of rain, precipitation, rainfall. — **~,mes·ser** *m* ‹-s; -› rain ga(u)ge; hyetometer, ombrometer, pluviometer (*scient.*). — **~,mes·sung** *f* rainfall (*od.* precipitation) measurement, pluviometry (*scient.*). — **r~,naß** *adj* **1.** wet with rain. – **2.** (*Straße*) slippery with rain. — **~,pe·ri,ode** *f* rainy period (*od.* spell). — **~,pfei·fer** *m zo.* plover (*Gattung Charadrius, Pluvialis, Endromina*). — **r~,reich** *adj* with high rainfall, rainy, wet, pluvial (*scient.*). — **~,rin·ne** *f* (eaves) gutter, eaves (*auch* eave) trough. —
Re·gens ['re:gɛns] *m* ‹-; Regentes [re-'gɛntɛs] u. Regenten [re'gɛntən]› *röm.kath.* (bes. eines Priesterseminars) regent. —
'Re·gen|,schat·ten *m meteor.* (eines Gebirges) rain shadow. — **~,schau·er** *m* shower (of rain), flurry. — **~,schirm** *m* umbrella, Br. colloq. brolly, Am. sl. bumbershoot, (großer) Br. colloq. gamp: den ~ aufspannen to put up (*od.* open)

the umbrella; ich bin gespannt wie ein ~ colloq. I'm on tenterhooks (*od.* on edge), bes. Am. I'm (as) taut as bowstrings (*od.* as a kettledrum). —
'Re·gens 'cho·ri ['ko:ri] *m* ‹- -; Regentes - [re'gɛntɛs]›, *Austrian auch* **Re·gens·cho·ri** [,re:gɛns'ko:ri] *m* ‹-; -› *röm.kath.* conductor (of a choir). —
're·gen|,schwer *adj* (*Wolken*) heavy (with rain). — **R~,sturm** *m* rainstorm. —
Re·gent [re'gɛnt] *m* ‹-en; -en› *pol.* **1.** (*Herrscher*) sovereign, ruler, regent. – **2.** (*stellvertretender Herrscher*) regent. —
'Re·gen|,tag *m* rainy (*od.* wet) day. —
Re·gen·tin [re'gɛntin] *f* ‹-; -nen› *pol. cf.* Regent. —
'Re·gen|,ton·ne *f* rain barrel, water butt. — **~,trop·fen** *m* raindrop. —
Re'gent·schaft *f* ‹-; -en› regency, regentship. — **Re'gent·schafts,rat** *m* ‹-(e)s; ⁓e› *pol.* regency council. —
'Re·gen|ver,si·che·rung *f* rain insurance. — **~,vo·gel** *m zo. cf.* Brachvogel 1. — **~,wald** *m geogr.* rain forest. — **~,was·ser** *n* rainwater. — **~,wet·ter** *n* rainy weather: bei ~ bleiben wir zu Hause we'll stay at home if it rains; er macht ein Gesicht wie drei (*od.* sieben, zehn, vierzehn) Tage ~ *fig. colloq.* he has a face as long as a wet week (*colloq.*). — **~,wol·ke** *f* rain cloud. — **~,wurm** *m zo.* **1.** earthworm, rainworm, Br. rain-worm, (als Angelköder) *auch* angleworm (*Lumbricus terrestris*). – **2.** Großer [Rötlicher] ~ dew [red] worm (*Gattg Allolobophora*). – **3.** brandling (*Eisenia foetida*). — **~,zeit** *f* rainy (*od.* wet) season, (the) rains *pl*: kurze ~ rain spell. —
Re·gie [re'ʒi:] *f* ‹-; -n [-ən]› **1.** (bei Filmen, Hörspielen, Fernsehstücken etc) direction, (bei Theaterstücken) production, *auch* stage direction: bei einem Film (die) ~ führen to direct a film, to have the direction of a film; zu Hause führt seine Frau die ~ *fig.* at home his wife rules the roost; unter der ~ von directed by, under the direction of. – **2.** *telev.* (*Bildregie*) master control. – **3.** (*Leitung, Verwaltung*) administration, management: etwas in eigener ~ führen a) to manage s.th. (by) oneself (*od.* on one's own), b) (*auf eigene Kosten*) to manage s.th. at one's own expense (*od.* on one's own account). – **4.** (*Staatsmonopol*) state (*od.* government) monopoly, regie. — **~,an,wei·sung** *f* producer's direction, (bei Theaterstücken) *auch* stage direction. — **~as·si,stent** *m* a) (*film*) assistant director, b) (*theater*) assistant producer. — **~be,trieb** *m econ.* publicly (*od.* state-)owned (*od.* state-controlled) industrial (*od.* commercial) enterprise. — **~,buch** *n* (*theater*) prompt book (*od.* copy). — **~,feh·ler** *m* **1.** (bei Filmen, Theaterstücken etc) flaw in (the) production. – **2.** *fig.* mistake in the arrangement(s). — **~,ko·sten** *pl econ.* overhead *sg*, overhead expenses (*od.* costs). — **~,pult** *n* (*radio*) control (*od.* mixing) table (*od.* desk). — **~,raum** *m* (*radio*) *telev.* control room. —
re·gie·ren [re'ʒi:rən] **I** *v/t* ‹no ge-, h› **1.** govern, rule (over), (von Königen etc) *auch* reign over: ein Land schlecht ~ to govern a country badly, to misrule (*od.* misgovern) a country; Geld regiert die Welt (*Sprichwort*) money rules the world (*proverb*). – **2.** *ling.* (einen Kasus) govern, take. – **3.** (*Pferd etc*) manage. – **II** *v/i* **4.** (über *acc* etc) rule, govern, (von Königen etc) *auch* reign. – **5.** *fig.* (von Korruption, Unvernunft etc) reign, rule, prevail, predominate. – **III R~** *n* ‹-s› **6.** verbal noun. – **7.** *cf.* Regierung 2. —
re'gie·rend I *pres p.* – **II** *adj* **1.** governing, ruling, (von Königen etc) *auch* reigning, regnant. – **2.** (*amtierend*) officiating: der ~e Bürgermeister von Berlin the officiating burgomaster (*od.* the mayor in office) of Berlin. — **Re'gie·ren·de** *m, f* ‹-n; -n› ruler. —
Re'gie·rung *f* ‹-; -en› **1.** government, rule, (von Königen etc) *auch* reign: unter der ~ (*gen*) a) under the government of, b) in (*od.* under) the reign of; an der ~ sein a) (von Präsidenten etc) to be in office, to be at the helm, b) (von Parteien) to be in power, c) (von Königen etc) to be on the throne; an die ~ kommen, zur ~ gelangen a) (von Kanzler etc) to take office, b) (von Parteien) to come into power, c) (von Königen etc) to come to the throne. – **2.** (*Amtszeit des Präsidenten, Kabinetts*

etc) government, administration. – **3.** (*Kabinett, die Minister*) government: in die ~ eintreten to enter (*od.* join) the government; eine ~ bilden to form a government; die ~ stürzen to overthrow the government. – **4.** (*Staatsverwaltung*) (public) administration. —
Re'gie·rungs|,ab,kom·men *n pol.* intergovernmental agreement. — **~,an,lei·he** *f econ.* government loan (*od.* security, paper). — **~,an,tritt** *m pol.* **1.** entry (up)on office. – **2.** (eines Königs) accession to the throne. — **~ap·pa,rat** *m* machine of government. — **~,bank** *f* ‹-; ⁓e› government bench, Br. auch Treasury Bench. — **~be,am·te** *m* government official, civil servant, Am. auch governmental officer. — **~be,zirk** *m* administrative district. — **~,bil·dung** *f* formation of the government: mit der ~ beauftragt werden to be called (up)on to form a government. — **~,blatt** *n* official gazette (*od.* newspaper). — **~,chef** *m* head of the government. — **~di,rek·tor** *m etwa* chief executive officer: Leitender ~ *etwa* assistant executive officer. — **~er,klä·rung** *f* governmental declaration. — **r~,fä·hig** *adj* (Mehrheit, Koalition etc) working (*attrib*). — **r~,feind·lich** *adj* against the government, oppositional, anti-government(al). — **~,form** *f* (form of) government, regime, *auch* régime. — **r~,freund·lich** *adj* for (*od.* in favor of, *bes.* Br. in favour of) the government, pro-government. — **~ge,bäu·de** *n* government building (*od.* offices *pl*). — **~ge,walt** *f* governmental power, governance. — **~ko·ali·ti,on** *f* governmental coalition. — **~kon·fe,renz** *f* intergovernmental conference. — **~,krei·se** *pl* government(al) (*od.* official) circles. — **~,kri·se** *f* government(al) crisis. — **~par,tei** *f* party in power, governing party. — **~prä·si,dent** *m* president of an administrative district. — **~pro,gramm** *n* program (*bes.* Br. programme) of the government. — **~,rat** *m* ‹-(e)s; ⁓e› **1.** (in Deutschland) *etwa* senior executive officer. – **2.** Swiss (member of the) cantonal government. — **~,sitz** *m* seat of the government. — **~,spre·cher** *m* government spokesman. — **~,stel·le** *f* government agency. — **~sy,stem** *n* political system, system of government. — **~,trup·pen** *pl* government forces. — **~um,bil·dung** *f* government reshuffle, reshuffle (*od.* reconstruction) of the government. — **~,vor,la·ge** *f* government bill (*od.* paper). — **~,wech·sel** *m* change of government. — **~,zeit** *f* **1.** government, rule, (von Königen) *auch* reign. – **2.** (*Amtszeit*) tenure (*od.* term) of office (*od.* power). —
Re·gi·me [re'ʒi:m(ə)] *n* ‹-(s); - [-mə], *rare* -s [-'ʒi:ms]› **1.** (*Herrschaft*) regime, *auch* régime. – **2.** (*Regierungsform*) regime, *auch* régime, (form of) government, polity. —
Re·gi·ment [regi'mɛnt] *n* ‹-(e)s; -e, *mil.* -er› **1.** (*Herrschaft*) rule, reign, *bes. fig.* reign: ein strenges ~ führen to keep a strict rule, to have a strict hand; sie führt das ~ im Hause she rules the roost, she wears the trousers (*od.* breeches, Am. pants); der Winter führt ein strenges ~ winter's sway is severe. – **2.** *mil.* regiment. — **re·gi'men·ter,wei·se** *adv mil.* in regiments. — **Re·gi'ments|,ab,schnitt** *m mil.* regimental sector. — **~be,fehl** *m* mil. regimental order. — **~ka,pel·le** *f* regimental band. — **~kom·man,deur** *m* commander of a regiment, regimental commander. — **~,stab** *m* regimental headquarters *pl* (*often construed as sg*). —
Re·gi·on [re'gio:n] *f* ‹-; -en› region: in den ~en des ewigen Schnees in the regions of eternal snow; in höheren ~en hört die Vegetation auf vegetation stops in higher regions; in höheren ~en schweben *fig.* to live in the clouds. —
re·gio·nal [regio'na:l] *adj* regional, regionary. —
Re·gio·na·lis·mus [regiona'lismus] *m* ‹-; no pl› regionalism. — **Re·gio·na'list** [-'list] *m* ‹-en; -en› regionalist. —
Re·gio'nal|,li·ga *f* (*sport*) second division (*od.* league). — **~pro,gramm** *n* (*radio*) *telev.* regional program (*bes.* Br. programme). —
Re·gis·seur [reʒɪ'søːr] *m* ‹-s; -e› a) (*film*) director, b) (*theater*) Br. stage manager, producer, Am. (stage) director. —
Re·gi·ster [re'gɪstər] *n* ‹-s; -› **1.** (*Ver-*

zeichnis) register, record, lists pl, auch roster: ins ~ eintragen to (enter [s.th.] in the) register. – 2. (Aufzählung) catalog, bes. Br. catalogue. – 3. (in Büchern) (alphabetical) index, (Inhaltsverzeichnis) table of contents. – 4. (Daumenregister) (thumb) index. – 5. mus. register, stop: ein ~ ziehen to pull a stop; alle ~ ziehen fig. to pull all the stops, to go all out (colloq.); andere ~ ziehen fig. to adopt sharper measures. – 6. print. register. — ~,aus,zug m extract from a register. — ~,ein,tra,gung f entry in a register, registration. — ~,ha·fen m mar. port of registry, Am. home port. — ~,knopf m mus. (der Orgel) stop knob, draw knob (od. stop), button. — ~,ton·ne f mar. register ton. — ~,zug m mus. (einer Orgel) back fall, lever, stop knob: blinder ~ accessory stop.

Re·gi·stra·ti·on [registra'tsĭoːn] f ⟨-; -en⟩ 1. cf. Registrieren. – 2. auch mus. registration. – 3. (Eintrag) entry.

Re·gi·stra·tor [regis'traːtər] m ⟨-s; -en [-tra'toːrən]⟩ 1. archaic registrar, recorder. – 2. archaic jur. (am Gericht) actuary, greffier. – 3. (Ordnermappe) file.

Re·gi·stra·tur [registra'tuːr] f ⟨-; -en⟩ 1. cf. Registrieren. – 2. (Büro) filing department, registry, (für Urkunden) record office. – 3. (Aktenschrank) filing (od. file) cabinet. – 4. mus. (an der Orgel) stop-key board.

Re·gi'strier|ap·pa,rat m cf. Registriergerät. — ~,bal,lon m meteor. 1. meteorological (od. sounding) balloon. – 2. (zur Windmessung) pilot balloon.

re·gi'strier·bar adj registrable, auch registerable.

re·gi'strie·ren [regis'triːrən] I v/t ⟨no ge-, h⟩ 1. (Schiff, Verein etc) register, record. – 2. (eintragen) enter, (in einem Inhaltsverzeichnis etc) index. – 3. (durch Meßinstrumente) register, record. – 4. fig. (Dinge, Tatsache etc) register: sie ~ jetzt mit Befriedigung, daß they now register with satisfaction that. – II v/i 5. fig. (von Person) take things in. – 6. mus. register. – III R~ n ⟨-s⟩ 7. verbal noun. – 8. registration.

Re·gi'strier|ge,rät n tech. registering instrument, (schreibendes) recording instrument, recorder. — ~,kas·se f cash register. — ~,num·mer f registration number. — ~,pa,pier n recording paper (od. chart). — ~,pflicht f obligation to keep a register. — ~,stel·le f register office, registry.

re·gi'striert I pp. – II adj 1. registered, on record. – 2. jur. econ. registered.

Re·gi'strie·rung f ⟨-; -en⟩ 1. cf. Registrieren. – 2. cf. Registration.

Re·gle·ment [reglə'mãː; Swiss -'mɛnt] n ⟨-s; -s [-'mãːs] u. Swiss -e [-'mɛntə]⟩ rules pl, regulations pl. — re·gle·men'ta·risch [-glemɛn'taːrɪʃ] adj according to rules (od. regulations). — re·gle·men'tie·ren [-glemɛn'tiːrən] I v/t ⟨no ge-, h⟩ 1. (Dienst, Arbeit etc) regularize Br. auch -s-, regiment. – 2. (Personen) regiment. – II R~ n ⟨-s⟩ 3. verbal noun. — Re·gle·men'tie·rung f ⟨-; -en⟩ 1. cf. Reglementieren. – 2. jur. a) (bes. von Prostituierten) regimentation, b) (Regelung) regularization Br. auch -s-.

Reg·ler ['reːglər] m ⟨-s; -⟩ 1. tech. a) regulator, b) (zur Drehzahleinstellung) speed-setting device, c) (zur Drehzahlverstellung) (speed) governor, d) (Ventileinstellungsregler) valve positioner, e) (Fliehkraftregler) centrifugal governor, f) (zur Stellgrößenänderung) automatic controller (od. regulator), g) (Reglerventil) governor valve, h) (Anlasser) governor, i) (in der Wärmetechnik) thermostat. – 2. electr. a) regulator, controller, b) (Spannungsregler) voltage regulator, c) (Anlaßregler) starting rheostat. – 3. phys. (in der Akustik) tone controller. — ~,(bü·gel)ei·sen n (regulatable) electric iron, thermostatic iron. — ~ven,til n tech. 1. governor valve. – 2. (Regulierventil) control valve.

Re·glet·te [re'glɛtə] f ⟨-; -n⟩ meist pl print. reglet, slug, lead.

'reg·los adj cf. regungslos.

'Reg·lung f ⟨-; -en⟩ cf. Regelung.

reg·nen ['reːgnən] I v/impers ⟨h⟩ 1. rain, (fein) drizzle: es regnet it is raining; es regnete stark (od. in Strömen) it poured (with rain); es hat den ganzen Tag geregnet it rained all day (long); es regnet dicke Tropfen it is raining heavy drops;

---

es regnet Bindfäden fig. colloq. it is raining cats and dogs; es regnete Steine fig. there was a shower of stones; es regnete Anfragen [Beschwerden] fig. there was a deluge of inquiries [complaints], they were snowed under with inquiries [complaints]. – II v/i ⟨sein⟩ 2. fig. rain: Blüten regneten von den Bäumen blossoms rained (down) from the trees. – III R~ n ⟨-s⟩ 3. verbal noun. – 4. rain.

'Reg·ner m ⟨-s; -⟩ (Gartengerät) sprinkler.

'reg·ne·risch adj (Sommer, Tag etc) rainy, wet, showery, soppy, pluvious (scient.).

Re·greß [re'grɛs] m ⟨-sses; -sse⟩ 1. econ. jur. a) redress, recourse, b) (Schadenersatz) recovery of damages, c) (Sprungregreß bei Wechseln) selective recourse: gegen j-n ~ nehmen to have recourse to s.o. – 2. philos. a) recourse, b) (unendlicher) (infinite) regress. — ~,an,spruch m econ. jur. right of recourse, claim to damages: mit [ohne] ~ with [without] recourse.

Re·gres·si·on [regrɛ'sĭoːn] f ⟨-; -en⟩ regression. — re·gres'siv [-'siːf] adj regressive.

Re'greß|,kla·ge f econ. jur. action for recourse. — ~,neh·mer m recoverer, auch recoverer, person seeking recourse (od. redress). — ~,pflicht f liability to recourse. — r~,pflich·tig adj liable to recourse. — ~,recht n right of recourse.

'reg·sam adj 1. active: sein Geist ist noch immer sehr ~ he still has a very active mind (od. a keen intellect). – 2. (aufgeweckt) alert, quick. – 3. (behend) agile. — 'Reg·sam·keit f ⟨-; no pl⟩ 1. activity. – 2. alertness, quickness. – 3. agility.

re·gu·lär [regu'lɛːr] adj 1. (Markt, Preis, Truppen etc) regular. – 2. (üblich) usual. – 3. (gewöhnlich) ordinary.

Re·gu'lar|,geist·li·che [regu'laːr-], ~,kle·ri·ker m röm.kath. regular.

Re·gu·la·ti·on [regula'tsĭoːn] f ⟨-; -en⟩ med. biol. regulation, regulatory process.

re·gu·la·tiv [regula'tiːf] I adj regulative, regulating. – II R~ n ⟨-s; -e⟩ regulative, regulation.

Re·gu·la·tor [regu'laːtər] m ⟨-s; -en [-la'toːrən]⟩ 1. cf. Regler. – 2. (watchmaking) regulator, wall clock.

re·gu'lier·bar adj bes. tech. cf. regelbar. — **Re·gu'lier·bar·keit** f ⟨-; no pl⟩ cf. Regelbarkeit.

re·gu·lie·ren [regu'liːrən] I v/t ⟨no ge-, h⟩ 1. (Entwicklung, Fluß, Preise etc) regulate, control. – 2. econ. (Forderung etc) settle. – 3. tech. cf. regeln 5. – II R~ n ⟨-s⟩ 4. verbal noun. – 5. cf. Regulierung.

Re·gu'lier|,hahn m tech. regulating valve. — ~,schrau·be f 1. adjusting screw. – 2. (Stellschraube) set screw. — ~,spu·le f electr. regulating coil.

Re·gu'lie·rung f ⟨-; -en⟩ 1. cf. Regulieren. – 2. regulation. – 3. econ. settlement. – 4. tech. cf. Regelung 6.

Re·gu'lie·rungs,ar·bei·ten pl civ.eng. (an Flüssen) regulation (od. regulating) work sg.

Re·gu'lier|ven,til n tech. 1. control valve. – 2. (Reglerventil) governor valve. — ~,wi·der,stand n electr. 1. regulating resistance. – 2. rheostat. [regulus.]

Re·gu·lus ['reːgulus] m ⟨-; -se⟩ metall.∫

'Re·gung f ⟨-; -en⟩ 1. movement, motion, stir: jede ~ seines Gesichtes every movement of his face; ohne jede ~ daliegen to lie there motionless. – 2. fig. (Gefühlsregung) emotion, feeling, sentiment, (plötzliche) impulse: er ist keiner menschlichen ~ fähig he is void of all humane feeling(s); einer plötzlichen ~ folgen to follow an (od. a sudden) impulse.

'regungs·los adj motionless, (stock-)still, stirless (lit.), moveless (poet.). — **'Regungs·lo·sig·keit** f ⟨-; no pl⟩ motionlessness, stillness.

Re·gur·gi·ta·ti·on [regurgita'tsĭoːn] f ⟨-; -en⟩ med. regurgitation. — re·gur·gi'tie·ren [-'tiːrən] v/t ⟨no ge-, h⟩ u. v/i ⟨sein⟩ regurgitate.

Reh [reː] n ⟨-(e)s; -e⟩ zo. roe deer (Capreolus capreolus): junges ~ fawn; männliches ~ cf. Rehbock; weibliches ~ doe, roe: scheu wie ein ~ (as) timid as a mouse; sie ist schlank wie ein ~ fig. she is (as) slender as a willow.

Re·ha·bi·li·tand [rehabili'tant] m ⟨-en; -en⟩ med. rehabilitant. — **Re·ha·bi·li·ta·ti·on** [rehabilita'tsĭoːn] f ⟨-; -en⟩ 1. auch med. rehabilitation. – 2. (Wieder-

---

einsetzung) rehabilitation, reinstatement. — **Re·ha·bi·li·ta·ti'ons,zen·trum** n rehabilitation center (bes. Br. centre). — **re·ha·bi·li'tie·ren** [-li'tiːrən] I v/t ⟨no ge-, h⟩ 1. rehabilitate. – 2. (wiedereinsetzen) rehabilitate, reinstate. – 3. (Gemeinschuldner) discharge. – II v/reflex sich ~ 4. rehabilitate oneself, recover one's reputation. – III R~ n ⟨-s⟩ 5. verbal noun. — **Re·ha·bi·li'tie·rung** f ⟨-; -en⟩ 1. cf. Rehabilitieren. – 2. cf. Rehabilitation.

'Reh|,bein n vet. (eines Pferdes) bone spavin. — ~,bock m zo. roebuck, buck. — ~,bra·ten m gastr. roast venison. — r~,braun adj fawn(-brown), fawn-colored, bes. Br. fawn-coloured. — ~,brunft f hunt. rutting (time) of roe deer, rut.

Re·he ['reːə] f ⟨-; no pl⟩ vet. founder, laminitis (scient.).

'reh|,far·ben, ~,far·big adj cf. rehbraun.

'Reh|,geiß f hunt. doe. — ~,kalb n roe, fawn. — ~,keu·le f gastr. leg (od. haunch) of venison. — ~,kitz n fawn.

Reh·ling ['reːlɪŋ] m ⟨-s; -e⟩ bot. cf. Pfifferling 1.

'Reh|,po·sten m hunt. obs. cf. Rehschrot. — ~,rücken (getr. -k·k-) m gastr. loin (od. saddle) of venison. — ~,schle·gel m cf. Rehkeule. — ~,schrot m, n hunt. obs. buckshot. — ~,spie·ßer m brocket, Am. spike buck. — ~,sprung m (sport) (beim Kunstturnen etc) stag leap. — ~,wild n hunt. (roe) deer. — ~,zie·mer m gastr. cf. Rehrücken.

Rei·bach ['raɪbax] m ⟨-s; no pl⟩ (thieves' Latin) cf. Rebbach.

'Reib|,ah·le f tech. 1. (Handreibahle) hand reamer. – 2. (Maschinenreibahle) chucking reamer. — ~,an,trieb m friction drive.

'Rei·be f ⟨-; -n⟩ cf. Reibeisen. — ~,brett n (der Maurer) (hand) float, (langes) darby, (zum Glätten der Ecken) quirk float. — ~ge,räusch n med. friction murmur.

'Reib,ei·sen n grater, (vegetable) shredder, rasp: Käse [Kartoffeln] auf dem ~ reiben to grate cheese [potatoes]; Hände wie ein ~ haben fig. colloq. to have hands like a rasp; sie hat eine Stimme wie ein ~ fig. colloq. she has a voice like a corncrake (Am. buzz saw) (colloq.).

'Rei·bel|,ku·chen m Western G. gastr. for Kartoffelpuffer. — ~,laut m ling. fricative, spirant.

rei·ben ['raɪbən] I v/t ⟨reibt, rieb, gerieben, h⟩ 1. rub, give (s.th.) a rub: sich (dat) die Augen [Hände] ~ to rub one's eyes [hands]; sich (dat) vergnügt die Hände ~ to rub one's hands in glee; der Kragen reibt mich the collar is rubbing, the collar is chafing (my neck); den Tisch blank ~ to rub (od. scour) the table till it shines; sich (dat) den Schlaf aus den Augen ~ fig. to rub the sleep out of one's eyes; sich (dat) den Fuß wund ~ to get sores on one's foot; j-m etwas unter die Nase ~ fig. colloq. to bring s.th. home to s.o., to rub s.th. in. – 2. (kratzen) scratch, rub: sich (dat) den Rücken ~ to scratch one's back; er rieb sich (nachdenklich) die Stirn he scratched his head (thoughtfully). – 3. (Brot, Käse, Kartoffeln etc) grate. – 4. etwas fein (od. zu Pulver) ~ to pulverize (Br. auch -s-) s.th., bes. med. pharm. to triturate s.th. – 5. (Zündholz) strike. – 6. (Farben) grind. – 7. (massieren) rub, massage. – 8. tech. (mit Reibahle) ream. – 9. Austrian a) (Kaffee) grind, b) (scheuern) scrub. – II v/i u. v/impers 10. (scheuern) chafe, scratch, rub: es reibt it rubs, it is scratching; der Schuh reibt the shoe chafes (od. pinches). – 11. tech. a) (mit der Hand) rub, b) (mittels Reibahle) ream. – III v/reflex sich ~ 12. (sich kratzen) rub (od. scratch) oneself: das Pferd reibt sich an einem Baum the horse rubs itself against a tree. – 13. sich am Fuß wund ~ to chafe one's foot. – 14. sich an j-m ~ fig. colloq. to pick a quarrel with s.o. – IV R~ n ⟨-s⟩ 15. verbal noun. – 16. cf. Reibung.

'Rei·ber m ⟨-s; -⟩ 1. grater. – 2. print. a) (Farbreiber) brayer, muller, distributor, b) (an der Steindruckpresse) grinder, rubber. – ~,druck m ⟨-(e)s; -e⟩ print. rubbing.

Rei·be'rei f ⟨-; -en⟩ meist pl fig. colloq. (constant) friction, tiff: zwischen ihnen gab es dauernd ~en there was constant friction between them.

'Reib|,fe·stig·keit f tech. resistance to friction. — ~,flä·che f 1. rubbing (od.

friction) surface. - **2.** (*für Zündhölzer*) striking (*od.* rough) surface. — ~**keu·le** f tech. (*eines Mörsers*) pestle. — ~**lö·ten** n tech. tinning. — ~**rad** n tech. friction roller (*od.* wheel). — ~**rad₁an₁trieb** m friction drive.

'**Rei·bung** f ⟨-; -en⟩ **1.** cf. Reiben. - **2.** tech. friction: gleitende ~ sliding friction; rollende ~ rolling friction; ~ der Bewegung kinetic friction; ~ der Ruhe static friction. - **3.** med. friction. - **4.** fig. cf. Reiberei.

'**Rei·bungs₁bahn** f (*railway*) adhesion railway. — ~**brem·se** f tech. friction brake. — ~**elek·tri·zi₁tät** f phys. electr. frictional electricity. — ~**flä·che** f **1.** frictional surface. - **2.** a) striking surface, b) (*Kontaktfläche*) surface of contact. - **3.** fig. cf. Reibungspunkt 2. — **r~₁frei** adj tech. frictionless. — ~**ge₁trie·be** n cf. Reibradantrieb. — ~**ko·ef·fi·zi₁ent** m phys. coefficient of friction. — ~**kraft** f tech. frictional force. — ~**kupp·lung** f **1.** (*railway*) friction coupling. - **2.** tech. friction clutch.

'**rei·bungs·los I** adj **1.** frictionless. - **2.** fig. smooth. - **II** adv **3.** fig. smoothly, without a hitch.

'**Rei·bungs₁punkt** m **1.** tech. center (*bes. Br.* centre) of friction. - **2.** fig. cause of friction. — ~**rad** n tech. cf. Reibrad. — ~₁**schicht** f meteor. friction layer. — ~**ver·lust** m tech. frictional loss. — ~**wär·me** f frictional heat. — ~**wi·der₁stand** m **1.** frictional resistance. - **2.** (*eines Motors*) engine drag. - **3.** (*eines Ruderboots*) skin friction. - **4.** (*space*) skin friction drag.

'**Reib₁zün·der** m tech. friction fuse.

reich [raɪç] **I** adj ⟨-er; -st⟩ **1.** (*wohlhabend*) rich, wealthy, (very) well-off (*attrib*), well--to-do, moneyed, *auch* monied; affluent, opulent (*lit.*): arm und ~ rich and poor; ~e Leute rich (*od.* moneyed) people; aus ~em Hause stammen (*od.* kommen) to come from a rich (*od.* wealthy) house; eine ~e Erbschaft machen to inherit a fortune; ~ heiraten, eine ~e Partie machen to marry money; j-n ~ machen to make s.o. rich, to enrich s.o.; sie ist ein Kind ~er Eltern she was born with a silver spoon in her mouth; er ist über Nacht ~ geworden he became rich overnight; er ist sehr schnell ~ geworden he became rich (*od.* he made money) very quickly. - **2.** (*reichlich*) rich, abundant, plentiful, copious, (*bes. Mahlzeit*) sumptuous: ~e Ernte rich (*od.* abundant) crop, plentiful (*od.* bounteous) harvest; ~e Jahre years of plenty, fat years; ~e schwarze Haare full black hair sg; in ~em Maß richly, abundantly, copiously. - **3.** ~ an (*dat*) rich in, abounding in, abundant in, wealthy in: er ist ~ an Ideen he is rich in ideas, he has a wealth of ideas; ~ an Wild rich (*od.* abounding) in game; das Land ist ~ an Mineralquellen the country is rich (*od.* abounds) in mineral resources. - **4.** (*Sammlung, Schmuck*) rich, precious. - **5.** (*Geschenk, Kleider etc*) expensive, rich. - **6.** (*Beute, Fang etc*) rich, large, great. - **7.** (*umfangreich*) wide, rich: ~e Auswahl von Büchern wide (*od.* good) selection of books; aus ~er Erfahrung from wide (*od.* rich) experience; um eine Erfahrung ~er having learned s.th. new; ~es Wissen haben to have (a) wide knowledge. - **8.** geol. min. ~es Erz rich (*od.* high--grade) ore; ~e Ölquellen rich oil wells. - **9.** auto. (*Kraftstoffgemisch*) rich. - **10.** agr. (*Boden*) fertile, mellow, rich. — **II** adv **11.** richly: die Wohnung ist ~ ausgestattet the apartment (*bes. Br.* flat) is richly furnished; ~ beladen mit Geschenken richly laden with presents; j-n ~ beschenken to shower presents on s.o.; ~ illustriert sein to be richly (*od.* copiously) illustrated.

Reich n ⟨-(e)s; -e⟩ **1.** pol. hist. a) (*Großstaat*) empire, b) (*Königreich*) kingdom: das Britische ~ hist. the British Empire; das (Deutsche) ~ hist. the German Reich (*od.* Empire); das Heilige Römische Deutscher Nation hist. the Holy Roman Empire of the German Nation, the Empire; das ~ der Mitte China (the Middle *od.* Central Kingdom); das Weströmische ~ hist. the Western Empire; das Dritte ~ hist. the Third Reich. - **2.** fig. (*Bereich*) kingdom: das ~ der Pflanzen [Tiere] the vegetable [animal] kingdom. - **3.** fig.

(*Gebiet*) realm, world, domain, *auch* region: das ~ der Frau the domain (*od.* world, realm) of women; das ~ der Kunst the realm (*od.* world) of art; diese Nachricht gehört in das ~ der Fabel this report belongs in the realm of fantasy; im ~ der Schatten (*od.* Toten) poet. in the realm of shades, in the lower regions, in Hades; das ~ der Träume the realm of dreams, dreamland. - **4.** relig. kingdom, empire, realm: das himmlische ~ the celestial empire; das ~ Gottes the kingdom of God; zu uns komme Dein ~! Dein ~ komme! Thy kingdom come! mein ~ ist nicht von dieser Welt Bibl. my kingdom is not of this world.

'**reich₁be·bil·dert** adj ⟨attrib⟩ richly (*od.* copiously) illustrated. — ~**be·gü·tert** adj ⟨attrib⟩ wealthy, rich. — ~**blü·hend** adj ⟨attrib⟩ hort. free-flowering.

'**Rei·che**[1] m ⟨-n; -n⟩ rich man (*od.* person): die ~n the rich; er spielt den ~n he pretends to be rich, *bes. Am.* he acts rich.

'**Rei·che**[2] f ⟨-n; -n⟩ rich woman.

rei·chen ['raɪçən] **I** v/t ⟨h⟩ **1.** reach, pass, hand, give: sie reichte ihm etwas zu trinken she gave him s.th. to drink; würden Sie mir bitte das Salz ~? would you pass (*od.* hand) me the salt, please? may I trouble you for the salt? → Hand[1] Verbindungen mit Verben; Wasser 3. - **2.** (*hinhalten*) present, offer: j-m den Arm ~ to offer (*od.* hold out, reach out) one's arm to s.o.; j-m die Wange [den Mund] zum Kusse ~ to offer s.o. one's cheek [lips] for a kiss; einem Säugling die Brust (zum Trinken) ~ to suckle a baby. - **3.** (*anbieten*) offer, serve: man reichte Erfrischungen cold snacks (*od.* drinks) were served (*od.* passed around); Kaffee wird im Nebenzimmer gereicht coffee is being served in the next room. - **4.** relig. (*das Abendmahl*) administer. - **II** v/i **5.** (*genügen*) suffice, do: das Brot muß für uns beide ~ the bread has to do for both of us; die Butter muß bis morgen ~ the butter will have to do (*od.* last) till tomorrow; reicht das? is that enough? will that do? solange der Vorrat reicht till stocks are exhausted; bei ihnen reicht es hinten und vorne nicht colloq. they can't make both ends meet; das reicht nicht hin und nicht her colloq. that won't get us very far; jetzt reicht mir's! fig. colloq. I have had enough, I am fed up (colloq.); jetzt reicht es aber! fig. colloq. that will do! that's enough! - **6.** (*sich ausdehnen*) stretch, extend, reach: unser Grundstück reicht bis zum Wald our property stretches as far as the wood; soweit das Auge reicht as far as the eye can see. - **7.** (*herankommen*) come up: die Zweige ~ bis an mein Fenster the branches come right up to my window; das Wasser reicht ihm schon bis zum Hals fig. colloq. he is up to his neck in trouble, he is in hot water (colloq.). - **8.** mit etwas ~ colloq. to manage on s.th., to make do with s.th.

'**reich₁hal·tig** adj **1.** (*Mahl*) rich, sumptuous. - **2.** (*Bibliothek etc*) extensive. - **3.** (*Auswahl etc*) wide, tremendous (colloq.). — '**Reich₁hal·tig·keit** f ⟨-; no pl⟩ **1.** richness, sumptuousness. - **2.** extensiveness, extensivity. - **3.** wide (*od.* colloq. tremendous) variety.

'**reich·lich I** adj **1.** cf. reich 2. - **2.** (*mehr als genug*) plenty (of): wir haben ~ Zeit [Platz] we have plenty of time [room]; ich habe ~ davon I have plenty of. enough and to spare). - **3.** (*großzügig*) generous, ample. - **4.** (*gut*) good: eine ~e Stunde a good (*od.* more than an) hour. — **II** adv **5.** (*ziemlich*) rather: ~ viel [groß, nervös] rather a lot [large, nervous]; der Film war ~ langweilig the film was rather boring. - **6.** (*gut*) a good: ~ zwei Pfund a good two pounds; ich habe noch ~ 100 Mark I still have a good 100 marks; ~ die Hälfte davon a good half of it. - **7.** (*mehr als*) well over, more than: ich kenne sie seit ~ einem Jahr I have known her for well over a year; wir sind ~ eine Stunde gelaufen we walked for more than an hour; wir haben ~ zu essen we have food galore; aufs ~ste mit etwas versorgt sein to have plenty of s.th. and to spare. - **8.** (*genug*) ample: mehr als ~ more than ample; ~ zu tun haben to have a great deal to do. - **9.** (*größer als nötig*) larger than necessary: ich habe den Anzug etwas ~ genommen

I took the suit a size larger than necessary, I took the suit rather on the large side (colloq.). - **10.** (*großzügig*) generously: ~ schenken to give generously. — '**Reich·lich·keit** f ⟨-; no pl⟩ abundance, copiousness, plentifulness.

'**Reichs₁acht** f hist. ban of the Empire: über j-n die ~ verhängen to put s.o. under the ban of the Empire. — ~**₁adel** m nobility of the Empire. — ~**₁ad·ler** m (*des alten dt. Reichs*) Imperial eagle. — ~**an·ge·hö·ri·ge** m, f meist in deutscher ~r German citizen (*od.* subject, national), citizen (*od.* subject, national) of the (German) Reich. — ~**₁apfel** m Imperial orb (*od.* mound, globe, pome). — ~**ar·beits₁dienst** m hist. (*in NS-Zeit*) National Labor (*bes. Br.* Labour) Service. — ~**bahn** f ⟨-; no pl⟩ hist. u. DDR German State Railroad (*Br.* Railway). — ~**bank** f National Bank of the (German) Reich. — ~**ban·ner** n Imperial banner. — ~**de·pu·ta·ti·ons₁haupt₁schluß** m decision of the Deputation of the German Estates in 1803 compensating German sovereign princes for losses of territories ceded to France. — ~**₁deut·sche** m, f hist. (*vor 1938*) person under the jurisdiction of the (German) Reich. — ~**far·ben** pl hist. Imperial (*od.* national) colors (*bes. Br.* colours). — ~**flag·ge** f National (*od.* Imperial) flag (*od.* colors pl, bes. Br.* colours). — ~**ge₁biet** n **1.** national territory. - **2.** hist. territory of the (German) Reich. — ~**ge₁richt** n supreme court of the (German) Reich, Reichsgericht. — ~**₁gren·ze** f **1.** national frontier (*od.* boundary). - **2.** hist. frontier of the (German) Reich. — ~**haupt₁stadt** f **1.** national capital. - **2.** hist. capital of the (German) Reich, German capital. — ~**heer** n hist. Imperial army. — ~**idee** [-,ʔiˌdeː] f Imperial idea. — ~**in·si·gni·en** pl Imperial crown jewels. — ~**kanz₁lei** f Chancellery (*od.* Chancellory) of the (German) Reich. — ~**kanz·ler** m Chancellor of the (German) Reich. — ~**klein·odi·en** pl cf. Reichsinsignien. — ~**kon·kor₁dat** n jur. concordat between the Third Reich and the Holy See (1933). — ~**mark** f reichsmark, *auch* Reichsmark. — **r~₁mit·tel·bar** adj hist. mediatized *Br. auch* -s-, mediate. — ~**pfennig** m reichspfennig, *auch* Reichspfennig. — ~**prä·si₁dent** m President of the (German) Reich. — ~**re₁gie·rung** f government of the (German) Reich. — ~**rit·ter·schaft** f hist. knighthood of the (Holy Roman) Empire. — ~**stadt** f (*freie*) ~ free imperial town (*od.* city). — ~**stand** m meist pl estate of the Empire. — ~**tag** m hist. **1.** (*im alten deutschen Reich*) Imperial Diet: ~ zu Worms Diet of Worms. - **2.** (*German*) Reichstag (1871—1945). [(1933).]

'**Reichs₁tags₁brand** m Reichstag fire. '**reichs₁un₁mit·tel·bar** adj hist. directly subordinate to the Emperor, immediate. — '**Reichs₁un₁mit·tel·bar₁keit** f ⟨-; no pl⟩ immediacy: die ~ verlieren to be mediatized.

'**Reichs₁ver₁fas·sung** f hist. constitution of the (German) Reich. — ~**ver₁we·ser** m (*im alten deutschen Reich*) regent, protector. — ~**wehr** f Reichswehr.

'**Reich·tum** m ⟨-s; ⁺er⟩ **1.** (*an Geld, Sachwerten etc*) riches pl, wealth, opulence, fortune, affluence: ~ erwerben to acquire riches; sagenhafter ~ colloq. fabulous wealth; damit lassen sich keine großen Reichtümer erwerben colloq. you won't get far that way. - **2.** fig. (*an geistigen u. materiellen Gütern*) richness, riches pl, wealth, auch resources pl: Reichtümer eines Landes resources of a country; ~ an Ideen wealth (*od.* fertility) of ideas (*od.* of mind), fecundity (*lit.*). - **3.** fig. (*an Möglichkeiten*) (an dat of) variety, multiplicity. - **4.** (*Überfluß*) (an dat of) abundance, plenty, profusion, affluence.

'**reich·ver₁ziert** adj ⟨attrib⟩ rich, richly decorated (*od.* ornamented).

'**Reich₁wei·te** f ⟨-; -n⟩ **1.** (*Armlänge*) reach: in ~ sein to be within reach, to be (near) at hand; das ist außerhalb meiner ~ a) that's out of my reach (*od.* range), b) fig. colloq. that's beyond my reach. - **2.** (*Hör-, Sichtweite*) range: die ~ einer Stimme the range of a voice. - **3.** mil. (*von Geschütz, Rakete etc*) (firing) range: große [mittlere] ~ long [medium] range; etwas an (dat) ~ übertreffen to outrange s.th. - **4.** mar. (*Aktionsradius*) cruising radius (*od.* range), radius of action. – **5.** *aer.* (*Aktionsradius*) (*flying*) range. – **6.** (*radio*) range, coverage. – **7.** (*beim Boxsport*) reach.

reif [raɪf] *adj* ‹-er; -st› **1.** (*voll entwickelt*) ripe, mature: ~ werden to ripen, to become ripe (*od.* mature): ~es Obst [~er Wein] ripe (*od.* mature, mellow) fruit [wine]; ~er Käse ripe (*od.* mature) cheese; eine ~e Schönheit *fig.* a mature beauty; eine ~e Leistung *fig.* a mature performance. – **2.** (*seelisch gefestigt*) mature: eine ~e Persönlichkeit a mature personality; ein ~es Urteil a mature judg(e)ment. – **3.** (*älter*) mature, older: die ~ere Jugend *humor.* the older set; ein Mann in den ~en (*od.* ~eren) Jahren a middle-aged man, a man of mature (*od.* ripe) years, a man in his ripe years. – **4.** (*fällig, geeignet*) ripe, ready: die Zeit ist noch nicht ~ time is not yet ripe; ich bin bald ~ für die Irrenanstalt *colloq.* I'll soon be ripe (*od.* ready) for the lunatic asylum; du bist bald ~ für eine Tracht Prügel *colloq.* go on like this and you're in for a sound thrashing. – **5.** *med.* (*Abszeß etc*) ripe, mature: ~ werden to mature, to come to a head.

Reif¹ *m* ‹-(e)s; *no pl*› hoar(frost), (white) frost, silver thaw (*od.* storm), rime (*lit.*): mit ~ überziehen to (cover with) frost.

Reif² *m* ‹-(e)s; -e› **1.** *poet.* a) (*Ring*) ring, b) (*Stirnreif*) circlet, coronet, c) (*Armreif*) bracelet. – **2.** *cf.* Reifen 1, 3.

'Rei·fe *f* ‹-; *no pl*› **1.** (*von Obst, Wein, Käse etc*) ripeness, maturity, matureness: zur ~ bringen to bring to maturity; zur ~ kommen to ripen, to mature, (*von Obst*) *auch* to mellow. – **2.** *med.* (*Geschlechtsreife*) puberty. – **3.** (*des Alters, eines Urteils etc*) maturity, matureness: er hat noch nicht die sittliche ~ he is morally immature. – **4.** *cf.* Abitur: mittlere ~ *Am.* etwa junior high school diploma, *Br.* General Certificate of Education Ordinary Level. — ~grad *m* degree of ripeness (*od.* maturity).

rei·feln ['raɪfəln] **I** *v/t* ‹h› *cf.* riefeln, riffeln 1. – **II** *v/i Southwestern G. and Swiss* (*mit dem Reifen spielen*) play with the hoop. — **'Rei·fe·lung** *f* ‹-; -en› *cf.* Riefelung, Riffelung.

rei·fen¹ ['raɪfən] **I** *v/i* ‹sein› **1.** (*von Obst, Wein, Käse etc*) ripen, mature, grow ripe: Wein reift durch langes Lagern wine matures with age; das Getreide ~ lassen to mature the grain. – **2.** (*von Menschen*) mature, ripen: zum Mann ~ to attain manhood, to grow to man's estate (*lit.*). – **3.** (*von Gedanken, Plänen etc*) mature, take shape: in ihm reifte der Entschluß the decision gradually took shape in his mind; einen Plan ~ lassen to mature a plan. – **4.** *med.* (*von Abszessen etc*) mature, come to a head, gather. – **II** *v/t* ‹h› **5.** (*Obst, Wein, Käse etc*) ripen, mature, mellow, bring (*s.th.*) to maturity: die Sonne reift Obst und Wein the sun matures (*od.* mellows) fruits and wine. – **III** R~ *n* ‹-s› **6.** *verbal noun:* Erdbeeren brauchen viel Sonne zum R~ strawberries need much sun to ripen. – **7.** *med. biol.* maturation.

'rei·fen² *v/impers* ‹h› es reift there is a hoarfrost (*od.* white frost).

'Rei·fen³ *m* ‹-s; -› **1.** (*Faßreifen*) (gathering) hoop: Fässer mit ~ beschlagen to hoop casks. – **2.** (*Auto-, Fahrradreifen etc*) tire, *bes. Br.* tyre: einen ~ aufziehen to put a tire on a wheel; einen ~ montieren to mount a tire; die ~ wechseln to change (*od.* switch) (the) tires; abgefahrene ~ worn tires; ein geplatzter ~ a burst (*od.* punctured, *Am. colloq.* bursted) tire; ~ mit Matsch- und Schneeprofil *Am.* mud-and-snow tire, *Br.* mud-and-country tyre. – **3.** (*Spielzeug-, Zirkusreifen*) hoop: durch den ~ springen to jump through the hoop; einen ~ schlagen (*od.* treiben) to trundle (*od.* roll) a hoop. – **4.** (*Armreif*) bracelet. — ~,brem·se *f* (*des Fahrrads*) tire (*bes. Br.* tyre) brake(s *pl*). — ~,decke (*getr.* -k·k-) *f* *auto.* outer cover casing, pneumatic tire (*bes. Br.* tyre) cover. — ~de,fekt *m* puncture, blowout, *bes. Am.* flat. — '**Rei·fen,druck** *m* tire (*bes. Br.* tyre) pressure. — ~,mes·ser, ~,prü·fer *m* tire (*bes. Br.* tyre) ga(u)ge. — '**Rei·fen,he·ber** *m auto.* tire (*bes. Br.* tyre) lever (*od.* remover). — ~,man·tel *m cf.* Reifendecke. — ~,pan·ne *f cf.* Reifendefekt. — ~,pro,fil *n* **1.** (tire) tread. – **2.** tire tread pattern, tire engraving (*od.*

sculpture). — ~,scha·den *m* tire trouble. — ~,spur *f* tire track. — ~,stär·ke *f* *only in* um ~ gewinnen (*beim Radsport*) to win by a tire's width. — ~,wech·sel *m* change of tires, tire change. — ~,wulst *m, f* bead (of a tire).

'Rei·fe|,prü·fung *f* *ped. cf.* Abitur. — ~,tei·lung *f* *biol.* maturation division, meiosis (*scient.*). — ~,zeit *f* **1.** time of maturity. – **2.** (*Pubertät*) puberty. – **3.** (*geistige*) age of maturity. — ~,zeug·nis *n ped. cf.* Abiturzeugnis.

'Reif,grau·peln *pl meteor.* soft hail *sg.*

'reif·lich I *adj* mature, careful: nach ~er Überlegung after (*od.* upon) careful (*od.* mature) deliberation (*od.* consideration, reflection, *Br. auch* reflexion). – **II** *adv* das würde ich mir ~ überlegen I'd think it over (very) carefully.

'Reif,rock *m* (*fashion*) *hist.* farthingale, crinoline.

'Rei·fung *f* ‹-; -en› *cf.* Reifen¹.

Rei·gen ['raɪgən] *m* ‹-s; -› **1.** *mus.* a) (*Tanz*) round (dance), roundelay, roundel, *auch* roundle, b) (*Musikstück*) round: den ~ (an)führen [eröffnen] *auch fig.* to lead [to open] the dance (*od.* ball); einen ~ tanzen to dance a round; den ~ beschließen *auch fig.* to conclude (*od.* end) the dance. – **2.** *fig.* (*Reihe, Folge*) sequence. — ~,tanz *m mus. cf.* Reigen 1.

Rei·he ['raɪə] *f* ‹-; -n› **1.** (*von Personen*) line, row: sich in eine ~ stellen to come (*od.* fall) into a line; in einer ~ zu vieren gehen to walk four abreast; das kommt schon wieder in die ~ *fig. colloq.* that will turn out all right; er muß immer aus der ~ tanzen *fig. colloq.* he always wants to have it his own way; → bunt 6. – **2.** *pl* (*Personengruppe*) ranks: wie aus den ~n der Partei verlautet as heard from among the ranks of the party; Verräter in den eigenen ~n haben to have traitors in one's own ranks (*od.* among one's own friends). – **3.** (*von Häusern, Bäumen, Sitzen, Knöpfen etc*) row, line: etwas in eine ~ stellen to put s.th. in a line, to line s.th. up; nimm dir ein Buch aus der obersten ~ take a book from the top row (*od.* shelf); in der ersten ~ sitzen to have a seat in the first (*od.* front) row (*od.* tier); gegen Ende der Versammlung lichteten sich die ~n toward(s) the end of the meeting the rows began to empty (*od.* the audience was beginning to thin out). – **4.** (*beim Stricken*) row (of stitches). – **5.** (*Tastenreihe bei Schreibmaschinen*) bank. – **6.** (*Folge*) line, succession: eine lange ~ großer Könige a long line of great kings; er eröffnete die ~ der Ansprachen he made the first speech. – **7.** (*Zeitschriften-, Buchreihe*) series, serial, run, etc. – **8.** (*Reihenfolge*) turn: ich bin an der ~, ich komme an die ~ it's my turn (now); der ~ nach a) one after the other, in sequence, in turn, by turns, b) from the beginning; außer der ~ out of turn; warten, bis man an die ~ kommt to wait one's turn. – **9.** (*Anzahl*) number: eine ~ von Jahren a number of years; eine ganze ~ von Unfällen ist in diesem Jahr schon passiert there has already been a whole series of accidents this year. – **10.** (*von Hügeln*) range. – **11.** (*von Zimmern*) suite. – **12.** *mil.* a) (*hintereinander*) file, b) (*nebeneinander*) rank, range: in Reih und Glied antreten to line up in rank and file; in ~, angetreten! in single file, fall in! in geschlossenen [offenen] ~n marschieren to march in close [open] order (*od.* ranks); die ~n der Kompanie abschreiten to pass down the ranks of the company. – **13.** *tech.* a) (*von Maschinen, Öfen etc*) bank, b) (*von Drehzahlen*) range, c) (*von Passungen*) group. – **14.** *math.* a) (*Anzahl*) number, b) series, c) (*Ordnung*) order: geometrische [arithmetische] ~ geometric [arithmetic] progression; eine endliche [unendliche] ~ a finite [an infinite] series; Umkehrung von ~n reversion of series. – **15.** *phys.* a) (*von Stromstößen, Wellen etc*) train, b) (*von Versuchen*) series, c) (*Folge*) sequence, succession, d) (*Zeile*) line. – **16.** *biol.* (*Kategorie, Ordnung*) order. – **17.** (*optics*) (*Linsen- u. Prismensatz*) series. – **18.** *chem.* series. – **19.** *electr.* series: etwas in ~ schalten to connect (*od.* join) s.th. in series. – **20.** *print.* row.

rei·hen ['raɪən] **I** *v/t* ‹h› **1.** put (*s.th.*) in a row (*od.* line). – **2.** (*aufreihen*) string: Perlen auf eine Schnur ~ to string pearls. –

3. (*heften*) baste, tack. – **II** *v/reflex* sich ~ **4.** form a row, line up: eins reiht sich ans andere *fig.* one thing follows the other.

'Rei·hen *m* ‹-s; -› *mus. cf.* Reigen 1.

'Rei·hen|,ab,wurf *m* ~ (von Bomben) *aer. mil.* salvo (*od.* stick) bombing. — ~,an,nung *f tech.* tandem arrangement, bank. — ~,auf,nah·me *f* **1.** *phot.* sequence shot. – **2.** *pl med.* (*Röntgenaufnahmen*) serial radiographs. — ~,bau *m* **1.** *civ.eng.* serial house: ~ längs der Landstraße ribbon development, *bes. Br.* ribbon building. – **2.** ‹*only sg*› *tech.* series production.

'Rei·hen,bild *n* **1.** *phot.* serial (*od.* sequence) photographs *pl.* – **2.** *aer.* aerial mosaic. — ~,ka·me·ra *f* **1.** *phot.* serial (*od.* mosaic) camera. – **2.** *aer.* mapping camera.

'Rei·hen|,dorf *n* linear village. — ~,fer·ti·gung *f tech.* series (*od.* duplicate, small-lot) production. — ~,fol·ge *f* **1.** order, succession, sequence: in alphabetischer [zeitlicher] ~ in alphabetical [chronological] order; in umgekehrter ~ in reverse (*od.* retrograde) order; in der richtigen ~ in the right order, in due (*od.* proper) succession; die ~ der Ereignisse the order (*od.* sequence) of events; der ~ nach erzählen to start from the beginning, to tell (s.th.) in the right order. – **2.** *math.* (*Folge von Reihen*) ordinal succession, sequence, order. — ~,haus *m Am.* row house, *Br.* terraced house. — ~,her,stel·lung *f cf.* Reihenfertigung. — ~,mo·tor *m* **1.** *tech.* in-line (*od.* straight) engine. – **2.** *electr.* series-wound motor. — ~,schal·tung *f electr.* series (connection, *Br. auch* connexion). — ~,schluß,mo·tor *m electr.* series-wound motor. — ~,schnit·te *pl biol.* serial sections. — ~,seh,prü·fung *f* (*optics*) sight screening test. — ~,un·ter,su·chung *f med.* **1.** mass (*od.* serial) examination. – **2.** (*beim Röntgen*) mass radiology. — r~,wei·se *adv* **1.** (*in Reihen*) in rows. – **2.** (*Reihe für Reihe*) by the row. – **3.** *colloq.* (*in großer Zahl*) in dozens, by the dozen.

Rei·her ['raɪər] *m* ‹-s; -› *zo.* heron (*Fam. Ardeidae*): → kotzen 1. — ~,bei·ze *f hunt.* heron hawking. — ~,fe·der *f* **1.** heron's feather. – **2.** (*als Hutschmuck*) osprey. — ~,horst *m* heronry. — ~,jagd *f cf.* Reiherbeize.

rei·hern ['raɪərn] *v/i* ‹h› *vulg. cf.* kotzen 1.

'Reih|,garn *n* basting (thread). — ~,lei·ne *f mar.* lace, lacing (line), jack rope.

,reih'um *adj* in turn, by turns: mit dem Hut ~ gehen to go round with the hat; etwas ~ gehen lassen to pass s.th. round; es geht ~ we'll take it in succession, we'll take it in turns.

Reim [raɪm] *m* ‹-(e)s; -e› *metr.* rhyme, rime: klingender (*od.* weiblicher) ~ female (*od.* feminine, double) rhyme; stumpfer (*od.* männlicher) ~ male (*od.* masculine) rhyme; gleitender (*od.* reicher) ~ treple (*od.* triple, rich) rhyme; reiner [unreiner] ~ pure [impure] rhyme; ~e bilden (*od. colloq.* schmieden) to make rhymes, to rhyme, to rime; einen ~ auf ‚Schmerz' suchen to look for (*od.* need) a rhyme for ‚Schmerz'; ich kann mir darauf keinen ~ machen *fig. colloq.* it doesn't make sense to me, I can't make head or tail of it, I can make neither head nor tail of it; sich (*dat*) seinen ~ auf (*acc*) etwas machen *fig. colloq.* to know what to think (*od.* make) of s.th.

'Reim|,an,ord·nung *f metr.* rhyme (*od.* rime) scheme. — ~,art *f* kind (*od.* form) of rhyme. — ~,chro·nik *f* rhymed (*od.* rhyming) chronicle.

rei·men ['raɪmən] *metr.* **I** *v/t* ‹h› (auf *acc* with, to; mit with) rhyme, rime. – **II** *v/i* rhyme, rime, make rhymes. – **III** *v/reflex* sich ~ rhyme, rime: ‚mein' reimt sich auf ‚dein' ‘mein’ rhymes with ‘dein’; reim dich, oder ich freß dich *etwa* that's what I would call a forced rhyme, I call that a forced rhyme; wie reimt sich das? *fig.* what's the sense of that?

'Rei·mer *m* ‹-s; -› *cf.* Reimschmied.

Rei·me·rei *f* ‹-; -en› *meist contempt.* rhyming, versification.

'reim·los *adj* rhymeless, rimeless, unrhymed: ~e Verse unrhymed verse *sg.*

'Reim|,paar *n metr.* rhyming (*od.* riming) couplet. — ~,pro·sa *f* rhymed prose. — ~,sche·ma *n metr.* rhyme pattern (*od.* scheme). — ~,schmied *m contempt.* rhymester, rimester, versemonger, versifier, rhymer, rimer, poetaster. — ~,sil·be *f metr.* rhyming syllable. — ~,wort *n* ⟨-(e)s; ˟er⟩ rhyme (word). — ~,wör·ter,buch *n* rhyming dictionary.

rein [raɪn] **I** *adj* ⟨-er; -st⟩ **1.** (*Wohnung, Wäsche, Hände etc*) clean: sein Zimmer ~ halten to keep one's room clean; die Wohnung ~ machen to clean the apartment (*bes. Br.* flat); ~en Tisch machen *fig. colloq.* to make a clean sweep; ein ~es Gewissen haben *fig.* to have a clear conscience; keine ~e Weste haben *fig. colloq.* to have a bad record, to have a shady reputation; ~en Mund halten *fig.* to hold one's tongue, to keep mum (*colloq.*). — **2.** (*Wasser, Luft, Abstammung etc*) pure: die Luft ist ~ a) the air is pure, b) the air is clear (*od.* fresh), c) *fig. colloq.* the coast is clear; ein Pferd von ~(st)er Abstammung a horse of pure (*od.* of purest) race, a thoroughbred; ~es Gold pure (*od.* unalloyed) gold; ein ~er Diamant a pure diamond; ein Diamant ~sten Wassers (*od.* von ~stem Wasser) a diamond of the first water; er ist ein Pedant ~sten Wassers *fig.* he is a fusspot of the first water (*colloq.*); die ~e Wahrheit sagen *fig.* to tell the plain (*od.* unvarnished) truth; es war mir eine ~e Freude *fig.* it was an unadulterated pleasure to me. — **3.** (*Wein etc*) pure, unadulterated, natural: → Wein 1. — **4.** (*Klang, Form etc*) clear, pure: der ~e Klang einer Geige [Stimme] the clear (*od.* pure) sound of a violin [voice]. — **5.** (*Sprache etc*) pure, (*im weiteren Sinne*) correct: ~es Deutsch sprechen to speak pure German. — **6.** (*Haut etc*) clear, immaculate. — **7.** (*theoretisch*) pure: die ~e und die angewandte Mathematik pure and applied mathematics *pl* (*usually construed as sg*). — **8.** *fig.* (*unschuldig*) pure, innocent, undefiled: ~e Liebe pure (*od.* innocent) love; ~en Herzens sein to be pure in heart. — **9.** *fig.* (*unberührt*) chaste, virginal, pure. — **10.** (*textile*) (*Seide, Wolle etc*) pure. — **11.** *chem.* pure: ein chemisch ~er Stoff a chemically pure (*od.* homogenous) matter (*od.* substance); ~er Alkohol pure (*od.* undiluted, absolute) alcohol. — **12.** *ling.* (*Vokal etc*) pure. — **13.** *relig. jüd.* (*Speise*) kosher. — **14.** *econ.* (*nach Abzügen*) net, clear: der ~e Gewinn beträgt the net (*od.* clear) profit amounts to. — **15.** *colloq.* (*in Wendungen wie*) es war ~es Glück, daß du nicht verletzt worden bist it was pure luck that you were not injured; ~er Wahnsinn pure (*od.* sheer) madness; das ist ~er Blödsinn that's pure (*od.* utter, downright) nonsense; seine Worte waren der ~e Hohn his words were pure (*od.* sheer) mockery; aus ~em Mitleid habe ich ihn aufgenommen I took him in out of sheer (*od.* mere) pity; ~e Lüge downright lie; eine ~e Formalität a mere formality; das ist ein ~es Vorurteil this is nothing but prejudice; das ist (ja) der ~ste Roman! that's a regular novel! — **II** *adv* **16.** *colloq.* (*völlig, ganz*) quite, wholly, completely, entirely, totally, absolutely: er ist ~ toll he is completely (*od. colloq.* plumb) crazy; das ist ~ unmöglich that's quite impossible; ich war ~ weg von ihm I was absolutely mad about him (*colloq.*). — **17.** (*nur*) purely, merely: ich traf ihn ~ zufällig I met him purely by accident (*od.* by pure coincidence). — **18.** (*ausschließlich*) purely, strictly: ein ~ mathematisches Problem a purely mathematical problem; eine ~ persönliche Angelegenheit a purely personal matter. — **III** R~e, das ⟨-n⟩ **19.** the pure thing. — **20.** (*mit Kleinschreibung*) etwas ins ~e bringen to settle s.th., to put s.th. in order, to straighten s.th. out; seine Angelegenheiten ins ~e bringen to settle one's affairs; mit j-m ins ~e kommen to come to terms (*od.* an understanding) with s.o.; mit sich über (*acc*) etwas ins ~e kommen to make up one's mind about s.th.; etwas ins ~e schreiben a) to make a fair copy of s.th., b) *jur.* to engross s.th. — **21.** (*mit Kleinschreibung*) mit j-m im ~en sein a) to be on good terms (again) with s.o., b) (*quitt sein*) to be even (*od.* square) with s.o.; mit sich selbst im ~en sein a) to be clear (on *od.* about s.th.), b) (*mit sich einverstanden*) to be at peace with oneself.

rein... [raɪn-] *colloq.* for herein..., hinein...
Rein [raɪn] *f* ⟨-; -en⟩ *Bavarian and Austrian colloq.* shallow saucepan.

Rein·del ['raɪndəl], **'Reindl** [-dəl] *n* ⟨-s; -n⟩ *Bavarian and Austrian colloq.* small (shallow) saucepan.
'Rein,druck *m print.* fair proof, clean print (*od.* impression), final proof (*od.* impression).
Rei·ne·clau·de [rɛːnəˈkloːdə] *f* ⟨-; -n⟩ *hort.* cf. Reneklode.
'Rein,ein,nah·me *f econ. meist pl* cf. Reinertrag.
'Rei·ne·ke 'Fuchs ['raɪnəkə] *npr m* ⟨-; no pl⟩ (*in der Tierfabel*) Reynard the Fox.
'Rei·ne,ma·che,frau *f* **1.** (*in einem Privathaus*) cleaning woman, charwoman, *Br.* charlady, *Br. colloq.* char, daily. — **2.** (*in einer Firma etc*) *Am.* charwoman, *Br.* cleaner.
'Rei·ne,ma·chen *n* **1.** spring-cleaning, *bes. Br.* spring-clean: diese Woche ist großes ~ we are going to spring-clean this week. — **2.** *fig.* purge, *Am. colloq.* cleanout: er veranstaltete ein großes ~ innerhalb seiner Partei he carried out an extensive purge within his party.
'rein,er·big [-,ˀɛrbɪç] *adj biol.* homozygote, homozygous.
'Rein|er,hal·tung *f* **1.** ~ der Luft [des Wassers] prevention of air [water] pollution. — **2.** (*der Sprache, Art etc*) preclusion of impure elements. — **~er,lös** *m econ.* net proceeds *pl*. — **~er,trag** *m* (net) profit(s *pl*), clear profit.
'Rein,fall *m colloq.* **1.** (*Mißerfolg*) failure, fiasco, fizzle, washout, frost (*colloq.*), flop (*sl.*): die Premiere war ein ~ the premiere was a flop (*od. colloq.* dead loss). — **2.** (*Enttäuschung*) letdown, *Br.* let-down, disappointment. — **3.** (*Betrug*) hoax; take-in, sell (*colloq.*): einen bösen ~ erleben to be taken in badly. — **'rein,fal·len** *v/i* ⟨*irr, sep,* -ge-, sein⟩ *colloq.* **1.** fall in. — **2.** *fig.* (*enttäuscht werden*) (mit with) be let down, be disappointed: mit dem Wetter sind wir letztes Jahr ziemlich reingefallen we were let down (*od.* rather unlucky) with the weather last year. — **3.** *fig.* (*betrogen werden*) be taken in, *Br.* be done; be diddled, be sold (*colloq.*): wir sind bei dem Handel schwer reingefallen we have been taken in (*od.* sold, diddled) badly in this deal; auf j-n [etwas] ~ to be taken in (*od.* be gulled, be duped) by s.o. [s.th.]; er fällt leicht auf Schmeicheleien rein he is easily taken in by (*od. colloq.* he readily falls for) flattery (*od.* soft talk); ich falle auf diesen Schwindel nicht mehr rein I don't fall for this trick (*od.* ruse) any more (*colloq.*), I don't swallow the bait any more.
Re·in·fek·ti·on [reˀɪnfɛkˈtsi̯oːn] *f* ⟨-; -en⟩ *med.* reinfection, second infection, superinfection.
'Rein|ge,wicht *n econ.* net (weight). — **~ge,winn** *m* cf. Reinertrag. — **~,hal·tung** *f* **1.** (*Sauberhaltung*) keeping clean: für die ~ Ihres Zimmers sind Sie selbst verantwortlich you are responsible for keeping your own room clean (*od.* tidy), you are expected to clean your (own) room. — **2.** cf. Reinerhaltung.
'rein,hau·en *colloq.* **I** *v/i* ⟨*irr, sep,* -ge-, h⟩ (*beim Essen*) (in *acc* in[to]) tuck in: er haute ordentlich (in sein Essen) rein a) he tucked in (*od.* dug in(to) his food), b) he stuffed himself, he ate like a horse. — **II** *v/t* j-m eine ~ to give s.o. a box on the ear, to slap s.o.'s face, to land (*od.* swipe) s.o. one (*colloq.*).
'Rein·heit *f* ⟨-; no pl⟩ **1.** (*von Wohnung, Händen etc*) cleanness, cleanliness. — **2.** (*von Luft, Abstammung, Metallen etc*) purity, pureness: die ~ des Goldes the pureness (*od.* fineness) of the gold; die ~ der Luft a) the purity of the air, b) the clearness (*od.* freshness) of the air. — **3.** (*des Weines*) pureness. — **4.** (*von Klang, Form etc*) clearness, clarity, purity, pureness. — **5.** (*von Sprache, Stil etc*) purity, pureness, (*im weiteren Sinne*) correctness. — **6.** (*der Haut etc*) clearness, immaculateness: die ~ des Teints the clearness of the complexion. — **7.** *fig.* (*Unschuld*) purity, pureness, innocence: ~ des Herzens purity (*od.* innocence) of heart. — **8.** (*Unberührtheit*) chastity, chasteness, virginity, *auch* purity, pureness. — **9.** *chem.* pureness, purity. — **10.** *ling.* (*eines Vokals etc*) purity. — **11.** (*textile*) (*von Wolle, Seide etc*) purity. — **12.** die ~ der Gänge (*sport*) (*beim Dressurreiten*) the purity of strides.

'Rein·heits,grad *m* ⟨-(e)s; -e⟩ *chem.* degree of purity (*od.* fineness).
rei·ni·gen ['raɪnɪgən] **I** *v/t* ⟨h⟩ **1.** (*Wohnung, Kleider, Schuhe etc*) clean: den Fußboden ~ a) to clean (*od.* sweep) the floor, b) (*schrubben*) to scrub the floor, c) (*wischen*) to wipe (*od.* mop) the floor; Kleider chemisch ~ lassen to have clothes (dry-)cleaned. — **2.** (*Luft, Abwässer etc*) purify: ein Gewitter reinigt die Luft *auch fig.* a thunderstorm clears the air. — **3.** (*Kanal, Brunnen etc*) clear, clean. — **4.** *chem.* a) refine, b) (*durch Destillation*) rectify, c) (*Gase*) purify. — **5.** (*Sprache, Texte etc*) purge, purify, refine. — **6.** *med.* a) (*Blut*) purify, (*entgiften*) detoxify, b) (*Wunden*) clean, cleanse, disinfect, c) (*Darm*) purge, cleanse. — **7.** *mil.* (*Lager, Ausrüstung etc*) make (s.th.) clean, clean out. — **8.** etwas von etwas ~ *fig.* to purge s.th. of (*od.* from) s.th.: eine Stadt von Verbrechern ~ to purge a town of (*od.* from) criminals; eine Partei von unerwünschten Mitgliedern ~ to purge a party of undesirable members. — **9.** j-n von etwas ~ *relig.* to cleanse (*od.* purify, purge) s.o. of (*od.* from) s.th.: seine Seele von Schuld [Sünden] ~ to cleanse (*od.* purify, purge) one's soul of (*od.* from) guilt [sins]. — **II** *v/reflex* sich ~ **10.** clean (*od.* wash) oneself. — **11.** *fig.* (*von Verdacht, Schuld etc*) purge (*od.* clear, exculpate) oneself. — **III** R~ *n* ⟨-s⟩ **12.** *verbal noun.* — **13.** cf. Reinigung 3—8. — **'rei·ni·gend I** *pres p*. — **II** *adj* **1.** (*säubernd*) cleansing, detergent, abstergent: ein ~es Mittel a cleansing agent, a detergent (*od.* an abstergent) (agent). — **2.** purifying: ein ~es Gewitter *auch fig.* a storm which clears the air. — **3.** *med.* a) (*säubernd*) depurative, b) (*der Wundreinigung dienend*) detergent, cleansing, c) (*abführend*) purgative, cathartic. — **4.** *relig.* (*läuternd*) purgatorial.
'Rei·ni·gung *f* ⟨-; -en⟩ **1.** cf. Reinigen. — **2.** a) dry cleaning, b) (*dry*) cleaners *pl*: Kleider zur (*od.* in die) ~ geben to take (*od.* send) clothes to the cleaners. — **3.** (*von Kanälen etc*) clearance. — **4.** *chem.* a) refinement, b) rectification, c) purification. — **5.** (*von Sprache, Texten etc*) purge, (ex)purgation, purification, refinement. — **6.** *med.* a) (*von Blut*) purification, (*Entgiftung*) detoxification, b) (*von Wunden*) disinfection, c) (*von Darm*) purge, purgation, catharsis. — **7.** *fig.* purge: die ~ einer Stadt von unerwünschten Elementen the ridding of a town of undesirable elements (*od.* people). — **8.** *relig.* (*von Sünden, Schuld etc*) purification, purgation.
'Rei·ni·gungs|,an,la·ge *f tech.* purification plant. — **~,an,stalt** *f* (dry) cleaners *pl*. — **~,bad** *n* cleaning solution. — **~ben,zin** *n* benzine, *auch* benzin. — **~,creme** *f* (*cosmetics*) cleansing cream. — **~,milch** *f* cleansing milk. — **~,mit·tel** *n* **1.** detergent, cleaning (*od.* cleansing) agent, *auch* cleaner, cleanser. — **2.** (*Fleckenentferner*) stain remover. — **3.** *med. pharm.* cf. Abführmittel 1. — **~,op·fer** *n relig. antiq.* lustration. — **~,pro,zeß** *m tech.* cleansing process.
Re·in·kar·na·ti·on [reˀɪnkarnaˈtsi̯oːn] *f* ⟨-; -en⟩ *relig.* reincarnation.
'Rein,kul·tur *f* ⟨-; -en⟩ **1.** *biol.* (*von Bazillen etc*) pure culture. — **2.** only in in ~ *fig. colloq.* unadulterated, *auch* unadulterate: Kitsch in ~ unadulterated trash.
'rein,le·gen *v/t* ⟨*sep,* -ge-, h⟩ *colloq. for* hereinlegen, hineinlegen.
'rein,lei·nen *adj* (*Kleid etc*) pure-linen (*attrib*), of pure linen.
'rein·lich I *adj* **1.** (*sauber*) clean, immaculate, spotless. — **2.** (*die Sauberkeit liebend*) clean, cleanly. — **3.** *fig.* (*deutlich*) clear. — **II** *adv* **4.** sie ist ~ gekleidet she is immaculately dressed. — **'Rein·lich·keit** *f* ⟨-; no pl⟩ **1.** cleanness, immaculateness, spotlessness. — **2.** cleanliness. — **3.** *fig.* clearness.
'Rein,ma·che,frau *f* cf. Reinemachefrau.
'Rein,ma·chen *n* cf. Reinemachen.
'Rein|,nickel (*getr.* -k·k-) *n chem.* pure (*od.* fine) nickel. — **r~,ras·sig** *adj* **1.** (*Mensch*) pureblooded (*attrib*), pure (*od.* full-)blooded: ein ~er Indianer a pure-blooded (*od.* pure) Indian. — **2.** (*Tier*) purebred, truebred, thoroughbred, pureblood (*attrib*), (pure-)blooded, pedigreed: nicht ~ underbred, unblooded, mongrel (*attrib*). — **~,schrift** *f* **1.** fair (*od.* clean) copy. — **2.** *jur. econ.* (*von*

Urkunden etc) engrossment: **Anfertigung einer** ~ engrossment. — **r~**｡**schrift·lich** *adj* **1.** in fair (*od.* clean) copy. - **2.** *jur. econ.* engrossed: **ein** ~**es Dokument** an engrossed document, the engrossment of a document. — **r~**｡**ver·den** *adj* all-silk (*attrib*), of pure silk. — ~**ver**｡**lust** *m econ.* net loss. — ~**ver·**｡**mö·gen** *n* net assets *pl.*
'**rein**｡**wa·schen** *fig.* **I** *v/t* ⟨*irr, sep, -ge-, h*⟩ **1.** (*entlasten*) (**von etwas**) exculpate (from s.th.), exonerate (from s.th.), clear (of s.th.), absolve (from *od.* of s.th.): **j-n von einem Verdacht** ~ to exonerate s.o. from (*od.* clear s.o. of) a suspicion. - **2.** *relig.* (*befreien*) (**von etwas** *od.* from s.th.) cleanse, wash (*lit.*): **wasche mich von Sünden rein** cleanse me of (*od.* wash me from) (my) sin. - **II** *v/reflex* **sich** ~ **3.** (**von etwas**) exculpate oneself (from s.th.), exonerate oneself (from s.th.), clear oneself (of s.th.), absolve oneself (from *od.* of s.th.).
'**rein**｡**weg** [-'vɛk] *adv colloq.* **1.** absolutely, altogether: **das ist** ~ **zum Wahnsinnigwerden** [**Heulen, Totlachen**] that's enough to drive you crazy (*od.* mad, *Br. sl.* round the bend) [to make you cry, to make you die with laughter]. - **2.** (*rundweg*) flatly, point-blank: **etwas** [**j-n**] ~ **ablehnen** to turn s.th. [s.o.] down point-blank (*od.* flatly).
'**rein**｡**wol·len** *adj* all-wool (*attrib*), of pure wool.
'**Rein**｡**zucht** *f zo.* line breeding.
Reis[1] [raıs] *m* ⟨**-es**; *no pl*⟩ **1.** *bot.* rice (plant) (*Oryza sativa*). - **2.** *gastr.* a) rice, b) (*in Hülsen*) paddy (*auch* padi) (rice), unhusked rice: **polierter** ~ polished rice; **unpolierter** (*od.* **ungeschälter**) ~ unpolished (*od.* whole) rice, paddy; **Huhn mit** ~ chicken and rice.
Reis[2] *n* ⟨**-es**; **-er**⟩ **1.** *bot.* (*junger Zweig*) sprig, (small) shoot, twig, spray, virgultum (*scient.*). - **2.** *hort.* (*Pfropfreis*) scion, *auch* cion: **ein junges** ~ **auf einen Wildling pfropfen** to graft a scion on a wild shoot. - **3.** *pl cf.* Reisig. - **4.** *fig.* (*Sproß*) scion, *auch* cion.
'**Reis**|**auf**｡**lauf** *m gastr.* (*a kind of*) rice pudding made with eggs. — ~**bau** *m* ⟨**-(e)s**; *no pl*⟩ *agr.* rice cultivation. — ~**be·sen** *m cf.* Reisigbesen. — ~**brannt**｡**wein** *m* rice wine, samshu, arrack, *auch* ar(r)ak. — ~**brei** *m* rice pudding. — ~**bün·del** *n cf.* Reisigbündel.
Rei·se ['raızə] *f* ⟨**-**; **-n**⟩ **1.** (*zu Lande*) journey, trip: **eine kurze** [**lange** *od.* **weite**] ~ a short [long] journey (*od.* trip); **eine** ~ **nach Rom** a trip to Rome; **eine** ~ **ins Ausland** a journey (*od.* trip, travel) abroad; **eine** ~ **im Auto** a journey by car, a motoring tour; **eine** ~ **um die Welt** a trip (*od.* tour) (a)round the world, a (round-the-)world trip; **eine** ~ **in die Berge** (*od.* **ins Gebirge**) [**an die See**] a trip to the mountains [to the seaside]; **eine** ~ **antreten** to start (*od.* set out, set off) on a journey; **die letzte** ~ **antreten** *euphem.* to begin one's last sleep; **sich auf** ~**n begeben, auf** ~**n gehen** to go travel(l)ing, to go on a journey; **eine** ~ **machen** (*od.* **unternehmen**) to make a journey, to take a trip, to travel, *bes. Am.* to voyage; **auf** ~**n sein** to be travel(l)ing, to be on a journey; **j-n auf die** ~ **schicken** a) to send s.o. on a journey, b) *colloq.* (*bes. beim Fußball*) to send s.o. away; **j-m** (**eine**) **gute** (*od.* **glückliche**) **wünschen** to wish s.o. a good journey (*od.* bon voyage); **glückliche** ~! **have a good journey! have a nice trip! bon voyage! wohin geht die** ~? where are you going (to) (*od.* bound for, off to)? „**Italienische** ~" "Italian Journey" (*by Goethe*). - **2.** (*zu Wasser*) voyage: **eine** ~ **durch die Südsee** a) a voyage through the South Sea, b) (*Kreuzfahrt*) a cruise through the South Sea. - **3.** (*Rundreise*) tour, *Br.* round trip. - **4.** *pl* (*bes. längere Auslandsreisen*) travels, journeys: **seine** ~**n durch Tibet** his travels through Tibet. - **5.** *fig. colloq.* (*unter Rauschgifteinfluß*) trip.
'**Rei·se**|**aben·teu·er** *n* **1.** travel (*od.* travel[l]er's) adventure. - **2.** (*Erzählung*) travel(l)er's tale. — ~**an**｡**den·ken** *n* travel (*od.* travel[l]ing) souvenir, souvenir of a trip. — ~**apo**｡**the·ke** *f* portable medicine case. — ~**be**｡**darf** *m* travel (*od.* travel[l]ing) necessaries *pl.* — ~**be**｡**glei·ter** *m*, ~**be**｡**glei·te·rin** *f* **1.** tourist guide, *bes. Br.* courier. - **2.** travel(l)ing companion. — ~**be**｡**kannt·schaft** *f* travel (*od.* travel[l]ing) acquaint-

ance. — ~**be**｡**richt** *m* **1.** report (*od.* account) of a journey. - **2.** (*als Buch etc*) *cf.* Reisebeschreibung 2. - **3.** (*als Vortrag, Film etc*) travelogue, *auch* travelog. — ~**be**｡**schrei·bung** *f* **1.** description of a journey. - **2.** (*als Buch etc*) travel book, book of travels, travels *pl*, itinerary. — ~**bü**｡**ei·sen** *n* travel(l)ing iron. — ~**bü**｡**ro** *n* travel agency (*od.* bureau), tourist office (*od.* agency). — ~**decke** (*getr.* -k·k-) *f* travel(l)ing rug, *Am.* lap robe. — ~**ein**｡**drücke** (*getr.* -k·k-) *pl* impressions of a (*od.* one's) journey (*od.* [one's] travels). — ~**er·in·ne·run·gen** *pl* reminiscences of one's travels. — **r~**｡**fer·tig** *adj* ready to start (*od.* leave, depart): **sich** ~ **machen** a) to prepare for a journey, b) to get ready to leave. — ~**fie·ber** *n* **1.** travel nerves *pl.* - **2.** *cf.* Reiselust. — ~**fla·sche** *f* pocket (*od.* hip) flask. — ~**füh·rer** *m* **1.** (*Buch*) (travel[l]er's) guide, guidebook, handbook, itinerary, *auch* Baedeker: **ein** ~ **von Irland** a guide to (*od.* an itinerary of) Ireland. - **2.** *cf.* Reiseleiter, Reisebegleiter 1. — ~**ge**｡**fähr·te** *m*, ~**ge**｡**fähr·tin** *f* **1.** *cf.* Reisebegleiter(in) 2. - **2.** (*Mitreisender*) fellow travel(l)er. — ~**geld** *n* money for travel(l)ing. — ~**ge**｡**neh·mi·gung** *f* travel permit.
'**Rei·se·ge**｡**päck** *n* luggage, *bes. Am.* baggage. — ~**ver**｡**si·che·rung** *f* luggage (*bes. Am.* baggage) insurance.
'**Rei·se**|**ge**｡**schwin·dig·keit** *f aer. auto. mar.* cruising speed. — ~**ge**｡**sell·schaft** *f* **1.** tourist (*od.* travel) party, *Am. colloq. auch* outfit. - **2.** (*Unternehmen*) tourist company. — ~**kleid** *n* travel(l)ing dress. — ~**klei·dung** *f* travel(l)ing clothes *pl.* — ~**kof·fer** *m* **1.** (*kleiner*) suitcase. - **2.** (*großer*) travel(l)ing case, trunk, *Br.* box. — ~**korb** *m* (trunk) hamper.
'**Rei·se·ko·sten** *pl* travel(l)ing (*od.* travel) expenses. — ~**ver**｡**gü·tung** *f* reimbursement of travel(l)ing (*od.* travel) expenses.
'**Rei·se**|**krank·heit** *f* travel sickness, cinesia (*scient.*). — ~**kre·dit**｡**brief** *m econ.* (circular *od.* travel[l]er's) letter of credit. — ~**land** *n* tourist country. — ~**lei·ter** *m* travel supervisor, tour manager (*od.* conductor), *bes. Br.* courier. — ~**lek·tü·re** *f* reading matter for a journey. — ~**li·te·ra·tur** *f* **1.** books *pl* on travel, travel books *pl.* - **2.** *cf.* Reiselektüre. — ~**lust** *f* fondness of travel(l)ing, itchy feet *pl* (*colloq.*). — **r~**｡**lu·stig** *adj* fond of travel(l)ing. — **r~**｡**mü·de** *adj* tired (*od.* weary) of travel(l)ing.
rei·sen ['raızən] **I** *v/i* ⟨**sein**⟩ **1.** travel, (make a) journey, make a trip: **dienstlich** [**geschäftlich**] ~ to travel in an official capacity [on business]; **bequem** ~ to travel in comfort; **inkognito** ~ to travel incognito; **allein** [**zu zweit**] ~ to travel alone [with a partner]; **mit einer Reisegesellschaft** ~ to join (*od.* travel with) a tourist party; **er ist viel gereist** he has travel(l)ed a lot (*colloq.*); **erster** [**zweiter**] **Klasse** ~ to travel first [second] class; **mit der Bahn** ~ to travel by train; **per Schiff** ~ to travel by ship, to voyage; **ins Ausland** ~ to travel (*od.* go, take a trip) abroad; **in die Schweiz** ~ to travel (*od.* go, make a journey [*od.* trip]) to Switzerland; **an die See** [**ins Gebirge**] ~ to travel (*od.* go) to the seaside [mountains]; **von Hamburg über Köln nach München** ~ to travel (*od.* go) from Hamburg to Munich via (*od.* by way of) Cologne; **durch Europa** ~ to travel (*od.* make a journey [*od.* tour, trip]) through Europe; **um die Welt** ~ to travel (a)round the world, to make a (round-the-)world trip; **zu Land** [**Wasser**] ~ to travel by land [sea]; **zum Vergnügen** ~ to go for (*od.* on) (*od.* make) a pleasure trip (*od.* tour); **zu Forschungszwecken** ~ to go on a research expedition. - **2.** (*abreisen*) leave, set out, start, depart: ~ **nach leave** (*od.* set out, start, depart, be bound) for; **wir** ~ **morgen früh nach Paris** we leave for Paris tomorrow morning; **wann** ~ **Sie?** when do you leave? - **3.** (*per Anhalter fahren*) hitchhike. - **4.** *fig. colloq.* (*unter Rauschgifteinfluß*) make (*od.* take, have) a trip. - **5.** *fig. colloq.* (*in Wendungen wie*) **auf die dumme Tour** ~ to play the innocent; **auf die sanfte Tour** ~ to try the soft approach. - **6.** *econ.* (in *dat* etwas in s.th.) travel: **er reist in Staubsaugern** he travels in vacuum cleaners; **für eine Firma** ~ to travel for

a firm. - **II R~** *n* ⟨**-s**⟩ **7.** *verbal noun.* - **8.** travel.
'**Rei·sen·de** *m*, *f* ⟨**-n**; **-n**⟩ **1.** travel(l)er, *auch* journeyer. - **2.** (*Tourist*) tourist. - **3.** (*Fahrgast*) passenger: ~**r erster** [**zweiter**] **Klasse** first- [second-]class passenger. - **4.** (*Seereisende*) voyager. - **5.** (*Handlungsreisende*) (travel[l]ing) salesman, commercial travel(l)er, *Am. colloq.* drummer, *bes. Br.* traveller: ~**r in** (*dat*) **etwas sein** to travel in s.th.; ~**r für eine Firma sein** to travel for a firm.
'**Rei·se**|**ne·ces**｡**saire** *n* toilet (*od.* dressing) case. — ~**om·ni·bus** *m* (motor) coach. — ~**on·kel** *m colloq. humor.* **1.** globe-trotter. - **2.** commercial travel(l)er, travel(l)ing salesman, *Am. colloq.* drummer. — ~**paß** *m* passport. — ~**plan** *m* **1.** (*Reiseroute*) itinerary. - **2.** *pl* plans for a journey: **Reisepläne schmieden** to make plans for a journey. — ~**pro**｡**spekt** *m* (travel) brochure (*od.* folder). — ~**pro·vi·ant** *m* provisions *pl* for travel(l)ing. — ~**ro·man** *m* novel of travel. — ~**rou·te** *f* (travel) route, itinerary. — ~**scheck** *m econ.* travel(l)er's check (*Br.* cheque). — ~**schreib·ma·schi·ne** *f* portable (typewriter). — ~**spe·sen** *pl* travel(l)ing expenses (*od.* charges). — ~**tag** *m* **1.** (*Abfahrtstag*) day of departure. - **2.** (*Tag einer Reise*) day (of a journey). — ~**ta·ge·buch** *n* travel diary. — ~**tan·te** *f colloq. humor.* globe-trotter. — ~**ta·sche** *f* travel(l)ing bag, holdall, *Am.* grip(sack), carryall. — ~**un·fall·ver·si·che·rung** *f* insurance against accidents on travel. — ~**un·ter·bre·chung** *f* break in (*od.* interruption of) a journey, stopover. — ~**ver·kehr** *m* **1.** travel(l)ing: **der** ~ **hat in diesem Jahr erheblich zugenommen** travel(l)ing has greatly increased this year. - **2.** tourist traffic: **starker** ~ **auf den Straßen** heavy tourist traffic on the roads. - **3.** (*Tourismus*) tourism. — ~**ver·pfle·gung** *f cf.* Reiseproviant. — ~**wa·gen** *m* **1.** *auto.* touring car. - **2.** *hist.* (*Kutsche*) travel(l)ing coach (*od.* carriage). — ~**wecker** (*getr.* -k·k-) *m* travel(l)ing alarm (clock), travel(l)ing clock. — ~**weg** *m* route, itinerary.
'**Rei·se·wet·ter** *n* weather for travel(l)ing. — ~**ver·si·che·rung** *f cf.* Regenversicherung.
'**Rei·se**|**zeit** *f* **1.** season for travel(l)ing, travel(l)ing season. - **2.** (*Dauer*) travel(l)ing time. — ~**ziel** *n* destination, goal: **mein** ~ **ist London** my destination is (*od.* I am bound for) London. — ~**zug** *m* excursion train.
'**Reis**|**feld** *n* rice field, paddy (field), *auch* rice paddy. — ~**fink** *m zo.* Java sparrow (*Padda oryzivora*). — ~**ge·richt** *n gastr.* rice dish. — ~**holz** *n* ⟨**-es**; *no pl*⟩ *cf.* Reisig.
Rei·sig ['raızıç] *n* ⟨**-s**; *no pl*⟩ brushwood, brush. — ~**be·sen** *m* besom, birch broom. — ~**bün·del** *n* **1.** bundle of brushwood, fag(g)ot. - **2.** *civ.eng. mil.* fascine.
Rei·si·ge ['raızıgə] *m* ⟨**-n**; **-n**⟩ *mil. hist.* horse soldier, mounted mercenary.
'**Rei·sig**｡**holz** *n* ⟨**-es**; *no pl*⟩ *cf.* Reisig.
'**Reis**|**kä·fer** *m zo.* rice weevil (*Calandra oryzae*). — ~**korn** *n* ⟨**-(e)s**; **·er**⟩ grain of rice, rice grain. — ~**lauf** *m* ⟨**-(e)s**; *no pl*⟩ Swiss *hist.* (military) service in a foreign army. — ~**läu·fer** *m* mercenary. — ~**mehl** *n* **1.** *gastr.* rice flour, *Br. auch* corn flour. - **2.** *agr.* (*Futtermittel*) rice meal. — ~**pa·pier** *n* rice paper. — ~**pud·ding** *m gastr.* rice pudding. — ~**pu·der** *m* **1.** *cf.* Reismehl 1. - **2.** (*cosmetics*) rice powder.
'**Reiß**｡**aus** *m only in* ~ **nehmen** *colloq.* to take to one's heels, to make (*od.* clear) off; to make oneself scarce, to skedaddle (*colloq.*), to beat (*od.* hop) it (*sl.*).
'**Reiß**|**bahn** *f aer.* (*eines Ballons*) rip panel. — ~**blei** *n min. obs. for* Graphit 2, Molybdänglanz.
'**Reiß**｡**brett** *n* drawing board. — ~**stadt** *f* housing development. — ~**stift** *m Br.* drawing pin, *Am.* thumbtack, *auch* thumb pin.
'**Reis**｡**schleim** *m* rice gruel.
rei·ßen ['raısən] **I** *v/t* ⟨**reißt, riß, gerissen, h**⟩ **1.** tear, rip, rend (*lit.*): **sie riß sich** (*dat*) **ein Loch in den Strumpf** she tore a hole in her stocking, she ripped her stocking; **etwas in Stücke** ~ to tear s.th. to (*od.* into) pieces (*od.* shreds, bits); **er wurde von der Presse förmlich in**

Stücke gerissen *fig.* he was practically torn to pieces (*od.* shreds, bits) by the press; ich lasse mich lieber in Stücke ∼, als *fig.* I'd sooner die a thousand deaths than, I'd sooner be hanged than; sein Tod riß eine Lücke in ihre Gemeinschaft *fig.* his death left a gap in their fellowship; die Reise riß ein großes Loch in seine Kasse *fig.* the journey made a large hole in his purse (*od.* pocket). – **2.** etwas [j-n] von etwas ∼ a) (ab-, herunterreißen) to tear (*od.* pull, rip) s.th. [s.o.] off (*od.* from) s.th., b) (wegreißen) to snatch s.th. [s.o.] off (*od.* from) s.th.: die Tapete von der Wand ∼ to strip the wall; j-m die Kleider vom Leib ∼ to rip the clothes off s.o.'s body, to strip s.o. of his clothes; die Rede riß die Zuhörer von den Sitzen *fig.* the speech swept the audience off their feet; → Maske 2. – **3.** j-n aus etwas ∼ a) to snatch (*od.* extricate, pull) s.o. out of (*od.* from) s.th., b) *fig.* to rouse s.o. out of (*od.* from) s.th.: er wurde aus seinen Illusionen gerissen *fig.* he was roused out of his illusions, he was disillusioned, he came back to reality with a jolt; er wurde aus seiner gewohnten Umgebung gerissen *fig.* he was taken out of (*od.* torn away from) his accustomed environment. – **4.** etwas aus etwas ∼ a) (Buchseite etc) to tear (*od.* rip) s.th. out of s.th., b) (Nagel, Haken etc) to pull (*od.* wrench) s.th. out of s.th.: etwas aus dem Zusammenhang ∼ *fig.* to take (*od. lit.* wrest) s.th. out of its context. – **5.** j-m etwas aus den Händen ∼ to snatch (*od.* wrest) s.th. out of (*od.* from) s.o.'s hands. – **6.** j-n [etwas] an (acc) sich ∼ to grasp (*od.* lay hold of, seize, snatch) s.o. [s.th.]. – **7.** etwas an (acc) sich ∼ *fig.* (Macht etc) to seize (*od.* usurp) s.th.: die Führung an sich ∼ (sport) to take (*od.* snatch) the lead; das Gespräch an sich ∼ to monopolize (*Br. auch* -s-) the conversation. – **8.** (in Wendungen wie) j-n [etwas] mit sich [zu Boden, in die Tiefe] ∼ to drag (*od.* pull) s.o. [s.th.] along [to the ground, down]; er riß sie mit sich ins Verderben *fig.* he dragged her with him into ruin; sich (dat) etwas unter den Nagel ∼ *fig. colloq.* to walk off with (*od.* pinch, swipe) s.th. (*colloq.*); j-n [etwas] nach rechts [links] ∼ to pull s.o. [s.th.] to the right [left]; er riß das Steuer scharf nach rechts he jerked (*Am. sl.* yanked) the wheel to the right. – **9.** (Federn) pluck. – **10.** *colloq.* (Witze) crack. – **11.** Possen ∼ *colloq.* to play tricks, to act the fool. – **12.** *hunt.* (Wild) attack (*od.* pull down) and rend. – **13.** (textile) a) tear, b) (Lumpen) pull. – **14.** (sport) a) (Latte, Hindernis etc) knock down, dislodge, b) (beim Gewichtheben) snatch. – **15.** vet. (Hengst etc) geld, castrate. – **II** v/i ⟨sein u. h⟩ **16.** ⟨sein⟩ (von Stoff, Papier etc) tear. – **17.** ⟨sein⟩ (von Faden, Kette, Saite etc) snap, break: mir reißt die Geduld (*od.* der Geduldsfaden) *fig. colloq.* my patience is stretched to the limit, I'm losing my patience; wenn alle Stricke (*od.* Stränge) ∼ *fig. colloq.* if the worst comes to the worst, if all else fails, if it comes to the push. – **18.** ⟨sein⟩ (von Kleidungsstücken etc) rip (open), split, get torn, come apart. – **19.** ⟨sein⟩ (von Haut, Lippen etc) chap. – **20.** ⟨sein⟩ (von Funk-, Telephonverbindungen etc) be cut off, be disconnected. – **21.** ⟨h⟩ an (dat) etwas ∼ to tug (*od.* pull) at s.th., (stärker) to strain at s.th.: der Hund riß wütend an der Leine the dog strained furiously at the leash. – **22.** ⟨h⟩ ins Geld ∼ *fig. colloq.* to make a hole in one's purse (*od.* pocket). – **23.** ⟨sein⟩ *tech.* a) (von Guß, Stahl, Mauerwerk etc) crack, fracture, rupture, disrupt, burst, b) (von Holz) check. – **24.** ⟨sein⟩ *med.* (von Sehnen etc) tear, rupture. – **III** v/reflex ⟨h⟩ sich ∼ **25.** (sich verletzen) (an dat etwas an sich ∼) scratch oneself. – **26.** sich aus j-s Armen [aus der Umklammerung] ∼ to tear oneself out of s.o.'s arms [out of the clinch]. – **27.** sich um *fig.* a) (billige Waren etc) to scramble for, b) (Arbeitskräfte, Vergünstigungen etc) to vie (*od.* compete) eagerly for, to be very keen (*od.* eager) to get, c) (eine schöne Frau etc) to flock round; to scramble for, to be mad about (*colloq.*): man riß sich um die billigen Kleider there was a scramble (*od.* rush, charge) for the cheap dresses; ich reiße mich nicht

darum *colloq.* I'm not especially keen on it. – **IV** v/impers ⟨h⟩ **28.** es reißt mir in allen Gliedern *colloq.* I have pains and aches in every bone. – **V R**∼ n ⟨-s⟩ **29.** verbal noun. – **30.** (von Stoff, Papier etc) tear. – **31.** (von Faden, Kette, Saite etc) snap, break. – **32.** med. a) (von Sehnen etc) rupture, b) colloq. (in den Gliedern) rheumatism, rheumatic pains pl. – **33.** (sport) (beim Gewichtheben) snatch: beidarmiges ∼ two-hand snatch. – '**rei·ßend I** pres p. – **II** adj **1.** (Tier) rapacious. – **2.** (Fluß, Strömung etc) racing, raging, torrential: ein ∼er Strom [Gebirgsbach] a torrent [a mountain (*od.* hill) torrent]. – **3.** (Schmerz) racking, violent. – **4.** (Warenabsatz) rapid, quick: die Ware fand ∼en Absatz the article sold like hot cakes. – **III** adv **5.** die Karten gingen ∼ weg (*od.* ab) the tickets sold rapidly (*od.* like hot cakes), there was a run on the tickets.

'**Rei·ßer** m ⟨-s; -⟩ **1.** colloq. contempt. (spannender Film, Roman etc) thriller. – **2.** colloq. (Erfolgsbuch, Verkaufsschlager etc) best seller, hit. – **3.** colloq. (Erfolgsstück, -film etc) hit, box-office success, big draw.

'**rei·ße·risch** colloq. contempt. **I** adj sensational, sensationalistic. – **II** adv sensationally, sensationalistically: etwas ∼ anpreisen to advertise (seltener -z-) s.th. in glowing terms.

'**Reiß|,fe·der** f drawing pen. — **r∼,fest** adj tear-resistant (auch -resistent), rupture- (*od.* tear-)proof. — ∼,fe·stig·keit f **1.** resistance to tearing. – **2.** tech. rupture (*od.* tear, breaking) strength. — ∼,gren·ze f tech. **1.** (eines Seiles etc) tearing limit. – **2.** (Zerreißfestigkeit) tensile strength. – **3.** cf. Reißfestigkeit 2. — ∼,koh·le f **1.** charcoal. – **2.** (Stift) charcoal crayon. — ∼,lei·ne f aer. (eines Fallschirms, Ballons) rip cord. — ∼,li·nie f tech. **1.** perforated line. – **2.** (einer Zeichnung) lay-out line, line marking. — ∼,na·del f **1.** scriber, (einfache) pocket scriber. – **2.** (des Graveurs) draw point. – **3.** (Reißnadelspitze) scriber point. — ∼,na·gel m cf. Reißzwecke.

'**Reis|,spei·se** f gastr. **1.** rice dish. – **2.** cf. Reispudding.

'**Reiß|,schie·ne** f tech. T (auch tee) square. — ∼,span m fragmental (*od.* segmental, tear) chip. — ∼,stift m cf. Reißbrettstift.

'**Reis|,stär·ke** f rice starch. — ∼,stär·ling m zo. rice bunting, bobolink, Am. ricebird (Dolichonyx oryzivora). — ∼,stroh n rice straw. — ∼,sup·pe f gastr. rice soup. — ∼,tan·rek m zo. cf. Reiswühler.

'**Reiß·ver,schluß** m bes. Am. zipper, Am. auch slide fastener, bes. Br. zip-fastener, bes. Br. zip: verdeckter ∼ sunken zipper; den ∼ einer Jacke zumachen (*od.* schließen) [aufmachen *od.* öffnen] to close (*od.* fasten) [to open *od.* to unfasten] the zipper of a jacket, to zip up [to unzip] a jacket. — ∼,glied n zipper (bes. Br. zip-fastener) link.

'**Reiß|ver,such** m **1.** metall. (bei der Drahtherstellung) hanging test. – **2.** (sport) (beim Gewichtheben) (attempt to) snatch. — ∼,wolf m **1.** (textile) a) (in der Spinnerei) willow, auch willower, willy, teaser, devil, b) (für Pelz) plucker, devil. – **2.** tech. (für Papier etc) shredder, devil, willowing machine. — ∼,wol·le f (textile) reprocessed (*od.* reclaimed) wool, shoddy. — ∼,zahn m **1.** zo. (von Raubtieren) fang, scissor tooth; carnassial, sectorial (scient.). – **2.** tech. (am Bagger) bucket tooth. — ∼,zeug n ⟨-(e)s; -e⟩ tech. drawing instruments pl (*od.* set). — ∼,zir·kel m tech. (Nullenzirkel) bow compasses pl. — ∼,zwecke (getr. -k·k-) f Br. drawing pin, Am. thumbtack, auch thumb pin.

'**Reis,was·ser,stuhl** m med. rice-water stool.

'**Reis|,wein** m gastr. rice wine: japanischer ∼ sake, saké, saki. — ∼,wüh·ler m zo. rice tenrec (Gattg Orizorictes).

'**Reit|,an,zug** m cf. Reitdreß. — ∼,bahn f **1.** riding course. – **2.** (sport) racetrack. – **3.** riding school, Am. riding academy. — ∼,dreß m riding habit (*od.* costume).

rei·ten ['raɪtən] **I** v/i ⟨reitet, ritt, geritten, sein, auch h⟩ **1.** ride: auf einem Pferd ∼ to ride on a horse (*od.* on horseback), to ride a horse; scharf ∼ to ride whip and spur; ich bin (*od.* habe) früher viel geritten I used to ride a lot, I used to do a lot of riding; im Schritt [Trab, Galopp] ∼ to

ride at a walking pace (*od.* an amble) [to trot, to gallop]; ohne Sattel ∼ to ride bareback(ed); im Herrensitz [Damensattel] ∼ to ride astride [sidesaddle, Br. side-saddle]; (bei j-m) ∼ lernen to take riding lessons (with [*od.* from] s.o.); sie kamen über die Felder geritten they came riding across the fields, they came across the fields on horseback; auf die Jagd ∼ to ride to the hunt; querfeldein ∼ to ride cross-country (*od.* over hedge and ditch); das Kind reitet auf dem Rücken seines Vaters the child is riding piggyback (*od.* pickaback, auch pig-a-back) on its father (*od.* is riding its father piggyback) (colloq.); Hexen ∼ auf einem Besen witches ride (on) a broomstick; er ist (*od.* hat) krumme Touren geritten *fig. colloq.* he made crooked deals. – **2.** mar. (von Schiffen) ride: vor Anker ∼ to ride (*od.* lie) at anchor. – **3.** auf j-m ∼ vulg. to ride s.o. – **II** v/t ⟨h⟩ **4.** ride: welches Pferd reitet er? which horse does he ride (bei Rennen auch jockey)? ein Pferd in die Schwemme ∼ to ride a horse to water (*od.* to the horsepond); ein Pferd zuschanden ∼ to wreck a horse; j-n über den Haufen ∼ to ride s.o. down, to override s.o.; Hohe Schule ∼ to ride high school (*od.* haute école); ihn reitet der Teufel *fig.* the devil has got hold of him (*od.* is at his reins), he is out of his mind; Prinzipien ∼ *fig. colloq.* a) to stick blindly to one's principles, b) (predigen) to harp on one's principles; sein Steckenpferd ∼ *fig.* to be on (*od.* ride) one's hobbyhorse, to be at one's hobby; → Pegasus 2. – **5.** zo. (bespringen) cover, serve. – **III** v/reflex ⟨h⟩ **6.** sich müde ∼ to tire oneself (at) riding; sich wund ∼ to become (*od.* get) saddlesore. – **IV R**∼ n ⟨-s⟩ **7.** verbal noun. – **8.** (sport) (als Disziplin) riding, equestrianism, equitation. – **9.** mar. (vor Anker) surge, ride at anchor.

'**rei·tend I** pres p. – **II** adj **1.** riding, mounted, on horseback: ∼e Artillerie mil. hist. mounted (*od.* horse) artillery. – **2.** bot. (Blatt) equitant.

'**Rei·ter**[1] m ⟨-s; -⟩ **1.** rider, horseman, (Jockei) jockey: den ∼ abwerfen to throw the rider; die Apokalyptischen ∼ Bibl. the Four Horsemen of the Apocalypse. – **2.** mil. hist. cf. Kavallerist. – **3.** (auf Karteikarten) tab, rider. – **4.** tech. a) (einer Skalenscheibe) pointer, b) (einer Laufgewichtswaage) jockey, c) (eines Maßstabes) index finger. – **5.** electr. tel. (einer Wählscheibe) indicator. – **6.** Blauer ∼ (art) Blue Rider. – **7.** agr. (zum Trocknen von Heu) drying rack. – **8.** obs. (im Festungsbau) a) spanischer ∼ cheval-de-frise, b) (erhöhte Bastion) cavalier, mount.

'**Rei·ter**[2] f ⟨-; -n⟩ dial. (Getreidesieb) riddle.

'**Rei·ter,an,griff** m mil. hist. cavalry attack.

'**Rei·te'rei** f ⟨-; -en⟩ mil. hist. cf. Kavallerie.

'**Rei·te·rin** f ⟨-; -nen⟩ rider, horsewoman.

'**Rei·ter·re·gi,ment** n mil. hist. cavalry regiment.

'**Rei·ters,mann** m ⟨-(e)s; ⸚er⟩ horseman, rider.

'**Rei·ter|,spiel** n **1.** hist. car(r)ousel. – **2.** pl (sport) equestrian games: Olympische ∼e Olympic Equestrian Games. — ∼,stand,bild n, ∼,sta·tue f (art) equestrian statue.

'**Reit|,frack** m riding tails pl. — ∼,ger·te f riding whip. — ∼,gurt m cf. Sattelgurt. — ∼,hal·le f indoor riding arena. — ∼,hand,schuh m riding glove. — ∼,ho·se f riding breeches pl, (lange enganliegende) jodhpurs pl, auch jodhpur breeches pl. — ∼,jagd f **1.** hunt (*od.* chase) (on horseback). – **2.** (Schleppjagd) drag (hunt *od.* hunting). — ∼,kleid n (riding) habit. — ∼,klei·dung f riding dress (bes. Br. kit). — ∼,klub m riding club. — ∼,knecht m groom. — ∼,kunst f **1.** art of riding, horsemanship, equitation. – **2.** (beim Dressurreiten) art of riding, manege, auch manège, haute école. — ∼,leh·rer m riding master (*od.* instructor). — ∼,peit·sche f **1.** riding whip, horsewhip: j-n mit der ∼ schlagen to strike s.o. with a horsewhip, to horsewhip s.o. – **2.** (mit Schlaufe) crop. — ∼,pferd n saddle (*od.* riding) horse, Am. colloq. saddler. — ∼,platz m riding ground: offener ∼ outdoor riding ground. — ∼,sat·tel m riding saddle. — ∼,schu·le f **1.** riding school (Am. academy), manege, auch manège. – **2.** Swiss for Karussell 1. — ∼,sitz m **1.** position on horseback. – **2.** (sport) (bes. beim Turnen) riding position, cross riding (*od.* straddle) seat: im ~ astride, astraddle. — ~**sport** *m* riding, equestrian sport, equitation. — ~**stall** *m* riding stable, stable (for saddle horses). — ~**stie·fel** *m meist pl* riding (*od.* top) boot.

'**Reit,stock** *m* **1.** riding stick. – **2.** *tech.* a) (*einer Drehmaschine*) tailstock, b) (*einer Schleifmaschine*) footstock. — ~**spit·ze** *f tech.* **1.** (*einer Drehmaschine*) tailstock center (*bes. Br.* centre). – **2.** (*einer Schleifmaschine*) footstock center (*bes. Br.* centre).

'**Reit|,stun·de** *f* riding lesson. — ~**tier** *n* animal used for riding. — ~,**und** '**Fahr·tur,nier** *n* horse show. — ~,**und** '**Spring·tur,nier** *n* show-jumping tournament, horse show. — ~**un·ter,richt** *m* instruction in riding, riding lesson(s *pl*). — ~**ver,ein** *m cf.* Reitklub. — ~**wech·sel** *m econ.* kite (*colloq.*), *Br.* fictitious (*od.* accommodation) bill: einen ~ ausstellen to fly a kite (*colloq.*). — ~**weg** *m* bridle path (*od.* trail, road, way), (*durch einen Wald*) *auch* riding, ride. — ~**zeug** *n* ⟨-(e)s; *no pl*⟩ **1.** (*sport*) riding equipment (*od.* outfit, things *pl*). – **2.** *mil. hist.* harness (*od.* equipment) (of a saddle horse).

Reiz [raɪts] *m* ⟨-es; -e⟩ **1.** (*Zauber*) charm, fascination: der ~ exotischer Länder the fascination of exotic countries; das erhöht den ~ that makes it all the more (*od.* ever so) fascinating. – **2.** (*Anziehung*) appeal, attraction: der ~ der Neuheit the attraction of novelty; das hat keinen [wenig] ~ für mich that does not appeal to me [greatly]; diese Beschäftigung übt einen großen ~ auf ihn aus this activity appeals to him greatly; für j-n den ~ verlieren to lose its attraction (*od.* attractiveness, appeal) for s.o., to pall on s.o.; ich kann der Sache keinen ~ abgewinnen I cannot work up any enthusiasm for it. – **3.** (*Verlockung*) temptation, enticement, lure, allurement: einem ~ erliegen to succumb to a temptation. – **4.** (*Kitzel*) tickle. – **5.** (*Anreiz*) incentive, encouragement, stimulus, impulse. – **6.** (*Anmut*) charm, grace(fulness), graciousness. – **7.** *pl* charms: weibliche ~e feminine charms; sie zeigt ihre ~e sehr offen she displays her charms quite openly. – **8.** *med. psych.* stimulus: ~ und Reaktion stimulus and response. — '**reiz·bar** *adj* **1.** (*leicht erregbar*) irritable, fretful, peevish, cranky, raspish, raspy: übermäßig ~ hyperirritable; nicht ~ even-tempered, inirritable. – **2.** (*jähzornig*) irascible, testy, short- (*od.* quick-, hot-)tempered. – **3.** (*empfindlich*) sensitive, touchy, tetchy, techy, thin--skinned: übermäßig ~ oversensitive. – **4.** (*nervös*) nervous, *bes. Br. colloq.* nervy, excitable, highly (*Am.* high-)strung. – **5.** *med.* a) irritable, excitable, b) (*nervös*) nervous, c) (*von der Haut*) oversensitive. — '**Reiz·bar·keit** *f* ⟨-; *no pl*⟩ **1.** (*leichte Erregbarkeit*) irritability, irritableness, fretfulness, peevishness, crankiness: übermäßige ~ hyperirritability. – **2.** (*Jähzorn*) irascibility, irascibleness, testiness, short (*od.* quick, hot) temper. – **3.** (*Empfindlichkeit*) sensitivity, sensitiveness, touchiness, tetchiness, techiness: übergroße ~ oversensitivity. – **4.** (*Nervosität*) nervousness, *bes. Br. colloq.* nerviness, excitability. – **5.** *med.* a) irritability, excitability, b) (*Nervosität*) nervousness, c) (*von der Haut*) oversensitiveness.

'**Reiz|be,hand·lung** *f med. cf.* Reiztherapie. — ~**be,we·gung** *f bot.* tropism. — **r~emp,find·lich** *adj bes. med.* susceptible to stimuli.

rei·zen [ˈraɪtsən] **I** *v/t* ⟨h⟩ **1.** (*ärgerlich machen*) irritate, annoy, nettle, rile; peeve, aggravate, rub (*s.o.*) the wrong way (*colloq.*). – **2.** (*erregen*) excite, rouse, stir: j-n zum Zorn [Widerspruch] ~ to rouse s.o. to anger [contradict(ion)]. – **3.** (*herausfordern*) provoke, pique, needle (*colloq.*): ~ Sie mich nicht! don't provoke me; j-n bis aufs äußerste ~ to try s.o. to the limit; er reizte ihn bis aufs Blut (*od. colloq.* zur Weißglut) he made his blood boil, *Br.* he made him livid; einen Hund ~ to tease a dog. – **4.** (*verlocken*) tempt, entice, (al)lure: j-n zu etwas ~ to tempt s.o. to (do) s.th. – **5.** (*anregen*) stimulate: den Appetit ~ to stimulate (*od.* whet, sharpen) the appetite; den Gaumen ~ to tickle the palate. – **6.** (*anziehen*) attract, fascinate: alles Neue reizt ihn he is attracted

by anything (that is) new; die Aufgabe reizte ihn the task was a challenge to him, he was itching (*od.* eager) to do the job; das reizt mich nicht that does not appeal to me, I'm not awfully keen (on that) (*colloq.*). – **7.** *med.* a) (*erregen*) excite, b) (*irritieren*) irritate, c) (*anregen*) stimulate. – **II** *v/i* **8.** (*beim Skat*) bid. – **III** *v/impers* **9.** es reizt j-n, etwas zu tun s.o. is (*od.* feels) tempted to do s.th., s.o. is itching to do s.th. – **IV R~** *n* ⟨-s⟩ **10.** verbal noun. – **11.** *cf.* Reizung. — '**rei·zend I** *pres p.* – **II** *adj* **1.** (*nett, freundlich*) nice, sweet: das war wirklich ~ von Ihnen that was really nice of you. – **2.** (*gewinnend*) charming, delightful, attractive, engaging, lovely. – **3.** (*hübsch*) attractive, pretty, lovely(-looking). – **4.** (*von Dingen*) fetching, lovely. – **5.** (*allerliebst*) sweet, *Am. colloq.* cute. – **6.** *iron.* (*in Wendungen wie*) (das) ist ja ~! that's (really) charming! *Am. colloq.* isn't that (just) dandy? das ist ja eine ~e Bescherung! that's a pretty (*od.* fine) kettle of fish! – **7.** *med.* a) (*Reizung verursachend*) irritant, b) (*anregend*) stimulating.

'**reiz|er,re·gend** *adj med.* irritative. — **R~gas** *n mil.* irritant gas. — **R~,hu·sten** *m med.* dry cough. — **R~,kampf,stoff** *m mil.* irritating agent, irritant (agent).

'**Reiz·ker** [ˈraɪtskər] *m* ⟨-s; -⟩ *bot.* lactarius (*Gattg Lactarius*): Echter ~ orange agaric (*L. deliciosus*); Giftiger ~ poisonous lactarius (*L. torminosus*).

'**Reiz,kli·ma** *n* stimulating climate.
'**Reiz,kör·per** *m med.* stimulator. — ~**the·ra,pie** *f med.* irritation (*od.* stimulation, protein) therapy.
'**Reiz,lei·tung** *f med.* **1.** conduction of impulses. – **2.** path(way) of an impulse. – **3.** (*des Herzens*) conduction system.
'**Reiz,lei·tungs|,stö·rung** *f med.* conduction defect. — ~**sy,stem** *n* conduction system.
'**reiz,lin·dernd** *adj med. cf.* reizmildernd.
'**reiz·los** *adj* **1.** (*Ding*) unattractive, uninviting. – **2.** (*Person*) unattractive, lacking (*od.* devoid of) charm. – **3.** (*fade*) insipid. – **4.** *colloq.* (*uninteressant*) uninteresting, unexciting. – **5.** *med.* noninritating *Br.* non-, bland. — '**Reiz·lo·sig·keit** *f* ⟨-; *no pl*⟩ **1.** (*mangelnder Reiz*) unattractiveness. – **2.** (*mangelnder Charme*) unattractiveness, lack of charm. – **3.** (*Fadheit*) insipidness, insipidity. – **4.** *colloq.* (*Uninteressantheit*) uninterestingness.

'**reiz|,mil·dernd** *adj med.* soothing, lessening irritation. — **R~,mit·tel** *n* **1.** *med.* a) (*zur Erregung*) excitant, b) (*zur Anregung*) stimulant, c) (*zur Reizung*) irritant. – **2.** *fig.* incentive, stimulus. — **R~,punkt** *m* (*des Muskels*) motor point. — **R~,schwel·le** *f psych.* absolute (*od.* stimulus) threshold. — **R~,stoff** *m* **1.** *med.* a) (*zur Anregung*) stimulating substance, adjuvant, b) (*störender*) irritating substance. – **2.** *mil.* irritant (agent). — **R~sym,ptom** *n med.* irritative symptom (*od.* sign). — **R~the·ra,pie** *f* **1.** irritation therapy. – **2.** stimulation therapy. — **R~,über,flu·tung** *f* ⟨-; *no pl*⟩ constant exposure to stimuli, subjection to continuous stimuli.

'**Rei·zung** *f* ⟨-; -en⟩ **1.** *cf.* Reizen. – **2.** (*Verärgerung*) irritation, annoyance, aggravation (*colloq.*). – **3.** (*Erregung*) excitement, excitation. – **4.** (*Herausforderung*) provocation. – **5.** (*Verlockung*) temptation, enticement, lure, allurement. – **6.** (*Anregung*) stimulation. – **7.** *med.* a) irritation, b) (*Erregung*) excitation, c) (*Anregung*) stimulation, d) (*Provokation*) provocation, e) (*bei Hautentzündung*) irritation.

'**reiz,voll** *adj* **1.** (*anziehend*) attractive, charming. – **2.** (*Landschaft etc*) lovely, delightful. – **3.** (*Aufgabe etc*) interesting, fascinating, exciting: es wäre ~, sich damit zu beschäftigen it would be fascinating to work on that. – **4.** (*anmutig*) graceful. – **5.** (*verlockend*) tempting, enticing.

'**Reiz|,wä·sche** *f colloq.* French lingerie; sexy underwear, flimsies *pl* (*colloq.*). — ~**wir·kung** *f med.* irritant (*od.* stimulating) effect, effect of irritation (*od.* stimulation).

Re·ka·pi·tu·la·ti·on [rekapitula'tsion] *f* ⟨-; -en⟩ recapitulation, summing-up, (*brief*) summary. — **re·ka·pi·tu'lie·ren** [-'liːrən] **I** *v/t* ⟨*no ge-, h*⟩ recapitulate, sum up. — **II R~** *n* ⟨-s⟩ verbal noun. — **Re·ka·pi·tu'lie·rung** *f* ⟨-; -en⟩ *cf.* Rekapitulation.

Re·kel [ˈreːkəl] *m* ⟨-s; -⟩ *Northern G.* for Flegel 2.
Re·ke'lei *f* ⟨-; *no pl*⟩ *colloq. contempt.* **1.** constant stretching. – **2.** constant lounging (*od.* sprawling, lolling). — **re·keln** [ˈreːkəln] *colloq.* **I** *v/reflex* ⟨h⟩ sich ~ **1.** (*sich strecken*) stretch (oneself), stretch one's limbs. – **2.** (*sich hinlümmeln*) lounge (around), sprawl (around), loll (about). – **II** *v/t* **3.** seine Glieder ~ to stretch one's limbs. – **III R~** *n* ⟨-s⟩ **4.** verbal noun. – **5.** *cf.* Rekelei.

Re·kla·mant [rekla'mant] *m* ⟨-en; -en⟩, **Re·kla'man·tin** *f* ⟨-; -nen⟩ *jur. econ.* reclaimant.
Re·kla·ma·ti·on [reklama'tsioːn] *f* ⟨-; -en⟩ **1.** *econ.* (*Beanstandung*) complaint, claim: ~en werden nur innerhalb von 8 Tagen nach Empfang der Ware angenommen claims will be considered only if raised within a week after receipt of goods. – **2.** *jur.* a) (*Einspruch*) protest, objection, reclamation, b) (*Beschwerde*) complaint, c) (*Forderung*) claim, reclamation.

Re·kla·me [re'klaːmə] *f* ⟨-; -n⟩ *econ.* **1.** (*Werbung*) advertising (*seltener* -z-), advertisement (*seltener* -z-), sales promotion, publicity, propaganda: marktschreierische (*od.* aufdringliche) ~ a) loud (*bes. Am.* high-pressure) advertising, *Br. colloq.* puff, *Am. colloq.* ballyhoo, b) (*Anzeige*) puffing advertisement; *Am. sl.* blurb, plug; für etwas ~ machen to advertise (*od.* promote, *Am.* style) s.th.; für j-n ~ machen a) to promote s.o., to advertise (*od.* canvass, *auch* canvas) for s.o., b) *colloq.* to recommend s.o.; für etwas [j-n] groß(e) ~ machen to push (*od.* puff, boom, boost) s.th. [s.o.] (*colloq.*), *Am. sl.* to plug s.th. [s.o.]; gute ~ für etwas machen to give s.th. good publicity (*od.* a good boost); das ist keine gute ~ für ihn that's not going to help his reputation. – **2.** (*Anzeige*) advertisement (*seltener* -z-), ad (*colloq.*), *Br. colloq. auch* advert. – **3.** (*radio*) *telev. colloq.* commercial, *bes. Am.* spot. – **4.** *colloq.* (*Lichtreklame*) lights *pl.* — ~**ar,ti·kel** *m econ.* advertising article. — ~**bei,la·ge** *f* advertising supplement, *Am. colloq.* stuffer. — ~**be,ra·ter** *m* advertising (*od.* publicity) consultant. — ~**bild** *n* advertising picture. — ~**chef** *m* (*einer Firma*) advertising (*od.* publicity) manager. — ~**druck,sa·che** *f* advertising circular. — ~**fach,mann** *m* advertising (*od.* publicity) expert (*od.* man), adman (*colloq.*), *Am. auch* promotion expert (*od.* man). — ~**feld,zug** *m* advertising campaign, (*publicity*) drive. — ~**film** *m* advertising (*od.* publicity) film. — ~**flä·che** *f* **1.** advertising space. – **2.** (*an Hauswänden etc*) billboard, *Br. auch* hoarding(s *pl*). — ~**fonds** *m* advertising (*od.* publicity) fund. — ~**ko·sten** *pl* advertising (*od.* publicity) cost *sg* (*od.* expenses). — ~**ma·te·ri,al** *n* advertising (*Am.* promotion) material (*od.* matter). — ~**pla,kat** *n cf.* Werbeplakat. — ~**preis** *m cf.* Werbepreis. — ~**rum·mel** *m colloq.* **1.** *econ.* buildup, *Br.* build-up, *Am. colloq.* ballyhoo. – **2.** *pol.* (*um einen Wahlkandidaten*) boom, build-up, image--building, *Br. colloq. auch* puffing-up. — ~**schild** *n econ.* **1.** advertising board (*od.* sign), signboard. – **2.** (*zum Umhängen*) sandwich board. – **3.** (*in Auslagen*) show card. — ~**sen·dung** *f* (*radio*) *telev.* commercial. — ~**trick** *m* advertising (*od.* publicity, *Am.* promotional) stunt (*colloq.*) (*od. sl.* gimmick). — ~**trom·mel** *f only in* die ~ für j-n [etwas] rühren *colloq.* to push (*od. colloq.* boom, boost, *Am. sl.* plug) s.o. [s.th.], *Am. colloq.* to make a ballyhoo about s.o. [s.th.]. — ~**wa·gen** *m* advertising van. — ~**we·sen** *n* ⟨-s; *no pl*⟩ *cf.* Werbewesen. — ~**zeich·ner** *m*, ~**zeich·ne·rin** *f* advertisement (*od.* advertising) designer, commercial artist. — ~**zet·tel** *m* advertising circular, handbill, throwaway, *Br.* throw-away, *bes. Am.* flyer, flier, *Am. auch* dodger.

re·kla·mie·ren [rekla'miːrən] **I** *v/i* ⟨*no ge-, h*⟩ **1.** *econ.* (*wegen etwas* of *od.* about s.th.) complain, lodge a complaint (*od.* claim): bei j-m (*schriftlich*) ~ to lodge (*od.* file) a claim with s.o. – **2.** *jur.* (*gegen etwas*) object (*to* s.th.), protest (*against* s.th.). – **3.** (*sport*) (*beim Schiedsrichter*) complain. – **II** *v/t* **4.** *econ.* (*Ware etc*) complain of (*od.* about), lodge a complaint (*od.* claim)

about. – **5.** (*zurückfordern*) reclaim, claim back (*colloq.*). – **6.** (*sport*) (*Hand, Elfmeter etc*) (make an) appeal for. – **III R~** *n* ⟨-s⟩ **7.** *verbal noun.* – **8.** *cf.* Reklamation.
re·ko·gnos·zie·ren [rekɔgnɔs'tsiːrən] *v/t* ⟨*no* ge-, h⟩ **1.** *obs.* for anerkennen 1. – **2.** *mil. obs.* for erkunden 3. — **Re·ko·gnos'zie·rung** *f* ⟨-; -en⟩ *mil. obs.* for Erkundung 3.
Re·kom·bi·na·ti·on [rekɔmbina'tsĭoːn] *f* ⟨-; -en⟩ *chem.* recombination, dimerisation, *Am.* dimerization.
Re·kom·man·da·ti·on [rekɔmanda'tsĭoːn] *f* ⟨-; -en⟩ *obs.* for Empfehlung. — **Re·kom·man·da·ti'ons,schrei·ben** *n obs.* for Empfehlungsschreiben.
re·kom·man·die·ren [rekɔman'diːrən] *v/t* ⟨*no* ge-, h⟩ **1.** *obs.* for empfehlen 1. – **2.** *bes.* Austrian (*Brief etc*) register. — **re·kom·man'diert I** *pp.* – **II** *adj bes.* Austrian (*Brief etc*) registered.
re·kom·pen·sie·ren [rekɔmpɛn'ziːrən] *v/t* ⟨*no* ge-, h⟩ (*entschädigen*) compensate, recompense.
re·kon·stru·ie·ren [rekɔnstru'iːrən] **I** *v/t* ⟨*no* ge-, h⟩ **1.** (*Bauten etc*) reconstruct, rebuild, restore. – **2.** (*rückblickend wiedergeben*) reconstruct, retrace. – **3.** *jur.* (*Tathergang*) reconstruct. – **4.** *DDR econ.* (*Maschinen, Betrieb etc*) reconstruct, reorganize. – **II R~** *n* ⟨-s⟩ **5.** *verbal noun.* — **Re·kon·stru'ie·rung** *f* ⟨-; -en⟩ **1.** *cf.* Rekonstruieren. – **2.** *cf.* Rekonstruktion.
Re·kon·struk·ti·on [rekɔnstruk'tsĭoːn] *f* ⟨-; -en⟩ **1.** (*Wiederherstellung*) reconstruction, restoration. – **2.** (*rückblickende Wiedergabe*) reconstruction. retracement. – **3.** *jur.* reconstruction. – **4.** *DDR econ.* reconstruction, reorganization.
re·kon·va·les·zent [rekɔnvalɛs'tsɛnt] *adj med.* (*genesend*) convalescent. — **Re·kon·va·les'zent** *m* ⟨-en; -en⟩, **Re·kon·va·les·'zen·tin** *f* ⟨-; -nen⟩ convalescent. — **Re·kon·va·les'zenz** [-'tsɛnts] *f* ⟨-; *no pl*⟩ **1.** convalescence, recuperation. – **2.** convalescent period.
Re·kon·zi·lia·ti·on [rekɔntsilĭa'tsĭoːn] *f* ⟨-; -en⟩ *röm.kath.* **1.** (*Lossprechung*) reconciliation. – **2.** (*Neuweihung*) reconciliation, reconsecration.
Re·kord [re'kɔrt] *m* ⟨-(e)s; -e⟩ **1.** (*sport*) (*Höchstleistung*) record: einen ~ aufstellen [erzielen] to set (up) (*od.* establish) [to achieve] a record; einen ~ brechen (*od.* unterbieten) to break (*od.* beat, smash) a record; einen ~ halten (*od.* innehaben) to hold a record; einen ~ verbessern [einstellen] to improve (*od.* better) [to equal *od.* tie] a record. – **2.** *fig.* *bes. Am.* all-time high: die Verkaufsergebnisse des letzten Jahres schlugen alle ~e last year's sales figures beat all records (*od.* reached an all-time high). — **~be,such** *m* record attendance. — **~,bre·cher** *m* (*sport*) record breaker (*od.* smasher). — **~,ern·te** *f* record (*od.* colloq. bumper) crop. — **~,flug** *m* record-breaking flight. — **~,hal·ter** *m*, **~,hal·te·rin** *f* ⟨-; -nen⟩, **~,in,ha·ber** *m*, **~,in,ha·be·rin** *f* record holder. — **~,lauf** *m* record run. — **~,sprit·ze** *f* med. record syringe. — **~,ver·such** *m* (*sport*) attempt upon a record, record-breaking attempt: einen ~ unternehmen to attempt to break a record. — **~,zeit** *f* record time.
Re·krea·ti·on [rekrea'tsĭoːn] *f* ⟨-; *no pl*⟩ *obs.* for Erholung 2, Erfrischung 2.
Re·krut [re'kruːt] *m* ⟨-en; -en⟩ *mil.* recruit, *Am. auch* inductee, *Am.* trainee; raw recruit, rookie (*sl.*): ~en ausheben to recruit, to levy (*od.* raise, conscript) new soldiers; ~en werben to seek new soldiers. — **Re'kru·ten|,aus,bil·dung** *f mil.* initial (*od.* basic) training of recruits, recruit training. — **~,aus,he·bung** *f mil.* recruitment, levy (*od.* conscription) of recruits (*od.* new soldiers). — **~,schu·le** *f Swiss mil.* recruit school.
re·kru·tie·ren [rekru'tiːrən] **I** *v/t* ⟨*no* ge-, h⟩ *mil.* (*ausheben*) (*Soldaten*) recruit, levy, raise. – **II** *v/reflex* sich (aus etwas) ~ *fig.* to be recruited (from s.th.), to be composed (of s.th.): die Partei rekrutierte sich hauptsächlich aus der Arbeiterklasse the party was recruited chiefly from the working class. – **III R~** *n* ⟨-s⟩ *verbal noun.* — **Re·kru'tie·rung** *f* ⟨-; -en⟩ **1.** *cf.* Rekrutieren. – **2.** *mil.* recruitment, levy.
'Rek·ta|in,dos·sa,ment ['rɛkta-] *n econ.* restrictive endorsement (*od.* indorsement).

— **~,klau·sel** *f* (*beim Wechsel*) restrictive clause.
rek·tal [rɛk'taːl] *adj med.* rectal. — **R~er-,näh·rung** *f* rectal alimentation. — **R~,fi·stel** *f* rectal (*od.* anal) fistula. — **R~,nar·ko·se** *f* rectal an(a)esthesia.
'Rek·ta|pa,pie·re *pl econ.* **1.** (*Wechsel, Scheck*) unendorsable (*od.* not-to-order) instruments. – **2.** (*Effekten*) registered securities. — **~,scheck** *m* unendorsable check (*Br.* cheque), check marked 'not to order'.
Rekt·as·zen·si·on [rɛktastsɛn'zĭoːn] *f* ⟨-; -en⟩ *astr. math. phys.* right ascension.
'Rek·ta,wech·sel *m econ.* unendorsable (*od.* not-to-order) bill (of exchange).
Rek·ti·fi·ka·ti·on [rɛktifika'tsĭoːn] *f* ⟨-; -en⟩ **1.** *obs.* for a) Berichtigung 2, b) Zurechtweisung. – **2.** *chem. math.* rectification.
Rek·ti·fi·ka·ti·ons|ap,pa,rat *m chem.* rectifier, rectifying apparatus (*od.* column). — **~ko,lon·ne** *f* rectifying (*od.* fractionating) column.
rek·ti·fi·zie·ren [rɛktifi'tsiːrən] **I** *v/t* ⟨*no* ge-, h⟩ **1.** *obs.* for a) berichtigen 1, b) zurechtweisen. – **2.** *chem.* rectify, redistill: Spiritus ~ to alcoholize (*Br. auch* -s-) (*od.* try out) spirit. – **3.** *math.* rectify. – **II R~** *n* ⟨-s⟩ **4.** *verbal noun.* — **Rek·ti·fi'zie·rung** *f* ⟨-; -en⟩ **1.** *cf.* Rektifizieren. – **2.** *cf.* Rektifikation.
Rek·ti·on [rɛk'tsĭoːn] *f* ⟨-; -en⟩ *ling.* government, *auch* regimen, rection: die ~ eines Verbs the case governed by a verb.
Rek·to ['rɛkto] *n* ⟨-s; -s⟩ (*Buch-, Blattvorderseite*) recto, front cover.
Rek·tor ['rɛktɔr] *m* ⟨-s; -en [-'toːrən]⟩ **1.** (*einer Universität*) rector, *Am.* president, *Br.* vice-chancellor. – **2.** *ped.* a) (*einer Volksschule*) *Br.* headmaster, *Am.* superintendent, b) (*einer Mittelschule*) *Br.* headmaster, (*an einigen Privatschulen*) principal, *Am.* principal. – **3.** *relig.* rector. — **Rek·to·rat** [rɛkto'raːt] *n* ⟨-(e)s; -e⟩ **1.** *ped.* (*Amt eines Rektors*) a) (*an einer Universität*) rectorship, rectorate, *Am.* presidency, *Br.* vice-chancellorship, b) (*an einer Volksschule*) *Br.* headmastership, *Am.* superintendency, c) (*an einer Mittelschule*) *Br.* headmastership, (*an einigen Privatschulen*) principalship, *Am.* principalship. – **2.** *ped.* (*Amtszeit eines Rektors*) a) (*an einer Universität*) rectorate, rector's (*Am.* president's, *Br.* vice-chancellor's) term (of office), b) (*an einer Volksschule*) headmaster's (*Am.* superintendent's) term (of office), c) (*an einer Mittelschule*) headmaster's (*Am.* principal's) term (of office). – **3.** *ped.* (*Amtsraum eines Rektors*) a) (*an einer Universität*) rector's office, *Am.* president's office, *Br.* vice-chancellor's office, b) (*an einer Volksschule*) *Br.* headmaster's room (*od.* study), *Am.* superintendent's office, c) (*an einer Mittelschule*) *Br.* headmaster's room (*od.* study), *Am.* principal's office. – **4.** *relig.* a) (*Amt od. Amtszeit eines Rektors*) rectorate, b) (*Amtsraum*) rector's office.
Rek'to·ren·kon·fe,renz *f ped.* conference of presidents (*Br.* vice-chancellors).
Rek·to·rin [rɛk'toːrin] *f* ⟨-; -nen⟩ *ped.* a) (*einer Volksschule*) *Br.* headmistress, *Am.* superintendent, b) (*einer Mittelschule*) *Br.* headmistress, (*an einigen Privatschulen*) principal, *Am.* principal.
Rek·to·skop [rɛkto'skoːp] *n* ⟨-s; -e⟩ *med.* rectoscope, proctoscope. — **Rek·to·sko'pie** [-sko'piː] *f* ⟨-; -n [-ən]⟩ rectoscopy, proctoscopy: hohe ~ proctocolonoscopy, proctosigmoidoscopy.
rek·to·va·gi·nal [rɛktovagi'naːl] *adj med.* rectovaginal. — **R~,fi·stel** *f* rectovaginal fistula.
rek·to·ve·si·kal [rɛktovezi'kaːl] *adj med.* rectovesical.
Rek·to·ze·le [rɛkto'tseːlə] *f* ⟨-; -n⟩ *med.* rectozele, rectal hernia.
Rek·tum ['rɛktum] *n* ⟨-s; Rekta [-ta]⟩ *med.* (*Enddarm*) rectum: das ~ betreffend rectal. — **~,kar,zi,nom** *n* carcinoma (*od.* cancer) of the rectum. — **~re·sek·ti,on** *f* proctectomy. — **~,schmerz** *m* rectalgia.
Re·ku·pe·ra·tiv|,feue·rung [rekupera'tiːf-] *f metall.* recuperative furnace (charging). — **~,ofen** *m tech.* recuperative furnace.
Re·ku·pe·ra·tor [rekupe'raːtɔr] *m* ⟨-s; -en [-ra'toːrən]⟩ *metall.* recuperator.
Re'kur·rens,läh·mung [re'kurɛns-] *f med.* paralysis of the recurrent laryngeal nerve.
re·kur·rie·ren [reku'riːrən] *v/i* ⟨*no* ge-, h⟩

1. *obs.* take (*od.* have) recourse (to s.th.). – **2.** *jur. rare* appeal.
Re·kurs [re'kurs] *m* ⟨-es; -e⟩ **1.** *jur. econ.* (*Regreß*) redress, recourse. – **2.** *jur.* (*Berufung*) appeal: ~ anmelden to appeal.
re·kur·siv [rekur'ziːf] *adj math.* recurrent.
Re·lais [rə'lɛː] *n* ⟨- [-'lɛː(s)]; - [-'lɛːs]⟩ *electr.* relay: durch (*od.* mit) ~ steuern to relay-control; durch ~ übertragen, über ~ senden to relay, to rebroadcast. — **~,be,trieb** *m* relay operation. — **r~,ge,steu·ert** *adj* relay-operated. — **~,lei·tung** *f* relay circuit line. — **~sa,tel,lit** *m* (*space*) relay (*od.* communications) satellite. — **~,schal·tung** *f electr.* relay connection (*Br. auch* connexion). — **~,sen·der** *m cf.* Relaisstation. — **~,spu·le** *f* relay (*od.* trip) coil. — **~,sta·ti,on** *f* relay (*od.* repeater) station. — **~,steue·rung** *f* relay control. — **~,strecke** (*getr.* -k·k-) *f* relay-controlled distance, relay stage. — **~,wäh·ler** *m* relay(-type) selector.
Re·laps [re'laps] *m* ⟨-es; -e⟩ *med.* relapse.
Re·la·ti·on [rela'tsĭoːn] *f* ⟨-; -en⟩ **1.** (*Beziehung*) relation, relationship: in keiner ~ zueinander stehen to be in no relation to each other. – **2.** (*Verhältnis*) proportion, ratio.
re·la·tiv [rela'tiːf] **I** *adj* **1.** (*bezogen*) related, corresponding. – **2.** (*verhältnismäßig*) (zu to) relative, comparative. – **3.** *bes. philos.* (*bedingt*) conditional. – **II** *adv* **4.** (*verhältnismäßig*) relatively, comparatively: es ist ~ gutgegangen it went relatively (*od.* reasonably) well. – **III R~** *n* ⟨-s; -e⟩ **5.** *ling. cf.* Relativpronomen. — **R~,ad,verb** *n ling.* relative adverb.
re·la·ti·vie·ren [relati'viːrən] *v/t* ⟨*no* ge-, h⟩ **1.** (*in eine Beziehung bringen*) relate. – **2.** (*einschränken*) modify.
Re·la·ti·vis·mus [relati'vismus] *m* ⟨-; *no pl*⟩ *philos.* relativism, relativity of knowledge. — **re·la·ti·vi·stisch** [-tɪʃ] *adj philos. psych. phys.* relativistic.
Re·la·ti·vi·tät [relativi'tɛːt] *f* ⟨-; *no pl*⟩ **1.** relativity, relativeness. – **2.** *phys.* relativity.
Re·la·ti·vi·täts|prin,zip *n phys.* principle of relativity. — **~,theo,rie** *f* theory (*od.* principle) of relativity, relativity theory.
Re·la'tiv|pro,no·men *n ling.* relative (pronoun). — **~,satz** *m* relative clause.
Re·la·ti·vum [rela'tiːvum] *n* ⟨-s; -tiva [-va]⟩ *cf.* Relativpronomen.
Re·la·xa·tio [rela'ksaːtsĭo] *f* ⟨-; -nes [-ksa'tsĭoːnes]⟩ *med.* (*Erschlaffung*) relaxation.
Re·le·ga·ti·on [relega'tsĭoːn] *f* ⟨-; -en⟩ *ped.* expulsion: zeitweilige ~ suspension, *Br.* rustication. — **re·le'gie·ren** ['giːrən] *v/t* ⟨*no* ge-, h⟩ *ped.* expel, *Br.* (*Studenten*) *auch* send down: j-n zeitweilig ~ to suspend (*Br.* rusticate) s.o.
re·le·vant [rele'vant] *adj* **1.** (*erheblich*) relevant, pertinent, germane. – **2.** *jur.* material. — **Re·le'vanz** [-'vants] *f* ⟨-; -en⟩ **1.** (*Erheblichkeit*) relevance, *auch* relevancy, pertinence, pertinency, germaneness. – **2.** *jur.* materiality.
Re·li·ef [re'lĭɛf] *n* ⟨-s; -s *u.* -e⟩ **1.** (*art*) relievo, relief: versenktes ~ sunk relief. – **2.** *geogr.* (*Karte*) relief (map). — **~,druck** *m* ⟨-(e)s; -e⟩ *print.* relief print (printing in) relievo, surface printing, relief. — **~,glo·bus** *m* embossed globe. — **~,kar·te** *f* relief map. — **~,kli,schee** *n print.* relief cliché. — **~,mo,dell** *n geogr.* (*einer Stadt od. Landschaft*) panstereorama. — **~,schrift** *f print.* embossed writing.
Re·li·gi·on [reli'gĭoːn] *f* ⟨-; -en⟩ **1.** religion. – **2.** (*Glaube*) faith, belief: er hat keine (*od.* ist ohne) ~ he has no religion (*od.* faith). – **3.** (*Konfession*) religion, creed, denomination, confession. – **4.** (*Gottesverehrung*) worship, religion. – **5.** (*Schulfach*) scripture, religious instruction.
Re·li·gi·ons|,aus,übung *f* worship, religious observance. — **~be,kennt·nis** *n cf.* Glaubensbekenntnis 1. — **~,buch** *n ped.* **1.** textbook on religion. – **2.** scripture book. — **~,ei·fer** *m* religious zeal. — **r~,feind·lich** *adj* antireligious, irreligious (*od.* opposed) to religion. — **~,frei·heit** *f* religious freedom (*od.* liberty). — **~,frie·de(n)** *m* religious peace. — **~ge,mein·schaft** *f relig.* **1.** religion, confession. – **2.** religious community. – **3.** (*Sekte*) sect. — **~ge,schich·te** *f* history of religion. — **~ge,sell·schaft** *f cf.* Religionsgemeinschaft. — **~,krieg** *m* religious war. — **~,kun·de** *f ped.* instruction in (the different) religions. — **~,leh·re** *f*

cf. Religionsunterricht. — **~,leh·rer** *m* **1.** *ped.* teacher of religion, scripture (*od.* divinity) master. – **2.** *relig.* (*Katechet*) catechist.

re·li·gi'ons·los *adj* **1.** (*Person*) unreligious, irreligious. – **2.** (*Erziehung etc*) unreligious, nonreligious *Br.* non-. – **3.** *cf.* konfessionslos. — **Re·li·gi'ons·lo·sig·keit** *f* ⟨-; *no pl*⟩ **1.** (*Ungläubigkeit*) unreligiousness, irreligion, infidelity. – **2.** (*Nichtzugehörigkeit zu einer Religion*) unreligiousness.

Re·li·gi'ons|**phi·lo,soph** *m* religious philosopher. — **~phi·lo·so,phie** *f* philosophy of religion. — **~psy·cho,lo·ge** *m* religious psychologist. — **~psy·cho·lo,gie** *f* psychology of religion. — **~so·zio,lo·ge** *m* religious sociologist. — **~so·zio·lo,gie** *f* sociology of religion. — **~,stif·ter** *m* founder of a religion. — **~,streit** *m* religious dispute (*od.* controversy). — **~,stun·de** *f ped.* lesson in religion, scripture (lesson). — **~,un·ter,richt** *m* **1.** *ped.* a) religious instruction (*od.* education), b) (*Stunde*) scripture lesson(s pl). – **2.** *relig.* (*Katechese*) catechization, catechism. — **~,ver,ge·hen** *n* religious transgression. — **~,wech·sel** *m* change of religion. — **~,wis·sen·schaft** *f* **1.** theology, divinity, *Am.* auch religious thought. – **2.** religious science: vergleichende ~ comparative religious science. — **~,zu·ge,hö·rig·keit** *f* religion, religious affiliation, *auch* denomination. — **~,zwang** *m* religious compulsion.

re·li·gi·ös [reli'gi̯øːs] **I** *adj* **1.** religious: ~e Gesinnung religious conviction (*od.* outlook); ~e Kunst religious (*od.* sacred) art. – **2.** (*fromm*) religious, pious, godly: streng ~ devout; ~er Eiferer fanatic; ~er Wahnsinn religious mania. – **II** *adv* **3.** sie ist nicht ~ eingestellt she is not religiously minded (*bes. Am.* religious-minded).

Re·li·gi'o·sen [reli'gi̯oːzən] *pl* röm.kath. (*Klosterleute*) (the) religious, (the) religioners.

Re·li·gio·si·tät [religi̯ozi'tɛːt] *f* ⟨-; *no pl*⟩ religiousness, piety, piousness, godliness.

Re·likt [re'lɪkt] *n* ⟨-(e)s; -e⟩ **1.** relic. – **2.** *bes. biol.* relict, relic.

Re'lik·ten *pl jur.* **1.** *obs.* survivors, surviving dependants (*od.* dependents). – **2.** *obs. for* Hinterlassenschaft.

Re'likt,ge,biet *n* (*in der Sprachgeographie*) relic area.

Re·ling ['reːlɪŋ] *f* ⟨-; -s, *rare* -e⟩ *mar.* rail, railing: mit einer ~ umgeben to rail.

Re·li·qui·ar [reli'kvi̯aːr] *n* ⟨-s; -e⟩ *relig.* reliquary.   [relic.]

Re·li·quie [re'liːkvi̯ə] *f* ⟨-; -n⟩ *relig.* (holy)

Re'li·qui·en|**be,häl·ter** *m relig.* reliquary, phylactery. — **~,kult** *m* worship of relics. — **~,schrein** *m* reliquary, feretory, shrine, (*in Form eines Grabes*) sepulcher, *bes. Br.* sepulchre. — **~ver,eh·rung** *f* veneration of relics.

Rem, rem [reːm] *n* ⟨-; -⟩ *nucl.* rem (= *roentgen equivalent man*).

re·ma·nent [rema'nɛnt] *adj phys.* remanent.

Re·ma·nenz [rema'nɛnts] *f* ⟨-; *no pl*⟩ *phys.* (*Restmagnetismus*) remanence, remanent magnetism. — **~,span·nung** *f electr.* residual voltage.

Rem·bours [rã'buːr] *m* ⟨- [-'buːr(s)]; - [-'buːrs]⟩ *econ.* **1.** (*Rückerstattung*) reimbursement. – **2.** payment for goods in foreign trade. — **~ge,schäft** *n* transaction based on a reimbursement credit. — **~kre,dit** *m* reimbursement credit, (*documentary*) acceptance credit.

re·me·die·ren [reme'diːrən] *v/t* ⟨*no* ge-, h⟩ *med. rare* (*heilen*) remedy.

Re·me·di·um [re'meːdi̯um] *n* ⟨-s; -dia [-di̯a] *u.* -dien⟩ **1.** *med. pharm.* remedy. – **2.** (*im Münzwesen*) allowed deviation from weight and precious metal content.

re·mi·li·ta·ri·sie·ren [remilitari'ziːrən] **I** *v/t* ⟨*no* ge-, h⟩ remilitarize, rearm. – **II R~** *n* ⟨-s⟩ *verbal noun.* — **Re·mi·li·ta·ri'sie·rung** *f* ⟨-; *no pl*⟩ remilitarization, rearming.

Re·mi·nis·zenz [reminɪs'tsɛnts] *f* ⟨-; -en⟩ **1.** *lit.* (*Erinnerung*) reminiscence, memory. – **2.** (*Anklang*) reminiscence.

Re·mi·nis·ze·re [remi'nɪstsere] *m* ⟨*undeclined*⟩ (*der Sonntag*) ~ *relig.* the second Sunday in Lent.

re·mis [rə'miː] (*beim Schach*) **I** *adj* ⟨*pred*⟩ *u. adv* drawn: das Spiel endete ~ the game ended (*od.* resulted) in a draw, it was a drawn game; ~ spielen to draw (the game). – **II R~** *n* ⟨- [-'miː(s)]; - [-'miːs] *od.* -en [-'miːzən]⟩ drawn game, draw.

Re·mi·se [rə'miːzə] *f* ⟨-; -n⟩ **1.** *obs.* coach house, carriage house. – **2.** *obs.* (*Geräteschuppen*) shed. – **3.** (*forestry*) (wood serving as) shelter for game.

Re·mis·si·on [remɪ'sĭoːn] *f* ⟨-; -en⟩ *med.* remittence, remission.

Re·mis·si'ons,recht *n econ.* (*im Buchhandel*) right to return unsold books.

Re·mit·ten·de [remɪ'tɛndə] *f* ⟨-; -n⟩ *meist pl econ.* (*im Buchhandel*) return (*od.* unsold) copy, return-book, remainder: ~n *pl* returns.

Re·mit·tent [remɪ'tɛnt] *m* ⟨-en; -en⟩ *econ.* payee of a bill of exchange. — **re·mit'tie·ren** [-'tiːrən] **I** *v/t* ⟨*no* ge-, h⟩ *econ.* **1.** (*im Buchhandel*) send (*s.th.*) back, return. – **2.** *econ. archaic* a) (*Geld*) remit, make a remittance of, b) (*Ware*) return. – **II** *v/i* **3.** *med.* (*von Fieber etc*) (*nachlassen*) remit, become remittent.

Rem·mi·dem·mi [remi'dɛmi] *n* ⟨-s; *no pl*⟩ *colloq.* hullabaloo: ~ machen to make a hullabaloo.

re·mon·strie·ren [remən'striːrən] *v/i* ⟨*no* ge-, h⟩ *obs.* remonstrate, expostulate.

Re·mon·te [re'məntə] *f* ⟨-; -n⟩ *mil. obs.* remount.

Re·mo·ti·on [remo'tsĭoːn] *f* ⟨-; -en⟩ *obs. for* a) Entfernung, b) Absetzung 4–6.

Re·mou·la·de [remu'laːdə] *f* ⟨-; -n⟩ *gastr.* (*Kräutermayonnaise*) remoulade, *auch* remolade. — **Re·mou·la·den,sau·ce** *f* remoulade (*auch* remolade) sauce.

Rem·pe·lei *f* ⟨-; -en⟩ *colloq.* **1.** jostle, push, barging (*colloq.*). – **2.** (*sport*) charge. — **rem·peln** ['rɛmpəln] *colloq.* **I** *v/t* ⟨h⟩ **1.** (*anstoßen*) jostle, push, barge into (*colloq.*): er hat mich gerempelt he jostled (against) me. – **2.** (*sport*) charge. – **II R~** *n* ⟨-s⟩ **3.** *verbal noun.* – **4.** *cf.* Rempelei.

Rem(p)·ter ['rɛm(p)tər] *m* ⟨-s; -⟩ (*in Burgen und Klöstern*) refectory, dining hall.

Ren [rɛn; reːn] *n* ⟨-s [rɛns; reːns]; -s [rɛns; reːns], -e ['reːnə]⟩ *zo.* a) (*Eurasiens*) reindeer (*Rangifer tarandus tarandus*), b) (*in Kanada*) caribou (*R. tarandus caribou*): Skandinavisches ~ Scandinavian reindeer (*R. tarandus tarandus*); Arktisches ~ barren ground caribou (*R. tarandus arcticus*).

Re·nais·sance [rənɛ'sãːs] *f* ⟨-; -en [-sən]⟩ **1.** *hist.* renaissance, *auch* Renaissance (period), (*in Italien*) Rinascimento. – **2.** (*art*) Renaissance. – **3.** *fig.* (*Wiedergeburt*) renaissance, renascence, revival, rebirth. — **~,mensch** *m* person typical of the Renaissance period. — **~,stil** *m arch.* Renaissance architecture (*od.* style). — **~,zeit** *f cf.* Renaissance 1, 2.

re·nal [re'naːl] *adj med.* renal.

Ren·dant [rɛn'dant] *m* ⟨-en; -en⟩ accountant.

Ren·de·ment [rãdə'mãː] *n* ⟨-s; -s⟩ (*bes. textile*) yield.

Ren·dez·vous [rãde'vuː] *n* ⟨- [-'vuː(s)]; - [-'vuːs]⟩ **1.** (*Verabredung, bes. von Verliebten*) rendezvous, date (*colloq.*), tryst (*lit.*): ein ~ mit einem Mädchen verabreden (*od.* vereinbaren) to arrange a rendezvous (*od. colloq.* make a date) with a girl; ein ~ mit j-m einhalten [haben] to keep [to have] a date with s.o.; nicht zum ~ kommen not to keep one's date, to stand s.o. up (*colloq.*). – **2.** (*Verabredung anderer Art*) appointment: ein ~ haben mit j-m to have an appointment with s.o. – **3.** (*space*) rendezvous: ~ im All rendezvous in space. — **~ma,nö·ver** *n* (*space*) rendezvous man(o)euver (*bes. Br.* manœuvre).

Ren·di·te [rɛn'diːtə] *f* ⟨-; -n⟩ *econ.* (net) yield, effective interest.

Ren'di·ten,haus *n Swiss for* Mietshaus.

Re·ne·gat [rene'gaːt] *m* ⟨-en; -en⟩, **Re·ne'ga·tin** *f* ⟨-; -nen⟩ *relig. pol.* renegade, apostate, relapser, turncoat.

Re·net·te [re'nɛtə] *f* ⟨-; -n⟩ *hort.* (*Apfelsorte*) reinette, *Br.* rennet, queening.

re·ni·tent [reni'tɛnt] *adj* (*widerspenstig*) refractory, intractable, unruly. — **Re·ni'ten·te** *m, f* ⟨-n; -n⟩ refractory (*od.* unruly) person, intractable. — **Re·ni'tenz** [-'tɛnts] *f* ⟨-; *no pl*⟩ refractoriness, unruliness, intractability.

Ren·ke ['rɛŋkə] *f* ⟨-; -n⟩, **'Ren·ken** *m* ⟨-s; -⟩ *zo.* whitefish (*Gattg Coregonus*).

'Renk·ver,schluß *m* **1.** (*eines Tanks etc*) one-turn cap. – **2.** (*einer Birne*) bayonet catch.

'Renn|**bahn** *f* (*sport*) **1.** (*für Pferderennen*) (race)course, (race)track, turf. – **2.** (*für*

Autorennen) racing course, *bes. Am.* speedway. – **3.** (*für Radrennen*) cycling track, velodrome. — **~,boot** *n* racing boat, speedboat.

ren·nen ['rɛnən] **I** *v/i* ⟨rennt, rannte, *rare* rennte, gerannt, sein⟩ **1.** (*schnell laufen*) run, rush, dash, tear: er rannte auf und davon he took to his heels, he made off; er rannte so schnell er konnte he ran as fast as he could, he put his best leg forward; er rennt schneller als sie he outruns her; wir rannten miteinander um die Wette we raced each other, we ran a race with each other; mit dem Kopf durch die Wand ~ *fig. colloq.* to knock one's head against a (brick) wall; du rennst in dein Verderben *fig.* you are heading (*od.* headed) for disaster; j-m in die Arme ~ *fig. colloq.* to bump into s.o. – **2.** (*eilen*) rush, hurry, hasten. – **3.** *fig. colloq.* run: sie rennt wegen jeder Kleinigkeit zum Arzt she runs to (*od.* consults) a doctor for any minor complaint. – **4.** (*gegen*) run, knock, bump, bang: er rannte mit dem Kopf gegen die Wand he bumped his head against the wall; mit dem Kopf gegen die Wand ~ *fig.* to run one's head against a wall. – **5.** *hunt.* (*vom Fuchs*) be ruttish, be in heat. – **II** *v/t* ⟨h⟩ **6.** (*stoßen*) run: j-m seinen Degen durch den Leib ~ to run one's sword through s.o.('s body); j-m das Messer in die Brust ~ to run (*od.* stick) a knife into s.o.'s chest, to knife (*od.* stab) s.o. in the chest; sich (*dat*) ein Loch in den Kopf ~ to knock a hole in one's head; j-n über den Haufen ~ to knock s.o. down (*od.* over). – **7.** Eisen ~ *metall.* make wrought iron directly from the ore. – **III R~** *n* ⟨-s⟩ **8.** *verbal noun:* beim R~ außer Atem kommen to run oneself out of breath.

'Ren·nen *n* ⟨-s; -⟩ (*sport*) a) race, b) (*Einzelrennen*) heat, c) (*Pferderennen*) (horse) race: an einem ~ teilnehmen (*od.* sich beteiligen) to run (*od.* participate in) a race; totes ~ dead heat; ein ~ besuchen a) to go to a race, b) (*Pferderennen*) to go to the races; ~ fahren to race; aus dem ~ sein *auch fig.* to be out of the running; das ~ machen a) to win the race, to come in first, b) to set the pace, c) *fig.* to make the running, to make one's mark; das ~ aufgeben a) to give up the race, b) *fig.* to give up the sponge; er lag hervorragend im ~ a) he was well placed (in the race), b) *fig.* he stood an excellent chance; beim ~ wetten to play the races, to bet on races.

'Ren·ner *m* ⟨-s; -⟩ (*sport*) *colloq.* **1.** racehorse, racer, clipper. – **2.** racing car, racer.

Ren·ne'rei *f* ⟨-; -en⟩ *colloq. contempt.* running around, legwork (*colloq.*): das war eine ~! such a lot of running around!

'Renn|**fah·rer** *m,* **~fah·re·rin** *f* **1.** (*im Motorsport*) a) racing (*od.* race) driver, racer, b) racing motorcyclist. – **2.** (*im Radsport*) racing cyclist. – **3.** (*im Skisport*) ski racer. — **~for·mel** *f* (*im Motorsport*) racing formula. — **~jacht** *f mar.* racing yacht. — **~kuckuck** (*getr.* -k·k-) *m zo.* roadrunner (*Gattg Geococcyx*). — **~lauf** *m* (*sport*) ski racing. — **~läu·fer** *m* ski racer. — **~lei·tung** *f* (*sport*) race committee, stewards *pl.* — **~mann·schaft** *f* (*sport*) **1.** racing (*od.* race) team. – **2.** (*beim Rudersport*) racing (*od.* race) crew. — **~ma,schi·ne** *f* (*beim Motorsport*) racing machine, racer. — **~pferd** *n* racehorse, racer, runner: ~e halten to keep racehorses, to be on the turf. — **~platz** *m* **1.** (*sport*) racecourse, (the) turf. – **2.** *antiq.* hippodrome. — **~rad** *n* racing bicycle, racer. — **~ro·del** *m* toboggan. — **~ro·deln** *n* toboganing. — **~rod·ler** *m,* **~rod·le·rin** *f* tobogganer, *auch* tobogganist. — **~sai·son** *f* racing season. — **~schu·he** *pl* (*running*) spikes, spiked (*od.* running) shoes. — **~ski** *m* racing (*od.* race) ski. — **~sport** *m* **1.** racing. – **2.** motor racing. – **3.** *cf.* Pferderennsport. — **~stahl** *m metall.* wrought iron produced by the direct (*od.* bloomery) process, bloomery iron.

'Renn·stall *m* (*sport*) **1.** (racing) stable. – **2.** *colloq.* (*im Motorsport etc*) a) (racing) stable, b) racing team. — **~be,sit·zer** *m* racehorse owner, owner of a racing stable.

'Renn|strecke (getr. -k·k-) f (sport) 1. (für Autorennen etc) (racing) course, circuit, bes. Am. speedway. - 2. distance (od. course) to be covered.

'Renn·ver|fah·ren n metall. direct process (for the production of wrought iron), bloomery process.

'Renn|,wa·gen m (sport) racing car, racer. — ~,wet·te f (horse) racing bet, pari-mutuel.

Re·nom·mee [reno'me:] n ⟨-s; -s⟩ 1. (Ruf) reputation, repute, name: er hat ein gutes ~, er steht in gutem ~ he has a good reputation (od. name), he is in good repute. - 2. (Ansehen) fame, renown. — re·nom·'mie·ren [-'mi:rən] v/i ⟨no ge-, h⟩ (mit) 1. boast (of), brag (about), talk big (about), swagger (about). - 2. show (s.th.) off, show off (with), flaunt (acc). — re·nom·'miert I pp. - II adj (wegen for) noted, renowned, reputed: eine ~e Firma a firm of high repute. — Re·nom·'mist [-'mɪst] m ⟨-en; -en⟩ 1. boaster, bragger, braggart, swaggerer. - 2. show-off. — Re·nom·mi·ste'rei f ⟨-; -en⟩ rare for Angeberei, Prahlerei.

Re·no·va·ti·on [renova'tsio:n] f ⟨-; -en⟩ obs. od. Swiss for Renovierung.

re·no·vie·ren [reno'vi:rən] I v/t ⟨no ge-, h⟩ 1. (Haus etc) renovate, refurbish, do up. - 2. (Innenraum etc) redecorate. - II R~ n ⟨-s⟩ 3. verbal noun. — Re·no'vie·rung f ⟨-; -en⟩ 1. cf. Renovieren. - 2. renovation, refurbishment: wegen ~ geschlossen closed for renovation. - 3. (von Innenräumen) redecoration.

ren·ta·bel [rɛn'ta:bəl] adj bes. econ. (Geschäft etc) profitable, paying, remunerative, lucrative: das macht die Sache erst ~ colloq. that makes it worthwhile (od. pay). — Ren·ta·bi·li·tät [rentabili'tɛ:t] f ⟨-; no pl⟩ profitability, profitableness, remunerativeness, lucrativeness.

Ren·ta·bi·li'täts|be,rech·nung f econ. 1. calculation of profitability (od. of returns on investment). - 2. (bei Wertpapieren) calculation of net interest (od. dividend). — ~,gren·ze f limit (od. margin) of profitability, break-even point. — ~,rech·nung f cf. Rentabilitätsberechnung. — ~,schwel·le f lower limit of profitability, break-even point.

Ren·te ['rɛntə] f ⟨-; -n⟩ econ. 1. (Altersrente) (old age od. retirement) pension: eine ~ beziehen to draw (od. receive) a pension; man geht im allgemeinen mit 65 (Jahren) in (die) ~ employees generally retire at (the age of) 65, employees are usually superannuated at 65. - 2. (aus der Sozialversicherung) (social insurance, Am. Social Security) pension: die ~n der Preisentwicklung anpassen to adapt pensions to price movements: dynamische ~ index-linked pension. - 3. (Jahresrente, bes. aus Versicherungen) annuity: lebenslängliche ~ life annuity. - 4. cf. Versehrtenrente. - 5. (Kapitalrente) capital income, unearned annuity. - 6. (Ertrag) yield. - 7. (Pacht) rent. - 8. (Zins) interest. - 9. pl (Staatsanleihen) government stocks (bes. Am. bonds).

'Ren·ten|,ab,lö·sung f econ. redemption (od. amortization, liquidation) of an annuity. — ~,an,lei·he f perpetual government loan, perpetual bonds pl. — ~,an,pas·sung f econ. pol. adaptation of pensions to price movements. — ~,an,pas·sungs·ge,setz n pension adjustment act. — ~,an,spruch m right to a pension. — ~,an,trag m application for a pension. — ~,auf,bes·se·rung f increase (od. rise) in pension(s). — ~,aus,zah·lung f payment (od. disbursement) of pensions. — ~,bank f ⟨-; -en⟩ econ. 1. bank under public law (up to 1928). - 2. public mortgage bank. — ~,ba·sis f basis of annuity payments. — ~be,mes·sungs,grund,la·ge f econ. pol. pension claim basis, scale for fixing the amount of (retirement) pension(s). — ~be,zü·ge pl pensions. — ~,brief m econ. land annuity bond (od. certificate). — ~emp,fän·ger m, ~emp,fän·ge·rin f econ. pol. cf. Rentner. — ~er,hö·hung f cf. Rentenaufbesserung. — ~,gut n agr. estate held in perpetuity against payment of a fixed rental. — ~kon·ku,bi,nat n jur. concubinage with a widow who does not marry to avoid forgoing her pension. — ~,mark f econ. hist. rentenmark, auch Rentenmark (1923—24). — ~,markt m econ. bond market. — ~,nach,zah·lung f

supplementary pension payment. — ~neu,ro·se f psych. compensation (od. pension) neurosis. — ~pa,pie·re pl econ. fixed-interest (bearing) securities, bonds. — r~,pflich·tig adj liable to pay pensions (od. a pension). — ~re,form f reform of old age pensions. — ~,schuld f econ. annuity charge (on land). — ~,stei·ge·rungs·be,trag m pension increment. — ~,ver,si·che·rung f social insurance (od. security) pension fund. — ~ver,si·che·rungs,an,stalt f social insurance (od. institute). — ~ver,si·che·rungs,an,stalt f social insurance (od. institute).

'Ren·tier[1] n zo. cf. Ren.

Ren·ti·er[2] [rɛn'tie:] m ⟨-s; -s⟩ econ. archaic (Privatier) man of private (od. independent) means, rentier.

ren·tie·ren [rɛn'ti:rən] v/reflex ⟨no ge-, h⟩ sich ~ econ. pay (its way), yield (od. bring) (good) returns (od. a profit), be profitable (od. remunerative): es rentiert sich nicht colloq. it doesn't pay, it isn't worthwhile.

'Ren,tier,flech·te f bot. reindeer moss (od. lichen) (Cladonia rangiferina).

Rent·ner ['rɛntnər] m ⟨-s; -⟩, 'Rent·ne·rin f ⟨-; -nen⟩ 1. pensioner, recipient of a pension, (einer Jahresrente) auch annuitant. - 2. cf. Rentier[2].

Re·nu·me·ra·ti·on [renumera'tsio:n] f ⟨-; -en⟩ econ. obs. for Rückzahlung. — re·nu·me·rie·ren [renume'ri:rən] v/t ⟨no ge-, h⟩ obs. for zurückzahlen 1—3.

Re·nun·tia·ti·on [renuntsia'tsio:n], Re·nun·zi·a·ti·on [-tsia'tsio:n] f ⟨-; -en⟩ pol. (eines Monarchen) abdication. — re·nun·'zie·ren [-'tsi:rən] v/i ⟨no ge-, h⟩ abdicate.

Re·ok·ku·pa·ti·on [re?ɔkupa'tsio:n] f ⟨-; -en⟩ mil. reoccupation. — re·ok·ku·'pie·ren [-'pi:rən] v/t ⟨no ge-, h⟩ reoccupy.

Re·or·ga·ni·sa·ti·on [re?ɔrganiza'tsio:n] f ⟨-; -en⟩ reorganization Br. auch -s-. — Re·or·ga·ni'sa·tor [-'za:tɔr] m ⟨-s; -en [-za'to:rən]⟩ reorganizer Br. auch -s-. — re·or·ga·ni'sie·ren [-'zi:rən] I v/t ⟨no ge-, h⟩ reorganize Br. auch -s-. - II R~ n ⟨-s⟩ verbal noun. — Re·or·ga·ni'sie·rung f ⟨-; -en⟩ 1. cf. Reorganisieren. - 2. cf. Reorganisation.

re·pa·ra·bel [repa'ra:bəl] adj (Schaden etc) reparable, repairable.

Re·pa·ra·tio·nen [repara'tsio:nən] pl pol. reparations, reparation payments, war indemnity sg.

Re·pa·ra·ti'ons|,ab,kom·men [repara'tsio:ns-] n pol. reparations agreement, convention on reparations. — ~,for·de·rung f reparation claim(s pl). — ~,kom·mis·si,on f Reparations Commission. — ~,lei·stung f cf. Reparationen. — ~,zah·lung f reparation payment.

Re·pa·ra·tur [repara'tu:r] f ⟨-; -en⟩ 1. cf. Reparieren. - 2. repair(s pl), (bes. eines Gebäudes) auch reparation: in ~ under repair; etwas in ~ geben to have (od. get) s.th. repaired; was kostet (od. wie hoch kommt) die ~ dieser Uhr? how much do you charge for the repair of this watch? laufende ~en running repairs; zu Lasten des Mieters gehende ~en tenant's repairs. — ~,ar·bei·ten pl repair work sg: wir beschäftigen ihn mit kleinen ~ im Hause we give him odd jobs (od. repairs) to do around the house. — r~be,dürf·tig adj in need (od. want) of repair, out of repair: ~ sein to need repair. — r~,fä·hig adj reparable, repairable. — ~,ko·sten pl (cost sg of) repair(s), repairing expenses. — ~,werk,statt, ~,werk,stät·te f 1. tech. repair workshop. - 2. auto. a) repair shop, service station, garage, b) (für Kundendienst) service station.

re·pa·rie·ren [repa'ri:rən] I v/t ⟨no ge-, h⟩ 1. repair, mend, bes. Am. colloq. fix: die Uhr kann nicht mehr repariert werden the watch is beyond repair; der Schaden läßt sich nicht mehr ~ the damage is irreparable. - II R~ n ⟨-s⟩ 2. verbal noun. - 3. cf. Reparatur.

re·par·tie·ren [repar'ti:rən] I v/t ⟨no ge-, h⟩ econ. (bei Überzeichnung von Emissionen) allot, allocate, scale down. - II R~ n ⟨-s⟩ verbal noun. — Re·par'tie·rung f ⟨-; -en⟩ 1. cf. Repartieren. - 2. allotment.

re·pas·sie·ren [repa'si:rən] v/t ⟨no ge-, h⟩ (Laufmaschen) mend. — Re·pas'sie·re·rin f ⟨-; -nen⟩ stocking repairer.

re·pa·tri·ie·ren [repatri'i:rən] I v/t ⟨no ge-, h⟩ pol. 1. restore the (original) nationality

to. - 2. (Kriegsgefangene) repatriate. - II R~ n ⟨-s⟩ 3. verbal noun. - 4. cf. Repatriierung. — Re·pa·tri'ier·te m, f ⟨-n; -n⟩ 1. person whose (original) nationality has been restored. - 2. repatriate. — Re·pa·tri'ie·rung f ⟨-; -en⟩ 1. cf. Repatriieren. - 2. restoration of the original nationality. - 3. (der Kriegsgefangenen) repatriation.

Re·per·kus·si·on [reperku'sio:n] f ⟨-; -en⟩ mus. repercussion.

Re·per·toire [reper'tŏa:r] n ⟨-s; -s⟩ (theater) mus. auch fig. repertoire, repertory. — ~,stück n (theater) repertory play. — ~thea·ter [-te,a:tər] n repertory theater (bes. Br. theatre), auch repertory.

Re·per·to·ri·um [reper'to:rium] n ⟨-s; -rien⟩ (Nachschlagewerk) repertory.

Re·pe·tent [repe'tɛnt] m ⟨-en; -en⟩, Re·pe'ten·tin f ⟨-; -nen⟩ 1. ped. repeater, Am. holdover. - 2. obs. for Repetitor. — re·pe·'tie·ren [repe'ti:rən] ped. I v/t ⟨no ge-, h⟩ (Lehrstoff etc) repeat, review, bes. Br. revise. - II v/i repeat a year.

Re·pe'tier|ge,wehr n magazine (od. repeating) rifle, repeater, semiautomatic rifle. — ~,uhr f repeating watch, repeater.

Re·pe·ti·ti·on [repeti'tsio:n] f ⟨-; -en⟩ repetition, reviewal, bes. Br. revision. — Re·pe'ti·tor [-'ti:tɔr] m ⟨-s; -en [-ti'to:rən]⟩ ped. coach, tutor. — Re·pe·ti'to·ri·um [-'to:rium] n ⟨-s; -rien⟩ ped. 1. refresher course. - 2. review (bes. Br. revision) manual.

Re·plik [re'pli:k] f ⟨-; -en⟩ 1. reply, retort, answer. - 2. jur. replication, counterplea. - 3. (art) replica, facsimile. — re·pli·'zie·ren [-pli'tsi:rən] I v/t ⟨no ge-, h⟩ obs. for antworten 3. - II v/i jur. make a replication (od. counterplea).

re·po·ni·bel [repo'ni:bəl] adj med. (Bruch) reducible. — re·po·nie·ren [-'ni:rən] v/t ⟨no ge-, h⟩ 1. (Hernie) reduce. - 2. (Knochen) set, reset, reduce.

Re·port [re'pɔrt] m ⟨-(e)s; -e⟩ 1. report. - 2. econ. (Zinsaufschlag beim Reportgeschäft) contango (rate), premium.

Re·por·ta·ge [repɔr'ta:ʒə] f ⟨-; -n⟩ on-the--spot report (od. account), report, (in einer Zeitung) auch reportage, commentary: ~ über ein Fußballspiel running commentary on a football match; ~ im Rundfunk radio report (od. comment[ary]). — Re·por·ter [re'pɔrtər] m ⟨-s; -⟩, Re·'por·te·rin f ⟨-; -nen⟩ 1. reporter, Am. colloq. legman. - 2. (am Schauplatz) commentator.

Re'port|ge,schäft n econ. contango business (od. transaction), carry-over business. — ~,sperr,frist f, ~,tag m contango day.

Re·po·si·ti·on [repozi'tsio:n] f ⟨-; -en⟩ med. a) (des Uterus) reposition, b) (einer Verrenkung) taxis, reduction, c) (einer Hernie) reduction, d) (eines Knochenbruches) setting, resetting, reduction: blutige ~ open reduction.

re·prä·sen·ta·bel [reprɛzɛn'ta:bəl] adj 1. (stattlich) imposing, impressive: er ist eine repräsentable Erscheinung he has an imposing appearance, he cuts a fine figure. - 2. (wirkungsvoll) effective.

Re·prä·sen·tant [reprɛzɛn'tant] m ⟨-en; -en⟩ 1. (einer Kunstrichtung etc) representative, exponent. - 2. pol. a) (mit Freiheit der Äußerung persönlicher Meinungen) representative, b) (nur zur Stimmabgabe nach Auftrag berechtigt) deputy, delegate. - 3. econ. a) (Handlungsreisender) (sales) representative, salesman, b) (Vertretung) representative(s pl), agent(s pl), Am. sales agent(s pl), c) (eines Werbeträgers) special representative sg.

Re·prä·sen'tan·ten,haus n pol. house of representatives, Am. (des Kongresses) House of Representatives, (in einigen amer. Bundesstaaten) (General) Assembly.

Re·prä·sen'tan·tin f ⟨-; -nen⟩ 1. cf. Repräsentant 1, 2. - 2. econ. (sales) representative, saleswoman.

Re·prä·sen·tanz [reprɛzɛn'tants] f ⟨-; -en⟩ obs. od. Austrian econ. for Repräsentant 3b.

Re·prä·sen·ta·ti·on [reprɛzɛnta'tsio:n] f ⟨-; -en⟩ 1. (Vertretung) representation. - 2. style of life appropriate to s.o.'s dignity or standing. - 3. pol. (Volksvertretung) representation. - 4. dieser Wagen dient nur der ~ this car serves merely for representation (od. representative purposes).

Re·prä·sen·ta·ti'ons|,bau m ⟨-(e)s; -ten⟩

building for representative purposes. — **r~,fä·hig** *adj* able to represent. — **~,fi,gur** *f* figurehead. — **~,gel·der** *pl*, **~,ko·sten** *pl econ.* (official) entertainment allowance *sg* (*od.* expenses), expense account *sg* (funds). — **~,pflich·ten** *pl* social duties. — **~,wa·gen** *m* car for representative purposes.

re·prä·sen·ta·tiv [reprɛzɛnta'tiːf] *adj* 1. (*würdig, ansehnlich*) imposing, impressive, stately: **das Essen fand in ~em Rahmen statt** the banquet took place in imposing surroundings; **dieser Saal wird nur zu ~en Zwecken gebraucht** this hall is only used on formal occasions. — 2. (*stellvertretend*) (*für of*) representative, characteristic, typical, presenting a true picture: **dieses Ergebnis ist nicht ~ für das ganze Land** this result is not representative of the country as a whole; **die Umfrage kann als ~ gelten** the opinion poll can be regarded as representative. – 3. **~e Demokratie** *pol.* representative democracy. — **R~,be,fragung** *f* (*in der Meinungsforschung*) sample inquiry (*auch* enquiry). — **R~,er,he·bung** *f* statistical sampling. — **R~,sta,ti·stik** *f* sample statistics *pl* (*construed as sg or pl*). — **R~,um,fra·ge** *f cf.* Repräsentativbefragung.

re·prä·sen·tie·ren [reprɛzɛn'tiːrən] I *v/t* ⟨*no* ge-, h⟩ 1. (*vertreten*) represent. – 2. (*darstellen*) stand for, signify, denote, represent. – 3. *econ.* (*Wert*) represent, constitute. – II *v/i* 4. (*standesgemäß auftreten*) a) uphold dignity (*od.* standing), b) be presentable (*od.* representative).

Re·pres·sa·lie [reprɛ'saːliə] *f* ⟨-; -n⟩ *meist pl* 1. (*Vergeltungsmaßnahme*) reprisal, retaliatory measure, (act of) retaliation. – 2. (*Druckmittel*) coercive measure: **gegen j-n ~n anwenden** (*od.* ergreifen) a) to inflict coercive (*od.* repressive) measures on s.o., b) to make reprisals on (*od.* against) s.o.

Re·pres·si·on [reprɛ'sĭoːn] *f* ⟨-; -en⟩ repression.

re·pres·siv [reprɛ'siːf] *adj bes. jur.* repressive.

Re·print [re'prɪnt; 'riː,prɪnt] (*Engl.*) *m* ⟨-s; -s⟩ reprint.

Re·pri·se [re'priːzə] *f* ⟨-; -n⟩ 1. (*theater*) revival. – 2. (*film*) reissue, rerun. – 3. *mus.* (*im klassischen Sonatensatz*) recapitulation, restatement. – 4. *mil. hist.* recapture. – 5. *econ.* (*Kurserholung*) recovery, rise (in price) to previous level.

re·pri·va·ti·sie·ren [reprivati'ziːrən] *econ.* I *v/t* ⟨*no* ge-, h⟩ denationalize *Br. auch* -s-, return (*s.th.*) to private ownership. – II R~ *n* ⟨-s⟩ verbal noun. — **Re·pri·va·ti'sie·rung** *f* ⟨-; -en⟩ denationalization *Br. auch* -s-, return to private enterprise, restoration to private ownership.

re·pro·bie·ren [repro'biːrən] *v/t* ⟨*no* ge-, h⟩ *obs. for* a) mißbilligen, b) zurückweisen.

Re·pro·duk·ti·on [reproduk'tsĭoːn] *f* ⟨-; -en⟩ 1. reproduction. – 2. *print.* reproduction, replica, copy (print).

Re·pro·duk·ti'ons|,fak·tor *m nucl.* multiplication (*od.* reproduction) constant (*od.* factor), *auch* k-factor. — **~,ka·me·ra** *f phot.* process (*od.* copying) camera.

Re·pro·duk·ti'ons|,ko·sten *pl econ.* cost *sg* of reproduction (of goods). — **~,wert** *m econ.* total of present value of all assets minus debts.

Re·pro·duk·ti'ons|pho·to·gra,phie *f* document photography. — **~,recht** *n jur.* right of reproduction. — **~,tech·nik** *f print.* reproduction technique. — **~ver,fah·ren** *n* reproduction process.

re·pro·duk·tiv [reproduk'tiːf] *adj* reproductive.

re·pro·du'zier·bar *adj* reproducible.

re·pro·du·zie·ren [reprodu'tsiːrən] I *v/t* ⟨*no* ge-, h⟩ 1. reproduce. – 2. *print.* a) (*vervielfältigen*) duplicate, copy, b) (*mechanical* vervielfältigen) process. – II R~ *n* ⟨-s⟩ 3. verbal noun. – 4. *cf.* Reproduktion 2.

Re·pro·gra·phie [reprogra'fiː] *f* ⟨-; -n [-ən]⟩ *print.* reprography.

Rep·til [rɛp'tiːl] *n* ⟨-s; -ien [-lĭən], rare -e⟩ *zo.* reptile, reptilian (*Ordng Reptilia*): **zu den ~ien gehörig** reptilian.

Rep'ti·li·en,fonds *m pol. iron.* secret funds *pl* (*government funds not subject to public control*).

Re·pu·blik [repu'bliːk] *f* ⟨-; -en⟩ *pol.* republic: **Deutsche Demokratische ~** German Democratic Republic.

Re·pu·bli·ka·ner [republi'kaːnər] *m* ⟨-s; -⟩, **Re·pu·bli'ka·ne·rin** *f* ⟨-; -nen⟩ *pol.* 1. republican. – 2. (*in USA*) Republican.

re·pu·bli'ka·nisch *adj pol.* 1. republican. – 2. (*in USA*) Republican: **die R~e Partei** the Republican Party.

Re·pul·si·on [repul'zĭoːn] *f* ⟨-; -en⟩ *tech.* repulsion, repellence, *auch* repellance, repellency, *auch* repellancy. — **Re·pul·si'ons,mo·tor** *m* repulsion motor.

Re·pun·ze [re'puntsə] *f* ⟨-; -n⟩ *tech.* hallmark.

Re·pu·ta·ti·on [reputa'tsĭoːn] *f* ⟨-; no pl⟩ (good *od.* high) reputation, (high) repute.

Re·qui·em ['reːkvĭɛm] *n* ⟨-s; -s *u. Austrian* -quien [-kvĭən]⟩ *röm.kath. mus.* requiem, *auch* Requiem.

re·qui·rie·ren [rekvi'riːrən] *meist mil.* I *v/t* ⟨*no* ge-, h⟩ requisition, commandeer, seize. – II R~ *n* ⟨-s⟩ verbal noun. — **Re·qui'rie·rung** *f* ⟨-; -en⟩ *mil. jur.* 1. *cf.* Requirieren. – 2. *cf.* Requisition.

Re·qui·sit [rekvi'ziːt] *n* ⟨-(e)s; -en⟩ 1. (*Zubehör*) requisite. – 2. *meist pl* (*theater*) (stage) property, prop (*colloq.*). — **Re·qui'si·ten,kam·mer** *f* (*theater*) property room. — **Re·qui·si'teur** [-zi'tøːr] *m* ⟨-s; -e⟩ (*theater*) property man (*od.* master).

Re·qui·si·ti·on [rekvizi'tsĭoːn] *f* ⟨-; -en⟩ *mil. jur.* requisition. — **Re·qui·si·ti'ons-,schein** *m mil.* requisitioning order.

resch [rɛʃ] *adj* ⟨-er; -est⟩ *Southern G. and Austrian* 1. (*Brot*) crisp. – 2. *fig. colloq.* (*Frau*) sharp and crusty.

Re·se·da [re'zeːda] *f* ⟨-; -s⟩, **Re'se·de** *f* ⟨-; -n⟩ *bot.* mignonette (*Gattg Reseda*): **Wohlriechende ~** mignonette (*R. odorata*).

Re·sek·ti·on [rezɛk'tsĭoːn] *f* ⟨-; -en⟩ *med.* a) resection, excision, removal, b) (*mit elektrischem Messer*) electroresection.

Re·ser·vat [rezɛr'vaːt] *n* ⟨-(e)s; -e⟩ 1. *econ. jur.* a) reservation, reserve, b) prerogative. – 2. (*Schutzbezirk*) reservation, reserve, preserve.

Re·ser·va·ti·on [rezɛrva'tsĭoːn] *f* ⟨-; -en⟩ 1. (*der Indianer*) reservation. – 2. *jur. cf.* Reservat 1.

Re·ser'vat,recht *n jur.* prerogative.

Re·ser·ve [re'zɛrvə] *f* ⟨-; -n⟩ 1. (*Vorrat*) reserve(s *pl*), store(s *pl*), supply, supplies *pl*: **etwas in ~ haben** to have s.th. in reserve; **er hat noch etwas in ~** *fig.* he has s.th. in store (*od.* up his sleeve). – 2. *mil.* a) (*im Frieden*) reserve (forces *pl od.* components *pl*), b) *meist pl* (*im Krieg*) reserves *pl*, *auch* reserve: **taktische ~n** tactical reserve; **Reservetruppen**; **Leutnant der ~** reserve lieutenant; **die ~n einsetzen** to bring up (*od.* in) reserves. – 3. *econ.* a) (*Rücklagen*) (legal) reserve (fund), b) (*Rückstellungen*) provision(s *pl*): **stille ~** hidden (*od.* undisclosed) reserves *pl*; **auf die ~n zurückgreifen**, **die ~n angreifen** to fall back on one's reserves. – 4. *pl* (*Leistungsreserve*) reserve *sg* (of energy). – 5. ⟨*only sg*⟩ (*Zurückhaltung*) reserve, reticence: **sich** (*dat*) **[keine] ~ auferlegen** to be reserved [to be forward]; **er tritt nicht aus seiner ~ heraus** he does not come out of his shell, he does not let his hair down; **j-n aus seiner ~ herauslocken** to bring s.o. out of himself (*od.* his shell, his reserve). — **~,an·ker** *m mar.* spare anchor. — **~,an,la·ge** *f tech.* stand-by plant, spare unit. — **~,bat·te,rie** *f electr.* spare battery. — **~,fonds** *m econ.* reserve (*od.* surplus) fund: **einen Betrag dem ~ zuführen** (*od.* zuweisen) to transfer (*od.* allocate) an amount to the reserve (fund). — **~,ka,ni·ster** *m* jerry can. — **~,ka·pi,tal** *n econ.* reserve capital. — **~,kon·to** *n* reserve account. — **~,la·za,rett** *n med. mil.* reserve hospital. — **~,lei·tung** *f tel.* reserve circuit. — **~,mann·schaft** *f mil.* (*sport*) reserve team.

Re'ser·ven,bil·dung *f econ.* accumulation (*od.* building up) of reserves.

Re'ser·ve·of·fi,zier *m mil.* reserve officer, officer in the reserve: **~ sein** to hold a commission as a reserve officer. — **~,an,wär·ter** *m* reserve officer candidate. — **~,be,wer·ber** *m* reserve officer applicant.

Re'ser·ve|pi,lot *m* (*space*) backup pilot. — **~,rad** *n auto.* spare (*od.* extra) wheel. — **~,rei·fen** *m* spare tire (*bes. Br.* tyre). — **~,spei·cher** *m* (*computer*) standby store. — **~,tank** *m tech.* reserve tank. — **~,teil** *m, n* spare (part). — **~,trup·pen** *pl mil.* 1. reserves, reserve forces. – 2. (*Ersatztruppen*)

replacements. — **~,übung** *f* exercise of the reserves.

re·ser·vie·ren [rezɛr'viːrən] I *v/t* ⟨*no* ge-, h⟩ 1. (*zurück-, bereitlegen*) reserve, hold. – 2. (*Karte, Platz etc*) reserve: **Karten** [Plätze] **~ lassen** to reserve (*bes. Br.* book) tickets [seats]; **einen Tisch ~ lassen** to make a reservation for a table; **für j-n einen Platz ~** to keep a seat for s.o., to keep s.o. a seat. – II R~ *n* ⟨-s⟩ 3. verbal noun. – 4. *cf.* Reservierung. — **re·ser'viert** I *pp.* – II *adj* 1. (*zurückhaltend*) reserved, withdrawn, retiring, reticent. – 2. (*abweisend, unnahbar*) distant, aloof, detached, offish, cool: **sie ist ihm gegenüber sehr ~** she keeps him at a distance. – 3. *econ.* (*Börse*) inactive, dull. — **Re·ser'viert·heit** *f* ⟨-; no pl⟩ 1. reserve, withdrawn (*od.* retiring) manner, reticence. – 2. aloofness, offishness, detached manner, coolness. — **Re·ser'vie·rung** *f* ⟨-; -en⟩ 1. *cf.* Reservieren. – 2. reservation.

Re·ser·vist [rezɛr'vɪst] *m* ⟨-en; -en⟩ *mil.* reservist.

Re·ser·voir [rezɛr'vŏaːr] *n* ⟨-s; -e⟩ 1. *tech.* a) (*Tank*) reservoir, tank, (*bes. für Wasser*) cistern, pool, b) (*Füllkammer*) fountain. – 2. *fig.* (an *dat of*) store, resources *pl*.

re·se·zie·ren [reze'tsiːrən] *v/t* ⟨*no* ge-, h⟩ *med.* resect, remove.

Re·si·dent [rezi'dɛnt] *m* ⟨-en; -en⟩ *pol.* 1. (*Geschäftsträger*) resident. – 2. (*Statthalter*) governor. — **Re·si'dent·schaft** *f* ⟨-; -en⟩ 1. (*Amt*) residentship. – 2. (*Amtsgebäude*) residency.

Re·si·denz [rezi'dɛnts] *f* ⟨-; -en⟩ 1. residence: **königliche ~** royal residence (*od.* court). – 2. *cf.* Residenzstadt. — **~,stadt** *f* residency, capital, seat of a court.

re·si·die·ren [rezi'diːrən] *v/i* ⟨*no* ge-, h⟩ (*bes. von König etc*) reside.

re·si·du·al [rezi'dŭaːl] *adj med.* residual, remaining. — **R~,harn** *m* residual urine. — **R~,luft** *f* (*der Lunge*) residual (*od.* stationary) air. — **R~,urin** [-ˀu,riːn] *m cf.* Residualharn.

Re·si·du·um [re'ziduum] *n* ⟨-s; -duen [-dŭən]⟩ *bes. math.* residue, residual, residuum (*scient.*).

Re·si·gna·ti·on [rezigna'tsĭoːn] *f* ⟨-; no pl⟩ resignation, resignedness, acquiescence.

re·si·gnie·ren [rezi'gniːrən] *v/i* ⟨*no* ge-, h⟩ resign (oneself), become resigned, acquiesce: **er resignierte** he resigned (himself to his fate), he submitted to his fate (*od.* to the circumstances), he acquiesced in his fate. — **re·si'gniert** I *pp.* – II *adj* 1. resigned, acquiescent. – 2. (*entmutigt*) discouraged.

Re·si·nat [rezi'naːt] *n* ⟨-(e)s; -e⟩ *chem.* resinate, abietate.

Ré·si·stance [rezis'tãːs] *f* ⟨-; no pl⟩ *pol. hist.* resistance (movement), *auch* (the) Resistance.

re·si·stent [rezis'tɛnt] *adj bes. med.* (*bes. Erreger*) (gegen to) resistant, *auch* resistent: **~ sein** to resist, to be resistant.

Re·si·stenz [rezis'tɛnts] *f* ⟨-; -en⟩ 1. resistance, opposition: **passive ~ leisten** to offer passive resistance. – 2. *bes. med.* (gegen to) resistance. — **~,be,stim·mung** *f med.* determination of resistance, resistance test.

re·si·stie·ren [rezis'tiːrən] *v/i* ⟨*no* ge-, h⟩ resist.

re·so·lut [rezo'luːt] *adj* ⟨-er; -est⟩ 1. (*entschlossen*) resolute, determined. – 2. (*energisch*) energetic, vigorous, active.

Re·so·lu·ti·on [rezolu'tsĭoːn] *f* ⟨-; -en⟩ 1. *bes. pol.* resolution, *Am.* resolve: **eine ~ annehmen** [abfassen] to pass [to frame *od.* draft] a resolution. – 2. *med.* (*einer Lungenentzündung etc*) resolution.

Re·sol·ven·te [rezɔl'vɛntə] *f* ⟨-; -n⟩ *math.* (*Hilfsgleichung*) resolvent.

Re·so·nanz [rezo'nants] *f* ⟨-; -en⟩ 1. *electr. mus. phys.* resonance. – 2. *fig.* response, echo: **bei j-m ~ finden** (*od.* auf etw. stoßen) to appeal to s.o. — **~,ab·sorp·ti,on** *f phys.* resonance absorption. — **~,be,reich** *m* resonance range, width of the resonance curve. — **~,bo·den** *m mus.* soundboard, resounding board, (re)sounding board, (*eines Streichinstruments*) belly, table, (*einer Harfe*) sound chest. — **~,brei·te** *f phys.* resonance amplitude (*od.* field). — **~,feld** *n* resonant field. — **~,flucht,fak·tor** *m nucl.* resonance escape probability. — **~fre-**

,quenz f phys. resonance (od. resonant) frequency. — **~,ka·sten**, **~,kör·per** m mus. (an Instrumenten) resonator, resonance (od. resonant) body, sound (od. resonance) box. — **~,kreis** m (radio) resonator, resonance (od. balanced) circuit. — **~,sai·te** f meist pl mus. aliquot (od. sympathetic) string.

Re·so·na·tor [rezo'na:tər] m ⟨-s; -en [-na'to:rən]⟩ **1.** phys. (Lautverstärker) resonator: als ~ wirken to resonate. — **2.** electr. resonator.

re·sor'bier·bar adj med. absorbable: nicht ~ nonabsorbable Br. non-.

re·sor·bie·ren [rezɔr'bi:rən] v/t ⟨no ge-, h⟩ med. (re)absorb, resorb: nicht resorbiert unabsorbed.

Re·sorp·ti·on [rezɔrp'tsĭo:n] f ⟨-; -en⟩ med. (re)absorption, resorption.

re·sorp·ti'ons|,fä·hig adj med. capable of absorption. — **R~,fie·ber** n traumatic (od. resorption) fever.

Re·sor·zin [rezɔr'tsi:n] n ⟨-s; -e⟩ chem. resorcinol, resorcin ($C_6H_4(OH)_2$).

re·so·zia·li·sie·ren [rezotsĭali'zi:rən] v/t ⟨no ge-, h⟩ rehabilitate.

Re·so·zia·li'sie·rung f rehabilitation.

Re·spekt [re'spɛkt; rɛs'pɛkt] m ⟨-(e)s; no pl⟩ **1.** (Achtung) respect, regard, esteem, consideration, deference: [großen] ~ haben vor j-m to have [high (od. great)] respect for s.o., (stärker) to stand in awe of s.o.; j-s Leistung ~ zollen to pay tribute to s.o.'s achievement; j-m ~ einflößen to inspire s.o. with respect; sich (dat) ~ verschaffen to make oneself respected, to win respect; (allen) ~! (Anerkennung) hats off! (allen) ~ vor dieser Leistung! hats off to such an achievement! – **2.** (Ehrerbietung) respect: er verweigert mir den schuldigen (od. nötigen) ~, er läßt es am nötigen ~ mir gegenüber fehlen he does not pay me the respect due to me; bei allem ~, mit ~ (zu sagen) colloq. with all (due) respect.

re·spek·ta·bel [respɛk'ta:bəl; rɛs-] adj **1.** respectable, honorable, bes. Br. honourable, estimable. – **2.** fig. colloq. (beachtlich) considerable, 'tidy' (colloq.).

Re'spekt|,blatt n print. flyleaf, half-title page. — **r~,ein,flö·ßend** adj commanding respect: er ist eine ~e Persönlichkeit his personality commands respect.

re·spek·tie·ren [respɛk'ti:rən; rɛs-] v/t ⟨no ge-, h⟩ **1.** (Eltern, Lehrer etc) respect, have respect for, esteem. – **2.** (Entscheidung, Gesetz, Meinung etc) respect.

re·spek'tier·lich adj archaic for respektabel.

re·spek·ti·ve [respɛk'ti:və; rɛs-] conj archaic or ... respectively: sie kamen mit dem Auto ~ mit der Bahn they came by car or train respectively.

re'spekt·los adj (gegenüber to, toward[s]) disrespectful, irreverent, flippant: eine ~e Bemerkung a flippant remark. — **Re'spekt·lo·sig·keit** f ⟨-; -en⟩ ⟨only sg⟩ (respektloses Verhalten) disrespect, disrespectfulness, irreverence, flippancy. – **2.** (respektlose Äußerung) disrespectful (od. irreverent, flippant) remark.

Re'spekts·per,son f person commanding respect, respectable person, auch respectable, respectability.

Re'spekt|,ta·ge pl econ. (bei Wechseln) days of grace (od. respite). — **r~,voll** adj (gegenüber to, toward[s]) respectful, regardful, deferential. — **r~,wid·rig** adj (Betragen etc) disrespectful.

Re·spi·ra·ti·on [respira'tsĭo:n; rɛs-] f ⟨-; no pl⟩ med. breathing, respiration (scient.).

Re·spi·ra·ti·ons|ap·pa,rat m med. (Gerät) respiratory apparatus, respirator. — **~,krampf** m respiratory spasm. — **~,luft** f tidal air (od. volume).

Re·spi·ra·tor [respi'ra:tər; rɛs-] m ⟨-s; -en [-ra'to:rən]⟩ med. cf. Respirationsapparat.

re·spi·ra·to·risch [respira'to:rɪʃ; rɛs-] adj biol. med. ling. respiratory.

re·spi·rie·ren [respi'ri:rən; rɛs-] v/i ⟨no ge-, h⟩ med. breathe, respire (scient.).

re·spon·die·ren [respɔn'di:rən; rɛs-] v/i ⟨no ge-, h⟩ **1.** relig. mus. (von der Gemeinde) respond, succent. – **2.** obs. for a) antworten 1, 2, b) entsprechen.

Re·spon·so·ri·um [respɔn'zo:rĭum; rɛs-] n ⟨-s; -rien⟩ relig. mus. responsory, auch responsary, alternation, respond, response.

Res·sen·ti·ment [rɛsãti'mã:] n ⟨-s; -s⟩

(gegen against, at, toward[s]) resentment, resentfulness, hard (od. ill) feeling.

Res·sort [rɛ'so:r] n ⟨-s; -s⟩ **1.** (Aufgabengebiet) province, department, sphere, purview (lit.): das ist nicht (od. gehört nicht in, fällt nicht in) mein ~ that's not my department, that does not come (od. fall) within my purview. – **2.** pol. a) (Ministerium) department, ministry, b) (Amtsbereich) competence, jurisdiction. – **3.** (Fachgebiet) field (of study). — **~,chef** m **1.** head of a department. – **2.** (im Zeitungswesen) editor. — **r~,mä·ßig** adj jur. pol. departmental. — **~mi,ni·ster** m pol. competent minister (od. secretary, Br. Secretary [of State]).

Rest [rest] m ⟨-(e)s; -e⟩ **1.** (des Abends, des Geldes, der Leute etc) rest, remainder: das ist der ganze ~ (meines Geldes) that's all (the money) I have left. – **2.** meist pl (eines Mahles) leftover, leavings pl, ends pl: (unverwertbare) ~e scraps; ein Essen aus lauter ~en a meal of leftovers, a scrap meal; (das ist) der letzte ~ (vom Schützenfest) colloq. humor. these are (just) the scrapings (od. remains). – **3.** (im Glas etc) rest, remainder, dregs pl, heeltap. – **4.** pl (einer vergangenen Kultur etc) relics, remains: die sterblichen ~e the mortal remains (od. poet. relics). – **5.** fig. (Spur) trace, spark, shred, vestige: wenn du nur einen ~ von Anständigkeit besäßest if you only had a spark of decency in you. – **6.** fig. colloq. (in Wendungen wie) j-m den ~ geben to finish (od. polish) s.o. off; das gab ihm den ~ that finished him (off), that did (it) for him, that was the last straw. – **7.** meist pl ⟨-e, econ. auch -er u. Swiss -en⟩ (einer Ware, bes. eines Stoffes) remnant: verbilligte ~e im Ausverkauf remnants at a reduced price in a (clearance) sale. – **8.** math. remainder, residue: ohne ~ aufgehende Division aliquot division. – **9.** econ. a) (Lieferrückstand) remainder, balance, b) (Überschuß) surplus, balance, c) (Fehlbetrag) deficit, d) (Schuld) balance due (od. owing), remainder, arrears pl. – **10.** jur. residue, residuum (scient.). – **11.** chem. a) (Radikal) radical, b) (Rückstand) residue, residuum (scient.).

Re·stant [rɛs'tant] m ⟨-en; -en⟩ econ. **1.** meist pl a) (in der Buchhaltung) suspense items pl, b) (an der Börse) bonds pl drawn for redemption but not yet presented. – **2.** rare (säumiger Schuldner) defaulter. – **3.** cf. Ladenhüter.

'Rest,auf,la·ge f print. remainder.

Re·stau·rant [rɛsto'rã:] n ⟨-s; -s⟩ restaurant, tavern, inn, café, auch cafe, (bes. Hotels) (hotel) dining room: ~ mit Selbstbedienung self-service restaurant, cafeteria.

Re·stau·ra·teur [rɛstora'tø:r] m ⟨-s; -e⟩ proprietor (od. manager) of a restaurant, restaurateur.

Re·stau·ra·ti·on¹ [rɛstaura'tsĭo:n; rɛs-] f ⟨-; -en⟩ **1.** (art) restoration, renovation. – **2.** pol. restoration. – **3.** ⟨only sg⟩ hist. (the) Restoration, auch (the) Restauration.

Re·stau·ra·ti·on² [rɛstora'tsĭo:n] f ⟨-; -en⟩ obs. od. Austrian for Restaurant.

Re·stau·ra·ti·ons|,ar·beit[rɛstaura'tsĭo:ns-; rɛs-] f (art) restorative (od. restoration) work. — **~be,trieb** [rɛstora'tsĭo:ns-] m gastr. **1.** cf. Restaurant. – **2.** catering business (od. firm, establishment), caterers pl.

Re·stau·ra·tor [rɛstau'ra:tər; rɛs-] m ⟨-s; -en [-ra'to:rən]⟩ (art) restorer (of paintings).

re·stau·rie·ren [rɛstau'ri:rən; rɛs-] I v/t ⟨no ge-, h⟩ (bes. art) restore, renovate. – **II** v/reflex sich ~ archaic refresh oneself, have (od. take) a rest. – **III R~** n ⟨-s⟩ verbal noun. — **Re·stau'rie·rung** f ⟨-; -en⟩ **1.** cf. Restaurieren. – **2.** restoration, renovation.

'Rest|be,stand m **1.** (an Waren) remaining (od. remainder of a) stock, (an Büchern etc) remainder. – **2.** (an Geld) cf. Restbetrag 1. — **~be,trag** m econ. **1.** remainder, balance (account). – **2.** (Zahlungsrückstand) arrears pl, arrearage(s pl).

'Rest·chen n ⟨-s; -⟩ **1.** dim. of Rest. – **2.** das letzte ~ Mut the last bit (od. shred) of courage.

'Reste|,es·sen n meal of leftovers, scrap meal. — **~ver,kauf** m econ. remnant sale.

'Rest|,for·de·rung f econ. residual claim. — **~gut,ha·ben** n remaining balance. — **~,harn** m med. cf. Residualharn.

re·sti·tu·ie·ren [restitu'i:rən; rɛs-] v/t ⟨no ge-, h⟩ **1.** (zurückerstatten) restore, make

restitution of. – **2.** jur. restore, Am. auch restitute.

Re·sti·tu·ti·on [restitu'tsĭo:n; rɛs-] f ⟨-; -en⟩ (Rückerstattung) auch jur. restoration, restitution.

Re·sti·tu·ti·ons|edikt [-ʔe,dɪkt] n hist. Edict of Restitution (1629). — **~,kla·ge** f jur. action for restitution.

'Rest,la·ger n econ. stock of remnants.

'rest·lich adj ⟨attrib⟩ **1.** remaining: der ~e Betrag von 50 Dollar the remaining amount (od. the balance) of 50 dollars. – **2.** jur. remaining: ~er Nachlaß residue. – **3.** chem. remaining, residual.

'rest·los I adj complete, perfect, full: die ~e Aufklärung des Falles the complete clearing up of the case; seine ~e Hingabe an den Beruf his utter (od. absolute, colloq. all--out) devotion to his profession. – **II** adv completely, perfectly, entirely, thoroughly, altogether: ~ glücklich perfectly happy; ich bin ~ erledigt colloq. a) I'm all in (od. done in, finished), b) (sport) I'm fagged out (od. done up, Am. sl. completely pooped).

'Rest,po·sten m econ. **1.** (in der Buchführung) residual item. – **2.** (von Waren) remaining item.

Re·strik·ti·on [restrɪk'tsĭo:n; rɛs-] f ⟨-; -en⟩ **1.** (Vorbehalt) reservation, restriction, qualification. – **2.** econ. restriction.

re·strik·tiv [restrɪk'ti:f; rɛs-] adj restrictive, restrictionist.

re·strin·gie·ren [restrɪŋ'gi:rən; rɛs-] v/t ⟨no ge-, h⟩ obs. limit, restrict.

'Rest|,stick,stoff m chem. residual (od. residuary, rest) nitrogen. — **~,sum·me** f cf. Restbetrag. — **~,wert** m **1.** econ. residual value. – **2.** math. residual amount. — **~,zah·lung** f econ. payment of the balance.

Re·sul·tan·te [rezul'tantə] f ⟨-; -n⟩ math. phys. resultant.

Re·sul·tat [rezul'ta:t] n ⟨-(e)s; -e⟩ **1.** (Ergebnis) result, outcome, upshot. – **2.** (Erfolg) result, effect: er erzielte gute ~e mit dieser Therapie he obtained good results from this treatment. – **3.** (sport) (Ergebnis) result, (Stand) score. – **4.** math. result, answer, (bei Addition) auch sum.

re·sul'tat·los adj **1.** (ohne Resultat) without result, resultless. – **2.** (erfolglos) ineffective, fruitless. — **Re·sul'tat·lo·sig·keit** f ⟨-; no pl⟩ **1.** resultlessness. – **2.** ineffectiveness, fruitlessness.

re·sul·tie·ren [rezul'ti:rən] v/i ⟨no ge-, h⟩ (aus from) result. — **re·sul'tie·rend** I pres p. – **II** adj resulting, (bes. aus zwei Gegensätzen) resultant: ~e Spannung electr. resultant voltage. — **Re·sul'tie·ren·de** f ⟨-n; -n⟩ phys. resultant, resulting force.

Re·sü·mee [rezy'me:], Austrian and Swiss auch **Re·su'mé** [-'me:] n ⟨-s; -s⟩ **1.** summary, résumé, recapitulation, summation. – **2.** jur. summing-up, summation. — **re·sü'mie·ren** [-'mi:rən] v/t ⟨no ge-, h⟩ sum up, summarize Br. auch -s-, give (od. make) a résumé of, recapitulate.

Ret [re:t] n ⟨-s; no pl⟩ Low G. for Ried.

Re·ta·bel [re'ta:bəl] n ⟨-s; -⟩ (art) retable.

re·ta·blie·ren [reta'bli:rən] v/t ⟨no ge-, h⟩ obs. od. Swiss for wiederherstellen 1.

Re·take [ri'te:k; 'ri:,teik] (Engl.) n ⟨-(s); -s⟩ meist sg (film) retake.

Re·tar·da·ti·on [retarda'tsĭo:n] f ⟨-; -en⟩ **1.** retardation, retard. – **2.** mus. retardation. – **3.** biol. cf. Retardierung. — **re·tar'die·ren** [-'di:rən] I v/t ⟨no ge-, h⟩ **1.** lit. (verzögern, hemmen) retard, decelerate. – **II** v/i **2.** obs. for nachgehen 7. – **3.** math. phys. retard. – **III R~** n ⟨-s⟩ **4.** verbal noun. – **5.** cf. Retardation. — **re·tar'die·rend** I pres p. – **II** adj (literature) retarding, retardative, retardatory: ~es Moment retarding element. — **Re·tar'die·rung** f ⟨-; -en⟩ biol. retardation.

Re·ten·ti·on [retɛn'tsĭo:n] f ⟨-; -en⟩ **1.** med. retention, holding back, ischesis (scient.). – **2.** psych. a) abnormal restraint (od. reserve), b) (Erinnerungsvermögen) mneme, habit of remembering. – **3.** jur. obs. for Vorenthaltung.

Re·ten·ti·ons|,recht n jur. right of retention, lien. — **~,zy·ste** f med. retention cyst.

re·ti·ku·lär [retiku'lɛːr] adj reticular, reticulate(d), retiform.

re·ti·ku·liert [retiku'li:rt] adj tech. (Glas) reticulated.

Re·ti·ku·lo·zyt [retikulo'tsy:t] m ⟨-en; -en⟩ meist pl med. reticulocyte.

Re·ti·ku·lum [re'ti:kulum] n ⟨-s; -kula [-la]⟩

1. *med.* (*Bindegewebe*) reticulum. – **2.** *fig.* reticulum, network. – **3.** *zo. cf.* Netzmagen.

Re·ti·na ['reːtina] *f* <-; -nae [-nɛ]> *med.* (*Netzhaut*) retina. — ~,ab,lö·sung *f* detachment of the retina.

re·ti·nal [reti'naːl] *adj med.* retinal.

Re·ti·ni·tis [reti'niːtɪs] *f* <-; -nitiden [-ni'tiːdən]> *med.* retinitis.

Re·ti·no·pa·thie [retinopa'tiː] *f* <-; -n [-ən]> *med.* retinopathy.

re·ti·rie·ren [reti'riːrən] *v/i* <no ge-, sein> *u. sich* ~ *v/reflex* <h> *obs. od. humor.* (make a) retreat, retire.

Re·tor·si·on [retɔr'zioːn] *f* <-; -en> **1.** *pol.* (*Vergeltungsmaßnahme*) retortion. – **2.** *jur.* requital, retaliation. — **Re·tor·si·ons,zoll** *m econ.* retaliatory tariff (*od.* duty).

Re·tor·te [re'tɔrtə] *f* <-; -n> *chem.* retort, still: **ein Produkt aus der** ~ *fig.* a laboratory product.

Re'tor·ten|,ba·by *n med. colloq.* test-tube baby. — ~,koh·le *f chem.* retort (*od.* gas) carbon. — ~,koks *m* retort coke (*od.* graphite).

re·tour [re'tuːr] *adv Austrian and Swiss, archaic and dial. for* zurück. — **R~,bil,let** *n Swiss for* Rückfahrkarte.

Re·tou·re [re'tuːrə] *f* <-; -n> *econ. obs. for* Rücksendung.

Re'tour|,fahr,kar·te *f Austrian and Swiss for* Rückfahrkarte. — ~,gang *m Austrian and Swiss auto. for* Rückwärtsgang. — ~,kar·te *f Austrian and Swiss for* Rückfahrkarte.

Re'tour,kut·sche *f fig. colloq.* **1.** retort in the same vein, (quick) repartee in similar words: **auf diese freche Bemerkung gab er sofort eine** ~ to this impertinent remark he retorted in kind (*od.* in the same vein). – **2. eine** ~ (*Vergeltung einer Handlung*) tit for tat, an eye for an eye: **das war eine** ~ that was tit for tat.

re·tour·nie·ren [retur'niːrən] *v/t* <no ge-, h> *bes. Austrian and Swiss* return, send (*s.th.*) back.

Re'tour,rech·nung *f econ.* return account.

re·tra·hie·ren [retra'hiːrən] *v/t* <no ge-, h> *med.* retract.

Re·trak·ti·on [retrak'tsioːn] *f* <-; -en> *med.* retraction. — **Re·trak·ti'ons,mus·kel** *m* retractor.

Re·tri·bu·ti·on [retribu'tsioːn] *f* <-; -en> **1.** (*Rückgabe*) restitution, return. – **2.** (*Erstattung*) refund, reimbursement, repayment.   [retro...]

Re·tro..., re·tro... *combining form denoting*

re·tro·flex [retro'flɛks] *adj ling.* retroflex(ed).

Re·tro·fle·xi·on [retroflɛ'ksioːn] *f med.* (*bes. des Uterus*) retroflexion.

re·tro·grad [retro'graːt] *adj med.* retrograde.

'Re·tro-Ra,ke·te ['reːtro-] *f* (*space*) retro-rocket.

re·tro·spek·tiv [retrospɛk'tiːf] *adj* retrospective.

Re·tro·spek·ti·ve [retrospɛk'tiːvə] *f* <-; -n> retrospective.

Re·tro·ver·si·on [retrover'zioːn] *f* <-; -en> *med.* (*bes. des Uterus*) retroversion.

re·tro·ze·die·ren [retrotse'diːrən] *v/t* <no ge-, h> *econ.* (*rückversichern*) reinsure, retrocede, insure by way of retrocession.

Re·tro·zes·si·on [-tsɛ'sioːn] *f* <-; -en> retrocession.

'rett·bar *adj* sav(e)able, rescuable, salvable, *bes. mar.* salvageable.

ret·ten ['rɛtən] **I** *v/t* <h> (aus, vor *dat* from) **1.** (*bewahren*) save, rescue: **er hat sie vor dem Ertrinken gerettet** he saved her from drowning; **er wurde durch ärztliche Kunst gerettet** he was saved by medical skill; **j-m das Leben** ~ to save s.o.'s life; **er hat kaum das nackte Leben gerettet** he just barely saved his skin (*od.* his life); **seine Ehre** ~ *fig.* to save (*od.* vindicate, retrieve) one's hono(u)r; **die ist nicht mehr zu** ~ *fig. colloq.* she must be out of her mind, she must have lost her senses. – **2.** (*Güter etc*) retrieve, rescue, recover, salvage. – **3.** *mar. cf.* bergen 3a. – **4.** (*von einem Laster etc*) save; redeem, deliver (*lit.*). – **5. ein glücklicher Zufall, und der Abend war gerettet** *fig. colloq.* the evening was saved by a lucky chance. – **6.** free, liberate. – **II** *v/reflex* **sich** ~ **7.** (*entkommen*) (vor *dat* from) save oneself, escape, make one's escape: **rette sich, wer kann!** *auch humor.* every man for himself! run for your lives! **er wußte sich vor Telefonanrufen nicht**

mehr zu ~ he was swamped with (*od.* by) telephone calls. – **8.** (*sich in Sicherheit bringen*) (vor *dat* from) take shelter. – **III R~** *n* <-s> **9.** *verbal noun.* – **10.** *cf.* Rettung.

'ret·tend I *pres p.* – **II** *adj* **1.** (*bewahrend*) saving, guarding: **~er Engel** good (*od.* guardian) angel, angel in need. – **2.** (*erlösend*) rescuing, relieving: **dann kam ihm der** ~**e Einfall** (*od.* Gedanke) then the fortunate idea occurred to him, then he had the fortunate flash of inspiration.

'Ret·ter *m* <-s; -> **1.** rescuer, saver: **ein** ~ **in der Not** a friend in need. – **2.** (*Befreier*) deliverer. – **3. der** ~ *relig.* the Savior (*bes. Br.* Saviour), the Redeemer. — **'Ret·te·rin** *f* <-; -nen> **1.** rescuer, saver. – **2.** (*Befreierin*) deliverer.

Ret·tich ['rɛtɪç] *m* <-s; -e> *bot.* (garden) radish (*Raphanus sativus*).

'Ret·tung *f* <-; -en> **1.** *cf.* Retten. – **2.** (aus, vor *dat* from) rescue, recovery: **die Schiffbrüchigen hatten die Hoffnung auf** ~ **aufgegeben** the shipwrecked had given up (*od.* abandoned) all hope of rescue (*od.* of being rescued). – **3.** (aus, vor *dat* from) (*von Gütern*) salvage. – **4.** *mar. cf.* Bergung 3. – **5.** saving, deliverance (*lit.*). – **6.** (*Hilfe*) help, succor, *bes. Br.* succour: **es gab keine** ~ **für ihn** he was beyond help (*od.* all aid); **das war seine** ~ that saved him; **das war seine letzte** ~ that was his last resort (*od.* his sheet anchor). – **7.** <only sg> *bes. Austrian short for* a) Rettungsdienst 1, b) Rettungswagen. – **8.** *relig.* salvation, redemption.

'Ret·tungs|,ak·ti·on *f* rescue operation. — ~,an·ker *m* **1.** *mar.* spare (*od.* sheet, waist) anchor. – **2.** *fig.* (sheet) anchor. — ~,ar·bei·ten *pl* rescue work *sg* (*od.* operation *sg*). — ~,boh·rung *f* (*mining*) rescue (*od.* escape) shaft. — ~,bo·je *f mar.* life buoy. — ~,bom·be *f* (*mining*) rescue torpedo (*od.* cage). — ~,boot *n* **1.** *mar.* lifeboat. – **2.** *aer.* (*abwerfbares*) life raft. — ~,dienst *m* **1.** lifesaving (*od.* emergency) service. – **2.** *cf.* a) Bergwacht, b) Seenot(rettungs)dienst. — ~,floß *n mar.* life raft. — ~,ge,rät *n* lifesaving (*od.* emergency) equipment. — ~,gür·tel *m mar.* life belt (*od.* preserver). — ~,hub,schrau·ber *m* rescue helicopter. — ~ko,lon·ne *f cf.* Rettungsmannschaft. — ~,lei·ne *f mar.* lifeline.

'ret·tungs·los I *adj* irredeemable, hopeless. – **II** *adv* ~ **verloren** beyond help (*od.* hope); **die Sache ist** ~ **verfahren** *colloq.* the whole affair is in a hopeless mess; **er ist** ~ **verliebt** *colloq.* he is hopelessly (*od.* desperately) in love.

'Ret·tungs|,mann·schaft *f* **1.** rescue party (*od.* team, squad). – **2.** (*mining*) mine rescue team (*od.* party). — ~me,dail·le *f* lifesaving medal. — ~ra,ke·te *f* (*space*) recovery (*auch* escape) rocket. — ~,ring *m mar.* life buoy. — ~,schiff *n* rescue ship. — ~,schwim·men *n* lifesaving. — ~,schwim·mer *m* lifeguard, lifesaver. — ~,sta·ti,on *f* **1.** (*am Badestrand etc*) lifeguard station. – **2.** (*bei Massenveranstaltungen*) first-aid post. — ~,stel·le *f* lifesaving station. — ~,trupp *m cf.* Rettungsmannschaft. — ~ver,such *m* rescue attempt, attempted rescue, attempt at rescue. — ~,wa·gen *m* ambulance. — ~,we·sen *n* lifesaving (*od.* rescue) service.

Re·tu·sche [re'tuʃə] *f* <-; -n> *phot.* retouching: ~ **mit Bleistiften** pencil retouching; ~ **durch Ausschaben mit Retuschiermesser** knifing; ~ **mit Pinsel und Farbstoff** [Farblösung] pigment [dye] retouching. — **Re·tu'scheur** [-'ʃøːr] *m* <-s; -e> retoucher. — **re·tu'schie·ren** [-'ʃiːrən] **I** *v/t* <no ge-, h> **1.** retouch. – **II R~** *n* <-s> **2.** *verbal noun.* – **3.** *cf.* Retusche.

Re·tu'schier|,mes·ser *n phot.* retouching knife. — ~,pult *n* retouching desk.

Reue ['rɔyə] *f* <-; no pl> **1.** (über *acc* etwas) repentance (for s.th.), penitence (for s.th.), (*stärker*) remorse (at, for s.th.): **bittere** [tiefe] ~ **empfinden** [zeigen] to feel [to show] bitter [deep] remorse (*od.* repentance); **tätige** ~ *jur.* voluntary averting of the effect of one's own wrongful act. – **2.** (*Gewissensbisse*) compunction. – **3.** *relig.* a) (*Bereuen der Sünden*) contrition, sorrow, b) (*Bußbereitschaft*) repentance, penitance, penance: **unvollkommene** ~ attrition. — ~ge,fühl *n* **1.** (feeling of) remorse. – **2.** (feeling of) compunction. – **3.** *relig.* (feeling of) contrition (*od.* sorrow).

reu·en ['rɔyən] **I** *v/t* <h> etwas reut j-n a) s.o. regrets (*od.* feels remorse at, repents [of]) s.th., b) (*tut j-m leid*) s.o. repents [of], is sorry about) s.th.: **seine Tat reute ihn** he regretted what he had done; **seine voreilige Absage reute ihn bald** he soon regretted his rash refusal, he soon was sorry that he had refused so rashly; **das wird Sie noch** ~ you'll live to regret it, some day you'll regret that; **das Geld reut ihn** he dislikes spending the money. – **II** *v/impers* **es reut mich, daß** I regret that.

'reue,voll *adj cf.* reumütig.

'Reu,geld *n* **1.** *jur. econ.* a) forfeit (money), forfeiture, penalty, b) (*beim Prämiengeschäft*) option money. – **2.** (*sport*) (*beim Pferderennen*) forfeit (money), forfeiture.

'reu·ig *adj cf.* reumütig.

'Reu,kauf *m jur. econ.* forfeit.

'reu,mü·tig *adj* **1.** repentant, remorseful, full of compunction, compunctious, regretful. – **2.** (*entschuldigend*) apologetic, deprecating, deprecatory: **ein** ~**es Lächeln** an apologetic smile. – **3.** *relig.* a) contrite, sorrowful, b) (*bußfertig*) repentant, penitent: **ein** ~**er Sünder** a penitent sinner.

Re·uni·on [reʔu'nioːn] *f* <-; -en> **1.** *obs.* (*Wiedervereinigung*) reunion. – **2.** *pl hist.* (*unter Ludwig XIV.*) Reunions.

Re·uni'ons,kam·mern *pl hist.* Chambers of Reunion.

Reu·se ['rɔyzə] *f* <-; -n> **1.** (*zum Fischfang*) a) (fish) trap (*od.* basket), creel, pot, b) (*für Krebse*) bow net, c) *cf.* Aalreuse. – **2.** *electr.* (*radio*) (*Schutzgitter*) basket.

'Reu·sen·an,ten·ne *f* (*radio*) prism (*od.* cage) antenna (*bes. Br.* aerial).

re·üs·sie·ren [reʔy'siːrən] *v/i* <no ge-, h> *lit.* succeed, have success, be successful.

Re·vak·zi·na·ti·on [revaktsina'tsioːn] *f* <-; -en> *med.* revaccination.

re·va·lo·ri·sie·ren [revalori'ziːrən] *v/t* <no ge-, h> *econ.* revalorize *Br. auch* -s-. — **Re·va·lo·ri'sie·rung** *f* <-; -en> revalorization *Br. auch* -s-.

Re·van·che [re'vãːʃə] *f* <-; -n> **1.** (*Vergeltung*) revenge, vengeance. – **2.** (*sport, games*) revenge, return match (*od.* game): **j-m** ~ **geben** to give s.o. a return match (*od.* game), to give s.o. a chance to get even. — **r~,lü·stern, r~,lu·stig** *adj* thirsting (*od.* dying) for revenge. — ~,par,tie *f,* ~,spiel *n* (*sport, games*) return match (*od.* game).

re·van·chie·ren [revã'ʃiːrən] *v/reflex* <no ge-, h> **sich** ~ **1.** (*für eine Beleidigung etc*) take (*od.* have) revenge, revenge (*od.* avenge) oneself: **sich an j-m** (**für etwas**) ~ to take revenge (*od.* revenge oneself) (up)on s.o. (for s.th.). – **2. sich bei j-m** ~ (*für eine Einladung, einen Dienst etc*) to return s.o. a favor (*bes. Br.* favour) (*od.* compliment), to reciprocate (*od.* repay) s.o.'s favo(u)r (*od.* compliment): **wie kann ich mich bei Ihnen für Ihre Freundlichkeit** ~? how can I return your kindness? how can I reciprocate your favo(u)r?

Re·van·chis·mus [revã'ʃɪsmus] *m* <-; no pl> *pol.* (policy of) retaliation and revenge. — **Re·van'chist** [-'ʃɪst] *m* <-en; -en> revanchist, advocate of (a policy of) retaliation and revenge. — **re·van'chi·stisch** *adj* revanchist, pursuing a policy of retaliation.

Re·ve·renz [reve'rɛnts] *f* <-; -en> *lit.* **1.** (*Ehrerbietung*) reverence, respect: **j-m seine** ~ **erweisen** to pay (*od.* do, show) reverence to s.o. – **2.** (*Verbeugung*) reverence, obeisance: **seine** ~ **machen** a) to make one's reverence (*od.* bow), b) (*Knicks*) to make (*od.* drop) a curts(e)y.

Re·vers[1] [re'vɛːr; rə-] *n, m, Austrian and Swiss m* <- [-'vɛːr(s)]; - [-'vɛːrs]> (*Rockaufschlag*) lapel, revers.

Re·vers[2] [re'vɛrs] *m* <-es; -e> **1.** *econ.* (*Verpflichtungsschein*) counterindemnity, (reciprocal) bond, b) (*Gegenschein*) letter of guarantee (*auch* guaranty) (*od.* indemnity). – **2.** *jur.* undertaking: **einen** ~ **ausstellen** (*od.* unterschreiben) to give a written undertaking.

Re·vers[3] [re'vɛrs; re'vɛːr; rə'vɛːr] *m* <-es [re'vɛrzəs]; -e [re'vɛrzə]; *auch* - [re'vɛːr(s)]; -e [re'vɛːrs; rə-]> (*Rückseite einer Münze*) reverse (side), tail.

re·ver·si·bel [rever'ziːbəl] *adj* (*umkehrbar*) reversible: **reversible Prozesse** *phys. chem.* reversible processes.

Re·ver·si·on [revɛr'zïoːn] f ⟨-; -en⟩ bes. tech. reversion.

re·vi·die·ren [revi'diːrən] v/t ⟨no ge-, h⟩ **1.** (überprüfen) check, revise, review, go over: die bisherige Politik ~ to review the previous policy. – **2.** (ändern) revise: seine Meinung ~ to revise one's opinion; Grenzen ~ pol. to revise boundaries. – **3.** econ. (eine Rechnung, Bücher etc) audit, (re)examine. – **4.** jur. review, revise: eine Entscheidung [ein Urteil] ~ to review (od. revise) a decision [judg(e)ment]. — **re·vi·'diert** I pp. – II adj (Ausgabe eines Buchs) revised.

Re·vier [re'viːr] n ⟨-s; -e⟩ **1.** (Teil eines Gebietes) district, quarter, area. – **2.** (eines Kellners, Diebes etc) area. – **3.** (Polizeibezirk) district, ward, Am. auch precinct, (eines Beamten) auch beat. – **4.** (Polizeiwache) (police) station, Am. station house. – **5.** (forestry) (eines Försters) ranger's (od. forester's) district, forest range, beat. – **6.** hunt. (Jagdrevier) shooting ground, hunting area, bes. Br. preserve. – **7.** mil. a) (Unterkunftsbereich) quarters pl, b) (Krankenstube) infirmary, sick quarters pl. – **8.** (mining) a) (Abbaugebiet) exploitation area, auch coal-mining area, b) (Grubenteilgebiet) district. – **9.** zo. (von Tieren) territory. – **10.** fig. colloq. (Fachgebiet) province, line. — **~,dienst** m mil. light duty.

re·vie·ren [re'viːrən] v/i ⟨no ge-, h⟩ hunt. **1.** (vom Jäger od. Jagdhund) search (od. beat) for game. – **2.** gut ~ (von Hunden) to range well.

Re'vier|,för·ster m (forestry) district ranger (od. forester), Am. forest ranger. — **r~,krank** adj mil. in sick bay. — **~,kran·ke** m dispensary (od. infirmary) case. — **~,stu·be** f mil. infirmary, dispensary, sickroom.

Re·vi·re·ment [revirə'mãː] n ⟨-s; -s⟩ pol. **1.** (personnel) shake-up (od. changeover). – **2.** (government od. cabinet) reshuffle.

Re·vi·si·on [revi'zïoːn] f ⟨-; -en⟩ **1.** (Überprüfung) check, review, going over: eine ~ vornehmen to undertake (od. make) a review (od. check). – **2.** (Änderung) revision: eine ~ seiner Ansichten a revision (od. change) of one's opinions; ~ der Grenzen pol. revision of the boundaries; ~ eines Vertrages pol. revision of a treaty. – **3.** (beim Zoll) examination (of baggage, bes. Br. luggage). – **4.** econ. (der Bücher, Rechnungen etc) audit(ing), (re)examination. – **5.** jur. appeal: ~ einlegen (od. beantragen) (bei) to appeal (to), to file (od. give notice of, lodge) an appeal (on a question of law) (with); die ~ verwerfen (od. zurückweisen) to reject (od. dismiss) the appeal; der ~ stattgeben to allow (od. grant, uphold) the appeal. – **6.** print. proofreading, Br. proof--reading, revision (of a proof).

Re·vi·si·o·nis·mus [revizïo'nɪsmʊs] m ⟨-; no pl⟩ pol. **1.** revisionism, advocacy of revision (of an original doctrine or treaty). – **2.** revisionism (policy of changing society through democratic means). — **Re·vi·sio·'nist** [-'nɪst] m ⟨-en; -en⟩ revisionist. — **re·vi·sio·'ni·stisch** adj revisionist.

Re·vi·si'ons|,ab,tei·lung f econ. (einer Bank) auditing department. — **~,be,klag·te** m, f jur. respondent. — **~,bo·gen** m print. revise, revised (od. clean) proof. — **~,in,stanz** f jur. instance (of appeal). — **~,klä·ger** m appellant. — **~ver,fah·ren** n appeal procedure (od. proceedings pl).

Re·vi·sor [re'vizor] m ⟨-s; -en [-vi'zoːrən]⟩ **1.** econ. a) (staatlicher) comptroller, b) auditor, examiner, auditing clerk, c) (Wirtschaftsprüfer) auditor: amtlich zugelassener ~ Br. chartered (od. certified) accountant, Am. certified public accountant. – **2.** print. proofreader, Br. proof-reader, reviser (od. revisor) (of proofs).

Re·vo·ka·ti·on [revoka'tsïoːn] f ⟨-; -en⟩ cf. Widerruf.

Re·vol·te [re'vɔltə] f ⟨-; -n⟩ **1.** (Aufstand) revolt, insurrection, insurgency, (armed) (up)rising: eine ~ niederschlagen to crush (od. suppress, put down) a revolt. – **2.** (Meuterei) mutiny.

re·vol·tie·ren [revɔl'tiːrən] v/i ⟨no ge-, h⟩ **1.** (gegen against) revolt, rise (up), insurrect. – **2.** fig. (von Magen) revolt.

Re·vo·lu·ti·on [revolu'tsïoːn] f ⟨-; -en⟩ **1.** pol. revolution: die ~ bricht aus [ist gescheitert, hat gesiegt] the revolution breaks out [has failed (od. been suppressed),

---

has suceeded]; die Französische ~ hist. the French Revolution. – **2.** (Umwälzung) revolution (auch econ.): eine ~ in der Mode [Kunst] a revolution in fashion [art]; die industrielle ~ the industrial revolution. – **3.** astr. (Umlauf eines Himmelskörpers) revolution.

re·vo·lu·tio·när [revolutsïo'nɛːr] I adj **1.** pol. revolutionary: eine ~e Bewegung a revolutionary movement. – **2.** (Bestrebungen, Erfindungen etc) revolutionary. – II R~ m ⟨-s; -e⟩ **3.** pol. revolutionary, revolutionist. – **4.** (Neuerer) revolutionist: ein ~ auf dem Gebiet der modernen Filmkunst a revolutionist in the field of modern cinematic art.

re·vo·lu·tio·nie·ren [revolutsïo'niːrən] v/t ⟨no ge-, h⟩ revolutionize.

Re·vo·lu·ti·ons|ka,len·der m hist. Revolutionary calendar. — **~tri·bu,nal** n Revolutionary Tribunal.

Re·vo·luz·zer [revo'lutsər] m ⟨-s; -⟩ contempt. **1.** professional revolutionary, fanatical opponent of the established society. – **2.** would-be revolutionary.

Re·vol·ver [re'vɔlvər] m ⟨-s; -⟩ **1.** (Waffe) revolver, shooter (colloq.), Am. colloq. gun; shooting iron, gat (beide sl.): den ~ ziehen to draw the revolver. – **2.** (optics) (eines Mikroskops) (revolving) nosepiece. – **3.** tech. phot. cf. Revolverkopf. — **~,blatt** n colloq. (Sensationsblatt) (gutter) rag, scandal sheet, yellow (news)paper. — **~,blen·de** f phot. rotating stop plate. — **~,dreh,bank** f tech. turret lathe. — **~,griff** m phot. (Kamerastütze) pistol grip, gunstock holder, gunpod. — **~,held** m contempt. gunman. — **~,kopf** m **1.** tech. turret(head), turret block: ~ mit Schnellschaltung quick-indexing turret. – **2.** phot. lens turret, turret mount. — **~,lauf** m barrel (of a revolver), revolver barrel. — **~,pres·se** f colloq. (Sensationspresse) scandal (od. yellow) press. — **~,schnau·ze** f colloq. **1.** eine ~ haben (freches Mundwerk) to shoot off one's mouth. – **2.** (Person) saucy (od. cocky) person.

Re'vol·ving·kre,dit [re'vɔlvɪŋ-] m econ. revolving credit.

re·vo·zie·ren [revo'tsïːrən] v/t ⟨no ge-, h⟩ cf. zurücknehmen 3—7, widerrufen 1—3.

Re·vue [rə'vyː] f ⟨-; -en [-ən]⟩ **1.** (Ausstattungsshow) revue, (musical) show, bes. Am. floor show. – **2.** (Revuetruppe) show, (revue) troupe (auch troop). – **3.** (Zeitschrift) magazine, pictorial. – **4.** mil. obs. (Truppenschau) review: etwas ~ passieren lassen fig. colloq. to pass s.th. in review. — **~,film** m revue (od. musical) film. — **~,girl** n (revue od. musical) chorus) girl, Am. sl. hoofer. — **~thea·ter** [-te,aːtər] n music hall, variety show, vaudeville theater (bes. Br. theatre).

Re·zen·sent [retsɛn'zɛnt] m ⟨-en; -en⟩ reviewer, critic, review writer. — **re·zen·sie·ren** [-'ziːrən] v/t ⟨no ge-, h⟩ (Bücher, Filme etc) review, criticize. — **Re·zen·si·on** [-'zïoːn] f ⟨-; -en⟩ **1.** (von Büchern, Filmen etc) review, critique, auch criticism. – **2.** (in der Textkritik) recension.

Re·zen·si'ons·ex·em,plar n (bei Büchern) reviewer's (od. review) copy.

Re·zept [re'tsɛpt] n ⟨-(e)s; -e⟩ **1.** med. pharm. a) (Verordnung) prescription, b) (Formular) prescription blank, c) (für die Arzneiherstellung) prescription: ein ~ ausstellen to write out a prescription; ein ~ anfertigen to make up a prescription. – **2.** gastr. recipe, receipt: ein neues ~ (aus)probieren to try (out) a new recipe (od. receipt). – **3.** fig. colloq. (Mittel) remedy, recipe, receipt: ein gutes ~ gegen Langeweile a good remedy for boredom. – **4.** fig. (feste Regel) rule, recipe, formula: dafür gibt es kein allgemeines ~ there's no general rule for that. — **~,block** m med. prescription pad. — **~,for·mel** f prescription formula.

re·zep·tie·ren [retsɛp'tïːrən] v/t u. v/i ⟨no ge-, h⟩ med. pharm. prescribe.

Re·zep·ti·on [retsɛp'tsïoːn] f ⟨-; -en⟩ **1.** (in einem Hotel) reception (office). – **2.** (in einem Krankenhaus) admittance. – **3.** fig. (von Kulturgütern etc) adoption: die ~ des römischen Rechts in Deutschland the adoption of the Roman Law in Germany. – **4.** (in eine Studentenverbindung) admission, reception.

re·zep·tiv [retsɛp'tïːf] adj **1.** (aufnehmend) receptive, susceptive: eher ~ als schöpferisch veranlagt sein to have a more receptive than creative mind (od. disposition).

– **2.** (empfänglich) susceptible, susceptive, receptive. — **Re·zep·ti·vi·tät** [-tivi'tɛːt] f ⟨-; no pl⟩ **1.** receptivity, receptiveness, susceptiveness. – **2.** susceptibility, susceptiveness, receptiveness. – **3.** (bes. für Sinneseindrücke) sensitiveness, sensibility.

Re·zep·tor [re'tsɛptor] m ⟨-s; -en [-'toːrən]⟩ meist pl med. receptor.

re'zept,pflich·tig adj med. pharm. requiring a (doctor's) prescription, sold only on prescription.

Re·zep·tur [retsɛp'tuːr] f ⟨-; -en⟩ med. pharm. dispensing (od. making up, preparing) of prescriptions (od. medicines).

Re·zes·si·on [retsɛ'sïoːn] f ⟨-; -en⟩ econ. recession. — **re·zes·siv** [-'siːf] adj biol. recessive.

Re·zi·div [retsi'diːf] n ⟨-s; -e⟩ med. **1.** (Rückfall) relapse. – **2.** (Wiederkehr) recurrence. — **re·zi·di'vie·rend** [-di'viːrənt] adj recurring, recurrent.

Re·zi·pi·ent [retsi'pïɛnt] m ⟨-en; -en⟩ **1.** phys. (einer Vakuumpumpe) receiver. – **2.** chem. (Sammelgefäß) receiver, receiving tank. – **3.** med. receiver, (bei Bluttransfusion) recipient. – **4.** tech. (beim Strangpressen) receiver, container.

re·zi·pie·ren [retsi'pïːrən] v/t ⟨no ge-, h⟩ **1.** (übernehmen, annehmen) adopt, take over. – **2.** (aufnehmen) admit.

re·zi·prok [retsi'proːk] adj reciprocal: ~er Wert reciprocal value; ~e Geschwindigkeitskurve inverse rate curve; ~es Pronomen ling. reciprocal pronoun. — **Re·zi·pro·zi·tät** [-protsi'tɛːt] f ⟨-; no pl⟩ reciprocity.

Re·zi·ta·ti·on [retsita'tsïoːn] f ⟨-; -en⟩ **1.** (Vortrag von Dichtungen) recitation, recital. – **2.** (Lesung) (public) reading. — **Re·zi·ta·tiv** [retsita'tïːf] n ⟨-s; -e⟩ mus. recitative, recitativo: begleitetes ~ recitativo accompagnato (od. stromentato); unbegleitetes ~ recitativo secco, dry recitative. — **Re·zi·ta·tor** [retsi'taːtor] m ⟨-s; -en [-ta'toː·rən]⟩ **1.** reciter. – **2.** (von Lesungen) reader. — **re·zi·tie·ren** [retsi'tïːrən] I v/t u. v/i ⟨no ge-, h⟩ **1.** recite. – **2.** (in einer Lesung) read. – II R~ n ⟨-s⟩ **3.** verbal noun. – **4.** cf. Rezitation.

R-Ge,spräch ['ɛr-] n tel. reversed (od. transferred) charge call, call collect.

Rha·bar·ber [ra'barbər] m ⟨-s; no pl⟩ **1.** bot. rhubarb, rheum (scient.) (Gattg Rheum). – **2.** ~, ~ (theater) colloq. (allgemeines Gemurmel) rhubarb, rhubarb. — **~kom,pott** n gastr. stewed rhubarb. — **~,ku·chen** m rhubarb pie (bes. Br. tart).

Rha·ga·den [ra'gaːdən] pl med. (Hautrisse) cracks, fissures, rhagades (scient.).

Rha·phe ['raːfə] f ⟨-; -n⟩ med. r(h)aphe, suture.

Rhap·so·de [ra'psoːdə; rap'zoːdə] m ⟨-n; -n⟩ antiq. rhapsode.

Rhap·so·die [rapso'diː; rapzo-] f ⟨-; -n [-ən]⟩ (literature) mus. rhapsody: „Ungarische ~n" "Hungarian Rhapsodies" (by Liszt). — **rhap·so·disch** [-'psoːdɪʃ; -'zoːdɪʃ] adj rhapsodic, auch rhapsodical.

Rhea [reːa] npr f ⟨-; no pl⟩ myth. Rhea (mother of the Greek gods).

rhein|'ab(,wärts) adv down the Rhine: ~ fahren to travel down the Rhine. — **R~,an·ke** ['raɪn-] m ⟨-n; -n⟩ zo. cf. Seeforelle. — **~'auf(,wärts)** adv up the Rhine. — **R~,brücke** (getr. -k·k-) ['raɪn-] f bridge over (od. across) the Rhine. — **R~,bund** ['raɪn-] m hist. Rhenish (od. Rhine) Confederation, Confederation of the Rhine. — **R~,dampfer** ['raɪn-] m Rhine steamer. — **R~,fahrt** ['raɪn-] f tour (od. trip) on the Rhine. — **R~,fall** ['raɪn-] m falls pl of the Rhine. — **~,frän·kisch** ['raɪn-] adj (Mundart, Gebiet etc) Rheno-Franconian, Rhine- (od. Rhenish-)Franconian. — **R~,gold** ['raɪn-], „das ['raɪn-] mus. "(The) Rhinegold" (opera by Wagner).

'rhei·nisch adj Rhenish, of (od. from, relating to) the Rhine (od. Rhineland). — **~,west'fä·lisch** adj Rheno-Westphalian. **'Rhein|,län·der** ['raɪn-] m ⟨-s; -⟩ **1.** Rhinelander. – **2.** (Tanz) (sort of) schottische. — **~,län·de·rin** f ⟨-; -nen⟩ Rhinelander, Rhenish woman (od. girl). — **~,schiff·fahrt** (getr. -ff,f-) f navigation on the Rhine. — **~,tal** n valley of the Rhine. — **~,ufer** n bank of the Rhine. — **~,wein** m Rhine wine, (weißer) hock, auch Hock.

rhe·na·nisch [re'naːnɪʃ] adj cf. rheinisch.

Rhe·ni·um ['reːniʊm] *n* ⟨-s; *no pl*⟩ *chem.* rhenium (Re).

Rheo·lo·gie [reolo'giː] *f* ⟨-; *no pl*⟩ *phys.* rheology.

Rheo·stat [reo'staːt] *m* ⟨-(e)s; -e⟩ *electr.* rheostat.

Rhe·sus ['reːzʊs] *m* ⟨-; -⟩, **~af·fe** *m* *zo.* rhesus (monkey, *auch* macaque), bandar (*Rhesus mulattus rhesus*). — **~fak·tor** *m* *med.* rhesus (*od.* Rh) factor. — **~kind** *n* Rhesus baby. — **r~ne·ga·tiv** *adj* Rh-negative. — **r~po·si·tiv** *adj* Rh-positive.

Rhe·tor ['reːtɔr] *m* ⟨-s; -en [re'toːrən]⟩ *antiq.* 1. (*Meister u. Lehrer der Rhetorik*) rhetor, rhetorician. – 2. (*Redner*) orator, rhetorician.

Rhe·to·rik [re'toːrɪk] *f* ⟨-; *no pl*⟩ 1. (*Kunst*) rhetoric. – 2. (*Redegabe*) rhetoric, oratory, eloquence.

Rhe·to·ri·ker [re'toːrikər] *m* ⟨-s; -⟩ 1. (*Lehrer der Rhetorik*) rhetorician. – 2. (*guter Redner*) orator, rhetorician.

rhe·to·risch [re'toːrɪʃ] *adj* 1. (*redekünstlerisch*) rhetorical: eine **~**e Figur a (rhetorical) figure of speech. – 2. (*rednerisch*) rhetorical, oratorical, *auch* oratory, oratorial. – 3. *fig.* (*phrasenhaft*) rhetorical: eine **~**e Frage a rhetorical question.

Rheu·ma ['rɔyma] *n* ⟨-s; *no pl*⟩ *med.* short for Rheumatismus. — **~schmerz** *m* rheumatic pain.

rheu·ma·tisch [rɔy'maːtɪʃ] *adj* (*Schmerzen*) rheumatic: **~**er Schmerz rheumatalgia.

Rheu·ma·tis·mus [rɔyma'tɪsmʊs] *m* ⟨-; -men⟩ *med.* rheumatism: akuter **~** acute rheumatic fever; chronischer **~** rheumatoid arthritis; an **~** leiden to suffer from (*od.* be afflicted with) rheumatism.

rheu·ma·to·id [rɔymato'iːt] *adj med.* rheumatoid.

Rh-,Fak·tor [ɛr'haː-] *m med.* short for Rhesusfaktor.

Rhi·ni·tis [ri'niːtɪs] *f* ⟨-; -tiden [-ni'tiːdən]⟩ *med.* (*Schnupfen*) cold (in the head); rhinitis, coryza (*scient.*).

rhi·no·gen [rino'geːn] *adj med.* rhinogenous, rhinogenic.

Rhi·no·la·lie [rinola'liː] *f* ⟨-; *no pl*⟩ *med.* (*näselnde Sprache*) rhinolalia, rhinism.

Rhi·no·lo·gie [rinolo'giː] *f* ⟨-; *no pl*⟩ *med.* rhinology.

Rhi·no·pla·stik [rino'plastɪk] *f med.* rhinoplasty.

Rhi·nor·rhöe [rino'røː] *f* ⟨-; *no pl*⟩ *med.* discharge from the nose, nasal discharge, rhinorrh(o)ea (*scient.*).

Rhi·no·skop [rino'skoːp] *n* ⟨-s; -e⟩ *med.* nose speculum, rhinoscope (*scient.*). — **Rhi·no·sko'pie** [-sko'piː] *f* ⟨-; -n [-ən]⟩ rhinoscopy.

Rhi·no·ze·ros [ri'noːtseros] *n* ⟨- *u.* -ses; -se⟩ 1. *zo. cf.* Nashorn. – 2. *fig. colloq. contempt.* (*Dummkopf*) (donkey) ass, blockhead.

Rhi·zom [ri'tsoːm] *n* ⟨-s; -e⟩ *bot.* (*Wurzelstock*) (root)stock; rhizome, rhizoma (*scient.*).

Rhi·zo·po·de [ritso'poːdə] *m* ⟨-n; -n⟩ *meist pl zo.* (*Wurzelfüßler*) rhizopod, rhizopodan: die **~**n the rhizopoda (*Klasse Rhizopoda*).

Rho [roː] *n* ⟨-(s); -s⟩ rho (17th letter of the Greek alphabet).

Rhod·ami·ne [roda'miːnə] *pl chem.* rhodamines, *auch* Rhodamines.

Rho·dan [ro'daːn] *n* ⟨-s; *no pl*⟩ *chem.* thiocyanogen [(SCN)₂].

Rho·de·si·er [ro'deːziər] *m* ⟨-s; -⟩ Rhodesian, native (*od.* inhabitant) of Rhodesia. — **rho'de·sisch** [-zɪʃ] *adj* Rhodesian.

rho·di·nie·ren [rodi'niːrən] *v/t* ⟨*no* ge-, h⟩ *metall.* rhodanize.

Rho·di·um ['roːdiʊm] *n* ⟨-s; *no pl*⟩ *chem.* rhodium (Rh).

Rho·do·den·dron [rodo'dɛndrən] *n, auch m* ⟨-s; -dren⟩ *bot.* rhododendron (*Gattg Rhododendron*).

rhom·bisch ['rɔmbɪʃ] *adj* 1. *math.* rhombic. – 2. (*als Kristallform*) orthorhombic, rhombic: **~**es Kristallsystem orthorhombic system.

Rhom·bo·eder [rɔmbo'ʔeːdər] *n* ⟨-s; -⟩ *math.* rhombohedron.

Rhom·bo·id [rɔmbo'iːt] *n* ⟨-(e)s; -e⟩ *math.* rhomboid.

Rhom·bus ['rɔmbʊs] *m* ⟨-; -ben⟩ 1. *math.* rhomb(us), diamond, lozenge. – 2. *metall.* (*im Walzwesen*) diamond pass.

Rhon·chus ['rɔnçʊs] *m* ⟨-; *no pl*⟩ *med.* (*Rasselgeräusch*) rhonchus.

'Rhön,rad ['røːn-] *n* (*sport*) (*Turngerät*) gyro-wheel.

Rho·ta·zis·mus [rota'tsɪsmʊs] *m* ⟨-; -zismen⟩ *ling.* rhotacism.

Rhyth·mik ['rʏtmɪk] *f* ⟨-; *no pl*⟩ 1. *mus.* rhythmics *pl* (*usually construed as sg*), *auch* rhythmic. – 2. *ling.* a) (*rhythmische Eigenschaft*) rhythm, b) (*Lehre von Rhythmus*) the science (*od.* study) of rhythm.

'Rhyth·mi·ker [-mikər] *m* ⟨-s; -⟩ *mus.* rhythmist: er ist ein guter **~** he has got (a sense of) rhythm. — **'rhyth·misch** [-mɪʃ] **I** *adj* 1. *bes. mus. metr.* rhythmic(al): **~**es Schema rhythmical scheme; **~**e Gymnastik (*sport*) rhythmic exercise. – 2. *bes. med.* (*Puls etc*) rhythmic(al), regular. – **II** *adv* 3. rhythmically. — **rhyth·mi·'sie·ren** [-mi'ziːrən] *v/t* ⟨*no* ge-, h⟩ *bes. mus. metr.* rhythmize *Br. auch* -s-.

Rhyth·mus ['rʏtmʊs] *m* ⟨-; -men⟩ 1. *bes. mus.* rhythm: schwingender [stoßender] **~** swinging [pounding] rhythm; **~** haben a) to have a sense of rhythm, b) *colloq.* (*von Tanzenden, Musikern etc*) to be full of rhythm, to know how to swing it (*colloq.*). – 2. *metr.* rhythm, (*der Sprache*) *auch* cadence: freier **~** free rhythm. – 3. *fig.* rhythm, cycle: der **~** von Ebbe und Flut the tidal rhythm. — **~grup·pe** *f mus.* 1. (*kleine Band*) rhythm band. – 2. (*einer Tanzkapelle*) rhythm (section). — **~in·stru·ment** *n* rhythm instrument.

Ri·as ['riːas] *f* ⟨-; -⟩, **~kü·ste** *f geogr.* ria coast.

'rib·bel,fest *adj* (*Stoff*) nonravel *Br.* non-(attrib), ravel-proof.

rib·beln ['rɪbəln] *v/t* ⟨h⟩ *dial.* 1. rub (*s.th.*) between one's thumb and forefinger. – 2. (*mit Lappen etc*) rub (*s.th.*) off. – 3. *cf.* riffeln 2.

Ri·bi·sel ['riːbiːzəl], *auch* **'Ri·bisl** [-zəl] *f* ⟨-; -n⟩ *Austrian for* Johannisbeere.

Ri·bo·fla·vin [ribofla'viːn] *n* ⟨-s; -e⟩ *chem.* riboflavin, lactoflavin, vitamin B₂. — **~nu·kle'in,säu·re** [-nukle'iːn-] *f* ribonucleic acid, RNA.

Ri·bo·se [ri'boːzə] *f* ⟨-; -n⟩ *chem.* ribose ($C_5H_{10}O_5$).

'Richt|an,ten·ne *f* (*radio*) *telev.* directional antenna (*bes. Br.* aerial). — **~auf,satz** *m mil.* gun sight. — **~beil** *n hist.* executioner's ax(e). — **~blei** *n civ.eng.* 1. plummet, plumb (bob). – 2. plumb line. — **~block** *m* ⟨-(e)s; ⸚e⟩ *hist.* (executioner's) block. — **~cha·rak·te,ri·stik** *f electr.* 1. (*einer Antenne*) directional diagram (*od.* pattern). – 2. (*von Mikrophonen*) pickup pattern.

rich·ten ['rɪçtən] **I** *v/t* ⟨h⟩ 1. (*an die richtige Stelle bringen*) fix, adjust, arrange: sich (*dat*) die Krawatte **~** to adjust (*od.* straighten) one's tie. – 2. (*Uhr*) set, regulate. – 3. (*vorbereiten, herrichten*) get (*s.th.*) ready (*od. colloq.* fixed up); fix (*s.th.*) up, fix up (*colloq.*): sie hatten alles für den Empfang gerichtet they had got everything ready (*od.* they had prepared everything) for the reception; die Betten für die Gäste **~** to get the beds ready (*od.* make the beds [up]) for the guests; den Tisch für das Essen **~** to get the table ready for the meal, to lay (*od.* set, arrange) the table for the meal; ein Fest **~** to make preparations for a festivity. – 4. (*in Ordnung bringen*) tidy (*s.th.*) up, put (*s.th.*) in order, straighten (*s.th.*) up, straighten (up): das Zimmer **~** to tidy the room up; du mußt (dir) deine Haare **~** you have to tidy (*Am. colloq.* fix) your hair. – 5. (*Mahlzeit*) prepare, make, *Am. colloq.* fix. – 6. (*reparieren*) repair, mend, *Am. colloq.* fix. – 7. (*ausbessern, stopfen*) mend, darn. – 8. (*verurteilen*) pass (*od.* pronounce) sentence on, sentence. – 9. (*Urteil fällen über*) judge. – 10. (*bestrafen*) punish. – 11. *lit.* (*hinrichten*) put (*s.o.*) to death, execute. – 12. j-n [etwas] zugrunde **~** to ruin (*od.* destroy) s.o. [s.th.]. – 13. *tech.* a) (*Stangen*) straighten, b) (*Draht*) roller-level, c) (*Blech*) stretcher-level, d) (*Rohre*) reel, e) (*mittels einer Wasserwaage*) level, f) (*fluchteben ausrichten*) align. – 14. *civ.eng.* (*Gebäude*) put the roof on, roof. – **II** *v/reflex* sich **~** 15. (*zurechtmachen*) get (oneself) ready. – 16. sich selbst **~** (*Selbstmord begehen*) *lit.* to take one's (own) life. – 17. sich nach j-m [etwas] **~** a) to conform (*od.* act according) to s.o. [s.th.], to comply with s.o. [s.th.], b) (*abhängen von*) to depend (*od.* be

dependent) on s.o. [s.th.], c) (*geregelt od. bestimmt werden*) to be determined (*od.* guided) by s.o. [s.th.], d) (*sich orientieren*) to take one's bearings from s.o. [s.th.], to orient (*od.* orientate) oneself by s.o. [s.th.]: das Prädikat richtet sich nach dem Subjekt *ling.* the predicate (*od.* verb) agrees with the subject; ich richte mich ganz nach deinen Plänen I'll conform exactly to your plans, I'll fit in exactly with your plans – 18. richt's euch! *mil. Am.* dress right, dress! *Br.* right dress! – **III** *v/i* 19. (*über acc* over) judge, sit in judg(e)ment: richtet nicht, auf daß ihr nicht gerichtet werdet! *Bibl.* judge not, that ye be not judged. – **IV R~** *n* ⟨-s⟩ 20. *verbal noun.* – 21. adjustment, arrangement. – 22. regulation. – 23. (*einer Mahlzeit*) preparation. – 24. (*einer Festtafel etc*) arrangement. – 25. (*Reparatur*) repair. – 26. judg(e)ment.

Verbindungen mit Präpositionen:

rich·ten| an (*acc*) *v/t* ⟨h⟩ etwas an j-n **~** to address s.th. to s.o.: eine Frage an j-n **~** to address (*od.* put) a question to s.o., to ask s.o. a question; das Wort an j-n **~** to address s.o.; eine Bitte an j-n **~** to ask s.o. a favo(u)r, to ask a favo(u)r of (*od.* make a request to) s.o.; einen Aufruf an j-n **~** to make an appeal (*od.* to appeal) to s.o., to call upon s.o. — **~ auf** (*acc*) *v/t* ⟨h⟩ etwas auf j-n [etwas] **~** a) to direct (*od.* turn) s.th. to s.o. [s.th.], (*stärker*) to focus (*od.* concentrate, fix) s.th. on s.o. [s.th.], b) (*Waffe, Fernrohr, Kamera, Angriff etc*) to level (*od.* point, direct) s.th. at s.o. [s.th.], to train s.th. on s.o. [s.th.]: er hatte seinen Blick auf sie [die Berge] gerichtet a) he had turned his eyes (*od.* directed his gaze) to her [toward(s) the mountains], b) (*fest*) he had glued (*od.* riveted) his eyes on her [the mountains]. — **~ ge·gen** *v/t* ⟨h⟩ etwas gegen j-n [etwas] **~** a) to direct (*od.* level) s.th. against (*od.* aim s.th. at) s.o. [s.th.], b) (*Waffe etc*) to level (*od.* point, direct) s.th. at s.o. [s.th.]: den Blick gegen den (*od. lit. gen*) Himmel **~** to cast one's eyes up to heaven. — **~ in** (*acc*) *v/t* ⟨h⟩ 1. den Blick in die Ferne **~** to gaze into the distance. – 2. etwas in die Höhe **~** to raise s.th., to lift s.th. up. — **~ nach I** *v/t* ⟨h⟩ 1. etwas nach etwas [j-m] **~** to arrange s.th. according to s.th. (s.o.): wir **~** unsere Pläne nach dir we arrange (*od.* make) our plans according to yours (*od.* to suit you); die Segel nach dem Wind **~** *mar.* to trim the sails (to the wind). – 2. etwas nach etwas **~** (*in Richtung auf*) to direct s.th. toward(s) s.th.: den Kurs nach Norden **~** to direct one's course northward(s). – **II** *v/reflex* sich **~** nach 3. *cf.* richten 17.

'Rich·ter *m* ⟨-s; -⟩ 1. *jur.* judge, justice: Oberster **~** supreme judge; Herr **~**! *Am.* Your Honor! *Br.* Your Lordship! beauftragter **~** judge delegate; beisitzender **~** associate judge; er ist **~** he is a judge, he is on the bench; einen **~** ablehnen to challenge a judge; j-n zum **~** ernennen (*od.* bestellen) to appoint s.o. judge, to call s.o. to the bench; j-n vor den **~** bringen (*od. colloq.* schleppen) to bring s.o. to justice (*od.* before the court); sich dem irdischen **~** entziehen to commit suicide; sich zum **~** über j-n [etwas] aufwerfen (*od. colloq.* machen) to set oneself up as judge over s.o. [s.th.]; in eigener Sache **~** sein *fig.* to be judge in one's own cause; der höchste (*od.* letzte) **~** *fig.* the Supreme (*od.* Last, Final) Judge; wo kein Kläger ist, (da) ist auch kein **~** (*Sprichwort*) etwa no complaint, no redress. – 2. *pl* collect. *jur.* (body *sg* of) judges, judiciary *sg*, judicature *sg*, (the) bench *sg*. – 3. das Buch der **~** *Bibl.* the book of Judges. — **~amt** *n jur.* judicial office, judicature, judgeship, justiceship: ein **~** innehaben (*od.* bekleiden) to hold judicial office.

'Rich·te·rin *f* ⟨-; -nen⟩ *jur.* female judge, judgess.   [judges *pl*, (the) bench.\

'Rich·ter·kol,le·gi·um *n jur.* (body of)\

'rich·ter·lich *adj jur.* judicial, judiciary: **~**e Entscheidung judicial (*od.* legal) decision (*od.* ruling); **~**e Funktionen ausüben to discharge judicial functions; **~**e Gewalt judicial power (*od.* authority), judiciary; **~**es Ermessen judicial discretion.

'Rich·ter·schaft *f jur. cf.* Richter 2.

'Rich·ter·,Ska·la *f* (*zur Messung der Erdbebenstärke*) Richter's scale.

'**Rich·ter**|,**spruch** m 1. jur. a) (bes. in Zivilsachen) judg(e)ment, b) (bes. in Strafsachen) sentence. – 2. cf. Schiedsspruch. — ~,**stand** m cf. Richter 2. — ~,**stuhl** m 1. jur. judge's seat, bench, tribunal. – 2. fig. judg(e)ment seat, tribunal: vor Gottes ~ treten to appear before the judg(e)ment seat of God. — ~,**turm** m (sport) (beim Reiten) judges' (auch judge's) box.
'**Richt**|,**feh·ler** m mil. aiming error. — ~,**fern,rohr** n bes. mil. 1. telescopic (od. telescope) sight. – 2. (Zielgeber) tracking telescope, tracker. — ~,**fest** n roofing ceremony, Br. auch topping-out (ceremony) (treat given to construction workers to mark the erection of the roof timbers). — ~,**feu·er** n mar. leading (od. range) lights pl.
'**Richt**,**funk** m (radio) directional transmission (od. receiving). — ~,**ba·ke** f directive radio beacon. — ~,**feu·er** n directional radio beacon. — ~,**sen·der** m directional transmitter.
'**Richt**|,**glas** n mil. (am Richtkreis) sighting collimator. — ~,**grö·ße** f 1. phys. approximate (od. reference) size. – 2. fig. criterion.
'**rich·tig I** adj 1. (nicht falsch, korrekt) right, correct: sie gab ihm die ~e Antwort a) she gave him the correct answer, b) colloq. she gave him a good answer (od. the answer he deserved); die ~e Aussprache the correct (od. proper) pronunciation; auf dem ~en Weg sein a) to be on the right road, b) fig. to be on the right track (od. road); das Ergebnis ist [nicht] ~ the result is correct [wrong, not right, incorrect]; das ist ganz ~, aber that's quite right but; so ist's ~! colloq. a) (ermunternd) that's the way to do it! that's the way it should be done! b) iron. I like that! er hat auf das ~e Pferd gesetzt fig. colloq. he backed the right horse. – 2. (wahr) true, correct, right: so viel ist ~, daß this much is true (od. has been proved) that. – 3. (passend, geeignet) right, proper, appropriate, suitable: er kam gerade im ~en Augenblick he came at just the right moment; der ~e Mann am ~en Platz the right man in the right place; für mich ist es gerade ~ so! that suits me fine! I'm quite happy! du hast den ~en Ton nicht getroffen fig. you did not have the right approach; er hat das ~e Parteibuch fig. he is siding with the right people; er stand auf der ~en Seite fig. he was on the right side of the fence; das ~e Maß fig. the happy medium. – 4. (ratsam, angemessen) right, advisable, appropriate: etwas für ~ halten (od. befinden) to deem s.th. right; ich glaube, es ist ~, wenn ich gehe I think it appropriate (od. fit) to go, I think I ought to leave; es ist am richtigsten, wir warten noch it would be best to wait somewhat longer. – 5. ⟨attrib⟩ (eigentlich) actual, real, regular: der ~e Betriebsleiter ist auf Urlaub the actual manager (od. the manager himself) is on vacation (Br. on holiday); sein ~er Name ist Peter his real name is Peter, he is actually (od. properly) called Peter. – 6. (echt, wirklich) real, genuine: wir spielen um ~es Geld we play with (od. for) real money; wir hatten dieses Jahr keinen ~en Sommer [Winter] we didn't have a real (od. proper) summer [winter] this year; sie ist nicht seine ~e Mutter she is not his real (od. own) mother; du bist ein ~er Mann! colloq. you're a real man (od. he-man)! Br. sl. you're a hunk! das ist ein ~er Kerl! colloq. he is a plucky horse (colloq.). – 7. ⟨attrib⟩ (regelrecht) real: eine ~e Hexe a regular (od. downright, right) witch (od. colloq. bitch); er ist ein ~er Engländer he is a real (old) (od. trueborn) Englishman, he is an Englishman born and bred; das ist ein ~er Seebär that is a true sea dog (od. a real old salt). – 8. ⟨attrib⟩ colloq. (gehörig) good: eine ~e Tracht Prügel a good hiding (od. tanning), a sound thrashing (od. flogging); nimm mal einen ~en Schluck! take a good mouthful (od. gulp, colloq. swig). – 9. ⟨attrib⟩ colloq. (ordentlich) regular, proper: er hat keinen ~en Beruf he has no regular occupation. – 10. colloq. (in Wendungen wie) der Junge ist ~! this fellow is all right! he is a sterling fellow! he is a brick! (alle colloq.); etwas ist zwischen (od. bei) ihnen nicht ~ there's something wrong

between them; mit der Sache ist etwas nicht ~ there's something wrong (od. colloq. fishy) about that; er ist nicht ganz ~ (im Kopf) he is not quite right (in the head), he is a bit batty (Am. auch goofy) (sl.). – 11. (radio) telev. (Wiedergabe) exact, accurate, faithful. – **II** adv 12. (nicht falsch, korrekt) correctly, right, in the right way: du hast ~ gerechnet you calculated (od. figured that out) correctly, your calculation is correct; etwas nicht ~ aussprechen [schreiben] to pronounce [to spell] s.th. wrongly (od. incorrectly), to mispronounce [to misspell] s.th.; geht deine Uhr ~? is your watch right? die Möbel wieder ~ hinstellen to put the furniture back in (its correct od. proper) place; du hast mich nicht ~ verstanden you misunderstood me, you got me wrong (colloq.); habe ich ~ gehört? did I hear (you) right? do you really mean (to say) that? I beg your pardon; ~er gesagt to express (od. put) it more correctly; eine Sache ~ anfassen (od. anpacken) fig. to set (od. go) about s.th. the right way, to tackle s.th. the right way. – 13. (passend) properly: sitzt das Kleid ~? does the dress fit properly? is the dress a good fit? – 14. (rechtzeitig) at the proper (od. right) moment: du kommst gerade ~! you have come at just the right moment! – 15. (genau) properly, accurately. – 16. (in Wirklichkeit) really: wie heißt er ~? what's his real name? – 17. (ordentlich) properly: er kann nicht ~ tanzen he can't dance properly. – 18. colloq. (tüchtig, gehörig) soundly, thoroughly. – 19. colloq. (völlig, ganz u. gar) completely, really. – 20. colloq. (ausgesprochen, sehr) really: gestern abend war es ~ nett it was really a nice evening yesterday, we had a really pleasant evening yesterday; ich habe mich ~ gefreut I was right glad. – **III** interj 21. correct! quite right! just so! righto! (colloq.). – 22. und ~, da kommt sie (ja)! and, what did I tell you, here she comes! – **IV R~e, das** ⟨-n⟩ 23. the right thing: das R~e tun to do the right thing. – 24. the right (od. very) thing: du hast das R~e getroffen you found the very thing. – 25. (mit Kleinschreibung) das ist [nicht ganz] das ~e für dich that's the very [not quite the] thing for you; das ist genau das ~e für mich that is just up my street (od. alley) (colloq.).
'**Rich·tig·be,fund** m econ. verification: nach ~ after verification, if found correct.
'**Rich·ti·ge**[1] m ⟨-n; -n⟩ 1. right person: sie wartet noch auf den ~n she is still waiting for the right man (to come) (od. colloq. for Mr. Right); an den ~n geraten colloq. iron. to come to the right person; du bist mir der ~! colloq. iron. you are a good (od. the right, a fine) one! – 2. pl colloq. (games) (im Lotto, Toto etc) right tips: 6 ~ haben to have 6 right.
'**Rich·ti·ge**[2] f ⟨-n; -n⟩ right woman (od. girl): die ~ ist noch nicht gekommen the right woman (od. colloq. Mrs. Right) has not come yet.
'**rich·tig,ge·hend I** adj ⟨attrib⟩ 1. (Uhr etc) keeping good time, accurate. – 2. fig. cf. richtig 7. – **II** adv 3. cf. richtig 18—20.
'**Rich·tig·keit** f ⟨-; no pl⟩ 1. correctness, rightness: die ~ der Abschrift wird bestätigt jur. copy certified correct, certified true copy. – 2. (Wahrheit) truth, correctness, rightness: die ~ seiner Angaben beweisen to prove one's statements to be true (od. correct); die ~ einer Sache nachweisen to verify s.th.; damit hat es seine ~ that's correct. – 3. (Ratsamkeit) rightness, advisability, appropriateness, soundness: ich bezweifle die ~ deiner Entscheidung I doubt if your decision is right. – 4. (Ordnung) order, regularity: damit alles seine ~ hat (od. habe) for regularity's sake. – 5. (Eignung) appropriateness, properness, suitability. – 6. (Korrektheit des Benehmens) correctness. – 7. (eines Anspruchs etc) legitimacy, rightfulness.
'**rich·tig**|,**lie·gen** v/i ⟨irr, sep, -ge-, h u. sein⟩ colloq. be on the right line: er liegt immer richtig he always backs the right horse; bei mir liegen Sie richtig! you have come to the right person. — ~,**ma·chen** v/t ⟨sep, -ge-, h⟩ colloq. (Rechnung etc) settle, pay (off), straighten (out), put (s.th.) in order. — ~,**stel·len I** v/t ⟨sep, -ge-, h⟩ (Irrtum etc) correct, rectify, right,

put (od. set, make) (s.th.) right. – **II R~** ⟨-s⟩ verbal noun. — **R~,stel·lung** f ⟨-; -en⟩ 1. cf. Richtigstellen. – 2. correction, rectification.
'**Richt**|**ka·no,nier** m mil. gunner, (für Höhe) (gun)layer, (für Seite) (gun) trainer. — ~,**kraft** f phys. 1. (einer Magnetnadel, eines Kreisels etc) verticity. – 2. electr. directional (od. directive, restoring) force. — ~,**kranz** m wreath, auch garland with ribbons (mounted on a house under construction to mark the erection of the roof timbers). — ~,**kreis** m mil. aiming circle. — ~,**lat·te** f mil. civ.eng. aiming post. – 2. cf. Richtscheit. — ~,**li·nie** f meist pl 1. (Grundsatz, Prinzip) guiding rule (od. principle), guide: der Bundeskanzler bestimmt die ~n der Politik pol. the Federal Chancellor shall determine the general policy guidelines. – 2. (Anweisung) instruction, direction, guideline. – 3. bes. econ. (Norm) standard: ~n festlegen to lay down a code of standards. — ~,**lot** n civ.eng. plumb bob. — ~,**ma,gnet** m phys. control magnet. — ~,**maß** n tech. standard (of measure). — ~,**mo,dell** n prototype. — ~,**plat·te** f surface plate. — ~,**platz** m place of execution. — ~,**preis** m econ. standard (od. guiding) price: empfohlener ~ recommended price. — ~,**pres·se** f tech. straightening press. — ~,**punkt** m 1. mil. a) (Abstimmzielpunkt) reference point, b) aiming point. – 2. civ.eng. (im Vermessungswesen) bearing point. — ~,**satz** m econ. standard (od. guiding) rate. — ~,**scheit** n civ.eng. level, straightedge. — ~,**schmaus** m cf. Richtfest. — ~,**schnur** f ⟨-; -en⟩ 1. ⟨only sg⟩ fig. (Grundsatz, Prinzip) guiding rule (od. principle), guide, auch canon: sich (dat) etwas zur ~ machen (od. nehmen) to make s.th. one's principle (od. guiding rule). – 2. civ.eng. (des Maurers etc) plumb line. — ~,**schüt·ze** m mil. cf. Richtkanonier. — ~,**schwert** n hist. executioner's sword. — ~,**sen·der** m (radio) directional (od. beam) transmitter. — ~,**sen·dung** f directional transmission. — ~,**statt**, ~,**stät·te** f cf. Richtplatz. — ~,**strahl** m (radio) electr. (directional od. radio) beam. — ~,**strahl·an,ten·ne** f cf. Richtstrahler 1. — ~,**strah·ler** m 1. (Antenne) directional (od. beam) antenna (bes. Br. aerial). – 2. (Anlage) beam transmitter (od. station): etwas mit ~ senden to beam s.th. — ~,**strecke** (getr. -k·k-) f (mining) lateral (road driven parallel to the strike). — ~,**und** '**Spann,bett** n civ.eng. (für Spannbeton) straightening and prestressing bed.
'**Rich·tung** f ⟨-; -en⟩ 1. direction: in ~ auf (acc) (od. nach) in the direction of; in umgekehrter (od. entgegengesetzter) ~ in the opposite direction; nach [aus] allen ~en in [from] all directions; die Züge in [aus] ~ München the trains to [from] Munich, the trains in [from] the Munich direction; er fuhr in ~ auf die Berge he drove toward(s) (od. in the direction of) the mountains; in gerader ~ weitergehen to go straight on (od. ahead); in welche ~ blickt er? in which direction is he looking? which way is he looking? die ~ nach Norden [Süden] einschlagen to take a northerly [southerly] direction (od. course), to turn (od. direct one's course) to the north [south], to turn northward(s) [southward(s)]; die ~ verlieren to lose one's sense of direction (od. one's bearings); Wind aus wechselnden ~en meteor. variable wind; alles, was in dieser ~ unternommen wurde fig. everything which has been done in this direction, all steps which have been taken along (od. in) that line; meine Gedanken gehen auch in diese ~ fig. I tend to agree with these views, I am inclined to think along the same lines. – 2. (einer Straße, Bahnlinie, eines Flusses etc) course. – 3. (des Küstenverlaufs) trend. – 4. fig. (in Kunst, Mode, Politik etc) trend, tendency, drift: eine neue ~ in der Philosophie a new trend (od. slant) (od. new lines of thought) in philosophy. – 5. fig. (Einstellung, Ansicht) orientation, views pl, line: eine bestimmte politische ~ vertreten to hold certain political views. – 6. fig. (Entwicklung) trend, course: ich weiß nicht, welche ~ die Dinge nehmen I don't know what the trend of events will be (od. which course things will take). – 7. mar. (Kurs) course. – 8. mil. (Ausgerichtetsein) alignment, dressing: ~ halten

to keep in line. — **r~ge·bend** *adj* directive, directory, guiding, showing the way, trend-setting.

'Rich·tungs|,än·de·rung *f* change in direction, turn, shift, veer: **plötzliche** ~ swerve, swing. — **~,an,zei·ge** *f* indication of direction. — **~,an,zei·ger** *m bes. auto.* direction indicator (*od.* signal), trafficator. — **~be-,stim·mung** *f* **1.** determination of direction. – **2.** (*radio*) direction finding. — **~emp,fang** *m* (*radio*) directional receiving (*od.* reception). — **r~los** *adj* aimless, planless. — **~,schal·ter** *m electr.* direction switch. — **~,schild** *n* (*railway etc*) destination board. — **~,sta·bi·li,tät** *f aer.* directional stability. — **~,su·cher** *m* (*radio*) direction finder. — **~,wech·sel** *m* cf. Richtungsänderung.

'rich·tung,wei·send *adj* cf. richtunggebend.

'Richt|,waa·ge *f tech.* (plummet) level. — **~,wal·ze** *f metall.* **1.** straightening roll. – **2.** (*für Bleche*) leveler (*bes. Br.* leveller) roll. – **3.** (*für Universalstahl*) nipping roll. — **~,wert** *m econ.* **1.** (*Normwert*) standard value. – **2.** (*Näherungswert*) approximate value. — **~,wir·kung** *f electr.* (*einer Antenne*) directional effect, directivity. — **~,zahl** *f* index, guiding (*od.* governing) figure.

Rick [rɪk] *n* <-(e)s; -e> (*sport*) (*beim Springreiten*) post and rails *pl*.

Ricke (*getr.* -k·k-) ['rɪkə] *f* <-; -n> *hunt.* doe.

Rickett·sia (*getr.* -k·k-) [rɪ'kɛtsɪa] *f* <-; -sien> *meist pl med.* Rickettsia.

rieb [ri:p] *I u. 3 sg pret of* reiben.

'riech·bar *adj* smellable, perceptible to one's sense of smell.

rie·chen ['ri:çən] **I** *v/i* <riecht, roch, gerochen, h> **1.** (*nach od.*) smell, have a smell (*od.* odor, *bes. Br.* odour, scent): **gut ~** to smell good, to have a good (*od.* pleasant) smell; **übel** (*od.* unangenehm, schlecht) ~ to smell (bad), to have a (bad *od.* unpleasant) smell, to whiff (*colloq.*), (*stärker*) to reek, to stink, to be rank, to be smelly (*colloq.*); **er riecht aus dem Mund** (*od. colloq.* Hals) his breath smells (*od.* is offensive), he has bad breath; **scharf** (*od.* streng) ~ to have a pungent smell; **die Suppe riecht angebrannt** the soup smells burnt; **Rosen ~ süß** roses smell sweet (*od.* have a sweet smell); **es riecht nach Gas** there is a smell of gas; **er roch stark nach Knoblauch** he smelled strongly (*od.* reeked, had a strong smell) of garlic; **zu ~ beginnen** a) (*von Lebensmitteln*) to begin to smell (high *od.* tainted), to get high, b) (*von Leichnam, Aas etc*) to begin to smell (putrid). – **2.** **an** (*dat*) **etwas** [j-m] ~ to smell (*od.* sniff, take a sniff) at s.th. [s.o.], to smell s.th. [s.o.]: **du kannst** (*od.* darfst) **mal dran** ~! *fig. colloq.* you can have a sniff of it. – **3.** ~ **nach** *fig.* to smack (*od.* reek, scent) of: **das riecht nach Verrat!** this smacks of treachery! — **II** *v/t* **4.** smell: **ich rieche das Parfüm gern** I like (*od. colloq.* love) the smell of the perfume; **ich kann Fisch nicht** ~ I cannot bear (*od.* stand, *colloq.* I hate) the smell of fish; **wegen meines Schnupfens kann ich nichts** ~ I can't smell anything (*od.* have no sense of smell) because of my cold; **er kann ihn nicht** ~ *fig. colloq.* he can't stand (*od.* bear) (the sight of) him; → Braten; Lunte 1; Pulver 2. – **5.** (*wittern*) scent, smell. – **6.** *fig. colloq.* (*merken, herausfinden*) smell (*s.th.*) out, get wind of: **er hat es direkt gerochen** a) he must have smelt it out, b) (*Geheimnis, Vorhaben*) he got wind of it, he must have smelt a rat; **das kann ich doch nicht** ~! well I can't say how was I to know? how should I know (that)? — **'rie·chend I** *pres p.* – **II** *adj* **1.** (*nach*) smelling (of), odorous (of), odoriferous (of), redolent (of, with). – **2.** (*übelriechend*) malodorous, fetid, rank, stinking.

'Rie·cher *m* <-s; -> *colloq.* nose: **einen guten** (*od.* den richtigen) ~ **haben** *fig.* to have a good nose.

'Riech|,fläsch·chen *n* bottle of smelling salts (*Br.* smelling-salts), smelling (*od.* scent) bottle, vinaigrette. — **~,kis·sen** *n* scent (*od.* sweet) bag, perfumed (*od.* scented) cushion, sachet. — **~,kol·ben** *m colloq.* conk (*sl.*), nose. — **~,nerv** *m med. zo.* olfactory nerve. — **~,or·gan** *n* **1.** *med. zo.* organ of smell, olfactory organ. – **2.** *colloq.* nose. — **~,salz** *n med.* smelling salts *pl, Br.*

smelling-salts *pl*, sal volatile. — **~,stoff** *m meist pl chem.* olfactory (*od.* odoriferous) substance, perfume, scent. — **~,werk,zeug** *n cf.* Riechorgan 1. — **~,zen·trum** *n med. zo.* olfactory (*od.* smell) center (*bes. Br.* centre).

Ried [ri:t] *n* <-(e)s; -e> **1.** (*Röhricht, Schilf*) reed. – **2.** *cf.* Moor 1. — **~,bock** *m zo.* a) **Großer** ~ reedbuck, rietbok, water antelope (*od.* buck) (*Redunca arundinum*), b) **Kleiner** ~ nagor, Bohor reedbuck (*R. redunca*). — **~,gras** *n bot.* **1.** sedge, carex (*scient.*) (*Gattg Carex*). – **2.** reed (*Gattg Calamagrostis*).

rief [ri:f] *I u. 3 sg pret of* rufen.

Rie·fe ['ri:fə] *f* <-; -n> **1.** *bes. tech.* a) (*Rille*) groove, b) (*Oberflächenfehler*) score, c) (*Schleiffehler*) wheel mark. – **2.** *arch.* (*bes. an Säulen*) flute.

rie·feln ['ri:fəln] **I** *v/t* <h> **1.** *bes. tech.* groove, channel, flute, serrate. – **2.** *arch.* (*bes. Säulen*) flute. — **II R~** *n* <-s> **3.** *verbal noun.* — **'Rie·fe·lung** *f* <-; -en> *cf.* Riefeln.

rie·fen ['ri:fən] *v/t* <h> *cf.* riefeln.

'rie·fig *adj* **1.** *bes. tech.* a) grooved, channel(l)ed, fluted, b) (*durch Oberflächenfehler*) scored. – **2.** *arch.* (*bes. Säulen*) fluted.

Rie·ge ['ri:gə] *f* <-; -n> (*sport*) (*Turnabteilung*) gym team, section, *bes. Am.* squad.

Rie·gel ['ri:gəl] *m* <-s; -> **1.** (*zum Vorschieben*) bolt: **den** ~ **vorschieben** to shoot the bolt; **etwas mit einem** ~ **verschließen** to bolt s.th.; **einer Sache einen** ~ **vorschieben** *fig.* to put a stop (*od.* an end) to s.th., to knock s.th. on the head (*colloq.*); → Schloß[1] 1. – **2.** (*zum Überlegen*) latch, (*Sperrbolzen*) locking bolt. – **3.** (*Verschlußstange*) (cross)bar. – **4.** (*des Schlosses*) (catch *od.* key) bolt. – **5.** *gastr.* (*Schokolade*) bar. – **6.** (*Seife*) cake, bar. – **7.** *arch.* a) (*Holzriegel*) nogging piece, nog, b) (*Fachwerkriegel*) framework, rail. — **~,bau** *m arch. cf.* Fachwerkbau. — **r~,fest** *adj* bolted and barred, fastened (*od.* secured) with bolts.

rie·geln ['ri:gəln] *v/t* <h> bar, bolt.

'Rie·gel|,schloß *n tech.* deadlock, bolt (*od.* stock) lock. — **~,stel·lung** *f mil.* blocking position. — **~ver,schluß** *m cf.* Riegel 1, 2, 3. — **~,wand** *f arch.* wooden partition. — **~,werk** *n tech.* **1.** (*in Zimmerei*) framework, bay work, railing. – **2.** (*beim Fachwerk*) timber framing.

'Rie·gen|,füh·rer *m* (*sport*) gym (team) leader, team (*bes. Am.* squad) leader. — **~,tur·nen** *n* team (*bes. Am.* squad) gymnastics *pl* (*construed as sg*). — **r~,wei·se** *adv* in rows, *bes. Am.* in squads.

'Riem·chen,schuh ['ri:mçən-] *m meist pl* open sandal.

Rie·men[1] ['ri:mən] *m* <-s; -> **1.** strap, thong: **etwas mit einem** ~ **festschnallen** to strap s.th.; **aus fremdem Leder ist gut** ~ **schneiden** (*Sprichwort*) men cut large thongs of other men's leather (*proverb*). – **2.** (*Gürtel*) belt: (sich [*dat*]) **den** ~ **enger schnallen** *meist fig. colloq.* to tighten one's belt; **sich am** ~ **reißen** *fig. colloq.* to pull oneself together. – **3.** (*Trag-, Schulter-, Gewehrriemen*) sling. – **4.** (*zum Schärfen des Rasiermessers*) strop, strap. – **5.** (*des Geschirrs von Zugtieren*) tug, *Am. auch* check-strap. – **6.** *tech.* (*Treibriemen*) (driving) belt. – **7.** *cf.* Schnürsenkel.

Rie·men[2] *m* <-s; -> *mar.* (*sport*) (*Ruder*) oar: **an die** ~! stand to! **die** ~ **senkrecht!** oars apeak! **klar bei** ~! oars ready! **ein!** way enough! **die** ~ **klarmachen** to ship the oars; **sich in die** ~ **legen** a) to stand (*od.* lay) to (one's) oars, b) *fig.* to put one's nose to the grindstone, to go flat out (*colloq.*).

'Rie·men|an,trieb *m tech.* belt drive. — **~,blatt** *n mar.* (*sport*) oar blade. — **~,bo·den** *m tech.* plank floor(ing). — **~,boot** *n* (*sport*) rowboat, *bes. Br.* rowing boat. — **~,ein,rücker** (*getr.* -k·k-) [-,rʏkər] *m* <-s; -> *tech.* belt shifter. — **~,fett** *n* belt dressing. — **~,ga·bel** *f* belt fork. — **~,ru·de·rer** *m* (*sport*) oarsman. — **~,schei·be** *f* **1.** belt (*od.* band) pulley. – **2.** (*bei Seilantrieb*) sheave. — **~,schlag** *m* (*bes. sport*) stroke (of an oar). — **~,schuh** *m meist pl* open (*od.* thonged) sandal. — **~,span·ner** *m tech.* belt tightener (*od.* stretcher). — **~,tang** *m bot.* **1.** (sea) tangle (*Laminaria saccharina*). – **2.** sea thong (*Himanthalia lorea*). — **~,trieb** *m tech.* **1.** belt transmission. – **2.** *cf.* Riemenantrieb. — **~-**

,wurm *m zo. cf.* Bandwurm. — **~,zeug** *n* **1.** straps *pl*. – **2.** (*Pferdegeschirr*) harness.

Ries [ri:s] *n* <-es; -e, *nach Zahlen* -> **10** ~ **Papier** ten reams of paper.

Rie·se[1] ['ri:zə] *m* <-n; -n> **1.** *myth.* a) giant, b) (*böser, menschenfressender*) ogre: **der** ~ **Goliath** *Bibl.* the giant Goliath. – **2.** *fig.* (*Mensch*) giant, Titan, titan, Goliath, goliath, colossus: **es ist ein** ~ **an Gestalt** he is a giant of a person, he is gigantic; **ein steinerner** ~ a stone colossus. – **3.** *fig.* (*Tier, Berg etc*) giant, colossus. – **4.** *astr.* giant.

'Rie·se[2] *f* <-; -n> *Southern G. and Austrian* (*forestry*) (*timber*) chute (*auch* shute).

'Rie·sel|,an,la·ge *f* **1.** *civ.eng.* a) (*Gradierwerk*) graduation works *pl* (*construed as sg or pl*), cooling stack, b) (*Berieselungsanlage*) irrigation plant (*od.* works *pl construed as sg or pl*). – **2.** *metall.* scrubbing plant. — **~,fel·der** *pl agr.* sewage farm *sg* (*od.* fields).

rie·seln ['ri:zəln] **I** *v/i* <sein> **1.** (*von Quelle, Bach etc*) trickle, ripple, rill, distill, *auch* distil. – **2.** (*von Blut, Schweiß, Tränen etc*) trickle. – **3.** (*von feinem Regen*) drizzle. – **4.** (*von Schnee*) (leise) ~ to fall gently. – **5.** (*von Sand, Kalk etc*) trickle, dribble, run: **Sand durch die Finger** ~ **lassen** to let sand run through one's fingers; **von den Wänden rieselt der Kalk** chalk is trickling off (*od.* from) the walls; → Kalk 2. – **6.** *fig.* (*in Wendungen wie*) **Angst** [ein Schauer] **rieselte mir über den Rücken** a sensation of fear [a shudder] ran up and down my spine. — **II** *v/impers* <h> **7.** **es rieselt** a) (*es regnet fein*) it is drizzling, b) (*es graupelt*) there is some slight hail. — **III R~** *n* <-s> **8.** *verbal noun.* – **9.** (*einer Quelle etc*) trickle, ripple. – **10.** (*des Regens*) drizzle.

'Rie·sel,re·gen *m meteor. cf.* Nieselregen.

rie·sen ['ri:zən] *v/t* <h> (*Holz*) float, slide down.

'Rie·sen|,alk *m zo.* great auk (*Alca impennis*). — **~,amei·se** *f* great black ant (*Camponotus herculeanus*). — **~'ar·beit** *f colloq.* gigantic (*od.* Herculean) task, awful lot of work (*colloq.*). — **~,bar·be** *f zo.* giant barb (*Catlocarpio siamensis*). — **~,bau** *m* <-(e)s; -ten> *colloq.* colossal (*od.* gigantic, huge, mammoth) building (*od.* structure). — **~-,bo·vist** *m bot.* giant puffball (*Calvatia gigantea*). — **~cha,mä·le·on** *n zo.* giant chameleon (*Chamaeleo oustaleti*). — **~-,da·me** *f* (*auf Jahrmärkten*) fat lady (*od. colloq.* Molly), two-ton Tessie (*colloq.*). — **~-'dumm·heit** *f colloq.* stupid (*od.* colossal) blunder (*od.* mistake): **das war eine** ~ **von dir** that was an absolutely stupid thing to do. — **~,eis,vo·gel** *m zo.* giant kingfisher (*Megaceryle maxima*). — **~er'folg** *m colloq.* tremendous (*od. sl.* smash[ing]) success, (*von Schallplatten etc*) *auch* smash hit (*colloq.*): **er hatte mit diesem Film einen** ~ he was tremendously successful with this film. — **~,eu·le** *f zo.* giant owl moth (*Thysania agrippina*). — **~,faul,tier** *n* (*fossiles*) ground sloth, megathere (*scient.*) (*Gattg Megatherium*). — **~,fel·ge** *f* (*sport*) (*beim Geräteturnen*) giant swing (*bes. Am.* circle). — **~,fle·der,maus** *f zo. cf.* Mausohr. — **~,flug,beut·ler** *m* yellow-bellied flying phalanger (*Petaurus australis*). — **~,flug-,hörn·chen** *n* white-cheeked flying squirrel, taguan (*Petaurista petaurista*). — **~,flug-,zeug** *n aer.* giant airplane (*Br. auch* aeroplane). — **~ge,schlecht** *n myth.* race (*od.* family) of giants, titanic race. — **~ge,stalt** *f* **1.** gigantic (*od.* colossal, huge) figure (*od.* form). – **2.** (*Person*) giant (of a person). — **r~'groß** *adj cf.* riesig I. — **~,grö·ße** *f cf.* Riesenhaftigkeit. — **~,gür·tel,tier** *n zo.* giant armadillo, tat(o)u (*Priodontes giganteus*).

'rie·sen·haft *adj cf.* riesig 1. — **'Rie·sen·haf·tig·keit** *f* <-; *no pl*> enormousness, tremendousness, hugeness, enormous size, extraordinary dimensions *pl*.

'Rie·sen|,hai *m zo.* basking (*Am. auch* bone) shark (*Cetorhinus maximus*). — **~,hirsch** *m* (*fossiler*) megaceros, megaloceros (*Megaceros giganteus*). — **~,hül·se** *f bot.* cacoon (*Entada scandens*). — **~,hun·ger** *m colloq.* enormous appetite: **ich habe einen** ~ I could eat a horse, I'm starving (*od.* ravenous, famished) (*colloq.*). — **~,kä·fer** *m zo. cf.* Nashornkäfer. — **~-,kän·gu·ruh** *n* a) **Rotes** ~ red kangaroo (*Macropus rufus*), b) **Graues** ~ great gray (bes. Br. grey) kangaroo (M. giganteus). — ~,kerl m colloq. great big (od. huge, enormous) fellow, giant (od. whale) of a fellow (alle colloq.). — ~,kon,zern m econ. colloq. mammoth (od. giant) combine (Am. trust). — ~,kraft f meist pl colloq. tremendous (od. Herculean) strength: er hat Riesenkräfte he is (as) strong as an ox (colloq.). — ~,krö·te f zo. marine (od. giant) toad (Gattg Bufo): Südamerikanische ~ agua (toad) (B. marinus). — ~,kür·bis m bot. giant pumpkin (Cucurbita maxima). — ~,le·bens,baum m (Amerikanischer) ~ bot. canoe (od. red) cedar (Thuja plicata). — ~,men·ge f 1. huge (od. mammoth) crowd. – 2. fig. enormous amount, whale of a lot (colloq.). — ~,mohn m (Kalifornischer) ~ matilija poppy (Rommeya coulteri). — ~,mu·schel f zo. giant tridacna (Tridacna derasa od. T. gigas). — ~,rad n (auf Jahrmärkten) Ferris (od. big) wheel. — ~,roß n colloq. nincompoop, simpleton, bes. Br. sl. big twit. — ~,sa·la,man·der m zo. giant salamander (Megalobatrachus maximus). — ~,schild,krö·te f giant (od. elephant) tortoise (Testudo gigantea u. T. elephantopus). — ~,schlan·ge f 1. zo. giant boa, giant python (Fam. Boidae). – 2. fig. colloq. enormous (od. endless) queue. — ~,schritt m fig. gigantic stride (od. step): einen ~ machen (od. tun) to take (od. make) a gigantic stride (od. step); sie kamen mit ~en vorwärts fig. they progressed by leaps and bounds. — ~,schup·pen,tier n zo. giant pangolin (Manis gigantea). — ~,schwalm m larger (od. great eared) frogmouth (Podargus papuensis). — ~,schwung m (sport) cf. Riesenfelge. — ~,skan·dal m colloq. tremendous scandal. — ~,sla·lom m (sport) giant slalom: ~ der Herren [Damen] men's [women's] giant slalom. — ~'spaß m colloq. tremendous fun: wir hatten einen ~ we had a terrific (od. ripping) time (colloq.). — r~'stark adj colloq. tremendously strong. — ~,stär·ke f cf. Riesenkraft. — ~,stäub·ling m bot. bovista (Fam. Lycoperdaceae). — ~,sturm,vo·gel m zo. giant fulmar, bone-breaker, stinker (Macronectes giganteus). — ~,tan·ne f bot. noble fir (Abies nobilis). — ~,tor,lauf m (sport) cf. Riesenslalom. — ~,tu·kan m zo. toco, toucan (Ramphastus toko). — ~,un·ter,neh·men n econ. mammoth enterprise. — ~,ver,grö·ße·rung f (als Wandschmuck) photomural. — ~,was·ser,wan·ze f zo. giant water bug, fish killer (Fam. Belostomatidae). — ~,weib n 1. myth. cf. Riesin 1. – 2. colloq. contempt. enormous (od. tremendous, colloq. tub of a) woman. — ~,wel·le f (sport) cf. Riesenfelge. — ~,wuchs m 1. biol. gi(g)antism. – 2. med. gi(g)antism: macrosomia, somatomegaly (scient.). — ~,zel·le f med. giant cell.

'rie·sig I adj 1. enormous, tremendous, huge, gigantic, giant, colossal, immense; great big, whacking (od. whopping) great (colloq.): von ~er Größe sein to be of tremendous size, to be gigantic; seine ~en Kräfte his enormous (od. Herculean) strength sg; ~e Ausmaße annehmen to assume gigantic proportions; eine ~e Zahl a tremendous (od. fearful) number, an infinity; ein ~er Unterschied an enormous (od. colloq. a whale of a) difference. – 2. (gewaltig, unerhört) enormous, tremendous, colossal: ein ~er Schwindel an enormous swindle; ein ~es Vergnügen a tremendous (od. rare) pleasure. – II adv colloq. 3. enormously, tremendously; 'terribly', 'awfully' (colloq.): das ist ~ nett von Ihnen that is terribly nice of you; ich habe mich ~ gefreut, ihn zu sehen I was terribly pleased (od. extremely happy, colloq. tickled pink) to see him.

'Rie·sin f <-; -nen> 1. myth. a) giantess, b) (böse, menschenfressende) ogress. – 2. fig. giantess.

Ries·ling ['riːslɪŋ] m <-s; -e> (Rebensorte) Riesling.

'Rie·ster ['riːstər] m <-s; -> (Lederflicken) patch.

'ries,wei·se adv (paper) by (od. in) reams.

riet [riːt] 1 u. 3 sg pret of raten.

'Riet n <-(e)s; -e>, ~,blatt n (Weberkamm) reed, comb.

Riff [rɪf] n <-(e)s; -e> 1. reef, (unter Wasser) auch ledge: auf ein ~ auflaufen to run

---

aground (od. be grounded) on a reef. – 2. (kleine Felseninsel) skerry, cay.

Rif·fel ['rɪfəl] f <-; -n> (textile) cf. Riffelkalander. — ~,blech n tech. checker(ed) sheet (od. plate). — ~,fei·le f riffler. — ~,glas n <-es; er> ribbed glass. — ~,ka·lan·der m (textile) riffle calender. — ~,ma,schi·ne f rippling machine.

rif·feln ['rɪfəln] I v/t <h> 1. tech. a) (mit einer Feile) riffle, b) (Bleche) checker, c) (Zahnscheiben) serrate, d) (Gußblöcke) corrugate, flute, e) cf. riefeln 1. – 2. (Flachs) ripple, peel. – II R~ n <-s> 3. verbal noun. — 'Rif·fe·lung f <-; -en> 1. cf. Riffeln. – 2. tech. a) serration, b) corrugation.

'Rif·fel,wal·ze f tech. metall. fluted (od.) 'rif·fig adj (corrugated) roll.

'Riff|ka,nal m geogr. lagoon, channel of sea water between reef and mainland. — ~ko·ral·le f meist pl zo. reef coral (od. builder), reef-building coral, madrepore (scient.) (Ordng Madreporaria).

'Rif·ka,by·le ['rɪːf-] m (berberischer Bewohner einer marokkanischen Gebirgsgegend) Rif(f), Riffian.

Rig·gung ['rɪɡʊŋ] f <-; -en> mar. rigging.

ri·gid [ri'ɡiːt], ri'gi·de [-də] adj bes. med. rigid. — Ri·gi·di·tät [-ɡidi'tɛːt] f <-; no pl> rigidity.

Ri·go·le [ri'ɡoːlə] f <-; -n> agr. (Abzugsgraben) (drainage) ditch. — ri'go·len v/t <no ge-, h> 1. agr. trench(-plough, bes. Am. -plow). – 2. hort. (Boden) turn up (ground) 3 spades deep. — Ri'gol,pflug m trench plough (bes. Am. plow).

Ri·go·ris·mus [riɡo'rɪsmʊs] m <-; no pl> 1. rigorism, rigor, bes. Br. rigour, austerity, strictness. – 2. philos. (in der Ethik) rigorism. — ri·go'ri·stisch [-tɪʃ] adj 1. rigorist(ic), austere, strict. – 2. philos. rigorist(ic).

ri·go·ros [riɡo'roːs] I adj 1. rigorous, strict. – 2. (streng, hart) severe, rigorous, stringent: er verlangte die ~e Bestrafung des Verbrechers he demanded the rigorous punishment of the criminal (od. that the criminal be punished rigorously). – 3. (unbarmherzig) relentless, unbending, inexorable, rigorous. – 4. (rücksichtslos) ruthless, rigorous. – II adv 5. ~ durchgreifen to take rigorous action, to act rigorously. — Ri·go·ro·si'tät [-rozi'tɛːt] f <-; no pl> 1. rigorousness, strictness. – 2. (Strenge, Härte) severity, severeness, rigorousness, austerity. – 3. (Unbarmherzigkeit) relentlessness, unbendingness, inexorability, inexorableness, rigorousness. – 4. (Rücksichtslosigkeit) ruthlessness, rigorousness.

Ri·go·ro·sum [riɡo'roːzʊm] n <-s; -rosa [-za]> oral examination for the doctorate.

Rig·we·da [rɪk've:da] m <-(s); no pl> (literature) Rig-Veda.

Ri·kam·bio [ri'kambio] m <-s; -kambien> econ. cf. Rückwechsel.

Rik·scha ['rɪkʃa] f <-; -s> ri(c)ksha(w), rikisha, jinrikisha.

Ril·le ['rɪlə] f <-; -n> 1. (im Holz, Reifen, in Schallplatten etc) groove. – 2. tech. a) (eines Gewindes) undercut, b) (eines Kugellagers, einer Schiene) groove, c) (einer Walze) flute, d) (einer Zahnscheibe) serration. – 3. agr. hort. a) (small) furrow, b) (Saatfurche) drill. – 4. min. (auf Kristallen etc) stria. – 5. bot. zo. groove. – 6. astr. (auf dem Mond) cleft.

ril·len ['rɪlən] v/t <h> 1. make (od. cut) a groove (od. grooves) in, groove. – 2. tech. cf. riefeln 1. – 3. arch. cf. riefeln 2.

'Ril·len|,ku·gel,la·ger n tech. deep-groove ball bearing (Br. ball-bearing). — ~,pflug m agr. drill plough (bes. Am. plow). — ~,schie·ne f grooved (od. tram) rail.

'ril·lig adj 1. (Holz, Felsen etc) grooved. – 2. tech. (Werkstücke etc) grooved, fluted, serrated.

Ri·mes·se [ri'mɛsə] f <-; -n> econ. 1. (Scheck-, Wechselüberweisung) remittance. – 2. (gezogener Wechsel) bill drawn by a buyer and sent to his supplier. — Ri'mes·sen,wech·sel m cf. Rimesse 2.

'rin [rɪn] adv Northern G. colloq. short for herein(...), hinein(...): (immer) ~ in die gute Stube! come right in! ~ ins Vergnügen! a) (come on,) let's have a ball! b) iron. now for some fun! → Kartoffel 2.

Rind [rɪnt] n <-(e)s; -er> 1. ox, cow: ~er (horned) cattle sg (usually construed as pl); 50 ~er 50 (head of) cattle. – 2. (als Schlachtvieh) beef. – 3. zo. bovine animal (od. species), bos (scient.) (Gattg Bos).

Rin·de ['rɪndə] f <-; -n> 1. (eines Baumes) bark, rind, cortex (scient.): die oberste ~ the outer bark; etwas in die ~ (ein)ritzen (od. [ein]schneiden) to carve s.th. in(to) the bark. – 2. (am Brot) crust: die ~ abschneiden (od. entfernen) to cut off (od. remove) the crust. – 3. (am Käse, Speck etc) rind. – 4. med. zo. (eines Organs) cortex: weiße ~ (des Hirns) white matter. – 5. med. pharm. bark, cortex (scient.). – 6. geol. (Erdrinde) crust.

'Rin·den|,bil·dung f bot. cortication. — ~,boot n bark canoe. — ~,brand m bot. (an Baumstämmen) bark scorch, sunscald. — r~los adj bes. bot. barkless; decorticate(d), ecortical (scient.). — ~,po·re f cf. Korkwarze. — ~,schäl·ma,schi·ne f (forestry) barking machine, (de)barker. — ~,schäl,mes·ser n barking (od. peeling) iron, bark spud, barker, spudder. — ~,zen·trum n med. cortical center (bes. Br. centre).

'Rin·der|be,stand m agr. number of cattle. — ~,bra·ten m gastr. roast beef. — ~,brem·se f zo. 1. gadfly (Fam. Tabanidae). – 2. warble fly (Gattg Hypoderma). — ~,das·sel,flie·ge f ox warble fly (Hypoderma bovis). — ~,fi,let n gastr. fillet (auch filet) (of beef). — ~,her·de f agr. herd of cattle. — ~,hirt m herdsman, cowherd; Am. auch cowhand, cowboy, buckaroo, buckeroo, Am. colloq. (cow)puncher.

'rin·de·rig adj (Kuh) in heat.

rin·dern ['rɪndərn] v/i <h> (von Kühen) be in heat.

'Rin·der|,pest f vet. rinderpest, cattle plague. — ~,ras·se f agr. breed of cattle, cattle breed. — ~,schmor,bra·ten m gastr. braised (auch braized) beef, pot roast of beef. — ~,seu·che f vet. cf. Rinderpest. — ~,stall m agr. cowshed, bes. Br. cowhouse, byre. — ~,talg m gastr. beef suet (od. fat). — ~,tu·ber·ku,lo·se f vet. bovine tuberculosis. — ~,zucht f agr. cattle breeding. — ~,zun·ge f gastr. ox tongue.

'Rind,fleisch n gastr. beef: gebratenes [gekochtes, geschmortes, gepökeltes] ~ roast [boiled, braised (auch braized), corned od. pickled] beef. — ~,brü·he f beef broth (od. tea).

'rin·dig adj bot. barky, rindy, covered with bark (od. rind).

'Rind|,le·der n cf. Rindsleder. — r~,le·dern adj cf. rindsledern.

'Rinds|,bra·ten m bes. Southern G. and Austrian gastr. for Rinderbraten. — ~,gu·lasch n, auch m beef goulash (auch gulash). — ~,keu·le f round of beef. — ~,le·der n (leather) cowhide, neat leather. — r~,le·dern adj ([made] of) cowhide (od. neat leather). — ~,len·de f gastr. cf. Rinderfilet. — ~,rou,la·de f roulade (of beef), collared beef. — ~,talg m cf. Rindertalg. — 'Rind,sup·pe f Austrian gastr. for Fleischbrühe.

'Rinds|,vö·gerl [-,føːɡərl] n <-s; -> Austrian gastr. for Rindsroulade. — ~,zun·ge f bes. Southern G. and Austrian for Rinderzunge.

'Rind,vieh n <-(e)s; colloq. contempt. -viecher> 1. <only sg> collect. cattle sg (usually construed as pl). – 2. colloq. contempt. (stupid) ass, oaf, halfwit, idiot: du bist ein ganz großes ~! you are an awful idiot! (colloq.).

Ring [rɪŋ] m <-(e)s; -e> 1. ring: Zwiebeln in ~e schneiden to cut onions into rings. – 2. (Kreis) circle, ring: im Wasser bildeten sich ~e rings were formed in the water; (dunkle od. schwarze) ~e unter den [um die] Augen haben to have dark circles under [(a)round] the eyes; einen ~ um j-n [etwas] schließen (od. bilden) to form a ring around s.o. [s.th.], to circle s.o. [s.th.]; damit schließt sich der ~ der Beweise fig. this completes the circle of evidence. – 3. (am Finger) ring: ein goldener ~ a gold(en) ring; den ~ abstreifen (od. abziehen, abnehmen, colloq. abtun) to take off a ring, to take (od. slip) a ring off; sie trägt einen ~ she wears a ring; die ~e wechseln to exchange rings; einen Abt mit ~ und Stab belehnen röm.kath. hist. to invest an abbot with ring and staff. – 4. (Ohrring) earring. – 5. (Armreif) bangle, arm ring, circlet. – 6. (Fußring) anklet, bangle, ring. – 7. (Halsring) ring, ring (to be) worn round the neck. – 8. (Nasenring) nose ring: Stieren ~e durch die Nase ziehen to ring bulls.

– **9.** (*Beißring für Babys*) teething ring. – **10.** (*Serviettenring*) napkin ring. – **11.** (*zum Befestigen von Schnüren, Vorhängen, Schlüsseln etc*) ring. – **12.** (*Fußring für Vögel*) ring, (*bei Geflügel*) *auch* poultry ring. – **13.** (*als Türklopfer*) knocker ring. – **14.** (*Schwimmring*) (life) ring. – **15.** (*Herdring*) (stove *od.* cooker) ring. – **16.** (*Wurfring*) quoit, (*auf Jahrmärkten*) *auch* hoopla ring. houp-la ring. – **17.** (*Rauchring*) smoke ring: ~e blasen to blow smoke rings. – **18.** a) (*einer Schießscheibe*) ring, circle, b) (*erzielter*) point: er hat 32 ~e geschossen he shot 32 points. – **19.** *fig.* (*Ringstraße*) circular road, ring, (*um eine Stadt*) belt highway, *auch* beltway, *bes. Br.* ring road: sie wohnt am (*od.* auf dem) ~ she lives in the ring (*od.* on the ring road). – **20.** *fig.* (*von Agenten, Spionen, Schmugglern etc*) ring: ein ~ von Rauschgifthändlern a dope ring; der ~ ist geplatzt the ring has been broken up; einen ~ zerschlagen (*od. colloq.* auffliegen lassen) to break up a ring. – **21.** *fig.* (*Schallplatten-, Theaterring*) circle. – **22.** *econ.* a) (*Verband, Interessengemeinschaft*) ring, pool, trust, syndicate, b) (*zu Spekulationen*) corner: sich zu einem ~ vereinigen to form a ring, to pool. – **23.** *tech.* a) (*Kettenglied*) link, b) (*bei Wellen, Achsen, Walzen etc*) collar, c) (*Draht*) coil, d) (*Öse*) hoop, loop, ring, e) (*Zwinge*) ferrule, f) (*für Dichtungen*) washer, g) (*in der Töpferei*) wad. – **24.** *mil.* a) (*an Geschützrohr*) hoop, b) (*an Gewehrmündungen etc*) fillet, muzzle reinforcement, c) (*an Artilleriegeschossen*) bourrelet. – **25.** *auto.* (*eines Kolbens*) ring. – **26.** (*sport*) (*Boxring*) ring, *auch* prize ring: ~ frei (zur ersten Runde)! seconds out! (round one); in den ~ steigen (*od.* klettern) to enter the ring, to climb through the ropes; am ~ at the ringside. – **27.** *pl* (*sport*) (*Turngerät*) rings: an den ~en on the rings. – **28.** die olympischen ~e the Olympic rings. – **29.** *mar.* a) (*am Anker*) ring, b) (*Fallring*) travel(l)er. – **30.** *bot.* a) (*Jahresring*) (annual *od.* growth) ring, b) (*an Pilzen etc*) annulus, (*an Farnen*) *auch* gyroma. – **31.** *chem.* ring, cycle, nucleus. – **32.** *zo.* a) annulus, b) (*Federring*) ruff. – **33.** *med.* a) (*an Bauch, Hals etc*) ring, circle, annulus (*scient.*), b) (*um die Brustwarzen*) areola. – **34.** *astr.* a) (*um Gestirne*) halo, corona, b) (*des Saturns etc*) ring, annulus (*scient.*). – **35.** *math.* a) (*in der Geometrie*) ring, annulus (*scient.*), b) (*Kreis*) circle. – **36.** „Der ~ des Nibelungen" *mus.* "The Ring of the Nibelung" (*opera cycle by Wagner*). – **37.** *her.* annulet.

'ring,ar·tig *adj* ringlike, circular, annular (*scient.*).

'Ring|,arzt *m* (*beim Boxkampf*) ringside doctor. — **~,bahn** *f* **1.** circular railway, *bes. Am.* belt line. – **2.** (*Untergrund-, Straßenbahn*) circular line. — **~be,schleu·ni·ger** *m nucl.* cyclic accelerator. — **~,bil·dung** *f chem.* ring formation. — **~,blen·de** *f* (*optics*) (*im Mikroskopkondensor*) circular (*od. scient.* annular) diaphragm. — **~-,blitz** *m*, **~,blitz,röh·re** *f phot.* ring--shaped (*od.* circular) flash unit (*for shadowless illumination*). — **~,buch** *n* ring binder. — **~,dros·sel** *f* (*blackbird, thrush*) (*Turdus torquatus*).

'Rin·gel ['rɪŋəl] *m* ⟨-s; -⟩ **1.** ringlet, circlet. – **2.** *cf.* Ringellocke. — **~,blu·me** *f* (*pot*) marigold, calendula (*scient.*) (*Calendula officinalis*). — **~,ech·se** *f zo.* legless lizard (*Fam. Amphisbaenidae*). — **~,gans** *f* brent goose (*Branta bernicla*). — **~,haar** *n* curled (*od.* curly) hair, ringlets *pl*.

'rin·ge·lig *adj* (*Haar etc*) curly.

'Rin·gel|,löck·chen, **~,locke** (*getr.* -k·k-) *f* ringlet (*lit.*), (*kurz*) curl.

'rin·geln ['rɪŋəln] **I** *v/t* ⟨h⟩ **1.** (*Haar, Schwanz etc*) curl. – **2.** etwas um etwas ~ to twine (*od.* entwine, *auch* intwine, twist, coil, *lit.* wreathe) s.th. (a)round s.th. – **3.** *hort.* (*Obstbäume usw*) ring(bark), girdle. – **II** *v/reflex* sich ~ **4.** (*von Locke, Band, Schwanz etc*) curl. – **5.** (*von Schlangen*) coil. – **6.** (*von Würmern*) wriggle. – **7.** (*von Rauch*) wreathe. – **8.** (*von Bächen, Flüssen etc*) wind, meander. – **9.** sich um etwas ~ (*von Schlangen, Schlingpflanzen etc*) to twine (*od.* twist, wind, coil, entwine, *auch* wreathe) (a)round s.th.

'Rin·gel,nat·ter *f zo.* ring(ed) (*od.* grass) snake (*Natrix natrix*).

'Rin·gel,pietz [-,pi:ts] *m* ⟨-es; -e⟩ (*mit Anfassen*) *colloq. humor.* 'hop' (*colloq.*), dance.

'Rin·gel|,pul·li, **~,pull,over** *m* (*fashion*) striped jersey (*od.* polo shirt). — **~,rei·hen** *m* dance in a ring, (*von Kindern*) ring-(-around-)a-rosy: ~ tanzen to dance in a ring. — **~,rob·be** *f zo.* ringed seal (*Phoca hispida*). — **~,rö·teln** *pl med.* fifth disease *sg*, erythema infectiosum *sg* (*scient.*). — **~,schlüs·sel** *m tech. Br.* box spanner, *Am.* box wrench. — **~,schwanz** *m* curly tail. — **~,socke** (*getr.* -k·k-) *f*, **~,söck·chen** *n meist pl* (*fashion*) striped sock. — **~,spiel** *n Austrian for* Karussell 1, 2. — **~,spin·ner** *m zo.* European lackey moth, tent caterpillar (*Malacosoma neustria*). — **~,tau·be** *f zo.* wood pigeon, ringdove (*Columba palumbus*). — **~,wurm** *m* ringed worm; annelid, annelidan (*scient.*) (*Stamm Annelida*).

rin·gen ['rɪŋən] **I** *v/i* ⟨ringt, rang, gerungen, h⟩ **1.** (*bes. sport*) wrestle: die Jungen ~ miteinander the boys are wrestling with each other. – **2.** um etwas ~ *fig.* a) (*Entscheidung, Lösung eines Problems etc*) to struggle (*od.* grapple) with s.th., b) (*wetteifern*) to struggle (*od.* contend, vie, strive) for s.th., c) (*Anerkennung, Zustimmung etc*) to struggle (*od.* strive) for s.th.: sie rang um einen Entschluß she struggled to find an answer (*od.* to reach a decision); mit j-m um die Vorherrschaft ~ to contend (*od.* wrestle) with s.o. for predominance. – **3.** mit sich ~ *fig.* to struggle with oneself: ich habe lange mit mir gerungen, ob I had to struggle hard (*od.* I had a long struggle) with myself as to whether. – **4.** mit etwas ~ *fig.* to wrestle (*od.* grapple) with s.th.: mit einem Problem [einer Versuchung] ~ to wrestle with a problem [temptation]; er ringt mit dem Tode he is wrestling with death, he is in the throes (*od.* grip) of death, he is fighting for his life. – **5.** nach etwas ~ *fig.* to struggle for s.th.: nach Atem (*od.* Luft) ~ to struggle (*od.* gasp, fight) for breath. – **II** *v/t* **6.** (*in Wendungen wie*) j-n zu Boden ~ to wrestle s.o. to the ground; die Hände ~ to wring one's hands; j-m etwas aus der Hand (*od.* den Händen) ~ to wrench (*od. lit.* wrest) s.th. from s.o.'s hands. – **7.** *cf.* wringen. – **III** *v/reflex* **8.** sich ~ aus *poet.* (*von Seufzer etc*) to escape from. – **IV** **R~** *n* ⟨-s⟩ **9.** *verbal noun.* – **10.** wrestle. – **11.** *fig.* (*um Anerkennung, Vorherrschaft etc*) struggle, contention. – **12.** (*sport*) wrestling: griechisch-römisches R~ Gr(a)eco-Roman wrestling.

'Rin·ger *m* ⟨-s; -⟩ (*bes. sport*) wrestler.

'Rin·ger,fah·rung *f* (*beim Boxsport etc*) ringcraft.

'Rin·ger,griff *m* (*sport*) hold in wrestling.

'Rin·ger,lö·sung *f chem.* Ringer('s) solution (*auch fluid*).

'Ring|,fe·der *f tech.* annular spring. — **~,fin·ger** *m* ring finger, annulary (*scient.*). — **r~,för·mig** *adj* ringlike, circular; annular, orbicular (*scient.*). – **2.** *med.* (*Wunde etc*) circinate. — **~,hals,dü·se** *f* (*space*) plug nozzle.

'ring,hö·rig *adj Swiss dial. for* hellhörig 2.

'Ring|,kampf *m* **1.** (*Ringen*) wrestling: der klassische ~ Gr(a)eco-Roman wrestling. – **2.** (*Einzelkampf*) wrestling match (*od.* bout). — **~,kämp·fer** *m* wrestler. — **~-,käst·chen** *n* ring box (*od.* case). — **~,knor·pel** *m med.* ringlike (*od. scient.* annular, cricoid) cartilage. — **~,leh·re** *f* (*jewelry*) ring ga(u)ge. — **~,lei·tung** *f* **1.** (*für Gas, Wasser, Elektrizität etc*) ring main. – **2.** *metall.* (*am Hochofen*) bustle pipe.

'ring,lig *adj cf.* ringelig.

'Rin·glot·te [rɪŋ'lɔtə] *f* ⟨-; -n⟩ *dial. and Austrian for* Reneklode.

'Ring|,mau·er *f mil.* (*im Festungsbau*) ring (*od.* circular) wall. — **~me,cha·nik** *f* (*für Büroartikel*) ring mechanism. — **~,mus·kel** *m med.* sphincter (muscle). — **~,mut·ter** *f tech.* eye (*od.* ring) nut. — **~,ne·bel** *m astr.* ring (*od. scient.* annular) nebula. — **~,pes,sar** *n med.* ring pessary. — **~,platz** *m* **1.** *antiq.* wrestling ground, pal(a)estra. – **2.** (*sport*) (*beim Boxen*) ringside seat. — **~,rich·ter** *m* (*sport*) (*beim Boxen*) referee.

rings *adv* (all) (a)round, round about: ~ um den Park lief eine Mauer there was a wall (a)round the park; das Dorf war ~ von Wald umgeben the village was entirely surrounded by woods, the village was

surrounded by woods on all sides; sich ~ im Kreis umsehen to look around.

'Ring|,schä·le *f* ⟨-; -n⟩ (*wood*) cup (*od.* internal angular) shake. — **~,schei·be** *f bes. mil.* ring target, rifle (ring) target. — **~-,schlüs·sel** *m Am.* box wrench, *Br.* ring spanner. — **~,schrau·be** *f* eyebolt, *Br.* eye-bolt. — **~,sen·dung** *f* (*radio*) hookup (*Br.* hook-up) (transmission).

'rings·her'um *adv cf.* ringsum.

'Ring|,ska·la *f tech.* ring dial. — **~,sport** *m* wrestling. — **~,spu·le** *f electr.* toroidal coil. — **~,stra·ße** *f cf.* Ring 19.

'rings|'um, **~,um'her** *adv* **1.** (*rundherum*) all (a)round, all the way round: ~ lief ein Graben there was a ditch all the way round. – **2.** (*überall*) everywhere, on all sides: ~ standen blühende Bäume there were blossoming trees everywhere; ich konnte ~ nichts entdecken I couldn't see anything anywhere.

'Ring|sy,stem *n chem.* ring system. — **~-,tausch** *m* multilateral exchange of apartments (*bes. Br.* flats). — **~,ten·nis** *n* (*sport*) deck tennis. — **~ver,bin·dung** *f* **1.** *tech.* thimble joint. – **2.** *chem.* ring (*od.* cyclic) compound. — **~ver,kehr** *m* **1.** *cf.* Kreisverkehr. – **2.** (*auf Ringstraßen*) ring(-road) traffic. – **3.** (*bei Bahnen, Bussen etc*) circular traffic. — **~,vor,le·sung** *f* (*an Universität*) interdisciplinary course of lectures. — **~,waa·ge** *f metall.* ring balance. — **~,wa·den·fi·sche,rei** *f* fishing with a circular moored net. — **~,wall** *m mil.* (*im Festungsbau*) **1.** rampart. – **2.** *cf.* Ringmauer.

Rin·ne ['rɪnə] *f* ⟨-; -n⟩ **1.** (*bes. von Wasser ausgewaschene*) gull(e)y, gutter, channel, runnel. – **2.** (*Abzugsrinne*) drain, gull(e)y, gutter. – **3.** (*Rinnstein, Gosse*) gutter, drain. – **4.** (*Dachrinne*) gutter, spout(s *pl*). – **5.** (*Rutsche, Gleitbahn*) chute, *auch* shute. – **6.** *bes. tech.* a) *cf.* Rille 2a, b) (*für Ölschmierung*) trough, channel, c) (*Gießrinne*) spout, d) (*zur Einbettung von Leitungen etc*) duct, trough. – **7.** *mar.* (*Fahrrinne*) channel. – **8.** *agr.* a) (*zur Be-, Entwässerung*) ditch, channel, b) (*Furche*) furrow. – **9.** *geol.* a) (*im Meeresboden*) trench, ocean deep, b) (*Strombett*) channel. – **10.** *med. zo.* a) (*Furche*) groove, furrow; sulcus, vallecula (*scient.*), b) (*Kanal*) channel, canal.

rin·nen ['rɪnən] *v/i* ⟨rinnt, rann, geronnen, sein⟩ **1.** (*von Wasser, Schweiß, Blut, Tränen etc*) run, (*stärker*) pour, flow, stream: der Schweiß rann ihm von der Stirn sweat ran down his forehead; Tränen rannen ihr übers Gesicht tears ran down her cheeks; das Geld rinnt ihm nur so durch die Finger *fig.* money just slips through his fingers. – **2.** (*von Regen*) come down, (*stärker*) pour, stream. – **3.** (*lecken*) leak, be leaky: das Faß rinnt the barrel is leaking. – **4.** *fig.* (*von Zeit*) pass.

'Rinn·sal *n* ⟨-(e)s; -e⟩ *lit.* trickle; rill, rivulet, streamlet, tricklet, runnel (*alle lit.*).

'Rinn,stein *m* **1.** gutter: du wirst noch im ~ enden *fig.* you will end (*od.* finish) up in the gutter. – **2.** *rare* (*Spülstein*) sink.

'Ripp·chen *n* ⟨-s; -⟩ **1.** *dim. of* Rippe. – **2.** *gastr.* chop from a cured loin of pork.

Rip·pe ['rɪpə] *f* ⟨-; -n⟩ **1.** rib, costa (*scient.*): falsche ~ *med.* floating rib; über [zwischen, unter] den ~n (*liegend*) *med.* supracostal [intercostal, subcostal]; sich (*dat*) [j-m] eine ~ brechen to break (*od. med.* fracture) a [s.o.'s] rib; ich breche dir alle ~n (*im Leibe*)! I'll break every bone in your body! j-m (*od.* j-n) in die ~n stoßen a) (*aufmunternd*) to give s.o. a nudge, b) to give s.o. a punch (*od. colloq.* dig) in the ribs; er stieß ihm ein Messer in (*od.* zwischen) die ~n he stuck a knife in his ribs, he stabbed him in the ribs; bei dir kann man ja die (*od.* alle) ~n (*unter der Haut*) zählen *colloq.* you are nothing but skin and bone; er hat nichts auf den ~n *fig. colloq.* he is as thin as a rake (*colloq.*), he is an absolute skeleton; ich kann es mir doch nicht aus den ~n schneiden (*od.* durch die ~n schwitzen)! *fig. colloq.* where do you expect me to get it (from)? I can't produce it out of a hat (*od.* thin air)! (*colloq.*); ich muß jetzt was zwischen die ~n kriegen *fig. colloq.* I must have a bite (to eat) now. – **2.** (*Schokoladerippe*) piece. – **3.** (*Seifen-, Wachsrippe etc*) cake, bar. – **4.** (*eines Berges*) rib, buttress. – **5.** *gastr. cf.* Rippenstück. – **6.** *bot.* (*auf Blättern*) rib. – **7.** (*tex*-

tile) (eines Stoffes) rib. – **8.** *arch. (eines Gewölbes)* rib: gebogene *(od.* geschwungene*)* ~ curved *(od.* round*)* rib. – **9.** *pl (Rippenmuster, -werk)* ribbing *sg.* – **10.** *tech.* a) *(eines Heizkörpers)* rib, gill, b) *(am Kühler)* fin, rib, c) *(eines Regenschirms)* rib, stretcher, d) *(Verstärkungsrippe)* feather, e) *(eines Gewindes)* thread. – **11.** *print. (am Buchrücken)* cord. – **12.** *aer. (der Tragfläche)* rib.

rip·peln ['rɪpəln] *v/reflex* ⟨h⟩ sich ~ *dial. colloq.* stir, budge: sich nicht ~ (und rühren) not to budge.

rip·pen ['rɪpən] *v/t* ⟨h⟩ **1.** rib. – **2.** *print. (Buchrücken)* cord. – **3.** *arch.* rib.

'**Rip·pen**|**,at·mung** *f med.* thoracic breathing. — **,blech** *n tech.* ribbed-pattern floor plate. — **,bo·gen** *m med.* costal arch. — **,bruch** *m* fracture of ribs *(od.* a rib*)*, rib fracture.

'**Rip·pen,fell** *n* ⟨-(e)s; *no pl*⟩ *bes. med.* (costal) pleura. — **~ent,zün·dung** *f* pleurisy: nasse ~ pleurisy with effusion, wet pleurisy; trockene ~ dry pleurisy. — **~er,guß** *m* pleural effusion. — **~ge·gend** *f* pleural region.

'**Rip·pen**|**ge·gend** *f med.* costal region. — **~ge,stell** *n colloq. contempt. (sehr magerer Mensch)* skeleton. — **~ge,wöl·be** *n arch.* ribbed vault. — **~gurt** *m civ.eng. (eines Förderbands)* grip-face belt. — **~heiz,kör·per** *m tech.* ribbed *(od.* gilled*)* radiator. — **~knor·pel** *m med.* costal cartilage, costicartilage. — **~molch** *m zo.* ribbed salamander, pleurodele (salamander) *(scient.) (Pleurodeles waltl).* — **~mu·ster** *n (fashion) (bes. Strickmuster)* ribbing. — **~pul·li,** **~pull,over** *m* ribbed pullover *(od.* jersey*).* — **~qual·le** *f zo.* comb jelly *(od.* bearer*)* ctenophore *(scient.) (Stamm Ctenophora).* — **~rand** *m med.* costal margin. — **~re·sek·ti,on** *f* rib resection; costectomy, thoracostomy *(scient.).* — **~rohr** *n* **1.** *auto.* finned *(od.* gilled*)* tube. – **2.** *tech. metall.* riffled tube. — **~samt** *m (textile)* ribbed velveteen. — **~speer** *m, n* ⟨-(e)s; *no pl*⟩ *gastr.* boned, pickled loin of pork: → Kasseler 4. — **~stoß** *m* poke *(od. colloq.* dig*)* in the ribs, nudge, *(stärker)* punch in the ribs: j-m einen ~ geben *(od.* versetzen*)* to give s.o. a poke *(od.* to dig s.o.*)* in the ribs, to nudge s.o. — **~stück** *n gastr.* (piece of) rib, rib cut. — **~ta·bak** *m* rib tobacco. — **~werk** *n* ⟨-(e)s; *no pl*⟩ *(eines Gewölbes, Heizkörpers, Blattes etc)* ribbing, ribwork. — **~win·kel** *m med.* costal angle. — **~zwi·schen,raum** *m* intercostal space. '**Rip·pe,speer** *m, n* ⟨-(e)s; *no pl*⟩ *gastr. cf.* Rippenspeer.

Ripp·li ['rɪpli] *n* ⟨-s; -⟩ *Swiss for* Schweinerippchen.

Rips [rɪps] *m* ⟨-es; -e⟩ *(textile)* rep(p), rib. — **~bin·dung** *f* rep(p) *(od.* rib*)* weave.

rips, raps ['rɪps'raps] *interj* rip, slash!

ri·pua·risch [ri'puaːrɪʃ] *adj hist.* Ripuarian: ~e Franken *hist.* Ripuarian Franks, Ripuarians.

ri·ra·rutsch ['riː'raː'rʊtʃ] *interj (children's language)* one, two, three — whoops! slippy, slippy, slidy!

Ri·sa·lit [riza'liːt] *m* ⟨-s; -e⟩ *arch.* projection.

Ri·si·bi·si [rizi'biːzi] *n* ⟨-(s); -⟩ *cf.* Risi-Pisi. **Ri·si·ko** ['riːziko] *n* ⟨-s; -s *u.* -siken, *Austrian auch* Risken ['rɪskən]⟩ **1.** risk: auf eigenes ~ at one's own risk; ein ~ eingehen to take *(od.* run, incur*)* a risk; kein ~ eingehen [scheuen] to take no risks [every risk]; du trägst das größere ~ you take *(od.* bear*)* the greater risk; Sie können das Eis ohne ~ überqueren you can cross the ice without risk, you can safely cross the ice. – **2.** *(Wagnis)* risk, venture, hazardous enterprise: das Unternehmen ist ein einziges ~ the enterprise is nothing but a risk *(od.* is a pure venture*).* – **3.** *econ.* a) *(Geschäftsrisiko)* (business *od.* commercial) risk, b) *(Versicherungsrisiko)* risk, hazard: ausgeschlossenes ~ risk excluded, excluded risk, *(bei Versicherungen) auch* uncovered hazard *(od.* risk*);* wir übernehmen kein ~ we do not (under)take *(od.* assume, incur*)* any risk. — **~aus,gleich** *m econ.* spreading *(od.* distribution*)* of risks. — **~deckung** *(getr.* -k·k-*)* *f* covering of risks: keine ~ nach Entladung no risk cover after discharge. — **~er,hö·hung** *f* increase *(od.* aggravation*)* of a risk. — **r~,frei** *adj* free of *(od.* without*)* risk, riskless,

safe. — **r~,freu·dig** *adj* prepared to take a risk, venturesome. — **~ge,schäft** *n* risky *(od.* hazardous*)* enterprise *(od.* business*).* — **r~los** *adj cf.* risikofrei. — **~prä·mie** *f* risk premium. — **~sum·me** *f* (amount at) risk. — **~trä·ger** *m* risk bearer *(od.* taker*),* bearer of a risk. — **~über,nah·me** *f* risk-taking, assumption of risk. — **~ver,si·che·rung** *f* risk insurance. — **~ver,tei·lung** *f* spreading *(od.* distribution*)* of risk. — **~zu,schlag** *m* risk surcharge. **Ri·si-Pi·si** [rizi'piːzi], *Austrian* **Ri·si'pi·si** *n* ⟨-(s); -⟩ *gastr. (ital. Reisgericht)* rice and peas cooked in meat stock.

ris·kant [rɪs'kant] *adj* **1.** risky, chancy *(colloq.),* precarious, *(stärker)* hazardous, dangerous, perilous: das ist sehr ~ that is very risky *(od.* quite a risk*),* that's a chancy business *(colloq.);* ~e Spekulationen *econ.* risky speculations. – **2.** *(heikel)* delicate, precarious.

ris·kie·ren [rɪs'kiːrən] *v/t* ⟨*no* ge-, h⟩ **1.** risk, hazard, jeopardize *Br. auch* -s-: sein Leben ~ to risk one's life; viel ~ to risk a lot, to take quite a risk; er riskierte alles he risked everything, he staked everything on one chance; man muß auch einmal etwas ~ you have to take a risk *(od.* chance*)* sometimes; ein Auge ~ *fig. colloq.* to steal a glance; eine Lippe ~ *fig. colloq.* to be cheeky, *Am. colloq.* to be fresh; → Kopf 2. – **2.** *(wagen)* risk, dare, venture: er riskierte es, näher zu kommen he ventured nearer, he risked coming nearer, he dared to come nearer. – **3.** *colloq. (probieren)* chance: wir ~'s! we'll chance it!

Ri·sor·gi·men·to [rizordʒi'mɛnto] *n* ⟨-(s); *no pl*⟩ *hist.* Risorgimento.

Ri·sot·to [ri'zɔto] *m* ⟨-(s); -s⟩, *Austrian colloq. auch* -s-; -(s)⟩ *gastr.* risotto, rizotto.

Ris·pe ['rɪspə] *f* ⟨-; -n⟩ *bot.* panicle, compound raceme.

'**Ris·pen**|**,äh·re** *f bot.* panicled ear. — **r~,för·mig** *adj* panicled, paniculate(d) *(scient.).* — **~gras** *n* meadow grass *(Gattg Poa)*: Gemeines ~ bird grass *(P. trivialis);* Einjähriges ~ annual bluegrass *(P. annua).* — **~ha·fer** *m* (common) oat *(Avena sativa).*

riß [rɪs] *l u.* 3 *sg pret of* reißen.

Riß [rɪs] *m* ⟨-sses; -sse⟩ **1.** *(Entzweireißen)* tearing, rending: einen ~ in *(acc)* etwas machen to tear *(od. lit.* rend*)* s.th. – **2.** *(im Stoff)* tear, rip, split, rent *(lit.).* – **3.** *(im Papier, Karton etc)* tear. – **4.** *(in einer Mauer, Wand etc)* crack, chink, *(offener, durchgehender)* breach, break, gap: Risse bekommen to crack, to open in *(od.* develop*)* cracks *(od.* chinks*).* – **5.** *(im Felsen, Gestein)* cleft, split, fissure, *(tiefer)* rift. – **6.** *(im Holz)* crack, split, chink, check, rent *(lit.).* – **7.** *(in der Haut, Lippe)* chap, crack, fissure: Risse bekommen to chap, to crack (open). – **8.** *(im Finger-, Zehennagel)* tear. – **9.** *(in der Erdoberfläche)* cleft, rent *(lit.), (sehr tiefer)* rift, chasm, crevasse, *Am. auch* crevass *(scient.).* – **10.** *(im Eis)* crack, split, *(breiter)* rift, crevasse, *Am. auch* crevass *(scient.).* – **11.** *(im Porzellan, Lehmboden, Verputz)* crack. – **12.** *(im Lack, in der Farbe)* crack, check. – **13.** *fig. (in einer Freundschaft, einem Bündnis etc)* rift, breach: ihre Freundschaft hat einen ~ bekommen their friendship broke up; durch die Partei geht ein tiefer ~ there is a deep rift in the party. – **14.** *fig. (Spaltung, Bruch)* split, schism. – **15.** *fig. (Kluft)* gulf: zwischen unseren Anschauungen klafft ein tiefer ~ there is a deep gulf between our views. – **16.** das gab mir [ihm] einen ~ *fig.* that deeply shocked me [him]. – **17.** *(in den Wolken)* break. – **18.** *tech. (Zeichnung)* a) elevation, b) projection. – **19.** *tech. metall.* a) *(in Eisen, Stahl etc)* crack, *(als Werkstoffehler) auch* flaw, b) *(in Röhren)* crack, burst, c) *(Haarriß)* fissure, d) *(Kratzer)* scratch. – **20.** *med. vet.* a) *(im Muskel, Fleisch)* tear; laceration, rhexis *(scient.),* b) *(in einem Organ)* rupture, rhexis *(scient.),* c) *(im Knochen)* fissure. – **21.** *biol. (im Zell-, Bindegewebe etc)* fissure, tear, rent. – **22.** *arch. (Vorzeichnung)* trace, tracing. – **23.** *hunt. (Beute des Raubwilds)* prey. — **~be,herr·schung** *f civ.eng.* control of cracking. — **~,bil·dung** *f bes. tech.* formation of cracks, cracking: netzartige ~ alligator cracking.

'**Riß-,Eis,riet** *f geol.* Riss. '**ris·sig** *adj* **1.** full of cracks, cracked: ~ werden to crack. – **2.** *(Stoff)* threadbare,

worn. – **3.** *(Mauer, Wand, Verputz etc)* cracked, cracky: die Mauer ist sehr ~ the wall is very *(od.* badly*)* cracked. – **4.** *(Holz, Rinde)* cracked, chinked, chinky; rimose, rimous *(scient.).* – **5.** *(Haut, Lippen)* chappy, chapped, cracked, fissured: damit meine Hände nicht ~ werden so that my hands don't become chapped *(od.* don't chap*).* – **6.** *(Erdoberfläche)* rifted. – **7.** *(Lehmboden etc)* cracked. – **8.** *(Farbe, Lack)* cracked, checked. – **9.** *tech.* cracked, cracky, *(fehlerhaft)* flawed, *auch* flawy, defective.

'**Ris·sos-Del,phin** ['rɪsoːs-] *m zo.* Risso's dolphin *(Grampus griseus).*

'**Riß,wun·de** *f med.* laceration, lacerated wound.

Rist [rɪst] *m* ⟨-es; -e⟩ **1.** *(Fußrücken)* instep: den Ball mit dem ~ treten *(beim Fußball)* to kick the ball with the instep. – **2.** *(Handrücken)* back of the hand. – **3.** *(Handgelenk)* wrist (joint). – **4.** *zo. (beim Pferd etc)* withers *pl.*

Ri·ste ['rɪstə] *f* ⟨-; -n⟩ *(in der Flachsspinnerei)* rare strick.

'**Rist,griff** *m (beim Geräteturnen)* ordinary grip.

ri·stor·nie·ren [rɪstɔr'niːrən] *v/t* ⟨*no* ge-, h⟩ *econ. cf.* stornieren 1.

Ri·stor·no [rɪs'tɔrno] *m, n* ⟨-s; -s⟩ *econ. (Rückbuchung)* reverse transfer of accounts.

ri·tar·dan·do [ritar'dando] *mus. u. adj* ritardando, rallentando. – **II R~** *n* ⟨-s; -s *u.* -dandi [-di]⟩ ritardando, rallentando.

ri·te ['riːtə] *adv* eine Doktorprüfung ~ bestehen to get a pass in an examination for the doctorate.

'**Ri·ten·kon·gre·ga·ti,on** *f röm.kath.* Congregation of Rites.

ri·te·nu·to [rite'nuːto] *mus.* **I** *adv u. adj* ritenuto. – **II R~** *n* ⟨-s; -s *u.* -nuti [-ti]⟩ ritenuto.

'**Ri·tor·nell** [ritɔr'nɛl] *n* ⟨-s; -e⟩ *mus.* ritornel(le). **Ri·trat·te** [ri'tratə] *f* ⟨-; -n⟩ *econ. cf.* Rückwechsel.

ritsch, ratsch ['rɪtʃ'ratʃ] *interj* rip, strip! **ritt** [rɪt] *l u.* 3 *sg pret of* reiten.

Ritt *m* ⟨-(e)s; -e⟩ ride (on horseback): sie jagten in scharfem ~ über die Felder they rode hard *(od.* at a swift pace*)* across the fields; einen ~ machen to take *(od.* go for*)* a ride; er hat die Torte auf einen *(od.* in einem*)* ~ aufgegessen [verschlungen] *fig. colloq.* he ate the tart [he gulped the tart down] at one go *(colloq.).*

Ritt·ber·ger ['rɪt,bɛrgər] *m* ⟨-s; -⟩ *(sport) (beim Eis- u. Rollkunstlauf)* loop jump. '**Rit·ter** *m* ⟨-s; -⟩ **1.** *hist.* knight: ein fahrender ~ a knight-errant; j-n zum ~ schlagen to knight s.o., to dub s.o. a knight; ein ~ ohne Furcht und Tadel *auch fig.* a knight without fear or reproach; die ~ des deutschen Ordens [der Tafelrunde] the Teutonic Knights, the Knights of the Teutonic Order [the Knights of the Round Table]; der ~ von der traurigen Gestalt *(Don Quijote)* the Knight of the rueful countenance. – **2.** *(Ordensträger)* knight, *(von französischen Orden) auch* chevalier: ~ des Hosenbandordens Knight of the Garter. – **3.** *fig. archaic (Kavalier einer Dame)* cavalier, gallant. – **4.** arme ~ *pl gastr.* → arm 5. – **5.** *antiq.* Roman knight, eques *(Lat.).* — **~burg** *f* (knight's) castle. — **~dienst** *m* **1.** *hist.* knight('s) service. – **2.** *fig. (gegenüber einer Frau)* chivalrous act, act of chivalry. — **~fal·ter** *m zo.* swallowtail, papilionid *(scient.) (Fam. Papilionidae).* — **~gut** *n hist.* **1.** knight's estate, manor. – **2.** *(in Preußen)* Junker's estate. — **~guts·be,sit·zer** *m* **1.** owner of a knight's estate *(od.* manor*).* – **2.** *(bes. in Preußen)* Junker. '**rit·ter·haft** *adj cf.* ritterlich 1. '**Rit·ter,kreuz** *n mil.* Knight's Cross (of the Iron Cross). — **~,trä·ger** *m* Knight of the Iron Cross.

'**rit·ter·lich** **I** *adj* **1.** *fig.* chivalrous, chivalric, gallant, chivalresque, chevaleresque: ein ~er Mann a chivalrous man, a chevalier. – **2.** *hist.* knightly. – **II** *adv* **3.** *fig.* chivalrously, gallantly: er benahm sich den Damen gegenüber ~ he behaved chivalrously *(od.* he was chivalrous to(ward[s]) ladies. '**Rit·ter·lich·keit** *f* ⟨-; *no pl*⟩ chivalry, chivalrousness, gallantry, gallantness. '**Rit·ter·ling** *m* ⟨-s; -e⟩ *bot.* an edible fungus of the genus Tricholoma *(Tricholoma equestre).*

'**Rit·ter**|**or·den** m hist. order (of knight-hood), knightly order: Deutscher ~ Teutonic Order. — **~ro**|**man** m (literature) chivalric romance, romance (od. novel) of chivalry. — **~rü·stung** f hist. knight's armor (bes. Br. armour), mail. — **~saal** m hall of a knight's castle.
'**Rit·ter·schaft** f ⟨-; -en⟩ 1. hist. knighthood, knightage, knights pl. - 2. ⟨only sg⟩ (Ritterwürde) knighthood, knightage, rank (od. dignity) of a knight.
'**Rit·ter**|**schlag** m hist. knighting, dubbing: den ~ empfangen to be knighted, to be dubbed a knight. — **~sitz** m cf. Ritterburg.
'**Ritters**|**mann** m ⟨-(e)s; Ritterleute⟩ cf. Ritter 1.
'**Rit·ter**|**spiel** n meist pl hist. joust, tournament. — **~sporn** m bot. larkspur, delphinium (scient.) (Gattg Delphinium): Hoher ~ bee larkspur (D. elatum). — **~stand** m hist. knighthood, knightage: j-n in den ~ erheben to confer knighthood (up)on s.o., to elevate s.o. to knighthood. — **~stern** m bot. amaryllis, hippeastrum (scient.) (Gattg Hippeastrum).
'**Rit·ter·tum** n ⟨-(e)s; no pl⟩ hist. 1. knighthood, chivalry. - 2. cf. Ritterschaft 1.
'**Rit·ter**|**we·sen** n hist. chivalry. — **~zeit** f age of chivalry.
'**ritt·lings** adv astride, astraddle, bes. Br. straddle-legged: ~ auf einem Stuhl sitzen to straddle (od. to sit astride) a chair.
'**Ritt**|**mei·ster** m mil. hist. (cavalry) captain, captain of horse, rit(t)master.
Ri·tu·al [ri'tŭaːl] n ⟨-s; -e u. -ien [-lĭən]⟩ relig. ritual.
Ri·tua·lis·mus [ritŭa'lɪsmʊs] m ⟨-; no pl⟩ relig. (der anglikanischen Kirche) ritualism. — **Ri·tua'list** [-'lɪst] m ⟨-en; -en⟩ Ritualist.
Ri·tu'al·mord m ritual murder.
ri·tu·ell [ri'tŭɛl] adj relig. ritual, ceremonious, ceremonial, formulary.
Ri·tus ['riːtus] m ⟨-; Riten⟩ relig. auch fig. rite.
Ritz [rɪts] m ⟨-es; -e⟩ cf. Ritze.
Rit·ze ['rɪtsə] f ⟨-; -n⟩ 1. (schmale Spalte) crack, chink, crevice, cleft: eine ~ in der Wand dichten to stop up a chink in the wall; neugierig durch eine ~ schauen to look curiously (od. peep) through a crack. - 2. (im Felsen, Gestein etc) cranny. - 3. (Schramme) scratch. - 4. med. fissure, crack, rima (scient.). 5. tech. metall. a) crack, b) (Kratzer) scratch, cut, c) (zwischen Platten od. Balken) seam.
Rit·zel ['rɪtsəl] n ⟨-s; -⟩ tech. pinion. — **~an**|**trieb** m pinion drive. — **~wel·le** f pinion shaft.
rit·zen ['rɪtsən] I v/t ⟨h⟩ 1. (kratzen) scratch: der Nagel hat mir die Haut geritzt the nail scratched my skin. - 2. (schneiden) carve, cut: seinen Namen in eine Bank ~ to cut (od. carve) one's name on a bench. - 3. (eingravieren) engrave, incise. - 4. tech. cut, scratch: das Glas mit einem Diamanten ~ to cut the glass with a diamond. - 5. die Sache (od. der Fall) ist geritzt colloq. everything is all right (Am. colloq. alright) (od. colloq. okay, O.K.). - II v/reflex sich ~ 6. scratch oneself: ich habe mich mit einer Nadel am Arm geritzt I scratched my arm with a needle.
'**Rit·zer** m ⟨-s; -⟩ colloq. scratch.
'**Ritz**|**här·te** f metall. scratch (od. abrasive) hardness.
Ri·va·le [ri'vaːlə] m ⟨-n; -n⟩, **Ri'va·lin** f ⟨-; -nen⟩ 1. rival: ohne ~n (od. Rivalinnen) unrival(l)ed. - 2. (sport) competitor, rival.
ri·va·li·sie·ren [rivali'ziːrən] v/i ⟨no ge-, h⟩ rival, be rivals, compete: mit j-m ~ to rival s.o., to compete (od. vie) with s.o. — **ri·va·li'sie·rend** I pres p. - II adj rival (attrib), rivaling, bes. Br. rivalling, competing.
Ri·va·li·tät [rivali'tɛːt] f ⟨-; -en⟩ rivalry, rivalship, competition: in ~ mit j-m stehen to rival s.o.
ri·ver·so [ri'vɛrzo] adv mus. al riverso.
Ri·zi·nus ['riːtsinus] m ⟨-; - u. -se⟩ 1. bot. castor-oil plant, castor(-oil) bean, palma Christi (Ricinus communis). - 2. colloq. for Rizinusöl. — **~öl** n med. pharm. castor oil. — **~pflan·ze** f bot. cf. Rizinus 1.
'**Roast·beef** ['roːstbiːf] n ⟨-s; -s⟩ gastr. roast beef, cf. sirloin.
Rob·be ['rɔbə] f ⟨-; -n⟩ zo. seal (Unterordng Pinnipedia).
rob·ben ['rɔbən] v/i ⟨sein u. h⟩ bes. mil. move on the belly, Am. colloq. snake belly.

'**Rob·ben**|**fang** m seal fishery (od. hunting), sealery, sealing. — **~fän·ge** m 1. sealer, seal hunter. - 2. mar. (Schiff) sealer. — **~jagd** f cf. Robbenfang. — **~jä·ger** m cf. Robbenfänger 1. — **~molch** m zo. dusky salamander (Desmognathus monticola).
Rob·ber ['rɔbər; 'rɔbə] (Engl.) m ⟨-s; -⟩ (bei Bridge, Whist) rubber.
Ro·be ['roːbə] f ⟨-; -n⟩ 1. (Abendkleid) robe. - 2. (Amtstracht) robe, gown.
Ro·bi·nie [ro'biːnĭə] f ⟨-; -n⟩ bot. robinia, bastard (od. common, false) acacia, locust (tree) (Robinia pseudacacia).
Ro·bin·so·na·de [robɪnzo'naːdə] f ⟨-; -n⟩ 1. robinsonade, Robinsonade. - 2. (sport) (des Torwarts) full-length save.
'**Ro·bin·son**|**spiel**|**platz** ['roːbɪnzɔn-] m adventure playground.
Ro·bo·rans ['roːborans] n ⟨-; -rantien [robo'rantsĭən]⟩ med. pharm. tonic, roborant.
Ro·bot ['roːbɔt] f ⟨-; -en⟩ obs. for Frondienst 1, 2.
ro·bo·ten ['rɔbotən; ro'bɔtən] v/i ⟨pp gerobotet [gə'rɔbotət], auch robotet [ro'bɔtət], h⟩ colloq. drudge, toil, slave, fag, sweat.
Ro·bo·ter ['rɔbotər; ro'bɔtər] m ⟨-s; -⟩ 1. tech. robot, automaton: er arbeitet wie ein ~ he works like a robot. - 2. fig. colloq. robot, drudge, golem.
Ro·bu·rit [robu'riːt; -'rɪt] m ⟨-s; no pl⟩ chem. (Sprengstoff) roburite.
ro·bust [ro'bʊst] adj 1. (Körperbau, Konstruktion etc) robust, sturdy, strong, stalwart, strapping. - 2. (Gesundheit, Natur etc) robust, hardy, tough. — **Ro'bust·heit** f ⟨-; no pl⟩ 1. robustness, sturdiness, strength, stalwartness. - 2. robustness, hardiness, toughness.
Ro·caille [ro'kaːj] n, f ⟨-; -s⟩ (art) rocaille.
roch [rɔx] 1 u. 3 sg pret of riechen.
Ro·cha·de [ro'xaːdə; -'ʃaːdə] f ⟨-; -n⟩ (games) (beim Schach) castling (od. turning) of the king. — **~stra·ße** f mil. lateral road.
rö·che ['rœçə] 1 u. 3 sg pret subj of riechen.
rö·cheln ['rœçəln] I v/i ⟨h⟩ 1. wheeze. - 2. med. rattle, breathe stertorously: im Tode ~ to give a death rattle. - II R~ n ⟨-s⟩ 3. verbal noun. - 4. med. rattle, stertorous breathing: R~ im Tode death rattle.
Ro·chen ['rɔxən] m ⟨-s; -⟩ zo. ray, skate (Fam. Rajidae): Elektrischer ~ electric ray (Fam. Torpedinidae). — **~egel** m ray leech (Pontobdella maricata).
Ro·chett [rɔ'ʃɛt] n ⟨-s; -s⟩ röm.kath. (Chorhemd) rochet.
ro·chie·ren [rɔ'xiːrən; -'ʃiːrən] v/i ⟨no ge-, h⟩ 1. (games) (beim Schach) castle. - 2. (sport) (von Stürmern) change positions.
Rock [rɔk] m ⟨-(e)s; ⸚e⟩ 1. (Damenrock) skirt: ein enger [weiter] ~ a straight [full] skirt. - 2. (Herrenjackett) jacket: der grüne ~ des Jägers the huntsman's jacket. - 3. (Gehrock etc) (frock) coat: den ~ ausziehen (od. ablegen) to take off one's coat. - 4. (Amtstracht) robe, gown. - 5. (Uniform) uniform: den bunten (od. des Königs) ~ anlegen fig. hist. to don the king's uniform, to enlist; → Hemd 1. - 6. Bibl. (Obergewand) coat, tunic: der Heilige ~ von Trier the Holy Coat of Trier.
Rock and Roll ['rɔkən(t)'rɔl; -'rɔːl; 'rɔkn'roul] (Engl.) m ⟨- - -; no pl⟩ cf. Rock 'n' Roll.
'**Rock**|**auf**|**schlag** m (am Jackett) lapel, facing. — **~bund** m (am Damenrock) waistband. [Rock 1.]
Röck·chen ['rœkçən] n ⟨-s; -⟩ dim. of
Rocken (getr. -k·k-) ['rɔkən] m ⟨-s; -⟩ (Spinngerät) distaff.
Rocker (getr. -k·k-) ['rɔkər] m ⟨-s; -⟩ rocker. — **~ban·de** f gang of rockers.
'**Rock**|**fal·te** f skirt pleat (Am. auch fold). — **~knopf** m coat (od. jacket) button.
Rock 'n' Roll ['rɔkən'rɔl; 'rɔkn'roul] (Engl.) m ⟨- - -; no pl⟩ (Tanz) rock 'n' roll, rock and roll.
'**Rock**|**schoß** m 1. (an Herrenjacken) coattail, Br. coat-tail. - 2. fig. colloq. cf. Rockzipfel. — **~stoff** m 1. skirting. - 2. (für Herrenjacketts) coating. — **~ta·sche** f 1. coat pocket. - 2. skirt pocket.
Rock·well ['rɔkvɛl] f ⟨-; no pl⟩ print. Rockwell.
'**Rock**|**zip·fel** m 1. dip in the hem of a skirt. - 2. an Mutters ~ hängen fig. colloq. to be tied to one's mother's apron strings.
'**Ro·de**|**hacke** (getr. -k·k-) f agr. hort. grub(bing) hoe, grubber, mattock.

Ro·del[1] ['roːdəl] m ⟨-s; -⟩, Bavarian and Austrian f ⟨-; -n⟩ cf. Rodelschlitten.
'**Ro·del**[2] m ⟨-s; ⸚⟩ Southern G. for Aktenrolle, Schriftrolle.
'**Ro·de·land** n agr. grubbed (od. cleared, stubbed) land, clearing.
'**Ro·del**|**bahn** f 1. sled (bes. Br. sledge) run (od. course). - 2. (sport) toboggan run (bes. Am. slide, chute).
ro·deln ['roːdəln] I v/i ⟨h u. sein⟩ 1. sled, bes. Br. sledge, Am. auch coast. - 2. (sport) toboggan. - II R~ n ⟨-s⟩ 3. verbal noun.
'**Ro·del**|**par**|**tie** f sled (bes. Br. sledge) ride. — **~schlit·ten** m 1. sled, bes. Br. sledge, Am. auch coaster. - 2. (sport) cf. Rennrodel. — **~sport** m cf. Rennrodeln.
'**Ro·de·ma**|**schi·ne** f agr. 1. stump grubber, uprooting machine. - 2. (für Kartoffeln) potato lifter (od. spinner).
ro·den ['roːdən] I v/t ⟨h⟩ 1. (Gebiet, Land etc) make (od. s.th.) arable, cultivate. - 2. (Bäume) grub, uproot, stub (trees) (up), clear. - 3. (Wurzelstöcke) extract. - 4. agr. (Kartoffeln etc) dig (up), lift, harvest. - II R~ n ⟨-s⟩ 5. verbal noun.
'**Ro·de**|**pflug** m agr. breaker plough (bes. Am. plow).
'**Ro·der** m ⟨-s; -⟩ agr. cf. Rodemaschine.
'**Rod·ler** m ⟨-s; -⟩, '**Rod·le·rin** f ⟨-; -nen⟩ 1. sledder, bes. Br. sledger, Am. auch coaster. - 2. (sport) cf. Rennrodler(in).
'**Ro·dung** f ⟨-; -en⟩ 1. cf. Roden. - 2. agr. cf. Rodeland.
Ro·ga·te [ro'gaːtə] m ⟨undeclined⟩ (der Sonntag) ~ relig. Rogate (od. Rogation) Sunday.
Ro·gen ['roːgən] m ⟨-s; -⟩ zo. roe, spawn. — '**Ro·ge·ner** m ⟨-s; -⟩, '**Ro·gen**|**fisch** m zo. spawner, seed fish.
Rog·gen ['rɔgən] m ⟨-s; -⟩ agr. -⟩ bot. agr. (common) rye (Secale cereale). — **~(**|**an**)-**bau** m agr. rye growing. — **~brot** n rye bread. — **~feld** n agr. rye field. — **~korn** n 1. grain of rye. - 2. collect. (Getreide) rye. — **~mehl** n rye flour. — **~muh·me** f myth. female corn demon (auch daemon) (od. ghost). — **~stroh** n agr. rye straw. — **~tres·pe** f bot. common brome(grass), rye darnel, ryelike brome, cheat, bes. Am. common chess (Bromus secalinus).
'**Rog·ner** m ⟨-s; -⟩ zo. spawner cf. Rogener.
roh [roː] I adj 1. (Ei, Fleisch, Obst, Gemüse etc) raw, uncooked, auch crude: ~er Schinken raw (od. uncooked smoked) ham; → Ei 2. - 2. (Öl, Metalle, Erze etc) crude: ~es Kupfer crude (od. native) copper; ~er Zucker crude (od. unrefined) sugar; ~es Erz crude (od. raw) ore. - 3. (Stein etc) rough, unhewn, in natural state. - 4. (Entwurf, Plan etc) rough: das ist erst ein ~er Entwurf that's only a rough (od. rude) draft, that's a draft in (the) rough (od. in broad outlines); die ~e Fassung eines Buches the rough (od. rude) draft of a book; nach ~er Schätzung according to a rough (Br. auch rude, Am. sl. horseback) estimate. - 5. (Pferde) unbroken, fresh. - 6. fig. (Benehmen etc) rough, rude, gross, (stärker) brute, brutal: ein ~er Kerl a rough (od. rude) fellow (colloq.), (stärker) a brute; mit ~er Gewalt kann man da nichts erreichen you can't succeed with brute force. - 7. (textile) a) (bes. Leinen) unbleached, b) (Seide, Wolle etc) raw, crude, gray, bes. Br. grey, natural. - 8. (leather) (Fell) untanned, undressed. - 9. print. (Buch) in (loose od. flat) sheets. - 10. econ. (brutto) gross: der ~e Betrag the gross amount. - 11. (substantiviert mit Kleinschreibung) im ~en in (the) rough: die Statue ist im ~en fertig the statue was finished in the rough. - II adv 12. roughly: ein ~ gearbeiteter Tisch a roughly made table; ein ~ behauener Stein a roughhewn stone. - 13. fig. (ungefähr) roughly, rudely: ~ geschätzt roughly estimated. - 14. fig. roughly, rudely, grossly, (stärker) brutally: j-n ~ behandeln to treat s.o. roughly (od. rudely), to manhandle s.o. (colloq.), (stärker) to treat s.o. brutally.
'**Roh**|**bau** m ⟨-(e)s; -ten⟩ (eines Hauses etc) shell construction, carcass: das Haus ist im ~ fertig the house is finished in the raw (od. in the rough). — **~baum**|**wol·le** f (textile) raw (od. gray, bes. Br. grey) cotton. — **~bi·lanz** f econ. gross (od. trial) balance. — **~block** m metall. raw ingot. — **~dia**|**mant** m (jewelry) rough diamond. —

~,ein,künf·te, **~,ein,nah·men** *pl econ.* gross receipts *od.* revenue *sg*, income *sg*).

'Roh,ei·sen *n metall.* pig iron. **— ~,pfan·ne** *f* pig-iron ladle.

Ro·heit ['ro:haɪt] *f ⟨-; -en⟩* **1.** ⟨*only sg*⟩ *fig.* (*des Benehmens etc*) roughness, rudeness, grossness, (*stärker*) brutality. **– 2.** *fig.* (*rohe Handlung*) brutal act, brutality: **eine ~ begehen** to commit a brutality. **– 3.** *cf.* Rohzustand 1. — **'Ro·heits,tä·ter** *m jur.* *person who commits acts of brutality.*

'Roh|er,trag *m econ.* gross profit (*od.* yield). **— ~,erz** *n metall.* crude (*od.* raw, mine) ore. **— ~,er,zeug·nis** *n econ. cf.* Rohprodukt. **— ~,fa·ser** *f* (*textile*) crude (*od.* raw) fiber (*bes. Br.* fibre). **— ~,film** *m phot.* raw (*od.* emulsion-coated) film.

'Roh,gas *n tech.* raw (*od.* crude) gas. **— ~,lei·tung** *f* raw-gas main.

'Roh|ge,wicht *n econ.* **1.** (*Materialgewicht*) weight of unfinished product. **– 2.** (*Zoll*) gross weight. **— ~ge,winn** *m* gross profit(*s pl*). **— ~,glas** *n* roughcast glass. **— ~,gum·mi** *n, auch m* crude (*od.* raw) india rubber. **— ~,guß** *n metall.* unfinished (*od.* raw, undressed) castings *pl.* **— ~,haut** *f* (*leather*) rawhide. **— ~,koh·le** *f* (*mining*) run-of-mine coal.

'Roh,kost *f gastr.* raw (*od.* uncooked) (vegetarian) food, raw (*od.* green) vegetables *pl.* **— ~,kur** *f* vegetarian (*od.* vegetable) cure.

'Roh,köst·ler [-,kœstlər] *m ⟨-s; -⟩* vegetarian. [salad.]

'Roh,kost,plat·te *f gastr.* raw vegetable

'Roh|,kup·fer *n metall.* crude (*od.* blister) copper. **— ~,le·der** *n* (*leather*) untanned (*od.* undressed) leather.

'Roh·ling *m ⟨-s; -e⟩* **1.** *fig.* brute, ruffian, brutal fellow (*colloq.*). **– 2.** *metall.* blank, (*in der Schmiede*) rough forging. **– 3.** *print.* (*beim Strangpreßverfahren*) slug. **– 4.** (*wood*) rough wood.

'Roh|,mar·mor *m* rough (*od.* raw) marble. **— ~ma·te·ri,al** *n* **1.** *tech. cf.* Rohstoff. – **2.** *fig.* (*für ein Buch etc*) raw material. **— ~me,tall** *n* crude metal.

'Roh,öl *n* (*petroleum*) crude oil (*od.* petroleum), crude. **— ~,lie·fe·rung** *f* crude-oil supply (*od.* shipments *pl*). **— ~,mo·tor** *m tech.* crude-oil engine.

'Roh·pe,tro·le·um *n* native naphta. **— ~pro,dukt** *n econ.* **1.** raw product. **– 2.** *bes. agr.* produce: **die ~e** the raw products (*od.* produce *sg*).

Rohr[1] [ro:r] *n ⟨-(e)s; -e⟩* **1.** *tech.* a) (*aus Gußeisen*) pipe, b) (*aus Stahl od. Metall*) tube, c) (*Leitungsrohr*) line pipe, d) (*Gattungsbegriff*) piping, tubing, e) (*Präzisionsrohr*) precision steel tube, f) (*Gewinderohr*) threaded pipe, g) (*Flaschenrohr*) flanged pipe: **gußeisernes ~** (cast-iron) pipe; **naht-loses ~** seamless tube; **~e (ver)legen** a) to lay pipes, b) to lay tubes, to tube. **– 2.** (*Kanalrohr*) duct, channel, canal. **– 3.** (*Ofenrohr*) flue. **– 4.** *Southern G. and Austrian dial.* (*Backröhre*) oven. **– 5.** (*Pfeifenrohr*) stem. **– 6.** *mil.* a) (*Geschützrohr*) (gun) barrel, tube, b) (*Torpedorohr*) tube: **gezogenes** [**glattes**] **~** rifled [smooth] bore (of the barrel).

Rohr[2] *n ⟨-(e)s; -e⟩* **1.** *bot.* a) reed, b) (*Schilfrohr*) (common *od.* water, ditch, giant) reed (*Phragmites communis*), c) (*Bambusrohr*) cane, bamboo (*Unterfam. Bambuseae*), d) (*Zuckerrohr*) (sugar) cane (*Gattg Saccharum*): **spanisches ~** *cf.* a) Peddigrohr, b) Rohrstock; **er schwankt wie ein ~ im Wind** *fig.* he is like a reed before the wind, he has no mind of his own, he doesn't know his own mind. **– 2.** *collect.* (*Schilf, Röhricht*) reed: **ein Haus mit ~ decken** to roof (*od.* thatch) a house with reed, to reed a house.

'Rohr|,ab,schnei·der *m tech.* pipe (*od.* tube) cutter. **— ~,ab,schnitt** *m* pipe section. **— ~,ab,zweig,stück** *n tech.* Y-branch. **— ~,am·mer** *f zo.* reed bunting (*Emberiza schoeniclus*). **— ~,an,schluß** *m tech.* pipe (*od.* tube) joint (*od.* connection, *Br. auch* connexion). **— ~,blatt** *n mus.* (*bes. bei Holzblasinstrumenten*) reed. **— ~,bo·gen** *m tech.* pipe bend. **— ~,bruch** *m tech.* pipe burst. **— ~,brun·nen** *m* artesian well.

Röhr·chen ['rø:rçən] *n ⟨-s; -⟩* **1.** *dim. of* Rohr[1], Röhre. **– 2.** *med.* (*für Abstriche*) a) sterile (*od.* test) tube, tubule, b) culture tube. **– 3.** *tech.* (*Haarröhrchen*) capillary tube. **– 4.** *chem.* (*kleines Reagenzglas*) test tube.

'Rohr,dach *n arch.* reed (*od.* thatched) roof.

'Rohr,dom·mel [-,dəməl] *f ⟨-; -n⟩ zo.* **1. Große ~** (common) bittern, bull of the bog (*Botaurus stellaris*). **– 2. Kleine ~** little bittern (*Ixobrychus minutus*).

'Rohr|,draht *m* **1.** *tech.* conduit wire. **– 2.** *electr.* conduit (*od.* leading-in) wire. **— ~,durch,mes·ser** *m* **1.** *tech.* pipe (*od.* tube) diameter. **– 2.** *mil.* bore diameter, caliber, *bes. Br.* calibre.

Röh·re ['rø:rə] *f ⟨-; -n⟩* **1.** *tech.* pipe, tube: **in die ~ gucken** *fig. colloq.* to be left empty-handed. **– 2.** *electr.* (*radio*) (radio) tube (*bes. Br.* valve): **zweipolige ~** diode, two-electrode tube; **durchgebrannte ~** fused tube; → Braunsch. **– 3.** *electr.* (*Leuchtröhre*) gas-discharge (*od.* discharge, neon) lamp, neon tube. **– 4.** *phys.* tube: **kommunizierende ~n** communicating tubes. **– 5.** *med. phys.* (*Röntgenröhre*) (X-ray *od.* Roentgen) tube. **– 6.** *med.* a) duct, canal, b) (*Kanüle*) cannula, *auch* canula. **– 7.** *gastr. cf.* Backrohr, Bratröhre. **– 8.** *hunt.* subterranean passageway(*s pl*) of a fox's den.

röh·ren ['rø:rən] *v/i ⟨h⟩ hunt.* (*von Hirschen*) bell(ow), roar.

'Röh·ren|,blitz·ge,rät *n phot.* electronic flash unit. **— ~,blü·ten** *pl bot.* (*der Korbblütler*) tubular flowers. **— ~,brun·nen** *m civ.eng. cf.* Rohrbrunnen. **— ~de,tek·tor** *m* (*radio*) (thermionic) tube (*bes. Br.* valve) detector, *Am.* audion. **— ~,drä·nung** *f civ.eng.* drainage by pipes. **— ~,elek,tro·de** *f electr.* electrode of an electron tube. **— ~elek,tro,me·ter** *n* tube electrometer. **— ~emp,fän·ger** *m* (*radio*) tube (*bes. Br.* valve) receiver (*od.* set). **— ~,fas·sung** *f* tube (*bes. Br.* valve) socket (*od.* holder). **— r~,för·mig** *adj* tubular, tubiform. **— ~,gleich,rich·ter** *m* (*radio*) vacuum-tube (*bes. Br.* -valve) rectifier. **— ~,kno·chen** *m med. zo.* long (*od.* hollow, tubular, cylindrical) bone. **— ~,küh·ler** *m auto.* tubular radiator. **— ~,lam·pe** *f electr.* tubular (*od.* tube) lamp. **— ~,lei·tung** *f tech. cf.* Rohrleitung. **— ~,mäu·ler** *pl zo.* tubemouth fishes (*Fam. Solenostomidae*). **— ~,pilz** *m bot. cf.* Röhrling. **— ~,prüf·ge,rät** *n* (*radio*) tube (*bes. Br.* valve) tester. **— ~,rau·schen** *n* tube (*bes. Br.* valve) noise. **— ~,schwamm** *m bot. cf.* Röhrling. **— ~,sen·der** *m* (*radio*) (thermionic) tube (*bes. Br.* valve) transmitter. **— ~,sockel** (*getr.* -k·k-) *m* tube (*bes. Br.* valve) socket. **— ~,strei·fen** *m metall.* skelp. **— ~sy,stem** *n* **1.** *med.* piping, pip(e)age. **– 2.** *electr.* tube (*bes. Br.* valve) system. **— ~ver,stär·ker** *m* (*radio*) thermionic (*od.* vacuum-tube, *bes. Br.* -valve) amplifier. **— ~wal·ze,rei** *f,* **~,walz,werk** *n metall.* tube-rolling mill (*od.* works *pl* construed as *sg or pl*). **— ~,wurm** *m zo.* **1.** sabellariid (worm) (*Unterklasse Chaetopoda*). **– 2.** tube-dwelling worm (*Unterklasse Sedentaria*).

'Rohr,flö·te *f mus.* **1.** reed pipe. **– 2.** (*Orgelregister*) chimney flute, rohrflöte.

'rohr,för·mig *adj cf.* röhrenförmig.

'Rohr|,form,stück *n tech.* pipe fitting. **— ~ge,flecht** *n* canework, cane plaiting. **— ~ge,win·de** *n tech.* pipe thread. **— ~,her,stel·lung** *f tech.* tube manufacture.

'Röh·richt *n ⟨-s; -e⟩* reed bank, reeds *pl.*

'Rohr|,kol·ben *m bot.* cattail, cat's-tail (*Gattg Typha*). **— ~kre,pie·rer** *m ⟨-s; -⟩ mil.* burst in the bore, barrel burst, bore premature. **— ~,krüm·mer** *m tech.* pipe bend, elbow. **— ~,le·ger** *m* **1.** pipe layer (*od.* fitter). **– 2.** (*Installateur*) plumber. **— ~,lei·tung** *f* **1.** conduit, duct, pipe, tube. – **2.** (*Anlage*) tubing, piping. **– 3.** (*Fernleitung*) pipeline. **– 4.** (*Versorgungsnetz*) mains *pl.*

'Röhr,ling *m ⟨-s; -e⟩ bot.* (*Röhrenpilz*) boletus (*Fam. Boletaceae*).

'Rohr|,man·tel *m mil.* jacket. **— ~,mast** *m tech.* tubular mast (*od.* pole). **— ~,mat·te** *f* reed mat. **— ~,mö·bel** *pl* cane (*od.* wicker) furniture *sg.* **— ~,muf·fe** *f tech.* pipe socket. **— ~,netz** *n* (*für Wasser, Gas etc*) mains *pl.* **— ~,nu·deln** *pl gastr.* a kind of yeast dumplings baked in the oven. **— ~,pal·me** *f bot.* rattan (palm), *auch* ratan, rotan (*Gattg Calamus*).

'Rohr,post *f* (*bes. innerbetriebliche*) pneumatic (*od.* tubular) post. **— ~,brief** *m* tubular letter. **— ~,büch·se** *f* (pneumatic post) carrier. **— ~,kar·te** *f* tubular postcard,

pneumatic tube card. **— ~,sen·dung** *f* item conveyed by post.

'Rohr|,rah·men *m* (*bei Kraftwagen*) tubular frame. **— ~,rück,lauf** *m ⟨-(e)s; no pl⟩ mil.* (gun *od.* barrel) recoil. **— ~,sän·ger** *m zo.* reed warbler (*Acrocephalus scirpaceus*). **— ~,schel·le** *f tech.* pipe clip (*od.* clamp). **— ~,schilf** *n bot. cf.* Rohr[2] 2. **— ~,schneid,klup·pe** *f tech.* die stock. **— ~,spatz** *m zo. cf.* Rohrsänger: **schimpfen wie ein ~** *colloq. humor.* to scold like a fishwife. **— ~,stock** *m* cane, bamboo (stick). **— ~,stuhl** *m* cane chair. **— ~,stut·zen** *m tech.* pipe socket (*od.* connection, *Br. auch* connexion, fitting). **— ~ver,bin·dung** *f* pipe connection (*Br. auch* connexion), pipe joint (*od.* coupling), pipe fitting. **— ~,wei·he** *f zo.* moor buzzard, marsh harrier (*Circus aeruginosus*). **— ~,wei·te** *f tech. mil. cf.* Rohrdurchmesser. **— ~,zan·ge** *f tech.* pipe wrench. **— ~,zucker** (*getr.* -k·k-) *m* cane sugar.

'Roh,sei·de *f* (*textile*) raw silk. **— 'roh,sei·den** *adj* of raw silk.

'Roh,stahl *m tech.* raw (*od.* crude) steel, (*Flußstahl*) ingot steel.

'Roh,stoff *m econ.* raw material: **~e** raw products, unwrought goods; **mineralischer ~** *geol.* mineral substance. **— ~,man·gel** *m econ.* scarcity of raw materials, raw material shortage. **— ~,markt** *m* raw material market. **— ~,prei·se** *pl* raw material prices. **— ~ver,ar·bei·tung** *f* processing of raw materials.

'Roh|,ta·bak *m* leaf (tobacco). **— ~,wol·le** *f* (*textile*) raw wool. **— ~,zucker** (*getr.* -k·k-) *m* crude (*od.* unrefined, raw) sugar. **— ~,zu,stand** *m* **1.** (*von Metallen, Öl etc*) crude (*od.* raw) state, crudeness: **im ~** in the crude (*od.* raw) state. **– 2.** *fig.* (*von Entwürfen etc*) rough (state): **im ~** in (the) rough.

ro·jen ['ro:jən] *v/t u. v/i ⟨h⟩ mar.* row, pull.

Ro·ko·ko ['rəkoko; roko'ko:] *n ⟨-s; no pl⟩* (*art*) rococo. **— ~,stil** *m* rococo style.

'Ro·lands,lied, das ['ro:lants-] (*literature*) la Chanson de Roland.

'Roll,ach·se *f* (*space*) roll axis.

'Rolla·den (*getr.* -ll,l-) *m ⟨-s; Rolläden, auch -⟩* **1.** *cf.* Rouleau 1. **– 2.** (*am Schreibtisch*) roll-up desk front, roll front.

'Roll|,as·sel *f zo.* wood louse, *auch* pill bug (*Unterordng Oniscoidea*). **— ~,bahn** *f* **1.** *aer.* a) taxi strip, taxiway, b) *cf.* Lande-, Startbahn. **– 2.** *tech.* a) gravity roller conveyor, b) (*Gleitbahn*) rollway, roller way, c) (*eines Lagers*) raceway. **– 3.** *mil.* track. **— ~,band,maß** *n tech.* measuring tape, tape rule, (*aus Stahl*) pull-push tape. **— ~,bett** *n* **1.** wheel bed. **– 2.** (*zum Unterschieben*) trundle bed, *auch* truckle bed. **— ~,bra·ten** *m gastr.* a piece of meat rolled up and tied, *Br.* collar. **— ~,dach** *n auto.* roller roof.

Rol·le ['rələ] *f ⟨-; -n⟩* **1.** (*Tapete, Stoff, Geld etc*) roll: **eine ~ Geld** a) (*Münzen*) a roll (*od.* rouleau *of money*, b) (*Papiergeld*) a roll (*od.* wad) of money; **eine ~ Tabak** a roll (*od.* twist, prick) of tobacco; **eine ~ Pergament** a scroll (*od.* roll) of parchment. **– 2.** (*Garn, Film etc*) spool, *bes. Br.* reel: **eine ~ Garn** a spool of thread, *bes. Br.* a reel of cotton. **– 3.** (*Tau, Draht etc*) coil, reel. **– 4.** (*unter Möbeln etc*) caster, *bes. Br.* castor. **– 5.** (*Walze*) cylinder, roll(er). **– 6.** *tech.* (*Seilrolle*) sheave. **– 7.** (*im Film, Theater etc*) part, role, *auch* rôle: **die ~ des Hamlet spielen** to play the part of Hamlet; **seine ~ lernen** to learn one's part, to study one's lines; **die ~n besetzen** to cast the parts; **eine ~ spielen** a) to play a part (*od.* role), b) *fig.* (*etwas vorgeben*) to playact, c) *fig.* (*bei, in dat in*) to play a part (*od.* role), to be a factor, to be of importance; **eine kleine [unbedeutende] ~ spielen** a) to play a small [secondary] part, b) *fig.* to play a minor [an unimportant] role; **eine führende ~ spielen** *auch fig.* to play a leading role; **er spielt eine große ~ in der Firma** *fig.* he is one of the top men in (*od.* of) the firm; **eine jämmerliche ~ (bei etwas) spielen** *fig.* to play a miserable role (in s.th.); **das spielt keine ~** *fig.* that doesn't matter (a hoot *colloq.*), that makes no difference; **Geld spielt bei ihm keine ~** *fig.* money is no object to him; **es hat auch eine ~ gespielt, daß** *fig.* another reason was that, a contributing (*od.* contributory) factor was that; aus der ~ fallen *fig.* to forget oneself, *Br. colloq.* to drop a brick; die ~n vertauschen *fig.* to (ex)change parts. – **8.** *psych. sociol.* (*Verhaltensweise*) role, *auch* rôle. – **9.** (*sport*) a) (*auf dem Boden*) roll, head-over-heels, somersault, *auch* summersault, b) (*an Geräten*) roll, somersault, c) (*beim Hochsprung*) roll: ~ vorwärts [rückwärts] forward [backward] roll. – **10.** *aer.* (*beim Kunstflug*) roll, a) (*von Maschine*) to roll, b) (*von Pilot*) to roll the aircraft. – **11.** *obs.* (*Urkunde, Liste etc*) roll. – **12.** *mar.* muster list, station bill.

rol·len ['rɔlən] **I** *v/i* ⟨sein⟩ **1.** (*von Ball, Kugel, Rad etc*) roll: der Ball ist ins Tor [unter den Tisch] gerollt the ball rolled into the goal [under the table]. – **2.** roll (along): der Wagen ist noch ein Stück gerollt the car rolled along a bit; im Rollstuhl ~ to wheel (*od.* trundle) (in a wheelchair). – **3.** (*von Lawine, See*) roll. – **4.** (*von Tränen etc*) roll: Tränen ~ über ihre Wangen tears roll down her cheeks; mit den Augen ~ to roll one's eyes. – **5.** *fig.* (*von Donner etc*) roll, rumble, roar. – **6.** *mar.* (*von Schiff etc*) roll, (*schlingern*) *auch* lurch. – **7.** *aer.* a) (*im Flug*) roll, b) auf die Startbahn ~ to taxi on to the runway. – **8.** *lit.* (*von Blut etc*) run: in seinen Adern rollt feuriges Blut fiery blood runs through his veins. – **II** *v/t* ⟨h⟩ **9.** (*Bälle, Fässer etc*) roll: er hat den Stein zur Seite gerollt he rolled the stone aside. – **10.** (*Person, im Rollstuhl*) wheel, trundle. – **11.** *gastr.* (*Nudeln, Teig etc*) roll. – **12.** (*Teppich, Papier etc*) roll up. – **13.** (*Locken etc*) curl: sie rollte ihre Haare auf Lockenwickler she put her hair on curlers. – **14.** *ling.* das R ~ to roll (*od.* trill) one's r's. – **15.** *tech.* (*ein Gewinde*) roll. – **III** *v/reflex* sich ~ **16.** (*von Personen*) roll: die Kämpfenden rollten sich im Sand the fighters rolled in the sand. – **17.** (*von Papier, Locken, Film etc*) curl (up). – **18.** (*von Schlange*) coil up. – **IV** R~ *n* ⟨-s⟩ **19.** *verbal noun.* – **20.** (*des Balls, Fasses etc*) roll: der Ball kommt ins R~ a) the ball starts rolling, b) *fig.* the ball starts to roll, the affair gets under way; etwas [den Stein, die Kugel] ins R~ bringen a) to set s.th. [the stone, the ball] rolling, b) *fig.* to start (*od.* set) the ball rolling; die Lawine kommt ins R~ a) the avalanche starts rolling, b) *fig.* this starts off the avalanche. – **21.** *fig.* (*des Donners etc*) roll, rumble, roar. – **22.** (*der See*) heavy swell. – **23.** *mar.* (*des Schiffs etc*) roll(ing), (*Schlingern*) *auch* lurch.

'**Rol·len|be,set·zung** *f* (*theater, film*) **1.** (*Rollenverteilung*) casting. – **2.** (*Darstellerliste*) cast. — ~**buch** *n* (*theater*) script.

'**rol·lend I** *pres p.* – **II** *adj* rolling: ~er Angriff *mil.* relay attack, attack in waves; in ~em Einsatz *mil.* in waves; → Material 9.

'**Rol·len|,fach** *n* (*theater*) type of role (*od.* character). — **r~,för·mig** *adj* roll-shaped, cylindrical. — **r~ge,la·gert** *adj tech.* mounted on roller bearings. — ~**,la·ger** *n* roller bearing. — ~**pa,pier** *n* counter reel. — ~**,stu·di·um** *n* (*theater*) study of one's part. — ~**ta·bak** *m cf.* Rolltabak. — ~**ver,tei·lung** *f* (*theater, film*) casting. — ~**,zug** *m tech. cf.* Flaschenzug.

'**Rol·ler** *m* ⟨-s; -⟩ **1.** (*Tretroller*) scooter. – **2.** (*Motorroller*) (motor) scooter. – **3.** *mar.* (*Welle*) roller. – **4.** Harzer ~ *zo.* (*Kanarienvogel*) roller. – **5.** (*sport*) (*beim Fußball, Hockey*) harmless ground shot. – **6.** *tech. cf.* Rolle 6. – **7.** Austrian for Rouleau. — ~**,fah·rer** *m* scooterist.

'**Roll·er,laub·nis** *f aer.* taxi clearance.

rol·lern ['rɔlərn] *v/i* ⟨sein⟩ scooter.

'**Roll|,feld** *n aer. cf.* Rollbahn. — ~**,film** *m phot.* roll film. — ~**,fleisch** *n gastr.* meat suitable for rolling.

'**Roll,fuhr|,dienst** *m econ.* cartage service, collection and delivery service. — ~**,mann** *m* carter, carrier, *Am. auch* teamster. — ~**un·ter,neh·men** *n* road haulage undertaking (*od.* business). — ~**un·ter,neh·mer** *m* carting agent, cartage contractor.

'**Roll|,geld** *n econ.* haulage, truckage, cartage, carriage, *bes. Am.* drayage. — ~**,ger·ste** *f agr. cf.* Graupe 1. — ~**,gut** *n econ.* carted goods *pl.* — ~**,hand,tuch** *n* roller (*od.* endless) towel. — ~**,ja·lou,sie** *f* roller blind. — ~**,kom,man·do** *n* raiding

squad. — ~**,kra·gen** *m Br.* roll collar, turtleneck (*Br.* polo neck) (collar). — ~**,kunst,lauf** *m* (*sport*) roller-skating. — ~**,kunst,läu·fer** *m*, ~**,kunst,läu·fe·rin** *f* roller skater. — ~**,kur** *f med.* a method of treatment in which the patient upon drinking a liquid medication rotates his prone position every few minutes. — ~**,kut·scher** *m cf.* Rollfuhrmann. — ~**,mops** *m gastr.* rolled pickled herring, *Am.* rollmops.

'**Roll·lo** ['rɔlo; rɔ'lo:] *n* ⟨-s; -s⟩ *cf.* Rouleau. '**Roll|,pult** *n* roll-top desk. — ~**,sche·mel** *m* (*railway*) trolley, lorry. — ~**,schie·ne** *f* (*eines Ruderboots*) runner. — ~**,schin·ken** *m gastr.* rolled ham. — ~**,schnell·lauf** (*getr.* -ll,l-) *m* ⟨-(e)s; *no pl*⟩ (*sport*) roller speed skating. — ~**,schnell·läu·fer** (*getr.* -ll,l-) *m*, ~**,schnell·läu·fe·rin** (*getr.* -ll,l-) *f* roller speed skater. — ~**,schrank** *m* roll-front cabinet.

'**Roll,schuh** *m* (*sport*) roller skate: ~ fahren (*od.* laufen) to roller-skate. — ~**,bahn** *f* roller-skating rink. — ~**,lau·fen** *n* roller-skating. — ~**,läu·fer** *m*, ~**,läu·fe·rin** *f* roller skater. — ~**sport** *m* roller-skating.

'**Roll|,schwanz,af·fe** *m* *zo. cf.* Greifschwanzaffe. — ~**,sitz** *m* (*in Ruderbooten*) sliding seat, slide. — ~**,splitt** *m civ.eng.* loose chippings *pl.* — ~**,stem·pel** *m* **1.** (*postal service*) roller stamp. – **2.** *tech.* roller dies *pl.* — ~**,strecke** (*getr.* -k·k-) *f aer.* ground run distance. — ~**,stuhl** *m med.* **1.** wheelchair, rolling (*od.* invalid) chair. – **2.** (*mit Verdeck*) bath chair; *auch* Bath chair, wheelchair. — ~**,ta·bak** *m* roll (*od.* twisted) tobacco, twist (of tobacco), pigtail. — ~**,tep·pich** *m* (*zum Personentransport*) speedwalk. — ~**,trep·pe** *f* escalator, moving staircase (*od.* stairs *pl construed as sg or pl*), stairway. — ~**ver,deck** *n auto.* roller roof. — ~**,wa·gen** *m* **1.** truck, *bes. Br.* lorry. – **2.** (*bei Sägewerken etc*) katydid. — ~**,wand** *f* sash screen.

Rom [ro:m] *npr n* ⟨-s; *no pl*⟩ **1.** *geogr.* Rome: alle Wege führen nach ~ (*Sprichwort*) all roads lead to Rome (*proverb*); ~ ist (*auch*) nicht an einem Tag erbaut worden (*Sprichwort*) Rome was not built in a day (*proverb*); das sind ja Zustände wie im alten ~! a) (*in moralischer Hinsicht*) that's like Sodom and Gomorrha! b) (*in Wohnung, auch Firma*) that's straight from the ark! that's simply prehistoric! er war in ~ und hat den Papst nicht gesehen *fig.* he was in London and didn't see the Queen. – **2.** *antiq.* (*römisches Reich*) Rome, the Roman Empire.

Ro·ma·dur ['ro:madu:r; roma'du:r] *m* ⟨-(s); *no pl*⟩ *gastr.* (*Käse*) Romadur.

Ro·man [ro'ma:n] *m* ⟨-s; -e⟩ **1.** novel, (*work of*) fiction: ein historischer [satirischer, utopischer] ~ a historical [satirical, utopian] novel; der ~ erscheint in Fortsetzungen the novel is published serially (*od.* in instal[l]ments); erzähl (doch) keinen ~! *fig. colloq.* a) cut it short! b) tell me another! don't tell (me) lies! – **2.** (*Gattung*) fiction.

ro'man|,ar·tig *adj* novelistic, novellike. — **R~,au·tor** *m cf.* Romanschreiber.

Ro·man·ci·er [romã'sie:] *m* ⟨-s; -s⟩ *cf.* Romanschreiber.

Ro·ma·ne [ro'ma:nə] *m* ⟨-n; -n⟩ *Neo-Latin:* die ~n the Neo-Latin (*od.* Romance) nations.

Ro·ma·nen·tum *n* ⟨-s; *no pl*⟩ **1.** Neo-Latin (*od.* Romance) way of life (*od.* characteristics *pl*), Romanic outlook. – **2.** (*the*) Romance peoples *pl* (*od.* nations *pl*).

Ro'man,fol·ge *f* series (*od.* cycle) of novels.

ro'man·haft *adj* **1.** (*erdacht*) fictitious. – **2.** (*abenteuerlich*) romance (*attrib*), romantic, romanesque.

Ro'man,held *m* hero of a novel.

Ro·ma·nik [ro'ma:nɪk] *f* ⟨-; *no pl*⟩ **1.** (*art*) Romanesque (style). – **2.** Romanesque (architecture *od.* style).

ro'ma·nisch *adj* **1.** *ling.* Romance, Romanic: die ~en Sprachen the Romance languages, Romance *sg*; die ~en Völker the Romance peoples (*od.* nations). – **2.** (*art*) Romanesque. – **3.** *arch.* Romanesque: ~er Stil Romanesque (style).

ro·ma·ni·sie·ren [romani'zi:rən] **I** *v/t* ⟨*no* ge-, h⟩ romanize, Romanize. – **II** R~ *n* ⟨-s⟩ *verbal noun.* – **Ro·ma·ni'sie·rung** *f* ⟨-; *no pl*⟩ Romanization.

Ro·ma·nis·mus [roma'nɪsmus] *m* ⟨-; *no pl*⟩ **1.** (*art*) Romanism. – **2.** *obs. relig.* Romanist outlook, Romanism.

Ro·ma·nist [roma'nɪst] *m* ⟨-en; -en⟩ **1.** *pol. relig.* Romanist, Romanicist. – **2.** *ped.* student of Romance languages and literatures. – **3.** *jur.* specialist in Roman law, Romanist. – **4.** (*art*) Romanist.

Ro·ma·ni·stik [roma'nɪstɪk] *f* ⟨-; *no pl*⟩ **1.** *ped.* study of Romance languages and literatures. – **2.** *jur.* science of Roman law.

ro·ma'ni·stisch *adj* **1.** *ped.* concerning the study of Romance languages and literatures. – **2.** *jur.* concerning the science of Roman law.

Ro'man|,le·ser *m* reader of novels (*od.* fiction), novel reader. — ~**,li·te·ra,tur** *f* a) (*works pl of*) fiction, b) (*genre of the*) novel. — ~**,schrei·ber**, ~**,schrift,stel·ler** *m* novelist, writer of novels (*od.* fiction), novel writer. — ~**,tech·nik** *f* technique of a novel, novel-writing technique.

Ro·man·tik [ro'mantɪk] *f* ⟨-; *no pl*⟩ **1.** (*literature*) (*art*) *mus.* a) Romanticism, *auch* romanticism, b) (*Zeit der Romantik*) age (*od.* period) of Romanticism, Romantic era (*od.* period), c) (*die romantische Bewegung*) Romantic movement. – **2.** *fig.* romantic character, romance: die ~ der ersten Eisenbahnen the romance of the first railways; die ~ einer Landschaft the romantic character (*od.* romance) of a landscape; er hat keinen Sinn für ~ he has no feeling for the romantic, he has no sense of romance, he has no romanticism.

Ro·man·ti·ker [ro'mantɪkər] *m* ⟨-s; -⟩ **1.** (*literature*) Romantic(ist), Romantic (*auch* romantic) poet (*od.* writer). – **2.** (*art*) Romantic(ist), Romantic (*auch* romantic) artist. – **3.** *mus.* Romantic(ist), Romantic (*auch* romantic) composer. – **4.** *fig.* (*Schwärmer*) romantic(ist).

ro·man·tisch [ro'mantɪʃ] *adj* **1.** (*literature*) (*art*) *mus.* Romantic, *auch* romantic: die ~e Bewegung the Romantic movement; eine ~e Oper a Romantic opera; die ~e Ironie Romantic irony. – **2.** (*Wesen*) romantic, romantical: ein ~es Gemüt a romantic soul. – **3.** (*Landschaft, Kleidung etc*) romantic, romantical, Romanesque.

ro·man·ti·sie·ren [romanti'zi:rən] *v/t* ⟨*no* ge-, h⟩ romanticize.

Ro·man·ti·zis·mus [romanti'tsɪsmus] *m* ⟨-; *no pl*⟩ Romanticism.

ro·mantsch [ro'mantʃ] *ling.* **I** *adj* ⟨*attrib*⟩ *cf.* rätoromanisch I. – **II** R~ ⟨*generally undeclined*⟩ *cf.* rätoromanisch II.

Ro·man·ze [ro'mantsə] *f* ⟨-; -n⟩ **1.** (*literature*) romance. – **2.** *mus.* romance. – **3.** *fig.* romance, love affair: eine kurze ~ mit j-m erleben to have a brief love affair with s.o.

Ro'man,zei·tung *f* fiction magazine. — ~**zy·klus** *m* **1.** novel cycle, cycle of novels. – **2.** (*bes. Familienroman*) roman-fleuve.

Rö·mer[1] ['rø:mər] *m* ⟨-s; -⟩ Roman: (der Brief des Paulus an die) ~ *Bibl. cf.* Römerbrief.

'**Rö·mer[2]** *m* ⟨-s; -⟩ (*Weißweinglas*) rummer.

'**Rö·mer,brief**, **der** *Bibl.* the Epistle (of St. Paul) to the Romans, Romans *pl* (*construed as sg*).

'**Rö·me·rin** *f* ⟨-; -nen⟩ Roman (woman *od.* girl).

'**Rö·mer|,stra·ße** *f hist.* Roman road. — ~**topf** *m gastr.* (*irdener Schmortopf*) Roman pot.

'**Rö·mer·tum** *n* ⟨-s; *no pl*⟩ *antiq.* Romanism, Romanity.

'**Rom|,fah·rer** *m* **1.** traveler (*bes. Br.* traveller) to Rome. – **2.** *röm.kath.* pilgrim to Rome. — ~**,fahrt** *f* **1.** expedition (*od.* trip) to Rome. – **2.** *röm.kath.* pilgrimage to Rome.

rö·misch ['rø:mɪʃ] *adj* **1.** Roman, of Rome: die R~e Schule (*art*) the Roman school. – **2.** *antiq. hist.* Roman: die ~e Zeitrechnung Roman chronology (*od.* era); die ~en Kaiser the Roman emperors; ~es Bad Roman (*Am.* hot-air) bath; das R~e Reich the Roman Empire; das Heilige R~e Reich (Deutscher Nation) the Holy Roman Empire; der R~e Stuhl *röm.kath.* the Holy See. – **3.** ~e Zahl (*od.* Ziffer) *math.* roman (*od.* Roman) numeral. – **4.** ~es Recht *jur.* Roman law.

'**rö·misch-ka'tho·lisch** *adj relig.* Roman Catholic, papal, Romish, Romanish (*usually contempt.*): die ~e Kirche the Roman Catholic Church, the Church of Rome.

Rom·mé [rɔ'me:; 'rɔmə] *n* ⟨-s; -s⟩ (*Kartenspiel*) rummy.

ro·montsch [roˈmɔntʃ] adj ⟨attrib⟩ ling. cf. rätoromanisch I.

'**Rom,rei·se** f journey (od. trip) to Rome.

Ro·mu·lus [ˈroːmulus] npr m ⟨-; no pl⟩ Romulus.

Ron·de¹ [ˈrɔndə; ˈroːdə] f ⟨-; -n⟩ 1. tech. (in der Stanztechnik) circular blank (od. shape), round blank. - 2. mil. obs. round.

'**Ron·de**² f ⟨-; no pl⟩ print. (Schriftart) ronde, round hand.

Ron·deau¹ [rõˈdoː] n ⟨-s; -s⟩ metr. (Gedichtform) rondeau, rondel.

Ron·deau² [rõˈdoː] n ⟨-s; -s⟩ Austrian for Rondell, Rundplatz.

Ron·dell [rɔnˈdɛl] n ⟨-s; -e⟩ (Rundbeet) circular flower bed.

Ron·do [ˈrɔndo] n ⟨-s; -s⟩ mus. rondo.

rön·ne [ˈrœnə] 1 u. 3 sg pret subj of rinnen.

rönt·gen [ˈrœntɡən] med. I v/t ⟨h⟩ 1. X-ray, radiograph, take an X ray of, make a radiograph of. - 2. (durchleuchten) fluoroscope, transilluminate. - II R~ n ⟨-s⟩ 3. verbal noun. - 4. radiography. - 5. fluoroscopy, transillumination.

'**Rönt·gen|ap·pa,rat** m med. X-ray apparatus (od. unit, Am. auch machine). — ~,arzt m roentgenologist. — ~,as·si,stent m, ~,as·si,sten·tin f X-ray assistant, assistant radiographer. — ~,auf,nah·me f X ray, X-ray photograph (od. picture), radiograph, radiogram. — ~,au·gen pl colloq. penetrating eyes. — ~,be,fund m radiological (od. X-ray) findings pl (od. results pl). — ~,be,hand·lung f X-ray treatment, roentgen(o)therapy, radiotherapy. — ~,bild n cf. Röntgenaufnahme. — ~,brei m contrast (od. barium, opaque) meal. — ~,bril·le f X-ray (od. fluoroscopic) goggles pl. — ~,dia,gno·stik f radiodiagnostics pl, X-ray diagnostics pl. — ~,durch,leuch·tung f fluoroscopy, transillumination. — ~,durch,leuch·tungs·ge,rät n fluoroscope. — ~,ein·heit f roentgen (auch röntgen) (unit). — ~,ery,them n X-ray dermatitis. — ~,film m X-ray (od. radiographic) film.

rönt·ge·ni·sie·ren [rœntɡeniˈziːrən] v/t ⟨no ge-, h⟩ Austrian med. for röntgen.

'**Rönt·gen|,ka·ter** m med. radiation (od. X-ray) sickness. — ~,mahl,zeit f cf. Röntgenbrei.

Rönt·ge·no·gramm [rœntɡenoˈɡram] n ⟨-s; -e⟩ med. cf. Röntgenaufnahme. — **Rönt·ge·no·gra·phie** [rœntɡenoɡraˈfiː] f ⟨-; no pl⟩ roentgenography, radiography. — **rönt·ge·no·gra·phisch** [-ˈɡraːfɪʃ] adj roentgenographic, radiographic. — **Rönt·ge·no·lo·ge** [rœntɡenoˈloːɡə] m ⟨-n; -n⟩ med. roentgenologist. — **Rönt·ge·no·lo·gie** [-loˈɡiː] f ⟨-; no pl⟩ roentgenology, (X-ray) radiology. — **rönt·ge·no·lo·gisch** adj roentgenologic(al), radiologic(al).

'**Rönt·gen|pho·to·gra,phie** f med. radiophotography, roentgenography, radiography. — ~,rei·hen,un·ter,su·chung f mass radiography. — ~,röh·re f phys. X-ray (od. roentgen, auch röntgen) tube. — ~,schirm m (fluorescent) screen: durch den ~ betrachten to screen. — ~,strah·len pl phys. X rays, X-ray beams (auch röntgen) rays: harte ~ hard X rays; weiche ~ soft X rays. — ~,the·ra,pie f X-ray therapy, radiotherapy, roentgen(o)therapy. — ~,tie·fen·be,strah·lung f deep X-ray therapy. — ~,un·ter,su·chung f med. metall. X-ray examination, radiographic inspection. — ~,ver,fah·ren n radiography.

Roof [roːf] m, n ⟨-(e)s; -e⟩ mar. roof, deckhouse.

Roque·fort [rɔkˈfoːr] (Fr.) m ⟨-s; -s⟩ gastr. (Käse) Roquefort.

'**Ror·schach,test** [ˈrɔrʃax-] m psych. Rorschach test, Rorschach.

ro·sa [ˈroːza] I adj 1. pink(-colored, bes. Br. -coloured), pinky. - 2. (rosenfarbig) rose(-colo[u]red), rosy, roseate: die Welt durch eine ~ Brille sehen fig. to see things through rose-colo(u)red spectacles (od. glasses). - II R~ n ⟨-s; -, colloq. -s⟩ 3. pink (color, bes. Br. colour), carnation pink. - 4. rose (color, bes. Br. colour). — ~,far·ben, ~,far·big adj cf. rosa I.

Ro·sa·ri·um [roˈzaːriʊm] n ⟨-s; -rien⟩ 1. hort. (Rosenpflanzung) rosary, rosarium. - 2. röm.kath. (Rosenkranzgebet) rosary, auch Rosary.

'**ro·sa,rot** I adj rose-pink: die Welt durch eine ~e Brille (od. in ~em Licht) sehen fig. to see things through rose-colo(u)red

spectacles (od. glasses). - II R~ n ⟨-s; -, colloq. -s⟩ rose pink.

rösch [røːʃ] adj Southern G., auch Swiss cf. [resch 1.]

Rös·chen [ˈrøːsçən] n ⟨-s; -⟩ dim. of Rose.

Ro·se [ˈroːzə] f ⟨-; -n⟩ 1. bot. a) (Gattg Rosa), b) (Zaunrose etc) sweetbrier, auch sweetbriar, eglantine, wild brier (R. eglanteria), c) (Heckenrose) dog rose, wild brier, auch eglantine (R. canina): wilde ~ wild rose; keine ~ ohne Dornen fig. no rose without a thorn; er ist [nicht] auf ~n gebettet fig. his life is a [no] bed of roses. - 2. (Rosenstock) rose bush (od. shrub, auch tree). - 3. arch. (Fensterrose) rose (window). - 4. mar. (eines Kompasses) compass rose (od. card). - 5. her. rose: der Krieg der weißen und der roten ~ hist. cf. Rosenkriege. - 6. med. erysipelas, auch St. Anthony's fire. - 7. hunt. a) (Geweihansatz) bur(r), b) red skin above the eye of a heath cock. - 8. (jewelry) (Edelsteinschliff) rose (cut). - 9. fig. (schönes Mädchen) rose. - 10. Goldene ~ röm.kath. (Auszeichnung) Golden Rose.

ro·sé [roˈzeː] I adj cf. rosa I. - II R~ n ⟨-s; -, colloq. -s⟩ cf. rosa II.

Ro·sé m ⟨-s; -s⟩ gastr. (Tafelwein) rosé.

'**Ro·sen|,baum** m, ~,bäum·chen n hort. standard rose (tree). — ~,beet n hort. bed of roses, rosary, rosery. — ~,blatt n rose leaf. — ~,busch m rose bush (od. shrub). — ~,duft m rose, fragrance (od. perfume) of roses. — ~,far·be f 1. color (bes. Br. colour) of roses. - 2. cf. rosa 4. — r~,far·ben, r~,far·big adj cf. rosenrot I. — r~,fin·ge·rig [-,fɪŋərɪç], r~,fing·rig [-,fɪŋrɪç] adj poet. rosy-fingered: die ~e Eos (od. Aurora, Morgenröte) myth. rosy-fingered Aurora. — ~,gar·ten m hort. rose garden, rosarium, rosary, rosery. — ~ge,wäch·se pl bot. rose family sg, roseaceae (scient.) (Fam. Rosaceae). — ~,hecke (getr. -k·k-) f hort. hedge of roses, rose hedge. — ~,holz n collect. (wood) a) (amer.) rosewood, citronwood, b) (brasil.) tulipwood, c) (ostind.) blackwood. — ~,kä·fer m zo. rose chafer (od. bug) (Cetonia aurata). — ~,ka·va,lier m, „Der mus. Rosenkavalier", "The Rose-Bearer" (opera by R. Strauss). — ~,knos·pe f rosebud. — ~,kohl m bot. Brussels (od. brussels) sprouts pl, thousand-headed cabbage (Brassica oleracea gemmifera). — ~,kranz m 1. garland (od. wreath) of roses. - 2. röm.kath. a) rosary, prayer beads pl, beadroll, b) (Gebet) Rosary, auch rosary, beads pl: freudenreicher ~ joyful Rosary; glorreicher ~ glorious Rosary; schmerzhafter ~ sorrowful Rosary; den ~ beten to tell (od. count) one's beads, to tell one's (od. say) the Rosary. — ~,kreu(t)·zer m ⟨-s; -⟩ relig. hist. Rosicrucian. — ~,krie·ge pl hist. Wars of the Roses (1455—85). — ~,lor·beer m bot. oleander (Nerium oleander). — ~,mo·nat m poet. month of roses, June.

'**Ro·sen'mon,tag** m Shrove Monday. — ,**Ro·sen'mon,tags,zug** m Shrove Monday procession.

'**Ro·sen|,öl** n rose oil, at(t)ar (od. athar, ottar) (of roses). — ~,quarz m min. rose quartz. — r~,rot I adj 1. (dunkelrosa) rose-pink. - 2. (rot) [las] red as a) rose, rose-red, rosy, rose-colored (bes. Br. -coloured), rosaceous. - II R~ n ⟨-s; -, colloq. -s⟩ 3. rose pink. - 4. rose red. — ~,sche·re f hort. pruning shears pl. — ~,star m zo. rose-colored (bes. Br. -coloured) starling (Pastor roseus). — ~,stock m, ~,strauch m rose bush (od. shrub, auch tree). — ~,strauß m bunch (od. bouquet) of roses. — ~,was·ser n ⟨-s; no pl⟩ rose water. — ~,zucht f hort. rose growing (od. cultivation). — ~,züch·ter m 1. rose grower (od. fancier, cultivator), rosarian. - 2. (von neuen Sorten) rose breeder.

Ro·se·o·la [roˈzeːola] f ⟨-; -s⟩, **Ro·se·o·le** [roˈzeːolə] f ⟨-; -n⟩ med. (Hautausschlag) roseola, rose rash.

Ro·set·te [roˈzɛtə] f ⟨-; -n⟩ 1. (Schleife) rosette, rose. - 2. (jewelry) rose (cut), rosette. - 3. arch. rosette. - 4. bot. rosette (of leaves).

'**ro·sig** I adj 1. (leichtgerötet) rosy, roseate, rose-colored (bes. Br. -coloured), blushing, blushful: ~er Teint rosy complexion. - 2. fig. colloq. (fröhlich) happy: in der ~sten Laune sein, ~ster Laune sein to be in the happiest mood, to be in high spirits. -

3. fig. colloq. (verheißungsvoll) rosy, favorable, bes. Br. favourable: (das sind ja) ~e Aussichten! iron. (those are) fine prospects! alles andere als ~ anything but rosy (od. promising). - 4. fig. colloq. (optimistisch) rosy, bright: etwas [die Dinge] in ~em Licht sehen to see the bright side of s.th. [things], to take a rosy view of s.th. [things]; etwas in den ~sten Farben schildern to paint s.th. in its brightest colo(u)rs. - II adv 5. die Lage sieht nicht sehr ~ aus things don't look too rosy.

Ro·si·nan·te [rozɪˈnantə] I npr f ⟨-; no pl⟩ Rosinante. - II f ⟨-; -n⟩ rare (alter Klepper) rosinante, hack, nag (colloq.).

Ro·si·ne [roˈziːnə] f ⟨-; -n⟩ gastr. a) raisin, b) (kleine) currant, c) (kernlose) sultana: (sich dat) die ~n (aus dem Kuchen) herauspicken, (sich dat) die ~n aus dem Kuchen picken a) to pick the raisins out of the cake, b) fig. colloq. to take the pickings, to take the pick of the bunch; große ~n im Kopf haben fig. colloq. to have high-flown ideas, to be overambitious.

Ro·si·nen|brot n gastr. fruit (od. currant) bread. — ~,ku·chen m fruitcake, plumcake.

Rös·lein [ˈrøːslaɪn] n ⟨-s; -⟩ dim. of Rose.

Ros·ma·rin [ˈrɔːsmaˌriːn; ˌrɔːsmaˈriːn] m ⟨-s; no pl⟩ bot. rosemary (Rosmarinus officinalis). — ~,hei·de f cankerroot, wild rosemary, rosemary-moorwort (Andromeda polifolia). — ~,öl n rosemary oil.

Roß¹ [rɔs] n ⟨-sses; -sse, dial. Rösser⟩ 1. lit. and Southern G. dial. (Pferd) horse: edles ~ lit. noble steed (od. charger), courser (poet.); hoch zu ~ sitzen to be mounted on horseback; auf dem hohen ~ sitzen fig. colloq. to be on one's high horse, to ride the high horse, to give oneself airs; komm von deinem hohen ~ herunter fig. colloq. come (od. climb) down from your high horse. - 2. fig. colloq. contempt. (Dummkopf) ass, fool, blockhead.

Roß² [rɔs] n ⟨-es; -e⟩ Middle G. for Wabe.

'**Roß|,amei·se** f zo. black carpenter ant (Camponatus ligniperda). — ~,ap·fel m dial. humor. for Pferdeapfel. — ~,bän·di·ger m horsebreaker. — ~,brei·ten pl geogr. horse latitudes.

Ro·ße [ˈrɔsə] f ⟨-; -n⟩ Middle G. for Wabe.

Rös·sel [ˈrœsəl] n ⟨-s; -⟩ 1. Southern G. dial. little horse. - 2. rare and Austrian (games) (beim Schach) knight.

'**Ros·se,len·ker** m poet. charioteer.

'**Rös·sel,sprung** m (Rätselart) problem on the knight's moves (puzzle which can be solved by finding the right sequence of clues dispersed over an area in random fashion).

ros·sen [ˈrɔsən] v/i ⟨h⟩ (von Stute) be in heat, be horsing.

'**Roß,haar** n horsehair. — ~,ma,trat·ze f (horse)hair mattress.

'**Roß,händ·ler** m horse dealer.

'**ros·sig** adj (Stute) in heat, horsing, ready for the stallion.

'**Roß|,kamm** m 1. (Pferdestriegel) currycomb. - 2. colloq. contempt. for Roßhändler. — ~,ka,sta·nie f bot. 1. (Baum) (horse) chestnut, Am. buckeye, aesculus (scient.) (Aesculus hippocastanum). - 2. (Frucht) (horse) chestnut. — ~,kur f colloq. drastic treatment (od. cure).

'**Röß·li,spiel** [ˈrœsli-] n Swiss for Karussell 1.

'**Roß|,min·ze** f bot. horsemint (Mentha longifolia). — ~,schläch·ter m horse butcher (od. slaughterer), Br. knacker. — ~,schläch·te,rei f 1. slaughtering (od. butchering) of horses. - 2. (Ort) horse slaughterhouse, Br. knackery, knacker's yard. — ~,schweif m horse's tail, horsetail. — ~,täu·scher m ⟨-s; -⟩ obs. contempt. for Roßhändler.

Rost¹ [rɔst] m ⟨-(e)s; -e⟩ 1. (zum Braten) grid(iron), grill: etwas auf dem ~ braten to grill (od. roast) s.th.; Fleisch vom ~ grilled meat, grillade. - 2. (an Öfen, Kaminen etc) grate. - 3. tech. a) (Feuerrost) (removable) grating, grate, b) (Siebanlage) screen, grid. - 4. (Bettrost) (mattress) frame. - 5. civ.eng. (Pfahlrost) pilework, (pile) grating. - 6. (mining) (Stabrost) grizzly, grisly.

Rost² m ⟨-(e)s; no pl⟩ 1. (auf Eisen) rust: vom ~ befreien, den ~ entfernen von to remove the rust from, to clean (s.th.) of rust; ~ ansetzen to (form) rust, to become (od. grow) rusty; seine Englischkenntnisse haben etwas ~ angesetzt fig. colloq. his knowledge of English has become somewhat rusty; **vom ~ zerfressen** rust-eaten. – **2.** *bot. agr. (bei Getreide, Pflanzen etc)* rust *(disease).*

'Röst|an,la·ge f *metall. (für Erze)* ore calcination *(od.* roasting) plant.

'Rost|an,satz m *tech.* (deposit of) rust, first signs *pl* of corrosion. — **r~be,stän·dig** *adj* rustproof, rust- *(od.* corrosion-)resistant *(auch* -resistent): **~er Stahl** stainless steel. — **~be,stän·dig·keit** f <-; *no pl>* resistance to rust *(od.* corrosion), rust-resisting property. — **~,bil·dung** f **1.** rust formation. – **2.** cf. Rosten. — **~,bra·ten** m *gastr.* **1.** roast (of beef). – **2.** pan-fried sirloin steak. — **~,brat,wurst** f broiled *(od.* grilled) sausage. — **r~,braun I** *adj* rusty, rust-brown, russet, rubiginous, *auch* rubiginose *(scient.).* – **II R~** n <-s; -, *colloq.* -s> rust, rust(y) brown.

'Röst,brot n *gastr.* toasted bread, toast.

Rö·ste ['rø:stə; 'rœstə] f <-; -n> **1.** *(für Kaffee, Nüsse etc)* roasting grid, roaster. – **2.** *metall. (von Erz etc)* roasting *(od.* calcining) (process). – **3.** *(textile) (Flachsröste)* a) retting, steeping, b) *(Ort)* rettery.

ro·sten ['rɔstən] **I** v/i <sein, *auch* h> **1.** rust, corrode, get *(od.* become, grow) rusty: **rast' ich, so rost' ich** *(Sprichwort)* if I rest, I rust, *etwa* idleness turns the edge of wit *(proverb);* → Liebe[1] 2. – **II R~** n <-s> **2.** *verbal noun.* – **3.** corrosion.

rö·sten ['rø:stən; 'rœstən] **I** v/t <h> **1.** *gastr. (Fleisch etc)* a) grill, broil, b) *(am Spieß, im Kamin etc)* roast. – **2.** *(Kartoffeln)* fry. – **3.** *(Brot)* toast. – **4.** *(Kaffee etc)* roast. – **5.** *(Korn etc)* parch: **Mais ~** to parch *(od.* pop) corn. – **6.** *metall. (Erze etc)* roast, calcine. – **7.** *(textile) (Flachs, Hanf etc)* ret, steep. – **8. sich von der Sonne ~ lassen** *fig.* to lie roasting in the sun. – **II** v/i **9.** *fig. colloq. (von Menschen)* roast: **er röstet in der Sonne** he roasts in the sun. – **III R~** n <-s> **10.** *verbal noun.* – **11.** *metall.* calcination.

'Rost|ent,fer·ner [-ʔɛnt,fɛrnər] m <-s; ->, **~ent,fer·nungs,mit·tel** n rust remover.

'Rö·ster m <-s; -> **1.** *(für Kaffee)* roaster, roasting grid. – **2.** *(für Mais etc)* popper. – **3.** *(für Brot)* toaster. – **4.** *Austrian for* Zwetschenkompott.

Rö·ste'rei f <-; -en> **1.** *(für Kaffee etc)* roasting establishment. – **2.** cf. Rösten.

'Rost|,far·be f rust, rust(y) color *(bes. Br.* colour), colo(u)r of rust. — **r~,far·ben, r~,far·big** *adj* rusty, rust-colored *(bes. Br.* -coloured); rubiginous, ferruginous *(scient.).* — **~,fleck** m **1.** rust stain, corrosion pit. – **2.** *(in der Wäsche)* iron mold *(bes. Br.* mould). — **r~,fleckig** *adj* <-k·k-> **1.** rust-stained. – **2.** *(Wäsche)* iron-molded *(bes. Br.* -moulded), iron-moldy *(bes. Br.* -mouldy). — **~,fraß** m pitting, corrosion. — **r~,frei** *adj* **1.** *(ohne Rost)* rustless, stainless. – **2.** *(rostbeständig)* rustproof, rust-resistant *(auch* -resistent). – **3.** *(korrosionsfest)* stainless: **~er Stahl** stainless steel.

'röst,frisch *adj* **1.** *(Kaffee etc)* freshly roasted. – **2.** *(Mais etc)* freshly parched *(od.* popped). – **3.** *(Kartoffeln etc)* freshly fried.

'Rost,ge,fahr f danger of rusting *(od.* corrosion).

Rö·sti ['rø:sti] f <-; *no pl>* Swiss for Bratkartoffeln.

'ro·stig *adj (Nagel etc)* rusty: **~es Eisen** rusty iron; **er ist alt und ~ geworden** *fig. colloq.* he has grown old and rusty.

'Röst|kaf·fee m roasted coffee. — **~,kar,tof·feln** *pl gastr.* fried potatoes. — **~,ma,schi·ne** f cf. Röster 1, 2. — **~,ofen** m *metall.* roasting *(od.* calcining) kiln. — **~,pfan·ne** f frying pan.

'Rost|,pilz m *bot.* rust (fungus), uredo *(scient.) (Ordng* Uredinales). — **r~,rot** *adj* cf. rostbraun.

'Rost,schutz m rust protection *(od.* prevention). — **~,far·be** f anticorrosive *(od.* rust-preventing) paint *(od.* coating, color, *bes. Br.* colour). — **~,mit·tel** n anticorrosive composition, rust prevent(at)ive, corrosion *(od.* rust) inhibitor, rust-preventing agent.

'rost,si·cher *adj* rustproof, rust-resistant *(auch* -resistent).

'Rö·stung f <-; -en> cf. Rösten.

rot [ro:t] *adj <*röer; *röest; =est: bes. fig. auch* -er; -est> **1.** *(Kleid, Blut, Erde etc)* red: **~e Rosen** red roses; **brennend ~** scarlet; **bright-** *(od.* fiery-)red; **leuchtend ~** brilliant- *(od.* luminous-)red; **einen Tag im Ka-**

lender **~ anstreichen** to mark s.th. as a red-letter day in one's calendar, to mark a day (in) red on the calendar; **~ wie ein (gesottener) Krebs** (as) red as a boiled lobster; **die Äpfel werden ~** the apples turn red *(od.* redden); **sie hat ~e Augen vom Weinen** her eyes are red from weeping; → Faden 2; Hahn[1] 3; Heller 2; Tuch[2] 8. – **2.** *(Wangen, Lippen etc)* red, ruddy, rubicund *(poet.):* **~e Backen** red *(od.* ruddy, rosy) cheeks; **~e Lippen** red *(od.* ruby, cherry) lips; **einen ~en Kopf bekommen** *(vor Zorn etc)* to flush, to turn *(od.* go, grow) red, b) *(vor Verlegenheit)* to blush, to go red, to color *(bes. Br.* colour); **bis über beide Ohren ~ werden** *colloq.* to blush right up to one's ears *(colloq.),* to blush deeply; **vor Zorn [Verlegenheit] ~ anlaufen** to flush *(od.* turn red) [to blush] with anger [embarrassment]. – **3.** *(Haare)* red, carroty, ginger, rufous: **~es Haar** *(od.* **~e Haare) haben** to have red *(od.* carroty, rufous) hair, to be red- *(od.* ginger-)haired, to be a redhead; **seine Haare ~ färben lassen** to have one's hair dyed red. – **4.** *(Hautfarbe)* red: **die ~e Hautfarbe der Indianer** the red skin of the Indians. – **5.** *pol.* a) *(kommunistisch)* red, *auch* Red, communist, b) *(sozialistisch)* red, *auch* Red, socialist: **er war früher ziemlich ~** *colloq.* he used to be quite red *(od. colloq.* pink), he used to have red leanings; **die R~e Internationale** the International League of Communists, the Communist International; **die R~e Armee** the Red *(od.* Soviet) Army; **die R~e Garde** the Red Guards *pl.* – **6.** *med.:* **die ~en Blutkörperchen** the red (blood) corpuscles, the erythrocytes *(scient.);* **das R~e Kreuz** the Red *(auch* Geneva) Cross; **der R~e Halbmond** the Red Crescent. – **7.** *geogr.:* **red:** das R~e Meer the Red Sea; der R~e Platz Red Square. – **8.** *gastr.* → Bete; Grütze 2. – **II R~** n <-s; -, *colloq.* -s> **9.** *(des Blutes, Feuers etc)* (color, *bes. Br.* colour) red: **sie ist ganz in R~ gekleidet** she is dressed all in red; **die Ampel steht auf R~** the (traffic) light is red *(od.* against us); **bei R~ ist das Überqueren der Straße verboten** the street must not be crossed when the light is red. – **10.** *(cosmetics)* a) rouge, b) *(Lippenstift)* rouge, lipstick: **R~ auflegen** *(od.* auftragen) to put on *(od.* apply) rouge, to rouge. – **11.** *(games)* a) *(beim Kartenspiel)* red suit *(od.* point, color, *bes. Br.* colour), b) *(beim Roulette)* red: **R~ anspielen [ausspielen]** to lead [to play] red; **auf R~ setzen** to put one's money *(od.* chip) on the red.

'Rot,al·ge f *bot.* red alga *(Fam.* Rhodophyceae).

Ro·tang ['ro:taŋ] m <-s; -e> *bot.* rattan *(auch* ratan) (palm), rotan *(bes. Gattg* Calamus).

Ro·ta·print [rota'print] *(TM)* f <-; *no pl>* print. rotaprint press. — **~,druck** m <-(e)s; -e> rotaprint printing.

Ro·ta·ri·er [ro'ta:riər] m <-s; -> Rotarian *(member of a Rotary Club).*

'Rot,ar,mist [-ʔar,mɪst] m <-en; -en> *mil.* soldier of the Red *(od.* Soviet) Army, Soviet soldier.

Ro·ta Ro·ma·na ['ro:ta ro'ma:na] f <-; *no pl> röm.kath.* Sacred Roman Rota.

'Ro·ta·ry,Club [ro'tari] m Rotary Club.

Ro·ta·ti·on [rota'tsio:n] f <-; -en> **1.** *(um die eigene Achse)* revolution, gyration. – **2.** *astr.* rotation.

Ro·ta·ti·ons|,ach·se f *tech.* axis of revolution *(od.* rotation). — **~be,we·gung** f rotary *(od.* rotatory) motion, rotation. — **~,bruch** m *med.* torsion fracture. — **~,druck** m <-(e)s; -e> *print.* rotary press printing. — **~,flä·che** f *phys. math.* surface of rotation *(od.* revolution). — **~ge,lenk** n *med.* pivot *(od.* rotary) joint. — **~kol·la·tio,na·tor** [-kɔlatsio,na:tər] m <-s; -en [-na,to:rən]> *print.* rotary collator. — **~ma,schi·ne, ~,pres·se** f rotary (printing) press *(od.* machine), *(für Bogendruck)* sheet-fed rotary press, *(für Rollendruck)* web-fed *(od.* reel-fed) rotary press. — **~,tief,druck** m <-(e)s; -e> rotogravure.

Ro·ta·to·ri·en [rota'to:riən] *pl zo.* cf. Rädertierchen.

'Rot|au·ge n *zo.* cf. Plötze. — **r~,backig** [-,bakɪç], **r~,bäckig** [-,bɛkɪç] *(getr.* -k·k-) *adj* red-cheeked, rosy-cheeked, ruddy: **ein ~er**

Apfel a rosy-cheeked *(od.* red-cheeked) apple. — **~,barsch** m *zo.* rosefish, redfish, *auch* ocean perch, Norway haddock *(Sebastes marinus):* **Kleiner ~** little redfish. — **~,bart** m (person with a) red beard: **Kaiser ~** *hist.* Frederick Barbarossa. — **r~,bär·tig** *adj* red-bearded. — **~,bauch,un·ke** f *zo.* fire-bellied toad *(Bombina bombina).* — **r~,blau I** *adj* reddish-blue. – **II R~** n <-s; -, *colloq.* -s> reddish blue. — **~,blei,erz** n *chem. min.* crocoite, chrome yellow *(PbCrO$_4$).* — **r~,blind** *adj med.* red-blind, protanopic *(scient.).* — **~,blind·heit** f red blindness, protanopia *(scient.).* — **r~,blond** *adj (Haar etc)* sandy. — **r~,blü·tig** [-,bly:tɪç] *adj med.* polycyth(a)emic. — **~,blü·tig·keit** f <-; *no pl>* polycyth(a)emia. — **r~,braun I** *adj* **1.** red(dish)-brown, russet. – **2.** *(Pferd)* bay, sorrel. – **II R~** n <-s; -, *colloq.* -s> **3.** red(dish) brown, russet. – **4.** *(von Pferden)* bay, sorrel. — **r~,brü·chig** *adj metall.* red-short, hot-short, brittle when red-hot. — **~,bu·che** f *bot.* red beech *(Fagus grandifolia).* — **~,chi·na** n *pol.* Red *(od.* Communist) China. — **~,dorn** m *bot.* pink *(od.* red-blooming) hawthorn *(Crataegus oxyacantha var. kermesina).* — **~,dros·sel** f *zo.* redwing *(Turdus musicus).*

'Ro·te m <-n; -n> **1.** *colloq.* cf. Rotkopf. – **2.** *pol. colloq. (Sozialist etc)* red, *auch* Red. – **3.** *colloq. (Rotwein)* ein Viertel von dem ~n, bitte a quarter of the red, please.

Rö·te ['rø:tə] f <-; *no pl>* **1.** *(des Himmels)* red, glow: **eine sanfte ~ färbte den Abendhimmel** the evening sky was tinged with a soft red *(od.* glow). – **2.** *(des Gesichts etc)* red, ruddiness, rubicundity *(lit.):* die frische ~ ihrer Wangen the fresh red *(od.* ruddiness) of her cheeks. – **3.** *(des Zornes etc)* flush: **~ des Ärgers** flush of anger; **vor Ärger stieg ihm die ~ ins Gesicht** he turned red with anger, his face flushed with anger. – **4.** *(der Verlegenheit, Scham etc)* blush. – **5.** *med. (der Haut etc)* redness. – **6.** *bot.* cf. Färberröte 1.

'Rot,ei·che f *bot.* red oak *(Quercus falcata).*

'Rot,ei·sen,erz n, **~,stein** m *min.* red iron ore, specular iron, hematite, bloodstone, red feric oxide.

,Ro·te-'Kreuz-,Schwe·ster f Red Cross nurse.

Rö·tel ['rø:təl] m <-s; -> *min. (paints)* **1.** *(Anstrichfarbe)* red chalk *(od.* ocher, *bes. Br.* ochre), raddle, ruddle, *auch* reddle. – **2.** *(Farbstift)* red chalk *(od.* ocher, *bes. Br.* ochre) crayon *(od.* pencil), red chalk, sanguine. — **~,maus** f *zo.* bank vole *(Clethrionomys glareolus).*

'Rö·teln *pl med.* German measles *pl (construed as sg),* rubella *(scient.).*

'Rö·tel,stift m cf. Rötel 2. — **~,zeich·nung** f drawing in red chalk, (drawing in) sanguine.

rö·ten ['rø:tən] **I** v/t <h> **1.** color *(bes. Br.* colour) *(s.th.)* red, turn *(s.th.)* red, redden: **die Flammen röteten den Himmel** the flames reddened the sky. – **2.** *(Gesicht etc)* redden: **die Kälte hatte ihr Gesicht gerötet** the cold had reddened her face; **der Zorn rötete sein Gesicht** his face flushed *(od.* reddened) with anger. – **II** v/reflex **sich ~ 3.** redden, turn *(od.* go, grow) red: **der Himmel rötete sich** the sky reddened *(od.* turned red); **sein Gesicht rötete sich vor Verlegenheit [Zorn]** his face blushed *(od.* reddened, colo[u]red) [flushed] with embarrassment [anger]; **ihre Wangen röteten sich** her cheeks reddened *(od.* went red). – **III R~** n <-s> **4.** *verbal noun.* – **5.** *(des Gesichts)* flush, *(bes. vor Verlegenheit)* blush.

'Rot|,fil·ter n, m *phot.* red filter. — **r~,fleckig** *(getr.* -k·k-) *adj* **1.** *(Gesicht etc)* red-stained, with red spots *(od.* patches). – **2.** *(forestry) (Holz)* red-stained, red-spotted, red-rotted. — **~,flü·gel** m *zo.* redwing *(od.* red-winged) blackbird *(Angelaius phoeniceus).* — **~,fuchs** m **1.** red fox *(Vulpes vulpes).* – **2.** *(Pferd)* bay, sorrel, chestnut (horse). — **r~ge,fleckt** *adj <attrib>* red-spotted. — **r~,gelb I** *adj* reddish-yellow, orange-colored *(bes. Br.* -coloured). – **II R~** n <-s; -, *colloq.* -s> reddish yellow, orange color *(bes. Br.* colour). — **~,ger·ber** m *(leather)* bark tanner. — **~ger·be,rei** f bark tannery. — **r~ge,streift** *adj <attrib>* red-striped, with red stripes. — **~,gie·ßer** m *metall.* red brass founder, brass and bronze founder. — **~gie·ße₁rei** *f* **1.** red brass founding. - **2.** (*Ort*) red brass foundry. — **r~₁glü·hend** *adj bes. metall.* red-hot. — **~₁glut** *f metall. tech.* red heat, redness. — **~₁grün·blind·heit** *f med.* red-green blindness, xanthocyanopia (*scient.*). — **~₁gül·dig₁erz** [-₁gʏldɪç-], **~gül·tig₁erz** *n min.* **1.** (*dunkles*) pyrargyrite, *auch* dark red silver ore. - **2.** (*lichtes*) proustite. — **r~₁guß** *m metall.* red (*od.* low) brass. — **r~₁haa·rig** *adj* **1.** (*Person*) red-haired, redheaded, Judascolored (*bes. Br.* -coloured) — **2.** -haired, carroty. - **2.** (*Tier*) red-haired. — **~₁haa·ri·ge** *m, f* ⟨-n; -n⟩ red-haired person, redhead.

'Rot₁haut *f colloq.* (*Indianer*) Red Indian, redskin, *Am. auch* copperskin. — **~₁röhr·ling** *m bot. cf.* Rotkappe.

'Rot₁hirsch *m zo.* red deer (*Cervus elaphus*). — **~₁hörn·chen** *n* (American) red squirrel, chickaree, mountain boomer (*Tamiasciurus hudsonicus*). — **~₁huhn** *n* Guernsey (*od.* red-legged) partridge (*Alectoris rufa*).

ro·tie·ren [ro'tiːrən] *v/i* ⟨*no ge-, h*⟩ **1.** *phys. tech.* a) (*um die eigene Achse*) revolve, gyrate, b) rotate. - **2.** *fig. colloq.* go crazy: wenn das so weitergeht, fange ich an zu **~** if it goes on like this, I'll go crazy (*od.* my head will start to spin). — **ro'tie·rend** I *pres p.* - II *adj phys. tech.* **1.** revolving, gyratory. - **2.** rota(to)ry, rotative, rotational.

'Rot₁ka·bis *m Swiss for* Rotkohl. — **„~₁käpp·chen"** *n* "(Little) Red Riding Hood" (*fairy tale by Grimm*). — **~₁kap·pe** *f bot.* (*Eßpilz*) red boletus (*Trachypus versipellis*). — **~₁kehl·chen** *n* ⟨-s; -⟩ *zo* robin (*Erithacus rubecula*). — **~₁klee** *m bot.* red (*od.* purple) clover, common purple trefoil (*Trifolium pratense*). — **~₁kohl** *m* red cabbage (*Brassica oleracea var. capitata f. rubra*). — **~₁kopf** *m colloq.* redhead, 'carrot' (*colloq.*), *Am. sl.* carrottop. — **~₁kraut** *n* ⟨-(e)s; *no pl*⟩ *bot. cf.* Rotkohl.

₁Rot'kreuz₁schwe·ster *f cf.* Rote-Kreuz-Schwester.

'Rot₁kup·fer₁erz *n min.* cuprite, *auch* red (*od.* ruby) copper (ore). — **~₁lauf** *m* ⟨-(e)s; *no pl*⟩ **1.** *med.* fish-handler's disease, erysipeloid (*scient.*). - **2.** *vet.* erysipelas, (*bes. bei Schweinen*) swine erysipelas.

röt·lich ['røːtlɪç] **I** *adj* **1.** reddish, rufescent (*scient.*): mit **~** em Stich a reddish tint, with a dash of red. - **2.** (*Gesichtsfarbe*) ruddy, rubicund (*lit.*). - **3.** (*Haarfarbe*) reddish, ginger. - **4.** *med.* reddish, erythroid (*scient.*). - II R**~e**, das ⟨-n⟩ **5.** the reddishness: ins R**~e** spielend reddish, rufescent (*scient.*).

'Rot₁licht *n* **1.** *auch phot.* red light: bei **~** (*im Verkehr*) when the traffic (*od.* signal) lights are red. - **2.** *cf.* Infrarotlicht. — **~₁lam·pe** *f med. cf.* Infrarotlampe.

'Rot₁lie·gen·de *n* ⟨-n; *no pl*⟩ *geol.* lower strata *pl* of new red sandstone.

Röt·ling ['røːtlɪŋ] *m* ⟨-s; -e⟩ **1.** *bot.* (*Pilz*) orange agaric (*Agaricus deliciosus*). - **2.** *zo.* (*nordamer. Weißfisch*) southern redbelly dace (*Chrosomus erythrogaster*).

'rot₁na·sig [-₁naːzɪç] *adj* red-nosed, coppernosed.

'Rot₁nickel₁kies *m* (*getr.* -k·k-) *min.* niccolite.

Ro·tor ['roːtər] *m* ⟨-s; -en [ro'toːrən]⟩ **1.** *tech.* rotor. - **2.** *auto.* (*Verteilerfinger*) rotor arm. — **~₁blatt** *n aer.* aerofoil. — **~₁flug₁zeug** *n cf.* Drehflügelflugzeug. — **~₁werk₁zeug** *n tech.* flexible drive rotor.

'Rot₁rücken₁wür·ger *m* (*getr.* -k·k-) *m zo. cf.* Neuntöter.

'Rot₁schen·kel *m zo.* redshank (*Tringa totanus*). — **~₁schim·mel** *m* roan (horse). — **~₁schlan·ge** *f* red-tailed pipe snake (*Cylindrophis rufus*). — **~₁schwanz** *m* **1.** (*Vogel*) redstart, *auch* redtail (*Gattg Phoenicurus*). - **2.** (*Schmetterling*) tussock moth (*Dasychira pudibunda*). — **~₁schwänz·chen** *n cf.* a) Gartenrotschwanz, b) Hausrotschwanz. — **r~₁se·hen** *v/i* ⟨*irr, sep, -ge-, h*⟩ *colloq.* see red. — **~₁spieß₁glanz** *m min.* red antimony, kermesite, kermes (mineral). — **~₁stein** *m cf.* Rötel. — **~₁steiß·pa·pa₁gei** *m zo.* white-crowned parrot (*Gattg Pionus*). — **~₁stift** *m* red pencil, (*bes. Fettstift*) red crayon. - **2.** (*Kreide*) red chalk. — **~₁tan·ne** *f bot.* common spruce (*Picea abies*).

Rot·te ['rɔtə] *f* ⟨-; -n⟩ **1.** (*von Arbeitern*) gang, crew. - **2.** (*railway*) (*von Gleisarbeitern*) gang. - **3.** (*von Pöbel*) mob, crowd, *bes. Am.* bunch: die **~** Korah *Bibl.* the Korahites *pl*; sie tobten wie die **~** Korah they made an infernal row. - **4.** (*von Räubern*) band, pack. - **5.** *contempt.* gang, horde, lot. - **6.** *mil.* (*Trupp*) party, team. - **7.** *aer. mil.* (*Verbandsflug*) two-ship formation (*od.* element), group of two aircraft, subflight. - **8.** *hunt.* (*von Wölfen etc*) pack.

rot·ten¹ ['rɔtən] *v/reflex* ⟨h⟩ sich **~** *obs. for* zusammenrotten.

'rot·ten², **röt·ten** ['rœtən] *v/t* ⟨h⟩ (*Flachs*) *cf.* rösten 7.

'Rott·en₁ar·bei·ter *m* (*railway*) tracklayer, *Am.* trackman, *Br.* platelayer. — **~₁feu·er** *n mil. obs.* file-firing, volley. — **~₁füh·rer** *m* (*railway*) (*Vorarbeiter*) gang foreman (*bes. Am. sl.* boss), *Br.* ganger. — **~₁mei·ster** *m cf.* Rottenführer. — **r~₁wei·se** *adv* in gangs (*od.* crews).

'Rott₁tier *n zo.* (*red-deer*) doe.

Rott·wei·ler ['rɔt₁vaɪlər] *m* ⟨-s; -⟩ *zo.* (*Hunderasse*) Rottweiler (dog).

Ro·tun·de [ro'tʊndə] *f* ⟨-; -n⟩ *arch.* rotunda.

'Rö·tung *f* ⟨-; -en⟩ **1.** redness, reddening. - **2.** (*im Gesicht*) blush, (*vor Wut*) flush. - **3.** *med.* redness, reddening, (*durch Entzündung*) rubor.

'Rot₁ver₁schie·bung *f phys. astr.* (*von Spektrallinien*) red shift (of the spectrum). — **r~₁wan·gig** [-₁vaŋɪç] *adj cf.* rotbackig. **'Rot₁warm₁här·te** *f metall.* red-hardness. **'Rot₁wein** *m gastr.* red wine. — **r~₁welsch** **I** *adj* (*Ausdruck*) thieves' Latin (*od.* cant, slang) (*pred*). - II R**~** ⟨*generally undeclined*⟩, das R**~e** ⟨-n⟩ thieves' Latin (*od.* cant, slang). — **r~₁wer·den** *n med.* (*der Haut*) reddening, rubescence (*scient.*). — **~₁wild** *n hunt.* (red) deer. — **~₁wurst** *f gastr. dial. for* Blutwurst.

Rotz [rɔts] *m* ⟨-es; *no pl*⟩ **1.** *vulg.* snot (*vulg.*), mucous discharge: **~** und Wasser heulen *fig. colloq.* to cry bucketfuls, to weep barrels (*beide colloq.*); frech wie **~** sein *colloq.* to be (as) bold as brass. - **2.** *vet.* farcy, glanders *pl* (*construed as sg or pl*), equinia (*scient.*).

'Rotz₁ben·gel, **~₁bu·be** *m colloq. contempt.* cheeky brat, saucy (*Am. colloq.* fresh) youngster.

rot·zen ['rɔtsən] *v/i* ⟨h⟩ *vulg.* snot one's nose.

'Rotz₁fah·ne *f vulg.* snot-rag (*vulg.*), *bes. Br. sl.* nose-rag. — **~₁gö·re** *f colloq. contempt.* cheeky (*od.* saucy, *Am. colloq.* fresh) young miss.

'rot·zig *adj* **1.** *vulg.* (*Nase etc*) snotty (*vulg.*). - **2.** *vulg.* (*Person*) snotty(-nosed), *auch* snot-nosed (*beide vulg.*). - **3.** *fig. colloq.* (*frech*) saucy, cheeky, *Am. colloq.* fresh. - **4.** *vet.* glanderous, glandered.

'Rotz₁zink₁erz *n min.* zincite; *auch* red zinc ore, red oxide of zinc.

'Rotz₁jun·ge *m colloq. contempt. cf.* Rotzbengel. — **r~₁krank** *adj vet. cf.* rotzig 4. — **~₁krank·heit** *f vet. cf.* Rotz 2. — **~₁löf·fel** *m colloq. contempt. cf.* Rotzbengel. — **~₁na·se** *f* **1.** *vulg.* running (*od.* runny, *vulg.* snotty) nose. - **2.** *fig. colloq. contempt. cf.* a) Rotzbengel, b) Rotzgöre. — **r~₁nä·sig** [-₁nɛːzɪç] *adj* **1.** *vulg. cf.* rotzig 2. - **2.** *fig. colloq. cf.* rotzig 3.

'Rot₁zun·ge *f zo.* witch (*Glyptocephalus cynoglossus*).

Roué [ru'eː] *m* ⟨-s; -s⟩ *obs.* (*Wüstling*) roué.

Rouge [ruːʒ] (*Fr.*) *n* ⟨-s [ruːʒ]; -s [ruːʒ]⟩ (*cosmetics*) rouge: **~** auflegen (*od.* auftragen) to put on (*od.* apply) rouge.

Rouge et noir [ruʒe'nwaːr] (*Fr.*) *n* ⟨- - -; *no pl*⟩ (*ein Glücksspiel*) rouge et noir.

Rou·la·de [ru'laːdə] *f* ⟨-; -n⟩ **1.** *gastr.* a) (*aus Fleisch, Fisch*) roulade, roll, b) (*Gebäck*) jelly roll, *bes. Br.* Swiss roll. - **2.** *mus.* roulade: **~n** singen to roulade.

Rou·leau [ru'loː] *n* ⟨-s; -s⟩ *tech.* **1.** (roller) blind, *Am. auch* (window) shade: das **~** herunterlassen (*od.* niederlassen) [hochziehen] to let down (*od.* lower) [to pull up *od.* to raise] the blinds. - **2.** (*Jalousetten*) venetian (*od.* Venetian) blind.

Rou·lett [ru'lɛt] *n* ⟨-(e)s; -e *u.* -s⟩ (*ein Glücksspiel*) roulette: russisches **~** Russian roulette; **~** spielen to play roulette.

Rou·let·te [ru'lɛtə] *f* ⟨-; -n⟩ **1.** *rare for* Roulett. - **2.** *tech.* roulette, ring-roll mill. - **3.** (*in der Sattlerei*) tracing wheel, roulette.

Rou'lett₁spiel *n* (game of) roulette.

'Round-₁table-Kon·fe₁renz ['raʊnd₁teɪbl-]

(*Engl.*) *f* round-table conference, round table.

Rou·te ['ruːtə] *f* ⟨-; -n⟩ **1.** (*Reiseweg*) route, itinerary: die **~** ermitteln to fix (*od.* plan) the route, to route the itinerary. - **2.** *mar.* a) route, b) track, lane.

Rou·ti·ne [ru'tiːnə] *f* ⟨-; *no pl*⟩ **1.** routine: eine gewisse **~** erlangen to acquire (*od.* develop) a certain routine; eine Arbeit wird zur **~** a job becomes routine. - **2.** (*Praxis*) practice, (*bes. handwerksmäßige*) skill, craft. - **3.** (*Erfahrung*) experience. - **4.** *mar. mil.* routine. — **r~₁mä·ßig** **I** *adj* (*Überprüfung etc*) routine (*attrib*). - II *adv* as a matter of routine. — **~₁sit·zung** *f* routine session.

Rou·ti·ni·er [ruti'nieː] *m* ⟨-s; -s⟩ experienced person, old hand.

rou·ti·niert [ruti'niːrt] *adj* **1.** experienced, practiced, *bes. Br.* practised: er ist ein **~**er Boxer he is a crafty (*od.* an experienced) boxer. - **2.** (*geschickt*) smart, clever, adroit.

Row·dy ['raʊdi] *m* ⟨-s; -s, *auch* -dies [-diːs]⟩ *contempt.* rowdy, rough, hooligan; tough, toughie (*colloq.*), hoodlum (*sl.*), *Am. colloq.* roughneck, plug-ugly. — **'Row·dy₁tum** *n* ⟨-s; *no pl*⟩ rowdyism, hooliganism, hoodlumism (*sl.*).

roy·al [rŏa'jaːl] *adj pol.* **1.** (*königlich*) royal. - **2.** *cf.* royalistisch. — **Roya'lis·mus** [-ja'lɪsmʊs] *m* ⟨-; *no pl*⟩ royalism. — **Roya'list** [-ja'lɪst] *m* ⟨-en; -en⟩, **Roya·li·stin** *f* ⟨-; -nen⟩ royalist. — **roya·li·stisch** *adj* royalist, royalistic.

ru·ba·to [ru'baːto] *mus.* **I** *adv u. adj* rubato. - II R**~** *n* ⟨-s; -s *u.* -bati [-ti]⟩ (*tempo*) rubato.

'rub·be·lig *adj dial. for* a) rauh 1—3, b) polternd II.

rub·beln ['rʊbəln] *v/t* ⟨h⟩ *dial.* rub (*s.o.*) dry (*od.* down) (with a towel).

Rü·be ['ryːbə] *f* ⟨-; -n⟩ **1.** *bot. agr.* a) (*Zukkerrübe*) (sugar) beet, b) (*Futterrübe*) turnip: Gelbe **~** carrot (*Daucus carota*); Rote **~** beet, *bes. Br.* beetroot, beetrave (*rare*) (*Beta vulgaris*); Schwedische **~** rutabaga, *auch* swede, Swedish (*od.* Russian) turnip (*Brassica napobrassica*); Weiße **~** turnip, white beet (*Brassica rapa*); die **~**n stehen gut the beet crop looks promising; **~**n ausnehmen (*od.* ausmachen) *colloq.* to harvest turnips; → Kraut 1. - **2.** *fig. colloq.* (*Kopf*) pate (*colloq.*); noddle, 'noodle', 'nut' (*sl.*): er hat eins auf die **~** bekommen (*od.* gekriegt) he was hit one on the pate. - **3.** *fig. colloq.* (*Frechdachs*) cheeky fellow (*colloq.*), saucy brat.

Ru·bel ['ruːbəl] *m* ⟨-s; -⟩ (*russische Währungseinheit*) ruble, *auch* rouble: der **~** muß rollen *fig. colloq.* money is for spending.

'Rü·ben₁acker *m* (*getr.* -k·k-) *m agr.* beet (*od.* turnip) field. — **~₁an₁bau** *m* cultivation of beets (*od.* turnips), beet (*od.* turnip) growing. — **r~₁ar·tig** *adj* turnipy. — **~₁ern·te₁ma₁schi·ne** *f tech.* beet (*od.* turnip) harvester, beet combine harvester. — **~₁feld** *n cf.* Rübenacker. — **~₁flie·ge** *f zo.* turnip fly (*Pegomyia hyoscyami*). — **~₁kom₁bi·ne** *f agr. cf.* Rübenerntemaschine. — **~₁kraut** *n bot.* beet (*od.* turnip) tops *pl* (*od.* greens *pl*). — **~₁ro·de·ge₁rät** *n* beet (*od.* turnip) lifter. — **~₁saft** *m* beet juice. — **~₁schlag** *m cf.* Rübenacker. — **~₁schnit·zel** *pl* dried beet pulp *sg.* — **~₁zucker** *m* (*getr.* -k·k-) *m* beet sugar.

Ru·beo·la [ru'beːola] *f* ⟨-; -lae [-lɛ]⟩ *meist pl med. cf.* Röteln.

rü·ber ['ryːbər] *adv colloq. for* herüber, hinüber.

'Rü·be₁zahl *npr m* ⟨-s; *no pl*⟩ *myth.* (*Berggeist im Riesengebirge*) Sprite of the Mountains, Rübezahl.

Ru·bi·di·um [ru'biːdĭʊm] *n* ⟨-s; *no pl*⟩ *chem.* rubidium (Rb).

Ru·bi·kon ['ruːbikɔn] *npr m* ⟨-(s); *no pl*⟩ *geogr.* Rubicon: den **~** überschreiten *fig.* to cross (*od.* pass) the Rubicon.

Ru·bin [ru'biːn] *m* ⟨-s; -e⟩ *min.* (*jewelry*) (true) ruby: eine Uhr mit 15 **~**en a watch with 15 rubies (*od.* stones). — **~₁glas** *n tech.* ruby-colored, *bes. Br.* -coloured glass, artificial (*od.* mock) ruby. — **r~₁rot** *adj* ruby(-red), ruby-colored (*bes. Br.* -coloured), rubious (*poet.*): **~**er Granat rock ruby.

'Rüb₁kohl *m Swiss gastr.* kohlrabi. — **~₁öl** *n* rape(-seed) (*od.* colza) oil.

Ru·bor ['ruːbər] *m* ⟨-s; -es [ruːboːrɛs]⟩ *med.* redness, rubor (*scient.*).

Ru·brik [ru'briːk] *f* ⟨-; -en⟩ **1.** *print.* (*auch in mittelalterlichen Handschriften*) rubric, rubrication. — **2.** (*Überschrift*) head, headline, title, (*subject*) heading, *bes. Am.* caption. — **3.** (*Spalte*) column. — **4.** *fig.* (*Klasse*) rubric, class, category. — **5.** *econ.* item, category, column, title. — **6.** *relig.* (*Liturgievorschrift*) rubric.

ru·bri·zie·ren [rubri'tsiːrən] *v/t* ⟨no ge-, h⟩ **1.** (*einordnen*) (*unter dat od. acc under*) file, classify. — **2.** (*in Spalten*) arrange (*s.th.*) in columns. — **3.** (*tabellarisch*) tabulate. — **4.** (*mit Titeln versehen*) head, provide (*s.th.*) with headings. — **5.** (*art*) *hist.* rubricate. — **6.** *econ.* include (*od.* insert) (*s.th.*) in the letter heading.

Ru·brum ['ruːbrum] *n* ⟨-s; Rubra [-bra] *u.* Rubren⟩ *obs.* short summary.

'Rüb|,saat *f agr.* beet (*od.* turnip) seed. — **~,sa·me(n)** *m* ⟨-mens; -samen⟩ **1.** *cf.* Rübsaat. — **2.** *cf.* Rübsen.

Rüb·sen ['ryːpsən] *m* ⟨-s; no pl⟩ *bot.* **1.** turnip (*Brassica rapa var. oleifera*). — **2.** *cf.* Raps.

Ruch [ruːx; rux] *m* ⟨-(e)s; *rare* ⁻e⟩ **1.** *poet.* for Geruch 1—3. — **2.** *rare* bad reputation.

'ruch·bar ['ruːx-] *adj* (*in Wendungen wie*) ~ werden to become known, to transpire, to come out, to get around; etwas ~ machen to make s.th. known; das Verbrechen wurde ~ the news of the crime became known (*od.* got around); es wurde ~, daß it transpired that.

'Ruch,gras ['rux-] *n bot.* sweet vernal (grass), vernal grass (*Anthoxanthum odoratum*).

'ruch·los ['ruːx-] *adj* **1.** (*Person*) wicked, reprobate (*lit.*): ein ~er Mensch a wicked person, a reprobate (*lit.*). — **2.** (*Handlung*) wicked, foul, nefarious (*lit.*). — **'Ruch·lo·sig·keit** *f* ⟨-; -en⟩ **1.** ⟨only sg⟩ (*von Personen*) wickedness, reprobacy (*lit.*). — **2.** ⟨only sg⟩ (*von Handlungen*) wickedness, foulness, nefariousness (*lit.*). — **3.** (*Handlung*) wicked act.

ruck [ruk] *interj* (*in Wendungen wie*) hau (*od.* ho) ~! heave (ho)! ~ zuck *colloq.* in a jiffy (*colloq.*); aber ~ zuck! *colloq.* (*nach einem Befehl*) be quick about it! make it snappy! (*colloq.*).

Ruck *m* ⟨-(e)s; -e⟩ **1.** (*plötzliche Bewegung*) jerk, jolt, start, *auch* jounce, flounce: ein jäher (*od.* plötzlicher) ~ a sudden start; mit einem ~ with a jerk (*od.* start); die Wahlen brachten einen starken ~ nach links *fig.* the elections brought a strong swing to the left. — **2.** (*starker Stoß*) push, jerk, shove (*colloq.*): er gab sich einen ~ *fig. colloq.* he pulled himself together. — **3.** (*eines Fahrzeugs*) jolt. — **4.** (*angestrengter Zug*) pull, tug, jerk, hitch, *bes. Am.* yank: mit einem (*od.* auf einen) ~ at one go; ein ~ am Zügel a pull on the reins.

'Rück|,an·sicht *f* **1.** *back* (*od.* rear) view. — **2.** *geol.* backsight. — **~,an,spruch** *m econ. jur.* counter claim (*od.* demand), recourse. — **~,ant,wort** *f* reply.

'ruck·ar·tig I *adj* **1.** (*Bewegung etc*) jerky, jolting, *auch* jouncing, flouncy. — **II** *adv* **2.** jerkily, joltingly. — **3.** (*plötzlich*) all of a sudden, suddenly.

'Rück|,äu·ße·rung *f* reply. — **~,bau** *m* (*mining*) retreat, longwall retreating method. — **~,be,ru·fung** *f* recall. — **~,be,we·gung** *f* **1.** backward (*od.* return) movement (*od.* motion). — **2.** *tech.* a) (*eines Maschinentisches*) receding motion, b) (*eines Stößels*) *cf.* Rückgang 5b. — **r~be,züg·lich** *adj ling.* reflexive: ein ~es Pronomen [Verb] a reflexive pronoun [verb]. — **~,bil·dung** *f* **1.** *biol. med.* a) retrogression, retrogressive metamorphosis, retromorphosis, catagenesis, b) (*altersbedingte*) involution, c) (*Gewebeatrophie*) cataplasia, d) (*Degeneration*) degeneration, e) (*einer Krankheit*) regression, f) (*eines Tumors etc*) reversion, reversal, regression, g) (*bes. von Gewebe*) retroplasia. — **2.** *ling.* back formation. — **r~bil·dungs,fä·hig** *adj med.* reversible.

'Rück|,bleib·sel [-,blaipsəl] *n* ⟨-s; -⟩ *obs.* rest, remnant, residue, remainder. — **~,blen·de** *f bes.* (*film*) *telev.* flashback. — **r~,blen·den** *I v/i* ⟨only inf u. pp rückgeblendet, h⟩ flash back. — **II R~** *n* ⟨-s⟩ verbal noun. — **~,blen·dung** *f cf.* Rückblende. — **~,blick** *m fig.* **1.** retrospect(ive glance), review: ein ~ auf die 20er Jahre a retrospect of (*od.* on) the twenties; im ~ in retrospect; im ~ auf das vergangene

Jahr looking back on (*od.* over) the past year. — **2.** (*Bericht*) survey.

'rück,blickend (*getr.* -k·k-) **I** *adj* retrospective. — **II** *adv* in retrospect, retrospectively.

'Rück,blick,spie·gel *m auto. cf.* Rückspiegel.

'rück|,bu·chen *econ.* **I** *v/t* ⟨only inf u. pp rückgebucht, h⟩ reverse, contra, transfer, carry back. — **II R~** *n* ⟨-s⟩ verbal noun. — **R~,bu·chung** *f* **1.** *cf.* Rückbuchen. — **2.** reverse transfer of accounts, carry-back.

'Rück|,bür·ge *m econ.* counterguarantor, countersecurity, *Br.* countersurety (*main debtor's guarantor vis-à-vis main guarantor*). — **~,bürg·schaft** *f* countersecurity, *Br.* countersurety: ~ leisten für to act as counterguarantor for.

'rück|,da,tie·ren *econ.* **I** *v/t* ⟨only inf u. pp rückdatiert, h⟩ antedate, predate, backdate. — **II R~** *n* ⟨-s⟩ verbal noun. — **R~,da,tie·rung** *f* **1.** *cf.* Rückdatieren. — **2.** (*Datum*) antedate.

rucke·di·gu (*getr.* -k·k-) ['rukədi'guː] *interj* (*von Tauben*) coo coo!

'Rück|,ein,fuhr *f econ.* reimportation, *Br.* re-importation.

rucken (*getr.* -k·k-) ['rukən] *v/i* ⟨h⟩ **1.** (*vom Zug etc*) (give a) jerk, (give a) jolt. — **2.** (*von Tauben*) coo.

rücken (*getr.* -k·k-) ['rykən] **I** *v/t* ⟨h⟩ **1.** (*Möbel etc*) move, shift, push: etwas näher ~ to move (*od.* bring) s.th. nearer; den Topf vom Feuer ~ to take the pot from the heat; etwas in ein günstiges Licht ~ *fig.* to show s.th. in a good light, to display the advantage of s.th.; den Zeiger (der Uhr) ~ to move the hand of the clock) (round). — **2.** (*ziehen*) pull, draw, hitch: rück deinen Sessel näher pull up your chair. — **II** *v/i* ⟨sein⟩ **3.** (*Platz machen*) move (along *od.* up, over), make room: bitte könnten Sie etwas zur Seite ~ could you move over (*od.* to the side) a bit, please; kannst du ein bißchen ~? can you move (*od. colloq.* shove) up a bit? — **4.** (*rutschen*) move, hunch: dicht aneinander ~ to move (*od.* huddle) up together; er rückte ihr immer näher he edged up to her. — **5.** *mil.* march, move: ins Feld ~ to march into the field (*od.* into battle), to take the field. — **6.** (*in Wendungen wie*) näher ~ a) (*örtlich*) to draw close(r) (*od.* near[er]), to approach, b) (*zeitlich*) to draw near, to approach; nicht von der Stelle ~ not to budge (*od.* stir) an inch; höher ~ *fig.* to rise in rank; an j-s Stelle ~ *fig.* to take s.o.'s place; → Bude 3; Leib 1; Pelle 3; Pelz 5.

'Rücken (*getr.* -k·k-) *m* ⟨-s; -⟩ **1.** back, dorsum (*scient.*): zum ~ gehörig, auf dem ~ befindlich *bes. biol.* dorsal; an an ~ back to back; ein gebeugter (*od.* krummer) ~ a bent (*od.* hunched) back; der verlängerte ~ *humor.* the posterior; auf den ~ legen a) to lie down on one's back, b) (*wenn bereits liegend*) to turn over on one's back; auf dem ~ schwimmen to swim on one's back, to backstroke; sich auf dem ~ im Wasser treiben lassen to float on one's back; die Hände auf dem ~ with one's hands behind one's back; er hat einen breiten ~ a) he has a broad back (*od.* broad shoulders), b) *fig. colloq.* he can take a lot (*colloq.*); den Wind im ~ haben a) to have the wind in one's back, b) *mar.* to have a favo(u)rable wind (*od.* favo[u]rable winds); auf den ~ fallen a) to fall on one's back, b) *fig. colloq.* to be taken aback, to be dum(b)founded (*od.* speechless); es lief (*od.* rieselte) ihr kalt [eiskalt] über den ~ (*od.* den ~ hinunter) a shiver [a cold shudder] ran down her spine; j-m [einer Sache] den ~ kehren *fig.* to turn one's back on s.o. [s.th.]; einen krummen ~ machen vor j-m *fig.* to cringe to (*od.* fawn upon) s.o.; j-m den ~ steifen (*od.* stärken) *fig.* to back s.o. (up), to stay (*od.* support) s.o.; ich brauche nur den ~ zu wenden (*od.* sobald ich den ~ wende, kaum habe ich den ~ gewendet), schon läuft alles verkehrt I only have (*od.* need) to turn my back and everything goes wrong; j-m hinter dem ~ Böses nachsagen to talk about s.o. behind his back; hinter seinem ~ verhandelten sie mit einer anderen Firma they negotiated with another firm behind his back; j-m in den ~ fallen a) to attack s.o. from (*od.* in) the rear, b) *fig.* to stab s.o. in the

back; j-m den ~ decken *fig. colloq.* to take s.o. under one's wing(s); sich (*dat*) den ~ decken *fig. colloq.* to play (it) safe; sich (*dat*) den ~ freihalten a) to secure one's (line of) retreat, b) *fig.* to make sure of a way out; mit dem ~ zur Wand *auch fig.* with one's back to the wall; er sieht schon zu, daß er mit dem ~ an die Wand kommt *fig. colloq.* he fairly feathers his own nest. — **2.** (*einer Hand, eines Kleides, eines Messers, eines Sessels*) back. — **3.** (*eines Berges, Hügels*) ridge, crest. — **4.** (*eines Buches*) back(bone), backstrip, shelfback, spine. — **5.** (*des Fußes*) instep, dorsum of the foot (*scient.*). — **6.** (*der Nase*) bridge, dorsum (*scient.*). — **7.** *zo.* a) back; dorsum, tergum (*scient.*), b) (*vom Pferd, vom Kamel*) saddle. — **8.** *gastr.* saddle, chine: ~ mit Keulen (*vom Lamm*) saddle with legs.

'Rücken|,brei·te (*getr.* -k·k-) *f* (*in der Schneiderei*) width of the back. — **~,deckung** (*getr.* -k·k-) *f* ⟨-; no pl⟩ *fig.* backing, support: sich (*dat*) ~ bei j-m verschaffen to make sure of support from s.o. — **~,flos·se** *f zo.* back fin, dorsal (fin) (*scient.*). — **~,flug** *m aer.* inverted flight (*od.* flying). — **r~,frei** *adj* (*fashion*) (*Kleid*) backless, low-backed. — **~,gurt** *m* (*an einem Mantel*) half-belt. — **~,kraul** *m* (*sport*) (*beim Schwimmen*) back (*od.* dorsal) crawl. — **~,la·ge** *f* **1.** in der ~ lying on the (*od.* one's) back. — **2.** *med.* a) dorsal (*od.* supine) position, b) (*des Fetus*) dorsal presentation. — **3.** (*sport*) a) (*beim Schwimmen*) swimming on one's back, b) (*beim Skilauf*) backward lean. — **~,leh·ne** *f* back of a chair, backrest: Sitz mit verstellbarer ~ seat with adjustable backrest, lean-back seat.

'Rücken,mark (*getr.* -k·k-) *n med.* spinal cord, (spinal) marrow: verlängertes ~ medulla oblongata.

'Rücken,marks|an·äs·the,sie (*getr.* -k·k-) *f med.* spinal an(a)esthesia. — **~ent,zün·dung** *f* spinitis, myelitis. — **~,haut** *f* spinal meninx. — **~ka,nal** *m* central (*od.* spinal) canal. — **~,läh·mung** *f* spinal paralysis. — **~lä·si,on** *f* spinal cord lesion. — **~,nerv** *m* spinal nerve. — **~,schwind,sucht** *f cf.* Tabes. — **~ver,let·zung** *f* spinal cord injury, injury to the spinal marrow.

'Rücken|,mus·kel (*getr.* -k·k-) *m med.* back muscle. — **~,num·mer** *f* (*sport*) (player's) number. — **~,sä·ge** *f tech.* backsaw. — **~,schild** *m zo.* **1.** (*des Insekts*) clypeus. — **2.** (*der Schildkröte, des Krebses etc*) (back) shield, shell, carapace (*scient.*). — **3.** (*der Infusorien*) lorica. — **~,schmerz** *m meist pl med.* backache, pain in the back, lumbago (*scient.*). — **~,schwim·men** *n* backstroke. — **~,schwim·mer** *m* **1.** (*sport*) backstroker. — **2.** *zo.* back swimmer (*Fam. Notonectidae*). — **~,stär·kung** *f fig.* moral support, encouragement, backing up: j-m ~ geben to give s.o. moral support, to back s.o. up, to support s.o. — **~,stoß** *m* blow from behind. — **~,stück** *n gastr.* chine, (*vom Wild, Hammel*) saddle, (*vom Rind*) piece from rump (*od.* sirloin, ribs). — **~,ti·tel** *m print.* (*eines Buches*) title on the spine (*od.* back), lettering. — **~,tra·ge** *f* carrier frame (*worn on the back*). — **~,tru·deln** *n aer.* inverted spin.

'Rück,ent,wick·lung *f biol. cf.* Rückbildung 1.

'Rücken|ver,gol·dung (*getr.* -k·k-) *f print.* gilding (*od.* finishing) (of the back of a book). — **~,wen·de** *f* (*sport*) (*beim Rückenschwimmen*) backstroke turn. — **~,wind** *m* **1.** (*auch sport*) tail (*od.* following) wind: er lief mit ~ he ran with the wind behind him (*od.* in his back). — **2.** *mar.* wind (blowing) from the stern. — **~,wir·bel** *m med.* dorsal vertebra. — **~,wol·le** *f* (*textile*) back wool.

'Rück|er,bit·tung *f* (*officialese*) request for return: wir senden Ihnen die anliegenden Dokumente unter ~ we are sending you the enclosed documents with the request that you return them. — **~er,in·ne·rung** *f* reminiscence, anamnesis (*lit.*). — **~er,obe·rung** *f mil.* reconquest, recapture. — **r~er,stat·ten I** *v/t* ⟨only inf u. pp rückerstattet, h⟩ *econ.* **1.** (*Gegenstände*) return, restore. — **2.** (*Kosten*) reimburse. — **3.** (*Geld*) repay, pay (*s.th.*) back, refund, restitute, reimburse. — **II R~** *n* ⟨-s⟩ verbal noun. — **~er,stat·tung** *f econ.* **1.** *cf.* Rückerstatten. — **2.** (*Rückgabe*) restitution, restoration, return, *auch* redelivery: Klage auf ~ *jur.* action for restitution. – **3.** (*Rückzahlung*) refund(ment), repayment, reimbursement, compensation (*jur.*). — ~**er,werb** *m jur.* **1.** recovery (of title). – **2.** recovery of (lost) property.

'**Rück,fahr|,kar·te** *f*, ~**schein** *m Am.* round-trip ticket, *Br.* return ticket. — ~**,schein,wer·fer** *m auto.* reversing light (*od.* lamp), *Am.* backup light.

'**Rück,fahrt** *f* return journey (*od.* trip): auf der ~ on the return journey, on the way back.

'**Rück,fall** *m* **1.** *med.* a) relapse, recurrence, palindromia (*scient.*), b) (*Rückbildung*) regression: einen ~ (von Grippe) erleiden (*od.* haben) to have a relapse (of influenza); einen ~ verhindern to prevent a recurrence. – **2.** *jur.* a) (*Heimfall*) reversion, b) (*in ein Verbrechen*) relapse, recidivism: Diebstahl im ~ relapse into larceny. – **3.** (*in alte Gewohnheiten etc*) (in *acc*) relapse (into), backslide (into), *bes. Am.* throwback (to). — ~**,fie·ber** *n* relapsing (*od.* recurrent) fever.

'**rück,fäl·lig** *adj* **1.** *jur.* a) (*Verbrecher*) recidivous, b) (*heimfallend*) revertible: ~ werden a) to relapse, to backslide, to become recidivous, b) to revert. – **2.** ⟨*attrib*⟩ (*Kranker*) relapsing. — '**Rück,fäl·li·ge** *m, f* ⟨-n; -n⟩ **1.** relapser, backslider, recidivist. – **2.** *med.* relapsing patient.

'**Rück|,fen·ster** *n* (*eines Autos etc*) rear window. — **r~,flie·ßen** *v/i* ⟨*only inf u. pp* rückgeflossen, sein⟩ *auch med.* flow backward(s), regurgitate (*scient.*). — ~**,flug** *m aer.* return (*od.* homing) (flight), homeward flight. — ~**,fluß** *m* **1.** *auch med.* reflux, backward flow, *Am. auch* backflow, regurgitation (*scient.*). – **2.** *econ.* a) (*von Kapital etc*) reflux, backflow, b) (*von Papieren*) repurchases *pl* of securities, c) (*aus liquidiertem Vermögen*) recoveries *pl* from assets. — ~**,for·de·rung** *f econ.* claiming back, reclaim(ing), redemand, reclamation. — ~**,fracht** *f econ.* **1.** (*Kosten*) return carriage (*od.* freight). – **2.** return (*od.* inward) consignment (*od.* shipment), return cargo. — ~**,fra·ge** *f* further inquiry (*od.* enquiry), request for more detailed instructions (*od.* for further particulars): ~ halten *cf.* rückfragen. — **r~,fra·gen** *v/i* ⟨*only inf u. pp* rückgefragt, h⟩ make a query, inquire (*od.* enquire) (again): wegen dieser Angelegenheit muß ich bei ihm ~ I have to inquire of him (*od.* check with him) (again) about this matter.

'**rück,füh·ren** *v/t* ⟨*only inf u. pp* rückgeführt, h⟩ **1.** *pol.* (*repatriieren*) repatriate. – **2.** *econ.* (*Güter*) return. – **3.** (*space*) (*bergen*) recover. — **II R~** *n* ⟨-s⟩ **4.** verbal noun. — '**Rück,füh·rung** *f* **1.** *cf.* Rückführen. – **2.** *pol.* repatriation. – **3.** *econ.* (*von Gütern*) return. – **4.** (*space*) recovery.

'**Rück,füh·rungs,tech·nik** *f* (*space*) recovery technique.

'**Rück,ga·be** *f* **1.** *cf.* Zurückgeben. – **2.** return, restitution, restoration, redelivery: bei der ~ when returning (*s.th.*); gegen ~ der Eintrittskarte on return of the ticket; mit der Bitte um ~ with the request to return (*s.th.*); Klage auf ~ *jur.* action for restitution; ~ von Fundgegenständen *jur.* restoration of lost property; ~ von Eigentum gegen Sicherheitsleistung *jur.* replevin. – **3.** (*sport*) (*bes. beim Fußball*) pass back, back pass. — ~**,pflicht** *f jur.* obligation to (make) return. — ~**,recht** *n* right of return.

'**Rück,gang** *m* **1.** (*Abnahme*) decrease, decline: ein ~ der Geburtenziffer a decline in birthrate. – **2.** *econ.* a) (*der Preise*) drop, decline, b) (*der Kurse*) decline, fall, going down, downward movement, c) (*des Umsatzes*) decline, drop, letdown, *Br.* let-down, d) (*der Produktion*) decrease, falling off, falloff, *Br.* fall-off, downward movement, e) (*der Wirtschaft*) recession. – **3.** *med.* (*des Fiebers etc*) decrease, regression, recession. – **4.** *fig.* regress(ion), retrocession, retrogression. – **5.** *tech.* a) (*eines Maschinenbauteils*) return motion (*od.* travel), b) (*eines Kolbens*) backstroke. – **6.** *metall.* (*beim Walzgut*) return pass.

'**rück,gän·gig** *adj* **1.** *cf.* rückläufig I. – **2.** (*in Wendungen wie*) einen Kauf ~ machen to cancel (*od.* to go back on) a purchase; eine Bestellung (*od.* einen Auftrag) ~ machen to withdraw (*od.* cancel, rescind,

countermand, annul) an order; einen Vertrag ~ machen to annul (*od.* rescind, revoke, countermand, quash) a contract; eine Verlobung ~ machen to break off an engagement, to call an engagement off. — '**Rück,gän·gig,ma·chung** *f* ⟨-; -en⟩ **1.** *econ.* (*einer Bestellung etc*) withdrawal, cancel(lation), *Am. auch* cancelation, rescission, annulment. – **2.** *jur.* (*eines Vertrags*) annulment, rescission, countermand(ing), quashing. – **3.** (*einer Verlobung*) breaking off, calling off.

'**rück,ge,führt I** *pp.* – **II** *adj pol.* repatriated. — '**Rück,ge,führ·te** *m, f* ⟨-n; -n⟩ repatriate(d person).

'**rück,ge,win·nen I** *v/t* ⟨*only inf u. pp* rückgewonnen, h⟩ recover, reclaim. — **II R~** *n* ⟨-s⟩ *verbal noun.* — **R~,ge,win·nung** *f* **1.** *cf.* Rückgewinnen. – **2.** *tech.* recovery, reclamation. – **3.** (*rubber*) recuperation. – **4.** *agr.* (*Urbarmachung*) reclamation. — ~**,glie·dern I** *v/t* ⟨*only inf u. pp* rückgegliedert, h⟩ reincorporate, reintegrate. – **II R~** *n* ⟨-s⟩ *verbal noun.* — **R~,glie·de·rung** *f* **1.** *cf.* Rückgliedern. – **2.** reincorporation, reintegration.

'**Rück,grat** *n, Swiss auch m* ⟨-(e)s; -e⟩ **1.** *med. zo.* vertebral (*od.* spinal) column, spine, backbone, rachis (*scient.*): sich (*dat*) das ~ verletzen, sich am ~ verletzen to injure one's spine. – **2.** *fig. colloq.* backbone, spine: j-m das ~ brechen to break s.o.'s back; j-m das ~ stärken (*od.* steifen) to back s.o. up, to give s.o. moral support; er hat ~ he's got (plenty of) backbone; er hat (*od.* besitzt) kein ~ he is spineless (*od.* weak-kneed), he has no backbone (*od.* spine); ~ zeigen to show (plenty of) backbone. – **3.** *fig.* (*der Wirtschaft etc*) backbone, mainstay. — ~**,krüm·mung** *f med. cf.* Rückgratverkrümmung 1. — ~**ope·ra·ti,on** *f* operation on the spine.

'**Rück,grat·ver,krüm·mung** *f med.* **1.** spinal curvature. – **2.** (*krankhafte*) deformity of the spine.

'**Rück,grat·ver,stei·fung** *f med.* stiff back, stiffness of the spine.

'**Rück,griff** *m* **1.** *jur.* (*gegen* against) recourse. – **2.** (*auf acc* to) resort.

'**Rück,griffs|,an,spruch** *m jur.* right of recourse: mit [ohne] ~ with [without] recourse. — ~**,recht** *n* right of recourse.

'**Rück,halt** *m* **1.** (*Unterstützung*) support, backing, stay: einen ~ an (*od.* in) j-m haben a) to have s.o. to fall back (up)on, b) (*unterstützt werden*) to find support in s.o., to be backed (up) by s.o.; ich habe an ihm keinen ~ he gives me no support; er hat keinerlei finanziellen ~ he has no resources to fall back on. – **2.** ohne ~ *cf.* rückhaltlos. — **r~,los I** *adj* **1.** (*vorbehaltlos*) unreserved, wholehearted, without reserve (*od.* restraint). – **2.** (*freimütig*) open, frank, straight(forward), straight-out (*attrib*). – **II** *adv* **3.** without reserve (*od.* restraint): er sprach dies ~ aus he said this without reserve; etwas ~ zugeben to admit s.th. freely; sich einer Bewegung ~ anschließen to join a movement wholeheartedly.

'**Rück,hand** *f* ⟨-; *no pl*⟩ (*sport*) (*beim Tennis etc*) backhand. — ~**,schlag** *m* **1.** (*beim Badminton, Tennis*) backhand (stroke), backhander. – **2.** (*beim Tischtennis*) backhand (flick).

'**Rück|,hub** *m tech.* return stroke, backstroke. — ~**,kampf** *m* (*sport*) **1.** *cf.* Rückspiel. – **2.** (*beim Boxen*) return bout (*od.* fight, match). — ~**,kauf** *m econ.* **1.** *cf.* Rückkaufen. – **2.** repurchase. – **3.** (*Einlösung*) redemption. – **4.** (*von Papieren durch Emittenten*) buying in. — **r~,kau·fen I** *v/t* ⟨*only inf u. pp* rückgekauft, h⟩ **1.** repurchase, buy (*s.th.*) back (*od.* in). – **2.** (*einlösen*) redeem. — **II R~** *n* ⟨-s⟩ **3.** *verbal noun.* – **4.** *cf.* Rückkauf. — **r~,käuf·lich** *adj* **1.** repurchasable. – **2.** redeemable: nicht ~ irredeemable.

'**Rück,kaufs|,recht** *n econ. jur.* right (*od.* option) of repurchase (*od.* redemption). — ~**ver,trag** *m* covenant of redemption. — ~**,wert** *m* **1.** repurchase (*od.* redemption) value. – **2.** (*einer Versicherungspolice*) surrender (*od.* cash) value.

'**Rück,kehr** *f* ⟨-; *no pl*⟩ **1.** *cf.* Zurückkehren. – **2.** (*nach, zu* to) return (*auch fig.*): bei meiner ~ a) on my return, b) (*nach Hause*) on my return home, on returning home; nach ihrer ~ in die Heimat after returning

home, after their homecoming; wann dürfen (*od.* können) wir deine ~ erwarten (*od. colloq.* mit deiner ~ rechnen)? when may we expect you back? – **3.** (*erfolgreiches*) *Wiederauftreten*) comeback, *Br.* come-back (*colloq.*). — ~**,bahn** *f* (*space*) reentry flight path.

'**rück|,kop·peln** *electr.* (*radio*) **I** *v/t* ⟨*insep,* -ge-, h⟩ couple (*od.* feed) (*s.th.*) back, regenerate. — **II R~** *n* ⟨-s⟩ *verbal noun.* — **R~,kop·pe·lung, R~,kopp·lung** *f* **1.** *cf.* Rückkoppeln. – **2.** (*radio*) positive feedback, retroaction, reaction (coupling), regeneration.

'**Rück,kreu·zung** *f biol.* backcross.

'**Rück|,kunft** *f* ⟨-; *no pl*⟩ *cf.* Rückkehr. — ~**,la·dung** *f econ.* return (*od.* homeward) shipment (*od.* cargo).

'**Rück,la·ge** *f* **1.** *meist pl econ.* reserve fund, reserve(s *pl*): freie ~n free (*od.* voluntary, contingency) reserves; gesetzliche ~n legal (*od.* statutory) reserves; offene ~n open (*od.* declared, general, published) reserves; stille ~n undisclosed (*od.* hidden, secret) reserve *sg*; ~n schaffen to create (*od.* build up) reserves; der ~ zuführen to transfer to the reserve fund; ~n angreifen to draw on reserves; ~ für laufende Risiken loss reserve. – **2.** (*sport*) (*beim Skilauf*) *cf.* Rückenlage 3b.

'**Rück,lauf** *m* **1.** (*von Gewässern*) flowing back, reflux. – **2.** *tech.* a) return (*od.* reverse) movement (*od.* motion, travel), reverse action, backward travel, b) (*eines Kolbens*) return, return (*od.* reversing) stroke, backstroke, c) (*eines Heizkörpers*) secondary return, d) (*in der Schmiertechnik*) recirculation. – **3.** (*bei Kamera, Tonbandgerät*) rewind. – **4.** *electr. telev.* (*bei Kathodenstrahlgeräten*) retrace, return trace, *bes. Am.* kickback, flyback. – **5.** *electr. tel.* (*eines Wählers*) homing. – **6.** *mil.* (*eines Geschützes*) recoil(ing). – **7.** *astr.* retrograde motion. – **8.** (*einer Kegelbahn*) return chute. — ~**,brem·se** *f mil.* (*eines Geschützes*) recoil mechanism.

'**rück,läu·fig I** *adj* **1.** *auch med.* retrograde, retrogressive. – **2.** *econ.* (*Preise*) retrograde, dropping, declining, falling, receding: eine ~e Bewegung a recessive (*od.* retrograde, downward) movement; ~e Konjunktur declining economy (*od.* economic activity); eine ~e Tendenz zeigen to show a downward tendency (*od.* trend). – **II** *adv* **3.** sich ~ bewegen *econ.* to retrograde.

'**Rück,lauf|-,Ser·vo-,An,trieb** *m auto.* reverse servo unit. — ~**,ta·ste** *f* (*eines Tonbandgeräts*) rewind key.

'**Rück|,leh·ne** *f auto.* backrest. — ~**,lei·ter** *m electr. cf.* Rückleitung 1. — ~**,lei·tung** *f* **1.** *electr.* return line (*od.* cable, circuit, wire). – **2.** *tech.* return pipe.

'**Rück,licht** *n* ⟨-(e)s; -er⟩ *auto.* taillight, *Br.* tail-light, rear lamp (*od.* light), tail lamp. — ~**,schal·ter** *m* taillight (*Br.* tail-light) (*od.* rear-lamp, rear-light) switch.

'**Rück,lie·fe·rung** *f econ.* **1.** return delivery, *Br.* redelivery. – **2.** (*zurückgesandte Ware*) returns *pl*, returned goods *pl*.

'**rück·lings** *adv* **1.** (*nach hinten*) backward(s): ~ niederfallen to fall (over) backward(s); Liegehang (*beim Turnen am Stufenbarren*) back hang. – **2.** (*von hinten*) from behind: j-n ~ angreifen to attack s.o. from behind (*auch fig.*). – **3.** (*in Wendungen wie*) ~ liegen to lie on one's back.

'**Rück|,marsch** *m mil.* march back (*od.* home), countermarch: den ~ antreten to start on the march home. — ~**,mel·dung** *f* **1.** reporting back (*auch mil.*). – **2.** *tel.* reply, back signal. – **3.** *electr.* electrical position indication. – **4.** *mar.* repeating.

'**Rück|,nah·me** *f* ⟨-; *no pl*⟩ **1.** taking back, repurchase. – **2.** *jur.* (*einer Klage etc*) abandonment, withdrawal.

'**Rück|,por·to** *n* (*postal service*) return postage. — ~**,prall** *m* **1.** *metall.* (*bei der Werkstoffprüfung*) rebound. – **2.** *mil.* (*von Feuerwaffen*) recoil. — ~**,prä·mie** *f econ.* (*Prämiengeschäft*) put (premium *od.* option), seller's option (money), premium for the put: die ~ kaufen to take for the put. — ~**,rei·se** *f* return journey (*od.* trip), journey (*od.* trip) home (*od.* back), (*zur See*) return voyage, voyage back (*od.* home): er befand sich (*od.* war) auf der ~ he was on his way home; auf der ~ befindlich (*od.* begriffen) *mar.* homeward(s) bound, homebound, bound for home. — ~**,ruf** *m bes. tel.* recall, ring-back. — **~,run·de** f (sport) second half of the season.

'**Ruck,sack** m knapsack, rucksack.

'**Rück|,schalt,he·bel** m tech. downshift (od. kickdown, change-back) lever. — **~,schau** f retrospect(ion), review: **~ halten** to go back over the past, to go over things in retrospect. — **r~,schau·end** adj in retrospect. — **~,schei·be** f auto. rear window.

'**Rück,schlag** m 1. backstroke, rebound, backkick. – 2. (einer Schußwaffe) kick. – 3. fig. setback, backset, reverse, throwback (colloq.): **sein Geschäft erlitt** (od. erfuhr) **einen schweren ~** his business suffered a severe setback; **es ging nicht ohne Rückschläge ab** it did not come off without setbacks. – 4. econ. (an der Börse etc) setback, reaction. – 5. tech. a) (eines Motors) backfire, kickback, b) (einer Flamme) backflash. – 6. biol. atavism. – 7. med. (Krise) setback, relapse: **er erlitt einen schweren ~** he had a serious setback. – 8. (sport) (beim Tennis, Tischtennis) return.

'**Rück,schlä·ger** m (sport) (beim Badminton, Tennis, Tischtennis) receiver, striker-out.

'**Rück,schlag,git·ter** n aer. backfire screen.

'**Rück|,schluß** m conclusion, inference: **seine Rückschlüsse aus etwas ziehen** to draw one's conclusions from s.th.; **er zog den ~ daraus, daß** he gathered (od. inferred) from it that. — **~,schrei·ben** n reply (letter), answer. — **r~,schrei·tend** adj bes. med. retrogressive, retrograde.

'**Rück,schritt** m 1. step backward(s), retrogressive (od. retrograde) step, regression, regress, retrogression: **die Verwirklichung seines Planes würde einen ~ bedeuten** the realization of his plan would mean a step backward(s). – 2. pol. reaction. — '**rück,schritt·lich** adj pol. reactionary.

'**Rück,sei·te** f 1. (eines Gebäudes etc) back, rear. – 2. (der Hand) back. – 3. (eines Blattes) back, reverse (side), verso: **siehe ~** please turn over, p.t.o., see overleaf. – 4. (einer Münze) tail, reverse (side), verso. – 5. (eines Kleiderstoffes etc) reverse side, back.

ruck·sen ['rʊksən] v/i ⟨h⟩ (von Tauben) coo.

'**rück|,sen·den I** v/t ⟨only inf u. pp rückgesandt, rückgesendet, h⟩ (postal service) send (s.th.) back, return. – **II R~** n ⟨-s⟩ verbal noun. — **R~,sen·dung** f 1. cf. Rücksenden. – 2. (Rückgesandtes) return(s pl), redelivery, reconsignment.

'**Rück,sicht** f ⟨-; -en⟩ 1. ⟨only sg⟩ consideration, considerateness, thoughtfulness, regard, (Ehrerbietung) deference: **mit** (od. **aus**) **~ auf** (acc) **etwas** [j-n] out of consideration (od. regard) for s.th. [s.o.]; **mit ~ auf** (acc) **etwas in** (od. with) regard (od. respect) to s.th., in consideration of s.th., in the light of s.th., considering s.th., in view of s.th., taking s.th. into account; **ohne ~ auf** (acc) **etwas** without regard (od. for), regardless (od. irrespective, lit. unmindful) of s.th.; **ohne ~ auf seine Frau unternahm er diese Reise** he went on the trip without consideration (od. regard) for his wife (od. without taking his wife into consideration); **ohne ~ auf Verluste** fig. colloq. regardless of (od. without regard to) loss(es), at all costs; **er geht ohne ~ auf andere vor, er handelt ohne ~ auf andere** he shows no consideration for others; **auf** (acc) **etwas ~ nehmen** a) to have regard for s.th., to show consideration for s.th., b) (in Betracht ziehen) to pay (od. show) regard to (od. for) s.th., to take s.th. into account, c) (Nachsicht üben) to allow for s.th., to make allowances for s.th.; **er nimmt auf seine Mutter ~** he takes his mother's feelings into consideration; **er nahm wenig ~ auf sie** he had little consideration for her; **mit ~ darauf, daß** considering that; **keine ~ nehmen auf** (acc) **etwas** to pay no heed to s.th., to disregard s.th.; **darauf kann ich keine ~ nehmen** I can't take this into consideration. – 2. (Grund) consideration, reason: **dies geschah aus geschäftlichen ~** this happened for business reasons. – 3. ⟨only sg⟩ auto. a) (im Verkehr) (auf acc for) (reasonable) consideration, b) (Sicht nach hinten) rear view.

'**Rück,sicht,nah·me** f ⟨-; no pl⟩ cf. Rücksicht 1, 3a.

'**rück,sichts·los I** adj 1. (gegen) incon-

siderate (of), without consideration (for), regardless (of): **sei nicht so ~!** don't be so inconsiderate! show more consideration! **ein ~er Mensch** an inconsiderate (od. a thoughtless) person. – 2. (unbekümmert) reckless, devil-may-care: **~es Fahren** reckless driving; **ein ~er Fahrer** a reckless driver, a road hog. – 3. (erbarmungslos) ruthless, relentless: **~e Ausbeutung** ruthless exploitation. – 4. (roh) unfeeling, callous: **~es Benehmen** callous behavio(u)r. – **II** adv 5. inconsiderately, without consideration, regardless(ly): **~ fahren** to drive recklessly (od. without reasonable consideration for other persons); **~ vorgehen** (od. handeln) to act inconsiderately; **~ einschreiten** to intervene ruthlessly. —

'**Rück,sichts·lo·sig·keit** f ⟨-; -en⟩ 1. ⟨only sg⟩ inconsiderateness, inconsideration, lack of consideration, thoughtlessness. – 2. ⟨only sg⟩ (Unbekümmertheit) recklessness, devil-may-care attitude. – 3. ⟨only sg⟩ (Erbarmungslosigkeit) ruthlessness, relentlessness. – 4. inconsiderate act.

'**rück,sichts·voll I** adj (gegen) considerate (to, toward[s]), regardful (of), full of consideration (od. regard) (for), (ehrerbietig) deferential (to): **er ist ihr gegenüber immer sehr ~ gewesen, er ist gegen sie immer sehr ~ gewesen** he has always been very considerate to her; **~es Verhalten** consideration, thoughtfulness. – **II** adv **j-n sehr ~ behandeln** to treat s.o. very considerately (od. with utmost consideration).

'**Rück|,sied·ler** m pol. returning (od. repatriated) settler. — **~,sitz** m auto. back (od. rear) seat. — **~,spie·gel** m rearview (od. rear-vision, driving, driver's) mirror. — **~,spiel** n (sport) return match (od. game). — **~,spra·che** f consultation, discussion: **nach ~ mit** on consultation with; **mit j-m ~ nehmen** (od. halten) **über** (acc) **etwas** to talk s.th. over with s.o., to discuss s.th. with s.o., to confer with s.o. about s.th., to consult s.o. about s.th.

'**rück,spu·len** v/t ⟨only inf u. pp rückgespult, h⟩ (Film, Tonband) rewind.

'**Rück,spul|,knopf** m phot. (film) rewind knob. — **~,ta·ste** f (am Tonbandgerät) rewind key.

'**Rück,stand** m ⟨-(e)s; ~e⟩ 1. remainder. – 2. chem. a) residue, residuum, residual, b) cf. Bodensatz 7, c) (bei der Verbrennung) ash. – 3. (Abfall) waste, refuse. – 4. econ. a) (bei Zahlungen) arrears pl, b) (bei Lieferungen) arrears pl, backlog: **mit seiner Miete im ~ sein** to be behind (od. back) with one's rent; **ich bin mit der Arbeit immer im ~** I am always in arrears (od. behind[hand]) with (od. in) my work, I always have a backlog of work; **einen ~** (od. **Rückstände**) **in seiner Arbeit aufholen** (od. aufarbeiten) to make up arrears in (od. to get up-to-date with) one's work, to catch up on a backlog of work; **Rückstände eintreiben** to collect outstandings (od. arrears, outstanding debts). – 5. (sport) (in Wendungen wie) **in ~ geraten** to fall behind; **mit einem Tor in ~ liegen** to be one goal down, to trail one goal; **nach Punkten im ~ liegen** (beim Boxen, Ringen) to be behind on points; **ein ~ von zwei Toren ist schwer wettzumachen** it's difficult to pull back two goals.

'**rück,stän·dig** adj 1. (unzeitgemäß) antiquated, out-of-date (attrib), fusty, old-hat (attrib) (colloq.), behind the times: **~ sein** to be a back number (colloq.). – 2. (Land etc) backward, underdeveloped. – 3. econ. a) (Person) in arrears, behind with payment, b) (Gelder etc) in arrear(s), outstanding, (over)due: **~e Beträge** sums (od. amounts) in arrears, amounts outstanding; **~e Lieferung** outstanding delivery; **~e Miete** rent in arrear, arrears pl of rent. — '**Rück,stän·dig·keit** f ⟨-; no pl⟩ 1. antiquation, out-of-dateness, fustiness. – 2. (von Land etc) backwardness, underdevelopment.

'**Rück|,stau** m 1. mar. backwater. – 2. (bes. auf Autobahn, zum Beispiel nach Unfall) tailback. – 3. (railway) rail congestion. – 4. mil. backlog.

'**Rück,stell|,fe·der** f tel. restoring spring. — **~,kraft** f (space) restoring force. — **~,ta·ste** f cf. Rücktaste.

'**Rück,stel·lung** f 1. econ. a) transfer to reserve (fund), provision(s pl), b) (Rück-

stellungsbetrag) reserve, sum reserved, amount placed in reserve (od. transferred to reserve fund): **~en machen** to make provisions; **~ für Pensionsverpflichtungen** provision for pensions; **~en für ungewisse Verbindlichkeiten** contingency reserves. – 2. tech. (eines Zeigers) resetting, reset. — '**Rück,stel·lungs,fonds** m econ. reserve fund.

'**Rück|,steue·rung** f electr. revertive control. — **~,stich** m (beim Nähen) backstitch, turn stitch.

'**Rück,stoß** m 1. (von elastischen Körpern) repulse, repulsion, rebound. – 2. (von Schußwaffen) kick. – 3. auto. (von Motor) kickback: **ohne ~** dead-stroke (attrib). – 4. nucl. recoil. – 5. (space) reaction. — **~,an,trieb** m aer. (space) reaction propulsion. — **~,elek·tron** n nucl. recoil electron. — **r~,frei** adj 1. tech. dead-stroke (attrib). – 2. nucl. nonrecoiling Br. non-. – 3. (Schußwaffe) recoilless. — **~,kern** m nucl. recoil nucleus. — **~,kraft** f 1. nucl. power (od. energy) of recoil. – 2. phys. power of reaction, repulsive force. — **~,Trieb,werk** n aer. reaction engine.

'**Rück|,strah·ler** m (eines Fahrrades etc) 1. rear (od. reflex) reflector. – 2. (Katzenauge) cat's-eye. — **~,strah·lung** f phys. reflection, Br. auch reflexion, reverberation.

'**Rück,strom** m 1. (von Menschen) backflow. – 2. electr. a) return (od. reverse) current, b) (einer Hochvakuumröhre) stray emission current. – 3. tech. (von Flüssigkeiten) reflux, return flow. — **~,schal·ter** m electr. directional circuit-breaker, reverse-current switch.

'**Rück|,strö·mung** f electr. (in der Hochvakuumröhre) stray emission current. — **~,stu·fung** f (bei Gehalt, Steuer etc) retrogression, downward adjustment. — **~,ta·ste** f 1. (an der Schreibmaschine) backspacer, auch backspace key. – 2. (am Tonbandgerät) rewind key. — **~,trans,port** m econ. return transport(ation).

'**Rück,tritt** m 1. (Ausscheiden) resignation, retirement from office: **seinen ~ erklären** to announce one's resignation; **seinen ~ einreichen** to submit (od. to turn in, to hand in, to tender) one's resignation. – 2. (Abdankung) abdication. – 3. jur. (von einen Vertrag) rescission (of), annulment (of), withdrawal (from). – 4. colloq. for Rücktrittbremse. — **~,brem·se** f (eines Fahrrades) backpedal (od. backpedal[l]ing, Am. auch coaster) brake.

'**Rück,tritts,ab,sicht** f intention to resign (od. to retire). — **~,dro·hung** f threat to resign. — **~er,klä·rung** f 1. (letter of) resignation. – 2. jur. (von einem Vertrag) declaration of rescission. — **~ge,such** n resignation, letter (od. tender) of resignation. — **~,recht** n jur. (von einem Vertrag) right of rescission.

'**rück|,über,set·zen I** v/t ⟨only inf u. pp rückübersetzt, h⟩ (s.th.) back, retranslate. – **II R~** n ⟨-s⟩ verbal noun. — **R~,über,set·zung** f 1. cf. Rückübersetzen. – 2. retranslation. — **~,über,tra·gen** jur. **I** v/t ⟨only inf u. pp rückübertragen, h⟩ retransfer. – **II R~** n ⟨-s⟩ verbal noun. — **R~,über,tra·gung** f 1. cf. Rückübertragen. – 2. retransfer, reassignment, (im Hypothekenrecht) auch reconveyance. — **R~,um,schlag** m return envelope. — **~,ver,gü·ten** econ. **I** v/t ⟨only inf u. pp rückvergütet, h⟩ reimburse, repay, refund. – **II R~** n ⟨-s⟩ verbal noun. — **R~,ver,gü·tung** f 1. cf. Rückvergüten. – 2. reimbursement, repayment, refund(ment), (bes. Zoll) drawback.

'**Rück|,ver,si·che·rer** m 1. econ. reinsurer, reassurer. – 2. fig. colloq. cautious old fox: **er ist ein (alter) ~** he always plays (it) safe. — **r~,ver,si·chern I** v/t ⟨insep, no -ge-, h⟩ 1. econ. reinsure, reassure. – **II** v/reflex **sich** 2. econ. reinsure (od. reassure) oneself. – 3. fig. reassure oneself. – 4. fig. colloq. play (it) safe. — **~,ver,si·che·rung** f 1. econ. reinsurance, reassurance. – 2. fig. reassurance.

'**Rück|,ver,si·che·rungs|ge,sell,schaft** f reinsurance (od. reassurance) company. — **~,ver,trag** m 1. reinsurance (od. reassurance) contract. – 2. hist. Reinsurance Treaty (1887).

'**Rück|,ver,wei·sung** f 1. cross-reference. – 2. pol. (an einen Ausschuß) recommitment, recommittal. – **3.** *jur.* (*an die Vorinstanz*) remand, remittal. — **~,wand** *f* back (*od.* rear) wall. — **~,wan·de·rer** *m* returning emigrant, remigrant. — **~,wan·de·rung** *f* remigration.

'**rück,wär·tig** [-,vɛrtɪç] *adj* ⟨*attrib*⟩ **1.** back, at the back: **~e** Zimmer rooms at the back. – **2.** *mil.* rear(ward): **~e** Dienste services behind the lines; **~es** Gebiet rear area; seine **~en** Verbindungen sichern to secure one's lines of communication.

'**rück,wärts** *adv* **1.** backward(s), rearward(s), tailfirst, retrograde (*scient.*): **~** gehen to go backward(s); drei Schritte **~** tun (*od.* machen, gehen) to take three steps backward(s); **~** aus der Garage fahren to back out of the garage; weder vorwärts noch **~** können *auch fig.* not to be able to move backward(s) or forward(s); etwas vorwärts und **~** aufsagen können *fig.* to know s.th. (off) backward(s) (*od.* inside out); Salto **~** (*sport*) back somersault. – **2.** *fig.* backward(s), downhill: das bedeutet einen Schritt **~** that's a step backward(s). – **3.** *fig.* (*zurück*) backward(s), back, in retrospect: ein Blick **~** a look back(ward[s]); **~** betrachtet regarded in retrospect, when one looks back on it. – **4.** *colloq.* (*hinten*) at the back (*od.* rear): **~** am Hause at the back of the house; von **~** from behind, from (*od.* in) the rear.

'**Rück,wärts|,be·gung** *f bes. med.* **1.** retroflexion, retroflection, retroversion. – **2.** (*des Kopfes*) head retraction. — **~be·we·gung** *f* **1.** backward (*od.* retrograde) movement (*od.* motion). – **2.** *tech.* (*von Maschinentischen*) return motion (*od.* movement, traverse). — **~,fahrt** *f* **1.** *auto.* reverse movement, reversing. – **2.** *mar.* sternway. — **~,gang** *m* **1.** *auto.* reverse (gear): im **~** fahren to reverse; den **~** einschalten to shift (*Br.* change) into reverse (gear). – **2.** *tech.* reverse (motion). — **r~ge,beugt** *adj med.* (*bes. Uterus*) retroverted, retroflexed. — **r~ge·hen** *v/i u. v/impers* ⟨*irr, sep, -ge-, sein*⟩ *fig.* deteriorate, go downhill, decline: mit seinem Geschäft soll es **~** his business is said to be going downhill; mit seiner Gesundheit geht es rückwärts his health is deteriorating. — **~,hub** *m tech.* backstroke, return stroke (*od.* travel). — **~,kip·per** *m auto.* rear (*Am.* rear dump) tipper. — **~,lauf** *m mar.* (*der Schiffsschraube, des Schiffes*) running astern. — **r~ver,la·gert** *adj med.* retroposed. — **~ver,la·ge·rung** *f* retrodeviation, retrodisplacement, retroposition.

'**Rück,wech·sel** *m econ.* redraft, return draft, reexchange, *Br.* re-exchange: einen protestierten **~** auf einen Vorgänger ausstellen to draw (*od.* redraw) a protested bill on a previous endorser. — **~,weg** *m* way back (*od.* home), return, (*bei größeren Entfernungen*) return route: den **~** antreten, sich auf den **~** begeben (*od.* machen) to start back, to set out for home, to return; auf dem **~** sein, sich auf dem **~** befinden to be on the (*od.* one's) way back.

'**ruck,wei·se** **I** *adj* (*Bewegung etc*) jerky. – **II** *adv* jerkily, jerkingly, joltingly, by fits (and starts): sich **~** fortbewegen to move along by fits and starts.

'**rück,wir·ken** *v/i* ⟨*only inf u. pp* rückgewirkt, h⟩ **1.** (*sich auswirken*) (*auf acc* [up]on) react, have repercussions. – **2.** *jur.* have a retroactive effect (*od.* force).

'**rück,wir·kend I** *pres p.* – **II** *adj* **1.** (*sich auswirkend*) (*auf acc* [up]on) reacting, reactive. – **2.** *jur.* retroactive, retrospective, having retroactive effect: mit **~er** Kraft with (a) retroactive effect (*od.* force), retroactive. – **III** *adv* **3.** retroactively: dieses Gesetz tritt **~** vom 1. 1. 1970 in Kraft, dieses Gesetz gilt **~** vom 1. 1. 1970 this law comes into force (*Am.* goes into effect) retroactively as from 1-1-1970. — '**Rück,wir·kung** *f* **1.** (*Auswirkung*) (*auf acc* [up]on) reaction, repercussion: diese Entscheidung hatte **~en** auf die gesamte Wirtschaft this decision had repercussions on (*od.* reacted on) the entire economy. – **2.** *jur.* retroactivity, retroactive effect, retrospectiveness: mit **~** vom with retroactive effect (*od.* force) from.

'**rück,zahl·bar** *adj econ.* **1.** (*Schulden etc*) repayable, returnable. – **2.** (*bes. Auslagen etc*) reimbursable. – **3.** (*Darlehen etc*) redeemable.

'**Rück,zah·lung** *f econ.* **1.** (*von Schulden etc*) repayment, return. – **2.** (*bes. von Auslagen etc*) reimbursement, refund. – **3.** (*bes. von Darlehen etc*) redemption.

'**Rück,zah·lungs|,an,wei·sung** *f* (*postal service*) (*beim Sparkassendienst*) repayment order. — **~,din·gun·gen** *pl econ.* conditions of repayment. — **~,frist** *f* period of repayment. — **r~,pflich·tig** *adj* liable to repayment. — **~,schein** *m* (*beim Sparkassendienst*) reimbursement slip, demand withdrawal form. — **~te·le,gramm** *n* telegraphic repayment order, telegram containing the repayment order. — **~ter,min** *m* date of repayment.

'**Rück,zie·her** *m* ⟨-s; -⟩ **1.** einen **~** machen *colloq.* to back (*od.* climb) down, to backpedal, to flinch. – **2.** (*sport*) (*beim Fußball*) overhead kick.

'**Rück,zoll** *m econ. cf.* Zollrückerstattung.

'**ruck'zuck** *adv colloq.* in a flash, in a jiff(y) (*colloq.*), *bes. Br.* before one can say Jack Robinson: das ist **~** geschehen that is done in a jiffy (*od.* in no time).

'**Rück,zug** *m* **1.** *bes. mil.* retreat, withdrawal, retirement: ein geordneter [überstürzter] **~** an orderly [a hasty] retreat; den **~** antreten *auch fig.* to (make a) retreat, to beat a retreat; sich (*dat*) den **~** decken (*od.* sichern) *auch fig.* to secure (*od.* cover) one's retreat; zum **~** blasen to sound the retreat. – **2.** (*railway*) return (*od.* back) train.

'**Rück,zugs|ge,fecht** *n mil.* running fight. — **~,li·nie** *f* line of retreat. — **~ma,nö·ver** *n* **1.** *mil.* retreat man(o)euver (*bes. Br.* manœuvre). – **2.** *fig.* (*elegant*) way out. — **~,stra·ße** *f* retreat route.

'**Rück,zün·dung** *f* **1.** *tech.* (*einer Verbrennungsmaschine*) backfire, backfiring. – **2.** *electr.* back arc, arc-back, flashback, (*einer Elektronenröhre*) kick.

Rud·beckie (*getr.* -k·k-) [ru:t'bɛkiə] *f* ⟨-; -n⟩ *bot.* rudbeckia, coneflower, *Am. auch* thimbleweed (*Gattg Rudbeckia*): Rauhe **~** poor man's daisy, coneflower (*R. hirta*); Rote **~** purple coneflower (*Echinacea purpurea*).

rü·de ['ry:də] *adj* (*Benehmen etc*) rude, rough, coarse.

'**Rü·de** *m* ⟨-n; -n⟩ **1.** *zo.* a) male dog, b) male wolf, c) male fox, d) male marten. – **2.** *hunt.* (*Hetzhund*) large hound, boarhound.

Ru·del ['ru:dəl] *n* ⟨-s; -⟩ **1.** *zo.* a) (*von Hunden, Wölfen etc*) pack, b) (*bes. von Wildschweinen*) party, c) (*bes. von Löwen*) pride, d) (*bes. von Rehen*) herd, e) (*von Schafen, Ziegen etc*) flock: in **~n** gehen (*od.* auftreten) to be gregarious. – **2.** *fig. humor.* swarm, pack, troop: er hat ein ganzes **~** Kinder he has a whole swarm (*od.* pack, troop) of kids (*colloq.*). – **3.** *fig.* (*Bande*) gang. – **4.** *mil.* a) (*von U-Booten*) (wolf) pack, b) (*von Flugzeugen*) swarm. — **r~,wei·se** *adv* **1.** *zo.* a) in packs, b) in parties, c) in prides, d) in herds, e) in flocks. – **2.** *fig.* in gangs. – **3.** *fig. humor.* in swarms (*od.* packs, troops). – **4.** *mil.* a) in (wolf) packs, b) in swarms.

Ru·der ['ru:dər] *n* ⟨-s; -⟩ **1.** *mar.* a) (*Blatt*) rudder, b) (*Steuerung*) helm, wheel: ohne **~** rudderless; das **~** führen (*od.* halten), am **~** stehen (*od.* sitzen) to be at the helm. – **2.** *fig. colloq.* helm, wheel, power, control: j-n ans **~** bringen to put s.o. into power; ans **~** kommen (*od.* gelangen) to take over, to take charge, to take the lead (*od.* the wheel), to come into power; das **~** fest in der Hand haben to be well in command (*od.* control) of the situation, to be master of the situation; am **~** (*des Staates*) sein, das **~** (*des Staates*) führen (*od.* halten) to be at the helm (*od.* the wheel), to be in control; die Konservativen sind [nicht mehr] am **~** the Conservatives are in (power) [out of (power)] now. – **3.** (*Riemen*) a) oar, white ash (*colloq.*), b) (*langes*) sweep: die **~** auslegen to put out the oars; die **~** einziehen to take in the oars; sich kräftig ins **~** legen *fig. colloq.* to go at it. – **4.** *aer.* a) (*Seitenruder*) rudder, b) (*Höhenruder*) elevator (surface), c) (*Querruder*) aileron. – **5.** (*sport*) a) (*Riemen*) oar, b) (*Skull*) scull, *auch* skull. – **6.** *hunt.* (*Fuß des Schwanes*) palmate(d) (*od.* webbed) foot.

Ru·de,ral,pflan·ze [rudeˈraːl-] *f bot.* ruderal plant.

'**Ru·der|,bank** *f* ⟨-; **~e**⟩ **1.** *mar.* rower's seat, (*Ducht*) thwart. – **2.** oarsman's (*od.* rower's) seat. — **~,blatt** *n* **1.** oar blade. – **2.** (*sport*) a) (*Riemenblatt*) oar blade, b) (*Skullblatt*) scull blade. — **~,boot** *n* **1.** *Am.* rowboat, pulling (*bes. Br.* rowing) boat. – **2.** (*sport*) a) (*Riemenboot*) *Am.* rowboat, *bes. Br.* rowing boat, b) (*Skullboot*) sculler. — **~,en·te** *f zo.* ruddy duck, stifftail (*Oxyura jamaicensis rubida*).

'**Ru·de·rer** *m* ⟨-s; -⟩ **1.** oarsman, rower. – **2.** (*sport*) a) (*Riemenruderer*) oarsman, b) (*Skuller*) sculler.

'**Ru·der|,fahrt** *f* row, pull (*colloq.*): eine **~** machen to go for a row. — **~,flos·se** *f zo.* steering fin. — **~,frosch** *m* aogaeru (*Gattg Rhacophorus*).

'**Ru·der,fü·ßer** *m* ⟨-s; -⟩ *zo.* **1.** (*Vogel*) steganopod, *auch* steganopodan. – **2.** *cf.* Ruderfußkrebs. – **3.** (*Walroß etc*) pinniped, (*Fam. Pinnipedia*).

'**Ru·der,fuß,krebs** *m* **1.** copepod (*Ordng Copepoda*). – **2.** (*parasitischer*) fish louse (*bes. Gattg Lernaea*). — **~,gän·ger** *m* ⟨-s; -⟩, **~gast** *m mar.* helmsman, steersman. — **~,haus** *n* pilothouse, *Br.* pilot-house, wheelhouse, *Br.* wheel-house. — **~,klub** *m* (*sport*) rowing club. — **~kom,man·do** *n mar.* helm (*od.* steering) order. — **r~los** *adj* (*hilflos*) rudderless, without a helm. — **~ma,schi·ne** *f* steering gear (*od.* engine).

ru·dern ['ru:dərn] **I** *v/i* ⟨h *u.* sein⟩ **1.** ⟨h *u.* sein⟩ (*auch sport*) a) row, b) (*skullen*) scull: kannst du **~**? can you row (a boat)? ich bin (*od.* habe) früher viel gerudert I used to do a lot of rowing (*colloq.*).; **~** gehen to go rowing (*od.* for a row); Oxford rudert morgen gegen Cambridge Oxford rows Cambridge tomorrow. – **2.** ⟨h⟩ *fig.* paddle: die Ente rudert mit den Füßen the duck paddles with its feet. – **3.** ⟨h⟩ mit den Armen **~** *fig.* a) to flail one's arms, b) to wave one's arms, to gesticulate. – **II** *v/t* ⟨h⟩ **4.** row: ein Boot [Rennen] **~** to row a boat [race]; j-n über den Fluß **~** to row s.o. across the river.

'**Ru·der|,pin·ne** *f mar.* tiller. — **~qua,drant** *m* rudder quadrant. — **~re,gat·ta** *f* (*sport*) rowing regatta. — **~,schaft** *m mar.* rudder stock, rudder main piece. — **~,schlag** *m* stroke with the oars, oar stroke. — **~,schlan·ge** *f zo.* sea snake (*Gattg Hydrophis*). — **~,schnecke** (*getr.* -k·k-) *f* wing snail, pteropod (*scient.*) (*Ordng Pteropoda*). — **~,sport** *m* rowing, boating. — **~ver,ein** *m cf.* Ruderklub. — **~,wan·ze** *f zo.* water boatman, boat bug (*Fam. Corixidae*).

Ru·di·ment [rudiˈmɛnt] *n* ⟨-(e)s; -e⟩ **1.** (*Rest*) rest, remainder. – **2.** *pl* (*Grundlagen*) rudiments, elements, principles. – **3.** *biol.* (*verkümmertes Organ*) rudiment, vestige. — **ru·di·men·tär** [-ˈtɛːr] *adj* **1.** (*unentwickelt*) rudimentary, rudimental, inchoate, embryonic. – **2.** *biol.* (*verkümmert*) rudimentary, rudimental, vestigial, obsolescent: **~es** Organ rudiment, vestige.

Ru·dol'fi·ni·sche 'Ta·feln [rudəlˈfiːnɪʃə] *pl astr.* Rudolphine tables.

'**Rud·rer** *m* ⟨-s; -⟩ *cf.* Ruderer.

Ruf [ru:f] *m* ⟨-(e)s; -e⟩ **1.** call: der **~** des Wächters [Kuckucks, Uhus] the call of the watchman [cuckoo, eagle owl]; auf seinen **~** (hin) wurde die Tür geöffnet the door was opened at his call. – **2.** (*Schrei*) shout, cry: ein anfeuernder **~** a shout of encouragement, a cheer; ein **~** ertönt (*od.* erschallt) a shout rings out; "Halt!" ertönte ein **~** "Stop!" a voice shouted; ein **~** nach etwas *auch fig.* a cry (*od.* call) for s.th. – **3.** ⟨*only sg*⟩ *fig.* call, summons: der **~** der Natur [Wildnis] the call of nature [of the wild]; der **~** zu den Waffen (*od.* zur Fahne) the call to arms; der **~** der Glocke zum Gebet the call of the bell to prayer; der **~** des Muezzins the call of the muezzin. – **4.** ⟨*only sg*⟩ *fig.* voice, calling: dem **~** des Gewissens [Herzens] folgen (*od.* gehorchen) to obey the voice of one's conscience [heart]. – **5.** ⟨*only sg*⟩ reputation, repute, name, odor, *bes. Br.* odour: einen guten **~** haben (*od.* genießen), sich eines guten **~es** erfreuen to enjoy (*od.* have) a good reputation; schlechter **~** bad reputation, disrepute, disreputability, notoriety; von schlechtem **~** of evil (*od.* ill) repute, disreputable; sich (*dat*) einen **~** als Chirurg schaffen (*od.* erwerben) to build up a reputation (*od.* to make oneself a name) as a surgeon; auf seinen **~** halten to set store by one's reputation; das schadete seinem ~, das war seinem ~ abträglich that marred (*od.* damaged) his reputation; in schlechtem (*od.* üblem) ~ stehen to be in evil repute (*od.* report); sie ist besser als ihr ~ she is better than she is reputed (*od.* said) to be; bei j-m in schlechtem ~ stehen to be in bad odo(u)r with s.o.; j-n bei j-m in schlechten ~ bringen to bring s.o. into bad repute (*od.* disrepute) with s.o., to discredit s.o. with s.o.; im ~ eines guten Arbeiters stehen to enjoy the reputation of a good worker; ihm geht der ~ eines guten Arztes voraus he is said to be a good doctor; ein Wissenschaftler von ~ a scientist of repute (*od.* renown); der ~ einer Firma *econ.* the credit (*od.* standing, goodwill) of a firm. – **6.** *ped.* call, invitation: Professor S. erhielt einen (*od.* an Professor S. erging ein) ~ an die Universität Berlin Professor S. received a call to (*od.* was offered a professorship at) the university of Berlin; den ~ annehmen to accept (*od.* follow) the call. – **7.** ⟨*only sg*⟩ (*Fernsprechnummer*) telephone (*od. colloq.* phone) number. – **8.** (*Signal, bes. von Blasinstrumenten*) signal, call, sound: der ~ des Jagdhorns the call of the bugle. – **9.** *hunt.* a) call (*of game birds and fawns*), b) instrument for calling game animals and birds, c) hunting signal, d) hunting horn. — ~,an,la·ge *f* staff locator (system).

Ru·fe ['ruːfə], **Rü·fe** ['ryːfə] *f* ⟨-; -n⟩ *Swiss for* a) Erdrutsch 1, b) Steinlawine, c) Mure.

ru·fen ['ruːfən] **I** *v/i* ⟨ruft, rief, gerufen, h⟩ **1.** call: laut [leise] ~ to call loudly [softly]; der Kuckuck ruft the cuckoo calls. – **2.** (*schreien*) call, (*stärker*) shout, cry: nach j-m ~ to call (*od.* shout) for s.o., to call s.o.; das Kind ruft nach der Mutter the child cries for its mother; der Gast ruft nach der Bedienung the customer calls for the waitress; um Hilfe ~ to call for help; ich habe j-n ~ hören I heard somebody call(ing). – **3.** *fig.* (*aufrufen*) call, summon: die Glocken ~ zum Gebet the church bells call (*od.* summon) to prayer; die Glocke ruft zum Essen the bell calls to (*od.* rings for) dinner; das Horn ruft zur Jagd the bugle summons the hunters (*od.* sounds for the hunt); die Pflicht ruft duty calls; das Vaterland ruft! your country needs you. – **II** *v/t* **4.** call (for): j-n ~ to call (for) (*od.* summon) s.o.; j-n zu Hilfe ~ to call s.o. to help, to call for s.o.'s assistance; einen Arzt ~ to call (*od.* send for) a doctor. – **5.** (*ausrufen*) exclaim, cry: „Nein!" rief er "No!" he exclaimed; „ich komme mit!" rief sie begeistert "I'll come with you!" she cried enthusiastically. – **6.** *fig.* (*beordern*) summon, call: j-n vor Gericht ~ to summon s.o. to appear in court; Gott hat ihn zu sich gerufen God has called (*od.* summoned) him; ein Volk zu den Waffen (*od.* Fahnen) ~ to call a people to arms; wichtige Geschäfte riefen ihn nach Berlin important business affairs called him to Berlin. – **7.** (*nennen*) call: j-n bei seinem Namen ~ to call s.o. by his name; man ruft ihn Hans they call him Jack. – **8.** *fig.* (*in Wendungen wie*) j-m etwas ins Gedächtnis ~ to remind s.o. of s.th.; sich (*dat*) etwas ins Gedächtnis ~ to call s.th. to mind; j-n wieder ins Leben ~ to bring s.o. to life again; etwas ins Leben ~ to call s.th. into being, to found (*od.* establish) s.th.; j-n zur Ordnung ~ to call s.o. to order; j-n auf den Plan ~ to bring s.o. to the scene, to make s.o. appear on the scene; j-n zur Sache ~ to ask s.o. to come to the point. – **9.** *hunt.* (*Hunde*) hark.

'Ru·fer *m* ⟨-s; -⟩ **1.** caller: der ~ in der Wüste *fig.* the voice crying in the wilderness. – **2.** *cf.* Zwischenrufer.

Rüf·fel ['ryfəl] *m* ⟨-s; -⟩ *colloq.* (*Zurechtweisung*) (*wegen, für for*) reproof; (*stärker*) reprimand, rebuke, *bes. Br. colloq.* wigging: einen gehörigen ~ bekommen (*od.* einstecken) to be given a severe rebuke; j-m einen ~ erteilen to reprove s.o. — **'rüf·feln** *v/t* ⟨h⟩ j-n ~ *colloq.* to reprove (*od.* reprimand, rebuke) s.o., *bes. Br. colloq.* to give s.o. a wigging.

'Ruf|**,glocke** (*getr.* -k·k-) *f* call bell. — ~**,mord** *m* slander, defamation (of character), character assassination. — ~**,na·me** *m* **1.** name by which a person is called. – **2.** Christian name, first name, *bes. Am.*

---

forename. — ~**,num·mer** *f* telephone (*od. colloq.* phone) number. — ~**,sä·le** *f* (*für Taxifahrer*) telephone. — ~**,ta·ste** *f* (*am Telefon*) ringing key. — ~**,wei·te** *f* call, earshot, hail: in [außer] ~ within [out of] earshot (*od. colloq.* shouting distance). — ~**,zei·chen** *n* **1.** *electr.* ringing tone, call signal. – **2.** *mar.* (*eines Schiffes*) wireless call sign. – **3.** (*einer Funkstelle, eines Fahrzeugs etc*) call sign. – **4.** *ling.* exclamation mark. – **5.** (*radio*) (*Erkennungsfunkzeichen*) identification (signal), call letter.

Rug·by ['rakbi; 'rʌgbi] (*Engl.*) *n* ⟨-; *no pl*⟩ (*sport*) Rugby (*auch* rugby) (football), *Br.* rugger. — ~**,mann·schaft** *f* Rugby (*auch* rugby) team. — ~**,spiel** *n* **1.** ⟨*only sg*⟩ *cf.* Rugby. – **2.** Rugby (*auch* rugby) match (*od.* game). — ~**,spie·ler** *m* Rugby (*auch* rugby) player.

Rü·ge ['ryːgə] *f* ⟨-; -n⟩ **1.** (*wegen, für for*) reproof, reproach; (*stärker*) reprimand, rebuke: j-m eine ~ erteilen (*od.* aussprechen) to reprove (*od.* rebuke, reprimand, reproach) s.o.; eine ~ erhalten, sich (*dat*) eine ~ zuziehen to be reproved (*od.* rebuked, reprimanded, reproached); öffentliche ~ censure. – **2.** *econ. cf.* Mängelrüge.

'rü·gen *v/t* ⟨h⟩ (*für, wegen for*) reprove, reproach, (*stärker*) reprimand, rebuke: j-n wegen seiner Nachlässigkeit ~, j-s Nachlässigkeit ~ to rebuke s.o. for his carelessness.

Ruh·bett *n Swiss for* Sofa 2.

Ru·he ['ruːə] *f* ⟨-; *no pl*⟩ **1.** rest, repose, requiescence (*lit.*): ~ brauchen, *lit.* der ~ bedürfen to need (a) rest, to need repose; er gönnt sich keine Minute ~ he doesn't allow himself a minute's rest (*od.* respite); ~ suchen to seek repose; sich der ~ hingeben, der ~ pflegen *lit.* to repose, to take one's ease; ohne Ruh und Rast (*od.* Rast und Ruh) leben *poet.* to lead a restless life, to be never at rest (*od.* peace); in ~ und Frieden leben to live in peace and quiet; ein Vulkan in ~ a volcano at rest (*od.* in repose), an inactive (*od.* a dormant) volcano. – **2.** (*Bettruhe, Schlaf*) sleep, *auch* repose: sich zur ~ begeben (*od.* legen), zur ~ gehen to go to bed, to retire, to go to roost (*colloq.*); zur ~ gegangen sein to have gone to bed, to have retired, to be at roost (*colloq.*); die Kinder zur ~ bringen a) to put the children to bed (*od. colloq.* down), b) to quiet(en) the children; angenehme ~! good night and sleep well! – **3.** (*Frieden*) peace, quiet, rest: j-n in ~ lassen to leave s.o. in peace (*od.* alone), to let s.o. alone, to let s.o. be; dieser Gedanke ließ mir keine ~ the thought bothered (*od.* worried, haunted) me perpetually; das Kind ließ mir keine ~, bis das Kind gave me no peace (*od.* kept on and on at me) until; laß mich in ~! leave me alone (*od.* in peace)! stop bothering me! ich möchte meine ~ haben I want to be left in peace (and quiet); ich habe vor ihm keine ~ I am (absolutely) persecuted by him, he never leaves me in peace; gib ~! keep quiet! give me a bit of peace! (Störung der öffentlichen) ~ und Ordnung (*disturbance* [*od.* disturbing] of the) public peace and order; j-s ~ stören to disturb s.o.'s peace; in aller ~ *colloq.* very calmly, quietly; überlege es dir in aller ~ take your time about it, think it over calmly; ich werde es zu Hause in ~ ansehen I shall look at it in my own time (*od.* at my leisure) at home; j-n in ~ wiegen *fig.* to lull s.o. into a (false) sense of security; → Bürgerpflicht; Seele 4. – **4.** (*Stille*) silence, tranquil(l)ity, peacefulness, calm, stillness, quiet(ude), still (*poet.*): die nächtliche ~ the tranquil(l)ity of the night; die ~ in der Natur the stillness of nature; die ~ vor dem Sturm *auch fig.* the calm (*od.* lull) before the storm. – **5.** (*Stillschweigen*) silence: ~ nach einem Lärm hush following a noise; ~, bitte! silence (*od.* quiet), please! gebt ~! ~ halten! (be) quiet! silence! jetzt muß wieder ~ herrschen silence again, please! die Kinder zur ~ ermahnen to tell the children to be quiet. – **6.** (*Gemütsruhe*) calmness, composure, composedness, imperturbability, coolness: er hat (*od.* besitzt) eine unerschütterliche ~ he has (*od.* possesses) an imperturbable composure; er ist die ~ selbst he is calmness itself; er strahlt ~

---

aus he radiates calmness; seine ~ bewahren [verlieren, wiederfinden] to maintain [to lose, to regain] one's composure; sich durch nichts aus der ~ bringen lassen to maintain one's composure no matter what happens, to remain unperturbed (*od.* imperturbed); sich leicht aus der ~ bringen lassen to lose one's composure easily, to lack repose, to be easily disconcerted (*od.* perturbed, ruffled); immer mit der ~! *colloq.* a) take it easy! don't hurry! hold your horses! b) (*reg dich nicht auf*) keep your hair on! (*sl.*); er hat die ~ weg *colloq.* he is imperturbable, he is (as) cool as a cucumber (*colloq.*); nur die ~ kann es bringen *colloq.* slowly (*od.* easy, gently) does it (*colloq.*). – **7.** (*Seelenfrieden*) peace of mind (*od.* heart): keine ~ finden to find no peace of mind. – **8.** (*Geduld*) patience: ich bewundere deine ~ I admire your patience. – **9.** (*Ruhestand*) retirement: sich zur ~ setzen to go into retirement, to retire (from business). – **10.** *fig.* (*Sterben, Tod*) rest, repose, peace: letzte (*od.* ewige) ~ eternal peace; die ewige ~ finden to find eternal peace; er ist zur (ewigen) ~ (ein)gegangen he has passed to a better world; j-n zur letzten ~ betten to lay s.o. to eternal rest, to bury s.o. – **11.** (*Beschaulichkeit*) ease, leisureliness.

'Ru·he|**,bank** *f* bench, settle. — ~**be,dürf·tig** *adj* in need of (a) rest. — ~**be,la·stung** *f* *tech. phys.* static (*od.* dead) load. — ~**,bett** *n obs.* couch, sofa, daybed. — ~**ener,gie** *f* *phys.* static energy.

'Ru·he·ge,halt *n econ.* retirement allowance (*od.* pension), retired pay (*od.* pension), (old-age) pension, superannuation. — **'Ru·he·ge,halts·emp,fän·ger** *m* (old-age) pensioner. — **'ru·he·ge,halts·fä·hig** *adj* pensionable: ~es Einkommen pensionable income.

'Ru·he|**,geld** *n econ. cf.* Ruhegehalt. — ~**,kis·sen** *n* pillow: → Gewissen. — ~**,la·ge** *f* **1.** (*eines Menschen*) reclining (*od.* resting) position, rest. – **2.** *tech.* a) rest(ing) position, b) (*Ruhezustand*) position at rest, c) (*Nullage eines Zeigers*) neutral position. – **3.** *phys.* (position of) rest. – **4.** *mar.* (*eines Schiffes*) neutral position. – **5.** *mil.* (*eines Geschützrohrs*) battery position. — ~**lie·bend** *adj cf.* friedfertig.

'ru·he·los *adj* **I** restless, without rest: eine ~e Nacht verbringen to spend a restless night. – **2.** (*Hände etc*) restless, fidgety. – **3.** (*hektisch*) restless, hectic, feverish, bustling: in unserer ~en Zeit in this hectic age. – **II** *adv* **4.** restlessly: ~ wanderte er im Zimmer auf und ab he wandered restlessly up and down the room; seine Augen blickten ~ von einem zum andern his eyes strayed restlessly from one to the other. — **'Ru·he·lo·sig·keit** *f* ⟨-; *no pl*⟩ **1.** restlessness. – **2.** (*der Hände etc*) restlessness, fidgetiness. – **3.** (*Hektik*) restlessness, hecticness, feverishness, fever, bustle.

ru·hen ['ruːən] **I** *v/i* ⟨h⟩ **1.** rest, repose: nach der Arbeit ~ to take (a) rest after work; die Glieder [den Körper] ~ lassen to rest one's limbs [body]; ich werde nicht eher ~, bis I shall not rest until; das Kind ruhte friedlich in seinem Bett the child was lying peacefully in its bed; (ich) wünsche, wohl zu ~! I wish you a good night's rest; (ich) wünsche, wohl geruht zu haben! I trust you've had a good night's rest (*od.* a pleasant repose); → Arbeit 1; Essen² 2. – **2.** (*schlafen*) sleep. – **3.** *lit.* (*lehnen*) rest, recline, repose: ihr Kopf ruhte an seiner Schulter her head was resting (*od.* reclining) on his shoulder. – **4.** *fig.* (*begraben sein*) be buried, rest, repose, lie, be at rest, *auch* sleep: im Grabe ~ to lie in the grave; die Toten ~ lassen to let the dead rest in peace; hier ruht (in Gott) ... (*Aufschrift auf Grabsteinen*) here lies ..., here sleeps in Jesus ..., here reposes the mortal frame of ...; er ruhe sanft (*od.* in Frieden)! may he rest (*od.* sleep) in peace! may God rest his soul. – **5.** (*stehen, gebaut sein*) (*auf dat*) rest (on), be supported (by): das Denkmal ruht auf einem Sockel the monument rests on a pedestal; das Gebäude ruht auf vier Pfeilern the building is supported by four pillars. – **6.** *fig.* (*liegen*) (*auf dat* on) rest, lie: die ganze Last [Verantwortung] ruht auf ihm [seinen Schultern] the whole burden [responsibility] rests on him [his shoulders]; **Gottes Segen ruht auf ihm** God's blessing rests on him [is. with him). – **7.** *fig.* (*verweilen*) (*auf dat*) rest (on), linger (over, upon): **seine Augen ruhten auf ihr** his eyes rested on her. – **8.** *auch jur.* (*unterbrochen sein, in der Schwebe sein*) be in abeyance, be suspended: **das Verfahren [der Prozeß, die Mitgliedschaft] ruht** the case [lawsuit, membership] is suspended; **die Verhandlungen ~** the negotiations are in abeyance. – **9.** (*aufgehört haben*) have ceased, have been ended (*od.* terminated): **die Feindseligkeiten (*od.* Waffen) ~** hostilities have ceased. – **10.** (*eingestellt worden sein*) have been stopped (*od.* interrupted, stayed): **die Arbeit ruht** work has been stopped; **die Produktion ruht** production has been interrupted. – **11.** (*nicht vorwärtsgehen*) be at a standstill (*od.* deadlock), be stagnant: **der Verkehr [das Geschäft] ruht** traffic [business] has come to a standstill. – **12.** *agr.* (*brachliegen*) lie fallow, rest. – **II** *v/impers* **13. auf diesem Sofa ruht es sich gut** this sofa is good to rest on; **nach der Arbeit ruht es sich gut** when work is over, rest is sweet. – **III R~** *n* ‹-s› **14.** *verbal noun.* – **15.** rest, repose. – **16.** *auch jur.* (*Unterbrechung*) suspension, abeyance. – **17.** (*Stagnation*) stagnation, stagnancy. – **'ru·hend I** *pres p.* – **II** *adj* **1.** *econ.* (*Kapital*) uninvested, dormant. – **2.** *phys.* (*Druck etc*) static. – **3.** *electr.* (*Transformator*) stationary. – **4.** *civ.eng.* (*Last*) dead: **~e Belastung** steady load. – **5. ~er Verkehr** stationary vehicles *pl.* – **6. ~e Venus** (*art*) Venus reposing. – **7. →Pol¹** 1.

'ru·hen,las·sen *v/t* ‹*irr, sep, bes. no -ge-, h*› **1. die Vergangenheit ~** to let bygones be bygones. – **2.** *gastr.* (*Teig*) allow (*dough*) to rest. – **3.** *jur.* (*Prozeß etc*) rest, stay.

'Ru·he||,pau·se *f* **1.** pause (for rest), respite (*lit.*), (*kürzere*) break, breather: **eine ~ machen (*od.* einlegen, einschalten)** to make a pause, to take (*od.* have) a break. – **2.** (*ruhige Zeit*) lull, slack. – **~-,platz** *m*, **~,plätz·chen** *n* resting-place, place of rest. – **~,po·sten** *m* (*müheloses Amt*) sinecure. – **~,punkt** *m* **1.** resting-point, point of rest. – **2.** (*Schwerpunkt*) center (*bes. Br.* centre) of gravity. – **3.** *mus.* pause. – **~,ses·sel** *m* easy (*od.* lounge) chair. – **~,sitz** *m* retirement residence. – **~,sta·di·um** *n* *med.* quiescent (*od.* dormant) period. – **~,stand** *m* ‹-(e)s; *no pl*› retirement: **Versetzung in den ~** retirement, superannuation, pensioning (off); **in den ~ gehen (*od.* treten)** to go into retirement, to retire (on a pension); **in den ~ versetzt werden** to be superannuated (*od.* pensioned [off], retired), *bes. mar. mil.* to be put on the retired list; **Professor im ~** retired professor, professor emeritus. – **~,ständ·ler** [-,ʃtɛntlər] *m* ‹-s; -› retired person, (*old-age*) pensioner. – **~,stät·te** *f*, *auch* **~,statt** *f* ‹-; ⸚en› *lit.* **1.** (*Grab*) (last) resting-place, last home: **er fand die letzte ~ in seinem Heimatort** he was laid to rest in his home town. – **2.** (*Ruheplatz*) place of rest, resting-place. – **3.** (*Zufluchtsort*) place (*od.* harbor, *bes. Br.* harbour) of refuge, retreat. – **~,stel·lung** *f* **1.** (*des Körpers*) resting (*od.* relaxed) position. – **2.** *tech. cf.* Ruhelage 2. – **3.** *electr.* neutral (*od.* off) position. – **~,stif·ter** *m* peacemaker, *bes. Am.* troubleshooter. – **r~,stö·rend** *adj* disturbing the peace: **~er Lärm** liegt disturbing noise. – **~,stö·rer** *m* **1.** (*Lärmer*) noisy person, noisemaker, (*stärker*) brawler, rioter. – **2.** (*Unruhestifter*) troublemaker. – **3.** *bes. jur.* disturber of the peace, peacebreaker, disorderly person. – **~,stö·rung** *f* **1.** (*Lärmen*) noisemaking, (*stärker*) brawling, riot(ing). – **2.** (*Unruhestiften*) troublemaking. – **3.** *bes. jur.* disturbance (of the peace), breach of (the) peace, disorder: **nächtliche ~** disturbance of the peace at night, disorder by night. – **~,strom** *m* *electr.* closed-circuit (*od.* steady) current. – **~,stun·de** *f* hour of rest (*od.* recreation, leisure). – **~,tag** *m* **1.** (*arbeitsfreier Tag*) rest day, holiday, day off, off day. – **2.** (*auf einer Tour etc*) rest day: **einen ~ einlegen (*od.* einschalten)** to have a day's rest. – **3.** (*eines Lokals, Geschäfts etc*) closing day. – **r~,voll** *adj* quiet, peaceful,

restful. – **~,wert** *m* *med.* resting value. – **~,zei·chen** *n* *mus.* a) rest, b) fermata, *auch* pause. – **2.** (*stille Saison*) off-season. – **~,zeit** *f* **1.** time of rest (*od.* repose). – **2.** (*stille Saison*) off-season. – **~,zu,stand** *m* state of rest: **im ~** *phys.* when at rest.

'ru·hig I *adj* **1.** (*still*) quiet: **eine ~e Gegend** a quiet area; **ein ~es Plätzchen** a quiet little corner; **~e Mieter [Nachbarn]** quiet lodgers (*od.* tenants) [neighbo(u)rs]; **sei(d) ~!** be (*od.* keep) quiet! – **2.** (*lautlos, leise*) silent, quiet, still, noiseless: **es war ganz ~ im Wald** it was absolutely silent in the forest; **bleibt ganz ~ in eurem Versteck!** keep still in your hiding place (*od. colloq.* hideout)! – **3.** (*friedlich, ungestört*) peaceful, tranquil: **~e Tage** peaceful (*od. poet.* halcyon) days; **ein ~es Leben führen** to lead a peaceful life; **keine ~e Minute haben** not to have a moment's peace. – **4.** (*geruhsam*) quiet, restful, leisurely: **einen ~en Urlaub verbringen** to spend a quiet holiday (*Am.* vacation). – **5.** (*frei von Erregung*) quiet, placid, calm: **ein ~es Gemüt** a calm (*od.* an even) temper; **ein ~es Wort mit j-m reden** to speak calmly to s.o., to have a quiet word with s.o.; **bei ~er Überlegung** upon calm consideration. – **6.** (*gelassen*) calm, even-tempered, (*stärker*) unruffled, imperturbable, cool: **~ bleiben** to remain calm, to keep one's temper; **~ werden** to calm (*od.* simmer) down; **völlig ~ sein** to be (as) cool as a cucumber (*colloq.*); **er bleibt in jeder Situation ~** he is always even-tempered, he never loses his temper; **~(es) Blut bewahren** to keep calm (*od.* cool); **(nur) ~ Blut!** a) keep your temper! b) don't worry! – **7.** (*heiter*) serene: **ein ~es Lächeln lag auf seinem Gesicht** a serene smile lit up his face. – **8.** (*schweigsam*) quiet, silent, taciturn (*lit.*): **du bist heute abend sehr ~** you are very quiet tonight. – **9.** (*glatt, störungsfrei*) smooth: **eine ~e Überfahrt** a smooth passage; **die Verhandlungen nahmen einen ~en Verlauf** the negotiations went off smoothly. – **10.** (*Wasser, Meer*) quiet, calm, smooth, placid, serene. – **11.** (*fest, nicht zitternd*) steady: **er hat eine ~e Hand** he has a steady hand. – **12.** *colloq.* (*gemütlich, bequem*) easy, comfortable: **sich ~e Tage machen** to have an easy time; **→ Kugel** 9. – **13.** *med.* a) (*Atem*) regular, calm, b) (*bewegungslos*) motionless. – **14.** (*Farben*) quiet, staid, sober. – **15.** (*Muster etc*) quiet. – **16.** *econ.* (*Markt, Börse*) quiet, dull, (*stärker*) lifeless, dead. – **17.** *tech.* a) (*geräuschlos*) silent, noiseless, quiet, b) (*reibungslos*) smooth, c) (*gleichmäßig*) steady: **der ~e Gang einer Maschine** the silent running of a machine. – **II** *adv* **18.** (*still*) quiet(ly): **~ warten** to wait quietly; **das Haus liegt ~** the house is in a quiet area. – **19.** (*ohne Bewegung*) quiet(ly), still: **er kann nicht ~ sitzen** he cannot sit quietly (*od. colloq.* quiet). – **20.** (*ohne Erregung*) calmly: **überlege es dir ~** think it over calmly; **der Gefahr ~ ins Auge sehen** to meet a danger calmly. – **21.** *colloq.* safely: **du kannst ~ hereinkommen** a) you can safely come in, b) I don't mind if you come in; **das können Sie ~ tun** you are (perfectly) free to do that; **man kann ~ über diese Dinge sprechen** why shouldn't one talk about these things; **du könntest ~ ein bißchen helfen!** you might help me! you might (as well) give me a hand!

'ru·hig,stel·len *v/t* ‹*sep, -ge-, h*› *med.* (*Glied*) fix, immobilize *Br. auch* -s-, fasten (*s.th.*) (in splints). – **'Ru·hig,stel·lung** *f* ‹-; *no pl*› immobilization *Br. auch* -s-, fixation.

Ruhm [ruːm] *m* ‹-(e)s; *no pl*› **1.** fame, renown, glory: **unsterblicher ~** undying (*od.* eternal, everlasting) fame; **~ erlangen (*od.* erwerben, ernten)** to win fame (*od.* celebrity, glory), to acquire renown; **sich mit ~ bedecken** to cover oneself with glory; **er hat sich nicht gerade mit ~ bekleckert** *colloq. iron.* he hasn't exactly covered himself with glory; **zu ~ und Ehre gelangen** to attain fame and hono(u)r; **er ist auf der Höhe (*od.* dem Gipfel) seines ~es angelangt** he has reached the peak of his fame. – **2.** (*Preis, Lob*) praise: **die Zeitungen sind seines ~es voll** the press is full of praise for him. – **r~be,deckt** *adj u. adv* covered with fame

(*od.* glory). – **~be,gier(·de)** *f* desire for (*od.* love of) glory (*od.* fame), thirst (*od.* longing) for glory (*od.* fame). – **r~be,gie·rig** *adj* desirous of glory (*od.* fame), thirsting for fame (*od.* glory), eager (*od.* anxious) for glory (*od.* fame).

'rüh·men ['ryːmən] **I** *v/t* ‹h› **1.** praise, speak highly of, commend, laud (*lit.*): **man rühmt (an ihm) seine ~** *od.* man rühmt ihn wegen seiner Zuverlässigkeit people speak highly of his reliability; **man rühmt ihn als sehr mutig** he is praised for being very courageous. – **2.** (*preisen*) praise, sing the praise of, eulogize, *auch* eulogise, extol, exalt. – **3.** (*verherrlichen*) glorify. – **II** *v/reflex* **sich ~** (*gen*) **4.** (*stolz sein*) pride oneself, be proud: **ich rühme mich, sein Freund zu sein** I am proud to call myself his friend; **er kann sich dieser Tat ~** he can be proud of this deed. – **5.** (*prahlen*) boast, brag, vaunt: **sich einer Sache ~** to boast about (*od.* of) s.th., to brag about s.th., to vaunt s.th.; **ohne mich ~ zu wollen, kann ich sagen, daß** I can say without boasting that. – **6.** *iron.* (*aufzuweisen haben*) boast: **die Stadt rühmt sich sogar eines Theaters** the town even boasts a theater (*bes. Br.* theatre). – **III R~** *n* ‹-s› **7.** *verbal noun.* – **8.** praise(s *pl*): **viel R~s von etwas machen** to sing the praises of s.th., to speak in the highest terms of s.th.; **er macht nicht viel R~s davon** he doesn't make much fuss about it. – **'rühmend I** *pres p.* – **II** *adj* **~e Worte** words of praise. – **III** *adv* **etwas ~ erwähnen** (*od.* hervorheben) to make hono(u)rable mention of s.th., to speak in high terms of s.th., to mention s.th. with praise.

'rüh·mens,wert *adj* praiseworthy, commendable, laudable.

'Ruh·mes||,blatt *n* *fig.* page of glory: **ein ~ in der Geschichte eines Volkes** a page of glory in the history of a people; **das ist kein ~ für ihn** that doesn't do him credit, that's not to his credit. – **~,glanz** *m* *lit.* luster (*bes. Br.* lustre) of glory, brilliancy (*od.* blaze) of fame. – **~,hal·le** *f* pantheon, *bes. Am.* Hall of Fame. – **~,tag** *m* glorious day. – **~,tat** *f* glorious deed.

'ruhm·ge,krönt *adj u. adv lit.* crowned with glory (*od.* fame).

'rühm·lich *adj* **1.** (*lobenswert*) laudable, praiseworthy, commendable: **er ist (*od.* bildet) eine ~e Ausnahme** he is a laudable (*od.* noteworthy) exception. – **2.** (*ruhmvoll*) glorious: **ein ~es Ende nehmen** (*od.* finden) a) to die a glorious death, b) *fig.* to come to a glorious end. – **3.** (*Ruhm einbringend*) creditable, honorable, *bes. Br.* honourable: **das war nicht sehr ~ für ihn** that was not very creditable to him, that was not to his credit.

'ruhm·los *adj* inglorious: **ein ~es Ende nehmen** (*od.* finden) a) to die an inglorious death, b) *fig.* to come to an inglorious end; **das ~e Ende einer Ära** the inglorious end of an era. – **'Ruhm·lo·sig·keit** *f* ‹-; *no pl*› ingloriousness.

'ruhm||,re·dig [-,reːdɪç] *adj* **1.** vainglorious. – **2.** *cf.* prahlerisch 1. – **~,reich** *adj cf.* ruhmvoll.

'Ruhm,sucht *f* ‹-; *no pl*› passion (*od.* thirst) for glory (*od.* fame). – **'ruhm,süch·tig** *adj* greedy (*od.* thirsting) for glory (*od.* fame), eager (*od.* anxious) for glory (*od.* fame).

'ruhm||,voll *adj* (*Sieg, Epoche, Tat etc*) glorious. – **~,wür·dig** *adj cf.* rühmenswert.

Ruhr [ruːr] *f* ‹-; *rare -en*› **1.** *med.* dysentery, (*Amöbenruhr*) amo(e)bic dysentery, (*Bazillenruhr*) bacillary dysentery. – **2.** *vet.* scour(s *pl* construed as sg or pl).

'Rühr||ap·pa,rat *m* *tech.* stirring apparatus, agitator. – **~,arm** *m* (*einer Haushaltsmaschine*) (food) mixer arm.

'ruhr,ar·tig *adj med.* dysenteriform.

'Rühr,büt·te *f* (*paper*) machine (*od.* stuff, service) chest, mixing box (*od.* chest).

'Rühr,ei *n gastr.* **1.** *meist pl* scrambled egg. – **2.** ‹*only sg*› (*Gericht*) scrambled eggs *pl.*

'rüh·ren ['ryːrən] **I** *v/t* ‹h› **1.** (*Brei, Suppe, Teig etc*) stir. – **2.** (*bewegen*) stir, move: **kein Glied mehr ~ können** to be unable to move a limb; **er hat keinen Finger gerührt** he did not lift a finger (*od.* hand), *bes. Br.* he did not do a hand's turn; **er rührte keinen Finger, um zu helfen** he would not stir (*od.* lift) a finger to help. – **3.** *fig.* (*innerlich*) move, touch, affect, stir: j-m das Herz ~ to stir s.o.'s heart; j-n zu Tränen ~ to move s.o. to tears; es hat ihn tief gerührt he was deeply moved; das rührt ihn gar nicht (*od.* wenig) that leaves him cold. – **4.** *colloq.* strike: ihn hat der Schlag gerührt a) he has had a stroke, b) *fig.* he was dumbfounded (*od.* stunned); ich dachte (*od.* glaubte), mich rührt(e) der Schlag, als ich die Rechnung sah I thought I would die (*od.* drop dead) when I saw the bill; → Donner 1. – **5.** *mus.* a) (*Trommel*) beat, strike, b) *poet.* (*Leier, Harfe*) touch, strike, sweep, sound: → Reklame-, Werbetrommel. – **6.** (*Gips*) stir wet. – **7.** *metall.* (*eine Schmelze*) stir, rabble. – **8.** *tech.* (*Farben etc*) stir, agitate. – **II** *v/i* **9.** (*umrühren*) stir: man rühre, bis stir until, keep stirring until. – **10.** an (*acc*) etwas ~ a) to touch s.th., b) *fig.* (*erwähnen*) to touch on s.th.: rühre nicht daran! a) don't touch (it)! b) *fig.* let sleeping dogs lie! an schmerzliche Dinge [einen wunden Punkt] ~ *fig.* to touch on painful matters [on a sore point]. – **11.** von etwas ~ (*herrühren*) to come (*od.* originate, spring) from s.th.: das rührt noch vom Krieg that stems from the war; das rührt daher, daß that comes from (*od.* is due to) the fact that. – **III** *v/reflex* sich ~ **12.** (*sich bewegen*) move, stir: sich nicht ~ können a) to be unable to move (a muscle), b) *fig.* to be in financial straits; sich nicht von der Stelle ~ not to move from the spot, not to budge an inch; ich habe mich den ganzen Tag nicht aus dem Haus gerührt I haven't put a foot outside the door all day; nach dem dritten Schlag rührte er sich nicht mehr there was no more sign of life in him after the third blow; nichts rührte sich everything was quiet. – **13.** (*emsig sein*) do something, be active (*od.* busy), *bes. Br.* be up and doing: er könnte es weiter bringen, aber er rührt sich nicht genug he could be more successful but he isn't active enough (*od.* he lacks initiative); rühr dich ein bißchen! do something! get a move on! (*sl.*). – **14.** (*sich bemerkbar machen*) say something: du mußt dich ~, wenn du Hilfe brauchst you must say something if you want help; warum hast du dich denn nicht gerührt? why on earth didn't you say something? ich habe ihr vor 3 Wochen geschrieben, aber sie hat sich noch nicht gerührt I wrote to her 3 weeks ago but she hasn't written a word yet. – **15.** *colloq.* (*sich ereignen*) be going on: auf der Party gestern hat sich nicht viel gerührt there wasn't much going on at the party yesterday. – **16.** *fig.* (*vom Gewissen*) be awakened (*od.* roused). – **17.** rührt euch! *mil.* (stand) at ease! *Br. auch* stand easy! – **IV** *v/impers* **18.** es rührte sich kein Lüftchen there wasn't a breath of air (*od.* wind). – **V** R~ *n* ⟨-s⟩ **19.** *verbal noun*. – **20.** ein menschliches R~ fühlen a) to feel a touch of sympathy, b) *colloq. humor.* to feel the call of nature, c) *colloq. humor.* to feel a little hungry. – '**rüh·rend** **I** *pres p*. – **II** *adj* **1.** (*Bild, Szene, Geschichte, Abschied etc*) touching, moving, affecting, (*stärker*) heartrending, *Br.* heart-rending. – **2.** (*liebevoll*) touching, kind: in ~er Weise um j-n besorgt sein to be concerned about s.o. in a touching way. – **III** *adv* **3.** ~ um j-n besorgt sein to be touching in one's concern about s.o.

'**rüh·rig** *adj* **1.** (*tätig, emsig*) busy, active. – **2.** (*geschäftig*) bustling, brisk, energetic. – **3.** (*beweglich, flink*) agile, nimble. – **4.** (*unternehmend*) enterprising, go-ahead. – '**Rüh·rig·keit** *f* ⟨-; *no pl*⟩ **1.** (*busy*) activity. – **2.** bustle, briskness, energy. – **3.** agility, nimbleness. – **4.** enterprising spirit, go-ahead.

'**ruhr·krank** *med. adj* suffering from dysentery, dysenteric. – '**Ruhr·kran·ke** *m, f* dysentery patient.

'**Ruhr·kraut** *n bot.* cudweed, chafeweed (*Gattg Gnaphalium*).

'**Rühr**|**löf·fel** *m* **1.** (*Kochlöffel*) stirring (*od.* mixing) spoon. – **2.** (*bes. für Mixgetränke*) stirrer. – ~**ma·schi·ne** *f* **1.** stirring (*od.* agitating) machine. – **2.** *gastr.* (food) mixer. – '**Rühr·mich·nicht·an** *n* ⟨-; -⟩ **1.** *bot.* a) touch-me-not (*Impatiens noli-tangere*), b) lady's- (*od.* ladies'-)eardrop(s *pl construed as sg or pl*) (*I. biflora*). – **2.** *fig. cf.* Kräutlein Rührmichnichtan.

'**Rühr**|**schau·fel** *f metall.* paddle. — ~**schüs·sel** *f* mixing bowl.

'**rühr·se·lig** *adj* (*Person, Film etc*) sentimental, melodramatic, maudlin, lachrymose: eine ~e Geschichte a sentimental (*od. colloq.* sob) story; a tearjerker, sob stuff (*colloq.*). — '**Rühr·se·lig·keit** *f* ⟨-; *no pl*⟩ sentimentality, melodramatic effect, maudlinism, lachrymosity.

'**Rühr·stück** *n* (*theater*) melodramatic (*od.* sentimental) play, tearjerker (*colloq.*).

'**Rüh·rung** *f* ⟨-; *no pl*⟩ **1.** emotion: ohne ~ without emotion, unmoved; aus (*od. vor*) ~ weinen to cry with emotion; Tränen der ~ vergießen to shed tears of emotion; er wurde von ~ ergriffen, ihn überkam (*od.* übermannte) die ~ he was seized with (*od.* overcome by) emotion; er konnte vor ~ nicht sprechen he was too deeply moved to speak, he was choked with emotion; seine ~ verbergen to hide one's feelings. – **2.** (*Mitgefühl*) sympathy, compassion: ~ erwecken [empfinden] to rouse [to feel] sympathy.

'**rüh·rungs·los** *adj* unmoved.

'**Rühr·werk** *n* (*einer Haushaltsmaschine etc*) agitator, stirrer.

Ru·in [ru'iːn] *m* ⟨-s; *no pl*⟩ **1.** ruin: vor dem ~ stehen to be on the brink (*od. verge*) of ruin; das Land geht dem ~ entgegen the country is on the way to (wreck and) ruin; sein Vermögen vor dem ~ retten to save one's fortune from ruin. – **2.** *colloq.* (*Verderben*) ruin, undoing, destruction, 'ruination' (*colloq.*): das Auto ist noch sein ~ the car will be his undoing; du bist noch mein ~ you'll be the ruin (*od.* death) of me.

Rui·ne [ru'iːnə] *f* ⟨-; -n⟩ **1.** ruin. – **2.** (*Trümmer*) ruins *pl*, debris: von dem Haus steht nur noch eine ~ a ruin is all that is left of the house. – **3.** *fig. colloq.* wreck, ruin: sie ist nur noch eine ~ she is a mere shadow of her former self (*od.* a total wreck).

Rui·nen|**stadt** [ru'iːnən-] *f* ruined city (*od.* town). — ~**stät·te** *f* place (of the) ruins.

rui·nie·ren [rui'niːrən] **I** *v/t* ⟨*no ge-, h*⟩ **1.** ruin: j-n ~ to ruin s.o., to cause s.o.'s ruin; sein Leben ~ to ruin (*od. wreck*) one's life; seine Gesundheit ~ to ruin (*od.* undermine) one's health; seinen Ruf ~ to ruin (*od. mar*) one's reputation. – **2.** (*zerstören, demolieren*) ruin, destroy, wreck. – **3.** (*Kleidung*) ruin, spoil. – **4.** (*verwüsten*) devastate. – **II** *v/reflex* sich ~ **5.** ruin oneself. – **rui'niert I** *pp*. – **II** *adj* **1.** (*Leben, Existenz etc*) ruined: er ist ein ~er Mann he is a ruined man. – **2.** (*bankrott*) ruined, bankrupt, broken, broke (*colloq.*).

rui·nös [rui'nøːs] *adj* destructive, ruinous, pernicious (*lit.*).

Rülps [rylps] *m* ⟨-es; -e⟩ **1.** *colloq. cf.* Rülpser. – **2.** *dial. for* Flegel 2. – '**rülp·sen** *colloq.* **I** *v/i* ⟨h⟩ **1.** belch, (*bes. von Säugling*) burp (*colloq.*), eruct(ate) (*scient.*). – **II** R~ *n* ⟨-s⟩ **2.** *verbal noun.* – **3.** *cf.* Rülpser. – '**Rülp·ser** *m* ⟨-s; -⟩ *colloq.* belch, burp (*colloq.*), eructation (*scient.*).

rum [rum] *adv colloq. for* herum.

Rum [rum; *Southern G. and Austrian auch* ru:m] *m* ⟨-s; -s⟩.

Ru·mä·ne [ru'mɛːnə] *m* ⟨-n; -n⟩, **Ru'mä·nin** *f* ⟨-; -nen⟩ Romanian, R(o)umanian. — **ru'mä·nisch I** *adj* Romanian, R(o)umanian. – **II** *ling.* R~ ⟨*generally undeclined*⟩, das R~e ⟨-n⟩ Romanian, R(o)umanian.

Rum·ba ['rumba] *f* ⟨-; -s⟩, *colloq. auch m* ⟨-s; -s⟩ (*Tanz*) rumba, *auch* rhumba. — ~**ras·sel** *f meist pl mus.* maraca, rumba shaker.

Rum·mel ['ruməl] *m* ⟨-s; *no pl*⟩ *colloq.* **1.** (*geschäftiges Treiben*) (hustle and) bustle: in den Vorweihnachtstagen herrscht auf den Straßen (ein) großer ~ there is a (hustle and) bustle in the streets (during) the days before Christmas. – **2.** (*Trubel*) commotion, fuss: ich bin froh, daß der ~ der letzten Tage vorbei ist I'm glad that the commotion (*od.* fuss, turmoil, bustle) of the last few days is over; ich habe den ganzen ~ satt I'm fed up with all this fuss (*od.* commotion) (*sl.*). – **3.** (*Aufsehen*) stir, to-do, whoopee (*sl.*): um ihn wird ein großer ~ gemacht people are making a big fuss (*od.* to-do) about him. – **4.** (*Reklamerummel*) ballyhoo (*colloq.*). – **5.** (*Jahrmarktsrummel*) hubbub. – **6.** *cf.* Rummelplatz. – **7.** (*Plunder*) stuff, lumber, junk: ich nehme den ganzen ~ für 10 Mark I'll take all this stuff (*od. colloq.* the

whole lot) for 10 marks. – **8.** *econ.* im ~ in the lump (*od.* bulk): etwas im ~ kaufen to buy s.th. in the lump (*od.* bulk). – **9.** den ~ kenne ich *fig. colloq.* a) I know the ropes, I know the ins and outs of it, I know what's what, b) there are no flies on me (*sl.*), *Am.* I'm no dozer.

rum·meln ['ruməln] *v/i u. v/impers* ⟨h⟩ *dial. for* rumpeln.

'**Rum·mel·platz** *m colloq.* amusement park, fairground, *auch* fairgrounds *pl* (construed as *sg*), *bes. Br.* fun fair: auf den ~ gehen to go to the fair.

Rum·my ['rœmi; 'rʌmɪ] (*Engl.*) *n* ⟨-s; -s⟩ *Austrian for* Rommé.

Ru·mor[1] [ru'moːr] *m* ⟨-s; *no pl*⟩ *obs. od. dial. for* Lärm 3, 6, Unruhe 5, 6.

Ru·mor[2] ['ruːmor] *m* ⟨-s; -es [ru'moːrɛs]⟩ *med.* (*Geräusch*) noise, murmur.

ru·mo·ren [ru'moːrən] *colloq.* **I** *v/i u. v/impers* ⟨*no ge-, h*⟩ **1.** rumble (*od.* fumble) around: ich hörte sie in der Küche ~ I heard her rumbling (*od.* fumbling) around in the kitchen. – **2.** (*im Magen etc*) rumble: es rumort in meinem Bauch my stomach is rumbling. – **3.** *fig.* (*von Ideen etc*) simmer, be present: der Gedanke der Gleichheit hatte lange in den Köpfen der Menschen rumort the idea of equality had been present (*od.* had simmered) in the people's minds for a long time. – **4.** *fig.* (*gären*) be in (a state of) ferment (*od.* unrest): es rumorte im Volk there was (a) growing unrest among the people. – **II** R~ *n* ⟨-s⟩ **5.** *verbal noun.* – **6.** rumble.

'**rum·pe·lig** *adj dial. for* holperig 1, 2.

'**Rum·pel**|**kam·mer** *f colloq.* lumber room, storeroom, *Br. auch* boxroom. — ~**ka·sten** *m colloq.* rattletrap.

rum·peln ['rumpəln] *colloq.* **I** *v/i* ⟨h u. sein⟩ **1.** ⟨h⟩ (*Geräusch machen*) rumble, *Am. auch* lumber. – **2.** ⟨sein⟩ rumble, jolt, lumber: die Kutsche rumpelt über die Brücke the coach rumbles (*od.* jolts) across the bridge. – **II** *v/impers* ⟨h⟩ **3.** es rumpelt it is rumbling (*od.* thundering). – **III** R~ *n* ⟨-s⟩ **4.** *verbal noun.* – **5.** rumble.

„'**Rum·pel·stilz·chen**" [-ˌʃtiltsçən] *n* "Rumpelstilzchen", *auch* "Rumpelstiltskin" (*fairy tale by Grimm*).

Rumpf [rumpf] *m* ⟨-(e)s; ⁓e⟩ **1.** (*des Menschen*) trunk, body. – **2.** (*einer Statue*) torso. – **3.** (*eines Pferdes, Ochsen etc*) barrel. – **4.** (*eines ausgeweideten Tieres*) carcass. – **5.** *mar.* (*Schiffskörper*) hull. – **6.** *aer.* a) (*eines Flugzeuges*) fuselage, b) (*eines Flugboots*) hull. — ~**be·span·nung** *f aer.* fuselage-covering fabric. — ~**beu·ge** *f* (*sport*) trunk bend(ing). — ~**elek·tron** *n phys.* inner electron.

rümp·fen ['rympfən] *v/t* ⟨h⟩ *only in* die Nase (über etwas [j-n]) ~ a) to turn up one's nose (at s.th. [s.o.]), b) *fig.* (*verächtlich reden etc*) to sneer (at s.th. [s.o.]).

'**Rumpf**|**en·de** *n aer.* (*eines Flugzeugs*) end (*od.* tail) of fuselage. — ~**flä·che** *f geol.* peneplain, peneplane, *auch* endrumpf. — ~**heck** *n aer.* aft (fuselage) section. — ~**par·la·ment** *n* **1.** *pol.* rump. – **2.** *hist.* (*unter Cromwell*) Rump Parliament, (the) Rump. — ~**stück** *n gastr. cf.* Rumpsteak.

'**Rump·steak** ['rump-] *n* ⟨-s; -s⟩ *gastr.* rump steak.

'**Rum·topf** *m* **1.** *gastr.* layers of fresh fruits and sugar preserved in rum. – **2.** earthenware pot for fruit, sugar and rum mixture. — ~**ver·schnitt** *m* rum blended and diluted.

Run [ran; rʌn] (*Engl.*) *m* ⟨-s; -s⟩ *econ.* (auf *acc* on) run.

rund [runt] *adj* **1.** (*Beet, Platz etc*) round, circular: Gespräche am ~en Tisch *fig.* round-table conferences; das Kind machte ~e Augen vor Erstaunen the child made big eyes (*od.* opened its eyes wide) with astonishment. – **2.** (*Säule*) round(ed), cylindrical. – **3.** (*Ball, Globus etc*) round; spherical, globular, globose, orbicular (*scient.*): etwas ~ machen to round s.th. (off), to make s.th. round. – **4.** (*gebogen*) round, curved: eine ~e Klammer a round (*od.* curved) bracket, a parenthesis. – **5.** (*Gesicht, Arme etc*) round, plump: ~(er) werden to grow plump(er) (*od.* stout[er]), to fill out; sich dick und ~ essen to eat one's fill (and put on weight). – **6.** (*voll*) good, round, full: ein (gutes) ~es Dutzend a round (*od.* good, full) dozen; ich war ein ~es Jahr in England I was a good (*od.* full, round) year in England; er hat eine

~e Million verdient he has earned a good million. – **7.** (*aufgerundet*) round: **nennen Sie mir eine ~e Zahl** [Summe] name me a round figure [sum]. – **8.** *colloq.* (*vollkommen*) perfect: **eine ~e Leistung** a perfect (*od.* finished, round) performance; **das war ein ~es Fest** that was a perfect party. – **9.** *fig.* (*Geschmack*) rich: **der Wein hat einen ~en Geschmack** this wine has a rich taste (*od.* full flavo[u]r). – **10.** *fig.* (*Klang, Stimme etc*) rich, round, mellow, sonorous. – **11.** *ling.* (*Vokal*) round. – **12.** ~**es Fenster** *med.* (*im Ohr*) fenestra rotunda. – **II** *adv* **13.** ~ **um** (a)round: ~ **um den Platz stehen Bäume** there are trees all way round (*od.* all [a]round) the square; ~ **um etwas herum** around s.th.; ~ **um die Welt fahren** to travel (a)round the world; **seine Gedanken kreisten immer nur** ~ **um das eine Problem** his thoughts always revolved around this one problem. – **14.** (*ungefähr*) about, approximately, roughly: **das wird mich** ~ **10 Mark kosten** that will cost me about (*od.* approximately) 10 marks; **eine Summe von** ~ **gerechnet 1 000 Mark** a sum of about 1,000 marks; **ich wartete** ~ **eine Stunde** I waited for about an hour. – **15.** ~ **gehen** *fig. colloq.* to go full tilt: **heute geht es wieder einmal** ~ things are going full tilt today. – **III R~e**, *das* ⟨-n⟩ **16.** *cf.* Rundheit.

Rund *n* ⟨-(e)s; -e⟩ *lit.* (*der Erde, des Himmels*) round.

'rund,bäckig (*getr.* -k·k-) [-,bɛkɪç] *adj* chubby-cheeked.

'Rund|,bank *f* ⟨-; ~e⟩ round bench. — ~**,bau** *m* ⟨-(e)s; -ten⟩ *civ.eng.* circular building, rotunda. — ~**,beet** *n hort.* round bed. — **r~,blät·te·rig, r~,blätt·rig** *adj bot.* round-leaved, rotundifolious (*scient.*). — ~**,blech,sche·re** *f tech.* circular blade tinner's snips *pl* (*construed as sg or pl*).

'Rund,blick *m* panorama, panoramic view, all-round view. — ~**,fern,rohr** *n* panoramic sight (*od.* telescope).

'Rund,block *m metall.* round ingot.

'Rund,bo·gen *m arch.* round (*od.* semicircular) arch. — ~**,stil** *m* Roman(esque) (*od.* Norman) style.

'Rund|,bren·ner *m tech.* (*für Gas*) round (*od.* ring, annular) burner. — ~**,brief** *m cf.* Rundschreiben. — ~**,dorf** *n cf.* Rundling. — ~**,dreh,mei·ßel** *m tech.* round nose turning tool.

Run·de ['rundə] *f* ⟨-; -n⟩ **1.** (*Rundgang, Rundfahrt etc*) round: **eine** ~ **(im) Karussel fahren** to have a round (*od.* ride) on the roundabout (*od.* merry-go-round); **der Polizist macht** (*od.* geht) **seine** ~ the policeman goes on (*od.* does) his round (*od.* beat); **der Arzt** [Postbote] **macht täglich seine** ~ the doctor [postman] goes on (*od.* does) his round(s) every day; **er macht** (*od.* dreht) **eine** ~ **durch den Garten** he takes a stroll (*od.* walks round, does a round of) the garden; **eine** ~ **durch die Lokale machen** to do a round of the pubs, to go on a pub crawl; **der Pokal machte die** ~ the cup was passed (a)round; **die Gastgeberin macht die** ~ **unter den Gästen** the hostess goes round (*od.* does the round[s] of, circulates among) the guests; **bei den neuen Nachbarn die** ~ **machen** to go round the new neighbo(u)rs; **diese Mode machte die** ~ **um die Welt** this fashion spread all over (*od.* throughout) the world; **der Brief** [die Nachricht] **macht die** ~ **durch die ganze Verwandtschaft** the letter [news] does the round(s) of (*od.* circulates round, is passed round) the relatives; **ein Gerücht macht die** ~ a rumo(u)r is going (a)round. – **2.** (*Gesellschaft*) group, round: **in fröhlicher** ~ **beisammensitzen** to sit in a circle of merry friends, to sit in merry company. – **3.** (*Stammtischrunde*) group of regulars. – **4.** *bes. pol.* (*Gesprächsrunde*) round: **die dritte** ~ **der Sondierungsgespräche hat begonnen** the third round of (the) exploratory talks has started. – **5.** (*Lage*) round: **eine** ~ **Bier ausgeben** (*od.* spendieren, *colloq.* schmeißen) to stand (*od.* pay for) a round of beer. – **6.** (*beim Kartenspiel etc*) round. – **7.** (*sport*) a) (*beim Boxen, Golf etc*) round, b) (*beim Laufen, Rennsport etc*) lap, c) (*eines Turniers etc*) round: **Sieg durch K. o. in der dritten** ~ (victory by a) knockout in the third round; **nur noch zwei** ~**n zu laufen** only two laps to go; **er schied**

in der letzten ~ **wegen Verletzung aus** he dropped out in the last lap on account of an injury; **die Rennfahrer drehen** (*od.* ziehen) **ihre** ~**n** the racing drivers do their laps; **eine** ~ **weiterkommen, die nächste** ~ **erreichen** to reach the next round. – **8.** **in die** ~, **in der** ~ around: **es gibt kein Dorf in der ganzen** ~ there is no village (for miles) around; **weit in die** ~ **schauen** to look (far) around. – **9.** (*in Wendungen wie*) **das haben wir noch einmal gut über die** ~**n gebracht** *fig. colloq.* we've finally managed it; **in diesem Monat werden wir gerade noch über die** ~**n kommen** *fig. colloq.* we'll just about make (*od.* manage) it (*od.* make ends meet) this month (*colloq.*); **eine** ~ **schlafen** *fig. colloq.* to have forty winks (*od.* a nap). – **10.** *mil.* a) round(s *pl*), patrol, b) *obs. for* Streife 2: **die** ~ **machen** to go on the round(s), to do (*od.* make) the round(s).

'Rund,ei·sen *n metall. cf.* Rundstahl.

Run·dell [run'dɛl] *n* ⟨-s; -e⟩ *cf.* Rondell.

run·den ['rundən] **I** *v/t* ⟨h⟩ **1.** round (off), make (*s.th.*) round. – **II** *v/reflex* **sich** ~ **2.** (*rund werden*) (grow) round. – **3.** *fig.* (*sich abrunden*) develop, round: **seine Eindrücke rundeten sich zu einem Gesamtbild** his impressions developed (*od.* rounded) into a total picture. – **III R~** *n* ⟨-s⟩ **4.** *verbal noun.* – **5.** *cf.* Rundung.

'Run·den|re,kord *m* (*sport*) lap record. — ~**,rich·ter** *m cf.* Rundenzähler. — ~**,zahl** *f* number of laps. — ~**,zäh·ler** *m* lap scorer. — ~**,zeit** *f* lap time, time of a lap.

'Rund|er,laß *m* circular (order *od.* regulation). — **r~er,neu·ern** *v/t* ⟨*only inf u. pp* runderneuert, h⟩ (*Reifen*) retread, recap, rebuild. — ~**er,neue·rung** *f* (*von Reifen*) retread(ing), recapping, *Am.* treading, *Br.* tyre reconditioning. — ~**,fahr,kar·te** *f cf.* Rundreisebillet. — ~**,fahrt** *f* **1.** drive (around a town), (sight-seeing) tour: **eine** ~ **durch die Stadt machen** to drive round the city, to do a tour of a city. – **2.** *cf.* Rundreise. — ~**,fahrt,wa·gen** *m auto.* sight-seeing car, *Am. colloq.* rubberneck bus. — ~**,fei·le** *f tech.* round file. — ~**,fen·ster** *n* round window. — ~**,flug** *m aer.* **1.** sight-seeing (*od.* local) flight. – **2.** (*als Streckenverlauf*) circuit flight, round voyage. — ~**,form,mei·ßel** *m tech.* circular forming tool. — ~**,fra·ge** *f* (general) inquiry (*auch* enquiry), *auch* questionnaire. — ~**,fräs,ma,schi·ne** *f tech.* **1.** plain milling machine. – **2.** (*Rundtischfräsmaschine*) rotary-table miller.

'Rund,funk *m* ⟨-(e)s; *no pl*⟩ **1.** radio, *Br.* wireless, broadcast(ing): **die Sendung wird im** ~ **übertragen** (*od.* durch den ~ verbreitet) the program(me) (*od.* transmission) will be on the radio (*od.* air, *Br.* wireless), the program(me) will be broadcast; **im** ~ **sprechen** (*od.* auftreten) to speak over the radio, to go (*od.* be) on the air; **eine Meldung über den** ~ **durchgeben** to give a message (*od.* to speak) over (*od.* on) the radio. – **2.** (*technische Einrichtung*) radio network, broadcasting (system). – **3.** (*Gesellschaft*) broadcasting corporation (*od.* company): **der Bayerische** ~ the Bavarian Broadcasting Corporation; **beim** ~ (angestellt) **sein** to be in broadcasting, to be employed by a broadcasting corporation. — ~**ama,teur** *m* radio amateur, ham (*sl.*). — ~**,an,sa·ger** *m* (radio) announcer, broadcaster. — ~**,an,spra·che** *f* radio (*Br. auch* wireless) address. — ~**,an,stalt** *f* broadcasting (*od.* radio) corporation (*od.* company, station). — ~**,ap·pa,rat** *m cf.* Rundfunkgerät. — ~**be,richt·er,stat·ter** *m* (radio) commentator (*od.* reporter). — ~**be,richt·er,stat·tung** *f* **1.** radio reporting. – **2.** (*Berichte*) radio reports *pl.* — ~**,bot·schaft** *f* radio message. — ~**,durch,sa·ge** *f* special announcement. — ~**emp,fang** *m* radio (*od.* broadcast, *Br. auch* wireless) reception. — ~**emp,fän·ger** *m* **1.** radio (*Br. auch* wireless) receiver. – **2.** *cf.* Rundfunkgerät. — ~**ent,stö·rungs,dienst** *m* radio distortion (*od.* interference suppression) service. — ~**ge,bühr** *f* radio (*Br. auch* wireless) licence (*Am.* license) fees *pl.* — ~**ge,neh·mi·gung** *f* radio (*Br. auch* wireless) licence (*Am.* license). — ~**ge,rät** *n* radio (*Br. auch* wireless) (receiving) set (*od.* equipment). — ~**ge,sell·schaft** *f* broadcasting (*od.* radio) company (*od.*

corporation). — ~**,hö·rer** *m* (radio, *Br. auch* wireless) listener: **die** ~ the radio listeners, the radio audience *sg.* — ~**,hö·rer,kreis** *m*, ~**,hö·rer,schaft** *f* listening (*od.* radio) audience. — ~**in·du,strie** *f* radio industry, radio. — ~**kom·men,tar** *m* radio (*Br. auch* wireless) commentary. — ~**kom·men,ta·tor** *m* radio (*Br. auch* wireless) commentator. — ~**,mel·dung** *f* radio news *pl* (*construed as sg or pl*). — ~**,nach,rich·ten** *pl* **1.** radio (*Br. auch* wireless) news, news bulletin *sg.* – **2.** (*Sendung*) newscast *sg*, news broadcast *sg.* — ~**,netz** *n* radio network. — ~**pro,gramm** *n* (radio *od.* broadcast, *Br. auch* wireless) program(me), broadcast. — ~**re,kla·me** *f* **1.** radio advertisement (*od.* advertising). – **2.** (*Sendung*) (radio) advertisement broadcast, commercials *pl.* — ~**,sen·der** *m* radio (*od.* broadcast[ing], *Br. auch* wireless) transmitter, broadcasting (*od.* radio) station, sender, broadcaster. — ~**,sen·dung** *f* radio (*Br. auch* wireless) broadcast, radio (*Br. auch* wireless) program(me), *Am.* radiocast. — ~**,spre·cher** *m* (radio) announcer, broadcaster. — ~**,sta·ti,on** *f* radio (*od.* broadcasting, *Br. auch* wireless) station. — ~**,tech·nik** *f* **1.** radio (*Br. auch* wireless) engineering. – **2.** (*vom Studio aus*) broadcasting technique. — ~**,tech·ni·ker** *m* radio (*Br. auch* wireless) engineer. — ~**,teil,neh·mer** *m* radio (*Br. auch* wireless) listener. — ~**,über,tra·gung** *f* broadcast (*od.* program[me]) transmission, broadcasting, transmission by radio. — ~**,wel·le** *f* radio (*od.* broadcast) wave. — ~**,wer·bung** *f cf.* Rundfunkreklame. — ~**,zeit,schrift**, ~**,zei·tung** *f* radio journal.

'Rund|,gang *m* **1.** *arch.* circular corridor. – **2.** (*Prüfung*) round, tour: **jeden Abend macht er einen** ~ **durch das Haus** every night he does a round of the house. – **3.** *cf.* Runde 1. – 4. *mil. cf.* Runde 10. — ~**ge,sang** *m mus.* round, catch. — ~**ge,senk** *n tech.* blacksmith's swage. — ~**ge,spräch** *n* panel. — ~**ge,win·de** *n tech.* round (*od.* knuckle) thread.

'Rund,heit *f* ⟨-; *no pl*⟩ roundness.

'rund|her'aus *adv* plainly, in plain terms, bluntly, roundly, flatly, point-blank: **etwas** ~ **sagen** [verweigern] to say [to refuse] s.th. bluntly (*od.* plainly, flatly, roundly). — ~**her'um** *adv* **1.** round: **immer** ~ round and round. – **2.** (*ringsum*) all around. – **3.** *colloq.* (*ganz, völlig*) absolutely, completely.

'Rund|,ho·bel,ein,rich·tung *f tech.* radial planing attachment. — ~**,holz** *n* **1.** (*wood*) round wood, log timber. – **2.** *mar.* (*bes. der Takelung*) spar. — ~**ho·ri,zont** *m* (*theater*) cyclorama, cyke (*sl.*). — ~**,knüp·pel** *m metall.* round billet. — ~**,kopf** *m* **1.** *anthrop.* roundhead. – 2. *pl hist.* (the) Roundheads. — ~**,kopf,schrau·be** *f tech.* roundhead screw, (*mit zylindrischem Kopf*) fillister head screw. — ~**,kurs** *m* (*sport*) circuit. — ~**,lauf** *m* **1.** run round. – **2.** (*sport*) (*Turngerät*) giant stride. – **3.** *tech.* (*von Rädern*) a) concentric (*od.* true) running, b) (*eines Maschinentisches*) rotation.

rund·lich ['runtlɪç] *adj* **1.** roundish. – **2.** (*Menschen*) plump, chubby, well-rounded (*attrib*), *auch* tubby: **ein ~es Kinn** a plump chin; **sie ist etwas ~er geworden** she has become a little plumper. — **'Rundlich·keit** *f* ⟨-; *no pl*⟩ **1.** roundishness. – **2.** (*von Menschen*) plumpness, chubbiness.

Rund·ling ['runtlɪŋ] *m* ⟨-s; -e⟩ (*Runddorf*) radial village.

'Rund|,mäu·ler *pl zo.* hagfishes, lampreys, cyclostomi (*scient.*) (*Ordng Cyclostomata*). — ~**,mei·ßel** *m tech.* round-nose tool. — ~**,naht** *f* (*in der Schweißtechnik*) circumferential weld (*od.* seam). — ~**,räum,ma,schi·ne** *f* rotary broaching machine.

'Rund,rei·se *f* **1.** (*Rundfahrt*) circular tour. – **2.** *aer. mar.* round voyage. — ~**,bil·let** *n*, ~**,kar·te** *f* circular-tour ticket.

'rund|,rückig (*getr.* -k·k-) [-,rykɪç] *adj* humpbacked. — ~**,schä·de·lig** [-,ʃɛːdəlɪç] *adj bes. anthrop.* roundheaded, shortheaded, bulletheaded, brachycephalic (*scient.*).

'Rund|,schau *f* ⟨-; -en⟩ **1.** *cf.* Rundblick. – **2.** (*Zeitungsartikel u. -titel*) review, survey. — ~**,schiff·chen** *n* (*einer Nähmaschine*) rotating shuttle. — ~**,schild** *m hist.* (*eines Ritters*) round buckler (*od.* shield).

'rund|,schlei·fen I *v/t* ⟨*irr, sep*, -ge-, h⟩ **1.** grind (*s.th.*) cylindrical. – **II R~** *n* ⟨-s⟩

2. *verbal noun.* – **3.** cylindrical (*od.* plain) grinding. — **'Rund,schleif-ma,schi-ne** *f* cylindrical grinding machine.

'Rund|,schrei-ben *n* **1.** circular (letter): ein ~ versenden to send out a circular. – **2.** *röm.kath.* (*des Papstes*) encyclical (letter), *auch* encyclic (letter). — **~,schrift** *f* **1.** (*Handschrift*) round hand. – **2.** *bes. print.* ronde.

'Rund,sicht *f cf.* Rundblick. — **~,an,zei-ge,rät** *n aer. mar.* plan position indicator. — **~,schei-be** *f auto. cf.* Panoramascheibe 2.

'Rund|,sieb-ma,schi-ne *f* (*bei der Papierherstellung*) cylinder (*od.* mold, *bes.* Br. mould) machine. — **~,spitz,fe-der** *f* circular-nib pen. — **~,spruch** *m* ⟨-(e)s; no pl⟩ Swiss officialese for Rundfunk. — **~,stab** *m metall.* round bar, rod, rounds *pl.* — **~,stahl** *m metall.* round bar steel. — **~,strahl-an,ten-ne** *f,* **~,strah-ler** *m electr.* omnidirectional antenna (*bes. Br.* aerial). — **~,strecken,ren-nen** (*getr.* -k-k-) *n* circuit race. — **~,strick-ma,schi-ne** *f tech.* circular knitting machine. — **~,strick-na-del** *f* circular knitting needle. — **~,stück** *n Northern G.* for Brötchen. — **~,stuhl** *m tech.* circular loom. — **~,tanz** *m mus.* **1.** round (dance). – **2.** *hist.* roundelay, roundel, roundle. — **~,tisch,räum-ma,schi-ne** *f tech.* rotary-table broaching machine. — **~,törn** *m mar.* round turn. — **r~'um** *adv cf.* rundumher. — **~-um-die-'Welt-,Flug** *m* round-the-world trip. — **r~'um'her** *adv* round (about), all (a)round.

'Rund'um|,licht *n auto.* rotating (warning) light. — **~,sicht** *f* (*der Wagenverglasung*) panoramic (*od.* all[-]round) visibility, all(-)round view (*od.* vision). — **~ver,gla-sung** *f* panorama windshield (*od.* windscreen).

'Run-dung *f* ⟨-; -en⟩ **1.** *cf.* Runden. – **2.** (*bei Vasen, Säulen etc*) round form, roundness, rondure (*lit.*). – **3.** (*eines Gewölbes, Bogens etc*) curvature, round form. – **4.** (*des Körpers*) curve. – **5.** *tech.* a) (*Arbeitsvorgang*) rounding, radiusing, b) (*Zustand*) roundness, radius.

'Rund,ver,kehr *m* roundabout (traffic).

'rund'weg [-'vɛk] *adv* point-blank, flatly, bluntly: etwas ~ ablehnen to refuse s.th. point-blank.

'Rund|,wurm *m zo. cf.* Fadenwurm. — **~,zan-ge** *f tech.* (a pair of) roundnose(d) pliers *pl* (*construed as sg or pl*). — **~,zel-len-sar,kom** *n med.* round-cell (*od. scient.* encephaloid, globucellular) sarcoma.

Ru-ne ['ruːnə] *f* ⟨-; -n⟩ (*Schriftzeichen*) rune, runic character.

'Ru-nen|al-pha,bet *n* runic alphabet, futhark, *auch* futhorc, futhork. — **~,in,schrift** *f* runic inscription. — **~,kun-de** *f* runology. — **~,schrift** *f* runic characters *pl* (*od.* writing). — **~,stab** *m* runic staff. — **~,stein** *m* rune stone, stone with a runic inscription. — **~,zei-chen** *n cf.* Rune.

Run-ge ['ruŋə] *f* ⟨-; -n⟩ *auto.* (*railway*) (*eines Transportfahrzeugs*) stake, stanchion. — **'Run-gen,wa-gen** *m* (*railway*) side stanchion waggon (*bes. Am.* wagon), dolly truck, *Am.* flatcar.

'Run-kel,rü-be ['ruŋkəl-] *f bot.* beet(root), butter leaves *pl* (*Beta vulgaris*).

Run-ken ['ruŋkən] *m* ⟨-s; -⟩ *Middle G.* hunk (of bread).

Runks [ruŋks] *m* ⟨-es; -e⟩ *colloq.* for Rüpel.

run-ter ['runtər] *adv colloq.* for herunter, hinunter.

Run-zel ['runtsəl] *f* ⟨-; -n⟩ **1.** wrinkle, line, furrow: im Alter ~n bekommen to get wrinkles in one's old age; der Apfel bekommt ~n the apple becomes wrinkled (*od.* develops wrinkles). – **2.** *med.* (*bes. der Schleimhaut*) wrinkle, fold, ruga (*scient.*). — **'run-ze-lig** *adj* **1.** (*Haut*) wrinkled, wrinkly, lined, furrowed: die Haut wird im Alter ~ the skin wrinkles (*od.* becomes wrinkled) with age. – **2.** (*Apfel etc*) wrinkled.

'Run-zel,lack *m* (*paints*) wrinkle finish.

run-zeln ['runtsəln] **I** *v/t* ⟨h⟩ **1.** die Stirn (*od.* Brauen) ~ to frown, to knit one's brow, to pucker (up) one's brows. – **II** *v/reflex* sich ~ **2.** (*von Haut, Obstschale etc*) wrinkle, become wrinkled, develop wrinkles. – **III** R~ *n* ⟨-s⟩ **3.** *verbal noun.* – **4.** (*Stirnrunzeln*) frown. — **'runz-lig** *adj cf.* runzelig.

Rü-pel ['ryːpəl] *m* ⟨-s; -⟩ *contempt.* insolent

---

fellow (*colloq.*), lout, boor, rough. — **Rü-pe-'lei** *f* ⟨-; -en⟩ insolence, loutishness, boorishness, roughness. — **'rü-pel-haft** *adj* insolent, loutish, boorish, rough: ~es Benehmen rough (*od.* boorish) manners *pl.* — **'Rü-pel-haf-tig-keit** *f* ⟨-; no pl⟩ *cf.* Rüpelei.

rup-fen ['rupfən] **I** *v/t* ⟨h⟩ **1.** (*Geflügel etc*) pluck: ich habe noch ein Hühnchen mit ihm zu ~ *fig. colloq.* I have a bone to pick with him. – **2.** (*Unkraut etc*) weed, pull (out). – **3.** j-n ~ *fig. colloq.* to fleece (*od. colloq.* skin, *sl.* pluck) s.o. – **II** R~ *n* ⟨-s⟩ **4.** *verbal noun.* – **5.** (*von Geflügel*) pluck. — **'Rup-fen** *m* ⟨-s; -⟩ (*textile*) burlap, sackcloth.

Ru-pie ['ruːpiə] *f* ⟨-; -n⟩ *econ.* (*indische u. pakistanische Währungseinheit*) rupee.

rup-pig ['rupiç] *adj* **1.** (*Antworten, Benehmen etc*) gruff, abrupt, sharp. – **2.** (*Aussehen*) shaggy, ragged, scrubby, scruffy: ein ~er Hund a shaggy dog. – **3.** (*Kleidung*) shabby, scrubby, scruffy. – **4.** *Northern G.* (*Wetter, Klima*) rough. — **'Rup-pig-keit** *f* ⟨-; -en⟩ **1.** (*von Benehmen etc*) gruffness, abruptness, sharpness. – **2.** ⟨only sg⟩ (*von Aussehen*) shagginess, raggedness, scrubbiness, scruffiness. – **3.** ⟨only sg⟩ (*von Kleidung*) shabbiness, scrubbiness, scruffiness.

'Rupp,sack ['rup-] *m colloq.* crusty (*od.* gruff) fellow (*colloq.*).

Ru-precht ['ruːprɛçt] *npr m* ⟨-(e)s; -e⟩ Knecht ~ *Southern G. and Austrian* an attendant of Santa Claus or Father Christmas.

Rup-tur [rup'tuːr] *f* ⟨-; -en⟩ *med.* (*Zerreißung*) rupture.

Rü-sche ['ryːʃə] *f* ⟨-; -n⟩ (*fashion*) ruche, ruching, frill, ruffle.

ru-sche-lig ['ruʃəliç] *adj dial.* (*hastig, schlampig*) slapdash.

Ruß [ruːs] *m* ⟨-es; no pl⟩ **1.** (*im Kamin etc*) soot, carbon black. – **2.** (*Lampenruß*) lampblack. — **r~be,schmutzt** *adj cf.* rußig.

Rus-se¹ ['rusə] *m* ⟨-n; -n⟩ Russian, native (*od.* inhabitant) of Russia.

'Rus-se² *m* ⟨-n; -n⟩ *zo. dial.* for Schabe¹ 1.

Rüs-sel ['rysəl] *m* ⟨-s; -⟩ **1.** *zo.* a) (*des Elefanten*) trunk, proboscis (*scient.*), b) (*des Schweins*) snout, c) (*der Insekten*) rostrum, proboscis (*scient.*). – **2.** *fig. colloq.* snitch (*sl.*), *Br. sl.* 'hooter', nose. — **~an-ti,lo-pe** *f zo. cf.* Saigaantilope. — **~,bär** *m cf.* Nasenbär. — **~,beut-ler** *m zo.* (*Tarsipes spenserae*). — **r~,för-mig** *adj* trunklike, trunk-shaped; proboscidian, proboscidean (*scient.*). — **~,kä-fer** *m zo.* weevil, curculio(nid) (*scient.*) (*Fam. Curculionidae*). — **~,rob-ben** *pl* sea elephants (*Unterfam. Cystophorinae*). — **~,sprin-ger** *m* elephant shrew (*Fam. Macroscelidae*). — **~,tier** *n meist pl* proboscidian (*Ordng Proboscidea*). — **~,wol-ke** *f meteor.* funnel cloud. — **~,züns-ler** *m zo.* grass (*od.* veneer) moth, blue-grass webworm (*Gattg Crambus*).

ru-ßen ['ruːsən] *v/i* ⟨h⟩ **1.** (*von Kerze etc*) smoke. – **2.** (*von Ofen etc*) form soot. — **'ru-ßend I** *pres p.* – **II** *adj* sooty.

'Rus-sen|,freund *m* Russophil(e). — **r~,freund-lich** *adj* Russophil(e). — **~,kit-tel** *m* (*fashion*) Russian smock frock (*od.* blouse). — **~,stie-fel** *m meist pl* Russian boot.

'ruß|,far-ben, **~,far-big** *adj* soot-colored (*bes. Br.* -coloured).

'Ruß|,fleck *m* soot stain (*od.* mark). — **~,flocke** (*getr.* -k-k-) *f* (*bes. in der Luft*) smut, soot particle. — **r~ge,schwärzt** *adj* blackened with soot, sooty, sootied.

rus-si-fi-zie-ren [rusifi'tsiːrən] *v/t* ⟨no ge-, h⟩ russianize, *auch* Russianize, russify, *auch* Russify. — **Rus-si-fi'zie-rung** *f* ⟨-; no pl⟩ Russianization, russification, *auch* Russification.

'ru-ßig *adj* sooty, smutty, fuliginous (*scient.*): sich ~ machen to make oneself sooty, to blacken oneself with soot.

'Rus-sin *f* ⟨-; -nen⟩ Russian (woman *od.* girl).

'rus-sisch I *adj* Russian, of Russia: auf (*od.* in) ~ in Russian; die ~e Sprache Russian, the Russian language; ~e Eier *gastr.* Russian eggs; ~es Bad (*Art Sauna*) Russian bath. – **II** *ling.* R~ ⟨generally undeclined⟩, das R~e ⟨-n⟩ Russian, the Russian language.

'Rus-sisch 'Brot *n* ⟨-; no pl⟩ *gastr.* sweet alphabet biscuits *pl.*

'rus-sisch-'deutsch *adj bes. pol.* (*Beziehungen etc*) Russo-German.

---

fellow ... *Rü-ßler* ['ryslər] *m* ⟨-s; -⟩ *zo. cf.* Rüsselkäfer.

'ruß,schwarz *adj* sooty black, soot.

'Rüst|,an-ker *m mar.* a) sheet (*od.* waist) anchor, b) (*heute*) spare (*od.* best) bower. — **~,bal-ken,** **~,baum** *m civ.eng.* (*eines Gerüsts*) scaffold pole (*od.* beam). — **~,bock** *m* (scaffolding) trestle. — **~,brett** *n* scaffold board.

Rü-ste¹ ['rystə] *f* ⟨-; no pl⟩ **1.** *dial.* rest, repose. – **2.** zur ~ gehen *poet.* a) (*von Tag etc*) to decline, b) (*von Sonne*) to set.

'Rüst-ei,sen *n mar.* chain plate.

rü-sten ['rystən] **I** *v/t* ⟨h⟩ **1.** (*Fest, Mahl, Nachtlager etc*) prepare, make (s.th.) (ready). – **2.** *civ.eng.* (*Haus*) scaffold, support (s.th.) by (*od.* furnish [s.th.] with) a scaffold. – **3.** *tech.* set (s.th.) up. – **4.** *aer.* (*Flugzeug*) rig. – **II** *v/i* **5.** *mil.* (*aufrüsten*) arm: die Mächte ~ zum Krieg the nations arm for war; um die Wette ~ to compete in an (*od.* the) arms race. – **6.** (zu, für for) prepare, get ready: zum Aufbruch ~ to get ready to leave. – **III** *v/reflex* sich ~ **7.** (*sich vorbereiten*) (zu, für for) prepare: die Stadt rüstet sich zum Fest the town prepares for the festival; er rüstet sich zur Abreise he gets ready to leave; sich zum Kampf ~ *bes. mil.* to prepare (*od.* make ready) for action; sie hatte sich für ihre künftigen Aufgaben gut gerüstet she had well prepared for her future tasks. – **8.** (*sich wappnen*) (gegen for) arm oneself, prepare (oneself): er hatte sich gegen die Angriffe gerüstet he had armed himself (*od.* had prepared) for the attacks. – **IV** R~ *n* ⟨-s⟩ **9.** *verbal noun.* – **10.** *mil.* armament. – **11.** (*eines Festes, Mahls etc*) preparation. – **12.** *bes. mil. cf.* Rüstung 1.

Rü-ster ['rystər] *f* ⟨-; -n⟩ **1.** *bot.* (*Ulme*) elm (*Gattg Ulmus*). – **2.** (*wood*) *cf.* Rüsterholz. — **~,holz** *n* elm(wood).

'rü-stern *adj* ⟨attrib⟩ (made of) elm(wood).

'Rüst-ge,wicht *n aer.* empty (*od.* structural, construction) weight. — **~,holz** *n civ.eng.* scaffold timber.

rü-stig ['rystiç] **I** *adj* **1.** (*körperlich u. geistig*) hale and hearty, sprightly: eine ~e alte Dame a sprightly old lady; er ist für sein Alter noch sehr ~ he is exceptionally fit for his age. – **II** *adv* **2.** (*kräftig, schnell*) sprightly: er schritt ~ aus he walked with a sprightly step. – **3.** (*mit voller Kraft*) vigorously, energetically: sie arbeitet ~ weiter she works on vigorously (*od.* energetically). — **'Rü-stig-keit** *f* ⟨-; no pl⟩ (*körperliche u. geistige*) haleness (and heartiness), sprightliness.

Ru-sti-ka ['rustika] *f* ⟨-; no pl⟩ *arch.* rustication.

ru-sti-kal [rusti'kaːl] *adj* ⟨-er; -st⟩ **1.** (*ländlich, bäuerlich*) rural, rustic. – **2.** (*Einrichtung, Mode etc*) rustic: wir haben uns in ~em Stil eingerichtet we've furnished our home in rustic (*od.* country) style.

'Rüst|,kam-mer *f mil. hist.* armory, *bes. Br.* armoury, arsenal. — **~,loch** *n civ.eng.* scaffolding (*od.* putlog) hole. — **~ma-te-ri,al** *n* scaffolding equipment. — **~,satz** *m tech.* standard set of equipment. — **~,stan-ge** *f civ.eng.* a) scaffold(ing) pole, b) (*kurze*) putlog, *auch* putlock, c) (*lange*) ledger. — **~,tag** *m relig.* **1.** (*bei den Juden*) eve (of a feast). – **2.** *pl* (*in der protestantischen Kirche*) days of preparation.

'Rü-stung *f* ⟨-; -en⟩ **1.** ⟨only sg⟩ *mil. pol.* armament, arms *pl,* rearmament: die ~ beschränken [kontrollieren] to limit (*od.* cut down) [to control] armament(s). – **2.** *mil. hist.* (*Ritterrüstung*) (knight's) armor, *bes. Br.* armour, armature, mail: die ~ anlegen to put on one's armo(u)r. – **3.** *rare* (*Vorbereitung*) preparation.

'Rü-stungs|,ab,kom-men *n pol.* armament agreement, agreement on armament(s). — **~,amt** *n mil.* Defense Production Agency, *Br. etwa* department of armaments. — **~,auf,trag** *m* armament order (*od.* contract). — **~,aus,ga-ben** *pl* defence (*Am.* defense) expenditure *sg.* — **~be,schrän-kung** *f* limitation (*od.* restriction) of armaments. — **~be,trieb** *m cf.* Rüstungsfabrik. — **~dis-po-si-ti,on** *f psych.* potential of abilities. — **~,fa,brik** *f* armament (*od.* munition, arms, war) plant (*od.* factory, works *pl* construed as sg or pl). — **~fa-bri,kant** *m* manufacturer of armament(s) (*od.*

arms), owner of an armament factory. — **~in·du,strie** f armament (od. munition[s]) industry. — **~kon,trol·le** f pol. control of armaments, armament control. — **~ma·te·ri,al** n munitions pl, armaments pl, war material. — **~mo·no,pol** n armament(s) monopoly. — **~,stand** m level of armaments. — **~,wett,lauf** m arms (od. armament) race. — **~,zen·trum** n armament (od. war) production center (bes. Br. centre).

'Rüst|,zeit f 1. tech. setting-up time. — 2. pl relig. cf. Rüsttag 2. — **~,zeug** n 1. (Handwerkszeug) (set of) tools pl, implements pl. — 2. (Ausstattung, Ausrüstung) equipment, outfit. — 3. fig. (geistiges) capacity: er hat nicht das nötige ~ für diesen Posten he hasn't the necessary capacity (od. preparation, he isn't equipped) for the job.

Ru·te ['ruːtə] f ⟨-; -n⟩ 1. (Gerte) rod, switch. — 2. (Zuchtrute) rod, switch, birch (rod), cane: die ~ (od. etwas mit der ~) bekommen to get the rod, to be given the cane; j-m die ~ (zu spüren) geben to give s.o. the rod (od. a switch), to cane s.o. — 3. (Wünschelrute) divining (od. dowsing) rod, dowser, twig: die ~ schlägt aus the divining rod deflects. — 4. (Angelrute) fishing rod. — 5. hunt. (Schwanz) tail. — 6. zo. (männliches Glied) (bei größeren Tieren) pizzle, (bes. bei wirbellosen) verge. — 7. (altes Längenmaß) perch, pole.

'Ru·ten|,be·sen m cf. Reisigbesen. — **~,bün·del** n 1. bundle of rods (od. switches). — 2. antiq. (der Liktoren) fasces pl (often construed as sg). — **~,gän·ger** m ⟨-s; -⟩ diviner, dowser, rhabdomancer (scient.). — **~,hieb** m stroke (od. lash) with a rod (od. switch). — **~,streich** m cf. Rutenhieb.

Ruth [ruːt] npr f ⟨-; no pl⟩ Bibl. Ruth: das Buch ~ the book of Ruth.

Ru·the·ne [ru'teːnə] m ⟨-n; -n⟩ (Ukrainer) Ruthenian, Ruthene. — **ru'the·nisch** adj Ruthenian.

Ru·the·ni·um [ru'teːniʊm] n ⟨-s; no pl⟩ chem. ruthenium (Ru).

Ru·til [ru'tiːl] n ⟨-s; -e⟩ min. rutile, titanium (od. titanic) dioxide.

Ru·ti·ne [ru'tiːnə] f ⟨-; no pl⟩ cf. Routine.

'Rüt·li,schwur ['ryːtli-] m ⟨-s; no pl⟩ hist. Oath on the Rütli (legendary birthplace of the Swiss Confederacy).

Rutsch [rʊtʃ] m ⟨-(e)s; -e⟩ 1. (Abwärtsrutschen) slide, slip: guten ~ (ins neue Jahr)! fig. colloq. Happy New Year! — 2. (Erd-,

Steinrutsch) landslide, landslip. — 3. fig. colloq. (Spritztour) (short) trip, run: er ist auf einen ~ nach Salzburg gefahren he went for a (short) trip (od. he paid a flying visit) to Salzburg. — 4. in einem ~ fig. colloq. at (od. in) one go (colloq.): wir sind in einem ~ bis Köln durchgefahren we went to Cologne at (od. in) one go. — **~,bahn** f 1. (auf dem Eis etc) slide. — 2. (auf Kinderspielplätzen) (playground) slide, chute. — 3. (in Vergnügungsparks) toboggan slide, Am. chute-the-chute(s). — 4. (in Schwimmbädern) water chute, slide.

Rut·sche ['rʊtʃə] f ⟨-; -n⟩ 1. cf. Rutschbahn. — 2. tech. (Gleitbahn) chute, auch shute, slide(way), shoot, (bes. für Holzstämme) rollway.

rut·schen ['rʊtʃən] I v/i ⟨sein⟩ 1. (von Personen) slip, skid. — 2. (von Fahrzeugen) skid: seitwärts ~ to sideslip, Br. to side-slip. — 3. (entgleiten) slip: die Pakete rutschten mir aus den Armen the parcels slipped out of my arms. — 4. (von Kleidung, Brille etc) slip: die Brille rutscht ihr von der Nase the glasses slip down her nose. — 5. (von Erdmassen etc) slide, slip. — 6. colloq. (von Essen etc) go down: das Essen will nicht ~ the meal won't go down; trink Wasser, damit es besser rutscht have some water to help it down. — 7. ~ von to slide from: das Kind rutscht vom Stuhl the child slides from the chair. — 8. colloq. (rücken) move up (od. over): soll ich eins weiter ~? shall I move up (od. over)? — 9. (auf der Rutschbahn etc) chute (the chutes), slide. — 10. (auf dem Eis etc) slide. — 11. (auf dem Boden etc) crawl: die Kinder ~ (auf den Knien) durchs Zimmer the children crawl through the room; auf den Knien vor j-m ~ a) to crawl on one's knees before s.o., b) fig. colloq. (umschmeicheln) to crawl (od. fawn) round s.o.; auf den Knien gerutscht kommen fig. colloq. to go down on bended knee(s). — 12. colloq. (eine Spritztour machen) run over (od. up): wir sind mal eben nach Salzburg gerutscht we've just run over (od. up, down) to Salzburg. — 13. econ. (von Preisen) slip, run down, yield, decline. — 14. auto. a) (von der Kupplung) slip, b) (von Reifen) skid, slide. — 15. aer. (in der Kurve) sideslip. — II R~ n ⟨-s⟩ 16. verbal noun. — 17. (Ausrutschen) slip: ins R~ kommen (od. geraten) to start slipping, to begin to slip, to slip. — 18. (von Fahrzeug) skid: der Wagen kam ins R~

the car started skidding, the car skidded. — 19. (von Erdmassen etc) slide, slip.

'rutsch|,fest adj cf. rutschsicher. — **R~,fes·tig·keit** f cf. Rutschsicherheit. — **R~ge,fahr** f 1. danger of skidding. — 2. ~! (als Verkehrszeichen) danger! slippery when wet! slippery road!

'rut·schig adj (Straße etc) slippery, slippy.

'Rutsch|par,tie f colloq. 1. (auf dem Eis) slide. — 2. (auf der Rutschbahn) chute, auch shute, slide. — 3. (unfreiwillige) slip: eine ~ machen a) to slip, b) (mit dem Auto) to have a skid, to skid. — 4. cf. Rutsch 3. — **r~,si·cher** adj (Reifen etc) nonskid Br. non-, antiskid (beide attrib). — **~,si·cher·heit** f ⟨-; no pl⟩ antiskid (od. nonskid, Br. non-skid) property, skidding safety, resistance to skidding.

Rut·te ['rʊtə] f ⟨-; -n⟩ zo. cf. Aalputte.

'Rüt·tel|be,ton m civ.eng. vibrated concrete. — **~,form·ma,schi·ne** f metall. jar-ramming molding (bes. Br. moulding) machine. — **~ma,schi·ne** f print. jogging machine.

rüt·teln ['rytəln] I v/t ⟨h⟩ 1. shake: j-n an der Schulter ~ to shake s.o. by the shoulder; j-n aus dem Schlaf ~ to shake s.o. out of his sleep. — 2. tech. shake. — 3. (Getreide etc) winnow, sift. — 4. metall. a) shake, jolt, b) (Formsand) jar, jolt. — II v/i 5. (von Fahrzeugen) jolt, jounce, joggle, shake: der Wagen rüttelt stark the car jolts (od. jounces, shakes) a great deal. — 6. (an Türen etc) (an dat at) rattle: an der Haustür ~ to rattle at the front door; der Sturm rüttelt an den Fensterläden the storm rattles at the (window) shutters. — 7. ~ an (dat) fig. (an Grundsätzen etc) shake: das rüttelt an den Grundfesten der Demokratie this shakes the foundations of democracy. — 8. daran ist nichts (od. gibt es nichts) (mehr) zu ~ colloq. there's nothing we can do about it, that's an unalterable fact. — 9. hunt. (von Raubvögeln) hover. — III R~ n ⟨-s⟩ 10. verbal noun. — 11. (an einer Schulter etc) shake. — 12. (an Türen etc) rattle.

'Rüt·tel|,preß,form·ma,schi·ne f metall. jar squeezer. — **~,sieb** n tech. shaking screen, oscillating riddle. — **~,tisch** m metall. jarring (od. jolting) table. — **~ver,fah·ren** n (in der Formtechnik) jar-ramming method. — **~,wen·de,form·ma,schi·ne** f turnover-table jolter.

'Rütt·ler m ⟨-s; -⟩ tech. vibrator.

S

S, s [ɛs] *n* ⟨-; -⟩ **1.** S, s (*nineteenth letter of the German alphabet; fifteenth consonant*): ein großes S a capital (*od.* large) S; ein kleines S a small (*od.* little) s; stimmloses (*od.* scharfes) S voiceless (*od.* surd, hard) s; stimmhaftes (*od.* weiches, sanftes) S voiced (*od.* soft) s. – **2.** S *chem.* (Schwefel) S. – **3.** S *phys.* (Siemens) mho. – **4.** S *geogr.* (Süden) S, s. – **5.** S *econ.* (Schilling; österr. Währungseinheit) S. – **6.** *ling.* a) S (Subjekt) S, b) s (sächlich) n, nt. – **7.** S (*something having the shape of the capital letter S*) S.

Saal [zaːl] *m* ⟨-(e)s; Säle⟩ **1.** (assembly) hall. – **2.** (*Konzertsaal*) (concert) hall, auditorium. – **3.** (*Lesesaal*) reading room. – **4.** *med. cf.* Operationssaal. — **~,bau** *m* ⟨-(e)s; -ten⟩ **1.** ⟨*only sg*⟩ (*Vorgang*) construction of a hall. – **2.** (*Gebäude*) hall (structure). — **~,ord·ner** *m* (hall) usher (*od.* steward). — **~,schlacht** *f* fighting (*od.* brawl) in a (public) hall. — **~,toch·ter** *f Swiss* (Kellnerin) waitress.

'Saar,ab,kom·men ['zaːr-] *n hist.* Saar Agreement (*1956*).

'Saar,län·der *m* ⟨-s; -⟩ Saarlander, native (*od.* inhabitant) of (the) Saarland. — **'saar,län·disch** *adj* of (*od.* relating to) (the) Saarland.

Saat [zaːt] *f* ⟨-; -en⟩ *agr.* **1.** ⟨*only sg*⟩ (*Säen*) sowing, seeding: die ~ bestellen to sow (seed), to seed. – **2.** (*Saatgut*) seed(s *pl*), seed (corn, *bes. Am.* grain): die Saat geht auf a) the seed comes (*od.* sprouts) up, b) *fig.* the seed is bearing fruit, the results are beginning to show. – **3.** crops *pl*: auflaufende ~ a) germinating (*od.* shooting) crops *pl*, b) (*im späteren Stadium*) growing crops *pl*: die ~ steht gut the crops are promising (*od.* looking well). — **~,beet** *n hort.* seedbed, seed-plot. — **~,bel·lung** *f agr.* sowing, seeding. — **~,bett** *n* seedbed. — **~,boh·ne** *f* seed bean. — **~,brand** *m bot.* smut, ustilago (*scient.*).

'Saa·ten,stand *m agr.* state (*od.* condition) of the crops.

'Saat|,eu·le *f zo.* common dart moth (*Euxoa segetum*). — **~,feld** *n agr.* cornfield, *bes. Am.* grainfield. — **~,gans** *f zo.* bean goose (*Anser fabalis*). — **~ge,trei·de** *n agr.* seed corn (*bes. Am.* grain), cereal seed. — **~,gut** *n cf.* Saat 2. — **~,kar,tof·fel** *f* seed potato. — **~,korn** *n* seed corn (*bes. Am.* grain). — **~,krä·he** *f zo.* rook (*Corvus frugilegus*). — **~,land** *n agr.* **1.** land for sowing. – **2.** sowed field (*od.* land). — **~,wicke** (*getr.* -k·k-) *f bot.* vetch, tare (*Vicia sativa*). — **~wu·cher,blu·me** *f* corn marigold (*Chrysanthemum segetum*). — **~,zeit** *f agr.* seedtime, *Br.* seed-time, sowing season (*od.* time).

'Saat,zucht *f agr.* seed growing (*od.* cultivation, production). — **~,an,stalt** *f*, **~be,trieb** *m* seed growing station, (seed) nursery.

'Saat,züch·ter *m agr.* seed grower.

Sa·ba·dil·le [zabaˈdɪlə] *f* ⟨-; -n⟩ *bot.* sabadilla, *auch* cebadilla, cevadilla (*Schoenocaulon officinale*).

Sab·bat ['zabat] *m* ⟨-s; -e⟩ *relig.* sabbath, *auch* Sabbath.

Sab·ba·ta·ri·er [zabaˈtaːriər] *m* ⟨-s; -⟩ *relig.* sabbatarian, *auch* Sabbatarian.

'Sab·bat,fei·er *f relig.* observance of the Sabbath.

Sab·ba·tist [zabaˈtɪst] *m* ⟨-en; -en⟩ *f relig.* sabbatarian, *auch* Sabbatarian.

'Sabbat|,jahr *n relig.* sabbatical (*auch* Sabbatical) (year). — **~,ru·he** *f* sabbatical (*od.* Sabbatical) rest. — **~,schän·der** *m* Sabbath-breaker, breaker (*od.* desecrater, desecrator) of the Sabbath. — **~,schän·dung** *f* breaking (*od.* desecration) of the Sabbath. — **~,stil·le** *f cf.* Sabbatruhe.

Sab·bel ['zabəl] *m* ⟨-s; *no pl*⟩ *Low G. and Eastern Middle G. cf.* Sabber. — **'sab·beln** *v/i* ⟨h⟩ *colloq. cf.* sabbern.

Sab·ber ['zabər] *m* ⟨-s; *no pl*⟩ *Low G. and Eastern Middle G.* slobber, slaver, drivel, *Am.* drool. — **~,lätz·chen** *n colloq.* bib.

sab·bern ['zabərn] *v/i* ⟨h⟩ *colloq.* **1.** slobber, drivel, slaver, *Am.* drool. – **2.** *fig. contempt.* (*schwatzen*) drivel, *Am. auch* drool.

Sä·bel ['zɛːbəl] *m* ⟨-s; -⟩ **1.** (*auch sport*) saber, *bes. Br.* sabre: den ~ schwingen to brandish the saber; j-n auf ~ fordern to challenge s.o. to a duel with sabers; mit dem ~ rasseln *fig.* to rattle the saber. – **2.** (*Krummsäbel*) scimitar, *auch* scimiter, curved saber (*bes. Br.* sabre). — **~an·ti,lo·pe** *f zo.* gemsbok (*Oryx gazella*). — **~,bei·ne** *pl colloq.* bowlegs, bandy-legs. — **s~,bei·nig** *adj colloq.* bowlegged, bandy-(-legged). — **~,fech·ten** *n* (*sport*) saber (*bes. Br.* sabre) fencing. — **~,fech·ter** *m* saber (*bes. Br.* sabre) fencer. — **s~,för·mig** *adj* **1.** saber- (*bes. Br.* sabre-)shaped, scimitarose. – **2.** *bot.* (*Blatt*) acinaciform. — **~ge,ras·sel** *n cf.* Säbelrasseln. — **~,hieb** *m* **1.** saber (*bes. Br.* sabre) stroke, stroke with a saber (*bes. Br.* sabre). – **2.** (*sport*) saber (*bes. Br.* sabre) cut.

Sa·bel·ler [zaˈbɛlər] *pl antiq.* Sabellians.

sä·beln ['zɛːbəln] *v/t u. v/i* ⟨h⟩ *fig. colloq.* hack, hash, tare.

'Sä·bel|,ras·seln *n fig.* saber (*bes. Br.* sabre) rattling. — **~,raß·ler** *m* ⟨-s; -s⟩ *fig.* saber (*bes. Br.* sabre) rattler. — **~,schei·de** *f* saber (*bes. Br.* sabre) scabbard (*od.* sheath). — **~,schnäb·ler** [-,ʃnɛːblər] *m* ⟨-s; -⟩ *zo.* avocet, scooper (*Recurvirostra avosetta*). — **~,zahn),ti·ger** *m* saber- (*bes. Br.* sabre-)toothed tiger (*Gattg Smilodon*).

Sa·bi·ner [zaˈbiːnər] *m* ⟨-s; -⟩ *antiq.* Sabine. — **Sa'bi·ne·rin** *f* ⟨-; -nen⟩ Sabine: der Raub der ~nen the rape of the Sabines, Sabine women. — **sa'bi·nisch** *adj* Sabine.

Sa·bo·ta·ge [zaboˈtaːʒə] *f* ⟨-; -n⟩ sabotage: ~ treiben to practice (*bes. Br.* practise) sabotage. — **~,akt** *m* act of sabotage.

Sa·bo·teur [zaboˈtøːr] *m* ⟨-s; -e⟩ saboteur. — **sa·bo'tie·ren** [-ˈtiːrən] *v/t* ⟨*no ge-, h*⟩ sabotage.

Sac·cha·ra·se [zaxaˈraːzə] *f* ⟨-; *no pl*⟩ *chem.* saccharase, zymase, invertase, invertin, *auch* sucrase. — **Sac·cha·ri'me·ter** [-ri'meːtər] *m* ⟨-s; -⟩ saccharimeter. — **Sac·cha·ri·me'trie** [-rime'triː] *f* ⟨-; *no pl*⟩ saccharimetry.

Sac·cha·rin [zaxaˈriːn] *n* ⟨-s; *no pl*⟩ *chem.*

---

saccharin, gluside, benzosulfimide *bes. Br.* -ph-.

Sac·cha·ro·se [zaxaˈroːzə] *f* ⟨-; *no pl*⟩ *chem.* saccharose, sucrose, cane sugar.

'Sach,an,la·ge *f econ.* material assets *pl*, fixed (tangible) assets *pl*. — **~ver,mö·gen** *n* tangible (fixed) assets *pl* (*od.* property).

Sa·cha·rin [zaxaˈriːn] *n* ⟨-s; *no pl*⟩ *chem. cf.* Saccharin.

Sa·char·ja [zaˈxarja] *npr m* ⟨-s; *no pl*⟩ *Bibl.* (*Prophet*) Zachariah.

'Sach|be,ar·bei·ter *m* senior clerk: er ist ~ ~be,schä·di·gung *f bes. jur.* damage to property, property damage: vorsätzliche ~ wil(l)ful damage. — **~be,weis** *m jur.* material evidence. — **s~be,zo·gen** *adj* (*Diskussion, Bemerkung etc*) pertinent, pertaining to the matter on hand, *auch* pragmatic. — **~be,züge** *pl econ.* receipts (*od.* payment *sg*, remuneration *sg*) in kind. — **~,buch** *n* nonfiction (*Br.* non-fiction) (book): unser Angebot an Sachbüchern our offer in nonfiction. — **~,dar,stel·lung** *f jur.* statement of facts. — **s~,dien·lich** *adj* relevant, pertinent: ~e Hinweise relevant information, information relevant to (*od.* bearing on) the case.

Sa·che ['zaxə] *f* ⟨-; -n⟩ **1.** (*Gegenstand, Ding*) thing, object, article: ~n, die auf dem Tisch liegen objects lying on the table; all die ~n (da) auf dem Regal all those things (*od.* all the stuff) on the shelf; in dem Geschäft gibt es die tollsten ~n *colloq.* they have terrific things in this shop (*colloq.*); das ist das Beste an der ~ that is the best (thing) about it; das ist eine größere ~ *colloq.* this is no mean affair (*colloq.*); dieses Geschenk ist keine große ~ *colloq.* this present is nothing much (*colloq.*); ~n gibt's, die gibt's gar nicht *colloq.* there are some things you would hardly believe exist; ich bin mir meiner ~ sicher (*od.* gewiß) I am sure of my ground (*od.* of myself); ich weiß noch ganz andere ~n I know even better things than that; mach keine ~n! *colloq.* a) (*erstaunt*) don't tell me (that)! b) (*ermahnend*) don't do anything stupid! du machst (aber) ~n! *colloq.* the things you get up to! (*colloq.*); das ist nicht jedermanns ~ a) (*Geschmack*) that is not everybody's taste (*Br. colloq.* cup of tea), b) (*das kann nicht jeder*) that is not everybody's line; ich muß wissen, was an der ~ ist I must find out the truth (about the matter), I must find out what's up (*colloq.*); tun Sie es der ~ zuliebe do it for the love of it (*colloq.* of the thing); ich mache keine halben ~n I don't do things by halves (*od.* by half measures); keine halben ~n! no half measures! don't do things by halves! – **2.** (*Angelegenheit*) affair, matter, business: das ist meine ~! that is my affair (*Am. colloq.* baby)! das ist dann deine ~! that is your affair (*od. colloq.* funeral)! das ist (doch) nicht seine ~ that is not his business (*od.* no business of his, none of his business). in welcher **~** wollten Sie mich sprechen? what (business) did you want to speak to me about?

misch dich nicht in ⁓n, die dich nichts angehen don't interfere in matters (od. things) which don't concern you; die ⁓ schwebt noch (od. ist noch in der Schwebe) the matter is still unsettled (od. pending); es ist mir viel an dieser ⁓ gelegen this affair matters a great deal (od. colloq. a lot) to me; this matter is of great importance to me; was ist bei der ⁓ zu tun? what is to be done here (od. in this matter)? – **3.** (Frage, Problem) matter, question, problem, things pl: eine heikle [wichtige, zweifelhafte] ⁓ a ticklish [an important, a doubtful] matter; das ist eine ⁓ des Benehmens [Vertrauens, Geschmacks] that is a question of behavio(u)r [confidence, taste]; ich sehe die ⁓ anders I see the matter differently, I have a different view on the matter; eine ⁓ beschlafen colloq. to sleep on a matter; einer ⁓ auf den Grund gehen to get to the bottom of a matter, to look into a matter thoroughly (od. well); eine ⁓ auf sich beruhen lassen to let a matter rest, to leave things as they are; das ist eine ⁓ für sich that is a chapter in itself (od. a matter apart); in der Natur (od. im Wesen) der ⁓ liegen to be in the nature of things; versuch du, die ⁓ zu deichseln! colloq. you try to fix the matter up! (colloq.), see if you can work it! (colloq.); jede ⁓ hat zwei Seiten there are two sides to everything; das ist so eine ⁓, das sind so ⁓n colloq. that's quite a problem; das trifft den Kern der ⁓ that touches on the core of the problem. – **4.** (Aufgabe, Arbeit) task, job: er macht seine ⁓ gut [schlecht] he does his job well [badly]; er versteht seine (od. die, etwas von der) ⁓ he knows his job (od. the ropes, colloq. what he is about); es ist ⁓ des Gerichts [der Eltern] zu entscheiden, ob it is for the court [the parents] to decide whether, it is the task (od. duty, part) of the court [parents] to decide whether. – **5.** (Anliegen) cause: für eine gute [gerechte] ⁓ kämpfen to fight for a good [just] cause; sich (acc) in den Dienst einer ⁓ stellen to devote oneself to (the service of) a cause; er wird sich meiner ⁓ annehmen he will attend to (od. look after) my cause (od. matter); in eigener ⁓ sprechen to speak on one's own behalf; seine ⁓ vorbringen to state one's cause (od. case); j-n für seine ⁓ gewinnen to win s.o. to one's (own) cause; mit j-m gemeinsame ⁓ machen to make common cause with s.o.; die Person von der ⁓ trennen to distinguish between the person and the cause (od. the matter on hand); man kann in eigener ⁓ nicht Richter sein (Sprichwort) no man ought to be judge in his own cause (proverb). – **6.** (Unternehmen, Vorhaben) matter, plan, enterprise: eine ⁓ fallenlassen [verfolgen] to drop (od. discard) [to pursue] a plan; das war beschlossene [colloq. eine abgekartete] ⁓ that was a foregone conclusion [a prearranged (od. colloq. put-up) job]; wir haben eine große ⁓ vor colloq. we have big plans, we have planned a big affair; die ⁓ macht sich [nicht] bezahlt the enterprise pays [doesn't pay] (its way); die ⁓ soll morgen steigen fig. colloq. things will start rolling (od. will get going) tomorrow (colloq.), tomorrow is D-day (colloq.); → faul 11. – **7.** (Handlung, Tat) deed, act, thing: das war eine dumme ⁓ [von dir] that was a stupid (od. foolish) thing [for you] to do. – **8.** (Begebenheit, Ereignis) event, things pl: erzähl doch einmal den Hergang der ⁓ tell me the course of events, tell me what happened. – **9.** pl colloq. (Geschichten, Vorkommnisse) things, stories: das sind ja schöne ⁓n, die ich da über dich höre iron. I have been hearing fine (od. nice) things about you; was sind das für ⁓n? what sort of (a) mess is that? (colloq.). – **10.** (Affäre) affair, matter: er ist in eine unangenehme ⁓ verwickelt he has got mixed up (od. involved, implicated) in an unpleasant affair. – **11.** (Sachlage, Situation) state of affairs (od. things), things pl: die ⁓ steht gut [schlecht] things are in good [bad] shape, things are going well [badly]; die ⁓ verhält sich (od. liegt) so (od. folgendermaßen) things are (od. the situation is) as follows; nach Lage der ⁓ as things stand. – **12.** (Punkt) point, matter: in dieser ⁓

stimmen wir überein we agree on this point. – **13.** (Streitfrage) issue: es geht in dieser ⁓ um folgendes what is at issue is this. – **14.** (Thema) point, subject: zur ⁓! a) keep to the point! b) (bes. in Parlamentsdebatten) (the) question! to the subject! zur ⁓ kommen to come to the point, to get down to business (od. sl. brass tacks); das gehört [nicht] zur ⁓ this is [ir]relevant, this is to [off] the point; sich zur ⁓ äußern a) to express one's views on the subject (od. point), b) jur. to refer to the merits (of the case); er bleibt nie bei der ⁓ he never keeps (od. sticks) to the point; sie ist [nicht] bei der ⁓ she is [in]attentive, her mind is [not] on her work; mit ganzer (od. mit Leib und) Seele bei der ⁓ sein to be in it with heart and soul. – **15.** (Umstand, Seite) point, circumstance: man muß dabei verschiedene ⁓n berücksichtigen one has to take various points into consideration. – **16.** (das Wesentliche, der Kern) essence (od. core) of things (od. the matter, the problem), matter (od. problem) itself: in der ⁓ hat sich jedoch nichts geändert the essentials of the matter (od. issue) are unchanged; das [der Name] tut nichts zur ⁓ this [the name] is irrelevant (od. of no account); um die ⁓ herumreden to beat about the bush. – **17.** (Tatsache) fact: die ⁓ ist die, daß the fact is that. – **18.** jur. (im Gegensatz zur Person) thing: bewegliche [unbewegliche] ⁓n things personal [real], movable [immovable] property sg, movables (od. chattels) [immovables]. – **19.** jur. (Rechtsstreit) matter, case, cause, action, lawsuit: in ⁓n A gegen B in the matter of (od. in re) A versus B; eine anhängige ⁓ a pending action; er wurde vom Richter zur ⁓ vernommen he was interrogated by the judge with regard to the matter (itself). – **20.** pl (Habseligkeiten) property sg, belongings, things, goods and chattels, traps (colloq.). – **21.** pl (Gepäck) luggage sg, bes. Am. baggage sg, things, stuff sg. – **22.** pl (Kleidungsstücke) (articles of) clothing sg, things. – **23.** pl (Möbel) furniture sg, things, stuff sg. – **24.** pl (Speisen, Getränke) things, stuff sg: es gab viele gute (od. feine) ⁓n zu essen there were lots of good things (od. delicacies, goodies) (to eat) (colloq.); scharfe ⁓n a) colloq. (Getränke) potent (od. strong) drinks, hot stuff sg (colloq.), b) (Speisen) spicy (od. hot) food sg, c) colloq. (Aktfotos etc) spicy (od. racy) affairs, hot stuff sg (alle colloq.). – **25.** pl colloq. (Stundenkilometer) er brauste mit 120 ⁓n um die Kurve he came round the bend at 120.

'**Sach,ein,la·ge** f econ. contribution in kind.

Sä·chel·chen ['zɛçlçən] n ⟨-s; -⟩ colloq. **1.** dim. of Sache. – **2.** meist pl (nette Kleinigkeiten) pretty little thing. – **3.** meist pl (pikante Angelegenheiten) intimacy, matter of some delicacy. [property.⟩

'**Sa·chen,recht** n jur. law of things (od.⟩

'**Sach,ent,schei·dung** f jur. decision on the merits. — **⁓er,klä·rung** f definition (of a subject).

'**Sa·cher,tor·te** ['zaxər-] f gastr. Sacher torte.

'**Sach,feld** n ling. field of subject matter. — **⁓,for·schung** f (in Ethnologie, Volkskunde) material-culture studies pl. — **⁓ge,biet** n **1.** (Fach-, Studiengebiet) subject, field, area. – **2.** (Materie) subject (matter). – **3.** (Aufgabenbereich) department, domain, field (of duties), functions pl, purview. — s⁓ge,mäß, s⁓ge,recht I adj **1.** (Verpackung, Behandlung etc) proper, adequate. – **2.** (Darstellung etc) objective, proper, factual, true-to-fact (attrib). – II adv **3.** properly, in a proper way. — **⁓,grün·dung** f econ. (bei Aktiengesellschaften) company promotion based on noncash capital contributions. — **⁓,gü·ter** pl jur. material goods. — **⁓,ka·ta,log** m subject(-matter) catalog (bes. Br. catalogue). — **⁓,ken·ner** m **1.** expert, knowledgeable person, person with special knowledge, auch proficient, adept. – **2.** (auf einem Wissensgebiet) expert, authority. — **⁓,kennt·nis** f **1.** expert knowledge, expertness, expertise, proficiency, adeptness. – **2.** (Kenntnis der Sachlage) factual knowledge, knowledge of facts: sein Vortrag war von keiner(lei) ⁓ getrübt iron. his talk was not burdened with any factual knowledge. — **⁓,kon·to** n econ. ledger (od. consolidating) account. —

⁓,ko·sten pl (in der Buchhaltung) nonpersonnel costs. — **⁓,kun·de** f ⟨-; no pl⟩ cf. Sachkenntnis 1. — s⁓,kun·dig adj expert, knowledgeable, auch proficient, adept: ein ⁓es Urteil an expert (od. an expert's) judg(e)ment. — **⁓,kun·di·ge** m, f ⟨-n; -n⟩ cf. Sachkenner. — **⁓,la·ge** f **1.** state of affairs (od. things), situation, circumstances pl: das ist eine völlige Verkennung der ⁓ that is a complete misconception of the actual state of affairs; bei der gegenwärtigen ⁓ under (the) present circumstances, as matters stand. – **2.** (Umstand) fact, circumstance. – **3.** jur. state of affairs (od. facts). — **⁓,lei·stung** f econ. **1.** payment (od. contribution) in kind. – **2.** (einer Versicherung) benefit in kind.

'**sach·lich** I adj **1.** (zur Sache gehörend) relevant, pertinent: ⁓e Angaben [Einwände] pertinent statements [objections]. – **2.** (wesens-, inhaltsmäßig) substantial, material: es besteht ein ⁓er Unterschied there is a difference in substance (od. essence); aus ⁓en Gründen for material (od. technical) reasons, on material grounds. – **3.** (vorurteilsfrei, objektiv) objective, unbias(s)ed: bleiben Sie ⁓! please remain (od. be) objective! don't show your bias! eine streng ⁓e Kritik a strictly objective criticism. – **4.** (geschäftsmäßig) matter-of-fact, businesslike, down-to-earth (attrib): etwas in ⁓em Ton sagen to say s.th. in a matter-of-fact manner. – **5.** (nüchtern) prosaic(al), matter-of-fact, down-to-earth (attrib), sober, businesslike. – **6.** (Möbel, Gebäude etc) functional, practical. – II adv **7.** (sachbezogen) relevantly, pertinently: er berichtet sehr ⁓ his report is very much to the point. – **8.** (der Sache nach) essentially: der Einwand ist ⁓ richtig the objection is essentially correct, the objection is correct in essence (od. substance). – **9.** (objektiv) objectively. – **10.** (nüchtern) matter-of--factly, prosaically.

säch·lich ['zɛçlɪç] adj ling. neuter: das ⁓e Geschlecht the neuter (gender).

'**Sach·lich·keit** f ⟨-; no pl⟩ **1.** (Sachbezogenheit) relevance, auch relevancy, pertinency, pertinence. – **2.** (Objektivität) objectivity, objectiveness: er ist von unbestechlicher ⁓ he displays unwavering objectivity (od. total absence of bias). – **3.** (Geschäftsmäßigkeit) matter-of-factness. – **4.** (Nüchternheit, Phantasielosigkeit) prosaism, prosaic(al)ness, matter-of-factness, sobriety. – **5.** (von Möbeln, Gebäuden etc) functionality, functional character, practicality: die neue ⁓ arch. the modern functionality, contemporary functionalism; die Neue ⁓ (art) (literature) new realism, neorealism.

'**Sach,män·gel** pl econ. jur. material defects (od. deficiencies). — **⁓,haf·tung** f liability for material defects (od. deficiencies).

'**Sach·re,gi·ster** n subject(-matter) index.

'**Sach,scha·den** m econ. damage to property, property (od. material) damage: es entstand nur geringer ⁓ only slight damage to property was caused. — **⁓ver,si·che·rung** f property damage (liability) insurance.

Sach·se ['zaksə] m ⟨-n; -n⟩ Saxon.

säch·seln ['zɛksəln] v/i ⟨h⟩ speak with a Saxon(ian) (od. Saxony) accent.

'**Sach·sen,spie·gel** m ⟨-s; no pl⟩ jur. hist. (Rechtssammlung) Code of the Saxons.

Säch·sin ['zɛksɪn] f ⟨-; -nen⟩ Saxon (woman od. girl).

säch·sisch ['zɛksɪʃ] I adj Saxon. – II ling. S⁓ ⟨generally undeclined⟩, das S⁓e ⟨-n⟩ Saxon, the Saxon dialect.

'**Sach,spen·de** f gift in kind.

sacht [zaxt] I adj ⟨-er; -est⟩ **1.** gentle: etwas [j-n] mit ⁓er Hand berühren to touch s.th. [s.o.] with a gentle hand (od. gently). – **2.** (vorsichtig, zögernd) cautious, gingerly. – II adv **3.** cf. sachte.

'**sach·te** adv **1.** gently, softly: er berührte sie ganz ⁓ he touched her ever so gently. – **2.** (vorsichtig, zögernd) gently, cautiously, gingerly: er ging ⁓ zu Werke he proceeded (od. set about it) cautiously; ich drückte mich ⁓ an ihr vorbei I squeezed past her gingerly, I stole (od. slipped) past her. – **3.** (allmählich) gently, gradually, by degrees, little by little. – **4.** (leicht u. leise) gently: der Kahn glitt ⁓ über das Wasser the boat glided gently over the water. – **5.** ⁓, ⁓! colloq. easy, easy! steady, steady! easy does it! (alle colloq.).

'Sach|ver,halt m ⟨-(e)s; -e⟩ **1.** (*Umstand*) circumstance(s *pl*). – **2.** *bes. jur.* (*Tatbestand*) state of affairs, circumstances, facts *pl* (of the case): den ~ darlegen to state (*od.* give) the facts. — **~ver,mö·gen** n *econ.* tangible property, tangibles *pl.* — **~ver,si·che·rung** f property insurance. — **s~ver,stand** m *cf.* Sachkenntnis 1. — **s~ver,stän·dig** *adj cf.* sachkundig.

'Sach·ver,stän·di·ge m, f ⟨-n; -n⟩ (in *dat*, für) expert (on, in), authority (on), specialist (in, for): drei ~ hatten ein Gutachten vorgelegt three experts had given their opinion. —

'Sach·ver,stän·di·gen|,aus,schuß m committee of experts. — **~,gut,ach·ten** n expert opinion, report by a specialist (*od.* by specialists), expertise: ein ~ abgeben [einholen] to give [to obtain] an expert opinion. — **~,rat** m board of experts.

'Sach|ver,zeich·nis n *cf.* Sachregister. — **~,wal·ter** [-,valtər] m ⟨-s; -⟩ **1.** *fig.* (*Fürsprecher, Verteidiger*) advocate, defender: sich zum ~ für etwas machen to act as advocate for s.th. – **2.** *bes. jur. archaic* a) (*Rechtsberater*) legal adviser (*auch* advisor), b) (*Treuhänder, Vermögensverwalter*) trustee, c) (*Vertreter, Bevollmächtiger*) agent, attorney, d) (*Verwalter*) administrator, e) (*Anwalt*) counsel. — **~,wert** m *econ.* **1.** real (*od.* actual) value. – **2.** *pl* tangible (*od.* material) goods, tangible property *sg* (*od.* assets), tangibles. — **~,wör·ter,buch** n technical (*od.* specialized *Br. auch* -s-) dictionary, encyclopedia, *auch* encyclopaedia.

Sack [zak] m ⟨-(e)s; ⁼e, nach Zahlenangaben -⟩ **1.** sack, bag: 3 ~ Kaffee [Mehl, Kartoffeln] 3 sacks of coffee [flour, potatoes]; hier stehen noch zwei Säcke (mit) Kohlen here are still two sacks of coal; Getreide in Säcke füllen to put grain in(to) sacks, to sack (*od.* bag [up]) grain; ein ~ voll a) (*Äpfel, Geld etc*) a sackful (*od.* bagful) of, b) *fig. colloq.* (*Neuigkeiten, etc*) plenty (*od. colloq.* lots *pl*) of; er brachte einen ganzen ~ voller Nüsse mit he brought a sack full of nuts (along) with him; mit ~ und Pack *fig.* with bag and baggage; j-n in den ~ stecken a) to slip a sack over s.o., b) *fig. colloq.* (*überlegen, klüger sein*) to outwit (*od.* get the better of) s.o., to knock spots off s.o. (*colloq.*); er schläft wie ein ~ *fig. colloq.* he sleeps like a lump of lead (*colloq.*); er fiel um wie ein (nasser) ~ *fig. colloq.* he slumped to the ground; er ist voll wie ein ~ *fig. colloq.* he is (as) drunk as a lord (*od.* fiddler), he is dead (*od.* colloq. blind) drunk, he is (as) full as a fiddler's bitch (*sl.*); es ist leichter, einen ~ Flöhe zu hüten, als *fig. colloq.* it is easier to hold a pack of wild horses in check than, I would rather keep an elephant in the back garden than (*colloq.*); habt ihr (bei euch zu Hause) Säcke vor den Türen? *fig. colloq.* were you born in a field? (*colloq.*); den ~ schlägt man, den Esel meint man (*Sprichwort*) *etwa* one blames one person and means another; → hauen 12; Katze 2. – **2.** (*Beutel*) bag. – **3.** (*grober Stoff, Sackleinen*) sackcloth, sacking: → Asche 1. – **4.** *colloq.* (*Hosentasche*) pocket. – **5.** *archaic* (*Geldbeutel*) moneybag. – **6.** *fig. colloq. contempt.* (*Kerl*) bastard: steht auf, ihr faulen Säcke! get up, you lazy bastards (*od.* brutes)! du (blöder) ~! you darned fool (*od.* bastard)! (*sl.*); trauriger ~ *auch* sad sack (*colloq.*). – **7.** *vulg.* (*Hodensack*) 'balls' *pl*, *Am.* 'nuts' *pl* (*beide vulg.*). – **8.** *med.* a) (*Hautfalte unter dem Auge*) sac, bag, b) (*Schleimbeutel*) bursa. – **9.** *zo.* (*Tintensack etc*) sac, pouch, bursa (*scient.*). – **10.** *bot.* sac, pouch. – **11.** (*in der Fischerei*) bag net. — **s~,ar·tig** *adj bes. med. zo. bot.* pouchlike, saccular (*scient.*). — **~,bahn,hof** m (*railway*) *cf.* Kopfbahnhof. — **~,band** n sack string (*od.* tie).

Säck·chen ['zɛkçən] n ⟨-s; -⟩ **1.** *dim. of* Sack. – **2.** pouch. – **3.** *bes. med.* saccule. – **4.** *zo.* a) sac, pouch, b) (*bes. des Moschustiers*) (musk) pod.

Säckel (getr. -k·k-) ['zɛkəl] m ⟨-s; -⟩ **1.** *dial.* for Säckchen 1, 2. – **2.** *dial. colloq.* (*Geldbeutel*) moneybag. – **3.** *fig. cf.* Staatssäckel. — **~,blu·me** f *bot.* a) New Jersey tea, redroot (*Ceanothus americanus*), b) blueblossom, *auch* blue myrtle, California lilac (*C. thyrsiflorus*). — **~,mei·ster** m *Southern G., Austrian and Swiss colloq.* for Kassenwart, Schatzmeister.

säckeln (getr. -k·k-) ['zɛkəln] v/t ⟨h⟩ *dial. cf.* sacken².

sacken¹ (getr. -k·k-) ['zakən] v/i ⟨sein⟩ **1.** (*von Erdreich, Gebäude etc*) (nach unten) ~ to sink (*od.* sag, lower, subside): das Haus sackte um etwa 30 cm the house sank about 1 foot. – **2.** (*in Wendungen wie*) er sackte in die Knie he sagged to his knees, his knees gave way; zu Boden [in einen Sessel] ~ to sink (*od.* slump) to the ground [into an easy chair]; immer tiefer ~ *auch fig.* to sink lower and lower. – **3.** *aer. mar. cf.* absacken 2, 3.

'sacken² (getr. -k·k-) v/t ⟨h⟩ *dial.* (*Getreide etc*) sack, bag (up), put (*s.th.*) in(to) a sack (*od.* bag), put (*s.th.*) in(to) sacks (*od.* bags).

säcken (getr. -k·k-) ['zɛkən] v/t ⟨h⟩ *obs.* drown (*s.o.*) in a sack.

sacker·lot (getr. -k·k-) [,zakər'loːt] *interj dial. for* sapperlot. — **,sacker'ment** (getr. -k·k-) [-'mɛnt] *interj dial. for* sapperment.

'Sack|,flug m *aer.* stall, stalled (*od.* stalling) flight. — **~,för·der,an,la·ge** f *tech.* sack (*od.* bag) conveying plant. — **s~,för·mig** *adj* **1.** sack- (*od.* bag-)shaped, baggy. – **2.** *med. zo. bot.* saclike, bag-shaped; saccular, saccate(d) (*scient.*). — **~,garn** n (*textile*) sack thread (*od.* twine). — **~,gas·se** f **1.** cul-de-sac, blind alley, impasse, *bes. Am.* dead end, dead-end street. – **2.** *fig.* (*auswegluse Lage*) deadlock, stalemate, blind alley, impasse, dead end (*colloq.*): die Verhandlungen sind in eine ~ geraten the negotiations have come to (a) deadlock (*od.* have reached an impasse); beruflich steckt er in einer ~ his job is a dead end, he has a dead-end job; einen Ausweg aus der ~ finden to find a way out of the deadlock. — **s~'grob** *adj fig. colloq.* as rude as can be. — **~,hüp·fen** n (*Kinderspiel*) sack race. — **~,kar·re** f, **~,kar·ren** m (sack) barrow. — **~,kleid** n (*fashion*) sack (dress). — **~,krebs** m *zo.* sacculina (*Sacculina carcini*). — **~,lei·nen** n, **~,lein,wand** f (*textile*) sackcloth, sacking, (*gröber*) burlap. — **~,na·del** f pack(ing) needle. — **~,nie·re** f *med.* sacciform (*od.* cystic) kidney, hydronephrosis, cystonephrosis. — **~,pa,pier** n bag paper. — **~,pfei·fe** f *mus.* bagpipe. — **~,rut·sche** f *tech.* sack chute. — **~,spin·ner** m *zo.* Sackträgermotte. — **~,stra·ße** f *cf.* Sackgasse 1.

'Sack,trä·ger m **1.** person who carries a sack, sack carrier. – **2.** (*Motte*) psychid (*Fam. Psychidae*). — **~,mot·te** f *zo.* coleophorid (*Fam. Coleophoridae*).

'Sack,tuch¹ n ⟨-(e)s; -e⟩ *cf.* Sackleinen.

'Sack,tuch² n ⟨-(e)s; ⁼er⟩ *Southwestern G. and Austrian colloq.* handkerchief.

'Sackung (getr. -k·k-) f ⟨-; -en⟩ *civ.eng.* sinking, lowering, subsiding.

'sack,wei·se *adv* by the sack (*od.* bag), in sackfuls (*od.* bagfuls).

'Sack,zeug n (*textile*) *cf.* Sackleinen.

Sad·du·zä·er [zadu'tsɛːər] m ⟨-s; -⟩ *relig.* Sadducee. — **sad·du'zä·isch** *adj* Sadducean, Sadducaean. — **Sad·du·zä'is·mus** [-tsɛ'ısmʊs] m ⟨-; no pl⟩ Sadduceeism.

'Sa·de,baum ['zaːdə-] m *bot.* savin(e), creeping juniper (*Juniperus sabina*). — **~,spit·zen** pl *med. pharm.* savin(e) tops.

Sa·dis·mus [za'dısmʊs] m ⟨-; no pl⟩ *bes. psych.* sadism. — **Sa'dist** [-'dıst] m ⟨-en; -en⟩, **Sa'di·stin** f ⟨-; -nen⟩ sadist. — **sa·di·stisch** I *adj* sadistic. – II *adv* sadistically: ~ veranlagt sein to have sadistic tendencies.

Sa·do·ma·so·chis·mus [zadomazo'xısmʊs] m *psych.* sadomasochism. — **sa·do·ma·so'chi·stisch** [-tıʃ] *adj* sadomasochistic.

SAE-Klas·si·fi·ka·ti,on [ɛs'ʔaː'ʔeː-] f *tech.* (*des Schmieröls*) S.A.E. classification.

sä·en ['zɛːən] I v/t ⟨h⟩ **1.** *agr.* sow, seed: Getreide in Furchen ~ to sow corn (*bes. Am.* grain) in drills, to drill corn (*bes. Am.* grain). – **2.** *fig.* (*Mißtrauen, Haß etc*) sow: wer Wind sät, wird Sturm ernten (*Sprichwort*) sow the wind and reap the whirlwind; Haß ~ to sow the seed of hatred. – II v/i **3.** *agr.* sow, seed: sie ~ nicht, sie ernten nicht *Bibl.* they sow not, neither do they reap.

'Sä·er m ⟨-s; -⟩ *agr. cf.* Sämann.

Sa·fa·ri [za'faːri] f ⟨-; -s⟩ **1.** safari. – **2.** (*Gesellschaftsreise*) safari (trip).

Safe [zeːf; seɪf] (*Engl.*) m, *auch* n ⟨-s; -s⟩ safe(-deposit box), (*kleiner*) *auch* strongbox.

Saf·fi·an ['zafiaːn] m ⟨-s; no pl⟩ morocco (leather), saffian leather. — **~,ein,band** m *print.* morocco binding. — **~,le·der** n *cf.* Saffian.

Sa·flor [za'floːr] m ⟨-s; -e⟩ **1.** *bot.* safflower, *auch* safflor (*Carthamus tinctorius*): Wilder ~ distaff (*od.* saffron) thistle (*C. lanatus*). – **2.** ⟨*only sg*⟩ (*Farbstoff*) safflower, *auch* safflor. — **~,gelb** n safflower, safflor.

Sa·fran ['zafraːn] m ⟨-s; -e⟩ **1.** (*Echter*) ~ *bot.* saffron (crocus) (*Crocus sativus*): Wilder (*od.* Falscher) ~ *cf.* Saflor 1. – **2.** ⟨*only sg*⟩ (*Gewürz etc*) saffron. — **s~,gelb** *adj* saffron(-yellow).

Saft [zaft] m ⟨-(e)s; ⁼e⟩ **1.** (*in Bäumen, Pflanzen etc*) sap: der ~ steigt in die Bäume the sap rises into the trees; im ~ stehen (*von Baum etc*) to be in sap; ohne ~ und Kraft sein *fig.* to be sapless (*od.* pithless), (*von Theaterstücken etc*) *auch* to be insipid. – **2.** (*des Obstes, Gemüses etc*) juice: ~ einer Zitrone lemon juice; eingedickter ~ concentrated juice, syrup, sirup; ~ unreifer Früchte juice of unripe fruits, verjuice; den ~ einer Zitrone auspressen to press (*od.* squeeze) the juice out of a lemon; voll(er) ~ *cf.* saftig 1; der ~ der Reben *poet.* the juice of the grape, wine. – **3.** (*Braten-, Fleischsaft*) juice, essence: Fleisch im eigenen ~ schmoren to stew meat in its own juice; j-n im (*od.* in seinem) eigenen ~ schmoren lassen *fig. colloq.* to let s.o. stew in his own juice. – **4.** (*Flüssigkeit*) liquid, fluid: süßer [klebriger] ~ sweet [sticky] fluid. – **5.** *colloq.* (*Strom etc*) 'juice' (*colloq.*): auf der Leitung ist kein ~ there is no juice in the line; der Wagen hat keinen ~ mehr the car has run out of juice. – **6.** *pl med.* (*Körpersaft*) humors, *bes. Br.* humours: der rote ~ *fig.* blood. – **7.** *med. pharm.* a) (*Heiltrank*) (medicinal) liquor, b) (*Hustensaft*) cough syrup (*od.* sirup, mixture). — **~,bra·ten** m *gastr.* braised beef.

Säft·chen ['zɛftçən] n ⟨-s; -⟩ **1.** *dim. of* Saft. – **2.** *contempt.* (*Arznei*) elixir, cure-all, peculiar mixture.

saf·ten ['zaftən] I v/t ⟨h⟩ **1.** *cf.* entsaften. – II v/i **2.** (*von Apfelsinen etc*) be very juicy, contain a large quantity of juice. – **3.** (*von Bäumen*) be sappy, emit sap: die Bäume ~ the trees are in sap (*od.* becoming sappy).

'saft,grün *adj* sap-green.

'saf·tig *adj* **1.** (*Obst, Fleisch etc*) juicy, succulent. – **2.** (*Wiese, Gras etc*) lush, succulent, juicy. – **3.** *fig.* (*kraftvoll, frisch*) lush, luxuriant, juicy: ~es Grün lush green. – **4.** *fig. colloq.* (*Witz etc*) 'juicy' (*colloq.*), spicy, racy. – **5.** *fig. colloq.* (*Rechnung*) 'steep' (*colloq.*), exorbitant. – **6.** *fig. colloq.* (*in Wendungen wie*) er gab ihm eine ~e Ohrfeige he gave him a resounding smack on the ear; ein ~er Brief a snorter (*colloq.*); die bekommen einen ~en Brief [eine ~e Antwort] von mir! they'll get a letter [an answer] from me which will strike home (*od.* that has teeth in it). — **'Saf·tig·keit** f ⟨-; no pl⟩ **1.** (*des Obstes, Fleisches*) juiciness, succulence, succulency. – **2.** (*der Wiesen, des Grases etc*) lushness, succulence, succulency. – **3.** *fig. colloq.* (*von Witzen etc*) 'juiciness' (*colloq.*), spiciness, raciness.

'Saft|,kur f juice diet. — **~,la·den** m *fig. colloq. contempt.* crummy place (*Am.* joint), *Br.* broken-down dump (*all colloq.*).

'saft·los *adj* **1.** (*Obst, Fleisch etc*) juiceless. – **2.** (*ausgedörrt*) parched, dry.

'Saft|oran·ge [-'ʔo,rãːʒə] f juicy orange. — **~,pres·se** f (fruit) juice extractor (*od.* squeezer). — **s~,reich** *adj cf.* saftig 1, 2. — **~,tag** m (*einer Saftkur*) juice day. — **s~,und 'kraft·los** *adj fig.* sapless, pithless, lacking vigor (*bes. Br.* vigour) (*od.* vitality), (*Stil, Theaterstück etc*) *auch* insipid: er ist ein saft- und kraftloser Mensch he is a spineless (*od.* an unenterprising) person, he lacks enterprise, he is a person without vim and vigo(u)r (*colloq.*), he doesn't have much pep (*sl.*).

Sa·ga ['zaːga] f ⟨-; -s⟩ (*literature*) saga.

Sa·ga·zi·tät [zagatsi'tɛːt] f ⟨-; no pl⟩ *obs. for* Scharfsinn.

Sa·ge ['zaːgə] f ⟨-; -n⟩ **1.** (*Götter- u. Heldensage*) myth, legend: die ~ von den Nibelungen the myth (*od.* legend) of the Nibelungen (*od.* Nibelungs); die ~n des klassischen Altertums the myths of classical antiquity. – **2.** (*um Personen, Familien*) legend, saga: es geht die ~, daß there is a legend that, legend has it (*od.* the story goes) that; der

~ nach according to legend; um diesen See ranken sich viele ~n this lake is wreathed in legends, many legends are associated with this lake. – **3.** (*Gerücht*) rumor, *bes. Br.* rumour: die ~ geht, daß rumo(u)r has it that.

Sä·ge ['zɛːgə] f ⟨-; -n⟩ **1.** saw: ~ mit Schnitteinstellung ga(u)ge saw. – **2.** (*Handsäge*) handsaw, *Br.* hand-saw. – **3.** (*Fuchsschwanz*) handsaw, *Br.* hand-saw, pad saw: ~ mit Rücken *cf.* Rückensäge. – **4.** (*Bügelsäge*) hand hacksaw (*Br.* hack-saw). – **5.** (*Maschinensäge*) machine (*od.* power) saw, sawing machine. – **6.** *cf.* Sägeblatt. – **7.** (*auf der Messerschneide*) sawteeth *pl.* – **8.** (*Sägemesser*) saw(tooth) knife. – **9.** *zo.* (*des Sägefisches etc*) saw, serra (*scient.*). – **10.** Singende ~ *mus.* musical (*od.* singing) saw. — **~barsch** m *zo.* sea bass (*Fam. Serranidae*). — **~blatt** n *tech.* **1.** saw blade, *Br.* saw-blade, saw. – **2.** (*einer Kreissäge*) (saw) web. – **3.** (*einer Bandsäge*) band. — **~bock** m **1.** sawhorse, *Br.* saw-horse, sawbuck, *Br.* saw-buck, saw trestle. – **2.** *zo.* (*ein Bockkäfer*) tile-horned prionus (*Prionus coriarius*). — **~bü·gel** m *tech.* **1.** (*einer Handsäge*) saw frame, bow of a saw. – **2.** (*einer Bügelsäge*) hacksaw (*Br.* hack-saw) frame. — **~dach** n *arch.* sawtooth roof, *auch* sawtooth, north-light roof. — **~fisch** m *zo.* sawfish (*Fam. Pristidae*): Gemeiner ~ common sawfish (*Pristis pristis*); Westatlantischer ~ western sawfish (*P. pectinatus*). — **s~för·mig** *adj* sawlike, saw-shaped (*od.* -toothed, -edged), serrate(d), (*bes. Muschel*) *auch* denticulate (*scient.*). — **~fur,nier** n (*wood*) sawn veneer. — **~gat·ter** n *tech.* **1.** (*Gestell*) saw frame. – **2.** (*Maschine*) saw mill. — **s~ge,streift** *adj* (*wood*) saw-striped. — **~,griff** m saw handle. — **~hai** m *zo.* saw shark (*Fam. Pristiophoridae*). — **~ma·schi·ne** f *tech.* machine (*od.* power) saw, sawing machine. — **~,mehl** n sawdust. — **~,mes·ser** n serrated knife, saw(tooth) knife. — **~,müh·le** f *cf.* Sägewerk.

sa·gen ['zaːgən] v/t ⟨h⟩ **1.** say: mit wenigen Worten viel ~ to say much with few words; das wäre zuviel gesagt that would be saying too much, that would be pushing it rather (*colloq.*); was werden die Leute ~? what will people say? *Br. auch* what will Mrs. Grundy say? das ~ Sie (*od.* das sagt sich) so (leicht), aber you can talk, but; das sagst du doch nur so *colloq.* you are only saying that, you don't mean it; das mußte (ja) einmal gesagt werden this had (*od.* needed) to be said (*od.* brought out) sometime; damit wäre alles gesagt there is no more to be said; haben Sie noch etwas zu ~? have you any(thing) more to say? ich hätte beinahe (*od.* bald) etwas gesagt I nearly said something; er sagte kein Wort a) he did not say (*od.* utter, speak) a word, b) (*plauderte nichts aus*) he did not say (*od.* let out) a word, he did not give anything away; sag doch was (*od.* ein Wort)! say something, can't you? so etwas (*od.* das) sagt man nicht a) (*gehört sich nicht*) one doesn't say things like that, that is not said, b) (*ist unpassend*) that is not the proper thing to say; denken kannst du dir dein Teil, nur ~ darfst du es nicht you may think what you like (about it), but you must not say it; ja [nein] ~ to say yes [no]; hat er aufgeräumt? er sagt ja [nein] did he tidy up? he says he did [not]; guten Morgen [Abend] ~ to say (*od.* bid) good morning [evening]; da kann man wohl ~: „Herzlichen Glückwunsch!" *colloq.* in that case one must congratulate you; ich weiß nicht, was ich ~ soll a) (*vor Erstaunen*) I don't know what to think of it, I'm quite speechless, b) (*aus Verlegenheit*) I don't know what to say, I'm lost (*od.* at a loss) for words; etwas gegen j-n [etwas] ~ to say s.th. against s.o. [s.th.]; haben Sie etwas dagegen zu ~? do you have anything to say against it? do you have any objection to make (*od.* raise)? dagegen ist nichts zu (*od.* läßt sich nichts) ~ there is nothing one could say against it; etwas über j-n [etwas] ~ to say s.th. about s.o. [s.th.]; etwas vor sich hin ~ to say (*od.* mutter, mumble) s.th. to oneself; dasselbe kann ich von meinem Sohn [meinem Auto, von mir] ~ the same goes for (*od.* applies to) my son [my car, me]; wir

können noch von Glück ~, daß [wenn] we can count ourselves lucky that [if]; etwas im Zorn [Ernst] ~ to say s.th. in anger [in earnest]; ich habe das nur im Scherz gesagt I just said it as a joke, I was only joking; er weiß auf alles etwas zu ~ he has an answer for everything, he is never at a loss for words (*od.* an answer); etwas zu etwas ~ to say s.th. to s.th.; was sagen Sie zur Wahl? what do you say to the result of the polls? tja, was soll man dazu ~? *colloq. auch iron.* well, what can one (*od.* what is there to) say (to that)? wie sagt man (das) auf Englisch? what is the English for that? how does one say that in English? ich ging, wie gesagt, spazieren I went for a walk, as I said; er ist — offen gesagt — ein Spitzbube he is a rogue, frankly speaking (*od.* to tell you the truth); unter uns gesagt between you and me (*humor.* and the bedpost [*od.* gatepost]); richtiger gesagt (to put it) more correctly; kurz gesagt in a word, in short, to put it in a nutshell; nebenbei (*od.* beiläufig) gesagt by the way, incidentally; im Vertrauen gesagt confidentially; gesagt, getan no sooner said than done; das ist leichter gesagt als getan it is easier said than done; wie soll ich ~? how should I say (*od.* put it)? es ist nicht zu ~! it is incredible (*od.* unbelievable), it is too dreadful for words; um es ganz klar zu ~ to put it quite clearly; wenn ich so ~ darf if I may say so; das ist, mit Verlaub zu ~, eine Unverschämtheit! this is, if you will pardon my saying so (*od.* if you will pardon the expression), an impertinence!; ich muß schon ~ *colloq.* well, really, well, I say; wie man so schön sagt *colloq.* as the saying goes, as one likes to put it (*colloq.*); was ich noch ~ wollte by the way, apropos; wann treffen wir uns? ~ wir (um) 3 Uhr *colloq.* when shall we meet? let's say (at) 3 o'clock (*colloq.*); (ja) sag mal, was hast du denn gemacht? *colloq.* really! what on earth (*od.* ever) have you been doing? – **2.** j-m etwas ~ to tell s.o. s.th., to say s.th. to s.o.: ~ Sie ihm, er soll kommen [daß ich nicht kommen kann] tell him to come [that I shall not be able to come]; er hat zu mir gesagt, er bleibe hier he told me he would stay here; j-m Bosheiten [Grobheiten, etwas Nettes] ~ to say unkind [rude, nice *od.* pleasant] things to s.o., to make malicious (*od.* unkind) [rude, pleasant] remarks to s.o.; mein Gefühl sagt mir, daß my feelings tell me that; er sagte ihr Lebewohl he said (*od.* bade) her good-bye (*od.* farewell); wir haben uns nichts mehr zu ~ we have nothing more to say to each other; sie ~ du zueinander they are on familiar terms with each other; j-m Dank ~ to give (*od. lit.* render) thanks to s.o., to express one's thanks to s.o.; sag ihr einen schönen Gruß von mir give (*od.* send) her my kindest regards; sie läßt dir ~, daß she asked me to tell you that, she sends you word that; ich habe mir ~ lassen, daß I have been told that; das ließ er sich nicht zweimal ~ he did not need to be told (that) twice; ich muß mir immer viel ~ lassen I have to put up with much nagging; er läßt sich (ja) nichts ~! he won't listen to reason! laß dir von mir ~, daß (you can) take it from me that, let me tell you that; laß dir das (ein für allemal) gesagt sein! *colloq.* a) let that be a warning to you (once and for all), b) (*finde dich damit ab*) put that in your pipe and smoke it (*colloq.*); ich habe es dir ja (*od.* habe ich es dir nicht) gleich gesagt! I told you right from the start (*od.* at the beginning); das mußt du mir gerade ~ *colloq.* you have no reason to pipe up (*colloq.*); wem sagst du das? you are telling me! don't talk — I know! ich kann dir nur (*od.* bloß) ~: nimm dich in acht! *colloq.* I'm telling you you'd better watch out! (*colloq.*); es wurde mir nicht leicht gemacht, das kann ich dir ~! *colloq.* it certainly wasn't easy for me, I can tell you! (*colloq.*); ich habe es ihm ins Gesicht gesagt I told him (right) to his face; j-m etwas ins Ohr ~ to whisper (*od.* say) s.th. in s.o.'s ear. – **3.** sich (*dat*) etwas ~ to tell oneself s.th., to say s.th. to oneself: ich sagte mir, daß I told myself that; das hättest du dir selbst ~ können you should have thought of that yourself. – **4.** (*dar-*

legen, kundtun) give, state, make (*s.th.*) known, express: ~ Sie ihre Meinung [Gründe] give your opinion [reasons]; er sagt, wie es ist he speaks his mind (freely), he calls a spade a spade. – **5.** (*behaupten*) say, claim, declare, assert: er sagt, er sei unschuldig he says (*od.* declares, asserts) that he is innocent, he claims to be innocent; ich würde das nicht so leicht ~ I should not be quick to say that; wie du nur so etwas ~ kannst! how can you say such a thing! man sagt, er sei tot they say he is dead, he is said (*od.* alleged) to be dead; sag das nicht! I'm not so sure! don't say that! das ~ Sie (, nicht ich)! that's what you say! that's your opinion (, not mine)! was Sie nicht ~! you don't say! is that so? das kann man wohl ~! you can say that again! you've said it! you're telling me! da kann einer ~, was er will no matter what people say, people can say what they like; da soll noch einer ~, da sage noch einer laß no one try to tell me; ich möchte fast ~ I would almost say; dann will ich nichts gesagt haben! (if that is so,) I did not say a thing (*od.* word). – **6.** (*besagen, bedeuten*) mean, say: das Gemälde [das Buch] sagt mir gar nichts the picture [the book] doesn't mean (*od.* say) anything to me; damit ist noch nicht gesagt, daß this does not necessarily mean that; was wollen Sie damit ~? what do you mean (*od.* say) by that? das will [nicht] ~, daß this means [doesn't mean] that, this is [not] to say that; das will schon etwas ~ that is saying something (*od. colloq.* a lot); das hat nichts zu ~ it doesn't matter, it makes no difference, never mind. – **7.** (*befehlen*) order, command, say: er hat hier etwas [allerhand, nichts] zu ~ he has a [quite a, no] say here; du hast mir gar nichts zu ~ *colloq.* I won't be ordered about (*od. colloq.* pushed around) by you. – **8.** (*ausplaudern, verraten etc*) say, let (*od.* blab, blurt) out: ich habe nichts (davon) gesagt I did not say a word (about it), I did not let out anything, I did not breathe a word (of it). – **9.** (*gestehen, zugeben*) admit, say: sag doch, daß du es warst admit that you did it (*od.* that it was you); die Wahrheit ~ to say (*od.* tell, speak) the truth; ich habe nicht viel gegessen, um nicht zu ~ gar nichts I haven't had much to eat, in fact, I've had nothing at all. – **10.** (*voraussagen*) say, (fore)tell: wer kann ~, was die Zukunft bringt who can tell what the future will bring (*od.* has in store). – **11.** (*in Wendungen wie*) das Buch kostet sage und schreibe 100 Mark the book costs 100 marks, no less, the book costs no less than (*od.* costs all of) 100 marks; ich mußte sage und schreibe 1 Stunde warten I had to wait for a solid hour; sage bloß! *colloq.* you don't say!

sä·gen ['zɛːgən] **I** v/t ⟨h⟩ **1.** saw, (*längs*) rip, (*quer*) crosscut, *Br.* cross-cut: das Holz läßt sich gut ~ the timber saws well. – **II** v/i **2.** saw. – **3.** *fig. colloq.* (*schnarchen*) saw wood (*colloq.*). – **3.** *fig. colloq.* (*auf einem Streichinstrument*) scrape (away).

'Sa·gen|,buch n book of legends. — **~,dich·tung** f legend(s pl), legendary poetry. — **~,for·scher** m researcher into legend(s), mythologist. — **~,for·schung** f research into (*od.* study of) legendary lore, mythology.

'Sä·gen·ge,win·de n *tech.* buttress thread.

'sa·gen·haft *adj* **1.** legendary, mythological, *auch* mythologic, fabled. – **2.** *colloq.* (*Reichtum etc*) incredible, fabulous. – **3.** *colloq.* (*Durcheinander etc*) incredible, 'awful' (*colloq.*): das ist (ja) ~ it is beyond description. – **4.** *colloq.* (*Kleid etc*) marvellous; 'terrific', 'stunning' (*colloq.*). – **5.** ~es Pech *colloq.* incredible (*od. colloq.* awful) bad luck. – **II** *adv* **6.** *colloq.* (*äußerst*) incredibly, extremely, 'awfully' (*colloq.*): er ist ~ reich he is fabulously rich.

'Sa·gen|,kreis m legendary (*od.* epic) cycle, cycle of legends. — **s~,reich** *adj* rich in legend(s). — **~,schatz** m store (*od.* treasury) of legends. — **s~,um,wo·ben** *adj* wrapped (*od.* steeped) in legends, storied. — **~,welt** f realm of legend (*od.* myth).

'Sä·ger m ⟨-s; -⟩ **1.** sawyer, sawer. – **2.** *zo.* merganser, goosander, sawbill, fish duck (*Gattg Mergus*).

'Sä·ge|,salm·ler m *zo. cf.* Piranha. — **~,schränk,zan·ge** f *tech.* saw set plier. — **~,spä·ne** *pl* (*wood*) sawdust *sg*, sawmill waste sg. — ~,**wel·le** f saw arbor (bes. Br. arbour).

'**Sä·ge,werk** n tech. sawmill, bes. Am. lumbermill. — ~,**ar·bei·ter** m sawmill worker. '**Sä·ge,zahn** m tech. sawtooth. — ~**an,ten·ne** f (radio) zigzag antenna (bes. Br. aerial). — ~,**strom** m electr. sawtooth current.

sa·git·tal [zagɪ'taːl] adj med. biol. sagittal. — **S~,ebe·ne** f med. sagittal plane. — **S~,naht** f sagittal suture. — **S~,schnitt** m sagittal section.

Sa·go ['zaːgo] m, Austrian meist n ⟨-s; no pl⟩ sago. — ~,**baum** m, ~,**pal·me** f bot. sago (palm) (Gattg Metroxylon). — ~,**sup·pe** f gastr. sago soup.

Sa'gra·da,rin·de [za'graːda-] f med. pharm. cascara sagrada.

Sa·gum ['zaːgʊm] n ⟨-s; -ga [-ga]⟩ antiq. sagum (cloak worn by Roman soldiers).

sah [zaː] 1 u. 3 sg pret of sehen.

sä·he ['zɛːə] 1 u. 3 sg pret subj of sehen.

Sa·hib ['zaːhɪp] m ⟨-(s); -⟩ 1. sahib (title among Hindus and Muslims). – 2. Sahib, auch sahib (traditional Indian address for male Europeans).

Sah·ne ['zaːnə] f ⟨-; no pl⟩ gastr. 1. cream: süße ~ cream; saure ~ sour cream; ~ (zum Schlagen) cream for whipping; ~ (auf der Milch) head (of cream); sie bereitet dieses Gericht mit ~ she uses cream in this dish; die ~ schlagen to whip the cream. – 2. (geschlagene) whipped cream: ~ (auf dem Kaffee) topping (of cream). — **s~,ar·tig** adj creamy. — ~**bon,bon** m, n cream, cream toffee (od. caramel), toffy, Am. auch taffy. — ~,**but·ter** f creamery butter. — ~,**eis** n ice cream. — **s~,för·mig** adj creamy. — ~**gie·ßer** m, ~,**känn·chen** n cream jug (Am. pitcher), Am. creamer. — ~,**kä·se** m gastr. cream cheese. — ~,**quark** m junket. — ~,**rol·le** f cream roll. — ~,**tor·te** f (whipped-)cream gateau.

'**sah·nig** adj creamy.

Saib·ling ['zaɪplɪŋ] m ⟨-s; -e⟩ zo. 1. cf. Bachsaibling. – 2. cf. Seesaibling.

'**Sai·ga·an·ti,lo·pe** ['zaɪga-] f zo. saiga (Saiga tatarica).

Sai·mi·ri [zaɪ'miːri] m ⟨-; -s⟩ zo. cf. Totenkopfäffchen.

Sai·son [zɛ'zõː] f ⟨-; -s⟩ season: die ~ in London the London season; die tote (od. stille) ~ the dead season, the off-season; außerhalb der ~ in (od. during) the off-season; die ~ ist eröffnet the season has begun; es ist jetzt keine [die] ~ für Erdbeeren strawberries are out of [in] season now.

sai·so·nal [zɛzo'naːl] adj seasonal.

Sai·son|,ar·beit f seasonal work. — ~,**ar·bei·ter** m, ~,**ar·bei·te·rin** f seasonal worker. — ~**aus,ver·kauf** m econ. seasonal clearance sale, end-of-season sale. — **s~be,dingt** adj (Arbeitslosigkeit etc) seasonal. — ~**be,schäf·ti·gung** f seasonal employment. — ~**er,öff·nung** f commencement of the season. — ~**ge,wer·be** n econ. seasonal trade. — ~**krank·heit** f med. seasonal illness. — **s~,mä·ßig** adj seasonal. — ~,**schluß·ver,kauf** m econ. cf. Saisonausverkauf. — ~,**schwan·kun·gen** pl econ. seasonal fluctuations (od. variations).

Sai·te ['zaɪtə] f ⟨-; -n⟩ (einer Geige, eines Tennisschlägers etc) string: gerissene (od. geplatzte, gesprungene) ~ broken (od. snapped) string; übersponnene (od. besponnene) ~ covered (od. spun) string; ein Instrument mit ~n bespannen (od. beziehen) to string an instrument; er greift in die ~n poet. he touches (od. strikes) the chords; eine ~ bei j-m (od. in j-s Herz) anschlagen fig. to strike (od. touch) a sympathetic chord in s.o. (od. in s.o.'s heart); → aufziehen 8.

'**Sai·ten|be,zug** m mus. set of strings. — ~**gal·va·no,me·ter** n electr. string galvanometer. — ~,**hal·ter** m mus. 1. (bei Streichinstrumenten) tailpiece. – 2. (bei Zupfinstrumenten) bridge. — ~**in·stru,ment** n string(ed) instrument. — ~,**klang** m sound of strings, string music. — ~,**spiel** n 1. string music. – 2. poet. for a) Leierspiel, b) Lautenspiel, c) Harfenspiel.

sai·tisch [za'iːtɪʃ] adj of Sais.

Sa·ke ['zaːkə] m ⟨-; no pl⟩ (jap. Reiswein) sake, saké, saki.

Sa·ki ['zaːki] m ⟨-; -s⟩ zo. cf. Schweifaffe.

---

sak·ka·diert [zaka'diːrt] adj med. (Atmen) interrupted, cogwheel (attrib).

Sak·ko ['zako] m, Austrian only n ⟨-s; -s⟩ 1. Br. (lounge) jacket, Am. sack coat: einreihiger [zweireihiger] ~ single- [double-]breasted jacket. – 2. (bes. sportlicher) sport(s) coat (od. jacket).

sa·kra ['zakra] interj colloq. damn!

sa·kral[1] [za'kraːl] adj relig. sacral, holy, sacred, ecclesiastical.

sa'kral[2] adj med. sacral.

Sa'kral|an·äs·the,sie f med. sacral an(a)esthesia, caudal analgesia. — ~,**bau** m arch. ecclesiastical (od. church, sacred) building. — ~**ge·gend** f med. sacral region. — ~,**nerv** m sacral nerve. — ~,**ple·xus** m sacral plexus, sacriplex. — ~,**wir·bel** m sacral vertebra. — ~,**wir·bel,säu·le** f sacral part of the spine.

Sa·kra·ment [zakra'mɛnt] n ⟨-(e)s; -e⟩ 1. relig. sacrament: das heilige ~, das ~ des Abendmahls the Holy Sacrament, the Eucharist, the Lord's Supper; ~ des Altar(e)s cf. Altarsakrament; die ~e spenden (od. austeilen) [empfangen] to administer [to receive] the sacraments; zu den ~en gehen röm.kath. to go to confession and to Communion. – 2. ~! (als Fluch) damn! Br. sl. 's blood!

sa·kra·men·tal [zakramɛn'taːl] adj 1. relig. (zum Sakrament gehörig) sacramental. – 2. (heilig) sacramental, holy, sacred.

Sa·kra·men·ta·li·en [zakramɛn'taːliən] pl röm.kath. sacramentals.

sa·kra'ment·lich adj relig. cf. sakramental 1.

Sa·kra'ments|,häus·chen n röm.kath. cf. Tabernakel. — ~,**streit** m dispute about the sacraments (during the Reformation).

Sa·kri·fi·zi·um [zakri'fiːtsiʊm] n ⟨-s; -fizien⟩ 1. röm.kath. (sacrifice of the) mass. – 2. (Opfer) sacrifice.

Sa·kri·leg [zakri'leːk] n ⟨-s; -e⟩ relig. sacrilege: ein ~ begehen auch fig. to commit a sacrilege; etwas als ~ empfinden to regard s.th. as sacrilege. — **Sa·kri'le·gi·um** [-giʊm] n ⟨-s; -gien⟩ cf. Sakrileg.

sa·krisch [za'krɪʃ] dial. colloq. I adj damned (colloq.). — II adv es ist ~ kalt! it is damned cold! (colloq.).

Sa·kri·stan [zakrɪs'taːn] m ⟨-s; -e⟩ relig. sacristan, sacrist, sexton, bes. Br. vesturer.

Sa·kri·stei [zakrɪs'taɪ] f ⟨-; -en⟩ relig. vestry, sacristy.

Sa·kro·ilia'kal·ge,lenk [zakroʔilia'kaːl-] n med. sacroiliacal joint.

sa·kro·sankt [zakro'zaŋkt] adj (unantastbar) sacrosanct, sacred, inviolable.

sä·ku·lar [zɛku'laːr] adj 1. (weltlich) secular. – 2. (alle hundert Jahre wiederkehrend) centenary, centennial.

Sä·ku'lar,fei·er f centenary (celebration), centennial (celebration).

Sä·ku·la·ri·sa·ti·on [zɛkulariza'tsiˑoːn] f ⟨-; -en⟩ relig. secularization. — **sä·ku·la·ri'sie·ren** [-'ziːrən] I v/t ⟨no ge-, h⟩ secularize. – II S~ n ⟨-s⟩ verbal noun. — **Sä·ku·la·ri'sie·rung** f ⟨-; -en⟩ 1. cf. Säkularisieren. – 2. secularization.

Sä·ku'lar|,schwan·kung f meteor. secular trend. — ~**va·ria·ti,on** f geol. secular variation.

Sä·ku·lum ['zɛːkulʊm] n ⟨-s; -kula [-la]⟩ 1. century. – 2. (Zeitalter) age, epoch.

Sa·la·man·der [zala'mandər] m ⟨-s; -⟩ 1. zo. salamander, water lizard (Fam. Salamandridae). – 2. einen ~ reiben (Studentensprache) to hono(u)r s.o. in a special kind of toast by rubbing the base of the filled glass on the table.

Sa·la·mi [za'laːmi] f ⟨-; -(s)⟩, Swiss auch m ⟨-s; -⟩ gastr. (Wurst) salami. — ~,**tak·tik** f bes. pol. way of achieving one's goal (od. gaining one's end) little by little, way of advancing step by step. — ~,**wurst** f gastr. cf. Salami.

Sa·lan·ga·ne [zalaŋ'gaːnə] f ⟨-; -n⟩ zo. salangane, swiftlet (Gattg Collocalia).

Sa·lär [za'lɛːr] n ⟨-s; -e⟩ Swiss for Gehalt[1], Lohn 1–4. — **sa·la'rie·ren** [-la'riːrən] v/t ⟨no ge-, h⟩ Swiss for besolden, entlohnen.

Sa·lat [za'laːt] m ⟨-(e)s; -e⟩ 1. ⟨only sg⟩ hort. lettuce, auch salad (Lactuca sativa): ~ pflanzen to plant (od. set [out]) lettuce; der ~ schießt the lettuce is bolting. – 2. gastr. a) (Pflanze) lettuce, b) (angemachter) salad: gemischter ~ mixed

---

salad; grüner ~ green (od. lettuce) salad; italienischer ~ Italian salad; den ~ verlesen to clean the lettuce; den ~ anmachen to dress the salad; den ~ [mit Essig und Öl] abschmecken to dress the salad [with vinegar and oil]. – 3. fig. colloq. (in Wendungen wie) da haben wir den ~ there's a pretty kettle of fish, now we're in the soup (colloq.); ich habe den ganzen ~ satt I'm fed up with the whole show (od. thing) (sl.). — ~,**beet** n, ~,**steck** n salad servers pl. — ~,**häup·tel** n Austrian for Salatkopf.

Sa·la·tie·re [zala'tiɛːrə] f ⟨-; -n⟩ obs. for Salatschüssel.

Sa'lat|,kopf m head of lettuce. — ~,**öl** n salad oil. — ~,**pflan·ze** f bot. salad, acetarious plant (scient.). — ~,**plat·te** f 1. (Geschirr) salad platter. – 2. gastr. dish of mixed salads. — ~,**sau·ce** f cf. Salatsoße. — ~,**schüs·sel** f salad bowl. — ~,**so·ße** f salad dressing. — ~,**stau·de** f hort. salad plant.

Sal·ba·der [zal'baːdər] m ⟨-s; -⟩ contempt. (sanctimonious) bore. — **Sal·ba·de'rei** f ⟨-; -en⟩ boring (sanctimonious) talk. — **sal'ba·dern** v/i ⟨no ge-, h⟩ bore people with sanctimonious talk.

'**Sal,band** ['zaːl-] n ⟨-(e)s; ⸫er⟩ 1. (mining) flucan, selvage, selvedge, pug. – 2. geol. selvage, selvedge, salband, wall (of a lode). – 3. (textile) cf. Salkante.

Sal·be ['zalbə] f ⟨-; -n⟩ med. pharm. 1. ointment: die Wunde mit ~ einreiben, ~ auf die Wunde streichen to put (od. rub) ointment on the wound. – 2. cf. Heilsalbe.

Sal·bei [zal'baɪ; 'zalbaɪ] m ⟨-s; no pl⟩, f ⟨-; no pl⟩ bot. sage, salvia (Gattg Salvia): Echter ~ garden sage (S. officinalis). — ~**ga,man·der** m abrose (Teucrium scorodonia). — ~,**öl** n med. pharm. sage oil. — ~,**tee** m sage tea.

sal·ben ['zalbən] I v/t ⟨h⟩ 1. (durch Salbung weihen) anoint, auch annoint: er wurde zum Priester [König] gesalbt he was anointed priest [king]. – 2. rub (s.o., s.th.) with ointment, apply ointment to. – 3. (einbalsamieren) embalm: einen Toten ~ to embalm a dead body. — II v/reflex sich ~ 4. rub oneself with ointment, anoint oneself. – III S~ n ⟨-s⟩ 5. verbal noun. – 6. anointment. – 7. cf. Salbung.

'**sal·ben,ar·tig** adj med. pharm. ointment-like, of unguent consistency.

'**Sal·ben|,ba·sis** f med. pharm. ointment base, vehicle. — ~,**büch·se** f ointment box (od. tin). — ~**ver,band** m ointment dressing.

Salb·ling ['zalplɪŋ] m ⟨-s; -e⟩ zo. 1. cf. Bachsaibling. – 2. cf. Seesaibling.

'**Salb,öl** n relig. chrism, consecrated oil.

'**Sal·bung** f ⟨-; no pl⟩ 1. cf. Salben. – 2. (zum Priester, zum Herrscher) unction. – 3. fig. (beim Reden) unction, unctuousness, unctuosity. — '**sal·bungs,voll** I adj (Reden) unctuous, oily, oleaginous (lit.). – II adv unctuously, with unction.

sal·die·ren [zal'diːrən] I v/t ⟨no ge-, h⟩ econ. 1. a) (ausgleichen) balance, settle, square, (im Clearingverkehr) clear, b) (Überschuß ausbezahlen) pay the balance of: etwas durch Gegenrechnung ~ to balance s.th. in account, to offset (od. counterbalance) s.th.; A mit B ~ to set off A against B. – 2. Austrian for quittieren 1. – II S~ n ⟨-s⟩ 3. verbal noun. — **Sal'die·rung** f ⟨-; -en⟩ econ. 1. cf. Saldieren. – 2. settlement. – 3. clearance.

Sal·do ['zaldo] m ⟨-s; Salden, -s, Saldi [-di]⟩ econ. balance: einen ~ abdecken (od. ausgleichen) to balance an account; einen ~ ausweisen to show a balance; einen ~ auf neue Rechnung vortragen to carry (od. bring) forward a balance to a new (od. next) account; einen ~ ziehen (od. aufstellen) to strike (od. draw) a balance, to cast accounts; als ~ ergibt sich 32 a balance of 32 is shown; ein ~ von 25 Mark zu unseren [Ihren] Gunsten a balance of 25 marks in our [your] favo(u)r; ein ~ zu unseren Lasten our debit balance; per ~ a) per balance, b) (pauschal) on balance, c) colloq. (letzten Endes) in the final (od. last) analysis; per ~ quittieren to receipt in full; per ~ remittieren to remit in full (od. as balance); im ~ bleiben (od. sein) to be in debt. — ~**aus,gleich** m payment of (the) balance. — ~**be,trag** m amount of (the) balance. — ~,über,trag m 1. carrying forward a balance. - 2. balance carried forward. — ~,vor,trag m balance carried (od. brought) forward from last (od. to new) account. — ~,wech·sel m draft for the balance.

'Sa·lep-,Or·chis ['zaːlɛp-] f bot. green-winged orchis (Orchis morio).

Sa·le·sia·ner [zale'ziaːnər] m ⟨-s; -⟩ röm.kath. Salesian.

Sales·pro·mo·ter ['seɪlzprə,moutə] (Engl.) m ⟨-s; -⟩ econ. sales promoter. — 'Sales·pro,mo·tion [-prə,mouʃən] (Engl.) f ⟨-; no pl⟩ sales promotion.

Sa·let·tel [za'lɛtəl], Sa'lettl [-'lɛtəl] n ⟨-s; -n⟩ Bavarian and Austrian dial. for Laube 1.

Sa·li·er [za:liər] m ⟨-s; -⟩ hist. Salian.

Sa·li·ne [za'liːnə] f ⟨-; -n⟩ tech. (Salzwerk) saltworks pl (construed as sg or pl), saltern, saltery.

Sa'li·nen|,ar·bei·ter m worker in a salt-works. — ~,krebs·chen n ⟨-s; -⟩ zo. brine shrimp (Artemia salina). — ~,salz n saline salt.

Sa·ling ['zaːlɪŋ] f ⟨-; -e⟩ mar. cf. a) Längs-saling, b) Quersaling.

sa·li·nisch [za'liːnɪʃ] adj 1. (salzartig) salty, saline (scient.). - 2. min. (Marmor etc) saline.

sa·lisch ['zaːlɪʃ] adj hist. Salian, Salic, auch Salique: die ~en Kaiser the Salic emperors.

Sa·li·va [za'liːva] f ⟨-; no pl⟩ med. (Speichel) saliva. — Sa·li·va·ti·on [-liva'tsioːn] f ⟨-; no pl⟩ (Speichelfluß) salivation.

Sa·li·zin [zali'tsiːn] n ⟨-s; no pl⟩ chem. pharm. (Fiebermittel) salicin ($C_{13}H_{18}O_7$).

Sa·li·zy·lat [zalitsy'laːt] n ⟨-s; -e⟩ chem. salicylate.

sa·li·zyl',sau·er [zali'tsyːl-] adj chem. salicylic. — S~,säu·re f salicylic acid, ortho--hydroxybenzoic acid (HOC_6H_4COOH).

'Sal|,kan·te, ~,lei·ste f (textile) border, selvage, selvedge, list.

Salm[1] [zalm] m ⟨-(e)s; -e⟩ zo. cf. Lachs.

Salm[2] m ⟨-s; rare -e⟩ colloq. (Gerede) rig(a)marole: mach keinen langen ~ don't relate (me) such a rigmarole (od. long-winded palaver).

Sal·mi·ak [zal'miak; 'zal-] m, auch n ⟨-s; no pl⟩ chem. sal ammoniac, ammonium chloride (NH_4Cl). — ~,geist m ammonia solution (od. water), aqua (od. aqueous) ammonia, ammonium hydroxide (NH_4OH). — ~,lö·sung f ammonium chloride solution. — ~,pa,stil·le f med. pharm. sal ammoniac pastille, ammonium chloride lozenge.

Salm·ler ['zalmlər] m ⟨-s; -⟩ zo. characine (Gattg Characidae).

Sal·mo·nel·la [zalmo'nɛla] f ⟨-; -lae [-lɛ]⟩ biol. for Salmonelle.

Sal·mo·nel·le [zalmo'nɛlə] f ⟨-; -n⟩ meist pl med. biol. (Darmbakterie) salmonella, auch Salmonella. — Sal·mo'nel·len·er,kran·kung f salmonellosis.

Sal·mo·nel·lo·se [zalmone'loːzə] f ⟨-; -n⟩ med. cf. Salmonellenerkrankung.

Sal·mo·ni·den [zalmo'niːdən] pl zo. (Lachs-fische) salmonids, trouts (Fam. Salmonidae).

Sa·lo·mo(n) ['zaːlomo (-mən)] npr m ⟨-s u. -monis [zalo'moːnɪs]; no pl⟩ Bibl. Solomon: das Hohelied Salomo(ni)s the Song of Solomon. — sa·lo·mo·nisch [zalo'moːnɪʃ] adj auch fig. Solomonic, Solomonian: die S~en Schriften the writings of Solomon; ein ~es Urteil fig. a Solomonic judg(e)ment.

'Sa·lo·mon,sie·gel n bot. Solomon's seal (Polygonatum multiflorum).

Sa·lon [za'lõ] m ⟨-s; -s⟩ 1. (Gesellschafts-zimmer) drawing room, Am. parlor, auch salon. - 2. mar. (Salon) saloon. - 3. (cosmetics) (Schönheitssalon) beauty shop (od. salon), bes. Am. beauty parlor. - 4. (Friseursalon) hairdressing salon. - 5. (fashion) (Modesalon) a) (fashion) boutique, b) (mit Modenschau etc) fashion house. - 6. (Autosalon) car salon (od. show-room). - 7. (art) (Ausstellung) salon. - 8. hist. (literarischer Zirkel) salon, auch saloon: literarischer ~ literary salon; einen ~ halten to hold (od. arrange) a salon. — ~bol·sche,wik, ~bol·sche,wist m pol. drawing-room Bolshevik (od. red), Am. parlor radical, Am. colloq. pink. — ~da·me f (theater) (Rollenfach) grand dame. — s~fä·hig adj humor. 1. (Aussehen etc) presentable, reputable, respectable. - 2. (Benehmen) befitting high society, respectable. - 3. nicht ~ (Witz) blue, risqué,

off-colo(u)r (attrib) (colloq.). — ~kom·mu,nist m pol. arm-chair communist. — ~ko,mö·die f (theater) drawing-room comedy. — ~,lö·we m colloq. social lion, bes. Am. carpet knight. — ~mu,sik f salon music, auch drawing-room music. — ~,stück n 1. mus. salon (auch drawing--room) piece. - 2. (theater) cf. Salon-komödie. — ~,wa·gen m (railway) 1. Am. parlor (od. chair, palace) car, Br. saloon car. - 2. (Salon- und Schlafwagen) Pullman (auch pullman) (car).

sa·lopp [za'lɔp] I adj 1. (Kleidung, Mode etc) casual. - 2. (Ausdrucksweise, Benehmen etc) sloppy, careless, slipshod, casual. - II adv 3. ~ gekleidet casually dressed.

Sal·pe ['zalpə] f ⟨-; -n⟩ zo. (Manteltier) salpa (Fam. Salpidae).

Sal·pe·ter [zal'peːtər] m ⟨-s; no pl⟩ chem. saltpeter, bes. Br. saltpetre, niter, bes. Br. nitre, potassium nitrate (KNO_3). — s~ar·tig adj saltpetrous, nitrous. — ~,bil·dung f nitrification. — ~,dün·ger m nitrate fertilizer (Br. auch -s-). — ~,gru·be f saltpeter (bes. Br. saltpetre) mine. — sal'pe·te·rig adj chem. cf. salpetrig. — sal'pe·ter|,sau·er adj nitric: salpetersaures Salz nitrate; salpetersaurer Aufschluß (paper) nitrate pulping. — S~,säu·re f nitric acid, aquafortis (HNO_3).

sal·pe·trig [zal'peːtrɪç] adj chem. nitrous: ~e Säure nitrous acid (HNO_2).

Sal·pin·gi·tis [zalpɪŋ'giːtɪs] f ⟨-; no pl⟩ med. (Tubenentzündung) salpingitis.

Sal·pin·go·gra·phie [zalpɪŋgogra'fiː] f ⟨-; no pl⟩ med. salpingography.

Sal·pin·go·oo·pho·rek·to·mie [zalpɪŋgo-ʔooforekto'miː] f ⟨-; -n [-ən]⟩ med. (Ent-fernung des Eierstocks) salpingo-oophorec-tomy.

Sal·pinx ['zalpɪŋks] f ⟨-; -pingen [-'pɪŋən]⟩ med. tube, salpinx.

Sal·se ['zalzə] f ⟨-; -n⟩ geol. (Schlamm-vulkan) salse, mud volcano.

Sal·ta ['zalta] n ⟨-s; no pl⟩ (Brettspiel) salta.

sal·ta·to [zal'taːto] mus. I adv u. adj (mit springendem Bogen) saltato, arco saltando, spiccato. - II S~ n ⟨-s; -s u. -ti [-ti]⟩ saltato, arco saltando.

Sal·to ['zalto] m ⟨-s; -s u. -ti [-ti]⟩ (sport) somersault, auch summersault, somerset, flip (colloq.): fliegender ~ flying somer-sault. — ~ mor'ta·le [mɔr'taːlə] m ⟨--; - - u. -ti -li [-ti -li]⟩ 1. (im Zirkus) breakneck leap. - 2. aer. cf. Looping.

sa·lu·ber [za'luːbər] adj (heilsam, gesund) salubrious. — Sa·lu·bri'tät [-lubri'tɛːt] f ⟨-; no pl⟩ salubrity.

Sa·lu·ki [za'luːki] m ⟨-; -s⟩ zo. (Windhund) Saluki, auch gazelle hound.

Sa·lut [za'luːt] m ⟨-(e)s; -e⟩ mil. mar. salute: ~ schießen to fire a salute.

sa·lu·tie·ren [zalu'tiːrən] bes. mil. I v/i ⟨no ge-, h⟩ 1. (give a) salute. - II S~ n ⟨-s⟩ 2. verbal noun. - 3. salute.

Sal·va·ti·on [zalva'tsioːn] f ⟨-; no pl⟩ obs. for a) Rettung 1, b) Verteidigung 2—5.

Sal·va·tor [zal'vaːtɔr] m ⟨-s; no pl⟩ relig. cf. Erlöser, Heiland.

Sal·ve ['zalvə] f ⟨-; -n⟩ 1. mil. volley, salvo: eine ~ abgeben to fire a volley. - 2. mar. broadside, salvo: eine ~ abgeben to deliver a broadside. - 3. mil. mar. (Ehren-salve) salute, salvo. - 4. fig. (von Gelächter, Applaus etc) outburst, salvo, round.

sal·ve ['zalvə] I interj hail! - II S~ n ⟨-; no pl⟩ röm.kath. (Grußgebet an die Jungfrau) hail, holy Queen.

'Sal·ven|,feu·er n 1. mil. volley fire. - 2. mar. salvo fire. — ~ge,schütz n mil. mar. salvo gun.

Salz [zalts] n ⟨-es; -e⟩ 1. (Kochsalz) (common) salt: eine Prise ~ a pinch of salt; etwas in ~ legen to pickle s.th. down (od. away), to pickle s.th.; wir haben nicht (einmal) das ~ zur Suppe (od. zum Brot) fig. we are in dire need, we aren't able to make (both) ends meet, we have next to nothing; ~ und Brot macht Wangen rot (Sprichwort) etwa salt and bread make cheeks red; ihr seid das ~ der Erde Bibl. ye are the salt of the earth. - 2. (Riechsalz) smelling salts pl. - 3. chem. salt, sal ($NaCl$): ~(e) bilden to salify (scient.). - 4. fig. (der Ironie etc) salt. — ~,ab,la·ge·rung f saline deposit. — ~,ader f (mining) salt vein. — s~

~ähn·lich adj chem. saltlike. — ~,an,zei·ge f (eines Geschirrspülers) salt indication. — s~,arm I adj (Kost) low-salt (attrib). - II adv sich ~ ernähren to live on a low-salt diet. — s~,ar·tig adj (Geschmack etc) salty, saline.

'Salz,bad n 1. salt bath. - 2. sea-water (od. brine) bath. - 3. tech. metall. salt bath. — ~,här·tung f metall. salt bath hardening. — ~,ofen m salt bath furnace.

'Salz|be,darf m salt requirement. — ~,berg,werk n salt mine. — s~,bil·dend adj chem. forming salts, salifying. — ~,bild·ner m salt former. — ~,bil·dung f salt formation, salification (scient.). — ~,bin·se f bot. arrow grass (Gattg Tri-glochin). — ~,blu·men pl efflo-rescence sg of salt. — ~,bo·den m saline soil. — ~,bre·zel f gastr. (salt) pretzel. — ~,brü·he f cf. Salzlake. — ~,brun·nen m (Heilquelle) salt (od. saline) spring. — ~,büch·se f cf. Salzfaß 2.

'Salz,bur·ger [-,burgər] I m ⟨-s; -⟩ native (od. inhabitant) of Salzburg. - II adj ⟨invar-iable⟩ (of) Salzburg: ~ Festspiele Salzburg Festival sg; ~ Nockerln gastr. sweet soufflé sg Salzburg style.

'Salz,dom m geol. cf. Salzstock.

sal·zen ['zaltsən] v/t ⟨pp gesalzen, rare gesalzt, h⟩ 1. (Speisen etc) salt, season (s.th.) with salt: er hat die Suppe zu stark gesalzen he has salted the soup too highly. - 2. fig. (eine Rede etc) salt.

'Salz|,faß n 1. salt barrel. - 2. (auf dem Tisch) saltcellar, Br. salt-cellar. - 3. med. saltcellar, Br. salt-cellar, clavicular fossa (scient.). — ~,fäß·chen n 1. dim. of Salzfaß. - 2. cf. Salzfaß 2, 3. — ~,fisch m gastr. salt fish, fish in brine. — ~,fleisch n salt (od. salted, corned) meat, salt beef, (auf Schiffen) auch salt horse (od. junk) (colloq.). — s~,frei adj (Kost) saltless, salt-free. — ~,gar·ten m saltern, salt garden. — ~,ge,bäck n gastr. savory (bes. Br. savoury) biscuits pl. — ~ge,halt m salinity, salt content, proportion of salt. — ~ge,schmack m salt(y) (od. briny) taste. — ~ge,win·nung f salt production (od. manufacture). — ~,gras n bot. cf. Salz-binse. — ~,gur·ke f gastr. pickled g(h)erkin. — ~,hah·nen,fuß m bot. salt crowfoot (Ranunculus salsuginosus).

'salz,hal·tig adj 1. (Wasser etc) salty, briny, saline: leicht ~ geol. brackish. - 2. chem. saline, saliferous (scient.). — 'Salz,hal·tig·keit f ⟨-; no pl⟩ cf. Salzgehalt.

'Salz|,han·del m econ. salt trade. — ~,händ·ler m salt dealer, salter. — ~,he·ring m gastr. salted (od. pickled) herring.

'sal·zig adj 1. (Geschmack, Geruch etc) salty, briny. - 2. (gesalzen) salted, salty: die Suppe ist zu ~ the soup is too highly salted (od. is too salty). - 3. cf. salzhaltig 1. — 'Sal·zig·keit f ⟨-; no pl⟩ saltiness, salinity, brininess.

'Salz|,kar,tof·fel f meist pl gastr. boiled potato. — ~,klum·pen m lump of salt, saltcat, Br. salt-cat. — ~,korn n grain of salt. — ~,kraut n bot. saltwort (Gattg Salsola). — ~,kru·ste f crust of salt. — ~,la·ger,stät·te f (mining) salt (od. saline) deposit. — ~,la·ke, ~,lau·ge f pickle, brine, souse. — ~,lecke (getr. -k·k-) f ⟨-; -n⟩ hunt. (für Wild) salt lick. — s~,los adj (Kost etc) saltless. — ~,lö·sung f saline (solution), brine. — ~,man·del f gastr. salted almond. — ~,mel·de f bot. sea purslane (Halimione portulacoides). — ~,napf m cf. Salzfaß 2. — ~,nie·der,schlag m chem. saline deposit. — ~,pa·sten·ver,fah·ren n (mining) salt paste method (od. application). — ~,pfan·ne f 1. geol. (salzhaltige Bodenmulde) salt pan. - 2. tech. (bei der Salzgewinnung) salt pan. — ~,pflan·ze f bot. saline plant, halophyte (scient.). — ~,quel·le f salt spring, saline. — ~,re·ten·ti,on f med. salt retention. — s~,sau·er adj chem. hydro-chloric, muriatic: salzsaures Salz hydro-chloride. — ~,säu·le f only in zur ~ er-starren fig. to stand rooted to the spot, to stand there petrified. — ~,säu·re f chem. hydrochloric (od. muriatic) acid (HCl). — ~,see m geogr. salt lake. — ~,sie·de,haus n salt(-making) works pl (construed as sg or pl). — ~,sie·der m brineman, saltmaker. — ~,sie·de,rei f saltworks pl (construed as sg or pl). — s~,so·le f 1. salt water, brine. - 2. fig. cf. Salzquelle. — ~,stan·ge f salt(ed) stick (od. straw). — ~,step·pe f geogr. salt

steppe. — ~⸃steu·er f salt duty (od. tax).
— ~⸃stock m geol. salt plug (od. dome).
— ~⸃stra·ßen pl hist. salt roads. — ~⸃strauch m bot. salt tree (Halimodendron halodendron). — ~⸃streu·er m saltshaker, saltcellar, Br. salt-cellar. — ~⸃sumpf m salt marsh, salina. — ~⸃vor⸃rats·be⸃häl·ter m (im Geschirrspüler) salt supply receptacle.

'Salz⸃was·ser n 1. salt water, brine. – 2. (Meerwasser) sea (od. salt) water, brine. — ~⸃fisch m meist pl zo. saltwater fish.

'Salz⸃werk n tech. cf. Saline. — ~⸃wer·ker m ⟨-s; -⟩ salt maker. — ~⸃wü·ste f geol. salt desert.

Sa'man⸃baum [za'ma:n-] m bot. rain tree (Pithecolobium saman).

SA-⸃Mann [ɛs'ʔa:-] m hist. (in NS-Zeit) storm trooper, brownshirt (a member of a German Sturmabteilung).

'Sä⸃mann m ⟨-(e)s; ⸚er⟩ agr. sower.

Sa·ma·ri·ter [zama'ri:tər] m ⟨-s; -⟩ 1. relig. Samaritan: der barmherzige ~ Bibl. the Good Samaritan; ein barmherziger ~ half ihr fig. a Good Samaritan helped her. – 2. first-aid volunteer. — ~⸃dienst m fig. compassionate deed, Samaritanism, auch samaritanism: ~e leisten to help out of compassion.

Sa·ma'ri·ter·tum n ⟨-s; no pl⟩ fig. (Barmherzigkeit) Samaritanism, auch samaritanism.

Sa·ma·ri·um [za'ma:rīʊm] n ⟨-s; no pl⟩ chem. samarium (Sm).

'Sä·ma⸃schi·ne f agr. 1. seeding (od. planting) machine, seeder, planter, sower. – 2. (Drillmaschine) seed drill(ing machine).

Sa·ma·we·da [zama've:da] m (literature) Sama-Veda.

Sam·ba ['zamba] f ⟨-; -s⟩, colloq. and Austrian m ⟨-s; -s⟩ (ein Tanz) samba. — ~⸃ras·pel f mus. reso-reso, reco-reco, bamboo scraper.

'Sam·bar⸃hirsch ['zambar-] m zo. sambar, sambur, auch sambhar, sambhur, ruse (Rusa unicolor).

Sam·bi·er ['zambīər] m ⟨-s; -⟩ native (od. inhabitant) of Zambia. — 'sam·bisch [-bɪʃ] adj of (od. relating to) Zambia.

Sa·me ['za:mə] m ⟨-ns; -n⟩ lit. for Samen.

Sa·men ['za:mən] m ⟨-s; -⟩ 1. bot. a) seed, semen (scient.), b) (des Apfels etc) auch kernel, c) (der Erdbeere etc) auch achene, akene: die ~ the seed(s pl); aus ~ gezogene Pflanze seedling; der ~ der Kastanie chestnut. – 2. agr. seed: ~ streuen to seed, to sow; in ~ schießen to go (od. run) to seed. – 3. med. zo. seed; sperm(a), semen (scient.): der ~ ergießt sich the semen flows. – 4. fig. (Keim) seed, germ: den ~ des Hasses [des Neides, der Zwietracht] säen to sow the seed(s) of hatred [envy, discord]. – 5. Bibl. (Nachkommenschaft) seed, progeny, offspring. — ~⸃ab⸃gang m med. 1. discharge of semen. – 2. cf. Samenfluß. – s~⸃ab⸃tö·tend adj cf. samentötend. — ~⸃an⸃la·ge f bot. ovule, ovulum. — ~⸃bank f biol. sperm bank. — ~⸃bau m ⟨-(e)s; no pl⟩ agr. hort. cf. Samenzucht. — ~⸃beet n hort. seedbed, seed-plot. — ~⸃be⸃häl·ter m bot. 1. seminal vesicle, spermatheca (scient.). – 2. (außerhalb des Körpers) spermatophore. — ~⸃bil·dung f biol. spermatogenesis. — ~⸃bla·se f, auch ~⸃bläs·chen n med. zo. seminal vesicle, spermatocyst (scient.). — ~⸃bla·sen·ent⸃zün·dung f (seminal) vesiculitis, cystospermitis, spermatocystitis, gonecystitis. — ~⸃blatt, ~⸃blätt·chen n bot. cf. Keimblatt 2. — ~⸃drü·se f med. zo. spermatic gland, testicle, testis. — ~⸃er⸃gie·ßung f ⟨-; -en⟩, ~⸃er⸃guß m emission of semen, seminal discharge (od. emission), ejaculation, spermatism: nächtlicher ~ nocturnal emission. — s~⸃er⸃zeu·gend adj biol. bot. med. zo. seminiferous, seminiferal. — ~⸃er⸃zeu·gung f biol. cf. Samenbildung. — ~⸃fa·den m spermatic filament, spermatozoon, spermatozoid. — ~⸃fluß m med. spermatorrh(o)ea. — ~⸃flüs·sig·keit f seminal fluid. — ~⸃gang m seminal (od. spermatic) duct, spermaduct, spermiduct, spermoduct, vas deferens (scient.). — ~⸃ge⸃fäß n spermatic (od. seminal) vessel. — ~⸃han·del m econ. seed trade. — ~⸃händ·ler m seedsman, Br. auch corn chandler. — ~⸃hand·lung f seed store (bes. Br. shop). — ~⸃haut f bot. seed coat, tunic; integument (of a seed), episperm (scient.): innere ~

inner integument of a seed, endopleura, tegmen (scient.). — ~⸃hül·le f episperm, spermoderm, perisperm, testa. — ~⸃hül·se f pod, husk, shell, hull. — ~⸃kä·fer m zo. pulse (od. seed) beetle, seed weevil (Fam. Bruchidae). — ~⸃ka·nal m med. zo. spermatic (canal) duct. — ~⸃kap·sel f bot. seed (od. seminal) capsule, seedcase. — ~⸃kern m biol. sperm nucleus. — ~⸃knos·pe f bot. cf. Samenanlage. — ~⸃korn n grain of seed, (seed) corn, (seed) grain. — ~⸃kör·per·chen n biol. spermatozoid, auch spermatozooid, sperm. — ~⸃lap·pen m cotyledon. — ~⸃lei·ter m med. zo. cf. Samengang. — s~⸃los adj bot. seedless, aspermous (scient.). — ~⸃man·tel m seedcover, aril(lus) (scient.). — ~⸃pflan·ze f bot. seed plant; spermatophyte, phanerogam (scient.). – 2. agr. seedling. — ~⸃plan⸃ta·ge f (forestry) seed orchard. — ~⸃scha·le f bot. seed coat, testa (scient.): innere ~ tegmen.

'Sa·men⸃strang m med. zo. spermatic cord, funiculus. — ~⸃ent⸃zün·dung f med. chorditis, corditis, funiculitis. — ~⸃un·ter⸃bin·dung f vasoligature, vasectomy.

'Sa·men⸃tier·chen n biol. cf. Spermatozoon. — s~⸃tö·tend adj spermatocidal, spermicidal. — s~⸃tra·gend adj bot. seed-bearing, seedy; seminiferous, seminiferal (scient.). — ~⸃trä·ger m 1. bot. placenta, spermatophore, spermatiophore: mit einem ~ (versehen) placentiferous. – 2. zo. spermatophore. — ~⸃über⸃tra·gung f 1. biol. insemination. – 2. bot. pollination. — ~⸃wol·le f bot. coma. — ~⸃zel·le f biol. sperm (od. spermatozoal, spermatic) cell, spermatozoon, sperm. — ~⸃zucht f agr. hort. seed cultivation. — ~⸃zwie·bel f bot. 1. seed onion. – 2. (für Blumen) seed bulb.

Sä·me·rei [zɛːmə'raɪ] f ⟨-; -en⟩ 1. cf. Samenhandlung. – 2. pl seeds, grains.

Sa·mi·el ['za:mi̯ɛl] npr m ⟨-s; no pl⟩ myth. (böser Geist) Samiel.

sä·mig ['zɛːmɪç] adj (Suppe etc) creamy.

sa·misch ['za:mɪʃ] adj (von Samos) Samian.

'sä·misch⸃gar ['zɛːmɪʃ-] adj (leather) chamois, oil-tanned. — ~ge⸃gerbt adj chamois-dressed. — S~⸃ger·ben n cf. Sämischgerbung. — S~⸃ger·ber m chamois-dresser, oil-tanner. — S~⸃ger·bung f ⟨-; no pl⟩ oil tanning, chamois dressing, chamoising. — S~⸃le·der n oil-dressed leather, chamois (leather), auch chammy, shammy, shamoy.

Säm·ling ['zɛːmlɪŋ] m ⟨-s; -e⟩ bot. seedling: ~e ins Freie pflanzen to prick out seedlings.

'Sam·mel|ak·ti⸃on f 1. (für Geld) fund-raising campaign (od. drive). – 2. (für Kleidung, Material etc) house-to-house collection. — ~⸃al·bum n collector's album. — ~⸃an⸃lei·he f econ. joint loan.

'Sam·mel⸃an⸃schluß m tel. private branch exchange (PBX system with several central office trunks). — ~⸃teil⸃neh·mer m subscriber set with several central office trunks.

'Sam·mel|auf⸃trag m (postal service) cf. Sammeldauerauftrag. — ~⸃band m miscellany, anthology. — ~⸃becken (getr. -k·k-) n 1. geol. catchment area (od. basin). – 2. tech. collecting basin (od. tank, vessel, sump). – 3. med. reservoir. – 4. fig. reservoir: die Partei ist ein ~ für radikale Elemente the party is a reservoir for radical elements. — ~⸃be⸃griff m comprehensive term. — ~⸃be⸃häl·ter m 1. tech. (Ölwanne) collecting receptacle (od. tank), reservoir, sump. – 2. metall. (für Erz) collecting bin. — ~⸃be⸃stel·lung f econ. collective order. — ~⸃be⸃zeich·nung f collective name (od. word, term). — ~⸃brun·nen m (für Regenwasser) cistern. — ~⸃büch·se f collecting (od. charity) box. — ~⸃bun·ker m metall. storage bin. — ~⸃dau·er⸃auf⸃trag m econ. collective Giro (od. bank) standing order. — ~⸃de⸃pot n econ. (für Wertpapiere) collective security deposit. — ~⸃ei·fer m cf. Sammelfleiß. — ~⸃elek⸃tro·de f electr. collector. — ~⸃fahr⸃schein m group ticket. — ~⸃fleiß m industriousness in collecting. — ~⸃frucht f bot. 1. multiple (od. collective) fruit; syconium, syncarp (scient.). – 2. aggregate fruit. — ~ge⸃biet n 1. geol. catchment area (od. basin). – 2. (eines Sammlers) collector's field of interest. — ~ge⸃spräch n tel. collective talk (od. call). — ~⸃glas n chem. preparation (od. specimen) tube. — ~⸃gut n econ. collective (od. consolidated) consignment

(od. shipment). — ~⸃haa·re pl zo. (der Bienen) brush sg. — ~⸃hef·ter m print. gatherer stitcher. — ~⸃hei·zung f district heating system. — ~⸃kas·se f econ. (bes. in Warenhäusern) general pay office (Br. desk). — ~⸃kon·to n collective account. — ~⸃la·dung f collective (od. consolidated) consignment (od. shipment). — ~⸃la·ger n 1. (für Flüchtlinge etc) assembly (refugee) camp (od. center, bes. Br. centre). – 2. mil. depot. — ~⸃lei·den·schaft f passion (od. craze) for collecting, collecting mania. — ~⸃lei·tung f 1. electr. omnibus circuit, distributing (od. collecting) main. – 2. tech. (der Schmierung) (lubrication) header. – 3. auto. (Verteilungskrümmer) manifold. — ~⸃lin·se f (optics) (Konvexlinse, Brennglas) convex (od. condensing, condenser, converging, positive, collecting) lens. — ~⸃li·ste f aggregate (od. collective, consolidated) list. — ~⸃map·pe f (für Zeitschriften etc) binder.

sam·meln ['zaməln] I v/t ⟨h⟩ 1. (Holz, Beeren etc) gather: Pilze ~ gehen to go mushroom-picking, to go to gather (od. pick) mushrooms, to go mushrooming (colloq.); Brombeeren ~ gehen to go blackberrying (colloq.); Kräuter ~ to gather herbs, to botanize Br. auch -s-, to herborize Br. auch -s-. – 2. (Briefmarken, Münzen, Autogramme etc) collect: Stoff (od. Material) für einen Roman ~ to collect material for a novel. – 3. (Geld, Spenden, Kleidung, Lumpen etc) collect. – 4. (für einen Sammelband) (Aufsätze etc) compile. – 5. (speichern) store, hive. – 6. (Regenwasser) impound, store. – 7. (horten) hoard (up). – 8. (anhäufen) accumulate, amass, heap (od. pile, treasure) up: Schätze [Reichtümer] ~ to accumulate treasures [riches]. – 9. (Erfahrung, Kenntnisse etc) gain, acquire. – 10. (Kräfte etc) gather, rally. – 11. (Mut etc) summon (up), muster (up), gather. – 12. (Stimmen etc) canvass for, muster. – 13. (scharen) gather, assemble: er sammelte das Volk um sich he gathered the people (a)round him. – 14. (Gedanken) collect, concentrate. – 15. mil. assemble, concentrate: zerstreute Truppen wieder ~ to rally scattered troops. – 16. (optics) (Lichtstrahlen) concentrate. – II v/i 17. collect money, make (od. take up) a collection: für wohltätige Zwecke ~ to collect money for charitable purposes; für j-n ~ a) to collect money for s.o., b) to organize a collection for s.o.'s benefit, to send (od. pass) round the hat for s.o. – 18. collect: er sammelt leidenschaftlich gern he is a passionate collector. – III v/reflex sich ~ 19. (sich versammeln) assemble, gather, collect: eine Menschenmenge sammelte sich um ihn a crowd gathered (od. clustered) round him; sich wieder ~ to reassemble, to rally. – 20. (zusammenkommen) gather, assemble, meet: die Teilnehmer der Kundgebung sammelten sich vor dem Rathaus the participants of the manifestation gathered in front of the townhall. – 21. (sich anhäufen) accumulate, amass, heap (od. pile) up, treasure (up). – 22. (optics) (von Lichtstrahlen) converge, focus. – 23. fig. (sich konzentrieren) concentrate, collect one's thoughts. – 24. fig. (sich fassen) compose oneself. – IV S~ n ⟨-s⟩ 25. verbal noun. – 26. collection. – 27. (Zusammenstellung) compilation. – 28. (Speicherung) storage, (bes. von Regenwasser) impoundment. – 29. (Anhäufung) accumulation, amassment. – 30. (von Erfahrung etc) acquisition, acquirement. – 31. (Konzentration) concentration. – 32. mil. assembly: Signal zum S~ recall, rally, rallying sign, banner cry; S~ zerstreuter Truppen reassembly of scattered troops, rally; zum S~ blasen to sound the recall.

'Sam·mel⸃na·me m 1. ling. collective (noun). – 2. zo. bot. collective name. — ~⸃num·mer f tel. collective number. — ~⸃paß m collective passport. — ~⸃platz m 1. (Treffpunkt) meeting place, rendezvous, auch place of assembly (od. rendezvous). – 2. (Lager) collecting point, depot. – 3. fig. contempt. cesspit, cesspool: ein ~ des Lasters a cesspit of vice. – 4. mil. rallying point, rendezvous. — ~⸃punkt m cf. Sammelplatz 1. — ~⸃rohr n tech. collecting pipe. — ~⸃ruf m 1. (im Sprachlabor) collective call. – 2. tel. cf. Sammelnummer. — ~⸃schal·tung f electr. omnibus circuit.

— ~**schie·ne** f electr. bus (od. omnibus) bar, current collector. — ~**schmie·rung** f tech. centralized (Br. auch -s-) oiling. — ~**sen·dung** f econ. cf. Sammelladung. — ~**spie·gel** m (optics) (Hohl-, Konkavspiegel) concave mirror. — ~**stel·le** f cf. Sammelplatz 1, 2.

Sam·mel·su·ri·um [zaməl'zu:rĭum] n ⟨-s; -surien⟩ colloq. (Mischmasch) hodgepodge, bes. Br. hotchpotch, conglomeration, medley, omnium-gatherum (colloq. humor.).

'**Sam·mel|,tas·se** f fancy cup. — ~**tel·ler** m fancy plate. — ~**trans,port** m econ. collective transport (od. shipment). — ~**vi·sum** n group visa. — ~**werk** n (Buch) compilation, (über ein Thema) symposium. — ~**wort** n ling. collective (noun). — ~**wut** f colloq. craze for collecting, collecting mania.

Sam·met ['zamət] m ⟨-s; -e⟩ obs. for Samt.

'**Samm·ler** m ⟨-s; -⟩ 1. (von Briefmarken etc) collector: ~ von etwas sein to be a collector of (od. to collect) s.th. — 2. (von Holz, Pilzen etc) gatherer, picker. – 3. (Einsammler) collector. – 4. (Kompilator) compiler. – 5. electr. (Akkumulator) storage battery, accumulator. – 6. tech. (Auffangkanal) interceptor, Am. auch intercepter. — ~**bat·te,rie** f electr. accumulator, storage battery. — ~**fleiß** m cf. Sammelfleiß.

'**Samm·le·rin** f ⟨-; -nen⟩ cf. Sammler 1–4.

'**Samm·ler,la·de|ein,rich·tung** f, ~**ge,rät** n electr. battery charger.

'**Samm·ler|,stück** n collector's piece (od. item). — ~**zel·le** f electr. accumulator (od. battery) cell (od. element).

'**Samm·lung** f ⟨-; -en⟩ 1. cf. Sammeln. – 2. (von Geld, Kleidung etc) collection, auch gathering: eine ~ veranstalten (od. durchführen) to organize (Br. auch -s-) (od. institute, hold) a collection: die ~ ergab (od. brachte) tausend Mark the collection brought in (od. yielded) a thousand marks. – 3. (von Kunstschätzen, Marken etc) collection. – 4. (Zusammenstellung) compilation. – 5. (von Gedichten, ausgewählten Texten etc) anthology, chrestomathy, compilation. – 6. (Auslese, Auswahl) selection, digest. – 7. (Sammelband vermischter Schriften) miscellany, book of miscellanies. – 8. (Kunstgalerie) (art) gallery. – 9. ⟨only sg⟩ fig. (Ruhe, Gefaßtheit) composure, collectedness, calm(ness). – 10. ⟨only sg⟩ fig. (Konzentration) concentration.

Sa·mo·je·de [zamo'je:də] m ⟨-n; -n⟩ Samoyed, auch Samoyede, N(i)entsi, Nentsy.

Sa·mo'je·den,spitz m zo. (Hunderasse) Samoyed, Samoyede.

sa·mo'je·disch I adj Samoyed(e), auch Samoyedic. – **II** ling. S~ ⟨generally undeclined⟩, das S~e ⟨-n⟩ Samoyed(e), auch Samoyedic.

Sa·mos ['za:mɔs] m ⟨-; -⟩ (Weinsorte) Samian wine, (wine from) Samos.

Sa·mo·war [zamo'va:r] m ⟨-s; -e⟩ (russ. Teemaschine) samovar.

'**Sams,tag** ['zams-] m ⟨-(e)s; -e⟩ bes. Southern G., Austrian, Swiss Saturday: am ~ on Saturday; (am) ~ morgen (od. früh) (on) Saturday morning, early on Saturday; ~ vormittag [mittag, nachmittag] (on) Saturday morning [noon (od. midday), afternoon]; ~ abends ist er nie zu Hause he is never at home on Saturday evenings (od. nights); heute ist langer ~ econ. today the shops (bes. Am. stores) are open longer than on other Saturdays. — ~'**abend** m Saturday evening (od. night). — ~'**mor·gen** m Saturday morning.

'**sams,tags** adv on Saturdays, every (od. each) Saturday, bes. Am. Saturdays: ~ abends (on) Saturday evenings (od. nights).

samt [zamt] **I** adv only in ~ und sonders each and all (od. every one) (of them), all (of them), all and sundry, without exception, the whole lot (colloq.) (Am. sl. [bang] shoot): sie wurden ~ und sonders verhaftet all of them were arrested. — **II** prep ⟨dat⟩ (together) with, along with, including: der Vater ~ seinen fünf Kindern the father together with (od. along with, and) his five children.

Samt m ⟨-(e)s; -e⟩ (textile) velvet, pile fabric: baumwollener ~ velveteen; ein

Kleid aus ~ a dress of velvet, a velvet dress; wie ~ velvety, velvet (attrib); sie hat eine Haut so weich wie ~ she has a velvety skin, she has skin like velvet; in ~ und Seide gekleidet sein, sich in ~ und Seide kleiden poet. to be dressed (od. lit. clad) in silks and satins. — s~,**ar·tig** adj velvety, velvetlike. — ~**au·gen** pl fig. (eines Hundes etc) melting eyes. — ~**band** n velvet ribbon (od. band). — ~**blu·me** f bot. 1. a) tagetes (Gattg Tagetes), b) French marigold (T. patula). – 2. amaranth (Gattg Amaranthus): Geschwänzte ~ love-lies-bleeding (A. caudatus).

'**sam·ten** adj 1. (aus Samt) velvet (attrib). – 2. fig. (samtartig, samtweich) velvety, velvet (attrib).

'**Samt|,en·te** f zo. velvet scoter (od. duck) (Oidemia fusca). — ~**glanz** m velvet gloss. — ~**gras** n zo. hare's-tail (grass) (Lagurus ovatus). — ~**hand,schuh** m velvet glove: j-n mit ~en anfassen fig. colloq. to handle (od. treat) s.o. with kid gloves, to give s.o. kid-glove(d) treatment.

'**sam·tig** adj velvet (attrib), velvety.

'**Samt|,kleid** n velvet dress. — ~**kra·gen** m velvet collar.

sämt·lich ['zɛmtlɪç] indef pron (adjektivisch) 1. ~e pl (alle) all: ~e Anwesende(n) all persons present; die Anschriften ~er neuen (rare neuer) Mitglieder the addresses of all new members. – 2. ~e pl (vollständig) complete: Shakespeares ~e Werke the complete works of Shakespeare. – 3. (ganz) whole, entire: sie haben ~en Besitz verloren they lost their entire (od. all their) property; ~er Schmuck war gestohlen the whole jewel(le)ry had been stolen. – 4. ⟨invariable⟩ all, without exception: sie sind ~ ertrunken they were all drowned, all of them were (od. every one of them was) drowned, they were drowned to a man.

'**Samt|-,Licht,nel·ke** f bot. mullein pink, dusty miller, auch gardener's-delight, rose campion (Lychnis coronaria). — ~**mal·ve** f bot. a) flowering maple (Gattg Abutilon), b) Indian mallow, cottonweed, auch velvetleaf (A. theophrasti). — ~**mil·be** f zo. scarlet mite (Trombidium holosericeum). — ~**pföt·chen** n fig. (bes. von Katzen) velvet paw: ~ machen to draw in the claws. — s~**schwarz** adj ivory-black. — ~**stof·fe** pl (textile) pile fabric sg. — ~**we·ber** m velvet weaver, velvet maker. — ~**we·be,rei** f velvet (od. pile) weaving. — s~'**weich** adj (as) soft as velvet, velvety. — ~**we·ste** f velvet vest (bes. Br. waistcoat).

Sa·mu·el ['za:mŭɛl] npr m ⟨-s; no pl⟩ Bibl. Samuel: das erste [zweite] Buch ~ the first [second] book of Samuel.

Sa·mum [za'mu:m] m ⟨-s; -s u. -e⟩ (heißer Wüstenwind) simoom, auch simoon, samum, samiel.

Sa·mu·rai [zamu'rai] m ⟨-(s); -(s)⟩ (Angehöriger des jap. Adels) samurai.

San [zan] cf. Sankt.

Sa·na·to·ri·um [zana'to:rĭum] n ⟨-s; -rien⟩ sanatorium, bes. Am. sanitarium, Am. auch sanatarium. — **Sa·na'to·ri·ums,auf·ent,halt** m stay at a sanatorium.

Sand [zant] m ⟨-(e)s; -e⟩ 1. sand: feiner ~ fine sand; grober ~ coarse sand, grit; etwas mit ~ bestreuen to strew s.th. with sand, to sand s.th.; der Fluß verliert sich (od. verläuft) im ~ the river disappears (od. colloq. peters out) in the sand(s); die Angelegenheit ist im ~(e) verlaufen fig. the matter came to nothing (od. went up in smoke); sein Eifer hat sich bald im ~(e) verlaufen fig. his zeal soon petered out (colloq.); diese Blumen gibt es dort wie ~ am Meer fig. colloq. these flowers are two a penny there (colloq.); er hat Schulden wie ~ am Meer fig. colloq. he is up to his neck in debt; auf ~ bauen fig. to build on sand; j-n auf den ~ setzen fig. to floor (od. nonplus) s.o.; j-m ~ in die Augen streuen fig. to throw dust in s.o.'s eyes; ~ ins Getriebe streuen fig. to throw a monkey wrench into the works, Br. to throw a spanner in the works; den ~ pflügen (od. ackern) fig. to sow the sand; wer Gott vertraut, hat nicht auf ~ gebaut (Sprichwort) God provides for him that trusteth (proverb); ~ im Kopf 1. – 2. (Scheuersand) scouring powder. – 3. mar. (Sandbank) sands pl, sandbank: auf ~ laufen (od. geraten) to strike the sands, to run

aground, to ground; j-d sitzt auf dem ~ fig. colloq. s.o. is at the end of his tether. — ~**aal** m zo. sand launce (od. lance), sand eel (Fam. Ammodytidae): Großer ~ greater sand launce (Ammodytes lanceolatus); Kleiner ~ lesser sand launce (A. tobianus).

San·da·le [zan'da:lə] f ⟨-; -n⟩ meist pl sandal.

San·da·let·te [zanda'lɛtə] f ⟨-; -n⟩ meist pl high-heeled sandal.

San·da·rak ['zandarak] m ⟨-s; no pl⟩ tech. sandarac, auch sandarach.

'**Sand,ar·tig** adj sandlike, arenaceous (scient.).

'**Sand|,au·ster** f zo. cf. Klaffmuschel. — ~**bad** n chem. med. sand bath. — ~**bahn** f (beim Motorradsport) dirt-track. — ~**bahn,ren·nen** n dirt-track race. — ~**bank** f ⟨-; ᵉe⟩ mar. sandbank, sands pl: auf eine ~ geraten to strike the sands. — ~**bie·ne** f zo. andrena, andrenid, carpenter beetle (Fam. Andrenidae). — ~**blatt** n (Zigarre) (lower) shrub leaf. — ~**boa** f zo. 1. (Europäische) ~ Turkish sand boa (Eryx jaculus). – 2. (Nordamerikanische) ~ rubber snake (Charina bottae). — ~**bo·den** m sandy soil. — ~**bricke** (getr. -k·k-) f zo. cf. Bachneunauge. — ~**büch·se** f obs. (für Streusand) sandbox. — ~**burg** f (am Strand) sand castle. — ~**butt** m zo. turbot (Scophthalmus aquosus). — ~**dol·lar** m sand dollar (Echinarachnius parma). — ~**dorn** m ⟨-(e)s; no pl⟩ bot. sea buckthorn, sallow thorn (Hippophaë rhamnoides).

'**San·del,holz** ['zandəl-] n ⟨-es; no pl⟩ sandalwood. — ~**baum** m bot. sandalwood (tree) (Santalum album). — ~**öl** n (bes. cosmetics) sandalwood oil, auch East Indian sandalwood oil, santal oil.

san·deln ['zandəln] v/i ⟨h⟩ Southwestern G. and Swiss play in the sand (od. sandbox, sandpit).

san·den ['zandən] v/t ⟨h⟩ obs. and Swiss (Geschriebenes) sand.

'**sand|,far·ben**, ~**far·big** adj sand-colored (bes. Br. -coloured), sandy.

'**Sand|,fisch** m zo. cf. Sandskink. — ~**flä·che** f area of sand. — ~**flie·ge** f zo. sand fly (Gattg Phlebotomus). — ~**floh** m sand flea, chigoe (Tunga penetrans). — ~**form** f 1. metall. (in der Gießerei) sand mold (bes. Br. mould). – 2. (für Kinder) sand mold (bes. Br. mould), sand shape. — ~**ge,blä·se** n tech. cf. Sandstrahlgebläse. — ~**gecko** (getr. -k·k-) m zo. sand gecko (Ptenopus garrulus). — ~**ge·gend** f sandy area (od. region). — ~**grä·ber** m zo. sand rat (Fam. Bathyergidae): cf. Strandhafer. — ~**grieß** m coarse sand, grit. — ~**gru·be** f 1. sandpit. – 2. (beim Golf) (sand) bunker. — ~**guß** m metall. sand casting. — ~**hai** m zo. cf. Sandskink. — ~**ha·se** m colloq. 1. (beim Kegeln) miss: einen ~n schieben to miss. – 2. mil. humor. infantryman, Am. humor. auch doughboy. — ~**hau·fen** m heap (od. pile) of sand. — ~**ho·se** f meteor. dust devil, dust (auch sand) whirl. — ~**hü·gel** m sand hill. — ~**hüp·fer** m zo. beach flea, sand hopper (Gattgen Talitrus u. Orchestia).

san·dig ['zandɪç] adj 1. sandy. – 2. full of sand. – 3. (grobsandig) gritty.

'**Sand,kä·fer** m zo. cf. Sandlaufkäfer.

'**Sand,ka·sten** m 1. (für Kinder) sandbox, sandpit. – 2. mil. sand table. – 3. (railway) sandbox. — ~**spiel** n mil. sand-table exercise.

'**Sand,ki·ste** f cf. Sandkasten 1. — ~**ko,ral·le** f zo. fan sabella (Gattg Sabellaria). — ~**korn**, ~**körn·chen** n grain of sand. — ~**ku·chen** m 1. gastr. plain cake, Am. pound cake. – 2. (im Sandkasten) sand (od. mud) pie. — ~**läu·fer** m zo. (Algerischer) ~ Algerian sand runner (Psammodromus algirus). — ~**lauf,kä·fer** m tiger beetle (Fam. Cicindelidae).

Sand·ler ['zandlər] m ⟨-s; -⟩ Austrian colloq. contempt. botcher, bungler.

'**Sand|,mann** m ⟨-(e)s; no pl⟩, ~**männ·chen** n ⟨-s; no pl⟩ (Märchengestalt) sandman. — ~**meer** n fig. sea of sand. — ~**nat·ter** f zo. sand snake (Gattg Psammophis). — ~**pa,pier** n tech. sandpaper: etwas mit ~ abreiben to sandpaper s.th. — ~**pilz** m bot. yellow boletus (Boletus variegatus). — ~**ras·sel,ot·ter** f zo. saw-scaled viper (Echis carinatus). — ~**renn-**

‚maus f fat sand rat (*Psammomys obesus*). — ~‚**rennat·ter** (*getr.* -nn‚n-) f cf. Zischnatter. — ~‚**sack** m 1. sandbag, *Br.* sand--bag. – 2. (*im Boxsport*) body (*od.* heavy, training) bag. — ~‚**seg·ge** f bot. sea (*od.* sand) sedge (*Carex arenaria*). — ~‚**sieb** n civ.eng. sand screen (*od.* sifter). — ~‚**skink** m zo. sand skink (*Gattg Scincus*). — ~‚**stein** m sandstone, freestone. — ~‚**strahl** m tech. sand-blast, *Br.* sand-blast. — s~‚**strah·len** v/t ⟨insep, ge-, tech. -ge-, h⟩ sandblast, *Br.* sand-blast. — ~‚**strahl·ge‚blä·se** n sandblast (*Br.* sand-blast) unit. — ~‚**strand** m sandy beach. — ~‚**streu·er** m, ~‚**streu‚fahr‚zeug** n sander, *Br.* gritting lorry. — ~‚**sturm** m sandstorm, *Br.* sand-storm.

sand·te ['zantə] 1 u. 3 sg pret of senden¹.

'**Sand‚tor·te** f gastr. Madeira cake. – 2. cf. Sandkuchen 2.

'**Sand‚uhr** f sandglass, *Br.* sand-glass, hourglass, *Br.* hour-glass. — ~‚**ma·gen** m med. hour(-)glass (*od. scient.* bilocular) stomach.

'**Sand|ver‚we·hung** f sand drift. — ~‚**vi·per** f zo. sand viper (*Vipera ammodytes*). — ~‚**weg** m sandy path. — ~‚**wes·pe** f zo. sand wasp (*Ammophila sabulosa*).

Sand·wich ['zɛntvitʃ; 'sænwidʒ] (*Engl.*) m, n ⟨-s od. -(es); -s od. -es, auch -e⟩ sandwich. — ~‚**bau‚wei·se** f aer. (space) sandwich construction. — ~‚**mann** m humor. sandwich man. — ~‚**wecken** (*getr.* -k·k-) m Austrian gastr. French roll.

'**Sand|‚wurm** m zo. lugworm, sandworm (*Arenicola marina*). — ~‚**wü·ste** f sandy desert.

sanft [zanft] I adj ⟨-er; -est⟩ 1. (*Stimme, Augen, Berührung etc*) soft, gentle: mit ~er Hand *auch fig.* with a gentle hand, gently. – 2. (*Farben, Licht etc*) soft. – 3. (*Wind, Regen etc*) gentle, balmy, soft, mild. – 4. (*Wesen, Charakter etc*) gentle, mild, lenient, meek, placid. – 5. (*Druck, Zwang, Gewalt etc*) gentle: ~en Druck ausüben to apply gentle pressure; mit ~er Gewalt with gentle force; etwas auf die ~e Tour versuchen *colloq.* to try a gentle approach to s.th. – 6. (*Schlaf*) gentle, tender: ein gutes Gewissen ist ein ~es Ruhekissen (*Sprichwort*) a quiet conscience sleeps in thunder (*proverb*). – 7. (*Hügel, Anhöhe etc*) gentle. – 8. (*Fahrt, Bewegung etc*) gentle, smooth. – II adv 9. gently: j-n ~ berühren to touch s.o. gently. – 10. (*ruhig*) peacefully: ~ und selig schlafen to sleep peacefully (*od.* blissfully); er ist ~ entschlafen (*gestorben*) he passed away peacefully; ruhe ~ (*Grabinschrift*) rest in peace.

Sänf·te ['zɛnftə] f ⟨-; -n⟩ sedan (chair), litter. — '**Sänf·ten‚trä·ger** m sedan bearer.

'**Sanft·heit** f ⟨-; no pl⟩ 1. (*der Stimme, Augen, Berührung etc*) softness, gentleness. – 2. (*der Farben, des Lichts etc*) softness. – 3. (*des Windes, Regens etc*) gentleness, balminess, softness, mildness. – 4. (*des Wesens, Charakters etc*) gentleness, mildness, lenience, leniency, meekness, placidity. – 5. (*des Druckes, Zwangs, der Gewalt etc*) gentleness. – 6. (*des Schlafs*) gentleness, tenderness. – 7. (*eines Hügels etc*) gentleness. – 8. (*der Bewegung*) gentleness, smoothness.

sänf·ti·gen ['zɛnftɪgən] v/t ⟨h⟩ poet. for besänftigen.

sänf·tig·lich ['zɛnftɪklɪç] adv obs. for sanft 9.

'**Sanft·mut** f ⟨-; no pl⟩ 1. gentleness, sweet temper, sweetness. – 2. (*Demut*) meekness, humility. — '**sanft·mü·tig** adj 1. gentle, sweet. – 2. (*demütig*) meek, humble.

sang [zaŋ] 1 u. 3 sg pret of singen.

Sang m ⟨-(e)s; ∸e⟩ singing, chant, song: mit ~ und Klang with singing and bands playing; mit ~ und Klang durchfallen fig. colloq. to fail ingloriously.

'**San·ga‚rind** ['zaŋga-] n zo. (afrik. Hausrind) sanga, auch sangu.

'**sang·bar** adj singable, suitable for singing.

sän·ge ['zɛŋə] 1 u. 3 sg pret subj of singen.

Sän·ger ['zɛŋər] m ⟨-s; -⟩ 1. singer, vocalist: die fahrenden ~ hist. (*the strolling*) minstrels, the troubadours. – 2. (*Vogel*) songster, warbler: die gefiederten ~ the feathered warblers. – 3. poet. (*Dichter*) poet, bard: darüber schweigt des ~s Höflichkeit silence is courtesy. — ~‚**bund** m association of singers (*od.* of choirs). — ~‚**fest** n singing (*od.* choir) festival.

'**Sän·ge·rin** f ⟨-; -nen⟩ (female) singer, vocalist, chanteuse.

'**Sän·ger‚krieg** m singing competition: der ~ auf der Wartburg hist. the contest of minnesingers at the Wartburg.

'**Sän·ger‚schaft** f ⟨-; -en⟩ singers pl, choir.

'**San·ges|‚bru·der** m colloq. 1. fellow singer. – 2. humor. songster. — s~‚**freu·dig** adj fond of singing. — s~‚**kun·dig** adj versed in the art of singing. — s~‚**lu·stig** adj fond of singing.

San·gui·ni·ker [zaŋ'gŭi:nikər] m ⟨-s; -⟩ psych. sanguine person (*od.* type).

san·gui·nisch [-'gŭi:nɪʃ] adj (*Temperament etc*) sanguine.

'**sang- ‚und 'klang·los** adv fig. unwept and unsung, without (great) ado: er ist ~ verschwunden he disappeared without great ado, he sank without trace.

Sa·ni ['zani] m ⟨-s; -s⟩ mil. colloq. for Sanitäter 2.

Sa·nia ['za:nɪa] f ⟨-; -s⟩ zo. spiny (*od.* hedgehog) rat (*Echimys armatus*).

sa·nie·ren [za'ni:rən] I v/t ⟨no ge-, h⟩ 1. med. a) apply sanitary (*od.* hygienic) measures to, b) (*Entzündungsherd etc*) eradicate. – 2. (*Elendsviertel etc*) redevelop, clean up. – 3. econ. a) reorganize *Br. auch* -s-, reconstruct, b) (*finanziell*) rehabilitate, restore (*s.th.*) to financial soundness. – II v/reflex sich ~ 4. (*von Person*) a) put oneself in the clear (again), b) iron. (*auf fragwürdige Art*) line one's pocket. – 5. (*von Betrieb*) put itself in the clear (again). – III S~ n ⟨-s⟩ 6. verbal noun. — **Sa·nie·rung** f ⟨-; no pl⟩ 1. cf. Sanieren. – 2. econ. a) reorganization *Br. auch* -s-, reconstruction, b) (*finanzielle*) financial rehabilitation, restoration of the financial soundness. – 3. (*eines Elendsviertels*) redevelopment.

Sa'nie·rungs|ge‚biet n (*einer Stadt etc*) redevelopment area. — ~‚**maß‚nah·me** f meist pl 1. hygienic (*od.* sanitary) measure. – 2. econ. a) reorganization (*Br. auch* -s-) (*od.* reconstruction) measure, b) (*finanzielle*) rehabilitation (*od.* recuperation) measure. — ~‚**mit·tel** n med. prophylactic. — ~‚**vier·tel** n cf. Sanierungsgebiet.

sa·ni·tär [zani'tɛ:r] adj (*Einrichtungen, Maßnahmen etc*) sanitary, hygienic.

Sa·ni·tät [zani'tɛ:t] f ⟨-; -⟩ 1. ⟨only sg⟩ Austrian for Gesundheitswesen. – 2. Swiss for Sanitätsauto.

Sa·ni'tä·ter m ⟨-s; -⟩ 1. ambulance man. – 2. mil. medical orderly, aidman.

Sa·ni'täts|‚ab‚tei·lung f mil. medical detachment. — ~‚**ar‚ti·kel** m meist pl medical article. — ~‚**au·to** n ambulance. — ~‚**be‚am·te** m sanitary (*od.* health) officer. — ~**be‚darf** m medical articles pl (*od.* supplies pl). — ~‚**be‚hör·de** f public health authority. — ~‚**dienst** m medical service. — ~‚**ein·heit** f mil. medical unit. — ~‚**fahr‚zeug** n ambulance, *Br. auch* flying-doctor's aircraft. – 2. mil. medical aircraft. — ~‚**hund** m ambulance dog. — ~‚**ka·sten** m first-aid kit. — ~‚**kom·pa‚nie** f medical company. — ~‚**korps** n medical corps. — ~‚**of·fi‚zier** m medical officer. — ~‚**per·so‚nal** n medical personnel. — ~‚**ta·sche** f first-aid kit. — ~‚**trup·pe** f mil. cf. Sanitätskorps. — ~‚**wa·che** f ambulance station, first-aid post. — ~‚**wa·gen** m ambulance. — ~‚**we·sen** n sanitation, sanitary affairs pl. — ~‚**zelt** n hospital tent. — ~‚**zug** m mil. cf. Lazarettzug.

San-Jo·sé-‚Schild‚laus [zanxo'ze:-] f zo. San Jose scale (*Quadraspidiotus perniciosus*).

sank [zaŋk] 1 u. 3 sg pret, **sän·ke** ['zɛŋkə] 1 u. 3 sg pret subj of sinken.

Sankt [zaŋkt] adj (*vor Eigennamen, meist abgekürzt St.*) Saint: ~ Nikolaus relig. Saint Nicolas.

Sank·ti·on [zaŋk'tsĭo:n] f ⟨-; -en⟩ bes. pol. 1. (*Billigung*) sanction. – 2. pl (*Zwangs-, Strafmaßnahmen*) sanctions: ~en verhängen gegen to impose sanctions against.

sank·tio·nie·ren [zaŋktsĭo'ni:rən] I v/t ⟨no ge-, h⟩ (*billigen*) sanction. – II S~ n ⟨-s⟩ verbal noun. — **Sank·tio'nie·rung** f ⟨-; no pl⟩ 1. cf. Sanktionieren. – 2. cf. Sanktion 1.

Sank·tis·si·mum [zaŋk'tɪsimum] n ⟨-s; no pl⟩ röm.kath. sanctuary, sanctum sanctorum.

‚**Sankt-'Nim·mer·leins-‚Tag** [-'nɪmərlaɪns-] m ⟨-(e)s; no pl⟩ cf. Nimmerleinstag.

Sank·tua·ri·um [zaŋk'tŭa:rĭum] n ⟨-s; -rien⟩ relig. sanctuary.

Sank·tus ['zaŋktus] n ⟨-; no pl⟩ röm.kath. Sanctus, Tersanctus.

sann [zan] 1 u. 3 sg pret, **sän·ne** ['zɛnə] 1 u. 3 sg pret subj of sinnen.

Sans·cu·lot·te [sã(s)ky'lɔt(ə)] m ⟨-n [-tən]; -n [-tən]⟩ hist. (*in der franz. Revolution*) sansculotte.

San·se·vie·ria [zanze'vĭe:rĭa] f ⟨-; -rien⟩ bot. sansevieria, sanseviera (*Gattg Sansevieria*).

Sans·krit ['zanskrɪt] n ⟨-s; no pl⟩ (*altind. Gelehrtensprache*) Sanskrit, auch Sanscrit. — ~‚**for·scher** m Sanskritist.

sans·kri·tisch [zans'kri:tɪʃ] adj Sanskrit, auch Sanscrit.

Sans·kri·tist [zanskri'tɪst] m ⟨-en; -en⟩ Sanskritist.

Sa·phir ['za:fɪr; 'za:fi:r; za'fi:r] m ⟨-s; -e ['za:fɪrə; za'fi:rə]⟩ 1. min. sapphire. – 2. cf. Saphirnadel. — s~‚**blau** adj sapphirine, sapphire.

sa·phi·ren ['za:fɪrən; za'fi:rən] adj 1. sapphire. – 2. cf. saphirblau.

'**Sa·phir‚na·del** f (*eines Tonabnehmers etc*) sapphire stylus (*od.* needle).

Sa·po·nin [zapo'ni:n] n ⟨-s; -e⟩ med. pharm. saponin.

Sap·pe ['zapə] f ⟨-; -n⟩ mil. hist. (*Laufgraben*) sap. — '**Sap·pen‚kopf** m saphead, *Br.* sap-head.

sap·per·lot [zapər'lo:t], **sap·per'ment** [-'mɛnt] interj obs. od. dial. 1. (*Ausdruck des Erstaunens*) good(ness) gracious! good heavens! *Am.* gee whiz! – 2. (*Ausdruck des Ärgers*) blast (it)! *Am.* doggone!

sap·phisch ['za(p)fɪʃ] adj (*literature*) (*Vers, Strophe etc*) sapphic, auch Sapphic.

Sap·phis·mus [za'(p)fɪsmus] m ⟨-; no pl⟩ (*lesbische Liebe*) sapphism, lesbianism, tribadism.

Sa·pro·bie [za'pro:bĭə] f ⟨-; -n⟩, **Sa·pro·bi‚ont** [-'bĭont] m ⟨-en; -en⟩ meist pl biol. saprobe, saprobiont.

sa·pro·gen [zapro'ge:n] adj (*fäuliserregend*) saprogenic, saprogenous.

Sa·pro·pel [zapro'pe:l] n ⟨-s; -e⟩ geol. (*Faulschlamm*) sapropel.

sa·pro·phil [zapro'fi:l] adj biol. saprophilous, auch saprophile.

Sa·pro·phyt [zapro'fy:t] m ⟨-en; -en⟩ biol. saprophyte, auch saprophite.

Sa·ra·ban·de [zara'bandə] f ⟨-; -n⟩ mus. (*ein Tanz*) saraband.

Sa·ra·pis [za'ra:pɪs] npr m ⟨-; no pl⟩ myth. Serapis (*Egyptian god of fertility*).

Sa·ra·ze·ne [zara'tse:nə] m ⟨-n; -n⟩ Saracen. — **sa·ra'ze·nisch** adj Saracen(ic).

Sar·de ['zardə] m ⟨-n; -n⟩ cf. Sardinier.

Sar·del·le [zar'dɛlə] f ⟨-; -n⟩ 1. zo. anchovy, sardel(le) (*Fam. Engraulidae*): (Europäische) ~ Northern anchovy (*Engraulis mordax*). – 2. gastr. anchovy.

Sar'del·len|‚bröt·chen n gastr. buttered bread (*od.* toast) with anchovies, anchovy sandwich. — ~‚**but·ter** f anchovy butter. — ~‚**pa·ste** f anchovy paste. — ~‚**pa‚stet·chen** n small anchovy patty (*auch* pattie). — ~‚**sa‚lat** m anchovy salad.

Sar·di·ne [zar'di:nə] f ⟨-; -n⟩ 1. zo. sardine, pilchard (*Sardinia pilchardus*). – 2. gastr. sardine (in oil).

Sar'di·nen|‚büch·se f sardine can (*Br.* tin): zusammengepfercht wie in einer ~ fig. colloq. (*sehr eng*) packed like sardines, like sardines in a can (*Br.* tin). — ~‚**ga·bel** f anchovy (*od.* sardine) fork.

Sar·di·ni·er [zar'di:nĭər] m ⟨-s; -⟩, **Sar·'di·nie·rin** f ⟨-; -nen⟩ Sardinian.

sar·di·nisch [-nɪʃ] adj Sardinian, Sardian.

'**sar·disch** I adj Sardinian, Sardian. – II S~ ling. ⟨generally undeclined⟩, das S~e ⟨-n⟩ Sardinian, the Sardinian language.

sar·do·nisch [zar'do:nɪʃ] adj ~es Lachen a) sardonic laugh, sneer, b) med. sardonic (*od.* canine) laugh, sardonic grin, risus sardonicus (*scient.*).

Sard·onyx [zar'do:nyks] m ⟨-; -e⟩ min. (*Halbedelstein*) sardonyx.

Sarg [zark] m ⟨-(e)s; ∸e⟩ coffin, *Am. auch* casket, (*mit Leiche*) auch pall: einen Toten in den ~ legen (*od.* betten) to lay (*od.* bed) a body in the coffin, to coffin a body; hinter j-s ~ hergehen to follow s.o.'s coffin. → Nagel 2.

Sar'gas·so‚fisch [zar'gaso-] m zo. frogfish (*Histrio histrio*).

'**Sarg|be‚schlä·ge** pl coffin fittings. —

~deckel (getr. -k·k-) m coffin lid. — **~ge,burt** f med. birth of a child after its mother's death. — **~ma·ga,zin** n coffin store. — **~na·gel** m 1. coffin nail. – 2. fig. colloq. contempt. (Zigarette) 'coffin nail' (sl.), 'fag' (sl.). — **~tisch·ler** m coffin maker. — **~trä·ge** f coffin litter. — **~trä·ger** m pallbearer. — **~tuch** n pall.

Sa·ri ['zaːri] m ⟨-(s); -s⟩ (Gewand der Inderin) sari, saree.

Sar·kas·mus [zarˈkasmʊs] m ⟨-; -kasmen⟩ 1. ⟨only sg⟩ (Eigenschaft) sarcasm, causticity. – 2. (Bemerkung) sarcasm, sarcastic (od. caustic) remark. — **sar'ka·stisch** [-tɪʃ] adj sarcastic, auch sarcastical, caustic, mordant.

Sar·ko·id [zarkoˈiːt] n ⟨-(e)s; -e⟩ med. sarcoid.

Sar·kom [zarˈkoːm] n ⟨-s; -e⟩, **Sar'ko·ma** [-ma] n ⟨-s; -ta [-ta]⟩ med. sarcoma.

sar'kom,ähn·lich adj med. sarcomatoid, resembling sarcoma: ~er Tumor sarcoid.

sar·ko·ma·tös [zarkomaˈtøːs] adj med. sarcomatous.

Sar·ko·ma·to·se [zarkomaˈtoːzə] f ⟨-; no pl⟩ med. sarcomatosis.

Sar·ko·phag [zarkoˈfaːk] m ⟨-s; -e⟩ sarcophagus.

Sa·rong ['zaːrɔŋ] m ⟨-(s); -s⟩ (Gewand der Indonesierin) sarong.

Sar·raß ['zaras] m ⟨-sses; -sse⟩ saber, bes. Br. sabre, broadsword.

Sar·ra·ze·nie [zaraˈtseːniə] f ⟨-; -n⟩ bot. sidesaddle flower, auch sidesaddle, pitcher plant, trumpet-leaf (Gattg Sarracenia, bes. S. purpurea).

Sar·sa·pa·ril·le [zarzapaˈrɪlə] f ⟨-; -n⟩ bot. med. pharm. sarsaparilla (Smilax officinalis).

Sar·se·nett [zarzəˈnɛt] m ⟨-(e)s; -e⟩ (textile) (Futterstoff) sarcenet, sarsenet, auch sarsnet.

'Sa·rus,kra·nich ['zaːrʊs-] m zo. sarus (crane) (Grus antigone).

saß [zaːs] 1 u. 3 sg pret of sitzen.

Saß [zas] m ⟨-ssen; -ssen⟩ hist. cf. Hintersasse 1.

Sas·sa ['zasa] f ⟨-; Sassen⟩ zo. cf. Klippspringer.

Sas·sa·by [zaˈsaːbi] m ⟨-s; -s⟩ zo. cf. Halbmondantilope.

Sas·sa·fras ['zasafras] m ⟨-; -⟩, **~baum** m bot. sassafras (tree) (Sassafras albidum). — **~,öl** n sassafras oil.

Sas·sa·ni·de [zasaˈniːdə] m ⟨-n; -n⟩ hist. Sas(s)anian, Sassanide, auch Sassanide. — **sas·sa'ni·disch** adj Sas(s)anian, Sassanid, auch Sassanide.

Sas·se ['zasə] m ⟨-n; -n⟩ hist. cf. Hintersasse 1.

'Sas·se f ⟨-; -n⟩ hunt. hare's form, cover.

sä·ße ['zɛːsə] 1 u. 3 sg pret subj of sitzen.

säs·sig ['zɛsɪç] adj obs. for ansässig.

Sa·tan ['zaːtan] m ⟨-s; -e⟩ 1. Bibl. Satan, auch Satanas, (the) Devil, (the) Fiend: das Reich des ~s the Kingdom of Satan. – 2. fig. (teuflischer Mensch) satan, devil, fiend: er ist ein leibhaftiger ~ he is the devil incarnate; sie ist ein ~ she is a fiend. — **'Sa·ta·nas** [-nas] m ⟨-; -se⟩ cf. Satan 1. — **sa·ta·nisch** [zaˈtaːnɪʃ] adj (teuflisch, böse) satanic, diabolic(al), fiendish, Luciferian.

Sa·ta·nis·mus [zataˈnɪsmʊs] m ⟨-; no pl⟩ satanism, Satanism.

'Sa·tans|,af·fe m zo. black saki monkey (Chiropotes satanas). — **~,bra·ten** m colloq. humor. cheeky devil, limb of Satan. — **~,brut** f contempt. pack of scoundrels, dirty lot (colloq.). — **~,kerl** m colloq. devil of a fellow (colloq.). — **~,pilz** m bot. Satan's mushroom (Boletus satanus). — **~,tücke** (getr. -k·k-) f colloq. fiendish malice (od. cunning). — **~,weib** n colloq. contempt. devil in petticoats.

Sa·tel·lit [zatɛˈliːt] m ⟨-en; -en⟩ 1. astr. satellite, moon. – 2. (space) (künstlicher) artificial (od. man-made) satellite. – 3. pol. satellite. – 4. fig. contempt. (Gefolgsmann) satellite; (fellow travel(l)er, yes-man (colloq.).

Sa·tel·li·ten|,bom·be f mil. bombardment satellite. — **~,fern,se·hen** n television by (od. via) satellite, satellite television. — **~,rech·ner** m satellite computer. — **~,staat** m pol. contempt. satellite nation (od. state). — **~,stadt** f satellite town. — **~,start** m (space) 1. satellite launching. – 2. lift-off of a satellite. — **~,über,tra·gung** f (radio) telev. satellite transmission.

~,über,wa·chung f mil. surveillance by satellite.

'Sa·tem,spra·chen ['zaːtɛm-] pl ling. satem languages.

Sa·tin [zaˈtɛ̃ː] m ⟨-s; -s⟩ (textile) 1. (aus Seide) satin. – 2. (aus Baumwolle) sateen.

Sa·ti·na·ge [zatiˈnaːʒə] f ⟨-; -n⟩ cf. Satinierung.

sa'tin|,ar·tig adj satinlike, satiny. — **S~,bin·dung** f (in der Weberei) satin weave. — **S~,blu·se** f satin blouse. — **S~,holz** n satinwood.

sa·ti·nie·ren [zatiˈniːrən] I v/t ⟨no ge-, h⟩ 1. (paper, textile) satin(ize), glaze, calender: warm ~ to hot-roll. – 2. (leather) glaze, satin(ize). – 3. (Glühbirnen) satin-frost. – II S~ n ⟨-s⟩ 4. verbal noun. – 5. cf. Satinierung. — **Sa·ti'nie·rer** m ⟨-s; -⟩ 1. (paper) calenderer, glazer. – 2. (leather) a) (Maschine) glazing (od. polishing) machine, pendulum jigger, b) (Arbeiter) glazer, polisher.

Sa·ti'nier|ka,lan·der m, **~ma,schi·ne** f 1. (paper) (super)calender. – 2. (leather) glazing (od. polishing) machine.

sa·ti'niert I pp. – II adj 1. (Papier etc) glazed. – 2. (Leder) glazed, polished.

Sa·ti'nie·rung f ⟨-; -en⟩ tech. 1. cf. Satinieren. – 2. glaze.

Sa·ti'nier|,wal·ze f 1. (paper) glazing roll (od. roller), calender roll. – 2. (leather) glazing (od. polishing) roll. — **~,walz,werk** n cf. Satinierkalander. — **~,werk** n calender.

Sa'tin,pa·pier n glazed paper.

Sa·ti·re [zaˈtiːrə] f ⟨-; -n⟩ (literature) satire: eine ~ auf die Gesellschaft schreiben to satirize (Br auch -s-) (od. write a satire on) society.

Sa'ti·ren|,dich·ter, **~,schrei·ber** m cf. Satiriker.

Sa·ti·ri·ker [zaˈtiːrikər] m ⟨-s; -⟩ satirist, satirizer Br. auch -s-.

sa'ti·risch adj 1. (literature) satiric(al). – 2. (Bemerkung etc) satiric(al), pungent, biting.

Sa·tis·fak·ti·on [zatɪsfakˈtsi̯oːn] f ⟨-; -en⟩ (Genugtuung, bes. durch Duell) satisfaction: er verlangte (od. forderte) ~ von ihm he demanded satisfaction of (od. from) him; j-m ~ geben to give s.o. satisfaction. — **sa·tis·fak·ti·ons,fä·hig** adj qualified to give satisfaction (od. to fight a duel).

Sa·trap [zaˈtraːp] m ⟨-en; -en⟩ hist. (altpers. Statthalter) satrap.

Sa'tra·pen,wirt·schaft f fig. contempt. satrapy.

Sa·tra·pie [zatraˈpiː] f ⟨-; -n [-ən]⟩ satrapy.

Sat·su·ma ['zatsuma] f ⟨-; -s⟩ (eine Mandarinenart) satsuma (orange).

satt [zat] I adj ⟨-er; -est⟩ 1. (gesättigt) replete, full (up colloq.), satisfied; satiate(d), sated (lit.): ein ~er Magen a full stomach; ich bin ~ I have had sufficient (od. enough), I am full (up colloq.); sich (an dat etwas) ~ essen to eat one's fill (of s.th.); dieses Gericht macht (schnell) ~ this dish is (very) filling; ich bin von der Portion nicht ~ geworden this helping was not enough for me (od. colloq. didn't fill me); die Kinder sind immer noch nicht ~ the children still haven't had enough; es fällt ihm schwer, Frau und Kinder ~ zu bekommen he finds it hard to feed his wife and family (od. to make ends meet). – 2. sich an (dat) etwas nicht ~ sehen [hören] können fig. not to be able to see [to hear] enough of s.th., not to tire of seeing [hearing] s.th.: er konnte sich an den Photos nicht ~ sehen he could not get enough of (od. he could not take his eyes off) the photos. – 3. etwas [j-n] ~ haben (od. sein) fig. colloq. to be tired (od. weary, colloq. sick) of s.th. [s.o.], to have had enough of s.th. [s.o.], to be fed up with s.th. [s.o.] (sl.): etwas gründlich ~ haben to be sick and tired of s.th., to be sick to death of s.th. (beide colloq.), to be fed up to the (back) teeth with s.th. (sl.); ich habe es ~, ständig von dir ermahnt zu werden I am tired of always being admonished by you; etwas ~ bekommen (od. colloq. kriegen) to grow (od. become, get) tired of s.th., to get fed up with s.th. (sl.). – 4. (Farben etc) rich, mellow, deep. – 5. fig. contempt. (selbstzufrieden) complacent: ein ~es Lächeln a complacent smile; das ~e Bürgertum the complacent (od. sated) bourgeoisie. – 6. sl. (großartig) 'gorgeous', 'terrific' (beide colloq.), 'smash-

ing' (sl.). – II adv 7. nicht ~ zu essen haben not to have enough to eat; ~ lächeln fig. contempt. to smile complacently.

'satt,blau adj deep-blue.

'Satt,dampf m tech. saturated steam.

'Sat·te [¹] m, f ⟨-n; -n⟩ 1. full (od. satisfied) person. – 2. die ~n fig. contempt. the self-satisfied.

'Sat·te [²] f ⟨-; -n⟩ Northern G. (milk)pan, bowl.

Sat·tel ['zatəl] m ⟨-s; ¨⟩ 1. (Reitsattel) saddle, pigskin (colloq.): der englische ~ the pad (saddle); sich in den ~ schwingen to leap (od. vault, spring) into the saddle; ohne ~ reiten to ride bareback(ed); den ~ abschnallen to take off the saddle, to unsaddle; den ~ auflegen (od. anschnallen) to put on the saddle, to saddle; er wurde aus dem ~ geworfen he was thrown from the saddle, he was unseated (od. unhorsed, unsaddled); sich im ~ halten auch fig. to stay in the saddle; j-n in den ~ heben a) to hoist s.o. into the saddle, b) fig. to launch s.o.; j-m in den ~ helfen a) to help s.o. (up) into the saddle, to give s.o. a leg up, b) fig. to give s.o. a leg up, to help s.o. to get on (colloq.); j-n aus dem ~ heben a) to unsaddle (od. unhorse) s.o., b) fig. to oust s.o., c) hist. (im Turnier) to dismount s.o.; er sitzt fest im ~ a) he sits his horse well, he is firmly in the saddle, b) fig. he is firmly (od. well) established (od. entrenched); er ist in allen Sätteln gerecht fig. he is an all-round man (od. a good all-rounder), he can turn his hand to anything. – 2. (des Fahrrads etc) saddle: er schwang sich in den ~ colloq. he jumped on(to) his bike (colloq.). – 3. (eines Berges) saddle, col. – 4. geol. (mining) a) (Falte) anticline, upfold, b) (eines Flözes) anticlinal fold. – 5. med. a) saddle, b) (der Nase) bridge. – 6. (fashion) (Passe) yoke. – 7. mus. (der Geige etc) nut. – 8. civ.eng. a) (Querholz) transom (bar), crossbar, crossbeam, b) (einer Brücke) saddle. – 9. tech. a) (eines Papierholländers) backfall, b) (einer Werkzeugmaschine) saddle, c) (der Malzdarre) kiln vault. – 10. print. a) (Schriftguß) bed, b) (der Handpresse) gallows.

'Sat·tel|,ach·se f geol. anticlinal axis. — **~,an,hän·ger** m auto. semitrailer. — **~,bil·dung** f geol. anticlinal formation. — **~,bo·gen** m saddlebow, Br. saddle-bow. — **~,dach** n arch. (Giebeldach) saddle (od. gable) roof, saddleback (roof). — **~,decke** (getr. -k·k-) f 1. saddle blanket. – 2. (des Rennpferdes) saddlecloth, Br. saddle-cloth. — **~,druck** m vet. sitfast, setfast. — **s~,fest** adj 1. firm in the saddle: er ist ~ he sits his horse well, he has a good (od. safe) seat; ein ~er Reiter a competent rider. – 2. in (dat) etwas ~ sein fig. colloq. to be well versed (od. colloq. well up) in s.th.: in Geschichte bin ich noch nicht ganz ~ I'm not too sure of (od. still a bit shaky on) my history. — **s~,för·mig** adj 1. saddle-shaped. – 2. med. sellar, saddle-shaped. — **~,griff** m (eines Motorradsattels) saddle grip. — **~,gurt** m girth, bellyband, Br. belly-band. — **~,holz** n 1. pl (in der Sattlerei) saddle beams, sleepers. – 2. arch. bolster, corbel piece, head tree, crown plate, saddle. – 3. bot. cf. Balsampappel. — **~,kis·sen** n 1. saddle cushion. – 2. (Kissen als Sattelersatz) panel, pad. — **~,knopf** m 1. pommel (auch pummel) (of a saddle), horn. – 2. (am Damensattel) crutch. — **~,kraft,fahr,zeug** n articulated vehicle. — **~,krö·te** f zo. brachycephalic toad (Brachycephalus ephippium).

sat·teln ['zatəln] I v/t ⟨h⟩ saddle, put the saddle on. – II v/reflex sich (für etwas) ~ fig. to prepare oneself (od. to get ready) (for s.th.). – III S~ n ⟨-s⟩ verbal noun.

'Sat·tel|,na·se f med. saddlenose, saddleback (od. swaybacked, auch swayback) nose. — **~,pau·sche** f (des Reitsattels) cantle. — **~,pferd** n leader, nearsider: hinteres ~ near wheeler; vorderes ~ near leader. — **~,platz** m (auf Rennplätzen) paddock. — **~,rob·be** f zo. harp (od. saddleback) seal (Phoca groenlandica).

'Sat·tel,schlep·per m auto. 1. (ohne Anhänger) truck (od. semitrailer) tractor. – 2. (mit Anhänger) semitrailer (train), auch semi. — **~,an,hän·ger** m semitrailer.

'Sat·tel|,sitz m seat (of a saddle). — **~,stall** m (sport) saddling stall. — **~,steg** m sidebar. — **~,stüt·ze** f (eines Fahrradsattels)

seat pillar, saddle support. — ~**ta·sche** f saddlebag.
'**Sat·te·lung** f ‹-; no pl› cf. Satteln.
'**Sat·tel**|**wun·de** f vet. saddle wound. — ~**zeug** n saddlery, saddle and harness, tack. — ~**zug·ma·schi·ne** f auto. cf. Sattelschlepper 1.
'**satt**,**grün** adj deep- (od. lush-)green.
'**Satt·heit** f ‹-; no pl› **1.** repleteness, fullness, auch fulness, satisfaction; satiety, satiation (lit.). – **2.** fig. (Überdruß) weariness. – **3.** (der Farbe etc) richness, mellowness, deepness. – **4.** fig. contempt. (Selbstzufriedenheit) complacency.
sät·ti·gen ['zɛtɪɡən] **I** v/t ‹h› **1.** satisfy, fill (up) (colloq.), satiate: diese Portion wird uns ~ this helping will fill us up (colloq.); die Kinder sind nicht zu ~ the children are (quite) insatiable. – **2.** fig. (befriedigen) satisfy, satiate, sate, appease. – **3.** chem. (Lösung) saturate. – **4.** econ. (Markt) a) saturate, b) (überschwemmen) glut. – **II** v/i **5.** be substantial (od. filling): diese Mahlzeit sättigt this is a substantial meal. – **III** v/reflex sich ~ **6.** (an dat, mit, von of) eat one's fill. – **7.** chem. get (od. become) saturated. – **IV** S~ n ‹-s› **8.** verbal noun. — **sät·ti·gend** I pres p. – II adj **1.** (Mahlzeit etc) substantial, satiating, filling. – **2.** chem. saturating, saturant. — '**Sät·ti·gung** f ‹-; no pl› **1.** cf. Sättigen. – **2.** repleteness, repletion, fullness, auch fulness; satiety, satiation (lit.). – **3.** fig. (Befriedigung) satisfaction, satiation, appeasement. – **4.** chem. saturation: etwas bis zur ~ lösen to dissolve s.th. to saturation. – **5.** econ. (des Marktes) saturation.
'**Sät·ti·gungs**|**grad** m chem. degree of saturation. — ~**punkt** m bes. chem. econ. saturation point. — ~**wert** m saturation value.
'**Satt·ler** m ‹-s; -› **1.** saddler. – **2.** (Geschirrmacher) harnessmaker. – **3.** (für allgemeine Lederarbeiten) cobbler, leatherworker. – **4.** (Polsterer) upholsterer. — ~**ar·beit** f saddler's work.
Satt·le·rei f ‹-; -en› **1.** saddlery, saddler's workshop. – **2.** ‹only sg› cf. Sattlerhandwerk.
'**Satt·ler**|**hand**,**werk** n saddlery, saddler's trade. — ~**mei·ster** m **1.** master saddler. – **2.** master harnessmaker. – **3.** master cobbler. – **4.** master upholsterer. — ~**na·del** f saddler's needle. — ~**wa·ren** pl saddlery sg. — ~**werk**,**statt** f saddlery, saddler's workshop.
'**satt·sam** adv sufficiently, enough, abundantly: es ist ~ bekannt, daß it is sufficiently known (od. a well-known fact) that; etwas ist ~ bewiesen there is abundant proof of s.th.
Sa·tu·ra·ti·on [zatura'tsi̯oːn] f ‹-; no pl› **1.** chem. saturation. – **2.** tech. (bei der Zuckerherstellung) saturation, carbonation. — **sa·tu·rie·ren** [zatu'riːrən] **I** v/t ‹no ge-, h› **1.** chem. saturate. – **2.** tech. (bei der Zuckerherstellung) a) saturate, carbonate, b) (entkalken) delime. – **3.** fig. (befriedigen) saturate, sate. – **II** v/reflex sich ~ **4.** fig. sate oneself. – **III** S~ n ‹-s› **5.** verbal noun. – **6.** cf. Saturation. — **sa·tu'riert** I pp. – II adj das ~e Bürgertum fig. contempt. the complacent (od. smug) middle classes.
Sa·turn [za'turn] **I** npr m ‹-s; no pl› myth. Saturn (Roman god of agriculture). – **II** m ‹-s; no pl› astr. Saturn.
Sa·tur·na·li·en [zatur'naːli̯ən] pl antiq. Saturnalia. — **sa·tur'na·lisch** [-lɪʃ] adj Saturnalian.
sa·tur·nisch adj Saturnian: ~er Vers antiq. metr. Saturnian verse; S~es Zeitalter fig. Saturnian (od. golden) age.
Sa·tur·nis·mus [zatur'nɪsmus] m ‹-; no pl› med. (Bleivergiftung) lead poisoning; saturnism, saturnine poisoning, plumbism (scient.).
Sa'turn|**nä·he** f astr. perisaturnium. — ~**ring** m meist pl ring of Saturn.
Sa·tyr ['zaːtyr] m ‹-s u. -n; -n u. -e› **1.** myth. (Waldgeist) satyr, Satyr. – **2.** fig. (Lüstling) satyr. — **s~ar·tig** adj satyric, satyrlike.
Sa·ty·ria·sis [zaty'riːazɪs] f ‹-; no pl› med. satyriasis, satyromania.
'**Sa·tyr**,**spiel** n antiq. (theater) satyr play.
Satz¹ [zats] m ‹-es; ⁓e› **1.** ling. a) sentence, b) (Satzgefüge) period, c) (Teil eines Satzgefüges) clause: einfacher ~ simple sentence; zusammengesetzter ~ compound

(od. complex) sentence, period; abhängiger [unvollständiger, eingeschobener] ~ subordinate [incomplete, inserted] clause; Sätze bilden (od. konstruieren) to form (od. construct) sentences; in abgerissenen Sätzen reden to speak in broken sentences. – **2.** bes. philos. (Behauptung) tenet, principle, doctrine, dogma: einen ~ aufstellen [anfechten] to lay down [to challenge od. contest] a dogma. – **3.** bes. math. proposition, theorem: der ~ des Euklid Euclid's theorem. – **4.** mus. a) (einer Sonate, Symphonie etc) movement, b) (Periode) sentence, period, c) (Technik) harmony, setting, style, writing, texture: ein achttaktiger ~ a sentence (of eight bars); akkordischer [freier, strenger] ~ chordal [free, strict] style. – **5.** print. a) (Vorgang des Setzens) setting-up, b) (das Gesetzte) composition, (type) matter: das Buch ist im ~ the book is being set (up); glatter ~ run-on (od. common, straight) matter. – **6.** (Gruppe zusammengehöriger Teile, Instrumente) set: ein ~ Teller [Gewichte] a set of plates [weights]. – **7.** (Einheit ineinanderpassender Teile) nest, set: ein ~ Schüsseln a nest of bowls. – **8.** tech. a) (von Maschinen) set, b) (von Schneidwerkzeugen) gang. – **9.** metall. a) (von Öfen) battery, b) (Beschickung) charge. – **10.** econ. (Sortiment) assortment, selection, lot. – **11.** philat. set. – **12.** (optics) (von Prismen etc) battery. – **13.** (sport) a) (beim Tennis etc) set, b) (beim Tischtennis) game. – **14.** (von Flüssigkeiten) sediment, settlings pl, (Gärungssatz) auch lees pl, dregs pl. – **15.** (Kaffeesatz etc) grounds pl: der Kaffee hat ~ there are grounds in the coffee. – **16.** chem. deposit, sediment. – **17.** brew. (seed) yeast, sediment. – **18.** econ. (Tarif) rate: j-m einen niedrigen ~ berechnen to charge s.o. a low rate; der übliche ~ beträgt the usual rate is; zum ~ von at the rate of. – **19.** (gewohnte Menge, Norm) quota: einen bestimmten ~ an Geld pro Tag haben to have a fixed quota of money per day. – **20.** hunt. a) (Wurf von Hasen u. Kaninchen) nest, litter, b) (eingesetzte Fischbrut im Teich) fry. – **21.** (games) (Einsatz) stake.
Satz² m ‹-es; ⁓e› **1.** (Sprung) leap, bound, jump: einen ~ machen to take a leap (od. bound), to (make a) jump; er war mit einem ~ an der Tür he reached the door with one bound; der Junge sprang mit einem ~ über den Graben the boy cleared the ditch with (od. in) one leap. – **2.** (großer Schritt) stride: er hatte sie in wenigen Sätzen eingeholt he had caught up with her in a few strides. – **3.** (der Katze auf die Maus etc) pounce.
'**Satz**|**ak**,**zent** m ling. stress, sentence (auch tonic) accent (od. stress). — ~**ana**,**ly·se** f sentence analysis: eine ~ vornehmen to analyze (Br. auch -s-) (od. construe, parse) a sentence. — ~**an**,**ord·nung** f print. typographical arrangement. — ~**an**,**wei·sung** f instructions pl for the compositor. — ~**art** f ling. type of (main) clause. — ~**aus**,**sa·ge** f predicate. — ~**ball** m (sport) a) (beim Tennis etc) set point, b) (beim Tischtennis) game point. — ~**band** n ‹-(e)s; ⁓er› ling. copula.
'**Satz**,**bau** m ‹-(e)s; no pl› ling. structure (od. construction, formation) of a sentence, auch syntax. — ~**plan** m sentence pattern.
'**Satz**|**be**,**to·nung** f ling. cf. Satzakzent. — ~**bett** n print. type bed. — ~**bild** n setting. — ~**brei·te** f measure. — ~**brett** n letter (od. composition, type) board. — ~**bruch** m ling. cf. Anakoluth. — ~**er**,**gän·zung** f complement. — ~**feh·ler** m print. (printer's od. typographical) error, misprint. — ~**form** f **1.** ling. form of a sentence. – **2.** mus. form. – **3.** print. form, Br. forma. — ~**fra·sen** n tech. gang milling. — ~**frä·ser** m gang milling cutter, straddle cutter. — ~**ge**,**fü·ge** n ling. period, complex sentence. — ~**ge·gen**,**stand** m subject. — ~**glied** n member (od. part, constituent) of a sentence. — ~**in·to**,**na·ti·on** f ling. cf. Satzmelodie. — ~**koks** m metall. (in der Gießerei) coke per charge. — ~**ko**,**lum·ne** f print. column of type, (ganzseitige) page of type. — ~**kon·struk·ti**,**on** f ling. construction (od. composition, structure) of a sentence. — ~**ko·sten** pl print. cost(s pl) of composition. — ~**kunst** f mus. art of composition. — ~**leh·re** f ling.

syntax. — ~**me·lo**,**die** f intonation (of a sentence). — **s~**,**reif** adj (Manuskript) ready for setting: das Manuskript ~ machen to do copy styling. — ~**rei·he** f ling. compound sentence, sentence consisting of several main clauses. — ~**spie·gel** m print. type page, type (od. printed) area. — ~**teil** m ling. **1.** cf. Satzglied. – **2.** (Subjekt u. Prädikat enthaltend) clause.
'**Sat·zung** f ‹-; -en› **1.** jur. a) statute, (standing) rule(s pl), regulation, by(e)law, b) (einer Körperschaft, Innung, eines Vereins etc) by(e)law, c) (einer Gesellschaft) articles pl of association, constitution, statutes and articles pl. – **2.** jur. pol. covenant.
'**Sat·zungs**|**än·de·rung** f **1.** jur. amendment (od. alteration) of the statute. – **2.** jur. pol. (Verfassungsänderung) constitutional amendment. — **s~ge**,**mäß I** adj statutory, statutable, regular, according to (od. in accordance with) the statutes. – **II** adv statutorily, statutably, according to (od. in accordance with) the statutes. — ~**recht** n statute law. — **s~**,**wid·rig I** adj unstatutable, against (od. in violation of) the statutes. – **II** adv against (od. in violation of) the statutes.
'**Satz**|**ver**,**bin·dung**, ~**ver**,**knüp·fung** f ling. compound sentence. — ~**vor**,**la·ge** f print. copy, manuscript. — **s~**,**wei·se** adv **1.** sentence by sentence. – **2.** by the set, in sets: die Briefmarken werden ~ verkauft the stamps are sold by the set. — **s~**,**wer·tig** adj ling. (Infinitiv, Partizip) used in isolation and replacing a whole clause or sentence. — ~**zei·chen** n ling. punctuation mark: ~ in einem Satz setzen to put (the) punctuation (marks) in a sentence, to punctuate a sentence.
Sau [zau] f ‹-; ⁓e, hunt. -en› **1.** (Mutterschwein) sow: eine trächtige ~ a sow in pig. – **2.** cf. Schwein 1. – **3.** ‹pl -en› hunt. (Bache) wild sow, hog: grobe ~ wild sow (od. hog) at least 5 years old; die ~ hetzen to go hunting for sows. – **4.** vulg. (Schimpfwort) dirty (od. filthy) swine (vulg.). – **5.** fig. colloq. (in Wendungen wie) er blutet wie eine ~ he bleeds like a pig; schreien wie eine gestochene ~ to cry blue murder (colloq.); du fährst wie eine gesengte ~ you drive like a lunatic; diese Arbeit ist unter aller ~ this is a really lousy piece of work (colloq.); j-n zur ~ machen to give s.o. what for (colloq.), to read s.o. the riot act; → Perle 1. – **6.** colloq. for Klecks 1. – **7.** metall. (furnace) sow, salamander. — ~**ar·beit** f colloq. **1.** (schmutzige Arbeit) filthy (od. dirty) work. – **2.** (schwere Arbeit) tough (od. hellish) work, drudgery. – **3.** (schlechtgeleistete Arbeit) bad (od. colloq. lousy, sl. rotten) work. — ~**bär** m bes. Bavarian and Austrian colloq. (Schimpfwort) dirty (od. filthy) pig (colloq.).
sau·ber ['zaubər] **I** adj ‹saub(e)rer; -st› **1.** (rein, schmutzlos) clean: ~e Wäsche [Hände] clean linen [hands]; ein ~es Hemd anziehen to put on a clean shirt; eine ~e Weste haben fig. to have a clean slate (od. record). – **2.** (reinlich, sauberkeitsliebend) clean, cleanly: sie ist nicht besonders ~ she is not particularly clean; Katzen sind ~e Tiere cats are clean animals. – **3.** (ordentlich, aufgeräumt) tidy, neat, trim, shipshape, neat and nice: eine ~e Küche a tidy kitchen. – **4.** (genau, sorgfältig) neat: der Handwerker hat ~e Arbeit geleistet the workman has done neat work (od. colloq. a decent piece of work); die ~e Verarbeitung eines Kleides the neat finishing of a dress. – **5.** (klar, deutlich) neat, tidy: eine ~e Handschrift neat handwriting, a fair hand (lit.). – **6.** (anständig) clean, decent: ein ~er Charakter a clean character; ~e Geschäftsmethoden clean business methods. – **7.** (nicht verunreinigt) pure, clean, unpolluted. – **8.** Southern G. (hübsch) pretty, nice, fine. – **9.** colloq. iron. 'nice', 'fine' (beide colloq.): du bist mir ja ein ~er Freund! a nice friend you are! ein ~es Früchtchen, ein ~er Patron a bad egg (colloq.); das scheint ja eine ~e Gesellschaft zu sein! that seems to be a nice set; du bist ja ~! you are a nice one! – **10.** mus. a) (Anschlag, Ton) clean, b) (Intonation) just. – **11.** (sport) (Schlag) clean. – **12.** nucl. (Bombe etc) clean. – **II** adv **13.** neatly: ein ~ geschriebener Brief a neatly written

letter; er hat ~ gearbeitet he worked very neatly, he did very neat work; sie ist immer ~ gekleidet she is always neatly (*od.* tidily) dressed. – **14.** *colloq. iron.* 'nicely' (*colloq.*): dein Freund hat sich ja wirklich ~ benommen! your friend behaved nicely, I must say! j-n ~ reinlegen to play a dirty trick on s.o.

'sau·ber,hal·ten I *v/t* ⟨*irr, sep,* -ge-, h⟩ **1.** (*Wäsche, Gardinen etc*) keep (*s.th.*) clean. – **2.** (*Haus, Wohnung etc*) keep (*s.th.*) tidy (*od.* neat, shipshape). – **II** *v/reflex* **sich ~ 3.** *auch fig.* keep oneself clean.

'Sau·ber·keit *f* ⟨-; *no pl*⟩ **1.** (*Reinheit*) cleanness, cleanliness: vor ~ glänzen to be neat and shining; auf ~ achten to set great store by cleanliness. – **2.** (*Reinlichkeit, Sauberkeitsliebe*) cleanness, cleanliness. – **3.** (*Ordnung*) tidiness, neatness, trimness: in ihrem Haus herrscht ~ und Ordnung she keeps her house neat and tidy (*od.* neat and nice, spic[k]-and-span). – **4.** (*Genauigkeit, Sorgfalt*) neatness. – **5.** (*Klarheit, Deutlichkeit*) neatness, tidiness. – **6.** (*Anständigkeit*) cleanness, decency, decentness. – **7.** (*des Wassers, der Luft etc*) purity, cleanness. – **8.** *mus.* a) (*des Anschlags*) cleanness, b) (*des Tons*) purity, c) (*der Intonation*) justness. – **9.** *nucl.* cleanness.

'säu·ber·lich *adv* (*sorgfältig, gewissenhaft*) carefully, painstakingly, meticulously, with (great) care: alles war (fein) ~ verpackt everything was meticulously packed; das Original (fein) ~ abschreiben to copy the original painstakingly; die Kleider (fein) ~ zusammenlegen to fold up one's clothes carefully.

'sau·ber,ma·chen I *v/i* ⟨*sep*, -ge-, h⟩ clean (*od.* tidy) up. – **II** *v/t* clean (up), tidy (up).

säu·bern ['zɔybərn] **I** *v/t* ⟨h⟩ **1.** (*Haus, Boden, Zimmer etc*) clean (up), tidy (up). – **2.** (*Gesicht, Fingernägel, Wunde etc*) clean, cleanse. – **3.** (*befreien*) clear, clean up (*colloq.*): ein Beet von Unkraut ~ to clear (*od.* rid) a flowerbed of weeds, to weed (*od. colloq.* clean up) a flowerbed. – **4.** *bes. pol.* (*Land, Partei etc*) purge, clean up (*colloq.*). – **5.** *mil.* (*Gegend von Feinden*) mop up. – **6.** (*Artikel, Texte etc*) bowdlerize. – **II** *v/reflex* **sich ~ 7.** clean (oneself) up, have a wash. – **III S~** *n* ⟨-s⟩ **8.** *verbal noun.* — **'Säu·be·rung** *f* ⟨-; -en⟩ **1.** *cf.* Säubern. – **2.** *bes. pol.* (*einer Partei etc*) purge. – **3.** (*von Artikeln, Texten etc*) expurgation, bowdlerization.

'Säu·be·rungs·ak·ti,on *f* **1.** *pol.* purge. – **2.** *mil.* mopping-up (action).

'sau'blöd, 'sau'blö·de *adj colloq.* **1.** (*Person*) hopelessly (*od. colloq.* damned) stupid, *Am. colloq.* (as) dumb as they come (*od.* make 'em). – **2.** (*Situation etc*) terribly (*od.* damned) awkward (*colloq.*).

'Sau,boh·ne *f bot.* broad (*auch* fava) bean, *auch* fava, faba, horsebean, tickbean, Windsor bean, *auch* Windsor (*Vicia faba*).

Sau·ce ['zo:sə] *f* ⟨-; -n⟩ *gastr. cf.* Soße.

Sau·cen... *cf.* Soßen...

Sau·cie·re [zo'si:rə] (*Fr.*) *f* ⟨-; -n⟩ *gastr.* sauceboat, gravy boat.

sau·cie·ren [zo'si:rən] *v/t* ⟨*no ge-*, h⟩ *tech.* (*Tabak*) sauce, water (*tobacco*) (*sl.*).

Sau·cis·chen [zo'si:sçən] *n* ⟨-s; -⟩ *gastr.* chipolata, cocktail sausage.

'Sau·di|,ara·ber ['zaudi-] *m* Saudi Arabian. — **s~,ara·bisch** [-ʔa,ra:bɪʃ] *adj* Saudi Arabian.

'Sau|,di·stel *f bot.* sow thistle (*Sonchus oleraceus*). — **s~'dumm** *adj colloq.* saublöd(e).

sau·en ['zauən] *v/i* ⟨h⟩ **1.** *agr.* (*Junge werfen*) farrow, pig. – **2.** *colloq.* make a mess, mess up the place. – **3.** *vulg.* tell dirty (*od.* filthy) jokes, talk smut. – **4.** *Southwestern G. dial.* run, rush.

sau·er ['zauər] **I** *adj* ⟨saurer; -st⟩ **1.** (*Obst, Essig, Brot etc*) sour, tart, acid: → Apfel 1; Traube 1. – **2.** (*Milch, Sahne*) sour: die Milch ist ~ geworden the milk has turned (sour), the milk has gone sour (*od.* off). – **3.** (*Gurken, Heringe etc*) pickled: etwas ~ einlegen to pickle s.th. – **4.** (*Bonbons, Drops*) acid. – **5.** (*Wein etc*) sour, sharp, hard, rough. – **6.** (*vergoren*) sour: der Wein ist ~ geworden the wine has turned sour (*od.* has pricked). – **7.** *chem.* acid, sour: eine Lösung ~ machen to acidify (*od.* acetify) a solution. – **8.** *agr.* a) (*Boden*) acid, b) (*Grünfutter*) sour. – **9.** saures Aufstoßen acid indigestion (*od. scient.*

eructation): etwas stößt j-m ~ auf *s.th.* repeats on s.o.; das wird dir noch ~ aufstoßen! *fig. colloq.* you will pay for (*od.* regret) that. – **10.** *fig.* (*hart, mühselig*) sour, hard, tough: die Arbeit wird ihm recht ~ he finds the work rather tough; es ist schon ein saures Brot! it's a hard life (*od.* grind); er hat es sich ~ werden lassen he has chosen the hard way; → Leben 1. – **11.** *fig.* (*verdrießlich*) peeked, riled, peeved (*colloq.*): er ist ~ *colloq.* he is peeved; ~ auf j-n sein *colloq.* to be angry (*od.* vexed, *colloq.* cross) with s.o.; ein saures Gesicht (*od.* eine saure Miene) machen to put on a peeked (*od.* sour) face; ~ werden *colloq.* to get mad (*colloq.*). – **II** *adv* **12.** ~ reagieren a) *chem.* to react sour, b) *fig. colloq.* (*verärgert sein*) to be peeked (*od. colloq.* peeved), c) *fig. colloq.* (*auf etwas nicht eingehen*) not to be enthusiastic; ~ verdientes Geld hard-earned money; sich (*dat*) etwas ~ erworben haben to have earned (*od.* acquired) s.th. the hard way; etwas kommt j-n ~ an s.o. finds s.th. hard.

'Sau·er|,amp·fer *m* **1.** *bot.* sorrel, sour (*od.* sharp) dock (*Rumex acetosa*): Gemeiner ~ cock sorrel (*R. acetosa*); Kleiner ~ sheep sorrel, wood sorrel, greensauce (*R. acetosella*). – **2.** *fig. colloq.* sour wine. — **~,bra·ten** *m gastr.* oven- (*od.* pot-)roasted beef marinated in vinegar, herbs and spices, *bes. Am.* sauerbraten. — **~,brun·nen** *m* **1.** mineral spring. – **2.** *cf.* Mineralwasser. — **~,dorn** *m bot.* barberry, *auch* berber(r)y (*Berberis vulgaris*).

Saue'rei *f* ⟨-; -en⟩ *vulg.* **1.** *cf.* Schweinerei. – **2.** miserable (*od. colloq.* lousy) work.

'Sau·er|,fut·ter *n agr.* (en)silage. — **~,kir·sche** *f* **1.** *bot.* sour cherry (*Prunus cerasus*). – **2.** sour cherry. — **~,klee** *m* common (wood) sorrel, cuckoo sorrel, cuckoo-bread (*Oxalis acetosella*). – **2.** *bes. Northern G. for* Sauerkraut. — **~,kraut** *n gastr.* sauerkraut, *Am. auch* sourcrout, sourkrout.

'säu·er·lich I *adj* **1.** (*Obst, Brot etc*) sourish, slightly sour, tartish, acidy: der Apfel schmeckt ~ the apple has a sourish taste. – **2.** (*Milch, Sahne*) sourish, slightly sour: die Milch ist schon leicht ~ the milk is slightly sour (*od.* has slightly turned). – **3.** (*Bonbons etc*) acidy. – **4.** (*Wein etc*) sourish, slightly sour, sharpish, hardish, roughish. – **5.** *bes. chem.* acidulous, acidulent, subacid, acescent. – **6.** *fig.* (*Lächeln, Miene etc*) sourish, slightly sour. – **II** *adv* **7.** ~ lächeln to give a sourish smile.

'Säu·er·ling *m* ⟨-s; -e⟩ **1.** *cf.* Mineralwasser. – **2.** *bot.* mountain sorrel (*Oxyria digyna*).

'Sau·er,milch *f gastr.* sour (*od.* curdled) milk.

sau·ern ['zauərn] *v/i* ⟨h⟩ *obs.* turn (*od.* go) sour.

säu·ern ['zɔyərn] **I** *v/t* ⟨h⟩ **1.** (*Fisch, Fleisch etc*) sour, make (*s.th.*) sour (*od.* acid), verjuice. – **2.** (*Teig, Brot etc*) leaven. – **3.** *chem.* acidify. – **II** *v/i* **4.** turn (*od.* go) sour. – **III S~** *n* ⟨-s⟩ **5.** *verbal noun.* – **6.** *cf.* Säuerung.

'Sau·er,stoff *m* ⟨-(e)s; *no pl*⟩ *chem.* oxygen (O): etwas mit ~ verbinden to oxidize (*od.* oxygenate, oxygenize) s.th.; einer Verbindung ~ entziehen to de-oxygenate (*od.* deoxidate) a compound; die Lunge mit ~ versorgen, der Lunge ~ zuführen *med.* to ventilate the lung. — **~,an,rei·che·rung** *f* enrichment of oxygen, oxygenization. — **~,ap·pa,rat** *m med. cf.* Sauerstoffgerät. — **s~,arm** *adj* **1.** (*Luft*) stale. – **2.** *chem.* lacking in oxygen. – **3.** *med.* a) (*Blut*) anox(a)emic, b) (*Organ*) oxygen-starved. — **~,auf,nah·me** *f chem.* oxygen absorption. — **s~,bad** *n med.* oxygen bath. — **~,be,häl·ter** *m* oxygen container (*od.* tank). — **~,ent,zug** *m chem.* de-oxygenation. — **~,fla·sche** *f* oxygen cylinder (*od.* flask). — **~,gas** *n* oxygen gas. — **~,ge,blä·se** *n metall.* oxygen blower. — **~,ge,halt** *m chem.* oxygen content. — **~,ge,misch** *n chem. tech.* oxygen mixture. — **~,ge,rät** *n med.* a) oxygen (breathing) apparatus, *Am.* oxygen machine, b) (*für künstliche Atmung*) respirator, c) (*für erste Hilfe*) resuscitator. — **s~,hal·tig** *adj chem.* containing oxygen, oxygenic, oxygenous. — **~-,Kon,ver·ter,stahl** *m metall.* oxygen-converter steel. — **~-,Kon,ver·ter-ver,fah·ren** *n* oxygen steelmaking process. — **~,kon·zen·tra·ti,on** *f* oxygen concentration.

— **~,lan·ze** *f metall.* oxygen lance. — **~,man·gel** *m* ⟨-s; *no pl*⟩ **1.** *auch chem.* lack of oxygen, oxygen deficiency. – **2.** *med.* (*des Blutes*) anoxia, anox(a)emia. — **~,mas·ke** *f* oxygen mask. — **~,pa,tro·ne** *f* oxygen cartridge. — **~,schlauch** *m* oxygen hose. — **~,schutz·ge,rät** *n* oxygen apparatus and respirator. — **~,schwei·ßung** *f tech.* oxyhydrogen welding. — **~,the·ra,pie** *f med.* oxygen therapy. — **~,trä·ger** *m nucl.* oxidizer. — **~,über,trä·ger** *m chem.* oxygen carrier. — **s~,un,ab,hän·gig** *adj biol.* anaerobic, *auch* anerobic. — **~,ver,bin·dung** *f chem.* oxide, *auch* oxyde, oxygen (*od.* oxidized) compound. — **~,ver,sor·gung** *f* oxygen supply. — **~,vor,rat** *m* oxygen reserve. — **~,zelt** *n med.* oxygen tent. — **~,zu,fuhr** *f* oxygen supply.

'sau·er,süß *adj auch fig.* sour-sweet.

'Sau·er,teig *m* **1.** *gastr.* (*in der Bäckerei*) leaven, sourdough. – **2.** *fig.* (*Gärstoff*) leaven, yeast.

'Sau·er,topf *m fig.* (*Griesgram*) grumpy (*od.* peevish) fellow, crosspatch, sourpuss (*alle colloq.*). — **'sau·er,töp·fisch** [-,tœpfɪʃ] *adj* (*griesgrämig*) grumpy, peevish, crabbed, sour.

'Säue·rung *f* ⟨-; *no pl*⟩ **1.** *cf.* Säuern. – **2.** *chem.* acidification, acidulation.

'säue·rungs|,fä·hig *adj chem.* acidifiable. — **S~,grad** *m* degree of acidity. — **S~,mit·tel** *n* acidifier.

'Sau·er,was·ser *n* ⟨-s; =⟩ *cf.* Mineralwasser.

'Sauf,abend *m colloq.* booze, boozing bout (*beide colloq.*), evening drinking session.

'Sau,fang *m hunt.* boar trap.

'Sauf|,aus *m* ⟨-s; -⟩, **~,bold** [-,bɔlt] *m* ⟨-(e)s; -e⟩, **~,bru·der** *m colloq. contempt.* boozer (*colloq.*), toper, tippler.

'Sau,fe·der *f hunt. hist.* hog spear.

sau·fen ['zaufən] **I** *v/t* ⟨säuft, soff, gesoffen, h⟩ **1.** (*bei Tieren*) drink, lap up: dem Pferd Wasser zu ~ geben to water the horse. – **2.** *vulg.* (*trinken*) guzzle, swig, swill (*s.th.*) (down), toss (*s.th.*) down (*od.* off), knock (*s.th.*) back (*od.* down) (*od. colloq.*), swill. – **3.** *colloq.* (*Alkohol*) drink, tipple: j-n unter den Tisch ~ to drink s.o. under the table; er hat gestern abend viel gesoffen he tippled a fair amount last night; er hat zuviel gesoffen he has had one too many. – **II** *v/i* **4.** (*von Tieren*) drink. – **5.** *colloq.* (*zechen*) tipple, tope; booze, hit the bottle, go on the bottle (*od.* booze) (*colloq.*): ~ wie ein Loch (*od.* Bürstenbinder, Fisch) to drink like a fish. – **6.** *colloq.* (*gewohnheitsmäßig*) be a drunkard, take to the bottle: er säuft schon seit Jahren he has been a drunkard for years. – **7.** *vulg.* (*trinken*) guzzle, swill, swig (*alle colloq.*): er trinkt nicht, er säuft he doesn't drink, he guzzles. – **III** *v/reflex* **8.** *colloq.* (*in Wendungen wie*) er wird sich noch zu Tode ~ he will drink himself to death, drink will be the death (*od.* end) of him; er säuft sich noch arm he will drink his last penny away, drink will land him in the gutter.

Säu·fer ['zɔyfər] *m* ⟨-s; -⟩ *colloq. contempt.* drunkard, tippler, toper; boozer, guzzler (*colloq.*), *Am. colloq.* rummy, souse (*sl.*), *Am. sl.* lush, dipsomaniac (*scient.*): ein notorischer ~ a notorious drunkard.

Säu·fe'rei *f* ⟨-; -en⟩ *vulg.* **1.** excessive (*od.* hard) drinking. – **2.** *cf.* Saufgelage.

Säu·fe·rin *f* ⟨-; -nen⟩ *colloq. contempt. cf.* Säufer.

'Säu·fer|,le·ber *f med.* gin drinkers' liver, hobnail (*auch* hobnailed) liver. — **~,na·se** *f colloq.* whisky (*od.* brandy, drunkard's) nose, coppernose, grog blossom (*colloq.*). — **~,wahn,sinn** *m med.* (the) horrors *pl* (*colloq.*), (the) jim-jams *pl* (*sl.*), delirium tremens (*od.* alcoholicum) (*scient.*).

'Sauf|,ge,la·ge *n colloq.* carousal, drunken spree, drinking bout, booze (*colloq.*); binge, 'soak' (*sl.*). — **~,ge,nos·se, ~,kum,pan** *m colloq.* drinking mate (*od.* friend), fellow tippler (*od.* toper). — **~,lo,kal** *n colloq.* booze joint (*sl.*), *Br. sl.* boozer. — **s~,lu·stig** *adj colloq.* fond of tippling (*od. colloq.* boozing). — **~,or·gie** *f colloq.* drinking orgy.

'Sau,fraß *m colloq. contempt.* 'muck' (*colloq.*), 'grub' (*sl.*).

säufst [zɔyfst] *2 sg,* **säuft** [zɔyft] *3 sg pres of* saufen.

'Säug,am·me *f* wet nurse.

'Saug|,an,la·ge *f tech. cf.* Saugapparat 1.

— **~ap·pa·rat** *m* **1.** *tech.* a) suction apparatus, sucker, b) (*Lüfter*) exhauster, c) (*Saugpumpe*) aspirator. – **2.** *med.* suction apparatus, aspirator. — **~bag·ger** *m* *civ.eng.* suction dredge(r), (sand-)pump dredge(r), hydraulic (suction) dredge(r). — **~drai·na·ge** *f* *med.* suction drainage. — **~dü·se** *f* *tech.* suction nozzle.

sau·gen ['zaʊgən] **I** *v/t* ⟨saugt, sog *od.* saugte, gesogen *od.* gesaugt; *tech.* saugte, gesaugt, h⟩ **1.** suck: Saft aus einer Orange ~ to suck an orange; die Bienen ~ Honig aus den Blüten the bees suck honey from the blossoms; er hat sich (*dat*) die Geschichte nicht aus den Fingern gesogen *fig. colloq.* he has not fabricated (*od.* invented) the story. – **2.** (*aufsaugen*) soak (*s.th.*) (up *od.* in), absorb, imbibe: die Wurzeln ~ die Feuchtigkeit aus dem Boden the roots absorb the moisture from the soil. – **3.** (*Muttermilch*) suck(le): das hat er schon mit der Muttermilch in (*dat*) sich gesogen *fig.* that was instilled in him from earliest infancy. – **4.** (*Zimmer, Teppich etc*) vacuum-clean, vacuum, *Br. colloq.* hoover: hast du schon Staub gesaugt? have you hoovered yet? – **5.** *tech.* suck. – **6.** *phys.* (*absaugen*) siphon, *auch* syphon. – **II** *v/reflex* **7.** sich voll Wasser ~ (*von Schwamm etc*) to become soaked with water, to soak. – **III** *v/i* **8.** an (*dat*) etwas ~ to suck (at) s.th.: er saugte am Daumen he sucked his thumb; er sog an seiner Pfeife he sucked at his pipe; das Baby saugte an der Brust the baby sucked (at) the breast. – **9.** (*mit dem Staubsauger*) vacuum-clean, vacuum, *Br. colloq.* hoover. – **IV S~** *n* ⟨-s⟩ **10.** *verbal noun.* – **11.** *tech.* suction.

säu·gen ['zɔʏgən] *v/t* ⟨h⟩ **1.** (*Kind*) suckle, breast-feed, nurse, give the breast to, (*als Amme*) *auch* wet-nurse. – **2.** (*Tier*) suck, give suck to. – '**säu·gend I** *pres p.* – **II** *adj* nursing.

'**Sau·ger** *m* ⟨-s; -⟩ **1.** (*der Babyflasche*) (rubber) teat, nipple. – **2.** (*Schnuller*) (dummy) teat, *bes. Br.* comforter. – **3.** *agr.* (*saugendes Junges*) suck(l)ing animal (*od.* young). – **4.** *zo.* (*Fisch*) sucker (*Fam. Catostomidae*). – **5.** *tech. cf.* a) Saugapparat, b) Saugkolben.

'**Säu·ger** *m* ⟨-s; -⟩ *zo.* **1.** *cf.* Säugetier. – **2.** *cf.* Sauger 4.

'**Säu·ge|tier** *n* *zo.* mammal, suckler, sucking animal, mammalian (*scient.*) (*Klasse Mammalia*). — **~zeit** *f* **1.** (*eines Kindes*) period of suckling, suckling (*od.* nursing) period, lactation (period) (*scient.*). – **2.** (*eines Tieres*) period of suckling, suckling period.

'**saug·fä·hig** *adj* (*Material etc*) absorbent, absorptive. — '**Saug·fä·hig·keit** *f* ⟨-; no *pl*⟩ absorbency, absorptive capacity, absorptivity.

'**Saug|fer·kel** *n* *agr.* sucking pig. — **~fisch** *m* *zo.* suckfish (*Caularchus maeandricus*). — **~fla·sche** *f* **1.** (*für Kinder*) feeding (*od.* nursing) bottle. – **2.** *chem.* suction (*od.* filter) flask. — **~gas** *n* *tech. cf.* Generatorgas. — **~ge,blä·se** *n* suction fan, exhauster. — **~he·ber** *m* *phys.* siphon, *auch* syphon, (absorption) pipette. — **~hö·he** *f* *tech.* (*im Verbrennungsmotor*) suction head. — **~hub** *m* suction (*od.* induction, admission, intake) stroke. — **~in·fu,so·ri·um** *n* *zo.* suctorian (*Klasse Suctoria*). — **~ka,nal** *m* *tech.* induction port. — **~klap·pe** *f* *tech. cf.* Saugventil. — **~kol·ben** *m* **1.** *chem. cf.* Saugflasche 2. – **2.** *tech.* (*einer Pumpe*) valve piston, sucker. — **~kopf** *m* **1.** *tech.* (*einer Pumpe*) mushroom strainer. – **2.** *metall.* a) (*in einer Gießerei*) shrink bob, b) (*in einem Stahlwerk*) crop end. — **~korb** *m* *tech.* suction (*od.* intake) strainer. — **~kraft** *f* **1.** *cf.* Saugfähigkeit. – **2.** *tech.* (*Sog*) suction, suck. — **~kreis** *m* **1.** *electr.* (*Wellenfalle*) trap. – **2.** (*radio*) radio absorption (*od.* acceptor) circuit. — **~krüm·mer** *m* *auto.* air-intake elbow pipe. — **~lei·stung** *f* *tech.* suction power. — **~lei·tung** *f* **1.** *auto.* intake (*od.* inlet) manifold. – **2.** *civ.eng.* (*der Kanalisation*) suction pipe.

Säug·ling ['zɔʏklɪŋ] *m* ⟨-s; -e⟩ baby, (suckling *od.* nursing) infant, newborn: er benimmt sich wie ein ~ he behaves like a baby, his behavio(u)r is rather infantile.

'**Säug·lings|,al·ter** *n* (early) infancy, babyhood. — **~,aus,stat·tung** *f* layette, baby goods *pl*. — **~be,ra·tung**, **~be·ra·tungs·,stel·le** *f* *med. cf.* Mütterberatungsstelle. — **~er,näh·rung** *f* infant feeding. — **~fla·sche** *f* nursing (*od.* feeding) bottle. — **~für,sor·ge** *f* infant welfare (work). — **~heim** *n* (baby) nursery, crèche. — **~milch** *f* baby milk. — **~nah·rung** *f* baby food(s *pl*). — **~pfle·ge** *f* baby (*od.* infant) care. — **~pfle·ge·rin** *f* (dry *od.* baby) nurse. — **~schwe·ster** *f* dry (*od.* baby) nurse. — **~sterb·lich·keit** *f* infant(ile) mortality. — **~waa·ge** *f* baby scales *pl* (*sometimes construed as sg*). — **~wä·sche** *f* baby linen.

'**Sau'glück** *n* *colloq.* unexpected (*od.* undeserved) good luck.

'**Saug|luft** *f* **1.** *tech. auto.* suction air. – **2.** *aer.* a) induced flow, b) (*Strömung durch Luftschraubenkreis*) inflow, c) (*im Windkanal*) indraft. — **~brem·se** *f* *auto.* vacuum-operated hydraulic brake. — **~pum·pe** *f* vacuum pump. — **~ver,tei·ler** *m* suction distributor.

'**Saug|,mal** *n* (*Knutschfleck*) love bite, strawberry (*colloq.*). — **~mas·sel** *f* *metall.* sinking head, feeder. — **~napf** *m* *zo.* sucker, suction cup, acetabulum (*scient.*). — **~,öff·nung** *f* *tech.* **1.** (*eines Ventilators*) intake opening. – **2.** (*einer Pumpe*) sucking port. – **3.** *auto.* (*Ansaugöffnung*) intake port. — **~or,gan** *n* **1.** *zo.* suctorial organ: Tiere mit ~en suctorians. – **2.** *bot.* haustorium. — **~pa,pier** *n*, **~post** *f*, **~post·pa,pier** *n* absorbent paper. — **~pum·pe** *f* **1.** *tech.* suction pump. – **2.** *med.* a) (*für die Brust*) suction cup, breast pump, b) (*für den Magen*) suction pump. — **~re,flex** *m* *med.* suction reflex.

'**sau'grob** *adj colloq.* **1.** (*Bemerkung, Witz etc*) damned rude (*colloq.*), *Br. vulg.* bloody rude. – **2.** (*Person*) damned rough (*colloq.*), *Br. vulg.* bloody rough.

'**Saug|,rohr** *n* *tech.* **1.** suction pipe (*od.* tube). – **2.** (*einer Turbine*) draft tube. – **3.** (*einer Pumpe*) tail pipe. – **4.** *auto.* (*der Verbrennungsmaschine*) induction (*od.* intake) manifold (*od.* pipe). — **~röh·re** *f* *zo.* (*der Insekten*) feeding tube. — **~rüs·sel** *m* (*bes. der Insekten*) proboscis, sucker, haustellum (*scient.*). — **~trich·ter** *m* *metall.* (*im Gußblock*) pipe. — **~ und 'Druck,pum·pe** *f* *tech.* sucking and forcing pump. — **~ven,til** *n* suction valve. — **~ver,ga·ser** *m* *auto.* suction-type carburetor (*bes. Br.* carburettor). — **~vor,rich·tung** *f* *tech. cf.* Saugapparat 1. — **~war·ze** *f* nipple. — **~wels** *m* *zo.* sisorid catfish (*Fam. Sisoridae*). — **~wir·kung** *f* *tech.* sucking (action), suction (effect). — **~wurm** *m* *zo.* trematode (*Klasse Trematoda*). — **~zug** *m* *tech.* induced draft (*bes. Br.* draught).

'**Sau|,hatz** *f* *hunt.* boar (*od.* hog) hunt(ing) with hounds. — **~hau·fen** *m* *colloq. contempt.* pack of bastards, 'swine' *pl* (*vulg.*). — **~hirt** *m* swineherd. — **~hund** *m* *colloq. contempt. cf.* Schweinehund 1.

'**Sau|,igel** *m* *colloq. contempt. cf.* Schweinigel. — **Sau·ige,lei** *f* ⟨-; -en⟩ *meist pl cf.* Schweinerei 1, 2. — '**sau·igeln** *v/i* ⟨h⟩ *cf.* schweinigeln.

säu·isch ['zɔʏɪʃ] *adj vulg.* **1.** (*Benehmen etc*) swinish, piggish, hoggish. – **2.** (*Witze etc*) filthy, dirty, nasty, obscene, smutty.

'**sau'kalt** *adj colloq.* damned cold, (as) cold as hell (*beide colloq.*), *Br. vulg.* bloody cold. — **S~'käl·te** *f* damned cold (*colloq.*). — **S~,kerl** *m* *vulg. contempt.* **1.** (*Br. vulg.* bloody) bastard, skunk; 'bugger', 'swine', sod, son of a bitch (*vulg.*). – **2.** *cf.* Sau 4. — **S~,la·che** *f* *hunt.* wild boar's wallow.

'**Saul,baum** *m* ['zaʊl-] *bot.* sal (tree) (*Shorea robusta*).

'**Säul·chen,flech·te** ['zɔʏlçən-] *f* *bot.* cladonia (*Fam. Cladoniaceae*).

Säu·le ['zɔʏlə] *f* ⟨-; -n⟩ **1.** *arch.* a) (*an Tempeln etc*) column, b) (*Stütze*) pillar, support: ionische [dorische, korinthische] ~ Ionic [Doric, Corinthian] column; das Dach wird von ~n gestützt (*od.* getragen), das Dach ruht auf ~n the roof is supported by pillars; er stand da wie eine ~ he stood there like a pillar. – **2.** (*von Rauch, Wasser, Quecksilber etc*) column, pillar. – **3.** *fig.* (*Stütze*) pillar: er ist eine ~ der Wissenschaft he is a pillar of science. – **4.** *mil.* (*Heereszug*) column. – **5.** *electr. phys.* pile: thermoelektrische ~ thermoelectric pile (*od.* battery); galvanische (*od.* Voltasche) ~ voltaic (*od.* Volta's) pile. – **6.** *med.* column, pillar. –

7. *math. min.* (*Prisma*) prism. – **8.** die ~n des Herkules *hist.* (*Straße von Gibraltar*) the Pillars of Hercules.

'**Säu·len|,ab,schluß** *m* *arch.* capital. — **~,ab,stand** *m* spacing of (the) columns, intercolumniation. — **s~,ar·tig** *adj cf.* säulenförmig. — **~,bau** *m* **1.** construction of a column. – **2.** building supported by columns. — **~,bohr·ma,schi·ne** *f* *tech.* drill press, column-type drilling machine, upright drill. — **~dia,gramm** *n* *math.* bar chart (*od.* graph). — **s~,för·mig** *adj* column-shaped, columnar, columned. — **~,fuß** *m* *arch.* column base. — **~,gang** *m* (*mit geradem Gebälk, Kolonnade*) colonnade. — **~,hal·le** *f* columned hall. — **~,hei·li·ge** *m* *relig. hist.* stylite, *auch* pillar saint, pillarist. — **~,hof** *m* *arch.* colonnaded court. — **~,knauf**, **~,knopf** *m* *cf.* Säulenabschluß. — **~,ord·nung** *f* order (of columns), columniation: ionische [dorische, korinthische] ~ Ionic [Doric, Corinthian] order. — **~,rei·he** *f* row of columns. — **~,schaft** *m* column shaft. — **~,stän·der** *m* *tech.* (*einer Maschine*) upright, post, pillar. — **~,stumpf** *m* truncated column. — **~,tem·pel** *m* *antiq.* peristylar temple: runder ~ monopteron, monopteros. — **~,vor,bau** *m* portico. — **~,zel·le** *f* *med.* columnar cell.

Sau·lus ['zaʊlus] *npr m* ⟨-; no *pl*⟩ *Bibl.* Saul: aus einem ~ zu einem Paulus werden *fig.* to change one's ways.

Saum[1] [zaʊm] *m* ⟨-(e)s; ≃e⟩ **1.** hem: ein schmaler [breiter] ~ a narrow [wide] hem; ein falscher ~ a false hem; den ~ heften [abstecken] to tack (*od.* baste) [to pin up] the hem. – **2.** (*Naht*) seam. – **3.** (*Rand, Besatz*) edging, edge, trimming. – **4.** (*Webkante*) selvage, selvedge. – **5.** *fig. lit.* (*Rand*) border(s *pl*), edge, fringe, margin: der ~ des Waldes the borders *pl* (*od.* edge) of the forest; ein schmaler ~ am Horizont a narrow margin on the horizon. – **6.** *mar.* (*eines Segels*) boltrope, doubling. – **7.** *bot.* margin, edge, fringe, fimbria (*scient.*): mit behaartem ~ fimbriate(d). – **8.** *zo.* fimbria.

Saum[2] *m* ⟨-(e)s; ≃e⟩ *obs. for* Last 1.

'**Sau,ma·gen** *m* **1.** er hat einen ~ *fig. colloq.* he can stomach anything, he can eat nails (*colloq.*). – **2.** *gastr.* collared brawn.

'**sau,mä·ßig** *colloq.* **I** *adj* **1.** (*sehr schlecht*) 'awful', 'beastly', 'lousy' (*alle colloq.*), 'rotten' (*sl.*): ~es Wetter rotten weather; eine ~e Wirtschaft an awful mess. – **2.** (*ein*) ~es Glück haben to be damn(ed) lucky (*colloq.*). – **II** *adv* **3.** like dirt, 'rottenly' (*sl.*): j-n ~ behandeln to treat s.o. like dirt; das hat er ~ gemacht he did a lousy job on it (*colloq.*). – **4.** (*sehr*) 'awfully' (*colloq.*): ~ frieren to freeze to the marrow.

säu·men[1] ['zɔʏmən] *v/t* ⟨h⟩ **1.** (*umsäumen*) hem. – **2.** (*besetzen, einfassen*) edge, border, trim, fringe. – **3.** *fig.* line, border, skirt: viele Menschen säumten die Straßen crowds of people lined the streets; ein heller Streifen säumt den Horizont a bright streak borders the horizon. – **4.** *tech.* (*rohe Bretter*) square. – **5.** *tech. metall.* a) trim, b) *cf.* besäumen 1c, d.

säu·men[2] *poet.* **I** *v/i* ⟨h⟩ **1.** hesitate, tarry, delay: säume nicht (damit *od.* , das zu tun)! don't hesitate (to do that)! ihr dürft nicht länger ~ you must not hesitate (*od.* delay the matter) any longer; ohne einen Augenblick zu ~ without a moment's delay. – **II S~** *n* ⟨-s⟩ **2.** *verbal noun.* – **3.** hesitation, delay: komme ohne S~! come without delay!

'**Säu·mer**[1] *m* ⟨-s; -⟩ (*Fuß an der Nähmaschine*) hemmer, seam runner, hemming rule.

'**Säu·mer**[2] *m* ⟨-s; -⟩ (*Zögerer*) procrastinator.

'**Säu·mer**[3] *m* ⟨-s; -⟩ *obs. for* Saumtier, Lasttier.

'**Saum|,esel** *m* sumpter (*od.* pack) mule. — **~,farn** *m* *bot.* pteris (*Gattg Pteris*).

'**säu·mig** *adj* **1.** (*nachlässig*) careless, negligent: ein ~er Schüler a careless pupil. – **2.** *jur. econ.* a) (*unpünktlich*) dilatory, tardy, slow, b) (*im Verzug*) in default, in arrears, behind(hand): ein ~er Zahler a tardy payer, a defaulter; ~e Schuldner [Steuerzahler] defaulting (*od.* dilatory) debtors [tax payers]; er ist mit der Rückzahlung ~ he is in default (*od.* lagging behind) with repayment. – **3.** *cf.* saumselig 1. — **'Säu·mig·keit** f ⟨-; no pl⟩ 1. (*Nachlässigkeit*) carelessness, negligence. – 2. jur. econ. a) (*Unpünktlichkeit*) dilatoriness, tardiness, slowness, b) (*Verzug*) default, arrear(s pl). – 3. cf. Saumseligkeit.

'Saum,naht f (*fashion*) (seam of the) hem.

'Säum·nis f ⟨-; -se⟩, n ⟨-ses; -se⟩ 1. (*Saumseligkeit*) dilatoriness. – 2. (*Verzug*) delay. – 3. (*Vernachlässigung*) neglect. – 4. econ. jur. (*Nichterfüllung*) default: bei ~ des Schuldners in case of default of the debtor. — **~,ur·teil** n jur. default judg(e)ment, judg(e)ment by default. — **~zu·schlag** m econ. extra charge for overdue payment.

'Saum,pfad m mule track, mountain trail, bridle path (od. trail, auch road, way). — **~,pferd** n packhorse, Br. pack-horse. — **~,riff** n geogr. fringing reef. — **~,sat·tel** m packsaddle, Br. pack-saddle.

'saum,se·lig lit. I adj 1. (*langsam, trödelnd*) tardy, sluggish, dawdling, slow. – 2. (*nachlässig*) negligent, careless, slack. – II adv 3. ~ arbeiten to work slowly (od. sluggishly, in a dawdling manner). — **'Saum,se·lig·keit** f ⟨-; no pl⟩ 1. tardiness, sluggishness, dawdle, slowness. – 2. negligence, carelessness, slackness.

'Saum,stich m (*beim Nähen*) hemstitch, hemming stitch. — **~,tier** n archaic pack animal. — **~,wan·ze** f zo. apple bug (*Syromastes marginatus*).

Sau·na ['zauna] f ⟨-; -s u. -nen⟩ 1. sauna. – 2. sauna, Finnish bathhouse.

'Sau·re n only in gib ihm ~s! fig. colloq. (*Anfeuerung bei einer Schlägerei*) give him hell! let him have it! (sl.).

Säu·re ['zɔyrə] f ⟨-; -n⟩ 1. (*des Weins, Essigs etc*) sourness, acidity, acidness, roughness. – 2. (*von Früchten etc*) tartness, sourness. – 3. chem. acid: eine ätzende [gesättigte, verdünnte] ~ a caustic [saturated, diluted] acid; etwas mit ~ versetzen to treat s.th. with acid, to acidulate s.th.; ~ binden to neutralize acid. – 4. med. (*des Magens*) acidity. — **~,an,zug** m chem. tech. acidproof clothing. — **~,bad** n chem. acid bath. — **~,bal,lon** m chem. acid carboy. — **~bat·te,rie** f electr. lead-acid battery. — **s~be,stän·dig** adj acid-resistant (od. -resisting, -fast), acidproof, noncorroding Br. non-, noncorrosive Br. non-. — **~be,stän·dig·keit** f ⟨-; no pl⟩ acid resistance, acid fastness. — **s~,bil·dend** adj 1. chem. acid-forming; acidic, acidifying (scient.). – 2. biol. (*Drüsen*) oxyntic. — **~,bild·ner** m chem. acid former, acidifier (scient.). — **~,bil·dung** f acid formation, acidification (scient.). — **~,dampf** m acid fume (od. vapor, bes. Br. vapour). — **s~,echt** adj (*Farbe*) acidproof, acid-fast. — **s~emp,find·lich** adj sensitive to acids. — **s~,fest** adj cf. säurebeständig. — **s~,frei** adj free from acid, nonacid Br. non-. — **~ge,halt** m 1. chem. acid content, acidity, acidness: prozentualer ~ percentage of acid. – 2. med. (*im Blut*) ox(a)emia. — **~,grad** m chem. (degree of) acidity.

Sau·re'gur·ken,zeit f colloq. humor. (*in Geschäft, Politik etc*) slack (od. dead, dull) season (od. period), off-season.

'säu·re,hal·tig adj chem. (containing) acid; acidic, acidiferous (scient.).

'Säu·re,he·ber m chem. acid siphon (auch syphon). — **s~,lös·lich** adj chem. acid-soluble. — **~,man·gel** m med. 1. subacidity, hypoacidity. – 2. (*völliger*) anacidity. – 3. (*des Magens*) hypochlorhydria, underacidity, acid deficiency. — **~,mes·ser** m chem. tech. acidimeter, acetometer, auch acetimeter. — **~,mes·sung** f acidimetry, acetometry, auch acetimetry. — **s~,reich** adj rich in acid, acidic (scient.). — **~,rest** m acid residue (od. radical). — **~,schutz,an,zug** m chem. tech. cf. Säureanzug. — **~,über,schuß** m 1. excess of acid. – 2. med. hyperacidity, overacidity. — **~ver,gif·tung** f med. acid intoxication. — **~,wert** m meist pl chem. acid value. — **s~,wid·rig** adj med. chem. antacid, auch antiacid. — **~,zahl** f chem. acid number (od. value).

Sau·ri·er ['zauriər] m ⟨-s; -⟩ meist pl zo. (*fossiles Reptil*) saurian.

'Sau,rü·de m hunt. boar hound.

Saus [zaus] m ⟨-es; no pl⟩ only in in ~ und Braus leben colloq. a) (*verschwenderisch*) to live (od. be) in the lap of luxury, to live high, b) (*ausschweifend*) to live a wild

(od. riotous) life, to indulge in riotous living, to live it up.

säu·seln ['zɔyzəln] I v/i ⟨h⟩ 1. poet. (*von Wind*) murmur, sigh. – 2. poet. (*von Blättern im Wind*) rustle, whisper, lisp. – 3. iron. purr. – 4. colloq. (*flüstern*) whisper, murmur. – II v/t 5. iron. purr: „Wie reizend von Ihnen", säuselte sie "How sweet of you," she purred. – 6. colloq. (*flüstern*) whisper, murmur. – III S~ n ⟨-s⟩ 7. verbal noun. – 8. poet. (*des Windes*) murmur, sigh. – 9. poet. (*der Blätter*) rustle, whisper, lisp.

sau·sen ['zauzən] I v/i ⟨h u. sein⟩ 1. ⟨sein⟩ (*von Geschoß etc*) whiz(z), whistle, whir: die Kugeln sausten durch die Luft the bullets whizzed through the air. – 2. ⟨h⟩ (*bes. von Wind*) rush, whistle, (*stärker*) howl, bluster: der Wind sauste in den Bäumen the wind was whistling through the trees. – 3. ⟨h⟩ (*summen*) buzz, sing, hum: die Ohren ~ mir my ears are buzzing. – 4. ⟨sein⟩ colloq. (*von Menschen*) rush, dash, shoot, tear, scoot (colloq.): der Radfahrer sauste um die Ecke the cyclist shot round the corner; sause mal schnell zum Kaufmann! run (od. scoot) over to the grocer('s)! in den Graben ~ (*mit Auto*) to ditch one's car, to be ditched; durch eine Prüfung ~ fig. Am. sl. to flunk an exam, Br. sl. to get ploughed in an exam. – 5. etwas ~ lassen fig. colloq. (*Vorhaben etc*) to drop s.th. – 6. j-n ~ lassen fig. colloq. a) (*bei einer Prüfung*) to fail (Am. sl. flunk) s.o., b) (*Freundin etc*) to give s.o. the brush-off (colloq.). – 7. einen ~ lassen vulg. to let (one) off, Am. to crack, to fart (alle vulg.). – II v/impers 8. es saust mir in den Ohren my ears are buzzing. – III S~ n ⟨-s⟩ 9. verbal noun. – 10. (*eines Geschosses*) whiz(z), whistle. – 11. (*des Windes*) rush, whistle, howl, bluster. – 12. (*in den Ohren*) buzz, hum.

'Sau·se,wind m 1. (*children's language*) blowy wind. – 2. fig. colloq. lively child. – 3. fig. colloq. (*unsteter Mensch*) harum-scarum, impetuous (od. rash, reckless) young person.

'Sau,stall m 1. pigsty, piggery, swinery. – 2. fig. sl. contempt. (*unreinliche Stätte*) pigsty, filthy hole. – 3. fig. sl. contempt. (*große Unordnung*) awful mess (colloq.), shambles pl (usually construed as sg): einen ~ machen to make an awful mess; in deinem Zimmer ist ein richtiger ~ your room is (in) a shambles, your room is (in) a heck of a mess (colloq.). – 4. fig. sl. contempt. cf. Sauwirtschaft 1: (so ein) ~! damn it! Am. sl. snafu!

sau·tie·ren [zo'tiːrən] v/t ⟨no ge-, h⟩ gastr. sauté, Am. auch saute, fry (s.th.) in very little fat.

'Sau,trank m 1. agr. pig's wash, pigwash, hogwash. – 2. fig. sl. contempt. cf. Gesöff. — **~,trog** m pig (od. hog) trough. — **~,wet·ter** n colloq. filthy (od. colloq. beastly, lousy, sl. rotten) weather: so ein ~! what beastly weather! — **~,wirt·schaft** f sl. contempt. 1. (*schlechte Organisation*) lousy management (colloq.), complete chaos, topsy-turvydom. – 2. cf. Saustall 3. — **s~,wohl** adj ⟨pred⟩ u. adv mir ist ~, ich fühle mich ~ colloq. I am in the pink (sl.), I feel (as) snug as a bug in a rug (colloq.), Am. colloq. I feel like a million dollars. — **~'wut** f sl. for Stinkwut.

Sa·van·ne [za'vanə] f ⟨-; -n⟩ geogr. savanna(h).

Sa·vo·yar·de [zavo'jardə] m ⟨-n; -n⟩ Savoyard, native (od. inhabitant) of Savoy.

Sa'voy·er,kohl [za'vɔyər-] m bot. (*Wirsingkohl*) savoy (cabbage), borecole, kale (*Brassica oleracea*).

sa·voy·isch [za'vɔyɪʃ] adj of (od. relating to) Savoy, Savoyard.

'Sax,horn [zaks-] n mus. saxhorn.

Sa·xi·fra·ga [za'ksiːfraga] f ⟨-; -fragen [-ksi'fraːgən]⟩ bot. cf. Steinbrech.

Sa·xo·ne [za'ksoːnə] m ⟨-n; -n⟩ hist. Saxon (member of a Germanic people).

Sa·xo·phon [zakso'foːn] n ⟨-s; -e⟩ mus. saxophone. — **Sa·xo·pho'nist** [-fo'nɪst] m ⟨-en; -en⟩ saxophonist.

'Sä,zeit f agr. sowing time (od. period).

sa·zer·do·tal [zatsɛrdo'taːl] adj relig. sacerdotal, priestly. — **Sa·zer'do·ti·um** [-'doːtsium] n ⟨-s; no pl⟩ 1. priesthood. – 2. hist. sacerdotium (*ecclesiastical power of the pope in the Middle Ages*).

S-,Bahn ['ɛs-] f 1. suburban (od. commuter) train. – 2. suburban (od. commuter) train system. — **~,hof** m, **~-,Sta·ti,on** f suburban train station. — **~,Zug** m cf. S-Bahn 1.

Sca·bi·es ['skaːbiɛs] f ⟨-; no pl⟩ med. cf. Skabies.

Sca·la, die ['skaːla] ⟨-⟩ die (Mailänder) ~ La Scala.

Scam·pi ['skampi] (Ital.) pl gastr. scampi.

Scan·di·um ['skandium] n ⟨-s; no pl⟩ chem. scandium (Sc).

Scar·la·ti·na [skarla'tiːna] f ⟨-; no pl⟩ med. cf. Scharlach².

sch [ʃ] interj 1. (*zum Schweigen*) (s)sh! hush! 'st! – 2. (*kein Wort darüber!*) mum('s the word)! – 3. (*zum Verscheuchen*) shoo!

Scha·ban [ʃa'baːn] m ⟨-s; no pl⟩ Sha'ban, auch Shaaban (*the 8th month of the Muhammadan year*).

Schab·bes ['ʃabəs] m ⟨-; -⟩ relig. shabbat, shabbath, shabbos, shabbas (*Jewish Sabbath*).

Scha·be¹ ['ʃaːbə] f ⟨-; -n⟩ zo. 1. cockroach, blackbeetle (*Fam. Blattidae*): Amerikanische ~ American cockroach (*Periplaneta americana*); Deutsche ~ German cockroach, Croton bug (*Blattella germanica*). – 2. Southern G. moth (*Gattg Tinea*).

'Scha·be² f ⟨-; -n⟩ tech. scraper, scraping tool.

Schä·be ['ʃɛːbə] f ⟨-; -n⟩ (*von Flachs u. Hanf*) shive, boon.

'Scha·bel,bock m tech. scraping block, leather (od. hide) dresser's horse. — **~,fleisch** n gastr. minced meat, Am. auch mincemeat, bes. Br. mince.

'Schab,ei·sen n tech. 1. (*Werkzeug*) scraper, scraping tool. – 2. (*leather*) cf. Schabmesser 2.

'Scha·be,mes·ser n 1. tech. cf. Schabmesser. – 2. med. cf. Schaber 2.

scha·ben ['ʃaːbən] I v/t ⟨h⟩ 1. gastr. a) (*Möhren etc*) scrape, (*auf dem Reibeisen*) grate, rasp, b) (*Fleisch*) mince: Äpfel ~ grate apples. – 2. (*Farbe etc*) (*von from*) scrape (off). – 3. (*art*) (*engrave* [s.th.] *in*) mezzotint. – 4. ich muß mir noch den Bart ~ colloq. I (still) have to shave. – 5. tech. a) (*von Hand*) scrape, b) (*maschinell*) (*Zahnräder*) shave. – 6. (*leather*) (*Felle*) shave, flesh. – II S~ n ⟨-s⟩ 7. verbal noun. – 8. scrape, (*mit Reibeisen*) rasp.

'Scha·ben,gift n zo. insecticide. — **~,kraut** n ⟨-(e)s; no pl⟩ bot. moth mullein (*Verbascum blattaria*).

'Scha·be·po,lier,stahl m tech. scraper-burnisher.

'Scha·ber m ⟨-s; -⟩ 1. tech. a) cf. Schabeisen 1, b) (*leather*) cf. Schabmesser 2, c) (*rotierender*) rotary scraper, Am. go-devil. – 2. med. scraper, rasp, raspatory. – 3. (*für vereiste Autoscheiben*) scraper. – 4. antiq. strigil (*for scraping oil from the skin*).

Scha·ber·nack ['ʃaːbər,nak] m ⟨-(e)s; -e⟩ 1. prank, practical joke, (*mischievous od. colloq.* monkey) trick; Am. colloq. monkey business, monkeyshines pl: ~ treiben (od. machen) to play pranks; j-m einen ~ spielen to play a practical joke on s.o.; zu allerlei ~ bereit up to all kinds of pranks, mischievous; j-m etwas zum ~ tun to tease s.o., to have one's fun at s.o.'s expense. – 2. (*übermütiges Kind*) monkey: er ist ein kleiner ~ he is a little monkey.

'Schab,frä·ser m tech. shaving cutter. — **~,ho·bel** m scraping plane, scraper, spokeshave.

schä·big ['ʃɛːbɪç] I adj 1. (*abgenutzt*) (*bes. Anzug, Kleid etc*) shabby, dowdy, threadbare, worn(-out), seedy, Am. colloq. tacky: ein ~er Teppich a threadbare carpet. – 2. (*armselig*) shabby, wretched: eine ~e kleine Hütte a tumble-down little hut. – 3. fig. (*geizig*) stingy, mean, miserly, niggard(ly), shabby: sei doch nicht so ~! don't be so stingy! – 4. fig. (*Geschenk, Belohnung etc*) meager, bes. Br. meagre, paltry, auch paultry, mean, miserly, shabby: eine ~e Belohnung a meager reward. – 5. fig. (*gemein*) mean, shabby, rotten (sl.). – II adv 6. shabbily, dowdily: er ist ~ angezogen he is shabbily dressed. – 7. fig. (*gemein*) meanly, shabbily: du hast dich ihm gegenüber sehr ~ benommen you behaved very meanly (od. shabbily) toward(s) him, you were rotten to him

(*sl.*); sich ~ vorkommen to feel mean. —
'**Schä·big·keit** f ⟨-; *no pl*⟩ **1.** (*Abgenutzt-heit*) shabbiness, dowdiness, threadbare-ness, delapidated state (*od.* condition), seed-iness. – **2.** (*armseliges Aussehen*) shab-biness, shabby (*od.* wretched) appearance, wretchedness. – **3.** *fig.* (*Geiz*) stinginess, meanness, miserliness, niggardliness, shab-biness. – **4.** *fig.* (*Wertlosigkeit*) meagerness, *bes. Br.* meagreness, paltriness, meanness, miserliness, shabbiness. – **5.** (*schäbiges Be-nehmen*) meanness, shabbiness.

'**Schab·kunst** f ⟨-; *no pl*⟩ (*des Kupfer-stechers*) mezzotint(o) engraving, mezzotint (process).

Scha·blo·ne [ʃa'blo:nə] f ⟨-; -n⟩ **1.** (*Muster, Modell*) model, pattern. – **2.** (*zum Malen, Zeichnen*) stencil (plate): mit einer ~ arbeiten to work with a stencil; mit einer ~ zeichnen to stencil. – **3.** *fig.* (*übliche Form, Gleichförmigkeit*) set (*od.* fixed) pattern, routine, conventional (*od.* stereo-typed) methods *pl*: nach der ~ arbeiten to work mechanically (*od.* in a routine); ich halte mich nicht gerne an die (*od.* eine) ~ I don't like to stick to conventional methods; etwas nach der ~ machen to do s.th. according to pattern; der ganze Kerl ist nur ~ *colloq.* there is nothing original about this fellow (*colloq.*). – **4.** *fig.* (*in Rede u. Kunst*) cliché: alle Themen sind nach der gleichen ~ behandelt all subjects are treated in the same stereotyped (*od.* hackneyed) manner. – **5.** *metall.* a) (*in der Gießerei*) pattern model, templet, template, b) (*in der Formerei*) strickle. – **6.** *tech.* (*Kopierschablone*) a) former (plate), master, b) (*zum Bohren*) jig.

Scha·blo·nen|dreh·ma,schi·ne f *tech.* copying (*od.* repetition) lathe. — **~for·me-rei** f *metall.* templet (*od.* template, stencil) casting (*od.* molding, *bes. Br.* moulding).

scha·blo·nen|haft I adj **1.** after (*od.* according to) a certain pattern. – **2.** *fig.* stereotyped, hackneyed: ein ~er Aus-druck a stereotyped expression; ~e Arbeit routine work. – **3.** *fig.* mechanical. – **II** adv **4.** *fig.* in a stereotyped way, to a set (*od.* fixed) pattern (*od.* routine). — **~mä·ßig I** adj **1.** *fig. cf.* schablonenhaft **2**, **3.** – **2.** *tech.* mechanical, automatical: ~e Herstellung stencil production. – **II** adv **3.** ~ zeichnen to draw with a stencil.

Scha'blo·nen|pa,pier n stencil (*od.* pattern) paper. — **~,zeich·nung** f stencil drawing.

scha·blo·nie·ren [ʃablo'ni:rən] I v/t ⟨*no* ge-, h⟩ **1.** stencil, copy (*s.th.*) by tracing a stencil (*od.* pattern). – **2.** *metall.* (*in der Formerei*) strickle. – **3.** (*art*) stencil. – **4.** *fig.* generalize *Br. auch* -s-, press (*s.th., s.o.*) into a stereotyped pattern. – **II** v/i **5.** *fig.* generalize *Br. auch* -s-, form mental stereotypes.

Scha·blo'nier,vor,rich·tung f *tech.* (*in der Formtechnik*) sweeping device (*od.* tackle).

scha·blo·ni·sie·ren [ʃabloni'zi:rən] v/t u. v/i ⟨*no* ge-, h⟩ *cf.* schablonieren.

'**Schab|ma,nier** f *cf.* Schabkunst. — **~-mes·ser** n *tech.* **1.** scraping knife, scraper. – **2.** (*leather*) fleshing knife.

Scha·bot·te [ʃa'bɔtə] f ⟨-; -n⟩ *tech.* anvil block (*od.* bed, stand).

Scha·bracke (*getr.* -k·k-) [ʃa'brakə] f ⟨-; -n⟩ **1.** *mil. hist.* shabrack, *auch* shabraque, caparison. – **2.** *contempt.* (*altes Pferd*) hack, jade, nag (*colloq.*). – **3.** *contempt.* (*altes Fahrzeug*) rattletrap, *bes. Am. colloq.* jalopy, *auch* jaloppy. – **4.** *contempt.* (*altes Weib*) old hag.

Scha'bracken·hyä·ne (*getr.* -k·k-) [-hyˌɛːnə] f zo. strand wolf, brown hyena (*Hyaena brunnea*).

'**Schab,rad** n *tech.* rotary shave cutter.

Schab·sel ['ʃa:psəl] n ⟨-s; -⟩ *meist pl* **1.** scraping. – **2.** (*leather*) scraping, shaving. '**Schab,werk,zeug** n *tech.* scraping tool, scraper.

'**Schab,zi·ger** [-ˌtsi:gər] m ⟨-s; -⟩ *gastr.* green cheese, *Am.* sapsago (*a hard green herb cheese*).

Schach [ʃax] n ⟨-s; -s⟩ **1.** (*Brettspiel*) chess: eine Partie ~ mit j-m spielen to play a game of chess with s.o. – **2.** *cf.* Schach-stellung: ~ (dem König)! check! ~ und matt! checkmate! im ~ stehen (*od.* sein) to be in check; den König aus dem ~ ziehen to withdraw the king from check; ~ bieten to give check; j-m ~ bieten

a) (*beim Schachspiel*) to check s.o., b) *fig.* to defy s.o.; j-n in (*od.* im) ~ halten *fig.* a) to keep (*od.* hold) s.o. in check (*od.* at bay), b) (*mit der Pistole*) to cover s.o., to keep s.o. at bay, c) (*in Trab halten*) to keep s.o. on the go (*colloq.*). — **~,auf,ga·be** f chess problem. — **~,blu·me** f *bot. cf.* Schachbrettblume.

'**Schach,brett** n (*games*) chessboard, check-erboard, *bes. Br.* chequer. — **s~,ar·tig I** adj checkered, *bes. Br.* chequered, tesse(l)lated (*scient.*). – **II** adv like a chess-board, checkerwise, *bes. Br.* chequer-wise: ~ verzieren to checker (*bes. Br.* chequer). — **~,blu·me** f *bot.* a) fritillaria, fritillary (*Gattg Fritillaria*), b) guinea-hen flower, snakehead, widow-wail (*F. meleagris*), c) crown imperial (*F. imperialis*). — **s~-,för·mig** adj u. adv cf. schachbrettartig. — **~,fries** m arch. billet frieze. — **~-,mu·ster** n checker (*bes. Br.* chequer) pattern.

Scha·cher ['ʃaxər] m ⟨-s; *no pl*⟩ **1.** (*übles, feilschendes Geschäftemachen*) haggling, traffic, dicker (*colloq.*): mit etwas ~ treiben to haggle (*od.* huckster, chaffer, *colloq.* dicker) about (*od.* over) s.th. – **2.** *bes. pol.* jobbery, horse trading.

Schä·cher ['ʃɛçər] m ⟨-s; -⟩ *obs. for* a) Räu-ber **1**, **2**, b) Mörder **1**: ein armer ~ *fig.* a poor wretch (*od. colloq.* fellow, devil); der ~ am Kreuz *Bibl.* the thief on the cross.

Scha·che'rei f ⟨-; -en⟩ *colloq. for* Scha-chern.

'**Scha·che·rer** m ⟨-s; -⟩ haggler, chafferer, trafficker.

scha·chern ['ʃaxərn] I v/i ⟨h⟩ **1.** (*feilschen*) (higgle and) haggle, huckster, bargain, carry on petty dealings, chaffer, traffic, dicker (*col-loq.*): um etwas ~ (*Preis etc*) to (higgle and) haggle about (*od.* over) s.th., to bargain over s.th. – **2.** *bes. pol.* job, horse--trade. – **II** S~ n ⟨-s⟩ **3.** *verbal noun.* – **4.** *cf.* Schacher.

'**Schach,feld** n (*chessboard*) square. — **~-fi,gur** f chessman, (*chess*) piece: er ist nur eine ~ *fig.* he is a mere figurehead (*od.* pawn). — **~,klub** m chess club. — **s~'matt** adj ⟨*meist pred*⟩ **1.** (*im Spiel*) checkmate: ~! checkmate! der König ist ~ the king is checkmate; j-n ~ setzen *auch fig.* to check-mate s.o. – **2.** *fig. colloq.* completely ex-hausted, worn (*od.* fagged) out, played out, dead beat (*colloq.*), (*schwächer*) tired out: nach dem Ausflug waren alle ~ everyone was exhausted after the trip. — **~-,mei·ster** m chess champion. — **~,mei-ster·schaft** f chess championship. — **~,par-,tie** f game of chess. — **~,pro,blem** n chess problem: ein ~ lösen to solve a chess prob-lem. — **~,spiel** n **1.** a) game of chess. – **2.** ⟨*only sg*⟩ chess: Meister im ~ chess champion. – **3.** chessboard and men. — **~,spie·ler** m, **~,spie·le·rin** f chess player. — **~,stel·lung** f check.

Schacht [ʃaxt] m ⟨-(e)s; ⁻e⟩ **1.** (*mining*) a) shaft, pit, b) tunnel: einen ~ abteufen to sink a shaft; einen ~ befahren to descend into a shaft. – **2.** *civ.eng.* a) (*Licht-, Brunnenschacht etc*) shaft, well, b) (*Einstiegschacht*) manhole, c) (*Verbin-dungsschacht für Luft, Wasser etc*) trunk. – **3.** *tech. metall.* (*eines Hochofens*) stack, fireroom. – **4.** *geogr.* a) (*Schlucht*) gorge, ravine, b) (*Höhlung*) hollow, cavity, c) (*Senkung*) depression, dip. — **~,ab,teu·fen** n *civ.eng.* (*mining*) shaft sinking, sinking (of) shafts. — **~,ab,teu·fung** f *cf.* Schacht-abteufen: ~ im Gefrierverfahren frozen shaft sinking. — **~,ar·bei·ter** m (*mining*) colliery (plant). — **~,ar·bei·ter** m pitman, shaftsman. — **~,aus,bau** m shaft lining (in-cluding tubbing and timbering). — **~,aus-,maue·rung** f brick lining (in shafts), cof-fering. — **~,brun·nen** m civ.eng. dug well. — **~,büh·ne** f sollar (*platform in shaft ladderway*). — **~,deckel** (*getr.* -k·k-) m (*an Straßenkanälen*) manhole cover. — **~,ein-,fahrt** f (*mining*) mouth of shaft (*od.* pit).

Schach·tel ['ʃaxtəl] f ⟨-; -n⟩ **1.** box: eine ~ aus Holz [Pappe] a wooden [cardboard] box; eine ~ Streichhölzer a box of matches. – **2.** (*flache, weiche*) packet: eine ~ Zigaret-ten a packet (*bes. Am.* pack) of cigarettes. – **3.** (*Karton*) carton. – **4.** eine alte ~ *colloq. contempt.* an old hag (*od.* frump). — **~-,bo·den** m bottom of a box.

Schäch·tel·chen ['ʃɛçtəlçən] n ⟨-s; -⟩ *dim. of* Schachtel **1—3**.

'**Schach·tel|,halm** m *bot.* horsetail, horse willow, toadpipe, scouring rush, shave grass, equisetum (*scient.*) (*Gattg Equisetum*). — **~-,kar,ton** m (*paper*) box board. — **~,ma·cher** m box maker. — **~,männ·chen** n jack-in--the-box.

schach·teln ['ʃaxtəln] v/t ⟨h⟩ *cf.* ineinander-schachteln.

'**Schach·tel,satz** m ling. involved period.

schach·ten ['ʃaxtən] v/i ⟨h⟩ *civ.eng.* sink (*od.* excavate) a pit (*od.* ditch).

schäch·ten ['ʃɛçtən] I v/t ⟨h⟩ **1.** kill (*od.* slaughter) (*an animal*) according to Jewish rites. – **II** S~ n ⟨-s⟩ **2.** kosher butchering, *od.* ko-sher butchering. — '**Schäch·ter** m ⟨-s; -⟩ Jewish (*od.* kosher) butcher.

'**Schacht|,för·de·rung** f (*mining*) shaft wind-ing. — **~,füh·run·gen** pl shaft guides. — **~-,fut·ter** n metall. (*eines Hochofens*) stack lining. — **~,ge,bäu·de** n (*mining*) shaft house, pithead building. — **~,ge,rüst** n head-frame, *auch* gallows (frame).

'**Schacht,tisch** m (*games*) chess table.

'**Schacht|,lüf·tung** f tech. shaft ventilation. — **~,mau·er,werk** n metall. stack brick-work. — **~,mei·ster** m civ.eng. (*Vorarbeiter bei Erdarbeiten*) *Br.* foreman of the navvies (*Am.* of the excavation crew). — **~,ofen** m metall. shaft furnace. — **~,öff·nung** f **1.** (*mining*) pithead, pit mouth. – **2.** metall. (*Gicht*) throat. — **~,pan·zer** m metall. stack casing. — **~,si·cher·heits,pfei·ler** m (*mining*) shaft safety pillar. — **~,soh·le** f shaft bottom. — **~,sumpf** m shaft sump. '**Schäch·tung** f ⟨-; -en⟩ *cf.* Schächten.

'**Schacht·tur,nier** n (*games*) chess tourna-ment.

'**Schacht,zim·me·rung** f (*mining*) shaft timbering.

'**Schach|,uhr** f (*games*) chess clock. — **~,zug** m **1.** (*games*) move (at chess). – **2.** *fig.* move, man(o)euver, *bes. Br.* ma-noeuvre: ein geschickter [kluger] ~ a dexterous [clever] move.

scha·de ['ʃa:də] adj ⟨*pred*⟩ **1.** das ist (sehr) ~! that's a (great) pity! (wie) ~! what a pity! what a shame! (*colloq.*), that's too bad! (*colloq.*); (es ist) ~, daß er nicht hier ist (it's) a pity (that) he isn't here; es ist zu ~ [ewig ~], daß it's too bad [a thousand pities] that; es ist nur ~, daß the pity of it is that; es wäre ~ um jeden Pfennig it would be a pity for every penny (*od.* a waste of money); darum ist es nicht (weiter) ~ that doesn't matter, that's no great loss; es ist ~ um ihn a) it's a pity (*od.* too bad) about him, he is to be pitied, b) he's a real loss; um den ist es nicht ~ he's no great loss, the world can easily do without him. – **2.** (*gut, wertvoll*) good: dein schönes Kleid ist für diese Arbeit zu ~ your nice dress is too good for this job; dafür ist sie sich (*dat*) zu ~ she thinks she is too good for that.

Schä·del ['ʃɛːdəl] m ⟨-s; -⟩ **1.** *med. zo.* skull, cranium (*scient.*). – **2.** *colloq.* 'skull' (*colloq.*); 'nut', 'noodle' (*sl.*), head: mir brummt (*od.* dröhnt) der ~ my head is buzzing; j-m eins auf (*od.* über) den ~ geben to give s.o. a knock (*od.* crack) on the head; eins auf (*od.* über) den ~ bekommen to get one over the head; j-m den ~ einschlagen to knock s.o.'s brains out, to beat s.o.'s skull in; sich (*dat*) den ~ einrennen a) to crack one's skull, b) *fig.* to run (*od.* beat) one's head against a brick wall; einen harten (*od.* dicken) ~ haben *fig.* to be obstinate (*od.* stubborn, pigheaded); er will immer gleich mit dem ~ durch die Wand *fig.* he always wants to have his own way; → Bru-der **1**. – **3.** *cf.* Totenkopf **1**.

'**Schä·del,ba·sis** f med. base of the skull, skull base. — **~,bruch** m, **~,frak,tur** f fracture of the skull base.

'**Schä·del,boh·rer** m med. trepan, trephine. — **~,bruch** m fractured skull, fracture of the skull (*od. scient.* cranium). — **~,brum-men** n only in er hat ~ *colloq.* a) his head is buzzing, b) he has a headache, c) he has a hangover. — **~,dach** n skull(cap), roof of the skull; (dome of the) cranium, calva-rium (*scient.*). — **~,decke** (*getr.* -k·k-) f vault, skullpan, skullcap, cranium (*scient.*). — **~er,öff·nung** f trephination, craniotomy. — **~,form** f shape of the skull. — **~,frak,tur** f cf. Schädelbruch. — **~,gru·be** f cranial fossa. — **~,haut** f scalp, pericranium (*scient.*). — **~,höh·le** f brain (*od. scient.* cranial) cavity. — **~,in·dex** m anthrop. (cranial *od.* cephalic) index. — **~ka,lot·te** f

med. skullcap, vault of the cranium (*scient.*).
— ~‚**kno·chen** *m* skull (*od. scient.* cranial) bone. — ~‚**la·ge** *f* (*des Fetus*) vertex presentation. — ~‚**mes·ser** *m*, ~‚**meß·in·stru**‚**ment** *n med.* craniometer, cephalometer. — ~‚**mes·sung** *f* craniometry, cephalometry. — ~‚**naht** *f* cranial suture. — ~‚**öff·ner** *m cf.* Schädelbohrer. — ~**ope·ra·ti**‚**on** *f* cranial operation. — ~‚**stät·te** *f Bibl.* (Mount) Calvary, Golgotha. — ~‚**tie·re** *pl zo.* craniota (*Unterstamm Craniota*).

'**scha·den** ['ʃaːdən] **I** *v/i* ⟨h⟩ (*dat* to) do harm, do damage, be detrimental (*od.* injurious): das wird deinem guten Ruf ~ that will do harm to your good reputation; das schadet deiner Gesundheit that is detrimental to (*od.* bad for) your health, that impairs (*od.* injures) your health; ein bißchen Strenge schadet nicht a bit of strictness does no harm; ein Versuch kann nicht ~ there is no harm in trying; damit schadest du dir nur selbst you are only doing harm to yourself; etwas Abwechslung würde ihm nicht ~ a change would do him no harm (*od.* wouldn't be bad for him); etwas Arbeit würde ihm (wahrhaftig) nicht ~ *iron.* some work would do him no harm, he would not be worse for work; ein Bad könnte ihm nicht ~ *iron.* a bath wouldn't hurt him, he'd be none the worse for a bath; j-m bei j-m ~ to do harm to s.o.'s reputation with s.o., to prejudice s.o. against s.o.; das schadet ihm gar nichts that serves him right, that's good for him, that does him good, he won't be the worse for it; blinder Eifer schadet nur (*Sprichwort*) haste makes waste (*proverb*); hilft es nicht, so schadet's doch nicht (*Sprichwort*) *etwa* it may not help but it will do no harm. — **II** *v/t* matter: das schadet nichts! that doesn't matter! never mind! that makes no difference! es schadet fast gar nichts *colloq.* a) that's not as bad as all that, b) *iron.* that does not matter. – **III** *v/impers* was schadet es (schon), wenn what does it matter if.

'**Scha·den** *m* ⟨-s; ¨⟩ **1.** (*Beschädigung*) damage: geringfügiger [beträchtlicher, nicht wiedergutzumachender] ~ minor [considerable, irreparable] damage; ~ durch Wasser [Feuer *od.* Brand] damage caused by water [fire]; Schäden größeren Ausmaßes extensive damage *sg*; einen ~ beheben (*od.* ausbessern, reparieren) to repair damage; ~ nehmen to be (*od.* get) damaged, to suffer damage; ~ anrichten (*od.* verursachen) to cause damage; den ~ besehen [feststellen, abschätzen] to inspect [to ascertain, to estimate] the damage; der ~ beträgt (*od.* beläuft sich auf) the damage amounts to. – **2.** (*Verwüstung*) havoc, ravage(s *pl*): das Unwetter hat schweren ~ angerichtet the storm has wrought great havoc. – **3.** ⟨*only sg*⟩ (*Nachteil*) disadvantage, detriment, disfavor, *bes. Br.* disfavour: ohne ~ für j-n without detriment to s.o.; zu j-s ~ to the disadvantage (*od.* detriment) of s.o.; zu meinem ~ to my disadvantage, at my expense; es ist dein eigener ~ it is to your own disadvantage; es soll Ihr ~ nicht sein you will not regret it; das wird ihm zum ~ gereichen that will be to his disadvantage, that will make him worse off; wer den ~ hat, braucht für den Spott nicht zu sorgen (*Sprichwort*) the laugh is always on the loser (*proverb*); durch ~ wird man klug (*Sprichwort*) once bitten twice shy (*proverb*). – **4.** (*körperlicher*) injury, wound, lesion: innere Schäden internal injuries; niemand kam bei dem Unfall zu ~ nobody was injured in the accident; gesundheitliche Schäden davontragen to suffer damage to one's health, to suffer healthwise (*colloq.*). – **5.** ⟨*only sg*⟩ (*Böses, Leid*) harm, wrong: j-m ~ zufügen to do s.o. harm (*od.* mischief), to harm s.o.; es soll dir kein ~ geschehen you will suffer no harm. – **6.** (*Mangel*) defect. – **7.** *econ.* a) (*finanzieller*) loss, b) (*Versicherungsanspruch*) claim: einen ~ decken to cover a loss; für einen ~ haften to be liable for the loss; etwas mit ~ verkaufen to sell s.th. at a loss; einen ~ regulieren to settle a claim; fort mit ~! *colloq.* say good-by(e) to it! good riddance!

'**Scha·den·er**‚**satz** *m jur. econ.* (payment *od.* recovery of) damages *pl*, indemnity, indemnification, compensation, amends *pl* (*usually construed as sg*): Klage auf ~

action (*od.* suit) for damages; ~ fordern to claim (*od.* demand) damages; auf ~ klagen to sue for damages; ~ leisten to pay (*od.* make payment for) damages; auf ~ erkennen to award damages; j-n auf ~ verklagen to sue s.o. for damages, to bring a damage suit against s.o. — ~‚**an**‚**spruch** *m*, ~‚**for·de·rung** *f* claim for damages (*od.* indemnity, compensation). — ~‚**kla·ge** *f* action (*od.* suit) for damages: ~ wegen Nichterfüllung action for nonperformance (*od.* nonfulfil[l]ment). — ~‚**lei·stung** *f* indemnity, indemnification. — ~‚**pflicht** *f* liability for damages, liability to make good a loss. — **s~**‚**pflich·tig** *adj* liable for damages, liable for compensation.

'**Scha·den**‚**fest**‚**set·zung** *f* determination of damage. — ~‚**fest**‚**stel·lung** *f* **1.** (*Vorgang*) ascertainment of damage. – **2.** (*Wert*) assessment of damage. – **3.** *cf.* Schadenfestsetzung. — ~‚**feu·er** *n* destructive (*od.* hostile) fire. — **s~**‚**frei** *adj* free of damage, damage-free, *bes. Br.* claim-free: Prämie für ~es Fahren bonus for damage-free driving, *bes. Br.* no-claim bonus. — ~‚**freu·de** *f* malignant delight, malignancy, *auch* malignance, spiteful glee, schadenfreude. — **s~**‚**froh** *adj* malignant: ~ sein to be malignant, to delight in others' misfortunes. — ~**re·gu·lie·rung** *f econ.* adjustment of claims, settlement. — ~**re**‚**ser·ve**, ~‚**rück**‚**stel·lung** *f* loss (*od.* claims) reserve.

'**Scha·dens**‚**ab**‚**tei·lung** *f econ.* claims department (*od.* office). — ~‚**an**‚**zei·ge** *f* accident report. — ~‚**auf**‚**stel·lung** *f* statement of damage. — ~**be**‚**ar·bei·tung** *f* processing of claims.

'**Scha·den**‚**schät·zung** *f* appraisal of damage.

'**Scha·dens**‚**ein**‚**tritt** *m* occurrence of a loss. — ~**er**‚**satz** *m cf.* Schadenersatz. — ~‚**fall** *m jur. econ.* **1.** case of damage: im ~(e) in the event (*od.* in case) of damage. – **2.** (*case of*) loss. — ~‚**mel·dung** *f* notification (*od.* notice) of loss. — ~‚**nach**‚**weis** *m* proof of loss (*od.* damage), substantiation of a loss. — ~**re·gu**‚**lie·rer** *m* (insurance claims) adjuster. — ~**re·gu**‚**lie·rung** *f cf.* Schadenregulierung. — ~‚**ur**‚**sa·che** *f* cause of damage (*od.* a loss): Feststellung der ~ determination (*od.* ascertainment) of the cause of a loss. — ~**ver**‚**si·che·rung** *f* insurance against damage, indemnity insurance.

'**Scha·den- ‚und 'Un**‚**fall·ver**‚**si·che·rung** *f jur. econ.* accident insurance.

'**Scha·den·ver**‚**hü·tung** *f* damage prevention.

'**schad·haft** *adj* **1.** (*defekt*) defective, faulty: ~e Teile auswechseln to replace defective parts; ein ~es elektrisches Kabel a defective electric cable. – **2.** (*beschädigt*) damaged: ~e Straßendecke damaged road surface. – **3.** (*abgenutzt*) worn-out (*attrib*): der Mantel hat einige ~e Stellen the coat is worn out in places. – **4.** (*Gebäude*) dilapidated, out of (*od.* in poor) repair. – **5.** (*Rohre, Leitungen etc*) leaky, leaking. – **6.** (*Zähne*) decayed, carious (*scient.*). — '**Schad·haf·tig·keit** *f* ⟨-; *no pl*⟩ **1.** defective (*od.* faulty) state (*od.* condition), defectiveness, faultiness. – **2.** damaged state (*od.* condition). – **3.** worn-out state (*od.* condition). – **4.** dilapidated state (*od.* condition), disrepair, poor state of repair.

'**schä·di·gen** ['ʃɛːdɪɡən] *v/t* ⟨h⟩ **1.** harm, damage, do harm (*od.* damage) to, impair, injure, be detrimental (*od.* injurious) to: j-s Ansehen [Interessen] ~ to harm s.o.'s reputation [interests]. – **2.** (*finanziell*) cause loss(es) to: die Aufwertung hat einige Industriezweige schwer geschädigt the revaluation has caused serious losses to some branches of industry; wir sind durch den Krieg schwer geschädigt worden we have suffered great losses as a result of the war; darf ich dich mal um 5 Mark ~? *colloq. humor.* may I touch you for 5 marks? (*colloq.*), may I borrow 5 marks from you? – **3.** (*gesundheitlich*) affect, impair: das wird deine Gesundheit ~ that will affect your health. – **4.** *jur.* harm, injure, prejudice. — '**Schä·di·gung** *f* ⟨-; -en⟩ **1.** harm, damage, impairment, injury. – **2.** (*finanzielle*) loss(es *pl*). – **3.** (*gesundheitliche*) affection, impairment, (*bes. organische*) lesion. – **4.** *jur.* harm, injury, prejudice, lesion, detriment.

schäd·lich ['ʃɛːtlɪç] *adj* **1.** harmful, injurious, damaging, detrimental, prejudicial: ~e

Wirkung [Folgen] detrimental effect [consequences]. – **2.** (*gesundheitsschädlich*) harmful, detrimental, unwholesome, injurious, noxious, pernicious, (*Klima*) *auch* inimical: ~e Gase [Nahrung] noxious gases [food]; diese Lebensmittel sind frei von ~en Zusätzen these foodstuffs contain no noxious ingredients; starkes Rauchen ist für die Gesundheit ~ heavy smoking is injurious to (*od.* bad for) the health; das ist nicht ~ that does no harm. – **3.** (*böse, schlecht*) bad, harmful, detrimental: sie üben einen ~en Einfluß auf ihn aus they have a bad influence on him. – **4.** (*giftig*) poisonous. – **5.** (*gefährlich*) dangerous. – **6.** *bot. zo.* noxious. — '**Schäd·lich·keit** *f* ⟨-; *no pl*⟩ **1.** harm(fulness), injuriousness, detrimental effect, detrimentalness. – **2.** (*gesundheitliche*) harmfulness, detrimentalness, unwholesomeness, injuriousness, noxiousness: die ~ dieser Gase the harmful (*od.* noxious) properties *pl* of these gases. – **3.** (*Schlechtigkeit*) badness, harm(fulness). – **4.** (*Gefährlichkeit*) dangerousness. – **5.** *bot. zo.* noxiousness.

Schäd·ling ['ʃɛːtlɪŋ] *m* ⟨-s; -e⟩ **1.** *zo.* a) pest, noxious animal, b) destructive insect, c) parasite. – **2.** *bot.* a) noxious plant, destructive weed, pest, b) parasite. – **3.** (*Person*) noxious person, vermin: er ist ein ~ der Gesellschaft he is (*od.* his activities are) harmful to society.

'**Schäd·lings**‚**be·fall** *m agr.* (insect-)pest infestation (*od.* attack). — ~**be**‚**kämp·fung** *f* pest control, pestology (*scient.*). — ~**be**‚**kämp·fungs**‚**mit·tel** *n* pesticide, pest destruction agent, (*gegen Insekten*) *auch* insecticide.

'**schad·los** *adj bes. jur. econ.* j-n ~ halten (*für etwas*) to indemnify (*od.* compensate, recoup) s.o. (for s.th.); sich an (*dat*) etwas ~ halten to recoup (*od.* indemnify, compensate) oneself out of s.th., to cover one's loss out of s.th.; sich an j-m ~ halten to recoup (*od.* indemnify, compensate) oneself from s.o., to make s.o. pay for what one has suffered; er hat sich an dem Braten ~ gehalten *colloq.* he tucked into the roast. — '**Schad·los**‚**hal·tung** *f* ⟨-; *no pl*⟩ indemnification, indemnity, recoupment.

'**Schad**‚**stoff** *m bes. chem. phys.* harmful substance, (*in der Luft*) pollutant.

Schaf [ʃaːf] *n* ⟨-(e)s; -e⟩ **1.** *zo. agr.* a) sheep (*Gattg Ovis*), b) (*Mutterschaf*) ewe: junges ~ young sheep, lamb; ~ blöken sheep bleat; ein verirrtes [verlorenes] ~ *auch fig.* a stray(ing) [lost] sheep; er ist das schwarze ~ (in) der Familie *fig.* he is the black sheep (*od. colloq.* the bad egg) of the family; die ~e von den Böcken sondern *fig.* to separate the sheep from the goats; ein räudiges ~ steckt die ganze Herde an (*Sprichwort*) one sets the others off, one infects the others. – **2.** *fig.* (*Dummkopf*) sheep, ninny, simpleton: du bist doch ein richtiges ~! you really are silly (*od.* a ninny)! – **3.** *pl relig.* (*Gemeindemitglieder*) flock *sg*. — ~**be**‚**stand** *m agr.* stock of sheep. — ~‚**bies**‚**flie·ge** *f zo.* sheep botfly (*od.* gadfly) (*Oestrus ovis*). — ~‚**bock** *m* ram, *bes. Br.* tup.

Schäf·chen ['ʃɛːfçən] *n* ⟨-s; -⟩ **1.** *dim. of* Schaf: sein ~ ins (*od.* aufs) trockene bringen, sein ~ scheren *fig. colloq.* a) to feather one's (own) nest, to make a nest egg for oneself, b) (*durch undurchsichtige Machenschaften*) to line one's (own) pocket; sein ~ im trockenen haben *fig. colloq.* to have made one's pile (*colloq.*), to be out of the wood(s). – **2.** (*Lamm*) little sheep, lamb(kin). – **3.** *fig. colloq.* (*Dummerchen*) silly Billy. – **4.** *pl cf.* Schäfchenwolken. – **5.** *meist pl bot. cf.* Weidenkätzchen. — ~‚**wol·ken** *pl meteor.* fleecy (*od.* curl) clouds, mare's (*od.* mares') tails; altocumuli, cirrocumuli (*scient.*): Himmel mit ~ mackerel sky.

Schä·fer ['ʃɛːfər] *m* ⟨-s; -⟩ shepherd, *Am. auch* sheepherder, swain (*poet.*). — ~‚**dich·tung** *f* (literature) pastoral (*od.* bucolic) poetry (*od.* writing).

Schä·fe'rei *f* ⟨-; -en⟩ *agr.* **1.** ⟨*only sg*⟩ sheep breeding (*od.* raising). – **2.** ⟨*only sg*⟩ sheepherding. – **3.** *cf.* Schaffarm.

'**Schä·fer**‚**ge**‚**dicht** *n* (literature) pastoral (*od.* bucolic) poem, pastoral, idyl(l), eclogue. — ~‚**hund** *m* **1.** (*des Schäfers*) sheep dog, shepherd's (*od.* shepherd) dog. – **2.** *zo.* (*als Rasse*) a) Deutscher ~ Alsatian (wolfhound), German shepherd (dog),

(German) police dog, b) **Schottischer** ~ collie (dog). — **~,hüt·te** f shepherd's hut (od. cot).

'**Schä·fe·rin** f ⟨-; -nen⟩ shepherdess.

'**Schä·fer|,kar·ren** m sheeptruck, barrow. — **~ro,man** m (literature) pastoral romance (od. novel). — **~,spiel** n (theater) pastoral play, pastoral. — **~,stab** m shepherd's crook (od. rod). — **~,stünd·chen** n, **~,stun·de** f lovers' tryst, intimate (od. affectionate) tête-à-tête.

Schaff [ʃaf] n ⟨-(e)s; -e⟩ Southern G. and Austrian tub.

'**Schaf|,farm** f agr. sheep farm, (bes. in Australien) sheep station. — **~,fell** n 1. sheepskin. – 2. (Wolle) fleece.

schaf·fen¹ ['ʃafən] I v/t ⟨schafft, schuf, geschaffen, h⟩ 1. create: der Dichter schuf ein unsterbliches Werk the poet created an immortal work; im Anfang schuf Gott Himmel und Erde Bibl. in the beginning God created the heaven and the earth; er stand da, wie Gott ihn geschaffen hatte (nackt) he stood there as God had made him (od. in his birthday suit). – 2. (Gesetze, Verordnungen etc) create, make. – 3. (Organisationen, Fonds etc) found, establish, set up, create. – 4. (Methoden, Systeme etc) develop. – 5. (Bedingungen, Möglichkeiten, Lage etc) create. – 6. ⟨auch schafft, schaffte, geschafft, h⟩ (in Wendungen wie) Platz (od. Raum) ~ to make room; Rat ~ to find a way out; da kann man leicht Abhilfe ~ that can easily be remedied; Ordnung ~ a) to tidy up, b) fig. to straighten things out, to put things right (od. to rights). – II **S~** n ⟨-s⟩ 7. verbal noun. – 8. (creative) activity: er starb auf dem Höhepunkt seines S~s he died at the peak of his creative activity (od. power); das geistige S~ einer Epoche the intellectual activity of an era. – 9. (Werke) work(s pl): das gesamte S~ eines Künstlers the whole work of an artist.

'**schaf·fen²** I v/t ⟨h⟩ 1. (beschaffen) get, procure, provide, find: er schaffte uns etwas zu essen he got us (od. he provided us with) s.th. to eat. – 2. (bewirken) bring, give, effect: das schafft Linderung that brings relief, that has a soothing effect. – 3. rare for schaffen¹ 6. – 4. colloq. manage (to do), do, 'make' (colloq.): ich habe heute viel geschafft I got a great deal done today; er wird es nicht ~ bis 8 Uhr he won't make it by 8 o'clock; gleich haben wir's geschafft! we've almost made it! we're almost there! (das hätten wir) geschafft! we've made (od. done) it (at last)! das wäre geschafft! that's done! – 5. colloq. (erreichen) achieve, get: er hat immer geschafft, was er wollte he has always achieved what he wanted; sie haben im letzten Jahr viel geschafft they have come far in the last year; das ~ wir nicht we shall not pull it off (colloq.). – 6. colloq. (tun) do: er hat hier nichts zu ~ he has no business to be here; was hast du hier zu ~? what do you want here? ich möchte mit dieser Sache [mit ihm] nichts zu ~ haben I don't want to have anything to do with this matter [with him]; ich habe nichts damit zu ~ that's no business of mine, I wash my hands of it; was habe ich damit zu ~? why should that concern me? – 7. (wegbringen) take, carry: kannst du das Paket zur Post ~? can you take the parcel to the post office? sie mußte ins Krankenhaus geschafft werden she had to be taken to hospital; er konnte sich eine kleine Summe auf die Seite ~ he was able to put aside a small amount. – 8. (entfernen) (in Wendungen wie) das alte Gerümpel wurde aus dem Haus geschafft the old lumber (od. junk) was removed from the house; Hindernisse aus dem Weg ~ auch fig. to clear (od. get) obstacles out of the way; j-n aus dem Weg ~ fig. to do away with s.o., to get rid of s.o., to clear s.o. out of the way (od. off), to kill s.o.; ich möchte diese Angelegenheit aus der Welt ~ I want to wipe (od. blot) out that matter (od. affair); ich werde ihn dir vom Hals ~ colloq. I'll help you (to) get rid of him, I'll help you shake him off. – 9. colloq. cf. fertigmachen 5—7: das hat ihn geschafft that got him down (od. took it out of him), (seelisch) that finished him off. – II v/i 10. bes. Southwestern G. and Swiss for arbeiten 1. – 11. (emsig sein) be busy, work: sie hat den ganzen Tag geschafft she has been busy all day. – 12. j-m zu ~ machen

to cause (od. give) s.o. trouble: das Kind macht ihnen viel zu ~ the child gives them a great deal of trouble, they have a lot of trouble with the child (colloq.); mein Rheuma macht mir wieder zu ~ my rheumatism is giving me trouble (od. pain) again. – 13. sich (dat) mit (od. an dat) etwas zu ~ machen a) to busy oneself (od. be busy) with s.th., b) (unsachgemäß) to tamper with s.th.: er machte sich im Nebenzimmer zu ~ a) he was doing s.th. in the next room, b) he pretended to be doing s.th. in the next room; er macht sich im Garten zu ~ he's pottering about in the garden; was machst du dir an meinem Schreibtisch zu ~? what are you doing at my desk? sein Sohn hat sich wieder an dem Auto zu ~ gemacht his son has tampered with the car again. – III **S~** n ⟨-s⟩ 14. verbal noun. – 15. bes. Southwestern G. and Swiss for Arbeit 1.

'**schaf·fend** I pres p. – II adj 1. (schöpferisch) creative, productive, auch constructive: der ~e Mensch [Geist] the creative man [mind]; die Kräfte der ~en Natur the creative (od. constructive) forces of nature. – 2. (arbeitend) working: die ~e Bevölkerung the working population.

'**Schaf·fens|,drang** m creative impulse (od. urge), desire to create. — **~,freu·de** f delight in creating. — **~,freu·dig** adj creative. — **~,kraft** f ⟨-; no pl⟩ creative (od. productive) power. — **~,lust** f cf. Schaffensfreude.

'**Schaf·fer** m ⟨-s; -⟩ colloq. hardworking man, worker, slogger.

Schaf·fe·rei f ⟨-; no pl⟩ colloq. hard work(ing), slogging.

'**schaf·fig** adj Southwestern G. and Swiss dial. for arbeitsam.

'**Schaf,fleisch** n gastr. mutton.

Schäff·ler ['ʃɛflər] m ⟨-s; -⟩ Bavarian for Küfer 2. — **~,tanz** m traditional dance of the coopers' guild (performed every 7 years during the carnival season).

Schaff·ner ['ʃafnər] m ⟨-s; -⟩ 1. (im Bus, in der Straßenbahn etc) conductor, Am. auch carman. – 2. (Zugbegleiter) Am. conductor, Br. guard. – 3. (Fahrkartenkontrolleur) ticket collector. – 4. (im Schlafwagen) attendant, bes. Am. porter. – 5. obs. (Haushälter) housekeeper. — '**Schaff·ne·rin** f ⟨-; -nen⟩ 1. (im Bus etc) conductress. – 2. (Zugbegleiterin) Am. conductress, Br. guard. – 3. cf. Schaffner 3. – 4. obs. (Haushälterin) housekeeper.

'**Schaf·fung** f ⟨-; no pl⟩ 1. cf. Schaffen¹. – 2. creation. – 3. (Einrichtung) establishment, creation. – 4. (Gründung) foundation, establishment, creation. – 5. (Entwicklung) development.

'**Schaf|,gar·be** f ⟨-; -n⟩ bot. (common) milfoil, (common) yarrow, pellitory, bloodwort (Achillea millefolium). — **~,her·de** f flock of sheep, fold. — **~,hirt**, **~,hir·te** m cf. Schäfer. — **~,hür·de** f (sheep)fold, pen, bes. Br. sheepcote, auch sheepcot. — **~,kä·se** m gastr. sheep's (od. ewe's) milk cheese. — **~,ker·bel** m bot. hedge parsley, hogweed (Torilis anthriscus). — **~,kopf** m 1. (ein dt. Kartenspiel) sheep's head, schafskopf, auch schafkopf. – 2. colloq. contempt. cf. Schafskopf 2. — **~,laus,flie·ge** f zo. sheep tick (Melophagus ovinus). — **~,le·der** n (leather) 1. sheep leather. – 2. (Lammfell) lambskin. – 3. (Narbenspalt) skiver. – 4. (bes. für Bucheinbände) bock. — **s~,le·dern** adj (made of) sheep leather.

Schäf·lein ['ʃɛflaɪn] n ⟨-s; -⟩ 1. dim. of Schaf. – 2. seine ~ pl fig. (die ihm anvertrauten Menschen) his flock sg.

'**Schaf|,maul** n bot. cf. Feldsalat. — **~,milch** f ewe's milk. — **~,mist** m sheep's dung. — **~,och·se** m zo. cf. Moschusochse.

Scha·fott [ʃa'fɔt] n ⟨-(e)s; -e⟩ scaffold: das ~ besteigen to mount the scaffold; j-n aufs ~ bringen to bring s.o. to the scaffold.

'**Schaf|,pelz** m 1. sheepskin: ein Wolf im ~ fig. a wolf in sheep's clothing. – 2. (als Kleidungsstück) sheepskin (coat od. jacket). — **~,pocken** (getr. -k·k-) pl vet. sheep pox sg, ovinia sg (scient.). — **~,sche·re** f sheep shears pl (construed as sg or pl). — **~,sche·rer** m (sheep)shearer, clipper. — **~,schur** f sheepshearing, sheep clip(ping).

'**Schafs|,frosch** m zo. tylor's toad (Hypopachus cuneus). — **~,kleid** n obs. for Schafpelz 1: ein Wolf im ~ fig. a wolf in sheep's clothing. — **~,kopf** m 1. sheep's head. – 2. fig. colloq. contempt. blockhead, num(b)-

skull, fathead, fool, 'dope' (sl.), bes. Am. sl. goon. – 3. rare for Schafkopf 1. — **~,kopf,bras·se** f zo. sheep(s)head (Archosargus probatocephalus). — **~,na·se** f colloq. contempt. cf. Schafskopf 2.

'**Schaf|,stall** m shed for sheep. — **~,stel·ze** f zo. blue-headed wagtail (Motacilla flava): Grünköpfige ~ yellow wagtail (M. rayi).

Schaft¹ [ʃaft] m ⟨-(e)s; ⁐e⟩ 1. (einer Lanze, Fahne etc) shaft, staff. – 2. (eines Stiefels) leg. – 3. (eines Schlüssels) shank. – 4. (eines Gewehrs) stock. – 5. (einer Säule) shaft, shank, body, truck, fust. – 6. tech. a) (eines Werkzeugs) shaft, shank, handle, grip, b) (einer Schraube) body, shank. – 7. mar. a) (eines Ankers) shank, b) cf. Ruderschaft. – 8. bot. stalk, stem, peduncle, scape, scapus (scient.). – 9. zo. (einer Feder) scape, shaft, scapus (scient.).

Schaft² m ⟨-(e)s; ⁐e⟩ Swiss for a) Gestell 2, b) Schrank 1.

schäf·ten ['ʃɛftən] v/t ⟨h⟩ 1. (Stiefel) leg. – 2. (Gewehr) stock, mount. – 3. tech. a) (Werkzeuge) provide (s.th.) with a shaft (od. shank), b) (verspleißen) splice, joint. – 4. cf. anschäften 1, 2. – 5. hort. (veredeln) graft. – 6. dial. for verprügeln.

'**Schaft|,frä·ser** m tech. end milling cutter, end mill. — **~,le·der** n (leather) upper leather. — **~,lei·sten** m (für Stiefel) boot tree (od. stretcher). — **~,nu·ten,frä·ser** m tech. slotting end mill.

'**Schaf,trift** f cf. Schafweide.

'**Schaft|,schneid,rad** n tech. shank-type shaper cutter. — **~,schrau·be** f shank-threaded screw. — **~,stie·fel** m meist pl (high od. high-leg) boot, top boot, Wellington (boot). — **~,stuhl** m (textile) dobby. — **~,werk,zeug** n tech. shank tool.

'**Schaf|,wei·de** f agr. pasture for sheep, bes. Br. sheep-walk. — **~,wol·le** f sheep's wool. — **~,zucht** f agr. sheep breeding (od. raising, farming). — **~,züch·ter** m sheep breeder (od. raiser), sheepfarmer, bes. Br. sheep-master, bes. Am. sheepman.

Schah [ʃaː] m ⟨-s; -s⟩ (pers. Herrschertitel) shah, auch Shah.

Scha·kal [ʃa'kaːl] m ⟨-s; -e⟩ zo. jackal (Canis aureus).

Scha·ke ['ʃaːkə] f ⟨-; -n⟩ tech. (einer Kette) (chain) link.

Schä·kel ['ʃɛːkəl] m ⟨-s; -⟩ tech. (Kettenglied) shackle. — '**schä·keln** v/t ⟨h⟩ shackle.

Schä·ker ['ʃɛːkər] m ⟨-s; -⟩ colloq. 1. jester, joker, (Schalk) wag. – 2. (Kokettierer) philander(er), flirt. — **Schä·ke'rei** f ⟨-; -en⟩ 1. (Scherzen) joking, jest(ing). – 2. (Flirten) philander(ing), flirtation, flirting, coquetry. – 3. (Necken, Neckerei) playful teasing, banter, chaff. — '**schä·ker·haft** adj 1. (scherzhaft) joking, jesting, playful. – 2. (kokett) flirtatious, coquettish. — '**Schä·ke·rin** f ⟨-; -nen⟩ 1. cf. Schäker. – 2. coquette. — '**schä·kern** v/i ⟨h⟩ 1. (scherzen) joke, jest, make fun. – 2. (flirten) flirt, philander, coquet(te), bes. Am. gallivant: er schäkert gern mit jungen Mädchen he likes to flirt with young girls. – 3. (necken) tease, banter, chaff.

Schak·ti ['ʃakti] npr f ⟨-; no pl⟩ relig. Shakti, auch Sakti. — **~ver,eh·rung** f S(h)aktism.

'**Scha·ku,huhn** ['ʃaku-] n zo. guan hen (Gattg Penelope).

schal [ʃaːl] adj ⟨-er; -st⟩ 1. (Bier, Wein etc) flat, stale, bes. Am. colloq. dead: ~ werden to go (od. become) flat, to (go) stale, to pall, to die (colloq.). – 2. (Geschmack) insipid. – 3. fig. (leer) vapid, empty: das Leben dünkte ihn (od. ihm) ~ life seemed empty (od. meaningless) to him. – 4. fig. (langweilig) dull, boring, flat, lifeless.

Schal m ⟨-s; -e u. -s⟩ 1. scarf: ein seidener ~ a silk scarf; ein wollener ~ a wool(l)en scarf, a muffler; einen ~ umbinden to put on a scarf; sich (dat) einen ~ um den Hals schlingen to wrap a scarf round one's neck. – 2. (Umschlagtuch) shawl, wrap(per), muffler: sie wickelte sich in einen ~ she wrapped a shawl about her.

'**Schal,brett** n civ.eng. (wood) shuttering board (od. panel).

Scha·le¹ f ⟨-; -n⟩ 1. (von Früchten, Kartoffeln etc) skin: eine dünne [harte, rauhe] ~ a thin [hard, rough] skin; er hat eine rauhe ~ fig. he is a rough diamond; die ~ von etwas entfernen (od. abziehen) to remove the skin of (od. from) s.th., to skin (od. peel) s.th.; Kartoffeln mit (od. in) der ~ kochen gastr. to boil potatoes in their skins (od. jackets). – 2. (abgeschälte) peel(ing), paring. – 3. (von Nüssen, Mandeln, Eiern etc) shell: das Küken hat die ~ gesprengt the chicken has burst (od. broken) through the shell; in einer rauhen ~ steckt oft ein süßer Kern (Sprichwort) a rough exterior often conceals a heart of gold; je bitterer die ~, um so süßer der Kern (Sprichwort) etwa the harder the shell, the sweeter the kernel, the more bitter the rind, the sweeter the pulp. – 4. (bes. einer Kokosnuß) cascara. – 5. (grüne, stachelige von Kastanien) husk, bur(r). – 6. (einer Eichel) cup, cap. – 7. (Schote) pod. – 8. (Hülse) husk, hull, shell. – 9. (Rinde) bark, rind. – 10. zo. a) (von Schnecken u. Schalentieren) shell, crust, carapace, test, b) (von Muscheln u. Austern) valve: ohne ~ unshelled, naked; die ~ abwerfen to cast the shell; Auster mit bewachsener ~ loaded oyster. – 11. bot. (Samenschale) testa. – 12. fig. colloq. 'rig', togs pl (beide colloq.); clothing: sich in ~ werfen to dress up (to the nines [colloq.]); to spruce (od. doll) oneself up, to don one's glad rags, to put on one's Sunday best (colloq.). – 13. metall. a) (beim Schalenguß) chill, b) (eines Messers) plate, scale. – 14. phys. chem. (electron) shell. – 15. aer. a) shell, b) (selbsttragende Haut) stressed skin. – 16. meist pl hunt. (Huf) hoof. – 17. civ.eng. cf. Verschalung.

'Scha·le² f ⟨-; -n⟩ 1. bowl, dish, vessel: eine silberne ~ a silver bowl; eine ~ aus Glas a glass bowl; eine ~ mit Blumen a bowl of flowers; eine ~ Milch für die Katze a bowl of milk for the cat; die ~n des Zorns über j-m ausgießen poet. to pour out (od. to open) the vials of wrath upon s.o. (lit.). – 2. (bes. für Wasser) basin. – 3. (flache) pan, tray. – 4. (Untertasse) saucer. – 5. Austrian for Tasse 1. – 6. (Waagschale) scale(pan), basin. – 7. (einer Lampe) bowl, dish. – 8. tech. (Lagerschale) a) bush(ing), b) (für Späne) tray, pan. – 9. auto. (zwischen den Vordersitzen) tray. – 10. metall. a) meist pl scabs pl, b) (in der Formerei) shell.

'Schäl,ei·sen n (forestry) barking iron, stripping iron (od. tool).

scha·len ['ʃaːlən] v/t ⟨h⟩ civ.eng. cf. verschalen.

schä·len ['ʃɛːlən] I v/t ⟨h⟩ 1. (Obst, Kartoffeln etc) peel, pare, skin, remove the skin from. – 2. (Hülsenfrüchte) husk, hull, shell. – 3. (Ei) shell. – 4. (Bäume) bark, rind, strip, peel, decorticate (scient.). – 5. tech. a) (auf der Drehmaschine) preturn, skin-turn, b) (beim Fräsen) slab, c) (zur Gewindeherstellung) whirl, d) (beim Schneckenradfräsen) whirl. – 6. agr. peel (od. pare) off. – 7. hunt. (Bäume) strip. – II v/reflex sich ~ 8. (von der Haut) peel (off), come off: ich schäle mich im Gesicht my face is peeling. – 9. cf. häuten 3. – 10. (von Bäumen) shed the bark, exfoliate (scient.). – 11. sich aus etwas ~ fig. colloq. to strip off s.th., to slip out of s.th. – III S~ n ⟨-s⟩ 12. verbal noun. – 13. cf. Schälung.

'Scha·len|bau m, ~,bau,wei·se f tech. monocoque construction. – ~,guß m metall. 1. (Kokillenguß) gravity-die (od. chill) casting. – 2. (nach dem Schalengußverfahren) shell-mold (bes. Br. -mould) casting. — ~,krebs m zo. malacostracan (Unterklasse Malacostraca). — ~,kreuz n aer. meteor. (zum Windstärkemessen) cup anemometer. — ~,kupp·lung f tech. split (od. clamp) coupling. — ~,obst n (edible) hard-shelled dry fruit (e.g. nuts). — ~,sitz m (bes. im Auto) bucket seat. — ~,tier n zo. (Schnecke, Krebs) shellfish, crustacean (scient.) (Fam. Crustaceae). — ~,wild n hunt. hoofed game. — ~,wir·bel m zo. (der Muscheln) umbo.

'Schäl,fräs·ma,schi·ne f tech. slab milling machine.

'Schal·heit f ⟨-; no pl⟩ 1. (des Biers, Weins etc) flatness, staleness, bes. Am. colloq. deadness. – 2. (des Geschmacks) insipidity, insipidness. – 3. fig. (Leere) vapidness, vapidity, emptiness. – 4. fig. (Langweiligkeit) dul(l)ness, boringness, flatness.

'Schäl,hengst m agr. (Zuchthengst) studhorse, Br. stud-horse, stallion.

'Schal,holz n 1. civ.eng. timber for shuttering. – 2. (mining) bar.

Schalk [ʃalk] m ⟨-(e)s; -e u. ⁓e⟩ 1. wag, wit, joker. – 2. (schalkhaftes Kind) scamp, rascal, imp, rogue. – 3. ⟨only sg⟩ fig. (Schalkhaftigkeit) waggishness, roguishness, wit(tiness), fun: der ~ sitzt ihm im Nacken he is full of fun, he is a bit of a wag; der ~ guckt (od. schaut) ihm aus den Augen his eyes twinkle with fun.

Schal·ke ['ʃalkə] f ⟨-; -n⟩ mar. cf. Schalklatte. — 'schal·ken v/t ⟨h⟩ (eine Luke etc) batten down.

'schalk·haft adj waggish, roguish: mit ~em Grinsen with a roguish grin, with a quirk of the lips. — 'Schalk,haf·tig·keit f, 'Schalk·heit f ⟨-; no pl⟩ cf. Schalk 3.

'Schalk,lat·te f mar. hatch(way) batten.

'Schal|,kra·gen m (fashion) shawl collar. — ~,kra,wat·te f shawl tie.

Schall [ʃal] m ⟨-(e)s; rare -e u. ⁓e⟩ 1. sound: ein dumpfer ~ a muffled (od. dull) sound; mit lautem ~ with all one's might, with might and main; den ~ dämpfen to muffle (od. damp, deaden, absorb) the sound; dieses Flugzeug ist schneller als der ~ this aircraft is faster than sound, this is a supersonic aircraft; die Lehre vom ~ phys. the theory of sound, acoustics pl (construed as sg); deine Worte sind nur leerer ~ fig. those are just emply words, your words are just (od. you just talk) hot air (sl.); Namen sind nur ~ und Rauch fig. names alone amount to nothing, what's in a name? – 2. (von Glocken etc) sound, ring(ing). – 3. (von Blechinstrumenten, Metallwerkzeugen etc) sound, clang. – 4. (Klang-, Schallfülle) sonority, sonorousness, resonance. – 5. (Widerhall) echo, reverberation, resonance. – 6. (Geräusch) noise, sound. — ~,ab,strah·lung f phys. sound radiation. — ~,ana,ly·se f phys. ling. sound analysis. — ~,auf,zeich·nung f tech. sound recording. — ~,aus,brei·tung f phys. sound propagation. — ~,bo·den m mus. cf. Resonanzboden. — ~,bre·chung f phys. sound refraction. — ~,bre·chungs,leh·re f diacoustics pl (construed as sg), diaphonics pl (construed as sg). — ~,brett n (loudspeaker) baffle. — s~,däm·mend adj cf. schalldämpfend. — ~,däm·mung f cf. Schalldämpfung. — s~,dämp·fend adj sound-absorbing (od. -muffling, -damping, -deadening). — ~,dämp·fer m 1. bes. tech. phys. sound absorber (od. damper). – 2. electr. tel. sound deadener. – 3. auto. Am. muffler, bes. Br. (exhaust) silencer. – 4. (am Gewehr etc) silencer. – 5. mus. cf. Dämpfer 1. — ~,dämp·fung f 1. bes. tech. phys. sound absorption (od. muffling, damping, deadening), bes. auto. auch silencing. – 2. civ.eng. soundproofing. — ~,deckel (getr. -k·k-) m arch. (einer Kanzel) abat-voix. — s~,dicht adj soundproof: Wände ~ machen to make walls soundproof, to soundproof (od. deaden, deafen) walls. — ~,dich·te f phys. sound (energy) density. — ~,do·se f mus. sound box. — ~,druck m ⟨-(e)s; no pl⟩ phys. sound (od. acoustic, sonic, audio) pressure. 'Schalleh·re (getr. -ll·l-) f ⟨-; no pl⟩ phys. theory of sound, acoustics pl (construed as sg).

'schallei·tend (getr. -ll·l-) adj sound-conducting. — 'Schallei·ter (getr. -ll·l-) m sound conductor. — 'Schallei·tung (getr. -ll·l-) f sound conduction.

'Schall·emp,fän·ger m 1. electr. sound (od. acoustic) sensing device. – 2. tel. microphone, sound receiver.

schal·len ['ʃalən] I v/i, oft v/impers ⟨schallt, schallte, rare scholl, geschallt, h⟩ 1. (von Stimme etc) ring (out), sound, resound: das Kommando schallte über den Hof the command rang out across the courtyard. – 2. (von Glocken etc) sound, ring. – 3. (von Blechinstrumenten, Metallwerkzeugen etc) sound, clang. – 4. (widerhallen) (re)echo, Br. (re-)echo, ring, reverberate, resound: ihr Gezeter schallt mir noch in den Ohren her scolding still rings in my ears; sie gab ihm eine Ohrfeige, daß es (nur so) schallte she gave him a resounding smack in the face; es schallt so in diesem Zimmer there is such an echo (od. colloq. an empty sound) in this room. – 5. (von Wild) sound the mating call. – II S~ n ⟨-s⟩ 6. verbal noun. – 7. cf. Schall 1—5.

'schal·lend I pres p. – II adj 1. (Stimme, Rufe etc) ringing: ~es Gelächter ringing (od. uproarious, peals pl of) laughter, guffaw. – 2. (Ohrfeige, Beifall etc) resounding. – III adv 3. er lachte ~ he laughed uproariously, he guffawed.

'Schall|er,zeu·ger m sound generator. — ~er,zeu·gung f generation of sound. — ~,fort,pflan·zung f sound propagation. — ~fre,quenz f audio frequency, acoustic frequency. — ~ge,schwin·dig·keit f 1. phys. sound (od. sound-propagation, acoustic) velocity. – 2. aer. sonic (od. sound) speed: mit mehrfacher ~ fliegen to fly at several times the speed of sound. — ~,gren·ze f phys. aer. cf. Schallmauer. — ~,in·ten·si,tät f phys. sound (od. acoustic) intensity. — s~,iso,lie·rend adj (Schicht etc) sound-insulating, soundproof. — ~,iso,lie·rung f civ.eng. sound insulation, soundproofing. — ~,ka·sten, ~,kör·per m mus. (eines Streich- od. Zupfinstruments) resonator, sound box (od. chest), body. — ~,mau·er f aer. sound (od. sonic) barrier: unterhalb [oberhalb] der ~ below [beyond od. above] the sound barrier; die ~ durchbrechen to break (od. crash) the sound barrier. — ~,meß·bat·te,rie f mil. sound-ranging battery. — ~,mes·ser m, ~,meß·ge,rät n phys. (Schallstärkemesser) phonometer, sonometer, sound ranger. — ~,meß,trupp m mil. sound-ranging party. — ~,mes·sung f, ~,meß·ver,fah·ren n phys. sound ranging, phonometry (scient.). — s~,nach,ah·mend adj onomatopo(e)tic: ~e Wortbildung ling. onomatopoetic word formation, onomatopoeia. — 'Schalloch (getr. -ll,l-) n 1. mus. (einer Gitarre, Geige etc) sound hole. – 2. arch. (in Glockentürmen) louver (bes. Br. louvre) window.

'Schall,or·tung f mil. sound ranging.

'Schall,plat·te f (phonograph, bes. Br. gramophone) record, disk, disc: eine ~ auflegen to put on a record; eine ~ besingen to sing for a recording, to make a recording (auch record); er hat eine neue ~ herausgebracht he has brought out a new record; eine ~ (ab)spielen to play a record; etwas auf ~ aufnehmen to make a record of s.th.

'Schall,plat·ten|,al·bum n record album. — ~ar,chiv n record archives pl. — ~,auf,nah·me f (disk od. disc) recording: eine ~ von etwas machen to make a recording of s.th., to record s.th. — ~,bar f (im Geschäft) record bar (od. desk). — ~ge,schäft n record shop. — ~,in·du,strie f record industry. — ~kon,zert n (im Rundfunk) (phonograph, bes. Br. gramophone) record concert. — ~,mil·lio,när m recording artist who has sold more than a million copies. — ~,mu,sik f recorded music. — ~,samm·lung f collection of records, record collection. — ~,sen·dung f (radio) program (bes. Br. programme) of recorded music. — ~ver,stär·ker m pickup amplifier.

'Schall|,quel·le f phys. sound source. — ~,schluck,decke (getr. -k·k-) f civ.eng. acoustic ceiling. — s~,schluckend (getr. -k·k-) adj sound-absorbing (od. -deadening). — ~,schwin·gung f phys. sound (od. acoustic) vibration. — ~,sper·re f civ.eng. (als Konstruktion) sound barrier. — ~,stär·ke f phys. sound (od. acoustic) intensity. — s~,tot adj cf. schalldicht. — ~,trich·ter m 1. mus. (eines Blasinstruments) bell, pavillon. – 2. (eines Lautsprechers) horn, trumpet. – 3. tel. cf. Sprechmuschel. — ~,wand f (radio) tech. baffle (board), sound panel. — ~,wech·sel m med. change on percussion, change of sound (od. note). — ~,wel·le f phys. sound (od. acoustic) wave. — ~,wort n ⟨-(e)s; ⁓er⟩ ling. onomatopoe(t)ic word, onomatope, Br. auch onomatop. — ~,zei·chen n sound signal.

Schalm [ʃalm] m ⟨-(e)s; -e⟩ (forestry) (an Bäumen) blaze, Am. auch hack (for felling).

'Schäl,ma,schi·ne f 1. (für Kartoffeln, Gemüse etc) peeler, parer. – 2. agr. (für Getreidekörper etc) huller, husker. – 3. (forestry) cf. Rindenschälmaschine.

Schal·mei [ʃal'maɪ] f ⟨-; -en⟩ mus. 1. shawm, auch shalm, chalumeau. – 2. (Klarinetten-, Orgelregister) chalumeau. – 3. (am Dudelsack) chanter, chalumeau.

Schal'mei·en|,klang m mus. sound (od. playing) of shawms (od. shalms, chalumeaux). — **~rohr** n bot. (giant) reed (*Arundo donax*).

schal·men ['ʃalmən] v/t ⟨h⟩ (*forestry*) cf. anreißen 9.

'**Schäl₁mes·ser** n (*für Obst, Gemüse etc*) peeling (*od.* paring) knife.

Scha·lot·te [ʃa'lɔtə] f ⟨-; -n⟩ bot. shallot, eschalot, scallion (*Allium ascalonicum*).

'**Schäl₁pflug** m agr. stubble plough (*bes. Am.* plow). — **~rad** n tech. circular skiving tool.

schalt [ʃalt] 1 u. 3 sg pret of **schelten**.

'**Schalt₁ader** f electr. cross-connecting wire. — **~an₁la·ge** f switchgear (*auch* switcher gear) (installation), pl auch switching facilities: gekapselte ~ cellular switchboard. — **~bild** n 1. electr. wiring (*od.* circuit) diagram, hookup. – 2. auto. gear change (*bes. Am.* gearshift) diagram.

'**Schalt₁brett** n 1. electr. switchboard, switch (*od.* control) panel, plugboard, panelboard, distribution board. – 2. aer. cf. Instrumentenbrett 2. — **~leuch·te** f electr. switchboard lamp.

'**Schalt₁do·se** f electr. switch (*od.* distribution) box.

schal·ten ['ʃaltən] I v/t ⟨h⟩ 1. switch, turn: einen Haartrockner auf „heiß" [„kalt"] ~ to turn a hair drier to hot [cold]; einen Heizofen von (Stufe) 3 auf 2 [von (Stufe) 2 auf 3] ~ to switch a heater from (stage) 3 (down) to 2 [from (stage) 2 (up) to 3]. – 2. tech. a) (*Maschine etc*) operate, start, b) (*Hebel etc*) shift, move, manipulate, operate, c) (*steuern*) control, d) (*anlassen*) start, engage, e) (*Revolverkopf*) index, f) (*Support*) trip, control, traverse, g) (*feste Kupplung*) shift, h) (*ausrückbare Kupplung*) clutch, i) (*Getriebe*) control, j) (*Ventile*) change over, reverse, k) (*Drehzahl*) vary. – 3. electr. a) (*Stromkreis etc*) wire, switch, connect, b) (*durch Kabelführung*) wire: etwas an (acc) etwas ~ to connect (*od.* couple) s.th. to s.th.; einen Widerstand in einen Stromkreis ~ to connect a resistance to a circuit, to interconnect (*od.* interpose) a resistance in a circuit; etwas in Reihe [Brücke] ~ to connect s.th. in series [bridges]; ein Kraftwerk auf das Netz ~ to connect a power station to the net. – 4. auto. (*einen Gang etc*) engage, change (*bes. Am.* shift) (*gear*) into: dieser Wagen läßt sich schwer ~ it is difficult to change (*bes. Am.* shift) gear in this car, the gear change (*bes. Am.* gearshift) is difficult in this car. – II v/i 5. ~ (und walten) to act, to manage affairs (*od.* things): sie kann hier nach Belieben ~ und walten she can manage things (*od.* she can do) as she likes (*od.* pleases) here; j-n ~ und walten lassen to let s.o. do as (*od.* what) he likes, to let s.o. act freely, to give s.o. a free hand (*od.* plenty of rope); sie kann mit dem Geld ~ und walten, wie sie will she can dispose freely of the money, she can do what she likes with the money. – 6. tech. (*einen Schalter betätigen*) operate a switch. – 7. auto. a) (*den Gang wechseln*) change (*bes. Am.* shift) gear, b) (*einen Gang einlegen*) engage gear: in den 1. Gang ~ a) (*beim Anfahren*) to engage (*od.* put in) first gear, b) (*während der Fahrt*) to change (*bes. Am.* shift) into first (*od.* bottom) gear; vom 3. in den 4. [vom 3. in den 2.] (Gang) ~ to change from third up to fourth [from third down to second] (*gear*); du schaltest zu hart you ram (*od. colloq.* you are hard on) the gears; sportlich ~ a) to do a racing change, b) to do racing changes. – 8. fig. colloq. (*begreifen*) get the idea (*od.* picture) (*colloq.*), bes. Am. colloq. catch on: er schaltete schnell he got the idea fast, he did some quick thinking; da habe ich falsch [richtig] geschaltet I got the wrong [right] idea. – III S~ n ⟨-s⟩ 9. verbal noun. – 10. (*Ein-, Umschalten etc*) switch. – 11. tech. a) (*einer Maschine etc*) operation, b) (*eines Hebels etc*) shift, move, manipulation, operation, c) (*Bedienung, Steuerung*) control, d) (*Anlassen*) start, e) (*eines Revolverkopfes*) indexing, f) (*einer Kupplung*) shifting, engagement, g) (*eines Getriebes*) control, h) (*eines Supports*) control, traverse, i) (*eines Ventils*) changeover, reversal. – 12. electr. (*Herstellen von Verbindungen*) connection, Br. auch connexion, wiring, switching. – 13. auto. gear change, bes. Am. gearshift.

'**Schal·ter** m ⟨-s; -⟩ 1. (*Lichtschalter etc*)

switch: ein mehrstufiger [selbsttätiger] ~ a multiple-point [a snap] switch; den ~ andrehen [*od. colloq.* anknipsen] [ausdrehen *od. colloq.* ausknipsen] to turn on [off] the switch. – 2. (*in Banken, Behörden, Postämtern etc*) counter, (*mit Fenster*) auch window: die Bank hat ihre ~ geschlossen the counters of the bank are closed; ein Paket am ~ aufgeben to hand in a parcel at the counter. – 3. (*Fahrkartenschalter*) booking (*bes. Am.* ticket) office (window). – 4. (*Gepäckschalter*) baggage (*bes. Am.* luggage) office (*od.* room). – 5. aer. (*auf Flughäfen*) ticket (*od.* check-in) counter: bitte zum Schalter der Fluggesellschaft X gehen please see (*od.* go to the) ticket (*od.* check-in) counter of airline X. – 6. (*Schalterfenster*) window, (*vergittert*) auch wicket. – 7. bes. auto. (*Fußschalter*) (foot) switch. – 8. electr. a) (*Ausschalter*) circuit breaker, cutout, Br. cut-out, b) (*Umschalter*) throwover (*od.* changeover) switch. – 9. tech. control member (*od.* element). — **~be₁am·te** m 1. (*in Banken, Behörden, Postämtern etc*) counter clerk. – 2. (*für den Fahr- u. Flugkartenverkauf etc*) bes. Br. booking clerk, bes. Am. ticket agent. — **~dienst** m 1. counter service. – 2. (*Arbeit am Schalter*) counter duty: ich habe heute ~ I am on counter duty (*od. colloq.* I am on the counter) today. — **~fen·ster** n cf. Schalter 6. — **~hal·le** f 1. (*in Bahnhöfen, Flughafengebäuden etc*) central (*od.* main) hall, booking (*bes. Am.* ticket) hall. – 2. (*in Banken, Behörden, Postämtern etc*) central (*od.* main) hall. — **~raum** m 1. (*für Postpersonal bestimmter Raum*) counter room. – 2. cf. Schalterhalle. — **~stun·den** pl (*in Postämtern etc*) service (*od.* business) hours.

'**schalt₁faul** adj colloq. (*Autofahrer*) unwilling (*od.* loath, loth, auch loathe) to change (*bes. Am.* shift) gear: er ist ~ he doesn't like to change gear. — **S~feld** n electr. switchboard section. — **~freu·dig** adj colloq. (*Autofahrer*) fond of changing gear: er ist ~ he likes to change gear. — **S~ge₁trie·be** n 1. auto. change-speed gear, gearbox, speed box. – 2. tech. a) (*eines Motors*) control gear, b) (*Vorschubgetriebe einer Drehmaschine*) feed gear mechanism, feed gearbox, c) (*eines Revolverkopfes*) indexing mechanism. — **S~he·bel** m 1. auto. change-speed (*bes. Am.* gear, gearshift) lever. – 2. tech. aer. a) control (*od.* operating) lever, b) (*für Drehzahlen*) gear-change lever. – 3. electr. switch (*od.* operating) lever.

'**Schal₁tier** n zo. cf. Schalentier.

'**Schalt₁jahr** n leap (*od.* scient. intercalary, bissextile) year. — **~ka·sten** m 1. electr. switch box. – 2. tech. (*einer Werkzeugmaschine*) gearbox, feedbox. — **~klin·ke** f 1. tech. a) pawl, auch pall, b) (*einer Kupplung*) toggle. – 2. electr. jack. — **~kupp·lung** f auto. tech. clutch. — **~lei·stung** f electr. circuit-breaking (*od.* rupturing) capacity. — **~pau·se** f (*radio*) telev. switching period. — **~plan** m electr. connection (Br. auch connexion) diagram. — **~pult** n desk-type switchboard, control station, operator's desk. — **~rad** n tech. 1. (*einer Schreibmaschine*) escape wheel. – 2. (*eines Revolverkopfes*) indexing gear. — **~raum** m electr. tech. switch(ing) room (*od.* station). — **~re₁lais** n electr. tel. switching relay. — **~sche·ma** n electr. auto. cf. Schaltbild. — **~schrank** m electr. switchboard panel. — **~skiz·ze** f cf. Schaltbild 1. — **~sta·ti₁on** f 1. electr. switching station. – 2. (*sport*) (*beim Fußball etc*) link: die ~ im Mittelfeld the link between defence (*Am.* defense) and attack. — **~ta·fel** f electr. cf. Schaltbrett 1. — **~tag** m leap (*od. scient.* intercalary, bissextile) day. — **~tel·ler·ma₁schi·ne** f tech. indexing table machine. — **~tisch** m electr. cf. Schaltpult. — **~trom·mel·ma₁schi·ne** f tech. indexing-drum machine. — **~uhr** f tech. (*an Elektrogeräten, im Treppenhaus etc*) time switch, switching clock.

'**Schal₁tung** f ⟨-; -en⟩ 1. cf. Schalten. – 2. tech. (*am Auto, Fahrrad, an Maschinen etc*) gear change, bes. Am. gearshift. – 3. electr. a) circuit, wiring, b) (*Schaltanordnung*) switching (arrangement), wiring scheme: gedruckte ~ printed circuit.

'**Schalt₁ven·til** n tech. control valve. — **~war·te** f electr. tech. 1. control (*od.*

switching) station, switchboard gallery. – 2. cf. Schaltraum. — **~wel·le** f 1. tech. a) (*einer Werkzeugmaschine*) control shaft, b) (*für Vorschübe*) feed shaft (*od.* rod). – 2. auto. third motion shaft, bes. Br. mainshaft, bes. Am. gearshift lever shaft. — **~werk** n 1. tech. control mechanism. – 2. electr. switchgear. – 3. auto. gear mechanism. — **~zei·chen** n electr. wiring symbol. — **~zen₁tra·le** f electr. tech. central control (*od.* switching) station.

'**Scha·lung** f ⟨-; -en⟩ civ.eng. cf. Verschalung.

'**Schä·lung** f ⟨-; -en⟩ 1. cf. Schälen. – 2. med. a) (*der Haut*) peeling; desquamation, exfoliation (*scient.*), b) (*der Rinde*) decortication. – 3. agr. (*der Hülsenfrüchte etc*) decortication. – 4. (*forestry*) (*der Rinde*) barking, debarking, peeling.

Scha·lup·pe [ʃa'lupə] f ⟨-; -n⟩ mar. sloop, shallop.

'**Schal₁wild** n hunt. cf. Schalenwild.

Scham [ʃaːm] f ⟨-; no pl⟩ 1. shame: ohne jede (*od. lit.* bar jeder) ~ without the slightest shame, devoid of all shame (*lit.*); keine ~ erkennen lassen (*od.* zeigen) [empfinden] to show [to feel] no shame; hast du denn gar keine ~ (im Leibe)? is there no shame in you? alle ~ ablegen (*od.* abtun, abwerfen) to cast off all shame; nur keine falsche ~! no false shame! vor ~ erröten to blush (*od.* colo[u]r) with shame; vor ~ die Augen senken (*od.* niederschlagen) to cast down one's eyes with (*od.* in) shame; ich möchte vor ~ vergehen [in die Erde versinken] I could die [sink through the floor] with shame; mit jungfräulicher [mädchenhafter] ~ poet. with virginal (*od.* maidenly) [girlish] shame. – 2. cf. Schamhaftigkeit. – 3. med. (*private od.* privy) parts pl, genitals pl: weibliche ~ vulva, pudenda pl (*beide scient.*). – 4. Bibl. nakedness.

Scha·ma·de [ʃa'maːdə] f ⟨-; -n⟩ mil. hist. chamade.

'**Scha·ma₁dros·sel** ['ʃaːma-] f zo. shama (*Copsychus malabaricus*).

Scha·ma·ne [ʃa'maːnə] m ⟨-n; -n⟩ (*asiat. Zauberpriester*) shaman. — **Scha·ma'nis·mus** [-ma'nɪsmus] m ⟨-; no pl⟩ shamanism.

'**Scham₁bein** n med. pubic bone, (os) pubis (*scient.*). — **~kamm** m pubic crest.

'**Scham₁berg** m med. mons pubis (*od.* veneris). — **~bo·gen** m pubic arch.

schä·men ['ʃɛːmən] I v/reflex ⟨h⟩ sich ~ be (*od.* feel) ashamed: er schämte sich (wegen) seines Betragens [seiner Herkunft, seiner Eltern], auch er schämte sich für sein Betragen [seine Herkunft, seine Eltern] he was ashamed of his behavio(u)r [descent, parents]; du brauchst dich dessen (*od.* deswegen, deshalb, auch dafür) nicht zu ~ you need not be ashamed of it; er hat sich nicht [colloq. kein bißchen] geschämt he was not [not the slightest bit] ashamed, he was [quite] unashamed; ich schäme mich nicht zuzugeben, daß I am not ashamed of admitting (*od.* to admit) that; pfui, schäm dich! du solltest dich (was) ~! colloq. (why,) you should be ashamed of yourself! shame on you! sich vor j-m [für j-n] ~ to be ashamed in front of [for] s.o.; sie schämte sich in Grund und Boden [(fast) zu Tode] fig. she wanted to sink through the floor with [she almost died of (*od.* with)] shame. – II S~ n ⟨-s⟩ verbal noun: heutzutage hat man das S~ verlernt people nowadays have forgotten what shame is.

scham·fi·len [ʃam'fiːlən] v/i ⟨no ge-, h⟩ mar. (*von Segeln, Tauwerk etc*) chafe.

'**Scham₁fu·ge** f med. interpubic disk (*od.* disc), symphysis (pubis) (*scient.*). — **~ge₁fühl** n sense of shame: das ~ verletzen to offend the sense of shame; er hat jegliches (*od.* alles) ~ verloren he has lost all (sense of) shame. — **~ge·gend** f med. pubic (*od.* pudendal) region, pubes (*scient.*). — **~haa·re** pl pubic hair(s pl).

'**scham·haft** I adj 1. bashful, modest, (*Mädchen*) auch blushing. – 2. (*spröde*) coy. – 3. (*prüde*) prim, prudish. – II adv 4. ~ lächeln to smile bashfully (*od.* modestly, von Mädchen auch blushingly); sie hatte es ~ verschwiegen auch iron. she did not mention it out of modesty (*od.* bashfulness).

— '**Scham·haf·tig·keit** f ⟨-; no pl⟩

1. bashfulness, modesty. – 2. (*Sprödigkeit*) coyness. – 3. (*Prüderie*) primness, prudishness.
'**Scham**|,hü·gel *m med.* cf. Schamberg. — ~,**lip·pe** *f* lip (*od.* wing) of the vulva, labium (*scient.*): große ~n labia majora; kleine ~n labia minora, nymphae.
'**scham·los** I *adj* 1. shameless, unashamed, unabashed: wie kann man nur so ~ sein! how can a person be so shameless (*od.* so devoid of shame)! – 2. (*unzüchtig*) indecent, lewd, lascivious, (*stärker*) obscene: ~e Gebärden lewd gestures. – 3. (*unverschämt*) shameless, barefaced, brazen(faced): ~e Forderungen erheben to make shameless demands, to be shameless in one's demands. – II *adv* 4. shamelessly: er hat mich ~ belogen he lied to me shamelessly, he lied to my face; j-n ~ ausnutzen to take shameless advantage of s.o. — '**Scham·lo·sig·keit** *f* ‹-; -en› 1. ‹*only sg*› shamelessness, unashamedness. – 2. (*Unzüchtigkeit*) indecency, lewdness, lasciviousness, (*stärker*) obscenity. – 3. (*Unverschämtheit*) shamelessness, brazenness.
Scha·mott [ʃa'mɔt] *m* ‹-s; *no pl*› *colloq.* (*wertloses Zeug, Plunder*) junk, rubbish.
Scha·mot·te [ʃa'mɔtə] *f* ‹-; *no pl*› *tech. civ.eng.* fireclay, (fireclay) grog, chamotte. — ~,**stein,** ~,**zie·gel** *m* firebrick, fireclay brick.
scha·mot·tie·ren [ʃamɔ'tiːrən] *v/t* ‹*no ge-,* h› *civ.eng.* line (out) (*od.* panel) (*s.th.*) with firebricks.
Scham·pun [ʃam'puːn] *n* ‹-s; *no pl*› shampoo. — **scham·pu'nie·ren** [-pu-'niːrən] *v/t* ‹*no ge-,* h› (*Kopf, Haar etc*) shampoo.
Scham·pus ['ʃampʊs] *m* ‹-; *no pl*› *colloq.* (*Sekt*) *bes. Br. colloq.* bubbly, *bes. Am. colloq.* 'fizz'.
'**Scham**|,rit·ze *f med.* pudendal cleft, rima pudendi (*scient.*). — **s~,rot** *adj* blushing with shame: j-n ~ machen to make s.o. blush, to put s.o. to the blush; ~ werden to blush (*od.* colo[u]r [up]) with (*od.* for) shame. — ~,rö·te *f* 1. blush of shame: j-m die ~ ins Gesicht treiben to make s.o. blush all over (with shame), to put s.o. to the blush. – 2. *med.* suffusion. — ~,tei·le *pl* (*private od.* privy) parts, genitals, genitalia (*scient.*).
'**schand·bar** *adj u. adv* cf. schändlich.
'**Schand**,bu·be *m obs. contempt.* villain, scoundrel.
Schan·de ['ʃandə] *f* ‹-; *no pl*› 1. disgrace: es ist eine ~, wie du dich benimmst [wie die Preise steigen] it is a disgrace the way you behave [the way prices soar]; es ist eine (wahre) ~, daß a) it is a (great, *colloq.* terrible) disgrace (that), b) *colloq.* (*es ist schade*) it is a (crying, *colloq.* terrible) shame (that); ach, du ~! *colloq.* blast (*od.* damn, *sl.* darn) it! hell! (*colloq.*). – 2. (*Schmach, Unehre*) shame, disgrace, dishonor, *bes. Br.* dishonour, (*stärker*) ignominy: j-m ~ machen (*od.* bereiten), ~ über j-n bringen to bring shame on s.o., to disgrace (*od.* be a disgrace to) s.o.; mach mir [uns] keine ~! *colloq., auch humor.* don't disgrace (*od.* shame) me [us]! don't be a disgrace to me [us]! es ist (doch) keine ~, so etwas nicht zu wissen it is no disgrace not to know such a thing; zu meiner ~ muß ich gestehen (*od.* sei gesagt), daß to my shame I must confess (*od.* I must tell you) that; ~ über dich! shame on you! sie haben ihn mit Schimpf und ~ davongejagt they chased him away with abuse and ignominy; das ist eine ~ für die Armee that is a shame and disgrace for the army; ein Mädchen in ~ bringen *lit.* to bring shame (up)on a girl, to dishono(u)r a girl; → Horcher; Lauscher 1. – 3. *Bibl.* (*Sünde*) shame, sin: in ~ leben to live in shame.
'**Schan**,deckel *m* ‹-s; -› (*getr.* -k·k-) [-'ʃan-] *m mar.* plank-sheer, gunwale.
'**schan·de**,hal·ber *adv Southern G. obs. for* anstandshalber.
schän·den ['ʃɛndən] I *v/t* ‹h› 1. (*eine Kirche, einen Tempel, ein Grab etc*) desecrate, profane, violate, defile, pollute. – 2. (*eines Denkmals, einer Statue etc*) deface. – 3. (*j-s Ehre, Andenken, guten Namen etc*) dishonor, *bes. Br.* dishonour, discredit, (*stärker*) soil, sully. – 4. *lit.* (*vergewaltigen*) rape, violate, abuse, ravish. – 5. *lit. for* verunzieren. – II *v/i* 6. be a disgrace: → Armut 1. – III S~ *n* ‹-s› 7. *verbal noun.* – 8. cf. Schändung.

'**schan·den**,hal·ber *adv Southern G. obs. for* anstandshalber.
'**Schän·der** *m* ‹-s; -› 1. (*einer Kirche, eines Tempels, Grabes etc*) desecrator, *auch* desecrater, profaner, violator, *auch* violater, defiler, polluter. – 2. (*eines Denkmals etc*) defacer. – 3. (*eines guten Namens etc*) dishonorer, *bes. Br.* dishonourer. – 4. *lit.* (*einer Frau etc*) rapist, raper, violator, *auch* violater.
'**Schand**|,fleck *m* 1. (*Schande*) disgrace: er war schon immer der ~ (in) unserer Familie he has always been a disgrace to our family; die schlechte Note war für ihn ein ~ the bad mark was a disgrace for him. – 2. (*auf j-s Ehre*) stain, taint, blemish, black mark, blot, blotch. – 3. (*häßlicher Anblick*) blemish, eyesore, blot. — ~,geld *n colloq.* 1. (*Schleuderpreis*) ridiculously low price: ich habe das Haus für ein ~ verkauft I sold the house dirt cheap (*od.* for a song). – 2. (*Überpreis*) ridiculously (*od.* absurdly) high price, scandalous (*od.* outrageous) price.
schänd·lich ['ʃɛntlɪç] I *adj* 1. shameful, disgraceful: wie ~! how shameful! what a disgrace! es ist ~, wie er sie behandelt it is shameful the way he treats her; eine ~e Lüge a shameful (*od.* an outrageous) lie. – 2. (*schimpflich, schmachvoll*) shameful, inglorious, (*stärker*) ignominious. – 3. (*verabscheuungswürdig*) shameful, infamous, vile, abominable, foul: eine ~e Tat a) a shameful deed, an abomination, b) (*Greueltat*) an atrocious (*od.* a horrifying, a heinous) deed, an atrocity. – 4. (*unehrenhaft, unredlich*) dishonorable, *bes. Br.* dishonourable, low, (*stärker*) vile, foul. – II *adv* 5. shamefully, disgracefully. – 6. *colloq.* (*sehr, ungeheuer*) 'terribly', 'dreadfully', 'horribly' (*alle colloq.*): das ärgerte mich ~ that made me terribly annoyed; ~ wenig verdienen to earn terribly little money, to earn a mere pittance. — '**Schänd·lich·keit** *f* ‹-; -en› 1. ‹*only sg*› shamefulness, disgracefulness. – 2. ‹*only sg*› (*Schmählichkeit*) shamefulness, ingloriousness, (*stärker*) ignominy. – 3. ‹*only sg*› (*Verabscheuungswürdigkeit*) shamefulness, infamy, vileness, abomination, foulness. – 4. ‹*only sg*› (*Unehrenhaftigkeit*) dishonorableness, *bes. Br.* dishonourableness, (*stärker*) vileness, foulness. – 5. cf. Schandtat.
'**Schand**|,lohn *m colloq. contempt.* scandalously (*od.* outrageously) low salary (*od.* wage[s *pl*]): für einen ~ arbeiten to work for a mere pittance (*od. Am. colloq.* for peanuts). — ~,mal *n* ‹-(e)s; -e *u.* =er› mark (*od.* brand) of infamy, stigma, brand. — ~,maul *n colloq. contempt.* 1. wicked (*od.* malicious, loose, slanderous) tongue: halten Sie ihr ~! hold your malicious tongue! shut your dirty mouth! (*colloq.*). – 2. (*verleumderische Person*) slanderous person, malicious (*od.* wicked) gossip, scandalmonger. — ~,pfahl *m hist.* (*Pranger*) pillory. — ~,preis *m colloq.* cf. Schandgeld. — ~,schnau·ze *f colloq. contempt.* cf. Schandmaul. — ~,tat *f* 1. shameful (*od.* infamous, vile, abominable, foul) deed, abomination: zu jeder ~ bereit sein *colloq. humor.* to be up to every mischief, to be always ready for a prank (*od.* lark). – 2. (*Greueltat*) atrocious (*od.* horrifying, heinous) deed, atrocity.
'**Schän·dung** *f* ‹-; -en› 1. cf. Schänden. – 2. (*einer Kirche, eines Tempels, Grabes etc*) desecration, profanation, violation, defilement, pollution. – 3. (*eines Denkmals, einer Statue etc*) defacement. – 4. *lit.* (*Vergewaltigung*) rape, violation, abuse, ravishment.
'**Schand**,wor·te *pl* 1. foul language *sg.* – 2. *meist* shameful, wicked words.
schang·hai·en [ʃaŋ'haɪən, '*ʃaŋ*-] *v/t* ‹*no ge-,* h› *mar. colloq.* shanghai (*colloq.*).
Schani ['ʃaːni] *m* ‹-s; -› *Austrian colloq.* 1. good friend. – 2. 'slave' (*colloq.*), servant.
Schank[1] [ʃaŋk] *m* ‹-(e)s; *no pl*› *obs. for* Ausschank[1] 1.
Schank[2] *f* ‹-; -en› *Austrian for* a) Schankraum, b) Theke 2.
'**Schank**,bier *n* draught (*bes. Am.* draft) beer, beer on draught (*od.* tap), beer (drawn) from the wood.
Schan·ker ['ʃaŋkər] *m* ‹-s; -› *med.* chancre: harter ~ hard chancre; weicher ~ soft chancre, chancroid. — **s~,ar·tig** *adj* chancriform, chancrous.
'**Schank**|er,laub·nis *f jur. Am.* excise license, *Br.* publican's licence: ~ für

alkoholische Getränke liquor (*Br. auch* justice's *od.* magistrate's) licence; ~ im eigenen Betrieb [über die Straße] on-[off-]licence. — ~ge,wer·be *n Am.* barkeeper's (*od.* saloonkeeper's) trade, *Br.* licensed (*auch* licenced) trade. — ~,kell·ner *m* barkeeper, *Am.* barkeep, barman, bartender, tapster. — ~,kell·ne·rin *f* barkeeper, *Am.* barkeep, *bes. Br.* barmaid. — ~kon·zes·si,on *f jur.* cf. Schankerlaubnis. — ~,raum *m Am.* barroom, *Br.* bar, taproom, saloon. — ~,stät·te *f* cf. Schankwirtschaft. — ~,steu·er *f jur.* excise tax for selling alcoholic beverages, tax on intoxicants. — ~,stu·be *f* cf. Schankraum. — ~,tisch *m* cf. Theke 2. — ~,wirt *m* 1. *Am.* barkeep(er), saloonkeeper, *Br.* publican. – 2. *jur.* (licensed, *Am. auch* licenced) victual(l)er. — ~,wirt·schaft *f* 1. *Am.* bar, saloon, *Br.* public bar (*od.* house), *Br. colloq.* pub. – 2. *jur.* licensed (*Br. auch* licenced) house (*od.* premises *pl*).
'**Schan·tung,sei·de** ['ʃantʊŋ-] *f* (*textile*) shantung, *auch* Shantung.
'**Schanz**|,ar·beit *f meist pl mil.* trenchwork. — ~,ar·bei·ter *m* trencher, entrenchment (*auch* intrenchment) worker. — ~,bau *m* ‹-(e)s; -ten› 1. ‹*only sg*› construction of entrenchments (*auch* intrenchments), construction of fieldworks. – 2. cf. Schanze 1.
Schan·ze ['ʃantsə] *f* ‹-; -n› 1. *mil.* entrenchment, *auch* intrenchment, fieldwork: eine ~ aufführen (*od.* aufwerfen, bauen) to construct (*od.* put up) an entrenchment. – 2. (*sport*) (*Sprungschanze*) (ski) jump (hill). – 3. *mar.* quarterdeck. – 4. sein Leben für j-n [etwas] in die ~ schlagen *fig. lit.* to risk one's life for s.o. [s.th.].
schan·zen ['ʃantsən] *v/i* ‹h› 1. *mil.* construct (*od.* put up) entrenchments (*auch* intrenchments), entrench, *auch* intrench. – 2. *fig. colloq.* (*schwer arbeiten*) work hard, drudge, toil.
'**Schan·zen**|,bau *m* ‹-(e)s; -ten› *mil.* 1. ‹*only sg*› cf. Schanzbau 1. – 2. cf. Schanze 1. — ~re,kord *m* (*sport*) hill record, record for the hill: der ~ liegt bei 100 Metern the hill record is 100 meters. — ~,tisch *m* takeoff platform.
'**Schan·zer** *m* ‹-s; -› cf. Schanzarbeiter.
'**Schanz**|ge,rät *n mil.* cf. Schanzzeug 1. — ~,kleid *n mar.* bulwark(s *pl*). — ~,pfahl *m* palisade, *auch* pallisade. — ~,werk *n* 1. cf. Schanze 1. – 2. (*vor einer Festung*) escarpment. — ~,zeug *n* 1. entrenching (*auch* intrenching) tools *pl.* – 2. *sl. for* Eßbesteck.
scha·pe·ro·nie·ren [ʃaparo'niːrən] *v/t* ‹*no ge-,* h› *obs.* chaperon.
Schapf [ʃapf] *m* ‹-(e)s; -e›, '**Schap·fe** *f* ‹-; -n› *Southern G. and Swiss dial. for* Schöpfkelle 1.
Schap·pe[1] ['ʃapə] *f* ‹-; -n› (*textile*) schappe, chappe.
Schap·pe[2] *f* ‹-; -n› *civ.eng.* (*Tiefenbohrer*) (wimble.)
'**Schap·pe**|,sei·de *f* cf. Schappe[1]. — ~,spin·ne,rei *f* (*textile*) schappe spinning.
'**Schapp,sei·de** *f* cf. Schappe[1].
Schar[1] [ʃaːr] *f* ‹-; -en› 1. crowd, swarm, host (*lit.*): vor der Tür stand eine (ganze) ~ von Leuten there was a crowd (*od.* there were crowds) of people at the door; sie strömten in ~en zum Versammlungsort they swarmed (*od.* flocked, came in crowds) to the meeting place; sie drängten sich in ~en in das neue Schwimmbad they came in swarms into the new swimming pool, they crowded (*od. lit.* thronged) into the new swimming pool; eine ~ Schulkinder a crowd (*od.* troop) of schoolchildren; die Hausfrauen kamen in hellen ~en in den neuen Laden the housewives came in crowds (*od.* hordes) into the new shop. – 2. (*größere Gruppe, Anzahl*) bevy, flock, covey (*lit.*), *Am. colloq.* bunch: eine ~ junger Mädchen a bevy of girls. – 3. (*geschlossene, organisierte Gruppe*) party, company: eine ~ Jäger a party of hunters. – 4. (*in Jugendbünden, militärischen Verbänden etc*) troop, company. – 5. (*Krieger-, Reiterschar etc*) troop (*pl*), host (*lit.*), (*ungeordnete*) horde. – 6. *Bibl.* (*von Engeln*) host. – 7. (*von Vögeln*) flock, flight, covey (*lit.*), *bes. Am.* wisp: die Stare zogen in großen ~en nach Süden the starlings flew southward(s) in large flocks. – 8. *bes. hunt.* a) (*von Wildenten*) flock, brown, b) (*von Wachteln*) bevy, c) (*von Rebhühnern*) covey. – 10. *math.* a) (*von Geraden etc*) system, bundle, b) (*von Kurven*) family.

Schar² f ⟨-; -en⟩, agr. auch n ⟨-(e)s; -e⟩ (Pflugschar) ploughshare, bes. Am. plowshare, share.

Scha·ra·de [ʃa'raːdə] f ⟨-; -n⟩ (games) **1.** (dargestellte) charade. — **2.** (Spiel) charades pl (construed as sg or pl).

Scha·ra·ra·ka [ʃara'raːka] f ⟨-; -s⟩ zo. (eine Lanzenschlange) jararaca (Bothrops jararaca).

Scha·ra·ra·kus·su [ʃarara'kʊsu] f ⟨-; -s⟩ zo. (eine Lanzenschlange) jararacussu, jararacucu (Bothrops jararacussu).

'Schär,baum m (textile) warping beam.

Schar·be ['ʃarbə] f ⟨-; -n⟩ zo. cf. Kormoran.

Schar·bock ['ʃarbɔk] m ⟨-(e)s; no pl⟩ med. obs. for Skorbut.

'Schar·bocks,kraut n ⟨-(e)s; no pl⟩ bot. (lesser) celandine, pilewort (Ficaria verna).

Schä·re ['ʃɛːrə] f ⟨-; -n⟩ meist pl geogr. skerry.

scha·ren ['ʃaːrən] **I** v/t ⟨h⟩ Menschen um sich ∼ to gather (od. rally) people round one: er scharte viele Anhänger um sich he gathered many supporters round him. — **II** v/reflex sich um j-n [etwas] ∼ to gather (od. rally) round s.o. [s.th.].

schä·ren ['ʃɛːrən] **I** v/i ⟨h⟩ (textile) (Webfäden aufwinden) warp. — **II** v/t (Garn) warp.

'Schä·ren,kü·ste f geogr. skerry coast.

'scha·ren,wei·se adv in crowds (od. swarms, flocks).

scharf [ʃarf] **I** adj ⟨ˆer; ˆst⟩ **1.** (Messer, Klinge, Schwert, Beil, Schere etc) sharp, sharp-edged, keen, cutting: ∼ wie ein Rasiermesser (as) sharp as a razor; ein Messer ∼ machen to make a knife sharp, to sharpen a knife; → Klinge 2. — **2.** (Zähne, Zacken) sharp, sharp-edged. — **3.** (Kante, Ecke) sharp. — **4.** (Krallen) sharp, pointed. — **5.** (Stacheln) sharp, sharp-edged, pointed. — **6.** (Dornen) sharp, prickly. — **7.** (Geschmack) hot, spicy, peppery, highly seasoned: das Gulasch ist sehr ∼ the goulash is very highly seasoned (od. hot-flavo[u]red). — **8.** (Gewürz, Senf etc) hot, strong. — **9.** (Essig) strong, sharp. — **10.** (Geruch) pungent, biting, keen, acrid. — **11.** (Seifenlauge) caustic. — **12.** colloq. (stark alkoholhaltig) hard, stiff, strong: er trinkt gern ∼e Schnäpse he likes to drink strong liquor, he likes hard drinks; das ist aber ein ∼es Zeug! that's really hard (od. hot) stuff! (colloq.). — **13.** (Wind, Kälte, Luft etc) sharp, raw, keen, biting, cutting. — **14.** (Frost) sharp, keen, biting. — **15.** (Augen, Gehör, Geruchssinn etc) sharp, keen, acute (scient.): Sie haben aber ∼e Augen! you really have sharp eyes (od. sight, eyesight)! ein ∼es Auge für etwas haben to have a keen eye for s.th.; seinem ∼en Blick entgeht nichts nothing escapes his keen eye; er ist ein ∼er Beobachter he is a keen observer, he has a keen sense of perception; ∼e Ohren haben to have sharp ears, to have a keen (od. quick) ear, to be sharp of hearing; mit ∼en Sinnen with keen senses. — **16.** (Photographie, Rand, Umriß etc) sharp, distinct, clear-cut: ein gestochen ∼es Bild an extremely sharp (od. well-focus[s]ed) picture. — **17.** (Gesichtszüge) sharp(-cut). — **18.** (Stirn-, Bügelfalten etc) sharp. — **19.** (Stimme, Klang, Pfiff etc) sharp, piercing, shrill, high-pitched, keen, strident (lit.): mit einer unangenehm ∼en Stimme in an unpleasantly sharp (od. in a rasping) voice; ihre Stimme nahm einen ∼en Ton an her voice took on a sharp note. — **20.** (Kurve, Biegung etc) sharp, acute. — **21.** (Verstand, Intelligenz, Urteilsvermögen etc) sharp, keen, acute: er hat einen ∼en Verstand he has a sharp intellect (od. a keen mind), he has sharp wit, he is sharp- (od. keen-)witted. — **22.** (Kampf, Auseinandersetzung, Aussprache etc) bitter, fierce, violent, tough: ein ∼er Konkurrenzkampf a fierce (od. stärker cutthroat) competition. — **23.** (Widerstand, Protest etc) strong, tough: ich bin ein ∼er Gegner dieser Politik I am a strong opponent of (od. I am strongly opposed to) this policy; ∼en Protest gegen etwas erheben (od. einlegen) to raise strong protest against s.th., to protest strongly (od. bitterly) against s.th. — **24.** (Gegensatz, Trennung, Unterschied etc) sharp, marked. — **25.** (Antwort, Zurechtweisung, Verurteilung, Mißbilligung etc) sharp, harsh: j-m einen ∼en Verweis [eine ∼e Rüge] erteilen to give s.o. a sharp reprimand [rebuke], to reprimand (od. reprove) [rebuke] s.o. sharply. — **26.** (Kritik, Spott, Kommen-

tar etc) sharp, stinging, biting, cutting, pungent, acrimonious, (stärker) scathing, caustic, mordant, trenchant, vitriolic: ∼e Kritik an j-m [etwas] üben to express strong criticism of s.o. [s.th.]; sie hat eine ∼e Zunge she has a sharp tongue, she is sharp-tongued. — **27.** (Maßnahmen, Durchgreifen, Vorgehen etc) severe, harsh, rigorous, drastic: ∼e Gegenmaßnahmen ankündigen [ergreifen] to announce [to take] drastic countermeasures. — **28.** (Prüfung, Kontrolle, Untersuchung etc) strict, severe, rigorous, tough: er ist bei Prüfungen sehr ∼ he is very strict (od. severe) in the examinations; ein ∼es Verhör a strict (od. searching) examination, bes. Am. colloq. a grill (auch grille); das ist ein ∼er Polizist colloq. that is a tough policeman (od. colloq. cop[per]). — **29.** (auch sport) (Bewachung) close, tight. — **30.** (Disziplin etc) severe, strict, rigid, rigorous, (stärker) iron (attrib). — **31.** (Einstellung, Abstimmung etc) sharp, well-focus(s)ed (attrib). — **32.** (Tempo, Gangart, Trab etc) hard, sharp: in ∼em Ritt riding hard, at a hard pace. — **33.** (Ruck, Drehung) sharp. — **34.** auf (acc) etwas ∼ sein colloq. to be dying about (od. colloq. keen on, sl. nuts on [od. about]) s.th.: ich war schon lange ∼ auf den Schrank I had been keen on (od. I had been after) the wardrobe for a long time; er ist nicht besonders ∼ darauf he is not especially (od. colloq. not all that) keen on it. — **35.** (Hund) sharp. — **36.** colloq. (geil) 'hot' (colloq.), Am. vulg. 'horny'; randy, wanton: auf j-n ∼ sein to be hot on s.o. — **37.** colloq. (sexuell erregend) 'hot' (colloq.), 'juicy' (sl.): das ist eine ∼e Frau! that's a hot woman (od. sl. a juicy piece)! that's a bit of hot stuff! (sl.). — **38.** chem. tech. (Säure, Ätzmittel etc) caustic, corrosive, mordant, acrid. — **39.** bes. mil. a) (Munition, Patronen, Ladung etc) live (attrib), b) (Mine, Granate etc) live (attrib), armed: ein ∼er Schuß a) a shot with live ammunition, a live shot, b) (bes. sport) a powerful shot. — **40.** bes. econ. (Kalkulation etc) close, keen. — **41.** (optics a) (Brille) strong, sharp, b) (Fernglas, Objektiv etc) powerful, strong. — **42.** mar. (Schiffsform) sharp, lean, with fine lines: mit ∼em Hinterschiff clean in the run. — **II** adv **43.** ∼ eingestellt (optics) in focus. — **44.** ∼ geschliffenes Messer a sharply (od. keenly) ground knife. — **45.** (durchdringend, vorherrschend) strongly: es roch ∼ nach Essig there was a strong smell of vinegar; ∼ nach etwas schmecken to taste strongly of s.th.; das Gericht ist zu ∼ gewürzt the dish is too highly (od. strongly) seasoned. — **46.** ∼ gebackene Brötchen crisp-baked rolls; Fleisch ∼ braten to seal meat. — **47.** (sehr aufmerksam) sharply, closely: j-n ∼ bewachen (od. im Auge behalten) to watch s.o. closely, to keep a sharp eye (od. a close watch) on s.o.; ∼ aufpassen (od. achtgeben) a) to pay close attention, to be on the alert, b) (beobachten) to watch closely, c) (gut zuhören) to listen carefully, to pay close attention, d) (auf der Hut sein) to be on one's guard; j-n [etwas] ∼ ins Auge fassen to fix one's eye(s) on s.o. [s.th.]. — **48.** j-n ∼ ansehen (od. anblicken) to look at s.o. sharply. — **49.** (deutlich, klar) clearly: einen Plan [eine Aufgabe] ∼ umreißen to outline a plan [a task] clearly; seine Befugnisse [Rechte] sind ∼ begrenzt his powers [rights] are clearly defined (od. are clear-cut); etwas ∼ herausarbeiten to work s.th. out clearly; du mußt diese Begriffe ∼ voneinander trennen you have to distinguish these concepts clearly from one another. — **50.** (unmittelbar, abrupt) sharply, acutely, abruptly: an der Kreuzung biegen Sie ∼ nach rechts [links] ab turn sharp right [left] at the crossroads, at the crossroads you take a sharp (od. an acute) turn to the right [left]; ∼ bremsen to brake sharply. — **51.** ∼ nachdenken to think hard. — **52.** j-n [etwas] ∼ verurteilen [kritisieren] to condemn [to criticize Br. auch -s-] s.o. [s.th.] strongly. — **53.** (streng) strictly, sharply, rigorously: du darfst das Kind nicht so ∼ anfassen! don't be so strict (od. sharp) with the child! — **54.** (rigoros, drastisch) rigorously, drastically: ∼ durchgreifen to take drastic measures. — **55.** ∼ reiten [anfahren] to ride [to start off] hard. — **56.** ∼ hinter j-m [etwas] her sein colloq. to be very keen on s.o. [s.th.] (colloq.). — **57.** ∼ geschnittene Gesichtszüge

sharply defined (od. sharp-cut) features. — **58.** ∼ schießen a) bes. mil. to shoot with live ammunition (od. with ball), b) (sport) (bes. beim Fußball) to shoot sharply, c) fig. colloq. humor. (mit Worten) to let fly with biting wit (colloq.): ein ∼ geschossener Freistoß (sport) a powerful free kick.

'Scharf|ab,stim·mung f (radio) sharp tuning: selbsttätige ∼ automatic tuning (od. frequency) control. — **∼,blick** m ⟨-(e)s; no pl⟩ **1.** sharp eye: seinem ∼ ist nichts entgangen nothing escaped his sharp eye. — **2.** fig. (Scharfsinn) keen perception, perspicacity, discernment. — **s∼,blickend** (getr. -k·k-) adj **1.** sharp-eyed, with a sharp eye, auch Argus-eyed. — **2.** fig. perspicacious.

Schär·fe ['ʃɛrfə] f ⟨-; -n⟩ **1.** (eines Messers, Schwerts, Beils etc) sharpness, keenness. — **2.** (der Zähne, Zacken, einer Kante) sharpness. — **3.** (der Krallen, Stacheln) sharpness, pointedness. — **4.** (der Dornen) sharpness, prickliness. — **5.** (einer Speise) hotness, spiciness, pepperiness. — **6.** (eines Gewürzes, des Senfs etc) hotness, strongness. — **7.** (des Essigs etc) strongness, sharpness. — **8.** (eines Geruchs) pungency, keenness, bite, acridity. — **9.** (des Windes, der Luft etc) sharpness, rawness, keenness, bite. — **10.** (des Frosts) sharpness, keenness, bite. — **11.** (der Augen, des Gehörs, des Geruchssinns etc) sharpness, keenness, acuteness (scient.). — **12.** (einer Photographie, eines Umrisses, Rands etc) sharpness, distinctness. — **13.** (der Gesichtszüge, Falten etc) sharpness. — **14.** (der Stimme, eines Klangs, Pfiffs etc) sharpness, piercingness, shrillness, keenness; stridency, auch stridence (lit.). — **15.** (einer Kurve, Biegung etc) sharpness, acuteness. — **16.** (des Verstandes, Urteilsvermögens etc) sharpness, keenness, acuteness: die ∼ der Unterscheidungen the nicety of distinctions. — **17.** (eines Kampfes, einer Auseinandersetzung etc) bitterness, fierceness, ferocity, violence, toughness: dieser Umstand verlieh [nahm] der Diskussion die ∼ this circumstance lent the discussion its bitterness [took away the bitterness from the discussion], this circumstance put an edge to [took the edge off] the discussion. — **18.** (des Widerstands, Protests etc) strength, toughness. — **19.** (des Gegensatzes, der Trennung etc) sharpness, poignancy, markedness. — **20.** (einer Antwort, Zurechtweisung, Verurteilung etc) sharpness, harshness: vermeiden Sie jede ∼! please avoid harshness! be as conciliatory as possible! — **21.** (der Kritik, eines Kommentars etc) sharpness, sting, bite, pungency, (stärker) causticity, mordancy, trenchancy: seine Kritik hat an ∼ verloren his criticism has lost its sharpness (od. sting). — **22.** (einer Maßnahme, des Vorgehens etc) severity, severeness, harshness, rigorousness. — **23.** (einer Kontrolle, Prüfung etc) strictness, rigorousness, toughness. — **24.** (der Bewachung) closeness. — **25.** (der Disziplin etc) severity, severeness, strictness, rigidity, rigorousness, (stärker) iron. — **26.** (der Einstellung, eines Fernsehbildes etc) sharpness, definition. — **27.** (des Tempos) hardness, sharpness. — **28.** chem. tech. (einer Säure etc) causticity, corrosiveness, mordancy. — **29.** (sport) (eines Schusses) power. — **30.** (optics) a) (einer Brille) strength, sharpness, b) (eines Brillenglases) dioptric (od. focal) power, c) (Vergrößerungskraft eines Fernrohrs etc) power, strength, d) (Auflösungsvermögen eines Mikroskops) resolving power. — **∼,ab,fall** m phot. decline of sharpness, loss of detail, degradation of definition. — **∼,feld** n zone of sharpness.

'Scharf,ein,stel·lung f (optics) **1.** sharp focus(s)ing. — **2.** (Vorrichtung) focus control. — **3.** (radio) cf. Scharfabstimmung.

schär·fen ['ʃɛrfən] **I** v/t ⟨h⟩ **1.** (Axt, Messer etc) sharpen, grind, edge, keen. — **2.** (Sense, Säge etc) whet, sharpen, hone. — **3.** (Rasiermesser) strop, strap. — **4.** (Mühlsteine etc) grind, edge. — **5.** (Pfeile etc) point, sharpen. — **6.** (Hufeisen) sharpen, frost. — **7.** fig. (Sinne, Verstand, Urteilsvermögen etc) sharpen: die Erfahrung schärfte seinen Blick für das Wesentliche experience sharpened his eye for the essential. — **8.** mil. (Bombe, Minen etc) prime. — **II** v/reflex sich ∼ fig. (von Sinnen, Verstand etc) sharpen, become keen(er). — **III** S∼ n ⟨-s⟩ **10.** verbal noun. — **11.** (von Steinen etc) grind.

'Schär·fen|be‚reich m phot. zone of sharpness, zone of (od. in) sharp focus. — ‚tie·fe f 1. phot. depth of field (of a lens). — 2. (optics) depth of focus (od. vision), definition in depth.

'Scharf‚feu·er n tech. 1. (in der Porzellanherstellung) sharp fire. — 2. (in der Töpferei) great fire. — ‚far·be f (keramische Farbe) fireproof color (bes. Br. colour).

'scharf|‚gän·gig adj tech. (Gewinde) angular- (od. triangular-)threaded. — ‚kan·tig adj sharp-edged, sharp-cornered, angular.

'scharf‚ma·chen v/t (sep, -ge-, h) colloq. 1. (aufwiegeln) (gegen against) stir (s.o.) up, rouse, inflame, agitate. — 2. j-n ~ (sexuell) to turn s.o. on, to make (od. get) s.o. hot (beide sl.). — 'Scharf‚ma·cher m bes. pol. firebrand, Br. fire-brand, rabble-rouser, agitator. — ‚Scharf‚ma·che·rei f bes. pol. rabble-rousing, agitation.

'scharf‚ran·dig [-‚randıç] adj 1. with sharp margins, sharply marginated. — 2. med. a) (Geschwür) with sharp margins, b) (Wunde) with clean edges.

'Scharf|‚rich·ter m 1. headsman, executioner. — 2. (Henker) hangman, executioner, Br. colloq. Jack Ketch. — ‚schie·ßen n mil. live shooting (od. firing). — ‚schüt·ze m sharpshooter, sniper, marksman.

'Scharf‚sicht f (-; no pl) cf. Scharfblick 2. — 'scharf‚sich·tig adj 1. med. sharp-sighted, keen-sighted. — 2. fig. cf. scharfblickend 2. — 'Scharf‚sich·tig·keit f (-; no pl) 1. med. keenness of vision, sharp-sightedness. — 2. fig. cf. Scharfblick 2.

'Scharf‚sinn m (-(e)s; no pl) acumen, keen perception, perspicacity, penetration, astuteness, acuteness: er hat das Problem mit bewundernswertem ~ gelöst he solved the problem with admirable acumen (od. admirably keen perception). — 'scharf‚sin·nig adj 1. (Person) sharp-witted, keen-witted, penetrating, penetrative, astute, acute, acuminous. — 2. (Artikel etc) sharp-witted, closely reasoned. — 'Scharf‚sin·nig·keit f (-; no pl) cf. Scharfsinn.

'Schär·fung f (-; no pl) cf. Schärfen.

'scharf|‚win·ke·lig, ‚wink·lig adj acute-angled. — ‚zün·gig [-‚tsyŋıç] adj fig. sharp-tongued.

'Schär‚gat·ter n (textile) creel.

'Schar·lach¹ ['ʃarlax] m (-s; -e) 1. (Scharlachrot) scarlet (red), auch French (od. Venetian) scarlet. — 2. bot. cf. Scharlachsalbei.

'Schar·lach² m (-s; no pl) med. (Scharlachfieber) scarlet fever, scarlatina (scient.).

'schar·lach‚ar·tig adj med. scarlatiniform, scarlatinoid.

'Schar·lach|‚aus‚schlag m med. cf. Scharlachexanthem. — ‚boh·ne f bot. scarlet runner, auch scarlet runner bean (Phaseolus coccineus). — ‚ei·che f scarlet (od. gray, bes. Br. grey) oak (Quercus coccinea).

'schar·la·chen adj cf. Scharlachrot II.

'Schar·lach|epi·de‚mie f med. epidemic of scarlet fever. — ‚ex·an‚them n scarlet-fever (od. scarlatinal) exanthema (od. rash). — ‚far·be f cf. Scharlach¹ 1. s~‚far·ben, s~‚far·big adj cf. Scharlachrot II. — ‚fie·ber n med. cf. Scharlach². — ‚kä·fer m zo. corn beetle (Cucuius testaceus). — ‚kraut n bot. clary, auch clary sage (Salvia sclarea). — ‚li·lie f scarlet lily (Lilium chalcedonicum). — ‚mohn m red poppy, corn (od. field) poppy (Papaver argemone u. P. rhoeas). — ‚rot I n cf. Scharlach¹ 1. - II s~‚rot adj scarlet(-red). — ‚sal‚bei m bot. salvia, clary (Salvia salvia).

'Schar·la·tan ['ʃarlatan] m (-s; -e) 1. (Quacksalber) charlatan, quack(salver). — 2. (Betrüger) charlatan, mountebank. — 'Scharla·ta·ne'rie [-nə'ri:] f (-; -n [-ən]) 1. (Quacksalberei) quackery, quackism, charlatanry, auch charlatanery, charlatanism. — 2. (Betrügerei) charlatanry, auch charlatanery, charlatanism, mountebankery.

'Scharm [ʃarm] m (-s; no pl) cf. Charme. — schar'mant [-'mant] adj cf. charmant.

'Schär·ma‚schi·ne f (textile) warping machine.

'Schar·müt·zel [ʃar'mytsəl] n (-s; -) mil. skirmish, brush (with the enemy), auch velitation. — schar'müt·zeln v/i (no ge-, h) mil. skirmish, have a brush (od. skirmish) with the enemy.

schar·mut·zie·ren [ʃarmu'tsi:rən] v/i (no ge-, h) obs. u. dial. for a) plänkeln, b) liebeln.

'Schar·nier [ʃar'ni:r] n (-s; -e) tech. hinge, (flexible) joint: mit einem ~ (versehen) hinged. — ‚band n hinge (od. joint) frame. — ‚deckel (getr. -k·k-) m tech. (einer Truhe, Kanne etc) hinged lid (od. cover). — ‚ge‚lenk n 1. tech. hinge (od. rule) joint. — 2. auto. (Getriebe) palm-type joint. — 3. med. zo. hinge(d) (od. rule, articulated) joint, ginglymus (scient.). — ‚stift m tech. hinge pin.

'Schär·pe ['ʃɛrpə] f (-; -n) (über Kleidern, Uniformen etc) sash, scarf.

'Schar‚pflug m agr. mouldboard plough, bes. Am. moldboard plow.

'Schar·pie¹ [ʃar'pi:] f (-; no pl) med. obs. (Verbandmaterial) lint.

'Schar'pie² n (-s; -s) mar. (Segelbootart) sharpie, sharpy.

'Schär‚rah·men m (textile) warping (od. warp) mill (od. machine): gerader ~ warp reel.

'Schar·re ['ʃarə] f (-; -n) tech. (Kratzeisen) scraper, raker.

'Schar·ei·sen n tech. cf. Scharre.

schar·ren ['ʃarən] I v/i (h) 1. (von Hunden, Hühnern etc) scratch: der Hund scharrt an der Tür the dog is scratching (od. scraping) at the door; die Hühner ~ auf dem (im) Mist the hens are scratching for worms on the dunghill. — 2. (mit den Hufen) ~ to paw (the ground). — 3. (von Zuhörern, als Zeichen der Mißbilligung) shuffle: mit den Füßen ~ to shuffle one's feet. — II v/t 4. (kratzen) scrape, scratch: ein Loch (in die Erde) ~ to scrape a hole in the ground; etwas aus dem Boden ~ to scrape s.th. out of the ground; etwas auf einen Haufen ~ to scrape (od. rake) s.th. into a pile. — 5. den Boden (mit den Hufen) ~ to paw the ground. — 6. (verscharren) bury: der Hund scharrt einen Knochen in den Sand the dog buries a bone in the sand. — III S~ n (-s) 7. verbal noun. — 8. (Kratzlaut) scrape. — 9. (von Zuhörern etc) shuffle. — 'Schar·rer m (-s; -) 1. tech. cf. Scharre. — 2. (mit den Füßen) shuffler.

'Schar'rier‚ei·sen n tech. (Steinmeißel) brick (od. charring, bush) chisel.

schar·rie·ren [ʃa'ri:rən] v/t (no ge-, h) tech. (Steine etc) checker, bes. Br. chequer (by means of a bush hammer).

'Schar'rier‚ham·mer m tech. bush hammer.

'Schar·te ['ʃartə] f (-; -n) 1. (in Messerklingen, Porzellan, Holz etc) nick, notch: ~n bekommen to get nicks (od. notches), to become notched (od. nicked); eine ~ (wieder)auswetzen fig. colloq. to make amends, to repair a mistake (od. fault), to patch things up. — 2. cf. Hasenscharte. — 3. mil. a) (Schießscharte) loophole, embrasure, b) (im Panzerwagen) port. — 4. geogr. (in einem Gebirgskamm) wind (od. air) gap, Am. auch notch. — 5. bot. a) (Färberscharte) serratula (Serratula tinctoria), b) (Schärtling) saussurea (Gattg Saussurea).

'Schar·te·ke [ʃar'te:kə] f (-; -n) 1. (alter Schmöker) trashy old book (od. volume). — 2. colloq. contempt. (alte Frau) old hag.

'schar·tig adj (Messer, Säge etc) notched, nicked, jagged.

'Schärt·ling ['ʃɛrtlıŋ] m (-s; -e) bot. cf. Scharte 5b.

'Schär‚trom·mel f (textile) warp cylinder.

'Scha·rung f (-; -en) geol. merging of folds (od. fold systems).

'Schar·wen·zel [ʃar'vɛntsəl] m (-s; -) 1. (im Kartenspiel) jack, knave. — 2. colloq. for Liebediener. — 3. hunt. for Pudel 1. — schar'wen·zeln v/i (no ge-, h, auch sein) um j-n ~ colloq. contempt. to dance attendance on s.o.

'Schar‚werk n cf. Frondienst 1, 2.

'Schasch·lik ['ʃaʃlık] m, n (-s; -s) gastr. shashlik, kabob, kebab.

schas·sen ['ʃasən] v/t (h) colloq. (von der Schule, Universität, aus einem Amt) chuck (bes. Am. turf) (s.o.) out (sl.), expel.

'Scha·stra [ʃastra] f (-; no pl) relig. shastra, sastra (sacred scriptures of Hinduism).

'Schat·ten ['ʃatən] m (-s; -) 1. (Schattenbild) shadow: die ~ der Bäume werden länger the shadows of the trees lengthen (od. grow longer); die ~ der Nacht a) the shadows of the night, b) poet. (Dunkelheit) the shades of night; wo (viel) Licht ist, ist auch (viel) ~ (Sprichwort) strong lights cast deep shadows (proverb); einen ~ (auf acc etwas) werfen a) to cast a shadow ([up]on s.th.), b) fig. to cast a shadow (od. cloud) ([up]on s.th.), to cloud (s.th.); ~ vorauswerfen fig. (sich ankündigen) (von Ereignis) to announce itself; er ist nur noch ein ~ seiner selbst fig. he is but a shadow of his former self, he is reduced (od. stärker worn) to a shadow; er fürchtet sich vor seinem eigenen ~ fig. he is afraid of his own shadow; man kann nicht über seinen ~ springen fig. a) the leopard cannot change his spots, b) it is no use kicking against the pricks; in j-s ~ stehen fig. to be overshadowed by s.o., to be in s.o.'s shadow; sie leben im ~ des Wirtschaftswunders fig. they live in the shadow (od. on the seamy side) of the economic miracle; j-m wie ein ~ folgen fig. to follow s.o. like a shadow, to shadow s.o.; einem ~ nachjagen fig. to chase butterflies (od. phantoms, shadows); der ~ des Todes lag auf ihr fig. lit. the shadow of death lay upon her; ein ~ fiel auf ihr Glück fig. a shadow came over (od. was cast on) their happiness; ein ~ flog über sein Gesicht fig. a shadow clouded his face; → Ereignis 1. — 2. (only sg) (schattiger Raum) shade: im ~ eines Baumes in the shade of a tree; 30 Grad im ~ 30 degrees in the shade; Licht und ~ light and shade; ~ geben (od. spenden) to give shade, to shade; etwas in den ~ stellen a) to put s.th. in the shade, b) fig. to overshadow (od. outshine) s.th.; j-n in den ~ stellen fig. to overshadow (od. outshine, eclipse) s.o., to be head and shoulders above s.o. — 3. (unter den Augen) shadow. — 4. fig. (Geist, Seele eines Toten) shadow, shade, ghost: das Reich der ~ myth. the realm of the shades. — 5. fig. (ständiger Begleiter, Verfolger etc) shadow. — 6. fig. nicht der ~ eines Verdachts [Zweifels, Beweises] not the shadow of a (od. not the slightest) suspicion [doubt, proof]. — 7. med. (im Röntgenbild etc) shadow, shadowed area. — 8. (sport) (Bewacher) shadow.

'Schat·ten|‚auf‚hel·lung f phot. shadow illumination. — ‚be‚reich m shadow region (od. range). — ‚bild n 1. shadowgraph, shadow (od. silhouette) photograph. — 2. cf. Scheinbild, Trugbild 2. — 3. electr. (radar) echo. — ‚blüm·chen n, ‚blu·me f bot. (bifoliate) lily of the valley, May lily, maianthemum (Majanthemum bifolium). — ‚bo·xen n auch fig. shadowboxing, Br. shadow-boxing. — ‚da‚sein n shadowy existence: ein ~ führen to lead a shadowy existence. — ‚deck n mar. shade deck. — ‚fürst m myth. ruler of the shades (od. of Hades), Pluto. — ‚ge‚bung f (-; no pl) (art) (eines Bildes) shading. — ‚ge‚stalt f shadow, phantom, auch fantom.

'schat·ten·haft adj 1. shadowy, shadowlike. — 2. fig. (geisterhaft) shadowy, ghostly, spectral (lit.). — 3. fig. (vage) vague, indefinite, indistinct, shadowy: meine Eindrücke von der Reise sind nur noch ~ I just have vague impressions of my trip.

'Schat·ten|‚holz n (forestry) shade tree. — ‚ka·bi‚nett n pol. shadow cabinet. — ‚kö·nig m pol. mock (od. shadow) king. — s~los adj without a shadow, shadowless, shadeless. — ‚mi‚ni·ster m pol. shadow minister. — ‚mo‚rel·le f bot. morello (cherry), auch morel. — ‚pflan·ze f heliophobous (auch heliophobic) plant. — ‚pro·be f (optics) (objektive Sehprüfmethode) shadow test. — s~reich adj shady, umbrageous (lit.). — ‚reich n myth. realm of shades, shadowland, shades pl, netherworld: im ~ in Hades. — ‚riß m 1. (art) silhouette: etwas im ~ darstellen to silhouette s.th., to make a silhouette of s.th. — 2. her. adumbration. — ‚sei·te f 1. (im Schatten liegende) shady (od. dark) side: ihr Zimmer liegt auf der ~ her room is on the shady (od. dark) side (of the house); auf der ~ des Lebens stehen fig. to be on the shady (od. dark, seamy) side of life. — 2. fig. (Nachteil) drawback, disadvantage: jedes Ding hat seine ~(n) there is a dark side to everything; mehr Licht- als ~n haben to have more advantages than disadvantages; das Junggesellenleben hat seine ~n (a) bachelor's life has its drawbacks. — s~‚spen·dend adj shady, shadowy, umbrageous (lit.). — ~‚spiel n 1. shadow play (od. show, panto-

mime), shadowgraph, *auch* Chinese shades *pl*, galanty show. – **2.** (*art*) shadow effect. –
~stein,brech *m bot.* London pride, St. Patrick's cabbage (*Saxifraga umbrosa*). – **~tem·pe·ra,tur** *f meteor.* shade temperature, temperature in the shade. – **~ver,tei·lung** *f* (*art*) distribution of light(s) and shade(s) (*od.* dark[s]). – **~,vo·gel** *m zo.* hammerkop, *auch* hammerkop bird (*od.* stork), hammerhead, hammerheaded stork, umber (bird) (*Scopus umbretta*).

'**Schatt,holz** *n* (*forestry*) *cf.* Schattenholz.

schat·tie·ren [ʃa'tiːrən] **I** *v/t* ⟨*no* ge-, h⟩ **1.** (*paints*) (*mit Farbtönen*) shade, tone. – **2.** *hort.* (*Pflanzen*) shade, protect (*plants*) from (sun)light. – **II S~** *n* ⟨-s⟩ **3.** *verbal noun.* – **4.** *hort.* protection (of plants) from (sun)light. — **Schat'tie·rung** *f* ⟨-; -en⟩ **1.** *cf.* Schattieren. – **2.** (*schattierte Stelle*) shading, shaded part. – **3.** (*Nuance, Spielart*) shade, nuance: alle ~en von Rot all shades (*od.* nuances, hues, tones) of red; man trägt wieder Grün in allen ~en (*fashion*) all shades (*od.* hues, nuances, tones) of green are in again; Vertreter aller (politischen) ~en *fig. pol.* representatives of all (political) colo(u)rs (*od.* persuasions).

'**schat·tig** *adj* (*Wald, Platz etc*) shady, shadowy, umbrageous (*lit.*): sich (*dat*) ein ~es Plätzchen suchen to look for a nice shady spot (*od.* for a nice spot in the shade); an ~en Orten wachsend (*Pflanze*) shade-loving, heliophobous, *auch* heliophobic.

Scha·tul·le [ʃa'tulə] *f* ⟨-; -n⟩ **1.** (*für Geld, Schmuck etc*) casket, cassette, (*bes. für Geld*) cashbox. – **2.** *obs.* (*Privatkasse von Fürsten etc*) privy purse.

Schatz [ʃats] *m* ⟨-es; ⸚e⟩ **1.** (*verborgener Schatz*) treasure: der ~ der Nibelungen *myth.* the treasure of the Nibelungs; einen ~ heben to recover a treasure. – **2.** *pl* (*an Geld, Schmuck etc*) treasures, riches, wealth *sg*, *auch* hoard *sg*: Schätze anhäufen (*od.* ansammeln) to accumulate (*od.* amass) treasures (*od.* riches); ich würde das für (*od.* gegen) alle Schätze der Welt nicht hergeben I wouldn't give it away for all the money (*od.* for anything) in the world (*bes. Br.* for all the tea in China). – **3.** (*an Gemälden, Liedern etc*) (*an dat of*) treasure-house, treasury, (*rich*) store. – **4.** (*an Wissen, Erfahrung etc*) (*an dat of*) (rich) store, abundance, storehouse: ein reicher ~ an Erfahrung(en) an abundance (*od.* a rich store) of experience. – **5.** *meist pl* (*Bodenschätze*) (natural) resources *pl*. – **6.** *colloq.* (*Geliebter*) sweetheart, *auch* love, boyfriend, *Br.* boy-friend: sie hat einen ~ she has a sweetheart. – **7.** mein ~! *colloq.* (my) darling (*od.* dear, *colloq.* deary, *auch* dearie)! my treasure! *bes. Am. colloq.* honey! – **8.** *colloq.* dear: du bist ein ~! you're a dear! sei ein ~ und hol mir ein Glas Wasser! be a dear and get me a glass of water!

'**Schatz|,amt** *n pol. econ.* **1.** treasury. – **2.** (*als Regierungsressort*) *Br.* Exchequer, *Am.* Treasury Department, (Department of the) Treasury. — **~,an,wei·sung** *f econ.* **1.** (*kurzfristige*) *Br.* short-term treasury (*od.* exchequer) bond, *Am.* Treasury note (*od.* certificate). – **2.** (*langfristige*) *Br.* long-term treasury (*od.* exchequer) bond, *Am.* Treasury bond.

'**schätz·bar** *adj* (*abschätzbar*) rat(e)able, assessable. — '**Schätz·bar·keit** *f* ⟨-; *no pl*⟩ rat(e)ability, assessability.

Schätz·chen ['ʃɛtsçən] *n* ⟨-s; -⟩ **1.** *dim. of* Schatz. – **2.** *cf.* Schatz 7. – **3.** du bist mir (vielleicht) ein ~! *colloq. iron.* you're a good (*od.* fine) one! (*colloq.*).

schät·zen ['ʃɛtsən] **I** *v/t* ⟨h⟩ **1.** (*ungefähr berechnen*) estimate, judge: der Wert des Hauses wird auf 100 000 Mark geschätzt *econ.* the value of the house is estimated at 100,000 marks; wie alt ~ Sie ihn? how old would you estimate him (*od.* would you say he is)? ich schätze ihn auf 30 Jahre I estimate (*od.* I would guess) him to be 30 (years old), I'd put him down at (*od.* as) 30; ich hätte ihn jünger geschätzt I'd have thought him younger, I would have thought (*od.* said) he was younger. – **2.** *colloq.* (*vermuten, annehmen*) reckon, *Am. auch* figure, guess: ich schätze, es wird nicht lange dauern I reckon (*Am.* guess) it won't take long. – **3.** *bes. econ. jur.*

(*taxieren*) (auf *acc* at) assess, rate, value, evaluate, make an estimate of, (*bes. amtlich*) appraise: ich werde das Bild von einem Experten ~ lassen I'll have the picture valued (*od.* assessed, evaluated) by an expert. – **4.** (*hochachten*) (hold [*s.o.*] in high) esteem, think highly of, value, treasure: wir ~ ihn sehr we hold him in high esteem, we think highly (*od.* colloq. a lot, no small beer) of him. – **5.** (*anerkennen, würdigen*) appreciate, cherish: etwas [nicht] zu ~ wissen [not] to appreciate s.th. – **6.** etwas nicht ~ (*mögen*) not to like s.th., not to think much of s.th. – **II** *v/reflex* **7.** sich glücklich ~ to count (*od.* consider) oneself lucky. – **III S~** *n* ⟨-s⟩ **8.** *verbal noun.* – **9.** *cf.* Schätzung.

'**schät·zen,ler·nen** *v/t* ⟨*sep*, -ge-, h⟩ learn to appreciate: sie werden das mit der Zeit ~ they'll learn to appreciate that in time.

'**schät·zens,wert** *adj* estimable.

'**Schät·zer** *m* ⟨-s; -⟩ *econ. jur.* (*Taxator*) (*auch bei Versicherungen*) appraiser, *bes. Br.* valuer, valuator.

'**Schatz|,fund** *m jur.* (*herrenloser*) treasure trove. — **~,grä·ber** *m* treasure seeker, person who digs for a (hidden) treasure. — **~,haus** *n* treasury, treasure-house. — **~,in·sel** *f* treasure island. — **~,kam·mer** *f* **1.** (*für den Staatsschatz*) treasury, treasure-house, *Br. auch* exchequer. – **2.** (*verborgene, unterirdische etc*) treasure vault. – **3.** *pol. cf.* Schatzamt. — **~,kanz·ler** *m pol.* (*in England*) Chancellor of the Exchequer. — **~,käst·chen** *n*, **~,käst·lein** [-,kɛstlaɪn] *n* ⟨-s; -⟩ **1.** casket, cassette. – **2.** *fig.* (*auch als Buchtitel*) treasury. — **~,mei·ster** *m* (*eines Vereins etc*) treasurer, *auch* bursar.

'**Schätz,preis** *m econ.* estimated (*od.* assessed, valuation) price.

'**Schatz,schein** *m econ. cf.* Schatzwechsel.

'**Schät·zung** *f* ⟨-; -en⟩ **1.** *cf.* Schätzen. – **2.** (*ungefähre Berechnung*) estimate, estimation, judg(e)ment: bei (*od.* nach) vorsichtiger [grober] ~ at a cautious (*Am. auch* conservative) [rough] estimate. – **3.** *bes. econ. jur.* (*Taxierung*) rating, valuation, evaluation, estimate, appraisal, *auch* appraisement, (*bes. bei Steuern*) assessment. – **4.** *cf.* Wertschätzung.

'**schät·zungs,wei·se** *adv* **1.** (*ungefähr*) approximately, roughly: es sind ~ 130 Kilometer von hier bis München it's approximately (*od.* it's an estimated) 130 kilometers from here to Munich. – **2.** one can assume (*od.* it is to be expected) that: ~ wird er heute nicht mehr kommen it is to be expected (*od.* one can assume) that he won't come anymore today.

'**Schatz,wech·sel** *m econ.* treasury (*auch* market) bill.

'**Schätz,wert** *m econ.* **1.** (*eines Grundstücks etc*) estimated value. – **2.** (*im Steuerrecht*) assessed value. – **3.** (*bes. im Versicherungswesen*) appraised value. – **4.** (*statistics*) estimate.

Schau [ʃau] *f* ⟨-; *rare* -en⟩ **1.** (*Ausstellung, Überblick*) show: etwas zur ~ stellen a) (*ausstellen*) to show (*od.* display) s.th., b) *fig.* (*prahlerisch herzeigen*) to parade (*od.* make a parade of) s.th., to show s.th. off; seine Gefühle zur ~ stellen *fig.* to parade one's feelings, to make a parade (*od.* public spectacle) of one's feelings; sich zur ~ stellen *fig.* to make a show of oneself, to expose oneself to public view; etwas zur ~ tragen *fig.* to show (*od.* display) s.th.; seine Gefühle zur ~ tragen *fig.* to show (*od.* display) one's feelings, to wear one's heart on one's sleeve; j-m die ~ stehlen *fig.* to steal the show from s.o. (*sl.*). – **2.** (*Revue etc*) 'show' (*colloq.*): eine große ~ abziehen *fig. colloq.* to make a big show (*od.* a splash, a splurge) (*colloq.*), to cut a dash; mach doch nicht so eine ~! *fig. colloq.* don't show off! stop showing off! alles an ihm ist (reine) ~ he's all show. – **3.** (*Betrachtungsweise*) (point of) view, angle: eine philosophische ~ der Welt a philosophical view of the world. – **4.** das war eine ~! *fig. colloq.* that was terrific (*od.* smashing)! (*colloq.*); eine ~! *fig. colloq.* he's terrific (*od.* marvel[l]ous, smashing)! (*colloq.*). – **5.** *mil.* (*Truppenschau*) parade, (military) review. – **6.** Flagge in ~ *mar.* waft, waif, w(h)eft. — **s~bar** *adj* visible, perceptible, seeable, beholdable (*lit.*). — **s~be,gie·rig** *adj cf.* schaulustig. — **~,bild** *n* **1.** (*Kurvenbild*) graph. – **2.** (*Diagramm*)

diagram. — **~,bro·te** *pl Bibl.* shewbread(s), showbread(s).

'**Schau,bu·de** *f* (show) booth, *Br. auch* show. — '**Schau,bu·den·be,sit·zer** *m* proprietor of a (show) booth (*Br. auch* show), *Br. auch* showman.

'**Schau,büh·ne** *f* **1.** *obs. for* Theater 3, 4. – **2.** *fig.* stage, scene: die ~ des Lebens the human stage; die politische ~ the political scene.

Schau·der ['ʃaudər] *m* ⟨-s; -⟩ **1.** (*des Abscheus etc*) shudder, creeps *pl* (*colloq.*). – **2.** *fig.* (*Gefühl des Ekels*) disgust: ~ überfiel sie beim Anblick des Reptils she felt intense disgust (*od.* shuddered with disgust, was disgusted) at the sight of the reptile. – **3.** (*der Angst, des Schreckens etc*) shudder, shiver, tremor, thrill, creeps *pl* (*colloq.*): ein ~ lief mir über den Rücken a shiver (*od.* shudder) ran down my spine, I got the creeps (*colloq.*). – **4.** *fig.* (*Gefühl der Angst, des Schreckens etc*) horror, terror, fright: ~ ergriff (*od.* überfiel) ihn he was seized with horror (*od.* terror, fright). – **5.** (*der Kälte*) shiver, chill, shudder. – **6.** (*der Ehrfurcht etc*) thrill of awe). — **s~bar** *adj colloq. humor. for* schauderhaft 2. — **s~er,re·gend** *adj* **1.** fearsome, shuddery, creepy. – **2.** (*entsetzlich*) horrible, horrifying, horrific, frightful. — **~ge,schich·te** *f cf.* Schauergeschichte.

'**schau·der·haft** *adj* **1.** (*Anblick, Ereignis etc*) horrible, horrifying, horrific, ghastly. – **2.** *fig. colloq.* (*abscheulich*) 'terrible', 'ghastly', 'horrible' (*alle colloq.*): er spricht ein ~es Englisch he speaks ghastly (*od.* terrible, horrible) English. – **II** *adv* **3.** *fig. colloq.* (*sehr*) 'terribly' (*colloq.*): wir haben ~ gefroren heute nacht we were terribly ~ cold last night. — '**Schau·der·haf·tig·keit** *f* ⟨-; *no pl*⟩ **1.** horribleness, ghastliness. – **2.** *fig. colloq.* 'terribleness', 'horribleness', 'ghastliness' (*alle colloq.*).

schau·dern ['ʃaudərn] **I** *v/i* ⟨h⟩ **1.** (*vor Entsetzen, Abscheu etc*) (vor *dat* with) shudder, shiver: sein Anblick ließ (*od.* machte) mich ~ his sight made me shudder (*od.* made my flesh creep, *colloq.* gave me the creeps). – **2.** (*vor Kälte*) (vor *dat* with) shiver, shudder, chill. – **II** *v/impers* **3.** es schaudert mich, mich (*od.* mir) schaudert I shudder, my flesh creeps: mich (*od.* mir) schaudert bei dem bloßen Gedanken daran [vor ihm] the mere (*od.* very) thought of it [him] makes me shudder (*od.* makes my flesh creep, *colloq.* gives me the creeps), I shudder at the mere thought of it [him]. – **III S~** *n* ⟨-s⟩ **4.** *verbal noun.* – **5.** *cf.* Schauder. — '**schau·dernd I** *pres p.* – **II** *sich* ~ abwenden to turn away with a shudder.

'**schau·der,voll** *adj cf.* schaudererregend.

schau·en ['ʃauən] **I** *v/i* ⟨h⟩ **1.** (*sehen, blicken*) look: vorwärts [rückwärts] ~ to look ahead [back]; um sich ~ to look around; schau doch (mal)! look! schau, schau! da schau her! schau einer an! *colloq.* well, well! look at that! what do you know! der wird vielleicht ~! *colloq.* that'll surprise him! that'll be a surprise for him! nach etwas ~ to look for s.th.; auf j-n ~ a) to look (*od.* gaze) at s.o., b) (*als Vorbild*) to look (*od.* take) s.o. as a model; j-m in die Augen [ins Gesicht] ~ to look s.o. in the eye [face], to look into s.o.'s eyes [face]; dem Tod ins Auge ~ *fig.* to look death (straight) in the face; j-m ins Herz ~ *fig.* to look into s.o.'s heart; besorgt in die Zukunft ~ to look anxiously into the future; er hat zu tief ins Glas geschaut *fig.* he's had a drop too much, he's had one too many; ihr schaut der Neid aus den Augen *fig.* envy is written all over her face. – **2.** (*sorgen für*) see, take care: auf (*acc*) etwas ~ a) to see to s.th., to take care of s.th., b) to look at s.th.; nach j-m ~ a) (*suchen*) to look for s.o., b) (*sich um j-n kümmern*) to look after s.o.; schau, daß du rechtzeitig fertig bist see (to it) that you are ready in time; schau, daß du weiterkommst! *colloq.* off with you! get along with you! (*colloq.*), take yourself off! (*colloq.*), (*stärker*) get out of here! scram! (*sl.*), beat it! (*sl.*). – **II** *v/t* **3.** (*in Wendungen wie*) ich habe mir fast die Augen nach ihm aus dem Kopf geschaut I strained my eyes to make him out. – **4.** *colloq.* (*sehen*) watch: Fernsehen ~ to watch television.

– 5. lit. (sehen) see, behold (lit.): das Licht der Sonne ~ to see (od. behold) the sunlight. **– 6.** fig. (im Wesen erkennen) see: er hat Gott geschaut he has seen God.
'Schau·er[1] ['ʃauər] m ⟨-s; -⟩ **1.** meteor. (Regen-, Hagelschauer) (passing) shower: örtliche ~ local showers; gewittrige ~ thundershowers, thundery showers (colloq.); vereinzelte ~ occasional showers (od. precipitation sg). **– 2.** (der Angst, des Entsetzens etc) shudder, shiver, thrill: beim Anblick des Ungeheuers überlief sie ein ~ des Entsetzens a thrill of horror ran through her at the sight of the monster, the sight of the monster gave her the creeps (colloq.). **– 3.** med. (Fieberschauer) shiver, chill. **– 4.** phys. (Strahlenschauer) shower. **– 5.** cf. Schauder 4—6.
'Schau·er[2] m ⟨-s; -⟩ mar. cf. Schauermann.
'Schau·er|**dra·ma** n blood-and-thunder (od. horror) drama. — **~ge,schich·te** f **1.** horror story, tale of horror. **– 2.** (literature) Gothic story (od. tale). **– 3.** meist pl colloq. cf. Schauermärchen.
'schau·er·lich adj **1.** (Anblick, Tat, Schrei etc) horrible, hideous, ghastly, gruesome, auch grewsome, atrocious. **– 2.** (Erzählung, Ereignis etc) bloodcurdling, hair-raising. **– 3.** fig. colloq. cf. schauderhaft 2. — **'Schau·er·lich·keit** f ⟨-; no pl⟩ **1.** horribleness, hideousness, ghastliness, gruesomeness, atrocity, atrociousness. **– 2.** bloodcurdling (od. hair-raising) effect. **– 3.** fig. colloq. cf. Schauderhaftigkeit 2.
'Schau·er|**mann** m ⟨-(e)s; -leute⟩ mar. (Hafenarbeiter) docker, lumper, Am. longshoreman. — **~mär·chen** n meist pl old wives' tale.
schau·ern ['ʃauərn] I v/i ⟨h⟩ **1.** cf. schaudern I. – **II** v/impers **2.** cf. schaudern II. **– 3.** cf. hageln 1.
'Schau·er|**ro,man** m lurid novel, penny dreadful; bloodcurdler, shocker (colloq.). — **~voll** adj cf. schauerlich 1, 2, schauderhaft 1. — **~wet·ter** n meteor. showery weather. — **~wol·ke** f shower cloud.
Schau·fel ['ʃaufəl] f ⟨-; -n⟩ **1.** shovel, (kleinere, tiefere) scoop: etwas auf die ~ nehmen to shovel s.th. up; zwei ~n (voll) Kohle two shovels (od. shovelfuls) of coal. **– 2.** (housekeeping) a) (Kehrichtschaufel) dustpan, b) (für Mehl etc) scoop, c) (Heber) slice. **– 3.** tech. a) shovel, b) (Kohlenschaufel) scoop, c) (eines Förderbands) loading bucket, d) (einer Pumpe) blade, vane, e) (eines Wasserrads) scoop, bucket, f) (eines Kranbaggers) shovel, g) (eines Rührwerks) beater. **– 4.** mar. (eines Schaufelrads) paddle, float, blade, bucket. **– 5.** hunt. a) (des Elch- u. Damwilds) palmate(d) (od. palmed) antler, shovel (antler), b) (des Auerhahns) fan. — **~bag·ger** m civ.eng. shovel dredger, bes. Am. dredging shovel. — **~be·cher,werk** n tech. suspension bucket elevator. — **~blatt** n (shovel) blade. — **s~för·mig** adj **1.** shovel-shaped. **– 2.** her. pattée, auch paté(e). — **~fuß** m zo. (Krötenfrosch) spadefoot toad (Gattg Scaphiopus). — **~ge,weih** n hunt. (des Elch- u. Damwildes) palmate(d) (od. palmed) antlers pl, shovel antlers pl. — **~hirsch** m hunt. stag with a palmed head (od. with shovel antlers).
'schau·fe·lig adj shovel-shaped.
'Schau·fel|**krö·te** f zo. pelobatid toad (Gattg Pelobates). — **~la·der** m civ.eng. bucket loader, front-end (tractor) loader. — **~molch** m zo. shovel-nosed salamander (Leurognathus marmoratus).
schau·feln ['ʃaufəln] I v/t ⟨h⟩ **1.** (Grab, Loch etc) dig, shovel, (mit einer kleineren Schaufel) scoop: damit hat er sich sein eigenes Grab geschaufelt fig. thus he dug his own grave. **– 2.** (Kohlen, Kies etc) shovel. – **II** v/i **3.** (graben) dig, shovel. **– 4.** fig. colloq. shovel one's food.
'Schau·fel|**pflug** m agr. shovel (od. scoop) plough (bes. Am. plow).
'Schau·fel,rad n **1.** mar. tech. (eines Raddampfers, Wasserrades etc) paddle wheel, sidewheel: ~ mit beweglichen Schaufeln feathering paddle wheel. **– 2.** tech. a) (einer Turbine) (turbine) vane wheel, b) (einer Schaufelpumpe) impeller, runner, rotor. — **~bag·ger** m civ.eng. rotary bucket excavator.
'Schau·fel,zahn m zo. (der Rinder, Schafe) broad incisor.

'Schau,fen·ster n Br. shop window, Am. shopwindow, bes. Am. show window: etwas im ~ ausstellen to display s.th. in the window; ein ~ dekorieren to dress (od. decorate, bes. Am. trim) a shop window; (die) ~ ansehen (gehen) to go window-shopping. — **~be,leuch·tung** f shop-window (Am. shopwindow) illumination. — **~bum·mel** m colloq. window-shopping: einen ~ machen to go window-shopping. — **~de·ko·ra,teur** m (window) dresser (od. decorator). — **~de·ko·ra,ti,on** f window dressing (od. decoration, bes. Am. trimming). — **~ein,bruch** m shop-window (Am. shopwindow) breaking, bes. Br. smash-and-grab raid. — **~ge,stal·tung** f cf. Schaufensterdekoration. — **~pup·pe** f (window) dummy. — **~re,kla·me** f shop-window (Am. shopwindow) advertising (auch advertizing), show-window (od. window-display) advertising. — **~schei·be** f shop-window (Am. shopwindow) pane. — **~wett·be,werb** m window-display competition.
'Schauf·ler m ⟨-s; -⟩ **1.** shovel(l)er. **– 2.** hunt. a) cf. Schaufelhirsch, b) elk with palmate(d) (od. palmed) antlers.
'Schau,flie·gen n aer. **1.** stunt flying. **– 2.** cf. Schauflug 1. — **~flug** **1.** flying (od. air) display. **– 2.** ⟨only sg⟩ cf. Schaufliegen 1. — **~ge,schäft** n ⟨-(e)s; no pl⟩ show business. — **~glas** n tech. inspection (od. sight) glass. — **~kampf** m (sport) (beim Boxen) exhibition bout (od. fight). — **~ka·sten** m showcase, display case.
Schau·kel ['ʃaukəl] f ⟨-; -n⟩ **1.** swing: eine ~ anbringen to put up a swing. **– 2.** (Wippe) seesaw; Am. colloq. teeter(board), auch teetering board, teeter-totter. — **~brett** n **1.** seat of a swing. **– 2.** (einer Wippe) plank of a seesaw.
Schau·ke'lei f ⟨-; -en⟩ colloq. for Schaukeln.
'schau·ke·lig adj colloq. (Überfahrt etc) choppy, (stärker) rough.
schau·keln ['ʃaukəln] I v/i ⟨h u. sein⟩ **1.** ⟨h⟩ (auf einer Schaukel) swing: die Kleine möchte einmal ~ the little girl wants to have a (go on the) swing. **– 2.** ⟨h⟩ (auf einer Wippe) seesaw, Am. colloq. teeter. – **3.** ⟨h⟩ (im Schaukelstuhl) rock. **– 4.** ⟨h⟩ (wippen, wackeln) rock. **– 5.** ⟨h⟩ (hin und her schwingen) sway, swing: ein Lampion schaukelte im Wind a Chinese lantern was swaying in the wind. **– 6.** ⟨h⟩ (von Ohrringen) dangle. **– 7.** ⟨h⟩ (sich auf und ab bewegen) bob up and down. **– 8.** ⟨h⟩ (von Schiff etc) rock, roll. **– 9.** ⟨h⟩ (holpern) jolt: der Bus hat furchtbar geschaukelt it was terribly jolty in the bus (colloq.). **– 10.** ⟨sein⟩ (gemächlich dahinfahren) jog (along). **– 11.** ⟨sein⟩ colloq. (von beleibten Personen) waddle. – **II** v/t ⟨h⟩ **12.** (in schwingende Bewegung versetzen) swing, give (s.o.) a swing. **– 13.** (Wiege etc) rock: ein Kind auf den Knien ~ to dandle (od. jig) a baby. **– 14.** fig. colloq. manage: wir werden die Sache (od. das Ding, das Kind) schon ~ we'll manage (od. sl. work, wangle, Am. colloq. swing) it somehow. – **III** v/impers ⟨h⟩ **15.** hinten im Bus hat es furchtbar geschaukelt it was terribly jolty in the back of the bus (colloq.). – **IV S~** n ⟨-s⟩ **16.** verbal noun.
'Schau·kel|**pferd** n rocking horse, hobbyhorse, Br. hobby-horse. — **~po·li,tik** f pol. seesaw policy. — **~reck** n trapeze. — **~rin·ge** pl (sport) (beim Turnen) (flying od. swinging) rings. — **~stuhl** m rocking chair, bes. Am. rocker.
'Schau|**lau·fen** n (sport) (beim Eis- u. Rollkunstlauf) exhibition skating. — **~loch** n bes. tech. inspection (od. sight, observation) hole. — **~lust** f ⟨-; no pl⟩ curiosity (to see what is happening). — **s~lu·stig** adj curious (to see what is happening): eine ~e Menge a crowd of curious onlookers (bes. Am. sl. of rubbernecks). — **~lu·sti·ge** m, f ⟨-n; -n⟩ curious onlooker, bes. Am. sl. rubberneck.
Schaum [ʃaum] m ⟨-(e)s; ⁓e⟩ **1.** (Seifen-, Rasierschaum etc) lather. **– 2.** (blasiger) foam, suds pl (construed as sg or pl), bubbles pl: ~ schlagen fig. colloq. to lay it on thick (colloq.), to talk big, to boast. **– 3.** (auf Getränken) froth, (auf Bier) auch head. **– 4.** (auf Wellen) foam, froth. **– 5.** (Gischt) spray, spume, spoondrift. **– 6.** (auf kochenden Flüssigkeiten) froth,

foam, scum, skimmings pl: den ~ von etwas abschöpfen to skim s.th. **– 7.** (Geifer) foam, froth: dem Pferd stand der ~ vor dem Maul the horse foamed (od. frothed) at the mouth. **– 8.** Eiweiß zu ~ schlagen gastr. to beat egg whites (until) stiff (od. to foam), to whip (od. whisk, beat up) egg whites. **– 9.** fig. (trügerischer Schein) bubble, illusion: seine Hoffnungen waren nur ~ his hopes were but an illusion; zu ~ werden to come to nothing, to vanish; Träume sind Schäume (Sprichwort) etwa dreams are vain (od. like bubbles). — **s~ar·tig** adj **1.** foamlike, foamy, frothy, spumescent (scient.). **– 2.** (wie Seifenschaum) lathery. — **~bad** n bubble (od. foam) bath. — **~be,deckt** adj foam-covered, foamy, frothy, spumy, spumous. — **~be,ton** m civ.eng. aerated concrete. — **~bil·dung** f formation of foam (od. froth). — **~bläs·chen** n, **~bla·se** f bubble.
schäu·men ['ʃɔymən] I v/i ⟨h⟩ **1.** (von Seife etc) lather. **– 2.** (von Seifenlauge, Badewasser etc) form suds (od. bubbles). **– 3.** (von Bier etc) froth. **– 4.** (sprudeln, aufbrausen) bubble. **– 5.** (perlen) sparkle, effervesce. **– 6.** (von Sprudel etc) fizz(le). **– 7.** (von Wellen, Meerwasser etc) foam, froth. **– 8.** (von Gischt) spray, spume. **– 9.** (von kochenden Flüssigkeiten) froth, foam, scum, skim. **– 10.** (vom Pferd etc) foam (od. froth) at the mouth. **– 11.** fig. colloq. foam, fume, boil, seethe: er schäumte vor Wut (od. Zorn, Empörung) he foamed with rage. – **II S~** n ⟨-s⟩ **12.** verbal noun. **– 13.** (der Sekts etc) effervescence. — **'schäu·mend I** pres p. – **II** adj **1.** (Seife etc) lathery: stark ~e Seife soap with a rich lather, soap which lathers well. **– 2.** (Seifenlauge etc) bubbly, sudsy, suddy. **– 3.** (Bier) frothy. **– 4.** (aufbrausend) bubbling. **– 5.** (perlend) sparkling, effervescent, brisk. **– 6.** (Sprudel etc) fizzy. **– 7.** (Wellen, See etc) foaming, foamy, frothy. **– 8.** (Gischt) spumy, spumous. **– 9.** (kochende Flüssigkeiten) frothy, foamy, scummy.
'Schaum|**feu·er,lö·scher** m tech. foam (fire) extinguisher. — **~ge,bäck** n gastr. meringue(s pl). — **~ge,bo·re·ne, die** myth. poet. Anadyomene, Aphrodite. — **s~ge,bremst** adj only in ~es Waschmittel low-sud (od. low-lather) detergent. — **~gold** n **1.** imitation gold, Dutch metal. **– 2.** (Flittergold) tinsel. — **~gum·mi** n, m synth. foam (od. sponge, expanded) rubber. — **~gum·mi,ma,trat·ze** f foam rubber mattress.
'schau·mig adj **1.** (Masse, Substanz, Konsistenz etc) foamy, frothy: etwas ~ rühren (od. schlagen) gastr. to beat s.th. (until) frothy. **– 2.** (Rückstand) scummy. **– 3.** cf. schaumartig. **– 4.** cf. schäumend II.
'Schaum|**kamm** m meist pl cf. Schaumkrone. — **~kel·le** f (housekeeping) skimmer. — **~kopf** m meist pl cf. Schaumkrone. — **~kraut** n bot. cardamine, auch cress (Gattg Cardamine). — **~kro·ne** f meist pl whitecap, Br. white-cap, sea (od. white) horse, white crest. — **~löf·fel** m (housekeeping) cf. Schaumkelle. — **s~los** adj without foam (od. froth), foamless: ~es Bier a) beer without froth (od. a head), b) (schal) flat (od. dead) beer. — **~lö·scher** m, **~lösch·ge,rät** n tech. cf. Schaumfeuerlöscher. — **~schlä·ger** m **1.** (housekeeping) cf. Schneebesen. **– 2.** (Prahler) boaster, bragger, braggart, swaggerer, gasbag (colloq.). **– 3.** fig. (Blender) bluff(er), sham, humbug. — **~schlä·ge'rei** [ˌʃaum-] f fig. **1.** (Prahlerei) boasting, bragging, swagger. **– 2.** (Blenden) sham(ming), bluff(ing), humbug. — **~spei·se** f gastr. chiffon pudding (od. dessert). — **~stoff** m synth. expanded plastics pl (construed as sg).
'Schau,mün·ze f (Erinnerungsmünze) medal, medallion.
'Schaum,wein m gastr. sparkling wine, champagne, bes. Br. colloq. bubbly, bes. Am. colloq. fizz. — **~steu·er** f econ. tax on sparkling wines.
'Schau|**packung** (getr. -k·k-) f econ. sham package, dummy. — **~platz** m **1.** (eines Romans, Schauspiels, Geschehens) scene: den ~ wechseln to change the scene; den ~ in den Wald verlegen to shift (od. move) the scene to the wood(s); vom ~ abtreten auch fig. to go off the scene. **– 2.** (bes. eines dramatischen Geschehens) arena. **– 3.**

(*eines Verbrechens*) scene, locale, venue. – **4.** (*Kriegsschauplatz*) theater, *bes. Br.* theatre. – **5.** (*sport*) (*Austragungsort*) venue. — **~pro,zeß** *m jur.* show trial.

schau·rig ['ʃaʊrɪç] *adj* **1.** (*unheimlich*) creepy, weird, hair-raising, eerie, *auch* eery. – **2.** (*grausam, entsetzlich*) horrible, terrible, horrifying, gruesome, *auch* grewsome. — **'Schau·rig·keit** *f ⟨-; no pl⟩* **1.** creepiness, weirdness, eeriness. – **2.** horribleness, terribleness, gruesomeness.

'schau·rig-'schön *adj* **1.** (*Roman, Film etc*) delightfully eerie (*auch* eery), nice and eerie (*auch* eery). – **2.** *iron.* (*monumentale Kunstwerke etc*) gruesomely (*auch* grewsomely) beautiful.

'Schau,sei·te *f* **1.** best side. – **2.** *print.* (*rechte Seite*) recto.

'Schau,spiel *n* **1.** (*theater*) a) stage play, b) drama. – **2.** *fig.* spectacle, scene, sight: ein klägliches ~ a pitiful scene; ich möchte mir dieses ~ nicht entgehen lassen I don't want to miss that spectacle; wir wollen doch den Leuten kein ~ geben! let's not make a spectacle of ourselves! — **~,dich·ter** *m* playwright, dramatist. — **~,dich·tung** *f* drama, dramatic literature. — **~di,rek·tor** *m* theater (*bes. Br.* theatre) manager, manager of a theater (*bes. Br.* theatre), *auch* impresario: ,,Der ~'''The Impresario'' (*opera by W. A. Mozart*).

'Schau,spie·ler *m* **1.** (*theater*) actor, player, (*theatrical*) performer, (*dramatic*) artist, *auch* comedian, histrionic (*lit.*), b) *pl* (*Besetzung*) (the) cast *sg*: ~ sein to be an actor, to be on the stage (*od. colloq.* boards); ~ werden to become an actor, to go on the stage; an ihm ist ein ~ verlorengegangen he would have made a splendid actor; hervorragende ~ *collect.* an excellent cast *sg*. – **2.** *fig.* (play)actor, *Br.* (play-)actor: so ein ~! what a (play)actor (he is)!

Schau·spie·le'rei *f ⟨-; no pl⟩* **1.** *colloq.* acting (profession): die ~ an den Nagel hängen to give up acting, to leave the stage. – **2.** *fig.* playacting, *Br.* play-acting: das ist doch alles nur ~ that's all just playacting.

'Schau,spie·le·rin *f* **1.** (*theater*) actress, player, (*theatrical*) performer, (*dramatic*) artist, *auch* comedian, histrionic (*lit.*). – **2.** *fig.* (play)actress, *Br.* (play)-actress.

'schau,spie·le·risch *I adj* (*Talent, Leistung, Können etc*) theatrical, acting, histrionic (*lit.*). – **II** *adv* as regards (the) acting.

'schau,spie·lern *v/i ⟨h⟩* **1.** (*theater*) act, to be an actor (*od.* actress), playact, *Br.* play-act. – **2.** *fig.* (play)act, *Br.* (play-)act: er kann gut ~ he is a good (play[-])actor.

'Schau,spiel|,haus *n* playhouse, theater, *bes. Br.* theatre. — **~,kunst** *f* **1.** (*als Wissenschaft*) dramatic art, dramaturgy. – **2.** (*Darstellungskunst*) theatrical representation. — **~,schu·le** *f* dramatic school, school of acting, school of dramatic art. — **~,schü·ler** *m* drama student, student actor. — **~,schü·le·rin** *f* drama student, student actress. — **~,trup·pe** *f* company of actors. — **~,un·ter,richt** *m* **1.** drama classes *pl*, classes *pl* in dramatic art. – **2.** lessons *pl* in dramatic art, dramatic training.

'schau,ste·hen *v/i ⟨only inf⟩* (*von Ausstellungsgegenständen*) be on show.

'schau,stel·len *v/i ⟨only inf⟩* exhibit, give an exhibition.

'Schau,stel·ler *m ⟨-s; -⟩* **1.** (*auf Jahrmärkten etc*) shower, showman. – **2.** (*auf Messen etc*) exhibitor, shower.

'Schau,stel·lung *f* (public) exhibition (*od.* show).

'Schau|,stück *n* **1.** *bes. econ.* a) (*Ausstellungsstück*) showpiece, exhibit, b) (*Muster*) sample, specimen. – **2.** *fig.* (*Glanzstück*) feat, stunt (*colloq.*). — **~,ta·fel** *f* **1.** (*information*) chart. – **2.** *cf.* Schaubild. — **~,tanz** *m* exhibition dance. — **~,tur·nen** *n* (*sport*) gymnastic display.

Scheck[1] [ʃɛk] *m ⟨-s; -s auch -e⟩ econ.* **1.** *Am.* check, *Br.* cheque: offener [gekreuzter, uneingelöster] ~ open [crossed, uncashed] check; ungedeckter ~ uncovered check, *Am. sl.* rubber check, *Br. sl.* stumer; ein ~ auf (*od.* über) 500 Mark a check for 500 marks; einen ~ ausstellen (*od.* ausschreiben) to make out (*od.* draw) a check; einen ~ einlösen to cash a check; einen ~ sperren to stop (*od.* block) a check; mit (einem) (*od.* per) ~ bezahlen

to pay by check. – **2.** (*Bankscheck*) bank (*od.* banker's) draft.

Scheck[2] *m ⟨-en; -en⟩ cf.* Schecke[1].

'Scheck|,ab,rech·nung *f econ.* clearing of checks (*Br.* cheques). — **~,be,trug** *m jur.* check (*Br.* cheque) fraud, issuing bad checks (*Br.* cheques). — **~,be,trü·ger** *m* person issuing bad checks (*Br.* cheques). — **~,buch** *n* checkbook, *Br.* cheque-book.

Schecke[1] (*getr.* -k·k-) ['ʃɛkə] *m ⟨-n; -n⟩* **1.** (*Pferd*) dappled (*od.* piebald, pied) horse, piebald. – **2.** (*Rind*) spotted (*od.* brindle[d]) ox.

'Schecke[2] (*getr.* -k·k-) *f ⟨-; -n⟩* **1.** (*Stute*) dappled (*od.* piebald, pied) mare, piebald. – **2.** (*Kuh*) spotted (*od.* brindle[d]) cow.

'Scheck|,fä·hig·keit *f ⟨-; no pl⟩ econ.* **1.** (*aktive*) capacity to draw (*od.* be drawer of) checks (*Br.* cheques). – **2.** (*passive*) capacity to be the drawee of checks (*Br.* cheques). — **~,fäl·scher** *m* check (*Br.* cheque) forger. — **~,fäl·schung** *f* **1.** forgery of a check (*Br.* cheque). – **2.** forged check (*Br.* cheque). — **~,for·mu,lar** *n econ.* check (*Br.* cheque) form (*od.* blank). — **~,heft** *n cf.* Scheckbuch.

'scheckig (*getr.* -k·k-) *adj* **1.** spotted, speckled. – **2.** (*Pferd*) dappled, (*schwarz u. weiß*) piebald, pied, (*nicht schwarz u. weiß*) skewbald. – **3.** (*Kuh*) spotted, (*vielfarbig*) mottled, dappled, (*schwarz auf grau*) brindle(d). – **4.** (*Hund*) spotted, mottled: er ist bekannt wie ein ~er Hund *fig. colloq.* he is known far and wide. – **5.** (*Katze*) tabby, brindle(d). – **6.** (*teilweise verblaßt od. verwaschen*) patchy, blotchy. – **7. sich ~ lachen** *colloq.* to laugh oneself silly, to split (*od.* burst) one's sides with laughter.

'Scheck|,in,ha·ber *m econ.* bearer of a check (*Br.* cheque). — **~,in,kas·so** *n* collection of checks (*Br.* cheques). — **~,neh·mer** *m* payee. — **~ver,kehr** *m* check (*Br.* cheque) transactions *pl*, transactions *pl* by check. — **~,vieh** *n agr.* spotted cattle. — **~,zah·lung** *f econ.* payment by check (*Br.* cheque).

'Sched|,bau ['ʃɛt-] *m ⟨-(e)s; -ten⟩ tech.* single-storey (*bes. Am.* -story) building with sawtooth roof (*od.* with skylights). — **~,dach** *n* sawtooth roof.

scheel [ʃeːl] *I adj* **1.** (*schielend*) squint- (*od.* cross-)eyed. – **2.** *fig.* (*mißgünstig*) squint-eyed, envious, jealous: etwas mit ~en Augen ansehen to squint (*od.* look enviously) at s.th. – **3.** *fig.* (*mißtrauisch*) sceptical, suspicious. – **II** *adv* **4.** j-n ~ ansehen a) to look enviously at s.o., b) to look suspiciously (*od.* askance) at s.o. — **~,äu·gig, ~,blickend** (*getr.* -k·k-) *adj cf.* scheel I.

'Scheel|,sucht *f ⟨-; no pl⟩ fig.* envy, jealousy. — **s~,süch·tig** *adj cf.* scheel 2.

Schef·fel ['ʃɛfəl] *m ⟨-s; -⟩* (*altes Hohl- u. Flächenmaß*) bushel: sein Licht unter den ~ stellen *fig.* to hide one's light under a bushel. — **'schef·feln** *v/t ⟨h⟩* (*Geld, Reichtümer etc*) rake in, scoop in (*sl.*).

'schef·fel,wei·se *adv fig.* in large quantities; in stacks, in loads (*colloq.*).

Scheib·chen ['ʃaɪpçən] *n ⟨-s; -⟩ dim. of* Scheibe.

Schei·be ['ʃaɪbə] *f ⟨-; -n⟩* **1.** (*runde od. ovale Platte*) disk, disc. – **2.** (*Schnitte*) slice, round: eine dicke ~ Brot [Wurst] a thick slice (*od.* a slab) of bread [sausage]; etwas in ~n schneiden to cut s.th. into slices, to slice s.th. (up); davon [von ihm] kannst du dir eine ~ abschneiden *fig. colloq.* you can learn a thing or two from that [from him]. – **3.** (*von Orangen, Zitronen etc*) segment. – **4.** (*Honigscheibe*) honeycomb. – **5.** (*Wachsscheibe*) cake. – **6.** (*Fensterscheibe*) (window)pane: j-m die ~n einwerfen to smash (*od.* break) s.o.'s windowpanes; Fenster ohne ~n paneless windows; ~n in (*acc*) etwas einsetzen to pane s.th. – **7.** (*Wählscheibe*) dial. – **8.** (*Zifferblatt*) face, dial. – **9.** (*Schießscheibe*) target, shooting mark. – **10.** *colloq.* (*Schallplatte*) disk, disc, record. – **11.** *poet.* (*der Sonne, des Mondes*) disk, disc, orb. – **12.** (*sport*) a) (*beim Eishockey*) puck, b) (*beim Gewichtheben*) disk, disc. – **13.** *tech.* a) disk, disc, b) (*Blatt*) plate, c) (*Unterlegscheibe*) washer, d) (*Dichtungsscheibe*) gasket, sheet, e) (*Seilscheibe*) sheave, f) (*Riemenscheibe*) (belt) pulley, g) (*Schleif-, Töpferscheibe*) wheel, h) (*Ronde*) rondelle,

i) (*Planscheibe*) faceplate, j) (*Glasscheibe*) pane, k) (*eines Radkörpers*) web, l) (*einer Kupplung*) disk, disc, m) (*Läppscheibe*) lap. – **14.** *hunt. cf.* Spiegel 22. – **15.** (ja) ~! *colloq. euphem.* damn (it)! *Am. sl.* sugar!

schei·ben ['ʃaɪbən] *v/t ⟨scheibt, schob, geschoben, h⟩ Bavarian and Austrian dial. for* a) rollen 9, b) schieben 8.

'Schei·ben|,an·ker *m electr.* disk (*od.* disc) armature. — **~,brem·se** *f auto.* disk (*od.* disc) brake. — **~,dich·tung** *f tech.* sheet gasket. — **~,eg·ge** *f agr.* disk (*od.* disc) harrow, cutaway (harrow). — **~,fin·ger** *m zo.* Turkish gecko (*Hemidactylus turcicus*). — **s~,för·mig** *adj* disk- (*od.* disc-)shaped, discoid(al) (*scient.*). – **2.** *med.* disciform. — **~,gar,di·ne** *f* net curtain. — **~,glas** *n tech.* **1.** sheet glass. – **2.** window glass. — **~,han·tel** *f* (*sport*) (*beim Gewichtheben*) barbell, bar (*colloq.*). — **~,haus** *n arch.* slab block. — **~,ho·nig** *m* **1.** comb honey, honey in the comb. – **2.** *colloq. cf.* Scheibenkleister. — **~,klei·ster** *m colloq. euphem.* hell of a nuisance (*colloq.*), damned nuisance (*colloq.*): ~! damn it! to hell with it! (*colloq.*), *Am. sl.* sugar! — **~,kupp·lung** *f tech.* flange coupling, (*single-*)plate clutch, disk (*od. disc*) clutch. — **~,pflug** *m agr.* disk (*od.* disc) plough (*bes. Am.* plow). — **~,pi,sto·le** *f* target pistol. — **~,qual·le** *f zo.* disk (*od.* disc) jellyfish (*Fam. Discomedusae*). — **~,rad** *n* **1.** *tech.* disk (*od.* disc, plate, web) wheel. – **2.** *metall.* (*im Walzwerk*) center disk (*od.* disc) wheel, center web wheel, *bes. Br.* centre disk (*od.* disc) wheel, centre web wheel. — **~,röh·re** *f electr.* disk (*od.* disc) tube (*bes. Br.* valve). — **~,salm** *m zo.* (spotted) piranha (*Fam. Serrasalmidae*). — **~,schie·ßen** *n* (*sport*) *mil.* target shooting (*od.* practice). — **~,schüt·ze** *m* target shot (*od.* shooter), marksman. — **~,stand** *m* **1.** rifle (*od.* shooting) range. – **2.** (*Scheibenanlage auf Schießstand*) butts *pl*. — **~,wal·ze** *f tech.* center (*bes. Br.* centre) disk (*od.* disc) roll, web roll. — **~,wasch,an,la·ge** *f*, **~,wa·scher** *m ⟨-s; -⟩ auto.* (wind)screen (*Am.* windshield) washer (*od.* pump, system, unit). — **s~,wei·se** *adv* in slices. — **~,wi·scher** *m auto.* (wind)screen (*Am.* windshield) wiper, wiper (*colloq.*). — **~,züng·ler** [-,tsyŋlər] *m ⟨-s; -⟩ zo.* disk- (*od.* disc-)tongued frog (*Fam. Discoglossidae*): Gemalter ~ painted frog (*Discoglossus pictus*).

'schei·big *adj cf.* scheibenförmig.

Scheich [ʃaɪç] *m ⟨-s; -e u. -s⟩* **1.** sheik(h), *auch* sheykh, shaikh, shaykh. – **2.** *colloq. humor.* boyfriend, *Br.* boy-friend. — **~,tum** *n ⟨-s; -er⟩* sheik(h)dom.

Schei·de ['ʃaɪdə] *f ⟨-; -n⟩* **1.** (*eines Degens, Messers etc*) sheath, scabbard, case: das Schwert aus der ~ ziehen to draw (*od.* unsheathe) one's sword; das Schwert in die ~ stecken to put one's sword into the scabbard, to put up one's sword, to scabbard (*od.* sheathe, *auch* sheath) one's sword. – **2.** *med.* a) sheath, b) (*Vagina*) vagina, c) (*einer Sehne*) sheath, theca (*scient.*). – **3.** (*Grenze*) border, boundary. – **4.** (*Grenzlinie*) border line, line of demarcation (*od.* separation). – **5.** *fig.* (*Grenzsituation*) borderline state. – **6.** *bot.* (*eines Pilzes etc*) sheath. — **~,an,stalt** *f metall.* refinery. — **~,bad** *n chem. tech.* separating bath. — **~,brief** *m obs. for* a) Scheidungsurkunde, b) Abschiedsbrief. — **~,erz** *n metall.* picked (*od.* screened) ore. — **~,flüs·sig,keit** *f chem. tech.* separating (*od.* parting) liquid. — **~,gold** *n* gold purified by parting. — **~,gruß** *m poet.* last farewell, farewell greeting, adieu, adieus *pl*, adieux *pl*. — **~,kunst** *f ⟨-; no pl⟩ hist. obs.* analytical chemistry. — **~,li·nie** *f* **1.** (*Trennungslinie*) separating (*od.* dividing) line. – **2.** (*Grenzlinie*) border line, line of demarcation (*od.* separation). – **3.** *print.* separatrix. — **~,mit·tel** *n chem.* parting (*od.* separating) agent. — **~,mün·ze** *f econ.* token coin.

schei·den ['ʃaɪdən] *I v/t ⟨scheidet, schied, geschieden, h⟩* (*von from*) **1.** (*trennen*) separate, part: → Bock[1] 1. – **2.** (*gewaltsam*) sever. – **3.** (*teilend*) divide. – **4.** *jur.* divorce: er ließ sich von seiner Frau ~ he divorced (*od.* got a divorce from) his wife; ich lasse mich nicht von dir ~ I won't let you divorce me; geschieden werden to be granted (*od.* to obtain, to get) a divorce; **sie haben sich ~ lassen** they have been divorced, they have got a divorce. **- 5.** *chem.* analyze *Br. auch* -s-. **- 6.** *tech. (Zucker)* separate, refine, defecate. **- 7.** *chem. tech.* a) *(Teer)* extract, b) *(zerlegen)* decompose. **- 8.** *metall. (mining)* a) separate, b) *(Erz)* sort: **das Erz vom tauben Gestein ~** to separate the ore from the dirt *(od. gangue)*. **- II** *v/i* ⟨sein⟩ *lit.* **9.** *(weggehen)* (aus, von from) depart: **aus einer Firma ~** to leave a firm; **ich schied nur ungern von dort** I departed unwillingly *(od. reluctantly)* from that place. **- 10. aus dem Amt** *(od. Dienst)* **~** to retire from *(od. resign)* (one's) office. **- 11. voneinander ~** to part *(od. poet. sever)* (from one another), to separate, to take leave of one another; **es muß geschieden sein** 'tis bitter but we must part. **- 12. aus dem Leben ~** to depart this life; **er schied in Frieden** he departed *(od. passed away)* peacefully *(od. in peace)*; **er entschloß sich, aus dem Leben zu ~** he decided to take his life. **- III** *v/reflex* ⟨h⟩ **sich ~ 13.** *(sich trennen)* divide, part, separate: **hier ~ sich unsere Wege** this is where our roads part *(od. where our ways divide)*; **hier ~ sich die Geister** *(od. die Meinungen)* here the roads part, that's where opinions differ. **- IV S~** ⟨-s⟩ **14.** *verbal noun:* **S~ tut weh** *(Sprichwort)* partings are painful; **die Stunde des S~s rückte immer näher** the hour of parting drew nearer and nearer. **- 15.** *cf.* Scheidung.

'Schei·den|,ab,strich *m med.* vaginal smear. **— s~,ar·tig** *adj* **1.** sheathlike. **- 2.** *med.* vaginal. **— ~,aus,fluß** *m med.* vaginal discharge, whites *pl* (*colloq.*). **— ~,aus,spü·lung** *f* vaginal douche *(od.* douching, irrigation*)*.

'schei·dend I *pres p.* **- II** *adj poet.* **1.** *(zu Ende gehend)* closing, parting, dying: **das ~e Jahr** the closing *(od.* dying*)* year. **- 2. die ~e Sonne** *lit.* the setting *(od. poet.* departing*)* sun.

'Schei·den|,ein,gang *m med.* vaginal entrance; vulva, introitus vaginae *(scient.)*. **— ~ent,zün·dung** *f* vaginitis, colpitis. **— ~er,kran·kung** *f* **1.** vaginopathy, colpopathy. **- 2.** *(durch Pilze bedingte)* vaginomycosis. **— ~,fluß** *m cf.* Scheidenausfluß. **— ~ka,tarrh** *m* vaginitis, colpitis. **— ~,krampf** *m* vaginal spasm; colpospasm, vaginismus *(scient.)*. **— ~,mün·dung, ~,öff·nung** *f cf.* Scheideneingang. **— ~ope·ra·ti,on** *f* colpotomy, coleotomy. **— ~,ring** *m cf.* Pessar. **— ~,schna·bel** *m zo.* sheathbill *(Fam. Chionididae)*. **— ~,se,kret** *n med.* vaginal secretion. **— ~,spe·ku·lum** *n,* **~,spie·gel** *m* vaginal mirror; vaginoscope, colposcope, vaginal speculum *(scient.)*. **— ~,spü·lung** *f cf.* Scheidenausspülung. **— ~,tam,pon** *m* vaginal tampon. **— ~,vor,fall** *m* prolapse of the vagina; coleoptosis, colpoptosis *(scient.)*.

'Schei·de,punkt *m* point of divergence *(od.* separation*)*. [rator.]
'Schei·der *m* ⟨-s; -⟩ *chem. tech. cf.* Sepa-
'Schei·de|,stun·de *f poet.* hour of parting. **— ~,trich·ter** *m chem.* separatory *(od.* separating*)* funnel. **— ~,wand** *f* **1.** *med.* a) septum, b) *(Membran)* membrane, diaphragm, c) *(der Nase)* nasal septum. **- 2.** *bot. (einer Frucht)* septum, dissepiment, partition, cross wall. **- 3.** *civ.eng. cf.* Trennwand 1. **- 4.** *fig.* barrier: **wir wollen die ~ zwischen uns niederreißen** let us tear down *(od.* remove*)* the barrier between us. **— ~,was·ser** *n chem.* aquafortis, nitric acid (HNO₃). **— ~,weg** *m only in* **am ~ stehen** *fig.* to be at the crossroads *(od.* at the parting of the ways*)*, to have a difficult choice *(od.* decision*)* to make; **→ Herkules I.**

Schei·ding ['ʃaɪdɪŋ] *m* ⟨-s; -e⟩ *obs.* September.

'Schei·dung *f* ⟨-; -en⟩ **1.** *cf.* Scheiden. **- 2.** *jur.* (von from) divorce: **die ~ beantragen** *(od.* einreichen*)* to file a petition for divorce; **auf ~ klagen** to sue for (a) divorce; **um eine ~ nachsuchen** *(od.* petition for, to seek*)* a divorce; **in ~ liegen** *(od.* leben*)* to be in the divorce courts, to have taken divorce proceedings; **in die ~ einwilligen** to consent *(od.* agree*)* to a divorce; **die ~ aussprechen, auf ~ erkennen** to grant a divorce; **einverständliche ~** divorce by mutual agreement. **- 3.** *(Trennung)* separation. **- 4.** *(Unterscheidung)* distinction, differentiation. **-**

5. *chem.* analysis. **- 6.** *tech. (von Zucker)* defecation. **- 7.** *chem. tech.* a) *(von Teer)* extraction, b) *(Zerlegung)* decomposition. **- 8.** *metall. (mining)* separation.

'Schei·dungs|,be,geh·ren *n jur.* petition for (a) divorce. **— ~,grund** *m* **1.** *jur.* ground for (a) divorce, cause of divorce. **- 2.** *fig. colloq. humor. Br.* co-respondent, *Am.* divorcer. **— ~,kla·ge** *f* **1.** petition for (a) divorce: **die ~ einreichen** to file a petition for divorce. **- 2.** *cf.* Scheidungsprozeß. **— ~pro,zeß** *m* divorce proceedings *pl (od.* suit, action*)*. **— ~,recht** *n* law of divorce, divorce law. **— ~,ur,kun·de** *f* divorce certificate. **— ~,ur,teil** *n* (judicial) decree of divorce, divorce decree: **vorläufiges ~** decree nisi (of divorce); **endgültiges** *(od.* rechtskräftiges*)* **~** decree absolute (of divorce).

Scheik [ʃaɪk] *m* ⟨-s; -e *u.* -s⟩ *cf.* Scheich 1.

Schein¹ [ʃaɪn] *m* ⟨-(e)s; *no pl*⟩ **1.** *(Lichtschein)* shine. **- 2.** *(der Sonne, Lampe etc)* light. **- 3.** *(gedämpfter, rötlicher)* glow: **im ~ des Abendhimmels** in the glow of the evening sky. **- 4.** *(heller, lodernder)* blaze. **- 5.** *(Schimmer)* glimmer, (faint *od.* dim) light: **im** *(od.* beim*)* **trüben ~ einer Kerze** in the dim light of a candle. **- 6.** *(kurz aufleuchtender, funkelnder)* gleam, glint. **- 7.** *(Lichtstrahl)* flash. **- 8.** *(Glanz)* brightness, sheen *(poet.)*, *(stärker)* radiance, splendor, *bes. Br.* splendour, brilliance, brilliancy.

Schein² *m* ⟨-(e)s; *no pl*⟩ **1.** *(äußeres, trügerisches Bild)* appearance(s *pl*), semblance: **~ und Sein** appearance(s *pl*) and reality, the seeming and the real, the semblance and the reality; **das ist leerer ~** that is of no real significance; **der ~ trügt** appearances are deceptive; **der ~ spricht gegen ihn** appearances are against him; **den ~ wahren** *(od.* aufrechterhalten, retten*)* to keep up appearances; **man soll nie nach dem bloßen ~ urteilen** you should never judge by mere appearances; **ich habe mich durch den ~ täuschen lassen** I let myself be deceived by appearances; **dem ~ nach ist er nicht der Schuldige** to all appearances he is not guilty; **dem ~e nach zu urteilen** as far as appearances go, on the face of it, to judge from appearances *(od.* the look of it, the look of things*)*: **etwas hat den ~ der Wahrheit** s.th. has the appearance of (the) truth *(od.* of being true*)*. **- 2.** *(Vortäuschung) Br.* pretence, *Am.* pretense, sham, show, make-believe: **das ist alles nur ~** that's all mere sham; **(nur) zum ~** a) (just) in pretence, b) *(der Form halber)* (just) as a matter of form, (just) for the look of it; **ich ging nur zum ~ auf seinen Vorschlag ein** I only pretended *(od.* shammed, feigned*)* to accept his proposal; **er tat nur zum ~ so, als ob er schliefe** he just pretended to be asleep; **eine Rechnung nur zum ~ ausstellen** to write out a pro forma bill.

Schein³ *m* ⟨-(e)s; -e⟩ **1.** *(Stück Papier)* paper, slip. **- 2.** *(Bescheinigung)* certificate, attestation: **einen ~ ausstellen** to make (*od.* write) out a certificate. **- 3.** *(Formular)* form. **- 4.** *(Banknote)* (bank)note, *bes. Am.* bill. **- 5.** *ped. (Übungs-, Seminarschein)* certificate: **~e machen** *(Schein nach)* to collect certificates (of attended seminars).

'Schein|aka·zie [-ʔa,ka:tsiə] *f bot. cf.* Robinie. **— ~ama,teur** *m (sport)* shamateur. **— ~an,griff** *m* **1.** *mil.* false feigned, sham) attack, feint (attack), demonstration. **- 2.** *(sport) (beim Boxen, Fechten etc)* feint. **— ~an,la·ge** *f mil.* dummy works *pl (od.* installation*)*, decoy. **— ~ar,gu,ment** *n* spurious *(od.* specious*)* argument, sophism.

'schein·bar I *adj* ⟨attrib⟩ **1.** *(vermeintlich)* apparent, seeming: **ein ~er Widerspruch** [Vorteil] an apparent contradiction [advantage]. **- 2.** *(vorgetäuscht)* feigned, ostensible, pretended, make-believe: **er hörte ihr mit ~em Interesse zu** he listened to her with feigned interest, he pretended to listen to her with interest. **- II** *adv* **3.** *(dem Schein nach)* apparently, seemingly: **die Sonne dreht sich ~ um die Erde** the sun seems *(od.* appears*)* to rotate around *(od.* about*)* the earth. **- 4.** *(zur Täuschung)* ostensibly: **er gab nur ~ nach** he merely pretended to give in. **- 5.** *colloq. for* anscheinend II.

'Schein|be,fe·sti·gung *f mil.* dummy fortification. **— ~be,we·gung** *f* feint movement. **— ~be,weis** *m* delusive *(od.* sham, mock*)* proof. **— ~,bild** *n* illusion, phantasm, fantasm, phantom, *auch* fantom. **— ~,blü·te** *f* **1.** *(wirtschaftliche)* apparent prosperity, pseudoprosperity, sham boom. **- 2.** *(der Kunst, Kultur etc)* specious *(od.* apparent*)* heyday *(auch* heydey*)*: **eine ~ erleben** to experience an apparent heyday. **— ~,bu·che** *f bot.* nothofagus *(Gattg Nothofagus)*: **Chilenische ~** roble (beech) *(N. obliqua)*. **— ~,christ** *m* pseudo- *(od.* lip-)Christian. **— ~,da,sein** *n* shadow existence. **— ~,ehe** *f* mock *(od.* sham, fictitious) marriage.

schei·nen¹ ['ʃaɪnən] *v/i* ⟨scheint, schien, geschienen, h⟩ **1.** *(Licht verbreiten)* shine: **die Sonne scheint [mir ins Gesicht]** the sun is shining [in my face]; **die Sonne scheint ins Zimmer** the sun is shining into the room; **der Mond scheint** the moon is shining, there is a moon; **die Lampe schien hell [trübe]** the lamp shone with a bright [dim] light, the lamp shone brightly [dimly]; **grell ~** to shine with a glaring light, to glare; **→ Licht 1.** **- 2.** *(gedämpft, rötlich)* shine, glow. **- 3.** *(schimmern)* glimmer. **- 4.** *(strahlend leuchten)* radiate.

'schei·nen² *v/i u. v/impers* ⟨scheint, schien, geschienen, h⟩ *(den Anschein erwecken)* appear, seem: **er scheint glücklich zu sein** he appears (to be) happy; **ein Krieg schien unvermeidlich (zu sein)** war seemed (to be) inevitable; **Sie ~ Angst zu haben, es scheint, Sie haben Angst,** *colloq.* **Sie haben scheint's Angst** you seem to be afraid, it seems (that) you are afraid; **das scheint mir ganz natürlich (zu sein)** that seems quite natural to me; **die Arbeit scheint mir nicht der Mühe wert (zu sein)** the work doesn't seem to me (to be) worth the effort; **mehr sein als ~** to be more than one *(od.* s.th.*)* appears to be; **mir scheint** *(od.* will [es] ~*)*, **daß er beleidigt ist** he seems to me (to be) offended, it seems to me (that) he is offended; **er ist reicher, als es scheint** he is richer than he seems; **wie es scheint** as it seems, apparently; **es scheint nur so** it only seems to be like that *(od.* to be that way*)*.

'Schein|,fir·ma *f econ.* **1.** *(zur Ausbildung von Lehrlingen)* fictitious firm for training purposes. **- 2.** *cf.* Scheingesellschaft. **— ~,flug,platz** *m mil.* dummy *(od.* mock-up*)* airfield. **— ~,frie·de** *m* sham *(od.* hollow*)* peace, phon(e)y peace *(colloq.)*. **— ~,frucht** *f bot.* **1.** accessory *(od.* spurious*)* fruit, *auch* pseudocarp. **- 2.** collective fruit, synconium *(scient.)*. **— ~,füß·chen** *n meist pl zo. cf.* Pseudopodium. **— ~ge,fecht** *n mil.* mock *(od.* sham) fight *(od.* battle, combat*)*. **— ~ge,schäft** *n econ.* sham *(od.* fictitious, bogus, simulated, pro forma*)* transaction *(od.* bargain*)*, phon(e)y deal *(colloq.)*. **— ~ge,sell·schaft** *f* bogus *(od.* sham) company. **— ~ge,winn** *m* apparent *(od.* fictitious*)* profit. **— ~,grund** *m* **1.** fictitious reason. **- 2.** *(Vorwand)* pretext, *Br.* pretence, *Am.* pretense, ostensible reason. **— ~,ha·sel** *f bot.* corylopsis *(Gattg Corylopsis)*. **— s~,hei·lig** *adj* **1.** sanctimonious, canting: **~es Gerede** canting (talk). **- 2.** *(heuchlerisch)* hypocritical. **- 3.** *(unaufrichtig)* insincere, false, two-faced. **- 4.** *(Lächeln etc)* false. **- 5.** *(gespielt unschuldig od. unwissend)* innocent: **sie machte ein ~es Gesicht** she put on an innocent air, she looked innocent; **tu nicht so ~!** don't try to look *(bes. Am.* don't act*)* so innocent! **— ~,hei·li·ge** *m, f* **1.** sanctimonious *(od.* canting) person. **- 2.** hypocrite. **- 3.** false *(od.* insincere, two--faced) person. **- 4.** person feigning innocence. **— ~,hei·lig·keit** *f* **1.** sanctimoniousness. **- 2.** hypocrisy. **- 3.** falseness, insincerity, two-facedness. **- 4.** feigned innocence. **— ~,herr·schaft** *f* mock rule. **— ~,kampf** *m mil. cf.* Scheingefecht. **— ~,kauf** *m econ.* sham *(od.* fictitious, pro forma) purchase. **— ~,kö·nig** *m* mock *(od.* sham) king. **— ~kon,junk,tur** *f econ.* sham boom, pseudoprosperity. **— ~,lei·stung** *f electr.* apparent output *(od.* power). **— ~,leit,wert** *m* admittance. **— ~ma,nö·ver** *n* **1.** *mil.* sham man(o)euver *(bes. Br.* manœuvre*)*, stratagem, demonstration. **- 2.**

fig. sham man(o)euver (*bes. Br.* manœuvre), stratagem, ruse, feint. — ~**pro,zeß** *m jur.* mock trial. — ~**quit·te** *f bot.* chaenomeles (*Gattg Chaenomeles*): Japanische ~ Japanese quince (*Ch. lagenaria*). — ~**quit·tung** *f econ.* sham (*od.* pro forma) receipt. — ~**re·be** *f bot.* a) ampelopsis (*Gattg Ampelopsis*), b) pepper vine (*A. arborea*). — ~**schwan·ger·schaft** *f med.* false (*od.* spurious) pregnancy, pseudopregnancy. — ~**stel·lung** *f mil.* dummy position. — ~**strom** *m electr.* apparent current. — ~**tod** *n med.* apparent death, suspended animation: ~ der Neugeborenen fo(e)tal asphyxia. — ~**tot** *adj* apparently (*od.* seemingly) dead, in a state of suspended animation. — ~**to·te** *m, f* apparently dead (*od. scient.* asphyxiated) person. — ~**ver·kauf** *m econ.* 1. fictitious (*od.* pro forma) sale. — 2. (*von Wertpapieren*) wash sale. — ~**ver,trag** *m* 1. *jur.* fictitious (*od.* sham, simulated) contract. — 2. *jur. pol.* sham treaty. — ~**welt** *f* <-; *no pl*> illusory world, world of illusion.

'**Schein,wer·fer** *m* <-s; -> 1. *auto.* headlight, head lamp: die ~ abblenden [aufblenden] to dip (*od.* dim) [to turn on] the headlights; die ~ kurz aufleuchten lassen to flash the headlights. — 2. (*Suchscheinwerfer*) searchlight, search lamp, projector: die Polizei suchte das Gelände mit ~n ab police swept the area with searchlights; der Flüchtende geriet in das Licht der ~ the escapee (*od.* fugitive) was picked up by the searchlights. — 3. (*theater*) (*film*) spotlight. — 4. (*Flutlichtscheinwerfer*) floodlight (projector): ein Gebäude mit ~n anstrahlen to floodlight a building. — ~**ke·gel** *m* 1. *auto.* beam of a headlight. — 2. *cf.* Scheinwerferlicht 3. — ~**lam·pe** *f* 1. *phot.* projector lamp. — 2. *auto.* reflector. — ~**licht** *n* 1. *auto.* headlighting. — 2. (*theater*) (*film*) spotlight. — 3. (*einer Flutlichtanlage*) floodlight. — 4. *fig.* limelight. — ~**schal·ter** *m auto.* headlights (*od.* head lamps) control. — ~**spie·gel** *m* headlight (*od.* head lamp) reflector.

'**Schein,wi·der,stand** *m electr.* apparent resistance, (apparent) impedance. — ~**zy,pres·se** *f bot.* Japanese cypress (*Gattg Chamaecyparis*).

Scheiß [ʃaɪs] *m vulg. only in* ~ machen to crap (*sl.*), to make a mess of things; ~! (what a) shit! (*vulg.*).

'**Scheiß,angst** *f vulg.* blue funk (*colloq.*): eine ~ haben to be in a blue funk, to be scared stiff (*colloq.*), *bes. Br. vulg.* to be bloody terrified. — ~**dreck** *m vulg.* 1. (*Kot*) shit, 'crap' (*beide vulg.*). — 2. *fig.* (*in Wendungen wie*) das geht dich einen (feuchten) ~ an that's none of your damned (*Am.* goddamn[ed], goddam) business (*colloq.*), *bes. Br. vulg.* that's none of your bloody (*od.* ruddy) business; wegen jedem ~ beklagt er sich he complains about every piddling thing; (so ein) ~! damn (it)! shit! (*vulg.*), *bes. Br. vulg.* bloody (*od.* ruddy) hell!

Schei·ße [ˈʃaɪsə] *f* <-; *no pl*> *vulg.* 1. (*Kot*) shit, 'crap' (*beide vulg.*), dirt: in ~ treten to walk in shit. — 2. *fig.* (*in Wendungen wie* so eine) ~! verfluchte ~! damn (it)! shit! (*vulg.*), *bes. Br. vulg.* bloody (*od.* ruddy) hell! das ist doch alles ~! *bes. Br. vulg.* it's all just bloody awful (*od.* lousy)! er sitzt (gewaltig) in der ~ he is (really) in the soup (*colloq.*); den Betrieb (*od.* den Karren) wieder aus der ~ ziehen to patch up a mess; j-n aus der ~ ziehen to help s.o. out of a jam (*od. colloq.* out of a hell of a spot); j-n durch die ~ ziehen to drag s.o. through the mud (*od.* dirt). — 3. (*Dünger*) dung.

'**scheiß·egal** [-ʔeˈgaːl] *adj only in* das ist mir ~ *vulg.* I don't give a damn, I don't care a damn (*od. colloq.* hang) about it, I don't give a shit (*vulg.*).

schei·ßen [ˈʃaɪsən] *v/i* <scheißt, schiß, geschissen, h> *vulg.* shit, crap (*beide vulg.*), defecate: in die Hose ~ to shit one's pants; auf (*acc*) etwas ~ *fig.* not to care (*od.* give) a damn for (*od.* about) s.th., not to give a shit about s.th. (*vulg.*); auf deine Hilfe scheiße ich! *fig.* bugger your help, I piss on your help (*beide vulg.*); deswegen brauchst du nicht gleich in die Hosen zu ~ *fig.* there's no need to piss (in) your pants (*vulg.*); scheiß der Hund drauf! *fig.* I don't give a damn (*od. vulg.* a shit)! da scheißt der Hund ins Feuerzeug!

fig. fuck a duck! (*vulg.*), *bes. Br. vulg.* blimey!

'**Schei·ßer** *m* <-s; -> *fig.* 1. *vulg. cf.* Scheißkerl. — 2. *vulg. for* Feigling 1, 2. — 3. *only in* kleiner ~ *colloq.* (*Kosename*) darling.

Schei·ße'rei *f* <-; *no pl*> *vulg.* (the) trots *pl* (*colloq.*), (the) shits *pl* (*vulg.*) (*beide construed as sg or pl*), diarrh(o)ea: die ~ haben to be on (*Am.* to have) the trots.

'**scheiß**'**freund·lich** *adj colloq.* exaggeratedly (*od.* hellish, *bes. Br. vulg.* bloody) friendly; er ist heute ~ he's (as) friendly as hell today (*colloq.*). — **S~haus** *n vulg.* crap can (*vulg.*), *bes. Br. vulg.* bog. — **S~kerl** *m vulg. contempt.* 'swine', sod, 'bastard', son of a bitch, bugger (*alle vulg.*). — **S~,wet·ter** *n vulg.* foul (*od. colloq.* beastly, lousy, *sl.* rotten, *vulg.* shitty) weather.

Scheit [ʃaɪt] *n* <-(e)s; -e, *bes. Southern G., Austrian and Swiss* -er> 1. (*Holzscheit*) piece of wood, (*bes. zum Verheizen*) log, billet. — 2. *cf.* Spaten.

Schei·tel [ˈʃaɪtəl] *m* <-s; -> 1. top (*od.* crown) of the head: vom ~ bis zur Sohle from top to toe (*od.* bottom), from head to foot (*od.* heel); → Kavalier 1. — 2. (*der Frisur*) *Am.* part, *bes. Br.* parting: den ~ ziehen to part one's hair; einen ~ tragen to wear a parting, to wear one's hair parted; ich trage (*od.* habe) den ~ in der Mitte I part my hair in the middle, I wear the part(ing) in the middle. — 3. *poet.* (*Kopf, Haupt*) head, crown. — 4. (*Scheitelpunkt*) apex. — 5. *med.* top (*od.* crown) of the head, summit, vertex (*scient.*). — 6. *math.* a) (*einer Kurve, eines Winkels etc*) summit, maximum; vertex, apex (*scient.*), b) (*Ursprung*) origin (of coordinates). — 7. *arch.* (*eines Bogens, eines Gewölbes, einer Kuppel*) top; vertex, apex (*scient.*). — ~**au·ge** *n zo.* (*dritte Augenanlage gewisser Wirbeltiere*) pineal eye. — ~**bein** *n med.* parietal bone. — ~**brech,wert,mes·ser** *m* (*optics*) focometer, *auch* focimeter, lensmeter, lensometer, vertometer, vertex refractometer. — ~**fak·tor** *m phys.* crest (*od.* amplitude) factor. — ~**hal·tung** *f civ.eng.* (*eines Kanals*) summit. — ~**hö·he** *f* 1. (*einer Leitung, Eisenbahn etc*) summit level. — 2. *math. phys.* maximum ordinate, (height of) vertex. — 3. *med.* bregma. — ~**käpp·chen** *n* skullcap, (*bes. eines Geistlichen*) *auch* calot, *bes. Br.* calotte. — ~**kreis** *m astr.* vertical circle. — ~**la·dung** *f tech.* (*bei Sprengungen*) crown charge. — ~**la·ge** *f med.* (*des Fetus*) vertex presentation. — ~**lap·pen** *m* (*des Gehirns*) parietal lobe. — ~**li·nie** *f astr. math.* vertical line.

schei·teln [ˈʃaɪtəln] I *v/t* <h> (sich *dat*) das Haar ~ to part one's hair, to make a part(ing) in one's hair; sie scheitelt ihr Haar in der Mitte she wears a part(ing) in the middle, she wears her hair parted in the middle. — II *v/reflex* sich ~ (*von Haar*) part, form a part(ing).

'**Schei·tel,naht** *f med.* parietal suture.

'**Schei·tel,punkt** *m* 1. *bes. phys.* (*einer Flug-, Schuß-, Wurfbahn*) summit, culminating point; apex, vertex (*scient.*). — 2. *math.* vertex. — 3. *astr.* zenith, vertex. — 4. *auto.* (*des Lenkrads*) vertex. — 5. *fig.* summit, zenith, peak, pinnacle, acme: auf dem ~ seines Ruhms at the summit of his fame. — ~**hö·he** *f bes. phys.* maximum ordinate.

'**Schei·tel,span·nung** *f electr.* peak voltage. — ~**wert** *m bes. phys.* (*von Schwingungen, Temperaturen, Stromspannungen etc*) peak (value *od.* amplitude), crest. — ~**win·kel** *m* 1. *math.* top angle. — 2. *astr.* zenith distance. — ~**zel·le** *f bot.* (*des Vegetationspunktes*) apical cell.

schei·ten [ˈʃaɪtən] *v/t* <h> *Swiss* (*Holz etc*) chop.

'**Schei·ter,hau·fen** *m* 1. (*zur Totenverbrennung*) (funeral) pyre. — 2. *hist.* (*für den Feuertod*) stake, (*bes. zur Ketzerverbrennung*) *auch* fag(g)ot: sie wurde zum Tod auf dem ~ verurteilt she was condemned to (*od.* to be burned at) the stake. — 3. *bes. Southern G. and Austrian gastr.* warm dessert consisting of soaked white bread, apples, almonds, whipped cream etc.

schei·tern [ˈʃaɪtərn] I *v/i* <sein> 1. *fig.* fail, founder, *auch* be stranded, (*von Plan, Verhandlungen, Bemühungen etc*) *auch* miscarry, be frustrated: das Unternehmen scheiterte am Widerstand einzelner the enterprise miscarried because (*od.* as a

result) of the opposition of several people; er ist an der Abschlußprüfung gescheitert he failed because of the finals, the finals were his undoing; die Mannschaft scheiterte an einem zweitklassigen Gegner the team failed in the match with a second-rate opponent; Verhandlungen ~ lassen to thwart (*od.* frustrate) negotiations. — 2. *mar.* a) (*Schiffbruch erleiden*) be (ship)wrecked, wreck, b) (*auf Grund laufen*) run aground, ground, c) (*stranden*) strand, be stranded: das Schiff scheiterte an den Klippen [auf einer Sandbank] the ship grounded on (*od.* ran on to) the rocks [a sandbank]. — II S~ *n* <-s> 3. *verbal noun.* — 4. *fig.* failure, (*eines Plans, einer Verhandlung*) *auch* miscarriage, frustration: sein Versuch war von vornherein zum S~ verurteilt his attempt was doomed to failure from the very beginning; etwas zum S~ bringen (*einen Plan, Versuch etc*) to bring about the failure of s.th., to frustrate (*od.* thwart, wreck) s.th., to be the undoing of s.th. — 5. *mar.* (ship)wreck.

'**Scheit,holz** *n* <-es; *no pl*> chopped wood. — **s~,recht** *adj civ.eng. obs.* (*Bogen*) straight. — ~**stock** *m* <-(e)s; ⸚e> *Swiss* chopping block.

Sche·kel [ˈʃeːkəl] *m* <-s; -> *antiq. cf.* Sekel.

Schelch [ʃɛlç] *m, n* <-(e)s; -e> *Western G. dial.* barge.

Schelf [ʃɛlf] *m, n* <-s; -e> *geol.* shelf.

Schel·fe [ˈʃɛlfə] *f* <-; -n> *dial. for* Schale[1] 1, 2.

'**Schelf,eis** *n geol.* shelf ice.

schel·fen [ˈʃɛlfən] *v/i u. sich* ~ *v/reflex* <h> *rare for* schelfern. — '**schel·fern** *v/i u. sich* ~ *v/reflex* <h> (*von Haut*) peel (off), scale.

Schel·lack [ˈʃɛlak] *m* <-(e)s; -e> *synth.* shellac, *Am. auch* shellack. — ~**plat·te** *f* shellac disc (*od.* disk).

'**Schell,ad·ler** *m zo.* spotted eagle (*Aquila clanga*). — ~**bee·re** *f bot.* cloudberry, *auch* dwarf mulberry, knotberry, mountain bramble (*Rubus chamaemorus*).

Schel·le [ˈʃɛlə] *f* <-; -n> 1. (*Glöckchen*) (small) bell: → Katze 2. — 2. (*Hand-, Tischglocke*) (hand)bell. — 3. (*Kuhglocke*) (cow)bell. — 4. (*an der Tür*) (door)bell. — 5. (*am Fahrrad*) (bicycle) bell. — 6. *cf.* Ohrfeige 1. — 7. *pl* for Handschellen. — 8. (*games*) (*Spielkartenfarbe*) diamonds *pl* (*construed as sg or pl*). — 9. *tech.* a) (*an einem Rohr, Schlauch etc*) clamp, clip, clamping collar, b) (*Zwinge*) stirrup. — 10. *electr.* (*an einem Kabel*) clamp.

schel·len [ˈʃɛlən] I *v/i* <h> ring (the bell): bei j-m ~ to ring at s.o.'s (door); sie schellte nach dem Dienstmädchen she rang for the maid. — II *v/impers* es hat geschellt! the bell has rung (*od.* gone).

'**Schel·len** *n* <-; -> (*games*) (*Spielkartenfarbe*) *cf.* Schelle 8. — ~**as** *n* ace of diamonds. — ~**baum** *m mus.* (*der Militärkapelle*) Turkish crescent (*od.* jingle), pavillon (*od.* chapeau) chinois, padiglione cinese, jingling Johnny. — ~**blu·me** *f bot. cf.* Glockenblume. — ~**bu·be** *m* (*games*) knave (*od.* jack) of diamonds. — ~**ge,läut**, ~**ge,läu·te** *n* 1. (*Klang*) jingle (*od.* tinkle) of bells. — 2. (*Glöckchen*) (set of) bells *pl*, (*am Schlitten*) *auch* sleigh bells *pl*, (*am Pferdegeschirr*) *auch* bell harness. — ~**hals,band** *n* bell collar. — ~**kap·pe** *f* foolscap, fool's cap. — ~**kö·nig** *m* (*games*) king of diamonds: j-n über den ~ loben *fig. colloq.* to praise s.o. to the skies (*od.* to high heaven). — ~**schlit·ten** *m* sleigh with bells.

'**Schell,en·te** *f zo.* goldeneye, garrot (*Bucephala od. Glaucionetta clangula*).

'**Schel·len,trom·mel** *f mus.* tambourine.

'**Schell,fisch** *m zo.* haddock (*Melanogrammus aeglefinus*): geräucherter ~ *gastr.* finnan (*Am.* smoked) haddock, finnan haddie. — ~**ar·ten** *pl* gadoids.

'**Schell,ham·mer** *m tech.* rivet(ing) (*Am. auch* heading) set, set hammer, snap hammer (*od.* tool). — ~**hengst** *m zo. cf.* Schälhengst. — ~**kraut** *n*, ~**wurz** *f bot. cf.* Schöllkraut.

Schelm [ʃɛlm] *m* <-(e)s; -e> 1. wag, rogue (*humor.*). — 2. (*als Kosewort*) rogue: du kleiner ~! you little rogue (*od.* rascal)! — 3. (*Narr, Spaßvogel*) joker, jester, wag, buffoon: der arme ~ the poor old joker. — 4. *obs. for* Schurke 1: ein ~, wer Arges dabei denkt ill be to him who thinks ill, shame to him who thinks evil of it. — 5. (*literature*) rogue, picaro, pic(k)aroon.

'Schel·men|ge,sicht n roguish (od. mischievous) face. — **~,lied** n gallows song. — **~ro,man** m (literature) picaresque novel. — **~,streich** m, **~,stück** n 1. roguish (od. waggish) trick. - 2. obs. knavery.

'Schel·me'rei f <-; -en> cf. Schelmenstreich.

'Schel·min f <-; -nen> minx, rogue.

'schel·misch adj cf. schalkhaft.

Schel·te ['ʃɛltə] f <-; -n> 1. scolding, chiding, telling off (colloq.), (stärker) dressing down: ~ bekommen (od. colloq. kriegen) to be given (od. to get) a scolding, to be scolded. - 2. rare for Scheltwort.

schel·ten ['ʃɛltən] I v/t <schilt, schalt, gescholten, h> 1. lit. scold, chide, take (s.o.) to task, upbraid (lit.), tell (s.o.) off (colloq.), let (s.o.) have it (sl.), Am. colloq. tongue-lash, bawl (s.o.) out: sie schalt mich wegen meines Betragens she scolded me because of (od. for) my behavio(u)r. - 2. j-n etwas ~ lit. to call s.o. s.th.: er hat ihn einen Faulpelz [Dummkopf] gescholten he called him a lazybones [a fool]. - II v/i 3. dial. scold, chide: über (od. auf) j-n [etwas] ~ to scold about s.o. [s.th.]; sie hat schon immer mit mir gescholten she has always been scolding me.

Schel·to·pu·sik [ʃɛlto'puːzɪk] m <-s; -e> zo. scheltopusik, sheltopusi(c)k (Ophisaurus apodus).

'Schelt,wort n <-(e)s; ⁀er u. -e> abusive word, invective: ~e abusive language sg.

Sche·ma ['ʃeːma] n <-s; -s u. -ta [-ta], auch Schemen> 1. (Muster, System, Grundplan) pattern, system, schema: wir sind bei unserer Arbeit an kein ~ gebunden we do not have to keep (od. stick) to a definite (od. preconceived) pattern in our work; etwas in ein ~ pressen to force s.th. into a definite pattern; etwas nach ~ F behandeln fig. colloq. to handle s.th. in the same old way (od. to the same stereotyped pattern), to handle s.th. in the same old routine; bei ihm geht alles nach ~ F fig. colloq. he does everything to the same old pattern. - 2. (graphische Darstellung) diagram, diagrammatic representation (od. view), scheme. - 3. (Entwurf, Skizze) sketch, scheme. - 4. math. array. - 5. philos. schema. - 6. electr. wiring (od. circuit) diagram. — **~,brief** m econ. form letter.

Sche·ma·ti·ker [ʃe'maːtikər] m <-s; -> schematist.

sche·ma·tisch [ʃe'maːtɪʃ] I adj 1. (Plan, Entwurf etc) schematic, diagrammatic, auch diagrammatical: eine ~e Darstellung a schematic representation, a diagram, a schematic. - 2. (Arbeit, Tätigkeit etc) system(at)ized, mechanic(al), schematic. - II adv 3. einen Vorgang ~ darstellen to illustrate (od. represent) a process schematically (od. diagrammatically, by means of a diagram). - 4. er arbeitet zu ~ he is too mechanical in his work.

sche·ma·ti·sie·ren [ʃemati'ziːrən] I v/t <no ge-, h> 1. system(at)ize, schematize. - 2. (schematisch darstellen) diagrammatize, schematize. - II S~ n <-s> 3. verbal noun. — **Sche·ma·ti'sie·rung** f <-; -en> 1. cf. Schematisieren. - 2. system(at)ization, schematization.

Sche·ma·tis·mus [ʃema'tɪsmʊs] m <-; -tismen> 1. <only sg> auch philos. schematism. - 2. röm.kath. (statistical) handbook for Roman Catholic diocese or order. - 3. bes. Austrian for Rangliste 1.

Sche·ma·tist [ʃema'tɪst] m <-en; -en> cf. Schematiker.

'Schem,bart ['ʃɛm-] m bes. Southern G. dial. bearded mask (used in carnival).

Sche·mel ['ʃeːməl] m <-s; -> 1. (Hocker, Stuhl ohne Lehne) stool, tabo(u)ret: ein dreibeiniger ~ a three-legged stool, a tripod. - 2. (Fußschemel) (foot)stool, footrest, ottoman.

Sche·men ['ʃeːmən] m <-s; -> 1. (schattenhafte Gestalt) blur, shadowy (od. ghostly) figure (od. silhouette): im Zwielicht wurden die Bäume zu ~ the trees became blurs (od. blurred) in the twilight. - 2. (Erscheinung, Gespenst) apparition, phantom, auch fantom, ghost. - 3. dial. for Maske 1.

'sche·men·haft I adj blurred, shadowy, ghostly. - II adv die Bergspitzen tauchten ~ über den Wolken auf the blurred (od. shadowy) outlines of the mountain tops emerged above the clouds.

'Sche·men,lau·fen n (bes. alpenländischer Volksbrauch) procession of masked groups.

Schenk [ʃɛŋk] m <-en; -en> obs. for a) Mundschenk 1, b) Wirt 1.

Schen·ke ['ʃɛŋkə] f <-; -n> cf. Schankwirtschaft 1.

Schen·kel ['ʃɛŋkəl] m <-s; -> 1. (Oberschenkel) thigh, femur (scient.): er schlug sich (dat) vor Vergnügen auf die ~ he slapped his thighs (od. knees, legs) in amusement. - 2. (Unterschenkel) (lower) leg, crus (scient.). - 3. dem Pferd die ~ geben (beim Reitsport) to knee a horse, to give a horse one's knees; das Pferd gehorcht dem ~ the horse obeys the knees. - 4. math. a) (eines Dreiecks) (lateral) side, leg, b) (eines Winkels) (lateral) side, c) (eines Zirkels) leg. - 5. tech. a) (einer Kurbel) (crank) web, b) (einer Achse) toe, c) (einer Zange) handle, grip, d) (eines Winkeleisens) leg, e) (eines Tasters) arm, f) (einer Blechschere) handle, g) (einer Achswelle) neck, journal, h) (eines Splints) end.

'Schen·kel|,ader f med. 1. (des Oberschenkels) femoral artery. - 2. (des Unterschenkels) crural artery. — **~,beu·ge** f groin. — **~,block** m (beim Elektrokardiogramm) bundle branch block. — **~,bruch** m 1. (des Oberschenkelknochens) fracture of the thigh (od. scient. femur). - 2. cf. Schenkelhernie. — **~,druck** m <-(e)s; ⁀e> (beim Reitsport) leg (od. knee) pressure.

'Schen·kel,hals m med. neck of the femur, collum femoris. — **~,bruch** m, **~,frak,tur** f fracture of the neck of the femur.

'Schen·kel|,her·nie f med. femorocele, femoral (od. crural) hernia. — **~,hil·fe** f (beim Reitsport) leg aid. — **~,kno·chen** m med. zo. 1. (Oberschenkel) thighbone, femur (scient.). - 2. (Unterschenkel) tibia, fibula. — **~,rohr** n tech. elbow pipe. — **~,schlag,ader** f med. cf. Schenkelader. — **~,ve·ne** f femoral vein.

schen·ken ['ʃɛŋkən] I v/t <h> 1. give (s.th.) (as a present od. as a gift), make a present (od. gift) of, present, (stiften) bes. Am. donate: j-m etwas zum Geburtstag [zu Weihnachten] ~ to give s.o. s.th. as a birthday [Christmas] present, to give s.o. s.th. (od. present s.o. [with] s.th.) for his birthday [for Christmas]; er hat viel geschenkt bekommen he was given a lot of presents; ich lasse mir nichts ~ a) I don't accept any presents, b) fig. (preislich) I don't want any bargains, I want to pay the proper price, c) fig. (an Mühe, Entbehrungen etc) I don't want any special treatment; so einen Mantel möchte ich nicht (einmal) geschenkt (haben)! fig. colloq. I wouldn't have such a coat as a gift, I wouldn't take a present of (od. say 'thank you' for) a coat like that (colloq.). - 2. sich (dat) (gegenseitig) etwas ~ to give each other s.th. (as a present od. as a gift), to exchange presents (od. gifts): habt ihr euch diesmal nichts geschenkt? didn't you give each other any presents this time? die beiden Gegner schenkten sich nichts fig. the two opponents didn't pull their punches (od. let each other off with anything). - 3. sich (dat) etwas ~ fig. (weglassen) skip, omit: den Besuch des Museums kannst du dir ~ you may skip the visit of the museum, you need not bother visiting (od. to visit) the museum; ich habe mir nichts geschenkt a) I didn't skip anything, b) (habe mich nicht geschont) I spared no pains. - 4. j-m etwas ~ fig. (eine Strafe, Geldschuld, unangenehme Pflicht etc) to acquit s.o. of s.th., to remit (od. excuse) s.o. s.th., to let s.o. off s.th.: ihm sind 5 Monate seiner Gefängnisstrafe geschenkt worden he has been remitted 5 months of imprisonment; diese Arbeit wird dir nicht geschenkt you won't be excused (od. let off) that job, you won't be able to dodge (od. get out of) that job; ihm ist im Leben nichts geschenkt worden he has been spared nothing in his life. - 5. fig. (in Wendungen wie) er schenkt ihr seine ganze Aufmerksamkeit he focuses all his attention on her; j-m die Freiheit ~ to grant s.o. his freedom, to set s.o. free (od. at liberty); j-m Gehör ~ to lend s.o. an (od. one's) ear, to give ear to s.o.; der König schenkte seinen Worten [Bitten] Gehör the king gave ear to his words [requests]; ich will dir Glauben ~ I'll believe you, I'll take your word for it; sie schenkte seinen Worten keinen Glauben she did not believe what he said; j-m sein Herz ~ to give s.o. one's heart; einem Kind das Leben ~ to bring a child into the world; sie schenkten dem Verurteilten das Leben they spared the condemned (man) his life; j-m (sein) Vertrauen ~ to put (od. place) (one's) confidence in s.o., to confide in s.o., to trust (od. lit. put one's trust) in s.o.; ~ Beachtung 2, 4. - 6. etwas in (acc) etwas (Getränke) to pour s.th. into s.th.: er schenkte Wein in sein Glas he poured him a glass of wine, he filled his glass with wine. - II v/i 7. give presents. - III v/reflex 8. sich j-m ~ poet. (von Frauen, Mädchen) to give oneself (od. yield) to s.o. - IV S~ n <-s> 9. verbal noun. - 10. cf. Schenkung.

'Schen·ker m <-s; ->, **'Schen·ke·rin** f <-; -nen> bes. jur. donor, donator, giver.

'Schenk,stu·be f cf. Schankraum.

'Schen·kung f <-; -en> 1. cf. Schenken. - 2. bes. jur. donation, gift, bestowal, bestowment: Konstantinische ~ hist. Donation of Constantine; ~ für den Todesfall bes. Am. jur. gift mortis causa.

'Schen·kungs|,brief m jur. deed of donation (od. gift). — **~,steu·er** f gift tax. — **~,ur,kun·de** f cf. Schenkungsbrief. — **~ver,spre·chen** n promise to make a gift (od. donation).

'Schenk,wirt m cf. Schankwirt.

schep·pern ['ʃɛpərn] Southern G., Austrian and Swiss dial. I v/i <h> (von losen Teilen) rattle. - II v/impers jetzt hat es gescheppert a) sl. has been smashed, b) (beim Autozusammenstoß) there has been a crash, c) fig. he (od. she) caught (od. sl. copped) it.

Scher [ʃeːr] m <-(e)s; -e> Southern G., Austrian and Swiss zo. for Maulwurf.

Scher·be ['ʃɛrbə] f <-; -n> 1. (Glas-, Porzellanscherbe etc) (broken) piece, fragment: in ~n gehen a) to go (od. come) to pieces, b) fig. to go to pieces; bei ihrem Streit hat es ~n gegeben a) fig. their quarrel turned into a brawl, b) fig. their relationship is beginning to crack up since their quarrel; die ~n zusammenkehren auch fig. to pick up the (broken) pieces (od. bits). - 2. bes. archeol. (Topfscherbe) potsherd. - 3. (bes. in Blumentöpfen) crock. - 4. humor. (Einglas) monocle.

'Scher·be,an,spru·chung f tech. shear(ing) stress.

Scher·ben ['ʃɛrbən] m <-s; -> 1. (gebrannter Ton) body. - 2. Southern G. and Austrian for Scherbe 1, 2, 3. - 3. obs. flowerpot.

'Scher·ben|ge,richt n antiq. (im alten Athen) ostracism: j-n durch ein ~ verbannen to ostracize (Br. auch -s-) s.o. — **~,ko·balt** n min. native arsenic.

Scher·bett [ʃɛr'bɛt] m, n <-s; -s> gastr. sherbet, auch sherbert, sorbet.

'Scher,blatt n (eines elektr. Rasierapparates etc) shaving blade.

'Scher,block m mar. warping block.

Sche·re ['ʃeːrə] f <-; -n> 1. a) (kleine) (pair of) scissors pl (sometimes construed as sg), b) (große) (pair of) shears pl, c) cf. Baum-, Geflügel-, Haut-, Nagelschere. - 2. tech. a) (Drahtschere) wire cutter(s pl), b) (große Blechschere) plate shears pl, c) (kleine Blechschere) tinner's snips pl (construed as sg or pl), d) (für Wechselräder) quadrant. - 3. zo. (eines Krebses etc) claw, nipper; chela, chelicera (scient.). - 4. agr. a) (einer Deichsel) shafts pl, thills pl, poles pl, b) (an der Kandare) curb (bit). - 5. econ. (Preisschere etc) scissors pl (sometimes construed as sg), gap, (im Außenhandel) terms pl of trade. - 6. (sport) a) (am Seitpferd) scissors pl (usually construed as sg), b) (beim Ringen) scissors pl (usually construed as sg), scissors hold: den Gegner in die ~ nehmen to use the scissors on the opponent, to get the scissors (hold) on the opponent.

sche·ren¹ ['ʃeːrən] I v/t <schert, schor, rare scherte, geschoren, rare geschert, h> 1. (Schafe) shear, clip, cut. - 2. (Hunde) trim, clip, crop. - 3. (Haare) cut, crop, shear: j-m das Haar (od. die Haare) ~ to cut s.o.'s hair; → Kamm 3. - 4. (Bart) shave. - 5. (Hecke) clip, cut, prune, shear, crop. - 6. (Rasen) mow, cut, clip, shear. - 7. (textile) (Tuch, Samt etc) cut, shear, crop. - **8.** *tech.* shear, cut. - **9.** *mar.* (*Leine, Tau etc*) reeve. - **II S~** *n* ⟨-s⟩ **10.** *verbal noun.* - **11.** (*der Schafe, Hunde, Hecken etc*) clip, cut.

'sche·ren² *v/t* ⟨h⟩ **1.** *colloq.* das schert mich nicht I don't care (about it), I don't give (*od.* care) a damn (about it); was schert das mich? what do I care? what's that to me? what has it to do with me? - **II** *v/reflex* sich ~ *colloq.* **2.** sich um etwas ~ to trouble (*od.* care) about s.th.: ich schere mich um den Teufel d(a)rum! I don't care (*od.* give) a damn, I couldn't care less, I don't care a hoot (*od.* two hoots) (*sl.*). - **3.** (*in Wendungen wie*) scher dich ins Bett! turn in! *colloq.*, hit the sack! (*sl.*); er soll sich zum Teufel (*od.* Henker) ~ he can go to hell *colloq.* (*od.* blazes, the devil). - **III** *v/i* ⟨sein⟩ **4.** *mar.* (*gieren*) sheer, yaw. - **IV S~** *n* ⟨-s⟩ **5.** *verbal noun.*

'Sche·ren|,as·sel *f zo.* cheliferous slater (*Gattg Tanais*). — **~be,we·gung** *f econ.* (*der konvergierende*) scissor (*od.* converging) movement. — **~,fern,rohr** *n* (*optics*) *mil.* **1.** battery commander's telescope. - **2.** (*Periskop*) periscope. — **~,schlag** *m* (*sport*) **1.** (*beim Fußball*) scissors kick. - **2.** (*beim Schwimmen*) scissors kick. — **~,schlei·fen** *n* knife (*od.* scissors) grinding. — **~,schlei·fer** *m* knife (*od.* scissors) grinder. — **~,schna·bel** *m zo.* scissorbill, skimmer (*Fam. Rynchopidae*). — **~,schnitt** *m* scissor(s) cut. — **~,wa·gen,he·ber** *m tech.* compound leverage floor jack.

'Sche·rer *m* ⟨-s; -⟩ **1.** (*Schafscherer etc*) shearer. - **2.** *tech.* (*textile*) warper.

Sche·re'rei *f* ⟨-; -en⟩ *colloq. meist pl* (*Unannehmlichkeit*) trouble, bother: j-m viel ~en machen to give (*od.* cause) s.o. a lot of trouble (*colloq.*); das gibt nur ~en that'll only give us trouble.

'Scher,fe·stig·keit *f tech.* shear strength.

Scherf·lein [*'ʃɛrflaɪn*] *n* ⟨-s; -⟩ *only in* sein ~ zu etwas beitragen (*od.* beisteuern) *auch fig.* to do one's bit to s.th., to contribute one's mite to s.th., *Am. colloq.* to give (*od.* put in) one's two cents' worth.

'Scher,gang *m mar.* sheer strake.

Scher·ge [*'ʃɛrgə*] *m* ⟨-n; -n⟩ **1.** (*Büttel, Häscher*) sheriff's bailiff (*Am.* deputy), catchpole, catchpoll, myrmidon, *Br.* bumbailiff (*contempt.*). - **2.** *cf.* a) Henker 1, b) Henkersknecht 2.

Sche·rif [*ʃe'riːf*] *m* ⟨-s *u.* -en; -s *u.* -e(n)⟩ (*arab. Titel*) sharif, sherif, *auch* shareef, shereef.

'Scher|,kamm *m* (*eines elektr. Rasierapparats etc*) guard. — **~,kopf** *m* shaving head. — **~,lei·ne** *f mar.* reeving (*od.* sheer) line. — **~,ma,schi·ne** *f* **1.** (*für Schafe etc*) clippers *pl*, shearer, shearing (*od.* cutting) machine. - **2.** (*textile*) cropper, shearing machine. — **~,maus** *f zo.* water vole (*Arvicola amphibius*). — **~,mes·ser** *n* **1.** (*eines Rasierapparates*) shaving blade. - **2.** (*eines Grasmähers*) shear blade, cutter knife. - **3.** (*einer Schermaschine*) shearing blade (*od.* knife). — **~,mes·ser,fisch** *m zo.* razor fish (*Xyrichthys novacula*). — **~,mo·dul** *m metall.* shear modulus. — **~,rah·men** *m* (*in der Weberei*) shearing frame. — **~,span·nung** *f tech. cf.* Scherbeanspruchung. — **~sy,stem** *n* (*eines elektr. Rasierapparates etc*) shaving system. — **~ver,such** *m* (*in der Werkstoffprüfung*) shear(ing) test.

Scher·wen·zel [*ʃɛr'vɛntsəl*] *m* ⟨-s; -⟩ *cf.* Scharwenzel. — **scher'wen·zeln** *v/i* ⟨*no* ge-, h, *auch* sein⟩ *cf.* scharwenzeln.

'Scher|,win·kel *m mar.* angle of sheer (*od.* yaw). — **~,wol·le** *f cf.* Schurwolle.

Scherz [*ʃɛrts*] *m* ⟨-es; -e⟩ (*Spaß, scherzhafter Einfall*) joke, jest, pleasantry: ~ beiseite joking apart; einen ~ machen (*od. colloq.* crack) a joke; etwas im (*od.* zum) ~ sagen to say s.th. in (*od.* for) fun (*od.* as [*od.* for] a joke, in jest); mach keine ~e! don't say that! seinen ~ mit j-m [etwas] treiben a) to make fun (*od.* sport) of s.o. [s.th.], to poke fun at s.o. [s.th.], b) (*j-n zum Narren halten*) to fool (*od.* dupe) s.o.; er versteht keinen ~ he can't take (*od.* see) a joke; da hat sich j-d einen schlechten ~ mit dir erlaubt s.o. played a bad joke (*od.* nasty trick) on you; dieser ~ geht zu weit this joke is going too far; und ähnliche ~e *fig. colloq.* and what have you.

scher·zan·do [*skɛr'tsando*] *mus.* **I** *adv u. adj* (*heiter*) scherzando. - **II S~** *n* ⟨-s; -s *u.* -di [-di]⟩ scherzando.

'Scherz·ar,ti·kel *m meist pl* joke (*od.* trick) article, joke.

scher·zen [*'ʃɛrtsən*] **I** *v/i* ⟨h⟩ **1.** (*über acc* at) joke, jest, crack jokes (*colloq.*): Sie ~ (wohl)! you are (*od.* must be) joking (*od. sl.* kidding)! you don't mean it! mit ihm ist nicht zu ~, er läßt nicht mit sich ~ he is not to be trifled with; ich scherze nicht! no joking! (*colloq.*), I really mean it, in all seriousness. - **2.** (*schäkern*) flirt: er scherzt mit ihr he is flirting with her. - **II S~** *n* ⟨-s⟩ **3.** *verbal noun:* ich bin nicht zum S~ aufgelegt I'm not in the mood for joking, I'm in no mood for jokes.

'Scher·zer *m* ⟨-s; -⟩ joker, jester.

'Scherz|,fra·ge *f* humorous (*od.* jocular) question, conundrum. — **~ge,dicht** *n* comic poem.

'scherz·haft **I** *adj* (*Bemerkung etc*) joking, jesting, jocular, jocose, facetious. - **II** *adv* jokingly, jestingly, in (*od.* for) fun, as a joke, in jest: das war nur ~ gemeint that was only meant as a joke (*od.* said for fun). — **'Scherz·haf·tig·keit** *f* ⟨-; *no pl*⟩ jocularity, jocosity, facetiousness.

'Scherz,na·me *m* nickname.

Scher·zo [*'skɛrtso*] *n* ⟨-s; -s *u.* Scherzi [-tsi]⟩ *mus.* scherzo.

'Scherz|,rät·sel *n* conundrum. — **s~,wei·se** *adv* as a joke, for (*od.* in) fun. — **~,wort** *n* ⟨-(e)s; -e⟩ witticism, joke, quip.

scheu [*ʃɔʏ*] *adj* ⟨-er; -e(s)⟩ **1.** (*schüchtern*) shy, bashful: ein ~es junges Mädchen a shy (*od.* bashful, coy) young girl. - **2.** (*zaghaft, ängstlich*) timid, nervous. - **3.** (*gehemmt*) inhibited, shy. - **4.** (*Tiere*) shy, timid: ein ~es Pferd a shy (*od.* skittish, timid) horse; ein Tier ~ machen to startle (*od.* frighten) an animal, to make an animal shy (*od.* skittish); ~ werden (*vor dat* at) (*von Wild, Pferden etc*) to shy, to take fright, to skit; mach mal die Pferde nicht ~! *fig. colloq.* stop getting us (*od.* me) all excited (*od.* worked up).

Scheu *f* ⟨-; *no pl*⟩ **1.** (*Schüchternheit*) shyness, bashfulness. - **2.** (*Ängstlichkeit*) timidity, nervousness, (*stärker*) fear: sprechen Sie ohne jede ~ speak without the least fear, express yourself freely. - **3.** (*Hemmung*) inhibition, shyness. - **4.** (*Abneigung*) dread, aversion. - **5.** (*Ehrfurcht*) awe: eine heilige ~ vor etwas [j-m] haben *fig. iron.* to stand in awe of th. [s.o.], to have a holy dread of s.th. [s.o.] (*colloq.*). - **6.** (*bei Tieren*) shyness, timidity, (*bes. bei Wild, Pferden*) skittishness.

Scheu·che [*'ʃɔʏçə*] *f* ⟨-; -n⟩ *cf.* Vogelscheuche.

'scheu·chen *v/t* ⟨h⟩ (*wegjagen*) scare (*s.o., s.th.*) away, frighten (*s.o., s.th.*) off (*od.* away), (*bes. Vögel*) shoo (*s.th.*) away.

scheu·en [*'ʃɔʏən*] **I** *v/t* ⟨h⟩ **1.** (*zurückschrecken*) shrink from, shun, shy away from: wir haben keine Kosten und Mühen gescheut we didn't shun (*od.* shrink from) expenses or effort, we spared neither trouble nor money; sie scheut keine Arbeit she doesn't shy away from (*od.* she puts the hand to) any kind of work. - **2.** (*fürchten*) be afraid of, fear, dread: das Licht (des Tages) ~ to be afraid of the light (of day); tue recht und scheue niemand do (what is) right and fear nobody; → Kind 5. - **II** *v/i* **3.** (*von Pferden*) (*vor dat* at) shy, take fright, skit. - **III** *v/reflex* sich ~ **4.** sich ~, etwas zu tun a) (*zurückschrecken*) to shrink from doing s.th., to fight (*od.* be) shy of doing s.th., b) (*fürchten*) to be afraid of (*od.* of doing) s.th., to fear to do s.th., to dread doing (*od.* to do) s.th.: ich scheue mich, es ihr zu sagen a) I shrink from telling her, b) I am afraid to tell her (*od.* of telling her); und er scheut sich nicht, es zuzugeben! and he's not afraid to admit it! and he dares (*od. sl.* has the nerve to admit it! - **5.** sich ~ vor *cf.* scheuen 1, 2.

'Scheu·er|,bür·ste *f* scrubbing brush, scrubber. — **~,ei·mer** *m* bucket, pail. — **~,fest** *adj* (*textile*) abrasion-resistant. — **~,fe·stig·keit** *f* abrasion resistance. — **~,frau** *f* charwoman, *bes. Am.* scrubwoman, cleaning woman, *Br. colloq.* char. — **~,lap·pen** *m cf.* Scheuertuch. — **~,lei·ste** *f*

1. skirting (board), baseboard, washboard. - **2.** *mar. Am.* guard rail, *Br.* belting. — **~,mit·tel** *n* scouring agent.

scheu·ern [*'ʃɔʏərn*] **I** *v/t* ⟨h⟩ **1.** (*Töpfe, Fußboden, Hände etc*) scrub, scour: die Fliesen mit Sand ~ to scrub the tiles with sand. - **2.** (*wund reiben*) chafe, rub: der Kragen scheuert ihn am Hals the collar rubs his neck. - **3.** *mar.* a) rub, scour, b) (*mit Scheuerstein*) holystone. - **4.** j-m eine ~ *fig. colloq.* to clout s.o., to give s.o. a clout (*beide colloq.*). - **II** *v/i* **5.** (*von Kragen, Schuhen etc*) rub, chafe. - **6.** *mar.* (*schamfilen*) chafe. - **III** *v/reflex* sich ~ **7.** rub (oneself), scratch (oneself): sich am Türpfosten ~ to rub against the doorpost. - **IV S~** *n* ⟨-s⟩ **8.** *verbal noun.* - **9.** scrub, scour.

'Scheu·er|,pul·ver *n* scouring powder. — **~,sand** *m* (scouring) sand. — **~,stein** *m* **1.** hearthstone. - **2.** *mar.* holystone. — **~,trom·mel** *f tech.* **1.** tumbling barrel. - **2.** (*in der Drahtfabrikation*) scouring barrel. — **~,tuch** *n* scouring cloth, floorcloth.

'Scheu,klap·pe *f meist pl auch fig.* blinker, *bes. Am.* blinder: er läuft mit ~n herum, er hat ~n vor den Augen, er trägt ~n *fig. colloq.* he's got blinkers on, he is walking around wearing blinkers.

'Scheu,klap·pen|he·mi·an·opie [-hemi-ʔano,piː], **~he·mi·an·op,sie** [-hemi-ʔano,psiː] *f med.* bitemporal hemianopia.

'Scheu,le·der *n cf.* Scheuklappe.

Scheu·ne [*'ʃɔʏnə*] *f* ⟨-; -n⟩ **1.** barn, shed. - **2.** (*Kornscheune*) granary. - **3.** *fig. colloq.* (*großes, häßliches Gebäude*) barn.

'Scheu·nen|,dre·scher *m only in* er ißt (*od.* frißt) wie ein ~ *colloq.* he eats like a horse (*od.* wolf). — **~,tor** *n* barn (*od.* shed) door: → Ochse 2.

'Scheu·sal *n* ⟨-s; -e, *colloq.* Scheusäler⟩ **1.** (*Ungeheuer, Schreckensbild*) monster. - **2.** (*skrupelloser Verbrecher*) monster. - **3.** *colloq. humor.* 'beast', 'horror' (*beide colloq.*), pest: dieses Kind ist ein richtiges kleines ~ this child is a little horror (*od.* a holy terror) (*colloq.*).

scheuß·lich [*'ʃɔʏslɪç*] **I** *adj* **1.** (*abstoßend*) repulsive, (*stärker*) hideous, monstrous: ein ~er Anblick a hideous sight. - **2.** (*abscheulich, grausam*) atrocious, heinous, horrifying, horrid, abominable: ein ~es Verbrechen an atrocious (*od.* heinous) crime. - **3.** (*Auto, Gebäude etc*) ghastly, monstrous. - **4.** *colloq.* (*Wetter etc*) 'awful', 'frightful', 'horrible', 'abominable', 'beastly' (*alle colloq.*). - **5.** *colloq.* (*Essen*) 'ghastly' (*colloq.*): ~ schmecken to taste ghastly (*od.* horrible). - **II** *adv* **6.** *colloq.* 'awfully', 'frightfully', 'horribly' (*alle colloq.*): es ist ~ kalt it's awfully cold. — **'Scheuß·lich·keit** *f* ⟨-; -en⟩ **1.** ⟨*only sg*⟩ (*abstoßende Häßlichkeit*) repulsiveness, (*stärker*) hideousness, monstrosity. - **2.** ⟨*only sg*⟩ (*Abscheulichkeit, Grausamkeit*) atrociousness, atrocity, heinousness, horridness, abomination. - **3.** (*abscheuliche Tat*) atrocity, heinous (*od.* abominable) deed. - **4.** *colloq.* (*geschmackloser Gegenstand*) 'horror' (*colloq.*), abomination, monstrosity: diese Kirche ist eine architektonische ~ this church is an architectural monstrosity.

Schi... *cf.* Ski...

Schib·bo·leth [*ʃi'boːlɛt*] *n* ⟨-s; -e *u.* -s⟩ *Bibl. rare* (*Zeichen*) shibboleth.

Schicht [*ʃɪçt*] *f* ⟨-; -en⟩ **1.** (*Lage*) layer, bed: abwechselnd eine ~ Kartoffeln und eine ~ Käse *gastr.* alternately a layer of potatoes and a layer of cheese. - **2.** *geol. meteor.* (*der Luft, Erde, des Gesteins etc*) stratum. - **3.** (*Überzug*) coat, *auch* coating: eine dünne ~ roter Farbe a thin coat of red paint. - **4.** (*Film*) film, lamina (*scient.*). - **5.** (*optics*) (*Beschichtung*) emulsion, (*bes. Vergütungsschicht*) coating: ionisierte ~ D layer. - **6.** *phot.* emulsion. - **7.** *med. zo.* (*der Haut etc*) layer. - **8.** *civ.eng.* a) (*beim Mauerwerk*) course, layer, b) (*beim Straßenbau*) bed, layer. - **9.** *tech.* a) (*Farbschicht*) coat, b) (*Ölschicht*) film, c) (*Papier-, Sperrholzschicht*) ply, d) (*beim Walzen*) lamination. - **10.** *sociol.* (*Gesellschaftsschicht*) (social) stratum: breite ~en der Bevölkerung large sections (*od.* classes) of the population. - **11.** *econ.* a) (*Arbeitszeit*) shift, spell, turn, b) (*Belegschaft*) shift, gang: in 3 ~en arbeiten to work in 3 shifts;

(eine) ~ machen *colloq.* to knock off work (*colloq.*). – **12.** (*mining*) shift. – **13.** *pl philos.* (*Seinsschichten*) strata (of being). – **14.** *psych.* (*Schichtung der Persönlichkeit*) stratification of personality.

'**Schicht**|**,ar·beit** *f econ.* shift (work). — **~,ar·bei·ter** *m* shift worker.

Schich·te ['ʃɪçtə] *f* ⟨-; -n⟩ *Austrian for* Gesteinsschicht.

schich·ten ['ʃɪçtən] **I** *v/t* ⟨h⟩ **1.** (*Holz, Kohle etc*) arrange (*od.* stock) (*s.th.*) in layers (*od.* beds). – **2.** *tech.* a) (*Preßstoffe*) laminate, b) (*Fertigware*) stack, pile. – **II S~** *n* ⟨-s⟩ **3.** *verbal noun.* – **4.** (*von Holz etc*) arrangement in layers (*od.* beds).

'**Schich·ten**|**,auf,wand** *m* (*mining*) shifts *pl* expended (*od.* worked) per unit of coal produced.

'**Schich·ten**|**,bil·dung** *f geol.* **1.** bedding, stratification (*scient.*). – **2.** (*Ablagerung*) sedimentation. — **~,fol·ge** *f* **1.** series of strata. – **2.** column(ar section). — **~,kun·de** *f* stratigraphy. — **s~,wei·se** *adv cf.* schichtweise.

'**Schicht**|**,fu·ge** *f geol.* bedding joint. — **~ge,stein** *n* **1.** stratified rock. – **2.** sedimentary rock. — **~,glas** *n tech.* laminated (*od.* safety, shatterproof) glass. — **~,holz** *n* **1.** stacked wood. – **2.** (*als Fabrikat*) laminated wood.

'**schich·tig** *adj cf.* lamellar.

'**Schicht**|**,lei·stung** *f econ.* output per (man)shift, OMS. — **~,li·nie** *f* (*auf Landkarte*) contour line. — **~,lohn** *m econ.* pay for shift work, pay per shift. — **~,mei·ster** *m* (*mining*) shifter, *Am.* shift boss. — **~,sei·te** *f phot.* (*eines Films*) emulsion side. — **~,stoff** *m* laminated plastics *pl* (*construed as sg*). — **~,stu·fe** *f geol.* cuesta. — **~,tor·te** *f gastr.* layer cake. — **~,trä·ger** *m phot.* emulsion support.

'**Schich·tung** *f* ⟨-; -en⟩ **1.** *cf.* Schichten. – **2.** (*Aufbau*) layers *pl.* – **3.** *geol.* (*von Gesteinen*) stratification. – **4.** *sociol.* (*nach Klassen*) stratification: soziale ~ social stratification (*od.* strata *pl*). – **5.** *tech.* lamination.

'**Schicht**|**,un·ter,richt** *m ped.* instruction in shifts. — **~,wech·sel** *m econ.* change of shifts. — **s~,wei·se** *adv* **1.** in layers. – **2.** *econ.* (*in Schichtarbeit*) in shifts. — **~,wol·ke** *f meteor.* **1.** (*tiefe*) stratum. – **2.** (*mittelhohe*) altostratus. – **3.** (*hohe*) cirrostratus.

schick [ʃɪk] *adj* ⟨-er; -st⟩ **1.** (*elegant*) elegant, chic, smart; *Br. colloq.* posh, trendy: sie ist sehr ~ she's very elegant (*od.* chic, smartly dressed); sich ~ anziehen to dress elegantly (*od.* smartly); wir waren gestern in einem ~en Restaurant we were in an elegant (*od.* a smart) restaurant yesterday. – **2.** (*hübsch, nett*) pretty, nice, natty, neat, swell (*colloq.*). – **3.** *fig. colloq.* 'grand', 'great' (*beide colloq.*), *Am. colloq.* swell: ~, daß du noch gekommen bist! (it's) grand (*od.* great) that you've come after all!

Schick *m* ⟨-(e)s; *no pl*⟩ **1.** (*Eleganz*) elegance, style, *auch* chic: sie [das Kleid] hat ~ she [the dress] has style (*od.* is elegant). – **2.** *Swiss* favorable (*bes. Br.* favourable) bargain.

schicken (*getr.* -k·k-) ['ʃɪkən] **I** *v/t* ⟨h⟩ **1.** send: j-m etwas ~ to send s.o. s.th. (*od.* s.th. to s.o.); j-m (*od.* an j-n) einen Brief (mit der Post) ~ to send s.o. a letter (by post, *bes. Am.* mail), to post (*bes. Am.* mail) s.o. a letter; sich (*dat*) die Waren ins Haus ~ lassen to have the goods sent (*od.* dispatched) by free delivery; j-m Geld ~ a) (*im Brief*) to send s.o. money, b) (*per Überweisung*) to remit (*od.* transmit) money to s.o.; j-m j-n ~ to send s.o. to s.o.; meine Mutter schickt mich, ich soll Ihnen sagen my mother sends me to tell you; j-m j-n auf den Hals ~ *fig. colloq.* to set s.o. on s.o.; j-n auf Reisen ~ to send s.o. on a tour; im nächsten Jahr wird er auf die (*od.* zur) Schule geschickt he'll be sent to school next year; ein Kind auf die Straße zum Spielen ~ to send a child out into (*bes. Am.* onto) the street to play; j-n ins Bett ~ to send s.o. to bed; jeden Morgen schicke ich sie in die (*od.* zur) Schule I send her to school every morning; Soldaten in den Krieg [Tod] ~ to send soldiers to war [death]; j-n nach Hause ~ to send s.o. home; ~ Sie bitte Herrn Müller zu mir! please send Mr. Müller to me; j-n zum

Teufel ~ *fig. colloq.* to want s.o. to go to hell (*colloq.*), to wish s.o. further (*od.* to the devil); ein Mädchen auf die Straße ~ (*von Zuhälter*) to make a girl walk the streets; → April; Wüste 1. – **2.** (*sport*) (*beim Fußball, Hockey*) to send s.o. away. – **II** *v/i* **3.** ~ nach to send for: wir müssen nach dem Arzt ~ we have to send for (*od.* summon) the doctor. – **III** *v/reflex* sich ~ **4.** (*sich gehören*) be fitting, be good form, be seemly (*od.* proper, right): das schickt sich nicht it's not done (*od.* the done thing, good form), it's unseemly (*od.* improper); das schickt sich nicht für dich that's not fitting for you, it doesn't befit (*od. lit.* behoove, *bes. Br.* behove) you. – **5.** sich in (*acc*) etwas ~ a) (*sich ergeben*) to resign oneself to s.th., to submit to s.th., to acquiesce in s.th., b) (*sich anpassen*) to adapt (oneself) to s.th.: sich ins Unvermeidliche ~ to submit to the inevitable; sich in jede Lage ~ to adapt (oneself) to every situation; sich in die Zeit ~ to go (*od.* keep up) with the times. – **6.** *colloq.* (*sich beeilen*) hurry (up): schickt euch! hurry (up)! *Br. colloq.* buck up! – **IV** *v/impers* **7.** es schickt sich [nicht] it's [not] fitting, it's good [bad] form, it's [un]seemly. – **8.** (*sich fügen*) happen, come about: es schickte sich gerade so, daß it just so happened that, luck would have it that; wenn es sich gerade so schickt should it so happen.

'**schick·lich** *adj* **1.** (*geziemend*) fitting, seemly: es ist nicht ~, mit vollem Mund zu sprechen it's not fitting ~ done, the done thing, good form (*od.* it's unseemly, bad form) to speak with one's mouth full. – **2.** (*anständig*) decent. – **3.** (*geeignet, angemessen*) suitable, convenient: das gibt mir einen ~en Grund, die Einladung abzulehnen that gives me a suitable (*od.* convenient) reason to decline (*od.* for declining) the invitation. — '**Schick·lich·keit** *f* ⟨-; *no pl*⟩ **1.** (*äußerer Anstand*) decorum, propriety, good form, seemliness. – **2.** (*Moral*) decency.

'**Schick·lich·keits·ge,fühl** *n* **1.** sense of decorum (*od.* propriety). – **2.** sense of decency.

'**Schick·sal** *n* ⟨-s; -e⟩ **1.** fate: ich habe schon manche schwere(n) ~e miterlebt I have witnessed many a hard (*od.* difficult) fate; er hatte ein ähnliches ~ wie he had a similar fate as. – **2.** ⟨*only sg*⟩ (*Fügung, Bestimmung*) fate, destiny, fortune: die Hand [Macht] des ~s the hand [power] of fate (*od.* destiny); Ironie des ~s irony of fate; das ~ hat es gut mit ihr gemeint fortune has favo(u)red her; niemand entgeht seinem ~ nobody can escape his destiny; sein ~ herausfordern to tempt fate (*od.* providence); sein ~ ist besiegelt *auch humor.* his fate is sealed, (*bes. bei Personen*) his goose is cooked (*colloq.*), he has had his chips (*colloq.*); das müssen wir dem ~ überlassen we must leave it to destiny (*od.* fate); j-n seinem ~ überlassen to leave s.o. to his fate; j-s ~ sein to be s.o.'s fate (*od.* destiny); ~ spielen to play the role of destiny (*od.* fortune); das ~ wollte es, daß fate would have it that; es ist anscheinend mein ~, immer der letzte zu sein *humor.* it seems to be my fate to be always the last (one); sein ~ mit Fassung tragen *bes. humor.* to bear one's fate with equanimity. – **3.** ⟨*only sg*⟩ (*Los*) lot, fate, *auch* portion: ein schweres ~ erleiden to suffer a hard lot (*od.* fate); j-s ~ teilen to share s.o.'s lot (*od.* fate); das ~ ereilte ihn he met his fate; mit seinem ~ unzufrieden sein (*od.* hadern) to be discontented with one's lot; das weitere ~ der Bücher ist unbekannt the lot (*od.* fate, *auch* destiny) of the books is unknown.

'**schick·sal·haft** *adj* fateful, fatal.

'**schick·sals·er,ge·ben** *adj* resigned to one's fate.

'**Schick·sals**|**,fra·ge** *f* fateful (*od.* fatal) question. — **~,fü·gung** *f* (act *od.* stroke of) providence (*od.* fate). — **~ge,fähr·te** *m meist pl* companion in misfortune, fellow sufferer. — **~ge,mein·schaft** *f* community of fate. — **~ge,nos·se** *m cf.* Schicksalsgefährte. — **~,glau·be** *m* fatalism. — **~,göt·tin·nen** *pl myth.* the (three) Fates, the (three) Fatal Sisters. — **~,li·nie** *f* (*in der Hand*) line of fate. — **~,prü·fung** *f* trial of fate. — **~,schlag** *m* **1.** reverse of

fortune, stroke of fate. – **2.** *pl* vicissitudes. — **s~,schwan·ger, s~,schwer** *adj* bes. for schicksalhaft. — **~,stun·de** *f* fateful (*od.* fatal) hour. — **~tra,gö·die** *f* (*literature*) tragedy of fate. — **s~ver,bun·den** *adj* united by a common fate. — **~weg** *m* road of destiny. — **~,wen·de** *f* change of fortune, vicissitude.

Schick·se ['ʃɪksə] *f* ⟨-; -n⟩ *colloq. contempt.* (*leichtes Mädchen*) girl of easy virtue: sie ist eine ~ she's a (bit of a) tart (*sl.*).

'**Schickung** (*getr.* -k·k-) *f* ⟨-; -en⟩ *cf.* Schicksalsfügung.

'**Schie·be**|**,blen·de** *f phot.* sliding stop plate, Waterhouse stop. — **~,büh·ne** *f tech.* slip board, slide(r). — **~,büh·ne** *f* **1.** (*railway*) traveling (*bes. Br.* travelling) platform, traverser, trayerse table, *Am.* transfer table. – **2.** *tech.* traveling (*bes. Br.* travelling) platform. – **3.** *metall.* (*eines Walzwerks*) traverser. – **4.** (*mining*) (*Wagenbühne*) sliding platform. – **5.** (*theater*) sliding stage.

'**Schie·be,dach** *n* (*am Auto*) sliding roof (*od.* top), *auch* sunshine roof. — **~,wa·gen** *m* (*railway*) freight car (*Br.* goods waggon) with (a) sliding roof.

'**Schie·be,deckel** (*getr.* -k·k-) *m* sliding lid. — **~,fen·ster** *n* sliding (*od.* slide, sash) window.

schie·ben ['ʃiːbən] **I** *v/t* ⟨schiebt, schob, geschoben, h⟩ **1.** (*Autos, Kinderwagen, Möbel etc*) push, (*stärker*) shove: einen Schubkarren [ein Fahrrad] ~ to push (*od.* wheel) a wheelbarrow [bicycle]; j-n ~ a) to push s.o., b) *fig.* (*in eine Position etc*) to man(o)euver (*bes. Br.* manœuvre) s.o. (into); j-n beiseite ~ *auch fig.* to push (*od.* shove, elbow, thrust) s.o. aside (*od.* out of the way); er muß für alles (erst) geschoben werden *fig.* he has to be pushed to everything; den Hut in den Nacken (*od.* ins Genick) ~ to push (*od.* tilt) back one's hat; dem Kind die Arznei in den Mund ~ to push the medicine into the child's mouth; die Decke von sich ~ to push the cover off; den Riegel vor die Tür ~ to push (*od.* slide) the bolt across the door. – **2.** (*gleiten lassen*) put: seine Hände in die Taschen ~ to put (*od.* slip) one's hands in(to) one's pockets; er schiebt ein Brot nach dem anderen in den Mund he puts one sandwich after the other into his mouth. – **3.** (*wegschieben*) (auf *acc* on) put: die Schuld auf j-n [etwas] ~ to put (*od.* lay) the blame on s.o. [s.th.], to blame s.o. [s.th.]; du schiebst immer alles auf andere [deinen Zeitmangel] you are always blaming other people for everything [putting the blame on your lack of time]; einen Gedanken von sich ~ to put a thought to the back of one's mind; die Schuld von sich ~ to deny one's guilt; → Schuh 1. – **4.** (*verschieben*) put off, postpone: etwas von einem Tag auf den anderen ~ to put s.th. off (*od.* postpone s.th.) from one day to the next; etwas auf die lange Bank ~ to put s.th. off, to postpone (*od.* defer) s.th. – **5.** (*abschieben*) expel: j-n über die Grenze ~ to expel s.o. (from the country). – **6.** *colloq.* (*Wechsel, Waren, Lebensmittel etc*) profiteer (with), racketeer (with), traffic (in), carry on (an) illicit trade (in). – **7.** *colloq.* (*in Wendungen wie*) Wache [Dienst] ~ *bes. mil.* to be on guard [duty]; Knast ~ to be in jail (*od. sl.* [the] clink); → Kohldampf. – **8.** (*Kegel*) ~ to bowl, *bes. Br.* to play (at) skittles (*od.* ninepins), to skittle: alle neune ~ to throw all nine, to have (*od.* get) a strike; → Kugel 9. – **9.** (*railway*) shunt: den Zug auf ein Nebengleis ~ to shunt the train on to a sidetrack. – **10.** *aer.* (*im Seitenwind gegensteuern*) (*Flugzeug*) crab. – **11.** *hunt.* (*Gehörn, Geweih etc*) sprout. – **II** *v/i* **12.** *colloq.* (*schlurfen, latschen*) shuffle. – **13.** *auto.* (*bei Beginn des Schleuderns*) coast, slip over. – **14.** ~ mit etwas *colloq.* to profiteer (*od.* racketeer) with s.th., to carry on (an) illicit trade in s.th., to traffic in s.th. – **15.** er schiebt mit ihr *colloq.* he is going (out) with her (*colloq.*). – **16.** *colloq.* (*betrügen, schummeln*) wangle (*sl.*), cheat. – **III** *v/reflex* sich ~ **17.** push: sich durch die Menge ~ to push (*od.* elbow, shove) one's way through the crowd; der Läufer schiebt sich an die Spitze des Feldes (*sport*) the runner pushes ahead; sich in den Vordergrund ~ *fig.* to push oneself into the foreground. –

18. (*sich langsam vorwärtsbewegen*) move: die Menge schob sich langsam in Richtung Bahnhof the crowd moved slowly in the direction of the station. – **19.** (*sich verschieben*) move: der Rock schiebt sich in die Höhe the skirt moves (*od.* creeps) up. – **IV S~** *n* ⟨-s⟩ **20.** *verbal noun.* – **21.** (*Verschieben*) postponement, deferment, procrastination. – **22.** *cf.* Schiebung.

'**Schie·ber** *m* ⟨-s; -⟩ **1.** (*Riegel*) bolt, bar. – **2.** (*eines Ofens*) (slide) damper. – **3.** *tech.* a) (*Schlitten einer Werkzeugmaschine*) slide, b) (*einer Planscheibe*) slipper, c) (*Schieberventil, bes. an Dampfmaschinen*) slide valve, d) (*an Rohrleitungen, Stauwerken*) gate (*od.* sluice) valve. – **4.** *math. tech.* (*eines Rechenschiebers*) a) (*Zunge*) slider, sliding rule, b) (*Läufer*) cursor. – **5.** (*Eßgerät für Kinder*) pusher. – **6.** (*eines Schirms*) runner. – **7.** (*eines Reißverschlusses*) slider. – **8.** *colloq. contempt.* (*Betrüger*) profiteer, racketeer, *Am. colloq.* 'grafter', *Br. sl.* spiv.

'**Schie·be·rä·der·ge·trie·be** *n tech.* sliding gear drive.

'**Schie·ber·ge·schäft** *n colloq.* profiteering (business), traffic, 'racket' (*sl.*), *Am. colloq.* 'graft': ~e machen to profiteer, to racketeer, to traffic.

'**Schie·be·ring** *m tech.* sliding ring.

'**Schie·ber|·mo·tor** *m tech.* sleeve valve engine. — ~**müt·ze** *f* (*fashion*) peaked cap. — ~**ven·til** *n tech.* **1.** slide valve. – **2.** *civ.eng. cf.* Schieber 3d.

'**Schie·be|·sitz** *m* (*im Auto etc*) sliding seat. — ~**tisch** *m tech.* (*einer Kreissäge*) sliding table. — ~**tür** *f* sliding door. — ~**vor·rich·tung** *f* **1.** sliding device. – **2.** *tech. cf.* Schieber 3. — ~**wand** *f* sliding partition. — ~**wind** *m* **1.** *aer.* tail wind. – **2.** (*sport*) (*beim Rudern*) following wind. — ~**win·kel** *m aer.* angle of sideslip.

'**Schieb|·fen·ster** *n cf.* Schiebefenster. — ~**kar·re** *f*, ~**kar·ren** *m cf.* Schubkarre. — ~**la·de** *f cf.* Schublade. — ~**leh·re** *f tech.* (slide) caliper (*bes. Br.* calliper) rule.

'**Schie·bung** *f* ⟨-; -en⟩ *colloq.* **1.** *cf.* Schieben. – **2.** (*sport*) (*im Spiel etc*) put-up job (*colloq.*), wangle (*sl.*). – **3.** (*im Amt etc*) man(o)euver, *bes. Br.* manœuvre, (*stärker*) manipulation. – **4.** *cf.* Schiebergeschäft.

schiech [ʃiːç] *adj Bavarian and Austrian dial. for* a) häßlich I, b) furchterregend I, c) zornig I.

schied [ʃiːt] *1 u. 3 sg pret of* scheiden.

schied·lich ['ʃiːtlɪç] *adv* by arbitration: ~ und friedlich amicably, peacefully.

'**Schieds·ab·kom·men** *n jur.* arbitration agreement.

'**Schieds|·ge·richt** *n* **1.** *jur.* arbitration court, court of arbitration, arbitral court (*od.* tribunal): einen Streitfall dem ~ unterbreiten to refer (*od.* submit) a dispute to arbitration; durch ein ~ beigelegt werden to be settled by arbitration. – **2.** (*sport*) jury, (the) judges *pl.* — **s~ge·richt·lich** *adj* arbitral, arbitrational, arbitrative, by arbitration: ~e Beilegung arbitral settlement, settlement by arbitration.

'**Schieds·ge·richts·bar·keit** *f jur.* arbitral jurisdiction, arbitration.

'**Schieds·ge·richts|·hof** *m jur.* arbitration court, court of arbitration, arbitral court (*od.* tribunal). — ~**ver·fah·ren** *n* arbitration (proceedings *pl*).

'**Schieds|·hof** *m jur. cf.* Schiedsgerichtshof: → Haager; ständig 3. — ~**klau·sel** *f* arbitration clause. — ~**mann** *m econ.* arbitrator, referee.

'**Schieds·rich·ter** *m* **1.** *jur.* arbiter, arbitrator, (*in Handelsstreitigkeiten*) referee. – **2.** (*auch sport*) (*bei Wettbewerben*) judge, *pl* off jury sg. – **3.** (*sport*) a) (*bei Eishockey, Fußball etc*) referee, b) (*beim Hockey, Tennis etc*) umpire: als ~ fungieren a) to referee (a match), b) to umpire (a match). — ~**amt** *n* (*sport*) a) position of referee, b) position of umpire: das ~ innehaben a) to (act as) referee, b) to (act as) umpire. — ~**ball** *m* (*beim Fußball*) drop ball.

'**schieds·rich·ter·lich** I *adj* **1.** *jur.* arbitral; arbitrator's, arbiter's (*attrib*): ~e Beilegung settlement by arbitration, arbitral settlement; ~e Entscheidung arbitrator's (*od.* arbitral) award, arbitration. – **2.** (*auch sport*) a) (*of* od. by) the judge, b) (*sport*) a) of (*od.* by) the referee, b) (*od.* by) the

umpire. – **II** *adv* **4.** *jur.* (*durch den Schiedsrichter*) by arbitration, arbitrally: einen Fall ~ beilegen to settle a case by arbitration, to arbitrate a case.

'**schieds|·rich·tern** *v/i* ⟨h⟩ **1.** *jur.* arbitrate. – **2.** (*sport*) a) referee, b) umpire.

'**Schieds·rich·ter·stuhl** *m* (*sport*) (*beim Tennis*) umpire's chair.

'**Schieds|·spruch** *m*, ~**ur·teil** *n jur.* arbitral (*od.* arbitrator's, arbitration) award, arbitrament, *auch* arbitrement: einen Schiedsspruch fällen to make (*od.* render) an (arbitral) award; sich einem ~ unterwerfen to submit to an (arbitral) award; durch ~ schlichten to settle by (arbitral) award, to arbitrate. — ~**ver·fah·ren** *n* arbitration (proceedings *pl*), arbitral procedure. — ~**ver·trag** *m* arbitration agreement, agreement of arbitration.

schief [ʃiːf] I *adj* ⟨-er; -st⟩ **1.** *civ.eng.* (*Wände, Häuser etc*) crooked, slanting, out of line, *Br. colloq. od. dial.* skew-whiff: eine ~e Wand a crooked wall, a wall with a slant, a wall (which is) out of line. – **2.** (*Turm etc*) leaning: der S~e Turm von Pisa the Leaning Tower of Pisa. – **3.** (*geneigt*) inclined, oblique, skew, slanting, (*schräg abfallend*) sloping: ~e Ebene *bes. math. phys.* inclined plane; auf die ~e Ebene geraten (*od.* kommen) *fig.* to get into bad habits (*od.* ways), to start on the downward path, to go wrong; → Bahn² 1. – **4.** (*Holz*) out-of-wind (*attrib*). – **5.** crooked: ein ~er Saum a crooked (*od.* an uneven) hem. – **6.** (*Absätze etc*) lopsided, *auch* lobsided: ~e Treppenstufen lopsided (*od.* slanting) steps. – **7.** (*Haltung etc*) crooked: ein ~er Mund [Hals] a crooked mouth [neck], a wry mouth [neck]; eine ~e Nase a crooked (*od.* bent) nose; er hat eine ~e Schulter (*od.* ~e Schultern) he has crooked (*od.* sloping) shoulders, his shoulders are aslant; ein ~es Gesicht machen (*od.* ziehen) *fig.* to make (*od.* pull) a wry face; ein ~er Blick *fig.* a mistrustful look; → krumm 1. – **8.** *math.* oblique, inclined. – **9.** *fig.* (*Bild, Vergleich etc*) distorted, warped. – **10.** *fig.* (*in Wendungen wie*) ~ [etwas] in eine ~es Licht bringen (*od.* setzen), ein ~es Licht werfen auf j-n [etwas] to put (*od.* show) s.o. [s.th.] in an unfavo(u)rable (*od.* adverse) light; das bringt mich in eine ~e Lage *fig.* that puts me at a disadvantage (*od.* in an adverse position, *colloq.* in a spot). – **II** *adv* **11.** (*schräg, ungerade*) crookedly, askew: etwas ~ halten to tilt (*od.* incline) s.th.; den Kopf ~ halten to cock one's head (to one side); sich ~ halten *bes. med.* to hold oneself crooked, to be all (over) to one side (*colloq.*); das Bild hängt ~ the picture hangs crooked (*od.* askew, *sl.* cockeyed); die Decke liegt ~ the cover is crooked (*od.* isn't straight); ~ gemessene Höhe slant height; den Hut ~ auf den Kopf setzen to tilt one's hat, to put one's hat on at an angle (*od.* at a tilt); die Mütze sitzt ~ the cap is crooked (*od.* askew); der Schrank steht ~ the cupboard is out of line (*od.* askew, not straight); der Baum ist ~ gewachsen the tree has grown crooked; j-n ~ ansehen *fig.* to look askance (*od.* crossly) at s.o.; → Haussegen. – **12.** *fig.* (*verzerrt, verdreht*) distortedly: ein Geschehen ~ darstellen to represent facts in a distorted fashion, to give a distorted account of events.

'**Schief|·blatt** *n bot.* beefsteak plant, begonia (*scient.*) (*Gattg Begonia*).

'**Schie·fe** *f* ⟨-; *no pl*⟩ **1.** (*von Wänden, Häusern etc*) crookedness, slant, slantingness, skewness. – **2.** (*von Türmen etc*) lean. – **3.** (*Neigung*) inclination, slope, gradient. – **4.** (*von Nähten, Säumen etc*) crookedness. – **5.** (*von Treppenstufen etc*) lopsidedness, *auch* lobsidedness. – **6.** (*von Haltung, Schultern etc*) crookedness, slant. – **7.** *math.* (*eines Winkels, Schnitts etc*) acuteness; obliqueness, obliquity (*scient.*).

Schie·fer ['ʃiːfər] *m* ⟨-s; -⟩ **1.** *min. geol.* slate, schist, *auch* shist; slaty: mit ~ decken to slate. – **2.** *bes. Southern G. and Austrian* (*Holzsplitter*) splinter, sliver: ich habe mir einen ~ (in den Finger) eingezogen I have got a splinter in my finger. — **s~ar·tig** *adj geol.* like (*od.* resembling) slate (*od.* schist), schistoid, slaty. — **s~blau** *adj* slate-blue. — ~**bo·den** *m geol.* slaty (*auch* slatey, schistose) soil. — ~

bruch *m* slate quarry. — ~**dach** *n* slate(d) roof. — ~**decker** (*getr.* -k·k-) *m* ⟨-s; -⟩ slater, roofer. — **s~far·ben**, **s~far·big** *adj* slate, slate-colored (*bes. Br.* -coloured). — ~**ge·bir·ge** *n geol.* slate mountains *pl.* — ~**ge·stein** *n* slate (*od.* schistose, schistous) rock. — **s~grau** I *adj* slate-gray (*bes. Br.* -grey), *auch* Russian-gray, oriental-pearl. – **II S~** *n* slate gray (*bes. Br.* grey), *auch* oriental pearl, Russian gray. — **s~hal·tig** *adj geol.* slaty, *auch* slatey, slate (*attrib*), schistose, schistous, schistic.

'**schie·fe·rig** *adj geol.* **1.** *cf.* schieferartig. – **2.** *cf.* schieferhaltig.

schie·fern ['ʃiːfərn] I *v/i* ⟨h *u.* sein⟩ **1.** *bes. geol.* (*sich spalten, abblättern*) scale off, (ex)foliate. – **2.** (*von Holz*) splinter. – **II** *v/t* ⟨h⟩ **3.** (*im Weinbau*) manure (*wine*) with (pounded) slate. – **III** *v/reflex* ⟨h⟩ sich ~ **4.** *cf.* schiefern 1. – **IV S~** *n* ⟨-s⟩ **5.** *verbal noun.* – **6.** *cf.* Schieferung.

'**Schie·fer|·öl** *n min. chem.* shale oil. — ~**plat·te** *f* slate, plate (*od.* leaf, slab) of slate. — ~**stein** *m geol. min.* slate stone. — ~**stift** *m* slate pencil. — ~**ta·fel** *f* slate. — ~**ton** *m* ⟨-(e)s; -e⟩ *geol. min.* shale.

'**Schie·fe·rung** *f* ⟨-; -en⟩ **1.** *cf.* Schiefern. – **2.** *geol. min.* cleavage, (ex)foliation, schistosity.

'**schief|·ge·hen** *v/i* ⟨irr, sep, -ge-, sein⟩ *fig. colloq.* go wrong, miscarry, turn out badly, go awry: heute geht aber auch alles schief! everything is going wrong (*od.* is turning out badly) today; heute geht mir alles schief this is an off day for me; beinahe (*od.* um ein Haar) wäre die Sache schiefgegangen that was a close (*od.* narrow) shave (*od.* a near thing) (*colloq.*); nur Mut, die Sache wird schon ~! *colloq. humor.* buck up, things will turn out all right! (*colloq.*). — ~**ge·wickelt** (*getr.* -k·k-) *adj fig. only in* ~ sein *colloq.* to be mistaken, to think wrong: wenn er glaubt, sie hilft ihm, dann ist er ~ if he thinks she's going to help him he's got another think coming (*colloq.*).

'**Schief·hals** *m med.* wryneck, torticollis (*scient.*).

'**Schief·heit** *f* ⟨-; *no pl*⟩ *cf.* Schiefe.

'**schief|·la·chen** *v/reflex* ⟨sep, -ge-, h⟩ sich ~ *fig. colloq.* to double up (*od.* bend double) with laughter. — **S~la·ge** *f med.* (*des Fetus*) oblique presentation. — ~**lau·fen** I *v/t* ⟨irr, sep, -ge-, h⟩ *cf.* schieftreten. – **II** *v/i* ⟨sein⟩ *fig. colloq. cf.* schiefgehen. — ~**lie·gen** *v/i* ⟨irr, sep, -ge-, h *u.* sein⟩ *fig. colloq.* be wrong: du liegst mit deiner Meinung über sie völlig schief you are absolutely wrong in your opinion of her. — ~**lie·gend** I *pres p.* – **II** *adj* **1.** (*Decke etc*) lying askew (*od.* crooked, out of line, off line). – **2.** (*geneigt*) inclined, sloping, slanting. – **3.** *med.* (*Fetus, Organe etc*) transverse, oblique (*scient.*).

'**schief·mäu·lig** [-ˌmɔylɪç] *adj* **1.** wry-mouthed. – **2.** *fig. colloq.* envious, (be)grudging.

'**schief·rig** *adj geol.* **1.** *cf.* schieferartig. – **2.** *cf.* schieferhaltig.

'**schief|·tre·ten** *v/t* ⟨irr, sep, -ge-, h⟩ (*Absätze etc*) wear (*s.th.*) down: (sich *dat* die) (*od.* seine) Absätze ~ to wear one's heels down, to wear one's shoes down at the heels. — ~**win·ke·lig**, ~**wink·lig** *adj* **1.** *civ.eng.* skew. – **2.** *math.* acute-angled, oblique-angled. — **S~wuchs** *m med.* scoliosis, *auch* skoliosis.

'**Schiel|·au·ge** *n med.* squinting eye, cockeye (*sl.*). — **s~äu·gig** *adj* squint(-eyed), squinting, cockeyed (*sl.*). — ~**bril·le** *f* (*optics*) strabismus spectacles *pl.*

schie·len ['ʃiːlən] I *v/i* ⟨h⟩ **1.** *med.* (have a) squint, be cross-eyed, be cockeyed (*sl.*): er schielt auf (*od.* mit) einem Auge he squints with one eye, he has a squint in one eye. – **2.** nach (*od.* auf *acc*) etwas ~ *fig.* a) (*heimlich*) to (have a) squint (*od.* peep) at s.th., to take a sidelong (*od.* side-)glance at s.th., b) (*begehrlich*) to have an eye to s.th.: auf das (*od.* nach dem) Heft des Nebenmannes ~ to peer at one's neighbo(u)r's (exercise) book. – **II S~** *n* ⟨-s⟩ **3.** *verbal noun.* – **4.** *med.* squint, strabismus (*scient.*). — '**schie·lend** I *pres p.* – **II** *adj* squint(ing), cross-eyed, *Br. auch* skew-eyed, cockeyed (*sl.*); strabismal, strabismic (*scient.*).

'**Schie·ler** *m* ⟨-s; -⟩ *med.* squinter.

'Schie,manns,garn ['ʃiː-] n mar. auch fig. spun yarn.

schien [ʃiːn] 1 u. 3 sg pret of scheinen¹ u. ².

'Schien,bein n med. shin(bone), tibia (scient.): j-n (od. j-m) gegen (od. in, vor) das ‿ treten to kick s.o. in (od. on) the shin(bone), to shin s.o. — ‿schutz, ‿schüt·zer m (sport) shin guard (od. pad).

Schie·ne ['ʃiːnə] f ‹-; -n› 1. (railway) a) (einzelne) rail, b) pl (Schienenstrang) track sg, rails pl: auf ‿n laufen to run on rails; ohne ‿n trackless; ‿n (ver)legen to lay (down) rails; aus den ‿n springen to run off (od. leave, jump) the rails (od. the track), to be derailed, to derail. - 2. tech. a) rail, bar, b) (Gleitschiene) guide (od. slide) rail (od. bar), c) (Meßschiene) straight edge (od. rule), d) (eines Winkelmessers) blade. - 3. electr. (Sammelschiene) a) busbar, b) (Stromschiene) conductor rail. - 4. med. (bei Brüchen etc) splint, splent: (s)einen Arm in der ‿ haben (od. tragen) to have one's arm in splints. - 5. hist. (bei einer Rüstung) splint (armor, bes. Br. armour).

schie·nen ['ʃiːnən] I v/t ‹h› 1. med. (ein Bein etc) splint, put in splints. - 2. tech. (ein Rad etc) tire, bes. Br. tyre, shoe. - II S‿ n ‹-s› 3. verbal noun. - 4. med. splintage, immobilization in splints.

'Schie·nen|,bahn f 1. (Eisenbahn) Am. railroad, Br. railway. - 2. (Straßenbahn) Am. streetcar, Br. tram(way). - 3. (Gleisweg) track. — ‿be,an,spru·chung f rail loading. — ‿,bruch m rail breakage (od. failure). — ‿,bus m rail bus (od. car). — ‿,ech·se f zo. cf. Teju-Echse. — ‿,fahr,zeug n rail(-bound od. -borne) vehicle: ‿e pl collect. rolling stock sg. — ‿,fahr,zeug,brem·se f rail vehicle brake. — s‿ge,bun·den adj rail-bound, rail-borne. — s‿,gleich adj only in ‿er Bahnübergang grade (od. Br. level) (railway) crossing. — ‿,hän·ge,bahn f 1. suspension (od. suspended, overhead) railway. - 2. (für Gütertransport) overhead trolley conveyor. — ‿,kon,takt m track contact. — ‿,kreu·zung f railroad (Br. railway) crossing. — ‿,la·sche f fishplate. — ‿,le·ger m tracklayer, Am. auch trackman. — ‿,nei·gung f rail cant. — ‿,netz n railroad (Br. railway) network (od. layout). — ‿,om·ni·bus m cf. Schienenbus. — ‿,räu·mer m (an Lokomotiven) rail guard, track clearer; Am. pilot, cowcatcher. — ‿,schwe·be,bahn f cf. Schienenhängebahn. — ‿,stahl m metall. iron in bars. — ‿,stoß m (railway) (rail) joint. — ‿,strang m (rail) track, stretch of rails, rails pl, railway line. — ‿trans,port m rail transport (bes. Am. transportation), transport by rail, auch rail haulage. — ‿ver,kehr m rail (Am. railroad, Br. railway) traffic. — ‿,wa·gen m bogie bolster waggon (Am. wagon). — ‿,weg m railroad (Br. railway) (line): auf dem ‿(e) by rail. — ‿,wei·te f ga(u)ge.

schier¹ [ʃiːr] adj bes. Northern G. (Fleisch etc) pure, sheer.

schier² adv cf. geradezu 2, nahezu.

Schier·ling ['ʃiːrlɪŋ] m ‹-s; -e› bot. (Giftpflanze) hemlock, conium (scient.): (Gattg Conium). — 'Schier·lings,be·cher m hist. (cup of) hemlock: den ‿ trinken (od. nehmen) to take the hemlock cup, to poison oneself.

'Schieß|,an,wei·sung f mil. (Anleitung) firing instructions pl. — ‿,ar·beit f (mining) blasting, shot-firing. — ‿,aus,bil·dung f mil. 1. firing training. - 2. (bei den Gewehrschützen) rifle training. - 3. (bei der Artillerie) gunnery drill. — ‿,bahn f (Schießstand) shooting (od. rifle) range. — ‿,baum,wol·le f mil. chem. 1. guncotton; cellulose nitrate, auch nitrocellulose (scient.). - 2. (lösliche) collodion cotton, pyroxylin (scient.). — ‿,be·cher m mil. (rifle) grenade launcher. — ‿,be,darf m ammunition. — ‿be,fehl m order to fire, command to open fire. — ‿be,rech·tig·te m (mining) shot-firer. — ‿be,reich m range. — 'Schieß,bu·de f (auf dem Jahrmarkt) shooting gallery. — 'Schieß,bu·den,fi,gur f (in einer Schießbude) target (od. figure): sie ist die reinste ‿, sie sieht aus wie eine ‿ fig. colloq. contempt. she looks like a scarecrow. — 'Schieß,ei·sen n colloq. 'shooter' (colloq.), bes. Am. sl. (shooting) 'iron, Am. sl. 'rod'.

schie·ßen ['ʃiːsən] I v/i ‹schießt, schoß, geschossen, h u. sein› 1. ‹h› (mit Schußwaffen etc) shoot, fire (a shot): Hände hoch oder ich schieße! hands up or I'll shoot (od. fire)! mit Manövermunition ‿ bes. mil. to fire (off) (od. to shoot with) blank ammunition; gut ‿ a) (von Personen) to be a good shot, b) (von Waffen) to shoot well; scharf ‿ bes. mil. to shoot with live ammunition (od. cartridges); hier wird scharf geschossen! a) mil. live shooting (od. firing)! b) fig. we don't mince matters (od. our words) here; auf j-n [etwas] ‿ a) to shoot (or. fire, take a shot) at s.o. [s.th.], b) (mit Gewehr) to fire at s.o. [s.th.], c) fig. (mit Argumenten) to attack s.o. [s.th.] sharply; mit Kanonen auf Spatzen ‿ fig. to break a (butter)fly (up)on the wheel; aus dem Hinterhalt ‿ to shoot from ambush, auch fig. to snipe; seine Antwort kam wie aus der Pistole geschossen fig. colloq. his answer came like a shot; wild in die Gegend ‿ to shoot wildly (od. at random); das war in die Luft geschossen! auch fig. that was a shot in the air! mit einem Gewehr [einer Kanone] ‿ to shoot with a rifle [gun], to fire (od. discharge) a rifle [gun]; nach etwas ‿ to shoot at s.th.; um sich ‿ to shoot around. - 2. ‹h› (sport) (beim Fußball, Hockey) shoot: auf das Tor ‿ to shoot at goal; mit links (od. dem linken Fuß) ‿ to take a left-foot shot. - 3. ‹sein› (von Flüssigkeiten) gush, spout, spurt, auch spirt: das Blut schoß aus der Wunde blood gushed from (od. out of) the wound; Tränen ‿ ihr in die Augen tears rush to her eyes, her eyes fill with tears; mir schoß das Blut ins Gesicht blood rushed to my face. - 4. ‹sein› (rennen, flitzen) shoot, dart, streak (colloq.): das Boot schoß durch das Wasser the boat shot through the water; der Vogel schießt pfeilschnell durch die Luft the bird shoots like an arrow across the sky; um die Ecke ‿ to shoot (a)round the corner; → Kopf Verbindungen mit Präpositionen. - 5. ‹sein› (von Pflanzen etc) shoot (od. spring, sprout) up, spurt, auch spirt: die Saat schießt aus der Erde the seeds spring up; in Samen [Ähren] ‿ bes. agr. to run (od. go) to seed(s) (od. head[ing]) [ears], to seed [ear]; Peter ist gewaltig in die Höhe geschossen colloq. Peter has shot up tremendously; die Preise ‿ in die Höhe econ. prices are shooting up; Häuser schossen wie Pilze aus dem Boden houses sprouted up like mushrooms (od. mushroomed); → Kraut 1. - II v/t ‹h› 6. (mit Schußwaffen etc) shoot, auch fire: 120 Ringe ‿ to score 120 points; einen Bock ‿ a) hunt. to shoot (od. kill, bring down) a buck, b) fig. colloq. to make a blunder (od. mistake, colloq. bloomer), to drop a clanger (sl.), Br. colloq. to drop a brick, bes. Am. sl. to pull a boner; j-n ins Herz ‿ to shoot s.o. in (od. through) the heart; j-n über den Haufen ‿ colloq. to shoot s.o. down; einen wütenden Blick auf j-n ‿ fig. to cast (od. shoot, dart) an angry look at s.o., to look daggers at s.o.; → Kugel 2; Mond 1. - 7. mil. (space) (abschießen) shoot, launch: eine Rakete auf den (od. zum) Mond ‿ to shoot a rocket to the moon. - 8. (sport) (Ball etc) shoot: den Ball ins Netz ‿ to shoot the ball into the net, to net the ball; ein Tor ‿ to score a goal; er schoß das 5 zu 4 für seinen Verein he brought the score up to 5 to 4 for his club; den Ausgleich ‿ to equalize; → Purzelbaum. - 9. ein Bild ‿ phot. colloq. (von of) to take (od. make) a snapshot. - 10. phys. (Strahlen) shoot. - 11. (textile) shoot. - 12. das Brot in den Ofen ‿ to set (od. put) (a batch of) bread into the oven. - 13. mar. (messen) shoot: die Sonne ‿ to shoot (od. take) the sun('s altitude). - 14. (mining) (sprengen) blast. - III v/reflex ‹h› sich ‿ 15. sich mit j-m ‿ to fight a pistol duel with s.o. - IV S‿ n ‹-s› 16. verbal noun. - 17. bes. mil. shoot, fire, discharge of a gun: gefechtsmäßiges S‿ combat practice firing; das S‿ eröffnen to open fire. - 18. (mining) shot-firing, blasting. - 19. (das ist) zum S‿! fig. colloq. what a lark (od. colloq. scream)! what fun!

'schie·ßen,las·sen v/t ‹irr, sep, no -ge-, h› colloq. (Plan etc) give up, drop: → Zügel 2.

'Schie·ßer m ‹-s; -› arch. (Ship) Argo.

Schie·ße'rei f ‹-; -en› 1. gunfight, Am. sl. gunplay: es gab eine ‿ in der Stadt there was a gunfight in the city. - 2. contempt. incessant shooting (od. firing).

'Schieß|er,geb·nis n result (od. outcome, effect) of the shooting (od. firing). — ‿,fer·tig·keit f cf. Schießkunst. — ‿ge,wehr n colloq. humor. (auch child's language) gun, firearm; Br. fire-arm: Spiele nie mit (dem) ‿! Never, never let your gun pointed be at anyone! — ‿,hund m hunt. retriever: aufpassen wie ein ‿ fig. colloq. to keep one's eye peeled (od. colloq. skinned), to watch like a hawk, to keep close watch, to keep one's weather eye open. — ‿,kunst f marksmanship. — ‿,leh·re f mil. phys. ballistics pl (usually construed as sg), bes. mil. gunnery. — ‿,loch n 1. mil. cf. Schießscharte. - 2. (mining) a) blasthole, borehole for shot-firing, b) (tunneling, bes. Br. tunnelling) shot hole. — ‿,mei·ster m (bei Sprengungen) shot-firer, blaster. — ‿,platz m mil. (shooting od. firing) range, (für Artillerie) artillery range. — ‿,po,dest n firing platform. — ‿,prü·gel m colloq. humor. 'shooter' (colloq.), bes. Am. sl. (shooting) iron. — ‿,pul·ver n gunpowder. — ‿,schar·te f 1. mil. firing slit, embrasure, loophole. - 2. mil. hist. (Zinnenlücke) crenel, auch crenelle. — ‿,schei·be f target. — ‿,sport m shooting (od. rifle) range: überdachter ‿ shooting gallery. — ‿,tech·nik f firing technique. — ‿,übung f shooting (od. firing, target) practice. — ‿,übungs,platz m cf. Schießplatz. — ‿,vor,schrift f 1. firing (od. shooting, bes. mil. gunnery) regulations pl. - 2. bes. mil. gunnery manual. — ‿,zeit f hunt. cf. Schußzeit.

Schiet [ʃiːt] m, n ‹-s; no pl› Low G. vulg. dial. for Scheiße.

Schiff [ʃɪf] n ‹-(e)s; -e› 1. ship, vessel, (kleineres) craft, boat: kleine ‿e small craft sg; ‿e (eines Landes, Hafens etc) auch shipping sg; der Hafen ist mit ‿en überfüllt the harbo(u)r is crowded with ships (od. shipping); per (od. mit dem) ‿ by ship; Mitte des ‿s midship; einfahrendes [ausfahrendes] ‿ homeward-bound [outward-bound] ship; ein freies (od. neutrales) [registriertes] ‿ a free (od. neutral) [registered] ship; französisches ‿ French ship, Frenchman; gekapertes (od. aufgebrachtes) ‿ prize, captured (od. prized, seized) ship; ein leckes ‿ a leaky (od. damaged) ship; ein seetüchtiges ‿ a seaworthy ship; ein seeuntüchtiges ‿ an unseaworthy ship, a hulk; ein segelfertiges ‿ a ship ready for sea (od. to sail); ein wrackes ‿ a wrecked ship; ein ‿ auftakeln [abtakeln] to [un]rig a ship; ein ‿ aufgeben to abandon a ship; das ‿ gilt als verloren the ship is given up for lost; an Bord eines ‿es gehen to go on board (a) ship, to embark; mit dem ‿ fahren [reisen] to go [to travel] by ship; das ‿ ging mit Mann und Maus unter the ship sank with every soul (od. with all hands) on board; ein ‿ vom Stapel (laufen) lassen to launch a ship; das ‿ geht (od. sticht) in See a) the ship puts to sea (od. sails), b) (von Segelschiff) the ship sets sail; die Waren per ‿ versenden to ship the goods, to send the goods by ship; das ‿ und seine Besatzung the ship and her crew; ein ‿ auf der Reede a ship in the road(s); ein ‿ des Wetterdienstes a weather ship; ‿ in Seenot! ship in distress! Klar (zum Gefecht)! clear the decks (for action)! ‿ ahoi! ship ahoy! voraus! ship ahead! - 2. fig. (in Wendungen wie) das ‿ des Staates lenken lit. to steer the ship of state; sein ‿ sicher durch alle Klippen führen to bring one's ship home safely; seine ‿e hinter sich verbrennen to burn one's boats (Am. auch bridges); neben dem ‿ ist gut schwimmen (Sprichwort) etwa he must needs swim that is held up by the chin (proverb); → Ratte. - 3. das ‿ der Wüste (Kamel) the ship of the desert, the camel. - 4. arch. a) (Mittel-, Längs-, Hauptschiff) nave, b) (Seitenschiff) aisle, c) (Querschiff) transept: die Kirche hat 3 ‿e the church has 3 aisles. - 5. (des Herdes) boiler: das Wasser im ‿ ist heiß the water in the boiler is hot. - 6. print. galley: ‿ für stehenden Satz stand(ing) galley. - 7. arch. (Ship) Argo.

'Schiff,fahrt (getr. -ff,f-) f ‹-; -en› shipping, navigation: freie ‿ free shipping; unterbrochene [wiedereröffnete] ~ interrupted [reopened] navigation.

'Schiffahrts|**,ab,ga·ben** (getr. -ff,f-) pl econ. navigation (od. shipping) dues. — **~,ab,kom·men** n navigation agreement. — **~,ak·ti·en** pl econ. shipping shares (bes. Am. stocks). — **~be,hör·de** f shipping authorities pl, (in den USA) Federal Maritime Board. — **~ge,sell·schaft** f shipping (od. navigation) company, shipping line, liner company. — **~hin·der·nis** n (im Wasser) obstruction (od. danger) to navigation. — **~ka,nal** m (künstlicher) ship canal. — **~kon·fe,renz** f shipping conference. — **~,kun·de** f (science od. art of) navigation, nautics pl (usually construed as sg). — **~,li·nie** f cf. Schiffahrtsweg. — **~po·li,zei** f shipping police. — **~,prä·mie** f navigation bounty (od. subsidy). — **~,recht** n right of navigation. — **~sper·re** f embargo. — **~,stra·ße** f (Fluß, Kanal etc) (navigable) waterway, seaway, channel. — **~,weg** m 1. shipping route (od. lane). - 2. (Seeweg) sea route. - 3. cf. Wasserstraße. — **~,zei·chen** n (für Wasserstraßen) shipping sign.

'schiffahrt,trei·bend (getr. -ff,f-) adj seafaring.

'schiff·bar adj navigable, (für Boote) boatable: nicht ~ unnavigable, innavigable; ~er Fluß navigable river; ~e Gewässer navigable waters, public waters; ~ machen to render navigable, to canalize. — **'Schiff·bar·keit** f ⟨-; no pl⟩ navigability, navigableness. — **'Schiff·bar,ma·chung** f ⟨-; no pl⟩ (durch Kanalisieren) canalization. — **'Schiff·bau** m ⟨-(e)s; -ten⟩ 1. ⟨only sg⟩ (Schiffbauwesen) shipbuilding, marine (od. naval) engineering. - 2. ⟨only sg⟩ (Schiffbaukunst) naval architecture. - 3. pl shipbuildings, naval constructions. — **'Schiff,bau·er** m 1. (Facharbeiter) shipbuilder, shipwright, Am. auch shipfitter. - 2. cf. Schiffbauingenieur. — **'Schiff,bau|in·du,strie** f shipbuilding industry. — **~in·ge·ni,eur** m naval (od. shipbuilding) engineer, naval architect. — **~,kunst** f art of shipbuilding, naval architecture. — **~,mei·ster** m master shipbuilder (od. shipwright), (Marinerang) naval architect. — **~pro,gramm** n shipbuilding program (bes. Br. programme).

'Schiff|**,bruch** m mar. (ship)wreck, stranding: ~ erleiden a) (von Schiff) to be (ship)wrecked, to suffer shipwreck, b) (von Passagieren) to be shipwrecked, to suffer shipwreck, c) fig. (von Person) to be shipwrecked, d) fig. (finanziell) to go bankrupt, to be ruined; er hat mit seinen Plänen ~ erlitten fig. his plans failed; das Unternehmen hat ~ erlitten fig. the enterprise foundered (od. went bankrupt); am Glauben [an der Ehre] ~ erleiden fig. to lose one's faith [hono(u)r]; in allen Stürmen und Schiffbrüchen des Lebens fig. lit. in all the storms and shipwrecks of life. — **s~,brü·chig** adj (ship)wrecked, (Mensch) auch castaway (attrib), shipbroken: ~ sein (od. werden) to be (ship)wrecked, to be cast away. — **~,brü·chi·ge** m, f ⟨-n; -n⟩ shipwrecked person, castaway. — **'Schiff,brücke** (getr. -k·k-) f floating (od. pontoon, auch ponton) bridge. — **'Schiff·chen** n ⟨-s; -⟩ 1. dim. of Schiff 1. - 2. (Spielzeug) (toy) boat (od. ship): ~ schwimmen lassen to sail toy boats; ~ (aus Papier) falten to make paper boats. - 3. tech. (des Webstuhls) shuttle. - 4. bot. (der Schmetterlingsblüte) carina. - 5. mil. forage (od. fore-and-aft, garrison) cap: sein ~ keck aufsetzen to set one's forage cap at a saucy tilt (colloq.). - 6. (zum Arbeiten von Spitzen) tatting shuttle. - 7. relig. incense boat. — **~,ar·beit** f tatting: ~ machen to tat.

schif·fen ['ʃɪfən] I v/i ⟨h⟩ vulg. piss (vulg.), piddle (colloq.): an einen Baum ~ to piss a tree. - II v/t mar. cf. verschiffen. - III v/impers es schifft vulg. humor. it's pouring (with rain).

'Schif·fer m ⟨-s; -⟩ 1. (Kapitän eines Handelsschiffes) (ship)master, master mariner. - 2. (eines Flußschiffes) barge captain (od. master), bargeman, Br. auch bargee. - 3. (eines kleineren Schiffes, einer Jacht) skipper. - 4. (eines Bootes) boatman. — **~,aus,druck** m nautical term (od. phrase), sea (od. mariner's) term, sailor's expression. —

~,kla,vier n mus. colloq. concertina, accordion, auch accordeon, squeeze-box (sl.), Br. sl. squiffer. — **~,kno·ten** m sailor's (od. running) knot, (Kreuzknoten) reef knot. — **~,müt·ze** f sailor's cap. — **~pa,tent** n master's certificate.

'Schiff·lein n ⟨-s; -⟩ 1. dim. of Schiff 1. - 2. das ~ des Lebens fig. lit. life's vessel. - 3. das ~ Petri röm.kath. St. Peter's skiff, the Church of Rome.

'schiffför·mig (getr. -ff,f-) adj 1. boat-shaped. - 2. bot. med. navicular.

'Schiffs|**,ab,la·de,platz** m mar. wharf, unlading place (od. port), port of discharge. — **~,agent** [-ˈʔaˌɡɛnt] m shipping (od. ship's) agent. — **~agen,tur** f shipping agency, (Linienagentur) liner agency. — **~,an,kunft** f arrival of a ship, ship's arrival. — **~,an,le·ge,platz** m landing stage. — **~apo,the·ke** f ship's dispensary. — **~ar,til·le·rie** f mar. mil. naval artillery (od. ordnance). — **~,arzt** m mar. ship's doctor (od. surgeon). — **~,bauch** m bottom, (unterster Teil) bilge (of a ship). — **~be,darf** m ship's (od. Am. naval) stores pl. — **~be,frach·ter** m charterer, freighter. — **~be,frach·tung** f 1. freighting (od. freight) of a ship, ship's freight. - 2. (Beladung) (ship)loading. - 3. (Charterung) chartering of a ship. — **~,ber·gung** f salvage. — **~be,sat·zung** f ship's company, officers and crew pl (od. ship's) crew: (gesamte) ~ complement. — **~,bo·den** m (ship's) bottom, bottom of a ship. — **~,bohr·wurm** m zo. pileworm, shipworm, wood (od. marine) borer, teredo (scient.) (Teredo navalis). — **~,boot** n ship's boat, boat of a vessel. — **~,brei·te** f mar. breadth (of a ship), (größte) beam. — **~,bug** m bow.

'Schiff,schau·kel f swingboat, Br. swing-boat: auf der ~ fahren to ride in a swing(-)boat.

'Schiffs|**,deck** n mar. deck. — **~do·ku,men·te** pl ship's documents. — **~ei·chung** f ga(u)ging of a ship, ship's ga(u)ging. — **~ei·gen·tü·mer**, **~,eig·ner** m shipowner. — **~,flag·ge** f (ship's) flag, (ship's) colors (bes. Br. colours) pl, (bes. mil.) ensign. — **~,form** f form (od. shape) of a ship. — **~,fracht** f 1. (zu bezahlende Summe) (ship's) freight. - 2. cf. Schiffsladung. — **~,fracht,brief** m mar. econ. (Konnossement) bill of lading. — **~,füh·rung** f 1. navigation (od. operation) of a ship. - 2. ship's management, conduct of a ship. — **~,fun·ker** m ship's radio (bes. Br. wireless) operator. — **~ge,schütz** n mar. mil. naval gun, collect. ship's guns pl (od. armament). — **~,glocke** (getr. -k·k-) f mar. (ship's) bell. — **~,hal·ter** m zo. sucker(fish), auch shark sucker, remora (Echeneis naucrates). — **~,händ·ler** m econ. ship's chandler. — **~,he·be,werk** n mar. ship canal lift, Am. auch ship elevator. — **~,herr** m cf. Schiffseigentümer. — **~,jour,nal** n cf. Logbuch 1. — **~,jun·ge** m 1. ship's (od. sailor, cabin) boy, shipboy. - 2. mil. hist. cadet. — **~ka·pi,tän** m (naval) captain, master. — **~,kar·te** f ship (od. steamer, passenger) ticket. — **~ka·ta,stro·phe** f sea disaster. — **~,kell·ner** m steward. — **~,kes·sel** m marine (od. ship's) boiler. — **~,kiel** m keel. — **~,klas·se** f 1. class of ship. - 2. (von Jachten) ship's rate (od. rating). — **~klas·si·fi·ka·ti,on** f ship's classification. — **~,koch** m ship's (od. sea) cook. — **~,ko·je** f bunk. — **~,kom·paß** m mariner's (od. ship's) compass. — **~,kör·per** m cf. Schiffsrumpf. — **~,kran** m ship's crane, (Ladebaum) derrick. — **~,krei·sel** m gyro(stabilizer), gyroscopic stabilizer. — **~,kü·che** f cf. Kombüse. — **~,la·dung** f 1. (Last) shipload, burden. - 2. cargo, freight, lading, shipment, (Schüttladung) bulk cargo: volle und bequeme ~ full and complete cargo. — **~,län·ge** f ship's length, (overall) length of a ship. — **~,la·ter·ne** f ship's lantern (od. light). — **~,la·za,rett** n sick bay (od. berth), bay, ship's hospital. — **~,lie·ge,platz** m 1. (im Hafen) (loading) berth: fester ~ appropriated berth. - 2. (im Fluß, Kanal) lay-by. — **~,li·ste** f list of ships, shipping list. — **~,lösch,platz** m discharging berth, landing (od. unloading) place (od. point). — **~,lu·ke** f hatch(way). — **~,maat** m shipmate. — **~,mak·ler** m econ. ship broker, shipping agent, ship's agent. — **~,mann·schaft** f mar. crew. — **~ma·schi·ne** f marine (od. ship's) engine. —

~ma·schi,nist m marine (od. ship's) engineer. — **~mo,dell** n ship's model. — **~,mo·tor** m cf. Schiffsmaschine. — **~of·fi,zier** m ship's (bes. mil. naval) officer. — **~ort** m cf. Schiffsposition. — **~,or·tung** f 1. (taking of a) bearing, position finding, fixing position. - 2. (Giß) dead reckoning. — **~pa,pie·re** pl ship's papers. — **~pfand,brief** m mar. jur. mortgage bond. — **~,plan·ke** f plank (of a ship). — **~po·si·ti,on** f (ship's) position: die ~ bestimmen to fix (the ship's) position. — **~,post** f only in mit ~ by ship's mail. — **~,pum·pe** f ship's (od. marine) pump. — **~,raum** m 1. (ship's) hold (od. space): im ~ unterzubringen (Vorschrift) to be shipped under deck, to be loaded in the hold. - 2. (Laderaum) cargo hold (od. space). - 3. tonnage. — **~re,ak·tor** m nuclear reactor for ships. — **~,ree·der** m shipowner. — **~re,gi·ster** n (ship's) register, register of shipping, register book. — **~,rei·se** f cf. Seereise. — **~re·pa·ra,tur,werft** f ship repair yard. — **~,rou·te** f cf. Schiffahrtsweg 1, 2. — **~,rumpf** m body of a ship, (ship's) hull. — **~,schna·bel** m mar. 1. prow (of a ship). - 2. hist. antiq. (Galion) beakhead, stem, rostrum. — **~,schrau·be** f (ship's) propeller, screw. — **~,ta·ge·buch** n cf. Logbuch 1. — **~,tau** n 1. rope, (Trosse) hawser. - 2. (zum Festmachen) breast rope. — **~,tau·fe** f christening (od. naming, baptism) of a ship. — **~,teer** m cf. a) Kohlenteer, b) Holzteer. — **~,teil** m, n part of ship. — **~,trep·pe** f ship's ladder. — **~,trüm·mer** pl wreck(age) sg (of a ship). — **~,tur·bi·ne** f marine (od. ship's) turbine. — **~,ver,band** m 1. meist pl structure of the vessel. - 2. group of vessels. — **~ver,kehr** m shipping traffic. — **~ver,klei·dung** f 1. (von innen) lining (od. planking) of a ship. - 2. (von außen) (aus Kupfer) copper sheathing, (mit Eisenplatten) plating. — **~ver,mie·ter** m charterer, freighter. — **~ver,pfän·dung** f mar. jur. (Bodmerei) bottomry. — **~ver,zeich·nis** n cf. Schiffsliste. — **~,volk** n cf. Schiffsmannschaft. — **~,vor,rä·te** pl ship's (od. sea) stores. — **~,wa·che** f (ship's) watch. — **~,wan·ten** pl shrouds. — **~,werft** f shipyard, shipbuilding yard, dockyard. — **~,win·de** f mar. 1. (Ankerwinde) windlass. - 2. (Decks-, Ladewinde) winch. - 3. (Spill) capstan. — **~,wrack** n (ship)wreck, ship's carcass. — **~,zer·ti·fi,kat** n certificate of registry. — **~,zet·tel** m shipping note (od. order, bes. Am. permit). — **~,zim·mer,mann** m 1. (Bootsbauer) shipwright. - 2. (an Bord) (ship['s]) carpenter. — **~,zu·be,hör** n (Ausrüstung) equipment of a ship, appurtenances pl. — **~zu,sam·men,stoß** m collision (of ships). — **~,zwie·back** m ship('s) biscuit (od. bread), hardtack.

schif·ten ['ʃɪftən] I v/t ⟨h⟩ 1. mar. (Segel) shift. - 2. civ.eng. a) (zusammennageln) join (together), b) (zuspitzen) scarf, joint: einen Dachsparren ~ to join a rafter lengthwise upon another. - 3. (Ski) mend. - II v/i 4. mar. (von Ladung) shift. — **'Schif·ter** m ⟨-s; -⟩ civ.eng. jack rafter.

Schi·is·mus [ʃiˈɪsmʊs] m ⟨-; no pl⟩ relig. Shi'ism, Shiism. — **Schi·it** [-ˈiːt] m ⟨-en; -en⟩, **Schii·tin** [-ˈiːtɪn] f ⟨-; -nen⟩ Shi'ite, Shiite, Shi'i. — **schii·tisch** [-ˈiːtɪʃ] adj Shi'itic, Shiitic, Shiitic.

Schi·ka·ne [ʃiˈkaːnə] f ⟨-; -n⟩ 1. deliberate annoyance (od. vexation, bother), spite, contentious harassment: das tust du ja nur aus ~ you are doing it only to annoy; das ist eine ~ des Chefs the boss is doing that from (od. out of) sheer spite; das ist die reinste ~ that's pure spite. - 2. bes. jur. a) chicane, chicanery, b) (Rechtsverdrehung) pettifoggery, pettifogging, c) (Mutwille) vexatiousness: mit ~n arbeiten a) to practice (bes. Br. practise) chicanery, b) (den Winkeladvokaten spielen) to pettifog. - 3. fig. colloq. (in Wendungen wie) mit allen ~n with all refinements, with all the trimmings (od. extras, meist contempt. frills, colloq. gadgets): das Auto ist mit allen ~n ausgestattet the car is fitted out with all the trimmings. - 4. (beim Motorrennsport) chicane.

Schi·ka·neur [ʃikaˈnøːr] m ⟨-s; -e⟩ rare chicaner.

schi·ka·nie·ren [ʃikaˈniːrən] I v/t ⟨no ge-, h⟩ 1. deliberately annoy (od. vex, bother), do s.th. from (*od.* out of) spite to, *auch* harass. – **2.** *bes. jur.* (*Rechtskniffe anwenden*) chicane, pettifog. – **II S~** *n* ⟨-s⟩ **3.** *verbal noun.* – **4.** *cf.* Schikane 1.

schi·ka·nös [ʃika'nøːs] *adj* **1.** vexatious, spiteful, harassing. – **2.** *bes. jur.* a) (*rechtsverdrehend*) pettifogging, b) (*mutwillig*) vexatious.

Schil·cher ['ʃilçər] *m* ⟨-s; -⟩ Bavarian and Austrian *gastr.* wine made from a mixture of white and black grapes.

Schild[1] [ʃilt] *n* ⟨-(e)s; -er⟩ **1.** (*Aushängeschild an Läden etc*) (shop) sign, signboard: ein ~ aushängen [einziehen] to hang out [to take down] a sign; ein ~ anbringen [malen] to fix [to paint] a sign. – **2.** (*Leuchtschild*) illuminated sign. – **3.** (*Firmenschild*) (firm's) nameplate, facia, *bes. Am. colloq. humor.* shingle. – **4.** (*Türschild*) doorplate, nameplate, brass plate. – **5.** (*Namensschild, zum Anstecken*) nameplate. – **6.** (*Wegweiser*) signpost. – **7.** (*Straßenschild*) road sign, (street) nameplate: auf dem ~ steht the road sign says. – **8.** (*Verkehrsschild*) traffic sign. – **9.** (*Ausweiszeichen*) identification badge. – **10.** (*Dienstabzeichen, auch von Gepäckträgern*) badge. – **11.** (*Etikett*) label, tab, *bes. Am.* sticker: ein ~ auf dem Schreibheft a label on the copybook; ein ~ auf einer Ware (*od.* einem Gegenstand*) anbringen to label an article. – **12.** (*Preisschild*) (price) ticket (*od.* tag), *bes. Am.* sticker: ein ~ mit der Preisangabe a price tag (*od.* ticket). – **13.** (*an Koffern*) luggage (*bes. Am.* baggage) tag, label. – **14.** (*Nummernschild am Auto*) number (*od.* licence, *Am.* license) plate, *Am. colloq. auch* (car) tag. – **15.** (*für Bekanntmachungen*) *bes. Am.* bulletin board, *auch* billboard, *bes. Br.* notice board. – **16.** (*Mützenschild*) peak, visor, *auch* vizor. – **17.** (*bei Demonstrationen etc*) placard. – **18.** *agr.* (*Pfropfschild*) (e)scutcheon, escucheon. – **19.** *zo.* a) (*Stirnfleck bei Pferd, Rind*) star, blaze, b) *cf.* Schild[2] 10. – **20.** *gastr.* a) (*vom Rind*) brisket, b) (*vom Schwein*) fore hock. – **21.** *hunt. cf.* Schild[2] 9. – **22.** *tech.* (*eines Kastenschlosses*) (e)scutcheon, escucheon.

Schild[2] *m* ⟨-(e)s; -e⟩ **1.** *mil. hist.* shield, (*runder*) buckler, target, (*Turnierschild*) tilting shield: den ~ halten [tragen] to hold [to bear] the shield; j-n [sich] mit dem ~ decken to protect s.o. [oneself] with the shield; j-n auf den ~ (er)heben *fig.* to choose s.o. (as) leader, to bring s.o. to the fore(front). – **2.** etwas im ~e führen *fig.* to be up to s.th., to be hatching s.th.: gegen j-n etwas im ~e führen to hatch underhand plans against s.o., to play a deep game against s.o.; Böses (*od.* nichts Gutes) im ~e führen to be up to mischief (*od.* to no good, to something shady). – **3.** *fig.* (*Schutz*) shield, shelter, protection: der ~ des Glaubens the shield of faith; → Schirm 7. – **4.** ~ der Pallas und des Zeus *myth.* aegis, *auch* egis. – **5.** *her.* shield, (e)scutcheon, escucheon, coat of arms, bearings *pl*, (*runder*) target: einen Löwen im ~e führen to carry (*od.* bear) a lion in one's coat of arms; kleiner ~ im Wappen inescutcheon, *auch* inescucheon. – **6.** (*auf Münzen*) effigy. – **7.** *mil.* (*an Geschützen*) shield. – **8.** *bot.* (*der Flechtenfrucht*) shield; pelta, scutellum (*scient.*). – **9.** *hunt.* a) (*Brustgefieder beim Rebhahn*) shield, breast spot, b) (*des Auerhahns*) white spot, c) (*des Fasans*) wing, d) (*verdickte Schwarte beim Wildschwein*) shield, e) (*des Dam- u. Rotwilds*) (e)scutcheon, escucheon. – **10.** *zo.* a) (*bei Insekten, Krebsen*) scutum, scute, b) (*der Schildkröte*) shell, carapace (*scient.*), c) (*der Schildlaus*) scale, d) (*der Käfer*) clypeus. – **11.** *nucl.* shield: biologischer ~ biological shield; ~ aus Beton concrete shield.

'Schild|,ab·tei·lung *f her.* (*Wappenfeld*) quarter(ing). — **~,bauch** *m zo.* sucker(fish) (*Fam. Gobiesocidae*). — **~,blu·me** *f bot.* **1.** Glatte (*od.* Kahle) ~ shellflower, turtlehead, *Am.* snakehead, balmony, salt-rheum weed (*Gattg Chelone, bes. C. glabra*). – **2.** aspidistra (*Aspidistra eliator*). — **~,bo·gen** *m arch.* blind arch.

'Schild,bür·ger *m fig. contempt.* wise man of Gotham, Gothamite, Abderite, (*im weiteren Sinne*) fool, simpleton, idiot, duffer, *Am. sl.* dope. — **~,streich** *m* folly, foolish deed (*od.* action): das war

ein ~ that was worthy of a man of Gotham, that was not a very bright thing to do.

'Schild·chen *n* ⟨-s; -⟩ **1.** *dim. of* Schild[1] 1. – **2.** *bot. zo.* scutellum.

'Schild,drü·se *f med.* thyroid (gland).

'Schild,drü·sen|er·kran·kung *f med.* thyropathy, disease of the thyroid, thyrosis. — **~funk·ti,on** *f* thyroid function (*od.* activity): normale ~ enthyroidism. — **~hor·mon** *n* thyroid hormone, thyroxine. — **~hy·per·tro,phie** *f* hypertrophy of the thyroid (gland), thyroidism. — **~in·suf·fi·zi,enz** *f* thyroid insufficiency. — **~ope·ra·ti,on** *f* operation on the thyroid. — **~über·funk·ti,on** *f* hyperthyroidism, thyroidism. — **~un·ter·funk·ti,on** *f* hypothyrosis, thyropenia. — **~ver,grö·ße·rung** *f* enlargement of the thyroid (gland), goiter, *bes. Br.* goitre.

'Schild,ech·se *f zo.* gerrhosaurid (*Fam. Gerrhosauridae*).

'Schil·der,blau *n tech.* (*paints*) pencil blue.

'Schil·de·rer *m* ⟨-s; -⟩ **1.** describer, portrayer, delineator. – **2.** (*Erzähler*) relator, narrator. – **3.** *cf.* Wappenmaler.

'Schil·der|,haus, ~,häus·chen *n mil.* sentry box.

'Schil·der|,ma·ler *m* sign painter. — **~,ma·le,rei** *f* sign painting.

schil·dern ['ʃildərn] **I** *v/t* ⟨h⟩ **1.** (*beschreiben*) describe, depict, portray, paint (a picture of): der Autor schilderte seine Erlebnisse realistisch [ergreifend, in bunten Farben] the author described his experiences realistically [in a moving way, in vivid colo(u)rs]; etwas anschaulich ~ to give a graphic picture of s.th.; etwas in leuchtenden Farben ~ to paint s.th. in bright colo(u)rs; die Greuel des Krieges sind kaum zu ~ the atrocities of (the) war can hardly be described. – **2.** (*genau darstellen*) delineate, characterize, draw. – **3.** (*kurz umreißen*) outline, sketch: einen Vorgang in großen Zügen ~ to give an outline of a procedure. – **4.** (*erzählen*) relate, narrate, tell, describe: sie schilderte ihre Eindrücke von der Reise wortreich [lebhaft] she verbosely [vividly] related her impressions of the trip. – **5.** *bes. jur.* (*im einzelnen berichten*) recite, describe, give (*od.* render) an account of: den Sachverhalt in allen Einzelheiten ~ to give a detailed account of the facts. – **6.** *tech.* (*beim Kattun- od. Tapetendruck*) lay colors (*bes. Br.* colours) on (s.th.) with a brush. – **II** *v/i* **7.** (*von Federvieh*) be in full feather. – **8.** *hunt.* (*von Rebhühnern*) get the shields. – **III S~** *n* ⟨-s⟩ **9.** *verbal noun.*

'Schil·de·rung *f* ⟨-; -en⟩ **1.** *cf.* Schildern. – **2.** (*Beschreibung*) description, depiction, portrayal, portraiture, picture: das Buch bringt eine gute ~ des japanischen Alltags the book gives a good description of everyday life in Japan; eine lebenswahre ~ a true(-to-life) portrayal (*od.* portrait); eine lebhafte [anschauliche] ~ geben to give a vivid [graphic] description; eine wahrheitsgetreue ~ des Zwischenfalles a true (*od.* realistic) description of the incident. – **3.** (*genaue Darstellung von Charakteren etc*) delineation. – **4.** (*Skizze*) outline, sketch. – **5.** (*Erzählung*) relation, narration, narrative, description: die langatmige ~ seiner Abenteuer langweilte uns we were bored by the tedious narration of his adventures. – **6.** *bes. jur.* (*Bericht, Darstellung des Sachverhalts*) recital (of facts), account, description.

'Schil·de·rungs,kraft *f* ⟨-; no pl⟩ descriptive power.

'Schil·der,wald *m fig. colloq. humor.* jungle of (traffic) signs.

'Schild|,farn *m bot.* shield fern, *auch* buckler fern (*Gattg Dryopteris*). — **~,fisch** *m zo. cf.* Schildbauch. — **s~,för·mig** *adj* **1.** shield-shaped, shieldlike. – **2.** *bot. zo.* clypeate(d), scutate, clypeiform, scutiform, scutelliform, scutellate, (*Blatt*) peltate, peltiform. – **3.** *med.* scutiform. — **~,hal·ter** *m* **1.** *hist. cf.* Schildknappe. – **2.** *her.* supporter, bearer. — **~,kä·fer** *m zo.* tortoise (*od.* helmet) beetle (*Fam. Chrysomelidae*): Nebliger ~ clouded tortoise beetle (*Cassida nebulosa*). — **~,knap·pe** *m hist.* shield bearer, armor (*bes. Br.* armour) bearer, squire. — **~,knor·pel** *m med.* thyroid cartilage. — **~,kraut** *n bot.* **1.** treacle mustard (*Gattg Clypeola*). – **2.** *cf.* Helmkraut.

'Schild,krö·te *f* **1.** *zo.* a) (*bes. Seeschildkröte*) turtle, b) (*bes. Landschildkröte*) tortoise; chelonian, testudo, testudinate (*scient.*): **~n** fangen to catch turtles, to turtle. – **2.** *mil. antiq.* (*Sturm- u. Schutzdach*) testudo, tortoise.

'schild,krö·ten,ar·tig *adj* **1.** turtlelike, tortoiselike. – **2.** *zo.* chelonian, testudinate, testudinal, testudinarious.

'Schild,krö·ten|,pan·zer *m*, **~,scha·le** *f zo.* tortoiseshell, turtle shell, carapace (*scient.*). — **~,sup·pe** *f gastr.* turtle soup: falsche ~ mock turtle soup; gebundene ~ creamed turtle soup; klare ~ clear turtle soup. — **~,do·se** *f* tortoiseshell box. — **~,kamm** *m* tortoiseshell comb. — **~,knopf** *m* tortoiseshell button.

'Schild,laus *f zo.* scale (louse *od.* insect), wax insect (*od.* scale), shield louse, coccid (*scient.*) (*Unterordng Coccina*).

'Schild,patt *n* ⟨-(e)s; no pl⟩ *zo.* tortoiseshell, turtle shell, carapace (*scient.*). —

'Schild|,rand *m* **1.** edge of a shield. – **2.** *her.* bordure, (e)scutcheon (*od.* escucheon) border. — **~,schwamm** *m bot.* shield agaric (*Agaricus clypeatus*). — **~,schwanz** *m*, **~,schwanz,schlan·ge** *f zo.* roughtail (*Fam. Uropeltidae*). — **~,trä·ger** *m hist. cf.* Schildknappe. – **2.** *her.* a) *cf.* Schildhalter 2, b) bearings *pl*. — **~,wa·che** *f mil.* **1.** (*Wachposten*) sentinel, sentry. – **2.** (*Wachdienst*) watch, guard, sentry: ~ stehen *auch fig.* to be on (*od.* to stand) guard, to stand watch (*od.* sentry). — **~,wan·ze** *f zo.* soldier bug (*Fam. Pentatomidae*).

Schilf [ʃilf] *n* ⟨-(e)s; -e⟩ **1.** *bot.* reed (grass): mit ~ bewachsen reedy. – **2.** *cf.* Schilfrohr. – **3.** *collect.* (*Bau-, Flechtmaterial etc*) reed: ~ schneiden to cut reed. — **s~,ar·tig** *adj bot.* reedlike, arundinaceous (*scient.*). — **s~be,deckt** *adj* reedcovered, reeded, reedy. — **s~be,wach·sen** *adj* reeded, reedy. — **~,dach** *n cf.* Walmdach. — **~,dickicht** (*getr.* -k·k-) *n* mass of reeds, reed.

schil·fen ['ʃilfən] **I** *v/t* ⟨h⟩ *dial.* remove (the) reed from. – **II** *adj* reedy, sedgy.

'schil·fe·rig *adj med.* (*Haut*) scaling, exfoliative (*scient.*).

schil·fern ['ʃilfərn] **I** *v/t* ⟨h⟩ peel, shell. – **II** *v/i med.* (*von Haut etc*) peel (off), shell (off), exfoliate (*scient.*).

'Schilf,gras *n bot. cf.* Schilf 1.

'schil·fig *adj* **1.** reedy, reeded, overgrown (*od.* covered) with reeds, arundineous (*scient.*). – **2.** *cf.* schilfartig.

'Schilf|,mat·te *f* reed (*od.* rush) mat. — **~,meer** *n npr* ⟨-(e)s; no pl⟩ *Bibl.* Red Sea, Arabian Gulf. — **~,rohr** *n bot.* **1.** (*einzelner Halm*) reed, cane. – **2.** common reed, ditch reed (*Phragmites communis*). — **~,rohr-,sän·ger** *m zo.* marsh warbler (*od.* bird, wren) (*Acrocephalus palustris*).

Schill [ʃil] *m* ⟨-(e)s; -e⟩ *zo.* Austrian for Zander.

Schil·ler ['ʃilər] *m* ⟨-s; -⟩ **1.** play of colors (*bes. Br.* colours), iridescence, opalescence, iridescent luster (*bes. Br.* lustre). – **2.** *cf.* Schilcher. – **3.** *cf.* Schillern. — **~,fal·ter** *m zo.* purple emperor (*Apatura iris*). — **~,far·be** *f* iridescent (*od.* changeable, fickle) color (*bes. Br.* colour). — **~,glanz** *m* **1.** *cf.* Schiller 1. – **2.** *min.* schiller. — **~,kra·gen** *m* open wing collar. — **~,locke** (*getr.* -k·k-) *f gastr.* **1.** a puff pastry cone filled with whipped cream. – **2.** a strip of smoked haddock fillet.

schil·lern ['ʃilərn] **I** *v/i* ⟨h⟩ **1.** (*in vielen Farben spielen*) change color (*bes. Br.* colour), play from one colo(u)r into another, shimmer in various colo(u)rs: in Regenbogenfarben ~ to iridesce; wie ein Opal ~ to opalesce; ins Rötliche ~ to have a reddish tinge (*od.* tint); die Perlmutterknöpfe ~ in verschiedenen Farben the mother-of-pearl buttons shimmer in various colo(u)rs; der Ölfleck hat auf dem Wasser geschillert the oil patch shimmered on the water. – **2.** (*glänzen*) sparkle, glitter, scintillate: die Folie schillert hell the foil glitters brightly. – **3.** *phys.* fluoresce. – **4.** (*textile*) (*von Stoffen*) water. – **II S~** *n* ⟨-s⟩ **5.** *verbal noun.* – **6.** *cf.* Schiller 1. – **7.** iridescent shimmer, *auch* sheen. – **8.** (*Glanz*) sparkle, glitter, scintillation. – **9.** *phys.* fluorescence. — **'schil·lernd** **I** *pres p.* – **II** *adj* **1.** iridescent, opalescent;

chatoyant, versicolor(ed), *bes. Br.* versicolour(ed), *(wie Perlmutter)* nacreous, *auch* nacrous: ~e Seifenblasen iridescent *(od.* rainbow-colo[u]red) soap bubbles; ein ~er Charakter *fig.* an ambiguous *(od.* equivocal) character; eine zwischen Ernst und Spott ~e Miene *fig.* a half serious, half mocking expression. – **2.** *(funkelnd, glänzend)* sparkling, glittering, scintillating: die ~en Facetten des Diamanten the scintillating facets of the diamond; sie trägt ~en Schmuck she wears glittering *(od.* sparkling) jewel(le)ry. – **3.** *phys.* fluorescent, iridescent, opalescent. – **4.** *(Seide, Stoff etc)* shot, nacré, versicolor(ed), *bes. Br.* versicolour(ed).

'**Schil·ler**|,**spat** m *min.* schiller spar, bastite *(scient.)*: prismatischer ~ anthophyllite; hemiprismatischer ~ diallage. — ~,**taft** m *(textile)* shot *(od.* watered, nacré) taffeta *(auch* taffety, taffata). — ~,**wein** m *gastr. cf.* Schilcher.

Schil·ling ['ʃɪlɪŋ] m ⟨-s; -e⟩ **1.** *econ. (österr. Währung u. Münze)* schilling. – **2.** *hist. (deutsche Münze)* schilling.

schil·pen ['ʃɪlpən] v/i ⟨h⟩ *(vom Spatz)* twitter, chirp. [*pres of* schelten.]

schilt [ʃɪlt] *3 sg pres,* **schiltst** [ʃɪltst] *2 sg]*

Schi·mä·re [ʃi'mɛːrə] f ⟨-; -n⟩ chim(a)era, chimere, illusion, fancy, phantom. — **schi'mä·risch** *adj* chimeric(al), chimeral, fanciful, illusive.

Schim·mel[1] ['ʃɪməl] m ⟨-s; *no pl*⟩ **1.** *(an Nahrungsmitteln etc)* (blue) mold, *bes. Br.* (blue) mould: auf der Marmelade hat sich schon ~ gebildet there is (blue) mo(u)ld on the jam already. – **2.** *(an Leder, Papier, der Wand etc)* mildew. – **3.** *cf.* Schimmelgeruch.

'**Schim·mel**[2] m ⟨-s; -⟩ *zo.* white *(od.* gray, *bes. Br.* grey) horse.

'**Schim·mel**|**be,kämp·fung** f prevention *(od.* destruction) of mold *(bes. Br.* mould). — ~,**bil·dung** f *chem.* formation of mold *(bes. Br.* mould). — ~,**bo·gen** m *print.* blind print page. — ~,**fleck** m mold *(bes. Br.* mould) stain, mildew stain. — ~**ge,ruch** m moldy *(bes. Br.* mouldy) (*od.* musty, fusty) smell, mustiness, fustiness, must, mucor *(scient.)*.

'**schim·me·lig** **I** *adj* **1.** *(Brot etc)* moldy, *bes. Br.* mouldy. – **2.** *(Leder, Papier, Wand etc)* mildewy, mildewed. – **3.** *(bes. Geruch)* musty, fusty. – **4.** *(in Wendungen wie)* ~ werden *cf.* schimmeln; das Holz ist durch Feuchtigkeit ~ geworden the wood has gone mo(u)ldy with damp; ich habe mich über ihn ~ gelacht *fig. colloq.* I laughed myself silly about *(od.* over) him *(colloq.)*. – **II** *adv* **5.** ~ riechen to have a mo(u)ldy *(od.* musty) smell, to smell mo(u)ldy. — '**Schim·me·lig·keit** f ⟨-; *no pl*⟩ **1.** *(von Nahrungsmitteln etc)* moldiness, *bes. Br.* mouldiness, fustiness. – **2.** *cf.* Schimmelgeruch.

schim·meln ['ʃɪməln] v/i ⟨h *od.* sein⟩ mold, *bes. Br.* mould, mildew, go *(od.* become) mo(u)ldy *(od.* musty): der Käse fängt an zu ~ the cheese is going *(od.* beginning to go) mo(u)ldy; laß dein Geld nicht im Kasten ~! *fig. humor.* don't let your money rot in the safe!

'**Schim·mel**|,**pilz** m *bot.* **1.** mold *(bes. Br.* mould) (fungus), mucedine *(scient.)*. – **2.** *pl* mo(u)ld fungi, hyphomycetes *(scient.)*. — ~,**rei·ter** m *myth.* a ghostly rider on a white horse.

Schim·mer ['ʃɪmər] m ⟨-s; -⟩ **1.** *(matter Schein)* gleam, glimmer, shimmer: der schwache ~ eines fernen Lichtes the faint gleam of a distant light. – **2.** *(warmes Licht)* glow: beim traulichen *(od.* friedlichen) ~ der Lampe in the warm *(od.* peaceful) glow of the lamp. – **3.** *(fahles Licht)* pale *(od.* dim) light: beim ~ des Mondes in the pale moonlight. – **4.** *(von Perlen etc)* luster, *bes. Br.* lustre, shimmer. – **5.** *(der Seide etc)* sheen, shine, shimmer, luster, *bes. Br.* lustre: der sanfte ~ von Seide und Satin the soft sheen of silk and satin. – **6.** *(von Metall etc)* glint, gleam. – **7.** *(Färbung)* touch, tinge: der rötliche ~ the reddish tinge. – **8.** *fig. (Spur)* ray, glimmer, gleam, trace, flicker: der ~ eines Lächelns the trace of a smile; ich habe keinen ~ von Hoffnung mehr I haven't a ray *(od.* glimmer, flicker) of hope left. – **9.** *fig. (Funke)* (the slightest) trace, (the feeblest) semblance: in ihm ist nicht ein ~ von Ehr-

gefühl there is not a trace of decency in him. – **10.** *fig. colloq. (Ahnung)* idea, notion, clue, inkling: ich habe keinen ~! ask me another! search me! *(beide sl.)*, I haven't the faintest idea! er hat nicht den leisesten ~ davon he has not the faintest *(od.* slightest) idea *(od.* notion), he has not the foggiest notion *(od. colloq.* the ghost of an idea). – **11.** *fig. (Trübung)* haze, cloud: einen ~ vor den Augen haben to have a haze in front of one's eyes.

schim·mern ['ʃɪmərn] **I** v/i ⟨h⟩ **1.** *(matt scheinen)* gleam, glimmer, shimmer: ein schwaches Licht schimmert durch die Nacht a feeble light glimmers in the night; Licht schimmerte durch die Bäume light shone through the trees; wie Perlmutter ~ to glimmer like mother-of-pearl. – **2.** *(warm leuchten)* glow: die Haut schimmerte rosig the skin glowed pink, the skin had a pink glow. – **3.** *(fahl leuchten)* shed *(od.* cast) a dim light. – **4.** *(von Perlen etc)* luster, *bes. Br.* lustre, shimmer. – **5.** *(von Seide)* shimmer, *auch* sheen, luster, *bes. Br.* lustre. – **6.** *(von Metall)* glint, gleam. – **7.** *(eine Färbung aufweisen)* have a tinge *(od.* touch) of colo(u)r: der Himmel schimmert rötlich the sky has a tinge of pink. – **8.** *(durchscheinen)* show: die Schrift schimmert durch das Papier the writing shows through the paper. – **11** *fig.* **9.** *verbal noun.* – **10.** *cf.* Schimmer 1—7. — '**schimmernd I** *pres p.* – **II** *adj (Perlen, Seide etc)* shiny, lustrous.

'**schimm·lig** *adj u. adv cf.* schimmelig.

Schim·pan·se [ʃɪm'panzə] m ⟨-n; -n⟩ *zo. (Menschenaffe)* chimpanzee, jocko, troglodyte *(scient.) (Pan troglodytes)*.

Schimpf [ʃɪmpf] m ⟨-(e)s; -e⟩ **1.** *(Beschimpfung)* abuse, insult, *auch* slur: j-n mit ~ überschütten to pour abuse upon s.o., to shower insults upon s.o.; er wollte diesen ~ nicht auf sich sitzenlassen *colloq.* he would not put up with this insult. – **2.** *(Demütigung)* indignity, affront, injury, contumely *(lit.)*: einen ~ erleiden *(od.* erdulden, *colloq.* einstecken) to suffer an indignity, to take *(od.* swallow) an affront; j-m einen ~ antun to insult *(od.* affront) s.o. – **3.** *(only sg)* *(Schmach)* disgrace, dishonor, *bes. Br.* dishonour, ignominy, opprobrium *(lit.)*: ~ und Schande! a) it's a shame and disgrace! b) shame on you! j-n mit ~ und Schande davonjagen to chase s.o. away with insult and disgrace; er wurde mit ~ und Schande entlassen he was ignominiously dismissed.

schimp·fen ['ʃɪmpfən] **I** v/i ⟨h⟩ **1.** scold, yap *(colloq.)*: heftig [laut, in einem fort] ~ to scold violently [loudly, continuously]; mit j-m ~ to scold s.o.; → Rohrspatz. – **2.** *(sich beklagen)* grumble (at, about, over), complain (of, about), rate (at), rail (at, against), kick (about), grouse (about) *(colloq.)*, grouch (about) *(colloq.)*, *Am. colloq.* gripe (about): auf *(od.* über) j-n [etwas] ~ to grumble at *(od.* about) s.o. [s.th.], to rail at s.o. [s.th.]; auf *(od.* über) das schlechte Wetter ~ to complain about the bad weather; er schimpfte über die hohen Steuern he grumbled about the high taxes. – **3.** *(protestieren)* (auf *acc)* protest (about, against), inveigh (against): auf *(od.* gegen) die Obrigkeit ~ to protest about the authorities; er schimpft auf ihre Politik he inveighs against their policy. – **4.** fluchen und ~ to curse and swear, to rail. – **5.** *(von Spatzen)* twitter. – **II** v/t **6.** *(schelten)* scold, dress *(s.o.)* down, tick *(s.o.)* off *(colloq.)*, *bes. Am. colloq.* tongue-lash: die Mutter schimpft das Kind the mother scolds the child. – **7.** j-n etwas ~ to call s.o. names: er hat ihn einen Lügner [Betrüger] geschimpft he called him a liar [swindler]. – **III** v/reflex sich ~ **8.** ... und so etwas schimpft sich Schnellzug *colloq. contempt.* and they call this an express train. – **IV S** ~ ⟨-s⟩ **9.** *verbal noun:* mit lautem S ~ und Schreien with scolding and shouting. – **10.** *cf.* Schimpferei.

'**Schimp·fer** m ⟨-s; -⟩ *colloq.* **1.** scolder. – **2.** *(Nörgler)* grumbler, complainer, kicker; grouser, grouch *(colloq.)*, *Am. colloq.* griper. – **3.** *(Lästerer)* reviler, railer, name-caller.

Schimp·fe'rei f ⟨-; -en⟩ *colloq.* (continual) scolding.

'**Schimp·fe·rin** f ⟨-; -nen⟩ *colloq. cf.* Schimpfer.

'**Schimpf·ka·no,na·de** f torrent of abuse: eine ~ loslassen to pour out *(od.* let fly) a torrent *(od.* volley) of abuse.

'**schimpf·lich** *adj* **1.** *(schändlich)* shameful, disgraceful, *(stärker)* scandalous, outrageous: eine ~e Behandlung a shameful treatment. – **2.** *(schmachvoll)* ignominious, inglorious, opprobrious, contumelious *(lit.)*: eine ~e Niederlage an ignominious defeat; einen ~en Frieden schließen to conclude an inglorious peace; ~e Bedingungen opprobrious terms. – **3.** *(unehrenhaft)* disreputable, discreditable, dishonorable, *bes. Br.* dishonourable. – **II** *adv* **4.** man hat uns ~ behandelt we were treated disgracefully *(od.* shamefully). — '**Schimpf·lich·keit** f ⟨-; *no pl*⟩ **1.** shamefulness, disgracefulness, *(stärker)* outrageousness. – **2.** ignominy, ingloriousness, opprobriousness *(lit.)*. – **3.** disreputability, disreputableness, dishonorableness, *bes. Br.* dishonourableness.

'**Schimpf**|,**lied** n *cf.* Schmählied. — ~,**na·me** m abusive name: j-m ~n geben, j-n mit ~n belegen to call s.o. names. — ~,**re·de** f invective, abusive *(od. lit.* vituperative) speech: ~n führen to use abusive language. — ~,**wort** n ⟨-(e)s; -e *od.* ⁼er⟩ swearword, term of abuse, abusive word, *pl* collect. abuse *sg:* bad language *sg:* dieses derbe ~ ist ihm so herausgerutscht this abusive word was a slip of his tongue; er verfügt über einen großen Vorrat an Schimpfwörtern *iron.* he has a large vocabulary of swearwords; ein unflätiges *(od. colloq.* saftiges) ~ a filthy swearword; j-n mit einer Flut von Schimpfwörtern überhäufen to shower abuse on s.o., to vituperate s.o. *(lit.)*; er gebrauchte Schimpfwörter he used bad *(od.* strong, abusive) language, he spoke in abusive terms; mit Schimpfwörtern um sich werfen to be free in one's use of bad language.

Schi·na·kel [ʃi'naːkəl] n ⟨-s; -⟩ *Austrian dial.* (small) rowboat *(bes. Br.* rowing boat).

'**Schind,an·ger** m *rare Am.* boneyard, *Br.* knackery, knacker's yard.

Schin·del ['ʃɪndəl] f ⟨-; -n⟩ **1.** *arch.* shingle: mit ~n decken *cf.* schindeln; mit ~n gedeckt shingle-roofed, shingly. – **2.** *arch. (Verschalung)* weatherboard, weathertile, *bes. Am.* clapboard. – **3.** *her.* billet: mit ~n besetzt billety, *auch* billetty, billetté. — ~,**dach** n shingle roof. — ~,**ei·che** f *bot.* laurel oak *(Quercus imbricaria)*.

schin·deln ['ʃɪndəln] v/t ⟨h⟩ *(Dach)* shingle, cover *(roof)* with shingles.

schin·den ['ʃɪndən] **I** v/t ⟨schindet, *rare* schindete, *auch* schund, geschunden, h⟩ **1.** *(Tiere)* ill-treat, maltreat, strain, (over)tax. – **2.** *fig. colloq. (Arbeiter etc)* drive *(s.o.)* hard, drive, tax, sweat, strain. – **3.** *fig. colloq. (Kinder, Untergebene etc)* harass, harry, torment. – **4.** *archaic (Gefangene etc)* ill-treat, maltreat, *(stärker)* torment, torture, rack. – **5.** *fig. colloq. (den Motor)* flog, tax. – **6.** *archaic (tote Tiere)* skin, flay. – **7.** *fig. archaic (Untertanen)* oppress, grind (down), flay. – **8.** *fig. colloq. (in Wendungen wie)* das Fahrgeld [Eintrittsgeld] ~ to dodge *(Am. colloq.* duck paying) the fare [entrance fee]; (bei j-m) Mitleid ~ to arouse (s.o.'s) sympathy; Zeilen ~ to pad one's lines; Zeit ~ a) to temporize *(Br. auch* -s-), b) *(bes. sport)* to play for time; → Eindruck[1]; Kolleg 1. – **II** v/reflex **9.** sich ~ (und plagen) to drudge, to toil, to slave, to sweat and strain, to work like a horse *(od. colloq.* black). – **III S** ~ ⟨-s⟩ **10.** *verbal noun.* – **11.** *(Mißhandeln)* ill-treatment, maltreatment, *(stärker)* torment, torture. – **12.** *fig. archaic (der Untertanen etc)* oppression. – **13.** *fig. colloq. (der Schüler etc)* harassment, torment.

'**Schin·der** m ⟨-s; -⟩ **1.** *fig. colloq. (der Arbeiter, Soldaten etc)* taskmaster, slave driver, *bes. Am. colloq.* 'rawhider'. – **2.** *fig. archaic (Ausbeuter, Unterdrücker)* oppressor. – **3.** *cf.* Abdecker.

Schin·de'rei f ⟨-; -en⟩ **1.** ⟨*only sg*⟩ *fig. colloq. (schwere Arbeit)* drudgery, toil, grind *(colloq.)*. – **2.** ⟨*only sg*⟩ *fig. cf.* Schinden. – **3.** *obs. for* Abdeckerei.

'**Schin·der**|,**kar·re** f, ~,**kar·ren** m *obs.* flayer's *(bes. Br.* knacker's) cart.

'**Schin·ders,knecht** m obs. **1.** flayer's (bes. Br. knacker's) man. – **2.** cf. Henkersknecht. – '**Schind|,lu·der** n colloq. only in mit j-m ~ treiben to play fast and loose with s.o., to play dirty (od. nasty) tricks on s.o., to play an underhand game with s.o., Br. colloq. to do the dirty on s.o.; mit etwas ~ treiben to handle s.th. very carelessly (od. badly), to maul s.th.; er hat mit seiner Gesundheit ~ getrieben he abused (od. played havoc with) his health. — ~,**mäh·re** f contempt. hack, jade, nag (colloq.), Am. sl. plug.

Schin·ken ['ʃɪŋkən] m ⟨-s; -⟩ **1.** gastr. ham: roher [gekochter, geräucherter] ~ uncooked [cooked od. boiled, smoked od. cured] ham; **westfälischer** ~ Westphalian ham; Eier mit ~ ham and eggs; mit der Wurst nach dem ~ werfen fig. colloq. to throw out a sprat to catch a mackerel (od. herring, whale). – **2.** (alter) ~ fig. colloq. contempt. a) (dickes Buch) thick (old) book (od. tome), b) (übergroßes Gemälde) monstrous painting (od. picture), monstrosity, c) (schlechtes Gemälde) monstrosity, daub, d) (langer, seichter Unterhaltungsfilm) trivial (od. slushy) film (bes. Am. colloq. movie). – **3.** fig. colloq. (Gesäß) buttocks pl, ham, 'butt' (sl.). — ~,**auf,lauf** m gastr. ham soufflé. — ~,**brot** n ham sandwich. — ~,**bröt·chen** n ham roll. — ~,**fleckerl·n** (getr. -k·k·) [-,flɛkərl(n)] pl Bavarian and Austrian for Schinkennudeln. — ~,**klop·fen** n (Kinderspiel) hot cockles pl (construed as sg). — ~,**kno·chen** m ham bone, knuckle of ham. — ~,**mu·schel** f zo. cf. Steckmuschel. — ~,**nu·deln** pl gastr. noodles with diced ham. — ~,**röll·chen** [-,rœlçən] n ⟨-s; -⟩ ham cornet. — ~,**sa,lat** m ham salad. — ~,**speck** m gammon. — ~,**wurst** f ham sausage.

Schin·nen ['ʃɪnən] pl Low G. for Kopfschuppen.

Schin·to·is·mus [ʃɪnto'ɪsmʊs] m ⟨-; no pl⟩ relig. Shinto, Shintoism. — **Schin·to·ist** [-'ɪst] m ⟨-en; -en⟩ Shintoist. — **schin·toi·tisch** [-'ɪstɪʃ] adj Shinto(istic).

Schip·pe ['ʃɪpə] f ⟨-; -n⟩ bes. Northern and Eastern G. **1.** (Schaufel) shovel: j-n auf die ~ nehmen fig. colloq. to pull s.o.'s leg, to kid s.o. (sl.); dem Tod von der ~ springen fig. colloq. to escape from the jaws of death. – **2.** (für Mehl, Korn etc) scoop. – **3.** (Kehrichtschaufel) dustpan. – **4.** (Spaten) spade. – **5.** eine ~ machen (od. ziehen) colloq. humor. (Schmollmund) to pout. – **6.** bes. Northern G. (games) (Spielkartenfarbe) spades pl.

schip·pen ['ʃɪpən] bes. Northern G. **I** v/t ⟨h⟩ (Schnee, Sand etc) shovel, clear (s.th.) away. – **II** v/i machen (od.) shovel. – '**Schip·pen** n ⟨-; -⟩ bes. Northern G. (games) (Spielkartenfarbe) spades pl.

Schi·ras ['ʃiːras] m ⟨-; -⟩ (Wollteppich) Shiraz.

Schi·ri ['ʃiːri] m ⟨-s; -s⟩ (sport) colloq. (Schiedsrichter) a) (beim Fußball etc) ref (colloq.), b) (beim Hockey etc) ump (colloq.).

Schirm [ʃɪrm] m ⟨-(e)s; -e⟩ **1.** (Regenschirm) umbrella, Br. colloq. brolly, Am. sl. bumbershoot, (großer) Br. colloq. gamp: den ~ aufspannen [zumachen] to put up (od. to open) [to close] one's umbrella. – **2.** cf. Sonnenschirm. – **3.** (einer Lampe) (lamp)shade. – **4.** (einer Mütze etc) peak, visor, auch vizor. – **5.** (Wandschirm) (folding) screen. – **6.** (Ofenschirm) (fire) screen. – **7.** (Schutz und) ~ fig. lit. protection, protective wing (lit.): j-m (od. j-s) ~ und Schild sein to be s.o.'s protector and patron. – **8.** (optics) screen. – **9.** bes. mil. (Fallschirm) parachute. – **10.** (railway) (eines Eisenbahnwagens) forecarriage. – **11.** telev. screen. – **12.** electr. cf. Leuchtschirm. – **13.** electr. (Radarbildschirm) (radar) screen (od. scope). – **14.** phys. (Röntgenschirm) (fluorescent) screen. – **15.** bot. a) (eines Pilzes) pileus, b) cf. Dolde. – **16.** zo. (der Qualle) umbrella, bell, pileus (scient.). – **17.** hunt. (Versteck des Jägers) cover, Am. blind, Br. hide. — ~,**aka·zie** [-'ʔa,kaːtsiə] f bot. umbrella acacia (bes. Gattg Acacia). — ~,**an·ker** m mar. mushroom anchor. — ~,**an,ten·ne** f (radio) umbrella antenna (bes. Br. aerial). — ~be,**zug** m umbrella cover(ing).

'**Schirm,bild** n **1.** (auf dem Radarbildschirm) image, display pattern. – **2.** med. fluoroscopic image. – **3.** telev. screen picture (od. image), pattern. — ~,**ge,rät** n med. photofluoroscope. — ~,**pho·to·gra,phie** f fluorography. — ~,**un·ter,su·chung** f cf. Röntgenuntersuchung.

'**Schirm|,blatt** n bot. umbrella leaf (Diphylleia cymosa). — ~,**dach** n **1.** (eines Regenschirms) canopy. – **2.** (Vordach) canopy, penthouse, (über Hoteleingängen etc) auch marquee, markee. – **3.** (Markise) awning, canopy. – **4.** mar. a) (bei Rettungsflößen) canopy, b) cf. Sonnensegel.

schir·men ['ʃɪrmən] v/t ⟨h⟩ lit. (schützen) (vor dat) protect (from), shield (from), screen (from), (safe)guard (against).

'**Schirm|fa,brik** f umbrella factory. — ~**fa,bri,kant** m umbrella manufacturer. — ~,**fich·te** f bot. parasol pine (auch fir) (Sciadopitys verticillata). — s~,**för·mig** adj bes. bot. umbrella-shaped, umbraculiform (scient.). — ~,**fut·te,ral** n cf. Schirmhülle. — ~ge,**stell** n umbrella frame.

'**Schirm,git·ter** n electr. (radio) screen grid. — ~,**röh·re** f screen grid tube (bes. Br. valve). — ~,**span·nung** f screen grid voltage. — ~,**strom** m screen grid current.

'**Schirm,griff** m umbrella handle (od. crook).

'**Schirm,herr** m **1.** protector, guardian, patron. – **2.** (einer Veranstaltung etc) patron, sponsor. — ~,**her·rin** f **1.** protectress, protectrix (lit.), lady guardian, patroness. – **2.** (einer Veranstaltung etc) patroness, sponsor. — ~,**herr·schaft** f **1.** protection, guardianship. – **2.** (bei Veranstaltungen etc) patronage, sponsorship, auspices pl; aegis, auch egis (lit.): unter der ~ von under the patronage of.

'**Schirm|,hül·le** f umbrella case. — ~iso,**la·tor** m electr. umbrella-type insulator.

'**Schirm,ling** m ⟨-s; -e⟩ bot. parasol mushroom (Lepiota procera).

'**Schirm|,ma·cher** m ⟨-s; -⟩ umbrella maker. — ~,**moos** n bot. gland moss (Fam. Splachnaceae). — ~,**müt·ze** f peaked (od. visored, auch vizored) cap. — ~,**pal·me** f bot. umbrella palm (Hedyscepe canterburyana): **Indische** ~ tokopat (Livistona jenkinsiana). — ~,**pilz** m cf. Schirmling. — ~,**qual·le** f zo. umbrella jellyfish, (scypho)medusa (scient.) (Klasse Scyphozoa). — ~,**stän·der** m umbrella stand. — ~,**tan·ne** f bot. **1.** Brazilian pine (Araucaria angustifolia). – **2.** cf. Schirmfichte. — ~,**über,zug** m **1.** (Bespannung) umbrella cover(ing). – **2.** cf. Schirmhülle. — ~,**vo·gel** m zo. ornate umbrella bird (Cephalopterus ornatus). — ~,**wand** f cf. Schirm 5. — ~,**wir·kung** f electr. screening effect.

Schi·rok·ko [ʃi'rɔko] m ⟨-s; -s⟩ sirocco, auch scirocco.

'**Schirr·an·ti,lo·pe** f zo. bushbuck, guib (Tragelaphus scriptus).

schir·ren ['ʃɪrən] v/t ⟨h⟩ archaic **1.** cf. anschirren. – **2.** ein Pferd an (acc) (od. vor acc) etwas ~ to harness (od. put) a horse to s.th.

'**Schirr,mei·ster** m **1.** mil. Am. motor sergeant, Br. motor transport sergeant, sergeant in charge of transport. – **2.** obs. (Aufseher in Pferdeställen) head hostler (bes. Br. ostler).

Schir·ting ['ʃɪrtɪŋ] m ⟨-s; -e u. -s⟩ (Baumwollgewebe) shirting.

Schis·ma ['ʃɪsma; 'sçɪs-] n ⟨-s; Schismen u. -ta [-ta]⟩ bes. relig. schism. — **Schis·'ma·ti·ker** [-'maːtikər] m ⟨-s; -⟩ schismatic, schismatist. — **schis·'ma·tisch** [-'maːtɪʃ] adj schismatic(al).

schiß [ʃɪs] 1 u. 3 sg pret of scheißen.

Schiß m ⟨-sses; no pl⟩ **1.** vulg. shit, 'crap' (beide vulg.). – **2.** fig. vulg. ~ haben to have the wind up (sl.); ~ haben (vor dat od. vor) to be in a (blue) funk (colloq.); ~ kriegen to get cold feet, to get into a (blue) funk (colloq.), to get the wind up (sl.).

Schi·sto·so·mia·sis [ʃɪstoso'miːazɪs; sçɪs-] f ⟨-; no pl⟩ med. schistosomiasis, bilharziasis.

Schi·wa ['ʃiːva] npr m ⟨-s; no pl⟩ (indische Gottheit) Shiva, Siva.

schi·zo·gen [ʃitso'geːn; sçi-] adj biol. schizogonous, schizogenous, schizogenic, schizogenetic. — **Schi·zo·go'nie** [-go'niː] f ⟨-; no pl⟩ schizogony.

schi·zo·id [ʃitso'iːt; sçi-] adj med. psych. schizophrenic, schizoid.

Schi·zo·my·zet [ʃitsomyˈtseːt; sçi-] m ⟨-en; -en⟩ meist pl biol. schizomycete.

schi·zo·phren [ʃitso'freːn; sçi-] adj med. psych. auch fig. schizophrenic, schizothymic. — **Schi·zo'phre·ne** m, f ⟨-n; -n⟩ psych. schizophrenic, schizophreniac, schizophrene. — **Schi·zo·phre'nie** [-fre'niː] f ⟨-; -n [-ən]⟩ auch fig. schizophrenia.

Schi·zo·phy·ten [ʃitso'fyːtən; sçi-] pl biol. (Bakterien u. Blaualgen) schizophytes.

schi·zo·thym [ʃitso'tyːm; sçi-] adj med. psych. schizothymic, auch schizothymous.

Schlab·be'rei f ⟨-; no pl⟩ colloq. **1.** cf. Schlabbern. – **2.** cf. Geschwätz.

'**schlab·be·rig** adj **1.** (Suppe etc) watery. – **2.** (feucht u. weich) jellylike, gelatinous. – **3.** fig. cf. geschwätzig.

'**Schlab·ber|,latz** m, ~,**lätz·chen** n colloq. bib, bes. Br. feeder.

schlab·bern ['ʃlabərn] colloq. **I** v/t ⟨h⟩ **1.** (Suppe etc) slop (od. lap) (s.th.) (up). – **2.** sich (dat) etwas auf (acc) etwas ~ to spill s.th. on s.th. – **3.** fig. (Unsinn etc) drivel, babble. – **II** v/i **4.** (kleckern) spill. – **5.** (schlürfend trinken od. essen) slop, lap. – **6.** fig. (schwatzen) drivel, babble, Am. colloq. drool. – **7.** fig. (von Wasser, Wellen etc) lap, splash. – **8.** cf. sabbern. – **III S~** n ⟨-s⟩ **9.** verbal noun.

'**schlabb·rig** adj colloq. cf. schlabberig.

Schlacht [ʃlaxt] f ⟨-; -en⟩ battle: eine entscheidende [wilde] ~ a decisive [fierce] battle; eine regelrechte ~ a pitched battle; die ~ bei (od. von) a) the battle of, b) (Seeschlacht) the battle of(f); die ~ an der Marne [um Stalingrad] the battle of the Marne [for Stalingrad]; er ist in der ~ bei Verdun gefallen he was killed in (od. at) the battle of (od. in action at) Verdun; die ~ gewinnen to win the battle, to win (od. carry) the day; er hatte die ~ verloren he had lost the battle; sie lieferten sich eine blutige ~ they were engaged in a bloody battle; dem Feind eine ~ liefern to give battle to (od. do battle with, fight a battle against) the enemy; vor der Stadt tobte eine ~ a battle was raging before the town; in die ~ ziehen to go into battle (od. action); es kam zur ~ it came to a battle, a battle was fought; wir haben zusammen so manche ~ geschlagen fig. we fought many a battle together; er stand wie ein Turm in der ~ fig. he stood like a rock in (the midst of) the battle.

'**Schlacht|,ab,fäl·le** pl (der Fleischerei) offal sg. — ~,**bank** f ⟨-; ⸚e⟩ **1.** slaughtering block: j-n (wie ein Lamm) zur ~ führen fig. to lead s.o. (like a lamb) to the slaughter. – **2.** cf. Schlachthaus. — ~,**beil** n **1.** (des Fleischers) butcher's ax(e) (od. cleaver). – **2.** hist. cf. Streitaxt. — ~,**block** m ⟨-(e)s; ⸚e⟩ cf. Schlachtbank 1.

schlach·ten ['ʃlaxtən] **I** v/t ⟨h⟩ **1.** (Vieh etc) slaughter, kill, butcher. – **2.** (Geflügel, Hasen etc) kill. – **3.** (Opfertiere) kill, slaughter, sacrifice, immolate. – **4.** ein Sparschwein ~ fig. colloq. humor. to rob (od. break open) a piggy bank. – **II** v/i **5.** slaughter an animal (od. animals): der Bauer hat frisch geschlachtet the farmer has recently slaughtered an animal. – **III S~** n ⟨-s⟩ **6.** verbal noun. – **7.** slaughter, kill.

'**Schlach·ten|,bumm·ler** m (sport) colloq. fan (colloq.), follower, supporter. — ~,**glück** n mil. fortune(s pl) of (od. in) war. — ~,**ma·ler** m (art) painter of battle pieces.

'**Schlach·ter** m ⟨-s; -⟩ **1.** (auf dem Schlachthof) slaughterer, slaughterman. – **2.** Northern G. (Fleischer) butcher.

Schläch·ter ['ʃlɛçtər] m ⟨-s; -⟩ **1.** cf. Schlachter. – **2.** fig. butcher, slaughterer.

Schlach·te'rei f ⟨-; -en⟩ Northern G. **1.** (Fleischerei) butcher's shop. – **2.** ⟨only sg⟩ (Fleischergewerbe) butcher's trade, butchery.

Schläch·te'rei f ⟨-; -en⟩ **1.** cf. Schlachterei. – **2.** ⟨only sg⟩ fig. (Blutbad) butchery, slaughter, massacre, carnage (lit.).

'**Schlacht|,feld** n battleground, battlefield, field (lit.): das ~ behaupten fig. lit. to win the battle, to win (od. carry) the day, to be victorious; sein Zimmer sah aus wie ein ~ fig. colloq. his room was a shambles (od. was topsy-turvy), his room was at sixes and sevens. — ~,**fest** n meal at a farm consisting of fresh pork, fresh homemade pork sausages, sauerkraut, etc. — ~,**fleisch** n butcher's meat. — ~,**flie·ger** m aer. mil. **1.** fighter bomber, ground attack aircraft. – **2.** fighter pilot. — ~,**flot·te** f mar. mil. battle fleet. — ~ge,**flü·gel** n poultry for the table. — **~ge₁sang** *m* battle (*od.* war) song. — **~ge₁schwa·der** *n mar. mil.* battle squadron. — **~ge₁tüm·mel** *n auch fig.* din (*od.* turmoil) of battle, melee, *bes. Br.* mêlée: mitten im ~ in the thick of the battle. — **~ge₁wicht** *n* dead weight. — **~ge₁wühl** *n cf.* Schlachtgetümmel. — **~₁haus** *n*, **~₁hof** *m* slaughterhouse, abattoir, *bes. Br.* butchery, *Am. auch* meatworks *pl* (*construed as sg or pl*). — **~₁kreu·zer** *m mar. mil.* battle cruiser. — **~₁li·nie** *f mil.* line of battle, fighting (*od.* battle) line. — **~₁mes·ser** *n* butcher's (*od.* butchering, slaughtering) knife. — **~₁och·se** *m* stalled ox (*od.* steer), ox (*od.* steer) bred for slaughter. — **~₁op·fer** *n* 1. *bes. relig.* (*Opferhandlung*) sacrifice. – 2. (*Opfertier*) sacrifice, victim. — **~₁ord·nung** *f mil. hist.* battle order, (battle) array: Truppen in ~ aufstellen to draw up (*od.* marshal) troops in battle order, to array troops. — **~₁pferd** *n* 1. *mil. hist. cf.* Schlachtroß. - 2. horse for butchering. — **~₁plan** *m* 1. *mil.* plan of battle (*od.* action, operations). - 2. *fig.* plan of action (*od.* operations): einen ~ entwerfen to draw up (*od.* draft, work out) a plan of action. — **~₁plat·te** *f gastr. cf.* Schlachtschüssel. — **s~₁reif** *adj* (*Vieh*) ready for slaughtering (*od.* killing), killable, ripe. — **~₁rei·he** *f mil. hist.* line of battle. — **~₁rin·der** *pl agr.* beef cattle *sg* (*usually construed as pl*). — **~₁roß** *n mil. hist.* war-horse, charger. — **~₁ruf** *m mil.* battle cry (*od.* call), war cry. — **~₁schiff** *n mar. mil.* battleship, (*bes. großes*) battle waggon (*bes. Am.* wagon) (*sl.*). — **~₁schüs·sel** *f gastr.* selection of pork, pork sausages, sauerkraut, *etc*. — **~schwert** *n mil. hist.* battle sword, broadsword. — **~₁sze·ne** *f* (*art*) (*literature*) battle piece. — **~₁tag** *m* slaughter (*od.* killing) day.

'Schlach·tung *f* ⟨-; -en⟩ *cf.* Schlachten.
'Schlacht₁vieh *n agr.* animals *pl* for slaughter. — **~be₁schau** *f cf.* Fleischbeschau 1. — **~₁markt** *m* beef (*od.* slaughter) cattle market.

Schlacke (*getr.* -k·k-) ['ʃlakə] *f* ⟨-; -n⟩ 1. (*Kohlenrückstand*) cinders *pl*: den Ofen von ~ reinigen to take out (*od.* remove) the cinders from the stove. - 2. *tech. metall.* slag, cinder, clinker. - 3. *pl med.* waste products (*od.* materials). - 4. *chem.* slag, cinder, residue. - 5. *geol.* (*vulkanische*) (volcanic) slag (*od.* clinker, *scient.* scoria). — **s~₁bil·dend** *adj* 1. *metall.* slag-forming, ash-forming. - 2. *med.* leading to the production of waste products.

schlacken (*getr.* -k·k-) ['ʃlakən] **I** *v/i* ⟨h⟩ *tech. metall.* (*von Kohle, Erz etc*) clinker, (form) slag. — **II** *v/impers* es schlackt *Low G.* (*bei Schneeregen*) it sleets.
'Schlacken₁ab₁stich (*getr.* -k·k-) *m metall.* 1. tapping of the slag. - 2. *cf.* Schlackenabstichloch. — **~₁loch** *n* slag (*od.* cinder) hole (*od.* notch). — **~₁rin·ne** *f* slag spout.
'schlacken₁ar·tig (*getr.* -k·k-) *adj* 1. *tech. metall.* slaggy, clinkery. - 2. *geol.* slaggy, clinkery, scoriaceous (*scient.*).
'Schlacken|₁aus₁fluß (*getr.* -k·k-) *m metall.* (*der Gießpfanne*) slag outflow. — **~₁bahn** *f* (*sport*) *cf.* Aschenbahn 1. — **~be₁ton** *m tech.* slag concrete. — **~₁ein₁schluß** *m metall.* slag inclusion. — **s~₁frei** *adj* (*Kohle, Eisen etc*) free from slag, slagless, nonclinkering *Br.* non-. — **~₁frisch·re·ak·ti₁on** *f* (*Martinverfahren*) lime boil. — **~₁gru·be** *f* slag (*od.* cinder) pit. — **~₁hal·de** *f* slag (*od.* cinder) dump, cinder yard. — **~₁loch** *n* slag pit. — **~₁pfan·ne** *f* slag ladle. — **~₁re·gen** *m geol.* rain of slag. — **~₁stein** *m* slag brick, cinder block. — **~₁stich₁loch** *n* slag (*od.* cinder) notch, slag hole. — **~₁wa·gen** *m* slag ladle car. — **~₁wol·le** *f* slag (*od.* mineral) wool, cinder hair. — **~ze₁ment** *m* slag cement. — **~₁zie·gel** *m cf.* Schlackenstein.
schlackern (*getr.* -k·k-) ['ʃlakərn] **I** *v/i* ⟨h⟩ (*von zu großen Kleidungsstücken etc*) flap: mit den Armen [Beinen] ~ to flap one's arms [legs]; da kann man ja nur noch mit den Ohren ~! *fig. colloq.* that takes your breath away, that leaves you speechless. - **II** *v/impers* es schlackert *Low G.* (*bei Schneeregen*) it sleets.
'Schlacker|₁schnee (*getr.* -k·k-) *m Low G.* sleet. — **~₁wet·ter** *n* sleety weather.
'schlackig (*getr.* -k·k-) *adj* 1. *tech. metall.* slaggy, cindery, clinkering. - 2. *geol.*

slaggy; scoriaceous, scoriac (*scient.*). - 3. *Low G.* (*Schnee, Wetter etc*) sleety.
'Schlack₁wurst *f gastr. Northern G.* for Zervelatwurst.
Schlaf [ʃla:f] *m* ⟨-(e)s; *no pl*⟩ sleep, shut-eye (*sl.*), *Br. sl.* doss: kurzer ~ short sleep, nap; unruhiger [erquickender] ~ uneasy (*od.* restless) [refreshing] sleep; einen leichten [festen (*od.* gesunden, guten)] ~ haben to be a light [sound] sleeper; ~ haben *colloq.* to be (*od.* feel) sleepy; der ~ vor Mitternacht the sleep before midnight, the beauty sleep; in tiefem ~ liegen to be fast (*od.* sound) asleep ~ sie fiel (*od.* sank) in ~ she fell asleep, she dropped off; ein Kind in den ~ singen (*od.* lullen) [wiegen] to sing (*od.* lull) [to rock] a child to sleep; j-n in hypnotischen ~ versetzen (*od.* versenken) to put s.o. into a hypnotic sleep; er redet im ~ he talks in his sleep; der ~ übermannte (*od.* überkam, überfiel) ihn sleep overcame him; gegen den ~ ankämpfen to fight off sleep(iness); eine Mütze (*od.* ein Auge) voll ~ nehmen *humor.* to have a snooze (*od.* [one's] forty winks) (*colloq.*); ich brauche täglich acht Stunden ~ I need eight hours' sleep a day; er schlief den ~ des Gerechten *colloq.* he slept the sleep of the just; den ewigen (*od.* letzten) ~ tun (*od.* halten, schlafen) *poet.* to sleep the eternal sleep (*od.* one's last sleep); aus dem (*od.* vom) ~ erwachen to waken (*od. lit.* [a]wake) from sleep; aus dem ~ auffahren (*od.* hochfahren) to start from one's sleep, to wake up with a start; j-n aus dem ~ reißen to rouse s.o. from (his) sleep; noch halb im ~ sagte er still half asleep he said; sich (*dat*) den ~ aus den Augen reiben to rub the sleep out of one's eyes; sie konnte lange keinen ~ finden she could not get to sleep for a long time; die Sorge um ihn raubte ihr (*od.* brachte sie um) den ~ the worry about him robbed her of her sleep; im ~ sterben to die in one's sleep; etwas im ~ tun (können) *fig. colloq.* (to be able) to do s.th. in one's sleep (*od.* with one's eyes closed, blindfold, *sl.* on one's head); ich kann das Gedicht [meine Rolle] im ~ *fig. colloq.* I know the poem [my part] off backward(s); den Seinen gibt's der Herr im ~ *fig. colloq.* fortune favo(u)rs fools.
'Schlaf|₁ab₁teil *n* (*railway*) *cf.* Schlafwagenabteil. — **~₁an₁fall** *m med.* narcoleptic attack. — **~₁an₁zug** *m* 1. *bes. Am.* pajamas *pl, bes. Br.* pyjamas *pl.* - 2. (*einteiliger, für Kinder*) sleeping suit, *Am. auch* sleeper. — **~be₁darf** *m* sleep requirement. — **~be₁we·gung** *f bot.* (*der Pflanzen*) sleep (*od. scient.* nyctinastic) movement, nyctinasty (*scient.*). — **s~₁brin·gend** *adj med.* soporific, hypnotic. — **~₁bur·sche** *m* night lodger.
Schläf·chen ['ʃlɛːfçən] *n* ⟨-s; *no pl*⟩ 1. *dim.* of Schlaf. - 2. nap, snooze (*colloq.*): ein ~ machen (*od.* halten) to take a nap; to snooze, to have a snooze (*od.* [one's] forty winks) (*colloq.*), to catch some shut-eye (*sl.*).
'Schlaf|₁couch *f* a) divan (bed), b) (*Doppelbettcouch*) studio couch, c) (*Wiener Bank*) sofa bed. — **~₁decke** (*getr.* -k·k-) *f* blanket.
Schlä·fe ['ʃlɛːfə] *f* ⟨-; -n⟩ temple: ein Herr mit grauen ~n a gentleman with greying temples, a silver-templed gentleman; das Blut pochte (*od.* hämmerte) in seinen ~n his blood pulsated (*od.* throbbed, thundered) in his temples.
schla·fen ['ʃlaːfən] **I** *v/i* ⟨schläft, schlief, geschlafen, h⟩ 1. sleep, be asleep: tief (*od.* fest, tief und fest) ~ to be fast asleep, to sleep soundly; traumlos ~ to have (*od.* sleep) a dreamless sleep; gute Nacht! schlafe gut (*od.* wohl)! good night! sleep well (*od. colloq.* tight)! du hast aber lange geschlafen! well, you slept a long time! well, you had a long sleep! am Sonntag ~ wir länger we sleep late (*od.* long) on Sundays, we have a lie-in on Sundays (*colloq.*); zu lange ~ to oversleep; bis (weit) in den Tag hinein (*od. colloq.* bis in die Puppen) ~ to sleep till all hours; er hat den ganzen Morgen geschlafen he slept all morning, he slept away the morning; 12 Stunden (*od.* einmal um die Uhr) ~ to sleep 12 hours (*od.* round the clock, the clock round); er schläft wie ein Murmeltier (*od.* Klotz, Stein, Ratz, Sack) *colloq.* he sleeps like a top (*od.* log, dor-

mouse); ich kann nicht ~ I cannot (get to) sleep; ich habe die ganze Nacht nicht geschlafen I did not sleep (a wink) all night; ich habe zu wenig [zu lange] geschlafen I have had too little [too much] sleep; die Sorge ließ ihn nicht ~ the worry would not let him sleep, the worry kept him awake; laß ihn doch (noch) ~! let him sleep (on)! ~ gehen, sich ~ legen to go to bed, to retire, to turn in (*colloq.*), to hit the hay (*od.* sack) (*sl.*); ein Kind ~ legen to put a child to sleep (*od.* bed), to put a child down (*colloq.*); mit j-m in einem Bett ~ to share a bed with s.o.; in seinen Kleidern ~ to sleep in one's clothes (*od.* with one's clothes on); im Stehen ~ to sleep on one's feet; mit offenen Augen ~ *fig.* (*träumen*) to daydream; sie ~ getrennt they sleep apart, they do not sleep together; sich gesund ~ to sleep oneself back to health; wer schläft, sündigt nicht (*Sprichwort*) he who sleeps does not sin; sein Ehrgeiz ließ ihn nicht ~ *fig.* his ambition gave him no rest (*od.* peace); ~ Sie (einmal) darüber! *fig.* sleep on (*od.* over) it! - 2. (*übernachten*) sleep, spend (*od. colloq.* stay) the night: kann ich heute Nacht bei euch ~? may I spend the night with you? may I sleep at your place tonight? - 3. mit j-m ~ (*Geschlechtsverkehr haben*) to sleep with s.o., to spend the night with s.o., to make love to s.o. - 4. *fig. colloq.* (*nicht aufpassen*) not pay attention, dream: in der Schule schläft er immer he never pays attention (*od.* he is always half asleep) at school; Verzeihung, jetzt habe ich geschlafen! sorry, I was not paying attention (*od.* listening)! schlaf nicht! pay attention! - **II** *v/t* 5. → Schlaf.
'Schlä·fen|₁ader *f med.* temporal artery. — **~₁bein** *n* temporal bone.
'schla·fend **I** *pres p.* - **II** *adj* sleeping, dormant: sich ~ stellen to pretend to be asleep; ein ~er Riese *fig.* a sleeping (*od.* slumbering) giant.
'Schlä·fen₁ge·gend *f med.* temporal region.
'Schla·fen₁ge·hen *n only in* vor dem [beim] ~ before [when, on] going to bed (*od.* retiring).
'Schlä·fen|₁gru·be *f med.* temporal fossa. — **~₁lap·pen** *m* temporal lobe.
'Schla·fens₁zeit *f* ⟨-; *no pl*⟩ bedtime: es ist ~, Kinder! (it's) bedtime (*od.* it's time to go to bed), children!
Schlä·fer ['ʃlɛːfər] *m* ⟨-s; -⟩, **'Schlä·fe·rin** *f* ⟨-; -nen⟩ sleeper.
schlä·fern ['ʃlɛːfərn] *v/impers* ⟨h⟩ mich schläfert, es schläfert mich I am (*od.* feel) sleepy (*od.* drowsy).
'schlaf|er·re·gend, **~er₁zeu·gend** *adj med. pharm.* hypnotic, sleep-inducing.
schlaff [ʃlaf] **I** *adj* ⟨-er; -(e)st⟩ 1. (*Haut*) flabby, flaccid, drooping: ihre Haut war ~ geworden her skin had become flabby (*od.* had begun to droop). - 2. (*Fleisch, Gewebe, Muskeln etc*) flabby, flaccid. - 3. (*Körper, Glieder, Haltung etc*) limp, droopy, languid: er ist durch die Krankheit sehr ~ geworden he has become very limp from the disease. - 4. (*Hand, Händedruck etc*) limp, flabby. - 5. (*Seil, Schnur etc*) slack, drooping. - 6. (*Segel*) slack, limp, drooping: die Segel wurden ~ the sails became slack, the sails slackened (*od.* began to droop). - 7. (*Ballon, Hülle etc*) flabby, limp, slack. - 8. (*Moral, Grundsätze etc*) lax, loose. - 9. (*Disziplin, Amtsführung etc*) lax. - 10. (*abgestumpft, träge*) languid, sluggish, lethargic. - 11. *econ.* (*Geschäftsgang, Börse etc*) slack, dull. - 12. *ling.* (*Artikulation*) lax. - **II** *adv* 13. seine Arme [die Segel] hingen ~ herab his arms [the sails] hung (down) limp (*od.* loose); sie lag ~ im Sessel she lay limply (*od.* languidly) in the armchair. — **'Schlaff·heit** *f* ⟨-; *no pl*⟩ 1. (*der Haut*) flabbiness, flaccidity, *auch* droopingness. - 2. (*des Fleisches, Gewebes, der Muskeln etc*) flabbiness, flaccidity, *auch* flaccidness. - 3. (*des Körpers, der Glieder, Haltung etc*) limpness, droop, languor, languidness. - 4. (*der Hand, des Händedrucks etc*) limpness, flabbiness. - 5. (*eines Seils etc*) slackness, droop. - 6. (*der Moral, Grundsätze etc*) laxity, laxness, looseness. - 7. (*der Disziplin, Amtsführung etc*) laxity, laxness. - 8. (*Trägheit*) languor, languidness, sluggishness, lethargy. - 9. *econ.* (*der Börse etc*) slackness, dullness.

'**Schlaf**|**for·schung** f med. psych. sleep research. — ~**gän·ger** m ⟨-s; -⟩ cf. Schlafbursche. — ~**gast** m overnight guest. — ~**ge**|**fähr·te** m **1.** bedfellow, bedmate. - **2.** (Zimmergefährte) roommate, Br. room-mate. — ~**ge**|**fähr·tin** f **1.** bedmate, bedfellow. - **2.** obs. (Geliebte) bedmate, mistress. - **3.** (Zimmergefährtin) roommate, Br. room-mate. — ~**geld** n (in Herbergen etc) lodging (Br. sl. doss, Am. sl. flophouse) money, lodging allowance. — ~**ge**,**le·gen·heit** f sleeping accommodation: das Zimmer bietet fünf Personen ~ the room sleeps five people. — ~**ge**,**mach** n lit. bedchamber, bedroom. — ~**ge**,**nos·se** m cf. Schlafgefährte. — ~**ge**,**nos·sin** f cf. Schlafgefährtin.

Schla·fitt·chen [ʃla'fɪtçən] n ⟨-s; no pl⟩ only in j-n am (od. beim) ~ nehmen (od. fassen, packen, kriegen) colloq. a) to take (hold of (od. grab)) s.o. by the collar (od. by the scruff of the neck), to collar s.o., b) fig. (zurechtweisen) to give s.o. a good dressing down (od. colloq. a good talking to), to haul (od. drag) s.o. over the coals.

'**Schlaf**|**ka**,**bi·ne** f (in Lastzügen etc) sleeping cabin. — ~**kam·mer** f small bedroom. — ~**ko·je** f (in Liegewagen, auf Schiffen etc) (sleeping) berth, bunk. — ~**krank·heit** f ⟨-; no pl⟩ med. sleeping sickness; African lethargy (od. meningitis), trypanosomiasis (scient.): südamerikanische ~ Chagas (od. Cruz's) disease, American (od. Brazilian) trypanosomiasis. — ~**lied** n lullaby.

'**schlaf·los** adj sleepless, wakeful: eine ~e Nacht verbringen to spend (od. have) a sleepless night; sie lag stundenlang ~ she lay awake for hours; sich ~ herumwälzen to twist and turn sleeplessly (od. wakefully). — '**Schlaf·lo·sig·keit** f ⟨-; no pl⟩ sleeplessness, wakefulness; insomnia, agrypnia (scient.): an ~ leiden to suffer from sleeplessness, to be an insomniac.

'**Schlaf**|**lust** f ⟨-; no pl⟩ sleepiness, drowsiness. — s~**ma·chend** adj causing sleep; hypnotic, hypnagogic, soporific (scient.).

'**Schlaf**,**mit·tel** n med. pharm. sleeping drug (od. pill); hypnotic, soporific (scient.): dieser Mensch ist für mich das reinste ~ colloq. contempt. that fellow sends me to sleep (colloq.). — ~**sucht** f ⟨-; no pl⟩ med. (drugs, scient. soporifics). — ~**ver**,**gif·tung** f barbiturate (od. soporific) poisoning (od. intoxication).

'**Schlaf**,**müt·ze** f **1.** nightcap. - **2.** fig. colloq. humor. (Langschläfer) sleepyhead, lie-abed, slugabed. - **3.** fig. colloq. humor. (unachtsamer Mensch) sleepyhead: du alte ~! you old sleepy(head)! - **4.** fig. colloq. contempt. (langsamer, träger Mensch) sleepyhead, slow coach, bes. Am. slowpoke. — '**schlaf**,**müt·zig** adj fig. colloq. humor. sleepy, sluggish. — '**Schlaf**,**müt·zig·keit** f ⟨-; no pl⟩ fig. colloq. humor. sleepiness, sluggishness.

'**Schlaf**|,**pil·le** f med. pharm. colloq. for Schlaftablette. — ~**pul·ver** n sleeping powder. — ~**pup·pe** f (Spielzeug) sleeping doll. — ~**rat·te** f, ~**ratz** m colloq. humor. cf. a) Schlafsaal, b) Schlafzimmer. — ~**raum** m **1.** cf. a) Schlafsaal, b) Schlafzimmer. - **2.** ⟨only sg⟩ cf. Schlafgelegenheit.

'**schläf·rig** adj **1.** sleepy, drowsy, dozy, somnolent (lit.): die Hitze macht einen ganz ~ the heat makes one quite sleepy (od. sends one to sleep), the heat drowses one. - **2.** fig. (Stimme, Redeweise, Ticken, Wetter etc) drowsy, soporific, somnolent (lit.). - **3.** fig. (träge, schlafmützig) sleepy, sluggish. — '**Schläf·rig·keit** f ⟨-; no pl⟩ **1.** sleepiness, drowsiness; somnolence, auch somnolency (lit.). - **2.** fig. (der Stimme, Redeweise etc) drowsiness; somnolence, auch somnolency (lit.). - **3.** fig. (Trägheit) sleepiness, sluggishness.

'**Schlaf**|,**rock** m dressing gown, Am. auch robe. — ~**saal** m dormitory. — ~**sack** m sleeping bag: in den ~ kriechen to climb into one's sleeping bag. — ~**so·fa** n sofa bed.

schläfst [ʃlɛːfst] 2 sg pres of schlafen.

'**Schlaf**|,**stadt** f dormitory suburb, Am. bedroom town. — ~**stel·le** f sleeping place (od. accommodation): eine ~ bei j-m haben to have sleeping accommodation

(od. a sleeping place) at s.o.'s. — ~,**stö·rung** f **1.** sleep disturbance. - **2.** pl med. sleep disturbances, troubled (od. disturbed) sleep sg, somnipathies (scient.). — ~**stu·be** f cf. Schlafzimmer 1. — ~**sucht** f ⟨-; no pl⟩ med. hypersomnia, narcolepsy. — s~,**süch·tig** adj suffering from hypersomnia, narcoleptic.

schläft [ʃlɛːft] 3 sg pres of schlafen.

'**Schlaf**|**ta**,**blet·te** f med. pharm. sleeping tablet (od. pill). — ~,**trunk** m **1.** bes. med. sleeping potion (od. cup, draft, bes. Br. draught). - **2.** colloq. humor. (Schnäpschen etc) nightcap.

'**schlaf**,**trun·ken** I adj drunk (od. drugged) with sleep, somnolent (lit.). - II adv j-n ~ ansehen to look at s.o. still half asleep. — '**Schlaf**,**trun·ken·heit** f ⟨-; no pl⟩ somnolence.

'**Schlaf**,**wa·gen** m (railway) sleeping car (Br. auch carriage), sleeper, Am. auch Pullman (car). — ~,**ab·teil** n sleeping car compartment, sleeper section. — ~,**schaff·ner** m Br. sleeping car attendant, Am. sleeping car (auch Pullman) porter. — ~**zug** m sleeping car (Am. auch Pullman) train.

'**schlaf**,**wan·deln** I v/i ⟨insep, ge-, h, auch sein⟩ **1.** walk in one's sleep, somnambulate (scient.). - II S~ n ⟨-s⟩ **2.** verbal noun. - **3.** sleepwalking; somnambulism, somnambulation (scient.). — '**Schlaf**,**wand·ler** m ⟨-s; -⟩, '**Schlaf**,**wand·le·rin** f ⟨-; -nen⟩ sleepwalker; somnambulist, somnambule (scient.). — '**schlaf**,**wand·le·risch** adj somnambuli(sti)c: mit ~er Sicherheit fand er den Weg ~ he found the way with the (self-)assurance of a sleepwalker.

'**Schlaf**,**zim·mer** n **1.** bedroom: sie haben getrennte ~ they have separate bedrooms, they sleep apart. - **2.** bedroom suite. — ~,**au·gen** pl, ~,**blick** m fig. colloq. bedroom (od. colloq. come-to-bed[-with-me]) eyes pl.

Schlag [ʃlaːk] m ⟨-(e)s; ⁓e⟩ **1.** (mit einem harten Gegenstand) blow, thump, thwack, hit, whack, (weniger heftig) knock, buffet: ein ~ mit dem Hammer a blow with the hammer; er gab ihm einen ~ auf den Kopf he gave him a blow on the head, he thumped (od. hit, thwacked, whacked) him on the head; er versetzte ihm mehrere Schläge mit einem Knüppel he dealt (od. gave) him several blows with a club; Schläge klatschten (od. prasselten) auf ihn nieder blows rained down on him; ich habe heute noch keinen ~ getan fig. colloq. today I haven't done a stroke of work yet. - **2.** (mit der Faust) blow, punch, bash, smasher; sock, slosh, biff (sl.): ein fürchterlicher ~ traf ihn an der Kinnspitze a crushing punch hit him on the point of the chin; j-m einen ~ aufs Auge versetzen to give (od. shoot, sl. land) s.o. a blow in the eye, to bash (od. sl. sock, slosh) s.o. in the eye; er teilte nach allen Seiten Schläge aus he dealt blows all round, he dealt blows right, left and center (bes. Br. centre); sie brach unter den Schlägen zusammen she collapsed under the blows. - **3.** (mit der flachen Hand) slap, smack, cuff, (leichter) pat, tap: ein ~ ins Gesicht auch fig. a slap in the face, a smack in the eye; die Absage war für ihn wie ein ~ ins Gesicht (od. war für ihn ein ~ ins Kontor) fig. the refusal was a slap in the face for him; er gab ihm einen ~ auf die Schulter he gave him a slap (od. he slapped him) on the shoulder; die Aktion war ein ~ ins Wasser fig. the action was a fiasco (od. colloq. washout, sl. flop). - **4.** (mit der Peitsche) lash, stroke. - **5.** (mit einem Schwert, Degen etc) stroke, blow: einen ~ gegen j-n führen to aim a blow against s.o.; sie führten einen vernichtenden ~ gegen den Feind fig. they dealt (od. gave) the enemy a fatal (od. destructive) blow; zum entscheidenden ~ ausholen (od. ansetzen) fig. to make ready for the decisive blow. - **6.** fig. (in Wendungen wie) mit einem ~(e), auf einen ~ a) (auf einmal, zugleich) at a time, at the same time, at once, at a stroke, at one blow (od. colloq. go), at one (fell) swoop, b) fig. (ganz plötzlich) all at once, all of a sudden: er ist mit einem ~(e) berühmt geworden he became famous all at once (od. overnight); he became famous in (less than) no time; ~ auf ~ trafen neue Unglücksmeldungen ein reports of disaster

arrived in quick succession (od. one after the other); nun ging alles ~ auf ~ from then on everything went like clockwork (od. with clockwork precision). - **7.** pl (Prügel) beating sg, thrashing sg, hiding sg, (auf das Hinterteil) auch spanking sg: Schläge bekommen (od. colloq. kriegen) to get a thrashing, to be thrashed; tu das nicht wieder, sonst gibt es (od. setzt es) Schläge! don't do that again or I'll thrash you (od. or you'll catch it)! j-m Schläge geben to give s.o. a thrashing. - **8.** fig. (Schicksalsschlag) blow, buffet of fate: das war ein ziemlich schwerer (od. harter) ~ für sie that was quite a heavy blow for her; ein ~, von dem er sich nie wieder erholen sollte a blow from which he was never to recover. - **9.** (der Uhr, Glocke etc) stroke, sound: der dumpfe ~ der Kirchturmuhr the deep (od. muffled) sound (od. the boom) of the church tower clock; ~ zehn Uhr on the stroke (od. colloq. dot) of 10, at 10 o'clock sharp. - **10.** (des Herzens, Pulses) beat: zwei Herzen und ein ~ fig. poet. two hearts beating in unison. - **11.** (der Nachtigall, Lerchen, Finken etc) warble, caroling, bes. Br. carolling, song. - **12.** (Ton der Laute, Harfe, Zither etc) song, sound. - **13.** (Ton des Hammers, Gongs etc) ring, clang. - **14.** (Ton der Axt, des Beils etc) thwack. - **15.** (Ton der Hufe) clip-clop, clatter. - **16.** (Ton der Trommel) roll, beat. - **17.** (Ton der Pauke) beat. - **18.** (Donnerschlag) clap: die Nachricht kam wie ein ~ aus heiterem Himmel fig. the news was a bolt from (od. out of) the blue. - **19.** (Blitzschlag) stroke: ein kalter ~ a cold stroke. - **20.** (der Ruder) stroke. - **21.** (der Wellen, Flügel) beat. - **22.** (der Segel) flap. - **23.** (des Pendels) stroke, oscillation. - **24.** (Taktschlag) beat. - **25.** (elektrischer) ~ (electric) shock: ich habe einen ~ bekommen I got an electric shock. - **26.** (einer Schallplatte) wobble. - **27.** colloq. (Schlaganfall) stroke; apoplexy, apoplectic stroke (scient.): der ~ hat ihn getroffen he had a stroke; ich war wie vom ~(e) gerührt, ich dachte, mich trifft (od. rührt) der ~ colloq. (vor Erstaunen, Entsetzen etc) I was thunderstruck, I was as if struck by lightning, I nearly died (colloq.). - **28.** colloq. (Aufprall, Aufschlag) thud, thump: es tat einen (dumpfen) ~ there was a (dull) thud. - **29.** (Wagenschlag) (carriage od. coach) door: die Diener rissen die Schläge auf the servants swept open the doors. - **30.** colloq. (Portion Essen) helping, serving: sich (dat) einen zweiten ~ holen to go for a second helping. - **31.** (Taubenschlag) pigeonry, dovecot. - **32.** fig. (Art, Sorte Mensch) stamp, kind: Leute seines ~es people (od. men) of his stamp; sie sind vom gleichen ~ they are of the same stamp, they are birds of a feather; ein Diener vom alten ~ an old-fashioned servant; er ist ein Lehrer vom (guten) alten ~ he is a teacher of the (good) old school. - **33.** (Tierrasse) breed, stock, (bes. Pferde) auch stud. - **34.** (sport) a) (beim Boxen) punch, blow, sock (sl.), b) (beim Tennis etc) stroke, shot, c) (beim Schwimmen) beat, kick: ein regelwidriger ~ (beim Boxen) a foul (blow); er konnte keinen einzigen ~ anbringen he could not get home (od. sl. land) a single blow. - **35.** tech. a) (eines unrund laufenden Werkzeuges) beat, b) (einer Welle) wobble, whip, c) (einer Band-, Kreissäge) screeching, weaving, d) (einer zum Rattern neigenden Werkzeugmaschine) chatter, e) (eines Lagers) eccentricity, runout: das rechte Rad hat einen ~ the right wheel runs untrue. - **36.** (forestry) cf. Hieb 6. - **37.** agr. (Feld einer Fruchtfolge) rotation. - **38.** mil. (einer Seemine) leg.

'**Schlag**|**ab**,**raum** m (forestry) slash, Br. brash, logging debris, refuse wood. — ~,**ab**,**tausch** m (sport) (beim Boxen) exchange (of blows). — ~,**ader** f med. artery. — ~,**an**,**fall** m (apoplectic) stroke, apoplectic fit, cerebro-vascular accident (scient.): einen ~ bekommen to have a stroke.

'**schlag**,**ar·tig** I adj ⟨attrib⟩ sudden, abrupt, precipitate, precipitant. - II adv all of a sudden, abruptly, from one moment to the other, in the twinkling of an eye (colloq.): der Regen setzte ~ ein rain started all of a sudden; er wurde ~ berühmt he became famous overnight, he became famous in (less than) no time, he blazed into fame.

'Schlag,ball m (sport) 1. (Lederball) baseball. – 2. ⟨only sg⟩ (Spiel) etwa rounders pl (construed as sg). — ˌspiel n cf. Schlagball 2.

'schlag·bar adj 1. (Gegner, Konkurrent etc) beatable. – 2. (forestry) fit for felling, mature, loggable.

'Schlag|,bär m tech. striking hammer, tup, impact anvil. — ˌbaum m 1. (Zollschranke) (customs) barrier(s pl). – 2. (Mautschranke) tollgate, toll bar, turnpike. — ˌbe,an,spru·chung f metall. impact stress. — ˌbie·ge,fe·stig·keit f metall. impact bending strength. — ˌbie·ge·ver,such m impact bending test. — ˌboh·rer m, ˌbohr·ma,schi·ne f tech. percussion (od. churn) drill.

'Schlag,bol·zen m 1. (eines Gewehrs) firing pin, striker, plunger. – 2. (einer Mine) firing bolt. — ˌfe·der f striker spring.

Schlä·gel ['ʃlɛːgəl] m ⟨-s; -⟩ (mining) mallet, hammer.

schla·gen ['ʃlaːgən] I v/t ⟨schlägt, schlug, geschlagen, h⟩ 1. (mit einmaligem Schlag) strike, hit, knock, bang, bat, (hart) whack, thwack: j-n ins Gesicht ~ to strike (od. slap, smack) s.o. in the face; etwas an (od. gegen) die Wand ~ to hit (od. dash) s.th. against the wall; j-m ein Loch in den Kopf ~ to knock a hole in s.o.'s head; j-m etwas aus der Hand ~ to strike s.th. from s.o.'s hand; j-n zu Boden ~ to knock s.o. down, to fell (od. floor) s.o.; → Fliege 2. – 2. (mit wiederholten Schlägen) beat, knock, hammer: etwas in Stücke (od. Scherben, Trümmer) ~, colloq. etwas kurz und klein ~ to beat (od. dash) s.th. to pieces. – 3. etwas [j-n] an (od.) etwas ~ to fasten (od. nail, fix) s.th. [s.o.] to s.th.: eine Notiz ans schwarze Brett ~ to fix (od. pin) a notice on the bulletin (bes. Br. notice) board; j-n ans Kreuz ~ to nail s.o. to the cross. – 4. etwas in (acc) etwas ~ to drive s.th. into s.th.: einen Nagel in die Wand ~ to drive a nail into the wall. – 5. (prügeln) beat, hit, slap, spank, strike: die Lehrer dürfen die Kinder nicht ~ the teachers are not allowed to beat the children; j-n mit der Faust ~ to punch (od. thump, sl. sock, biff, bes. Am. slug) s.o.; j-n mit einer Peitsche ~ to whip (od. lash, lace [into]) s.o.; einen Hund mit dem Stock ~ to thrash (od. cane, cudgel, drub) a dog; j-n windelweich (od. krumm und lahm) ~ colloq. to reduce s.o. to (a) pulp (colloq.); j-n grün und blau ~ colloq. to beat s.o. black and blue; j-m Wunden ~ to wound s.o. – 6. j-m etwas um die Ohren ~ to box s.o.'s ears with s.th.: der Vater schlug seinem Sohn das Heft um die Ohren the father boxed his son's ears with the copybook; sich (dat) die Nacht um die Ohren ~ fig. colloq. to stay up (od. celebrate) until all hours (of the night). – 7. sich ~ a) to hit one another, to (have a) fight, to come to blows, b) (sich duellieren) to fight a duel: sich (mit j-m) auf Pistolen ~ to fight a duel with pistols; man schlug sich fast um ein Autogramm von ihm there was almost a fight for his autograph; → Pack². – 8. (besiegen) beat, defeat, overcome, lick (colloq.): einen Feind vernichtend ~ mil. to beat (od. rout) an enemy; j-n im Schwimmen ~ to beat s.o. at swimming; j-n nach Punkten [um eine halbe Länge] ~ (sport) to beat s.o. on points [by half a length]; j-n aus dem Felde ~ fig. to outmatch s.o., to put s.o. out of the running; j-n mit seinen eigenen Waffen ~ fig. to beat s.o. at his own game. – 9. (bestrafen) punish, strike, smite (lit.): Gott hat ihn mit großem Leid geschlagen God has struck (od. smitten) him with great grief. – 10. (Gong, Trommel, Rhythmus etc) beat: den Takt ~ to beat time; einen Wirbel auf einer Trommel ~ to beat a roll on (od. to roll) a drum; → Alarm 1; Krach 3; Lärm 8. – 11. obs. (Laute, Harfe etc) strike, play. – 12. (Saiten) hammer, strike. – 13. (Uhrzeit) strike, toll, chime: es schlägt 4 (Uhr) it is striking 4 (o'clock), 4 o'clock is striking; die Kirchturmuhr schlug Mitternacht the church clock struck midnight; jetzt schlägt's aber dreizehn! fig. colloq. that's the limit (od. the last straw)! er weiß, was die Glocke ge-

schlagen hat fig. he knows that the game is up. – 14. (Feuer, Funken) strike. – 15. (Schlacht) fight. – 16. etwas in (acc) [um] etwas ~ colloq. to wrap s.th. in [(a)round] s.th.: etwas in Papier ~ to wrap s.th. in paper; ein Tuch um etwas ~ to wrap a piece of cloth (a)round s.th.; sich (dat) einen Schal um die Schultern ~ to wrap (od. throw) a shawl about one's shoulders. – 17. (wenden, kehren) turn: die Haare nach innen ~ to turn one's hair in. – 18. (zerschlagen) break: Eier in die Pfanne ~ to break eggs into the frying pan. – 19. etwas auf (acc) etwas ~ bes. econ. to add (od. put, colloq. clap) s.th. on s.th.: die Unkosten auf den Preis ~ to add the costs on to the price; Steuern auf eine Ware ~ to put tax on (od. to tax) an article. – 20. (in Verbindung mit bestimmten Substantiven) einen Kreis ~ to describe (od. draw) a circle; ein Kreuz ~ a) to cross (oneself), b) to make the sign of the cross; Falten ~ (von Kleidungsstücken etc) to wrinkle; einen Haken ~ to double (back); Wurzeln ~ auch fig. to strike root, to root; → Karte 15; Knoten 1; Rad 5, 6; Ritter 1; Welle 3, 6. – 21. (sport) a) (Ball etc) hit, strike, knock, (mit Schlagholz) auch bat, b) (beim Fechten) strike: er schlug den Ball ins Netz [ins Aus] (beim Tennis) he struck the ball into the net [out of court]; eine Terz ~ to strike a tierce; → Klinge 2. – 22. (games) a) (Figur des Gegners) take, b) (beim Damespiel) jump. – 23. gastr. a) (Sahne, Eier etc) beat, whip, whisk, b) (Schokolade) mill, c) (passieren) pass, sieve: Eier zu Schnee ~ to beat eggs to a froth; Schaum ~ a) to beat up froth, b) fig. colloq. to talk idly; Erbsen durch ein Sieb ~ to pass peas through a sieve, to sieve peas. – 24. (forestry) fell, cut (down), log, lumber. – 25. civ.eng. (Brücken) run, build. – 26. tech. (Münzen, Geld) strike, coin, mint. – 27. hunt. strike: der Bussard schlägt ein Kaninchen the buzzard strikes a rabbit; der Raubvogel schlug die Fänge in seine Beute the bird of prey struck its claws into its prey. – 28. fig. (in Wendungen wie) die Augen zu Boden ~ to cast one's eyes down; die Hände vor das Gesicht ~ to cover one's face with one's hands; Kapital aus etwas ~ auch fig. to profit by (od. capitalize [Br. auch -s-] on) s.th., to turn s.th. to one's advantage (od. to account); sich (dat) etwas aus dem Kopf (od. Sinn) ~ to put s.th. out of one's mind, to dismiss s.th. (from one's thoughts); eine Warnung in den Wind ~ to disregard (od. make light of) a warning; j-n in die Flucht ~ to put s.o. to flight (od. rout), to rout s.o.; j-n in Fesseln (od. poet. Bande) ~ to put s.o. in fetters, to fetter s.o.; alles über einen Leisten ~ to measure all things by the same yardstick, to treat all things alike; j-m ein Schnippchen ~ to outwit (od. outfox) s.o. – II v/i ⟨h u. sein⟩ 29. ⟨h⟩ strike, hit, knock: mit der Faust auf den Tisch ~ a) to strike (od. bang) one's fist on the table, b) fig. colloq. to put one's foot down (colloq.); einem Kind auf die Finger ~ to hit (od. rap) a child's knuckles; er versuchte, nach mir zu ~ he tried to strike (od. lash out, let out, swing) at me; j-m ins Gesicht ~ to strike s.o. in the face; das schlägt der Wahrheit ins Gesicht fig. that is a slap in the face of truth. – 30. ⟨h⟩ (mit der flachen Hand) slap, clap: j-m auf die Schulter ~ (freundschaftlich) to slap s.o. on the shoulder; sich (dat od. acc) an die Stirn ~ to put one's hand on one's forehead, to strike one's forehead. – 31. ⟨h⟩ (mit wiederholten Schlägen) beat, hammer: er schlug wütend gegen die Tür he beat at (od. upon) the door furiously; auf die Tasten ~ to hammer the keys; sich (dat od. acc) an die Brust ~ fig. a) to be full of regret (od. contrition), b) (zur Beteuerung) to beat one's breast. – 32. ⟨h⟩ um sich ~ to lash out, to lay about one, to hit (od. let) out: er schlug wild mit Händen und Füßen um sich he lashed out wildly with his hands and feet. – 33. ⟨sein⟩ hit, knock, bump, bang: sie fiel und schlug mit dem Kopf auf einen Stein she fell and knocked her head on (od. against) a stone; zu Boden ~ to fall heavily to the ground. – 34. ⟨h⟩ (flattern) flap: der Vogel schlägt mit den Flügeln the bird flaps its wings; das Segel

schlägt gegen den Mast the sail flaps against the mast. – 35. ⟨h⟩ (von Fenstern, Fensterläden etc) bang (in the wind). – 36. ⟨h⟩ (von Regen) beat, drive: der Regen schlägt ans Fenster the rain is beating against the window. – 37. ⟨h⟩ (von Wellen) beat, wash, dash: die Wellen ~ an die Felsen the waves wash against the rocks; smite upon) the rocks. – 38. ⟨sein⟩ (von Tönen, Stimmen etc) strike: ferne Geräusche schlugen an mein Ohr faraway noises struck my ear. – 39. ⟨h⟩ (einschlagen) strike: der Blitz schlug in den Baum lightning struck the tree. – 40. ⟨h⟩ (von Uhr etc) strike, toll: für jeden schlägt einmal die Stunde everyone's hour (od. turn) comes; dem Glücklichen schlägt keine Stunde fig. the happy never think of time; sein letztes Stündlein hat geschlagen fig. his last hour has come. – 41. ⟨h⟩ (von Herz etc) beat, (heftig) throb, pound, thump, pulsate: schnell ~ to palpitate; ihr Puls schlug wie rasend her pulse was throbbing like mad (colloq.); ihr Herz schlägt warm für alle Leidenden fig. she sympathizes with (od. has compassion on) all who suffer. – 42. ⟨h⟩ (von Gewissen) prick: sein Gewissen begann zu ~ his conscience started to prick him. – 43. ⟨sein⟩ (von Flammen) leap, burst: aus den Fenstern schlugen bereits die Flammen flames were already leaping out of the windows. – 44. ⟨sein⟩ (von Rauch) pour, gush, belch: aus dem Schornstein schlug dicker, schwarzer Rauch thick black smoke poured from (od. out of) the chimney. – 45. ⟨h⟩ (von Nachtigall etc) warble, jug. – 46. ⟨h⟩ (von Pferd) kick. – 47. ⟨sein⟩ (geraten) take after: der Junge schlägt mehr nach seinem Vater the boy takes more after his father; → Art 6. – 48. ⟨h⟩ in j-s Fach ~ to be (in) s.o.'s line, to fall in s.o.'s field of knowledge. – 49. ⟨sein⟩ etwas schlägt j-m auf den Magen s.th. turns s.o.'s stomach, s.th. makes s.o. feel sick; die Aufregung ist mir auf den Magen geschlagen the excitement has made me feel sick. – 50. ⟨sein⟩ voll Wasser ~ (von Booten etc) to be filling with water. – 51. ⟨h⟩ (sport) (beim Boxen) hit, knock. – 52. ⟨h⟩ tech. a) (von Maschinen) chatter, b) (von Rädern) run untrue (od. eccentrically), c) (von einer Welle) whip, d) (von einer Säge) screech, weave, e) (von einer Schleifscheibe) bounce, f) (von Draht) kick. – 53. ⟨h⟩ metall. (im Gesenk) drop-forge. – 54. ⟨h⟩ über die Stränge ~ fig. colloq. to kick over the traces. – III v/reflex ⟨h⟩ 55. sich tapfer (od. gut) ~ auch fig. to stand one's ground, to hold one's own; sich durchs Leben ~ fig. to fight one's way through life, to struggle through. – 56. sich zu j-m (od. auf j-s Seite) ~ to side (od. take sides) with s.o., to go over to s.o.; sich seitwärts in die Büsche ~ colloq. a) to disappear in the undergrowth, b) fig. to make one's escape; sich durch die feindlichen Linien ~ mil. to fight one's way through the enemy lines. – 57. sich auf (acc) etwas ~ (von Krankheit etc) to settle on s.th., to affect (od. attack) s.th.: die Erkältung hat sich auf den Magen geschlagen the cold settled on the stomach. – IV S~ n ⟨-s⟩ 58. verbal noun. – 59. (des Herzens) beat, (heftiges) throb, pulsation, action. – 60. (einer Brücke) construction. – 61. mus. (eines Instruments) percussion. – 62. tech. a) (einer Maschine) chatter, b) (einer Welle) whip, c) (einer Säge) screech, weave, d) (einer Schleifscheibe) bounce, e) (eines Drahts) kick.

'schla·gend I pres p. – II adj 1. (Beweis, Argument etc) convincing, forcible, cogent. – 2. (treffend) striking. – 3. (unwiderlegbar) irrefutable. – 4. ~e Wetter pl (mining) firedamp (explosion) sg. – 5. ~e Verbindung students' (Am. fraternity) society in which duels are fought. – III adv 6. etwas ~ widerlegen to refute s.th. convincingly.

'Schla·ger m ⟨-s; -⟩ 1. mus. hit (song od. tune), pop(ular) (od. topical) song (od. tune), musical hit: sentimentaler ~ croon (song), tearjerker. – 2. (theater, film) hit, smash hit, box office draw (od. success), draw. – 3. colloq. (tolle Sache) hit, 'corker' (sl.). – 4. econ. a) quick-selling line, puller (sl.), (sales) hit, b) (Buch etc) best seller, c) (Reklame) stunt, d) (Lockartikel) loss leader.

Schlä·ger ['ʃlɛːgər] m ⟨-s; -⟩ 1. (Raufbold) brawler, rowdy, bully, thug, tough (colloq.). - 2. (Pferd) kicker. - 3. (Singvogel) warbler. - 4. (sport) a) (Tennisschläger) (tennis) racket (auch racquet), bat, b) (Golfschläger) club, (für Hochbälle) lofter, (zum Einlochen) putter, c) (Hockeyschläger) (hockey) stick, d) (Federballschläger) (badminton) racket (auch racquet), battledore, e) (Kriketschläger) bat, willow, f) (Poloschläger) mallet. - 5. (sport) (Person) a) (beim Boxen) puncher, slugger, b) (beim Kricket etc) batsman, batter, bat. - 6. (sport) (Waffe) rapier, saber, bes. Br. sabre.

Schlä·ge·rei f ⟨-; -en⟩ 1. brawl, fight(ing) scuffle, row, fracas, (af)fray, bes. Br. colloq. turn-up; roughhouse, Br. rough house (sl.): allgemeine ~ free-for-all, rough-and-tumble (fight), free fight; in eine ~ ausarten to degenerate into a brawl. - 2. (sport) (beim Boxen) roughing, rough fight.

'Schla·ger|‚fe·sti·val n pop-song festival. — ~‚kom·po‚nist m pop-song writer. — ~me·lo‚die f hit (od. pop) tune.

schlä·gern ['ʃlɛːgərn] v/t ⟨h⟩ Austrian (forestry) for schlagen 24.

'Schla·ger|pa‚ra·de f hit parade. — ~‚preis m prize for the best pop song. — ~‚sän·ger m, ~‚sän·ge·rin f pop singer. — ~text m text (od. words pl, lyrics pl) of a pop song.

'Schla·ge‚tot m ⟨-s; -s⟩ archaic 1. cf. Raufbold. - 2. cf. Totschläger 1.

'schlag‚fer·tig I adj 1. quick- (od. ready)-witted, quick: eine ~e Antwort a quick-witted (od. ready) answer, a repartee, Am. sl. a snappy comeback; er ist sehr ~ he is very quick at (od. in) repartee, he is very quick on the draw (bes. Am. trigger), he is very quick off the mark. - 2. colloq. humor. (bereit zu schlagen) quick on the draw. - II adv 3. quick-wittedly: ~ antworten 1. — **'Schlag‚fer·tig·keit** f ⟨-; no pl⟩ quick-wittedness, ready wit, quickness (of repartee).

'schlag‚fest adj tech. 1. (Uhr etc) shockproof. - 2. (Material) impact-resistant, shock-resisting. — **'Schlag‚fe·stig·keit** f ⟨-; no pl⟩ 1. shockproofness. - 2. impact strength.

'Schlag|‚flü·gel‚flug‚zeug n, ~‚flüg·ler [-‚flyːglər] m ⟨-s; -⟩ aer. ornithopter.

'Schlag|‚fluß m med. obs. for Schlaganfall. — ~ge‚wicht n (einer Uhr) striking weight. — ~gi‚tar·re f mus. struck (od. jazz) guitar. — ~‚ham·mer m tech. 1. (Schlagnietmaschine) percussion riveter (auch rivetter), (mit Bügel) pinch bug rivet(t)er. - 2. (schwerer Schlegel) sledge hammer. - 3. (Steinschlaghammer) stone breakers' hammer. — ~‚här·te f ⟨-; no pl⟩ 1. tech. impact hardness. - 2. (sport) (beim Boxen) punch. - ~‚holz n 1. (Brennholz) coppice. - 2. (sport) a) bat, b) (beim Schlagballspiel) trap bat (od. stick), c) cf. Schläger 4b, c, e. — ~in·stru‚ment n mus. percussion instrument: die ~e the percussion (section) sg. — ~‚kraft f 1. mil. (einer Truppe) striking (od. fighting) power, combat effectiveness. - 2. (sport) (beim Boxen) punch(ing power). - 3. tech. impact (od. striking) force, impact stress. - 4. fig. (eines Arguments etc) conclusiveness, persuasive power. — s~‚kräf·tig adj 1. mil. (Truppe, Armee etc) strong, combat-effective, efficient, powerful. - 2. (sport) (Boxer) cf. schlagstark. - 3. fig. (Argument etc) convincing, conclusive, persuasive, cogent. — ~‚lei·ste f (an Türen u. Fenstern) rabbet ledge. — ~‚licht n (art) highlight: einer Sache ~er aufsetzen fig. to highlight s.th.; etwas wirft ein ~ auf (acc) etwas fig. s.th. spotlights (od. points up) s.th. — ~‚loch n pothole, hole in the road: Schlaglöcher! (als Warnschild) uneven surface. — ~‚lot n tech. brazing solder. — ~‚mann m (sport) 1. (beim Rudern) stroke. - 2. (beim Kricket etc) batsman, batter. — ~ma‚tri·ze f print. stamping die. — ~‚müh·le f tech. beater mill. — ~‚niet·ma‚schi·ne f percussion riveter (auch rivetter). — ~‚obers n Austrian gastr. for Schlagsahne 1. — ~pa‚tro·ne f (mining) primer. — ~‚rahm m cf. Schlagsahne. — ~‚ring m 1. (als Waffe) knuckle-duster, Am. brass knuckles (auch knucks) pl (construed as sg or pl): j-n mit einem ~ schlagen to knuckle-dust s.o. - 2. mus. (für Zither) pick, ring. — ~‚sah·ne f gastr. 1. (geschlagene) whipped cream. - 2. (ungeschlagene) whipping cream, cream for

whipping. — ~‚schat·ten m (art) phot. hard (od. harsh, heavy) shadow(s pl). — ~‚schrau·be f tech. drive screw. — ~‚sei·te f 1. mar. list: das Schiff hat ~ the ship is listing (od. has a list); mit 30° ~ nach Backbord with a 30-degree list to port. - 2. ~ haben, mit ~ gehen fig. colloq. to be half-seas over (colloq.). — ~‚se·rie f (sport) series of blows. — ~‚sieb n tech. vibrating screen, shatter box.

schlägst [ʃlɛːkst] 2 sg pres of schlagen.

'schlag‚stark adj (Boxer etc) hard-punching, heavy-hitting.

schlägt [ʃlɛːkt] 3 sg pres of schlagen.

'Schlag|ver‚such m metall. impact (od. falling-weight, drop) test. — ~‚waf·fe f striking weapon. — ~‚wei·te f electr. spark gap. — ~‚werk n 1. (einer Uhr) striking mechanism, strike. - 2. (einer Signalglocke) signal bell. - 3. metall. a) impact testing machine, b) (Masselbrecher) breaking machine. - 4. tech. (Ramme) ram(mer). — ~‚werk‚zeug n tech. bumping tool.

'Schlag‚wet·ter n (mining) firedamp (explosion). — ~‚an‚zei·ge·ge‚rät n firedamp detector. — ~ex·plo·si·on f firedamp explosion. — s~‚füh·rend adj fiery, gassy. — s~ge‚schützt adj (Gerät) flameproof. — ~‚meß·ge‚rät n firedamp detector, methanometer (scient.).

'Schlag|‚wort n ⟨-(e)s; -e, auch ⁼er⟩ 1. catchword, catchphrase, slogan: mit Schlagworten um sich werfen to make free use of catchwords, to use catchwords freely. - 2. pl contempt. (Gemeinplätze) commonplaces, clichés, claptrap sg. - 3. ⟨pl ⁼er⟩ (Stichwort) catchword, key word. — ~‚zei·le f 1. headline, head(ing): eine sensationelle ~ a sensational headline, Am. sl. a screamer; einen Artikel mit einer ~ versehen to head(line) an article; ~n machen fig. to make headlines, to be in the headlines. - 2. (über die ganze Seite) streamer, banner (headline). — **'Schlag‚zeug** n mus. percussion (instruments pl), drums pl, battery, batterie, (in der Jazzmusik) auch traps pl, (im Orchester) auch percussion section. — **'Schlag‚zeu·ger** m ⟨-s; -⟩ percussionist, drummer. — **'Schlag‚zün·der** m 1. (einer Granate) percussion fuse. - 2. (einer Sprengladung) percussion igniter (od. ignitor).

Schlaks [ʃlaːks] m ⟨-es; -e⟩ bes. Northern G. gangling (od. lanky) fellow (colloq.).

'schlak·sig adj gangling, lanky: er ist furchtbar ~ colloq. ~ he is all (arms and) legs.

Schla·mas·sel [ʃlaˈmasəl] m, auch n ⟨-s; -⟩ colloq. 1. (Patsche) 'jam' (colloq.), fix, plight, predicament: er steckt tief im ~ he is in a nice (od. sad, sorry) pickle; he is in hot water, he is in the soup (colloq.). - 2. (Durcheinander) mess, muddle, schemozzle (sl.). - 3. (Krempel) junk: ich schmeiße den ganzen ~ weg I'll throw the whole lot (colloq.) (od. sl. caboodle, Am. sl. bang shoot) out.

Schlamm [ʃlam] m ⟨-(e)s; rare -e u. ⁼e⟩ 1. mud, mire: im ~ versinken to sink in the mire, to get bogged (down) in the mud. - 2. (Schlick) slime, sludge, ooze, silt, slush. - 3. metall. a) mud, sludge, b) (bei der Aufbereitung) pulp, c) (im Elektrolysenbetrieb) slime. - 4. tech. (im Motor) sludge. - 5. (in der Töpferei) slip. - 6. fig. (der Sünde etc) mire.

'Schlämm·ana·ly·se f chem. elutriation. — **'Schlamm|‚bad** n med. mud bath. — ~‚bei·ßer [-‚baısər] m ⟨-s; -⟩ zo. cf. Schlammpeitzger. — ~‚bo·den m muddy (od. miry, auch mirey) soil (od. ground).

schläm·men ['ʃlɛmən] I v/t ⟨h⟩ 1. (Gewässer) dredge, clear (s.th.) of mud, scour. - 2. tech. a) (Kreide etc) wash, b) (Erz) wash, slime, buddle. - 3. brew. (Hefe) wash. - 4. chem. wash; elutriate, levigate (scient.). - 5. (tünchen) whitewash. - II S~ n ⟨-s⟩ 6. verbal noun. - 7. (von Gewässern) scour. - 8. chem. elutriation.

'Schlamm|‚fisch m zo. mudfish, bowfin (Amia calva). — ~‚flie·ge f drone fly (Eristalis tenax). — ~‚grund m (von Gewässern) muddy (od. oozy) bottom.

'schlam·mig adj 1. muddy, miry, auch mirey. - 2. (schlickig) slimy, sludgy, oozy.

'Schlämm‚krei·de f tech. whit(en)ing, washed (od. precipitated) chalk, Spanish (od. Paris) white, calcium carbonate (scient.).

'Schlamm|‚loch n mudhole. — ~‚nat·ter f

zo. red-bellied snake (Farancia abacura). — ~‚packung (getr. -k·k-) f med. mud pack. — ~‚peitz·ger [-‚paıtsgər] m ⟨-s; -⟩ zo. pond loach, thunderfish (Misgurnus fossilis). — ~‚schild‚krö·te f mud turtle (od. terrapin, tortoise) (Fam. Kinosternidae). — ~‚schnecke (getr. -k·k-) f pond (od. water) snail (Gattg Lymnaea, bes. L. stagnalis). — ~‚sprin·ger m mudskipper, mudhopper (Gattg Periophthalmus). — ~‚tau·cher m mud diver (toad) (Pelodytes punctatus). — ~‚teu·fel m hellbender, mud devil (Cryptobranchus alleganiensis). — ~vul‚kan m geol. mud volcano, salse.

schlam‚pam·pen [ʃlam'pampən] v/i ⟨no ge-, h⟩ colloq. for schlemmen 1, 2, prassen 2.

Schlam·pe ['ʃlampə] f ⟨-; -n⟩ colloq. contempt. slut, slattern, trollop, dowdy.

schlam·pen ['ʃlampən] v/i ⟨h⟩ colloq. contempt. work carelessly (od. slovenly, slatternly), do a poor job (of work), slattern.

'Schlam·per m ⟨-s; -⟩ colloq. contempt. sloven.

Schlam·pe‚rei f ⟨-; -en⟩ colloq. contempt. 1. ⟨only sg⟩ (Nachlässigkeit) sloppiness, slovenliness, slipshodness, shoddiness, slatternliness: diese ~ kann ich nicht dulden I can't tolerate this slovenliness. - 2. ⟨only sg⟩ (Unordnung) untidiness, disorder, muddle. - 3. (nachlässige Arbeit) sloppy (od. slovenly, careless) work (od. job), botch.

'schlam·pig adj colloq. contempt. 1. slovenly, slatternly. - 2. (bes. Person, Erscheinung etc) untidy, unkempt, frowzy. - 3. (bes. Frau) sluttish. - 4. (bes. Arbeit) slipshod, shoddy, careless, sloppy. — **'Schlampig·keit** f ⟨-; no pl⟩ cf. Schlamperei 1, 2.

schlang [ʃlaŋ] 1 u. 3 sg pret of schlingen[1] u. [2].

Schlan·ge ['ʃlaŋə] f ⟨-; -n⟩ 1. zo. a) snake, b) (bes. große) serpent, ophidian (scient.): giftige ~ poisonous (od. venomous) snake; die ~ ringelte (od. wand) sich um den Baum the snake coiled (itself) round the tree; listig wie eine ~ fig. (as) wily as a weasel; seid klug wie die ~n Bibl. be ye therefore as wise as serpents; → beißen 9. - 2. (Reihe anstehender Menschen) queue, Am. auch cue, (waiting) line: nach Karten ~ stehen to queue (od. line) up for tickets, to wait (od. stand) in a queue (od. in [a] line) for tickets. - 3. (von Autos) line, queue, Am. auch cue. - 4. fig. contempt. (tückische Person) snake (in the grass), viper, serpent: eine ~ am Busen nähren lit. to cherish (od. nourish) a viper in one's bosom, to take a snake to one's bosom. - 5. Bibl. (Satan) serpent. - 6. tech. a) (gekrümmtes Rohr) coil, worm, b) (Kühlschlange) (condensing od. cooling) coil. - 7. astr. Serpens, Serpent.

schlän·ge ['ʃlɛŋə] 1 u. 3 sg pret subj of schlingen[1] u. [2].

'Schlän·gel‚li·nie f wavy (od. waved) line.

schlän·geln ['ʃlɛŋəln] I v/reflex ⟨h⟩ sich ~ 1. wind, twine: die Viper schlängelt sich durch das Gras the viper winds through the grass. - 2. (mit kurzen, schnellen Bewegungen) wriggle. - 3. (von Wegen, Straßen, Flüssen etc) wind, twine, meander, serpentine, twist and turn. - 4. (von Personen) worm one's way, weave: ich versuchte, mich durch die Menge zu ~ I tried to worm my way through the crowd. - 5. sich aus etwas ~ fig. colloq. to worm oneself (od. one's way) out of s.th., to wriggle out of s.th. - II v/t 6. eine Linie ~ to draw a wavy (od. waved) line.

'Schlan·gen‚aal m zo. snake eel (Fam. Ophichthyidae). — ~‚ad·ler m snake buzzard, serpent (od. short-toed, harrier) eagle, bateleur (Circaetus gallicus). — s~‚ähn·lich adj snakelike, serpentlike, snaky, auch snakish; ophidian, colubrine (scient.). — ~‚an‚be·ter m snake-worshipper, ophiolater (scient.). — ~‚an‚be·tung f snake-worship(ping), ophiolatry (scient.). — s~‚ar·tig adj cf. schlangenähnlich. — **'Schlan·gen‚au·ge** n, **'Schlan·gen‚au·gen‚ei·dech·se** f zo. snake-eyed lizard (Gattg Ophisops). — **'Schlan·gen|be‚schwö·rer** m snake charmer. — ~‚biß m snake bite. — ~‚boh·rer m tech. auger bit. - 1. zo. brood of snakes. - 2. fig. contempt. generation of vipers. — ~‚ech·se f zo. 1. dibamid (skink) (Fam. Dibamidae). - 2. wormlike lizard (Fam. Feyliniidae). — s~‚för·mig *adj* snakelike, serpentine; serpentiform, viperiform, ophiomorphic (*scient.*). — ~**fraß** *m colloq.* contempt. 'muck', 'grub' (*beide sl.*). — ~**fres·ser** *m zo.* cf. Markhor. — ~**gift** *n* **1.** (snake) venom. – **2.** *med. pharm.* (*gemischtes*) venin, *auch* venene. — ~**gur·ke** *f* **1.** *bot.* a) snake (*od.* viper) gourd (*Trichosanthes anguina*), b) snake melon (*auch* gourd, cucumber) (*Cucumis melo flexuosus*). – **2.** *hort.* a form of the common cucumber (*Cucumis sativus*). — ~**gür·tel·ech·se** *f zo.* girdle-tailed lizard, *auch* zonure (*Fam. Cordylidae*).

'**Schlan·gen·hals**|**schild·krö·te** *f zo.* snake-necked turtle (*Fam. Chelidae*). — ~**vo·gel** *m* snakebird, *auch* darter (*Anhinga anhinga*).

'**Schlan·gen**|**haupt** *n myth.* Medusa (*od.* Gorgon) head. — ~**haut** *f zo.* **1.** snakeskin. – **2.** (*abgestreifte*) slough, *auch* cast, shed. — ~**knob·lauch** *m bot.* cf. Schlangenlauch. — ~**kopf** *m* **1.** snake's head. – **2.** *zo.* mourning cowry (*Cypraea mauritiana*). – **3.** *Austrian* (*Ankerkran am Bug*) anchor crane. — ~**köpf·chen** *n zo.* serpent's-head cowry (*Cypraea caput-serpentis*). — ~**kopf·fisch** *m* snakehead, *auch* snakehead mullet, snake-headed fish (*Gattg Canna*). — ~**kraut** *n bot.* snakeweed (*Calla palustris*). — ~**küh·ler** *m tech.* coil (*od.* spiral) condenser. — ~**küh·lung** *f* coil (*od.* spiral) condensation (*od.* cooling). — ~**lauch** *m bot.* rocambole, rocomble, sandleek (*Allium scorodoprasum*). — ~**le·der** *n* snakeskin. — ~**li·nie** *f* **1.** wiggly (*od.* wavy, sinuous, serpentine) line. – **2.** *print.* wavy (*od.* waved) line. — ~**ma·kre·le** *f zo.* snake mackerel (*Gattg Gempylidae*). — ~**mensch** *m* (*Artist*) contortionist, posturer, posture maker. — ~**na·del** *f zo.* sea adder, snake pipefish (*Gattg Nerophis*). — ~**rohr** *n*, ~**röh·re** *f tech.* spiral tube, coil. — ~**sa·la·man·der** *m zo.* slender salamander (*Gattg Batrachoseps*). — ~**se·rum** *n med. pharm.* snake antiserum. — ~**skink** *m zo.* snake skink (*Gattg Ophioscincus*). — ~**stab** *m* cf. Äskulapstab. — ~**stern** *m zo.* sand (*od.* brittle) star, ophiuroid (*scient.*) (*Gattg Ophiura*). — ~**storch** *m* zo. seriema, cariama, saria, chuna (*Cariama cristata*). — ~**tanz** *m* snake dance. — ~**tän·zer** *m*, ~**tän·ze·rin** *f* snake dancer. — ~**wurz** *f bot.* common bistort, snakeweed, adderwort (*Polygonum bistorta*). — ~**wur·zel** *f* snakeroot.

schlank [ʃlaŋk] *adj* ⟨-er; -(e)st⟩ **1.** (*Gestalt, Wuchs, Hals, Baum etc*) slender, slim, lank, lithe, svelte, *Am. auch* svelt, willowy (*lit.*): eine ~e Figur a slim figure; ~ werden to slim; ein Mädchen von ~em Wuchs a slender(-built) girl; ich muß auf meine ~e Linie achten I must watch my figure (*od.* waistline); Obst ist gut für die ~e Linie fruit keeps a person slim; Schlagsahne ist nicht gut für die ~e Linie whipped cream spoils a person's waistline; dieses Kleid macht (dich) ~ this dress makes you look slim, this dress is slimming; ~ wie eine Tanne (as) slim as a young sapling, (as) slender as a blade; ich mußte mich ~ machen *colloq.* I had to pull my tummy in (*colloq.*); → rank 1. – **2.** (*Säule, Vase etc*) slender, slim. – **3.** in ~em Trab at a fast trot. – **4.** *gastr.* (*geschmeidig*) smooth: ~er Teig smooth dough; einen Teig ~ rühren to beat a dough (until) smooth.

'**Schlank**|**af·fe** *m zo.* colobin, colobus (*Unterfam. Colobinae*). — ~**bär** *m* cuataquil (*Bassaricyon gabbi*).

'**Schlank·heit** *f* ⟨-; no pl⟩ **1.** (*des Körpers etc*) slenderness, slimness, *auch* lankness, litheness, svelteness. – **2.** (*einer Säule etc*) slenderness, slimness.

'**Schlank·heits**|**grad** *m aer.* **1.** (*des Flugkörpers*) slenderness ratio. – **2.** (*in Aerodynamik*) fineness ratio. — ~**kur** *f med.* slimming (*od.* reducing) course: eine ~ machen to follow (*od.* be on) a slimming diet, to slim. — ~**sa·lon** *m* reducing salon.

'**Schlank**|**jung·fer** *f zo.* cf. Libelle 1. — ~**lo·ri** *m zo.* slender loris (*Loris tardigradus*). — **s~ma·chend** *adj* (*Kleid, Mode etc*) slimming. — ~**nat·ter** *f zo.* green tree (*od.* parrot) snake, chocoya (*Gattg Leptophis*). — ~**skink** *m zo.* supple (*od.* ground) skink (*Gattg Lygosoma*).

'**Schlank**|**weg** *m* [-¹vɛk(s)] *adv* cf. rundweg. **schlapp** [ʃlap] *adj* ⟨-er; -(e)st⟩ **1.** (*matt, kraftlos*) listless, lifeless, lethargic, languid; droopy, washed-out (*attrib*) (*colloq.*): die

---

Hitze hat mich völlig ~ gemacht the heat has made me absolutely listless; sie fühlt sich noch recht ~ nach der Krankheit she still feels rather listless after her illness. – **2.** (*Glieder etc*) leaden. – **3.** cf. schlaff 5, 6, 7.

Schlap·pe ['ʃlapə] *f* ⟨-; -n⟩ *colloq.* rebuff, reverse, setback: eine ~ einstecken müssen (*od.* erleiden) to meet with a rebuff, to be foiled; j-m eine ~ beibringen to give s.o. a rebuff, to foil s.o.

schlap·pen ['ʃlapən] **I** *v/i* ⟨h *u.* sein⟩ *colloq.* **1.** ⟨h⟩ (*von Schuhen*) flap. – **2.** ⟨sein⟩ *dial.* (*schlurfen*) shuffle (along). – **II** *v/t* ⟨h⟩ **3.** (*trinken*) lap: die Katze schlappt ihre Milch the cat laps its milk.

'**Schlap·pen** *m* ⟨-s; -⟩ *colloq.* slipper.

'**Schlapp·heit** *f* ⟨-; no pl⟩ **1.** (*Mattheit, Kraftlosigkeit*) listlessness, lifelessness, lethargy, languidness, droopiness (*colloq.*). – **2.** cf. Schlaffheit 5.

'**Schlapp**|**hut** *m* slouch hat, wide-awake, *auch* wide-awake hat, *Br.* trilby, *auch* trilby hat. — **s~ma·chen** *v/i* ⟨sep, -ge-, h⟩ *colloq.* **1.** (*völlig erschöpft sein*) wilt, flag: kurz vor dem Gipfel ließ sie schlappgemacht she wilted just before (reaching) the summit. – **2.** (*zusammenbrechen*) collapse, drop, crumple up. – **3.** (*in Ohnmacht fallen*) faint, swoon, collapse, pass out (*colloq.*). — ~**ohr** *n* **1.** (*eines Spaniels etc*) floppy (*od.* loppy, flappy) ear: mit ~en flop- (*od.* lop-, flap-)eared. – **2.** *humor. for* Hase 1. — ~**schuh** *m* slipper. — ~**schwanz** *m colloq.* contempt. coward, weakling, 'jellyfish' (*colloq.*); quitter, 'chicken' (*sl.*).

Schla·raf·fen|**land** [ʃla'rafən-] *n* ⟨-(e)s; no pl⟩ land of milk and honey, Cockaigne, *auch* Cockayne, lubberland, fool's paradise. — ~**le·ben** *n* ⟨-s; no pl⟩ life of idleness and luxury: ein ~ führen to live in clover.

schlau [ʃlau] **I** *adj* ⟨-er; -(e)st⟩ **1.** (*klug, gewitzt*) clever, shrewd, quick-witted, cute, canny, sharp, slick (*colloq.*): er ist ein ~es Bürschchen *colloq.* he is a clever (little) devil; er ist ein ~er Kopf he is a clever one (*od.* fellow) (*colloq.*); er ist ~er als alle he outsmarts everybody (*colloq.*). – **2.** (*listig, verschlagen*) sly, cunning, artful, wily, cute, crafty, foxy: ein ~er Fuchs *fig. colloq.* a sly old fox. – **3.** *colloq.* (*leicht, nicht anstrengend*) soft, cushy (*sl.*): ein ~er Posten a cushy job. – **4.** (*in Wendungen wie*) ich kann aus ihm [daraus] nicht ~ werden I cannot make head or tail of him [it], I can make neither head nor tail of him [it], I don't know what to make of him [it] (*colloq.*); wirst du daraus ~? can you make head or tail of that? does that make sense to you? – **II** *adv* **5.** das hast du ~ angefangen (*od. colloq.* angestellt) you tackled that cleverly, that was a clever move of yours (*colloq.*).

Schlau·be ['ʃlaubə] *f* ⟨-; -n⟩ *dial. for* Schale 1.

'**Schlau·ber·ger** [-¹bɛrgər] *m* ⟨-s; -⟩ *colloq. humor.* slyboots *pl* (*construed as sg*), artful dodger, smart aleck, *auch* smart-alec; smarty, smartie (*colloq.*).

Schlauch [ʃlaux] *m* ⟨-(e)s; ⁺e⟩ **1.** (*Garten-, Luft-, Feuerwehrschlauch etc*) hose. – **2.** (*Auto-, Fahrradschlauch etc*) (inner) tube: der ~ hat ein Loch there is a hole in the tube, the tube is punctured. – **3.** *bes. tech.* a) hose, tube, b) (*eines Staubsaugers*) flexible hose. – **4.** (*für Wein, Öl etc*) skin, bag. – **5.** *fig. colloq.* contempt. (*schmaler, langer Raum, Gang etc*) tunnel. – **6.** *fig. colloq.* (*Anstrengung, Strapaze*) strain, drudgery, tough job, slog (*colloq.*), *bes. Br.* fag. – **7.** *Southwestern G. ped. colloq.* (*Übersetzungshilfe*) crib, *Am. sl.* pony, *auch* poney, tot. – **8.** *bot. zo.* utricle. — ~**an·schluß** *m* hose coupling. — **s~ar·tig** *adj* **1.** tubelike, tubular. – **2.** *bot. zo.* utricular.

'**Schlauch·boot** *n* **1.** rubber boat (*od.* dinghy), (*rubber*) raft, inflatable rubber dinghy, pneumatic float. – **2.** (*als Rettungsboot*) life raft. – **3.** *aer. for* Notwasserungs-life raft, dinghy. — ~**brücke** (*getr.* -k·k-) *f mil.* pneumatic float bridge.

schlau·chen ['ʃlauxən] *v/t* ⟨h⟩ *colloq.* **1.** j-n ~ (*zermürben, fertigmachen*) to take a lot out of s.o. (*colloq.*), *bes. Br.* to fag s.o. out, to wear s.o. out: der lange Marsch [die Grippe] hat uns arg (*od.* richtig, böse) geschlaucht the long march [the influenza] wore us out completely (*od. colloq.* took

---

an awful lot out of us). – **2.** *mil.* (*Soldaten*) cf. schleifen[1] 4.

'**Schlauch**|**has·pel** *f tech.* cf. Schlauchrolle. — ~**klem·me** *f* cf. Schlauchschelle. — ~**kupp·lung** *f* hose coupling (*od.* coupler). — ~**lei·tung** *f tech.* flexible hose line. – **2.** *electr.* rubbersheathed cable. — **s~los** *adj* (*Reifen*) tubeless. — ~**mün·dung** *f geogr.* cf. Trichtermündung 1. — ~**pilz** *m bot.* ascomycete (*Klasse Ascomycetes*). — ~**rol·le** *f tech.* hose reel. — ~**schel·le** *f* tube (*od.* hose) clip. — ~**trom·mel** *f* cf. Schlauchrolle.

'**Schlauch- und Ge'rä·te·wa·gen** *m* (*der Feuerwehr*) hose-laying and emergency tender.

'**Schlauch**|**ven·til** *n tech.* (*am Auto-, Fahrradschlauch etc*) inner tube valve. — ~**ver·bin·dung** *f* hose connection (*Br. auch* connexion). — ~**ver·schrau·bung** *f* hose screw connection (*Br. auch* connexion). — ~**wa·gen** *m* (*für Gartenschlauch*) hose carriage. — ~**wol·ke** *f meteor.* (*eines Tornados*) funnel cloud. — ~**wür·mer** *pl zo.* aschelminthes (*Stamm Aschelminthes*).

'**Schlaue** *m*, *f* ⟨-n; -n⟩ clever (*od.* shrewd) one (*colloq.*): das ist ein ganz ~r! *iron.* he thinks he knows it all!

Schläue ['ʃlɔyə] *f* ⟨-; no pl⟩ cf. Schlauheit.

'**schlau·er·wei·se** *adv* **1.** cleverly, shrewdly, quick-wittedly. – **2.** (*wohlweislich*) prudently, wisely. – **3.** *iron.* (*dummerweise*) stupidly enough.

Schlau·fe ['ʃlaufə] *f* ⟨-; -n⟩ **1.** (*an Kleidungsstücken, am Gürtel, Skistock, Uhrarmband etc*) loop. – **2.** (*am Stiefel*) loop, pull strap (*od.* tab), backstrap. – **3.** (*Schlinge*) noose. – **4.** (*Aufhänger*) hanger.

'**Schlau·heit** *f* ⟨-; no pl⟩ **1.** (*Klugheit, Gewitztheit*) cleverness, shrewdness, quick-wittedness, cuteness, canniness, sharpness, slickness (*colloq.*). – **2.** (*Listigkeit, Verschlagenheit*) slyness, cunning, cunningness, artfulness, wiliness, cuteness, craftiness, foxiness.

'**Schlau**|**kopf**, ~**mei·er** *m colloq. humor.* cf. Schlauberger.

Schlau·wi·ner [ʃla'viːnər] *m* ⟨-s; -⟩ *bes. Southern G. and Austrian colloq. humor.* rogue, rascal, devil.

schlecht [ʃlɛçt] **I** *adj* ⟨-er; -est⟩ **1.** bad, lousy (*colloq.*), rotten (*sl.*): das Wetter ist ~ the weather is bad (*stärker* foul); das Wetter wird ~er the weather is getting worse (*od.* is worsening); das ist ein ~er Tag für uns this is a bad day for us; ich habe heute meinen ~en Tag *colloq.* this is my bad day today, it's my off-day today (*colloq.*); er hat eine ~e Schrift he writes a bad hand; ~e Führung (*in der Schule etc*) bad conduct, misconduct; einen ~en Geschmack haben to have bad (*od.* poor) taste; ~e Umgangsformen haben to have bad manners, to be ill-mannered; ~e Laune haben, (in) ~er Laune (*od.* Stimmung) sein to be in a bad temper (*od.* mood, humo[u]r); einen ~en Ruf haben to have a bad reputation, to be of ill repute, to be ill-reputed (*od.* -famed); (das ist) (gar) nicht ~! (that's) not (at all, *colloq.* half) bad! das wäre nicht ~ (*od.* nicht das schlechteste)! *colloq.* that's not a bad idea (at all)! sich als ~ erweisen to turn out badly; da hast du dir aber einen ~en Scherz (*od.* Spaß, Witz) erlaubt *fig.* that was a bad (*od. sl.* rotten) joke you played; ~e Eltern. – **2.** (*minderwertig, mangelhaft*) bad, poor, lousy (*colloq.*), rotten (*sl.*): ~es Essen [Wasser, Bier] bad food [water, beer]; ~e Qualität bad (*od. inferior*) quality; die Straßen sind in ~em Zustand the roads are in poor condition; das Haus ist in ~em Zustand the house is in bad repair; die Aufführung war ~er als ich dachte the performance was worse than I thought (it would be); er hat ~e Arbeit geleistet he has done bad (*od. colloq.* a bad piece of) work; man hat heute eine ~e Sicht (the) visibility is poor today; das ist ~es Deutsch that is poor German. – **3.** (*unzulänglich, untauglich*) bad, poor, incompetent: ein ~er Lehrer [Redner] a bad teacher [speaker]; ich war in der Schule immer sehr ~ I was always a very poor pupil; ihre Leistungen werden immer ~er her work is becoming (*od.* getting) worse and worse, her work is going from bad to worse; ich bin ~ in Mathematik I am poor at (*od.* in) mathematics; eine ~e Regierung a) (*Personen*) a bad government, b) (*Amtsführung*) bad government (*od.* governance), misgovernment, misgovernance; ~e Verwaltung a) poor administration, b) econ. (*einer Firma etc*) mismanagement. – **4.** (*ungünstig, unerfreulich*) bad, poor: ~e Aussichten [Kritik] poor (*od. colloq.* lousy) prospects [review]; einen ~en Eindruck machen [hinterlassen] to make [to leave] a bad impression; er hat ~e Zensuren bekommen he was given poor (*od.* low, *colloq.* lousy) marks; du hast ihm damit einen ~en Dienst erwiesen you did him a disservice by that, you did not do him a (*od.* you did him no) service (*od.* favo[u]r) by that; eine ~e Nachricht erhalten to receive bad news; das ist ein ~es Zeichen that is a bad sign (*od.* omen). – **5.** (*mißlich, bedenklich*) bad, precarious: sich in einer ~en Lage befinden a) to be in a bad situation, to be in a fix (*od. colloq.* jam), b) (*finanziell*) to be in a tight situation (*od. colloq.* squeeze); ~e Zeiten bad (*od.* hard) times. – **6.** (*unvorteilhaft*) bad, disadvantageous, unfavo[u]rable, bes. Br. unfavourable: ein ~er Kauf [Tausch] a bad purchase [exchange]; ein ~es Geschäft machen to make a bad (*od.* poor, unfavo[u]rable) bargain (*od.* deal). – **7.** (*unangenehm*) bad, nasty, rotten (*sl.*): eine ~e Angewohnheit a bad habit; ~ riechen, einen ~en Geruch haben to have a bad (*od.* nasty, an offensive) smell, to smell bad, (*stärker*) to reek; ~ schmecken, einen ~en Geschmack haben (*von Arznei etc*) to have a bad (*od. sl.* rotten) taste, to taste bad. – **8.** (*unbefriedigend*) poor: das ist eine ~e Leistung that is a poor performance (*od.* effort); ~e Bezahlung poor (*od.* bad) pay(ment); eine ~e Entschuldigung a poor (*od.* lame) excuse; das ist ein ~er Trost that is (a) poor consolation, that is cold comfort. – **9.** (*schädlich*) bad: ein ~es Klima a bad climate; einen ~en Umgang pflegen to keep bad company; du befindest dich in ~er Gesellschaft you are in bad company; in ~e Hände geraten to get (*od.* fall) into bad hands; einen ~en Einfluß auf j-n ausüben to exercise (*od.* have) a bad (*od.* harmful) influence on (*od.* over) s.o.; das Licht ist ~ für die Augen the light is bad for (*od.* harmful to) the eyes. – **10.** (*gestört, geschädigt*) bad, poor, impaired: ~e Gesundheit [Augen, Ohren] poor health [eyes *od.* sight, hearing]; in ~er Verfassung sein a) (*von Personen*) to be in bad form (*od.* shape, fettle), Am. colloq. to be out of whack, b) (*von Sachen*) to be in bad condition; du siehst ~ aus a) (*bleich, müde etc*) you don't look well, b) (*krank*) you look ill; die Sache sieht ~ aus the matter looks bad (*od. colloq.* things look) bad. – **11.** (*angefault, angefressen*) bad, rotten: ~e Zähne bad teeth. – **12.** (*böse, niederträchtig*) bad, wicked, evil: er ist ein ~er Mensch he is a wicked person, he has an evil mind; das war ~ von mir *colloq.* that was bad (*od.* wretched, *sl.* rotten) of me; er ist kein ~er Kerl *colloq.* he is not a bad fellow (*od.* sort, soul) (*colloq.*). – **13.** (*unmoralisch, ausschweifend*) bad, dirty, nasty: eine ~e Phantasie haben to have a dirty (*od.* nasty) mind (*od.* a warped imagination); ~e Witze erzählen to tell dirty (*od.* off-colo[u]r, off-colo[u]red) jokes. – **14.** mir ist ~ I feel sick (*od.* ill), I don't feel well; ihr ist gestern ~ geworden she felt sick yesterday; bei diesem Anblick kann einem ~ werden *fig. colloq.* the sight of this would make you sick (*od.* would turn your stomach). – **15.** (*verbraucht, abgestanden*) bad, stale: hier ist aber eine ~e Luft the air is very stale (*od.* it is very stuffy) in here. – **16.** (*verdorben, nicht mehr genießbar*) bad, tainted: das Fleisch ist ~ the meat is bad, the meat has gone off; die Wurst ist (mir) ~ geworden the sausage has gone bad (on me). – **17.** (*armselig, erbärmlich*) bad, poor, miserable, humble, mean: eine ~e Behausung a humble dwelling. – **18.** (*gemein, schäbig*) bad, mean, shabby, scurvy (*lit.*): ~e Behandlung bad treatment, ill-treatment. – **19.** ~er Hirsch *hunt.* rascal. – **II** *adv* **20.** badly: eine ~ gemachte Arbeit a badly done (*od.* a botched) job (*od.* piece of work); ~ vor-

bereitet ill-prepared; sich ~ und recht (*od.* mehr ~ als recht) durchs Leben schlagen to get along through life somehow (*od.* after a fashion); ~ sehen [hören] to have poor (*od.* bad) eyes (*od.* sight) [hearing]; du hörst wohl ~! *iron.* are you deaf? (*colloq.*); ~ gehen a) (*von Uhr*) to go badly, to keep bad time, b) (*von Maschine, Mechanismus etc*) to run (*od.* go) badly, c) *fig.* (*von Ehe etc*) not to go well; es steht ~ um ihn, es sieht ~ für ihn aus, er ist ~ daran (*od. colloq.* dran) he is in a bad way, he is badly off, he is in a fix (*od. colloq.* jam), (*finanziell*) auch he is in a tight situation (*od. colloq.* squeeze); das Essen [die Arznei] ist ihm ~ bekommen the meal [the medicine] did not agree with him; das wird (*od.* soll) ihm ~ bekommen! *fig.* he will pay for that! es steht einem Beamten [Offizier] ~ an zu it ill becomes a civil servant [an officer] to; da sind Sie ~ beraten you are badly (*od.* ill-)advised; etwas ~ verwalten a) (*Provinz, Institution etc*) to administer s.th. badly (*od.* poorly), b) econ. (*Gelder, Firma etc*) to mismanage s.th.; j-n [etwas] ~ behandeln to treat s.o. [s.th.] badly, to ill-treat s.o. [s.th.]; du hast ~ an ihr [ihm] gehandelt you have done her [him] wrong; er hat ~ über dich (*od.* von dir) gesprochen he spoke ill of you, he ran you down, he has been backbiting you; ~ von j-m [etwas] denken to think ill of s.o. [s.th.]; ich bin bei ihm ~ angeschrieben *colloq.* I am in his bad books; seitdem ist sie ~ auf ihn zu sprechen she has been ill-disposed toward(s) him since then, he has been in bad odo(u)r with her (*od. colloq.* he has been a bad word for her) ever since; sie leben nicht ~ they don't live (too) badly, they are not (too) badly off (*colloq.*); ~ spielen a) (*ein Musikinstrument*) to play badly, b) bes. (*sport*) to play badly, to play a poor game, to be off one's game (*colloq.*); ich bin ~ dabei weggekommen (*od.* gefahren) *fig. colloq.* I fared badly in this matter; er staunte nicht ~ *colloq.* he wasn't half surprised. – **21.** (*schwerlich*) not very well, hardly: ich kann ~ nein sagen I can't very well say no, I can hardly say no; ich kann ihn ~ hören [sehen] I can't hear [see] him very well; nein, das geht ~ a) (*ist unfair, unhöflich*) one can't really do that, b) (*paßt mir nicht*) it doesn't suit me awfully well (*colloq.*); er kann es sich ~ leisten zu fehlen he can ill afford to stay away. – **III** S~e, das ⟨-n⟩ **22.** (*an einer Sache*) the bad thing(s *pl*): das S~e daran ist, daß the bad thing about it is that; sich zum S~en wenden to take a turn for the worse; nur S~es von j-m [etwas] (*od.* über j-n [etwas]) sagen not to have a good word to say about s.o. [s.th.]. – **23.** (*im Menschen, in der Welt etc*) the evil.

'schlecht·be,ra·ten *adj* ⟨*attrib*⟩ ill-advised.
'schlecht·be,zahlt *adj* ⟨*attrib*⟩ badly paid, underpaid.
'Schlech·ten *pl* (*mining*) cleats, cleavages.
'schlech·ter'dings *adv* **1.** absolutely, positively, utterly: es war mir ~ unmöglich zu kommen it was absolutely impossible for me to come. – **2.** (*geradezu*) almost, virtually: es war ~ alles erlaubt virtually everything was permitted.
'Schlech·ter,stel·lung *f* ⟨-; *no pl*⟩ lower (*od.* inferior, subordinate) position: das bedeutet eine (finanzielle) ~ für ihn that means that he is worse off than he was before.
'schlecht,ge·hen *v/impers* ⟨*irr, sep, -ge-, sein*⟩ es geht j-m schlecht a) (*j-d muß viel arbeiten etc*) s.o. is in a bad way, s.o. is badly off, b) (*gesundheitlich*) s.o. doesn't feel (at all) well, c) (*finanziell*) s.o. is hard up, s.o. is in a bad way (*od.* in a tight situation, *colloq.* in a squeeze).
'schlecht·ge,launt *adj* ⟨*attrib*⟩ in a bad mood (*od.* temper), in bad (*od.* ill) humor (bes. Br. humour), ill-tempered, ill-humored (bes. Br. -humoured). – **~·ge,stellt** *adj* ⟨*attrib*⟩ badly off.
'Schlecht·heit *f* ⟨-; -en⟩ *rare for* Schlechtigkeit.
'schlecht'hin *adv* **1.** (*ganz einfach, geradezu*) purely and simply, to all intents and purposes, absolute (*nachgestellt*): der Dramatiker ~ the dramatist absolute.

'Schlech·tig·keit *f* ⟨-; -en⟩ **1.** ⟨*only sg*⟩ badness, lousiness (*colloq.*), rottenness (*sl.*). – **2.** ⟨*only sg*⟩ (*Minderwertigkeit*) badness, poorness, inferior quality, lousiness (*colloq.*), rottenness (*sl.*). – **3.** ⟨*only sg*⟩ (*Unzulänglichkeit*) badness, poorness, incompetence. – **4.** ⟨*only sg*⟩ (*Bosheit, Niederträchtigkeit*) badness, wickedness, evilness, depravity. – **5.** (*böse Tat*) bad (*od.* wicked, evil) deed.
'schlecht,ma·chen *v/t* ⟨*sep, -ge-, h*⟩ **1.** j-n ~ to speak ill of s.o., to run s.o. down, to backbite s.o. – **2.** etwas ~ to speak ill of s.th., to run s.th. down.
'schlecht,sit·zend *adj* ⟨*attrib*⟩ (*Anzug, Kleid etc*) badly-fitting.
'schlecht,weg [-,vɛk] *adv rare for* schlechthin 1.
'Schlecht,wet·ter *n* ⟨-s; *no pl*⟩ bad (*od.* foul) weather, poor (*od.* bad, adverse) weather conditions *pl*: bei ~ in bad weather, when the weather is bad. — **~,flug** *m aer.* all-weather flight, flight during bad weather conditions. — **~,flug·be,trieb** *m* ⟨-(e)s; *no pl*⟩ flights *pl* (*od.* operations *pl*, activity) under all-weather conditions. — **~,front** *f meteor.* bad-weather front. — **~,geld** *n* (*im Baugewerbe etc*) bad-weather money (*od.* pay). — **~pe·ri·ode** *f meteor.* period (*od.* spell) of bad weather. — **~,zo·ne** *f* zone of bad weather.
Schleck [ʃlɛk] *m* ⟨-s; -e⟩ *Southwestern G. and Swiss* (*Süßigkeiten*) Br. sweets *pl*, Am. candies *pl*.
schlecken (*getr.* -k·k-) ['ʃlɛkən] **I** *v/t* ⟨h⟩ **1.** (*Eis etc*) to lick (at). – **2.** (*Bonbons etc*) suck. – **3.** (*auflecken*) lap (up): die Katze schleckt Milch aus einer Schüssel the cat laps milk from a bowl. – **II** *v/i* **4.** relish sweet things: sie schleckt gern she has a sweet tooth (*colloq.*). – **5.** an (*dat*) etwas ~ (*Eiswaffel etc*) to lick at s.th. – **III** S~ *n* ⟨-s⟩ **6.** *verbal noun.* – **7.** relish for sweet things. — '**Schlecker** (*getr.* -k·k-) *m* ⟨-s; -⟩ *cf.* Leckermaul 1. — **Schlecke'rei** (*getr.* -k·k-) *f* ⟨-; -en⟩ **1.** ⟨*only sg*⟩ *cf.* Schlecken. – **2.** sweet things *pl*.
'Schlecker,maul (*getr.* -k·k-) *n colloq. humor. cf.* Leckermaul 1.
schleckern (*getr.* -k·k-) ['ʃlɛkərn] *v/i u. v/t* ⟨h⟩ *colloq. cf.* schlecken 1, 2, 4, 5.
'Schleck,werk *n* ⟨-(e)s; *no pl*⟩ *dial. for* Naschwerk.
Schle·gel ['ʃleːgəl] *m* ⟨-s; -⟩ **1.** *tech.* a) (*aus Holz*) mallet, (*schwerer*) maul, beetle, b) (*Vorschlag-, Schmiedehammer etc*) sledge (hammer), blacksmith's sledge. – **2.** *mus.* a) (*für Trommel, Pauke etc*) stick, b) (*für das Triangel, Xylophon etc*) beater. – **3.** (*leather*) (*zum Zurichten*) mallet. – **4.** *bes. Southern G. and Austrian gastr.* (*Keule vom Kalb, Reh etc*) leg.
'Schleh,dorn *m* ⟨-(e)s; -e⟩ *bot. cf.* Schlehe 1.
Schle·he ['ʃleːə] *f* ⟨-; -n⟩ *bot.* **1.** (*Strauch*) blackthorn, sloe(bush), sloetree (*Prunus spinosa*). – **2.** (*Frucht*) sloe (plum). – **3.** *cf.* Haferpflaume.
'Schle·hen|,blü·te *f bot.* sloe blossom. — **~,li·kör**, **~,schnaps** *m gastr.* sloe gin. — **~,spin·ner** *m zo.* vaporer (*bes. Br.* vapourer) moth (*Orgyia antiqua*). — **~,wein** *m gastr.* sloe wine.
Schlei [ʃlaɪ] *m* ⟨-(e)s; -e⟩ *zo. cf.* Schleie.
Schlei·che ['ʃlaɪçə] *f* ⟨-; -n⟩ *zo. cf.* Blindschleiche.
schlei·chen ['ʃlaɪçən] **I** *v/i* ⟨schleicht, schlich, geschlichen, sein⟩ **1.** slink, sneak, steal, skulk, *auch* sculk, (*von Personen*) *auch* creep; *bes. Am.* cat-foot, pussyfoot: der Fuchs schleicht zum Hühnerstall the fox sneaks (up) to the henhouse; er ist ums [ins] Haus geschlichen he slunk (a)round [into] the house; sie schlich auf Zehenspitzen durch den Flur she tiptoed down the corridor. – **2.** *fig. colloq.* (*erschöpft gehen*) drag oneself along. – **3.** *fig. colloq.* (*langsam gehen od. fahren*) crawl (along). – **4.** *fig. colloq.* (*von Stunden, Zeit*) crawl (by). – **II** *v/reflex* ⟨h⟩ **5.** sich in (*acc*) [aus, an *acc*] etwas ~ to slink (*od.* sneak, steal, skulk, *auch* sculk, creep) into [out of, (up) to] s.th.: er hatte sich ans Fenster [in das Zimmer] geschlichen he had slunk up to the window [into the room]; sich in j-s Vertrauen ~ *fig.* to sneak (*od.* sidle) one's way into s.o.'s confidence; Argwohn schlich sich in ihr Herz *fig.* suspicion stole (*od.* crept) into her heart. – **6.** schleich

dich! *Bavarian colloq.* get out of here! (*colloq.*). – **III S~** *n* ⟨-s⟩ **7.** *verbal noun.* — **'schlei·chend I** *pres p.* – **II** *adj* **1.** (*Schritte, Bewegung*) sneaky, stealthy, slinky; *bes. Am.* catfooted, pussyfooted. – **2.** *fig.* (*Krise, Krankheit*) insidious. – **3.** *med.* (*Fieber*) lingering. – **4.** *fig.* (*Gift*) slow. – **5.** *econ.* (*Inflation*) creeping.

'Schlei·che'rei *f* ⟨-s; -⟩ *fig. colloq. contempt.* sneak(er) (*colloq.*), slink, *Am. auch* pussy-footer.

Schlei·che'rei *f* ⟨-; -en⟩ *colloq.* **1.** *cf.* Schleichen. – **2.** *fig. contempt.* underhandedness, underhand dealing(s *pl*).

'Schleich|,han·del *m econ.* **1.** illicit (*od.* clandestine) trade (*od.* trading, dealing): ~ (be)treiben a) to engage in illicit trade, b) (*Schwarzhandel*) to black-market(eer), c) (*Schmuggel*) to run contraband, to smuggle. – **2.** (*Schwarzhandel*) black-marketing (*od.* -marketeering). – **3.** (*Schmuggel*) contraband (trade), smuggling. — **~,händ·ler** *m* **1.** clandestine (*od.* illicit) trader (*od.* dealer). – **2.** (*Schwarzhändler*) black marketeer, black market dealer. – **3.** (*Schmuggler*) contrabandist, smuggler. — **~,kat·ze** *f zo.* viverrid (*Fam. Viverridae*). — **~,pfad** *m cf.* Schleichweg. — **~,wa·re** *f econ.* **1.** contraband, smuggled (*od.* contraband) article (*od.* goods *pl*). – **2.** black market article (*od.* goods *pl*). — **~,weg** *m* **1.** secret (*od.* hidden) path: die Schmuggler näherten sich auf ~en der Grenze the smugglers approached the border by secret paths. – **2.** *fig.* secret means *pl* (*construed as sg or pl*), dodge (*colloq.*): sich (*dat*) etwas auf ~en besorgen to get s.th. by secret means (*od. colloq.* by a dodge). — **~,wer·bung** *f econ.* surreptitious advertising (*seltener* advertizing). [*tinca*).\

Schleie ['ʃlaɪə] *f* ⟨-; -n⟩ *zo.* tench (*Tinca* **Schlei·er** ['ʃlaɪər] *m* ⟨-s; -⟩ **1.** veil: den ~ zurückschlagen [vors Gesicht ziehen] to raise [to drop] the veil, to unveil [to veil] one's face; den ~ nehmen fig. (*ins Kloster gehen*) to take the veil. – **2.** (*der Braut*) (bridal) veil: den ~ abtanzen (*Hochzeitsbrauch*) to try to catch the bridal veil. – **3.** (*am Hut*) (visor) veil, half-veil. – **4.** (*Nebelschleier*) veil (of mist): alles wie durch einen (grauen) ~ sehen *fig.* to see everything as through a veil, to see everything through a haze; einen ~ vor den Augen haben *fig.* to have a veil before one's eyes. – **5.** (*Dunstschleier*) haze. – **6.** *fig.* (*der Nacht, Dämmerung, Illusion etc*) veil: den ~ der Vergessenheit über (*acc*) etwas breiten (*od.* werfen) *poet.* to spread (*od.* throw) the veil of oblivion over s.th.; den ~ des Geheimnisses lüften to unveil the secret (*od.* the truth). – **7.** (*eines Photos, einer Röntgenaufnahme etc*) fog, veil. – **8.** *tech.* (*auf Glas*) haze, mist. – **9.** *med.* (*vor dem Auge*) film, haze, blur. – **10.** *mil.* a) (*Schützenschleier*) screen, b) (*Rauchschleier*) (smoke) screen. – **11.** *bot.* a) (*bei Hutpilzen*) veil, velum (*scient.*), b) (*bei Blätterpilzen*) cortina, c) (*der Farne*) indusium.

'Schlei·er|,eu·le *f zo.* barn owl (*Tyto alba*). — **~,flor** *m* (*textile*) crape, crepe, *bes. Br.* crêpe, voile, veiling.

'schlei·er·haft *adj* ⟨*meist pred*⟩ *fig. colloq.* (*rätselhaft, unverständlich*) mysterious, puzzling, baffling: es ist mir völlig ~, wie ich die Prüfung bestehen konnte it is a complete mystery to me (*od.* it is beyond me, I fail to see) how he managed to pass the examination.

'Schlei·er|,karp·fen *m zo. cf.* Schleie. — **~,kärpf·ling** *m* longfin (*Pterolebias longipinnis*). — **~,küh·lung** *f* (*space*) film cooling. – **~,schwanz** *m zo.* veiltail, fantail, comet, *auch* Comet (*Carassius auratus*). — **~,stoff** *m* (*textile*) *cf.* Schleierflor. — **~,tanz** *m* veil dance. — **~,tuch** *n* ⟨-(e)s; ⁼er⟩ (*textile*) **1.** (*Linon*) lawn. – **2.** *cf.* Schleierflor. — **~,wol·ke** *f meteor.* veil cloud, cirrostratus.

'Schleif|ap·pa·rat *m tech.* **1.** grinding attachment. – **2.** *cf.* Schleifmaschine. — **~,ar·beit** *f* grinding (operation). — **~,au·to·mat** *m* automatic grinder (*od.* grinding machine). — **~,band** *n* ⟨-(e)s; ⁼er⟩ *tech.* abrasive belt. — **~,bank** *f* ⟨-; ⁼e⟩ *cf.* Schleifbock. — **~,bock** *m* **1.** wheelhead. – **2.** (*Ständerschleifmaschine*) floor grinder, grinding pedestal. — **~,bock-,schlit·ten** *m* (grinding-)wheel slide. — **~,bü·gel** *m electr.* (*der Straßenbahn etc*)

---

sliding (*od.* contact) shoe. — **~,bür·ste** *f* brush. — **~,draht** *m* slide (*od.* potentiometer) wire. — **~,druck** *m* ⟨-(e)s; ⁼e⟩ *tech.* grinding (*od.* wheel) pressure (*od.* load).

Schlei·fe ['ʃlaɪfə] *f* ⟨-; -n⟩ **1.** (*in Schnüren, Bändern etc*) bow(knot): eine ~ binden to make (*od.* tie) a bow; sie hatte [trug] eine ~ im Haar she had [wore] a bow in her hair. – **2.** (*mit langen Bändern*) streamer. – **3.** (*Frackschleife*) bow tie. – **4.** *cf.* Schlinge 1. – **5.** (*eines Flusses*) loop, winding, meander, *auch* maeander. – **6.** (*eines Weges, einer Straße etc*) horseshoe bend, loop, winding. – **7.** (*Wendeschleife*) loop. – **8.** *aer. cf.* Looping. – **9.** (*sport*) (*beim Eislauf*) loop. – **10.** *electr.* (*einer Leitung*) loop. – **11.** *metall.* (*in der Walztechnik*) loop. – **12.** *med.* a) (*des Darms etc*) loop, b) (*des Nervs*) ansa.

schlei·fen[1] ['ʃlaɪfən] **I** *v/t* ⟨schleift, schliff, geschliffen, h⟩ **1.** (*Messer, Scheren, Äxte etc*) sharpen, give (*s.th.*) an edge, (*wetzen*) *auch* whet. – **2.** (*Rasiermesser*) sharpen, strop. – **3.** *tech.* a) grind, b) (*feinschleifen, polieren*) polish, smooth, c) (*abschleifen, abscheuern*) abrade, (*bes. mit Sandpapier*) *auch* sand, rub (*s.th.*) up, d) (*Edelsteine*) cut, e) (*Glas, Kristall*) grind, (*zum Verzieren*) *auch* cut, f) (*Brillengläser*) grind, g) (*Ventilkegel*) reface: auf Maß ~ to size; zwischen Spitzen ~ to grind on center (*bes. Br.* centre); Glas matt ~ to mat(t) (*od.* matte, frost) glass. – **4.** j-n ~ *fig. bes. mil. colloq.* to drill (*od.* drive) s.o. hard, to sweat s.o.; ~ to put s.o. to the grinder; j-n so s.o. hell (*colloq.*). – **II S~** *n* ⟨-s⟩ **5.** *verbal noun.* – **6.** grind. – **7.** *tech.* a) (*Abschleifen*) abrasion, b) (*eines Edelsteins*) cut, c) (*zum Verzieren von Glas*) cut. – **8.** *bes. mil. colloq.* (*von Soldaten*) hard drill, grind (*colloq.*).

'schlei·fen[2] *v/t* ⟨h⟩ **1.** etwas [j-n] (auf dem [*od.* über den] Boden) ~ to drag (*od.* trail) s.th. [s.o.] (along) (on the ground): etwas [j-n] in (*acc*) [durch, zu] etwas ~ to drag s.th. [s.o.] into [through, (up) to] s.th.; er hat mich (mit) durch die Stadt [in das Museum, zu seinen Freunden] geschleift *fig. colloq.* he dragged me through the town [(off) to the museum, (off) to his friends]; etwas [j-n] hinter (*dat*) sich her ~ a) to drag s.th. [s.o.] along behind one, b) *fig. colloq.* (*im Schlepptau haben*) to have s.th. [s.o.] in tow (*colloq.*); j-n vor den Richter [vor Gericht] ~ *fig. colloq.* to drag s.o. to court. – **2.** den Anker über den Grund ~ *mar.* to club (down). – **3.** *mil.* (*eine Festung etc*) raze, dismantle. – **4.** *mus. ling.* (*Töne*) slur. – **5.** *electr.* (*eine Leitung*) loop. – **II** *v/i* ⟨h *u.* sein⟩ ⟨h *u.* sein⟩ (auf dem [*od.* über den] Boden) ~ a) (*von Kleid, Schleppe etc*) to trail (*od.* drag, draggle) (along) (on the ground), b) (*von Fuß, herabhängenden Lasten etc*) to drag (*od.* trail, scrape) (along) (on the ground): der Radfahrer schleifte beim Bremsen mit dem Fuß the cyclist dragged his foot along the ground when braking; → Zügel 1, 2. – **7.** ⟨h⟩ an (*dat*) etwas ~ to rub (on) s.th.: der Reifen schleift am Schutzblech the tire (*bes. Br.* tyre) is rubbing on the mudguard. – **8.** ⟨h⟩ *auto.* a) (*von Bremsbacken*) rub, b) (*von Gängen*) slip, c) (*von Kupplung*) slip, drag: die Kupplung ~ lassen to let the clutch slip. – **9.** ⟨h⟩ *electr.* (*von Kontakten*) slide. – **III S~** *n* ⟨-s⟩ **10.** *verbal noun.* – **11.** *mil.* (*einer Festung*) dismantlement. – **12.** *mus. ling.* (*von Tönen*) slur.

'Schlei·fen|,blu·me *f bot.* candytuft (*Gattg Iberis*). — **~,bit·te·re** ~ clown's mustard (*I. amara*). — **~,flug** *m aer.* (*beim Kunstflug*) (inside) loop. — **s~för·mig** *adj* loop-shaped. — **~,gal·va·no,me·ter** *n electr.* loop galvanometer. — **~,kur·ve** *f aer. cf.* Looping. — **~,li·nie** *f math.* lemniscate. — **~,schal·tung** *f electr.* (*eines Kabels*) loop connection (*Br. auch* connexion): in ~ on the loop. — **~,wick·lung** *f* lap (*od.* multiple circuit) winding.

'Schlei·fer *m* ⟨-s; -⟩ **1.** (*Scheren-, Messerschleifer etc*) grinder. – **2.** *tech.* a) (*Arbeiter an einer Schleifmaschine*) grinding(-machine) operator, grinder, b) (*Edelsteinschleifer*) (gem) cutter, c) (*Glasschleifer*) (glass) grinder (*od.* cutter), d) (*Werkzeug*) grinding pencil. – **3.** *electr.* (*Kontaktfinger*) slider. – **4.** *bes. mil. colloq.* (*scharfer Ausbilder*) taskmaster, slave driver. – **5.** *mus.* (*Verzierung*) slide.

Schlei·fe'rei *f* ⟨-; -en⟩ **1.** *tech.* (*Werkstatt*) grinding shop. – **2.** (*paper*) a) pulp mill, b) (*Werkstatt*) *Am.* grinder room (*od.* house), *Br.* grinding-machine room.

'Schlei·fer|,schlamm *m tech.* sludge.

'Schleif·kon,takt *m electr.* sliding contact.

'Schleif|lack *m* flatting varnish. — **~,aus,füh·rung** *f* **1.** high-gloss (*od.* -luster, *bes. Br.* -lustre) finish. – **2.** (*Hellschleiflackausführung*) egg-shell finish. — **~,mö·bel** *pl* high-gloss (*od.* -luster, *bes. Br.* -lustre) finished furniture *sg*.

'Schleif|,la·de *f mus.* (*der Orgel*) slider chest: mechanische ~ tracker chest. — **~,leh·re** *f tech.* grinding ga(u)ge. — **~,lei·nen** *n* abrasive(-coated) cloth. — **~,ma,schi·ne** *f tech.* **1.** *Am.* grinder, *bes. Br.* grinding machine. – **2.** (*für Holz*) sanding machine, sander. – **3.** (*zur Papierherstellung*) ([wood] pulp) grinder. – **4.** (*zur Glasherstellung*) fly frame. — **~,mit·tel** *n* **1.** abrasive (compound). – **2.** (*Paste*) abrasive paste. — **~,pa,pier** *n* abrasive(-coated) paper, sandpaper. — **~,pa·ste** *f* abrasive paste (*od.* compound). — **~,pul·ver** *n* abrasive powder. — **~,rad** *n* ring wheel.

'Schleif|,ring *m* **1.** *tech.* ring wheel. – **2.** *electr.* slip (*od.* collecting) ring. — **~,läu·fer,mo·tor** *m tech. electr.* slip-ring (induction) motor, wound-rotor alternating-current motor.

'Schleif|,sand *m tech.* abrasive sand. — **~,schei·be** *f* **1.** grinding (*od.* abrasive) wheel, abrasive disk (*od.* disc). – **2.** (*für Holz*) sanding disk (*od.* disc). — **~,schlamm** *m* **1.** grinding sludge. – **2.** (*Schmutz*) grinding dirt. – **3.** (*Späne*) swarf. — **~,schritt** *m choreogr.* **1.** sliding (*od.* shuffling) step. – **2.** (*beim Ballett*) glissade. — **~,spin·del,stock** *m tech.* grinding headstock, wheelhead. — **~,staub** *m* grinding grit, abrasive dust. — **~,stein** *m* **1.** (*Wetzstein*) whetstone. – **2.** (*feiner*) hone(stone). – **3.** (*drehbarer*) grindstone, grinder: er sitzt auf dem Motorrad wie der Affe auf dem ~ *fig. colloq. humor.* he looks like humpty-dumpty on his motorbike (*colloq.*). — **~,und Po'lier·ma,schi·ne** *f tech.* grinding and polishing machine.

'Schlei·fung *f* ⟨-; -en⟩ *cf.* Schleifen[1] *u.* [2].

'Schleif·zu,ga·be *f tech.* grinding allowance.

Schleim [ʃlaɪm] *m* ⟨-(e)s; -e⟩ **1.** slime: mit ~ bedeckt (*od.* verschmiert) covered (*od.* smeared) with slime, slimy, slimed. – **2.** *med.* a) (*des Rachens, der Brust, Atemwege etc*) phlegm, mucus, b) (*Absonderung der Schleimhäute*) mucus: zäher [glasiger] ~ viscid [glassy] mucus; eitriger ~ purulent mucus, mucopus (*scient.*); ~ auswerfen (*od.* aushusten) to bring (*od.* cough) up phlegm, to expectorate (*od.* eject) phlegm (*scient.*). – **3.** *bot.* (*Pflanzenschleim*) slime, mucilage (*scient.*). – **4.** *zo.* (*der Weichtiere*) slime, mucus: Schnecken sondern ~ ab snails secrete slime. – **5.** (*Hafer-, Gerstenschleim etc*) gruel. — **s~,ab,son·dernd** *adj med. zo.* mucigenous, muciparous. — **~,ab·son·de·rung** *f* secretion of mucus (*od.* phlegm), mucous secretion. — **s~,ar·tig** *adj* **1.** slimy. – **2.** *med.* mucous, mucoid, muciform (*scient.*). — **~,aus,wurf** *m med.* expectoration of phlegm (*od.* mucus), mucous expectoration.

'Schleim,beu·tel *m med.* (synovial *od.* mucous) bursa. — **~,ent,zün·dung** *f* bursitis.

'Schleim,drü·se *f* **1.** *med. zo.* mucous (*od.* muciparous) gland. – **2.** *zo.* (*der Schnecken etc*) slime gland.

schlei·men ['ʃlaɪmən] *v/i* ⟨h⟩ **1.** (*Schleim absondern*) secrete slime (*od.* mucus). – **2.** *fig. colloq. contempt.* (*schleimig daherreden*) talk unctuously (*od.* fawningly).

'Schleim|,fisch *m zo.* **1.** blenny (*Fam. Blenniidae*). – **2.** beschuppter ~ kelpfish (*Fam. Clinidae*). — **~,fluß** *m* ⟨-sses; *no pl*⟩ *med.* myxorrh(o)ea, blennorrh(o)ea, polyblennia. — **~ge,schwulst** *f* mucous tumor (*bes. Br.* tumour), myxoma. — **~ge,we·be** *n* mucous tissue.

'Schleim,haut *f med. zo.* mucous membrane (*od.* lining), mucosa (*scient.*). — **~,ent,zün·dung** *f med.* inflammation of the mucosa, catarrh.

'schlei·mig *adj* **1.** slimy: sich ~ anfühlen to be slimy to the touch. – **2.** *fig. contempt.* (*Gerede, Mensch etc*) unctuous, fawning, cringing. – **3.** *med. zo.* mucous, mucid. – **4.** *bot.* (*Pflanzen*) slimy, mucilaginous (scient.). — ~-'eit·rig adj med. mucopurulent: ~es Sekret mucopus.

'Schleim|,ko·lik f med. mucous colic. — ~ko,li·tis f mucocolitis, mucous colitis. — ~köp·fe pl zo. alfoncinos (Fam. Berycidae). — ~ler·che f (Schleimfischart) shanny (Blennius pholis). — s~lö·send adj med. (bei Bronchitis etc) expectorant, mucolytic, mucinolytic: ein ~es Mittel an expectorant. — ~pfropf m mucous plug. — ~pilz m bot. slime mold (bes. Br. mould), auch slime fungus; myxomycete, mycetozoan, mycetozoon (scient.) (Klasse Myxomycetes). — ~säu·re f chem. mucic (od. saccharolactic, tetrahydroxyadipic) acid ($C_6H_{10}O_8$). — ~schei·ßer m vulg. bootlick(er), creeper, Am. vulg. bumsucker, Am. vulg. brownnoser. — ~se·kre·ti,on f med. cf. Schleimabsonderung. — ~stoff m med. zo. mucin. — ~sup·pe f gruel.

Schlei·ße f <-; -n> 1. (dünner Span) splint(er). — 2. (Federschaft) quill (od. shaft, scient. rachis) (of a feather).

schlei·ßen ['ʃlaɪsən] I v/t <schleißt, schliß, auch schleißte, geschlissen, auch geschleißt, h> 1. (Holz) split, slit. — 2. (Federn) strip. — II v/i <schleißt, schliß, geschlissen, sein> 3. obs. for verschleißen 4, zerschleißen.

'Schleiß,fe·der f stripped feather.

'schlei·ßig adj dial. for verschlissen II, abgenutzt 1—3.

Schle·mihl [ʃle'miːl] m <-s; -e> rare (Pechvogel) unlucky devil, Am. sl. s(c)hlemiel, schlemihl.

Schlemm [ʃlɛm] I m <-s; -e> (beim Bridge, Whist) slam. — II s~ adj only in ~ machen to make a slam.

'Schlemm,bo·den m geol. diluvial soil.

schlem·men ['ʃlɛmən] I v/i <h> 1. (gut essen u. trinken) feast, regale (oneself). — 2. (ein gutes Leben führen) enjoy a pleasant life, live it up. — II v/t 3. (Austern etc) regale oneself with, regale on. – III S~ n <-s> 4. verbal noun. – 5. cf. Schlemmerei. — 'Schlem·mer m <-s; -> 1. (Feinschmecker) gourmet, gourmand, auch gormand, epicure (lit.). – 2. (Vielfraß) glutton, gourmand, auch gormand, go(u)rmandizer. – 3. (Genußmensch, Genießer) indulger, high liver, epicurean (lit.). — Schlem·me'rei f <-; -en> 1. cf. Schlemmen. – 2. (gutes Essen u. Trinken) gourmandise, auch gormandize. – 3. (Völlerei) gluttony. – 4. cf. Schlemmermahl.

'Schlem·mer|,le·ben n high (od. lit. epicurean) life. — ~mahl n, ~mahl,zeit f 1. feast, banquet. – 2. colloq. (sehr gut zubereitetes Essen) feast for gourmets, food for the Gods.

Schlem·pe ['ʃlɛmpə] f <-; -n> 1. chem. (Destillationsrückstand) spent wash, slops pl. – 2. brew. a) pot ale, malt residuum (scient.), b) (aus Rübenmelasse) (molasses) vinasse(s pl). – 3. agr. (Viehfutter) pot ale, swill, slops pl. – 4. civ.eng. (Zementschlamm) grout.

schlen·dern ['ʃlɛndərn] v/i <sein> saunter, stroll, amble: durch die Straßen ~ to saunter through (od. along, about) the streets.

Schlend·ri·an ['ʃlɛndriaːn] m <-(e)s; no pl> colloq. 1. (Routine, Trott) routine, jog trot, bes. Br. jogtrot, humdrum, (old) rut, groove: es ging weiter im alten ~ it went on the same old humdrum way (od. in the same old rut); gegen den alten ~ ankämpfen to try to get out of the rut, to try to snap out of it (sl.); am alten ~ festhalten to keep (od. cling) to the same old routine, to be stuck in a rut. – 2. (Bummelei) dawdling: er kommt aus seinem ~ nicht heraus he cannot snap out of his dawdling (sl.). – 3. (Schlamperei) slovenliness, sloppiness, slipshod(di)ness.

Schlen·ker ['ʃlɛŋkər] m <-s; -> swerve: einen ~ nach rechts [links] machen to swerve to the right [left]. — 'schlen·kern I v/i <h u. sein> 1. <h> (von Arm, Beinen) dangle, swing: mit den Armen [Beinen] ~ to dangle (od. swing) one's arms [legs]. – 2. <h> (mit den Vorderbeinen) ~ (von Pferden beim Traben) to dish. – 3. <sein> (schleudern) swerve. – II v/t <h> 4. (die Arme, Beine etc) dangle, swing. – 5. etwas von etwas ~ (abschütteln) to flip (od. jerk) s.th. off s.th.

schlen·zen ['ʃlɛntsən] v/t <h> (sport) (den Ball, Puck) flick.

Schlepp [ʃlɛp] m <-(e)s; -e> 1. only in in (od. im) ~ in tow: ein Schiff in ~ nehmen [im ~ haben] mar. to take [to have] a ship in tow. – 2. Austrian gastr. (Fleischsorte) tail. — ~an·gel f troll: (Makrelen) mit der ~ fischen to troll (Br. auch whiff) (for mackerels). — ~an,hang m mar. (geschlepptes Boot, Schiff) tow. — ~an,ten·ne f 1. electr. bes. Am. drag antenna, bes. Br. trailing aerial. – 2. aer. trailing antenna (bes. Br. aerial). — ~au·to n aer. (beim Segelflug) tow (motor)car. — ~damp·fer m (steam) tug, tugboat, towboat. — ~,dienst m 1. auto. wrecker (od. wrecking) service, towing (od. recovery) service. – 2. mar. towing (od. towage) service.

Schlep·pe ['ʃlɛpə] f <-; -n> 1. (eines Kleides) train, trail. – 2. hunt. a) (bei Fuchsjagden etc) drag, scent bag, b) (Fährte der Wasservögel) trails pl of waterfowl.

schlep·pen ['ʃlɛpən] I v/t <h> 1. (einen schweren Koffer, Sack etc) drag, lug, haul, cart (colloq.), Am. heave, Am. colloq. tote: sie schleppten ihren gesamten Hausrat mit sich über die Grenze they dragged all their goods and chattels with them over (od. across) the border. – 2. (an einen Ort) drag: er schleppte den Verletzten ins Krankenhaus he dragged the injured man to the hospital; er hat mich (mit) ins Kino [zu seinen Freunden] geschleppt colloq. he dragged (od. trailed) me to the cinema (Am. movie) [to his friends] (with him); j-n vor Gericht ~ colloq. to drag s.o. to court. – 3. (Auto etc) tow (s.th.) (off, away). – 4. cf. schleifen² 1. – 5. Northern G. colloq. (Kleidungsstück) wear and wear (colloq.). – 6. colloq. (Kunden für Nachtlokale etc) tout. – 7. mar. a) (mit einem Schleppdampfer etc) tow, b) (Netz) trawl, drag, haul, c) (Anker) drag: ein Schiff achteraus [längsseits] ~ to tow a ship astern [alongside]. – 8. aer. (Flugzeuge) tow. – II v/i 9. an (dat) etwas ~ to struggle with s.th., Am. to heave s.th. along, b) fig. (an einer Bürde) to be weighed down with s.th.: an diesem Koffer hast du aber schwer zu ~ you'll have to struggle (od. you'll have quite a struggle) with that suitcase. – 10. (von Kleid etc) trail, draggle. – 11. mar. (von Anker) drag, come home. – III v/reflex sich ~ 12. drag oneself (od. struggle) (along): der Kranke schleppte sich zum Bett the sick man dragged himself to the bed; ich kann mich vor Erschöpfung kaum noch ~ I am so exhausted (that) I can hardly drag myself along. – 13. (sich hinziehen) drag (od. go) on: der Prozeß schleppt sich schon ins dritte Jahr the lawsuit is dragging on into its third year. – 14. sich mit etwas ~ a) (mit Gepäck, Lasten etc) to struggle (od. be burdened, be weighed down, lit. be encumbered) with s.th., b) fig. (mit einer Krankheit, Bürde etc) to be burdened (od. lit. encumbered) with s.th.: mit der Kiste habe ich mich fast (od. halb) zu Tode geschleppt colloq. I myself killed myself dragging that box. – IV S~ n <-s> 15. verbal noun. – 16. mar. tow, towage.

'schlep·pend I pres p. – II adj 1. (Verlauf, Behandlung, Verfahrensweise etc) sluggish, slow(-moving), lagging. – 2. (Gang, Gehweise) shuffling, dragging: er ging mit ~en Schritten he shuffled along. – 3. (Stimme, Art zu reden) drawling, drawly, halting: eine ~e Sprechweise haben to have a drawling manner of speaking, to speak with a drawl, to drawl. – 4. (Unterhaltung, Melodie, Gesang etc) dragging. – 5. econ. (Nachfrage, Absatz etc) sluggish, dull, slack: die Nachfrage war ziemlich ~ demand was rather slack.

'Schlep·pen|,kleid n dress with a train. — ~,trä·ger m trainbearer, Br. train-bearer.

'Schlep·per m <-s; -> 1. tech. agr. (Traktor) (motor) tractor. — 2. mar. tug(boat), towboat. – 3. colloq. (für Nachtlokale, Vergnügungsfahrten etc) tout(er).

Schlep·pe'rei f <-; no pl> colloq. constant (od. continuous) dragging (od. lugging, hauling): das war eine furchtbare ~ mit den Koffern we had an awful job dragging the suitcases (colloq.).

'Schlep·per,pflug m agr. tractor plough (bes. Am. plow).

'Schlepp|,flug m aer. towed (od. towing) flight, aero-tow, glider towing. — ~,flug,zeug n tow(ing) (air)plane. — ~,jagd f hunt. drag hunt. — ~ka·bel n (mining) trailing cable. — ~kahn m mar. (dumb) barge. — ~kleid n cf. Schleppenkleid. — ~,lei·ne f (für Schiff, Auto etc) towline, towrope. — ~lift m (Skilift) T-bar (lift). — ~lohn m mar. towage (dues pl), tugboat charge.

'Schlepp|,netz n mar. (in der Fischerei) drag(net), trail net, (Grundschleppnetz) trawl(net): mit dem ~ fischen a) to drag, b) (mit dem Grundschleppnetz) to trawl. — ~fisch,damp·fer, ~fi·scher m trawler. — ~fi·sche,rei f trawling (fishery).

'Schlepp|,sä·bel m mil. hist. cavalry saber (bes. Br. sabre). — ~sack m aer. mil. (beim Luftschießen) (towed) sleeve, (towed) target. — ~schiff n mar. 1. cf. Schlepper 2. – 2. (geschlepptes Schiff) (dumb) barge, lighter, tow. — ~,schiffahrt (getr. -ff-,f-) f tug service, towage, towing. — ~,seil n 1. (eines Traktors, Autos, Skilifts etc) towrope. – 2. aer. a) (beim Schleppflug) tow(ing) cable, b) (eines Freiballons) dragrope, trail (od. guide) rope: das ~ ausklinken to release the tow cable. – 3. mar. cf. Schlepptau 1. — ~,start m aer. towed takeoff. — ~,tau n 1. mar. a) towrope, b) (eines Schleppnetzes) trawl warp, dragrope: ein Schiff im ~ haben to have a ship in tow; ein Schiff ins ~ nehmen to take a ship in tow, to tow a ship; wir haben meine Tante ins ~ genommen fig. colloq. we took my aunt in tow (colloq.); er hat immer seine ganze Familie im ~ fig. colloq. he always has his whole (od. entire) family in tow (colloq.). – 2. aer. (eines Freiballons) cf. Schleppseil 2b. — ~,tros·se f mar. tow (od. tail) rope, towing hawser. — ~,win·de f aer. tow winch. — ~,ziel n aer. mil. (beim Luftschießen) towed target. — ~,zug m 1. mar. (tug and) tow. – 2. agr. tech. (Zugmaschine mit Anhängern) tractor trailer train.

Schle·si·er ['ʃleːziər] m <-s; -> Silesian. — 'schle·sisch [-zɪʃ] adj Silesian.

schlet·zen ['ʃlɛtsən] v/t <h> Swiss dial. (Tür etc) slam.

Schleu·der ['ʃlɔʏdər] f <-; -n> 1. sling, Br. catapult, Am. slingshot: mit einer ~ auf Vögel schießen to shoot at birds with a sling, to sling at (Br. to catapult) birds. – 2. mil. hist. (für Bleigeschosse etc) sling, catapult. – 3. tech. a) (Trennschleuder) centrifuge, b) (Trockenschleuder) extractor, c) (Naßschleuder) hydroextractor, d) (Wäscheschleuder) drier, auch dryer, spin-drier, e) (Milchschleuder) (cream) separator, f) (Honigschleuder) (honey) extractor (od. separator). – 4. aer. (Startvorrichtung) catapult. — ~ar,ti·kel m econ. 1. job line (goods pl), catchpenny (article), dirt cheap article. – 2. (im Außenhandel) dumping goods pl. — ~,aus,fuhr f export dumping. — ~,bahn f aer. catapult. — ~,ball m (sport) 1. slingball. – 2. <only sg> spielen to play slingball. — ~be,ton m civ.eng. spun (od. centrifugally cast) concrete.

'Schleu·de·rer m <-s; -> 1. auch mil. hist. slinger. – 2. econ. colloq. (Preisverderber) underseller, undercutter, price-cutter.

'Schleu·der|,flug,zeug n (bes. Spielzeug) catapult (air)plane (bes. Br. [aero]plane). — ~,gang m <-(e)s; *e> (der Waschmaschine) spin. — ~ge,fahr f danger of swerving: ~ (Verkehrszeichen) slippery road. — ~ge,schäft n econ. price-cutting (od. undercutting) deal. — ~,guß m metall. 1. (Vorgang) centrifugal casting. – 2. (Produkt) centrifugal cast iron. – 3. (von Röhren) spun castings pl. — ~,ho·nig m strained (od. extracted) honey. — ~,kraft f phys. centrifugal force. — ~ma,schi·ne f tech. cf. Schleuder 3.

schleu·dern ['ʃlɔʏdərn] I v/t <h> 1. (einen Stein, Ball etc) fling, pitch, toss, sling, (stärker) hurl, dash: j-m etwas ins Gesicht [an den Kopf] ~ a) to fling s.th. in s.o.'s face [at s.o.'s head], b) fig. (Antwort, Vorwürfe, Beleidigungen etc) to fling (od. hurl) s.th. at s.o.: der Bob wurde aus der Bahn geschleudert the bobsled was flung (od. catapulted) out of the course. – 2. (mit einer Schleuder) sling, Br. auch catapult. – 3. tech. a) (mit einer Trennschleuder) centrifuge, b) (mit einer Trockenschleuder) (hydro)extract, c) (*Wäsche*) spin-dry, d) (*Milch*) separate, e) (*Honig*) extract, strain, f) (*Zucker*) cure. – **II** v/i ⟨h u. sein⟩ **4.** ⟨h u. sein⟩ (*von Auto etc*) a) swerve, skid, b) (*bei Seitenwind*) sideslip, c) (*von Vorderrädern*) shimmy: **um die eigene Achse** ∼ to spin. – **5.** ⟨h⟩ *tech.* (*von Wäscheschleuder*) spin-dry. – **III** S∼ n ⟨-s⟩ **6.** *verbal noun.* – **7.** fling, (*stärker*) hurl. – **8.** (*eines Autos etc*) swerve, skid: **der Wagen geriet** (*od.* **kam**) **ins** S∼ the car went into a skid (*od.* spin). – **9.** *tech.* a) (*mit einer Trockenschleuder*) (hydro)extraction, b) (*der Milch*) separation, c) (*des Honigs*) extraction.

'**Schleu·der|,preis** m econ. underprice, cut-rate (*od.* ruinous) price, giveaway (*Br.* give-away) price: **etwas zu** ∼**en ver-kaufen** a) to sell s.th. at cut-rate (*od.* ruinous) prices, to sell s.th. dirt cheap (*Am.* at a sacrifice), to undersell s.th., to fling s.th. away, b) (*bes. im Auslandsgeschäft*) to dump s.th. — ∼**,pum·pe** f tech. centrifugal pump. — ∼**,schmie·rung** f splash lubrication. — ∼**,schwanz** m zo. cf. Hardun. — **s∼,si·cher** adj (*Reifen etc*) antispin, antiskid (*beide attrib*). — ∼**,sitz** m aer. catapult (*od.* ejector) seat. — ∼**,spur** f (*eines Autos*) swerve mark pl, skid track. — ∼**,start** m aer. catapult takeoff. — ∼**,trom·mel** f tech. centrifugal drum. — ∼**,ver,kauf** m underselling, undercutting, (*im Auslandsgeschäft*) auch dumping. — ∼**,ver,satz** m (*mining*) high-speed belt stowing, slinger stowing. — ∼**,vor,rich·tung** f tech. (*in der Waschmaschine*) (spin-)drying device. — ∼**,wa·re** f econ. catchpenny (*od.* job line) article(s pl).

schleu·nig ['ʃlɔʏnɪç] adj ⟨attrib⟩ prompt, immediate, speedy.

'**schleu·nigst** adv immediately, instantly, as fast as possible: **er hielt es für besser,** ∼ **zu verschwinden** he thought it was better to get out immediately (*od.* as fast as he could); **mach daß du fortkommst, aber** ∼**!** colloq. get out of here this instant! (colloq.).

Schleu·se ['ʃlɔʏzə] f ⟨-; -n⟩ **1.** (*in Kanälen, Flüssen etc*) a) lock, gate, b) (*Schachtschleuse*) shaft lift gate: **pneumatische** [**hydraulische**] ∼ air [hydraulic] lock; **doppelte** ∼ double lock, lock with two chambers; **in die** [**aus der**] ∼ **gehen** to lock in [out]. – **2.** (*an Staudämmen etc mit vertikalem Schieber*) sluice. – **3.** cf. Schleusentor: **die** ∼**n des Himmels öffnen sich, der Himmel öffnet seine** ∼**n** fig. poet. the floodgates of heaven open. – **4.** (*Luftschleuse*) (air) lock.

schleu·sen ['ʃlɔʏzən] v/t ⟨h⟩ **1.** (*ein Schiff*) lock: **einen Frachter durch einen Kanal** ∼ to lock a freighter through a canal. – **2.** j-n **durch die Paßkontrolle** [**über die Grenze**] ∼ fig. to channel (*od.* get) s.o. through passport inspection [across the border].

'**Schleu·sen|,bau** m ⟨-(e)s; -ten⟩ mar. **1.** construction of locks (*od.* sluices). – **2.** system of locks. — ∼**,be,trieb** m operation of locks (*od.* sluices). — ∼**,bo·den** m **1.** lock bottom, lock floor. – **2.** (*eines Staudamms etc*) sluice bottom. — ∼**,dock** n wet (*od.* closed) dock. — ∼**ge,bühr** f, ∼**,geld** n lockage, lock dues pl (*od.* charges pl). — ∼**,kam·mer** f **1.** lock (chamber), lock basin. – **2.** canal (*od.* entrance) lock. — ∼**,ka,nal** m **1.** (*an Staudämmen etc*) sluice(-way). – **2.** (*eines Röntgenapparates*) lock channel. — ∼**,tor** n **1.** (*eines Kanals*) (lock) gate, floodgate. – **2.** (*eines Staudamms etc*) sluice gate. — ∼**,trep·pe** f chain of locks, staircase locks pl, flight of locks. — ∼**,ven,til** n tech. sluice (*od.* gate) valve. — ∼**,wär·ter** m **1.** lockkeeper. – **2.** (*an Staudämmen*) sluice keeper, sluicer. — ∼**,wär·ter-Hy·po,the·se** f ⟨-; no pl⟩ (*in der Publizistik*) gatekeeper hypothesis. — ∼**,wehr** n lock weir.

schlich [ʃlɪç] 1 u. 3 sg pret of schleichen.

Schlich m ⟨-(e)s; -e⟩ (*mining*) pulp.

Schli·che ['ʃlɪçə] pl colloq. tricks, wiles, dodges (colloq.): **j-m auf die** ∼ **kommen, hinter j-s** ∼ **kommen** to find s.o. out, to be up to s.o.'s tricks (*od.* dodges), to find out s.o.'s tricks; **ich kenne seine** ∼ I know his every dodge, I am up to all his dodges; **du kennst die** ∼, **du verstehst dich auf alle (mögliche)** ∼ you know all the moves; **das sind also seine** ∼**!** so that's his little game!

schlicht [ʃlɪçt] **I** adj ⟨-er; -est⟩ **1.** (*einfach*) simple, plain, unadorned: **ein Mantel von** ∼**er Eleganz** a coat of simple elegance; **eine** ∼**e Einrichtung** plain furniture; ∼**e Linien** simple (*od.* unadorned, inelaborate) lines; **eine** ∼**e Frisur** plain hair; ∼**e Frömmigkeit** simple piety; **mit einem** ∼**en Ja oder Nein antworten** to answer with a simple yes or no; **der** ∼**e Menschenverstand** plain common sense; **die** ∼**e Wahrheit** (the) plain (*od.* unvarnished) truth. – **2.** (*bescheiden*) modest, unassuming, unpretentious: **sie hat ein** ∼**es Wesen, sie ist von** ∼**em Wesen** she is a modest (*od.* an unassuming) person. – **3.** (*ungekünstelt*) simple, artless, ingenuous, homely: ∼**e Leute wie diese Bauern** simple people like these peasants. – **4.** (*offen, unkompliziert*) natural, direct, straightforward: **ein** ∼**er, aufrichtiger Mensch** a straightforward sincere person. – **5.** (*Mahlzeit*) frugal, simple, plain. – **6.** (*Empfang etc*) unceremonious, simple: **eine** ∼**e Trauerfeier** a simple funeral service. – **7.** mus. simple, semplice. – **II** adv **8.** **sie ist** ∼ **und einfach gekleidet** she dresses plainly; **sie trägt das Haar** ∼ **zurückgekämmt** she wears her hair plain.

'**Schlicht|,ar·beit** f tech. smooth finishing, finish machining. — ∼**,bank** f ⟨-; ∼e⟩ finishing lathe. — **s∼,dre·hen I** v/t ⟨sep, -ge-, h⟩ finish-turn. – **II** S∼ n ⟨-s⟩ verbal noun.

Schlich·te ['ʃlɪçtə] f ⟨-; -n⟩ **1.** metall. (*in der Formerei*) blackwash, slur, facing, blacking. – **2.** (*textile*) (*in der Weberei*) dressing, size. – **3.** (*paper*) size.

schlich·ten ['ʃlɪçtən] **I** v/t ⟨h⟩ **1.** (*Holz etc*) stack. – **2.** (*Kisten etc*) arrange (*things*) (in line), set (*things*) in order, order. – **3.** fig. (*Streit etc*) settle, put (*s.th.*) straight (*od.* right): **besser** ∼ **als richten** (*Sprichwort*) etwa better compromise than prosecute. – **4.** jur. settle, accommodate, compose, arbitrate: **einen Streit durch Schiedsspruch** ∼ to settle a dispute by arbitration, to arbitrate a dispute. – **5.** tech. a) finish(-machine), take a finishing cut of, b) (*glätten*) smooth, dress. – **6.** (*textile*) a) (*Kettfäden*) dress, b) (*Stoff*) size. – **7.** (*leather*) sleek. – **8.** metall. a) (*im Walzwerk*) planish, polish, b) (*in der Formerei*) sleek, slick, face, slur, apply a wash to. – **II** S∼ n ⟨-s⟩ **9.** verbal noun. – **10.** cf. Schlichtung.

'**schlicht·end I** pres p. – **II** adv **in einen Streit** ∼ **eingreifen** to be (*od.* intervene as) mediator in a dispute.

'**Schlich·ter** m ⟨-s; -⟩, '**Schlich·te·rin** f ⟨-; -nen⟩ **1.** peacemaker. – **2.** (*Vermittler*) mediator, conciliator, bes. Am. troubleshooter, (*durch Schiedsspruch*) arbitrator. – **3.** (*textile*) dresser, sizer.

'**Schlicht|,fei·le** f tech. smooth (*od.* smooth-cut) file. — ∼**,frä·ser** m finishing cutter. — ∼**,ham·mer** m **1.** planishing hammer. – **2.** (*als Schmiedewerkzeug*) bladesmith's flatter.

'**Schlicht·heit** f ⟨-; no pl⟩ **1.** (*Einfachheit*) simplicity, plainness: **die** ∼ **ihres Kleides** the simplicity of her dress. – **2.** (*Bescheidenheit*) modesty, unpretentiousness. – **3.** (*ungekünstelte Art*) simplicity, artlessness, ingenuousness, homeliness. – **4.** (*Offenheit*) naturalness, directness, straightforwardness, matter-of-factness. – **5.** (*einer Mahlzeit*) frugality, frugalness, simplicity, plainness. – **6.** (*eines Empfanges etc*) unceremoniousness, simplicity.

'**Schlicht,ho·bel** m tech. smooth (*od.* smoothing) plane. — ∼**,ei·sen** n smooth(ing) plane iron (*od.* cutter).

'**Schlicht|,leim** m **1.** (*textile*) size. – **2.** (*leather*) dubbin, auch dubbing. — ∼**,ma,schi·ne** f **1.** tech. finishing machine. – **2.** (*textile*) sizing machine, slashing (*od.* dressing) machine. — ∼**,mei·ßel** m tech. finishing cutter (*od.* tool). — ∼**,mes·ser** n tech. **1.** (*eines Messerkopfes*) finishing blade. – **2.** (*Schlichthobeleisen*) smooth(ing) plane iron. — ∼**,mit·tel** n (*textile*) sizing agent. — ∼**,stahl** m tech. cf. Schlichtmeißel.

'**Schlich·tung** f ⟨-; no pl⟩ **1.** cf. Schlichten. – **2.** (*eines Streites etc*) settlement. – **3.** jur. a) settlement, accommodation, b) (*bes. von arbeitsrechtlichen u. internationalen Streitigkeiten*) conciliation, mediation: ∼ **durch Schiedsspruch** arbitration.

'**Schlich·tungs|,ab,kom·men** n jur. arbi-

tration agreement. — ∼**,amt** n econ. jur. **1.** conciliation board, (*bes. schiedsrichterliches*) arbitration board. – **2.** (*Vermittlungsstelle*) mediation board. — ∼**,aus,schuß** m conciliation (*od.* arbitration) commission (*od.* committee, board). — ∼**,kam·mer** f cf. Schiedsgericht 1. — ∼**kom·mis·si,on** f cf. Schlichtungsausschuß. — ∼**,stel·le** f cf. Schlichtungsamt. — ∼**,ver,ein·ba·rung** f agreement concerning arbitration. — ∼**,ver,fah·ren** n jur. conciliation (procedure), (*bes. schiedsrichterliches*) arbitration proceedings pl. — ∼**,such** n ⟨-s⟩ attempt at conciliation (*od.* mediation): **der** ∼ **ist erfolglos geblieben** the attempt at conciliation has failed.

'**Schlicht,wal·ze** f metall. finishing roll.

Schlick [ʃlɪk] m ⟨-(e)s; -e⟩ **1.** mud, slime, ooze, mire. – **2.** (*Flußablagerung*) silt, sludge, ooze. – **3.** agr. warp. – **4.** geol. warp, mud. – **5.** tech. (*Schleiferschlamm*) sludge. — ∼**,bank** f ⟨-; ∼e⟩ geol. mud bank.

'**schlicken** (getr. -k·k-) v/i ⟨h⟩ fill up (*od.* become covered) with mud (*od.* silt).

'**Schlicker** (getr. -k·k-) m ⟨-s; -⟩ **1.** (*leather*) slicker, sleeker. – **2.** metall. schlich, slimes pl.

'**schlicke·rig** (getr. -k·k-) adj **1.** (*schlammig*) muddy, slimy, oozy, miry, sludgy. – **2.** (*schlüpfrig*) greasy.

'**Schlicker,milch** f (getr. -k·k-) Eastern G. dial. curdled milk.

'**Schlick,grund** m geol. mud (*od.* oozy) bottom.

'**schlickig** (getr. -k·k-), '**schlick·rig** adj cf. schlickerig.

'**Schlick,watt** n geol. mud (*od.* low-tide) flat(s pl).

schlief [ʃliːf] 1 u. 3 sg pret of schlafen.

Schlief m ⟨-(e)s; -e⟩ dial. slack-baked part (of a loaf).

schlie·fen ['ʃliːfən] v/i ⟨schlieft, schloff, geschloffen, sein⟩ **1.** colloq. for schlüpfen 1. – **2.** hunt. (*vom Hund*) go to ground (*od.* earth).

'**Schlie·fer** m ⟨-s; -⟩ **1.** hunt. a) cf. Dachs 1, b) **dieser Hund ist ein guter** ∼ this dog is good at entering fox earths. – **2.** zo. procaviid, hyrax (*Familie Procaviidae*).

'**schlie·fig** adj dial. (*Brot*) slack-baked.

Schlier [ʃliːr] m ⟨-s; no pl⟩ Bavarian and Austrian geol. a special tertiary marl.

Schlie·re ['ʃliːrə] f ⟨-; -n⟩ **1.** pl tech. phot. (*im Glas*) schlieren. – **2.** pl geol. schlieren, striae, streaks. – **3.** (*paints*) score. – **4.** Middle G. for Schleim 1.

schlie·ren ['ʃliːrən] v/i ⟨h⟩ mar. **1.** (*unbeabsichtigt gleiten*) slide. – **2.** (*von Anker*) drag.

'**schlie·rig** adj **1.** (*Glas*) schlieric, streaky. – **2.** geol. schlieric, striated, streaky. – **3.** (*paints*) scored. – **4.** cf. schleimig 1, schlüpfrig 1.

'**Schlier,sand** m river sand.

'**Schließ,band** n ⟨-(e)s; ∼er⟩ hasp.

'**schließ·bar** adj lockable: **leicht** ∼ easy to lock, easily locked.

Schlie·ße ['ʃliːsə] f ⟨-; -n⟩ **1.** (*Schließvorrichtung*) fastening, fastener. – **2.** (*eines Gürtels*) buckle. – **3.** (*einer Handtasche*) clasp, snap. – **4.** (*eines Buches*) clasp, lock. – **5.** (*Schnappschloß*) catch, latch.

schlie·ßen ['ʃliːsən] **I** v/t ⟨schließt, schloß, geschlossen, h⟩ **1.** (*zumachen*) shut, close: **schließ das Fenster, bitte!** shut the window, please; **er schloß die Tür vor meiner Nase** colloq. he closed (*od.* shut) the door on my face; **eine Lücke** ∼ to close a gap; **er hat seine Augen für immer geschlossen** euphem. he has closed his eyes for ever. – **2.** (*mit Schlüssel*) lock: **ich habe den Koffer bereits geschlossen** I have already locked the suitcase; **er schloß sein Fahrrad ans Geländer** he locked his bicycle to the railing. – **3.** (*mit Riegel*) bolt. – **4.** (*sicher verwahren*) lock (*od.* shut) (*s.th.*) up (*od.* away): **ich habe das Geld in die Kassette geschlossen** I locked the money up in the cashbox; **man schloß den Gefangenen in eine Zelle** the prisoner was shut (*od.* locked) up in a cell. – **5.** (*für Besucher unzugänglich machen*) close (*od.* shut): **die Ausstellung schloß am Sonntag ihre Pforten** the exhibition closed its doors on Sunday; **das Geschäft** ∼ to close (*od.* shut up) the shop; **der Schalter wurde vorübergehend geschlossen** the counter was closed temporarily. – **6.** (*wegen Geschäftsaufgabe etc*) close (*od.* shut) down. – **7.** (*beenden*) close, conclude, bring (s.th.) to an end (od. a close), terminate, wind up, end: der Vorsitzende schließt die Versammlung (od. Sitzung) the chairman closes (od. concludes) the meeting; eine Debatte auf Antrag ~ to closure (Am. cloture) a debate; die Verhandlung (bei Gericht) ~ to close the court; die Beweisaufnahme ~ to close (od. rest) the case; er schloß seine Rede mit den Worten he concluded (od. wound up) his speech by saying. – 8. j-n in seine Arme ~ fig. to clasp (od. take) s.o. in one's arms; sie hat das Kind ins Herz geschlossen fig. she has taken a fancy (od. great liking) to the child. – 9. etwas aus etwas ~ (folgern) to conclude (od. infer, deduce) s.th. from s.th., to draw a conclusion from s.th.: was ~ Sie aus seiner Bemerkung? what do you conclude from his remark? daraus kann man ~, daß from that can be concluded that, one can thus conclude that; das läßt sich nicht so leicht aus den Anzeichen ~ this cannot be readily inferred from the symptoms. – 10. (abschließen, eingehen) conclude, contract, make: Frieden ~ a) (sich versöhnen) to make peace, b) (von Staaten) to conclude peace; einen Vertrag ~ to conclude (od. enter into) a treaty, to make a contract; die beiden Staaten schlossen ein Bündnis the two states formed an alliance; einen Vergleich (od. Kompromiß) ~ to make (od. reach, arrive at) a compromise, to come to terms (od. an agreement); (mit j-m) die Ehe ~ to contract (od. conclude) marriage (with s.o.); (mit j-m) Freundschaft ~ to strike up a friendship (with s.o.), to make friends (with s.o.); sie schloß neue Bekanntschaften she made new acquaintances (od. friends). – 11. etwas in sich ~ fig. a) (enthalten) to contain (od. comprise, include) s.th., b) (sinngemäß) to imply (od. implicate, connote) s.th.: diese Behauptung schließt einen Widerspruch in sich this assertion contains a contradiction; seine Frage schloß schon die Antwort in sich his question implied the answer. – 12. etwas an (acc) etwas ~ (hinzufügen) to add s.th. to s.th.: daran schloß er die Bemerkung, daß to this he added the remark that. – 13. die Reihen ~ mil. to close (od. serry) the ranks. – 14. electr. (Stromkreis) close, complete. – 15. print. a) (Satz im Rahmen) lock up, b) (Druckform) quoin (up), coign (up). – 16. mus. (Griffloch) stop. – 17. med. a) (Naht) suture, sew, stitch, b) (Bauchwand) close. – II v/i 18. shut, close: die Tür schließt von selbst the door shuts by itself (od. automatically); die Schlüssel ~ nicht a) the keys do not fit (the lock), b) the keys won't lock (od. turn); das Fenster schließt dicht the window closes tight. – 19. (zumachen) shut, close: das Geschäft schließt um 6 Uhr the shop closes at 6 o'clock. – 20. (enden) conclude, come to a close, (come to an) end: die Versammlung schloß um 8 Uhr the meeting concluded at 8 o'clock; das Konzert schloß mit der Nationalhymne the concert concluded with the national anthem; die Schule schließt am 10. Juli school ends (od. is over, breaks up) on July 10th. – 21. (von Brief, Erzählung etc) end, close, conclude: ich muß jetzt ~ (im Brief) I must close (od. conclude) (my letter) now. – 22. aus etwas auf (acc) etwas ~ to judge (od. infer, deduce, conclude) s.th. from s.th.: von seinen Handlungen kann man auf seinen Charakter ~ one can judge his character from his actions; von der Ursache auf die Wirkung ~ to infer the effect from the cause. – 23. auf (acc) etwas ~ lassen to suggest (od. point to, indicate) s.th.: die Symptome lassen auf Gelbsucht ~ the symptoms indicate jaundice; sein Benehmen läßt auf sein hitziges Temperament ~ his behavio(u)r suggests a hot temper. – 24. (urteilen) judge: dem Aussehen nach zu ~ handelt es sich um judging (od. to judge) from appearances it is a matter of; von sich auf andere ~ to judge others by oneself, to measure another man's foot by one's own last. – 25. med. (von unteren u. oberen Zähnen) occlude. – III v/reflex sich ~ 26. close, shut: die Tür schloß sich lautlos the door shut silently; die Blüten ~ sich nachts the flowers shut (od. close up)

at night; die Kette schloß sich um sein Handgelenk the chain closed (up)on his wrist; der Kreis schließt sich fig. the circle is complete, things have come full circle. – 27. etwas schließt sich an (acc) etwas s.th. is followed by s.th.: an den Vortrag schloß sich eine lebhafte Diskussion the lecture was followed by a lively discussion. – 28. med. a) (von Wunde) close (up), b) (von Schließmuskel) contract. – IV S~ n ⟨-s⟩ 29. verbal noun: beim S~ der Tore upon the closing of the gates. – 30. (einer Versammlung) close, conclusion, termination. – 31. (eines Vertrages) conclusion. – 32. bes. philos. (Folgerung) conclusion, inference, deduction, ratiocination (scient.). – 33. med. a) closure, b) (der Naht) suture. – 34. cf. Schließung.

'Schlie·ßer m ⟨-s; -⟩ 1. (Pförtner) doorkeeper, porter. – 2. (Hausmeister) caretaker, bes. Am. janitor. – 3. (Gefängniswärter) jailer, warder, turnkey. – 4. (einer Wach- u. Schließgesellschaft etc) locker. – 5. (theater) usher, Br. auch (box) commissionaire. – 6. tech. (an einer Türe etc) latch, catch. – 7. med. cf. Schließmuskel.

'Schlie·ße·rin f ⟨-; -nen⟩ 1. (Pförtnerin) doorkeeper. – 2. (Gefängniswärterin) jailer, wardress, turnkey. – 3. (theater) usherette, Br. auch (box) commissionaire. – 4. cf. Beschließerin.

'Schließ|fach n 1. cf. Postfach. – 2. (bei der Bank) locker, safe deposit box. – 3. (für Koffer) luggage (bes. Am. baggage) locker. — ~,fe·der f 1. a) (einer Handfeuerwaffe) breech-closing spring, b) (einer Handfeuerwaffe) recoil spring. – 2. (an der Tür) door (od. spring) bolt. – 3. (an der Uhr) lock(ing) spring. – 4. (in der Schlosserei) catch (od. spring) bolt. — ~,frucht f bot. indehiscent fruit, achene, auch akene. — ~,ha·ken m tech. 1. (am Schloß) catch, (bolt) staple, bolt nab. – 2. (einer Hemmkette) lock hook (od. chain). — ~,ket·te f barring chain. — ~,klap·pe f tech. 1. (am Schloß) box staple, cased bolt staple. – 2. (für Gase) stench trap. — ~,korb m lockable hamper.

'schließ·lich adv 1. (am Schluß) finally, eventually: er erklärte sich ~ damit einverstanden he finally agreed to it; er hat sich ~ zum Glauben durchgerungen he eventually became a believer. – 2. (auf die Dauer) in the long run: die Anerkennung dieser berechtigten Ansprüche war ~ unvermeidlich the granting of these just claims was inevitable in the long run. – 3. (zu guter Letzt) in the end, ultimately, at (long) last: er ist ~ doch gekommen he came in the end; ~ kamen wir am Bahnhof an at long last we arrived at the station; er wurde ~ ein reicher Mann he became a rich man in the end, he ended up a rich man; ~ landete er im Gefängnis he wound up in prison. – 4. (wenn man es recht bedenkt) all things considered, after all: ~ ist er doch nicht schuld daran after all, he is not to blame for it; unter diesen Bedingungen konnte ich ~ nicht anders handeln all things considered, I could not act otherwise under these circumstances; ~ und endlich colloq. after all, when all is said and done.

'Schließ|mund,schnecken (getr. -k·k-) pl zo. clausiliids (Fam. Clausiliidae). — ~,mus·kel m med. 1. sphincter, constrictor. – 2. (der Beine) adductor (muscle). — ~,rah·men m print. chase. — ~,rie·gel m tech. key bolt, dead (od. locking) bolt.

'Schlie·ßung f 1. cf. Schließen. – 2. closure: die ~ der Grenze [eines Hafens] the closure of the frontier [of a port]; die ~ eines Konsulats the closure of a consulate. – 3. (eines Betriebes etc) shutdown. – 4. (der Debatte auf Antrag) closure, Am. cloture. – 5. (einer Ehe) contraction.

'Schließ|win·kel m auto. (bei der Zündung) contact (od. timing) angle, timing range. — ~,zeit f synth. closing time. — ~,zeug n print. quoins pl.

schliff [ʃlif] 1 u. 3 sg pret of schleifen¹.

Schliff m ⟨-(e)s; -e⟩ 1. ⟨only sg⟩ (Schleifen) grinding, (Schärfen) auch sharpening. – 2. (eines Edelsteins, Glases) cut: einen schönen ~ haben to be beautifully cut. – 3. tech. a) (geschliffene Fläche) ground surface (od. section), finish, b) (eines Werkzeugs) grind, c) (eines Werkstücks) regrind: der letzte ~ the finishing touch. – 4. metall.

microsection, polished section. – 5. ⟨only sg⟩ (Glätte) polish, smoothness, smooth surface. – 6. (Holzschliff) wood (od. ground) pulp. – 7. pl geol. (des Gletschers) striae, striations. – 8. ⟨only sg⟩ fig. colloq. (Lebensart) polish: ihm fehlt der ~, er hat keinen ~ he lacks polish; ich werde dir schon (noch) ~ beibringen I'll give you a bit of polish, I'll rub (od. knock) the (rough) edges off you, I'll lick you into shape. – 9. ⟨only sg⟩ fig. colloq. (letzte Vollendung) finishing touch(es pl): einer Sache den letzten ~ geben to put the finishing touch(es) to s.th.; von j-m den letzten ~ erhalten to be given the finishing touches by s.o. – 10. ⟨only sg⟩ mil. colloq. hard drill. – 11. cf. Schlief. — ~,bild n 1. tech. ground surface pattern, grinding finish. – 2. metall. micrograph. — ~,flä·che f 1. (eines Kristalls) facet, auch facette. – 2. tech. grinding (od. polished) surface. – 3. metall. cf. Schliff 4. – 4. geol. (Harnisch) slickensides pl.

'schlif·fig adj cf. klitschig 1.

schlimm [ʃlim] I adj ⟨-er; -st⟩ 1. (schlecht, übel, arg) bad, dreadful (colloq.): ~e Dinge über j-n reden to say bad things about s.o.; das wird noch einmal ein ~es Ende [mit ihm] nehmen this [he] will come to a bad end; das war eine ~e Nacht colloq. that was a dreadful night; j-m einen ~en Streich spielen to play a nasty trick on s.o.; ~e Verhältnisse a dreadful state sg of affairs; uns stehen ~e Zeiten bevor we are approaching (od. in for) hard times; ~e Zustände bad (od. grim) conditions; das ist ~ für ihn that is hard (od. hard lines, bes. Am. tough) on him; es war nicht so ~, wie ich befürchtet hatte it was not as bad as I (had) feared; das ist nicht (so od. gar so, weiter) ~ colloq. that's not so serious! that does not matter! never mind! na, so ~ ist es auch wieder nicht! das ist halb so ~! colloq. well, it is not as bad as all that; es steht ~ um ihn (od. mit ihm) (gesundheitlich) his condition is serious; er ist in einer ~en Lage, er ist ~ dran colloq. a) (bes. finanziell) he is badly off, he is in a bad way, b) (in einer unangenehmen Situation) he is in a serious situation, he is in a sorry plight, he is in a tight spot, he is in dire straits, he is up a tree (colloq.); die letzte Zeit war ~ it's been tough going lately; ist es ~, wenn ich nicht komme? colloq. do you mind very much if I do not come? – 2. (sehr unangenehm) very bad, very unpleasant: er hat ~e Erfahrungen gemacht he has had a very bad experience; das wird ~e Folgen haben this will have serious (od. grave) consequences; das war eine ~e Nachricht very bad news pl (construed as sg or pl); das war eine ~e Sache that was a bad affair; es ist ~ genug, daß er sich verletzt hat it's bad enough that he was injured. – 3. (ungünstig) bad: eine ~e Vorbedeutung a bad omen; seine Sache nimmt eine ~e Wendung his affairs are taking a turn for the worse; das ist ~ that's bad; es sieht ~ aus it looks bad. – 4. colloq. (unartig) naughty, bad: ein ~es Kind a naughty child. – 5. (Person, Charakter etc) bad, evil, wicked, nasty: ein ~er Bursche colloq. a bad fellow (colloq.); ~e Gedanken evil (od. wicked) thoughts; er war gar nicht so ~, wie seine Umgebung glaubte he was not as bad as the people round him thought. – 6. colloq. (krank) bad, sore: einen ~en Finger [Hals] haben to have a bad finger [throat]. – 7. colloq. (heftig, gefährlich) serious, severe, bad: eine ~e Erkältung a bad (od. severe) cold; einen ~en Husten haben to have a bad cough, eine ~e Wunde a bad (od. serious, nasty) wound. – 8. colloq. (Fehler) bad, serious, grave. – II adv 9. badly: die Sache ging ~ aus the affair had a bad (od. nasty) end; treibt es so ~ ihr wollt! do your worst (od. colloq. dirtiest)! – III S~e, das ⟨-n⟩ 10. the bad thing: das S~e an der Sache ist the bad thing about it is; ich finde nichts S~es dabei I don't see anything wrong in it; es war Gott sei Dank nichts S~es it was nothing serious, thank goodness; sich zum S~en wenden (von Lage, Krankheit) to take a turn for the worse.

'Schlim·me m, f ⟨-n; -n⟩ bad one: du ~r! (zum Kind) you bad one! you rascal!

you rogue! you naughty boy! Sie ~r! *colloq. humor.* you naughty boy!

'schlim·mer I *comp* of schlimm. – **II** *adj* worse: etwas ~ machen to make s.th. worse, to aggravate s.th.; mach es nicht ~ als es ist! don't make it worse than it is! es wird immer ~ things are going from bad to worse; (das ist) um so (*od.* desto) ~ (this is) even (*od.* so much the) worse; das macht die Sache nur noch ~ this is just adding fuel to the fire, this makes things worse; es war viel ~, als ich gedacht hatte it was far worse than I had expected; seine Lage wird von Tag zu Tag ~ a) his situation is getting worse (and worse) every day, b) (*von Krankem*) his condition is getting worse every day. – **III** *adv* worse: es hätte ihm noch ~ ergehen können he might have fared (*od.* done) worse. – **IV S ~e,** das ⟨-n⟩ the worse thing: es gibt S ~es als das there are worse things than that.

schlimmst I *sup of* schlimm. – **II** *adj* **1.** worst: es ist die ~e Sünde, so etwas zu tun it is the worst of all sins to do that; im ~en Falle *cf.* schlimmstenfalls. – **III** *adv* **2.** am ~en (der) worst: er ist am ~en (von uns) dran *colloq.* he is (the) worst off (of us all). – **IV S ~e,** das ⟨-n⟩ **3.** the worst: das ist noch lange nicht das S ~e *colloq.* there are worse things than that; das wäre nicht das S ~e für Sie you might do worse; ich fürchte das S ~e I fear the worst; das S ~e liegt (*od.* haben wir) hinter uns [noch vor uns] we are over the worst [the worst is still to come], we are [not yet] out of the wood; mach dich [sei] aufs (*od.* auf das) S ~e gefaßt prepare yourself [be prepared] for the worst; wenn es zum S ~en kommt if the worst comes to the worst; es wird schon nicht zum S ~en kommen it won't be as bad as all that; j-m das S ~e wünschen to wish the worst on s.o., to wish s.o. every possible evil. – **4.** (*mit Kleinschreibung*) the worst: das schlimmste ist, daß wir kein Geld haben the worst thing (about it) is that we have no money.

'Schlimm·ste *m, f* ⟨-n; -n⟩ the worst (*od.* naughtiest) (of all): er ist nicht der ~ he is not the worst sort.

'schlimm·sten'falls *adv* at (the) worst, if the worst comes to worst, *Am. auch* if worst comes to worst, in the worst case: ~ bleiben wir zu Hause at worst we'll stay at home.

'Schling|,akt *m med.* act of swallowing, deglutition (*scient.*). — ~be,schwer·den *pl* difficult swallowing *sg*, difficulty *sg* in swallowing, dysphagia *sg* (*scient.*).

Schlin·ge ['ʃlɪŋə] *f* ⟨-; -n⟩ **1.** (*aus Schnur, Draht, Leder*) loop, (*zusammenziehbare*) noose: eine ~ in (*acc*) etwas machen to loop s.th.; ein Seil in ~n legen to loop a rope; die ~ zuziehen *auch fig.* to tighten the noose; er hat seinen Kopf (*od.* Hals) in die ~ gesteckt *fig.* he put a noose (a)round his own neck, he put his own head (*od.* neck) into the noose; j-m die ~ um den Hals legen *fig.* to put a noose (a)round s.o.'s neck; sich (*od.* den Kopf) aus der ~ ziehen *fig.* to slip (one's head out of) the noose, to have a lucky escape, to slip the collar, to get oneself out of a snare, to wriggle out of it, to get out of a scrape (*od.* tight spot); sich in den eigenen ~ fangen *fig.* to be caught in one's own snare (*od.* trap). – **2.** (*in der Dachdeckerei*) knot. – **3.** (*eines Netzes*) mesh (loop): in die ~n des Gesetzes verstrickt sein *fig.* to be caught in the meshes of the law. – **4.** (*beim Lastenheben*) sling. – **5.** *cf.* Schlaufe 4. – **6.** (*am Stiefelschaft*) pull strap (*od.* tab), bootstrap. – **7.** *med.* a) (*Tragetuch*) sling, b) (*Binde*) sling, c) (*Darmschlinge*) loop, coil, d) (*chirurgisches Instrument*) loop, snare, e) (*in der Anatomie*) ansa: Glissonsche ~ Glisson's sling; den Arm in einer ~ tragen to wear one's arm in a sling. – **8.** *hunt.* snare, trap, wire, gin, (*bes. für Vögel*) springe: ~n legen to lay (*od.* set) snares (*od.* a trap); in eine ~ fangen to (en)snare, to wire, to gin; in die ~ gehen (*od.* fallen) to fall into a trap (*od.* snare). – **9.** *mar.* (*Stropp*) sling. – **10.** *bot.* a) (*Pflanzenranke*) twining (*od.* climbing) stem, b) (*Wickelranke*) clasper, tendril. – **11.** (*eines Flußlaufes etc*) bend, loop, turn, winding, curve, sinuosity. – **12.** (*textile*)

loop, terry. – **13.** *mus.* a) (*einer Saite*) loop, b) (*Tragschlinge eines Instruments*) sling.

Schlin·gel ['ʃlɪŋəl] *m* ⟨-s; -⟩ **1.** *colloq. humor.* (*kleiner Schelm*) imp, urchin, little rogue (*od.* rascal). – **2.** *colloq.* (*durchtriebener, frecher Kerl*) brat, scoundrel, rogue, rascal, bad egg (*od.* lot) (*colloq.*): diesem ~ werde ich Beine machen! I'll make this rascal get a move on! *colloq.* – **3.** *colloq.* (*Tunichtgut*) good-for-nothing, ne'er-do-well: fauler ~! lazybones! — **'schlin·gel·haft** *adj* **1.** impish, mischievous, roguish. – **2.** (*frech*) impudent, impertinent, *Am. colloq.* fresh.

schlin·gen¹ ['ʃlɪŋən] **I** *v/t* ⟨schlingt, schlang, geschlungen, h⟩ **1.** (*Knoten, Schnur*) tie: die Enden eines Seils zum Knoten ~ to tie the ends of a rope into a knot; das Haar zu einem Knoten ~ to tie one's hair (*od.* put one's hair up) into a knot. – **2.** (*Tuch etc*) (um [a]round) wrap: einen Schal um den Hals ~ to wrap a scarf round one's neck; sie schlang die Arme um seinen Hals *fig.* she wrapped her arms around his neck; sie schlang die Arme um ihre Knie *fig.* she hugged her knees. – **3.** (*flechten*) plait, braid, wreathe: Bänder ins Haar ~ to plait ribbons into one's hair. – **4.** (*winden*) (um [a]round) wind, twist, coil, (en)twine. – **5.** *mar.* (*einstroppen*) sling: eine Last ~ to sling a load. – **6.** *Austrian* (*Knopfloch etc*) overcast. – **II** *v/reflex* **7.** sich um etwas ~ a) (*von Efeu etc*) to wind (*od.* climb, twine, creep) (a)round s.th., b) (*von Schlange*) to wind (*od.* coil, twist) (itself) (a)round s.th. – **III S ~** *n* ⟨-s⟩ **8.** *verbal noun.*

'schlin·gen² **I** *v/t* ⟨schlingt, schlang, geschlungen, h⟩ **1.** (*gierig essen*) bolt (*od.* wolf, gobble) one's food, gorge (oneself), gormandize *Br. auch* -s-: du sollst nicht immer so ~ you should not bolt your food like that. – **2.** (*schlucken*) swallow. – **II** *v/t* **3.** (*verschlingen*) bolt (s.th.) down, wolf, gobble (s.th.) up, gulp (s.th.) down, eat (s.th.) greedily. – **III S ~** *n* ⟨-s⟩ **4.** *verbal noun.* – **5.** *med.* deglutition, ingurgitation.

'Schlin·gen|ge,we·be *n* (*textile*) looped fabric. — ~,le·gen *n hunt.* snaring, wiring. — ~,le·ger, ~,stel·ler *m* ⟨-s; -⟩ snarer, wirer. — ~,stoff *m* (*Frotteestoff*) terry (cloth), *auch* terry towelling (*bes. Am.* toweling).

'Schlin·ger|be,we·gung *f mar.* rolling (motion), rolling movement. — ~,kiel *m* bilge (*od.* drift) keel, bilge piece. — ~,krei·sel *m* gyroscopic stabilizer.

schlin·gern ['ʃlɪŋərn] **I** *v/i* ⟨h⟩ **1.** *mar.* a) roll, b) (*plötzlich u. schwer*) lurch, c) (*schwer*) labor, *bes. Br.* labour: das Schiff schlingert und stampft the ship pitches and tosses. – **2.** *aer.* roll. – **3.** (*von Schienenfahrzeugen, Autos etc*) lurch, sway, roll, shimmy. – **II S ~** *n* ⟨-s⟩ **4.** *verbal noun.* – **5.** *mar.* a) roll, b) (*plötzliches, schweres*) lurch, c) (*schweres*) labor, *bes. Br.* labour. – **6.** *aer.* roll.

'Schlin·ger|,tank *m mar.* antiroll(ing) (*od.* stabilizing) tank. — ~ver,band *m civ.eng.* (*an Eisenbahnbrücken*) sway bracing. — ~,wül·ste *pl mar.* antiroll(ing) bulges.

'Schling|ge,wächs *n bot. cf.* Schlingpflanze. — ~,nat·ter *f zo.* smooth snake (*Coronella austriaca*). — ~,pflan·ze *f bot.* climbing (*od.* twining, clinging, creeping) plant, creeper, climber, liana, vine. — ~,stich *m* (*textile*) **1.** (*in der Stickerei*) festoon (*od.* overcast) stitch. – **2.** (*für Kanten*) overcasting.

Schlipf [ʃlɪpf] *m* ⟨-(e)s; -e⟩ *Swiss for* Bergrutsch, Erdrutsch 1.

Schlipp [ʃlɪp] *m* ⟨-(e)s; -e⟩ *mar.* slip, slipway. — **'schlip·pen** *v/t* ⟨h⟩ (*Tau etc*) slip.

'Schlipp|,ha·ken *m mar.* slip hook. — ~,tau *n* slip rope.

Schlips [ʃlɪps] *m* ⟨-es; -e⟩ (neck)tie, *Am. auch* string tie: seinen ~ binden to knot one's tie; j-n beim ~ erwischen *fig. colloq.* to catch s.o. by the scruff of his neck; j-m auf den ~ treten *fig.* to tread on s.o.'s toes; du fühlst dich immer (gleich) auf den ~ getreten *fig. colloq.* you are easily huffed (*od.* offended); einen hinter den ~ gießen *colloq. humor.* to wet one's whistle, to lift one's elbow (*beide colloq.*). — ~,hal·ter *m* tie clasp. — ~,na·del *f* tiepin.

schliß [ʃlɪs] *1 u. 3 sg pret of* schleißen.

schlit·teln ['ʃlɪtəln], **schlit·ten** ['ʃlɪtən] *v/i* ⟨h⟩ *Swiss* sled, *bes. Br.* sledge, toboggan.

'Schlit·ten *m* ⟨-s; -⟩ **1.** (*Rodelschlitten*) sled, *bes. Br.* sledge, toboggan, *Am. auch* coaster: ~ fahren to sled, to go sledding, *bes. Br.* to sledge, to go sledging (*od.* toboganning), to toboggan; mit j-m fahren *fig. colloq.* a) (*rücksichtslos behandeln*) to walk over s.o., to ride roughshod over s.o., b) (*scharf zurechtweisen*) to haul s.o. over the coals, to give s.o. a dressing down, to give s.o. what for (*colloq.*); unter den ~ kommen (*od.* geraten) *fig. colloq.* (*moralisch*) to go off the rails, to go wrong. – **2.** (*Rennrodel*) toboggan. – **3.** (*Transportschlitten*) *bes. Am.* sled, *bes. Br.* sledge, (*bes. Pferdeschlitten*) sleigh, *Am. auch* cutter: leichter ~ light sleigh. – **4.** *tech.* a) (*einer Drehmaschine*) slide, b) (*einer Räummaschine*) main ram, c) (*einer Fräsmaschine, eines Hoblers*) saddle, d) (*einer Kreissäge*) carriage, e) (*einer Sägemühle*) saw(mill) carriage, f) (*als Oberschlitten*) slide rest. – **5.** (*einer Schreibmaschine*) carriage. – **6.** *aer.* skid. – **7.** *mar.* (*zum Stapellauf*) cradle, running (*od.* sliding) ways *pl*. – **8.** *mil.* (*Schießgestell des Maschinengewehrs*) sledge. – **9.** *fig. colloq.* (*in Wendungen wie*) er hat einen tollen ~ he has a super car (*colloq.*); alter ~ (*Auto etc*) rattletrap, (old) crate (*sl.*), *Am. sl.* jalop(p)y.

'Schlit·ten|,bahn *f* **1.** (*sport*) *cf.* Rodelbahn 1. – **2.** *tech.* a) sliding ways *pl*, guideways *pl*, b) (*beim Räumen*) ramway. — ~,fah·rer *m* **1.** *bes. Am.* sledder, *bes. Br.* sledger. – **2.** (*eines Pferdeschlittens*) sleigher. — ~,fahrt *f* **1.** (*mit Pferdeschlitten*) sleigh ride (*od.* drive), ride (*od.* drive) in a sleigh. – **2.** sled (*bes. Br.* sledge) ride. — ~,füh·rung *f* **1.** *tech.* a) (*einer Drehmaschine*) carriage slideways (*od.* guideways *pl*), b) (*eines Supportschlittens*) slideways *pl*, guideways *pl*. – **2.** (*optics*) sliding guide: Objektivrevolver mit ~ lens turret with sliding guide. — ~ge,läut *n* **1.** sleigh bells *pl*. – **2.** jingle of sleigh bells. — ~,hund *m* sled, *bes. Br.* sledge) dog. — ~,ku·fe *f* **1.** sled (*bes. Br.* sledge) (*od.* sleigh) runner. – **2.** *aer.* skid. — ~,ku·fen·ge,stell *n aer.* skid landing gear. — ~,par,tie *f* **1.** (*mit Pferdeschlitten*) sleighing excursion (*od.* party). – **2.** *cf.* Rodelpartie. — ~,pferd *m* sleigh horse. — ~re,vol·ver,dreh·ma,schi·ne *f tech. Am.* saddle-type turret lathe, *Br.* combination lathe. — ~,sport *m cf.* Rodeln.

'Schlit·ter,bahn *f* slide.

schlit·tern ['ʃlɪtərn] *v/i* ⟨h u. sein⟩ **1.** ⟨h u. sein⟩ (*von Kindern*) slide. – **2.** ⟨sein⟩ (*ausgleiten*) slip, slither. – **3.** ⟨sein⟩ (*von Auto*) skid. – **4.** *fig. cf.* hineinschlittern.

'Schlitt,schuh *m* (*sport*) (ice) skate: ~ laufen (*bes. Southern G.* fahren) to (ice)-skate. — ~,bahn *f* ice (*od.* skating) rink. — ~,lau·fen *n* (ice-)skating. — ~,läu·fer *m*, ~,läu·fe·rin *f* (ice-)skater. — ~,schlüs·sel *m* skate key. — ~,schritt *m* (*mit Skiern*) skating step. — ~,stie·fel *m meist pl* skating boot.

Schlitz [ʃlɪts] *m* ⟨-es; -e⟩ **1.** (*schmale Öffnung, auch Sehschlitz*) slit, chink. – **2.** (*Spalt*) rift, cleft. – **3.** (*Riß*) crack, fissure. – **4.** (*Einwurfschlitz*) slot: er schob den Brief durch den ~ des Briefkastens he pushed the letter through the slot in the letter box. – **5.** (*fashion*) a) (*als Zierde am Kleid, Ärmel etc*) slit, slash, b) (*am Hemdsärmel etc*) opening, c) (*für Reißverschluß etc*) placket(-hole), d) (*eingerissener*) rip, e) *cf.* Hosenschlitz. – **6.** *tech.* a) (*im Schraubenkopf*) slot, b) (*Nut*) groove, c) (*Aussparung*) recess. – **7.** (*zur Entlüftung*) vent. – **8.** *auto.* a) (*am Zylinder*) port, b) (*auf der Kühlerhaube*) louver, *Br. auch* louvre, c) (*am Kolben*) groove, d) (*am Kolbenmantel*) slit, e) (*am Kolbenring*) slot. – **9.** *med.* cleft, fissure, rima (*scient.*). – **10.** (*mining*) (*im Kohlenflöz*) cut, slot. – **11.** *arch.* (*im Triglyph*) glyph. – **12.** *vulg.* 'hole', cunt (*beide vulg.*). — ~,au·ge *n meist pl* slit eye: ~n haben to be slit- (*od.* slant-)eyed. — ~,äu·gig *adj* slit- (*od.* slant-)eyed. — ~,blen·de *f* (*beim Röntgen*) slit diaphragm. — ~,bren·ner *m tech.* (*für Gas*) batwing (*od.* slit) burner.

schlit·zen ['ʃlɪtsən] *v/t* ⟨h⟩ **1.** slit. – **2.** (*Kleider*) slit, slash. – **3.** *cf.* aufschlitzen. – **4.** *tech.* a) (*Schraubenköpfe*) slot, b) (*nuten*) groove, c) (aussparen) recess. – **5.** med. lance, cut (s.th.) open. – **6.** hort. lay (plant, tree) bare on one side.

'**Schlitz**|**flü·gel** m aer. slot(ted) wing. — s~**för·mig** adj slit(like), slit-shaped, like a slit. — ~**frä·ser** m tech. **1.** (für Keilnuten) keyway cutter. – **2.** (für Schrauben) slotting saw. — ~**mes·ser** n slitting (od. ripping, cutting) knife. — ~**ohr** n fig. colloq. **1.** slyboots pl (construed as sg), fox. – **2.** (Betrüger) trickster, cheat, crook (colloq.). — s~**oh·rig** adj foxy. — ~**rüß·ler** [-ˌrʏslər] m zo. opossum shrew, solenodon (Fam. Solenodontidae). — ~**ver·schluß** m phot. focal-plane shutter.

Schlö·gel ['ʃløːgəl] m ⟨-s; -⟩ Austrian for Schlegel 4.

'**schloh·weiß** ['ʃloː-] adj (Haar) snow-white.

schloß [ʃlɔs] 1 u. 3 sg pret of schließen.

Schloß[1] n ⟨-sses; ⸚sser⟩ **1.** tech. a) (bes. Türschloß) lock, b) (Hängeschloß) padlock, c) (Kastenschloß) rim lock (od. latch), d) (Einsteckschloß) mortise lock, e) (Riegelschloß) deadlock, f) (Schnäpperschloß) spring bolt lock, g) (Sicherheitsschloß) safety lock, h) (Mutterschloß an der Drehmaschine) half nuts pl, split nut, i) (am Safe) combination lock, j) (an der Strickmaschine) feeder, feeding plate: blindes ~ mock (od. false) lock; der Schlüssel steckt im ~ the key is in the door; ein ~ aufbrechen (od. colloq. knacken) to pick a lock, to break a lock open; eine Tür fällt ins ~ a door slams shut; unter ~ und Riegel halten to keep under lock and key; j-n hinter ~ und Riegel bringen (od. setzen) colloq. to take s.o. into custody; hinter ~ und Riegel sitzen colloq. to be behind bars, to be locked up; j-m ein ~ vor den Mund hängen fig. to stop (close) s.o.'s mouth; er hat ein ~ vor dem Mund fig. colloq. a) (ist schweigsam) he is tongue-tied, b) (hat Schweigepflicht) his lips are sealed. – **2.** (an Buch, Handtasche etc) clasp. – **3.** (am Halsband) snap, auch clasp. – **4.** (am Gürtel, Koppel etc) buckle. – **5.** tech. a) lock, b) (an Handfeuerwaffen) bolt, c) mil. (Bombenschloß) bomb lock. – **6.** civ.eng. cf. Wasserschloß 2. – **7.** print. iron frame, (der Farbwalze) ink roller lock. – **8.** zo. (der Muschel) hinge.

Schloß[2] n ⟨-sses; ⸚sser⟩ **1.** castle: ein verfallenes ~ a ruined castle; ein verwunschenes ~ an enchanted castle; b) (Spukschloß) a haunted castle; ein ~ besichtigen to visit a castle; ein Geist geht in diesem ~ um a ghost haunts this castle; ein ~ im Mond fig. a castle in Spain. – **2.** (Residenz) palace: ein königliches ~ a royal palace; das ~ zu (od. von, in) Versailles the palace of Versailles. – **3.** (Herrschaftshaus) manor (house), country mansion (od. seat), château.

'**Schloß**|**ab·zug** m gastr. château-bottled wine. — ~**an·la·ge** f castle (od. palace) grounds pl. — ~**auf·se·her** m keeper of a castle, castellan. — **be·am·te** m palace (od. castle) official. — ~**berg** m castle-(crowned) hill (od. mountain). — **be·schlag** m tech. lock mounting. — **be·sit·zer** m, **be·sit·ze·rin** f cf. Schloßherr(in). — ~**blech** n tech. lock (od. main) plate.

Schlöß·chen ['ʃlœsçən] n ⟨-s; -⟩ **1.** dim. of Schloß[1] u. [2]. – **2.** small castle, castel(l)et.

Schlo·ße ['ʃloːsə] f ⟨-; -n⟩ Southern G. dial. (large) hailstone.

schlös·se ['ʃlœsə] 1 u. 3 sg pret subj of schließen.

schlo·ßen ['ʃloːsən] v/impers ⟨h⟩ Southern G. dial. hail.

Schlos·ser ['ʃlɔsər] m ⟨-s; -⟩ **1.** (auch Bauschlosser) locksmith. – **2.** (Maschinenschlosser) fitter. – **3.** (Autoschlosser) auto mechanic, motor mechanic, car fitter. – **4.** (Werkzeugschlosser) toolmaker. – **5.** (Wagenbauer) millwright. – **6.** (Stahlbauschlosser) metalworker. – **7.** (Kunstschlosser) artistic locksmith. — ~**ar·beit** f locksmith's work.

Schlos·se·rei f ⟨-; -en⟩ tech. ⟨only sg⟩ (Tätigkeit) locksmithing, locksmith's trade. – **2.** locksmith's shop.

'**Schlos·ser**|**ge·hil·fe**, ~**ge·sel·le** m journeyman locksmith. — ~**hand·werk** n locksmith's craft. — ~**in·nung** f locksmiths' guild. — ~**lehr·ling** m locksmith's apprentice. — ~**mei·ster** m master locksmith.

---

schlos·sern ['ʃlɔsərn] v/i ⟨h⟩ tech. be (od. work as) a locksmith.

'**Schlos·ser**|**werk·statt** f tech. cf. Schlosserei 2.

'**Schloß**|**fe·der** f tech. lock spring, spring of a lock. — ~**frei·heit** f **1.** precinct of a castle. – **2.** jur. hist. liberty of a castle. — ~**füh·rung** f **1.** guided tour of a castle (od. palace). – **2.** tech. (an der Strickmaschine) cams pl. — ~**gar·ten** m palace garden(s pl). — ~**haupt·mann** m hist. **1.** governor of a castle. – **2.** (Hofcharge) deputy master of the household. — ~**herr** m lord (od. owner) of a castle. — ~**her·rin** f lady of a castle, chatelaine. — ~**hof** m castle (court)yard, palace court(yard). — ~**hund** m obs. for Kettenhund: heulen wie ein ~ fig. colloq. to cry one's eyes out, to weep barrels (od. buckets), to weep and wail, (bes. von Kindern) to howl. — ~**ka·pel·le** f chapel in (od. attached to) a castle, castle chapel. — ~**ka·sten** m tech. **1.** lock case (od. plate, socket). – **2.** (einer Drehmaschine) apron. – **3.** (in der Büchsenmacherei) box-lock housing (od. system). — ~**kir·che** f castle (od. palace) church. — ~**mut·ter** f tech. (für Plan-, Langzug) half (od. split) nut. — ~**park** m castle park (od. gardens pl, grounds pl). — ~**plat·te** f (einer Drehmaschine) apron wall. — ~**platz** m castle square (od. yard). — ~**rie·gel** m tech. bolt (of a lock), lock (od. key) bolt. — ~**rui·ne** [-ruˌiːnə] f ruins pl of a castle. — ~**tor** n castle gate. — ~**trakt** m wing (od. section) of a castle. — ~**turm** m castle tower. — ~**ver·wal·ter** m constable of a castle, castellan. — ~**ver·wal·tung** f castle administration, castellany. — ~**vogt** m hist. cf. Schloßverwalter.

Schlot [ʃloːt] m ⟨-(e)s; -e, rare ⸚e⟩ **1.** tech. a) chimney, b) (Abzugsröhre) flue, c) (bes. einer Fabrik) smokestack, chimney stack, d) (eines Schiffes, einer Lokomotive) funnel, smokestack: er raucht wie ein ~ fig. colloq. he smokes like a chimney. – **2.** geol. a) (im Karstgebiet) sink, b) (eines Vulkans) canal, chimney, pipe, Am. dome. – **3.** colloq. humor. bounder (colloq.), good-for-nothing, Am. sl. stiff. — ~**ba·ron** m contempt. industrial magnate, tycoon of industry, business baron. — ~**fe·ger** m dial. for Schornsteinfeger. — ~**jun·ker** m contempt. cf. Schlotbaron.

Schlot·te ['ʃlɔtə] f ⟨-; -n⟩ **1.** (mining) cavity, sink. – **2.** bot. a) hollow stalk, b) cf. Schalotte.

'**Schlot·ten·zwie·bel** f bot. cf. Schalotte.

'**Schlot·ter**|**gang** m med. (Wackelgang) staggering (od. waddling) gait. — ~**ge·lenk** n flail joint.

'**schlot·te·rig** adj cf. schlottrig.

schlot·tern ['ʃlɔtərn] I v/i ⟨h⟩ **1.** (stark zittern) shake, tremble, (von Knien) auch wobble: vor Angst ~ ihm die Knie his knees are shaking (od. knocking together) with fear; vor Kälte ~ to shake (od. shiver) with cold; ihm ~ die Glieder he shakes in every limb. – **2.** (vor Alter, Schwäche) totter, dodder. – **3.** (von Kleidern etc) bag, hang loosely: die Kleider ~ ihr um den Leib her clothes are baggy, her clothes just hang on (od. [a]round) her. – **4.** tech. (von Achsen) bobble. – **II** S~ n ⟨-s⟩ **5.** verbal noun. – **6.** med. (der Iris) tremulousness, iridodonesis (scient.). — '**schlot·ternd** I pres p. – **II** adj shaking: mit ~en Knien a) with shaking (od. wobbling) knees, b) fig. with shaking knees, with knees knocking, fearfully.

'**schlott·rig** adj **1.** (zitternd) shaky: ~e Knie shaky (od. wobbly, knocking) knees. – **2.** (im Gehen) tottery. – **3.** (vor Alter, Schwäche) doddering, doddery (beide colloq.). – **4.** (schlaff) flabby, limp. – **5.** (schlaksig) dangling, gangling. – **6.** (bes. Haltung) slouching, slouchy. – **7.** (Kleidung) baggy, loose, (ungebügelt) sloppy.

Schlucht [ʃluxt] f ⟨-; -en⟩ geol. **1.** (tiefes, enges Tal) (mountain) gorge, ravine, chasm, Am. canyon, auch cañon, (kleine) glen, gull(e)y, Am. gulch. – **2.** (Abgrund) abyss, chasm, gulf. – **3.** (Hohlweg) defile, ravine. — '**schluch·tig** adj full of gorges.

schluch·zen ['ʃluxtsən] I v/i ⟨h⟩ sob: die Kleine schluchzte herzzerbrechend the little girl sobbed as if her heart would break (od. her heart out); die Geigen ~ fig. the violins sob. – **II** S~ n ⟨-s⟩ verbal

---

noun: ein S~ unterdrücken to swallow a sob; sie brach in heftiges S~ aus she burst into violent sobs. — '**schluch·zend** I pres p. – **II** adj sobbing: ~e Geigen fig. sobbing violins. – **III** adv sobbingly, with sobs: ~ sagte sie, daß she sobbed out that.

'**Schluch·zer** m ⟨-s; -⟩ sob.

Schluck [ʃluk] m ⟨-(e)s; -e, rare ⸚e⟩ **1.** (Wasser, Bier etc) drink, mouthful, swallow; swig, swill (colloq.): einen kräftigen (od. guten, tüchtigen) ~ nehmen to take a good drink (od. a gulp, a draft [bes. Br. draught], colloq. a swig from the bottle); ein kleiner ~ a sip (od. a drop) to drink. – **2.** ein ~ Wein [Tee, Kaffee] some (od. a drop of) wine [tea, coffee]: ich hätte gerne einen ~ zu trinken I'd like to have something (od. a drop) to drink. – **3.** ein guter (od. erlesener) ~ colloq. good stuff. — ~**auf** m ⟨-s; no pl⟩ hiccup(s pl sometimes construed as sg), hiccough(s pl sometimes construed as sg), singultus (scient.): (den od. einen) ~ haben to have the hiccups, to hiccup, to hiccough. — **be·schwer·den** pl med. difficulty sg in swallowing, dysphagia sg (scient.).

Schluck·chen ['ʃlʏkçən] n ⟨-s; -⟩ dim. of Schluck: ein ~ Wein [Kaffee, Tee] some (od. a drop of, Br. colloq. a spot of) wine [coffee, tea]; ein ~ Kaffee trinken to have a sip (od. drink, drop) of coffee.

schlucken[1] (getr. -k·k-) ['ʃlukən] I v/t ⟨h⟩ **1.** (Wasser, Luft etc) swallow: seine Arznei ~ to take one's medicine; Staub ~ to breathe dust; die bittere Pille ~ müssen fig. to have to swallow the bitter pill; der große Betrieb schluckt nach und nach die kleineren fig. the big firm gradually swallows up (od. absorbs) the smaller ones; das Unternehmen hat mein ganzes Geld geschluckt fig. the project has swallowed up all my money. – **2.** (hinunterschlingen) gulp (down), gorge (oneself) on, bolt, wolf (down). – **3.** fig. (Schall, Lärm etc) absorb. – **4.** fig. colloq. (akzeptieren) swallow, gulp (down): sie schluckt jede Erklärung, die er ihr gibt she swallows (od. gulps down) every explanation (that) he gives her. – **5.** fig. colloq. (Beleidigung, Tadel etc) swallow, pocket, put up with. – **II** v/i **6.** swallow. – **7.** fig. colloq. gulp: ich mußte erst einmal ~, als ich das hörte I gulped when I heard it. – **8.** an (dat) etwas ~ (od. zu ~ haben) fig. colloq. to take a long time to get over s.th.: er hatte schwer an seiner Niederlage zu ~, er schluckte schwer an seiner Niederlage he took a long time to get over his defeat. – **II** S~ n ⟨-s⟩ **9.** verbal noun. – **10.** cf. Schluckung.

'**Schlucken**[2] (getr. -k·k-) m ⟨-s; no pl⟩ cf. Schluckauf.

'**Schlucker** (getr. -k·k-) m ⟨-s; -⟩ only in armer ~ colloq. poor wretch (od. colloq. fellow).

'**Schluck**|**imp·fung** f med. oral vaccination. — ~**läh·mung** f inability to swallow, paralysis of deglutition (scient.). — ~**re·flex** m swallowing (od. scient. deglutition) reflex.

schluck·sen ['ʃluksən] I v/i ⟨h⟩ **1.** (den Schluckauf haben) hiccup, hiccough, have the hiccups (od. hiccoughs). – **II** S~ n ⟨-s⟩ **2.** verbal noun. – **3.** cf. Schluckauf.

'**Schluckung** (getr. -k·k-) f ⟨-; no pl⟩ **1.** cf. Schlucken[1]. – **2.** (von Lärm, Schall etc) absorption.

'**schluck·wei·se** adv in mouthfuls (od. sips): die Arznei ~ einnehmen to take the medicine in sips.

'**Schlu·der·ar·beit** f contempt. slapdash (od. slovenly, scamped, botched, skimped) work. [Schlamperei.]

Schlu·de·rei f ⟨-; -en⟩ contempt. cf.⏐ '**schlu·de·rig** contempt. I adj **1.** (Arbeit) slapdash, slipshod, botched, skimped. – **2.** (Person) slovenly, sloppy. – **II** adv **3.** ~ arbeiten cf. schludern; etwas ~ machen (od. ausführen) to do s.th. sloppily (od. slapdash), to scamp s.th., to skimp s.th.

schlu·dern ['ʃluːdərn] v/i ⟨h⟩ contempt. (nachlässig arbeiten) work sloppily (od. slapdash), scamp (od. botch, skimp) things.

'**schlud·rig** adj u. adv cf. schluderig.

Schluff [ʃluf] m ⟨-(e)s; -e u. ⸚e⟩ **1.** min. (Grobton) poor clay. – **2.** dial. for Schlupfwinkel.

schlug [ʃluːk] 1 u. 3 sg pret, **schlü·ge** ['ʃlyːgə] 1 u. 3 sg pret subj of schlagen.

Schlum·mer ['ʃlumər] m ⟨-s; no pl⟩ slumber, (light) sleep. — ~,lied n lullaby.
schlum·mern ['ʃlumərn] v/i ⟨h⟩ 1. (schlafen) slumber, sleep (lightly): sanft ~ to slumber peacefully (od. gently). – 2. fig. lie (od. be) latent (od. dormant), slumber: in ihm ~ ungeahnte Möglichkeiten unexpected possibilities lie dormant (od. slumber) in him. — 'schlum·mernd I pres p. – II adj 1. fig. (Kräfte, Talente etc) dormant, latent. – 2. med. (Infektion etc) dormant.
'**Schlum·mer**|,rol·le f bolster (cushion), pillow roll. — ~,trunk m colloq. nightcap.
Schlum·pe ['ʃlumpə] f ⟨-; -n⟩ contempt. cf. Schlampe. — 'schlum·pen v/i ⟨h⟩ cf. schlampen. — 'schlum·pe·rig [-pərɪç], 'schlum·pig, 'schlump·rig [-prɪç] adj cf. schlampig.
Schlund [ʃlunt] m ⟨-(e)s; ⸚e⟩ 1. med. a) (Kehle) (back of the) throat; fauces pl (usually construed as sg), pharynx (scient.), b) (Speiseröhre) gullet, throat, (o)esophagus (scient.). – 2. zo. a) maw, b) (eines Rädertierchens) mastax. – 3. hunt. (bei Schalenwild) throat. – 4. fig. (des Meeres, eines Kraters etc) chasm, abyss: der ~ der Hölle the chasm (od. abyss, jaws pl) of hell. — ~,kopf m med. back of the throat; upper pharynx, laryngopharynx (scient.). — ~,krampf m pharyngospasm, pharyngism, pharyngismus.
Schlun·ze ['ʃluntsə] f ⟨-; -n⟩ dial. contempt. for Schlampe.
Schlupf [ʃlupf] m ⟨-(e)s; ⸚e u. -e⟩ tech. electr. 1. (bei Kupplung, Motoren etc) slip, slippage. – 2. (computer) slack.
schlupf·fen ['ʃlupfən] v/i ⟨sein⟩ Southern G. for schlüpfen.
schlüp·fen ['ʃlʏpfən] I v/i ⟨sein⟩ 1. slip: aus dem [in das] Kleid ~ to slip off [into, on] the dress; wir schlüpften heimlich durch den Zaun we slipped stealthily through the fence; er ist mir durch die Finger geschlüpft fig. he has slipped through my fingers; durch die Maschen des Gesetzes ~ fig. to slip through the fingers of the law, to evade the law; in eine andere Haut ~ fig. to change one's role. – 2. (von Küken etc) hatch (out): aus dem Ei ~ to hatch (out). – II S~ n ⟨-s⟩ 3. verbal noun. – 4. (von Küken etc) hatch.
'**Schlüp·fer** m ⟨-s; -⟩ 1. (für Damen) pants pl (sometimes construed as sg), bes. Br. knickers pl, (Slip) briefs pl, panties pl (colloq.). – 2. (für Herren) briefs pl, bes. Am. shorts pl. – 3. (weiter Herrenmantel) raglan (coat). – 4. Austrian for Bettbezug, Kissenbezug 1. – 5. (Herrenschuh) slipper.
'**Schlupf**|,loch n 1. (Öffnung, Spalt) loophole. – 2. zo. a) (von Insekten) borehole, b) (einer Maus etc) hole. – 3. fig. cf. Schlupfwinkel. — ~,mo·tor m electr. cumulative compound motor.
schlüp·rig ['ʃlʏprɪç] adj 1. (Pflaster, Weg etc) slippery: sich auf ~em Boden befinden (od. bewegen) a) to stand on (od. move over) a slippery surface, b) fig. to be on slippery (od. unsteady) ground. – 2. fig. (Witz, Roman etc) risqué, lewd, off-color (bes. Br. -colour) (attrib), lascivious, blue. – 3. med. (Darm etc) slippery, lubricated. — 'Schlüp·rig·keit f ⟨-; -en⟩ 1. ⟨only sg⟩ (des Pflasters etc) slipperiness. – 2. ⟨only sg⟩ fig. (eines Witzes etc) risqué (od. lewd, off-color [bes. Br. -colour]) nature, lewdness, lasciviousness, blueness, blue nature. – 3. meist pl fig. (Zote) risqué (od. blue) joke. – 4. ⟨only sg⟩ med. slipperiness.
'**Schlüp·fung** f ⟨-; -en⟩ 1. cf. Schlüpfen. – 2. tech. cf. Schlupf.
'**Schlupf**|,wes·pe f zo. parasitical hymenopter (Fam. Terebrantes). — ~,win·kel m (Versteck) hiding place, den, hideout, lair.
Schlup·pe ['ʃlupə] f ⟨-; -n⟩ dial. for a) Schleife 1, 2, b) Schlinge 1.
schlur·fen ['ʃlurfən] I v/i ⟨sein⟩ 1. (schleppend gehen) shuffle (along), scuff(le), drag one's feet: der alte Mann schlurft über die Straße the old man shuffles (od. drags his feet) across the street. – II S~ n ⟨-s⟩ 2. verbal noun. – 3. shuffle, scuffle.
schlür·fen ['ʃlʏrfən] I v/t ⟨h⟩ 1. (geräuschvoll trinken) drink (s.th.) noisily, Am. slurp, Am. slop: seine Suppe ~ to drink one's soup noisily, Am. to slurp (od. slop) one's soup. – 2. (mit Genuß trinken) quaff: sie

schlürfte genießerisch ihren Kaffee she quaffed her coffee with relish. – 3. (Eier etc) suck, (Austern) auch swallow. – II v/i ⟨h u. sein⟩ 4. ⟨h⟩ drink noisily, Am. slurp: schlürf nicht so beim Trinken! don't drink so noisily! – 5. ⟨sein⟩ Middle G. for schlurfen.
schlur·ren ['ʃlurən] v/i ⟨sein⟩ Northern G. for schlurfen.
Schluß [ʃlus] m ⟨-sses; ⸚sse⟩ 1. (einer Vorführung, Rede etc) end, close, termination, conclusion, windup: ~ eines Romans end (od. conclusion) of a novel; die Erzählung hat einen schwachen ~ the story has a weak ending; ~ folgt (im nächsten Heft) to be concluded (in the next issue); ~ einer Debatte pol. a) closing (od. close, end) of a debate, b) (auf Antrag) closure (Am. cloture) (of a debate); ~ der Debatte! pol. time! the debate is closed! (den) ~ der Debatte beantragen, einen Antrag auf ~ der Debatte stellen pol. to move (for) the closure (Am. cloture) (of the debate), to move that the question be put; ~ machen a) (mit der Arbeit etc) to finish, to call it a day, to knock off (work), b) fig. (Selbstmord begehen) to put an end to oneself; (wir machen) ~ für heute! let's call it a day! let's finish (od. knock off) for today! that's it for today! mit etwas ~ machen to put a stop to s.th.; ich habe mit dem Rauchen [Trinken] ~ gemacht I've stopped smoking [drinking]; damit muß ein für allemal ~ sein (od. gemacht werden)! this must be stopped once and for all! there must be an end to that (once and for all)! mit j-m ~ machen to finish (od. have done) with s.o.; am (od. zum) ~ eines Jahres a) at the end (od. close) of a year, b) (nach Ablauf) after a year; wir kamen am (od. zum) [gegen] ~ der Veranstaltung we came at [towards] the end of the performance; nach [vor] ~ der Vorstellung after [before the end of] the performance; wir sind bis zum ~ geblieben we stayed to the end; zum ~ a) (schließlich) in the end, finally, b) (abschließend) in conclusion, finally; zum ~ sind wir doch noch gegangen we went in the end, we went finally (od. after all); zum ~ sagte er noch in conclusion he said, he finished (up) (od. wound up) by saying; etwas zum ~ (od. zu einem) ~ bringen to bring s.th. to an end, to terminate s.th.; Verhandlungen zu einem guten ~ bringen to bring negotiations to a happy conclusion; ich komme nun zum ~ meiner Ausführungen I now come to the conclusion (od. end) of my remarks; ~ (jetzt)! ~ damit! that's enough of that! that will do! cut it out! (colloq.); jetzt (ist) aber ~ mit dem Unsinn! stop that nonsense (now)! und damit ~! and that's the end of it! and that's that! – 2. (einer Kolonne etc) rear: den ~ bilden am ~ marschieren bes. mil. to bring up the rear. – 3. (Geschäfts-, Dienstschluß) closing time (od. hours pl). – 4. (Redaktionsschluß) (copy) deadline. – 5. (Schlußfolgerung) conclusion, deduction, inference, consequence: falscher ~ false conclusion, fallacious argument, non sequitur (lit.); kulturelle Schlüsse aus der Sprache cultural deductions from language; einen ~ aus etwas ziehen to draw a conclusion (od. inference) from s.th., to conclude (od. infer) from s.th.; zu dem ~ kommen (od. gelangen), daß to arrive at (od. come to) the conclusion that; zu keinem ~ kommen (od. gelangen) to reach no conclusion; übereilte (od. voreilige) Schlüsse ziehen to jump (od. leap, rush) to conclusions; das ist noch nicht der Weisheit letzter ~ iron. that's not the final peal of wisdom. – 6. philos. (in der Logik) inference, syllogism. – 7. tech. (bei Türen, Fenstern etc) close, closing: einen guten ~ haben to shut tight (od. well). – 8. (sport) (beim Reiten) seat: einen [keinen] guten ~ haben to have a good [no] seat. – 9. econ. (Mindestmenge od. Mindestbetrag bei einzelnen Börsengeschäften) trade unit, Am. board (od. full, round) lot.
'**Schluß**|,ab,rech·nung f econ. final account (od. settlement). — ~,ab,stim·mung f pol. (im Parlament etc) final vote. — ~,ak,kord m mus. final chord. — ~,akt m (theater) final (od. last) act (auch fig.). — ~,an,spra·che f final (od. concluding, last) speech (od. address). — ~,an,trag m jur.

final (od. concluding, last) motion. — ~,ball m (am Ende eines Semesters etc) end-of-term ball. — ~be,mer·kung f final (od. concluding, last) remark (od. observation). — ~be,spre·chung f final (od. concluding) discussion. — ~be,stim·mung f jur. 1. (eines Gesetzes) final provision. – 2. (eines Vertrages) concluding clause. — ~bi,lanz f econ. 1. final balance (sheet). – 2. (eines Jahres) annual balance sheet. — ~,brief m 1. (im Warenverkehr) Am. sold note, Br. sales note. – 2. (im Chartergeschäft) fixing letter. – 3. (im Maklergeschäft) broker's note. — ~ef,fekt m final effect.
Schlüs·sel ['ʃlʏsəl] m ⟨-s; -⟩ 1. key: der ~ zur (od. für die) Haustür the key to the front door; der ~ steckt the key is in the door (od. lock); den ~ im Schloß steckenlassen to leave the key in the lock; den ~ abziehen to take out the key; die ~ (eines Hauses) übergeben to hand over the keys. – 2. (Nachschlüssel, Dietrich) skeleton key, picklock. – 3. tech. a) (Schraubenschlüssel) spanner, Am. wrench, b) (Ventilschlüssel) tappet wrench: verstellbarer ~ adjustable open-end wrench. – 4. fig. bes. econ. (Verteilerschlüssel) ratio (system), key, rate, distributive formula: nach welchem ~ wird das Geld verteilt? in what ratio (od. according to what ratio system [od. formula]) will the money be distributed? – 5. fig. (Chiffreschlüssel etc) (key to a) cipher (bes. Br. cypher), code. – 6. fig. (zu Übungsbüchern etc) key. – 7. fig. (zum Verständnis etc) clew, bes. Br. clue, key: in seiner Eifersucht liegt der ~ für alle seine Handlungen his jealousy is the clue (od. key) to all his actions. – 8. mus. (Notenschlüssel) clef. — ~,bart m key bit (od. ward).
'**Schlüs·sel**,bein n med. collarbone; clavicle, clavicula (scient.). — ~,bruch m collarbone fracture, fracture of the clavicle.
'**Schlüs·sel**|,blu·me f bot. (Primelart) cowslip, primrose (Primula veris u. P. elatior). — ~,brett n keyboard. — ~,bund m, n ⟨-(e)s; -e⟩ bunch of keys. — ~etui [-ɛt,vi:] n cf. Schlüsseltasche. — ~,fei·le f tech. warding file. — s~,fer·tig adj (Wohnung etc) ready for (immediate) occupancy, key-ready. — ~fi,gur f (eines Romans, Geschehens etc) key figure. — ~ge,rät n electr. (im Fernmeldewesen) 1. cryptographic device. – 2. (Anlage) critical installation. – 3. (Behelfsgerät) cipher (bes. Br. cypher) device. – 4. (Maschine) cipher (bes. Br. cypher) machine (od. cryptographic machine. — ~ge,walt f ⟨-; no pl⟩ 1. jur. (der Ehefrau) the wife's power to represent her husband in matters relating to the (conjugal) household. – 2. röm.kath. (des Papstes) power of the keys. — ~in,du,strie f econ. key industry. — ~,kind n door-key (od. latchkey) child (od. sl. kid). — ~,loch n keyhole: durch das ~ gucken to peep (od. peek, spy) through the keyhole. — ~ma,schi·ne f (beim Funk) cryptographic (od. cipher, bes. Br. cypher) machine.
schlüs·seln ['ʃlʏsəln] v/t ⟨h⟩ allot (s.th.) pro rata (according to a given ratio).
'**Schlüs·sel**|po·si·ti,on f (in einem Betrieb etc) key position. — ~,recht n jur. cf. Schlüsselgewalt 1. — ~,ring m key (od. split) ring. — ~,roh·ling m tech. (key) blank. — ~,ro,man m (literature) roman à clef. — ~,schrau·be f tech. lag screw. — ~,stel·lung f 1. cf. Schlüsselposition. – 2. mil. key (od. critical) post, key (od. critical) position. — ~,ta·sche f key wallet (od. case). — ~,text m ciphertext, bes. Br. cypher-text, coded text, cryptotext. — ~,wei·te f tech. (einer Mutter) width across flats. — ~,wort n ⟨-(e)s; ⸚er⟩ 1. (für einen Code) code (od. key) word. – 2. (für einen Safe etc) combination. – 3. ling. (in der Wortforschung) key word. — ~,zahl f 1. meist pl (eines Safes etc) combination (number). – 2. bes. econ. (für Warenverteilung etc) key number.
'**Schluß**|er,geb·nis n final result, outcome, issue, (the) upshot. — ~,fei·er f 1. closing ceremony (od. celebration). – 2. ped. (in der Schule) a) end-of-term ceremony, b) (mit Preisverteilung) bes. Am. commencement, Br. speech (od. prize) day. – 3. (sport) (der Olympischen Spiele etc) closing ceremony. — ~,fol·ge f cf. Schlußfolgerung.

'schluß,fol·gern I v/i ⟨insep, ge-, h⟩ (aus from) conclude, infer: daraus schlußfolgert, daß it can thus be concluded that, it thus follows that. – II S~ n ⟨-s⟩ verbal noun. — 'Schluß,fol·ge·rung f ⟨-; -en⟩ 1. cf. Schlußfolgern. – 2. (line of) argument (od. reasoning). – 3. (Schluß) conclusion, inference, deduction, consequence: aus etwas eine ~ ziehen to draw a conclusion (od. an inference) from s.th., to conclude (od. infer) s.th. from s.th.; zu einer ~ kommen (od. gelangen) to arrive at (od. come to) a conclusion.

'Schluß|,for·mel f 1. (eines Briefes) complimentary close (od. closing). – 2. jur. (eines Vertrages etc) final clause. — ~ge,bet n relig. (in der Messe etc) benediction. — ~grup·pe f mus. (beim Sonatensatz) closing section.

schlüs·sig ['ʃlʏsɪç] adj 1. (Folgerung, Argumentation etc) conclusive, logical: [nicht] ~er Beweis bes. jur. [in]conclusive evidence. – 2. sich (dat) über (acc) etwas [j-n] ~ sein to have made up one's mind about s.th. [s.o.]; sich (dat) über (acc) etwas [j-n] ~ werden to make up one's mind about s.th. [s.o.]; ich bin mir noch nicht ganz ~ I haven't made up my mind yet.

'Schluß|ka,denz f mus. final cadence. — ~ka,pi·tel n (eines Buches etc) closing (od. concluding, final, last) chapter. — ~ket·te f philos. (in der Syllogistik) chain of inferences, sorites (lit.). — ~kom·mu·ni,qué n pol. final (od. concluding) communiqué. — ~kund,ge·bung f final manifestation. — ~kurs m econ. (der Börse) final (od. closing) quotation (od. price). — ~läu·fer m (sport) (in einer Staffel etc) last runner, anchor (man): als ~ laufen to run the last leg. — ~leuch·te f cf. Schlußlicht 1. — ~licht n 1. (eines Fahrzeugs) taillight, rear light. – 2. das ~ bilden (od. machen) fig. colloq. (bei einer Bergtour, einer Kolonne etc) to bring up the rear. – 3. (sport) a) (in einer Tabelle) bottom club, b) (Läufer) last runner. — ~,mann m ⟨-(e)s; ⁼er⟩ (sport) 1. cf. Schlußläufer. – 2. cf. Torwart. – 3. (beim Rugby) fullback. — ~,no·te f econ. (im Maklergeschäft) broker's note. — ~no,tie·rung f econ. cf. Schlußkurs. — ~pfiff m (sport) final whistle. — ~pha·se f final stages pl. — ~pro·to,koll n final (od. concluding) protocol. — ~prü·fung f (in der Schule etc) final examination. — ~,punkt m only in einen ~ unter (acc) (od. hinter [acc]) etwas setzen fig. to make a clean break with s.th. — ~,rech·nung f 1. econ. jur. cf. Schlußabrechnung. – 2. math. computation using the rule of three. — ~,re·de f 1. final (od. concluding, closing) speech. – 2. (in einem Drama etc) epilogue, Am. auch epilog. — ~,reim m end rhyme. — ~,run·de f (sport) cf. Endrunde. — ~,satz m 1. (einer Rede etc) concluding (od. closing) sentence, conclusion. – 2. philos. (in der Logik) conclusion, consequence. – 3. mus. last movement, finale. – 4. math. final proposition (od. conclusion). – 5. (sport) (beim Tennis etc) final set. — ~,schein m econ. cf. Schlußnote. — ~,sche·ma n philos. inference pattern. — ~si,gnal n cf. Schlußzeichen 1, 2. — ~,sit·zung f final (od. last) meeting (od. session). — ~,stein m 1. arch. (eines Gewölbes, Bogens) keystone. – 2. fig. (Vollendung) completion, copestone. — ~,strich m 1. final stroke (od. line): einen ~ unter die Rechnung ziehen to draw a final stroke (od. line) under the bill; einen ~ unter eine Angelegenheit ziehen fig. to make a clean break with an affair. – 2. meist pl mus. double bar. — ~,sze·ne f (theater) final (od. closing, last) scene. — ~,teil m mus. cf. Schlußgruppe. — ~,ur·teil n jur. cf. Endurteil. — ~ver,kauf m (end-of-)season sale(s pl): es ist ~ the sales have started, the sales are on. — ~vi,gnet·te f print. tailpiece. — ~,wort n ⟨-(e)s; -e⟩ 1. last word, final (od. concluding) remark. – 2. (Zusammenfassung) summary. – 3. cf. Schlußrede, Schlußansprache. – 4. cf. Nachwort. — ~,zei·chen n 1. final signal. – 2. tel. a) (im Funkverkehr) message-ending character, b) (im Telephonverkehr) clear(ing) (od. clearback) signal. – 3. print. (am Ende eines Satzes etc) stop. – 4. mus. cf. Schlußstrich 2.

Schmach [ʃmaːx] f ⟨-; no pl⟩ lit. 1. (Schande, Entehrung) shame, disgrace, dishonor, bes. Br. dishonour, ignominy, contumely (lit.): ~ und Schande über j-n bringen to bring shame and disgrace (up)on s.o.; mit ~ bedeckt covered with shame. – 2. (Demütigung) humiliation, mortification: ~ erleiden to suffer humiliation. – 3. (Beleidigung) insult, affront, (stärker) outrage. — s~be,deckt, s~be,la·den adj lit. covered with shame.

schmach·ten ['ʃmaxtən] v/i ⟨h⟩ lit. 1. (leiden) languish, suffer: im Kerker ~ to languish (od. waste away) in prison; vor Durst ~ to be parched with thirst; vor Hunger ~ to be famished with hunger; das Volk schmachtet unter der Tyrannei the people suffers under the tyranny; j-n ~ lassen a) to make (od. let) s.o. languish (od. suffer), b) (nach for) to let s.o. pine (od. languish, yearn), c) (j-n quälen) to tantalize s.o. – 2. nach etwas [j-m] ~ to languish (od. yearn, pine, long, sigh) for s.th. [s.o.], to yearn after s.th. [s.o.]. — 'schmach·tend I pres p. – II adj (Blick, Stimme etc) yearning: ~e Augen machen to look yearningly (od. spoonily).

'Schmacht|,lap·pen m colloq. contempt. love-sick suitor (od. swain). — ~,locke (getr. -k·k-) f colloq. 1. (Stirnlocke) kiss-curl. – 2. (Schulterlocke) lovelock. — ~,rie·men m colloq. for Leibriemen, Riemen¹ 2.

'schmach,voll adj 1. (schändlich, entehrend) disgraceful, shameful, ignominious, dishonorable, bes. Br. dishonourable: etwas als äußerst ~ empfinden to find s.th. absolutely disgraceful. – 2. (demütigend) humiliating, mortifying.

Schmack¹ [ʃmak] m ⟨-(e)s; -e⟩ 1. bot. tanner's (od. tanning) sumac(h) (auch shumac) (Rhus coriaria). – 2. (Gerbe-, Färbemittel) (tanner's) sumac(h) (auch shumac). [smack.]

Schmack² f ⟨-; -en⟩ mar. (Küstensegelboot)]
Schmacke (getr. -k·k-) ['ʃmakə] f ⟨-; -n⟩ mar. cf. Schmack².

schmack·haft ['ʃmakhaft] adj 1. (wohlschmeckend) tasty, palatable, delicate, toothsome, (bes. pikant) savory, bes. Br. savoury: eine Speise ~ zubereiten to make a dish tasty (od. savory); j-m etwas ~ machen fig. colloq. to make s.th. attractive (od. palatable) to s.o. – 2. (appetitanregend) appetizing. — 'Schmack·haf·tig·keit f ⟨-; no pl⟩ (Wohlgeschmack) savoriness, bes. Br. savouriness, savor, bes. Br. savour, tastiness, fine taste, delicious flavor (bes. Br. flavour), palatability.

Schmad·der ['ʃmadər] m ⟨-s; no pl⟩ Northern G. for Matsch². — 'schmad·dern v/impers ⟨h⟩ es schmaddert it is sleeting.

'Schmäh,brief m insulting (od. abusive, defamatory) letter.

schmä·hen ['ʃmɛːən] I v/t ⟨h⟩ 1. (beschimpfen, beleidigen) abuse, revile, (schriftlich od. durch bildliche Darstellung) lampoon. – 2. (schlechtmachen etc) disparage, run (s.o., s.th.) down vilify. – 3. (verleumden) defame, calumniate, (mündlich) auch slander, (schriftlich od. durch bildliche Darstellung) auch libel. – 4. (verhöhnen) disdain. – 5. (lästern) blaspheme. – II S~ n ⟨-s⟩ verbal noun. – 7. cf. Schmähung. — 'schmä·hend I pres p. – II adj 1. abusive. – 2. defamatory, calumnious, slanderous, libel(l)ous. – 3. disdainful, scornful. – 4. blasphemous.

'schmäh·lich lit. I adj 1. (schmachvoll, schändlich) disgraceful, shameful, ignominious, dishonorable, bes. Br. dishonourable. – 2. (demütigend) humiliating, mortifying. – 3. (kläglich, jämmerlich) miserable, wretched: ein ~es Ende nehmen a) to die a miserable death, to come to a wretched end, b) fig. (kläglich scheitern) to come to a sorry end. – II adv 4. shamefully, disgracefully: er hat sie ~ verlassen he has left her shamefully; j-n ~ im Stich lassen to leave s.o. in the lurch.

'Schmäh|,lied n defamatory (od. abusive) song. — ~,re·de f defamatory (od. abusive) speech, abuse, invective, calumny, diatribe (lit.). — ~,schrift f lampoon, bes. jur. libel; diatribe, pasquinade, auch pasquil (lit.). — ~,sucht f delight in abusing (od. reviling) others. — s~,süch·tig adj delighting in abusing (od. reviling) others.

'Schmä·hung f ⟨-; -en⟩ 1. cf. Schmähen. – 2. (Beschimpfung, Beleidigung) abuse, revilement, invective, (schriftliche od. bildliche) lampoon: j-n mit ~en überhäufen to heap abuse on s.o. – 3. (Verunglimpfung) disparagement, vilification. – 4. (Verleumdung) calumny, (mündliche) auch slander, (schriftliche od. bildliche) auch libel. – 5. (Verhöhnung) scorn, gibe, bes. Am. jibe. – 6. (Lästerung) blasphemy.

'Schmäh,wort n ⟨-(e)s; -e⟩ 1. abusive (od. invective, defamatory) word. – 2. pl invectives.

schmal [ʃmaːl] adj ⟨-er od. ⁼er; -st, auch ⁼st⟩ 1. (Weg, Durchgang, Leiste, Haus etc) narrow: ~er werden to narrow. – 2. (Buch) thin, slender: ein ~er Band Gedichte a thin (od. slender) volume of poems. – 3. (Figur etc) slender, slim, svelte, Am. auch svelt: ~e Hüften slim hips; ~e Hände slender hands; sie ist ~er geworden she has grown slimmer (od. thinner). – 4. (Gesicht) narrow, thin. – 5. bes. med. (Becken, Brustkorb etc) narrow. – 6. print. (Schrifttypen) lean. – 7. fig. (Einkommen, Kost etc) meager, bes. Br. meagre, slender, scant(y), paltry: j-n auf ~e Kost setzen to put s.o. on short rations (od. a meager diet). — ~,beckig (getr. -k·k-) [-,bɛkɪç] adj med. with a narrow pelvis, leptopelvic (scient.). — ~,blät·te·rig, ~,blätt·rig adj bot. narrow-leaved; stenophyllous angustifolious (scient.). — ~,brü·stig [-,brʏstɪç] adj narrow-chested.

schmä·len ['ʃmɛːlən] I v/t ⟨h⟩ obs. od. dial. for schmähen, schelten 1. – II v/i hunt. (vom Rot-, Rehwild) bleat.

schmä·lern ['ʃmɛːlərn] I v/t ⟨h⟩ 1. (schmaler machen) narrow. – 2. (Ausgaben, Einkünfte, Gewinn etc) cut down (on), curtail, reduce. – 3. (Rechte etc) encroach (up)on, infringe (up)on, curtail. – 4. (Ansehen, Verdienste, Vergnügen etc) impair, detract from, diminish: ich will deine Verdienste an dem Erfolg nicht ~ I do not wish to detract from your contribution (od. share in) the success. – II S~ n ⟨-s⟩ 5. verbal noun. – 6. (von Ausgaben etc) curtailment, reduction. – 7. (von Rechten etc) (von) encroachment ([up]on), infringement ([up]on), curtailment (of). – 8. (von Ansehen etc) (von) impairment (of), detraction (from), diminishment (of), diminution (of). — 'schmä·lernd I pres p. – II adj derogatory. — 'Schmä·le·rung f ⟨-; -en⟩ cf. Schmälern.

'Schmal,film m phot. cinefilm, 8 (od. double-8) film. — ~,ka·me·ra f cinecamera, cinefilm camera, amateur film camera.

'schmal·ge,sich·tig [-gə,zɪçtɪç] adj thin-faced, narrow-faced; leptoprosopic, auch leptoprosopous (scient.).

'Schmal,hans m only in bei ihnen ist ~ Küchenmeister colloq. they are on short commons.

'Schmal·heit f ⟨-; no pl⟩ 1. narrowness. – 2. (eines Buches) thinness, slenderness. – 3. (einer Figur etc) slenderness, slimness, svelteness. – 4. (eines Gesichts) narrowness, thinness.

'schmal,hüf·tig [-,hʏftɪç] adj with slim (od. slender, bes. med. narrow) hips, slim (od. slender-)hipped, bes. med. narrow-hipped.

schmal·kal·disch [ʃmal'kaldɪʃ] adj Schmalkaldic, auch Schmalkaldian: die S~en Artikel relig. hist. the Schmalkald (od. Schmalkaldic, Smalcaldic) Articles (1537); der S~e Bund hist. the Schmalkaldic League (1531).

'schmal,lip·pig [-,lɪpɪç] adj thin-lipped. — 'Schmal|,na·sen,af·fe m zo. catarrhine, auch catarhine, old world monkey (Gruppe Catarrhina). — s~,ran·dig [-,randɪç] adj narrow-margined (od. -marginate[d]). — ~,reh n, ~,ricke (getr. -k·k-) f hunt. two-year-old doe. — s~,schul·te·rig [-,ʃultərɪç], s~,schul·trig [-,ʃultrɪç] adj narrow-shouldered. — ~,sei·te f 1. narrow side. – 2. (eines Bretts, Ziegels etc) narrow edge. – 3. (eines Hauses) gable (end). — ~-

'spie-ßer m hunt. two-year-old stag (od. roebuck).

'Schmal,spur f (railway) narrow ga(u)ge. — ~aka,de·mi·ker m colloq. iron. person with a quasi-academic education. — ~ang,list m colloq. iron. student taking Anglistics as a subsidiary subject (Am. minor field of study). — ~,bahn f (railway) 1. narrow-ga(u)ge railway. — 2. (Schienenweg) narrow-ga(u)ge track.

'schmal,spu·rig [-,ʃpuːrɪç] adj narrow-ga(u)ge (attrib), auch narrow-ga(u)ged.

'Schmal,spur|lo·ko·mo,ti·ve f narrow-ga(u)ge locomotive (od. engine). — ~ro·ma,nist m colloq. iron. student taking Romance languages as a subsidiary subject (Am. minor field of study). — ~,stu·di·um n colloq. iron. incomplete university education. — ~,sy|stem n (railway) narrow-ga(u)ge system.

Schmalt [ʃmalt] m <-s; -e> (Email) enamel.

Schmal·te ['ʃmaltə] f <-; -n> 1. (Kobaltschmelze) smalt. — 2. (Schmelzblau) stone blue, blue glass. — 'schmal·ten v/t <h> (emaillieren) enamel.

'Schmal|,tier n hunt. 1. hind in its second year. — 2. two-year-old hind that has not calved. — ~,vieh n collect. (Schafe, Ziegen, Schweine etc) small livestock. — ~,wand f bot. mouse-ear (cress) (Gattg Arabidopsis).

Schmalz [ʃmalts] n <-es; -e> 1. gastr. a) (Bratenfett) dripping(s pl), fat, b) (bes. Schweineschmalz) lard, c) Southern G., Austrian and Swiss butterfat: in ~ backen to (deep) fry; ohne Salz und ~ fig. insipid, pithless. — 2. med. cf. Ohrenschmalz. — 3. <only sg> fig. colloq. (einer Stimme) sentimental tremor, mawkishness: mit viel ~ singen to sing mawkishly (od. with a sentimental tremor, colloq. with a lot of gush). — 4. <only sg> fig. colloq. (Sentimentalität, übertriebenes Gefühl) sentimentality. — 5. <only sg> fig. colloq. (Schlager, Gedicht etc) sentimental (od. maudlin, colloq. sloppy) trash, schmal(t)z (colloq.).

'Schmalz|,blu·me f bot. cf. Butterblume 1a. — ~,brot n (slice of) bread and dripping.

Schmäl·ze ['ʃmɛltsə] f <-; -n> (in der Wollspinnerei) batching (od. spinning) oil.

schmal·zen ['ʃmaltsən] v/t <p geschmalzt u. geschmalzen, h> 1. add dripping to. — 2. (mit Schmalz zubereiten) cook (s.th.) with dripping.

schmäl·zen ['ʃmɛltsən] v/t <h> (Wolle) oil, lubricate.

'Schmalz·ge,backe·ne (getr. -k·k-) n gastr. pastry fried in deep fat.

'schmal·zig adj 1. lardy. — 2. fig. colloq. (Lied, Stimme etc) sentimental, mawkish, maudlin; 'sloppy', lovey-dovey, schmal(t)zy (colloq.), Am. colloq. 'corny'.

'Schmalz·ler m <-s; no pl> Bavarian dial. for Schnupftabak.

'Schmalz,nu·deln pl Southern G. and Austrian gastr. deep-fried pastry sg.

Schman·kerl ['ʃmaŋkərl] n <-s; -n> Bavarian and Austrian colloq. for Leckerbissen.

Schmant [ʃmant] m <-(e)s; no pl> 1. Northern G. dial. for Sahne. — 2. Northern G. dial. dirt, grime.

schma·rot·zen [ʃmaˈrɔtsən] I v/i <no ge-, h> 1. biol. (von Tieren, Pflanzen) live as a parasite. — 2. fig. contempt. (von Menschen) (bei j-m on [od. from] s.o.) cadge, 'sponge' (colloq.), Am. mooch, freeload. — II S~ n <-s> 3. verbal noun. — 4. biol. auch fig. contempt. parasitism. — schma'rot·zend I pres p. — II adj biol. auch fig. contempt. parasitic, auch parasitical.

Schma'rot·zer m <-s; -> 1. biol. parasite. — 2. fig. contempt. parasite, hanger-on, sponge(r (colloq.)), bum (sl.), Am. deadbeat, freeloader. — ~,bie·ne f zo. homeless bee (Gattg Nomada).

schma'rot·zer·haft, schma'rot·ze·risch adj 1. biol. parasitic, auch parasitical. — 2. fig. contempt. parasitic, auch parasitical, cadging, sponging (colloq.), Am. mooching, freeloading.

Schma'rot·zer|,le·ben n biol. auch fig. contempt. parasitic life, life of a parasite. — ~,pflan·ze f bot. parasitic (od. supercrescent) plant, parasite. — ~,raub,mö·we f zo. parasitic jaeger, Arctic skua (Stercorarius parasiticus). — ~,see,ro·se f symbiotic sea anemone, crab anemone (Gattg Calliactis). — ~,tier n parasitic animal, parasite.

Schma'rot·zer·tum n <-s; no pl> biol. auch fig. contempt. parasitism.

Schmar·re ['ʃmarə] f <-; -n> colloq. for a) Hiebwunde, b) Narbe 1.

Schmar·ren ['ʃmarən], Schmarrn [ʃmarn] m <-s; -> Bavarian and Austrian 1. gastr. (süße Mehlspeise) (dessert of) hot torn-up pancake. — 2. fig. colloq. contempt. rubbish, trash: das geht dich einen ~ an! that's none of your business.

schmar·ten ['ʃmartən] v/t <h> mar. (Tau) parcel. — 'Schmar·ting [-tɪŋ] n <-s; no pl> parcel(l)ing.

Schma·sche ['ʃmaʃə] f <-; -n> (leather) skin of newborn lamb, slunk, slink (lamb).

Schmatz [ʃmats] m <-es; -e> colloq. (lauter Kuß) smack, buss: j-m einen ~ geben (auf acc on) to give s.o. a smack.

schmat·zen ['ʃmatsən] I v/i <h> 1. eat noisily, smack: mit den Lippen ~ to smack one's lips. — 2. (beim Küssen) smack. — II v/t 3. smack: j-m einen Kuß auf die Backe ~ to smack s.o. (a kiss) on his cheek. — III S~ n <-s> 4. verbal noun. — 5. (Schmatzgeräusch) smack(ing noise): er ißt mit lautem S~ he eats with great smacks (od. smacking noises), he smacks when he eats.

Schmät·zer ['ʃmɛtsər] m <-s; -> zo. a group of passerine birds (Gattgen Oenanthe u. Saxicola).

Schmauch [ʃmaux] m <-(e)s; no pl> dial. (thick) smoke. — 'schmau·chen I v/t <h> (genüßlich rauchen) smoke, puff away (at): er schmaucht sein Pfeifchen he smokes his pipe, he puffs (od. smokes) away at his pipe. — II v/i smoke (away), puff away.

Schmaus [ʃmaus] m <-es; ⁼e> 1. a) (Festessen) feast, banquet, b) spread (colloq.), bes. Br. tuck-in. — 2. fig. (Hochgenuß) treat. — 'schmau·sen [-zən] I v/i <h> 1. a) feast, banquet, b) eat heartily (od. relish), bes. Br. tuck in. — II v/t 2. eat (s.th.) heartily, bes. Br. tuck into. — III S~ n <-s> 3. verbal noun. — 4. cf. Schmaus 1. — Schmau·se'rei f <-; -en> cf. Schmausen.

'schmeck·bar adj tastable, auch tasteable. schmecken (getr. -k·k-) ['ʃmɛkən] I v/i <h> 1. taste: süß [bitter, angebrannt] ~ to taste sweet [bitter, burnt]; die Erkenntnis schmeckte bitter fig. the realization was bitter; gut [schlecht] ~ to taste good [bad]; es [das Essen] schmeckt vorzüglich it [the meal] is (od. tastes) excellent (od. first--class); wenn es am besten schmeckt, soll man aufhören one should leave off with an appetite; wie schmeckt dir der Wein? how do you like the wine? er schmeckt mir [nicht] gut I [don't] like it, it tastes [doesn't taste] good to me; wie schmeckt (Ihnen) die Arbeit? fig. how do you like your work? nach etwas ~ a) to taste (od. smack) of s.th., b) fig. (nach Verrat, Unheil etc) to smack (od. taste, savor, bes. Br. savour) of s.th.; wie etwas ~ to taste (od. smack) like s.th.; der Wein schmeckt nach dem Faß the wine tastes of the wood; das schmeckt nach nichts it has no taste whatever, it tastes like nothing; das schmeckt nach mehr! colloq. it tastes so good as to make one want more (of it)! danach schmeckt's auch! colloq. and so it tastes! wonach schmeckt dieser Salat? what does this salad taste of? — 2. (gut schmecken, munden) taste good (od. fine): schmeckt's? schmeckt es Ihnen? do you like it? are you enjoying your meal? das schmeckt! that's delicious! I like (the taste of) it! das schmeckt mir nicht! auch fig. I don't like (the taste of) that! heute hat mir das Essen (od. hat es mir) (gut) geschmeckt I enjoyed the meal today; Kognak schmeckt ihm immer cognac always tastes good to him, he always enjoys cognac; es will mir heute nicht (so) recht ~ I don't feel like eating today; seine Arbeit schmeckt ihm nicht fig. he doesn't like (od. relish) his work; er läßt es sich (dat) (gut) ~ he enjoys his meal, he eats with relish; sich (dat) etwas (gut) ~ lassen to relish s.th., to eat s.th. with relish; laßt es euch (gut) ~! (I hope you) enjoy your meal! bes. Am. colloq. set to! bes. Br. tuck in! — II v/t 3. taste: ich schmecke nichts I can't (od. don't) taste anything; man schmeckt nur den Pfeffer you only taste the pepper; wir schmeckten den Staub auf der Zunge we tasted (od. could taste) the dust on our

---

tongues. — 4. (kosten) taste, try, sample: den Salat ~ to taste (od. try) the salad; etwas zu ~ bekommen a) to be given s.th. to taste, b) fig. to be given a taste of s.th.; den Stock zu ~ bekommen fig. to be given a taste of the cane; j-m die Rute zu ~ geben fig. to give s.o. a taste of the rod. — 5. dial. for riechen 4: er kann sie nicht ~ fig. he can't stand (the sight of) her.

'Schmecker (getr. -k·k-) m <-s; -> 1. (Koster) taster. — 2. hunt. mouth.

Schmei·che'lei f <-; -en> 1. cf. Schmeicheln. — 2. meist pl (ernstgemeinte) (flattering) compliment: j-m ~en sagen to pay s.o. (flattering) compliments, to flatter s.o.; sie ist für ~en empfänglich (od. ~en zugänglich) she is susceptible to compliments (od. flattery). — 3. meist pl (floskelhafte) blarney. — 4. meist pl (heuchlerische) flattery, soft soap, butter, drip (sl.), Am. colloq. taffy. — 5. meist pl (bittende) coax, wheedle, cajolement, cajolery: j-m durch ~(en) etwas abluchsen to coax (od. wheedle) s.th. out of s.o.

'schmei·chel·haft adj flattering, complimentary: Ihr Angebot ist sehr ~ (für mich) your offer is very flattering (to od. for me), your offer flatters me greatly.

'Schmei·chel|,kätz·chen n, ~,kat·ze f fig. colloq. (Mädchen, Kind) 1. flattering little minx (od. puss). — 2. (mit Worten schmeichelnd) (little) flatterer.

schmei·cheln ['ʃmaiçəln] I v/i <h> 1. (mit Worten) flatter, blandish (lit.): j-m ~ to flatter s.o.; sie kann [ihm] gut ~, sie versteht es [, ihm] zu ~ she knows how to flatter [him]; dieser Spiegel [der Stoff] schmeichelt this mirror [the material] is flattering; das wird seiner Eitelkeit ~ that will flatter (od. tickle) his vanity. — 2. j-m ~ (zärtlich, bittend) to coax (od. cajole, wheedle, soft-soap) s.o., b) (unterwürfig) to toady (Am. bootlick, lit. adulate) s.o., to fawn (up)on s.o., to play up to s.o. (colloq.). — 3. mit j-m ~ (zärtlich) to caress (od. fondle) s.o. — II v/t 4. (in Wendungen wie) ich schmeich(e)le mir, ein guter Tänzer zu sein I flatter myself that I am a good dancer, I like to think that I can dance. — III v/reflex sich ~ 5. (in Wendungen wie) diese Melodien ~ sich einem ins Ohr these tunes are pleasing to the ear. — IV v/impers 6. es schmeichelt mir, daß man mich lobt I am flattered to think that people praise me. — V S~ n <-s> 7. verbal noun. — 8. cf. Schmeichelei.

'Schmei·chel|,re·de f flattering speech (od. talk), blarney, soft sawder, soft soap. — ~,wort n flattering (od. honeyed, auch honied) word.

'Schmeich·ler m <-s; -> 1. flatterer. — 2. (sanfter) coaxer, wheedler, coax, cajoler. — 3. (unterwürfiger) toady, bootlick(er), toadeater, Br. toad-eater, adulator, sycophant (lit.). — 'Schmeich·le·rin f <-; -nen> 1. cf. Schmeichler. — 2. cf. Schmeichelkätzchen.

'schmeich·le·risch adj 1. flattering: mit ~en Worten with flattering (od. soft, honeyed, auch honied) words. — 2. (bittend) coaxing, cajoling, wheedling, buttery. — 3. (unterwürfig) toadyish, fawning, Br. colloq. smarmy. — 4. (glattzüngig) smooth-tongued.

schmei·ßen¹ ['ʃmaisən] I v/t <schmeißt, schmiß, schmisse, geschmissen, h> 1. colloq. (werfen) throw, chuck (colloq.), plunk (colloq.), (mit großer Wucht) fling, hurl, dash: Steine ~ to throw (od. sling) stones; j-n ins Wasser ~ to throw s.o. into the water; ich hätte ihm sein Geld am liebsten vor die Füße geschmissen I should have loved to chuck his money back at him; eine Lage (od. Runde) ~ fig. to stand a round (of drinks). — 2. fig. colloq. (in Wendungen wie) die Sache ~ to pull it off, to work it, Am. to swing it (alle colloq.); den Laden ~ to run the show (colloq.). — 3. eine Vorstellung ~ (theater) colloq. to ruin (od. make a mess of) a performance. — 4. fig. colloq. (Tür) slam, bang. — II v/i 5. colloq. throw, hurl: mit Steinen (nach j-m) ~ to throw (od. sling) stones (at s.o.); er schmeißt mit Geld (nur so) um sich fig. he really throws his money about him; er schmeißt mit Fremdwörtern (nur so) um sich he always bandies foreign words about. — III v/reflex sich ~ 6. colloq. (in Wendungen wie) sie hat sich ihm förmlich an den Hals geschmissen *fig.* she really (*od.* literally) threw (*od.* flung) herself at him.

'**schmei·ßen**[2] *v/i* ⟨h⟩ *hunt.* (*von Raubvögeln*) mute, void.

'**Schmeiß,flie·ge** *f zo.* blowfly, bluebottle (*Fam. Calliphoridae*).

Schmelz [ʃmɛlts] *m* ⟨-es; -e⟩ **1.** (*Glasur*) glaze. – **2.** *med.* (*Zahnschmelz*) enamel. – **3.** *metall.* (*in der Zinkdestillation*) blue powder. – **4.** *tech.* enamel: mit ~ überziehen to enamel. – **5.** ⟨*only sg*⟩ (*der Farben*) warm tone. – **6.** ⟨*only sg*⟩ (*der Stimme*) (melting *od.* mellow) sweetness, mellowness, melodiousness, melodious ring. – **7.** ⟨*only sg*⟩ *fig. lit.* bloom, flush, glow. — ~**ar·beit** *f tech.* enameling, *bes. Br.* enamelling. — ~**bad** *n metall.* **1.** melting bath, molten bath. – **2.** (*beim Schweißen*) molten pool.

'**schmelz·bar** *adj* fusible, meltable: nicht ~ infusible; schwer ~ sein to be refractory. —

'**Schmelz·bar·keit** *f* ⟨-; *no pl*⟩ fusibility, meltability.

'**Schmelz|be,trieb** *m metall.* melting practice. — ~**blau** *n* **1.** blue glass, smalt (blue), *auch* Dumont's (*od.* King's, powder, starch, stone) blue. – **2.** *tech.* smalt. — ~**but·ter** *f gastr.* melted (*Am. auch* drawn) butter. — ~**de,fekt** *m med.* (*am Zahn*) enamel defect. — ~**draht** *m electr.* fuse wire.

'**Schmel·ze** *f* ⟨-; -n⟩ **1.** *cf.* Schmelzen. – **2.** *metall.* a) melt, fusion, heat, b) (*eines Konverters*) blow, c) (*bei der Wärmebehandlung*) bath. – **3.** *cf.* Schneeschmelze.

schmel·zen ['ʃmɛltsən] **I** *v/i* ⟨schmilzt, schmolz, geschmolzen, sein⟩ **1.** (*von Wachs, Butter etc*) melt, (*in Flüssigkeiten*) *auch* dissolve. – **2.** (*flüssig werden*) liquefy, *auch* liquify. – **3.** (*von Schnee*) melt, thaw. – **4.** *metall.* a) melt, b) (*von Erz*) fuse, smelt. – **5.** *electr.* (*von Sicherung*) blow. – **6.** *fig.* (*weich werden*) melt, soften: ihr Herz schmolz vor Mitleid her heart melted with pity. – **7.** *fig.* (*schwinden*) dwindle, melt away, decrease: unsere Vorräte waren schon beträchtlich geschmolzen our supplies had dwindled considerably (*od.* were running low). – **II** *v/t* ⟨schmilzt, *obs.* schmelzt, schmolz, *obs.* schmelzte, geschmolzen, *obs.* geschmelzt, h⟩ **8.** (*Wachs, Butter etc*) melt, (*in Flüssigkeiten*) *auch* dissolve. – **9.** (*flüssig machen*) liquefy, *auch* liquify. – **10.** (*Schnee etc*) melt, thaw. – **11.** *metall.* a) melt, b) (*Erz*) fuse, smelt. – **12.** sie schmolz sein Herz *fig. lit.* she softened his heart, she made his heart melt. – **III** *S~ n* ⟨-s⟩ **13.** *verbal noun.* – **14.** *cf.* Schmelzung. — '**schmel·zend I** *pres p.* – **II** *adj* **1.** (*Gesang etc*) mellow, melodious, sweet, dulcet. – **2.** *fig.* (*schmachtend*) languishing. – **3.** *chem.* melting.

'**Schmel·zer** *m* ⟨-s; -⟩ *metall.* **1.** melter. – **2.** (*im Konverterbetrieb*) blower.

Schmel·ze'rei *f* ⟨-; -en⟩ *metall.* melting shop.

'**Schmelz|far·be** *f* vitrifiable pigment, enamel color (*bes. Br.* colour). — ~**fluß** *m* **1.** *metall.* molten metal. – **2.** (*in der Schweißtechnik*) fusion. — ~**flüs·sig** *adj* molten. — ~**ge,schwin·dig·keit** *f* rate of melting. — ~**glas** *n*, ~**gla,sur** *f tech.* enamel. — ~**grad** *m cf.* Schmelzpunkt. — ~**gut** *n metall.* melting charge (*od.* stock). — ~**herd** *m* **1.** *metall.* furnace (*od.* smelting) hearth. – **2.** *geol.* magma chamber. — ~**hit·ze** *f* melting heat. — ~**hüt·te** *f metall.* smeltery, smelting plant. — ~**kä·se** *m gastr.* process(ed) (*od.* soft) cheese. — ~**kle·ber** *m tech.* thermoplastic adhesive. — ~**koks** *m* foundry (*od.* smelter) coke, melting coke. — ~**küh·lung** *f* (*space*) film cooling. — ~**ma·le,rei** *f cf.* Emailmalerei.

'**Schmelz,punkt** *m* **1.** (*des Eises etc*) melting point. – **2.** *metall.* melting point, (*bei sehr feinen Steinen*) fusion point. — ~**be,stim·mungs|ap·pa,rat** *m chem.* melting point apparatus.

'**Schmelz,schup·per** [-,ʃupər] *m* ⟨-s; -⟩ *zo.* ganoid (*Ordng Ganoidei*). — ~**schwei·ßung** *f tech.* fusion welding. — ~**schweiß·ver,fah·ren** *n* fusion welding (process). — ~**si·che·rung** *f electr.* fuse, fusible cutout. — ~**stahl** *m metall.* natural (*od.* furnace) steel. — ~**tem·pe·ra,tur** *f* **1.** melting temperature. – **2.** *metall.* melting (*od.* fusion) temperature. — ~**tie·gel** *m* **1.** *chem. metall.* melting crucible. – **2.** (*des Gold-*

schmieds) skillet. – **3.** *fig.* (*der Nationen, Rassen*) melting pot, caldron, *bes. Br.* cauldron.

'**Schmel·zung** *f* ⟨-; -en⟩ **1.** *cf.* Schmelzen. – **2.** (*Verflüssigung*) liquefaction. – **3.** *metall.* melt, heat, fusion.

'**Schmelz|,wär·me** *f phys.* heat of fusion. — ~**was·ser** *n* snow water, melted snow and ice. — ~**werk** *n metall. cf.* Schmelzhütte. — ~**zeit** *f* **1.** *metall.* melting period. – **2.** *tech.* (*beim Schweißen*) time of fusion.

Schmer [ʃmeːr] *m, n* ⟨-s; *no pl*⟩ *dial.* for a) Schmalz 1, b) Schweinefett 1. — ~**bauch** *m colloq. contempt.* **1.** paunch, potbelly, *Br. colloq.* corporation. – **2.** *cf.* Dickwanst 1.

Schmer·le ['ʃmɛrlə] *f* ⟨-; -n⟩ *zo.* (*Süßwasserfisch*) loach (*Fam. Cobitidae*).

'**Schmer,wurz** *f bot.* black bryony (*Tamus communis*).

Schmerz [ʃmɛrts] *m* ⟨-es; -en⟩ **1.** pain, (*in Zusammensetzungen*) ache: anhaltender [ziehender] ~ continuous [dragging] pain; starke ~en acute pain *sg*; [wo] haben Sie ~en? [where] do you have (*od.* feel) pain? von ~en (*od.* vom ~) gepeinigt racked with pain; [beträchtliche] ~en haben to be in [considerable] pain, to have (a) pain [considerable] pain; unter großen ~en in great pain; ~en im Kreuz haben to have a pain in one's back, to have (a) backache; sich vor ~(en) krümmen to writhe (*od.* double up) with pain; ~en verursachen to cause (*od.* give, produce) pain; ein ~ durchzuckte ihn (a) pain shot through him. – **2.** (*kurzer, stechender*) stab (of pain), pang, twinge, shooting (*od.* stabbing) pain. – **3.** (*brennender*) sting, smart. – **4.** *meist pl fig.* (*Pein*) throes *pl*, agony, anguish, torture. – **5.** (*seelischer*) pain, hurt, (*mental*) suffering: von ~ gebeugt burdened with (*od.* brought low by) pain. – **6.** *fig.* (*Kummer*) grief, sorrow, smart: tiefen ~ über (*acc*) etwas empfinden to be deeply grieved over (*od.* about) s.th.; er erkannte mit ~en, daß alle Bemühungen vergeblich waren he was grieved (*od.* it hurt him) to see that all efforts were in vain; ihre Eifersucht erfüllte ihn mit ~en her jealousy grieved (*od.* hurt) him; der ~ über den Tod des Kindes the grief over the death of the child; ich habe dich mit ~en erwartet I was aching to see you, I was waiting for you anxiously (*od.* impatiently); haben Sie sonst noch ~en? *colloq. auch iron.* (*Wünsche, Beschwerden*) is that all you want? anything else? geteilter ~ ist halber ~ (*Sprichwort*) two in distress makes sorrow less (*proverb*).

'**Schmerz|,aus,strah·lung** *f med.* radiation of pain. — ~**be,kämp·fung** *f* alleviation of pain. — **s~be,la·den** *adj* deeply afflicted. — **s~be,sei·ti·gend** *adj med.* removing pain; analgesic, analgetic (*scient.*): ~es Mittel *cf.* Schmerzmittel. — **s~be,täu·bend** *adj* pain-killing, narcotic, pain-deadening. — ~**be,täu·bung** *f* analgesia. — ~**emp,fin·den** *n* sense of pain, pain sensation. — **s~emp,find·lich** *adj* **1.** (*Person*) sensitive to pain. – **2.** (*Körperstelle*) tender, sensitive. — ~**emp,find·lich·keit** *f* ⟨-; *no pl*⟩ **1.** sensitivity to pain, pain sensitivity. – **2.** tenderness, sensitivity.

schmer·zen ['ʃmɛrtsən] **I** *v/i* ⟨h⟩ **1.** pain, cause (*od.* give) pain, hurt, ache: die Narbe schmerzt the scar aches; mir schmerzt der Kopf my head is aching (*od.* splitting); mir ~ alle Glieder I am aching in every limb (*od.* from head to foot); das schmerzt auch *fig.* that hurts. – **2.** (*brennend*) smart, sting. – **II** *v/t* **3.** hurt, pain: mein Bein schmerzt mich wieder my leg is hurting (me) again. – **4.** *fig.* (*seelisch*) grieve, hurt, pain, distress: es schmerzt mich, daß it pains me that; es schmerzt einen, das mit ansehen zu müssen it hurts to have to watch that; der Verlust ihres Vaters hat sie sehr geschmerzt the loss of her father has grieved her deeply. – **5.** *fig.* (*kränken*) hurt, wound. — '**schmer·zend I** *pres p.* – **II** *adj cf.* schmerzhaft 1, 2.

'**Schmer·zens|,geld** *n jur.* sum of money for injuries suffered, solatium, smart money. — ~**kind** *n fig. cf.* Sorgenkind. — ~**la·ger** *n* ⟨-s; -⟩ *med.* painful sickbed. — ~**mann** *m* ⟨-(e)s; *no pl*⟩ *relig.* (*art*) Man of Sorrows. — ~**mut·ter** *f röm.kath.* (*art*) Our Lady of Sorrows. — **s~reich** *adj* **1.** (deeply) afflicted. – **2.** Maria, die S~e

röm.kath. cf. Schmerzensmutter. — ~**schrei** *m* cry of pain.

'**schmerz|er,füllt** *adj lit.* deeply grieved (*od.* afflicted). — ~**er,re·gend** *adj med.* producing (*od.* causing) pain. — ~**frei** *adj* free from pain, without pain. — **S~ge,fühl** *n* feeling (*od.* sensation) of pain.

'**schmerz·haft** *adj* **1.** painful, sore, grievous (*lit.*). – **2.** (*Stelle*) sensitive, tender, sore. – **3.** (*Behandlung etc*) painful: die Behandlung ist nicht ~ the treatment is not painful (*od.* does not hurt). – **4.** *fig.* painful, distressing, (*stärker*) grievous.

'**Schmerz·haf·tig·keit** *f* ⟨-; *no pl*⟩ painfulness, soreness.

'**schmerz·lich** *adj fig.* **1.** distressing, painful, (*stärker*) grievous, agonizing: eine ~e Trennung a wrench; ein ~er Verlust a) a severe loss, b) (*durch Tod*) a bereavement; ein ~es Verlangen an ardent desire (*od.* longing); es ist ~, das zu sehen it is distressing to see that. – **2.** (*hart*) bitter: ein ~er Verzicht a bitter sacrifice. – **3.** (*Lächeln*) sad. – **II** *adv* **4.** j-n ~ vermissen to miss s.o. badly (*od.* sadly). – **5.** von etwas ~ berührt (*od.* betroffen) sein, sich von etwas ~ berührt fühlen to be grieved (*od.* to feel aggrieved) by s.th.

'**schmerz,lin·dernd** *adj med.* alleviating (*od.* relieving) pain; analgesic, analgetic (*scient.*): ~es Mittel *cf.* Schmerzmittel.

'**Schmerz,lin·de·rung** *f* relief (*od.* alleviation) of pain.

'**schmerz,los I** *adj* painless: ~e Geburt painless delivery; ein ~es Geschwür an indolent ulcer; ~e Vivisektion callisection; ~ machen to make painless, to analg(es)ize (*scient.*). – **II** *adv* mach es kurz und ~ *fig.* be quick about it, get it over with. — '**Schmerz·lo·sig·keit** *f* ⟨-; *no pl*⟩ painlessness; analgesia, anodynia (*scient.*).

'**Schmerz|,mit·tel** *n med. pharm.* pain-killer; analgesic, analgetic (*scient.*). — **s~,stil·lend** *adj* pain-relieving (*od.* -killing); analgesic, analgetic (*scient.*). — ~**ta,blet·te** *f* pain pill, pain-killer, analgesic (*od.* analgetic) tablet (*scient.*). — **s~ver,zerrt** *adj* (*Gesicht, Züge etc*) distorted (*od.* twisted) with pain. — **s~,voll** *adj* **1.** *cf.* schmerzlich 1. – **2.** sad, dolorous (*lit.*).

'**Schmet·ter,ball** *m* (*sport*) **1.** (*beim Badminton, Tennis etc*) smash. – **2.** (*beim Volleyball*) spike.

Schmet·ter·ling ['ʃmɛtərlɪŋ] *m* ⟨-s; -e⟩ *zo.* butterfly (*Ordng Lepidoptera*): bunte ~e colo(u)rful butterflies; wie ein ~ von einer Blume zur anderen gaukeln, wie ein ~ hin und her flattern *fig. lit.* to flit from one girl to the next; wie ein ~ aus der Puppe kriechen *fig.* to emerge like a butterfly from its chrysalis, to blossom into flower.

'**Schmet·ter·lings|,blü·te** *f bot.* papilionaceous flower. — ~**blüt·ler** [-,blyːtlər] *pl* papilionaceous plants (*Fam. Papilionaceae*): zu den ~n gehörig papilionaceous. — ~**bunt,barsch** *m zo.* Ramirez's dwarf cichlid (*Apistogramma ramirezi*). — ~**fisch** *m* butterfly fish (*Pantodon buchholzi*). — ~**fle·der,maus** *f* butterfly (*od.* banana) bat (*Kerivoula picta*). — ~**kna·ben,kraut** *n bot.* papilionaceous orchid (*Orchis papilionacea*). — ~**kreis** *m electr.* butterfly circuit. — ~**kun·de** *f zo.* lepidopterology. — ~**mücke** (*getr.* -k·k-) *f* owl (*od.* moth) gnat (*Fam. Psychodidae*). — ~**netz** *n* butterfly (*od.* sweep) net. — ~**or·chi,dee** *f bot.* oncidium, *auch* butterfly plant (*Oncidium papilio*). — ~**pup·pe** *f zo.* chrysalis. — ~**samm·lung** *f* butterfly collection. — ~**schwim·men** *n* (*sport*) butterfly (stroke). — ~**stil** *m* ⟨-(e)s; *no pl*⟩ (*sport*) butterfly (stroke *od.* style). — ~**we·ber** *m zo.* red-cheeked cordon bleu (*Uraeginthus bengalus*).

schmet·tern ['ʃmɛtərn] **I** *v/t* **1.** (*kräftig schleudern*) dash, smash: etwas zu Boden ~ to dash (*od.* hurl) s.th. to the ground; etwas in Stücke ~ to dash s.th. to pieces, to smash (*od.* shatter) s.th.; die Tür ins Schloß ~ to slam (*od.* bang) the door. – **2.** (*sport*) a) (*beim Badminton, Tennis etc*) smash, b) (*beim Volleyball*) spike. – **3.** (*Lied etc*) sing (a song) loudly (*od.* lustily), bellow, *bes. Am.* bawl out, bray. – **4.** einen ~ *fig. colloq.* to wet one's whistle, to bend (*od.* lift) the elbow, to hoist one (*alle colloq.*). – **II** *v/i* **5.** resound, ring forth. – **6.** (*von Singvögeln*) warble. – **7.** (*von Trompeten, Hörnern*) blare (away), bray.

8. *(sport)* *(beim Schwimmen)* swim butterfly. – **III S~** *n* ⟨-s⟩ **9.** *verbal noun.* – **10.** *(der Trompeten, Hörner)* blare, bray.
'schmet·ternd I *pres p.* – **II** *adj* mit ~en Fanfaren with brazen fanfares.
'Schmet·ter,schlag *m* *(sport)* **1.** *(beim Badminton, Tennis etc)* smash. – **2.** *(beim Volleyball)* spike.
Schmicke (getr. -k·k-) *['ʃmɪkə] f* ⟨-; -n⟩ *Low German* **1.** whip, lash. – **2.** end of the (whip)lash.
Schmied *[ʃmiːt] m* ⟨-(e)s; -e⟩ **1.** smith: → Glück 1. – **2.** *(Grobschmied)* blacksmith, *Am. auch* smithy. – **3.** *(Hufschmied)* blacksmith, *bes. Br.* farrier. – **4.** *zo.* a) *cf.* Kolbenfuß 2, b) *cf.* Schnellkäfer.
'schmied·bar *adj tech.* **1.** *(Stahl etc)* forgeable. – **2.** *(Guß etc)* malleable. – **'Schmied·bar·keit** *f* ⟨-; *no pl*⟩ **1.** forgeability. – **2.** *(kalt)* malleability.
Schmie·de *['ʃmiːdə] f* ⟨-; -n⟩ **1.** *(im Industriebetrieb)* forge. – **2.** *(im Handwerk)* smithy, blacksmith('s) shop: vor die rechte ~ kommen *lit. iron.* to come to the right address *(od. person)*.
'Schmie·de|,am·boß *m tech.* blacksmith's anvil. – **~,ar·beit** *f* **1.** a) *(industrielle)* forging (operation), b) blacksmith's work. – **2.** *(Fertigerzeugnis)* a) forging, b) smithery. – **~,balg** *m* forge *(od.* smith's) bellows *pl* (construed as sg or pl). – **~,ei·sen** *n tech.* wrought iron. – **s~,ei·sern** *adj* *(Tor etc)* wrought-iron *(attrib).* – **~,es·se** *f* smith's hearth *(od.* fire). – **~,feu·er** *n* **1.** *(im Industriebetrieb)* forge fire. – **2.** *(im Handwerk) cf.* Schmiedeesse. – **~ge,sel·le** *m* journeyman (black)smith. – **~ge,senk** *n tech.* forging die. – **~,ham·mer** *m* **1.** *(im Industriebetrieb)* forge *(od.* forging) hammer. – **2.** *(im Handwerk)* blacksmith's *(od.* smith's) hammer. – **~,hand,werk** *n* smith's trade, smithcraft, smithery. – **~,herd** *m* **1.** forge. – **2.** smith's hearth. – **~,koh·le** *f* forge *(od.* smithy) coal. – **~,kunst** *f* art of forging, blacksmith's craft, smithery. – **~,mei·ster** *m* master (black)smith. – **~,mes·sing** *n metall.* hot-working brass.
schmie·den *['ʃmiːdən] I v/t* ⟨h⟩ **1.** *tech. (im Industriebetrieb)* forge: im Gesenk ~ to drop-forge, *bes. Br.* to stamp-forge. – **2.** *tech. (mit der Hand)* smith, hammer: ein Hufeisen ~ to hammer a horseshoe; j-n in Ketten ~ *obs.* to put s.o. in chains; das hat unsere Freundschaft fest geschmiedet *fig.* this established our friendship firmly; → Eisen 3. – **3.** *fig. (Pläne etc)* make, devise, frame. – **4.** *fig. (Ränke etc)* make, scheme, hatch, plot, contrive, concoct. – **5.** *fig. colloq. humor. (Verse)* concoct. – **II S~** *n* ⟨-s⟩ **6.** *verbal noun.*
'Schmie·de|,ofen *m tech.* forging furnace. – **~,pres·se** *f* forging press. – **~,riß** *m* forging crack. – **~,schraub,stock** *m* blacksmith's vise *(auch* vice). – **~,span·nung** *f* forging strain. – **~,stahl** *m* wrought *(od.* forged) steel, forging (grade) steel. – **~,stück** *n* forging. – **~,tech·nik** *f* forging practice. – **~,werk,statt** *f cf.* Schmiede. – **~,zan·ge** *f* blacksmith's tongs *pl* (sometimes construed as sg).
'Schmie·dung *f* ⟨-; *no pl*⟩ *cf.* Schmieden.
Schmie·ge *['ʃmiːgə] f* ⟨-; -n⟩ *(Werkzeug)* bevel, protractor.
schmie·gen *['ʃmiːgən] I v/reflex* ⟨h⟩ **1.** sich an j-n [etwas] ~ to cuddle *(od.* snuggle) up to s.o. [s.th.], to nestle (oneself) up to s.o. [s.th.]. – **2.** *(in Wendungen wie)* sie schmiegte sich in seine Arme she nestled into his arms; das Kleid schmiegt sich eng um ihren Körper the dress clings to *(od.* fits snugly [a]round) her body. – **II** *v/t* **3.** *lit. (in Wendungen wie)* er schmiegte seinen Kopf in ihre Hand he nestled his head into her hand; sie hatte ihr Kinn in die Hand geschmiegt she had cupped her chin in her hand. – **4.** *bes.* bevel.
'schmieg·sam *adj* **1.** *(Material)* flexible, limber, pliable, pliant. – **2.** *(geschmeidig) (Körper)* supple, lithe, limber. – **3.** *fig.* flexible, pliable. – **'Schmieg·sam·keit** *f* ⟨-; *no pl*⟩ **1.** flexibility, limberness, pliability, pliancy. – **2.** *(Geschmeidigkeit)* suppleness, litheness, limberness. – **3.** *fig.* flexibility, pliability, pliancy.
Schmie·le *['ʃmiːlə] f* ⟨-; -n⟩, **'Schmiel·,gras** *['ʃmiːl-] n bot.* hair grass *(Gattg Deschampsia).*

Schmie·ra·ge *[ʃmiˈraːʒə] f* ⟨-; -n⟩ *colloq. contempt.* scrawl, scribble.
'Schmier|,an,la·ge *f tech.* **1.** lubricating system. – **2.** *(Schmiervorrichtung)* lubricating device. – **3.** *(Schmierschop (od.* plant). – **~,block** *m* jotter, jotting *(od.* scratch) pad *(od.* block), *bes. Br.* scribbling-block. – **~,brand** *m bot. cf.* Weizensteinbrand.
Schmie·re[1] *['ʃmiːrə] f* ⟨-; -n⟩ **1.** *tech. cf.* Schmiermittel. – **2.** *colloq. (Salbe)* ointment, unguent, salve. – **3.** ⟨*only sg*⟩ *colloq. (klebriger Schmutz)* slush, mire. – **4.** *(ölige, fettige)* patch of grease: das ausgelaufene Öl bildete auf der Straße eine gefährliche ~ the oil that had escaped formed a dangerous greasy patch on the road. – **5.** *colloq. (Brotaufstrich)* spread. – **6.** *colloq. (Prügel)* thrashing, hiding: er hat [tüchtig] ~ gekriegt he got a [good] hiding *(od.* thrashing). – **7.** *colloq. contempt. (Wanderbühne)* barnstormers *pl, bes. Br.* troop of strolling players, *Br.* fit-up (company), *Br. sl.* (penny) gaff.
'Schmie·re[2] *f* ⟨-; *no pl*⟩ *only in* ~ stehen *(thieves' Latin)* to keep a lookout *(Br.* look-out).
schmie·ren *['ʃmiːrən] I v/t* ⟨h⟩ **1.** spread: Marmelade aufs Brot ~ to spread jam on a slice of bread, to spread a slice of bread with jam. – **2.** *(mit Butter)* butter: Butterbrote ~ to butter slices of bread; → Butterbrot; Honig 2. – **3.** *tech.* lubricate, *(mit Starrschmiere)* auch grease, *(mit Öl)* auch oil: sich *(dat)* die Kehle ~ *fig. colloq.* to wet one's whistle *(colloq.),* to take a drop. – **4.** *bes. med. (Creme etc)* smear. – **5.** *(unleserlich schreiben)* scribble, scrawl. – **6.** j-n ~ *fig. colloq.* to grease s.o.'s palm, to oil s.o.'s hand *(od.* palm), to bribe s.o. – **7.** j-m eine ~ *colloq.* to slap s.o.'s face, to paste s.o. one *(sl.).* – **II** *v/i* **8.** *(unleserlich schreiben)* scribble, scrawl. – **9.** *(von Feder, Bleistift)* smudge. – **10.** *(von Maler)* daub. – **11.** *tech.* a) *(von Werkstoffen bei der Verarbeitung)* stick, b) *(von Gewindebohrer)* load. – **III S~** *n* ⟨-s⟩ **12.** *verbal noun.* – **13.** *tech. cf.* Schmierung. – **14.** *fig. colloq.* bribery. – **15.** *(eines schlechten Malers)* daub, *auch* daubery.
'Schmie·ren|ko·mö·di,ant *m* *(theater) contempt.* barnstormer, *bes. Br.* strolling player, ham (actor) *(sl.).* – **~ko·mö·di,an·tin** *f contempt.* barnstormer, *bes. Br.* strolling player, ham (actress) *(sl.).*
'Schmie·rer *m* ⟨-s; -⟩ *contempt.* **1.** *cf.* Schmierfink. – **2.** *(schlechter Maler)* daub(st)er.
Schmie·re'rei *f* ⟨-; -en⟩ *contempt.* **1.** *(Kritzeln)* scribbling, scrawling. – **2.** *(Klecksen)* daubing. – **3.** *(Gekritzel)* scribble, scrawl. – **4.** *(Malerei)* daub.
'Schmie·re,ste·her *m* *(thieves' Latin)* lookout *(Br.* look-out) (man).
'Schmier|,fä·hig·keit *f* **1.** *(der Butter etc)* spreadability. – **2.** *tech. (von Schmiermitteln etc)* a) lubricity, lubricating property, b) *(von Öl)* oiliness. – **~,fett** *n* lubricating grease. – **~,film** *m* **1.** *tech.* lubricating *(od.* oil) film. – **2.** *(auf der Straße)* greasy surface. – **~,fink** *m colloq. contempt.* **1.** messy fellow *(colloq.).* – **2.** *(bes. Kind, Schüler)* scribbler, scrawler. – **~,fleck** *m* smudge, smear, smirch. – **~ge,fäß** *n tech.* grease box. – **~,geld** *n meist pl* bribe, (palm) grease *(od.* oil), *Am. sl.* soap: j-m ~er geben to grease s.o.'s palm, to oil s.o.'s hand *(od.* palm), to bribe s.o. – **~,gel·der,fonds** *m pol.* bribing *(Am. sl.* slush) fund. – **~,heft** *n* jotter, jotting *(od.* scratch) book, *bes. Br.* scribbling diary.
'schmie·rig *adj* **1.** *(fettig)* greasy, smeary. – **2.** *(ölig)* oily. – **3.** *(klebrig)* sticky. – **4.** *(schmutzig)* dirty, smudgy, grimy, mucky. – **5.** *fig. colloq. (Mensch, Kerl)* oily. – **6.** *fig. (Geschäfte)* dirty, filthy, sordid. – **'Schmie·rig·keit** *f* ⟨-; *no pl*⟩ **1.** greasiness, smeariness. – **2.** oiliness. – **3.** stickiness. – **4.** dirtiness, smudginess, griminess, muck. – **5.** *fig. colloq. (des Charakters)* oiliness.
'Schmier|,kan·ne *f tech.* (bench) oiler. – **~,kä·se** *m gastr.* **1.** *cf.* Streichkäse. – **2.** cottage cheese, *Am. auch* smearcase, smiercase, schmierkase. – **~,kur** *f med.* inunction treatment, treatment with ointment. – **~,la·ger** *n tech.* grease bearing. – **~,lap·pen** *m* (grease) cloth. – **~,lei·tung** *f tech.* lubricating pipe. – **~,loch** *n* lubrication hole, *(für Öl)* oil hole. – **~,lö·tung** *f* plumbers' wiping. – **~,ma·xe** *[-,maksə] m* ⟨-n; -n⟩ *(sport) colloq. (bei Gespannrennen)* sidecar man. – **~,mit·tel** *n* **1.** *tech.* a) lubricant, b) *cf.* Schmierfett, c) *cf.* Schmieröl. – **2.** *med. pharm.* liniment, ointment. – **~,nip·pel** *m tech.* lubricating *(od.* grease) nipple. – **~,nut** *f* oil groove.
'Schmier,öl *n* ⟨-(e)s; -e⟩ *tech.* lubricating oil. – **~,pum·pe** *f* lubricating oil pump. – **~,vor,rich·tung** *f* lubricating *(od.* oil supply) system.
'Schmier|,pa,pier *n* ⟨-s; *no pl*⟩ jotting *(od.* scratch) paper, *Br.* scribbling-paper. – **~,pi,sto·le** *f tech.* grease gun. – **~,plan** *m* lubrication chart. – **~,pres·se** *f* grease gun. – **~,pum·pe** *f* lubricating *(od.* oil) pump. – **~,sal·be** *f med. pharm.* rubbing ointment. – **~,sche·ma** *n tech.* lubrication diagram. – **~,sei·fe** *f* soft soap: grüne ~ green soap. – **~,sprit·ze** *f tech.* grease gun. – **~,stel·le** *f* **1.** *tech.* lubrication *(od.* oiling) point, oil hole. – **2.** *print.* monk.
'Schmier,stoff *m meist pl tech.* lubricant. – **~,be,häl·ter** *m* lubricating-oil tank. – **~,mes·ser** *m* oil pressure ga(u)ge.
'Schmie·rung *f* ⟨-; -en⟩ **1.** *cf.* Schmieren. – **2.** *tech.* lubrication.
'Schmier|,vor,rich·tung *f tech.* lubricating device. – **~,zet·tel** *m* slip (of paper) for jotting *(od.* scribbling).
schmilz *[ʃmɪlts] imp,* **schmilzt** *[ʃmɪltst] 2 u. 3 sg pres of* schmelzen.
Schmin·ke *['ʃmɪŋkə] f* ⟨-; -n⟩ **1.** makeup, *Br.* make-up, paint: ~ auflegen to apply *(od.* put on) makeup; die ~ abwaschen to take off the makeup. – **2.** *(theater)* makeup, *Br.* make-up, greasepaint: rote ~ rouge; weiße ~ ceruse, pearl white, *(eines Clowns)* clown white. – **3.** *fig. (Heuchelei)* gloss, varnish.
schmin·ken *['ʃmɪŋkən] I v/t* ⟨h⟩ **1.** *(auch theater)* make up, paint: sich *(dat)* das Gesicht ~ to make one's face up; sich *(dat)* die Lippen ~ to put on lipstick. – **2.** *fig. (Bericht etc)* color, *bes. Br.* colour. – **II** *v/reflex* sich ~ **3.** *(auch theater)* make (oneself) up, put on *(od.* apply) makeup *(Br.* make-up): sie hat sich leicht geschminkt she put on light *(od.* a little) makeup; sie hatte sich stark geschminkt she wore heavy *(od. colloq.* a lot of) makeup, she was heavily made up. – **III S~** *n* ⟨-s⟩ **4.** *verbal noun.* – **5.** makeup, *Br.* make-up.
'Schmink|,kof·fer *m* makeup *(Br.* make-up) box. – **~,mei·ster** *m* *(theater)* makeup *(Br.* make-up) artist. – **~,mit·tel** *pl* cosmetic articles. – **~,pflä·ster·chen** *[-,pflɛstərçən] n* ⟨-s; -⟩ *f* beauty spot *(od.* patch). – **~,stift** *m* (grease)paint stick. – **~,tisch** *m* makeup *(Br.* make-up) table. – **~,topf** *m* makeup *(Br.* make-up) jar *(od.* pot), paintpot.
Schmir·gel[1] *['ʃmɪrgəl] m* ⟨-s; -⟩ juice (in tobacco pipes).
'Schmir·gel[2] *m* ⟨-s; *no pl*⟩ *min. tech.* abradant, abrasive (powder), emery: geschlämmter ~ levigated emery.
'schmir·gel|,ar·tig *adj* abrasive. – **S~,lei·nen** *n,* **S~,lein,wand** *f* abrasive-(-coated) cloth.
schmir·geln *['ʃmɪrgəln] I v/t* ⟨h⟩ rub *(od.* grind, polish) *(s.th.)* with emery, emery, sand. – **II S~** *n* ⟨-s⟩ *verbal noun.*
'Schmir·gel|pa,pier *n tech.* abrasive-(-coated) *(od.* emery) paper. – **~,pa·ste** *f* emery paste. – **~,schei·be** *f* emery wheel. – **~,schleif,ma,schi·ne** *f* sander, emery grinding machine. – **~,schleif,schei·be** *f* emery wheel. – **~,staub** *m* emery dust.
schmiß *[ʃmɪs] 1 u. 3 sg pret of* schmeißen[1].
Schmiß *m* ⟨-sses; -sse⟩ *colloq.* **1.** *(Hiebwunde)* cut, *(stärker)* gash. – **2.** *(Narbe)* (duel[l]ing) scar. – **3.** ⟨*only sg*⟩ *fig.* verve, punch; go, 'ginger', 'zip' *(colloq.),* pep *(sl.):* die Musik hat ~ drin there is plenty of go in it; die ganze Sache hat keinen ~ there's no life in the whole thing. – **'schmis·sig** *adj colloq.* dashing, racy, full of go *(od.* zip) *(colloq.);* full of pep, peppy *(sl.):* ein ~er Marsch a march that is full of go, a march with a smart *(od.* brisk) tempo.
Schmitz[1] *[ʃmɪts] m* ⟨-es; -e⟩ **1.** *obs. u. dial.* blot, spot. – **2.** *print.* slur, mackle.
Schmitz[2] *m* ⟨-es; -e⟩ *dial.* slap, smack.

Schmit·ze ['ʃmɪtsə] f ⟨-; -n⟩ dial. 1. (Schlag mit der Peitsche) whip, lash. – 2. cf. Schmicke.

schmit·zen[1] [ʃmɪtsən] v/i ⟨h⟩ print. slur, mackle.

'schmit·zen[2] v/t ⟨h⟩ dial. whip, lash, flog.

'schmit·zen[3] v/t ⟨h⟩ obs. od. dial. (beschmutzen) soil.

Schmock [ʃmɔk] m ⟨-(e)s; -e u. -s⟩ journalist without (od. lacking) character.

Schmö·ker ['ʃmøːkər] m ⟨-s; -⟩ colloq. 1. old book. – 2. (voluminous) book of light fiction. – 3. pl middlebrow literature sg. — **'schmö·kern** v/i ⟨h⟩ colloq. 1. read: er schmökert gern (in Kriminalromanen) he likes to read (detective stories). – 2. browse.

'Schmoll·ecke (getr. -k·k-) f fig. cf. Schmollwinkel.

schmol·len ['ʃmɔlən] I v/i ⟨h⟩ 1. (von Kindern) pout (one's lips). – 2. sulk, be sulky, pout, auch tiff: sie schmollte tagelang she sulked (od. had the sulks) for days (on end). – 3. mit j-m ~ to be offended at (od. annoyed with) s.o., not to be speaking to s.o. – II S~ n ⟨-s⟩ 4. verbal noun. – 5. sulkiness, peevishness, sulks pl, pouts pl, auch tiff. — **'schmol·lend** I pres p. – II adj sulky, pouting: mit ~em Gesicht saß sie in der Ecke she was sitting in the corner with a sulky face. – III adv sie verzog ~ ihren Mund she screwed up her mouth sulkily (od. poutingly).

schmol·lis ['ʃmɔlɪs] interj (students' sl.) your (good) health!

'Schmol·lis n ⟨-; -⟩ only in mit j-m ~ trinken (students' sl.) to drink with s.o. and pledge friendship.

'Schmoll·mund m pout, sulking mouth: einen ~ machen to pout (one's lips). — **~,win·kel** m fig. (in Wendungen wie) im ~ sitzen to be in the sulks.

schmolz [ʃmɔlts] 1 u. 3 sg pret, **schmöl·ze** ['ʃmœltsə] 1 u. 3 sg pret subj of schmelzen.

Schmon·zes ['ʃmɔntsəs] m ⟨-; no pl⟩ colloq. contempt. 1. idle talk, tittle-tattle. – 2. (Quatsch) trash, rubbish: ~ verzapfen to talk a lot of windy nonsense (colloq.).

'Schmor,bra·ten m gastr. pot roast, braised meat.

schmo·ren ['ʃmoːrən] I v/t ⟨h⟩ 1. (Gemüse, Fleisch etc) braise, auch braize, stew, pot-roast. – II v/i 2. (von Braten etc) be braised (auch braized), stew, be pot-roasted. – 3. electr. (von Drähten etc) scorch, fuse. – 4. fig. colloq. roast, swelter, broil: sizzle, frizzle (colloq.): wir haben in der prallen Sonne geschmort we roasted in the hot sun. – 5. j-n ~ lassen fig. colloq. to let s.o. stew (for a bit).

'Schmor|,fleisch n gastr. 1. meat for pot-roasting. – 2. cf. Schmorbraten. — **~,kohl** m braised cabbage. — **~,obst** n stewed fruit, compote. — **~,pfan·ne** f stewpan, stewing pan, casserole. — **~,stel·le** f electr. scorched (od. fused) point, spot of arcing. — **~,topf** m gastr. stewpot, casserole.

Schmu [ʃmuː] m ⟨-s; no pl⟩ colloq. 1. (betrügerischer Gewinn) unfair gain (od. profit), swindle. – 2. (Schwindel) swindle, cheat: ~ machen to cheat; bei der Preisverteilung haben sie ~ gemacht there was some cheating in the awarding of prizes, the awards (of the prizes) were fixed.

schmuck [ʃmʊk] adj ⟨-er; -(e)st⟩ 1. (schön u. sauber) neat, trim, spruce, tidy, bes. Br. colloq. dinky. – 2. (adrett) smart, dapper, natty (colloq.). – 3. (hübsch) pretty, handsome, bes. Am. colloq. cute.

Schmuck m ⟨-(e)s; rare -e⟩ 1. (Verzierung) decoration, ornament, adornment, embellishment, trappings pl. – 2. (Schmuckstücke) jewels pl, jewelry, bes. Br. jewellery. – 3. (unechter) trinkets pl, bijouterie. – 4. fig. apparel, attire: der ~ des Frühlings the gay apparel of spring; der Garten prangte im ~ seiner Blumen the garden shone in the beauty of its flowers; die Straßen im ~ der Fahnen the streets adorned with flags (od. in their apparel of flags).

schmücken (getr. -k·k-) ['ʃmʏkən] I v/t ⟨h⟩ 1. (verzieren, verschönern) decorate, ornament, adorn, embellish, deck (od. trick) (s.th.) out, trim. – 2. (Christbaum) decorate. – 3. fig. (Rede, Aufsatz etc) embellish, garnish, ornament. – II v/reflex

sich ~ 4. (sich feinmachen) smarten (od. spruce) oneself up: →Feder 2. – 5. (Schmuck anlegen) put on jewelry (bes. Br. jewellery). – III S~ n ⟨-s⟩ 6. verbal noun. – 7. decoration, ornamentation, adornment, embellishment. – 8. decoration. – 9. fig. embellishment, garnish, ornamentation.

'schmückend (getr. -k·k-) I pres p. – II adj decorative, ornamental, embellishing: → Beiwerk; Beiwort 2.

'Schmuck|,fe·der f plume, ornamental (od. fancy) feather. — **~,ge·gen,stän·de** pl cf. Schmucksachen. — **~,ge,schäft** n jewel(l)er's shop (bes. Am. store). — **~,han·del** m jewel(le)ry trade, jewel trade. — **~,händ·ler** m, **~,händ·le·rin** f jewel(l)er. — **~,kas·,set·te** f cf. Schmuckkasten. — **~,käst·chen** n jewel case (od. box), (jewel) casket: ein (wahres) ~ von einem Haus fig. a (very) jewel (od. gem) of a house. — **~,ka·sten** m jewel case (od. box).

schmuck·los adj 1. (unverziert) unadorned, plain, inornate, without ornament: das Haus hat eine ~e Fassade the house has a plain front (od. façade). – 2. fig. (schlicht, einfach) plain, simple: ein ~es blaues Kleid a plain blue dress. – 3. fig. (einfach, streng) austere, severe: ein ~er Baustil an austere style. – 4. fig. (nüchtern) unvarnished, unadorned, severe: in ~er Prosa in severe prose; ein ~er Bericht an unvarnished account. – 5. fig. (nackt, kahl) bare: ~e Wände bare walls. — **'Schmuck·lo·sig·keit** f ⟨-; no pl⟩ 1. lack of ornament (od. adornment), plainness, unadornedness. – 2. fig. (eines Kleides, Stils etc) plainness, simplicity. – 3. fig. (Strenge) austerity, severity. – 4. fig. (einer Darstellung etc) severity, unadornedness. – 5. (der Wände etc) bareness.

'Schmuck|,mal·ve f bot. abutilon (Gattg Abutilon). — **~,na·del** f 1. (Brosche) brooch, breastpin. – 2. cf. Krawattennadel. — **~,sa·chen** pl articles of jewelry (bes. Br. jewellery), jewelry, bes. Br. jewellery sg, jewels, bijouterie sg: billige ~ trinkets. — **~,salm·ler** m zo. rosy-finned tetra (Hyphessobrycon rosaceus). — **~,schild,krö·te** f chicken terrapin (od. tortoise, turtle), leatherback turtle (Deirochelys reticularia). — **~,stein** m 1. gem, gemstone. – 2. semiprecious stone. — **~,stein·in·du,strie** f lapidary trade. — **~,stück** n 1. (wertvolles) piece (od. article) of jewelry (bes. Br. jewellery). – 2. (Schmuckgegenstand) ornament. – 3. fig. (einer Sammlung etc) gem, jewel. – 4. fig. (Stolz) pride. — **~,tan·ne** f bot. araucaria (Gattg Araucaria).

'Schmückung (getr. -k·k-) f ⟨-; -en⟩ 1. cf. Schmücken. – 2. decoration, ornament(ation), adornment.

'Schmuck,vo·gel m zo. chatterer (Fam. Cotingidae).

'Schmuck,wa·ren pl jewelry sg, bes. Br. jewellery sg. — **~,in·du,strie** f jewel(le)ry industry.

Schmud·del ['ʃmʊdəl] m ⟨-s; no pl⟩ bes. Northern G. colloq. for Schmutz 1—4. — **Schmud·de'lei** f ⟨-; -en⟩ colloq. slovenly work. — **'schmud·de·lig** adj colloq. 1. (unsauber, beschmutzt) dingy, grimy, smudgy, dirty: eine ~e Uniform a dingy uniform. – 2. fig. (schlampig) slovenly, untidy, sloppy: er sieht immer etwas ~ aus he always looks a bit untidy. – 3. (ekelhaft schmutzig) filthy. — **'schmud·deln** v/i ⟨h⟩ colloq. 1. do slovenly work. – 2. der Stoff schmuddelt leicht the material soils easily.

'Schmud·del,wet·ter n colloq. filthy (od. grimy) weather.

'schmudd·lig adj colloq. cf. schmuddelig.

Schmug·gel ['ʃmʊgəl] m ⟨-s; no pl⟩ 1. smuggling, contraband: ~ treiben to smuggle; vom ~ leben to make one's living by smuggling. – 2. (von Alkohol) liquor smuggling, bootlegging, Am. rumrunning. – 3. (von Waffen) arms traffic, smuggling of arms, gunrunning.

Schmug·ge'lei f ⟨-; -en⟩ smuggling, contraband.

'Schmug·gel,gut n cf. Schmuggelware.

schmug·geln ['ʃmʊgəln] I v/t ⟨h⟩ smuggle: Gold nach Österreich ~ to smuggle gold into Austria; Alkohol ~ to smuggle (Am. auch contraband) liquor, to bootleg; der Junge schmuggelte seinen Hund ins Klassenzimmer fig. the boy smuggled his dog into the classroom. – II v/i smuggle, run

contraband (goods), traffic, auch traffick, (mit Alkohol) bootleg: er schmuggelte mit Rauschgift he trafficked in (od. smuggled) narcotic drugs. – III v/reflex sich ~ smuggle oneself: ich schmugg(e)le mich durch die Sperre I smuggle myself through the gate. – IV S~ n ⟨-s⟩ verbal noun: er wurde beim S~ ertappt (od. colloq. erwischt) he was caught smuggling.

'Schmug·gel,wa·re f smuggled goods pl, contraband (goods pl od. articles pl), hot goods pl (sl.).

'Schmugg·ler m ⟨-s; -⟩ 1. smuggler, contrabandist. – 2. (von Alkohol) liquor smuggler, bootlegger. – 3. (von Rauschgift) dope runner (od. pusher) (colloq.). – 4. (von Waffen) gunrunner. — **~,ban·de** f gang (od. ring) of smugglers.

'Schmugg·le·rin f ⟨-; -nen⟩ cf. Schmuggler.

'Schmugg·ler|,nest n colloq. a) smugglers' place, b) place for smuggled goods. — **~,pfad** m smugglers' path. — **~,schiff** n smuggling boat, smuggler, bes. Am. runner.

schmun·zeln ['ʃmʊntsəln] I v/i ⟨h⟩ 1. smile amusedly. – 2. (überlegen) (über acc at) smirk. – II S~ n ⟨-s⟩ 3. verbal noun. – 4. amused smile: ein wohlgefälliges S~ a contented smile. – 5. (überlegenes) smirk.

Schmus [ʃmuːs] m ⟨-es; no pl⟩ colloq. 1. (Schmeichelei) blarney, butter, flattery. – 2. (Schöntun) soft soap (od. sawder), cajolery, cajolement, wheedle, Am. colloq. taffy: mach nicht solchen ~! stop the soft soap! – 3. (leeres Gerede) empty (od. silly) talk (od. chatter), prate, prattle: ~ reden to chatter, to prattle, to babble.

schmu·sen ['ʃmuːzən] v/i ⟨h⟩ colloq. 1. (liebkosen) (mit) cuddle (acc), spoon (acc), (stärker) pet (acc), smooch (with) (colloq.), 'neck' (acc) (sl.). – 2. (schmeicheln) flatter, blarney. – 3. (Schöntun) use cajolery (od. soft soap, soft sawder). — **'Schmu·ser** m ⟨-s; -⟩ colloq. 1. flirt, spooner. – 2. dial. (Heiratsvermittler) go-between, matchmaker. – 3. obs. (Schwätzer) chatterer, prattler. – 4. obs. (Schönredner) cajoler, wheedler, coaxer. — **Schmu·se'rei** f ⟨-; -en⟩ colloq. (Liebkosen) smooching (colloq.), 'necking' (sl.).

'Schmus,kat·ze f cf. Schmeichelkätzchen.

Schmutt [ʃmut] m ⟨-es; no pl⟩ Low G. drizzle.

Schmutz [ʃmuts] m ⟨-es; no pl⟩ 1. dirt: die Schuhe vom ~ reinigen (od. säubern) to clean the dirt off one's shoes; das Zimmer starrt vor ~ the room is thick with dirt; den ~ zusammenkehren to brush up the dirt; der Stoff nimmt leicht ~ an (od. nimmt den ~ leicht an) the material dirties (od. soils) easily; mit ~ bespritzen to bespatter. – 2. (Straßenschmutz) mud, dirt, mire, slush: die Straßen sind voll ~ the streets are full of mud, the streets are muddy; im ~ steckenbleiben to get stuck in the mud, to get bogged down; durch (den) ~ waten to slosh through mud. – 3. (ekelhafter Schmutz, Unrat) filth, muck. – 4. (Schmutzschicht) dirt, grime, smut: der Ruß und ~ einer großen Industriestadt the soot and grime of a big industrial city. – 5. (Schmutzfleck im Gesicht etc) dirt, smut, smudge. – 6. (schmutzige, armselige Verhältnisse) squalor, grime: ~ und Armut der Elendsviertel the squalor of the slums, the grime and poverty of the slums. – 7. fig. (Gemeinheit) dirt, mud, mire: j-n mit ~ bewerfen (od. besudeln) to sling (od. fling, throw) mud (od. dirt) at s.o.; j-n [etwas] in den ~ ziehen (od. zerren, treten) to drag s.o. [s.th.] through the mud, to sully s.o. [s.th.], to besmirch s.o. [s.th.]; (gern) im ~ wühlen to grovel; innen ~, außen Putz etwa appearances aren't everything. – 8. fig. (Unflätigkeit) dirt, smut obscenity, filth, auch ordure: ~ und Schund trashy and obscene literature; Verfasser von ~ und Schund writer of smut (od. of trashy and pornographic literature). – 9. med. dirt, sordes pl (scient.).

'Schmutz|,blatt n print. flyleaf. — **~,blech** n tech. 1. (am Rad) mudguard, Am. auch fender, splash guard. – 2. (an einer Kutsche) dashboard. — **~,bo·gen** m print. slip (Br. auch set-off) sheet. — **~,bür·ste** f scrubbing (Am. auch scrub) brush.

schmut·zen ['ʃmutsən] v/i ⟨h⟩ **1.** (*Schmutz annehmen*) (get) dirty, soil, stain: **weiße Handschuhe** ~ leicht white gloves soil (*od.* dirty) easily. – **2.** (*Schmutz machen*) make dirt: **der Ofen schmutzt sehr** the stove makes a lot of dirt (*colloq.*). — **Schmut·ze'rei** f ⟨-; -en⟩ *colloq.* **1.** dirty work (*od.* job). – **2.** dirty trade. – **3.** *fig. cf.* Schmutz 8.

'Schmutz|,fän·ger m *fig.* **1.** (*leicht schmutzender Gegenstand*) dust trap. – **2.** *auto.* mudguard (*od.* mud, *Am.* fender) flap. – **3.** *tech.* (*Abzugskanal*) mud (*od.* grit) trap. — **~,far·be** f (*paints*) **1.** drab, dull (*od.* dingy) brown (*od.* gray, *bes. Br.* grey). – **2.** (*einer Uniform etc*) (olive) drab. – **3.** *print.* (*Auszeichnungsfarbe*) display color (*bes. Br.* colour). — **s~,far·ben** adj **1.** drab, dull- (*od.* dingy-)brown (*od.* -gray, *bes. Br.* -grey). – **2.** (*Stoff, Uniform*) (olive-)drab. – **3.** *bes. bot. zo.* sordid. — **~,fin·ger** pl **1.** dirty fingers (*od. colloq.* lunchforks). – **2.** (*in Buch etc*) dirty marks, fingerprints. — **~,fink** m *colloq. contempt.* **1.** dirty (*od.* uncleanly) fellow (*colloq.*), dirty slob (*sl.*), sloven. – **2.** (*Kind*) filthy creature, grubby urchin, *Br.* mucky pup. – **3.** *fig.* ribald. — **~,fleck** m **1.** dirty mark, stain, spot, blotch, smut, smudge. – **2.** (*Schmutzspritzer*) splotch, splash, spatter, spot (*of dirt*). – **3.** *cf.* Schmierfleck. – **4.** *fig.* (*Makel*) blemish, stain, smirch, blot. – **5.** *print.* mackle, macule. — **~,gei·er** m *zo. cf.* Aasgeier 1.

Schmut·zi·an ['ʃmutsiaːn] m ⟨-(e)s; -e⟩ **1.** *Austrian colloq. for* Geizhals. – **2.** *colloq. contempt. cf.* Schmutzfink 1, 2.

'schmut·zig I adj **1.** (*unsauber*) dirty, unclean: ~e **Hände** [**Nägel**] **haben** to have dirty hands [nails]; ~es **Wasser** dirty water; ~e **Arbeit verrichten** to do dirty work; ~ **werden** to get dirty (*od.* soiled); **sich** ~ **machen** (*auch von Babys*) to soil (*od.* dirty) oneself, to make oneself dirty; **gib acht, daß du dich nicht gleich wieder** ~ **machst!** mind you don't get dirty again! **du machst dich wohl nicht gern** ~? *colloq. iron.* are you afraid of getting your fingers dirty? – **2.** (*Wäsche etc*) dirty, soiled: ~e **Wäsche waschen** *fig. colloq.* to wash one's dirty linen in public; → **Hand¹** *Verbindungen mit Adjektiven.* – **3.** (*schlammig, kotig*) dirty, muddy, mucky, miry, slushy: **die Straßen sind** ~ the streets are muddy (*od.* full of mud); ~e **Schuhe** muddy (*od.* dirty) shoes. – **4.** (*ekelhaft schmutzig*) mucky, filthy, foul: ~e **Kneipen** *colloq.* filthy dives; **ein** ~es **Verlies** a foul dungeon; **ein** ~er **Stall** a mucky stable. – **5.** (*voll Schmutz*) dirty, grimy, grubby. – **6.** (*schmutzig aussehend, trübe*) dirty, dingy, murky, mirky: **eine** ~e **Fensterscheibe** a dingy windowpane; ~e **Banknoten** soiled banknotes; **ein** ~es **Blau** a murky (*od.* sordid) blue. – **7.** (*schmutzig u. armselig*) squalid, sordid, filthy: ~e **Gäßchen** squalid alleys; **eine elende,** ~e **Hütte** a filthy hovel; **die** ~en **Elendsviertel einer Großstadt** the sordid slums of a big city. – **8.** *fig. contempt.* (*unsauber*) dirty, sordid, foul, base, dingy, nasty: ~e **Geschäfte** dirty business *sg*, sordid practices; **sie treibt ein** ~es **Gewerbe** she carries on a low trade; **eine** ~e **Sache** a nasty (*od.* sordid) affair; **ein** ~er **Krieg** a dirty (*od.* sordid) war; **eine** ~e **Lüge** a dirty lie. – **9.** *fig. contempt.* (*gemein*) dirty, low, mean: **ein** ~er **Geizhals** a stingy old skinflint. – **10.** *fig.* (*unanständig*) dirty, smutty, filthy, foul, obscene: ~e **Witze machen** to tell smutty (*od.* dirty) jokes; ~e **Worte gebrauchen,** ~e **Redensarten führen** to use foul language; **er hat eine** ~e **Phantasie** he has a foul-mouthed; **er hat eine** ~e **Phantasie** he has a dirty (*od.* nasty) mind. – **11.** *nucl.* (*Atombombe*) dirty. – **12.** *print.* (*Abzug*) foul. – **II** adv **13.** **man hat ihn** ~ **behandelt** he was treated like dirt, he was given dirty treatment, *bes. Am.* he got a raw deal; **er lachte** ~ he gave a dirty laugh.

'schmut·zig|,far·ben adj *cf.* schmutzfarben. — **~,grau** adj **1.** (*Farbe*) dull-gray (*bes. Br.* -grey). – **2.** (*Häuser etc*) dirty-gray.

'Schmut·zig·keit f ⟨-; no pl⟩ **1.** (*Unsauberkeit*) dirtiness, uncleanness, uncleanliness. – **2.** (*ekelhafte*) muckiness, muck, filthiness, foulness. – **3.** (*schmutziges Aussehen, Trübheit*) dirtiness, dinginess, murkiness, mirkiness. – **4.** (*der Gassen etc*) squalor, sordidness, filthiness. – **5.** *fig. contempt.*

(*Unsauberkeit*) dirtiness, foulness, sordidness, baseness, dinginess, nastiness. – **6.** *fig. contempt.* (*Gemeinheit*) lowness, meanness. – **7.** *fig.* (*Unanständigkeit*) dirtiness, smuttiness, filthiness, foulness, obscenity.

'schmut·zig,weiß adj **1.** (*Farbe*) off-white. – **2.** (*Vorhänge etc*) dirty-white, off-white.

'Schmutz|,kerl m *colloq. contempt.* nasty (*od.* loathsome) fellow (*colloq.*), *Br. sl.* blighter. — **~,kit·tel** m smock (*frock*), *bes. Br.* slattern. — **~,kru·ste** f crust of dirt. — **~,lap·pen** m rag, clout. — **~,lie·se** f *colloq. contempt.* **1.** dirty slob (*sl.*), dirty (*od.* uncleanly) woman, sloven, slattern, draggletail. – **2.** *cf.* Schmutzfink 2. — **~,li·te·ra·tur** f pornography, smut, obscene literature. — **~,pres·se** f *print.* gutter press, vile (*od.* yellow) press. — **~,schicht** f **1.** layer of dirt, grime. – **2.** (*Staubschicht*) layer of dust. — **~,schrift** f *colloq.* obscene publication, yellow paper. — **~,sieb** n *tech.* dirt sieve. — **~,ti·tel** m *print.* bastard title, half title, *bes. Br.* fly title. — **~,ven,til** n (*eines Boilers*) mud valve. — **~,wä·sche** f soiled (*od.* dirty) linen (*od.* clothes *pl*): **diese Handtücher werde ich in die** ~ **geben** I'll put these towels in with the dirty linen. — **~,was·ser** n **1.** (*im Haushalt*) dirty (*od.* waste) water, slops *pl*. – **2.** (*der Kanalisation*) sewage (effluent), foul water. — **~,zu,la·ge** f *econ.* extra payment (*auch* extras *pl*) for dirty work, *Br.* dirt (*auch* dirty) money.

Schna·bel ['ʃnaːbəl] m ⟨-s; ⸚⟩ **1.** *zo.* bill, neb, nib, (*bes. gekrümmter*) beak, (*bei Wirbellosen*) rostrum (*scient.*): **der Vogel wetzt seinen** ~ the bird wipes (*od.* sharpens) its beak (*od.* bill); **mit dem** ~ **picken** (*od.* hacken) (*nach at*) to pick, to peck; **der untere** (*od.* **obere**) **Teil des** ~s the mandible; **mit breitem** ~ broad-billed; **ein spitzer** ~ a pointed beak (*od.* bill); **den** ~ **weit aufsperren** (*od.* aufreißen) to gape (*auch fig.*). – **2.** *fig. colloq.* (*Mund*) mouth; gob, cakehole, potato (*od.* talk) trap (*alle sl.*): **halt den** (*od.* **deinen**) ~! (*bes. zu Kindern gesagt*) hold your tongue! shut up! (*sl.*), (*gröber*) keep your mouth shut, shut your gob (*od.* trap)! (*sl.*), cut the cackle! (*sl.*); **er redet, wie ihm der** ~ **gewachsen ist** he doesn't mince matters (*od.* his words), he is plain-spoken; **man sollte ihm endlich den** ~ **stopfen** he should be cut short (*od.* silenced, muzzled), he should be shut up; (*bei*) **ihr steht der** ~ **nicht eine Minute still** her tongue is never still, she never stops talking; **mach doch den** ~ **auf!** say something, for heaven's sake! **sie wetzt ihren** ~ **gern an anderen Leuten** she has a sharp tongue. – **3.** (*einer Kanne*) spout. – **4.** *tech.* a) (*vorspringende Spitze an Geräten etc*) nose, bill, beak, b) (*einer Röhre*) snout, nozzle, c) (*einer Feder*) nib, d) (*eines Meßschiebers*) fixed (*od.* firm) jaw. – **5.** *civ.eng.* (*beim Brückenbau*) launching nose. – **6.** *mus.* a) (*bei der Klarinette*) beak, b) (*eines Blasinstrumentes*) mouthpiece, rostrum. – **7.** *med.* (*des Keilbeins*) septum, rostrum.

'Schna·bel,del,phin m *zo. cf.* Gangesdelphin.

Schnä·be'lei f ⟨-; -en⟩ *fig. colloq.* (*Gekose*) billing and cooing.

'Schna·bel|,fisch m *zo.* longbill (*Forcipiger flavissimus*). — **~,flie·ge** f *cf.* Skorpionsfliege. — **~,flö·te** f *mus.* beak(ed) flute. — **s~,för·mig** adj **1.** beak-shaped, beaklike, *Br.* beak-like. – **2.** *bot.* beaked, bill-headed, rostelliform (*scient.*). – **3.** *zo.* rostriform, rostral, rostroid, rostelliform. — **~,hieb** m peck, dab with the beak. — **~,igel** m *zo. cf.* Ameisenigel. — **~,kan·ne** f beaked can. — **~,ker·fe** pl *zo.* (*Wanzen*) bugs; rhynchota, hemiptera (*scient.*) (*Überordng Hemipteroidea od. Rhynchota*). — **~,kraut** n *bot. cf.* Storchschnabel 2. — **~,kro·ko,dil** n *zo. cf.* Gavial.

schnä·beln ['ʃnɛːbəln] v/i ⟨h⟩ **1.** (*von Tauben*) bill. – **2.** *colloq.* (*küssen*) bill and coo, kiss.

'Schna·bel,nat·ter f *zo.* Damaraland many-spotted snake (*Gattg Rhamphiophis*). — **~,schuh** m *meist pl* (*fashion*) *hist.* crakow, *auch* crakowe, crackowe, cracowe. — **~,spit·ze** f *zo.* tip (*od.* point) of a bill (*od.* beak). — **~,tas·se** f (*für Kranke*) feeding cup (*with spout*). — **~,tier** n *zo.* duckbill (platypus), platypus, water mole (*Orni-*

thorhynchus anatinus). — **~,voll** m ⟨-; -⟩ beakful, billful. — **~,wal** m *zo.* beaked (*od.* bottle-nosed) whale, bottlehead (*Fam. Ziphiidae*). — **~,zan·ge** f *tech.* long flat-nosed cutting pliers *pl* (*construed as sg or pl*).

schna·bu·lie·ren [ʃnabuˈliːrən] *colloq.* **I** v/t ⟨no ge-, h⟩ feast on, eat (*s.th.*) with relish. – **II** v/i feast, do oneself well (*colloq.*).

Schnack [ʃnak] m ⟨-s; no pl⟩ *Northern G. colloq.* **1.** (chit-)chat. – **2.** (*od.* silly) talk, twaddle: **das war nur ein dummer** ~, **weiter nichts** that was empty talk and nothing else.

schnackeln (*getr.* -k·k-) ['ʃnakəln] *Bavarian* **I** v/i ⟨h⟩ snap one's fingers. – **II** v/impers **es hat geschnackelt** it dawns (up)on him, *Br.* the penny has dropped.

schnacken (*getr.* -k·k-) ['ʃnakən] v/i ⟨h⟩ *Northern G. colloq. for* plaudern 1.

Schnackerl (*getr.* -k·k-) ['ʃnakərl] m, *auch* n ⟨-s; no pl⟩ *Austrian for* Schluckauf.

'Schna·da,hüp·fel ['ʃnaːda,hypfəl], **'Schna·da,hüpfl** [-,hypfəl], **'Schna·der,hüp·fel** ['ʃnaːdər,hypfəl] n ⟨-s; -(n)⟩ *Bavarian and Austrian a lively impromptu song of a humorous and teasing character, a four-lined verse in three-four time.*

'Schna·ke¹ ['ʃnaːkə] f ⟨-; -n⟩ *zo.* **1.** crane fly, daddy longlegs *pl* (*construed as sg or pl*) (*Fam. Tipulidae*). – **2.** *colloq.* midge, mosquito, *bes. Br.* gnat.

'Schna·ke² f ⟨-; -n⟩ *Northern G. for* Scherz, Schnurre 1—3.

'Schna·ken,stich m *colloq.* mosquito (*bes. Br.* gnat) bite.

Schnal·le ['ʃnalə] f ⟨-; -n⟩ **1.** (*am Gürtel, am Riemen*) buckle: **mit einer** ~ (*versehen*) buckled; **die** ~ **an** (*dat*) **etwas schließen** [aufmachen] to [un]buckle s.th. – **2.** (*an der Handtasche, am Buch*) clasp: **die** ~ **an meiner Tasche läßt sich leicht schließen** [aufmachen] my handbag is easy to [un]clasp. – **3.** *Southwestern G. and Austrian for* Türklinke. – **4.** *hunt.* (*des Haarraubwildes, der Hündin*) vulva, external genitals *pl*. – **5.** *vulg. cf.* Nutte.

schnal·len¹ ['ʃnalən] **I** v/t ⟨h⟩ **1.** (*anschnallen, festschnallen*) (an *acc* to) strap (*s.th.*) (on), fasten (*s.th.*) (with a strap) (on): **eine Decke auf den Rucksack** ~ to strap a blanket (on) to the rucksack. – **2.** (*zuschnallen*) buckle, fasten: **den Gürtel** [**Bund**] **enger** [**weiter**] ~ to tighten [to let out] the belt [waistband]; **er schnallte den Sattel fester** he tightened the saddle; **zu eng** ~ to fasten (*s.th.*) too tight(ly); → **Riemen¹** 2. – **3.** *hunt.* (*vom Riemen lösen*) (*Hund*) slip, let (a dog) loose. – **II** v/reflex **sich** ~ **4.** (an *acc* to) strap (*od.* fasten) oneself (on): **ich schnalle mich an den Sitz** I fastened my seat belt.

'schnal·len² v/i ⟨h⟩ *Southern G. for* schnalzen 1—3.

'Schnal·len|,bü·gel m catch of a buckle. — **~,dorn** m tongue (*od.* pin, spike) of a buckle. — **~,schuh** m *meist pl* buckled shoe, shoe with a buckle. — **~,trei·ber** m *vulg. for* Zuhälter.

Schnalz [ʃnalts] m ⟨-es; -e⟩ *ling. cf.* Schnalzlaut.

schnal·zen ['ʃnaltsən] **I** v/i ⟨h⟩ **1.** (*mit der Zunge*) ~ to click one's tongue. – **2.** (*mit den Fingern*) ~ to snap one's fingers. – **3.** (*mit der Peitsche*) ~ to crack (*od.* snap, smack) a whip. – **II** v/impers **4. da hat es aber geschnalzt** *fig. colloq.* he (*od.* she) fairly caught (*od. sl.* copped) it. – **III** S~ n ⟨-s⟩ **5.** verbal noun. – **6.** (*der Zunge*) click. – **7.** (*der Finger*) snap, knack. – **8.** (*der Peitsche*) crack, snap, smack.

'Schnal·zer m ⟨-s; -⟩ *cf.* Schnalzen.

'Schnalz,laut m *ling.* click.

Schna·pel ['ʃnaːpəl] m ⟨-s; -⟩ *zo.* (*Süßwasserfisch*) houting, lavaret, adelfish (*Coregonus oxyrhynchus*).

schnapp [ʃnap] interj **1.** (*zum Hund*) snap! – **2.** snap! → schnipp.

'Schnapp,deckel (*getr.* -k·k-) m sprung lid.

schnap·pen ['ʃnapən] **I** v/i ⟨h u. sein⟩ **1.** ⟨h⟩ (*von Tieren*) (nach *at*) snap: **der Hund schnappte nach mir** the dog snapped at me; **der Fisch schnappt nach dem Köder** the fish snaps at the bait. – **2.** ⟨h⟩ *fig.* (nach) grab (at), snatch (*acc*), catch (*acc*), snap (at): **er schnappte nach meinem Arm** he grabbed at my arm. – **3.** ⟨h⟩ **nach Luft** ~ a) to gasp for breath (*od.* air), b) *fig.* to be speechless (*od. colloq.* flabbergasted). – **4.** ⟨sein⟩ (*vom Schloß*) catch. – **5.** ⟨sein⟩ die Tür schnappt ins Schloß the door snaps shut. – **6.** ⟨sein⟩ (von Feder etc) spring (od. shoot) up: das Brett schnappte in die Höhe the board shot up. – **II** v/t **7.** ⟨h⟩ j-n ~ colloq. to catch (od. get hold of) s.o., to arrest (od. colloq. nab) s.o., to nail (bes. Br. lag) s.o. (sl.): hat man den Dieb schon geschnappt? has the thief been caught yet? sich ~ lassen a) to get caught, b) to give oneself up; er schnappte mich am Kragen he collared me. – **8.** ⟨h⟩ etwas ~, sich (dat) etwas ~ colloq. to grab (od. snatch, snap) s.th.: er schnappte den Ball he snatched the ball; ich schnappte (mir) den Mantel und ging I grabbed (od. snatched) my coat and left; ich muß noch ein wenig frische Luft ~ fig. I am going to take a breath of fresh air; der Fuchs schnappte sich ein Huhn the fox grabbed (od. made off with) a chicken. – **9.** ⟨h⟩ (Fliege) catch. – **III** v/impers **10.** ⟨h⟩ jetzt hat es aber geschnappt! fig. colloq. I am at the end of my tether, I can't take any more (colloq.).

'**Schnap·per** m ⟨-s; -⟩ **1.** colloq. (eines Hundes) snap. – **2.** colloq. (rasches Atemholen) gasp: den letzten ~ tun to give one's last gasp (colloq.), to die. – **3.** click(ing sound). – **4.** zo. (tropischer Fisch) snapper, schnapper (Fam. Lutianidae). – **5.** metall. (im Walzwerk) catcher. – **6.** tech. spring--loaded catch.

Schnäp·per ['ʃnɛpər] m ⟨-s; -⟩ **1.** med. (Gerät zur Blutentnahme) blood (od. spring) lancet. – **2.** zo. cf. Fliegenschnäpper. – **3.** colloq. (an Türen, Schränken) latch. – **4.** tech. (Fallklinke) catch, snap. – **5.** tech. (Schnäpperschloß) spring-bolt lock, spring (od. snap) lock. – **6.** (Billard) sidehit.

schnäp·pern ['ʃnɛpərn] v/t ⟨h⟩ (beim Billard) strike (od. hit) (ball) from the side.

'**Schnäp·per,schloß** n tech. spring-bolt lock, spring (od. snap) lock.

'**Schnapp|,fe·der** f catch (od. snap) spring. — ~,mes·ser n clasp knife, jackknife. — ~,rie·gel m tech. snap latch. — ~,ring m (Karabinerhaken) snap ring. — ~,schä·kel m (beim Segelsport) snap shackle. — ~,schal·ter m electr. snap(-action) switch, quick-break (od. -action) switch. — ~,schild,krö·te f zo. snapping turtle (Chelydra serpentina). — ~,schloß n **1.** tech. spring-bolt lock, spring (od. snap) lock. – **2.** (an Halsketten etc) spring catch. **Schnapp,schuß** m phot. snapshot, snap, candid (photograph): einen ~ machen to take a snapshot. — ~,ein,stel·lung f bracketing, distance setting between two red dots.

'**Schnapp·ver,schluß** m spring catch.

Schnaps [ʃnaps] m ⟨-es; ⁼e⟩ **1.** (Branntwein) spirits pl, strong drink (od. liquor), (hard) liquor, booze, auch boose (colloq.), Am. schnapps, auch schnaps, aqua vitae: ein Gläschen (od. Schluck) ~ a drop of s.th., a dram (of strong liquor), Am. colloq. a bracer; einen ~ trinken (od. colloq. inhalieren) to take a drop, to wet one's whistle (colloq.); Dienst ist Dienst, und ~ ist ~ colloq. duty is one thing and pleasure is another. – **2.** (Weinbrand) brandy. – **3.** (Wacholder) gin, schnapps, auch schnaps, Am. sl. diddle. – **4.** (Korn) whisk(e)y. – **5.** (Fusel) rotgut, medicine (colloq.), Am. sl. hooch, tanglefoot. – **6.** chem. hist. aqua vitae. — ~,bren·ner m distiller. — ~,bren·ne,rei f distillery, still(house). — ~,bru·der m colloq. cf. Schnapssäufer. — ~,bu·de f colloq. contempt. gin shop (od. sl. mill), joint (sl.), Am. colloq. groggery.

Schnäps·chen ['ʃnɛpsçən] n ⟨-s; -⟩ colloq. small glass of spirits (od. liquor), dram (od. drop) of brandy (od. gin, whisk[e]y), pick-(me-)up, quick one, snifter (sl.), bes. Br. colloq. 'wet', Am. colloq. 'snort': morgens ein ~ trinken to have a snifter in the morning.

'**Schnaps,dros·sel** f colloq. humor. (Schnapssäuferin) hard drinker of brandy (od. whisk[e]y, gin).

schnäp·seln ['ʃnɛpsəln] v/i ⟨h⟩ colloq. cf. schnapsen.

schnap·sen ['ʃnapsən] v/i ⟨h⟩ colloq. (Schnaps trinken) drink hard liquor, booze, auch boose (colloq.).

'**Schnaps|fa·bri,kant** m **1.** owner of a distillery. – **2.** cf. Schnapsbrenner. — ~,fah·ne f colloq. reek (od. smell) of strong (od. hard) liquor. — ~,fla·sche f brandy (od. whisk[e]y, gin) bottle (od.

flask). — ~,glas n brandy (od. whisk[e]y, gin) glass. — ~,idee [-ʔi,deː] f colloq. crazy (od. crackpot, crackbrained, colloq. mad, daft) idea (od. notion): was ist das wieder für eine ~! what kind of a crazy idea is that! — ~,knei·pe f colloq. cf. Schnapsbude. — ~,na·se f colloq. copper nose, brandy blossom (colloq.). — ~,pul·le f colloq. for Schnapsflasche. — ~,säu·fer m colloq. hard drinker of brandy (od. whisk[e]y, gin). — ~,trin·ker m person fond of a drop, brandy (od. whisk[e]y, gin) drinker.

schnar·chen ['ʃnarçən] **I** v/i ⟨h⟩ **1.** snore: fürchterlich ~ to snore terribly loudly, to be a dreadful snorer, to saw wood (colloq.). – **2.** tech. (von der Pumpe etc) snort. – **II** S~ n ⟨-s⟩ **3.** verbal noun. – **4.** med. snore(s pl), stertor (scient.). – **5.** tech. snort. — '**schnar·chend I** pres p. – **II** adj snoring, stertorous (scient.): ~er Atem stertorous breath.

'**Schnar·cher** m ⟨-s; -⟩ **1.** snorer. – **2.** colloq. (Schnarchen) snore.

Schnar·che'rei f ⟨-; -en⟩ colloq. (persistent) snoring.

'**Schnar·che·rin** f ⟨-; -nen⟩ snorer.

'**Schnarch|kon,zert** n colloq. cf. Schnarcherei. — ~,laut m snoring sound. — ~,ton m snore, snoring sound. — ~,ven,til n tech. (einer Dampfmaschine) snifting valve.

'**Schnarr|,baß** m mus. drone (bass), rattling bass. — ~,dros·sel f zo. cf. Misteldrossel. **Schnar·re** ['ʃnarə] f ⟨-; -n⟩ **1.** (Lärmgerät) rattle. – **2.** zo. cf. Misteldrossel. '**Schnar·re,gal** (getr. -rr·r-) n mus. cf. Schnarrwerk.

schnar·ren ['ʃnarən] **I** v/i ⟨h⟩ **1.** (von Uhrwerk etc) rattle. – **2.** (von Klingel, Wecker etc) buzz. – **3.** (von Ventilator, Spinnrad etc) whir(r), hum. – **4.** tech. buzz, burr. – **5.** mus. (von Saiten) jar. – **6.** zo. a) (von Vögeln) crake, (bes. von Rohrdommel) bill, b) (von Insekten) stridulate. – **II** v/t **7.** (unfreundlichen Gruß etc) snarl, growl. – **8.** das R ~ to roll (od. trill) one's r's, to burr. – **III** S~ n ⟨-s⟩ **9.** verbal noun: das S~ des Spinnrads the whir(r) of the spinning wheel. – **10.** zo. (der Insekten) stridulation. — '**schnar·rend I** pres p. – **II** adj etwas mit ~er Stimme sagen to say s.th. with a growl, to growl s.th.

'**Schnarr|,heu,schrecke** (getr. -k·k-) f creaking locust (Psophus stridulus). — ~,laut m rattling (od. jarring) sound. — ~,pfei·fe f mus. bourdon, auch bordun, drone pipe. — ~,sai·te f snare. — ~,ton n jarring tone. — ~,trom·mel f snare drum. — ~,wecker (getr. -k·k-) m tel. buzzer (alarm). — ~,werk n mus. (einer Orgel) reed (stops pl), reedwork.

'**Schnat·ter,en·te** f **1.** zo. gadwall, auch gadwale, gadwell (Anas strepera). – **2.** fig. colloq. cf. Schnatterliese.

'**Schnat·te·rer** m ⟨-s; -⟩ colloq. cf. Schnattermaul.

'**Schnat·ter,gans** f colloq. cf. Schnatterliese.

'**schnat·ter·haft**, '**schnat·te·rig** adj colloq. (schwatzhaft) chatty, loquacious, garrulous. '**Schnat·te·rin** f ⟨-; -nen⟩ colloq. cf. Schnatterliese.

'**Schnat·ter|,lie·se** f colloq. chatterbox, loquacious (od. garrulous) woman (od. girl). — ~,maul n colloq. chatterbox, chatterer, loquacious (od. garrulous) person.

schnat·tern ['ʃnatərn] **I** v/i ⟨h⟩ **1.** (von Gänsen) cackle, gaggle, clack. – **2.** (von Enten) quack, gabble. – **3.** (von Affen) chatter, jabber, gibber, jibber. – **4.** fig. colloq. (schwatzen) chatter, gab, prate, prattle, clack, clatter. – **5.** dial. (zittern) chatter: ich schnatterte vor Kälte my teeth were chattering with (the) cold. – **6.** (von Ventil etc) pop. – **II** S~ n ⟨-s⟩ **7.** verbal noun. – **8.** (der Gänse) cackle, gaggle, clack. – **9.** (der Enten) quack, gabble. – **10.** (der Affen) chatter, jabber, gibber. – **11.** fig. colloq. (Schwatzen) chatter, prate, prattle.

'**schnatt·rig** adj colloq. cf. schnatterig.

schnau·ben ['ʃnaubən] **I** v/i ⟨obs. u. lit. schnob, geschnoben, h⟩ **1.** (von Pferd, Stier etc) snort. – **2.** fig. (in Wendungen wie) vor Wut ~ to snort (od. fume, colloq. be mad) with rage; nach Rache ~ to breathe revenge. – **3.** fig. colloq. (von Dampflokomotive) snort, puff and blow. – **4.** ⟨auch schnaufen 1. – 2. – II v/t **5.** (sich dat) die Nase ~ bes. Northern and Middle G. to blow one's nose. – **6.** (Rache) breathe. – **7.** lit. (Befehl) snort: „Augen-

blicklich!" schnaubte er "At once!" he snorted. – **8.** lit. poet. blow, dart: die Rosse schienen Feuer zu ~ the horses seemed to breathe fire from their nostrils. – **III** v/reflex sich ~ **9.** bes. Northern and Middle G. blow one's nose. – **IV** S~ n ⟨-s⟩ **10.** verbal noun. – **11.** (eines Pferdes) snort.

Schnauf [ʃnauf] m ⟨-(e)s; -e⟩ colloq. cf. Schnaufer 1.

schnau·fen ['ʃnaufən] **I** v/i ⟨h⟩ **1.** breathe heavily (od. hard), (mit Geräusch) wheeze. – **2.** (keuchen) puff, pant, blow: ich mußte heftig ~ I had to puff and pant (od. blow). – **3.** Southern G. dial. (atmen) breathe: in dem Raum konnte man kaum ~ one could hardly breathe in the room. – **4.** fig. colloq. (von Motor etc) chug. – **II** S~ n ⟨-s⟩ **5.** verbal noun.

'**Schnau·fer** m ⟨-s; -⟩ colloq. **1.** (Atemzug) breath: er hat seinen letzten ~ getan fig. he has given his last gasp (colloq.); bis zum letzten ~ arbeiten fig. to work to the last gasp; er hat keinen ~ mehr gemacht fig. he did not utter another sound, there wasn't another squeak out of him (colloq.). – **2.** (junger) ~ Swiss (unreifes Bürschchen) young pup.

Schnau·ferl ['ʃnaufərl] n ⟨-s; -, Austrian -n⟩ colloq. humor. **1.** motor bicycle, motorbike (colloq.). – **2.** tin lizzy (colloq.), Am. sl. jalop(p)y.

Schnauz [ʃnauts] m ⟨-es; ⁼e⟩ bes. Swiss for Schnurrbart.

'**Schnauz|,bart** m **1.** walrus moustache (Am. auch mustache) (colloq.). – **2.** fig. colloq. man wearing a walrus m(o)ustache (colloq.). — s~,bär·tig adj wearing (od. with) a walrus m(o)ustache (colloq.).

Schnäuz·chen ['ʃnɔytsçən] n ⟨-s; -⟩ **1.** dim. of Schnauze. – **2.** fig. colloq. humor. (eines Kindes) little mouth.

Schnau·ze ['ʃnautsə] f ⟨-; -n⟩ **1.** (von Tieren) snout, mouth, (bes. vom Hund) muzzle, auch nose: der Hund trug ein Stück Fleisch in der ~ the dog carried a piece of meat in its mouth; mit der ~ im Boden wühlen to nuzzle the ground. – **2.** ⟨only sg⟩ vulg. (Mund) mouth, gob (sl.), (potato) trap (sl.), 'mug' (sl.), Am. sl. yap: er hat eine große ~ a) he has a big mouth, he is loudmouthed, b) he is always bragging (od. boasting); der mit seiner großen ~! contempt. him and his big mouth! (colloq.); (halt die) ~! hold your tongue! keep your big mouth shut! pipe down! shut up! (sl.), shut your trap! (sl.), Am. sl. can it! die ~ voll haben von etwas to be fed up (to the teeth) with s.th. (sl.), to be sick (and tired) of s.th. (colloq.); ich hab' die ~ voll I am fed up (to the teeth) (sl.); ich hab' die ~ (aber) voll! I have had enough; gib ihm eins auf die (od. seine) ~! sock him one on the jaw (od. cakehole)! (sl.), stuff his cakehole! (sl.); er haute ihm eine in die ~ he socked him one up the face (od. jaw) (sl.); ich will mir nicht die ~ verbrennen fig. I don't want to burn my fingers, I don't want to get into hot water (colloq.); das mache ich frei (nach) ~ (nach Gutdünken) I just follow my nose, I do it by guesswork; paß auf, daß du nicht auf die ~ fällst! contempt. mind you don't fall flat on your face. – **3.** colloq. (einer Teekanne etc) spout, (bes. eines Kruges, Topfes) lip. – **4.** metall. a) (einer Gießpfanne) lip, nozzle, b) (eines Konverters) nose. – **5.** civ.eng. (an Dachrinnen) spout, (künstlerische) gargoyle. – **6.** aer. sl. (eines Flugzeugs) nose. – **7.** colloq. (eines Autos) bonnet, radiator.

schnau·zen ['ʃnautsən] v/i ⟨h⟩ colloq. (laut schimpfen) snap, bark, scold, 'yap' (sl.).

'**Schnau·zen,fal·ter** m zo. snout butterfly (Fam. Libytheidae).

'**Schnau·zer** m ⟨-s; -⟩ **1.** zo. (Hunderasse) schnauzer. – **2.** colloq. for Schnauzbart 1.

'**schnau·zig** adj fig. colloq. (grob) brusque, Am. auch brusk, curt, snappish.

Schneck [ʃnek] m ⟨-s; -en⟩ Southern G. dial. **1.** cf. Schnecke 1. – **2.** so ein süßer ~! (hübsche Kleine, reizendes Mädchen) what a pet! what a darling!

Schnecke (getr. -k·k-) ['ʃnɛkə] f ⟨-; -n⟩ **1.** zo. a) (Gehäuseschnecke) snail (Klasse Gastropoda), b) (Nacktschnecke) slug (Gattgen Limax u. Arion), c) gastropod (mollusk od. mollusc) (scient.): eßbare ~ edible snail (Helix pomatia); fossile ~ limnite, cochlite; er ist langsam wie eine ~ *fig. colloq.* a) he goes at a snail's pace, he is dead slow, b) he's an awful slow coach (*colloq.*); **kriechen wie eine ~** *fig. colloq.* to crawl along like a snail; **j-n zur ~ machen** *fig. colloq.* to give s.o. what for (*colloq.*), to haul s.o. over the coals. — **2.** (*Spirale*) spiral, spire. — **3.** *med.* a) cochlea, b) (*Ohrmuschel*) helix. — **4.** (*einer Violine*) scroll. — **5.** *arch.* (*des ionischen u. korinthischen Kapitells*) scroll, volute, helix, roll. — **6.** → archimedisch. — **7.** *pl* (*Haartracht*) earphones (*colloq.*). — **8.** (*watchmaking*) fusee, fuzee, snail (wheel). — **9.** *tech.* a) (*am Zahnradgetriebe*) worm, b) (*Förderschnecke*) screw (*od.* worm) conveyor (*od.* conveyer). — **10.** *gastr.* a) (*Gericht*) escargot, b) (*Gebäck*) *Br.* Chelsea bun, *Am.* cinnamon roll.

'**Schnecken**|**,an,trieb** (getr. -k·k-) *m tech.* worm(-gear) drive. — **s~,ar·tig** *adj* **1.** *zo.* snaillike, *Br.* snail-like, snaily; limacine, helical (*scient.*). — **2.** *fig.* slow, sluggish. — **3.** *tech. cf.* schneckenförmig 1. — **~,au·ge** *n* **1.** snail's (*od.* slug's) eye. — **2.** *arch.* center (*bes. Br.* centre) of the volute. — **3.** *math.* center (*bes. Br.* centre) of a helix. — **~be,kämp·fung** *f agr. hort.* snail control. — **~,boh·ne** *f bot.* snailflower (*Phaseolus caracalla*). — **~,boh·rer** *m tech.* single-twist auger. — **~,egel** *m zo.* snail leech, glossiphonia (*scient.*) (*Gattg Glossiphonia*). — **~,fe·der** *f* **1.** *tech.* spiral spring. — **2.** (*watchmaking*) spiral (*od.* coil) spring. — **~,fie·ber** *n med.* snail fever; schistosomiasis, bilharzia(sis), bilharziosis (*scient.*). — **~,för·de·rer** *m tech.* screw (*od.* worm) conveyor (*od.* conveyer). — **s~,för·mig I** *adj* **1.** snail-shaped, spiral, winding. — **2.** *arch.* volute(d), scrolled, scroll-shaped. — **3.** *bot.* cochleate(d), cochleiform, circinate. — **4.** *med.* cochleariform, turbinate, spiral, helical. — **5.** *tech.* spiral, helical, helicoid(al). — **II** *adv* **6.** like a snail: **~ gebogen** curled like a snail. — **~,frä·ser** *m tech.* worm-thread milling cutter. — **~,fraß** *m hort.* damage done by snails (*od.* slugs). — **~,fri,sur** *f* earphones *pl* (*colloq.*), earphone hairstyle. — **~,gang** *m* **1.** *fig.* snail's pace. — **2.** *tech.* spiral. — **~,gar·ten** *m agr.* (*zur Zucht von Schnecken*) snailery. — **~ge,häu·se** *n zo. cf.* Schneckenhaus 1. — **~ge,trie·be** *n tech.* worm gearing, worm-gear mechanism. — **~ge,win·de** *n* worm thread. — **~ge,wöl·be** *n arch.* spiral (*od.* helical barrel) vault. — **~,haus** *n* **1.** *zo.* (snail) shell: **sich in sein** (*od.* ins) **~ zurückziehen** *fig. colloq.* to shrink into oneself, to crawl (back) into one's shell. — **2.** *med.* (*im Innenohr*) cochlea. — **~,horn** *n* **1.** feeler, snail's horn. — **2.** (*Gehäuse*) spiral horn. — **~,klee** *m bot.* snail clover (*od.* medic) (*Gattg Medicago*). — **~,len·kung** *f auto.* worm steering (gear). — **~,li·nie** *f* **1.** spiral, helix, helical line. — **2.** *math.* a) (*Schraubenlinie*) helix, b) (*Spirale*) spiral, c) (*Muschellinie*) conchoid. — **~,nat·ter** *f zo.* thickheaded snake (*Unterfam. Dipsadinae*). — **~,nu·del** *f Southwestern G. gastr. for* Schnecke 10b. — **~,post** *f only in* **mit der ~** *fig. humor.* at a snail's pace.

'**Schnecken,rad** (getr. -k·k-) *n* **1.** *tech.* a) (*kleines*) worm gear, b) (*großes*) worm wheel. — **2.** (*watchmaking*) snail (*od.* balance) wheel. — **~,häu·se** *n tech.* worm-gear housing, worm casing. — **~ge,trie·be** *n* worm-gear transmission, worm gearing.

'**Schnecken**|**,scha·le** (getr. -k·k-) *f zo.* snail shell; gastropod shell, conchylium (*scient.*). — **~,tem·po** *n fig.* snail's pace: **im ~ fahren** to drive at a snail's pace. — **~,trieb** *m tech.* worm gearing. — **~,tri,eur** *m* spiral separator. — **~,über,set·zung** *f* worm-gear ratio. — **~,walz,frä·ser** *m* worm (generating) hob. — **~,wel·le** *f* worm-gear shaft, wormshaft. — **~,win·dung** *f* **1.** spiral turn, whorl of a spiral shell, volution, volute. — **2.** *med.* (*im Innenohr*) cochlear turn. — **~,zucht** *f agr.* **1.** snail culture. — **2.** snail farm, snailery.

Schnee [ʃneː] *m* ⟨-s; *no pl*⟩ **1.** snow: **knirschender ~** crunchy (*od.* crisp) snow; **matschiger ~** slush, slosh; **verharschter ~** *cf.* Harsch; **das Gebiet des ewigen ~s** the area of eternal (*od.* perpetual, perennial) snow; **das Dorf lag in tiefem ~** the village was deep in snow; **durch den tiefen ~ stapfen** to pick one's way through the deep snow; **es war viel ~ gefallen** there

---

had been a heavy snowfall; **der ~ fällt in dicken Flocken** the snow falls in thick flakes; **es wird ~ geben** we are going to have snow; **der ~ bleibt liegen** the snow will lie; **das Auto blieb im ~ stecken** the car got stuck in the snow; **im ~ begraben**, **vom ~ verschüttet** buried in the snow; **vom ~ eingeschlossen** snowbound, snowed-up (*attrib*); **~ schaufeln** [**kehren**] to shovel [to clear the] snow; **die Straße vom ~ säubern** (*od.* räumen) to clear the street of snow; **weiß wie ~** *cf.* schneeweiß; **unser Vorrat schmilzt wie ~ an der Sonne** *fig.* our supplies are disappearing like a snowball in hell (*colloq.*); **und wenn der ganze ~ verbrennt(, die Asche bleibt uns doch)** *fig. colloq. humor.* we'll still survive even if the worst comes to the worst. — **2.** *gastr.* whipped egg whites *pl*, froth: **~ schlagen** to beat up eggs; **Eiweiß zu ~ schlagen** to beat egg whites (until) stiff. — **3.** *telev.* (*auf Bildschirm*) snow. — **4. Roter ~ bot.** (*von Schneealgen*) red snow. — **5.** *lit. poet.* snow, snowy whiteness. — **~,al·ge** *f bot.* snow alga (*Chlamydomonas nivalis*). — **~,am·mer** *f zo.* snow bunting (*Plectrophenax nivalis*). — **~,bahn** *f* snow-(covered) (*Br.* snow[-covered]) road.

'**Schnee,ball** *m* **1.** snowball: **mit Schneebällen** (nach j-m) **werfen** to throw snowballs (at s.o.), to snowball (s.o.). — **2.** *bot.* snowball, *auch* snowball bush (*Gattg Viburnum*): **Wolliger ~** mealy (*od.* wayfaring) tree (*V. lantana*). — **~,brief** *m* snowball (*od.* chain) letter.

'**schnee,bal·len I** *v/i* ⟨*only inf u. pp* geschneeballt, h⟩ throw snowballs, snowball. — **II** *v/t* **sich ~** snowball each other (*od.* one another).

'**Schnee,ball**|**,schlacht** *f* snowball fight: **wir machten** (*od.* veranstalteten) **eine ~** we were having a snowball fight. — **~sy,stem** *n econ.* snowball system.

'**schnee·be,deckt** *adj* snowcovered, *Br.* snow-covered, snow-clad, snowy, (*Bergspitzen*) *auch* snowcapped.

'**Schnee**|**,bee·re** *f bot.* snowberry (*Symphoricarpus racemosus*). — **~,berg** *m* **1.** mound (*od.* heap) of snow. — **2.** snowcapped mountain. — **~be,richt** *m* snow report. — **~,be·sen** *m* (*housekeeping*) eggbeater, *bes. Br.* (egg-)whisk, *Am.* whip. — **s~,blind** *adj med.* snow-blind, *Am. auch* snow-blinded. — **~,blind·heit** *f* snow blindness, *Br.* snow-blindness, niphablepsia (*scient.*). — **~,blu·me** *f bot. cf.* a) Schneeflockenbaum, b) Schneeglöckchen, c) Christrose.

'**Schnee,brett** *n meteor.* windslab, sheet of wind-packed (*od.* drifted) snow. — **~ge,fahr** *f* danger of windslab avalanches.

'**Schnee,bril·le** *f* snow goggles *pl*. — **~,bruch** *m* (*forestry*) snowbreak. — **~,brücke** (getr. -k·k-) *f* snowbridge. — **~,dach** *n* (*gegen Lawinen*) snowshed. — **~,decke** (getr. -k·k-) *f* (blanket of) snow, snow blanket (*od.* cover): **unter einer ~ begraben sein** to be buried under a mantle of snow. — **~,dich·te** *f* density of snow. — **~,Eu·le** *f zo.* snowy owl, snow owl (*Nyctea scandiaca*). — **~,fah·ne** *f* (*eines Berggipfels*) snow banner. — **~,fahr,bahn** *f cf.* Schneebahn. — **~,fall** *m meteor.* snowfall, fall of snow, snow: **heftige Schneefälle** heavy snows (*od.* snowfall *sg*). — **~,fang** *m* (*auf dem Dach*) snow guard. — **~,feld** *n* snow field, *Br.* snow-field. — **~,fink** *m zo.* snow finch, snowbird (*Montifringilla nivalis*). — **~,flä·che** *f* snow field, *Br.* snow-field, snowcovered plain. — **~,flocke** (getr. -k·k-) *f* snowflake, *Br.* snow-flake, flake. — **~,flocken,baum** (getr. -k·k-) *m bot.* fringe tree (*auch* bush), snow flower (*Chionanthus virginica*). — **~,floh** *m zo.* **1.** (*Skorpionsfliege*) snow flea, snow insect (*Boreus hiemalis*). — **2.** (*Springschwanz*) snow flea (*Entomobrya nivalis*). — **~,frä·se** *f tech.* snow propeller. — **s~,frei** *adj* free of snow, snowless. — **~,gans** *f* **1.** snow goose, white brant, Alaska goose (*Anser caerulescens*). — **2.** *fig. colloq. contempt. cf.* Gans 2. — **~ge,bir·ge** *n* snow-clad mountains *pl*. — **~ge,stö·ber** *n* **1.** (*kurzes*) flurry of snow. — **2.** (*starkes*) snowstorm, *Br.* snow-storm, snow squall, blizzard. — **~,git·ter** *n* snow fence (*od.* guard). — **s~,glatt** *adj* (*Fahrbahn*) slippery with snow, snowy. — **~,glät·te** *f* (*auf der Fahrbahn*) packed snow.

'**Schnee**|**,glöck·chen** *n bot.* **1.** snowdrop, *auch* purification flower, fair maid of February (*Galanthus nivalis*). — **2.** spring snowflake (*Br.* snow-flake) (*Leucoium vernum*). — **~,baum** *m* silverbell, *auch* silver-bell (*od.* snowdrop) tree, opossum wood (*Halesia carolina*).

'**Schnee**|**,gren·ze** *f* snow line (*od.* limit). — **~,hang** *m* snow slope. — **~,ha·se** *m zo.* **1.** Eurasian ~ white hare (*Lepus timidus*). — **2.** *cf.* Alpenschneehase. — **3.** Amerikanischer ~ mountain hare, snowshoe (rabbit) (*Lepus americanus*). — **~,hau·fen** *m* heap (*od.* mound) of snow. — **~,haus** *n cf.* Schneehütte. — **~,hemd** *n mil.* (*der Soldaten zur Tarnung*) snow shirt. — **~,hö·he** *f* depth of snow, snow depth. — **~,hol·der** *m bot. cf.* Schneebeere. — **~,huhn** *n zo.* **1.** a) snow grouse, ptarmigan, white grouse (*Gattg Lagopus*), b) *pl* white game *sg*. — **2.** *cf.* Alpenschneehuhn. — **3.** *cf.* Moorschneehuhn. — **4.** Schottisches ~ red grouse, moorfowl, moorbird, (*weibliches*) moorhen (*Lagopus scoticus*). — **~,hüt·te** *f* (*bes. der Eskimos*) igloo, *auch* iglu.

'**schnee·ig** *adj* **1.** *cf.* schneebedeckt. — **2.** *fig.* (*weiß u. weich*) snowy, niveous (*lit.*).

'**Schnee**|**,ket·te** *f auto.* snow (*od.* tire, *bes. Br.* tyre) chain, nonskid (*Br.* non-skid) (*od.* antiskid) chain. — **~,klum·pen** *m* (*am Schuh etc*) lump (*od.* mass) of snow. — **~,kö·nig** *m only in* **sich freuen wie ein ~** *fig. colloq.* to be (as) pleased as Punch. — **~,kra·nich** *m zo.* American whooping crane (*Grus americana*). — **~,kri,stall** *m* snow crystal. — **~,ku·fe** *f aer.* ski, skid. — **~,kup·pe** *f* snowcapped mountaintop (*Br.* mountain-top), snowy peak. — **~,la·ge** *f* snow conditions *pl*. — **~,land·schaft** *f* snowy landscape, snowscape: **eine zauberhafte ~** a snowy wonderland, a wonderland of snow. — **~,last** *f* weight of snow. — **~,la,wi·ne** *f* avalanche. — **~,leo,pard** *m zo.* snow leopard (*od.* panther), ounce (*Uncia uncia*). — **s~,los** *adj* snowless. — **~,luft** *f* snowy air. — **~,mann** *m* ⟨-(e)s; ⸚er⟩ snowman. — **~,man·tel** *m poet.* (*der Landschaft*) coat (*od.* mantle) of snow. — **~,mas·sen** *pl* snow masses, snows. — **~,matsch** *m* slush, slosh, snowbroth. — **~,maus** *f zo.* snow mouse (*od.* vole) (*Microtus nivalis*). — **~,men·ge** *f* **1.** snowfall, snow. — **2.** *pl cf.* Schneemassen. — **~,mensch** *m* (*Yeti*) Abominable Snowman, yeti. — **~,mes·ser** *m* snow ga(u)ge. — **~,mond**, **~,mo·nat** *m obs. for* Januar.

'**Schnee,pflug** *m tech.* (*auch beim Skisport*) snow-plough, *bes. Am.* snowplow: **~fahren** (*sport*) to snow-plough, *bes. Am.* to snowplow. — **~,bo·gen** *m* (*sport*) snow-plough (*bes. Am.* snowplow) turn.

'**Schnee,räu·mer** *m* **1.** (*Person*) snow sweeper. — **2.** *tech. cf.* a) Schneeräumgerät, b) Schneepflug, c) Schneefräse, d) Schneeschleuder.

'**Schnee,räum**|**ge,rät** *n tech.* snow-clearing implement (*od.* equipment). — **~kom,man·do** *n* snow clearance team. — **~ma,schi·ne** *f tech. cf.* a) Schneepflug, b) Schneefräse, c) Schneeschleuder.

'**Schnee**|**,räu·mung** *f* snow removal (*od.* clearance). — **~,re·gen** *m meteor.* sleet. — **~re,gi·on** *f* region of snow, snow zone. — **~,rei·fen** *m* **1.** *cf.* Schneeschuh. — **2.** *auto.* (mud and) snow tire (*bes. Br.* tyre). — **~,ro·se** *f bot. cf.* Christrose. — **~,ru·te** *f Austrian for* Schneebesen. — **~,rutsch** *m* snowslide, *Br.* snow-slide, snowslip, *Br.* snow-slip. — **~,schaf** *n zo.* Kamchatka bighorn (sheep) (*Ovis canadensis nivicola*). — **~,schau·er** *m meteor.* snow shower (*bes. Am.* flurry). — **~,schau·fel** *f* snow shovel (*od.* pusher), *Br.* snow-shovel. — **~,schim·mel** *m* **1.** *bot.* (*Roggenkrankheit*) snow mold (*bes. Br.* mould) (*od.* rot), snow scald. — **2.** *zo.* snow-white horse. — **~,schip·pe** *f colloq.* snow shoveler, *bes. Br.* snow-shoveller. — **~,schlä·ger** *m cf.* Schneebesen. — **~,schleu·der** *f tech.* rotary-type snow-plough (*bes. Am.* snowplow). — **~,schmel·ze** *f* snow melting, snowbreak, thaw. — **~,schuh** *m* **1.** *cf.* Schneereifen. — **2.** *cf.* Skischuh, snowshoe. — **~,schutz,an,la·ge** *f* snowbreak. — **s~,si·cher** *adj* (*Gebiet etc*) with enough snow (*od.* good snow conditions) guaranteed. — **~,sturm** *m* snowstorm, *Br.* snow-storm, blizzard: **es tobte ein schwe-**

rer ～ a heavy snowstorm was raging. — ～**tel·ler** m 1. cf. Schneeschuh. - 2. (sport) (am Skistock) disk, disc, ring. — ～**tie·fe** f depth of snow. — ～**trei·ben** n cf. Schneegestöber. — ～**tröpf·chen** n bot. cf. Schneeglöckchen 1. — ～**ver**‚**hält·nis·se** pl (sport) snow (od. skiing) conditions, snow sg: wenn es die ～ erlauben if there is enough snow, if snow conditions permit. — s.**ver**‚**weht** adj snowbound, Br. snow-bound, blockaded by snow. — ～**ver**‚**we·hung** f snowdrift, Br. snow-drift, snowbank, Br. snow-bank. — ～**wäch·te** f overhanging snow, snow plume (od. cornice). — ～**was·ser** n ⟨-s; ⁻⟩ snow water, snowbroth, Am. snowmelt. — ～**we·be** [-‚veːbə] f obs. for Schneewehe. — ～**we·he** f snowdrift, Br. snow-drift, bank of drifted snow. — s.**weiß** adj snow-white, (as) white as snow, snowy. — ～**wet·ter** n snowy weather, auch snowfall, snow. — ～'**witt·chen** [‚ʃneː'vɪtçən] npr n ⟨-s; no pl⟩ ⟨Märchen u. Märchenfigur⟩ Snow White. — ～**wol·ke** f 1. meist pl meteor. snow cloud. - 2. (vom Boden aufgewirbelte) smother. — ～**zaun** m snow fence. — ～**zie·ge** f zo. mountain goat, Rocky Mountain goat (Oreamnos americanus).

Schne·gel ['ʃneːgəl] m ⟨-s; -⟩ zo. dial. slug.

Schneid [ʃnaɪt] m ⟨-(e)s; no pl⟩, Bavarian and Austrian f ⟨-; no pl⟩ colloq. 1. (Mut) nerve, pluck; gumption, 'spunk' (colloq.), guts pl (sl.): er hat [keine(n)] ～ he has [no] gumption (od. guts); nur wenige Leute bringen den (od. die) ～ auf zu sagen only few people have the nerve to say; j-m den (od. die) ～ abkaufen to make s.o. sing small (colloq.), to discourage s.o.; es gehört ～ dazu, dies zu tun it takes guts (od. nerve) to do this. - 2. (forsche Haltung) go, 'snap', 'zip' (alle colloq.), dash.

'**Schneid**|**ap·pa**‚**rat** m tech. cf. Schneidbrenner. — ～**ar·beit** f 1. cutting (work). - 2. (Trennen) cutting off. - 3. (Abscheren) shearing. - 4. (Stanzen) punching. - 5. (Aushauen) nibbling. - 6. (Beschneiden) trimming. — ～**backe** (getr. -k·k-) f 1. cutting die. - 2. (für Kluppen) bolt die. — ～**bank** f (in der Küferei) cooper's bench, shaving horse. - s.**bar** adj 1. sliceable, sectile (scient.). - 2. tech. suitable for cutting. — ～**bren·nen** n tech. flame cutting. — ～**bren·ner** m cutting torch (od. blowpipe). — ～**brust** f cutting (od. tool) face.

Schnei·de ['ʃnaɪdə] f ⟨-; -n⟩ 1. (eines Messers etc) edge, face: eine scharfe [stumpfe] ～ a sharp [blunt] edge; es steht auf des Messers ～ fig. it is on the razor's edge, it is touch and go. - 2. tech. a) cutting edge, b) (eines Fräsers, einer Sense) tooth, c) (einer Klinge) bit, d) (eines Beils) cutting bevel, e) (einer Kette) pivot, f) (einer Waage) knife edge, g) (eines Schneidmeißels) nose. - 3. (eines Degens) fine edge, cut. - 4. bot. cf. Schneidegras. - 5. Southern G. for Grat 1, 2. — ～**brett** n 1. (Küchengerät) chopping board. - 2. (leather) cutting board. — ～**gras** n bot. 1. sword grass, Am. saw grass, sheargrass, twig rush (Gattg Cladium). - 2. cut-grass (Gattg Leersia). — ～**holz** n (forestry) saw timber, Br. saw-timber, wood for sawing.

'**Schneid**‚**ei·sen** n tech. thread-cutting die. — ～**hal·ter** m die stock.

'**Schnei·del**‚**holz** ['ʃnaɪdəl-] n (forestry) lopped (coppice) shoots pl.

'**Schnei·de**‚**ma**‚**schi·ne** f 1. (Küchengerät) slicer. - 2. tech. cutting machine, cutter. - 3. phot. auch trimmer, guillotine, print cutter, edger. - 4. (paper) a) (für Schrägschnitt) angle cutting machine, b) (Formatschneider) guillotine cutting machine. - 5. synth. cf. Schneidmaschine 2. — ～**müh·le** f cf. Sägewerk.

schnei·den ['ʃnaɪdən] I v/t ⟨schneidet, schnitt, geschnitten, h⟩ 1. cut: Brot in Scheiben ～ to cut bread into slices, to slice bread; etwas in (kleine) Stücke ～ bes. gastr. a) to cut s.th. up, to cut s.th. into (small) pieces, b) (würfeln) to dice s.th., c) (schnitzeln) to shred s.th., d) (hacken) to chop (od. mince) s.th.; Blumen ～ to cut flowers; Zwiebeln an den Salat ～ to cut onions into the salad; Stoff in Streifen ～ to cut (od. slit) cloth into pieces. - 2. (tranchieren) cut, carve. - 3. (kürzen, stutzen) cut, trim, clip, (Nägel) auch pare:

sich (dat) die Haare ～ lassen to have one's hair cut; (die) Haare ～, bitte! (beim Friseur) a haircut, please! I'd like to have my hair cut. - 4. (mähen) cut, mow. - 5. hort. a) (stutzen, beschneiden) cut, prune, lop, pare, b) (in bestimmte äußere Form) trim. - 6. etwas in (acc) etwas ～ (schnitzen) to cut (od. carve, engrave, lit. grave) s.th. into s.th.: sein Monogramm in die Baumrinde ～ to cut one's initials in(to) the bark of a tree. - 7. j-n (verletzen) to cut s.o.: der Friseur hat ihn ins Ohr geschnitten the barber cut his ear. - 8. j-n ～ fig. a) (nicht beachten) to cut s.o. (dead), to slight s.o., Br. to send s.o. to Coventry, to give s.o. the go-by (colloq.), b) (beim Überholen) to cut in on s.o., (bes. Läufer) to run across s.o. - 9. bes. auto. a) (Kurve) cut, b) (Wagen beim Überholen) cut. - 10. (kreuzen) intersect, cross, meet: die beiden Linien ～ sich (od. einander) im Punkt A the two lines intersect at point A. - 11. Grimassen (od. Gesichter, Fratzen) ～ to make (od. pull) faces (od. grimaces), to mug (sl.). - 12. tech. a) cut, b) (mit einer Schere) shear, c) (Außengewinde) screw, thread, d) (Innengewinde) tap, e) (Glas) cut, f) (rechtwinklig zuschneiden) (Papier, Blech etc) square, g) (abschneiden) cut off, h) (ausschneiden) (Blechrohlinge) blank. - 13. (wood) (Äste) prune, lop off. - 14. agr. a) (Getreide etc) cut, mow, reap, b) (Häcksel etc) chop. - 15. (beim Tennis etc) (Ball) (under)cut, twist, chop, screw. - 16. (beim Golf) (Ball) a) (links) hook, b) (rechts) slice. - 17. (Film, Tonband) cut, auch edit. - 18. (fashion) cut: er schneidet seine Modelle sehr schmal his models have a very narrow cut. - 19. med. a) (operieren) cut, operate on, b) (mit Mikrotom) section, c) (Abszeß) lance. - 20. (formen) shape, form, cut. - II v/i 21. cut: der Strick schneidet mir in die Hand the cord cuts into my hand; das Messer schneidet nicht the knife doesn't cut (od. has no edge); der Friseur schneidet gut the barber cuts well (od. colloq. is a good cutter); ich habe mir in den Daumen geschnitten I cut my thumb; sich (dat) ins eigene Fleisch ～ fig. to cut one's own throat, to damage one's own interests; ihre Worte schnitten ihm ins Herz (od. in die Seele) fig. her words cut him to the quick (od. to the heart). - 22. fig. (von Wind, Kälte etc) bite, chill. - 23. (games) (beim Kartenspiel) finesse. - 24. (fashion) cut: er schneidet sehr elegant his models have a very elegant cut. - III v/reflex sich ～ 26. cut oneself: er hat sich beim Rasieren geschnitten he cut himself (od. his face) while shaving. - 27. sich (in den Finger) ～ a) to cut one's finger, b) fig. colloq. (sich täuschen) to be mistaken: da hast du dich aber gewaltig geschnitten! you were greatly mistaken there! that's where you made your big mistake! (colloq.). - IV v/impers 28. es schneidet mir im Leib colloq. I have the colic (od. colloq. the gripes). - V S～ n ⟨-s⟩ 29. verbal noun: hier ist eine Luft zum S～! colloq. the air in here is so thick you could cut it (with a knife)! (colloq.). - 30. (games) (beim Kartenspiel) finesse.

'**schnei·dend** I pres p. - II adj 1. (Werkzeug etc) cutting, sharp, edged. - 2. fig. (Kälte, Wind etc) biting, keen, piercing, bitter, nipping, cutting. - 3. fig. (Pfiff, Ton etc) shrill, strident, keen, sharp. - 4. fig. (Schmerz etc) keen, sharp, cutting. - 5. fig. (Hohn, Spott etc) caustic, cutting, slashing, withering, keen: ～e Reden caustic (od. sarcastic) remarks. - 6. tech. (Flamme) cutting. - 7. bes. math. secant, intersecting. - 8. ～e Gewinnung (mining) cutter-loading, auch shearing and trepanning. - III adv 9. bitterly, piercingly: es war ～ kalt it was bitter(ly) cold.

'**Schnei·den**‚**win·kel** m tech. 1. (eines Schneidmeißels) side cutting edge angle, bes. Br. plane (approach) angle. - 2. (Winkel an der Schneide) cutting tool angle.

'**Schnei·der** m ⟨-s; -⟩ 1. tailor: vom ～ angefertigte Kleidung tailor-made clothing; er friert wie ein ～ colloq. he is shivering with cold. - 2. (Damenschneider) ladies' tailor, dressmaker. - 3. aus dem ～ (heraus) sein a) (beim Kartenspiel) to score more than 30 points, b) fig. colloq. (finanziell) to have one's head above water, c) fig.

colloq. (älter als 30 sein) to be older than 30, (von Frauen) not to be a spring chicken any longer (sl.). - 4. (Gerät zum Schneiden) cutter, (bes. für Scheiben) slicer. - 5. zo. a) (Karpfenfisch) schneider (Alburnus bipunctatus), b) colloq. daddy longlegs pl (construed as sg or pl).

'**Schnei·der**|**ar·beit** f tailoring, tailor's work. — ～**be**‚**darf** m tailor's supplies pl. — ～**be**‚**ruf** m cf. Schneiderhandwerk. — ～**bü·ste** f cf. Schneiderpuppe.

Schnei·de'rei f ⟨-; -en⟩ 1. ⟨only sg⟩ tailoring, tailor's business, tailory, (für Damen) auch dressmaking, couture. - 2. cf. Schneiderwerkstatt.

'**Schnei·der**|**ge**‚**sel·le** m journeyman tailor. — ～**hand**‚**werk** n tailor's trade, tailory.

'**Schnei·de·rin** f ⟨-; -nen⟩ dressmaker, tailoress, ladies' tailor.

'**Schnei·der**|**karp·fen** m zo. cf. Karausche. — ～**kleid** n tailor-made dress. — ～**ko**‚**stüm** n tailor-made (costume), tailored costume. — ～**krei·de** f tailor's chalk, Spanish (od. French) chalk, soapstone. — ～**lehr·ling** m tailor's apprentice. — ～**lei·nen** n cf. Steifleinen. — ～**mei·ster** m master tailor. — ～**mus·kel** m med. tailor muscle, auch tailor's muscle, sartorius (scient.).

schnei·dern ['ʃnaɪdərn] I v/t ⟨h⟩ tailor, make, sew: sie schneidert sich (dat) alle Kleider selbst she makes all her own clothes; dieses Kleid habe ich selbst geschneidert I made this dress myself. - II v/i tailor, do tailoring (od. dressmaking): für j-n ～ to tailor (for) s.o.

'**Schnei·der**|**pup·pe** f dummy, dress form, lay figure, mannequin. — ～**rech·nung** f tailor's bill, (für Damen) auch dressmaker's bill. — ～**sitz** m tailor's seat: im ～ sitzen to sit tailor-fashion (od. cross-legged). — ～**vo·gel** m zo. tailorbird (Orthotomus sutorius). — ～**werk**‚**statt** f tailor's (für Damen auch dressmaker's) shop, tailory. — ～**werk**‚**zeug** n tailor's tools pl. — ～**zunft** f tailors' guild.

'**Schneid**|**de**‚**tisch** m (film) editing table. — ～**zahn** m 1. med. fore-tooth, incisor (tooth) (scient.). - 2. zo. (bes. der Pferde) nipper.

'**Schneid**|**fä·hig·keit** f tech. cutting quality, cuttability. — ～**flä·che** f cutting surface (od. face). — ～**flüs·sig·keit** f cutting solution. — ～**hal·tig·keit** f ⟨-; no pl⟩ edge-holding property.

schnei·dig ['ʃnaɪdɪç] adj 1. (forsch, tatkräftig) dashing, spirited. - 2. (mutig, draufgängerisch) plucky, courageous, brave. - 3. (entschlossen) resolute, determined. - 4. (Musik etc) rousing. — '**Schnei·dig·keit** f ⟨-; no pl⟩ 1. cf. Schneid 2. - 2. (Forschheit, Tatkraft) spirit(edness).

'**Schneid**|**kan·te** f tech. 1. edge of cut. - 2. (mit der Kaltsäge geschnittene) slit edge. - 3. (mit der Warmschere geschnittene) sheared edge. — ～**klup·pe** f 1. die (od. screw) stock, (screw) plate stock. - 2. (für Rohrgewinde) pipe stock. - 3. (komplett im Werkzeugkasten) screw plate (stock). — ～**kraft** f cf. Schnittkraft. — ～**la·de** f miter (bes. Br. mitre) box. — ～**le**‚**gie·rung** f cutting alloy. — ～**ma**‚**schi·ne** f 1. tech. cf. Schneidemaschine 2. - 2. synth. (für Folien) slicing machine. — ～**mei·ßel** m tech. cf. Schneidstahl. — ～**öl** n cutting oil (od. lubricant). — ～**rad** n 1. (bei Zahnradbearbeitung) gear cutting tool. - 2. (einer Zahnradwalzhobelmaschine) pinion-type cutter. — ～**stahl** m cutting tool. — ～**sti·chel** m (in der Schallplattenherstellung) recording (od. cutting) stylus.

'**Schneid**‚**wa·re** f meist pl tech. cutlery. — '**Schneid**‚**wa·ren·in·du**‚**strie** f cutlery industry.

'**Schneid**|**werk**‚**zeug** n tech. 1. cutting tool. - 2. pl (Schneidwaren) cutlery sg. — ～**win·kel** m cf. Schneidenwinkel. — ～**zan·ge** f cf. Drahtzange. — ～**zeug** n cutting (od. edge) tools pl.

schnei·en ['ʃnaɪən] I v/impers ⟨h⟩ 1. snow: es schneit it snows, it is snowing, snow is falling; es schneit in dicken Flocken it is snowing big flakes; es wird ～ it is going to snow, there will be snow, we are going to have snow; es hat aufgehört zu ～ it has stopped snowing, the snow has stopped. - II v/i ⟨sein⟩ 2. rain, (fall like) snow: Papierschnitzel schneiten auf die Straße scraps of paper rained down on to the street. - 3. j-m ins Haus ～ (od. geschneit kommen) *fig. colloq.* a) *(von Personen)* to drop in on s.o. (unexpectedly), to pop in on s.o., to blow in *(colloq.)*, b) *(von Sachen)* to blow in *(colloq.)*.

Schnei·se ['ʃnaızə] *f* ⟨-; -n⟩ **1.** *(forestry)* a) *(forest)* lane, ride, aisle, b) *(Feuerschneise)* firebreak, fire lane. – **2.** *aer.* flying lane. – **3.** *(beim Schießen)* opening.

'**Schnei·tel,holz** *n (forestry) cf.* Schneidelholz.

schnei·teln ['ʃnaıtəln] *v/t* ⟨h⟩ *(forestry)* trim, prune, lop *(s.th.)* (off).

schnell [ʃnɛl] **I** *adj* ⟨-er; -st⟩ **1.** quick, *(stärker)* rapid: ~e Schritte näherten sich der Tür quick *(od.* brisk) steps approached the door; in ~er Folge in rapid succession; ~e Fortschritte machen to make quick progress; eine ~e Auffassungsgabe haben to have a quick grasp; ein ~er Entschluß a quick decision; ~er Puls(schlag) rapid *(od.* accelerated) pulse; auf ~stem Wege as quickly as possible; ~ wie der Blitz (as) quick as lightning. – **2.** *(sofortig, umgehend)* quick, prompt, speedy: ~e Bedienung quick service; die Situation erforderte ~es Handeln the situation called for prompt action; sie versprachen uns ~e Erledigung der Angelegenheit they promised us speedy attention to the matter. – **3.** *(Fahrzeug etc)* fast, speedy, high-speed *(attrib)*, swift: ein sehr ~es Auto a very fast car; ~er als der Schall faster than sound; ~er werden to pick up speed. – **4.** *(Fußballspiel, Rennen, Straße etc)* fast: eine ~e Rennbahn a fast course; die ~ste Verbindung zwischen München und Berlin the fastest connection *(Br. auch* connexion) between Munich and Berlin. – **5.** *(hurtig, behende)* quick, swift, nimble, nippy *(colloq.)*, fleet *(lit.)*: ein ~es Pferd [Reh] a swift horse [deer]; ~ wie der Wind (as) swift as the wind. – **6.** *(hastig)* hasty, hurried: ein ~er Aufbruch a hasty departure; auf die ~e Tour *colloq.* in a hurry *(od.* rush). – **7.** *(plötzlich)* sudden, abrupt, swift, snappy: ein ~er Wechsel a sudden change. – **8.** ~e Truppe(n *pl*) *mil.* mobile troops *pl.* – **9.** *econ.* a) *(Antwort, Zahlung etc)* prompt, b) *(Verkauf)* brisk, ready, c) *(Umsatz)* quick: die Ware fand ~en Absatz the article found a ready market *(od.* sale). – **10.** *mus.* veloce. – **11.** *(substantiviert mit Kleinschreibung) colloq.* (in Wendungen wie) etwas auf die ~e erledigen to rush through s.th.; das läßt sich nicht auf die ~e machen it takes time to do it. – **II** *adv* **12.** quick(ly), fast, *(stärker)* rapid(ly): ~ fahren to drive fast *(od.* at high speed); du gehst mir zu ~ you're walking too fast for me; sprich nicht so ~ don't speak so fast *(od.* quickly); ihr Puls geht zu ~ her pulse is too rapid; ich fühlte mein Herz ~er schlagen I felt my heart beat faster *(od.* quicker); die Hausarbeit geht ihr ~ von der Hand she is very quick about her housework; er ist immer ~ mit einer Ausrede bei der Hand he is always ready with an excuse, he always has an excuse ready *(od.* pat); so ~ wie möglich *(od.* möglichst ~) etwas tun to do s.th. as quickly as possible; die Neuigkeit verbreitete sich ~ the news spread quickly; das hast du aber ~ geschafft! you have been very quick about it! that was quick (work)! *(colloq.)*; es ging nicht ~er I couldn't do it any faster; ~er sein (laufen, schwimmen) als j-d *(bei Rennen etc)* to outdistance [outrun, outswim] s.o.; zu ~ urteilen to judge too quickly, to jump to conclusions; sie ist immer ~ fertig mit allem she has everything finished *(od.* done) in no time; ich muß ~ noch etwas erledigen I have to see to s.th. first; wie ~ doch die Zeit vergeht! how time flies! – **13.** *(umgehend)* quickly, promptly, speedily, without delay: wir wurden ~ bedient we were given quick service; die Sache wurde ~ erledigt the matter was promptly attended to; doppelt gibt, wer ~ gibt *(Sprichwort)* etwa he gives twice who gives promptly. – **14.** *(hurtig, behende)* quickly, swiftly, nimbly, fleetly *(lit.)*. – **15.** *(hastig, eilig)* hastily, hurriedly, in a hurry: *(mach)* ~! ~, ~! be quick (about it)! hurry up! look sharp! step on it! *(colloq.)*, make it snappy! *(colloq.)*; nicht so ~! gently! hold on! hold your horses! steady *(od.* easy) on! *(colloq.)*; ~er! come on (now)! nun aber ~! (let's) get going! – **16.** *(plötz-*

lich) suddenly, abruptly, swiftly, snappily: er kann sehr ~ böse werden he can fly into a rage very suddenly *(od.* all of a sudden). – **17.** *(bald)* quickly, soon: das werden wir ~ erledigt haben we'll soon see to that, we'll soon have that done; das macht er so ~ nicht wieder *colloq.* he won't do that again in a hurry *(colloq.)*; das macht ihm so ~ keiner nach *colloq.* no one will do that again in a hurry *(colloq.)*. – **18.** *mus.* veloce.

'**Schnell,amt** *n tel.* quick-service (toll) exchange, toll *(Am.* multi-office) exchange. — ~**an,griff** *m (sport) (bei Ballspielen)* fast break. — **s~an,spre·chend** *adj* ⟨*attrib*⟩ *electr. (Relais)* fast-acting. — ~**ar·beits,stahl** *m tech.* high-speed steel.

'**Schnel·la·ster** *(getr.* -ll,l-), '**Schnellast-(,kraft),wa·gen** *(getr.* -ll,l-) *m auto.* high-speed truck *(Br.* lorry), express truck, quick delivery van.

'**Schnel·lauf** *(getr.* -ll,l-) *m* **1.** *(sport)* a) running, b) *cf.* Eisschnellauf, c) *cf.* Rollschnellauf. – **2.** *tech. cf.* Schnellgang 2. – **3.** *(beim Schießsport)* fast run.

'**schnellau·fend** *(getr.* -ll,l-) *adj* ⟨*attrib*⟩ *tech.* high-speed.

'**Schnellläu·fer** *(getr.* -ll,l-) *m* **1.** *(sport)* a) runner, b) *cf.* Eisschnelläufer, c) *cf.* Rollschnelläufer. – **2.** *(textile) (in der Spinnerei)* traveler, *bes. Br.* traveller. – **3.** *tech. (Maschine)* high-speed machine. – **4.** *auto.* high-speed engine. – **5.** *pl astr. (Sterngruppe)* high-velocity stars. — '**Schnelläu·fe·rin** *(getr.* -ll,l-) *f* ⟨-; -nen⟩ *(sport) cf.* Schnelläufer 1.

'**Schnell,aus,bil·dung** *f* **1.** *ped.* intensive courses *pl*, crash training *(od.* courses *pl*) *(colloq.)*. – **2.** *mil.* hasty training. — ~**,aus,lö·ser** *m electr.* instantaneous-trip mechanism. — ~**,aus,lö·sung** *f* quick-action release. — ~**,aus,schal·ter** *m* quick-break switch. — ~**,bahn** *f cf.* S-Bahn. — ~**,bau,wei·se** *f civ.eng.* quick- *(od.* rapid-)erection method. — ~**be,trieb** *m* express service. — ~**,bin·der** *m civ.eng.* quick-setting cement. — ~**,blei·che** *f tech.* chemical *(od.* rapid) bleaching. — ~**,boot** *n mar.* **1.** *(der Wasserpolizei etc)* speedboat. – **2.** *mil.* speedboat, motor torpedo boat, *bes. Am.* Patrol Torpedo *(od.* PT) boat, *bes. Br.* E-boat, high-speed launch, mosquito boat *(od.* craft). — ~**,damp·fer** *m mar.* express liner. — ~**,dienst** *m (in Reinigungen, Werkstätten etc)* express service. — ~**,dreh,bank** *f tech.* rapid-production lathe. — ~**,dre·hen** *n* high-speed *(od.* high-velocity) turning. — ~**,dreh,stahl** *m* high-speed steel. — ~**,drucker** *(getr.* -k·k-) *m (computer)* high-speed printer.

'**Schnel·le** *f* ⟨-; -n⟩ **1.** ⟨*only sg*⟩ *cf.* Schnelligkeit. – **2.** *cf.* Stromschnelle.

'**schnelle·big** *(getr.* -ll,l-) [-,le:bɪç] *adj (Zeit etc)* fast-moving *(attrib)*.

schnel·len ['ʃnɛlən] **I** *v/t* ⟨h⟩ **1.** *(Steine, Pfeile etc)* toss, jerk, let *(s.th.)* fly, dart, shy, flirt. – **2.** *(schnipsen)* flick, fillip, flip, snap. – **II** *v/i* ⟨h u. sein⟩ **3.** ⟨sein⟩ dart, shoot, jerk, spring, whip: in die Höhe ~ a) to shoot up, b) *(von Feder etc)* to rebound, to snap back, c) *fig. (von Preisen etc)* to shoot up, to soar; ein Gummiband ~ lassen to stretch and let go (of) an elastic band. – **4.** ⟨h⟩ *(schnipsen)* snap: mit den Fingern ~ to snap one's fingers.

'**Schnel·ler** *m* ⟨-s; -⟩ **1.** snap of the fingers. – **2.** *Southwestern G. dial. cf.* Murmel.

'**Schnelle·ser** *(getr.* -ll,l-) *m (computer)* high-speed reader.

'**Schnell,fah·rer** *m* speeder, *bes. Am.* speedster.

'**Schnell,feu·er** *n mil.* rapid *(od.* quick, running) fire. — ~**ge,wehr** *n* automatic rifle. — ~**ka,no·ne** *f* automatic gun. — ~**pi,sto·le** *f (sport)* rapid-fire pistol. — ~**,waf·fe** *f mil.* automatic weapon.

'**Schnell,fil·ter** *n, m tech. (zur Wasserreinigung)* quick-run *(od.* rapid) filter. — ~**,flug,zeug** *n aer.* high-speed aircraft.

'**schnell,fü·ßig** *adj lit.* swift *(od.* poet. fleet) of foot, fleet-foot(ed), light-footed, nimble-(-limbed). — '**Schnell,fü·ßig·keit** *f* ⟨-; *no pl*⟩ swiftness *(od.* poet. fleetness) of foot, fleet-footedness.

'**Schnell,gang** *m* **1.** *auto. cf.* Schongang. – **2.** *tech. (eines Maschinentisches)* rapid (power) traverse. — ~**ge,trie·be** *n auto. cf.* Schonganggetriebe.

'**Schnell,gast,stät·te** *f* quick-service restaurant, cafeteria, *Am.* lunchroom, luncheonette. — ~**ge,frier·ver,fah·ren** *n gastr.* accelerated freeze-dried process.

'**Schnell·ge,richt**[1] *n jur.* court of summary jurisdiction.

'**Schnell·ge,richt**[2] *n gastr.* quickly served meal, snack.

'**Schnell·ge,richts·bar·keit** *f jur.* summary jurisdiction. — **s~,här·tend** *adj* ⟨*attrib*⟩ *synth.* quick-curing. — ~**,hef·ter** *m* loose-leaf binder, folder, (rapid) letter *(od.* document) file. — ~**,heft,map·pe** *f cf.* Schnellhefter.

'**Schnell·heit** *f* ⟨-; *no pl*⟩ *obs.* for Schnelligkeit.

'**Schnell·lig·keit** *f* ⟨-; *no pl*⟩ **1.** quickness, *(stärker)* rapidity. – **2.** *(im Handeln)* quickness, promptitude, promptness, speed, celerity. – **3.** *(eines Fahrzeugs etc)* speed, swiftness, pace. – **4.** *(eines Fußballspiels etc)* pace, speed. – **5.** *(Hurtigkeit, Behendigkeit)* quickness, swiftness, nimbleness, celerity, fleetness *(lit.)*, nippiness *(colloq.)*. – **6.** *(Hast)* haste, hurriedness, hurry. – **7.** *(Plötzlichkeit)* suddenness, abruptness, swiftness, snappiness. – **8.** *tech. phys.* velocity, speed.

'**Schnel·lig·keits·re,kord** *m* speed record.

'**Schnell,im·biß** *m* **1.** snack. – **2.** *colloq.* for Schnellimbißhalle. — ~**,hal·le**, ~**,stu·be** *f* snack bar *(Br. auch* counter), *Am.* quick-lunch, *Br.* quick-lunch bar *(od.* counter).

'**Schnell,kä·fer** *m zo.* click beetle, elaterid (*scient.*) *(Fam. Elateridae)*. — ~**,ko·chen** *n gastr.* pressure cooking. — ~**,ko·cher** *m cf.* Schnellkochtopf 2. — ~**,koch,plat·te** *f* **1.** hot plate. – **2.** *(eines Elektroherds)* fast-heating plate. — ~**,koch,topf** *m* **1.** pressure cooker. – **2.** *(Wasserkocher)* electric water jug *(od.* kettle). — ~**,kraft** *f* **1.** springiness, spring, elasticity, resilience. – **2.** *(sport) (beim Start)* takeoff power. — ~**,kupp·lung** *f tech.* rapid-motion clutch. — ~**,kurs** *m ped.* accelerated *(od. colloq.* crash) course. — ~**,ma·ler** *m* quick-sketch artist. — ~**,mast** *f agr.* rapid fattening. — ~**,pa,ket** *n (postal service)* express parcel. — ~**,pho·to,gra,phie** *f* **1.** while-you-wait photography. – **2.** high-speed photography. — ~**,post** *f obs.* express mail coach, diligence. — ~**,pres·se** *f print.* flatbed printing machine. — ~**,rech·ner** *m* high-speed computer. — ~**,reg·ler** *m electr.* high-speed *(od.* quick-acting voltage) regulator, automatic regulator. — ~**,rei·ni·gung** *f* express dry cleaning. — ~**,rich·ter** *m jur.* magistrate with power of summary jurisdiction. — ~**,rück,lauf** *m electr. (am Tonbandgerät)* fast rewind. — ~**,schal·ter** *m electr.* quick-break switch.

'**Schnell,schalt,ge,trie·be** *n tech.* quick-change gear. — ~**,kupp·lung** *f* quick-action clutch.

'**Schnell,schluß** *m nucl.* scram, emergency shutdown (of reactor). — ~**,schnitt,stahl** *m metall.* high-speed steel. — ~**,schrei·ber** *m* **1.** *tech.* high-speed recorder. – **2.** *rare for* Stenograph 1. — ~**,schrift** *f rare for* Stenographie 1. — ~**,schritt** *m mil.* double time (step): im ~ at the double; im ~ marschieren to march at the double. — ~**,schuß** *m print.* rush work *(od.* job, order). — ~**,seg·ler** *m mar.* fast sailer, clipper. — ~**,span·ner** *m tech.* quick-action vise *(auch* vice).

'**Schnell,spann,fut·ter** *n tech.* quick-action chuck. — ~**,schraub,stock** *m* quick-action vise *(auch* vice). — ~**,schraub,zwin·ge** *f* quick-action clamp.

'**Schnell,spei·cher** *m (computer)* high-speed memory *(od.* storage). — ~**,stahl** *m metall.* high-speed steel. — **s~,stei·gend** *adj* ⟨*attrib*⟩ **1.** fast-rising. – **2.** *(bes. Kosten)* runaway.

'**schnell·stens** *adv* as quick(ly) as possible.

'**schnellst,mög·lich I** *adj* quickest possible. – **II** *adv* as quick(ly) as possible.

'**Schnell,stra·ße** *f Br.* motorway, *Am.* speedway, expressway. — ~**,te·le·gra,phie** *f* high-speed telegraphy. — ~**,trans,por·ter** *m* fast *(od.* express) transporter, *bes. Am.* express truck. — ~**,trieb,wa·gen** *m (railway)* high-speed rail coach, express diesel car, diesel-electric rail car, *Am.* power railroad train. — **s~,trock·nend** *adj* ⟨*attrib*⟩ quick-drying. — ~**,ver,band** *m med.* first-aid dressing. — ~**,ver,fah·ren** *n* **1.** *jur.* summary procedure *(od.* proceedings *pl*): er wurde im ~ abgeurteilt he was sentenced summarily. - **2.** *tech.* high-speed (*od.* rapid) process(ing). - **3.** *chem.* rapid method. — **~ver,hör** *n* rapid-fire cross--examination.

'Schnell·ver,kehr *m* **1.** high-speed (*od.* express, fast-moving) traffic. - **2.** *tel.* no-delay service.

'Schnell·ver,kehrs|,flug,zeug *n aer.* high--speed commercial transport aircraft (*Am. auch* airplane). — **~,stra·ße** *f cf.* Schnellstraße.

'Schnell|ver,schluß *m* **1.** (*für Flaschen*) stopper. - **2.** (*für Gläser*) twist-off cap. - **3.** *tech.* (*für Werkzeuge*) quick-acting lock, quick-locking mechanism. — **~ver,stellung** *f tech.* (*eines Maschinenteils etc*) rapid (*od.* quick) adjustment. — **~,vor,lauf** *m electr.* (*am Tonbandgerät*) fast forward. — **~,waa·ge** *f* express scales *pl* (*sometimes construed as sg*). — **~wä·sche,rei** *f* launderette, *bes. Am.* laundromat. — **~,wech·sel,fut·ter** *n tech.* quick-change collet chuck.

'schnell,wüch·sig [-,vy:ksɪç] *adj hort.* rapidly growing. — **'Schnell,wüch·sig·keit** *f* <-; *no pl*> rapid growth.

'Schnell,zeich·ner *m* lightning sketcher.

'Schnell,zug *m* (*railway*) **1.** fast train, express (train). - **2.** (*D-Zug*) corridor train, *Am. auch* vestibule train. — **~lo·ko·mo,ti·ve** *f* express engine (*od.* locomotive). — **~,wa·gen** *m* fast- (*od.* express-)train car (*Br.* coach). — **~,zu,schlag** *m* extra (*od.* excess) charge for a fast (*od.* an express) train.

'Schnell|,zün·dung *f tech.* rapid (*od.* instantaneous) ignition. — **s~,zün·gig** [-,tsʏŋɪç] *adj* (*redegewandt*) voluble, glib.

Schnep·fe ['ʃnɛpfə] *f* <-; -n> **1.** *zo.* a) snipe, longbill (*Fam. Scolopacidae*), b) *cf.* Waldschnepfe, c) *cf.* Sumpfschnepfe. - **2.** *colloq. contempt.* streetwalker, prostitute. — **~,fen|,aal** *m zo.* snipe eel, *auch* thread eel (*Nemichthys scolopaceus*). — **~,fisch** *m* **1.** snipefish (*Fam. Centriscidae*). - **2.** long-spine snipefish (*Macrorhamphosus scolopax*). — **~,flie·ge** *f* ibis fly, worm lion (*Fam. Leptidae*). — **~,jagd** *f hunt.* snipe shooting, *Br. auch* cocking. — **~,strauß** *m zo. cf.* Kiwi. — **~,strich** *m* <-(e)s; *no pl*>, **~,zug** *m hunt.* flight of woodcocks, flock of snipe(s).

Schnep·pe ['ʃnɛpə] *f* <-; -n> **1.** *Middle G.* (*einer Teekanne etc*) spout. - **2.** *colloq. contempt. cf.* Schnepfe.

Schnep·per ['ʃnɛpər] *m* <-s; -> *med. cf.* Schnäpper 3.

schnep·pern ['ʃnɛpərn] *v/i* <h> (*sport*) do a (short) hip swing (into hollow back position and back to normal).

schnet·zeln ['ʃnɛtsəln] *v/t* <h> *bes. Swiss* chop (*s.th.*) (up).

Schneuß [ʃnɔys] *m* <-es; -e> *arch. cf.* Fischblase.

Schneu·ze ['ʃnɔytsə] *f* <-; -n> *obs. for* Lichtputze.

schneu·zen ['ʃnɔytsən] **I** *v/t* <h> **1.** (*sich dat*) die Nase ~ to blow one's nose; ein Kind ~ to wipe a child's nose. - **2.** ein Licht ~ *obs.* to snuff out a candle. - **II** *v/reflex* sich ~ **3.** blow one's nose.

schnicken (*getr.* -k·k-) ['ʃnɪkən] *v/i* <h> mit den Fingern ~ *dial.* to snap one's fingers.

'Schnick,schnack *colloq.* **I** *m* <-(e)s; *no pl*> **1.** chitchat, twaddle, tittle-tattle, gabble. - **2.** (*modischer Flitterkram*) frippery, tawdry. - **II** *s~ interj* **3.** (*Quatsch*) rubbish! fiddlesticks!

schnie·geln ['ʃni:gəln] **I** *v/t* <h> (*Kleidung etc*) spruce (*od.* smarten) up, tit(t)ivate (*colloq.*). - **II** *v/reflex* sich ~ dress (*od.* spruce, smarten) (oneself) up, tit(t)ivate (*colloq.*).

schnie·ke ['ʃni:kə] *adj Northern G. colloq.* **1.** *cf.* schick 1, 2. - **2.** *cf.* dufte 1.

Schnie·pel ['ʃni:pəl] *m* <-s; -> **1.** *colloq. for* Frack 1. - **2.** *contempt. for* a) Angeber 1, b) Geck. [Schnippel.\]

Schnip·fel ['ʃnɪpfəl] *m* <-s; -> *dial. for*\
schnip·feln ['ʃnɪpfəln] *v/t u. v/i* <h> *dial. for* schnippeln.

schnipp [ʃnɪp] *interj* snap!: ~, schnapp! snip-snap!

Schnipp·chen ['ʃnɪpçən] *n* <-s; -> **1.** *Northern and Middle G.* (*Schnalzen der Finger*) snap of the fingers. - **2.** (*Schnellen mit den Fingern*) flick, flip, fillip, *auch* filip,

---

snap of the fingers. - **3.** j-m ein ~ schlagen *fig. colloq. humor.* a) to play a trick on s.o., b) to outwit (*od.* outfox) s.o., to steal a march (up)on s.o.; dem Tod ein ~ schlagen *fig. colloq.* to cheat death (*od. sl.* the worms).

Schnip·pel ['ʃnɪpəl] *m, n* <-s; -> *colloq.* small piece, bit, scrap, shred. — **'schnippeln I** *v/t* <h> **1.** snip, cut: ein Muster in ein Stück Papier ~ to snip a pattern in(to) a piece of paper. - **2.** *gastr.* (*Bohnen, Rüben etc*) shred. - **II** *v/i* **3.** snip, cut: an j-s Haaren ~ to snip at s.o.'s hair.

schnip·pen ['ʃnɪpən] **I** *v/i* <h> **1.** snap: mit den Fingern ~ to snap one's fingers. - **2.** (*mit der Schere*) snip. — **II** *v/t* **3.** (*schnellen*) flick, flip, fillip, *auch* filip, snap: die Krümel vom Tisch ~ to flick the crumbs off the table.

'schnip·pisch I *adj* (*respektlos, kurz angebunden*) pert, saucy, cheeky, flippant, cocky (*colloq.*), *Am. colloq.* snippy: ein ~es junges Ding a pert young thing (*od.* girl). - **II** *adv* ~ antworten to give a pert answer.

'Schnipp'schnapp('schnurr) [-('ʃnʊr)] *n* <-(s); *no pl*> (*games*) snipsnapsnorum, *auch* Earl of Coventry.

schnips [ʃnɪps] *interj cf.* schnipp.

Schnip·sel ['ʃnɪpsəl] *m, n* <-s; -> *colloq. cf.* Schnippel. — **'schnip·seln** *v/t u. v/i* <h> *colloq. cf.* schnippeln.

schnip·sen ['ʃnɪpsən] *v/t u. v/i* <h> *colloq. for* schnippen.

'Schnir·kel,schnecken (*getr.* -k·k-) ['ʃnɪrkəl-] *pl zo.* pulmonate land snails, helices (*Fam. Helicidae*).

schnitt [ʃnɪt] *1 u. 3 sg pret of* schneiden.

Schnitt *m* <-(e)s; -e> **1.** *cf.* Schneiden: für den ~ (*Blumen*) for cutting. - **2.** cut: der ~ ging tief ins Fleisch the cut went deep into the flesh; ein kleiner ~ mit der Schere a small cut with the scissors, a snip; mit einigen ~en wurde der Gipsverband geöffnet the plaster dressing was opened with a few cuts. - **3.** (*Schnittstelle*) cut, incision: ein sauberer ~ a clean cut. - **4.** (*Kerbe*) notch. - **5.** (*Form*) shape, form, cut: der feine ~ ihres Gesichts the fine features (*od.* contours) *pl* of her face. - **6.** (*Haarschnitt*) (hair)cut. - **7.** *med.* a) cut, incision, b) *cf.* Schnittwunde. - **8.** (*film*) cutting and editing. - **9.** (*fashion*) a) (*Schnittmuster*) (dress *od.* paper) pattern, b) (*Zuschnitt*) cut, style, fashion, shape: das Kleid hat einen eleganten ~ the dress has an elegant cut, the dress is elegantly cut; eine Hose nach neuestem ~ a pair of trousers in the latest cut (*od.* fashion); schräger ~ bias. - **10.** *math.* a) (*Schnittpunkt*) intersection, b) *cf.* Schnittfläche 2. - **11.** der Goldene ~ *math.* (*art*) the golden section, *auch* the extreme and mean ratio. - **12.** *agr.* cut, crop, harvest: der erste und zweite ~ beim Heu the first and second cut of the hay; einen guten ~ machen *fig. colloq.* to make a nice profit; to make a packet (*od.* one's pile), to get one's cut (*colloq.*). - **13.** *print.* a) (*Beschneiden*) cut, b) (*Rand des Buches*) edge, c) (*Schriftbild*) face. - **14.** *tech.* (*eines Werkzeuges*) cutting die. - **15.** *tech.* (*einer Zeichnung*) a) (*Längsschnitt*) longitudinal section, b) (*Querschnitt*) cross section, c) *cf.* Schnittzeichnung. - **16.** *colloq.* (*Durchschnitt*) average: im ~ on an (*od.* the) average; einen guten ~ fahren (*mit dem Auto*) to make good time. - **17.** *cf.* a) Holzschnitt, b) Linolschnitt.

'Schnitt|,an,sicht *f tech.* sectional view. — **~,bau** *m* <-(e)s; *no pl*> diemaking, *Br.* die-making. — **~,bild** *n tech.* Schnittansicht. — **~,bild-Ent,fer·nungs,mes·ser** *m phot.* split-image focus(s)ing. — **~,blu·men** *pl* **1.** (*im Blumengeschäft*) cut flowers. - **2.** (*im Garten*) flowers for cutting, cutting flowers. — **~,boh·nen** *pl gast. bes. Br.* French beans, runner beans, *bes. Am.* string beans. — **~,brei·te** *f tech.* **1.** cutting width. - **2.** (*wood*) saw cut, kerf. — **~,bren·ner** *m* slit (*od.* fishtail) burner.

'Schnitt,chen *n* <-s; -> *gastr.* **1.** *dim. of* Schnitte. - **2.** (*open*) sandwich, *bes. Am.* canapé.

'Schnitt,druck *m tech. cf.* Schnittkraft.

Schnit·te ['ʃnɪtə] *f* <-; -n> *gastr.* **1.** slice (*od.* cut, *Br. auch* round) of bread. - **2.** (*belegtes Brot*) (open *od.* Danish) sandwich. - **3.** (*von Fleisch, Fisch etc*) steak. - **4.** (*von Speck etc*) rasher.

'Schnitt|,ebe·ne *f tech. math.* **1.** sectional (*od.* cutting) plane. - **2.** (*einer Zeichnung*) plane of section. — **~ent,bin·dung** *f med. cf.* Kaiserschnitt.

'Schnit·ter *m* <-s; -> *agr.* cropper, reaper, harvester, mower, harvestman.

'schnitt,fest *adj* (*bes. Tomaten*) firm.

'Schnitt|,flä·che *f* **1.** cut surface, section. - **2.** *math.* section(al area). - **3.** *tech.* a) (*eines Werkstückes*) work surface, b) (*einer Zeichnung*) sectional area. - **4.** *geol.* intersecting plane. — **~ge,schwin·dig·keit** *f tech.* cutting speed (*od.* rate). — **~,grün** *n hort.* (*für Sträuße, Tafelschmuck etc*) greenery, green(s *pl*).

'schnitt,hal·tig *adj tech.* (*Schneidwerkzeug*) able to hold the cutting power, of edge--holding property (*od.* quality). — **'Schnitt,hal·tig·keit** *f* <-; *no pl*> (*eines Schneidwerkzeugs*) edge-holding quality.

'Schnitt|,holz *n* (*wood*) sawn timber, saw-timber, *Br.* saw-timber. — **~,hub** *m tech.* (*einer Säge, eines Werkzeugs etc*) cutting stroke.

'Schnittie·fe (*getr.* -tt,t-) *f tech.* depth of cut.

'schnit·tig I *adj* (*Sportwagen, Segeljacht etc*) streamlined, stylish, racy, rakish. - **II** *adv* ~ gebaut of a rakish design.

'Schnitt|,kan·te *f cf.* Schneidkante. — **~,klas·se** *f* (*wood*) class of cut. — **~,kraft** *f* **1.** *tech.* cutting force. - **2.** (*in der Baustatik*) internal force. — **~,kur·ve** *f math.* intersecting curve, curve of intersection. — **~,län·ge** *f tech.* cutting length. — **~,lauch** *m bot.* chive(s *pl*), cive (*Allium schoenoprasum*). — **~,lei·stung** *f tech.* **1.** cutting power (*od.* performance). - **2.** (*eines Schneidmeißels*) stock-removing capacity.

'Schnitt·ling *m* <-s; -e> **1.** *bot. cf.* Schnittlauch. - **2.** *hort. cf.* Steckling.

'Schnitt|,li·nie *f* **1.** *math.* intersecting (line), secant, (line) of intersection. - **2.** *pl geol.* traces, lines of intersection. — **~,mei·ster** *m*, **~,mei·ste·rin** *f* (*film*) *cf.* Cutter(in). — **~mo,dell** *n tech.* (*Darstellung*) cutaway model.

'Schnitt,mu·ster *n* (*fashion*) dress (*od.* paper) pattern. — **~,bo·gen** *m* paper--pattern chart.

'Schnitt|,plat·te *f tech.* cutting die. — **~,pres·se** *f* cutting press. — **~,punkt** *m bes. math.* (point of) intersection, intersecting point: ~ der Winkelhalbierenden median point; der ~ zweier Straßen the intersection of two roads. — **s~,reif** *adj agr.* (*Getreide etc*) ready for cutting, ripe. — **~,rich·tung** *f tech.* direction of cut. — **~sa,lat** *m gastr.* lettuce. — **~,stel·le** *f* **1.** (*computer*) interface. - **2.** (*film*) cut. — **~,stem·pel** *m tech.* blanking, cutting and punching die. — **~ver,lust** *m* (*wood*) stumpage, loss in saw kerf.

'Schnitt,wa·re *f* **1.** *pl* (*textile*) yard goods, *bes. Am.* piece goods, *Am. auch* dry goods. - **2.** (*wood*) *cf.* Schnittholz.

'Schnitt,wa·ren|ge,schäft *n Br.* draper's shop, *Am.* piece goods (*auch* dry goods) store, drapery store. — **~,händ·ler** *m Br.* draper, *Am.* piece goods (*auch* dry goods) dealer.

'Schnitt|,werk,zeug *n tech.* blanking (*od.* cutting) die. — **~,win·kel** *m* **1.** *math.* angle of intersection. - **2.** *tech.* (*true*) cutting angle, angle of cut. — **~,wun·de** *f med.* cut, incised wound: tiefe ~ gash, slash. — **~,zeich·nung** *f tech.* sectional drawing.

Schnitz [ʃnɪts] *m* <-es; -e> *Southern G. and Austrian* (*eines Apfels etc*) piece, segment.

'Schnitz|,ar·beit *f* carving, carved work. — **~,bank** *f* <-; *⸚e*> *tech.* carver's bench. — **~,bild** *n* (*art*) wood sculpture, carving.

Schnit·zel¹ ['ʃnɪtsəl] *n* <-s; -> *gastr.* escalope (*od.* scallop) (of veal *od.* pork), (*Kalbsschnitzel*) schnitzel: Wiener ~ escalope (of veal) Viennese style, Wiener schnitzel.

'Schnit·zel² *n, m* <-s; -> **1.** (*von Rüben, Kartoffeln etc*) shred, sliver. - **2.** *colloq. cf.* Schnippel.

'Schnit·zel|,jagd *f* (*games*) paper chase (*od.* chasing), hare and hounds: eine ~ machen to play hare and hounds. — **~ma,schi·ne** *f tech.* slicing machine, slicer, cutter. — **~,mes·ser** *n* chopper, slicing knife.

schnit·zeln ['ʃnɪtsəln] *v/t u. v/i* <h> *cf.* schnippeln.

schnit·zen ['ʃnɪtsən] **I** *v/t* <h> **1.** (*zurechtschneiden*) whittle, cut: sich (*dat*) eine Pfeife aus Rohr ~ to whittle oneself a pipe from (a piece of) cane. - **2.** *(kunstvoll)* carve: etwas aus Holz ~ to carve s.th. in *(od. out of)* wood; ein Muster in ein Möbelstück ~ to carve a pattern into a piece of furniture; da ist sein Bruder aber aus anderem Holz geschnitzt *fig.* his brother is made of quite different stuff. - **II** *v/i* **3.** whittle, cut: an *(dat)* etwas ~ to whittle at s.th. - **4.** carve, do carving work: an dieser Madonna hat er ein ganzes Jahr geschnitzt he worked for a whole year on the carving of this madonna.

'**Schnit·zer** *m* ⟨-s; -⟩ **1.** *(Beruf)* (wood)-carver. - **2.** *tech. cf.* Schnitzmesser. - **3.** *colloq. (Lapsus)* blunder, slip, stumble, *(stärker)* howler *(sl.)*, *Am. sl.* boner, goof: einen ~ machen to blunder; er hat sich *(dat)* einen argen ~ geleistet he made a howler *(sl.)*, he put his foot in it (up to the knee) *(colloq.)*.

Schnit·ze'rei *f* ⟨-; -en⟩ **1.** *(Werk)* carved work *(od. article)*, (wood) carving *(od. sculpture)*. - **2.** ⟨*only sg*⟩ *cf.* Schnitzkunst. - **3.** *(Werkstatt)* carver's workshop.

'**Schnitz|kunst** *f* (art of) carving, wood carving. — **~·mes·ser** *n tech.* carver's *(od.* carving) knife. — **~·werk** *n* **1.** (rich) carving: mit reichem ~ richly carved. - **2.** *cf.* Schnitzerei 1.

schnob [ʃnoːp] *obs. 1 u. 3 sg pret,* **schnö·be** ['ʃnøːbə] *obs. 1 u. 3 sg pret subj of* schnauben.

schnöd [ʃnøːt] *adj u. adv* ⟨-er; -est⟩ *lit. cf.* schnöde.

schnod·de·rig ['ʃnɔdərɪç], '**schnodd·rig** *adj colloq. (Antwort, Ton, Benehmen etc)* flippant, pert, cocky *(colloq.)*: er hat einen ~en Ton an sich he has a flippant way of speaking. — '**Schnod·de·rig·keit,** '**Schnodd·rig·keit** *f* ⟨-; *no pl*⟩ *colloq.* flippancy, pertness, cockiness *(colloq.)*.

schnö·de ['ʃnøːdə] *lit.* **I** *adj* ⟨-r; -st⟩ **1.** *(gemein, niedrig)* mean, vile, base, contemptible, despicable, filthy: ~r Undank base *(od.* black) ingratitude; ~r Gewinn vile profit; ~r Mammon filthy lucre; ~r Geiz base avarice; ~ Selbstsucht contemptible egoism. - **2.** *(schamlos, skrupellos)* shameless, unscrupulous: ~r Verrat shameless betrayal. - **3.** *(geringschätzig)* contemptuous, scornful, disdainful: eine ~ Abfuhr erleiden to meet with a scornful rebuff. - **II** *adv* **4.** j-n ~ behandeln to be mean *(od.* vile) to s.o., to use s.o. badly. — '**Schnöd·heit** *f* ⟨-; *no pl*⟩ *rare for* Schnödigkeit. — '**Schnö·dig·keit** *f* ⟨-; *no pl*⟩ **1.** *(Gemeinheit)* meanness, vileness, baseness, contemptibleness, despicableness, filthiness. - **2.** *(Scham-losigkeit, Skrupellosigkeit)* shamelessness, unscrupulousness. - **3.** *(Geringschätzigkeit)* contempt(uousness), scorn(fulness), disdain(fulness).

schno·feln ['ʃnoːfəln] *v/i* ⟨h⟩ *Austrian colloq.* **1.** *cf.* schnüffeln. - **2.** *rare for* näseln.

Schnor·chel ['ʃnɔrçəl] *m* ⟨-s; -⟩ *mar. (sport)* s(ch)norkel, *auch* schnorchel, *Br. auch* snort, breathing mast *(od.* tube). — **~·un·ter,see,boot** *n mar. mil.* snorkel- *(Br. auch* snort-)equipped submarine.

Schnör·kel ['ʃnœrkəl] *m* ⟨-s; -⟩ **1.** *(an Schriftzügen)* flourish, squiggle, twirl, curlicue, *auch* curle(y)cue, quirk, scroll, pothook, *(an der Unterschrift auch)* paraph: ~ und Schlingen pothooks and hangers *(colloq.)*. - **2.** *(an Möbeln, Säulen etc)* scroll, twirl, flourish, curlicue, *auch* curle(y)cue, scrolled *(od.* twisted, spiral, interlaced) ornament, volute: mit ~n verziert scrolled. - **3.** *fig. (stilistisch)* flourish.

Schnör·ke'lei *f* ⟨-; -en⟩ *colloq. cf.* Geschnörkel. — '**schnör·kel·haft** *adj cf.* schnörkelig. — '**schnör·ke·lig** *adj* flourishy, twirly, curlicued, quirky, scrolly: ~e Handschrift flourishy *(od.* ornate) handwriting, handwriting full of flourishes *(od.* squiggles). [schnörkel 1.]

'**Schnör·kel|kram** *m contempt. cf.* Geschnör·keln ['ʃnœrkəln] *v/i* ⟨h⟩ *(bes. beim Schreiben)* make flourishes *(od.* squiggles). — '**Schnör·kel,schrift** *f* flourishy *(od.* ornate) handwriting.

schnor·ren ['ʃnɔrən] *colloq.* **I** *v/t* ⟨h⟩ **1.** cadge; sponge (for), scrounge *(colloq.)*, *Am. colloq.* mooch, *Am. sl.* bum: Zigaretten ~ to cadge cigarettes. - **2.** eine Vorlesung ~ to hear a lecture without registering for it. - **II** *v/i* **3.** (bei) cadge (from);

---

sponge *(up)on, Am. auch* off), scrounge (from) *(colloq.), Am. colloq.* mooch (on, from), freeload (on, from): er hat sein Leben lang bei seinen Freunden geschnorrt he has been sponging on his friends all his life.

'**Schnor·rer** *m* ⟨-s; -⟩ *colloq.* **1.** cadger; sponge(r), scrounger *(colloq.), Am. colloq.* mooch(er), *Am. sl.* bum, *Am. sl.* dead beat, *auch* schnorrer. - **2.** *cf.* Bettler 1, 3.

Schnö·sel ['ʃnøːzəl] *m* ⟨-s; -⟩ *colloq.* (young) snot, fop, silly fellow *(colloq.)*: ein junger ~ a snotty kid *(sl.)*; er ist ein eingebildeter ~ he is a conceited snot *(od. sl.* twerp, *auch* twirp). - '**schnö·se·lig** *adj* snotty *(colloq.)*, unpleasant, twerplike, *auch* twirplike *(sl.)*.

Schnucke *(getr.* -k·k-) ['ʃnukə] *f* ⟨-; -n⟩ *zo. cf.* Heidschnucke.

Schnuckel·chen *(getr.* -k·k-) ['ʃnukəlçən] *n* ⟨-s; -⟩ *only in* mein ~ *colloq.* (my) darling, (my) sweetheart, (my) ducky *(colloq.)*, (my) baby *(sl.)*.

schnucke·lig *(getr.* -k·k-) ['ʃnukəlɪç] *adj Northern G. colloq.* **1.** *(Mädchen)* cuddly, cuddlesome. - **2.** *(Wohnung, Häuschen etc)* snug, cosy, cozy.

Schnucki *(getr.* -k·k-) ['ʃnuki] *n* ⟨-s; -s⟩ *cf.* Schnuckelchen.

Schnüf·fe'lei *f* ⟨-; -en⟩ *colloq.* **1.** *cf.* Schnüffeln. - **2.** *fig.* snooping, snoopery.

schnüf·feln ['ʃnʏfəln] **I** *v/i* ⟨h⟩ **1.** *(schnuppern)* sniff, *auch* snuff, snuffle, nose, nuzzle: der Hund schnüffelte an meinen Schuhen the dog sniffed at my shoes. - **2.** *colloq. (die Nase hochziehen)* sniff(le), snuffle, snivel. - **3.** *fig. colloq.* pry, sniff *(od.* nose, poke, snoop) *(around od.* about): in j-s Privatangelegenheiten ~ to nose about in s.o.'s private affairs. - **II** *S~* *n* ⟨-s⟩ **4.** *verbal noun.* - **5.** sniff, snuffle. - **6.** *colloq. (Hochziehen)* sniff(le), snuffle, snivel. - **7.** *fig. colloq. cf.* Schnüffelei 2.

'**Schnüf·fel·ven,til** *n tech.* snifting valve.

'**Schnüff·ler** *m* ⟨-s; -⟩ **1.** *fig. colloq. contempt.* nosy person, Nosy Parker *(beide colloq.)*, snoop(er), prier. - **2.** *fig. colloq. contempt. (Detektiv)* sleuth. - **3.** *tech. (eines Lecksuchgeräts)* sniffer.

schnul·len ['ʃnulən] *v/i* ⟨h⟩ *dial.* suck.

'**Schnul·ler** *m* ⟨-s; -⟩ **1.** *Am.* pacifier, *bes. Br.* comforter, dummy *(teat)*. - **2.** *(an der Milchflasche) bes. Am.* nipple, *Br.* teat.

Schnul·ze ['ʃnultsə] *f* ⟨-; -n⟩ *colloq. contempt.* tearjerker, sob stuff *(colloq.), Am. sl.* 'corn', *(bes. Schlager) auch* croon (song).

'**Schnul·zen,sän·ger** *m colloq. contempt.* soap-opera singer, tearjerker, crooner.

'**schnul·zig** *adj (Schlager, Roman etc) colloq. contempt.* sentimental, *Am. sl.* 'corny', schmal(t)zy.

schnup·fen ['ʃnupfən] **I** *v/i* ⟨h⟩ take snuff, snuff. - **II** *v/t* Tabak ~ to take snuff, to snuff. - **III** *S~* *n* ⟨-s⟩ *verbal noun:* er hat sich das S~ angewöhnt he got into the habit of taking snuff.

'**Schnup·fen** *m* ⟨-s; -⟩ *med.* cold (in the head), (nasal) catarrh, running *(od.* runny) nose *(colloq.); Am. colloq.* the sniffles *pl*, the snuffles *pl*; coryza, rhinitis *(scient.)*: chronischer ~ chronic cold; (einen) ~ haben to have a cold, (einen) ~ bekommen, sich *(dat)* einen ~ holen to catch (a) cold. — **~·mit·tel** *n med. pharm.* remedy for a cold. — **~·sal·be** *f* nasal jelly.

'**Schnup·fer** *m* ⟨-s; -⟩ snuff-taker, snuffer.

'**Schnupf|,ta·bak** *m* snuff. — **~·ta·bak(s),do·se** *f* snuffbox. — **~·tuch** *n* ⟨-(e)s; ⁼er⟩ *obs.* (pocket-)handkerchief, kerchief.

schnup·pe ['ʃnupə] *adj* ⟨*pred*⟩ *only in* das ist mir ~ *colloq.* I don't care, that's all the same to me: das ist mir völlig ~ *colloq.* I don't care a rap *(bes. Am.* a dime, a red cent, *bes. Br.* twopence), (I) couldn't care less, I don't care a hoot *(od.* two hoots) *(sl.)*.

'**Schnup·pe** *f* ⟨-; -n⟩ *Northern and Middle G. (einer Kerze)* snuff.

schnup·pern ['ʃnupərn] **I** *v/i* ⟨h⟩ *(schnüffeln)* sniff, snuffle: der Hund schnupperte an einem Baum the dog sniffed at a tree. - **II** *v/t colloq. (riechen)* sniff, smell, scent.

Schnur [ʃnuːr] *f* ⟨-; ⁼e *rare* -en⟩ **1.** string, cord, twine: ein Paket mit einer ~ umwickeln to tie (up) a parcel with (a piece of) string; → hauen 12. - **2.** *(Kordel)* cord. - **3.** *(als Verzierung an Kissen, Uniformen,*

Hüten etc) cording, braid, lace, piping: etwas mit Schnüren einfassen *(od.* besetzen, verzieren) to trim *(od.* edge) s.th. with cording, to braid s.th. - **4.** *(für Perlen, Korallen etc)* string: Perlen an einer ~ aufreihen, Perlen auf eine ~ fädeln *(od.* ziehen) to string pearls. - **5.** *(einer Angel)* (fishing) line. - **6.** *(einer Peitsche)* lash. - **7.** *(Zeltschnur)* guy (rope). - **8.** *(eines Lots)* line, cord. - **9.** *(sport)* line. - **10.** *electr. (am Bügeleisen etc)* (flexible) lead *(od.* cord), *bes. Br.* flex: dreiadrige ~ three-conductor cord. - **11.** *civ.eng.* a) *(zum Messen, Abstecken etc)* line, b) *(Mauer-, Zimmerschnur)* (chalk) line: eine Mauer nach der ~ ziehen to lay out a wall by the line. - **12.** *med. (Nabelschnur)* (umbilical) cord. - **13.** ⟨*pl* -en⟩ *print. (in der Buchbinderei)* band, cord.

'**Schnur|,band** *n* ⟨-(e)s; ⁼er⟩ *cf.* Schnürsenkel.

'**Schnur·,baum** *m bot.* coral beam (tree) *(Gattg Sophora)*: (Japanischer) ~ (Japanese) pagoda tree, *auch* Chinese scholartree *(S. japonica)*; Vierflügeliger ~ pelu *(S. tetraptera).* — **~be,satz** *m* braid(ing), piping.

'**Schnür·,bo·den** *m* **1.** *(theater)* gridiron, rigging loft. - **2.** *mar. (einer Werft)* mold *(bes. Br.* mould) loft (floor), drawing loft.

Schnür·chen ['ʃnyːrçən] *n* ⟨-s; -⟩ **1.** *dim. of* Schnur. - **2.** das *(od.* es) geht *(od.* läuft, klappt) wie am ~ *fig. colloq.* it is going like clockwork *(od.* without a hitch); der Schüler konnte das Gedicht wie am ~ *fig. colloq.* the pupil knew the poem (off) backwards *(od.* off pat).

schnü·ren ['ʃnyːrən] **I** *v/t* ⟨h⟩ **1.** *(Paket etc)* tie *(s.th.)* (up) (with string *od.* cord), cord: du hast den Ballen zu fest geschnürt you have tied the bale too tight(ly); einem Gefangenen die Hände auf den Rücken ~ to tie a prisoner's hands behind his back; er schnürte einen Riemen um seine Bücher he tied his books up with a strap, he strapped his books up; sein Bündel ~ *bes. fig.* to pack up, to pack one's bags. - **2.** *(Schuhe)* lace (up), tie. - **3.** *(Mieder, Taille etc)* lace. - **II** *v/i* ⟨h u. sein⟩ **4.** ⟨h⟩ *colloq. (von zu engen Hosen, Kleidern etc)* be too tight, constrict. - **5.** ⟨sein⟩ *hunt. (von Fuchs, Wildkatze etc)* move *(od.* run) in a straight line. - **III** *v/reflex* ⟨h⟩ **6.** *archaic (von Frauen)* wear a corset, wear stays, lace oneself up: sich stark *(od.* eng, fest) ~ to wear tight corsets, to lace oneself up tightly. - **IV** *S~* *n* ⟨-s⟩ **7.** *verbal noun.* - **8.** *cf.* Schnürung.

'**schnur·ge'ra·de** **I** *adj* **1.** (as) straight as a die *(od.* an arrow), dead straight *(colloq.)*: die Bäume stehen in ~r Linie the trees are lined up as straight as a die. - **II** *adv* **2.** (as) straight as a die *(od.* an arrow), dead straight *(colloq.)*. - **3.** *auch fig. (gerade-wegs)* straight, direct: ~ auf j-n zusteuern to go straight for *(od.* to) s.o., to make a beeline for s.o.; ~ auf ein Ziel zusteuern *fig.* to aim straight *(od.* directly) for a goal.

'**Schnur·ke,ra·mik** *f archeol.* string ceramics *pl (usually construed as sg)*.

'**Schnür·,loch** *n* eyelet.

'**Schnürl·,re·gen** ['ʃnyːrl-] *m Austrian* sheets *pl* of rain. — **~·samt** *m Austrian for* Kordsamt.

'**Schnür·,na·del** *f* bodkin.

'**Schnurr·,bart** *m* moustache, *Am. auch* mustache: sich *(dat)* einen ~ wachsen *(od.* stehen) lassen to grow a m(o)ustache. — **~·äff·chen** *n zo.* **1.** *(in Westafrika)* moustache (monkey), red-eared monkey *(Cercopithecus erythrotis)*. - **2.** *(in Südamerika)* emperor tamarin *(Saguinus imperator)*. — **~·bin·de** *f* moustache *(Am. auch* mustache) trainer.

'**schnurr·,bär·tig** *adj* moustached, *Am. auch* mustached.

'**Schnurr·,bart,pfei·fer** *m zo.* South American bullfrog *(Leptodactylus mystacinus)*.

Schnur·re ['ʃnurə] *f* ⟨-; -n⟩ **1.** *(humorvolle Erzählung)* droll *(od.* amusing) story, drollery. - **2.** *(Posse)* farce. - **3.** *meist pl (alberner Scherz)* silly joke. - **4.** *dial. (altes Weib)* (old) hag, harridan.

schnur·ren ['ʃnurən] **I** *v/i* ⟨h⟩ **1.** *(von Katzen)* purr. - **2.** *(von Rad, Spinnrad, Kreisel, Ventilator etc)* whir(r), buzz, hum. - **3.** *(von Motoren, Maschinen)* purr, hum. - **4.** *fig. colloq. (tadellos funktionieren)* run very smoothly, bowl along: **seit der Reparatur schnurrt das Auto wieder** the car has whizzed along since it was repaired. – **II S~** *n* ⟨-s⟩ **5.** *verbal noun.* – **6.** (*einer Katze*) purr. – **7.** (*eines Rads, Spinnrads etc*) whir(r), buzz, hum. – **8.** (*eines Motors etc*) purr, hum.

'Schnurr,haa·re *pl* (*einer Katze etc*) whiskers.

'schnur·rig *adj* **1.** (*drollig*) droll, amusing: **eine ~e Geschichte** a droll (*od.* humorous) story, a drollery. – **2.** (*wunderlich*) quaint, odd, bizarre: **ein ~er Kauz** *fig. colloq.* a quaint sort (*od. colloq.* fellow).

'Schnur·rig·keit *f* ⟨-; *no pl*⟩ **1.** (*Drolligkeit*) drollness, drollery. – **2.** (*Wunderlichkeit*) quaintness, oddness, bizarreness.

'Schnur,rol·le *f* **1.** ball of string (*od.* cord). – **2.** (*drehbar angebracht*) string (*od.* cord) pulley.

,Schnurr·pfei·fe·rei *f* ⟨-; -en⟩ *obs.* knick-knack, nic(k)nac(k).

'Schnurr,vo·gel *m zo.* manakin (*Fam. Pipridae*).

'Schnur,schal·ter *m electr.* pendent (*od.* pendant) switch: **~ mit Druckknopf** pressel (*od.* pear) switch.

'Schnür|,schuh *m meist pl* lace(d) shoe. — **~,sen·kel** *m* **1.** (*für Halbschuhe*) shoelace, *Am. auch* shoestring. – **2.** (*für Stiefel*) bootlace.

'Schnur,stich *m* (*in der Stickerei*) cord (*od.* twist) stitch, couching.

'Schnür,stie·fel *m meist pl* lace(d) boot.

'schnur'stracks *adv* **1.** *auch fig.* (*geradewegs*) straight, direct: **~ auf j-n zugehen** to go straight for (*od.* up to) s.o., to make a beeline for s.o. – **2.** (*sofort, unverzüglich*) straight (away), immediately, *bes. Am. colloq.* right away.

'Schnü·rung *f* ⟨-; -en⟩ **1.** *cf.* Schnüren. – **2.** (*textile*) (*in der Weberei*) cording.

'Schnur|ver,schluß *m* (*an Uniformröcken, Kleidern etc*) string fastening. — **~,wurm** *m zo.* ribbon worm; nemertine, nemertinean (*scient.*) (*Stamm Nemertina*).

schnurz [ʃnurts] *adj* ⟨*pred*⟩ *only in* **das ist mir ~ (und piepe)** *colloq.* I don't give (*od.* care) a damn (*od. colloq.* a hang). — **~('piep·)egal** [-ᵊe'gaːl] *adj* ⟨*pred*⟩ *colloq. cf.* schnurz.

Schnu·te ['ʃnuːtə] *f* ⟨-; -n⟩ **1.** *Northern G. colloq.* (*Schmollmund*) pout: **eine ~ ziehen** (*od.* machen) to pout (one's lips). – **2.** *Low G. for* Schnauze.

schob [ʃoːp] *1 u. 3 sg pret,* **schö·be** ['ʃøːbə] *1 u. 3 sg pret subj of* schieben.

Scho·ber ['ʃoːbər] *m* ⟨-s; -⟩ **1.** *cf.* a) Schuppen³ 1, b) Scheune 1, 2. – **2.** *Southern G. and Austrian* (*Getreide-, Heuhaufen*) stack, rick.

scho·bern ['ʃoːbərn], **schobern** ['ʃoːbərn] *v/t* ⟨h⟩ *Southern G. and Austrian* (*Heu etc*) stack, rick.

Schock¹ [ʃɔk] *n* ⟨-(e)s; -e, nach Zahlenangaben -⟩ **1.** (*60 Stück*) sixty, threescore, five dozen: **2 ~ Eier** 120 (*od.* sixscore, ten dozen) eggs; **ein halbes ~** thirty, a score and a half. – **2.** *fig.* (*große Menge*) great number, dozens *pl;* lot, lots *pl* (*colloq.*): **sie hat ein (ganzes) ~ Kinder** she has crowds (*od. colloq.* a lot, lots) of children; **ein ~ Neuigkeiten** a lot (*od.* heaps) of news (*colloq.*).

Schock² *m* ⟨-(e)s; -s, *rare* -e⟩ *auch med.* shock: **seelischer ~** psychic (*od.* mental) shock; **einen ~ erleiden** (*od.* bekommen, *colloq.* kriegen) to suffer a shock; **das Erlebnis hat ihm einen ~ versetzt** the experience gave him a shock.

schockant (*getr.* -k·k-) [ʃɔ'kant] *adj* (*anstößig*) shocking.

'Schock|be,hand·lung *f med. cf.* Schocktherapie. — **~,ein,wir·kung** *f* effects *pl* of shock: **der Patient steht noch unter ~** the patient is still suffering from (the effects of) shock, *Am. auch* the patient is still in shock.

schocken (*getr.* -k·k-) ['ʃɔkən] *v/t* ⟨h⟩ **1.** *med.* a) shock, give (*s.o.*) shock treatment, b) (*mit Elektroschocks*) shock, treat (*s.o.*) with electric shocks (*od.* electroshocks), give (*s.o.*) electric shock treatment. – **2.** *colloq. for* schockieren. — **'Schocker** (*getr.* -k·k-) *m* ⟨-s; -⟩ *colloq.* (*Schauerroman, -film etc*) shocker.

schockie·ren (*getr.* -k·k-) [ʃɔ'kiːrən] *v/t* ⟨no ge-, h⟩ shock, (*stärker*) scandalize *Br. auch* -s-: **ihr Benehmen hat uns schockiert**

her behavio(u)r shocked us, we were shocked by her behavio(u)r. — **schockie·rend** (*getr.* -k·k-) [-'kiːrənt] **I** *pres p.* – **II** *adj* (*Benehmen etc*) shocking, (*stärker*) scandalous.

'Schock·pa·ti,ent *m med.* patient in shock.

'Schock,schwe·re'not *interj archaic* hang (*od.* damn) it (all)!

'Schock|the·ra,pie *f med.* **1.** *auch fig.* shock therapy (*od.* treatment). – **2.** (*mit Elektroschocks*) electroshock (*od.* electroconvulsive) therapy (*od.* treatment). — **~,trup·pen** *pl mil.* shock troops.

'schock,wei·se *adv* **1.** in lots of sixty (*od.* threescore). – **2.** *fig.* (*in großen Mengen*) by the dozen, in dozens.

'Schock,wir·kung *f bes. med.* shock (*od.* traumatic) effect.

scho·fel ['ʃoːfəl], **'scho·fe·lig** *adj colloq.* **1.** (*schäbig, gemein*) mean, shabby: **das finde ich aber ~ von dir** I think that is quite shabby of you. – **2.** (*erbärmlich, armselig*) shabby, miserable, dingy. – **3.** (*knauserig*) mean, miserly, stingy.

Schöf·fe ['ʃœfə] *m* ⟨-n; -n⟩ *jur.* lay assessor (*od.* judge): **~ sein** to be (*od.* serve as) a lay assessor; **einen ~n ablehnen** to challenge a lay assessor (*od.* judge).

'Schöf·fen|,amt *n jur.* office (*od.* function) of a lay assessor (*od.* lay judge). — **~,ge,richt** *n* court of lay assessors (*od.* judges). — **~,li·ste** *f* list (*od.* panel) of lay assessors (*od.* judges).

Schof·för [ʃɔ'føːr] *m* ⟨-s; -e⟩ *cf.* Chauffeur.

'schof·lig *adj colloq. cf.* schofel.

Scho·ko·la·de [ʃoko'laːdə] *f* ⟨-; -n⟩ **1.** chocolate: **gefüllte ~** chocolate with a filling; **eine Tafel ~** a bar of chocolate. – **2.** (*Getränk*) (drinking) chocolate.

Scho·ko·la·de..., scho·ko·la·de... *cf.* Schokoladen..., schokoladen...

scho·ko·la·den *adj* (of) chocolate. — **~-,braun** *adj* chocolate(-brown).

Scho·ko·la·den|,eis *n* chocolate ice cream. — **~,fa,brik** *f* chocolate factory. — **s~,far·ben, s~,far·big** *adj* chocolate(-brown). — **~,guß** *m* (*auf einem Kuchen etc*) chocolate coating (*od.* icing). — **~,plätz·chen** *n* chocolate biscuit (*Am.* cookie, cooky, *auch* cookey). — **~,pud·ding** *m* chocolate pudding. — **~,pul·ver** *n* chocolate powder. — **~,rie·gel** *m* bar of chocolate, *Am. auch* chocolate bar. — **~,sei·te** *f fig. colloq.* best side. — **~,spei·se** *f gastr.* chocolate dessert. — **~,streu·sel** *m meist pl* chocolate flake. — **~,ta·fel** *f* bar of chocolate, *Am. auch* chocolate bar. — **~,tas·se** *f* chocolate cup. — **~,tor·te** *f* chocolate cake. — **s~,über,zo·gen** *adj* (*Kuchen, Pralinen etc*) chocolate-coated.

Scho·lar [ʃo'laːr] *m* ⟨-en; -en⟩ *hist.* (itinerant) scholar.

Scho·la·stik [ʃo'lastık] *f* ⟨-; *no pl*⟩ *philos.* Scholasticism, *auch* scholasticism. — **Scho·'la·sti·ker** [-tikər] *m* ⟨-s; -⟩ Scholastic, *auch* scholastic, Schoolman, *auch* schoolman. — **scho·'la·stisch** [-tıʃ] *adj* scholastic, *auch* Scholastic. — **Scho·la·sti'zis·mus** [-ti'tsısmus] *m* ⟨-; *no pl*⟩ Scholasticism, *auch* scholasticism.

Scho·li·ast [ʃo'liast] *m* ⟨-en; -en⟩ *antiq.* (*literature*) scholiast.

Scho·lie [ʃo'liə] *f* ⟨-; -n⟩, **Scho·li·on** ['ʃoːliɔn] *n* ⟨-s; -lien⟩ *antiq.* (*literature*) scholium, scholion.

scholl [ʃɔl] *rare 1 u. 3 sg pret of* schallen.

Schol·le¹ ['ʃɔlə] *f* ⟨-; -n⟩ **1.** *agr.* clod: **die ~n zerkleinern** to break the clods. – **2.** (*Eisscholle*) (ice) floe, lump of ice. – **3.** *fig.* (*Heimatboden*) soil: **die eigene** [**heimatliche**] **~** one's own [the native] soil; **an der ~ hängen, an die ~ gebunden sein, mit der ~ verwachsen sein** to cling (*od.* to be bound) to the (*od.* to one's native) soil; **auf der eigenen ~ sitzen** to have one's own piece of ground. – **4.** *geol.* a) (*des Gesteins*) block, b) (*der Erdrinde*) massif: **die hangende ~** the upthrow side.

'Schol·le² *f* ⟨-; -n⟩ *zo.* (*Gemeine*) ~ plaice, *auch* plaise, *Am.* summer flounder (*Pleuronectes platessa*): **die ~n** *collect.* the pleuronectids, the Pleuronectidae (*Fam. Pleuronectidae*).

schöl·le ['ʃœlə] *rare 1 u. 3 sg pret subj of* schallen.

'Schol·len|,bre·cher *m agr.* clod breaker (*od.* crusher). — **~,ge,bir·ge** *n geol.* block mountains *pl.*

schol·lern ['ʃɔlərn] *v/i* ⟨h⟩ **1.** (*dumpf tönen*) rumble. – **2.** *agr.* break the soil (with a hoe).

'schol·lig *adj* (*Boden etc*) cloddy, lumpy.

'Schöll,kraut ['ʃœl-] *n bot.* common (*od.* greater) celandine, swallowwort (*Chelidonium majus*).

schöl·te ['ʃœltə] *1 u. 3 sg pret subj of* schelten.

schon [ʃoːn] *adv* **1.** (*bereits*) already: **es ist ~ 12 Uhr** it is 12 o'clock already; **ich habe dir ~ gestern gesagt, daß** I already told you yesterday that; **es ist ~ zu spät** it is already too late, it is too late now; **ist es ~ so spät?** is it so late already? **mußt du ~ gehen?** do you have (*od. colloq.* have you got) to go already? **was, ~ zurück?** *colloq.* what, back already? **er liegt ~ (seit) 3 Wochen im Krankenhaus** he has been in (the) hospital for 3 weeks (already *od.* now); **wie ~ gemeldet** (*od.* berichtet) [**erwähnt**] as has already been reported [mentioned]; **ich warte nun ~ ein halbes Jahr** I have been waiting for six months (already *od.* now); **möchten Sie ein Stück Kuchen? Danke, ich habe ~ ein(e)s** would you like a piece of cake? Thank you, I already have one; **sie ist ~ (so) oft zu spät gekommen** she has been late (so) often (already), she has (so) often been late (already); **ich habe dir doch ~ zwanzigmal gesagt, daß** I have already told you twenty times that; **werden Sie ~ bedient?** are you (already) being attended to (*od.* being served)? **da sind wir (ja) ~!** *colloq.* here we are already! **ich bin ~ einmal in England gewesen** I have been to England (once) before, I have been to England once already; **~ heute werden wir unsere Arbeit abschließen** we shall finish (*od.* have finished) our work today already; **er ist ~ lange** (*od. colloq.* längst) **abgereist** he has been gone a long time (now) (*od. colloq.* gone for ages); **wie lange sind Sie ~ hier?** how long have you been here? **da ist er ja ~ wieder** a) (*wieder zurück*) there he is back already, b) (*ein zweites Mal*) there he is (yet) again; **gehst du ~ wieder?** are you going (again) already? **was gibt's denn nun ~ wieder?** *colloq.* what is it now? what (on earth) is the matter now? **was will denn der ~ wieder?** *colloq.* what does he want now (*od.* this time)? **was, ~ wieder?** what, again? **ich habe das ~ immer gesagt** I always said so; **~ immer wollte ich dich fragen, ob** I have always wanted to (*od. colloq.* been meaning) to ask you if; **seit wann weißt du das ~?** since when have you known that? **das kennen wir ~** *colloq.* we know that already, (*bei Entschuldigungen, Klagen etc*) *auch* we have heard that one before (*colloq.*); **ich habe Sie doch ~ (ein)mal gesehen** I have seen you somewhere before. – **2.** (*verstärkend*) very: **sie werden ~ bald kommen** they will come very soon; **~ am nächsten Morgen brachen wir auf** we set off the very next morning; **~ von Anfang an** (right) from the very beginning; **er weiß ~ warum** he knows very (*od.* perfectly) well (why); **sie ist ~ ganz durcheinander** she is really quite confused; **sie schwimmt ~ ganz gut** she (really) swims quite well, she is really quite a good swimmer; **es ist ~ ziemlich lange her** (**, daß**) it is quite a long time (ago) (, since). – **3.** (*zu einem bestimmten Zeitpunkt*) as early as: **ich muß ~ um 6 Uhr aufstehen** I have to get up as early as (*od. colloq.* at the early hour of) 6 o'clock; **~ im Jahre 1923** as early as 1923; **~ im 15. Jahrhundert hat man erkannt, daß** as early (*od. colloq.* as far back, as long ago) as the 15th century it was realized that. – **4.** (*in Fragesätzen, eine Möglichkeit ausdrückend*) yet: **ist er ~ tot?** is he dead yet? **ist sie ~ da?** a) has she come (*od.* is she here) yet? b) (*früher als erwartet*) is she here already? **hast du ~ das Buch ausgelesen?** have you finished the book yet? – **5.** (*nicht erst zu einem anderen Zeitpunkt*) even: **du kannst ~ jetzt mitkommen** you could come with me even (*bes. Am.* right) now; **das habe ich ~ früher bemerkt** I have noticed it (even) before; **~ früher hat man dieses Verfahren angewendet** this technique has been applied even before (our day). – **6.** **~** (**einmal**) (*bei Fragen*) ever: **sind Sie ~ einmal in Spanien gewesen?** have you ever been to Spain? **hast du so etwas ~ (ein)mal gemacht?** have you ever done anything like that (before)? – **7. ~ ..., als** (*bei Gleichzeitigkeit*) just ... when: **er wollte ~ gehen, als** he was (just) about to go when; **~ glaubte er gerettet zu sein, als sich folgendes ereignete** just when he thought he was safe the following happened. – **8.** (*allein, nur*) merely, only, just: **~ wenn ich an sie denke** if I just think of her, at the mere thought of her, I merely need to think of her; **~ der Gedanke (daran) bereitet mir Schrecken** the mere (*od.* very) thought of it terrifies me; **~ ihre Stimme macht mich nervös** her very voice sets (*od. colloq.* her voice is enough to set) me on edge; **~ aus Höflichkeit** out of mere courtesy; **das ergibt sich ~ allein dadurch, daß** that is due to the mere fact that; **~ (allein) deswegen kann ich nicht mitgehen** for that reason alone I can't go, I can't go, if only for that reason; **~ wegen meiner Mutter** because (*od.* for the sake) of my mother alone (*od. colloq.* for a start). – **9.** (*tröstend, besänftigend*) all right, surely: **er wird ~ kommen** he will come all right (, don't worry), he will surely come; **ich werde das Zimmer ~ bezahlen** I'll pay for the room all right; **es wird ~ gehen** it will be all right (*od. colloq.* OK, okay, *auch* okey, okeh); **das wird ~ stimmen** that will surely be right, I'm sure that's right (*colloq.*); **er wird es ~ machen** *auch* fig. he will do it all right, leave it to him; **wir verstehen uns ~!** *colloq.* a) we understand each other, don't we? b) we'll understand (*od.* we'll get along with) each other all right! (*colloq.*); **es wird sich ~ wieder einrenken** *colloq.* the matter will straighten itself (*od.* things will work) out all right; **sie wird mich ~ verstehen** she will surely understand me, she will understand me, I'm sure; **~ gut!** a) never mind! there, there! b) (*ich brauche nichts mehr*) that's all right! – **10. ~ ..., aber** all right ..., but: **das ist ~ möglich, aber** that may well be possible, but; **das ist ~ wahr, aber** that is true (enough), but, that is all very well, but; **das wäre mir ~ recht, aber** that would suit me all right, but, that would be all right (*od. colloq.* OK) with me, but. – **11.** (*allerdings*) really: **sie müßte sich ~ etwas mehr anstrengen** she really ought to work a bit harder; **also, ich muß ~ sagen** *colloq.* well really, I must say; **das ist ~ eine Frechheit!** *colloq.* that really is a bit thick (*od.* much)! (*colloq.*); **(na), wenn ~!** *colloq.* what of it! so what!· (*colloq.*); **es ist ~ so** a) that's how (*od. colloq.* the way) it is, b) (*du kannst mir glauben*) that's true all right, that's a fact; **du wirst es ~ noch früh genug erfahren** you'll hear about it soon enough; **du wirst ~ sehen** you'll see. – **12.** (*ohnehin*) as it is, already, anyway: **das ist ~ teuer genug** that is dear enough as it is; **es ist ~ schwierig genug, hier ein Zimmer zu finden** it is difficult enough to find a room here (as it is); **wenn du ~ beim Aufräumen bist, kannst du auch gleich den Fußboden putzen** since you're tidying up anyway you can clean the floor while you are at it. – **13. ~ gar nicht** even less: **so geht es ~ gar nicht!** *colloq.* that's even less help! (*colloq.*); **er hat nicht einmal Geld für eine Wohnung, für ein Haus hat er es ~ gar nicht** he hasn't even the money for a flat (*bes. Am.* for an apartment), let alone for a house. – **14.** (*ungeduldig*) now: **wenn er doch ~ käme!** if only he would come now! **nun rede doch ~!** for heaven's sake speak up (, will you)! **(nun) mach ~!** *colloq.* come on! hurry up! get a move on! (*colloq.*); **ich komme ja ~** I'm (just) coming.

schön [ʃøːn] **I** *adj* ⟨-er; -st⟩ **1.** (*Gesicht, Kleidungsstück, Haus, Bild, Landschaft, Aussicht, Film, Musik, Stimme etc*) beautiful, lovely, nice, delightful, (*stärker*) gorgeous (*colloq.*): **er wohnt in einer ~en Gegend** he lives in a beautiful district (*od.* area, section); **wir hatten ~es Wetter** we had beautiful (*od.* fine, fair) weather; **von dort hat man eine ~e Aussicht** there's a lovely view from there; **unbeschreiblich ~** beautiful beyond all description; **sie hat ~e Beine** she has beautiful (*od.* shapely) legs; **j-m ~e Augen machen** *fig.* to give s.o. the (glad) eye (*sl.*), to make eyes at s.o. – **2.** (*Frau, Mädchen*) beautiful, good-(*od.* lovely-)looking, lovely, pretty, comely; fair, beauteous, pulchritudinous (*lit.*): **sie ist ungewöhnlich** (*od.* ungemein, auffallend, über alle Maßen) **~** she is exceptionally (*od.* strikingly) beautiful, she is a ravishing (*od. colloq.* raving) beauty; **sie ist alles andere als ~** *iron.* she is anything but beautiful; **sie ist ~ anzuschauen** she is lovely (*od.* pretty) to look at (*od.* lovely-looking); **wer ~ sein will, muß leiden** *iron.* beauty must suffer; **(mein) ~es Fräulein** (my) dear young lady; **wohin so eilig, ~es Kind?** *iron.* hello beautiful, what's the rush? **~ste Frau!** *iron.* (most) gracious lady; **das ~e Geschlecht** *fig.* the fair sex; **~e Leute haben ~e Sachen** (*Sprichwort*) *etwa* nice people have nice things. – **3.** (*Mann, Knabe*) handsome, good-(*od.* fine-)looking. – **4.** (*Kind*) beautiful, lovely, handsome, fair (*lit.*). – **5.** (*Tier*) beautiful, handsome, fine(-looking). – **6.** (*Reise, Tätigkeit, Fest, Gefühl, Leben, Zeit, Erlebnis etc*) lovely, delightful, very pleasant, nice, fine, (*stärker*) gorgeous, great (*colloq.*), *Am. colloq. auch* swell: **war es ~ im Urlaub?** did you have a nice time during your holidays? **das waren ~e Zeiten** those were great times; **eines ~en Tages wird alles vorbei sein** one fine day it will all be over; **die Zeit in London war doch die ~ste!** our time in London was the best of all! **das Leben ist ~!** life is good! **er macht sich** (*dat*) **ein ~es Leben** *colloq.* he has a great life of it! (*colloq.*), he enjoys himself no end; **du hast's (vielleicht) ~!** *colloq.* you are a lucky one (*od. colloq.* dog); **wir haben es so ~ hier** we are so well off here; **das schmeckt [riecht] ~** *bes. Northern G. colloq.* that tastes [smells] wonderful; **~en Sonntag [~es Wochenende]!** have a pleasant (*od.* nice) Sunday [weekend]! **einen ~en guten Morgen!** good morning to you! **~e Weihnachten!** merry Christmas! **ein ~es Alter** a) (*angenehmes, beglückendes*) a nice age, b) (*hohes*) a fine (*od.* ripe old) age; **einen ~en Tod sterben** to die an easy death. – **7.** *colloq.* (*von guter Qualität*) good, beautiful, fine, 'lovely' (*colloq.*): **das ist ein ~er Stoff** that's beautiful material; **und dann aßen wir ein ~es Schnitzel** and then we had a fine escalope; **ein ~es Täßchen Tee** a nice cup of tea. – **8.** (*gut, erfreulich*) good, fine: **das ist eine ~e Gelegenheit** that's a good opportunity; **das ist ein ~er Erfolg für unsere Mannschaft** that's a fine (*od.* splendid) success for our team; **das ist alles ~ und gut** (*od.* alles recht ~, alles gut und ~), **aber** that is all very well (*od.* fine), but; **das wäre ja zu ~!** *colloq.* that would be just lovely! **das ist zu ~, um wahr zu sein** that is too good to be true; **es ist alles in ~ster Ordnung** all is well, everything is in perfect (*od.* apple-pie) order; **wir verbrachten den Abend in ~ster Harmonie** we spent the evening in perfect harmony; **gib die ~e Hand!** *fig. colloq.* (*zu Kindern*) give your right hand! – **9.** (*gütig, nett*) kind, good, nice: **(es ist) ~ (von Ihnen), daß Sie gekommen sind** it's very kind (*od.* how kind) of you to come; **das war nicht sehr ~ von dir** that was not very nice of you. – **10.** (*Charakterzug, Gesinnung, Gedanken etc*) noble, noble-(*od.* high-)minded: **das ist ein ~er Zug an** (*od.* von) **ihm** that is a fine trait in his character. – **11. die ~en Künste** the fine arts; **~e Literatur belles lettres** *pl* (*construed as sg*), fiction; **die ~en Wissenschaften** the arts, the humanities. – **12.** *colloq. iron.* 'nice', 'fine', *bes. Br.* 'pretty' (*alle colloq.*): **du bist mir vielleicht (od. ja) ein ~er Freund!** you are a nice friend! a nice friend you are! **das ist ja eine ~e Bescherung!** that's a nice mess (*od.* a pretty kettle of fish)! **das sind (ja) ~e Aussichten!** those are nice (*od.* lovely) prospects! nice prospects, these! **von dir hört man ja ~e Sachen** (*od.* Geschichten)! people are telling nice stories about you! **das wird ja immer ~er (mit dir)!** things are getting worse and worse (with you)! **wart(e), es kommt noch ~er** wait, there is (even) more to come; **das wäre ja noch ~er!** that would be lovely (, that would)! a nice state of affairs that would

lead to! – **13.** *fig. iron.* (*Worte, Versprechungen etc*) fair, fine: **j-n mit ~en Worten abspeisen** to put (*od.* fob) s.o. off with fair words; **er ist um ~e Worte nie verlegen** he is never at a loss for fair words. – **14.** *fig. colloq.* (*beträchtlich*) 'fair', 'pretty', 'handsome' (*alle colloq.*): **das hat mich ein ~es** (*od.* eine ~e Stange, ein ~es Stück, einen ~en Batzen) **Geld gekostet** that cost me a fair amount of money (*od.* quite a bit, *colloq.* a pretty penny); **es ist noch ein ~es Stück Weg(s) bis nach Hause** we have still a fair way to go before we are home; **ich habe gestern ein ~es Geschäft gemacht** I struck (quite a) (good) bargain yesterday. – **15.** (*in Wendungen wie*) **~, ich bin einverstanden** all right (*od. colloq.* OK, okay, *auch* okey, okeh), I agree; **(na) ~, dann eben nicht!** all right, have it your way; **(na) ~, wenn ihr wollt** (very) well (*od.* all right, *colloq.* OK, okay), if you want (to); **~en Dank!** thank you very much, thank you kindly, many thanks (*colloq.*); **j-m einen ~en Gruß bestellen** to give s.o. one's kind regards; **(einen) ~en Gruß von [an** (*acc*)**] Heinz** Heinz sends his [give Heinz my] love. – **II** *adv* **16.** beautifully, nicely: **sich ~ anziehen** a) (*geschmackvoll*) to dress beautifully, b) (*sich herausputzen*) to dress (*od. colloq. contempt.* doll oneself) up; **du bist so ~ braun** you have such a beautiful (*od.* lovely) tan; **sie singt sehr ~** she sings (very) beautifully, she has a (very) beautiful voice; **sie schreibt ~** a) (*hat eine schöne Handschrift*) she has beautiful handwriting, she has a fair hand (*lit.*), b) (*hat einen guten Stil*) she writes beautifully; **du mußt etwas ~er schreiben** you must write a bit better (*od.* clearer); **~ gebaut sein** a) (*bes. von Frauen*) to have a good figure, to be well proportioned, b) (*bes. von Männern*) to be well built, to have a fine build; **das hast du (aber) ~ gemacht!** you did that beautifully (*od.* very nicely, very well)! – **17.** (*angenehm*) pleasantly, beautifully: **sich ~ anfühlen** to be pleasant to the touch. – **18.** (*reibungslos*) smoothly, without a hitch: **es verlief alles auf das ~ste** everything went off very smoothly (*od.* perfectly). – **19. ~ daherreden** to talk a lot of hot air (*colloq.*). – **20.** *fig. colloq.* (*recht, ziemlich*) pretty, quite, rather, *bes. Am. colloq.* mighty: **draußen ist es noch ~ warm** it is still pretty (*od.* nice and) warm outside; **ihm war ~ warm in seinem Bett** he felt as warm as toast in bed; **du bist ~ dumm (, wenn)** you are pretty stupid (*od.* pretty much of a fool) (, if); **jetzt stehe ich (ja) ~ da** *fig. colloq.* I look a right (*od.* proper) fool now; **da bin ich (aber) ~ angekommen!** *colloq. iron.* I met with a warm reception! (*colloq.*), I had quite a surprise! I got more than I had bargained for! **sie mußte ganz ~ arbeiten** she had to work pretty hard; **er wird sich ~ langweilen mit ihr** he will be pretty bored with her; **sie werden ganz ~ staunen** they'll be rather surprised, they'll have the surprise of their lives; **du hast mich ~ erschreckt!** you gave me quite a start! – **21.** *fig. colloq.* (*hübsch, geflissentlich*) nicely: **sei ~ brav!** be a good boy (*od.* girl)! behave nicely! **bleib du nur ~ zu Hause!** you be sensible and stay at home! **immer ~ ruhig bleiben!** just be (*od.* keep) nice and quiet! **er ließ es ~ bleiben** he did nothing of the kind; **das werde ich ~ bleibenlassen!** I'll do nothing of the kind! catch me doing that! – **22. grüßen Sie ihn ~ von mir** give him my kind regards; **er läßt Sie ~ grüßen** he sends you his kind regards (*od.* love); **danke ~!** thank you very much, thank you kindly, many thanks (*colloq.*); **sagen Sie mir, bitte ~, wo** please tell me (*od.* tell me, please), where; **hier ist das Buch, bitte ~!** here's the book, if you please! **kann ich Ihren Bleistift haben? Ja, bitte ~!** may I have your pencil? Certainly, (of course)! – **III ~e, das** ⟨-n⟩ **23. ein Gefühl für das S~e haben** to have a feeling for the beautiful (*od.* for things beautiful); **das S~e daran ist, daß** the nice (*od. colloq.* lovely) thing about it is that; **das S~ste beim Autofahren ist, daß** the nicest (*od. colloq.* loveliest) thing about driving is that, the beauty of driving is that; **etwas S~es** a thing of beauty; **es gibt nichts S~eres als** there is nothing nicer (*od.* more pleasant, more enjoyable) than; da hast du (ja) (et)was S~es angerichtet! *iron.* you have made a nice mess of it! sie werden etwas S~es von mir denken *iron.* they'll have a nice opinion of me; du kannst etwas S~es erleben, wenn du nach Hause kommst *iron.* you'll get a nice welcome when you come home.

'Schön,bär *m zo.* cinnabar (*Callimorpha jacobaea*).

'Schön-be,zug *m* 1. (*für Autositze*) seat cover. - 2. (*für Möbel*) slipcover, *bes. Br.* loose cover.

'Schön,druck *m* ⟨-(e)s; -e⟩ *print.* first printing. — ~,sei-te *f* upper side, recto sheet.

'Schö-ne¹ *f* ⟨-n; -n⟩ (*schönes Mädchen, schöne Frau*) beautiful (*od. lit.* fair) girl (*od.* woman), beauty, belle (*lit.*): die Schönste der ~n the most beautiful of the beautiful, the loveliest of the lovely.

'Schö-ne² *m* ⟨-n; -n⟩ handsome (*od.* good--looking, fine-looking) man (*od.* boy), beau.

'Schö-ne³ *f* ⟨-; *no pl*⟩ *poet.* for Schönheit 1, 2.

'Schön,ech-se *f zo.* bloodsucker (*Calotes versicolor*).

scho-nen ['ʃoːnən] I *v/t* ⟨h⟩ 1. (*Gesundheit, Magen, Herz, Nerven, Kleidung, Teppich etc*) take (good) care of, be careful of, look after, treat (*s.th.*) with care: Sie sollten Ihre Gesundheit ~ you should take care of your health (*od.* of yourself); er muß das kranke Bein mehr ~ he has to take better care (*od.* he has to be more careful) of the bad leg, he has to nurse the bad leg more. - 2. (*durch geringe Beanspruchung*) save: ich fahre mit dem Fahrstuhl, um meine Füße zu ~ I take the elevator (*Br.* lift) to save my feet; er schont seinen Kopf *fig. iron.* he is saving his brains. - 3. (*Geräte, Mechanismus etc*) take (good) care of, treat (*s.th.*) with care, go easy on (*colloq.*). - 4. (*sparsam umgehen mit*) save, spare, conserve, husband, go easy on (*colloq.*): sein Geld ~ *fig. iron.* to be very sparing with (*od.* be very careful of) one's money. - 5. (*Gefühle*) spare, mind, be considerate (*od. lit.* solicitous) of. - 6. (*vor der Zerstörung bewahren*) spare: man hat unser Haus geschont our house was spared. - 7. etwas schont etwas a) *s.th.* is gentle (*od.* mild, easy) on *s.th.*, b) (*durch geringe Beanspruchung*) *s.th.* saves *s.th.*: dieses Waschmittel schont die Hände this washing powder is gentle on your hands; der Fahrstuhl schont die Beine the elevator (*Br.* lift) saves your legs; eine Politur, die den Lack schont a polish which is easy on (*od.* protects) the varnish. - 8. j-d schont j-n a) (*Gegner, Feind etc*) *s.o.* spares (*od.* is easy on) *s.o.*, b) (*Schwache, Kranke etc*) *s.o.* is easy on (*od.* is indulgent with) *s.o.*, *s.o.* treats *s.o.* with indulgence: man sollte ihn nicht länger ~ one should not be so easy on him any more; j-s Leben ~ to spare *s.o.*'s life. - 9. *hunt.* (*das Wild*) preserve, not hunt (*od.* chase). - II *v/reflex* sich ~ 10. (*gesundheitlich*) take care of (*od.* look after, be careful of) oneself (*od.* one's health), mind one's health. - 11. (*sich Ruhe gönnen*) (take a) rest, take it easy. - 12. (*kräftemäßig*) save (*od.* spare, conserve, husband) one's energy (*od.* strength), spare oneself. - III S~ *n* ⟨-s⟩ 13. *verbal noun.* - 14. *cf.* Schonung¹.

schö-nen ['ʃøːnən] I *v/t* ⟨h⟩ 1. (*Farben*) beautify, brighten. - 2. (*Wein etc*) clarify, clear, fine. - 3. (*Lebensmittel*) improve. - II S~ *n* ⟨-s⟩ 4. *verbal noun.* - 5. (*der Farben*) beautification. - 6. (*des Weins etc*) clarification. - 7. (*der Lebensmittel*) improvement.

'scho-nend I *pres p.* - II *adj* 1. (*Behandlung, Verfahren*) careful, gentle: j-m eine Nachricht auf möglichst ~e Weise beibringen to break a piece of news to *s.o.* as gently as possible. - 2. (*Worte, Rücksichtnahme etc*) gentle, considerate, solicitous (*lit.*). - 3. (*Wasch-, Poliermittel etc*) mild, gentle. — III *adv* 4. gently: j-m etwas ~ beibringen to break s.th. gently to *s.o.*; j-n ~ auf (*acc*) etwas vorbereiten to prepare *s.o.* gently for s.th.; j-n ~ behandeln a) (*Gegner, Feinde etc*) to be easy on *s.o.*, to be lenient with *s.o.*, b) (*Schwache, Kranke etc*) to be easy on *s.o.*, to treat *s.o.* with indulgence, to be indulgent with *s.o.*; etwas ~ be-

handeln to handle s.th. with care, to take (good) care of s.th.

'Scho-ner¹ *m* ⟨-s; -⟩ 1. (*für Polstermöbel etc*) cover, antimacassar, chairback, tidy. - 2. *cf.* Schonbezug.

'Scho-ner² *m* ⟨-s; -⟩ *mar.* schooner, (*Gaffelschoner*) fore-and-after.

'Scho-ner,bark *f mar.* barkentine, barkantine, *auch* barquentine, schooner bark (*auch* barque). — ~,brigg *f* brigantine, schooner brig.

'schön|,fär-ben *fig.* I *v/t* ⟨*sep*, -ge-, h⟩ 1. color, *bes. Br.* colour, gloss over, varnish, embellish. - II S~ *n* ⟨-s⟩ 2. *verbal noun.* - 3. *cf.* Schönfärberei. - S~,fär-ber *m* embellisher. — S~,fär-be'rei [,ʃøːn-] *f* ⟨-; *no pl*⟩ 1. *cf.* Schönfärben. - 2. embellishment.

'Schön,flos-sen,schmer-le *f zo.* loach, botia (*scient.*) (*Botia modesta*).

'Schon,frist *f bes. econ.* period of grace.

'Schon,gang *m auto.* overdrive, overspeed (drive). — ~ge,trie-be *n* overdrive transmission, overspeed drive.

'Schön,geist *m* ⟨-(e)s; -er⟩ (a)esthete, (*literarischer*) belletrist, *auch* belle-lettrist. — ,Schön-gei-ste'rei *f* ⟨-; *no pl*⟩ contempt. (a)estheticism, (*literarische*) belletrism, belles-lettrism. — 'schön,gei-stig *adj* (a)esthetic(al): ~e Literatur belletristic writing (*od.* literature), belles lettres *pl* (*construed as sg*).

'Schön-heit *f* ⟨-; -en⟩ 1. ⟨*only sg*⟩ (*eines Gesichts, Körpers, Bilds, Films etc*) beauty, loveliness, beautifulness, (*stärker*) gorgeousness (*colloq.*): ein Kunstwerk von großer [vollendeter] ~ a work of art of great [perfect] beauty; diese Blumen entfalten erst am Abend ihre ganze ~ these flowers do not display their full beauty until evening. - 2. ⟨*only sg*⟩ (*einer Person*) beauty, loveliness, beauteousness, pulchritude (*lit.*): ihre ~ war voll erblüht her beauty had come into full blossom. - 3. (*schönes Mädchen, schöne Frau*) beautiful (*od. lit.* fair) girl (*od.* woman), beauty, belle (*lit.*): eine strahlende ~ a radiant beauty; sie ist eine richtige ~ geworden she has grown into a real beauty. - 4. (*einer Landschaft, Stadt etc*) beauty: die ~en der Natur bewundern to admire the beauties of nature.

'Schön-heits|chir-ur,gie *f med.* cosmetic surgery. — ~,feh-ler *m* 1. (*körperlicher*) blemish, beauty spot. - 2. (*eines Gegenstands*) blemish, flaw, marring feature. - 3. *fig.* flaw, hitch, snag (*colloq.*): dein Plan ist sehr gut, hat aber einen ~ your plan is very good, but it has a flaw. — ~,fleck *m* 1. beauty spot. - 2. *cf.* Schönheitspflästerchen. — ~ge,fühl *n* ⟨-(e)s; *no pl*⟩ feeling for (*od.* sense of) beauty. — ~ide,al *n* ideal of beauty, beau ideal (*lit.*). — ~,kö-ni-gin *f* beauty queen. — ~kon,kur,renz *f* beauty contest. — ~,mit-tel *n* cosmetic (preparation). — ~ope-ra-ti,on *f med.* cosmetic operation. — ~,pfläs-ter-chen [-,pflɛstərçən] *n* beauty spot, (beauty) patch. — ~,pfle-ge *f* ⟨-; *no pl*⟩ beauty care. — ~sa,lon *m* beauty shop (*od.* parlor, *bes. Br.* parlour, salon). — ~,schlaf *m* beauty sleep. — ~,sinn *m* ⟨-(e)s; *no pl*⟩ sense of (*od.* feeling for) beauty, (a)esthetic sense. — ~,tän-ze-rin *f* cabaret dancer. — ~,wett-be,werb *m* beauty contest.

'Schon,kost *f med.* bland diet.

'Schön,ling *m* ⟨-s; -e⟩ *contempt.* beau.

'schön,ma-chen I *v/i* ⟨*sep*, -ge-, h⟩ 1. (*von Hund*) sit up on its hind legs, *auch* sit up (and beg). - II *v/reflex* sich ~ 2. (*sich schön anziehen*) dress (*od.* smarten) (oneself) up, get oneself up. - 3. *colloq. iron.* (*sich herausputzen*) deck oneself out, beautify oneself; tit(t)ivate (oneself), doll (oneself) up (*colloq.*). - 4. (*sich schminken etc*) make (oneself) up.

'Schön,mal-ve *f bot.* cottonweed (*Abutilon theophrasti*).

'schön|,re-den *v/i* ⟨*sep*, -ge-, h⟩ *fig.* sweet-talk, flatter, blandish. — S~re-de'rei [,ʃøːn-] *f* ⟨-; *no pl*⟩ sweet talk, flattery, blandishment, soft soap. — S~,red-ner *m* flatterer, blandisher, soft-soaper. — S~red-ne'rei [,ʃøːn-] *f* ⟨-; *no pl*⟩ *cf.* Schönrederei. — ~,red-ne-risch *adj* flattering, blandishing.

'Schön|,schrei-be,kunst *f* calligraphy, penmanship. — s~,schrei-ben I *v/i* ⟨*irr, sep*,

-ge-, h⟩ 1. (*Schönschrift schreiben*) write calligraphy. - II S~ *n* ⟨-s⟩ 2. *verbal noun.* - 3. (*bes. als Schulfach*) calligraphy. — ~,schreib,heft *n* copybook. — ~,schrift *f* calligraphy.

'schön-stens *adv* 1. (*freundlichst, höflichst*) kindly, respectfully: ich möchte ~ darum gebeten haben *iron.* I should be much obliged to you, I beg to ask you for it. - 2. (*bestens*) very well, most satisfactorily. - 3. (*reibungslos*) very (*od.* pretty) smoothly, without a hitch.

'Schön,tu-er *m* ⟨-s; -⟩ *colloq.* 1. (*Schmeichler*) flatterer, blandisher, soft-soaper. - 2. (*Schäker*) flirt(er), philanderer. - 3. (*affektierter Mensch*) affected person. — ,Schön-tue'rei *f* ⟨-; *no pl*⟩ 1. (*Schmeichelei*) flattery, blandishment, soft soap. - 2. (*Schäkerei*) flirtation, philandering. - 3. (*Ziererei*) affectation. — 'schön,tue-risch *adj* 1. (*schmeichlerisch*) flattering, blandishing. - 2. (*kokettierend*) flirtatious. - 3. (*affektiert*) affected. — 'schön,tun *v/i* ⟨*irr, sep*, -ge-, h⟩ *colloq.* 1. (j-m) (*schmeicheln*) to flatter (*od.* blandish) (s.o.); j-m ~ to soft-soap s.o. - 2. (mit) j-m ~ a) (*sich einschmeicheln*) to ingratiate oneself with (*od. colloq.* play up to) s.o., b) (*schäkern*) to flirt (*od.* philander) with s.o. - 3. (*sich zieren*) be affected, give oneself airs.

'Scho-nung¹ *f* ⟨-; *no pl*⟩ 1. *cf.* Schonen. - 2. (*der Gesundheit, des Magens, Herzens etc*) (good) care, *bes. med.* (*nach einer überstandenen Krankheit*) *auch* convalescent treatment. - 3. (*Ruhe*) rest: Sie brauchen dringend ~ you urgently need (to take) a rest (*od.* to take it easy), you are badly in need of a rest. - 4. (*Erhaltung*) conservation, preservation. - 5. (*der Möbel, Kleidung, Haut, des Teppichs, Getriebes etc*) (good) care, careful (*od.* gentle) treatment, protection. - 6. (*Nachsicht*) indulgence, leniency: j-n um ~ bitten to ask s.o. for leniency. - 7. (*Gnade*) mercy: die Gefangenen baten um ~ (*ihres Lebens*) the captives asked for mercy (*od.* begged, implored that their lives be spared); wenn er das getan hat, gibt es (*od.* kenne ich) keine ~ if he has done that I'll have (*od.* show) no mercy; ohne ~ verfahren (*od.* vorgehen) to act (*od.* proceed) mercilessly (*od.* unsparingly, relentlessly). - 8. *bes. mil.* (*Pardon*) quarter: um ~ flehen to call (*od.* cry) for quarter; ohne ~ vorgehen to give no quarter.

'Scho-nung² *f* ⟨-; -en⟩ 1. (*forestry*) young forest plantation (*protected by law against trespass*). - 2. *hunt.* (*Jagdgehege*) preserve.

'Schö-nung *f* ⟨-; *no pl*⟩ *cf.* Schönen.

'scho-nungs-be,dürf-tig *adj* (*Patient, Sportler etc*) in need (*od.* want) of rest: der Kranke ist noch recht ~ the patient still needs rest.

'scho-nungs-los I *adj* relentless, merciless, unsparing, pitiless, (*stärker*) ruthless: mit ~er Offenheit with relentless cando(u)r. - II *adv* er sagte ihr ~ die Wahrheit he relentlessly told her the truth. — 'Schonungs-lo-sig-keit *f* ⟨-; *no pl*⟩ relentlessness, mercilessness, pitilessness, (*stärker*) ruthlessness.

'Schö-nungs,mit-tel *n* (*für Getränke*) fining agent.

'Schön,wet-ter|,la-ge *f* fair (*od.* fine) weather situation (*od.* conditions *pl*). — ~,wol-ke *f* 1. fair- (*od.* fine-)weather cloud, cumulus cloud. - 2. *fig.* sign of a friendlier atmosphere.

'Schon,zeit *f hunt.* close season, shutoff, *Br. auch* fence month (*od.* season, time): seine ~ ist vorüber *fig. colloq.* he won't be spared any longer.

Schopf [ʃɔpf] *m* ⟨-(e)s; ⸚e⟩ 1. (hair of the) crown, hair, (*wirrer*) mop, shock, mat (of hair), thatch (*colloq. humor.*): er packte (*od.* faßte) den Ertrinkenden beim ~ he grabbed (*od.* seized) the drowning man by the hair (of the crown); → Gelegenheit 1. - 2. (*Haarbüschel*) tuft (*od.* bunch) of hair. - 3. (*eines Baums*) top, crown. - 4. *zo.* (*gewisser Vögel*) tuft, crest. - 5. *dial.* for a) Schuppen³ 1, b) Wetterdach.

'Schopf-an-ti,lo-pe *f zo.* duiker, *auch* duyker (*Fam. Cephalophinae*).

'Schöpf|,bag-ger *m tech.* dipper dredger. — ~,be-cher,werk *n tech.* bucket conveyor (*od.* elevator). — ~,brun-nen *m* draw well. — ~,büt-te *f* (*paper*) dipping (*od.* working) vat. — **~ei·mer** m **1.** pail, bucket. – **2.** (eines Schöpfrads) bucket, scoop.

schop·fen ['ʃɔpfən] v/t ⟨h⟩ metall. (Gußblöcke) crop.

schöp·fen ['ʃœpfən] I v/t ⟨h⟩ **1.** scoop, (mit einem Schöpflöffel) auch ladle, dip: Wasser aus einem Bach ~ to scoop water from (od. out of) a stream; einen Eimer Wasser ~ a) to scoop a bucket of water, b) (aus einem Brunnen) to draw a bucket of water; willst du Wasser in ein Sieb ~? fig. do you want to carry (od. fetch, draw) water in a sieve? – **2.** Wasser aus einem Boot ~ mar. to bail (auch bale) (out) a boat. – **3.** etwas aus etwas ~ fig. to draw (od. derive, obtain) s.th. from s.th.: er schöpft seine Kenntnisse aus jahrelanger Erfahrung he draws his knowledge from years of experience. – **4.** fig. (neue Wörter, Begriffe etc) coin, create, invent. – **5.** fig. (Kunstwerke etc) create, produce. – **6.** (Papier) dip (up), mold, bes. Br. mould. – **7.** (in Wendungen wie) Atem (od. Luft) ~ to draw breath, to take breath (od. a breather); tief Atem (od. Luft) ~ to draw (od. take) a deep breath, to breathe deeply; wieder Atem (od. Luft) ~ a) to recover one's breath, to get one's second wind, b) fig. (aufatmen) to breathe again; (wieder) Kraft ~ fig. to recover (od. regain, recuperate) one's strength (od. energy), to recover, to recuperate; (neue) Hoffnung ~ fig. to find (new od. fresh) hope; (neuen) Mut ~ fig. to gather (od. take, summon up, Am. colloq. get up) (new od. fresh) courage; Verdacht ~ fig. to become suspicious, to smell a rat. – II v/i **8.** hunt. (von Wild, Hunden) drink. – **9.** aus dem vollen ~ fig. to draw on unlimited (od. plentiful) resources. – III S~ n ⟨-s⟩ **10.** verbal noun. – **11.** fig. (eines neuen Wortes etc) coinage, creation, invention. – **12.** fig. (eines Kunstwerks etc) creation, production.

'Schöp·fer m ⟨-s; -⟩ **1.** (eines Kunstwerks, Bauwerks etc) creator, author, maker, originator. – **2.** (Gott) Creator, Maker: der allmächtige ~ the Almighty (od. Omnipotent) Creator; der ~ aller Dinge the Creator of all things; er dankte seinem ~ für die Rettung he thanked his Creator for his rescue. – **3.** (eines neuen Worts, Begriffs etc) coiner, creator, inventor, auch inventer. – **4.** (Modeschöpfer) (dress od. fashion) designer, couturier, (fashion) stylist. – **5.** cf. a) Schöpfkelle, b) Schöpfeimer 1. – **6.** (paper) (Arbeiter) dipper, vatman. — **~geist** m ⟨-(e)s; no pl⟩ creative (od. original) genius (od. spirit). — **~hand** f ⟨-; no pl⟩ fig. hand of the creator, creative touch.

'Schöp·fe·rin f ⟨-; -nen⟩ **1.** (eines Kunstwerks etc) creator, creatress, author(ess), maker, originator. – **2.** (eines neuen Worts, Begriffs etc) coiner, creator, creatress, inventor. – **3.** (Modeschöpferin) (dress od. fashion) designer, couturiere, bes. Br. couturière, (fashion) stylist.

'schöp·fe·risch I adj **1.** (Geist, Begabung, Phantasie, Kraft etc) creative, original: eine ~e Tätigkeit a creative activity. – **2.** (Augenblick, Akt, Arbeit, Leistung etc) creative, inspirational: eine ~e Pause einlegen auch iron. to pause for inspiration. – **3.** (erfinderisch) inventive. – **4.** (schöpferisch u. produktiv) fecund, fertile, creative. – II adv **5.** ~ veranlagt sein to have creative talent, to be creative.

'Schöp·fer,kraft f ⟨-; no pl⟩ creative (od. original) power, genius.

'Schopf,fi·sche pl zo. crestfishes (Ordng Allotriognathi).

'Schöpf·ge,fäß n cf. a) Schöpfeimer 1, b) Schöpfkelle 1.

'Schopf|,hirsch m tufted deer, muntjac, auch mun(t)jak (Gattg Elaphodus). — **~huhn** n stinkbird, hoa(c)tzin, auch hoacin (scient.) (Opisthocomus hoatzin).

'Schöpf|,kel·le f, **~,löf·fel** m **1.** ladle. – **2.** tech. scoop.

'Schopf|,ma·kak m zo. black ape (Cynopithecus niger). — **~man,ga·be** f (Schwarze) ~ black mangabey (Cercocebus aterrimus). — **~perl,huhn** n common (od. crested) guinea fowl (Numida meleagris).

'Schöpf,rad n tech. (zum Wasserheben) bucket (od. scoop, drum, water) wheel.

'Schopf,rei·her m zo. crested heron, squacco (heron) (scient.) (Ardeola ralloides).

'Schöp·fung f ⟨-; -en⟩ **1.** cf. Schöpfen. – **2.** (Kunstwerk, Bauwerk etc) creation, production, work, brainchild. – **3.** ⟨only sg⟩ relig. Bibl. Creation. – **4.** ⟨only sg⟩ (Welt) creation, universe, world: die Herren der ~ iron. the lords of creation; → Krone 4. – **5.** (fashion) creation, model, design.

'Schöp·fungs|,akt m act of creation. — **~be,richt** m, **~ge,schich·te** f relig. history of creation, Genesis. — **~tag** m day of creation.

'Schöpf,werk n **1.** tech. bucket conveyor (od. elevator). – **2.** civ.eng. (beim Wasserbau) water engine.

schöp·peln ['ʃœpəln] v/i ⟨h⟩ dial. drink (od. have) one's regular glass of wine.

schop·pen ['ʃɔpən] v/t ⟨h⟩ Southern G., Austrian and Swiss (vollstopfen) stuff.

'Schop·pen m ⟨-s; -⟩ **1.** German liquid measure equal to approximately 1 pint, in some regions $1/2$ pint: einen ~ Wein trinken gehen to go for a glass of wine. – **2.** dial. for Schuppen³. – **3.** Southwestern G. for Flasche 2. — **~wein** m gastr. open wine.

'schop·pen,wei·se adv by the pint, in pints.

Schöps [ʃœps] m ⟨-es; -e⟩ Eastern Middle G. and Austrian for Hammel.

Schöp·ser·ne ['ʃœpsərnə] n ⟨-n; no pl⟩ Austrian gastr. for Hammelfleisch.

schor [ʃoːr] 1 u. 3 sg pret of scheren¹.

Scho·re ['ʃoːrə] f ⟨-; -n⟩ mar. (Stütze) shore.

schö·re ['ʃøːrə] 1 u. 3 sg pret subj of scheren¹.

Schorf [ʃɔrf] m ⟨-(e)s; -e⟩ **1.** med. a) (Wundschorf) scab, crust, slough, (auf Brandwunden) auch eschar, b) (Kopfgrind) scurf, furfur (scient.): (einen) ~ bilden to form a scab (od. crust), to scab. – **2.** bot. (an Früchten etc) scab, scurf, furfur (scient.). — **s~ar·tig** adj **1.** med. a) scabby, crusty, b) scurfy, scurflike, furfuraceous (scient.). – **2.** bot. scabby, scurfy, furfuraceous (scient.). — **s~bil·dend** adj **1.** med. a) forming a scab (od. crust), scab-forming, scabbing, (bei Brandwunden) auch escharotic, b) forming scurf: ~es Mittel escharotic (agent). – **2.** bot. scabbing, scab-forming, forming scurf. — **~bil·dung** f **1.** med. a) scabbing, formation of scab (od. crust), (auf Brandwunden) auch formation of eschar, b) formation of scurf. – **2.** bot. scabbing, formation of scab(s) (od. scurf[s]).

'schor·fig adj **1.** med. a) (Wunde) scabby, sloughy, b) (Kopfhaut etc) scurfy, furfuraceous (scient.). – **2.** bot. (Fruchtschale, Baumrinde etc) scabby, scurfy, furfuraceous (scient.).

Schörl [ʃœrl] m ⟨-(e)s; -e⟩ min. schorl, auch shorl, schorlite.

Schor·le ['ʃɔrlə], **Schor·le·mor·le** [,ʃɔrlə'mɔrlə] f ⟨-; -n⟩, auch n ⟨-s; -s⟩ (Getränk) mixed drink of wine and soda water.

'Schorn,stein ['ʃɔrn-] m ⟨-s; -e⟩ **1.** (eines Hauses, einer Fabrik etc) chimney (stack, Br. auch stalk): der ~ raucht the chimney smokes; er raucht (od. qualmt) wie ein ~ fig. colloq. he smokes like a chimney (od. train); der ~ muß rauchen fig. colloq. the fire must be kept burning; die ~e rauchen wieder fig. work has started again; den ~ fegen to sweep the chimney; etwas in den ~ schreiben fig. colloq. to write s.th. off (as a dead loss), to say good-by(e) to s.th., to whistle for s.th.; sein Geld zum ~ hinausjagen fig. colloq. to throw one's money down the drain (sl.). – **2.** (eines Schiffs, einer Lokomotive) funnel, smokestack, Br. auch stalk. – **3.** (Abzugsrohr) flue. — **~auf,satz** m chimney pot (od. top, cap), chimney cowl. — **~brand** m fire in a chimney, chimney fire: wir hatten einen ~ we had a chimney fire, our chimney was on fire.

'Schorn,stein,fe·ger m chimney sweep(er). — **~krebs** m med. soot (od. chimney sweep's) cancer.

'Schorn,stein|,kap·pe f cf. Schornsteinaufsatz. — **~,keh·rer** m ⟨-s; -⟩ cf. Schornsteinfeger. — **~,mar·ke** f mar. funnel (Am. stack) mark. — **~,rohr** n chimney tube. — **~,schaft** m chimney shaft. — **~,zug** m **1.** civ.eng. (Bauteil) (chimney) flue. – **2.** tech. (in der Strömungstechnik) chimney draft (bes. Br. draught). – **3.** mar. funnel draft (bes. Br. draught).

Scho·se ['ʃoːzə] f ⟨-; -n⟩ **1.** colloq. business, affair. – **2.** da haben wir die ~! colloq.

---

there we are! there we have it! now we are in for it!

schoß [ʃɔs] 1 u. 3 sg pret of schießen.

Schoß[1] [ʃoːs] m ⟨-es; ⸰e⟩ **1.** lap: ein Kind auf den ~ nehmen to take a child on(to) one's lap; auf j-s ~ sitzen to sit on s.o.'s lap; er legte den Kopf in ihren ~ he laid his head in her lap; im ~(e) des Glücks (sitzen) fig. (to sit) in Fortune's lap; in den ~ der Familie [der Kirche] zurückkehren fig. lit. to return to the bosom of one's family [of the Church]; der Erfolg ist mir nicht in den ~ gefallen fig. my success didn't just fall from heaven; ihm fällt alles in den ~ fig. everything falls right into his lap; → Abraham; Hand[1] Verbindungen mit Verben. – **2.** lit. (Mutterleib) womb: ein Kind im ~(e) tragen to be with child; das ruht im ~ der Zukunft fig. that lies in the womb of time; das ruht (noch) im ~(e) der Götter fig. that is (still) in the lap (od. on the knees) of the Gods, only time will tell. – **3.** (fashion) a) (Rockschoß) coattail, Br. coat-tail, skirt, b) (an Damenjacken u. -kleidern) peplum, skirt, c) (Frackschoß) (coat)tails pl: Kellner rannten mit fliegenden Schößen umher waiters darted around with (their) coattails flying.

Schoß[2] [ʃoːs] f ⟨-; -en u. ⸰e⟩ Austrian for Damenrock.

Schoß[3] [ʃoːs] m ⟨-sses; -sse⟩ bot. cf. Schößling. [ßen.]

schös·se ['ʃœsə] 1 u. 3 sg pret subj of schie⌐

'Schoß|,hund m, **~,hünd·chen** n lap dog, pet dog, toy dog. — **~,kind** n pet (child): er ist ein ~ des Glücks he is Fortune's favo(u)rite child.

'Schöß·ling ['ʃœslɪŋ] m ⟨-s; -e⟩ **1.** bot. a) shoot, sprout, sprig, b) (aus dem Stamm) offshoot, runner, sucker, c) (aus der Wurzel) tiller, stool, stole, stolon (scient.), d) (aus der Blumenzwiebel) offset bulb: ~e treiben (od. aussenden) to sprout. – **2.** (forestry) sapling, aftergrowth, young wood. – **3.** junge ~e agr. (als Rinderfutter) browse sg.

'Schoß,rock m (fashion) frock coat.

Schot [ʃoːt] f ⟨-; -en⟩ mar. (u. beim Segeln) cf. Schote³.

Schöt·chen ['ʃøːtçən] n ⟨-s; -⟩ dim. of Schote¹.

Scho·te[1] ['ʃoːtə] f ⟨-; -n⟩ **1.** bot. pod, shell, husk; silique, siliqua (scient.). – **2.** pl gastr. Northern and Eastern G. dial. green peas.

'Scho·te[2] m ⟨-n; -n⟩ dial. for a) Einfaltspinsel, b) Narr 1.

'Scho·te[3] f ⟨-; -n⟩ mar. (u. beim Segeln) sheet: → fieren.

'scho·ten,ar·tig adj bot. pod-shaped; silicular, siliculose, siliculous (scient.). — **S~,dot·ter** m wallflower, treacle mustard (Gattg Erysimum). — **~,för·mig** adj cf. schotenartig. — **S~,klee** m bird's-foot trefoil, shoes and stockings pl (construed as sg or pl) (Lotus corniculatus). — **S~,pfef·fer** m pod pepper (Capsicum annuum).

'Schot,horn n mar. clew.

Schott[1] [ʃɔt] n ⟨-(e)s; -e⟩ mar. aer. bulkhead: ~en dicht! close the bulkheads (od. watertight doors).

Schott[2] m ⟨-s; -s⟩ geogr. chott, shott (shallow saline lake in northern Africa).

Schot·te[1] ['ʃɔtə] m ⟨-n; -n⟩ (Bewohner Schottlands) Scot, Scotsman, Scotchman: die ~n the Scots.

'Schot·te[2] m ⟨-n; -n⟩ Low G. young herring.

'Schot·te[3] f ⟨-; -n⟩ mar. aer. cf. Schott¹.

'Schot·te[4] f ⟨-; -n⟩, **'Schot·ten**[1] m ⟨-s; no pl⟩ a) Southwestern G., Austrian and Swiss dial. for Molke, b) Austrian dial. for Quark 1.

'Schot·ten[2] m ⟨-s; -⟩ (textile) (karierter Wollstoff) tartan.

'Schot·ten|,deck n mar. bulkhead (od. subdivision) deck. — **~,ka·ro**, **~,mu·ster** n (textile) tartan (check). — **~,müt·ze** f (fashion) **1.** (rund, mit Pompon) tam-o'-shanter, tam. – **2.** (schiffchenförmig, mit Bändern) Glengarry (cap od. bonnet), Scottish (od. Scotch) cap (od. bonnet). — **~,rock** m **1.** (Kilt) (Scottish) kilt. – **2.** (karierter Rock) tartan (od. plaid) skirt. — **~,witz** m joke about the (frugal od. miserly) Scots.

Schot·ter ['ʃɔtər] m ⟨-s; -⟩ **1.** civ.eng. a) broken (od. crushed) stone (od. rock), b) (bes. Straßenschotter) crushed stone (od. rock), roadstone, c) (bes. Gleisschotter) track ballast. – **2.** *geol.* (coarse) gravel, shingle. — ~**bank** *f geol.* gravel bank. — ~**be**‚**lag** *m* **1.** *civ.eng. cf.* Schotterdecke. – **2.** (*railway*) ballast surface. — ~‚**bett** *n* **1.** *civ.eng.* hard-core bed. – **2.** (*railway*) ballast bed. – **3.** *geol.* gravel (*od.* shingle) bed. — ~‚**decke** (*getr.* -k-k-) *f civ.eng.* (*einer Straße*) crushed-rock surface, macadam (surface). — ~‚**la·ge** *f* **1.** *civ.eng.* layer of crushed stone (*od.* rock), macadam layer. – **2.** (*railway*) ballast layer. – **3.** *geol.* layer (*od.* stratum, deposit) of gravel (*od.* shingle).

schot·tern ['ʃɔtərn] **I** *v/t* ⟨h⟩ **1.** *civ.eng.* a) cover (*od.* furnish) (*s.th.*) with broken (*od.* crushed) stone, b) (*eine Straße*) macadamize. – **2.** (*railway*) (*Bahnkörper*) ballast. – **II** *v/i* **3.** *tech.* chatter, vibrate. – **III** S~ *n* ⟨-s⟩ **4.** *verbal noun.* – **5.** (*einer Straße*) macadamization.

'**Schot·ter**‚**stop·fer** *m* (*railway*) ballast tamper. — ~‚**stra·ße** *f* metaled (*bes. Br.* metalled) road, macadam(ized) (*od.* crushed-stone) road.

'**Schot·te·rung** *f* ⟨-; -en⟩ *cf.* Schottern.

'**Schot·tin** *f* ⟨-; -nen⟩ Scotchwoman, Scotswoman.

'**schot·tisch I** *adj* Scottish, Scots, Scotch: ~**er** Whisky Scotch (whisk[e]y). – **II** *ling.* S~ ⟨*generally undeclined*⟩, **das** S~**e** ⟨-n⟩ Scottish, Scots.

'**Schot·tisch** *m* ⟨-en; -en⟩, '**Schot·ti·sche** *m* ⟨-n; -n⟩ (*Tanz*) schottische, German polka: **einen** Schottisch(en) **tanzen** to dance a schottische, to schottische.

'**Schott**‚**län·der** *m* ⟨-s; -⟩ *cf.* Schotte[1].

'**Schott**‚**län·de·rin** *f* ⟨-; -nen⟩ *cf.* Schottin.

'**schott**‚**län·disch** *adj cf.* schottisch I.

'**Schott**‚**plan·ken** *pl mar.* shifting boards.

'**Schott·tür** (*getr.* -tt‚t-) *f mar.* bulkhead door.

schraf·fen ['ʃrafən] *v/t* ⟨h⟩ *cf.* schraffieren.

'**Schraf·fen** *pl cf.* Schraffur.

schraf·fie·ren [ʃra'fiːrən] *v/t* ⟨*no ge-,* h⟩ **1.** hatch. – **2.** (*kreuzweise*) crosshatch. – **3.** (*in der Kartographie*) hachure, *Am. auch* hatchure. – **4.** *cf.* schattieren 1. – **II** S~ *n* ⟨-s⟩ **5.** *verbal noun.*

Schraf'fier‚**strich** *m meist pl* **1.** hatching line: ~**e** hatches, hatching *sg.* – **2.** (*in der Kartographie*) hachure, *Am. auch* hatchure.

Schraf'fie·rung *f* ⟨-; -en⟩ **1.** *cf.* Schraffieren. – **2.** *cf.* Schraffur.

Schraf'fur [ʃra'fuːr] *f* ⟨-; -en⟩ **1.** hatching, hatches *pl.* – **2.** (*in der Kartographie etc*) hachures *pl,* *Am. auch* hatchures *pl.*

schräg [ʃrɛːk] **I** *adj* ⟨-er; -st⟩ **1.** slanting, *auch* slant: ~**e** Linien slanting (*od.* oblique) lines; **eine** ~**e** Schrift a slanting handwriting. – **2.** (*diagonal*) diagonal. – **3.** (*geneigt*) slanting, sloping, slant, slopy: **eine** ~**e** Wand a slanting wall (*od.* ceiling); **das Dach ist** ~ the roof slants (*od.* slopes, is on the slant), the roof has a slant. – **4.** (*zum Fadenlauf*) bias. – **5.** (*Augen*) slanting: **j-n aus** ~**en Augen ansehen** *fig.* to look askance (*od.* sceptically, out of the corner of one's eyes, *auch* askant) at s.o. – **6.** *math.* (*Winkel etc*) oblique. – **7.** *tech.* a) (*winklig*) at an angle, angular, b) (*geneigt*) inclined, c) (*windschief*) skew, d) (*schrägwinklig*) oblique, e) (*abgeschrägt*) beveled, *bes. Br.* bevelled: **die Bohrung ist** ~ the borehole is angular; ~**e** Schneidkluppe screw stock with an angle frame. – **8.** *mil.* (*Schlachtordnung etc*) aslant (*nachgestellt*). – **9. ein** ~**er Vogel sein** *fig. colloq.* a) (*bei Männern*) to be a queer character, b) (*bei Frauen, Mädchen*) to be giddy. – **10.** ~**e** Musik *colloq.* hot music: **der** „~**e** Otto" **war in den fünfziger Jahren modern** *mus.* "Crazy Otto" was all the go in the fifties (*colloq.*). – **II** *adv* **11. at a slant** (*od.* an angle), slantwise: **sich** (*dat*) **den Hut** ~ **aufsetzen** to put one's hat on at an angle (*od.* at a tilt), to put one's hat on aslant, to tilt one's hat; ~ (*zum Hang*) **fahren** (*im Skisport*) to traverse (the hill); ~ **über die Straße gehen** to cross the road at an angle, to go diagonally across the road; **halten Sie sich** ~ **rechts** [**links**]! fork to the right [left], keep half right [half left]; **eine Flasche** ~ **halten** to hold a bottle at an angle (*od.* at a slant); **den Kopf** ~ **halten** to hold one's head to one side, to tilt one's head; ~ **geschnittene Augen** slanting eyes; **der Tisch steht** ~ **vor der Wand** the table is set at an angle (*od.* at a slant) to the wall, the table is set cornerwise (*od.* cornerways) against the wall; **er stand** ~ **hinter ihr** he stood behind her to the side;

~ **parken** *auto.* to angle-park, to park at an angle. – **12.** (*diagonal*) diagonally: ~ **gemasertes Holz** diagonally grained wood; **eine** ~ **gestreifte Krawatte** a tie with diagonal stripes; **die Linie verläuft** ~ **von links unten nach rechts oben** the line runs diagonally from (the) bottom left to (the) top right. – **13.** ~ **gegenüber** diagonally (*od.* nearly) opposite: **er saß ihr** ~ **gegenüber** he sat diagonally opposite her; **das Haus liegt** ~ **gegenüber der Kirche** the house is nearly opposite the church. – **14.** (*zum Fadenlauf*) (*on the*) bias, diagonally: **Stoff** ~ (*zum Fadenlauf*) **zuschneiden** to cut cloth (on the) bias; **ein** ~ **geschnittener Rock** a skirt cut on the bias; **die Blechkante** ~ **zuschneiden** *tech.* to bevel the edge of a plate. – **15. j-n** ~ **ansehen** *fig.* to look askance (*od.* sceptically, out of the corner of one's eyes, *auch* askant) at s.o.; ~ **gucken** *fig. colloq.* a) to look bad-tempered, b) (*betrunken*) to be drunk, *Am. sl.* to be pie-eyed.

'**Schräg**|‚**an**‚**sicht** *f* three-quarter (*od.* oblique) view. — ~‚**auf**‚**zug** *m tech.* (*für Güter*) inclined hoist (*od.* elevator): ~ **mit Kippgefäß** skip hoist (*od.* elevator). — ~‚**bal·ken** *m her.* bend, diagonal band. — ~**band** *n cf.* Schrägstreifen 2.

Schrä·ge ['ʃrɛːgə] *f* ⟨-; -n⟩ **1.** ⟨*only sg*⟩ *cf.* Schrägheit. – **2.** (*geneigte Ebene*) slant, slope, incline, gradient. – **3.** *cf.* Schrägwand. – **4.** *tech.* a) (*Schrägkante*) bevel, b) (*Fase*) chamfer, c) (*eines Drehbankbettes*) slope.

Schra·gen ['ʃraːgən] *m* ⟨-s; -⟩ **1.** *dial. for* a) Gestell 10, b) Sägebock 1, c) Sarg, d) Operationstisch. – **2.** *her. cf.* Schrägkreuz.

schrä·gen ['ʃrɛːgən] *tech.* **I** *v/t* ⟨h⟩ **1.** (*abkanten*) bevel. – **2.** (*abfasen*) chamfer. – **II** S~ *n* ⟨-s⟩ **3.** *verbal noun.*

'**Schräg**|**ent**‚**fer·nung** *f* (*space*) slant range. — ~‚**fahrt** *f* (*beim Skifahren*) traverse. — ~‚**fal·te** *f* (*fashion*) diagonal pleat. — ~‚**fen·ster** *n* skylight. — ~‚**flä·che** *f* **1.** slant, slope, incline, gradient. – **2.** *tech.* (*eines Werkstückes*) angular surface. – **3.** *math. geol.* (*Schrägebene*) angular plane. – **4.** (*eines geschliffenen Edelsteins*) bezel. — **s~**‚**frä·sen** *tech.* **I** *v/t* ⟨*sep, -ge-,* h⟩ mill (*s.th.*) at an angle. – **II** S~ *n* ⟨-s⟩ angular milling.

'**Schräg·heit** *f* ⟨-; *no pl*⟩ **1.** slant(ingness). – **2.** *math.* obliquity, obliqueness.

'**schräg**‚**ho·beln** *v/t* ⟨*sep, -ge-,* h⟩ *tech.* a) (*gehren*) miter- (*bes. Br.* mitre-)plane, b) (*zwei Kanten in einem anderen Winkel als 90° zueinander stehen*) bevel-plane.

'**Schräg**|‚**kan·te** *f* chamfer, bevel, beveled (*bes. Br.* bevelled) edge. — ~‚**kan·ten**‚**schnitt** *m* bevel cut. — **s~**‚**kan·tig** *adj* beveled, *bes. Br.* bevelled. — ~‚**kreuz** *n her.* saltire.

'**Schräg**‚**la·ge** *f* **1.** slant, tilt, angular (*od.* oblique) position: **das Haus liegt in** ~ **zum Hang** the house is built on (*od.* at an angle to) the hill. – **2.** *aer.* bank(ing): **Winkel der** ~ angle of bank; **das Flugzeug in** ~ **bringen** to bank the aircraft. – **3.** (*eines Autositzes etc*) angular adjustment. – **4.** *med.* (*des Fetus*) oblique presentation.

'**Schräg**‚**la·ge(n)**‚**an**‚**zei·ger** *m aer.* bank indicator.

'**Schräg**|‚**la·ger** *n tech.* angular-contact (*od.* inclined-roller) bearing. — **s~**‚**lau·fend** *adj* **1.** slanting. – **2.** (*diagonal*) diagonal, oblique. — ~‚**li·nie** *f* **1.** slanting (*od.* inclined) line. – **2.** (*Diagonale*) diagonal (*od.* oblique) line, diagonal. — ~‚**maß** *n tech.* **1.** (*Schmiege*) bevel. – **2.** (*mit Gradeinteilung*) steel protractor. – **3.** (*Gehrungsmaß*) miter (*bes. Br.* mitre) rule. — ~‚**naht** *f* (*fashion*) bias seam. — ~‚**nei·gung** *f* **1.** *civ.eng.* (*im Straßenbau*) a) (*zur Längsrichtung*) tip, b) (*zur Lotrechten*) rake batter. – **2.** *cf.* Schrägheit 1. — ~‚**par·ken** *n auto.* angle-parking. — ~‚**sä·gen** *n tech.* **1.** diagonal (*od.* angular) sawing. – **2.** *cf.* Gehrungsschnitt. — ~‚**schliff** *m* (*von Sägezähnen*) bevel sharpening. — ~‚**schnitt** *m* **1.** *tech.* a) (*Arbeitsgang*) diagonal (*od.* bevel) cutting, b) (*Resultat*) diagonal (*od.* bevel) cut, c) *cf.* Gehrungsschnitt. – **2.** *med.* oblique section. – **3.** *math.* diagonal (*od.* oblique) section. — ~‚**schrift** *f* **1.** slanting hand(writing). – **2.** *print.* (*Kursivschrift*) italics *pl.* — ~‚**schuß** *m* (*sport*) (*beim Fußball etc*) diagonal shot. —

~‚**sicht** *f* (*vom Flugzeug aus*) slant visibility. — **s~**‚**ste·hend** *adj* (*Augen etc*) slanting. — ~‚**stel·lung** *f* (*eines Maschinentisches etc*) angular setting, tipping down. — ~‚**strei·fen** *m* **1.** (*als Stoffmuster*) diagonal stripe. – **2.** bias (band). — ~‚**strich** *m* **1.** diagonal (*od.* oblique) stroke. – **2.** *print.* diagonal, oblique, scratch comma, separatrix, slant. — **s~**‚**über** [‚ʃrɛːk-] *adv* diagonally opposite.

'**Schrä·gung** *f* ⟨-; -en⟩ **1.** *cf.* Schrägen. – **2.** *cf.* Schräge.

'**Schräg**|**ver**‚**zah·nung** *f tech.* **1.** helical gearing (*od.* tooth system). – **2.** (*Arbeitsvorgang*) helical gear cutting. — ~‚**wand** *f* sloping (*od.* slanting) wall (*od.* ceiling). — ~‚**win·kel** *m tech.* (*Werkzeug*) (universal) bevel. — **s~**‚**win·ke·lig**, **s~**‚**wink·lig** *adj* oblique-angled. — ~‚**zahn·ge**‚**trie·be** *n* helical- (*od.* spiral-)gear transmission. — ~‚**zahn**‚**rad** *n* helical (*od.* spiral) gear.

schrak [ʃraːk] *obs. 1 u. 3 sg pret,* **schrä·ke** ['ʃrɛːkə] *obs. 1 u. 3 sg pret subj of* schrekken II.

schral [ʃraːl] *adj mar.* (*Wind*) scant(y), scrimp.

schra·len ['ʃraːlən] *v/i* ⟨h⟩ *mar.* (*von Wind*) haul (forward).

Schram [ʃraːm] *m* ⟨-(e)s; ᵉe⟩ (*mining*) cut: ~ **am Liegenden** undercut; ~ **am Hangenden** overcut, kerf; **vertikaler** ~ shear cut.

'**Schräm**‚**arm** *m* (*mining*) (cutter) jib.

schrä·men ['ʃrɛːmən] *v/t* ⟨h⟩ (*mining*) (*Kohlenflöz*) cut, hole, shear.

'**Schräm**|‚**fahrt** *f* (*mining*) cutting run, run of the cutter. — ~**ge**‚**schwin·dig·keit** *f* cutting (*od.* pick) speed. — ~‚**hö·he** *f* cutting horizon. — ~‚**ket·te** *f* cutter chain. — ~‚**klein** *n* ⟨-s; *no pl*⟩ gummings *pl,* duff, gum. — ~‚**kopf** *m* cutting head. — ~‚**la·der** *m* cutter-loader. — ~**ma**‚**schi·ne** *f* coal-cutting machine, coalcutter, cutter (*colloq.*).

Schram·me ['ʃramə] *f* ⟨-; -n⟩ **1.** (*auf Lack, Film, Möbeln etc*) scratch, scrape. – **2.** (*in der Haut*) scratch: **er hat** (**bei dem Unfall**) **nur ein paar** ~**n abbekommen** *colloq.* he came off with a few scratches (in the accident). – **3.** (*Schürfwunde*) scratch, graze, abrasion (*scient.*). – **4.** (*Narbe*) scar. – **5.** *meist pl geol.* (*im Gletscher etc*) stria.

'**Schräm**|‚**mei·ßel** *m* (*mining*) cutter pick. — ~**mel·mu**‚**sik** *f mus.* light music played by a 'Schrammelquartett'.

Schram·meln ['ʃraməln] *pl mus.* **1.** instruments necessary for 'Schrammelmusik'. – **2.** *cf.* Schrammelquartett.

'**Schram·mel·quar**‚**tett** *n mus.* popular Viennese instrumental quartet consisting of 2 violins, a guitar and a clarinet (*or an accordion*).

schram·men ['ʃramən] **I** *v/t* ⟨h⟩ **1.** (*Lack, Film, Möbel etc*) scratch, scrape, graze: **j-s Auto** ~ to scratch s.o.'s car. – **2.** (*Haut, Finger etc*) scratch: **sich** (*dat*) **den Finger** ~ to scratch one's finger. – **3.** (*aufschürfen*) graze, skin, abrade (*scient.*). – **4.** (*einritzen, furchen*) scar. – **II** *v/i* ⟨sein⟩ **5. an** (*acc*) (*od.* gegen) **etwas** ~ to scratch (*od.* scrape) on (*od.* against) s.th.: **ich bin mit dem Fahrrad an** (*od.* gegen) **die Wand geschrammt** I scratched my bicycle (*od.* my bicycle scratched) on (*od.* against) the wall. – **III** *v/reflex* **sich** ~ ⟨h⟩ **6.** (*sich ritzen*) scratch oneself. – **7.** (*sich aufschürfen*) graze (*od. scient.* abrade) oneself.

'**schram·mig** *adj* **1.** (*Lack, Holz etc*) scratchy, scratched, full of scratches, scraped. – **2.** (*Haut*) scratched, full of scratches. – **3.** (*aufgeschürft*) grazed, abraded (*scient.*). – **4.** (*voller Schnittwunden*) slashed, gashed, gashy. – **5.** (*narbig*) scarred, seamed.

'**Schräm**|‚**räum**‚**schnecke** (*getr.* -k·k-) *f* (*mining*) scroll (*od.* spiral) gummer. — ~‚**schleu·der** *f* gumflinger. — ~‚**schlitz** *m* kerf. — ~‚**tie·fe** *f* depth of cut, pick penetration. — ~‚**wal·ze** *f* picked (*od.* shearer) drum.

Schrank [ʃraŋk] *m* ⟨-(e)s; ᵉe⟩ **1.** cupboard, closet: **ein** ~ **aus Teakholz** a cupboard (made) of teak; → Tasse 3. – **2.** (*Wand-, Hängeschrank*) (wall) cupboard (*od.* cabinet). – **3.** (*Einbauschrank*) a) built-in cupboard, b) built-in wardrobe. – **4.** (*Küchenschrank*) a) (*Geschirrschrank*) (kitchen) cupboard, closet, b) (*Küchen-*

anrichte) (kitchen) cabinet (od. dresser).
- **5.** (Wohnzimmerschrank) (living-room)
cabinet. - **6.** (Kleiderschrank) wardrobe,
auch armoire, clothespress. - **7.** (Bücher-
schrank) bookcase. - **8.** (Glasschrank,
Schaukasten) glass cabinet, showcase. -
9. (Büfett) sideboard, buffet. - **10.** (Gehäuse) chest. - **11.** mil. (Spind) locker. -
12. tel. (Klappenschrank) drop-type switchboard. - **13.** tech. (einer Säge) set. -
14. ⟨only sg⟩ hunt. (Fährtenabstand) cross
trace. - **15.** fig. colloq. hulk(ing man):
er ist ein ~ von einem Mann, er ist der
reinste ~ he is a (great) hulk of a man, he
is a great hulking man.
'Schrank|,auf,satz m (ornamental) top
(on a cupboard). — **~,bad** n cupboard
bath. — **~,bett** n Murphy (od. wardrobe)
bed. — **~,brett** n a) cupboard shelf, b)
wardrobe shelf.
Schränk·chen ['ʃrɛŋkçən] n ⟨-s; -⟩ dim.
of Schrank 1—10.
Schran·ke ['ʃraŋkə] f ⟨-; -n⟩ **1.** (railway)
a) (Gitterschranke) lattice gate, b) (Über-
wegschranke) grade- (Br. level)-crossing
gate, c) (Fußgängerschranke) grade- (Br.
level-)crossing wicket gate, d) (Dreh-
schranke) revolving (od. swing) gate: die
~n hochziehen (od. öffnen) to open the
gates; die ~n herunterlassen (od. schließen) to close the gates; die ~ geht hoch
the gate opens. - **2.** (Zollschranke) (customs)
barrier(s pl). - **3.** (Mautschranke) tollgate,
toll bar, turnpike. - **4.** math. limit. -
5. meist pl (im Gerichtssaal) bar: vor den
~n (des Gerichts) erscheinen to appear
in court; j-n vor die ~n (des Gerichts)
fordern (od. ziehen) to call (od. summon)
s.o. to the bar (od. to appear in court). -
6. (sport) (eines Parcours) barrier. -
7. (Absperrung, Hindernis) barrier, bar,
(road)block, impediment: eine ~ aufrichten (od. errichten) auch fig. to set
up a barrier; die ~(n) durchbrechen
auch fig. to break through (od. down) the
barrier(s); die (letzten) ~n zwischen ihnen
fielen fig. the (last) barriers between them
fell. - **8.** pl fig. (soziale, wirtschaftliche
etc) barriers. - **9.** pl fig. (Grenzen) limits,
bounds: die ~n der Konvention the
limits of convention; innerhalb der ~n des
Gesetzes within the bounds (od. pale) of
the law; j-m [sich dat] ~n auferlegen (od.
setzen, ziehen) to set s.o. [oneself] bounds
(od. limits), to put a limit (od. check) on
s.o. [oneself], to restrict s.o. [oneself];
einer Sache ~n setzen (od. ziehen) to
set bounds to s.th., to put a limit (od.
check) on (od. to) s.th.; seiner Freigebigkeit sind gewisse ~n gesetzt there
are certain limits (set) to his openhanded-
ness (od. generosity), his openhanded-
ness is somewhat limited; seine ~n einhalten
to keep within limits (od. bounds); bei
einem Streit kennt er keine ~n in an
argument he knows no bounds; sich [j-n,
etwas] in ~n halten to keep [s.o., s.th.]
within bounds, to keep oneself [s.o., s.th.]
in check, to restrict (od. restrain) oneself
[s.o., s.th.]; j-n in die ~n weisen to tell
s.o. where the limit is, to put s.o. in his
place (od. colloq. box); sich über alle ~n
hinwegsetzen to exceed (od. go beyond)
all bounds. - **10.** pl hist. (Kampfplatz) lists
pl (construed as sg or pl): für etwas [j-n]
in die ~n treten fig. to stand up for (od.
to support) s.th. [s.o.], to back s.th. [s.o.]
up; gegen j-n in die ~n treten fig. to enter
the lists against s.o. [saw set.]
'Schränk,ei·sen n tech. (für eine Säge)⌡
Schran·ken ['ʃraŋkən] m ⟨-s; -⟩ Austrian
u. dial. for Schranke 1.
schrän·ken ['ʃrɛŋkən] **I** v/t ⟨h⟩ **1.** (Arme)
fold, cross. - **2.** tech. (Sägezähne) set. -
3. die Läufe ~ hunt. to tie legs of game
crosswise. - **II** v/i **4.** hunt. (vom Rothirsch)
cross. - **III S~** n ⟨-s⟩ **5.** verbal noun.
'schran·ken·los adj **1.** (Bahnübergang etc)
unguarded. - **2.** fig. (unbeschränkt) unlimited, boundless, unbounded. - **3.** fig.
(maß-, zügellos) unrestrained, unbridled,
unbounded. — **Schran·ken·lo·sig·keit** f
⟨-; no pl⟩ fig. **1.** unlimitedness, boundlessness, unboundedness. - **2.** unrestrainedness, unrestraint, unboundedness.
'Schran·ken,wär·ter m (railway) grade-
(Br. level-)crossing watchman, gatekeeper.
— **~,haus**, **~,häus·chen** n watchman's
lodge, gatekeeper's box (od. hut, lodge).

'Schrank|,fach n **1.** compartment, shelf,
section. - **2.** (für Briefe, Zettel etc)
pigeonhole. — **s~,fer·tig** adj (Wäsche)
washed and ironed, ready to be put away.
— **~,kof·fer** m wardrobe trunk (od. case).
'Schrank·ma,schi·ne f tech. saw-setting
machine.
'Schrank,tür f a) cupboard door, b)
wardrobe door.
'Schrän·kung f ⟨-; -en⟩ **1.** cf. Schränken.
- **2.** aer. decalage, bes. Br. décalage: (positive) ~ washout; (negative) ~ washin.
'Schrank,wand f wall of cupboards,
cupboard units pl along a wall.
'Schränk|,wei·te f (einer Säge)
width of set. — **~,zan·ge** f saw-set pliers
(od. plyers) pl (construed as sg or pl).
Schran·ne ['ʃranə] f ⟨-; -n⟩ **1.** Bavarian and
Austrian obs. for a) Fleischbank, b) Ge-
treidemarkt. - **2.** hist. cf. Gerichtsgebäude.
Schranz [ʃrants] m ⟨-es; ⸗e⟩ Southern G.
and Swiss dial. for Riß 2.
Schran·ze ['ʃrantsə] m ⟨-n; -n⟩, f ⟨-; -n⟩
contempt. (Höfling) cringer, toady, courtier, sycophant (lit.). — **'schran·zen·haft**
adj contempt. cringing, toadying, syco-
phant(ic) (lit.).
Schra·pe ['ʃraːpə] f ⟨-; -n⟩ tech. cf.
Schrapper 1.
schra·pen ['ʃraːpən] v/t ⟨h⟩ Low G. scrape.
Schrap·nell [ʃrap'nɛl] n ⟨-s; -e u. -s⟩ mil.
hist. shrapnel. — **~,feu·er** n shrapnel firing.
— **~,ku·gel** f shrapnel ball.
'Schrapp,ei·sen n tech. cf. Schrapper 1.
schrap·pen ['ʃrapən] v/t u. v/i ⟨h⟩ scrape.
'Schrap·per m ⟨-s; -⟩ **1.** tech. (Kratzeisen)
scraper, scraping tool. - **2.** civ.eng. (beim
Straßenbau) a) scraper, b) (Radschrapper)
wheel (od. pan) scraper, bes. Br. buck
scraper. — **~,ka·sten** m (mining) scraper
(od. slusher) box. — **~,ka·sten,ho·bel** m
scraper-box plough (bes. Am. plow). —
~ver,satz m slusher packing.
'Schrap·sel ['ʃraːpsəl] n ⟨-s; -⟩ tech. scrapings pl.
Schrat [ʃraːt] m ⟨-(e)s; -e⟩, **Schrä·tel**
['ʃrɛːtəl] m ⟨-s; -⟩, **Schratt** [ʃrat] f ⟨-(e)s;
-e⟩ myth. bo(o)geyman (od. boogerman,
bog[e]y, bogie) (of the woods).
Schrat·te ['ʃratə] f ⟨-; -n⟩ geol. karren,
clint, rain channel, grike.
'Schraub|au·to,mat m electr. (Sicherung)
screw-in circuit breaker. — **s~,bar** adj
screwable. — **~,bol·zen** m tech. cf. Schrau-
benbolzen. — **~,deckel** (getr. -k-k-) m
screw-on lid.
Schrau·be ['ʃraubə] f ⟨-; -n⟩ **1.** tech. a)
(ohne Mutter) screw, b) (mit Mutter) bolt,
c) (einer Schraublehre) (measuring od. micrometer) screw (od. spindle), d) (Druck-
schraube) (thrust) screw, e) cf. Flügel-
schraube 1, f) cf. Holzschraube, g) cf.
Metallschraube, h) cf. Stellschraube: ein-
gängige [zweigängige] ~ single- [double]-
-threaded [screw]; linksgängige [rechtsgän-
gige] ~ left- [right-]hand screw; scharf-
gängige [flachgängige] ~ V- (auch Vee)-
[square-]threaded screw; feingängige ~
fine-pitch screw; eingelassene (od. ver-
senkte) ~ countersunk screw; eine ~ ohne
Kuppe a flat-point screw; eine ~ ohne
Ende a) an endless screw, a worm, b) fig.
an endless drag; ~ und Mutter bolt and nut;
eine ~ anziehen (od. festziehen) [lockern]
to tighten (up) [to loosen] a screw, to
secure a screw tightly [to slacken a screw];
die ~ anziehen auch fig. to give another
turn to the screw; die ~ sitzt fest the
screw is securely tightened; bei ihm ist
eine ~ locker (od. los) fig. colloq. he has a
screw loose, he has lost a screw (beide
colloq.). - **2.** mar. (Schiffsschraube)
propeller: vierflügelige ~ four-bladed
propeller; umsteuerbare ~ propeller with
controllable (Br. variable) pitch. - **3.** aer.
cf. Luftschraube. - **4.** (sport) twist. - **5.**
eine alte ~ fig. colloq. contempt. a cracked
hag (colloq.).
schrau·ben ['ʃraubən] **I** v/t ⟨h⟩ **1.** screw:
ein Schloß an eine Tür ~ to screw a lock
on to a door; er schraubte die Glühbirne
in die Fassung he screwed the bulb into
the socket; den Deckel auf ein Marmela-
denglas ~ to screw the lid on a jam jar;
der Skispringer schraubte den Rekord
auf 120 Meter fig. the ski jumper pushed
the record up to 120 meters (bes. Br.
metres); etwas in die Höhe ~ a) (einen

Drehstuhl etc) to screw s.th. up, b) fig.
(Preise, Löhne etc) to force (od. scale,
push) s.th. up, c) fig. (Ansprüche, Erwartungen etc) to raise s.th. - etwas niedriger ~ a) (einen Drehstuhl etc) to screw
s.th. down, b) fig. (Ansprüche, Erwartungen
etc) to lower s.th., to scale s.th. down. -
II v/i **2.** screw. - **III** v/reflex **3.** sich in
die Höhe (od. höher) ~ a) (von Flugzeug,
Vogel etc) to circle its way up, to spiral up,
b) (von Auto auf einer Paßstraße etc) to
wind its way up. - **4.** sich aus etwas ~ fig.
colloq. to wriggle out of s.th.
'Schrau·ben|,al·ge f bot. pond scum (Gattg
Spirogyra). — **~,an,ten·ne** f electr. cork-
screw (od. scient. helical) antenna (bes. Br.
aerial). — **~,au·to,mat** m tech. automatic
screw machine. — **~,bak,te·rie** f biol.
spirillum. — **~,baum** m bot. a) screw tree
(od. pine) (Gattg Pandanus), b) vacoa
(P. utilis). — **~,bock** m **1.** tech. screw
jack. - **2.** meist pl mar. propeller strut. —
~,bol·zen m tech. (screw) bolt. — **~,damp-
fer** m mar. screw steamer. — **~,dreh-
ma,schi·ne** f tech. screw-cutting lathe,
automatic screw machine. — **~,fe·der** f
1. helical spring. - **2.** (einer Wellendichtung)
coil spring. — **~,flä·che** f **1.** math. heli-
coid(al) surface. - **2.** tech. helical surface.
— **~,flü·gel** m mar. (der Schiffsschraube)
propeller (od. screw) blade. — **s~,för·mig**
adj bes. tech. screw-shaped, spiral, helical
(scient.). — **~ge,win·de** n screw thread,
male screw. — **~,her,stel·ler** m manufacturer of bolts and screws, bolt manufacturer.
— **~in·du,strie** f bolt industry. — **~,kopf**
m **1.** screwhead. - **2.** (einer Durchsteck-
schraube) bolt head. — **~,kupp·lung** f
tech. (railway) screw coupling. — **~,li·nie**
f math. spiral (od. scient. helical) line, helix
(scient.). — **~,mi·kro,me·ter** n tech. cf.
Schraublehre. — **~,mut·ter** f ⟨-; -n⟩
(screw) nut. — **~,pres·se** f tech. screw
press. — **~pro,pel·ler** m mar. (screw) propeller. — **~,rad** n tech. **1.** helical gear. -
2. cf. Schneckenrad 1. — **~,rä·der·ge-
,trie·be** n helical gear transmission. — **~-
,sal·to** m (sport) (beim Wasserspringen)
somersault with twist. — **~,schlitz,frä·ser**
m tech. screw-slotting cutter. — **~,schlüs-
sel** m **1.** wrench, bes. Br. spanner: verstellbarer (od. englischer) ~ monkey
wrench, bes. Br. adjustable spanner. -
2. (Steckschlüssel) socket wrench, bes. Br.
box spanner. — **~,schnecke** (getr. -k-k-) fzo.
auger shell (Fam. Terebridae). — **~,schneid-
ma,schi·ne** f tech. bolt cutter, screw-cutting machine. — **~,schneid,werk,zeug** n
screw-cutting tool. — **~,schub** m mar. propeller thrust. — **~,spin·del** f tech. screw
spindle. — **~,sprung** m (sport) (beim
Wasserspringen) twist dive. — **~,stahl** m
screw steel (od. stock), bolt stock. — **~-
,strahl** m aer. (propeller) slipstream. —
~ver,bin·dung f tech. screw (od. threaded)
connection (Br. auch connexion): ge-
sicherte [ungesicherte] ~ bolted [screwed]
joint. — **~ver,zah·nung** f **1.** (Vorgang)
helical gear cutting. - **2.** (Mechanismus)
helical tooth system. — **~,wel·le** f mar.
propeller (od. screw, tail) shaft. — **~,win·de**
f tech. cf. Schraubenbock 1. — **~,win-
dung** f turn of a screw. — **~,zie·her** m
(hand) screwdriver.
'Schraub|,fas·sung f tech. (von Glühbirnen
etc) screw base. — **~ge,trie·be** n skew gear
transmission. — **~,knecht** m tech. **1.** general
purpose (od. quick) clamp. - **2.** (in der
Zimmerei) cabinet clamp. - **3.** (in der
Schlosserei) clamp base vise (auch vice),
bench vise (auch vice). — **~kon,takt** m
electr. screwed contact. — **~,leh·re** f tech.
micrometer caliper (od. screw). — **~,rad** n
skew gear. — **~,rah·men** m print. screw
chase. — **~,sockel** (getr. -k-k-) m (radio)
telev. (einer Röhre) tube (bes. Br. valve)
socket (od. screw) base (od. socket, cap).
'Schraub,stock m tech. vise, auch vice: einfacher [feststehender, drehbarer] ~
single-screw [plain, swivel] vise; etwas in
den ~ spannen to clamp s.th. in the vise,
to vise (auch vice) s.th.; seine Hand
umklammerte mine wie ein ~ fig. colloq.
his hand clasped mine like a vise. — **~-
,backe** (getr. -k-k-) f vise (auch vice) jaw.
'Schraub|ver,bin·dung f tech. bolted fas-
tening. — **~ver,schluß** m screw cap. —
~,zwin·ge f tech. C-clamp.
'Schre·ber,gar·ten ['ʃreːbər-] m garden

plot, *bes. Br.* allotment (garden). — **~-ko·lo·nie** *f* garden colony, *bes. Br.* allotment area.

'**Schre·ber·gärt·ner** *m* plot (*bes. Br.* allotment) gardener: **ein geistiger ~** *fig. colloq. humor.* a parochial person.

Schreck [ʃrɛk] *m* ⟨-(e)s; -e⟩ fright, scare: **sie bekam** (*od. colloq.* **kriegte**) **einen großen** [**furchtbaren**] ~ she got quite a (*od. colloq.* an awful) [a dreadful *od.* terrible] scare; **der ~ ist ihm in die Glieder** (*od. colloq.* **Knochen**) **gefahren** fright swept through him; **ein eisiger ~ durchfuhr ihn** a chill of fright went through him; **sie waren vor ~ wie gelähmt, sie waren starr** (*od.* **steif**) **vor ~** they were paralyzed with fright, they were scared stiff (*colloq.*); **j-m einen ~ einjagen** *colloq.* to give s.o. a fright, to scare (*od. stärker* to terrify) s.o.; **da hast du mir ja einen schönen ~ eingejagt** *colloq.* you gave me a fair (*od. colloq.* a hell of a, *bes. Br. colloq.* a proper) fright, you fairly scared me; **deine Drohungen haben ihm einen heiligen ~ eingejagt** *colloq.* your threats scared him stiff, your threats scared the pants off him (*beide colloq.*); **vor ~ aufschreien** [**zittern**] to scream [to shake] with fright; **das Kind lief vor ~ davon** the child ran off in fright; **auf den ~ (hin) wollen wir erst mal einen trinken** *colloq.* let's have one to get over the fright (*colloq.*); **ach, du ~!** *colloq.* good heavens! for heaven's (*bes. Br. colloq.* Pete's) sake! ~, **laß Gott mich** (*od.* **us**)!

'**Schreck·bild** *n* 1. (*schreckliche Vorstellung*) dreadful (*od.* terrifying) vision. - 2. (*Erscheinung, Gespenst*) apparition.

Schrecken (*getr.* -k·k-) ['ʃrɛkən] *m* ⟨-s; -⟩ 1. fright, scare, (*stärker*) terror: **der Gedanke an das Examen erfüllte ihn mit** (*od.* **versetzte ihn in**) ~ the thought of the examination filled him with fright (*od.* frightened him, scared him, *stärker* terrified him); **der Fahrer kam** (**noch einmal**) **mit dem ~ davon** the driver got off with a fright; **ich muß mich vom ersten ~ erholen** I have to get over the fright (*od.* shock); **lieber ein Ende mit ~ als ein ~ ohne Ende** *colloq. humor.* rather a calamitous end than an endless calamity. - 2. (*nervöse Furcht, Aufregung*) alarm, dismay, (*stärker*) terror, panic: **die Nachricht rief überall ~ hervor** the news caused alarm everywhere; **die Menge wurde von panischem** (*od.* **blindem**) ~ **erfaßt** the crowd was seized with blind (*od.* panicky) terror, the crowd was seized with panic (*od.* was terror-stricken); **die Hunnen verbreiteten Furcht und ~ unter den europäischen Völkern** the Huns spread fear and terror among the European peoples. - 3. (*Greuel, Entsetzlichkeit*) horror, terrors *pl*: **der Gedanke daran hatte nichts von seinem ~ verloren** the thought of it had not lost its terrors; **ihnen bot sich ein Bild des ~s** they were met with a scene of horror (*od.* with a horrifying scene); **die ~ des Krieges** the horrors of war. - 4. (*Bestürzung, Betroffenheit*) dismay, consternation: **zu meinem ~ mußte ich feststellen, daß** to my dismay I discovered that. - 5. (*Schrecknis*) terror, horror: **er war der ~ der ganzen Nachbarschaft** he was the terror of the whole neighbo(u)rhood.

'**schrecken** (*getr.* -k·k-) **I** *v/t* ⟨h⟩ 1. **j-n ~** a) (*in Schrecken versetzen*) to frighten (*od.* to scare, *stärker* to terrify) s.o., to give s.o. a fright (*od.* scare), b) (*in Unruhe versetzen*) to alarm, to startle, *stärker* panic s.o., c) (*abhalten*) to keep s.o. away, to deter s.o., to put s.o. off. - 2. **j-n aus dem Schlaf ~** to startle s.o. out of his sleep. - **II** *v/i* ⟨schreckt, *obs.* schrickt, schreckte, *obs.* schrak, geschreckt, *obs.* geschrocken, sein⟩ 3. **aus dem Schlaf ~** to start out of one's sleep. - **III** *v/i* ⟨h⟩ 4. *hunt.* (*von Rotwild*) give alarm.

'**schrecken·er·re·gend** (*getr.* -k·k-) *adj* horrifying, terrifying, horrific, terrific.

'**Schreckens·bild** (*getr.* -k·k-) *n* dreadful (*od.* horrible) sight. — **s~blaß, s~bleich** *adj* pale (*od.* green) with fright. — **~bot·schaft** *f* alarming (*od.* frightening, scaring, terrifying) news *pl* (*construed as sg od pl*). — **~herr·schaft** *f* (reign of) terror, terrorism. · **~kam·mer** *f* chamber of

---

horrors. — **~nach·richt** *f cf.* Schreckensbotschaft. — **~nacht** *f* night of horrors. — **~re·gi·ment** *n cf.* Schreckensherrschaft. — **~tat** *f* atrocious (*od.* horrible) deed, atrocity. — **~zeit** *f* (time of) terror(ism).

'**Schreck·ge·spenst** *n fig.* 1. nightmare, specter, *bes. Br.* spectre, dreadful (*od.* terrifying) vision: **das ~ des Krieges heraufbeschwören** to conjure up (*od.* evoke) the nightmare of war. - 2. (*Popanz*) bugbear, bugaboo, bo(o)gyman: **j-n als ~ hinstellen** to make s.o. out to be a bugbear. - 3. *colloq.* (*häßliche Person*) (dreadful *od.* terrible, awful) sight (*colloq.*).

'**schreck·haft** *adj* easily frightened, fearful, timid. — '**Schreck·haf·tig·keit** *f* ⟨-; *no pl*⟩ fearfulness, timidity, timidness.

'**schreck·lich** **I** *adj* 1. (*furchtbar, entsetzlich*) terrible, dreadful, frightful, awful, fearful, horrible: **er stieß ~e Drohungen aus** he uttered dreadful threats; **sie bekamen ~e Angst** *colloq.* they were terribly (*od.* awfully) frightened (*colloq.*); **ich habe ~e Tage hinter mir** I have been through terrible days; **wie ~! das ist ja ~!** that's terrible! **das wird ein ~es Ende nehmen** that will come to a dreadful end; **es ist mir ~, Ihnen sagen zu müssen, daß** *colloq.* it is dreadful for me to have to tell you that (*colloq.*); **er starb unter ~en Schmerzen** he died in terrible pain (*od.* under terrible suffering, in agony); **wir sind in einer ~en Lage** we are in a terrible (*od.* dire) situation, we are in a very tight spot; **in seinem Zimmer herrscht eine ~e Unordnung** *colloq.* his room is in frightful disorder (*od.* mess) (*colloq.*); **ein ~er Mensch** *colloq.* a dreadful person (*colloq.*). - 2. (*grauenhaft, grausig*) dreadful, gruesome, *auch* grewsome, ghastly, horrible, horrid, horrifying, (*stärker*) appalling, atrocious, hideous: **die Unfallstelle bot einen ~en Anblick** the scene of the accident was a horrible sight. - 3. (*abscheulich, widerwärtig*) loathsome, abominable, execrable, (*stärker*) atrocious, heinous: **eine ~e Tat** an atrocious deed, an atrocity, an abomination. - 4. (*schaurig, schauerlich*) grim, grisly, grizzly, (*stärker*) ghastly, horrible: **eine ~e Geschichte** a grim story. - 5. (*katastrophal*) disastrous, calamitous, dreadful, terrible: **eine ~e Niederlage** a disastrous defeat, a disaster. - **II** *adv* 6. *colloq.* (*ungemein*) 'awfully', 'terribly', 'frightfully' (*alle colloq.*): **es dauerte ~ lange, bis er kam** it took him awfully long (*od. colloq.* it took me ages) to come; **das kostet ~ viel Geld** that costs an awful lot of money; **wir haben ~ gelacht** we split our sides (with laughter), it was frightfully funny, we laughed our heads off; **sie arbeitet ~ viel** she works an awful lot (*od.* frightfully hard).

'**Schreck·lich·keit** *f* ⟨-; *no pl*⟩ 1. (*Furchtbarkeit*) terribleness, dreadfulness, frightfulness, awfulness, fearfulness, horribleness. - 2. (*Grauenhaftigkeit*) dreadfulness, gruesomeness, ghastliness, horribleness, horridness, (*stärker*) atrocity, hideousness, hideosity. - 3. (*Abscheulichkeit*) loathsomeness, abomination, (*stärker*) atrocity, heinousness. - 4. (*Schaurigkeit*) grimness, grisliness, (*stärker*) ghastliness, horribleness.

'**Schreck·nis** *n* ⟨-ses; -se⟩ horror, terror.

'**Schreck·schrau·be** *f fig. colloq. contempt.* dolled-up hag (*colloq.*).

'**Schreck·schuß** *m* 1. shot fired in the air: **einen ~ abfeuern** (*od.* **abgeben**) to fire in the air. - 2. *fig.* (*blinder Alarm*) false alarm. - 3. *fig.* (*Warnschuß*) warning shot. — **~pi·sto·le** *f* blank (cartridge) pistol.

'**Schreck·se·kun·de** *f* reaction time (*od.* period).

Schrei [ʃraɪ] *m* ⟨-(e)s; -e⟩ 1. cry, shout: **einen ~ ausstoßen** to give (*od.* utter) a cry, to give a shout; **ein ~ der Entrüstung** a cry of indignation, an outcry. - 2. (*kreischender*) scream: **ein markerschütternder** [**erstickter**] ~ a bloodcurdling [stifled *od.* muffled] scream. - 3. (*spitzer, kurzer*) shriek. - 4. (*gellender*) yell. - 5. (*klagender*) wail. - 6. (*schriller, durchdringender*) squall. - 7. (*freudiger*) whoop. - 8. (*lauter Ruf, Zuruf*) shout. - 9. (*einer Menge*) shout, roar. - 10. (*Verlangen, Forderung*) (out)cry, call: **der ~ nach Rache** cry for revenge. - 11. **der letzte ~** *fig.*

---

colloq. the latest craze (*od.* rage, thing), the last word, (*bes. in der Mode*) the latest fashion, the dernier cri. - 12. (*eines wilden Tieres*) cry. - 13. (*Vogelruf*) a) (*des Greifvogels*) screech, b) (*der Eule, des Käuzchens*) hoot, screech, c) (*der Möwen, Wildenten etc*) call, d) (*des Hahns*) crow, e) (*des Kranichs*) trumpet call. - 14. (*des Esels*) bray. — **~ad·ler** *m zo.* lesser spotted eagle (*Aquila pomarina*).

'**Schreib·ab·teil** *n* (*railway*) writing (*od.* secretarial) compartment. — **~ar·beit** *f* clerical (*od.* desk, paper) work. — **~art** *f* (*Stil*) manner of writing, style, pen (*lit.*). — **~be·darf** *m* writing materials *pl*, stationery. — **~block** *m* ⟨-(e)s; -s⟩ (writing) pad. — **~bü·ro** *n* writing office. — **~da·me** *f* typist.

Schrei·be ['ʃraɪbə] *f* ⟨-; -n⟩ 1. ⟨*only sg*⟩ *Southern G. and Austrian* (*Geschriebenes*) writing. - 2. ⟨*only sg*⟩ written language (as opposed to the spoken one). - 3. *colloq.* (*Schreibgerät*) something to write with.

schrei·ben¹ ['ʃraɪbən] **I** *v/t* ⟨schreibt, schrieb, geschrieben, h⟩ 1. (*Buchstaben, Zahlen, Wörter etc*) write: **etwas noch einmal ~** to write s.th. again, to rewrite s.th.; **er schrieb das Aufsatzthema an die Tafel** he wrote (*od.* chalked) the essay subject on the blackboard; **er schrieb seinen Namen schnell auf ein Blatt Papier** he wrote his name quickly (*od.* he jotted down his name) on a piece of paper; **ich habe die Adresse in mein Notizbuch geschrieben** I have written (*od.* noted) (down) the address in my notebook; **seinen Namen unter etwas ~** to write (*od.* set) one's name under s.th., to (under)sign s.th.; **man schrieb das Jahr 1925** it was in 1925; **wir ~ heute den 1. März 1973** today is the first of March 1973; **den wievielten ~ wir heute?** what date is it today? **etwas mit der Hand ~** to write s.th. by hand; **etwas mit Bleistift ~** to write s.th. with a pencil, to pencil s.th.; **etwas mit Füllhalter ~** to write s.th. with a pen, to pen s.th.; **etwas mit Tinte ~** to write s.th. in ink, to ink s.th.; **etwas mit Kreide ~** to write s.th. with chalk, to chalk s.th.; **etwas mit** (*od.* **auf**) **der** (**Schreib**)**Maschine ~** to write s.th. with a typewriter, to typewrite (*od.* type) s.th.; **Kurzschrift ~** to write shorthand; **etwas in Kurzschrift ~** to write s.th. in shorthand (*od.* stenography), to stenograph s.th.; **er schreibt eine schlechte** [**gute**] **Handschrift** his handwriting is bad [good], he writes a bad [a good] hand, he is a bad [good] writer (*colloq.*); **er schreibt eine schwerfällige Handschrift** *fig.* he has a heavy (*od.* hard) hand, he is heavy-handed; **sich** (*dat*) **die Finger wund ~** *fig. colloq.* to write until one's fingers ache, to write one's arm off (*colloq.*); **schreib dir das hinter die Ohren!** *fig. colloq.* get that into your (thick) head (*od.* skull)! (*colloq.*); → Handschrift 4; Schornstein 1; Stirn 1. - 2. (*Brief, Aufsatz, Artikel, Buch, Fernsehspiel etc*) write, pen (*lit.*): **über dieses Thema ist viel geschrieben worden** much has been written on this subject (*od.* topic), much ink has been spilt (*od.* much paper has been spoiled) on this subject; **ein Diktat ~** to write (take down, do) a dictation; **etwas ins Konzept ~** to make a rough copy of s.th., to draft s.th.; **etwas ins reine ~** a) to make a fair copy of s.th., b) *jur.* to engross s.th.; **sie schreibt gutes** [**schlechtes**] **Deutsch** she writes good [bad] German; **einen guten Stil ~** to have a good style; **eine gewandte Feder ~** *fig.* to have (*od.* wield) a fluent pen (*lit.*); **der Artikel ist sehr flüssig geschrieben** the article is written in a very flowing (*od.* fluent) style; → Leib 1. - 3. **j-m etwas ~** a) (*einen Brief etc*) to write s.o. s.th., to write s.th. to s.o., b) (*berichten, mitteilen*) to write to s.o. s.th., to inform (*od.* notify) s.o. of s.th.: **ich habe meinen Eltern nichts davon geschrieben** I did not write my parents anything about it; **schreib du ihm auch noch ein paar Zeilen** (you) add a few lines (to him); **der Brief, in welchem Sie mir schrieben, daß Sie am Freitag ankämen** the letter in which you informed us of your arrival on Friday (*od.* that you will be arriving on Friday); **man schreibt uns aus Hamburg, daß wir received (*od.* have) word from Hamburg

that, we hear from Hamburg that. –
4. (*orthographisch richtig*) write, spell: dieses Wort wird groß geschrieben this word is written with a capital letter (*od.* is capitalized); **Zeitwörter schreibt man klein** verbs are written with a small (initial) letter; **etwas richtig ~** to write s.th. correctly; **etwas falsch** (*od.* **verkehrt**) **~** to write s.th. incorrectly, to misspell s.th.; **wie schreibt man 'Fuchs'?** how do you spell 'Fuchs'? – **5.** (*Rechnungen, Rezepte, Zeugnisse etc*) write (out), make out. – **6.** (*berichten*) report, say: **die Zeitung schreibt darüber folgendes** the newspaper says the following about it. – **7.** **j-n krank [gesund] ~** to certify s.o. (as) ill [cured *od.* fit for work]: **er ließ sich krank ~** he got the doctor to certify him (as) ill. – **8.** *mus.* (*komponieren*) write, compose. – **II** *v/i* **9.** write: **das Kind kann schon ~** the child is able to write already; **~ lernen** to learn to write; **du mußt etwas deutlicher [enger, kleiner] ~** you have to write a bit clearer [closer, smaller]; **er schreibt unleserlich [wie gestochen]** he writes illegibly [very neatly]; **sie schreibt schön** a) she has (a) beautiful handwriting, b) (*hat einen schönen Stil*) she writes beautifully, she has a beautiful style; **nach Diktat ~** to write from (*od.* at, to) s.o.'s dictation; **mit** (*od.* **auf**) **der (Schreib)Maschine ~** to type(write); **deutsch [lateinisch, arabisch] ~** a) (*in der jeweiligen Sprache*) to write in German [Latin, Arabic], b) (*in der jeweiligen Schrift*) to write German (*od.* Gothic) [Roman, Arabic] script; **wo steht das geschrieben?** where does it say that? where is it written? **das steht in den Sternen geschrieben** *fig.* that is written in the stars; **wie unser Gewährsmann in Übersee schreibt** according to our overseas informant; → **sagen** 11. – **10.** (*als Schriftsteller*) write, be a writer: **er schreibt für eine Zeitung** he writes newspaper articles; **über j-n [etwas] ~** to write on (*od.* about) s.o. [s.th.]. – **11.** **j-m** (*od.* **an j-n**) **~** to write to s.o., *bes. Am.* to write s.o.; **schreib mir mal!** write to me sometime! drop me a line! **sich** (*dat*) **~** *colloq.* (*korrespondieren*) to write to each other, to correspond (with each other), to be in correspondence. – **12.** **an** (*dat*) **etwas ~** (*an einer Dissertation, einem Drama etc*) to be writing (at) (*od.* be working on, be at work on) s.th. – **13.** (**j-m**) **um etwas ~** *archaic* to write (to s.o.) for s.th., to ask (s.o.) for s.th.) in writing. – **14.** *tech.* (*von Fern-, Fahrtenschreiber etc*) write, record. – **III** *v/reflex* **sich ~** **15.** be written (*od.* spelled, *bes. Br.* spelt): **wie ~ Sie sich?** how do you spell your name? **wie schreibt er sich?** a) how does he spell his name? b) *Southern G. colloq.* what is his name? – **16.** **sich mit j-m ~** *colloq.* to correspond (*od.* be in correspondence) with s.o.: **er schreibt sich mit ihm schon seit Jahren** they have been corresponding for years. – **IV** *v/impers* **17.** **wie schreibt es sich mit deinem neuen Füllhalter?** what is writing like with your new pen? – **V S~** *n* ⟨-s⟩ **18.** *verbal noun:* **das S~ wird mir sauer** I have trouble writing; **er macht beim S~ viele Fehler** he makes many mistakes in writing, he is a bad speller; **geben Sie mir etwas zum S~** a) (*einen Bleistift, Füllhalter etc*) give me something to write with, b) (*Schreibarbeit*) give me something to write (*od.* typewrite, type). – **19.** (*als Schulfach*) writing.

'Schrei·ben² *n* ⟨-s; -⟩ **1.** (*Schriftstück*) writing. – **2.** *bes. econ.* a) (*Brief*) letter, b) (*kurze Mitteilung*) note, c) (*formlose Benachrichtigung*) memorandum: **Bezug nehmend auf Ihr ~ vom** with reference (*od.* referring) to your letter of.

'Schrei·ber *m* ⟨-s; -⟩ **1.** (*Verfasser*) writer, author: **der ~ dieses Briefes** (*od.* **dieser Zeilen**) the undersigned. – **2.** (*kleiner Angestellter*) clerk, scribe. – **3.** (*Sekretär, Protokollführer*) secretary. – **4.** (*Gerichtsschreiber*) clerk. – **5.** (*Abschreiber*) copyist, copier, scribe. – **6.** *colloq.* something to write with: **hast du einen ~ dabei?** have you something on you to write with? – **7.** *hist.* (*Dorfschreiber etc*) scribe. – **8.** *tech.* recorder, recording instrument.

Schrei·be'rei *f* ⟨-; -en⟩ *colloq.* **1.** (endless) writing. – **2.** *meist pl* (plenty of) writing (*od.* paper work): **ich habe eine Menge ~en**

---

gehabt I had to do a lot of writing (back and forth) (*colloq.*). – **3.** *contempt.* (*eines schlechten Schriftstellers*) scribbling.

'Schrei·ber·ling *m* ⟨-s; -e⟩ *contempt.* **1.** (*schlechter Schriftsteller*) hack (writer); scribbler, inkslinger (*colloq.*). – **2.** (*kleiner Büroangestellter*) quill-driver, pen-pusher (*colloq.*).

'Schrei·ber,see·le *f contempt.* bureaucrat.

'schreib,faul *adj* lazy about (letter) writing: **er ist ~** he a lazy about (letter) writing, he is a poor correspondent. — **'Schreib,faul·heit** *f* ⟨-; *no pl*⟩ laziness about (letter) writing.

'Schreib|,fe·der *f* **1.** (pen) nib, pen. – **2.** (*Federhalter*) pen. – **3.** *obs.* quill. — **~,feh·ler** *m* **1.** spelling mistake, misspelling. – **2.** (*Flüchtigkeitsfehler*) scribal (*od.* clerical) error, slip of the pen. – **3.** *cf.* Tippfehler. — **~,fer·tig·keit** *f* skill in (*od.* good) penmanship. — **~ge,bühr** *f* **1.** copying fee. – **2.** (*Bearbeitungsgebühr*) a) processing fee, b) (*einer Bank*) management charges *pl.* — **~ge,rät** *n* **1.** writing utensil. – **2.** *tech.* recording instrument (*od.* indicator), recorder. – **~,heft** *n* **1.** exercise book. – **2.** (*Schönschreibheft*) copybook. — **~,hil·fe** *f* secretarial assistant. — **~,kraft** *f* typist: **Schreibkräfte gesucht** typists (*od.* typing staff) wanted. — **~,krampf** *m med.* writer's paralysis (*od.* cramp), graphospasm (*scient.*). — **~,kunst** *f* ⟨-; *no pl*⟩ penmanship, chirography. — **s~,lu·stig** *adj* **1.** fond of writing. – **2.** (*zum Schreiben aufgelegt*) in the mood for writing, in the writing mood (*colloq.*). — **~,map·pe** *f* writing case.

'Schreib·ma,schi·ne *f* typewriter: **(mit der) ~ schreiben** to type(write); **mit der ~ geschrieben** typewritten, typed, in typescript.

'Schreib·ma,schi·nen|,fräu·lein *n* typist. — **~pa,pier** *n* typewriting paper. — **~,raum** *m* typists' office. — **~,schrift** *f* typewriting. — **~,tisch** *m* typist's desk.

'Schreib|ma·te·ri,al *n* stationery. — **~pa,pier** *n* writing paper. — **~,pult** *n* writing desk. — **~,raum** *m* **1.** (*im Hotel etc*) writing room. – **2.** (*für Schreibkräfte*) typists' office. — **~,saal** *m cf.* Schreibmaschinenraum. — **~,schrank** *m* **1.** *cf.* Sekretär 4. – **2.** (*in einer Schrankwand*) writing-desk unit. — **~,schrift** *f* **1.** script, written characters *pl.* – **2.** *print.* script type. — **~,stift** *m* **1.** (*Bleistift*) pencil. – **2.** *hist.* (*Griffel*) stylus, *auch* stilus, style. — **~,stube** *f* **1.** *cf.* Schreibraum 2. – **2.** *mil.* orderly room. — **~,stun·de** *f* writing lesson. — **~,ta·fel** *f* **1.** (*Schiefertafel*) slate. – **2.** *hist.* tablet. — **~,tin·te** *f* writing ink.

'Schreib,tisch *m* **1.** desk. – **2.** (*Sekretär*) writing desk (*od.* table), *Br.* (writing) bureau. — **~gar·ni,tur** *f* desk set. — **~,lam·pe** *f* desk lamp. — **~,ses·sel** *m* desk chair. — **~,tä·ter** *m fig.* desk murderer.

'Schreib|,trom·mel *f tech.* recording drum. — **~,übung** *f* writing exercise.

'Schrei·bung *f* ⟨-; -en⟩ **1.** *cf.* Schreiben[1]. – **2.** (*Rechtschreibung*) spelling: **falsche ~** misspelling; **umgekehrte ~** inverse spelling.

'schreib|,un,kun·dig *adj* unable to write. — **S~,un·ter,la·ge** *f* desk (*od.* writing) pad. — **S~,un·ter,richt** *m* **1.** *cf.* Schreibstunde. – **2.** writing instruction (*od.* lessons *pl*).

'Schrei,bus·sard *m zo.* milvago caracara (*Gattg Milvago*).

'Schreib|uten,si·li·en *pl cf.* Schreibzeug. — **~,vor,la·ge** *f* **1.** (*zum Abschreiben*) original. – **2.** (*für Schönschrift*) example to copy from. — **~,wal·ze** *f tech.* (*der Schreibmaschine*) platen.

'Schreib,wa·ren *pl* stationery *sg.* — **~,händ·ler** *m* stationer. — **~,hand·lung** *f bes. Br.* stationer's (shop), *bes. Am.* stationery store.

'Schreib|,wei·se *f* **1.** (*Stil*) style, manner of writing. – **2.** (*Rechtschreibung*) spelling. — **~,zeug** *n* writing things *pl.* — **~,zim·mer** *n cf.* Schreibraum 1.

schrei·en ['ʃraɪən] **I** *v/i u. v/t* ⟨schreit, schrie, geschrie(e)n, h⟩ **1.** (*vor Angst, Schmerz etc*) cry out, shout, vociferate (*lit.*): **sie schrie vor Entsetzen** she cried out with terror; **er schrie wie am Spieß** he was screaming the place down, he was crying blue murder (*beide colloq.*). – **2.** (*gellend*) yell. – **3.** (*kreischend*) scream, shriek, screech, *Am. colloq.* yip. – **4.** (*freudig*) whoop: **die Kleine schrie vor Vergnügen** the little girl whooped with joy. – **5.** (*jammernd, klagend*) wail:

---

sie schrie ach und weh she wailed and moaned. – **6.** (*von Säuglingen*) squall, bawl, scream, howl. – **7.** (*laut rufen*) shout: **sie schrie ihm die Wahrheit ins Gesicht** she shouted the truth in his face; → **Hals**[1] 4; Hilfe 1; Leibeskräfte; Zeter. – **8.** (*brüllen*) roar: **vor Lachen ~** to roar (*od.* scream) with laughter. – **9.** (*laut reden*) shout, yell, bawl: **schrei nicht so, ich bin doch nicht taub!** don't shout like that, I'm not deaf! **j-m in die Ohren ~** to shout s.o.'s ears off (*colloq.*). – **10.** **nach etwas ~** a) to shout for s.th., b) *fig.* to cry for s.th.: **er schrie ungeduldig nach seinem Essen** he shouted impatiently for his meal; **nach Rache** (*od.* **Vergeltung**) **~** *fig.* to cry for revenge; **diese Zustände ~ geradezu nach einer Reform** *fig.* these conditions virtually cry (out) for reform; **dieses Unrecht schreit zum Himmel!** *fig.* this injustice is a crying shame (*od.* a disgrace)! – **11.** **nach j-m ~** a) (*ungeduldig*) to call (out) (*od.* to shout) for s.o. (to come), b) (*flehentlich*) to cry out for s.o.: **der unzufriedene Gast schrie nach dem Kellner** the unsatisfied customer shouted for the waiter; **das Kind hatte sich verlaufen und schrie nach seiner Mutter** the child had got lost and cried out for its mother. – **12.** (*von Volksmenge etc*) (*nach for*) clamor, *bes. Br.* clamour, shout. – **13.** (*von wilden Tieren*) cry, trumpet. – **14.** (*von Vögeln*) a) (*von Greifvogel*) scream, screech, b) (*von Eulen, Käuzchen*) hoot, screech, c) (*von Möwen, Wildenten etc*) call, d) (*vom Hahn*) crow. – **15.** (*von Eseln*) bray. – **II** *v/reflex* **16.** **sich heiser ~** to shout oneself hoarse. – **III S~** *n* ⟨-s⟩ **17.** *verbal noun.* – **18.** **es [er] ist zum S~** *colloq.* it [he] is a (perfect) scream (*colloq.*), *Am. colloq.* it [he] is a riot. – **19.** *cf.* Geschrei 1. — **'schrei·end I** *pres p.* – **II** *adj* **1.** (*laut rufend*) shouting. – **2.** (*krakeelend*) clamorous. – **3.** *fig.* (*Farben*) loud, garish, gaudy, glaring, flashy. – **4.** *fig.* (*Unrecht, Gegensatz etc*) glaring, flagrant: **das ist eine ~e Ungerechtigkeit** that's a glaring injustice (*od.* a crying shame).

'Schrei·er *m* ⟨-s; -⟩ **1.** *cf.* Schreihals 1—3. – **2.** (*Krakeeler*) clamorer, *bes. Br.* clamourer, brawler. – **3.** *meist pl contempt.* (*Nörgler*) grumbler, trouble-maker, protester, complainer: **den ~n den Mund stopfen** *colloq.* to shut the complainers up.

Schrei'rei *f* ⟨-; -en⟩ *colloq. for* Geschrei.

'Schrei,frosch *m zo.* bronze frog (*Rana clamitans*). — **~,hals** *m* **1.** (*Kleinkind*) squaller. – **2.** (*häufig weinendes Kind*) crybaby. – **3.** (*lärmendes Kind*) noisy brat. – **4.** *cf.* Schreier 2. — **~,krampf** *m med.* crying (*od.* screaming) fit.

Schrein [ʃraɪn] *m* ⟨-(e)s; -e⟩ **1.** *relig.* (*für Reliquien*) shrine, reliquary. – **2.** *obs. for* a) Schrank 1, b) Sarg. – **3.** **etwas im ~ des Herzens** (*od.* **der Seele**) **bewahren** *fig. lit.* to lock s.th. away in one's heart.

'Schrei·ner *m* ⟨-s; -⟩ *Southern and Western G. for* Tischler. — **Schrei·ne'rei** *f* ⟨-; -en⟩ *cf.* Tischlerei. — **'schrei·nern** *v/t u. v/i* ⟨h⟩ *cf.* tischlern.

schrei·ten ['ʃraɪtən] *v/i* ⟨schreitet, schritt, geschritten, sein⟩ *lit.* **1.** (*mit schnellen, langen Schritten*) stride (along), pace (along), stalk (along): **auf und ab ~** to pace up and down; **im Zimmer auf und ab ~** to pace the room (*od.* the floor), to stride up and down the room. – **2.** (*feierlich, gemessen*) walk: **das Paar schritt feierlich zum Altar** the couple walked solemnly to the altar; **im Takt ~** to walk in time to the music; **das Mannequin schritt über den Laufsteg** the model walked (*od.* paraded) across the platform. – **3.** (*stolzieren*) stalk (along), strut (along). – **4.** **über** (*acc*) **etwas ~** (*mit einem großen Schritt*) to stride (*od.* to step) across s.th. – **5.** **zu etwas ~** *fig.* to proceed (*od.* to pass on) to (do) s.th.: **zur Tat** (*od.* **zu Taten**) **~** **Werke ~** to set (*od.* to get down) to work, to proceed to action; **zur Abstimmung ~** to (come to the) vote; **zum Äußersten ~** to take extreme measures.

'Schreit|,tanz *m* stepping dance. — **~,vogel** *m zo.* glossy ibis, falcinel (*scient.*) (*Plegadis falcinellus*).

'Schrei,vo·gel,ar·ti·gen *pl zo.* screechers, clamatores (*scient.*) (*Ordng Clamatores*).

Schrenz [ʃrɛnts] *m* ⟨-es; -e⟩ *obs.* **1.** low-quality paper. – **2.** *cf.* Löschpapier. – **3.** (*Schrenzpackpapier*) low-quality wrap-

ping paper, screenings *pl* (construed as *sg* or *pl*). — ~**pack·pa·pier** *n cf.* Schrenz 3.
schrie [ʃriː] *1 u. 3 sg pret of* schreien.
schrieb [ʃriːp] *1 u. 3 sg pret of* schreiben¹.
Schrieb *m* ⟨-s; -e⟩ *colloq. meist contempt.* **1.** (official) letter. — **2.** unpleasant note, wretched missive, worthless scrap of paper.
Schrift [ʃrɪft] *f* ⟨-; -en⟩ **1.** writing, characters *pl*, script: in lateinischer ~ in Roman characters; in deutscher ~ in Gothic (*od.* German) script; eine Sprache in Wort und ~ beherrschen to be able to speak and write a language well (*od.* correctly); er spricht (Deutsch) nach der ~ *Southern G.* he speaks standard German. – **2.** (*Handschrift*) handwriting, writing, hand, script (*lit.*): sie hat eine schöne [schlechte] ~ she has a beautiful (*od.* lovely) [bad *od.* poor] handwriting, she writes a beautiful (*od.* lovely) [bad] hand, she is a lovely [bad] writer (*colloq.*); steile [schräge, zierliche, zittrige] ~ straight (*od.* erect) [slanting, neat, shaky] handwriting; seine ~ verstellen to disguise one's handwriting. – **3.** *print.* a) (*Material zum Setzen*) (text) type, b) (*Buchschrift*) (book) face, c) (*Schreibschrift*) script, d) *cf.* Schriftart. – **4.** (*Schriftstück*) paper, document, writing. – **5.** (*Abhandlung*) paper. – **6.** (*Veröffentlichung*) publication, writing. – **7.** (*Broschüre*) brochure, booklet, pamphlet. – **8.** (*Werk*) work, writing: vermischte ~en miscellaneous writings; sämtliche ~en Kants the complete works of Kant, a complete edition of Kant's works). – **9.** (*Bittschrift*) petition, appeal. – **10.** (*Inschrift*) inscription, legend: → Kopf 12. – **11.** die (Heilige) ~ *relig.* the Scripture(s *pl*), the Holy Scripture(s *pl*). — ~**art** *f print.* kind of type, sort, *bes. Am.* type font, *Br.* type fount. — ~**aus·le·ger** *m relig.* exegete, exegetist, exegesist. — ~**aus·le·gung** *f* interpretation of the Scripture(s), exegesis (*scient.*). — ~**barsch** *m zo.* learned rockfish (*Serranus scriba*). — ~**bild** *n* **1.** general impression of s.o.'s handwriting. – **2.** *print.* (type)face. — **s~blind** *adj med.* word-blind. — ~**blind·heit** *f* word blindness, alexia (*scient.*). — ~**cha·rak·ter** *m* **1.** character of handwriting. – **2.** *print.* type style. — ~**deu·ter** *m* **1.** handwriting analyst, graphologist (*scient.*). – **2.** *relig. cf.* Schriftausleger. — ~**deutsch** ⟨*generally undeclined*⟩, das ~**deut·sche** ⟨-n⟩ *ling.* **1.** literary German. – **2.** (*Hochdeutsch*) standard German. — ~**deu·tung** *f* **1.** handwriting analysis, graphology (*scient.*). – **2.** *relig. cf.* Schriftauslegung.
'Schrif·ten|nach·weis *m*, ~**ver·zeich·nis** *n* list of references, bibliography (*scient.*).
'Schrift|fäl·scher *m* forger of handwriting. — ~**fäl·schung** *f* forgery of handwriting. — ~**form** *f jur.* writing: bestimmte Verträge erfordern die ~ writing is essential to the validity of certain contracts. — ~**füh·rer** *m* **1.** (*einer Versammlung etc*) protocolist. – **2.** (*eines Vereins etc*) secretary, keeper of the minutes. – **3.** *econ.* secretary. — ~**gar·ni·tur** *f print.* sort, *bes. Am.* font, *Br.* fount. — ~**gat·tung** *f* type group. — ~**ge·lehr·te** *m Bibl.* scribe. — ~**gie·ßer** *m print.* letter founder, typefounder. — ~**gie·ße·rei** *f* letter foundry, typefoundry. — ~**grad** *m*, ~**grö·ße** *f* type size. — ~**guß** *m* typecasting, typefounding, letter founding. — ~**hö·he** *f* type height, height to paper: in ~ type-high. — ~**ka·sten** *m* (type)case. — ~**ke·gel** *m* (type) body, shank. — ~**lei·ter** *m* (*Redakteur*) editor. — ~**lei·tung** *f* **1.** (*Stellung des Schriftleiters*) editorship. – **2.** (*Personal der Redaktion*) editorial staff, editors *pl*. – **3.** (*Zeitungsbüro*) newspaper office.
'schrift·lich I *adj* **1.** (*Einwilligung, Bestätigung, Unterlagen etc*) written, in writing: ~e Prüfung written examination; ~er Beweis *jur.* evidence in writing; ~e Zahlungsanweisung *econ.* order to pay, draft; jetzt haben wir es ~ now we have it in writing (*od.* in black and white); → Vorladung 2. – **II** *adv* **2.** in writing, in black and white, on paper: etwas ~ niederlegen (*od.* festhalten) to put s.th. down (*od.* record s.th.) in writing, to commit (*od.* reduce) s.th. to writing; würden Sie mir das ~ geben? could you please give me that in writing? das kann ich dir ~ geben *fig. colloq.* I can guarantee you that. – **3.** (*brieflich*) by letter, by correspondence: j-m etwas ~ mitteilen to inform (*od.* notify) s.o. of s.th.

by letter; ~ antworten a) to answer by letter, b) (*auf Formularen etc*) to answer in writing. – **III** S~e, das ⟨-n⟩ **4.** gib mir etwas S~es give me something in writing; ich habe nichts S~es I have nothing in writing. – **5.** *colloq.* (*schriftliche Prüfung*) written exam (*colloq.*), *auch* paper. — **'Schrift·lich·keit** *f* ⟨-; *no pl*⟩ *jur. cf.* Schriftform.
'Schrift|li·nie *f print.* type (*od.* body) line: unter der ~ inferior. — ~**me·tall** *n* type (*od.* printer's) metal. — ~**mon·ta·ge** *f* paste-up. — ~**pro·be** *f* **1.** specimen of handwriting. – **2.** *print.* type specimen. — ~**rol·le** *f hist.* scroll, volume. — ~**sach·ver·stän·di·ge** *m, f* handwriting expert, graphologist (*scient.*). — ~**satz** *m* **1.** *print.* (type) matter, *bes. Am.* font, *Br.* fount. – **2.** *jur.* brief, pleading, (written) statement, writ, memorandum: ergänzender ~ supplementary writ. — ~**schnei·der** *m* **1.** (*Beruf*) type cutter. – **2.** (*Werkzeug*) type cutter. — ~**sei·te** *f* (*von Münzen*) reverse, tail. — ~**set·zen** *n print.* typesetting, composition. — ~**set·zer** *m* typesetter, compositor, typographer. — ~**spie·gel** *m* typeface. — ~**spra·che** *f ling.* **1.** literary language. – **2.** (*Hochsprache*) standard language. — **s~sprach·lich** *adj* **1.** based on (*od.* characteristic of, belonging to) the literary language. – **2.** (*hochsprachlich*) standard (*attrib*). — ~**stel·le** *f relig.* passage from the Scripture(s), Scripture reading. — **'Schrift|stel·ler** *m* ⟨-s; -⟩ author, writer; man of letters, litterateur (*lit.*). — ~**be·ruf** *m* literary profession, authorship. — **Schrift·stel·le·rei** *f* ⟨-; *no pl*⟩ writing, literary work. — **'Schrift·stel·le·rin** *f* ⟨-; -nen⟩ author(ess), (woman) writer. — **'schrift·stel·le·risch I** *adj* literary. – **II** *adv* as an author: sie ist ~ begabt she has literary talent, she has talent as an author. — **'schrift·stel·lern** *v/i* ⟨*insep*, ge-, h⟩ write, do literary work. — **'Schrift|stel·ler·na·me** *m* pen name, nom de plume, pseudonym. — **'Schrift|stem·pel** *m print.* punch. — ~**stück** *n* (piece of) writing, paper, document: das vorliegende ~ *jur.* these presents *pl*. — ~**sy·stem** *n print.* system of type bodies. — ~**text** *m relig.* text from the Scripture(s), biblical (*auch* Biblical) text. — **'Schrift|tum** *n* ⟨-s; *no pl*⟩ literature. — **'Schrift|ver·glei·chung** *f* comparison of handwriting. — ~**ver·kehr** *m cf.* Schriftwechsel. — ~**wart** *m cf.* Schriftführer 2. — ~**wech·sel** *m* **1.** correspondence, exchange of letters: den ~ führen to handle the correspondence. – **2.** (*als Aktenmaterial*) records *pl*, file. — **s~wid·rig** *adj relig.* contrary to the Scripture(s), unscriptural. — ~**wort** *n* ⟨-(e)s; -e⟩ scriptural (*auch* Scriptural, Bible) quotation. — ~**zei·chen** *n* character, letter.
'Schrift·zeug¹ *n print.* worn type.
'Schrift·zeug² *m* ⟨-(e)s; -e⟩ *print. cf.* Schriftmetall.
'Schrift·zug *m* **1.** *pl* (*Handschrift*) handwriting *sg*, hand *sg*. – **2.** (*Unterschrift*) signature. – **3.** (*einzelner Strich od. Bogen*) stroke.
schrill [ʃrɪl] *adj* ⟨-er; -st⟩ (*Stimme, Ton etc*) shrill, piercing, strident, high-pitched.
schril·len ['ʃrɪlən] *v/i* ⟨h⟩ sound shrilly, shrill: das Telephon schrillte the telephone rang shrilly.
schrin·nen ['ʃrɪnən] *v/i* ⟨h⟩ *Low G. for* schmerzen I.
Schrip·pe ['ʃrɪpə] *f* ⟨-; -n⟩ *Berlin colloq. for* Brötchen.
schritt [ʃrɪt] *1 u. 3 sg pret of* schreiten.
Schritt *m* ⟨-(e)s; -e, *in Verbindung mit Zahlen* -⟩ **1.** step: das Kind macht (*od.* tut) die ersten ~e the baby takes its first steps; ein langer ~ a stride; große ~e machen to take long strides; to stride; er kam mit großen ~en auf sie zu he strode up to her; mit langsamen ~en, mit langsamem ~, langsamen ~es with slow steps, at a slow pace; leichten ~es with light steps; er ging mit leisen ~en aus dem Zimmer he went softly out of the room; entschlossenen ~es with a determined step; einen ~ zurücktreten [vorgehen] to step back [forward]; bitte treten Sie einen ~ näher please come (*od.* go) a bit closer; es sind nur ein paar ~e bis zu meinem Haus it's

just a step (*od.* a stone's throw, it's no distance) (from here) to my house; ich habe den ganzen Tag keinen ~ aus dem Haus getan I haven't put my foot outside the door all day; sein ~ stockte he stopped; er lenkte seine ~e zum Bahnhof he turned his steps towards the station; die Freude auf das Wiedersehen mit ihr beflügelte seine ~e *lit.* the thought of seeing her again lent wings to his steps; ~ für ~ *auch fig.* step by step, bit by bit, little by little; ~ für (*od.* um) ~ wurden die Beschränkungen aufgehoben *fig.* by degrees (*od.* little by little, gradually) the restrictions were lifted; auf ~ und Tritt *fig.* at every step (*od.* turn); j-m auf ~ und Tritt folgen to dog s.o. (*od.* s.o.'s every step), to shadow s.o.; wir sind keinen ~ weitergekommen *fig.* we haven't got (*Am.* gotten) an inch further; wir haben die Angelegenheit einen guten ~ weitergebracht *fig.* we have brought (*od.* taken) the affair a considerable step forward (*od.* stage further); den zweiten ~ vor dem ersten tun to do things the wrong way round; der erste ~ zur Besserung *fig.* the first step toward(s) improvement; ich möchte noch einen ~ weiter gehen und behaupten, daß *fig.* I'd like to go one step further and say that; zum Verbrechen ist da nur noch ein ~ *fig.* that's only one step away from crime; → Essen² 2. – **2.** (*hörbarer*) (foot)step, footfall, tread: ein schwerer ~ a heavy step, a plod; auf der Straße hörte man eilige ~e hurried footsteps were heard on the street; das ist er, ich erkenne ihn am (*od.* an seinem) ~ that's him, I know his step. – **3.** (*Gangart*) step: im gleichen ~ und Tritt in step; den ~ wechseln to change step; aus dem ~ kommen to get out of step. – **4.** (*Tempo*) pace: seinen ~ beschleunigen [verlangsamen] to quicken [to slacken] one's pace; er hat einen schnellen ~ he has a fast (*od.* quick) pace, he walks at a fast pace; du hast vielleicht einen ~ am Leib (*od.* an dir)! *colloq.* you can keep up quite a pace! mit j-m ~ halten *auch fig.* to keep pace (*od.* step) with s.o., to keep up with (*od.* abreast of) s.o.; er kann nicht mehr mit der Zeit ~ halten *fig.* he can't keep up with the time (any more), he is out of step with the times. – **5.** (*Schrittgeschwindigkeit*) walking pace: hier muß man (im) ~ fahren you have to drive at a walking pace here; ~ fahren! dead slow! – **6.** (*Maßangabe*) step, pace: in etwa 20 ~ Entfernung approximately 20 paces (*od.* yards) away; (bleib mir) 3 ~e vom Leibe! *fig. colloq.* keep your distance! keep ~ (*od.* at arm's length) from me! sich (*dat*) j-n 3 ~e vom Leibe halten *fig. colloq.* to keep s.o. at arm's length (*od.* at a distance). – **7.** (*sport*) (*beim Dressurreiten*) walk: freier [starker] ~ free [extended] walk; verkürzter [versammelter] ~ short [collected] walk; (im) ~ reiten to ride at a) walk, to walk one's horse. – **8.** *fig.* (*Maßnahme*) step, measure, move: ein diplomatischer ~ a diplomatic move, a demarche (*bes. Br.* démarche); den ersten ~ zur Versöhnung tun to take the first step toward(s) reconciliation; ~e (gegen etwas) unternehmen to take steps (*od.* action) (against s.th.); ~e einleiten to initiate measures; den entscheidenden ~ tun (*od.* wagen) to take the decisive step (*od.* the plunge). – **9.** (*fashion*) (*der Hose*) crotch.
'Schritt·tanz (getr. -tt,t-) *m cf.* Schreittanz.
'Schritt|fah·ren *n* driving at a walking pace. — ~**feh·ler** *m* (*sport*) **1.** (*beim Handball*) walking violation. – **2.** (*beim Basketball*) traveling, *bes. Br.* travelling. — ~**län·ge** *f* **1.** length of pace, stride. – **2.** (*fashion*) *cf.* Schrittweite 2.
'Schritt|ma·cher *m* **1.** (*sport*) pacemaker, pacesetter, pacer. – **2.** *med.* (*für das Herz*) pacemaker. – **3.** *fig.* (*Pionier*) pacemaker, pacesetter, pioneer. — ~**dien·ste** *pl* (*sport*) *auch fig.* pacemaking *sg*, pacesetting *sg*: j-m ~ leisten to pace s.o. — ~**ma·schi·ne** *f* (*beim Radsport*) pacing motorcycle, motor pacer.
'Schritt|mes·ser *m tech.* pedometer, passometer. — ~**re·gel** *f* (*sport*) rule governing progression with the ball. — ~**sprung** *m* (*beim Turnen*) stride leap. — ~**wech·sel** *m* change of step. — **s~wei·se** *auch fig.* **I** *adj* (*Annäherung, Besserung etc*) gradual, pro-

gressive, stepwise, step-by-step (*attrib*). – **II** *adv* step by step, by steps, gradually, progressively, stepwise: ～ vorgehen to proceed step by step. — ～**wei·te** *f* **1.** length of pace, stride. – **2.** (*fashion*) (*der Hose*) length of crotch. — ～**zäh·ler** *m tech. cf.* Schrittmesser.

schroff [ʃrɔf] **I** *adj* ⟨-er; -(e)st⟩ **1.** (*steil, jäh*) steep, precipitous, abrupt. – **2.** (*zerklüftet*) rugged, jagged. – **3.** *fig.* (*barsch*) gruff, harsh. – **4.** *fig.* (*kurz angebunden*) brusque, curt, abrupt, blunt: sie hat eine ～e Art she has a brusque manner (*od.* way about her); eine ～e Ablehnung erfahren to meet with a blunt (*od.* flat) refusal. – **5.** *fig.* (*unvermittelt*) abrupt: ein ～er Übergang an abrupt change. – **6.** *fig.* (*kraß*) sharp: das steht in ～em Gegensatz zu meiner Erfahrung that contrasts sharply with my experience. – **II** *adv* **7.** ～ abfallende Felswände precipitous (*od.* steep) rock faces. – **8.** *fig.* bluntly: etwas ～ von der Hand weisen to refuse s.th. bluntly (*od.* flatly).

Schroff *m* ⟨-(e)s *od.* -en; -en⟩ *cf.* Schroffen.

Schrof·fen [ˈʃrɔfən] *m* ⟨-s; -⟩ *Southern G. and Austrian for* Felsklippe.

'Schroff·heit *f* ⟨-; *no pl*⟩ **1.** (*Steilheit*) steepness, precipitousness, abruptness. – **2.** (*Zerklüftung*) ruggedness, jaggedness. – **3.** *fig.* (*Barschheit*) gruffness, harshness. – **4.** *fig.* (*kurz angebundene Art*) brusqueness, curtness, abruptness, bluntness.

schröp·fen [ˈʃrœpfən] **I** *v/t* ⟨h⟩ **1.** *med.* a) (*zur Ader lassen*) bleed, cup, venesect (*scient.*), b) (*skarifizieren*) scarify. – **2.** *fig. colloq.* 'bleed' (*colloq.*), 'soak' (*sl.*), fleece, milk: er ist beim Kartenspiel gehörig geschröpft worden they fleeced him quite a bit at cards. – **3.** *hort.* (*Obstbäume*) tap. – **II S~** *n* ⟨-s⟩ **4.** *verbal noun.* – **5.** *med.* a) (*Aderlaß*) venesection, venisection, b) (*Skarifizieren*) scarification. — **'Schröp·fer** *m* ⟨-s; -⟩ *med.* cupper, cupping instrument.

'Schröpf|,kopf *m* cupping glass, mechanical leech, terabdella (*scient.*). — ～**schnäp·per** *m* **1.** (*zum Aderlaß*) cupping instrument. – **2.** (*zum Skarifizieren*) scarifier, scarificator.

Schrot [ʃroːt] *m, n* ⟨-(e)s; -e⟩ **1.** pellet, (*small*) shot: grober ～ buckshot, swan shot; j-m eine Ladung ～ aufbrennen *colloq.* to give s.o. a load of buckshot (*colloq.*); mit ～ schießen to use (*small*) shot. – **2.** (*grobgemahlenes Getreide*) groats *pl* (*construed as sg or pl*), crushed (*od.* bruised) grain, coarse meal: (*Getreide zu*) ～ mahlen to rough-grind grain. – **3.** (*einer Münze*) (*alloy*) weight: ～ und Korn weight and fineness; ein Mann von echtem ～ und Korn *fig.* a man of the right sort, a sterling fellow (*colloq.*); ein Mann von altem ～ und Korn *fig.* a man of the old stamp. – **4.** *brew.* (*Malzschrot*) grist, crushed (*od.* bruised) malt. — ～**axt** *f tech.* wood cleaver's axe. — ～**baum** *m cf.* Schrotleiter. — ～**beu·tel** *m hunt.* shot bag, (shot) pouch. — ～**blatt** *n print.* dotted print. — ～**brot** *n gastr.* whole-meal bread. — ～**büch·se** *f hunt. cf.* Schrotflinte. — ～**ef·fekt** *m electr. phys.* shot effect. — ～**ei·sen** *n tech. cf.* Schrotmeißel.

schro·ten [ˈʃroːtən] *v/t* ⟨h⟩ **1.** (*Getreide, Malz*) crush, bruise, rough-grind, shred. – **2.** *tech. metall.* a) (*Alteisen etc*) crush, break up, b) (*in der Schmiedekunst*) chisel, c) (*Kohle*) granulate. – **3.** (*Fässer etc*) roll (*s.th.*) down, lower, shoot, parbuckle. – **4.** (*zernagen*) gnaw, nibble.

Schrö·ter [ˈʃrøːtər] *m* ⟨-s; -⟩ **1.** *obs. for* a) Bierfahrer 2, b) Fuhrknecht 1, c) Fuhrmann 1. – **2.** *tech.* blacksmith's hardy. – **3.** *zo. cf.* Hirschkäfer.

'Schrot|,fei·le *f tech.* coarse-cut file. — ～**flin·te** *f hunt.* shotgun, fowling piece, *Am. humor.* scatter-gun.

'Schroth,kur [ˈʃroːt-] *f med.* Schroth's treatment, dry diet.

'Schrot|,korn *n,* ～**ku·gel** *f* grain of shot, pellet. — ～**la·dung** *f* charge of shot. — ～**lei·ter** *f tech.* (*zum Abladen*) cart ladder (*od.* leather).

'Schrot|,mehl *n gastr.* **1.** (*coarse*) meal, groats *pl* (*construed as sg or pl*). – **2.** (*von Mais*) *Am.* grits *pl* (*construed as sg or pl*). — ～**mei·ßel** *m tech.* (*des Schmieds*) blacksmith's chisel. — ～**mes·ser** *n* (*meat*) chopper, cleaver, chopping knife. — ～**müh·le** *f* bruising (*od.* rough-grinding) mill. — ～**pa·tro·ne** *f hunt.* shot cartridge, *Am.* shotgun shell. — ～**sä·ge** *f tech.* crosscut saw. —

～**sche·re** *f* scrap-cutting shears *pl.* — ～**stär·ke** *f hunt.* size of shot. — ～**stuhl** *m tech. cf.* Schrotmühle.

Schrott [ʃrɔt] *m* ⟨-(e)s; -e⟩ **1.** scrap. – **2.** *fig. colloq.* (*unbrauchbares Zeug*) trash, trumpery.

schrot·ten [ˈʃrɔtən] *v/t* ⟨h⟩ *tech. cf.* verschrotten.

'Schrott|ent,fall *m tech.* manufacturing loss, scrap, waste material. — ～**,han·del** *m* scrap trade. — ～**,händ·ler** *m* scrap dealer. — ～**,hau·fen** *m* scrap heap, scrap pile: etwas auf den ～ werfen *auch fig.* to throw s.th. on the scrap heap, to scrap(-heap) s.th. — ～**,la·ger** *n cf.* Schrottplatz. — ～**,ma,gnet,kran** *m tech.* scrap-lifting magnet crane. — ～**,platz** *m* scrapyard. — ～**,pres·se** *f tech.* scrap press. — **s~,reif** *adj* fit for the scrap heap, fit to be scrapped. — ～**,ver,hüt·tung** *f* scrap smelting. — ～**,wert** *m* scrap (*od.* salvage) value. — ～**,zu,ga·be** *f metall.* **1.** (*zur Schmelze*) scrap addition. – **2.** (*beim Besäumen von Walzblechen*) allowance for edge trimming.

'Schrot,waa·ge *f tech.* (*spirit*) level.

schrub·ben [ˈʃrʊbən] **I** *v/t* ⟨h⟩ **1.** (*Fußboden etc*) scrub, scour. – **2.** *colloq.* (*Hände, Füße etc*) scrub. – **3.** *mar.* scrub. – **4.** *tech. cf.* schruppen. – **II** *v/reflex* sich ～ **5.** *colloq.* scrub oneself.

'Schrub·ber *m* ⟨-s; -⟩, **'Schrubbe·sen** (*getr.* -bb,b-) *m* scrubbing (*bes. Am.* scrub) brush.

Schrul·le [ˈʃrʊlə] *f* ⟨-; -n⟩ **1.** whim, whims(e)y, maggot, crank, crotchet, kink: sie hat ～n im Kopf, sie hat den Kopf voller ～n her head is full of odd notions; das ist so eine ～ von ihm that's one of his whims. – **2.** (*alte*) ～ *colloq. contempt.* crotchety hag.

'schrul·len·haft *adj* whimsical, crotchety, cranky. — **'Schrul·len·haf·tig·keit** *f* ⟨-; *no pl*⟩ whimsicalness, whimsicality, crotchetiness, crankiness.

'schrul·lig *adj cf.* schrullenhaft. — **'Schrul·lig·keit** *f* ⟨-; *no pl*⟩ *cf.* Schrullenhaftigkeit.

schrumm [ʃrʊm] *interj* (*lautmalend*) dum-diddy-dum.

Schrum·pel [ˈʃrʊmpəl] *f* ⟨-; -n⟩ **1.** *Low and Middle G. colloq. for* a) Falte 7, b) Runzel 1. – **2.** *colloq. contempt.* old woman, hag. — **'schrum·pe·lig** *adj Low and Middle G. for* a) faltig 4, b) runzelig. — **'schrum·peln** *v/i* ⟨sein⟩ *cf.* schrumpfen.

'schrumpf·be,stän·dig *adj* (*textile*) shrink-proof.

schrump·fen [ˈʃrʊmpfən] **I** *v/i* ⟨sein⟩ **1.** *auch med. tech.* (*kleiner werden*) shrink: etwas ～ lassen to shrink s.th. – **2.** *auch med.* (*runzelig werden*) shrivel. – **3.** *auch med.* (*sich zusammenziehen*) contract. – **4.** *fig.* (*weniger werden*) shrink, dwindle, diminish. – **II S~** *n* ⟨-s⟩ **5.** *verbal noun. cf.* Schrumpfung. — **'schrump·fig** *adj* (*Haut, Früchte*) shriveled, *bes. Br.* shrivelled.

'Schrumpf|,kopf *m* shrunken head. — ～**,le·ber** *f med.* cirrhosis of the liver. — ～**,maß** *n tech.* shrink (*od.* molder's, *bes. Br.* moulder's) rule, shrinkage ga(u)ge. — ～**,muf·fe** *f* (*für Rohrleitungen*) shrunk-on sleeve. — ～**,nie·re** *f med.* cirrhosis of the kidney, arteriosclerotic (*od.* atrophic) kidney: primäre ～ primary (*od.* genuine) renal shrinkage (*od.* atrophy). — ～**,ring** *m tech.* shrunk-on ring (*od.* collar). — ～**,riß** *m* shrinkage (*od.* cooling, contraction) crack. — ～**,sitz** *m* shrink fit. — ～**,span·nung** *f* **1.** *metall.* a) concentration stress, b) (*in der Gießerei*) cooling stress, c) (*beim Schweißen*) shrinkage stress. – **2.** *civ. eng.* (*von Zement*) settlement shrinkage. — ～**,maß** *n tech.* contraction allowance.

'Schrump·fung *f* ⟨-; -en⟩ **1.** *cf.* Schrumpfen. – **2.** *auch med. tech.* (*Verkleinerung*) shrinkage. – **3.** *auch med.* (*Zusammenziehung*) contraction. – **4.** *med.* (*Atrophie*) atrophy. – **5.** *fig.* (*Verminderung, Abnahme*) shrinkage, diminution, diminishment, decrease.

'Schrump·fungs,aus,gleich *m tech.* shrinkage equalization (*od.* compensation).

'Schrumpf,vor,rich·tung *f synth.* (*gegen Verwerfung von Preßteilen*) cooling fixture, shrinkage block.

Schrund [ʃrʊnt] *m* ⟨-(e)s; ~e⟩ *Southern G. for* a) Gletscherspalte, b) Spalte 2, 3.

Schrun·de [ˈʃrʊndə] *f* ⟨-; -n⟩ **1.** (*im Fels, Gletscher*) cleft, fissure, crack, crevice. – **2.** *med.* (*auf der Haut*) fissure, crack,

chap. ～n rhagades. — **'schrun·dig** *adj* **1.** fissured, cracked. – **2.** *med.* fissured, cracked, chapped.

'Schrupp,ar·beit *f tech.* roughing, roughing work (*od.* operation).

schrup·pen [ˈʃrʊpən] *v/t* ⟨h⟩ *tech.* rough, rough-machine.

'Schrupp|,fei·le *f tech.* rough (*od.* rough-cut, coarse) file. — ～**,frä·ser** *m* **1.** roughing cutter. – **2.** (*für Zahnradbearbeitung*) stocking cutter. — ～**,ho·bel** *m* jack plane. — ～**,ho·bel,ei·sen** *n* jack plane cutter. — ～**,schliff** *m* roughing grind. — ～**,stahl** *m* roughing (*od.* rough-cutting) tool.

Schub [ʃuːp] *m* ⟨-(e)s; ～e⟩ **1.** (*Stoß*) push, shove. – **2.** (*von Broten etc*) batch, baking: zwei ～ Brötchen two batches of rolls. – **3.** *fig.* (*Teil einer Menge*) batch, lot: die Zuschauer wurden in Schüben in das Stadion hineingelassen the spectators were admitted to the stadium in batches; er kam mit dem letzten ～ he came with the last batch. – **4.** *aer. phys.* (*Vortriebskraft*) thrust. – **5.** *tech.* a) (*in der Werkstoffprüfung*) shear, b) (*Axialdruck*) thrust, c) (*mechanischer*) push. – **6.** (*thieves' Latin*) (*zwangsweiser Abtransport*) compulsory conveyance: er wurde per ～ an die Grenze gebracht (*under police escort*) he was taken to the frontier for deportation; j-n auf den ～ bringen to deport s.o. – **7.** (*beim Kegeln*) throw. — *cf.* Schubfach, Schublade. — ～**,ab,bau** *m* (*space*) thrust decay. — ～**be,an,spru·chung** *f tech.* shear(ing stress), flexual stress.

Schub·be·jack [ˈʃuːbəjak] *m* ⟨-s; -s⟩ *Low G. for* a) Bettler, b) Schuft.

'Schub,dich·te *f* (*space*) propellant mass flow. — ～**,dü·se** *f* thrust nozzle.

Schu·ber [ˈʃuːbər] *m* ⟨-s; -⟩ **1.** *cf.* Schutzkarton. – **2.** *Austrian for* Schieber 1, Riegel 1.

'Schub|er,hö·hung *f aer.* thrust augmentation. — ～**er,zeu·ger** *m* **1.** *aer.* generator of thrust. – **2.** *electr.* gas generator. — ～**,fach** *n* drawer. — ～**,fen·ster** *n* sash window. — ～**,fe·stig·keit** *f metall. civ.eng.* shear(ing strength). — ～**,ge,rüst** *n* (*space*) propulsion system mount, thrust section.

Schu·bi·ack [ˈʃuːbiak] *m* ⟨-s; -s⟩ *Low G. for* a) Bettler, b) Schuft.

'Schub|,kam·mer *f* (*space*) thrust chamber. — ～**,kar·re** *f,* ～**,kar·ren** *m* wheelbarrow, *bes. Am.* pushcart. — ～**,ka·sten** *m cf.* Schublade. — ～**,kraft** *f* **1.** *aer.* thrust (power). – **2.** *tech.* (*Querschub*) a) shear(ing force), b) (*mechanische*) pushing force. — ～**,la·de** *f* drawer. — ～**,leh·re** *f cf.* Schieblehre. — ～**,lei·stung** *f aer.* **1.** thrust (performance). – **2.** (*der Luftschraube*) thrust (horse)power. — ～**,mo·dul** *m tech.* modulus of shear. — ～**,re·ge·lung** *f aer.* thrust control. — ～**,rie·gel** *m* sliding bolt.

Schubs [ʃʊps] *m* ⟨-es; -e⟩ *dial.* push, shove: j-m einen ～ geben a) to push (*od.* to shove) s.o., to give s.o. a push (*od.* shove), b) *fig. colloq.* (*j-n ermuntern*) to push s.o., to give s.o. a push. — **'schub·sen** *v/t* ⟨h⟩ push, shove.

'Schub|,span·nung *f tech.* shear(ing stress): verformende ～ shearing strain. — ～**,stan·ge** *f auto.* **1.** *cf.* Pleuelstange. – **2.** (*der Lenkung*) drag link. – **3.** (*der Vorderradaufhängung*) trailing link. — ～**,stei·ge·rung** *f aer.* thrust augmentation. — ～**,vek·tor,steue·rung** *f* (*space*) thrust vector control. — ～**,ver,lauf** *m aer.* thrust regime. — ～**,ver,lust** *m* loss in thrust. — ～**,ver,stär·ker** *m* (*space*) thrust augmenter (*od.* augmentor).

'schub,wei·se *adv* **1.** in batches. – **2.** (*nach u. nach*) gradually, by degrees, little by little.

'Schub,zeit *f* (*eines Raketentriebwerks*) total impulse.

schüch·tern [ˈʃʏçtərn] *adj* **1.** (*befangen*) shy, bashful, coy: ein ～er Liebhaber a shy lover. – **2.** (*zaghaft, scheu*) timid, shy: ein ～es Kind a timid child; er machte einen ～en Versuch, sie aufzuwecken he made a timid attempt to waken her. — **'Schüch·tern·heit** *f* ⟨-; *no pl*⟩ **1.** shyness, bashfulness, coyness. – **2.** timidity, timidness, shyness.

schuckeln (*getr.* -k·k-) [ˈʃʊkəln] *v/i* ⟨h⟩ *colloq. for* wackeln 4, 5.

schuf [ʃuːf] *1 u. 3 sg pret,* **schü·fe** [ˈʃyːfə] *1 u. 3 sg pret subj of* schaffen[1].

Schuft [ʃʊft] *m* ⟨-(e)s; -e⟩ scoundrel, rogue,

rascal, villain, knave, blackguard, skunk, *Am. sl.* heel.

schuf·ten [ˈʃuftən] *v/i* ⟨h⟩ *colloq.* **1.** work oneself to the bone (*colloq.*), grind, slog, slave, drudge, plod, work like a Trojan. – **2.** *cf.* büffeln I. — **Schuf·te'rei** *f* ⟨-; -en⟩ *colloq.* **1.** drudgery, slavery, grind (*colloq.*). – **2.** *cf.* Büffelei.

'schuf·tig *adj* (*Mensch, Benehmen etc*) roguish, rascally, villainous, knavish, blackguardly, shabby, low, vile. — **'Schuf·tig·keit** *f* ⟨-; *no pl*⟩ roguery, roguishness, rascality, villainy, knavery, shabbiness, lowness, vileness.

Schuh [ʃuː] *m* ⟨-(e)s; -e⟩ **1.** shoe: hohe ⁓e a) (*mit hohen Absätzen*) high-heeled shoes, b) (*bis zum Knöchel*) ankle boots, c) (*bis über den Knöchel*) half boots; ⁓e mit hohen Absätzen high-heeled shoes, high-heels (*colloq.*); flache ⁓e, ⁓e mit flachen Absätzen flat shoes, low-heeled shoes; ⁓e nach Maß shoes made to measure; ⁓e tragen (*od. colloq.* anhaben) to wear shoes; sich (*dat*) die ⁓e anziehen [ausziehen] to put on [to take off] one's shoes; diese ⁓e sitzen gut these shoes fit well (*od.* are a good fit); ⁓e putzen to polish (*od. colloq.* to shine) one's shoes; der rechte ⁓ drückt (mich) an der großen Zehe the right shoe pinches my big toe; wissen, wo j-n der ⁓ drückt *fig. colloq.* to know where the shoe pinches, *Am. sl.* to know what's biting s.o.; j-m etwas in die ⁓e schieben *fig. colloq.* to put the blame (for s.th.) on s.o., to lay s.th. at s.o.'s door; ich möchte nicht in seinen ⁓en stecken *fig. colloq.* I should not like to be in his shoes; sich (*dat*) etwas längst an den ⁓en abgelaufen haben *fig. colloq.* to know s.th. inside out; umgekehrt wird ein ⁓ draus! *fig. colloq.* try it the other way round! wem der ⁓ paßt, der zieht (*od.* ziehe) ihn sich an! *fig. colloq.* if the cap fits wear it! – **2.** (*eines Pfahls etc*) ferrule. – **3.** *tech.* (*Kabelschuh*) cable socket (*od.* lug), (*sweating*) thimble. – **4.** (*railway*) *cf.* Hemmschuh 1, Bremsschuh. – **5.** *obs.* (*Längenmaß*) foot: eine drei ⁓ dicke Wand a wall three feet thick. — ⁓**ab·satz** *m* heel. — ⁓**an·zie·her** *m* shoehorn, shoeing-horn, *Am. auch* shoespoon. — ⁓**band** *n* ⟨-(e)s; ⁓er⟩ *cf.* Schnürsenkel. — ⁓**brem·se** *f tech.* spoon brake. — ⁓**bür·ste** *f* shoe brush. — ⁓**creme** *f* shoe polish (*od.* cream). — ⁓**draht** *m tech.* waxed twine, shoe thread. — ⁓**fa·brik** *f* shoe factory. — ⁓**fa·bri·kant** *m* shoe manufacturer. — ⁓**ge·schäft** *n* shoe shop (*bes. Am.* store). — ⁓**grö·ße** *f* size (of shoe), shoe size: er trägt ⁓ 40 he takes (*od.* is) size 40. — ⁓**han·del** *m* shoe trade. — ⁓**haus** *n cf.* Schuhgeschäft. — ⁓**in·du·strie** *f* shoe industry. — ⁓**kar·ton** *m* shoe box. — ⁓**krem** *f cf.* Schuhcreme. — ⁓**la·den** *m cf.* Schuhgeschäft. — ⁓**lap·pen** *m* shoe rag. — ⁓**le·der** *n* shoe leather. — ⁓**lei·sten** *m* shoe tree. — ⁓**löf·fel** *m* shoehorn, shoeing-horn, *Am. auch* shoespoon. — **'Schuh·ma·cher** *m* shoemaker. — **'Schuh·ma·che'rei** *f* ⟨-; -en⟩ shoemaker's shop. — **'Schuh·ma·cher·hand·werk** *n* shoemaking, shoemaker's trade. — ⁓**mei·ster** *m* master shoemaker. — **'Schuh·markt** *m* shoe market. — ⁓**na·gel** *m* hobnail. — ⁓**num·mer** *f cf.* Schuhgröße. — ⁓**pa·ste** *f cf.* Schuhcreme. — ⁓**pfle·ge** *f* shoe care. — **s⁓**⁓**put·teln** [-ˌplatəln] *v/i* ⟨h⟩ dance the Schuhplattler (*od.* schuhplattler). — ⁓**platt·ler** *m* ⟨-s; -⟩ (*ein Volkstanz*) Schuhplattler, schuhplattler. — ⁓**put·zer** *m* bootblack, shoeblack: ich bin doch nicht dein ⁓ *fig. colloq.* I'm not your slave; j-n wie einen ⁓ behandeln *fig. colloq.* to treat s.o. like dirt. — ⁓**putz·mit·tel** *n cf.* Schuhcreme. — ⁓**rie·men** *m cf.* Schnürsenkel: er ist nicht wert, diesem Mann die ⁓ zu lösen *fig.* he is not good enough (*od.* not worthy) to loosen this man's shoes. — ⁓**schna·bel** *m zo.* shoebill, abu markub (*Balaeniceps rex*). — ⁓**schnal·le** *f* shoe buckle. — ⁓**schrank** *m* shoe cupboard (*od.* cabinet). — ⁓**schwär·ze** *f* (shoe) blacking. — ⁓**sen·kel** *m cf.* Schuhband. — ⁓**soh·le** *f* sole (of a shoe): sich (*dat*) etwas an den ⁓n abgelaufen haben *fig. colloq.* to know s.th. inside out; sich (*dat*) die ⁓n ablaufen *fig. colloq.* to run one's feet off trying to get s.th. — ⁓**span·ner** *m* shoe tree.

'Schuh·wa·ren *pl* footwear *sg*, footgear *sg*, boots and shoes. — ⁓**ge·schäft** *n* shoe shop (*bes. Am.* store). — ⁓**händ·ler** *m* dealer in footwear.

'Schuh·werk *n* footwear, footgear. — ⁓**wich·se** *f colloq. for* Schuhcreme. — ⁓**zeug** *n colloq. for* Schuhwerk. — ⁓**zwecke** (*getr.* -k·k-) *f* (*für Nagelschuhe*) shoe tack.

'Schu·ko·steck·do·se [ˈʃuːko-] (*TM*) *f electr.* protective contact socket, socket with protective plug reception. — ⁓**stecker** (*getr.* -k·k-) *m* shrouded contact plug.

'Schul·ab·gang *m* school leaving. — ⁓**ab·gän·ger** *m* person leaving school, *bes. Br.* school leaver.

'Schul·amt *n ped.* education office. — **'Schul·amts·kan·di·dat** *m cf.* Lehramtskandidat.

'Schul·an·fang *m* **1.** beginning of school. – **2.** (*nach den Ferien*) beginning of a (*school*) year. — ⁓**an·fän·ger** *m* school beginner. — ⁓**an·stalt** *f* educational establishment, school. — ⁓**ar·beit** *f* **1.** *meist pl* homework, schoolwork, *bes. Br.* lessons *pl.* – **2.** *bes. Austrian for* Klassenarbeit. — ⁓**ar·rest** *m* detention (at school): er bekam zwei Stunden ⁓ he was detained (*od.* had to stay in) for two hours. — ⁓**arzt** *m* school medical officer, school doctor. — ⁓**at·las** *m* school atlas. — ⁓**auf·ga·be** *f* **1.** *meist pl cf.* Schularbeit 1. – **2.** *bes. Bavarian for* Klassenarbeit. — ⁓**auf·sicht** *f* **1.** (*Tätigkeit*) inspection of the schools. – **2.** (*Behörde*) schools' inspectorate. — ⁓**aus·bil·dung** *f* education. — ⁓**aus·flug** *m* school excursion (*od.* trip). — ⁓**aus·ga·be** *f* (*eines Wörterbuchs etc*) school edition. — ⁓**bank** *f* ⟨-; ⁓e⟩ form, school bench: er drückt noch die ⁓ *fig. colloq.* he is still at school. — ⁓**be·ginn** *m cf.* Schulanfang. — ⁓**be·hör·de** *f* educational authorities *pl.* — ⁓**bei·spiel** *n* (*für of*) typical (*od.* perfect) example, textbook case. — ⁓**be·such** *m* attendance at school, school attendance. — ⁓**be·zirk** *m* school district. — ⁓**bi·blio·thek** *f* school library. — ⁓**bil·dung** *f* education: höhere ⁓ secondary education; eine gute ⁓ haben to be well educated. — ⁓**bru·der** *m röm.kath.* school brother. — ⁓**bu·be** *m* schoolboy. — **'Schul·buch** *n* textbook, school book, manual. — ⁓**ver·lag** *m* educational publishers *pl* (*od.* publishing company). — **'Schul·bus** *m* school bus.

Schuld [ʃult] *f* ⟨-; -en⟩ **1.** ⟨*only sg*⟩ (*Fehler, Verantwortung*) fault, blame: wer hat die ⁓? wer trägt die ⁓ daran? wessen ⁓ ist es? wen trifft die ⁓? whose fault is it? who is to blame (for it)? es ist meine ⁓, die ⁓ liegt bei mir it is my fault, I am to blame (for it); durch meine ⁓ through a fault of mine; j-m die ⁓ geben to blame s.o.; j-m die ⁓ für etwas geben to blame s.o. for s.th.; die ⁓ auf j-n schieben, j-m die ⁓ zuschieben to put (*od.* lay, cast) the blame on s.o.; dich trifft keine ⁓ you are not to blame; die ⁓ bei sich selbst suchen to see whether oneself is to blame, to search oneself for the blame; die ⁓ für etwas auf sich nehmen to take (*od.* bear) the blame for s.th. – **2.** ⟨*only sg*⟩ (*Sünde*) moralische ⁓ moral guilt; ein Gefühl tiefer ⁓ a feeling of deep guilt; schwere ⁓ auf sich laden to burden oneself with grave guilt; ich bin mir meiner ⁓ bewußt I am aware of my guilt. – **3.** ⟨*only sg*⟩ (*Ursache*) cause. – **4.** ⟨*only sg*⟩ (*Sünde*) sin: ⁓ und Sühne sin and atonement; sie häuften ⁓ auf ⁓ they committed one sin after the other. – **5.** ⟨*only sg*⟩ (*Unrecht*) wrong: für eine ⁓ büßen to pay for a wrong; eine ⁓ wiedergutmachen to right a wrong. – **6.** ⟨*only sg*⟩ *jur.* a) (*strafrechtliche*) guilt, b) (*zivilrechtliche*) fault, responsibility: seine ⁓ bekennen (*od.* zugeben, eingestehen) to confess one's guilt, to plead guilty; seine ⁓ leugnen (*od.* abstreiten) to deny one's guilt, to plead not guilty; Leugnen (*od.* Bestreiten) der ⁓ plea of not guilty; seine ⁓ ist noch nicht erwiesen his guilt has not been proved (as yet); j-m die ⁓ beimessen to attribute (*od.* impute) the fault to s.o. – **7.** *econ.* a) (*Geldschuld*) debt, b) (*Verbindlichkeit*) liability, obligation, c) (*Hypothekenschuld*) mortgage debt, encumbrance, incumbrance: ausstehende [bevorrechtigte] ⁓ out-

standing [privileged *od.* preferential] debt; befristete ⁓ time liability; fällige ⁓ due debt, debt due; schwebende [verbriefte, verjährte] ⁓ floating [bonded, superannuated] debt; nicht beitreibbare ⁓ non(-)recoverable debt; seine ⁓en bezahlen (*od.* begleichen) to pay (*od.* to settle, to discharge) one's debts; seine ⁓en abtragen to pay (*od.* to clear) off one's debts; seine ⁓en abarbeiten to work off a debt; für eine ⁓ aufkommen to pay (*od.* to settle, to defray) a debt; eine ⁓ eintreiben to recover (*od.* to collect, to get in) a debt; j-m eine ⁓ erlassen (*od.* schenken) to release s.o. from a debt; eine ⁓ tilgen to redeem (*od.* to discharge) a debt; ⁓en haben to be in debt (*od.* in the red); ⁓en bei j-m haben to owe s.o. money, to be indebted to s.o.; ⁓en machen to contract (*od.* incur) debts, to run into debt(s), to run up bills; in ⁓en geraten to run into debt(s); das Haus ist noch nicht frei von ⁓en the house is not yet free from encumbrances (*od.* is not yet unencumbered); sich in ⁓en stürzen to plunge into debt(s); ganz in ⁓en stecken to be heavily in debt, in the red; bis über beide Ohren in ⁓en stecken, mehr ⁓en als Haare auf dem Kopf haben *colloq.* to be up to the eyebrows in debt. – **8.** ⟨*only sg*⟩ *fig.* indebtedness, obligation: ich stehe tief in Ihrer ⁓ I am greatly indebted (*od.* much obliged) to you. – **9.** (*mit Kleinschreibung*) wer hat s⁓? whose fault is it? who is to blame (for it)? ich habe s⁓ it is my fault, I am to blame (for it); j-m s⁓ geben to blame s.o.; s⁓ haben *jur.* to be at fault.

schuld *adj* ⟨*pred*⟩ wer ist ⁓? whose fault is it? who is to blame (for it)? ich bin ⁓ it is my fault, I am to blame (for it); du bist ⁓ (*daran*), daß you are to blame that; du bist an allem ⁓ it's all your fault; die Umstände sind daran ⁓ the circumstances are to blame (for it); technisches Versagen war ⁓ an dem Unfall technical failure was the cause of the accident.

'Schuld·ab·lö·sung *f jur. econ.* amortization (*od.* discharge) of a debt. — ⁓**ab·tre·tung** *f* cession of a debt. — ⁓**an·er·kennt·nis** *n* **1.** acknowledgement (*bes. Am.* acknowledgment) (*od.* recognizance) of a debt. – **2.** *cf.* Schuldschein. — ⁓**be·kennt·nis** *n jur.* confession (*od.* admission) of guilt. — **s⁓·be·la·den** *adj* burdened with guilt. — ⁓**be·trag** *m econ.* amount of debt. — ⁓**be·weis** *m jur.* proof (*od.* evidence) of guilt. — **s⁓·be·wußt** *adj* (*Gesicht etc*) guilty. — ⁓**be·wußt·sein** *n* guilty conscience. — ⁓**brief** *m econ. cf.* Schuldschein.

'Schuld·buch *n* **1.** *econ.* debt register. – **2.** *fig.* black book. — ⁓**for·de·rung** *f* debt-register claim especially on the government of the Federal Republic of Germany.

schul·den [ˈʃuldən] *v/t* ⟨h⟩ j-m etwas ⁓ *auch fig.* to owe s.o. s.th.: er schuldet mir noch 20 Mark he still owes me 20 marks; dafür schuldest du mir eine Erklärung you owe me an explanation for that; j-m Dank (*für etwas*) ⁓ to be indebted to s.o. (for s.th.), to owe s.o. a debt of gratitude (for s.th.).

'Schul·den·ab·deckung (*getr.* -k·k-) *f econ.* repayment (*od.* settlement) of debts. — ⁓**auf·stel·lung** *f* specification (*Am. auch* itemization) of debts. — ⁓**be·rei·ni·gung** *f* settlement of debts. — ⁓**dienst** *m* debt service. — **s⁓·frei** *adj* **1.** free from debt: ⁓ sein to be free from (*od.* to be rid of) debt, to have no debts. – **2.** (*Haus, Grundstück etc*) unencumbered, unmortgaged.

'schul·den·hal·ber *adv* owing to (*od.* on account of) debts.

'Schul·den·her·ab·set·zung *f econ.* reduction of debts. — ⁓**last** *f* **1.** burden of debts, liabilities *pl.* – **2.** (*auf Grundstücken etc*) encumbrance(s *pl*), incumbrance(s *pl*). — ⁓**ma·cher** *m* contractor of debts. — ⁓**mas·se** *f* **1.** (aggregate) liabilities *pl.* – **2.** *cf.* Konkursmasse. — ⁓**rück·zah·lung** *f* repayment of debts. — ⁓**sen·kung** *f cf.* Schuldenherabsetzung. — ⁓**til·gung** *f* debt redemption, discharge (*od.* repayment) of debts. — ⁓**til·gungs·fonds** *m* sinking fund. — ⁓**til·gungs·plan** *m* debt redemption plan. — ⁓**til·gungs·ra·te** *f* sinking-fund installment (*bes. Br.* instalment). — ⁓**ver·wal·tung** *f* administration of debts.

'Schuld|er,laß m, **~er,las·sung** f econ. remission of (a) debt. — **~,for·de·rung** f claim, (active) debt: eine uneintreibbare ~ an irrecoverable (od. a bad) debt. — **~,fra·ge** f jur. question of guilt: die ~ aufwerfen (od. aufrollen) to raise the question of guilt. — **~ge,fäng·nis** n jur. hist. cf. Schuldturm. — **~ge,fühl** n feeling (od. sense) of guilt, guilty conscience, guiltiness. — **~,haft** f jur. hist. imprisonment for debt.

'schuld·haft adj jur. culpable.

'Schuld,herr m econ. archaic creditor.

'Schul|,die·ner m school caretaker (Am. janitor). — **~,dienst** m ⟨-(e)s; no pl⟩ teaching profession: im ~ (tätig) sein to be in the teaching profession, to be a teacher.

'schul·dig adj **1.** bes. jur. guilty, culpable, (im Eherecht) auch responsible: der ~e Teil the guilty party; sich ~ bekennen (od. erklären) to acknowledge (od. to admit) one's guilt, to plead guilty; sich ~ fühlen to feel guilty; j-n für ~ erklären (od. befinden), j-n ~ sprechen to pronounce (od. to declare, to find, to rule) s.o. guilty; j-n für ~ halten to regard (od. to consider) s.o. guilty; eines Verbrechens ~ sein to be guilty of a crime; er hat sich des Verrats ~ gemacht he made himself guilty of treason; das Gericht erkannte auf ~ the court brought in a verdict of guilty; die Geschworenen haben ihn des Mordes für ~ erklärt the jury convicted him on a charge of murder; ~ geschieden sein to be divorced as the guilty (od. responsible) party. – **2.** j-m etwas ~ sein auch fig. to owe s.o. s.th.: ich bin ihm immer noch 20 Mark ~ I still owe him 20 marks; j-m nichts mehr ~ sein to be quits (od. square) with s.o.; was bin ich (Ihnen) ~? how much do I owe (you)? beim Bäcker ist sie auch noch (etwas) ~ she still owes at the baker's, she still owes the baker (money); ich muß dir das Geld ~ bleiben I'll have to owe you the money; j-m Achtung [Rechenschaft, eine Antwort] ~ sein fig. to owe s.o. respect [an explanation, an answer]; ich bin ihm einen Besuch ~ fig. I owe him a visit; das bist du ihm schon ~ fig. you owe that to him; das ist man seinen Eltern ~ fig. one owes that to one's parents, that is one's parents' due; er blieb (mir) die Antwort ~ fig. he was at a loss for an answer (od. a reply); sie blieb ihm die Antwort nicht ~ fig. she gave him a smart reply (od. answer), she gave him tit for tat, she was not at a loss for a suitable reply, she hit back; er bleibt keine Antwort ~ fig. he is never at a loss for an answer, he gives as good as he gets (od. takes); j-m nichts ~ bleiben fig. to pay s.o. back in his own coin. – **3.** (gebührend) due: j-m den ~en Respekt (od. die ~e Achtung) zollen lit. to pay s.o. due respect; bei aller ~en Hochachtung with all due respect. – **4.** des Todes ~ sein lit. to deserve death.

'Schul·di·ge m, f ⟨-n; -n⟩ bes. jur. guilty person (od. party), party at fault.

'Schul·di·ger m ⟨-s; -⟩ Bibl. for Schuldner.

'Schul·dig|er,ken·nung, ~er,klä·rung f jur. conviction, verdict of guilty.

'Schul·dig·keit f ⟨-; no pl⟩ **1.** (Pflicht, Verpflichtung) duty, obligation: seine ~ tun to do one's duty; das war nur meine (Pflicht und) ~ it was no more than my (bounden) duty; das ist deine verdammte Pflicht und ~ colloq. that's your damned duty (sl.); → Mohr 1. – **2.** rare for Schuld 8.

'Schul·dig,spre·chung f ⟨-; -en⟩ jur. conviction, verdict of guilty.

'Schul|di,rek·tor m head, Br. headmaster, Am. principal. — **~di·rek,to·rin** f head, Br. headmistress, Am. (woman) principal. — **~dis·zi,plin** f school discipline.

'Schuld|,kla·ge f jur. action (auch suit) for debt. — **~,kom·plex** m psych. guilt complex. — **~,kon·to** n econ. debit (account).

'schuld·los adj bes. jur. guiltless, without (od. free from) guilt, innocent, not guilty: ~ geschieden divorced without guilt (od. as the innocent party). — **'Schuld·lo·sig·keit** f ⟨-; no pl⟩ guiltlessness, innocence.

'Schuld·ner ['ʃʊldnər] m ⟨-s; -⟩ **1.** econ. jur.

---

debtor, obligor: ein säumiger [zahlungsunfähiger] ~ a defaulting [an insolvent] debtor. – **2.** fig. debtor: ich werde immer Ihr ~ sein (od. bleiben) I shall always be in your debt (od. remain your debtor). — **~,land** n econ. debtor country (od. nation). — **~ver,zug** m jur. debtor's delay (auch default).

'Schuld|,po·sten m econ. debit (od. debt) item, liability. — **~,recht** n jur. **1.** law of obligations. – **2.** (Vertragsrecht) law of contracts. — **~,sal·do** m econ. debit balance, balance due. — **~,schein** m certificate of indebtedness. — **~,spruch** m jur. (bes. der Geschworenen) verdict of guilty, conviction. — **~,sum·me** f amount of debt(s). — **~,ti·tel** m jur. instrument (od. certificate) of indebtedness, instrument entitling to enforce payment. — **~,turm** m jur. hist. debtors' prison. — **~,über,nah·me** f jur. econ. assumption (od. taking over) of a debt (od. an obligation, a liability), promise to pay the debt of another. — **~,um,wand·lung** f conversion of debt. — **~ver,hält·nis** n **1.** econ. obligation (of debtor to creditor), debt relationship. – **2.** jur. obligation. — **~ver,schrei·bung** f econ. **1.** debt certificate, (debenture) bond, (industrial) obligation. – **2.** (öffentliche) bond, debenture (bond): ungesicherte ~ unsecured (od. naked) debenture; nicht kündbare ~ irredeemable bond; kündbare (od. ablösbare, einlösbare) ~ redeemable bond; durch Hypothek gesicherte ~ (Pfandbrief) mortgage bond; ~ auf den Inhaber bearer debenture, debenture to bearer; Inhaber einer ~ bondholder, debenture holder.

'Schuld|ver,schrei·bungs,in,ha·ber m econ. bondholder, debenture holder. — **~ver,spre·chen** n promise of debt. — **~,voll** adj rare guilty: ~er Blick guilty (od. hangdog) look.

'Schuld,wech·sel m econ. **1.** bill payable. – **2.** (Passivposten in Bilanz) note(s pl) payable.

Schu·le ['ʃuːlə] f ⟨-; -n⟩ **1.** (Gebäude) school (building), schoolhouse. – **2.** (Lehranstalt) school, educational establishment: höhere ~ secondary school; ~ mit Internat boarding school; ~ ohne Internat day school; öffentliche ~ state (Am. public) school; private ~ private (od. independent) school; konfessionelle ~ denominational school; gemischte ~ mixed (od. coeducational, Br. co-educational, colloq. co-ed) school; eine ~ besuchen to go to (od. to attend) a school; von der ~ abgehen, die ~ verlassen to leave school; die ~ wechseln to change schools (od. one's school); er ist aus der ~ ausgeschlossen (od. colloq. hinausgeworfen) worden, er ist von der ~ geflogen colloq. he was expelled (from school); er kommt Ostern zur ~ he starts (od. begins) school at Easter; sie geht noch zur ~ (od. in die, auf die) ~ she is still at school; er unterrichtet an einer ~ he teaches at a school; er will einmal an die (od. zur) ~ colloq. he wants to go in for teaching (od. to be[come] a teacher), he is going to be a teacher. – **3.** (Unterricht) school, classes pl, lessons pl: ich gehe heute nicht in die (od. zur) ~ I don't go to school today; die Kinder sind noch in der ~ the children are still at school; nach der ~ after school (hours); heute ist (od. haben wir) keine ~, die ~ fällt heute aus there is no school today, we have a holiday today; die ~ schwänzen colloq. to play truant, to stay away from school, to cut classes, Am. sl. to play hooky; die ~ ist aus colloq. school is over; er mußte nach der ~ dableiben he had to stay in after school; ~ halten to hold school; wie geht's in der ~? was macht die ~? how are you getting on at school? ich war (od. stand) in der ~ nie sehr gut I was never very good at school; er kommt in der ~ nicht so recht mit he doesn't get on so well at school. – **4.** (Lehrer u. Schüler) school: die ganze ~ beteiligte sich an dem Ausflug the whole school went on the excursion. – **5.** (Lehrmeinung, Kunstrichtung) school: die florentinische [venezianische] ~ the Florentine [Venetian] school; philosophische ~ school of thought, philosophical school, sect. – **6.** Hohe ~ (beim Reitsport) manege, bes. Br. manège, haute école: (die) Hohe ~

---

reiten to put a horse through its paces. – **7.** mus. (Lehrbuch) school, tutor, method. – **8.** fig. school: aus der ~ plaudern (od. schwatzen) colloq. to tell tales (out of school), to blab; sein Beispiel wird ~ machen he will set a precedent (od. find adherents, followers), that will come into vogue (od. fashion); die ~ des Lebens the school of life; durch eine harte ~ gehen to pass through a hard school, to learn the hard way, to go through the mill; ein Kavalier der (guten) alten ~ a gentleman of the old school, an old-fashioned gentleman; er ist bei den Romantikern in die ~ gegangen he has been schooled by the Romanticists. – **9.** zo. (für Fische u. Delphine) school.

schu·len ['ʃuːlən] **I** v/t ⟨h⟩ **1.** (Auge, Ohr, Gedächtnis, Verstand etc) train, discipline. – **2.** j-n ~ to train (od. instruct, school) s.o.: sie wurden politisch geschult they were given political training. – **3.** (Hunde, Pferde etc) train, (Pferde) auch break in. – **II** v/reflex sich ~ **4.** train oneself, undergo training. – **III** S~ n ⟨-s⟩ **5.** verbal noun.

'Schul,eng·lisch n school English.

'schul·ent,las·sen adj ped. discharged from school, Am. auch graduated.

'Schul·ent,las·sung f ped. school leaving, Am. auch graduation.

'Schul·ent,las·sungs,fei·er f ped. **1.** (Feierlichkeiten) commencement (od. graduation, Br. speech-day) (ceremony). – **2.** (Tag) Am. commencement, graduation, Br. speech-day. — **~,zeug·nis** n cf. Abgangszeugnis 1.

'schul·ent,wach·sen adj ped. too old for school.

Schü·ler ['ʃyːlər] m ⟨-s; -⟩ **1.** schoolboy, (school) pupil, bes. Am. student, obs. auch scholar: ~ einer Tagesschule day boy (bes. Am. student, obs. auch scholar); ein Treffen ehemaliger ~ veranstalten to organize (Br. auch -s) a reunion of former pupils (Am. auch of alumni, Br. auch of old boys); ein alter (od. ehemaliger) ~ von mir a former pupil of mine. – **2.** (Privatschüler) (private) pupil, bes. Am. (private) student. – **3.** fig. (Anhänger) disciple, follower: er ist ein ~ Kants he is a disciple of Kant. – **4.** fig. (Anfänger) novice, tyro, auch tiro. – **5.** fahrender ~ hist. itinerant scholar. — **~,ar·beit** f pupils' (bes. Am. students') (handi)work. — **~,aus,schuß** m pupils' (bes. Am. students') committee (od. council). — **~,aus,tausch** m pupil (bes. Am. student) exchange. — **~,aus,weis** m (school) pupil's (bes. Am. student's) card (od. pass). — **~,bi·blio,thek** f school library. — **~,grad** m (sport) (beim Judo) student grade.

'schü·ler·haft adj **1.** (Benehmen etc) (school)boyish, schoolboylike. – **2.** fig. (unreif) immature, inexperienced: ~e Ansichten immature views. – **3.** fig. (ungeschickt) clumsy, blundered, bungled: eine ~e Arbeit a clumsy piece of work. — **'Schü·ler·haf·tig·keit** f ⟨-; no pl⟩ **1.** (school)boyishness. – **2.** fig. (Unreife) immaturity, immatureness, inexperience. – **3.** fig. (Ungeschicklichkeit) clumsiness.

'Schü·ler,heim n cf. Internat.

'Schü·le·rin f ⟨-; -nen⟩ **1.** schoolgirl, (school) pupil, bes. Am. student. – **2.** cf. Schüler 2, 3, 4. – **3.** cf. Lernschwester.

'Schü·ler|,jar,gon m schoolboy (bes. Am. students') slang. — **~,kar·te** f (für öffentliche Verkehrsmittel) school pupil's (bes. Am. student's) season ticket. — **~,lot·se** m school crossing warden. — **~,lot·sen,dienst** m school crossing service. — **~ma·te·ri,al** n ped. pupils pl, school population, bes. Am. students pl, Am. auch enrol(l)ment (seen as a body with regard to their intellectual capacity or their social background). — **~,mit·ver,ant,wor·tung** f joint responsibility between pupils (bes. Am. students) and teachers. — **~,mit·ver,wal·tung** f joint administration by pupils (bes. Am. students) and teachers. — **~,par·la,ment** n pupils' (bes. Am. students') parliament.

'Schü·ler·schaft f ⟨-; no pl⟩ die ~ a) (all) the pupils pl, bes. Am. the students pl, the student body, b) (eines Philosophen etc) the school, the disciples pl, the followers pl.

'Schü·ler|,spra·che f schoolboy (bes. Am. students') slang. — **~,streich** m schoolboy('s) (bes. Am. student['s]) prank. — **~ver,tre·tung** f ped. pupils' (bes. Am.

students') representation. — ~**zei·tung** f school magazine.

'**Schul|er·zie·hung** f ped. schooling, school education (od. training). — ~**fach** n subject. — s~**fä·hig** adj (Kind) schoolable, ready for school. — ~**fall** m cf. Schulbeispiel. — ~**fei·er** f school festivity (od. celebration). — ~**fe·ri·en** pl Br. holidays, Am. vacation sg. — ~**fern,se·hen** n school (od. educational) television. — ~**fest** n school fete. — ~**fi·bel** f primer. — ~**fi,gur** f (sport) (beim Eis- u. Rollkunstlauf) school figure. — ~**film** m educational film. — ~**flug** m aer. training flight. — ~**flug,zeug** n trainer. — ~**fran,zö·sisch** n school French. — ~**frei** adj (in Wendungen wie) ein ~er Tag a holiday (from school), a day off; ein ~er Nachmittag a half-holiday; morgen ist (od. haben wir) ~ there will be no school tomorrow. — ~**freund** m, ~**freun·din** f schoolmate, school friend, schoolfellow. — ~**freundschaft** f school friendship. — ~**fuchs** m obs. for Pedant. — ~**funk** m 1. school (od. educational) broadcasting (service). – 2. school radio program (bes. Br. programme). — ~**gang** m 1. way to school. – 2. cf. Schulausbildung. — ~**gar·ten** m school garden. — ~**ge,bäu·de** n school (building), schoolhouse. — ~**ge,brauch** m only in für den ~ for (use in) schools. — ~**ge,län·de** n school grounds pl (od. premises pl), bes. Am. campus.

'**Schul|geld** n ped. school fee(s pl), tuition, schooling: du solltest dir dein (od. das) ~ zurückgeben lassen colloq. humor. you haven't benefit(t)ed much from your schooling. — ~**frei·heit** f free schooling (od. education), remission of (od. exemption from) fees (od. tuition).

'**Schul|ge,lehr·sam·keit** f contempt. book learning. — ~**ge,mein·de** f ped. school community. — s~**ge,recht** adj 1. according to rule, in due style. – 2. systematic, methodic(al). — ~**ge,setz** n educational law, Br. Education Act. — ~**ge,sundheits,pfle·ge** f school (bes. Am. student) health service. — ~**gram,ma·tik** f school grammar. — ~**haus** n school (building), schoolhouse. — ~**heft** n exercise book. — ~**hel·fer** m (temporary) assistant teacher. — ~**hof** m school yard, (school) playground.

'**schu·lisch** adj ⟨attrib⟩ referring to schools, scholastic: ~e Angelegenheiten school affairs.

'**Schul|jahr** n ped. school year, year at school: in meinem dritten ~ in my third year at school; auf seine ~e zurückblicken to look back (up)on one's school days. — ~**ju·gend** f schoolchildren pl. — ~**jun·ge** m schoolboy: j-n wie einen ~n behandeln to treat s.o. like a schoolboy. — ~**ka·me,rad** m, ~**ka·me,ra·din** f Schulfreund(in). — ~**kennt·nis·se** pl school knowledge sg. — ~**kind** n schoolchild. — ~**klas·se** f class, bes. Br. form, Am. grade. — ~**kom,mis·si,on** f school committee (od. board). — ~**kü·che** f 1. school kitchen. – 2. school meals pl. — ~**land,heim** n school hostel in the country. — ~**leh·rer** m schoolmaster, schoolteacher. — ~**leh·re·rin** f schoolmistress, schoolteacher. — ~**lei·ter** m head, Br. headmaster, Am. principal. — ~**lei·te·rin** f head, Br. headmistress, Am. principal. — ~**lek,tü·re** f school reading. — ~**mäd·chen** n schoolgirl. — ~**mann** m (school)teacher, Am. auch schoolman. — ~**map·pe** f schoolbag, satchel.

'**schul,mä·ßig** adj cf. schulgerecht.

'**Schul·me·di,zin** f classical medicine.

'**Schul,mei·ster** m 1. ped. cf. Schullehrer. – 2. fig. contempt. schoolmaster, pedant. — ,**Schul·mei·ste'rei** f ⟨-; no pl⟩ contempt. schoolmastery, schoolmasterishness, pedantry. — '**schul,mei·ster·lich** adj schoolmasterish, schoolmasterly, pedantic, censorious. — '**schul,mei·stern** v/t ⟨insep, ge-, h⟩ j-n ~ to schoolmaster s.o. — '**Schul,mei·ster,ton** m schoolmasterly tone.

'**Schul|mu,sik** f school music. — ~**mu·si·ker** m teacher of school music. — ~**or,che·ster** n school orchestra. — ~**ord·nung** f school regulations pl.

Schulp [ʃulp] m ⟨-(e)s; -e⟩ zo. cuttlebone, white fishbone, ossa sepia (scient.).

'**Schul|,pau·se** f break, Am. auch recess. —

~**pferd** n trained (od. broken-in) horse. — ~**pflicht** f ped. meist in (allgemeine) ~ compulsory education. — s~**pflich·tig** adj of school age: ~es Alter school age; ~e Kinder, Kinder im ~en Alter children of school age, Am. auch school-agers. — ~**po·li,tik** f school policy. — ~**psy·cho·lo·ge** m school psychologist. — s~**psy·cho·lo·gisch** adj ~e Beratungsstelle child guidance clinic. — ~**ran·zen** m satchel. — ~**rat** m ⟨-(e)s; ⸗e⟩ school inspector, bes. Am. school supervisor (od. superintendent).

'**Schul|,raum** m 1. (Klassenzimmer) classroom, schoolroom. – 2. school places pl: ~ für weitere 500 Kinder schaffen to create school places for another 500 children. — ~**not** f lack of school places.

'**Schul|,recht** n ped. the whole body of legislation pertaining to school education. — ~**re,form** f school reform, reform of the school (od. education[al]) system. — ~**rei·fe** f school age. — ~**rei·ten** n (sport) manege (bes. Br. manège) riding. — ~**rei·ter** m manege (bes. Br. manège) rider. — ~**sack** m Swiss for Schulranzen. — ,**schie·ßen** n mil. target practice, classification firing. — ~**schiff** n mar. school (od. training) ship. — ~**schluß** m end of school: wann haben wir heute ~? when does school end today? Freitag ist ~ a) (vor den Ferien) school ends (od. breaks up) on Friday, b) (am Ende des Schuljahres) the term ends on Friday, Friday is (the) end of term. — ~**schritt** m (sport) (beim Reiten) short pace. — ~**schwän·zer** m truant, pupil cutting classes. — ~**schwe·ster** f röm.kath. school sister. — ~**spar,kas·se** f school savings bank. — ~**spei·sung** f school meals pl (od. lunches pl). — ~**sport** m school sport(s pl). — ~**sport,fest** n school sport(s) day. — ~**stu·be** f schoolroom, classroom. — ~**stun·de** f lesson, period, class. — ~**sy,stem** n school (od. education[al]) system. — ~**ta·fel** f blackboard. — ~**tag** m school day. — ~**ta·sche** f schoolbag, bag, satchel.

Schul·ter ['ʃultɐr] f ⟨-; -n⟩ shoulder: gerade [schmale, abfallende] ~n straight [narrow, slanting] shoulders; vom Alter gebeugte ~n shoulders bent with (od. bowed down by) age; er hat breite ~n a) he has broad shoulders, he is broad-shouldered, he has a broad back, b) fig. he has a broad back; breit in den ~n sein to be broad-shouldered; der Mantel hat wattierte ~n the coat has padded shoulders, the coat is padded at the shoulders; die Jacke ist zu eng in den ~n (od. um die ~n) the jacket is too tight at the shoulders; j-m freundschaftlich auf die ~ klopfen to give s.o. a friendly slap (od. pat) on the back; sie zuckte mit den ~n, sie zuckte die ~n she shrugged (her shoulders); j-n auf die ~n heben to hoist s.o. on to one's shoulders, to hoist s.o. shoulder-high; sie trugen die Siegermannschaft auf den ~n vom Platz they carried the victorious team from the field on their shoulders; den Gegner auf die ~n zwingen (od. legen) (sport) (beim Ringen) to force the opponent onto his shoulders; j-n über die ~ rollen (sport) (beim Ringen) to roll s.o. over the shoulders; er nahm (od. lud, hob) den Sack auf seine ~ he took the sack on his shoulders; j-n an den ~n fassen (od. packen) to grab s.o. by the shoulder; sich an j-s ~ ausweinen to cry on s.o.'s shoulder; sie reicht ihm nur bis zur (od. bis an die) ~ she only comes up to his shoulder; j-m den Arm um die ~ legen, j-n um die ~ fassen to put one's arm (a)round s.o.'s shoulders; sich (dat) eine Stola um die ~n legen to put a stole (a)round one's shoulders; sie hängte sich die Tasche über die ~ she slung the bag over her shoulder; j-n über die ~ ansehen a) to look over one's shoulder at s.o., b) fig. to look down one's nose at s.o. (colloq.); sie standen ~ an ~ they stood shoulder to shoulder (od. close together); sie kämpften [arbeiteten] ~ an ~ fig. they were fighting [working] shoulder to shoulder (od. side by side); mit hängenden ~n dastehen, die ~n hängenlassen fig. (vor Enttäuschung) to stand there with shoulders drooping; sie zeigte ihm die kalte ~ fig. colloq. she gave him the cold shoulder, she cold-shouldered him; du solltest das nicht

auf die leichte ~ nehmen fig. colloq. you shouldn't make light of that (od. take that too lightly); die ganze Verantwortung ruht auf seinen ~n fig. all responsibility rests on his shoulders; der Polizist legte ihm die Hand auf die ~ fig. the policeman took him into custody; auf j-s ~(n) stehen fig. colloq. (von Theorien, Arbeiten etc) to be based on s.o.; → beide.[1] '**Schul|,bein** n med. cf. Schulterblatt. — ~**blatt** n shoulder blade; scapula, omoplate (scient.). — ~**brei·te** f breadth (od. width of the) shoulders. — ~**ge,gend** f med. region of the shoulders, scapular region (scient.). — ~**ge,lenk** n shoulder joint. — ~**gurt** m shoulder strap. — ~**gür·tel** m med. zo. shoulder (od. scient. thoracic, pectoral) girdle. — ~**hö·he** f shoulder level: in ~ at shoulder level, shoulder-high; der Lichtschalter befindet sich in ~ the light switch is fixed shoulder-high. — ~**klap·pe** f bes. mil. shoulder strap, epaulet, epaulette. — ~**la·ge** f med. (des Fetus) shoulder presentation. — s~**lahm** adj (Pferd) shoulder-pegged. — ~**lang** adj only in ~e Haare shoulder-length hair sg. — ~**mus·kel** m med. humeral muscle.

schul·tern ['ʃultɐrn] I v/t ⟨h⟩ 1. (Gewehr etc) shoulder. – 2. j-n (sport) (beim Ringen) to force s.o. into a fall. – II S~ n ⟨-s⟩ 3. verbal noun. – 4. (sport) (beim Ringen) fall.

'**Schul·ter|,nie·der,la·ge** f (sport) (beim Ringen) loss on fall. — ~**pat·te** f (bei Kleidern, Hemden etc) shoulder tab. — ~**pol·ster** n shoulder pad. — ~**rie·men** m 1. (einer Schultertasche etc) shoulder strap. – 2. mil. a) shoulder belt, b) (als Patronengurt) bandolier, bandoleer. — ~**schmerz** m med. pain in the shoulder(s); omodynia, scapulodynia (scient.). — ~**schwung** m (sport) (beim Ringen) shoulder throw. — ~**sieg** m win by fall. — ~**stand** m (beim Bodenturnen) shoulder balance. — ~**sta,tiv** n (film) shoulder bracket. — ~**stück** n 1. gastr. shoulder. – 2. mil. a) cf. Schulterklappe, b) (Epaulette) epaulet, auch epaulette. – 3. mil. (eines Gewehrs) shoulder piece. — ~**ta·sche** f shoulder bag. — ~**tuch** n 1. scarf. – 2. relig. superhumeral. — ~**ver,ren·kung** f med. dislocated (od. dislocation of the) shoulder, shoulder dislocation (od. slip). — ~**wei·te** f shoulder width (od. breadth). — ~**wurf** m (sport) (beim Ringen) shoulder throw.

Schult·heiß ['ʃulthais] m ⟨-en; -en⟩ hist. (village) mayor. — '**Schult·hei·ßen,amt** n office of a (village) mayor.

'**Schul|,trä·ger** m ped. school supporter. — ~**tü·te** f cf. Zuckertüte.

'**Schu·lung** f ⟨-; -en⟩ 1. cf. Schulen. – 2. (Ausbildung) training, instruction, schooling: fachliche ~ special (od. professional, technical) training. – 3. (Übung) practice. – 4. (politische etc) education, indoctrination. – 5. mus. (der Stimme) training. – 6. bes. mil. training, discipline.

'**Schu·lungs|,kurs** m, ~**kur·sus** m 1. training course. – 2. (zum Auffrischen) refresher course, in-service training (course). — ~**la·ger** n training camp. — ~**lehr,gang** m cf. Schulungskurs. — ~**wo·che** f one-week training course.

'**Schul|,un·ter,hal·tung** f ⟨-; no pl⟩ ped. upkeep (od. maintenance) of a school. — ~**un·ter,richt** m school, schooling, school instruction, lessons pl. — ~**un·ter,su·chung** f examination by the school doctor. — ~**ver,fas·sung** f school statutes pl (od. regulations pl). — ~**ver,säum·nis** n absence from (od. nonattendance [Br. non-attendance] at) school. — ~**ver,wal·tung** f school administration. — ~**vor,stand** m school board (od. committee). — ~**vor,ste·her** m head, Br. headmaster, Am. principal. — ~**vor,ste·he·rin** f head, Br. headmistress, Am. principal. — ~**wan·de·rung** f school excursion (on foot). — ~**weg** m way to school. — ~**weis·heit** f contempt. 1. book learning: alles, was sie sagt, ist reine ~ all she says is mere book learning. – 2. ⟨meist sg⟩ (Binsenweisheit) truism, self-evident truth. — ~**we·sen** n ⟨-s; no pl⟩ (system of) education, education(al) system (od. matters pl), school system. — ~**wör·ter,buch** n school dictionary. — ~**zahn,arzt** m school dentist; pediadontist, pedodontist (scient.). — ~**zahn,pfle·ge** f school dental health service.

Schul·ze ['ʃultsə] *m* ⟨-n; -n⟩ *hist. cf.* Schultheiß.

'**Schul,zeit** *f* schooltime, (*rückblickend*) *auch* school days *pl*: an die ∼ zurückdenken to recall one's school days.

'**Schul·zen,amt** *n hist. cf.* Schultheißenamt.

'**Schul|,zeug·nis** *n* **1.** school report, *Am.* report card. – **2.** *cf.* Abgangszeugnis 1. — ∼,**zim·mer** *n* classroom, schoolroom. — ∼,**zucht** *f* school discipline. — ∼,**zwang** *m* compulsory education. — ∼,**zweck** *m* only in für ∼e, zu ∼en for (use in) schools.

Schum·me'lei *f* ⟨-; -en⟩ *colloq.* **1.** *cf.* Schummeln. – **2.** fraud.

schum·meln ['ʃuməln] *colloq.* **I** *v/i* ⟨h⟩ cheat. – **II S**∼ *n* ⟨-s⟩ *verbal noun.*

Schum·mer ['ʃumər] *m* ⟨-s; *no pl*⟩ *dial. for* Dämmerung 1–3. — '**schum·me·rig** *adj dial. for* dämmerig.

schum·mern ['ʃumərn] **I** *v/t* ⟨h⟩ **1.** (*Landkarten*) hatch. – **2.** (*schattieren*) shade. – **II** *v/impers* **3.** *dial. for* dämmern I. – **III S**∼ *n* ⟨-s⟩ **4.** *verbal noun.* – **5.** *cf.* Dämmerung 1–3.

'**Schum·mer,stun·de** *f dial. for* Dämmerstunde.

'**Schum·me·rung** *f* ⟨-; *no pl*⟩ *cf.* Schummern.

'**Schumm·ler** *m* ⟨-s; -⟩ *colloq.* cheat(er), fraud.

'**schumm·rig** *adj dial. for* dämmerig.

schum·pern ['ʃumpərn] *v/t* ⟨h⟩ j-n ∼ *Eastern Middle G.* to rock s.o. (on one's knees).

schund [ʃunt] *rare 1 u. 3 sg pret* of schinden.

Schund *m* ⟨-(e)s; *no pl*⟩ *contempt.* **1.** (*wertloser, kitschiger Plunder*) trash, junk, shoddy, rubbish, tripe (*sl.*). – **2.** (*Ausschußware*) trash(y goods *pl*), low-class goods *pl*, catchpenny stuff. – **3.** *fig.* (*in Literatur, Film etc*) trash, rubbish, *Am.* garbage: er liest nur solchen ∼ he reads nothing but that sort of trash. — ∼,**blatt** *n* (*Zeitung*) rag, *bes. Am. colloq.* pulp(y). — ∼,**li·te·ra·tur** *f* trashy (*od.* cheap) literature. — ∼**ro,man** *m* **1.** trashy (*od.* cheap) novel, *bes. Am. colloq.* pulp(y). – **2.** (*Sensations-, Groschenroman*) *Am.* dime novel, *Br.* penny dreadful, shilling shocker.

'**Schund-_und_ 'Schmutz|ge,setz** *n colloq.* a) (*gegen Verbreitung von Schundliteratur*) *Br.* Harmful Publications act, b) (*gegen Verbreitung von pornographischer Literatur*) *Br.* Obscene Publications act. — ∼**li·te·ra,tur** *f jur.* obscene (*od.* pornographic) literature.

'**Schund,wa·re** *f contempt. cf.* Schund 2.

'**Schun·kel,lied** *n* any popular song to which people may sway together from side to side.

schun·keln ['ʃuŋkəln] *v/i* ⟨h⟩ sway rhythmically (with arms linked): wir ∼ zur (*od.* mit der) Musik we sway with the music.

'**Schun·kel,wal·zer** *m cf.* Schunkellied.

Schupf [ʃupf] *m* ⟨-(e)s; -e⟩ *Southern G. and Swiss dial. for* a) Schubs, Stoß 1–8, b) Schwung 1–6. — '**schup·fen** *v/t* ⟨h⟩ *cf.* schubsen, stoßen 1–8.

'**Schup·fen** *m* ⟨-s; -⟩ *Southern G. and Austrian dial. for* a) Schuppen³ 1, b) Wetterdach.

Schu·po[1] ['ʃu:po] *m* ⟨-s; -s⟩ *colloq.* (*Schutzpolizist*) policeman, cop(per) (*sl.*), *Br. colloq.* bobby.

'**Schu·po**[2] *f* ⟨-; *no pl*⟩ *colloq.* (*Schutzpolizei*) police.

Schupp [ʃup] *m* ⟨-(e)s; -e⟩ *Northern G. colloq. for* a) Schubs, Stoß 1–8, b) Schwung 1–6.

Schup·pe ['ʃupə] *f* ⟨-; -n⟩ **1.** *zo.* (*der Fische, Reptilien etc*) scale, scute; lamina, squama (*scient.*): große ∼ shield, plate; kleine ∼ scutellum; mit ∼n bekleidet (*od.* bedeckt) scaled, scaly, *auch* scaley; squamiferous, squamigerous (*scient.*); es fiel mir wie ∼n von den Augen *fig.* the scales fell from my eyes. – **2.** *med.* a) (*der Haut*) scale, b) (*des Knochens*) squamous bone, squama, c) *pl* (*der Kopfhaut*) dandruff *sg*, scurf *sg*: mein Haar ist voller ∼n my hair is full of dandruff; ein Haarwaschmittel gegen ∼n a shampoo for dandruff. – **3.** *bot.* a) (*Haarschuppe, Schuppenhaar*) squama, squamule, palea, b) (*Schuppenblatt*) lodicule, bract, scale: die ∼n eines Tannenzapfens the scales of a cone. – **4.** *pl hist.* (*eines Schuppenpanzers*) lames.

schup·pen[1] ['ʃupən] **I** *v/t* ⟨h⟩ **1.** (*Fisch*) (un)scale. – **II** *v/reflex* sich ∼ **2.** *med.* (*von der Haut etc*) scale (off), peel (off), des-

---

quamate (*scient.*). – **III S**∼ *n* ⟨-s⟩ **3.** *verbal noun.* – **4.** *med.* desquamation.

'**schup·pen**[2] *v/t* ⟨h⟩ *Northern G. colloq. for* schubsen, stoßen 1–8.

'**Schup·pen**[3] *m* ⟨-s; -⟩ **1.** (*Holz-, Geräteschuppen*) shed. – **2.** (*Lagerschuppen*) store(house), warehouse, depot. – **3.** (*für Busse, Kutschen, Straßenbahnen etc*) depot, shed, (*für Lokomotiven*) engine house, *Am.* roundhouse. – **4.** (*für Flugzeuge*) hangar. – **5.** (*Scheune*) barn. – **6.** *colloq. contempt.* (*baufälliges Haus*) shack, ramshackle building.

'**schup·pen,ar·tig I** *adj* **1.** *zo.* a) scaly, *auch* scaley, scalelike, scutellate (*scient.*), b) (*schuppig*) scutellated, squarrose, *auch* squarrous, scutate (*scient.*). – **2.** *med.* scaly, *auch* scaley, scalelike, squamous (*scient.*). – **3.** *bot.* scaly, squamous (*scient.*). – **4.** *arch. (art)* imbricative, imbricate. – **II** *adv* **5.** *arch. (art)* etwas ∼ verzieren to imbricate s.th.; ∼ angeordnet imbricate.

'**Schup·pen|,baum** *m bot.* lepidodendron (*Gattg Lepidodendron*). — ∼,**bil·dung** *f* **1.** *zo.* scale formation, scutation (*scient.*). – **2.** *med.* a) (*der Haut*) scale formation, b) (*der Knochen*) squamation, c) (*der Kopfhaut*) dandruff formation. — ∼,**blatt** *n bot.* scale leaf. — **s∼,blät·te·rig, s∼,blätt·rig** *adj* scaly-foliated, squamifoliated (*scient.*).

'**schup·pend I** *pres p.* – **II** *adj* (*Haut etc*) scaling, scaly, *auch* scaley, desquamative (*scient.*).

'**Schup·pen|,fin·ger** *m zo.* nest-building gecko (*Lepidodactylus lugubris*). — ∼,**fisch** *m* pinecone fish (*Monocentris japonicus*). — ∼,**flech·te** *f med.* psoriasis. — **s∼,för·mig** *adj* **1.** *med. zo.* scaly, *auch* scaley; squamous, squamosal, squamiform (*scient.*). – **2.** *arch.* (*Verzierung*) imbricate. — ∼,**fü·ßer** *pl zo. cf.* Flossenfuß 2. — ∼,**haut** *f* scaly skin. — ∼,**kamm** *m* fine comb. — ∼,**kriech,tie·re** *pl zo.* squamata (*Ordng Squamata*). — **s∼los** *adj zo.* without scales, scaleless, alepidote (*scient.*). — ∼,**nas,horn** *n zo. cf.* Javanashorn. — ∼,**pan·zer** *m* **1.** *hist.* (*Rüstung*) coat of mail, scale armor, *bes. Br.* armour), brigandine. – **2.** *zo.* scale armor, *bes. Br.* armour). — ∼,**pilz** *m bot. cf.* Hallimasch. — ∼,**tan·ne** *f cf.* Araukarie. — ∼,**tier** *n zo.* **1.** pangolin, manis (*scient.*) (*Gattg Manis*): Gemeines ∼, Chinesisches ∼ Indian pangolin (*M. pentadactyla*). — ∼,**wurz, Ge'mei·ne** *f bot.* toothwort, clown's lungwort (*Lathraea squamaria*). — ∼,**zel·le** *f med.* squamous cell.

'**schup·pig** *adj* **1.** *zo.* scaly, *auch* scaley, scaled; scutellate, scutellated, scutate (*scient.*). – **2.** *med.* (*Haut*) scaly, *auch* scaley; squamous, furfuraceous (*scient.*), b) (*Kopfhaut*) dandruffy. – **3.** *bot.* a) squamous, paleate, b) (*schorfig, grindig*) leprose, leprous, lepidote. – **4.** *metall.* flaky.

'**Schup·pung** *f* ⟨-; -en⟩ **1.** *cf.* Schuppen¹. – **2.** *geol.* (*bei Gebirgsfaltung*) dislodged slices *pl*, wedge.

Schups [ʃups] *m* ⟨-es; -e⟩ *Southern G. colloq. for* Schubs. — '**schup·sen** *v/t* ⟨h⟩ *cf.* schubsen.

Schur [ʃu:r] *f* ⟨-; -en⟩ **1.** *cf.* Scheren¹. – **2.** *agr.* a) (*Schafschur*) (sheep)shearing, (sheep) clip(ping), b) (*Ertrag*) fleece, clip. – **3.** *hort.* (*einer Hecke etc*) clip, trim. — ∼,**auf,kom·men** *n agr. cf.* Schur 2b.

'**Schür,ei·sen** *n* **1.** *cf.* Schürhaken. – **2.** *tech.* fire hook, poker bar.

schü·ren ['ʃy:rən] *v/t* ⟨h⟩ **1.** (*Feuer*) poke (up), stir up, rabble, stoke, rake: das Feuer ∼ a) to poke (*od.* rake) the fire (*od.* the coals), b) *fig.* to stir things up. – **2.** *fig.* (*Eifersucht, Neid, Haß etc*) stir up, incite, foment, add fuel to: mit dieser Rede schürte er (noch) die allgemeine Unzufriedenheit with this speech he added fuel to the general discontent.

'**Schü·rer** *m* ⟨-s; -⟩ **1.** *cf.* Schürhaken. – **2.** (*Heizer*) stoker. – **3.** *fig.* inciter, fomenter.

'**Schürf|,ar·beit** *f* (*mining*) prospecting (*od.* digging) (work). — ∼,**bag·ger** *m* elevating grader (*od.* loader). — ∼**be,rech·ti·gung** *f* authority to prospect.

schür·fen ['ʃyrfən] **I** *v/i* ⟨h⟩ **1.** (*mining*) (*im Tagebau*) (*nach for*) prospect, explore, dig, *Br.* costean. – **2.** *fig.* (*gründlich forschen*) investigate the matter, (re)search (thoroughly). – **II** *v/t* **3.** (*mining*) (*Erze etc*) prospect for, explore, dig for. – **4.** sich (*dat*) etwas ∼ to graze (*od. scient.* abrade,

---

excoriate) s.th. – **III S**∼ *n* ⟨-s⟩ **5.** *verbal noun.* – **6.** *cf.* Schürfung.

'**Schür·fer** *m* ⟨-s; -⟩ (*mining*) prospector.

'**Schürf|er,laub·nis** *f* (*mining*) prospection (*od.* prospecting) permit (*od.* licence, *Am.* license). — ∼,**feld** *n* diggings *pl* (construed as *sg* or *pl*), prospection area. — ∼,**gra·ben** *m*, ∼,**gru·be** *f* trial (*Am.* test) pit. — ∼,**kü·bel** *m civ.eng.* scraper. — ∼,**loch** *n* (*mining*) trial (*Am.* test) pit. — ∼,**pro·be** *f* assay. — ∼,**recht** *n jur.* prospecting licence (*Am.* license), authority to prospect. — ∼,**schacht** *m* prospecting (*od.* exploration) shaft, trial (*Am.* test) pit. — ∼,**schein** *m cf.* Schürferlaubnis. — ∼,**stel·le** *f* area (*od.* place) of prospection.

'**Schür·fung** *f* ⟨-; -en⟩ **1.** *cf.* Schürfen. – **2.** (*mining*) prospection, exploration. – **3.** *med.* (*der Haut*) graze; abrasion, excoriation (*scient.*).

'**Schürf,wun·de** *f med.* graze; abrasion, excoriation (*scient.*).

'**Schür,ha·ken** *m* poker (bar), fire hook, coalrake.

Schu·ri·ge'lei *f* ⟨-; -en⟩ *colloq.* **1.** *cf.* Schurigeln. – **2.** (*Schikane*) harassment. —

schu·ri·geln ['ʃu:ri:gəln] **I** *v/t* ⟨h⟩ **1.** (*schikanieren*) harass, badger, torment, plague. – **II S**∼ *n* ⟨-s⟩ **2.** *verbal noun.* – **3.** *cf.* Schurigelei.

Schur·ke ['ʃurkə] *m* ⟨-n; -n⟩ **1.** blackguard, scoundrel, villain, rogue, rascal: ein abgefeimter ∼ an out-and-out (*od.* utter) blackguard, an unmitigated scoundrel, a villain of the deepest dye (*lit.*). – **2.** (*in Romanen, Theaterstücken etc*) villain.

'**Schur·ken,streich** *m*, ∼,**tat** *f cf.* Schurkerei.

Schur·ke'rei *f* ⟨-; -en⟩ villainy, villainous (*od.* scoundrelly, rascally) trick, roguery, rascality.

'**schur·kisch** *adj* (*Person, Tat etc*) blackguardly, scoundrelly, villainous, villain (*attrib*), roguish, rascally.

'**Schür,loch** *n* (*eines Ofens etc*) stokehole, poke (*od.* firing) hole, fire door.

Schur·re ['ʃurə] *f* ⟨-; -n⟩ *Middle G. dial. for* Gleitbahn 1, Rutschbahn 1. – '**schur·ren** *v/i* ⟨sein⟩ *cf.* gleiten 2, rutschen 1, 2, 10.

Schurr·murr ['ʃur'mur] *m* ⟨-s; *no pl*⟩ *Northern G. dial.* **1.** *cf.* Durcheinander 1. – **2.** *cf.* Gerümpel.

'**Schur,stan·ge** *f cf.* Schürhaken, Schüreisen.

'**Schur,wol·le** *f* (*Rohwolle*) fleece (wool), shorn wool: 100% reine ∼ 100% pure wool.

Schurz [ʃurts] *m* ⟨-es; -e⟩ **1.** (*Lendenschurz*) loincloth. – **2.** (*eines Bischofs, Freimaurers etc*) apron. – **3.** *mil. hist.* (*einer Rüstung*) tasse, tace. – **4.** *tech.* (*am Herd*) mantle.

Schür·ze ['ʃyrtsə] *f* ⟨-; -n⟩ **1.** apron: eine ∼ umbinden (*od.* vorbinden) to put on an apron; die ∼ ausziehen (*od.* abbinden, ablegen) to take off one's apron; er hängt seiner Mutter immer noch an der ∼ *fig. colloq.* he is still tied to his mother's apron strings. – **2.** (*für Kinder*) pinafore. – **3.** *fig. colloq.* petticoat: er ist hinter jeder ∼ her, er läuft jeder ∼ nach he runs after every petticoat he sees. – **4.** *hunt.* (*Haarpinsel der Ricke*) tuft of hairs (*beneath genitals of doe or hind*).

'**Schür,zeit** *f agr.* (*für Schafe*) shearing (*od.* clipping) time.

schür·zen ['ʃyrtsən] **I** *v/t* ⟨h⟩ **1.** (*Röcke, Kleider etc*) gather up: sie schürzte ihre Röcke und lief davon she gathered up her skirt(s) and ran (off). – **2.** (*Knoten*) tie: den Knoten ∼ *fig.* (*in einem Drama, Roman etc*) to weave the plot. – **3.** (*Lippen*) pout. – **II** *v/reflex* sich ∼ **4.** gather up one's skirt(s). – **5.** der Knoten schürzt sich *fig.* (*in einem Drama, Roman etc*) the plot thickens.

'**Schür·zen|,band** *n* apron string: an Mutters ∼ hängen *fig. colloq.* to be tied to one's mother's apron strings. — ∼**jä·ger** *m colloq.* ladies' (*auch* lady's) man, philanderer, dangler, lady-killer, *bes. Am. sl.* 'wolf'. — ∼,**kleid** *n* pinafore-type overall. — ∼**latz** *m* bib. — ∼,**ta·sche** *f* apron pocket. — ∼,**zip·fel** *m* corner of one's apron: an Mutters ∼ hängen *fig. colloq.* to be tied to one's mother's apron strings.

'**Schurz|,fell** *n* **1.** (*lederner Lendenschurz*) leather loincloth. – **2.** (*eines Schmiedes*) leather apron. — ∼,**le·der** *n cf.* Schurzfell.

Schuß [ʃus] *m* ⟨-sses; ⸚sse, bei Zahlen-

angaben -> **1.** (*aus Schußwaffen*) shot: **blinder** ~ blank (*od.* blind) shot; **scharfer** ~ live shot; ~! fire! **ein** ~ **aus** (*od.* mit) der Pistole [nach der Scheibe] a shot from a pistol [at the target]; **ein** ~ **ins Blaue** a) a random shot, a shot in the air, b) *fig.* a shot in the dark; **ein** ~ **ins Schwarze** a shot hitting the bull's-eye (*od.* target, mark); **ein** ~ **ins Herz** [durch die Brust] a shot in the heart [through the chest]; **einen** ~ **abgeben** (*od.* abfeuern) to fire a shot, to shoot, to fire; **einem Schiff** (zur Warnung) **einen** ~ **vor den Bug setzen** to fire a (warning) shot across a ship's bow; **plötzlich fielen Schüsse** suddenly shots were fired (*od.* heard); **der** ~ **ging fehl** (*od.* verfehlte das Ziel) the shot missed (the target *od.* the mark); **der** ~ **ging los** (*od.* löste sich) the shot went off; **der** ~ **ging nach hinten** (los) *auch fig.* the shot miscarried (*od.* backfired); **dieser** ~ **hat getroffen** (*od. colloq.* gesessen)! a) that shot hit (the mark) (*od.* went home)! b) *fig.* that hit home! **der** ~ **traf ihn in die Schulter** the shot hit him in the shoulder; **etwas** [j-n] **auf den** (*od.* mit dem) **ersten** ~ **treffen** to hit s.th. [s.o.] at first shot, to hit s.th. [s.o.] at the first go-off (*colloq.*); **weit vom** ~ **sein** *fig. colloq.* a) to be well out of range (*od.* harm's way), to be well away from the danger zone, b) to be away from the scene of events; **dem Jäger kam ein Hirsch vor den** ~ *hunt.* a stag came within the hunter's shot (*od.* range); **er kam mir zufällig vor den** ~ *fig. colloq.* I came across (*od.* ran onto) him; **er kam nicht zum** ~ a) *hunt.* he didn't get a shot in, he didn't get a chance to shoot, b) *fig.* (*nicht zum Zuge*) he didn't have (*od.* get) a chance. – **2.** (*zur Angabe der Munitionsmenge*) round: **ich habe noch 5** ~ **im Magazin** I have 5 rounds left in the magazine; **er ist keinen** ~ **Pulver wert** *fig. colloq.* he isn't worth his salt (*od.* the candle, powder and shot, *Br.* twopence, *Am. colloq.* a plugged nickel). – **3.** (*Schußwunde*) (gun)shot (*od.* bullet) wound (*od.* injury): **er hat einen** ~ **im Arm** he has a shot (wound) in his arm. – **4.** (*Schußgeräusch*) report: **ich habe den** ~ **eines Gewehrs gehört** I heard the report of a rifle. – **5.** (*sport*) a) (*beim Fußball*) kick, b) (*beim Fußball etc*) (*aufs Tor*) shot: ~ **und Tor!** shot and score! **der** ~ **ging neben das Tor** the shot went wide. – **6.** (*beim Skisport*) schuss: **im** ~ **den Hang hinunterfahren** to ski in schuss (*od.* to schuss) down the slope. – **7.** **einen** ~ **tun** *fig. colloq.* to shoot up. – **8.** *bot.* (*junger Trieb*) shoot: **die Pflanze ist im** ~ the plant is shooting up. – **9.** (*kleine Portion*) dash, touch: **Tee mit einem** ~ **Milch** tea with a dash of milk; **er hat einen** ~ **indianisches Blut** (*od.* indianischen Blutes) **in den Adern** *fig.* he has some Indian blood in his veins; **sie hat einen** ~ **Leichtsinn im Blut** *fig.* she has a touch of recklessness in her blood; **die Rede war gewürzt mit einem** (*od.* durch einen) ~ **Ironie** the speech was seasoned with a touch of irony; → Berliner I. – **10. in** (*auch im*) ~ **sein** *fig. colloq.* a) (*von Sachen*) to be in excellent (*od.* good, *colloq.* tip-top) order (*od.* condition), b) (*von Personen*) to be up to the mark (*od.* in top form): **jetzt ist der Garten wieder gut in** ~ the garden is in tip-top order again; **nach sechs Wochen Krankenhaus bin ich noch nicht (wieder) ganz in** ~ after six weeks in (the) hospital I'm not quite up to the mark (*od.* on my feet again) yet; **etwas in** ~ **bringen** a) (*Wohnung etc*) to get s.th. into good order (*od.* condition), b) (*Auto etc*) to get s.th. into (good) working (*od.* running) order, c) (*Geschäft etc*) to get s.th. going (*od.* running) well; **er hält sein Auto immer gut in** ~ he always keeps (*od.* has) his car in good working (*od.* running) order, he keeps his car running well; **(wieder) in** ~ **kommen** a) (*von Sachen*) to get (back) into good order (*od.* condition) (again), b) (*von Personen*) to get back into form (again). – **11.** (*mining*) shot, single explosive charge. – **12.** *phot.* shot: **der Photograph kam nicht zum** ~ the photographer had (*od.* was given) no chance to take a shot (*od.* picture), the photographer's attempt to shoot was foiled. – **13.** (*textile*) (*Querfäden*) filling,

weft, woof, pick: **30** ~ **pro Zoll** 30 picks to an inch; → Kette 11. – **14.** (*beim Brotbacken*) batch (of bread).

'**Schuß‚bahn** f **1.** line of fire. – **2.** *math. phys.* (*Flugbahn eines Geschosses*) trajectory. — ~**be‚ob‧ach‧tung** f *mil.* spotting. — ~**be‚reich** m **1.** (*eines Gewehrs etc*) (effective) range: **im** ~ **within range.** – **2.** (*Feuerzone*) zone of fire. — **s~be‚reit** *adj* **1.** ready to fire (*od.* for firing): **das Gewehr** ~ **halten** to keep one's gun ready to fire. – **2.** (*Soldat etc*) ready to fire. – **3.** *phot.* (*Kamera*) ready (for shooting *od.* action). — ~**be‚rich‧ti‧gung** f *mil.* (*beim Einschießen*) correction. — ~**bruch** m *med.* gunshot (*od.* missile) fracture. — ~**ebe‧ne** f *mil.* plane of fire (*od.* departure).
Schus‧sel ['ʃusəl] m <-s; -> , f <-; -n> *colloq.* (*fahrige, vergeßliche Person*) scatterbrain.
Schüs‧sel ['ʃYsəl] f <-; -n> **1.** (*zum Waschen, Spülen etc*) basin. – **2.** (*für Kartoffeln, Gemüse etc*) dish: **ein Satz** ~**n** a set (*od.* nest) of dishes; **vor leeren** ~**n sitzen** *fig. colloq.* to live at hunger's door. – **3.** (*tiefe*) bowl. – **4.** (*für Nachtisch*) dish, bowl. – **5.** (*für Auflauf etc*) casserole. – **6.** (*für Soße*) gravy boat, *auch* sauceboat. – **7.** (*flacher Tontiegel mit Stiel*) (earthenware) pan. – **8.** (*Suppenterrine*) tureen. – **9.** (*Bettschüssel*) bedpan. – **10.** (*Gericht, Speise*) dish. – **11.** *geogr.* (*Mulde*) punch bowl. – **12.** *hunt.* a) ear of wild boar, b) bustard nest. — ~**brett** n *tech.* Schüsselgestell 1. — ~**flech‧te** f *bot.* parmelia (*Gattg Parmelia*). — **s~för‧mig** *adj* **1.** bowl- (*od.* dish-)shaped. – **2.** *bot.* patellate, patelliform, patelloid. — ~**ge‚stell** n **1.** (dish) drainer, (dish-)draining rack, dish rack. – **2.** (*für Waschschüssel*) washbowl (*auch* washbasin) stand.
'**schus‧se‧lig** *adj colloq.* (*fahrig, vergeßlich*) scatterbrained.
schus‧seln ['ʃusəln] *v/i* <h> **bei etwas** ~ *colloq.* to do s.th. carelessly, to scamp s.th.
'**Schüs‧sel‚pfen‧nig** m (*einseitig geprägte Münze*) bracteate. — ~**voll** f <-; -> (*als Maßangabe*) dishful: **eine** ~ **Reis** a dishful of rice. — ~**wär‧mer** m dish heater.
'**Schuß‚ent‚fer‧nung** f (firing) range.
Schus‧ser ['ʃusər] m <-s; -> *Southern G. and Austrian dial.* marble. — '**schus‧sern** *v/i* <h> play (at) marbles.
'**Schuß‚fa‧den** m (*textile*) (*Querfaden*) (thread of the) weft (*od.* woof), pick. — ~**fah‧ren** n (*beim Skisport*) schussing. — ~**fahrt** f **1.** *cf.* Schußfahren. – **2.** schuss: **er fuhr in** ~ **durch das Ziel** he schussed across the line. — ~**feld** n *mil.* field of fire: **freies** ~ **haben** to have a clear field of fire; **j-n im** ~ **haben** to have s.o. covered with one's weapon(s); **der Gegner befand sich in meinem** ~ the enemy was within my field of fire. — **s~fer‧tig** *adj cf.* schußbereit 1. — **s~fest** *adj* **1.** *cf.* kugelsicher. – **2.** (*gegen Granaten*) shellproof. — ~**fol‧ge** f rate of fire. — ~**gar‧be** f sheaf of fire. — ~**geld** n *hunt.* fee paid to a professional hunter for all game and all predatory animals bagged in his district. — **s~ge‚recht** *adj* **1.** *hunt.* within (gun)shot (*od.* range). – **2.** (*Schütze, Jäger*) skilled in shooting (*od.* handling guns). – **3.** (*Pferd*) steady under fire.
'**Schuß‚ka‚nal** m *bes. med.* track (*od.* path) of bullet (*od.* projectile).
'**schuß‧lig** *adj colloq. cf.* schusselig.
'**Schuß‚li‧nie** f line of fire, firing line. — ~**nä‧he** f *only in* **auf** ~ **herankommen** to come within range (of fire). — ~**po‧si‧ti‚on** f (*eines Schützen*) firing position. — ~**rich‧tung** f direction (*od.* line) of fire, firing direction (*od.* line). — **s~scheu** *adj* (*Hund etc*) gun-shy. — ~**se‧rie** f **1.** series of shots. – **2.** *cf.* Feuerstoß. — **s~si‧cher** *adj* **1.** *cf.* kugelsicher. – **2.** *cf.* schußfest 2. — ~**stel‧lung** f (*eines Geschützes*) firing position. — ~**ta‧fel** f firing (*od.* range) table. — ~**ver‚let‧zung** f (gun)shot (*od.* bullet) wound (*od.* injury): **eine** ~ **haben** [erhalten] to have [to get] a (gun)shot wound, to be [to get] wounded by a shot. — ~**waf‧fe** f firearm, *Am. sl.* shooting iron: **von der** ~ **Gebrauch machen** to use firearms. — ~**wei‧te** f range (of fire), firing range, carry: **wirksame** ~ effective range; **das Gewehr hat eine** ~ **von 1500 Metern** the rifle has a (firing) range of (*od.* ranges over) 1,500 meters; **außer** [in] ~ **sein** *auch fig.* to be out of [within] range; **auf** ~

herankommen to come within (firing) range. — ~**wer‧te** *pl* firing data. — ~**win‧kel** m angle of firing. — ~**wir‧kung** f fire (*od.* firing) effect. — ~**wun‧de** f *cf.* Schußverletzung. — ~**zahl** f number of rounds. — ~**zei‧ger** m (*bei Schießübungen*) scoring indicator. — ~**zeit** f *hunt.* hunting (*od.* shooting) season.
Schu‧ster ['ʃuːstər] m <-s; -> **1.** shoemaker, cobbler: **auf** ~**s Rappen reisen** *fig.* to go on (*od.* by) shanks (*auch* shank's) mare (*od.* pony); ~, **bleib bei deinem Leisten!** (*Sprichwort*) the cobbler must stick to his last (*proverb*). – **2.** *fig. colloq. contempt. cf.* Pfuscher. – **3.** *zo. cf.* Weberknecht. — ~**ahl** f *tech.* awl. — ~**ar‧beit** f **1.** shoemaker's work, shoemaking: **dieser Schuh ist gute** ~ this shoe is a good piece of shoemaking. – **2.** *cf.* Schusterhandwerk. – **3.** *fig. colloq. contempt. cf.* Pfuscherei 1. — ~**brust** f *med.* (*Trichterbrust*) funnel breast (*od.* chest), shoemaker's (*od.* cobbler's) chest. — ~**fleck** m *mus.* (*ermüdende Motivwiederholung*) rosalia. — ~**ge‚sel‧le** m journeyman shoemaker. — ~**hand‚werk** n shoemaker's trade, shoemaking. — ~**jun‧ge**, ~**lehr‧ling** m shoemaker's apprentice. — ~**mei‧ster** m master shoemaker. — ~**mes‧ser** n *tech.* shoemaker's knife.
schu‧stern ['ʃuːstərn] *v/i* <h> **1.** *obs. u. dial.* be (*od.* work as) a shoemaker. – **2.** *fig. colloq. contempt. cf.* pfuschen 1.
'**Schu‧ster‚pech** n *tech.* (shoemaker's) wax. — ~**pfriem**, ~**pfrie‧men** m *cf.* Schusterahle. — ~**pilz** m *bot. cf.* Röhrling. — ~**werk‚statt** f shoemaker's workshop.
Schu‧te ['ʃuːtə] f <-; -n> **1.** *mar.* (*flaches Schleppfahrzeug*) (dumb) barge, lighter, *Am.* scow. – **2.** (*Hut*) poke bonnet.
Schutt [ʃut] m <-(e)s; no pl> **1.** (*Abfall*) refuse, rubbish, *bes. Am.* garbage, waste: ~ **abladen verboten!** no dumping (*Br. auch* tipping) here! – **2.** (*Bauschutt*) rubble, debris. – **3.** (*Trümmer*) debris, ruins pl: **im Krieg wurde die Stadt in** ~ **und Asche gelegt** during the war the town was razed to the ground (*od.* reduced to ashes, laid in ruins); **das Haus versank in** ~ **und Asche** the house fell into ruin. – **4.** *geol.* (*Gesteinsschutt*) debris, detritus, waste. — ~**ab‚la‚de‚platz** m (refuse *od.* rubbish, *bes. Am.* garbage) dump, dumping ground, *Br.* tip (for refuse), shoot. — ~**ab‚la‚ge‚rung** f *geol.* detritus (deposit).
'**Schütt‚be‚ton** m *civ.eng.* cast concrete. — ~**bo‚den** m *agr.* granary, cornloft. — ~**damm** m *civ.eng.* earth fill dam.
Schüt‧te ['ʃYtə] f <-; -n> **1.** (*Behälter für Salz, Zucker etc*) drawer container. – **2.** (*für Müll, Abfall*) refuse container (*bes. Br.* tip). – **3.** *agr.* (*Strohbündel*) bundle (*od.* truss) of straw. – **4.** *mar.* (*auf Schiffen*) chute, *auch* shute, shoot, spout. – **5.** *aer. mil.* container.
'**Schüt‧tel‚be‚cher** m shaker. — ~**be‚we‚gung** f shaking motion, shake. — ~**frost** m *med.* chill, shivering fit (*od.* attack); the shivers pl, the shakes pl (*colloq.*); rigor, (*bei Malaria*) *auch* ague (*scient.*). — ~**läh‚mung** f shaking palsy, Parkinson's disease, paralysis agitans (*scient.*).
schüt‧teln ['ʃYtəln] **I** *v/t* <h> **1.** shake: **Äpfel vom Baum** ~ to shake apples off the tree; **vor Gebrauch** (gut) ~! shake well before using! **sich** (*dat*) **den Schnee vom Mantel** ~ to shake the snow off one's coat; **sie nahm die Mütze ab und schüttelte ihre Locken** she took off her cap and shook her curls; **den Kopf** ~ to shake one's head; **j-m die Hand** ~ to shake hands with s.o. (*od.* s.o.'s hand); **j-n vor Wut** ~ to shake s.o. in anger; **ich hätte ihn** ~ **können** (*od.* mögen)! I could have shaken him, I could have given him a good shaking; **ein Fieberanfall schüttelte sie** [ihren Körper] she [her body] was shaken by an attack of fever, an attack of fever shook her [her body]; **er wurde von einem unwiderstehlichen Lachanfall geschüttelt** he was shaken by an irresistible fit of laughter; → Ärmel; Handgelenk 2; Staub 1. – **2.** *tech.* a) shake, b) (*umrühren*) agitate, c) (*erschüttern*) vibrate. – **II** *v/i* **3.** (*vom Wagen etc*) jolt, shake. – **4.** *aer.* (*space*) buffet. – **III** *v/impers* **5.** es **schüttelt mich** I shake, I am shaken, b) (*bes. vor Ekel*) I shudder: es **schüttelte ihn vor Angst** he shook with fear; **beim**

Anblick des Essens hat es mich geschüttelt I shuddered (with disgust) at the sight of the meal; es schüttelt mich bei dem Gedanken, daß I shudder to think that. − **IV** v/reflex sich ∼ **6.** shake oneself: der Hund schüttelte sich, als er aus dem Wasser kam the dog shook itself when it came out of the water. − **7.** (vor Kälte, Ekel etc) (vor dat with) shake: wir schüttelten uns vor Kälte we shook (od. shivered) with cold; ich schüttelte mich vor Ekel I shook (od. shuddered) with disgust; sie schüttelt sich vor Lachen she shakes with laughter. − **V** S∼ n ⟨-s⟩ **8.** verbal noun. − **9.** shake, (bes. vor Ekel) shudder. − **10.** tech. a) shake, b) agitation, c) vibration.

'Schüt·tel₁reim m metr. humorous poem interchanging rhyming syllables. — **∼₁rinne** f metall. (zur Erzklassierung) shaking (od. reciprocating) trough. — **∼₁rost** m (zur Erzaufbereitung) shaking grate. — **∼₁rut·sche** f shaking chute (auch shute). — **∼₁sieb** n (in Gießerei) shaking screen (od. sifter), riddle. — **∼₁zit·tern** n med. psych. tremor, traumatic neurosis.

schüt·ten ['ʃʏtən] **I** v/t ⟨h⟩ **1.** pour: etwas aus [in, auf acc] etwas ∼ to pour s.th. out of [into, (up)on] s.th.; sie schüttete die verdorbene Milch in den Ausguß she poured (od. emptied) the spoiled milk (out) into the sink; Zucker aus der Tüte in die Dose ∼ to pour (od. empty) sugar out of the bag into the bowl; das Korn wird auf die Tenne geschüttet the grain is poured on to the threshing floor. − **2.** (werfen) throw: Abfälle auf den Komposthaufen ∼ to throw garbage on the compost pile; j-m ein Glas Bier ins Gesicht ∼ to throw a glass of beer in s.o.'s face. − **3.** etwas auf einen Haufen ∼ (aufhäufen) to pile s.th. up, to heap s.th. into a pile. − **4.** (verschütten) spill: der kleine Junge hat seinen Kakao über die Zeitung geschüttet the little boy spilled (auch spilt) his cocoa (all) over the newspaper. − **5.** civ.eng. a) (Erde) fill, b) (Bitumen) spread. − **II** v/i **6.** agr. (guten Ertrag geben) yield well. − **III** v/impers **7.** es schüttet colloq. it is pouring (with rain), it is raining cats and dogs (colloq.), (auch) pitchforks) (colloq.). − **IV** S∼ n ⟨-s⟩ **8.** verbal noun. − **9.** cf. Schüttung.

schüt·ter ['ʃʏtər] adj (Haar, Saat etc) thin, sparse.

'Schüt·ter·ge₁biet n geol. earthquake region.

schüt·tern ['ʃʏtərn] v/i ⟨h⟩ (zittern, beben) shake, tremble, quake.

'Schutt₁feld n sea of rubble.

'Schütt₁gelb n (Lederfärbemittel) Dutch pink. — **∼ge₁wicht** n bulk weight, weight of bulk goods.

'Schütt₁gut n econ. bulk goods pl. — **∼₁schiff** n bulk carrier. — **∼₁wa·gen** m (railway) hopper car.

'Schutt₁hal·de f **1.** cf. Schuttabladeplatz. − **2.** geol. talus (slope), scree. — **∼₁hau·fen** m **1.** (von Abfall etc) refuse (od. rubbish, bes. Am. garbage, waste) heap. − **2.** (von Bauschutt, Trümmern etc) rubble (od. debris) heap: die Stadt wurde in einen ∼ verwandelt the town was reduced to a heap of debris (od. was razed to the ground). — **∼₁kar·ren** m tumbrel, tumbril, Br. dust cart.

'Schütt₁ka·sten m (beim Bagger) (dredge) hopper.

'Schutt₁ke·gel m geol. debris (od. talus) cone.

'Schütt₁la·dung f econ. bulk cargo. — **∼₁rin·ne** f tech. shoot, chute, auch shute. — **∼₁trich·ter** m (im Transportwesen) feed hopper.

'Schüt·tung f ⟨-; -en⟩ **1.** cf. Schütten. − **2.** civ.eng. a) (einer Straße) hardcore, b) (beim Dammbau) filling, fill.

'Schütt₁wurf m aer. mil. salvo bombing (od. release).

Schutz [ʃʊts] m ⟨-es; no pl⟩ **1.** protection: j-m gesetzlichen ∼ gewähren to afford (od. to give) s.o. legal protection; Jugendliche unter 16 Jahren genießen den ∼ des Gesetzes young people under (the age of) 16 enjoy the protection of the law; das Gesetz dient dem ∼ der Öffentlichkeit vor Verbrechern the law serves to protect the public from criminals; sich j-s ∼ anvertrauen to entrust oneself

to s.o.'s protection; ich empfehle ihn deinem ∼ (und Schirm) I commend him to your protection; in (od. unter) j-s ∼ stehen to stand under s.o.'s protection; j-n um (seinen) ∼ bitten (od. angehen), j-s ∼ anrufen to ask for s.o.'s (od. to ask s.o. for) protection; er befindet sich unter meinem ∼ he is under (od. in) my protection; zu meinem (persönlichen) ∼ for my (personal) protection; die Regierung verordnete Maßnahmen zum ∼ der Gesundheit the government decreed measures for the protection of health. − **2.** (Verteidigung) Br. defence, Am. defense: zu ∼ und Trutz zusammenstehen to stand together in defence and offence; j-n [etwas] in ∼ nehmen to defend (od. stand up for) s.o. [s.th.]; da muß ich ihn aber in ∼ nehmen! I really must take his side (in this matter)! sie nimmt ihr Kind immer vor anderen (od. gegen andere) in ∼ she always defends (od. stands up for) her child (od. she always takes her child's side) against others. − **3.** (vor Krankheiten etc) (vor dat against) safeguard, protection: das Medikament dient zum ∼ vor (od. gegen) Erkältungen the medicine serves as a safeguard (od. protection) against colds. − **4.** (Zuflucht, Obdach) (vor dat from) shelter, refuge, protection: das Dach bietet (od. gewährt) wenig ∼ vor dem (od. gegen das) Gewitter the roof gives (od. provides) little shelter from (od. protection against) the thunderstorm; ich suchte unter dem Baum ∼ I sought (od. took) shelter (od. refuge) under the tree; bei j-m ∼ suchen to seek refuge with s.o.; sich in (od. unter) j-s ∼ begeben to place oneself under s.o.'s protection, to take refuge with s.o. − **5.** (Deckung) cover: der Dieb entkam im ∼(e) der Dunkelheit the thief escaped under cover of darkness. − **6.** (Fürsprache, Gönnerschaft) patronage, protection: j-s ∼ genießen to enjoy s.o.'s patronage (od. protection), to be patronized by s.o.; das Fest stand unter dem ∼ des Bürgermeisters the festival stood under the patronage (od. protection) of the mayor. − **7.** (Abschirmung) screen, shield. − **8.** (Erhaltung) preservation, protection. − **9.** bes. mil. a) (Geleitschutz) escort, b) cf. Feuerschutz 2.

Schütz[1] [ʃʏts] n ⟨-es; -e⟩ **1.** electr. contactor. − **2.** civ.eng. (einer Schleuse) sluice gate, floodgate.

Schütz[2] m ⟨-en; -en⟩ obs. for Schütze[1].

'Schutz₁an₁strich m **1.** (gegen Rost, Feuchtigkeit etc) protective (paint) coat(ing). − **2.** mil. mar. (zur Tarnung) camouflage paint, (bei Schiffen) auch baffle (od. dazzle) paint. — **∼₁an₁zug** m protective clothes pl (od. clothing). — **∼₁är·mel** m (für Büroarbeit etc) sleeve protector. — **∼₁auf₁sicht** f jur. (von gefährdeten Jugendlichen) surveillance, (bei bedingter Strafaussetzung) probation: j-n unter ∼ stellen to place s.o. under surveillance (od. on probation). — **s∼be₁dürf·tig** adj in need (od. want) of protection. — **∼be₁foh·le·ne** m, f ⟨-n; -n⟩ **1.** charge. − **2.** (Mündel) ward. − **3.** cf. Schützling 1. — **∼be₁lag** m protective covering (od. coat). — **∼be₁reich** m mil. restricted area. — **∼₁blat·tern** pl vet. (bei Kühen etc) cowpox sg, vaccinia sg (scient.). — **∼₁blech** n **1.** (über den Rädern am Auto, Fahrrad etc) mudguard, Am. fender, Br. wing. − **2.** (am Automotor, Kühler etc) underpan. − **3.** (über der Fahrradkette) chain guard. − **4.** tech. (an Werkzeugmaschinen etc) guard (plate). — **∼₁brief** m cf. Geleitbrief. — **∼₁bril·le** f (für Schweißarbeiten etc) (safety) goggles pl, protective goggles pl. — **∼₁bund** m, ∼₁bünd·nis** n **1.** pol. defensive alliance. − **2.** Republikanischer Schutzbund Austrian hist. Republican Defense Corps, Republican Schutzbund (1921—33). — **∼₁bür·ger** m jur. denizen. — **∼₁dach** n **1.** (zum Unterstellen) shelter, sheltering (od. protective) roof. − **2.** (über Türen etc) penthouse. — **∼₁damm** m (gegen Überschwemmungen etc) protective dike. — **∼₁decke** (getr. -k·k-) f (protective) cover(ing).

Schüt·ze[1] ['ʃʏtsə] m ⟨-n; -n⟩ **1.** marksman, shot, (bes. guter) auch rifleshot, Br. rifleshot: er ist ein guter [schlechter] ∼ he is a good [bad] marksman (od. shot), he shoots well [badly]. − **2.** (Bogenschütze) archer, bowman. − **3.** (Jäger) hunter, hunts-

man. − **4.** mil. a) (mit Gewehr) rifleman, b) (am Maschinengewehr) (machine) gunner, c) (auf der Schießstand) shooter, rifleman, d) (Dienstgrad) private. − **5.** (sport) (beim Fußball etc) scorer. − **6.** astr. (Sternbild) Archer, Sagittarius. − **7.** (textile) (Weberschiffchen) shuttle.

'Schüt·ze[2] f ⟨-; -n⟩ civ.eng. cf. Schütz[1] 2.

schüt·zen ['ʃʏtsən] **I** v/t ⟨h⟩ **1.** (vor dat from) protect: einen Film vor dem Licht ∼ to protect a film from light; vor Nässe ∼! keep dry! vor Wärme [Licht] ∼! keep (od. store) in a cool [dark] place; j-n vor Gefahr ∼ to protect (od. shield, keep, guard, lit. preserve) s.o. from danger; die Dunkelheit schützte den Dieb vor der Entdeckung the darkness protected the thief from discovery; Gott schütze dich! the Lord protect (od. keep) you! er ließ seine Erfindung durch ein Patent ∼ he had his invention protected by (letters) patent, he patented his invention; ein Buch urheberrechtlich ∼ lassen to have a book protected by copyright, to copyright a book. − **2.** bes. jur. (Eigentum, Interessen, Rechte etc) protect, safeguard. − **3.** (verteidigen) defend. − **4.** (vor Krankheiten etc) (vor dat against) protect, (safe)guard: das Medikament schützte sie vor (od. gegen) Ansteckung the medicine protected her against infection. − **5.** (vor Regen, Wind etc) (vor dat from) shelter, protect: der Baum schützte mich vor dem Gewitter the tree sheltered me from the thunderstorm. − **6.** (abschirmen) shield, screen. − **7.** (erhalten) preserve. − **8.** bes. mil. (decken) cover: der Vormarsch der Soldaten wurde durch Artilleriefeuer geschützt the advance of the soldiers was covered by artillery fire. − **9.** tech. (durch ein Schütz stauen) back up: Wasser ∼ to back up water. − **II** v/i **10.** (vor dat from) give protection: warme Kleidung schützt vor Kälte warm clothing gives (od. affords) protection from the cold. − **11.** (vor Krankheiten, unangenehmen Folgen etc) be a safeguard, give protection, guard: das Medikament schützt vor (od. gegen) Grippe the medicine is a safeguard (od. protection) against influenza; Unkenntnis (des Gesetzes) schützt nicht vor Strafe jur. ignorance of the law excuses no one; → Alter 2. − **12.** (vor Regen, Wind etc) (vor dat give) (od. provide) shelter: das Dach schützt vor dem Regen the roof provides shelter from the rain. − **III** v/reflex sich ∼ **13.** (vor Gefahren, Krankheiten etc) (vor dat from, against) guard, protect oneself: sie setzt eine Brille auf, um sich vor der (od. gegen die) Sonne zu ∼ she puts on glasses to protect herself from the sun; die Wirtschaft muß sich vor inflationären (od. gegen inflationäre) Tendenzen ∼ economy has to protect itself (od. to guard) against inflationary tendencies.

'Schüt·zen₁ab₁wehr₁mi·ne f mil. cf. Schützenmine. — **∼₁ab₁zei·chen** n marksmanship badge. — **∼₁auf₁tritt** m (Abschußstufe eines Festungswalls) fire (od. firing) step, banquette. — **∼ba₁tail·lon** m mil. rifle (od. infantry) battalion. — **∼₁bru·der** m member of a riflemen's association (od. shooting club).

'schüt·zend **I** pres p. − **II** adj **1.** protective: seine ∼e Hand über j-n halten fig. to hold a protective hand over s.o. − **2.** (vor Regen, Wind etc) sheltering: er erreichte noch rechtzeitig das ∼e Dach he reached the sheltering roof just in time.

'Schüt·zen₁fest n **1.** riflemen's meeting (od. festival, gathering), rifle match, Am. auch schuetzenfest. − **2.** der letzte Rest vom ∼ fig. colloq. the poor residue, the dregs pl. — **∼₁feu·er** n mil. rifle fire, (selbständiges Schießen) auch independent fire. — **∼₁fisch** m zo. archer(fish) (Toxotes jaculator).

'Schutz₁en₁gel m guardian (od. lit. tutelary) angel.

'Schüt·zen₁ge₁sell·schaft f (sport) riflemen's (od. shooting) association.

'Schüt·zen₁gra·ben m mil. trench. — **∼₁fie·ber** n med. trench fever, His' disease, Volhynia fever (scient.). — **∼₁fuß** m trench (od. immersion) foot, water bite (colloq.).

'Schüt·zen₁grup·pe f mil. rifle squad (Br. section). — **∼₁haus** n riflemen's clubhouse (Br. club-house). — **∼₁hil·fe** f only in j-m ∼ geben fig. to back s.o. up, to support s.o. — **∼₁ket·te** f mil. skirmish line, line of riflemen (in extended order). — ~**kö·nig** m champion marksman. — ~**li·nie** f mil. cf. Schützenkette. — ~**loch** n foxhole. — ~**mi·ne** f (anti)personnel mine. — ~**pan·zer** m armored (bes. Br. armoured) infantry fighting vehicle, mechanized (Br. auch ~-) infantry combat vehicle. — ~**plan, ~platz** m (eines Schützenvereins) shooting range. — ~**rei·he** f mil. file (od. column) of riflemen. — ~**schlei·er** m infantry screen. — ~**schleu·se** f civ.eng. (Wasserbau) sluice, sluice with sluice gates. — ~**schnur** f mil. marksmanship badge (Am. fourragère). — ~**stand** m 1. firing position. - 2. aer. mil. turret. — ~**steue·rung** f electr. contactor control(ler). — ~**ver·ein** m (sport) riflemen's association. — ~**wehr** n civ.eng. sluice weir. — ~**wie·se** f grounds pl provided for a shooting match. — ~**zug** m mil. infantry platoon.

'**Schüt·zer** m ⟨-s; -⟩ 1. protector. - 2. cf. Beschützer. - 3. cf. a) Ellbogenschutz, b) Knieschützer, c) Ohrenschützer.

'**Schutz|er·dung** f electr. Br. protective earth connection (auch connexion), Am. protective ground connection. — s~**fä·hig** adj jur. 1. (Buch) capable of being copyrighted. - 2. (Erfindung) patentable. — ~**far·be** f 1. tech. (paints) a) protective paint, b) (Anstrich) protective coat(ing) (od. coat of paint). - 2. mil. cf. Schutzanstrich 2. — ~**fär·bung** f zo. protective colo(u)ration. — ~**film** m tech. protective film. — ~**forst** m (forestry) protection forest. — ~**frist** f jur. term of copyright.

'**Schutz|gas** n 1. chem. inert (od. protective) gas, inert atmosphere. - 2. tech. (beim Schweißen) controlled (od. protective) atmosphere, shielding gas. — ~**er·zeu·ger** m metall. 1. (für Warmbehandlung) controlled (od. protective) gas producer. - 2. (beim Schweißen) shielding gas producer. — ~**licht·bo·gen·schwei·ßung** f inert-gas arc welding. — ~**schwei·ßung** f inert-gas shielded metal-arc welding. — ~**tech·nik** f tech. technology of controlled atmosphere.

'**Schutz|gat·ter** n 1. tech. protective barrier. - 2. civ.eng. (Wehr) floodgate. — ~**ge·biet** n 1. pol. a) (besetztes Gebiet) protectorate, b) (abhängiges Gebiet) dependency, possession. - 2. hist. colony. - 3. (Reservat) reserve, reservation, protected area. - 4. cf. Naturschutzgebiet. — ~**ge·bühr** f econ. fee, stamp duty. — ~**ge·häu·se** n tech. protective case (od. housing). — ~**ge·hölz** n (forestry) shelterwood, shelterbelt (against wind and erosion), wind belt. — ~**geist** m ⟨-(e)s; -er⟩ protecting spirit, (tutelary) genius (lit.). — ~**ge·län·der** n 1. (einer Brücke etc) guardrail, Br. guard-rail. - 2. (eines Balkons etc) parapet, balustrade. — ~**ge·leit** n 1. safe-conduct. - 2. (Polizeischutz) (police) escort. - 3. aer. mar. mil. cf. Geleitschutz 2. — ~**ge·mein·schaft** f econ. association (od. society) for the protection of traders, shareholders etc. — ~**ge·nos·se** m jur. pol. person enjoying diplomatic protection by a third country because his mother country is not diplomatically represented in his present country of residence. — ~**ge·setz** n jur. law for the protection of the individual. — ~**ge·walt** f jur. pol. 1. right of protection. - 2. cf. Schutzherrschaft 1. — ~**git·ter** n 1. (vor dem Kamin) fireguard, fire screen. - 2. (im Zoo) safety barrier. - 3. tech. protective grid (od. grille, auch grill), (barrier od. wire) guard, protective shutter. - 4. auto. (radiator) grille (auch grill), Am. auch screen. - 5. electr. (einer Röhrenelektrode) screen grid. — ~**glas** n 1. tech. safety glass, glass shield. - 2. meist pl (Schutzbrille) safety goggles pl. — ~**glocke** (getr. -k·k-) f bell jar (od. glass), protecting cap. — ~**gott** m myth. tutelary god. — ~**göt·tin** f tutelary goddess. — ~**gür·tel** m mil. protective (od. defence, Am. defense) belt. — ~**ha·fen** m mar. port (od. harbor, bes. Br. harbour) of refuge. — ~**haft** f jur. 1. (bei Gefährdung des Lebens) protective custody. - 2. (bes. in totalitären Staaten) preventive arrest (od. custody). - 3. cf. Sicherungsverwahrung. — ~**hand·schuh** m protective glove. — ~**hau·be** f 1. tech. protection hood, guard, (einer Schleifmaschine) wheel guard. - 2. auto. cf. Kühlerschutz. — ~**haut** f 1. protective cover(ing) (od. film). - 2. tech. protective covering.

'**Schutz|hei·li·ge**[1] m relig. patron (saint). — '**Schutz|hei·li·ge**[2] f relig. patron (saint), patroness.

'**Schutz|helm** m protective helmet. — ~**herr** m protector, patron. — ~**her·rin** f protectress, patroness, protectrix. — ~**herr·schaft** f 1. bes. pol. protectorate, protectorship. - 2. fig. aegis, auch egis, patronage, auspices pl. — ~**holz** n (forestry) protective (od. shelter) tree. — ~**hül·le** f 1. protective cover(ing) (od. wrapping). - 2. (für Bücher) a) (book) jacket (od. wrapper), dust cover (od. jacket, wrapper), b) (Schuber) slipcase, slipcover. - 3. (für Güter, Fahrzeuge etc) tarpaulin. - 4. tech. sheath. - 5. electr. (für Kabel etc) casing. - 6. med. a) protective cover, b) (Fingerling) fingerstall, c) (des Rückenmarks etc) theca. - 7. zo. a) (schützende Körperhülle) jacket, b) (der Insektenpuppe) cocoon, c) (der Korallen) theca, d) (der Moos-, Rädertiere) lorica. - 8. mil. a) (bei eingemotteten Geräten) cocoon, b) (für Gewehr) (canvas) case. — ~**hüt·te** f (shelter) hut, refuge. — s~**imp·fen** v/t (insep, -ge-, h) med. inoculate, vaccinate, immunize Br. auch -s-. — ~**imp·fung** f (gegen against) protective (od. prophylactic) inoculation, immunization Br. auch -s-, vaccination, (gegen Pocken) auch variolation. — ~**in·sel** f traffic island. — ~**iso·lie·rung** f electr. protective isolation. — ~**kap·pe** f tech. 1. protective cap, guard. - 2. (beim Schweißen) helmet. - 3. (eines Lagers) bearing cap. — ~**kar·ton** m (für Bücher) cardboard bookcase (od. sleeve), slipcase, slipcover. — ~**ka·sten** m electr. protective box. — ~**klau·sel** f econ. protective clause. — ~**klei·dung** f protective clothing. — ~**kol·lo·id** n chem. protective colloid.

'**Schutz|kon·takt** m electr. protective contact. — ~**do·se** f cf. Schukosteckdose. — ~**stecker** (getr. -k·k-) m cf. Schukostecker.

'**Schutz|korb** m electr. (für Glühbirnen etc) wire guard. — ~**lack** m (paints) protective varnish (od. lacquer). — ~**le·der** n (leather) apron. — ~**lei·ste** f 1. tech. guard strip. - 2. auto. protective strip. — ~**lei·ter** m electr. nonfused (Br. non-fused) earth conductor.

'**Schütz·ling** m ⟨-s; -e⟩ 1. (männlicher) protégé, (weiblicher) protégée. - 2. jur. (anvertraute Person) charge, ward.

'**schutz·los** adj 1. Br. defenceless, Am. defenseless, unprotected: er ist den Verleumdungen seines Gegners ~ preisgegeben he is defenceless against the calumnies of his adversary; j-m ~ ausgeliefert sein to be at s.o.'s mercy; sie steht jetzt ~ da she is defenceless (od. completely without protection) now. - 2. (im Regen etc) without shelter: dem Unwetter ~ preisgegeben sein to be left without shelter in the storm. — '**Schutz·lo·sig·keit** f ⟨-; no pl⟩ Br. defencelessness, Am. defenselessness, unprotectedness.

'**Schutz|macht** f pol. protecting power. — ~**mann** m ⟨-(e)s; -leute u. -männer⟩ cf. Polizist. — ~**mann·schaft** f (police) escort. — ~**man·schet·te** f tech. protective sleeve, (einer Dichtung) protective packing.

'**Schutz|man·tel** m 1. (Kleidungsstück) protective coat (od. mantle, bes. Br. overall. - 2. fig. mantle. - 3. nucl. (des Reaktors) radiation shield. - 4. tech. mantle, protective jacket, protecting case, casing, sheathing. - 5. (forestry) wind (od. forest) mantle, shelterbelt. — ~**bild** n, ~**ma·don·na** f, ~**ma·ria** f röm.kath. (art) Virgin (od. Madonna) of the Protecting Cloak.

'**Schutz|mar·ke** f econ. trademark (name), brand: eingetragene ~ registered trademark; mit ~ versehene Waren branded goods. — ~**mas·ke** f 1. protecting mask, face guard. - 2. cf. Gasmaske. — ~**maß·nah·me** f meist pl 1. protective (od. safety, defensive) measure: ~n gegen radioaktive Strahlungen radiological defence (Am. defense). - 2. (Vorsichtsmaßnahme) precaution, precautionary (od. preventive, preventative) measure, preventive. — ~**mau·er** f 1. protecting (od. screen-)wall. - 2. civ.eng. a) (eines Staudamms) embankment-type dam, b) (Uferschutzdamm) embankment, c) (zur See) seawall, d) cf. Brandmauer. - 3. mil. (einer Festung) breast (od. ramped) wall. - 4. fig. rampart,

bulwark. — ~**me·cha·nis·mus** m med. protective mechanism. — ~**mit·tel** n 1. (gegen) means pl (construed as sg or pl) of protection (against, from), preservative (from), preventive (against). - 2. med. pharm. a) prophylactic, preventive, preservative, b) (hygienisches) contraceptive. — ~**netz** n 1. (gegen Insekten) mosquito net. - 2. (für Trapezkünstler) safety net. - 3. (railway) safety grid. - 4. (für Damenrad) dress guard. - 5. tech. protective wire network. - 6. electr. (für Freileitungen) catch (od. guard) net. — ~**pa·tron** m relig. cf. Schutzheilige[1]. — ~**pa·tro·nin** f cf. Schutzheilige[2]. — ~**pflan·zung** f 1. (forestry) (für Bodenschutz) protective planting (of trees). - 2. hort. (als Schutz vor Sicht, vor Wind etc) screen(ing). - 3. (Uferbefestigung) reinforcement. — ~**pla·ne** f protective canvas (auch canvass, cover), tarpaulin. — ~**plat·te** f 1. tech. a) protective (od. guard) plate, b) (gegen Strahlen) screen. - 2. (des Küchenherds etc) splashboard, splash back. - 3. hist. (einer Rüstung) bonnet. — ~**po·li·zei** f cf. Polizei 1—3. — ~**po·li·zist** m cf. Polizist. — ~**pol·ster** n med. protective pad. — ~**raum** m 1. shelter. - 2. cf. Luftschutzbunker. — ~**rech·te** n jur. econ. 1. patent (od. protective, property) rights. - 2. trademark rights. — ~**sal·be** f med. pharm. protective ointment. — ~**schal·ter** m electr. protective switch. — ~**schal·tung** f 1. (Schaltkreis) protective circuit (od. system). - 2. cf. Schutzerdung. — ~**schei·be** f 1. (beim Schweißen) protective glass. - 2. auto. cf. Windschutzscheibe. — ~**schicht** f tech. 1. protective layer (od. cover, coat[ing]). - 2. cf. Schutzfilm. — ~**schild** m 1. protective shield. - 2. tech. (beim Schweißen) (head od. hand) shield. - 3. mil. (am Geschütz) shield. — ~**schirm** m 1. tech. (protective) shield. - 2. (beim Röntgen) protective screen. — ~**schür·ze** f (beim Röntgen) protective (od. lead-rubber) apron. — ~**si·che·rung** f electr. protected fuse (od. cutout). — ~**staat** m pol. protected state, protectorate. — ~**stoff** m 1. biol. chem. a) protective substance (od. matter), antibody, b) (im Blutserum) alexin. - 2. med. (Impfstoff) vaccine, immunizing (Br. auch -s-) substance. — ~**tracht** f zo. cf. Schutzfärbung. — ~**trup·pe** f mil. hist. colonial force (od. troops pl). — ~**über·zug** m 1. tech. protective coat(ing), protective film, preservative coating. - 2. (für Möbel) slipcover. — ~**um·schlag** m cf. Schutzhülle 2a. — ~**und-'Trutz-,Bünd·nis** n pol. defensive and offensive alliance. — ~**ver·band** m 1. med. protective bandage (od. dressing). - 2. jur. protective association: ~ Deutscher Schriftsteller hist. Association for the Protection of the Rights of German Authors (1909—35). — ~**ver·ei·ni·gung** f jur. cf. Schutzverband 2. — ~**ver·klei·dung** f tech. protective covering. — ~**ver·ord·nung** f jur. protective statute. — ~**ver·trag** m pol. treaty of protectorate. — ~**vor·keh·rung** f meist pl cf. Schutzmaßnahme. — ~**vor·rich·tung** f 1. meist pl means pl (construed as sg or pl) of protection. - 2. tech. safety device, (safe)guard. - 3. electr. safety device. — ~**wa·che** f 1. (safe)guard. - 2. mil. escort. — ~**waf·fe** f fig. means pl (construed as sg or pl) of defence (Am. defense). — ~**wa·gen** m (railway) buffer (od. guard) waggon (Am. car). — ~**wall** m 1. mil. a) revetment, (protecting) rampart barrier, rideau, mound, b) (auf Schießstand) mant(e)let. - 2. civ.eng. (Damm) dike, dyke. — ~**wand** f 1. cf. Schutzschirm. - 2. civ.eng. protective wall. — ~**weg** m Austrian safety (Br. pedestrian) crossing. — ~**wehr** f 1. mil. a) defence (Am. defense) (work), rampart, bulwark, barrier, b) (auf Schießstand) mant(e)let. - 2. fig. safeguard, bulwark, rampart. — ~**wi·der·stand** m electr. protective resistor. — ~**wir·kung** f 1. protective effect. - 2. med. protective action (od. effect), peltation (scient.). — s~**wür·dig** adj 1. worth being protected. - 2. meriting protection, preservation. — ~**zelt** n (im Straßenbau) shelter tent.

'**Schutz,zoll** m econ. protective duty (od. tariff). — ~**po·li·tik** f policy of protective duties. — ~**sy·stem** n protective duty system. — ~**ta·rif** m protective tariff rate.

Schwa·ba·cher ('Schrift) ['ʃvaːˌbaxər] f ⟨-; no pl⟩ print. Schwabacher (type).

Schwab·be'lei f ⟨-; -en⟩ colloq. **1.** cf. Schwabbeln. – **2.** cf. Geschwätz 1.

'Schwab·bel₁frit·ze m colloq. for Schwätzer 1.

'schwab·be·lig adj colloq. **1.** (Gesicht etc) flabby, flaccid. – **2.** (Pudding etc) wobbly, auch wabbly, wobbledy, shaky.

schwab·beln ['ʃvabəln] **I** v/i ⟨h u. sein⟩ colloq. **1.** ⟨h⟩ (von gallertartiger Masse) wobble, auch wabble. – **2.** ⟨h⟩ flop about: die Backen des dicken Mannes schwabbelten beim Sprechen the fat man's cheeks flopped about as he spoke. – **3.** ⟨h u. sein⟩ (schwappen) swash, slosh, swill. – **4.** ⟨h u. sein⟩ (überschwappen) slop (over), spill. – **5.** ⟨h⟩ fig. (schwätzen) babble, twaddle. – **II** v/t ⟨h⟩ **6.** tech. (polieren) buff. – **III** S~ n ⟨-s⟩ **7.** verbal noun. – **8.** colloq. (von gallertartiger Masse) wobble, auch wabble. – **9.** colloq. (von Wasser etc) swash, slosh, swill, spill.

'Schwab·bel₁schei·be f tech. buffing wheel, buff.

Schwab·ber ['ʃvabər] m ⟨-s; -⟩ mar. swab, swob. — **'schwab·bern** v/t ⟨h⟩ (Deck) swab (od. swob) (s.th.) (down).

Schwa·be¹ ['ʃvaːbə] m ⟨-n; -n⟩ geogr. Swabian, Suabian: „die Sieben ~n" "the Seven Swabians" (fairy tale by Grimm).

'Schwa·be² f ⟨-; -n⟩ zo. (Küchenschabe) cockroach (Ordng Blattaria).

schwä·beln ['ʃvɛːbəln] v/i ⟨h⟩ ling. speak (in) (the) Swabian (od. Suabian) dialect (od. with a Swabian accent).

'Schwa·ben₁al·ter n humor. **1.** age of forty. – **2.** age of discretion (od. wisdom). — **~₁kä·fer** m Swiss zo. for Schwabe². — **~₁spie·gel** m jur. hist. Swabian (od. Suabian) code of laws. — **~₁streich** m foolish (od. unwise) action.

Schwä·bin ['ʃvɛːbɪn] f ⟨-; -nen⟩ geogr. Swabian (od. Suabian) girl (od. woman).

schwä·bisch ['ʃvɛːbɪʃ] **I** adj Swabian, Suabian: S~e Schule (literature) Swabian school; das ~e Zeitalter hist. the age of the Hohenstaufen dynasty. – **II** ling. S~ ⟨generally undeclined⟩, das S~e ⟨-n⟩ Swabian, Suabian, the Swabian (od. Suabian) dialect.

schwach [ʃvax] **I** adj ⟨ʰer; ⁼st⟩ **1.** (kraftlos) weak, feeble: ein ~es Kind a weak child; ein ~er alter Mann a feeble (od. an infirm, a decrepit) old man; das ~e Geschlecht fig. humor. the weaker (od. fair) sex; wir ~en Menschen we feeble people; ~e Gesundheit [Konstitution] weak (od. frail, delicate, bad) health [constitution]; eine ~e Stimme a weak (od. faint, small) voice; mit ~er Stimme in a feeble voice, feebly, faintly; ~er Versuch weak (od. feeble) attempt; eine ~e Mannschaft [Regierung] a weak team [government]; ~ auf den Beinen sein to be weak in the legs, to be shaky on one's legs; seine Behauptung steht auf ~en Füßen fig. his assertion is feeble (od. unfounded); das Unternehmen steht auf ~en Füßen fig. the company stands on a weak foundation (od. on a slender basis); ich bin von der Anstrengung noch ganz ~ I am quite weak from the exertion; als Lehrer darf man keine ~en Nerven haben you must have good nerves as a teacher; er ist ~ auf der Brust a) he has a weak (od. delicate) chest, b) fig. humor. he is short of money, he is low in funds; ~ im Glauben fig. of little faith; j-n an seiner ~en Stelle treffen fig. to hit s.o. on his weak spot (od. point); das ist eine seiner ~en Seiten fig. that is one of his weak points; Latein ist meine ~e Seite fig. Latin is my weak point (od. subject), I am weak in Latin; in einer ~en Stunde gab sie nach fig. she yielded in a weak (od. a misguided, an unguarded) moment (od. in a moment of weakness); er macht mich (noch) ~ fig. colloq. he drives me up the wall (od. round the bend) (sl.), he drives me crazy (Br. colloq. scatty); mach mich nicht ~! fig. colloq. a) for God's sake! b) don't scare me! sich ~ zeigen fig. to prove (to be) weak (od. yielding), to betray weakness; schwächer werden a) to grow weaker, to weaken, to lose (in) strength (od. intensity), b) (von Nachfrage) to fall off, to decline, to recede, to slacken, to lessen, c) (von Patient) to sink, d) (von Sehkraft etc) to fail, e) (von Atem, Puls, Herzschlag) to grow weak, f) (von Licht) to fade, to wane, to grow dim, g) (von Ton) to fade, to die away; ich fühle mich ~ (nach einer Krankheit) I feel weak; mir wird ~ I feel faint; mir wird ganz ~, wenn ich daran denke fig. colloq. I feel quite weak at the thought of it, the thought of it makes me quite weak; nur nicht ~ werden! fig. colloq. don't give in! schwächer als weaker than, (bes. Truppe etc) inferior (in strength) to; ~ im Kopf sein fig. colloq. to be weak in the head, to be a bit daft (colloq.); → Geist¹ 1. – **2.** (Mauer etc) thin, weak. – **3.** (Brücke etc) light, slight. – **4.** (gering, klein) faint, dim, dull: ~es Licht faint (od. dim) light; ein ~er Ton a faint sound; ~e Geräusche faint noises; ~er Abglanz ihrer einstigen Schönheit faint traces pl of her former beauty; ~er Schein faint glimmer, gleam; eine ~e Ähnlichkeit a faint (od. slight, remote) resemblance; eine ~e Erinnerung a faint (od. dim) recollection; eine ~e Vorstellung a faint (od. remote) idea; es besteht nur noch ~e Hoffnung there is only a faint (od. slight, slender) hope left; ~er Trost cold (od. slender) comfort, poor consolation; ~e Anzeichen einer Besserung slight (od. faint) signs of an improvement; ~er Beifall faint (od. slight) applause; ich will tun, was (od. soviel) in meinen ~en Kräften steht I will do my little best; sein Appell fand ein ~es Echo his appeal met with a faint response; ein ~es Lächeln a faint (od. feeble) smile. – **5.** (nicht zahlreich) sparse, meager, bes. Br. meagre: ~e Bevölkerung sparse population; ~er Besuch poor (od. thin, meager) attendance; ein ~er Jahrgang a) a weak year, b) (von Wein) a poor vintage. – **6.** (Esser etc) poor. – **7.** (gehaltlos) weak, poor: ~er Tee [Kaffee] weak (od. thin, watery) tea [coffee]; ~es Bier weak beer. – **8.** fig. (mäßig, begrenzt) poor, weak: ~e Argumente [Beweise] poor arguments [evidence sg]; eine ~e Ausrede a poor (od. feeble) excuse; ~e Leistung [Phantasie] poor achievement [imagination]; ~es Gedächtnis poor (od. bad, irretentive) memory; ~er Charakter [Verstand] weak character [mind]; ein ~er Schüler a weak pupil; ~ von Begriff slow on (od. in the uptake (colloq.)); er ist ~ in Mathematik he is weak at mathematics; darin ist er am schwächsten that is his weakest point; das Fernsehprogramm war ~ colloq. the television program(me) was pretty poor (od. a feeble effort); ~e Besetzung [Position] weak cast [position]. – **9.** med. a) (kraftlos) weak, feeble, shaky, b) (schwächlich) hyposthenic, asthenic, c) (zart, schwachgebaut) delicate, frail, d) (gebrechlich) infirm, e) (hinfällig) decrepit, f) (matt) languid, g) (ohnmächtig) faint, h) (Gehör) poor, i) (Herzton) weak, dull, obscure, j) (Puls) low, feeble, weak, k) (Herz, Reflex) weak, l) (Reiz) slight, m) (Atem) weak, faint, n) (Röntgenstrahlen) soft: ~e Augen weak sight sg, weak (od. poor) eyes; sie ist von ~em Körperbau she has a frail (od. delicate) build (od. physique); der Puls ist ~ the pulse is feeble (od. low). – **10.** med. (Dosis etc) small. – **11.** ling. (Verb, Beugung, Betonung, Flexion) weak. – **12.** tech. (Motor) low-powered. – **13.** electr. (Batterie etc) low. – **14.** econ. slack, dull, weak: die Börse war ~ the market was slack (od. weak); das Geschäft ist ~ trade (od. business) is dull (od. slack, poor); in Eisen ist das Geschäft ~ there is very little doing (od. going on) in iron; ~e Nachfrage slack demand; die Nachfrage ist schwächer geworden the demand has fallen off (od. receded, slackened). – **15.** chem. (Lösung etc) weak, dilute. – **16.** hunt. (Rehbock etc) not fully grown. – **II** adv **17.** liniert sein print. to be ruled feint (od. faint). – **18.** (zart) frailly: sie ist ~ gebaut she has a frail (od. delicate) build (od. physique). – **19.** (leicht) lightly: der Wind bläst ~ the wind blows lightly. – **20.** (zahlenmäßig gering) poorly, sparsely, thinly: die Vorstellung war ~ besucht the performance was poorly attended; die Gegend ist ~ bevölkert the district is sparsely populated; ~ bemannt sein (von Schiff etc) to be undermanned (od. shorthanded, light-handed). – **21.** das Stück ist ~ besetzt (theater) the play has a weak (od. poor) cast. – **22.** ling. weakly: dieses Verb wird ~ gebeugt this verb is conjugated weakly. – **23.** chem. slightly: ~ basisch weak-alkaline (attrib); ~ angesäuert sein to be acidulated. – **24.** das Geschäft geht ~ econ. business is dull (od. slack, poor).

'schwach₁at·mig [-ˌ²aːtmɪç] adj short of breath. — **~be₁gabt** adj poorly gifted, of inferior talent. — **~be₁tont** adj ⟨attrib⟩ ling. (Silbe) weakly stressed. — **~be₁völ·kert** adj ⟨attrib⟩ sparsely populated. — **~be₁wegt** adj ⟨attrib⟩ (See etc) calm.

'Schwa·che m, f ⟨-n; -n⟩ weak (od. feeble) person: die wirtschaftlich ~n pl econ. the low-income class (od. group, bracket) sg.

Schwä·che ['ʃvɛçə] f ⟨-; -n⟩ **1.** ⟨meist sg⟩ (körperliche) weakness, feebleness, faintness: von einer ~ befallen werden to be overcome by a sudden weakness; vor ~ umfallen to faint (away). – **2.** (eines Brettes, einer Mauer etc) thinness, weakness. – **3.** (von Licht, Ton etc) faintness, dimness, dul(l)ness, tenuity (lit.). – **4.** (charakterlicher Mangel) weakness, fault, failing, foible: menschliche ~n human faults, frailties of human nature, imperfections, infirmities; ein Zeichen von ~ a sign of weakness; einer ~ nachgeben to yield to a weakness; jeder Mensch hat seine ~n we all have our little failings. – **5.** ⟨only sg⟩ fig. colloq. (Vorliebe, Neigung) weakness, soft spot, fancy: Bücher sind meine ~ I have a weakness for books; ich habe eine ~ fürs Theater I have a fancy (od. soft spot) for the theater (bes. Br. theatre); er hat eine ~ für Blondinen he has a soft spot for (od. is partial to) blondes. – **6.** fig. (Unvollkommenheit) weakness, weak point (od. side), imperfection: die ~ dieser Leistung besteht in the weakness of this performance is; hier liegt eine ~ in der Beweisführung this is a weak point (od. defect) in the evidence; Mathematik ist meine ~ mathematics is my weak point (od. subject); das war eine ~ des Systems that was one of the drawbacks of the system; j-s ~n kennen [ausnutzen] to know [to exploit, to abuse] s.o.'s weaknesses; du darfst (jetzt) keine ~ zeigen pull yourself together. – **7.** med. a) (Kraftlosigkeit) weakness, feebleness, b) (Körperschwäche) hyposthenia, asthenia, c) (Gebrechlichkeit) infirmity, d) (Hinfälligkeit) decrepitness, e) (Erschöpfung) exhaustion, f) (Mattheit) languor, enervation, g) (Atonie) atony, adynamia, h) (der Bänder) instability, i) (der Herztöne) weakness, dul(l)ness, j) (nach Krankheit) prostration, k) (des Gehörs) dul(l)ness, l) cf. Altersschwäche.

'Schwä·che₁an·fall m **1.** attack (od. fit) of weakness (od. fatigue). – **2.** med. weak spell. — **~ge₁fühl** n feeling of weakness: allgemeines ~ lassitude.

schwä·chen ['ʃvɛçən] **I** v/t ⟨h⟩ **1.** (Kräfte, Körper etc) weaken, impair, enfeeble, sap, debilitate: die Krankheit hat seinen Körper geschwächt his constitution has been weakened by his illness; die Aufregungen hatten seine Nerven geschwächt the excitements had impaired his nerves (od. had enervated him). – **2.** (Gesundheit) impair, undermine, sap. – **3.** (Spannkraft etc) weaken, impair, lessen, diminish. – **4.** (Ansehen, Einfluß, Macht etc) weaken, impair, lessen, undermine. – **5.** (Widerstandskraft etc) weaken, damp(en), deaden. – **6.** (Feind, Gegner) weaken, (stärker) decimate. – **7.** (verdünnen) dilute. – **8.** med. a) debilitate, b) (Sinnesempfindung etc) attenuate, c) (Puls) weaken. – **9.** tech. (Stahl) weaken. – **10.** (radio) attenuate, damp. – **11.** electr. (Spannung etc) weaken. – **12.** (Farbe) tone (s.th.) down, soften. – **II** S~ n ⟨-s⟩ **13.** verbal noun. – **14.** cf. Schwächung.

'Schwä·che·re m, f ⟨-n; -n⟩ **1.** weaker person. – **2.** (Unterlegene) underdog.

'Schwä·cher₁wer·den n ⟨-s⟩ **1.** med. a) weakening, loss of strength, enfeeblement, b) (des Atems, Herzschlags etc) weakening: ~ des Sehvermögens failing sight; ~ seiner Kräfte diminution of one's physical power. – **2.** (von Farben, Tönen) fading.

'Schwä·che₁zu·stand m med. weak (od. feeble) condition, debility; asthenia, hyposthenia, marasmus (scient.): allgemeiner ~ general debility.

'Schwach|**ˌgas** n chem. metall. lean gas. — **s~ˌgläu·big** adj relig. of weak (od. little) faith.

'Schwach·heit f ‹-; -en› **1.** ‹only sg› cf. Schwäche 1—4, 7. — **2.** only in bilde dir nur keine ~en ein! fig. colloq. don't fool yourself!

'schwach·herz·ig adj fig. fainthearted, Br. faint-hearted. — **'Schwach·herz·ig·keit** f ‹-; no pl› faintheartedness, Br. faint-heartedness.

'Schwach|**ˌkopf** m colloq. cf. Schwachsinnige 2. — **s~ˌköp·fig** [-ˌkœpfɪç] adj cf. schwachsinnig 2.

schwäch·lich ['ʃvɛçlɪç] adj **1.** weak(ly), feeble, puny. — **2.** (zart) delicate, frail. — **3.** (kränklich) sickly, puny, ailing, weakly, (bes. ältere Leute) infirm. — **'Schwäch·lich·keit** f ‹-; no pl› **1.** weak(li)ness, feebleness, puniness. — **2.** delicacy, frailty. — **3.** sickliness, puniness, weakliness, (bes. älterer Leute) infirmity.

'Schwäch·ling m ‹-s; -e› **1.** (körperlich) weakling. — **2.** fig. weakling; softy, softie (colloq.); sissy, Br. auch cissy, cissie (sl.).

Schwach·ma·ti·kus [ʃvax'maːtikus] m ‹-; -se u. -matiker› colloq. humor. for Schwächling.

'schwach|**ˌmo·to·rig** [-moˌtoːrɪç] adj tech. low-powered. — **~ˌner·vig** adj nervous, neurasthenic (scient.). — **~ˌsich·tig** adj weak- (od. dim-)sighted; asthenopic, amblyopic (scient.): sehr ~ gravel-blind. — **S~ˌsich·ti·ge** m, f ‹-n; -n› weak- (od. dim-)sighted person. — **S~ˌsich·tig·keit** f ‹-; no pl› weak-sightedness, weakness of sight; asthenopia, amblyopia (scient.). — **S~ˌsinn** m ‹-(e)s; no pl› psych. feeblemindedness, mental deficiency, imbecility, idiotism; dementia, moronism, hypophrenia (scient.). — **~ˌsin·nig** adj **1.** feebleminded, mentally defective (od. deficient), imbecile, moronic, hypophrenic (scient.). – **2.** colloq. weak-headed, brainless, imbecile, soft (in the head) (colloq.). — **S~ˌsin·ni·ge** m, f ‹-n; -n› **1.** feebleminded person, mentally defective (od. deficient) person, imbecile, idiot; mental defective, moron (scient.). – **2.** colloq. half-wit, nincompoop, imbecile, simpleton; softy, softie, 'idiot' (colloq.), sap(head) (sl.).

'Schwach|**ˌstrom** m electr. weak (od. light, low-voltage, low-tension) current. — **~ˌka·bel** n communication cable, cable for communication circuits. — **~ˌlei·tung** f weak current line (od. circuit); circuit for telecommunications. — **~ˌmo·tor** m low-voltage motor. — **~ˌtech·nik** f a) low-voltage (od. -current) technique (od. engineering), b) cf. Funktechnik, c) cf. Nachrichtentechnik, d) cf. Signaltechnik. — **~ˌtech·ni·ker** m signal (bes. Br. communication) engineer.

'Schwach|**ˌton** m ling. weak stress. — **s~ˌto·nig** [-ˌtoːnɪç] adj weakly stressed, unstressed.

'Schwä·chung f ‹-; -en› **1.** cf. Schwächen. – **2.** (des Körpers etc) enfeeblement, debilitation, enervation. – **3.** (der Gesundheit, einer Funktion etc) impairment. – **4.** (des Ansehens) impairment. – **5.** (des Feindes etc) decimation. – **6.** (Verdünnung) dilution. – **7.** med. a) debilitation, b) (einer Sinnesempfindung etc) attenuation. – **8.** (radio) attenuation, damp.

'Schwä·chungsˌwi·derˌstand m electr. **1.** buffing (od. damping) resistance. – **2.** potentiometer.

'schwach·wan·dig [-ˌvandɪç] adj tech. thin-walled.

Schwa·de ['ʃvaːdə] f ‹-; -n› cf. Schwaden[1] 1.

Schwa·den[1] ['ʃvaːdən] m ‹-s; -› **1.** agr. swath(e), windrow, bundle: in ~ legen to windrow. – **2.** bot. a) cf. Mannagras, b) cf. Fennich.

Schwa·den[2] m ‹-s; -› **1.** vapor, bes. Br. vapour, fume(s) pl. – **2.** (Nebelschwaden) cloud, patch: der Nebel lag in dichten ~ über dem Moor the fog hung in dense clouds (od. patches) over the moor. – **3.** (Rauchschwaden) cloud of smoke. – **4.** (mining) cf. Nachschwaden.

'Schwa·den|**ˌmä·her** m agr. swath reaper (od. harvester). — **~ˌre·chen** m side rake. — **s~ˌwei·se** adv in swath(e)s.

Schwa·dron [ʃva'droːn] f ‹-; -en› mil. squadron, troop.

Schwa·dro·neur [ʃvadro'nøːr] m ‹-s; -e› colloq. boaster, braggart, 'gasbag' (colloq.).

— schwa·dro'nie·ren [-'niːrən] colloq. **I** v/i ‹no ge-, h› **1.** boast, brag, talk big, swagger, 'gas' (colloq.). – **II S~** n ‹-s› **2.** verbal noun: sein Hang zum S~ his tendency to talk big (od. to big talk). – **3.** swagger, big talk, 'gas' (colloq.).

Schwa'drons·chef m mil. hist. squadron leader.

Schwa·fe'lei f ‹-; -en› colloq. cf. Geschwafel 1, Quasselei.

schwa·feln ['ʃvaːfəln] colloq. contempt. **I** v/i ‹h› **1.** twaddle (on), drivel (on), talk drivel (od. nonsense): der Redner schwafelte stundenlang (über dasselbe Thema) the speaker twaddled on (about the same topic) for hours. – **II** v/t **2.** drivel (od. twaddle) about: er schwafelt unsinniges Zeug he talks drivel; was schwafelst du da? what nonsense you are talking? what's that nonsense you are drivel(l)ing about? what's that nonsense you are talking? – **III S~** n ‹-s› **3.** verbal noun. – **4.** cf. Geschwafel 1, Quasselei.

Schwa·ger ['ʃvaːgər] m ‹-s; ≃› **1.** brother-in-law. – **2.** obs. for Postillion.

Schwä·ge·rin ['ʃveːgərin] f ‹-; -nen› sister-in-law.

schwä·ger·lich ['ʃveːgərlɪç] adj jur. **1.** pertaining to a brother- (od. sister-)in-law. – **2.** (Verwandtschaft) by marriage.

Schwä·ger·schaft ['ʃveːgərʃaft] f ‹-; no pl› jur. **1.** affinity, relationship by marriage. – **2.** relatives pl (od. relations pl) by marriage, in-laws pl (colloq.).

Schwä·her ['ʃveːər] m ‹-s; -› obs. **1.** father-in-law. – **2.** brother-in-law.

Schwai·ge ['ʃvaigə] f ‹-; -n› Bavarian and Austrian for Almhütte. — **'schwai·gen** v/i ‹h› cf. sennen. — **'Schwai·ger** m ‹-s; -› cf. Senn.

Schwal·be ['ʃvalbə] f ‹-; -n› zo. swallow (Fam. Hirundinidae): eine ~ macht noch keinen Sommer (Sprichwort) one swallow does not make it spring, one swallow does not make a summer (beide proverb).

schwal·ben ['ʃvalbən] v/t ‹h› (wood) dovetail.

'Schwal·ben|**ˌfisch** m zo. (tropical two-wing) flying fish (Exocoetus volitans). — **~ˌflug** m flight of swallows. — **~geˌzwitscher** n twitter of swallows. — **~ˌkraut** n bot. **1.** cf. Schwalbenwurz. – **2.** Syrisches ~ cf. Seidenpflanze. — **~ˌnest** n **1.** swallow's nest. – **2.** eßbare ~er gastr. edible birds' nests. – **3.** mil. mus. bandsman's epaulette. — **~neˌsterˌsup·pe** f gastr. bird's nest clear soup.

'Schwal·benˌschwanz m **1.** swallowtail. – **2.** zo. swallowtail, auch swallowtail butterfly (Papilio machaon): Schwarzer ~ asterias (od. black) swallowtail (P. polyxenes). – **3.** colloq. humor. a) (Frack) swallowtail (coat), swallow-tailed coat, tailcoat, dress coat, b) pl (Rockschöße am Frack) (coat)tails. – **4.** tech. (in der Zimmerei) dovetail: etwas mit einem ~ versehen to dovetail s.th.; durch ~ verbunden dovetailed. — **s~ˌför·mig** adj **1.** swallow-tailed. – **2.** (wood) dovetailed. — **~ˌfüh·rung** f tech. dovetail guide. — **~-Koˌli·bri** m zo. swallowtail (Eupetomena hirundo). — **~verˌbin·dung** f (in der Zimmerei etc) dovetailed joint, dovetailing.

'Schwal·ben|**ˌsprung** m (sport) swan (bes. Br. swallow) dive. — **~ˌwurz** f bot. swallowwort (Cynanchum vincetoxicum).

Schwall [ʃval] m ‹-(e)s; -e› **1.** (Woge) swell, surge. – **2.** (Erguß von Wasser) flood, gush. – **3.** fig. flood, torrent, deluge, gush, volley: ein ~ von Worten a torrent (od. flood, an effusion) of words; ein ~ von Fragen a volley (od. deluge) of questions. — **~ˌblech** n tech. baffle plate. — **~ˌwasserˌschutz** m hoseproof (od. splashproof) enclosure.

Schwalm [ʃvalm] m ‹-s; -e› zo. frogmouth (Fam. Podargidae). [men.]

schwamm [ʃvam] 1 u. 3 sg pret of schwimmen. **Schwamm** m ‹-(e)s; ≃e› **1.** (zum Reinigen) sponge: ein mit Wasser vollgesaugter ~ a sponge saturated with water; etwas mit dem ~ abwischen (od. waschen) to sponge s.th.; mit dem nassen ~ über (acc) etwas wischen (od. fahren) to wipe s.th. with a wet sponge; ~ drüber! fig. colloq. let bygones be bygones! let's forget it! let's have done with it! – **2.** zo. sponge, porifer (scient.) (Stamm Porifera). – **3.** bot. a) colloq. (Pilz) fungus, (eßbarer) mushroom, b) (Hausschwamm) dry rot,

---

c) (Feuerschwamm) (German) tinder, d) (Baumschädling) fungus, (auf Bäumen wachsender) agaric, fungus (Gattg Polyporus): Lehre von den Schwämmen fungology. – **4.** med. a) fungus, b) cf. Blutschwamm 2. – **5.** vet. (beim Pferd) spavin. — **s~ˌar·tig** adj **1.** cf. schwammig 1—3. – **2.** med. spongy, fungous, spongiform, spongelike: ~er Auswuchs fungous growth.

Schwämm·chen ['ʃvɛmçən] n ‹-s; -› **1.** dim. of Schwamm. – **2.** med. (der Säuglinge) thrush, parasitic stomatitis (scient.).

schwäm·me ['ʃvɛmə] rare 1 u. 3 sg subj of schwimmen.

Schwamm·merl ['ʃvamərl] n ‹-s; -(n)› Bavarian and Austrian colloq. mushroom: giftiges ~ toadstool.

'Schwamm|**ˌfi·scheˌrei** f sponge fishery (od. fishing). — **~ˌflie·ge** f zo. sponge (od. spongilla) fly (Fam. Sisyridae). — **~ˌgold** n chem. spongy (od. sponge) gold. — **~ˌgum·mi** n, auch m sponge rubber. — **~ˌgur·ke** f bot. sponge (od. dishcloth) gourd, luffa (scient.) (Luffa cylindrica).

'schwamm·mig adj **1.** spongelike, spongy, spongeous (scient.): ~es Holz spongy (od. punky, rotten) wood; ~es Gewebe spongy tissue. – **2.** fungous, fungose, fungoid. – **3.** (porös) spongy, porous. – **4.** (Boden) quaggy, soft. – **5.** fig. (aufgedunsen) bloated, puffed, puffy: ~es Gesicht bloated face. – **6.** med. a) cf. schwammartig 2, b) (Knochen) cancellous. — **'Schwam·mig·keit** f ‹-; no pl› **1.** sponginess. – **2.** sponginess, porousness. – **3.** fig. bloatedness, puffiness.

'Schwamm|**ˌkal·ke** pl geol. sponge reefs. — **~parˌenˌchym** n biol. spongy parenchyma. — **~ˌschorf** m bot. agr. (der Kartoffel) (silver) scurf, potato (od. silver) scab. — **~ˌspin·ner** m zo. gypsy (od. gipsy) moth (Lymantria dispar). — **~ˌstein** m min. **1.** mushroom stone. – **2.** (versteinerte Korallen) fungite. – **3.** (fossiler Schwamm) spongite (Cellepora spongites). — **~ˌtaucher** m sponge diver, sponger. — **~ˌtier** n zo. cf. Schwamm 2. — **~ˌtuch** n sponge cloth.

Schwan [ʃvaːn] m ‹-(e)s; ≃e› **1.** zo. a) swan (Gattg Cygnus), b) (Höckerschwan) mute (od. tame, common) swan (C. olor): junger ~ cygnet; männlicher ~ male swan, cob; weiblicher ~ female swan, pen; Schwarzer ~ black swan, chenopsis (scient.) (C. atratus). – **2.** mein lieber Schwan! colloq. a) (überrascht) by Jove! (colloq.), I can tell you! my word! b) (leicht drohend) my dear fellow! (colloq.). – **3.** astr. (Sternbild) Swan, Cygnus.

schwand [ʃvant] 1 u. 3 sg pret, **schwän·de** ['ʃvɛndə] 1 u. 3 sg pret subj of schwinden.

schwa·nen ['ʃvaːnən] v/i u. v/impers ‹h› colloq. (in Wendungen wie) mir schwant (od. es schwant mir) nichts Gutes I have dark forebodings, I have misgivings; ihm hat schon lange geschwant, daß for a long time he has had the (od. a) feeling (od. presentiment) that; mir schwant etwas I have an uneasy feeling.

'Schwa·nen|**ˌblu·me** f bot. cf. Storchblume. — **~ˌdau·ne** f swan's down. — **~ˌfe·der** f swan's feather. — **~ˌgans** f zo. swan (od. guinea, Chinese) goose (Anser cygnoides). — **~geˌsang** m myth., auch fig. lit. swan song.

'Schwa·nen·hals m **1.** swan's neck. – **2.** cf. swan-neck. – **3.** tech. (als Meißelhalter) gooseneck (toolholder), swan-neck, auch swan's neck. – **4.** hunt. (für Raubwild) trap (in which the beast of prey is killed). — **~orˌchiˌdee** f bot. swanflower, swanneck, Br. swan-neck (Gattg Cycnoches).

'Schwa·nen|**ˌjung·frau** f myth. swan maiden. — **~ˌkraut** n bot. cf. Storchblume. — **~ˌrit·ter** m myth. Knight of the Swan, Lohengrin. — **~ˌsee** mus. "Swan Lake" (ballet by Tchaikovsky). — **~ˌteich** m swannery. — **s~ˌweiß** adj poet. (as) white as a swan, lily-white.

schwang [ʃvaŋ] 1 u. 3 sg pret of schwingen.

Schwang m colloq. (in Wendungen wie) im ~(e) sein a) (von einem Modewort etc) to be fashionable (od. the fashion, the vogue), b) (von einem Kleid etc) to be in fashion (od. vogue), to prevail; in ~ kommen (in Mode kommen) to become the fashion, to come into fashion.

schwän·ge ['ʃvɛŋə] *1 u. 3 sg pret subj of* schwingen.

schwan·ger ['ʃvaŋər] *adj* **1.** pregnant, gravid (*scient.*): ~ sein to be pregnant (*od.* with child, expecting, *colloq.* in the family way), to expect a baby; **sie ist im siebten Monat** ~ she is in her seventh month (of pregnancy), she is seven months gone (*colloq.*); ~ **werden** to become (*od.* get) pregnant, to conceive; **sie wurde von ihm** ~ she got pregnant by (*od.* to) him; ~**e Frau** pregnant woman, expectant mother, woman with child, gravida (*scient.*); **mit einem Kind** ~ **gehen** *lit.* to be (pregnant) with child, to carry a child; **mit großen Plänen** ~ **gehen** *fig. colloq.* to be full of (*od.* to hatch) great projects. – **2.** *biol.* (*befruchtet*) impregnate.

'Schwan·ge·re *f* ⟨-n; -n⟩ *med.* pregnant woman, woman with child, expectant mother, gravida (*scient.*).

'Schwan·ge·ren|be,ra·tung, ~,für,sor·ge *f* prenatal (*od.* antenatal) care. — ~,**geld** *n* maternity allowance (*od.* benefit). — ~,**pfle·ge** *f cf.* Schwangerenfürsorge. — ~,**zu,la·ge** *f cf.* Schwangerengeld.

schwän·gern ['ʃvɛŋərn] **I** *v/t* ⟨h⟩ **1.** make (*od.* get) (*s.o.*) pregnant, impregnate, *bes. biol.* fecundate: **sie ist von ihm geschwängert worden** she was made pregnant by him. – **2.** *fig. lit.* impregnate: **Wohlgerüche schwängerten die Luft** the air was impregnated with fragrant odo(u)rs. – **II S~** *n* ⟨-s⟩ **3.** *verbal noun.* – **4.** *cf.* Schwängerung.

'Schwan·ger·schaft *f* ⟨-; -en⟩ *med.* pregnancy; gravidity, gravidness (*scient.*): **ein·gebildete** ~ pseudocyesis, pseudopregnancy, phantom (*od.* hysteric, nervous) pregnancy; **mehrfache** (*od.* wiederholte) ~ multiple pregnancy, polycyesis; **normale** ~ eucyesis; **unterbrochene** ~ incomplete pregnancy; **vorzeitige Beendigung der** ~ premature termination of pregnancy; **die** ~ **unterbrechen** to terminate (*od.* interrupt) pregnancy.

'Schwan·ger·schafts|,ab,bruch *m med. cf.* Schwangerschaftsunterbrechung 2. — ~**be,schwer·den** *pl* pregnancy complaints. — ~,**blu·tung** *f* h(a)emorrhage during pregnancy. — ~,**dau·er** *f* duration of pregnancy, period of gestation (*scient.*). — ~**er,bre·chen** *n* vomiting of pregnancy, morning sickness, hyperemesis gravidarum (*scient.*). — ~,**für,sor·ge** *f cf.* Schwangerenfürsorge. — ~,**nach,weis** *m* pregnancy test. — ~,**nar·be** *f* stria. — ~**psy,cho·se** *f* gestational psychosis. — ~**pye,li·tis** *f* encyopyelitis. — ~,**strei·fen** *m* stria. — ~,**test** *m* pregnancy test. — ~**to,xi,ko·se** *f* toxa(e)mia of pregnancy, gestational toxicosis, gestosis. — ~,**un·ter,bre·chung** *f* **1.** termination (*od.* interruption) of pregnancy. – **2.** (*eingeleitete*) induced abortion. — **s**~,**ver,hin·dernd,** ~**ver,hü·tend** *adj* contraceptive. — ~**ver,hü·tung** *f* contraception, prevention of pregnancy. — ~,**zei·chen** *n* sign of pregnancy: **sicheres** ~ positive sign of pregnancy.

'Schwän·ge·rung *f* ⟨-; -en⟩ **1.** *cf.* Schwängern. – **2.** *auch fig.* impregnation.

'Schwan·ger|,wer·den *n med.* (*Empfängnis*) conception.

'Schwan,jung,frau *f myth. cf.* Schwanenjungfrau.

Schwank [ʃvaŋk] *m* ⟨-(e)s; ⁼e⟩ **1.** (*lustiger Streich*) lark, prank, practical joke, frolic: **Schwänke aus seiner Jugendzeit erzählen** to relate pranks of (*od.* from) one's youth. – **2.** (*derb-komische Erzählung*) merry tale, farcical story. – **3.** (*theater*) farce, farcical (*od.* slapstick) comedy.

schwank *adj* ⟨*attrib*⟩ *poet. lit.* **1.** (*biegsam*) flexible, pliable, supple: **ein** ~**es Rohr im Wind** *auch fig.* a reed bent by the wind. – **2.** (*dünn, schwach*) frail, slender: **auf** ~**em Steg** on a frail bridge. – **3.** (*Seil*) loose, slack. – **4.** (*unsicher*) wavering, faltering, shaky, unsteady: **mit** ~**em Schritt** with faltering steps.

schwan·ken ['ʃvaŋkən] **I** *v/i* ⟨h *u.* sein⟩ **1.** ⟨h⟩ swing (*od.* wave) to and fro, sway: **die Zweige [Bäume]** ~ **im Wind** the branches [trees] swing to and fro in the wind. – **2.** ⟨h⟩ (*beben, erzittern*) rock, shake, tremble: **der Boden schwankte unter mir** (*od.* unter meinen Füßen) *auch fig.* the

floor shook (*od.* rocked) beneath my feet. – **3.** ⟨h⟩ (*auf dem Wasser*) rock, sway: **das Boot schwankte auf den Wellen** the boat was rocking on the waves. – **4.** ⟨h⟩ (*durch schwere Belastung*) rock, sway: **die Brücke schwankte** the bridge rocked. – **5.** ⟨sein⟩ (*im Gehen*) stagger, reel, totter: **sie schwankte aus dem Saal** she tottered (*od.* reeled) out of the hall; **der Betrunkene ist über die Straße geschwankt** the drunken man reeled (*od.* lurched) across the street. – **6.** ⟨h⟩ (*im Stehen*) sway, stagger, reel, waver, teeter: **sie schwankte und wäre beinahe gestürzt** she swayed (*od.* teetered) and almost fell; **der Betrunkene schwankte bedenklich** the drunken man swayed dangerously. – **7.** ⟨h⟩ (*unter einer schweren Last*) stagger. – **8.** ⟨h⟩ *fig.* (*sich zwischen 2 Werten bewegen*), vary, range: **die Temperatur schwankte zwischen 20 und 30 Grad** the temperature varied between 20 and 30 degrees. – **9.** ⟨h⟩ *fig.* (*wechseln*) alternate: **ihre Stimmung schwankt zwischen Heiterkeit und Trübsinn** her mood alternates between cheerfulness and melancholy. – **10.** ⟨h⟩ *fig.* (*hin- und hergerissen werden*) vacillate: **sie schwankt zwischen Haß und Liebe** she vacillates between hate and love. – **11.** ⟨h⟩ *fig.* (*unentschlossen sein*) waver, vacillate, be undecided (*od.* irresolute): **zwischen zwei Möglichkeiten [Angeboten]** ~ to waver (*od.* vacillate) between two possibilities [offers]; **er schwankt in seiner Entscheidung** he is undecided, he shilly-shallies. – **12.** ⟨h⟩ (*zögern*) hesitate, falter: **ich habe lange geschwankt, ob I** hesitated for a long time whether; **sie haben keinen Augenblick geschwankt** they did not hesitate (*od.* falter) for a moment. – **13.** ⟨h⟩ *fig.* (*unbeständig sein*) waver, shilly-shally, oscillate: **ich schwanke in meiner Meinung I** waver (*od.* shilly-shally) in my views, I chop and change (my opinion). – **14.** ⟨h⟩ *fig.* (*uneinheitlich sein*) vary: **der Gebrauch schwankt** *ling.* usage varies; **die Meinungen über ihn** ~ opinions on him vary (*od.* are divided). – **15.** ⟨h⟩ *econ.* a) (*von Preisen, Börsenkursen etc*) fluctuate, b) (*sich zwischen 2 Werten bewegen*) vary, range: **die Preise für diese Bücher** ~ **zwischen** the prices of these books vary between. – **16.** ⟨h⟩ *med.* (*vom Fieber*) fluctuate. – **17.** ⟨h⟩ *phys.* a) (*von Barometer, Magnetnadel etc*) oscillate, flicker, b) (*vom mittleren Wert abweichen*) deviate, c) (*um eine Ruhelage pendeln*) vary about. – **II S~** *n* ⟨-s⟩ **18.** *verbal noun:* **die Brücke geriet ins S~** the bridge began to rock; **mein Vertrauen ist ins S~ gekommen** (*od.* geraten) *fig.* my confidence has been shaken. – **19.** (*der Zweige im Wind*) sway. – **20.** (*im Gehen*) stagger, totter, reel. – **21.** (*im Stehen*) sway, stagger, teeter, reel, waver. – **22.** *fig.* (*zwischen 2 Werten*) variation. – **23.** *fig.* (*Abwechseln*) alternation. – **24.** *fig.* (*zwischen 2 Gefühlen etc*) vacillation. – **25.** *fig.* (*Unschlüssigkeit*) vacillation, irresolution, irresoluteness, indecision, shilly-shally. – **26.** *fig.* (*Zögern*) hesitation. – **27.** (*Unbeständigkeit, Veränderlichkeit*) vacillation, inconstancy, inconsistency, fickleness, changeability: **S~ des Charakters** vacillation of character. – **28.** (*des Urteils etc*) variation. – **29.** *econ.* a) (*der Preise etc*) fluctuation, b) (*zwischen 2 Werten*) variation. – **30.** *med.* a) (*der Gesundheit*) precariousness (of one's health), b) (*des Fiebers*) fluctuation. – **31.** *phys.* (*des Barometers, der Magnetnadel etc*) oscillation, flicker. – **32** *mar. cf.* Schlingern.

'schwan·kend I *pres p.* – **II** *adj* **1.** swaying, rocking: **die** ~**e Brücke** the swaying bridge. – **2.** (*taumelnd*) faltering, staggering: **der** ~**e Gang** the faltering gait; ~**en Schrittes kam uns ein Betrunkener entgegen** a drunken man approached us with faltering step. – **3.** *fig.* (*veränderlich*) unstable, changeable, uncertain: ~**e Zeiten** unstable times. – **4.** *fig.* (*unentschlossen*) irresolute, undecided, wavering, vacillating, vacillatory. – **5.** *fig.* (*zögernd*) hesitant, faltering. – **6.** *fig.* (*unbeständig*) inconstant, inconsistent, fickle, unreliable, vacillating, vacillatory: **er ist** ~, **er hat eine** ~**e Haltung** he is inconstant, he has a fickle manner; **er ist wie ein** ~**es Rohr (im Winde)** he is like a reed bent by the wind, he is an unsteady character, he blows hot

and cold. – **7.** **seine Stimmung ist** ~ *fig.* his mood varies. – **8.** **nichts kann ihn** ~ **machen** *fig.* nothing can sway (*od.* move) him. – **9.** *fig.* (*unsicher*) uncertain, vacillatory: **er ist in seinen Ansichten** ~ **geworden** he has become uncertain in his views. – **10.** *econ.* a) (*Preise, Börsenkurse etc*) fluctuating, fluctuant, unsteady, unstable, variable: ~**e Wertpapiere mit** ~**em Ertrag** variable-yield securities. – **11.** *med.* a) (*Gesundheit*) precarious, b) (*Fieber*) fluctuant, c) (*Puls*) intermittent. – **12.** *phys.* (*pendelnd*) libratory. – **13.** *astr.* fluctuating, vibrating, perturbed.

'Schwan·kung *f* ⟨-; -en⟩ **1.** *cf.* Schwanken. – **2.** *fig.* (*Veränderung*) change, variation: ~**en der Temperatur** variations of temperature; **häufige** ~**en in der Stimmung** frequent changes of mood. – **3.** *fig.* fluctuation, variation: ~**en unterliegen** (*od.* unterworfen sein) to be subject to fluctuations; ~**en der Kurse** fluctuation in the rate of exchange; ~**en in der Konjunktur** fluctuations of the market. – **4.** *med.* variation: ~**en des arteriellen Druckes** variations in arterial pressure. – **5.** *electr.* (*des Stroms*) fluctuation. – **6.** *mus.* (*im Zeitmaß*) fluctuation. – **7.** *phys.* oscillation, swing. – **8.** *phys. astr.* a) (*Abweichung*) deviation, perturbation (*scient.*), b) (*der Erdachse*) nutation. – **9.** *math.* difference variation. – **10.** *tech.* fluctuation, variation, rocking motion: **plötzliche** ~ bopping.

'Schwan·kungs|be,reich *m* range of variations. — ~**er,schei·nung** *f meist pl phys.* fluctuation phenomenon.

Schwanz [ʃvants] *m* ⟨-es; ⁼e⟩ **1.** *zo. hunt.* a) tail, cauda (*scient.*), b) (*eines Fuchses*) brush, c) (*eines Hasen od. Kaninchens*) scut, d) (*eines Pfaues, eines Falken etc*) train, trail, e) (*des Rotwildes*) single, f) (*eines Wolfes*) stern, g) (*der Krebse*) postabdomen, h) (*des Wals*) flukes *pl*: **der Hund wedelt mit dem** ~ the dog wags its tail; **mit dem** ~ **wippen** (*von Vögeln*) to waggle) its tail; **dem Pferd den** ~ **stutzen** to dock (the tail of) a horse, to bob(tail) a horse; **ein Tier beim** ~ **fassen** (*od.* packen) to tail an animal; **der Hund zieht den** ~ **ein** (*od.* klemmt den ~ zwischen die Beine) the dog puts its tail between its legs; **den** ~ **einziehen** *fig. colloq.* to draw in one's horns, to climb down, to come down a peg or two; **den** ~ **hängenlassen** *fig. colloq.* to be downcast (*od.* dispirited, despondent); **mit eingezogenem** (*od.* hängendem) ~ **abziehen** *fig. colloq.* to creep away with one's tail between one's legs, to slink off like a whipped cur (*beide colloq.*); **der** (*die*) **Katze auf den** ~ **treten** to step on the cat's tail; **j-m auf den** ~ **treten** *fig. colloq.* to tread on s.o.'s toes (*od.* humor.* corns), to offend s.o.; **er fühlte sich auf den** ~ **getreten** *fig. colloq.* he felt his toes (*od.* corns) trodden on, he felt offended; → beißen 9; Katze 2; Pferd 2. – **2. kein** ~ *fig. colloq.* nobody, no one, not a (living) soul (*colloq.*): **kein** ~ **war auf der Straße** we did not meet a (living) soul in the street; **danach fragt kein** ~ no one on this earth would ask about it. – **3.** *ped. colloq.* **einen** ~ **haben** (*od.* machen) (*bei einer Prüfung*) to fail in one subject; **einen** ~ **machen müssen** to have to repeat part of an exam. – **4.** (*Endglied*) tail (end), end: **den** ~ **der Prozession bilden** to tail (*od.* form the tail of) the procession. – **5.** ⟨*only sg*⟩ *fig. colloq.* (*lange Reihe von Menschen*) train, string, (*Gefolge*) suite. – **6.** *fig. colloq.* (*Nachspiel, Fortsetzung*) tail end. – **7.** (*Haarschwanz*) ponytail. – **8.** *fig. colloq.* (*Schnörkel bei Buchstaben*) flourish. – **9.** *fig.* (*eines Flugzeugs, Papierdrachens, eines Kometen etc*) tail. – **10.** *mil.* (*einer Lafette*) trail. – **11.** *vulg.* 'cock', 'prick' (*beide vulg.*), penis.

'Schwanz|,an,satz *m zo.* tail root. — ~,**bein** *n* tailbone, coccyx, coccyx (*scient.*).

Schwän·ze'lei *f* ⟨-; *no pl*⟩ *cf.* Schwänzeln.

schwän·zeln ['ʃvɛntsəln] **I** *v/i* ⟨h *u.* sein⟩ **1.** ⟨h⟩ (*von Hund*) wag its tail. – **2.** ⟨sein⟩ **um j-n** ~ a) (*von Hund*) to fawn (up)on s.o., b) *fig.* (*von Schmeichler, Liebediener etc*) to fawn (up)on s.o., to toady (*od.* colloq.* be all over) s.o., to suck up to s.o. (*sl.*). – **3.** ⟨sein⟩ *fig.* (*affektiert gehen*) swagger (along). – **II S~** *n* ⟨-s⟩ **4.** *verbal noun.*

'**Schwän·zel,tanz** m (der Bienen als Trachtmeldung) dance of the foraging bee.

schwän·zen ['ʃvɛntsən] colloq. **I** v/t 〈h〉 (Schulstunde, Vorlesung etc) skip, bes. Am. cut: die Schule ~ to skip school, to play truant (bes. Am. sl. hook[e]y). – **II** v/i play truant (bes. Am. sl. hook[e]y), truant.

'**Schwanz,en·de** n **1.** end (od. tip) of the tail. – **2.** fig. colloq. (hinteres Ende) tail end.

'**Schwän·zer** m 〈-s; -〉 colloq. (einer Schulstunde etc) truant, bes. Am. sl. hook(e)y.

'**Schwanz|,fä·cher** m zo. (der Krebse etc) caudal fin, telson. — ~,fe·der f (eines Vogels) tail feather, rectrix (scient.). — ~,flä·che f aer. (Leitwerk) tail surface. — ~,fleck,bärb·ling [-,bɛrblɪŋ] m 〈-s; -e〉 zo. spottail, rasbora (scient.) (Rasbora urophthalma). — ~,flos·se f **1.** zo. (eines Fisches) tail fin (od. scient. caudal) fin. – **2.** aer. tail fin. — ~,frosch m zo. bell toad (Ascaphus truei). — ~,haa·re pl hair sg of the tail. — ~,klap·per f (der Klapperschlange) (tapering) rattle, rattle string, crepiculum (scient.). — ~,lan·dung f aer. tail landing. — ~,lar·ve f zo. (der Saugwürmer) cercaria.

'**schwanz,la·stig** [-,lastɪç] adj (Flugzeug) tail-heavy. — '**Schwanz,la·stig·keit** f 〈-; no pl〉 tail-heaviness.

'**Schwanz,leit·werk** n aer. tail unit (od. group).

'**schwanz·los** adj **1.** zo. tailless, ecaudate (scient.). – **2.** aer. tailless.

'**Schwanz|,lurch** m zo. caudate, urodele, auch urodelan (Ordngen Urodela u. Caudata). — ~,mei·se f long-tailed tit(mouse) (Aegithalos caudatus). — ~,rad n aer. tail wheel. — ~,rie·men m (am Pferdegeschirr) crupper. — ~,rü·be f zo. (des Schwanzes) dock. — ~,sä·ge f tech. cf. Schweifsäge.

'**Schwanz,saum-,Ei·dech·se** f zo. Guenther's monodactyl skink (Holaspis guentheri).

'**Schwanz|,seg,ment** n zo. (der Ringelwürmer) pygidium. — ~,spie·gel,salm·ler m glass tetra (Moenkhausia oligolepis). — ~,spit·ze f tip of the tail, (eines Fuchses) tag. — ~,sporn m **1.** aer. tail skid. – **2.** mil. (am Geschütz) trail spade. — ~,steu·er n aer. tail control. — ~,stück n **1.** zo. tailpiece. – **2.** gastr. a) (vom Rind) (oberer Teil) rump (of beef), b) (vom Rind) (unterer Teil) aichbone (auch edgebone) (of beef), c) (vom Fisch) tailpiece. — ~,stum·mel m zo. dock. — ~,wir·bel m caudal vertebra. — ~,wur·zel f (bei Säugetieren) tail head.

schwapp [ʃvap] **I** interj swash! slosh! – **II** S~ m 〈-(e)s; -e〉 colloq. swash, slosh: mit einem ~ with a swash.

schwap·pen ['ʃvapən] v/i 〈h u. sein〉 colloq. **1.** (von Wasser etc) swash, slosh. – **2.** 〈sein〉 aus [über (acc), in (acc)] etwas ~ to swash (od. slosh, spill) out of [over, into] s.th.

schwaps [ʃvaps] interj cf. schwapp.

Schwä·re ['ʃvɛːrə] f 〈-; -n〉 med. archaic **1.** (Eiterung, Abszeß) abscess, boil. – **2.** (Geschwür) ulcer.

schwä·ren ['ʃvɛːrən] v/i 〈schwärt, obs. schwiert, schwärte, obs. schwor, geschwärt, obs. geschworen, h〉 med. archaic **1.** (eitern) fester, suppurate. – **2.** (Geschwüre bilden) ulcerate. — '**schwä·rend I** pres p. – **II** adj **1.** (eiternd) suppurative. – **2.** (mit Geschwüren bedeckt) ulcerous.

Schwarm¹ [ʃvarm] m 〈-(e)s; ⸚e〉 **1.** (von Bienen) swarm, drove, colony: einen ~ Bienen einfangen to hive a swarm of bees. – **2.** (von Mücken, Fliegen, Heuschrecken etc) swarm, drove, flight. – **3.** (von Vögeln) flock, flight, bevy, (von Rebhühnern) auch covey, (von Wildenten) auch skein, skean(e): ein ~ aufgescheuchter Krähen a flight of flushed (od. a flush of) crows. – **4.** (von Fischen) school, shoal. – **5.** (von Personen) swarm, drove, flock, troops pl (colloq.): ein ganzer ~ Ausflügler a whole swarm of excursionists flocked into the swimming pool; ein ~ junger Mädchen kam über die Wiese a swarm (od. bevy) of young girls came across the meadow; sie hat immer einen ~ von Verehrern um sich she is always surrounded by a swarm of admirers, admirers simply swarm (a)round her. – **6.** aer. (von Flugzeugen im Verbandsflug) flight. – **7.** astr. (von Sternen, Meteoriten etc) swarm.

Schwarm² m 〈-(e)s; no pl〉 colloq. **1.** (Idol, Abgott, Angebetete) idol, 'crush' (colloq.), dreamboat (sl.): dieser Schauspieler ist der ~ aller Mädchen this actor is the idol (od. hero, colloq. heartthrob) of every girl, every girl has a crush (od. sl. is gone) on this actor; dieses Mädchen ist sein neuester ~ this girl is his latest crush. – **2.** (sehnlicher Wunsch) dream, fancy, dreamboat (sl.): ihr ~ ist ein Haus am Meer her dream is (od. she fancies) a house at the seaside. – **3.** (Vorliebe) fancy, (stärker) passion, craze: Stilmöbel sind ihr ganzer ~ she has a passion for period furniture.

schwär·men¹ ['ʃvɛrmən] **I** v/i 〈h u. sein〉 **1.** 〈h u. sein〉 (von Bienen, Vögeln etc) swarm. – **2.** 〈sein〉 (von Personen) flock, swarm: die Kinder schwärmten durch den Garten the children swarmed through the garden; die Leute schwärmten in das neue Kaufhaus people swarmed (od. flocked) into the new department store. – **3.** 〈h〉 (sich herumtreiben) roam (about), knock about (colloq.). – **4.** 〈h〉 fig. lit. (von Geist, Phantasie etc) roam, wander. – **5.** 〈sein〉 bes. mil. cf. ausschwärmen 2. – **6.** 〈sein〉 hunt. (von Jagdhund) skirt, run about aimlessly. – **7.** 〈sein〉 biol. (von Schwärmsporen etc) swarm. – **II** S~ n 〈-s〉 **8.** verbal noun.

schwär·men² **I** v/i 〈h〉 colloq. **1.** für etwas ~ a) (etwas sehnlich wünschen) to dream of (od. about) s.th., to fancy s.th., b) (eine Vorliebe für etwas haben) to fancy (od. have a fancy for) s.th., to be enthusiastic about s.th., (stärker) to have a passion (od. craze) for s.th., to go (od. fall) into raptures about s.th.: sie schwärmt schon lange für ein bestimmtes Kaffeeservice she has dreamed for a long time of a certain coffee service; er schwärmt für Fußball he is enthusiastic about football, he is a football enthusiast (od. colloq. fan). – **2.** für j-n ~ to worship s.o., to have a crush on s.o. (colloq.), to be gone on s.o. (sl.): sie schwärmt für den Schauspieler X she worships (od. colloq. swoons over) the actor X. – **3.** von etwas [j-m] ~ (begeistert erzählen) to enthuse about (od. over) s.th. [s.o.], to rave (od. gush) about s.th. [s.o.], to go (off) (od. fall) into raptures about s.th. [s.o.]. – **II** S~ n 〈-s〉 **4.** verbal noun: wenn ich daran denke, komme ich ins S~ when I think about it I go off (od. fall) into raptures. – **5.** cf. Schwärmerei.

'**Schwär·mer** m 〈-s; -〉 **1.** (Träumer) (day)dreamer, visionary. – **2.** (Begeisterter) enthusiast, fan (colloq.). – **3.** (mit Worten) enthuser, gusher, raver (colloq.). – **4.** (Eiferer) enthusiast, (stärker) zealot, fanatic: ein religiöser [politischer] ~ a religious [political] zealot. – **5.** cf. Nachtschwärmer 2. – **6.** (Feuerwerkskörper) (fire)cracker, serpent. – **7.** zo. hawkmoth, sphinx moth (Fam. Sphingidae). – **8.** biol. cf. Schwärmspore. – **9.** hunt. skirter.

Schwär·me·rei f 〈-; -en〉 **1.** cf. Schwärmen². – **2.** (Begeisterung) enthusiasm. – **3.** (mit Worten) rapture(s pl), rave (colloq.): sich in ~en verlieren to fall (od. to go off) into raptures. – **4.** (fanatische) enthusiasm, (stärker) zealotry, zealotism, fanaticism.

'**Schwär·me·rin** f 〈-; -nen〉 cf. Schwärmer 1—5.

'**schwär·me·risch I** adj **1.** (Schilderung, Brief, Gedicht etc) effusive, enthusiastic, raving, gushing, gushy. – **2.** (Blick etc) adoring, impassioned, enraptured. – **3.** (Begeisterung, Liebe etc) impassioned, frenzied, swooning (colloq.). – **4.** (Gemüt, Phantasie, Gedanken etc) impassioned. – **5.** (überspannt) visionary. – **II** adv **6.** j-n ~ verehren to revere s.o. impassionedly; von etwas [j-m] sprechen to speak enthusiastically (od. to enthuse, to rave, to gush, to go [off] into raptures) about s.th. [s.o.].

'**Schwarm,geist** m 〈-(e)s; -er〉 cf. Schwärmer 4.

'**Schwärm,spo·re** f biol. swarm spore (od. cell).

'**schwarm,wei·se** adv in (od. by) swarms (od. droves).

'**Schwärm,zeit** f (der Bienen) swarming time.

Schwar·te ['ʃvartə] f 〈-; -n〉 **1.** (Außenhaut des Schweins) skin, rind. – **2.** (Speckschwarte) (bacon) rind: die ~ vom Speck abschneiden to cut the rind off the bacon, to rind the bacon. – **3.** (gebratene) ~ gastr. crackling(s pl). – **4.** (alte) ~ fig. colloq. contempt. a) (altes Buch) old tome (od. volume), b) (schlechtes Buch) rubbishy (od. trashy) old book (colloq.); eine dicke ~ a fat volume (od. tome). – **5.** fig. colloq. (Haut) 'hide' (colloq.): arbeiten (od. schuften), daß (einem) die ~ kracht (od. knackt) to work oneself to the bone, to sweat blood; j-m die ~ gerben to give s.o. a good tanning (colloq.), to tan the hide off s.o. (colloq.), to give s.o. a good beating. – **6.** hunt. (des Dachses, Wildschweins etc) skin. – **7.** med. a) thick skin, b) (Pleura) scar, callosity, induration, c) (Kopfschwarte) scalp, d) (Kruste) crust, e) (Bindegewebe) thickening. – **8.** (wood) cf. Schalbrett. – **9.** (Pelzfell) summer skin.

'**Schwar·ten,ma·gen** m gastr. collared brawn.

'**schwar·tig** adj **1.** (dickhäutig, zäh) thick-skinned. – **2.** (Speck) with the rind (on).

schwarz [ʃvarts] **I** adj 〈⸚er; ⸚est〉 **1.** black: sie hat ~e Augen [Haare] she has black eyes [hair]; sie trug ein ~es Kleid she wore a black dress; sich ~ kleiden to dress in black; das S~e Brett (für Mitteilungen) bes. Am. (bulletin) board, bes. Br. (notice) board; der Anschlag hängt am S~en Brett the notice is put up (od. is posted) on the board; ~er Kaffee black coffee; ~er Tee a) black tea, b) (starker) strong tea; ich trinke meinen Kaffee immer ~ I always drink my coffee black; ~ werden a) to become (od. go, get) black, b) colloq. (schmutzig) to get dirty (od. black, soiled), c) (games) (keinen Stich machen) to fail to take a single trick; das Silber ist ~ geworden the silver has gone black (od. has tarnished, has stained); ihm wurde ~ vor den Augen everything went black, he had a blackout (Br. black-out), he blacked out; da kannst du warten, bis du ~ wirst fig. colloq. you can wait until you are blue in the face (colloq.); ich lasse meine Haare ~ färben I'll have my hair dyed black; etwas ~ auf weiß haben (od. besitzen) to have s.th. in black and white, to have s.th. written in cold print; hier steht es ~ auf weiß it is in black and white; der Marktplatz war ~ von Menschen fig. the market square was black with people; sich ~ ärgern fig. colloq. to be terribly annoyed, to be absolutely (od. hopping) mad (alle colloq.); ~er Kreis district with a housing shortage; j-n (od. j-s Namen) auf die ~e Liste setzen fig. to put s.o. (od. s.o.'s name) on the blacklist, to blacklist s.o.; er will aus ~ weiß machen fig. he wants to call black white; ~er Körper phys. black body; ~e Strahlung phys. black body (od. Planckian) radiation; ~e Temperatur phys. black body temperature; → Kunst 1; Mann 2; Peter 1; Schaf 1; Tod 2. – **2.** (dunkel, finster) black, dark, murky, mirky: der Himmel war ganz ~ the sky was quite black; ~e Wolken kündigen Regen an black (od. lowering, auch louring) clouds indicate (od. spell) rain; bei ihnen sind ~e Wolken am Ehehimmel fig. colloq. their domestic sky is overcast; ~ wie die Nacht (as) black as night. – **3.** (von Ruß, Abgasen etc) black, blackened, sooty, smutty, smutched. – **4.** colloq. (schmutzig) black, dirty: ~e Fingernägel black fingernails; der Kragen ist schon ganz ~ the collar is quite black; du hast dich im Gesicht ~ gemacht you have got a smudge on your face; du hast ~e Hände your hands are black. – **5.** (Hautfarbe der Neger) black, Negro (attrib): die ~e Rasse the black race; der S~e Erdteil fig. (Afrika) the black (od. dark) Continent. – **6.** colloq. (dunkelhäutig) dark(-complexioned), swarthy, black' (colloq.). – **7.** colloq. (sonnenverbrannt) deeply tanned, 'black' (colloq.): er war ~ wie ein Neger he was (as) brown as a berry. – **8.** colloq. (von Haaren) black-haired. – **9.** fig. (unheilvoll, verhängnisvoll) black, fatal, fateful: das war ein ~er Tag für unsere Mannschaft this was a black day for our team; der S~e Freitag econ. hist. (the) Black Friday. – **10.** fig. (düster, ungünstig) dark, gloomy, somber, bes. Br. sombre: etwas ~ ausmalen to paint a gloomy picture of s.th.; sie hat das Ereignis in den schwärzesten

Farben gemalt she painted the gloomiest picture of the incident. – **11.** *fig.* (*böse, unheilschwer*) black, dark, wicked, evil: ~en Gedanken nachhängen a) (*auf Rache sinnen*) to harbo(u)r black resentment, b) (*schwermütig sein*) to have black (*od.* gloomy) thoughts; eine ~e Seele *meist humor.* a black soul. – **12.** *fig. colloq.* (*ungesetzlich*) black, illicit, illegal: der ~e Markt the black market; ein ~es Geschäft an illegal transaction; ~e Ware illicit goods *pl.* – **13.** *fig. colloq. contempt.* (*katholisch*) Catholic, papistic(al) (*contempt.*). – **14.** ~er Humor [Witz] *fig.* morbid (*od.* black) humo(u)r [joke]. – **15.** (*games*) → Peter 1. – II S~e, das ⟨-n⟩ **16.** the black (mark *od.* spot): du hast etwas S~es auf der Stirn you have something black on your forehead; er gönnt ihm nicht das S~e unter den Nägeln *fig. colloq.* he (be)grudges him everything. – **17.** (*der Zielscheibe*) the bull's-eye: ins S~e treffen *auch fig.* to hit (*od.* score) the bull's-eye, to hit the mark.

Schwarz *n* ⟨-es; *no pl*⟩ **1.** black: ein tiefes ~ a deep black; Frankfurter [Spanisches] ~ German [Spanish] black; in ~ gehen a) to be dressed in black, b) (*in Trauer*) to be dressed in mourning; sie trägt gern ~ she likes to wear black, she likes black clothes. – **2.** (*games*) a) (*bei Schach, Dame etc*) black, b) (*bei Kartenspielen*) black (card): ~ ausspielen to lead black; ~ ist am Zug, ~ zieht black is to move, it's black's move.

'**Schwarz|,am·sel** *f zo. cf.* Amsel 1. — ~,**ar·beit** *f colloq.* illicit work, work (done) on the side, work for employee's own account. — s~**,ar·bei·ten** *v/i* ⟨*sep, -ge-, h*⟩ *colloq.* do illicit work, work illicitly, work on the side. — ~,**ar·bei·ter** *m colloq.* employee working illicitly (*od.* working for his own account, doing work on the side). — **s~,äu·gig** *adj* black-eyed. — ~,**bär** *m zo. cf.* Baribal. — ~,**barsch** *m* black bass (*Gattg Micropterus*): Großmäuliger ~ *cf.* Forellenbarsch. — ~,**bauch,molch** *m* black-bellied salamander (*Desmognathus quadramaculatus*). — ~,**bee·re** *f bot.* Bavarian and Austrian for Heidelbeere.

'**Schwarz,bei·nig·keit** [-,baɪnɪçkaɪt] *f* ⟨-; *no pl*⟩ *agr.* **1.** (*der Kartoffel*) blackleg. – **2.** (*des Getreides*) take-all, *auch* whiteheads *pl* (construed as *sg* or *pl*).

'**Schwarz|,bei·ze** *f chem.* (*Färbemittel*) iron (acetate) liquor, *auch* black liquor (mordant) (Fe(C₂H₃O₂)₂). — ~,**bir·ke** *f bot.* river (*od.* black) birch (*Betula nigra*). — s~,**blau** *adj* blackish-blue. — ~,**blech** *n metall.* black plate (*od.* sheet). — s~,**braun** *adj* **1.** blackish-brown. – **2.** (*sonnenverbrannt*) deeply tanned. — s~,**bren·nen** *colloq.* I *v/t u. v/i* ⟨*irr, sep, -ge-, h*⟩ **1.** distil(l) (*s.th.*) illegally (*od.* illicitly), *Am. auch* moonshine. – II S~ *n* ⟨-s⟩ **2.** *verbal noun.* – **3.** illegal (*od.* illicit, *colloq.* black) distillation. — ~,**bren·ner** *m colloq.* illegal (*od.* illicit) distiller, *Am. auch* moonshiner. — ~**bren·ne'rei** [,ʃvarts-] *f* ⟨-; -en⟩ *colloq.* **1.** *cf.* Schwarzbrennen. – **2.** (*Anlage*) illegal (*od.* illicit) distillery, *Am.* moonshining still. — ~,**brot** *n gastr.* **1.** (*dunkles Mischbrot*) brown bread. – **2.** (*Roggenbrot*) (black) rye bread, pumpernickel. – **3.** *cf.* Pumpernickel. — ~,**bruch** *m metall.* black-shortness. — s~,**brü·chig** *adj* black-short. — ~,**büf·fel** *m zo. cf.* Kaffernbüffel. — ~,**dorn** *m* ⟨-(e)s; -e⟩ *bot. cf.* Schlehe 1. — ~,**dros·sel** *f zo. cf.* Amsel 1. — ~,**druck** *m* ⟨-(e)s; -e⟩ *print.* **1.** ⟨*only sg*⟩ (*Technik*) black printing. – **2.** (*Ergebnis*) blackprint.

'**Schwar·ze¹** *m* ⟨-n; -n⟩ **1.** (*Neger*) black (man *od.* boy), Negro; blackie, *auch* black(e)y, blackamoor (*colloq.*); darky, *auch* darkie, darkey, nigger (*colloq. contempt.*). – **2.** *colloq.* (*Schwarzhaariger*) black-haired man (*od.* boy). – **3.** ⟨*only sg*⟩ der ~ *colloq.* (*der Teufel*) the devil; Old Nick (*od.* Harry), the Old Boy (*colloq.*). – **4.** *colloq. contempt.* (*Geistlicher*) blackcoat (*contempt.*), *Am.* cassock, sky pilot (*sl.*). – **5.** *colloq. contempt.* (*Katholik*) Catholic; papist, *auch* Papist (*contempt.*): das ist ein ganz ~r that's an out-and-out Catholic. – **6.** Austrian cup of black coffee.

'**Schwar·ze²** *f* ⟨-n; -n⟩ **1.** (*Negerin*) black (woman *od.* girl), Negress; blackie, *auch* black(e)y (*colloq.*); darky, *auch* darkie, darkey, nigger (*colloq. contempt.*). –

---

2. *colloq.* (*Schwarzhaarige*) black-haired woman (*od.* girl).

'**Schwar·ze³** *n* ⟨-n; -n⟩ (*schwarzes Kleid*) black dress (*od. colloq.* number): ich ziehe heute mein kleines ~s an I'll put on my little black number today.

Schwär·ze ['ʃvɛrtsə] *f* ⟨-; -n⟩ **1.** ⟨*only sg*⟩ (*der Augen, Haare etc*) blackness. – **2.** ⟨*only sg*⟩ (*des Himmels, der Nacht etc*) blackness, dark(ness), gloom(iness), murk(iness), mirk(iness). – **3.** (*Ofenschwärze*) black(en)ing. – **4.** *metall.* (*in der Formerei*) black wash. – **5.** *print.* (*Druckerschwärze*) printer's (*od.* printing) ink: die ~ auf (*acc*) etwas auftragen to ink *s.th.* – **6.** *bot. agr. cf.* Schwarzfäule.

'**Schwarz,ei·che** *f bot.* blackjack (oak), scrub oak (*Quercus marilandica*).

schwär·zen ['ʃvɛrtsən] I *v/t* ⟨h⟩ **1.** (*mit Farbe, Kohle, Ölkreide etc*) black(en), make (*od.* paint) (*s.th.*) black. – **2.** (*mit Ruß, Rauch etc*) black(en), make (*s.th.*) black, soot, smut(ch), smouch. – **3.** *tech.* (*die Oberfläche eines Werkzeugs*) black-finish. – **4.** *metall.* (*formen*) black, slur, smooth. – **5.** *print.* (*Ballen, Walzen etc*) ink. – **6.** *phot.* blacken, darken. – **7.** *dial.* for a) smuggeln I, b) hintergehen². – II S~ *n* ⟨-s⟩ **8.** *verbal noun.* – **9.** *cf.* Schwärzung.

'**Schwär·zer** *m* ⟨-s; -⟩ *dial.* for Schmuggler.

'**Schwär·zer**-*m,als*-'**Schwarz-Be,reich** *m telev.* blacker-than-black region.

'**Schwarz|,er·de** *f agr. geol.* chernozem. — s~,**fah·ren** *v/i* ⟨*irr, sep, -ge-, sein*⟩ *colloq.* **1.** (*in öffentlichen Verkehrsmitteln*) travel without a ticket (*od.* without paying), dodge the fare. – **2.** (*ohne Führerschein*) drive without a licence (*Am.* license). — ~,**fah·rer** *m colloq.* **1.** (*im Autobus etc*) one who travels without a ticket (*od.* without paying), deadhead, fare dodger. – **2.** (*ohne Führerschein*) one who drives without a licence (*Am.* license). — ~,**fahrt** *f colloq.* **1.** (*im Autobus etc*) ride without a ticket (*od.* without paying). – **2.** (*ohne Führerschein*) drive without a licence (*Am.* license). — ~,**fäu·le** *f bot. agr.* (*Pflanzenkrankheit*) black rot. — ~,**fern,se·her** *m colloq.* television owner who has no licence (*Am.* license), pirate television viewer, television pirate.

'**Schwarz,fer·sen·an·ti,lo·pe** *f zo. cf.* Impala.

'**Schwarz|,fich·te** *f bot.* (*Nordamerikanische*) ~ black spruce, yew pine (*Picea mariana*). — ~,**fil·ter** *n, m phot.* black filter.

'**Schwarz,flecken,krank·heit**, '**Schwarz,fleckig·keit** (*getr.* -k·k-) *f bot.* black spot, anthracnose (*scient.*).

'**Schwarz,fleisch** *n dial.* for Rauchfleisch.

'**Schwarz,fuß·in·dia·ner** [-,ʔɪn,diaːnər] *m* Blackfoot, Siksika.

'**schwarz|,ge·hen** *v/i* ⟨*irr, sep, -ge-, sein*⟩ *colloq.* **1.** (*über die Grenze*) cross the border illegally. – **2.** (*wildern*) go hunting without a licence (*Am.* license), poach. — ~**ge·rän·dert** *adj* ⟨*attrib*⟩ (*Karte etc*) black-edged. — ~**ge,streift** *adj* ⟨*attrib*⟩ with black stripes. — ~,**grau** *adj* blackish-gray (*bes. Br.* -grey). — **S~,grun·del** *f, auch m zo.* black goby (*Gobius niger*). — **S~,guß** *m metall.* all-black malleable cast iron. — ~,**haa·rig** *adj* black-haired. — **S~,han·del** *m econ.* illicit trade (*od.* trading), black market(ing) (*od.* marketeering): im ~ on the black market; ~ treiben to deal in the black market, to black-market(eer). — **S~,han·dels,kurs** *m* black-market rate. — **S~,händ·ler** *m* black-market dealer (*od.* operator), black marketeer. — **S~,hem·den** *pl pol. hist.* (*ital. Faschisten*) Blackshirts.

'**Schwarz,her·zig·keit** *f* ⟨-; *no pl*⟩ *agr.* (*der Kartoffel*) blackheart.

'**schwarz|,hö·ren** *v/i* ⟨*sep, -ge-, h*⟩ *colloq.* **1.** use a radio (*bes. Br.* wireless) without a licence (*Am.* license). – **2.** (*an der Universität*) go to lectures without paying one's lecture fee(s). — **S~,hö·rer** *m colloq.* **1.** radio (*bes. Br.* wireless) owner who has no licence (*Am.* license), pirate listener, radio (*bes. Br.* wireless) pirate. – **2.** (*an der Universität*) student who goes to lectures without paying the lecture fee(s). — **S~,kä·fer** *m zo.* black ground beetle (*Gattg Melandrya*). — **S~,kauf** *m econ.* illegal (*od.* illicit) purchase, purchase on the black market, under-the-counter

---

purchase. — ~,**kau·fen** *v/t* ⟨*sep, -ge-, h*⟩ buy (*s.th.*) illegally (*od.* illicitly), buy (*s.th.*) on the black market (*od.* under the counter). — ~,**kern,guß** *m metall.* black-heart malleable cast iron. — **S~,kit·tel** *m hunt. humor.* for Wildschwein.

'**Schwarz,kopf|,en·te** *f zo.* black-headed (*od.* cuckoo) duck (*Gattg Heteronetta*). — ~,**ma·ki** *m* black-headed lemur (*Prosimia fulvus*). — ~,**nat·ter** *f* black-headed snake (*Gattg Tantilla*).

'**Schwarz|,ku·gel·ther·mo,me·ter** *n phys. meteor.* black-globe thermometer. — ~,**küm·mel** *m bot.* nutmeg flower (*Nigella sativa*). — ~,**kunst** *f cf.* Schabkunst. — ~,**künst·ler** *m* necromancer, magician. — ~,**kup·fer** *n min.* black (*od.* blister, coarse, slag, *auch* Bessemer) copper.

'**schwärz·lich** *adj* **1.** blackish, darkish, dusky, nigrescent. – **2.** (*Hautfarbe*) swarthy.

'**schwarz|,ma·len** *v/t u. v/i* ⟨*sep, -ge-, h*⟩ *fig. colloq. cf.* schwarzsehen 1, 2. — **S~,ma·ler** *m colloq. cf.* Schwarzseher 1. — **S~,ma·le'rei** [,ʃvarts-] *f colloq. cf.* Schwarzseherei 1.

'**Schwarz|,markt** *m econ.* black market. — ~,**händ·ler** *m cf.* Schwarzhändler. — ~,**preis** *m* black-market price.

'**Schwarz|,nar·ben,krö·te** *f zo.* stigmated toad (*Bufo melanostictus*). — ~,**nat·ter** *f* **1.** *cf.* Erdnatter. – **2.** blue racer (*Coluber constrictor flaviventris*). — ~,**ot·ter** *f* black snake (*Pseudechis porphyriacus*). — ~,**pap·pel** *f bot.* black poplar (*Populus nigra*). — ~,**pe·gel** *m telev.* black level. — ~,**plätt·chen** *n zo.* Mönchsgrasmücke. — ~,**pul·ver** *n* black powder. — ~,**rock** *m colloq. contempt.* (*Geistlicher*) blackcoat (*contempt.*), *Am.* cassock, sky pilot (*sl.*). — ~,**rost** *m bot. agr.* (*Getreidekrankheit*) wheat rust. — s~,**rot** *adj* blackish-red.

'**Schwarz-'Rot-'Gold** *n* die Fahne ~ (*die Flagge der BRD*) the black-red-and-gold flag.

'**schwarz'rot'gol·den** *adj* black-red-and-gold (*attrib*): die schwarzrotgold(e)ne Fahne the black-red-and-gold flag.

'**Schwarz|,sät·ti·gung** *f telev.* black saturation. — ~,**sau·er** *n* ⟨-s; *no pl*⟩ *Northern G. gastr.* a sourish ragout of game, pork or poultry prepared with blood and vinegar. — s~,**schlach·ten** *colloq.* I *v/t u. v/i* ⟨*sep, -ge-, h*⟩ (*in Kriegszeiten*) slaughter (*od.* kill, butcher) (animals) illicitly (*od.* illegally). – II S~ *n* ⟨-s⟩ *verbal noun.* — ~,**schlach·tung** *f* ⟨-; -en⟩ *colloq.* **1.** *cf.* Schwarzschlachten. – **2.** illicit (*od.* illegal) kill. — ~,**schmelz** *m tech.* black enamel.

'**schwarz,se·hen** *colloq.* I *v/t* ⟨*irr, sep, -ge-, h*⟩ **1.** take a gloomy (*od.* dark, somber, *bes. Br.* sombre, pessimistic) view of, see the gloomy (*od.* dark) side of: du siehst die Lage zu schwarz you take a too pessimistic view of things. – II *v/i* **2.** take a gloomy (*od.* dark, somber, *bes. Br.* sombre, pessimistic) view (of things), be pessimistic (about things), see the gloomy (*od.* dark) side of things: für unseren Ausflug am Sonntag sehe ich schwarz I am pessimistic about our trip on Sunday. – **3.** *telev.* have (*od.* watch) television without paying one's licence (*Am.* license), be a television pirate. — '**Schwarz,se·her** *m colloq.* **1.** pessimist, (*stärker*) alarmist, *bes. Am.* calamity howler. – **2.** *pol.* defeatist. – **3.** *telev. cf.* Schwarzfernseher. — ,**Schwarz·se·he'rei** *f* ⟨-; *no pl*⟩ *colloq.* **1.** persistent pessimism (*stärker* alarmism). – **2.** *pol.* defeatism. — '**schwarz,se·he·risch** *adj colloq.* **1.** pessimistic, *auch* pessimistical, (*stärker*) alarmist. – **2.** *pol.* defeatist.

'**Schwarz|,sen·der** *m* (*radio*) *colloq.* nonlicensed (*Br. auch* non-licenced) (*od.* pirate, secret) transmitting station (*od.* transmitter). — ~,**specht** *m zo.* black woodpecker (*Dryocopus martius*). — ~,**spit·zen,hai** *m* a) Kleiner Atlantischer ~ blacktip shark (*Carcharhinus limbatus*), b) Großer Atlantischer ~ spinner shark (*C. maculipinnis*). — ~,**steue·rung** *f telev.* direct current restoration (*od.* reinsertion). — ~,**storch** *m zo.* black stork (*Ciconia nigra*). — ~,**trocken,fäu·le** (*getr.* -k·k-) *f bot.* black rust.

'**Schwär·zung** *f* ⟨-; -en⟩ **1.** *cf.* Schwärzen. – **2.** *phot.* a) blackening (*produced by exposure*), b) density (*the quantitative expression of blackening*).

'Schwär·zungs|,ab,stu·fung f phot. density gradation. — **~,dich·te** f density. — **~,kur·ve** f characteristic curve (showing density gradation). — **~,mes·ser** m densitometer.

'Schwarz,wal m zo. 1. Baird's whale (Gattg Berardius). - 2. cf. Grindwal.

'Schwarz,wäl·der [-,vɛldər] I m ⟨-s; -⟩ inhabitant of the Black Forest. - II adj ⟨attrib⟩ of the Black Forest: ~ Uhr Black Forest clock; ~ Kirsch gastr. (Black Forest) kirsch (auch kirschwasser).

'Schwarz,was·ser,fie·ber n med. blackwater fever; h(a)emolytic malaria, malarial h(a)emoglobinuria (scient.).

'schwarz'weiß I adj black-and-white (attrib). – II adv ~ gestreift black-and-white striped, with black and white stripes. — **S~,fern,se·hen** [,ʃvarts'vais-] n black-and-white television (od. TV). — **S~,fern,se·her** [,ʃvarts'vais-] m black-and-white television set (od. receiver). — **S~,film** [,ʃvarts'vais-] m black-and-white film. — **~,ma·len** [,ʃvarts'vais-] v/t ⟨sep, -ge-, h⟩ fig. paint (od. depict) (s.th.) black and white. — **S~ma·le·rei** [,ʃvarts'vais-] f ⟨-; no pl⟩ fig. black-and-white depiction. — **S~pho·to·gra·phie** [,ʃvarts'vais-] f 1. black-and-white photograph (od. colloq. photo). - 2. ⟨only sg⟩ black-and-white photography. — **~'rot** adj (Fahne etc) black-white-and-red (attrib). — **S~,zeich·nung** [,ʃvarts'vais-] f black-and-white drawing.

'Schwarz,wild n hunt. wild boars pl. — **~,wurz** f ⟨-; no pl⟩ bot. 1. comfrey, auch cumfrey, ass ear, knitback (Symphytum officinale). - 2. cf. a) Haferwurz(el), b) Christophskraut. — **~,wur·zel** f 1. bot. viper's-grass, scorzonera (scient.) (Scorzonera hispanica). - 2. gastr. black salsify, scorzonera.

Schwatz [ʃvats] m ⟨-es; -e⟩ colloq. chat, talk, bes. Br. colloq. chin-wag, Am. sl. 'chin': sie hielt einen ~ mit ihrer Nachbarin she had a chat with her neighbo(u)r. — **~,ba·se** f colloq. chatterbox, chatterer, gossip, 'gasbag' (colloq.).

schwat·zen ['ʃvatsən], Southern G. **schwätzen** ['ʃvɛtsən] I v/i ⟨h⟩ 1. (plaudern) (have a) chat, talk, bes. Am. visit, bes. Br. colloq. (have a) chin-wag, Am. sl. chin. - 2. colloq. contempt. (viel und oberflächlich reden) chatter, prattle, prate, tattle, blab, blather, blether, drivel, twaddle, gab (colloq.), 'gas' (colloq.): in den Tag (od. ins Blaue) hinein ~ to chatter (od. prattle) away. – 3. contempt. (klatschen) gossip. - 4. (etwas ausplaudern) blab, tattle; squeal, squeak (colloq.). - 5. (während der Schulstunde) talk, chatter; hört auf zu ~! stop talking! stop that talk! - II v/t 6. (Unsinn etc) talk: dummes Zeug ~ to talk nonsense (od. rubbish, hot air, sl. rot). - III S~ n ⟨-s⟩ 7. verbal noun. - 8. (Plaudern) chat, talk, bes. Br. colloq. chin-wag, Am. sl. chin. - 9. colloq. (Geschwätz) chatter, prattle, prate, tattle, blab, gab (colloq.). - 10. (Klatschen) gossip. - 11. (während der Schulstunde) talk, chatter.

'Schwät·zer m ⟨-s; -⟩ 1. (Vielredner) chatterer, prattler, prater, tattler, blabber, chatterbox, gabber (colloq.). - 2. colloq. (Faseler) drivel(l)er, twaddler, blatherer, bletherer, blatherskite; 'windbag', 'gasbag' (colloq.). - 3. (Aufschneider) brag(ger), braggart, boaster, big talker, blower, blowhard, Br. colloq. 'bouncer', Am. sl. 'blow'. - 4. (Ausplauderer) blabber, tattler; squealer, squeaker (colloq.).

Schwat·ze'rei, Schwät·ze'rei f ⟨-; -en⟩ cf. Schwatzen.

'Schwät·ze·rin f ⟨-; -nen⟩ 1. cf. Schwätzer. - 2. cf. Schwatzbase.

'schwät·ze·risch adj cf. schwatzhaft.

'schwatz·haft adj talkative, garrulous, loquacious, chatty, gabby, gassy (colloq.). — **'Schwatz·haf·tig·keit** f ⟨-; no pl⟩ talkativeness, garrulity, garrulousness, loquacity, loquaciousness, chattiness, gassiness (colloq.).

'Schwatz|,lie·se f ⟨-; -n⟩ colloq. cf. Schwatzbase. — **~,maul** n colloq. 1. cf. Schwatzbase. - 2. cf. Schwätzer.

Schwe·be ['ʃve:bə] f ⟨-; no pl⟩ 1. sich in der ~ halten a) (von Luftballon, Hubschrauber etc) to hover, b) (von Turnern am Barren, an den Ringen etc) to hold oneself in the balance. - 2. in der ~ sein fig. a) to be undecided (od. in the balance,

unsettled, unresolved, pending, in suspense), b) jur. (von Prozeß, Verfahren etc) to be pending (od. in suspense), c) jur. (von gesetzlicher Regelung etc) to be in abeyance, to be abeyant: vorläufig ist noch alles in der ~ everything is undecided as yet; etwas in der ~ lassen to leave s.th. undecided (od. unsettled, open). – 3. choreogr. elevation. — **~,ach·se** f auto. floating axle. — **~,al·gen** pl biol. plankton algae. — **~,bahn** f 1. suspension railway. - 2. cf. Drahtseilbahn. — **~,bal·ken** m (sport) (beim Turnen) (balance) beam. — **~,büh·ne** f tech. suspended platform. — **~,fä·hig·keit** f 1. phys. (in Flüssigkeiten) suspensibility, suspension property, floating capacity. - 2. aer. (eines Hubschraubers) ability to hover. — **~,fäh·re** f tech. suspension ferry. — **~,flug** m aer. (eines Hubschraubers) hover, hovering (flight). — **~,gar,ne·le** f zo. opossum shrimp (Ordng Mysidacea). — **~,hang** m (sport) (Turnübung) half lever hang. — **~,kip·pe** f (Turnübung) upstart below the bars, long underswing upstart.

schwe·ben ['ʃve:bən] v/i ⟨h u. sein⟩ 1. ⟨h⟩ (an einem Seil etc) dangle, be suspended, hang: für einen Augenblick schwebte der Bergsteiger über dem Abgrund for an instant the climber dangled over the abyss. - 2. ⟨h⟩ (von Vogel, Ballon etc) hover: der Adler schwebte hoch in den Lüften the eagle was hovering high in the sky. – 3. ⟨h⟩ (von Wolken, Rauch etc) float, hover, hang: Rauchwolken schwebten über den Dächern clouds of smoke were hovering over the rooftops; der Mond schwebte am Himmel poet. the moon floated (od. poet. swam) in the sky; der Geist Gottes schwebte auf dem Wasser Bibl. the Spirit of God moved upon the face of the waters; er schwebt in höheren Regionen (od. Sphären), er schwebt über den Wolken fig. he has (od. he sails along with) his head in the clouds, he is up (od. he lives) in the clouds; ~ Himmel 1. - 4. ⟨sein⟩ (durch die Luft) ~ a) (an einem Seil etc) to swing, b) (von Blatt, Ballon, Fallschirmspringer etc) to float, to sail, c) (von Vogel, Segelflieger etc) to soar, to glide: der Ballon schwebte immer höher the balloon floated higher and higher; mit dem Fahrstuhl schwebten wir in den dritten Stock fig. we soared up to the third floor in the elevator (Br. lift). - 5. ⟨h⟩ fig. (das Gefühl des Schwebens haben) float: ihm war, als ob er schwebte he felt as if he were floating (on air). - 6. ⟨h⟩ fig. (von Klang, Melodie etc) linger (on), hang: der letzte Ton der Symphonie schwebte noch im Raum the last tone of the symphony lingered on in the room. - 7. ⟨sein⟩ fig. (leichtfüßig schreiten) float, glide: die Tänzerinnen schwebten über das Parkett the dancers floated across the dance floor. - 8. ⟨h⟩ fig. (noch nicht entschieden sein) be undecided, be unsettled, be unresolved, be pending, be in the balance: die Angelegenheit schwebt noch the matter is still pending (od. is not yet settled). - 9. ⟨h⟩ jur. a) (von Prozeß, Verfahren etc) be pending, be in suspense, b) (von gesetzlicher Regelung etc) be in abeyance, be abeyant. - 10. ⟨h⟩ phys. chem. biol. (in Flüssigkeiten) float, be suspended. - 11. ⟨sein⟩ (von Luftkissenfahrzeug) hover. - 12. ⟨h⟩ fig. (in Wendungen wie) ein Lächeln schwebte auf ihren Lippen a smile floated on her lips; das Damoklesschwert schwebt über ihm the sword of Damocles hangs over him; in Gefahr ~ to be in danger; in tausend Ängsten ~ to be full of anxiety, to be in a terrible (od. in an awful) state (colloq.); in Illusionen ~ to harbo(u)r illusions, to live in a world of illusions; wir schwebten lange in Ungewißheit we were kept (od. held) in suspense for a long time; der Patient schwebt in Lebensgefahr the patient is in danger of his life (od. in mortal danger); zwischen Leben und Tod ~ to hover between life and death; sie schwebte zwischen Furcht und Hoffnung she wavered (od. hovered) between fear and hope; ihr Bild schwebt mir vor Augen I see her in my mind's eye, her image is in my mind; mir schwebt ein großes Projekt vor Augen I have visions of (od. I envisage)

a great project; das Wort schwebt mir auf der Zunge (od. auf den Lippen) the word is on the tip of my tongue. — **'schwe·bend** I pres p. – II adj 1. (Last) suspended. - 2. fig. (Schritt, Gang) floating, gliding. - 3. fig. (Angelegenheit, Streitfrage etc) undecided, unsettled, pending, in suspense. - 4. jur. a) (Prozeß, Verfahren etc) pending, in suspense, b) (gerichtliche Entscheidung, gesetzliche Regelung) in abeyance, abeyant: ~er Rechtsstreit pending lawsuit, lis pendens (scient.). - 5. econ. a) (Schuld) floating, b) (Geschäft etc) pending, in suspense: ~e Verrechnung item in suspense (od. in course of settlement). - 6. biol. chem. (Teilchen, Stoffe) floating, suspended, in suspension. - 7. ~e Betonung a) ling. level stress, b) metr. hovering accent. - 8. ~er Stoß (railway) (zwischen zwei Schwellen) suspended joint.

'Schwe·be|,reck n (sport) trapeze. — **~,schmelz·ver,fah·ren** n tech. suspension melting (process). — **~,stäu·be** pl (mining) airborne dust sg. — **~,stoff** m meist pl biol. chem. floating (od. suspended) matter, matter in suspension. — **~,stütz** m (sport) half lever rest (od. support), balance support. — **~,teil·chen** n meist pl biol. chem. floating (od. suspended) particle, particle in suspension. — **~,zug** m (railway) hovertrain. — **~,zu,stand** m 1. bes. phys. state of suspension. - 2. fig. (Ungewißheit) (state of) suspense. - 3. fig. in-between state.

'Schweb,flie·ge f zo. syrphid, syrphus (od. syrphid, wasp) fly (Fam. Syrphidae).

'Schwe·bung f ⟨-; -en⟩ 1. phys. (radio) (bei Überlagerung) beat (frequency). - 2. math. interference. - 3. mus. a) (bei der Orgel) tremulant (stop), b) (in der Ornamentik) close shake.

'Schwe·bungs|,an,zei·ger m phys. (radio) beat indicator. — **~,dau·er** f beat period. — **~fre,quenz** f beat (od. heterodyne) frequency. — **~ge·ne,ra·tor** m cf. Schwebungssummer. — **~pe·ri,ode** f beat (od. heterodyne) cycle (od. period). — **~,sum·mer** m beat generator, beat-frequency oscillator.

'Schwe·bungs,ton m phys. beat (od. heterodyne, difference) tone. — **~os·zil,la·tor** m beat (od. heterodyne) tone oscillator.

'Schwe·bungs|ver,stär·ker m phys. beat (od. heterodyne) amplifier. — **~,vor,gang** m beating.

Schwe·de ['ʃve:də] m ⟨-n; -n⟩ 1. Swede: die ~n the Swedes, the Swedish. - 2. alter ~! fig. colloq. a) old man (od. chap, boy, rascal)! (alle colloq.), b) (warnend) my dear fellow! (colloq.).

'Schwe·den|,klee m bot. alsike clover, auch alsike, hybrid clover (Trifolium hybridum). — **~,kü·che** f Swedish kitchen units pl. — **~,plat·te** f gastr. garnished dish of open sandwiches. — **~,punsch** m Swedish punch, auch arrack (od. caloric) punch. — **~,schan·ze** f hist. prehistoric fortifications pl. — **~,stahl** m tech. Swedish iron.

'Schwe·din f ⟨-; -nen⟩ Swede.

'schwe·disch I adj Swedish: ~e Gymnastik Swedish gymnastics pl (construed as sg) (od. movements pl, drill); → Gardine. – II ling. S~ ⟨generally undeclined⟩, das S~e ⟨-n⟩ Swedish, the Swedish language.

'schwe·disch-'nor·we·gisch adj bes. hist. Swedish-Norwegian.

Schwe·fel ['ʃve:fəl] m ⟨-s; no pl⟩ chem. min. sulfur bes. Br. -ph-, brimstone (S): etwas mit ~ verbinden to combine s.th. with sulfur, to sulfurize (bes. Br. -ph-) (od. sulfurate bes. Br. -ph-) s.th.; wie Pech und ~ zusammenhalten fig. colloq. to go (od. be) hand in hand (bes. Am. and) glove, to be as thick as thieves (colloq.). — **~am,mo·ni·um** n ammonium hydrosulfide (bes. Br. -ph-) (od. sulfhydrate bes. Br. -ph-) (NH$_4$HS). — **~ap·pa,rat** m tech. (zum Bleichen von Trockenobst) sulfur (bes. Br. -ph-) chamber (od. stove, burner), sulfuring (bes. Br. -ph-) room.

'schwe·fel,arm adj chem. low-sulfur bes. Br. -ph- (attrib).

'schwe·fel,ar·tig adj chem. sulfur(e)ous bes. Br. -ph-.

'Schwe·fel|,äther m chem. (di)ethyl (od. sulfuric bes. Br. -ph-) ether [(C$_2$H$_5$)$_2$O]. — **~,auf,nah·me** f metall. (im Schmelzbad) sulfur (*bes. Br.* -ph-) pickup. — **~₁bad** *n* **1.** *chem. med. pharm.* sulfur (*bes. Br.* -ph-) bath. – **2.** (*Badeort*) spa with sulfur (*bes. Br.* -ph-) springs. — **~bak₁te·ri·en** *pl biol.* sulfur (*bes. Br.* -ph-) bacteria. — **~₁ban·de** *f colloq. contempt.* gang of rowdies. — **~be₁stim·mung** *f chem.* sulfur (*bes. Br.* -ph-) determination. — **~₁blei** *n* lead (*od.* plumbous) sulfide (*bes. Br.* -ph-) (PbS). — **~₁blu·me, ~₁blü·te** *f chem. min.* flowers *pl* of sulfur (*bes. Br.* -ph-), sublimed sulfur (*bes. Br.* -ph-). — **~chlo₁rür** *n chem.* sulfur (*bes. Br.* -ph-) monochloride, disulfur (*bes. Br.* -ph-) dichloride (S₂Cl₂). — **~₁dampf** *m* sulfur vapor, *bes. Br.* sulphur vapour. — **~di·chlo₁rid** *n* sulfur (*bes. Br.* -ph-) dichloride (SCl₂). — **~di₁oxid** [-di'ɔ₁ksiːt], **~di₁oxyd** [-di'ɔ₁ksyːt] *n* sulfur (*bes. Br.* -ph-) dioxide (SO₂). — **~₁ei·sen** *n* iron (*od.* ferrous) sulfide (*bes. Br.* -ph-) (FeS). — **s~₁far·ben, s~₁far·big** *adj cf.* schwefelgelb. — **~₁farb₁stoff** *n* (*textile*) sulfur (*bes. Br.* -ph-) dye. — **~ge₁halt** *m chem.* sulfur (*bes. Br.* -ph-) content. — **s~₁gelb I** *adj* sulfur-yellow, *bes. Br.* sulphur-yellow. – **II S~** *n* sulfur (*bes. Br.* -ph-) yellow, *auch* brimstone, citrus. — **~₁gru·be** *f* (*mining*) sulfur (*bes. Br.* -ph-) pit (*od.* mine). — **s~₁hal·tig** *adj* containing sulfur (*bes. Br.* -ph-), sulfur(e)ous *bes. Br.* -ph-, sulfuric *bes. Br.* -ph-. — **~₁holz, ~₁hölz·chen** *n obs. for* Streichholz.

'schwe·fe·lig *adj chem.* sulfur(e)ous *bes. Br.* -ph-, sulfurated *bes. Br.* -ph-, brimstony: **~e Säure** sulfurous acid (H₂SO₃). — **~₁sau·er** *adj* sulfitic *bes. Br.* -ph-: **schwefeligsaures Salz** sulfite *bes. Br.* -ph-; **schwefeligsaures Kali** potassium sulfite.

'Schwe·fel₁kalk *m chem.* lime sulfur (*bes. Br.* -ph-). — **~₁kies** *m min.* iron pyrites *pl*, pyrite.

'Schwe·fel'koh·len₁stoff *m chem.* carbon disulfide (*bes. Br.* -ph-) (*od.* bisulfide *bes. Br.* -ph-) (CS₂). — **~ver₁gif·tung** *f med.* carbon disulfide poisoning.

'Schwe·fel₁le·ber *f chem.* (*für Schwefelbäder*) sulfurated (*bes. Br.* -ph-) potash, liver of sulfur (*bes. Br.* -ph-), hepar sulphuris (*scient.*). — **~me₁tall** *n chem.* metallic sulfide (*bes. Br.* -ph-). — **~₁milch** *f* milk of sulfur (*od.* precipitated) sulfur (*bes. Br.* -ph-), lac sulphuris (*scient.*).

schwe·feln ['ʃveːfəln] **I** *v/t* ⟨h⟩ **1.** *chem.* (*mit Schwefel verbinden*) sulfurize *bes. Br.* -ph-, sulfur(ate) *bes. Br.* -ph-, sulfuret *bes. Br.* -ph-. – **2.** *agr. hort.* a) (*Wein, Most, Pflanzen, Früchte etc*) treat (*s.th.*) with sulfur (*bes. Br.* -ph-) dioxide, sulfur *bes. Br.* -ph-, sulfurize *bes. Br.* -ph-, b) (*Weinfässer etc*) fumigate (*s.th.*) (with sulfur *bes. Br.* -ph-), sulfur *bes. Br.* -ph-. – **3.** *tech.* (*Kautschuk*) vulcanize *Br. auch* -s-, cure. – **4.** (*textile*) (*Woll-, Seidengarne etc*) bleach (*s.th.*) with sulfurous (*bes. Br.* -ph-) acid, stove, sulfur *bes. Br.* -ph-. – **II S~** *n* ⟨-s⟩ **5.** *verbal noun.* – **6.** *cf.* Schwefelung.

'Schwe·fel₁na·tri·um *n chem.* sodium (mono)sulfide (*bes. Br.* -ph-) (Na₂S). — **~₁pu·der** *m med. pharm.* (*für Hautkrankheiten*) sulfur (*bes. Br.* -ph-) powder. — **~₁pul·ver** *n chem.* powdered sulfur (*bes. Br.* -ph-). — **~₁quel·le** *f* sulfur (*bes. Br.* -ph-) spring. — **~₁rei·ni·gung** *f tech.* (*im Gaswerk*) desulfurization *bes. Br.* -ph-, *Br. auch* desulphurisation. — **~₁sal·be** *f med. pharm.* sulfur (*bes. Br.* -ph-) ointment. — **s~₁sau·er** *adj chem.* schwefelsaures Salz sulfate *bes. Br.* -ph-; schwefelsaure Tonerde sulfate (*bes. Br.* -ph-) of alumina (H₂(SO₄)₃ · 18H₂O); schwefelsaures Kali potash sulfate (*bes. Br.* -ph-) (K₂SO₄).

'Schwe·fel₁säu·re *f chem.* sulfuric (*bes. Br.* -ph-) (*od.* dipping) acid, *auch* oil of vitriol (H₂SO₄): **rauchende ~** oleum, vitriol oil, Nordhausen acid, *auch* fuming sulfuric acid (H₂SO₄ + SO₃). — **~an·hy₁drid** *n cf.* Schwefeltrioxid. — **~mo·no·hy₁drat** [-monohy₁draːt] *n* sulfuric (*bes. Br.* -ph-) acid (hydrated) (H₂SO₄ · H₂O).

'Schwe·fel₁schwarz *n chem.* (*Farbstoff*) sulfur (*bes. Br.* -ph-) black. — **~₁sei·fen** *pl chem. med. pharm.* sulfur (*bes. Br.* -ph-) soaps. — **~₁sil·ber** *n chem.* silver sulfide (*bes. Br.* -ph-) (Ag₂S). — **~₁tö·nung** *f phot.* sulfide (*bes. Br.* -ph-) toning. — **~tri·oxid** [-tri'ɔ₁ksiːt] *n chem.* sulfur (*bes. Br.* -ph-) trioxide, sulfuric (*bes. Br.* -ph-) anhydride (SO₃).

'Schwe·fe·lung *f* ⟨-; -en⟩ **1.** *cf.* Schwefeln. – **2.** *chem.* sulfurization, *bes. Br.* sulphurisation, sulfuration *bes. Br.* -ph-, fumigation with sulfur (*bes. Br.* -ph-). – **3.** *agr. hort.* a) (*der Pflanzen, Früchte etc*) treatment with sulfur (*bes. Br.* -ph-) dioxide, sulfitation *bes. Br.* -ph-, (*des Weins, Mosts*) *auch* mutage, b) (*der Weinfässer etc*) fumigation, sulfuration *bes. Br.* -ph-. – **4.** *tech.* (*des Kautschuks*) vulcanization *Br. auch* -s-, cure. – **5.** (*textile*) (*der Woll-, Seidengarne etc*) sulfur (*bes. Br.* -ph-) bleach, sulfuration *bes. Br.* -ph-.

'Schwe·fel·ver₁bin·dung *f chem.* sulfur (*bes. Br.* -ph-) compound.

'Schwe·fel₁was·ser₁stoff *m chem.* hydrogen sulfide (*bes. Br.* -ph-), sulfuretted (*bes. Br.* -ph-) hydrogen (H₂S). — **~₁säu·re** *f* hydrosulfuric (*bes. Br.* -ph-) acid (H₂S). — **~ver₁gif·tung** *f med.* hydrothion(a)emia. — **~₁was·ser** *n* hydrogen sulfide (*bes. Br.* -ph-) water, sulfuretted (*bes. Br.* -ph-) hydrogen water.

'Schwe·fel₁zink *n chem.* zinc sulfide (*bes. Br.* -ph-) (ZnS).

'schwef·lig *adj chem. cf.* schwefelig.

'Schwef·lig₁säu·re·an·hy₁drid *n chem. cf.* Schwefeldioxid.

Schweif [ʃvaɪf] *m* ⟨-(e)s; -e⟩ **1.** *lit.* (*eines Pferds, Hunds etc*) tail: **der Hund wedelte mit dem ~** the dog wagged its tail. – **2.** *lit.* (*eines Pfaus etc*) train, fan. – **3.** *obs.* (*Schleppe*) train. – **4.** *astr.* (*eines Kometen*) tail. — **~₁af·fe** *m zo.* saki (monkey) (*Gattg Pithecia*). — **~₁ar·beit** *f tech.* (*wood*) curve work.

schwei·fen ['ʃvaɪfən] **I** *v/i* ⟨sein⟩ **1.** (*umherstreifen*) wander, roam, rove, range, ramble: **durch die Felder ~** to wander through (*od.* to range) the fields; **in die Ferne ~** to rove far afield; **warum** (*od.* **wozu**) **in die Ferne ~** (, sieh, das Gute liegt so nah) *etwa* why roam (*od.* go) so far afield (, when good things are so near). – **2.** *fig.* (*von Blick, Gedanken etc*) wander, roam, range: **er ließ den Blick** (*od.* **seine Blicke**) **über die Ebene ~** he let his eyes wander over the plain; **sein Blick schweifte durchs Zimmer** his eye roamed (*od.* ranged) the room; **seine Gedanken schweiften in die Vergangenheit** his thoughts roamed (over) the past. – **II** *v/t* ⟨h⟩ **3.** *tech.* (*Bretter etc*) a) (*runden*) curve, b) (*bogenförmig verzieren*) scallop, *auch* scollop. – **4.** (*textile*) (*eine Kette*) warp. – **5.** (*spülen*) (*Wäsche*) rinse. – **III S~** *n* ⟨-s⟩ **6.** *verbal noun.*

'Schweif₁haar *n* (*eines Pferdes, Hundes etc*) hair(s *pl*) of the tail. — **~₁rie·men** *m cf.* Schwanzriemen. — **~₁sä·ge** *f tech.* turning saw, fretsaw: **kleine ~** piercing saw.

'Schwei·fung *f* ⟨-; -en⟩ **1.** *cf.* Schweifen. – **2.** *tech.* a) (*Rundung*) curve, b) (*bogenförmige Verzierung*) scallop, *auch* scollop.

'schweif₁we·deln *v/i* ⟨insep, ge-, h⟩ *rare* **1.** (*von Hund*) wag its tail. – **2.** *fig. contempt.* (*von Schmeichler etc*) toady, fawn, cringe. — **'Schweif₁wed·ler** [-₁veːdlər] *m* ⟨-s; -⟩ *rare fig. contempt.* toady, cringer, sycophant.

'Schwei·ge₁geld *n* hush money. — **~₁marsch** *m* silent protest march.

schwei·gen ['ʃvaɪgən] **I** *v/i* ⟨schweigt, schwieg, geschwiegen, h⟩ **1.** be silent, keep silence, keep mum: **schweig!** be silent! hold your tongue! shut up! (*sl.*); **j-n ... heißen** to bid s.o. be silent; **~ Sie (mir) davon!** don't refer to that! don't mention that! – **2.** (*nicht antworten*) say nothing, make no reply, give no answer, offer (*od.* make) no comment: **sie schwieg zu seinen Vorwürfen** she made no reply to his reproaches; **er schwieg auf alle meine Fragen** he gave no answer to all my questions; **wer schweigt, sagt ja** (*od.* **bejaht**) silence gives (*od.* signifies, means) consent; **darüber schweigt das Gesetz** *fig.* the law says nothing about that. – **3.** (*verschwiegen sein*) keep silence, keep mum, be discreet: **kannst du ~?** can you keep a secret? **~ wie ein Grab** to be (as) silent as the tomb; **darüber schweigt des Sängers Höflichkeit!** let's draw a veil over that! – **4.** **ganz zu ~ von** not to mention, let alone, not to speak of: **sie hat sehr viel Geld, von ihrem Schmuck ganz zu ~** she has plenty of money, not to speak of her jewel(le)ry.

– **5.** (*von Musik, Lärm etc*) cease: **der Kanonendonner schwieg plötzlich** the roar of the guns ceased suddenly. – **II S~** *n* ⟨-s⟩ **6.** *verbal noun.* – **7.** silence: **ein vielsagendes** (*od.* **beredtes**) **S~** a significant (*od.* an eloquent) silence; **eisiges S~** stony silence; **S~ bewahren** to keep silence (*od.* silent), to keep mum; **das S~ brechen** to break the silence; **j-m S~ gebieten** to command silence (up)on s.o.; **j-n zum S~ verpflichten** to tie s.o.'s tongue; **in S~ versinken** to sink into silence; **sich in S~ hüllen** to wrap oneself in silence; **etwas mit S~ übergehen** to let s.th. pass, to pass s.th. over (in silence); **j-n zum S~ bringen** *auch fig.* to silence (*od.* hush) s.o.; → **reden 9.** — **'schwei·gend I** *pres p.* – **II** *adj* (*Andacht, Ergebung, Erwartung, Zustimmung etc*) silent: → **Mehrheit 1.** – **III** *adv* in silence, silently: **~ zuhören** to listen in silence; **sie ging ~ darüber hinweg** she passed it over (in silence), she let it pass.

'Schwei·ge₁pflicht *f* professional secrecy (*od.* discretion): **ärztliche ~** legal requirement concerning confidential (medical) communication; **unter ~ stehen** to be bound to professional discretion.

'Schwei·ger *m* ⟨-s; -⟩ taciturn (*od.* reticent) person, person of few words, *bes. Am. colloq.* clam.

'schweig·sam I *adj* **1.** silent, quiet: **du bist heute abend sehr ~** you are very quiet tonight, you haven't much to say for yourself this evening (*colloq.*); **sich ~ verhalten** to keep silence, to keep mum. – **2.** (*verschlossen*) taciturn, reticent, secretive: **er ist von Natur aus ~** he is taciturn by nature. – **3.** (*verschwiegen*) discreet, close- (*od.* tight-)lipped, close(mouthed). – **II** *adv* **4.** silently, in silence, without speaking. — **'Schweig·sam·keit** *f* ⟨-; *no pl*⟩ **1.** silentness, quietness. – **2.** taciturnity, reticence, secretiveness. – **3.** discretion, discreetness, closeness.

Schwein [ʃvaɪn] *n* ⟨-(e)s; -e⟩ **1.** pig, hog: **~e züchten** to raise pigs (*od.* swine); **wie ein ~ grunzen** to grunt like a pig; **er blutete wie ein ~** he bled like a pig; **~e hüten** to herd pigs; **wo haben wir zusammen ~e gehütet?** *fig. colloq.* none of your familiarities, please. – **2.** (*Sau*) sow. – **3.** *zo.* pig (*Fam. Suidae*): **die ~e** the pigs, the swine.* – **4.** *zo. cf.* Wildschwein. – **5.** *gastr.* (*Schweinefleisch*) pork. – **6.** *fig. contempt.* (*schmutziger Mensch*) (dirty) pig (*colloq.*), dirty rotter (*sl.*): **du dreckiges ~!** *vulg. fig. colloq. contempt. cf.* Schweinigel 2. – **8.** *fig. colloq.* (*unanständiger Mensch*) (dirty) pig, lewd fellow (*beide colloq.*). – **9.** *fig.* (*Glück*) good luck, stroke of luck, fluke: **da hast du aber ~ gehabt!** you were really lucky (*od.* in luck) there! that really was a fluke! – **10.** *fig. colloq.* person, soul: **so ein armes ~!** what a poor soul! **es kümmert sich kein ~ darum**, ob nobody (*od.* no one) cares (*od.* gives a damn) whether; **es war kein ~ da** there was not a single (solitary) soul there; **daraus wird kein ~ klug, das versteht** (*od.* **kapiert**) **kein ~** no one (on this earth) could possibly make head or tail of that.

'Schwein·chen *n* ⟨-s; -⟩ **1.** *dim. of* Schwein. – **2.** piglet, pigling, piggy. – **3.** (*children's language*) piggywig(gy). – **4.** *fig. colloq.* mucky pup.

'Schwei·ne₁ar·ti·ge *pl zo.* Suiformes (*Überfam. Suoidea*).

'Schwei·ne₁ban·de *f fig. colloq.* horde of pigs (*colloq.*). — **~₁bauch** *m gastr.* belly of pork. — **~be₁stand** *m agr.* livestock of swine. — **~₁bor·ste** *f* hog's bristle. — **~₁bra·ten** *m gastr.* roast pork. — **~₁fett** *n* **1.** lard. – **2.** (*ausgelassenes*) pork dripping. — **~₁fleisch** *n* pork. — **~₁fraß** *m*, **~₁fut·ter** *n* **1.** *agr.* pig swill (*od.* food). – **2.** *fig. colloq. contempt.* 'muck', 'swill', 'hogwash' (*alle colloq.*), 'grub' (*sl.*). — **~₁geld** *n colloq.* mint of money (*colloq.*): **er verdient ein ~** damit he makes a hell of a packet with that (*sl.*). — **~₁grie·ben** *pl gastr.* wacklings, cracknels, greaves. — **~₁hirt** *m* swineherd, hogherd. — **~₁hund** *m* **1.** *contempt.* dirty dog (*colloq.*); bastard, son of a bitch, *Br.* blighter (*sl.*); swine, bugger (*vulg.*). – **2.** **der innere ~** *fig. colloq.* one's baser instincts *pl.* — **~₁kerl** *m contempt. cf.* Schweinehund 1. — **~~**

ko·ben m, **~ko·fen** [-ˌkoːfən] m ⟨-s; -⟩ hogsty, pigsty. — **~ˌläh·mung** f vet. hog paralysis. — **~ˌmast** f pig fattening. — **~ˌmä·ster** [-ˌmɛstər] m ⟨-s; -⟩ pig fattener. — **~ˌmä·ste·rei** f ⟨-; -en⟩ pig fattening station. — **~ˌpest** f vet. hog cholera, swine fever. — **~ˌpocken** (getr. -k·k-) pl swine pox sg. — **~ˌpö·kelˌfleisch** n gastr. salt (od. pickled) pork.

Schwei·ne'rei f ⟨-; -en⟩ 1. (schmutzige Unordnung) awful mess (colloq.). – 2. (Unrat, Dreck) filthy (od. foul) mess, muck, filth. – 3. fig. colloq. dirty trick (colloq.), rotten trick (sl.). – 4. fig. colloq. (Schande) crying shame. – 5. fig. colloq. (Zote) smut(ty joke), obscenity: ~en erzählen to tell smutty jokes, to talk smut (od. filth). – 6. fig. colloq. (Unanständigkeit) obscene (od. lewd) behavior (bes. Br. behaviour) (od. practice).

'Schwei·neˌripp·chen n gastr. cured pork chop.

'Schwei·neˌrotˌlauf m vet. swine erysipelas. — **~ˌschläch·ter** m pork butcher. — **~schläch·te·rei** f pork butcher's (shop). — **~ˌschmalz** n lard. — **~ˌschnit·zel** n gastr. escalope (od. scallop) (of pork). — **~ˌstall** m 1. pigsty, pigpen, pig bed, bes. Am. hogpen. – 2. fig. colloq. contempt. for a) Saustall 2, 3, b) Sauwirtschaft 1. – 3. (sport) (Hindernis beim Springreiten) hogpen. — **~ˌtrei·ber** m cf. Schweinehirt. — **~ˌtrog** m pig's trough. — **~ˌwirt·schaft** f colloq. contempt. for Sauwirtschaft. — **~ˌzucht** f agr. pig breeding, bes. Am. hog raising. — **~ˌzüch·ter** m pig breeder, bes. Am. hog raiser (od. farmer). — **~ˌzy·klus** m econ. (in der Konjunkturtheorie) pig cycle.

'Schweinˌfur·ter 'Grün ['ʃvaɪnˌfʊrtər] n Paris (auch Schweinfurt[h], emerald) green.

'Schweinˌigel m colloq. contempt. 1. (Schmutzfink) mucky (od. messy) pup, messer; dirty pig, filthy fellow (colloq.). – 2. fig. (Zotenreißer) dirty pig, smutty fellow (beide colloq.). – 3. fig. (unanständiger Mensch) dirty pig, piggish, swinish. — **Schwein·igeˈlei** f ⟨-; -en⟩ colloq. contempt. cf. Schweinerei 1, 2, 5, 6. — **'schweinˌigeln** v/i ⟨insep, ge-, h⟩ colloq. contempt. 1. make a mess. – 2. talk smut (od. filth), tell filthy (od. obscene) jokes. – 3. behave obscenely (od. lewdly).

'schwei·nisch adj colloq. contempt. 1. (schmutzig) messy, filthy, mucky. – 2. fig. (gemein) piggish, swinish. – 3. fig. (zotig) smutty, obscene. – 4. fig. (unanständig) obscene, lewd, swinish.

'Schweinsˌaf·fe m zo. pig-tailed ape (od. macaque, monkey) (Macaca nemestrina). — **~ˌau·gen** pl fig. pig's eyes. — **s~ˌäu·gig** adj fig. pig-eyed. — **~ˌbla·se** f pig's bladder. — **~ˌblatt** n gastr. shoulder of pork. — **~ˌbor·ste** f hog's bristle. — **~ˌbra·ten** m Southern G. and Austrian for Schweinebraten. — **~ˌdachs** m zo. hog(-nosed) badger, auch sand badger (Arctonyx collaris). — **~ˌfisch** m porkfish (Anisotremus virginicus). — **~ˌfrosch** m pig frog (Rana grylis). — **~ˌfuß** m 1. zo. pig-footed bandicoot (Choeropus ecaudatus). – 2. pl gastr. pigs' feet, pettitoes, (pigs') trotters. — **~ˌga·lopp** m only in im ~ colloq. at a gallop, posthaste, Br. post-haste. — **~ˌhach·se, ~ˌha·xe** f gastr. pork knuckle (od. hock, shank). — **~ˌhirsch** m zo. hog (od. common Indian) deer (Cervus porcinus). — **~ˌigel** m cf. Igel 1. — **~ˌjagd** f hunt. wild-boar (od. hog-)hunt(ing). — **~ˌkamm** m gastr. (Schlachtteil) neck of pork. — **~ˌkar·bo·na·de** f gastr. pork chop. — **~ˌkeu·le** f leg of pork. — **~ˌkopf** m pig's head: gefüllter ~ stuffed pig's head. — **~ˌko·te·lett** n pork chop. — **~ˌle·dern** n pigskin, hogskin. — **s~ˌle·dern** adj (of) pigskin, (of) hogskin: ~e Handschuhe pigskin gloves. — **~ˌohr** n 1. pig's ear. – 2. gastr. (Blätterteiggebäck) palmier. – 3. bot. (Speisepilz) cantharellus (Cantharellus od. Neurophyllum clavatus). — **~ˌrücken** (getr. -k·k-) m gastr. pork back, foreloin and loin. — **~ˌrüs·sel** m pig's snout. — **~ˌrüs·selˌfrosch** m zo. pig's-snout frog (Ctenophryne geayi). — **~ˌwal** m common porpoise, sea hog (Phocaena phocaena). — **~ˌwurst** f, **~ˌwürst·chen** n gastr. pork sausage.

Schweiß [ʃvaɪs] m ⟨-es; -e⟩ 1. sweat, perspiration: kalter ~ cold sweat; in ~ gebadet drenched in sweat, sweating profusely; in ~ geraten to break out in perspiration; von (od. vor) ~ triefen to drip with sweat, to be wet with perspiration; der ~ rinnt (od. rieselt, strömt, läuft) ihm von der Stirn the sweat pours (od. runs) from his forehead; der ~ brach ihm aus the sweat was breaking out on him; sich (dat) den ~ von der Stirn wischen to wipe the sweat off one's brow; er arbeitete im ~e seines Angesichts he worked in the sweat of his brow; (viel) ~ vergießen to expend much energy, to sweat a good deal; ich habe bei der Arbeit viel ~ vergossen this job has cost me much sweat, I sweated over this job. – 2. fig. (Mühe) sweat, drudgery, toil, hard work: das hat viel ~ gekostet that was hard work; die Früchte seines ~es ernten to reap the reward of one's work. – 3. med. sweat, perspiration: englischer ~ sweating sickness, miliary fever (scient.); grüner ~ chlorephidrosis; kalter ~ cold sweat; ~ treiben to induce perspiration. – 4. hunt. blood. – 5. (an Fensterscheiben etc) moisture, steam. – 6. (von Mauern etc) exudation. – 7. (Wollschweiß) suint, yolk: Wolle im ~ wool in the greasy state. — **s~ˌab·sonˌdernd** adj med. (Drüse) sudoriparous, sudoriferous. — **~ˌab·son·de·rung** f secretion of sweat, sweating, perspiration; sudation, hidrosis (scient.): übermäßige ~ hyperhidrosis, auch hyperidrosis. — **~ag·greˌgat** n, **~ap·paˌrat** m tech. welding set (od. outfit, equipment, unit). — **~ˌar·beit** f welding, welding job (od. operation). — **~ausˌbruch** m med. 1. profuse perspiration, sweat(s pl). – 2. sweating stage. — **~ˌau·toˌmat** m tech. automatic welding machine. — **~ˌbad** n 1. med. cf. Schwitzbad. – 2. tech. cf. Schmelzbad 2. — **~ˌband** n (im Hut) sweatband, Br. sweat-band.

'schweißˌbar adj tech. weldable: ~er Stahl welding steel. — **'Schweißˌbar·keit** f ⟨-; no pl⟩ weldability. — **'Schweißˌbeˌdeckt** adj covered with perspiration. — **'Schweißˌbläs·chen** pl med. miliaria. — **~ˌblatt** n (im Kleid) (dress) shield. — **~ˌbren·ner** m tech. blowpipe, (welding) torch. — **~ˌbril·le** f welding goggles pl. — **~ˌdraht** m welding rod (od. wire), filler rod. — **~ˌdrü·se** f med. perspiratory (od. sweat, scient. sudoriferous) gland. — **~ˌdrü·sen·abˌszeß** m sudoriparous abscess. **Schweiße** ['ʃvaɪsə] f ⟨-; -n⟩ tech. weld. **'schweißˌecht** adj (textile) fast to perspiration. — **'Schweißˌecht·heit** f ⟨-; no pl⟩ perspiration resistance, fastness to perspiration. — **'Schweißˌei·sen** n metall. wrought iron. — **~elekˌtro·de** f tech. welding electrode. **schweiˈßen** ['ʃvaɪsən] I v/t ⟨h⟩ 1. tech. weld: etwas elektrisch ~ to weld s.th. electrically. – II v/i 2. tech. weld. – 3. hunt. bleed. – III S~ n ⟨-s⟩ 4. verbal noun. **'Schweiˈßer** m ⟨-s; -⟩ tech. welder. **Schweiˈßeˈrei** f ⟨-; -en⟩ welding shop (od. department). **'Schweiˈßerˌhelm** m, **~ˌkap·pe** f tech. welder's helmet. **'Schweißˌfähr·te** f hunt. blood (od. red) track. — **~ˌfeh·ler** m tech. welding defect. — **~ˌflam·me** f welding flame. — **~ˌfrie·sel** m, n med. sweating sickness, heat rash; miliary fever, miliaria, sudamen (scient.). — **~ˌfuchs** m (Pferd) sorrel (horse). — **~ˌfu·ge** f tech. cf. Schweißnaht. — **~ˌfuß** m med. sweaty foot, acrohyperhidrosis (scient.). — **~ˌgang** m tech. welding pass. — **s~geˌba·det** adj bathed in perspiration (od. sweat). — **~geˌne·raˌtor** m tech. arc welding generator. — **~geˌrät** n cf. Schweißaggregat. — **~geˌruch** m smell of perspiration, perspiration (od. body) odor (bes. Br. odour). — **~ˌglut** f tech. welding heat. — **~ˌgut** n weld metal, welding material. — **~ˌgü·te** f welding quality (od. property). — **s~ˌhär·ten** v/t ⟨insep, -ge-, h⟩ weld-harden. — **s~ˌhem·mend** adj med. anti(hi)drotic, emphractic. — **~ˌhit·ze** f tech. welding (od. wash) heat. — **~ˌhund** m hunt. bloodhound. **'schweiˈßig** adj 1. sweaty, wet (od. damp) with perspiration, (bes. Hände) clammy. – 2. hunt. bloody. – 3. (Wolle) yolky, greasy. **'Schweißˌka·bel** n tech. welding cable. — **~ˌkan·te** f weld edge. — **~konˌstruk·tiˈon** f welded assembly. — **~ˌla·ge** f welding layer (od. pass), weld position. — **~ˌle·der** n (im Hut) sweatband, Br. sweat-band.

— **~ˌlichtˌbo·gen** m tech. welding arc. — **~maˌschi·ne** f welding machine, welder. — **~ˌmit·tel** n med. pharm. 1. (schweißtreibendes) sudorific, diaphoretic. – 2. (schweißhemmendes) anti(hi)drotic, emphractic. **'Schweißˌnaht** f tech. weld(ing) seam, weld(ed joint), line of weld. — **~ˌris·sig·keit** f ⟨-; no pl⟩ susceptibility to weld cracking. **'Schweißˌofen** m metall. reheating furnace. — **~ˌpa·ste** f welding flux. — **~ˌper·le** f 1. bead of sweat (od. perspiration): auf seiner Stirn standen dicke ~n his forehead was covered with thick beads of sweat. – 2. tech. weld nugget, globule. — **~ˌpo·re** f (der Haut) sweat pore. — **~ˌpro·be** f tech. 1. (Vorgang) welding test. – 2. (Produkt) welding test specimen. — **~ˌpul·ver** n welding powder. — **~ˌpunkt** m welding spot (od. point). — **~ˌrau·pe** f tech. (weld) bead. — **~ˌriß·empˌfind·lich·keit** f sensitivity to welding cracks. — **~ˌschirm** m handshield. — **~ˌschlacke** (getr. -k·k-) f welding cinder. — **~ˌspalt** m welding gap. — **~ˌspan·nung** f 1. (elektrische) (welding) arc voltage. – 2. (mechanische) welding stress. — **~ˌspur** f hunt. cf. Schweißfährte. — **~ˌstab** m tech. 1. (Zusatzwerkstoff) welding (od. filler) rod. – 2. cf. Schweißelektrode. — **~ˌstahl** m metall. wrought steel, steel suitable for welding. — **~ˌstel·le** f tech. (point of) weld, weld(ed) joint. — **~ˌstoß** m welding point. — **~ˌstück** n welded part, weldment. — **~ˌtak·ter** [-ˌtaktər] m ⟨-s; -⟩ welding timer. — **~ˌtech·nik** f welding practice, welding technique (od. engineering). — **~ˌteil** n weldment, welded part. — **~temˌpe·raˌtur** f welding temperature. — **~transˌforˌma·tor** m welding transformer. — **s~ˌtrei·bend** adj med. pharm. causing perspiration; sudorific, diaphoretic (scient.): ~es Mittel sudorific, diaphoretic. — **s~ˌtrie·fend** adj cf. schweißgebadet. — **~ˌtrop·fen** m drop (od. bead) of sweat (od. perspiration): das hat manchen ~ gekostet fig. that was hard toil. — **~ˌtuch** n relig. hist. (der Veronika) veronica, auch Veronica, sudarium (lit.). — **~überˌhö·hung** f tech. weld reinforcement. — **~umˌforˌmer** m motor generator set. — **~umˌspan·ner** m welding transformer. **'Schweiˈßung** f ⟨-; -en⟩ tech. 1. cf. Schweißen. – 2. (Arbeitsergebnis) weld: überlappte ~ lap weld; ~ von oben flat weld, downhand (od. downward) weld; ~ über Kopf overhead weld; autogene ~ cf. Gasschmelzschweißung. **'Schweißverˌbin·dung** f tech. 1. welded joint. – 2. (Stoß) weld, joint. — **~verˌfah·ren** n welding process (od. method). — **~ˌwär·me** f welding heat. — **~ˌwas·ser** n condensed water, condensation. — **~ˌwol·le** f (textile) unscoured wool, wool in the grease (od. yolk). — **~ˌwur·zel** f tech. root of the weld. — **~ˌzan·ge** f electrode holder. **Schwei·zer** ['ʃvaɪtsər] I m ⟨-s; -⟩ 1. Swiss: die ~ the Swiss. – 2. agr. milker, dairyman. – 3. (in katholischen Kirchen) beadle. – 4. member of the Swiss Guard. – 5. gastr. (Käse) Swiss (cheese). – II adj ⟨attrib⟩ 6. Swiss: ~ Käse Swiss (cheese). — **~ˌde·gen** m print. colloq. compositor-pressman, Br. colloq. twicer. **'schwei·zerˌdeutsch** ling. I adj Swiss German. – II S~ ⟨generally undeclined, rarely des -s⟩, das S~e ⟨-n⟩ Swiss German. **Schwei·zeˈrei** f ⟨-; -en⟩ agr. dairy (farm). **'Schwei·zerˌgar·de** f (im Vatikan) Swiss Guard. — **~ˌhaus** n arch. Swiss cottage (od. chalet). **'Schwei·zeˈrin** f ⟨-; -nen⟩ Swiss (woman od. girl). **'schwei·ze·risch** adj Swiss: die S~e Eidgenossenschaft the Swiss Confederation. **'Schwei·zerˌland** n Switzerland. **'Schweizˌreiˌse** f journey to Switzerland. **'Schwelˌanˌla·ge** f metall. low-temperature carbonizing plant. — **~ˌbrand** m smolder, bes. Br. smoulder, smo(u)ldering fire. **'Schwelchˌbo·den** ['ʃvɛlç-] m brew. withering floor. — **~ˌmalz** n withered malt. **schwe·len** ['ʃveːlən] I v/i ⟨h⟩ 1. smolder, bes. Br. smoulder: das Feuer schwelte im Kamin the fire was smo(u)ldering in the grate; jahrelang schwelte der Haß zwischen den beiden fig. hatred smo(u)ldered between the two for years. – **II** v/t tech. **2.** burn (s.th.) slowly (od. by a slow fire). – **3.** (Kohle) carbonize (Br. auch -s-) (s.th.) at low temperatures. – **4.** (Teer) distill, auch distill. – **III S~** n ⟨-s⟩ **5.** verbal noun. – **6.** cf. Schwelung. — **'schwe·lend I** pres p. – **II** adj (Feuer, Haß etc) smoldering, bes. Br. smouldering.

'Schwel,gas n tech. low-temperature retort coal gas.

schwel·gen ['ʃvɛlɡən] **I** v/i ⟨h⟩ **1.** (schlemmen) feast, regale, banquet. – **2.** (üppig leben) live high, live on the fat of the land, luxuriate. – **3.** in (dat) etwas ~ fig. to revel (od. luxuriate, indulge, wallow) in s.th.: sie schwelgt in seligen Gedanken she revels in delightful thoughts; der Maler schwelgt in Farben the artist wallows in colo(u)r(s); in Erinnerungen ~ reminisce fondly (about the past). – **II S~** n ⟨-s⟩ **4.** verbal noun. – **5.** indulgence. — **'Schwel·ger** m ⟨-s; -⟩ **1.** high liver. – **2.** (Genießer) epicure. – **3.** fig. (in Gedanken etc) revel(l)er, indulger, glutton. — **Schwel·ge'rei** f ⟨-; -en⟩ **1.** cf. Schwelgen. – **2.** indulgence, gluttony. — **'schwel·gerisch** adj luxurious, voluptuous.

'Schwel|,kam·mer f tech. low-temperature carbonizing (od. distilling) chamber. — **~,koks** m low-temperature coke.

Schwel·le ['ʃvɛlə] f ⟨-; -n⟩ **1.** (Türschwelle) threshold, sill, Am. auch cill: er soll meine ~e nie wieder betreten fig. he shall never cross (od. darken) my threshold again. – **2.** (steinerne) doorstone. – **3.** fig. threshold, brink, verge: an der ~ einer neuen Zeit on the threshold of a new age; an der ~ des Grabes (od. des Todes) on the brink of the grave, at death's door. – **4.** med. psych. threshold: ~ des Bewußtseins threshold of consciousness. – **5.** (railway) sleeper, bes. Am. (cross)tie. – **6.** geol. a) rise, rift, b) (unterseeische) sill, c) (orogenetische) swell. – **7.** tel. (im Radarsystem) step, bes. Am. gate.

schwel·len ['ʃvɛlən] **I** v/i ⟨schwillt, schwoll, geschwollen, sein⟩ **1.** bes. med. (von Gliedmaßen, verletzten Stellen etc) swell, distend; tumefy, intumesce (scient.), (von Gesicht) auch grow puffy: das gebrochene Bein schwillt the fractured leg is swelling (up); die Stirnader schwoll ihm vor Zorn his frontal vein swelled with anger. – **2.** (von Wasser, Flut etc) swell, rise: der Fluß schwillt the river is rising. – **3.** (von Geräusch, Lärm etc) swell, rise. – **4.** (von Segel) swell (out), fill (out), bag, belly. – **5.** fig. (anwachsen) swell, increase, expand. – **6.** fig. swell, become swelled (od. puffed up): das Herz schwoll ihm vor Stolz his heart swelled with pride; ihm schwillt der Kamm a) he is getting swollen-headed (od. swelled-headed, Am. auch swellheaded, puffed), he's becoming quite a swellhead, b) he's getting furious. – **II** v/t ⟨schwellt, schwellte, geschwellt, h⟩ **7.** (Segel) swell (out), fill, belly (out): der Wind schwellte die Segel the wind swelled the sails. – **8.** fig. swell, puff up: Begeisterung schwellte seine Brust his bosom was swelled with enthusiasm. – **III S~** n ⟨-s⟩ **9.** verbal noun. – **10.** bes. med. swelling; tumefaction, turgescence (scient.).

'Schwel·len|,ab,stand m (railway) distance between sleepers (bes. Am. crossties). — **~,angst** f ⟨-; no pl⟩ psych. fear of entering a shop. — **~,bohr·ma,schi·ne** f (railway) sleeper drill press (od. machine).

'schwel·lend I pres p. – **II** adj **1.** (Knospen, Früchte) swelling. – **2.** (Rasen) lush, succulent, luxuriant. – **3.** (Segel etc) swelling. – **4.** (Lippen, Brüste etc) full. – **5.** (Kissen, Polster etc) puffed-up (attrib). – **6.** med. swelling; turgescent, tumescent (scient.).

'Schwel·len|de,tek·tor m nucl. threshold detector. — **~,do·sis** f med. threshold dose. — **~,emp,find·lich·keit** f phys. threshold sensitivity (od. sensitiveness). — **~,ener,gie** f threshold energy. — **~,fre,quenz** f threshold frequency. — **~,holz** n (railway) timber for sleepers, bes. Am. lumber for crossties. — **~,la·sche** f fishplate. — **~,na·gel** m track spike. — **~,reiz** m med. threshold stimulus. — **~,schrau·be** f (railway) sole (od. base) plate screw. — **~,schrau·ben,schlüs·sel** m railway socket spanner, bes. Am. railroad socket wrench. — **~,stop·fer** m tamping pick, tamper. — **~,stoß** m

---

sleeper joint. — **~,strom** m electr. threshold current. — **~,ver,le·ge·ma,schi·ne** f sleeper laying machine. — **~,wert** m phys. threshold (od. liminal) value.

'Schwel·ler m ⟨-s; -⟩ mus. swell. — **~ge,häu·se** n swell box.

'Schwell|ge,we·be n med. erectile (od. cavernous) tissue. — **~,ka·sten** m mus. swell box. — **~,kör·per** m med. cavernous body, corpus cavernosum (scient.). — **~,kraft** f tech. swelling power. — **~,ma·nu,al** n mus. (der Orgel) swell keyboard (od. manual). — **~,pe,dal** n (der Orgel) swell pedal. — **~,ton** m swell, crescendo, (gesungener) auch messa di voce.

'Schwel·lung f ⟨-; -en⟩ **1.** cf. Schwellen. – **2.** med. a) swelling, lump; tumefaction, intumescence, tumidity (scient.), b) (Auftreibung) inflation, puffiness, c) (in der Anatomie) tuber, d) (der Milz u. Leber) enlargement, engorgement, e) (Ausdehnung) dilation: umschriebene ~ (Quaddel) w(h)eal; die ~ läßt nach (od. nimmt ab) the swelling goes down. – **3.** geol. (des Bodens) swell. – **4.** fig. (Anwachsen) swell, growth, increase.

'Schwell,werk n mus. (der Orgel) swell organ.

'Schwel|,ofen m tech. low-temperature carbonization furnace. — **~,teer** m low-temperature tar.

'Schwe·lung f ⟨-; no pl⟩ **1.** cf. Schwelen. – **2.** tech. (in der Kokerei) low-temperature carbonization.

'Schwemm|,bo·den m geol. alluvial (auch alluvian) soil. — **~,del·ta** n fan delta.

Schwem·me ['ʃvɛmə] f ⟨-; -n⟩ **1.** watering place, (für Pferde) auch horsepond, Br. horse-pond: ein Pferd in die ~ reiten to take (od. ride) a horse to water, to water a horse; Vieh in die ~ treiben to water cattle. – **2.** (Bierkneipe) cheap drinking place with self-service where one can eat one's own snacks. – **3.** econ. (Überangebot) (an dat of) glut, oversupply.

schwem·men ['ʃvɛmən] v/t ⟨h⟩ **1.** wash: die Leiche wurde an Land geschwemmt the body was washed ashore; der Regen hat die Erde vom Feld geschwemmt the rain washed the soil off the field. – **2.** (Vieh) water. – **3.** (Holz) float. – **4.** (Häute) soak. – **5.** civ.eng. (Kanal) flush. – **6.** Austrian (Wäsche) rinse.

'Schwemm|,ke·gel m geol. fan (delta), alluvial cone. — **~,land** n ⟨-(e)s; no pl⟩ alluvial (auch alluvian) (od. bottom) land, alluvial, wash. — **~,sand** m alluvial sand.

schwen·den ['ʃvɛndən] v/t ⟨h⟩ (forestry) (Unterholz, Wald) a) (zur landwirtschaftlichen Nutzung) burn (s.th.) broadcast, b) (wegen Waldbrandgefahr) Am. burn (s.th.) prescribed.

Schwen·gel ['ʃvɛŋəl] m ⟨-s; -⟩ **1.** (einer Pumpe) handle, lever. – **2.** (einer Glocke) clapper. – **3.** (eines Wagens) swing (od. splinter) bar, (an Mehrspännern) auch evener. – **4.** tech. (Schwunggewicht) pendulum.

Schwenk [ʃvɛŋk] m ⟨-(e)s; -s, rare -e⟩ (film) pan shot. — **~,ach·se** f tech. swivel (od. pivoting) axis. — **~,arm** m swivel (od. swinging, rocker) arm. — **~,auf,nah·me** f (film) panoramic picture.

'schwenk·bar adj **1.** tech. a) swivel(l)ing, swivel-mounted, swinging, b) (kippbar) tiltable, c) (Ständer, Kran etc) sluable, sluing: ~er Bohrkopf tiltable drilling head. – **2.** mil. a) (Geschütz) traversable, b) (Maschinengewehr) swivel-mounted, swivel(l)ing.

'Schwenk|be,reich m **1.** swivel(l)ing range. – **2.** mil. (field of) traverse. – **3.** tech. (eines Kranauslegers) boom (bes. Br. jib) swing. — **~be,we·gung** f **1.** tech. a) swivel(l)ing (od. swinging) movement (od. action), b) (des Auslegers einer Radialbohrmaschine) radial movement, c) (eines Maschinentisches um seine Achse) angular tilt. – **2.** electr. (radio) (einer Antenne) azimuth movement. — **~,büh·ne** f (mining) tilting platform.

Schwen·ke ['ʃvɛŋkə] f ⟨-; -n⟩ Eastern G. for Schaukel.

schwen·ken ['ʃvɛŋkən] **I** v/t ⟨h⟩ **1.** (Hut, Taschentuch etc) wave. – **2.** (Fahne) wave, flourish, swing. – **3.** (Waffe, Stock etc) brandish, swing, flourish. – **4.** (im Kreis) swing: ein Mädchen im Tanze ~ to swing a girl (a)round in a dance. – **5.** (ausspülen)

---

rinse: Gläser (kurz) im Wasser ~ to rinse glasses in water. – **6.** (film) (Kamera) pan. – **7.** phys. (Teleskop) transit. – **8.** Kartoffeln in Butter ~ gastr. to toss potatoes in butter. – **9.** tech. a) swivel, swing, pivot, b) (kippen) tilt. – **II** v/i ⟨sein⟩ **10.** swing, turn: der Radfahrer schwenkte plötzlich nach links suddenly the cyclist swung to the left. – **11.** mil. (auch taktisch) wheel (about): links schwenkt, marsch! Br. left wheel, march! Am. column left, march! – **12.** tech. swivel, rotate, slue (auch slew) round, pivot. – **13.** mil. (von Geschütz) traverse. – **14.** fig. (überwechseln) change sides (od. over): er ist ins andere Lager geschwenkt a) he has changed over to the other camp (od. side), b) pol. Br. he has crossed the line. – **III S~** n ⟨-s⟩ **15.** verbal noun. – **16.** cf. Schwenkung.

'Schwen·ker m ⟨-s; -⟩ **1.** balloon (glass), Am. auch snifter. – **2.** Middle G. for Schoßrock.

'Schwenk,flü·gel,flug,zeug n aer. swing-wing aircraft.

'Schwenk,kar,tof·feln pl gastr. potatoes tossed in butter. — **~,kran** m tech. bracket jib crane, swing crane. — **~,la,fet·te** f mil. **1.** swivel gun mount(ing). – **2.** (am Flugzeug) flexible gun mount. — **~,la·gen,ver,stel·lung** f tech. angular adjustment. — **~,la·ger** n pivot bearing. — **~,mög·lich·keit** f (eines Maschinentisches, Bohrkopfes etc) swivel(l)ing feature. — **~,punkt** m (Drehpunkt) pivot (point).

'Schwenk,rad n tech. tumbler gear. — **~ge,trie·be** n quick-change gear mechanism.

'Schwenk,ra·di·us m **1.** tech. a) (eines Kranes) sluing radius, working range, b) (einer Drehtür) swivel(l)ing range. – **2.** auto. (eines Kippanhängers) turning radius. — **~,rohr** n tech. (eines Spülbeckens) flushing pipe. — **~,schal·ter** m electr. lever switch. — **~,schleif,ma,schi·ne** f tech. swivel grinder. — **~,spul,reg·ler** m electr. swinging-coil regulator. — **~,tisch** m swivel table. – **2.** cf. Kipptisch.

'Schwen·kung f ⟨-; -en⟩ **1.** cf. Schwenken. – **2.** (Richtungsänderung) turn, swing: er machte plötzlich eine ~ nach rechts he suddenly turned (od. swung) to the right. – **3.** mil. traverse, traversing motion. – **4.** tech. a) (eines Maschinentisches) tilting, b) (einer Schleifmaschine) swivel(l)ing, c) (Schwenklagenverstellung) angular adjustment. – **5.** (film) (der Kamera) avertance. – **6.** mil. a) (taktische) wheel, wheeling man(o)euver (bes. Br. manœuvre), b) (beim Exerzieren) wheel, facing: eine ~ machen to wheel. – **7.** fig. change of mind. – **8.** fig. (völlige Umkehr) about-face.

'Schwenk,vor,rich·tung f tech. **1.** swivel(l)ing (od. swinging) device (od. mechanism), swivel attachment. – **2.** (eines Teilgerätes) indexing mechanism. – **3.** (eines Kranes) sluing gear.

schwer [ʃveːr] **I** adj ⟨-er; -st⟩ **1.** heavy, weighty: eine ~e Tasche a heavy bag; zwei Pfund ~ weighing two pounds, two pounds in weight; ~ wie Blei (as) heavy as lead; wie ~ bist du? what weight are you? what (od. how much) do you weigh? ~e Knochen (od. einen ~en Knochenbau) haben to have heavy bones, to be heavy-boned; → Kopf 1; Zunge 1. – **2.** (groß, massig, schwerfällig) heavy, ponderous: ein ~es Pferd a ponderous horse; ein ~es Motorrad [Auto] a heavy (od. big) motorcycle [car]; mit ~em Schritt with a heavy step (od. tread); eine ~e Hand a) a heavy hand, b) (unbeholfene Handschrift) clumsy handwriting, a clumsy hand (lit.). – **3.** (nahrhaft, fett) rich: eine ~e Cremetorte a rich cream cake. – **4.** (schwerverdaulich) heavy: abends sollte man ~es Essen vermeiden one should avoid heavy meals in the evening. – **5.** (Bier, Zigarren etc) heavy, strong: ~er Wein strong (od. full-bodied, heady) wine. – **6.** (Parfum etc) heavy, strong, rich, auch heady. – **7.** (Luft) heavy, oppressive. – **8.** (Seide etc) heavy. – **9.** fig. (lastend, drückend) heavy, burdensome, onerous, oppressive: eine ~e Bürde (od. Last) auf (acc) sich nehmen to assume a heavy burden; eine ~e Verantwortung a heavy (od. weighty) responsibility; ein ~es Amt übernehmen to assume an onerous post. – **10.** fig. (kummervoll, bedrückt) heavy: ~en Herzens with a heavy heart, reluctantly; ein ~er Seufzer a heavy sigh; sie sank in einen

en Schlaf she fell into a heavy sleep. –
11. (*schwierig*) hard, difficult, tough: **eine
e Aufgabe** a difficult (*od.* an arduous)
task; **war die Prüfung ?** was the exam
hard? **die Antwort auf diese Frage ist**
this is a difficult question to answer; **das
war eine e Entscheidung** that was a hard
decision; **mach es mir nicht so** don't
make it so difficult for me; **es ist ein es
Auskommen mit ihm** he is hard to get
on with; **einen en Stand gegen j-n
haben** to find it difficult to hold one's
own against (*od.* to stand one's ground
against, to stand up to) s.o.; **er hat es
he has a hard time (*od.* life), he has
a hard time of it (*colloq.*); → Anfang 1;
Geburt 2, 4. – **12.** (*Buch, Musik, Literatur etc*) heavy. – **13.** (*mühsam, anstrengend*) hard, tedious, laborious, toilsome: **ich habe einen en Tag hinter
mir** I have had a hard day. – **14.** (*unangenehm*) difficult, unpleasant, disagreeable: **das ist ein er Gang für mich** that
is a difficult errand for me; **einen en
Traum haben** to have an unpleasant
dream. – **15.** (*ernst, hart*) hard, heavy,
grave, serious, severe: **ein er Verlust** a
heavy loss; **der Sturm hat en Schaden
angerichtet** the storm has caused serious
damage; **eine e Strafe** severe punishment; **sie hat ein es Schicksal** (*od.* **Los**)
she has a hard (*od.* grievous) fate (*od.* lot);
wir gehen en Zeiten entgegen we are
approaching hard times, hard times lie
ahead (of us); **eine e Stunde** a grave hour,
an hour of trial; **dem Feind e Verluste
beibringen** to inflict heavy losses on the
enemy; **ein er Kampf** a) a heavy battle,
b) *fig.* (*innerer*) a hard struggle; **das war
ein er Schlag für ihn** *fig.* that was a
heavy blow for him; **eine e Belastungs-
probe** a severe test. – **16.** (*Krankheit, Verletzung etc*) serious. – **17.** (*Erkältung,
Grippe etc*) bad: **sie hat eine e Erkältung**
she has a bad (*od.* heavy) cold. – **18.** (*groß,
grob*) gross, serious, grave, bad, flagrant:
ein er Fehler a bad mistake, a blunder;
ein es Verbrechen a serious crime; **eine
e Beleidigung** a gross offence (*Am.*
offense); **e Schuld auf** (*acc*) **sich laden** to
become guilty of a grave wrong; **j-m eine
e Enttäuschung bereiten** to disappoint
s.o. badly; → Diebstahl 2. – **19.** (*Gewitter,
Unwetter etc*) violent, heavy: → See² 1. –
20. *colloq.* (*viel*) much, a lot (*of*) (*colloq.*):
eine e Menge a heap, a lot (*beide colloq.*);
das Auto muß es Geld gekostet haben
that car must have cost a pretty penny
(*od.* a tidy sum) (*colloq.*); **es Geld verdienen** to make big money; **er ist 4 Millionen** *fig.* he is worth 4 million (*colloq.*);
e Angst ausstehen to go through terrible
fear (*colloq.*). – **21. ein er Junge** *fig.
colloq.* a tough customer (*colloq.*), a thug.
– **22.** *mil.* (*Artillerie, Reiterei etc*) heavy: →
Geschütz 1, 2. – **23.** *chem.* heavy: **es
Wasser** heavy water, deuterium oxide
(D₂O); **er Wasserstoff** deuterium, *auch*
heavy hydrogen (D); **es Heizöl** heavy
fuel oil. – **24. er Boden** a) *agr.* heavy (*od.*
rich) soil, b) (*sport*) (*aufgeweichter*) heavy
ground. – **II** *adv* **25.** heavily: **das Auto war
beladen** the car was heavily laden; **seine
Hand lag auf meiner Schulter** his hand
lay heavily (*od.* heavy) on my shoulder;
sie hat zu tragen she has a heavy burden
(*od.* load) (to carry); **an** (*dat*) **etwas
tragen** *auch fig.* to be burdened with s.th.;
etwas liegt j-m im Magen a) s.th. lies
heavily on s.o.'s stomach, b) *fig.* s.th.
preys on s.o.'s mind, s.th. oppresses s.o.
deeply: **die Schuld lastete auf seinem
Gewissen** *fig.* the guilt weighed heavy (*od.*
heavily) on his conscience; **sein Urteil
wiegt** *fig.* his judg(e)ment carries (much)
weight, his judg(e)ment weighs (heavily);
dieser Gedanke lag ihr auf der Seele
fig. this thought weighed heavily on her
mind. – **26. das ist zu sagen** [zu verstehen, zu erlangen] that is difficult to
say [to understand, to acquire *od.* to come
by]; **diese Gebiete sind zugänglich**
these regions are difficult of access; **sein
Verhalten ist mir nur verständlich** I
find it difficult to understand his attitude;
es kommt mich an, das zu glauben
I find it hard (*od.* it is hard for me) to
believe that; **er ist zu befriedigen** he
is difficult to satisfy, it is difficult to satisfy

him; **Mathematik geht mir nur ein** I
find mathematics difficult, mathematics
comes hard to me; **etwas ist zu verdauen**
auch fig. s.th. is difficult to digest, s.th. is
indigestible. – **27.** (*hart*) hard: **arbeiten**
(*od. colloq.* **schuften**) to work hard; **das
hat ihn getroffen** that hit him hard. –
28. (*schlecht*) badly: **er hört** his hearing
is bad (*od.* poor), he is hard of hearing. –
29. (*schlimm, gefährlich*) seriously, badly,
gravely: **er ist verwundet** he is seriously
wounded; **er ist krank** he is gravely ill;
stürzen (*od.* **fallen**) to fall badly, to
have a bad fall. – **30.** (*ernstlich*) seriously,
gravely, severely: **j-n bestrafen** to punish
s.o. severely; **dafür mußt du büßen**
you'll have to pay severely (*od.* dearly)
for that. – **31.** (*zutiefst*) gravely, deeply:
sich versündigen to sin gravely; **ich
war enttäuscht** I was deeply (*od.* bitterly)
disappointed; **er hat mich beleidigt** he
insulted me gravely. – **32.** *colloq.* (*sehr*)
very much, awfully (*colloq.*): **man muß
aufpassen, daß** one has to be awfully
careful that, one has to watch like hell (*od.*
like mad) that (*colloq.*); **ich werde mich
hüten, das zu tun** I'll take darned good
care not to do that (*colloq.*); **da sind Sie
im Irrtum, da täuschen Sie sich**
you're very badly mistaken there, that's
where you make your big mistake;
**diese Angelegenheit macht ihr zu
schaffen** this affair is giving her a lot of
trouble (*colloq.*); **er ist betrunken, er
hat geladen** he is hopelessly (*od.* dead)
drunk, he is pretty far gone; **er ist
reich** he is awfully (*od. sl.* stinking) rich,
he is loaded (*od.* rotten with money) (*sl.*);
er ist in Ordnung he is a great
(*od.* grand) fellow (*od.* chap) (*colloq.*). –
33. von Begriff sein *colloq.* to be slow
in (*od.* on) the uptake (*od.* on), to be
slow(-witted). – **34.** (*kaum*) hardly: **das
kann ich (nur) glauben** I can hardly
believe that. – **35. bewaffnet sein** to be
heavily armed. – **36. zu verkaufen** (*od.*
verkäuflich) sein *econ.* to be hard to sell
(*od.* heavy of sale, dull): **diese Ware ist
verkäuflich** this article is a drug in (*od.*
on) the market. – **III S e, das** ⟨-n⟩ **37. sie
darf nichts S es tragen** she is not allowed
to carry anything heavy. – **38. sie haben
viel S es durchgemacht** they have been
through hard (*od.* difficult) times, they
have had a hard (*od.* difficult, *colloq.* tough)
time.

'**Schwer,ar·beit** f heavy work (*od.* labor,
bes. Br. labour).

'**Schwer,ar·bei·ter** m heavy worker. —
zu,la·ge f bonus for hard (*od.* heavy)
work.

'**Schwer|ath,let** m (*sport*) heavy athlete. —
ath,le·tik f heavy athletics pl (*sometimes
construed as sg*). — **s at·mend** *adj med.*
1. breathing heavily. – **2.** (*asthmatisch*)
asthmatic. – **3.** (*kurzatmig*) dyspn(o)eic.
— **s at·mig** [-,ʔaːtmiç] *adj* **1.** *med. cf.*
schweratmend. – **2.** *vet.* (*Pferd*) dyspn-
(o)eic. – **s be,la·den** *adj* ⟨*attrib*⟩ (*Wagen etc*) heavily laden (*od.* loaded), heavy-
-laden. — **s be,la·stet** *adj* ⟨*attrib*⟩ **1.** *cf.*
schwerbeladen. – **2.** *fig.* (*Gewissen etc*)
heavy: **er hat ein es Gewissen** he has
a heavy conscience, his conscience is
weighed down. – **3.** *jur.* heavily incriminated.
— **ben,zin** n (*petroleum*) heavy gasoline
(*Br.* petrol), heavy naphthene, white spirit.
'**schwer·be,schä·digt** *adj* **1.** (*Person*) seriously disabled. – **2.** ⟨*attrib*⟩ (*Sache*) heavily
damaged. — '**Schwer·be,schä·dig·te** m
⟨-n; -n⟩ **1.** seriously disabled person: **die
n** the seriously disabled. – **2.** *cf.* Schwer-
kriegsbeschädigte.
'**Schwer·be,schä·dig·ten,ab,teil** n (*railway*) compartment for seriously disabled
persons. [concrete.]
'**Schwer·be,ton** *mciv.eng.* heavy(-aggregate)
'**schwer·be,waff·net** *adj* ⟨*attrib*⟩ heavily
armed. — '**Schwer·be,waff·ne·te** m ⟨-n;
-n⟩ heavily armed man.
'**schwer·blü·tig** [-,blyːtɪç] *adj* **1.** (*bedächtig,
schwerfällig*) impassive, stolid, phlegmat-
ic(al), lethargic. – **2.** (*melancholisch*) melancholic, melancholy. — '**Schwer·blü-
tig·keit** f ⟨-; no pl⟩ **1.** impassivity, impassiveness, stolidity, lethargy, phlegm. –
2. melancholy.
'**Schwer·che·mi,ka·li·en** pl chem. heavy
chemicals.

'**Schwe·re** f ⟨-; no pl⟩ **1.** heaviness, weight,
weightiness: **eine bleierne lag mir in
den Gliedern** my limbs felt (as) heavy as
lead, my limbs were quite leaden. – **2.**
(*Schwerfälligkeit, Massigkeit*) heaviness,
ponderosity, ponderousness. – **3.** *phys.*
(*Schwerkraft*) gravity, gravitation: **das Gesetz der** the law of gravity. – **4.** *fig.*
weight: **die ganze der Verantwortung**
the full weight of (the) responsibility. –
5. *fig.* (*Gewichtigkeit*) weight, import:
**damals habe ich die seiner Worte noch
nicht erfaßt** I didn't realize the import of
his words at the time. – **6.** *fig.* (*eines Verbrechens etc*) seriousness, gravity. – **7.** *fig.*
(*einer Strafe, Krankheit etc*) severity: **er
bekam die volle des Gesetzes zu spüren** he had to suffer the full severity of the
law. – **8.** (*des Weins*) heaviness, headiness,
body. — **be,schleu·ni·gung** f *phys.*
acceleration due to gravity, gravitational
acceleration. — **feld** n gravitation(al)
field, field of gravity.
'**schwe·re·los I** *adj* **1.** (*space*) weightless. –
2. *fig.* weightless, (a)ethereal, *auch* (a)ethe-
rial. – **II** *adv* **3. tanzte sie durch den
Raum** *fig.* she danced through the room
lighter than air. — '**Schwe·re·lo·sig·keit** f
⟨-; no pl⟩ **1.** (*space*) weightlessness. – **2.** *fig.*
weightlessness, (a)etherealness, *auch* (a)e-
therialness.
'**Schwe·re|,mes·ser** m *phys.* **1.** gravimeter.
– **2.** (*Baroskop*) baroscope. — **,mes·sung**
f gravity measurement, gravimetry.
'**Schwe·re,nö·ter** [-,nøːtər] m ⟨-s; -⟩ *colloq.
humor.* **1.** (*Schürzenjäger*) lady-killer, (gay)
lothario (*auch* Lothario). – **2.** (*Leichtfuß*)
gay spark, happy-go-lucky fellow (*colloq.*).
– **3.** *Swiss* sly (*od.* cunning) fox.
'**schwer|er,kämpft**, **er,run·gen** *adj*
⟨*attrib*⟩ (*Sieg etc*) hard-won. — **er,zieh-
bar** *adj* ⟨*attrib*⟩ difficult (to educate),
educationally subnormal, maladjusted: **ein
es Kind** a difficult (*od.* problem) child.
'**Schwe·re,wir·kung** f *phys.* gravitational
effect.
'**schwer,fal·len** *v/i* ⟨*irr, sep,* -ge-, sein⟩
etwas fällt j-m schwer s.th. is difficult
(*od.* hard) for s.o., s.o. finds s.th. difficult
(*od.* hard): **Englisch fällt ihm schwer** he
finds English difficult, English does not
come easily to him; **das dürfte dir nicht
you** won't find that too difficult; **es
fällt mir schwer, diese Geschichte zu
glauben** I can hardly believe this story;
**es fällt mir immer schwer, Abschied zu
nehmen** it is always hard for me to say
good-bye.
'**schwer,fäl·lig I** *adj* **1.** (*Person, Bewegung,
Gang etc*) heavy, ponderous. – **2.** (*unbeholfen*) clumsy, awkward. – **3.** (*langsam, träge*)
slow, dull, ponderous, sodden: **er hat einen en Verstand** he has a slow mind,
he is slow(-witted), he is slow in (*od.* on) the
uptake (*colloq.*). – **4.** (*Stil*) ponderous,
laborious. – **5.** (*klobig*) cumbersome, unwieldy. – **II** *adv* **6.** heavily, ponderously: **er
erhob sich der Alte aus seinem Sessel**
the old man got up heavily from his armchair.
– **7.** clumsily: **sich bei etwas anstellen** to
set (*od.* go) about s.th. clumsily. —
'**Schwer,fäl·lig·keit** f ⟨-; no pl⟩ **1.** heaviness, ponderousness, ponderosity. –
2. clumsiness, awkwardness. – **3.** slowness,
dul(l)ness, ponderousness, ponderosity. –
4. cumbersomeness, unwieldiness.
'**schwer|,flüch·tig** *adj chem.* nonvolatile
Br. non-. — **,flüs·sig** *adj chem.* viscous,
viscid.
'**Schwer·ge,wicht** n **1.** (*sport*) heavyweight:
der Sieger im the heavyweight winner.
– **2.** *fig.* (*Nachdruck*) (main) emphasis (*od.*
stress): **das auf** (*acc*) **etwas legen** to
stress (*od.* emphasize) s.th. — '**Schwer-
ge,wicht·ler** m ⟨-s; -⟩ (*sport*) heavyweight.
'**Schwer·ge,wichts|,klas·se** f (*sport*) heavy-
weight class. — **,mei·ster** m heavyweight
champion. — **,mei·ster·schaft** f heavyweight championship.
'**Schwer,gut** n *mar.* heavy lift, deadweight
cargo (*od.* goods pl), heavy goods pl.
'**schwer,hal·ten** *v/impers* ⟨*irr, sep,* -ge-, h⟩
es hält schwer [wird] it is [will be] difficult: **es wird , ihn zu überzeugen** it
will be difficult to convince him; **es
wird , daß ich komme** it will be difficult for me to come.
'**schwer,hö·rig** *adj* **1.** hard of hearing. –
2. (*taub*) deaf: **sich stellen** *auch fig.* to

feign deafness. — **'Schwer,hö·rig·keit** f ⟨-; no pl⟩ **1.** difficulty (od. impairment) of hearing: leichte ~ defective hearing, hypac(o)usis (scient.); schwere ~ bradyac(o)usia. – **2.** (Taubheit) deafness: nervöse ~ nervous deafness.

'Schwer·in·du,strie f econ. heavy industry: Aktien der ~ heavy industrials. —

'Schwer·in·du,stri,el·le m heavy industrialist.

'Schwer,kraft f ⟨-; no pl⟩ phys. gravitation (force), gravity. — **~·be,schleu·ni·gung** f gravitational acceleration. — **s~emp,find·lich** adj (space) gravity-sensing. — **~ener,gie** f gravitation energy. — **~,feld** n cf. Schwerefeld.

'schwer|,krank adj ⟨attrib⟩ seriously (od. dangerously) ill. — **S~,kran·ke** m, f seriously (od. dangerously) ill person. — **~·,kriegs·be,schä·digt** adj seriously main disabled on active duty. — **S~,kriegs·be,schä·dig·te** m seriously disabled ex-serviceman (od. soldier, Am. veteran).

'Schwer,last|,kran m tech. goliath (od. heavy-duty) crane. — **~,wa·gen** m heavy-duty lorry (Am. truck).

'schwer·lich adv hardly, scarcely: das wird ~ möglich sein that will hardly be possible.

'schwer,ma·chen v/t ⟨sep, -ge-, h⟩ **1.** j-m etwas ~ to make s.th. difficult (od. hard) for s.o.: j-m das Leben ~ to make (od. render) life difficult for s.o. – **2.** j-m das Herz ~ to make s.o.'s heart sad, to sadden (od. grieve) s.o.

'Schwer·me,tall n heavy metal.

'Schwer,mut f ⟨-; no pl⟩ melancholia, melancholy, dejection, (mental) depression, gloom(iness), (the) blues pl (sometimes construed as sg) (colloq.). — **'schwer,mü·tig** adj melancholy, melancholic, dejected, (mentally) depressed, gloomy, blue (colloq.): ~ sein to be melancholic; to have the blues, to be (down) in the dumps (colloq.). — **'Schwer,mü·tig·keit** f ⟨-; no pl⟩ obs. for Schwermut.

'schwer,neh·men v/t ⟨irr, sep, -ge-, h⟩ etwas ~ a) to take s.th. seriously, b) (zu Herzen nehmen) to take s.th. to heart: sie hat immer alles schwergenommen she has always taken things to heart.

'Schwer,öl n tech. heavy oil (od. fuel). — **~,mo·tor** m tech. diesel- (auch Diesel)(-type) engine.

'Schwer,punkt m **1.** phys. (Massemittelpunkt) center (bes. Br. centre) of gravity, centroid. – **2.** fig. (Hauptgebiet) main field: die Kurzgeschichte bildet den ~ seines literarischen Schaffens the short story constitutes the main field of his literary activity. – **3.** fig. (Akzent, Hauptinteresse) emphasis, focus, focal point, chief stress: er verlegte den ~ seiner Tätigkeit auf die politische Arbeit he shifted the emphasis of his activity to politics, he made politics the focal point of his activity. – **4.** mil. point of main effort: den ~ auf (acc) etwas ansetzen to concentrate one's efforts on s.th. – **5.** (beim Radar) center (bes. Br. centre) target. — **~,bil·dung** f **1.** concentration. – **2.** mil. massing, concentration (of forces). — **~in·du,strie** f econ. basic (od. key) industry. — **~pro,gramm** n bes. econ. pol. point-of-main-effort program (bes. Br. programme). — **~,streik** m pinpoint strike. — **~ver,la·gerung** f **1.** phys. displacement of the center (bes. Br. centre) of gravity. – **2.** fig. shift(ing) of emphasis. — **~,wan·de·rung** f phys. migration of the center (bes. Br. centre) of gravity.

'schwer,reich adj ⟨attrib⟩ colloq. exceedingly (od. colloq. awfully, frightfully, sl. stinking) rich.

'Schwer,spat m **1.** min. heavy (od. ponderous) spar (od. earth), barite, tiff. – **2.** chem. barium sulfate (bes. Br. -ph-), permanent white (BaSO₄).

Schwert [ʃveːrt] n ⟨-(e)s; -er⟩ **1.** sword: das ~ ziehen (od. zücken), zum ~ greifen to draw the (od. one's) sword; das ~ aus der Scheide ziehen to unsheathe one's sword; die ~er kreuzen to cross swords; j-n zum Tod durch das ~ verurteilen to sentence s.o. to death by the sword; das ~ in die Scheide stecken a) to sheathe (od. put up) one's sword, b) fig. to end the fight; etwas mit Feuer und ~ vernichten fig. to destroy s.th. by (od. with)

fire and sword; ein zweischneidiges ~ auch fig. a double- (od. two-)edged sword; das ~ des Damokles hing (od. schwebte) über ihm fig. the Sword of Damocles hung over him. – **2.** mar. a) centerboard, bes. Br. centre-board, b) (Seitenschwert) leeboard, c) (Kimmschwert) bilgeboard. — **~,brüder,or·den** m hist. Order of the Brethren of the Sword.

Schwer·tel ['ʃvɛrtəl] m, Austrian n ⟨-s; -⟩ bot. a) cf. Gladiole, b) cf. Schwertlilie.

'Schwer·ter|ge,klirr n clash(ing) of swords. — **~,tanz** m sword dance.

'Schwert|,farn m bot. sword fern, basket fern (Nephrolepis exaltata u. N. cordifolia). — **~,fe·ger** m hist. armorer, bes. Br. armourer, sword cutler, sword maker. — **~,fisch** m zo. swordfish, broadbill, espada, espadon (Xiphias gladius). — **s~,för·mig** adj **1.** sword-shaped. – **2.** bot. ensiform, ensate, gladiate. — **~,fort,satz** m med. ensiform (od. xiphoid) process. — **~·ge,klirr** n cf. Schwertergeklirr. — **~,griff** m (sword) hilt. — **~,hieb** m thrust (od. stroke, blow) of the sword, sword thrust (od. stroke, blow). — **~,jacht** f mar. centerboard (bes. Br. centre-board) yacht. — **~,ka·sten** m centerboard (bes. Br. centre-board) case. — **~,klin·ge** f sword blade. — **~,knauf** m sword pommel. — **~,lei·te** [-,laɪtə] f⟨-; -n⟩ hist. accolade, knighting, dubbing. — **~,li·lie** f bot. iris, sword flag, flag, archaic and Am. auch flower-de-luce, fleur-de-lis (Gattg Iris): Blaue ~ blue flag (I. versicolor); Deutsche ~ common iris (I. germanica); Florentinische ~ Florentine iris (od. lily, orris) (I. florentina); Gelbe ~ yellow iris, yellow water flag (I. pseudacorus); Knollige ~ snake's-head iris (I. tuberosa). — **~,li·li·en·ge,wäch·se** pl bot. iris family sg, iridaceae (scient.) (Fam. Iridaceae). — **~,rit·ter,or·den** m hist. cf. Schwertbrüderorden. — **~,schlucker** (getr. -k·k-) m sword-swallower. — **~,schwän·ze** pl zo. swordtails, swordtailed crustaceans, xiphosura (scient.) (Ordng Xiphosura). — **~,stör** m Chinese paddlefish (Psephurus gladius). — **~,streich** m cf. Schwerthieb: ohne ~ fig. without a fight. — **~,tanz** m cf. Schwertertanz. — **~,trä·ger** m zo. swordtail (Xiphophorus helleri).

'schwer,tun v/i, auch v/reflex ⟨irr, sep, -ge-, h⟩ sich ~ colloq. find it difficult (od. hard): du hast dir (auch dich) mit dem Lernen [in Latein] immer schwergetan you always found studying [Latin] difficult, studying [Latin] always came hard to you.

'Schwert,wal m zo. **1.** Großer ~ killer whale, grampus (Orcinus orca). – **2.** Kleiner ~ false killer whale (Pseudorca crassidens).

'Schwer|ver,bre·cher m, **~ver,bre·che·rin** f **1.** criminal, big criminal (colloq.). – **2.** jur. felon. — **s~ver,dau·lich** adj ⟨attrib⟩ **1.** (Speisen) heavy, indigestible, stodgy. – **2.** fig. (Literatur etc) heavy, indigestible. — **~ver,dau·lich·keit** f ⟨-; no pl⟩ **1.** heaviness, indigestibility, stodginess. – **2.** fig. heaviness, indigestibility. — **s~ver,dient** adj ⟨attrib⟩ (Geld etc) hard-earned. — **s~ver,letzt** adj ⟨attrib⟩ seriously (od. badly) injured. — **~ver,letz·te** m, f seriously (od. badly) injured person, major casualty: die ~n pl the seriously injured. — **s~ver,ständlich** adj ⟨attrib⟩ difficult (od. hard) to understand, abstruse, obscure. — **s~ver,träg·lich** adj ⟨attrib⟩ cf. schwerverdaulich 1. — **~ver,träg·lich·keit** f⟨-; no pl⟩ cf. Schwerverdaulichkeit 1. — **s~ver,wun·det** adj ⟨attrib⟩ seriously (od. badly) wounded. — **~ver,wun·de·te** m, f seriously (od. badly) wounded person, major casualty: die ~n pl the seriously wounded.

'Schwer,was·ser n chem. nucl. heavy water. — **~re,ak·tor** m heavy-water reactor.

'schwer,wie·gend adj (Gründe, Folgen etc) serious, grave, weighty: ~ere (od. schwerer wiegende) Bedenken more serious objections.

Schwe·ster ['ʃvɛstər] f ⟨-; -n⟩ **1.** sister: leibliche ~ full sister, sister-german. – **2.** (Krankenschwester) a) nurse, b) (Oberschwester) sister. – **3.** relig. a) sister, b) (eines Ordens) nun: Barmherzige ~ Sister of Charity, Sister of Mercy; ~ X Sister X. — **'Schwe·ster,an,stalt** f affiliated (od. associated) institution (od. establishment), bes. Am. affiliate.

'Schwe·ster·chen n ⟨-s; -⟩ little (od. baby) sister.

'Schwe·ster|,fir·ma f econ. affiliated (od. associated) firm (od. company). — **~,kind** n sister's child.

'Schwe·ster·lein n ⟨-s; -⟩ poet. od. dial. for Schwesterchen.

'schwe·ster·lich adj sisterly. — **'Schwester·lich·keit** f ⟨-; no pl⟩ sisterliness.

'Schwe·ster,lie·be f **1.** sisterly love. – **2.** sister's love.

'Schwe·stern|di,plom n med. diploma of nursing. — **~,hau·be** f nurse's cap. — **~hel·fe·rin** f assistant nurse, Am. nurse's aid. — **~,lie·be** f love among sisters. — **~,or·den** m relig. sisterhood. — **~,paar** n two sisters pl.

'Schwe·stern·schaft f ⟨-; -en⟩ **1.** sisterhood. – **2.** (eines Krankenhauses) nursing staff. – **3.** relig. sisters pl, sisterhood, sorority.

'Schwe·stern|,schü·le·rin f med. cf. Lernschwester. — **~,tracht** f **1.** nurse's uniform. – **2.** relig. (sister's) habit. — **~,wohn,heim** n **1.** (für Krankenpflegerinnen) nurses' home (od. hostel). – **2.** relig. convent.

'Schwe·ster|,schiff n mar. sister ship. — **~,sohn** m obs. sister's son. — **~,stadt** f cf. Partnerstadt. — **~,toch·ter** f obs. sister's daughter. — **~,un·ter,neh·men** n econ. associated (od. affiliated) enterprise (od. firm, company).

'Schwib,bo·gen ['ʃvɪp-] m arch. flying buttress.

schwieg [ʃviːk] 1 u. 3 sg pret of schweigen.

'schwie·ger|,el·ter·lich ['ʃviːgər-] adj of the (od. one's) parents-in-law. — **S~,eltern** pl parents-in-law. — **S~,mut·ter** f mother-in-law. — **S~,sohn** m son-in-law. — **S~,toch·ter** f daughter-in-law. — **S~,va·ter** m father-in-law.

Schwie·le ['ʃviːlə] f ⟨-; -n⟩ **1.** (harte Haut) callus, horny skin, callosity. – **2.** (durch Schläge etc) welt, weal, wale, lesion. — **'schwie·len,soh·ler** [-,zoːlər] pl zo. (Kamele) tylopoda (Unterordng Tylopoda). — **'schwie·lig** adj (Hände etc) thickened, callous, tylotic (scient.).

schwier [ʃviːr] obs. imp, **schwiert** [ʃviːrt] obs. 3 sg pres of schwären.

schwie·rig ['ʃviːrɪç] **I** adj **1.** (schwer zu bewältigen, zu verstehen etc) difficult, hard, stiff, tough (colloq.): eine ~e Arbeit a difficult (od. tough) job; eine ~e Aufgabe a difficult (od. an arduous) task, uphill work; eine ~e Prüfung a difficult (od. stiff) examination; so ~ ist das nicht it's not as difficult as all that; ein ~es Gelände a difficult terrain; etwas ~ machen to make (od. render) s.th. difficult, to impede s.th. – **2.** (verwickelt) complicated, intricate: das macht alles noch ~er that complicates matters even more. – **3.** (heikel) difficult, tricky, delicate, ticklish: eine ~e Frage a difficult (od. puzzling) question, a poser, bes. Am. colloq. a sixty-four-dollar question; ein ~es Problem a difficult (od. thorny, knotty) problem; ein ~es Unternehmen (od. Unterfangen) a delicate (od. difficult) enterprise. – **4.** (kritisch) critical: ein ~er Punkt a critical (od. knotty, thorny) point. – **5.** (unangenehm) (Verhältnisse etc) difficult, awkward: eine ~e Lage an awkward situation, a predicament, a fix; im ~en Alter at the awkward age. – **6.** (schwer zu behandeln) (Person) difficult, hard to please: er wird mit den Jahren immer ~er he gets more and more difficult as he grows older. – **7.** (schwer zu erziehen) difficult (to educate): ein ~es Kind a difficult (od. a problem) child. – **II** **S~e, das** ⟨-n⟩ **8.** the difficult thing (od. part): das S~e daran ist the difficult thing about it is, the difficult part of it is; das Schwierigste haben wir hinter uns the worst is over, we are over the hump, we are out of the woods (Br. wood). — **'Schwie·rig·keit** f ⟨-; -en⟩ **1.** difficulty: finanzielle ~en financial difficulties; das macht ~en this raises (od. presents) difficulties; auf ~en stoßen to come up against (od. meet with, encounter) difficulties, to hit (od. run into) a snag; ~en überwinden to overcome (od. surmount) difficulties, to clear hurdles; das bereitete technische ~en that presented technical difficulties; das war mit vielen ~en verbunden that involved many difficulties; das bereitete ihm keinerlei (od. nicht die mindesten, nicht die geringsten) ~en a) (von einer Gefälligkeit) that was no trouble (od. bother) to him at all, b) (von einer Leistung) that was no trouble (od. problem) to him, he took it in his stride; ohne ~en without (any) difficulty (od. difficulties), without a hitch; es ging nicht ohne ~en ab it was not easy; allen ~en trotzen to defy all difficulties; alle ~en beseitigen to deal with all difficulties; hieraus könnten sich für die Industrie ~en ergeben these might prove stumbling blocks for the industry. – 2. (Verwicklung) intricacy: er macht unnötige ~en he complicates matters unnecessarily. – 3. (Hindernis) difficulty, hitch, snag (colloq.): da liegt die ~ that's where the difficulty is, that's (od. there's) the snag, there's the rub; die Sache hat ihre ~en certain difficulties are involved, there are several snags; die ~ liegt darin, daß the snag (od. trouble, problem, difficulty) is that. – 4. (quälendes Problem) problem, difficulty, dilemma: wir kämpfen zur Zeit noch mit ~en we are still having many problems, we are still labo(u)ring under difficulties; wir werden diesen ~en beikommen we'll come to grips with (od. we'll tackle) these difficulties all right; der Junge hat ~en in der Schule (od. beim Lernen) learning comes hard to the boy. – 5. pl (Unannehmlichkeiten) trouble sg, difficulties: wenn du das tust, bekommst du ~en if you do that you will get into (od. you will find yourself in) trouble; mit dieser Firma hat es noch nie ~en gegeben we have never had (any) trouble with this firm; j-m ~en in den Weg legen to make difficulties (od. trouble) for s.o.; er macht mir immer ~en he is always making trouble (od. making things difficult) for me; ~en aus dem Weg(e) gehen to avoid trouble. – 6. pl (schwierige Lage) trouble sg, difficulties, predicament sg, fix sg: in ~en geraten to get into difficulties (od. colloq. hot water); sich in großen ~en befinden to be (od. find oneself) in serious trouble (od. difficulties), to be in a serious predicament, to be in a fix. – 7. (Peinlichkeit) (einer Situation etc) difficulty, awkwardness.

'Schwie·rig·keits,grad m (auch sport) degree of difficulty.

schwill [ʃvɪl] imp, **schwillst** [ʃvɪlst] 2 sg pres, **schwillt** [ʃvɪlt] 3 sg pres of **schwellen** I.

'Schwimm|,an,stalt f cf. Badeanstalt. — ~,an,zug m cf. Badeanzug. — ~,art f cf. Schwimmstil. — ~,auf·be,rei·tung f metall. (des Erzes) flotation.

'Schwimm,bad n 1. (offenes) swimming pool, Am. auch swim pool, (Hallenbad) indoor pool, Br. swimming bath, Am. auch natatorium. – 2. cf. Badeanstalt. — ~,re,ak·tor m nucl. swimming-pool reactor.

'Schwimm|,bag·ger m civ.eng. dredge, bes. Br. dredger. — ~,bahn f (sport) (swimming) lane. — ~,bas,sin, ~,becken (getr. -k·k-) f swimming pool. — ~,beut·ler m zo. water oppossum, yapo(c)k (Chironectes minimus). — ~,be,we·gung f (sport) swimming stroke. — ~,bla·se f 1. zo. a) (der Fische) air (od. swimming) bladder, b) (bei wirbellosen Wassertieren) float. – 2. cf. Schwimmkissen. — ~,bo·je f mar. buoy. — ~,brett n (sport) kickboard, flutterboard. — ~,brücke (getr. -k·k-) f floating bridge. — ~,con,tai·ner m econ. mar. floating container. — ~,dock n mar. floating dock.

'Schwimmei·ster (getr. -mm,m-) m 1. swimming instructor. – 2. cf. Bademeister 1. — **'Schwimmei·ster·schaft** (getr. -mm,m-) f meist pl swimming championship.

schwim·men ['ʃvɪmən] I v/i <schwimmt, schwamm, geschwommen, sein, auch h> 1. (von Personen) swim: ans Ufer (od. Land) ~ to swim to the shore, to swim ashore; auf dem Rücken [auf der Seite] ~ to swim on one's back [on one's side]; durch einen Fluß ~ to swim across a river; wir waren gestern ~ we went swimming (od. for a swim) yesterday; gehen wir vor dem Essen ~ let's have a swim before lunch; er schwimmt wie eine bleierne Ente [wie ein Fisch] fig. colloq. he swims like a brick (od. rock, stone) [like a fish]; [mit j-m] um die Wette ~ to swim a race [with s.o.]; unter

Wasser ~ to swim underwater; mit dem Strom ~ a) to swim with the current, b) to swim downstream (od. downriver), c) fig. to swim with the stream (od. tide); gegen den Strom ~ a) to swim against the current, b) to swim upstream (od. upriver), c) fig. to swim against the stream (od. tide); in seinem Blute ~ fig. to swim (od. be bathed) in one's (own) blood; er schwimmt in (od. im) Geld fig. colloq. he is rolling (od. colloq. wallowing) in money, he swims in riches; im Überfluß ~ to live in the lap of luxury, to swim in abundance; er schwimmt obenauf fig. he is at the top of the ladder; im Glück ~ fig. to be in luck's way; sie schwimmt in einem Meer von Seligkeit lit. she is riding on air, she is blissfully happy; alles schwamm mir vor den Augen fig. everything swam in front of my eyes, my head was swimming; → Fisch 2; Kielwasser 2. – 2. (von Gegenständen) float, drift, (von Schiffen) auch be afloat: die Kinder ließen ihre Schiffe auf dem Wasser ~ the children swam their boats on the water; das Schiff schwimmt schon auf hoher See the ship is already on (od. lit. riding) the high seas; auf den Wellen ~ to ride the waves (lit.). – 3. fig. colloq. (sehr naß sein) be swimming, be flooded: das ganze Zimmer schwamm the whole room was swimming (with water); ihre Augen schwammen in Tränen fig. lit. her eyes were swimming with (od. bathed in) tears. – 4. fig. colloq. a) (unsicher sein) be at sea, b) (sport) (bes. Hintermannschaft) be at sixes and sevens: bei der Prüfung ~ to be at sea in the examination. – II v/t <h u. sein> 5. (sport) (Rekord, Strecke etc) swim. – III S~ n <-s> 6. verbal noun. – 7. (als Sportdisziplin) swimming. – 8. (von Personen) swim: zum S~ gehen to go for a swim. – 9. ins S~ kommen a) (beim Autofahren) to wander, to float, b) (bei einer Rede etc) to flounder. – 10. (von Gegenständen) floatage, bes. Am. flotage, floatation, bes. Am. flotation. — **'schwim·mend** I pres p. – II adj 1. (Hotel etc) floating, (nicht sinkend) buoyant. – 2. mar. a) (treibend) adrift (pred), b) (über Wasser) afloat (pred): ~es Strandgut jur. waveson, flotsam; ~e Waren econ. floating goods. – III adv 3. sich ~ ans Ufer retten to swim ashore to safety; sich ~ in Sicherheit bringen to swim to safety.

'Schwim·mer m <-s; -> 1. swimmer. – 2. tech. (eines Ventils) float. – 3. (an der Angel) cork, float, float cork, quill. – 4. (an Heringsnetzen) bowl. – 5. mar. (Treibbake) floating beacon. – 6. auto. (eines Vergasers) float. – 7. aer. (an Wasserflugzeugen) float. – 8. tech. (im Spülkasten eines WC) cistern float. – 9. bot. floating (od. natant) plant. – 10. zo. swimmer. — ~,flug,zeug n aer. seaplane, hydroplane.

'Schwim·me·rin f <-; -nen> swimmer.

'Schwim·mer|,na·del f tech. (eines Vergasers) float needle. — ~,schal·tung f electr. float(er) switch. — ~,ven,til n tech. float valve.

'schwimm|,fä·hig adj (Schiff etc) buoyant, floatable. — **S~,fä·hig·keit** f <-; no pl> mar. buoyancy, auch buoyance. — **'Schwimm,fä·hig·keits,zeug·nis** n mar. buoyancy certificate.

'Schwimm|,fahr,zeug n mar. amphibian vehicle. — ~,fest n swimming gala, auch aquatic show. — ~,flos·se f 1. meist pl flipper, fin. – 2. zo. cf. Flosse 1. — ~,fuß m zo. 1. webfoot, webbed (od. palmated) foot, palmiped (scient.). – 2. (bei Krebsen) swimmeret, auch swimmerette, pleopod(ite) (scient.). — ~,fü·ßer m <-s; -> 1. pinniped (Unterordng Pinnipedia). – 2. pl cf. Schwimmvögel. — ~,grun·del f, auch m goby (Fam. Gobiidae). — ~,gür·tel m 1. swimming (od. cork) belt. – 2. (Rettungsgürtel) life belt. — ~,hal·le f indoor pool, Br. swimming bath, Am. auch natatorium. — ~,haut f zo. web, palama (scient.): Schwimmhäute auch webbing sg. — ~,ho·se f cf. Badehose. — ~,kä·fer pl zo. swimmers, diving beetles (Fam. Dytiscidae). — ~,kap·pe f cf. Badekappe. — ~,kis·sen n water wings pl. — ~,klub m swimming club. — ~,kör·per m phys. float(ing body). — ~,krab·be f zo. swimming crab (Gattg Portunus). — ~,kraft f 1. floatability. – 2. phys. cf. Auftrieb 1. —

~,kran m tech. floating (od. pontoon) crane. — ~,la·ge f 1. (sport) swimming position. – 2. mar. (eines Schiffes) trim. — ~,leh·rer m swimming instructor (od. teacher). — ~,leh·re·rin f swimming instructress (od. teacher). — ~,na·del,ven,til n auto. float needle valve. — ~,pan·zer m mil. amphibious tank. — ~,rat·te f zo. cf. Wassermaus. — ~,sand m geol. quicksand, shifting sand. — ~,schnecke (getr. -k·k-) f zo. nerite, neritid (Gattg Nerita). — ~,schü·ler m pupil (od. learner) (of swimming). — ~,sport m swimming. — ~,sta·di·on n swimming stadium. — ~,stil m swimming style, stroke. — ~,stoß m swimming stroke. — ~,tech·nik f swimming technique. — ~,tri,kot n swimming costume. — ~,un·ter,richt m swimming instruction (od. lessons pl). — ~,ver,ein m swimming club. — ~,vö·gel pl zo. swimmers (Ordng Natatores). — ~,wa·gen m mil. amphibious truck. — ~,wan·zen pl zo. water scorpions (Fam. Naucoridae). — ~,we·ste f life jacket, bes. Am. life preserver (od. vest), (zum Aufblasen) air jacket. — ~,wett,kampf m (sport) swimming competition (od. contest).

Schwin·del ['ʃvɪndəl] m <-s; no pl> 1. med. giddiness, dizziness, vertigo (scient.): er wurde von einem leichten ~ befallen, ein leichter ~ erfaßte (od. überfiel, überkam) ihn he was overcome by slight (od. by a slight fit of) dizziness; an (od. unter) (dat) ~ leiden to suffer from giddiness. – 2. vet. (bei Rindern) staggers pl (usually construed as sg). – 3. fig. (Vortäuschung, Betrug) swindle, fraud, cheat, humbug, fake, hoax, take-in, Br. colloq. swiz(z), Am. colloq. flimflam, Am. sl. bunco, bunko: so ein ~! what a swindle! das ist ein ausgemachter (od. aufgelegter) ~ colloq. that's a downright (od. an out-and-out) fraud; du bist auf einen ~ hereingefallen you've been taken in, Br. sl. you've been had; man darf nicht auf jeden ~ hereinfallen you must not allow yourself to be taken in by every hoax; den ~ kenne ich colloq. I know that trick, I'm up to that dodge (colloq.). – 4. fig. colloq. (Angelegenheit) affair, 'thing' (colloq.): ich will von dem ganzen ~ nichts wissen fig. colloq. I'll have nothing to do with the whole affair. – 5. colloq. fib (colloq.), innocuous lie: erzähl nicht solchen ~ don't tell such fibs. – 6. fig. colloq. (wertloses Zeug) lot (colloq.): der ganze ~ the whole lot (od. sl. caboodle), the whole kit (colloq.), Am. colloq. the whole shoot (od. sl. shebang); was kostet der ganze ~ what does the whole lot (od. sl. caboodle) cost?

'Schwin·del|,an,fall m med. giddy (od. scient. vertiginous) attack, spell of dizziness, attack of vertigo (scient.): einen ~ bekommen to have (od. to experience) a dizzy spell. — ~,bank f <-; -en> econ. bogus (bes. Am. wildcat) bank. — ~,bee·re f bot. cf. Tollkirsche.

Schwin·de'lei f <-; -en> colloq. 1. cf. Schwindeln. – 2. cf. Schwindel 3, 5.

'schwin·del·er,re·gend adj 1. causing (od. conducive to) dizziness (od. giddiness), (im weiteren Sinne) dizzy, vertiginous (scient.): ~e Höhe dizzy (od. vertiginous) height. – 2. fig. (Erfolg etc) tremendous, terrific (beide colloq.). – 3. fig. (Preise etc) exorbitant.

'Schwin·del|,fir·ma f econ. bogus (od. sl. bubble, bes. Br. long, bes. Am. wildcat) firm (od. company). — s~,frei adj not liable to (od. free from) dizziness (od. giddiness): der Bergsteiger war ~ the mountaineer did not suffer from dizziness. — ~,ge,fühl n med. (feeling od. sensation of) dizziness (od. giddiness), vertigo (scient.). — ~,ge,sell·schaft f econ. cf. Schwindelfirma.

'schwin·del·haft adj 1. cf. schwindelerregend. – 2. fig. (betrügerisch) swindling, cheating, fraudulent, bogus (attrib).

'schwin·de·lig adj cf. schwindlig.

'Schwin·del|ma,nö·ver n fraudulent trick (od. stratagem). — ~,mei·er m colloq. fibber (colloq.): er ist ein ~ he is a fibber, he is always telling fibs.

schwin·deln ['ʃvɪndəln] I v/impers u. v/i <h> 1. mir (od. rare mich) schwindelt, es schwindelt mir I feel dizzy (od. giddy): sein Kopf schwindelte, ihm schwindelte

der Kopf his head was swimming (*od.* reeling), his head felt dizzy; **ihm schwindelte bei dem Gedanken an** (*acc*) ... the thought of ... made him dizzy, his head reeled (*od.* turned) at the thought of ... – **II** *v/i* **2.** (*flunkern*) fib, tell fibs (*beide colloq.*). – **3.** (*beim Spiel etc*) cheat, swindle, chisel (*sl.*), *Am. gyp.* – **III** *v/reflex* **4. sich durch etwas ~** to wangle one's way through s.th. (*sl.*); **er hat sich in den Saal geschwindelt** he wangled his way into the hall. – **IV** *v/t* **5.** (*flunkern*) make (*s.th.*) up: **das hat er bestimmt geschwindelt** I'm sure he has made that up. – **V S~** *n* ⟨-s⟩ **6.** *verbal noun*. — **'schwin-delnd I** *pres p.* – **II** *adj* dizzy, giddy, vertiginous (*scient.*): **in ~er Höhe** at a dizzy height; **mit ~em Kopf hörten wir zu** we listened with dizzy (*od.* swimming) brains, our heads swam (*od.* reeled) as we listened.

'Schwin-del,preis *m colloq.* fraudulent (*od.* scandalous) price.

schwin-den ['ʃvɪndən] **I** *v/i* ⟨schwindet, schwand, geschwunden, sein⟩ **1.** (*von Ersparnissen, Vorräten etc*) dwindle (away), diminish, shrink, decrease, grow less, evaporate. – **2.** (*von Holz, Ton etc*) shrink. – **3.** *tech.* a) (*von flüssigem Stahl od. Gußeisen*) shrink, b) (*von erstarrtem Guß*) contract. – **4.** *med.* a) (*von Muskeln*) waste (away), atrophy (*scient.*), b) (*von Geschwulst*) go down, shrink, c) (*von Immunität*) wear off. – **5.** *econ.* a) (*von Kaufkraft etc*) decrease, decline, diminish, b) (*von Waren*) lose weight, shrink, (*bes. von Flüssigkeiten*) leak. – **6.** (*von Farben*) fade, wane (*lit.*). – **7.** (*radio*) (*von Ton*) fade (away), die away. – **8.** *ling.* (*von Silbe etc*) fall off, be lost. – **9.** (*von Schönheit*) fade (away), wane, evanesce (*lit.*). – **10.** (*von Kräften etc*) (begin to) fail, wane, ebb, decline, waste (*od.* wear) away: **ihr schwanden die Sinne** *lit.* she lost consciousness, she fainted (*od.* swooned). – **11.** *fig.* (*von Angst, Bedeutung, Hoffnung etc*) fade (away), dwindle (away), vanish, evaporate: **meine ganze Hoffnung ist geschwunden** all my hope has vanished (*od.* has deserted me); **ihm schwand der Mut** his heart sank, he lost courage; **sein Einfluß schwindet mehr und mehr** his influence is dwindling (*od.* waning) (more and more); **mein Vertrauen zu ihr ist völlig geschwunden** I have lost all confidence in her; **seine Aussichten ~** his prospects are fading. – **12.** (*von Jahren, Tagen etc*) pass (by), go by, elapse; lapse, waste (*lit.*). – **13.** *fig.* (*aus der Erinnerung*) *cf.* entschwinden 2. – **II S~** *n* ⟨-s⟩ **14.** *verbal noun:* **seine Macht war im S~** (begriffen) his power was on the wane (*od.* was fading, was crumbling). – **15.** *cf.* Schwund 2, 3, 5—9.

'Schwind,hohl,raum *m tech.* shrink hole.
'Schwind-ler *m* ⟨-s; -⟩ **1.** fibber (*colloq.*). – **2.** cheat, swindler, chiseler, *bes. Br.* chiseller (*sl.*), *Am.* gyp(per). – **3.** *cf.* Hochstapler 1. – **4.** *cf.* Bauernfänger 1. – **5.** (*games*) a) (*beim Spiel*) cheat, b) (*beim Kartenspiel*) cardsharp(er).
'schwind-ler-haft *adj cf.* schwindlerisch.
'Schwind-le-rin *f* ⟨-; -nen⟩ *cf.* a) Schwindler 1, 2, b) Hochstaplerin 1.
'schwind-le-risch *adj* **1.** fraudulent, swindling, cheating. – **2.** (*verlogen*) (given to) lying, untruthful.
'schwind-lig *adj* (von, vor *dat* with) dizzy, giddy, vertiginous (*scient.*): **mir ist** (*od.* **ich fühle mich**) **ganz ~** I feel quite dizzy, my head is swimming, I'm light in the head (*colloq.*); **mir wird ~** I'm getting (*od.* becoming) dizzy.
'Schwind,maß *n metall. tech.* **1.** (*Grad der Schwindung*) degree of shrinkage. – **2.** *cf.* a) Schwindmaßstab, b) Schwindmaßzugabe. — **~,zu,ga-be** *f* shrinkage allowance. — **~,stab** *m metall. tech.* shrink rule.
'Schwind,riß *m* (von Holz) shrinkage shake.
'Schwind,sucht *f* ⟨-; no *pl*⟩ **1.** *med.* consumption, tuberculosis, phthisis (*scient.*): **galoppierende ~** galloping consumption; **die ~ bekommen** to become consumptive. – **2.** *fig. colloq.:* **bei mir hat die ~ fig. colloq.** there is a hole in my purse. — **s~,süch-tig** *adj med.* consumptive, tuberculous, phthisic (*scient.*). — **~,süch-ti-ge** *m, f* consumptive.
'Schwin-dung *f* ⟨-; no *pl*⟩ **1.** *cf.* Schwinden. – **2.** *tech.* a) (von Holz, Ton etc) *cf.* Schrumpfriß, b) (des flüssigen Gusses)

shrinkage, c) (*des erstarrten Gusses*) *cf.* Schrumpfung 2.
'Schwin-dungs,riß *m metall.* shrinkage crack.
'Schwing|,ach-se *f auto.* independent wheel suspension (by twin transverse control arms), floating (*od.* independent, swinging) axle. — **~,an-ker** *m* **1.** *electr.* (einer Uhrenanlage) pendulum-type armature. – **2.** *tel.* (eines Wählers) stepping-relay armature. — **~,an,schlag** *m tech.* swing stop. — **~,arm** *m* **1.** *auto.* a) track control arm, b) (Querlenker) transverse control arm, wishbone, c) (Längslenker) longitudinal control arm. – **2.** *tech.* (eines Schnellhoblers) rocker. *od.* oscillating arm. — **~,au-di-on** *n electr.* ultra-audion oscillator, oscillating detector. — **~be,reich** *m* (eines Oszillators) frequency range. — **~be,wegung** *f tech.* **1.** vibratory motion (*od.* movement). – **2.** (einer Schwinge) reciprocating (*od.* rocking) motion. – **3.** (einer Läppspindel) oscillating movement (*od.* stroke). — **~,bo-den** *m* (in Turnhallen etc) elastic (*od.* sprung) floor. — **~,durch-,mes-ser** *m tech.* swing.
Schwin-ge ['ʃvɪŋə] *f* ⟨-; -n⟩ **1.** *meist pl lit.* (Flügel) wing, pinion (*lit.*). – **2.** *agr.* a) (für Getreide) winnow, fan, b) (für Hanf, Flachs) swingle, c) *cf.* Schwingmaschine. – **3.** *tech.* a) rocker arm, b) tumbler. – **4.** (am Webstuhl) sword.
Schwin-gel ['ʃvɪŋəl] *m* ⟨-s; -⟩, **~,gras** *n bot.* fescue (grass) (Gattg Festuca).
schwin-gen ['ʃvɪŋən] **I** *v/t* ⟨schwingt, schwang, geschwungen, h⟩ **1.** (Fahne, Fackel, Hut, Zauberstab etc) wave, swing. – **2.** (Axt, Hammer, Peitsche etc) swing, flourish, (drohend) auch brandish, shake, wave: **wütend schwang er den Knüppel** he brandished the club furiously. – **3.** (Arme, Beine) swing. – **4.** (eine Glocke etc) shake. – **5.** (ein Seil etc) **um etwas ~** to pass (*od.* sling) (*s.th.*) (a)round s.th. – **6.** *fig. colloq.* (in Wendungen wie) **das Tanzbein ~** to shake a leg, to trip the light fantastic (*beide colloq.*); **meine Frau schwingt den Besen** *humor.* my wife is cleaning up (*od. colloq. humor.* is clearing the decks); **den Pantoffel ~** *humor.* (von Frauen) to rule the roost, to henpeck one's husband; **eine Rede ~** *humor.* to deliver (*Am. colloq.* bounce off) a speech; **die große Klappe** (*od.* **große Reden**) **~ to brag** (*od.* talk big, *Am. colloq.* blow). – **II** *v/i* **7.** (von herabhängender Last, Schaukel etc) swing, sway. – **8.** (von Pendel etc) swing, oscillate. – **9.** (von Gitarrensaite etc) resonate, vibrate, swing. – **10.** (nachklingen) linger: **die Töne des Schlußakkords schwangen noch im Raum** the tones of the final chord were still lingering in the room. – **11.** (mitschwingen) ring: **die Luft schwang vom Geschrei der Menge** the air rang with the shouting of the crowd; **ein vorwurfsvoller Ton schwang in ihrer Stimme** there was a tone of reproach in her voice. – **12.** (vibrieren) vibrate, quiver: **die Brücke schwang unter den marschierenden Soldaten** the bridge quivered under the marching soldiers. – **13.** (sport) (von Turner, Skifahrer) swing. – **14.** *tech.* a) (mit konstanter Frequenz) vibrate, b) (mitschwingen) resonate, c) (von Läppwerkzeug) oscillate, d) (von Meißel etc) vibrate, e) (von Schwinge) reciprocate, rock. – **III** *v/reflex* **15. sich auf** (*acc*) [aus, in *acc*] **etwas ~** to swing oneself (*od.* vault) on (to) [out of, into] s.th.: **er schwang sich auf sein Fahrrad** [aus dem Fenster] he swung himself on his bicycle [out of the window]; **sich auf den Thron ~** *fig.* to usurp the throne. – **16. sich in die Luft** (*od.* **Höhe**) **~** *poet.* (von Vogel) to soar (up) into the air: **der Adler schwingt sich in die Lüfte** the eagle soars high up into the air (*od.* sky). – **17. sich nach Norden** [Süden] **~** (von Küste, Strand etc) to sweep northward(s) [southward(s)]. – **18. sich über** (*acc*) **etwas ~** a) (über eine Mauer etc) to swing oneself (*od.* vault) over s.th., b) (von Brücke) to span s.th. – **IV S~** *n* ⟨-s⟩ **19.** *verbal noun.* – **20.** (eines Pendels etc) swing(-swang), oscillation. – **21.** (sport) a) (beim Turnen, Skifahren) swing, b) Swiss variety of wrestling. – **22.** *tech.* a) (mit konstanter Frequenz) vibration, b) (von Läppwerkzeug) oscillation, c) (von

Meißel) vibration, d) (von Schwinge) reciprocation, rocking movement.
'Schwin-gen,an,trieb *m tech.* crank drive mechanism.
'schwin-gend I *pres p.* – **II** *adj* (Bewegung) a) swinging, b) vibratory, c) oscillatory: **~er Meißel** *tech.* vibrating cutting tool; **~er Meißelhalter** *tech.* swing toolholder; **~e Beanspruchung, ~e Belastung** *tech.* (einer Druckfeder) alternating load.
'Schwin-ger *m* ⟨-s; -⟩ **1.** (beim Boxen) swing, (wilder) haymaker (*sl.*). – **2.** Swiss (sport) wrestler going in for 'Schwingen'. – **3.** *tech.* (bei der Elektroerosion) vibrator. – **4.** *electr.* piezoelectric crystal. – **5.** *phys.* (bei der Schallmessung) oscillator. – **6.** *zo. cf.* Schwingkölbchen.
'Schwing|,flü-gel *m civ.eng.* window wing. — **~,för-de-rer** *m tech.* reciprocating plate feeder. — **~,fre,quenz** *f phys.* **1.** (freier Schwingungen) oscillation frequency. – **2.** (bei Schwingungen konstanter Frequenz) vibration frequency. — **~,he-bel** *m tech.* **1.** a) rocker arm, b) (eines Schleifbockschlittens) rocking lever. – **2.** *auto.* (des Ventils, der Kraftstoffpumpe) rocker arm. — **~,kölb-chen** [-,kœlpçən] *n* ⟨-s; -⟩, **~,kol-ben** *m zo.* (der Zweiflügler) halter(e), *auch* balancer, poiser. — **~,kreis** *m electr.* resonant (*od.* oscillating) circuit. — **~,kur-bel-ge,trie-be** *n tech.* crank gear mechanism. — **~,lei-stung** *f* vibrating power. — **~,ma,schi-ne** *f agr.* (für Flachs, Hanf etc) beating machine, swingle, scutch(er), scotcher. — **~,mes-ser** *n* scutch (blade), swinging knife. — **~,me,tall** *n tech.* vibrationproof composite metal, rubber-bonded metal. — **~,pflug** *m agr.* swing plough (*bes. Am.* plow). — **~,quarz** *m electr.* piezoelectric crystal, crystal oscillator, quartz resonator (*od.* vibrator). — **~,sieb** *n tech.* shaking screen. — **~,spu-le** *f electr.* a) moving coil, oscillator, b) (eines elektrodynamischen Wandlers) *cf.* Tauchspule, c) (eines Lautsprechers) voice coil. — **~,tür** *f* swinging door.
'Schwin-gung *f* ⟨-; -en⟩ **1.** *cf.* Schwingen. – **2.** (mechanische Wechselbewegung) swing, oscillation: **ein Pendel in ~ versetzen** to swing (*od.* oscillate) a pendulum; **die Glocke kam in ~** the bell began to swing. – **3.** *meist pl phys.* a) (freie Schwingung eines mechanischen Systems) oscillation, b) (Schwingung konstanter Frequenz) vibration, c) (in Akustik) (in Resonanzfrequenzen) vibration: **gedämpfte** [ungedämpfte] **~en** damped [undamped] oscillations; **fremderregte** [selbsterregte] **~en** forced [self-induced] vibrations; **harmonische** [subharmonische] **~** harmonics *pl* [subharmonics *pl*]. – **4.** *electr.* (Wechselgröße) alternating quantity, (im Schwingkreis) oscillation. – **5.** *tech.* (in Regelungstechnik) cycling: **wilde ~en** spurious oscillations. – **6.** *astr.* (bes. des Mondes) libration. – **7.** *fig. lit.* (seelische) vibration.
'Schwin-gungs|,ach-se *f* (eines Pendels) axis of oscillation. — **~,am,pli,tu-de** *f phys.* vibration amplitude. — **s~,arm** *adj* (Maschine etc) vibration-free (*od.* -resisting). — **~,aus,schlag** *m phys.* amplitude (of vibration). — **~,bauch** *m* oscillation loop (*od.* antinode). — **~be,an,spru-chung** *f tech.* (bei der Werkstoffprüfung) cyclic stress, vibration stressing. — **~be,we-gung** *f cf.* Schwingbewegung. — **~,bo-gen** *m phys.* arc of oscillation. — **~,bruch** *m metall.* fatigue fracture. — **~,dämp-fer** *m* **1.** *auto.* shock absorber, *Br. auch* damper. – **2.** *tech.* vibration damper. — **~,dämp-fung** *f tech.* vibration damping. — **~,dau-er** *f phys.* (oscillation) period. — **s~,emp,find-lich** *adj tech.* sensitive (*od.* susceptible) to vibration. — **~,ener,gie** *f phys.* oscillation energy. — **~,er,re-ger** *m* vibration exciter, vibration-exciting element. — **~,er,re-gung** *f* vibration excitation. — **s~,er,zeu-gend** *adj* vibration-generating. — **~,er,zeu-ger** *m phys.* electr. **1.** vibration generator, vibrator. – **2.** *incorrect for* Oszillator. — **s~,fä-hig** *adj* **1.** *phys.* capable of vibratory motion, vibratory, vibrative. – **2.** *electr.* oscillatory. — **s~,fest** *adj* (Gußstück etc) vibration-resisting. — **~,fe,stig-keit** *f* **1.** dynamic strength, vibratory fatigue limit. – **2.** (in Werkstoffprüfung) endurance strength (*od.* limit). — **s~,frei** *adj* aperiodic, deadbeat (*attrib*), free from

vibrations, vibrationless. — ~,glei·chung f math. oscillation equation. — ~,kno·ten m phys. oscillation node, nodal point of vibration. — ~,kreis m electr. cf. Schwingkreis. — ~pe·ri,ode f phys. cf. Schwingungsdauer. — ~,prüf·ma,schi·ne f tech. vibratory testing machine. — ~,schrei·ber m oscillograph. — ~ver,such m 1. (an Werkzeugen) vibration test. — 2. (in Werkstoffprüfung) repeated stress test. — ~,vor,gang m phys. vibration phenomenon (od. process). — ~,wei·te f amplitude (of oscillation). — ~,zahl f electr. phys. frequency of oscillations (od. vibrations). — ~,zäh·ler m vibrograph. — ~,zu,stand m state of vibration.

'Schwing,werk,zeug n tech. swing tool.

schwipp [ʃvip] interj splash!: ~, schwapp! splish-splash!

'Schwipp|,schwa·ger m colloq. 1. brother of one's brother- (od. sister-)in-law. — 2. husband of one's sister-in-law. — ~,schwä·ge·rin f 1. sister of one's brother- (od. sister-)in-law. — 2. wife of one's brother-in-law.

schwips [ʃvips] interj cf. schwipp.

Schwips m ⟨-es; -e⟩ colloq. tipsiness (colloq.): einen ~ haben [bekommen] to be [to get] tipsy (od. happy, merry) (colloq.).

Schwirl [ʃvirl] m ⟨-(e)s; -e⟩ zo. warbler (Gattg Locustella).

schwir·ren ['ʃvirən] I v/i ⟨h u. sein⟩ 1. ⟨sein⟩ (von Vögeln) whir, auch whirr. — 2. ⟨sein⟩ (von Geschoß, Pfeil etc) whiz(z): ein Pfeil schwirrt durch die Luft an arrow whizzes through the air. — 3. ⟨sein⟩ (von Insekten) buzz. — 4. ⟨sein⟩ fig. buzz: aufgeregt schwirrte sie durchs Zimmer she buzzed (od. rushed) about the room excitedly; alle möglichen Ziffern schwirrten mir durch den Kopf all kinds of figures were buzzing through (od. going round in) my head. — 5. ⟨sein⟩ Gerüchte ~ durch die Stadt fig. the town is rife with rumo(u)rs, rumo(u)rs are going (a)round the town. — 6. ⟨h⟩ fig. (in Wendungen wie) mir schwirrt der Kopf my head is buzzing (od. is swimming, is turned, is in a whirl); ihm schwirrte der Kopf von all den Namen [vor lauter Lernen] his head was buzzing with all those names [with all that studying]. — 7. ⟨h⟩ med. a) (von Herztönen) thrill, b) (von Ohr) buzz, sing. — II S~ n ⟨-s⟩ 8. verbal noun. — 9. (von Geschoß, Pfeil etc) whiz(z). — 10. (von Insekten) buzz. — 11. med. (von Herztönen) thrill, fremitus (scient.).

'Schwirr,flug m zo. 1. (bei Insekten) whiz(z). — 2. (bei Vögeln) whir(r).

'Schwitz,bad n med. steam bath.

Schwit·ze ['ʃvitsə] f ⟨-; -n⟩ 1. gastr. roux. — 2. (leather) sweat(ing): Häute in die ~ bringen (in Gerberei) to sweat hides.

schwit·zen ['ʃvitsən] I v/i ⟨h⟩ 1. sweat, (feiner) perspire: er schwitzt an den Händen his hands are sweating; ich schwitze am ganzen Körper I am perspiring all over; er schwitzte vor Angst he was sweating (od. in a sweat) with fear; bei der Arbeit ~ to sweat while working; j-n ~ lassen to make s.o. sweat, to sweat s.o.; den lassen wir erst noch etwas ~, bevor fig. colloq. we'll keep him on tenterhooks (Am. sl. we'll let him sweat it out) for a while before; er schwitzt wie ein Schwein vulg. he sweats like a horse. — 2. (sich anstrengen) sweat, drudge, work hard. — 3. (von Fensterscheiben etc) fog (up), steam up, become fogged (od. steamed up), sweat. — 4. (von Mauern, Steinen etc) sweat, become moist (od. damp). — 5. Häute ~ lassen (in der Gerberei) to subject hides to sweating. — 6. bot. transpire. — II v/reflex 7. sich ganz naß ~ to get soaked with (od. bathed in) sweat (od. perspiration). — III v/t 8. bot. sweat (out): Bäume ~ Harz trees sweat (out) resin. — 9. Blut (und Wasser) ~ fig. colloq. to sweat blood. — IV S~ n ⟨-s⟩ 10. verbal noun. — 11. perspiration, sweat: dabei bin ich ins S~ gekommen that made me sweat, I fairly sweated. — 12. med. perspiration: übermäßiges S~ sweat(s pl); sudoresis, sudorrh(o)ea (scient.).

'Schwitz|,ka·sten m 1. sweatbox. — 2. (sport) (beim Ringen) headlock, chancery: im ~ in chancery; j-n in den ~ nehmen to lock s.o.'s head under one's arm. — ~,küh·lung f (space) transpiration cooling. — ~,kur f

med. sweat(ing) cure, hydrosudotherapy (scient.). — ~,mit·tel n sudorific, diaphoretic. — ~,packung (getr. -k·k-) f hot pack. — ~,was·ser n tech. condensation (od. condensed) moisture (od. water).

Schwö·de ['ʃvøːdə] f ⟨-; -n⟩ (leather) lime paste.

Schwof [ʃvoːf] m ⟨-(e)s; -e⟩ Eastern Middle G. colloq. (public) dance, 'hop' (colloq.), shindig (sl.): auf den ~ gehen to go for a dance (od. colloq. to a hop). — 'schwofen v/i ⟨h⟩ (have a) dance; 'hop', shake a leg (colloq.): ~ gehen to go for a dance (od. colloq. to a hop).

schwo·jen ['ʃvoːjən], schwo·jen ['ʃvoːjən] v/i ⟨h⟩ mar. swing (round), tend: auf den Strom [Wind] ~ to swing to the tide [wind].

schwoll [ʃvɔl] 1. u. 3 sg pret, 'schwöl·le ['ʃvœlə] 1. u. 3 sg pret subj of schwellen I.

schwöm·me ['ʃvœmə] 1 u. 3 sg pret subj of schwimmen.

schwor¹ [ʃvoːr] 1 u. 3 sg pret of schwören.

schwor² obs. 1 u. 3 sg pret of schwären.

schwö·re¹ ['ʃvøːrə] 1 u. 3 sg pret subj of schwören.

'schwö·re² obs. 1 u. 3 sg pret subj of schwären.

schwö·ren ['ʃvøːrən] I v/t ⟨schwört, schwor, obs. schwur, geschworen, h⟩ 1. swear, vow: einen Eid ~ to swear (od. take) an oath; einen falschen Eid (od. einen Meineid) ~ to swear falsely, to commit perjury, to perjure (od. forswear) oneself; den Fahneneid ~ to swear (od. take) the oath of loyalty; ich schwöre, die reine Wahrheit zu sagen, nichts zu verschweigen und nichts hinzuzufügen jur. I solemnly swear to tell the truth, the whole truth, and nothing but the truth; er schwor Stein und Bein, daß er es nicht getan hätte fig. colloq. he swore black and blue that he had not done it (colloq.); ich könnte ~, daß ich ihn gesehen habe fig. colloq. I could swear I saw him; ich hätte ~ können (od. hätte geschworen), daß fig. colloq. I could have sworn that; ich schwöre dir, es war nicht meine Schuld I swear to (od. I assure) you that it was not my fault; etwas bei allen Heiligen [bei seiner Ehre] ~ to swear s.th. by all the saints [on one's hono(u)r]; etwas hoch und heilig (od. bei allem, was einem heilig ist) ~ to swear s.th. by all that is sacred (od. holy). — 2. (feierlich versprechen) swear, vow: j-m Tod und Verderben ~ to swear to ruin and kill s.o.; j-m Rache ~ to vow (od. swear) vengeance on s.o.; sie schworen sich (dat) (od. einander) ewige Treue they swore each other eternal fidelity (od. faithfulness); ich habe mir geschworen, es nie wieder zu tun I swore never to do it again, I swore that I would never do it again. — II v/i 3. swear (an oath), take an oath: auf die Bibel ~ to swear on the Bible (od. on the Book); auf die (od. zur) Fahne ~ mil. to take one's military oath; vor Gericht ~ to swear before (the) court; falsch ~ to swear falsely, to commit perjury, to perjure (od. forswear) oneself; j-n ~ lassen jur. to swear s.o. in, to give s.o. the oath, to administer (od. tender) an oath to s.o., to put s.o. to (od. on) his oath; ich könnte darauf ~ fig. colloq. I could swear it. — 4. auf j-n [etwas] ~ to have absolute confidence in s.o. [s.th.], to swear by s.o. [s.th.] (colloq.): sie schwört auf ihren Arzt [dieses Mittel] she swears by (bes. Am. colloq. is sold on) her doctor [this medicine].

schwul [ʃvuːl] adj ⟨-er; -st⟩ vulg. contempt. 'gay' (colloq.), 'queer' (sl.), homosexual.

schwül [ʃvyːl] adj ⟨-er; -st⟩ 1. (vor einem Gewitter) sultry, close, sweltering, sweltry, heavy. — 2. (im Treibhaus etc) muggy, sticky. — 3. fig. (unbehaglich) oppressive, uneasy. — 4. fig. (sinnlich) sultry, sensuous.

'Schwu·le m ⟨-n; -n⟩ vulg. contempt. 'homo', 'pansy' (beide colloq.), 'queer' (sl.), Am. sl. 'fairy', 'fag'; homosexual.

Schwü·le ['ʃvyːlə] f ⟨-; no pl⟩ 1. (des Wetters etc) sultriness, closeness, heaviness, mugginess. — 2. sultry (od. oppressive) weather. — 3. (der Luft im Treibhaus etc) mugginess, stickiness. — 4. (schwüle Hitze) sultry (od. oppressive, close, sweltering, sweltry) heat. — 5. fig. (Unbehaglichkeit) oppressiveness, uneasiness. — 6. fig. (dumpf-sinnliche Stimmung) sultriness.

Schwu·li·tät [ʃvuliˈtɛːt] f ⟨-; -en⟩ meist pl colloq. 'hot water' (colloq.), 'jam' (sl.), fix, mess, scrape, trouble, difficulties pl: in ~en geraten to get into a fix; j-n in ~en bringen to get s.o. into a fix (od. into difficulties).

Schwulst [ʃvulst] m ⟨-(e)s; no pl⟩ 1. (schwülstiger Redestil) bombast, pomposity, pompousness, bombastic (od. pompous) style, grandiloquence, magniloquence; fustian, turgidity (lit.). — 2. (schwülstiger Schreibstil) bombast, pomposity, pompousness, floridity, ornateness, bombastic (od. lit. fustian) style; fustian, turgidity (lit.). — 3. (schwülstiger Kunst-, Baustil) bombast, ornateness, floridity. — 4. (aufgeblasenes Geschwätz) bombast, pomposity. — 5. (schwülstiges Buch, Stück, Kunstwerk etc) bombast. — 6. contempt. (Stil des Spätbarock) bombast.

'schwul·stig adj 1. (Lippen) thick. — 2. Austrian for schwülstig.

schwül·stig ['ʃvylstiç] adj 1. (Redestil) bombastic, grandiloquent, magniloquent, florid, pompous; fustian, turgid (lit.). — 2. (Schreibstil) bombastic, pompous, florid, ornate; fustian, turgid (lit.). — 3. (Architektur, Kunst etc) bombastic, ornate, florid. — 'Schwül·stig·keit f ⟨-; no pl⟩ cf. Schwulst 1—3.

'Schwulst|,stil m contempt. (Stil des Spätbarock) bombastic style. — ~,zeit f contempt. late phase of baroque art characterized by bombastic style.

schwum·me·rig ['ʃvuməriç], 'schwumm·rig adj dial. colloq. dizzy, giddy: mir wird ~ a) (ist nicht ganz geheuer) I feel funny, b) (ist schwindlig) I feel dizzy (od. giddy).

Schwund [ʃvunt] m ⟨-(e)s; no pl⟩ 1. cf. Schwinden. — 2. (an Vorräten) diminution, diminishment, shrinkage, decrease. — 3. (von Holz, Ton etc) shrinkage. — 4. (Verlust) loss. — 5. (durch Aussickern) leakage. — 6. med. a) (bei Muskeln etc) atrophy, b) (von Geschwulst) shrinkage. — 7. econ. a) (der Kaufkraft etc) decrease, decline, b) (von Waren) loss, shrinkage. — 8. ling. (eines Vokals, einer Silbe etc) loss. — 9. cf. Haarausfall.

'Schwund|,aus,gleich m (radio) (automatic) antifading (od. volume, gain) control. — ~,geld n econ. depreciation money. — s~,min·dernd adj only in ~e Antenne electr. antifading antenna (bes. Br. aerial). — ~,re·ge·lung f (radio) cf. Schwundausgleich. — ~,reg·ler m automatic fading (od. volume, gain) control circuit. — ~,stu·fe f ling. (eines Vokals) zero (od. vanishing) grade. — ~,zo·ne f (radio) fading (od. wipe-out) area.

Schwung [ʃvuŋ] m ⟨-(e)s; ⁀e⟩ 1. cf. Schwingen. — 2. (Schwungbewegung) (swinging) motion: etwas in ~ bringen a) (Pendel, Schaukel etc) to set s.th. in motion, to energize s.th., b) (Rad, Welle) to set s.th. in rotary motion, c) fig. (Unternehmen, Fest etc) to get s.th. going (full swing); ein Pendel in ~ setzen to set a pendulum in motion; j-n in ~ bringen fig. to get s.o. going; er muß immer erst in ~ gebracht werden fig. a) he always has to be got going (od. to be put in the mood) first, b) (auf Trab gebracht werden) he always has to be given a push (od. to be pushed); in ~ kommen a) (von Pendel, Schaukel etc) to be set in motion (od. set swinging), b) (von einem Rad) to be set in motion (od. set turning), c) fig. (von Unternehmen, Verhandlungen etc) to get going (od. under way), d) fig. (von Personen) to get into one's stride: heute ist sie (richtig) in ~! fig. she is really in peak (od. top) form today, she is really swinging (od. with it) today! (colloq.). — 3. (Pendel-, Schaukelschwung) swing. — 4. (Radumdrehung) turn. — 5. phys. (eines bewegten Körpers) impulse, momentum, swing. — 6. (Anstoß) push: er gab der Schaukel [dem Rad] einen ~ he gave the swing [wheel] a push. — 7. (Geschwindigkeit) speed: ~ bekommen to gather speed; die Schaukel verliert an ~ the swing slows down; ein Rad in vollem ~ anhalten to stop a rotating wheel abruptly. — 8. (sport) a) (beim Skilaufen) swing, b) (an Geräten) swing. — 9. (einer Linie, eines Weges, Torbogens etc) sweep: er schreibt seine G mit ausladendem ~ he writes his G's with a wide sweep. — 10. fig. (Elan, Tatkraft) drive, incentive, stimulus, impetus, impulse: **der Erfolg gab ihm neuen ~ neuen** the success gave him new drive (*od.* fresh impetus); **setzen Sie etwas mehr ~ hinter die Arbeit!** put a bit more drive (*od.* energy) into your work! **mir fehlt heute der richtige ~** a) I have no drive (*od.* no zest for work) today, b) (*die richtige Stimmung*) I'm not in the right mood today. – **11.** *fig.* (*Lebhaftigkeit*) life, vivacity; snap, go, zip, pep (*colloq.*): **sie hat viel ~, sie ist voller ~** a) she has plenty of life (*od.* verve, vivacity), there's plenty of life (*od.* go) about her (*colloq.*), b) (*voller Energie*) she is full of drive (*od.* has plenty of drive); **in der Party war kein (richtiger) ~ (drin)** *colloq.* there was no go (*od.* pep, snap) in the party (*colloq.*); **langsam kam ~ in das Fest** the party was gradually getting into full swing; **mit ~ und Energie ging sie an die Arbeit** she started working with verve and energy; **er trug seine Rede mit großem ~ vor** he delivered his speech with great vivacity. – **12.** *fig.* (*der Phantasie*) flight. – **13.** *fig.* (*einer Melodie, Zeichnung, Komödie etc*) swing: **die Melodie hat viel ~** the melody is full (*od.* has plenty) of swing. – **14.** *colloq.* (*Menge, Anzahl*) 'batch', 'bunch' (*beide colloq.*), number: **sie hat einen ~ neuer Kleider bekommen** she got a batch (*od.* bunch, pile, stack) of new clothes (*colloq.*); **wir haben einen ganzen ~ von Lehrlingen** we have a whole batch (*od.* bunch) of apprentices.

'Schwung|**arm** *m* (*bei Gymnastik*) swinging arm. — **~bein** *n* (*beim Gehen*) swinging leg. — **~brett** *n* (*sport*) (*beim Turnen*) springboard. — **~fe·der** *f zo.* (*eines Vogels*) wing (*od.* flight, quill) feather, primary (quill), pinion, remex (*scient.*).

'schwung·haft *adj* **1.** *bes. econ.* (*Handel*) booming, flourishing, roaring: **einen ~en Handel mit etwas (be)treiben** to do a roaring trade in s.th. – **2.** *cf.* schwungvoll 1, 2.

'Schwung|**kip·pe** *f* (*sport*) (*beim Geräteturnen*) long upstart (*Am. auch* kip). — **'Schwung**|**kraft** *f* ⟨-; *no pl*⟩ **1.** *phys.* a) momentum, b) *cf.* Fliehkraft. – **2.** *cf.* Schwung 10, 11. – **3.** *fig.* (*innere Spannkraft*) buoyancy, energy, vitality, activity. — **~an·las·ser** *m auto.* inertia (*od.* momentum) starter. — **'Schwung**|**ku·gel** *f tech.* fly (*od.* centrifugal) ball.

'schwung·los *adj fig.* **1.** (*ohne Tatkraft od. Elan*) without drive (*od.* impetus, stimulus, energy). – **2.** (*ohne Lebhaftigkeit*) without life (*od.* vivacity, punch, *colloq.* go, snap, pep, zip), lifeless, (*Personen*) *auch* without verve.

'Schwung|**ma·schi·ne** *f* **1.** *tech.* barring machine (*od.* engine). – **2.** *phys.* whirling table. — **~mas·se** *f tech.* flywheel (*od.* inertia) mass. — **~mo·ment** *n phys.* flywheel effect, moment of inertia, angular moment.

'Schwung|**rad** *n* **1.** *tech.* flywheel. – **2.** (*watchmaking*) (*einer Uhr*) balance wheel. — **~an·trieb** *m tech.* flywheel drive. — **'Schwung**|**schei·be** *f tech.* (*einer Handbohrmaschine*) idler roll. — **~stem·me** [-ˌʃtɛmə] *f* ⟨-; -n⟩ (*sport*) (*beim Turnen*) uprise.

'schwung·voll *adj* **1.** (*Linie, Schrift etc*) sweeping. – **2.** *fig.* (*energisch*) full of drive (*od.* impetus, stimulus). – **3.** *fig.* (*lebhaft*) full of life (*od.* vivacity, punch, *colloq.* snap, go, pep, zip), (*Personen*) *auch* full of verve, lively, vivacious, punchy; snappy, peppy, zippy (*colloq.*): **er hielt eine ~e Rede** he made a vivacious speech. – **4.** *fig.* (*Melodie etc*) full of swing, swinging.

schwupp [ʃvʊp] *interj colloq.* in a flash: **(und) ~! weg war er!** off he was in a flash.

Schwupp *m* ⟨-(e)s; -e⟩ *colloq.* **1.** (*Sprung, Satz*) leap: **mit einem ~ war er über dem Graben** he cleared the ditch in (*od.* with) a leap. – **2.** (*Stoß*) push.

'schwupp·dich *interj colloq. cf.* schwupp.

'schwupp·di·wupp [-di'vʊp] *colloq.* **I** *interj cf.* schwupp. – **II** *adv* (*im Nu*) in a trice (*od.* moment, *colloq.* jiffy): **ich werde ~ fertig sein!** I'll be ready in a trice (*od. colloq.* jiffy)! I'll be ready before you can say Jack Robinson!

schwups [ʃvʊps] *interj colloq. cf.* schwupp.

Schwups *m* ⟨-es; ⁼e⟩ *colloq. cf.* Schwupp.

---

schwur [ʃvuːr] *obs. 1 u. 3 sg pret of* schwören.

Schwur [ʃvuːr] *m* ⟨-(e)s; ⁼e⟩ **1.** (*Eid*) oath: **einen ~ leisten** (*od.* ablegen) to take (*od.* make, swear) an oath; **seinen ~ brechen** to break one's oath; **er erhob die Hand zum ~** he raised his hand to take the oath. – **2.** (*Gelöbnis*) vow: **einem ~ tun** to make a vow; **seinen ~ halten** to keep one's vow; **einen ~ getan haben** to be under vow.

schwü·re ['ʃvyːrə] *obs. 1 u. 3 sg pret subj of* schwören.

'Schwur|**fin·ger** *pl* three fingers raised in taking an oath. — **'Schwur**|**ge·richt** *n jur.* jury, *Am.* Court of General Sessions, *Br.* court of assize, assizes *pl*: **Verhandlung vor einem ~** trial by jury. — **'Schwur**|**ge·richts**|**pro·zeß** *m* proceedings *pl* before a jury, *Br.* proceedings *pl* before the court of assize. — **~ver·fah·ren** *n jur.* trial by jury, *Br.* assizes trial.

Schwy·zer ['ʃviːtsər] *m* ⟨-s; -⟩ inhabitant of (the Swiss canton of) Schwyz, Schwyz, *auch* Schwyzer.

'Schwy·zer|**dütsch** [-ˌdyːtʃ], **~tütsch** [-ˌtyːtʃ] ⟨*generally undeclined, rarely des -s*⟩, **das ~ˌdüt·sche, das ~ˌtüt·sche** ⟨-n⟩ *ling.* Swiss dial. for Schweizerdeutsch.

Sci·ence-fic·tion ['saɪəns'fɪkʃən] (*Engl.*) *f* ⟨-; -s⟩ (*literature*) science fiction.

Scil·la ['stsɪla] *f* ⟨-; -len⟩ *bot.* scilla (*Gattg Scilla*).

Scor·da·tu·ra [skɔrda'tuːra] *f* ⟨-; *no pl*⟩ *mus. cf.* Skordatur.

'Scotch|**ter·ri·er** ['skɔtʃ-] *m* ⟨-s; -⟩ Scottish (*od.* Scotch) Terrier (*auch* terrier).

Sco·tis·mus [sko'tɪsmʊs] *m* ⟨-; *no pl*⟩ *philos.* Scotism, *auch* scotism (*the teachings or school of Duns Scotus*). — **Sco'tist** [-'tɪst] *m* ⟨-en; -en⟩ *Scotist, auch* scotist.

Scrip [skrɪp] *m* ⟨-s; -s⟩ *econ.* (*Bescheinigung, bes. über nicht gezahlte Obligationszinsen*) scrip.

Script [skrɪpt] *n* ⟨-(e)s; -s⟩ *cf.* Skript¹. — **~girl** *n* (*film*) *cf.* Skriptgirl.

Scy·ba·lum ['stsyːbalʊm] *n* ⟨-s; -la [-la]⟩ *med.* scybalum.

Scyl·la ['stsyla] *npr f* ⟨-; *no pl*⟩ *myth. cf.* Szylla.

Seal [ziːl; siːl] (*Engl.*) *m, n* ⟨-s; -s⟩ seal(skin). — **~man·tel** *m* sealskin (coat), seal coat. — **~skin** [-ˌskɪn] *m, n* ⟨-s; -s⟩ **1.** (*Fell der Bärenrobbe*) seal(skin). – **2.** (*textile*) (*Plüschgewebe als Nachahmung*) sealskin.

Sé·ance [ze'ãːs] *f* ⟨-; -n [-sən]⟩ (*spiritistische Sitzung*) séance.

Se·ba·cin·säu·re [zeba'tsiːn-] *f chem.* sebacic (*od.* decane-dioic) acid (HOOC-$(CH_2)_8$COOH).

Se·bor·rhö [zebo'røː] *f* ⟨-; -en⟩, *auch* **Se·bor·rhöe** [-'røː] *f* ⟨-; -n [-ən]⟩ *med.* seborrh(o)ea. — **se·bor·rho·isch** [-'roːɪʃ] *adj* seborrh(o)eic.

Se·bum ['zeːbʊm] *n* ⟨-s; *no pl*⟩ *med. biol.* (*Talg*) sebum.

Sec·co·ma·le·rei ['zɛko-] *f* (*auf trockenem Putz*) (*fresco*) secco.

Se·cen·tis·mus [zetʃɛn'tɪsmʊs] *m* ⟨-; *no pl*⟩ (*Stilrichtung*) seicento.

Sech [zɛç] *n* ⟨-(e)s; -e⟩ *agr.* (*Pflugmesser*) colter, *auch* coulter.

sechs [zɛks] *adj* ⟨*cardinal number*⟩ six: **er kommt heute in ~ Tagen an** he'll arrive (in) six days from today (*od.* today in six days); **~ Richtige** (*im Lotto*) haben to have six wins (*od.* six right); **wir sind ~** (*od.* zu **~en, unser ~**) there are six of us, we are six.

Sechs *f* ⟨-; -en⟩ **1.** (*number*) six: **eine arabische** [*römische*] **~** an Arabic [a Roman] six. – **2.** (*auf Würfel, Spielkarte etc*) six: **er hat drei ~en hintereinander gewürfelt** he threw three sixes in succession. – **3.** (*Schulnote*) very poor (*od.* highly unsatisfactory) mark: **er hat eine ~ in Mathematik geschrieben** he got a very poor mark for his mathematics paper. – **4.** *colloq.* streetcar (*Br.* tram) number six.

'Sechs|**ach·ser** [-ˀˌaksər] *m* ⟨-; -⟩ *auto.* six-axle vehicle. — **~ˈach·tel**|**takt** [ˌzɛks-] *m mus.* six-eight time. — **s~ˌar·mig** [-ˀarmɪç] *adj* (*Leuchter etc*) six-armed, with (*od.* having) six arms. — **s~ˌato·mig** [-ˀaˌtoːmɪç] *adj chem.* hexatomic. — **~ˌbin·den·gür·tel·tier** *n zo.* six-banded armadillo (*Dasypus sexcinctus*). — **s~ˌblät·te·rig, s~ˌblätt·rig** *adj bot.* six-leaved (*od.* -leafed), hexaphyllous (*scient.*).

'sech·se *adj colloq. for* sechs.

'Sechs|**eck** *n* ⟨-(e)s; -e⟩ *math.* hexagon. — **s~ˌeckig** (*getr.* -k·k-) *adj* hexagonal, sexangular. — **s~ˌein'halb** *adj* six and a half.

'Sechs·en·der [-ˀˌɛndər] *m* ⟨-s; -⟩ *hunt.* stag (*od.* deer) with six tines, six-pointer.

'Sech·ser *m* ⟨-s; -⟩ **1.** *colloq. for* Sechs. – **2.** (*im Lotto*) six wins *pl*: **einen ~ haben** to have six wins (*od.* six right). – **3.** *obs.* six-pfennig (*od.* six-kreutzer) piece: **er hat nicht für einen ~ Verstand** *fig. colloq.* he hasn't a scrap (*od.* dram) of sense. – **4.** *hunt. cf.* Sechsender. — **~ˌbein**|**schlag** *m* (*sport*) (*beim Schwimmen*) six-beat crawl. — **~ˌbock** *m hunt.* six-point stag, *Am.* six-point (*auch* three-point) buck.

'sech·ser|**lei** *adj* ⟨*invariable*⟩ (*Arten, Möglichkeiten etc*) of six (different) kinds (*od.* sorts, varieties): **~ Arten** six different types; **das kann ~ bedeuten** this can have six (different) meanings.

'Sech·ser|**mann·schaft** *f* (*sport*) sextet(te), team of six. — **~ˌrei·he** *f* row of six: **in ~n antreten** to line up in rows of six.

'sechs·fach **I** *adj* sixfold, sextuple: **in ~er Ausfertigung** in six copies. – **II** *adv* sixfold, six times. – **III S~e, das** ⟨-n⟩ the sixfold (amount), six times the amount.

'Sechs|**flach** *n* ⟨-(e)s; -e⟩ *math.* (*in der Kristallographie*) hexahedron. — **s~ˌflächig** *adj* hexahedral. — **~ˌfläch·ner** [-ˌflɛçnər] *m* ⟨-s; -⟩ *cf.* Sechsflach.

'Sechs|**fü·ßer** *pl zo.* (*Insekten*) hexapods (*Klasse Hexapoda*). — **s~ˌfü·ßig** *adj* **1.** *zo.* six-footed, hexapod(ous) (*scient.*). – **2.** *metr.* (*Vers*) hexameter (*attrib*).

sechs'hun·dert *adj* ⟨*cardinal number*⟩ six hundred. — **S~ˌjahr·fei·er** [ˌzɛks,hundərt-] *f* sexcentenary.

Sechs|'jah·res·plan *m econ. pol.* six-year plan. — **s~ˌjäh·rig** ['zɛks-] *adj* **1.** (*Kind etc*) six-year-old (*attrib*), of six (years): **ein ~er Junge** a six-year-old boy, a boy of (*od.* aged) six. – **2.** (*Amtszeit etc*) six-year (*attrib*), of (*od.* lasting) six years, sexennial (*scient.*): **nach ~er Ehe** after six years of marriage, after a marriage lasting six years.

'Sechs|**kant** *m, n* ⟨-(e)s; -e⟩ **1.** *math.* hexagon. – **2.** *tech.* (*Werkzeugmitnehmerlappen*) hexagon tang. — **s~ˌkan·tig** *adj* hexagonal. — **'Sechs**|**kant**|**mut·ter** *f* ⟨-; -n⟩ *tech.* hexagon nut. — **~ˌschrau·be** *f* **1.** (*ohne Mutter*) hexagon head screw. – **2.** (*mit Mutter*) hexagon head bolt. — **~ˌstahl** *m tech.* hexagon bar steel.

'sechs|**köp·fig** [-ˌkœpfiç] *adj* **1.** (*Familie, Ausschuß etc*) of six. – **2.** (*Ungeheuer etc*) six-headed. — **~mal** *adv* six times. — **~maˌlig** *adj* ⟨*attrib*⟩ repeated six times (*od.* for the sixth time): **nach ~em vergeblichen Versuch gab er auf** after trying six times in vain he gave up.

Sechs|'mei·len·zo·ne *f mar.* six-mile limit. — **'sechs**|**mo·na·tig** [-ˌmoːnatɪç] *adj* **1.** (*Kind etc*) six-month-old (*attrib*), of six months. – **2.** (*Aufenthalt etc*) six-month (*attrib*), of (*od.* lasting) six months. — **~ˌmo·nat·lich** **I** *adj* six-monthly. – **II** *adv* every six months. — **~mo·toˌrig** [-mo,toːrɪç] *adj aer.* six-engined. — **S~ˌpaß** *m arch.* (*gotische Maßwerkfigur*) six-lobe tracery. — **S~ˌpfün·der** [-ˌpfyndər] *m* ⟨-s; -⟩ (*Fisch etc*) six-pounder. — **~ˌpfün·dig** [-ˌpfyndɪç] *adj* weighing six pounds, six-pound (*attrib*).

Sechs|'pha·sen·strom *m electr.* six-phase current.

'Sechs|**pol**|**röh·re** *f electr.* six-electrode tube (*bes. Br.* valve), hexode (*scient.*). — **s~pro·zenˌtig** [-pro,tsɛntɪç] *adj* six-percent, *Br.* six-per-cent (*attrib*), of six percent (*Br.* per cent). — **s~ˌsai·tig** [-ˌzaɪtɪç] *adj mus.* (*Gitarre etc*) six-string (*attrib*), hexachordic (*scient.*). — **s~ˌschüs·sig** [-ˌʃysɪç] *adj* six-chambered: **~er Revolver** six-chambered revolver; six-shooter, six-gun (*colloq.*). — **s~ˌsei·tig** *adj* **1.** *bes. math.* six-sided, hexagonal (*scient.*). – **2.** (*Brief etc*) of six pages, six-paged.

'Sechs|**sil·ber** [-ˌzɪlbər] *m* ⟨-s; -⟩ *metr.* verse of six syllables, six-syllable verse. — **s~ˌsil·big** [-ˌzɪlbɪç] *adj* six-syllable (*attrib*), of (*od.* comprising) six syllables, hexasyllabic (*scient.*). — **~ˌsilb·ler** [-ˌzɪlblər] *m* ⟨-s; -⟩ *metr. cf.* Sechssilber. — **~ˌsit·zig** [-ˌzɪtsɪç] *adj* having (*od.* with) six seats.

'Sechs|**spän·ner** [-ˌʃpɛnər] *m* ⟨-s; -⟩ six-horse coach, carriage and six. — **s~ˌspän·nig** [-ˌʃpɛnɪç] **I** *adj* (*Kutsche etc*) with (od. drawn by) six horses, six-horse (attrib). – **II** adv with six horses: ~ fahren to go in a six-horse coach (od. in a coach drawn by six horses).

'**sechs|,spu·rig** [-,ʃpuːrɪç] adj (Fahrbahn etc) six-lane(d). — ~,**stel·lig** [-,ʃtɛlɪç] adj (Zahl) six-figure (attrib). — ~,**stim·mig** [-,ʃtɪmɪç] mus. **I** adj (Kanon etc) six-part (attrib), for six parts. – **II** adv in six parts: ~ singen to sing in six parts. — ~,**stöckig** (getr. -k·k-) [-,ʃtœkɪç] adj (Gebäude etc) six-storeyed (bes. Am. -storied), six-storey (bes. Am. -story) (attrib). — ~,**stün·dig** [-,ʃtʏndɪç] adj six-hour (attrib), of (od. lasting) six hours. — ~,**stünd·lich** adv every six hours.

sechst adj **1.** ⟨ordinal number⟩ sixth: zum ~en Mal for the sixth time; das ~e Kapitel the sixth chapter, chapter six; an ~er Stelle in the sixth place; er steht an ~er Stelle he holds (od. is) in sixth place; den (od. einen) ~en Sinn für etwas haben fig. to have a sixth sense for s.th. – **2.** zu ~ sein to be six in number: sie waren zu ~ there were six of them; wir kamen zu ~ the six of us came.

,**Sechs'ta·ge|,fah·rer** m (beim Motorrad- u. Radsport) six-day rider. — ~,**fahrt** f (beim Motorradsport) six-day motorcycle rally, six days pl. — ~,**ren·nen** n (beim Radsport) six-day (bicycle) race, auch six days pl. — ~,**wo·che** f econ. six-day week.

'**sechs,tä·gig** adj six-day (attrib), of (od. lasting) six days. [thousand.]

'**sechs'tau·send** adj ⟨cardinal number⟩ six

'**Sech·ste** m, f ⟨-n; -n⟩, n ⟨-n; no pl⟩ **1.** (the) sixth: der ~ des Monats the sixth of the month. – **2.** (mit Kleinschreibung) sixth: die ~ von rechts the sixth from the right. – **3.** Karl der ~ (od. VI.) hist. Charles the Sixth, Charles VI.

'**sechs,tei·lig** adj **1.** having (od. consisting of) six parts, six-part (attrib). – **2.** (Geschirr etc) six-piece (attrib), of six pieces. – **3.** (Romanwerk etc) in six volumes, six-volume (attrib). – **4.** mus. (Werk etc) in six parts.

'**Sech·stel** **I** n, Swiss meist m ⟨-s; -⟩ sixth (part): fünf ~ five sixths; ein ~ des Gewichtes a (od. one) sixth of the weight. – **II** s~ adj ⟨attrib⟩ sixth (part) of.

'**sechs·tens** adv sixth(ly), in (the) sixth place.

'**sechs,und'sech·zig I** adj ⟨cardinal number⟩ sixty-six. – **II S**~ n ⟨-; no pl⟩ (Kartenspiel) sixty-six.

,**Sechs'vier·tel,takt** m mus. six-four time.

'**sechs|,wer·tig** adj chem. hexavalent. — ~,**win·ke·lig**, ~,**wink·lig** adj math. hexagonal, six-angled. — ~,**wö·chent·lich** adv every six weeks, every sixth week. — ~,**wö·chig** [-,vœçɪç] adj **1.** (Kind etc) six-week-old (attrib), of six weeks. – **2.** (Aufenthalt etc) six-week (attrib), of (od. lasting) six weeks.

'**Sechs|,zei·ler** [-,tsaɪlər] m ⟨-s; -⟩ metr. six-line poem. — s~,**zei·lig** [-,tsaɪlɪç] adj six-line (attrib), of six lines: ~e Strophe six-line stanza, sextain, sixain.

'**Sechs·zy,lin·der** m auto. **1.** cf. Sechszylindermotor. – **2.** colloq. (Wagen) six-cylinder (car). — ~,**mo·tor** m six-cylinder (engine).

'**sechs·zy,lind·rig** [-tsy,lɪndrɪç] adj auto. six-cylinder (attrib), with six cylinders.

sech·zehn ['zɛçtseːn] **I** adj ⟨cardinal number⟩ sixteen: ~ Uhr 4 p.m.; er ist ~ (Jahre alt) he is sixteen (years old). – **II S**~ f ⟨-; -en⟩ (number) sixteen.

'**Sech·zehn,en·der** [-,ʔɛndər] m ⟨-s; -⟩ hunt. stag (od. deer) with sixteen tines, sixteen-pointer.

'**sech·zehn,fach** adj sixteenfold.

'**sech·zehn,jäh·rig I** adj **1.** (Jugendlicher etc) sixteen-year-old (attrib), of sixteen (years): ein ~es Mädchen a sixteen-year-old girl, a girl of (od. aged) sixteen. – **2.** sixteen-year (attrib), of (od. lasting) sixteen years. – **II S**~e m, f ⟨-n; -n⟩ **3.** sixteen-year-old.

'**sech·zehnt I** adj ⟨ordinal number⟩ **1.** sixteenth. – **II S**~e m, f ⟨-n; -n⟩, n ⟨-n; no pl⟩ **2.** (the) sixteenth. – **3.** Ludwig der ~, Ludwig XVI. hist. Louis the Sixteenth, Louis XVI, Louis Seize.

'**Sech·zehn·tel I** n, Swiss meist m ⟨-s; -⟩ **1.** sixteenth (part). – **2.** mus. cf. a) Sechzehntelnote, b) Sechzehntelpause. – **II S**~ adj ⟨attrib⟩ **3.** sixteenth (part) of. — ~,**no·te** f mus. sixteenth (note), bes. Br. semiquaver. — ~,**pau·se** f sixteenth (bes. Br. semiquaver) rest.

'**sech·zehn·tens** adv sixteenth(ly), in the sixteenth place.

sech·zig ['zɛçtsɪç] **I** adj ⟨cardinal number⟩ **1.** sixty. – **II S**~ f ⟨-; -en⟩ **2.** (number) sixty. – **3.** ⟨only sg⟩ sixties pl: sie ist Anfang (der) S~ she is in her early sixties.

'**sech·zi·ger** adj ⟨invariable⟩ only in die ~ Jahre the sixties: die Außenpolitik der späten ~ Jahre the foreign policy of the late sixties.

'**Sech·zi·ger** m ⟨-s; -⟩ **1.** man in his sixties. – **2.** man of sixty, sexagenarian, sexagenary. – **3.** die ~ pl (Alter) the sixties: in den ~n sein to be in one's sixties; Mitte [Ende] der ~ sein to be in one's middle [late] sixties; hoch in den ~n sein to be in one's late sixties.

'**Sech·zi·ge·rin** f ⟨-; -nen⟩ **1.** woman in her sixties. – **2.** woman of sixty, sexagenarian, sexagenary.

'**Sech·zi·ger,jah·re, die** pl the sixties.

'**sech·zig,jäh·rig I** adj **1.** sixty-year-old (attrib), sexagenarian, sexagenary. – **2.** sixty-year (attrib), of (od. lasting) sixty years. – **II S**~e m, f ⟨-n; -n⟩ **3.** sixty-year-old, sexagenarian, sexagenary.

'**sech·zigst I** adj ⟨ordinal number⟩ sixtieth. – **II S**~e m, f ⟨-n; -n⟩, n ⟨-n; no pl⟩ (the) sixtieth.

'**Sech·zig,stel I** n, Swiss meist m ⟨-s; -⟩ sixtieth (part): fünf ~ five sixtieths. – **II S**~ adj ⟨attrib⟩ sixtieth (part) of.

se·da·tiv [zeda'tiːf] med. pharm. **I** adj (beruhigend) soothing, sedative, tranquilizing, bes. Br. tranquillizing. – **II S**~ n ⟨-s; -e⟩ cf. Sedativum. — **Se·da'ti·vum** [-vum] n ⟨-s; -va [-va]⟩ (Beruhigungsmittel) sedative, tranquilizer, bes. Br. tranquillizer.

Se·dez [ze'deːts] n ⟨-es; -e⟩ print. **1.** ⟨only sg⟩ cf. Sedezformat. – **2.** (Buch) (volume in) sixteenmo (od. sextodecimo). — ~,**for·mat** n sixteenmo, sextodecimo.

Se·di·ment [zedi'mɛnt] n ⟨-(e)s; -e⟩ **1.** geol. (Ablagerung) sediment. – **2.** chem. (Niederschlag, Satz) sediment, deposit, precipitate. – **3.** med. deposit, sediment, hypostasis (scient.). — ~,**ab,la·ge·rung** f sedimentation.

se·di·men·tär [zedimɛn'tɛːr] adj bes. geol. sedimentary.

Se·di·men·ta·ti·on [zedimɛnta'tsĭoːn] f ⟨-; -en⟩ bes. geol. sedimentation.

Se·di'ment·ge,stein n geol. sedimentary (rock).

se·di·men·tie·ren [zedimɛn'tiːrən] v/i ⟨no ge-, h⟩ **1.** geol. (sich ablagern) sediment. – **2.** med. chem. (bei Flüssigkeiten) deposit, settle, sediment.

Se·dis·va·kanz [zedɪsva'kants] f ⟨-; -en⟩ röm.kath. **1.** vacation of the papal see. – **2.** vacation of an episcopal see.

See[1] [zeː] m ⟨-s; -n [-ən]⟩ **1.** (Binnensee) lake: ein stiller [verträumter] ~ a still [dreamy] lake; Finnland, das Land der tausend ~n land of the thousand lakes, Finland. – **2.** (Teich) pond.

See[2] f ⟨-; -n⟩ **1.** ⟨only sg⟩ sea: in ~ gehen (od. stechen) to put to sea, (von Segler) auch to set sail; Handel zur ~ cf. Seehandel; auf ~ at sea; auf hoher ~ on the high seas; auf offener ~ on the open sea; ~ kommt auf sea is coming on; zur ~ gehen a) to become a sailor, b) to go to sea, to take to the sea; (spiegel)glatte [kabbelige, ruhige] ~ smooth [choppy, calm] sea; stürmische (od. rauhe) ~ rough sea; schwere ~ heavy (od. rough) sea; Kapitän zur ~ (naval) captain. – **2.** (in Wendungen wie) an der ~ at (od. by) the sea(side) (od. coast); an die ~ gehen (od. fahren) to go to the seaside (Am. seashore od. beach). – **3.** meist pl mar. a) wave, (sehr große) surge, b) (über das Schiff brandende) green (od. heavy) sea, breaker: eine ~ übernehmen to ship a green sea.

'**See|,aal** m zo. cf. Meeraal. — ~,**ad·ler** m zo. sea eagle, ern(e) (Haliaëtus albicilla). — ~,**amt** n mar. Court of Investigation, Br. Court of Inquiry, Maritime Board. — ~,**ane,mo·ne** f zo. (sea) anemone, actinia (Ordng Actinaria). — ~,**auf,klä·rer** m aer. mil. **1.** sea reconnaissance plane. – **2.** (naval) patrol plane. — ~,**bad** n **1.** (Kurort) seaside resort, watering place. – **2.** (Badeanstalt) seaside swimming pool. — ~,**bä·der,damp·fer** m, ~,**bä·der,schiff** n seaside resort pleasure boat, seaside excursion vessel. — ~,**bär** m **1.** zo. a) Südlicher ~ fur seal, sea bear (Gattg Arctocephalus), b) Nördlicher ~ (Bärenrobbe) fur (od. ursine) seal (Callorhinus ursinus). – **2.** fig.

colloq. humor. (alter, erfahrener Seemann) sea dog, (old) salt, shellback. — ~,**bar·be** f zo. cf. Meerbarbe. — ~,**barsch** m sea perch, (sea) bass (Roccus labrax). — ~,**be·ben** n geol. seaquake, waterquake. — s~,**be,schä·digt** adj mar. sea-damaged, damaged at sea. — ~,**beu·te** f (Prise) prize. — ~,**bla·se** f zo. cf. Galeere 2. — ~,**blocka·de** (getr. -k·k-) f econ. pol. naval blockade. — ~,**bras·se** f, ~,**bras·sen** m cf. Meerbrasse(n). — ~,**bri·se** f sea breeze (od. turn), onshore breeze. — ~,**bul·le** m zo. bullhead, long-spined sea scorpion (Cottus bubalis). — ~,**dorn** m bot. cf. Sanddorn. — ~,**dra·chen** m zo. ratfish, chimaera (scient.) (Ordng Chimaeriformes). — ~**-Ele,fant** m (Elefantenrobbe) elephant seal, sea elephant (Gattg Mirounga). — s~,**fä·hig** adj mar. (Schiff) seaworthy. — ~,**fah·rend** adj (Nation etc) seafaring. — ~,**fah·rer** m lit. **1.** navigator, sailor, seafarer. – **2.** cf. Seemann. — ~,**fähr·schiff** n (seagoing) ferry(boat), train ferry.

'**See,fahrt** f **1.** (Reise) (sea) voyage, cruise. – **2.** mar. navigation (at sea), seafaring. — ~,**buch** n discharge book, Am. seaman's passport. — ~,**schu·le** f mar. school of navigation, navigation school, nautical college.

'**See|,fe·der** f zo. (Federkoralle) sea feather, sea pen, pennatulid (scient.) (Ordng Pennatularia). — s~,**fest** adj **1.** (Schiff etc) seaworthy: das Schiff ist ~ the ship is seaworthy. – **2.** [nicht] ~ sein (von Person) to be a good [bad] sailor. – **3.** (seefest befestigt) secured for sea. — ~,**fisch** m gastr. saltwater (od. sea) fish. — ~,**fi·sche,rei** f **1.** (Tätigkeit) (deep-)sea fishing. – **2.** (Gewerbe) sea fishery. — ~,**fle·der,maus** f zo. sea bat, batfish (Fam. Ogcocephalidae). — ~,**flie·ger** m mar. aer. naval (od. seaplane) pilot (od. flier, flyer, aviator). — ~,**flie·ge,rei** f naval aviation. — ~,**flie·ger,horst** m naval air base, seaplane base (od. station). — ~,**flug,zeug** n seaplane. — ~,**fo,rel·le** f zo. lake (od. salmon) trout (Salmo trutta lacustris).

'**See,fracht** f mar. econ. sea (bes. Am. ocean) freight (od. carriage). — ~,**brief** m cf. Konnossement. — ~,**ord·nung** f regulations pl relating to the carriage of dangerous goods and explosives.

'**See|,frosch** m zo. laughing frog (Rana ridibunda). — ~,**fuchs** m cf. Fuchshai.

'**See,funk** m mar. marine radio. — ~,**dienst** m marine radio service. — ~,**sta,ti·on** f naval radio station.

'**See|,gang** m sea (disturbance), seaway, state of sea, waves pl: ~ kommt auf a sea gets up; bei ~ in a seaway; bei schwerem ~ with a heavy sea; hoher ~ a) heavy sea, b) (rauhe See) rough sea, high waves pl; zunehmender ~ rising sea. — ~,**ge,biet** n sea territory. — ~,**ge,fahr** f **1.** econ. (im Versicherungswesen) maritime (od. sea) risk. – **2.** pl perils of the sea, maritime perils. — ~,**ge,fecht** n mar. mil. naval battle (od. engagement). — ~,**gel·tung** f (eines Staates etc) maritime prestige, prestige at sea. — ~,**ge,mäl·de** n (art) cf. Seestück. — ~,**gras** n **1.** bot. eelgrass (Gattg Zostera, bes. Z. marina). – **2.** (zum Polstern) sea grass. — ~,**gras·ma,trat·ze** f sea grass mattress. — ~,**gren·ze** f sea frontier. — s~,**grün I** adj sea-green. – **II S**~ n sea green. — ~,**gur·ke** f zo. cf. Seewalze.

'**See,ha·fen** m mar. **1.** (sea)port, harbor, bes. Br. harbour, trading (od. maritime) port. – **2.** (als Stadt) seaport (town). — ~,**spe·di,teur** m **1.** port forwarding agent. – **2.** (Verschiffungsspediteur) shipping agent.

'**See,han·del** m econ. mar. sea(borne) trade, maritime (od. overseas) commerce, merchant shipping.

'**See,han·dels|ge,sell·schaft** f econ. mar. sea trading company. — ~,**gü·ter** pl seaborne goods. — ~,**recht** n jur. mar. merchant shipping law.

'**See|,ha·se** m zo. lumpfish, sea hen (Cyclopterus lumpus). — ~,**hecht** m hake (Merluccius merluccius). — ~,**he·ring** m powan (Coregonus clupeoides). — ~,**herr·schaft** f pol. naval supremacy, command (od. control) of the sea. — ~,**hö·he** f mar. **1.** (Höhe über dem Meer) level above sea, height (od. altitude) above sea level. – **2.** (Meeresniveau) sea level.

'**See,hund** m zo. Gemeiner ~ common (od. harbor, bes. Br. harbour) seal, sea dog (od. calf) (Phoca vitulina).

'**See,hunds|,fang** m sealery, seal fishery.

~**fän·ger** m sealer. — ~**fell** n seal(skin): Jacke aus ~ seal(skin) jacket.

'See|**igel** m zo. sea urchin, sea hedgehog, sea egg, echino(o)id (scient.) (Klasse Echinoidea). — ~**jung·fer** f 1. myth. cf. Seejungfrau. — 2. zo. (Libelle) cf. Wasserjungfer 2. — ~**jung|frau** f myth. mermaid(en), merwoman.

'See|**ka·bel** n mar. submarine cable. — ~**dienst** m (postal service) submarine cable service. — ~**netz** n submarine (cable) network.

'See|**ka·dett** m mar. naval cadet. — ~**kanne** f bot. water fringe, floating heart (Gattg Limnanthemum). — ~**kar·te** f chart, nautical (od. sea, marine) chart. — ~**kat·ze** f zo. ratfish (Chimera monstrosa). — ~**ki·ste** f (eines Seemannes) sea (od. seaman's) chest. — **s~klar** adj ready for sea, ready to put to sea, (bei Segelschiffen) auch ready to sail: ein Schiff ~ machen to prepare a ship for sea, to prepare a ship to put to sea. — ~**kli·ma** n meteor. sea (od. maritime) climate. — **s~krank** adj seasick: ich werde leicht ~ I get easily seasick, I am a bad sailor. — ~**krank·heit** f seasickness: an ~ leiden a) to be seasick, b) (anfällig sein) to be subject to seasickness. — ~**krei·de** f geol. calcareous mud. — ~**kreuz|dorn** m bot. cf. Sanddorn.

'See|**krieg** m mil. mar. sea (od. naval, marine, maritime) war(fare), war at sea. — ~**füh·rung** f sea (od. naval, marine, maritime) warfare.

'See|**kriegs|recht** n law of sea (od. naval, marine, maritime) warfare.

'See|**kuh** f zo. sea cow, sirenian (scient.) (Ordng Sirenia). — ~**kun·de** f mar. cf. Nautik. — ~**kü·ste** f seacoast, seaboard, seaside, seashore. — ~**lachs** m 1. zo. cf. a) Köhlerfisch, b) Pollack. — 2. gastr. cf. Lachsersatz.

See·le ['ze:lə] f ⟨-; -n⟩ 1. ⟨only sg⟩ (Wesenskern) soul: eine edle [reine, schöne] ~ a noble [an innocent, a beautiful] soul; er hat eine schwarze ~ fig. he has a black soul; die ~ des Volkes [einer Landschaft] the soul of a people [landscape]; ihrem Gesang fehlt die ~ her singing lacks soul; zwei ~n wohnen in seiner Brust two souls dwell in his breast; Essen und Trinken hält Leib und ~ zusammen (Sprichwort) eating and drinking keeps body and soul together; er ist an Leib und ~ gesund he is healthy (od. sound) in body and soul; j-m mit Leib und ~ gehören to belong to s.o. body and soul. — 2. (vernunftbestimmter Wesensteil) mind: zwei ~n und ein Gedanke two minds with but a single thought; sie sind ein Herz und eine ~ they are one heart and mind, they are bosom friends; sie hat es mir auf die ~ gebunden, dich daran zu erinnern fig. she urged (od. enjoined) me to remind you of it; der Mißerfolg liegt mir schwer auf der ~ the failure weighs heavily on my mind (od. on me), the failure deeply oppresses me. — 3. (gefühlsbestimmter Wesensteil) heart: sie weinte sich (fast) die ~ aus dem Leib fig. she (nearly) cried her heart out; sich (dat) die ~ aus dem Leib rufen [husten] fig. to shout [to cough] oneself hoarse; du hast mir aus der ~ gesprochen! fig. that's just how I feel! you have expressed my (inmost) thoughts! j-m aus tiefster (od. voller, ganzer) ~ danken [beistimmen] to thank [to agree with] s.o. with all one's heart (od. from the bottom of one's heart); er ist mir in (od. aus) tiefster ~ zuwider [verhaßt] I utterly detest [hate] him; in tiefster ~ ergriffen sein to be deeply moved; es tut mir in der ~ leid, daß I am (od. feel) deeply (od. truly) sorry that; seine Bemerkung tat mir in der ~ weh his remark cut me to the heart (od. quick); er ist mit Leib und ~ bei der Arbeit he is heart and soul in his work, his heart is in his work, he has his heart in his work; er ist mit Leib und ~ Lehrer he is a teacher heart and soul; sich einer Sache mit Leib und ~ verschrieben haben to have one's heart in a matter, to be wholly devoted to a matter; ich mußte mir das einmal von der ~ reden I (simply) had to unburden my heart. — 4. relig. (unsterblicher Teil des Menschen) soul: die unsterbliche ~ the immortal soul; die armen ~n im Fegefeuer röm.kath. the poor souls in purgatory; nun hat die arme

(od. liebe) ~ Ruh! a) relig. now the tormented soul has peace! b) fig. colloq. now we'll have some peace at last! seine ~ dem Teufel verschreiben to sell one's soul to the devil; seine ~ vor dem Bösen bewahren [retten] to keep [to save] one's soul from evil; seine ~ aushauchen fig. to draw one's last breath, to breathe one's last, to give up the ghost; für die armen ~n (der Verstorbenen) beten to pray for the (poor) souls (of the departed); er ist hinter dem Geld her wie der Teufel hinter der armen ~ fig. colloq. he is after money like the devil after the soul; Schaden an seiner ~ nehmen Bibl. to suffer harm to one's soul. — 5. (bei meiner ~!) a) (erstaunt, erschreckt) upon my soul! bless my soul! b) (auf mein Wort!) upon my word! — 6. fig. (Triebkraft, Mittelpunkt) (life and) soul: er ist die ~ des Betriebes he is the (life and) soul of the firm. — 7. fig. (Mensch, Einwohner) soul: er ist eine gute ~, er ist eine ~ von Mensch colloq. he is a good soul (od. a perfect dear), he is one in a million; sie ist eine treue [schlichte] alte ~ she is a faithful [simple] (old) soul; er ist eine durstige ~ colloq. he's a thirsty soul; sie sind verwandte (od. gleichgestimmte) ~n they are kindred souls (od. natures); es ist keine (menschliche) ~ hier colloq. there's not a (living) soul here; ich kenne in dieser Stadt keine ~ I don't know a soul in this town; ein Dorf mit (od. von) etwa 300 ~n a village of about 300 souls. — 8. mil. (einer Schußwaffe) bore. — 9. mus. (einer Geige etc) sound post. — 10. mar. tech. (eines Taues, Drahtseiles etc) core. — 11. tech. (eines Spiralbohrers) center (bes. Br. centre) web.

'See|**leim|kraut** n bot. sea campion (Silene vulgaris maritima).

'See·len|**ach·se** f mil. (eines Geschützrohres) axis of the bore. — ~**adel** m nobleness (od. nobility) of mind. — ~**amt** n röm.kath. requiem (mass), auch Requiem (mass), mass for the departed, office for the dead. — ~**angst** f extreme (od. deep) anxiety. — ~**arzt** m 1. fig. (Helfer in innerer Not) physician of the soul. — 2. colloq. for Psychiater. — ~**blind·heit** f med. psych. soul (od. physic) blindness; visual agnosia, alexia (scient.). — ~**bund** m lit. union of souls. — ~**dra·ma** n (literature) psychological drama. — ~**durch|mes·ser** m mil. (eines Geschützrohres) caliber, bes. Br. calibre, bore diameter. — ~**for·scher** m cf. Psychologe 1. — ~**for·schung** f cf. Psychologie. — ~**freund** m, ~**freun·din** f bosom friend. — ~**frie·de(n)** m peace of mind: j-s ~n gefährden auch iron. to threaten s.o.'s peace of mind. — ~**füh·rer** m relig. myth. conductor of souls, psychopomp(os) (scient.). — ~**ge|mein·schaft** f lit. cf. Seelenbund. — ~**glau·be** m philos. animism. — ~**grö·ße** f ⟨-; no pl⟩ magnanimity, greatness of mind. — **s~gut** adj ⟨pred⟩ kindhearted (Br. kind-hearted). — ~**gü·te** f kindheartedness, Br. kind-heartedness, (great) kindness of heart. — ~**heil** n 1. relig. salvation (of the soul): für j-s ~ beten to pray for s.o.'s soul (od. for the salvation of s.o.'s soul). — 2. cf. Seelenfriede(n). — ~**heil|kun·de** f med. psych. 1. psychiatry. — 2. psychotherapy. — ~**hirt**, ~**hir·te** m relig. cf. Seelsorger. — ~**kampf** m, bes. psych. ~**kon|flikt** m mental conflict, inner struggle. — ~**kraft** f cf. Seelenstärke. — ~**krank·heit** f psych. mental disease, psychopathy (scient.). — ~**kun·de** f ⟨-; no pl⟩ psych. psychology. — **s~kund·lich** [-,kʊntlɪç] adj psychological. — ~**le·ben** n inner (od. emotional) life. — ~**leh·re** f psych. cf. Seelenkunde. — ~**lei·den** n mental (od. psychic) disorder. — **s~los** adj (Schönheit, Blick, Musik etc) soulless. — ~**mas|sa·ge** f ⟨-; no pl⟩ colloq. iron. (durch Predigt etc) manipulation of the soul. — ~**mes·se** f röm.kath. cf. Seelenamt. — ~**not**, ~**pein**, ~**qual** f (mental) agony (od. anguish), agony (od. anguish) of mind, travail. — ~**re|gung** f emotion, mental agitation. — ~**ru·he** f 1. (Ausgeglichenheit) peace (od. calmness, balance) of mind. — 2. in (aller) ~ a) (gemütlich) in peace and quiet, at leisure, b) (ungerührt) calmly, as cool as you please, (as) cool as a cucumber: er sah in aller ~ zu,

wie ich mich damit abplagte he calmly watched me struggling with it. — **s~ru·hig** adv coolly, calmly: er schaut ~ zu, wenn andere arbeiten he coolly watches other people working, he watches unmoved while other people work. — ~**stär·ke** f fortitude, strength of mind, mental power. — ~**taub·heit** f med. psych. psychic (od. hysterical, functional) deafness. — ~**trö·ster** m humor. (Schnaps) stiffener, pick-me-up (beide colloq.), Am. colloq. bracer. — **s~ver'gnügt** adj colloq. merry, cheerful, blithe. — ~**ver,käu·fer** m mar. contempt. tub (sl.). — **s~ver,wandt** adj congenial (od. kindred) (in nature od. in temperament). — ~**ver,wandt·schaft** f congeniality (od. affinity, kinship) (of nature od. of temperament). — **s~voll** adj soulful, full of feeling: ~er Blick soulful glance, melting eyes pl. — ~**vor|gang** m psych. mental process. — ~**wand** f mil. (bei einem Geschütz) bore surface. — ~**wan·de·rung** f relig. philos. transmigration of souls, metempsychosis (scient.). — ~**wär·mer** m humor. 1. (wollenes Halstuch) comforter. — 2. (Wolljacke) woolen jacket. — 3. cf. Seelentröster. — ~**wei·te** f mil. cf. Seelendurchmesser. — ~**zu,stand** m state (od. frame) of mind, mental (od. psychic) condition (od. state).

'See|**leo,pard** m zo. sea leopard, leopard seal (Hydrurga leptonyx). — ~**li·lie** f sea lily, crinoid (scient.) (Klasse Crinoidea).

'**see·lisch I** adj 1. (geistig) mental, psychic: ~e Grausamkeit mental cruelty; ~er Mord mental (od. psychic) murder; ~e Störungen mental (od. psychic) disturbances; die ~en Ursachen einer Krankheit the mental (od. psychic) causes of a disease; sich in einem schlechten ~en Zustand befinden to be in low mental (od. psychic) condition; sie steht unter starker ~er Belastung (od. starkem ~en Druck) she is under great mental (od. psychic) stress (od. strain). — 2. (gefühlsmäßig) emotional: ~e Spannungen emotional tension (od. stress) sg; ~es Gleichgewicht a) emotional balance (od. equilibrium), b) (geistiges, nervliches) mental (od. psychic) balance (od. equilibrium), balance of mind; aus dem ~en Gleichgewicht kommen to be thrown off balance emotionally; sein ~es Gleichgewicht wiederfinden to regain (od. recover) one's emotional balance. — **II** adv 3. mentally, psychically: körperlich und ~ krank physically and mentally (od. psychically) ill; sie war der Anforderung ~ nicht gewachsen she couldn't cope with the mental strain; eine ~ bedingte Krankheit a disease with mental (od. psychic) causes; sich ~ auf etwas einstellen to prepare (oneself) mentally for s.th., to get used to the thought of s.th.; sich ~ darauf einstellen, daß to get used to the thought that. — 4. emotionally: geistig und ~ intellectually and emotionally.

'See|**lö·we** m sea lion, otarioid (scient.) (Fam. Otariidae): Kalifornischer ~ California sea lion (Zalophus californicus); Stellers ~ Steller's sea lion (Eumetopias jubata).

'Seel|**sor·ge** f ⟨-; no pl⟩ relig. cure (of souls), spiritual (od. religious) charge (od. welfare, care), ministry, bes. mil. chaplaincy: er ist in der ~ tätig he is active in the ministry. — '**Seel|sor·ger** m ⟨-s; -⟩ curate, clergyman, pastor, minister, bes. mil. chaplain. — '**seel,sor·ge·risch**, '**seel,sorg·lich** adj pastoral: ~e Pflichten pastoral duties; ~e Betreuung religious (od. spiritual) welfare (od. charge).

'See|**luft** f sea air. — ~**luft,ha·fen** m aer. mar. seadrome. — ~**luft,streit,kräf·te** pl naval air force sg. — ~**macht** f 1. ⟨only sg⟩ (Seeherrschaft) naval (od. maritime, sea) power (od. strength). — 2. (Staat) naval (od. maritime, sea) power.

'See|**mann** m ⟨-(e)s; -leute⟩ mar. seaman, sailor, mariner. — '**see,män·nisch** [-,mɛnɪʃ] adj 1. (Gang, Aussehen etc) seamanlike, seamanly, sailorly. — 2. (Ausdruck, Fertigkeiten etc) nautical.

'See|**manns|amt** n shipping office. — ~**aus,druck** m seaman's (od. nautical) term. — ~**brauch** m seaman's custom.

'See|**mann·schaft** f ⟨-; no pl⟩ mar. seamanship.

'See|**manns|gang** m mar. sailor's (od. seaman's) walk (od. gait). — ~**garn** n ⟨-(e)s; no pl⟩ humor. yarn(s pl) (colloq.): ~ spinnen to spin (od. tell) yarns. — **~ge**‚**setz** n jur. seamen's law. — **~**‚**heim** n (der Seemannsmission) sailors' home. — **~**‚**le·ben** n seaman's (od. sailor's, mariner's) life, seafaring life. — **~**‚**lied** n chant(e)y, shant(e)y. — **~los** n seaman's (od. sailor's) lot. — **~mis·si**‚**on** f (Institution u. Gebäude) seamen's mission. — **~**‚**ord·nung** f jur. cf. Seemannsgesetz. — **~schu·le** f presea training college. — **~spra·che** f seaman's (od. sailor's) language. — **~tod** m (Tod durch Ertrinken) seaman's (od. sailor's) death.

'**See-**‚**Manns**‚**treu** n bot. cf. Stranddistel.
'**See-ma**‚**nö·ver** n mar. sea man(o)euver (bes. Br. manœuvre).

'**see**‚**mä·ßig I** adj (Verpackung etc) seaworthy. – **II** adv ~ verpackt seaworthy-packed, packed seaworthy.

'**See**‚**maus** f zo. (Borstenwurm) sea mouse (Aphrodite aculeata). — **~mei·le** f mar. nautical (od. sea) mile, (pro Stunde = Knoten) knot: mit 30 ~n at a (steady) 30 knots; **~n** je Stunde (nautical) miles per hour. — **~**‚**mi·ne** f mar. mil. sea (od. naval) mine. — **~**‚**mönch** m zo. cf. Mönchsrobbe. — **~moos** n bot. (bes. für Blumenbinderei) sertularian moss (Sertularia cupressina). — **~mö·we** f zo. (sea) gull (Fam. Laridae). — **~mu·schel** f blood clam, ark shell (Gattg Arca). — **~na·del** f pipefish (Fam. Syngnathidae): Gemeine ~ tanglefish, needlefish, great pipefish, sea adder (Syngnathus acus): Breitrüsselige ~ broad-nose pipefish (Siphonostoma typhle); Kleine ~ lesser pipefish (Syngnathus rostellatus). — **~ne·bel** m meteor. sea fog. — **~nel·ke** f zo. sea daisy (Metridium senile).

'**Se·en**‚**ge·biet** n lakeland. — **~kun·de** f ⟨-; no pl⟩ limnology.

'**See**‚**not** f ⟨-; no pl⟩ mar. distress (at sea): in ~ sein [geraten] to be in [to get into] distress. — **~dienst** m sea rescue service. — **~flug**‚**zeug** n sea rescue aircraft. — **~kreu·zer** m lifesaving (Br. life-saving) (od. rescue) cruiser (od. [kleiner] boat). — **~ret·tungs**‚**dienst** m cf. Seenotdienst. — **~ruf** m distress call, SOS. — **~wel·le** f (radio) distress frequency (od. wave-[length]). — **~zei·chen** n cf. Seenotruf.

'**Se·en**‚**plat·te** f geogr. area full of lakes, lake district.

'**See**‚**nym·phe** f myth. cf. Seejungfrau. — **~of·fi**‚**zier** m mar. naval officer. — **~ohr** n zo. (marit. od. ear) shell, muttonfish, ormer, sea-ear, Am. abalone (Gattg Haliotis). — **~ot·ter** m sea otter (Enhydra lutris). — **~paß** m mar. ship's passport. — **~**‚**perl**‚**mu·schel**, '**Ech·te ~** f zo. great pearl oyster (Avicula margaritifera). — **~pfand**‚**recht** n mar. jur. maritime lien. — **~pferd·chen** n ⟨-s; -⟩ zo. horsefish, sea horse (Gattg Hippocampus). — **~pocke** f (getr. -k·k-) f balanid (Gattg Balanus). — **~pro**‚**test** m mar. jur. sea protest. — **~quap·pe** f zo. **1.** Dreibärtelige ~ three-bearded rockling (Gaidropsaurus mediterraneus). – **2.** Vierbärtelige ~ four-bearded rockling (Enchelyopus cimbrius). – **3.** Fünfbärtelige ~ five-bearded rockling (Motella mustela). — **~ra·be** m cormorant, sea raven (Hemitripterus americanus).

'**See**‚**raub** m mar. piracy. — **~räu·ber** m **1.** pirate, buccaneer, freebooter, sea robber. – **2.** hist. (Korsar) corsair. — **~räu·be'rei** [‚ze:-] f piracy: ~ treiben to pirate, to buccaneer, to practice (bes. Br. practise) (od. engage in) piracy. — **~räu·ber·ge**‚**schich·te** f pirate tale, buccaneering story, sea robbers' yarn (colloq.).

'**see**‚**räu·be·risch** adj piratical, auch piratic.
'**See**‚**räu·ber**‚**krieg** m mar. hist. war against piracy, pirates' war. — **~schiff** n **1.** pirate (vessel). – **2.** hist. (Korsar) corsair. — **~staa·ten** pl hist. piratical (od. pirate) states.

'**See**‚**räu·ber·tum**, '**See**‚**räu·ber**‚**we·sen** n ⟨-s; no pl⟩ mar. piracy.

'**See**‚**recht** n mar. jur. maritime (od. sea) law, law of the sea: internationales ~ maritime international law. — **s~recht·lich** adj relating to maritime law, maritime-legal. — **~**‚**rei·se** f **1.** (sea) voyage, cruise: eine ~ machen to go on a voyage. – **2.** (Überfahrt) (sea) crossing, (sea) passage. – **3.** (kurze) (sea) trip. — **~rei·sen·de** m, f (sea) voyager. — **~ro·se** f **1.** bot. water (od. pond) lily, spatterdock (Gattg Nymphaea): Ägyptische ~ Egyptian white

water lily, white lotus of the Nile (N. lotus): Himmelblaue ~ blue water lily, blue lotus of the Nile (N. coerulea): Weiße ~ a) (great od. common) white water lily (N. alba), b) nenuphar (N. odorata). – **2.** bot. Gelbe ~ yellow water lily (Nuphar luteum): Indische ~ sacred lotus (Nelumbo nucifera). – **3.** zo. cf. Seeanemone. — **~rou·te** f mar. sea route. — **~sack** m seabag. — **~saibling** m zo. sea saibling (Salvelinus namaycush). — **~salz** n bay (od. solar) salt. — **~sand** m sea sand.

'**See**‚**scha·den** m mar. jur. **1.** sea damage, loss suffered at sea. – **2.** (Havarie) average. — **~be**‚**rech·nung**, **~re·gu**‚**lie·rung** f adjustment of average.

'**See**‚**schei·de** f zo. ascidian (Klasse Ascidiacea). — **~schiff** n mar. sea boat (od. ship), seagoing vessel. — **~schiffahrt** (getr. -ff‚f-) f **1.** sea (od. ocean) shipping. – **2.** sea (od. ocean) navigation. — **~schild**‚**krö·te** f zo. cf. Meeresschildkröte. — **~schlacht** f naval battle. — **~schlag** m mar. wash of the sea. — **~schlan·ge** f **1.** zo. sea serpent (Fam. Hydrophiidae). – **2.** myth. (Fabeltier) cf. Seeungeheuer. — **~schlep·per** m mar. seagoing tug. — **~**‚**schleu·se** f sea lock. — **~schlick** m sea ooze. — **~schmet·ter·ling** m zo. sea butterfly (Blennius ocellaris; fish). — **~**‚**schnep·fe** f sea snipe (Macrorhamphosus scolopax; fish). — **~schu·le** f **1.** mar. naval school. – **2.** (literature) (Gruppe engl. Romantiker) Lake School, lakists, auch Lakists pl. — **~schwal·be** f zo. medrick, tern (Gattg Sterna): Gemeine ~ common (od. great) tern, scray (S. hirundo od. fluviatilis): Kleine ~ lesser sea swallow (S. minuta): Schwarzbäuchige ~ black tern (Hydrochelidon fissipes). — **~sieg** m naval victory. — **~skor·pi**‚**on** m zo. sea scorpion, sting fish (Myoxocephalus scorpius). — **~**‚**sper·re** f econ. pol. cf. Seeblockade. — **~spin·ne** f zo. sea spider, spider crab (Hyas aranea). — **~spra·che** f nautical language. — **~staat** m pol. maritime nation. — **~stadt** f seaside (od. maritime) town. — **~stern** m zo. starfish, sea star, asteroidean (scient.) (Klasse Asteroidea): Gemeiner ~ common sea star (Asterias rubens). — **~**‚**stich·ling** m sea stickleback (Spinachia spinachia). — **~strand** m seashore, seaside: flacher ~ beach. — **~stra·ße** f mar. water hishway, sea route (od. road), sea-lane. — **~**‚**stra·ßen**‚**ord·nung** f mar. jur. international regulations pl for preventing collisions at sea, rules pl of the road at sea, rules pl of navigation. — **~streit**‚**kräf·te** pl mar. mil. naval forces, navy sg. — **~stück** n (art) (Gemälde) seascape, seapiece, marine. — **~sturm** m storm at sea. — **~tak·tik** f naval tactics pl (usually construed as sg). — **~tang** m **1.** bot. seaweed, rockweed, kelp, sea bottles pl (Gattg Fucus). – **2.** (als Dünger) seaware. — **~tau·cher** m zo. diver (Gattgen Gavia u. Colymbus). — **~teu·fel** m angler, allmouth (Lophius piscatorius). — **~tier** n sea beast, submarine, marine animal. — **~ton·ne** f **1.** mar. (marker) buoy. – **2.** zo. telescope shell (Potamites telescopium).

'**See-trans**‚**port** m **1.** mar. sea (od. marine) transport (bes. Am. transportation). – **2.** econ. shipment by sea: See- und Landtransport sea and land carriage, carriage by land and sea. — **~ge**‚**fahr** f econ. marine (od. maritime) peril(s pl), maritime risk. — **~ver**‚**si·che·rung** f cf. Seeversicherung.

'**See**‚**trau·be** f **1.** bot. sea(side) grape, lobe berry (Coccoloba uvifera). – **2.** zo. (Eier der Tintenfische) sea grapes pl. — **~trift** f mar. jur. waveson, flotsam. — **s~tüch·tig** adj seaworthy. — **~tüch·tig·keit** f seaworthiness. — **~ufer** n shore (od. banks pl) of a lake. — **~un**‚**fall** m mar. sea accident, accident at sea. — **~un·ge**‚**heu·er** n myth. sea monster, leviathan. — **~un·ter**‚**neh·men** n mar. maritime venture. — **s~un·tüch·tig** adj unseaworthy. — **~un**‚**tüch·tig·keit** f unseaworthiness. — **~ver**‚**bin·dung** f sea route. — **~ver**‚**kehr** m maritime (od. ocean, sea, seaborne) traffic. — **~ver**‚**mes·sung** f hydrographic survey.

'**See-ver**‚**si·che·rer** m econ. marine (Am. ocean marine) insurer.
'**See-ver**‚**si·che·rung** f eon. marine (Am. ocean marine) insurance.

'**See-ver**‚**si·che·rungs**‚**ge**‚**sell·schaft** f econ. marine (Am. ocean marine) insurance company. — **~po**‚**li·ce** f marine (Am. ocean marine) (insurance) policy. — **~ver**‚**trag** m marine (Am. ocean marine) insurance contract.

'**See**‚**vo·gel** m zo. seabird, seafowl. — **~volk** n maritime nation, seafaring people. — **~wal·ze** f zo. sea cucumber (od. slug, melon), holothurian (scient.) (Klasse Holothurioidea). — **~war·te** f mar. hydrographic office, naval (od. marine) observatory.

'**see**‚**wärts** adv seaward(s), a-sea.
'**See**‚**was·ser** n **1.** seawater. – **2.** salt water. — **~aqua·ri·um** [-ʔa‚kvaːrĭum] n saltwater aquarium.

'**See**‚**weg** m mar. sea (od. ocean, maritime) route, sea-lane, seaway: auf dem ~ by sea; auf dem ~ befördert econ. seaborne, carried by sea; Beförderung auf dem ~ mar. econ. cf. Seetransport. — **~we·sen** n ⟨-s; no pl⟩ maritime (od. naval) affairs pl. — **~wet·ter·be**‚**richt** m meteor. marine weather report. — **~wet·ter·dienst** m marine weather service. — **~wind** m sea breeze (od. turn), onshore wind (od. breeze). — **~wolf** m zo. wolffish, catfish (Anarhichas lupus). — **~wurf** m mar. **1.** jetsam. – **2.** (Überbordwerfen) jettison. — **~zei·chen** n **1.** navigational aid, seamark, nautical mark. – **2.** (Boje) (marker) buoy. – **3.** (an Land) landmark: landfestes ~ beacon.

'**See**‚**zoll** m econ. customs pl levied at the coast. — **~gren·ze** f maritime customs border. — **~ha·fen** m port of entry, port within customs territory.

'**See**‚**zun·ge** f zo. sole (Solea solea): Gemeine ~ common sole (S. vulgaris); Kleine ~ little (od. dwarf) sole, solenette (S. minuta). — '**See**‚**zun·gen·fi**‚**let** n gastr. filet de sole, fillet of sole.

Se·gel ['ze:gəl] n ⟨-s; -⟩ mar. sail: mit vollen **~n** under full sail (od. canvas), under press of sail, with all sails set; unter ~ under sail; unter ~ gehen to sail, to make (od. set) sail, to put to sea; das Schiff hatte alle ~ gesetzt the ship had set (od. crowded on) all sail; die ~ beisetzen to spread (od. make) sail; die ~ einholen (od. einziehen) to take (od. get) in the sails; die ~ hissen to hoist (od. haul up) sail; die ~ losmachen to loosen (od. unfurl) the sails; ein ~ niederholen to hand down a sail; die ~ streichen a) to strike (od. lower, douse) sail, b) fig. colloq. to hoist (od. show) the white flag, to submit, to give in; j-m den Wind aus den ~n nehmen fig. to take the wind out of s.o.'s sails; er ging mit vollen **~n** auf sein Ziel los fig. colloq., he made straight for his goal; → Wind 1. — **~an**‚**wei·sung** f **1.** sailing directions pl (od. instruction). – **2.** (Handbuch) sailing directory book, sailing directions pl. — **~boot** n **1.** Am. sailboat, bes. Br. sailing boat. – **2.** cf. Segeljacht. — **~ech·se** f zo. sail lizard (Hydrosaurus amboinensis). — **~fahrt** f mar. sail. — **~fal·ter** m zo. swallowtail (butterfly) (Iphiclides podalirius). — **s~fer·tig** adj mar. ready to sail, ready for sea, sailable, in sailing trim: sich ~ machen to get under sail. — **~fisch** m zo. sailor fish (Gattg Histiophorus). — **~flä·che** f spread of sail, sail area. — **s~flie·gen** aer. (sport) **I** v/i ⟨only inf⟩ glide, sailplane, soar. – **II S~** n ⟨-s⟩ verbal noun: Schulung im S~ instruction in glider flying. — **~flie·ger** m **1.** (Pilot) glider (od. sailplane) pilot. – **2.** cf. Segelflugzeug. — **~flie·ge·rei** f cf. Segelfliegen. — **~flie·ger·schein** m glider pilot's licence (Am. license).

'**Se·gel**‚**flug** m aer. (sport) **1.** cf. Segelfliegen. – **2.** (eines Segelflugzeugs) a) (Gleitflug) glide, b) (Flug mit Höhengewinn od. Höhehalten) sailing (od. soaring, glider) flight. — **~dau·er·re**‚**kord** m endurance record for sailplanes. — **~platz** m gliding field. — **~sport** m gliding: ~ treiben to go in for gliding. — **~wett·be**‚**werb** m gliding contest.

'**Se·gel**‚**flug**‚**zeug** n aer. (sport) glider, sailplane: ~ mit Hilfsmotor motor glider, power-assisted glider. — **~bau** m sailplane (od. glider) construction.

'**Se·gel**‚**garn** n mar. sail twine, sewing yarn. — **~ha·ken** m mar. sail hook. — **~hand·buch** n pilot (book), sailing directions pl (od. directory book). — **~jacht** f sail (*bes. Br.* sailing) yacht. — ~**jol·le** *f* yawl, sailing dinghy. — **kärpf·ling** *m zo.* sailfin (mollie) (*Molliensia velifera*). — ~**kar·te** *f mar.* sailing (*od.* track, skeleton) chart. — s~**klar** *adj cf.* segelfertig. — ~**klub** *m* yacht(ing) club, sailing club. — ~**kurs** *m* **1.** sailing course. – **2.** *mar.* course made good. — ~**lei·nen** *n,* ~**lein,wand** *f* (sail)cloth, canvas, *auch* canvass. — s~**los** *adj* sailless, without sail(s).

'**Se·gel,ma·cher** *m* sailmaker. — ,**Se·gelma·che'rei** *f* ‹-; *no pl*› sailmaking.

se·geln ['zeːgəln] **I** *v/i* ‹sein *u.* h› **1.** ‹sein *u.* h› sail: beim (*od.* dicht am) Wind ~ to sail on (*od.* close, near) the wind, to sail close--hauled; gegen den Wind ~ to sail (*od.* make way) against the wind; mit [vor] dem Wind ~ to sail with [before] the wind; um ein Kap ~ to sail round (*od.* to double) a cape; längs der Küste ~ to sail along the coast, to coast; in den Grund ~ to run aground; auf hoher See ~ to sail the high seas; wir haben (*od.* sind) zwei Stunden gesegelt we sailed two hours; am Nachmittag gingen wir ~ we went for a sail in the afternoon; → Flagge 3. – **2.** ‹sein *u.* h› (*sport*) yacht, sail, go yachting (*od.* sailing). – **3.** ‹sein *u.* h› *aer.* (*sport*) glide, sail(plane), soar. – **4.** ‹sein› *fig.* (*von Vögeln*) soar, glide, sail. – **5.** ‹sein› *fig.* (*von Schneeflocken, Wolken etc*) float. – **6.** ‹sein› *fig. colloq.* (*von Personen*) sail: dort kommt sie gerade um die Ecke gesegelt here she comes sailing round the corner. – **7.** ‹sein› durchs Examen ~ *fig. colloq.* to fail (in) the examination. – **II** *v/t* ‹h *u.* sein› **8.** (*Segelboot, Kurs, Route etc*) sail. – **9.** (*sport*) (*Rennen*) yacht. – **III** S~ *n* ‹-s› **10.** *verbal noun.* – **11.** sail.

'**Se·gel,qual·le** *f zo.* velella (*Gattg Velella*). — ~**re,gat·ta** *f* (*sport*) sailing regatta. – ~**schiff** *n mar.* sail(er), *Am.* sailship, *bes. Br.* sailing ship. — ~**schiffahrt** (*getr.* -ff-,f-) *f* sailing, navigation by sail. — ~**schlit·ten** *m* (*sport*) *cf.* Eisjacht. — ~**schul,schiff** *n mar.* training sailship (*bes. Br.* sailing ship). — ~**sport** *m* yachting, sailing, boating.

'**Se·gel,tuch** *n* **1.** *bes. mar.* (sail)cloth. – **2.** (*Gitterleinen*) canvas. – **3.** (*Schiertuch*) (cotton) duck. — ~**ei·mer** *m* canvas bucket. — ~**ho·se** *f* ducks *pl.* — ~**pla·ne** *f* **1.** canvas. – **2.** (*geteerte*) tarpaulin. — ~**schuh** *m meist pl* canvas shoe, *Br.* plimsoll, *auch* plimsol(e), *bes. Am.* sneaker. — ~**ver,deck** *n auto.* canvas top.

'**Se·gel,wind** *m* sail breeze (*od.* wind). — ~**yacht** *f cf.* Segeljacht.

Se·gen ['zeːgən] *m* ‹-s; -› **1.** *relig.* (*erteilter*) blessing, benediction: der päpstliche [väterliche] ~ the papal [paternal] blessing; (j-m) den ~ erteilen (*od.* spenden, geben) to give (s.o.) one's blessing (*od.* the benediction); am Ende des Gottesdienstes sprach der Priester den Segen at the end of the service the priest pronounced (*od.* gave) the benediction; den ~ erhalten (*od.* bekommen) to receive the blessing; den ~ über j-n [etwas] sprechen to give s.o. [s.th.] one's blessing; Gott gebe seinen ~ dazu! may God give his blessing! God's blessing on it! Gottes ~ (sei) mit dir! may God's blessing be with you; ich gebe meinen ~ dazu *fig. colloq.* I give it my blessing; meinen ~ hat er *fig. colloq. iron.* he has my blessing; an Gottes ~ ist alles gelegen (*Sprichwort*) God's blessing gained, all is obtained (*proverb*); sich regen bringt ~ (*Sprichwort*) *etwa* industry is fortune's right hand (*proverb*). – **2.** *relig.* (*Gebet, bes. Tischgebet*) prayer(s *pl*), benediction: vor der Mahlzeit den ~ sprechen to say a prayer (*od.* to say grace, to ask the blessing) before the meal. – **3.** *relig.* (*Zeichen des Kreuzes*) (sign of the) Cross. – **4.** (*Gottesgabe*) gift: Kinder sind ein ~ Gottes children are the gift of God; ein ~ des Himmels a gift from heaven. – **5.** *fig.* (*Glück*) luck: auf seiner Arbeit ruht kein ~ he has no luck with his work; (j-m) ~ bringen to bring (s.o.) good luck; das bringt keinen ~ no good will come of it. – **6.** *fig.* (*Hilfe*) blessing, godsend: ein wahrer ~ a real blessing, a great boon, a perfect godsend; das schöne Wetter ist ein wahrer ~ für die Ernte the fine weather is a real blessing for the crops; es ist ein (wahrer) ~, daß it is (quite) a mercy that; im Grunde war es ein ~ it was a blessing in disguise; die Fort-

schritte in der Physik sind leider kein reiner ~ the progress in physics is unfortunately not an unmixed (*od.* unadulterated) blessing. – **7.** *fig.* (*Ertrag*) yield: der ~ der Ernte the yield of the crops. – **8.** *fig.* (*Reichtum*) riches *pl*, abundance: der ~ der Erde the riches of the earth. – **9.** *fig.* (*Gedeihen*) prosperity: zum ~ der Menschheit for the benefit (*od.* prosperity) of mankind; ich wünsche dir Glück und ~ I wish you happiness and prosperity. – **10.** der ganze ~ *fig. colloq.* the whole lot (*colloq.*): ist das der ganze ~? is that the lot? is that all? – **11.** *cf.* Segnung 3. — s~**brin·gend** *adj* beneficial, blessed. — ~**er,tei·lung** *f relig.* benediction.

'**Se·gens,for·mel** *f relig.* formula of benediction. — ~**fül·le** *f poet.* abundance of blessings.

'**se·gen,spen·dend** *adj cf.* segenbringend. — S~**,spen·dung** *f* (pronouncement of the) benediction.

'**se·gens,reich** *adj* **1.** (*Erfindung etc*) beneficial, blessed. – **2.** (*fruchtbar*) fruitful, prosperous: sein ~es Wirken his fruitful activity; ich wünsche Ihnen eine ~e Zukunft I wish you a prosperous future.

'**Se·gens,spruch** *m relig.* benedicite, blessing. — ~**wunsch** *m* **1.** benediction. – **2.** *pl* (*Glückwünsche*) good wishes.

'**Se·ger,ke·gel** ['zeːgər-] *m tech.* pyrometric (*auch* Seger) cone. — ~**por·zel,lan** *n* Seger porcelain.

Seg·ge ['zɛgə] *f* ‹-; -n› *bot.* sedge (*Gattg Carex*).

'**Seg·ler** *m* ‹-s; -› **1.** (*sport*) yachtsman. – **2.** *mar. cf.* Segelschiff. – **3.** *aer.* (*sport*) *cf.* Segelflugzeug. – **4.** *zo. cf.* Mauersegler. — '**Seg·le·rin** *f* ‹-; -nen› (*sport*) yachtswoman.

Seg·ment [zɛ'gmɛnt] *n* ‹-(e)s; -e› **1.** *math.* segment. – **2.** *electr.* a) (*Einzelblech eines Ankers*) armature-core segment, b) (*Lamelle eines Stromwenders*) commutator segment. – **3.** *med. biol.* segment. – **4.** *zo.* a) (*von Gliedmaßen*) article, b) (*einiger Seescheiden*) merosome, c) (*linearer Gliederungsabschnitt*) metamere.

seg·men·tal [zɛgmɛn'taːl] *adj* segmental, segmentary. — S~**or,gan** *n zo.* nephridium. **seg·men·tär** [zɛgmɛn'tɛːr] *adj cf.* segmental.

Seg·men·ta·ti·on [zɛgmɛnta'tsĭoːn] *f* ‹-; -en› segmentation.

Seg'ment,bo·gen *m arch.* segmental arch. **seg·men·tie·ren** [zɛgmɛn'tiːrən] *v/t* ‹no ge-, h› segment. — **Seg·men'tie·rung** *f* ‹-; -en› segmentation.

Seg'ment|,kreis,sä·ge *f tech.* inserted tooth metal slitting saw. — ~**len,kung** *f* worm and sector steering. — ~**sä·ge,blatt** *n* segmental saw blade. — ~**schleif,schei·be** *f* segmental wheel.

seg·nen ['zeːgnən] **I** *v/t* ‹h› **1.** bless, give (*s.o., s.th.*) one's blessing: Gott segne dich! God bless you! der Vater segnete den Sohn the father blessed his son (*od.* gave his son his blessing); Gott segne dein Werk! may God prosper your work; ich segne diesen Entschluß *fig.* I bless this decision; ich segne den (*od.* gesegnet sei der) Tag, an dem *fig.* I bless the day when; das Zeitliche ~ *fig. euphem.* to depart this life, to die. – **2.** (*mit dem Kreuzzeichen*) bless, cross, sign: den Täufling ~ to sign the infant, to make the (sign of the) Cross (up)on (*od.* over) the infant. – **3.** (*Brot, Wein etc*) consecrate, bless. – **II** S~ *n* ‹-s› **4.** *verbal noun.* – **5.** *cf.* Segnung. — '**seg·nend I** *pres p.* – **II** *adv* er hob ~ seine Hände he raised his hands in blessing.

'**Seg·nung** *f* ‹-; -en› **1.** *cf.* Segnen. – **2.** *relig.* (*des Brotes, Weines etc*) consecration. – **3.** *fig.* blessing: die ~en der Zivilisation the blessings of civilization.

'**Seh|,ach·se** *f* **1.** *med.* axis of sight (*od.* vision), line of vision, visual line. – **2.** (*optics*) a) (*für Kristalle*) optic axis, b) (*für Linsensysteme*) optical axis. — ~**be,reich** *m* visual range.

se·hen ['zeːən] **I** *v/t* ‹sieht, sah, gesehen, h› **1.** see: siehst du mich? can you see me? wir konnten das Haus sehr gut sehen we could see the house very well; seitdem habe ich ihn nicht mehr gesehen I have not seen (*od.* I have never set eyes on) him since; ich habe ihn nie zuvor gesehen I have never seen him before; sie tat, als ob sie nichts gesehen hätte she pretended

not to have seen anything; ich habe ihn lange nicht zu ~ bekommen I have not seen him for a long time; ich sah ihn nur flüchtig I only saw him for a moment, I only caught a glimpse of him; man sieht dich zur Zeit sehr selten, man sieht zur Zeit sehr wenig von dir one sees very little of you these days; wenn man ihn so sieht, könnte man glauben, daß seeing him like this makes you think that; das habe ich mit eigenen Augen gesehen I have seen this with my own eyes; ich freue mich, Sie zu ~ I am pleased to see you; hast du den Film gesehen? have you seen the film? er zog aus, um die Welt zu ~ he set out to see the world; er sah den Tod vor Augen *fig.* death loomed before him; ich sehe ihn (in der Erinnerung) noch vor mir I (can) still see him in my mind's eye; er sieht nur seinen Vorteil *fig.* he only sees (*od.* has an eye for) his advantage; er sieht immer nur das Schlechte *fig.* he always sees only the bad (*od.* black) side; er sieht seinen Weg klar vor (*dat*) sich *fig.* he sees his way clearly before him; etwas nicht ~ wollen *fig.* to shut one's eyes to s.th.; alles doppelt ~ (*bes. nach Alkoholgenuß*) to see everything double; weiße Mäuse ~ *fig. colloq.* to see pink elephants; Sterne ~ *fig. colloq.* to see stars; er sieht den Wald vor lauter Bäumen nicht *fig. colloq.* he doesn't see the wood for the trees; du siehst wohl Gespenster? *fig. colloq.* you must be seeing ghosts. – **2.** (*betrachten*) see, (have a) look at: darf ich das mal bitte ~? may I have a look (at it)? in dieser Stadt ist (*od.* gibt es) nicht viel zu ~ there is not much to see in this town; es kommt darauf an, wie man die Dinge sieht *fig.* it depends on how you look at things; ich sehe die Dinge, wie sie sind *fig.* I see things as they are; ich sehe die Sache anders (*od.* von einem anderen Standpunkt aus) *fig.* I look at it differently; → Brille 1. – **3.** (*beobachten*) see, watch, observe: ich möchte gern den Sonnenuntergang ~ I would like to watch the sunset; ich konnte den Unfall vom Fenster aus ~ I could see the accident from the window; ich sah ihn langsam die Straße herunterkommen I watched him come (*od.* coming) slowly down the road; ich sah ihn fallen I saw him fall(ing). – **4.** (*ausfindig machen, erspähen*) see, recognize *Br. auch* -s-, spy, spot: mit ihrem roten Hut konnte man sie schon von weitem ~ one could spot her with her red hat from a distance (*od. colloq.* a mile away). – **5.** (*wahrnehmen, ausmachen*) see, discern, distinguish, make out: es war so neblig, daß man kaum etwas ~ konnte it was so foggy that one could hardly distinguish anything (*od.* that you could not see a thing); die Umrisse des Hauses waren nur undeutlich (*od.* verschwommen) zu ~ the contours of the house could only be distinguished vaguely (*od.* were only vaguely discernible); es war so dunkel, daß man die Hand nicht vor den Augen ~ konnte it was so dark that you could not see beyond your nose. – **6.** (*bemerken*) notice, see: er sieht aber auch alles! he notices everything! he doesn't miss a thing! hast du etwas gesehen? did you notice anything? bestürzt sah sie, daß she noticed with dismay that. – **7.** zu ~ sein a) to be seen (*od.* visible, in sight), to show oneself, b) (*hervorschauen*) to show, to peep out, c) (*ausgestellt sein*) to be on show (*od.* exhibition): es war nichts zu ~ there was nothing to be seen; davon ist nichts mehr zu ~ there is no trace to be seen of it now, nothing is left of it; niemand war zu ~ there was nobody in sight; dort sind interessante Kunstwerke zu ~ there are interesting works of art on exhibition there; ist mein Unterrock zu ~? is my petticoat showing? – **8.** etwas gern [ungern] ~ to like [to dislike, not to like] s.th.: er sieht es gern, wenn man ihn fragt he likes to be asked, he likes being asked; er sieht es nicht gern, wenn man zu spät kommt he doesn't like people to be late; ich sehe es sehr ungern, daß Sie weggehen I hate to see you go. – **9.** j-n bei sich ~ to have (*od.* see) s.o.: wir würden Sie gern einmal bei uns ~ we would like to see you at our home some time. – **10.** etwas ~ lassen a) (*zeigen*) to show s.th., to let s.th. be seen, b) (zur Schau stellen) to display (od. exhibit) s.th. – **11.** sich (bei j-m) ~ lassen (von Personen) to let oneself be seen, to show oneself, to appear, to put in an appearance: er hat sich lange nicht mehr ~ lassen he hasn't shown himself (od. his face) for a long time; die Gastgeberin hat sich den ganzen Abend nicht ~ lassen the hostess hasn't put in an appearance the whole evening; du könntest dich ruhig etwas öfter ~ lassen you could show yourself (od. turn up, colloq. show up) a little more often; er kann sich dort nicht mehr ~ lassen he daren't show his face there again; laß dich hier nie wieder ~! don't you dare to show your face here again! – **12.** sich ~ lassen können not to be bad at all, not to be half bad (colloq.): das kann sich ~ lassen that's not bad at all; sie kann sich ~ lassen colloq. she's not half bad(-looking) (colloq.). – **13.** (treffen) see, meet: sie ~ sich recht häufig they see quite a bit of each other, they meet (each other) quite frequently; wann ~ wir uns wieder? when shall we meet (od. see each other) again? den möchte ich ~, der alles weiß I should like to meet s.o. who knows everything. – **14.** j-n [etwas] nicht mehr ~ können (od. mögen) fig. colloq. not to be able to stand (od. bear) the sight of s.o. [s.th.] (colloq.): ich kann dieses Kleid einfach nicht mehr ~ I simply can't bear the sight of this dress anymore. – **15.** j-n in j-m (od. als j-n) ~ fig. a) to see (od. regard) s.o. as s.o., b) to picture (od. imagine, see) s.o. as s.o., c) to see s.o. in s.o.: sie sieht in ihm den großen Helden she sees him as a great hero; er sieht in sich schon den Opernstar von morgen he already pictures himself as the great opera star of tomorrow; ich sehe in ihr meine Mutter I see my mother in her. – **16.** fig. (erleben) see, experience: ich habe ihn noch nie so niedergeschlagen [glücklich] gesehen I have never seen him so dejected [happy]; das muß man gesehen haben! that is something one ought to have seen! hat man so etwas schon gesehen? have you ever seen the like of it! well I never (did)! (colloq.), bes. Am. colloq. can you beat that! sie hat bessere Tage gesehen she has seen better days; da sieht man's wieder! colloq. there you are! there you have it! – **17.** fig. (wissen) see, know: ich sehe keine andere Möglichkeit [keinen anderen Ausweg] I see no other possibility [way out]; das habe ich kommen ~ I saw that coming, I knew that would happen. – **18.** fig. (merken, erkennen) see, realize Br. auch -s-: zu spät sah ich, daß ich einen Fehler begangen hatte I realized too late that I had made a mistake; sie hat inzwischen gesehen, daß es so nicht geht she has now realized that it can't be done like that. – **19.** fig. (beurteilen) see: man muß die Dinge im Zusammenhang ~ one has to see things in their context; wie ~ Sie die politische Lage? how do you see (od. what do you think of) the political situation? – **20.** fig. (überlegen) see, think about: ich will ~, was sich machen läßt I'll see what can be done. – **21.** fig. (feststellen) see, find out: das werden wir bald ~ we'll soon find (that) out; das wird man erst ~ that remains to be seen. – **22.** ~, daß fig. a) (versuchen) to try to, to see (to it) that, b) (sorgen) to take care that, to see (to it) that, to ensure that: ich will ~, daß ich das Buch für dich besorgen kann I'll try to get the book for you; sieh, daß du pünktlich bist try to be on time, see to it that you are on time; ich werde ~, daß alles in Ordnung geht I'll ensure that everything will be all right. – **II** v/reflex sich ~ **23.** see oneself: sich im Spiegel ~ to see oneself in the mirror. – **24.** sich als j-d ~ fig. to imagine (od. picture, see) oneself as s.o.: sie sah sich schon als Filmstar she already pictured herself as a film star. – **25.** sich gezwungen (od. genötigt, veranlaßt) ~, etwas zu tun to find oneself (od. feel) compelled to do s.th., to have no choice but to do s.th. – **26.** sich betrogen ~ to find oneself deceived. – **III** v/i **27.** see: gut ~ a) to (be able to) see well, b) (gute

Augen haben) to have good eyes (od. sight); schlecht ~ a) (im Dunkeln etc) to see badly, b) (schlechte Augen haben) to have bad (od. poor, weak) eyes (od. sight); er sieht sehr scharf he has very sharp eyes (od. sight), he is very sharp- (od. keen)-sighted; er kann nicht ~ a) he can't see, b) he is blind; der Blinde kann wieder ~ the blind man can see again (od. has regained his sight); wie ich sehe, ist er beschäftigt I see (that) he is busy, he is busy I see; sehe ich recht? can I trust my eyes? wenn ich recht gesehen habe if my eyes have not deceived me; siehe oben [unten] see above [below]; siehe Seite 20 see page 20; wir werden ja ~ well, we shall see, time will tell; siehst du (od. colloq. siehste) (wohl), ich hatte doch recht there you are, I was right after all; na, siehst du, so schwer war es doch gar nicht there you are, (od. didn't I tell you) it wasn't so difficult after all; und hast du (od. haste) nicht gesehen, war er weg colloq. he was gone like a shot (od. before you could say Jack Robinson, colloq. in a jiffy). – **28.** (schauen, blicken) look: sieh nur! sieh doch! sieh mal! (just) look! look here! sieh (mal) einer an! colloq. I say! look at that! indeed! und siehe da, er kam doch and what do you know (od. think), he came after all; alle sahen nur auf ihn everybody was looking at him; nervös sah sie auf die Uhr she nervously looked at her watch; j-m auf die Finger ~ fig. to keep an eye (od. a sharp eye) on s.o.; aus dem Fenster ~ to look out of the window; vor Müdigkeit konnte sie kaum noch aus den Augen ~ she was so tired that she could hardly keep her eyes open; der Schalk sieht ihm aus den Augen fig. he has a roguish look in his eyes; j-m durch die Finger ~ fig. to shut one's eyes (od. to turn a blind eye) to s.o.'s actions; durch ein Fernglas ~ to look through binoculars; sie sieht ständig in den Spiegel she is always looking into the mirror; j-m in die Augen ~ to look into s.o.'s eyes; j-m fest in die Augen ~ to look s.o. straight in the eye; der Gefahr [dem Tod] ins Auge ~ (od. Gesicht) fig. to look danger [death] in the eye, to face danger [death]; er kann niemandem mehr in die Augen ~ fig. he cannot look anyone in the eye any more; ins Licht [in die Sonne] ~ to look into the light [sun]; man kann niemandem ins Herz ~ fig. one cannot look into anyone's (od. lit. a man's) heart; hoffnungsvoll in die Zukunft ~ fig. to look into the future full of hope; nach Boden ~ to look down, to lower one's eyes. – **29.** die Fenster [Zimmer] ~ auf die (od. nach der) Straße the windows [rooms] look on (od. out on) the street, the windows [rooms] overlook (od. open on to, face) the street. – **30.** auf (acc) etwas ~ to be particular about s.th., to set great store by s.th.: sie sieht sehr auf Sauberkeit she is very particular about cleanliness; manche ~ nur auf ihren Vorteil some people only have eyes for their own advantage; sie sieht sehr aufs Geld she is very careful with (her) money; heute wollen wir nicht auf den Preis ~ let's forget about the price today. – **31.** darauf ~, daß to take care (od. to see to it, to mind, to ensure) that: sieh darauf, daß alle da sind mind that everybody is there. – **32.** (selbst) ~, wo man bleibt (od. wie man zurechtkommt) to take (od. look after) oneself: du mußt selbst ~, wie du das Geld zusammenbringst you must see for yourself where you'll get the money, you must find the money for it yourself. – **33.** nach j-m [etwas] ~ fig. to look (od. take care of, see to) s.o. [s.th.]: nach dem Kranken [den Kindern] ~ to look after the patient [the children]; einer muß ja nach dem Rechten ~ after all, someone has to see (od. make sure) that everything is in order. – **34.** j-m [einer Sache] ähnlich ~ to look (od. to be like, to resemble s.o. [s.th.]): er sieht ganz seiner Mutter ähnlich he is very like his mother (in looks); das sieht dir (wieder) ähnlich! fig. colloq. a) that's just like you! that's typical of you! that's you all over! b) trust you! trust you to do that! you would do that! – **35.** fig.

(herausragen) stick (od. stand) out: nur ein paar Dächer sahen noch aus dem Schnee only a few roofs stuck out of the snow. – **IV** S~ n ⟨-s⟩ **36.** verbal noun. – **37.** sight: ich kenne sie (nur) vom S~ I (only) know her by sight; → hören 19. – **38.** (Sehvermögen) vision: S~ mit einem Auge monocular vision; indirektes S~ peripheral vision, indirect vision; plastisches S~ perception of three-dimensional space, three-dimensional vision; stereoskopisches (od. räumliches) S~ stereoscopic vision. — '**se·hend** **I** pres p. – **II** adj wieder ~ werden to regain (od. recover) one's sight; j-n ~ machen (od.) fig. to open s.o.'s eyes.

'**se·hens**|**wert**, **~·wür·dig** adj worth seeing, sightworthy, worthwhile, remarkable.

'**Se·hens·wür·dig·keit** f ⟨-; -en⟩ **1.** sight, place (od. thing) worth seeing, object (od. place) of interest: die ~en einer Stadt the sights of a town; ~en besichtigen (gehen) to go sightseeing, (to go) to see the sights; die ~en einer Stadt besichtigen to do a town (colloq.). – **2.** (Kuriosität) curiosity.

'**Se·her** m ⟨-s; -⟩ **1.** (Prophet) seer, prophet, visionary. – **2.** cf. Hellseher. – **3.** hunt. (von Haarraubwild u. Nagern) eye. — **~·blick** m ⟨-(e)s; no pl⟩ prophetic (od. visionary, mantic) eye. — **~·ga·be** f ⟨-; no pl⟩ prophetic (od. visionary, mantic) gift, gift of prophecy.

'**Se·he·rin** f ⟨-; -nen⟩ **1.** seeress, prophetess, visionary. – **2.** cf. Hellseherin.

'**se·he·risch** adj prophetic, visionary, mantic.

'**Seh**|**feh·ler** m med. sight defect, defect of vision.

'**Seh**|**feld** n (optics) **1.** field of vision, visual field. – **2.** (des Mikroskops) field of view. — **~·blen·de** f field diaphragm (od. stop).

'**Seh**|**hil·fe** f (optics) **1.** vision aid, aid to vision. – **2.** (Brille) glasses pl, spectacles pl. — **~·kraft** f cf. Sehvermögen. — **~·kreis** m circle of vision, (circle of the) horizon. — **~·lei·stung** f visual performance. — **~·loch** n pupil.

'**Seh·ne** ['ze:nə] f ⟨-; -n⟩ **1.** med. sinew, tendon, tendo (scient.): sich (dat) eine ~ zerren to strain a sinew. – **2.** math. (eines Kreisbogens) chord. – **3.** (zum Spannen eines Bogens) string.

'**seh·nen** ['ze:nən] **I** v/reflex ⟨h⟩ **1.** sich ~ nach a) to long for, to wish for, to hanker after (od. for), (stärker) to yearn for, to crave for, b) (schmachtend) to pine (od. languish) for (od. after): sie sehnt sich nach ihm she is yearning for him; sich nach Hause ~ to long for home; sie sehnte sich nach einer guten Tasse Kaffee she hankered after a good cup of coffee; er sehnt sich danach, allein zu sein he is longing to be alone. – **II** S~ n ⟨-s⟩ **2.** verbal noun. – **3.** cf. Sehnsucht.

'**seh·nen**|**ar·tig** adj med. tendinous, ligamentous. — **S~·band** n (tendinous) ligament (od. band).

'**seh·nend** **I** pres p. – **II** adj (Herz, Verlangen etc) longing, (stärker) craving.

'**Seh·nen**|**durch·tren·nung** f med. tenotomy, tendotomy. — **~·ent·zün·dung** f inflammation of a tendon; tendinitis, tenositis (scient.). — **~·fa·ser** f tendinous fiber (bes. Br. fibre). — **~·maß** n arch. math. chordal dimension. — **~·naht** f med. tenosuture, tenorrhaphy. — **~·pla·stik** f plastic surgery of tendons, tendon grafting; tendoplasty, tenoplasty, tenontoplasty (scient.). — **~·re·flex** m tendon jerk (od. reflex, reaction). — **~·schei·de** f tendon (od. scient. synovial) sheath. — **~·schei·den·ent·zün·dung** f tendovaginitis, tenosynovitis. — **~·trans·plan·ta·ti·on** f tendon grafting. — **~·ver·kür·zung** f shortening of a tendon. — **~·ver·pflan·zung** f tendon grafting. — **~·zer·rung** f strained tendon, desmectasia (scient.).

'**Seh**|**nerv** m med. optic nerve. — **~·atro·phie** f optic atrophy. — **~·ein·tritt** m entrance of the optic nerve, optic disk (od. disc, papilla).

'**Seh**|**ner·ven·ent·zün·dung** f med. ophthalmoneuritis.

'**seh·nig** adj **1.** (Fleisch) stringy, sinewy, tendinous. – **2.** (Gestalt etc) sinewy, wiry, auch wirey, stringy. – **3.** (Arm etc) sinewy. – **4.** metall. (Bruchgefüge) fibrous.

'**sehn·lich** **I** adj **1.** (Wunsch etc) ardent, fond, keen: ihr ~ster Wunsch her fondest (*od.* dearest) wish. – **2.** (*Erwartung etc*) anxious. – **II** *adv* **3.** etwas ~ herbeiwünschen to wish for s.th. with all one's heart; j-n ~(st) erwarten to await s.o. anxiously.

'**Sehn,sucht** *f* ⟨-; ⁼e⟩ **1.** longing, hankering, (*stärker*) yearning, craving, desire, (*schmachtend*) pining, languishing: ~ nach j-m [etwas] haben to be longing for s.o. [s.th.]; verzehrende ~ burning desire; wir haben dich schon mit ~ erwartet we have been longing to see you; sich vor ~ nach j-m verzehren to pine for s.o.; vor ~ vergehen to pine away. – **2.** (*Wehmut, Melancholie*) wistfulness. – **3.** (*nach Vergangenem, Verlorenem*) nostalgia: ~ nach der guten alten Zeit nostalgia for the good old times. – **4.** (*Streben, Trachten*) aspiration.

'**sehn,süch·tig**, '**sehn,suchts,voll I** *adj* **1.** longing, hankering, (*stärker*) yearning, craving, (*schmachtend*) pining, languishing. – **2.** (*wehmütig, verlangend*) wistful: mit ~en Augen standen die Kinder vor den Schaufenstern the children were standing in front of the shopwindows with wistful eyes. – **3.** (*schwermütig, melancholisch*) nostalgic. – **II** *adv* **4.** j-m ~ nachblicken to follow s.o. with longing (*od.* anxious) eyes; j-n ~ erwarten to be longing to see s.o.; etwas ~ erhoffen to desire (*od.* hope for) s.th. ardently; der ~ erhoffte Erfolg the much longed-for (*od.* keenly desired) success.

'**Seh|,öff·nung** *f med. cf.* Pupille. — ~**or-,gan** *n* organ of sight (*od.* vision), eye. — ~**pro·be** *f cf.* Sehprüfung. — ~**pro·ben-,ta·fel**, ~**prüf,ta·fel** *f* sight testing chart, test chart (*Am.* card). — ~**prü·fung** *f* sight test. — ~**pur·pur** *m* visual purple, rhodopsin (*scient.*).

sehr [ze:r] *adv* **1.** (*vor adj u. adv*) very: ~ bald very soon; er ist ~ beliebt he is very popular; ~ erfreut! (*bei der Vorstellung*) how do you do? pleased to meet you! das ist ~ freundlich (*od.* liebenswürdig) von Ihnen that is very kind of you; ~ gern with pleasure, most gladly (*od.* willingly); ich würde es ~ gern tun I should (*od.* would) be happy to do it; ~ gut a) (*anerkennend*) very good, not bad at all, *bes. Br. colloq.* jolly good, b) (*zustimmend*) very well, c) (*als Schulnote*) very good, excellent; du weißt ~ gut, daß you know very well that; er hält sich für ~ klug he thinks he's very (*bes. Am. colloq.* mighty) clever; ~ liebenswürdig! very kind of you!. ~ oft very often, more often than not; das ist ja alles ~ schön, aber it is all very well but; ~ viel a) (*vor dem Komparativ*) much, very (*od.* ever so) much, a good (*od.* great) deal, a lot (*colloq.*), b) (*vor Substantiven*) plenty (*od. colloq.* a lot) of, a good (*od.* great) deal of; es ist schon ~ viel besser geworden it has become much better; er hat ~ viel Geld he has plenty of money; ~ viele a great many; vieles blieb ungesagt a great deal remained unsaid; ich verstand ~ wenig I understood very little; er hat ~ wenig Freunde he has very few friends; ~ wohl, mein Herr! very good, sir! er weiß ~ wohl, daß he knows very (*od.* perfectly) well that; sie ist ~ wohl dazu imstande she is quite able (*od.* in the position) to do that; → bitte 2. – **2.** (*vor adj u. adv*) (*höchst, äußerst*) most, highly, greatly, extremely: das ist ~ bedauerlich it is most regrettable, it is a great pity; er kam zu ~ ungelegener Zeit he came at a most inconvenient time; es ist ~ wahrscheinlich it is highly probable. – **3.** (*in Verbindung mit Verben*) (very) much, greatly, highly, awfully (*colloq.*): ich vermisse ihn ~ I miss him very much (*od.* badly), I miss him awfully (*od.* dreadfully) (*colloq.*); ich bedauere ihn ~ I pity (*od.* sympathize with) him very much, I feel very sorry for him; das bedauere ich ~ I am very sorry about that; ich freue mich ~, Sie kennenzulernen I am very pleased to meet you; es hat ihm ~ gefallen he liked it very much, he was very pleased with it; hat es dir gefallen? — ja, ~! did you like it? — yes, very much (so)! da irrst du dich aber ~ you are very wrong (*od.* mistaken) there; er ist ~ daran interessiert he is highly interested in it; er hat sich ~ bemüht he tried very hard, he took great pains; du glaubst das ~ zu Unrecht you make a great mis-

take in believing that; ich bin ~ in Ihrer Schuld I am very much (*od.* deeply) indebted to you; er bat mich so ~, daß ich nachgab he begged me so much that I gave in; er log, und zwar so ~, daß he was lying so much so that; er übertrieb so ~, daß he exaggerated to such a degree that; sie wünschte es sich (*dat*) so ~ she wanted it ever so much (*od.* so badly); du weißt, wie ~ ich mit dir gerechnet habe you know how much I counted on you; wie ~ auch immer however much, much as; wie ~ er es auch (immer) versuchen mag however (*od.* no matter how) much he may try, much as he may try. – **4.** ~ geehrter Herr! dear Sir; ~ geehrter Herr [geehrte Frau, geehrtes Fräulein] X! dear Mr [Mrs, Miss] X; ~ verehrte Anwesende! Ladies and Gentlemen.

'**Seh|,rohr** *n* (*eines U-Boots*) periscope. — ~**,schär·fe** *f* **1.** *med.* visual acuity, sharpness (*od.* acuity) of vision: übernormale ~ hyperacuity. – **2.** die ~ eines Mikroskops einstellen to focus a microscope, to bring a microscope into focus. — ~**,schlitz** *m* **1.** (*in einer Mauer etc*) slit. – **2.** *mil.* (*eines Panzers etc*) (direct) vision slot. – **3.** (*optics*) observation slit. — **s~,schwach** *adj med.* weak-sighted. — ~**,schwä·che** *f* weak sight. — ~**,schwin·del** *m* vertigo caused by double vision. — ~**,spalt** *m* peep(hole). — ~**,sphä·re** *f* (*optics*) visual center (*bes. Br.* centre). — ~**,stäb·chen** *n zo.* **1.** (*des Insektenauges*) rhabdom(e). – **2.** (*der Wirbeltiere*) rod (cell). — ~**,stö·rung** *f med.* **1.** impaired (*od.* defective) vision; dysopia, paropsis (*scient.*). – **2.** *meist pl* visual disturbance, disorder of sight. — ~**,ta·fel** *f cf.* Sehprobentafel. — ~**,test** *m cf.* Sehprüfung. — ~**ver,mö·gen** *n* ⟨-s; *no pl*⟩ sight, visual faculty, strength of vision: ~ bei Nacht vision at night. — ~**,wei·te** *f* **1.** *med.* visual distance, distance (*od.* range, field) of vision, reach (*od.* line) of sight: normale ~ normal distance of vision. – **2.** only in in [außer] ~ in [out of] sight (*od.* eyeshot). — ~**,werk,zeug** *n cf.* Sehorgan. — ~**,win·kel** *m* (*optics*) *med.* optic (*od.* visual) angle, angle of sight, sight angle. — ~**,zei·chen** *n* optotype, test type. — ~**,zei·chen·pro,jek·tor** *m* sight test projector. — ~**,zen·trum** *n med.* visual center (*bes. Br.* centre).

sei [zai] *imp sg u.* **1** *u.* **3** *sg pres subj of* sein[1].

Sei·ber ['zaibər] *m* ⟨-s; *no pl*⟩ *dial.* slaver, drool. — '**sei·bern** *v/i* ⟨h⟩ *dial.* slaver, drivel, drool.

Sei·cen·to [sei'tʃɛnto] (*Ital.*) *n* ⟨-(s); *no pl*⟩ seicento, *auch* Seicento.

Seich [zaiç] *m* ⟨-(e)s; *no pl*⟩, '**Sei·che** *f* ⟨-; *no pl*⟩ **1.** *vulg.* (*Harn*) piss (*vulg.*), urine. – **2.** *fig. colloq.* (*dummes Geschwätz*) babble, blabber. – **3.** *fig. colloq.* (*schales Getränk*) slop(s *pl*), dishwater. — '**sei·chen** *v/i* ⟨h⟩ **1.** *vulg.* piss (*vulg.*), urinate. – **2.** *fig. colloq.* babble, blabber.

Seiches [sɛʃ] (*Fr.*) *pl geogr.* (*Wasserspiegelschwankungen*) seiches.

seicht [zaiçt] *adj* ⟨-er; -est⟩ **1.** (*Wasser etc*) shallow, depthless, shoaly: ~e Stellen shallow spots (*od.* areas), shallows, shoals; in der Nähe der Insel wird das Wasser ~ the water becomes shallow (*od.* the water shallows, the water shoals) near the island. – **2.** (*durchwatbar*) wad(e)able, fordable. – **3.** *fig. contempt.* (*Unterhaltung, Gerede, Lektüre etc*) shallow, superficial, banal, commonplace, trivial, vapid, platitudinous (*lit.*): ~e Redensarten shallow phrases, banalities, commonplaces, trivialities, platitudes. — '**Seicht·heit**, '**Seicht·ig·keit** *f* ⟨-; *no pl*⟩ **1.** shallowness, shoal(i)ness. – **2.** *fig. contempt.* shallowness, superficiality, banality, commonplaceness, triviality, vapidity, vapidness, platitude (*lit.*).

seid [zait] *imp pl u.* **2** *pl pres of* sein[1].

Sei·de ['zaidə] *f* ⟨-; -n⟩ **1.** silk: reine [echte] ~ pure [real] silk; rohe ~ raw (*od.* ecru) silk; mit ~ umsponnen silk-covered; ein Halstuch aus ~ a silk (*od. lit.* silken) necktie, a necktie (made) of silk; sie hat Haare wie ~ she has hair like silk, she has silken hair; sich in Samt und ~ kleiden *fig.* to dress in silks and satins. – **2.** *bot.* dodder, love vine (*Gattg Cuscuta*). – **3.** *med.* surgical silk.

Sei·del ['zaidəl] *n* ⟨-s; -⟩ **1.** *cf.* Bierkrug 1. – **2.** *old Southern German and Austrian liquid measure*.

'**Sei·del,bast** *m bot.* (common) daphne (*Gattg Daphne*), bes. mezereon, mezereum (*D. mezereum*): Immergrüner ~ dwarf bay (*D. laureola*); Wohlriechender ~ garland flower (*D. cneorum*).

'**sei·den** *adj* **1.** (*Kissen, Krawatte, Schal, Wäsche etc*) (made of) silk, of silk, silken (*lit.*): das Leben des Patienten hing an einem ~en Faden *fig.* the life of the patient hung by a thread. – **2.** *cf.* seidig I.

'**Sei·den|,ab·fall** *m* (*textile*) silk waste, waste silk. — ~**,af·fe** *m zo.* guereza (*Gattg Colobus*). — **s~,ar·tig** *adj* silklike, silky, sericeous (*scient.*). — ~**as,best** *m synth.* silky asbestos. — ~**at·las** *m* (*textile*) silk satin. — ~**,band** *n* ⟨-(e)s; ⁼er⟩ silk ribbon (*od.* band). — ~**,bast** *m* silk gum, sericin (*scient.*). — ~**,bau** *m* ⟨-(e)s; *no pl*⟩ *cf.* Seidenraupenzucht. — ~**,be,span·nung** *f* silk covering. — **s~,be,spon·nen** *adj* silk-covered. — ~**,bie·nen** *pl zo.* silker bees (*Fam. Colletidae*). — ~**,da,mast** *m* (*textile*) silk damask. — ~**,draht** *m electr.* silk-covered wire. — ~**,ern·te** *f* silk crop. — ~**fa,brik** *f* silk mill (*od.* factory). — ~**fa,bri,kant** *m* silk manufacturer. — ~**,fa·den** *m* (*textile*) silk thread (*od.* filament). — ~**,fi·nish** *n* (*textile*) silk finish. — ~**,flor** *m* silk gauze, tiffany. — ~**,garn** *n* **1.** (*aus Schappe*) spun silk. – **2.** (*gezwirntes*) thrown silk. — ~**,ga·ze** *f cf.* Seidenflor. — ~**ge,spinst** *n zo.* cocoon (of the silkworm). — ~**ge,we·be** *n* (*textile*) silk fabric. — ~**ge,win·nung** *f* silk production. — ~**,glanz** *m* silk(y) (*od.* satiny, *lit.* silken) luster (*bes. Br.* lustre) (*od.* sheen, gloss): Webwaren mit ~ fabrics with a silky sheen, silk-finished fabrics. — ~**,griff** *m* scroop. — ~**,haar** *n* **1.** silky (*od. lit.* silken) hair. – **2.** (*textile*) *cf.* Seidenflor. — **s~,haa·rig** *adj zo. bot.* silken-haired, silky, sericeous (*scient.*). — ~**,hai** *m zo.* silky shark (*Carcharhinus floridanus*). — ~**,han·del** *m econ.* silk trade, *Br. auch* silk mercery. — ~**,händ·ler** *m* silk dealer (*od.* merchant), dealer in silk, silk-man, *Br. auch* silk mercer. — ~**,holz** *n cf.* Atlasholz. — ~**,huhn** *n zo.* (*Haushuhnrasse*) silky. — ~**in·du,strie** *f* silk industry. — ~**,krepp** *m* (*textile*) crepe (*bes. Br.* crêpe) de Chine. — ~**,kuckuck** (*getr.* -k·k-) *m zo. cf.* Madagaskarkuckuck. — ~**,leim** *m chem. cf.* Sericin. — ~**pa,pier** *n* tissue paper: japanisches ~ Japanese tissue. — ~**,pflan·ze** *f bot.* silkweed, milkweed, cottonweed, asclepias (*scient.*) (*Asclepias syriaca*). — ~**,pflan·zen·ge,wäch·se** *pl* silkweed family *sg*, asclepiadaceae (*scient.*) (*Fam. Asclepiadaceae*).

'**Sei·den,rau·pe** *f zo.* silkworm (*Raupe von Bombyx mori*).

'**Sei·den,rau·pen|,haus** *n* silkworm house (*od.* nursery), *bes. Am.* cocoonery. — ~**,zucht** *f* silkworm raising, seri(ci)culture (*scient.*). — ~**,züch·ter** *m* silkgrower, sericulturist (*scient.*).

'**Sei·den|,rei·her** *m zo.* little egret (*Egretta garzetta*). — ~**,rips,band** *n* (*fashion*) (*für Hutbänder, Gürtel etc*) petersham. — ~**,schnäp·per** *m zo.* silky flycatcher (*Unterfam. Ptilogonatinae*). — ~**,schwanz** *m* waxwing (*Bombycilla garrulus*). — ~**,spin·ne** *f* silk spider (*Gattg Nephila*). — ~**spin·ner** *m* **1.** *zo.* silk(worm) moth (*Fam. Bombycidae, bes. Bombyx mori*). – **2.** (*textile*) (*Arbeiter*) silk throwster. — ~**spin·ne,rei** *f* (*textile*) **1.** ⟨*only sg*⟩ (*Arbeitsvorgang*) a) (*für Schappe*) silk spinning, b) (*für Filament*) silk throwing. – **2.** (*Fabrik*) silkmill, silk spinning mill, silk spinnery (*od.* factory), filature. — ~**,spit·ze** *f* blonde (*auch* blond) lace. — ~**,spu·le** *f* silk reel. — ~**sticke,rei** *f* (*getr.* -k·k-) *f* silk embroidery. — ~**,stoff** *m* silk (fabric *od.* cloth). — ~**,stra·ße** *f hist.* silk route. — ~**,strumpf** *m* silk stocking. — **s~,um,spon·nen** *adj* silk-covered. — ~**ver,ar·bei·tung** *f* (*textile*) silk manufacture, manufacture of silk. — ~**,wa·ren** *pl* silk goods, silks, *Br. auch* (silk) mercery *sg*. — ~**,we·ber** *m* silk weaver. — ~**we·be,rei** *f* **1.** ⟨*only sg*⟩ (*Arbeitsvorgang*) silk weaving. – **2.** (*Fabrik*) silk weaving mill. — **s~,weich** *adj* (*Haut, Kissen etc*) (as) soft as silk, silky, flossy, silken (*lit.*). — ~**,wurm** *m zo. cf.* Seidenraupe.

'**sei·dig I** *adj* **1.** (*Fell, Haar, Glanz, Schimmer etc*) silky, satiny, silken (*lit.*): etwas fühlt sich ~ an s.th. is silky to the touch. –

2. (*textile*) silky, silklike, *Br.* silk-like. - **II** *adv* **3.** sie hat ~ glänzendes Haar her hair has a silky luster (*bes. Br.* lustre), she has silken hair (*lit.*).

Sei·fe ['zaɪfə] *f* ⟨-; -n⟩ **1.** soap: flüssige [parfümierte, sodahaltige] ~ liquid [scented, hard] soap; grüne ~ *cf.* Schmierseife; ein Stück [Riegel] ~ a cake [bar] of soap; ~ kochen (*od.* sieden) to boil (*od.* make) soap; aus Fett ~ machen to make soap out of fat, to convert fat into soap, to saponify fat (*scient.*). - **2.** *geol.* (*mining*) alluvial (*od.* glacial) deposit, *Am. auch* placer.

sei·fen ['zaɪfən] *v/t u. v/reflex* ⟨h⟩ *cf.* einseifen.

'sei·fen,ar·tig *adj* soapy, saponaceous (*scient.*).

'Sei·fen|,bad *n bes. med.* soap bath. — **~,baum** *m bot. cf.* a) Seifennußbaum 1, b) Seifenrindenbaum 1. — **~,be,häl·ter** *m cf.* a) Seifenschale, b) Seifendose. — **~be,rei·tung** *f cf.* Seifenherstellung. — **~,bil·dung** *f chem.* saponification. — **~,bla·se** *f* **1.** soap bubble: die Kinder machten ~n the children blew soap bubbles. - **2.** *fig.* bubble: das Gerücht zerplatzte wie eine ~ the rumo(u)r vanished like a bubble (*od.* vanished into thin air). — **~,blatt** *n* (*für Reise etc*) leaf of soap. — **~,brü·he** *f cf.* Seifenlauge. — **~,do·se** *f* soap container (*od.* box). — **~,er·de** *f min.* fuller's earth, smectite (*scient.*). — **~,erz** *n geol.* (*mining*) alluvial (*Am. auch* placer) ore. — **~,fa,brik** *f* soap factory. — **~,flocken** (*getr.* -k·k-) *pl* soap flakes. — **~,gold** *n min.* alluvial (*Am. auch* placer, nugget) gold. — **~,hal·ter** *m* soap dish. — **s~,hal·tig** *adj* containing soap. — **~,her,stel·lung** *f* soapmaking, soap manufacture. — **~,kar,ton** *m* soapbox, *Br.* soap-box.

'Sei·fen,ki·ste *f* **1.** soapbox, *Br.* soap-box. - **2.** (*Kinderfahrzeug*) soapbox (*Br.* soap-box) (vehicle). — **'Sei·fen,ki·sten,ren·nen** *n* (*für Kinder*) soapbox (*Br.* soap-box) derby.

'Sei·fen|,kli,stier *n med.* soapsuds (*Br.* soap-suds) enema. — **~,kraut** *n bot.* soapwort, *Br.* soap-wort (*Saponaria officinalis*). — **~,ku·gel** *f* soap (*od.* wash) ball. — **~,lau·ge** *f* (soap)suds *pl, Br.* (soap-)suds *pl* (*construed as sg or pl*). — **~,lö·sung** *f chem.* soap solution. — **~,napf** *m* **1.** soap dish. - **2.** (*zur Naßrasur*) shaving mug. — **~,nuß** *f bot.* (*Frucht des Seifennußbaums*) soapberry, *Br.* soap-berry. — **~,nuß,baum** *m* **1.** soapberry, *Br.* soap-berry, *auch* soap(-)berry tree, soap tree, chinaberry tree (*Sapindus saponaria*). - **2.** tingi, tinguy (*Magonia glabrata u. M. pubescens*). — **~,pul·ver** *n* soap (*od.* washing) powder. — **~,rin·de** *f bot.* **1.** (*vom Seifenrindenbaum*) soapbark, *Br.* soap-bark, quillai(a) (*od.* quillia) bark. - **2.** soapbark, *Br.* soap-bark, *auch* soap(-)bark tree (*Pithecolobium bigeminum*). — **~,rin·den,baum** *m* **1.** soapbark, *Br.* soap-bark, *auch* soap(-)bark tree, quillai(a), quillia (*Quillaja saponaria*). - **2.** *cf.* Seifenrinde. — **~,scha·le** *f* soap dish. — **~,schaum** *m* lather. — **~,sie·der** *m* soap-boiler: jetzt geht mir ein ~ auf! *fig. colloq.* I get the message now! (*sl.*), *auch* it dawns on me! — **~,sie·de,rei** *f* soap factory. — **~,spen·der** *m* soap dispenser. — **~,spi·ri·tus** *m chem.* soap spirit. — **~,stein** *m min.* soapstone, *Br.* soap-stone, talc, steatite. — **~,was·ser** *n* **1.** soapy water. - **2.** *cf.* Seifenlauge. — **~,wurz,** **~,wur·zel** *f bot.* **1.** (*Ägyptische*) ~ soaproot, *Br.* soap-root (*Gypsophila struthium*). - **2.** (*Spanische*) ~ soaproot, *Br.* soap-root (*Vaccaria pyramidata*). - **3.** *cf.* Seifenkraut. — **~,zäpf·chen** *n med. pharm.* soap suppository. — **~,zinn** *n min.* stream (*Am. auch* placer) tin.

'sei·fig *adj cf.* seifenartig.

Sei·ge ['zaɪgə] *f* ⟨-; -n⟩ (*mining*) furrow drain.

sei·ger ['zaɪgər] *adj* (*mining*) perpendicular. — **S~,gang** *m* perpendicular lode.

sei·gern ['zaɪgərn] *metall.* **I** *v/i* ⟨h⟩ **1.** a) (*von Eisenmetallen*) segregate, b) (*von Nichteisenmetallen*) liquate, c) (*von Zinn*) sweat out. - **II** **S~** *n* ⟨-s⟩ **2.** *verbal noun.* **3.** a) (*von Eisenmetallen*) segregation, b) (*von Nichteisenmetallen*) liquation, c) (*von Zinn*) sweating out.

'Sei·ger|,ofen *m metall.* (*für Nichteisenmetalle*) liquating furnace. — **s~,recht** *adj* (*mining*) *cf.* seiger. — **~,riß** *m* (*eines Berg-*

---

werks) longitudinal section. — **~,schacht** *m* vertical (*od.* perpendicular) shaft. — **~,schlacke** (*getr.* -k·k-) *f metall.* **1.** (*von Nichteisenmetallen*) liquation slag. — **2.** (*zum Auskleiden der Seigeröfen*) (segregation *od.* liquating) furnace lining, bulldog. — **~,sprung** *m geol.* vertical fault.

'Sei·ge·rung *f* ⟨-; -en⟩ *metall.* **1.** *cf.* Seigern. - **2.** (*bei Eisenmetallen*) segregation. - **3.** (*bei Nichteisenmetallen*) liquation. — **'Sei·ge·rungs,strei·fen** *m* ghost line, segregated band, segregation lines *pl.*

Sei'gnette,salz [zɛn'jɛt-] *n chem. med. pharm.* Rochelle salt, sodium potassium tartrate ($KNaC_4H_4O_6 4H_2O$).

Sei·he ['zaɪə] *f* ⟨-; -n⟩ **1.** (*Abtropfsieb*) colander, strainer. - **2.** (*für Kaffee etc*) strainer. - **3.** (*für Quark etc*) sieve. - **4.** (*Rückstand*) stock. — **'sei·hen** *v/t* ⟨h⟩ **1.** *bes. Northern G.* (*Mehl, Sand etc*) sieve, sift. - **2.** *bes. Southern G. for* abseihen 1, 2. — **'Sei·her** *m* ⟨-s; -⟩ *bes. Southern G. dial.* strainer.

'Seih,tuch *n* ⟨-(e)s; ⸚er⟩ straining cloth.

Seil [zaɪl] *n* ⟨-(e)s; -e⟩ **1.** rope, cord: ein ~ spannen to stretch a rope; die Polizei hatte den Platz mit ~en abgesperrt the police had shut off the square with ropes (*od.* had roped off the square); ein ~ drehen to coil a rope; eine Last an einem ~ hochziehen to pull up a load by (*od.* on, with) a rope; etwas [j-n] mit einem ~ festbinden to bind (*od.* fasten, tie) s.th. [s.o.] with a rope, to rope s.th. [s.o.]; sie überquerten den Gletscher am ~ they crossed the glacier on a rope. - **2.** (*Tau*) rope, cable, *bes. mar. auch* hawser, line: das Boot war mit ~en am Kai festgemacht the boat was tied to the quay with ropes, the boat was moored to the quay. - **3.** (*Drahtseil*) (wire) rope, cable: die ~e einer Hängebrücke the cables of a suspension bridge. - **4.** (*Abschleppseil*) (tow)rope, (towing) rope, (tow) cable. - **5.** (*Springseil*) (skipping) rope. - **6.** (*des Seiltänzers*) tightrope, (*sehr hoch gespanntes*) *auch* high wire: auf dem ~ tanzen *auch fig.* to (perform a) dance on the tightrope, to tightrope; der Artist balancierte auf dem ~ the artist(e) walked (on) (*od.* balanced on) the tightrope, the artist(e) tightroped. - **7.** (*zum Anbinden von Vieh etc*) tether, lariat. - **8.** *pl* (*sport*) (*des Boxrings*) ropes: der Boxer hing angeschlagen in den ~en the boxer hung dazed on the ropes. - **9.** *tech.* a) (*für Bohrpumpenantrieb*) (pumping) line, b) (*am Ladebaum*) (cargo) runner. - **10.** (*mining*) (*Förderseil*) (hoisting *od.* winding) rope.

'Seil|,an,trieb *m tech.* rope drive. — **~,bahn** *f* **1.** (aerial) ropeway, (aerial) cableway. - **2.** (*railway*) cable railway (*Am. railroad*) at ground level. — **~,boh·ren** *n* (*mining*) cable drilling. — **~,brem·se** *f* **1.** *tech.* (*zum Abbremsen eines laufenden Seils*) rope (*od.* cable) brake, *Am. auch* snubber. - **2.** *auto. cf.* Seilzugbremse. — **~,brücke** (*getr.* -k·k-) *f* rope bridge. — **~,eck** *n* ⟨-(e)s; -e⟩ *math.* link polygon. — **~,ein,band** *m* (*mining*) capel, rope fastening, capping.

'Seil·ler *m* ⟨-s; -⟩ ropemaker, roper, cordmaker. — **~,bahn** *f* (*zur Herstellung von Seilen*) rope walk (*od.* yard).

Sei·le'rei *f* ⟨-; -en⟩ **1.** (*Werkstatt*) ropery, ropework. - **2.** ⟨*only sg*⟩ (*Herstellung von Seilen*) ropemaking, cordmaking, manufacture of ropes (*od.* cords). - **3.** ⟨*only sg*⟩ *cf.* Seilerhandwerk.

'Sei·ler|,hand,werk *n* ropemaker's trade. — **~,mei·ster** *m* master ropemaker. — **~,wa·ren** *pl* cordage *sg.*

'Seil|,fäh·re *f tech.* rope (*od.* cable) ferry. — **~,fahrt** *f* (*mining*) (*im Förderkorb*) man-riding, *auch* man haulage. — **~,för·de·rung** *f* rope haulage: ~ mit Endlosseil endless rope haulage; ~ mit Haupt- und Hinterseil main and tail rope haulage. — **~,ge,fähr·te** *m* (*beim Bergsteigen*) rope mate, coclimber *Br.* co-. — **~,gras** *n bot.* **1.** thatch grass (*Gattg Hyparrhenia*). - **2.** rope grass (*Gattg Restio*). — **~,hüp·fen I** *v/i* ⟨*bes. inf u. pp* seilgehüpft, sein⟩ skip (the rope). - **II** **S~** *n* ⟨-s⟩ *verbal noun.* — **~,klem·me** *f* tech. wire rope clip. — **~,prüf,stel·le** *f* (*mining*) rope testing institute (*od.* laboratory, plant, facility). — **~,prü·fung** *f* rope testing. — **~,rol·le** *f tech. metall. cf.* Seilscheibe.

'Seil·schaft *f* ⟨-; -en⟩ (*sport*) (*Bergsteiger*)

---

rope party (*od.* team), roped party (of mountain climbers).

'Seil|,schei·be *f tech.* (*mining*) sheave, rope pulley. — **~,schlin·ge** *f* rope loop. — **~,schuh** *m tech.* (*einer Seilbahn*) carrying-cable shoe. — **~,schwe·be,bahn** *f cf.* Drahtseilbahn. — **~,spann,rol·le** *f tech.* (*für Seiltriebe*) rope idler (*od.* tightener). — **~,span·nung** *f* cable (*od.* rope) tension. — **~,spann,vor,rich·tung** *f* (*mining*) rope take-up, *auch* rope tensioning device. — **s~,sprin·gen I** *v/i* (*bes. inf u. pp* seilgesprungen, sein) skip (the rope). - **II** **S~** ⟨-s⟩ *verbal noun.* — **~,start** *m* (*beim Segelflug*) **1.** (*Schleppflug*) towed takeoff (*Br.* take-off). - **2.** catapult rope takeoff (*Br.* take-off). — **~,steu·e·rung** *f* **1.** *tech.* rope (*od.* cable) control. - **2.** (*sport*) (*eines Bobs*) rope steering. — **s~,tan·zen I** *v/i* (*bes. inf u. pp* seilgetanzt, sein) dance on the tightrope, tightrope. - **II** **S~** *n* ⟨-s⟩ **2.** *verbal noun.* - **3.** ropedancing. — **~,tän·zer** *m,* **~,tän·ze·rin** *f* ropedancer, tightrope walker. — **~,trieb** *m tech.* rope drive (*od.* transmission). — **~,trom·mel** *f* rope (*od.* cable) drum. — **~,win·de** *f* rope (*od.* cable) winch. — **~,zie·hen** *n* (*sport*) *cf.* Tauziehen.

'Seil,zug *m* **1.** *tech.* a) (*Flaschenzug*) rope tackle block, b) (*eines Seiltriebes*) rope tension, c) (*einer Seilwinde*) tow line capacity. - **2.** *auto.* (*an Bremsen*) a) cable control, b) control cable. — **~,bin·dung** *f* (*am Ski*) Kandahar (*od.* cable) binding. — **~,brem·se** *f auto.* cable(-operated) brake.

Seim [zaɪm] *m* ⟨-(e)s; -e⟩ **1.** *rare for* Honig 1. - **2.** *bot.* (*aus Pflanzen*) mucilage. — **'sei·mig** *adj* (*Flüssigkeit*) glutinous, gluey, viscous, viscid, mucilaginous (*scient.*).

sein¹ [zaɪn] **I** *v/i* ⟨ist, war, gewesen, sein⟩ **1.** (*geartet sein, sich in einem Zustand befinden*) be: der Garten ist schön the garden is beautiful; der Fluß ist zugefroren the river is frozen (over); sei (doch) nicht (so) dumm! don't be (so) stupid (*od.* foolish)! sei brav! be good! behave (yourself)! be a good boy (*od.* girl)! bist du mir böse? bist du böse mit mir? are you angry with (*od.* at) (*od. colloq.* cross with) me? *bes. Am. colloq.* are you mad at me? sei mir wieder gut! don't be cross with me anymore! (*colloq.*); ich bin dir gut *archaic* (*kann dich gut leiden*) I am fond of you; wie alt sind Sie? how old (*od.* what age) are you? what is your age? ich bin 30 (Jahre alt) I am 30 (years old); er war wütend he was furious (*od.* in a temper); sei er auch noch so reich [arm] no matter how rich [poor] he is, however rich [poor] he may be; sie ist geschieden [verheiratet] she is divorced [married], she is a divorcee [a married woman]; es ist möglich, daß er kommt it is possible that he will come, he might come; du bist wohl verrückt! you must be mad! er war wie von allen guten Geistern verlassen *colloq.* he seemed to have taken leave of his senses; wie ist das Essen [der Wein]? what's the food [the wine] like? es ist besser so it's better that way; es wäre besser, wenn du jetzt nach Hause ging(e)st you had better go (*od.* it would be better for you to go) home now; seien Sie bitte so gut (*od.* freundlich, nett) und helfen Sie mir dabei would you be so kind as to help me with it; das kann dir doch völlig (*od.* ganz) gleich ~ that doesn't matter (*od.* that makes no difference, that's all the same) to you, that doesn't affect you; das wäre schön! that would be nice! das wäre ja noch schöner! *colloq. iron.* that would be lovely (, that would)! darf es etwas mehr ~? (*im Geschäft*) do you mind if it's a little more? das wär's! *colloq.* that's all! that's the lot! (*colloq.*); und das wäre? (*als Gegenfrage bei Andeutungen etc*) such as? wäre es dir recht, wenn would it be all right with you if; wie weit sind Sie mit Ihrer Arbeit? how far are you (on) (*od.* how far have you got) with your work? - **2.** (*eine Funktion, Aufgabe, Beziehung etc darstellen*) be: er ist Bäcker [Arzt, Geschäftsmann] he is a baker [a doctor, a businessman]; der Hund ist ein Haustier the dog is a domestic animal; ich bin Deutscher I am (a) German; er ist nichts *colloq.* (*hat es zu nichts gebracht*) he is a nobody; wenn ich du wäre if I were (*od. colloq.* was) you; bist du es? is that you? ich bin's it's me! (ja,) so ist er that's just like him; **ich bin auf ewig dein** I am forever yours, I belong to you forever; **Zeit ist Geld** time is money; **wie ist es** (*od.* **das**) **mit Walter, kommt er, oder nicht?** what about Walter, is he coming or not? **jeder ist sich selbst der Nächste** (*Sprichwort*) every man is his own best friend (*proverb*). – **3.** (*sich fühlen*) feel, have the feeling: **mir ist übel** (*od.* **schlecht**) [**nicht gut**] I feel sick [I don't feel well, I feel a bit off (*colloq.*)]; **ihr ist kalt** [**warm**] she is (*od.* feels) cold [warm]; **was ist dir?** what's the matter (*od.* what's wrong, *colloq.* what's up) with you? **mir ist schon wieder besser** I am feeling better again; **ihm ist nicht nach Ferien** [**Arbeiten**] *colloq.* he doesn't feel like a holiday [like work]; **ich weiß nicht, wie mir ist**, *auch* **mir ist, ich weiß nicht wie** I don't know what's wrong with me; **mir ist so komisch** I feel funny (*od.* queer); **mir ist, als hätte ich ihn schon einmal gesehen** I have the feeling that I have seen him before. – **4.** (*mit Zeitangabe*) be: **es ist Abend** [**Morgen, Nacht**] it is evening [morning, night]; **heute ist Mittwoch, der 1. Januar** this is Wednesday, January 1, it is Wednesday, January 1, today; **es war 12 Uhr mittags** it was 12 (o'clock) noon; **gestern war es ein Jahr (her), daß** it was a year ago yesterday that; **es braucht nicht sofort zu** ~, **es muß nicht sofort** ~ it is not urgent, you need not go (*od.* do it) immediately. – **5.** (*mit zu u. inf*) a) (*bei unbedingter Notwendigkeit*) be (*od.* have) to (*with passive*), b) (*bei Möglichkeit*) be able to (*with passive*): **am Eingang ist der Ausweis vorzulegen** passes must be shown at the door; **Hunde sind an der Leine zu führen** dogs must be kept on the leash; **es ist nicht zu glauben** it's simply incredible; **es ist zu hoffen** [**erwarten**], **daß** it is to be hoped [expected] that; **(es ist) nichts zu machen** nothing can be done (*od.* there is nothing you can do) about it; **das ist nicht mit Geld zu bezahlen** that can't be bought with money, that's priceless; **wie ist das am besten zu machen?** what's the best way of going about that? **es ist zum Heulen!** *colloq.* it's a (crying) shame! it's enough to make you cry! **er ist im Augenblick nicht zu sprechen** he is busy (*od.* engaged) at the moment, he can't be seen at the moment; **dagegen ist nichts zu sagen** there is nothing to be said against it; **sie ist zu bedauern** she is to be pitied, one (*od.* you) could be sorry for her; **das Buch ist nirgends zu finden** the book is nowhere to be found. – **6.** (*in Wendungen wie*) **in Bewegung** ~ a) to be in motion, b) (*von Person*) to be on the move, to be astir; **im Begriff** ~, **etwas zu tun** to be about (*od.* going) to do s.th., to be on the point of doing s.th.; **in Kraft** ~ to be in force; **in Not** ~ to be in trouble (*od.* distress); **in Ordnung** ~ a) to be in order, to be all right, b) *colloq.* (*von Person*) to be a decent sort; **im Recht** ~ to be (in the) right; **es ist keine Veränderung in Sicht** there is no prospect of (immediate) change. – **7.** (*sich befinden*) be: **der Eingang ist dort drüben** the entrance is over there; **er ist viel unterwegs** he travels a good deal; **wir sind in der Minderheit** we are in the minority; **wer ist dort** (*od.* **am Apparat, bitte?** who is speaking (*od.* calling)? – **8.** (*sich aufhalten*) be, stay: **er ist im Ausland** [**in München**] he is staying abroad [in Munich]; **sie ist nicht zu Hause** she is not at home, she is not in. – **9.** (*wohnen*) be, live, be resident: **wir sind seit 2 Jahren in dieser Wohnung** we have been living in this flat (*bes. Am.* apartment) for 2 years. – **10.** *bes. geogr.* (*gelegen sein*) be (situated, *bes. Am.* located), lie: **die Stadt ist südlich von Hamburg** the town is south of Hamburg. – **11.** (*vorhanden sein, existieren*) be (there), exist: **ich denke, also bin ich** I think, therefore I am; **dort ist nicht einmal ein Krankenhaus** there is not even a hospital there; **wenn du nicht gewesen wärst** if it had not been for you, but for you; **was nicht ist, kann noch werden** *colloq.* there is room for improvement, don't be impatient – it might happen. – **12.** (*leben*) be, live: **sie ist nicht mehr** she is (*od.* lives) no more; **es war einmal eine Prinzessin** once upon a time there was a

princess; **hier** [**dort**] **ist gut** ~ life is good here [there]. – **13.** (*der Fall sein*) be (the case): **das kann** [**soll**] **nicht** ~ that cannot [should not *od.* ought not to] be; **das darf nicht** ~ that is not allowed (*od.* permitted); **das muß nicht** ~ a) (*ist nicht nötig*) that need not be, that is not necessary, b) (*ist nicht notwendigerweise so*) that is not necessarily so; **kann** (*od.* **mag**) ~ *colloq.* maybe; **das kann doch nicht** ~**!** that can't be (true)! that's impossible! **was** ~ **muß, muß** ~ what has to be, has to be; **was nicht** ~ **kann, das nicht** ~ **darf** *humor.* impossible things must not happen; **ist nicht!** *colloq.* nothing doing! (*colloq.*); **Ordnung muß** ~ (strict) order is necessary; **ich dachte wunder, was das wäre** *colloq.* I thought it was goodness knows what; **die Sache ist die** *colloq.* it's like this, things are as follows; (**ja,**) **so ist es** that's how (*od.* that's the way) it is; **ist das so?** a) (*stimmt das wirklich*) is that true? is it really like that? b) (*sieh mal an*) it that so? indeed! **das ist es ja gerade** that's the thing (*od. colloq.* snag! (**ja,**) **wenn das** (*od.* **dem**) **so ist** (well,) if that's the way it is; **das wird nicht immer so** ~ it won't always be like that (*od.* that way); **es ist damit, wie mit allem** that's the way with everything, that's the way it goes; **gerade so ist es mit mir** that's just the way it is with me; **nun** (*od.* **na**), **wie ist es?** well, how about it? **wie wäre es mit einer Partie Schach?** how about a game of chess? (**na,**) **wie wär's mit uns zwei(en)?** *colloq.* how about a twosome? (*colloq.*); **wie wär's, wenn Sie die Arbeit machten?** how about you(r) doing the work? **und selbst wenn es so wäre** even if it were (*od. colloq.* was) like that; **wenn es immer so wäre** if it were (*od. colloq.* always) like that; **es sei denn, daß morgen schlechtes Wetter ist** unless we have bad weather tomorrow; **sei es nun, daß er kein Geld oder keine Lust hat** whether he lacks the money or the inclination; **sei es, wie es sei** be that as it may (be); **es ist nichts mehr mit (dem) Skifahren** *colloq.* there's no more skiing, skiing is over. – **14.** (*stattfinden*) be, take place: **wann ist die Hochzeit?** when is the wedding? when will the wedding take place? **das Konzert war im Freien** the concert was (held) in the open air. – **15.** (*geschehen*) be, happen: **es war im letzten Sommer** it happened last summer; **das war im Jahre 1970** it was in (the year) 1970; **es hat nicht** ~ **sollen** it was not meant to be. – **16.** (*bedeuten*) be, mean: **was soll das** ~**?** a) (*von abstrakten Gemälden etc*) what is that supposed to be? b) (*von unverständlichen Wörtern etc*) what does that mean? c) (*tadelnd*) what's that meant to be? **soll das ein Witz** ~**?** is that meant (*od.* supposed) to be a joke? **50 Mark — was ist das schon!** 50 marks — what's that? – **17.** (*in Wendungen wie*) **ich bin's nicht gewesen** I didn't do it! **keiner will es gewesen** ~ no one will admit to having done it. – **18.** (*sich erweisen als*) be, prove (to be), turn out to be: **der Wein ist besser als ich dachte** the wine is better than I imagined. – **19.** *bes. math.* (*ergeben*) be, equal: **2 und 2 ist 4** 2 and 2 is (*od.* are) 4; **3 mal 3 ist 9** 3 times 3 is (*od.* make[s]) 9; **1000 Meter sind 1 Kilometer** 1,000 meters are (equal to) (*od.* make) 1 kilometer; **x sei 3** let x be (*od.* equal) 3. – **20.** *dial.* belong: **wessen** (*auch* **wem**) **ist das?** whose is this? – **21.** (*mit gen*) (*in Wendungen wie*) **guten Mut(e)s** ~ to be of good cheer; **du bist des Todes!** you are a dead man! you are done for! (*colloq.*); **es ist nicht meines Amtes festzustellen, ob** it is not my place (*od.* business) to find out whether; **der Meinung** ~, **daß** to be of the opinion (*od.* to hold) that; **ich bin deiner Meinung** I agree with you, I share your opinion; **bist du des Teufels?** are you mad? – **22.** *colloq.* (*in gekürzter Form zur Bezeichnung einer Bewegung*) **er ist nach Paris** he has gone (*od. colloq.* he is away) to Paris; **sie ist in den Keller** she has gone down to the cellar. – **23.** (*in Verbindung mit Adverbien und Präpositionen*) → **ab** 1; **an** 25; **aus** 10—12, 14; **bei** [1] 9; **bei** [2] 1; **für** 1—3, 8; **gegen** 4, 7, 8; **in** 1, 9; **mit** 9, 10; **über** 41—43; **unter** [1] 4, 13; **weg** 1—4. – **II** *v/aux* **24.** (*zur Bildung zusammengesetzter Vergangenheits-*

formen) have: **ich bin beim Arzt gewesen** I have been to (see) (*od.* I have seen) the doctor; **wir waren nach Hause gegangen** we had gone home; **die Sonne ist untergegangen** the sun has (*lit. auch* is) set; **er ist ihr schon vorgestellt worden** he has already been introduced to her. – **III S**~ **n** ⟨-s⟩ **25.** *verbal noun*: **S**~ **und Schein** reality and appearance, essence and semblance. – **26.** (*Dasein*) existence, life: **S**~ **oder Nichtsein, das ist die Frage** to be or not to be, that is the question. – **27.** *philos.* (*Wesenheit*) entity, existence: **das S**~ **und das Nichtsein** entity and nonentity, existence and nonexistence (*Br.* non-existence).

sein[2] **I** *possess pron* **1.** ⟨*used as adj*⟩ a) (*bei männlichen Personen*) his, b) (*bei Mädchen*) her, c) (*bei Kindern, Tieren, Gegenständen, Einrichtungen etc*) its, d) (*bei Schiffen, Ländern, Mond*) its, her, e) (*bei männlichen Haustieren*) his, its, f) (*unbestimmt*) one's, g) ⟨*nachgestellt, undeclined*⟩ *poet.* his, (*bei Mädchen*) her: ~ **Tante** his aunt; **einer** ~**er Brüder** one of his brothers; **meine und** ~**e Freundin** my girl friend and his; **er soll** ~ **bißchen Geld behalten** let him keep what little money he has; ~ **gutes Aussehen** his good looks *pl*; **das ist** ~**e Sache** that's his business; **das ist nicht** ~**e Sache** that's none of his business, that's no concern of his; **sie ist** ~ **ein und alles** she is (*od.* means) everything to him; **er braucht** ~**e acht Stunden Schlaf** he needs his eight hours' sleep; **er hat heute** ~**en schlechten Tag** a) (*ist schlecht gelaunt*) he is in one of his tempers today, b) (*bringt nichts zuwege*) it's his off day today (*colloq.*); **der Pelzmantel wird** ~**e 2000 Mark gekostet haben** *colloq.* the fur coat will have cost easily (*od.* a good) 2,000 marks; **alles zu** ~**er Zeit** everything in its own good time, all in due course; **S**~**e Königliche Hoheit** His Royal Highness; **S**~**e Heiligkeit** His Holiness; **man darf** ~**e Freunde nicht im Stich lassen** one should not leave one's friends in the lurch; **jeder muß** ~**e eigenen Erfahrungen machen** everyone must learn from experience; **sie wurde** ~ *poet.* she became his; **die Mutter** ~ *poet.* his mother; **der mit** ~**en Briefmarken** *he* (*od. colloq.* him) and his stamps. – **2.** ⟨*used as pred*⟩ ~**er,** ~**e,** ~(**e**)**s;** **der, die, das** ~**e** a) (*bei männlichen Personen*) his, b) (*bei Mädchen*) hers, c) (*bei Kindern, Tieren*) its, d) ⟨*undeclined*⟩ his, (*bei Mädchen*) hers: **das Haus des Nachbarn ist größer als** ~**es** the neighbo(u)r's house is bigger than his; **gib ihm den Stock, es ist** ~**er** give him the stick, it is his; **alles was** ~ **ist, hat er mitgenommen** he took everything that was his with him. – **3.** ⟨*used as noun*⟩ **der, die, das S**~**e** a) (*bei männlichen Personen*) his (own), b) (*bei Mädchen*) hers, her own, c) (*bei Kindern*) its (own): **die Sein(ig)e** his wife; **sie wollte gern die Sein(ig)e werden** she wanted to be his; **er hat das Sein(ig)e dazu beigetragen** he has made his contribution, he has had his share (*od.* a part) in it, he has done his bit (*colloq.*); **die Sein(ig)en** his family (*od.* people, *colloq.* folks); **jedem das S**~**e!** to each his own. – **II** *pers pron* **4.** ⟨*gen of* **er** *u.* **es**⟩ *poet. od. archaic* a) (*bei männlichen Personen*) (of) him, b) (*bei Mädchen*) (of) her, c) (*bei Kindern, Tieren*) (of) it: **wir werden** ~ **nicht vergessen** we won't forget him; **er gedachte** ~ he thought of him.

'**sei·ner** *pers pron* ⟨*gen of* **er** *u.* **es**⟩ **1.** a) (*bei männlichen Personen*) (of) him, b) (*bei Mädchen*) (of) her, c) (*bei Kindern, Tieren, Gegenständen*) (of) it, d) (*bei Schiffen, Ländern, Mond*) (of) it, (of) her (*lit.*): **als ich** ~ **ansichtig wurde** when I caught sight of him; **sie erinnerte sich** ~ **nicht mehr** she did not remember him anymore; **sie ist** ~ **nicht wert** she is not worthy of him; **das ist** ~ **nicht würdig** it is not worthy of him; **Herr, erbarme dich** ~ Lord, have mercy (up)on him. – **2.** ~ (**selbst**) a) (*bei männlichen Personen*) himself, b) (*bei Mädchen*) herself, c) (*bei Kindern*) itself, d) (*unbestimmt*) oneself: **er war** ~ **selbst nicht mehr mächtig** he no longer had control over himself; **er ist** ~ (**selbst**) **nicht ganz sicher** he is not quite sure of himself.

'**sei·ner**'**seits** *adv* **1.** (*bei männlichen Personen*) for (*od.* on) his part, as far as he is concerned: **bestehen irgendwelche Bedenken** ~? are there any objections on his part? **er behauptete** ~, **daß** he maintained for his part that. – **2.** (*bei Mädchen*) for (*od.* on) her part, as far as she is (*od.* was) concerned. – **3.** (*bei Kindern, Tieren, Einrichtungen*) for (*od.* on) its part, as far as it is (*od.* was) concerned. – **4.** (*bei Ländern*) for (*od.* on) its (*od.* her) part, as far as it (*od.* she) is (*od.* was) concerned. – **5.** (*unbestimmt*) for (*od.* on) one's (*od.* your) own part, as far as oneself is (*od.* was) concerned: **wenn man** ~ **einen Fehler macht** if one makes a mistake for one's own part, if you make a mistake for your own part.

'sei·ner,zeit *adv* ⟨*damals*⟩ at that time, then, in those days.

'sei·ner,zei·tig *adj* ⟨*attrib*⟩ (*damalig*) of that time, of those days: **unter den** ~**en Lebensbedingungen** under the living conditions of that (*od.* the) time (*od.* then).

'sei·nes'glei·chen *indef pron* ⟨*undeclined*⟩ **1.** (*Leute seines Schlages*) his equals *pl*, (*bei Mädchen*) her equals *pl*, (*unbestimmt*) one's equals, people like himself (*od.* herself, oneself), (of) his (*od.* her, one's) own kind (*od.* caliber, *bes. Br.* calibre), his (*od.* her, its) like: **er verkehrt nur mit** ~ he only mixes with people like himself; **er und** ~ *oft contempt.* he (*od. colloq.* him) and his equals. – **2.** (*Gleichaltrige*) people (*od.* children) of his (*od.* her, one's) own age: **er ist nicht unter** ~ **aufgewachsen** he did not grow up with children of his own age. – **3.** (*von gleichem Rang*) poeple of his (*od.* her, one's) own class, his (*od.* her, one's) equals: **er hat nicht** ~ he has no equal, he is without equal, there is no one his equal, he is unequal(l)ed; **j-n wie** ~ **behandeln** to treat s.o. as one's equal. – **4.** *oft contempt.* people of his standing (*od.* position), people such as he (*od.* like him): ~ **kann sich so etwas erlauben** people of his standing can afford that sort of thing.

'sei·net'hal·ben *adv obs. od. lit.* for seinetwegen.

'sei·net'we·gen *adv* **1.** for his (*od.* her, its) sake: **ich habe** ~ **geschwiegen** I said nothing for his sake. – **2.** (*durch seine Schuld*) on his (*od.* her, its) account, because of him (*od.* her, it): ~ **habe ich den Bus verpaßt** I missed the bus because of him. – **3.** (*in seinem Interesse*) on his (*od.* her, its) behalf: **ich habe** ~ **mit dem Chef gesprochen** I talked to the boss on his behalf.

'sei·net'wil·len *adv* **um** ~ *cf.* seinetwegen 1, 2.

'sei·nig *possess pron* **I** der, die, das ~**e** *cf.* sein[2] 2a, b, c. – **II** der, die, das S~**e** *cf.* sein[2] 3.

'sein,las·sen *v/t* ⟨*irr, sep, pp* seinlassen, h⟩ **etwas** ~ a) (*aufhören*) to stop doing s.th., b) (*sich anders entscheiden*) to decide not to do s.th., to let s.th. go: **laß das sein!** (*den Unfug*) stop that! don't (do that)! *bes. Am.* quit that! **laß es sein!** (*gib es auf*) let it go there! don't bother (your head *od.* yourself)! **laß es** (*od.* das) **lieber sein!** (*als Ermahnung*) you'd better not! **er ließ seine Arbeit Arbeit sein** *colloq.* he chucked his work (*sl.*).

Sei·sing ['zaızıŋ] *n* ⟨-s; -e⟩ *mar.* **1.** gasket, gaskin, *auch* gasking. – **2.** (*Zurrleine*) seizing.

Seis·mik ['zaısmık] *f* ⟨-; *no pl*⟩ *meteor.* seismology.

seis·misch ['zaısmıʃ] *adj* seismic, *auch* seismical: ~**e Bewegungen** seismic movements, seisms.

Seis·mo·gramm [zaısmo'gram] *n* ⟨-s; -e⟩ seismogram.

Seis·mo·graph [zaısmo'gra:f] *m* ⟨-en; -en⟩ seismograph.

Seis·mo·lo·ge [zaısmo'lo:gə] *m* ⟨-n; -n⟩ seismologist, *auch* seismographer. — **Seismo·lo'gie** [-lo'gi:] *f* ⟨-; *no pl*⟩ seismology, *auch* seismography.

Seis·mo·me·ter [zaısmo'me:tər] *n* ⟨-s; -⟩ seismometer. — **seis·mo'me·trisch** [-'me:trıʃ] *adj* seismometric(al).

seit [zaıt] **I** *prep* ⟨*dat*⟩ **1.** (*von einem Zeitpunkt an*) since: ~ **wann ist er dort?** since when has he been there? ~ **gestern** since yesterday; ~ **heute geht es mir besser** I feel (*od.* have been) better since today; ~ **heute vor acht** (*od.* **heute acht**) **Tagen** I had only heard today that; ~ **damals** [**jener Zeit**] **gehen sie sich** (*dat*) **aus dem Weg** they have

avoided each other since then [that time]; ~ **dem Tag(e), da** (*od. colloq.* **als**) **er keine Schulden mehr hatte** since the day (when) he was out of debt; **es ist nicht erst** ~ **heute so** this is not the first day it has been like that, it has not been like that just since today; ~ **Menschengedenken**, ~ **alters**, ~ **urdenklichen Zeiten** from time immemorial, from time out of mind; ~ **Adam und Eva** *colloq.* since Adam and Eve (*od.* the year dot), since Pussy was a cat (*alle colloq.*); → **je**[1] 2. – **2.** (*während einer Zeitspanne*) for: **ich kenne ihn** ~ **etwa einem Jahr** I have known him for about a year; **er ist erst** ~ **kurzem** [~ **einigen Tagen**] **in unserer Firma** he has only been with our firm for a short time [for some days]; **sie wohnen** ~ **langem** [~ **einiger Zeit**] **schon nicht mehr hier** they have not been living here for a long time (*od. colloq.* for ages) [for some time]; **mein Vater ist** ~ **4 Wochen verreist** my father has been away for 4 weeks; **zum ersten Mal** ~ **Jahren** for the first time (*od.* in) years. – **II** *conj* **3.** since: **es ist ein Jahr her**, ~ **sie verschwand** it is a year now since she disappeared; ~ **er fort ist, habe ich keine ruhige Minute mehr gehabt** I haven't had a quiet (*od.* a peaceful) moment since he left.

,seit'ab *adv lit.* for abseits 1, 2.

,seit'dem [-'de:m] **I** *adv* **1.** since (then), since that time, (*stark betont*) *auch* from that time on: ~ **hat er sie nicht mehr gesehen** he has not seen her since then; ~ **ging er nie wieder dorthin** since that time he never went (back) there again. – **2.** (*und heute immer noch*) ever since (*nachgestellt*): ~ **sind wir Freunde** we have been friends ever since; **sie hat mich einmal belogen,** ~ **glaube ich ihr nicht mehr** she lied to me once and I have never believed her since. – **II** *conj* **3.** *cf.* seit II.

Sei·te ['zaıtə] *f* ⟨-; -n⟩ **1.** (*bei Straßen, Flüssen, Häusern etc*) side: **die rechte** [**linke**] ~ **der Straße** the right-hand [left-hand] side of the street; **die vordere** [**hintere**] ~ **eines Hauses** the front (side) [back] of a house; **wir wohnen auf der gegenüberliegenden** ~ **des Flusses** we live on the opposite side (*od.* bank) of the river. – **2.** (*einer Münze*) face, side: **obere** [**untere**] ~ obverse [reverse]. – **3.** (*einer Schallplatte etc*) side: **auf der ersten** ~ (*od.* **auf** ~ **eins**) **hören wir** on the first side (*od.* on the first side) we hear. – **4.** (*eines Stoffes*) side: **rechte** [**linke**] ~ **des Stoffes** right [wrong, reverse] side of the fabric; **Satin hat eine glänzende und eine matte** ~ satin has a lustrous and a mat side; **das Kleid kann auf** (*od.* **von**) **beiden** ~**n getragen werden** the dress can be worn on both sides, the dress is reversible. – **5.** (*eines Buches, einer Zeitschrift etc*) page: **eine freie** (*od.* **leere, unbeschriebene**) ~ a blank page; **eine neue** ~ **aufschlagen** a) to turn to a new page, b) *fig.* to make a fresh start, to start anew (*od.* afresh), to turn over a new leaf; **sie blättert die** ~**n der Illustrierten um** she turns over the pages of the magazine, *bes. Am.* she leafs through the magazine; **siehe** ~ **10** see page 10; **Fortsetzung auf der nächsten** ~ [**auf** ~ **30**] to be continued overleaf [on page 30]; **neueste Meldungen stehen auf der ersten** ~ (*od.* **auf** ~ **eins**) the latest news is (printed) on the front page (*od.* on page one), *Am.* the latest news is front-paged; **das Blatt ist auf** (*od.* **von**) **beiden** ~**n bedruckt** the page is printed on both sides. – **6.** (*Flanke eines Pferdes etc*) side, flank. – **7.** (*eines Menschen*) side: **sich vor Lachen die** ~**n halten** to split (*od.* shake) one's sides laughing (*od.* with laughter); ~ **an** ~ **stehen** [**kämpfen**] to stand [to fight] side by side; **komm (und setz dich) an meine grüne** ~! *colloq.* come (and sit) at my left side! **sie ging an seiner** ~ she walked at (*od.* by) his side; **er saß an meiner rechten** ~ he sat at (*od.* by) my right side, he sat on my right; **halt dich an meiner** ~! keep by my side! **man kann ihn niemandem an die** ~ **stellen** *fig.* you can't compare him with anybody, nobody can be compared with him; **auf der** ~ **liegen** [**schlafen**] to lie [to sleep] on one's side; **auf der** ~ **schwimmen** to swim on one's side, to (swim) sidestroke; **auf einer** ~ **gelähmt sein** *med.* to be paralyzed (*Br. auch*

-s-) on one side, to be hemiplegic (*scient.*); **sich auf die andere** ~ **drehen** to turn to the other side, to turn over; **sie stemmte die Hände in die** ~**n** she put her hands on her hips, she put her arms akimbo; **Stiche in der** ~ **haben** to have stitches in one's side; **sie wich** (*od.* **ging**) **ihm nicht von der** ~ (*od.* **nicht von seiner** ~) she didn't move from (*od.* leave) his side, she stuck by his side (*colloq.*); **j-m zur** ~ **stehen** a) to stand by (*od.* next to) s.o., to side with s.o., b) *fig.* (*mit Rat und Tat*) to help (*od.* support) s.o., to come to s.o.'s side (*od.* aid). – **8.** *fig.* (*Charakterzug*) side, feature: **sein Charakter hat viele** (*verschiedene*) ~**n** there are (*od.* he has) many (different) sides to his character; (**ganz**) **neue** ~**n an j-m entdecken** to discover new sides to s.o. (*od.* to s.o.'s character); **von der** ~ **kenne ich dich** (**ja**) **noch gar nicht!** I don't know that side of you at all! **sich von seiner besten** ~ **zeigen** (*colloq.*). to put one's best foot forward (*colloq.*). – **9.** *fig.* (*Stärke, Schwäche*) point: **das ist meine starke** [**schwache**] ~ this is my strong [weak] point; **Mathematik ist seine starke** ~ mathematics is his strong point (*od.* his forte); **Logik ist nicht gerade deine stärkste** ~! logic isn't your strongest point. – **10.** (*Familie, Abstammung*) side: **meine Großtante auf der mütterlichen** ~ my great-aunt on my mother's side; **er hat das Haus von väterlicher** ~ **geerbt** he has inherited the house from his father's side (*od.* family). – **11.** *fig.* (*Gruppe, Partei*) side: **beiden** ~**n gerecht werden** to be fair to both sides; **den Sieg der einen oder (der) anderen** ~ **herbeiführen** to bring about the victory of one side or the other; **er hatte die Lacher auf seiner** ~ he had the laugh on his side; **das Vergnügen war (ganz) auf meiner** ~ the pleasure was (entirely) on my side (*od.* was [entirely] mine); **das Recht war auf ihrer** ~ she was entirely in the right; **ich bin** (*od.* **stehe**) **auf deiner** ~ I am on your side, I take your part; **auf der** ~ (*od.* **auf seiten**) **der Regierung sein** (*od.* **stehen**) to be on the goverment's side; **j-n auf seine** ~ **bringen** (*od.* **ziehen**) to bring s.o. over to one's side; **sie stellte sich auf seine** ~ she took his side (*od.* part); **er schlägt sich immer auf die** ~ **des Gewinners** he always joins the winning side; **auf beiden** ~**n gab es Mißverständnisse** there were misunderstandings on both sides; **er bekam Angebote von mehreren** ~**n** he got offers from several sides; **von amtlicher** ~ **hören wir** we hear from official sources (*od.* quarters); **von gegnerischer** ~ (*od.* **von seiten des Gegners**) **wird behauptet** it is maintained from the opposite side, the opposing party maintains; **wie von deutscher** ~ **verlautet** as reported from the German side (*od.* from German sources); **von seiner** ~ (**aus**) **bestehen keine Bedenken** for (*od.* on) his part (*od.* as far as he is concerned) there are no objections. – **12.** *fig.* (*Aspekt*) side, aspect: **die politische** [**menschliche**] ~ **des Konflikts** the political [human] side (*od.* aspect) of the conflict; **die angenehmen** ~**n des Lebens** the pleasant aspects (*od.* sides) of life; **alles** (*od.* **ein jedes Ding**) **hat** (**seine**) **zwei** ~**n** there are two sides to everything; **die Sache hatte auch ihre komischen** ~**n** the affair had also its amusing side (*od.* aspects); **allem die beste** ~ **abgewinnen** to make the best of everything; **auf der einen** ~ ... **auf der anderen** ~ on the one hand ... on the other (hand); **er nimmt das Leben von der angenehmen** ~ he looks on the bright side of life, he sees only the pleasant sides of life; **von dieser** ~ (**aus**) **betrachtet** from that point of view, seen from that angle (*od.* in that light). – **13.** (*Richtung*) side, direction: **die Menge lief nach allen** ~**n auseinander** the crowd ran in all directions; **sich nach allen** ~**n umsehen** to look round to (*od.* on) all sides, to look about one; **j-n von der** ~ **ansehen** a) to give s.o. a side-look (*od.* a sidelong glance), b) *fig.* (*mißtrauisch etc*) to look askance at s.o.; **komm mir nicht von der** ~! *fig. colloq.* don't try that one on me! **etwas von allen** ~**n betrachten** a) to study s.th. from all sides, b) *fig.* to study s.th. from all (*od.* aspects), to study all sides (*od.* aspects) of s.th.; **die**

Menschen strömten von allen ~n herbei people came flocking from all sides (*od.* directions) (*od.* from every quarter). - **14.** auf die (*od.* zur) ~ aside: auf die ~ gehen (*od.* treten) to step aside, to make room, to sidestep; würden Sie bitte auf die ~ rücken? would you please move aside (*od.* make room)? auf die ~ gehen *Southern G.* to have an escapade; j-n auf die ~ nehmen to take s.o. aside; sie hat etwas (Geld) auf die ~ gelegt *fig.* she has put s.th. (*od.* some money) away, she has saved (for a rainy day); etwas auf die ~ schaffen (*od.* bringen) a) to put s.th. aside (*od.* out of the way), to hide s.th., b) *fig.* (*heimlich*) to pocket s.th.; j-n auf die ~ schaffen (*od.* bringen) a) to put s.o. to the side, b) *fig.* (*j-n umbringen*) to do away with (*od.* remove) s.o.; zur ~ sprechen (*theater*) to make an aside. - **15.** *math.* a) (*eines Dreiecks*) side, (*Kathete*) leg, b) (*eines Quadrats*) side, face, b) (*einer Gleichung*) member: linke [rechte] ~ first [second] member. - **16.** *mil.* (*Flanke*) flank, side: von der ~ her angreifen to attack from the flank(s). - **17.** (*sport*) (*beim Fußball, Tennis etc*) side: die ~n wechseln to change (over), to change ends, (*beim Fußball etc*) *auch* to change goals, (*beim Basketball*) *auch* to change baskets. - **18.** *mar.* (*eines Schiffes*) side: b) (*außen*) side, b) (*innen*) wing: sich auf die ~ legen (*von Schiff*) a) (*statisch*) to list, b) (*krängen*) (*dynamisch*) to heel. - **19.** *gastr.* (*Speckseite*) flitch, side. - **20.** „Diese ~ nach oben!" *econ.* (*Aufschrift*) "This side up".

'Sei·ten|,ab,len·kung *f cf.* Seitenabweichung. — **~,ab,stand** *m* lateral interval (*od.* distance, space). — **~,ab,wei·chung** *f* (*eines Geschosses*) lateral deviation, (*durch den Wind*) drift. — **~al,lee** *f* side avenue. — **~al,tar** *m relig.* side altar. — **~,an,ga·be** *f* indication of page, page indication. — **~,an,sicht** *f* **1.** side (*od.* lateral) view. - **2.** (*im Schnitt*) side elevation. — **~,an,zahl** *f* number of pages. — **~,arm** *m* (*eines Flusses etc*) side (*od.* lateral) branch (*od.* arm). — **~,auf,riß** *m arch. tech.* side elevation. — **~,aus** *n* only in im ~ (*sport*) (*beim Fußball*) in touch. — **~,aus,gang** *m* side exit. — **~,aus,li·nie** *f* (*sport*) *cf.* Seitenlinie 1. — **'Sei·ten,band** *n* (*radio*) side band. — **~,fre,quenz** *f* side-band frequency. — **'Sei·ten|be,gren·zer** *m print.* traversing stop. — **~be,stim·mung** *f* (*radio*) (*bei der Funkpeilung*) sense finding. — **~be,we·gung** *f* **1.** lateral movement (*od.* motion). - **2.** *aer. mar.* yawing, (*plötzliche*) *auch* swerve. - **3.** *mus.* oblique motion. — **~be,zeich·nung** *f* **1.** *cf.* Seitenangabe. - **2.** *cf.* Seitennumerierung. — **~,blick** *m* side-glance, sidelong glance, side-look: j-m einen ~ zuwerfen, einen ~ auf j-n werfen a) to cast (*od.* take) a side-glance (*od.* a sidelong glance, a side-look) at s.o., to give s.o. a side-glance, b) *fig.* (*heimlich, skeptisch etc*) to look askance at s.o. — **~,bord,mo·tor** *m mar.* (*eines Bootes*) sideboard engine. — **~,büh·ne** *f* (*theater*) side stage. — **~,druck** *m* ⟨-(e)s; *no pl*⟩ side (*od.* lateral) pressure. — **~,ein,gang** *m* side entrance. — **~,ein,stel·lung** *f* **1.** *print.* sidelay adjustment. - **2.** *tech.* (*eines Schneidwerkzeuges*) lateral adjustment. — **~ent,lee·rer** [-,leːrər] *m* ⟨-s; -⟩ *metall.* side discharge car. — **~,er·be** *m jur.* collateral heir. — **~,fach** *n* (*eines Schrankes etc*) side compartment. — **~,fen·ster** *n* **1.** (*eines Autos etc*) *Br.* quarter light, *Am.* side window. - **2.** (*eines großen Fensters etc*) sidelight, side window. — **~,flä·che** *f* **1.** *math.* lateral face. - **2.** *tech.* (*eines Schneidmeißels*) side rake. — **~,flos·se** *f* **1.** *aer.* (*des Leitwerks*) (vertical) fin. - **2.** *mil. mar.* (*eines Torpedos*) side fin. — **~,flü·gel** *m* **1.** (*eines Gebäudes*) (lateral) wing. - **2.** (*eines Fensters, Altars etc*) side panel. — **~,front** *f* (*eines Gebäudes*) lateral (*od.* side) face. — **~,gang** *m* **1.** (*in einem Gebäude*) side corridor (*od.* passageway). - **2.** (*in einer Kirche*) side aisle. - **3.** (*railway*) (side) corridor. — **~,gän·ge** *pl* (*sport*) (*beim Reiten*) sidesteps. — **~,gas·se** *f* side alley (*od.* lane). — **s~ge,steu·ert** *adj* only in ~er Motor *tech.* side-valve engine, valve-in-block engine. — **~,ge,wehr** *n mil.* bayonet. — **~,gleis** *n* (*railway*) *cf.* Nebengleis. — **~,hal,bie·ren·de** *f* ⟨-n; -n⟩ *math.* median (line). — **~,hieb** *m* **1.** (*sport*) (*beim Fechten*) side cut. - **2.** *fig.* (auf *acc*, gegen

at) dig, passing shot: j-m einen ~ ver-setzen to get in (*od.* make) a dig (*od.* passing shot) at s.o. (*od.* side) canal. — **~,kan·te** *f* lateral edge. — **~,ka,pel·le** *f arch.* side chapel. — **~,ket·te** *f chem.* (*an Kohlenstoffatomen*) side chain. — **~,kip·per** *m* (*im Transportwesen*) side dump (*od.* tip, discharge) car, *Am.* side dump truck, side-tipping dump car. — **~,ku,lis·se** *f* (*theater*) wing. — **~,la·ge** *f* **1.** (*beim Schwimmen*) side position: in ~ schwimmen to swim on one's side, to (swim) sidestroke. - **2.** *med.* a) lateral (*od.* side) position, b) (*beim Fetus*) lateral presentation. — **~,läh·mung** *f med.* hemiplegia. — **s~,lang** *adj* er schrieb ihr ~e Briefe he wrote her pages (and pages) of letters. — **~,län·ge** *f* lateral (*od.* side) length. — **~,laut** *m ling.* lateral (sound). — **~,leh·ne** *f* (*eines Stuhles*) arm(rest). — **~,leit,werk** *n aer.* rudder unit (*od.* assembly), vertical tail surfaces *pl.* — **~,leuch·te** *f auto.* **1.** *cf.* Begrenzungsleuchte. - **2.** (*Parkleuchte*) parking light. — **~,licht** *n bes. phot.* sidelight, side lamp. — **~,li·nie** *f* **1.** (*sport*) a) (*beim Tennis, Hockey etc*) sideline, b) (*beim Fußball, Rugby, Basketball*) touchline. - **2.** (*railway*) branch line. - **3.** *zo.* (*Sinnesorgan einiger Fische*) lateral line. - **4.** (*eines Geschlechts*) (col)lateral line (*od.* branch), offset, offshot: wir sind mit ihm in der ~ verwandt we are related to him in the collateral line. — **~,lo·ge** *f* (*theater*) side-box. — **~,mei·ßel** *m tech.* side-cutting tool. — **~,mo,rä·ne** *f geol.* lateral moraine. — **~,naht** *f* side seam. — **~,nu·me,rie·rung** *f* (*Vorgang u. Resultat*) pagination, paging. — **~,pan·ze·rung** *f mil.* lateral (*od.* side) armor (*bes. Br.* armour) (plating). — **~,pfad** *m* side path, bypath. — **~,pfor·te** *f* side gate. — **~,por,tal** *n* side (*od.* lateral) portal. — **~,rand** *m print.* margin: innerer ~ inside margin, back. — **~,räum,schild** *n civ.eng.* (*einer Planierraupe*) angledozer, angling blade. — **s~,rich·tig** *adj tech.* true-to-side (*attrib*): ~e Betrachtung true-to-side observation. — **~,riß** *m* (*Zeichnung*) side elevation. — **'Sei·ten,ru·der** *n aer.* rudder: ~ geben to use rudder control, to move the rudder over. — **~,aus,schlag** *m* rudder movement (*od.* deflection, *Br. auch* deflexion). — **'sei·tens** *prep* ⟨*gen*⟩ (*officialese*) on the part of: ~ des Gerichts bestehen keine Einwände *jur.* there are no objections on the part of the court (*od.* on the court's part). — **'Sei·ten|,schei·tel** *m* side part (*bes. Br.* parting), part (*bes. Br.* parting) at the side. — **~,schiff** *n arch.* (*einer Kirche*) (side) aisle. — **~,schmerz** *m med.* pain in the side, pleuralgia (*scient.*). — **~,schnei·der** *m tech.* side-cutting pliers *pl* (*construed as sg or pl*). — **~,schritt** *m* side step. — **~,schwim·men** *n* sidestroke, sidestroking. — **~,sproß** *m bot.* cf. Seitentrieb. — **~,sprung** *m* **1.** side leap. - **2.** *fig.* extramarital escapade: einen ~ begehen (*od. colloq.* machen) to have an escapade. — **~,ste·chen** *n* ⟨-s; *no pl*⟩ *med.* **1.** stitch in the side: vom Laufen bekam ich ~ I got stitches in my side from running. - **2.** (*bei Pleuritis*) pleuralgia, pleurodynia. — **~,steu·er** *n aer. cf.* Seitenruder. — **~,steue·rung** *f* rudder control. — **~,stich** *m meist pl med. cf.* Seitenstechen. — **'Sei·ten,strang** *m med.* lateral band (of pharyngeal lymphoid tissue). — **~,an,gi·na** *f* infection of the lateral pharyngeal bands. — **~,skle,ro·se** *f* lateral sclerosis. — **'Sei·ten|,stra·ße** *f* side (*od.* branch) street, side road, bystreet, byroad, *Br.* by-road. — **~,strei·fen** *m cf.* Randstreifen. — **~,streu·ung** *f mil.* lateral dispersion. — **~,stück** *n* **1.** sidepiece. - **2.** *gastr.* (*von Fleisch*) flank. - **3.** *fig. cf.* Gegenstück 1. — **~,sup,port** *m tech.* **1.** (*einer Drehmaschine*) side carriage. - **2.** (*einer Hobelmaschine*) sidehead. — **~,tal** *n* side (*od.* lateral) valley. — **~,ta·sche** *f* side pocket. — **~,teil** *n* **1.** lateral (*od.* side) part. - **2.** (*Teil einer Seite*) part of a side. — **~,trieb** *m bot.* sideslip, side shoot. — **~,tür** *f* side door. — **~,über,schrift** *f bes. print.* headline. — **~,ver,hält·nis** *n* **1.** (*eines Fernsehbildes*) aspect ratio. - **2.** *aer.* (*der Tragflächen*) span-chord ratio. - **3.** (*radio*) (*bei der Funkpeilung*) sense. — **s~,ver,kehrt** *adj* laterally inverted. — **~,ver,schie·bung** *f* lateral deviation (*od.* deflection, *Br. auch* deflexion). — **~,ver,wand·te** *m, f* collateral

relative. — **~,ver,zie·rung** *f* (am Strumpf) clock. — **'Sei·ten|,wa·gen** *m* (*eines Motorrads*) sidecar. — **~,ma,schi·ne** *f* motorcycle combination. — **'Sei·ten|,wahl** *f* (*sport*) choice of ends, (*beim Fußball etc*) *auch* choice of goals, (*beim Basketball*) *auch* choice of baskets. — **~,wand** *f* **1.** sidewall. - **2.** (*eines Lastkraftwagens*) side gate (*od.* board). - **3.** (*eines Drehmaschinenbettes*) shear. — **~,wech·sel** *m* (*sport*) change of ends, (*beim Fußball etc*) *auch* change of goals, (*beim Basketball*) *auch* change of baskets. — **~,weg** *m* byway, sideway, side cut: ~e gehen *fig.* to engage in secret (*od.* illicit) activities. — **~,wen·dung** *f* **1.** turn to the side. - **2.** (*sport*) (*beim Fechten*) volt. — **'Sei·ten,wind** *m* side wind, crosswind: Landung mit ~ *aer.* crosswind landing. — **~,kon,ver·ter** *m metall.* side-blown converter. — **'Sei·ten|,win·kel** *m* **1.** (*in der Ballistik*) bearing. - **2.** (*in der Navigation, beim Radar*) azimuth (angle). — **~,zahl** *f* **1.** (*Anzahl der Seiten*) number of pages. - **2.** (*Nummer der Seite*) page number, number of the page, *bes. print.* folio (number): mit ~en versehen to paginate. - **3.** *math.* number of sides. — **~,zweig** *m* (*eines Stammbaums*) *cf.* Seitenlinie 4. — **'Seit|,fall,wurf** *m* (*sport*) (*beim Handball*) diving side shot. — **~,hal·te** *f* ⟨-; *no pl*⟩ (*beim Turnen*) arms *pl* sideways. — **,seit'her** *adv* **1.** (*seitdem*) since then, since that time, from that time on. - **2.** *cf.* bisher. — **,seit'he·rig** *adj* ⟨*attrib*⟩ *cf.* bisherig. — **'seit·lich I** *adj* **1.** lateral: ~e Bewegung lateral (*od.* sideward) movement, movement to the side; ~e Naht side seam, seam at the side. - **II** *adv* **2.** (*an der Seite*) at the side: das Grundstück wird ~ durch einen Zaun abgegrenzt the property is bounded at (*od.* along) the sides by a fence; das Haus liegt ~ vom Bahnhof the house is situated at the side of (*od.* next to, beside) the railway station. - **3.** (*zur Seite*) to the side, laterally: das Flugzeug rutscht ~ ab *aer.* the plane slips to the side, the plane sideslips (*od.* falls away). - **III** *prep* ⟨*gen*⟩ **4.** (*neben*) at the side of, next to, beside. — **'Seit|,pferd** *n* (*sport*) (*beim Turnen*) side (*od.* pomeled, *bes. Br.* pommelled) horse. — **~,spann,stütz** *m* crucifix, *bes. Am.* cross. — **~,stand** *m* sidestand. — **'seit,wärts** *adv* **1.** (*an der Seite*) at the side: ~ befindlich lateral. - **2.** (*zur Seite hin*) sideways, sideward(s), to the side, laterally: sich ~ in die Büsche schlagen a) to slip away (*od.* to slink off, to slink away) (into the bushes), b) *euphem.* to go behind a bush. - **3.** ~ zu sideways to: sie steht ~ zum Spiegel she stands sideways (*od.* with her side) to the mirror. — **Se·kan·te** [ze'kantə] *f* ⟨-; -n⟩ *math.* secant. — **Se·kel** ['zeːkəl] *m* ⟨-s; -⟩ (*alte Gewichtseinheit*) shekel. — **sek·kant** [zɛ'kant] *adj bes. Austrian for* lästig 2, zudringlich. — **Sek·ka·tur** [-ka'tuːr] *f* ⟨-; -en⟩ *bes. Austrian for* Belästigung, Quälerei 1. — **sek'kie·ren** [-'kiːrən] *v/t* ⟨*no ge-, h*⟩ *bes. Austrian for* a) belästigen, b) quälen 5, c) hänseln, d) necken 1. — **Se·kond** [ze'kɔnt] *f* ⟨-; *no pl*⟩, **~,hieb** *m* (*sport*) (*beim Fechten*) second(e). — **Se·kret**[1] [ze'kreːt] *n* ⟨-(e)s; -e⟩ *med.* (*Absonderung*) secret(a). — **Se'kret**[2] *f* ⟨-; *no pl*⟩ *röm.kath.* (*Stillgebet*) secret(a). — **Se·kre·tär** [zekre'tɛːr] *m* ⟨-s; -e⟩ **1.** (*Schriftführer, Korrespondent etc*) secretary, clerk. - **2.** (*einer Organisation, Partei etc*) secretary. - **3.** (*Beamter*) secretary. - **4.** (*Schreibschrank*) secretary. - **5.** *zo.* (*Greifvogel*) secretary (bird) (*Sagittarius serpentarius*). — **Se·kre·ta·ri·at** [zekreta'rĭaːt] *n* ⟨-(e)s; -e⟩ **1.** (*Raum*) secretariat, *auch* secretariate, secretary's office. - **2.** (*Angestellte*) secretariat, *auch* secretariate. — **Se·kre·tä·rin** *f* ⟨-; -nen⟩ secretary, lady clerk. — **se·kre·tie·ren** [zekre'tiːrən] **I** *v/t* ⟨*no ge-, h*⟩ **1.** *med.* (*absondern*) secrete. - **II S~** *n* ⟨-s⟩ **2.** verbal noun. - **3.** *cf.* Sekretion. — **Se·kre·ti·on** [zekre'tsĭoːn] *f* ⟨-; *no pl*⟩ **1.** *cf.* Sekretieren. - **2.** *med.* (*Absonderung*) secretion: innere ~ internal secretion, incretion; übermäßige ~ hypersecretion. - **3.** *geol.* secretion.

Se·kre·ti'ons|,ab,nah·me f med. decrease of (od. in) secretion. — **~or,gan** n gland, secretory organ. — **~,stoff** m cf. Sekret¹. — **~,stö·rung** f disturbed secretion.

se·kre·to·risch [zekre'to:rɪʃ] adj med. secretory.

Sekt [zɛkt] m ⟨-(e)s; -e⟩ (Schaumwein) champagne.

Sek·te ['zɛktə] f ⟨-; -n⟩ relig. sect: Angehöriger einer ~ member (od. adherent) of a sect, sectarian. — **'Sek·ten,we·sen** n sectarianism, sectarism.

'Sekt|,fla·sche f champagne bottle. — **~,glas** n champagne glass.

Sek·tie·rer [zɛk'ti:rər] m ⟨-s; -⟩ 1. relig. (Angehöriger einer Sekte) sectarian. – 2. pol. contempt. sectarian, auch particularist. — **sek'tie·re·risch** adj sectarian. — **Sek'tie·rer·tum** n ⟨-s; no pl⟩ sectarianism.

Sek·ti·on [zɛk'tsi̯o:n] f ⟨-; -en⟩ 1. (Abteilung, Gruppe etc) section, department. – 2. med. (Obduktion) postmortem (examination); autopsy, necropsy (scient.).

Sek·ti·ons|,bau m ⟨-(e)s; no pl⟩ tech. (im Schiffsbau) sectional building. — **~,be,fund** m med. postmortem (od. scient. autopsy) result (od. findings pl). — **~,chef** m (Abteilungsleiter) section (od. department) head, head of the section (od. department). — **~,raum** m med. 1. (in der Pathologie) postmortem (od. scient. autopsy) room. – 2. (in der Anatomie) dissecting (od. dissection) room. — **~,saal** m cf. Sektionsraum. — **~,tisch** m 1. (in der Pathologie) autopsy table. – 2. (in der Anatomie) dissection table.

'Sekt|,kelch m champagne glass. — **~,kel·le,rei** f champagne cellar(s pl). — **~,kor·ken** m champagne cork (od. stopper). — **~,kü·bel**, **~,küh·ler** m champagne cooler.

Sek·tor ['zɛktər] m ⟨-s; -en [-'to:rən]⟩ 1. math. (Kreis-, Kugelausschnitt) sector. – 2. (Gebietsteil, Bezirk) sector, section, quarter, district. – 3. pol. mil. (Besatzungsgebiet) sector: der britische ~ in Berlin the British sector in Berlin. – 4. fig. (Bereich) field, realm, domain: er weiß auf dem politischen ~ Bescheid he is well informed in the field of politics (od. in the political field).

Sek·to·ren|,gren·ze f pol. mil. sector boundary. — **~,über,gang** m (in Berlin) checkpoint.

'Sekt|,pfrop·fen m cf. Sektkorken. — **~,scha·le** f champagne bowl. — **~,steu·er** f econ. champagne tax, (excise) tax on champagne.

Se·kund [ze'kʊnt] f ⟨-; -en⟩ Austrian mus. for Sekunde 3.

Se·kun·da [ze'kʊnda] f ⟨-; -den⟩ ped. sixth and seventh year of a German secondary school.

Se'kund·ak,kord m mus. four-two chord, third inversion of the seventh chord.

Se·kun·da·ner [zekun'da:nər] m ⟨-s; -⟩, **Se·kun·da·ne·rin** f ⟨-; -nen⟩ ped. pupil of a 'Sekunda'.

Se·kun·dant [zekun'dant] m ⟨-en; -en⟩ 1. (beim Duell) second. – 2. (sport) (beim Boxen etc) second, bottleholder (colloq.). – 3. fig. (Helfer) second, assistant.

se·kun·där [zekun'dɛːr] adj 1. (zweiter Ordnung) secondary, derived: ~e Geschlechtsmerkmale med. secondary sexual characters. – 2. fig. (zweitrangig, untergeordnet) secondary, subordinate, inferior: dieser Gesichtspunkt ist von ~er Bedeutung this aspect is of secondary (od. subordinate, lesser) importance. — **S~,ab,szeß** m med. secondary abscess.

Se·kun'dar,arzt [zekun'da:r-] m Austrian for Assistenzarzt.

Se·kun'där,bahn f (railway) obs. for Nebenbahn 1. — **~,blu·tung** f med. secondary h(a)emorrhage. — **~ef,fekt** m phys. secondary effect. — **~elek·tron** n phys. electr. secondary electron. — **~ele,ment** n electr. secondary cell. — **~emis·si,on** f phys. nucl. electr. secondary emission. — **~er,schei·nung** f med. secondary manifestation. — **~,glau,kom** n secondary glaucoma. — **~,grup·pe** f sociol. secondary group. — **~in·fek·ti,on** f med. secondary (od. consecutive) infection. — **~,krank·heit** f secondary disease; sequela, deuteropathy (scient.). — **~,kreis** m electr. secondary circuit.

Se·kun'dar,leh·rer m ped. Swiss teacher at a secondary school.

Se·kun'där·li·te·ra,tur f secondary literature.

Se·kun'dar,schu·le f ped. Swiss. secondary school.

Se·kun'där,span·nung f electr. secondary voltage. — **~,sta·di·um** n med. secondary stage, (einer Syphilis) auch secondary syphilis. — **~,strah·lung** f phys. electr. secondary radiation. — **~,strom** m electr. secondary current.

Se·kun'dar,schu·le f ped. secondary school.

Se·kun'där|,wick·lung f electr. secondary winding. — **~,wi·der,stand** m secondary resistance.

Se'kun·da,wech·sel m econ. second of exchange.

Se·kun·de [ze'kʊndə] f ⟨-; -n⟩ 1. second: es ist 8 Uhr 11 Minuten und 30 ~n it is 11 minutes and 30 seconds past 8 o'clock; er war auf die ~ pünktlich he was punctual to the second; im Bruchteil einer ~ in a split second; (eine) ~! ich bin sofort fertig! fig. colloq. (just a) second (od. colloq. sec)! I'll be ready at once (od. I'll be ready in a moment)! – 2. math. (Winkelmaß) second. – 3. mus. second: große [kleine] ~ major [minor] second. – 4. print. signature on the third page of the sheet.

Se'kun·den|,bruch,teil m fraction of a second, split second. — **~ge,schwin·dig·keit** f speed per second. — **s~,lang I** adj lasting a (few) seconds. – **II** adv for (a few) seconds. — **~,schnel·le** f only in in a second (od. flash). — **~,uhr** f watch with a second hand. — **~,zei·ger** m second hand.

se·kun·die·ren [zekun'di:rən] **I** v/i ⟨no ge-, h⟩ j-m ~ a) (im Duell, beim Boxkampf etc) to second s.o., b) fig. (unterstützen) to second s.o., to assist s.o., to support s.o. – **II S~** n ⟨-s⟩ 2. verbal noun. – 3. fig. assistance, support.

se·kund·lich [ze'kʊntlɪç], **se'künd·lich** [-'kʏntlɪç] adv every second.

Se·kun·do·ge·ni·tur [zekundogeni'tu:r] f ⟨-; -en⟩ jur. secundogeniture.

Se·ku'rit|,glas [zeku'rɪt-; -'rɪt-] n, **~,schei·be** (TM) f safety glass.

Se·la·gi·nel·le [zelagi'nɛlə] f ⟨-; -n⟩ bot. cf. Moosfarn.

selb [zɛlp] adj ⟨attrib⟩ same: wir wohnen im ~en Haus we live in the same house; beide kamen zur ~en Zeit an both arrived at the same time.

selb·an·der [,zɛlpˈʔandər; zɛl'bandər] adv obs. the two of us, we two.

,selb'dritt adv 1. obs. the three of us, we three. – 2. (HL.) Anna S~ (art) St. Anne with Mary and the child Jesus.

sel·ber ['zɛlbər] demonstrative pron ⟨invariable⟩ colloq. for selbst I.

'Sel·ber,ma·chen n ⟨-s⟩ only in ~ macht Freude it's fun to do it yourself; ~ spart viel Geld you save much money by doing it yourself; Möbel zum ~ do-it-yourself furniture sg.

sel·big ['zɛlbɪç] adj ⟨attrib⟩ obs. for selb.

selbst [zɛlpst] **I** demonstrative pron ⟨invariable⟩ 1. ich ~ (I) myself; wir ~ (we) ourselves; sie ist nicht mehr sie ~ a) she is not herself anymore, she is not her old self, b) (außer sich) she is beside herself; das Zimmer ~ ist nett, aber the room itself is nice but; er ist (od. hat) ~ schuld he has only himself to blame, it's his own fault; ich habe ~ gehört (od. ich ~ habe gehört), wie sie es ihm erzählt hat I heard her tell him myself, I myself heard her tell him; das muß ich ~ sehen! I have to see that for myself! alles muß ich ~ machen! I have to do everything myself! sie näht sich alles ~ she sews everything herself; du mußt ~ wissen, was du zu tun hast you must know yourself what you have to do; erkenne dich ~! philos. know thyself! sich ~ belügen to deceive oneself; sich ~ richten fig. to commit suicide, to take one's own life; j-n sich ~ überlassen to leave s.o. to his own devices (od. to his own, by himself); du bist ein Idiot! — S~ einer! colloq. you're an idiot! — same to you (with knobs on)! (colloq.); das spricht für sich ~ that speaks for itself; alte Leute reden oft mit sich ~ old people often talk to themselves; tu es um deiner ~ willen! do it for your own sake! ~ ist der Mann (Sprichwort) etwa there's nothing like doing things by oneself;

jeder ist sich ~ der Nächste (Sprichwort) charity begins at home (proverb); zu sich ~ kommen to come to one's senses. – 2. (in eigener Person) in person, personally: können Sie nicht ~ kommen? can't you come yourself (od. personally)? der Autor ~ war (od. der Autor war ~) anwesend the author was there in person (od. himself, personally), the author himself was there. – 3. (personifiziert) in person, personified (nachgestellt): er ist die Großmut ~ he is generosity itself. – 4. (ohne Hilfe, allein) (by) oneself, without help (od. assistance): das Kind kann sich schon ~ anziehen the child can already dress (by) itself. – 5. von ~ a) (automatisch) (by) itself, automatically, b) (von allein) by oneself (od. itself), on one's (od. its) own, of one's (od. its) own accord, c) (aus eigenem Antrieb) on one's own initiative, of one's own accord, voluntarily: die Tür schließt von ~ the door shuts (by) itself, the door shuts automatically; das geht (od. läuft) ja wie von ~! that goes almost automatically! sein Erfolg kam nicht ganz von ~ his success didn't come (entirely) of its own accord (od. by itself, on its own); bist du (ganz) von ~ auf die Idee gekommen? did you hit (up)on the idea all by yourself (od. all on your own)? das versteht sich von ~! a) (das ist offensichtlich) that is obvious (od. self-evident)! b) (das ist selbstverständlich) that goes without saying! das ist wohl (ganz) von ~ gekommen? colloq. iron. it was the cat that did it, wasn't it? (colloq.); sie soll (ganz) von ~ zu mir kommen she is to come (entirely) on her own initiative (od. of her own accord). – **II** adv 6. (sogar) even: ~ er konnte sie nicht umstimmen not even he could (od. even he couldn't) change her mind; wir gehen ~ bei Regen gerne spazieren we like to walk even in the rain (od. even when it's raining); ~ wenn even if.

Selbst n ⟨-; no pl⟩ self, ego: mein anderes [besseres] ~ my other [better] self; sie war wieder ihr altes, fröhliches ~ she was her gay old self again. [self-sealing.\

'selbst,ab,dich·tend adj auto. (Reifen etc)]

'Selbst|,ach·tung f self-esteem, self-respect. — **~ana,ly·se** f psych. self-analysis.

'selb,stän·dig I adj 1. (unabhängig, eigenständig) independent: sie ist schon sehr ~ für ihr Alter she is already very independent for her age; an ~es Arbeiten gewöhnt sein to be used to (od. accustomed) to working independently (od. on one's own); j-n zum ~em Denken [Handeln] erziehen to teach s.o. to think [act] independently (od. on his own). – 2. (Geschäftsmann) self-employed, independent, established: er ist Kaufmann self-employed merchant; er ist in ~er Position he is in an established position; sich ~ machen a) (beruflich) to set (oneself) up on one's own, to establish oneself, b) fig. colloq. (sich eigenmächtig davonmachen) to take off on one's own; der Ski machte sich ~ the ski took off on its own. – 3. (freiberuflich tätig) free-lance (attrib). – 4. (Lebenshaltung) self-supporting, self-sustaining. – 5. (getrennt) separate, independent. – 6. pol. econ. (autonom) autonomous, self-governing: ein ~er Staat an autonomous state, an autonomy. – 7. electr. (Entladung etc) self-sustained. – 8. tech. self-contained. – 9. mil. (Einheit) separate. – **II** adv 10. (unabhängig) independently, for oneself, on one's own: ~ arbeiten [handeln] to work [to act] independently (od. on one's own initiative). – 11. (ohne Hilfe) without help (od. assistance), (by) oneself. — **'Selb,stän·di·ge** m, f ⟨-n; -n⟩ 1. (Geschäftsmann) self-employed (od. independent, established) (person). – 2. (Freiberufliche) free lance, free-lancer. — **'Selb,stän·dig·keit** f ⟨-; no pl⟩ 1. (der Arbeit, des Denkens etc) independence. – 2. (im Beruf) self-employment, independence, establishment. – 3. pol. econ. (Autonomie) autonomy, self-government.

'Selbst|,an,fer·ti·gung f econ. 1. self-made products pl. – 2. own production (od. manufacture): Ware in ~ herstellen to produce (od. manufacture) goods on the firm's own premises. — **~an,kla·ge** f a) self-accusation, b) bes. jur. self-incrimination. — **~an,las·ser** m auto. self-starter, automatic starter. — **~an,le·ger** m print. automatic feeder.

'**Selbst,an,schluß** m tel. (zum Selbstwählen) automatic (od. dial) (telephone) system. — ~,**amt** n automatic (od. dial) (telephone) exchange. — ~,**an,la·ge** f automatic (od. dial) (telephone) system. '**Selbst|,an,steckung** (getr. -k·k-) f med. self-infection, autoinfection, Br. auto-infection (scient.). — ~,**an,trieb** m tech. automatic drive, self-propulsion: mit ~ self--propelled, self-driven. — ~,**an,zei·ge** f jur. self-denunciation. — s~,**an,zei·gend** adj (Barometer etc) self-registering (od. -recording). — ~,**auf,ga·be** f self-surrender. — ~,**auf,op·fe·rung** f self-sacrifice, self-devotion. — ~,**aus,lö·ser** m phot. automatic (od. delayed-action shutter) release, self--timer. — ~,**aus,schal·ter** m electr. automatic circuit-breaker, automatic cutout. — ~**be,darf** m cf. Eigenbedarf. '**Selbst·be,die·nung** f self-service. '**Selbst·be,die·nungs|,la·den** m self-service shop (bes. Am. store). — ~**re·stau,rant** n self-service restaurant, cafeteria. '**Selbst|be,fleckung** (getr. -k·k-) f self-pollution, self-abuse, onanism, masturbation. — ~**be,frei·ung** f (aus dem Gefängnis etc) (self-)liberation, evasion. — ~**be,frie·di·gung** f (Onanie) masturbation, onanism. — ~**be,fruch·tung** f biol. self-fertilization; autogamy, automixis (scient.). — ~**be,halt** m ‹-(e)s; no pl› jur. (Schadensanteil des Versicherten) retention. — s~**be,herrscht** adj self-possessed (od. -composed, -controlled, -contained). — ~**be,herr·schung** f self--control (od. -possession, -command): sie besitzt große ~ she has great self-control, she is very self-possessed (od. -composed). — ~**be,kennt·nis** n self-confession, avowal. — ~**be,kö·sti·gung** f cooking for oneself. — ~**be,mit,lei·dung** f self-pity(ing). — s~**be,ob·ach·tend** adj psych. introspective. — ~**be,ob·ach·tung** f self-observation, introspection. — ~**be,schrän·kung** f self--restraint. — ~**be,sin·nung** f self-contemplation. — ~**be,spie·ge·lung** f psych. self-admiration, narcissism (scient.). — ~**be,stäu·bung** f bot. self-pollination, autogamy (scient.). '**Selbst·be,stim·mung** f pol. self-determination. — '**Selbst·be,stim·mungs,recht** n ‹-(e)s; no pl› (eines Volkes etc) right of self-determination. '**Selbst|be,tei·li·gung** f econ. (im Versicherungsrecht) percentage excess. — ~**be,trach·tung** f (innere) self-contemplation. — ~**be,trug** m self-deception (od. -deceit, -delusion). — ~**be,weih,räu·che·rung** f cf. Selbstbespiegelung. — ~**be,wirt,schaf·tung** f agr. (eines Hofes etc) self-management. — ~**be,wun·de·rung** f psych. cf. Selbstbespiegelung. — s~**be,wußt** adj. **1.** (selbstsicher) (self-)confident, self-assured: er hat ein ~es Auftreten he has a self-confident manner. — **2.** (stolz) proud. – **3.** philos. self-conscious. — ~**be,wußt,sein** n **1.** self-confidence, self-assurance. – **2.** (Stolz) pride. – **3.** philos. self--consciousness. — ~**be,zich·ti·gung** f jur. cf. Selbstanklage. — ~**be,zo·gen·heit** f psych. self-absorption, autism (scient.). — ~,**bild·nis** n self-portrait. — ~,**bin·der** m **1.** (Krawatte) tie. – **2.** agr. (Mähmaschine) (reaper-)binder. — ~**bio·gra,phie** f autobiography. — s~,**dich·tend** adj tech. self--sealing, (mechanisch) self-tightening. — ~**dis·zi,plin** f self-discipline. — ~,**ein,schal·tung** f **1.** electr. automatic switching in (od. circuit-closing). – **2.** tech. automatic engagement (od. starting). — ~,**ein,schät·zung**, ~,**ein,stu·fung** f **1.** self-appreciation, self--assessment. – **2.** econ. (der Steuern etc) self-assessment. — ~,**ent,frem·dung** f philos. (im Marxismus) alienation from self. — ~**ent,la·der** m tech. self-discharging truck, automatic tipping car (od. tipper), self-unloader. — ~**ent,la·dung** f **1.** electr. (einer Batterie) self-discharge. – **2.** tech. (eines Lasters) self-discharge (od. -emptying). '**selbst·ent,zünd·lich** adj tech. self-ignitable, self-inflammable, spontaneously flammable. '**Selbst·ent,zün·dung** f **1.** spontaneous combustion (od. ignition), autoignition, Br. auto-ignition. – **2.** (space) self-ignition. – **3.** mil. (von Munition) cook-off. — '**Selbst·ent,zün·dungs,mo·tor** m auto. compression-ignition (od. C.I.) engine. '**Selbst·er,hal·tung** f self-preservation. — ~**er,hal·tungs,trieb** m instinct of self--preservation. — ~**er,he·bung** f self-

-exaltation, vainglory. — ~**er,kennt·nis** f knowledge of oneself, self-knowledge: ~ ist der erste Schritt zur Besserung (Sprichwort) etwa realization of one's shortcomings is the first step toward(s) improvement. — ~**er,nied·ri·gung** f self-abasement. — s~**er,re,gend** adj only in ~er Schwingungskreis aer. autodyne circuit. — s~**er,regt** adj **1.** electr. self-excited, self-starting. – **2.** tech. phys. (Schwingungen etc) self-induced (od. -excited). — ~**er,re·gung** f **1.** electr. self-excitation, self-starting. – **2.** (radio) feedback. – **3.** med. self-excitation, autostimulation. — s~**er,wählt** adj cf. selbstgewählt. — ~**er,zie·hung** f self-education. '**Selbst,fah·rer** m **1.** (Autofahrer) owner--driver, private driver. – **2.** (Rollstuhl) self-propelling (od. self-propelled) chair. – **3.** mar. self-propelled barge. — ~,**dienst** m drive-yourself (Br. self-drive) service. '**Selbst,fahr·la,fet·te** f mil. self-propelled mount: Geschütz auf ~ self-propelled gun. '**Selbst|fi·nan,zie·rung** f econ. self-financing. — ~,**gä·rung** f chem. spontaneous fermentation. — s~**ge,backen** (getr. -k·k-) adj (Kuchen etc) homemade. — s~**ge,braut** adj home-brewed. — s~**ge,fäl·lig** **I** adj (self-)complacent, smug. – **II** adv (self-)complacently, smugly, with (self-)complacence. — ~**ge,fäl·lig,keit** f (self-)complacence, (self-)complacency, smugness. — ~**ge,fühl** n ‹-(e)s; no pl› **1.** self-awareness: ein übersteigertes ~ an overdeveloped ego; j-s ~ verletzen to hurt s.o.'s ego. – **2.** self-confidence. – **3.** cf. Selbstliebe. — s~**ge,kühlt** adj tech. self-cooled. — s~**ge,macht** adj homemade, self-made. — s~**ge,nüg·sam** adj econ. (autark) self--sufficient (od. -supporting). — ~**ge,nüg·sam·keit** f self-sufficiency (auch -suffience). — s~**ge,recht** adj self-righteous, (stärker) pharisaic(al), auch Pharisaic(al). — ~**ge,rech·tig·keit** f self-righteousness, (stärker) pharasaicalness, Pharisaism, auch pharisaism. — s~**ge,schrie·ben** adj **1.** (selbstverfaßt) written by oneself. – **2.** (handschriftlich) handwritten. — s~**ge,spon·nen** adj homespun. — ~**ge,spräch** n **1.** soliloquy: ~e führen to soliloquize, to talk to oneself (colloq.). – **2.** (theater) monologue, Am. auch monolog, soliloquy. — s~**ge,strickt** adj knit(ted) by oneself. — s~**ge,wählt** adj chosen by oneself. — s~**ge,zo·gen** adj (Gemüse, Obst etc) cultivated (od. grown) by oneself. — s~,**haf·tend** adj **1.** jur. econ. on one's own responsibility. – **2.** cf. selbstklebend. — s~,**här·tend** adj **1.** metall. self-hardening. – **2.** synth. (Klebstoff) self--curing. — ~,**här·ter** m metall. self--hardening steel. — ~,**hei·lend** adj med. self-healing. — ~,**hei·lung** f spontaneous healing. — s~,**hem·mend** adj tech. **1.** (Mutter etc) self-locking. – **2.** (Getriebe) retarding. – **3.** (Steuerung) irreversible. — ~,**hem·mung** f **1.** self-locking (od. -braking), interlock. – **2.** (als Vorrichtung) self-locking (od. -braking) mechanism. — s~,**herr·lich** adj **1.** (absolut) arbitrary. – **2.** (anmaßend, rücksichtslos) high-handed. – **3.** (überheblich) overbearing. — ~,**herr·lich·keit** f ‹-; no pl› **1.** arbitrariness. – **2.** high-handedness. – **3.** overbearingness. — ~,**herr·schaft** f pol. autocracy. — s~,**herr·schend** adj autocratic, auch autocratical. — ~,**herr·scher** m autocrat. '**Selbst,hil·fe** f **1.** auch jur. sociol. econ. self-help: zur ~ schreiten (od. greifen) to help oneself, to take the law into one's own hands. – **2.** jur. (Notwehr) self-defence, Am. self-defense. — ~**ver,ei·ni·gung** f self--defending (od. -help) society. '**Selbst|in·duk·ti,on** f electr. self-induction. — ~**in·duk·ti,vi,tät** f (self-)inductance, self-induction. '**selb·sti·stisch** adj selfish, self-centered, bes. Br. self-centred, egoistic. '**Selbst|,kle·be,fo·lie** f adhesive film. — s~,**kle·bend** adj adhesive, sticky (colloq.). — ~,**kle·be,um,schlag** m self-seal envelope. — ~**kon·tro,le** f **1.** self-control: freiwillige ~ voluntary self-control. – **2.** (computer) automatic checking. '**Selbst,ko·sten** pl econ. prime (od. first) cost(s pl). — ~,**preis** m cost price: zum [unter] ~ verkaufen to sell at [below] cost price. — ~,**rech·nung** f prime cost calculation. '**Selbst|kri,tik** f self-criticism. — s~,**kri·tisch** adj self-critical. — ~,**küh·lung** f

tech. self-cooling, self-ventilation, induced ventilation, natural cooling. — ~,**la·de·ge,wehr** n mil. self-loading (od. semi-automatic, Br. semi-automatic) rifle. — s~,**la·dend** adj (Waffe) self-loading, semi-automatic, Br. semi-automatic. — ~,**la·de·pi,sto·le** f self-loading (od. auto-loading, semiautomatic, Br. semi-automatic) pistol, automatic. — ~,**la·der** m (semi)automatic (firearm), Br. (semi-)auto-matic (fire-arm), self-loading firearm, self--loader. — ~,**laut** m ling. (Vokal) vowel. — s~,**lau·tend** adj rare for vokalisch. — s~,**leuch·tend** adj self-luminous. — ~,**lie·be** f self-love, amour-propre (lit.). — ~,**lob** n self-praise, self-applause. '**selbst·los** adj **1.** unselfish, selfless, altruistic, disinterested. – **2.** (aufopfernd) self-sacrificing. — '**Selbst·lo·sig·keit** f ‹-; no pl› **1.** unselfishness, selflessness, disinterest(edness). – **2.** self-sacrifice, self-sacrificingness. '**Selbst|,lö·schung** f tech. (des Kalks) spontaneous slaking in the open air. — ~,**mit,leid** n self-pity. '**Selbst|,mord** m suicide: ~ begehen (od. verüben) to commit suicide, Am. auch to suicide. — ~,**mör·der** m suicide. — s~,**mör·de·risch** adj **1.** suicidal, auch self--destructive: in ~er Absicht jur. with intent to suicide, with suicidal intention. – **2.** fig. (halsbrecherisch) breakneck (attrib), dangerously careless (about one's own safety). '**Selbst,mord|ge,dan·ke** m suicidal thought: sich mit ~n tragen to harbo(u)r suicidal thoughts, to contemplate suicide. — ~,**kan·di,dat** m prospective (od. potential) suicide. — ~**kom,man·do** n mil. cf. Himmelfahrts-kommando. — ~**ver,such** m suicidal attempt, attempted suicide. '**Selbst|por,trät** n self-portrait. — ~,**prü·fung** f self-examination, introspection. — s~,**quä·le·risch** adj self-tormenting, bordering on self-torture. — ~,**recht,fer·ti·gung** f self-justification. — s~,**re·dend** adv colloq. for selbstverständlich 3. — s~,**re·gelnd** adj **1.** tech. self-regulating. – **2.** aer. hunting. — ~,**re·ge·lung** f **1.** tech. self-regulation, automatic regulation, self-adjustment. – **2.** aer. hunting. — ~,**re·gie·rung** f self--government, home rule. — ~,**reg·ler** m tech. automatic regulator. — ~,**rei·ni·gend** adj (Backröhre, Grill etc) self-cleaning. — ~,**rei·ni·gung** f biol. (von Gewässern) self--purification. — ~,**ret·ter** m (mining) self--rescuer. — ~,**schal·ter** m electr. automatic circuit-breaker, automatic cutout. — s~,**schlie,ßend** adj (Tür etc) self-closing. — ~,**schlie,ßer** m automatic door closer. — s~,**schmie·rend** adj tech. self-lubricating (od. -oiling). — ~,**schmie·rung** f self--lubrication (od. -oiling). — ~,**schrei·ber** m self-recording (od. -registering) instrument. — ~,**schuld·ner** m econ. jur. (als Bürge) directly suable guarantor. — s~,**schuld·ne·risch** adj directly suable: ~e Bürgschaft directly enforceable guarantee. — ~,**schuß** m (zur Sicherung) spring (od. set) gun. — ~,**schutz** m Br. self-defence, Am. self--defense, self-protection. — s~,**si·cher** adj self-confident (od. -assured, -sure): er ist sehr ~ he is very self-confident, he is very sure (od. colloq. full) of himself: übertrieben ~ cocksure. — ~,**si·cher,heit** f self--confidence (od. -assurance, -sureness), aplomb (lit.). — s~,**span·nend** adj (Feuerwaffe) self-cocking. — s~,**sper·rend** adj tech. self-locking. '**Selbst,steu·er|,an,la·ge** f aer. mar. automatic control system. — ~**ge,rät** n automatic control apparatus, automatic pilot. '**Selbst|,steue·rung** f **1.** biol. self-regulation. – **2.** aer. mar. automatic control. — ~,**stu·di·um** n private study (od. reading). — ~,**sucht** f ‹-; no pl› selfishness, ego(t)ism, self-seeking. — s~,**süch·tig** adj selfish, ego(t)istic(al), self-seeking. — ~**sug·ge·sti·on** f psych. autosuggestion. — s~,**tä·tig** **I** adj **1.** tech. automatic, self-acting, power--operated: ~er Schalter automatic (od. snap) switch; ~er Vorschub (einer Drehmaschine) power feed. – **2.** nucl. (Zerfall etc) spontaneous. – **3.** (mining) spontaneous. – **II** adv **4.** ~ ansaugen (von Pumpe) to prime. — ~,**tä·tig·keit** f ‹-; no pl› **1.** tech. automaticity, automatism, self-action. – **2.** nucl. spontaneity, spontaneousness. — s~,**täu·schung** f self-deception, self-delusion. — s~,**tra·gend** adj **1.** civ.eng. (Brücke, Kon-

struktion) self-supporting. — **2.** *econ.* (*Unternehmen etc*) self-supporting, self-contained. — ~**,über,he·bung,** ~**,über,schät·zung** f (self-)conceit, presumption, exaggerated opinion of oneself. — ~**,über,win·dung** f strength of mind: es kostete mich einige ~, zu ihm zu gehen it took me some strength of mind to go to him, I could hardly bring myself to go to him. — ~**,un·ter,bre·cher** m electr. self-interrupter. — ~**,un·ter,richt** m private study (*od.* reading). — ~**ver,ach·tung** f self-contempt, disdain of (*od.* for) oneself. — s~**ver,ant,wort·lich** adj self-responsible. — ~**ver,ant,wor·tung** f self-responsibility. — ~**ver,brauch** m private consumption. — ~**ver,bren·nung** f **1.** (*von Menschen*) self-immolation by burning, self-cremation. — **2.** *phys. tech.* spontaneous combustion. — s~**ver,ges·sen** adj (*Blick etc*) self-forgetful, self-forgetting. — ~**ver,ges·sen·heit** f self-forgetfulness. — ~**ver,gif·tung** f med. autointoxication, Br. self-intoxication. — ~**ver,lag** m only in im ~ (er-schienen) published by the author. — ~**ver,le·ger** m author and publisher, publisher of one's own works. — ~**ver,leug·nung** f (self-)denial, self-abnegation. — ~**ver,nich·tung** f cf. Selbstbeköstigung. — ~**ver,pfle·gung** f cf. Selbstbeköstigung. — ~**ver,schluß** m automatic lock: mit ~ with (an) automatic lock, self-locking. — s~**ver,schul·det** adj (*Verlust, Unfall etc*) brought on by (*od.* [arising] through) one's own fault. — ~**ver,si·che·rer** m econ. self-insurer, one's own insurer (*od.* assurer). — ~**ver,si·che·rung** f self-insurance, one's own insurance (*od.* assurance). — ~**ver,sor·ger** m ⟨-s; -⟩ **1.** econ. self-supporter, self-supplier. — **2.** humor. (*im Urlaub etc*) self-supporter. — ~**ver,sor·gung** f econ. self-support, self-supply. — s~**ver,ständ·lich** I adj **1.** (*ohne Erklärung verständlich*) self-evident, obvious: über ~e Dinge brauchen wir nicht zu reden we needn't talk about self-evident facts. — **2.** (*natürlich*) natural: sie sind bekannt für ihre ~e Gastfreundschaft they are known for their natural hospitality; das ist doch ~! that goes without saying! it was nothing! don't mention it! es ist ganz ~, daß wir dich mitnehmen it is a matter of course that we'll take you with us; etwas ~ finden (*od.* als ~ annehmen, als ~ betrachten, für ~ halten) to take s.th. for granted. — II adv **3.** (*natürlich*) of course, surely, naturally, certainly: ~ kannst du morgen zu uns kommen of course (*od.* surely, naturally) you can come and see us tomorrow. — **4.** (*ohne Bedenken*) as a matter of course, matter-of-factly: er setzte sich ganz ~ an unseren Tisch he sat down at our table as a matter of course (*od.* colloq. without batting an eyelid). — **5.** (*unaufgefordert*) without being asked, presumptuously. — ~**ver,ständ·lich·keit** f **1.** self-evident truth (*od.* fact). — **2.** (*Binsenwahrheit*) truism. — **3.** (*Gegebenheit*) matter of course, foregone conclusion: sie setzte es als ~ voraus, daß er kam it was for her a matter of course that he would come. — **4.** aber das war doch eine ~! (*Antwort auf einen Dank*) not at all! that was nothing! — **5.** (*Bedenkenlosigkeit*) matter-of-factness. — **6.** (*Anmaßung*) presumption: mit größter ~ lud er sich bei uns ein he invited himself into our home with the greatest (*od.* utmost) presumption. — ~**ver,ständ·nis** n conception of oneself. — ~**ver,stüm·me·lung** f **1.** bes. mil. self-mutilation, self-inflicted wound(s pl) (*od.* injury), maiming of oneself. — **2.** zo. autotomy. — ~**ver,tei·di·gung** f Br. self-defence, Am. self-defense. — ~**ver,trau·en** n (self-)confidence, self-assurance (*od.* -assuredness), self-reliance: er hat kein ~ he lacks (self-)confidence. — ~**ver,wal·tung** f self-government, autonomy. — ~**ver,wal·tungs,kör·per** m self-governing (*od.* autonomous) body. — ~**ver,wirk·li·chung** f philos. self-realization Br. auch -s-. — ~**vor,wurf** m self-reproach. — ~**wähl·be,trieb** m tel. automatic dial(l)ing system. — ~**wäh·ler** m automatic (dial[l]ing) telephone.

'Selbst,wähl|,fern,dienst m tel. automatic (*od.* direct) long-distance (bes. Am. toll-line, bes. Br. trunk) dial(l)ing service. — ~**,fern·ver,kehr** m automatic (*od.* direct) long-distance (bes. Am. toll-line, bes. Br. trunk) dial(l)ing. — ~**,te·le,fon,** ~**,te·le,phon** n automatic (dial[l]ing) telephone.

'Selbst|,wert,ge,fühl n psych. feeling of one's own value. — ~**,zer,flei·schung** f fig. self-laceration. — ~**,zer,stö·rung** f self-destruction. — ~**,zucht** f self-discipline. — ~**,züch·ti·gung** f self-punishment. — s~**,zu,frie·den** adj self-satisfied, self-contented. — **2.** cf. selbstgefällig I. — ~**zu,frie·den·heit** f **1.** self-satisfaction, self-content(ment). — **2.** cf. Selbstgefälligkeit. — s~**,zün·dend** adj **1.** (*Brennstoff etc*) self-igniting. – **2.** chem. self-igniting, spontaneous-igniting, pyrophoric (*scient.*). — ~**,zün·der** m self-igniter (*od.* -ignitor). — ~**,zün·dung** f **1.** tech. self-ignition. – **2.** auto. (*bei Dieselmotoren*) self- (*od.* compression) ignition. – **3.** mil. (*bei Geschossen*) self-ignition, autoignition, Br. auto-ignition. — ~**,zweck** m ⟨-(e)s; no pl⟩ end in itself.

sel·chen ['zɛlçən] Bavarian and Austrian gastr. **I** v/t ⟨h⟩ smoke, cure. — **II** v/i (*von Fleisch etc*) become smoked. — **'Sel·cher** m ⟨-s; -⟩ (pork) butcher. — **Sel·che'rei** f ⟨-; -en⟩ curing establishment.

'Selch,fleisch n Bavarian and Austrian gastr. smoked (*od.* cured) meat.

Seld·wy·la [zɛlt'vi:la] n ⟨-s; no pl⟩ imaginary Swiss town, somewhat philistine, yet original.

se·lek·tie·ren [zelɛk'ti:rən] v/t ⟨no ge-⟩ (bes. zu Zuchtzwecken) select. — **Se·lek·ti·on** [-'tsio:n] f ⟨-; -en⟩ **1.** (*Auslese, Zuchtwahl*) selection. – **2.** (*radio*) (*Trennschärfe*) selectivity. – **3.** ling. selection.

Se·lek·ti'ons,leh·re, ~**theo,rie** f biol. (Darwin's) theory of natural selection.

se·lek·tiv [zelɛk'ti:f] adj selective: ~er Kreis (*radio*) selective circuit. — **Se·lek·ti·vi'tät** [-tivi'tɛːt] f ⟨-; no pl⟩ (*radio*) (*Trennschärfe*) selectivity.

Se·lek'tiv,stö·rung f (*beim Radar*) selective jamming.

Se·len [ze'le:n] n ⟨-s; no pl⟩ chem. selenium (Se).

Se·le·nat [zele'na:t] n ⟨-(e)s; -e⟩ chem. selenate.

Se'len,gleich,rich·ter m electr. selenium rectifier.

se'len,hal·tig adj chem. min. selenious, auch selenous, seleniferous.

Se·le·nid [zele'ni:t] n ⟨-s; -e⟩ chem. selenide.

se'le·nig adj chem. selenious, auch selenous: ~e Säure selenious acid (H_2SeO_3).

Se·le·nit [zele'ni:t; -'nɪt] n ⟨-s; -e⟩ min. cf. Gips 1.

Se'len,kup·fer n min. selenide of copper.

Se·le·no·gra·phie [zelenogra'fi:] f ⟨-; no pl⟩ astr. (*Mondbeschreibung*) selenography.

Se·le·no·lo·gie [zeleno'lo:gi:] f ⟨-; no pl⟩ astr. (*Lehre von der Mondbeschaffenheit*) selenology.

Se'len,säu·re f chem. selenic acid (H_2SeO_4). — ~**,bin·dung** f selenium compound. — ~**,zel·le** f phot. electr. selenium cell.

Self·ak·tor ['zɛlf,ʔaktɔr; -,ʔɛktɔr] m ⟨-s; -s⟩ tech. (*Spinnmaschine*) self-actor, self-acting mule.

Self·made·man ['sɛlfmeɪd'mæn] (*Engl.*) ⟨-s; -mademen [-'mɛn]⟩ self-made man.

se·lig ['ze:lɪç] **I** adj **1.** relig. a) (*erlöst*) saved, b) röm.kath. (*seliggesprochen*) beatified, blessed: der Glaube macht ~ a) faith saves (*od.* brings salvation), b) fig. iron. faith is everything; meine (verstorbene) Großmutter, Gott hab' sie ~! my (late) grandmother, God rest her soul! bis an mein ~es Ende until my dying day; jeder soll nach seiner Fasson ~ werden fig. colloq. every man to his taste; wer's glaubt, wird ~! fig. colloq. that's a likely story! (iron.); (you can) tell that to the marines! (*colloq.*), tell me another! (*sl.*). – **2.** (*gesegnet*) blessed: mein Vater ~en Angedenkens my father of blessed memory, my late father; bis an unser ~es Ende to our blessed end; Geben ist ~er denn (*od.* als) Nehmen Bibl. it is more blessed to give than to receive; ~ sind, die Bibl. blessed are the; ~ sind die Beklopten, denn sie brauchen keinen (Holz)Hammer fig. colloq. humor. Lord, love a duck, for a hen can't swim! (sl.). – **3.** (*verstorben*) late, deceased, departed, auch poor: mein ~er Mann, mein Mann ~ my late husband. – **4.** fig. (*beglückend*) blissful, delightful: sie verbrachten ~e Stunden miteinander they spent blissful hours (*od.* hours of bliss) together. – **5.** fig. (*Lächeln etc*) happy, contented. – **6.** fig. (*überglücklich*) delighted, thrilled: er war ~ über seinen Erfolg he was (absolutely) delighted (*od.* he was in the seventh heaven of delight, he was floating on air) about his success; mit deinen Geschenken hast du die Kinder ganz ~ gemacht your presents quite delighted the children. – **7.** fig. colloq. (*beschwipst*) tipsy (*colloq.*), fuddled. – **II** adv **8.** ~ entschlafen to pass away in the Lord.

'Se·li·ge m, f ⟨-n; -n⟩ **1.** relig. beatified (person). – **2.** (*Verstorbene*) deceased (*od.* departed) (person): die ~n the deceased; mein ~r my deceased (*od.* departed, late) husband.

'Se·lig·ge,spro·che·ne m, f ⟨-n; -n⟩ röm. kath. beatified (person).

'Se·lig·keit f ⟨-; -en⟩ **1.** ⟨only sg⟩ relig. bliss, blessedness, beatitude (lit.): ewige ~ eternal (*od.* everlasting) bliss, salvation; die ewige ~ erlangen (*od.* gewinnen) to attain eternal bliss (*od.* everlasting life, eternal life); in die ewige ~ eingehen to enter the (Kingdom of) Heaven; sich um die ewige ~ bringen, sich (dat) die ewige ~ verscherzen to forfeit one's salvation. – **2.** fig. supreme (*od.* perfect, blissful) happiness, bliss, delight, joy, felicity (lit.): voller ~ sein to be blissful; ihre ~ kannte keine Grenzen she was overjoyed, her joy knew no bounds (lit.); in ~ schwimmen colloq. a) to be blissfully happy, b) to be very much in love; alle ~en des Lebens auskosten (*od.* genießen) to taste the joys of life to the full.

'se·lig,ma·chend adj relig. beatific, beatifying: ~e Gnade sanctifying (*od.* saving) grace; die allein ~e Kirche the only true church. — **S~,ma·cher** m ⟨-s; no pl⟩ relig. Savior, bes. Br. Saviour, Redeemer. — ~**,prei·sen** v/t ⟨irr, sep, -ge-, h⟩ j-n ~ lit. to call s.o. happy. — **S~,prei·sung** f ⟨-; -en⟩ Bibl. Beatitude. — ~**,spre·chen** v/t ⟨irr, sep, -ge-, h⟩ röm.kath. beatify. — **S~,spre·chung** f ⟨-; -en⟩ beatification.

Sel·le·rie ['zɛləri] m ⟨-s; -(s)⟩, Austrian [zɛlə'riː] f ⟨-; -n [-ən]⟩ bot. celery (Apium graveolens). — ~**,knol·le** f celery root. — ~**sa,lat** m gastr. celery (*od.* celeriac) salad. — ~**,salz** n celery salt.

sel·ten ['zɛltən] **I** adj ⟨-er; -st⟩ **1.** (*rar, nur in wenigen Exemplaren vorhanden*) rare, scarce: ~e Pflanzen [Tiere, Münzen, Bücher] rare plants [animals, coins, books]. – **2.** (*ungewöhnlich*) rare, unusual, uncommon: einer der ~en Fälle von one of the rare cases of; diese Krankheit ist hier ~ this disease is uncommon here; sie hat geweint, was bei ihr sehr ~ ist she cried which is a very rare thing with her. – **3.** (*nicht häufig passierend*) rare, seldom, infrequent: Erdbeben sind dort keine ~e Erscheinung earthquakes are no rare occurrence there; du mußt diese ~e Gelegenheit ausnutzen you must seize this rare opportunity; was verschafft mir das ~e Vergnügen (deines Besuches)? iron. to what do I owe this rare pleasure (of your visit)? ein ~er Gast an infrequent visitor, a stranger (*colloq.*); er ist bei uns ein ~er Gast he does not come often to see us, he's quite a stranger here (*colloq.*). – **4.** ⟨pred⟩ rare, few, few and far between (*colloq.*), seldom: ehrliche Leute sind heute ~ honest people are rare (*od.* few and far between) nowadays, there are few honest people nowadays. – **5.** (*außergewöhnlich*) rare, exceptional, singular: ein Mädchen von ~er Schönheit a girl of rare beauty; ein Künstler von einer ~en Begabung an artist of exceptional talent, an exceptionally talented (*od.* gifted) artist; die ~e Gabe des Zuhörens besitzen to have the rare gift of being a good listener. – **6.** colloq. (*sonderbar*) odd, curious, strange: ein ~er Vogel fig. an odd (*od.* a queer) character (*od.* colloq. customer, fellow), a queer fish (*colloq.*), a rara avis, a white crow; er hat eine ~e Begabung, immer das Falsche zu sagen he has a peculiar talent of (always) saying the wrong thing. – **7.** chem. rare: die Erden rare earths (*od.* earth metals), lanthanide series (*scient.*). – **II** adv **8.** rarely, seldom, infrequently: er kommt sehr ~ he very seldom comes; wir sehen ihn nur noch ~ we seldom see him, we see very little of him; sie lassen sich nur noch ~ bei uns sehen we don't see much of them now; es kommt

~ vor, daß er uns schreibt it is rare for him to write to us, it is rarely that he writes to us; das ist ~ der Fall, das geschieht ~ that is rarely the case, that rarely happens; diese Pflanze findet man ~ in diesem Gebiet this plant is seldom seen in this region; solche Verbrechen kommen ~ vor such crimes are infrequent (od. occur infrequently, do not occur frequently od. often); man sieht es ~, daß eine Katze ins Wasser geht you rarely see a cat go into (the) water; ich habe nur noch ~ Zeit zum Klavierspielen I seldom find time to play the piano; nicht (eben) ~ not infrequently, pretty (od. fairly) often; höchst ~ hardly ever, once in a blue moon; es begegnet einem nicht ~, daß it happens pretty often that; er ist ein Arzt, wie man ihn nur ~ findet he is the sort of doctor that one does not find every day; → Übermut 4. – 9. colloq. (außergewöhnlich) exceptionally, singularly, uncommonly, unusually: dieses Glas ist ein ~ schönes Stück this glass is exceptionally beautiful (od. is one of the most beautiful of its kind); ein ~ schönes Mädchen an uncommonly pretty girl; die Aussicht war ~ schön the view was exceptionally beautiful; er ist ein ~ kluger Mensch he is an unusually clever man. – III S~e, das ⟨-n⟩ 10. das ist nichts S~es bei ihm this is nothing unusual (od. out of the ordinary) with him.

'Sel·ten·heit f ⟨-; -en⟩ 1. ⟨only sg⟩ (von Pflanzen, Tieren etc) rarity, rareness, scarcity, scarceness. – 2. ⟨only sg⟩ (etwas Ungewöhnliches) rarity, a rare (od. an unusual, an uncommon) thing: diese Szenen sind bei ihr keine ~ those scenes are nothing unusual (od. out of the ordinary, are no rare occurrence) with her. – 3. ⟨only sg⟩ (etwas nicht häufig Passierendes) rarity, rareness, infrequency, seldomness: seine Besuche sind besonders geschätzt wegen ihrer ~ his visits are highly valued because they are so rare (od. seldom). – 4. (seltenes, außergewöhnliches Stück) rarity, rare (od. curious) piece, curiosity: die antike Vase gehört zu den ~en der Auktion the antique vase is one of the curiosities (od. rarer items) of the auction.

'Sel·ten·heits,wert m rarity (od. scarcity) value.

Sel·ters ['zɛltərs] n ⟨-; no pl⟩ colloq. for Selter(s)wasser. — ~,fla·sche f seltzer (od. selters, soda) water bottle.

'Sel·ter(s),was·ser n ⟨-; -wässer⟩ seltzer (water), selter, selters (od. soda) water.

selt·sam ['zɛltza:m] I adj 1. (sonderbar) strange, odd, peculiar, queer, funny, curious: sein ~es Benehmen fiel uns auf his strange (od. odd, peculiar) behavio(u)r struck us; ein ~er Brauch an odd (od. a quaint) custom; ~e Gebärden odd (od. peculiar) gestures; ich hatte ein ~es Gefühl, mir war a) I had a strange feeling, b) (im Magen) I felt funny (od. colloq. queer); eine ~e Geschichte an odd (od. a queer) story; er ist ein ~er Mensch he is a strange (sort of) person (od. a queer [od. peculiar] person, colloq. an odd fellow), Br. sl. he is a rum one; was für ein ~er Zufall what a strange coincidence; das ist sehr ~ that is very odd (od. strange); du bist heute recht ~ you are odd (od. funny) today; es ist ~, daß er noch nicht gekommen ist it is odd (od. strange) that he should not have come yet; etwas ~ somewhat strange (od. odd), oddish; das kam mir ~ vor it seemed strange to me, it struck me as being strange; wie ~! how strange! how odd! – 2. (besonder) peculiar, singular: dieses Land hat einen ~en Reiz this country has a peculiar (od. strange) beauty (od. a beauty of its own); ein ~er Fall a singular case. – 3. (wunderlich) bizarre, odd, eccentric: er ist im Alter ~ geworden he has become bizarre (od. odd) in his old age. – II adv 4. sich ~ betragen to behave strangely (od. oddly, queerly); er spricht so ~ he talks so oddly (od. in such a strange manner); von etwas ~ berührt sein to be strangely moved by s.th.; so ~ es klingt strange to say; ihre Stimme klang ~ weich her voice sounded strangely soft. – III S~e, das ⟨-n⟩ 5. the strange (od. odd, curious, peculiar) thing: ich habe etwas S~es erlebt, mir ist etwas S~es passiert a strange thing happened to

me; das S~e daran (od. dabei) ist, daß the strange (od. odd) thing about it is that.

'selt·sa·mer'wei·se adv strange to say, oddly (od. strangely, curiously) enough, paradoxically: ~ wußte keiner davon oddly enough, nobody knew anything about it.

'Selt·sam·keit f ⟨-; -en⟩ 1. ⟨only sg⟩ strangeness, oddness, peculiarity, queerness, curiosity. – 2. peculiarity, singularity. – 3. bizarreness, oddness, eccentricity.

Se·man·tem [zeman'te:m] n ⟨-s; -e⟩ ling. semanteme. — Se'man·tik [-tɪk] f ⟨-; no pl⟩ 1. (Bedeutungslehre) semantics pl (usually construed as sg), semasiology. – 2. math. semantics pl (usually construed as sg). — Se'man·ti·ker [-tɪkər] m ⟨-s; -⟩ semanticist, semantician. — se'man·tisch [-tɪʃ] adj semantic.

Se·ma·phor [zema'fo:r] n, auch m ⟨-s; -e⟩ 1. mar. (Zeichen- od. Signalgeber) semaphore. – 2. (railway) semaphore. — ~,spruch m (railway) semaphore message.

Se·ma·sio·lo·ge [zemazio'lo:gə] m ⟨-n; -n⟩ ling. semasiologist. — Se·ma·sio·lo'gie [-lo'gi:] f ⟨-; no pl⟩ semasiology. — se·ma·sio'lo·gisch adj semasiological.

Se·meio·tik [zemai'o:tɪk] f ⟨-; no pl⟩ ling. semiotics pl (construed as sg od. pl).

Se·mem [ze'me:m] n ⟨-s; -e⟩ ling. cf. Semantem.

Se·me·ster [ze'mɛstər] n ⟨-s; -⟩ ped. 1. half year, half (colloq.), bes. Am. semester, bes. Br. (half-yearly) term: er ist (od. steht) im fünften ~ he is in his fifth half year; sie hat 8 ~ studiert she has studied for 4 years. – 2. fig. colloq. student: ein niedriges (od. jüngeres) ~ a freshman, a fresher, Am. auch an underclassman, a lowerclassman; höhere ~ senior students, Am. auch upperclassmen; er ist auch schon ein älteres ~ fig. colloq. a) he has been studying for years, b) he is no chicken (colloq.), he is an old boy, he belongs to the older generation. — ~be,ginn m beginning of a semester (bes. Am. term). — ~,fe·ri·en pl Br. holiday(s pl), Am. vacation sg. — ~,prü·fung f semester (bes. Br. terminal) examination. — ~,schluß m end (od. close) of a semester (bes. Br. term). — s~wei·se adv by the semester (bes. Br. half-yearly term). — ~,zeug·nis n Austrian (in der Schule) half-yearly report.

Se·mi·bre·vis [zemi'bre:vɪs] f ⟨-; -breves [-vɛs]⟩ mus. hist. semibrevis.

'Se·mi,die·sel,mo·tor ['ze:mi-] m tech. mixed-cycle engine.

'Se·mi·fi,na·le n (sport) semifinal (round): die Spieler, welche das ~ erreicht haben, spielen am … the semifinalists will play on the …

Se·mi·ko·lon [zemi'ko:lən] n ⟨-s; -s od. -kola [-la]⟩ ling. semicolon.

se·mi·lu·nar [zemilu'na:r] adj med. semilunar. — S~,klap·pe f semilunar valve.

Se·mi·nar [zemi'na:r] n ⟨-s; -e, Austrian auch -ien [-riən]⟩ 1. ped. a) (Universitätsinstitut) department, institute, b) (Übungskurs) (advanced) discussion (Br. tutorial) class, bes. Am. seminar, c) archaic and Swiss (Lehrerseminar) (teachers') training college. – 2. röm.kath. (Priesterseminar) seminary. — ~,ar·beit f ped. tutorial (bes. Am. seminar) paper. — ~·bi·blio,thek f department (od. institute) library.

Se·mi·na·rist [zemina'rɪst] m ⟨-en; -en⟩ 1. röm.kath. (eines Priesterseminars) seminarist, seminarian. – 2. ped. archaic and Swiss (eines Lehrerseminars) student at a (teachers') training college, student teacher, (teacher) trainee. — Se·mi·na'ri·stin f ⟨-; -nen⟩ ped. archaic and Swiss cf. Seminarist 2.

se·mi·na'ri·stisch adj röm.kath. of (od. pertaining to) a seminary.

Se·mi'nar,jahr n röm.kath. seminary year. — ~,lei·ter m ped. 1. Br. tutor, bes. Am. head of a seminar. – 2. head of a department (od. an institute). — ~,teil,neh·mer m 1. ped. participant in a tutorial class (bes. Am. in a seminar). – 2. röm.kath. participant in a seminary, seminarian. — ~,übung f ped. cf. Seminar I b. — ~,zeit f röm.kath. seminary period.

se·mi·per·mea·bel [zemipɛrme'a:bəl] adj (Membran etc) semipermeable.

Se·mit [ze'mi:t] m ⟨-en; -en⟩, Se'mi·tin f ⟨-; -nen⟩ Semite. — se'mi·tisch I adj Semitic: die ~en Sprachen the Semitic

languages. – II ling. S~ ⟨generally undeclined⟩, das S~e ⟨-n⟩ Semitic.

Se·mi·tist [zemi'tɪst] m ⟨-en; -en⟩ ling. Semitist, auch Semiticist. — Se·mi'ti·stik [-tɪk] f ⟨-; no pl⟩ Semitic studies pl, Semitics pl (construed as sg). — se·me'ti·stisch adj semitistic.

Se·mi·vo·kal [zemivo'ka:l] m ling. semivowel.

Sem·ling ['zɛmlɪŋ] m ⟨-s; -e⟩ zo. semling (Barbus petenyi).

Sem·mel ['zɛməl] f ⟨-; -n⟩ Bavarian and Austrian (bread) roll, Am. semmel: die Ware geht (weg) wie warme (od. frische) ~n fig. colloq. the article sells like hot cakes. — s~,blond adj 1. (Haar) flaxen, very fair. – 2. (Person) flaxen-haired. — ~,brö·sel pl flaxen-haired. — ~,brö·sel pl Bavarian and Austrian bread crumbs. — ~,knö·del m Bavarian and Austrian white bread dumpling. — ~,mehl n cf. Semmelbrösel.

Sen [zɛn] m ⟨-(s); -(s)⟩ econ. (jap. Münze) sen.

Se·nat [ze'na:t] m ⟨-(e)s; -e⟩ 1. antiq. pol. senate. – 2. pol. senate. – 3. pol. (städtische Regierungsbehörde in Berlin, Bremen, Hamburg) senate, governing body. – 4. jur. (Richterkollegium) panel. – 5. ped. (einer Universität) senate.

Se·na·tor [ze'na:tor] m ⟨-s; -en [-na'to:rən]⟩ 1. antiq. pol. senator. – 2. pol. senator.

Se·na·to·ren,wür·de f senatorship.

se·na·to·risch [zena'to:rɪʃ] adj senatorial.

Se'nats,aus,schuß m 1. pol. senatorial (od. senate) committee. – 2. ped. committee of senate. — ~·be,schluß m 1. decree of the senate: durch ~ by decree (od. grace) of the senate. – 2. antiq. hist. senatus consultum. — ~,mit,glied n member of (the) senate. — ~prä·si,dent m pol. jur. president of the senate. — ~,sitz m seat in the senate (bes. auch on) the senate. — ~,sit·zung f meeting of the senate, senatorial session. — ~,wah·len pl senatorial elections. — ~,wür·de f cf. Senatorenwürde.

'Send,bo·te m messenger, envoy, emissary. — ~,brief m 1. Bibl. epistle. – 2. (Rundschreiben) circular (letter), missive.

'Sen·de,an,la·ge f (radio) telev. transmitter (unit od. installation), transmitting station (od. plant). — ~,an,ten·ne f transmitting (od. broadcasting) antenna (bes. Br. aerial). — ~,aus,fall m transmission breakdown. — ~·be,ginn m beginning of broadcasting. — ~·be,reich m transmission range, broadcasting (od. service) area. — s~·be,reit adj standing by, ready to transmit; s~ stand to stand by. — ~,ein,rich·tung f cf. Sendeanlage. — ~ener,gie f cf. Sendeleistung. — ~,fol·ge f 1. (Programmfolge) sequence of broadcasts. – 2. cf. Sendereihe. – 3. (Teil einer Sendereihe) sequel broadcast. — ~,fre,quenz f transmitter frequency. — ~,ge,rät n transmitter (set), transmitting set: Sende- und Empfangsgerät cf. Sender-Empfänger. — ~,im,puls m transmission (im)pulse. — ~,lei·stung f transmission (od. transmitting) power. — ~,lei·ter m production director. — ~,lei·tung f broadcasting direction.

sen·den[1] ['zɛndən] I v/t ⟨sendet, sandte, rare sendete, gesandt, rare gesendet, h⟩ 1. (Briefe etc) send, forward, dispatch, despatch: etwas mit der Post ~ to send s.th. by mail (Br. post); einen Brief per Luftpost [durch Boten] ~ to send a letter by air mail [by hand od. messenger]; etwas gegen Nachnahme [zur Ansicht] ~ to send s.th. cash (Am. collect) on delivery [on approval od. appro]; in der Anlage ~ wir Ihnen unsere Preisliste enclosed please find our (price) catalog(ue); ich sandte die Unterlagen an die Gemeinde I sent (od. submitted) the documents to the local authorities; sie haben uns ein Paket [Telegramm] gesandt they sent us a parcel [telegram]. – 2. (Waren etc) send, dispatch, despatch, consign, Am. ship: etwas mit der Bahn ~ to send s.th. by rail; die Ware wurde an Ihre Adresse gesandt the goods were sent (od. consigned) to your address. – 3. (Geld etc) send, remit: Geld per Scheck ~ to send money by check (Br. cheque); ich werde Ihnen den Betrag sofort ~ I shall remit the amount to you at once, I shall remit you the amount at once. – 4. lit. (schicken) send: j-m etwas ~ to send s.o. s.th., to send s.th. to s.o.: Grüße [Glückwünsche] ~ to send greetings [one's good od. best wishes]; j-m eine Einladung ~ to send s.o. an invitation, to send an invitation to s.o.; dich sendet der Himmel you have just come at the right moment; er ist von Gott gesandt he is sent by God, he is a gift from heaven. – **5.** *lit. (ausstrahlen)* send forth: die Sonne sendet ihre Strahlen zur Erde the sun sends forth its rays to (the) earth. – **6.** *(delegieren)* send, delegate, dispatch, despatch: der Staat sandte eine Abordnung zu den Friedensgesprächen the state sent *(od.* dispatched) a delegation to the peace talks; er wurde in besonderem Auftrage nach Paris gesandt he was sent *(od.* delegated) to Paris on a special mission. – **II** *v/i* **7.** nach j-m ~ to send for s.o. – **III S~** *n* ⟨-s⟩ **8.** *verbal noun.* – **9.** *(von Waren etc)* dispatch, despatch, consignment, *Am.* shipment. – **10.** *(von Geld)* remittance. – **11.** *(eines Beauftragten etc)* delegation, dispatch, despatch.

'**sen·den²** *I v/t* ⟨sendet, sendete, gesendet, h⟩ **1.** *(radio)* a) *(im Rundfunk)* broadcast, send out, b) *(im Fernsehen)* broadcast, *Am.* telecast, *Br.* televise: die Rundfunkstation sendet ein Programm in französischer Sprache the radio station broadcasts a program(me) in French; wir ~ jetzt Nachrichten here is the news. – **2.** *(in der Funktechnik)* transmit, send: Notruf(e) ~ to send out *(od.* transmit) distress signals; einen (Sende)Streifen nochmals ~ to rerun a tape. – **II** *v/i* **3.** *(von Rundfunk)* broadcast, be on the air: ihre Rundfunkstation sendet wieder their broadcasting station is on the air *(od.* is broadcasting) again. – **4.** *telev.* broadcast, *Am.* telecast, *Br.* televise: die Fernsehstationen ~ nur 6 Stunden täglich TV stations broadcast *(od.* are on the air) only for 6 hours a day. – **5.** *tel.* transmit, send. – **III S~** *n* ⟨-s⟩ **6.** *verbal noun.* – **7.** *cf.* Sendung².

'**Sen·de**|**pau·se** *f (radio) telev.* interval, intermission: eine ~ einlegen to have an intermission. — **~plan** *m* schedule of transmission. — **~pro,gramm** *n* broadcasting program *bes. Br.* programme).

'**Sen·der** *m* ⟨-s; -⟩ **1.** *(radio)* a) *(Rundfunkstation)* (broadcasting *od.* radio, *bes. Br.* wireless) station, b) *(Fernsehsender)* television *(od.* broadcasting) station: eine Nachricht über einen ~ bekanntgeben to broadcast a (piece of) news; folgende ~ sind angeschlossen the following stations have been linked up to the broadcast; ... und die angeschlossenen ~ ... and stations linked to this broadcast; einen ~ gut [schlecht] empfangen to have good [bad] reception of a station; ein ~ ist ausgefallen [ist gestört] a station is not in operation *(od.* has broken down, is dead) [is having interference]; auf welcher Welle arbeitet der ~? which wavelength does the station operate on? – **2.** *(für drahtlose Telegraphie)* transmitting station. – **3.** *(radio) telev. cf.* Sendeanlage.

'**Sen·de**|**raum** *m (radio) telev.* (broadcasting) studio. — **~rei·he** *f* broadcast series.

'**Sen·der**|**ein,stel·lung** *f (am Empfänger)* station selector. — **~-Emp,fän·ger** *m* a) transceiver, b) transmitter-receiver. — **~end,röh·re** *f cf.* Senderöhre. — **~grup·pe** *f*, **~netz** *n* (broadcast) network.

'**Sen·de,röh·re** *f (radio) telev.* transmitter tube *(bes. Br.* valve).

'**Sen·de**|**saal** *m (radio) telev.* broadcasting hall. — **~schluß** *m* closing-down of broadcasting: ~ ist um 23 Uhr the broadcasting ends at 11 o'clock. — **~stär·ke** *f cf.* Sendeleistung. — **~sta·ti,on** *f* broadcasting *(od.* transmitting) station. — **~stel·le** *f* **1.** affiliated *(od.* outlet) station. – **2.** *cf.* Sendestation. — **~strei·fen** *m (in der Funktechnik)* transmitting tape. — **~turm** *m* **1.** *(radio)* radio tower *(od.* transmission) tower. – **2.** *telev.* television tower. — **~zei·chen** *n* **1.** *(Zeitzeichen)* pip, tone. – **2.** *(Pausenzeichen)* interval *(od.* station) signal. — **~zeit** *f* broadcasting time.

'**Send,schrei·ben** *n cf.* Sendbrief.

'**Sen·dung¹** *f* ⟨-; -en⟩ **1.** *cf.* Senden¹. – **2.** *econ.* a) *(von Waren)* consignment, *Am.* shipment, b) *(von Geldbeträgen)* remittance: den Erhalt einer ~ bestätigen to acknowledge receipt of a consignment. – **3.** *(Paket)* parcel: ~ per Nachnahme cash *(Am.* collect)

on delivery *(od.* C.O.D.) parcel. – **4.** unzustellbare ~en *(postal service)* undeliverable mail *sg.* – **5.** ⟨*only sg⟩ lit. (höherer Auftrag, Aufgabe)* mission: eine göttliche ~ a divine mission; eine ~ wurde ihm zuteil he received a mission; die ~ des Künstlers the artist's mission; eine politische ~ erfüllen to fulfil political mission.

'**Sen·dung²** *f* ⟨-; -en⟩ *(radio)* **1.** *cf.* Senden². – **2.** a) *(im Rundfunk)* (radio, *bes. Br.* wireless) broadcast, program, *bes. Br.* programme, b) *(im Fernsehen)* television *(od. colloq.* TV) broadcast *(od.* program[me]), telecast: eine ~ des Werbefunks a commercial *(od.* an advertisement) broadcast, a commercial; eine gute [lehrreiche] ~ a good [an informative] broadcast *(od.* program[me]); eine ~ ausstrahlen *(od.* bringen) to broadcast a program(me); wir unterbrechen unsere ~ we are interrupting our program(me); wir beginnen unsere ~en täglich um ... we go on the air at ... every day.

'**Sen·dungs·be,wußt,sein** *n* conviction *(od.* awareness) of one's mission.

Se·ne·ga·le·se [zenega'le:zə] *m* ⟨-n; -n⟩, **Se·ne·ga·le·sin** *f* ⟨-; -nen⟩ *geogr.* Senegalese. — **se·ne·ga·le·sisch** *adj* Senegalese.

'**Se·ne·gal·ga,la·go** ['ze:negal-] *m* ⟨-s; -s⟩ *zo. cf.* Buschbaby.

'**Se·ne·gal,ne·ger** *m geogr.* Senegalese. — **~schaf** *n zo.* Senegal sheep.

'**Se·nes,blät·ter** ['ze:nəs-] *pl med. pharm. cf.* Sennesblätter.

Se·ne·schall ['ze:nəʃal] *m* ⟨-s; -e⟩ *hist.* seneschal.

Se·nes·zenz [zenɛs'tsɛnts] *f* ⟨-; *no pl⟩ med.* old age, senescence *(scient.).*

Senf [zɛnf] *m* ⟨-(e)s; -e⟩ **1.** *bot.* mustard, sinapis *(Gattg Sinapis):* Schwarzer ~ black mustard *(Brassica nigra);* Weißer ~ white mustard *(S. alba).* – **2.** *gastr.* mustard: milder [scharfer] ~ mild [hot *od.* sharp] mustard; heiße Würstchen mit ~ frankfurters and mustard; seinen ~ dazugeben *fig. colloq.* to chime *(od. colloq.* chip) in, to put *(od.* shove, stick) one's oar in *(colloq.);* mach keinen langen ~! *fig. colloq.* cut it short. — **s~,far·ben,** **s~,far·big** *adj* mustard-gold. — **~gas** *n chem. mil.* mustard gas, yperite, *auch* dichloroethyl sulfide *(bes. Br. -ph-),* mustard sulfur *(bes. Br. -ph-)* [(ClCH₂CH₂)₂S]. — **~gur·ke** *f gastr.* gherkin pickled with mustard seeds, gherkin in piccalilli. — **~kohl** *m bot.* garden rocket, rocket salad *(Eruca sativa).* — **~korn** *n* grain of mustard, mustard seed. — **~mehl** *n gastr.* mustard powder, ground mustard. — **~öl** *n chem.* **1.** mustard oil. – **2.** isothiocyanate. — **~packung** *(getr. -k·k-) f med. pharm.* mustard fomentation. — **~pa,pier** *n med. pharm.* mustard paper, charta sinapis *(scient.).* — **~pfla·ster** *n* mustard plaster. — **~,sa·me(n)** *m bot.* mustard seed. — **~,so·ße** *f gastr.* mustard sauce. — **~,topf** *m* mustard pot. — **~um,schlag** *m med. cf.* Senfpackung.

'**Seng,ap·pa,rat** *m (textile)* singer, singeing machine *(od.* frame).

Sen·ge ['zɛŋə] *pl Northern and Middle G. colloq.* (sound) thrashing *sg,* beating *sg;* licking *sg,* hiding *sg (colloq.):* ~ beziehen *(od.* kriegen, bekommen) to be given a thrashing.

sen·gen ['zɛŋən] *I v/t* ⟨h⟩ **1.** *(Tuch, Haare etc)* singe, scorch. – **2.** *(Geflügel, Schwein etc)* singe. – **II** *v/i* **3.** *(von Stoff etc)* scorch, be *(od.* get) singed *(od.* scorched). – **4.** ~ und brennen *(bes. von Kriegsscharen) lit.* to burn and ravage. – **III S~** *n* ⟨-s⟩ **5.** *verbal noun.* — '**sen·gend** *I pres p.* – **II** *adj* **1.** ~ und brennend zog der Feind durchs Land *lit.* the enemy marched through the country burning and ravaging. – **III** *adj* **2.** *(Hitze etc)* torrid, parching, sweltering, sweltry. – **3.** *(Sonne)* scorching, parching. – **4.** *(Stoffe, Haare etc)* singeing, scorching.

sen·ge·rig ['zɛŋərɪç], '**seng·rig** *adj only in* es riecht ~ there is a smell of something singeing.

se·nil [ze'ni:l] *adj (greisenhaft)* senile. — **Se·ni·li·tät** [-nili'tɛ:t] *f* ⟨-; *no pl⟩ med.* senility, dotage, senium *(scient.).*

Se·ni·or ['ze:nĭɔr] *I m* ⟨-s; -en [ze'nĭo:rən]⟩ **1.** *(Dienstälteste)* senior. – **2.** *(bes. im Familienbetrieb)* senior (partner). – **3.** *(in einem gewählten Gremium)* chairman (by seniority). – **4.** *meist pl (sport)* a) senior (by age limitation), b) *(beim Golf)* senior

(veteran): Wettkämpfe der ~en senior *(od. colloq.* oldster) competitions. – **II s~** *adj ⟨invariable⟩* **5.** *(nachgestellt)* senior, *auch* Senior: Herr Müller s~ Mr. Müller senior *(Br.* sen., *Am.* sr.).

Se·nio·rat [zenĭo'ra:t] *n* ⟨-(e)s; -e⟩ *obs.* seniority.

'**Se·nior,chef** *m econ.* senior manager *(od.* director).

Se·nio·ren|**klas·se** [ze'nĭo:rən-] *f (sport)* **1.** *(beim Boxen, Ringen etc)* senior class. – **2.** class of senior sportsmen; class of the oldsters, oldtimers *pl (colloq.).* — **~mann·schaft** *f* senior team. — **~,wohn,heim** *n* home for the aged.

Se·ni·um ['ze:nĭum] *n* ⟨-s; *no pl⟩ med. cf.* Senilität.

'**Senk**|**blei** *n* **1.** *mar.* plummet, plumb (bob). – **2.** *(an der Angelschnur)* sinker. – **3.** *civ.eng.* plumb line, plumb (bob). — **~brun·nen** *m civ.eng.* sunk well.

Sen·ke ['zɛŋkə] *f* ⟨-; -n⟩ **1.** *geol.* a) (axial) depression, sink, sinkhole, hollow, b) valley. – **2.** *aer.* negative source. – **3.** *civ.eng.* depression.

Sen·kel ['zɛŋkəl] *m* ⟨-s; -⟩ **1.** *colloq.* (shoe)lace. – **2.** *Southwestern G. and Swiss for* Senkblei 3.

sen·ken ['zɛŋkən] *I v/t* ⟨h⟩ **1.** *(Kopf)* bow: sie senkten die Häupter in Ehrfurcht they bowed their heads in reverence. – **2.** *(in Wendungen wie)* sie senkte verlegen den Blick she dropped *(od.* lowered) her eyes *(od.* she cast her eyes down) in embarrassment; j-m etwas ins Herz ~ *poet.* to sow the seeds of s.th. in s.o.('s heart). – **3.** *(Stimme)* drop, lower, sink *(lit.).* – **4.** *(hinablassen)* lower, sink, let *(s.th.)* down: den Sarg in die Erde ~ to lower the coffin into the ground. – **5.** *(Arme etc)* lower, drop. – **6.** *(Bajonett, Degen, Wasserspiegel etc)* lower. – **7.** *econ. (Löhne, Preise, Steuern etc)* reduce, lower, cut. – **8.** *(mining) (Schacht)* sink. – **9.** *med. (Blutdruck, Fieber etc)* lower, reduce, bring *(s.th.)* down. – **10.** *(radio) (Ton etc)* lower, depress. – **11.** *tech.* a) *(Löcher)* sink, b) *(Schrauben, Nieten) cf.* versenken 6, c) *(elektroerosiv)* sink, d) *(den Querbalken einer Hobelmaschine)* lower. – **12.** *metall. (Walzen)* screw down. – **13.** *aer. (Flügel)* drop. – **14.** *hort. cf.* absenken 4. – **15.** *phys. (Druck etc)* lower, decrease. – **II** *v/reflex* sich ~ **16.** *(von Stimme)* drop, lower, sink. – **17.** *(von Augen)* lower: sein Blick senkte sich he cast his eyes down. – **18.** *civ.eng.* a) *(von Boden)* give way, sink, b) *(von Gebäuden)* settle, c) *(durchhängen) (bes. von Decke, Mauer)* sag. – **19.** *(von Straße etc)* dip, fall (off), drop, sink. – **20.** *(von Zweigen etc)* sag, drop: die Zweige ~ sich unter der Last the branches sag under the load. – **21.** *(von Wasserspiegel)* sink, drop, fall. – **22.** *chem. (von Sediment)* settle. – **23.** *(von Waagschale)* dip. – **24.** *geol.* sag, depress, dip. – **25.** *med.* a) *(von Organ)* drop, sag, b) *(von Temperatur)* fall. – **26.** *poet. (über, auf acc)* descend (on, upon), fall (upon), come down (on): Nacht senkte sich über die Erde night came down on the earth. – **III S~** *n* ⟨-s⟩ **27.** *verbal noun.* – **28.** *cf.* Senkung.

'**Sen·ker** *m* ⟨-s; -⟩ **1.** *(mining)* sinker. – **2.** *hort. cf.* Ableger 1. – **3.** *tech.* a) *(Spitzsenker)* countersink, b) *(Halssenker)* counterbore, c) *(Spiralsenker)* three-lipped core drill, d) *(Zapfensenker)* spotfacer. – **4.** *(am Fischnetz)* sinker, bob.

'**Senk,fuß** *m med.* flatfoot, talipes planus *(scient.):* ~ und Spreizfuß splayfoot. — **~,ein,la·ge** *f* arch support, instep raiser.

'**Senk,gru·be** *f civ.eng.* cesspool, cesspit. — **~,kas·ten** *m civ.eng.* caisson. — **~,kopf,schrau·be** *f tech.* countersunk (head) screw *(od.* bolt). — **~,lot** *n* **1.** *mar.* plummet, plumb (bob). – **2.** *civ.eng.* plumb line, plumb (bob). — **~,ma·gen** *m med.* dropped stomach. — **~,niet** *m tech.* countersunk (head) rivet. — **~,rah·men** *m civ.eng.* sinking frame. — **~,re·be** *f bot.* vine layer.

'**senk,recht** *I adj* **1.** vertical, at right angles: die ~e Ebene the vertical plane. – **2.** *(lotrecht) bes. civ.eng.* perpendicular: ~ zur horizontalen Ebene perpendicular to the plane of horizon; ~ zueinander mutually perpendicular. – **3.** *math. (lotrecht zur Tangente)* normal: ~ zur Linie A—B normal to line A—B. – **4.** *civ.eng.* vertical, plumb: diese Wand ist nicht ~ this wall is out of plumb (*od.* not vertical). – **5.** *phys.* vertical: der ~e Fall the downright fall. – **II** *adv* **6.** vertically: der Rauch steigt ~ in die Höhe the smoke rises straight up in the air; ~ abfallen (*von Felswand*) to drop sheer; ~ in die Höhe steigen *aer.* to climb vertically. – **7.** bleib (*immer schön*) ~! *colloq. humor.* stay on your feet! – **III S~e,** **das** ⟨-n⟩ **8.** *only in* das ist das einzig S~e! *fig. colloq.* that is the only thing to do.

'**Senk**,**rech·te** *f* ⟨-n; -n⟩ **1.** vertical. – **2.** *bes. math.* perpendicular (line), normal (line).

'**Senk**,**recht**|,**fräs·ma**,**schi·ne** *f tech.* vertical(-spindle) milling machine (*Am. auch* miller). – ~**räum·ma**,**schi·ne** *f* vertical broaching machine. – ~,**schleif·ma**,**schi·ne** *f* vertical-spindle grinder. – ~,**schnitt** *m* vertical section. – ~,**start** *m aer.* vertical takeoff. – ~,**star·ter** *m* **1.** *aer.* vertical takeoff (*od.* VTO) plane. – **2.** *fig. colloq.* fast-rising professional. – ~,**stoß·ma**,**schi·ne** *f* slotting machine, *bes. Am.* slotter.

'**Senk**|,**reis** *n hort.* layer. – ~,**rücken** (*getr.* -k·k-) *m vet.* (*bei Pferden*) swayback: mit ~ swaybacked. – **s~**,**rückig** (*getr.* -k·k-) *adj* swaybacked, *auch* swayback (*attrib*).

'**Senk**|,**schnur** *f* plumb line. – ~,**schrau·be** *f tech.* countersunk (head) screw.

'**Sen·kung** *f* ⟨-; -en⟩ **1.** *cf.* Senken. – **2.** *econ.* (*von Löhnen, Preisen etc*) lowering, reduction, cut. – **3.** *civ.eng.* a) (*von Gebäuden etc*) sinking, settlement, subsidence, b) (*von Decke, Mauer etc*) sag(ging), c) (*des Fundaments*) settlement. – **4.** (*einer Straße*) dip. – **5.** *geol. cf.* Senke 1. – **6.** (*Neigung*) incline, inclination, slope, declivity, dip. – **7.** *med.* a) (*von Organen*) descent, dropping; prolapse, ptosis (*scient.*), b) (*Blutsenkung*) sedimentation, c) (*von Eingeweiden*) enteroptosis, visceroptosis, d) (*Bewegung nach unten*) infraduction, e) (*des Fiebers*) reduction, f) (*des Blutdrucks*) lowering, reduction. – **8.** *metr.* unstressed syllable, thesis (*scient.*). – **9.** *mus.* thesis.

'**Sen·kungs**|,**ab**,**szeß** *m med.* gravitation (*od.* hypostatic) abscess. – ~**ge**,**schwin·dig·keit** *f* sedimentation rate. – ~**re·ak·ti**,**on** *f* sedimentation reaction.

'**Senk**,**waa·ge** *f chem. phys.* areometer, hydrometer.

Senn [zɛn] *m* ⟨-(e)s; -e⟩ Bavarian, Austrian and Swiss Alpine herdsman and dairyman.

Sen·ne[1] ['zɛnə] *m* ⟨-n; -n⟩ *cf.* Senn.

'**Sen·ne**[2] *f* ⟨-; -n⟩ Bavarian, Austrian and Swiss Alpine pasture.

sen·nen ['zɛnən] *v/i* ⟨h⟩ Bavarian, Austrian and Swiss **1.** run an alpine (*od.* Alpine) dairy farm. – **2.** prepare cheese.

'**Sen·ner** *m* ⟨-s; -⟩ *cf.* Senn.

Sen·ne·rei *f* ⟨-; -en⟩ *agr.* Bavarian, Austrian and Swiss **1.** Alpine dairy farming. – **2.** *cf.* Almhütte.

'**Sen·ne·rin** *f* ⟨-; -nen⟩ Bavarian, Austrian and Swiss Alpine dairymaid.

'**Sen·nes**|,**blät·ter** ['zɛnəs-] *pl med. pharm.* senna *sg*, senna leaves. – ~,**strauch** *m* a) senna (*Cassia senna*), b) coffeeweed (*C. marylandica*).

'**Senn**,**hüt·te** *f bes.* Swiss *cf.* Almhütte.

'**Sen·nin** *f* ⟨-; -nen⟩ *cf.* Sennerin.

Senn·ten ['zɛntən] *n* ⟨-s; -⟩, '**Senn·tum** *n* ⟨-s; -tümer⟩ *agr.* Swiss Sennten, Senntum (*herd of cows in the charge of an Alpine herdsman*).

'**Senn**,**wirt·schaft** *f agr. cf.* Sennerei 1.

Se·non [ze'noːn] *n* ⟨-s; *no pl*⟩ *geol. hist.* Senonian. — **se'no·nisch** *adj* Senonian.

Sen·sal [zɛn'zaːl] *m* ⟨-s; -e⟩ Austrian **1.** *cf.* Immobilienhändler. – **2.** *cf.* Kursmakler. — **Sen·sa'lie** [-za'liː], **Sen·sa'rie** [-za'riː] *f* ⟨-; -n [-ən]⟩ *cf.* Maklergebühr.

Sen·sa·ti·on [zɛnza'tsi̯oːn] *f* ⟨-; -en⟩ **1.** sensation: ~ machen (*od.* erregen, hervorrufen) to create (*od.* cause) a sensation (*od.* stir), to make a stir (*od. colloq.* splash); die Nachricht verursachte eine ~ the news created a sensation (*od.* stir); die ~ des Tages the sensation of the day; auf ~en aus sein to be out for sensation; aus einem Bericht eine ~ machen to make a sensation out of (*od.* to sensationalize) a report. – **2.** *med.* (*Empfindung*) sensation.

sen·sa·tio·nell [zɛnzatsi̯o'nɛl] **I** *adj* **1.** sensational: eine ~e Schlagzeile a sensational (*od. sl.* hot) headline, *Am. sl.* a screamer; soeben erreicht uns eine ~e Nachricht we have just received sensational news; nicht ~ unsensational. – **2.** (*Erfolg, Nieder-*

lage etc) sensational, spectacular, dramatic: einen Fund als ~ bezeichnen to describe a discovery as sensational. – **3.** (*Verlauf, Wendung etc*) sensational, dramatic. – **II** *adv* **4.** sensationally: ~ aufgemacht (*Artikel etc*) sensationalized. – **5.** sensationally, dramatically. – **6.** er spielte die Rolle ~ *colloq.* (*außerordentlich gut*) he was marvel(l)ous (*od. colloq.* terrific) in the role.

Sen·sa'ti·ons|be,**dürf·nis** *n* need of (*od.* desire for) sensation. — ~,**blatt** *n contempt.* *print.* sensational (news)paper, rag (*contempt.*), yellow journal (*od.* sheet). — ~,**gier** *f* craving (*od.* lust) for sensation, sensation-mongering. — ~**ha·sche'rei** [zɛnza,tsi̯oːns-] *f contempt.* sensationalism, sensation-seeking. — ~,**hun·ger** *m cf.* Sensationsbedürfnis. — ~,**lust** *f* desire for sensation, sensationalism. — **s~**,**lü·stern** *adj* sensationalistic, lusting (*od.* craving) for sensation. – **s~**,**lu·stig** *adj* sensationalistic, sensation-seeking. — ~,**mel·dung** *f* **1.** sensational news *pl* (*construed as sg or pl*) (*od.* report). – **2.** announcement of sensational news. — ~,**pres·se** *f* *print.* sensational (*od.* yellow) press. — ~**pro**,**zeß** *m jur.* sensational trial. — ~,**stück** *n* (*theater*) sensational play, tank drama, thriller, shocker, spine-chiller (*sl.*). — ~,**sucht** *f cf.* Sensationsgier.

Sen·se ['zɛnzə] *f* ⟨-; -n⟩ **1.** *agr.* scythe: eine Wiese mit der ~ mähen to cut (*od.* mow) a meadow with a scythe, to scythe a meadow; die ~ dengeln (*od.* schärfen) to sharpen the scythe; von der ~ des Todes dahingemäht werden *fig. poet.* to be snatched away by death. – **2.** *fig. colloq. only in* (jetzt ist aber) ~! stop that! that's enough! leave off! give over! (*sl.*).

'**Sen·sen**|,**blatt** *n* scythe blade. — ~,**fisch** *m zo.* king of the herrings, oarfish (*Regalecus glesne*). — **s~**,**för·mig** *adj* scythe-shaped. — ~,**mann** *m* ⟨-(e)s; *no pl*⟩ *fig.* (the) Great Reaper, Death. — ~,**schmied** *m* scythesmith. — ~,**stiel** *m* snath(e), scythe handle.

sen·si·bel [zɛn'ziːbəl] *adj* **1.** (*Natur, Mensch*) sensitive. – **2.** (*überempfindlich*) touchy, oversensitive: sei nicht so ~! don't be so touchy. – **3.** *med.* (*Nerv*) sensory.

Sen·si·bi·li·sa·tor [zɛnzibili'zaːtɔr] *m* ⟨-s; -en [-za'toːrən]⟩ **1.** *phot.* sensitizer. – **2.** *med.* sensitizer, amboceptor (*scient.*).

sen·si·bi·li·sie·ren [zɛnzibili'ziːrən] **I** *v/t* ⟨*no ge-*, h⟩ **1.** *phot.* sensitize. – **2.** *med. biol.* sensitize, sensibilize. – **II S~** *n* ⟨-s⟩ **3.** *verbal noun.* – *cf.* Sensibilisieren. — **Sen·si·bi·li'sie·rung** *f* ⟨-; -en⟩ **1.** *cf.* Sensibilisieren. – **2.** *phot.* sensitization, *auch* sensitizing. – **3.** *med. biol.* sensitization, sensibilization.

Sen·si·bi·li·tät [zɛnzibili'tɛːt] *f* ⟨-; *no pl*⟩ **1.** sensitivity, sensitiveness: mit der ihr eigenen ~ with the sensitivity characteristic of her. – **2.** (*Überempfindlichkeit*) touchiness. – **3.** *med. tel.* sensitivity, sensitiveness, sensibility. – **4.** *phot.* sensitivity, degree of sensitization.

Sen·si·bi·li'täts|her,**ab**,**set·zung** *f med.* diminished sensibility. — ~,**stö·rung** *f* perception disorder.

Sen·sil·le [zɛn'zilə] *f* ⟨-; -n⟩ *biol.* sensory cell.

sen·si·tiv [zɛnzi'tiːf] *adj* **1.** *med.* sensitive. – **2.** (*überempfindlich*) touchy, hypersensitive.

Sen·si·ti·vi·tät [zɛnzitivi'tɛːt] *f* ⟨-; *no pl*⟩ **1.** *med.* sensitivity, sensibility. – **2.** (*Überempfindlichkeit*) touchiness.

Sen·si·to·me·ter [zɛnzito'meːtər] *n* ⟨-s; -⟩ *phys. phot.* sensitometer. — **Sen·si·to·me'trie** [-me'triː] *f* ⟨-; *no pl*⟩ sensitometry.

Sen·sor ['zɛnzɔr] *m* ⟨-s; -en [-'zoːrən]⟩ *tech.* (*space*) (*Fühl- u. Suchgerät*) sensor.

sen·so·risch [zɛn'zoːrɪʃ] *adj med.* sensorial, sensory.

Sen·so·ri·um [zɛn'zoːri̯um] *n* ⟨-s; -rien⟩ *med.* sensorium.

Sen·sua·lis·mus [zɛnzu̯a'lɪsmus] *m* ⟨*no pl*⟩ *philos.* sensualism, sensationalism, sensism. — **Sen·sua'list** [-'lɪst] *m* ⟨-en; -en⟩ sensualist, sensationalist. — **sen·sua'li·stisch** *adj* sensualistic, sensual, sensationalistic.

Sen·sua·li·tät [zɛnzu̯ali'tɛːt] *f* ⟨-; *no pl*⟩ *med.* (*Empfindungsvermögen*) sensitivity.

sen·su·ell [zɛn'zu̯ɛl] *adj med. psych.* **1.** sensory, sensual. – **2.** (*sinnlich*) sensual, sensuous.

Sen·tenz [zɛn'tɛnts] *f* ⟨-; -en⟩ maxim, aphorism, saw, pithy saying, sentence. — **s~**,**ar·tig** *adj* aphoristic, sententious.

sen·ten·zi·ös [zɛntɛn'tsi̯øːs] *adj* sententious.

sen'tenz,**reich** *adj* sententious, rich in maxims, full of pithy sayings.

Sen·ti·ment [zãti'mãː; sãti'mã] (*Fr.*) *n* ⟨-s; -s⟩ sentiment, feeling.

sen·ti·men·tal [zɛntimɛn'taːl] **I** *adj* **1.** sentimental, mawkish, maudlin, sloppy (*colloq.*), *Br. colloq.* soppy: ~er Gesang sentimental singing, crooning; ein ~es Lied a sentimental (*od. colloq.* mushy, slushy) song; ~es Zeug *colloq. contempt.* a lot of mush (*od.* slush) (*colloq.*); ~ werden bei (*od.* über *dat*) to become sentimental over; werde doch nicht gleich ~! don't be so sloppy! der Alkohol macht ihn immer etwas ~ alcohol always makes him somewhat maudlin. – **2.** (*gefühlvoll*) sentimental: ~er Jazz *mus.* sentimental jazz. – **II** *adv* **3.** sentimentally, with sentimentality (*od.* sentiment): ein Musikstück ~ interpretieren to interpret a piece of music with (great) sentimentality.

Sen·ti·men'ta·le *f* ⟨-; -n⟩ (*theater*) sentimental heroine.

sen·ti·men'ta·lisch *adj only in* naive und ~e Dichtung (*literature*) naive and sentimental (*od.* reflective) literature.

Sen·ti·men·ta·li·tät [zɛntimɛntali'tɛːt] *f* ⟨-; -en⟩ **1.** sentimentality, sentimentalism, sentiment, mawkishness; mushiness, slushiness, sloppiness (*colloq.*), *Br. colloq.* soppiness. – **2.** (*Gefühlsäußerung*) sentimentality: bitte jetzt keine ~en! no sentimentalities now, please!

Se·nus·si [ze'nusi] *m* ⟨-; - *od.* -nussen⟩ *relig.* (*Angehöriger eines islam. Ordens*) Senous(s)i.

Se·pa·lum ['zeːpalum] *n* ⟨-s; -len [ze'paːlən]⟩ *bot.* sepal.

se·pa·rat [zepa'raːt] **I** *adj* **1.** separate: die Garage ist ~ the garage is separate (*od.* detached); Zimmer mit ~em Eingang room with a separate (*od.* private) entrance. – **2.** (*in sich abgeschlossen*) self-contained: er hat ein ~es Zimmer a) he has a self-contained room, b) (*Einzelzimmer*) he has a single room, c) he has a separate (*od.* private) room. – **3.** *pol.* separate, special: ~en Frieden schließen to conclude a separate (*od.* special) peace. – **II** *adv* **4.** separately: etwas ~ behandeln to treat s.th. separately; er wohnt ~ he has a self-contained apartment. – **5.** (*gesondert*) additionally: das kommt noch ~ dazu that's extra.

Se·pa'rat|,**ab**,**druck**, ~,**ab**,**zug**, ~,**druck** *m print.* separate, offprint, special impression (*od.* printing), *bes. Am.* reprint. — ~,**ein·gang** *m* private (*od.* separate) entrance. — ~,**frie·de(n)** *m pol.* separate peace.

Se·pa·ra·ti·on [zepara'tsi̯oːn] *f* ⟨-; -en⟩ **1.** *obs.* separation. – **2.** *chem.* a) (*Vorgang*) separating, b) separation. – **3.** *tech.* (*in Sieberei, Erzklassierung*) sorting, grading.

Se·pa·ra·tis·mus [zepara'tɪsmus] *m* ⟨-; *no pl*⟩ *pol.* separatism. — **Se·pa·ra'tist** [-'tɪst] *m* ⟨-en; -en⟩ Separatist, *auch* separatist. — **se·pa·ra'ti·stisch** *adj* (*Bestrebungen etc*) Separatist, *auch* separatist, separatistic.

Se·pa·ra·tor [zepa'raːtɔr] *m* ⟨-s; -en [-ra'toːrən]⟩ *chem. tech.* separator.

Se·pa'rat|ver,**trag** *m pol.* special agreement, separate treaty. — ~,**zim·mer** *n* **1.** separate (*od.* private) room. – **2.** (*in sich abgeschlossen*) self-contained room. – **3.** single room.

Sé·pa·rée [zepa'reː; sepa're] (*Fr.*) *n* ⟨-s; -s⟩ *obs.* séparée.

se·pa·rie·ren [zepa'riːrən] **I** *v/t* ⟨*no ge-*, h⟩ **1.** *obs.* separate. – **2.** *chem.* a) separate, b) (*optische Antipoden*) resolve. – **3.** *tech.* (*sieben*) screen, sift, sort, grade. – **II S~** *n* ⟨-s⟩ **4.** *verbal noun.* – **5.** separation.

se·pa·riert I *pp.* – **II** *adj* Austrian (*Zimmer*) separated, (*in sich abgeschlossen*) self-contained.

Se·phar·dim [ze'fardiːm] *pl* (*Westjuden*) Sephardim, *auch* Sephardi. — **se'phardisch** [-dɪʃ] *adj* Sephardic, Sephardi.

Se·pia ['zeːpi̯a] *f* ⟨-; -pien⟩ **1.** *zo.* sepia, cuttlefish (*Sepia officinalis*). – **2.** ⟨*only sg*⟩ (*Farbstoff*) sepia. — ~,**zeich·nung** *f* (*art*) sepia drawing.

Se·pio·lith [zepi̯o'liːt; -'lɪt] *m* ⟨-s; -e⟩ *min.* sepiolite, meerschaum.

Sep·sis ['zɛpsɪs] *f* ⟨-; -psen⟩ *med.* sepsis, septic disease, septic(a)emia: allgemeine ~ generalized sepsis.

'Sept·ak,kord ['zεpt-] m ⟨-s; -e⟩ mus. chord of the seventh, seventh chord.

Sep·ta·rie [zεp'taːriə] f ⟨-; -n⟩ meist pl min. septarium.

Sep·tem·ber [zεp'tεmbər] m ⟨-(s); rare -⟩ September: im (Monat) ~ in (the month of) September; Anfang ~ at the beginning of September, in early September; am 1. ~ on the 1st of September, on September 1st.

sept·en·nal [zεptε'naːl] adj obs. septennial.

Sept·en·nat [zεptε'naːt] n ⟨-(e)s; -e⟩, Sept·en·ni·um [zεp'tεnium] n ⟨-s; -nien⟩ obs. septennate, septennium.

Sep·tett [zεp'tεt] n ⟨-(e)s; -e⟩ mus. septet(te).

sep·ti·frag [zεpti'fraːk] adj bot. septifragal.

Sep·tik·ämie [zεptikε'miː], auch Sep·tik·hä·mie [-tɪkhε'miː] f ⟨-; -n [-ən]⟩ med. septic(a)emia, sept(a)emia.

Sep·time [zεp'tiːm] f ⟨-; -n⟩ 1. mus. seventh: große ~ major seventh; kleine ~ minor seventh. - 2. (sport) (beim Fechten) septime.

Sep'ti·me f ⟨-; -n⟩ mus. cf. Septim 1.

Sep'ti·men·ak,kord m mus. cf. Septakkord.

sep·tisch ['zεptɪʃ] med. I adj septic, septic(a)emic: ~e Station septic ward. - II adv septically.

sep·ti·zid [zεpti'tsiːt] adj septicidal.

Sep·to·le [zεp'toːlə] f ⟨-; -n⟩ mus. septuplet, auch septimole, septole.

Sep·tua·ge·si·ma [zεptua'geːzima] f ⟨undeclined⟩ der Sonntag ~ (od. Septuagesimä [-mε]) relig. Septuagesima (Sunday).

Sep·tua·gin·ta [zεptua'gɪnta] f ⟨-; no pl⟩ (griech. Bibelübersetzung) Septuagint.

Sep·tum ['zεptum] n ⟨-s; Septa [-ta] od. Septen⟩ med. septum. — ~de,fekt m septum (od. septal) defect. — ~re·sek·ti,on f septectomy, resection of the nasal septum.

se·pul·kral [zepul'kraːl] adj obs. sepulchral.

Se·quenz [ze'kvεnts] f ⟨-; -en⟩ 1. bes. mus. (film) sequence. - 2. (games) (beim Kartenspiel) sequence, set, run. - 3. röm.kath. (Chorlied) sequence.

Se·que·ster¹ [ze'kvεstər] n ⟨-s; -⟩ 1. jur. sequestration. - 2. med. sequestrum, sequester, dead bone.

Se'que·ster² m ⟨-s; -⟩ jur. sequestrator.

Se'que·ster,bil·dung f med. sequestration.

Se·que·stra·ti·on [zekvεstra'tsioːn] f ⟨-; -en⟩ jur. med. sequestration. — se·que·'strie·ren [-'triːrən] v/t ⟨no ge-, h⟩ jur. sequester, sequestrate.

Se·quo·ie [ze'kvoːjə] f ⟨-; -n⟩ bot. cf. Mammutbaum 1.

Sé·rac [ze'rak; se-] (Fr.) m ⟨-s; -s⟩ geol. (Eisbruch) serac.

Se·rail [ze'raɪ; -'raɪl] n ⟨-s; -s⟩ hist. seraglio: → Entführung 4.

Se·raph ['zeːraf] m ⟨-s; -e od. -im [-fiːm]⟩ relig. seraph. — se·ra·phisch [ze'raːfɪʃ] adj lit. seraphic, auch seraphical, angelic.

Se·ra·pis [ze'raːpɪs] npr m ⟨-; no pl⟩ myth. cf. Sarapis.

Ser·be ['zεrbə] m ⟨-n; -n⟩ geogr. Serb(ian), Servian.

ser·beln ['zεrbəln] v/i ⟨h⟩ Swiss (dahinsiechen, welken) fade, wither.

'Ser·bin f ⟨-; -nen⟩ Serb(ian), Servian (girl od. woman). — 'ser·bisch I adj Serb(ian), Servian. - II ling. S~ ⟨generally undeclined⟩, das S~e ⟨-n⟩ Serb(ian), Servian.

ser·bo·kroa·tisch [zεrbokro'aːtɪʃ] I adj Serbo-Croat(ian). - II ling. S~ ⟨generally undeclined⟩, das S~e ⟨-n⟩ Serbo-Croat(ian), Serbian, the Serbo-Croat(ian) (od. Serbian) language.

Se·re·na·de [zere'naːdə] f ⟨-; -n⟩ mus. serenade, serenata.

Serge [zεrʃ; 'zεrʒə; zεrʒ] (Fr.) f, Austrian auch m ⟨-; -n [-ʒən]⟩ (textile) serge.

Ser·geant [zεr'ʒant] m ⟨-en; -en⟩ mil. sergeant.

Se·ri·cin [zeri'tsiːn] n ⟨-s; no pl⟩ chem. sericin, auch silk gum (od. glue).

Se·ri·cit [zeri'tsiːt; -'tsɪt] n ⟨-s; -e⟩ min. sericite.

Se·rie ['zeːriə] f ⟨-; -n⟩ 1. (von Büchern, Losen, Veröffentlichungen etc) series: nach ~n geordnet arranged in series; das Buch ist innerhalb (od. in) einer ~ erschienen the book has been published (with)in a series (od. forms a part of a series); die Nummern der gezogenen ~n (beim Los) the numbers of the series drawn. - 2. (von Unfällen, Verbrechen) series, concatenation. - 3. (von Bildern, Briefmarken) series, (Satz) set. - 4. econ. a) (von Artikeln) series, b) (in

---

bestimmter Menge) batch, lot, c) (produktionsmäßige) run: eine neue ~ von Möbeln herausbringen to bring out a new series (od. line, program[me]) of furniture; etwas auf ~ legen, etwas in ~ herstellen to produce s.th. in series (od. batches); der Artikel geht in ~ the article will be produced in series; große [kleine] ~ long [short] run. - 5. econ. (von Wertpapieren) issue(s pl), set of issues: erste ~ (von Aktien) first issue. - 6. tech. (von Geräten) bench. - 7. electr. series: in ~ schalten to connect in series. - 8. phys. train. - 9. (beim Billard) break. - 10. (beim Kartenspiel) sequence, set, run.

se·ri·ell [ze'riεl] adj mus. poet. serial.

Se·ri·e·ma [ze'riːema] m ⟨-s; -s⟩ zo. cf. Schlangenstorch.

'Se·ri·en|,an,fer·ti·gung f econ. cf. Serienfertigung. — ~,ar·beit f serial work. — ~,ar·ti·kel m mass-produced (od. series-produced, series-manufactured) article. — ~,bau m ⟨-(e)s; no pl⟩ econ. cf. Serienfertigung. — ~,bau·pro,gramm m mass construction program (bes. Br. programme). — ~,bil·der pl med. (beim Röntgen) serial films. — ~,di·gi,tal,rech·ner m (computer) serial digital computer. — ~er,zeug·nis n series product. — ~,fa·bri·ka·ti,on f econ. cf. Serienfertigung. — ~,fer·ti·gung f econ. tech. series (od. duplicate, batch, multiple) production (od. manufacture). — ~,gü·ter pl series-produced goods. — ~,haus n 1. prefabricated house, prefab (colloq.). - 2. (Reihenhaus) serial (Am. row) house. — ~,her,stel·lung f econ. cf. Serienfertigung. — ~,los n serial lottery ticket, ticket for a serial lottery. — s~,mä·ßig I adj 1. (Herstellung) serial, standard (attrib). - 2. (Auto, Ware etc) serial. - 3. (Ausrüstung, Qualität etc) regular, standard(-type) (attrib). - II adv 4. in series: etwas ~ herstellen to produce s.th. in series; ein ~ hergestelltes Auto cf. Serienwagen. — ~,mo·tor m 1. auto. series engine. - 2. electr. series motor. — ~,num·mer f serial number. — ~,preis m econ. price for a whole series. — ~,pro,dukt n series product. — ~,pro·duk·ti,on f cf. Serienfertigung. — s~,reif adj ready for multiple (od. series) production. — ~,rei·fe f fitness for series production. — ~,schal·ter m electr. multi-circuit switch, variable control switch. — ~,schal·tung f series connection (Br. auch connexion), sequence circuit. — ~,schluß,mo·tor m electr. cf. Reihenschlußmotor. — ~,schnitt m med. serial section. — ~,teil n standard part. — ~,ty·pe f tech. stock type. — ~,wa·gen m auto. production car, Am. stock car. — s~,wei·se adv in series.

Se·ri·fe [ze'riːfə] f ⟨-; -n⟩ meist pl print. serif, auch seriph, ceriph.

Se·ri·gra·phie [zerigra'fiː] f ⟨-; no pl⟩ print. (Farbdruckverfahren) serigraphy.

Se·rin [ze'riːn] n ⟨-s; no pl⟩ chem. serine (HOCH₂CH(NH₂)COOH).

se·ri·ös [ze'riøːs] adj 1. (ernsthaft) serious: ~e Käufer serious buyers; ein ~es Angebot a serious offer; nur ~e Bewerber mögen sich melden only serious(-minded) applicants should reply; er wirkt ~ he makes a serious impression. - 2. (gediegen, zuverlässig) respectable, reliable: ein ~er älterer Herr a respectable elderly gentleman; dieser Geschäftsmann ist ~ this businessman is reliable (od. trustworthy, dependable). - 3. (Unternehmen, Firma) reliable, sound, of repute (od. standing). - 4. (Musik) serious, classical.

Se·rio·si·tät [zeriozi'tεːt] f ⟨-; no pl⟩ 1. seriousness. - 2. respectability, reliability.

Ser·mon [zεr'moːn] m ⟨-s; -e⟩ 1. contempt. iron. (Strafpredigt) sermon, lecture, preaching, preach: j-m einen ~ halten to preach s.o. a sermon, to give s.o. a lecture (od. preaching). - 2. contempt. iron. (Geschwätz) sermon, preachment. - 3. obs. for Rede 1. - 4. obs. for Predigt 1.

Se·ro·dia·gno·se [zerodia'gnoːzə] f med. serodiagnosis, immunodiagnosis.

Se·ro·lo·ge [zero'loːgə] m ⟨-n; -n⟩ biol. med. serologist. — Se·ro·lo'gie [-lo'giː] f ⟨-; no pl⟩ serology. — se·ro'lo·gisch adj serologic(al).

se·rös [ze'røːs] adj med. serous.

Se·ro·sa [ze'roːza] f ⟨-; -rosen⟩ med. serosa, serous membrane.

se·rös-'blu·tig adj med. serosanguin(e)ous. — ~-'eit·rig adj seropurulent.

Se·ro·the·ra·pie [zerotera'piː] f med. serotherapy.

Ser·pens ['zεrpεns] m, f ⟨-pentis [-'pεntɪs]; -pentes [-'pεntεs]⟩ 1. zo. cf. Schlange 1. - 2. astr. (Sternbild) Serpens, Serpent.

Ser·pent [zεr'pεnt] n ⟨-(e)s; -s⟩ mus. hist. serpent.

Ser·pen·tin [zεrpεn'tiːn] m ⟨-s; -e⟩ min. serpentine.

Ser·pen·ti·ne [zεrpεn'tiːnə] f ⟨-; -n⟩ 1. (Straße etc) winding (od. serpentine) road, zigzag: in ~n in zigzags. - 2. (Kehrschleife) double (od. sharp) bend, loop.

Ser·pen·ti·nen|,stra·ße f winding (od. serpentine) road, zigzag. — ~,weg m winding (od. serpentine) path, zigzag.

Ser·pen·tin|ge,stein n, ~,stein m min. serpentine (od. snake) stone.

Ser·ra·del·la [zεra'dεla], Ser·ra'del·le f ⟨-; -n⟩ bot. serradella, auch serradilla, bird's-foot (Ornithopus sativus).

Se·rum ['zeːrum] n ⟨-s; Seren u. Sera [-ra]⟩ chem. pharm. serum. — ~al·bu,min n meist pl chem. serum albumin. — ~al·ler,gie f med. serum intoxication (od. sickness). — ~be,hand·lung f cf. Serotherapie. — ~dia,gno·se f 1. serodiagnosis, orrhodiagnosis. - 2. (durch Tierversuch) isodiagnosis. — ~ei,weiß n med. serum protein (od. albumin). — ~er,kran·kung f serum sickness. — ~glo·bu,lin n meist pl chem. serum globulin. — ~kon,ser·ve f med. dried human serum. — ~krank·heit f serum sickness (od. disease). — ~pro·phy,la·xe f seroprophylaxis. — ~re·ak·ti,on f serological (od. serum) reaction, seroreaction.

Ser·val ['zεrval] m ⟨-s; -e u. -s⟩ zo. serval, servaline cat (Felis serval).

Ser·ve·la [zεr'vεla] f, m ⟨-; -⟩ Swiss for Zervelatwurst.

Ser·vice¹ [zεr'viːs; sεr'vis] (Fr.) n ⟨- u. -s [-'viːs; -'vis]; - [-'viːs(ə)]⟩ (housekeeping) 1. service, set. - 2. (Gläser) set.

Ser·vice² ['zœrvɪs; 'səːvɪs] (Engl.) m, n ⟨-; -s [-vɪs]⟩ meist sg 1. gastr. a) (Bedienung) service, b) (Trinkgeld) service charge: erstklassiger ~ first-class service. - 2. auto. a) (Instandhaltungsdienst) maintenance service, b) (Kundendienstwerkstatt) service station. - 3. (sport) (beim Tennis etc) service.

Ser'vier·brett n gastr. tray, salver, server.

ser·vie·ren [zεr'viːrən] I v/t ⟨no ge-, h⟩ 1. gastr. serve: j-m etwas ~ to serve s.o. s.th. (od. s.th. to s.o.); Speisen ~ to serve meals; es ist serviert! dinner (od. supper) is served! man servierte uns den Tee tea was served, we were served tea. - 2. (sport) (beim Tennis etc) serve. - II v/i 3. (bedienen) wait at table.

Ser'vie·re·rin f ⟨-; -nen⟩, Ser'vier·,mäd·chen n waitress.

Ser'vier|,schür·ze f waiter's (od. waitress's) apron. — ~,ta,blett n, Austrian ~,tas·se f cf. Servierbrett. — ~,tel·ler m serving tray. — ~,tisch m 1. (feststehender) sideboard. - 2. (beweglicher) serving table. — ~,toch·ter f Swiss (Kellnerin) waitress. — ~,tuch n waiter's (od. waitress's) napkin. — ~,wa·gen m serving trolley, dinner wagon (bes. Br. waggon).

Ser·vi·et·te [zεr'viεtə] f ⟨-; -n⟩ (table) napkin, Br. auch serviette.

Ser·vi'et·ten|,ring m napkin ring. — ~,ta·sche f napkin case.

ser·vil [zεr'viːl] adj lit. (Person, Haltung, Auftreten etc) servile, obsequious, cringing, crawling, toadying, toadyish. — Ser·vi'lis·mus [-vi'lɪsmus] m ⟨-; no pl⟩, Ser·vi·li'tät [-vili'tεːt] f ⟨-; no pl⟩ servility, obsequiousness, toadyism.

Ser·vit [zεr'viːt] m ⟨-en; -en⟩, Ser'vi·tin f ⟨-; -nen⟩ röm.kath. Servite.

Ser·vi·tut [zεrvi'tuːt] n ⟨-(e)s; -e⟩, Austrian and Swiss auch f ⟨-; -en⟩ jur. bes. Am. servitude, bes. Br. easement.

'Ser·vo|ag·gre,gat ['zεrvo-] n tech. servo(-control). — ~,Brems,an,la·ge f auto. power brake system. — ~,brem·se f servo (od. power) brake, booster. — ~,len·kung f 1. servo- (od. power, power-assisted) steering. - 2. (Bauteil) servo-assisted steering mechanism. — ~,mo·tor m servo-motor, booster. — ~prin,zip n servo system. — ~,steue·rung f bes. aer. servo(-control).

Ser·vus ['zεrvus] interj Bavarian and Austrian *colloq.* **1.** (*bei Begrüßung*) hello! hi! – **2.** (*beim Abschied*) good-by(e)! see you! (*colloq.*), so long! (*colloq.*), *bes. Br. colloq.* cheerio!

Se·sam[1] ['ze:zam] *m* ⟨-s; -s⟩ *bot.* a) sesamum (*Gattg Sesamum*), b) sesame, benne (*S. indicum*): Orientalischer (*od.* Weißer) ~ Oriental sesame, til, gingelly (*S. orientale*).

'Se·sam[2] *m* ⟨-s; -s⟩ ~, öffne dich! (*Zauberformel aus 1001 Nacht*) open, sesame!

'Se·sam|**bein**, **~·knö·chel·chen** *n med.* sesamoid (bone *od.* cartilage). — **~·öl** *n* sesame (*od.* gingelly) oil. — **~·sa·me(n)** *m bot.* sesame seed, gingelly.

Se·sel ['ze:zəl] *m* ⟨-s; -⟩, **~·kraut** *n bot.* meadow-saxifrage, stone parsley (*Gattg Seseli*).

Ses·sel ['zɛsəl] *m* ⟨-s; -⟩ **1.** (*Polster-, Lehnsessel*) (upholstered) armchair, easy chair. – **2.** (*theater*) (*Parkettsessel*) (stall) seat. – **3.** *Austrian for* Stuhl 1 *cf.* Sessellift. — **~·bahn** *f cf.* Sessellift. — **~·leh·ne** *f* chair back, back of a chair. — **~·lei·ste** *f arch. Am.* baseboard, *Br.* skirting (board), *Am.* mopboard, *Am.* washboard. — **~·lift** *m* chair lift, chairway.

seß·haft ['zɛshaft] *adj* **1.** *cf.* ansässig. – **2.** (*in Wendungen wie*) sich ~ machen to settle (down), to take up residence; ~ werden to settle; er ist (wieder mal) recht ~ *colloq. humor.* (*von Gast*) he is outstaying (*od.* overstaying) his welcome (again). – **3.** (*Volksstamm*) sedentary, settled: sie sind ~ geworden they have settled, they have become sedentary. – **4.** *mil. phys.* (*Kampfstoff, Gas*) persistent. – **5.** *zo.* resident, sedentary. — **'Seß·haf·tig·keit** *f* ⟨-; *no pl*⟩ **1.** *cf.* Ansässigkeit. – **2.** settled state, settledness, sedentariness. – **3.** *mil. phys.* persistency. – **4.** *zo.* a) residency, sedentariness, b) endemism.

ses·sil [zɛ'si:l] *adj zo.* (*Schwämme etc*) sessile: ~ werden (*von Austern*) to set.

Ses·si·on [zɛ'sio:n] *f* ⟨-; -en⟩ *pol.* **1.** (*Sitzungsperiode*) session. – **2.** (*einzelne Sitzung*) session, sitting, meeting.

Se·sti·ne [zɛs'ti:nə] *f* ⟨-; -n⟩ *metr.* sestina, sestine, sextain.

Set[1] [zɛt; set] (*Engl.*) *n, m* ⟨-(s); -s⟩ **1.** (*Satz, Garnitur*) set. – **2.** (*Platzdecke*) place (*od.* table) mat (and napkin). – **3.** (*fashion*) a) set, b) dress and coat to match, c) twinset.

Set[2] *n* ⟨-(s); *no pl*⟩ *print.* (*Dickteneinheit*) set.

Se·thit [ze'ti:t] *m* ⟨-en; -en⟩ *Bibl.* Sethite, Sethian.

Set·ter ['zɛtər] *m* ⟨-s; -⟩ *zo.* (*Hunderasse*) setter.

'Setz|**an·gel** *f* ⟨-; -n⟩ (*in der Fischerei*) trimmer (hook). — **~·auf·be·rei·tung** *f* (*mining*) jigging, screening. — **~·bett** *n* jig bed. — **~·brett** *n print.* composing board. — **~·ei** *n meist pl gastr.* (*Spiegelei*) fried egg.

set·zen ['zɛtsən] **I** *v/t* ⟨h⟩ **1.** (*Bäume, Sträucher, Blumen etc*) plant, set (out). – **2.** (*ein Denkmal, einen Grabstein etc*) set (*od.* put) up, erect, raise. – **3.** (*Grenz-, Kilometersteine etc*) set (*od.* put) up, lay. – **4.** (*einen Ofen*) put in, fit. – **5.** (*Holz, Briketts etc*) stack. – **6.** (*die Füße*) move: sie setzt die Füße graziös she moves her feet gracefully; die Füße einwärts [auswärts] ~ to turn one's toes inward(s) (*od.* in) [outward(s) *od.* out], to be pigeon-toed [splayfoot, splayfooted]. – **7.** (*einen Punkt, ein Komma etc*) write (*od.* put, mark) (in): Tilgungszeichen ~ *print.* to mark deles; → Akzent 2, 5. – **8.** (*beim Brettspiel etc*) (*Figur*) move: er setzte seinen Bauern eins nach vorn he moved his pawn one square forward(s); j-n (schach)matt ~ *auch fig.* to checkmate s.o. – **9.** (*bei Wetten, Glücksspielen etc*) (*Geld*) stake, bet, wager, lay, (*beim Poker*) *bes. Am. auch* ante up: ich habe 100 Mark gesetzt I staked 100 marks; wieviel ~ Sie? how much do you stake? what is your bet? – **10.** (*eine Frist, einen Termin etc*) set, fix, appoint, prescribe: er hat mir eine Frist bis (zum nächsten) Freitag gesetzt he fixed me a time limit until next Friday; sie setzten ihm eine letzte Frist von 3 Tagen they set (*od.* gave) him a final respite of 3 days (*od.* a final 3 days' grace). – **11.** (*aufstellen, einsetzen*) establish, set (up): der Gerichtshof mußte in diesem Fall neue Rechtsnormen ~ the court had to establish new legal standards in this case. – **12.** (*eine Flagge etc*) hoist, raise. – **13.** (*in Wendungen wie*) den Fall ~ (, daß) to assume (*od.*

suppose, *colloq.* say) (that); gesetzt den Fall, das Gerücht ist wahr assuming (*od.* supposing, *colloq.* say) (that) the rumo(u)r is true; sich (*dat*) [einer Unternehmung, einem Bestreben] ein Ziel ~ to set oneself [an enterprise, an endeavo(u)r] an aim (*od.* a target); er hat sich (*dat*) ein hohes [bescheidenes] Ziel gesetzt he has set himself high [modest] aims, he has aimed high [low]; man muß diesen Ausschreitungen Grenzen (*od.* Schranken) ~ one must set (*od.* put) a limit (*od.* limits) to these outrages; seiner Macht sind Grenzen gesetzt there are limits to his power; deiner Hilfsbereitschaft sind keine Grenzen (*od.* Schranken) gesetzt there are no limits (*od.* bounds) to your helpfulness; er weiß die Worte wohl zu ~ *lit.* he knows how to express himself well; → Ende 3. – **14.** (*in Verbindung mit Adverbien*) er hat mich bei der Feier dorthin gesetzt he put (*od.* sat, seated) me there at the celebration; j-n obenan (*bei Tisch*) ~ to put (*od.* place) s.o. at the head (of the table); wohin hat man dich gesetzt? where have you been seated? – etwas instand ~ a) (*eine Straße, Kleidungsstücke etc*) to repair (*od.* mend) s.th., b) (*ein Gebäude, Möbel etc*) to repair (*od.* make repairs to) s.th., c) (*eine Maschine, ein Auto etc*) to repair s.th., to put s.th. into working order; → setzte alles daran, die Stelle zu bekommen *fig.* he did his utmost to get the post. – **15.** die Segel ~ *mar.* to set (*od.* make) sail. – **16.** *print.* (*ein Manuskript, einen Text*) set (*s.th.*) (up), compose: etwas eng ~ to set s.th. closely; etwas mit der Hand [mit der Maschine] ~ to compose s.th. by hand [machine]. – **17.** *agr.* a) Hennen (zum Brüten) ~ to set hens, b) (*Fische*) spawn. – **18.** *hunt.* (*von Häsin etc*) to bring forth (*od.* have) young. – **19.** Blutegel ~ *med. obs.* to apply leeches. – **II** *v/i* **20.** (*bei Wetten, Glücksspielen etc*) stake, bet, wager, lay, make one's bet, lay one's wager. – **21.** *hunt.* (*von Häsin etc*) bring forth (*od.* have) young. – **III** *v/reflex* sich ~ **22.** sit down, seat (*od. colloq.* park) oneself, (*auf einen Stuhl, ein Sofa etc*) *auch* take a seat: bitte ~ Sie sich! please sit down! please take (*od.* have) a seat! ~! a) (*in der Schule*) sit down! b) (*zum Hund*) sit! setz dich gerade! sit up (straight)! darf ich mich einen Augenblick ~? may I sit down for a moment? – **23.** (*von Vögeln*) perch, alight, settle. – **24.** (*von Insekten*) settle, alight. – **25.** (*von Staub, Pulver, Kaffee etc*) settle. – **26.** (*von Erdreich, Haus etc*) settle, sag, subside. – **27.** (*von Wein, Most etc*) (*become*) clear, clarify, settle. – **28.** *fig.* (*von seelischen Erschütterungen, Kummer etc*) subside: der Schock muß sich erst einmal ~ the shock must subside first, I have to get over the shock first. – **29.** *chem.* (*von Niederschlag, Lösung etc*) settle, precipitate, subside. – **IV** *v/impers* **30.** wenn du nicht gleich aufhörst, setzt es was! *colloq.* if you don't stop that at once you'll catch it! gleich wird es Schläge (*od.* Prügel, Hiebe) ~ *colloq.* you'll get a beating (*od.* thrashing) in a minute. – **V** S~ *n* ⟨-s⟩ **31.** *verbal noun.* – **32.** (*von Normen etc*) establishment. – **33.** (*einer Flagge*) hoist, raise. – **34.** *print.* composition.

Verbindungen mit Präpositionen:

setzen| **an** (*acc*) **I** *v/t* ⟨h⟩ **1.** etwas an etwas ~ a) (*nahe, neben*) to put (*od.* set, place) s.th. beside (*od.* near, at) s.th., b) (*in Richtung auf*) to put (*od.* set, place) s.th. to s.th., c) (*gegen*) to put (*od.* set, place) s.th. at (*od.* against) s.th.: einen Stuhl an den Tisch ~ to put a chair beside the table; das Glas [die Trompete] an den Mund ~ to put (*od.* raise) the glass [the trumpet] to one's mouth (*od.* lips); sie haben ein anderes Haus an diese Stelle gesetzt they put another house on this site; sein Leben an etwas ~ *fig.* to devote one's life to s.th.; → Messer[1] 1. – **2.** j-n an etwas ~ a) (*nahe, neben*) to put (*od.* sit, set) s.o. at (*od.* beside, near) s.th., b) (*gegen*) to put (*od.* sit, set) s.o. at (*od.* against) s.th., c) (*einen Platz anweisen*) to put (*od.* sit, seat) s.o. at (*od.* beside, near) s.th.: die Mutter setzte das Kind an den Tisch the mother sat the child at the table; sie haben dich an seine Stelle gesetzt *fig.* they put you in his place, they substituted

you for him, they replaced him by (*od.* with) you; j-n an die (frische) Luft ~ *fig. colloq.* a) to turn s.o. out, to show s.o. the door, *bes. Am.* to give s.o. the air, b) (*kündigen*) to show s.o. the door; to fire s.o. (*colloq.*), to sack s.o., to give s.o. the sack (*colloq.*). – **3.** j-n an Land ~ *mar.* to put s.o. ashore, to disembark (*od.* land) s.o. – **II** *v/reflex* **4.** sich an etwas ~ a) (*nahe, neben, by*) to sit down (*od.* seat oneself) at (*od.* beside, near, by) s.th., b) (*gegen*) to sit down (*od.* seat oneself) at (*od.* against) s.th.: sie setzten sich ans Fenster they sat down at (*od.* by) the window; er setzte sich an die Arbeit he set (*od.* settled down) to work. — ~ **auf** (*acc*) **I** *v/t* ⟨h⟩ **1.** etwas auf etwas ~ a) to put (*od.* set, place) s.th. (down) on s.th., b) (*einen Akzent, Punkt, Strich etc*) to put s.th. on s.th., c) (*auf eine Liste etc*) to put s.th. (down) on s.th., to enter s.th. in s.th., d) (*bei Wetten, Glücksspielen etc*) to stake (*od.* bet, wager, lay) s.th. on s.th.: einen Topf auf den Herd ~ to put a pot on the stove; sich (*dat*) den Hut auf den Kopf ~ to put one's hat on (one's head); eine Kiste auf die andere ~ to put one crate on top of the other, to stack crates; j-s Namen auf eine Liste ~ to put s.o.'s name (down) on a list, to enter s.o.('s name) in a list; ein Gericht auf die Speisekarte ~ to put a dish on the menu; etwas auf die Tagesordnung ~ to put s.th. on the agenda; ein Stück auf den Spielplan ~ to put on (*od.* to stage) a play; das Tüpfelchen aufs i ~ to put the dot on the i, to dot the i; einen Betrag auf j-s Rechnung ~ to charge an amount to s.o.'s account; 20 Chips auf Schwarz ~ (*beim Roulette*) to stake 20 chips on black; etwas aufs Spiel ~ *fig.* to risk (*od.* hazard, stake) s.th.; um sie zu retten, setzte er sein Leben aufs Spiel *fig.* he risked his life to save her; alles auf eine Karte ~ *fig.* to stake everything on one horse (*od.* chance), to put all one's eggs in one basket (*colloq.*); Hoffnungen auf etwas [j-n] ~ *fig.* to put (*od.* place) one's hopes in s.th. [s.o.], to pin one's hopes on s.th. [s.o.]; auf j-s Kopf einen Preis ~ to put a price on s.o.'s head; ein Schiff auf Grund ~ *mar.* to run a ship aground; → Brust 1. – **2.** j-n auf etwas ~ a) (*od.* sit, set) s.o. on s.th., b) (*einen Platz anweisen*) to put (*od.* sit, seat) s.o. on s.th., c) (*auf eine Liste etc*) to put (*od.* enter s.o. in) s.th., d) (*durch eine Verordnung, Bestimmung*) to put s.o. on s.th.: sie setzte das Kind auf den Stuhl she sat the child on the chair; j-n auf halben Lohn ~ to put s.o. on half pay; der Arzt setzte den Patienten auf Diät the doctor put the patient on a diet (*od.* dieted the patient); j-n auf freien Fuß ~ *fig.* to set s.o. free (*od.* at liberty), to release s.o.; j-n auf die Straße ~ *fig. colloq.* to throw s.o. out. – **3.** etwas auf j-n ~ (*bei Wetten*) to stake (*od.* bet, wager, lay, put) s.th. on s.o. – **II** *v/i* **4.** auf etwas [j-n] ~ (*bei Wetten, Glücksspielen etc*) to stake (*od.* bet, wager, lay) on s.th. [s.o.]: auf ein Rennpferd ~ to bet on (*od.* back) a racehorse; er hat aufs falsche Pferd (*od.* auf die falsche Karte) gesetzt *fig.* he backed the wrong horse. – **III** *v/reflex* **5.** sich auf etwas ~ a) to sit down (*od.* seat oneself) on s.th., (*auf einen Stuhl, ein Sofa etc*) *auch* take a seat on s.th., b) (*auf ein Pferd, Motorrad, Fahrrad etc*) to get on (*od.* mount) s.th., c) (*von Vögeln*) to perch (*od.* alight, settle) on s.th., d) (*von Insekten*) to settle (*od.* alight) on s.th.: das Kind setzte sich auf ihren Schoß the child sat down on her lap; sich aufs hohe Roß ~ *fig. colloq.* to ride the (*od.* be on one's) high horse; → Buchstabe 1; Hosenboden. – **6.** sich auf j-n ~ (*bei Raufereien etc*) to sit on s.o. — ~ **au·ßer** (*acc*) *v/t* ⟨h⟩ (*in Wendungen wie*) Geld außer Kurs (*od.* Umlauf) ~ to put money out of (*od.* to withdraw money from) circulation, to call money in; → Betrieb 5; Gefecht 1, 2. — ~ **in** (*acc*) **I** *v/t* ⟨h⟩ **1.** etwas in etwas ~ a) to put (*od.* set) s.th. in(to) s.th., b) (*Blumen, Sträucher etc*) to plant (*od.* set) s.th. in s.th., c) (*in einen Zustand versetzen*) to put (*od.* set) s.th. in s.th., d) *agr.* (*Fische*) to spawn (*fish*) in s.th.: ich setze keinen Fuß mehr in das Haus I'll never set foot in (*od.* I'll never cross the threshold of) that house again; **etwas in die Zeitung ~** a) (*einen Artikel, ein Bild etc*) to put s.th. in the paper, b) (*eine Anzeige*) to put (*od.* insert) s.th. in the paper; **sich** (*dat*) **etwas in den Kopf ~** fig. to get (*od.* take) s.th. into one's head, to be set (*od.* bent) on s.th., to take a notion; **was er sich einmal in den Kopf gesetzt hat, kann man ihm nicht wieder ausreden** once he has got an idea into his head there is no talking him out of it; **er hat es sich** (*dat*) **in den Kopf gesetzt, sie zu heiraten** he has taken (*od.* got) it into his head (*od.* he is determined) to marry her; **er setzte seinen ganzen Stolz [seine Ehre] in die Verwirklichung des Plans** fig. he pursued the plan as a matter of pride [hono(u)r]; **Vertrauen in j-n ~** fig. to put one's confidence in s.o.; **Hoffnungen in etwas** [j-n] **~** fig. to put (*od.* place) one's hopes in s.th. [s.o.], to pin one's hopes on s.th. [s.o.]; **etwas in Brand ~** to set s.th. on fire, to set fire to s.th.; **j-[n] in Beziehung zu etwas** [j-m] **~** to establish a relationship of s.th. [s.o.] to s.th. [s.o.], to relate s.th. [s.o.] to s.th. [s.o.], to connect s.th. [s.o.] with) s.th. [s.o.]; **j-m einen Floh ins Ohr ~** fig. colloq. to put ideas into s.o.'s head, *Am.* colloq. auch to put a bug into s.o.'s ear; **eine Maschine in Gang ~** to start a machine, to set a machine in action (*od.* into operation, to work); **er setzte Himmel und Hölle** (*od.* **er setzte alle Hebel) in Bewegung, um die Wohnung zu bekommen** fig. colloq. he moved heaven and earth to obtain the apartment (*bes.* Br. flat); **etwas in Szene ~** a) (*ein Theaterstück*) to stage (*od.* put on) s.th., to put (*od.* bring) s.th. on the stage, b) fig. to stage s.th.; **eine Arbeit [ein Vorhaben] ins Werk ~** to set a piece of work [a plan] afoot (*od.* colloq. going); **ein Gedicht in Musik ~** to set a poem to music; **etwas in Partitur ~** mus. to score s.th.; **Banknoten in Umlauf ~** econ. to put bank notes into circulation, to circulate (*od.* issue) bank notes; **wer hat diese Gerüchte in Umlauf** (*od.* colloq. **in die Welt) gesetzt?** fig. who started (circulating) (*od.* who spread) these rumo(u)rs? **Kinder in die Welt ~** fig. colloq. to bring children into the world; **etwas in Rockwell [in Fraktur] ~** print. to set s.th. in Rockwell [in fraktur (*auch* fractur)]; **Fischbrut in einen Teich ~** agr. to spawn fry in a pond; → Anführungsstriche. – **2.** j-n in etwas **~** a) to put (*od.* sit, set) s.o. in(to) s.th., b) (*einen Platz anweisen*) to put (*od.* sit, seat) s.o. in(to) s.th.; **j-n [ein Tier] in Freiheit ~** fig. to set s.o. [an animal] free (*od.* at liberty), to release s.o. [an animal]; **j-n (von etwas) in Kenntnis ~** fig. to inform (*od.* notify) s.o. (of s.th.); **j-n in Erstaunen [in Verlegenheit] ~** fig. to fill s.o. with astonishment [with embarrassment], to astonish [to embarrass] s.o. – **II** v/reflex **3. sich in etwas ~** a) (*in ein Zimmer etc*) to sit down (*od.* seat oneself, take a seat) in s.th., b) (*in ein Auto etc*) to get into s.th., c) (*von Staub, Pulver etc*) to settle in (*od.* cling to) s.th., d) fig. (*von Geruch*) to cling to s.th.; **sich in die Sonne [in den Schatten] ~** to sit in the sun [in the shade]; **sich in den Besitz einer Sache ~** fig. to take possession of s.th.; **sich in Bewegung ~** a) (*von Eisenbahn-, Festzug etc*) to start (*od.* move) off, to start (to move), b) (*von Maschine*) to start (up); **bis der sich mal in Bewegung setzt** colloq. it takes him ages to get going (*od.* moving) (colloq.); **sich mit j-m in Verbindung ~** to get in touch with s.o., to contact (*od.* communicate with) s.o.; **sich mit j-m ins Einvernehmen ~** to try to come to an agreement (*od.* understanding) with s.o.; **sich ins rechte Licht ~** fig. to present oneself to one's best advantage; **sich in Szene ~** fig. to put oneself into the limelight; **sich ins Unrecht ~** fig. to put oneself in the wrong; **sich in die Nesseln ~** fig. colloq. to get into a scrape (*od.* colloq. hot water). – **~ über** (*acc*) **I** v/t ⟨h⟩ **1. etwas über etwas ~** a) to put (*od.* set, place) s.th. over s.th., b) fig. (*höher schätzen*) to set (*od.* value) s.th. above s.th.: **er schwor, seinen Fuß nie mehr über diese Schwelle zu ~** he swore never to cross that threshold again. – **2.** j-n über j-n **~** fig. a) (*höher schätzen*) to esteem s.o. higher than s.o., to hold s.o. in

higher esteem than s.o., b) (*zum Vorgesetzten machen*) to set (*od.* put) s.o. over s.o. – **3.** j-n über etwas **~** (*über einen Fluß etc*) to set (*od.* bring) s.o. across s.th. – **II** v/i ⟨h u. sein⟩ **4. über etwas ~** a) (*über ein Hindernis*) to leap (*od.* jump) over s.th., to clear s.th., *(im Reitsport)* auch to take s.th., b) (*über einen Fluß etc*) to cross s.th. – **~ un·ter** (*acc*) **I** v/t ⟨h⟩ **1. etwas unter etwas ~** to put (*od.* set, place) s.th. under s.th.: **seinen Namen** (*od.* **seine Unterschrift) unter etwas ~** to put one's name under s.th., to put (*od.* affix) one's signature to s.th., to set one's name to s.th., to sign s.th.; **etwas unter Wasser ~** to put s.th. under water, to flood (*od.* submerge) s.th.; **im Kessel unter Druck ~** tech. to raise steam in a boiler. – **2.** j-n unter Druck **~** fig. a) (*in Angst halten*) to exert (*od.* put) pressure on s.o., to bring pressure to bear on s.o., to force s.o.'s hand, to put the screw(s) on s.o. (colloq.), *Am.* auch to pressurize s.o., b) (*zur Arbeit antreiben*) to put s.o. under pressure, to push s.o. (colloq.). – **3.** j-n unter j-n **~** fig. to set (*od.* put) s.o. under s.o. – **II** v/reflex **4. sich unter etwas ~** to sit down (*od.* seat oneself) under s.th. — **~ vor** (*acc*) **I** v/t ⟨h⟩ **1. etwas vor etwas ~** to put (*od.* set, place) s.th. in front of s.th.: **er setzte vorsichtig einen Fuß vor den anderen** he carefully put one foot in front of the other; **ich habe heute noch keinen Fuß vor die Tür gesetzt** fig. I haven't set foot outside the door today; **j-m den Stuhl vor die Tür ~** a) (*hinauswerfen*) to turn (*od.* put) s.o. out, b) (*kündigen*) to put s.o. out on the street, to chuck s.o. out (colloq.); **er hat sein Auto genau vor meines gesetzt** fig. colloq. he put (*od.* left, parked) his car right in front of mine. – **2.** j-n vor etwas **~** to put (*od.* set, seat) s.o. in front of s.th. – **3.** j-n vor j-n **~** a) to put (*od.* sit, set) s.o. in front of s.o., b) (*zum Vorgesetzten machen*) to put (*od.* place) s.o. ahead of s.o., to make s.o. s.o.'s superior: **man hat ihn mir vor die Nase gesetzt** fig. colloq. he has been made my superior. – **II** v/reflex **4. sich vor etwas** [j-n] **~** to sit down (*od.* seat oneself, *colloq.* park oneself) in front of s.th. [s.o.], (*auf einen Stuhl, Platz etc*) to take a seat in front of s.th. [s.o.]: **der Fahrer überholte und setzte sich vor mich** colloq. the driver overtook me and put himself in front of me. — **~ zu I** v/t ⟨h⟩ **1.** j-n zu j-m **~** to put (*od.* sit) s.o. beside (*od.* near) s.o. – **II** v/reflex **2. sich zu j-m ~** to sit down (*od.* seat oneself) beside (*od.* near) s.o. – **3.** (*in Wendungen wie*) **sich zu Tisch ~** to sit down at table; **sich zur Ruhe ~** a) to retire, b) (*pensioniert werden*) to retire, to be pensioned (off); **sich zur Wehr ~** to defend oneself.

'Set·zer m ⟨-s; -⟩ print. compositor, typesetter, typographer: **berechnender ~ piece hand. — Set·ze'rei** f ⟨-; -en⟩ **1.** composing (*od.* case) room, typesetting room. – **2.** collect. compositors pl.
'Set·zer|,jun·ge, ~,lehr·ling m print. printer's devil (*od.* apprentice), apprentice compositor (*od.* typesetter, typographer). — **~,saal** m cf. Setzerei 1.
'Setz|,feh·ler m print. typographical (*od.* printer's) error, misprint. — **~,gut** n ⟨-(e)s; no pl⟩ **1.** print. composition. – **2.** hort. a) seedlings pl, b) (*junge Bäume*) saplings pl. – **3.** (*in der Fischzucht*) fry, spawn, alevins pl. — **~,ham·mer** m tech. blacksmith's set hammer. — **~,ha·se** m hunt. female (*od.* doe) hare. — **~,holz** n hort. planting pin (*od.* peg), dibble. — **~,karp·fen** m (*in der Fischzucht*) fryer (*auch* frier) carp. — **~,ka·sten** m **1.** print. (type)case, letter case. – **2.** hort. seedling box. – **3.** tech. (*mining*) jig, wash box. — **~,kopf** m tech. (*eines Niets*) die (*od.* primary, swaged, set) head. — **~,ko·sten** pl print. printing cost(s). — **~,lat·te** f (*im Vermessungswesen*) aligning pole.
'Setz·ling m ⟨-s; -e⟩ **1.** hort. a) seedling, b) (*junger Baum*) sapling. – **2.** pl (*in der Fischzucht*) fry sg, spawn sg, alevins.
'Setz|,li·nie f print. composing (*od.* setting) rule. — **~,ma,schi·ne** f **1.** print. typesetting (*od.* composing) machine, typesetter. – **2.** tech. (*mining*) jig, wash box, washer. — **~,mei·ßel** m tech. calking (*bes.* Br. caulking) chisel. — **~,re·be** f hort. layer of vine. — **~,re,gal** n print. composing (*od.* case) rack. — **~,reis** n hort. cf. Setzling 1a. — **~,riß** m

civ.eng. main roof break. — **~,schiff** n print. galley.
'Setz|,stock m tech. steady (rest). — **~,la·ger** n stay bearing. — **~,stän·der** m (*beim Bohrwerk*) end support column.
'Setz|,stück n (*theater*) (*der Bühnendekoration*) set piece. — **~,teich** m fish breeding pond. — **~,tisch** m print. composing table.
'Set·zung f ⟨-; no pl⟩ cf. Setzen.
'Setz|,waa·ge f tech. cf. Wasserwaage. — **~,zeit** f **1.** print. composing time. – **2.** hunt. (*von Hasen etc*) breeding time. – **3.** agr. (*von Fischen*) spawning time. — **~,zwie·bel** f hort. bulb (for planting).
Seu·che ['zɔʏçə] f ⟨-; -n⟩ **1.** med. epidemic (disease): **eine ~ einschleppen** to import (*od.* bring in) an epidemic. – **2.** vet. epizootic (disease). – **3.** fig. (*weitverbreitete Gewohnheit*) epidemic.
'seu·chen,ar·tig adj **1.** med. epidemic, auch epidemical, (*ansteckend*) contagious, infectious. – **2.** vet. epizootic.
'Seu·chen|be,kämp·fung f control of epidemics. — **~ge,biet** n epidemic area. — **~ge,fahr** f danger of an epidemic. — **~,herd** m center (*bes.* Br. centre) of an epidemic. — **~,kran·ken,haus, ~la·za,rett** n isolation (*od.* epidemic disease) hospital. — **~,vor,sor·ge** f protection against epidemics.
seuf·zen ['zɔʏftsən] v/i ⟨h⟩ **1.** (*über acc* at; *vor dat* with) sigh, give a sigh, suspire (*lit.*), (*stärker*) heave a sigh: **er seufzte tief** he heaved (*od.* uttered) a deep sigh. – **2.** (*stöhnen*) groan, moan. – **3.** fig. (*von Wind etc*) sigh. — **'seuf·zend I** pres p. – **II** adj sighing. – **III** adv with a sigh, sighingly: **~ gab sie ihm das Geld** she gave him the money with a sigh.
'Seuf·zer m ⟨-s; -⟩ **1.** sigh: **einen ~ der Erleichterung ausstoßen** to give (*stärker* heave) a sigh of relief; **seinen letzten ~ tun** fig. to breathe one's last (breath). – **2.** (*Stöhnen*) groan, moan. — **~,brücke** (getr. -k·k-), **die** (*in Venedig*) the Bridge of Sighs.
'Se·ven,baum ['ze·vən-] m bot. cf. Sadebaum.
'Sèvres·por·zel,lan ['sɛːvr-] (*Fr.*) n Sèvres (porcelain *od.* china).
Sex [zɛks] m ⟨-(es); no pl⟩ colloq. **1.** (*Sexualität, Erotik*) sex. – **2.** cf. Sex-Appeal.
Se·xa·ge·si·ma [zɛksa'geːzima] f ⟨undeclined⟩ der Sonntag **~** (*od.* Sexagesimä [-mɛ]) relig. Sexagesima (Sunday).
se·xa·ge·si·mal [zɛksagezi'maːl] adj math. sexagesimal, sexagenary. — **S~,sy,stem** n sexagesimal system.
Sex|-Ap·peal ['zɛksʔa,piːl; 'sɛks ə'piːl] (*Engl.*) m ⟨-s; no pl⟩ sex appeal, sex, oomph (*sl.*): **sie hat viel ~** colloq. she has a lot of sex appeal, she has got what it takes (*beide* colloq.). — **~,bom·be** f colloq. humor. sex bomb. — **~bou,tique** f sex shop. — **~,film** m sex film; nudie, skin flick (*sl.*). — **~,mas,sa·ge** f sex massage. — **~,mas,seu·se** f sex masseuse. — **~kon,trol·le** f (*sport*) med. sex test.
Se·xo·lo·ge [zɛkso'loːgə] m ⟨-n; -n⟩ sexologist. — **Se·xo·lo'gie** [-lo'giː] f ⟨-; no pl⟩ sexology.
Sext [zɛkst] f ⟨-; -en⟩ **1.** röm.kath. Sext, auch sext. – **2.** mus. sixth, sext: **große [kleine] ~** major [minor] sixth. – **3.** (*sport*) (*beim Fechten*) sixte.
Sex·ta ['zɛksta] f ⟨-; Sexten⟩ ped. first year of a German secondary school.
'Sext·ak,kord m mus. chord of the sixth, sixth chord.
Sex·ta·ner [zɛks'taːnər] m ⟨-s; -⟩, **Sex'ta·ne·rin** f ⟨-; -nen⟩ ped. pupil of a 'Sexta'.
Sex·tant [zɛks'tant] m ⟨-en; -en⟩ astr. mar. sextant.
Sex·te ['zɛkstə] f ⟨-; -n⟩ mus. cf. Sext 2.
Sex·tett [zɛks'tɛt] n ⟨-(e)s; -e⟩ mus. sextet(te).
Sex·to·le [zɛks'toːlə] f ⟨-; -n⟩ mus. sextuplet, sextole(t).
se·xu·al [zɛ'ksŭaːl] adj rare for sexuell.
Se·xu·al|bio·lo·gie f sexual biology. — **~de,likt** n jur. (indictable) sex offence (*Am.* offense). — **~emp,fin·den** n sexual sensation. — **~er,zie·hung** f sex(ual) education. — **~,ethik** f sexual ethics pl (*construed as sg or pl*). — **~,for·schung** f sexology. — **~hor,mon** n med. sex hormone. — **~hy·gie·ne** f [-hy,gĭeːnə] sex hygiene. — **~in,stinkt** m sex(ual) instinct.

Se·xua·li·tät [zɛksŭali'tɛːt] f ⟨-; *no pl*⟩ sexuality.

Se·xu'al·kun·de f *bes. ped.* sexology. — **~,at·las** m ⟨- u. -ses; *no pl*⟩ handbook of sexology for schools.

Se·xu'al|le·ben n sex(ual) life. — **~,merk-,mal** n sexual characteristic. — **~,neur-asthe,nie** f *med.* sexual neurasthenia. — **~neu,ro·se** f sexual neurosis (*od.* disorder). — **~or,gan** n cf. Geschlechtsorgan. — **~-päd,ago,gik** [-pɛda,goːgɪk] f sex(ual) education. — **~pa·tho·lo,gie** f sexual pathology. — **~psy·cho·lo,gie** f psychology of sexual behavio(u)r. — **~,rei·fe** f sexual maturity. — **~,trieb** m sexual drive (*od.* instinct). — **~ver,bre·chen** n *jur.* sex(ual) crime. — **~ver,bre·cher** m sex(ual) criminal. — **~ver,ge·hen** n cf. Sexualdelikt. — **~ver,hal·ten** n sexual behavio(u)r. — **~,wis·sen·schaft** f sexology. — **~,wis·sen·schaft·ler** m sexologist.

se·xu·ell [zɛ'ksŭɛl] adj (Aufklärung, Beziehungen etc) sexual: j-n über ~e Fragen aufklären to instruct s.o. in sexual matters, (über die Anfangsgründe) *auch* to explain the facts of life to s.o., to tell s.o. about the birds and the bees (*colloq. humor.*).

Se·xus [ˈzɛksʊs] m ⟨-; -⟩ *psych.* sex.

se·xy [ˈzɛksi; ˈsɛksɪ] (Engl.) adj ⟨invariable⟩ *colloq.* sexy: ~ aussehen to look sexy.

Sey'chel·len|,nuß [zeˈʃɛlən-] f (Frucht der Seychellenpalme) sea coconut, coco-de-mer. — **~,pal·me** f *bot.* sea coconut (*auch* coco) (Lodoicea seychellarum).

se·zer·nie·ren [zetsɛrˈniːrən] I v/t ⟨no ge-, h⟩ 1. *med.* a) (Glieder, Sehnen etc) secrete, excrete, b) (Ekzeme) weep. — 2. *biol. chem.* secrete. — II S~ n ⟨-s⟩ 3. *verbal noun.* — **Se·zer'nie·rung** f ⟨-; -en⟩ 1. cf. Sezernieren. — 2. *med.* (von Gliedern, Sehnen etc) secretion, excretion. — 3. *biol. chem.* secretion.

Se·zes·si·on [zetsɛˈsĭoːn] f ⟨-; -en⟩ secession: die Wiener [Berliner, Münchner] ~ (art) the Vienna [Berlin, Munich] Secession. — **Se·zes·sio'nist** [-sĭoˈnɪst] m ⟨-en; -en⟩ secessionist. — **se·zes·sio'ni·stisch** adj secessional.

Se·zes·si'ons|,krieg m *hist.* War of Secession (1861—65). — **~,stil** m ⟨-(e)s; *no pl*⟩ (art) (bes. in Wien) secessional style.

Se'zier·be,steck n *med.* dissecting instruments *pl* (*od.* case).

se·zie·ren [zeˈtsiːrən] I v/t ⟨no ge-, h⟩ 1. *med.* a) (in der Anatomie) dissect, b) j-n ~ to perform an autopsy (*od.* a postmortem [examination]) on s.o. — 2. *fig.* (ein Kunstwerk etc) dissect, analyze *Br. auch* -s-. — II S~ n ⟨-s⟩ 3. *verbal noun.* 4. *med.* a) (in der Anatomie) dissection, b) (Autopsie) postmortem (examination), autopsy. — 5. *fig.* analysis, analyzation *Br. auch* -s-, dissection, autopsy.

Se'zier|,mes·ser n *med.* dissecting knife. — **~,saal** m dissecting room.

Se'zie·rung f ⟨-; -en⟩ cf. Sezieren.

Sfe·rics [ˈsfɛrɪks] (Engl.) pl *meteor.* (luftelektr. Störungen) sferics, spherics.

S-,för·mig [ˈɛs-] adj S-shaped, sigmate, sigmoid, *auch* sigmoidal.

sfor·zan·do [sforˈtsando] *mus.* I adv u. adj sforzando, sforzato. — II S~ n ⟨-s; -s u. -zandi [-di]⟩ sforzando, sforzato.

sfor·za·to [sforˈtsaːto] *mus.* I adv u. adj cf. sforzando I. — II S~ n ⟨-s; -s u. -zati [-ti]⟩ cf. sforzando II.

Sgraf·fi·to [sgraˈfiːto] n ⟨-s; -s u. -fiti [-ti]⟩ (art) sgraffito, *auch* sgraffiato, scratchwork (*colloq.*).

Shag [ʃɛk; ʃæg] (Engl.) m ⟨-s; -s⟩ (Tabaksorte) shag (tobacco). — **~,pfei·fe** f shag pipe. — **~,ta·bak** m cf. Shag.

Shake¹ [ʃeːk; ʃeɪk] (Engl.) m ⟨-s; -s⟩ 1. (Mixgetränk) shake. — 2. (Modetanz) shake.

Shake² n ⟨-s; -s⟩ (im Jazz) shake.

Sha·ker [ˈʃeːkər; ˈʃeɪkə] (Engl.) m ⟨-s; -⟩ 1. (Mixbecher) shaker. — 2. (textile) (in der Reißwollspinnerei) shaker.

shake·spea·risch [ˈʃeːkspiːrɪʃ] adj Shakespearean, Shakespearian: S~e Dramen Shakespeare(an) plays, plays by Shakespeare.

Sham·poo [ʃamˈpuː; ʃɛmˈpuː] n ⟨-s; -s⟩, *Austrian* **Sham·poon** [ʃamˈpoːn] n ⟨-s; -s⟩ shampoo.

Shan·ty [ˈʃɛnti; ˈʃanti; ˈʃænti] (Engl.) n ⟨-s; -s u. -ties [-tiːs; -tɪz]⟩ *mus.* chant(e)y, *auch* shant(e)y.

---

sher·ar·di·sie·ren [ʃerardiˈziːrən] v/t ⟨no ge-, h⟩ *tech.* (staubverzinken) sherardize, dry-galvanize.

She·riff [ˈʃɛrɪf] (Engl.) m ⟨-s; -s⟩ *jur.* sheriff.

Sher·pa [ˈʃɛrpa] m ⟨-s; -s⟩ (Lastträger) Sherpa.

Sher·ry [ˈʃɛri; ˈʃɛrɪ] (Engl.) m ⟨-s; -s⟩ (span. Süßwein) sherry.

Shet·land [ˈʃɛtlant; -lənd] (Engl.) m ⟨-(s); -s⟩ (Wollstoff) shetland, *auch* Shetland. — **~,po·ny** n zo. Shetland pony, Shetland, shelty, sheltie. — **~,wol·le** f ⟨-; *no pl*⟩ (textile) Shetland wool.

Shi'ki·mi,säu·re [ʃiˈkimi-] f *chem.* shikimic acid ($C_6H_6(OH)_3COOH$).

Shi·re [ˈʃaɪr; ˈʃaɪə] (Engl.) m ⟨-s; -⟩, **~,pferd** n zo. Shire, *auch* Shire horse.

Shorts [ʃɔrts; ʃɔːts] (Engl.) pl shorts.

Show [ʃoː; ʃoʊ] (Engl.) f ⟨-; -s⟩ show.

'Show,busi·neß [-ˌbɪsnɪs; -ˌbɪznɪs] n ⟨-; *no pl*⟩ show business.

Shunt [ʃant; ʃʌnt] (Engl.) m ⟨-s; -s⟩ *electr. med.* shunt.

Si·al [ˈziːal] n ⟨-(s); *no pl*⟩ *geol.* sial.

Sia·lo·lith [zĭaloˈliːt; -ˈlɪt] m ⟨-en; -en⟩ *med.* cf. Speichelstein.

Sia·lor·rhö [zĭaloˈrøː] f ⟨-; -en⟩, *auch* **Sia·lor·rhöe** [-ˈrøː] f ⟨-; -n [-ən]⟩ (Speichelfluß) sialorrh(o)ea.

Sia·mang [zĭaˈmaŋ] m ⟨-s; -s⟩ zo. (Gibbon) siamang (Symphalangus syndactylus).

Sia·me·se [zĭaˈmeːzə] m ⟨-n; -n⟩, **Sia'me·sin** [-zɪn] f ⟨-; -nen⟩ Siamese, Thai(lander). — **sia'me·sisch** I adj Siamese, Thailand (attrib): ~e Zwillinge *med.* Siamese (*od. scient.* conjoined) twins. — II S~ ⟨generally undeclined⟩, **das S~e** ⟨-n⟩ Siamese, Thai.

'Si·am,kat·ze [ˈziːam-] f zo. Siamese (cat).

Si·bi·lant [zibiˈlant] m ⟨-en; -en⟩ *ling.* sibilant.

Si·bi·ri·er [ziˈbiːrĭər] m ⟨-s; -⟩ Siberian. — **si'bi·risch** [-rɪʃ] adj Siberian.

Sib·thor·pie [zɪpˈtɔrpĭə] f ⟨-; -n⟩ *bot.* pennywort (Sibthorpia europaea).

Si·byl·le [ziˈbylə] f ⟨-; -n⟩ *antiq.* (weissagende Frau) sibyl, Sibyl, *auch* sybil, Sybil. — **si·byl'li·nisch** [-ˈliːnɪʃ] adj Sibylline, *auch* Sybilline, Sibyllic: die S~en Bücher *antiq.* the Sibylline Books.

sich [zɪç] I reflex pron 1. oneself, (3 sg) himself, herself, itself, (3 pl) themselves, (bei Aufforderungen etc) yourself, yourselves: er wäscht ~ he washes (himself); man hätte ~ vorstellen sollen one should have introduced oneself; hier lebt sich's gut *colloq.* life is good here; sie hat ~ verlobt she got engaged; bitte bedienen Sie ~ please help yourself (*od.* yourselves); sie kämpften ~ durch die Menge they fought their way through the crowd. — II pers pron 2. er wäscht ~ (dat) gerade die Hände he is (just) washing his hands; ~ (dat) etwas zum Vorbild nehmen to take s.th. as an example (to oneself); sie wird ~ (dat) schon zu helfen wissen she'll be able to look after herself. — 3. (nach Präpositionen) es gibt Menschen, die nur an (acc) ~ denken there are people who only think of themselves; er hat (so) etwas an (dat) ~ there is something about him; → an 13; das hat nichts auf (dat) ~ it's of no consequence (*od.* significance); was hat es damit auf (dat) ~? what's it about? er sollte mehr aus ~ herausgehen *fig.* he should liven up a bit; he should come out of his shell, he should let his hair down a bit (*colloq.*); außer (dat) ~ sein to be beside oneself; er hatte kein Geld bei ~ he had no money with (*od.* about, on) him; sie ist nicht bei ~ *fig. colloq.* she is not right (in the head), she is not all there (beide *colloq.*); er ist gern für ~ he likes to be by himself; das ist eine Sache für ~ *colloq.* a) that's a thing (*od.* a matter) by itself, b) (das ist etwas anderes) that's a different (*od.* another) story; er untersuchte jeden Teil für ~ he inspected each part separately; sie sah nicht hinter (acc) ~ she didn't look behind her; der Schnaps hat es in (dat) ~ *fig. colloq.* that's quite strong (*od.* potent) liquor, that's quite hot stuff (*colloq.*); sie setzte das Kind neben (acc) ~ she set the child (down) beside her; er wies den Verdacht weit von ~ he refuted the suspicion; er hätte es von ~ aus tun müssen he should have done it himself (*od.* on his own initiative); der Verletzte kam

---

wieder zu ~ the injured man recovered (*od.* regained) consciousness, the injured man came round; sie bat ihn zu ~ she asked him to come and see her. — III reciprocal pron 4. a) (bei 2 Personen) each other, b) (bei mehr als 2 Personen) one another: sie kennen ~ nicht they don't know each other.

Si·chel [ˈzɪçəl] f ⟨-; -n⟩ 1. *agr.* sickle, reap(ing) hook: Gras mit der ~ schneiden to cut grass with a sickle, to sickle grass; → Hammer 1. — 2. *fig.* (des Mondes etc) crescent. — 3. *med.* a) falx, b) (im Großhirn) falx cerebri, c) (im Kleinhirn) falcula, falx cerebelli. — 4. *bot.* (ein Blütenstandstyp) drepanium. — 5. *antiq.* (am Streitwagen) scythe. — 6. (sport) (beim Judo) reap. — **~,dü·ne** f *geogr.* crescent-shaped sand dune, *auch* barchan, barkhan. — **s~,för·mig** adj 1. sickle- (*od.* crescent-)shaped, crescent(ic). — 2. *bot. zo.* falcate, falciform. — 3. *med.* drepanoid, drepaniform, lunulate, *auch* lunulated.

si·cheln [ˈzɪçəln] v/t ⟨h⟩ sickle, cut (s.th.) with a sickle.

'Si·chel|,strand,läu·fer m zo. curlew sandpiper (Calidris ferruginea). — **~,wa·gen** m *antiq.* scythed chariot. — **~,zel·le** f *med.* sickle cell. — **~,zel·len·an·ämie** [-ʔanɛˌmiː] f sickle-cell an(a)emia (*od.* disease).

si·cher [ˈzɪçər] I adj ⟨-er; -st⟩ 1. (Versteck, Unterstand, Posten, Stellung etc) safe, secure (lit.): j-n an einen ~en Ort bringen to take s.o. to a safe place (*od.* to safety); hier bist du vor ihm [dem Unwetter] ~ you are safe from (*od. lit.* secure from, secure against) him [the storm] here; in ~er Hut sein a) (von Personen) to be in safety (*od.* in a safe place), b) (von Sachen) to be in safekeeping (*Br.* safe keeping); j-m sicheres Geleit geben to give (*od.* grant) s.o. safe-conduct; sich ~ fühlen to feel safe (*od. lit.* secure); j-n in ~en Gewahrsam bringen to take s.o. into (safe) custody. — 2. (ungefährlich) safe: eine ~e Methode a safe method; am sichersten wäre es, wenn it would be safest if; eine Kreuzung durch Ampeln ~er machen to make a crossing safer by installing traffic lights; er ist (*od.* sitzt) auf Nummer S~ *fig. colloq.* (im Gefängnis) he's out of harm's way. — 3. (risikolos) safe: das ist eine ~e Sache *colloq.* (Spekulation etc) it's a safe thing (*od.* business, *colloq.* bet), *Am. sl.* it's a cinch; ich gehe auf Nummer S~ *fig. colloq.* I don't take any risks, I play (it) safe (*colloq.*). — 4. (sicherwirkend) sure, reliable, (stärker) unfailing, infallible: das ist ein ~es Mittel gegen diese Beschwerden this is a sure remedy for these complaints; ~ ist ~! *colloq.* sure is sure! it's better to be cautious (*od. colloq.* to play [it] safe). — 5. (gut, fähig) sure, good, (stärker) infallible: er ist ein ~er Schütze he is a sure shot. — 6. ⟨pred⟩ (gewiß) sure, certain: ist es ~? is it sure? das ist ~ that is certain (*od.* a certainty, *colloq.* a sure thing, *Br. sl.* a cert); das ist noch nicht ganz ~ it is not quite sure as yet; soviel ist ~ (*od.* ~ ist), daß er nicht nach Hause gekommen ist one thing (*od.* so much, this much) is certain, he did not come home; das ist so ~ wie nur was *colloq.* it is as sure as anything, it is as sure as can be (*od.* as I am standing here) (alle *colloq.*); das ist so ~ wie das Amen in der Kirche *colloq.* it's as sure as fate (*od.* God) (*colloq.*); sie war sich (dat) seiner nie ganz ~ she was never quite sure (*od.* certain) of him; sie waren sich (dat) ihres Sieges völlig ~ they were absolutely sure (*od.* they were cocksure) of winning (*od.* of their victory); du kannst seiner Freundschaft ~ sein you can be sure of his friendship; das Geld ist uns ~ we are sure of (*od.* to get) the money; eine Geldstrafe ist ihm ~ he is sure to get a fine (*od.* to be fined); man ist dort seines Lebens nicht (mehr) ~ *oft humor.* one is not safe there, one takes one's life in one's hands there (*colloq.*). — 7. ⟨pred⟩ (überzeugt) sure, certain, positive, confident, convinced: ich bin ~, daß er kommt I am sure (*od.* positive) that he'll come; du kannst ~ sein (, daß) you can be sure (*od.* rest assured) (that), you bet (that) (*colloq.*); ich bin mir (dessen) ganz ~ I am quite sure (*od.* certain, positive) of that. — 8. (Geschmack, Instinkt, Urteil etc) sure, reliable, (stärker) unfailing, infallible: ein ~es Gefühl für etwas haben to have a sure sense of s.th. – **9.** (*untrüglich, deutlich*) sure, definite: das ist ein ~es Zeichen that is a sure sign; ein ~er Beweis ihrer Schuld sure (*od.* positive) proof of her guilt; ~e Zusage definite acceptance. – **10.** (*kompetent, vertrauenerweckend*) safe, reliable, competent: er ist ein ~er Fahrer he is a safe driver. – **11.** (*zuverlässig*) reliable, dependable: ich weiß es aus ~er Quelle I know it from a reliable source. – **12.** (*fest u. ruhig*) steady: eine ~e Hand haben to have a steady (*od.* sure) hand; er ist nicht (ganz) ~ auf den Beinen *colloq.* (*von Kranken, Betrunkenen etc*) he is not (very) steady on his legs (*colloq.*). – **13.** (*garantiert*) sure, certain, secure (*lit.*): unsere Mannschaft rechnet mit einem ~en Sieg our team reckons with a sure win (*od.* victory); sie gehen in den ~en Tod they are heading for certain death. – **14.** (*fest*) firm, sure, secure (*lit.*): ~en Halt finden to find a firm hold; eine ~e Grundlage a firm basis. – **15.** (*geübt*) experienced, practiced, *bes. Br.* practised: mit ~em Griff with a practiced hand; etwas mit ~em Blick erkennen to realize s.th. with an experienced (*stärker* unfailing) eye. – **16.** (*selbstsicher, selbstbewußt*) (self-)confident, (self-)assured: ein ~es Auftreten haben to have a confident manner, to have poise (*od. lit.* aplomb). – **17.** in (*dat*) etwas ~ sein (*in der Rechtschreibung, in einer Sprache etc*) to be sure (*od.* confident) of oneself in s.th.: ich bin in der französischen Grammatik nicht ~ I am not sure of myself in (*od. colloq.* I am shaky on) French grammar. – **18.** *econ.* a) (*Kapitalanlage etc*) safe, secure, b) (*Anlagepapier etc*) gilt-edge(d), prime. – **II** *adv* **19.** (*gewiß, bestimmt*) surely: du hast ~ kein Geld bei dir I am sure you have no money with (*od.* on, about) you; er kommt ~ zu spät he'll surely be (too) late; Sie haben doch ~ nichts dagegen (, wenn) I'm sure you won't mind (if); hat er es aufgeschrieben? – ~ nicht! did he write it down? – I'm sure he didn't! langsam aber ~ kam er näher he came nearer, slowly but surely. – **20.** (*zweifellos*) undoubtedly, doubtless(ly), surely: er wird ~ Erfolg haben he will undoubtedly be successful, he is sure to succeed; Richard hat ganz ~ recht Richard is surely (*od.* no doubt) right, there is no doubt (that) Richard is right. – **21.** (*gefahrlos*) safely: wir sind ~ nach Hause gekommen we arrived home safely. – **22.** (*zuverlässig*) definitely, certainly, for certain (*od.* sure): ich weiß es ganz ~, daß I know it for sure (*od.* for a certainty) that, I am quite positive that; ich kann Ihnen nicht ~ sagen, wann I can't tell you definitely when; kommst du? – (aber) ~! are you coming? – (why), certainly! (*od.* [but] of course! *Am. colloq.* sure!). – **III S~e, das** ⟨-n⟩ **23.** das ist das Sicherste, was du tun kannst it is the safest (thing) you can do; er sucht etwas S~es (*einen sicheren Arbeitsplatz etc*) he is looking for a safe job.

'**si·cher,ge·hen** *v/i* ⟨*irr, sep*, -ge-, *sein*⟩ *fig.* be sure (*od.* certain), play (it) safe (*colloq.*): er wollte ganz ~ he wanted to be absolutely sure; um sicherzugehen sah er noch einmal nach he had another look to be (*od.* make) sure, he had another look to be on the safe side.

'**Si·cher·heit** *f* ⟨-; -en⟩ **1.** ⟨*only sg*⟩ (*Schutz vor Gefahr*) safety, security: die öffentliche [soziale] ~ public [social] security; für mehr ~ im Straßenverkehr sorgen to promote greater safety in road traffic; diese Maßnahme wurde zu Ihrer eigenen ~ getroffen this measure was taken for your own safety; eine trügerische ~ (a) false security; j-n [etwas] in ~ bringen to take s.o. [s.th.] to safety (*od.* to a safe place), to bring s.o. [s.th.] out of danger, to put s.o. [s.th.] out of harm's way; er konnte sich in ~ bringen he was able to get to safety (*od.* to a safe place); bei uns seid ihr in ~ you are in safety (*od.* you are safe) with us; j-n in ~ wiegen to lull s.o. in safety (*od.* in a sense of security); sie wähnten sich in ~ *lit.* they believed themselves safe; die ~ eines Landes gefährden to jeopardize the security of a country. – **2.** ⟨*only sg*⟩ (*Risikolosigkeit*) safety, safeness. – **3.** ⟨*only*

sg⟩ (*Gewißheit*) certainty, sureness, assuredness, surety: ich kann Ihnen nicht mit ~ sagen, wann ich komme I can't tell you with certainty (*od.* definitely, for sure) when I'll come; man kann mit ~ behaupten, daß one can say for certain that, it is safe to say that; es ist mit einiger ~ anzunehmen, daß one can suppose with a degree of certainty that; du kannst mit ~ auf ihn rechnen you can definitely count on him. – **4.** ⟨*only sg*⟩ (*des Geschmacks, Instinkts, Urteilsvermögens etc*) reliability, (*stärker*) infallibility, unfailingness. – **5.** ⟨*only sg*⟩ (*sport*) (*eines Schützen, Torhüters etc*) sureness, (*stärker*) infallibility. – **6.** ⟨*only sg*⟩ (*Geübtheit*) experience, practice: ihm fehlt noch die nötige ~ he still lacks the necessary experience; etwas mit nachtwandlerischer ~ tun *fig.* to do s.th. with the certainty of a sleepwalker. – **7.** ⟨*only sg*⟩ (*Selbstsicherheit*) (self-)confidence, (self-)assurance, (self-)assuredness: mit großer ~ auftreten to have a very self-confident (*od.* -assured) manner, to have great poise (*od. lit.* aplomb). – **8.** ⟨*only sg*⟩ (*in der Rechtschreibung, in einer Sprache etc*) confidence. – **9.** *econ.* a) (*Wertpapier, Pfand etc*) security, b) (*durch Deckung*) cover, pledge, c) (*Sicherungsgegenstand*) collateral: genügende [hochwertige] ample [high-grade] security; ~ für eine Forderung security for a debt; als ~ für die Anleihe in (*od.* as a) security for the loan; für etwas ~ leisten (*od.* stellen, geben) (*für Kredit, Anleihe etc*) to give (*od.* furnish) security for s.th., to secure s.th.; Geld gegen ~ leihen (*bes. Am.* loan) money against (*od.* on) security. – **10.** *jur.* a) (*Bürgschaft*) security, surety, guarantee, *bes. Am. auch* guaranty, b) (*Kaution*) bail: ~ leisten a) (*einen Bürgen stellen*) to find a surety, b) (*Kaution stellen*) to give bail; ~ für j-n leisten a) (*als Bürge*) to become security for s.o., b) (*Kaution stellen*) to go bail (*od.* stand) bail for s.o.

'**Si·cher·heits|,ab,stand** *m* (*im Straßenverkehr*) safe distance. – **~,aus,schuß** *m pol.* committee for public safety, *bes. Am.* vigilance committee. – **~,be,am·te** *m* security agent. – **~,be,auf,trag·te** *m* (*für den Unfallschutz in Betrieben*) safety inspector. – **~,be,hör·de** *f meist pl* (*Polizei, Spionageabwehr etc*) security board (*od.* agency). – **~,be,stim·mun·gen** *pl* safety regulations. – **~,be,stre·bun·gen** *pl pol.* efforts to ensure (*od.* insure) safety. – **~,bin·dung** *f* (*am Ski*) safety binding. – **~,dienst** *m pol.* **1.** secret service. – **2.** security agency. – **~di·rek·ti,on** *f Austrian supreme police authority in an Austrian Federal Province, taking orders only from the Federal Ministry of the Interior*. – **~,fahr,schal·tung** *f* (*railway*) safety deadman circuit. – **~,fak·tor** *m tech.* safety factor (*od.* coefficient). – **~,far·be** *f* (*zur Warnung vor Gefahren*) warning color (*bes. Br.* colour). – **~,fil·ter** *n phot.* safety (*od.* nonflam, *Br.* non-flam) film. – **~,fil·ter** *n, m* (*der Dunkelkammer*) safelight screen (*od.* filter). – **~,fonds** *m econ.* guarantee fund. – **~ga·ran,tie** *f pol.* security guarantee. – **~,glas** *n* ⟨-es; ⸚er⟩ *tech.* safety glass. – **~,grün·de** *pl* safety reasons: aus ~n for safety reasons, for reasons of safety. – **~,gurt** *m* **1.** *auto.* safety belt. – **2.** *aer.* seat belt.

'**si·cher·heits,hal·ber** *adv* **1.** (*aus Sicherheitsgründen*) for safety reasons, for reasons of safety. – **2.** (*um sicherzugehen*) to be (*od.* make) sure, to be on the safe side, to play (it) safe (*colloq.*): ~ ging er noch einmal zurück he went back again just to be sure.

'**Si·cher·heits|,ket·te** *f* safety chain. – **~,klau·sel** *f econ. jur.* security clause. – **~,kupp·lung** *f tech.* safety clutch. – **~,lam·pe** *f bes.* (*mining*) safety (*od.* miner's) lamp, Davy lamp. – **~,lei·stung** *f* **1.** *econ.* a) furnishing of securities, b) (*Wertpapier, Pfand etc*) security, c) (*durch Deckung*) cover. – **2.** *jur.* (*Kaution*) bail: j-n gegen ~ entlassen to release s.o. on bail; (eine) ~ zulassen to grant bail. – **~,maß,nah·me, ~,maß,re·gel** *f* safety measure, (safety) precaution. – **~,na·del** *f* safety pin. – **~,pakt** *m pol.* security pact. – **~po·li,zei** *f* security police. – **~,rat** *m pol.* (*der Vereinten Nationen*) Security Council. – **~,schal·ter** *m electr.* safety switch. –

~,schloß *n* **1.** safety lock. – **2.** (*als Vorsatzschloß*) guard lock. – **~,schlüs·sel** *m* safety key. – **~,span·ne** *f econ.* safety margin. – **~,spreng,stoff** *m* (*mining*) safety explosive(s *pl*). – **~,sprung** *m* (*sport*) (*bei der Leichtathletik etc*) safe jump. – **~,stab** *m nucl.* (*im Reaktor*) scram rod. – **~,stoß** *m* (*sport*) (*bei der Leichtathletik*) safe throw. – **~,sy,stem** *n* **1.** *tech.* safety system. – **2.** kollektives ~ *pol.* collective security system. – **~,ven,til** *n tech.* safety valve. – **~ver,schluß** *m* (*an Broschen, Armbändern etc*) safety clasp (*od.* fastener). – **~,vor,keh·rung** *f cf.* Sicherheitsmaßnahme. – **~,vor,rich·tung** *f tech.* **1.** safety device (*od.* appliance, feature). – **2.** (*an Aufzügen, Förderkörben etc*) safety catch. – **~,vor,schrif·ten** *pl* safety regulations. – **~,wech·sel** *m* **1.** *econ.* bill (of exchange) serving as collateral security. – **2.** (*sport*) (*bei der Leichtathletik*) safe take-over. – **~,wurf** *m* (*sport*) (*bei der Leichtathletik*) safe throw. – **~,zo·ne** *f mil.* (*beim Schießen*) safety zone. – **~,zünd,holz** *n* safety match.

'**si·cher·lich** *adv cf.* sicher 19, 20.

si·chern ['zɪçərn] **I** *v/t* ⟨h⟩ **1.** (*vor Diebstahl, Einbruch etc*) (*vor dat* from, against) secure, (*mit einer Kette*) *auch* chain: die Tür wurde mit einem (*od.* durch ein) Schloß gesichert the door was secured by (*od.* with) a lock. – **2.** (*vor dem Zuschlagen, Wegrollen etc bewahren*) (*vor* from, against) secure: ein offenes Fenster ~ to secure an open window; sie sicherten das Auto zusätzlich mit einem Stein they gave the car additional security by a stone. – **3.** (*Spuren, Fingerabdrücke etc*) secure. – **4.** (*Rechte, Freiheit, Erfolg, Versorgung, Finanzierung etc*) guarantee, guaranty, ensure: den Frieden ~ to ensure peace. – **5.** (*gute Position, berufliche Stellung, Vorherrschaft etc*) secure, safeguard, protect. – **6.** sich (*dat*) etwas [j-n] ~ to secure oneself s.th. [s.o.]: er sicherte sich (*dat*) einen guten Platz im Theater he secured himself a good seat in the theater (*bes. Br.* theatre); er wollte ihm die Nachfolge im Amt ~ he wanted to secure him the succession to the office. – **7.** j-n ~ (*Bergsteiger, Fensterputzer, Artisten etc*) to secure (*od.* belay) s.o. – **8.** etwas [j-n] gegen (*od.* vor [*dat*]) etwas ~ a) to secure s.th. [s.o.] from (*od.* against) s.th., to guard s.th. [s.o.] against s.th., b) (*hindern*) to prevent (*od.* stop) s.th. [s.o.] from s.th.: der Damm sichert die Stadt vor Überschwemmungen the dam secures the town from floods; die Bevölkerung vor Angriffen ~ to guard the population against attacks; das Seil sicherte ihn vor dem Abrutschen the rope prevented him from slipping. – **9.** *econ.* a) (*durch Wertpapiere, Pfand etc*) secure, provide (*od.* give) security for, b) (*durch Deckung*) cover: eine Schuld hypothekarisch ~ to secure a debt by mortgage. – **10.** *mil.* a) (*von Schußwaffe*) lock, put (*s.th.*) at 'safe', b) (*Zugänge, Straßen, Stellungen etc*) cover, protect, secure. – **11.** *tech.* (*Maschinen etc*) secure, safeguard, lock. – **12.** *mar.* (*ein Boot etc*) secure. – **II** *v/reflex* sich ~ **13.** (*von Bergsteiger, Fensterputzer, Artisten etc*) secure (*od.* belay) oneself. – **14.** sich gegen (*od.* vor [*dat*]) etwas ~ a) (*vor Angriffen, Verlusten, Schicksalsschlägen etc*) to secure oneself from (*od.* against) s.th., to guard oneself against s.th., b) (*vor dem Abrutschen, Fallen etc*) to prevent (*od.* stop) oneself from s.th. – **III** *v/i* **15.** *hunt.* (*von Wild*) stop and test the wind. – **IV S~** *n* ⟨-s⟩ **16.** *verbal noun.* – **17.** *cf.* Sicherung 2, 3, 7, 8.

'**si·cher,stel·len** **I** *v/t* ⟨*sep*, -ge-, h⟩ **1.** *jur.* put (*s.th.*) in safekeeping (*Br.* safe keeping) (*od.* custody): der gestohlene Wagen konnte sichergestellt werden the stolen car was put in safekeeping. – **2.** *cf.* sichern 3. – **3.** (*gewährleisten*) guarantee: man konnte die Versorgung der Bevölkerung mit Lebensmitteln nicht mehr ~ it was no longer possible to provide the population with food. – **4.** *econ.* secure, provide security for: j-n ~ to secure s.o.'s financial position. – **II S~** *n* ⟨-s⟩ **5.** *verbal noun.* – **'Si·cher,stel·lung** *f* ⟨-; *no pl*⟩ **1.** *cf.* Sicherstellen. – **2.** (*Gewährleistung*) guarantee. – **3.** *econ.* (*Sicherheitsleistung*) guaranty, (*durch Deckung*) cover, pledge,

(collateral) security: **hypothekarische** ~ (security on *od.* by) mortgage, security.
'**Si·che·rung** *f* ⟨-; -en⟩ **1.** *cf.* Sichern. - **2.** ⟨*only sg*⟩ (*Schutzmaßnahme*) protection, safeguard: zur ~ des Friedens (in order) to safeguard (*od.* preserve) peace. - **3.** ⟨*only sg*⟩ *mil.* a) protection, b) security. - **4.** *electr.* fuse: die ~ ist durchgebrannt the fuse has blown (*od. colloq.* gone); eine neue ~ einsetzen to replace a fuse. - **5.** *tech.* safety device (*od.* catch, lock). - **6.** (*einer Schußwaffe*) safety (catch). - **7.** (*für Bergsteiger*) belay. - **8.** ⟨*only sg*⟩ *econ. cf.* Sicherstellung 3.
'**Si·che·rungs**|**,ab,tre·tung** *f econ.* assignment of security (*od.* by way of security). — **~,auf,trag** *m mil.* security mission. — **~au·to,mat** *m electr. cf.* Automat 4. — **~be,reich** *m mil.* security zone. — **~be,schlag,nah·me** *f jur.* seizure (of goods in dispute) by court order. — **~,bol·zen** *m tech.* locking (*od.* safety) bolt. — **~,draht** *m electr.* fuse wire. — **~ele,ment** *n* fuse element, (fuse) link. — **~,fonds** *m econ.* safety (*od.* guarantee) fund, contingency fund (*od.* reserve). — **~,ge·ber** *m* furnisher of securities. — **~,ge·gen,stand** *m* collateral. — **~,hy·po,thek** *f jur.* cautionary (*od.* covering) mortgage, mortgage serving as cover. — **~,ka·sten** *m electr.* fuse box. — **~,klau·sel** *f jur.* safeguard(ing clause). — **~,neh·mer** *m econ.* holder (*od.* receiver) of a security. — **~pa,tro·ne** *f electr.* fuse cartridge. — **~,po·sten** *m mil.* picket, outpost. — **~,schrau·be** *f tech.* safety (*od.* lock) bolt. — **~,sockel** (*getr.* -k·k-) *m electr.* fuse carrier cap. — **~,stift** *m tech.* safety (*od.* locking) pin. — **~,stöp·sel** *m electr.* fuse plug. — **~,ta·fel** *f* fuse panel (*od.* board). — **~,trup·pen** *pl mil.* security (*od.* screening, covering) forces. — **~,über,eig·nung** *f econ.* transfer (*od.* assignment) by way of security, assignment by bill of sale as security for debts. — **~ver,fah·ren** *n* proceedings *pl* for preventive detention. — **~ver,wah·rung** *f* (*von Gewohnheitsverbrechern*) preventive detention.
'**si·cher,wir·kend** *adj* (*Mittel etc*) guaranteed to be effective.
,**Sich'ge·hen,las·sen** *n* letting oneself go: sein ~ ist eine Schande the way in which he lets himself go is a shame.
'**Sich·ler** *m* ⟨-s; -⟩ *zo. cf.* Schreitvogel.
Sicht [zɪçt] *f* ⟨-; *no pl*⟩ **1.** sight, view: außer ~ out of sight; die Berghütte war in ~ the mountain lodge was (with)in sight (*od.* was visible), we were in sight of the mountain lodge; in ~ kommen to come into sight (*od.* view); außer ~ kommen to pass (*od.* go) out of sight, to disappear from sight; eine Änderung ist in ~ *fig.* a change is in sight (*od.* is in the offing, is imminent, is forthcoming), there is a prospect of (a) change; auf lange ~ *fig.* a) on a long-term basis, b) in the long run; man muß auf lange ~ planen *fig.* you must plan on a long-term basis; eine Politik auf weite (*od.* lange) ~ *fig.* a long-range policy; ein Programm auf längere ~ *fig.* a long-term (*od.* long-range) program(me). - **2.** (*Ausblick*) view, outlook: von hier hat man eine gute ~ there is a good view from here; von hier oben hat man eine weite ~ you can see far (*od.* for miles) from up here; der Lastwagen nahm uns die ~ the lorry (*Am.* truck) obstructed our view. - **3.** *aer. mar. meteor.* visibility: gute (*od.* klare) [schlechte] ~ good (*od.* high) [poor *od.* low] visibility; heute ist keine ~ visibility is poor today; bei schlechter ~ in poor visibility; der Regen trübt die ~ the rain obscures visibility; die ~ beträgt 100 Meter visibility is 100 meters. - **4.** *fig.* point of view, aspect, angle, slant (*colloq.*): aus dieser ~ erscheint das Problem ganz anders from this angle (*od.* considered from this slant) the problem appears quite different; aus meiner ~ from my point of view. - **5.** *econ.* (*bei Wechsel*) sight: auf kurze [lange] ~ at short [long] sight; bei ~ zahlbarer Wechsel, Wechsel auf ~ *cf.* Sichtwechsel; 30 Tage nach ~ bezahlen to pay 30 days after sight, to pay at 30 days' sight.
'**sicht·bar I** *adj* **1.** visible, visual, viewable: die ~e Welt the visible (world), things *pl* visible; etwas ~ machen to show s.th.; ~ werden a) to become visible, to come into view, to appear, to show, b) (*undeutlich*)

to loom (into view), c) *mar.* (*in Sicht kommen*) to heave into sight; etwas ~ anbringen to place s.th. in full view; als ~es Zeichen meiner Anerkennung as a token of my appreciation. - **2.** (*wahrnehmbar*) appreciable, noticeable, perceptible: ohne ~en Erfolg without appreciable (*od.* noticeable) success. - **3.** (*deutlich*) (*Besserung etc*) marked, distinct, clear. - **4.** (*offenkundig*) obvious, evident, plain, manifest, apparent. - **II** *adv* **5.** *colloq.* obviously, evidently, plainly: er war ~ erfreut *colloq.* he was obviously pleased. - **III S~e, das** ⟨-n⟩ **6.** the visible (world), things *pl* visible.
'**Sicht·bar·keit** *f* ⟨-; *no pl*⟩ **1.** visibility, visibleness, visuality. - **2.** (*Wahrnehmbarkeit*) noticeability, perceptibility. - **3.** (*Offensichtlichkeit*) obviousness, evidentness, manifestness, apparency. — '**Sicht·bar·keits,gren·ze** *f meteor. cf.* Sichtgrenze.
'**sicht·bar·lich** *adv lit.* **1.** visibly. - **2.** *cf.* offensichtlich II.
'**Sicht·bar,ma·chung** *f* ⟨-; *no pl*⟩ showing, visualization. — '**Sicht·bar,wer·den** *n* **1.** appearance, showing, coming into view, becoming visible. - **2.** (*undeutliches*) looming). - **3.** *mar.* heaving into sight.
'**Sicht**|**be,hin·de·rung** *f* **1.** (*durch Nebel etc*) obstruction of visibility. - **2.** (*durch Vordermann etc*) obstruction of (s.o.'s) view. — **~be,reich** *m* field of vision, range of visibility, visible range. — **~,bes·se·rung** *f meteor.* amelioration (*od.* improvement) of visibility. — **~be,ton** *m civ.eng.* exposed (*od.* fair-faced) concrete. — **~de·po,si·ten** *pl econ.* sight (*od.* demand) deposits. — **~,ecken·kar,tei** (*getr.* -k·k-) *f* card index with riders, thumb-indexed file. — **~ein,la·gen** *pl cf.* Sichtdeposits.
sich·ten ['zɪçtən] **I** *v/t* ⟨h⟩ **1.** (*Flugzeug, Schiff etc*) sight, catch (*od.* get) sight of. - **2.** (*Land*) sight, raise: Land ~ to make landfall (*od.* the land). - **3.** *fig.* (*prüfend durchgehen*) screen, sift, comb out: er sichtete das Material für seine Arbeit he screened the material for his work. - **4.** *fig.* (*sortieren*) sort (out), grade, separate. - **5.** *fig.* (*durchsuchen*) look through, examine. - **6.** *cf.* sieben¹ 1, 3—5. - **II S~** *n* ⟨-s⟩ **7.** *verbal noun.* - **8.** *cf.* Sichtung.
'**Sicht,feld** *n* field of vision.
'**Sicht,flug** *m aer.* contact flight. — **~,re·geln** *pl* contact flight rules.
'**Sicht,gren·ze** *f meteor.* visibility limit. — **~,hö·he** *f* (*optics*) height of eye. — **~,hül·le** *f* transparent wrapper (*od.* cover).
'**sich·tig** *adj* **1.** *mar.* clear. - **2.** *meteor.* visible. — '**Sich·tig·keit** *f* ⟨-; *no pl*⟩ **1.** (*optics*) sight. - **2.** *mar. meteor.* visibility.
'**sicht·lich I** *adj* ⟨*attrib*⟩ **1.** (*offenkundig*) obvious, evident, plain, visible, manifest, apparent. - **2.** (*merklich*) marked, distinct, clear. - **II** *adv* **3.** obviously, evidently, plainly, visibly: er ist ~ nervös he is obviously nervous. - **4.** markedly, distinctly, clearly.
'**Sicht**|**kar,tei** *f* visible card index. — **~,mau·er,werk** *n civ.eng.* face masonry. — **~,mes·ser** *m meteor.* visibility meter. — **~,ta·ge** *pl econ.* days of grace. — **~,trat·te** *f cf.* Sichtwechsel.
'**Sich·tung** *f* ⟨-; -en⟩ **1.** *cf.* Sichten. - **2.** *fig.* (*von Papieren etc*) examination. - **3.** *cf.* Sortierung 1, 3.
'**Sicht**|**ver,bind·lich·kei·ten** *pl econ.* sight liabilities. — **~ver,bin·dung** *f aer. mil.* **1.** visual contact. - **2.** line-of-sight communication. — **~ver,hält·nis·se** *pl meteor.* visibility *sg*, visibility conditions. — **~ver,merk** *m* visa, visé: einen ~ in einen Paß eintragen to visa a passport. — **~,wech·sel** *m econ.* draft (*od.* bill) payable at sight (*od.* on presentation, on demand), sight draft (*od.* bill), demand bill. — **~,wei·te** *f* **1.** range of vision, (range of) sight, visual range, eyeshot, scan, ken (*lit.*): in ~ (with)in sight, within eyeshot; außer ~ out of sight. - **2.** *meteor.* (range of) visibility. - **3.** *mar.* sighting distance, visibility. — **~,wer·bung** *f econ.* visual advertising (*auch* -z-). — **~,win·kel** *m* angle of sight.
Sicke¹ (*getr.* -k·k-) ['zɪkə] *f* ⟨-; -n⟩ *tech.* **1.** bead, crimp, flange. - **2.** (*eines Plattenheizkörpers*) swage.
'**Sicke²** (*getr.* -k·k-) *f* ⟨-; -n⟩ *hunt.* female bird.
sicken (*getr.* -k·k-) ['zɪkən] *v/t* ⟨h⟩ *tech.* **1.** bead, crimp, flange. - **2.** (*Plattenheizkörper*) swage.

'**Sicken·ma,schi·ne** (*getr.* -k·k-) *f tech.* beading (*od.* crimping, flanging) machine.
'**Sicker**|**blut** (*getr.* -k·k-) *n med.* seeping (*od.* oozing) blood. — **~,blu·tung** *f* seeping (*od.* oozing) h(a)emorrhage. — **~,brun·nen** *m civ.eng.* seeping well, vertical sand drain. — **~,gra·ben** *m* drain trench. — **~,gru·be** *f* **1.** soakaway, soaking pit. - **2.** (*Drän*) drain.
sickern (*getr.* -k·k-) ['zɪkərn] *v/i* ⟨sein⟩ **1.** ooze, seep, soak, *auch* percolate: das Wasser sickerte in die Erde the water seeped (*od.* soaked) into the ground. - **2.** (*rieseln*) trickle. - **II S~** *n* ⟨-s⟩ **3.** *verbal noun.* — '**Sicke·rung** (*getr.* -k·k-) *f* ⟨-; *no pl*⟩ **1.** *cf.* Sickern. - **2.** ooze, seepage, soakage, *auch* percolation. - **3.** trickle.
'**Sicker,was·ser** (*getr.* -k·k-) *n* ⟨-s; "⟩ seeping (*od.* leakage, infiltrating) water.
Side·board ['saɪd,bɔːd] (*Engl.*) ⟨-s; -s⟩ sideboard.   [*adj astr.* sidereal.]
si·de·ral [zide'raːl], **si·de·risch** [-'deːrɪʃ]
Si·de·rit [zide'riːt; -'rɪt] *m* ⟨-s; -e⟩ *min. cf.* Eisenspat.
Si·de·ro·lith [zidero'liːt; -'lɪt] *m* ⟨-s *u.* -en; -e(n)⟩ *min.* siderolite. — **~,wa·ren** *pl obs.* lacquered earthenware *sg*.
Si·de·ro·se [zide'roːzə], **Si·de·ro·sis** [-'roːzɪs] *f* ⟨-; *no pl*⟩ *med.* siderosis.
Si·de·ro·sphä·re [zidero'sfɛːrə] *f* ⟨-; *no pl*⟩ *geol.* (*im Erdkern*) siderosphere.
Si'dot·sche 'Blen·de [zi'doːʃə] *f chem.* Sidot blende.
sie¹ [ziː] *pers pron* **I** 3 *sg* **1.** (*von Personen*) she: da ist ~ there she is; ~ selbst she herself; ich sehe ~ I see her; für ~ for her; das ist ~ that's she (*od. colloq.* her); er und ~ he and she, him and her (*colloq.*). - **2.** (*von Dingen, Tieren etc*) it: die Tür ist offen, mach ~ bitte zu the door is open, will you close it, please. - **3.** (*von weiblichen Haustieren*) she, it. - **4.** a) (*von der Sonne*) it, he, b) (*von Schiffen*) she, it, c) (*von Ländern*) it, she. - **5.** *jur.* the same. - **II** 3 *pl* **6.** (*von Personen, Dingen, Tieren etc*) they: ~ kommen morgen they will come tomorrow; ~ haben es selbst gesagt they have said so themselves; ~ haben beide gelogen both (*od.* the two) of them lied; ich kenne ~ I know them; ich habe ~ alle eingeladen I invited them all, I invited all of them. - **7.** *colloq.* (*man*) they, one: ~ haben ihn gefragt, ob they have (*od.* one has) asked him whether, he has been asked whether. - **8.** *jur.* the same.
Sie² *pers pron* **I** (*Höflichkeitsanrede od. Anruf*) *sg u. pl* you: ~ haben es selbst gesehen you have seen it yourself (*od.* yourselves); ~ sind an der Reihe it is your turn; kommen ~! come! ich möchte ~ etwas fragen I'd like to ask you something; sind ~ es, Herr X? is it you, Mr. X? gestatten ~! excuse me! allow me! wenn ~ gestatten with your permission; hallo, ~ da! he, ~! *colloq.* hello (od. hey) there! - **II** *obs.* (*Anredeform 3 sg für weibliche Personen*) you: folge ~ mir! follow me!
Sie³ *f* ⟨-; -s⟩ *colloq.* she, female: ein Er und eine ~ a he and a she, a male and a female; das neugeborene Baby ist eine ~ the newborn baby is a she (*od.* a girl, a female); diese Katze ist eine ~ this cat is a female, this is a she-cat.
Sie⁴ *n* ⟨-s; *no pl*⟩ German formal term of address: das steife ~ the formal term of address, the formal 'Sie'; sie sind noch per ~ they still address each other as 'Sie'; j-n mit ~ anreden to address s.o. as 'Sie'.
Sieb [ziːp] *n* ⟨-(e)s; -e⟩ **1.** sieve: Quark durch ein ~ rühren to pass curds through a sieve, to sieve curds. - **2.** (*für Flüssigkeiten*) strainer, sieve, colander, *auch* cullender: Tee durch ein ~ gießen to pour tea through a strainer, to strain tea; er hat ein Gedächtnis wie ein ~ *colloq.* he has a memory like a sieve; Wasser mit einem ~ schöpfen *fig.* to work to no avail, to beat the air. - **3.** (*für Mehl etc*) sieve, sifter. - **4.** (*Tuchsieb*) straining (*od.* jelly) bag, tammy. - **5.** (*grobes, für Sand etc*) riddle, screen, strainer: j-n [etwas] mit Kugeln durchlöchern wie ein ~ to riddle s.o. [s.th.] with bullets. - **6.** *tech.* oil strainer. - **7.** *electr.* eliminator. - **8.** *tel.* (*radio*) filter. — **~ana,ly·se** *f* **1.** *chem.* screen analysis. - **2.** (*mining*) size analysis.
s~,ar·tig *adj* **1.** sievelike; cribriform, cribral (*scient.*). - **2.** *bot.* cribriform.

'Sieb,bein n med. ethmoid (od. cribriform) bone, ethmoid. — **~ar,te·rie** f ethmoidal artery. — **~,höh·le** f ethmoid sinus. — **~,plat·te** f cribriform plate. — **~,zel·le** f ethmoid cell.

'Sieb,blech n tech. screening (od. perforated) plate (od. sheet).

'Sieb,druck m ⟨-(e)s; -e⟩ print. 1. (silk)-screen printing. — 2. cf. Siebdruckverfahren. — **~,scha,blo·ne** f silk screen. — **~ver,fah·ren** n (silk-)screen printing process.

sie·ben[1] ['zi:bən] I v/t ⟨h⟩ 1. sieve, pass (s.th.) through a sieve, sift, screen. — 2. (Flüssigkeit) strain, sieve. — 3. (Mehl etc) sieve, sift, (in Müllerei) bolt. — 4. (Getreide) winnow, riddle. — 5. (Sand, Kohle etc) screen, riddle, sift, (auf Korngröße) size. — 6. fig. (Kandidaten etc) screen, sift, comb out, sieve. — 7. electr. eliminate. — 8. (radio tel.) filter. — II S~ n ⟨-s⟩ 9. verbal noun.

'sie·ben[2] adj ⟨cardinal number⟩ seven: **wir sind (unser) ~** we are seven, there are seven of us; **die ~ Wochentage** the seven days of the week; **die ~ fetten und die ~ mageren Jahre** Bibl. the seven years of plenty and the seven years of famine; **sie ist um ~ Ecken mit uns verwandt** fig. colloq. she is a far-off relative of ours, she is very distantly related to us; **die ~ Todsünden [Sakramente]** relig. the seven deadly (od. mortal) sins [sacraments]; **die ~ Weltwunder** the seven wonders of the world; **die S~ Freien Künste** the seven liberal arts; → Buch 1.

'Sie·ben[3] f ⟨-; -, auch -en⟩ (number) seven: **eine arabische [römische] ~** an Arabic [a Roman] seven; → böse 3, 4.

'sie·ben,ar·mig [-,ʔarmɪç] adj (Leuchter etc) seven-armed, with (od. having) seven arms: **~er Leuchter** relig. (der Juden) menorah. — **~,blät·te·rig, ~,blätt·rig** adj bot. 1. seven-leaved (od. -leafed); heptaphyllous, septifolious (scient.). — 2. (Blumenkrone) heptapetalous.

,Sie·ben'bür·ger m ⟨-s; -⟩ Transylvanian. — **,sie·ben'bür·gisch** adj Transylvanian.

'Sie·ben,eck n ⟨-(e)s; -e⟩ math. heptagon. — **s~,eckig** (getr. -k·k-) adj heptagonal, septangular. — **s~,ein'halb** adj seven and a half.

'Sie·be·ner m ⟨-s; -⟩ colloq. for Sieben[3].

'sie·be·ner,lei adj ⟨invariable⟩ of seven (different) kinds (od. sorts, varieties): **auf ~ Art** in seven different ways; **~ Gewürze** seven kinds of spice.

'sie·ben,fach I adj sevenfold, septuple. — II adv sevenfold, seven times. — III S~e, das ⟨-n⟩ the sevenfold amount, seven times the amount.

'Sie·ben,flach n ⟨-(e)s; -e⟩, **~,fläch·ner** [-,flɛçnər] m ⟨-s; -⟩ math. heptahedron. — **s~,fü·ßig** adj metr. septenary: **~er Vers** septenary. — **s~,ge,scheit** adj colloq. too clever (by half), bes. Am. colloq. smart-aleck(y), auch smart-alec (attrib). — **~ge,stirn** n astr. Pleiades pl, Seven Sisters pl. — **~,hü·gel,stadt, die** [,zi:bən-] the City of the Seven Hills, Rome. — **s~,hun·dert** ⟨cardinal number⟩ seven hundred. — **~,hun·dert'jahr,fei·er** [,zi:bən-] f septicentennial. — **~,jah·res,plan** [,zi:bən-] m econ. pol. seven-year plan. — **s~,jäh·rig** adj 1. seven-year-old (attrib), of seven (years): **ein ~er Junge** a boy of (od. aged) seven. — 2. (Amtszeit etc) seven-year (attrib), of (od. lasting) seven years, septennial (scient.): **der S~e Krieg** hist. the Seven Year's War (1756—63). — **s~,köp·fig** [-,kœpfɪç] adj (Familie, Ausschuß etc) of seven. — **s~,mal** adv seven times. — **s~,ma·lig** adj ⟨attrib⟩ repeated seven times (od. for the seventh time). — **~,mei·len,stie·fel** [,zi:bən-] pl (im Märchen) seven-league boots. — **~,me·ter** [,zi:bən-] m ⟨-s; -⟩ (sport) a) (beim Hockey) penalty (shot), b) (beim Handball) penalty (throw). — **s~,mo·na·tig** [-,mo:natɪç] adj 1. (Kind etc) seven-month-old (attrib), of seven months. — 2. (Aufenthalt etc) seven-month (attrib), of (od. lasting) seven months. — **~'mo·nats,kind** [,zi:bən-] n med. seven-month baby. — **s~,pro,zen·tig** [-pro,tsɛntɪç] adj seven-percent, Br. seven-per-cent (attrib), of seven percent (Br. per cent). — **~'sa·chen** pl colloq. things, belongings, goods and chattels, 'traps' (colloq.), Am. sl. 'duds': **ich packte meine ~ und ging** I packed up (my belongings) and went; **hast du deine ~**

beisammen? have you gathered up all your belongings? — **~,schlä·fer** m 1. colloq. cf. Langschläfer. — 2. bes. Gemeiner ~ zo. loir, dormouse (Glis glis). — 3. **die ~** pl relig. (7 Märtyrer) the Seven Sleepers (of Ephesus). — **s~,stel·lig** [-,ʃtɛlɪç] adj (Zahl) seven-figure (attrib). — **~,stern** m bot. starflower (Gattg Trientalis): Europäischer ~ chickweed, wintergreen (T. europaea). — **s~,stöckig** (getr. -k·k-) [-,ʃtœkɪç] adj (Gebäude etc) seven-storeyed (bes. Am. -storied), seven-storey (bes. Am. -story) (attrib). — **s~,stün·dig** [-,ʃtyndɪç] adj seven-hour (attrib), of (od. lasting) seven hours.

'sie·bent adj ⟨ordinal number⟩ seventh: **am ~en Mai** (on) the seventh of May; **den ~en Mai** (on) May the seventh, (on) the seventh of May; **an ~er Stelle** in (the) seventh place; **er steht an ~er Stelle** he holds (od. is in) seventh place; **er ist (od. fühlt sich wie) im ~en Himmel** he is in the seventh heaven (of delight), he is treading (od. walking) on air, Am. colloq. he feels like a million dollars; **im ~en Himmel der Liebe** in the seventh heaven of love; **sie kamen zu ~** the seven of them came; **wir waren zu ~** we (od. there) were seven of us.

'sie·ben,tä·gig adj seven-day (attrib), of (od. lasting) seven days. — **~'tau·send** adj ⟨cardinal number⟩ seven thousand.

'Sie·ben·te m, f ⟨-n; -n⟩, n ⟨-n; no pl⟩ 1. (the) seventh: **der ~ des Monats** the seventh of the month. — 2. (mit Kleinschreibung) seventh: **der ~ von links** the seventh from the left. — 3. **Heinrich der ~** (od. VII.) hist. Henry the Seventh, Henry VII.

'Sie·ben·tel n, Swiss meist m ⟨-s; -⟩ seventh (part): **vier ~** four sevenths; **ein ~ des Betrages** a (od. one) seventh of the amount. — II s~ adj ⟨attrib⟩ seventh (part) of.

'sie·ben·tens adv seventh(ly), in (the) seventh place.

'sie·ben,wer·tig adj chem. heptavalent.

'Sieb,fil·ter n, m tech. strainer, filtering screen, screening filter. — **~,flä·che** f tech. screen area. — **s~,för·mig** adj sieve-shaped; cribriform, cribrose, cribrate (scient.). — **~,glied** n (radio) tel. trap, filter, filtering element. — 2. (radio) tel. wave filter. — 3. agr. (an Rodemaschinen) screen apron. — **~,koh·le** f (mining) sifted (od. graded) coal. — **~,kreis** m (radio) tel. smoothing (od. filtering) circuit. — **~,ma,schi·ne** f tech. 1. screener, sifter, screening (od. sifting) machine. — 2. (für Mehl) bolter, duster. — 3. agr. (für Getreide) winnower, winnowing machine. — **~,mehl** n coarse flour, siftings pl. — **~,plat·te** f med. cribriform plate. — **~,rück,stand** m tech. screening residue (od. refuse), oversize.

siebt [zi:pt] adj ⟨ordinal number⟩ cf. siebent. — **'Sieb·te** m, f ⟨-n; -n⟩, n ⟨-n; no pl⟩ cf. Siebente. — **'Sieb·tel** n Swiss meist m ⟨-s; -⟩ cf. Siebentel I. — II s~ adj ⟨attrib⟩ cf. Siebentel II. — **'siebtens** adv cf. siebentens.

'Sieb,trich·ter m tech. filtering (od. straining) funnel. — **~,trom·mel** f 1. tech. rotary screen, sieve (od. sizing) drum. — 2. (paper) drum (Am. cylinder) washer. — **~,tuch** n 1. sieve cloth. — 2. (für Flüssigkeiten) straining (od. tammy) cloth, strainer. — 3. (für Mehl) bolting cloth.

'Sie·bung f ⟨-; no pl⟩ 1. cf. Sieben[1]. — 2. electr. elimination. — 3. (radio) tel. filtration.

'Sieb,wal·ze f (paper) dandy roll, auch dandy roller.

sieb·zehn ['zi:ptse:n] I adj ⟨cardinal number⟩ seventeen: **~ Uhr** 5 p.m.; **sie ist ~ (Jahre alt)** she is seventeen (years old). — II S~ f ⟨-; -en⟩ (number) seventeen. — **~,jäh·rig** I adj 1. (Mädchen etc) seventeen-year-old (attrib), of seventeen (years). — 2. seventeen-year (attrib), of (od. lasting) seventeen years. — II S~e m, f ⟨-n; -n⟩ 3. seventeen-year-old.

'sieb·zehnt I adj ⟨ordinal number⟩ seventeenth. — II S~e m, f ⟨-n; -n⟩, n ⟨-n; no pl⟩ (the) seventeenth.

'Sieb·zehn·tel I n, Swiss meist m ⟨-s; -⟩ seventeenth (part). — II s~ adj ⟨attrib⟩ seventeenth (part) of.

'sieb·zehn·tens adv seventeenth(ly), in (the) seventeenth place.

sieb·zig ['zi:ptsɪç] I adj ⟨cardinal number⟩

1. seventy: **~ (Jahre alt) sein** to be seventy (years old). — II S~ f ⟨-; -en⟩ 2. (number) seventy. — 3. ⟨only sg⟩ seventies pl: **er ist Anfang (der) S~** he is in his early seventies; **der Mensch über S~** people pl (of) over seventy; **sie geht auf (die) S~, sie kommt in die S~** she is going on for seventy, she is almost into her seventies.

'sieb·zi·ger adj ⟨invariable⟩ only in **die ~ Jahre** the seventies: **die ~ Jahre dieses Jahrhunderts** the seventies of this century.

'Sieb·zi·ger m ⟨-s; -⟩ 1. man in his seventies: **er ist ein guter ~** he is well into (od. on in) his seventies. — 2. man of seventy, septuagenarian, septuagenary. — 3. **die ~** (Alter) the seventies: **in den ~n sein** to be in one's seventies; **Mitte [Ende] der ~ sein** to be in one's middle [late] seventies; **hoch in den ~n sein** to be in one's late seventies.

'Sieb·zi·ge·rin f ⟨-; -nen⟩ 1. woman in her seventies. — 2. woman of seventy, septuagenarian, septuagenary.

'Sieb·zi·ger,jah·re, die pl the seventies.

'sieb·zig,jäh·rig I adj 1. (Mann, Frau) seventy-year-old (attrib), septuagenarian, septuagenary. — 2. seventy-year (attrib), of (od. lasting) seventy years. — II S~e m, f ⟨-n; -n⟩ 3. seventy-year-old, septuagenarian, septuagenary.

'sieb·zigst I adj ⟨ordinal number⟩ seventieth. — II S~e m, f ⟨-n; -n⟩, n ⟨-n; no pl⟩ (the) seventieth.

'Sieb·zig·stel I n, Swiss meist m ⟨-s; -⟩ seventieth (part): **vier ~** four seventieths. — II s~ adj ⟨attrib⟩ seventieth (part) of.

siech [zi:ç] adj ⟨-er; -est⟩ archaic ailing, invalid, sickly, valetudinarian. — **S~,bett** n sickbed.

sie·chen ['zi:çən] v/i ⟨sein⟩ archaic 1. be ailing (od. sickly), suffer from a lingering disease, languish. — 2. rare for dahinsiechen. [incurables.]

'Sie·chen|,haus, ~,heim n obs. hospital for]

'Siech·tum n ⟨-s; no pl⟩ med. invalidism, sickliness, languishing (state), lingering illness: **nach jahrelangem ~** after years of ailing (od. lingering illness).

'Sie·de|,grad m cf. Siedepunkt. — **~,gren·ze** f boiling range (od. limit). — **s~'heiß** adj 1. boiling (od. scalding, seething) hot. — 2. fig. colloq. (vor Fieber etc) burning hot. — **~,hit·ze** f 1. boiling temperature. — 2. fig. sweltering (od. scorching) heat. — **~,kes·sel** f 1. boiler. — 2. brew. brew kettle, copper. — 3. (in der Salzgewinnung) brine copper. — 4. (in der Seifenherstellung) soap pan. — **~,kol·ben** m chem. boiling (od. distillation) flask. — **~,lau·ge** f (in der Seifenherstellung) boiling liquor.

sie·deln ['zi:dəln] I v/i ⟨h⟩ 1. settle, colonize. — 2. (eine Siedlerstelle gründen) homestead. — II S~ n ⟨-s⟩ 3. verbal noun.

Sie·de·lung(s...) cf. Siedlung(s...)

sie·den ['zi:dən] I v/t ⟨siedet, sott u. siedete, gesotten u. gesiedet, h⟩ 1. rare for kochen 4, 5. — 2. (allow s.th. to) simmer, boil (s.th.) gently: **etwas in Wasser [Öl] ~** to simmer s.th. in water [oil]. — 3. (Seife, Salz, Leim etc) make, boil. — 4. (Zucker) refine. — II v/i 5. simmer, boil gently. — 6. (kochen) boil: **Wasser siedet bei 100°C** water boils at 100 degrees centigrade. — 7. (von Lava etc) seethe. — III S~ n ⟨-s⟩ 8. verbal noun. — **'sie·dend** I pres p. — II adj 1. (Wasser etc) boiling. — III adv 3. (in Wendungen wie) **~ heiß** boiling (od. scalding, seething) hot: **die Suppe ist ~ heiß** the soup is piping hot; **es überlief ihn ~ heiß** fig. he turned hot and cold.

'Sie·de,punkt m boiling point: **er war fast auf dem ~ angelangt** fig. he was near the boiling point. — **~er,hö·hung** f chem. boiling-point elevation.

'Sie·der m ⟨-s; -⟩ tech. 1. boiler. — 2. (bes. in der Zuckerherstellung) refiner. — **Sie·de'rei** f ⟨-; -en⟩ 1. (für Salz etc) boilery, boiling-house. — 2. (für Zucker) refinery.

'Sie·de|,salz n chem. common salt (NaCl). — **~,tren·nung** f fractional distillation. — **~,was·ser·re,ak·tor** m nucl. boiling water reactor.

'Sied,fleisch n Southern G. and Swiss for Suppenfleisch.

'Sied·ler m ⟨-s; -⟩ 1. settler, colonist. — 2. (Inhaber einer Siedlerstelle) homesteader. — **~,stel·le** f 1. settler's holding. — 2. homestead.

'Sied·lung f ‹-; -en› **1.** settlement, colony: städtische [ländliche] ~ urban [rural] settlement. – **2.** (innerhalb einer Ortschaft) housing development (Br. auch estate): geschlossene ~en self-contained developments. – **3.** (am Stadtrand) suburban colony. – **4.** archeol. settlement. – **5.** ‹only sg› rare for Siedeln.

'Sied·lungs¦,bau·ten pl **1.** housing development (Br. auch estate) sg. – **2.** (mit öffentlichen Mitteln) housing project sg. — ~**ge¦,biet** n development area. — ~**ge,län·de** n housing development area. — ~**geo·gra¦,phie** f geography as applied to human settlements. — ~**ge,sell·schaft** f econ. housing (od. building) society, housing association. — ~**,haus** n development (Br. auch estate) house. — ~**,kern** m nucleus of a settlement (od. colony), Br. auch estate centre. — ~**kre,dit** m econ. loan to settlers, land settlement loan. — ~**land** n cf. Siedlungsraum. — ~**po·li,tik** f land settlement policy. — ~**pro,gramm** n land settlement scheme, Br. housing scheme. — ~**,raum** m region (od. area) of settlement, settlement area. — ~**,we·sen** n ‹s; no pl› housing affairs pl.

Sieg [ziːk] m ‹-(e)s; -e› **1.** (über acc over) victory, triumph: ein schwererkämpfter (od.schwererrungener)[knapper]~a hard-won [close] victory; ein teuer erkaufter ~ a victory that was dearly paid for, a dear-bought victory; ein leichter ~ an easy victory, (bes. im Sport) a walkaway, a walkover; den ~ erringen (od. davontragen) to gain the victory, to carry (od. win) the day, to win the battle, to be victorious; sie trugen den ~ über ihn davon they gained (the) victory over him; ein ~ über sich selbst a triumph (od. victory) over oneself; er schritt von ~ zu ~, er errang ~ über ~, er häufte ~ auf ~ he heaped victory upon victory; wir verhalfen ihm zum ~ we helped him to victory; der Wahrheit [der Gerechtigkeit] zum ~e verhelfen to make truth [justice] triumph; der ~ des Guten (über das Böse) the triumph of good over evil. – **2.** (Überwindung) (über acc od.) conquest. – **3.** (sport) win, victory: auf ~ laufen to run to win; seine Mannschaft hat fünf ~e errungen (od. davongetragen) his team has had five wins; es war ein glatter ~ it was a straight win; ~ durch Aufgabe win by retirement (od. withdrawal); ~ durch Nichtantreten victory by forfeit.

Sie·gel ['ziːgəl] n ‹-s; -› **1.** seal: ein ~ auf (acc) etwas drücken to affix a seal to s.th., to stamp s.th. with a seal; ein ~ aufbrechen to break the seal; ein ~ an (dat) etwas anbringen to affix a seal to s.th., to seal s.th.; sie hat es mir unter dem ~ der Verschwiegenheit erzählt (od. anvertraut) fig. she told it to me under seal (od. pledge) of secrecy, she told it to me in strict confidence; → Brief 1; Buch 1. – **2.** (privates) signet. — ~**,ab,druck** m impress(ion) of a seal, seal. — ~**,baum** m (in Palaeobotanik) sigillaria (Gattg Sigillaria). — ~**,be,wah·rer** m hist. Keeper of the Seal. — ~**,bild** n seal. — ~**,bruch** m breaking of a seal.

'Sie·ge·ler m ‹-s; -› sealer.

'Sie·gel·kun·de f ‹-; no pl› sphragistics pl (usually construed as sg), sigillography.

'Sie·gel,lack m sealing wax. — ~**,stan·ge** f stick of sealing wax.

sie·geln ['ziːgəln] I v/t ‹h› (Brief etc) seal, affix a seal to. – II S~ n ‹-s› verbal noun.

'Sie·gel,ring m signet (od. seal) ring.

'Sie·ge·lung f ‹-; no pl› cf. Siegeln.

'Sie·gel,wachs n sealing wax.

sie·gen ['ziːgən] v/i ‹h› **1.** (im Kampfe) win, triumph, be victorious, gain a (od. the) victory; über j-n siegen to gain (the) victory over s.o., to triumph over s.o.; das feindliche Heer siegte the enemy forces were victorious (od. won, carried the day); ~ oder sterben win (od. do) or die. – **2.** (im Wettkampf etc) win: er siegte bei (od. in) dem Wettbewerb he won the competition, he won (od. carried) the day, he carried off the hono(u)rs; er siegte auf der ganzen Linie fig. he carried all before him, he made a (clean) sweep. – **3.** (von Mitleid etc) triumph, overcome, conquer: die Vernunft siegte reason triumphed (od. prevailed); er hat über die Versuchung gesiegt he triumphed over (od. overcame) (the) temptation.

'Sie·ger m ‹-s; -› **1.** victor, winner: er

ging als ~ hervor he came off victorious (od. victor); die Partei ging bei (od. aus) der Wahl als ~ hervor the party emerged victorious at the polls. – **2.** (Eroberer) conqueror. – **3.** (sport) winner, auch champion: er wurde ~ im Schwergewicht he won the heavyweight championship; er blieb ~ über alle anderen Teilnehmer he held the field against all other participants. — ~**,eh·rung** f victory ceremony.

'Sie·ge·rin f ‹-; -nen› **1.** victress, victrix, winner. – **2.** (sport) cf. Sieger 3.

'Sie·ger¦,kranz m victor's (od. winner's) laurels pl (od. wreath). — ~**,macht** f pol. victorious power. — ~**mann·schaft** f (bes. sport) winning team. — ~**mie·ne** f triumphant expression. — ~**na·ti,on** f pol. cf. Siegerstaat. — ~**po,kal** m (sport) cup. — ~**,recht** n pol. right of the victor (od. conqueror). — ~**,staat** m victor(ious) nation. — ~**,stolz** m victor's pride.

'Sie·ges¦,beu·te f spoils pl of victory. — s~**,wußt** I adj confident (od. sure) of victory. – II adv er trat sehr ~ auf he behaved as though he were very confident of victory. — ~**bot·schaft** f news pl (construed as sg or pl) of victory. — ~**,denk,mal** n monument commemorating (od. in commemoration of) a victory. — ~**,fei·er** f, ~**,fest** n celebration of a victory. — s~**,froh** adj joyous over a victory. — ~**ge,schrei** n shouts pl of victory, triumphant (od. exultant) shouts pl. — s~**ge,wiß** I adj certain (od. sure, confident) of victory. – II adv ~ ging er ins Rennen he went into the race confident of victory (od. certain that he would win, sure of winning). — ~**ge,wiß·heit** f confidence of victory. — ~**göt·tin** f myth. Victory, Victoria. — ~**hym·ne** f hymn of triumph (od. victory). — ~**,kranz** m cf. Siegerkranz. — ~**,lauf** m ‹-(e)s; no pl› triumphant progress (od. advance). — ~**lied** n triumphal song. — ~**,mast** m victory mast. — ~**nach,richt** f cf. Siegesbotschaft. — ~**,pal·me** f palm (of victory): die ~ erringen to win (od. carry off) the palm. — ~**po,dest** n victory rostrum. — ~**preis** m prize (of victory). — ~**,rausch** m triumphant ecstasy. — ~**,säu·le** f triumphal column. — s~**,si·cher** adj cf. siegesgewiß. — s~**tau·mel** m cf. Siegesrausch. — s~**,trun·ken** adj lit. intoxicated (od. flushed, elated, drunk) with victory. — ~**,wil·le(n)** m will to win. — ~**,zei·chen** n **1.** sign of victory. – **2.** (Trophäe) trophy. — ~**,zug** m **1.** cf. Triumphzug. – **2.** fig. triumphant progress (od. advance).

'sieg¦ge,krönt adj crowned with victory, triumphant. — ~**ge,wohnt** adj accustomed to victory.

'sieg·haft adj (Lächeln) triumphant.

'Sieg·ler m ‹-s; -› sealer. — **'Sieg·lung** f ‹-; -en› cf. Siegeln.

'sieg·reich adj **1.** (Heer) victorious, triumphant: er kehrte ~ von der Schlacht heim he returned triumphant (od. a victor) from the battlefield. – **2.** (bes. sport) (Mannschaft) winning (attrib): ~ sein to win, to score a win.

'Sieg,wurz f ‹-; no pl› bot. cf. Gladiole.

sieh [ziː], **sie·he** ['ziːə] imp sg, **siehst** [ziːst] 2 sg pres, **sieht** [ziːt] 3 sg pres of sehen².

Sie·ke ['ziːkə] f ‹-; -n› hunt. cf. Sicke².

Siel [ziːl] m, n ‹-(e)s; -e› civ.eng. **1.** (Deichschleuse) floodgate, sluice (gate). – **2.** cf. Abwasserleitung.

Sie·le ['ziːlə] f ‹-; -n› **1.** pl (der Zugtiere) harness sg: in den ~n sterben fig. lit. to die in harness, to die with one's boots on, to die in one's boots. – **2.** (eines Karrenschiebers) belt. — **'Sie·len·ge,schirr** n breast harness.

Sie·mens ['ziːməns] n ‹-; -› electr. (Einheit des Leitwertes) Siemens (unit).

'Sie·mens-'Mar·tin-¦,Ofen [-'martiːn-] m metall. Siemens-Martin furnace, open-hearth furnace. — ~**,Stahl** m Siemens-Martin steel, open-hearth steel. — ~**-Ver,fah·ren** n Siemens-Martin process, open-hearth process.

sie·na ['ziːna] I adj Siena, Sierra, Venetian-red: ein ~ (od. colloq. ~[n]es) Muster a Siena pattern. – II S~ n ‹-s; no pl› Siena, Sierra, Venetian red. — **S~,er·de** f (earth of) sienna.

Sie·sta ['ziɛsta] f ‹-; -s u. Siesten› siesta: ~ halten oft humor. to have (od. take) a siesta.

sie·zen ['ziːtsən] v/t u. v/reflex ‹h› j-n (od.

sich mit j-m) ~ colloq. to address s.o. as 'Sie'.

Si·fa·ka [ziˈfaːka] m ‹-s; -s› zo. a) crowned sifaka (Propithecus diadema), b) Verreaux's sifaka (P. verreauxi).

Si·gel ['ziːgəl] n ‹-s; -› **1.** abbreviation. – **2.** (in der Kurzschrift) grammalog, bes. Br. grammalogue, logogram.

Si·gil·la·rie [zigiˈlaːriə] f ‹-; -n› (in Palaeobotanik) cf. Siegelbaum.

Sig·ma ['zigma] n ‹-(s); -s› sigma (18th letter of the Greek alphabet).

Sig·moi·di·tis [zigmoiˈdiːtis] f ‹-; -ditiden [-diˈtiːdən]› med. sigmoiditis. — **Sig·moi·do·skop** [-doˈskoːp] n ‹-s; -e› sigmoidoscope, rectoscope.

Si·gnal [ziˈgnaːl] n ‹-s; -e› **1.** signal: akustische [optische] ~e acoustic (od. audible) [visual] signals; ein ~ geben to (give a) signal; das ~ zum Angriff [Rückzug] mil. the signal for advance [retreat]; er gab [blies] das ~ zum Angriff mil. he gave [blew] the signal to attack, he sounded a charge; ~ geben auto. (mittels Lichthupe) to flash a warning. – **2.** (railway) signal: das ~ steht auf „Fahrt" the signal is at "go", the signal clears; er stellte das ~ auf „Fahrt" he pulled down the signal; er stellte das ~ auf „Halt" he placed the signal to "danger" (od. "stop"), he dangered the signal; ein ~ beachten [überfahren] to obey [to overrun] a signal. – **3.** fig. sign, signal: das war das ~ zum Aufbruch that was the sign to leave. — ~**,an,la·ge** f **1.** electr. tech. (electrical) signaling (bes. Br. signalling) apparatus (od. system). – **2.** (railway) signal installation. — ~**,arm** m (railway) signal (od. semaphore) arm. — ~**,ball** m mar. signal ball. — ~**,brücke** (getr. -k·k-) f (railway) signal gantry (od. bridge). — ~**,buch** n mar. code (book) of signals, signal book.

Si·gna·le·ment [zignaləˈmæ̃ː; Swiss auch -ˈmɛnt] n ‹-s; -s, Swiss auch -e [-ˈmɛntə]› bes. Swiss personal description, auch signalment.

Si·gnal¦,feu·er n mar. signal light (od. fire), beacon. — ~**,flag·ge** f signal flag. — ~**,gast** m ‹-(e)s; -en› **1.** signalman. – **2.** (Blinker) signaler, bes. Br. signaller. — ~**,ge·ben** n auto. (mittels Lichthupe) flash warning. — ~**,ge·ber** m mar. (Winker) flagman. — ~**,ge·bung** f ‹-; no pl› signaling, bes. Br. signalling. — ~**,glocke** (getr. -k·k-) f mar. warning (od. signal, alarm, call) bell. — ~**,horn** n **1.** (signal) horn. – **2.** (im weiteren Sinn) bugle.

si·gna·li·sie·ren [zignaliˈziːrən] I v/t ‹no ge-, h› **1.** (Befehle, Nachrichten etc) signal. – **2.** (mit Flaggen) flag, wigwag (colloq.). – **3.** (railway) signal (s.th.) by semaphore, semaphore. – **4.** fig. signal(ize Br. auch -s-): j-s Kommen ~ to signal s.o.'s arrival; dies alles signalisiert eine Veränderung in der Politik all this signals a change in policy. – II S~ n ‹-s› **5.** verbal noun. – **6.** fig. signalization Br. auch -s-. — **Si·gna·li'sie·rung** f ‹-; no pl› **1.** cf. Signalisieren. – **2.** cf. Signalgebung.

Si·gnal¦,lam·pe f **1.** signal lamp. – **2.** tech. pilot lamp. — ~**,licht** n **1.** (railway) signal light. – **2.** tech. warning (od. signal) light. — ~**,mast** m **1.** mar. signal post. – **2.** (railway) semaphore, signal post. — ~**,pfei·fe** f signal(ing) (bes. Br. signal[ling]) whistle. — ~**ra,ke·te** f mar. signal rocket. — ~**,schei·be** f (railway) signal disk (od. disc): ~ in Fahrtstellung signal disk at "go", displayed disk; ~ in Haltstellung signal disk at "danger" (od. "stop"). — ~**,schein,wer·fer** m signaling (bes. Br. signalling) searchlight (od. projector). — ~**,schuß** m (signal) shot. — ~**,stab** m (railway) signal stick. — ~**,sta·ti,on** f bes. mar. signal station. — ~**,stell,werk** n (railway) Br. (mechanical) signal box, Am. switch (od. signal) tower. — ~**sy,stem** n signal(ing) (bes. Br. signal[ling]) system. — ~**ta·cho** m auto. speedometer indicator. — ~**,ta·fel** f **1.** mar. signal code table. – **2.** electr. signal board, annunciator. — ~**,tech·nik** f signaling, bes. Br. signalling. — ~**,tuch** n aer. signal panel. — ~**,vor,rich·tung** f electr. signal installation. — ~**,wär·ter** m Br. signalman, Am. towerman.

Si·gna·tar¦,macht [zignaˈtaːr-] f pol. signatory (power): die Signatarmächte dieses Vertrags the signatories to this treaty. — ~**staat** m signatory (state).

Sig·na·tur [zɪgna'tuːr] f ⟨-; -en⟩ **1.** (*gekürzte Unterschrift*) signature. – **2.** (*eines Künstlers*) autograph. – **3.** (*Kennzeichen*) mark, sign. – **4.** (*eines Bibliotheksbuches*) classification (*od. class, bes. Am.* call number, class letter, shelf mark, *Br. auch* pressmark. – **5.** *print.* a) (*Bogenbezeichnung*) signature, b) (*am Fuß der Lettern*) nick, notch, groove. – **6.** (*Kartenzeichen*) map symbol.

Si·gnet [zɪ'gneːt; zɪn'jeː] n ⟨-s; -s *od.* -e [-'gneːtə]⟩ **1.** *print.* printer's (*od.* publisher's) mark. – **2.** *obs.* signet, seal.

si·gnie·ren [zɪ'gniːrən] I v/t ⟨*no* ge-, h⟩ **1.** (*Brief, Dokument etc*) sign: etwas mit seinen Anfangsbuchstaben ~ to sign s.th. with one's initials, to initial s.th. – **2.** (*Bild, Buch etc*) autograph. – **3.** *econ.* mark, designate. – II v/i **4.** sign: er signiert mit einem großen H (*bes. von Künstlern*) he autographs his work with a capital (*od.* large) H. – III S~ n ⟨-s⟩ **5.** verbal noun. — **Si'gnie·rung** f ⟨-; -en⟩ cf. Signieren.

si·gni·fi·kant [zɪgnifi'kant], **si·gni·fi·ka'tiv** [-ka'tiːf] adj rare for bedeutsam.

Si·gnum ['zɪgnum] n ⟨-s; Signa [-gna]⟩ **1.** (*Unterschrift*) signature, (*mit Anfangsbuchstaben*) initials pl. – **2.** sign, mark, signum.

Sikh [ziːk] m ⟨-(s); -s⟩ *relig.* Sikh. — **Si·khis·mus** [zi'kɪsmus] m ⟨-; no pl⟩ Sikhism.

Sik·ka·tiv [zɪka'tiːf] n ⟨-s; -e⟩ (*paints*) siccative, drier, *auch* dryer.

Si·la·ge [zi'laːʒə] f ⟨-; no pl⟩ *agr.* silage.

Sil·be ['zɪlbə] f ⟨-; -n⟩ *ling.* syllable: kurze [lange] ~ short [long] syllable; betonte [unbetonte] ~ stressed [unstressed] syllable; die vorletzte ~ ist betont the stress is on the penult (*auch* penultimate); die drittletzte ~ the antepenult (*auch* antepenultima[te]); er verschluckt ganze ~n *colloq.* he swallows (whole syllables of) his words; sie hat mir keine ~ davon gesagt *fig.* she didn't breathe a word of it (*od.* didn't say a word about it) to me; sie hat keine ~ davon verlauten lassen (*od.* verraten) *fig.* she didn't breathe a word (of it); er erwähnte den Vorfall mit keiner ~ *fig.* he did not mention a word about the incident; ich verstehe keine ~ I can't hear a word (*od.* thing).

'Sil·ben·al·pha,bet n ling. syllabary.

'Sil·ben|klau·ber m ⟨-s; -⟩ fig. colloq. contempt. quibbler, hairsplitter, word-catcher, logomachist (lit.). — **~klau·be'rei** [ˌzɪlbən-] f⟨-; -en⟩ quibbling, hairsplitting, word-catching, logomachy (lit.).

'Sil·ben|,maß n metr. quantity, measure, meter. — **s~,mä·ßig** adj syllabic. — **~,messung** f prosody. — **~,rät·sel** n a puzzle in which syllables must be combined into words according to a clue. — **~,schrift** f syllabary. — **~,tren·nung** f ling. syllabi(fi)cation. — **s~,wei·se** adv by (od. in) syllables, syllabically.

Sil·ber ['zɪlbər] n ⟨-s; no pl⟩ **1.** chem. silver (Ag): legiertes ~ alloyed silver; ungemünztes ~ silver bullion, bullion silver; verarbeitetes ~ wrought silver; ~ in Barren (od. Stangen) silver in ingots, bar silver; mit ~ überziehen to silver, to silver-plate (Br. auch -s-); ein Becher aus ~ a silver beaker (od. cup). – **2.** (Silbergerät, Tafelgeschirr) silver (plate), silver(ware): auf (od. von) ~ speisen (od. essen) to dine (od. eat) off silver (plate); das ~ muß geputzt werden the silver has to be cleaned (od. polished). – **3.** (als Zahlungsmittel) silver: mit (od. in) ~ bezahlen to pay in silver. – **4.** fig. poet. das ~ des Mondlichtes the silvery moonlight; das ~ ihres Haares the silver of her hair, her silver(y) hair. – **5.** her. argent. — **~,aal** m zo. silver eel. — **~,ader** f vein of silver. — **~,äff·chen** n zo. white tamarin (Mico argentatus). — **~,ahorn** m bot. red (od. swamp) maple (Acer rubrum). — **~,amal,gam** n chem. silver amalgam. — **~,ar·beit** f silverwork. — **s~,ar·tig** adj silvery. — **~,auf,la·ge** f silver coat. — **~,bar·ren** m silver bar (od. ingot). — **~,baum** m bot. silver tree (Leucadendron argenteum). — **~,berg·werk** n silver mine. — **~be,schlag** m silver mounting. — **s~be,schla·gen** adj silver-mounted, silver-studded. — **~be,steck** n **1.** (für eine Person) silver knife, fork and spoon. – **2.** (für mehrere Personen) (set of) silver cutlery, silver-

ware. — **~,blatt** n bot. cf. a) Mondviole, b) Gänsefingerkraut. — **~,blech** n metall. silver foil (od. plate). — **~,blick** m colloq. squint(ing). — **~,bro,kat** m (textile) silver brocade (od. cloth). — **~bro,mid** n chem. silver bromide (AgBr). — **~,bron·ze** f silver bronze. — **~chlo,rid** n chem. silver chloride (AgCl). — **~,dachs** m zo. American badger (Taxidea taxus). — **~,di·stel** f bot. carline thistle (Carlina acaulis). — **~,draht** m silver wire. — **~,erz** n (mining) silver ore. — **~,faden** m **1.** silver thread. – **2.** fig. (im Haar) silver strand. — **~,far·be** f silver (color, bes. Br. colour). — **s~,far·ben**, **s~,far·big** adj silver(-colored, bes. Br. -coloured). — **~fa,san** m zo. silver pheasant (Gallophasis nycthemerus). — **~,fisch** m zo. cf. Weißfisch. — **~,fisch·chen** n (Urinsekt) silverfish, silvertail, silver witch, auch fish moth (Lepisma saccharina). — **~,flot·te** f hist. silver fleet. — **~,fo·lie** f silver foil. — **~,fuchs** m zo. silver fox (Vulpes vulpes argenteus). — **~ful·mi,nat** n chem. cf. Knallsilber. — **~ge,halt** m (von Münzen etc) silver content. — **~,geld** n ⟨-(e)s; no pl⟩ silver (money), silver coins pl. — **~ge,rät** n, **~ge,schirr** n silver (plate), silverware. — **s~ge,stickt** adj silver-embroidered. — **~,glanz** m **1.** (des Haares, Mondes etc) silvery luster (bes. Br. lustre), silveriness, silver. – **2.** min. chem. argentite, silver glance, silver sulfide (bes. Br. -ph-) (Ag₂S). — **s~,glän·zend** adj silvery, shining like silver. — **~,gras** n bot. silver (od. ribbon, club) grass (Cornynephorus canescens). — **s~,grau** adj silver-gray (bes. Br. -grey), pearl (attrib). — **~,haar** n poet. silvery hair. — **s~,hal·tig** adj containing silver, silver-bearing, argentiferous (scient.). — **s~,hell** adj (Ton, Stimme etc) silvery, silver (attrib), argentine. — **~,hoch,zeit** f silver wedding.

'sil·be·rig adj u. adv cf. silbrig.

'Sil·ber|ka,rau·sche f zo. cf. Giebel². — **~,klang** m poet. (einer Stimme etc) silvery sound, ripple. — **~,kup·fer,glanz** m min. stromeyerite, silver-copper glance. — **~,lachs** m zo. cf. Lachsforelle. — **~,le,gie·rung** f metall. silver alloy. — **~,leuch·te** f zo. silver lamp (Photichthys argenteus; fish).

'Sil·ber·ling m ⟨-s; -e⟩ silver coin, piece of silver.

'Sil·ber|,lö·we m zo. cf. Puma. — **~me,dail·le** f (bes. sport) silver medal. — **~me,dail·len·ge,win·ner** m silver medalist (bes. Br. medallist), silver medal winner. — **~,mö·we** f zo. silvery (od. herring) gull (Larus argentatus). — **~,mull** m silvery mole rat (Gattg Meliophobius). — **~,mund,schnecke** (getr. -k·k-) f turban shell (Gattg Turbo). — **~,mund,wes·pe** f digger wasp (Gattg Crabro). — **~,mün·ze** f silver coin (od. piece), piece of silver.

'sil·bern adj **1.** (Münze, Medaille, Besteck, Geschirr etc) silver (attrib), made of silver. – **2.** fig. (Stimme, Lachen, Haar, Licht etc) silvery, silver (attrib): ~e Hochzeit silver wedding; das S~e Zeitalter the Silver Age.

'Sil·ber|ni,trat n chem. silver nitrate (AgNO₃). — **~,oxid** [-ˀɔ,ksiːt], **~,oxyd** [-ˀɔ,ksyːt] n silver (od. argentic) oxide (Ag₂O). — **~,pa,pier** n silver paper, tinfoil. — **~,pap·pel** f bot. silver(leaf) (od. white, great) poplar, whiteback, abele (Populus alba). — **~,plat·te** f plate of silver. — **s~,plat,tiert** adj tech. silver-clad. — **~,plat,tie·rung** f silver cladding. — **~,putz,mit·tel** n silver polish. — **~,rau·te** f bot. icy wormwood (Artemisia glacialis). — **s~,reich** adj rich in silver. — **~,rei·her** m zo. great white heron (Egretta alba). — **~,rei·ni·gung** f silver cleaning. — **~,sa·chen** pl silver sg. — **~,salz** n **1.** chem. silver (od. argentic) salt, Am. silver (C₁₄H₇O₂SO₃Na). - **2.** phot. salt of silver, silver salt, bes. silver bromide. — **~,sand** m min. silver sand. — **~,schaum** m chem. silver in thin leaves, foliated silver. — **~,schei·be** f poet. (des Mondes) silver(y) disk (od. disc). — **~,schei·dung** f metall. refining of silver. — **~,schein** m silvery luster (bes. Br. lustre). — **~,schicht** f layer of silver. — **~,schim·mer** m cf. Silberschein. — **~,schmied** m silversmith. — **~,spie·gel** m silver-coated (od. silvered) mirror. — **~,stahl** m metall. bright drawn carbon tool steel, bes. Br. silver steel, bes. Am. Stub's steel. — **~,sticke,rei** (getr. -k·k-) f (textile) embroidery

in silver. — **~,stoff** m silver cloth (od. brocade). — **~,strei·fen** m bes. fig. silver lining: in der politischen Krise zeichnet sich ein ~ (am Horizont) ab things are brightening (od. beginning to look) up in the political crisis. — **~,strich** m zo. cf. Kaisermantel 2. — **~,stück** n **1.** piece of silver. - **2.** cf. Silbermünze. — **~sul,fid** n chem. silver sulfide (bes. Br. -ph-) (Ag₂S). — **~,tan·ne** f bot. silver (od. noble) fir (Abies nobilis). — **~,wäh·rung** f econ. silver standard (od. currency). — **~,wa·ren** pl silver plate sg (od. goods), silverware sg. — **~,wei·de** f bot. white willow (Salix alba). — **s~,weiß** adj (Haar etc) silver-white, silvery white. — **~,wurz** f bot. white dryas, mountain avens (Dryas octopetala). — **~,zeug** n colloq. for Silbergerät.

'sil·bisch adj ling. syllabic.

'sil·brig I adj (Glanz, Schimmer etc) silvery, silver (attrib). – **II** adv ~ glänzen to have a silvery luster (bes. Br. lustre).

Sild [zɪlt] m ⟨-(e)s; -(e)⟩ gastr. (bes. eingelegter Heringsfisch) sild.

Si·len [zi'leːn] m ⟨-s; -e⟩, **Si'le·nos** [-nɔs] m ⟨-; -lenen⟩ myth. Silenus.

Si·len·ti·um [zi'lɛntsɪum] n ⟨-s; no pl⟩ silence: ~! silence! (be) quiet!

Sil·ge ['zɪlgə] f ⟨-; -n⟩ bot. milk parsley (Gattg Selinum).

Sil·hou·et·te [zi'lŭɛtə] f ⟨-; -n⟩ silhouette, outline(s pl): ~ einer Stadt silhouette (od. skyline) of a city. — **sil·hou·et'tie·ren** [-'tiːrən] v/t ⟨no ge-, h⟩ rare silhouette.

'Si·li·ca-,Gel ['ziːlika-] (TM) n chem. silica gel.

Si·li·ci·um [zi'liːtsɪum] n ⟨-s; no pl⟩ chem. silicon (Si): ein Metall mit ~ verbinden to siliconize a metal. — **~ge,halt** m silicon content. — **~gleich,rich·ter** m (computer) silicon rectifier. — **~ver,bin·dung** f chem. silicon alloy.

Si·li·fi·ka·ti·on [zilifika'tsɪoːn] f ⟨-; -en⟩ chem. silification.

'Si·li·ka,stein ['ziːlika-] m synth. silica brick.

Si·li·kat [zili'kaːt] n ⟨-(e)s; -e⟩ chem. silicate. — **~ge,stein** n geol. silicate rock.

Si·li·kon [zili'koːn] n ⟨-s; -e⟩ synth. silicone. — **~,harz** n silicone resin. — **~,öl** n chem. silicone oil.

Si·li·ko·se [zili'koːzə] f ⟨-; -n⟩ med. stonemasons' (od. grinders') disease; silicosis, pneumosilicosis (scient.).

Si·li·zi·um [zi'liːtsɪum] n ⟨-s; no pl⟩ chem. cf. Silicium.

Si·lo ['ziːlo] m, auch n ⟨-s; -s⟩ **1.** (für Kohle, Erz, Zement etc) silo. - **2.** agr. a) cf. Getreidesilo, b) (für Grünfutter) silo: Futter im ~ einlagern to ensile (od. to ensilage, to silo) fodder. — **~,fut·ter** n silage.

Si·lur [zi'luːr] n ⟨-s; no pl⟩, **~,zeit** f geol. hist. Silurian (time od. period). — **si'lu·risch** adj Silurian.

Sil·va·ner [zɪl'vaːnər] m ⟨-s; -⟩ gastr. (Trauben- u. Weinsorte) sylvaner.

Sil·ve·ster [zɪl'vɛstər] n ⟨-s; -⟩, **~,abend** m New Year's Eve. — **~,ball** m New Year's Eve ball (od. dance). — **~,nacht** f night of New Year's Eve. — **~,par·ty** f New Year's party.

Si·ma¹ ['ziːma] n ⟨-(s); no pl⟩ geol. sima.

'Si·ma² f ⟨-; -s u. Simen⟩ arch. antiq. (Traufleiste) sima.

Si·mi·li ['ziːmili] n, m ⟨-s; -s⟩ (von Edelsteinen) imitation. — **~dia,mant** m paste (diamond), strass. — **~,stein** m paste (stone), strass.

'Sim·men,ta·ler 'Fleck,vieh ['zɪmən,taːlər] n agr. Simmental, auch Simmenthal(er).

Si·mo·nie [zimo'niː] f ⟨-; -[-ən]⟩ relig. simony, barratry. — **si'mo·nisch** [-'moːnɪʃ] adj simonic(al).

sim·pel ['zɪmpəl] adj ⟨-pler; -pelst⟩ **1.** (schlicht) simple, plain. - **2.** (einfach) simple, easy, straightforward: eine ganz simple Frage [Aufgabe] a very simple question [task]. - **3.** (einfältig) simple(-minded), stupid. - **4.** ⟨meist sup⟩ (grundlegend) basic, simplest: es fehlte ihr an den ~sten Voraussetzungen für diese Arbeit she lacked the basic requirements for this work.

'Sim·pel m ⟨-s; -⟩ colloq. simpleton, fool, ninny, nincompoop, Simple Simon (colloq.). — **~fran·sen** pl colloq. humor. cf. Simpelsfransen.

'sim·pel·haft adj foolish, silly.

'Sim·pels,fran·sen pl colloq. humor. fringe sg, bang(s).

Sim·perl ['zɪmpərl] n ⟨-s; -(n)⟩ *Austrian dial.* flat (bread) basket.

Sim·plex ['zɪmplɛks] n ⟨-; -e u. -plizia [-'pliːtsia⟩ *ling.* noncompound (*Br.* non--compound) word, simplex.

Sim·plex..., **sim·plex...** *electr. combining form denoting* simplex.

'Sim·plex|be‚trieb m (*in Telegraphie etc*) simplex operation (*od.* working). — **~‚brem·se** f *auto.* simplex brake. — **~‚kreis** m *electr.* simplex circuit. — **~‚schal·tung** f simplex connection (*Br. auch* con-nexion) (*od.* circuit).

Sim·pli·fi·ka·ti·on [zɪmplifika'tsioːn] f ⟨-; -en⟩ simplification. — **sim·pli·fi·'zie·ren** [-'tsiːrən] v/t ⟨*no* ge-, h⟩ simplify. — **sim·pli·fi·'ziert I** pp. — **II** adj (*Form etc*) simplified. — **Sim·pli·fi·'zie·rung** f ⟨-; -en⟩ simplification.

Sim·pli·zi·tät [zɪmplitsi'tɛːt] f ⟨-; *no pl*⟩ simplicity.

Sims [zɪms] m, n ⟨-es; -e⟩ **1.** (*vorspringender Rand*) ledge. — **2.** cf. Fenstersims. — **3.** (*eines Kamins*) mantelpiece. — **4.** (*Wandbrett*) shelf. — **5.** *arch.* (*an Gebäuden*) cornice.

sim·sa·la·bim [zɪmzala'bɪm] interj (*beim Zaubern*) hey-presto!

Sim·se ['zɪmzə] f ⟨-; -n⟩ bot. **1.** club rush, bulrush, *auch* bullrush (*Gattg Scirpus*). — **2.** cf. Binse 1.

'Sims|ho·bel m tech. molding (*bes. Br.* moulding) plane. — **~‚stein** m arch. cornice stone.

Si·mu·lant [zimu'lant] m ⟨-en; -en⟩ simulator, sham patient, malingerer. — **Si·mu·la·ti·on** [-la'tsioːn] f ⟨-; -en⟩ cf. Simulieren.

Si·mu·la·tor [zimu'laːtɔr] m ⟨-s; -en [-la-'toːrən]⟩ aer. tech. (computer) (space) simulator.

si·mu·lie·ren [zimu'liːrən] **I** v/t ⟨*no* ge-, h⟩ **1.** (*Krankheit, Schwäche, Blindheit etc*) simulate, sham, feign. — **2.** phys. tech. (computer) (space) simulate. — **II** v/i **3.** sham (*od.* feign, simulate) illness, malinger: (er ist nicht krank,) er simuliert nur (he is not ill,) he is only shamming (*od. colloq.* putting it on). — **4.** colloq. (*grübeln*) (über acc over) brood, muse. — **III S~** n ⟨-s⟩ **5.** verbal noun. — **6.** simulation.

si·mul·tan [zimʊl'taːn] **I** adj simultaneous. — **II** adv simultaneously, at the same time. — **S~be‚trieb** m bes. tel. simultaneous working (*od.* operation). — **S~‚büh·ne** f (theater) simultaneous stage. — **S~‚dol·met·schen** n simultaneous inter-preting (*od.* interpretation). — **S~‚dol·met·scher** m simultaneous interpreter.

Si·mul·ta·nei·tät [zimʊltanei'tɛːt] f ⟨-; *no pl*⟩ simultaneity, simultaneousness.

Si·mul·tan·emp‚fang m (radio) simultaneous reception.

Si·mul·ta·ne·um [zimʊl'taːneum] n ⟨-s; *no pl*⟩ relig. (*für Kirchen, Friedhöfe etc*) inter-confessional (*od.* undenominational) use.

Si·mul·tan|‚kir·che f relig. interconfessional (*od.* undenominational) church. — **~‚rech·ner** m (computer) simultaneous computer. — **~‚schal·tung** f electr. phantom (*od.* coin-cidental) circuit. — **~‚schu·le** f undenominational (*od.* nondenominational, *Br.* non--denominational) school. — **~‚spiel** n (games) (*beim Schach*) simultaneous game.

Si·nau ['ziːnau] m ⟨-s; -e⟩ bot. lady's--mantle (*Gattg Alchemilla*).

sind [zɪnt] 1 u. 3 pl pres of sein¹.

Si·ne·ku·re [zine'kuːrə] f ⟨-; -n⟩ **1.** relig. sinecure. — **2.** fig. sinecure; soft job, cushy job (sl.).

si·ne tem·po·re ['ziːne 'tɛmpore] adv punctually, sharp (*nachgestellt*).

Sin·fo·nie [zɪnfo'niː] f ⟨-; -n [-ən]⟩ mus. symphony. — **~kon‚zert** n symphony concert. — **~or‚ches·ter** n symphony orchestra.

Sin·fo·ni·ker [zɪn'foːnikər] m ⟨-s; -⟩ **1.** (*Komponist*) symphonic composer, sym-phonist. — **2.** (*Mitglied eines Orchesters*) member of a symphony orchestra. — **sin-'fo·nisch** [-'foːnɪʃ] adj symphonic: ~e Dich-tung symphonic poem.

'Sing·aka·de‚mie f mus. choral society.

'sing·bar adj singable.

'Sing·dros·sel f zo. song thrush, throstle, mavis (*Turdus ericetorum*).

sin·gen ['zɪŋən] **I** v/i ⟨singt, sang, ge-sungen, h⟩ **1.** sing: falsch ~ to sing out of tune; richtig (*od.* tonrein) ~ to sing in tune (*od.* true to pitch); sie kann gut ~ she sings well, she is a good singer; litur-gisch ~ relig. to chant; mehrstimmig ~ to sing in harmony (*od.* parts, chorus); im Chor ~ a) to sing in chorus, b) to sing in a choir; nach Noten ~ to sing from music; vom Blatt ~ to sing at sight; nach dem Gehör ~ to sing by ear; zur Gitarre ~ to sing to the guitar; leise vor sich hin ~ to sing softly to oneself; aus vollem Halse ~ to sing lustily; von alten Zeiten ~ poet. to sing the old times of yore; → En-gel; Kehle 1. – **2.** (*von Vögeln*) sing, warble, carol. – **3.** fig. (*von Wasserkessel etc*) sing. – **4.** (*thieves' Latin*) sing (sl.): er hat bei der Polizei gesungen he sang to the police. – **II** v/t **5.** (*Lied, Tonleiter etc*) sing: er kann das hohe C ~ he can sing high C; sie singt Alt the sings contralto (*od.* alto); sich (dat) ein Lied (*od. colloq.* eins) ~ to sing a song to oneself; davon kann ich ein Lied ~ fig. colloq. I could tell you a tale (*od.* a thing or two) about that; das kann ich schon ~ fig. colloq. I never hear the end of that; er singt immer das alte Lied fig. colloq. he's always harping on one string; das ist ihm (auch) nicht an der Wiege gesungen worden fig. colloq. a) one would never have dreamt that of him, b) he never expected to find himself in this situation; ein Kind in den Schlaf ~ to sing (*od.* lull) a child to sleep. – **6.** bes. relig. (*Liturgie etc*) sing, chant, intone. – **7.** (*in Wendungen wie*) j-s Lob(lied) ~ to sing s.o.'s praises; sein eigenes Loblied ~ to praise oneself, to blow one's own trum-pet; → Brot 1. – **III** v/reflex **8.** sich hei-ser ~ to sing oneself hoarse. – **IV S~** n ⟨-s⟩ **9.** verbal noun. – **10.** (*als Schulfach*) singing. — **'sin·gend I** pres p. — **II** adj singing: er spricht mit ~em Tonfall he speaks in a singing tone, he chimes; → Säge 10.

Sin·ge'rei f ⟨-; *no pl*⟩ colloq. contempt. perpetual (*od.* constant) singing.

Sin·gha·le·se [zɪŋga'leːzə] m ⟨-n; -n⟩ Sinhalese, *auch* Sing(h)alese, Cing(h)alese. — **sin·gha·le·sisch I** adj Sinhalese, *auch* Sing(h)alese, Cing(h)alese. — **II** ling. **S~** ⟨*generally undeclined*⟩, **das S~e** ⟨-n⟩ Sinhalese, *auch* Sing(h)alese, Cing(h)alese.

Sin·gle¹ ['zɪŋəl; sɪŋgl] (*Engl.*) f ⟨-; -(s)⟩ (*Schallplatte*) single.

'Sin·gle² n ⟨-; -(s)⟩ (sport) cf. Einzel.

'Sin·grün ['zɪn-] n ⟨-s; *no pl*⟩ bot. periwinkle (*Vinca minor u. major*).

'Sing|‚sang m ⟨-(e)s; *no pl*⟩ colloq. singsong. — **~‚schu·le** f singing school. — **~‚schwan** m zo. whooper (*od.* wild, whistling, whooping) swan (*Cygnus cygnus*).

'Sing‚spiel n mus. Singspiel. — **s~‚ar·tig** adj in the manner of a Singspiel. — **~‚dich·ter** m author of Singspiel librettos.

'Sing‚stim·me f mus. **1.** singing voice. – **2.** (*eines Musikstückes etc*) vocal (*od.* voice) part, voice. — **~‚stun·de** f singing lesson.

Sin·gu·lar ['zɪŋgulaːr; -'laːr] m ⟨-s; -e⟩ ling. singular (number): im ~ (stehen) (to be) in the singular.

sin·gu·lär [zɪŋgu'lɛːr] adj **1.** (*selten*) singular, unique, rare. – **2.** cf. einzigartig. – **3.** bes. math. philos. singular.

sin·gu·la·risch [zɪŋgu'laːrɪʃ] ling. **I** adj singular. – **II** adv in the singular (number).

Sin·gu·la·ri·tät [zɪŋgulari'tɛːt] f ⟨-; -en⟩ meist sg singularity.

Sin·gul·tus [zɪŋ'gʊltus] m ⟨-; *no pl*⟩ med. (*Schluckauf*) hiccup(s pl *sometimes con-strued as sg*), hiccough, singultus (scient.).

'Sing|‚vo·gel m zo. songbird, singing bird, songster, singer, warbler, oscine (bird) (scient.) (*Ordng Oscines*). — **~‚wei·se** f mus. **1.** style of singing. – **2.** (*Melodie*) air, tune, melody. — **~zi‚ka·de** f zo. leafhopper, singing cicada (*Fam. Cicadidae*).

si·ni·ster [zi'nɪstər] adj rare sinister.

sin·ken ['zɪŋkən] **I** v/i ⟨sinkt, sank, ge-sunken, sein⟩ **1.** sink, fall, drop: auf den (*od.* zu) Boden ~ to sink to the ground; auf (*od.* in) die Knie ~ to drop to one's knees, to go down on one's knees; in j-s Arme ~ to fall into s.o.'s arms; zu j-s Füßen ~ to fall at s.o.'s feet; ins Grab ~ to sink into the grave; in einen Stuhl ~ to drop (*od.* sink) into a chair; ich hätte vor Scham in den Boden ~ mögen fig. I wished the earth could have (opened and) swallowed me up; die Hände in den Schoß ~ lassen to let one's hands fall (*od.* to drop one's hands) into one's lap; den Kopf ~ lassen to hang (*od.* droop) one's head; in Ohnmacht ~ fig. to faint, to swoon, to pass out (colloq.); in tiefen Schlaf ~ fig. to fall into a deep sleep. – **2.** (*von Schiff etc*) sink, go down, founder. – **3.** (*von Sonne etc*) sink, set, go down, descend, droop (poet.). – **4.** (*von Boden, Erde etc*) sink, subside, sag. – **5.** (*von Gegenständen im Wasser*) sink. – **6.** (*von Hochwasser, Wasserspiegel etc*) sink, fall, recede. – **7.** (*von Nebel*) fall, sink. – **8.** (*von Temperatur, Druck etc*) drop, fall. – **9.** (*von Stimme*) drop, lower. – **10.** econ. a) (*von Kursen, Preisen etc*) fall, drop, go (*od.* come) down, slacken, b) (*von Wert etc*) decrease, diminish, decline, drop, fall, depreciate, c) (*von Umsatz etc*) fall off, drop: die Kaufkraft ist gesunken the pur-chasing power has declined; die Preise sind plötzlich gesunken the prices have gone down suddenly (*od.* have slumped). – **11.** fig. (*von Vertrauen, Mut, Ruhm, Einfluß etc*) diminish, decrease, decline: sein Ansehen begann zu ~ his reputation began to decline; er ist in meiner Ach-tung gesunken he has gone down in my estimation, my estimation for him has diminished. – **12.** fig. (*von Mut, Stim-mung etc*) sink, sag, droop: meine Stim-mung sank auf Null colloq. my spirits sank to rock bottom. – **13.** fig. (*moralisch*) sink, fall, come (*od.* go) down: immer tiefer ~ to sink deeper and deeper; er ist tief gesunken he has gone down a lot (colloq.); wie tief bist du gesunken! how low have you fallen! – **14.** in Schutt und Asche ~ fig. to be reduced to ashes. – **II** **S~** n ⟨-s⟩ **15.** verbal noun. – **16.** (*der Temperatur etc*) drop, fall. – **17.** econ. a) (*der Preise etc*) drop, fall, b) (*des Wertes*) decline, depreciation. – **18.** fig. decline, lapse: sein Stern ist im S~ his star is on the decline. – **19.** ein Schiff zum S~ bringen mar. to sink (*od.* founder) a ship. —

'sin·kend I pres p. — **II** adj **1.** (*Preis, Temperatur etc*) falling, dropping. – **2.** (*Sonne, Dämmerung etc*) sinking: bis in die ~e Nacht till nightfall.

'Sink‚ka·sten m civ.eng. gully, street drain, sink water trap.

Sinn [zɪn] m ⟨-(e)s; -e⟩ **1.** sense: die fünf ~e the five senses; ein scharfer (*od.* feiner) ~ a keen (*od.* sharp) sense; etwas mit den ~en wahrnehmen to perceive s.th. with one's senses; er scheint einen sechsten ~ zu haben he seems to have a sixth sense. – **2.** pl (*Verstand, Denkvermögen*) mind sg, senses, wits: seine fünf ~e nicht bei-sammenhaben colloq. not to have one's wits about one; er hat seine fünf ~e beisam-men colloq. he has his wits about him, he is all there (colloq.); nimm deine fünf ~e zusammen! colloq. use your brains (*od. sl.* noodle)! das sagen mir meine fünf ~e colloq. my common sense tells me that; seiner (fünf) ~e nicht mehr mächtig (*od.* von ~en, der ~e beraubt) sein to have lost one's senses, to have taken leave of one's senses; meine ~e verwirren sich I'm getting confused in my mind; du bist wohl nicht recht bei ~en! colloq. you must be out of your mind, you must be crazy. – **3.** pl (*Bewußtsein*) consciousness sg: ihr schwanden (*od.* vergingen) die ~e she fainted, she swooned, she lost conscious-ness. – **4.** pl (*geschlechtliches Empfinden*) senses, desires: seine ~e erwachten his senses awakened, das erregte seine ~e that stimulated his desires. – **5.** ⟨*only sg*⟩ (*Denken, Gedanken, Bewußtsein*) mind, head, thoughts pl: es kam mir in den ~, daß it occurred to me (*od.* it crossed my mind, it entered my head) that; ich habe es aus dem ~ verloren it slipped my mind, I forgot (it); seinen ~ von etwas ab-wenden to turn one's mind (away) from s.th.; sich (dat) einen Gedanken [ein Mädchen] aus dem ~ schlagen to put an idea [a girl] out of one's mind; das will (*od.* geht) mir nicht aus dem ~ I cannot get it out of my mind (*od.* head), I cannot take my mind off it, it is on my mind, I cannot forget it; das will mir nicht in den ~ I cannot understand it; ich werde es im ~ behalten I'll keep (*od.* bear) it in mind; etwas im ~ haben to have s.th. in mind, to intend (to do) s.th.; was hat er jetzt wieder im ~? what is he up to now? Böses im ~ haben to have evil intentions; so etwas würde mir nie in den ~ kommen such a thing would never enter my head, I would never think (*od.* dream) of (doing) such a thing; ganz wie es ihm in den ~ kam just as it struck his fancy, just as he pleased; aus den Augen, aus dem ~ (*Sprichwort*) out of sight, out of mind (*proverb*). — **6.** ⟨*only sg*⟩ (*Empfinden, Verständnis*) sense, feeling: ein ausgeprägter ~ für Gerechtigkeit a marked sense of justice; er hat ~ für Humor he has a sense of humo(u)r; ~ für Musik haben to have a feeling for music, to be musical(ly minded); ~ für das Schöne haben to have a feeling (*od.* an eye) for beauty, to be beauty-conscious, to have (a)esthetic appreciation; in j-m den ~ für das Schöne wecken to awaken s.o.'s sense of beauty. — **7.** ⟨*only sg*⟩ (*Interesse*) interest: nur ~ für Geld haben to be only interested in money. — **8.** ⟨*only sg*⟩ (*Aufgeschlossenheit*) appreciation: ~ für höhere Dinge haben to have appreciation for higher things. — **9.** ⟨*only sg*⟩ (*Veranlagung*) (turn of) mind: sie hat einen praktischen ~ she has a practical turn of mind, she is practical(ly minded). — **10.** ⟨*only sg*⟩ (*Geschmack, Gefallen*) liking, taste: er hat keinen ~ für Häuslichkeit he has no (great) liking for home life; das ist so recht nach seinem ~ that's just (*od.* exactly) what he likes. — **11.** ⟨*only sg*⟩ (*Meinung*) mind, opinion: anderen ~es werden to change one's mind; mit j-m eines ~es sein to be of one mind (*od.* to agree) with s.o., to see eye to eye with s.o. — **12.** ⟨*only sg*⟩ (*Absicht*) in j-s ~(e) according to (*od.* in accordance with) s.o.'s wishes (*od.* will): das war ganz in meinem ~(e) that was exactly what I would have done; das war nicht im ~e des Erfinders *colloq.* this was not intended. — **13.** ⟨*only sg*⟩ (*Gesinnung, Gemüt*) mind: einen offenen ~ für etwas haben to have an open mind for s.th.; einen aufrechten (*od.* ehrlichen) ~ haben to be honest(-minded) (*od.* straight); sein ~ steht nicht nach Vergnügen his mind (*od.* he) is not set on pleasure. — **14.** ⟨*only sg*⟩ (*Geist, Herz*) heart, spirit: ein harter ~ a hard heart, an unbending spirit; leichten ~es sein to be lighthearted. — **15.** ⟨*only sg*⟩ (*Bedeutung*) sense, meaning, significance, signification, import, purport, *auch* hang: eigentlicher (*od.* wörtlicher) ~ literal sense; übertragener (*od.* bildlicher) ~ figurative sense; ein unterstellter ~ an imputed meaning; im weiteren [engeren] ~(e) in a wider (*od.* broader) [narrower] sense; im wahrsten [besten] ~(e) des Wortes in the true [best] sense of the word; im strengen ~e strictly speaking; in gewissem ~e in a certain sense, in a way; das ergibt keinen ~ that makes no sense; nach dem ~ des Lebens fragen to search for the sense of life; das hat einen tieferen ~ there is a deeper sense (*od.* significance, implication) to it; der langen Rede kurzer ~ the long and the short of it; ohne ~ und Verstand without rhyme or reason. — **16.** ⟨*only sg*⟩ (*Zweck*) sense, use, point, purpose: das hat keinen ~ it is no use, there is no point in it; was hat es für einen ~ zu streiten? what is the use (*od.* good) of arguing? what is the point of (*od.* in) arguing? das ist der ~ der Sache that's the whole point. — **17.** ⟨*only sg*⟩ (*Grundgedanke*) sense, (basic) idea, gist, tenor: etwas dem ~(e) nach wiedergeben to give the gist (*od.* the general sense) of s.th.; er äußerte sich im gleichen ~(e) he expressed himself in the same tenor (*od.* to the same effect, along the same lines). — **18.** ⟨*only sg*⟩ (*Richtung*) direction, sense, way: in diesem ~(e) weitermachen to carry on in this direction; versuchen Sie, ihn in diesem ~(e) zu beeinflussen try to influence him that way; im ~(e) des Uhrzeigers clockwise; entgegen dem ~(e) des Uhrzeigers anticlockwise. — **19.** im ~e des Gesetzes *jur.* as defined in the Act.

'Sinn·be,tö·rend *adj* (*Duft, Musik etc*) bewitching, infatuating.

'Sinn,bild *n* **1.** symbol, emblem, allegory: in ~ern sprechen to symbolize, to express oneself in symbols (*od.* symbolically). — **2.** (*art*) allegory. — **'sinn,bild·lich** *adj*

1. symbolic(al), emblematic, *auch* emblematical, allegorical, *auch* allegoric. — **2.** (*art*) allegorical, *auch* allegoric: ~e Darstellung allegory.

sin·nen ['zɪnən] **I** *v/i* ⟨sinnt, sann, gesonnen, h⟩ **1.** (*nachdenken*) (über *acc*) meditate ([up]on), think (about), ponder (over), muse ([up]on), brood (over). — **2. auf** (*acc*) etwas ~ a) to plan (*od.* to devise, to meditate, to contrive) s.th., b) (*etwas aushecken*) to plot (*od.* to scheme, to contrive) s.th.: auf Mittel und Wege ~ to devise ways and means; auf Rache ~ to scheme (*od.* plot) revenge. — **II** *v/t* **3.** (*planen, vorhaben*) scheme, plot: Böses (*od.* nichts Gutes) ~ to be up to no good, to harbo(u)r evil designs. — **III** S~ *n* ⟨-s⟩ **4.** *verbal noun.* — **5.** meditation(s *pl*), thought(s *pl*), reflection(s *pl*): all sein S~ und Trachten auf (*acc*) etwas richten to concentrate one's every thought and wish on s.th. — **'sin·nend I** *pres p*. — **II** *adj* pensive, thoughtful, musing, contemplative, meditative, reflective.

'Sin·nen|,freu·de *f* sensual (*od.* voluptuous) enjoyment (*od.* pleasure), sensuality. — **s~,freu·dig** *adj* sensuous, voluptuous. — **s~,froh** *adj cf.* sinnenfreudig. — **~ge,nuß** *m*, **~,lust** *f cf.* Sinnenfreude. — **~,mensch** *m* sensuous person. — **~,rausch** *m* intoxication of the senses. — **~,reiz** *m* sensual stimulus. — **~,tau·mel** *m cf.* Sinnenrausch.

'Sin·nen,welt *f* ⟨-; *no pl*⟩ *philos.* **1.** material (*od.* external) world. — **2.** world of sense perception.

'Sin·nes|,än·de·rung *f* change of mind. — **~ap·pa,rat** *m med.* sensorium, sensory nerve apparatus. — **~,art** *f* **1.** disposition, temperament, character. — **2.** (*Mentalität*) mentality. — **3.** (*Denkweise*) way of thinking. — **~,ein,druck** *m psych.* sensation, sense impression, (*subjektiver*) sense-datum. — **~emp,fin·dung** *f* sensation, sensory perception. — **~epi,thel** *n med.* sensory epithelium. — **~,haar** *n zo.* sensory hair, (*bei der Katze*) vibrissa. — **~,nerv** *m med.* sensory nerve. — **~or,gan** *n* sense (*od.* sensory) organ. — **~phy·sio,lo·gie** *f* sensory physiology, (a)esthesiophysiology. — **~,reiz** *m* sense stimulus. — **~,schär·fe** *f* sharpness (*od.* acuteness) of the senses. — **~,schwel·le** *f psych.* sensory threshold. — **~,stö·rung** *f* sensory derangement. — **~,täu·schung** *f* **1.** (*Illusion*) illusion. — **2.** (*Halluzination*) hallucination. — **~vi·ka·ri,at** *n psych.* substitution of one sensory function for another. — **~,wahr,neh·mung** *f* **1.** sensory perception. — **2.** (*Apperzeption*) apperception. — **~,werk,zeug** *n med. cf.* Sinnesorgan. — **~,zel·le** *f* sensory cell. — **~,zen·trum** *n* sensory center (*bes. Br.* centre).

'sinn,fäl·lig *adj* obvious, evident. — **'Sinn,fäl·lig·keit** *f* ⟨-; *no pl*⟩ obviousness, evidence.

'Sinn|,ge·bung *f* **1.** interpretation. — **2.** significance, inner meaning. — **~ge,dicht** *n* epigram. — **~ge,halt** *m* significance, signification, sense, meaning. — **s~ge,mäß** *I adj* ⟨*meist attrib*⟩ **1.** (*entsprechend*) corresponding. — **2.** (*in Wendungen wie*) eine ~e Interpretation des Vertragstextes an interpretation giving the general sense of the text of the treaty; so war es ~, daß it thus followed that, it was thus a logical consequence that, accordingly ... — **3.** analogous. — **II** *adv* **4.** correspondingly. — **5.** ich kann seine Worte nur ~ wiederholen I can only give the gist (*od.* the general sense) of what he said; einen Text ~ übersetzen to make a translation which gives the general sense (*od.* meaning) of a text; dort steht ~ folgendes there we read approximately as follows. — **6.** ~ Anwendung finden, ~ gelten *bes. jur.* to apply mutatis mutandis. — **7.** analogously. — **s~ge,treu** *adj* faithful, true to the sense (*od.* meaning).

'Sinn,grün *n* ⟨-s; *no pl*⟩ *bot. cf.* Singrün.

'Sinn,grup·pe *f ling.* (*beim Sprechen*) sense group.

sin·nie·ren [zɪ'niːrən] *colloq.* **I** *v/i* ⟨*no ge-*, h⟩ **1.** ponder, muse, brood, ruminate. — **II** S~ *n* ⟨-s⟩ **2.** *verbal noun:* ins S~ kommen to give oneself up to musing. — **3.** rumina-

tion. — **Sin'nie·rer** *m* ⟨-s; -⟩ ponderer, brooder, muser.

'sin·nig *adj* **1.** (*Gedanke, Äußerung etc*) ingenious, clever. — **2.** *auch iron.* (*Geschenk, Brauch etc*) appropriate, apt: ach, wie ~! *iron.* how very thoughtful! — **3.** (*Gedicht etc*) thoughtful, delicate. — **'Sin·nig·keit** *f* ⟨-; *no pl*⟩ **1.** ingenuity, cleverness. — **2.** *auch iron.* appropriateness, aptness. — **3.** thoughtfulness, delicacy.

'sinn·lich *adj* **1.** sensual: ~e Gedanken sensual thoughts; ~e Liebe sensual (*od.* carnal, physical) love. — **2.** (*Person, Mund, Lippen etc*) sensual, sensuous, sexy, (*stärker*) voluptuous, concupiscent. — **3.** *bes. philos.* a) sensuous, b) material, physical: ~e Wahrnehmung sense perception. — **'Sinn·lich·keit** *f* ⟨-; *no pl*⟩ **1.** sensuality, sensualness. — **2.** sensualness, sensuousness, sexiness, (*stärker*) voluptuousness, voluptuosity, concupiscence. — **3.** *bes. philos.* sensuousness.

'sinn·los *I adj* **1.** (*nichtsbedeutend*) senseless, meaningless, unmeaning. — **2.** (*unsinnig*) senseless, absurd, foolish, stupid, crazy: ~e Reden nonsensical talk *sg*; diese Maßnahme ist völlig ~ this measure is quite senseless (*od.* makes no sense at all). — **3.** (*zwecklos*) useless, pointless, futile: jeder Widerstand ist ~ any resistance is pointless (*od.* in vain); es ist ~, länger zu warten there is no use waiting any longer, it is useless (*od.* pointless) to wait any longer. — **4.** (*rasend*) frenzied: in ~er Wut in frenzied rage. — **II** *adv* **5.** senselessly: ~ daherreden *colloq.* to talk a lot of windy nonsense (*colloq.*); er handelte völlig ~ he acted quite senselessly, his action had neither rhyme nor reason. — **6.** ~ betrunken sein to be dead drunk, to be (as) drunk as a lord. — **'Sinn·lo·sig·keit** *f* ⟨-; *no pl*⟩ **1.** senselessness, meaninglessness, unmeaningness. — **2.** (*Unsinnigkeit*) senselessness, absurdity, foolishness, stupidity, craziness. — **3.** (*Zwecklosigkeit*) uselessness, pointlessness, futility.

'Sinn|,pflan·ze *f bot.* mimosa (*Gattg Mimosa*): Schamhafte ~ sensitive plant (*od.* shrub), mimosa (*scient.*) (*M. pudica*). — **s~reich** *adj* **1.** ingenious, clever. — **2.** (*Ausspruch*) witty. — **~,spruch** *m* maxim, aphorism, motto. — **s~ver,wandt** *adj ling.* synonymous: ~es Wort synonym. — **~ver,wandt·schaft** *f* synonymity. — **s~ver,wir·rend** *adj* bewildering, overwhelming, overpowering. — **s~voll** *adj* **1.** meaningful, significant, pregnant. — **2.** (*zweckmäßig, vernünftig*) suitable, appropriate, practical. — **3.** (*durchdacht*) ingenious, clever. — **4.** (*klug*) wise. — **s~,wid·rig** *adj* absurd, preposterous, nonsensical. — **~,wid·rig·keit** *f* ⟨-; *no pl*⟩ absurdity, preposterousness, nonsensicalness, nonsensicality.

Si·no·lo·ge [zino'loːgə] *m* ⟨-n; -n⟩ sinologist, *auch* Sinologist, sinologue, *auch* sinolog. — **Si·no·lo·gie** [-lo'giː] *f* ⟨-; *no pl*⟩ sinology, *auch* Sinology. — **si·no·lo·gisch** *adj* sinologic(al), *auch* Sinologic(al).

'sin·te'mal ['zɪntə-], **'sin·te'ma·len** *conj archaic od. humor.* (*dieweil*) since.

Sin·ter ['zɪntər] *m* ⟨-s; -⟩ **1.** *geol.* sinter. — **2.** *metall.* slag, scale, cinder, sinter, agglomerate. — **~an,la·ge** *f metall.* sintering (*od.* agglomerating) plant. — **~,bil·dung** *f min.* formation of sinter. — **~,ei·sen** *n metall.* sintered-powder metal. — **~,hart·me,tall** *n* sintered carbide (metal). — **~,kar,bid** *n* cemented carbide. — **~,koh·le** *f* sinter(ing) coal, nonbaking (*Br.* non-baking (*od.* noncaking, *Br.* non-caking) coal. — **~me,tall** *n* sintered-powder metal. — **~me·tall·ur,gie** *f* powder metallurgy.

sin·tern ['zɪntərn] **I** *v/t* ⟨h⟩ **1.** *metall.* (*Erz*) sinter, frit, vitrify. — **II** *v/i* **2.** *tech. metall.* (*in Keramik*) clinker, bake, cake, sinter. — **3.** (*von Wasser*) form deposits. — **III** S~ *n* ⟨-s⟩ **4.** *verbal noun.* — **5.** *metall.* vitrification.

'Sin·ter|,ofen *m metall.* sintering furnace. — **~,rö·stung** *f* blast (*od.* sinter) roasting. — **~,schlacke** (*getr.* -k·k-) *f* clinker. — **~,stahl** *m* sintered steel. — **~ter,ras·se** *f geol.* sinter terrace.

'Sin·te·rung *f* ⟨-; -en⟩ *cf.* Sintern.

'Sin·ter|,wa·gen *m metall.* roll scale car. — **~,was·ser** *n* incrusting water.

'Sint,flut ['zɪnt-] *f* ⟨-; *no pl*⟩ **1.** die ~ *Bibl.* the Flood, the Deluge. — **2.** *fig.* flood, deluge: das Unwetter hat die reine ~ gebracht the storm brought on a regular flood; **eine wahre ~ von Worten [Briefen]** a regular flood of words [letters]; **nach mir [uns] die ~!** *colloq.* après moi [nous] le déluge! after me [us] the deluge! — **s~,ar·tig** *adj* (*Regenfälle etc*) torrential.

'sint,flut·lich *adj rare* of the flood, diluvian.

Si·nus ['zi:nʊs] *m* ⟨-; - u. -se⟩ **1.** *math.* sine. – **2.** *med.* sinus. — **~,feld** *n math.* sinusoidal field. — **~funk·ti,on** *f* sine function. — **~ge,setz** *n phys.* sine law. — **~,glied** *n math.* sine term.

Si·nu·si·tis [zinu'zi:tɪs] *f* ⟨-; -sitiden [-zi'ti:dən]⟩ *med.* sinusitis.

'Si·nus|,klap·pe *f med.* sinus valve. — **~,kno·ten** *m* (*des Herzens*) pacemaker, sinoatrial (*od.* sinoauricular) node (*scient.*). — **~,kur·ve** *f math.* sine curve. — **~,li·nie** *f* sine curve (*od.* line). — **~,rei·he** *f* sine series. — **~,satz** *m* sine rule. — **~,schwin·gung** *f phys.* sinusoidal oscillation. — **~,strom** *m electr.* sine current. — **~ta·chy·kar,die** *f med.* sinus tachycardia. — **~throm,bo·se** *f* **1.** thrombosis of a sinus. – **2.** (*mit Entzündung*) thrombosinusitis. — **~,wel·le** *f phys.* sine wave.

Si·oux ['zi:uks] *m* ⟨-; -⟩, **~in·dia·ner** [-'?ɪn,dia:nər] *m* Sioux: **die Sprache der ~** Sioux, Siouan.

Si·pho ['zi:fo] *m* ⟨-s; -nen [zi'fo:nən]⟩ *zo.* (*der Kopffüßer*) siphon, *auch* syphon, siphuncle.

Si·phon ['zi:fõ; zi'fõ:; *Austrian* zi'fo:n] *m* ⟨-s; -s⟩ **1.** (*Schankgefäß*) siphon, *bes. Am.* syphon, *Br. auch* siphon-bottle. – **2.** *tech.* (*Geruchverschluß*) siphon, trap. – **3.** *Austrian colloq. for* Sodawasser.

Sip·pe ['zɪpə] *f* ⟨-; -n⟩ **1.** kin, kinship, kindred, clan, relations *pl*, relatives *pl*, family: **mit der ganzen ~** with kith and kin. – **2.** *fig. colloq. contempt.* (*Gruppe*) crew, clan, tribe; 'gang', lot (*colloq.*). – **3.** *bot. zo.* tribe: **verwandte ~** ally.

'Sip·pen|,for·scher *m* genealogist. — **~,for·schung** *f* genealogy, genealogical research. — **~,haft, ~,haf·tung** *f* (*joint*) liability of a family for (*political*) crimes (*od.* actions) of one of its members. — **~,kun·de** *f* genealogy. — **s~,kund·lich** [-,kʊntlɪç] *adj* genealogical, *auch* genealogic.

'Sipp·schaft *f* ⟨-; -en⟩ *colloq. contempt. for* Sippe 1, 2.

Si·re·ne [zi're:nə] *f* ⟨-; -n⟩ **1.** *myth.* Siren, *auch* siren. – **2.** *fig.* (*Verführerin*) seductress. – **3.** *zo. cf.* Seekuh. – **4.** (*Warnvorrichtung*) siren, *bes. Br.* hooter.

Si're·nen|ge,heul *n* wail(ing) of sirens. — **~ge,sang** *m* ⟨-(e)s; *no pl*⟩ *auch fig.* siren song.

si're·nen·haft *adj* (*Stimme, Klänge etc*) siren (*attrib*), sirenic(al).

Si·ri·us ['zi:riʊs] *m* ⟨-; *no pl*⟩ *astr.* Sirius, Dog Star.

sir·ren ['zɪrən] *v/i* ⟨h⟩ (*von Libelle, Telegraphendrähten etc*) buzz, whir, *auch* whirr.

Si·rup ['zi:rʊp] *m* ⟨-s; -e⟩ **1.** (*bes. aus Zuckerrüben*) molasses, *bes. Br.* treacle. – **2.** (*aus Früchten*) syrup, sirup. — **s~,ar·tig** *adj* syrupy, sirupy.

Si·sal ['zizal] *m* ⟨-s; *no pl*⟩ *cf.* Sisalhanf. — **~,aga·ve** [-'?a,ga:və] *f bot.* sisal (*Agave sisalana*). — **~,hanf** *m* sisal, *auch* sisal hemp, sisalana. — **~,tau** *n mar.* sisal rope. — **~,tau,werk** *n* sisal cordage. — **~,tep·pich** *m* sisal carpet (*od.* rug).

si·stie·ren [zɪs'ti:rən] **I** *v/t* ⟨*no* ge-, h⟩ **1.** **j-n ~** (*in polizeilichen Gewahrsam nehmen*) to arrest s.o., to take s.o. in(to) (police) custody, to apprehend s.o. – **2.** *jur.* (*ein Verfahren, eine Verordnung etc*) suspend, stay. – **3.** *med.* stop, interrupt. – **II S~** *n* ⟨-s⟩ **4.** *verbal noun*. — **Si'stie·rung** *f* ⟨-; -en⟩ **1.** *cf.* Sistieren. – **2.** (*einer Person*) arrest, apprehension. – **3.** *jur.* (*einer Verordnung, Zwangsvollstreckung etc*) suspension, stay: **~ des Verfahrens** (*aktenkundiger Eintrag*) stay of proceedings, nolle prosequi (*scient.*). – **4.** *med.* stoppage, interruption.

Si·strum ['zɪstrʊm] *n* ⟨-s; Sistren⟩ *mus. antiq.* sistrum.

Si·sy·phus ['zi:zyfʊs] *npr m* ⟨-; *no pl*⟩ *myth.* Sisyphus. — **~,ar·beit** *f* ⟨-; *no pl*⟩ Sisyphean (*od.* Sisyphian) task.

Sit-in [,zɪt'?ɪn] *n* ⟨-(s); -s⟩ *pol.* sit-in.

Sit·te ['zɪtə] *f* ⟨-; -n⟩ **1.** *pl collect.* (*eines Volkes, einer Epoche etc*) customs, manners, mores (*lit.*): **die ~n und Gebräuche der alten Germanen** the manners and customs of the ancient Teutons; → **ander 7.** –

2. (*Gepflogenheit*) custom, practice, convention, usage, manner, habit: **eine alte** (*od.* althergebrachte) **~** an old (*od.* a long-standing) custom; **mit einer alten ~ brechen** to break with an old custom; **nach der ~ unserer Vorväter** according (*od.* in keeping with) the custom of our forefathers; **das ist hier so [hier nicht] ~** that's [not] the custom here; **bei uns ist es ~, aufzustehen** (*od.* man aufsteht), **wenn man begrüßt wird** it is our custom (*od.* it is customary with us) to stand up when one is greeted; **hier herrschen aber rauhe** (*od.* rohe) **~n!** *colloq. auch iron.* people have a pretty rough way of doing things here! – **3.** *pl* (*Manieren, Benehmen*) manners: **gegen die guten ~n verstoßen** to offend against good manners; **er hat gute [schlechte] ~n** he has good [bad] manners, he is well [ill- *od.* bad-]mannered; **das sind vielleicht ~n dort!** *colloq. iron.* they have dreadful manners there! (*colloq.*). – **4.** *pl* (*Sittlichkeit, Moral*) morals, morality *sg*: **lockere** (*od.* lose) **~n** loose morals; **der Verfall der ~n** the decay of morals. – **5.** (*Geschäftsbrauch*) (business) practice. – **6.** ⟨*only sg*⟩ (*thieves' Latin*) *cf.* Sittenpolizei.

'Sit·ten|,bild *n cf.* Sittengemälde. — **~de·zer,nat** *n* (*der Polizei*) vice department (of the police), vice squad. — **~,film** *m* film concerned with the morals of an epoch or society. — **~ge,mäl·de** *n* **1.** (*literature*) portrayal of customs (*od.* manners): **seine Romane sind ein ~ jener Zeit** his novels are a portrayal of the customs of that time. – **2.** (*art*) *cf.* Genrebild. — **~ge,schich·te** *f* ⟨-; *no pl*⟩ history of customs (*od.* manners). — **~ge,setz** *n philos.* moral law. — **~,ko·dex** *m* moral code. — **~,leh·re** *f bes. philos.* **1.** (*doctrine of*) ethics *pl* (*usually construed as sg*), moral philosophy. – **2.** (*Abhandlung*) treatise on ethics.

'sit·ten·los *adj* immoral, licentious, profligate, dissolute, libertine. — **'Sit·ten·lo·sig·keit** *f* ⟨-; *no pl*⟩ immorality, licentiousness, *Br.* licence, *Am.* license, profligacy, profligateness, dissoluteness, dissolution, libertinism.

'Sit·ten|man,dat *n hist.* sumptuary law. — **~po·li,zei** *f* vice squad (*od.* detachment): **unter der Aufsicht der ~ stehen** to be under the surveillance of the vice squad. — **~,pre·di·ger** *m contempt.* moralizer *Br. auch* -s-, sermonizer. — **s~,rein** *adj* morally incorrupt (*auch* incorrupted, uncorrupted, pure), virtuous. — **~,rein·heit** *f* moral incorruption (*od.* uncorruptedness, purity), virtue. — **~,rich·ter** *m fig. contempt.* moral censor: **sich zum ~ aufwerfen** (*od.* machen) to set oneself up as a moral censor. — **~ro,man** *m* (*Gesellschaftsroman*) novel of manners. — **~,schil·de·rung** *f cf.* Sittengemälde 1. — **s~,streng** *adj* morally rigorous (*od.* austere), puritanical. — **~,stren·ge** *f* moral rigorism (*od.* austerity), puritanism, puritanicalness. — **~,strolch** *m colloq.* sex molester (*colloq.*). — **s~ver,der·bend I** *adj* (*Einflüsse etc*) morally corruptive (*od.* destructive). – **II** *adv* in a morally corruptive (*od.* destructive) way. — **~ver,derb·nis** *f* ⟨-; *no pl*⟩ corruption (*od.* destruction) of morals (*od.* morality), moral corruption. — **~ver,fall** *m* moral decay (*od.* degeneracy), decay of morals (*od.* morality). — **s~,wid·rig** *adj* **1.** (*Verhalten, Handlung etc*) offending (against) good morals, conflicting with public morals, immoral: **seine Handlung war ~** his action offended (against) good morals. – **2.** *jur.* (*Vertrag*) immoral, contra bonos mores (*scient.*).

Sit·tich ['zɪtɪç] *m* ⟨-s; -e⟩ *zo.* par(r)akeet, *auch* par(r)oquet (*Fam. Psittacidae*).

'sit·tig *adj obs. for* gesittet I, sittsam.

'sitt·lich I *adj* **1.** (*Maßstäbe, Werte, Kraft etc*) moral, ethic(al): **die ~n Grundsätze seiner Philosophie** the ethical principles (*od.* the ethics) of his philosophy; **ein hohes ~es Niveau** high moral standards *pl*; **es ist seine ~e Pflicht** it is his moral duty; **~e Reife** moral (*od.* ethical) maturity; **dir fehlt die nötige ~e Reife!** *meist iron.* you lack the necessary moral maturity! – **2.** (*Empfinden, Einstellung, Verworfenheit etc*) moral: **sein ~es Verhalten ist einwandfrei** his moral conduct (*od.* his morality) is irreproachable (*od.* above reproach), he is of irreproachable moral

character; **der Lehrer wurde ~er Verfehlungen beschuldigt** the teacher was accused of (conduct involving) moral turpitude (*od.* of immoral conduct); **keinen ~en Halt haben** to have no moral standards, to be morally unstable; **der allgemeine ~e Verfall** the general moral decay (*od.* degeneration), the general decay of morals (*od.* morality); **~e Entrüstung** moral indignation. – **3.** *archaic* (*Lebenswandel etc*) decent, respectable. – **II** *adv* **4.** morally, ethically: **ein ~ einwandfreier Mensch** a morally irreproachable person, a person of irreproachable morals (*od.* morality).

'Sitt·lich·keit *f* ⟨-; *no pl*⟩ **1.** (*sittliches Verhalten*) morality, morals *pl*. – **2.** (*öffentliche Moral*) public morals *pl*: **eine Gefährdung der ~ sein** to be a danger to (*od.* to endanger) public morals.

'Sitt·lich·keits|de,likt *n jur.* sex(ual) offence (*Am.* offense), indecent assault. — **~ge,fühl** *n* sense of morality. — **~ver,bre·chen** *n* sex(ual) crime. — **~ver,bre·cher** *m* sex(ual) criminal.

'sitt·sam *adj* **1.** (*still u. bescheiden*) demure, retiring. – **2.** (*Kind*) well-behaved (*attrib*). – **3.** (*Zurückhaltung vortäuschend, kokettierend*) coy, demure. — **'Sitt·sam·keit** *f* ⟨-; *no pl*⟩ **1.** demureness, retiringness. – **2.** (*eines Kindes*) good behavior (*bes. Br.* behaviour). – **3.** coyness, demureness, demurity.

Si·tua·ti·on [zitua'tsio:n] *f* ⟨-; -en⟩ **1.** (*Lage*) situation: **eine unangenehme [verfängliche] ~** an unpleasant [embarrassing] situation; **ich befand mich in einer schwierigen ~** (*auch finanziell*) I was in a difficult situation (*od.* position), I was in a predicament (*od.* pickle, tight spot, squeeze); **mit einem Scherz rettete er die ~** he saved the situation with a joke; **er war Herr der ~** he was master of the situation; **die geistige ~ im ausgehenden Mittelalter** the spiritual conditions *pl* at the close of the Middle Ages. – **2.** (*Stand der Dinge, Sachlage*) situation, circumstances *pl*: **die augenblickliche politische ~** the present political situation (*od.* state of affairs); **der neuen ~ gerecht werden** to meet the new situation, to adjust oneself to the new circumstances; **in dieser ~ konnte ich nicht anders handeln** I could not act otherwise in the situation, I could not act otherwise in (*od.* under) these circumstances; **sie zeigte sich der ~ gewachsen** she rose to the situation (*od.* occasion); **die ~ erfassen** to grasp (*od.* understand) the situation. – **3.** *dramatische ~* (*theater*) (dramatic) situation, crisis, climax.

si·tua·ti·ons·be,dingt *adj* conditioned by (*od.* dependent on) the situation.

Si·tua·ti·ons|,ethik *f bes. philos.* ethics *pl* (*usually construed as sg*) of situation. — **~,ko·mik** *f* comicality of the situation. — **~ko,mö·die** *f* (*theater*) comedy of situation. — **~,plan** *m arch. civ.eng.* site plan.

Si·tu·la ['zi:tula] *f* ⟨-; -tulen [zi'tu:lən]⟩ *antiq.* (*bronzezeitliches Gefäß*) situla.

Si·tus ['zi:tʊs] *m* ⟨-; -⟩ *med.* (*Lage*) situs, position, site. — **~ in'ver·sus** [ɪn'vɛrzʊs] *m* ⟨- -; - -versi [-zi]⟩ (*Heterotaxie*) visceral inversion; heterotaxis, *auch* heterotaxia, heterotaxy (*scient.*).

Sitz [zɪts] *m* ⟨-es; -e⟩ **1.** seat, *Br. colloq.* pew, (*auf einer Mauer, einem Baum etc*) *auch* perch: **die Gäste nahmen ihre ~e ein** the guests took their seats; **von seinem luftigen ~ sah er auf die Leute herunter** he looked down on the people from his airy perch. – **2.** (*im Theater, Vortragssaal etc*) seat, (*bei durchgehenden Bankreihen*) *auch* sitting: **die Zuschauer erhoben sich von den ~en** the spectators rose from their seats; → **reißen 2.** – **3.** (*im Auto etc*) place, seat: **ein verstellbarer ~** an adjustable seat; **im Boot sind noch 2 ~e frei** there are 2 more seats vacant in the boat; **bei diesem Wagen kann man die ~e ausbauen** the seats in this car are removable; **ein Auto mit 4 ~en** a car with 4 seats, a four-seater (car). – **4.** (*Sitzfläche eines Stuhls, Sessels etc*) seat, bottom: **ein harter [gepolsterter, gefederter] ~** a hard [an upholstered, a sprung] seat; **den ~ hochklappen [herunterklappen]** to put the seat up [down]; **den ~ eines Stuhls neu beziehen** to reseat a chair. – **5.** (*auf Schaukel, Karussell etc*) seat. – **6.** (*des Kut-*

schers) coach box, *bes. Br. colloq.* dick(e)y (box). – **7.** (*Sitzhaltung*) seat, posture: **die Reiterin hat einen guten ~** the horsewoman has a good seat, the horsewoman sits her horse well. – **8.** (*einer Regierung, Behörde etc*) seat. – **9.** (*einer internationalen Organisation, Kommandozentrale etc*) seat, headquarters *pl* (*often construed as sg*). – **10.** *econ.* a) (*eines Unternehmens, einer Firma etc*) (registered) seat, place of business, residence, headquarters *pl* (*often construed as sg*), premises *pl*, offices *pl*, b) (*einer Industrie etc*) location. – **11.** (*Wohnsitz*) (place of) residence, domicile, *auch* domicil, abode (*lit.*), (*eines Grafen, Fürsten etc*) *auch* seat: **er schlug seinen ~ in Berlin auf** he took up residence (*od.* he settled down) in Berlin. – **12.** (*eines Bischofs*) see, seat. – **13.** (*von Göttern, Sagengestalten etc*) seat, home, abode (*lit.*). – **14.** (*eines Volksstamms*) territory, settlement area, home. – **15.** *bes. pol.* (*in einem Ausschuß, Gremium, im Parlament etc*) seat: **einen ~ im Aufsichtsrat haben** *econ.* to be on (*od.* to have a seat on, to be a member of) the supervisory board; **in einer Versammlung ~ und Stimme haben** to have seat and vote in an assembly; **die zu besetzenden ~e** the seats to be filled; **die Partei im Bundestag 53 ~e** the party holds 53 seats in the Bundestag; **ein ~ wird frei** a seat becomes (*od.* falls) vacant; **einen ~ im Parlament erringen** to be returned to parliament. – **16.** (*eines Kleidungsstücks*) sit, fit: **der Anzug hat einen guten ~** the suit sits (*od.* fits) well, the suit is a good fit. – **17.** (*einer Frisur*) set. – **18.** (*Hosenboden*) seat: **die Hose ist am ~ durchgescheuert** the trousers are worn through at the seat. – **19. auf einen ~** *colloq.* at a time, at one go (*colloq.*): **er trank 5 Glas Bier auf einen ~** he drank 5 glasses of beer at one go. – **20.** (*einer Brille, Prothese etc*) fit. – **21.** *tech.* a) (*im Passungswesen*) fit, b) (*eines Deckels, Ventils*) fit, seat. – **22.** *bes. med.* a) (*einer Krankheit, einer Körper- od. Geistesfunktion etc*) seat, site, b) (*einer Wunde*) location, c) (*eines Erregers*) habitation, d) (*der Plazenta*) insertion: **das innere Ohr ist der ~ des Gleichgewichtsapparats** the internal ear is the seat of the balancing mechanism. – **23.** (*sport*) (*bes. beim Turnen*) sitting position: **eine Rolle aus dem ~** a roll from the sitting position.

'**Sitz**|**an**‚**ord·nung** *f* arrangement of (the) seats. — **~‚bad** *n* hip (*od.* sitz) bath. — **~‚ba·de‚wan·ne** *f* sitz bath. — **~‚bank** *f* **1.** (*bes. in Wohnküchen u. vor dem Haus*) bench, (*mit Armlehnen u. Rückenstütze*) *auch* settee, settle. – **2.** (*kleine Couch*) settee. — **~‚bein** *n med.* ischium.

sit·zen ['zɪtsən] **I** *v/i* ⟨sitzt, saß, gesessen, h u. sein⟩ **1.** sit, (*auf einem Ast, einer Mauer etc*) *auch* perch, be perched: **aufrecht** (*od.* gerade) **~** to sit up (*od.* erect); **er saß gebückt am Schreibtisch** he sat (*od.* was seated) hunched (up) (*od.* he slouched) at (*od.* over) his desk; **in diesem Kino sitzt man so eng** the seats are so close together in this cinema (*Am. colloq.* movie theater); **wir saßen** (gedrängt) **wie die Heringe** *colloq.* we sat like sardines in a can (*Br.* tin); **kannst du denn nicht einmal still** (*od.* ruhig) **~?** can't you sit still for a while? **~ Sie bequem?** are you comfortable? **er saß mit gekreuzten Beinen auf dem Fußboden** he sat on the floor with his legs crossed; **~ bleiben** (*auf einem Stuhl etc*) to keep one's seat, to remain seated; **das Mädchen blieb bei diesem Tanz ~** a) (*wurde nicht aufgefordert*) the girl was left out (*od.* was left sitting) at this dance, b) (*wollte nicht tanzen*) the girl sat out this dance; **laß ihn doch ~!** a) (*laß ihn da*) let him sit (*od.* stay) there! b) (*biete ihm deinen Platz an*) let him sit! give him your seat! **die Kinder ~ am Tisch** the children sit at the table; **an diesem Aufsatz habe ich 3 Stunden gesessen** I sat at this essay for 3 hours; **auf einem Pferd** (*od. lit.* zu Pferde) **~** to sit on a horse, to be on horseback; **sie saßen gerade beim Essen** (*od.* bei Tisch) they were just having their meal; **im Bett ~** to sit (up) in bed; **über den Büchern ~** to sit (*od.* pore) over one's books; **du kannst nicht den ganzen Tag zu Hause ~** *bes. fig.* you can't sit (*od.* stay) at home all day long; **j-m zu Füßen ~** to

sit at s.o.'s feet; **sitz!** (*zum Hund*) sit (down)! **der Saal saß voller Menschen** *fig. colloq.* the hall was full of people; **an der Quelle ~** *fig. colloq.* a) (*Waren etc günstiger bekommen*) to be at the source, to have direct access, b) (*Neuigkeiten aus erster Hand erfahren*) to be inside, to hear the news straight from the horse's mouth; **er sitzt auf dem** (*od.* auf seinem) **Geld** *fig. colloq.* he won't spend (*od.* he hoards) his money; **auf dem trockenen ~** *fig. colloq.* a) (*nicht mehr weiterkommen*) to be left (sitting) high and dry, b) (*nichts mehr zu trinken haben*) to have nothing more to drink, to be left without a drop (*colloq.*); → glühend 1; Ohr 3; Pelle 3; Roß[1] 1; Sattel 1; Schalk 3. – **2.** (*von Vogel*) sit, perch, be perched: **die Hühner ~ auf der Stange** the chickens perch on the roost, the chickens roost. – **3.** (*sich befinden*) be: **der Schüler sitzt immer noch in der 3. Klasse** the pupil is still in the 3rd form (*Am.* grade); **an dem Zweig ~ noch einige Blätter** there are still some leaves on the twig; **der Schmutz sitzt tief im Gewebe** the dirt is deep in (*od.* has gone deep into) the fabric; → Boot 1; Patsche 3; Tinte 1. – **4.** (*stecken*) be, be stuck: **mir sitzt ein Splitter unter dem Nagel** there is a splinter (stuck) under my nail; **auf ihrem Hut saß ein Federbusch** there was a tuft of feathers stuck on her hat; **fest** [locker] **~** (*von Nagel, Brett etc*) to be tight (*od.* firm) [loose]; **der Haken sitzt fest in der Wand** the hook is firmly stuck in the wall; **das Messer sitzt ihm locker** *fig.* he is quick to draw his knife. – **5.** *colloq.* (*wohnen, leben*) live: **mein Bruder sitzt in Hamburg** my brother lives in Hamburg. – **6.** *colloq.* (*von Regierung, Behörde etc*) be, have its seat. – **7.** *colloq.* (*von internationaler Organisation, Kommandozentrale etc*) be, have its seat (*od.* headquarters). – **8.** *econ. colloq.* (*von einer Firma*) be, have its seat (*od.* place of business, headquarters, residence), reside. – **9.** (*von Volksstamm*) be settled, have one's territory (*od.* home). – **10.** *colloq.* (*arbeiten, angestellt sein*) work, be (employed), have a job (*colloq.*): **mein Bruder sitzt im Finanzamt** my brother works (*od.* has a job) in the tax office. – **11.** (*in einem Ausschuß, Gremium etc*) sit, have a seat: **er sitzt im Aufsichtsrat** *econ.* he is on (*od.* he has a seat on, he is a member of) the supervisory board. – **12.** *colloq.* (*in einem Parlament, einer Regierung etc*) have a seat: **sie sitzt im Bundestag** she has a seat in (*od.* is a member of) the Bundestag. – **13.** (*eine Sitzung abhalten*) sit, hold a session (*od.* meeting): **die Herren ~ immer noch** the gentlemen are still in session. – **14.** (*passen*) sit, fit: **die Bluse sitzt gut** the blouse fits well (*od.* is a good fit); **das Kleid sitzt wie angegossen** the dress fits like a glove (*od.* is a perfect fit), the dress sits perfectly; **der Mantel sitzt schlecht an den Schultern** the coat sits badly across the shoulders. – **15.** (*korrekten Sitz haben*) sit: **deine Frisur sitzt nicht richtig** your hair is not sitting right; **der Hut saß ihm schief auf dem Kopf** his hat sat at a tilt (*od. colloq.* all to one side), he had his hat on askew. – **16.** *bes. tech.* a) (*richtig eingepaßt sein*) fit, (*von Deckel, Ventil*) *auch* seat, b) (*von Werkstücken auf der Maschine*) be mounted (on), be located (on): **die Prothese sitzt ausgezeichnet** the prosthesis fits excellently (*od.* has an excellent fit). – **17.** (*im Gefängnis*) **~** *colloq.* to be in clink (*od.* the jug, *Am. auch* the hoos[e]gow) (*sl.*), to be in prison (*od.* jail, *Br. auch* gaol): **er mußte 3 Jahre ~** he had to do 3 years (*colloq. od. sl.* a 3-year stretch); **hinter Schloß und Riegel** (*od. colloq.* hinter schwedischen Gardinen) **~** to be locked up, to be behind (prison) bars. – **18.** **j-m** (*od.* für j-n) **~** (*einem Maler, Bildhauer etc*) to sit to (*od.* pose for) s.o., to give s.o. a sitting: **wollen Sie mir Modell ~?** would you agree to sit (as a model) for me? – **19. über j-n zu Gericht ~** to sit in judg(e)ment (up)on s.o. – **20.** (*seinen Herd, seinen Ursprung haben*) lie, be: **also hier sitzt das Übel!** so that's where the trouble lies; **der Haß sitzt tief in ihr** (the) hatred lies deep down in her. – **21.** *colloq. auch fig.* (*gut treffen*) hit (*od.* strike) home: **die Ohrfeige hat aber ge-**

sessen! the box on the ear hit (*od.* struck) home! **ich kann dir sagen, die Bemerkung hat gesessen!** *fig.* the remark hit home (*od.* made itself felt), I can tell you! – **22.** *colloq.* (*im Gedächtnis haften*) have sunk in: **die englischen Vokabeln ~ noch nicht richtig** the English vocabulary has not sunk in yet; **meine Rolle sitzt endlich** my part has finally sunk in, I know my part off pat at last (*colloq.*); **bei ihm sitzt jeder Handgriff** he is very deft, he has the knack of it. – **23. einen ~ haben** *fig. colloq.* (*angetrunken sein*) to have a drop in one's eye, to be tipsy (*beide colloq.*), to be slightly drunk: **gestern hatte er gehörig einen ~** he was well away (*od.* far gone) yesterday, *Am. colloq.* he had quite a load on yesterday. – **24.** *med.* (*von Krankheit, Infektionsherd etc*) be, be located (*od.* situated): **der Schmerz saß tief in der Brust** the pain was deep down in the chest. – **25.** (*auf den Eiern*) **~** *agr.* (*von Henne etc*) to sit, to brood. – **II** *v/impers* **26. am Kamin sitzt es sich so gut** it's so cozy (*bes. Br.* cosy) by the fireside. – **III S~** *n* ⟨-s⟩ **27.** *verbal noun:* **das viele S~ schadet der Gesundheit** too much sitting is bad for the health; **im S~** sitting (down); **j-n zum S~ nötigen** to urge s.o. to sit down.

'**sit·zen‚blei·ben** *v/i* ⟨*irr, sep, -ge-, sein*⟩ *fig. colloq.* **1.** (*in der Schule*) (have to) repeat a year: **er ist dreimal sitzengeblieben** he had to repeat a year three times; **wenn du nicht fleißig bist, wirst du ~** if you don't work hard you'll have to repeat a year (*od.* you'll not move up to the next year). – **2.** (*nicht geheiratet werden*) be left on the shelf (*colloq.*), remain single. – **3. auf** (*dat*) **etwas ~** (*keinen Abnehmer für etwas finden*) to be left (*od.* saddled, lumbered) with s.th., to be left with s.th. on one's hands: **die Warenhäuser sind wegen des schlechten Wetters auf den Badeanzügen sitzengeblieben** because of the bad weather the stores have been left with the bathing costumes on their hands. – **4. der Kuchen ist sitzengeblieben** *gastr.* the cake has not risen.

'**Sit·zen‚blei·ber** [-‚blaɪbər] *m* ⟨-s; -⟩, '**Sit·zen‚blei·be·rin** *f* ⟨-; -nen⟩ *colloq.* repeater.

'**sit·zend I** *pres p.* – **II** *adj* **1.** (*Person, Haltung etc*) sitting. – **2.** (*Beschäftigung, Lebensweise etc*) sedentary. – **III** *adv* **3. eine Arbeit ~ machen** to do a job sitting (down).

'**sit·zen‚las·sen** *v/t* ⟨*irr, sep, pp* sitzenlassen, *auch* sitzengelassen, h⟩ *fig. colloq.* **1. j-n ~** a) (*im Stich lassen*) to leave s.o. in the lurch, to let s.o. down, b) (*versetzen*) to stand s.o. up (*colloq.*), c) (*den Laufpaß geben*) to give s.o. the brush-off (*colloq.*), to jilt s.o., d) (*verlassen*) to walk out on s.o. (*sl.*), to leave s.o., e) (*Schüler*) to make s.o. repeat a year: **er sollte heute kommen, aber er hat uns ~** he was to come today but he stood us up; **in der Not hat ihn sogar sein bester Freund ~** even his best friend let him down when he was in trouble; **er hat seine Frau mit vier kleinen Kindern ~** he left his wife with four small children. – **2. etwas auf** (*dat*) **sich ~** (*unwidersprochen hinnehmen*) to take s.th. lying down, to swallow (*od.* to pocket) s.th.: **diesen Vorwurf lasse ich nicht auf mir sitzen** I won't take this reproach lying down.

'**Sitz**|**flä·che** *f* **1.** seat. – **2.** *tech.* a) (*eines Lagers*) bearing (*od.* seating) surface, b) (*eines Ventils*) valve seat(ing). – **3.** *colloq.* sit-upon (*colloq.*), seat, buttocks *pl*. — **~‚fleisch** *n fig. colloq.* (*in Wendungen wie*) **er hat kein** (*rechtes*) **~** a) (*bes. von einem Schüler*) he is fidgety (*od.* a fidget), b) (*bei der Arbeit*) he has no perseverance (*od.* Sitzfleisch), he cannot stick to (*od.* at) anything; **er hat ~** a) (*von einem Gast*) he is in no hurry to go, b) (*bei der Arbeit*) he has perseverance (*od.* Sitzfleisch), he sticks to (*od.* at) it. — **~ge‚le·gen·heit** *f* seat: **sich nach einer ~ umsehen** to look around for a seat; **die ~en reichten nicht aus, es waren nicht genügend ~en vorhanden** there were not enough seats available, the seating (accommodation) was inadequate; **~ bieten für 50 Leute** to have seating accommodation for (*od.* to seat) 50 people, to have a seating capacity of 50. — **~‚hal·tung** *f* **1.** sedentary (*od.*

sitting) posture. - **2.** (*beim Reiten, Radfahren etc*) seat. — ~**kis·sen** *n* seat cushion. — ~**kom,fort** *m* seating comfort (*od.* convenience). — ~**mö·bel** *pl* seating furniture *sg*, seats, chairs. — ~**ord·nung** *f* seating order. — ~**pi·rou,et·te** *f* (*sport*) (*beim Eis- u. Rollkunstlauf*) sit spin: eingesprungene ~ flying sit spin. — ~**platz** *m* seat: das Theater hat 500 Sitzplätze (*od.* Sitzplätze für 500 Personen) the theater (*bes. Br.* theatre) has a seating capacity of 500 (*od.* seats 500 persons); j-m seinen ~ anbieten to offer s.o. one's seat; ein Bus mit 40 Sitzplätzen und 20 Stehplätzen a bus with 40 seats and standing room for 20 passengers. — ~**pol·ster** *n*, *Austrian m* **1.** seat cushion. - **2.** (*eines Stuhls*) upholstered seat, seat pad. - **3.** (*Puff*) pouf, *auch* pouff(e). — ~**rei·he** *f* **1.** row (of seats). - **2.** (*im Theater, Stadion etc*) tier. — ~**stan·ge** *f* (*für Vögel*) perch. — ~**streik** *m* sit-down strike.

'**Sit·zung** *f* ⟨-; -en⟩ **1.** *pol. jur.* (*des Parlaments etc*) session, sitting, meeting: geheime ~ secret session; gemeinsame ~ (beider Häuser) des Parlaments joint session; ~ des Gerichts session (*od.* sitting) of the court, (court) hearing; nichtöffentliche ~ closed session, private meeting; öffentliche ~ a) open session (*od.* sitting), b) (*bei Gericht*) public hearing; in öffentlicher ~ in open court; die ~en werden öffentlich abgehalten the sittings are held in public; zu einer ordentlichen ~ zusammentreten to meet in an ordinary (*od.* a regular) session; außerordentliche ~ special (*od.* emergency) session; ~ unter Ausschluß der Öffentlichkeit meeting in camera; eine ~ einberufen to call (*od.* convene, convoke, summon) a meeting (*od.* session); eine ~ während der Parlamentsferien einberufen to recall Parliament; eine ~ anberaumen to appoint a day (*od.* fix a date) for a meeting, to fix (*bes. Am.* schedule) a meeting; die ~ eröffnen [schließen, aufheben] to open [to close, to conclude] the meeting (*od.* sitting); eine ~ (ab)halten a) (*vom Parlament etc*) to meet, to sit, to be in session, b) (*vom Gericht*) to hold a hearing; die ~ vertagen to adjourn the meeting (*od.* session); ich erkläre die ~ für eröffnet, ich eröffne hiermit die ~ I declare the meeting (*od.* sitting) open; die ~ ist geschlossen the meeting is closed; Eröffnung der ~ opening of the session; an der ~ teilnehmen to attend the meeting (*od.* sitting); das war gestern abend eine lange ~ *fig. colloq.* (*Zecherei*) we had quite a session last night; ~ haben (*od.* halten) *fig. colloq. euphem.* (*auf dem WC*) to sit in parliament. - **2.** (*Besprechung*) meeting, conference: er war bei einer ~ he was at (*od.* in) a conference. - **3.** *bes. pol. cf.* Sitzungsperiode. - **4.** (*spiritistische*) séance, sitting. - **5.** (*für ein Porträt*) sitting, séance: das Bild wurde in zwei ~en gemalt the picture was painted in two sittings.

'**Sit·zungs|be,richt** *m* minutes *pl* (*od.* report) of proceedings (*od.* the meeting), proceedings *pl*, transactions *pl*. — ~**geld** *n* **1.** attendance fee. - **2.** *cf.* Tagegeld 2. — ~**ort** *m* place of meeting. — ~**pau·se** *f* (*bei Gericht, Verhandlungen etc*) recess: eine ~ machen (*od.* einlegen) to be in recess, to recess. — ~**pe·ri·ode** *f* **1.** *pol.* session: zwischen den ~n during the recess. - **2.** *jur.* (*bei Gericht*) session, *bes. Am.* term, *bes. Br.* sittings *pl.* — ~**plan** *m* schedule of meetings, *Am.* calendar. — ~**pro,gramm** *n* program (*bes. Br.* programme) of the meeting. — ~**pro·to,koll** *n* minutes *pl* (*od.* verbatim report) of proceedings (*od.* the meeting), proceedings *pl*, transactions *pl.* — ~**raum, saal** *m* **1.** conference (*od.* board, committee, meeting) room, assembly (*od.* session) hall. - **2.** (*des Parlaments*) chamber, floor: im ~ on the floor. — ~**ter,min** *m* date fixed for a meeting (*od.* conference). — ~**zim·mer** *n cf.* Sitzungsraum.

'**Sitz|ver,stel·ler** *m auto.* seat adjuster. — ~**ver,stel·lung** *f* seat adjustment. — ~**ver,tei·lung** *f pol.* (*im Parlament*) distribution of seats. — ~**wel·le** *f* (*sport*) (*beim Turnen*) double knee circle.

Sixt [zɪkst] *f* ⟨-; -en⟩ (*sport*) (*beim Fechten*) sixte.

Six·ti·nisch [zɪks'ti:nɪʃ] *adj* Sistine, Sixtine: ~e Kapelle Sistine Chapel; ~e Madonna Sistine Madonna, Madonna di San Sisto.

Si·zi·lia·ner [zitsi'lia:nər] *m* ⟨-s; -⟩ Sicilian. — **Si·zi·lia·ne·rin** [-'lia:nərɪn] *f* ⟨-; -nen⟩ Sicilian (woman *od.* girl). — **si·zi·lia·nisch** [-'lia:nɪʃ] *adj* Sicilian: S~e Vesper *hist.* Sicilian Vespers *pl* (*1282*).

Si·zi·li·er [zi'tsi:liər] *m* ⟨-s; -⟩, **Si'zi·lie·rin** *f* ⟨-; -nen⟩ *cf.* Sizilianer(in). — **si'zi·lisch** [-lɪʃ] *adj* Sicilian.

Ska·bi·es ['ska:biɛs] *f* ⟨-; no pl⟩ *med.* scabies. — **ska·bi·ös** [ska'biø:s] *adj* scabious.

Ska·bio·se [ska'bio:zə] *f* ⟨-; -n⟩ *bot.* scabious, star head (*Gattg Scabiosa*).

Ska·la ['ska:la] *f* ⟨-; Skalen *u.* Skalas⟩ **1.** (*Maßeinteilung an Geräten*) scale, *auch* graduation, (*in Kreisform*) dial scale, graduated dial: beleuchtete [gleitende] ~ illuminated [sliding] scale; Teilstrich einer ~ graduation line (*od.* mark), scale mark; direkt ablesbare ~ direct reading scale (*od.* dial). - **2.** (*Farbskala*) color (*bes. Br.* colour) chart, range of colors (*bes. Br.* colours). - **3.** *mus. cf.* Tonleiter. - **4.** *fig.* range, variety: eine breite ~ neuer Waschmittel a wide range of new detergents. - **5.** die ganze ~ der Gefühle *fig. lit.* the whole gamut of feelings.

ska·lar [ska'la:r] **I** *adj* **1.** *math. phys.* (*Größe etc*) scalar: ~e Werte scalars. - **II** S~ *m* ⟨-s; -e⟩ **2.** *math. phys.* scalar. - **3.** *zo. cf.* Blattfisch.

Skal·de [ˈskaldə] *m* ⟨-n; -n⟩ (*literature*) skald, scald, medieval Scandinavian poet. — '**Skal·den,dich·tung** *f* skaldic (*od.* scaldic, Norse) poetry. — '**skal·disch** *adj* skaldic, scaldic.

Ska·le ['ska:lə] *f* ⟨-; -n⟩ *cf.* Skala 1.

'**Ska·len|ab,le·sung** *f* tech. scale (*od.* direct) reading. — ~**ein,tei·lung** *f* graduation (of scale), scale division. — ~**fak·tor** *m* (*computer*) scale factor. — ~**schei·be** *f tech.* graduated dial.

Skalp [skalp] *m* ⟨-s; -e⟩ scalp.

Skal·pell [skal'pɛl] *n* ⟨-s; -e⟩ *med.* surgical knife, scalpel (*scient.*).

skal·pie·ren [skal'pi:rən] *v/t* ⟨no ge-, h⟩ j-n ~ to scalp s.o., to take s.o.'s scalp (off).

Skan·dal [skan'da:l] *m* ⟨-s; -e⟩ **1.** scandal: das ist (ja) ein ~! that's a scandal! that's scandalous (*od.* outrageous)! es kam zu einem öffentlichen ~ there was a public scandal; einen ~ vertuschen to hush up a scandal; wir wollen einen ~ vermeiden we want to avoid a scandal; wenn das herauskommt, gibt es einen ~ if that comes out, there will be (*od.* it will cause) a scandal. - **2.** (*Tumult, Aufruhr*) scandal, outrage, uproar: bei der Aufführung des neuen Stückes hat es einen ~ gegeben the performance of the new play caused an outrage (*od.* quite an uproar). - **3.** (*Krach*) row: als er sah, daß sein Wagen einen Kratzer hatte, machte er einen großen ~ he kicked up an awful (*od.* a hell of a) row when he saw that his car was scratched (*colloq.*). - **4.** (*Schande, Schmach*) disgrace, shame, scandal: das ist ein ~, wie sie sich benimmt it's a disgrace the way she behaves, her behavio(u)r is a disgrace (*od.* is disgraceful). — ~**af,fä·re** *f* scandalous affair. — ~**blatt** *n print. contempt.* scandal sheet. — ~**chro·nik** *f* chronique scandaleuse, chronicle of scandal. — ~**ge,schich·te** *f* (piece of) scandal (*od.* gossip): ~n verbreiten to spread scandal.

skan·da·lie·ren [skanda'li:rən] *v/i* ⟨no ge-, h⟩ *obs. for* lärmen.

skan·da·lös [skanda'lø:s] *adj* **1.** (*einen Skandal erregend*) scandalous: ~e Affäre scandalous affair. - **2.** (*empörend*) scandalous, outrageous, shocking, disgraceful: sein Betragen ist ~ his behavio(u)r is outrageous; das sind ~e Zustände those are scandalous goings-on (*colloq.*).

Skan'dal|pres·se *f print.* gutter press. — ~**sucht** *f* craze for (spreading) scandal. — **s~süch·tig** *adj* fond of (spreading) scandal, scandalmongering: ~e Person scandalmonger. — **s~um,wit·tert** *adj* (*Person*) tainted by rumors (*bes. Br.* rumours) of scandal.

skan·die·ren [skan'di:rən] **I** *v/t* ⟨no ge-, h⟩ **1.** (*Verse*) scan. - **II** *v/i* **2.** scan. - **III** S~ *n* ⟨-s⟩ **3.** *verbal noun.* - **4.** *cf.* Skandierung. — **skan'die·rend I** *pres p.* - **II** *adj* (*Sprechweise*) scanning, syllabic. - **III** *adv* ~

sprechen to syllabize. — **Skan'die·rung** *f* ⟨-; -en⟩ **1.** *cf.* Skandieren. - **2.** scansion.

Skan·di·na·ve [skandi'na:və] *m* ⟨-n; -n⟩, **Skan·di'na·vi·er** [-viər] *m* ⟨-s; -⟩ Scandinavian. — **Skan·di'na·vie·rin** *f* ⟨-; -nen⟩ Scandinavian (woman *od.* girl). — **skan·di'na·visch** [-vɪʃ] **I** *adj* Scandinavian. - **II** *ling.* S~ ⟨generally undeclined⟩, das S~e ⟨-n⟩ Scandinavian, the Scandinavian languages *pl*.

Skan·di·um ['skandium] *n* ⟨-s; no pl⟩ *chem. cf.* Scandium.

Ska·po·lith [skapo'li:t; -'lɪt] *m* ⟨-s *od.* -en; -e(n)⟩ *min.* scapolite.

Ska·pu·lier [skapu'li:r] *n* ⟨-s; -e⟩ *röm.kath.* (*Teil der Ordenstracht*) scapular(y).

Ska·ra·bä·us [skara'bɛ:us] *m* ⟨-; -bäen⟩ **1.** *zo.* a) scarabaeus sacer, b) (*Mistkäfer*) scarab(ee), dung beetle (*Fam. Scarabaeidae*). - **2.** (*Amulett, altägypt. Siegel*) scarab(aeus).

Ska·ra·muz [skara'muts] *m* ⟨-es; -e⟩ (*theater*) Scaramouch(e).

ska·ri·fi·zie·ren [skarifi'tsi:rən] *med.* **I** *v/i u. v/t* ⟨no ge-, h⟩ **1.** scarify. - **II** S~ *n* ⟨-s⟩ **2.** *verbal noun.* - **3.** scarification.

Skarn [skarn] *m* ⟨-s; -e⟩ *geol.* skarn.

Skat [ska:t] *m* ⟨-(e)s; -e *u.* -s⟩ **1.** ⟨only *sg*⟩ (*Kartenspiel*) skat, scat: ~ spielen (*od. colloq.* dreschen, klopfen) to play skat. - **2.** (*beiseite gelegte Karten*) discard. — ~**bru·der** *m colloq.* skat (*od.* scat) mate.

ska·ten ['ska:tən] *v/i* ⟨h⟩ *colloq.* play skat (*od.* scat). — '**Ska·ter** *m* ⟨-s; -⟩ skat (*od.* scat) player.

Ska·tol [ska'to:l] *n* ⟨-s; no pl⟩ *chem.* skatole, *auch* skatol, scatole, β-methyl-indole (C_9H_9N).

'**Skat|spiel** *n* (*games*) **1.** game of skat (*od.* scat). - **2.** pack of skat (*od.* scat) cards. — ~**spie·ler** *m* skat (*od.* scat) player.

'**Skeet,schie·ßen** [ˈskiːt-] *n* (*sport*) skeet.

Ske·le·ton ['skɛlətɔn; 'skɛlətən] *m* ⟨-s; -s⟩ (*sport*) (*niedriger Rennschlitten*) skeleton.

Ske·lett [ske'lɛt] *n* ⟨-(e)s; -e⟩ **1.** *med. zo.* skeleton: ein menschliches ~ a human skeleton; er ist das reinste ~, er ist zum ~ abgemagert *fig. colloq.* he is like a skeleton, he is nothing but skin and bone. - **2.** (*tragendes Gerüst*) skeleton, framework: ~ aus Stahl steel skeleton. - **3.** *fig.* (*Grundriß*) outline, skeleton: der Plan ist im ~ vorhanden the plan is finished in the outline (*od.* in the rough). — **s~ar·tig** *adj* like a skeleton, skeletal. — ~**bau** *m* ⟨-(e)s; no pl⟩, ~**bau,wei·se** *f civ.eng.* skeleton construction (*od.* structure). — ~**be,schrei·bung** *f med.* skeletography. — ~**form** *f med.* type of skeleton.

ske·let·tie·ren [skele'ti:rən] *v/t* ⟨no ge-, h⟩ *med.* skeletonize *Br. auch* -s-. — **Ske·let'tie·rung** *f* ⟨-; -en⟩ skeletonization *Br. auch* -s-.

Ske'lett|mus·ku·la,tur *f med.* skeletal muscles *pl*. — ~**schrift** *f print.* skeletonface type.

Skep·sis ['skɛpsɪs] *f* ⟨-; no pl⟩ **1.** scepsis, *bes. Am.* skepsis, scepticism, *bes. Am.* skepticism, *auch* unbelief: er begegnete dem Vorschlag mit äußerster ~ he treated the suggestion with the utmost scepsis, he was very sceptical about the suggestion. - **2.** *philos.* Pyrrhonism.

Skep·ti·ker ['skɛptikər] *m* ⟨-s; -⟩ **1.** sceptic, *bes. Am.* skeptic. - **2.** *philos.* Pyrrhonist.

skep·tisch ['skɛptɪʃ] **I** *adj* **1.** sceptical, *bes. Am.* skeptical, incredulous: er machte ein ~es Gesicht he looked sceptical; er war noch sehr ~, ob es gelänge he was still very sceptical about (*od.* of) its success. - **2.** *philos.* Pyrrhonic. - **II** *adv* **3.** sceptically: er betrachtete den Himmel ~ he looked at the sky sceptically; einer Sache ~ gegenüberstehen, eine Sache ~ betrachten to be sceptical about (*od.* of) s.th., to take a sceptical view of s.th.; er beurteilte die Lage eher ~ he took a sceptical view of (*od.* was rather sceptical about) the situation.

Skep·ti·zis·mus [skɛpti'tsɪsmus] *m* ⟨-; no pl⟩ **1.** scepticism, *bes. Am.* skepticism, scepsis, *bes. Am.* skepsis, incredulousness, incredulity. - **2.** *philos.* Pyrrhonism.

Sketch [skɛtʃ] *m* ⟨-(es); -e(s) *od.* -s⟩ (*im Kabarett etc*) sketch.

Ski [ʃi:] *m* ⟨-s; -er, *rare* -⟩ (*sport*) ski: ~ fahren (*od.* laufen) to ski; auf ~ern on ski(s). — ~**ab,fahrt** *f* ski run. — ~**an,zug** *m* ski suit.

Skia·skop [skia'sko:p] *n* ⟨-s; -e⟩ (*optics*)

skiascope, retinoscope. — **Skia·sko'pie** [-sko'pi:] *f* ⟨-; *no pl*⟩ skiaskopy, skiametry.
'**Ski**|**aus·rü·stung** *f* (*sport*) ski outfit (*od.* equipment). — ~**bin·dung** *f* ski binding. — ~**bob** *m* ski bob. — ~**bob·fah·rer** *m* ski bobber. — ~**bruch·ver·si·che·rung** *f* econ. ski-breakage insurance. — ~**fah·ren** *n* (*sport*) skiing. — ~**fah·rer** *m*, ~**fah·re·rin** *f* skier, *Am. auch* skiier.
Skiff [skɪf] *n* ⟨-(e)s; -e⟩ (*sport*) skiff, *Am.* single shell.
'**Ski**|**flie·gen** *n* (*sport*) *cf.* Skiflug. — ~**flie·ger** *m* ski flyer. — ~**flug** *m* **1.** ski flying. — **2.** ski-flying competition. — ~**flug·schan·ze** *f* ski-flying hill. — ~**ge·biet** *n* ski(ing) area. — ~**ge·län·de** *n* **1.** *cf.* Skigebiet. — **2.** (ski) slope(s *pl*): ein leichtes ~ easy (ski) slopes. — ~**ha·serl** [-ˌhaːzərl] *n* ⟨-s; -(n)⟩ *colloq.* ski bunny. — ~**ho·se** *f* ski(ing) trousers *pl* (*Am. auch* pants *pl sometimes construed as sg*). — ~**hüt·te** *f* ski hut (*bes. Am.* lodge). — ~**kjö·ring** [-ˌjøːrɪŋ] *n* ⟨-s; -s⟩ (*sport*) skijoring, skiöring. — ~**kurs**, ~**kur·sus** *m* ski(ing) course. — ~**lang·lauf** *m* cross-country skiing. — ~**lang·läu·fer** *m*, ~**lang·läu·fe·rin** *f* cross-country skier (*Am. auch* skiier). — ~**lauf** *m* skiing. — ~**lau·fen** *n* skiing. — ~**läu·fer** *m*, ~**läu·fe·rin** *f* skier, *Am. auch* skiier. — ~**leh·rer** *m* ski(ing) instructor. — ~**lift** *m* ski lift. — ~**mei·ster·schaft** *f* meist *pl* ski championship: Alpine [Nordische] ~en Alpine [Nordic] ski championships.
'**Skin-Ef·fekt** ['skɪn-] *m* electr. skin effect.
Skink [skɪŋk] *m* ⟨-(e)s; -e⟩ meist *pl zo.* skink, scincus (*scient.*) (*Fam. Scincidae*).
'**Ski**|**ren·nen** *n* (*sport*) **1.** ski racing. — **2.** ski race. — ~**renn·fah·rer** *m*, ~**renn·fah·re·rin** *f* ski racer. — ~**schan·ze** *f cf.* Sprungschanze. — ~**schuh** *m* meist *pl* ski boot. — ~**schu·le** *f* ski(ing) school. — ~**schwung** *m* turn (on skis). — ~**spit·ze** *f* ski tip. — ~**sport** *m* skiing. — **s**~**sport·be·gei·stert** *adj* enthusiastic about skiing, ski-happy (*colloq.*). — ~**sprin·gen** *n* **1.** ski jumping. — **2.** ski-jumping competition. — ~**sprin·ger** *m* ski jumper. — ~**sprung** *m cf.* Skispringen. — ~**spur** *f* ski tracks *pl.* — ~**stie·fel** *m* meist *pl* ski boot. — ~**stock** *m* meist *pl* ski pole (*od.* stick). — ~**wachs** *n* ski wax. — ~**wan·de·rung** *f* ski tour.
Skiz·ze ['skɪtsə] *f* ⟨-; -n⟩ **1.** (*vereinfachte Zeichnung*) sketch, rough drawing, outline: eine ~ von etwas machen (*od.* entwerfen, anfertigen) to make a sketch of s.th., to sketch s.th. — **2.** (*Rohentwurf*) draft, outline, sketch (plan): nach einer ~ arbeiten to work to a draft. — **3.** (*Kartenskizze*) sketch map. — **4.** (*kurze, mündliche Darstellung*) outline, sketch: er gab eine kurze ~ von dem Film he gave a short outline of the film. — **5.** (*literature*) (*fragmentarische Kurzgeschichte*) sketch. — **6.** tech. draft.
'**Skiz·zen**|**block** *m* ⟨-(e)s; -s⟩ sketch block, sketching pad. — ~**buch** *n* sketchbook. — **s**~**haft** *adj* sketchy, in rough outlines. — ~**map·pe** *f* sketchbook. — ~**samm·lung** *f* collection of sketches. — ~**zeich·ner** *m* sketcher.
skiz·zie·ren [skɪ'tsiːrən] **I** *v/t* ⟨*no* ge-, h⟩ **1.** (*mit wenigen Strichen*) sketch, make a sketch of, outline, *Br.* rough-draw: etwas in groben Umrissen ~ *auch* fig. to make a rough sketch of s.th. — **2.** fig. (*umreißen*) outline, sketch, trace (out): er skizzierte den Inhalt des Buches he outlined the contents of the book. — **3.** fig. (*entwerfen*) sketch, outline, make a rough draft of: einen Vortrag nur flüchtig ~ to sketch a lecture briefly. — **II S**~ *n* ⟨-s⟩ **4.** verbal noun. — **Skiz'zie·rer** *m* ⟨-s; -⟩ sketcher. — **Skiz'zie·rung** *f* ⟨-; -en⟩ *cf.* Skizzieren.
Skla·ve ['sklaːvə; 'sklaːfə] *m* ⟨-n; -n⟩ slave (*auch* fig.): mit ~n handeln to trade in slaves; j-n zum ~n machen *auch* fig. to make a slave of s.o., to enslave s.o.; er ist ein ~ seiner Arbeit [Gewohnheiten] fig. he is a slave to (*od.* of) (*od.* thrall to) his work [habits]; zum ~n der modernen Technik werden fig. to become the slave of modern technology.
'**Skla·ven**|**ar·beit** *f* **1.** slave labor (*bes. Br.* labour). — **2.** fig. contempt. slavery, drudgery. — ~**auf·stand** *m* slave rebellion (*od.* revolt). — ~**be·frei·ung** *f* emancipation of slaves. — ~**be·sit·zer** *m cf.* Sklavenhalter 1. — ~**dienst** *m* slavery. — ~**hal·ter** *m* **1.** hist. slaveholder, *Br.* slave-holder, slave

owner, slaver. – **2.** *pl zo.* (*Ameisen*) slave-making ants, slave-makers. — ~**han·del** *m* slave trade, blackbirding (*sl.*): ~ treiben to engage in slave trade. — ~**händ·ler** *m* slave trader, slaver. — ~**krieg** *m antiq.* Servile War. — ~**kü·ste** *f* hist. Slave Coast. — ~**markt** *m* slave market. — ~**mo·ral** *f* contempt. slave morality. — ~**schiff** *n* hist. slave ship, slaver. — ~**see·le** *f* contempt. slavish (*od.* servile) person. — ~**staa·ten** *pl Am. hist.* slave states.
'**Skla·ven·tum** *n* ⟨-s; *no pl*⟩ *cf.* Sklaverei 2.
Skla·ve'rei *f* ⟨-; *no pl*⟩ **1.** slavery: in ~ geraten to fall into slavery; j-n in die ~ führen to lead s.o. into slavery, to make s.o. a slave, to enslave s.o.; Gegner der ~ abolitionist. – **2.** fig. slavery, thral(l)dom. – **3.** fig. (*harte Arbeit*) slavery, drudgery.
'**Skla·vin** *f* ⟨-; -nen⟩ (female) slave.
'**skla·visch I** *adj* slavish, servile: ~e Abhängigkeit (von) slavery (to), slavish dependence ([up]on); ~e Nachahmung slavish (*od.* servile) imitation; diese Haltung ist geradezu ~ this attitude is almost slavish; ~e Gesinnung servility, slavishness. – **II** *adv* slavishly, servilely: etwas ~ nachahmen to imitate s.th. slavishly; sich ~ an die Vorschriften halten to keep slavishly to the rules. – **III S**~**e**, das ⟨-n⟩ the slavishness.
Skle·ra ['skleːra] *f* ⟨-; -ren⟩ med. (*des Auges*) sclerotic coat; sclera, sclerotica (*scient.*).
Skle·ri·tis [skle'riːtɪs] *f* ⟨-; -tiden [-ri'tiːdən]⟩ med. scleritis.
Skle·ro·der·mie [sklerodɛr'miː] *f* ⟨*no pl*⟩ sclerodermi(i)a, sclerodermatitis, sclerodermitis.
Skle·ro·me·ter [sklero'meːtər] *n* ⟨-; -⟩ min. sclerometer.
Skle·ro·pro·te·in [skleroprote'iːn] *n* chem. (*Gerüsteiweiß*) scleroprotein, *auch* albuminoid.
Skle·ro·se [skle'roːzə] *f* ⟨-; -n⟩ med. sclerosis: multiple ~ multiple (*od.* disseminated) sclerosis. — **skle·ro'sie·ren** [-ro'ziːrən] *v/i* ⟨*no* ge-, h⟩ sclerose, harden, indurate. — **skle'ro·tisch** [-tɪʃ] *adj* sclerotic, sclerosal, sclerous.
Skle·ro·ti·um [skle'roːtsɪum] *n* ⟨-; -tien⟩ bot. sclerotium.
Sko·lex ['skoːlɛks] *m* ⟨-; -lizes [-litsɛs]⟩ (*Bandwurmkopf*) scolex.
Sko·li·on ['skoːlĭɔn] *n* ⟨-; -lien⟩ antiq. scolion, *auch* skolion.
Sko·li·o·se [sko'lĭoːzə] *f* ⟨-; -n⟩ med. lateral curvature of the spine, scoliosis (*scient.*).
Sko·lo·pen·der [skolo'pɛndər] *m* ⟨-s; -⟩ zo. cf. Hundertfüßer.
skon·tie·ren [skɔn'tiːrən] *v/t* ⟨*no* ge-, h⟩ econ. allow (*od.* grant) a discount of (*od.* from): einen Betrag von 10 Mark ~ to deduct a (cash) discount of 10 marks; eine Rechnung ~ to deduct a (cash) discount from a bill.
Skon·to ['skɔnto] *m, n* ⟨-s; -s, rare Skonti⟩ econ. (cash) discount: (auf *acc* etwas) ~ einräumen (*od.* gewähren) to allow (*od.* grant, accord) a (cash) discount (on s.th.); (von etwas) ~ abziehen to deduct a (cash) discount (from s.th.), to take a (cash) discount (off s.th.); abzüglich ~ less (*od.* minus) cash discount. — ~**ab·zug** *m* (cash) discount. — ~**ge·wäh·rung** *f* discount, granting (*od.* allowance) of a discount. — ~**schin·de·rei** *f* contempt. discount piracy.
Skon·tra·ti·on [skɔntra'tsĭoːn] *f* ⟨-; -en⟩ econ. (*in der Lagerbuchführung*) making entries in a stock book (or list) of incomings and outgoings. — **skon'trie·ren** [-'triːrən] *v/i* ⟨*no* ge-, h⟩ make (adjusting) entries in a stock book (*od.* list). — '**Skon·tro** [-tro] *n* ⟨-s; Skontren⟩ stock book (*list of incomings and outgoings of effects, foreign currency, stocks etc*).
Sko·pol·amin [skopola'miːn] *n* ⟨-s; *no pl*⟩ chem. med. pharm. scopolamine, *auch* hyoscine ($C_{17}H_{21}NO_4$).
Skor·but [skɔr'buːt] *m* ⟨-(e)s; *no pl*⟩ med. scurvy, scorbutus. — **s**~**ähn·lich** *adj* scurvylike, scorbutuslike.
skor'bu·tisch *adj* scorbutic, *auch* scorbutical.
Skor'but|**kran·ke** *m, f* patient with scurvy, scorbutic.
Skor·da·tur [skɔrda'tuːr] *f* ⟨-; *no pl*⟩ mus. scordatura.

Skor·pi·on [skɔr'pĭoːn] *m* ⟨-s; -e⟩ **1.** zo. scorpion (*Ordng Scorpionida*). – **2.** ⟨*only sg*⟩ astr. Scorpio(n), Scorpius. – **s**~**ähn·lich**, **s**~**ar·tig** *adj zo.* scorpioid.
Skor·pi·ons|**fisch** *m zo. cf.* Drachenkopf 3a. — ~**flie·ge** *f* scorpion fly (*Gattg Panorpa*).
Skor·pi·on|**spin·ne** *f zo.* scorpion spider, pedipalp (*scient.*) (*Ordng Pedipalpi*). — ~**sta·chel** *m* scorpion sting, telson.
Sko·te ['skoːtə] *m* ⟨-n; -n⟩ hist. Scot.
Sko·tom [sko'toːm] *n* ⟨-s; -e⟩ med. scotoma.
Skri·bent [skri'bɛnt] *m* ⟨-en; -en⟩ contempt. scribbler (*colloq.*), hack.
Skript[1] [skrɪpt] *n* ⟨-(e)s; -s⟩ (*Film-, Funkmanuskript*) script.
Skript[2] *n* ⟨-(e)s; -en⟩ ped. lecture notes *pl.*
'**Skript·girl** *n* (*film*) script girl.
Skrip·tum ['skrɪptum] *n* ⟨-s; -ten, -ta [-ta]⟩ **1.** (*Manuskript*) (manu)script. – **2.** ped. cf. Skript[2].
'**skro·fel·ar·tig** *adj* med. scrofulous. — **Skro·feln** ['skroːfəln] *pl* scrofula *sg*, king's evil *sg.*
skro·fu·lös [skrofu'løːs] *adj* med. scrofulous.
Skro·fu·lo·se [skrofu'loːzə] *f* ⟨-; -n⟩ med. scrofula, king's evil.
skro·tal [skro'taːl] *adj* med. scrotal. — **S**~**her·nie** *f* scrotal hernia, scrotocele. — **S**~**sack** *m* scrotum.
Skro·tum ['skroːtum] *n* ⟨-s; Skrota [-ta]⟩ med. (*Hodensack*) scrotum.
Skrubs [skraps; skrʌbz] (*Engl.*) *pl* (*minderwertige Tabakblätter*) scrubs.
Skru·pel ['skruːpəl] *m* ⟨-s; -⟩ meist *pl* scruple, qualm: ~ haben, sich (*dat*) ~ machen (über *acc* about) to have (one's) scruples, to scruple; keine ~ kennen to have (*od.* know) no scruples; sie handelte ohne (jeden) ~ she acted without scruple; es kamen ihm ~ he began to have scruples (*od.* qualms).
'**skru·pel·los I** *adj* unscrupulous, without scruple, unconscionable: ein ~er Mensch a man of no scruples, an unprincipled person. – **II** *adv* sich ~ über (*acc*) etwas hinwegsetzen to disregard s.th. without scruple. — '**Skru·pel·lo·sig·keit** *f* ⟨-; *no pl*⟩ unscrupulousness.
Skru·ti·ni·um [skru'tiːnĭum] *n* ⟨-s; -nien⟩ röm.kath. scrutiny.
Skua ['skuːa] *f* ⟨-; -⟩ zo. great skua (*Stercorarius skua*).
Skull [skul] *n* ⟨-s; -s⟩ meist *pl* (*Ruder*) scull. — ~**boot** *n* (*sport*) sculler, sculling boat.
'**skul·len** *v/i* u. *v/i* ⟨h⟩ (*sport*) scull.
'**Skul·ler** *m* ⟨-s; -⟩ (*sport*) **1.** *cf.* Skullboot. – **2.** (*Person*) sculler.
skulp·tie·ren [skulp'tiːrən] *v/t* ⟨*no* ge-, h⟩ (*art*) sculpture.
Skulp·tur [skulp'tuːr] *f* ⟨-; -en⟩ (*art*) (piece of) sculpture. — **Skulp'tu·ren·samm·lung** *f* collection of sculptures.
skulp·tu·rie·ren [skulptu'riːrən] *v/t* ⟨*no* ge-, h⟩ (*art*) sculpture.
Skunk[1] [skuŋk] *m* ⟨-s; -e, auch -s⟩ zo. skunk (*Unterfam. Mephitinae*).
Skunk[2] *m* ⟨-s; -s⟩ (*Pelz*) skunk.
skur·ril [sku'riːl] *adj* **1.** (*possenhaft*) ludicrous, farcical. – **2.** (*bizarr*) peculiar, odd, bizarre. — **Skur·ri·li'tät** [-rili'tɛːt] *f* ⟨-; -en⟩ **1.** (*Possenhaftigkeit*) ludicrousness, farcicalness, farcicality. – **2.** (*Bizarrerie*) peculiarity, oddity, bizarreness.
S-Kur·ve ['ɛs-] *f* (*einer Straße*) S-bend, *bes. Am.* S-curve, double hairpin bend (*bes. Am.* curve).
Sky·ba·lum ['skyːbalum] *n* ⟨-s; -bala [-la]⟩ meist *pl* med. (*Kotballen*) scybalum.
'**Skye·ter·ri·er** ['skaɪ-] *m zo.* Skye terrier, *auch* Skye Terrier.
Sky·light ['skaɪˌlaɪt] (*Engl.*) *n* ⟨-s; -s⟩ mar. (*Oberlicht*) skylight.
Sky·line ['skaɪˌlaɪn] (*Engl.*) *f* ⟨-; -s⟩ (*Silhouette, Horizontlinie*) skyline.
Skyl·la ['skyla] *npr f* ⟨-; *no pl*⟩ myth. cf. Szylla.
Sky·the ['skyːtə] *m* ⟨-n; -n⟩ Scythian. — '**sky·thisch** *adj* scythian.
Sla·lom ['slaːlɔm] *m* ⟨-s; -s⟩ (*beim Ski- u. Kanusport*) slalom. — ~**fah·rer** *m*, ~**fah·re·rin** *f* (*beim Kanusport*) slalom canoeist. — ~**kurs** *m* (*beim Ski- u. Kanusport*) cf. Slalomstrecke. — ~**läu·fer** *m*, ~**läu·fe·rin** *f* (*beim Skisport*) slalom racer. — ~**stan·ge** *f* (*beim Ski- u. Kanusport*) slalom pole. — ~**strecke** (getr. -k·k-) *f* slalom course. — ~**tor** *n* slalom gate.
Slang [slɛŋ; slæŋ] (*Engl.*) *m* ⟨-s; -s⟩ ling. slang.

Sla·we ['slɑːvə] m ⟨-n; -n⟩ Slav.

'Sla·wen·tum n ⟨-s; no pl⟩ Slavism, auch Slavicism.

'Sla·win f ⟨-; -nen⟩ Slav (woman od. girl).

'sla·wisch I adj Slavic, Slavonic: ～e Sprachen ling. Slavic sg, Slavonic sg, Slavic (od. Slavonic) languages. – **II** ling. **S～** ⟨generally undeclined⟩, **das S～e** ⟨-n⟩ Slavic, Slavonic, the Slavic (od. Slavonic) languages pl.

sla·wi·sie·ren [slavi'ziːrən] v/t ⟨no ge-, h⟩ slavicize, slavize, auch slavonize, slavonicize.

Sla·wis·mus [sla'vɪsmʊs] m ⟨-; -men⟩ ling. Slavism, auch Slavicism.

Sla·wist [sla'vɪst] m ⟨-en; -en⟩ ling. Slavicist, Slavist.

Sla·wi·stik [sla'vɪstɪk] f ⟨-; no pl⟩ ling. study of Slavic (od. Slavonic) languages and literatures.

Sli·bo·witz ['sliːbovɪts] m ⟨-(es); -e⟩ (Pflaumenschnaps) slivovitz, auch slivowitz, slivovic.

Slip [slɪp] m ⟨-s; -s⟩ **1.** (beinlose Männerunterhose) briefs pl, bes. Br. pants pl (sometimes construed as sg). – **2.** (beinloser Damenschlüpfer) pants pl (sometimes construed as sg), briefs pl, panties pl (colloq.). – **3.** econ. (Abrechnungsbeleg, Formularstreifen, bes. bei Bank- u. Börsengeschäften) slip. – **4.** mar. cf. Schlipp. – **5.** aer. (side)slip.

Sli·pon ['slɪpɔn] m ⟨-s; -s⟩ (fashion) raglan.

Slip·per ['slɪpər] m ⟨-s; -s⟩ **1.** (flacher Schuh ohne Schnürung) slip-on, slipper. – **2.** Austrian (man's) sports coat.

Sli·wo·witz ['sliːvovɪts] m ⟨-(es); -e⟩ cf. Slibowitz.

Slo·gan ['sloːgən; 'slougən] (Engl.) m ⟨-s; -s⟩ bes. econ. (in der Werbung) slogan.

Slop [slɔp] m ⟨-s; -s⟩ (Modetanz) slop.

Slo·wa·ke [slo'vaːkə] m ⟨-n; -n⟩ Slovak, auch Slovakian, Slovac.

slo·wa·kisch I adj Slovak(ian), Slovac. – **II** ling. **S～** ⟨generally undeclined⟩, **das S～e** ⟨-n⟩ Slovak, auch Slovakian, Slovac.

Slo·we·ne [slo'veːnə] m ⟨-n; -n⟩, **Slo·'we·ni·er** [-niər] m ⟨-s; -⟩ Slovene. — **slo·'we·nisch** [-nɪʃ] **I** adj Slovene, Slovenian. – **II** ling. **S～** ⟨generally undeclined⟩, **das S～e** ⟨-n⟩ Slovene, Slovenian.

Slow·fox ['sloːfɔks; 'slou-] (Engl.) m ⟨-(es); -e⟩ (Tanz) slow fox-trot.

'Slum·be,woh·ner ['slam-; 'slʌm-] (Engl.) m slumdweller.

Slums [slams; slʌmz] (Engl.) pl (Elendsviertel) slums.

Slup [slup] f ⟨-; -s⟩ mar. (Schaluppe) sloop.

Smal·te ['smaltə] f ⟨-; -n⟩ cf. Schmalte.

Sma·ragd [sma'rakt] m ⟨-(e)s; -e⟩ min. emerald, smaragd. — **～ei·dech·se** f zo. green lizard (Lacerta viridis).

sma'rag·den [-dən] adj **1.** (of) emerald. – **2.** (smaragdfarben) emerald(-green), smaragdine.

sma'ragd|,far·ben adj emerald(-green), smaragdine. — **～,grün I** adj emerald(-green), smaragdine. – **II S～** n emerald (green), Guignet's green.

smart [smart; smɑːt] (Engl.) adj ⟨-er; -est⟩ **1.** (gewandt u. durchtrieben) smart, clever. – **2.** (elegant) smart, chic.

Smeg·ma ['smegma] n ⟨-(s); no pl⟩ med. (Drüsenabsonderung) smegma, sebum praeputiale.

SM-,Ofen [ɛs'ʔɛm-] m metall. cf. Siemens-Martin-Ofen.

Smog [smɔk; smɔg] (Engl.) m ⟨-(s); -s⟩ (Nebelrauch) smog.

'Smok,ar·beit f (an Kleidern etc) smocking. — **smo·ken** ['smoːkən] v/t ⟨h⟩ (Kleider etc) smock.

Smo·king ['smoːkɪŋ] m ⟨-s; -s, Austrian auch -e⟩ dinner jacket (Am. auch coat), bes. Am. tuxedo.

Smör·re|bröd ['smœrə,brøːt] n ⟨-s; -s⟩, **～,brot** n open sandwich.

Smut·je ['smutjə] m ⟨-s; -s⟩ mar. (Schiffskoch) ship's cook, doctor (sl.).

'Smyr·na,tep·pich ['smyrna-] m Smyrna (carpet).

'Snack,bar ['snɛk-; 'snæk,bɑː] (Engl.) f ⟨-; -s⟩ (Imbißstube) snack bar.

Snob [snɔp; snɔb] (Engl.) m ⟨-s; -s⟩ contempt. snob. — **Sno·bis·mus** [sno'bɪsmʊs] m ⟨-; -men⟩ snobbery, snobbism, snobbishness. — **sno·bi·stisch** [sno'bɪstɪʃ] adj snobbish, snobby.

so [zoː] **I** adv **1.** (auf diese Art u. Weise) so, like this (od. that), (in) this way, thus: er macht das bald ～, bald ～ (od. einmal ～,

einmal ～, colloq. mal ～, mal ～) he does it now this way now that way (od. sometimes this way, sometimes that way); man kann die Aufgabe ～ oder ～ lösen one can solve the problem either this way or that (od. the other); ich werde ihn ～ oder ～ noch sehen I'll see him anyway (od. in any case, at any rate); und ～ weiter, auch und ～ fort and so on, and so forth; nur ～ kann der Plan gelingen this is the only way to make the plan succeed (od. a success); only thus can the plan be made a success; das war nicht persönlich gemeint! — ich habe es auch nicht ～ aufgefaßt that wasn't meant personally. — I didn't take it that way (either); ich lasse mich von dir nicht ～ behandeln! du kannst mich nicht ～ behandeln! I won't let you treat me like that! ～ habe ich die Sache noch nie betrachtet I've never looked at it that way (od. in that light) before; darüber denke ich ～ wie du I feel the same way about it as you (do), I think so too; ja, ～ geht es (od. colloq. ～ geht's)! a) (so funktioniert es) that's all right (od. colloq. okay) now (od. like that), b) (so geht es an) it will (have to) do (like that), c) (so geht es im Leben zu) such is life! that's life! that's the way it goes! (colloq.); ～ (geht das) nicht! that won't do! you can't do it that way! that's not the way to do it! that's not how it's done! ～ geht es, wenn man zu voreilig ist! that('s what) comes from being too rash; ich muß ～ handeln, wie ich es für richtig halte I must do what I think is right, I must act as (od. the way) I think (is) right; er kommt überall ～ herein colloq. (umsonst) he gets in everywhere without paying, he just walks in everywhere (colloq.); und ～ kam es, daß and so (od. thus) happened that; das mußte ja eines Tages (od. einmal) ～ kommen! that was bound to happen some day! things had to turn out like that some day! wenn du mir ～ kommst, wirst du bei mir gar nichts erreichen! colloq. if you speak to me like that you won't get far (od. anywhere) with me! ～ sollte der mir mal kommen! colloq. I'd like to see him try (anything like) that on me! he'd better not try anything like that on me! wie du mir, ～ ich dir tit for tat; das macht man ～! ～ wird das gemacht! that's the way to do it! that's how (od. the way) it's done! ～ habe ich das doch nicht gemeint! I didn't mean it like that (od. that way)! ～ sehen wir uns wieder! thus we meet again! nun sei doch nicht ～! hab dich doch nicht ～! colloq. a) don't make such a fuss! b) (sei nicht so kleinlich) don't be so petty! c) (zier dich nicht) don't be such a prude! na, ich will (ausnahmsweise) mal nicht ～ sein colloq. humor. (nicht kleinlich sein) well, let's not be petty; spricht man ～ mit seinem eigenen Vater? is that the way to speak to one's own father? sie tat nur ～, als ob sie weinte she was only pretending to cry; er tat ～, als sei das ganz selbstverständlich he behaved as if it were quite natural; so konnte nicht länger ～ weitergehen it (od. things) could not go on like that (any longer). – **2.** like this (od. that), this (od. that) way, so: ～ gefällst du mir I like you like that; das ist ein übler Bursche! — ～ sieht er auch aus he's a bad lot! — ～ siehst du aus! das könnte dir ～ passen! colloq. iron. not likely! you've got a hope! (colloq. iron.); bleib ～ wie du bist stay the way (od. as) you are; ～ (und nicht anders) will ich das Kleid haben! I want the dress to be exactly like this! ich habe auch ～ schon genug zu tun! (sowieso, ohnedies) I've enough to do as it is! kann ich ～ kommen oder muß ich mich (erst) umziehen? can I come like this (od. the way I am) or do I have to change? ich habe alles ～ gelassen, wie es war I left everything just (od. exactly) as (od. the way) it was; (das ist) gut [recht] ～! ～ ist es gut [recht]! (that's) good [right]! sie sind nicht mehr befreundet, und das ist auch gut ～ they aren't friends anymore and it's just as well; es ist besser ～ it is better ～ (od. that way); ～ ist das Leben! ～ ist es (nun einmal) im Leben! such is life! that's life! life is like that! ist das (wirklich) ～? is it

really like that? is it really that way? is that so? ～ ist das also! also ～ ist das! so that's how (od. the way) it is! ja, wenn das ～ ist, sieht die Sache (natürlich) anders aus if that's how (od. the way) it is, things look different; es war ～, wie er gesagt hatte it was just (od. exactly) as he had said; ～, wie es jetzt ist, kann es nicht bleiben it can't stay as (od. the way) it is now; ～ ist er nun einmal, er ist nun einmal ～ that's just how (od. the way) he is; wie der Vater, ～ der Sohn (Sprichwort) like father, like son (proverb); der eine sagt ～, der andere ～ one says this, the other that; ～ steht es, ～ liegt der Fall that's how it is, that's how things stand, such is the case; ～ wie die Dinge sind the way things are. – **3.** (folgendermaßen) as follows, like this, thus: ich dachte mir das ～ I planned it as follows (od. like this, thus); wir sind ihm schon mal begegnet, und das kam ～ we have already met him (once) — this is how (od. the way) it happened (od. it happened like this); die Sache verhält sich ～ the facts are as follows (od. are thus). – **4.** (in solchem Maße, sehr) so, as ... as (all) that: ～ bald wird er wohl nicht zurück sein, er wird wohl nicht ～ bald zurück sein he won't be back so soon, he won't be back as soon as (all) that; ich habe dir das schon ～ (und ～) oft gesagt! I've told you that so often! ich bin nicht ～ dumm, Ihnen das zu glauben I am not so stupid as (od. I am not stupid enough) to believe you; ～ einfach ist das auch wieder nicht! it isn't as easy as (all) that! it isn't (all) that easy! (colloq.); setzen Sie sich doch! — Danke, ich bin ～ frei take a seat! — Thank you, I will if you don't mind; wir sind ～ froh, daß du endlich da bist! we are so glad that you are here at last! unser Sohn ist schon ～ groß! a) our son is so big, b) our son is that height already! ein ～ großer (od. ～ ein großer) Junge wird doch nicht weinen! a big boy like you doesn't cry! würden Sie wohl ～ gut sein und die Tür schließen? would you please be so kind as (od. would you please be kind enough) to shut the door? können Sie noch ～ lange warten, bis er zurückkommt? can you wait (a while) until he comes back? ich bin ～ müde, daß ich auf der Stelle einschlafen könnte I am so tired that I could go to sleep right here; ～ schlimm wird es schon nicht werden it won't be as bad as that, it won't be that bad (colloq.); etwas ～ Schönes (od. ～ etwas Schönes) habe ich noch nie gesehen! I've never seen anything so lovely (od. as lovely as this); sie hat sich ～ sehr darüber gefreut she was so (very) happy about it; ich wußte nicht, daß es schon ～ spät ist I didn't know that it was so (od. colloq. that) late (od. as late as that) already; der Wein ist gar nicht ～ übel colloq. a) (nicht so schlecht, wie behauptet wird) the wine isn't (all) that bad (od. as bad as all that) (colloq.), b) (recht gut) the wine isn't (half) bad (at all) (colloq.); ich bin schon ～ viele Male vergeblich hier gewesen I've been here in vain so many times already; nicht ～ viel hat all mein Reden genützt! colloq. all my talking hasn't helped anything at all; ich mache mir nicht ～ viel aus ihm colloq. I don't care for him that much (colloq.); er hat ～ viel gegessen, daß ihm jetzt schlecht ist he ate so much that he feels sick now; ～ weit, ～ gut, aber so far so good, but; er ging tatsächlich ～ weit zu behaupten, daß he actually went so far as to assert that; es kam ～ weit, daß ich die Beherrschung verlor it came to the point where I lost (my) control; ich werde es nicht (erst) ～ weit kommen lassen I shan't allow things to come to that; ～ weit kommt es noch! colloq. iron. not likely! no fear! I wouldn't dream of it! ～ weit kommt es noch, daß ich dir bei deinen Aufgaben helfe! colloq. iron. I have no intention of helping you with your homework — no fear! du wirst es noch ～ weit treiben, daß ich dir eine klebe! colloq. you'll keep on until I clout you (one)! (colloq.); ich kann mich noch ～ (sehr) anstrengen (od. und wenn ich mich noch ～ anstrenge), der Erfolg bleibt aus no matter how hard I try, I don't succeed; er beeilte sich ～, daß er noch rechtzeitig ankam he hurried so much that he still arrived in time; **wer wird denn gleich ~ in die Luft gehen!** colloq. who would just fly off the handle (like that)! who would fly off the handle just like that! (beide colloq.); **wir haben ~ (sehr) gelacht!** we laughed so much! we had such fun! **das Boot neigte sich ~ zur Seite, daß es fast kenterte** the boat was listing so much (od. to such a degree, to such an extent) that it almost capsized; **warum rennst du denn ~?** why are you running like that (od. so fast)? what's the rush? (colloq.). – **5.** ~ wie as ... as; ~ wie not as (od. so) as; **das Fenster ist ~ breit wie lang** the window is as broad as it is long; **ich komme ~ früh wie** (od. als) **möglich** I'll come as early as possible; **er ist etwa ~ groß wie sie** he is about as tall as she is; **mein Stück Kuchen ist doppelt ~ groß wie dein(e)s** my piece of cake is twice as big as yours; **eine ~ bekannte Persönlichkeit wie er** a person as well known as he is; **sie meint es nie ~ (böse), wie es sich anhört** she never means it as (bad) as (od. she never means it the way) it sounds; **ich machte es ~ gut (wie) ich konnte** I did it as well as I could; **das Kleid stand mir nicht ~ gut wie ihr** the dress did not suit me as (od. so) well as her, the dress suited me less than her; **~ wahr ich hier stehe, ich weiß es nicht!** as I am standing here, I don't know! **~ wahr mir Gott helfe!** jur. so help me God! – **6.** ~ **gut wie** (fast) next to, virtually, practically, as good as: **du hast ja ~ gut wie nichts gegessen!** you've eaten next to (od. virtually) nothing! **der Posten ist mir ~ gut wie sicher** I am virtually assured of the job; **das Spiel war ~ gut wie gewonnen** the game was as good as won. – **7.** ~ (sehr) ..., ~ as much as: ~ **gerne ich ihn habe, ~ wenig gefällt mir seine Frau** I dislike his wife just as much as I like him. – **8. um ~ ...** all the ..., so much the ...: **um ~ besser!** all the better! so much the better! **wenn du dich etwas mehr anstrengst, wird der Erfolg um ~ größer sein** if you try a bit harder the success will be all the greater; **je früher du damit anfängst, um ~ eher wirst du fertig sein** the sooner you start (doing it), the sooner you'll have it done; **je mehr ich darüber nachdenke, um ~ weniger verstehe ich es** the more I think about it the less I understand it; **wir hatten um ~ weniger Bedenken seinetwegen, als** we had all the less doubts in his case since. – **II** demonstrative pron ⟨invariable⟩ **9.** (solch, derartig) such, like this (od. that), of this (od. that) kind (od. sort): **~ ein Mensch (wie er) ist mir nie wieder begegnet** I have never met a man like him (od. such a man) again; **das ist auch ~ einer, der nie seine Miete bezahlt** colloq. he's one of the sort that never pay their rent (colloq.); **~ einer bist du also!** colloq. so that's the sort you are! **na, du bist mir ja ~ eine!** colloq. you are pretty fly, aren't you? you're a fly one! (beide sl.); **~ ein Kleid würde mir auch stehen!** a dress like that would suit me, too! **bei ~ einem Wetter geht er nicht nach draußen** he doesn't go outdoors in weather like this (od. in such weather); **nein, ~ etwas!** colloq. na, ~ **was!** well, I never (did)! would you believe it! the (very) idea! of all things! **~ etwas ist noch nie dagewesen!** a thing like that (od. such a thing) has never happened before! there has never been anything like that! I've never seen the like of it! Am. that beats everything! Am. that beats the band! **~ etwas an** (od. **von**) **Dummheit gibt es nicht noch einmal!** colloq. you've never seen anything like the stupidity of it! the sheer stupidity of it! **er ist Spezialist für Augenheilkunde oder ~ etwas (Ähnliches)** he is a specialist in ophthalmology or something like that (od. or something of the kind, or something to that effect); **wie kannst du ~ etwas von ihm sagen!** how can you say a thing like that (od. such a thing) about him! **mit ~ etwas können Sie mir doch nicht kommen!** colloq. a) you needn't expect me to believe that! b) don't try that (one) on me! (colloq.). – **10.** (welch) what: **~ ein Trottel!** colloq. what an idiot!

(colloq.); ~ **ein Blödsinn!** what nonsense (od. rubbish)! ~ **etwas Dummes!** what a stupid thing to do! how silly of me! ~ **eine Unverschämtheit von dem Mann!** colloq. the impertinence of that man! – **11.** ~? indeed? really? is that so? **er ist hier. — ~?** he is here. – is he? **sie hat mich schon danach gefragt.** — ~? she has asked me about that already. — has she? **ich sah dich gestern in der Stadt.** — ~? I saw you in town yesterday. — did you? – **III** particle **12.** (nun) well: ~, **meine Herren, wer ist der Nächste?** well, gentlemen, who's next? – **13.** ~ **hör [komm] doch!** (will you) listen [come]! ~ **gehen Sie doch** (od. **schon**) **endlich!** will you go! for heaven's sake, go! why don't you go? – **14.** (also) **so, then:** ~ **ist es wahr, was ich gehört habe?** so it's true (od. then it's true) what I've heard? so it's true (od. then it's true), isn't it! ~ **hast du** (also) **immer noch nicht angefangen?** so you still haven't started? – **15.** (ungefähr) about: **ich komme ~ gegen 8 Uhr** I'll come at 8 o'clock (or so), I'll come eightish (colloq.); **es waren ~ an die hundert (Leute) da** there were about a hundred people there; **sie muß doch schon ~ um die 60 herum sein!** she must be about 60 or so! – **16.** (in Wendungen wie) ~ **mancher hat sich (schon) durch ihr Äußeres täuschen lassen** many a man has been misled by her outward appearance; **das soll ~ eine Art Kuchen werden** that is supposed to turn out a sort of cake (od. kind of a cake); **er kommt da ~ mir nichts dir nichts herein!** colloq. he just walks in like that! **sie summte ~ vor sich hin, als she was humming away (to herself) when; **das sagen Sie ~ (in Ihrem jugendlichen Leichtsinn)!** colloq. it's easy for you to talk (od. say that)! ~ **ohne weiteres geht das aber nicht!** it won't be that easy! (colloq.); **geht es dir gut? — na, was man ~ gut nennt!** are you well? — oh, reasonably well! **ich habe ~ meine Erfahrungen mit dem Verleihen von Büchern** I know what it's like to lend books; **ich habe ~ eine Ahnung, daß es schiefgehen wird** I have a feeling that it will turn out badly; **ich habe ~ das Gefühl** (od. **mir ist ~**), **als hätte ich etwas vergessen** I have the feeling that I have forgotten something, I feel as if I had forgotten something; **die Arbeit hier hat auch ~ ihre Schattenseiten** the work here (also) has its drawbacks; **diese Antwort ist nicht ~ ganz richtig** this answer is not quite right; **das kommt ja nicht ~ von ungefähr!** it's not without cause (od. a reason)! it's not just pure chance! **mein Geld reicht noch ~ eben bis Monatsende** I have (only) just enough money to keep me going until the end of the month; **diesmal sind wir noch gerade ~ davongekommen!** we had a narrow escape (od. squeak) this time! it was a near thing (od. a close [od. narrow] shave) this time! **das ist nun einmal ~ seine Art** that's just his manner; **der Wind fegte nur ~ um unser Zelt** the wind was just (od. simply) raging round our tent; **ich habe das (doch) nur ~ gesagt!** a) (ohne besondere Bedeutung) I just said it like that (without meaning anything in particular)! b) (ich habe es nicht so gemeint) I didn't (really) mean it **weshalb tust du das?** — (ach,) **nur ~!** why are you doing this? — well, just so! **warum fragst du?** — (ach,) **nur ~!** why do you ask? — it just struck (od. occurred to) me! **er gefällt mir ~ (weit) recht gut, aber** I like him quite well, but; **ich fühle mich nicht ~ recht wohl** I don't feel very well; **na, Ihr Auto will wohl nicht ~ recht, was?** colloq. your car is not in the mood today, is it? **wie geht es dir?** — ~ **leidlich** how are you? — so-so (colloq.); **ich kenne mich hier ~ ziemlich aus** I know my way around here quite well; **hast du das Geld schon zusammen?** — ~ **ziemlich!** have you scraped together (bes. Am. rustled up) the money? — more or less! – **IV** conj **17.** (dann) and: **suchet, ~ werdet Ihr finden** Bibl. seek, and ye shall find; **wenig fehlte, ~ hätte ich ihn geschlagen!** I came very near to hitting him, I very nearly hit him. – **18.** (da, als) when: **kaum war der Besucher gegangen, ~ läutete es (schon)**

wieder the visitor had scarcely gone when the bell rang again. – **19.** (folglich) so, therefore, thus, hence: **die Straße war sehr glatt, ~ daß ich nur langsam fahren konnte** (od. **und ~ konnte ich nur langsam fahren**) the road was very slippery so that I could only drive slowly (od. I could thus only drive slowly). – **20.** ~ ... (auch) (obwohl, wie sehr) much as, however: ~ **gut das Essen hier (auch) ist, die Preise sind mir zu hoch** however (od. no matter how) delicious the food may be here (od. much as the food here is delicious), the prices are too high for me; **mag er auch noch ~ nett sein** (od. ~ **nett er auch sein mag**), **ich mag sie lieber** however nice he may be, I like her better; ~ **leid es mir (auch) tut** (od. ~ **sehr ich es [auch] bedaure**), **ich muß gehen** I must go now, much as I regret it; ~ **unangenehm dir das (auch) ist, du mußt es ihm sagen** much as you hate doing it, you have to tell him. – **21.** lit. (wenn, vorausgesetzt) if, provided that: **ich werde kommen, ~ ich kann** I'll come if I can; ~ **Gott will, wird alles gutgehen** God willing, everything will be all right. – **V** interj ~! – **22.** that's that! **ach ~!** (oh,) I see! so that's it! – **23.** (am Schluß des Satzes, emphatisch) so there!

so'bald [zo-] conj as soon as, the moment: **ich komme, ~ ich kann** I'll come as soon as (od. the moment) I can; **schicken Sie mir die Waren, ~ es Ihnen möglich ist** send me the goods as soon as possible (od. at your earliest convenience).

Söck·chen ['zœkçən] n ⟨-s; -⟩ meist pl ankle sock.

Socke (getr. -k·k-) ['zɔkə] f ⟨-; -n⟩ meist pl sock: **jetzt muß ich mich aber auf die ~n machen!** fig. colloq. I must be going (od. be off, get along, sl. get a move on)! **er war ganz von den ~n** fig. colloq. (überrascht) he was flabbergasted (colloq.), you could have knocked him down with a feather.

Sockel (getr. -k·k-) ['zɔkəl] m ⟨-s; -⟩ **1.** (eines Denkmals etc) socle, base. – **2.** arch. plinth, base course. – **3.** electr. a) (einer Röhre) base, cap, b) (einer Lampe) holder, c) (einer Sicherung) socket. – **4.** tech. a) (einer Maschine) base, b) (für Motoren) pedestal, c) (eines Werkzeugmaschinentisches) knee. — **~ge,sims** n arch. base molding (bes. Br. moulding). — **~schal·ter** m electr. base switch. — **~,sims** m, n arch. cf. Sockelgesims. — **~,stift** m electr. base pin, socket prong.

Socken (getr. -k·k-) ['zɔkən] m ⟨-s; -⟩ Southern G. and Austrian for Socke. — **~blu·me** f bot. barrenwort (Gattg Epimedium). — **~hal·ter** m meist pl Am. garter, Br. (sock) suspender.

So·da¹ ['zo:da] f ⟨-; no pl⟩, n ⟨-s; no pl⟩ chem. (carbonate of) soda, sodium cabonate (Na₂CO₃).

'So·da² n ⟨-s; -s⟩ (Sodawasser) soda (water): **Whisky (mit) ~** whisk(e)y and soda.

'So·da,brik f chem. tech. soda works pl (construed as sg or pl). — **s~,hal·tig** adj chem. containing (carbonate) of soda (od. sodium carbonate). — **~,kraut** n bot. cf. Salzkraut.

So·da·li·tät [zodali'tɛːt] f ⟨-; -en⟩ röm.kath. (Bruderschaft) sodality.

So·da·lith [zoda'liːt; -'lɪt] m ⟨-s; -e⟩ min. sodalite.

so'dann [zo-] adv (dann, danach) then, after that.

'So·da,salz n chem. sodium carbonate. — **~,was·ser** n soda (water), seltzer (water), selter(s water), (künstliches) Am. colloq. fizzwater, carbonated water (scient.).

'Sod,bren·nen ['zo:t-] n ⟨-s; no pl⟩ med. heartburn; cardialgia, pyrosis (scient.).

So·de ['zo:də] f ⟨-; -n⟩ (Rasen-, Torfstück) sod.

So·di·um ['zo:diʊm] n ⟨-s; no pl⟩ chem. cf. Natrium.

So·dom ['zo:dɔm] npr n ⟨-s; no pl⟩ Bibl. Sodom: ~ **und Gomorr(h)a** meist fig. Sodom and Gomorrah.

So·do·mie [zodo'miː] f ⟨-; -n [-ən]⟩ med. jur. (Unzucht mit Tieren) sodomy, crime against nature, bestiality. — **So·do'mit** [-'miːt] m ⟨-en; -en⟩ sodomite, auch Sodomite. — **so·do·mi·tisch** adj sodomitic(al), auch Sodomitic(al).

'So·doms,ap·fel m bot. apple of Sodom, Sodom apple (Calotropis procera).

so'eben [zo-] *adv* just (now), just this moment (*od.* minute), this very moment (*od.* minute), a moment (*od.* minute) ago: ich habe ~ noch mit ihm gesprochen I was speaking to him just now; ~ erfahren wir (*od.* wir erfahren ~), daß we have just heard (this minute) that; das Buch ist ~ erschienen the book has just been published.

So·fa ['zo:fa] *n* ⟨-s; -s⟩ **1.** sofa, couch, *Am. auch* davenport. — **2.** (*Liegesofa*) lounge, divan. – **3.** (*kleines*) settee. — ~ecke (*getr.* -k·k-) *f* sofa corner. — ~kis·sen *n* sofa cushion. — ~leh·ne *f* back (of a sofa). — ~scho·ner *m* tidy, chairback, antimacassar.

so'fern [zo-] *conj* **1.** if, provided (that): ~ das Wetter schön bleibt, werden wir einen Ausflug machen if (*od.* provided that) the weather remains fine we'll go on a picnic; ~ nur irgend möglich if at all possible; er wird es tun, ~ er die nötige Unterstützung bekommt he'll do it provided (that) he is given the necessary support. – **2.** ~ nicht unless: ~ nicht anders angegeben, finden die Regeln volle Anwendung the rules are fully applicable unless otherwise stated.

soff [zɔf] *1 u. 3 sg pret*, **söf·fe** ['zœfə] *1 u. 3 sg pret subj of* **saufen**.

Sof·fit·te [zɔ'fɪtə] *f* ⟨-; -n⟩ **1.** *meist pl* (*theater*) border. – **2.** *electr. cf.* Soffittenlampe.

Sof'fit·ten|be,leuch·tung *f electr.* festoon lighting. — ~lam·pe *f* tubular (*od.* festoon) lamp (*od.* bulb).

so'fort [zo-] *adv* at once, immediately, straightaway, directly, instantly, instantaneously, on the spot (*od.* nail), then and there, right away (*Am. colloq.* off), in short order; forthwith, straightway (*lit.*): komm ~ nach Hause! come home at once! (ich) komme ~! (I'm) coming! Anruf genügt! komme ~! just phone for immediate attention! willst du (wohl) herkommen, aber ~! will you come here at once (*od.* this instant, this minute)! bist du fertig? — ~! (*nur noch einen Moment*) are you ready? — just a minute (*od.* moment)! ich muß nach der Schule ~ zu ihr I must go and see her immediately (*od.* straight) after school; ~ nach Empfang des Briefes schrieb er eine Antwort after receiving the letter he wrote an answer then and there (*od.* on the spot), he wrote an answer immediately upon receipt of the letter; er war ~ tot he died instantaneously, death was instantaneous (ab) ~ gültig (*od.* wirksam) *jur.* immediately effective (*od.* operative); das Medikament ist ~ wirksam (*od.* wirkt ~) the drug is immediately effective, the drug takes immediate effect; ~ lieferbar (zahlbar) *econ.* immediately deliverable [payable]; ~ lieferbarer Weizen *econ.* spot wheat; für (*od.* ab) ~ wird eine Putzfrau gesucht, gesucht wird ab ~ eine Putzfrau wanted: a charwoman for immediate employment.

So'fort|be,darf *m econ.* immediate demand (*od.* use): Waren für den ~ goods for immediate demand. — ~ent,scheid *m jur.* immediate (*od.* on-the-spot) decision.

So'fort,hil·fe *f* immediate (*od.* emergency) aid, emergency relief aid. — ~ge,setz *n jur.* **1.** immediate-aid law. – **2.** *cf.* Notstandsgesetz. — ~pro,gramm *n* immediate (*od.* emergency-aid) program (*bes. Br.* programme).

so'for·tig *adj* ⟨*attrib*⟩ immediate, prompt, instant, instantaneous: ~e Entlassung immediate dismissal; ~e Lieferung [Bezahlung] *econ.* immediate (*od.* prompt, spot) delivery [payment]; gegen ~e Barzahlung (*od.* Kasse) *econ.* for ready (*od.* prompt, spot) cash; das Gesetz tritt mit ~er Wirkung in Kraft *jur.* the law comes into force (*od.* goes into effect) immediately, the law becomes immediately effective (*od.* operative).

So'fort|,maß,nah·me *f meist pl* immediate (*od.* prompt) measure (*od.* step): ~n ergreifen to take immediate measures (*od.* steps); ~n am Unfallort *med.* first-aid measures on the scene of (the) accident. — ~pro,gramm *n* immediate program (*bes. Br.* programme), schedule of short-term measures.

'Soft-,Eis ['zɔft-] *n gastr.* soft ice, whipped ice cream.

sog [zo:k] *1 u. 3 sg pret of* **saugen**.

Sog *m* ⟨-(e)s; -e⟩ **1.** *phys. tech.* (*Unterdruck*) suction. — **2.** *mar. aer.* suction, wake. – **3.** (*Strudel*) whirlpool, maelstrom, vortex. – **4.** *fig.* whirlpool, maelstrom: sie geriet in den ~ der Großstadt she was caught up in the whirlpool of the city. – **5.** *fig.* (*Wirkungsbereich*) wake: die Hochkonjunktur zog auch die Metallindustrie in ihren ~ in the wake of the boom the metal industry also prospered.

so'gar [zo-] *adv* even: ~ der Präsident war anwesend even the president was there, the president was there, no less (*colloq.*); ~ er konnte sie nicht beruhigen not even he could (*od.* even he couldn't) calm her (down); danach bekam ich eine ~ noch schwerere Aufgabe then they gave me an even (*od.* a yet) more difficult problem, then they gave me a problem (that was) even more difficult; es läßt sich ~ vermuten, daß it is even to be assumed that, one can even assume that, it is to be assumed (*od.* one can assume), indeed, that; er weigerte sich ~, (auch nur) mit ihr zu sprechen he even refused to speak to her, he refused even to speak to her; er hat den berühmten Sänger getroffen und (hat) ~ mit ihm gesprochen he met the famous singer and, what is more, even spoke to him.

sö·ge ['zø:gə] *1 u. 3 sg pret subj of* **saugen**.

'so·ge,nannt *adj* ⟨*attrib*⟩ **1.** so-called: Irland, die ~e Grüne Insel Ireland, the so-called Emerald Isle. – **2.** (*angeblich*) so-called, pretended, alleged, soi-disant (*lit.*): die ~e Gleichberechtigung (der Frau) the so-called equal rights for women; eine ~e Wissenschaft a so-called (*od.* would-be) science.

'Sog,fah·ren *n* (*im Kanusport*) hanging.

sog·gen ['zɔgən] *v/i* ⟨h⟩ (*von Salz*) crystallize *Br. auch* -s-, *auch* crystalize.

so'gleich [zo-] *adv cf.* **sofort**.

'Sohl,bank ['zo:l-] *f* ⟨-; -bänke⟩ (*des Fensters*) external windowsill (*Br.* window-sill), external window ledge.

Soh·le ['zo:lə] *f* ⟨-; -n⟩ **1.** (*Fußsohle*) sole, planta (*scient.*): auf leisen ~n *fig.* softly, noiselessly; er ist ein Gentleman vom Scheitel bis zur ~ *fig.* he is a gentleman from top to toe, *auch* he is a gentleman cap-à-pie. – **2.** (*Schuhsohle*) sole: ~n aus Gummi [Leder] rubber [leather] soles; das haben wir uns (längst) an den ~n abgelaufen *fig. colloq.* that's nothing new to us, we knew that long ago; eine flotte (*od.* kesse) ~ aufs Parkett legen *fig. colloq.* to shake a leg, to trip the light fantastic (*beide colloq.*); es brennt mir unter den ~n *fig. colloq.* I'm pressed for time, I'm in an awful hurry (*colloq.*). – **3.** *cf.* Einlegesohle. – **4.** *geol.* (*Tal-, Kanal-, Grabensohle*) bottom. – **5.** (*mining*) (*mine*) level, floor. – **6.** *tech.* a) (*eines Schmelzofens etc*) base, bottom, b) (*einer Maschine*) underside, c) (*eines Maschinenbettes*) bottom, d) (*eines Hobels*) sole, face.

soh·len ['zo:lən] *v/t* ⟨h⟩ (*Schuhe*) (re)sole.

'Soh·len|,berg,bau *m* (*mining*) horizon mining. — ~gän·ger *m* ⟨-s; -⟩ *zo.* plantigrade. — ~he·bung *f* (*mining*) floor lift. — ~kle·ber *m synth.* shoe cementing medium. — ~le·der *n cf.* Sohlleder. — ~plat·te *f* (*Teil der Skibindung*) foot plate. — ~re,flex *m med.* plantar reflex. — ~scho·ner, ~schutz *m* (*an Skischuhen etc*) cleat. — ~um,schwung *m* (*beim Turnen*) sole circle.

söh·lig ['zø:lɪç] *adj* (*mining*) horizontal, on a level with the horizon, aclinal.

'Sohl|,le·der *n* sole leather. — ~plat·te *f tech.* **1.** (*eines Maschinenbettes*) soleplate. – **2.** (*eines Schmelzofens*) baseplate.

Sohn [zo:n] *m* ⟨-(e)s; ⸚e⟩ son: der älteste [jüngste] ~ the eldest [youngest] son; er ist der einzige ~ he is an only son; der verlorene ~ *Bibl.* the prodigal son; mein ~! my son! Christus, der ~ Gottes (*od.* Gottes) *Bibl.* Christ, the Son of God; er ist der echte (*od.* ganz der) ~ seines Vaters he is his father's son, he is the true son of his father; er war mir wie ein ~ he was like a son to me; das vererbt sich vom Vater auf den ~ that is handed down from father to son; wie der Vater, so der ~ like father like son; Firma X u. ~ Messrs. X and Son; ein ~ der Berge [Wüste] *fig.* a son of the mountains [desert]; die Söhne Englands, Englands

---

Söhne *fig.* the sons of England, England's sons; der berühmteste ~ unserer Stadt the most famous son of our town.

Söhn·chen ['zø:nçən] *n* ⟨-s; -⟩ **1.** *dim. of* Sohn. – **2.** baby son. – **3.** (mein) ~ *colloq.* a) (*zu kleinen Jungen*) sonny, b) (*zu Jüngeren*) sonny, mate, *Am. colloq.* buddy.

'Soh·nes|,lie·be *f* filial love. — ~pflicht *f* filial duty.

sohr [zo:r] *adj* Low G. for dürr 1.

soi·gniert [zŏan'ji:rt] *adj lit.* (*gepflegt, elegant*) soigné(e).

Soi·ree [zŏa're:] *f* ⟨-; -n [-ən]⟩ *lit.* **1.** (*Abendgesellschaft*) evening party, soiree, soirée. – **2.** (*Abendvorstellung*) evening performance. – **3.** musikalische ~ musical evening (*od.* soiree, soirée).

So·ja ['zo:ja] *f* ⟨-; Sojen⟩ *bot. cf.* Sojabohne. — ~boh·ne *f* soybean, *auch* soya, soja, soy (pea), soya (*od.* soja) bean, soia (*Glycine max*). — ~mehl *n* **1.** (*für Viehfutter etc*) soybean (*od.* soya) meal. – **2.** *gastr.* soybean (*od.* soy, *Br.* soya) flour. — ~öl *n* ⟨-(e)s; *no pl*⟩ soybean (*od.* soya-bean, soja-bean, Chinese bean) oil, *auch* soy oil. — ~schrot *m, n* coarse soybean (oil) meal.

So·kra·tik [zo'kra:tik] *f* ⟨-; *no pl*⟩ *philos.* Socratism, Socraticism. — **So·kra·ti·ker** [-tikər] *m* ⟨-s; -⟩ Socratic. — **so'kra·tisch** [-tɪʃ] *adj* Socratic, of (*od.* relating to) Socrates: die ~e Methode the Socratic method.

Sol [zo:l] *npr m* ⟨-; *no pl*⟩ *myth.* Sol (*Roman sun god*).

Sol [zo:l] *m* ⟨-s; -e⟩ *chem.* (*kolloide Lösung*) sol.

So·la·na·ze·en [zolana'tse:ən] *pl bot. cf.* Nachtschattengewächse.

so'lang [zo-], **so'lan·ge** [zo-] *conj* **1.** (*zeitlich*) as long as: ~ es derartig regnet, können wir nicht nach draußen gehen we cannot go out as long as it's raining like that. – **2.** (*einschränkend*) as (*od.* so) long as: ich bin mit der Regelung einverstanden, ~ sich für mich keine Nachteile ergeben I agree to the arrangement as (*od.* so) long as there are no disadvantages for me.

So·la·ni·din [zolani'di:n] *n* ⟨-s; *no pl*⟩ *chem.* solanidine (C₂₇H₄₃NO).

So·la·num [zo'la:num] *n* ⟨-s; -nen⟩ *bot.* nightshade, solanum (*scient.*) (*Gattg Solanum*).

so·lar [zo'la:r] *adj astr.* solar. — **S~bat·te,rie** *f* solar battery.

So·la·ri·sa·ti·on [zolariza'tsĭo:n] *f* ⟨-; -en⟩ solarization *Br. auch* -s-.

So·la·ri·um [zo'la:rĭum] *n* ⟨-s; -rien⟩ solarium.

So'lar|,jahr *n astr.* solar (*od.* tropical) year. — ~kon,stan·te *f meteor.* solar constant. — ~öl *n* solar oil. — ~ple·xus *m med.* (*Nervenknotengeflecht*) solar plexus, c(o)eliac plexus (*scient.*). — S~,schich·ten *pl astr. phys.* solar layers. — S~,zel·le *f* (*space*) solar cell.

'So·la,wech·sel ['zo:la-] *m* ⟨-s; -⟩ *econ. cf.* Eigenwechsel.

'Sol,bad *n* **1.** saltwater (*od.* brine) bath. – **2.** (*Kurort*) saltwater (*od.* brine) spa.

solch [zɔlç] *demonstrative pron u. adj* **1.** such, like this (*od.* that), such as this (*od.* that): ~ ein Mann, ein ~er Mann such a man (as this), a man like (*od.* such as) this; ~ eine Chance, eine ~e Chance such a chance; ~ ein Wetter, ein ~es Wetter such weather; die Folgen eines ~(en) (*od.* eines, *auch* ~en) schweren Unfalls the consequences of such a serious accident, the consequences of a serious accident like this; die Ungerechtigkeit ~er (*od.* von ~, von ~en) einseitigen Maßnahmen, die Ungerechtigkeit ~ einseitiger (*auch* ~er einseitigen) Maßnahmen the injustice of such one-sided measures, the injustice of one-sided measures like these; eine ~e (*od.* ~ eine) Behandlung lasse ich mir nicht länger gefallen! I won't stand such treatment any longer! I won't stand treatment like this any longer! es gibt nur einen, der (eine) ~e (*od.* ~ eine) Musik macht! there's only one person to make such music (*od.* who makes music like that); wie würde mir ~ ein (*od.* ein ~es, ein ~) langes Kleid stehen? how would such a long dress suit me? ein ~es (*od.* ~ ein) Leben wie er könnte ich nicht führen I couldn't lead a life like his, I couldn't lead such a life as his; ich wünsche mir eine ~e (*od.* ~ eine) Tasche wie sie eine hat I'd like to have a bag like hers, I'd like to have a bag such as hers; in ~en Fällen in such cases, in cases like that; eine Anleitung für Lexikographen und ~e, die es werden wollen a manual for lexicographers and those who wish to become such; es muß auch ~e geben! colloq. it takes all sorts to make a world! unter (od. bei) diesen Läden gibt es (auch) ~e und ~e! colloq. there are shops and shops! ich hätte gerne ~e (Bonbons)! I'd like to have (some of) these (sweets, bes. Am. candies); ~e habe ich schon! colloq. I already have some like these. – 2. als ~er [~e, ~es] as such: die Arbeit als ~e ist ganz interessant, aber the work itself (od. as such) is quite interesting but; er ist leitender Direktor und als ~er verantwortlich für den Betrieb he is managing director and as such (od. and in that capacity) responsible for the firm; ich habe das als dringende Bitte gemeint und möchte es auch als ~e verstanden wissen I meant it as an urgent request and would like you to take it as such (od. that way). – 3. (so groß) such: es herrschte eine ~e (od. ~ eine) Kälte, daß the cold was such that, it was so cold that; sie hatten mit den neuen Stück einen ~en (od. ~ einen) Erfolg, daß they had such (a) (od. such great) success with the new play that. – 4. colloq. (derartig, fürchterlich) such: ich habe ~e Kopfschmerzen! I've such a headache; wir haben ~en Hunger [Durst]! we are so hungry [thirsty].

'sol·cher'art I adv of such a kind (od. sort), of this (od. that) kind (od. sort). – **II** adj ⟨invariable⟩ of such a (od. of this) kind (od. sort): ~ Dinge things of such a kind.

'sol·cher·ge'stalt adv in such a way (od. manner). [(od. sort).]

'sol·cher'lei adj ⟨invariable⟩ of such a kind

'sol·cher'ma·ßen, 'sol·cher'wei·se adv obs. in such a way (od. manner).

Sold [zɔlt] m ⟨-(e)s; -e⟩ **1.** mil. (soldier's) pay(ment): j-n auf halben ~ setzen to put s.o. on half pay. – **2.** lit. (bezahlter Dienst) employ, pay: in j-s ~ stehen auch contempt. to be in the employ of s.o.

Sol·da·nel·la [zɔlda'nɛla], **Sol·da·nel·le** f ⟨-; -len⟩ bot. cf. Troddelblume.

Sol·dat [zɔl'daːt] m ⟨-en; -en⟩ **1.** mil. a) soldier, serviceman, b) pl auch army sg, military sg: aktiver ~ regular (serviceman); einfacher (od. gemeiner) ~ private (soldier), soldier; gedienter (od. entlassener) ~ ex-serviceman, ex-soldier, Am. veteran; alter (od. erfahrener) ~ old soldier, veteran; ~ werden, colloq. zu den ~en gehen to enter the army, to join the forces, to enlist, to enrol(l) (oneself), to join up (colloq.); er ist bei den ~en colloq. he is (od. serves) with the forces, he is a serviceman; er hat 10 Jahre als aktiver ~ gedient he served as a regular for 10 years; ihr Bruder hat sich freiwillig als ~ gemeldet her brother has enrol(l)ed in (od. has volunteered for) the army, her brother has enlisted as a serviceman; ~en anwerben to enlist (od. enrol[l], recruit, raise) soldiers; die Kinder spielen ~(en) the children play (at) soldiers; das Grabmal des Unbekannten ~en the tomb of the Unknown Soldier (Br. Warrior). – **2.** fig. soldier: ~ (bei) der Heilsarmee relig. soldier of (od. in) the Salvation Army. – **3.** zo. a) (bei Termiten, Ameisen etc) soldier, (bei Ameisen) auch dinergate, b) cf. Feuerwanze 1. – **4.** (games) (beim Schach) pawn.

Sol·da·ten|₁bund m mil. ex-servicemen's (Am. veterans') organization (Br. auch -s-). — **~₁eid** m military oath. — **~₁fried·hof** m war (od. military) cemetery. — **~₁ge₁setz** n mil. (federal) law governing soldiers' vocational advancement and pensions. — **~₁grab** n war (od. soldier's) grave, grave of a soldier. — **~₁heim** n **1.** (für Freizeit) soldiers' recreation center (bes. Br. centre). – **2.** (Wohnheim) soldiers' boarding house. — **~₁kö·nig, der** hist. (Friedrich Wilhelm I.) the Soldier King. — **~₁le·ben** n military life. — **~₁lied** n soldier's song. — **~₁rat** m ⟨-(e)s; ~e⟩ Arbeiter- und ~ hist. Workers' and Soldiers' Council. — **~₁rock** m soldier's coat, uniform. — **~₁spra·che** f army language (od. slang), soldiers' slang, military jargon. — **~₁stand** m ⟨-(e)s; no pl⟩ military profession.

Sol'da·ten·tum n ⟨-s; no pl⟩ mil. **1.** soldiership. – **2.** military tradition.

Sol'da·ten·ver₁band m mil. cf. Soldatenbund.

Sol·da·tes·ka [zɔlda'tɛska] f ⟨-; -ken⟩ mil. rabble of soldiers, rowdy (od. undisciplined) soldiery.

sol'da·tisch adj soldierly, military, soldierlike: ~e Haltung soldierly bearing; ~e Gesinnung military attitude (of mind).

'Sold₁buch n mil. (military) paybook, soldier's paybook.

Söld·ling ['zœltlɪŋ] m ⟨-s; -e⟩ contempt. hireling, mercenary.

Söld·ner ['zœldnər] m ⟨-s; -⟩ mil. hist. mercenary. — **~₁heer** n mercenary army, army of mercenaries. — **~₁trup·pen** pl mercenary troops, mercenaries.

So·le ['zoːlə] f ⟨-; -n⟩ salt water, brine.

'Sol₁ei n gastr. hard-boiled egg pickled in brine.

'So·le(n)₁lei·tung f brine conduit.

so·lenn [zo'lɛn] adj obs. (feierlich) solemn. — **So·len·ni'tät** [-ni'tɛt] f ⟨-; -en⟩ obs. (Feierlichkeit) solemnity.

So·le·no·id [zoleno'iːt] n ⟨-(e)s; -e⟩ electr. solenoid.

Sol·fa·ta·ra [zɔlfa'taːra], **Sol·fa'ta·re** f ⟨-; -ren⟩ geol. solfatara.

sol·feg·gie·ren [zɔlfɛ'dʒiːrən] v/i ⟨no ge-, h⟩ mus. sol-fa, vocalize Br. auch -s-. — **Sol'feg·gio** [-dʒo] n ⟨-s; -feggien [-dʒiən]⟩ (Gesangsübung) solfeggio, solfège.

so·lid [zo'liːt] adj u. adv cf. solide.

So·li·dar|₁bür·ge [zoli'daːr-] m econ. jurist (od. collective) surety. — **~₁bürg·schaft** f joint (and several) surety (od. guarantee). — **~₁haf·tung** f joint (and several) liability.

so·li·da·risch I adj **1.** (in Gesinnung, Handlung etc) solidary: wir erklären uns mit Ihnen ~ we declare our solidarity (od. we identify ourselves) with you. – **2.** jur. econ. (gemeinsam verpflichtet) joint (and several), (im röm. u. schottischen Recht) solidary: ~e Haftung joint (and several) liability. – **II** adv **3.** in solidarity, solidarily: ~ handeln to act in solidarity. – **4.** jur. econ. jointly (and severally): ~ haften (od. haftbar sein) to be jointly (and severally) liable.

so·li·da·ri·sie·ren [zolidari'ziːrən] v/reflex ⟨no ge-, h⟩ sich ~ (mit with) solidarize.

So·li·da·ris·mus [zolida'rɪsmʊs] m ⟨-; no pl⟩ röm.kath. solidarism.

So·li·da·ri·tät [zolidari'tɛːt] f ⟨-; no pl⟩ (mit with) solidarity, solidarism.

So·li·da·ri'täts|er₁klä·rung f declaration of solidarity. — **~ge₁fühl** n feeling of solidarity. — **~₁streik** m solidarity strike.

So·li'dar|₁schuld f econ. joint debt. — **~₁schuld·ner** m joint debtor. — **~ver₁pflich·tung** f joint obligation.

so·li·de [zo'liːdə] I adj **1.** (Möbel etc) solid, sturdy, stout, robust. – **2.** (Wände, Gebäude etc) solid, stout, sturdy, sound, substantial, strong. – **3.** (Bauweise etc) solid, sound. – **4.** (Arbeit, Verarbeitung etc) solid, thorough, sound: diese Truhe ist (eine) ~ Handwerksarbeit this chest is (an example of) solid workmanship. – **5.** (Arbeiter) thorough, sound, reliable. – **6.** (Stoff, Material etc) solid, hard-wearing, durable. – **7.** (Preise etc) stable, steady, firm. – **8.** (Firma etc) sound, solid, well-established (attrib), reliable. – **9.** (finanzielle Verhältnisse, Geschäfte etc) sound: eine ~ Anlage a sound investment; eine ~ finanzielle Grundlage a sound financial basis; sie leben in ~n (finanziellen) Verhältnissen they live in sound (financial) circumstances. – **10.** (Bildung, Wissen etc) sound, firm, solid, thorough, substantial. – **11.** (Person) respectable, serious-minded, steady-going, solid, sober, steady: seit seiner Heirat ist er geradezu ~ geworden colloq. he has become almost respectable since his marriage; gestern war ich ganz ~ und bin zu Hause geblieben colloq. I was quite respectable yesterday and stayed at home. – **12.** (Lebensweise) respectable, sober, steady, solid: sie führen ein sehr ~s Leben they lead a very steady life. – **13.** colloq. (Mahlzeit etc) solid, square. – **14.** colloq. (ordentlich) 'regular' (colloq.), bes. Br. colloq. 'proper': das war ja ein ganz ~s Gewitter heute nacht! that was a proper storm last night! dem fehlt nur mal eine ~ Tracht Prügel! all he needs is a sound thrashing! – **II** adv **15.** solidly: das Haus ist ~ gebaut the house is solidly (od. sturdily) constructed; ein ~ gearbeiteter Schrank a solidly (od. substantially) worked cupboard, a cupboard worked in a solid (od. thorough) manner. – **16.** respectably, in a respectable manner: ~ leben to lead a steady (od. respectable) life.

So·li·di·tät [zolidi'tɛːt] f ⟨-; no pl⟩ **1.** (von Möbeln etc) solidness, sturdiness, stoutness, robustness. – **2.** (von Wänden, Gebäuden etc) solidness, stoutness, sturdiness, soundness, strongness. – **3.** (einer Bauweise etc) solidness, soundness. – **4.** (einer Arbeit, Verarbeitung etc) solidness, thoroughness, soundness. – **5.** (eines Stoffes, Materials etc) solidity, durability, durableness. – **6.** (von Preisen etc) stability, stableness. – **7.** (einer Firma etc) soundness, solidity. – **8.** (von Geschäften etc) soundness, solidity. – **9.** (von Personen) respectability, respectableness, serious-mindedness, solidity, soberness, steadiness. – **10.** (der Lebensweise) respectability, respectableness, soberness, steadiness, solidity.

So·li·lo·qui·um [zoli'loːkviʊm] n ⟨-s; -quien⟩ soliloquy.

So·ling ['zoːlɪŋ] n, m ⟨-s; -s⟩ (sport) (Kielboot) Soling.

So·lip·sis·mus [zolɪ'psɪsmʊs] m ⟨-; no pl⟩ philos. solipsism.

So·list [zo'lɪst] m ⟨-en; -en⟩ mus. soloist, (bei Sängern) auch solo singer, (bei Instrumentalisten) auch solo player, solo (instrumental) performer.

So·li·sten·kon₁zert n mus. concert of solo performances (by different performers).

So·li·stin f ⟨-; -nen⟩ mus. lady soloist.

so·li·stisch adj mus. soloistic.

So·li·tär [zoli'tɛːr] m ⟨-s; -e⟩ **1.** (jewelry) (einzeln gefaßter Diamant) solitaire. – **2.** (games) solitaire. – **3.** zo. cf. Dronte. – **4.** hort. specimen (bush).

so·li·tär adj zo. med. solitary. — **S~fol₁li·kel** m med. solitary follicle. — **S~tu₁ber·kel** m solitary (od. conglomerate) tubercle.

soll [zɔl] 1 u. 3 sg pres of sollen[1].

Soll n ⟨-(s); -(s)⟩ econ. **1.** (in der Buchhaltung) debit (side): ~ und Haben debit and credit; einen Betrag ins ~ eintragen (od. im ~ buchen) to debit a sum, to enter (od. pass, place) a sum to s.o.'s debit. – **2.** (Plan-, Leistungssoll) target, quota: der Umsatz blieb hinter dem ~ zurück (od. blieb unter dem ~), der Umsatz erreichte das ~ nicht the turnover fell short of the target, the turnover did not reach the target; sein ~ erfüllen a) to reach one's (od. the) target, to fulfil(l) one's quota (od. objective), b) fig. colloq. to do one's duty. – **3.** (Produktionssoll) output (od. production) target: das ~ von 500 Autos pro Tag wurde nicht erreicht (od. erfüllt) the (output) target of 500 cars per day was not achieved. – **4.** (Liefersoll) (delivery) quota. – **5.** (an Ausgaben, Einnahmen, Material etc) estimate, quota, estimated requirements pl. — **~₁auf₁kom·men** n econ. target yield. — **~₁Aus₁ga·ben** pl estimated (od. expected) expenditure sg (od. expenses). — **~Be₁stand** m **1.** (an Werten, Wertpapieren etc) estimated (od. calculated) balance (od. holding). – **2.** (an Vorräten, Material, Ausrüstung etc) authorized (Br. auch -s-) supplies (od. stocks) pl. – **3.** mil. cf. Soll-Stärke. — **~Be₁trag** m nominal (od. estimated) amount. — **~₁durch₁mes·ser** m tech. nominal (od. rated, specified) diameter. — **~₁Ein₁nah·men** pl supposed (od. estimated) receipts (od. revenue sg), receipts due.

sol·len[1] ['zɔlən] I v/aux ⟨soll, sollte, sollen, h⟩ **1.** be to: er soll jetzt kommen he is to come now; du sollst nicht mit ihr sprechen you are not to speak with her; soll ich jetzt gehen? am I to (od. shall I) go now? du sollst damit sofort aufhören (you are to) stop that immediately; du sollst nicht töten Bibl. thou shalt not kill; du sollst deinen Vater und deine Mutter ehren Bibl. honour thy father and thy mother. – **2.** (bei Anordnung Dritter) be to: er sagte, du sollst es sofort tun he said you are to do it at once (od. right away); du sollst morgen zum Chef kommen you are to see the boss tomorrow; du sollst ihn heute abend wieder anrufen you are to ring (bes. Am. call) him back tonight. – **3.** (müssen) have to, be obliged to. – **4.** (Unentschlossenheit, Re-

signation bezeichnend) be to: **ich weiß nicht, was ich tun soll** I don't know what (I am) to do, I don't know where to turn; **an wen soll ich mich (nur) wenden?** who(m) (on earth) am I to turn to? **sie wußte nicht, ob sie lachen oder weinen sollte** she didn't know whether to laugh or (to) cry; **was soll man (da) machen?** what is one to do (*od.* what can one do) (about it)? **was soll ich Ihnen sagen?** how should I put it? how should I say? – **5.** ⟨*subj*⟩ *(innere Verpflichtung bezeichnend)* **ich hätte hingehen ~** I ought to have gone; **wir tun nicht immer, was wir tun sollten** we don't always do what we ought to (do); **ich hätte schon lange schreiben ~** I ought to have written long ago; **das hättest du nicht tun ~** you ought not to (*od.* you should not) have done that; **man sollte es ihm sagen** one ought to tell him, he ought to be told. – **6. man sollte lieber** *(es wäre besser)* one had better: **du solltest lieber jetzt gehen, sonst kommst du in die Dunkelheit** you had better go now, otherwise it'll be getting too dark; **man sollte ihn (lieber) warnen, sonst geht er in die Falle** he had better be warned, otherwise he'll walk into the trap. – **7.** ⟨*subj*⟩ *(eine Überzeugung bezeichnend)* **du solltest es eigentlich besser wissen** you really ought to know better; **ich sollte ihn eigentlich kennen** I (really) ought to know him. – **8.** ⟨*subj*⟩ *(eine Schlußfolgerung bezeichnend)* **man sollte doch meinen, daß er daraus gelernt hat** one should think that he has learned by (*od.* through) that; **fast sollte man glauben, daß er es absichtlich tut** one should almost think that he does it on purpose. – **9.** ⟨*subj*⟩ *(eine Möglichkeit bezeichnend)* **sollte er es gewesen sein?** could it have been him? **sollte es wahr sein, was die Leute erzählen?** could it be true what people say? **sollte ich mich vielleicht doch geirrt haben?** might I have been wrong after all? **sollten sie vielleicht den Zug versäumt haben?** could they have missed the train perhaps? – **10.** *(Absicht, Zusicherung, Drohung bezeichnend)* **es soll alles nach Ihren Wünschen geschehen** everything shall be done as you wish; **er soll es nicht bekommen** he shall not have it; **du sollst auf deine Kosten kommen** you shall get your money's worth; **du sollst sehen, es wird alles wieder gut** you shall see, everything is going to be all right again; **du sollst es nicht bereuen** you shan't regret it; **das soll uns nicht stören** that shan't bother us; **es soll nicht wieder vorkommen** it shan't happen again; **es soll dir nichts abgehen** you shall not want for (*od.* lack) anything; **das sollst du mir büßen!** I'll make you pay for that! you'll regret it! – **11.** *(einräumend)* **von mir aus soll sie es behalten** she may keep it as far as I am concerned, let her keep it; **also gut, du sollst deinen Willen haben** all right, have it your own way; **du sollst meinetwegen recht haben** all right, you win (*od.* whatever you say). – **12.** *(etwas Geplantes bezeichnend)* be to, be planned: **dies soll später einmal das Kinderzimmer sein** this is to be the nursery later, this room is intended to be the nursery later; **hier soll ein Schwimmbad entstehen** a swimming pool is to be built here; **die Straße soll verbreitert werden** it is planned to widen the road; **er soll morgen eintreffen** he is (due) to arrive tomorrow. – **13.** *(nicht verwirklichte Absicht bezeichnend)* be supposed, be meant, be intended: **das sollte ein Witz sein** that was supposed to be a joke; **das soll ein Kunstwerk sein?** that is supposed to be a work of art? **was das wohl sein soll?** what on earth is that supposed to be? – **14.** *(emphatisch)* be supposed: **soll man da etwa nicht wütend werden!** and then one is supposed to keep one's temper! **ich soll wohl auch noch um Verzeihung bitten!** I suppose I'm expected to apologize into the bargain! **soll ich das etwa essen?** am I supposed to eat that? **was soll das heißen?** what is that supposed to mean? **das soll ich sein?** *(auf dem Photo)* that supposed to be me? – **15.** *(ein Gerücht wiedergebend)* be supposed, be said: **er soll sehr reich sein** he is supposed to be very rich; **sie soll sehr krank gewesen sein**

she is supposed to have been very ill; **wer soll das gesagt haben?** who is supposed to have said that? – **16.** *(einen Bericht wiedergebend)* be reported: **die Rebellen sollen die Macht übernommen haben** the rebels are reported to have seized power. – **17.** *(eine Prophezeiung, ein Schicksal bezeichnend)* be to: **er sollte nie mehr zurückkehren** he was never to return again; **er sollte den Erfolg seines Buches nicht mehr erleben** he was not (to live) to see the success of his book; **es sollte anders kommen** events were to take a different turn; **er sollte ein großer Künstler werden** he was destined to be (*od.* he was to become) a great artist; **sie sollte noch Schlimmeres erleben** she was to experience even worse; **ein Jahr sollte verstreichen, bis** one year was to pass before; **es hat nicht sein ~,** *colloq.* **es hat nicht ~ sein** it was not to be. – **18.** *(konditional)* **falls er kommen sollte** in case he should come; **wenn Sie ihn sehen sollten, grüßen Sie ihn bitte von mir** if you should meet him, please give him my best regards; **wenn es regnen sollte, müßte das Gartenfest verschoben werden** if it should rain the garden party would have to be postponed; **ich tu es, und sollte ich dabei zugrunde gehen!** I'll do it, even if it should be my ruin (*od.* destruction)! – **19.** *(herausfordernd)* let: **der soll nur kommen!** just let him try it! **der soll mir nur unter die Finger kommen!** just let me get my hands on him! **nun soll mir noch einer sagen, ich sei nicht vorsichtig gewesen** let anyone try to tell me I haven't been careful; **man soll später nicht sagen können, daß ich wouldn't have it said of me (later) that; **das soll mir erst mal einer nachmachen!** I'd like to see another do it as well! – **20.** *(einen Wunsch bezeichnend)* **Sie hätten nur sehen ~, wie** you should have seen how; **das hätte man mir anbieten ~** they should have offered me that; **das sollte mich wirklich freuen** I should (*od.* I would) really be delighted; **er soll (hoch)leben!** three cheers for him! – **II** *v/t* ⟨*pp* **gesollt**⟩ **21.** *(in Wendungen wie)* **du sollst das nicht!** you must not do that. – **III** *v/i* ⟨*pp* **gesollt**⟩ **22.** *(in Wendungen wie)* **weshalb sollte ich (auch)?** why should I? **der Brief soll auf die Post** the letter is to be posted (*bes. Am.* mailed). – **23. was soll das?** a) *(bedeuten)* what's the idea? (*colloq.*), b) *(nützen)* what's the good of it? what's the use? **was soll mir das Geld jetzt noch?** what good (*od.* use) is the money to me now? **was soll das Weinen?** what's the good of (*od.* the use in) crying? what good is it to cry? **was soll ich hier?** what am I doing here? **was soll der Lärm?** what's all the noise about? – **IV S~** *n* ⟨-s⟩ **24.** *verbal noun.* – **25.** duty, obligation.

'sollen² *pp of* **sollen¹** I.

'sol·lend **I** *pres p of* **sollen¹**. – **II** *adj* **eine witzig sein ~e Bemerkung** *iron.* a remark that is (*od.* was) intended to be witty, a would-be witty remark.

Söl·ler ['zœlər] *m* ⟨-s; -⟩ *archaic od. dial.* **1.** *(Altane)* balcony, gallery. – **2.** *cf.* Speicher 2.

'Soll-Er,fül·lung *f DDR econ.* fulfil(l)ment of objectives, achievement of targets. — **~-,Fre,quenz** *f electr.* nominal frequency. — **~,kauf·mann** *m* obligatorily registrable trader. — **~-,Lei·stung** *f* nominal (*Am.* rated) output, planned target. — **~-,Maß** *n tech.* specified size. — **~-,Po·sten** *m econ.* debit item (*od.* entry). — **~-,Sei·te** *f* debit side. — **~-,Stär·ke** *f mil.* authorized (*Br. auch* -s-) (*od.* required) strength. — **~-,Wert** *m* **1.** *tech.* *(in der Regelungstechnik)* set point, reference input, *bes. Br.* desired value, *(eines Maßes)* theoretical value. – **2.** *civ.eng.* design value. – **3.** *econ.* required (*od.* desired, rated) value. — **~-,Zahl** *f* required figure. — **~-,Zeit** *f* required time, time allowed. — **~-,zin·sen** *pl econ.* interest *sg* on debit balances, debto interest (rate) *sg.*

Sol·mi·sa·ti·on [zɔlmizaˈtsi̯oːn] *f* ⟨-; *no pl*⟩ *mus.* solmization. — **sol·mi'sie·ren** [-ˈziː·rən] *v/i* ⟨*no* ge-, h⟩ solmizate, sol-fa.

so·lo ['zoːlo] *adj* ⟨*pred*⟩ **1.** *colloq.* solo, alone, on one's own: **ich komme heute abend ~** I'll come alone tonight. – **2.** *mus.* solo: **sie singt ~** she sings solo (*od.* unaccompanied).

So·lo¹ *n* ⟨-s; -s *u.* Soli [-li]⟩ **1.** *mus.* *(games)*

solo: Kantate für Soli, Chor und Orchester cantata for solo voices, chorus, and orchestra. – **2.** *(sport)* *(beim Fußball etc)* solo run.

'So·lo² *m* ⟨-s; -s *u.* Soli⟩ solo *(dance)*: **einen ~ tanzen** (*od. colloq.* **aufs Parkett legen**) to dance a solo.

'So·lo|ge,sang *m* solo (song), solo singing. — **~-in·stru,ment** *n* solo instrument. — **~-ka,denz** *f* (*in einem Instrumentalkonzert*) cadenza. — **~-ma,schi·ne** *f* (*bes. sport*) motorcycle without sidecar.

so·lo·nisch [zoˈloːnɪʃ] *adj* Solonian, *auch* Solonic.

'So·lo|,part *m*, **~-par,tie** *f mus.* solo (part). — **~-,sän·ger** *m*, **~-,sän·ge·rin** *f* soloist. — **~,spie·ler** *m*, **~,spie·le·rin** *f* **1.** *mus.* soloist. – **2.** *(games)* solo player. — **~-,stim·me** *f mus.* **1.** solo voice. – **2.** *cf.* Solopart. — **~,stück** *n* solo. — **~,sze·ne** *f (theater)* soliloquy. — **~,tanz** *m choreogr.* solo dance. — **~,tän·zer** *m* **1.** solo dancer, dance soloist. – **2.** *(erster Tänzer)* first (*od.* principal, leading) dancer. — **~,tän·ze·rin** *f* **1.** *cf.* Solotänzer. – **2.** prima ballerina.

Sol·per ['zɔlpər] *m* ⟨-s; *no pl*⟩ *Western Middle G. for* Salzlake. — **~,fleisch** *n Western Middle G. for* Pökelfleisch.

'Sol|,quel·le *f* salt well, *auch* brine spring. — **~,salz** *n* brine salt.

Sol·sti·ti·um [zɔlˈstiːtsi̯ʊm] *n* ⟨-s; -tien⟩ *astr.* solstice.

so·lu·bel [zoˈluːbəl] *adj chem.* soluble: **soluble Substanzen** soluble substances.

So·lu·ti·on [zoluˈtsi̯oːn] *f* ⟨-; -en⟩ *chem.* *(Lösung)* solution.

sol·va·bel [zɔlˈvaːbəl] *adj* **1.** *chem.* soluble. – **2.** *econ. obs. for* solvent.

Sol·vens ['zɔlvɛns] *n* ⟨-; -venzien [-ˈvɛntsi̯ən] *u.* -ventia [-ˈvɛntsi̯a]⟩ **1.** *med. pharm.* *(Hustenmittel)* expectorant. – **2.** *chem.* solvent.

sol·vent [zɔlˈvɛnt] *adj econ.* solvent.

Sol·venz [zɔlˈvɛnts] *f* ⟨-; -en⟩ *econ.* solvency.

'Sol,was·ser *n* ⟨-s; *er*⟩ salt water, brine.

So·ma ['zoːma] *n* ⟨-s; -ta [-ta]⟩ *med. biol.* *(Körper)* body, soma *(scient.)*. — **so·ma·tisch** [zoˈmaːtɪʃ] *adj* somatic, somal. — **so·ma·to·gen** [zomatoˈgeːn] *adj* somatogenic, somatogenetic. — **So·ma·to·lo·gie** [zomatoloˈgiː] *f* ⟨-; *no pl*⟩ somatology.

'So·ma,zel·le *f med. biol.* body cell, somatic cell *(scient.)*.

Som·bre·ro [zɔmˈbreːro] *m* ⟨-s; -s⟩ sombrero.

so'mit [zo-] *adv* consequently, thus, so, therefore, hence: **ich habe angerufen, (und) ~ erübrigt sich ein Brief** I have phoned and consequently a letter is superfluous; **er ist älter und ~ vernünftiger** he is older and therefore more sensible; **strenge und ~ unpopuläre Maßnahmen** severe and hence unpopular measures.

Som·mer ['zɔmər] *m* ⟨-s; -⟩ **1.** summer: **im ~** in (the) summer(time); **den ganzen ~ lang** (*od.* **über, hindurch**) all (through the) summer, throughout the summer; **mitten im ~** in the middle of (the) summer, in midsummer; **der ~ naht** summer is drawing near; **es wird dieses Jahr früh** [**spät**] **~** summer is early [late] this year; **er geht ~ und** (*od.* **wie**) **Winter ohne Hut** he goes without a hat summer and winter (*od.* throughout the year); **im ~ des Lebens stehen** *fig. lit.* to be in the summer of one's life; → Schwalbe. – **2.** *poet.* summer, year: **sie zählte erst 17 ~** she was only 17 (years of age). — **~-,abend** *m* summer('s) evening. — **~-,an,fang** *m* beginning of summer. — **~-,an,zug** *m* summer suit. — **~-,auf·ent,halt** *m* summer stay. — **~-,blu·me** *f bot.* summer flower. — **~-,fä·den** *pl* gossamer *sg.* — **~-,fahr,plan** *m* summer timetable. — **~-,fell** *n zo.* summer coat. — **~-,fe·ri·en** *pl* summer holidays (*Am.* vacation *sg*). — **~-,fri·sche** *f* ⟨-; -n⟩ summer holidays *pl* (*Am.* vacation): **in die ~ fahren** to go on one's summer holidays. — **~-,frisch·ler** *m* ⟨-s; -⟩ summer holidaymaker (*Am.* vacationist). — **~-,gast** *m* summer guest (*od.* visitor). — **~-,ger·ste** *f agr.* spring barley. — **~-ge,trei·de** *n* summer (*od.* spring) corn. — **~-ge,wächs** *n bot.* annual, summer plant. — **~-,halb,jahr** *n ped.* **1.** *(an Schule)* summer half year (*od.* term). – **2.** *(an Universität)* cf. Sommersemester. — **~-,haus** *n* summer (*Am.* holiday) house. — **~-,hit·ze** *f* summer heat, heat of summer. — **~-,hut** *m* summer hat. — ~**kleid** n 1. summer dress. – 2. zo. a) cf. Sommerfell, b) (Gefieder) summer plumage. — ~**klei·dung** f summer clothes pl (od. clothing), bes. econ. summer wear. — ~**korn** n agr. cf. Sommergetreide. — ~**kurs**, ~**kur·sus** m ped. (an Universitäten etc) summer school.

'**som·mer·lich I** adj summery, summerlike, summerly, (a)estival (lit.): ~es Wetter summer(y) weather. – **II** adv like in summer, summerly: ~ warm warm like in summer; sich ~ kleiden to wear summer(y) clothes. '**Som·mer|,luft** f summer(y) air. — ~**,man·tel** m (fashion) summer coat. — ~**mo·nat** m summer month. — ~**mor·gen** m summer('s) morning.

'**som·mern I** v/impers ⟨h⟩ 1. es sommert summer is coming, it is growing (od. getting) summery. – **II** v/t 2. (sonnen) sun, air. – 3. agr. a) (Vieh) summer, b) (Felder) sow (fields) with spring corn. – 4. tech. (Reifen) retread. – **III S~** n ⟨-s⟩ 5. verbal noun.

'**Som·mer,nacht** f summer('s) night.

'**Som·mer|olym·pia·de** [-ʔolymˌpɪaːdə] f Summer Olympic Games pl, auch Summer Olympics pl. — ~**,pau·se** f 1. (im Parlament etc) summer recess (Am. vacation). – 2. (radio) (des Studienprogramms etc) summer break. — ~**,pelz** m zo. summer coat. — ~**,räu·de** f vet. mange. — ~**,rei·se** f summer journey (od. trip).

'**som·mers** adv in (the) summer: ~ wie winters summer and winter, throughout the year.

'**Som·mer|,saat** f agr. spring corn (od. seeds pl). — ~**,sa·chen** pl summer clothes (od. things). — ~**,sai,son** f summer season (od. period).

'**Som·mers,an,fang** m beginning of summer.

'**Som·mer|,schlaf** m zo. (a)estivation, auch dry-numbness: ~ halten to (a)estivate. — ~**,schlä·fer** m (a)estivator, summer sleeper. — ~**,schluß·ver,kauf** m econ. summer sale: wann beginnt bei Ihnen der ~ when does your summer sale begin? im ~ ist alles billiger everything is cheaper in the summer sales. — ~**,schuh** m meist pl summer shoe. — ~**se,me·ster** n ped. summer semester (od. term). — ~**,sitz** m summer residence. — ~**,son·nen,wen·de** f astr. (summer) solstice, midsummer. — ~**,spie·le** pl die Olympischen ~ the Summer Olympic Games, auch the Summer Olympics. — ~**,spros·se** f meist pl freckle, sunspot; lentigo, ephelis (scient.). — **s~,spros·sig** adj freckled, freckly. — ~**,stoff** m material (od. cloth) for summer wear (od. clothes).

'**som·mers'über** adv during (the) summer.

'**Som·mers,zeit** f ⟨-; no pl⟩ summer (season), summertime.

'**Som·mer|,tag** m summer('s) day. — **s~,tags** adv on summer days. — ~**,thea·ter** [-teˌaːtər] n open-air theater (bes. Br. theatre). — ~**,tracht** f (in der Imkerei) summer flow of honey.

'**Som·me·rung** f ⟨-; no pl⟩ 1. cf. Sommern. – 2. cf. Sommergetreide.

'**Som·mer|uni,form** f (der Polizei etc) summer uniform (od. dress). — ~**,ur,laub** m summer leave (od. holidays pl, Am. vacation). — ~**,weg** m summer path (od. road). — ~**,wei·zen** m agr. summer (od. spring) wheat. — ~**,wet·ter** n, ~**,wit·te·rung** f summer(y) weather. — ~**,wohn·,sitz** m summer residence. — ~**,woh·nung** f summer apartment (bes. Br. flat). — ~**,wurz** f bot. broomrape (Gattg Orobanche). — ~**,zeit** f ⟨-; no pl⟩ 1. (Vorverlegung der Stundenzählung) summer time, daylight saving time, auch daylight saving (od. time). – 2. cf. Sommerszeit. — ~**zy,pres·se** f bot. summer cypress (Kochia scoparia).

som·nam·bul [zɔmnamˈbuːl] adj med. 1. (Person) somnambulant. – 2. (Zustand etc) somnambulistic, somnambulic. — **Som·nam'bu·le** m, f ⟨-n; -n⟩ sleepwalker; somnambulist, somnambule (scient.). — **Som·nam·bu'lis·mus** [-buˈlɪsmʊs] m ⟨-; no pl⟩ sleepwalking; somnambulism, noctambulation, noctambulism (scient.).

som·no·lent [zɔmnoˈlɛnt] adj med. somnolent, sleepy. — **Som·no'lenz** [-ˈlɛnts] f ⟨-; no pl⟩ somnolence, auch somnolency, sleepiness.

so'nach [zo-] adv cf. somit.

So·nant [zoˈnant] m ⟨-en; -en⟩ ling. syllabic. — **so'nan·tisch** adj syllabic.

So·na·te [zoˈnaːtə] f ⟨-; -n⟩ mus. sonata. — **So·na·ten,form** f sonata form. — **So·na·ti·ne** [-naˈtiːnə] f ⟨-; -n⟩ sonatina, auch sonatine.

Son·de ['zɔndə] f ⟨-; -n⟩ 1. med. probe, sound: eine ~ einführen to insert (od. to introduce) a sound. – 2. (in der Radartechnik) sonde, probe. – 3. meteor. a) sonde, b) (Ballon) sounding balloon, c) cf. Radiosonde. – 4. (space) a) probe, b) cf. Raketensonde. – 5. civ.eng. a) (Schacht) well, bore, b) (Bodensonde) probing staff, c) (Peillatte) sounding pole, d) (für bodenphysikalische Untersuchungen) soil penetrometer. – 6. electr. (radio) sound.

'**Son·den·er,näh·rung** f med. gavage, feeding by a stomach tube. [(ohne) without.]

son·der ['zɔndər] prep ⟨acc⟩ obs. od. lit.|

'**Son·der|,ab,druck** m ⟨-(e)s; -e⟩ print. separate, special impression, offprint, bes. Am. reprint. — ~**,ab,ga·be** f econ. 1. special tax (od. charge, levy, assessment). – 2. (der Kommunalsteuern) special rate (od. due). — ~**,ab,schrei·bung** f econ. special depreciation, special sum set aside for depreciation. — ~**,ab,tei·lung** f 1. (eines Betriebes, Warenhauses etc) special department. – 2. (einer Behörde, Verwaltung etc) special section (od. bureau, bes. Am. division). – 3. (eines Krankenhauses) special ward (od. section). – 4. (eines Gefängnisses) special ward (Br. auch division). – 5. ped. (einer Schule, Fakultät etc) special department (od. branch). – 6. mil. special detachment. — ~**,an,fer·ti·gung** f special model: dieser Tisch ist eine ~ this table was made to specification. — ~**,an·ge,bot** n econ. special offer, bargain. — ~**,an,spruch** m bes. econ. jur. special claim. — ~**,auf,trag** m 1. pol. mil. special mission. – 2. econ. special order. — ~**,aus,bil·dung** f special training. — ~**,aus,füh·rung** f cf. Sonderanfertigung. — ~**,aus,ga·be** f 1. print. special (od. separate) edition. – 2. meist pl (finanzielle) extra (od. special) expense (od. expenditure), extra. — ~**,aus,schuß** m pol. special (od. select) committee. — ~**,aus,stat·tung** f 1. auto. special (od. extra) equipment, special appointments pl, extras pl. – 2. tech. (zu Werkzeugmaschinen) special equipment, extras pl. — ~**,aus,weis** m special pass.

'**son·der·bar I** adj 1. (Erlebnis, Geschehen, Geräusch etc) strange, curious, singular: ein ~er Zufall a strange (od. an extraordinary) coincidence. – 2. (Benehmen, Kleidung etc) strange, funny, queer, odd, peculiar: ein ~er Kauz (od. Heiliger) colloq. a queer (od. an odd) fish (od. bird), Am. an oddball (od. queer.), an odd (od. eccentric) person: ~e Ansichten hast du! you have strange views! ich finde ihr Benehmen reichlich ~ I find her behavio(u)r rather strange, I think she behaves rather strangely. – **II** adv 3. sich ~ benehmen to behave strangely; mir ist ~ zumute a) I have a strange (od. funny) feeling, b) (ich fühle mich schlecht) I feel funny (od. queer) (colloq.). – **III S~e, das** ⟨-n⟩ 4. (eines Geschehens etc) the strangeness (od. the curiousness, singularity). – 5. (des Benehmens, der Kleidung etc) the strangeness (od. queerness, oddity, oddness, peculiarity, funniness): das S~e (an der Sache) war, daß the strange (od. funny) thing (about it) was that.

'**son·der·ba·rer'wei·se** adv strangely (od. oddly) enough, strange to say.

'**Son·der·bar·keit** f ⟨-; -en⟩ 1. ⟨only sg⟩ cf. sonderbar III. – 2. curiosity, curio.

'**Son·der|be,auf,trag·te** m pol. special commissioner (Am. representative). — ~**be,fehl** m mil. special order. — ~**be,ga·bung** f 1. particular (od. extraordinary) ability (od. aptitude, talent). – 2. (Person) person of particular (od. extraordinary) talent. — ~**be,hand·lung** f special treatment. — ~**bei,la·ge** f print. (einer Zeitung etc) (special) supplement, (bes. Reklamebeilage) (special) insert (od. insertion, bes. Am. insert). — ~**be,rech·nung** f extra (od. special) charge: gegen ~ at an extra charge. — ~**be,richt** m special report. — ~**be,richt·er,stat·ter** m special (correspondent). — ~**be,stel·lung** f (von Waren etc) special order. — ~**be,stim·mung** f 1. (Sonderregel) special rule. – 2. jur. a) (in Gesetzen) special provision, b) (in Verträgen etc) special provision (od.

stipulation, condition, clause), c) (in Testamenten) special clause (od. provision). — ~**be,voll,mäch·tig·te** m 1. pol. plenipotentiary. – 2. jur. special agent (od. attorney). — ~**be,wa·cher** m (beim Fußball etc) policeman. — ~**be,wet·te·rung** f (mining) auxiliary ventilation. — ~**bot·schaf·ter** m pol. ambassador extraordinary, auch Ambassador Extraordinary, ambassador-at-large, auch Ambassador (-at-Large). — ~**bund** m 1. special league. – 2. Swiss. hist. Separatist League of 1847. – 3. separate association. — ~**bün·de·lei** [ˌzɔndərbyndəˈlaɪ] f ⟨-; -en⟩ contempt. separatism. — ~**bünd·ler** [-ˌbyntlər] m ⟨-s; -⟩ contempt. separatist. — ~**bunds,krieg, der** hist. the Swiss Civil War of 1847. — ~**bus** m 1. special (od. extra) bus. – 2. touring (od. excursion) coach. — ~**dienst** m 1. (Dienstleistung) special (od. extra, additional, supplementary) service. – 2. (Zusatzdienst) special (od. extra) duty. — ~**druck** m ⟨-(e)s; -e⟩ print. 1. cf. Sonderabdruck. – 2. cf. Sonderausgabe 1. — ~**ein·heit** f mil. special unit. — ~**ein,nah·men**, auch ~**ein,künf·te** pl 1. special receipts. – 2. (des Staates) special revenue sg, specific revenues. — ~**ein,satz** m mil. 1. (Gefecht) special action (od. operation). – 2. (Auftrag) special mission. – 3. aer. special sortie (od. mission). — ~**ent,wick·lung** f special development. — ~**er,laub·nis** f cf. Sondergenehmigung. — ~**er,mä·ßi·gung** f econ. special (od. extra) (price) reduction (od. deduction). — ~**fahrt** f 1. (von Straßen-, Eisenbahn etc) special (od. extra, additional) trip (od. run). – 2. (Ausflugsfahrt) excursion, tour. — ~**fahr,zeug** n special-purpose vehicle. — ~**fall** m 1. (Spezialfall) special (od. particular) case. – 2. (Ausnahme) exception. — ~**flug** m aer. special flight. — ~**fonds** m special fund, special-purpose fund. — ~**form** f (special) variety. — ~**frie·de(n)** m pol. separate peace. — ~**ge,neh·mi·gung** f 1. special permission (od. authorization Br. auch -s-, licence, Am. license). – 2. (Schriftstück) special permit. – 3. (Heiratserlaubnis) special licence (Am. license). — ~**ge,richt** n jur. special court. — ~**ge,setz** n special law.

'**son·der'glei·chen** adj ⟨nachgestellt⟩ das ist eine Unverschämtheit ~! that's an unparalleled (od. an unequalled, a matchless, a peerless) impertinence! that's the height of impertinence!

'**Son·der|,heft** n print. 1. cf. Sondernummer. – 2. cf. Sonderbeilage. — ~**in·ter,es·se** n special (od. private) interest. — ~**,klas·se** f 1. (auf Schiffen etc) special class. – 2. (einer Schule) special class. – 3. (beim Segelsport) sonderclass. — ~**kom,man·do** n mil. (Truppenteil) special detachment (od. party). — ~**kon·to** n econ. special (od. separate) account. — ~**kor·re,spon·dent** m cf. Sonderberichterstatter. — ~**ko·sten** pl econ. special (od. extra) charges (od. costs sg). — ~**,lei·stung** f 1. special (od. extra, additional) service. – 2. (besonders gute) outstanding (od. unparalleled) performance.

'**son·der·lich I** adj ⟨nur verneint⟩ particular, special, great: er hat kein ~es Interesse für Autos he has no particular (od. specific) interest in cars, he isn't particularly interested in cars; ich habe keine ~e Lust, ins Theater zu gehen I'm not particularly keen on going to the theater (bes. Br. theatre); die Reise war für uns kein ~es Vergnügen the journey was not much of a treat for us, the journey was no great pleasure for us. – 2. (Mensch) cf. sonderbar 2. – **II** adv 3. nicht ~ not particularly (od. much, very): gefällt er dir? — Nicht ~! do you like him? — Not particularly (od. not much)! mir geht es heute nicht (so) ~ (gut) I don't feel too (od. particularly) well today; dein Benehmen war ja nicht ~ taktvoll, oder? your behavio(u)r wasn't too (od. particularly) tactful, was it? – **III S~e, das** ⟨-n⟩ 4. nichts S~es nothing particular (od. unusual, remarkable, worth talking about, special): es ist nichts S~es passiert in eurer Abwesenheit nothing unusual has happened while you've been away.

'**Son·der·ling** m ⟨-s; -e⟩ strange (od. odd, peculiar) person, eccentric (person), oddity; queer (od. odd) fish (od. bird), Am. oddball, screwball (colloq.).

'Son·der|,mar·ke f philat. special stamp (od. issue). — ~,ma,schi·ne f aer. special(-purpose) aircraft. — ~,mel·dung f special announcement. — ~,mi,ni·ster m pol. minister without portfolio. — ~mis·si,on f bes. pol. special mission.

son·dern¹ ['zɔndərn] conj 1. but: ich habe nicht dich gemeint, ~ ihn I didn't mean you, but him, I meant him, not you. – 2. nicht nur ..., ~ auch ... not only ..., but also ...: das Buch informiert nicht nur, ~ es liest sich auch gut the book is not only informative, but also very readable.

'son·dern² I v/t ⟨h⟩ 1. (absondern, trennen) (von from) separate, segregate: die Spreu vom Weizen ~ auch fig. to separate the wheat from the chaff. – 2. (aussondern, heraussuchen) (aus from) pick out, single (od. sort) out, select. – II S~ n ⟨-s⟩ 3. verbal noun. – 4. separation, segregation. – 5. selection.

'Son·der|,num·mer f print. special edition (od. number). — ~,preis m econ. 1. (Ausnahmepreis) special (od. exceptional) price. – 2. (Vorzugspreis) preferential price. — ~ra,batt m econ. special (od. extra) discount. — ~,recht n jur. (special) privilege, special right (od. immunity). — ~re·fe,rat n (bei Behörden etc) special branch (od. section). — ~,re·ge·lung, ~,reg·lung f 1. (gesonderte) separate settlement. – 2. (besondere) special arrangement.

'son·ders adv only in samt und ~ → samt I.

'Son·der|,schicht f econ. extra shift. — ~,schu·le f ped. 1. (für Lernbehinderte) school for mentally handicapped (od. retarded) children, Am. special school. – 2. (für Körperbehinderte) school for physically handicapped children. — ~,schü·ler m, ~,schü·le·rin f 1. child at a school for mentally handicapped (od. retarded) children. – 2. child at a school for physically handicapped children. — ~,schul,leh·rer m, ~,schul,leh·re·rin f 1. teacher at a school for mentally handicapped (od. retarded) children. – 2. teacher at a school for physically handicapped children. — ~,sit·zung f special (od. extraordinary) session. — ~,spra·che f ling. jargon, lingo, cant. — ~,stahl m metall. special alloy steel. — ~,stel·lung f 1. (Ausnahmestellung) special (od. exceptional) position: eine ~ einnehmen to have (od. occupy) a special position. – 2. (Vorrechtsstellung) privileged position. — ~,stem·pel m philat. special date stamp, special cancel. — ~,steu·er f 1. (Zusatzsteuer) special (od. additional, supplementary) tax. – 2. (Ausnahmesteuer) special (od. exceptional) tax, surtax, auch additional tax. — ~ta,rif m 1. (Ausnahmetarif) special (od. exceptional) tariff. – 2. (Vorzugstarif) preferential tariff. — ~,typ m special type.

'Son·de·rung f ⟨-; no pl⟩ cf. Sondern².

'Son·der|,ur,laub m 1. (Extraurlaub) special (od. extra) leave. – 2. bes. mil. (aus dringenden Gründen) emergency leave, (bei Trauerfall) compassionate leave. — ~ver,band m mil. 1. special unit. – 2. (mit spezifischem Auftrag) task force. — ~ver,ein·ba·rung f 1. (besondere) special agreement. – 2. (gesonderte) separate agreement (od. arrangement). — ~ver,gü·tung f special (od. extra) allowance, bonus. — ~ver,mö·gen n jur. 1. (eines Gesellschafters) separate estate. – 2. (eines Ehegatten) separate property. — ~ver,pfle·gung f 1. special food. – 2. mil. special rations pl. — ~ver,trag m 1. separate contract. – 2. (im Völkerrecht) separate treaty. — ~,voll,macht f 1. special power. – 2. (Schriftstück) special power of attorney. — ~vor,schrift f special regulation. — ~vor,stel·lung f (theater, film) special performance. — ~,wunsch m meist pl special wish: Sonderwünsche können nicht berücksichtigt werden special wishes cannot be considered. — ~,zie·hungs,recht n meist pl econ. (des Internationalen Währungsfonds) special drawing right. — ~,zug m 1. special (od. extra) train, special: einen ~ einsetzen to run (od. put on) a special train. – 2. (für Ausflüge etc) excursion train. — ~zu,la·ge f econ. special bonus. — ~zu,schlag m 1. extra charge, surcharge. – 2. (zum Fahrpreis) special excess fare. — ~zu,tei·lung f 1. cf. Sonderzulage. – 2. bes. mil. cf.

Sonderverpflegung 2. — ~,zweck m special (od. specific, particular) purpose.

Son'dier,bal,lon m meteor. sounding balloon.

son·die·ren [zɔn'diːrən] I v/t ⟨no ge-, h⟩ 1. med. (eine Wunde etc) sound, probe. – 2. fig. (Gelände, Lage etc) sound (out), probe, explore: das Terrain ~ to probe the ground; er kam, um zu ~, wie he came to sound out how. – II S~ n ⟨-s⟩ 3. verbal noun. — Son'die·rung f⟨-; -en⟩ 1. cf. Sondieren. – 2. fig. (des Geländes, der Lage etc) probe, exploration. [talk.]

Son'die·rungs·ge,spräch n pol. exploratory

So·nett [zo'nɛt] n ⟨-(e)s; -e⟩ sonnet.

Song [zɔŋ; sɔŋ] (Engl.) m ⟨-s; -s⟩ song.

'Sonn,abend m ⟨-s; -e⟩ bes. Northern and Middle G. for Samstag. — 'sonn,abends adv cf. samstags.

Son·ne ['zɔnə] f ⟨-; -n⟩ 1. ⟨only sg⟩ (Himmelskörper) sun: die aufgehende [untergehende] ~ the rising [setting] sun; die liebe ~ colloq. the blessed sun; die ~ scheint the sun is shining; die ~ steht hoch [tief] (am Himmel) the sun is high [low] (in the sky); er ist der glücklichste Mensch unter der ~ lit. he is the happiest man under the sun; die ~ des Glücks fig. the sun of happiness. – 2. (Himmelskörper anderer Systeme) sun. – 3. ⟨only sg⟩ (Sonnenschein, Sonnenlicht) sun(shine): strahlende ~ radiant sun (od. sunlight); ich kann keine ~ vertragen I cannot stand the sun; das Zimmer hat (od. bekommt) nur nachmittags etwas ~ the room only has some sun in the afternoon; ein Platz an der ~ fig. a place in the sun; geh mir aus der ~! colloq. get out of my light! in der prallen ~ sitzen to sit in the blazing sun; sich von der ~ bescheinen lassen to bask in the sun, to sun (oneself); sie ist von der ~ verbrannt she is sunburnt; die ~ bringt es an den Tag (Sprichwort) truth (od. murder) will out (proverb). – 4. electr. cf. a) Heizsonne, b) Höhensonne 2. – 5. (Feuerwerkskörper) Catherine wheel.

sön·ne ['zœnə] obs. 1 u. 3 sg pret subj of sinnen.

son·nen ['zɔnən] I v/t ⟨h⟩ 1. (Betten etc) sun, expose (s.th.) to the sun. – II v/reflex sich ~ 2. sun oneself, sunbathe, bask in the sun, auch sun. – 3. sich in (dat) etwas ~ fig. to bask in s.th.: er sonnte sich in seinem Glück he basked in his good fortune.

'Son·nen|,an,be·ter m relig. auch fig. colloq. humor. sun worship(p)er. — ~,an,be·tung f relig. sun worship, heliolatry (scient.). — ~,auf,gang m sunrise: bei ~ at sunrise; „Vor ~" "Before Sunrise" (play by G. Hauptmann). — ~,bad n sunbath: ein ~ nehmen to take a sunbath, to sunbathe. — s~,ba·den v/i ⟨only inf u. pp sonnengebadet, h⟩ sunbathe, take a sunbath. — ~,bahn f astr. orbit of the sun: scheinbare ~ ecliptic. — ~,ball m ⟨-(e)s; no pl⟩ orb (od. globe) of the sun. — ~,bat·te,rie f (space) solar battery. — s~,be,schie·nen adj sunlit, sunny. — ~be,strah·lung f 1. cf. Sonnenstrahlung. – 2. med. (als Therapie) exposure to the sun; insolation, heliation (scient.). — ~,blen·de f 1. phot. lens hood (od. shade). – 2. (im Auto) (sun) visor (auch vizor), sunshade, sun shield (od. screen). — ~,blend,schei·be f (bei Autos) antidazzle (od. antiglare) windshield (bes. Br. windscreen).

'Son·nen,blu·me f bot. sunflower (Gattg Helianthus, bes. H. annuus).

'Son·nen,blu·men,gelb n sunflower (yellow). — ~,kern m sunflower seed. — ~,öl n sunflower(-seed) oil.

'Son·nen|,brand m sunburn, dermatitis actinica (scient.): sich (dat) einen ~ holen to get a sunburn, to get sunburnt (od. sunburned. — s~,bräu·ne f suntan. — ~,braut f bot. American sneezewort (Helenium autumnale). — ~,bril·le f pair of sunglasses (Br. sun-glasses), sun(-)glasses pl. — ~,creme f cf. Sonnenschutzcreme. — ~,dach n 1. (über Schaufenstern etc) awning, sunshade, bes. Am. sun-blind. – 2. (bei Autos) sunshine roof (od. sliding roof. – 3. mar. cf. Sonnensegel. — ~,deck n (auf Schiffen) sun deck. — s~,durch,flu·tet adj flooded with sunlight, sunny. — ~,ein,strah·lung f ⟨-; no pl⟩ meteor. insolation. — ~ener,gie f solar energy. — ~,fer·ne f astr. aphelion. — ~,fin·ster·nis f solar

eclipse, eclipse of the sun: totale [partielle] ~ total [partial] eclipse. — ~,fisch m zo. cf. Mondfisch. — ~,fleck m astr. sunspot, Br. sun-spot. — s~ge,bräunt adj suntanned, tanned (od. bronzed) by the sun. — ~ge,flecht n med. solar (c[o]eliac) plexus. — s~ge,reift adj (Früchte etc) ripened in the sun. — ~,glanz m splendor (bes. Br. splendour) of the sun. — ~,glut f blazing heat of the sun. — ~,gott m myth. sun-god. — ~,ha·lo m meteor. solar halo. — ~,hei·zung f solar heating. — s~,hell adj (as) bright as the sun(shine). — ~,hit·ze f sun heat. — ~,hö·he f sun's altitude, altitude of the sun. — ~,hut m sun hat. — ~,jahr n astr. solar (od. tropical) year. — ~,kälb·chen n zo. cf. Marienkäfer. — s~'klar adj fig. colloq. (in Wendungen wie) das ist (doch) ~! a) (das ist ganz offensichtlich) that's (as) clear (od. plain) as day(light)! that's (as) plain as a pikestaff! that's (as) plain as can be! b) (das ist selbstverständlich) that goes without saying! es ist doch ~, daß ich dir helfe! of course I'll help you! — ~,ko·li·bri m zo. hermit (Gattg Phaethornis). — ~,kol·ler m vet. sunstroke. — ~,kompaß m (space) sun (od. solar) compass. — ~,kö·nig, der hist. (Ludwig XIV.) the Sun King, the Roi Soleil. — ~,kraft,werk n electr. solar power plant (od. station). — ~kult m relig. sun cult. — ~,la·ge f (eines Hauses etc) sunny site.

'Son·nen,licht n ⟨-(e)s; no pl⟩ sunlight. — ~be,strah·lung f med. cf. Sonnenbestrahlung 2.

'Son·nen|,mes·ser m ⟨-s; -⟩ astr. heliometer. — ~,mo·nat m solar month. — ~,my·thos, ~,my·thus m solar (od. sun) myth. — ~,nä·he f astr. perihelion. — ~,öl n sun oil. — ~,rad n tech. sun gear. — ~,ral·le f zo. sun-grebe, peacock bittern (od. heron), auch finfoot, sun bittern (Eurypyga helias). — ~,rös·chen n bot. sunrose, rockrose, sunflower, helianthemum (scient.) (Gattg Helianthemum). — ~,ro·se f cf. Sonnenblume. — ~,schei·be f astr. sun (od. solar) disk (od. disc).

'Son·nen,schein m 1. sunshine, sun, sunlight: es ist strahlender ~, wir haben strahlenden ~ the sun is shining radiantly, there is brilliant sunshine; → Regen 1. – 2. fig. (bes. Kind) sunshine. — ~,dau·er f meteor. duration of sunshine.

'Son·nen,schirm m 1. (Damenschirm) parasol, sunshade. – 2. (auf Balkon, Terrasse etc) sunshade.

'Son·nen,schutz m 1. protection against the sun. – 2. (Vorrichtung) sunshade. — ~,creme f sun(tan) cream. — ~,glas n 1. (optics) sun-protective plano lens, dark (od. smoked) glass. – 2. pl cf. Sonnenbrille. — ~,mit·tel n sunscreen (agent). — ~,vor,hän·ger pl (optics) (für die Brille) sun clips.

'Son·nen|,se·gel n 1. mar. awning. – 2. (space) solar sail. — ~,sei·te f 1. (eines Hauses, einer Straße etc) sunny side, side exposed to the sun. – 2. fig. (des Lebens etc) sunny (od. bright) side. — ~,sen·sor m (space) sun sensor. — ~,spek·trum n phys. solar spectrum. — ~,stand m position of the sun. — ~,stein m min. sunstone. — ~,stern m zo. 1. Atlantischer ~ rose star (Crossaster papposus). – 2. Pazifischer ~ sun star (Gattg Solaster). — ~,stich m med. sunstroke, insolation, heatstroke; heat apoplexy, heliosis (scient.): einen ~ haben a) to have sunstroke, b) fig. colloq. (leicht verrückt sein) to be touched (in the head); du hast wohl einen (kleinen) ~! fig. colloq. you must be daft (colloq.) (od. sl. nuts)! — ~,strahl m 1. sunbeam, sunray. – 2. (Kind etc) sunbeam. — ~,strah·lung f solar radiation. — ~sy,stem n astr. solar (od. planetary) system. — ~,tag m 1. sunny day. – 2. astr. solar day. — ~,tau m bot. sundew, drosera (scient.) (Gattg Drosera). — ~ter,ras·se f sun deck. — ~,tier·chen n zo. sun animalcule, heliozoan (Klasse Heliozoa). — s~,über,flu·tet adj flooded with sunlight. — ~,uhr f sundial, sun-clock. — ~,un·ter,gang m sunset, bes. Am. sundown, sunfall (poet.): „Vor ~" "Before Sunset" (play by G. Hauptmann). — s~ver,brannt adj sunburnt, sunburned. — ~vo,gel m zo. mesia, Chinese nightingale (Leiothrix argentauris). — ~,war·te f astr. solar observatory. — ~,wen·de f 1. astr. a) cf. Sommersonnenwende, b) cf.

Wintersonnenwende. - 2. bot. cf. Heliotrop[1] 1. — ~,zeit f astr. solar time: mittlere ~ solar mean time. — ~,zir·kel, ~,zy·klus m solar cycle.

'son·nig adj 1. (Wetter, Platz etc) sunny: ein Haus in ~er Lage a house on a sunny site. - 2. fig. (Wesen etc) sunny, merry: du hast ja ein ~es Gemüt, uns alle hier warten zu lassen! iron. you (really) have a nerve to keep us all waiting here! (colloq.).

'Sonn,tag m ⟨-(e)s; -e⟩ Sunday: am ~ on Sunday; des ~s lit. on (od. lit. of) a Sunday; (am) ~ morgen (od. früh) (on) Sunday morning, early on Sunday; ~ vormittag [mittag, nachmittag] (on) Sunday morning [noon (od. midday), afternoon]; ~ abends badet er immer he takes a bath on Sunday evenings (od. nights); am nächsten ~ next Sunday; (am) ~ abend (on) Sunday evening (od. night); weißer ~ relig. Low Sunday; es ist nicht alle Tage ~ (Sprichwort) etwa Sunday does not come every day. — ~'abend m Sunday evening (od. night).

'sonn,tä·gig adj (on) Sunday.

'sonn,täg·lich I adj 1. ⟨attrib⟩ Sunday('s), on Sunday(s): die ~e Messe Sunday mass. - 2. (Kleidung, Benehmen etc) Sunday (attrib), Am. Sundayfied: ~e Kleidung Sunday clothes pl (od. colloq. best). - II adv 3. as on a Sunday: alle waren ~ gekleidet all were dressed in their Sunday clothes (od. colloq. best).

'Sonn,tag'mor·gen m Sunday morning: am ~ on Sunday morning.

'sonn,tags adv on Sundays, every (od. each) Sunday, bes. Am. Sundays.

'Sonn,tags|,an,zug m Sunday suit; Sunday best, (Sunday-)go-to-meeting suit (colloq.). — ~,ar·beit f Sunday work. — ~,aus,flug m Sunday excursion (od. trip). — ~,aus,flüg·ler m Sunday excursionist (bes. Br. tripper). — ~,aus,ga·be f (einer Zeitung) Sunday issue. — ~,aus,geh,an,zug m colloq. for Sonntagsanzug. — ~,bei,la·ge f (einer Zeitung) Sunday supplement. — ~,blatt n Sunday paper. — ~,dienst m duty on Sunday: er hat ~ he is on duty on Sunday. — ~ent,hei·li·gung f relig. profanation (od. desecration) of the Sabbath. — ~,fah·rer m colloq. contempt. Sunday (od. amateur) driver. — ~,fahr·ver,bot n ban on Sunday pleasure driving. — ~,got·tes,dienst m relig. Sunday service. — ~,hei·li·gung f Sunday observance, observance of the Sabbath. — ~,jä·ger m colloq. contempt. Sunday (od. would-be) hunter. — ~,kind n 1. Sunday child. - 2. fig. (Glückskind) lucky person (od. colloq. fellow, devil), child of fortune: ein ~ sein to be born lucky (od. under a lucky star, with a silver spoon in one's mouth), to be one of fortune's favo(u)rites. — ~,kleid n Sunday dress (od. colloq. best), (Sunday-)go-to-meeting dress (colloq.). — ~,rei·ter m colloq. contempt. Sunday (od. would-be) rider. — ~,rück,fahr,kar·te f (railway) weekend (Am. auch weekend round trip) ticket. — ~,ru·he f Sunday peace: Einhaltung [Störung] der ~ bes. jur. observance [disturbance] of the Sunday peace. — ~,schu·le f relig. obs. Sunday school (auch School). — ~spa,zier,gang m Sunday walk. — ~,staat m ⟨-(e)s; no pl⟩ Sunday attire (od. apparel, colloq. best), best bib and tucker (colloq.): die Leute gingen im ~ zur Kirche people went to church in their Sunday best; seinen ~ anlegen to dress in one's Sunday best. — ~ver,kehr m Sunday traffic. — ~,wet·ter n fig. colloq. perfect (od. glorious) weather: heute ist richtiges ~ the weather is really perfect today. — ~,zei·tung f cf. Sonntagsblatt.

'Sonn- und 'Fei·er,ta·ge pl Sundays and holidays: an ~n geschlossen closed on Sundays and holidays.

'sonn- und 'fei·er,tags adv on Sundays and holidays.

'Sonn- und 'Fei·er,tags,ar·beit f work on Sundays and holidays.

'sonn·ver,brannt adj sunburned, sunburnt.

'Sonn,wend|,fei·er f midsummer festival (od. celebration). — ~,feu·er n bonfire lit to celebrate the summer solstice.

so·nor [zo'noːr] adj 1. (Stimme etc) sonorous, resonant, rounded. - 2. ~e Laute ling. sonorants.

So·no·ri·tät [zonori'tɛːt] f ⟨-; no pl⟩ sonority, sonorousness, resonance.

So'nor,laut m meist pl ling. sonorant.

sonst [zɔnst] adv 1. (außerdem) else, otherwise (colloq.): war außer dir ~ (noch) jemand (od. colloq. wer) dort? was anyone else there besides you? was there anyone there other than (od. apart from) you? nein, ~ niemand (od. colloq. ~) no, nobody else; ~ noch etwas? auch iron. anything else? is that all? will that be all? danke, ~ nichts! nothing else (od. that's all), thank you! er und ~ keiner he and nobody else, nobody else but he, none other than he; meinst du, Peter kann diese Arbeit tun? — Wer (denn) ~? do you think Peter can do this work? — Who else (od. colloq. Who can do it otherwise)? er denkt, er ist ~ wer colloq. he thinks he is goodness knows who (od. what); wo seid ihr ~ überall gewesen? colloq. where else were you? where were you apart from that (od. colloq. otherwise)? wenn es ~ nichts ist! as long as it (od. there) is nothing else, as long as that is all; hast du mir ~ nichts zu sagen? (vorwurfsvoll) have you nothing else to say for yourself? ~ gibt es nichts Neues zu berichten other than that (od. colloq. otherwise) there is nothing new to report; ~ tut dir nichts weh? a) there is nothing else troubling you, is there? b) fig. colloq. iron. is that all that's worrying (od. troubling) you? und dann sagt sie mir von ihrer Krankheit und wer weiß was ~ noch alles erzählt colloq. and then she told me about her illness and goodness (od. God) knows what (else); machst du das immer so? — Ja, wie denn ~? do you always do it like that? — How else (od. How am I to do it otherwise)? - 2. (andernfalls) (for) otherwise (od. lit. elsewise), or, (or) else: komm sofort her, ~ setzt es was! come here at once or you'll catch it! come here at once or else! (colloq.); ich muß mich beeilen, ~ komme ich zu spät I have to hurry, (for) otherwise I'll be late. — 3. (wenn nicht) otherwise, if not, (or) else: magst du Spinat? S~ kannst du (auch) Erbsen bekommen do you like spinach? Otherwise you may have peas. - 4. (für gewöhnlich, im allgemeinen) normally, usually, otherwise: was ist mit dir los? Du bist doch ~ nicht so schüchtern! what is wrong with you? You aren't normally so shy (od. you're not so shy otherwise); der ~ so schlagfertige Robert blieb diesmal stumm the otherwise quick Robert was silent this time; so etwas tue ich ~ nicht I don't normally do that, I don't do that otherwise; er benimmt sich genau wie ~ auch he is behaving just as he does otherwise; was beklagst du dich? Es ist doch alles wie ~ (auch) why do you complain? It's just the way it always is; du bist heute so anders als ~ you are so different today; heute habe ich mehr als ~ verdient today I earned more than normally (od. usually), today I earned more than I do otherwise. - 5. (zu einer anderen Zeit, Gelegenheit) some other time: heute kann ich nicht kommen, vielleicht ~ einmal I can't come today, some other time (od. day) perhaps. - 6. (früher immer) always: ~ stand hier doch ein Haus there used to be a house here; wenn er ~ kam, war er immer fröhlich he always used to be gay when he came; nichts war mehr wie ~ nothing was as it used to be. - 7. (im übrigen) in other respects, apart from that: ~ ist sie (ja) recht vernünftig she is quite sensible otherwise; wie geht's ~? colloq. how are things otherwise? leihst du mir dein Auto? — Aber ~ geht's dir gut? colloq. iron. will you lend me your car? — Are you feeling all right (od. Are you in your right mind)? - 8. (anderweitig) in other respects (od. matters): wir werden uns auch ~ bemühen, unsere Gäste zufriedenzustellen we'll try to satisfy our guests in other respects too; kann ich Ihnen ~ (noch) behilflich sein? may I assist you in any (od. some) other way? - 9. ~ noch colloq. (darüber hinaus, zusätzlich) besides: wir brauchen Bleistifte, Papier und ~ verschiedenes Schreibmaterial we need pencils, paper and various other writing materials besides.

'sonst,ei·ner indef pron colloq. cf. sonstjemand.

'son·stig I adj ⟨attrib⟩ 1. (ander, übrig) other: was seine ~en Fähigkeiten anbetrifft as for his other abilities; ~e Unkosten econ. other expenses. - 2. (gewöhnlich) normal, usual. - 3. (ehemalig) former. - II S~e, das ⟨-n⟩ 4. other matters pl (od. things pl): Geld für Büromaterial, Werbung und S~es money for office supplies, publicity and other matters; S~es econ. (als Rubrik auf Buchungsbögen etc) other expenses.

'sonst|,je·mand indef pron colloq. anybody, anyone. — ~,was indef pron colloq. anything: er könnte mir ~ schenken, ich würde es nicht annehmen he could give me anything (he likes) (od. he could give me whatever he likes), I wouldn't accept it; ich hätte ihm am liebsten ~ gesagt I would have liked to give him a piece of my mind (bes. Br. to tell him a few home truths). — ~,wer indef pron colloq. 1. cf. sonstjemand. - 2. (alle möglichen Leute) all sorts pl of people. — ~,wie adv colloq. anyway, anywise, in any way whatever: er kann es so oder ~ machen he can do it that way or anyway he likes. — ~,wo adv colloq. 1. (irgendwo) somewhere, goodness (od. God) knows where: er ist in Afrika oder ~ he is in Africa or somewhere like that. - 2. (woanders) elsewhere, anywhere else, somewhere else: so etwas kannst du ~ machen, aber nicht hier you can do a thing like that somewhere else (od. wherever you like) but not here; der kann mich doch (mal) ~! he can go to hell (od. blazes). - 3. (überall sonst) everywhere else: ich habe den Schirm ~ gesucht, nur nicht hier I looked for the umbrella everywhere (else) but here. - 4. (weit voraus) far (od. colloq. miles) ahead. — ~wo,her adv colloq. 1. (irgendwoher) from somewhere, from goodness (od. God) knows where. - 2. (woandersher) from somewhere else, from elsewhere, from some other place. — ~wo,hin adv colloq. 1. (irgendwohin) somewhere, goodness (od. God) knows where. - 2. (woandershin) somewhere (od. anywhere) else, elsewhere.

so'oft conj 1. (jedesmal wenn) whenever: ~ er kommt, bringt er ein Geschenk mit he brings a present with him whenever he comes. - 2. (wann auch immer) whenever, as often as: du kannst den Rasenmäher haben, ~ du willst you can have the lawn mower as often as you like. - 3. (egal wie oft) whenever, no matter how often: ~ ich auch komme, sie ist nie zu Hause no matter how often I come, she is never at home.

Soor [zoːr] m ⟨-(e)s; -e⟩ med. thrush, aphthous (od. parasitic) stomatitis (scient.). — ~pilz m thrush fungus, Candida albicans (scient.).

Soot [zoːt] m ⟨-(e)s; -e⟩ Low G. (Brunnen) well.

So'phi·en,kraut [zo'fiːən-] n bot. herb Sophia (Descurainia sophia).

So'phis·ma [zo'fɪsma] n ⟨-s; -phismen⟩, So'phis·mus [-mʊs] m ⟨-; -phismen⟩ philos. sophism, sophistry. — So'phist [-'fɪst] m ⟨-en; -en⟩ 1. philos. Sophist. - 2. fig. sophist(er). — So·phi·ste'rei [-tə'raɪ] f ⟨-; -en⟩ fig. sophistry, sophistication. — So'phi·stik [-'fɪstɪk] f ⟨-; no pl⟩ 1. philos. sophistic, auch sophistry. - 2. fig. cf. Sophisterei. — so'phi·stisch adj philos. auch fig. sophistic(al).

so·pho·kle·isch [zofo'kleːɪʃ] adj (literature) Sophoclean: ~es Denken Sophoclean thought; S~e Tragödien Sophoclean tragedies.

So·por ['zoːpɔr] m ⟨-s; no pl⟩ med. sopor: oberflächlicher ~ semisopor. — so·po·rös [zopo'røːs] adj soporose, soporous.

So·pran [zo'praːn] m ⟨-s; -e⟩ mus. 1. soprano, treble: dramatischer ~ dramatic soprano. - 2. cf. Sopranist, Sopranistin. — ~,arie f soprano aria.

So·pra·nist [zopra'nɪst] m ⟨-en; -en⟩ mus. soprano (bes. Br. treble) (singer), male soprano, sopranist.

So·pra·ni·stin f ⟨-; -nen⟩ mus. soprano (od. treble) (singer), sopranist, soprano vocalist.

So'pran|par,tie f mus. (einer Oper etc) soprano part. — ~,stim·me f 1. cf. Sopran 1. - 2. (im gemischten Satz) treble, soprano.

So·pra·por·te [zopra'pɔrtə] f ⟨-; -n⟩ arch. headpiece.

Sor·be ['zɔrbə] m ⟨-n; -n⟩ Sorb.
Sor'bett [zɔr'bɛt] m, n ⟨-(e)s; -e⟩ gastr. cf. Scherbett.
Sor'bin,säu·re [zɔr'bi:n-] f chem. sorbic (od. 2-hexadienoic) acid (CH₃(CH = CH)₂-COOH).
Sor'bit[1] [zɔr'bi:t; -'bɪt] m ⟨-s; no pl⟩ chem. (Zuckeralkohol) sorbitol (CH₂OH(CHOH)₄-CH₂OH). [gefüge) sorbite.⟩
Sor'bit[2] m ⟨-s; no pl⟩ metall. (Abschreck-
Sor·bo·se [zɔr'bo:zə] f ⟨-; no pl⟩ chem. sorbose (C₆H₁₂O₆).
Sor·di·no [zɔr'di:no] m ⟨-s; -s u. -dini [-ni]⟩ mus. sordino, mute.
Sor·ge ['zɔrgə] f ⟨-; -n⟩ **1.** meist pl worry, trouble, care (lit.): ich habe große (od. schwere, ernste) ~n I have serious worries, I am very (od. seriously) worried; finanzielle [berufliche] ~n financial [professional] worries; hast du ~n? have you worries? are you worried? sich (dat) ~n machen to worry; ich komme aus den ~n nicht mehr heraus, die ~n wachsen mir über den Kopf fig. there is no end to my worries, I can't cope with my worries; er ist aller ~n ledig (od. enthoben) a) he has no more worries, he has no more need to worry, b) fig. (er ist tot) he is free from earthly cares; frei von ~n in die Zukunft blicken to look into the future free from worries; du hast vielleicht ~n! deine ~n möchte ich haben! colloq. iron. is that all you have to worry about? (colloq.); was die für ~n haben! colloq. iron. they have worries! laß mich in Ruhe, ich habe andere ~n! fig. colloq. leave me in peace, I have other worries (od. I have other fish to fry)! kleine Kinder, kleine ~n, große Kinder, große ~n (Sprichwort) etwa small children, small worries, bigger children, bigger worries; → Borgen. – **2.** (Besorgnis, Unruhe) worry, concern, anxiety: die politische Lage erfüllt uns mit tiefer ~ the political situation causes us deep concern, we are deeply worried (od. concerned) about the political situation; er macht (od. bereitet) seiner Mutter große ~n he causes his mother a lot of worry (od. concern, anxiety), he is an awful worry to his mother (beide colloq.); sie hat sich (dat) solche ~n gemacht she was terribly worried, she was in an awful state (beide colloq.); sich (dat) um j-n [etwas] ~n machen, um j-n [etwas] in ~ sein to worry about s.o. [s.th.], to be worried (od. concerned, anxious) about s.o. [s.th.]; mach dir (darüber od. darum, deshalb) keine ~n! don't worry (your head [colloq.]) about that! never mind! ich habe keine ~, daß er die Prüfung besteht I am not worried about him passing the exam; keine ~! sei ohne ~! don't (you) worry! – **3.** (Furcht, Angst) fear, worry: deine ~ ist unbegründet your fear is unjustified; meine größte ~ beim Autofahren ist, daß my greatest worry in driving is that, what I fear most in driving is that. – **4.** (Kummer) sorrow, distress, care (lit.): seine ~n im Alkohol ertränken fig. to drown one's sorrows. – **5.** (Problem) problem, worry, concern: lassen Sie das meine ~ sein! a) let me worry about that! don't worry, that's my problem (od. sl. headache, bes. Br. colloq. pidgin, Am. colloq. oyster, baby), b) that's none of your business; das ist deine ~ that's your problem (od. colloq. funeral); das ist (noch) meine geringste ~ that's the least of my worries; die ~ bin ich (endlich od. glücklich) los! colloq. that's one worry less! that's that load off my mind! j-m eine ~ abnehmen to take a worry (od. a load) off s.o.'s mind. – **6.** dafür ~ tragen, daß to take care that, to see to it that, (verantwortlich sein) auch to be responsible for seeing that: dafür haben die Eltern ~ zu tragen the parents have to see to that (od. have to take care of that, are responsible for that). – **7.** (Fürsorge) care: für etwas [j-n] ~ tragen to take care of (od. look after) s.th. [s.o.]: er trug ~ für ihr Wohlbefinden he looked after her well-being; sie vertraute der Nachbarin die ~ für ihr Kind an she entrusted the neighbo(u)r with the care of her child, she entrusted the care of her child to the neighbo(u)r.
'Sor·ge·be,rech·tig·te m, f ⟨-n; -n⟩ jur. person entitled to the custody, competent tutor.

sor·gen ['zɔrgən] **I** v/i ⟨h⟩ **1.** für j-n ~ a) (für den Lebensunterhalt) to provide for s.o., to support s.o., b) (betreuen, pflegen) to look after (od. take care of, see to, care for) s.o.: er sorgt vorbildlich für seine Familie he provides for his family in an exemplary way; da sie arbeitet, kann sie für sich selbst ~ since she is working she can provide for herself. – **2.** für etwas ~ a) (aufbieten, bereitstellen) to see to (od. provide, supply, look after, take care of) s.th., b) (bewirken, herbeiführen) to see to s.th., to effect s.th.: ich sorge für Essen und Trinken, und du sorgst für die Unterhaltung der Gäste I'll provide food and drinks and you'll see to the entertainment of the guests; bitte ~ Sie für ein Taxi ~ to (od. arrange for) a taxi, please; die Polizei sorgte für einen reibungslosen Verkehrsfluß the police saw to a smooth flow of traffic; für eine gute Ausbildung der Kinder ~ to see to it that the children are given a good education; er sorgt immer für Abwechslung colloq. he keeps things lively (od. from getting dull), there's never a dull moment when he's around. – **3.** dafür ~ (od. für ~), daß to take care that, to see (to it) that, (verantwortlich sein) auch to be responsible for seeing that: wir werden dafür ~, daß so etwas nicht wieder vorkommt we'll take care that nothing like this will happen again; Sie ~ mir dafür, daß hier aufgeräumt wird! you see to it (for me) that this place will be tidied (up)! → Baum 2. – **II** v/reflex sich ~ **4.** worry, be worried, be concerned, be anxious: sorge dich doch nicht so um die (od. wegen der) Kinder! don't worry so much about the children!
'Sor·gen|,bre·cher m fig. humor. (Wein, Schnaps etc) cure for cares. — **~,fal·ten** pl wrinkles of care. — **s~,frei** adj (Leben etc) carefree, free from care. — **~,frei·heit** f ⟨-; no pl⟩ carefreeness, freedom from care. — **~,kind** n **1.** problem child. – **2.** fig. problem, headache (sl.): die neue Abteilung ist unser ~ the new department is our principal headache. — **~,last** f load (od. weight) of worries (od. troubles, lit. cares). — **s~,los** adj cf. sorgenfrei. — **s~,schwer** adj lit. **1.** (Tag etc) full of worries (od. troubles, lit. cares). – **2.** (Gesicht) careworn, worried. — **~,stuhl** m obs. humor. easy chair. — **s~,voll I** adj **1.** (Blick, Miene etc) worried, anxious: ein ~es Gesicht machen to look worried, to have a worried look. – **2.** (Zeit, Leben etc) full of worries (od. troubles, lit. cares). – **II** adv **3.** (mit sorgenvoller Miene) worriedly, anxiously: er blickte ~ auf seine Uhr he looked worriedly at his watch, he glanced at his watch with a worried look; ~ die Stirn in Falten ziehen to frown worriedly. – **4.** (angstvoll, beunruhigt) anxiously, concernedly, with (od. full of) concern (od. anxiety): ~ in die Zukunft blicken to look anxiously into the future, to look into the future with anxiety.
'Sor·ge|,pflicht f ⟨-; no pl⟩ jur. (der Eltern) (für for) obligation to (the) custody. — **~,recht** n ⟨-(e)s; no pl⟩ (der Eltern) (right to the) custody (of the child): das ~ für ein Kind beantragen to apply for (the) custody (of a child); das ~ erhalten (od. zugesprochen bekommen) to be granted (the) custody.
'Sorg·falt [-,falt] f ⟨-; no pl⟩ **1.** (Aufmerksamkeit) care, attention: sie verwendet große ~ auf ihre äußere Erscheinung she gives great care (od. she pays careful attention) to her outward appearance; ich lege große ~ auf Sauberkeit I pay very careful attention to cleanliness. – **2.** (Gewissenhaftigkeit) care, conscientiousness: er läßt es bei seiner Arbeit nie an der nötigen ~ fehlen he never lacks the necessary care in his work; du hast es ohne ~ getan you did it carelessly, you did it in a careless (od. slovenly, slipshod) manner; sie machte ihre Schulaufgaben mit großer ~ she did her homework with great care (od. very carefully, conscientiously). – **3.** (Genauigkeit) care, painstaking(ness), meticulousness, exactness: etwas mit peinlicher ~ überprüfen to examine s.th. with meticulous (od. painstaking) care, to examine s.th. with great painstaking(ness). – **4.** (Behut-

samkeit, Vorsicht) care(fulness), caution, cautiousness: etwas mit ~ behandeln to handle s.th. with care (od. carefully, cautiously). – **5.** (Mühe) pains pl, trouble: er verwendete viel ~ darauf, die zerbrochene Vase wieder zusammenzusetzen he took great pains (od. he went to much trouble) to piece the broken vase together again. – **6.** jur. diligence, care: angemessene (od. übliche, gehörige) ~ ordinary diligence, due care; (übliche) ~ eines ordentlichen Geschäftsmanns ordinary diligence of a reliable businessman; verkehrsübliche ~ due diligence, ordinary care; bei Anwendung genügender ~ in exercising reasonable diligence.
'sorg,fäl·tig [-,fɛltɪç] **I** adj **1.** (genau) careful, painstaking, meticulous, thorough(-going), exact: die ~e Prüfung Ihres Antrages hat ergeben, daß the careful examination of your request showed that. – **2.** (gewissenhaft) conscientious, careful: das ist eine sehr ~e Arbeit that's a very conscientious piece of work. – **3.** (behutsam, vorsichtig) careful, cautious: bei ~er Behandlung if treated (od. handled) with care. – **4.** (sauber u. ordentlich) neat, careful: er hat eine ~e Schrift he has careful handwriting. – **II** adv **5.** carefully: du mußt etwas ~er arbeiten you have to work a bit more carefully; ich habe das Buch ~ behandelt I handled the book carefully (od. with care); ein ~ zusammengestelltes Menü a carefully composed (od. a recherché, auch recherche) dinner.
'Sorg,fäl·tig·keit f ⟨-; no pl⟩ cf. Sorgfalt.
'Sorg,falts,pflicht f jur. **1.** duty of care. – **2.** diligence, care.
sorg·lich ['zɔrklɪç] adj u. adv cf. sorgsam.
'sorg·los adj **1.** (sorgenfrei) carefree, free from care: ein ~es Leben führen to lead (od. live) a carefree life. – **2.** (heiter, wohlgemut) lighthearted, cheerful, gay. – **3.** (unbekümmert) unconcerned. – **4.** (unachtsam, nachlässig) careless, negligent, heedless. – **5.** (leichtfertig) heedless, careless, (stärker) reckless, devil-may-care (attrib). – **6.** (zu vertrauensselig) naively confiding (od. trusting). — **'Sorg·lo·sig·keit** f ⟨-; no pl⟩ **1.** carefreeness, freedom from care. – **2.** lightheartedness, cheerfulness. – **3.** unconcernedness. – **4.** carelessness, negligence, heedlessness. – **5.** heedlessness, carelessness, (stärker) recklessness. – **6.** (naive) confidence.
'sorg·sam I adj **1.** (fürsorglich) solicitous, attentive: unter ihrer ~en Pflege erholte er sich bald under her solicitous care he soon recovered. – **2.** (behutsam, vorsichtig) careful, cautious. – **3.** (genau) careful, painstaking, meticulous, exact: eine ~e Untersuchung a careful examination. – **4.** (gewissenhaft) conscientious, careful. – **II** adv **5.** sie deckte ihn ~ zu she carefully covered him with a blanket; ein ~ gehütetes Geheimnis a carefully kept secret; er war ~ darauf bedacht, keinen Fehler zu machen he was anxious not to make a mistake. — **'Sorg·sam·keit** f ⟨-; no pl⟩ **1.** (Fürsorglichkeit) solicitude, solicitousness, attentiveness. – **2.** (Behutsamkeit, Vorsicht) care(fulness), caution, cautiousness. – **3.** (Genauigkeit) care, painstaking(ness), meticulousness, exactness. – **4.** (Gewissenhaftigkeit) conscientiousness, care. – **5.** (Eifer) anxiousness, anxiety.
Sorp·ti·on [zɔrp'tsi̯o:n] f ⟨-; -en⟩ chem. phys. sorption.
Sor·te ['zɔrtə] f ⟨-; -n⟩ **1.** (Art, Kategorie) sort, kind, type, variety: (noch) andere ~n (von) Käse other kinds of cheese; ein Tablett mit verschiedenen ~n Keks a tray with different sorts of biscuits (od. with a variety of biscuits, with assorted biscuits); Waren in allen ~n und Preislagen goods of all sorts at all price levels. – **2.** econ. a) (Qualität, Klasse) quality, grade, b) (Marke) brand, make: erste (od. feinste, beste) ~ first(-class) (od. finest, best, superior, prime) quality, grade A; eine besonders milde ~ (von) Zigaretten a particularly mild brand of cigarettes; mittlere [schlechte] ~ medium (od. average) [bad od. inferior] quality; Waren nach ~n einteilen to grade goods. – **3.** pl econ. (Auslandsgeld) foreign notes and coin, foreign currency (od. money) sg. – **4.** bot. agr. cultivar, variety: resistente ~n resistant varieties. – **5.** colloq. contempt. (auf Menschen bezogen)

sort, kind, type, caliber, *bes. Br.* calibre: er ist eine seltsame ~ Mensch he's a peculiar kind of person, he's an odd sort; ich kenne noch mehr von der ~ I know more people like that; das ist ein Schwindler übelster ~ that's a fraud of the worst kind; ich gehöre nicht zu der ~ (Menschen), die sich immer beklagt I'm not the kind of person who always complains; der ist eine ~ für sich that's a man apart; gestern war ich mit Roberts Freunden zusammen. Das ist vielleicht eine ~! yesterday I was with Robert's friends. That's a dreadful crowd (*od.* lot)! (*colloq.*).

'Sor·ten|,ab,tei·lung *f econ.* (*einer Bank*) foreign money department. — **~,amt** *n agr.* (*zur Anmeldung neuer Zuchtsorten*) plant registration office. — **~ge,schäft** *n econ.* (*im Bankwesen, an der Börse*) transactions *pl* in foreign notes and coin. — **~,kur·se** *pl* foreign currency rates. — **~,li·ste** *f agr. cf.* Sortenverzeichnis. — **~,schutz** *m* (*für neue Zuchtsorten*) protection of new plant varieties. — **~ver,zeich·nis** *n* (*von Zuchtsorten*) list of (registered) plant varieties.

sor·tie·ren [zɔr'tiːrən] **I** *v/t* ⟨*no* ge-, h⟩ **1.** (*Briefe, Kleider etc*) sort, assort: er sortierte die Akten nach Jahrgängen he sorted the files according to year(s); nach Größen ~ to sort (*things*) according to size, to size; Waren nach Qualität ~ to sort goods according to quality (*od.* grade), to grade goods; etwas nach Klassen ~ to sort s.th. according to class, to classify s.th.; sie sortierte die Wäsche in den Schrank she sorted the washing into the wardrobe. – **2.** (*aussortieren*) sort (out). – **3.** (*textile*) a) (*Wolle*) sort, b) (*Baumwolle etc*) staple. – **II** S~ *n* ⟨-s⟩ **4.** *verbal noun.* – **5.** *cf.* Sortierung.

Sor·tie·rer *m* ⟨-s; -⟩ **1.** (*Person*) sorter. – **2.** *cf.* Sortiermaschine.

Sor·tie·re·rin *f* ⟨-; -nen⟩ *cf.* Sortierer 1.

Sor·tier·ma,schi·ne *f* (*für Lochkarten*) sorter.

sor·tiert **I** *pp.* – **II** *adj econ.* (*hochwertig*) high-grade (*attrib*).

Sor·tie·rung *f* ⟨-; *no pl*⟩ **1.** *cf.* Sortieren. – **2.** (*Sortiment*) assortment. – **3.** (*nach Qualität*) classification.

Sor·ti·le·gi·um [zɔrti'leːgium] *n* ⟨-s; -gien⟩ (*Weissagung durch Lose*) sortilege.

Sor·ti·ment [zɔrti'ment] *n* ⟨-(e)s; -e⟩ *econ.* **1.** (*an dat of*) assortment, variety. – **2.** *short for* Sortimentsbuchhandel. — **Sor·ti'men·ter** *m* ⟨-s; -⟩ *cf.* Sortimentsbuchhändler.

Sor·ti'ments|,buch,han·del *m* retail book trade. — **~,buch,händ·ler** *m* retail bookseller. — **~,buch,hand·lung** *f* retail bookshop (*bes. Am.* bookstore).

SOS [ɛsʔoːˈʔɛs] *n* ⟨-; *no pl*⟩ *mar. auch fig.* SOS: das Schiff funkte ~ the ship sent out an SOS.

so'sehr [zo-] *conj* however much, no matter how (much), much as: ~ ich ihn auch liebe, ich muß ihm die Wahrheit sagen I must tell him the truth, no matter how much I love him; ~ er sich auch bemühte, es wollte ihm nicht gelingen he didn't succeed, however much (*od.* hard) he tried.

SOS-,Kin·der,dorf [ɛsʔoːˈʔɛs-] *n* SOS--Children's Village.

so'so [zo-] **I** *interj* **1.** (*sieh mal einer an*) well, well! – **2.** (*was du nicht sagst*) you don't say! – **II** *adv* **3.** ~ (lala)! *colloq.* so-so! middling! (*beide colloq.*): das Geschäft geht ~ business is so-so; mit ihm [der Arbeit] steht es ~ he [work] is (just) so-so.

SOS-,Ruf [ɛsʔoːˈʔɛs-] *m* *mar. auch fig.* SOS (*od.* distress) call.

So·ße ['zoːsə] *f* ⟨-; -n⟩ **1.** *gastr.* a) sauce, b) (*Bratensoße*) gravy, c) (*Salatsoße*) dressing: weiße (*od.* helle) ~ béchamel (*auch* Béchamel), white sauce; holländische ~ hollandaise sauce, *auch* hollandaise. – **2.** *fig. colloq.* (*schmutziges Wasser, Schlamm etc*) goo, gooey mess (*beide sl.*). – **3.** (*Tabakbeize*) sauce. – **4.** die ganze ~ *fig. colloq.* (*etwas Verschüttetes*) the whole mess.

so·ßen ['zoːsən] *v/t* ⟨h⟩ *tech. cf.* saucieren.

'So·ßen|,löf·fel *m* sauce ladle (*od.* spoon). — **~,schüs·sel** *f* sauceboat, gravy boat.

so·ste·nu·to [zɔsteˈnuːto] *adv mus.* sostenuto.

So·te·rio·lo·gie [zoteriolo'giː] *f* ⟨-; *no pl*⟩ *relig.* soteriology.

---

sott [zɔt] *1 u. 3 sg pret of* sieden.

Sott *m, n* ⟨-(e)s; *no pl*⟩ *Low G. for* Ruß.

söt·te ['zœtə] *1 u. 3 sg pret subj of* sieden.

Sot·ti·se [zɔ'tiːzə] *f* ⟨-; -n⟩ *obs. od. dial. for* a) Dummheit 3—5, b) Grobheit 8, 9.

sot·to vo·ce ['zɔto 'voːtʃe] *adv mus.* sotto voce.

Sou [zuː] *m* ⟨-; -s [zuː]⟩ (*franz. Münze*) sou.

Sou·bret·te [zu'brɛtə] *f* ⟨-; -n⟩ *mus.* soubrette.

Sou·che ['zuːʃə] *f* ⟨-; -n⟩ *econ.* (*eines Wertpapiers*) counterfoil.

Sou·chong ['zuːʃɔŋ] *m* ⟨-(s); -s⟩, **~,tee** *m* souchong (tea).

Souf·flé [zu'fleː] *n* ⟨-s; -s⟩ *gastr.* soufflé.

Souf·fleur [zu'fløːr] *m* ⟨-s; -e⟩ (*theater*) prompter. — **~,ka·sten** *m* prompt box, prompter's box.

Souf·fleu·se [zu'fløːzə] *f* ⟨-; -n⟩ (*theater*) prompter.

souf·flie·ren [zu'fliːrən] (*theater*) **I** *v/t* ⟨*no* ge-, h⟩ prompt: j-m etwas ~ *auch fig.* to prompt s.o. s.th. – **II** *v/i* act as (a) prompter: den Schauspielern ~ to prompt the actors.

'so,und'so *colloq.* **I** *adv* **1.** such and such: ~ groß [breit] (of) such and such a size [a width]; er sagte ihm, die Mauer sei ~ lang he told him the wall was (of) such and such a length (*od.* the wall measured such and such); ~ lange for such and such a length of time; sie erzählte, er verdiene ~ viel she said he earned such and such an amount (*od.* a salary), she said he earned so much; ~ viele Leute a) such and such a number of poeple, b) (*ein paar einzelne*) so many odd (*colloq.*). – **2.** ~ oft (*sehr oft*) (ever) so often, time and again, umpteen times (*sl.*). – **II** *adj* **3.** ⟨*nachgestellt*⟩ so-and-so: Paragraph [Seite, Nummer] ~ section [page, number] so-and-so. – **III** S~ *m, f* ⟨-; -⟩ **4.** Herr [Frau] S~ a) (*Herr, Frau X*) Mr. [Mrs.] so-and-so, b) (*wenn man den Namen vergessen hat*) Mr. [Mrs.] what's--his- [her-]name, Mr. [Mrs.] what-do-you--call-him [-her].

'so,und·so'vielt [-zo'fiːlt] *colloq.* **I** *adj* **1.** such and such: er sagte, er komme am ~en Mai he said he would come on such and such a date in May. – **2.** (*x-te*) umpteenth, umptieth (*beide sl.*): erst beim ~en Versuch klappte es it did not work until we tried the umpteenth time; das ist schon das ~e Mal, daß ich dir das sage! this is the umpteenth time that I am telling you (so)! – **II** S~e *m, f* ⟨-n; -n⟩ **3.** such and such a day (*od.* date): am S~en des Monats on such and such a day of the month. – **4.** (*X-te*) umpteenth, umptieth (*beide sl.*): das ist schon die S~e! this is the umptieth!

Sou·per [zu'peː] *n* ⟨-s; -s⟩ (*intimate*) evening dinner, dîner. — **sou'pie·ren** [-'piːrən] *v/i* ⟨*no* ge-, h⟩ (*bei j-m at s.o.'s*) have (an intimate) evening dinner, dine.

Sous·chef ['zuːˌʃɛf; suˈʃɛf] (*Fr.*) *m* ⟨-s; -s⟩ **1.** *obs.* (*Stellvertreter des Küchenchefs*) sous (*od.* assistant) chef. – **2.** *Swiss* (*Stellvertreter des Bahnhofsvorstehers*) assistant stationmaster (*Am.* station agent).

Sou·ta·ne [zu'taːnə] *f* ⟨-; -n⟩ *röm.kath.* soutane, cassock.

Sou·ter·rain [zutɛˈrɛ̃; 'zuːtɛrɛ̃] *n* ⟨-s; -s⟩ basement. — **~,woh·nung** *f* basement dwelling, basement apartment (*bes. Br.* flat).

Sou·ve·nir [zuvəˈniːr] *n* ⟨-s; -s⟩ souvenir: als ~ as a souvenir.

sou·ve·rän [zuvəˈrɛːn] **I** *adj* **1.** *pol.* (*Staat, Herrscher etc*) sovereign. – **2.** *fig.* (*überlegen u. sicher*) confident (and excellent). – **II** *adv* **3.** ~ beantwortete er alle Fragen *fig.* he answered every question excellently and with (great) confidence; eine Situation ~ beherrschen *fig.* to be in full command (*od.* to have complete mastery) of a situation; sie siegten ganz ~ fig. they won in superior style. – **III** S~ *m* ⟨-s; -e⟩ **4.** *pol.* sovereign.

Sou·ve·rä·ni·tät [zuvərɛni'tɛːt] *f* ⟨-; *no pl*⟩ *pol.* **1.** (*Unabhängigkeit*) sovereignty, independence. – **2.** (*höchste Gewalt, Oberhoheit*) sovereignty, supremacy. – **3.** (*Eigenstaatlichkeit von Bundesstaaten etc*) sovereignty, *bes. Am.* statehood.

Sou·ve·rä·ni'täts|,rech·te *pl* rights of sovereignty, sovereign rights. — **~ver,let·zung** *f* infringement of sovereignty.

so'viel [zo-] **I** *adv* **1.** so much: red nicht ~!

---

don't talk so much. – **2.** ~ wie a) as much as, b) (*so gut wie*) as much as, as good as: er verdient doppelt [halb] ~ Geld wie du he earns twice [half] as much money as you, he earns twice [half] your salary; er hat zehnmal ~ (wie er) he has ten times as much (as he); geben Sie mir noch einmal ~ (wie vorher) give me as much (*od.* the same) again; versuche, ~ Holz wie möglich zu bekommen to get as much wood as possible; das war ~ wie gar nichts that was next to nothing, that was nothing to speak of; das war ~ wie eine Zusage this was as much (*od.* good) as an assent, this was tantamount to an acceptance. – **3.** noch ~ (*wieviel auch immer*) no matter how (much): und wenn du noch ~ arbeitest no matter how much you work, work as you may. – **4.** (*abschließend*) so much: ~ für heute so much for today; ~ ist gewiß so (*od.* colloq. this) much is certain. – **II** *conj* **5.** as (*od.* so) far as: ~ ich mich erinnern kann as far as I can remember, to the best of my recollection; ~ ich weiß as far (*od.* for all) I know, to (the best of) my knowledge; kommt er morgen? — S~ ich weiß, nicht is he coming tomorrow? — As far as I know, he isn't (*od.* Not as far as I know); ~ ich gehört habe as far as (*od.* from what) I have heard. – **6.** (*egal wieviel*) no matter how much, however much, much as: ~ du auch gelernt hast no matter how much you have learned. — **~,mal** *adv* so often, so many times, time and again.

Sow·chos ['zɔfçɔs; -xɔs] *m, n* ⟨-; -e [-'çoːzə; -'xoːzə]⟩, **Sow·cho·se** [zɔf'çoːzə; -'xoːzə] *f* ⟨-; -n⟩ (*Staatsgut in der UdSSR*) sovkhoz, *auch* sovkhos, sovkoz.

so'weit [zo-] **I** *adv* **1.** ~ sein (*fertig, bereit*) to be ready: warte, ich bin noch nicht ~! wait, I'm not ready yet! – **2.** es ist ~ a) (*die Zeit ist gekommen*) it is time, the time has come (*lit.*), b) (*nun wage ich's*) here goes! wann ist es denn ~? when will it be time? jetzt ist es ~ (*wenn etwas Erwartetes eingetroffen ist*) this is it. – **3.** ~ wie (*od.* als) as far as I will him ~ wie möglich entgegenkommen I want to oblige him as far as possible. – **4.** (*im großen u. ganzen*) on the whole, by and large, as far as it goes: es geht mir ~ ganz gut I'm quite well on the whole; er ist ~ ganz nett he is quite nice as far as it goes. – **II** *conj* **5.** as (*od.* so) far as: ~ ich unterrichtet bin as far as I know, to the best of my knowledge. – **6.** *cf.* soviel.

so'we·nig [zo-] **I** *adv* **1.** ~ wie (*od.* als) a) as little as, b) (*nicht besser als*) not any better than: bewegen Sie sich ~ wie möglich move as little as possible; sie hat ~ Geld wie du she has as little money as you, she has no more money than you; ich bin ~ dazu bereit wie sie I am as little inclined (to it) as she is; er kann es ~ wie du he can't do it any better than you. – **2.** noch ~ no matter how little: und wenn du noch ~ verdienst no matter how little you earn. – **II** *conj* **3.** no matter how little, however little, little as: ~ er auch getan hat no matter how little he did; ~ ich einsehen kann, warum little as I can see why, even if (*od.* though) I cannot see why.

so'wie [zo-] *conj* **1.** (*sobald*) as soon as, (*just*) as, the moment: ~ ich fertig bin, komme ich I'll come as soon as I'm ready. – **2.** (*als auch*) as well as, and ... as well: er, seine Schwester ~ seine Mutter he, his sister, and his mother as well.

so·wie·so [zovi-] **I** *adv* **1.** anyway, anyhow, in any case: er kommt ~ nicht he won't come (*od.* he's not coming) anyway; daraus wird ~ nichts that won't come to anything anyway. – **2.** (*das*) ~! *colloq.* (*als Antwort*) of course! certainly! obviously! – **II** S~ *m, f* ⟨-; -s⟩ **3.** *cf.* Soundso.

So·wjet [zɔ'vjɛt; 'zɔvjɛt] *m* ⟨-s; -s⟩ **1.** *pol.* (*Volksvertretung*) soviet: Oberster ~ Supreme Soviet. – **2.** *pl colloq.* (*Einwohner*) Soviets. — **~,ar,mee** *f mil.* Soviet army. — **~,bür·ger** *m* Soviet citizen. — **s~,feind·lich** *adj* anti-Soviet.

so·wje·tisch [zɔ'vjɛtɪʃ] *adj* Soviet: die ~e Besatzungszone *hist.* the Soviet-occupied zone.

so·wje·ti·sie·ren [zɔvjeti'ziːrən] *v/t* ⟨*no* ge-, h⟩ *pol.* Sovietize, *auch* sovietize. — **So·wje·ti'sie·rung** *f* ⟨-; *no pl*⟩ Sovietization, *auch* sovietization.

So'wjet|re,gie·rung f pol. Soviet government, (amtlich) Government of the USSR. — **~re·pu,blik** f Soviet republic: Union der Sozialistischen Sowjetrepubliken Union of the Soviet Socialist Republics. — **~rus·se** f Soviet Russian. — **s~rus·sisch** adj Soviet(-Russian). — **~ruß,land** n Soviet Russia. — **~stern** m Soviet star. — **~uni,on** f Soviet Union, (amtlich) Union of Soviet Socialist Republics, USSR. — **~zo·ne** f colloq. hist. Soviet-occupied zone.

so'wohl [zo-] conj ~ ... als (auch), ~ ... wie (auch) as well as, both ... and: er kann ~ Englisch als auch Russisch he knows English as well as Russian, he can speak both English and Russian. — **S~'Als·'auch** n ⟨-; no pl⟩ (Denkhaltung) attitude of compromise.

So·zi ['zo:tsi] m ⟨-s; -s⟩ colloq. contempt. for Sozialdemokrat.

so·zia·bel [zo'tsia:bəl] adj sociable: soziable Menschen sociable people.

so·zi·al [zo'tsia:l] **I** adj **1.** (Arbeit, Frage, Gesetzgebung, Sicherheit etc) social: ~er Beruf cf. Sozialberuf; ~e Einrichtungen social services, social (od. welfare) institutions; ~e Fürsorge social welfare work; ~er Wohnungsbau publicly assisted house-building: auf ~em Gebiet in the social field; in ~er Hinsicht ist vieles verbessert worden socially there have been many improvements; ~e Marktwirtschaft econ. social market economy. – **2.** (gesellschaftlich) social, in society: ~e Stellung social rank, rank in society, (social) status; ~e Strukturen social structures; die ~e Schichtung einer Gesellschaft the social strata pl (od. stratification) of a society. – **II** adv **3.** socially: ~ denken (od. gesinnt sein) to be social-minded.

So·zi'al|,ab·ga·ben, ~,ab,zü·ge pl social contributions, welfare charges. — **~,amt** n social welfare (od. assistance) office. — **~,ar·beit** f social (od. welfare) work. — **~,ar·bei·ter** m, **~,ar·bei·te·rin** f social (od. welfare) worker. — **~,auf,wand** m, **~,auf,wen·dun·gen** pl, **~,aus,ga·ben** pl pol. econ. (einer Regierung etc) social expenditure sg. — **~,aus,schuß** m pol. social committee. — **~,be,am·te** m, **~,be,am·tin** f public welfare worker. — **~,bei,rat** m bes. pol. **1.** (Gremium) social advisory board (od. committee, council). – **2.** (Person) social adviser (od. counsel[l]or). — **~,bei,trag** m social insurance contribution. — **~be,richt** m pol. (der Regierung) social report, report on social services and expenditure, report on welfare work. — **~be,ruf** m occupation in social work: einen ~ ergreifen to go into social work. — **~de·mo,krat** m pol. Social Democrat. — **~de·mo·kra,tie** f social democracy. — **s~de·mo,kra·tisch** adj (Partei etc) Social Democratic. — **~,ein,kom·men** n income from public sources. — **~,ein,rich·tun·gen** pl social services, social (od. welfare) institutions. — **~,ethik** f sociol. social ethics pl (usually construed as sg). — **~,für,sor·ge** f social welfare. — **~ge,richt** n jur. Social Court. — **~ge,richts·bar·keit** f social jurisdiction. — **~ge,setz·ge·bung** f social legislation. — **~,grup·pe** f social group. — **~,haus,halt** m pol. social budget. — **~,hil·fe** f public assistance. — **~hy·gie·ne** [-hy,gie:nə] f med. social hygiene. — **~in·di·ka·ti,on** (bei Schwangerschaftsunterbrechung) social indication.

so·zia·li·sie·ren [zotsiali'zi:rən] **I** v/t ⟨no ge-, h⟩ pol. (Betriebe etc) socialize Br. auch -s-, nationalize Br. auch -s-. – **II S~** n ⟨-s⟩ verbal noun. — **So·zia·li'sie·rung** f ⟨-; no pl⟩ **1.** cf. Sozialisieren. – **2.** socialization Br. auch -s-, nationalization Br. auch -s-.

So·zia·lis·mus [zotsia'lismus] m ⟨-; no pl⟩ pol. econ. socialism: Aufbau des ~ a) development of socialism, b) structure of socialism.

So·zia·list [zotsia'list] m ⟨-en; -en⟩ pol. socialist.

So·zia'li·sten·ge,setz n pol. hist. (Bismarck's) law against socialists.

So·zia'li·stin f ⟨-; -nen⟩ socialist.

so·zia'li·stisch adj pol. socialist(ic): ~e Errungenschaften socialist achievements; S~e Internationale Socialist International; S~e Einheitspartei Deutschlands (in der DDR) Socialist Unity Party of Germany; S~er Realismus (art) (literature) Socialist Realism.

So·zi'al|kri·tik f social criticism, criticism of society. — **s~,kri·tisch** adj (Schriftsteller etc) sociocritical. — **~,kun·de** f ped. social studies pl. — **~,la·sten** pl pol. econ. (des Staates, der Betriebe etc) social expenditure sg, social charges. — **~,leh·re** f relig. social teaching (od. doctrine). — **~,lei·stun·gen** pl **1.** cf. Soziallasten. – **2.** (private) social expenditure sg: freiwillige ~ voluntary welfare payments (od. benefits). – **3.** (von Firma zusätzlich gewährt) fringe benefits. — **~,lohn** m econ. social wages pl. — **~,me·di,zin** f social medicine. — **~ökono,mie** f social economics pl (usually construed as sg). — **~,ord·nung** f sociol. social order (od. system). — **~,päd·a,go·gik** [-päda,go:gik] f ped. social pedagogics pl (construed as sg), social p(a)edagogy. — **~,part·ner** pl econ. employers and employees, the two sides of industry. — **~phi·lo·so,phie** f philos. social philosophy. — **~po·li,tik** f pol. social policy. — **~po·li,ti·ker** m politician particularly concerned with the needs of society, (im weiteren Sinne) sociopolitical thinker. — **s~po·li,tisch** adj sociopolitical. — **~,pre·sti·ge** n social prestige. — **~pro,dukt** n econ. national product. — **~psy·cho·lo,gie** f psych. social psychology. — **~,recht** n jur. social law, Br. social legislation. — **s~,recht·lich** adj u. adv with regard to (od. in the field of) social law (Br. legislation). — **~re·fe,rent** m social welfare official, ministerial official for social affairs. — **~re,form** f pol. social reform. — **~re,for·mer** m social reformer. — **~,ren·te** f econ. social insurance pension, Br. National Insurance pension, Am. Social Security pension. — **~,rent·ner** m, **~,rent·ne·rin** f social insurance pensioner, Br. National Insurance pensioner, Am. social security (od. Social Security) pensioner. — **~,staat** m ⟨-(e)s; -en⟩ pol. welfare state. — **~sta,ti·stik** f sociol. social statistics pl (construed as sg or pl). — **~,struk,tur** f social structure. — **~ver,hal·ten** n social behavior (bes. Br. behaviour).

So·zi'al·ver,si·che·rung f social insurance, Br. National Insurance, Am. Social Security: Leistungen aus der ~ social insurance benefits.

So·zi'al·ver,si·che·rungs|,bei·trag m econ. social insurance (Br. National Insurance, Am. Social Security) contribution (od. tax). — **~,frei·heit** f exemption from social insurance. — **~ge,setz** n social insurance act, Br. National Insurance Act, Am. Social Security Act. — **~,gren·ze** f (income) limit for social insurance. — **~,pflicht** f obligation to pay social insurance contributions. — **~,trä·ger** m meist pl social insurance institution.

So·zi'al|,wis·sen·schaft f **1.** (Soziologie) social science, sociology. – **2.** pl (Wirtschaftswissenschaften, Soziologie u. Politik) social sciences. — **~,wis·sen·schaft·ler** m **1.** (Soziologe) sociologist. – **2.** social scientist. — **s~,wis·sen·schaft·lich** adj **1.** sociologic(al). – **2.** ~es Gymnasium für Mädchen ped. secondary school for girls emphasizing home economics and related fields. — **~,woh·nung** f bes. Br. public-assistance (bes. Am. publicly financed) dwelling. — **~zu,la·ge** f welfare (od. government) allowance.   [drama.|

'So·zio,dra·ma ['zo:tsio-] n psych. socio-|

So·zio,gramm [zotsio'gram] n ⟨-(e)s; -e⟩ sociol. sociogram, bes. Br. sociogramme.

So·zio·gra'phie [-gra'fi:] f ⟨-; no pl⟩ sociography.

So·zio·lekt [zotsio'lɛkt] m ⟨-(e)s; -e⟩ ling. (Sondersprache) social variety.

So·zio·lin·gui·stik [zotsioliŋ'güistik] f ling. sociolinguistics pl (usually construed as sg).

So·zio·lo·ge [zotsio'lo:gə] m ⟨-n; -n⟩ sociologist. — **So·zio·lo·gie** [-lo'gi:] f ⟨-; no pl⟩ sociology. — **so·zio'lo·gisch** adj sociologic(al).

So·zio·me·trie [zotsiome'tri:] f ⟨-; no pl⟩ sociol. sociometry.

So·zi·us ['zo:tsius] m ⟨-; -se⟩ **1.** econ. partner. – **2.** (auf dem Motorrad) pillion rider (od. passenger). — **~,sitz** m pillion seat.

'so·zu·sa·gen [-tsu-] adv so to speak, as it were: er war ~ das Vorbild für seine Brüder he was the example to his brothers, so to speak; sie ist ~ meine Vorgesetzte she is my superior as it were, she is more or less my superior.

Spach·tel ['ʃpaxtəl] m ⟨-s; -⟩, f ⟨-; -n⟩, Austrian only f **1.** tech. (Arbeitsgerät) a) (für Glaser) putty knife, b) (für Anstreicher) paint scraper, c) (für Maurer) square pointed trowel. – **2.** tech. (Füllstoff) a) (für Glaser) mastic, putty compound, b) (für Anstreicher) (paint) filler, surfacer, stopper. – **3.** med. spatula. – **4.** (art) (des Kunstmalers) palette knife. — **~,kel·le** f tech. square pointed trowel. — **~ma·le,rei** f (art) palette-knife painting. — **~,mas·se** f tech. cf. Spachtel 2. — **~,mes·ser** n putty knife.

spach·teln ['ʃpaxtəln] **I** v/t ⟨h⟩ **1.** (schadhafte Oberfläche) scrape (s.th.) (down), smoothen, smooth, level out, (Lackschäden) auch surface. – **2.** (tiefere Risse, Fugen etc) fill, stop. – **II** v/i **3.** fig. colloq. (tüchtig essen) tuck in.

Spa·gat¹ [ʃpa'ga:t] m, n ⟨-(e)s; -e⟩, Austrian only m (Gymnastik-, Ballettfigur) split(s pl), (quer) side split(s pl): ~ machen to do the splits.

Spa'gat² m ⟨-(e)s; -e⟩ Bavarian and Austrian for Bindfaden.

Spa·ghet·ti [ʃpa'gɛti] pl gastr. spaghettis.

spä·hen ['ʃpɛ:ən] v/i ⟨h⟩ **1.** (verstohlen gucken) peer, peep, bes. Am. peek: er spähte durch die Zaunlücke he peeped through the gap in the fence. – **2.** (neugierig gucken) pry: der Nachbar spähte über den Zaun the neighbo(u)r pried over the fence. – **3.** (angestrengt gucken) peer. – **4.** nach etwas [j-m] ~ (Ausschau halten) to look out (od. watch, keep a lookout for s.th. [s.o.]. – **5.** mil. scout, look out, be on the lookout, watch.

'Spä·her m ⟨-s; -⟩ mil. hist. **1.** (Kundschafter) (reconnaissance, auch reconnoissance) scout. – **2.** (Ausguckposten) lookout, Br. look-out, scout. — **~,au·ge** n, **~,blick** m scrutinizing (Br. auch -s-) (od. searching) eye (od. look).

'Späh,trupp m mil. reconnaissance (auch reconnoissance) (od. scout[ing]) patrol (od. party). — **~,füh·rer** m (reconnaissance) patrol leader. — **~,tä·tig·keit** f, **~,un·ter,neh·men** n (reconnaissance) patrol activity, patrol(l)ing.

'Späh,wa·gen m reconnaissance (auch reconnoissance) (od. scout, patrol) car.

Spa·ke ['ʃpa:kə] f ⟨-; -n⟩ mar. **1.** (Spillspake) capstan bar: die ~n einstecken to rig the capstan. – **2.** cf. Handspake.

'spa·kig adj Low G. for stockfleckig.

Spa·lett [ʃpa'lɛt] n ⟨-(e)s; -e⟩ Austrian wooden shutter.

Spa·lier [ʃpa'li:r] n ⟨-s; -e⟩ **1.** (Ehrenspalier) guard of honor (bes. Br. honour): ein ~ bilden to form a guard of hono(u)r: seine Vereinskameraden standen ~ his club fellows stood in a guard of hono(u)r. – **2.** (Reihe) rows pl: wir mußten durch ein ~ von Neugierigen gehen we had to go through rows of curious onlookers. – **3.** hort. trellis, espalier: die Rosen wachsen am ~ the roses grow up a trellis; Pflanzen am ~ (auf)ziehen to train plants. — **~,baum** m hort. espalier, trained (od. trellis) tree, (von einer Mauer gestützt) auch wall tree. — **~,obst** n hort. **1.** espalier (od. wall) fruit. – **2.** (Bäume, Gewächse etc) espaliers pl, espalier culture.

Spalt [ʃpalt] m ⟨-(e)s; -e⟩ **1.** (Tür-, Fensterspalt etc) opening, crack, chink: laß die Tür einen ~ offen! leave the door open a crack! – **2.** (Schlitz) slit: der Vorhang war nur einen winzigen ~ geöffnet the curtain was only open a narrow slit. – **3.** (Ritze im Fußboden, in einem Bretterzaun etc) chink, crack. – **4.** (Lücke, ausgesparte Latte etc) gap, opening: die Katze schlüpfte durch einen ~ the cat slipped through a gap. – **5.** (Riß in einer Mauer, im Holz etc) crack, split, fissure, rent: in der Hauswand klaffte ein tiefer ~ there was a gaping crack in the wall of the house. – **6.** (im Gestein, Felsen, Erdboden etc) cf. Spalte 2. – **7.** (im Eis, Gletscher etc) cf. Spalte 3. – **8.** (in Sparbüchsen, Automaten, Briefkästen etc) slot. – **9.** fig. (Kluft) gulf, chasm: zwischen beiden Ideologien klafft ein tiefer ~ there is a deep gulf between the two ideologies. – **10.** bes. med. biol. (Gewebespalt, Einriß) slit, fissure. – **11.** tech. metall. a) (Riß) crack, crevice, b) (schmale Öffnung) gap, c) (beim Fugenlöten) open (od. close) joint, d) (Lichtspalt) gap, e) (eines Ölfilters) interstice. – **12.** zo. (von Huftieren) cleft. —

~**al·gen** pl bot. cf. Blaualgen. — ~**aus-** **beu·te** f nucl. fission yield.

'**spalt·bar** adj **1.** (Holz etc) cleavable. — **2.** nucl. bes. Br. fissile, bes. Am. fissionable: ~**es Material** fissile (bes. Am. fissionable) material. – **3.** chem. a) (Kristalle) cleavable, scissile (scient.), b) (von optischen Antipoden) resolvable. — '**Spalt·bar·keit** f ⟨-; no pl⟩ **1.** nucl. bes. Br. fissility, bes. Am. fissionability. – **2.** chem. a) (von Kristallen) cleavage, scission (scient.), b) (von optischen Antipoden) resolution.

'**Spalt|bil·dung** f med. **1.** fissuration. – **2.** (beim Haar) trichoptilosis, trichorrhexis. – **3.** (beim Auge) coloboma. — ~**breit** m ⟨-; no pl⟩ er öffnete die Augen einen ~ he opened his eyes a slit. — ~**bruch** m med. fissure fracture.

Spal·te ['ʃpaltə] f ⟨-; -n⟩ **1.** cf. Spalt 3, 4, 5, 8, 10, 11. – **2.** (im Gestein, Felsen, Erdboden etc) cleft, split, fissure, crevice, rent, (sehr breite u. tiefe) rift, crevasse, auch crevass, chasm. – **3.** (im Eis, Gletscher etc) crack, split, crevasse, auch crevass. – **4.** print. (in einer Zeitung, einem Buch etc) column: ~**n füllen** a) to fill the columns, b) fig. (durch leere Phrasen) to pad (out) the lines; der Artikel nimmt zwei ~**n** ein (od. füllt zwei ~**n**) the article takes up (od. fills) two columns; das Wörterbuch ist in drei ~**n** gesetzt the dictionary is printed (od. set, composed) in three columns. – **5.** vulg. cunt, 'hole' (beide vulg.).

spal·ten ['ʃpaltən] **I** v/t ⟨pp gespaltet od. gespalten, h⟩ **1.** split; rend, cleave (lit.): der Blitz hat den Baum gespalten the lightning split the tree; etwas in zwei Teile ~ to split s.th. in two (od. into two parts); j-m den Schädel ~ to split s.o.'s skull; Haare ~ fig. colloq. to split hairs. – **2.** (Gestein, Felsen, Erdboden etc) split, (stärker) cleave, rift. – **3.** (Holz) chop. – **4.** fig. (durch einen Meinungsstreit etc) split, divide; rend, sever (lit.): der Konflikt spaltete die Partei in zwei Lager the conflict divided the party into two camps. – **5.** fig. (durch eine Grenze etc) divide. – **6.** (Leder) skive, scive, split. – **7.** tech. a) (Diamanten) cleave, split, b) (Schiefer) scale, exfoliate. – **8.** nucl. split, fission. – **9.** metall. (Kristalle) cleave. – **10.** chem. a) (Bindung) cleave, b) (Verbindung) decompose, split. – **11.** (Erdöl) crack. – **12.** med. (Abszeß etc) lance, incise, cut (s.th.) open. – **II** v/reflex sich ~ **13.** (von Gestein, Felsen, Erdboden etc) split, (stärker), cleave, rift. – **14.** (von Haaren, Fingernägeln etc) split: die Haare haben sich an den Spitzen gespalten the hairs split at the end. – **15.** fig. (von Partei, Nation, Kirche etc) split (up), divide, sever (lit.): die Partei hat sich in zwei Gruppen gespalten the party split (up) into two groups. – **16.** nucl. split, fission. – **17.** chem. a) (von Kristallen) cleave, b) (von einer Verbindung) split (up), decompose, c) (von optischen Antipoden) resolve. – **18.** psych. (von Bewußtsein) split. – **19.** biol. (von Sporozoen) split, undergo schizogenesis (scient.). – **III S~** n ⟨-s⟩ **20.** verbal noun. – **21.** cf. Spaltung.

'**Spal·ten|brei·te** f print. width of column: eine Anzeige in doppelter ~ an advertisement two columns wide. — **s~lang** adj covering several columns. — **s~li·nie** f column rule. — **s~reich** adj (bes. Gletscher) full of cracks (od. crevasses). — **s~wei·se** adv in columns: etwas ~ setzen print. to compose (od. set) s.th. in columns. — ~**zahl** f number of columns.

'**Spalt|flä·che** f min. cleavage (od. scient. scission) face (od. plane). — ~**flü-** **gel** m aer. slotted wing. — ~**frucht** f bot. schizocarp.

'**Spalt|fü·ßer** m ⟨-s; -⟩ meist pl zo. fissiped. — '**Spalt|fuß·gans** f zo. Australian magpie goose (Anseranas semipalmata). — ~**gas** n chem. cracked gas. — ~**holz** n firewood, sticks pl, Am. auch split wood. — ~**keil** m tech. splitting wedge: stählerner ~ frost (od. splitting steel) wedge. — ~**klap·pe** f aer. slotted (od. split) flap. — ~**lam·pe** f med. slit lamp. — ~**le·der** n (leather) skiver. — ~**ma·te·ri·al** n nucl. **1.** fissile (bes. Am. fissionable) material. – **2.** (nach der Spaltung) fission product. — ~**neu-** **tro·nen** pl fission neutrons. — ~**pfrop-** **fen** n, ~**pfrop·fung** f hort. split (od. cleft) graft(ing) (od. graftage). — ~**pilz** m meist pl bot. fission fungus, schizomycete (scient.).

— ~**pro·dukt** n nucl. fission product. — ~**pro·zeß** m process of nuclear fission. — ~**sä·ge** f tech. pit (od. framed ripping) saw. — ~**spek·trum** n nucl. fission spectrum.

'**Spalt|stoff** m nucl. (reactor) fuel. — ~**ele·ment** n (des Reaktors) fuel element. '**Spal·tung** f ⟨-; -en⟩ **1.** cf. Spalten. – **2.** (von Gestein, Felsen, des Erdbodens etc) cleavage. – **3.** fig. (Entzweiung) split, division: seit der ~ der Partei in einen rechten und einen linken Flügel fig. since the splitting (od. division) of the party into a right and a left wing; der Streit bewirkte eine ~ der Gruppe the quarrel caused a split in the group. – **4.** fig. (durch eine Grenze etc) division. – **5.** relig. (der Kirche) schism. – **6.** tech. a) (eines Diamanten) cleavage, b) (des Schiefers) exfoliation. – **7.** nucl. (nuclear) fission. – **8.** metall. (von Kristallen) cleavage. – **9.** (von Erdöl) cracking. – **10.** chem. a) (einer Bindung) cleavage, fission, b) (einer Verbindung) decomposition, splitting, c) (eines Razemats) resolution. – **11.** med. (eines Abszesses etc) incision. – **12.** psych. (des Bewußtseins) split.

'**Spal·tungs|ar·ten** pl nucl. types of fission. — ~**ener·gie** f energy of fission, fission energy. — ~**wär·me** f fission heat.

'**Spalt|ver·fah·ren** n nucl. fission process. — ~**wir·bel** m med. cleft spine, spina bifida (scient.).

Span [ʃpaːn] m ⟨-(e)s; ⁻e⟩ **1.** chip, splint: Späne machen [schnitzen] to make [to cut] chips. – **2.** (zum Feueranmachen) spill, kindling chip. – **3.** (Splitter) splinter, sliver. – **4.** pl tech. a) (Hobelspäne von Holz) shavings, chip(ping)s, b) (Hobelspäne von Stahl) facings, c) (Bohrspäne) borings, drillings, d) (Feilspäne) filings, e) (Drehspäne) turnings, f) (Frässpäne) millings, g) (Schneidspäne) cuttings, h) (Schleifspäne) swarf(s pl), grinding chips: aufgerollter ~ curly (od. curled) shaving; er arbeitete, daß die Späne flogen fig. he worked till the sparks flew; wo gehobelt wird, (da) fallen Späne (Sprichwort) omelets are not made without breaking eggs (proverb). — **s~ab·he·bend** adj metall. tech. metal-removing, cutting: ~**es Werkzeug** cutting tool; ~**e Bearbeitung** cutting, machining; ~**e Formung** shape cutting.

'**Spä·ne·ab·schei·der** m tech. chip separator.

spa·nen ['ʃpaːnən] tech. **I** v/t ⟨h⟩ **1.** (einen Werkstoff) cut, machine. – **II** S~ n ⟨-s⟩ **2.** verbal noun. – **3.** metal-cutting, chip removal.

spä·nen ['ʃpɛːnən] v/t ⟨h⟩ (das Parkett etc) scour (s.th.) (with steel wool).

'**spa·nend I** pres p. – **II** adj metall. tech. cf. spanabhebend.

'**Span|fer·kel** n **1.** agr. sucking pig, porkling, piglet. – **2.** gastr. (barbecued) sucking pig. — ~**flä·che** f tech. (eines Meißels) tool (od. cutting) face, rake.

Span·ge ['ʃpaŋə] f ⟨-; -n⟩ **1.** (Haarspange) hair clasp, Am. barrette, Br. hair slide. – **2.** (Haarklammer) Am. bobby pin, bes. Br. hair grip. – **3.** (Schnalle am Gürtel, Schuh etc) buckle. – **4.** (Lederstreifen als Verschluß an Damenschuhen) strap. – **5.** (an Kleidern, Gewändern) clasp, buckle, (bes. reichverzierte) auch agraf(f)e. – **6.** (Brosche) brooch, Am. auch broach. – **7.** (Armreif ohne Verschluß) bangle. – **8.** (an Büchern) clasp. – **9.** med. (Zahnspange) (dental) brace. – **10.** antiq. (Fibel) fibula. – **11.** civ. eng. cross strut.

'**span|ge·bend** adj ~**e Bearbeitung** tech. machining, cutting.

'**Span·gen|schuh** m meist pl (fashion) **1.** strap shoe. – **2.** cf. Schnallenschuh.

Spa·ni·el ['ʃpaːni̯ɛl] m ⟨-s; -s⟩ (Hunderasse) Spaniel, auch spaniel.

Spa·ni·er ['ʃpaːni̯ər] m ⟨-s; -⟩ Spaniard: die ~ the Spaniards, the Spanish; stolz wie ein ~ fig. (as) proud as a peacock. — '**Spa·nie·rin** f ⟨-; -nen⟩ Spanish girl (od. woman), Spaniard.

Spa·ni·o·le [ʃpaˈni̯oːlə] m ⟨-n; -n⟩ hist. Sephardi.

spa·nisch ['ʃpaːnɪʃ] **I** adj Spanish: ~**e Wand** screen; ~**es Rohr** a) rattan, auch ratan, rattan palm, rotan, b) (zur Züchtigung) cane; das kommt mir ~ vor fig. colloq. a) that's odd, b) (das scheint mir verdächtig) there's something fishy about

that, that's fishy (beide colloq.); der S~e Erbfolgekrieg hist. the War of the Spanish Succession (1701–14); die S~e Reitschule the Spanish Riding School in Vienna. – **II** ling. S~ ⟨generally undeclined⟩, das S~ ⟨-n⟩ Spanish, the Spanish language. — ~**'deutsch** adj (Beziehungen etc) Spanish-German, Hispano-German.

'**Span|korb** m chip (od. splint) basket. — ~**lei·stung** f tech. (einer Maschine) cutting (od. metal-removing) capacity. — **s~los** tech. **I** adj (Bearbeitung etc) noncutting, Br. non-, chipless. – **II** adv etwas ~ bearbeiten to form (od. shape) s.th. chipless; etwas ~ drehen to flow-turn s.th.

spann [ʃpan] 1 u. 3 sg pret of spinnen.

Spann m ⟨-(e)s; -e⟩ (des Fußes) instep: einen Ball mit dem ~ schießen (sport) to kick a ball with the instep, to take an instep kick.

'**Spann·a·del** (getr. -nn,n-) f (für Insekten) setting needle.

'**Spann|backe** (getr. -k·k-) f tech. gripping (od. chuck) jaw. — ~**bal·ken** m **1.** arch. tie (od. main) beam. – **2.** (textile) (in der Weberei) crossbar. — ~**band** n ⟨-(e)s; -bänder⟩ **1.** tech. clamp strap, brace. – **2.** phot. lens cone clamp.

'**Spann·be·ton** m civ.eng. prestressed concrete. — ~**brücke** (getr. -k·k-) f prestressed concrete bridge. — ~**kon·struk·ti·on** f prestressed concrete construction.

'**Spann|bol·zen** m tech. tension bolt. — ~**dienst** m hist. cf. Frondienst 1. — ~**draht** m **1.** tech. stretching (od. tension) wire. – **2.** electr. span (od. guy, bracing) wire. — ~**druck** m ⟨-(e)s; no pl⟩ tech. **1.** clamping pressure. – **2.** (eines Futters) chucking pressure.

Span·ne ['ʃpanə] f ⟨-; -n⟩ **1.** (Zeitraum, -abschnitt) space of time, (längere) span: eine ~ von 20 Jahren a space of 20 years; die ~ des Lebens the span of life. – **2.** (Handspanne) span. – **3.** (Entfernung, Strecke) stretch: es ist eine ziemliche ~ bis dorthin it is quite a stretch from here to there. – **4.** (Unterschied, Abstand) gap: die ~ zwischen den Preisen ist sehr groß there is a great gap (od. difference) between the prices. – **5.** econ. (Gewinn-, Verdienstspanne) margin, Am. auch spread. – **6.** cf. Spannweite 1, 2.

spän·ne ['ʃpɛnə] 1 u. 3 sg pret subj of spinnen.

'**Spann·ei·sen** n tech. civ.eng. (im Straßenbau) (für Spannbeton) tendon.

span·nen ['ʃpanən] **I** v/t ⟨h⟩ **1.** (befestigen, aufspannen) put up, string (up), stretch: zwischen den beiden Pflöcken spannten sie eine Leine they put (od. strung) up a line between the two posts. – **2.** (straffziehen) tighten, draw (s.th.) tight, stretch, tauten, (stärker) strain: wir müssen noch die Zeltschnüre ~ we still have to tighten the guy ropes; Gardinen ~ to stretch curtains. – **3.** (Bogen, Bogensehne) draw, bend: du hast den Bogen zu straff gespannt a) you overdrew (od. overbent) the bow, b) fig. (hast zu hohe Anforderungen gestellt) you overdid it (od. colloq. things), you went too far. – **4.** (Saite) tighten, screw (up). – **5.** (Violinbogen etc) brace, tension. – **6.** (Muskeln) tense, brace (up), (stärker) strain. – **7.** (Gewehr-, Revolverhahn, Kameraverschluß etc) cock, set. – **8.** etwas auf (acc) etwas ~ to put (od. fit, mount) s.th. on s.th.: Leinwand auf einen Rahmen ~ to put canvas on a frame; neue Saiten auf eine Gitarre ~ to fit new strings on (od. to restring) a guitar; → Folter 2. – **9.** etwas in (acc) etwas ~ a) (Schreibmaschinenbogen etc) to put (od. insert, feed) s.th. into s.th., b) tech. (Werkstücke) to put (od. clamp) s.th. into s.th.: etwas in ein Futter ~ tech. to chuck s.th. – **10.** Ochsen ins Joch ~ to put oxen to the yoke, to yoke oxen; j-n ins Joch ~ fig. (unterjochen) to put a yoke (up)on (od. to subjugate) s.o. – **11.** etwas über (acc) etwas ~ a) (Plane etc) to put (od. spread) s.th. over s.th., b) (Leine, Netz etc) to put up (od. string [up], stretch) s.th. across s.th. – **12.** etwas vor (acc) etwas ~ a) (Zugtier) to harness (od. put) s.th. to s.th., b) (Traktor etc) to put (od. connect) s.th. to s.th. – **13.** fig. (in Wendungen wie) seine Erwartungen [Hoffnungen, Forderungen] hoch ~ to pitch (od. put, place) one's expectations [hopes, demands] high. – **14.** Bavarian *and Austrian colloq.* notice, tumble to *(colloq.)*: er hat's gespannt a) *(bemerkt)* he noticed it, b) *(kapiert)* he caught on *(colloq.)*; ich glaube, der spannt was I think he smells a rat. – **15.** *tech.* a) *(Feder)* stretch, tension, b) *(Schrauben)* tighten, c) *(Werkstück)* clamp, mount, load, d) *(Seil)* stretch. – **16.** einen Ski ~ to put a ski in(to) a (ski) press. – **17.** *phys.* *(Dampf)* put *(vapor)* under tension. – **18.** *(in der Hydraulik)* *(stauen)* dam. – **II** *v/i* **19.** *(von Kleid, Hose etc)* be too tight *(od. narrow)*, be taut: der Rock spannt über den Hüften the skirt is taut across the hips. – **20.** *(von Schuhen)* be too tight *(od. narrow)*, pinch. – **21.** *(von Gesichtshaut)* be taut: nach einem Sonnenbad spannt die Haut the skin is taut after a sunbath. – **22.** vier Meter ~ *(von Flügeln, Tragflächen etc)* to have a (wing) span *(od. a [wing] spread, an expanse of four meters. – **23.** auf *(acc)* etwas ~ *fig. colloq.* a) *(voller Erwartung sein)* to wait eagerly for s.th., b) *(lauschen, aufpassen)* to listen eagerly to s.th.: sie spannt auf eine Erbschaft she is waiting expectantly for an inheritance; sie ~ auf jedes Wort they listen eagerly to every word. – **III** *v/reflex* sich ~ **24.** *(sich straffen)* tighten, become *(od. get)* tight *(od. taut)*, tauten: plötzlich spannte sich das Seil suddenly the rope tightened; jeder Muskel spannte sich every muscle became taut. – **25.** sich über *(acc)* etwas ~ *(von Brücke, Gewölbe etc)* to span *(od. stretch across)* s.th. – **26.** sich über *(dat)* etwas [j-m] ~ to stretch *(od. extend)* over s.th. [s.o.]: über uns spannte sich ein strahlendblauer Himmel a clear blue sky extended above us. – **IV** S~ *n* ⟨-s⟩ **27.** *verbal noun.* – **28.** *(Straffung)* tension. – **29.** *(eines Muskels)* tension.

'span·nend I *pres p.* – **II** *adj (Buch, Film etc)* exciting, *(stärker)* thrilling, breathtaking: im ~sten Augenblick riß der Film im Film tore at the most exciting moment *(od.* at the height of the excitement); mach's nicht so ~! *fig. colloq.* a) don't keep me in such suspense *(od.* on such tenterhooks), b) *(beeil dich)* get a move on! *(sl.).* – **III** *adv* er kann ~ erzählen he tells stories excitingly, he can tell an exciting story.

'Span·ner *m* ⟨-s; -⟩ **1.** *(für Hosen, Röcke etc)* hanger. – **2.** *(Schuhspanner)* shoe *(od.* boot) tree. – **3.** *(für Skier, Tennisschläger etc)* press. – **4.** *(Zeitungsspanner)* (newspaper) rack. – **5.** *(für Handschuhe etc)* stretcher, *(bes. für Stoffe etc)* tenter. – **6.** *tech.* a) *(für Draht, Riemen etc)* stretcher, tightener, b) *(Futter)* chuck, c) *(am Schraubstock)* vise, *auch* vice, d) *(für Türen)* T-bar clamp. – **7.** *med. (Muskel)* tensor. – **8.** *zo.* a) *(Schmetterling)* geometer, geometrid *(Fam. Geometridae)*, b) *cf.* Spannerraupe. – **9.** *colloq. for* Voyeur. — ~**rau·pe** *f zo.* *(eines Schmetterlings der Fam. Geometridae)* looper, *auch* inchworm, measuring worm, spanworm.

'Spann|·fe·der *f tech.* tension spring. — ~**fut·ter** *n* **1.** *(Klemmfutter)* chuck. – **2.** *(der Drehmaschine)* lathe chuck. — ~**ge·wicht** *n* tension weight. — ~**he·bel** *m tech.* **1.** clamping *(od.* tension) lever. – **2.** *(am Gewehr)* cocking lever. — ~**hö·he** *f (beim Bogenschießen)* fistmele. — ~**klaue** *f tech.* **1.** *cf.* Spannpratze. – **2.** *(Drehmaschinenherz)* lathe dog. – **3.** *(Meißelhalter)* plain toolpost. — ~**klup·pe** *f* woodworker's vise *(auch* vice). — ~**kon·so·le** *f* tensioning bracket. — ~**kopf** *m (der Drehmaschine)* **1.** *(für Werkstücke)* workhead. – **2.** *(für Meißel)* tool-holding fixture. – **3.** *(Futter)* chuck. — ~**kraft** *f* ⟨-; *no pl*⟩ **1.** *(einer Feder etc)* elasticity, *(elastic)* resilience, *(od.* resiliency), springiness. – **2.** *fig. (geistige u. körperliche)* elasticity, resilience, resiliency, buoyancy, *auch* buoyance, tone: er hat an ~ verloren he has lost buoyancy. – **3.** *phys. (des Drucks, Dampfs etc)* tension, expanding force. – **4.** *tech. (einer Werkzeugmaschine)* clamping power. – **5.** *med. (eines Muskels)* tone, tonicity, tonus *(scient.).* — s~**kräf·tig** *adj (geistig u. körperlich beweglich)* elastic, resilient, buoyant. — ~**lack** *m* stiffening varnish, dope. — ~**mus·kel** *m med.* tensor. — ~**mut·ter** *f tech.* clamp nut.

'Spann·-Nut *f tech.* **1.** T-slot, workholding slot. – **2.** *(eines Fräsers)* gash. – **3.** *(eines Schneidwerkzeugs)* flute.

'Spann·pa·tro·ne *f tech.* draw-in collet. —

'Spann·pa·tro·nen·fut·ter *n* draw-in collet chuck.

'Spann|·plat·te *f tech.* **1.** *(einer Bügelsäge)* stretcher. – **2.** *(für Motoren)* hinged baseplate. — ~**prat·ze** *f* clamping jaw *(od.* shoe). — ~**rah·men** *m (textile)* tenter (frame), stretching frame. — ~**rie·gel** *m arch.* collar *(od.* top) beam. — ~**rie·men** *m (des Schusters)* knee strap. — ~**ring** *m tech.* locking ring. — ~**rol·le** *f (eines Riementriebs)* idler pulley, *(belt)* tightener pulley. — ~**sä·ge** *f* web saw. — ~**schloß** *n* turnbuckle. — ~**schrau·be** *f tech.* **1.** clamping *(od.* locking) bolt. – **2.** *(Anzugschraube)* drawbolt, *(zum Spannen von Werkstücken)* holding-down bolt. — ~**seil** *n* **1.** *(zur Sicherung eines Mastes, Pfahls etc)* guy (rope). – **2.** *(sport)* *(für ein Netz)* net cord. — ~**tep·pich** *m* wall-to-wall carpet.

'Span·nung *f* ⟨-; -en⟩ **1.** *cf.* Spannen. – **2.** *(only sg)* *(Straffheit)* tension, tightness, tautness, *(stärker)* strain: die ~ des Seils ließ nach the tension of *(stärker* the strain on) the rope decreased. – **3.** *(only sg)* *(Gespanntheit, Erregtheit)* suspense, tension, *(stärker)* excitement: sie erwartete den Tag mit *(od.* voll, voller) ~ she awaited the day with *(od.* full of) excitement, she awaited the day with eager *(od.* in a flutter of) expectation; ein Buch mit wachsender ~ lesen to read a book with growing excitement; voll(er) ~ öffnete er den Brief he opened the letter full of suspense, he anxiously opened the letter; im Saal herrschte atemlose ~ there was an atmosphere of breathless suspense in the hall. – **4.** *(only sg)* *(das Spannende in einem Film, Theaterstück etc)* suspense, tension, *(stärker)* thrill: das Hörspiel war voller ~ the radio play was full of suspense *(od.* was very exciting, was thrilling). – **5.** *(gespanntes Verhältnis)* tension, strained relation: die ~en zwischen zwei Ländern abbauen *(od.* vermindern) to lessen *(od.* diminish, mitigate) the tension between two countries; die politischen ~en entluden sich in einem Krieg the political tensions exploded in a war. – **6.** *tech.* a) *(eines Riemens, einer Schraube, Feder)* tension, b) *(einer Kette, eines Seils)* pull: *(elastische)* ~ stress. – **7.** *metall. (im Prüfwesen)* a) *(Beanspruchung unterhalb der Elastizitätsgrenze)* stress, b) *(bleibend verformende)* strain. – **8.** *phys. (von Gasen etc)* pressure. – **9.** *electr.* *(electric)* tension, voltage, electric potential: hochfrequente [verkettete] ~ high-frequency [interconnected *od.* mesh, delta] voltage; die Leitung steht unter ~ the line is live *(od.* energized *Br. auch* -s-). – **10.** *psych.* a) stress, strain, b) *(Tonus)* tone, tonus *(scient.)*: *(nervöse)* ~ *(nervous)* stress. – **11.** *med. (in der Physiologie)* tension.

'Span·nungs|·ab·fall *m*, ~**ab·nah·me** *f electr.* voltage drop. — ~**an·zei·ger** *m* voltage indicator. — ~**aus·gleich** *m* **1.** *tech.* compensation of stress. – **2.** *electr.* voltage compensation. — ~**aus·glei·cher** *m* ⟨-s; -⟩ voltage compensator *(od.* equalizer *Br. auch* -s-). — ~**dif·fe·renz** *f cf.* Spannungsunterschied. — ~**er·hö·hung** *f* voltage increase. — ~**feld** *n* **1.** *electr.* electric field. – **2.** *fig.* field of tension. — ~**fe·stig·keit** *f electr.* (di)electric *(od.* disruptive) strength. — s~**frei** *adj* **1.** *metall.* unstressed. – **2.** *fig.* unstrained. — s~**füh·rend** *adj electr.* live *(bes. attrib)*, energized *Br. auch* -s-, alive *(pred)*. — ~**ge·biet** *n cf.* area of tension. — ~**ge·fäl·le** *n electr.* potential drop, voltage drop. — s~**ge·la·den** *adj colloq.* **1.** *(Roman, Film etc)* thrilling, full of suspense, suspenseful. – **2.** *(Atmosphäre etc)* full of suspense, suspenseful: die Atmosphäre im Saal war ~ the atmosphere in the room was full of suspense. — ~**im·puls** *m electr.* voltage (im)pulse. — ~**ko·ef·fi·zi·ent** *m* voltage coefficient. — ~**kon·stant·hal·ter** *m* voltage regulator. — s~**los** *adj* **1.** *electr. (Leitung)* dead. – **2.** *tech.* stress-relieved. – **3.** *(Roman, Film etc)* dull, insipid. – **2.** *tech.* strain ga(u)ge. — ~**mo·ment** *n (literature)* element of tension, element creating suspense. — ~**op·tik** *f phot.* photoelasticity. — s~**op·tisch** *adj* photoelastic. — ~**pe·gel** *m electr.* voltage level. — ~**prü·fer** *m* **1.** *(zum Prüfen der Spannung*

gegen Erde) voltage indicator. – **2.** *cf.* Spannungsmesser 1. — ~**reg·ler** *m* voltage *(od.* potential) regulator. — ~**rei·he** *f* **1.** *phys.* contact *(od.* potential) series: thermoelektrische ~ thermoelectric *(Br.* thermo-electric) series. – **2.** *chem.* electrochemical *(od.* electromotive) series: elektrolytische ~ electrolytic series. — ~**riß** *m metall.* tension *(od.* draw) crack. — ~**schwan·kung** *f* voltage fluctuation, variation in voltage. — ~**stoß** *m* voltage (im)pulse, surge. — ~**un·ter·schied** *m* potential difference. — ~**ver·lust** *m cf.* Spannungsabfall. — ~**ver·stär·ker** *m* voltage amplifier. — ~**wand·ler** *m* potential *(od.* voltage) transformer.

'Spann·ut *f (getr.* -nn,n-) *f tech. cf.* Spann-Nut.

'Spann|·vor·rich·tung *f* **1.** *tech.* a) clamping device, b) *(für Werkstücke)* work-holding fixture, chucking appliance. – **2.** *(textile)* *(für Stoffe)* stretching device, stretcher, tenter. — ~**wal·ze** *f (paper)* stretching roll. — ~**wei·te** *f* **1.** *(von Flügeln, Tragflächen etc)* (wing)span. – **2.** *(einer Brücke, eines Trägers etc)* span, opening. – **3.** *tech.* *(eines Schraubstocks)* gripping *(od.* opening) capacity. – **4.** *math. (eines Zirkels)* span, range. – **5.** *(geistige)* ~ *fig.* (intellectual) scope *(od.* range). — ~**werk·zeug** *n tech. obs. for* Spannzeug. — ~**wir·bel** *m (an Rolläden etc)* turnbuckle.

'Spann·zan·ge *f tech.* collet. – **'Spann·zan·gen·fut·ter** *n* draw-in collet chuck.

'Spann·zeug *n tech.* **1.** clamping fixture. – **2.** *(Futter)* chucking tool. – **3.** *(Werkstückaufspannvorrichtung)* work-holding fixture.

'Span·schach·tel *f* chip *(od.* splint) box.

Spant *[ʃpant]* *n* ⟨-(e)s; -en⟩ *meist pl* **1.** *mar.* a) *(stählernes)* frame, rib, b) *(hölzernes)* timber, rib. – **2.** *auch m aer.* frame. — **'Span·ten·riß** *m mar.* body plan.

'Span·tie·fe *f tech. (Schnittiefe)* depth of cut.

'Spant·riß *m mar. cf.* Spantenriß.

'Spa·nung *f* ⟨-; *no pl*⟩ **1.** *cf.* Spanen. – **2.** *tech. (spangebende Bearbeitung)* machining operation.

'Span·win·kel *m tech.* **1.** rake angle. – **2.** *(eines Fräsers, einer Räumnadel etc)* hook angle.

'Spar|·be·trag *m econ.* amount of savings, savings amount. — ~**bren·ner** *m (für Gas)* economical burner. — ~**buch** *n econ. cf.* Sparkassenbuch. — ~**büch·se** *f* money box.

'Spar·ca·tron·ver·fah·ren *['sparkatroːn-]* *n tech.* electric spark discharge cutting process, spark machining method.

'Spar|·deck *n mar.* spar deck. — ~**dü·se** *f auto.* economizer *(Br. auch* -s-) jet. — ~**ein·rich·tung** *f tech.* economizer *Br. auch* -s-. — ~**ein·stel·lung** *f* economizing *(Br. auch* -s-) setting.

spa·ren *['ʃpaːrən]* **I** *v/t* ⟨h⟩ **1.** *(Geld)* save (up), put *(s.th.)* away: von meinem Verdienst kann ich (mir) nicht viel ~ I can't save much from what I earn; ~ Sie sich *(dat)* Ihr Geld! *colloq. iron.* save your money! don't waste your money! don't throw your money away! – **2.** *(Zeit, Mühe, Arbeit etc)* save: das spart viel Zeit that saves plenty of time; er sparte seine Kräfte für den Endspurt he saved his energy for the final spurt. – **3.** *(einschränken, einsparen)* save, reduce, economize *(Br. auch* -s-) (on), cut down (on): wie kann ich Produktionskosten ~? how can I cut down production costs? – **4.** *(haushälterisch umgehen mit)* save, be economical *(od.* saving, sparing) with, economize *(Br. auch* -s-) (on): wir müssen Proviant ~ we have to be economical with *(od. colloq.* go easy on) our provisions. – **5.** *(ersparen)* save: den weiten Weg hättest du dir ~ können you might have spared yourself the long walk; deine Ratschläge kannst du dir ~! you can keep your advice! I can do without your advice! spar dir deine Worte! spare *(od.* save) your breath! das neue Verfahren spart uns viel Mühe the new procedure saves us much trouble; sie sparten keine Mühe und Kosten, um uns den Aufenthalt angenehm zu machen they went out of their way *(od.* nothing was too much for them, they did everything they could, *colloq.* they bent over backwards) to make our stay pleasant (for us). – **II** *v/i* **6.** *(Geld zurücklegen)* save (up): sie hat ihr Leben lang gespart she has been saving all her life; am falschen Ende (*od.* Platz) ~ to save the wrong way, to be penny-wise and pound-foolish. – **7.** (*sparsam sein*) save, be economical (*od.* thrifty, sparing, saving), economize *Br. auch* -s-: wir müssen sehr ~ we have to save hard; spare in der Zeit, so hast du in der Not (*Sprichwort*) waste not, want not (*proverb*). – **8.** an (*dat*) etwas ~ to save (*od.* economize *Br. auch* -s-, cut down) on s.th.: wir ~ lieber an Anschaffungen als am Essen we rather save on purchases than on food. – **9.** auf (*acc*) (*od.* für) etwas ~ (*eine Reise, ein Auto etc*) to save (up) for s.th. – **10.** mit etwas ~ a) (*mit Geld, Material etc*) to save on s.th., to be economical (*od.* sparing, saving) with s.th., to economize (*Br. auch* -s-) (on) s.th., b) (*mit Anerkennung etc*) to be sparing in (*od.* be chary of) s.th.: bei der Ausstattung des Gebäudes ist mit Geld nicht gespart worden no expense has been spared on the furnishings of the building; der Lehrer sparte nicht mit Lob the teacher was not sparing (*od.* was generous) in his praise. – **III S~** *n* ⟨-s⟩ **11.** *verbal noun.* – **12.** economy. – **13.** economization *Br. auch* -s-, reduction. — **'Spa·rer** *m* ⟨-s; -⟩ *bes. econ.* saver: die kleinen ~ the small savers.

'Spar|,flam·me *f* (*am Gasherd etc*) economical flame: seitdem der Geldgeber gestorben ist, muß der Verein auf ~ kochen *fig. colloq.* the club has had to go easy on its funds since its sponsor died (*colloq.*). — **~,freu·dig·keit** *f econ.* propensity to save. — **~,gang·ge,trie·be** *n auto.* overdrive.

Spar·gel [ˈʃpargəl] *m* ⟨-s; -⟩, *Swiss auch f* ⟨-; -n⟩ *bot. gastr.* asparagus (*Gattg Asparagus*): ~ stechen to cut asparagus; 6 Stangen ~ 6 stalks of asparagus, 6 asparagus stalks. — **~,bau** *m* ⟨-(e)s; *no pl*⟩ *agr.* cultivation (*od.* growing) of asparagus. — **~,beet** *n* asparagus bed.

'Spar,geld *n* ⟨-(e)s; -er⟩ *meist pl bes. econ.* savings *pl*.

'Spar·gel|,erb·se *f bot.* winged pea (*Lotus tetragonolobus*). — **~,es·sen** *n* ⟨-s; -⟩ meal of asparagus. — **~,feld** *n agr.* asparagus field. — **~,flie·ge** *f zo.* asparagus fly (*Platyparea poeciloptera*). — **~ge,mü·se** *n gastr.* boiled asparagus served in white sauce. — **~,hähn·chen** *n*, **~,kä·fer** *m zo.* asparagus beetle (*Crioceris asparagi u. C. duodecimpunctata*). — **~,kohl** *m bot.* (sprouting) broc(c)oli (*Brassica oleracea ssp. italica*). — **~,kopf** *m cf.* Spargelspitze. — **~lu,zer·ne** *f bot.* alfalfa, *bes. Br.* lucern(e) (*Medicago sativa*). — **~,mes·ser** *n* asparagus knife. — **~,pflan·ze** *f bot.* asparag(in)ous plant. — **~,sa,lat** *m gastr.* asparagus salad. — **~,spit·ze** *f* asparagus tip. — **~,ste·cher** *m* **1.** (*Person*) asparagus cutter. – **2.** *cf.* Spargelmesser. — **~,sup·pe** *f gastr.* asparagus soup. — **~,zeit** *f* asparagus season.

'Spar|ge,misch *n auto.* lean mixture. — **~gi·ro·ver,kehr** *m econ.* cashless transfer through the central giro system of savings banks. — **~,gro·schen** *m* nest egg. — **~,gut,ha·ben** *n econ.* savings balance. — **~,herd** *m* economical stove.

Spark [ʃpark] *m* ⟨-(e)s; *no pl*⟩ **1.** *bot.* spurr(e)y (*Gattg Spergula*). – **2.** *agr. cf.* Ackerspergel.

'Spar·ka,pi,tal *n econ.* savings capital.

'Spar,kas·se *f econ.* savings bank: sein Geld auf die ~ bringen to put (*od.* deposit) one's money in the savings bank; Geld von der ~ abheben to withdraw money from the savings bank.

'Spar,kas·sen|,buch *n* savings bank (deposit) book. — **~,we·sen** *n* savings bank system.

Spärk·ling [ˈʃpɛrklɪŋ] *m* ⟨-s; -e⟩ *bot.* sand spurr(e)y (*Spergularia rubra*).

'Spar|,ko·cher *m* (*housekeeping*) (small) economical cooker. — **~,kon·ten,in,ha·ber** *m econ.* holder of a savings account, savings bank depositor. — **~,kon·to** *n* savings bank account.

spär·lich [ˈʃpɛːrlɪç] **I** *adj* **1.** (*Ertrag, Ausbeute, Nahrung, Vorrat, Beleuchtung etc*) scant(y), meager, *bes. Br.* meagre, poor: von dem Stoff war nur ein ~er Rest übriggeblieben only a scanty remainder of the fabric was left (over); er verfügt über ~e Geldmittel he has scanty (*od.* meager, slender) means; unsere Rationen

waren sehr ~ our rations were very scanty (*od.* frugal); seine Kenntnisse in der englischen Sprache sind sehr ~ his knowledge of the English language is very meager (*od.* scanty), he has only a smattering of English. – **2.** (*Vegetation, Bevölkerung etc*) sparse, scant(y), meager, *bes. Br.* meagre. – **3.** (*Haarwuchs*) sparse, thin. – **4.** (*Besuch einer Veranstaltung etc*) poor, sparse, thin. – **5.** (*Bekleidung, Möblierung etc*) scant(y), sparse. – **6.** *colloq.* (*Zuschauer, Besucher etc*) scattered. – **7.** *bes. econ.* (*Nachfrage, Absatz etc*) scanty, slack. – **II** *adv* **8.** eine ~ beleuchtete Straße a poorly (*od.* scantily) lit street; die öffentlichen Mittel flossen nur sehr ~ governmental aid was only very meager; das Gras wächst hier nur ~ the grass grows very sparsely here, the grass is very sparse here; der Vortrag war ~ besucht the lecture was poorly attended; ein ~ besiedelter Landstrich a sparsely populated area; sie war nur ~ bekleidet she was only scantily dressed; sein Taschengeld ist ~ bemessen he is given very meager pocket money. — **'Spär·lich·keit** *f* ⟨-; *no pl*⟩ **1.** (*der Beleuchtung, Rationen etc*) scant(i)ness, meagerness, *bes. Br.* meagreness, poorness. – **2.** (*der Vegetation*) sparseness, sparsity, scant(i)ness.

'Spar|,mar·ke *f* **1.** (*Rabattmarke*) (trading) stamp. – **2.** (*beim Prämiensparen etc*) savings stamp. — **~,maß,nah·me** *f meist pl* economy (measure): drastische ~n drastic economy measures (*od.* economies). — **~,nei·gung** *f econ.* propensity to save. — **~,ofen** *m cf.* Sparherd. — **~,pfen·nig** *m cf.* Spargroschen. — **~,prä·mie** *f econ.* savings premium. — **~,prä·mi·en,los** *n* savings premium lottery ticket. — **~,quo·te** *f* rate of saving, savings ratio.

Spar·re [ˈʃparə] *f* ⟨-; -n⟩ *cf.* Sparren.

Spar·ren [ˈʃparən] *m* ⟨-s; -⟩ **1.** (*Dachsparren*) rafter. – **2.** *tech.* (*Kreuzholz*) scantling. – **3.** *mar.* spar. – **4.** *her.* chevron. – **5.** einen ~ (zuviel) (*od.* einen ~ im Kopf) haben *fig. colloq.* to have a kink, to have a screw loose.

spar·ren [ˈʃparən], **'spa-** *v/i* ⟨h⟩ (*beim Boxen*) spar.

'Spar·ren,werk *n* (*am Hausdach*) rafters *pl*.

Spar·ring [ˈʃparɪŋ], **'spa-** *n* ⟨-s; *no pl*⟩ (*beim Boxen*) sparring.

'Spar·rings|,kampf *m* (*beim Boxtraining*) sparring (match). — **~,part·ner** *m* sparring partner.

'spar·sam I *adj* **1.** economical, thrifty, sparing, saving: sie ist eine ~e Hausfrau she is a thrifty housewife. – **2.** (*haushälterisch, wirtschaftlich*) economical, sparing, saving: dieses Putzmittel ist ~ im Verbrauch this cleaning agent is economical (in its application) (*od.* can be applied economically); mit etwas ~ sein a) (*mit Proviant, Vorrat etc*) to be economical with s.th., to save s.th., to economize (*Br. auch* -s-) (on) s.th., b) (*mit Anerkennung, Lob etc*) to be sparing in (*od.* be chary of) s.th. – **3.** (*Anordnung, Möblierung etc*) sparse, scant(y). – **4.** (*zurückhaltend, mäßig*) sparing: er macht ~en Gebrauch von seinen Vollmachten he makes sparing use of his powers, he uses his powers sparingly; einen Saal mit ~en Mitteln dekorieren to decorate a hall sparingly. – **II** *adv* **5.** economically: sie leben sehr ~ they live very economically (*od.* thriftily); dieser Ofen brennt ~ this stove burns economically; ~ mit etwas umgehen (*mit Geld, Vorräten, Kräften etc*) to be economical with s.th., to save s.th., to economize (*Br. auch* -s-) (on) s.th., to go easy on s.th. (*colloq.*); man muß diesen Lack sehr ~ auftragen you have to apply this varnish very sparingly; ein ~ möbliertes Zimmer a sparsely (*od.* scantily) furnished room. — **'Spar·sam·keit** *f* ⟨-; *no pl*⟩ economy, thrift(iness), sparingness, savingness: wir sind aus ~ nicht verreist we did not go away for economical reasons; falsche ~, ~ am falschen Platz saving the wrong way, irrational economy.

'Spar|,schwein *n* piggy bank: sein ~ schlachten *colloq.* to break open one's piggy bank. — **~,strumpf** *m* stocking for one's savings.

Spar·ta·kia·de [ʃparta'kĭaːdə; spar-] *f* ⟨-; -n⟩ (*sport*) Spartakiade, Spartaciad (*inter-*

national championships within socialist and communist countries).

Spar·ta·kist [ʃparta'kɪst; spar-] *m* ⟨-en; -en⟩ *pol. hist.* Spartacist. — **spar·ta·ki·stisch** *adj* Spartacist.

'Spar·ta·kus,bund [ˈʃpartakus-; 'spar-] *m* ⟨-(e)s; *no pl*⟩ *pol. hist.* Spartacus party (*od.* association).

Spar·ta·ner [ʃpar'taːnər; spar-] *m* ⟨-s; -⟩ *antiq.* Spartan. — **spar·ta·nisch I** *adj* **1.** Spartan, *auch* Spartanic. – **2.** *fig.* (*einfach, streng*) Spartan: ein ~es Leben führen to live a Spartan life. – **II** *adv* **3.** *fig.* Spartanically: ein ~ eingerichtetes Zimmer a Spartanically furnished room, a room with Spartan furnishings; bei uns geht es recht ~ zu we lead a Spartan life.

Spar·te [ˈʃpartə] *f* ⟨-; -n⟩ **1.** (*Teilgebiet, Abteilung*) section, field, area, branch, department: er kennt sich in allen ~n seines Berufes aus he is quite at home in all sections of his profession. – **2.** (*Zeitungsrubrik*) section.

'Spart,gras [ˈʃpart-] *n bot. cf.* Esparto(gras).

Spar·ti·at [ʃpar'tĭaːt; spar-] *m* ⟨-en; -en⟩ *antiq.* Spartiate.

spar·tie·ren [ʃpar'tiːrən; spar-] *v/t* ⟨*no ge-, h*⟩ *mus.* (*in Partitur setzen*) score.

'Spar|,trieb *m cf.* Sparneigung. — **~,und 'Dar,le·hens,kas·se** *f econ.* savings and loan bank. — **~ver,ein** *m* savings club. — **~ver,kehr** *m* savings *pl*, saving activity (*od.* transactions *pl*). — **~ver,trag** *m* savings contract (*od.* agreement). — **~,wo·che** *f* savings week. — **~,zwang** *m* compulsory saving.

spas·misch [ˈʃpasmɪʃ; 'ʃpas-], **spas'modisch** [-ˈmoːdɪʃ] *adj med.* convulsive, spastic, spasmodic(al), spasmic.

spas·mo·gen [spasmo'geːn; ʃpas-] *adj med.* convulsant, caused by spasms, spasmogenic.

spas·mo·ly·tisch [spasmo'lyːtɪʃ; ʃpas-] *adj med.* (*krampflösend*) spasmolytic, antispasmodic.

Spas·mus [ˈʃpasmus; 'ʃpas-] *m* ⟨-; -men⟩ *med.* (*Krampf*) spasm, convulsion, cramp.

Spaß [ʃpaːs] *m* ⟨-es; ˀe [ˈʃpɛːsə]⟩ **1.** (*only sg*) (*Vergnügen, Freude*) fun: wir hatten viel ~ zusammen we had great (*od.* much) fun together; wir haben viel ~ gehabt we had great fun, we had a great time (of it *od.* to ourselves); die Kinder hatten ihren ~ an den Geschenken the children enjoyed (*od. colloq.* had a lot of fun out of) the presents; das macht viel (*od.* großen) ~! it's great fun! it's a great lark! die Arbeit macht mir keinen ~ I do not enjoy the work; warum tust du das? — Weil es mir ~ macht! why do you do that? — Because I find it fun (*od.* Because I enjoy it, Because I like to); der Film hat mir großen ~ gemacht the film was great fun, I really enjoyed the film; es macht keinen ~, mit dir auszugehen it's no fun (at all) to go out with you; er machte sich (*dat*) einen ~ daraus, mich zu ärgern he derived great pleasure from (*od.* he got great fun *od. colloq.* a kick out of) annoying me, he loved to annoy me; na, Sie machen mir ~! *colloq. iron.* you must be joking! you're a good one! (ich wünsche euch) viel ~ heute abend! have fun (*od.* a good time) this evening! j-m den ~ verderben to spoil s.o.'s fun (*od.* sport); seinen ~ mit j-m treiben to make fun (*od.* sport) of s.o.; das war ein ziemlich teurer ~ *colloq.* that cost a pretty penny, that ran into (quite a bit of) money; das haben wir nur zum ~ getan (*od.* nur getan, um unseren ~ zu haben) we just did it for fun (*od.* a lark, *colloq.* kicks), we just did it for a bit of amusement (for ourselves); mir ist der ~ (daran) vergangen I've had enough of it. – **2.** (*Scherz, Witz*) joke, jest: ein schlechter ~ a bad joke; sich (*dat*) einen ~ mit j-m erlauben to play a joke on s.o.; der ~ geht zu weit this is beyond a joke, this joke has been carried too far; ~ beiseite! *colloq.* joking apart! ~ (*od.* aside)! ~ muß sein! *colloq.* there's no harm in a joke; seine Späße mit j-m treiben to play jokes on s.o.; laß diese albernen Späße! none (*od.* no more) of your silly jokes! er ist immer zu Späßen aufgelegt he is always making jokes; er ist heute nicht zu Späßen aufgelegt he's not in the mood for jokes today; er macht doch nur ~! *colloq.* he's only joking (*od. sl.* kidding)! sie hat das (doch) nur aus (*od.* im) ~ gesagt she only said it as a joke (*od.* for fun, in jest); ich habe das nicht zum (*od.* aus) ~ gesagt! I didn't mean it as a joke, I was not joking; er versteht ~ he can take (*od.* see) a joke; keinen ~ verstehen to have no sense of humo(u)r; in Gelddingen versteht sie keinen ~ she stands no nonsense where money is concerned; in dieser Hinsicht kann sie keinen ~ vertragen she stands no joking in this respect. – **3.** *meist pl* (*des Clowns*) antic, jest, prank.

Späß·chen ['ʃpɛːsçən] *n* ⟨-s; -⟩ *dim. of* Spaß: ~ machen to try to be funny.

spa·ßen ['ʃpaːsən] **I** *v/i* ⟨h⟩ joke, (make) fun, jest, kid (*sl.*): damit ist nicht zu ~ this is no joking matter; wenn es um Geld geht, läßt er nicht mit sich ~ (*od.* ist mit ihm nicht zu ~) he stands no nonsense in matters of money (*od.* where money is concerned); Sie ~ (wohl)! you are joking! you don't mean it! you're being funny! – **II** S~ *n* ⟨-s⟩ *verbal noun.* [Spaß 2.]
Spa·ße'rei *f* ⟨-; -en⟩ **1.** *cf.* Spaßen. – **2.** *cf.* ʃ
'spa·ßes,hal·ber *adv* for the fun of it, (just) for fun, for a joke.
'spaß·haft *adj cf.* spaßig. — **'Spaß·haf·tig·keit** *f* ⟨-; *no pl*⟩ *cf.* Spaßigkeit.
'spa·ßig *adj* (*Bemerkung, Person etc*) funny, comic(al), jocular, jocose, (*bes. leicht ironisch*) facetious. — **'Spa·ßig·keit** *f* ⟨-; *no pl*⟩ funniness, comicalness, comicality, jocularity, jocosity, (*bes. mit leichter Ironie*) facetiousness.
'Spaß,ma·cher *m* ⟨-s; -⟩ **1.** wag, joker, jester. – **2.** (*im Zirkus etc*) clown, buffoon. — **~ver,der·ber** *m* ⟨-s; -⟩, **~ver,der·be·rin** *f* ⟨-; -nen⟩ spoilsport, killjoy, wet blanket (*colloq.*). — **~,vo·gel** *m* *fig.* **1.** *cf.* Spaßmacher 1. – **2.** du bist mir ein ~! *colloq. iron.* you're joking, of course! you're a good one!

Spas·ti·ker ['spastikər; 'ʃpas-] *m* ⟨-s; -⟩ *med.* spastic.
spa·stisch ['spastiʃ; 'ʃpas-] *med.* **I** *adj* convulsive, spastic, spasmodic(al), spasmic. – **II** *adv* ein ~ Gelähmter a spastic.
Spat[1] [ʃpaːt] *m* ⟨-(e)s; -e *u.* ⁼e⟩ *min.* spar.
Spat[2] *m* ⟨-(e)s; *no pl*⟩ *vet.* (*Pferdekrankheit*) spavin, spavin.
spät [ʃpɛːt] **I** *adj* ⟨-er; -est⟩ **1.** late: am ~en Abend in the late evening, late in the evening; im ~en Herbst in late autumn, late in autumn; in den ~en dreißiger Jahren in the late thirties; das ~e 17. Jahrhundert the late 17th century; wir unterhielten uns bis in die ~e Nacht (hinein) we talked till late at night (*od.* in the night); sie trafen sich zu ~er Stunde they met at a late hour; der ~e Goethe the late Goethe; ein ~er Rembrandt a late (work of) Rembrandt; es wird ~, wir wollen gehen! it's getting late, let's go! warte nicht auf mich, es wird heute ~ werden don't wait (for me), it will go on until late tonight; es ist gestern (noch) sehr ~ geworden things went on till late yesterday; wie ~ ist es, bitte? what time is it, please? what's the time, please? how late is it, please? – **2.** (*spät eintretend*) late: ~es Obst late fruit(s *pl*); ein ~es Abendessen a late supper; wir hatten einen ~en Frühling in diesem Jahr we had a late spring this year; Ostern ist (*od.* liegt, fällt) dieses Jahr ~ Easter is late this year; ~es Glück late happiness; ~e Reue late repentance; → Mädchen 1. – **II** *adv* **3.** late: ~ aufstehen to get up late, to be a late riser; ~ am Tage (in der Nacht, im Jahr) late in the day [at night, in the year]; er arbeitete bis ~ in die Nacht (hinein) he worked till late at night (*od.* in the night); sie ist von früh bis ~ auf den Beinen she is on her feet from (early) morning till (late at) night; er hat sich körperlich (erst) ~ entwickelt he developed physically rather late; zu ~ too late; zu ~ kommen to be late; sie kam 15 Minuten zu ~ zur Arbeit she was 15 minutes late for work, she came 15 minutes late to work; beeil dich, wir sind ohnehin zu ~ d(a)ran (für den Film) hurry up, we're late (for the film) as it is! da sind Sie um zwei Tage zu ~ d(a)ran! you're two days too late! seine Hilfe kam zu ~ his help came too late; besser ~ als nie! (*Sprichwort*) better late than never! (*proverb*). [late evening.]
'spät'abends *adv* late in the evening, in the
'Spät,ap·fel *m* *hort.* late apple.

'spat,ar·tig *adj min.* sparry, spathic, spathose.
'Spät,aus,ga·be *f* (*einer Zeitung*) late issue (*od.* edition). — **~ba,rock** *n, m* **1.** *hist.* late Baroque period. – **2.** *arch.* (*art*) late Baroque. — **s~,blü·hend** *adj bot.* late-flowering (*attrib*).
'Spat,ei·sen,stein *m min.* siderite, chalybite, spathic (*od.* sparry) iron ore.
Spa·tel ['ʃpaːtəl] *m* ⟨-s; -⟩ *med.* a) spatula, b) (*löffelförmiger*) spoon. — **s~för·mig** *adj* spatulate(d), spatula-shaped.
Spa·ten ['ʃpaːtən] *m* ⟨-s; -⟩ spade: die Erde mit dem ~ umgraben to dig up the soil with a spade, to spade the soil. — **~kul,tur** *f agr.* spade-farming, spade husbandry. — **~,stich** *m* cut with a spade: den ersten ~ tun a) to turn the first sod, b) *fig.* to break ground, to lay the cornerstone.
'spät|ent,wickelt (*getr.* -k·k-) *adj* ⟨*attrib*⟩ (*Kind*) late-developed. — **S~ent,wick·ler** *m* late developer, *Am.* late bloomer. — **S~ent,wick·lung** *f* ⟨-; *no pl*⟩ late development.
'spä·ter *I comp of* spät. – **II** *adj* **1.** later: zu einem ~en Zeitpunkt at a later date; in (den) ~en Jahren sahen sie sich kaum they hardly ever met in later (*od.* subsequent) years; es ist ~ als ich dachte it is later than I thought. – **2.** (*zukünftig*) future: ~e Generationen werden unser Werk zu Ende führen future generations will complete our work; dort lernte er seine ~e Frau kennen there he met his future wife (*od.* his wife[-]to-be). – **III** *adv* **3.** later: er kam eine Stunde ~ als erwartet he came an hour later than expected; ich werde heute abend etwas ~ kommen I'll come a little later tonight. – **4.** (*danach, nachher*) later (on): eine Stunde ~ kam er endlich he finally came an hour later; soll ich ~ wiederkommen? shall I come later (on)? ich sehe dich ~! bis ~! (I'll) see you later! till later! dazu ist ~ noch Zeit, das hat (noch) Zeit bis ~ there'll be plenty of time for that later on, that can wait until later; früher oder ~ sooner or later; er vertröstete sie auf ~ he put her off until (some time) later. – **5.** (*in zukünftiger Zeit*) sometime, some day: ~ wirst du darüber anders denken sometime you'll think differently about it; an ~ denken to think of one's future.
'spä·ter,hin *adv* later (on).
'spä·te·stens *adv* at the latest: der Zug wird in ~ (*od.* ~ in) einer Stunde eintreffen the train will arrive in an hour at the latest; ~ um 5 Uhr at 5 o'clock at the latest, not later than 5 o'clock.
'Spät|form *f* (*einer Kunstepoche*) last stage, final phase. — **~,frost** *m meteor.* (*im Frühling*) late frost. — **~ge,burt** *f med.* retarded (*od.* post-term) birth. — **~go,tik** *f* **1.** *hist.* late Gothic period. – **2.** *arch.* (*art*) late Gothic (style). — **s~,go·tisch** *adj* late Gothic, (*bes. in England*) Perpendicular.
Spa·tha ['spaːta; 'ʃpaː-] *f* ⟨-; -then⟩ *bot.* (*Blütenscheide*) spathe.
'spat,hal·tig *adj min.* sparry.
'Spät|heim,keh·rer *m* late returnee from a prisoner-of-war camp, late-repatriated prisoner (of war). — **~,herbst** *m* late autumn (*bes. Am.* fall), latter part of autumn (*bes. Am.* fall). — **s~,herbst·lich** *adj* of (the) late autumn (*bes. Am.* fall).
'Spa·ti·en|,brei·te *f print.* width of space.
'spa·tig *adj vet.* spavined.
spa·tio·nie·ren [ʃpatsĭo'niːrən; spa-] *v/t* ⟨*no* ge-, h⟩ *print.* (*Schriftsatz, Wörter etc*) space.
spa·ti·ös [ʃpa'tsĭøːs; spa-] *adj print.* (*Druck etc*) spacious.
Spa·ti·um ['ʃpaːtsĭum; 'spa-] *n* ⟨-s; -tien⟩ *print.* (*Zwischenraum*) space.
'Spät|jahr *n* autumn, *bes. Am.* fall. — **~la,tein** *n ling.* Late Latin. — **s~la,tei·nisch** *adj* Late Latin. — **~,le·se** *f gastr.* late vintage.
'Spät·ling *m* ⟨-s; -e⟩ **1.** (*späte Frucht*) late fruit. – **2.** calf (*od.* lamb) born late in the year. – **3.** *humor.* (*spätes Kind, Nachkömmling*) latecomer, afterthought (*colloq.*).
'Spät|,mit·tel,al·ter *n hist.* Late Middle Ages *pl.* — **~,nach,mit·tag** *m* late afternoon: am ~ in the afternoon. — **s~,nach,mit·tags** [,ʃpɛːt-] *adv* in the late afternoon, late in the afternoon. — **~,obst** *n* late fruit(s *pl*). — **s~,reif** *adj* ⟨*attrib*⟩ **1.** (*Obst etc*) late-

-ripening. – **2.** *fig.* (*Mensch*) late-maturing. — **~,rei·fe** *f* late maturity. — **~re·nais,sance** *f* **1.** *hist.* late Renaissance period, end of the Renaissance. – **2.** *arch.* (*art*) late Renaissance. — **~ro,man·tik** *f* **1.** late Romanticism, late Romantic period. – **2.** (*art*) late Romantic, late Romantic school (*od.* style). — **~,schicht** *f econ.* late shift. — **~,schmerz** *m med.* delayed (*od.* retarded) pain. — **~,som·mer** *m* late summer, latter part of summer: im ~ in (the) late summer, late in the summer. — **~,sy·phi·lis** *f med.* retarded syphilis.
Spatz [ʃpats] *m* ⟨-en, *auch* -es; -en⟩ **1.** *zo.* sparrow (*Gattg Passer*): frech wie ein ~ *fig.* (as) cheeky as a sparrow; sie ißt wie ein ~ *fig.* she eats like a bird, she pecks (*od.* nibbles) at her food; das pfeifen (schon) die ~en von den Dächern *fig. colloq.* it's being shouted from the housetops, it's all over (the) town, it's everybody's secret; du hast wohl ~en unterm Hut! *fig. colloq.* can't you raise your hat? besser ein ~ in der Hand als eine Taube auf dem Dach (*Sprichwort*) a bird in hand is worth two in the bush (*proverb*); → Kanone 1. – **2.** *fig. colloq.* (*schmächtiges, kleines Kind*) scrap of a child. – **3.** (*kleiner*) ~ *colloq.* (*in der Anrede*) (little) darling.
'Spät,zeit *f* end (of an epoch): die ~ des Barocks the end (*od.* the closing stage) of the Baroque.
'Spat·zen|,hirn, **~,hirn** *n fig. colloq. only in* du (mit deinem) ~! you birdbrain (*od. colloq.* nitwit, pinhead)! — **~,nest** *n* sparrow's nest.
Spätz·le ['ʃpɛtslə] *pl gastr.* spaetzle(s), spätzle(s) (*kind of homemade noodles*).
Spätz·li ['ʃpɛtsli] *pl Swiss for* Spätzle.
'Spät,zün·der *m* **1.** *mil.* retarded burst projectile. – **2.** *fig. colloq.* er ist ein ~ he is slow on (*od.* in) the uptake (*colloq.*); du ~! you are slow on (*od.* in) the uptake (*colloq.*).
'Spät,zün·dung *f* **1.** *auto.* retarded (*od.* late, delayed) ignition: ~ haben *fig. colloq. iron.* to be slow on (*od.* in) the uptake (*colloq.*). – **2.** (*mining*) hangfire.
spa·zie·ren [ʃpa'tsiːrən] *v/i* ⟨*no* ge-, sein⟩ walk (about), promenade: sie spazierten vor dem Haus auf und ab they walked up and down in front of the house; durch den Wald ~ to walk (*od.* take a walk, stroll) through the forest; wir waren im Park ~ we took a walk (*od.* we were walking) in the park. — **~,fah·ren I** *v/i* ⟨*irr, sep*, -ge-, sein⟩ **1.** go for a drive (*od.* run, spin, *bes. Am.* ride). – **2.** (*auf dem Wasser*) go for a drive (*od.* spin, *bes. Am.* ride) in a boat, (*mit dem Ruderboot*) auch go for a row, (*mit dem Segelboot*) auch go for a sail. – **II** *v/t* ⟨h⟩ **3.** j-n ~ to take s.o. for a drive (*od.* run, spin, *bes. Am.* ride). – **4.** das Baby ~ to take the baby (out) for a walk. – **III** S~ *n* ⟨-s⟩ **5.** *verbal noun.* – **6.** *cf.* Spazierfahrt 2, 3. — **~,füh·ren** *v/t* ⟨*sep*, -ge-, h⟩ j-n [etwas] ~ to take s.o. [s.th.] out for a walk: den Hund ~ to take the dog for a walk, to walk the dog. — **~,ge·hen I** *v/i* ⟨*irr, sep*, -ge-, sein⟩ **1.** go for (*od.* take) a walk (*od.* stroll), walk, stroll. – **II** S~ *n* ⟨-s⟩ **2.** *verbal noun.* – **3.** *cf.* Spaziergang 1. — **~,rei·ten I** *v/i* ⟨*irr, sep*, -ge-, sein⟩ **1.** go for (*od.* take) a ride. – **II** S~ *n* ⟨-s⟩ **2.** *verbal noun.* – **3.** *cf.* Spazierritt. — **~,tra·gen** *v/t* ⟨*irr, sep*, -ge-, h⟩ *colloq.* 'sport' (*colloq.*), show off, display: sie trug ihren neuen Hut spazieren she sported (*od.* she showed off) her new hat.
Spa'zier,fahrt *f* **1.** *cf.* Spazierenfahren. – **2.** drive, run, spin, *bes. Am.* ride: eine ~ machen to go for a drive. – **3.** (*auf dem Wasser*) trip (*od.* spin, *bes. Am.* ride) (in a boat), (*mit dem Ruderboot*) auch row, (*mit dem Segelboot*) auch sail.
Spa'zier,gang *m* **1.** walk, stroll promenade (*lit.*), (*bes. Verdauungsspaziergang*) constitutional (*colloq.*): einen ~ machen to go for a walk, to (take a) walk. – **2.** *fig. colloq.* walkover, *Br.* walk-over: das Spiel war für uns ein (*od.* der reinste) ~ the match was a (mere) walk(-)over for us. — **Spa'zier,gän·ger** *m* ⟨-s; -⟩ walker, stroller.
Spa'zier|,ritt *m* ride. — **~,stock** *m* (walking) stick, cane: er stützt sich auf seinen ~ he leans on his stick. — **~,weg** *m* footpath, *Br.* foot-path, promenade.
Specht [ʃpɛçt] *m* ⟨-(e)s; -e⟩ *zo.* woodpecker, pecker (*Fam. Picidae*). — **~,mei·se** *f cf.* Kleiber.

'Spechts·pa·pa,gei m zo. red-breasted pygmy parrot (*Micropsitta bruijnii*).

Speck [ʃpɛk] m ⟨-(e)s; -e⟩ **1.** (*beim Schwein*) bacon: durchwachsener [geräucherter, gebratener] ~ streaky [smoked, fried] bacon; ~ zum Spicken larding bacon; dicke Bohnen mit ~ broad beans and bacon; wie die Made im ~ sitzen (*od.* leben) *fig. colloq.* to be (*od.* live) in clover; (na, dann mal) ran an den ~! *fig. colloq.* let's go! go it! (*colloq.*); mit ~ fängt man Mäuse (*Sprichwort*) good bait catches fine fish (*proverb*). – **2.** (*des Wals etc*) blubber. – **3.** *colloq.* (*beim Menschen*) flesh, fat, blubber: ~ auf den Hüften flesh on the hips, padding; ~ ansetzen to get fat, to put on weight. — **~,bauch** m *colloq.* paunch, potbelly, 'corporation' (*colloq.*). — **s~,bäu·chig** *adj colloq.* paunchy, potbellied. — **~,boh·nen** *pl gastr.* beans and bacon, pork and beans. — **~,ge,schwulst** f *med. cf.* Fettgeschwulst. — **~,grie·ben** *pl gastr.* greaves, cracklings. — **~,hals** m *med.* Madelung's neck, lipoma annulare colli (*scient.*). — **~,haut** f (*des Blutes*) buffy coat.

'speckig (*getr.* -k·k-) *adj* **1.** (*Hals, Backen etc*) fat. – **2.** (*Papier, Kleidung etc*) greasy: dreckig und ~ *colloq.* dirty and greasy.

'Speck|,kä·fer m zo. bacon (*od.* ham) beetle (*auch* bug) (*Fam. Dermestidae*): Gemeiner ~ larder beetle (*Dermestes lardarius*). — **~,nacken** (*getr.* -k·k-) m *colloq.* fat neck. — **~,schei·be**, **~,schnit·te** f (*zum Braten etc*) slice (*od.* rasher, *bes. Am.* strip) of bacon, rasher, (*zum Einwickeln*) *auch* bard(e). — **~,schwar·te** f (bacon) rind. — **~,sei·te** f side (*od.* flitch) of bacon: mit der Wurst nach der ~ werfen *fig.* to throw a sprat to catch a whale (*od.* herring, mackerel). — **~,so·ße** f *gastr.* bacon sauce. — **~,stein** m *min.* lard stone, soapstone, steatite (*scient.*). — **~,strei·fen** m (*zum Spicken*) lardoon, *auch* lardon.

spe·die·ren [ʃpe'diːrən] *v/t* ⟨*no* ge-, h⟩ *bes. Swiss econ.* for befördern[1].

Spe·di·teur [ʃpedi'tøːr] m ⟨-s; -e⟩ *econ.* **1.** (*als Vermittler*) forwarding agent, forwarder, *Am.* forwarding merchant. – **2.** (*als Frachtführer*) carrier. – **3.** *cf.* Möbelspediteur.

Spe·di·ti·on [ʃpedi'tsioːn] f ⟨-; -en⟩ *econ.* **1.** forwarding (business). – **2.** *cf.* Speditionsabteilung. – **3.** *cf.* Speditionsfirma.

Spe·di·ti·ons|,ab,tei·lung f *econ.* forwarding (*od.* dispatch, despatch, shipping) department. — **~,auf,trag** m **1.** dispatch (*od.* despatch, forwarding) order. – **2.** (*für Überseetransporte*) shipping order. — **~,bü·ro** n **1.** forwarding office. – **2.** (*für Überseetransporte*) shipping office (*od.* agency). — **~,fir·ma** f **1.** forwarding agency, forwarder(s *pl*). – **2.** (*für Überseetransporte*) shipping agency. – **3.** (*für Möbeltransporte*) (re)moving (*od.* removal) agency, *Am.* moving company, *Br.* removal business (*od.* firm). — **~,ge,büh·ren** *pl* **1.** (*für* carrying) charges. – **2.** (*bei Überseetransporten*) shipping charges. — **~,ge,schäft** n **1.** forwarding transaction. – **2.** *cf.* Speditionsfirma. **~,ge,wer·be** n forwarding trade. — **~,gü·ter** *pl* goods to be forwarded (*bes.* by an agent). — **~,ko·sten** *pl cf.* Speditionsgebühren. — **~,un·ter,neh·men** n *cf.* Speditionsfirma.

Speech [spiːtʃ] (*Engl.*) m ⟨-es; -es *u.* -es [-tʃɪs; -tʃɪz]⟩ *colloq. humor.* speech: einen ~ halten to make (*od.* deliver) a speech.

Speer [ʃpeːr] m ⟨-(e)s; -e⟩ **1.** spear. – **2.** (*sport*) (*Wurfspeer*) javelin. — **~,kies** m *min.* spear pyrites, marcasite. — **~,schaft** m shaft of a spear. — **~,spit·ze** f spearhead. — **~,wer·fen** n (*sport*) javelin (throw[ing]). — **~,wer·fer** m, **~,wer·fe·rin** f ⟨-; -nen⟩ javelin thrower. — **~,wurf** m *cf.* Speerwerfen. — **~,wur·zel** f *bot.* cut-finger (*Valeriana phu*).

Spei·che ['ʃpaɪçə] f ⟨-; -n⟩ **1.** (*des Rads*) spoke: ~n in ein Rad einziehen to put spokes in a wheel, to spoke a wheel; dem Schicksal in die ~n greifen *fig.* to (try to) arrest the wheel of fate, to influence fate. – **2.** (*eines Regenschirms etc*) rib. – **3.** *med.* spoke bone, radius (*scient.*).

Spei·chel ['ʃpaɪçəl] m ⟨-s; *no pl*⟩ **1.** spittle, spit, saliva: ~ absondern to secrete saliva, to salivate. – **2.** (*Geifer, Sabber*) slaver, slobber, drool. — **~,ab-**

~,son·de·rung f *med.* salivary secretion, salivation. — **s~,ar·tig** *adj* sialic, sialine, sialoid. — **~,drü·se** f salivary gland. — **~,drü·sen·ent,zün·dung** f sialitis, sialo-adenitis. — **~,fi·stel** f salivary fistula, sialosyrinx (*scient.*). — **~,fluß** m flow of saliva, salivation: übermäßiger ~ increased flow of saliva; hypersalivation, hypersialosis (*scient.*). — **~,flüs·sig·keit** f saliva. — **s~,för·dernd** *adj* promoting the flow of saliva, salivant; sialagogue, sialogogue (*scient.*). — **~,gang** m salivary duct. — **~,kör·per·chen** n *meist pl* salivary corpuscle.

'Spei·chel|,lecker (*getr.* -k·k-) m *contempt.* toady, toadeater, *Br.* toad-eater, lickspittle, bootlicker, *Am. auch* bootlick. — **'Spei·chel·lecke'rei** (*getr.* -k·k-) f ⟨-; *no pl*⟩ *contempt.* toadyism, bootlicking.

'Spei·chel|,stein m *med.* ptyalolith, sialolith, salivary calculus. — **~,wurz** f *bot.* pellitory (*Anacyclus pyrethrum*).

spei·chen ['ʃpaɪçən] *v/t* ⟨h⟩ *tech.* (*ein Rad*) spoke.

'Spei·chen|,bein n *med. cf.* Speiche 3. — **~,bruch** m fracture of the radius, Colles' fracture: unterer ~ silver-fork fracture. — **~,kranz** m *tech.* wreath of spokes. — **~,nip·pel** m spoke nipple. — **~,rad** n spoke(d) wheel. — **~,span·ner** m spoke tightener.

Spei·cher ['ʃpaɪçər] m ⟨-s; -⟩ **1.** (*Lagerhaus*) warehouse, store(house). – **2.** (*Dachboden*) attic, garret, loft: auf dem ~ in the attic. – **3.** *agr. cf.* a) Kornspeicher 1, b) Getreidesilo. – **4.** *tech.* a) (*einer Arbeitsmaschine*) magazine, b) (*Trinkwasserreservoir etc*) reservoir, storage basin, c) (*in der Hydraulik*) (*in der Wärmetechnik*) (hydraulic) accumulator. – **5.** (*computer*) memory, store, storage: ~ mit Wortstruktur word-structured store. – **6.** (*in der Vermittlungstechnik*) dial-pulse register. — **~,adres·se** [-'ʔa,drɛsə] f (*computer*) memory (*od.* storage) address. — **~,bat·te,rie** f storage battery. — **~,becken** (*getr.* -k·k-) n (*in der Hydraulik*) reservoir, storage basin. — **~,be,reich** m (*computer*) storage area. — **~,block** m memory (*od.* storage) block. — **~,ein,ga·be** f read-in storage, storage entry. — **~,ein·heit** f (record) storage unit. — **~,fä·hig·keit** f *cf.* Speicherkapazität. — **~,for,mat** n (*computer*) core image format. — **~,grö·ße** f memory size. — **~,ka·pa·zi,tät** f ⟨-; *no pl*⟩ **1.** (storage) capacity. – **2.** (*computer*) memory (*od.* storage) capacity. — **~,kraft,werk** n *electr.* storage power station. — **~,lei·stung** f *cf.* Speicherkapazität 2.

spei·chern ['ʃpaɪçərn] **I** *v/t* ⟨h⟩ **1.** (*Waren, Vorräte etc*) store (up), (*in einem Lagerhaus*) *auch* warehouse. – **2.** (*horten*) hoard (up). – **3.** etwas in (*dat*) sich ~ *fig. lit.* (*Haß, Liebe etc*) to store (up) s.th. – **4.** *agr.* (*Getreide, Futter etc*) store (up), (*in Silos*) *auch* silo, ensile. – **5.** *tech. electr. med.* store (up), accumulate: der Kachelofen hat Wärme für eine ganze Nacht gespeichert the tiled stove has accumulated heat for a whole night; in dem Stausee hat man Trinkwasser für Millionen Menschen gespeichert drinking water for millions of people has been stored in the reservoir, the reservoir stores drinking water for millions of people; ein Organ, das Nährstoffe speichert an organ which accumulates nutritive substance. – **6.** (*computer*) store. – **II S~** n ⟨-s⟩ **7.** *verbal noun.* – **8.** *cf.* Speicherung.

'Spei·cher|,ofen m *tech. cf.* Regenerativofen. — **~,or,gan** n *med.* storage organ. — **s~,pro·gram,miert** *adj* (*computer*) stored-program, *bes. Br.* stored-programme (*attrib*): ~e Rechenanlage stored-program(me) computer. — **~,röh·re** f (*einer Fernseh-, Filmkamera etc*) storage camera tube, iconoscope (*scient.*). — **~,schlüs·sel** m (*computer*) storage key. — **~,stel·le** f storage position.

'Spei·che·rung f ⟨-; *no pl*⟩ **1.** *cf.* Speichern. – **2.** (*von Waren, Vorräten etc*) storage. – **3.** *agr.* (*von Getreide, Futter etc*) storage, (*in Silos*) *auch* ensilage. – **4.** *tech. electr. med.* storage, accumulation. – **5.** (*computer*) storage.

'Spei·cher,werk n **1.** *tech.* (*in der Hydraulik*) accumulation station. – **2.** (*computer*) storage unit.

spei·en ['ʃpaɪən] **I** *v/i* ⟨speit, spie, gespie(e)n, h⟩ **1.** spit: j-m ins Gesicht ~

to spit in s.o.'s face. – **2.** (*sich erbrechen*) be sick, throw up, spew, *auch* spue, vomit, *Br.* cat. – **II** *v/t* **3.** (*Blut, Schleim etc*) spit, bring up, expectorate (*scient.*). – **4.** (*Wasser etc*) spout, spit. – **5.** (*Feuer, Flammen, Rauch etc*) belch, spit: der Vulkan spie Feuer und Lava the volcano belched fire and lava; Gift und Galle ~ *fig.* to fume and (*od.* with) rage; die Geschütze spie(e)n Tod und Verderben *fig. poet.* the guns were spitting forth death and destruction. – **III S~** n ⟨-s⟩ **6.** *verbal noun.*

Spei·er·ling ['ʃpaɪərlɪŋ] m ⟨-s; -e⟩ *bot.* serviceberry, service tree (*Sorbus domestica*).

'Spei,gat(t) n *mar.* scupper (hole).

Speik [ʃpaɪk] m ⟨-(e)s; -e⟩ *bot.* **1.** (spike)-nard (*Valeriana celtica*). – **2.** Blauer ~ bird's-eye (primrose) (*Primula farinosa*).

Speil [ʃpaɪl] m ⟨-(e)s; -e⟩ **1.** skewer, wooden pin. – **2.** (*in Schlächterei*) prick. — **'spei·len** *v/t* ⟨h⟩ **1.** skewer. – **2.** prick.

Speis¹ [ʃpaɪs] m ⟨-es; *no pl*⟩ *Southern G.* for Mörtel.

Speis² f ⟨-; -en⟩ *Bavarian and Austrian colloq.* for Speisekammer.

'Spei,schlan·ge f zo. black-necked (*od.* spitting) cobra (*Naja nigricollis*).

Spei·se ['ʃpaɪzə] f ⟨-; -n⟩ **1.** ⟨*only sg*⟩ (*Nahrung*) food, nourishment, nutriment, aliment (*lit.*): Speis und Trank *humor.* food and drink. – **2.** (*Gericht, Mahlzeit*) dish, meal: erlesene ~n choice dishes; warme und kalte ~n hot and cold dishes; ~n und Getränke meals and beverages; die ~n auftragen to serve the meal. – **3.** *cf.* Süßspeise. – **4.** ⟨*only sg*⟩ *civ.eng. cf.* Mörtel. – **5.** *metall.* a) (*Gemenge von Arseniden*) speiss, b) (*zum Gießen von Glocken*) bell metal. — **~,ap·pa,rat** m *tech.* (*für einen Kessel etc*) feeding apparatus, feed(er). — **~,au·to,mat** m (*eines Automatenrestaurants etc*) *Am.* (automatic) food (*od.* snack) vendor, food (*od.* snack) vending machine, *Br.* food (*od.* snack) slot-machine. — **~,becken** (*getr.* -k·k-) n *tech.* (*eines Trinkwasserreservoirs etc*) feeding (*od.* storing, storage) basin (*od.* reservoir, tank). — **~,brei** m *med.* chyme. — **~,eis** n ice (cream), sherbet. — **~,fett** n *meist pl* edible (*od.* cooking) fat. — **~,haus** n restaurant, eating house. — **~,ka·bel** n *electr.* feeding (*od.* feeder) cable. — **~,kam·mer** f **1.** pantry, larder. – **2.** (*Speiseschrank*) food cupboard. — **~,kar·te** f menu (card), *auch* bill of fare: eine reichhaltige ~ a wide choice of menu; Herr Ober, bitte die ~! waiter, may I have the menu, please? etwas auf die ~ setzen [von der ~ streichen] to put s.th. on [to take s.th. off] the menu. — **~,lei·tung** f **1.** *electr.* feeder (line), supply main. – **2.** *tech.* (*Zuleitungsrohr*) feed pipe. — **~,lo,kal** n *cf.* Speisehaus.

spei·sen ['ʃpaɪzən] **I** *v/i* ⟨h⟩ **1.** *auch humor.* dine: wollen Sie ~? do you wish to dine? zu Mittag ~ a) to have lunch(eon), to lunch(eon), b) (*wenn es die Hauptmahlzeit ist*) to have dinner, to dine; zu Abend ~ a) to have (evening) dinner, to dine, b) (*wenn die Hauptmahlzeit mittags eingenommen wurde*) to have supper, to sup (*lit.*); ich speise heute im Restaurant I am dining in a restaurant (*od.* I am dining out) today; man speist dort ausgezeichnet the cuisine is excellent there, they serve excellent meals there; (ich) wünsche wohl zu ~ I hope you will enjoy your meal; wann wird gespeist? (*in einer Pension etc*) (at) what time are the meals served? – **II** *v/t* **3.** *auch humor.* have (s.th.) for dinner (*mittags* for lunch[eon], *abends* for supper): was hast du heute abend gespeist? what did you have for dinner tonight? – **3.** j-n ~ a) (*Arme, Hungrige etc*) to feed s.o., b) (*Gäste*) to dine (*od.* feed) s.o. – **4.** *electr.* a) feed, supply (s.th.) (with electric power), b) (*einen Akkumulator*) charge, load: ein Kraftwerk mit Strom ~ to feed (*od.* supply) a power station with current (*od.* power); einen Motor ~ to energize (*Br. auch* -s-) a motor. – **5.** gespeist werden von (*See, Staudamm etc*) be fed (*od.* supplied) by. – **6.** *agr.* (*einen Teich etc*) (*mit Setzlingen*) stock (s.th.) with fry. – **III S~** n ⟨-s⟩ **7.** *verbal noun.* – **8.** *cf.* Speisung.

'Spei·sen,auf,zug m *Am.* dumbwaiter, food elevator, *Br.* service (*od.* food) lift. — **~,fol·ge** f *gastr.* menu, order of courses.

— ~**kar·te** f cf. Speisekarte. — ~**zu·be**·**rei·tung** f preparation of food (od. meals).

'**Spei·se**|**·öl** n gastr. edible (od. cooking) oil. — ~**op·fer** n relig. meal offering. — ~**pilz** m (edible) mushroom. — ~**pum·pe** f tech. (des Dampfkessels etc) feed pump. — ~**raum** m 1. dining room. – 2. mar. a) dining saloon, b) (der Besatzung) mess-room. — ~**re·lais** n electr. tel. feeder relay. — ~**re·ste** pl 1. (auf dem Teller etc) left-overs, auch scraps. – 2. (in den Zähnen) bits (od. particles) of food. — ~**rohr** n tech. (einer Dampfmaschine etc) feed (od. supply) pipe.

'**Spei·se**|**röh·re** f med. gullet, (o)esophagus (scient.). — '**Spei·se**|**·röh·ren·ver**|**en·gung** f (o)esophagostenosis.

'**Spei·se-**|**Rot·al·ge** f bot. dulse, auch dulce (Rhodymenia palmata).

'**Spei·se**|**·saal** m 1. (in Hotels, Internaten etc) dining hall. – 2. mar. dining saloon. – 3. mil. mess (od. dining) hall. – 4. hist. (auf Ritterburgen, Adelssitzen etc) dining (od. banquet[ing]) hall. – 5. relig. (in Klöstern) refectory. — ~**saft** m med. chyle. — ~**salz** n gastr. 1. (für den Eßtisch) table salt. – 2. (für Küchengebrauch) cooking salt. — ~**schrank** m food cupboard. — ~**strom** m electr. feed (od. supply) current. — ~**strom·kreis** m feeder circuit. — ~**trans·for·ma·tor** m substation (od. supply, distribution) transformer. — ~**wa·gen** m (railway) dining car, Am. auch diner. — ~**wär·mer** m <-s; -> food warmer. — ~**was·ser** n <-s; ·> tech. feed water. — ~**zet·tel** m 1. (Küchenzettel) menu. – 2. cf. Speisekarte. — ~**zim·mer** n 1. dining room. – 2. (Mobiliar) dining room suite (od. furniture).

'**Speis·ko·balt** m min. smaltite, auch smal-tine, speiskobalt, auch speisscobalt.

'**Spei·sung** f <-; no pl> 1. cf. Speisen: die ~ der Fünftausend Bibl. Christ's feeding of the multitude. – 2. tech. (Versorgung) supply, feeding. – 3. electr. a) power supply, b) (einer Antenne, Wicklung) exci-tation.

'**Spei**|**täub·ling**, ~**teu·fel** m bot. pungent (od. emetic) russula (Russula emetica).

'**spei·übel** adj mir ist ~ colloq. I feel queasy (auch queazy), I feel like being sick (od. throwing up), I feel puky (od. pukish).

Spek·ta·bi·li·tät [ʃpɛktabiliˈtɛːt; ʃpɛk-] f <-; -en> dean: Eure [Seine] ~ Mr. Dean.

Spek·ta·kel[1] [ʃpɛkˈtaːkəl] m <-s; -> 1. (Lärm, Radau) noise, racket, din, fracas, row; rum-pus, shindy (colloq.): macht keinen solchen ~ im Treppenhaus! don't make such a racket on the staircase! die Kinder machten einen heillosen ~ the children made (od. created, kicked up) an awful (od. a tremendous) racket (colloq.). – 2. (Aufregung) fuss, excitement, uproar: was soll der ganze ~ wegen eines zer-brochenen Tellers? why all the fuss about a broken plate? – 3. (Zank, Krawall) row, uproar, ruction(s pl), rumpus (colloq.), Am. sl. ruckus, auch rookus: wenn das heraus-kommt, gibt es einen großen ~ if that leaks out there'll be awful ructions (colloq.).

Spek·ta·kel[2] n <-s; -> obs. for Schauspiel 1.

spek·ta·ku·lär [ʃpɛktakuˈlɛːr; ʃpɛk-] adj (Auftritt, Erfolg etc) spectacular.

spek·ta·ku·lös [ʃpɛktakuˈløːs; ʃpɛk-] adj obs. for a) seltsam I, b) abscheulich I.

spek·tral [ʃpɛkˈtraːl; ʃpɛk-] adj phys. spectral.

Spek'tral|**ana·ly·se** f phys. spectral (od. spectrum) analysis, spectroscopic test. — **s~ana·ly·tisch** I adj spectroscopic, auch spectroscopical. – II adv spectroscopically, by spectral (od. spectrum) analysis. — ~**ap·pa·rat** m 1. spectroscopic apparatus, spec-trometer. – 2. cf. a) Spektrograph, b) Spek-troskop. — ~**auf·nah·me** f spectrograph. — ~**be·reich** m spectral region. — ~**durch·mu·ste·rung** f astr. 1. (ein Sternkatalog) catalog (bes. Br. catalogue) of stellar spectra. – 2. (als Übersicht) survey of stellar spectra. — ~**far·be** f meist pl phys. spectral (od. spectrum) color (bes. Br. colour). — ~**klas·se** f astr. (der Sterne) spectral type (od. class). — ~**lam·pe** f phys. spectroscopic lamp. — ~**li·nie** f phys. spectral (od. spectrum) line. — ~**pho·to·me·ter** n spectrophotometer. — ~**pho·to·me·trie** f spectrophotometry.

Spek·tro|**graph** [ʃpɛktroˈɡraːf; ʃpɛk-] m <-en; -en> phys. spectrograph. — ~'**me·ter**

[-ˈmeːtər] n phys. spectrometer, spectro-scopic apparatus.

Spek·tro·skop [ʃpɛktroˈskoːp; ʃpɛk-] n <-s; -e> phys. spectroscope. — **Spek·tro·sko·pie** [-skoˈpiː] f <-; no pl> spectroscopy. — **spek·tro·sko·pisch** adj u. adv cf. spek-tralanalytisch.

Spek·trum [ˈspɛktrum; ˈʃpɛk-] n <-s; -tren u. -tra [-tra]> phys. spectrum: fortlaufendes (od. lückenloses, kontinuierliches) ~ continuous spectrum; sichtbares ~ visible spectrum; elektro-magnetisches ~ electromagnetic spectrum.

Spe·ku·lant [ʃpekuˈlant] m <-en; -en> 1. econ. operator, (bes. an der Börse) speculator, speculative dealer: berufs-mäßiger ~ professional speculator; klei-ner ~ minor speculator. – 2. speculator.

Spe·ku·la·ti·on [ʃpekulaˈtsi̯oːn] f <-; -en> 1. speculation: ~en über (acc) etwas an-stellen, sich in (dat) ~en über (acc) etwas ergehen to indulge in speculations (up)on (od. about) s.th.; das ist reine ~ that's pure (od. mere) speculation; sich in ~en verlieren to be absorbed in speculations. – 2. econ. (bes. an der Börse) speculation, venture, jobbery (contempt.): geglückte [verfehlte] ~ lucky [bad] speculation; ~ auf Hausse [Baisse] speculation for a rise [a fall], bull [bear] speculation; sich auf gewagte ~en einlassen to engage in risky (od. hazardous) speculations. – 3. philos. speculation.

Spe·ku·la·ti·ons|**ge·schäft** n meist pl econ. speculative (od. speculating) transaction (od. operation): ~ auf Hausse [Baisse] bull [bear] operation. — ~**ge·winn** m speculative profit (od. gains pl). — ~**kauf** m meist pl speculative buying (od. purchase). — ~**pa·pier** n meist pl speculative security (od. stock): unsichere ~e insecure specu-lative securities (od. stocks), bes. Am. fancy stocks. — ~**ver·kauf** m meist pl speculative sale. — ~**ver·lust** m speculative loss.

Spe·ku·la·ti·us [ʃpekuˈlaːtsi̯us] m <-; -> gastr. thin almond biscuits (Am. cookies) served especially at Christmas time.

spe·ku·la·tiv [ʃpekulaˈtiːf] adj auch philos. speculative.

spe·ku·lie·ren [ʃpekuˈliːrən] v/i <no ge-, h> 1. auf (acc) etwas ~ colloq. to speculate on s.th.: auf eine Erbschaft [eine Stel-lung] ~ to speculate on acquiring an in-heritance [a post]; er hatte auf eine reiche Heirat spekuliert he had speculated on making a wealthy marriage. – 2. econ. speculate, operate: mit kleinen Gewinnen ~ to speculate in small profits; mit Grund-stücken ~ to speculate in property; in Wert-papieren ~ to speculate in stocks (od. securities); → Baisse; Börse 1; Hausse 1. – 3. archaic (über acc etwas [up]on s.th., about s.th.) speculate, muse, meditate, ponder.

Spe·ku·lum [ˈspeːkulum; ˈʃpeː-] n <-s; -kula [-la]> med. speculum.

Spe·läo·lo·ge [ʃpɛlɛoˈloːɡə; ʃpe-] m <-n; -n> (Höhlenforscher) spel(a)eologist. — **Spe·läo·lo·gie** [-loˈɡiː] f <-; no pl> (Höhlen-kunde) spel(a)eology. — **spe·läo·lo·gisch** [-ˈloːɡɪʃ] adj spel(a)eological.

Spelt [ʃpɛlt] m <-(e)s; -e> bot. agr. (Ge-treideart) spelt(z) (Triticum spelta).

Spe·lun·ke [ʃpeˈluŋkə] f <-; -n> colloq. contempt. 1. (verrufene Kneipe) dive, 'joint' (sl.), bes. Am. sl. honky-tonk. – 2. (schmut-zige Keller-, Hinterhofwohnung) hole, 'dump' (sl.).

Spelz [ʃpɛlts] m <-es; -e> bot. agr. cf. Spelt.

Spel·ze [ˈʃpɛltsə] f <-; -n> bot. 1. (Hoch-blatt) bract, hypsophyll. – 2. (an Gräsern) glume. — '**spel·zig** adj gluma-ceous.

spen·da·bel [ʃpɛnˈdaːbəl] adj colloq. gener-ous, liberal, openhanded.

Spen·de [ˈʃpɛndə] f <-; -n> 1. (Geld, Klei-der, Lebensmittel etc) donation, contribu-tion, benefaction: bitte eine kleine ~! would you like to make a small contribu-tion? die ~n für die Opfer der Flutkata-strophe the donations to (od. for) the victims of the flood disaster; es gingen reiche (od. großzügige) ~n ein substantial contributions were received (od. poured in). – 2. (Stiftung, Schenkung) donation, endowment, benefaction: er gab seine Sammlung als ~ an das Museum he gave his collection as a donation to the museum,

he donated his collection to the museum. – 3. (Almosen) charity, alms pl, pittance: von ~n leben to live on (od. from, off) charity. – 4. bes. relig. (für die Kollekte) offering.

spen·den [ˈʃpɛndən] I v/t <h> 1. (Geld, Lebensmittel, Kleider etc) give, donate, contribute: etwas für das Rote Kreuz ~ to give (od. donate, contribute) s.th. to (od. for) the Red Cross. – 2. (Licht, Energie, Wasser, Kühlung etc) give, pro-vide, bestow (lit.): der Baum spendet Schatten the tree gives shade; der Ofen spendete viel Wärme the stove gave (off) a great deal of heat. – 3. (Lob, Anerken-nung, Trost etc) give, bestow (lit.): das Publikum spendete dem Künstler be-geistert Beifall the audience gave the artist enthusiastic applause, the audience applauded the artist enthusiastically; j-m Freude ~ (erfreuen) to give s.o. pleasure (od. delight), to make s.o. happy. – 4. cf. spendieren 1. – 5. (beitragen) contribute: wir haben alle etwas zu der Party ge-spendet we all contributed something to the party. – 6. med. (Blut, Organ etc) donate. – 7. relig. a) (Sakramente) admin-ister, dispense, give, b) (den Segen etc) give, pronounce, bestow (lit.). – II v/i 8. alle haben reichlich (od. großzügig) ge-spendet everyone donated generously (od. freely), everyone made generous dona-tions. – III S~ n <-s> 9. verbal noun. – 10. (von Geld, Lebensmitteln etc) donation, contribution. – 11. med. (von Blut etc) donation. – 12. relig. (der Sakramente) administration.

'**Spen·den**|**ak·ti·on** f collection campaign, organizing (Br. auch -s-) of a public appeal. — ~**kon·to** n account for donations.

'**Spen·der** m <-s; -> 1. donor, giver, con-tributor, donator: ein Lob dem edlen ~! humor. thanks to the munificent donor! – 2. med. (von Blut, Organen etc) donor. – 3. relig. (der Sakramente) administrator. – 4. (von Seife etc) dispenser.

spen·die·ren [ʃpɛnˈdiːrən] v/t <no ge-, h> colloq. 1. (stiften, bereitstellen) provide, supply: einen Kasten Bier ~ to chip in with a case of beer (colloq.). – 2. j-m etwas ~ a) to provide (od. supply) s.o. with s.th., b) (bezahlen, ausgeben) to stand s.o. s.th., to treat s.o. to s.th., c) (geben, aushändigen) to give (od. hand) s.o. s.th., to let s.o. have s.th.: er hat mir ein Glas Wein spendiert he stood me a glass of wine. – 3. (bezahlen, ausgeben) stand, pay for: eine Runde ~ to stand a round of drinks. – 4. (geben, aushändigen) give: wieviel (Geld) hat er spendiert? how much (money) did he give?

Spen'dier|**ho·sen** pl only in die ~ anhaben (od. angezogen haben) colloq. to be in a generous mood, to be feeling generous.

'**Spen·dung** f <-; no pl> cf. Spenden.

Speng·ler [ˈʃpɛŋlər] m Southern and Western Middle G. for Klempner 2.

Spen·ser [ˈʃpɛnzər] m <-s; -> (fashion) Austrian for Spenzer.

Spen·zer [ˈʃpɛntsər] m <-s; -> (fashion) (kurzes Jäckchen) spencer.

Sper·ber [ˈʃpɛrbər] m <-s; -> zo. sparrow hawk (Accipiter nisus). — ~**eu·le** f hawk owl (Surnia ulula).

sper·bern [ˈʃpɛrbərn] v/i <h> Swiss look sharply (od. keenly).

Spe·renz·chen [ʃpeˈrɛntsçən], **Spe·renz·i·en** [-ˈrɛntsi̯ən] pl only in ~ machen colloq. a) (Umstände machen) to make a fuss, b) (Ausflüchte suchen) to try tricks: mach keine ~! a) come off it! b) don't try any (of your) tricks! none of your tricks!

Sper·gel [ˈʃpɛrɡəl] m <-s; -> bot. cf. Spör-gel.

Sper·ling [ˈʃpɛrlɪŋ] m <-s; -e> zo. sparrow, Br. colloq. spadger (Gattg Passer): ein ~ in der Hand ist besser als eine Taube auf dem Dach (Sprichwort) a bird in the hand is worth two in the bush (proverb).

'**Sper·lings**|**kauz** m zo. pygmy owl, spar-row owl (Glaucidium passerinum). — ~**pa·pa·gei** m parrotlet (Gattg Forpus). — ~**vo·gel** m passerine (bird): die Sperlingsvögel the passerines, the Passeres.

Sper·ma [ˈspɛrma; ˈʃpɛr-] n <-s; Spermen u. -mata [-ta]> biol. sperm, semen.

sper·ma·tisch [-ˈmaːtɪʃ] adj spermatic, seminal.

Sper·ma·ti·tis [spɛrmaˈtiːtɪs; ʃpɛr-] f <-;

-titiden [-ti'ti:dən]⟩ med. spermatitis, funiculitis.

Sper·ma·to·ge·ne·se [spɛrmatoge'ne:zə; ʃpɛr-] f ⟨-; no pl⟩ biol. cf. Spermiogenese.

Sper·ma·tor·rhö(e) [spɛrmato'røː; ʃpɛr-] f ⟨-; -rhöen [-ən]⟩ med. spermatorrh(o)ea, spermorrh(o)ea.

'sper·ma,tö·tend adj med. pharm. cf. spermizid.

Sper·ma·to·ze·le [spɛrmato'tse:lə; ʃpɛr-] f ⟨-; -n⟩ med. spermatocele, gonocele.

Sper·ma·to·zo·on [spɛrmato'tso:ɔn; ʃpɛr-] n ⟨-s; -zoa ['tso:a] u. -zoen⟩ biol. filament, spermatozoon (scient.).

Sper·ma·to·zyt [spɛrmato'tsyːt; ʃpɛr-] m ⟨-en; -en⟩ meist pl biol. spermatocyte.

Sper·mat·urie [spɛrmatu'ri:; ʃpɛr-] f ⟨-; -n [-ən]⟩ med. spermaturia, seminuria.

Sper·ma·zet [spɛrma'tseːt; ʃpɛr-] n ⟨-(e)s; no pl⟩, **Sper·ma'ze·ti** [-ti] n ⟨-s; no pl⟩ chem. cf. Walrat.

Sper·min [spɛr'mi:n; ʃpɛr-] n ⟨-s; no pl⟩ chem. biol. spermine [(—CH₂CH₂NH—(CH₂)₃NH₂)₂].

Sper·mio·ge·ne·se [spɛrmioge'ne:zə; ʃpɛr-] f ⟨-; no pl⟩ biol. spermatogenesis, spermatogeny.

Sper·mi·um ['spɛrmiʊm; 'ʃpɛr-] n ⟨-s; -mien⟩ biol. spermium, spermatozoon.

sper·mi·zid [spɛrmi'tsiːt; ʃpɛr-] med. pharm. I adj spermicidal. - II S~ n ⟨-(e)s; -e⟩ spermicide.

'Sperm,öl ['ʃpɛrm-] n chem. sperm (whale) oil.

'Sperr·rad (getr. -rr,r-) n 1. tech. (in einem Sperrgetriebe) ratchet wheel, click wheel. - 2. (watchmaking) locking (od. remontoir[e]) wheel.

'sperr'an·gel'weit adv colloq. (in Wendungen wie) die Tür stand (od. war) ~ offen (od. auf) the door stood (od. was) wide open; den Mund ~ aufreißen a) to open one's mouth wide, b) (gaffen) to gape; sie rissen ihre Schnäbel ~ auf (von Vögeln) they opened their beaks wide.

'Sperr·ra·ste (getr. -rr,r-) f tech. 1. stop notch. - 2. cf. Raste 3.

'Sperr|bal,lon m aer. mil. barrage balloon. — **~be,reich** m (radio) rejection (od. blocking) range (od. [band] width). — **~be,trag** m econ. blocked amount. — **~be,zirk** m 1. (innerhalb einer Stadt etc) closed (od. barred) area. - 2. district of a town prohibited to prostitutes. - 3. med. (bei Seuchen etc) quarantine zone. - 4. mil. restricted area, Am. off-limits area, Br. out-of-bounds area. — **~,bol·zen** m tech. 1. locking bolt, lockbolt. - 2. (eines Revolverkopfes) index(ing) bolt. — **~,druck** m ⟨-(e)s; -e⟩ print. spaced type.

Sper·re ['ʃpɛrə] f ⟨-; -n⟩ 1. closing, closure: sie ordneten eine zweistündige ~ des Flughafens an they ordered the closure of the airport for two hours. - 2. (Hindernis) obstacle, obstruction. - 3. (Absperrung, Barriere) barrier: die Zuschauer durchbrachen die ~ the spectators broke through the barrier. - 4. (der Polizei) cf. Sperrgürtel 1. - 5. (Straßensperre) barricade, roadblock: eine ~ errichten (od. anlegen) to set up a roadblock. - 6. (Schranke) barrier, auch bar. - 7. (Schlagbaum) barrier, (an Mautstellen) auch toll bar, tollgate, turnpike. - 8. (Bahnsteigsperre) (ticket) gate, platform barrier: die Fahrkarte an der ~ vorzeigen to show the ticket at the gate. - 9. (Strom-, Wassersperre etc) cut(-off). - 10. (zeitweiliges offizielles Verbot) ban: die Behörden verhängten eine ~ über die Einwanderung the authorities imposed a ban on immigration. - 11. mil. a) cf. Urlaubssperre 1, Ausgangssperre 1, b) (Sperrfeuer der Artillerie) (artillery) barrage, c) (Blockade) blockade. - 12. aer. mil. a) cf. Ballonsperre, b) (fighter) patrol: ~ fliegen to fly on interception patrol. - 13. econ. a) (Embargo) embargo, ban, b) (Kredit-, Auszahlungssperre etc) freeze, stop(page): eine ~ über die Einfuhr [Ausfuhr] verhängen to impose (od. lay, put) an embargo on imports [exports]; die ~ aufheben to lift (od. withdraw) the embargo. - 14. (sport) suspension: er wurde mit einer dreimonatigen ~ belegt he was suspended for three months. - 15. tech. (Sperrvorrichtung) a) (äußerer Sperriegel) lock(ing device), stop, b) (Anschlag) lock, c) (Klinke) (locking) pawl: die ~ ist eingerastet the pawl snapped (into place). - 16. (watch-making) (Verzahnung) catch. - 17. med. (Quarantäne) quarantine.

'Sperre,lais (getr. -rr·r-) n tel. locking relay.

sper·ren ['ʃpɛrən] I v/t ⟨h⟩ 1. (durch ein Verbot) close, bar: die Straße wird für (od. auf) einige Zeit gesperrt the street will be closed for some time (od. is closed temporarily); die Autobahn wird für Lastkraftwagen gesperrt the autobahn will be closed to lorries (Am. trucks), lorries will be banned from the autobahn. - 2. (durch ein Hindernis) close (off), block (off), obstruct: die Revolutionäre sperrten die Straße mit Barrikaden the revolutionaries blocked the road with barricades, the revolutionaries barricaded the road; eine Kette von Polizisten sperrte den Platz vor dem Gerichtsgebäude a police cordon closed off (od. the police cordoned off) the square in front of the court(-)house; man hatte den Bahnsteig mit einem Seil gesperrt the platform had been closed off with a rope, the platform had been roped off. - 3. (schließen, dichtmachen) close: einen Grenzübergang ~ to close a border crossing. - 4. (den Verkehr) stop, hold up. - 5. (Strom, Gas, Telephon etc) shut (od. stop) off, stop: dem Mieter wurde das Wasser gesperrt the tenant's water supply was cut off. - 6. (Gebrauch, Benutzung, Genuß, Verkauf etc) stop, (durch Behörde) ban, prohibit: die Firma sperrte die weitere Lieferung des Artikels the firm stopped a further supply of the article. - 7. j-n [ein Tier] in (acc) etwas ~ to shut (od. lock) s.o. [an animal] (up) in s.th., to confine s.o. [an animal] to s.th.: j-n ins Gefängnis ~ to lock s.o. up (in prison), to put s.o. in prison, to imprison (od. confine, sl. jug, lit. incarcerate) s.o., to cage s.o. into jail; einen Vogel in einen Käfig ~ to lock a bird in a cage, to cage a bird. - 8. j-n [ein Tier] aus etwas ~ to shut (od. lock) s.o. [an animal] out of s.th. - 9. bes. mil. a) (einen Paß etc) block (off), b) (einen Hafen, eine Flußmündung etc) block (off), blockade, c) (die Zufuhr, den Nachschub etc) cut off, block (off), stop, intercept, d) (den Urlaub, Ausgang) bar, refuse: ein Gebiet für den Feind ~ to deny an area to the enemy; einer Stadt die Lebensmittelzufuhr ~ to cut off a town's food supply. - 10. econ. a) (den Warenverkehr, Handel etc) embargo, lay (od. put) an embargo on, ban, block, b) (ein Guthaben, Konto, Gehälter etc) block, freeze: die Einfuhr von Luxusartikeln ~ to ban the import of luxury goods; einen Scheck ~ to stop (payment of) a check (Br. cheque). - 11. mar. a) (ein Fahrwasser) bar, b) (ein Wehr, eine Schleuse etc) close, shut. - 12. j-n ~ (sport) a) to suspend s.o., b) (Gegner) to block (od. obstruct) s.o. - 13. tech. a) (ein Rad etc) stop, arrest, block, b) (Luftzufuhr) cut off. - 14. print. (ein Wort, einen Satz etc) space (od. blank) (out). - 15. aer. (ein Flugzeug, den Piloten etc) ground. - 16. electr. (im Schalteinrichtung) block. — II v/i 17. (von Tür, Schublade etc) stick, be stuck (od. caught), jam. - 18. der Schlüssel sperrt nicht a) the key does not fit (the lock), b) the key won't lock (od. turn). - 19. er hat ohne Ball gesperrt (sport) he obstructed (without the ball). — III v/reflex 20. sich (gegen etwas) ~ to ba(u)lk (Br. auch jib) (at s.th.), to oppose (od. resist) (s.th.): warum sperrst du dich denn so? why do you ba(u)lk so much? why are you so ba(u)lky (Br. auch jibbing)? why do you raise such difficulties? es hat keinen Sinn, sich dagegen zu ~ it's no use ba(u)lking (Br. auch jibbing) at it. — IV S~ n ⟨-s⟩ 21. verbal noun. - 22. cf. Sperrung.

'Sperr|,fe·der f 1. tech. a) (eines Schaltmechanismus) locking (od. retaining) spring, b) (eines Uhrwerkes) click spring. - 2. mil. (am Maschinengewehr) locking spring. — **~,feu·er** n mil. 1. barrage (fire): den Feind mit ~ belegen to barrage the enemy; ~ schießen (od. legen) to barrage, to lay down a barrage. - 2. (der Flak) box (od. umbrella) barrage. — **~,flug** m aer. mil. (fighter) patrol flight. — **~,fort** n mil. outer fort. — **~,frist** f econ. (bei Vergleichsverfahren, Sparguthaben, Wertpapiertransaktionen) blocking (od. restrictive

period, period during which dealings (od. withdrawals) are not allowed. — **~ge,biet** n (an Grenzen, bei Seuchen etc) prohibited area (od. zone). — **~ge,trie·be** n tech. 1. (einer Schaltvorrichtung) locking mechanism. - 2. (als Zahntrieb) ratchet gearing: Wagenheber mit ~ ratchet jack. — **~,gür·tel** m 1. (von Polizisten, Absperrmannschaften) (barring) cordon. - 2. auch (sport) (von Verteidigern) wall, barrier. - 3. pol. (von Staaten) cordon sanitaire, sanitary cordon, protective barrier. - 4. mil. a) (der Artillerie) barrage, b) (Befestigungsgürtel) fortified lines pl, c) (Minengürtel) (mine) belt. — **~,gut** n, **~,gü·ter** pl cumbersome parcel(s pl), bulky parcel(s pl). — **~,gut,ha·ben** n econ. blocked (credit) balance. — **~,hahn** m tech. cf. Absperrhahn. — **~,ha·ken** m 1. (safety) catch. - 2. (Werkzeug) stake. - 3. (des Klempners) tinner's (od. horn) stake. - 4. (Dietrich) skeleton key, picklock. — **~,he·bel** m locking lever.

'Sperr|holz n plywood. — **~,brett** n plywood board. — **~,plat·te** f sheet of plywood.

'Sperr·ie·gel (getr. -rr,r-) m 1. tech. safety bolt. - 2. cf. Sperrgürtel 1, 2, 4a, b.

'sper·rig adj 1. (Paket, Gepäckstück etc) bulky, cumbrous: ~e Güter cf. Sperrgut; ~e Werkstücke bulky (od. awkwardly shaped) parts. - 2. (Möbelstück etc) unwieldy, cumbersome.

'Sperr·ring (getr. -rr,r-) m tech. cf. Zwinge 2.

'Sperr|,jahr n econ. (bei Abwicklung einer Aktiengesellschaft) restrictive year. — **~,ket·te** f 1. (über Straßen, Wegen etc) (barring) chain. - 2. (von Polizisten etc) (barring) cordon. — **~,klau·sel** f (in einem Vertrag) 1. jur. barring clause. - 2. econ. prohibitive (od. restrictive) clause. — **~,klin·ke** f tech. pawl, trip dog, catch: Zahnrad mit ~ ratchet wheel. — **~,kon·to** n econ. blocked account. — **~,kraut** n bot. Greek valerian (Polemonium caeruleum). — **~,kreis** m (radio) trap (od. rejector) circuit, wave trap. — **~,mark** f meist pl econ. hist. blocked mark. — **~,mau·er** f 1. civ.eng. (einer Talsperre) (massive) concrete dam. - 2. (sport) cf. Sperrgürtel 2. — **~,müll** m bulky refuse (od. lumber). — **~,schal·ter** m electr. holding key.

'Sperr|schicht f 1. electr. (Halbleiter) barrier (od. depletion) layer. - 2. synth. barrier sheet. - 3. civ.eng. impervious course. — **~gleich,rich·ter** m electr. barrier film rectifier, contact rectifier. — **~,pho·to,zel·le** f rectifier (od. photovoltaic) cell. — **~tran,si·stor** m depletion layer transistor. — **~,wir·kung** f (des Halbleiters) photovoltaic effect. — **~,zel·le** f barrier layer cell.

'Sperr|,schwin·ger m telev. blocking oscillator. — **~,si,gnal** n 1. blocking signal. - 2. (computer) inhibiting (od. disabling) signal. — **~,sitz** m 1. (im Theater, Varieté etc) Am. orchestra (seats pl), Br. (orchestra) stalls pl: zweimal ~, bitte! two seats in the orchestra (Br. stalls), please. - 2. (im Kino) Br. back stalls pl. — **~,stift** m tech. (locking) pin. — **~,stun·de** f 1. (für Gaststätten etc) closing time (od. hour), Br. colloq. drinking-up time. - 2. bes. mil. (Ausgehverbot) curfew. — **~syn·chro·ni,sie·rung** f auto. (des Getriebes) speed-blocking synchromesh. — **~,trupp** m mil. denial squad, obstacle-construction detachment.

'Sper·rung f ⟨-; -en⟩ 1. cf. Sperren. - 2. closing, closure: die ~ der Straße wurde wiederaufgehoben the road was reopened to traffic. - 3. (durch ein Hindernis) blockage, obstruction. - 4. (des Verkehrs) stoppage. - 5. (des Verkaufs, der Benutzung, Lieferung etc) stoppage, (durch Behörde) ban, prohibition. - 6. mil. a) (eines Passes, Übergangs etc) blockage, b) (eines Hafens, einer Flußmündung etc) blockade, blockage, c) (der Zufuhr, des Nachschubs etc) cut(off), blockage, stoppage, d) (totale Handelssperre) embargo. - 7. econ. (eines Kontos, Guthabens, Kredits, Gehalts etc) stop(page), freeze: Auftrag zur ~ (eines Schecks) stop (payment) order. - 8. tech. cf. Sperre 15. - 9. (watchmaking) cf. Sperre 16.

'Sperr|ven,til n tech. 1. stop valve. - 2. (als Klappenventil) check valve. - 3. mus. (der Orgel) cut-off valve. — **~ver,merk** m *econ.* (*auf Wertpapieren etc*) blocking note, note of blocking (*od.* nonnegotiability, *Br.* non-negotiability). — **ˌvorˈrichˌtung** *f* 1. *tech. cf.* Sperre 15. – 2. (*watchmaking*) *cf.* Sperre 16. — **s~ˈweit** *adv colloq. cf.* sperrangelweit. — **ˌzoll** *m econ. cf.* Schutzzoll. — **ˌzoˈne** *f cf.* Sperrgebiet.

Speˈsen ['ʃpeːzən] *pl econ.* (petty) expenses, charges: ich bekomme (*od. colloq.* kriege) ~ I have my expenses paid, I get reimbursed for my expenses; zuzüglich Ihrer ~ plus your charges; abzüglich (*od.* nach Abzug) aller ~ all charges deducted, (after) deducting all charges; die ~ werden Ihnen erstattet (*od.* vergütet) your expenses will be reimbursed. — **s~ˈfrei** *adj u. adv* expenses paid (*od.* covered), free of charge(s) (*od.* expense[s]). — **ˌkonˈto** *n* expense account. — **ˌrechˈnung** *f* bill of expenses (incurred), expense account, account charges *pl.* — **ˌsatz** *m meist pl* rate of expenses (*od.* charges). — **ˌverˈgüˈtung** *f* reimbursement of expenses (*od.* charges).

spetˈten ['ʃpɛtən] *v/i ⟨h⟩ Swiss* take casual work as a charwoman. — **'Spetˈteˈrin** *f* ⟨-; -nen⟩ *Swiss* charwoman employed on a casual basis.

Speˈzeˈreiˈen [ʃpeːtsəˈraɪən] *pl obs. od. dial.* (*Gewürze*) spices, spicery *sg.*

Speˈzeˈreiˈˌhändˈler *m Southern G. obs.* for Kolonialwarenhändler. — **ˌhandˈlung** *f Southern G. obs.* for Kolonialwarengeschäft.

Speˈzi ['ʃpeːtsi] *m* ⟨-s; -(s)⟩ *Bavarian, Austrian and Swiss colloq.* (*Busenfreund*) bosom friend, (old) crony, chum, pal (*colloq.*), buddy, *auch* buddie (*sl.*), *bes. Am. sl.* sidekick, *auch* sidekick (*colloq.*).

speˈziˈal [ʃpeˈtsiaːl] *adj u. adv obs.* for speziell.

Speˈziˈalˌanˈferˈtiˈgung *f* (*von Möbeln etc*) special manufacture (*od.* production). — **ˌarˈtiˈkel** *m* special article (*od.* item), speciality, *bes. Am.* specialty. — **ˌarzt** *m obs.* for Facharzt. — **ˌaufˈtrag** *m* 1. (*besondere Aufgabe*) special mission. – 2. *econ.* special order. — **ˌausˌbilˈdung** *f auch mil.* special (*od.* specialized *Br. auch* -s-) training. — **ˌausˌfühˈrung** *f* (*von Fahr-, Feuerzeugen etc*) special design. — **ˌbeˌruˈfe** *pl* skilled trades. — **ˌfach** *n* special subject, speciality, *bes. Am.* specialty: Geographie ist sein ~ geography is his specialty, he has specialized (*Br. auch* -s-) in geography. — **ˌfahrˌzeug** *n* special-purpose vehicle. — **ˌfall** *m* special case. — **ˌgeˌbiet** *n* special field (*od.* line), métier, speciality, *bes. Am.* specialty. — **ˌgeˌschäft** *n* one-line shop (*bes. Am.* store), *bes. Br.* special shop, speciality shop, *bes. Am.* special(ty) store. — **ˌgriff** *m* (*sport*) *colloq.* (*beim Ringen*) favorite (*bes. Br.* favourite) hold. — **ˌgüˈter** *pl econ.* speciality (*bes. Am.* specialty) goods (*od.* articles), *bes. Am.* specialties.

Speˈziaˈliˈen [ʃpeˈtsiaːliən] *pl obs.* particulars, details.

Speˈziaˈliˈsaˈtiˈon [ʃpetsializaˈtsioːn] *f* ⟨-; no pl⟩ *cf.* Spezialisierung.

speˈziaˈliˈsieˈren [ʃpetsialiˈziːrən] **I** *v/t* ⟨no ge-, h⟩ 1. (*Betrieb, Studium etc*) specialize *Br. auch* -s-. – 2. *cf.* spezifizieren 1. – **II** *v/reflex* 3. sich auf (*acc*) (*od.* für) etwas ~ to specialize (*Br. auch* -s-) in s.th.: er hat sich auf Handelsrecht spezialisiert he has specialized in commercial law. – 4. *biol.* (*von Organismen*) specialize *Br. auch* -s-. – **III S~** *n* ⟨-s⟩ 5. *verbal noun.* — **Speˈziaˈliˈsieˈrung** *f* ⟨-; no pl⟩ 1. specialization *Br. auch* -s-. – 2. *biol.* (*von Organismen*) specialization *Br. auch* -s-.

Speˈziaˈlist [ʃpetsiaˈlɪst] *m* ⟨-en; -en⟩ 1. specialist: er ist (ein) ~ auf diesem Gebiet he is a specialist in this field. – 2. *med.* (medical) specialist: er ist ~ für innere Medizin he is a specialist in internal medicine, he is an internal specialist (*bes. Am.* an internist).

Speˈziaˈliˈstenˌtum *n* ⟨-s; no pl⟩ specialism.

Speˈziaˈliˈtät [ʃpetsialiˈtɛːt] *f* ⟨-; -en⟩ 1. *bes. Br.* speciality, *bes. Am.* specialty. – 2. (*only sg*) (*starke Seite*) forte, *bes. Br.* speciality, *bes. Am.* specialty: Pfannkuchen sind die ~ meiner Mutter pancakes are my mother's speciality. – 3. *colloq.* (*Lieblingsthema, -fach etc*) *bes. Br.* speciality, *bes. Am.* specialty, favorite (*bes. Br.* favourite) subject: mittelalterliche Geschichte ist seine ~ medi(a)eval history is

---

his favo(u)rite subject. – 4. *gastr.* a) (*eines Restaurants etc*) *bes. Br.* speciality, *bes. Am.* specialty, cook's special, b) (*Lieblingsgericht*) favorite (*bes. Br.* favourite) dish.

Speˈziˈalˌkarˈte *f* special map. — **ˌkonˈstrukˈtiˌon** *f tech.* special construction. — **ˌkräfˈte** *pl econ.* highly trained personnel *sg*, specialists, highly skilled (*od.* expert) staff *sg.* — **ˌmiˈschung** *f* (*Kaffee, Tabak etc*) special blend. — **ˌpräˈvenˈtiˌon** *f jur.* special prevention (of crime). — **ˌschiff** *n mar.* specialized (*Br. auch* -s-) ship. — **ˌslaˌlom** *m* (*beim Skisport*) special slalom. — **ˌsprungˌlauf** *m* special (ski) jump(ing). — **ˌstahl** *m metall.* special(-alloy) steel. — **ˌtraiˈning** *n* (*sport*) special training. — **ˌtrupˈpe** *f meist pl mil.* special-purpose force. — **ˌverˌfahˈren** *n bes. tech.* special process (*od.* technique). — **ˌwert** *m meist pl econ.* (*an der Börse*) speciality (share), *bes. Am.* specialty (stock).

speˈziˈell [ʃpeˈtsiɛl] **I** *adj* 1. special: das ist eine ~e Aufgabe für dich that's a special job for you. – 2. special, particular, especial: er ist mein ganz ~er Freund *auch iron.* he is my very special friend; haben Sie ~e Wünsche? have you any special requests? – 3. (*individuell*) particular, individual, especial, specific: in Ihrem ~en Fall in your particular case. – 4. (*ins einzelne gehend*) specialized *Br. auch* -s-, detailed: dieser Vortrag war mir zu ~ *colloq.* this lecture was too detailed (*od.* went into too much detail) for me. – **II** *adv* 5. das ist ~ für diesen Zweck angefertigt worden that was made (e)specially for this purpose; ~ du (*od.* du ~) hättest das wissen müssen you especially (*od.* you of all people) should have known that. – 6. (*gesondert*) separately: ich werde dieses Thema noch ~ behandeln I shall deal with this subject separately. – **III S~e, das** ⟨-n⟩ 7. the special (thing): auf Ihr (ganz) S~es! *colloq.* (*Trinkspruch*) to your (very) special health! (*colloq.*).

Speˈziˈes ['ʃpeːtsies; 'ʃpeˌ-] *f* ⟨-; -⟩ 1. *bes. biol.* species. – 2. die vier ~ *math.* the first four rules (of arithmetic). – 3. *bes. med. pharm.* (*Teemischung*) species. — **ˌkauf** *m econ.* purchase of certain definite (*od.* individual species of) goods. — **ˌschuld** *f* debt in respect of specific objects (*od.* goods).

Speˈziˈfiˈkaˈtiˌon [ʃpetsifikaˈtsioːn; speˌ-] *f* ⟨-; -en⟩ 1. (*nähere Erläuterung*) specification, particularization *Br. auch* -s-. – 2. *bes. econ.* (*einer Rechnung, Liste etc*) specification, *bes. Am.* itemization.

Speˈziˈfiˈkaˈtiˌonsˌkauf *m econ.* purchase to specification.

Speˈziˈfiˈkum [ʃpeˈtsiːfikum; speˌ-] *n* ⟨-s; -fika [-ka]⟩ 1. *rare* (*Besonderes, Eigentümliches*) specific. – 2. *med.* specific (remedy).

speˈziˈfisch [ʃpeˈtsiːfɪʃ; speˌ-] **I** *adj* 1. (*charakteristisch, eigentümlich*) (für) specific (to), characteristic (of), typical (of), peculiar (to): dieses Symptom ist für die Krankheit ~ this symptom is specific to the disease. – 2. das ~e Gewicht *bes. phys.* a) the specific gravity, b) (*Wichte*) the volumetric weight; das ~e Volumen *phys.* the specific volume; ~e Wärme *phys.* specific heat; ~e Reaktionen *chem.* specific reactions; ~es Drehungsvermögen (*optics*) specific rotation, rotatory (*od.* rotary) power; ~er Widerstand *electr.* specific resistance, volume resistivity. – **II** *adv* 3. specifically: diese Tierarten haben sich ~ entwickelt these animal species developed specifically; eine ~ deutsche Eigenschaft a specifically (*od.* typically) German characteristic, a trait peculiar to the Germans.

speˈziˈfiˈzieˈren [ʃpetsifiˈtsiːrən; speˌ-] **I** *v/t* ⟨no ge-, h⟩ 1. (*näher erläutern*) specify, particularize *Br. auch* -s-. – 2. *bes. econ.* (*eine Rechnung, Liste etc*) specify, *bes. Am.* itemize. – **II S~** *n* ⟨-s⟩ 3. *verbal noun.* – 4. *cf.* Spezifikation. — **speˈziˈfiˈziert I** *pp.* – **II** *adj* specified: nicht anderweitig ~ (*Tarif*) not otherwise specified. — **Speˈziˈfiˈzieˈrung** *f* ⟨-; -en⟩ 1. *cf.* Spezifizieren. – 2. *cf.* Spezifikation.

Speˈziˈmen ['ʃpeːtsimen; 'ʃpeˌ-] *n* ⟨-s; -zimina [ʃpeˈtsiːmina; ʃpeˌ-]⟩ *obs.* (*Probe, Muster*) specimen.

Sphäˈre ['sfɛːrə] *f* ⟨-; -n⟩ 1. *astr.* (*Himmelsgewölbe*) sphere. – 2. *fig.* (*Wirkungs-, Einflußbereich*) sphere, domain: in j-s private ~ eindringen to intrude (up)on s.o.'s

---

private sphere; das liegt außerhalb meiner ~ that lies beyond my domain (*od.* purview). – 3. *fig.* (*Region*) sphere, realm, region: die ~n der höheren Mathematik the realms of higher mathematics; in höheren ~n schweben to have (*od.* to sail along with) one's head in the clouds, to be up in the clouds.

'Sphäˈrenˌharˈmoˈnie *f philos.* harmony of the spheres, celestial harmony. — **ˌmuˌsik** *f* music of the spheres.

Sphäˈrik ['sfɛːrɪk] *f* ⟨-; no pl⟩ *math.* spherics *pl* (*construed as sg*).

sphäˈrisch ['sfɛːrɪʃ] *adj math.* spheric(al): ~es Dreieck spherical triangle; ~e Trigonometrie spherical trigonometry, spherics *pl* (*construed as sg*).

Sphäˈroˈid [sfɛroˈiːt] *n* ⟨-(e)s; -e⟩ *math.* sph(a)eroid. — **sphäˈroiˈdisch** [-ˈiːdɪʃ] *adj* spheroidal, *auch* spheroid.

Sphäˈroˈkolˈloˈid [sfɛrokɔloˈiːt] *n chem.* spherocolloid.

Sphäˈroˈlith [sfɛroˈliːt; -ˈlɪt] *m* ⟨-s u. -en; -e(n)⟩ *min.* spherulite, sphaerolite.

Sphäˈroˈmaˈkroˈmoˈleˈkül [sfɛromakroˈmoleˈkyːl] *n chem.* spheromacromolecule.

Sphäˈroˈmeˈter [sfɛroˈmeːtər] *n* ⟨-s; -⟩ *phys.* spherometer.

Sphen [sfeːn] *m* ⟨-s; -e⟩ *min.* sphene, *auch* titanite.

Spheˈnoˈid [sfenoˈiːt] **I** *n* ⟨-(e)s; -e⟩ 1. *min.* (*Kristallform*) sphenoid. – 2. *med.* sphenoid bone. – **II s~** *adj* 3. *min. cf.* sphenoidal. — **spheˈnoiˈdal** [-iˈdaːl] *adj* (*keilförmig*) sphenoid, *auch* sphenoidal.

Sphinkˈter ['sfɪŋktər] *m* ⟨-s; -e [-ˈteːrə]⟩ *med.* (*Schließmuskel*) sphincter. — **ˌlähˈmung** *f* sphincter paralysis. — **ˌplaˈstik** *f* sphincteroplasty.

Sphinx[1] [sfɪŋks] *f* ⟨-; no pl⟩ *myth. auch fig.* sphinx.

Sphinx[2] *f* ⟨-; -e⟩, *archeol. meist m* ⟨-; -e u. Sphingen ['sfɪŋən]⟩ (*ägyptisches od. griechisches Steinbild*) sphinx.

'Sphinxˌpaˈviˈan *m zo.* sphinx baboon (*Papio sphinx*).

Sphraˈgiˈstik [sfraˈgɪstɪk] *f* ⟨-; no pl⟩ (*Siegelkunde*) sphragistics *pl* (*usually construed as sg*), sigillography.

Sphygˈmoˈgramm [sfygmoˈgram] *n* ⟨-s; -e⟩ *med.* sphygmogram. — **Sphygˈmoˈ'graph** [-ˈgraːf] *m* ⟨-en; -en⟩ sphygmograph, sphygmometer. — **Sphygˈmoˈgraˈ'phie** [-graˈfiː] *f* ⟨-; no pl⟩ sphygmography, pulse-tracing. — **Sphygˈmoˈmaˈnoˈmeˈter** [-manoˈmeːtər] *n* ⟨-s; -⟩ sphygmomanometer.

Spiˈca ['spiːka] *f* ⟨-; -cae [-tsɛ]⟩ *med.* (*Verband*) spica.

'Spickˌaal *m Low G. gastr.* smoked eel.

spickˈen[1] (*getr.* -k·k-) ['ʃpɪkən] *v/t* ⟨h⟩ 1. *gastr.* (*einen Braten etc*) lard: einen Hasenrücken mit Trüffeln ~ to lard a saddle of hare with truffles. – 2. (*eine Mauer, Wand etc*) (mit with) stud, cover: die Mauerkrone mit Glasscherben ~ to stud the wall crest with glass splinters. – 3. (*eine Rede etc*) (mit with) (inter)lard, stud: er spickte seinen Aufsatz mit Zitaten he interlarded his composition with quotations. – 4. j-n *fig. colloq.* for bestechen 1.

'spickˈen[2] (*getr.* -k·k-) *v/i* ⟨h⟩ *ped. colloq.* (*abschreiben*) crib: der Schüler hat bei (*od. von*) seinem Nachbarn gespickt the pupil cribbed from his neighbo(u)r.

'Spicker (*getr.* -k·k-) *m* ⟨-s; -⟩ *ped. colloq.* 1. (*Abschreiber*) cribber. – 2. *cf.* Spickzettel.

'Spickˌgans *f Low G. gastr.* smoked breast of goose. — **ˌnaˈdel** *f* larding needle (*od.* pin). — **ˌzetˈtel** *m ped. colloq.* crib.

Spiˈder ['spaɪdər] *m* ⟨-s; -⟩ *auto.* (two-seater) sports (*auch* sport) car.

spie [ʃpiː] *1 u. 3 sg pret of* speien.

Spieˈgel ['ʃpiːgəl] *m* ⟨-s; -⟩ 1. mirror, (looking) glass: ein geschliffener [halbdurchlässiger] ~ a bevel(l)ed [half-silvered] mirror; der ~ ist blind the looking glass is clouded (*od.* cloudy, dull); in den ~ sehen (*od.* schauen, *colloq.* gucken) to look in the mirror; sie betrachtete (*od.* besah) sich im ~ she looked at herself in the mirror; das Meer [die Eisfläche] war glatt wie ein ~ the sea [the ice surface] was (as) smooth as glass (*od.* a mirror); in diesem Roman hält der Autor seiner Zeit den ~ vor *fig.* in this novel the author holds up a mirror to his time; das kannst du dir hinter den ~ stecken! *fig. colloq.*

a) (*finde dich damit ab*) put that in your pipe and smoke it! (*colloq.*), b) (*merk dir das*) remember that! don't forget that! diesen Brief wird er sich (*dat*) nicht hinter den ~ stecken! *fig. colloq.* this letter will hit home; der ~ sagt die Wahrheit (*od.* schmeichelt nicht) (*Sprichwort*) etwa a mirror tells no lies. – **2.** (*Ankleidespiegel*) (dressing *od.* full-length) mirror, cheval glass. – **3.** (*Drehspiegel*) cheval glass. – **4.** (*Handspiegel*) (hand) mirror (*od.* glass). – **5.** (*großer Wandspiegel, Pfeilerspiegel*) pier glass. – **6.** *cf.* Rückspiegel. – **7.** (*Verkehrsspiegel*) (traffic) mirror. – **8.** (*Wiedergabe, Abbild*) mirror: das Buch ist ein getreuer ~ dieser Epoche the book is a true mirror of that epoch; der Artikel zeigt die moderne Kunst im ~ der öffentlichen Meinung the article shows modern art as (it is) mirrored (*od.* reflected in) public opinion; die Augen sind der ~ der Seele the eyes are the mirror of the soul. – **9.** (*Wasseroberfläche*) surface. – **10.** (*Wasserhöhe, Blut-, Alkoholspiegel etc*) level: durch die Regenfälle war der ~ des Stausees gestiegen the rainfall caused the level of the reservoir to rise. – **11.** (*der Schießscheibe*) bull's-eye. – **12.** *tech. phys.* a) (*Reflektor*) reflector, b) (*an einem Sextanten*) index glass. – **13.** (*optics*) speculum. – **14.** *med.* (*für Körperhöhlen*) speculum. – **15.** (*fashion*) (*am Frack, Smoking etc*) (silk) lapel. – **16.** *mil.* (*am Uniformkragen*) collar patch, (*ab Oberst*) tab. – **17.** *mar. cf.* Spiegelheck. – **18.** *print.* (*Satzspiegel*). – **19.** *hist.* (*Regelbuch, Gesetzessammlung*) code. – **20.** *geol.* (*Harnisch*) slickenside. – **21.** *zo.* a) (*auf den Flügeln der Vögel, Schmetterlinge*) mirror, speculum (*scient.*), b) (*der Pferde, Rinder*) dapple. – **22.** *hunt.* (*bei Rot- u. Damwild*) escu(t)cheon.

'**Spie·gel**|**ab**|**le·sung** *f tech.* reading by mirror (*od.* reflection, *Br. auch* reflexion). — ~**be**|**lag** *m* mirror foil. — ~,**bild** *n* **1.** (*optics*) (reflected) image, mirror image. – **2.** *auch fig.* reflection, *Br. auch* reflexion: er sah sein ~ im Wasser he saw his reflection in the water. – *cf.* Spiegelung 3. – s.~'**blank** *adj* **1.** (*Metall, Fußboden etc*) mirrorlike, shining, (as) bright as a mirror, glossy: etwas ~ putzen to polish s.th. till it shines (like a mirror). – **2.** *fig.* (*sauber*) spic(k)-and-span. — ~,**dreh**,**bank** *f tech.* polishing lathe. — ~,**ei** *n gastr.* **1.** *meist pl* fried egg. – **2.** (*only sg*) (*Gericht*) fried eggs *pl.* — ~,**ei·sen** *n metall.* spiegeleisen, *auch* spiegel (iron), specular pig iron. — ~**fa**,**brik** *f* mirror factory. — ~**fa·bri**,**kant** *m* mirror manufacturer. — ~**fa·bri·ka·ti·on** *f* (*-; no pl*) manufacture of mirrors, mirror manufacture. — ~,**fech·ter** *m fig. contempt.* **1.** (*Blender*) bluff(er), fake(r), phon(e)y (*sl.*). – **2.** (*Schwindler*) humbug, swindler. — ~**fech·te'rei** [~fɛç·tə'raɪ] *f* (*-; -en*) **1.** *fig. contempt.* bluff, tricks *pl*, jugglery. – **2.** *fig. contempt.* humbug, swindle, eyewash (*colloq.*). – **3.** *obs.* sham fight. — ~,**fern**,**rohr** *n* (*optics*) reflecting (*od.* mirror) telescope, reflector (telescope). — ~,**flä·che** *f* **1.** mirror (surface), reflector (*od.* reflecting) surface. – **2.** *fig.* smooth (*od.* glossy) surface. — ~,**fo·lie** *f metall.* mirror tinfoil. — ~**fre**,**quenz** *f electr.* image frequency. — ~**gal·va·no**,**me·ter** *n* mirror (*od.* reflecting) galvanometer. — ~,**glas** *n* (*-es;* ⁻er) *tech.* mirror glass. — ~,**glas·fa**,**brik** *f* plate glass factory. — s.~'**glatt** *adj* **1.** (*Parkett etc*) like glass, (as) slippery as ice, glassy: die Straße war ~ the road was like glass. – **2.** (*Meer etc*) (as) smooth as glass, glassy, unrippled: die See war ~ the sea was like glass (*od.* a mirror), the sea was (as) smooth as glass (*od.* a millpond). – **3.** (*Eis*) (as) slippery as glass, glassy. — s.~,**gleich** *adj math.* mirror-symmetric(al). — ~,**gleich·heit** *f* mirror symmetry. — ~,**heck** *n mar.* square stern (*od.* tuck), transom counter. — ~**ka·bi**,**nett** *n* (*auf Jahrmärkten etc*) room lined with distorting mirrors. — ~,**ka·me·ra** *f phot. cf.* Spiegelreflexkamera. — ~,**karp·fen** *m zo.* (*Zuchtform*) mirror (*od.* shining) carp (*Cyprinus carpio*). — s.~'**klar** *adj* (*as clear as*) (as) clear as crystal, crystal-clear, glassy. — ~**lackie·rung** (getr. -k·k-) *f tech.* mirror varnishing. — ~,**lin·se** *f* (*optics*) reflecting lens. — ~,**ma·le**,**rei** *f* (*art*) verre églomisé (*with shining metal foil in some places in-*)

stead of paint). — ~,**mei·se** *f zo. cf.* Kohlmeise. — ~**me**,**tall** *n metall.* speculum metal. — ~,**mi·kro**,**skop** *n* (*optics*) reflecting microscope.

spie·geln ['ʃpiːɡəln] **I** *v/i* (*h*) **1.** (*glänzen*) sparkle, shine, be bright and shining, be spic(k)-and-span: der Fußboden spiegelt the floor sparkles. – **2.** (*in der Sonne etc*) gleam, sparkle, shine: das Metall spiegelte the metal gleamed. – **3.** (*Lichtstrahlen reflektieren*) reflect: das Glas des Schaufensters spiegelt there are reflections in the glass of the shopwindow. – **II** *v/t* **4.** reflect, mirror: das Wasser spiegelte den Himmel the water reflected the sky; seine Bücher ~ das Elend des Krieges *fig.* his books reflect the misery of war. – **5.** *phys.* reflect, mirror. – **III** *v/reflex* sich ~ **6.** be reflected (*od.* mirrored), reflect: die Bäume ~ sich im See the trees are mirrored in the lake; die Münzen spiegelten sich in der Glasplatte the coins were reflected in the glass top; auf ihrem Gesicht spiegelte sich ihre Freude *fig.* her face showed her delight. – **IV** **S**~ *n* (*-s*) **7.** *verbal noun.* – **8.** *cf.* Spiegelung.

'**spie·gelnd I** *pres p.* – **II** *adj* **1.** (*Scheiben etc*) reflecting, specular. – **2.** (*glänzend*) shiny, shining: die glatte, ~e Fläche des Sees the smooth, shining surface of the lake.

'**Spie·gel**|**op·tik** *f* (*optics*) (mirror) optical system. — ~,**pris·ma** *n phys.* reflecting prism. — ~,**rah·men** *m* mirror (*od.* looking-glass) frame. — ~**re·fle·xi·on** *f phys.* specular (*od.* mirrorlike) reflection (*Br. auch* reflexion). — ~**re**,**flex**,**ka·me·ra** *f phot.* reflex camera: einäugige ~ single-lens reflex camera; zweiäugige ~ twin-lens reflex camera; ~ mit abschaltbarer Automatik automatic single-lens reflex camera with manual override. — ~**re·vers** *n, m, Austrian and Swiss m* (*am Frack, Smoking*) silk revers. — ~,**rin·de** *f* (*wood*) smooth bark. — ~,**saal** *m* (*in Schlössern*) hall of mirrors. — ~,**schei·be** *f* plate glass pane, pane of plate glass. — ~,**schlei·fer** *m* mirror polisher (*od.* grinder). — ~,**schliff** *m tech.* satin finish. — ~,**schnitt** *m* (*wood*) quartersawed wood. — ~,**schrank** *m* wardrobe fitted with a mirror. — ~,**schrift** *f* **1.** mirror writing: in ~ geschrieben written in reverse. – **2.** *print.* reflected face, reflected (*od.* mirror) type. — ~**sex**,**tant** *m astr. mar.* (*optics*) reflecting (*od.* mirror) sextant. — ~,**su·cher** *m phot.* reflecting (view)finder. — ~**sym·me**,**trie** *f math. phys.* axial symmetry. — ~**te·le**,**skop** *n* (*optics*) *cf.* Spiegelfernrohr. — ~,**tisch** *m,* ~,**tisch·chen** *n* **1.** pier table. – **2.** (*Toilettentisch mit Spiegel*) dressing (*od.* toilet) table, *Am.* dresser.

'**Spie·ge·lung** *f* (*-; -en*) **1.** *cf.* Spiegeln. – **2.** (*im Wasser, im Schaufenster etc*) reflection, *Br. auch* reflexion. – **3.** (*Luftspiegelung*) mirage, looming, fata morgana.

'**Spie·ge·lungs**,**win·kel** *m* (*optics*) angle of reflection (*Br. auch* reflexion).

'**spie·gel·ver**,**kehrt** *adj* (*optics*) *phot.* (*Bild*) mirror-inverted.

'**Spie·gel**|**ver**,**klei·dung** *f* mirror panel. — ~**vi**,**sier** *n tech.* mirror sight. — ~,**wir·kung** *f* (*optics*) mirror effect. — ~,**zim·mer** *n* mirror(ed) room.

'**Spieg·lung** *f* (*-; -en*) *cf.* Spiegelung.

Spie·ke ['ʃpiːkə] *f* (*-; -n*) *bot.* spike lavender (*Lavandula spica*).

Spie·ker ['ʃpiːkər] *m* (*-s; -*) *mar.* (*Schiffsnagel*) spike. — '**spie·kern** *v/t* (*h*) spike.

Spiel [ʃpiːl] *n* (*-(e)s; -e*) **1.** (*only sg*) (*Spielen*) play(ing): den Kindern beim ~ zusehen to watch the children play(ing) (*od.* at play); das Kind war ganz in sein ~ vertieft the child was quite absorbed in play; das ~ auf der Straße ist gefährlich it is dangerous to play in (*Am. auch* on) the street; aus dem ~ wurde Ernst play became earnest. – **2.** (*meist nach Regel*) game: ~e für Kinder und Erwachsene games for children and adults; ~ mit Karten card game; ein ~ gewinnen [verlieren] *auch fig.* to win [to lose] a game; das ~ war längst verloren, als *auch fig.* they were playing a losing game when; es war ein lustiges ~ the game was good fun; j-m das ~ verderben a) to spoil (*od.* ruin, mess up) s.o.'s game, b) *fig.* to thwart (*od.* ruin, spoil) s.o.'s plans, to put a spoke in s.o.'s wheel; das ~ aufgeben

(*od.* verloren geben) a) to give the game up (as lost), to concede, b) *fig.* to throw in (*Br.* up) the sponge (*od.* one's cards); gewonnenes ~ haben *fig.* to have made it, to be home and dry, to be there (*colloq.*); wenn der Plan gelingt, haben wir gewonnenes ~ if the plan works, we shall be there; j-n aus dem ~ lassen *fig.* to leave s.o. (*od.* keep s.o.'s name) out of it; laßt mich aus dem ~! leave me (*od.* keep my name) out of it! etwas aus dem ~ lassen *fig.* to leave s.th. out of it; Brot und ~e bread and circuses. – **3.** (*Spielart*) play, game: faires [unfaires] ~ fair (*od.* honest, *sl.* square) [unfair *od.* foul, dishonest] play; sein ~ ist heute schlecht he is off his game today; das geschickte ~ der Mannschaft the team's subtle play. – **4.** (*Wettkampf, -spiel*) match, game: die Olympischen ~e the Olympic Games; das ~ ist aus a) the match is over, b) *fig.* the game is up; es war ein hartes (*od.* schweres) ~ it was a hard-fought match (*od.* a tough game); ein ~ austragen to play a game (*od.* match); an einem ~ teilnehmen to play (*od.* take part) in a game; ins ~ kommen a) (*von Spielern*) to come into (*od.* join) the game, b) *fig.* to become involved; das ~ gewinnen [verlieren] to win [to lose] the match; das ~ steht 3 : 0 the (present) score is 3—0; das ~ endete 1 : 1 the game ended 1—1 (*od.* with a 1—1 draw); das ~ ging unentschieden aus the match ended in a draw; das ~ steht unentschieden the score is even; wie steht das ~? how is the game going? what is the score? das ~ wiederholen to replay the game, to have a replay; das ~ unterbrechen to hold up play, to suspend the game. – **5.** *fig.* (*in Wendungen wie*) er hatte (ein) leichtes ~ it was a walkover for him; er hatte leichtes ~ mit ihr he had an easy game with her, she was easy game for him; etwas ins ~ bringen (*neue Argumente etc*) to bring (*od.* put) s.th. forward; bei etwas mit im ~ sein a) (*von Personen*) to be connected with (*od.* involved in, mixed up in) s.th., to have a hand in s.th., b) (*von Dingen*) to be involved in s.th.; da ist so einiges mit im ~ there are so many things involved; die Hand (mit) im ~ haben to have a hand in it (*od.* a finger in the pie); er hat überall die Hand im ~ he has a finger in every pie; auch bei diesem Geschäft hat er seine Finger im ~ he has a finger in this business too. – **6.** (*Glücksspiel*) gambling, (*einzelnes*) gamble, game of chance: sein Glück im ~ versuchen to try one's luck at gambling; er ist dem ~ verfallen he has become addicted to gambling; er hat ein Vermögen im (*od.* beim) ~ verloren he has gambled away a fortune; Glück im ~ haben to be lucky at gambling; verbotene ~e wie Roulette prohibited gambling games like roulette; ~ mit dem Leben *fig.* gamble with (one's) life; sein Leben [seinen Ruf] aufs ~ setzen *fig.* to risk (*od.* stake, *Br. auch* -s-) one's life [one's reputation]; er hat alles aufs ~ gesetzt *fig.* he risked everything; ein Vermögen steht auf dem ~ *fig.* there is a fortune at stake; für ihn steht viel auf dem ~ a great deal is at stake for him; Glück im ~, Unglück in der Liebe (*Sprichwort*) lucky at cards, unlucky in love; böse 4. – **7.** (*Bühnenstück*) play: ein ~ für Laiengruppen a play for amateur groups; die geistlichen ~e des Mittelalters the religious plays of the Middle Ages; ein ~ im ~ a play within a play. – **8.** (*only sg*) (*theater*) (*schauspielerische Gestaltung*) a) acting, performance, b) (*als Gesamtleistung*) performance: das ausdrucksvolle ~ des Schauspielers the expressive performance of the actor; sein ~ war vortrefflich his acting was excellent; das ~ des Hamlet fesselte die Zuschauer Hamlet's acting captivated the audience. – **9.** (*only sg*) *mus.* (*musikalische Darbietung*) playing, performance: der Pianist begeisterte alle mit seinem ~ the pianist delighted everyone with his playing. – **10.** dem ~ der Geige lauschen *mus.* to listen to the music (*od. lit.* strains) of the violin; → klingend 1. – **11.** *fig.* (*leichtfertiges Treiben, Täuschung*) game: ein gewagtes (*od.* gefährliches) ~ spielen to play a hazardous (*od.* risky) game, to run a great risk, to steer a dangerous course, to skate on thin ice; mit j-m ein doppeltes ~ spielen to play a double game with s.o., to double-cross s.o. (*colloq.*); er hat ein falsches ~ (mit ihnen) getrieben he played an underhand game (with them); sein ~ mit j-m treiben to play fast and loose with s.o., to trifle (or play around) with s.o.; ~ mit dem Feuer playing with fire; ~ mit der Liebe trifling with love. – 12. *fig.* (*List, Kunstgriff*) game, trick: ich habe das [sein] ~ schon lange durchschaut I saw through (*bes. Am.* caught on to) the [his] game (*od.* tricks) long ago. – 13. *fig.* (*nicht zweckbedingte Bewegung, wechselndes Hin und Her*) play, movement: das ~ der Muskeln the play (*od.* action) of muscles; das ausdrucksvolle ~ ihrer Hände the expressive play of her hands; das wechselseitige ~ the interplay; das freie ~ der Kräfte the free play of forces; das ~ der Wellen [der Farben] the play of the waves [the colo(u)rs]; das ~ von Licht und Schatten the play of light and shade, the chiaroscuro (*lit.*); das leichte ~ des Windes mit den Blättern the game (*od.* play) of the wind with the leaves; lebhaftes ~ der Phantasie lively play of fancy; das ~ des Zufalls the whim of chance; des Schicksals *lit.* the vagaries *pl* of fate; ein seltsames ~ der Natur a freak of nature. – 14. (*Karten etc*) pack, set, *Am.* deck. – 15. (*Stricknadeln etc*) set. – 16. *tech.* a) play, b) (*erwünschtes*) clearance, c) (*unerwünschtes*) slackness, d) (*Totgang von Gewinden etc*) backlash, e) (*Arbeitsspiel eines Motors*) cycle, f) (*eines Kolbens*) stroke. – 17. *hunt.* (*eines Birkhahns*) tail.

'Spiel,ab,bruch *m* (*sport*) abandonment of a match (*od.* game). — **~,ab,lauf** *m* cf. Spielverlauf. — **~,ab,schnitt** *m* part (*od.* period) of a game. — **~,an,wei·sung** *f* 1. *mus.* direction (for playing). – 2. (*theater*) stage direction. — **~,an,zug** *m* (*für Kinder*) playsuit, rompers *pl*, *Am. auch* creepers *pl*. — **~,art** *f* 1. variety: das ist eine andere ~ that is a different variety. – 2. *fig.* (*einer Technik*) intricacy. – 3. *biol.* cf. Abart 2a. – 4. *mus.* touch: das Klavier hat eine gute ~ the piano has a good touch. — **~,au·to,mat** *m* a) gambling (*od.* gaming) machine, b) slot machine, one-armed bandit (*sl.*). — **~,ball** *m* 1. (*sport*) a) ball, b) (*beim Billard*) cue ball, c) (*beim Tennis*) game point. – 2. *fig.* plaything, toy, sport, puppet: ein ~ der Wellen sein to be the plaything (*od.* at the mercy) of the waves, to be tossed (about) by the waves; der ~ des Glücks sein to be the sport of Fortune. — **~,bank** *f* ⟨-; -en⟩ (gambling *od.* gaming) casino, gambling (*od.* gaming) house (*od.* establishment). — **~be,ginn** *m* start (*od.* beginning) of play: ~ ist um 5 Uhr the match begins at 5 o'clock, (*beim Fußball*) kickoff is at 5 o'clock, (*beim Hockey*) bully-off is at 5 o'clock. — **~,bein** *n* 1. (*art*) (*einer Statue*) trailing leg, leg carrying no weight. – 2. (*sport*) (*beim Eisu. Rollkunstlauf*) free leg. — **s~be,rech·tigt** *adj* (*sport*) eligible. — **~be,rech·ti·gung** *f* eligibility. — **~,blätt·chen** *n mus.* (*einer Mandoline*) plectrum. — **~,brett** *n* (*für Brettspiel*) board. — **~,bu·de** *f colloq.* gambling (*od.* gaming) booth.

Spiel·chen ['ʃpiːlçən] *n* ⟨-s; -⟩ 1. *dim. of* Spiel. – 2. game: ein ~ machen to have (*od.* play) a game. – 3. mit j-m sein ~ treiben a) (*schikanieren*) to make life difficult for s.o., b) (*an der Nase herumführen*) to lead s.o. up the garden path, to take s.o. for a ride (*beide colloq.*).

'Spiel,dau·er *f* 1. (*sport*) a) length (*od.* duration) of a game, b) (*eines Fußballspiels etc*) time of play. – 2. (*von Schallplatten etc*) playing time. – 3. (*film*) a) length of a film, b) (*Aufführungszeit*) run, *Am. auch* box office life. — **~,do·se** *f* music (*bes. Br.* musical) box. — **~,ecke** (*getr.* -k·k-) *f* 1. children's corner. – 2. (*in einer Zeitung*) games column, *auch* games and puzzle corner. — **~,ein,la·ge** *f*, **~,ein,satz** *m* stake.

spie·len ['ʃpiːlən] **I** *v/t* ⟨h⟩ 1. play: die Kinder ~ Ball the children are playing ball; ein Spiel ~ to play a game; Karten [eine Partie Skat] ~ to play cards [a game of skat]; er spielt begeistert Schach he is an enthusiastic (*od.* a keen) chess player; Trumpf ~ (*beim Kartenspiel*) to play a trump; j-m einen Streich ~ *fig.* to play a trick on s.o., to play s.o. a trick; Tennis ~ to play tennis; j-m etwas in die Hände ~ *fig.* to bring s.th. (skil[l]fully) into s.o.'s

possession, to pass s.th. on to s.o. – 2. (*schauspielerisch darstellen*) act, play; er spielt den Hamlet he acts (*od.* plays) (the part of) Hamlet; Theater ~ to (play)act; sie spielt ja nur Theater (*od.* Komödie) *fig.* she is (play)acting (*od.* shamming, *colloq.* putting on an act); → Rolle 7. – 3. (*theater*) *mus.* (*aufführen, vortragen*) perform, play: das Theater spielt heute abend den „Faust" the theater (*bes. Br.* theatre) is performing (*od.* putting on) "Faust" this evening; was wird diese Woche (im Theater) gespielt? what is on (*od.* running) at the theater this week? sie ~ ein Stück von Brecht they are performing (*od.* putting on, doing) a play by Brecht; die Pianistin spielte (Werke von) Chopin the pianist played (works by) Chopin. – 4. (*Schallplatte*) play, put on. – 5. (*Film*) show: sie spielen einen Film von X they are showing a film (*bes. Am. colloq.* movie) by X. – 6. was wird hier gespielt? *fig.* what's going on here? what's the game? what's up? (*colloq.*). – 7. *mus.* (*ein Instrument*) play, (*Trompete etc*) *auch* blow: Klavier ~ to play the piano; → Geige. – 8. *fig.* (*vortäuschen, so tun als ob*) play, act: den Beleidigten [Unschuldigen] ~ to play (*od.* act) (the) offended [(the) innocent], to put on the offended [innocent] act (*colloq.*), to pretend to be offended [innocent]; den großen Herren ~ to act (*od.* play) the lord, to lord it, to give oneself airs; er spielte den reichen Mann he played the wealthy man, he pretended to have money; die feine Dame ~ to play the lady; den Kranken ~ to play (*od.* act) sick, to put on the sick act (*colloq.*); ihre ganze Krankheit war nur gespielt her whole illness was just an act; bei ihr ist alles nur gespielt she (play)acts (*od. colloq.* puts on an act) all the time. – 9. (*wirken als*) play, act as: ich mußte die Köchin ~ I had to play (the) cook, I had to act as cook; (ein wenig) Vorsehung ~ *fig.* to help things on (*od.* along) a bit. – **II** *v/i* 10. (*mit* with) play: die Kinder haben im Sandkasten gespielt the children played in the sandbox; ich gehe jetzt ~ I'm going (off) to play now; mit dem Ball [mit Würfeln] ~ to play ball [dice]; mit der Puppe (*od.* mit Puppen) ~ to play doll (*od.* with dolls); mit dem Gaspedal ~ *auto.* to rev (up) one's car (impatiently). – 11. *fig.* (*in Wendungen wie*) mit den Augen ~ a) to steal a glance now and then, b) to throw coquettish glances; mit dem Feuer ~ *fig.* to play with fire; ich spiele mit dem Gedanken auszuwandern *fig.* I am toying (*od.* playing) with the idea of emigrating; mit Worten ~ *fig.* to play (up)on words, to pun, to play (*od.* juggle) with words. – 12. (*mit Haar etc*) (mit with) play, toy, fiddle. – 13. (*sport*) play: gegen j-n ~ to play s.o.; X spielte gegen Y X played Y; unentschieden ~ to draw (the game *od.* the match), to tie; fair [unfair] ~ to play fair [unfair]; so spielt man nicht that is against the rules (of play), that is not allowed; sie spielten 2 : 0 [1 : 1] the match ended 2—0 [1—1]. – 14. (*bei einem Glücksspiel*) gamble: aus Leidenschaft ~ to have a passion for gambling; falsch ~ to cheat; wer spielt? whose turn (*od. colloq.* go) is it? mit seinem Leben (*od.* dem Tod) ~ *fig.* to gamble with (one's) life; mit offenen Karten ~ *auch fig.* to put one's cards on the table. – 15. (*um einen Einsatz*) game, play (for a stake): hoch (*od.* mit einem hohen Einsatz) ~ to play for a high stake (*od.* for high stakes); er spielt um Geld he plays for money; vorsichtig ~ to play a cautious game; → Lotto 1; Toto 1. – 16. (*theater*) act, play, perform: sie hat ausgezeichnet gespielt she acted (*od.* played) excellently, she was excellent; vor leerem Haus ~ to play to an empty house; heute wird nicht gespielt there will be no performance tonight. – 17. (*film*) play: sie ~ zusammen in dem Film they play together (*od.* are partners) in the film (*bes. Am. colloq.* movie); in den Hauptrollen ~ X und Y the production features (*od.* stars) X and Y, X and Y play (*od.* feature in) the main roles. – 18. (*film*) run, play: dieser Film spielt schon wochenlang this film has been running for weeks. – 19. (*vor sich gehen, geschehen*) be set, be laid: das Stück spielt zur Zeit Ludwigs XIV. the play is set at the time of Louis XIV; der

Roman spielt in Italien the scene of the novel is set in Italy. – 20. *mus.* play: auf der Orgel ~ to play (on) the organ; vierhändig ~ to play a duet (*od.* piano duets), *Am. auch* to play four-handed; sie spielt vom Blatt (*od.* nach Noten) she plays (*od.* reads) at sight, she sight-reads; er spielt nach Gehör he plays by ear; falsch ~ to play out of tune; zu hoch [zu niedrig] ~ to play sharp [flat]. – 21. *colloq.* (*von Radio*) be on: das Radio spielte den ganzen Abend the radio was on all evening. – 22. *fig.* (*sich nicht ernst befassen*) (mit with) toy, trifle, dally: er spielt mit der Liebe he toys (*od.* trifles) with love; sie spielte nur mit ihm she was merely flirting (*od.* trifling, playing around) with him. – 23. etwas ~ lassen *fig.* (*um etwas zu erreichen*) to use s.th., to make use of s.th.: er ließ sein Geld ~ he used his money to attain his ends; seine Beziehungen ~ lassen to make use of one's connections (*Br. auch* connexions); sie ließ alle ihre Künste ~ she exhibited (*od.* made full use of) all her talents; sie ließ ihren ganzen Charme ~ she exercised (*od. colloq.* laid on) all her charm. – 24. er ließ seine Muskeln ~ he braced his muscles, his muscles were playing. – 25. (*sich leicht bewegen*) play: der Wind spielte in den Blättern the wind played with the leaves; das Licht spielt auf dem Wasser the light is playing on the water; im Wind ~ (*von Fahnen etc*) play (*od.* flutter, flap) in the wind; ein Lächeln spielte um ihre Lippen *fig.* a faint smile played (*od.* flickered) on (*od.* about) her lips. – 26. (*schillern*) sparkle, glitter: der Diamant spielt in allen Farben the diamond sparkles in all colo(u)rs; die Farbe spielt ins Rötliche the colo(u)r has a reddish tint. – 27. *tech.* (*von Kolben*) play. – **III** *v/reflex* 28. diese Szene spielt sich gut (*theater*) this scene plays well; sich in den Vordergrund ~ *fig.* to thrust oneself into the foreground; sich müde ~ (*von Kindern, jungen Tieren etc*) to play till one is tired; sich um sein Vermögen ~ to gamble away one's fortune. – **IV S~** *n* ⟨-s⟩ 29. verbal noun. – 30. cf. Spiel.

'spie·lend I *pres p.* – **II** *adj* 1. (*Kinder*) playing. – 2. (*Wellen*) undulating. – 3. das macht er mit ~er Leichtigkeit he can do that without effort (*od. colloq.* just like that). – **III** *adv* 4. *fig.* (*mühelos*) without effort, with (effortless *od.* great) ease, very easily, nonchalantly, just like that (*colloq.*): er lernt die Sprache ~ (leicht) he learns the language very easily (*od.* without effort, just like that); er schafft es ~ he will make it with ease; er nahm die Kurve ~ he took the bend with ease.

'Spie·ler *m* ⟨-s; -⟩ 1. player. – 2. (*Glücksspieler*) gambler, gamester: ein leidenschaftlicher ~ a passionate gambler; ein unehrlicher ~ a) a dishonest gambler, b) a cardsharp(er). – 3. (*theater, film*) actor, performer.

Spie·le·rei *f* ⟨-; -en⟩ 1. ⟨*only sg*⟩ contempt. playing (*od.* fooling, fiddling, idling) around (*od.* about): laß doch die ~ am Fernsehapparat! stop playing around with the TV set! – 2. (*Zeitvertreib*) pastime, hobby: sie betreibt die Astrologie nicht ernsthaft, es ist mehr eine ~ von ihr she doesn't go in for astrology seriously, it is more of a pastime for her. – 3. (*Flirt*) flirtation, bagatelle. – 4. *pl* (*Tand, Kinkerlitzchen*) trinkets, trifles: ihr Zimmer war vollgestopft mit Püppchen, Fläschchen, Döschen und ähnlichen ~en her room was cram-full of dolls, pretty little bottles and boxes and other such trifles. – 5. *pl* (*technische Raffinessen*) gadgets (*colloq.*): er hat in seinem Auto 3 verschiedene Hupen, eine Stereoanlage und andere ~en he has 3 different horns, stereo equipment and other gadgets in his car. – 6. (*Kinderspiel*) child's play: diese Übersetzung war für mich die reinste ~ this translation was mere child's play for me.

'Spiel·er,geb·nis *n* (*sport*) result.
'spie·ler·haft *adj* of a gambler.
'Spie·le·rin *f* ⟨-; -nen⟩ 1. (woman) player. – 2. (woman) gambler (*od.* gamester).
'spie·le·risch I *adj* ⟨*attrib*⟩ 1. (*sport*) as a player: er weist großes ~es Können auf he has great talent as a player, he is a talented player. – 2. sich mit ~er Leich-

tigkeit über etwas hinwegsetzen a) to get over s.th. with perfect ease, b) *fig.* to make light of s.th. – **3.** (*nicht ernsthaft*) playful. – **II** *adv* **4.** eine ~ überlegene Mannschaft (*sport*) a team which is superior in terms of play. – **5.** ~ tänzelte er um seinen Gegner (*sport*) (*beim Boxen*) he danced playfully (a)round his opponent.

'Spiel·er,laub·nis *f* (*sport*) permission to play.

'Spie·ler·na,tur *f* **1.** gambler's (*od.* gamester's) make-up (*od.* attitude). – **2.** (*Person*) gambler (*od.* gamester) by nature (*od.* temperament).

'Spiel|er,öff·nung *f* (*games*) opening (of a game). — **~,fä·hig** *adj* (*Sportler*) fit to play. **'Spiel,feld** *n* (*sport*) playing field, (*beim Fußball*) *auch* ground, *bes. Br.* pitch: j-n des ~es verweisen to send s.o. off (the field). — **~,hälf·te** *f* half of the field *od.* of the ground): tief in die gegnerische ~ eindringen to break into the opponents' half. — **~,rand** *m* **1.** boundary line (of the field). – **2.** *cf.* a) Torlinie 1, b) Seitenlinie 1.

'Spiel|fi,gur *f* (*beim Brettspiel*) man, token, piece. — **~,film** *m* feature (film): ~ mit Dokumentarcharakter feature documentary. — **~,flä·che** *f* **1.** (*auf dem Eis*) surface. – **2.** (*auf der Bühne*) stage floor, boards *pl.* – **3.** (*beim Billard*) bed. — **~,fol·ge** *f* program, *bes. Br.* programme, *auch* sequence of items. — **~,fort,set·zung** *f* continuation of play. — **s~,frei** *adj* **1.** *tech.* free from play (*od.* clearance). – **2.** das Theater hat heute seinen ~en Abend there is no performance tonight. – **3.** unsere Mannschaft ist ~ (*sport*) our team is not playing. — **~,frei·heit** *f* *tech.* absence of play. — **~,füh·rer** *m* (team) captain, skipper. — **~ge,fähr·te** *m*, **~ge,fähr·tin** *f* playmate, playfellow. — **~ge,län·de** *n* playpark, playground area, games area. — **~,geld** *n* (*games*) **1.** (*unechtes Geld zum Spielen*) play (*od.* token, toy, imitation) money. – **2.** (*Einsatz*) stake, pool. — **~ge,nos·se** *m*, **~ge,nos·sin** *f* *cf.* Spielgefährte, Spielgefährtin. — **~ge,rä·te** *pl* (*games*) equipment *sg.* — **~ge,sche·hen** *n* (*sport*) *cf.* Spielverlauf. **~ge,winn** *m* winnings *pl.* — **~,hahn** *m zo. cf.* Birkhahn. — **~,hälf·te** *f* (*sport*) **1.** (*eines Fußballspiels etc*) half: zweite ~ second half. – **2.** (*Spielfeldhälfte*) half (of the field *od.* of the ground): gegnerische ~ opponents' half. — **~,hal·le** *f* **1.** gym(nasium). – **2.** (*mit Spielautomaten*) amusement center (*bes. Br.* centre), amusement hall. — **~,höl·le** *f colloq.* gambling hell (*od.* house, den). — **~,hös·chen** *n* (*für Kinder*) rompers *pl*, playsuit, *Am. auch* creepers *pl.* — **~ka·me,rad** *m*, **~ka·me,ra·din** *f cf.* Spielgefährte, Spielgefährtin. — **~,kar·te** *f* playing card: gezogene ~ card drawn. — **~,kar·ten,steu·er** *f econ.* tax on playing cards. — **~ka,si·no** *n* (gambling *od.* gaming) casino. **~,kas·se** *f* (*beim Glücksspiel*) pool, kitty, pot. — **~,kind** *n* nursery child. — **~,klas·se** *f* (*sport*) league, division. — **~,klub** *m* **1.** card club. – **2.** (*für Glücksspiele*) gambling (*od.* gaming) club. — **~,lei·den·schaft** *f* passion for gambling (*od.* gaming). — **~,lei·ter** *m* **1.** (*theater*) *cf.* Regisseur b. – **2.** (*film*) *cf.* Regisseur a. – **3.** (*radio*) a) radio producer, b) (*für Hörspiel*) drama producer, c) (*für Quiz*) quizmaster, d) *cf.* Conférencier. – **4.** (*sport*) a) (*bei Jugendspielen*) games leader, b) *cf.* Schiedsrichter 2, 3. — **~,lei·tung** *f* **1.** *cf.* Regie 1. – **2.** *cf.* Conférence. – **3.** (*sport*) a) (*beim Fußball etc*) refereeing, b) (*beim Hockey etc*) umpiring. — **~lo,kal** *n* gambling house (*od.* establishment), gaming house (*od.* establishment). — **~,ma·cher** *m* (*sport*) playmaker.

'Spiel,mann *m* ⟨-(e)s; -leute⟩ **1.** (*eines Spielmannszuges*) bandsman: die Spielleute bandsmen, drums and fifes. – **2.** street player, musician. – **3.** *hist.* (*im Mittelalter*) minstrel, jongleur.

'Spiel,manns|,dich·tung *f* (*literature*) minstrel poetry, minstrelsy. — **~,zug** *m* band, drums and fifes *pl.*

'Spiel|,mar·ke *f* **1.** (*im Spielkasino*) jeton, jetton, chip, counter. – **2.** (*im Kinderspiel*) token, toy mark (*od.* money). — **~,mi,nu·te** *f* (*sport*) minute of play: in der letzten ~ in the last minute of play. — **~,oper** *f mus.* comic opera. — **~,pas·sung** *f tech.* clearance fit. — **~,pau·se** *f* **1.** (*theater*) a) inter-

mission, b) (*Sommerpause*) summer interval. – **2.** (*sport*) (*Halbzeit*) half time, half-time interval. — **~,pha·se** *f* (*sport*) phase of play. — **~,plan** *m* **1.** (*eines Theaters etc*) repertoire, repertory, program, *bes. Br.* programme: auf dem ~ bleiben to remain running, to be kept in the schedule; das Stück ist vom ~ gestrichen worden the play has been removed from (*od.* taken off) the program(me). – **2.** (*Wochenspielplan etc*) weekly program (*bes. Br.* programme). — **~,platz** *m* **1.** playground. – **2.** (*sport*) *cf.* Spielfeld. — **~,rat·te** *f colloq.* child fond of playing. — **~,raum** *m* **1.** *cf.* Spielzimmer. – **2.** (*sport*) room (*od.* space) to move (about). – **3.** *fig.* scope, latitude, elbowroom, (*free*) play: j-m ~ lassen to leave (*od.* allow) s.o. scope, to give s.o. (plenty of) rope; keinen ~ haben to have no scope; seiner Phantasie großen ~ lassen to leave (*od.* give) one's imagination plenty of scope; freien ~ haben to have elbowroom (*od.* latitude). – **4.** *fig.* (*zeitlich*) time. – **5.** *econ.* (*Spanne*) margin, scope, latitude: geringer ~ narrow margin; geben Sie mir 3 Wochen ~ leave me 3 weeks' time (*od.* a margin of 3 weeks); können Sie mir wegen des Preises einigen ~ lassen? can you give me some latitude regarding the price? finanzpolitischer ~ room for fiscal man(o)euver (*bes. Br.* man(o)euvre). – **6.** *tech.* play, backlash, clearance (space). – **7.** *mil. phys.* (*eines Geschosses im Lauf*) windage, play. — **~,re·gel** *f* meist *pl* rule (of the game): nach den ~n spielen to play according to the rules; die ~n einhalten, sich an die ~n halten to keep to (*od.* observe) the rules, to play the game, to play fair; sich nicht an die ~n halten, gegen die ~n verstoßen (*games*) *auch fig.* to break the rules, (*sport*) *auch* to (commit a) foul; die ~n genau kennen to know the rules of the game. — **~,saal** *m* **1.** gambling (*od.* gaming) hall. – **2.** *cf.* Spielhalle 2. – **3.** (*in Kindergarten etc*) playroom. — **~,sa·chen** *pl* toys, playthings. — **~,sai·son** *f cf.* Spielzeit 2. — **~,schar** *f* players *pl*, (*bes. theater*) company of players. — **~,schluß** *m* (*sport*) end of play. — **~,schuld** *f* gambling (*od.* gaming) debt. — **~,stand** *m* (*sport*) score: beim ~ von 1 : 1 at 1—1. — **~,stär·ke** *f* **1.** (*Anzahl*) strength (of the team). – **2.** *fig.* (*einer Mannschaft*) fighting power, performing strength. — **~,stein** *m* **1.** (*games*) piece, man, (*beim Damespiel*) *auch Am.* checker, *Br.* draughtsman. – **2.** (*sport*) (*beim Curling*) stone. — **~,stra·ße** *f* play street. — **~,stun·de** *f* playtime, games period. — **~,sucht** *f cf.* Spielleidenschaft. — **~,tak·tik** *f* (*sport*) (playing) tactics *pl.* — **~,tan·te** *f* (*child's language*) nursery-school teacher. — **~,tech·nik** *f* playing technique. — **~,tem·po** *n* speed of play, pace of a match (*od.* game). — **~,teu·fel** *m* gambling (*od.* gaming) demon (*od.* colloq. bug): er ist vom ~ besessen (*od.* colloq. gepackt) he has (*od.* he's got, he has been bitten by) the gambling bug, he is a passionate gambler. — **~theo,rie** *f math.* games theory. — **~,tisch** *m* **1.** card table. – **2.** (*beim Glücksspiel*) gambling (*od.* gaming) table. – **3.** *mus.* (organ) console. — **~,trieb** *m* **1.** (*eines Kindes*) play instinct. – **2.** *psych.* — **~,uhr** *f* **1.** musical clock. – **2.** (*sport*) (*beim Basketball etc*) game watch. — **~,un·ter,bre·chung** *f* (*sport*) **1.** (*kürzere*) (temporary) interruption (of a match *od.* game): es gab eine ~ von 10 Minuten there was an interruption of 10 minutes. – **2.** (*längere*) suspension of a match (*od.* game). — **~,ver,bot** *n* suspension: j-m ~ erteilen, ein ~ über j-n verhängen to suspend s.o. — **~,ver,der·ber** *m*, **~,ver,der·be·rin** *f* ⟨-; -nen⟩ spoilsport, killjoy, wet blanket (*colloq.*): sei kein ~! don't be a spoilsport! don't be such a bad sport! — **~,ver,ei·ni·gung** *f* (*sport*) sports club. — **~,ver,län·ge·rung** *f* extra time. — **~,ver,lauf** *m* run of the match (*od.* game), trend of play. — **~,ver,lust** *m* **1.** (*einer Mannschaft*) match (*od.* game) lost. – **2.** (*eines Glücksspielers*) gambling (*od.* gaming) loss.

'Spiel,wa·ren *pl* toys, playthings. — **~ge,schäft** *n* toy shop (*bes. Am.* store). — **~,han·del** *m* toy trade. — **~,händ·ler** *m* toy dealer, dealer in toys, toyman. — **~,hand·lung** *f cf.* Spielwarengeschäft. — **~,in·du,strie** *f* toy industry.

'Spiel|,wei·se *f* style (*od.* manner) of playing. — **~,werk** *n* **1.** (*einer Uhr*) chime. – **2.** mechanism (*od.* action) of a music (*bes. Br.* musical) box (*od.* musical clock). — **~,wer·tung** *f* (*sport*) scoring. — **~,wie·se** *f* **1.** playground with a lawn area. – **2.** *humor.* for Glatze 1. — **~,wut** *f* passion for gambling (*od.* gaming). — **~,zeit** *f* **1.** (*für Kinder*) playtime. – **2.** (*theater, sport*) (*Spielsaison*) season. – **3.** (*sport*) (*eines Fußballspiels etc*) time of play, playing time: die reguläre (*od.* eigentliche, normale) ~ ist vorbei normal time is up; volle ~ full time; effektive ~ (*beim Basketball, Eishockey*) actual playing time. – **4.** (*eines Films, Theaterstückes*) run: nach einer ~ von 4 Wochen after a run of 4 weeks. – **5.** (*Dauer*) duration: das Stück [der Film] hat eine ~ von 2 Stunden the play [the film] lasts 2 hours. – **6.** geänderte ~en changes in performance time.

'Spiel,zeug *n* ⟨-(e)s; *no pl*⟩ **1.** (*Spielsachen*) toys *pl*, playthings *pl*: räum dein ~ weg tidy up your toys. – **2.** toy, plaything: laß das Radio, es ist kein ~ leave the radio alone, it is not a toy (*od.* plaything) (*od.* it's not for playing with); sie ist für ihn nur ein ~ *fig.* she is just a toy (*od.* plaything) for him. – **3.** er braucht immer ein ~ (*um seine Hände zu beschäftigen*) he always has to have s.th. to fiddle with. – **4.** das Schiff trieb dahin wie ein ~ *lit.* the ship was a sport of the waves. — **~,ei·sen,bahn** *f* model railroad (*Br.* railway). — **~fa,brik** *f* toy factory. — **~fa·bri·ka·ti,on** *f* toy manufacture. — **~,han·del** *m cf.* Spielwarenhandel. — **~,händ·ler** *m cf.* Spielwarenhändler. — **~in·du,strie** *f cf.* Spielwarenindustrie. — **~,ka·sten** *m* toy box, *bes. Br.* playbox. — **~,la·den** *m cf.* Spielwarengeschäft.

'Spiel,zim·mer *n* **1.** (*für Kinder*) playroom, (*für Kleinkinder*) *auch* nursery. – **2.** (*für Spieler*) a) gambling (*od.* gaming) room, b) cardroom.

Spier [ʃpiːr] *m*, *n* ⟨-(e)s; -e⟩ *Northern G.* first blade of grass.

Spie·re [ʃpiːrə] *f* ⟨-; -n⟩ **1.** *mar.* spar, perch, boom. – **2.** *bot. cf.* Spierstaude.

'Spie·ren,ton·ne *f mar.* spar buoy.

Spier·ling [ʃpiːrlɪŋ] *m* ⟨-s; -e⟩ *zo. cf.* Stint[1].

'Spier|,stau·de *f*, **~,strauch** *m bot.* spiraea (*Gattg Spiraea*): Filzige ~ hardhack, steeplebush (*S. tomentosa*); Schneeballblätt(e)rige ~ ninebark (*Physocarpus opulifolius*); Weidenblätt(e)rige ~ bridewort (*S. salifolia*).

Spieß [ʃpiːs] *m* ⟨-es; -e⟩ **1.** *gastr.* a) (*Fleischspieß*) skewer, b) (*Bratspieß*) spit, broach: etwas am ~ braten to roast s.th. on the spit, to barbecue s.th.; vom ~ roast(ed) on the spit, barbecue(d). – **2.** *hunt.* hunting spear. – **3.** *mil. hist.* a) spear, pike, b) (*Lanze*) lance. – **4.** *fig.* (*in Wendungen wie*) schreien wie am ~ *colloq.* to cry blue murder, to scream the place down, to scream one's head off, to scream (*od.* yell) like hell (*od.* mad) (*alle colloq.*), to scream at the top of one's voice; den ~ umdrehen (*od.* umkehren) to turn the tables on one's opponent[s]). – **5.** *mil. colloq.* (*Hauptfeldwebel*) sergeant major, *Am. colloq.* top sergeant, *Am. sl.* topkick. – **6.** *pl* hunt. (*Geweihstangen von jungen Hirschen etc*) first year's antlers, *Am.* spikes. – **7.** *print.* work-up, pick, black.

'Spieß|,blatt,na·se *f zo.* leaf-nosed bat, vampire, *auch* vampire bat (*Vampyrus spectrum*). — **~,bock** *m* **1.** *hunt.* roebuck of the first year, *Am.* spike buck. – **2.** *zo.* gemsbok (*Oryx gazella*). — **~,bra·ten** *m gastr.* joint roasted on the spit.

'Spieß|,bür·ger *m contempt. cf.* Spießer 1. — **s~,bür·ger·lich** *adj* bourgeois, narrow-minded, philistine, *auch* Philistine, square (*sl.*), *Am. auch* Babbitty, Babbittical: er hat ~e Ansichten he has narrow-minded views. — **~,bür·ger·tum** *n* narrow-mindedness, philistinism, *auch* Philistinism, squareness (*sl.*), *Am. auch* Babbittry, Babbittism.

spie·ßen [ʃpiːsən] *v/t* ⟨h⟩ **1.** (*Fleisch zum Braten*) (*auf acc* etwas on to s.th.) skewer, (*auf den Bratspieß*) spit. – **2.** (*Kartoffel etc*) (*auf acc* etwas on to s.th.) stick, skewer. – **3.** (*Schmetterling etc*) (*auf acc* etwas on to s.th.) pin, fasten, fix. – **4.** *rare* (*Nadel*) (*in acc* etwas into s.th.) stick.

'Spieß,en·te *f zo.* pintail, pin-tailed duck (*Anas acuta*).

'Spie·ßer *m* ‹-s; -› **1.** *contempt.* (narrow-minded) bourgeois, philistine, *auch* Philistine, square (*sl.*), *Am. auch* Babbitt. – **2.** *hunt.* a) (*Hirsch*) brocket, b) (*Rehbock*) pricket.

'spie·ßer·haft *adj contempt. cf.* spießbürgerlich.

'Spieß|ge,sel·le *m* **1.** *contempt.* (*Mittäter*) accomplice. – **2.** *contempt.* (*Kumpan, Genosse*) associate, companion, fellow rogue, pal (*colloq.*). – **3.** *obs. for* Waffenbruder. — ~**,glanz** *m* ‹-es; -e› *min.* antimony glance, stibnite. — ~**,hirsch** *m* **1.** *hunt.* one-year-old buck. – **2.** *zo.* brocket (*Gattg Mazama*).

'spie·ßig *adj* **1.** *contempt. cf.* spießbürgerlich. – **2.** (*leather*) badly tanned (*od.* dressed).

'Spieß|kant·ka,li·ber *n metall.* diamond pass. — ~**,ru·te** *f only in* ~n laufen *fig. colloq.* (*früher auch als Strafe*) to run the gauntlet. — ~**,ru·ten,lau·fen** *n fig. colloq.* (*früher auch als Strafe*) running the gauntlet.

Spikes [spaɪks] (*Engl.*) *pl* **1.** (*Stahlnägel*) spikes. – **2.** *auto.* (*Reifen mit Stahlnägeln*) spike tires (*bes. Br.* tyres). – **3.** (*sport*) spikes.

'Spik,öl ['spiːk-] *n bot. chem.* (*Lavendelöl*) spike (*od.* lavender) oil.

Spill [spɪl] *n* ‹-(e)s; -e› *mar.* a) winch, b) (*Ankerwinde*) windlass, c) (*Winde mit senkrechter Trommel*) capstan: das ~ klarmachen to rig the capstan.

Spil·la·ge [spɪˈlaːʒə; ʃpɪ-] *f* ‹-; -n› *econ.* spillage, spilt powder (*od.* liquid).

Spil·ling ['ʃpɪlɪŋ] *m* ‹-s; -e› *bot.* white plum (*Prunus insititia*).

'Spill,spa·ke *f mar.* capstan bar.

Spin [spɪn] (*Engl.*) *m* ‹-s; -s› *nucl.* (*space*) spin.

Spi·na ['spiːna; 'ʃpiː-] *f* ‹-; -nae [-nɛ]› *med.* spina, spine.

spi·nal [ʃpiˈnaːl; spi-] *adj med.* spinal: ~e Kinderlähmung infantile paralysis, polio(myelitis) (*scient.*). — **S~an·äs·the·sie** *f med.* spinal an(a)esthesia. — **S~,flüs·sig·keit** *f* cerebrospinal fluid. — **S~,nerv** *m* spinal nerve. — **S~pa·ra,ly·se** *f* spinal paralysis. — **S~punk·ti,on** *f* spinal (*od.* lumbar) puncture.

Spi·nat [ʃpiˈnaːt] *m* ‹-(e)s; -e› *bot.* spinach, spinage (*Spinacia oleracea*). — ~**,wach·tel** *f vulg. contempt.* (old) frump.

Spind [ʃpɪnt] *m, n* ‹-(e)s; -e› wardrobe, *bes. mil.* locker.

Spin·del ['ʃpɪndəl] *f* ‹-; -n› **1.** spindle. – **2.** (*textile*) (*in Spinnerei*) a) spindle, b) (*Spule*) bobbin. – **3.** *tech.* a) spindle, b) (*Gewindespindel*) screw spindle, c) *cf.* Arbeitsspindel, d) (*Vorschubspindel*) feed screw. – **4.** (*watchmaking*) verge. – **5.** *arch.* (*einer Wendeltreppe*) newel (post): offene [geschlossene] ~ open [solid] newel. – **6.** *bot.* a) (*der Gräser*) r(h)achis, b) (*einer Traube, Ähre etc*) stalk, axis, culm. – **7.** *chem.* hydrometer, densimeter. – **8.** *zo.* (*von Schneckenhäusern*) spindle, spindle shell. – **9.** *biol.* (*bei der Zellteilung*) spindle. — ~**,an,trieb** *m tech.* worm drive. — **,bank** *f* (*textile*) bobbin and fly frame, spindle rail. — ~**,baum** *m bot.* (common) spindle tree (*Evonymus europaeus*). — ~**,bei·ne** *pl colloq.* spindly legs, spindleshanks, 'spindles' (*colloq.*). — **s~,bei·nig** [-,baɪnɪç] *adj colloq.* spindle- (*od.* spindly-)legged, spindle-shanked. — **s~'dürr** *adj* (*Gestalt*) (as) thin as a rake, spindling, spindly. — **s~,för·mig** *adj bes. med.* spindle-shaped, fusiform (*scient.*). — ~**,füh·rung** *f tech.* spindle support. — ~**,gang** *m*, ~**,hem·mung** *f* (*watchmaking*) crown escapement. — ~**,hül·se** *f tech.* spindle quill (*od.* sleeve). — ~**,ka·sten** *m* **1.** (*der Drehmaschine*) head(stock), spindlehead. – **2.** (*der Senkrechtfräsmaschine*) spindle carrier. — ~**,ka·sten·ge,trie·be** *n* headstock gearing. — ~**,kopf** *m* **1.** (*einer Schleifmaschine*) wheelhead. – **2.** (*einer Fräsmaschine*) spindlehead. – **3.** (*einer Drehmaschine*) spindle nose. — ~**,öl** *n* spindle oil. — ~**,pres·se** *f* screw press (*od.* punch). — ~**,schlag,pres·se** *f percussion press. — ~**,schnecke** (*getr.* -k·k-) *f zo.* spindle shell (*Gattgen Fusus u. Rostellaria*): Verbleichte (*od.* Gemeine) ~ red whelk (*Neptunea antiqua*). — ~**,stock** *m tech. cf.* Spindelkasten. — ~**,strauch** *m bot.* burning bush (*Evonymus atropurpureus*).

'Spin·del,zel·le *f med.* spindle (*od. scient.* fusiform) cell. — **'Spin·del,zel·len·sar,kom** *n* spindle-cell (*od. scient.* fusocellular) sarcoma.

'Spin|,dreh·im,puls *m nucl.* spin angular momentum. — ~**,elek·tron** *n* spinning electron.

Spi·nell [ʃpiˈnɛl] *m* ‹-s; -e› *min.* spinel(le).

'Spin·ener,gie *f nucl.* spin energy.

Spi·nett [ʃpiˈnɛt] *n* ‹-(e)s; -e› *mus.* spinet.

'Spin|im,puls,kopp·lung *f nucl.* spin orbit coupling. — ~**,ma·gne,tis·mus** *m* spin magnetism.

Spin·na·ker ['ʃpɪnakər] *m* ‹-s; -› (*sport*) (*beim Segeln*) spinnaker.

'Spinn|,band *n* ‹-(e)s; ⁼er› (*textile*) tow. — **s~,bar** *adj* spinnable, suitable (*od.* fit) for spinning. — ~**,drü·se** *f zo.* (*der Seidenraupen*) silk (*od. spinning*) gland; serictery, sericterium (*scient.*). — ~**,dü·se** *f tech. synth.* spinning nozzle, spinneret.

Spin·ne ['ʃpɪnə] *f* ‹-; -n› **1.** *zo.* spider (*Ordng Araneae*): netzwebende ~ spinning spider, telarian (*scient.*); ~ am Morgen (bringt) Kummer und Sorgen, ~ am Abend erquickend und labend (*proverb*) *etwa* a spider in the morning brings bad luck, a spider in the evening good luck; pfui, ~! *colloq.* how horrid! pew! – **2.** *fig. colloq.* spiteful person. – **3.** (*im Straßenbau*) road junction, spider. – **4.** *tech.* (*eines Kardangelenks*) spider. – **5.** (*Lautsprecher*) spider.

'spin·ne'feind *adj only in* j-m ~ sein *colloq.* to hate s.o. like poison, to hate s.o.'s guts (*sl.*): die beiden Nachbarn sind einander (*od.* sich) ~ the two neighbo(u)rs hate each other's guts.

spin·nen ['ʃpɪnən] **I** *v/t* ‹spinnt, spann, gesponnen, h› **1.** (*Flachs, Hanf, Seide, Fäden etc*) spin: Wolle zu Garn ~ to spin wool into yarn; es wurde ein Netz von Lügen (um sie) gesponnen *fig.* a web of lies was spun ([a]round her); die beiden ~ keinen guten Faden (*od.* keine Seide) miteinander *fig. colloq. archaic* the two of them do not get along very well together (*od.* don't hit it off well, don't see eye to eye); er spinnt sein Garn, er spinnt Seemannsgarn, er spinnt das alles ja bloß *fig. colloq.* he is only spinning a yarn (*colloq.*). – **2.** (*Netz*) spin: die Spinne spann einen Faden, an dem sie sich herunterließ the spider let itself down on its thread. – **3.** *fig.* (*ersinnen, ausdenken*) hatch, contrive, devise: Ränke ~ to hatch plots (*od.* a plot). – **II** *v/i* **4.** spin. – **5.** *fig. colloq. contempt.* (*verrückt sein*) to be touched (*od. colloq.* daft, cracked, *sl.* nuts): er spinnt! he is not all there (*colloq.*), he is nuts (*od.* off his rocker) (*sl.*); du spinnst! don't be silly! du spinnst wohl? you must be daft! are you nuts? – **6.** *colloq.* (*faseln, Unsinn reden*) talk (a lot of) nonsense (*od.* drivel, blather, rubbish, *Am. colloq.* blatherskite), blather, talk through one's hat (*colloq.*): spinne nicht (so)! don't talk (such) nonsense. – **7.** *zo.* (*Schmetterling*) silkworm moth, bombycid (*scient.*) (*Fam. Bombycidae*).

Spin·ne'rei *f* ‹-; -en› **1.** ‹*only sg*› (art of) spinning. – **2.** (*textile*) spinning mill. – **3.** *fig. colloq.* (*Unsinn*) nonsense, drivel, blathe,

rubbish, *Am. colloq.* blatherskite. – **4.** *fig. colloq. cf.* Angeberei 1. — ~**be,sit·zer** *m* owner of a spinning mill.

'Spin·ne·rin *f* ‹-; -nen› **1.** (*Facharbeiterin*) spinner, mill girl. – **2.** *fig. colloq. cf.* Spinner 3, 4.

'Spin·ner,lied *n* spinning song.

'Spinn|,fa·den *m* **1.** spinning thread. – **2.** *zo.* spider's thread. – **3.** *pl* (*im Altweibersommer*) gossamer *sg*, floating cobwebs. — ~**,fär·bung** *f* **1.** *chem.* dope- (*od.* spun-, mass-)dyeing. – **2.** (*textile*) spun-dyeing. — **'Spinn|,fa·ser** *f* (*textile*) (*spinning od.* textile) fiber (*bes. Br.* fibre). — ~**,pflan·ze** *f bot.* fibrous (*od.* fiber, *bes. Br.* fibre) plant. — **'Spinn|,fü·ßer** *pl zo.* web spinners, embiodea (*scient.*) (*Ordng Embiodea*). — ~**,ge,we·be** *n cf.* Spinnwebe. — ~**,ge,webs,haut** *f med.* arachnoid. — ~**,ma,schi·ne** *f* (*textile*) spinning machine (*od.* frame). — ~**,mat,tie·rung** *f* delustering fibers (*bes. Br.* delustring fibres) during the spinning process. — ~**,rad** *n* spinning wheel. — ~**,rocken** (*getr.* -k·k-) *m* distaff. — ~**,stoff** *m* (*textile*) spinning material, textile fiber (*bes. Br.* fibre). — ~**,stu·be** *f obs.* spinning room. — ~**,war·ze** *f zo.* (*der Spinne*) spinner(et), spinning mammilla. — ~**,war·zen,feld** *n cribellum. — ~**,we·be** *f* ‹-; -n› cobweb, spider (*auch* spider's) web. — ~**,we·ben,haut** *f med. cf.* Spinnwebhaut.

'Spinn,web|,fa·den *m* spider-web thread, cobweb (thread). — ~**,haut** *f med.* (*im Gehirn*) arachnoid (membrane).

'Spinn|,werk,zeug *n zo.* (*der Spinne*) spinning apparatus, arachnidium (*scient.*). — ~**,wir·tel** *m* (*in der Weberei*) (spinning) whorl (*auch* wharl, wharve).

Spi·no·zis·mus [spino'tsɪsmus; ʃpi-] *m* ‹-; no *pl*› *philos.* Spinozism. — **Spi·no'zist** [-'tsɪst] *m* ‹-en; -en› Spinozist. — **spi·no'zi·stisch** *adj* Spinozistic.

'Spin|,quan·ten,zahl *f nucl.* spin quantum number. — ~**,sta·bi·li·sa,ti,on** *f* (*eines Satelliten*) stabilization (*Br. auch* -s-) of spin.

spin·ti·sie·ren [ʃpɪntiˈziːrən] **I** *v/i* ‹no ge-, h› *colloq.* **1.** (*grübeln, brüten*) brood, muse: über (*dat od. acc*) etwas ~ to brood over (*od.* on) s.th. – **2.** (*phantasieren, träumen*) fancy, daydream. – **II S~** *n* ‹-s› **3.** *verbal noun.* — **Spin·ti·sie·re'rei** *f* ‹-; -en› *colloq.* **1.** *cf.* Spintisieren. – **2.** *pl* (*Phantasiereien, Träume*) fancies, daydreams.

Spi·on [ʃpiˈoːn] *m* ‹-s; -e› **1.** spy, secret agent, *mil. pol. auch* secret (*od.* intelligence) agent, *Am. sl.* spook: er wurde als ~ entlarvt he was exposed as a spy. – **2.** *colloq.* (*Aufpasser, Schnüffler*) prier, *auch* pryer, snooper. – **3.** (*in Türen*) peephole. – **4.** (*außen am Hausfenstern*) window mirror.

Spio·na·ge [spio'naːʒə] *f* ‹-; no *pl*› **1.** espionage, *mil. pol. auch* secret service, intelligence: er war der ~ für England verdächtig, er stand unter dem Verdacht der ~ für England he was suspected of spying (*od.* of espionage) for England; ~ treiben (*od.* begehen) to commit espionage, to spy. – **2.** *colloq.* (*Schnüffelei*) prying, snooping, snoopery.

Spio·na·ge,ab,wehr *f* counterespionage, *mil. pol. auch* counterintelligence. — ~**,dienst** *m* **1.** counterespionage service, *mil. pol. auch* counterintelligence service. – **2.** (*Titel der Organisation*) Counter-Intelligence Corps, *Am. auch* Counterintelligence Agency, *Br. auch* M.I. 5.

Spio·na·ge|af,fä·re *f* spy (*od.* espionage) affair(e) (*od.* case). — ~**be,kämp·fung** *f cf.* Spionageabwehr. — ~**,dienst** *m bes. mil. pol. cf.* Nachrichtendienst 3, 4. — ~**,netz** *n* espionage net. — ~**,or·ga·ni·sa,ti,on** *f* espionage organization (*Br. auch* -s-). — ~**,pro,zeß** *m* espionage (*od. colloq.* spy) trial. — ~**,ring** *m* **1.** (*Organisation*) espionage ring (*od.* organization *Br. auch* -s-). – **2.** (*Personen*) spy ring. — **s~ver,däch·tig** *adj* suspected of espionage (*od.* spying).

spio·nie·ren [ʃpioˈniːrən] **I** *v/i* ‹no ge-, h› **1.** spy, work as a spy (*bes. mil. pol.* as an intelligence agent). – **2.** *colloq.* (*schnüffeln*) pry, snoop: er spioniert ständig hinter mir her! he's always snooping on me! – **II S~** *n* ‹-s› **3.** *verbal noun.* – **4.** espionage. – **5.** *colloq.* (*Schnüffeln*) snoopery. — **Spio·nie·re'rei** *f* ‹-; -en› *colloq.* prying, snooping, snoopery.

Spio·nin [ʃpiˈoːnɪn] *f* ‹-; -nen› (woman) spy.

Spi'ral,boh·rer [ʃpiˈraːl-] *m tech.* twist

drill. — **~,schleif·ma,schi·ne** f twist drill grinder (*bes. Br.* grinding machine).

Spi'ral,bruch m med. spiral fracture.

Spi·ra·le [ʃpi'raːlə] f ‹-; -n› **1.** (*Planspirale*) spiral. – **2.** (*schraubenförmige*) helix. – **3.** tech. a) (*Wendel*) coil, b) (*eines Spiralbohrers*) twist, c) (*eines Walzenfräsers*) helix. – **4.** arch. a) (*Schneckenverzierung*) spiral scroll, b) (*ionische Volute*) Ionic volute. – **5.** econ. (*der Preise etc*) spiral.

Spi'ra·len,flug m aer. cf. Spiralflug.

Spi'ral|,fe·der f tech. **1.** spiral (*od.* coil) spring: **~** einer Uhr mainspring, clockspring. – **2.** (*Schraubenfeder*) helical spring. — **~,flug** m aer. spiral flight. — **s~,för·mig** adj **1.** spiral. – **2.** (*schraubenförmig*) helical. – **3.** arch. (*schneckenförmig*) a) scrolled, scroll-shaped, b) volute(d). – **4.** tech. (*Schneidspäne*) curly. – **5.** med. spiral-shaped. – **6.** zo. a) (*in der Aufsicht*) spiral, b) (*im Längsschnitt*) turbinal, turbinated. – **7.** bot. spiral, convolute(d) (*scient.*).

spi'ra·lig adj cf. spiralförmig.

Spi'ral|,li·nie f spiral (line *od.* curve). — **~,ne·bel** m astr. spiral nebula. — **~,rohr** n tech. spiral tube. — **~,sen·ker** m three-lipped core drill. — **~,tur,bi·ne** f spiral turbine. — **~ver,zah·nung** f spiral tooth system.

Spi·rans ['ʃpiːrans; 'ʃpi-] f ‹-; -ranten [ʃpi'rantən; spi-]›, **Spi·rant** [ʃpi'rant; spi-] m ‹-en; -en› ling. cf. Reibelaut. —

spi'ran·tisch adj spirant, fricative.

Spi·rem [ʃpi'reːm; ʃpi-] n ‹-s; -e› biol. (*Stadium der Zellteilung*) spireme, auch spirem.

Spi·ril·le [ʃpi'rɪlə] f ‹-; -n› meist pl med. (*Schraubenbakterium*) spirillum. —

spi'ril·len,tö·tend adj spirillicidal.

Spi·ril·lo·se [ʃpirɪ'loːzə] f ‹-; -n› med. spirillosis.

Spi·ri·tis·mus [ʃpiri'tɪsmʊs; spi-] m ‹-; no pl› spiritualism, spiritism. — **Spi·ri'tist** [-'tɪst] m ‹-en; -en› spiritualist, spiritist. — **spi·ri'ti·stisch** adj spiritualist(ic), spiritistic, spiritual.

spi·ri·tu·al [ʃpiri'tŭaːl; spi-] adj cf. spirituell.

Spi·ri·tu·al¹ [ʃpiri'tŭaːl; spi-] m ‹-s u. -en; -en› röm.kath. (*in Klöstern etc*) minister, spiritual adviser.

Spi·ri·tu·al² ['spɪrɪtjʊəl] (*Engl.*) m, n ‹-s; -s› (Negro) spiritual.

Spi·ri·tua·li·en [ʃpiri'tŭaːliən; spi-] pl relig. spirituals, spiritualities.

Spi·ri·tua·lis·mus [ʃpiritŭa'lɪsmʊs; spi-] m ‹-; no pl› philos. spiritualism. — **Spi·ri·tua'list** [-'lɪst] m ‹-en; -en› spiritualist. — **spi·ri·tua'li·stisch** adj spiritualist(ic). — **Spi·ri·tua·li·tät** [-li'tɛːt] f ‹-; no pl› (*geistiges Wesen*) spirituality.

spi·ri·tu·ell [ʃpiri'tŭɛl; spi-] adj spiritual.

spi·ri·tu·os [ʃpiri'tŭoːs; spi-], **spi·ri·tu·ös** [-'tŭøːs] adj (*Weingeist enthaltend*) spirituous.

Spi·ri·tuo·sen [ʃpiri'tŭoːzən; spi-] pl spirits, alcoholic (*od.* spirituous) drinks (*od.* beverages, liquors).

Spi·ri·tus¹ ['ʃpiːritus] m ‹-; -se› **1.** chem. pharm. (ethyl) alcohol, grain alcohol, spirit(s pl) (of wine), ethanol (C_2H_5OH): denaturierter (*od.* vergällter) **~** denatured spirit(s pl). – **2.** (*Branntwein*) spirits pl, liquors pl.

Spi·ri·tus² ['ʃpiːritus] m ‹-; -› ling. (*in der griech. Grammatik*) breathing, spiritus. — **~ 'as·per** ['aspər] m ‹--; --peri [-peri]› rough breathing, spiritus asper.

'Spi·ri·tus|,bren·ner m chem. spirit (*od.* alcohol) burner. — **~,bren·ne,rei** f distillery. — **~ge,ruch** m smell of alcohol, alcoholic smell. — **~,ko·cher** m spirit stove. — **~,lack** m spirit varnish (*od.* lacquer). — **~,lam·pe** f spirit lamp.

'Spi·ri·tus 'le·nis ['leːnɪs] m ‹--; --nes [-nɛs]› ling. smooth breathing, spiritus lenis.

'Spi·ri·tus,löt,lam·pe f tech. alcohol blowtorch.

Spi·ri·tus rec·tor ['ʃpiːritus 'rɛktər] m ‹--; no pl› (*anregender, treibender Geist*) moving (*od.* animating) spirit.

Spi·ro·chä·te [spiro'çɛːtə; ʃpi-] f ‹-; -n› med. zo. (*bakterieller Krankheitserreger*) spiroch(a)eta, spiroch(a)ete (*Ordng* Spirochaetales). — **spi·ro'chä·ten,tö·tend** adj med. treponemicidal, spiroch(a)eticidal: **~es** Mittel spiroch(a)eticide.

Spi·ro·chä·to·se [spiroçɛ'toːzə; ʃpi-] f ‹-; -n› med. spiroch(a)etosis, treponematosis.

Spi·ro·me·ter [spiro'meːtər; ʃpi-] n ‹-s; -›

med. (*Atmungsmesser*) spirometer, pneumatometer. — **Spi·ro·me'trie** [-me'triː] f ‹-; no pl› spirometry, pneumatometry. — **spi·ro'me·trisch** [-'meːtrɪʃ] adj spirometric.

Spir·re ['ʃpɪrə] f ‹-; -n› bot. (*Blütenstand*) anthela pl.

Spi·tal [ʃpi'taːl] n ‹-s; ⁼er› Austrian od. obs. **1.** (*Krankenhaus*) hospital, infirmary. – **2.** cf. Armenhaus. – **3.** cf. Altersheim.

Spi'tals,ab,tei·lung f Austrian od. obs. for Krankenabteilung.

Spi'tals,schiff n bes. Austrian hospital ship.

Spi'tals,schwe·ster f Austrian od. obs. for Krankenschwester.

Spit·tel ['ʃpɪtəl] n, auch m ‹-s; -› Southern G. od. obs. od. dial. od. Austrian for Spital 1.

spitz [ʃpɪts] **I** adj **1.** (*Turm, Torbogen, Pfeil, Feder etc*) pointed: **~er** Bleistift pointed (*od.* sharp) pencil; **~es** Dach pointed (*od.* peaked) roof; **~e** Schuhe a) pointed (*od.* pointy) shoes, b) (*bes. Herrenschuhe*) winkle-pickers (*colloq.*); etwas mit **~en** Fingern anfassen fig. to pick s.th. up gingerly; er schreibt mit **~er** (*od.* mit einer **~en**) Feder fig. he writes with a pointed pen, he wields a cutting (*od.* sarcastic) pen. – **2.** (*Nase, Kinn etc*) pointed, pointy, sharp, peaked: mit einer **~en** Nase sharp-nosed. – **3.** (*Nadel etc*) sharp. – **4.** **~er** Ausschnitt (*fashion*) V-neck. – **5.** math. (sport) (*Winkel*) acute. – **6.** colloq. (*Gesicht, Aussehen etc*) peaked, peaky. – **7.** fig. (*boshaft, stichelnd*) pointed: **~e** Bemerkungen machen to make pointed remarks. – **8.** fig. (*beißend, schneidend*) biting, sharp, cutting, caustic: sie hat eine **~e** Zunge she has a sharp tongue. – **9.** fig. colloq. (*geil*) 'hot' (*colloq.*), randy, lustful. – **II** adv **10.** **~** zulaufend tapering (to a point), pointed. – **11.** **~** aussehen colloq. to look peaky. – **12.** fig. pointedly: Nie? fragte sie **~** Never? she asked pointedly.

Spitz¹ m ‹-es; -e› zo. (*Hunderasse*) spitz, auch Spitz, Pomeranian, auch pomeranian.

Spitz² m ‹-es; -e› **1.** (*only sg*) er hat einen **~** fig. colloq. (*Schwips*) he is tipsy (*od.* happy, merry) (*colloq.*). – **2.** Austrian a) cigarette holder, b) cigar holder. – **3.** Austrian gastr. cf. Tafelspitz.

'Spitz|,ahorn m bot. Norway maple (Acer platanoides). — **~,bart** m pointed beard, goatee. — **s~,bär·tig** adj goateed, with a pointed beard. — **~,bauch** m paunch, protruding stomach. — **s~,be,kom·men** v/t ‹irr, sep, no -ge-, h› colloq. cf. spitzkriegen. — **~,beut·ler** m zo. cf. Ameisenbeutler. — **~,bo·gen** m arch. pointed arch. — **s~,bo·gig** adj pointed, with pointed arch(es). — **~,boh·rer** m tech. **1.** gimlet bit. – **2.** (*Riemenahle mit Griff*) bradawl. – **3.** (*Zentrumbohrer*) center (*bes. Br.* centre) bit.

'Spitz,bu·be m **1.** (*Gauner*) auch humor. rogue, rascal, scoundrel. – **2.** (*Betrüger*) cheat, swindler, fraud. – **3.** a) (*Dieb*) thief, b) (*Taschendieb*) pickpocket. – **4.** humor. (*für Kind*) imp, rogue, rascal. – **5.** pl Austrian (*süßes Gebäck*) jam-filled shortbread sandwiches.

'Spitz,bu·ben|ge,sicht n roguish face. — **~,streich** m roguish trick, prank.

,Spitz·bü·be'rei f ‹-; -en› **1.** (*only sg*) roguishness. – **2.** cf. Spitzbubenstreich.

'Spitz,bü·bin f **1.** rogue, rascal. – **2.** humor. (*Schelmin*) rogue, rascal, minx.

'spitz,bü·bisch **I** adj (*Lächeln etc*) roguish, impish. – **II** adv **~** lächeln to smile impishly, to have an impish smile on one's face.

'Spitz,dach n arch. pointed (*od.* peaked) roof.

Spit·ze ['ʃpɪtsə] f ‹-; -n› **1.** (*eines Messers, Pfeils, Bleistifts etc*) point: mir ist die **~** (des Bleistifts) abgebrochen I have broken the point of my pencil; einem Argument die **~** abbrechen fig. to take the point out of s.o.'s argument; j-m die **~** bieten fig. to oppose (*od.* defy) s.o.; er hat allen Gefahren die **~** geboten he faced all dangers; einen Scherz [Streit] auf die **~** treiben to carry a joke [an argument] too far (*od.* to an extreme), to go (*od.* carry things) too far; es steht **~** auf Knopf fig. colloq. it's touch and go. – **2.** (*einer Nadel, Zigarre, eines Schirms etc*) tip, point: einer Feder tip (*od.* nib) of a pen; **~** eines Blattes bot. tip (*od.* scient. apex) of a leaf. – **3.** (*der Nase, des Fingers etc*) tip: **~** der Zunge tip (*od.* point, scient. apex) of the tongue. – **4.** (*eines Baumes, Mastes etc*) top. – **5.** (*eines*

Berges) top, summit, peak, pinnacle, apex (*scient.*): **~** eines Felsens top (*od.* tip) of a rock. – **6.** (*eines Turmes*) spire. – **7.** (*an Stöcken, auf Zäunen etc*) spike. – **8.** (*Zigaretten-, Zigarrenspitze*) holder. – **9.** (*äußerstes Ende*) tip, extremity: die nördliche **~** der Insel the northern tip of the island. – **10.** fig. (*Höchststand*) peak: die Verkaufszahlen erreichten in diesem Jahr die absolute **~** the sales figures reached their highest peak this year. – **11.** fig. (*Höchstwert*) top (*od.* peak, maximum) value. – **12.** fig. colloq. (*Höchstgeschwindigkeit*) maximum (*od.* top) speed: mein Wagen fährt 130 Stundenkilometer **~** my car has (*od.* does) a maximum speed of 130 kilometers per hour. – **13.** fig. (*eines Zuges, Unternehmens, Wettbewerbs etc*) head: er marschiert an der **~** der Kolonne mil. he marches at the head of the column; damit hat sich der Verein an die **~** der Tabelle gesetzt the club has thus placed itself at the head (*od.* top) to the table; unsere Mannschaft liegt an der **~** (des Wettbewerbs) our team is leading in the competition, our team is in the lead; die **~** halten a) (*im Rennen etc*) to hold the lead, b) (*im Beruf etc*) to hold one's leading (*od.* top) position; er steht an der **~** des Unternehmens a) (*als alleiniger Leiter*) he is the head of the firm, he heads the firm, b) (*mit anderen*) he is at the head (*od.* top) of the firm, he has a leading (*od.* top) position in the firm; sie ist **~** in ihrem Beruf, sie gehört in ihrem Beruf zur **~** she is at the top of her profession. – **14.** meist pl fig. (*der Gesellschaft*) cream, elite, bes. Br. élite. – **15.** meist pl fig. (*führende Persönlichkeit*) head, leader: die **~n** der Regierung [Partei] the heads of the government [party]. – **16.** fig. (*anzügliche, boshafte Bemerkung*) pointed remark, hit, cut, dig (*colloq.*): die Rede enthielt einige kaum verhüllte **~n** gegen die Regierung there were some scarcely disguised hits at the government in the speech; das war eine eindeutige (*od.* deutliche) **~** gegen ihn, diese **~** war eindeutig gegen ihn gerichtet that was clearly a hit at him, that was clearly aimed at him. – **17.** fig. (*das Verletzende, die Boshaftigkeit*) sting: ihr Lächeln nahm ihren Worten die **~** her smile took the sting out of her words. – **18.** (*an Kleidern, Wäsche etc*) lace: echte [geklöppelte] **~** real (bone *od.* bobbin, pillow) lace; Brüsseler **~n** Brussels lace sg; ein mit **~n** besetztes Kleid a dress trimmed with lace, a lace(y) dress. – **19.** math. a) (*einer Pyramide etc*) apex, b) (*eines Dreiecks*) vertex. – **20.** med. (*von Lunge, Herz etc*) apex. – **21.** tech. a) (*einer Werkzeugmaschine*) center, bes. Br. centre, b) (*eines Bohrers etc*) point, c) (*eines Meißels etc*) tip, d) (*eines Gewindezahns*) crest, e) (*eines Kegelrades*) cone: tote [mitlaufende] **~** dead [live] center (*bes. Br.* centre). – **22.** (*einer Kurve, bes. statistisch*) peak. – **23.** econ. (*Überschuß*) surplus. – **24.** phot. (*des Lichtes*) highlight.

Spit·zel ['ʃpɪtsəl] m ‹-s; -› **1.** (*gewerbsmäßiger*) (common) informer, spy. – **2.** (*Polizeispitzel*) police informer (*od.* spy), Br. sl. nark, Am. sl. setter. – **3.** (*Lockspitzel*) decoy, undercover man (*od.* agent), stool pigeon. – **4.** colloq. (*Schnüffler*) prier, auch pryer, snooper. — **~,dienst** m only in **~e** leisten to act as an informer, to spy, to inform.

spit·zeln ['ʃpɪtsəln] v/i ‹h› **1.** act as an informer, spy, inform. – **2.** colloq. (*herumschnüffeln*) pry, snoop (around).

spit·zen ['ʃpɪtsən] **I** v/t ‹h› **1.** (*Bleistift, Pfeil etc*) point, sharpen. – **2.** (*die Lippen*) purse. – **3.** fig. (*die Ohren*) prick (up): der Hund spitzte die Ohren the dog pricked (up) its ears; und jetzt spitzt mal alle die Ohren! colloq. and now sit up and pay attention! (*colloq.*). – **II** v/i **4.** auf (*acc*) etwas **~** fig. colloq. a) (*etwas wünschen*) to be eager to get s.th., b) (*sich auf etwas freuen*) to look forward to s.th., c) (*mit etwas rechnen*) to count on s.th. – **5.** fig. colloq. (*aufmerksam schauen, aufpassen*) keep one's eyes skinned (*od.* peeled) (*colloq.*).

'Spit·zen|,ab,stand m tech. (*bei einer Drehmaschine*) distance between centers (*bes. Br.* centres), center (*bes. Br.* centre) distance. — **~,ar·beit** f **1.** (*textile*) lacework. – **2.** cf. Qualitätsarbeit. — **~be,darf** m *econ.* peak demand. — **~be**‚**la**‚**stung** f *electr.* (*eines Stromerzeugers,* -*verbrauchers*) peak (load). — **~be**‚**satz** m (*an Kleidern etc*) lace trimming (*od.* edging). — **~be**‚**trag** m *econ.* highest (*od.* maximum) amount. — **~blu·se** f lace blouse. — **~deck·chen** n 1. lace mat. - 2. (*auf Sesseln, Sofas etc*) lace tidy (*od.* chairback, antimacassar). — **~dreh·ma**‚**schi·ne** f tech. center (*bes. Br.* centre) lathe: **~** mit Leitspindel engine lathe. — **~dreh**‚**zahl** f cf. Spitzengeschwindigkeit. — **~ein**‚**kom·men** n econ. peak (*od.* top) income. — **~ein**‚**satz** m (*an Blusen etc*) lace insertion, insertion of lace. — **~ent**‚**la·dung** f electr. point discharge. — **~er**‚**kran·kung** f med. apical affection. — **~er**‚**zeug·nis** n econ. product of the highest quality, top-quality (*od.* first-class) product. — **~fa**‚**bri**‚**kant** m (textile) lace manufacturer. — **~fa·bri·ka·ti**‚**on** f lace manufacture. — **~fah·rer** m (sport) 1. (*einer Rangliste*) a) top rider, b) (*Motorrad-, Radfahrer*) top rider. - 2. (*in einem Rennen*) a) leading driver, b) leading rider. — **~fahr**‚**zeug** n (*einer Kolonne*) leading vehicle. — **~film** m first-class film. — **~funk·tio**‚**när** m pol. top (*od.* leading) functionary (*od.* official). — **~gar·ni**‚**tur** f (textile) top set. — **~ge**‚**halt** n econ. top salary. — **~ge**‚**räusch** n med. apex murmur. — **~ge**‚**schwin·dig·keit** f 1. (*eines Autos etc*) maximum (*od.* top) speed. - 2. tech. a) (*lineare*) peak velocity, b) (*Umdrehung*) maximum speed. — **~gre·mi·um** n body of leading specialists, council of chief executives. — **~grup·pe** f (sport) 1. (*in einem Rennen etc*) leading group. - 2. (*einer Tabelle etc*) top group. — **~herd** m med. (*der Lunge*) apical lesion (*od.* focus). — **~hö·he** f tech. (*einer Drehmaschine*) height of centers (*bes. Br.* centres), center (*bes. Br.* centre) height. — **~hös·chen** n lace panties pl (colloq.). — **~kan·di**‚**dat** m (*einer Wahl etc*) leading candidate, front-runner. — **~ka**‚**tarrh** m med. pulmonary apicitis. — **~klas·se** f top (*od.* first) class. — **~kleid** n 1. lace dress. - 2. (*mit Spitzenbesatz*) dress trimmed with lace, lac(e)y dress. — **~klöpp·le·rin** f lacemaker. — **~kön·ner** m (sport) colloq. 'ace', topnotcher, auch top notch (alle colloq.). — **~kra·gen** m lace collar. — **~lei·stung** f 1. econ. a) (*Produktionsleistung*) maximum (*od.* peak) output, b) (*Arbeitsleistung*) maximum (*od.* peak) performance (*od.* achievement). - 2. tech. (*eines Verbrennungsmotors etc*) maximum (*od.* peak) performance (*od.* capacity). - 3. electr. (*eines Generators etc*) peak output. - 4. (sport) record (performance). - 5. (*in Wissenschaft, Kunst etc*) supreme (*od.* highest) achievement. — **~lohn** m econ. peak (*od.* top) wage(s pl). — **~mann·schaft** f (sport) 1. (*einer Rangliste*) top team. - 2. (*in einem Wettbewerb etc*) leading team. — **~or·ga·ni·sa·ti·on** f head (*od.* top, central) organization (Br. auch -s-). — **~pa**‚**pier** n lace paper. — **~pi·rou·et·te** f (sport) (beim Eis- u. Rollkunstlauf) toe spin. — **~po·si·ti·on** f top (*od.* leading) position. — **~preis** m top (*od.* maximum, peak) price. — **~qua·li**‚**tät** f highest (*od.* top) quality. — **~rei·ter** m 1. (sport) (*einer Rangliste*) top rider. - 2. (sport) (*der Fußballtabelle etc*) leading team. - 3. colloq. (*Theaterstück, Schlager etc*) (top) hit. — **~schlei·er** m lace veil. — **~schuh** m (Ballettschuh) point, ballet shoe. — **~span·nung** f electr. peak (*od.* crest) voltage. — **~spiel** n 1. (sport) top match (*od.* game). - 2. tech. (*eines Gewindes, der Zahnräder*) crest clearance. — **~spie·ler** m (sport) top first-rate) player; top man, topnotcher, auch top notch (colloq.). — **~sport·ler** m top (*od.* first-rate) sportsman; ace, topnotcher, auch top notch (colloq.). — **~stoff** m (textile) lace fabric. — **~stoß** m 1. (sport) (beim Fußball) toe kick. - 2. med. (beim Herzen) a) apex beat, b) (hebender) heaving apex beat. — **~strom** m electr. peak current. — **~tanz** m choreogr. toe dance. — **~tän·zer** m, **~tän·ze·rin** f toe dancer. — **~tuch** n ⟨-(e)s; ⸚er⟩ 1. (um Kopf, Schultern etc) lace scarf. - 2. (als Taschentuch) lace handkerchief. — **~ver·band** m econ. head (*od.* top, central) association. — **~ver·brauch** m peak (*od.* maximum) consumption. — **~ver·kehr** m peak traffic. — **~wei·te** f tech. cf. Spitzenabstand. — **~wert** m peak (*od.* maximum) value. — **~win·kel** m tech. 1. (*einer Dreh-*

spitze) included angle (of point). - 2. (*eines Meißels*) Am. nose angle, Br. included plan angle. - 3. (*eines Spiralbohrers*) angle of point. — **~wir·kung** f electr. (Ionisation) needle (*od.* point) effect. — **~zei·ten** pl 1. econ. peak period sg. - 2. (*des Verkehrs etc*) peak (*od.* rush) hours. - 3. electr. peak (load) period sg.

'**Spit·zer** m ⟨-s; -⟩ (für Bleistifte) (pencil) sharpener.

'**Spitz**‚**fei·le** f tech. taper file.

'**spitz**‚**fin·dig** adj 1. (sehr genau) subtle, sharp. - 2. (überscharf, übergenau) nice. - 3. (haarspalterisch) hairsplitting. - 4. (sophistisch) sophistic(al). — '**Spitz**‚**fin·dig·keit** f ⟨-; -en⟩ 1. (Genauigkeit) subtlety, sharpness. - 2. (Übergenauigkeit) nicety: die **~** der Unterscheidung the nicety of the differentiation; er vermied in seiner Argumentation alle **~**en he avoided any niceties in his argumentation. - 3. (Haarspalterei) hairsplitting. - 4. (Sophistik) sophistry.

'**Spitz**‚**fuß** m med. talipes equinus. — **~**‚**gang** m equine gait. — **~**‚**stel·lung** f foot drop.

'**Spitz**‚**ge**‚**schoß** n mil. pointed bullet. — **~ge**‚**win·de** n tech. sharp (*od.* angular) thread, sharp V thread (auch Vee thread). — **~**‚**gie·bel** m arch. pointed gable, fastigium (scient.). — **~**‚**glas** n tapering glass. — **~**‚**hacke** (getr. -k·k-) f, **~**‚**ham·mer** m, **~**‚**haue** f pick (hammer), pickax(e). — **~**‚**hörn·chen** n zo. tree (*od.* squirrel) shrew; tupaia, auch tupaya (scient.) (Fam. Tupaiidae). — **~**‚**hut** m ·steeple-(crowned) hat, steeple-crown.

'**spit·zig** adj cf. spitz 1—4, 6—8.

'**Spitz**|**keh·re** f 1. hairpin bend (*od.* curve). - 2. (sport) (beim Skilaufen) kick turn: eine **~** machen to do a kick turn. — **~**‚**klet·te** f bot. cocklebur(r), ditchbur, sea burdock (Xanthium strumarium). — **~**‚**kopf** m med. oxycephaly, acrocephaly. — **s~**‚**köp·fig** [-‚kœpfɪç] adj acrocephalic, acrocephalous, oxycephalic. — **~**‚**krie·gen** v/t ⟨sep, -ge-, h⟩ colloq. (merken) cotton on to (sl.), Br. colloq. twig: sie hat es spitzgekriegt she cottoned (*od.* colloq. caught) on. — **~**‚**löt**‚**kol·ben** m tech. pointed (style) soldering copper. — **~mar·ke** f print. head(ing). — **~ma**‚**schi·ne** f tech. (zum Bleistiftspitzen) (pencil) sharpener. — **~**‚**maul**‚**nas**‚**horn** n zo. black rhinoceros (Diceros bicornis). — **~maus** f 1. zo. shrew(mouse) (Fam. Soricidae). - 2. fig. (Person) mouse- (*od.* weasel-)faced person. — **~mei·ßel** m tech. 1. (Werkzeug) chisel (*od.* moil) point. - 2. (Schneidmeißel) single-point tool. — **~mor·chel** f bot. morel (Morchella conica). — **~na·me** m nickname, byname; so(u)briquet, cognomen (lit.): j-m einen **~**n geben to give s.o. a nickname, to nickname s.o. — **~na·se** f pointed (*od.* pointy, sharp) nose. — **s~**‚**na·sig** [-‚naːzɪç] adj sharp-nosed. — **s~**‚**oh·rig** [-‚ʔoːrɪç] adj (Hunderassen etc) prick-eared. — **~pocken** (getr. -k·k-) pl med. (Windpocken) chicken pox sg, varicella sg (scient.). — **~säu·le** f arch. (Pyramide) pyramid. — **~sen·ker** m tech. countersink: **~** für Bohrwinden a) rose bit, b) shell drill. — **~turm** m arch. steeple. — **~we·ge·rich** m bot. ribwort (plantain), chimery sweep, deer's-tongue, hen plant (Plantago lanceolata). — **s~**‚**win·ke·lig**, **s~**‚**wink·lig** adj math. acute(-angled), angular. — **~zahn** m med. (Eckzahn) eyetooth, canine (tooth) (scient.). — **~zan·ge** f tech. long-nose pliers pl (construed as sg or pl). — **~zir·kel** m (toolmaker's) dividers pl. — **s~**‚**zün·gig** [-‚tsʏŋɪç] adj fig. sharp-tongued.

Splanch·no·lo·gie [splançnolo'giː] f ⟨-; no pl⟩ med. (Eingeweidelehre) splanchnology.

Spleen [ʃpliːn; spliːn] (Engl.) (Engl.) m ⟨-s; -e u. -s⟩ 1. (Marotte, Schrulle) whim, notion, fad, crotchet: sie hat den **~**, nur Schwarz zu tragen she has a whim about wearing only black. - 2. (verrückte, fixe Idee) idée fixe, fixed idea, bee in one's bonnet: er hatte den **~**, um die Welt schwimmen zu wollen he had an idée fixe (*od.* a bee in his bonnet) about swimming round the world. - 3. (meist im colloq. sg.) (merkwürdige, falsche Vorstellungen haben) to have the oddest ideas, b) (leicht verrückt sein) to be (a bit) cracked, Br. balmy (colloq.), to be nuts (sl.): in bezug auf sein Aussehen hatte er einen **~** he had the oddest ideas about his appearance; du hast

wohl einen **~**! you must be daft! — '**splee·nig** adj 1. (schrullig) whimsical, whims(e)y, faddish, faddy, crotchety. - 2. (seltsam) odd. - 3. (verschroben) eccentric. - 4. colloq. (leicht verrückt) daft, 'cracked', Br. balmy (alle colloq.), nuts (pred) (sl.).

Spleiß [ʃplaɪs] m ⟨-es; -e⟩ 1. (eines Seils, Taus, Tonbands etc) splice. - 2. dial. for Splitter, Span 3. — '**splei·ßen I** v/t ⟨spleißt, spliß, gesplissen⟩ 1. (Seil, Tau, Tonband etc) splice. - 2. dial. for spalten 1—3. — **II S~** n ⟨-s⟩ 3. verbal noun. - 4. cf. Spleiß 1.

'**Spleiß**‚**stel·le** f cf. Spleiß 1.

splen·did [ʃplɛn'diːt; splɛn-] adj 1. colloq. (freigebig) generous, liberal, free, openhanded, Br. open-handed, freehanded, Br. free-handed. - 2. print. (Satz) wide, widely spaced, open.

Splen·ek·to·mie [splɛnɛkto'miː] f ⟨-; -n [-ən]⟩ med. (Milzentfernung) splenectomy. — **splen·ek·to'mie·ren** [-rən] v/i u. v/t ⟨no ge-, h⟩ splenectomize.

Spließ [ʃpliːs] m ⟨-es; -e⟩ (Schindel) shingle.

Splint [ʃplɪnt] m ⟨-(e)s; -e⟩ 1. tech. (Vorstecktstift) split pin, cotter (pin). - 2. bot. cf. Splintholz. — **Splin·te** ['ʃplɪntə] f ⟨-; -n⟩ tech. cf. Splint 1.

'**Splin·ten**‚**zie·her** m ⟨-s; -⟩ tech. cotter pin extractor.

'**Splint**|**holz** n bot. sapwood, auch alburnum. — **~**‚**kä·fer** m zo. shot(-hole) borer, bark beetle (Fam. Scolytidae).

spliß [ʃplɪs] 1 u. 3 sg pret of spleißen.

Spliß m ⟨-sses; -sse⟩ bes. mar. cf. Spleiß 1. — '**splis·sen** v/t ⟨h⟩ cf. spleißen.

'**Spliß**‚**ham·mer** m mar. splidning hammer.

Splitt [ʃplɪt] m ⟨-(e)s; -e⟩ civ.eng. 1. broken (*od.* crushed) stone. - 2. (Rollsplitt) chippings pl.

Split·ter ['ʃplɪtər] m ⟨-s; -⟩ 1. (Holz-, Metallsplitter etc) splint(er), Am. auch splent, chip. - 2. (Glas-, Porzellan-, Steinsplitter etc) fragment, splint(er), Am. auch splent. - 3. (Diamantsplitter) (diamond) chip (*od.* spark). - 4. (in der Haut) splinter: er hat sich (dat) einen **~** in die Hand gejagt, er hat sich (dat) einen **~** eingezogen he got a splinter in his hand; was siehst du aber den **~** in deines Bruders Auge, und wirst nicht gewahr des Balkens in deinem Auge? Bibl. and why beholdest thou the mote that is in thy brother's eye, but considerest not the beam that is in thine own eye? - 5. (Knochensplitter) splinter. - 6. mil. (Granatsplitter) fragment, splinter. — **~ak·ti·o**‚**när** m econ. owner of a minute shareholding (bes. Am. stockholding). — **~bom·be** f mil. fragmentation bomb. — **~bruch** m med. splintered (*od.* chip, scient. comminuted) fracture. — **~fän·ger** m mil. 1. (am Schießstand) butts pl. - 2. (bei Sprengversuchen) revetment, fragmentation wall. — **s~**‚**fa·ser**‚**nackt** adj colloq. cf. Splitternackt. — **~frak**‚**tur** f med. cf. Splitterbruch. — **s~frei** adj splinterproof, splinterless, shatterproof: **~**es Glas nonsplintering (Br. non-splintering) (*od.* shatterproof) glass. — **~gra·ben** m mil. slit trench. — **~grup·pe** f pol. (einer Partei etc) splinter group (*od.* party), faction.

'**split·te·rig** adj 1. (leicht splitternd) splintery, liable to splinter. - 2. (mit Splittern bedeckt) splintery. - 3. (zersplittert) splintered, splintery.

'**split·tern** ['ʃplɪtərn] I v/i ⟨sein u. h⟩ (von Holz, Glas, Knochen etc) splinter. - II S~ n ⟨-s⟩ verbal noun.

'**split·ter**'**nackt** adj colloq. stark-naked (attrib), stark, without a stitch on (colloq.), Br. sl. starkers.

'**Split·ter**|**par**‚**tei** f pol. splinter party (*od.* group). — **~schutz** m mil. splinter protection, splinterproof. — **s~**‚**si·cher** adj 1. mil. splinterproof. - 2. tech. (Glas etc) cf. splitterfrei.

'**Split·te·rung** f ⟨-; -en⟩ cf. Splittern. - 2. (Abspaltung) spallation.

'**Split·ter**‚**wir·kung** f mil. fragmentation effect.

Split·ting ['ʃplɪtɪŋ; ʃpli-] n ⟨-s; no pl⟩ econ. (im Einkommensteuerrecht) splitting.

'**split·rig** adj cf. splitterig.

Spo·di·um ['ʃpoːdium; ʃpoː-] n ⟨-s; no pl⟩ chem. bone charcoal, spodium (scient.).

Spo·du·men [spodu'meːn; ʃpo-] n ⟨-s; -e⟩ min. spodumene.

Spoi·ler ['ʃpɔylər; ʃpɔy-] m ⟨-s; -⟩ (eines Rennwagens etc) spoiler.

Spö·ke ['ʃpøːkə] f ⟨-; -n⟩ zo. cf. Seekatze.
'Spö·ken,kie·ker m ⟨-s; -⟩ Low G. for Hellseher, Geisterseher.
Spo·li·en ['ʃpoːliən] pl hist. (im Mittelalter) (eines Geistlichen) estate sg. — ~recht n hist. jur. right of spoliation.
Spo·li·um ['ʃpoːliʊm; 'ʃpoː-] n ⟨-s; -lien⟩ meist pl antiq. (Waffenbeute) spoil.
spon·de·isch [ʃpon'deːiʃ; ʃpɔn-] adj metr. spondaic, auch spondaical, spondean.
Spon·de·us [ʃpɔn'deːʊs; ʃpɔn-] m ⟨-; -deen⟩ metr. spondee.
Spon·dyl·ar·thri·tis [ʃpɔndylar'triːtɪs; ʃpɔn-] f med. spondylarthritis, spondylosis, spondylarthrosis.
Spon·dy·li·tis [ʃpɔndy'liːtɪs; ʃpɔn-] f ⟨-; -tiden [-li'tiːdən]⟩ med. spondylitis. — **spon·dy'li·tisch** [-tɪʃ] adj spondylitic.
Spon·dy·lo·se [ʃpɔndy'loːzə; ʃpɔn-] f ⟨-; -n⟩ med. spondylosis.
spon·gi·ös [ʃpɔŋ'giøːs; ʃpɔn-] adj (schwammig) spongy, (in bezug auf Knochen) cancellous.
spön·ne ['ʃpœnə] 1 u. 3 sg pret subj of spinnen.
Spon·sa·li·en [ʃpɔn'zaːliən; ʃpɔn-] pl obs. engagement presents.
Spon·sor ['ʃpɔnzɔr; 'ʃpɔnsə] (Engl.) m ⟨-s; -s⟩ (Förderer) sponsor. — ~sen·dung f (radio) telev. sponsored broadcast (od. program, bes. Br. programme).
spon·tan [ʃpɔn'taːn; ʃpɔn-] I adj 1. (unmittelbar, von innen kommend) eine ~e Reaktion [Antwort] a spontaneous reaction [reply]. – 2. (impulsiv, unkontrolliert) spontaneous, impulsive: ein ~er Einfall [Entschluß] a spontaneous idea [decision]. – 3. automatic. – II adv 4. spontaneously, on the spur of the moment.
Spon·ta·nei·tät [ʃpɔntanei'tɛːt; ʃpɔn-] f ⟨-; no pl⟩ 1. spontaneity, spontaneousness. – 2. spontaneity, spontaneousness, impulsiveness, impulsivity.
Spon'tan|frak,tur f med. spontaneous (od. pathological) fracture. — **~ma·te·ri,al** n ling. (in der Sprachgeographie) incidental material. — **~rup,tur** f med. spontaneous rupture.
Spo·nung ['ʃpoːnʊŋ] f ⟨-; -en od. -s⟩ mar. (eines Schiffes) rabbet, auch rebate.
spo·ra·disch [ʃpo'raːdɪʃ; ʃpo-] I adj (vereinzelt vorkommend) sporadic: das ~e Vorkommen der Pflanze in unserer Gegend the sporadic occurrence of the plant in our region; bei einem seiner ~en Besuche kam er auch bei uns vorbei he also came to see us on one of his sporadic visits; ~e Angriffe (sport) isolated attacks. – II adv diese Krankheit tritt nur ~ auf (od. kommt nur ~ vor) this disease occurs only sporadically (od. in sporadic cases); wir sehen uns nur ganz ~ we see each other only now and then.
Spor·an·gi·um [ʃpo'raŋgiʊm; ʃpo-] n ⟨-s; -gien⟩ bot. (Sporenbildner u. -behälter) sporangium.
Spo·re ['ʃpoːrə] f ⟨-; -n⟩ biol. (bei Algen, Pilzen etc) spore: kleine ~ sporule.
'Spo·ren|be,häl·ter m bot. cf. Sporangium. — **~,bil·dend** adj biol. sporiferous, sporiparous, sporogenous, sporogenic. — **~,bil·dung** f spore formation, formation of spores, sporogenesis, sporogeny, sporulation. — **~,blatt** n (bei Farnen) spore leaf, sporophyll (scient.). — **~,frucht** f (des Wasserfarns etc) spore fruit, sporocarp (scient.). — **~,kap·sel** f spore capsule, sporogonium (scient.).
'spo·ren,klir·rend I adj ⟨attrib⟩ spur-jingling. II adv ~ betrat er den Saal he entered the hall with jingling spurs.
'Spo·ren|,pflan·zen pl bot. cryptogams. — **~,tier·chen** n zo. (einzelliger Schmarotzer) 1. (Stamm) Sporozoa. – 2. (Einzeltierchen) sporozoan, sporozoon. — **s~,tö·tend** adj biol. sporicidal: ~es Mittel sporicide. — **~,trä·ger** m biol. spore case; sporangium, sporophore (scient.).
Spör·gel ['ʃpœrgəl] m ⟨-s; -⟩ bot. (Futterpflanze) (corn) spurry (od. spurrey) (Spergula arvensis).
Sporn [ʃpɔrn] m ⟨-(e)s; Sporen ['ʃpoːrən]⟩ 1. meist pl (an Reitstiefeln etc) spur: die Sporen anschnallen [abschnallen] to put [take off] one's spurs; sie gab ihrem (od. dem) Pferd die Sporen she spurred her horse, she set (od. put) spurs to her horse; mit seinen Aufsatz verdiente er sich (dat) die (od. seine) ersten Sporen als Wissenschaftler fig. he earned (od. won)

his first spurs as a scientist with this paper. – 2. mil. (an Geschützen) trail spade. – 3. aer. (am Flugzeugheck) (tail) skid. – 4. mar. (an Kriegsschiffen) ram. – 5. (bei Kampfhähnen) spur. – 6. zo. (bei Vögeln etc) spur, calcar (scient.). – 7. bot. (beim Rittersporn etc) spur. — **~,am·mer** f zo. Lapland bunting (od. longspur) (Calcarius lapponicus). — **~,blu·me** f bot. centranth (Centranthus ruber).
spor·nen ['ʃpɔrnən] v/t ⟨h⟩ 1. (Stiefel etc) spur. – 2. (ein Pferd etc) spur, set (od. put) spurs to, give (a horse) (the) spur. – 3. fig. cf. anspornen.
'sporn,för·mig adj 1. spur-shaped. – 2. zo. med. spur-shaped, calcarine (scient.).
'Sporn|,ku·fe f aer. (am Flugzeugheck) (tail) skid. — **~,pie·per** m zo. Richard's pipit (Anthus richardi). — **~,rad** n aer. tail wheel. — **~,räd·chen** n (am Sporn) rowel. — **~,schuh** m aer. tail skid.
'sporn,streichs [-,ʃtraiçs] adv rare (unverzüglich, sofort) at once, immediately, straightaway, Br. straight away.
Spo·ro·phyt [sporo'fyːt; ʃpo-] m ⟨-en; -en⟩ bot. sporophyte.
Spo·ro·tri·cho·se [sporotri'çoːzə; ʃpo-] f ⟨-; -n⟩ med. sporotrichosis.
Spo·ro·zo·on [sporo'tsoːɔn; ʃpo-] n ⟨-s; -zoen⟩ zo. cf. Sporentierchen 2.
Sport [ʃpɔrt] m ⟨-(e)s; rare -e⟩ 1. sport(s pl), athletics pl (sometimes construed as sg): er treibt viel ~ he goes in for a great deal of sport. – 2. (als Schulfach) physical education. – 3. (Sportart) (kind od. branch of) sport: einen ~ sollte jeder ausüben everybody should engage in some kind of sport; er macht sich (dat) (geradezu) einen ~ daraus, mich zu ärgern fig. colloq. he (more or less) makes a sport out of annoying me; das machte er nur zum ~ fig. colloq. he just did it for fun. – 4. fig. (zeitweilige Liebhaberei) hobby, sport. – 5. (in Zeitung, Radio etc) cf. a) Sportnachrichten, b) Sportsendung. — **~,ak·ro,ba·tik** f ⟨-; no pl⟩ cf. Kunstkraftsport. — **~,amt** n 1. (Büro) sport(s) office. – 2. (Behörde) sport(s) authorities pl. — **~,an·geln** n cf. Sportfischerei. — **~,ang·ler** m angler. — **~,an·la·ge** f sport(s) facilities pl (od. ground[s pl]): ~ für Leichtathletik athletic sports grounds. — **~,an·zug** m (fashion) sport(s) (od. casual, Am. auch slack) suit. — **~,art** f (kind od. branch of) sport. — **~,ar·ti·kel** m sport(s) (od. sporting) article. — **~,arzt** m sport(s) physician. — **~,aus,rü·stung** f 1. sport(s) equipment. – 2. (Kleidung) sportswear. — **~,aus,übung** f (active) engagement in sport(s). — **s~be,gei·stert** adj keen on (od. enthusiastic about) sport(s). — **~be,gei·ster·te** m, f ⟨-n; -n⟩ sport(s) enthusiast (od. colloq. fan). — **~be,gei·ste·rung** f enthusiasm for sport(s). — **~,bei,la·ge** f (einer Zeitung) sport(s) (od. sporting) supplement. — **~be,klei·dung** f cf. Sportkleidung. — **~be,richt** m 1. (im Radio etc) sport(s) report, Am. sportscast, auch sportcast. – 2. (in der Zeitung etc) sports report. — **~be,richt·er,stat·ter** m 1. (beim Rundfunk etc) sport(s) reporter, Am. sportscaster, auch sportcaster. – 2. (einer Zeitung etc) sportswriter, sport(s) reporter. — **~,boot** n sport(s) (od. sporting) boat. — **~,dreß** m cf. Sportkleidung.
Spor·tel ['ʃpɔrtəl] f ⟨-; -n⟩ meist pl hist. jur. (Amtsgebühr, meist im Mittelalter) 1. fee. – 2. perquisite.
spor·teln ['ʃpɔrtəln] v/i ⟨h⟩ colloq. (Sport treiben) engage in (od. go in for) sport(s).
'Sport|er,eig·nis n sport(s) (od. sporting, sportive) event. — **~,feld** n cf. Sportplatz. — **~,fest** n 1. sport(s) meeting (od. festival, Am. auch meet). – 2. (Schulsportfest) sports day. — **~,fex** m colloq. sport(s) fan (colloq.). — **~,film** m sport(s) film. — **~,fi·sche,rei** f sport(s) fishing. — **~,flie·ger** m amateur (od. private) pilot, (beim Segelflug) glider (od. sailplane) pilot. — **~,flie·ge,rei** f flying (sport). — **~,flug,platz** m club sport(s) airfield (Br. auch aerodrome, Am. auch airdrome). — **~,flug,zeug** n sport(s) (od. sporting) plane. — **~,freund** m sport(s) (od. sporting) friend. — **~,funk** m (radio) cf. Sportsendung. — **~,gat·tung** f cf. Sportart. — **~,geist** m ⟨-(e)s; no pl⟩ cf. Sportsgeist. — **~ge,län·de** n sport(s) ground(s pl), Am. auch sport(s) park. — **~ge,rät** n 1. (piece of) sport(s) equipment, sport(s) requisite (od.

implement): Raum für die ~e room for sport(s) equipment. – 2. (zum Geräteturnen etc) sport(s) (od. gymnastic) apparatus. — **s~ge,schä·digt** adj med. 1. (Organ) impaired by athletic activity: ~es Herz cf. Sportlerherz. – 2. (Person) suffering from an athletic injury. — **~ge,schäft** n sport(s) shop (bes. Am. store). — **~,grö·ße** f colloq. cf. Sportskanone. — **~,hal·le** f gymnasium, sport(s) hall. — **~,herz** n med. cf. Sportlerherz. — **~,hemd** n sport(s) shirt. — **~,hoch,schu·le** f college of physical education, sport(s) college. — **~,ho·se** f sport(s) trousers pl, slacks pl (sometimes construed as sg). — **~,jacke** (getr. -k·k-) f sport(s) jacket (od. coat), blazer. — **~,ju·gend** f youth (actively) engaged in sport(s), sporting youth. — **~,ka·brio,lett** n auto. sport(s) (od. sporting) cabriolet (od. convertible coupé). — **~,ka·me,rad** m sport(s) (od. sporting) friend (od. colloq. pal). — **~,klei·dung** f sport(s) clothes pl, sportswear. — **~,klub** m sport(s) club. — **~,kom·men,ta·tor** m sport(s) commentator. — **~,ko,stüm** n sport(s) suit (od. costume). — **~,leh·rer** m 1. sport(s) instructor. – 2. (an der Schule) sport(s) teacher, physical education instructor, bes. Br. games master. — **~,leh·re·rin** f 1. sport(s) instructress. – 2. sport(s) teacher, physical education instructress, bes. Br. games mistress.
'Sport·ler m ⟨-s; -⟩ 1. sportsman. – 2. athlete. — **~,herz** n med. athlete's heart.
'Sport·le·rin f ⟨-; -nen⟩ 1. sportswoman. – 2. (woman) athlete.
'Sport·ler,lauf,bahn f sport(s) career.
'sport·lich I adj 1. ⟨attrib⟩ (Veranstaltung, Leistung etc) sporting, sportive: ein ~es Ereignis a sporting (od. sport[s]) event. – 2. (Verhalten etc) sportsmanlike, sporting, sportsmanly, sporty. – 3. (Gestalt, Aussehen etc) athletic. – 4. (Person) athletic, fit. – 5. (Kleidung etc) sport(s) (attrib), sporty, sporting, Am. sportsy: ~e Bekleidung sport(s) clothes pl. – II adv 6. er ist ~ veranlagt he is athletically inclined; ~ gesehen from a sporting point of view, from the point of view of sport; ein ~ aussehender junger Mann an athletic-looking young man. — **'Sport·lich·keit** f ⟨-; no pl⟩ 1. (sportliche Einstellung) sportsmanship, sportiness. – 2. (Figur etc) athletic appearance. – 3. (einer Person) fitness, athletic constitution. – 4. (der Kleidung etc) sportiness.
'Sport|,man·tel m sport(s) coat. — **~me·di,zin** f sport(s) medicine. — **~,mel·dung** f sport(s) news pl (construed as sg or pl). — **~,mo,dell** n 1. (Kleid etc) sport(s) model. – 2. (Auto etc) sport(s) (od. sporty) model (od. type). — **~,müt·ze** f sport(s) (od. sporting) cap. — **~,nach,rich·ten** pl sport(s) news pl (construed as sg or pl). — **~pa,last** m sport(s) palace (od. hall). — **~,platz** m sport(s) ground(s pl) (od. field), playfield, (beim Fußball etc) playing field, ground, bes. Br. pitch. — **~,pres·se** f sport(s) press. — **~,rad** n sport(s) (od. racing) bicycle. — **~re·dak,teur** m sport(s) (od. sporting) editor. — **~re·por,ta·ge** f cf. Sportbericht. — **~re,por·ter** m cf. Sportberichterstatter. — **~,ru,brik** f (einer Zeitung) sport(s) column. — **~,sak·ko** m, auch n, Austrian only n sport(s) jacket (od. coat). — **~,schal·tung** f auto. sport(s) gear change (bes. Am. gearshift). — **~,schau** f telev. television sport(s) news pl (construed as sg or pl). — **~,schlit·ten** m (luge) toboggan. — **~,schuh** m meist pl 1. (flacher Straßenschuh) sport(s) shoe. – 2. (Turnschuh etc) gym shoe, Br. plimsoll, auch plimsol(e), bes. Am. sneaker. — **~,schu·le** f cf. Sporthochschule. — **~,sei·te** f (einer Zeitung etc) sport(s) (od. sporting) page. — **~,sen·dung** f (radio) telev. sport(s) broadcast, Am. sportscast, auch sportcast. — **~sen·sa·ti,on** f sporting (od. sport[s]) sensation.
'Sports|,freund m sport(s) enthusiast (od. colloq. fan). — **~,geist** m ⟨-(e)s; no pl⟩ sporting spirit: er hat großen ~ bewiesen he showed great sporting spirit, he has been a good (od. great) sport. — **~ka,no·ne** f colloq. topnotcher, auch top notch, (sport[s]) ace (alle colloq.). — **~,mann** m ⟨-(e)s; -leute, auch ᵉer⟩ 1. (fairer, anständiger Mensch) sportsman, sport. – 2. cf. Sportler.
'sports,män·nisch [-,mɛnɪʃ], **'sports,mä·ßig** adj (Verhalten etc) sportsmanlike, sporting, sportmanly, sporty.

'**Sport**|**strumpf** m meist pl sport(s) stocking. — **stu,dent** m sport(s) student. — **su·cher** m phot. (in der Sportphotographie) sport finder, Albada finder. — **tau·chen** n skin diving. — **tau·cher** m skin diver. — **teil** m (einer Zeitung) sport(s) (od. sporting) section. — s**trei·bend** adj ⟨attrib⟩ sporting, engaging in (od. going in for) sport(s). — **tri,kot** n sport(s) (od. athletic) jersey (od. vest), T-shirt, auch tee shirt, bes. Br. singlet. — **über,tra·gung** f (radio) telev. transmission of a sport(s) event. — **un,fall** m sport(s) (od. sporting) accident. — **ver,an,stal·tung** f sport(s) (od. sporting) event, sport(s) meeting (Am. auch meet). — **ver,band** m sport(s) (od. athletic[s]) association (od. federation). — **ver,ein** m sport(s) (od. athletic[s]) club. — **ver,let·zung** f sport(s) (od. sporting) injury. — **wa·gen** m 1. auto. sports car, auch sport car: ~ mit Scheren- (od. Klapp)verdeck roadster. — 2. (Kinderwagen) Br. pushcart, Am. stroller. — **wart** m sport(s) manager. — **welt** f ⟨-; no pl⟩ sport(s) (od. sporting) world, world of sport(s), sportsdom. — **wett·kampf** m sport(s) (od. athletic[s]) competition (od. contest). — **wo·che** f sport(s) week. — **zeit·schrift** f sport(s) (od. sporting) magazine. — **zei·tung** f sport(s) (od. sporting) (news)paper, sport(s) (od. sporting) news pl (construed as sg or pl). — **zwei,sit·zer** m auto. (sport[s]) roadster, twoseater (Br. two-seater) sports (auch sport) car.

Spot [spɔt] (Engl.) m ⟨-s; -s⟩ 1. (radio) telev. (der Werbung) commercial (spot), spot. — 2. phot. od. Spotlicht. — **ge,schäft** n econ. (bei Warenbörsen u. Devisenhandel) spot transaction (od. business). — **licht** n phot. spot(light).

Spott [ʃpɔt] m ⟨-(e)s; no pl⟩ 1. cf. Spotten. — 2. mockery, derision, ridicule, scorn, scoff: leiser [feiner] ~ gentle [subtle] mockery; ihr ~ prallte an ihm ab her mockery just glanced (od. bounced) off him, her mockery had no effect on him; er wurde zur Zielscheibe des allgemeinen ~(e)s he became the object (od. target) of general ridicule (od. derision, mockery), he became the laughingstock (Br. laughing-stock) (od. butt, sport) of everyone; j-n dem ~ der anderen (od. dem ~ anderer) preisgeben to expose s.o. to the derision of others, to make s.o. the butt (od. laughingstock, Br. laughing-stock) of others; j-n mit ~ und Hohn überschütten to pour scorn on s.o.; seinen ~ mit j-m treiben to make a mock of s.o., to mock (od. scoff) (at) s.o., to deride (od. ridicule) s.o., to laugh s.o. to scorn; → Hohn 1; Schaden 3. — 3. (gutmütiger, neckender) banter, raillery, chaff. — 4. (beißender) sarcasm. — 5. (geistreicher, feiner) irony, satire. — 6. (mittels Grimassen, Gesten etc) fleer. — **bild** n caricature. — s**'bil·lig** colloq. I adj cheap: das Kleid war ~ the dress was dirt cheap, the dress was an absolute bargain. — II adv dirt cheap: ich habe das Haus ~ gekauft I bought the house for a song, the house was an absolute bargain for me. — **dros·sel** f 1. zo. a) mock(ing) thrush, thrasher (Fam. Mimidae), b) mockingbird, mimic thrush (Mimus polyglottus). - 2. fig. colloq. cf. Spottvogel 2.

Spöt·te·lei f ⟨-; -en⟩ 1. cf. Spötteln. — 2. (spöttische Bemerkung etc) gibe, jibe, jeer, sneer, taunt. - 3. (gutmütige, neckende) banter, raillery, chaff. — 4. (beißende) sarcasm.

spöt·teln ['ʃpœtəln] I v/i ⟨h⟩ 1. (leicht spotten) (über acc) mock (gently) (at), scoff (at), make (od. pass) mocking (od. scoffing) remarks (about). - 2. (gutmütig, neckend) (über acc about) banter, chaff. - 3. (bösartig, stichelnd) (über acc at) gibe, jibe, jeer, sneer, flout. - II S~ n ⟨-s⟩ 4. verbal noun. - 5. mockery, scoff. - 6. banter, raillery, chaff.

spot·ten ['ʃpɔtən] I v/i ⟨h⟩ 1. (spöttisch reden) (über acc) mock (at), scoff (at), scorn (at), make (od. pass) derisive remarks (about): sie spotteten über ihn they mocked (od. scoffed) (at) him, they made a mock of him, they derided (od. ridiculed) him; „ach! du Armer!" spottete sie "you poor thing!" she mocked. - 2. (sich lustig machen) (über acc) make fun (od. sport) (of), banter (about), chaff (about): der

Ehemann spottete über den neuen Hut seiner Frau the husband made fun of his wife's new hat. - 3. (verächtlich, höhnisch) (über acc) gibe (at), jibe (at), jeer (at), sneer (at), flout (at): sie ~ über den schlechten Spieler they sneer at the bad player, they gibe (od. jibe, jeer, scorn, flout) (at) (od. taunt) the bad player. - 4. (beißend) (über acc about) make (od. pass) sarcastic remarks. - 5. (geistreich) satirize Br. auch -s-. - 6. etwas (dat) ~ to defy (od. beggar) s.th.: der Zustand der Straßen spottete jeder Beschreibung the state of the streets defied (od. beggared, surpassed, was beyond) description. - II S~ n ⟨-s⟩ 7. verbal noun. - 8. mockery, scoff, derision, ridicule. - 9. banter, raillery, chaff.

'**Spöt·ter** m ⟨-s; -⟩ 1. mocker, scoffer, scorner. - 2. (gutmütiger) railleur. - 3. (verächtlicher, beleidigender) giber, jiber, jeerer, sneerer, flouter, taunter. - 4. (beißender) sarcast. - 5. (geistreicher) satirist. - 6. (mimischer) fleerer. - 7. zo. warbler (Gattg Hippolais).

Spöt·te·rei f ⟨-; -en⟩ colloq. 1. cf. Spotten. - 2. cf. Spott.

'**Spöt·te·rin** f ⟨-; -nen⟩ cf. Spötter 1—6.

'**Spott**|**fi,gur** f laughingstock, Br. laughing-stock, butt, object of derision. — **ge,dicht** n satiric(al) poem, satire, squib: ~e auf j-n verfassen to write satirical poems about s.o. — **geld** n ridiculously small sum: für (od. um) ein ~ cf. spottbillig II. — **spöt·tisch** ['ʃpœtiʃ] I adj 1. mocking, derisive, scoffing: ein ~es Lächeln a mocking smile; über j-n ~e Bemerkungen machen to make mocking remarks about s.o., to mock (od. scoff) at s.o. - 2. (gutmütig neckend) bantering, quizzical, chaffing. - 3. (verächtlich, beleidigend) gibing, jibing, jeering, sneering, scornful, taunting, flouting. - 4. (beißend) sarcastic, auch sarcastical. - 5. (ironisch) ironic(al). - 6. (satirisch) satiric(al). — II adv 7. sie lächelte ~ she smiled quizzically.

'**Spott**|**lied** n satiric(al) song. — **lust** f 1. delight in (od. love of) mocking (od. deriding, ridiculing) others. - 2. (Necklust) delight in (od. love of) bantering (od. chaffing), delight in raillery. — **lu·stig** adj 1. fond of mocking (od. deriding, ridiculing) (others). - 2. (necklustig) fond of bantering (od. chaffing), fond of raillery: ~ sein a) to delight in mockery, to love to mock (others), b) to delight in banter (od. raillery), to love to banter (od. chaff). — **na·me** m derisive nickname. — **preis** m bargain price, ridiculous(ly low) price: für (od. um) einen ~, zu einem ~ cf. spottbillig II. — **re·de** f satiric(al) speech, satire, squib: er hielt eine ~ auf ihn he made a satirical speech on (od. about) him. — **schrift** f 1. satire, satiric(al) piece of writing. - 2. (Schmähschrift) lampoon. — **sucht** f delight in mocking (od. deriding, ridiculing) others, delight in mockery. — s**süch·tig** adj ~ sein to take a delight in mocking (od. deriding, ridiculing) others. — **vers** m satiric(al) verse. — **vo·gel** m 1. zo. a) cf. Spottdrossel 1, b) cf. Spötter 7. - 2. fig. colloq. teaser, mocker.

sprach [ʃpraːx] 1 u. 3 sg pret of sprechen.

'**Sprach**|**aka·de,mie** f ling. linguistic academy. — **ar·mut** f poverty of expression (od. speech). — **at·las** m linguistic (auch dialect) atlas. — **bar·rie·re** [-ba,riɛːrə] f language barrier. — **bau** m structure of (a) language. — s**be,gabt** adj talented (od. gifted) for languages, linguistically talented (od. gifted): ~ sein to have a talent (od. gift) for languages. — **be,ga·bung** f talent (od. gift) for languages. — s**be,hin·dert** adj handicapped in one's speech, having a speech defect (od. disorder). — **denk,mal** n meist pl literary (od. linguistic) monument, monument of literature (od. language).

Spra·che ['ʃpraːxə] f ⟨-; -n⟩ 1. ⟨only sg⟩ (Sprechvermögen) speech: die menschliche ~ human speech; die ~ verlieren [wiederfinden od. wiedergewinnen] to lose [to recover] one's (faculty od. power of) speech; hast du die ~ verloren? fig. colloq. why don't you say something? is your tongue tied? diese Nachricht raubte (od. verschlug) ihm die ~ this news struck him dumb (od. took his breath away); vor Schreck verschlug es (od. versagte) mir

die ~ the shock left me speechless, I was struck dumb by the shock; Verlust der ~ loss of speech, aphasia (scient.). - 2. (eines Volkes, Stammes etc) language, tongue, (bes. gesprochene) speech: die deutsche ~ the German language; germanische [romanische, slawische] ~n Germanic [Romance, Slavic] languages; verwandte ~n related (od. cognate) languages; lebende [tote] ~n living [dead] languages; synthetische [analytische] ~n synthetic [analytical] languages; alte [neuere] ~n ancient [modern] languages; die gesprochene [geschriebene] ~ the spoken [written] language; fremde ~n lernen to learn (od. study) foreign languages; er studiert ~n he is studying languages; eine ~ beherrschen to have a perfect (od. good) command of a language, to master a language; Talent für ~n haben to have a gift (od. talent) for languages; viele ~n verstehen to know (od. understand) many languages, to be multilingual (od. polyglot); er übersetzt aus der italienischen in die deutsche ~ he translates from Italian into German; wir sprechen nicht dieselbe ~ fig. we do not speak the same language. - 3. (Landessprache) vernacular. - 4. ⟨only sg⟩ (Aussprache) (manner of) speech, accent, pronunciation, articulation: der ~ nach ist er Berliner judging (od. to judge) from his accent he comes from Berlin; man erkennt ihn an seiner ~ als Norddeutschen one can tell by his accent that he is a North(ern) German. - 5. zur ~ kommen to come up for discussion (od. to be discussed): der Vorfall kam bei der gestrigen Sitzung zur ~ the incident came up (for discussion) (od. was raised, brought up) at yesterday's meeting; etwas zur ~ bringen to bring s.th. up (for discussion), to broach s.th.; die ~ auf (acc) etwas bringen to bring s.th. up. - 6. (acc) (in Wendungen wie) mit der ~ herausrücken to speak freely (od. out, up), to divulge s.th.: sie will nicht recht mit der ~ heraus(rücken) she will not come out with it, she is beating about the bush; heraus mit der ~! speak out (od. up)! out with it! spit it out! (colloq.), cough it up! (sl.). - 7. ⟨only sg⟩ (Ausdrucksweise) language, speech, parlance, (Worte) words pl: gebildete [ungebildete] ~ cultured (od. cultivated) [uncultured od. uncultivated] language; die ~ der Gauner cf. Gaunersprache; eine derbe ~ coarse (od. crude) language; unflätige ~ filth; in gewöhnlicher ~ heißt das in plain language (od. words) this means; dieses Wort stammt aus der ~ des Films this word originated in the language of the cinema (bes. Am. colloq. movies); die ~ des Mediziners medical jargon (od. language); bei ihm müssen wir eine deutliche ~ reden fig. we must be plain (od. frank) with him, Am. sl. we must talk turkey with him; er spricht jetzt eine ganz andere ~ fig. he has changed his tune; die ~ des Alltags everyday speech; ortsgebundene ~ local speech, native idiom. - 8. ⟨only sg⟩ (Stil, Form) language, style, diction: eine blumenreiche [gezierte] ~ a flowery (od. florid) [an affected] style; gehobene ~ elevated (od. exalted) style; die ~ der Dichter poetic diction; die ~ des Nibelungenliedes the language (od. idiom) of the Nibelungenlied. - 9. ⟨only sg⟩ contempt. (Kauderwelsch) lingo. - 10. ⟨only sg⟩ fig. (Ausdrucksform) language: die ~ der Blumen [der Musik] the language of flowers [music]; die ~ der Augen [des Herzens] the language of the eyes [the heart]; ihre Augen sprachen eine beredte ~ her eyes reflected (od. expressed) her innermost feelings; die Tatsachen sprechen eine deutliche ~ the facts speak for themselves.

sprä·che ['ʃprɛːçə] 1 u. 3 sg pret subj of sprechen.

'**Sprach**|**ebe·ne** f ling. speech level. — **ei·gen·heit**, **ei·gen·tüm·lich·keit** f idiom, idiomatic expression: deutsche ~ Germanism; englische [amerikanische] ~ Anglicism [Americanism]; französische ~ Gallicism.

'**Spra·chen**|**dienst** m translating and interpreting service. — **fra·ge** f pol. language question (od. problem). — **ge,misch** n medley (od. hodgepodge, bes. Br. hotchpotch) of languages, polyglot. — **ge,wirr** n confused babble of tongues. — **grup·pe**

f ling. language group (*od.* family). — ~-
ˌkampf *m* language conflict. — ~ˌkar·te *f*
ling. language (*od.* linguistic, *auch* dialect)
map. — ~ˌler·nen *n* learning of languages.
— ~ˌschu·le *f ped. cf.* Sprachschule.

'Sprach|ent,wick·lung *f* evolution of (a)
language. — ~er,neue·rer *m* linguistic innovator, neologist. — ~er,zie·her *m ped.*
grammarian. — ~er,zie·hung *f* 1. *cf.*
Sprecherziehung. – 2. teaching of grammar. — ~fä·hig·keit *f cf.* Sprachvermö-
gen. — ~fa,mi·lie *f ling.* family of languages, language group (*od.* cluster): die
indogermanische ~ the Indo-European
family (*od.* group) of languages. — ~ˌfeh-
ler *m* 1. *med.* speech defect, impairment
(*od.* impediment) of speech. – 2. *ling.*
grammatical error. — ~ˌfern,se·hen *n* foreign language course(s *pl*) by television. —
~ˌfer·tig·keit *f* 1. proficiency in foreign languages. – 2. *cf.* Sprachgewandtheit 2. —
~ˌform *f meist pl ling.* linguistic (*auch*
speech) form. — ~ˌfor·scher *m* 1. (*Linguist*)
linguist. – 2. (*Philologe*) philologist. — ~-
ˌfor·schung *f* 1. (*Linguistik*) linguistics *pl*
(*usually construed as sg*). – 2. (*Philologie*)
philology. — ~ˌfre,quenz *f tel.* voice frequency. — ~ˌfüh·rer *m* phrase book. —
~ge,biet *n ling.* speech area: das gesamte
deutsche ~ the entire German-speaking
area. — ~ge,brauch *m* ⟨-(e)s; *no pl*⟩
(linguistic) usage: diese Wendung ist
im deutschen ~ nicht üblich this phrase
is not common (in) German usage; im
heutigen englischen ~ in modern English
usage; im alltäglichen ~ in everyday language (*od.* speech); der heutige ~ contemporary usage. — ~ge,fühl *n* ⟨-(e)s; *no pl*⟩
feeling (*od.* flair) for language, linguistic
instinct: ein gutes ~ haben to have a
subtle feeling for language. — ~ge,lehr·te
m cf. Sprachforscher. — ~ge,mein·schaft
f ling. speech (*od.* language) community.
— ~ge,nie *n* linguistic genius. — ~geo-
gra,phie *f* linguistic (*auch* dialect) geography. — ~ge,schich·te *f* history of the language. — ~ge,sell·schaft *f hist. ling.* (*literature*) (*bes. im* 17. *u.* 18. *Jh.*) *literary society
aiming to reform the language.* — ~ge,setz *n*
ling. linguistic law, law of language. — s~-
ge,stört *adj med.* aphasic, dysarthric. — s~-
ge,wal·tig *adj* of powerful expression. —
s~ge,wandt *adj* 1. proficient in languages. –
2. eloquent. — ~ge,wandt·heit *f* 1. proficiency in languages. – 2. eloquence. — ~-
ˌgren·ze *f ling.* linguistic boundary. — ~-
ˌgrup·pe *f* language group (*od.* family). — ~-
ˌgut *n* linguistic heritage. — ~ˌheil·in·sti-
ˌtut *n med.* (*für Sprechbehinderte*) speech
(*od.* social, logop[a]edic) clinic. — ~ˌheil-
ˌkun·de *f* logop(a)edics *pl* (*construed as sg
or pl*): die ~ betreffend logop(a)edic. — ~-
ˌheil,schu·le *f* logop(a)edic school. — ~ˌin-
ˌsel *f* (*im fremden Sprachgebiet*) speech (*auch*
linguistic) enclave (*od.* island). — ~ˌkar·te *f*
cf. Sprachenkarte. — ~ˌken·ner *m cf.*
Sprachkundige. — ~ˌkennt·nis·se *pl*
knowledge *sg* of a language, proficiency *sg*
in a (foreign) language: mit guten englischen ~n with a good knowledge (*od.*
command) of English. — ~ˌkli·nik *f med.*
cf. Sprachheilinstitut. — s~ˌkun·de *f cf.*
Sprachwissenschaft. — s~ˌkun·dig *adj*
1. (well) versed (*od.* learned) in a
language. – 2. (*vielsprachig*) multilingual,
polyglot. — ~ˌkun·di·ge *m, f* ⟨-n; -n⟩
1. linguist. - 2. polyglot. — ~ˌkunst,werk
n work of literature. — ~ˌkurs, ~ˌkur·sus
m language course. — ~ˌla,bor *n*, ~ˌla-
bo·ra,to·ri·um *n ped.* language laboratory. — ~ˌläh·mung *f med.* paralysis of
(the organs of) speech, laloplegia (*scient.*).
— ~ˌlaut *m ling.* speech sound. — ~ˌlehr-
ˌbuch *n* language primer (*od.* handbook,
manual, *auch* textbook). — ~ˌleh·re *f*
grammar. — ~ˌleh·rer *m*, ~ˌleh·re·rin *f*
language teacher.

'sprach·lich **I** *adj* ⟨*attrib*⟩ 1. linguistic, of
(a) language: ~e Eigenheiten peculiarities
of a language; ~es Kunstwerk linguistic
work of art; ~e Minderheit linguistic
minority. – 2. (*Fehler etc*) grammatical. —
II *adv* 3. linguistically: j-n ~ ausbilden to
train s.o. in a language, to give s.o. (a) linguistic training. – 4. concerning style: ~
korrekt correct as to style. – 5. with
regard to grammar: inhaltlich und ~ ist
die Arbeit gut the essay is good with
regard to content and grammar (*od.* as far

as content and grammar are concerned); ~
richtig grammatical(ly correct).

'sprach·los *adj fig.* 1. speechless, mute: ~es
Erstaunen speechless amazement, blank
astonishment; ~ dastehen to stand mute;
er war ~, als er das hörte he was dumbfounded (*od. colloq.* flabbergasted) when he
heard the news; sie war ~ vor Wut she was
speechless with rage. – 2. ich bin einfach
~! *colloq.* well I never (did)! I'll be
damned! — **'Sprach·lo·sig·keit** *f* ⟨-; *no pl*⟩
1. fig. speechlessness, muteness. – 2. *med.*
aphasia, mutism, alalia: vorübergehende
~ temporary aphasia.

'Sprach|me,lo,die *f* 1. *ling.* (*einer Sprache*)
intonation, speech melody. – 2. *mus.*
speech melody (*od.* tune), inflection (*Br.*
auch inflexion) (of the voice). — s~mo,du-
ˌliert *adj* (*radio*) voice-modulated. — ~-
ˌneue·rer *m ling. cf.* Spracherneuerer. —
~ˌneue·rung *f* 1. linguistic innovation. –
2. (*Bildung neuer Wörter*) neologism. — ~-
ˌnor·mung *f* standardization of language.
— ~or,gan *n med.* organ of speech, speech
organ. — ~ˌpapst *m colloq. humor.* prescriptivist, purist. — ~ˌpfle·ge *f* cultivation
of (a) language, concern for the purity
of (a) language. — ~ˌphi·lo·so,phie *f philos.*
philosophy of language, language philosophy. — ~ˌplat·te *f* language record. —
~ˌpsy·cho·lo,gie *f psych.* psychology of
language. — ~ˌraum *m ling.* speech (*od.*
linguistic) area. — ~ˌre,form *f* linguistic
reform. — ~ˌre,gel *f* grammatical rule, rule
of grammar. — ~ˌre·ge·lung *f* (linguistic)
prescription(s *pl*), prescriptivism. — ~ˌrein-
ˌheit *f* purity of language. — ~ˌrei·ni·ger
[-ˌraɪnɪɡər] *m* ⟨-s; -⟩ purist, prescriptivist.
— ~ˌrei·ni·gung *f* purification of a language. — ~ˌrich·tig·keit *f* grammaticalness.
— ~ˌrohr *n* 1. speaking trumpet (*od.* tube),
megaphone. – 2. *fig.* (*Sprecher*) mouthpiece, *Am. auch* megaphone: sich zum ~
einer Sache machen to make oneself the
mouthpiece (*od.* spokesman) of a cause;
diese Zeitung ist das ~ der Partei this
newspaper is the mouthpiece (*od.* organ)
of the party. — ~ˌschatz *m* vocabulary
(and phrases) (of a language). — ~ˌschicht
f 1. language stratum. – 2. *cf.* Sprach-
ebene. — ~ˌschnit·zer *m colloq.* 1. (*gram-
matischer*) grammatical blunder (*od. colloq.*
howler). – 2. (*stilistischer*) solecism. — ~-
ˌschöp·fer *m* coiner (*od.* creator) of new
words (*od.* phrases). — s~ˌschöp·fe·risch
I *adj* creative in (the use of) language. —
II *adv* ~ wirken to be creative in (the use of)
language, to coin new words (*od.* phrases).
— ~ˌschöp·fung *f* 1. coining (*od.* creation)
of new words (*od.* phrases). – 2. *cf.* Sprach-
neuerung 2. — ~ˌschu·le *f ped.* school of
languages, language school. — ~ˌschwie-
rig·kei·ten *pl* language difficulties. — ~-
ˌsil·be *f* syllable. — ~ˌso·zio·lo,gie *f sociol.*
sociology of language. — ~ˌstamm *m ling.*
stock. — ~ˌstil *m* style. — ~ˌstö·rung *f med.*
1. (*Sprachdefekt*) speech defect (*od.* disorder). – 2. logopathy: zentrale ~ verbal
aphasia. — ~ˌstu,dent *m*, ~ˌstu·den·tin *f*
student of language(s). — ~ˌstu·di·um *n*
study of language(s): deutsche Sprach-
studien studies in German (language). —
~ˌsy,stem *n* language (system). — ~ta,lent
n talent (*od.* gift) for languages. — ~the-
ra,peut *m med.* speech therapist. — ~the-
ra,pie *f* speech therapy. — ~ˌtrich·ter *m*
cf. Sprachrohr 1. — ~ˌübung *f* 1. linguistic exercise. - 2. (*grammatische*) grammatical exercise. — ~ˌun·ter,richt *m ped.* language instruction: deutschen ~ erteilen to
give German lessons. — ~ver,bes·se·rer *m*
reformer of a language. — ~ver,bes·se-
rung *f* reform of a language. — ~ver,der-
ber *m* corrupter (*od.* corruptor) of (a) language. — ~ver,ein *m* linguistic society. —
~ver,glei·chung *f ling.* 1. (*in der Sprach-
geschichte*) comparative philology. - 2.
(*in der modernen Linguistik*) comparative linguistics *pl* (*usually construed as sg*).
— ~ver,mö·gen *n* faculty (*od.* power) of
speech. — ~ver,wandt·schaft *f* kinship
(*od.* affinity) between languages. — ~ver,-
ˌwil·de·rung *f* degeneration of (a) language. — ~ver,wir·rung *f* confusion of
tongues, babel, *auch* Babel. — ~ver,-
ˌwerk,zeug *n med. cf.* Sprachorgan. — s~ˌwid-
ˌrig *adj* contrary to the rules of grammar
(*od.* to the laws of a language), ungrammat-
ic(al). — ~ˌwis·sen·schaft *f* 1. *cf.* Sprach-

forschung. – 2. Sprach- und Literaturwissenschaft study of language and literature, *auch* philology; vergleichende ~
comparative study of language(s), comparative philology. — ~ˌwis·sen·schaft·ler
m 1. *cf.* Sprachforscher. - 2. Sprach- und
Literaturwissenschaftler student of (*od.*
expert in) language and literature, *auch*
philologist. — s~ˌwis·sen·schaft·lich *adj*
1. linguistic, *auch* linguistical. - 2. (*Sprach-
geschichte betreffend*) philological, *auch*
philologic. — ~ˌwur·zel *f ling.* root. —
~ˌzen·trum *n* 1. language center (*bes. Br.*
centre). - 2. *med.* speech (*od.* language)
center (*bes. Br.* centre): motorisches ~
motor speech center; sensorisches ~ sensory center of speech. — ~ˌzu·ge,hö·rig-
ˌkeit *f* affiliation to a language community.

sprang [ʃpraŋ] *1 u. 3 sg pret*, **sprän·ge**
['ʃprɛŋə] *1 u. 3 sg pret subj of* springen[1] *u.*[2].

Spray [ʃpreː; spreː; spreɪ] *n, m* ⟨-s; -s⟩ 1.
(*Dose*) spray(er), atomizer. - 2. (*Sprühflüs-
sigkeit*) spray. - 3. (*Haarspray*) lacquer,
auch lacker. — *cf.* Spray 1.

spray·en ['ʃpreːən; 'spreː-] *v/i u. v/t* ⟨h⟩
spray.

'Sprech|,akt *m* ⟨-(e)s; *no pl*⟩ (act of)
speech. — ~ˌan,la·ge *f tel.* (*innerhalb eines
Hauses*) intercommunication system, inter-
com (*colloq.*). — ~ˌbla·se *f* (*in Comic strips
etc*) balloon. — ~ˌbüh·ne *f* (*theater*) living
(*Am.* legitimate) stage, theater, *bes. Br.*
theatre. — ~ˌchor *m* 1. (*theater*) speech
choir, speaking chorus (*od.* choir). - 2. in
Sprechchören rufen to shout slogans, *Am.*
to yell.

spre·chen ['ʃprɛçən] **I** *v/i* ⟨spricht, sprach,
gesprochen, h⟩ 1. speak: deutlich ~ to
speak distinctly; undeutlich ~ to speak
indistinctly, to mumble; laut ~ to speak
loud(ly) (*od.* in a loud voice); leise ~ to
speak soft(ly) (*od.* in a low voice); sprechen Sie lauter, bitte! speak louder (*od.*
up), please! durch die Nase ~ to speak
through one's nose (*od.* nasally, with a nasal
twang); frei ~ to speak without notes; aus
dem Stegreif ~ to speak extemporaneously,
to improvise; er spricht frei von der
Leber weg *colloq.* he speaks straight out
(*od.* quite straightforwardly), he speaks
out freely; das Kind lernt ~ the child is
learning to speak; in befehlendem Ton ~
to speak in a commanding (*od.* peremptory,
an imperious) tone; allgemein gesprochen
generally speaking; sprich! speak out! ~
Sie! (*beim Ferngespräch*) go ahead, please!
~ Sie noch? are you still speaking? have you
finished speaking? *Am.* are you through?
mit amerikanischem Akzent ~ to speak
with an American accent; sie sprachen
nur noch englisch they spoke nothing but
English; auf j-n schlecht zu ~ sein *fig.
colloq.* a) to be very annoyed with (*od. colloq.* highly peeved at) s.o., b) to have no good
opinion of s.o., to be ill disposed
toward(s) s.o., b) to have no good opinion
of s.o.; er ist momentan auf sie schlecht zu
~ she is not in his good graces at the moment; für j-n ~ a) (*zu seinen Gunsten, seiner
Verteidigung*) to speak in s.o.'s favo(u)r, to
speak for s.o., b) (*stellvertretend*) to speak
for (*od.* on behalf of) s.o., c) (*für j-n eintreten*) to plead (*od.* put in a good word) for
s.o.; alles spricht für ihn *fig.* everything
speaks (*od.* is) in his favo(u)r; das spricht
für seine Unschuld *fig.* that speaks for
(*od.* points to) his innocence; vieles
spricht dafür *fig.* there is much to be
said for it; vieles spricht dafür, daß er
der Täter ist *fig.* many facts indicate that he
is the culprit; alle Anzeichen ~ dafür,
daß *fig.* everything points to the fact that,
there is every indication (*od.* reason to
believe) that; die Tatsache spricht für
sich (selbst) *fig.* the fact speaks for itself;
gegen j-n [etwas] ~ to speak against s.o.
[s.th.]; das spricht gegen ihn *fig.* that
speaks against him; gegen unseren Plan
spricht vieles *fig.* there is much to be said
against our plan; mit j-m ~ a) to speak (*od.*
talk) to s.o., b) (*bei j-m vorsprechen*) to see
s.o., c) (*ein Gespräch führen*) to converse
with s.o.; schlecht [gut] von j-m ~ to speak
ill [well] of s.o.; sie ~ nicht mehr miteinander they are no longer on speaking terms, they don't speak to each other
anymore; ich habe mit Ihnen zu ~ I have
s.th. to say to you; ich muß erst mit
meinem Anwalt ~ I must see my lawyer
first; mit wem spreche ich? (*am Tele-*

phon) who is speaking, please? ~ **Sie mit ihm über die Angelegenheit** discuss the matter with him; **ausführlich über** (*acc*) **etwas** ~ to discuss s.th. at length. – **2.** (*sich unterhalten*) talk: **viel** ~ to talk a great deal, to be a great talker, to be very talkative; **wenig** ~ not to talk very much, to be quiet (*od.* taciturn); **in Rätseln** ~ to talk in riddles; **wir haben lang miteinander gesprochen** we talked for a long time (together); **mit seinen Freunden über ein Thema** ~ to talk about (*od.* discuss) a subject with one's friends; **darüber ist mit ihm nicht zu** ~ you can't speak to him about that, he won't listen to reason about that; **ich werde mit meiner Frau darüber** ~ I shall speak to my wife about it; **mit sich selbst** ~ to talk to oneself; **über Politik [Kunst, Malerei]** ~ to talk politics [art, about painting]; **darüber müssen wir noch** ~ we must talk this over; **über j-n** ~ (*offizieller* to speak) about (*od.* of) s.o.; **von j-m [etwas]** ~ to talk (*offizieller* to speak) about (*od.* of) s.o. [s.th.]; **von Geschäften** ~ to talk business (*od.* shop); **sie sprachen von diesem und jenem** (*od.* **über dies und das**) they talked of this and that; **von gleichgültigen Dingen** ~ to talk about trivial (*od.* unimportant) matters, to make small talk; **man spricht viel von ihm** he is much spoken of (*od.* talked about); **jeder spricht davon** it is the talk of the town; **man spricht nur noch von** people are talking about nothing but; **von etwas anderem** ~ to change the subject; ~ **wir nicht davon!** let's not talk about it, let's drop the subject; **da wir gerade davon** ~ talking about that, by the way, since we are on the subject; **man spricht davon, daß** there is talk that, it is said that. – **3. auf** (*acc*) **etwas zu** ~ **kommen** to bring s.th. up, to touch (up)on s.th., to get to talking about s.th.: **wie sind wir eigentlich auf dieses Thema zu** ~ **gekommen?** how did we get on to this subject? how did we come to be talking about this subject? – **4. auf j-n zu** ~ **kommen** to get to talking about s.o., to come to speak about s.o. – **5.** (*eine Rede, einen Vortrag halten*) speak: **der Premierminister spricht heute abend über den** (*od.* **im**) **Rundfunk** the prime minister will speak on the radio tonight; **vor j-m** ~ to speak before s.o.; **vor einer großen Zuhörerschaft** ~ to speak before (*od.* to) a large audience; **vor Gericht** ~ *jur.* to plead in court; **zu j-m** ~ a) to speak (*od.* talk) to s.o., b) (*offizieller*) to speak to s.o., to address s.o.; **zum Volk** ~ to address the people; **er sprach von seinem Platz aus zu den Versammelten** he addressed the audience from his seat; **ich spreche in meiner Eigenschaft als Vorsitzender** I speak in my capacity as chairman; **der Professor sprach über verschiedene Rechtsfragen** the professor discoursed on various aspects of the law. – **6.** *fig. lit.* (*in Wendungen wie*) **aus seinen Worten spricht Liebe [Begeisterung]** his words express love [enthusiasm]; **aus ihm spricht der Neid** he is the voice of jealousy, you can feel the jealousy in his words; **Sie haben mir aus der Seele gesprochen** you expressed my innermost thoughts, I feel exactly as you do (about that); **laßt Blumen** ~ say it with flowers. – **II** *v/t* **7.** (*Worte, Gedicht etc*) speak, say: **er sprach kein Wort** he did not say (*od.* utter) a (single) word; **das Tischgebet** ~ to say grace; **den Segen über j-n** ~ to pronounce a benediction upon s.o.; **das spricht Bände!** *fig. colloq.* that speaks volumes; **das letzte Wort ist noch nicht gesprochen** *fig.* this is not the last word; **ohne ein Wort zu** ~ without (saying) a word; **die Wahrheit** ~ to speak the truth; **Schlechtes [Gutes] von j-m** ~ to speak ill [well] of s.o. – **8.** (*Sprache, Dialekt etc*) speak: **er spricht fließend Französisch** he speaks fluent French, he speaks French fluently; **sie spricht gebrochen Deutsch** [**ein gutes Englisch**] she speaks broken German [poor English]. – **9.** *jur.* a) (*Urteil etc*) pronounce, b) (*Recht*) administer: **j-n schuldig** ~ to pronounce (*od.* adjudge, find) s.o. guilty; **das Urteil** ~ to pronounce (*od.* pass, give) a judg(e)ment. – **10. j-n** ~ to speak to s.o.: **er möchte Sie in einer dringenden Sache** ~ he wants to speak

to (*od.* see) you on urgent business; **kann ich dich einen Augenblick** (*od.* **kurz**)~? can I see you for a moment? **kann ich Herrn Müller** ~? may I speak to (*od.* may I see) Mr. Müller? **j-n** ~ **wollen** to want to speak to (*od.* to see) s.o.; **wen wünschen Sie zu** ~? who(m) do you wish to speak to? **ist Herr Schmidt zu** ~? is Mr. Schmidt there? may I speak to Mr. Schmidt? **bedaure, er ist nicht zu** ~ I'm afraid he is not here, I'm sorry he is busy at the moment; **für ihn bin ich nicht zu** ~ I do not wish to speak to him, tell him I am busy; **wir** ~ **uns noch!** (*drohend*) you will hear more of this! you haven't heard the last (*od.* end) of this! – **11.** (*Nachrichten*) read. – **III S**~ *n* ⟨-s⟩ **12.** *verbal noun.* – **13.** *speech:* **beim S**~ while speaking; **j-n zum S**~ **bringen** to get s.o. to talk.

'spre·chend I *pres p.* – **II** *adj fig.* revealing, telling: **sein Gesichtsausdruck war** ~ the expression on his face was revealing, his face spoke volumes; ~**e Ähnlichkeit** striking resemblance, speaking likeness. – **III** *adv* **j-m** ~ **ähnlich sehen** to be the spit (and) image of s.o., *auch* to be the spitting image of s.o., *bes. Br.* to be the dead spit of s.o.

'Spre·cher *m* ⟨-s; -⟩ **1.** *pol.* (*einer Partei etc*) spokesman: **ein** ~ **des Außenministeriums** a spokesman from the Foreign Ministry (*Am.* State Department, *Br.* Foreign Office). – **2.** (*Wortführer, Vertreter*) spokesman: **sich zum** ~ **einer Gruppe machen** to make oneself the spokesman of a group. – **3.** (*radio*) *telev.* a) broadcaster, (*bes. von Nachrichten*) newsreader, newscaster, b) *cf.* Ansager 2. – **4.** (*beim Film*) narrator, commentator. – **5.** *cf.* Redner. — **'Spre·che·rin** *f* ⟨-; -nen⟩ **1.** spokeswoman. – **2.** (*radio*) *telev. cf.* a) Sprecher 3a, b) *cf.* Ansagerin 2. – **3.** *cf.* Rednerin.   [mentator's booth.]

'Spre·cher·ka,bi·ne *f* (*radio*) *telev.* com-]
'Sprech|er,zie·her *m ped.* elocutionist. — ~**er,zie·hung** *f* speech training, *auch* elocution. — **s~,faul** *adj* **1.** too lazy to talk. – **2.** (*still*) reluctant to talk, taciturn. — ~**,fehler** *m* **1.** slip of the tongue, lapsus linguae (*lit.*). – **2.** *med.* speech defect. — ~**,fenster** *n* grating, grilled opening (*for communication with outsiders in convents, prisons etc*). — ~**,film** *m* (*Tonfilm*) talking (*od.* sound) film (*od.* picture), talkie (*colloq.*). — ~**,fre,quenz** *f electr.* (*radio*) tel. speech (*od.* voice) frequency.

'Sprech,funk *m tel.* radiotelephony. — ~**ge,rät** *n* radiotelephone, radiophone set, (*tragbares*) walkie-talkie, *auch* walky-talky (*colloq.*), portophone. — ~**ver,kehr** *m* radiotelephone traffic.

'Sprech|ge,bühr *f tel. cf.* Gesprächsgebühr. — ~**ge,rät** *n* (*im Büro*) interoffice communicator, intercom (*colloq.*). — ~**ge,sang** *m mus.* speech-song, inflected speech, sprechgesang. — ~**,hö·rer** *m tel.* microtelephone. — ~**ka,nal** *m* speech (*od.* telephone) channel. — ~**,kap·sel** *f* transmitter (capsule). — ~**,kon,takt** *m* voice contact. — ~**,kopf** *m* sound head. — ~**kun·de** *f ped.* science of speech, *auch* elocution. — ~**,kunst** *f* **1.** (*theater*) elocution, art of reciting. – **2.** art of speech. — ~**,la·ge** *f* pitch of speaking voice. — ~**,lei·tung** *f tel.* speech line (*od.* circuit), control line. — ~**mi,nu·te** *f* minute (of conversation). — ~**,mu·schel** *f* mouthpiece. — ~**or,ga·ne** *pl med.* organs of speech. — ~**,pro·be** *f* **1.** (*bei Radiosprechern etc*) voice test. – **2.** *tel.* talking test. — ~**,rol·le** *f* (*theater*) (*in der Oper*) speaking part (*od.* role, *auch* rôle). — ~**,sil·be** *f ling.* spoken syllable. — ~**si·tu,a·ti,on** *f* speech situation. — ~**,stel·le** *f tel.* **1.** telephone station. – **2.** *cf.* Fernsprechzelle. — ~**,stim·me** *f* speaking voice.

'Sprech,stun·de *f* **1.** (*eines Arztes*) *Am.* office hour, *Br.* surgery (*od.* consulting) hour, *Br. colloq.* surgery: ~ **halten** (*od.* **haben**) *Am.* to have office hours, *Br.* to have consultation hours; ~**n täglich von 9—13 Uhr** consultation hours from 9 a.m.— 1 p.m. daily; **in der** ~ (*eines Arztes*) in the consulting room, in the surgery (*Am.* office). – **2.** (*eines Lehrers*) consultation hour, *Am. auch* office (*od.* calling) hour. – **3.** (*bei Behörden*) office hour(s), *Am. auch* calling hour(s *pl*).

'Sprech,stun·den,hil·fe *f* (*des Arztes*) (doctor's) assistant (*od.* receptionist), nurse secretary, office nurse.

'Sprech|,takt *m ling. metr.* phrase. — ~**,taste** *f electr.* (*am Mikrophon*) press-to-talk switch, speaking (*od.* microphone) key. — ~**,tech·nik** *f* technique of speaking, speech technique. — ~**ton** *m* speaking voice. — ~**,trich·ter** *m tel.* mouthpiece. — ~**,übung** *f* speech (*auch* elocution) exercise. — ~**,unter,richt** *m* (*theater*) voice instruction (*od.* coaching). — ~**ver,bin·dung** *f tel.* (*radio*) speech communication, voice connection (*Br. auch* connexion). — ~**ver,kehr** *m* **wechselseitiger** ~ intercommunication, intercom (*colloq.*). — ~**,wei·se** *f* manner (*od.* mode) of speaking, diction. — ~**,werk,zeuge** *pl med. cf.* Sprechorgane. — ~**,zel·le** *f tel. cf.* Fernsprechzelle. — ~**,zim·mer** *n* **1.** (*einer Schule etc*) consultation room. – **2.** (*eines Arztes*) consulting room, *Br.* surgery, *Am.* office. – **3.** (*einer Behörde*) office. – **4.** (*eines Klosters*) parlatory, parlor, *bes. Br.* parlour.

Spre·ze [ˈʃpreːə] *f* ⟨-; -n⟩ *Northern and Northwestern G. for* Star[1].
Sprei·ßel [ˈʃpraɪsəl] *m, Austrian n* ⟨-s; -⟩ *Southwestern G., Middle G. and Austrian* **1.** *meist pl* (*wood*) edging. – **2.** *cf.* Splitter 4. — ~**holz** *n Austrian for* Kleinholz.
'spreiz,bei·nig [-,baɪnɪç] *adv* straddle--legged, with one's legs (wide) apart: ~ **dastehen** to stand with one's legs wide apart.
'Spreiz,dü·bel *m tech.* straddling dowel.
'Sprei·ze [ˈʃpraɪtsə] *f* ⟨-; -n⟩ (*mining*) sprag.
sprei·zen [ˈʃpraɪtsən] **I** *v/t* ⟨h⟩ **1.** (*Beine*) straddle, spread (*s.th.*) (apart): **die Beine** ~ *colloq.* (*von Frau*) to put one's legs apart, to open one's legs. – **2.** (*Finger, Arme etc*) spread (out). – **3.** (*Flügel, Gefieder etc*) spread. – **4.** *Bavarian and Austrian for* stützen 2. – **II** *v/reflex* **sich** ~ **5.** *fig.* (*sich bitten lassen*) play coy: **sie spreizte sich erst eine Weile, dann machte sie auch mit** she played coy for a while but then joined in. – **6.** *fig.* strut (around), give oneself airs. – **III S**~ *n* ⟨-s⟩ **7.** *verbal noun.*
'Spreiz|,fuß *m med.* splayfoot, spread (*od.* broad) foot. — ~**ka,min** *m* (*in der Alpinistik*) chimney climbed by bridging technique. — ~**,klap·pe** *f aer.* split flap.
'Spreiz,ring *m* **1.** *tech.* (*einer Kupplung*) expanding band (*od.* ring). – **2.** *auto.* expanding ring. — ~**,kupp·lung** *f auto.* expanding-band clutch, jaw-friction clutch.
'Spreiz|,schrau·be *f tech.* expansion screw. — ~**,schritt** *m* **1.** straddling step. – **2.** (*bei Pferdedressur*) pace astride. — ~**sprung** *m* (*sport*) (*beim Eiskunstlauf etc*) split jump.
'Spreiz·ung *f* ⟨-; -en⟩ *cf.* Spreizen.
'Spreng|,ar·beit *f civ.eng.* blasting operation (*od.* work). — ~**,ar·bei·ter** *m cf.* Sprenger[1]. — ~**,bom·be** *f mil.* (high-)explosive bomb. — ~**,boot** *n mil.* one-man torpedo. — ~**,druck** *m* ⟨-(e)s; ⸚e⟩ blast pressure.
Spren·gel [ˈʃprɛŋəl] *m* ⟨-s; -⟩ **1.** *röm.kath. cf.* Sprengwedel. – **2.** *relig.* a) (*eines Bischofs*) diocese, b) (*eines Pfarrers*) parish. – **3.** *rare* (*Amtsbezirk*) district. — ~**arzt** *m Austrian med.* district physician (*od.* doctor).
spren·gen[1] [ˈʃprɛŋən] **I** *v/t* ⟨h⟩ **1.** etwas (*in die Luft*) ~ to blow up s.th.: **die Brücke [ein Gebäude, ein Schiff] (in die Luft)** ~ to blow up a bridge [a building, a ship]. – **2.** (*Felsen etc*) blast, dynamite. – **3.** (*Mine etc*) spring, shoot. – **4.** (*mining*) blast, (*wegsprengen*) shoot (off). – **5.** (*Tür, Schloß etc*) force (*od.* break, burst) (*s.th.*) open. – **6.** (*Ketten, Fesseln etc*) burst. – **7.** (*durch Druck von innen*) burst, break: **das Eis hat das Gefäß gesprengt** the ice broke the jar; **das würde den Rahmen der Diskussion** ~ *fig.* that would go beyond (*od.* would exceed) the scope of the discussion. – **8.** (*Versammlung etc*) break up. – **9.** (*Menschenmenge*) disperse, scatter. – **10. die Bank** ~ (*beim Roulette etc*) to break the bank. – **11.** *med.* (*Gefäße etc*) rupture, burst. – **12.** *mil.* (*feindliche Umklammerung*) disperse. – **13.** *hunt.* a) (*aus dem Bau aufjagen*) (*Wild*) start, unearth, b) (*eine Kette Hühner*) scatter, c) (*Ricke durch Rehbock*) pursue. – **II S**~ *n* ⟨-s⟩ **14.** *verbal noun.*
'spren·gen[2] *v/t* ⟨h⟩ **1.** (*Wäsche*) sprinkle, spray. – **2.** (*Rasen, Garten, Straße etc*) sprinkle, spray, water. – **3.** (*Flüssigkeit*) sprinkle.
'spren·gen[3] *v/i* ⟨sein⟩ (*von Reiter*) gallop, ride at full speed.
'Spren·ger[1] *m* ⟨-s; -⟩ (*mining*) *civ.eng.* blower, blaster, shot-firer.

'Spren·ger² m ⟨-s; -⟩ (Rasensprenger) sprinkler.

'Spreng|ˌflüs·sig·keit f explosive liquid. — ~ˌfu·ge f tech. (eines Schwungrads) bursting slot. — ~ge·la·ti·ne f ⟨-; no pl⟩ chem. tech. explosive (od. blasting, dynamite) gelatin (auch gelatine), nitrogelatin(e). — ~geˌschoß n mil. high-explosive (auch HE) projectile (od. shell). — ~graˌna·te f (high-)explosive shell. — ~höˌhe f civ.eng. height of burst (od. detonation). — ~ˌka·bel n tech. firing (od. blasting) wire. — ~ˌkam·mer f demolition (blast, charge) chamber. — ~ˌkap·sel f 1. (mining) detonator, blasting cap. - 2. (eines Feuerwerkskörpers) cartouch(e). — ~komˌman·do n 1. mil. demolition squad (od. party, detail). - 2. (zur Bombenentschärfung) bomb disposal squad. — ~ˌkopf m mil. (einer Bombe, Rakete etc) warhead, war nose. — ~ˌkör·per m explosive device. — ~kraft f explosive force (od. power), brisance. — ~ˌla·dung f 1. tech. explosive (od. bursting, blasting, demolition) charge. - 2. mil. explosive charge. — ~ˌlaut m ling. cf. Verschlußlaut. — ~ˌloch n civ.eng. drill (od. bore) hole, (im Felsblock) auch blast (od. shot) hole. — ~ˌmeister m blaster. — ~ˌmit·tel n tech. demolition (od. blasting, explosive) material. — ~paˌtro·ne f 1. mil. high-explosive cartridge. - 2. (petroleum) torpedo. — ~ˌpul·ver n tech. blasting powder, gunpowder. — ~ˌpunkt m mil. (eines Explosivgeschosses) point of burst (od. detonation).

'Sprengˌring m tech. snap (od. retainer) ring, circlip, (einer Felge) split locking ring. — ~ˌzan·ge f auto. snap ring (od. circlip) pliers (Am. auch plyers) pl (construed as sg or pl).

'Spreng|ˌsatz m tech. blasting composition. — ~ˌschnur f detonating cord, fuse. — ~ˌschuß m blast. — ~ˌseis·mik f geol. explosion seismology.

'Sprengˌstoff m chem. tech. (blasting) explosive. — ~ˌanˌschlag m, ~atˌten·tat n a) (geplant) bomb attempt, bombing plot, b) (ausgeführt) bomb attack, bombing outrage: auf das Haus wurde ein ~ verübt a) an attempt was made to blow up the house, b) the house was blown up in a bomb attack (od. with dynamite). — ~atˌten·täter m dynamiter. — ~ˌla·ger n explosive dump. — ~muˌni·tiˌon f explosive ammunition.

'Spreng|ˌstück n mil. (shell) fragment (od. splinter). — ~ˌtech·nik f 1. blasting practice. - 2. explosive technology. — ~ˌtrichter m mil. 1. crater. - 2. (einer Mine) mine crater. - 3. (einer Granate) shell crater. - 4. (einer Bombe) bomb crater. — ~ˌtrupp m cf. Sprengkommando. — ~- ˌund 'Kehr·maˌschi·ne f mechanical street sweeper. — ~- ˌund 'Zündˌstof·fe pl explosives and inflammables.

'Spren·gung f ⟨-; -en⟩ 1. cf. Sprengen¹. - 2. explosion. - 3. (einer Menschenmenge, der feindlichen Umklammerung etc) dispersion. - 4. med. (eines Gefäßes) rupture.

'Sprengˌwa·gen m (zum Sprengen der Straßen) street sprinkler (truck), Am. street flusher truck, Br. watering-cart. — ~- ˌwe·del m röm.kath. sprinkler, aspergillum, aspergil(l), aspersorium. — ~ˌwei·te f tech. range of burst. — ~ˌwerk n ⟨-(e)s; no pl⟩ arch. truss frame. — ~ˌwir·kung f tech. explosive effect. — ~ˌwol·ke f burst cloud. — ~ˌzün·der m (explosive) fuse (Am. fuze), detonator, blasting cap.

'Spren·kel m ⟨-s; -⟩ (Tupfen) speck(le), spot, dot, mottle, dapple, (bes. auf der Haut) auch freckle. — 'spren·ke·lig adj speckled, spotted, dotted, mottled, dappled, (Haut) auch freckled.

'spren·keln v/t ⟨h⟩ 1. speck(le), spot, dot, mottle, dapple. - 2. print. (Buchschnitt) mottle.

spren·zen ['ʃprɛntsən] Southwestern G. I v/t ⟨h⟩ cf. sprengen². - II v/impers es sprenzt it is drizzling.

Spreu [ʃprɔy] f ⟨-; no pl⟩ agr. chaff: die ~ vom Weizen trennen (od. sondern) auch fig. to separate the chaff from the wheat; plötzlich waren sie zerstoben wie die ~ im Wind suddenly they had dispersed like leaves in a storm. — s~ˌar·tig adj bot. chaffy, paleaceous (scient.). — ~ˌblättchen n palea. — ~ˌge·blä·se n (einer Dreschmaschine) chaff blower.

'spreu·ig adj bot. cf. spreuartig.

'Spreuˌschup·pe f bot. (bes. der Farne) ramentum.

sprich [ʃprɪç] imp sg, sprichst [ʃprɪçst] 2 sg pres, spricht [ʃprɪçt] 3 sg pres of sprechen.

'Sprichˌwort n ⟨-(e)s; ⸚er⟩ 1. proverb: zum ~ werden to become a proverb; wie es im ~ heißt, wie das ~ sagt as the proverb has it (od. says), as the saying goes. - 2. (sprichwörtliche Redensart) proverbial saying, saw, adage (lit.).

'Sprichˌwör·ter|ˌle·xi·kon n dictionary of proverbs. — ~ˌsamm·lung f collection of proverbs.

'sprichˌwört·lich adj 1. (Redensart, Wendung etc) proverbial: ~ werden to become proverbial. - 2. fig. (allgemein bekannt) proverbial, notorious: sein Geiz ist ~ his stinginess is proverbial; mit seinem ~en Glück hat er es wieder einmal geschafft he has made it again with his proverbial good fortune.

Sprie·gel ['ʃpriːgəl] m ⟨-s; -⟩ dial. 1. (Aufhängeholz der Fleischer) gambrel. - 2. (Holzbügel für Planwagen) hoop, tilt holder, hood stick.

Sprie·ße ['ʃpriːsə] f ⟨-; -n⟩ 1. (einer Leiter) cf. Sprosse 1. - 2. civ.eng. a) (am Dach) cross bar (od. member), brace, b) (im Graben) strut, bes. Am. brace.

sprie·ßen ['ʃpriːsən] I v/i ⟨sprießt, sproß, gesprossen, sein⟩ 1. (aus dem Boden) sprout, shoot up, spring (up). - 2. (ausschlagen, sich schnell entwickeln) sprout, put forth shoots, shoot. - 3. (Knospen bilden) bud, sprout, germinate. - 4. fig. sprout: auf seiner Oberlippe sprießt ein Bärtchen he is sprouting a moustache (od. a moustache is sprouting) on his upper lip; Pickel sprossen überall auf ihrem Gesicht pimples were sprouting (od. coming) out all over her face. - II S~ n ⟨-s⟩ 5. verbal noun. - 6. (Knospenbildung) germination.

Spriet [ʃpriːt] n ⟨-(e)s; -e⟩, ~ˌbaum m mar. sprit. — ~ˌse·gel n spritsail.

Spring [ʃprɪŋ] f ⟨-; -e⟩ mar. spring (line), spring rope.

'Spring|ˌaf·fe m, ~ˌäff·chen n zo. titi, teetee (Gattg Callicebus). — ~ˌbei·ne pl saltatorial legs. — ~ˌbeut·ler m kangaroo, wallaby (Fam. Macropodidae). — ~ˌblen·de f phot. automatic (Am. auch auto-)diaphragm. — ~ˌbock m zo. springbok, springbuck, prongbuck, springer, jumper (Antidorcas marsupialis). — ~ˌbrun·nen m fountain.

sprin·gen¹ ['ʃprɪŋən] I v/i ⟨springt, sprang, gesprungen, sein⟩ 1. jump, leap, spring: in die Höhe ~ to jump into the air; ins Wasser ~ a) (vom Sprungbrett etc) to jump into the water, b) (sich hineinwerfen) to plunge into the water, to take the plunge (colloq.); über einen Graben ~ to leap (over) (od. to clear) a ditch; ein Pferd über einen Graben ~ lassen to leap a horse across a ditch; auf einen fahrenden Zug ~ to jump on to a train while it is moving; auf die (od. zur) Seite ~ to jump aside (od. out of the way); aus dem Bett ~ to jump (od. hop) out of bed; j-m an die Gurgel ~ to jump (od. fly) at s.o.'s throat; von einem Thema zum anderen ~ fig. to jump (od. leap) from one topic to another; j-n über die Klinge ~ lassen fig. a) to sacrifice s.o., b) to put s.o. to the sword, to kill s.o.; für j-n in die Bresche ~ fig. to take s.o.'s place, Am. auch to pinch-hit for s.o.; → Kehle 1. - 2. ⟨auch h⟩ (sport) a) jump, b) (beim Stabhochsprung) (pole-)vault, c) (beim Wasserspringen) dive: mit Anlauf ~ a) to take a running jump, b) to take a running dive; ist (od. hat) X schon gesprungen? has X jumped yet? - 3. (sich schwingen) vault: in den Sattel ~ to vault into the saddle. - 4. (plötzlich) spring, leap, shoot. - 5. (hüpfen) hop: → Decke 9. - 6. (von Ball etc) bounce, rebound, hop. - 7. (von Kindern, Lämmern etc) frisk, frolic, romp. - 8. colloq. (laufen) 'hop', bes. Br. 'nip' (beide colloq.), run: spring doch mal schnell ins Haus und hol mir meine Brille! run into the house and get me my glasses. - 9. colloq. (eilfertig zu Diensten sein) jump: ein Wort von ihr, und schon springt er she only has to say a word and he jumps (to attention); er läßt seine Sekretärin ganz schön (für sich) ~ he really makes his secretary jump. - 10. (von Uhrzeiger, Funken etc) jump: der Zug ist aus den Schienen gesprungen the train jumped (od. ran off) the rails, the train derailed; etwas springt in die Augen fig. s.th. strikes (od. leaps to) the eye. - 11. (games) (von Schachfigur etc) jump. - 12. (hervorquellen) spring, spout, (stärker) gush: Blut sprang aus der Wunde blood gushed from the wound; aus dem Loch im Schlauch sprang eine Wasserfontäne a fountain of water sprang from the hole in the hose. - 13. (abplatzen) come off: mir ist ein Knopf vom Rock gesprungen a button has come off my skirt. - 14. econ. (von Preisen) jump. - 15. tech. (von Filmstreifen, Schreibmaschine) jump. - 16. aer. (von Flugzeug) bounce. - 17. ped. skip. - 18. zo. (von Lachsen) jump. - 19. etwas ~ lassen fig. colloq. a) (Geld) to cough up (od. to fork out) s.th. (colloq.), b) (eine Flasche Wein etc) to stand s.th.: an deinem Geburtstag mußt du etwas ~ lassen you must stand us (od. treat us to) something on your birthday. - II v/t ⟨auch h⟩ 20. (sport) a) (im Weit- u. Hochsprung, beim Skispringen) (Weite, Rekord) jump, (mit Stab) (pole-)vault, b) (beim Wasserspringen, Eiskunstlauf etc) (Sprung) execute, perform, do. - III S~ n ⟨-s⟩ 21. verbal noun.

'sprin·gen² I v/i ⟨springt, sprang, gesprungen, sein⟩ 1. (einen Sprung od. Sprünge bekommen) crack: das Glas springt, wenn du kochendes Wasser hineingießt the glass will crack if you pour boiling water into it. - 2. (zerbrechen) break: die Vase sprang in tausend Stücke the vase broke in a thousand pieces (od. in smithereens). - 3. mus. (von Saiten) snap. - 4. (platzen, bersten) burst: die Knospen sind gesprungen the buds have burst; das Herz wollte mir fast ~ vor Freude fig. my heart was almost bursting with joy; alle Minen ~ lassen fig. colloq. to leave nothing untried. - 5. med. a) (von Haut) chap, b) (von Follikel) burst. - II S~ n ⟨-s⟩ 6. verbal noun.

'sprin·gend I pres p. - II adj 1. der ~e Punkt fig. the salient (od. crucial) point. - 2. saltigrade, saltatory, saltatorial.

'Sprin·ger m ⟨-s; -⟩ 1. (sport) a) jumper, b) (beim Stabhochsprung) (pole-)vaulter, c) (beim Wasserspringen) diver. - cf. Fallschirmspringer. - 3. (Schachfigur) knight. - 4. zo. cf. Äsche¹. - 5. agr. (Zuchttier) cover animal. — ~ˌhelm m parachutist's helmet.

'Sprin·ge·rin f ⟨-; -nen⟩ 1. (sport) cf. Springer 1a, 1c. - 2. cf. Fallschirmspringerin.

Sprin·ger·le ['ʃprɪŋərlə] n ⟨-s; -⟩ gastr. aniseed-flavored (bes. Br. -flavoured) Swabian Christmas biscuit (Am. cookie).

'Spring|ˌflut f mar. spring tide. — ~ˌform f (eine Backform) springform. — ~ˌfrosch m zo. agile frog (Rana dalmatina). — ~- ˌha·se m jumping hare, springhaas (Pedetes caffer). — ~ˌhengst m agr. stallion.

'Springˌinsˌfeld m ⟨-(e)s; -e⟩ colloq. humor. 1. madcap, (young) harum-scarum. - 2. (lebhaftes Kind) Br. colloq. lively little nipper, Am. jumping jack, (bes. Mädchen) romp, tomboy, hoyden.

'Spring|ˌkrank·heit f vet. louping ill. — ~ˌkraut n bot. touch-me-not, impatiens (scient.) (Gattg Impatiens, bes. I. noli-tangere). — s~le'ben·dig adj lively, full of beans (sl.). — ~ˌlicht n mar. (in der Navigation) occulting light. — ~ˌlu·ke f scuttle. — ~ˌmaus f zo. jerboa (Fam. Dipodidae). — ~ˌmi·ne f mil. bounding mine, auch antipersonnel mine. — ~- ˌnat·ter f zo. cf. Jochnatter. — ~ˌot·ter f jumping viper, Tommy-goff, tamagasse (Bothrops nummifer). — ~ˌpferd n (sport) jumping horse, show jumper. — ~ˌprü·fung f jumping test. — ~ˌquell m poet. for Springbrunnen. — ~ˌquel·le f geol. geyser, auch gaysir. — ~ˌrat·te f zo. jumping rat (Gattg Mesembriomys). — ~ˌrau·pe f cf. Wickler 3. — ~ˌrei·ten n (sport) show jumping. — ~ˌrei·ter m, ~ˌrei·te·rin f show jumper. — ~ˌrol·lo n (am Fenster) roller blind. — ~ˌrüß·ler m zo. flea weevil (Unterfam. Rhynchaeninae). — ~ˌschnur f cf. Springseil. — ~ˌschrei·ber m tel. start-stop teleprinter. — ~ˌschwanz m zo. springtail, collembolan (scient.) (Ordng Collembola). — ~ˌseil n (zum Seilspringen) jump(ing) (od. skip) rope, bes. Br. skipping-rope. — ~ˌspin·ne f zo. jumping spider

(*Fam. Salticidae*). — ~ˌstab *m* (*sport*) *cf.*
Sprungstab. — ~ˌstun·de *f ped.* (*freie Zwi-*
schenstunde) free period. — ~ˌwan·ze *f zo.*
cf. Uferwanze. — ~ˌwurm *m cf.* Madenwurm 1. — ~ˌwurmˌwick·ler *m* vine pyralid
(*Sparganothis pilleriana*). — ~ˌzeit *f agr.*
(*der Vierfüßer*) mating season.

'**Sprink·ler** *m* ⟨-s; -⟩ *tech.* sprinkler. —
~ˌanˌla·ge *f* sprinkler system.

Sprint [ʃprint] *m* ⟨-s; -s⟩ (*sport*) 1. sprint.
– 2. sprinting.

'**sprin·ten** *v/i* ⟨h *u.* sein⟩ (*sport*) sprint.

'**Sprin·ter** *m* ⟨-s; -⟩ (*sport*) sprinter: er ist
ein guter ~ he is a good sprinter, he is good
at sprinting.

'**Sprint**ˌstaf·fel *f* (*sport*) sprint relay. —
~ˌstrecke (*getr.* -k·k-) *f* sprint distance.

Sprit [ʃprit] *m* ⟨-(e)s; -e⟩ 1. *chem. cf.*
Spiritus¹ 1. – 2. *colloq.* (*Benzin*) 'juice'
(*colloq.*), *Am. colloq.* 'gas', *Am.* gasoline,
Br. petrol. — ~ˌblau *n tech.* spirit (*od.*
aniline) blue. — s~ˌecht *adj* resistant to
spirit (*od.* alcohol).

'**spri·tig** *adj* spirituous, alcoholic: ~er
Wein brandied (*od.* fortified) wine.

'**Sprit**ˌlack *m chem.* spirit varnish. —
s~ˌlös·lich *adj* soluble in spirit, alcohol-
-soluble.

'**spritz·aliˌtie·ren** *v/t* ⟨insep, no -ge-, h⟩
tech. alumetize, spray-calorize.

'**Spritz**ˌapˌpaˌrat *m tech.* spray(er), spraying outfit. — ~ˌar·beit *f* paint spraying. —
~be·lag *m hort.* residual deposit. —
~be·ton *m civ.eng.* shotcrete, air-placed
(*od.* gun-applied) concrete, cement-gun (*od.*
gunned) concrete, Gunite (*TM*). — ~be-
ˌwurf *m* roughcast, rough plaster(ing). —
~ˌblech *n tech.* splash guard. — ~ˌbrett *n*
splashboard. — ~ˌbrü·he *f hort.* spray
mixture. — ~ˌdecke (*getr.* -k·k-) *f* (*für*
Faltboot etc) spray cover. — ~ˌdorn *m*
synth. extruder(-head) core, core of ex-
truder-head. — ~ˌdü·se *f* 1. spray nozzle. –
2. (*für Kunststoff*) injection-molding (*od.*
jet-molding) nozzle, *bes. Br.* injection-
-moulding (*od.* jet-moulding) nozzle. – 3.
(*eines Feuerlöschers*) discharge nozzle. –
4. *cf.* Einspritzdüse.

Sprit·ze [ˈʃpritsə] *f* ⟨-; -n⟩ 1. syringe,
squirt. – 2. (*Obstbaumspritze*) sprayer. –
3. (*kleine*) stirrup pump. – 4. (*Feuer-*
spritze) fire engine: der (erste) Mann
an der ~ *fig. colloq.* the man who has the
say. – 5. (*Fettspritze*) grease gun. – 6.
(*housekeeping*) a) (*Teigspritze*) dough bag,
b) (*Sahnespritze*) cream bag, c) (*Glasur-*
spritze) icing bag. – 7. *med.* a) (*Injektions-*
spritze) hypodermic syringe (*od.* needle),
hypo (*colloq.*), b) (*zum Ausspülen*) syringe,
c) *cf.* Klistierspritze. – 8. *med.* (*Injektion*)
injection, shot (*colloq.*): j-m eine ~ geben
to give s.o. an injection (*od.* a hypodermic); eine ~ gegen Typhus bekommen
to be given an injection (*od. colloq.* a shot)
against typhoid. – 9. *fig. econ.* (*Konjunktur-*
spritze) injection, boost, stimulus, fillip,
shot in the arm (*colloq.*).

sprit·zen [ˈʃpritsən] **I** *v/t* ⟨h⟩ 1. squirt,
spurt, *auch* spirt: er spritzte das Sodawasser ins Glas he squirted the soda
into the glass. – 2. (*Wasser, Schmutz etc*
verspritzen) splash, spatter: der Junge
spritzte ihr Wasser ins Gesicht the boy
splashed water into her face. – 3. (*Garten,*
Rasen etc) sprinkle, spray, water. – 4.
(*Straße etc*) spray, water. – 5. (*Obstbäume,*
Pflanzen etc) spray (*od.* treat) (*s.th.*) (with
an insecticide), syringe: die Weinstöcke
gegen Schädlinge ~ to spray the vines
against insects. – 6. (*sprühen*) spray:
Parfüm auf ein Kleid ~ to spray perfume
on (to) a dress. – 7. *gastr.* pipe: Schlagsahne auf den Kuchen ~ to pipe cream on
(to) the cake. – 8. *gastr.* (*Wein, Apfelsaft*
etc) mix (*s.th.*) with mineral water. –
9. *tech.* (*spritzlackieren, anstreichen*) spray:
den Wagen ~ lassen to have the car
sprayed (*od.* spray-lacquered); die Wand ~
to spray the wall. – 10. *tech.* (*im Spritz-*
verfahren herstellen) a) (*Metall*) die-cast,
b) (*Kunststoff*) inject, spray, c) extrude. –
11. *auto.* inject, spray. – 12. *med.* (*mit Injek-*
tionsspritze) inject: Morphium ~ to inject morphine; j-n in die Vene [unter
die Haut] ~ to inject s.o. intravenously
[subcutaneously]. – 13. (*mit der Feuer-*
spritze) play the hose on, hose. – 14. *zo.*
a) Gift ~ to spit poison, b) Wasser ~ (*von*
Walen) to spout (*od.* blow) water. – **II** *v/i*

⟨sein *u.* h⟩ 15. ⟨h⟩ (*planschen*) splash,
throw water around (*od.* about): spritz
nicht so! don't splash! don't throw the
water about! – 16. ⟨sein *u.* h⟩ (*von Wasser,*
Straßenschmutz, auch Fahrzeug) splash,
spatter: das Wasser ist bis auf den Gehsteig gespritzt the water spattered up
on to the footpath (*Am.* sidewalk); nach
allen Seiten ~ to splash in all directions;
das vorbeifahrende Auto hat gespritzt
the car splashed as it passed. – 17. ⟨h⟩ (*von*
heißem Fett etc) spatter. – 18. ⟨sein *u.* h⟩
(*in Tropfen*) spray: die Gischt ist (*od.* hat)
bis an die Brücke gespritzt the foam
sprayed up to the bridge. – 19. ⟨sein⟩
(*herausspritzen*) spurt, *auch* spirt, spout,
(*stärker*) gush: das Wasser spritzte aus
dem Schlauch [Leck] the water spurted
from the hose [leak]; das Blut spritzte aus
der Wunde blood gushed from the wound.
– 20. ⟨h⟩ (*von Schreibfeder*) splutter, blot.
– 21. ⟨h⟩ (*mit Schlauch*) spray. – 22. ⟨sein⟩
fig. colloq. (*eilen*) dash, run, slip (*bes. Br.*
colloq. nip) up: ich spritze mal eben zur
Post I'll just dash (*bes. Br. colloq.* nip up) to
the post office. – **III S~** *n* ⟨-s⟩ 23. *verbal*
noun: hört auf mit dem S~! stop splashing!
– 24. *tech.* a) (*Spritzlackieren*) (paint)-
-spraying, b) extrusion. – 25. *med.* (*eines*
Serums etc) injection.

'**Spritz·en**ˌanˌsatz *m* nozzle. — ~be-
ˌhand·lung *f med.* hypodermic medication
(*od.* treatment). — ~ˌhaus *n obs.* fire station,
Am. auch firehouse. — ~ˌmei·ster *m obs.*
head fireman.

'**Sprit·zer** *m* ⟨-s; -⟩ 1. (*von Farbe, Fett,*
Wasser, Schmutz etc) splash, spatter, spot. –
2. *gastr.* (*kleine geringe Menge*) dash:
ein ~ Soda a dash of soda. – 3. *metall.* a)
(*Gußfehler*) scabs *pl*, b) (*verspritztes Eisen*)
spillings *pl*, c) cold shut.

'**Spritz**ˌfahrt *f colloq. cf.* Spritztour 2. —
~ˌfar·be *f* (*paints*) spraying paint (*bes. Am.*
color). — ~ˌfla·kon *m, n* (*für Parfüm*)
spray (bottle), atomizer *Br. auch* -s-. —
~ˌfla·sche *f chem.* wash bottle. — ~ˌfleck
m cf. Spritzer 1. — ~ˌflüs·sig·keit *f hort.*
spray (fluid). — ~ˌgä·bäck *n gastr.* fancy
shortbread biscuits *pl* (*Am.* cookies *pl*). —
~ˌge·rät *n* spraying device. — ~ˌgie·ßen *n*
1. *metall. cf.* Druckgießen. – 2. *synth.*
injection molding (*bes. Br.* moulding). —
~ˌgur·ke *f bot. cf.* Eselsgurke.

'**Spritz**ˌguß *m* 1. *metall. cf.* Druckguß.
– 2. *synth.* injection molding (*bes. Br.*
moulding). — ~ˌform *f* 1. *metall.* pressure
die-casting mold (*bes. Br.* mould). – 2.
synth. injection mold (*bes. Br.* mould). —
~maˌschi·ne *f* 1. *metall.* pressure die-casting machine. – 2. *synth.* injection(-molding,
bes. Br. -moulding) machine. — ~ˌmas·se *f*
synth. injection-molding (*bes. Br.* -mould-
ing) compound. — ~maˌtri·ze *f cf.* Spritz-
gußform. — ~ˌstoff *m synth.* injection-
-molded (*bes. Br.* -moulded) material. —
~ˌtech·nik *f* injection-molding (*bes. Br.*
-moulding) technique. — ~ˌteil *n, m* in-
jection-molded (*bes. Br.* -moulded) part
(*od.* article, piece), injection molding (*bes.*
Br. moulding). — ~verˌfah·ren *n* 1. *metall.*
pressure die-casting process. – 2. *synth.*
injection-molding (*bes. Br.* -moulding)
process, injection mo(u)lding. — ~ˌwerk-
ˌzeug *n synth.* injection mold (*bes. Br.*
mould).

'**sprit·zig I** *adj* 1. (*Dialog, Lustspiel, Stil*
etc) sparkling, witty, lively. – 2. (*Humor*)
sparkling. – 3. (*Musik*) lively, sprightly. –
4. (*Unterhalter etc*) witty. – 5. (*Wein*)
sparkling, fizzy. – 6. (*schnell, sportlich*)
ein ~er Wagen a flashy fast car; ein ~er
Motor a fast engine. – **II** *adv* 7. wittily:
eine ~ geschriebene Reportage a wittily
written report, a report written with wit.

'**Sprit·zig·keit** *f* ⟨-; no *pl*⟩ 1. (*des Dialogs,*
Stils etc) sparkling wit, wittiness, liveliness.
– 2. (*des Humors*) sparkle. – 3. (*der Musik*)
liveliness, sprightliness. – 4. (*des Autos*)
speed and flashiness. – 5. (*des Motors*)
speed.

'**Spritz**ˌkan·ne *f Swiss for* Gießkanne. —
~ˌklet·te *f bot.* buttonbur(r), cocklebur(r)
(*Xanthium strumarium*). — ~ˌkol·ben *m*
synth. (injection) plunger. — ~ˌku·chen *m*
gastr. cruller. — ~ˌlack *m* (*paints*) spraying
varnish (*od.* lacquer). — ~lackie·ren (*getr.*
-k·k-) **I** *v/t* ⟨insep, no -ge-, h⟩ (*paints*)
spray (*s.th.*) (with paint), spray-lacquer.
– **II S~** *n* ⟨-s⟩ *verbal noun.* — ~ˌlackie·rer

(*getr.* -k·k-) *m* spray painter. — ~ˌloch *n*
zo. (*eines Wals*) spout (hole), breathing
hole (*od.* tube), spiracle (*scient.*). —
~maˌle·rei *f* (*art*) spatterwork (with
airbrush *od.* sprayer). — ~maˌschi·ne *f*
1. *civ.eng.* (*für Beton*) gun. – 2. *synth.*
extruding machine, extruder. — ~ˌmas·se
f 1. spraying compound. – 2. *synth.*
injection-molding (*bes. Br.* -moulding)
compound. — ~ˌmit·tel *n* 1. spray,
insecticide. – 2. (*Pulver für die*
Zubereitung) wettable powder. — ~piˌsto·le
f 1. *tech.* spray gun. – 2. (*Spielzeug*) water
pistol (*Am. auch* gun). — ~ˌpres·se *f*
synth. 1. (*Spritzmaschine*) injection press.
– 2. (*zum Spritzpressen*) transfer-molding
(*bes. Br.* -moulding) machine. — ~ˌpres-
sen *n* transfer molding (*bes. Br.* moulding).
— ~ˌpum·pe *f tech.* jet pump, spraying
pump. — ~ˌrohr *n* 1. *tech.* spray pipe. –
2. *chem.* (*im Labor*) washbottle tube. —
~ˌschmie·rung *f tech.* splash lubrication.
— ~ˌtour *f colloq.* 1. jaunt, outing. –
2. (*mit einem Fahrzeug*) drive, run, spin,
joyride (*sl.*). – 3. (*mit einem Boot*) joyride
(*sl.*), spin, (*mit einem Segelboot*) auch sail.
— ~verˌfah·ren *n tech.* spraying method
(*od.* process). — ~verˌga·ser *m auto.*
atomizing (*Br. auch* -s-) carburetor (*bes. Br.*
carburettor). — ~verˌstel·ler *m* ⟨-s; -⟩
injection-timing device. — ~ˌwa·gen *m cf.*
Sprengwagen.

'**Spritz**ˌwas·ser *n* splash(ed) water. —
s~ˌdicht, s~geˌschützt *adj tech.* splashproof. — ~ˌschutz *m* splashproof enclosure.

sprö·de [ˈʃprøːdə] **I** *adj* ⟨-r; -st⟩ 1. (*Glas,*
Holz etc) brittle: ~s Holz brittle (*Am. auch*
brash) wood. – 2. *metall.* brittle, (cold)-
-short. – 3. (*Haar*) brittle. – 4. (*Haut*)
chapped. – 5. *fig.* (*Stimme*) cracked. –
6. *fig.* (*kühl, abweisend*) standoffish,
reserved, demure: er hat eine ~ Art he has
a standoffish manner. – 7. *fig.* (*Mädchen*)
coy, demure: eine ~ Schöne a coy beauty;
~ tun to play coy, to simper. – **II** *adv*
8. sich ~ verhalten to behave coyly.

'**Sprö·de** *f* ⟨-n; -n⟩ coy girl.

'**Spröd**ˌglanzˌerz, ~ˌglasˌerz *n min.* brittle
silver ore, stephanite.

'**Sprö·dig·keit** *f* ⟨-; no *pl*⟩ 1. brittleness:
die ~ des Holzes the brittleness (*Am. auch*
brashness) of the wood. – 2. *metall.*
brittleness, shortness. – 3. *fig.* standoffishness, reserve, demureness. – 4. *fig.* (*eines*
Mädchens) coyness, demureness.

sproß [ʃprɔs] 1 *u.* 3 *sg pret of* sprießen.

Sproß¹ *m* ⟨-sses; -sse⟩ *lit.* 1. (*Nachkomme*)
scion, *auch* cion, issue (*lit.*); descendant,
offspring: ein ~ aus edlem Geschlecht
a scion of a noble family; der letzte ~ des
Königshauses the last descendant of the
royal dynasty. – 2. *pl collect.* progeny *sg*,
issue *sg*, offspring *sg*.

Sproß² *m* ⟨-sses; -sse⟩ *bot. obs.* branch,
scion, *auch* cion.

Sproß³ *m* ⟨-sses; -ssen⟩ *hunt. cf.* Sprosse 6.

Spröß·chen [ˈʃprœsçən] *n* ⟨-s; -⟩ young
(*od.* tiny) shoot (*od.* sprout, sprig).

Spros·se [ˈʃprɔsə] *f* ⟨-; -n⟩ 1. (*einer Leiter*)
rung, round, step: es fehlen ein paar ~n
an der Leiter there are a couple of rungs
missing on the ladder, the ladder has a
couple of rungs missing (*colloq.*); die
höchste ~ seiner Laufbahn erreichen
(*od.* erklimmen) *fig.* to reach the top rung
of the ladder (*od.* of one's career). – 2. (*eines*
Heuwagens etc) rung, spoke, bar, (*einer*
Stuhllehne) *auch* slat. – 3. (*eines Fensters*)
sash (*od.* glazing) bar. – 4. (*eines Stuhles*)
rung, round, crossbar. – 5. *civ.eng.* (*eines*
Daches) crossbar, cross member. – 6. *hunt.*
(*Geweihsprosse*) tine, *Am.* point, branch,
broach: verkümmerte ~ slat. —

spros·se [ˈʃprɔsə] 1 *u.* 3 *sg pret subj of*
sprießen. [sprießen.]

spros·sen [ˈʃprɔsən] *v/i* ⟨sein *u.* h⟩ *lit. for*⟩

'**Spros·sen**ˌkohl *m Austrian for* Rosen-
kohl. — ~ˌlei·ter *f* peg ladder. — s~-
ˌtra·gend, s~ˌtrei·bend *adj bot.* pro-
liferous. — ~ˌwand *f* (*sport*) stall (*od.* wall)
bar(s *pl*).

'**Spros·ser** *m* ⟨-s; -⟩ *zo.* thrush (*od.* bastard)
nightingale (*Luscinia luscinia*).

Spröß·ling [ˈʃprœslɪŋ] *m* ⟨-s; -e⟩ 1. *colloq.*
humor, son, junior: sein ältester ~ his
eldest son, the eldest of his offspring;
er und seine ~e he and his offspring; ein
hoffnungsvoller ~ *iron.* a young hopeful.
– 2. *bot.* branch, scion, *auch* cion.

'Spros·sung f ⟨-; -en⟩ cf. Knospung.
'Sproß·vo₁kal m ling. parasitic vowel, svarabhakti (scient.).
Sprot·te ['ʃprɔtə] f ⟨-; -n⟩ zo. sprat (Gattg Sprattus): Kieler ⁓n smoked (Kiel) sprats.
Spruch [ʃprux] m ⟨-(e)s; ⁏e⟩ **1.** (Ausspruch) saying; saw, adage (lit.): ein alter, weiser ⁓ a wise old saw. – **2.** (Lehrspruch) maxim, axiom, dictum. – **3.** (Sinnspruch) aphorism, maxim, apo(ph)thegm: Goethes Sprüche in Prosa Goethe's aphorisms in prose; die Sprüche von Konfuzius the maxims of Confucius; Sprüche sammeln to collect aphorisms. – **4.** (literature) hist. a) (lyrisches Gedicht) lyric (poem), b) (kurzes Sinngedicht) gnomic poem, gnome, epigram. – **5.** (Bibelvers) scriptural (auch Scriptural) text (od. quotation), passage (od. verse) of Scripture: fromme Sprüche fig. contempt. sanctimonious talk sg. – **6.** die Sprüche Salomos Bibl. the Proverbs (of Solomon). – **7.** (Wahlspruch) motto, slogan, device. – **8.** tel. (Funkspruch) message, signal. – **9.** jur. a) (Urteilsspruch) judg(e)ment, ruling, b) (in Strafsachen) sentence, c) cf. Schiedsspruch: einen ⁓ fällen to pronounce a sentence; der ⁓ des Gerichts lautete auf zwei Jahre Zuchthaus the sentence of the court was for two years' imprisonment. – **10.** fig. (Entscheidung) decision. – **11.** (große) Sprüche machen fig. colloq. to talk big, to brag. – **s⁓,ar·tig** adj aphoristic, epigrammatic, auch epigrammatical. – **⁓,band** n ⟨-(e)s; -bänder⟩ **1.** (für Propaganda, Reklame etc) banner. – **2.** arch. banderole, auch banderol, bannerol. – **⁓,buch** n book of aphorisms (od. epigrams, maxims). – **⁓,dich·ter** m epigrammatist, auch epigrammist, aphorist. – **⁓,dich·tung** f epigrammatic (od. aphoristic, gnomic) poetry. – **⁓,kam·mer** f pol. hist. trial court (od. tribunal), (im Entnazifizierungsverfahren) denazification trial court (od. tribunal).
Sprüch·lein ['ʃpryçlaɪn] n ⟨-s; -⟩ **1.** dim. of Spruch. – **2.** sein ⁓ hersagen (od. herbeten) fig. colloq. humor. to say one's piece.
'spruch₁reif adj **1.** (in Wendungen wie) die Sache ist jetzt [noch nicht] ⁓ fig. the matter is now [not yet] ripe for (a) decision; eine Sache ⁓ werden lassen to let things develop. – **2.** jur. ripe for judg(e)ment. – **S⁓,samm·lung** f collection of aphorisms (od. epigrams, maxims).
Spru·del ['ʃpru:dəl] m ⟨-s; -⟩ mineral (od. soda) water: ⁓ ohne Geschmack unflavo(u)red soda water, pure mineral water; ⁓ mit Geschmack flavo(u)red soda water. – **⁓,bad** n effervescent bath. – **⁓ge₁tränk** n carbonated (od. effervescent) beverage. – **⁓,kopf** m contempt. hothead, hotspur.
spru·deln ['ʃpru:dəln] **I** v/i ⟨sein u. h⟩ **1.** ⟨sein⟩ (hervorquellen) gush, well, spout, bubble: eine Quelle sprudelte aus dem Felsen a spring gushed out of (od. from) the rock. – **2.** ⟨h u. sein⟩ (von kochendem Wasser etc) bubble: das Wasser sprudelt (über den Topfrand) the water is bubbling (over the rim); die Worte sprudelten nur so aus ihrem Mund (od. von ihren Lippen) fig. the words just bubbled out of her. – **3.** ⟨h u. sein⟩ (von Getränk) bubble, fizz, effervesce: das Mineralwasser sprudelt im Glas mineral water is bubbling in the glass; Sekt sprudelt aus der Flasche champagne bubbles out of the bottle. – **4.** ⟨h⟩ er sprudelt von gescheiten Ideen he is bubbling over with bright ideas. – **II S⁓** n ⟨-s⟩ **5.** verbal noun. – **'spru·delnd I** pres p. – **II** adj **1.** (Getränk) fizzy, effervescent. – **2.** (Quelle etc) bubbling, bubbly. – **3.** in ⁓er Laune fig. in high (od. exuberant) spirits, exuberant.
'Spru·del₁stein m min. cf. Aragonit. — **⁓,was·ser** n mineral (od. soda) water.
'Sprud·ler m ⟨-s; -⟩ Austrian for Quirl 1.
'Sprüh₁do·se f cf. Spray 1. — **⁓,druck** m spray pressure. — **⁓,druck,reg·ler** m spray pressure regulator.
sprü·hen ['ʃpry:ən] **I** v/t ⟨h⟩ **1.** (Flüssigkeit, Insektizid, Lack, Wasser etc) (auf acc on; über acc over) spray: sie sprühte etwas Parfüm auf ihr Kleid she sprayed some perfume on her dress. – **2.** (zerstäuben) vaporize Br. auch -s-, atomize Br. auch -s-. – **3.** Funken ⁓ a) (von Feuer, Lokomotive etc) to emit (colloq. spit) sparks, to spark, to flash, b) (von Edelstein)

to spark(le), to scintillate. – **4.** (Feuer) spit. – **5.** seine Augen sprühten Blitze fig. poet. his eyes flashed. – **6.** (Rasen etc) sprinkle, spray, water. – **II** v/i ⟨h, in einer Richtung sein⟩ **7.** ⟨h u. sein⟩ (von Funken) fly: die Funken sprühten nach allen Seiten the sparks flew in all directions. – **8.** ⟨sein⟩ (zischend) fizz(le), hiss. – **9.** ⟨sein⟩ (von Gischt, Wasser) spray. – **10.** ⟨h⟩ fig. (in Wendungen wie) ihre Augen sprühten vor Begeisterung [Eifer] her eyes sparkled (od. scintillated, flashed) with enthusiasm [zeal]; von Geist (od. Witz) ⁓ to sparkle with wit. – **III** v/impers ⟨h⟩ **11.** es sprüht colloq. (es regnet fein) it is drizzling. – **IV S⁓** n ⟨-s⟩ **12.** verbal noun. – **'sprü·hend I** pres p. – **II** adj **1.** (Funken) flying. – **2.** (Geist, Witz) sparkling, scintillating, brilliant. – **3.** fig. (Heiterkeit) exuberant.
'Sprüh₁ent₁la·dung f electr. corona (discharge). — **⁓,feu·er** n spark(l)ing fire. — **⁓ge₁rät** n agr. hort. sprayer, atomizer Br. auch -s-. — **⁓,ne·bel** m **1.** meteor. mist. – **2.** tech. (in Schmierung) mist. — **⁓,pul·ver** n chem. spray powder. — **⁓,re·gen** m drizzle, fine rain.
Sprung¹ [ʃpruŋ] m ⟨-(e)s; ⁏e⟩ **1.** leap, jump: zum ⁓ ansetzen a) (von Sportler) to get ready to jump, b) (von Katze etc) to get ready to spring; ein kühner (od. gewagter) ⁓ a daring leap; einen ⁓ machen (od. tun) to make (od. take) a jump; in großen Sprüngen with great leaps; den Ball im ⁓ fangen to catch the ball in midair; er hat einen großen ⁓ nach vorn gemacht fig. he has been given a substantial promotion (od. taken a big step forward); die Lösung ist ein großer ⁓ nach vorn fig. the solution is a great advance; ich bin jetzt froh, daß ich den ⁓ gewagt habe fig. I am glad now that I took the plunge; mit dem Gehalt kann man keine großen Sprünge machen fig. colloq. you cannot do much (splurging) (od. there is no room for extravagance, you cannot throw your money about) on that salary; ⁓ ins Ungewisse fig. leap in the dark; ich will dir mal auf die Sprünge helfen fig. colloq. let me give you a hand (colloq.), let me help you on a bit; dir werde ich auf die Sprünge helfen! fig. colloq. (Drohung) I'll soon make you jump, I'll make you look sharp (od. lively); wir sind ihm auf die Sprünge gekommen fig. colloq. we are up to his dodges, we caught on to his tricks (beide colloq.), we have seen through his (little) game. – **2.** (Satz) bound, leap, jump, auch bounce, spring: mit einem ⁓ war er die Treppe hinauf he took the steps at (od. in) one bound (od. leap); er machte einen großen ⁓ a flying leap. – **3.** (sport) (auch eines Fallschirmspringers) jump: bei seinem zweiten ⁓ erreichte er eine Höhe von 1,80 m with his second jump he reached a height of 1.80 meters (bes. Br. metres); ⁓ aus dem Stand (od. ohne Anlauf) [mit Anlauf] standing [running] jump. – **4.** (sport) (Pferdsprung) vault. – **5.** (beim Wasserspringen) dive: ⁓ mit Anlauf [aus dem Stand] running [standing] dive. – **6.** (beim Reitsport) jump. – **7.** choreogr. leap. – **8.** fig. colloq. (in Wendungen wie) sie ist immer auf dem ⁓ a) she is always on the go (colloq.), b) she is always in a hurry; ich bin schon auf dem ⁓ I'm (just) coming. – **9.** ⟨only sg⟩ fig. colloq. (kurze Entfernung) stone's throw, step, short distance: bis zur Bushaltestelle ist es nur ein ⁓ the bus stop is only a stone's throw away, it is only a step to the bus stop from here. – **10.** ⟨only sg⟩ fig. colloq. (kurze Zeit) minute: auf einen ⁓ (bei j-m) vorbeikommen to drop in (on s.o.) for a minute (od. second), to take a run (od. hop) over (to s.o.'s house), to drop (od. step) round (to s.o.'s house); ich komme heute abend auf einen ⁓ zu dir I'll drop in (for a minute) this evening; ich gehe auf einen ⁓ rüber I am going over for a minute. – **11.** fig. a) (im Denken) jump, abrupt transition, b) (in der Gedankenfolge) mental jump: ich mache jetzt einen ⁓ I am going to change the topic now; sie macht öfters solche Sprünge sometimes she jumps from topic to topic (od. she is going off at [od. on] a tangent). – **12.** mil. (einer vorgehenden Gruppe) dash: zum ⁓ vorbereiten to prepare for a dash. – **13.** zo.

(bei größeren Säugern) copulation. – **14.** hunt. a) ein ⁓ Rehe a herd of deer, b) pl (des Hasen) hindlegs. – **15.** mar. (des Schiffdecks) sheer. – **16.** mus. a) leap, skip, b) (Kürzung) cut.
Sprung² m ⟨-(e)s; ⁏e⟩ **1.** (in Glas, Porzellan, Schallplatten etc) crack: die Platte hat einen ⁓ there is a crack in the record, the record is cracked; durch diesen Vorfall erhielt ihre Freundschaft einen ⁓ fig. this incident caused a rift in their friendship. – **2.** (Spalt) gap, crevice. – **3.** tech. a) (Riß) crack, b) (Haarriß) fissure. – **4.** (im Holz) split, shake. – **5.** (Materialfehler) flaw, fault: ⁓ in einem Edelstein flaw in a gem. – **6.** geol. a) (im Gletscher) crevice, fissure, b) (Verwerfung) fault, flaw. – **7.** (mining) normal (od. gravity) fault. – **8.** med. (im Knochen) crack, fissure. – **9.** (film) (beim Schnitt) jump cut.
'Sprung₁ab₁ta·stung f telev. interlaced scanning. — **⁓,an,la·ge** f (sport) **1.** (für Weitsprung etc) jumping facilities pl. – **2.** (eines Schwimmbades) diving facilities pl (od. installation). – **3.** (für Skispringen) (ski-)jump hill. — **⁓,bal·ken** m (beim Weitsprung etc) takeoff board. — **⁓,becken** (getr. -k·k-) n (beim Wasserspringen) diving well. — **⁓,bein** n **1.** med. anklebone; astragal(us), talus (scient.). – **2.** zo. a) (bei Säugern) cannon bone, b) (bei Insekten) talus. – **3.** (sport) takeoff (od. jumping, follow-up, push-up) leg. — **s⁓,be,reit** adj ⟨pred⟩ **1.** ready to jump: die Schwimmer waren ⁓ (od. standen ⁓ da) the swimmers were (od. stood) ready for the starting dive. – **2.** (Arzt etc) on call. – **3.** mil. ready for action. – **4.** (Katze etc) ready to pounce. – **5.** colloq. ready to go, ready for off (colloq.). – **6.** biol. (Follikel) ready to burst. — **⁓,brett** n **1.** (sport) a) (beim Geräteturnen) springboard, b) (beim Wasserspringen) (spring)board, diving board. – **2.** fig. stepping stone, springboard: er benutzte diese Stellung als ⁓ für eine höhere he used this position as a stepping stone to a higher one.
'Sprung₁deckel (getr. -k·k-) m (einer Uhr) watch cap. — **⁓,uhr** f watch with a cap.
'Sprung₁fe·der f tech. elastic (od. spiral) spring. — **⁓ma₁trat·ze** f spring mattress.
'Sprung₁ge₁lenk n **1.** med. ankle joint. – **2.** (eines Pferdes etc) hock. — **⁓,gru·be** f (sport) (landing od. jumping) pit (od. area).
'sprung·haft I adj fig. **1.** (jäh, abrupt) precipitous: ⁓er Anstieg der Preise precipitous rise in prices, jump in prices. – **2.** (zusammenhanglos verlaufend) erratic, spasmodic, volatile: die ⁓e Entwicklung auf dem Börsenmarkt the erratic development on the stock market. – **3.** (Person, Charakter) flighty, erratic, desultory, volatile: er ist sehr ⁓ a) (in seinen Gedanken) he is flighty, b) (in seiner Stimmung) he is volatile (od. erratic); sein ⁓es Wesen his erratic character; ⁓es Denken desultory thinking. – **II** adv fig. **4.** die Preise sind ⁓ angestiegen prices have gone up (od. risen) by leaps and bounds (od. have shot up), prices have soared (od. jumped, skyrocketed); sich ⁓ entwickeln (von Verkehr etc) to increase tremendously.
'Sprung·haf·tig·keit f ⟨-; no pl⟩ **1.** (einer Person, eines Charakters) flightiness, desultoriness, volatility, volatileness. – **2.** econ. a) (der Preise) inconsistency, instability, b) (des Marktes) irregularity.
'Sprung₁hö·he f **1.** (sport) a) (beim Hochsprung etc) height, (cross)bar level, b) (beim Wasserspringen) height of the dive: die ⁓ beträgt jetzt 2 m (beim Hochsprung) the crossbar is now at 2 meters (bes. Br. metres), the height is now 2 meters. – **2.** geol. a) (einer Verwerfung) slip, throw, b) (einer Senke) dip, separation: vertikale ⁓ throw; horizontale ⁓ heave. – **3.** (mining) throw, degree of vertical displacement. — **⁓,hü·gel** m (ski-)jump hill. — **⁓,ka·sten** m (sport) (beim Turnen) (vaulting) box. — **⁓,kraft** f takeoff power (od. momentum). — **⁓,kur·ve** f mar. sheer curve (od. line). — **⁓,lat·te** f (sport) (cross)bar. — **⁓,lei·ne** f cf. Springseil. — **⁓,mat·te** f mat. — **⁓,netz** n (der Feuerwehr etc) life (bes. Br. jumping) net. — **⁓,re,greß** m econ. recourse to a prior (od. previous) endorser. — **⁓,schal·ter** m electr. quick-break switch. — **⁓,schal·tung** f tech. jump feed. — **⁓,schan·ze** f (sport) (ski-)jump hill. — **⁓,schnur** f (beim Turnen)

jumping rope. — **~seil** n cf. Springseil. — **~stab** m (beim Stabhochsprung) (vaulting) pole. — **~stän·der** m meist pl upright. — **~tem·pe·ra,tur** f electr. transition temperature. — **~tuch** n ⟨-(e)s; -tücher⟩ (der Feuerwehr) life net, bes. Br. jumping sheet. — **~turm** m 1. (eines Schwimmbades) diving platform (od. stage, tower). - 2. (einer Sprunganlage, -schanze) a) (aus Beton) tower, b) (aus Holz) trestle. — **s~wei·se** adv 1. in (od. by) jumps (od. leaps, bounds), bounding along: sich ~ vorwärtsbewegen to move along in jumps. - 2. (ruck-, stoß-weise) by fits and starts. — **~,wei·te** f (sport) jumped distance, distance (of jump), jump. — **~,wett·be,werb** m 1. jumping competition. - 2. (beim Wasserspringen) diving competition.

Spucke (getr. -k·k-) ['ʃpukə] f ⟨-; no pl⟩ colloq. spittle, spit: da blieb mir die ~ weg fig. I was simply flabbergasted (colloq.), I was dumbfounded (od. thunderstruck), you could have knocked me down with a feather; → Geduld 1.

spucken (getr. -k·k-) ['ʃpukən] I v/i ⟨h⟩ 1. spit: in die Hände ~ a) to spit on one's palms (od. hands), b) fig. colloq. to buckle down to work; j-m ins Gesicht ~ to spit in s.o.'s face; j-m in die Suppe ~ fig. colloq. to put a spoke in s.o.'s wheel, to thwart s.o.'s plans; er läßt sich nicht auf den Kopf ~ fig. colloq. he'll take (od. put up with, stand) no nonsense; j-m auf den Kopf ~ können fig. colloq. a) to be taller than s.o., b) to be superior to s.o. – 2. (aushusten) expectorate. – 3. colloq. (erbrechen) be sick, throw up, puke, vomit, Br. sl. 'cat'. – 4. tech. (von Motor) splutter, spit. – 5. fig. colloq. (in Wendungen wie) meine Waschmaschine spuckt my washing machine is not working (od. does not work) properly; der Ofen spuckt a) the stove is roaring, b) the stove is heating well. – 6. metall. (von Konverter) slop. – II v/t 7. med. spit (s.th.) out, expectorate (scient.): Blut ~ to spit blood. – 8. fig. colloq. (in Wendungen wie) er spuckt immer große Töne he's always talking big, he is always bragging; → Gift[1] 3. – III S~ n ⟨-s⟩ 9. verbal noun.

Spuck|ge,fäß n med. sputum cup. — **~napf** m spittoon.

Spuk [ʃpuːk] m ⟨-(e)s; rare -e⟩ 1. (gespenstisches Treiben) haunting: Gespenster treiben ihren ~ ghosts are spooking around; im alten Schloß beginnt um Mitternacht ein ~ ghosts haunt (od. appear in) the old castle at midnight; ich glaube nicht an diesen ~ I don't believe that ghosts haunt there; wie ein ~ vorüberjagen to pass (od. flit past) like ghosts; war es ~ oder Wirklichkeit gewesen? had it been an apparition or reality? - 2. cf. Geist[1] 12, 14. – 3. fig. (toller Lärm) hubbub, uproar. – 4. fig. (schauriges Ereignis) nightmare: der ganze ~ war in 5 Minuten vorbei the whole nightmare was over in 5 minutes. – 5. fig. colloq. (Aufheben) to-do, big thing, fuss: viel ~ um etwas machen to make a great fuss about (od. a big thing of) s.th.

spu·ken I v/i ⟨h⟩ 1. (von Geistern) haunt, walk: der Geist der Gräfin spukt des Nachts immer noch durch das alte Schloß the spirit of the countess still haunts (in) the castle at night. – 2. fig. colloq. (in Wendungen wie) die Idee hat schon lange in seinem Kopf gespukt he has been obsessed with this idea for a long time; dieser Aberglaube spukt noch immer in den Köpfen der Leute this superstition still haunts people's minds. – II v/impers 3. es spukt in diesem Haus this house is haunted; bei uns spukt es in der Nacht ghosts haunt (in) our house at night. – 4. bei j-m spukt es (im Kopf) fig. colloq. s.o. is not quite right in the head (od. colloq. upstairs, in his upper stor[e]y).

Spu·ke,rei f ⟨-; -en⟩ colloq. apparition of ghosts.

Spuk|geist m hobgoblin. — **~ge,schich·te** f ghost story. — **~ge,stalt** f ghostly (od. spectral) figure, apparition. — **s~haft** adj 1. ghostly, spectral, spooky (colloq.). – 2. (unheimlich) eerie, auch eery, weird, uncanny, spooky (colloq.). — **~haus** n haunted house.

Spül|au·to,mat m dishwasher. — **~bad** n 1. (einer Waschmaschine) rinse: letztes ~

final rinse. - 2. phot. (acid) stop bath. — **~becken** (getr. -k·k-) n 1. (kitchen) sink. - 2. (des Klosetts) closet (od. WC-)bowl.

Spu·le ['ʃpuːl] f ⟨-; -n⟩ 1. (zum Aufwickeln von Garn etc) spool, reel, bobbin. - 2. (textile) (Wickel) spool, bobbin, cop. - 3. electr. coil, solenoid: tote ~ dummy coil. - 4. (Film-, Tonbandspule etc) reel. - 5. tech. a) (von Draht) reel, coiler, b) (an der Nähmaschine) spool. - 6. zo. (des Federkiels) quill.

Spü·le ['ʃpyːlə] f ⟨-; -n⟩ 1. cf. Spülbecken 1. - 2. (als Küchenmöbel) sink unit.

spu·len ['ʃpuːlən] v/t ⟨h⟩ 1. (Garn etc) spool, wind, reel: etwas auf (acc) etwas ~ to spool (od. wind) s.th. on (to) s.th.; den Faden von der Rolle ~ to spool the thread off the bobbin. - 2. tech. (Draht) reel.

spü·len ['ʃpyːlən] I v/t ⟨h⟩ 1. (abwaschen) wash (up): ich muß noch Geschirr ~ I still have to wash (od. do) the dishes. - 2. (ausspülen) rinse (out): die Wäsche ~ to rinse the washing; sich (dat) den Mund ~ to rinse (out) one's mouth. - 3. (schwemmen) wash, (stärker) sweep: die Wellen spülten Treibholz ans Ufer the waves washed driftwood ashore (od. washed up driftwood); er wurde über Bord gespült he was swept overboard. - 4. med. a) (Wunden, Nase, Ohr etc) wash (out), irrigate, b) (Harnwege etc) wash (out), flush. - 5. auto. a) (Getriebekasten etc) flush, b) (Zylinder etc) scavenge. - II v/i 6. (abwaschen) wash up, wash (od. do) the dishes. - 7. (von Wellen, Flut) wash, (stärker) sweep: das Hochwasser spülte über den Damm the floodwater washed over the dam. - 8. (auf der Toilette) flush the lavatory, pull the chain (colloq.). - 9. (von Waschmaschine) rinse. - 10. med. a) (den Mund spülen) rinse, have a rinse, b) (Wunden, Nase, Ohr etc spülen) irrigate, have an irrigation, c) (Harnwege, Magen etc spülen) irrigate, rinse. - III S~ n ⟨-s⟩ 11. verbal noun. - 12. cf. Spülung.

Spu·len|an,ten·ne f electr. helical antenna (bes. Br. aerial), bes. Am. corkscrew antenna. — **s~,för·mig** adj spool- (od. bobbin-)shaped. — **~gal·va·no,me·ter** n electr. (moving) coil galvanometer. — **~,kern** m coil core. — **~,kör·per** m coil shell. — **~,wick·lung** f coil winding.

Spu·ler m ⟨-s; -⟩ tech. (an der Nähmaschine etc) spool (od. bobbin) holder (od. winder).

Spü·ler m ⟨-s; -⟩ 1. (Person) dishwasher, Br. auch washer-up. - 2. cf. Spülmaschine. — **Spü·le·rin** f ⟨-; -nen⟩ dishwasher, Br. auch washer-up, scullery maid.

Spül|flüs·sig,keit f 1. rinsing liquid. - 2. tech. auto. (für Einspritzpumpe) flushing agent. - 3. civ.eng. (Bohrschlamm) sludge.

Spü·licht n ⟨-(e)s; -e⟩ dial. dishwater, slops pl.

Spül|,ka·sten m (des Klosetts) (closet od. WC-)cistern. — **~,klo,sett** n water closet, WC. — **~,kü·che** f scullery. — **~,lap·pen** m dishcloth. — **~,lei·tung** f 1. (beim Klosett) flushing pipe. - 2. tech. (eines Verbrennungsmotors) scavenging duct.

Spül,luft f tech scavenging air. — **~ge,blä·se** n scavenge blower.

Spul·ma,schi·ne f tech. 1. bobbin frame, spooling (od. reeling) machine. - 2. (zum Feinspinnen) jack frame.

Spül|ma,schi·ne f dishwashing machine, dishwasher. — **~,mit·tel** n 1. (Reinigungsmittel) detergent. - 2. (Mundwasser) mouthwash. - 3. (für Haar etc) rinse. - 4. (für Wäsche) fabric softener, softening agent. - 5. med. a) irrigating fluid, b) (zum Gurgeln etc) mouthwash, c) (zum Desinfizieren) disinfectant, d) (Augenwasser) collyrium. — **~,öl** n auto. wash (od. flushing) oil. — **~,pro,gramm** n (eines Geschirrspülers etc) rinsing cycle. — **~,pum·pe** f scavenging pump.

Spul,rad n tech. spool(ing) wheel.

Spül|,rohr n 1. (des Klosetts) flushing pipe. - 2. civ.eng. (im Naßbaggerei) dredging pipe. - 3. civ.eng. (einer Talsperre) scouring pipe. — **~,schüs·sel** f (zum Abspülen) washing-up basin (od. bowl), Am. dishpan. — **~,stein** m (kitchen) sink. — **~,tisch** m (double) sink, sink unit.

Spü·lung f ⟨-; -en⟩ 1. cf. Spülen. - 2. med. a) (des Mundes) rinse, b) (der Blase) irrigation, c) (von Nase, Ohr, Darm etc) irrigation, d) (des Magens) wash, lavage,

e) (einer Wunde) irrigation, f) (vaginale) douche. - 3. (des Klosetts) a) water flush, b) flushing system. - 4. auto. tech. scavenging.

Spül|ver,satz m (mining) hydraulic stowing (od. filling), slushing, flushing. — **~vor,rich·tung** f 1. tech. rinsing equipment (od. device). - 2. cf. Spülung 3. — **~,wan·ne** f rinsing tub. — **~,was·ser** n 1. (für Wäsche) rinsing water. - 2. (für Geschirr) washing-up water. - 3. (schmutziges) dishwater, slops pl.

Spul,wurm m zo. eelworm, mawworm, ascaris (scient.) (Fam. Ascaridae).

Spu·man·te [spu'mante] m ⟨-s; -s⟩ gastr. sparkling wine.

Spund[1] [ʃpunt] m ⟨-(e)s; ⁼e⟩ 1. (eines Fasses) stopper, bung, plug, spigot. - 2. tech. (Falz) tongue. - 3. cf. Spundloch.

Spund[2] m ⟨-(e)s; -e⟩ junger ~ colloq. contempt. youngster, young pup (od. brat), yo(u)nker.

Spund|,boh·le f tech. sheet pile. — **~,boh·rer** m bunghole (od. tap) borer, taper shell auger.

spun·den ['ʃpundən] I v/t ⟨h⟩ 1. (Fässer) bung. - 2. (Bretter) tongue and groove. - II S~ n ⟨-s⟩ 3. verbal noun.

Spund|,ho·bel m match (od. grooving) plane. — **~,loch** n bung(hole). — **~ma,schi·ne** f (für Holzbearbeitung) tonguing and grooving machine.

Spund·ung f ⟨-; -en⟩ 1. cf. Spunden. - 2. (von Holz) tongue-and-groove joint.

Spund,wand f civ.eng. (einer Kai- od. Ufermauer) sheet pile (od. wall), sheetpiling, pile (od. sheeting) wall, sheet-pile bulkhead. — **~,ram·me** f sheeting driver. — **~,stahl** m sheet piling steel.

Spund|,zap·fen m cf. Spund[1] 1. — **~,zie·her** m bung pick (od. drawer).

Spur [ʃpuːr] f ⟨-; -en⟩ 1. (Fährte, Abdruck von Füßen, Rädern, Schlittenkufen etc) track(s pl), trace(s pl), trail: breite [schmale] ~ wide [narrow] track; eine frische ~ a) fresh tracks pl, b) (bei Fahndung) a hot scent; einer ~ folgen (des Verbrechers) to follow a trail (od. track); eine ~ aufnehmen to pick up a track; j-m auf der ~ folgen to track s.o.'s trail; auf der falschen ~ sein, eine falsche ~ verfolgen a) auch fig. to be on the wrong track, b) fig. to be barking up the wrong tree; j-n von der ~ abbringen (od. ablenken) auch fig. to put (od. throw) s.o. off the scent, to put s.o. on the wrong track (od. on the right track), to give s.o. a clue: die ~ führt zu einem Schuppen the track leads to a shed; die ~en verlieren sich hier the tracks end here; j-m [etwas] (dicht) auf der ~ sein to be (hot) on the trail of s.o. [s.th.], to be on the tracks of s.o. [s.th.]; wir sind dem Mörder auf die ~ gekommen fig. we got (od. are) on the trail of the killer; einer Sache auf die ~ kommen fig. to trace a thing, to get wind of a thing; dies führte auf die ~ des Verbrechers this helped to track the criminal; keine ~en hinterlassen auch fig. to leave no trace(s); alle ~en verwischen (od. beseitigen) to cover (over) all traces; vom Täter fehlt jede ~ fig. there is still no trace of the culprit. - 2. jur. (in Kriminalistik) clue. - 3. zo. (einer Schnecke etc) trail. - 4. (Abdruck, scharf umrissene Spur) print. - 5. (Fußspuren) footprints pl, footsteps pl, track(s pl). - 6. (Skispur) track(s pl), course, trail: eine ~ legen cf. spuren 1; in der ~ bleiben to keep to the track. - 7. (Wagenspur) track: eine ausgefahrene ~ a beaten track; tiefe ~ rut. - 8. fig. (sichtbares Zeichen, Anzeichen) mark, trace: die ~en ihres Kummers waren in ihrem Gesicht zu lesen sorrow had left its mark in her face; die ~en des Alters waren zu sehen signs of old age were visible; die ~en des Krieges the traces left by the war. - 9. fig. (Rest) trace, vestige: ~en einer alten Kultur traces (od. remains) of an ancient civilization; ~en einstiger Schönheit traces of former beauty. - 10. nicht die ~, keine ~ fig. colloq. (nicht das geringste) not the slightest trace, not a suspicion, not the least vestige: keine ~ von Müdigkeit not a trace (od. sign) of fatigue (whatever); er zeigt keine ~ von Reue he does not show the slightest contrition (*od.* regret); bist du müde? — keine ~! are you tired? — not a bit (*od.* not at all, not in the least [*od.* slightest])! - **11.** *fig.* (*winzige Menge*) trace: man entdeckte ~en von Jod in der Lösung they discovered traces of iodine in the solution. - **12.** *fig.* (*ein wenig*) touch, trace, soupçon: hier fehlt noch eine ~ Salz this needs a touch of (*od.* a trace more, a soupçon of) salt. - **13.** *hunt.* a) track, trail, trace, b) (*Wildfährte*) scent, spoor, slot: einer ~ folgen (*von Jagdhunden*) to scent a trail, to spoor. - **14.** (*railway*) ga(u)ge, (*Schienenweg*) track. - **15.** *auto.* a) (*Fahrbahn*) lane, b) (*Radspur*) (wheel) track, tread, c) (*seitlicher Radabstand*) track, d) (*Bremsspur*) skid mark(s *pl*): in der ~ bleiben to keep in lane; die ~ wechseln to change lane(s), to cut across lines; ständig die ~ wechseln to weave between lanes; der Wagen hält nicht ~ the car does not keep track. - **16.** *tech.* groove, track. - **17.** *chem. phys.* trace.

'**Spur,atom** [-'?a,to:m] *n nucl.* tracer atom.

'**spür·bar I** *adj* **1.** noticeable, perceptible, sensible: ~e Erleichterung noticeable relief; ~ sein to be felt. - **2.** (*deutlich*) distinct, marked. - **3.** (*beträchtlich*) considerable: eine ~e Erhöhung der Preise a considerable increase in prices. - **II** *adv* **4.** es ist ~ kälter geworden it has become noticeably colder.

'**Spur,brei·te** *f cf.* Spurweite.

spu·ren ['ʃpuːrən] *v/i* ⟨h⟩ **1.** (*im Skisport*) lay the track (*od.* course). - **2.** *auto.* (*von Rädern*) keep (in) track. - **3.** *fig. colloq.* (*gehorchen*) do as one is told, obey. - **4.** *fig. colloq.* (*richtig auf etwas reagieren*) catch on, get the message (*beide colloq.*), take the hint. - **5.** *pol.* (*linientreu sein*) toe the line (*od.* mark).

spü·ren ['ʃpyːrən] **I** *v/t* ⟨h⟩ **1.** (*Schmerz, Kälte, Hitze, Luftzug etc*) feel: sie spürte die Wirkung der Tablette she felt the effect of the tablet; ~ Sie etwas? do you feel anything? ~ Sie eine Besserung? do you feel better? ich spüre sämtliche Knochen every single bone aches; etwas in allen Knochen ~ to feel s.th. in every bone (*od.* in all one's bones); er kann sehr viel trinken, ehe er etwas spürt he can drink a lot before he begins to feel it (*od.* the effect) (*od.* before it affects him); etwas am eigenen Leibe zu ~ bekommen to experience in (*od.* on) one's own person what s.th. is like; er bekam die Peitsche zu ~ he was given a taste of the whip; ich ließ ihn meine Verachtung ~ I made him feel my contempt. - **2.** (*instinktiv*) feel, sense, be conscious of: er muß die Gefahr gespürt haben he must have sensed the danger; ich spürte, daß ich beobachtet wurde I felt that I was being watched. - **3.** (*wahrnehmen*) notice, perceive: wir spürten, wie erschöpft er war we noticed how exhausted he was. - **4.** *hunt.* scent. - **5.** *mil.* (*Gas, Minen etc*) detect. - **II** *v/i* **6.** *hunt.* (*von Jagdhunden*) (nach) scent (after), track, trail. - **7.** nach j-m [etwas] ~ *fig.* to trace (*od.* search for) s.o. [s.th.].

'**Spu·ren|ele,men·te** *pl biol.* trace elements (*od.* nutrients). — ~**nach,weis** *m jur.* (*bei Verbrechen*) detection of traces. — ~**si·che·rung** *f* securing of clues.

'**Spur|er,wei·te·rung** *f* (*railway*) ga(u)ge widening. — ~**fe·stig·keit** *f auto.* (*des Reifens*) track-holding property.

'**Spür|gas,ver,fah·ren** *n* (*mining*) tracer gas technique (*od.* method). — ~**ge,rät** *n mil.* **1.** (*für Gas*) detector. - **2.** (*für Radioaktivität*) radiac detector. — ~**haar** *n zo.* tactile hair.

'**Spur|,hal·tig·keit** [-,haltiçkait] *f* ⟨-; *no pl*⟩ *auto.* tracking, track keeping (*od.* holding). — ~**he·bel** *m* trackrod arm.

'**Spür,hund** *m* **1.** *hunt.* trackhound. - **2.** *fig. colloq.* (*Spitzel, auch findiger Mensch*) sleuth(hound) (*colloq.*).

'**Spur|,kranz** *m* (*railway*) (*der Räder*) wheel flange. — ~**kreis,durch,mes·ser** *m auto.* turning circle diameter. — ~**lat·te** *f* (*mining*) (*im Schacht*) guide rail (*od.* bar).

'**spur,läu·fig** *adj auto.* track-keeping (*od.* -holding).

'**spur·los I** *adj* traceless, trackless. - **II** *adv* without (leaving a) trace: ~ verschwinden to disappear without (leaving a) trace;

---

die Kriegsjahre sind nicht ~ an ihr vorübergegangen the war years left their mark on her (*od.* have told on her).

'**Spur,na·gel** *m* (*auf der Fahrbahn*) stud, lane spike.

'**Spür,na·se** *f auch fig.* (good) nose, scent, flair: eine ~ für etwas haben *fig.* to have a nose for finding s.th.

Spur·re ['ʃpurə] *f* ⟨-; -n⟩ *bot.* umbelliferous jagged chickweed (*Holosteum umbellatum*).

'**spur,si·cher** *adj auto.* track-keeping (*od.* -holding). — '**Spur,si·cher·heit** *f* ⟨-; *no pl*⟩ track keeping (*od.* holding).

'**Spür,sinn** *m auch fig.* (good) nose, scent, flair.

'**Spur|,stan·ge** *f* **1.** *auto.* track rod, (steering) tie rod. - **2.** (*railway*) tie bar (*od.* rod), ga(u)ge rod. — ~**stein** *m metall.* (*bei der Kupfergewinnung*) concentrated matte.

Spurt [ʃpurt] *m* ⟨-(e)s; -s, *rare* -e⟩ (*sport*) *auch fig.* spurt, sprint. — '**spur·ten** *v/i* ⟨sein⟩ spurt, sprint.

'**Spur,treue** *f cf.* Spurhaltigkeit.

'**Spür,trupp** *m nucl.* (*für Radioaktivität*) radiac detection squad (*od.* team).

'**Spur|ver,en·gung** *f* (*railway*) ga(u)ge narrowing (*od.* tightening). — ~**wech·sel** *m auto.* **1.** toe change, change of tread. - **2.** (*im Verkehr*) change of lane. — ~**wei·te** *f* **1.** (*railway*) ga(u)ge. - **2.** *auto.* a) (*des Wagens*) (wheel) track, track width, b) (*der Reifen*) tread.

spu·ten ['ʃpuːtən] *v/reflex* ⟨h⟩ sich ~ hurry (up): spute dich! hurry up! look sharp!

Sput·nik ['ʃputnik; 'sput-] *m* ⟨-s; -s⟩ (space) (*sowjetischer Satellit*) sputnik.

Spu·tum ['ʃpuːtum; 'ʃpuː-] *n* ⟨-s; Sputa [-ta]⟩ *med.* **1.** (*Auswurf*) sputum, expectoration: eitriges [schleimiges] ~ purulent [mucous] sputum. - **2.** (*Schleim*) phlegm. — ~**ab,strich** *m* sputum smear. — **s~för·dernd** *adj* promoting expectoration. — ~**kul,tur** *f* sputum culture.

Squa·ma ['skvaːma] *f* ⟨-; -men⟩ *med.* (*Schuppe*) scale, squama (*scient.*). — **squa·mös** [skva'møːs] *adj* (*schuppig*) scaly, squamous (*scient.*).

Squaw [skwoː] (*Engl.*) *f* ⟨-; -s⟩ squaw.

st [st] *interj* **1.** hush! sh! - **2.** (*um Aufmerksamkeit auf sich zu lenken*) hist!

Staat[1] [ʃtaːt] *m* ⟨-(e)s; -en⟩ **1.** (*Land, Nation*) state, country: ein unabhängiger [neutraler, totalitärer] ~ an independent [a neutral, a totalitarian] state; die vertragschließenden ~en the contracting states; etwas von ~s wegen verfügen to decree s.th. for reasons of state; dem ~ dienen to serve the state (*od.* one's country). - **2.** (*Staatswesen*) state, polity, body politic, commonwealth (*lit.*): einen ~ im ~e bilden to form a state within the state; → Trennung 2. - **3.** ⟨only *sg*⟩ (*als juristische Person*) state, *Br. auch* State, government: der ~ finanziert den Bau der Autobahnen the construction of the motorways (*Am.* superhighways) is financed by the government; dieses Land gehört dem ~ this land belongs to the state, this land is state- (*od.* government-)owned; Vater ~ *colloq. humor.* the government, *Br. auch* Whitehall, *Am. auch* Uncle Sam. - **4.** (*Gliedstaat einer Konföderation etc*) (member of) individual state, *auch* State, (*in einigen amer. Bundesstaaten*) *auch* commonwealth: die Vereinigten ~en (von Amerika), *colloq.* die ~en the United States (of America), the States (*colloq.*) (*beide usually construed as sg*); der ~ New York the State of New York, New York State; ich fliege morgen in die ~en *colloq.* I'm flying to the States (*Am. auch* I'm flying stateside) tomorrow (*colloq.*). - **5.** der ~ *fig. colloq.* (*die Regierung*) the government *sg* (*sometimes construed as pl*), *Am.* stateside; "Der ~" "The Republic" (*by Plato*). - **6.** *zo.* (*der Bienen, Ameisen*) colony.

Staat[2] *m* ⟨-(e)s; *no pl*⟩ *colloq.* **1.** (*Prunk, Pomp*) display, pomp, show: er liebt es, großen ~ zu machen he loves to make a great display (*od. colloq.* to have a lot of pomp), he loves to do things in great style (*od. colloq.* to put on a great show); mit etwas ~ machen a) (*prunken, angeben*) to display (*od.* parade, flaunt) s.th., to make a show of s.th., to show off (with) s.th., to show s.th. off, b) (*großen Eindruck machen*) to score (*od.* be) a success with s.th., to star (*od.* make a hit, *colloq.* ring the bell) with s.th.; mit

---

dem neuen Kleid wirst du großen ~ machen you'll be a great success (*od.* you'll cut quite a dash) with the new dress; mit dem Zeugnis kannst du keinen ~ machen! you'll not star with this report; damit ist kein ~ zu machen this is nothing to write home about (*colloq.*); mit dem alten Mantel ist kein ~ mehr zu machen this coat has definitely had its day; nur zum ~ just for show. - **2.** (*Putz, Gala*) finery, array, attire: die Damen erschienen im vollen ~ the ladies came in all their finery (*od.* in full array, in state, *colloq.* dressed to the hilt, in full fig, in full feather).

'**Staa·ten|,bil·dung** *f pol.* formation of states. — ~**bund** *m* **1.** staatenbund, confederation (of states), confederacy. - **2.** (*Föderation*) federation, federal union. — ~**ge,mein·schaft** *f* community of states, commonwealth. — ~**kun·de** *f obs.* (*Zweig der Staatswissenschaft*) science of states, general theory of state.

'**staa·ten·los** *adj jur. pol.* (*Flüchtling etc*) stateless. — '**Staa·ten·lo·se** *m, f* ⟨-n; -n⟩ stateless person, person without a nationality. — '**Staa·ten·lo·sig·keit** *f* ⟨-; *no pl*⟩ statelessness.

'**Staa·ten|,nach,fol·ge**, ~**suk,zes·si,on** *f jur. pol.* succession of state. — ~**uni,on** *f pol. cf.* Staatenbund.

'**staat·lich I** *adj* **1.** (*Verwaltung, Ausgaben, Unterstützung, Genehmigung etc*) state (*attrib*), *Br. auch* State (*attrib*), government (*attrib*), governmental: ~e Beihilfe (*für Krankenhäuser, Flüchtlinge etc*) government (*od.* state) aid, (*in Form von Subventionen*) *auch* subsidy, subvention: diese Einrichtungen unterliegen der ~en Kontrolle these institutions are under state control (*od.* are controlled by the state, are state-controlled, are government-controlled); ein ~er Hoheitsakt *pol.* an act of state; ~e Mittel *econ.* public funds; ~e Preisüberwachung *econ.* government control of prices; ~e Vorratsstellen *econ.* state storage agencies; ~e Wirtschaftslenkung *econ.* dirigisme, central management of the economy. - **2.** (*Eigentum, Besitz, Betrieb etc*) state(-owned), government(-owned), national: dieser Wald ist ~ this forest is state-owned (*od.* owned by the state), this is a state (*od.* national) forest. - **3.** (*Einnahmen, Budget etc*) national, public: die ~en Einkünfte dieses Jahres (the national *od.* public) revenue *sg* of this year. - **4.** (*Einrichtungen, Krankenhaus, Kindergarten etc*) state (*attrib*), state- (*od.* government-)financed, public, national: ~e Schulen state(-maintained) schools; ~e Fürsorge public assistance; ~er Gesundheitsdienst *bes. Br.* national health service, *bes. Am.* public health service. - **II** *adv* **5.** eine ~ anerkannte Schule a state- (*od.* government-)recognized (*Br. auch* -s-) school; ~ subventionierte Betriebe state- (*od.* government-)subsidized (*Br. auch* -s-) enterprises; ~ gelenkte Wirtschaft state- (*od.* government-)controlled economy; ein ~ geprüfter Übersetzer a certified (*od.* certificated) translator.

'**Staats|af,fä·re** *f* **1.** *pol.* affair of state. - **2.** *fig. colloq. cf.* Staatsaktion 2. — ~**akt** *m* ⟨-(e)s; -e⟩ *pol.* **1.** act of state. - **2.** (*feierlicher*) (*Zeremonie*) state (*od.* official) ceremony. — ~**ak·ten** *pl* state papers (*od.* records). — ~**ak·ti,on** *f* **1.** *pol.* government(al) action, action of the government. - **2.** *fig. colloq.* (*großes Aufheben*) great fuss (*od.* to-do), great (*od.* much) ado: mach doch aus der Sache keine ~! don't make such a fuss about it (*od.* the matter)! — ~**amt** *n pol.* office of state, public office: die Bewerber um das höchste ~ the candidates for the highest office of state.

'**Staats,an·ge,hö·ri·ge**[1] *m pol. jur.* a) citizen (of a state), b) (*einer Monarchie*) subject: er ist deutscher ~r he is a German citizen; er ist britischer ~r he is a British subject; ausländische ~ *pl* foreign subjects.

'**Staats,an·ge,hö·ri·ge**[2] *f pol. jur.* a) citizen(ess) (of a state), b) (*einer Monarchie*) subject.

'**Staats,an·ge,hö·rig·keit** *f* ⟨-; *no pl*⟩ *pol. jur.* nationality, citizenship: ursprüngliche [doppelte] ~ original [dual] nationality; ~ durch Geburt [naturalization (*Br. auch* -s-)]; Nachweis der ~ proof of nationality; j-m die ~ verleihen to grant s.o. citizenship, to confer citizenship (up)on s.o.; j-m die ~ aberkennen to deprive s.o. of citizenship; die deutsche ~ besitzen to have German nationality, to be a German citizen (*od.* national); er hat die amerikanische ~ verloren he lost his American citizenship.

'Staats,an·ge,hö·rig·keits|,aus,weis m, ~,zeug·nis n certificate of nationality (*od.* citizenship), *Am. auch* citizenship papers *pl.*

'Staats|,an·ge,le·gen·heit f pol. matter of state, state affair. — ~,an·ge,stell·te m, f state (*od.* government, *bes. Am.* federal) employee, public (*bes. Br.* civil) servant. — ~,an,lei·he f econ. government (*od.* state, public) loan (*od.* bond): fundierte (*od.* konsolidierte) ~ funded (*od.* bonded, consolidated) government loan (*od.* debt), *bes. Br.* consols *pl, auch* Consols *pl.*

'Staats,an,walt m jur. (public) prosecutor, *Am. auch* prosecuting (*od.* district) attorney, *Br. auch* prosecuting counsel, (*eines amer. Bundesstaats*) *auch* State('s) attorney. — 'Staats,an,walt·schaft f 1. (*Anklagevertretung*) prosecution. – 2. (*Behörde*) (public) prosecutor's office, *Am. auch* prosecuting (*od.* district, *eines amer. Bundesstaats* State['s]) attorney's office. – 3. (*Gesamtheit der Staatsanwälte*) (public) prosecutors *pl,* body of (public) prosecutors.

'Staats|,an,zei·ger m (*Amtsblatt*) (official) gazette. — ~,ap·pa,rat m pol. apparatus of the state, state machinery. — ~,ar,chiv n 1. government archives *pl.* – 2. *Am.* a) Federal (*od.* Government) Archives *pl,* b) (*eines Bundesstaats*) State Archives *pl.* – 3. *Br.* (Public) Record Office. — ~,auf,sicht f jur. pol. (*über Körperschaften, Stiftungen etc*) government(al) (*od.* state) control: unter ~ stehen to be under government control, to be government- (*od.* state-)controlled. — ~,auf,sichts·be,hör·de f government (*od.* state) control authority (*od.* board). — ~,auf,trag m econ. government(al) order. — ~,aus,ga·ben *pl* government(al) (*od.* state, public) expenditures (*od.* expenditure *sg*), government spending *sg.* — ~,bad n officially recognized spa, watering place recognized as a spa. — ~,bahn f meist *pl* (*railway*) *Am.* federal railroad (corporation), *Br.* national railway (company). — ~,bank f ⟨-; -en⟩ econ. state (*od.* government) bank, *bes. Am.* national bank. — ~,ban,kett n state (*od.* official) banquet. — ~,bank,rott m econ. national bankruptcy. — ~,be,am·te m, ~,be,am·tin f civil servant, government official, *Am. auch* officeholder. — ~,be,gräb·nis n state funeral. — ~,be,hör·de f government(al) authority, *Br. auch* central government office. — ~,bei,hil·fe f econ. pol. government (*od.* state) grant, aid from the state, grant in aid, (*in Form von Subventionen*) subsidy, *auch* subvention. — ~,be,sitz m state (*od.* government, national) property: dieses Land befindet sich in ~ this land is state- (*od.* government-)owned. — ~,be,such m pol. state (*od.* official) visit. — ~,be,trieb m econ. state(-owned) (*od.* government, government-owned) enterprise. — ~,bi·blio,thek f state (*od.* national) library.

'Staats,bür·ger m pol. jur. 1. citizen (of a state): ~ in Uniform (*Soldat*) etwa citizen in uniform. – 2. (*einer Monarchie*) subject. — 'Staats,bür·ge·rin f 1. citizen(ess) (of a state). – 2. (*einer Monarchie*) subject. — 'Staats,bür·ger,kun·de f ⟨-; no pl⟩ pol. ped. civics *pl* (*usually construed as sg*). — 'staats,bür·ger·lich adj civil, civic: ~e Rechte [Pflichten] civic (*od.* civil) rights [duties]; ~e Gesinnung civic(-minded) attitude, civic-mindedness, public spirit. — 'Staats|,bür·ger,rech·te *pl* jur. pol. civil (*od.* civic) rights, rights of citizenship. — ~,bür·ger,schaft f *Austrian for* Staatsangehörigkeit. — ~,bürg,schaft f econ. state guarantee (*od.* bond). — ~,chef m pol. head of state. — ~,die·ner m obs. civil servant. — ~,dienst m ⟨-(e)s; no pl⟩ civil (*Am. auch* public) service: in den ~ eintreten (*od. colloq.* gehen) to enter (the) civil service, to become a civil servant; im ~ stehen (*od.* sein) to be in the civil service, to be a civil servant. — ~,dienst·bar·kei·ten *pl* jur. pol. (*im Völkerrecht*) international (*auch* state) servitudes. — ~,do,mä·ne f (*staatlicher Grundbesitz*) *Am.* public domain, *Br.* state demesne. — ~,drucke,rei

(getr. -k·k-) f government printing office, (*in Großbritannien*) Her Majesty's Stationery Office. — s~,ei·gen adj state(-owned), government(-owned). — ~,ei·gen·tum n 1. state (*od.* government, national) property. – 2. (*als Recht*) public ownership. — ~,ein,künf·te, ~,ein,nah·men *pl* econ. (public *od.* national) revenue *sg*: ~ aus inländischen Steuern und Abgaben internal (*Br.* inland) revenue. — ~,emp,fang m pol. state (*od.* official) reception. — s~,er,hal·tend adj conducive to the maintenance of public order, maintaining the authority of the government. — ~,ex,amen n (an der Universität) (first) state (*Br. auch* State) examination. — ~,feind m public enemy. — s~,feind·lich I adj (*Gesinnung etc*) subversive, hostile to the central authority: ~e Umtriebe subversive activities. – II adv sich ~ betätigen to engage in subversive avtivities. — ~,fi,nan·zen *pl* econ. finances of the state, public finances (*od.* funds). — ~,flag·ge f national flag. — ~,form f pol. form of government, polity. — ~,forst m state (*od.* national) forest. — ~,ga·ran,tie f jur. pol. (*im Völkerrecht*) government guarantee (*od.* guaranty). — ~,ge,bäu·de n 1. government building. – 2. fig. (*Gefüge*) edifice (*od.* structure) of the state. — ~,ge,biet n national territory. — s~,ge,fähr·dend adj (*Schriften etc*) dangerous to the state, destructive of state authority. — ~,ge,fähr·dung f threat to the security of the state. — s~,ge,fähr·lich adj cf. staatsgefährdend. — ~,ge,fan·ge·ne m jur. pol. prisoner of State, State prisoner, political prisoner. — ~,ge,fäng·nis n state prison, *Am.* state penitentiary. — ~,ge,füge n pol. edifice (*od.* structure) of the state. — ~,ge,heim·nis n 1. pol. state secret: ein ~ preisgeben to reveal a state secret. – 2. fig. colloq. humor. (*großes Geheimnis*) deadly secret: das ist (ein) ~ that's top secret. — ~,gel·der *pl* econ. public funds. — ~,ge,richts,hof m ⟨-(e)s; no pl⟩ jur. 1. High (*od.* Supreme) Court. – 2. (*Verfassungsgerichtshof*) Constitutional Court. — ~,ge,schäf·te *pl* pol. state affairs: die ~ führen to be in charge of state affairs. — ~,ge,walt f ⟨-; no pl⟩ 1. State (*od.* government[al]) authority: die höchste ~ the supreme government authority. – 2. (*Ordnungsbehörden*) public authority: Widerstand gegen die ~ resistance to public authority. — ~,gläu·bi·ger m econ. public creditor. — ~,gren·ze f pol. state border (*od.* boundary, frontier), *bes. Am.* (*zwischen zwei Einzelstaaten*) *auch* state line. — ~,gut n ⟨-(e)s; -güter⟩ 1. (*staatliches Landgut*) state(-owned) farm. – 2. cf. Staatsdomäne. — ~,haus,halt m state (*od.* national) budget: ausgeglichener ~ balanced state budget. — ~,ho·heit f ⟨-; no pl⟩ sovereignty (of the state). — ~,in·ter,es·se n interest of the State, national (*od.* public) interest. — ~,kanz,lei f pol. state chancellery (*od.* chancellory). — ~,kanz,ler m hist. state chancellor, chancellor of state. — ~,ka·pi,ta,lis·mus m econ. state capitalism. — ~,ka,ros·se f state carriage (*od.* coach). — ~,kas·se f econ. pol. treasury, coffers *pl* of the state, *Br.* exchequer, *auch* Exchequer: die ~n sind leer the treasury is empty. — ~,kerl m colloq. cf. Prachtkerl. — ~,kir·che f ⟨-; no pl⟩ relig. established (*od.* state, *auch* State) church: die Englische ~ the Established Church, the Church of England. — s~,klug adj politic, politically shrewd. — ~,klug,heit f political wisdom (*od.* shrewdness). — ~,kom·mis,sar m pol. state commissioner. — ~,ko·sten *pl only in* auf ~ at (the) public expense. — ~,kre,dit m econ. government (*od.* state, public) credit. — ~,kun·de f ⟨-; no pl⟩ pol. civics *pl* (*usually construed as sg*). — ~,kunst f ⟨-; no pl⟩ statesmanship, statecraft. — ~,kut·sche f cf. Staatskarosse. — ~,län·de,rei·en *pl* cf. Staatsdomäne. — ~,leh·re f pol. cf. Staatswissenschaft. — ~,lot·te,rie f state (*od.* national) lottery.

'Staats,mann m ⟨-(e)s; -männer⟩ pol. statesman. — 'staats,män·nisch [-,mɛnɪʃ] adj (*Fähigkeiten etc*) statesmanlike, statesmanly.

'Staats|,mei·ster m *Austrian* (*bes. film, sport*) national champion. — ~,mi·ni·ster m pol. *bes. Am.* secretary, *bes. Br.* minister,

secretary of state. — ~,mi·ni,ste·ri·um n ministry (*bes. Am.* department) of state. — ~,mit·tel *pl* econ. public funds. — ~,mo·no,pol n state monopoly. — ~,not,stand m national emergency. — ~,ober,haupt n pol. 1. (*einer Republik etc*) head of state. – 2. (*einer Monarchie*) sovereign. — ~,or,gan n instrument of state. — ~,pa,pie·re *pl* econ. state (*od.* government) bonds, government papers (*od.* securities, stocks): tilgbare [untilgbare] ~ redeemable [irredeemable] state bonds; fundierte (*od.* konsolidierte) ~ funded (*od.* bonded, consolidated) government papers, *bes. Br.* public funds, consols, *auch* Consols; sein Geld in ~n anlegen to invest one's money in government bonds, *Br. auch* to fund one's money. — ~,par,tei f pol. state party, party in office. — ~,phi·lo·so,phie f philosophy of the state, political philosophy. — ~,po·li,tik f (*Politik eines Staats*) national policy. — s~,po·li,tisch adj (*Entscheidungen etc*) national political, concerning national policy. — ~,po·li,zei f state police. — ~,prä·si,dent m President (of the State). — ~,pro,zeß m state trial. — ~,prü·fung f 1. cf. Staatsexamen. – 2. (*für Beamte*) civil service examination. — ~,qual·le f zo. siphonophore (*Ordng Siphonophora*). — ~,rai,son, ~,rä,son f pol. reason of state. — ~,rat m ⟨-(e)s; ⸚e⟩ 1. (*Institution*) council of state: (Geheimer) ~ (*in Großbritannien*) Privy Council. – 2. (*Mitglied*) councillor (*Am. auch* councilor) (*od.* counsellor, *bes. Am.* counselor) of state: (Geheimer) ~ Privy Councillor. — ~,rats,vor,sit·zen·de m DDR pol. Chairman of the German Democratic Republic's Council of State. — ~,recht n ⟨-(e)s; no pl⟩ jur. 1. (*öffentliches Recht*) public law. – 2. (*Verfassungsrecht*) constitutional law. — ~,recht·ler m ⟨-s; -⟩ 1. specialist in public law, public law specialist. – 2. (*Verfassungsrechtler*) constitutionalist. — s~,recht·lich adj 1. (*öffentlich-rechtlich*) under (*od.* relating to, arising from) public law. – 2. (*verfassungsrechtlich*) under (*od.* relating to, arising from) constitutional law, constitutional. — ~,re·gie·rung f pol. (state) government. — ~,re·li·gi·on f established (*od.* state) religion. — ~,ren·te f government annuity. — ~,ru·der n fig. helm of the state: das ~ fest in der Hand haben to have a firm grip on the helm of the state. — ~,säckel (getr. -k·k-) m econ. colloq. public purse (*od.* treasury). — ~,schatz m ⟨-es; no pl⟩ treasury, coffers *pl* of the state, *Br.* exchequer, *auch* Exchequer. — ~,schiff n fig. ship of state: das ~ lenken to pilot the ship of state. — ~,schrei·ber m *Swiss* head clerk of the chancery of a canton. — 'Staats,schuld f econ. 1. national (*od.* public) debt. – 2. government loan. — ~,buch n (National) Debt Register. — ~,schein m national (*od.* state, public) bond certificate. — ~,ver,schrei·bung f national (*od.* state, public) bond. — 'Staats|se·kre,tär m pol. undersecretary (of state): parlamentarischer ~ parliamentary undersecretary. — ~,se·kre·ta·ri,at n (*Amt*) undersecretaryship. — ~,si·cher·heit f ⟨-; no pl⟩ security of the state, national (*od.* state) security. — ~,si·cher·heits,dienst m ⟨-(e)s; no pl⟩ DDR pol. state security police. — ~,sie·gel n seal of state, *bes. Br.* Great Seal. — ~,so·zia,lis·mus m pol. state socialism. — ~,stra·ße f national (*od.* arterial) road (*od.* highway). — ~,streich m pol. coup (d'état): ein unblutiger ~ a bloodless coup. — ~,sub·ven·ti,on f econ. government (*od.* state) subsidy (*od.* aid, *auch* subvention). — ~,te·le,gramm n Government telegram: ~ mit [ohne] Vorrang Government telegram with [without] priority. — ~,thea·ter [-te,a·tor] n state theater (*bes. Br.* theatre). — ~,theo,rie f theory of the state. — ~,trau·er f national mourning. — ~,ver,bre·chen n jur. pol. political (*od.* state) crime. — ~,ver,bre·cher m political (*Am.* state) criminal. — ~,ver,fas·sung f pol. constitution (of a state). — ~,ver,mö·gen n econ. (*Gebäude, Gewässer etc*) state (*od.* state) property, property of (the) state. — ~,ver,rat m jur. pol. cf. Landesverrat. — ~,ver,schul·dung f indebtedness of the state, government(al) (*od.* state) indebtedness. — ~,ver,trag m jur. pol. international treaty. — ~,ver,wal·tung f pol. administration of the state, state (*od.* public) administration. — **~,volk** *n* leading nation (*od.* national group). — **~,wap·pen** *n* state (coat of) arms *pl.* — **~,we·sen** *n pol.* state, polity, body politic, commonwealth (*lit.*). — **~,wirt·schaft** *f econ.* public sector (of the economy). — **~,wis·sen·schaft** *f meist pl pol.* political science. — **~,wis·sen·schaft·ler** *m* 1. political scientist. – 2. student of political science. — **~,wohl** *n* welfare (*od.* well-being, good) of the state. — **~,zim·mer** *n colloq.* (*Prunkzimmer*) stateroom. — **~,zu,schuß** *m* government (*od.* state) grant(-in-aid), grant(-in-aid) from the state, (*in Form von Subventionen*) subsidy, *auch* subvention: durch Staatszuschüsse unterstützt werden a) to receive government grants, to be state-aided, b) (*subventioniert werden*) to be subsidized (*Br. auch* -s-) (by the state).

Stab [ʃtaːp] *m* ⟨-(e)s; *·*e⟩ 1. (*aus Holz*) staff, rod, bar: den ~ über j-n brechen a) *fig.* to condemn s.o. (utterly), b) *jur. hist.* (*als Symbol für die Todesstrafe*) to pronounce the death sentence on s.o.: ihr dürft nicht gleich den ~ über ihn brechen *fig.* you must not condemn him right away. – 2. (*Eisen-, Gitterstab*) bar, rod. – 3. (*Wanderstab, Stock*) staff, rod, (walking) stick: den ~ ergreifen (*od.* nehmen) *fig. poet.* to take to the road. – 4. (*eines Schirms*) rib. – 5. (*einer Jalousie*) slat, lath. – 6. (*Zeltstab*) (tent) pole. – 7. (*Zauberstab*) wand, staff. – 8. (*Hirtenstab*) (shepherd's) crook, staff. – 9. *fig.* (*von Mitarbeitern, Sachverständigen etc*) staff: der technische [wissenschaftliche] ~ eines Unternehmens the technical [scientific] staff of an enterprise; ein ~ von tüchtigen Mitarbeitern an efficient staff. – 10. *mil.* a) (*des Marschalls*) baton, b) *fig.* (*Generalstab etc*) staff, c) *fig.* (*Haupt-, Stabsquartier*) headquarters *pl* (*often construed as sg*), staff: ein Offizier vom ~ a staff officer. – 11. *pol. fig.* (*eines Diplomaten, Ministers etc*) suite, staff, aides *pl.* – 12. *tech.* (*Zug-, Verbindungsstab etc*) rod. – 13. *relig.* (*des Bischofs, Abts*) crosier, crozier, pastoral staff: einen Bischof mit Ring und ~ belehnen *hist.* to invest a bishop with ring and crosier. – 14. *bes. hist.* (*Amtsstab*) mace. – 15. (*des Dirigenten*) baton, stick (*colloq.*). – 16. (*sport*) a) (*Staffelstab*) (relay) baton, b) (*für den Stabhochsprung*) pole, c) (*Turngerät*) (gymnastic) bar (*od.* staff). – 17. *arch.* a) fillet, b) (*Rundstab*) circular molding (*bes. Br.* moulding). – 18. *civ.eng.* (*beim Stahlhochbau*) member. – 19. (*fashion*) obs. (*eines Korsetts*) bone, staff. – 20. *metr.* (*im Stabreim*) stave.

'Stab|,an·ker *m electr.* strip- (*od.* bar)-wound armature. — **~,an,ten·ne** *f* flagpole (*od.* rod) antenna (*bes. Br.* aerial). — **~bat·te,rie** *f* torch battery. — **~,brand,bom·be** *f mil.* stick-type incendiary bomb.

Stäb|·chen ['ʃtɛːpçən] *n* ⟨-s; -⟩ 1. small rod, rodlet. – 2. (*für Hemdkragen*) collar stiffener. – 3. (*als Häkelmasche*) long stitch. – 4. (*chines. Eßstäbchen*) chopstick. – 5. *fig. colloq.* cigar (*sl.*), 'gasper' (*sl.*), *Am. sl.* 'pill', *Br. sl.* 'gasper', cigarette. – 6. (*games*) (*des Mikadospiels*) jackstraw, spillikin, *auch* spel(l)ican. – 7. *med.* (*der Netzhaut*) rod. – 8. *biol.* (*Bazillus*) (rod-shaped) bacillus. – 9. *mus.* (*des Triangels*) beater. — **~,bak·te,rie** *f biol.* (rod-shaped) bacillus. — **~,form** *f* rod form. **s~,för·mig** *adj* rod-shaped: bacilliform, baculiform, bacillary (*scient.*). — **~,zel·le** *f med.* staff (*od.* rod) cell.

Sta·bel·le [ʃtaˈbɛlə] *f* ⟨-; -n⟩ *Swiss for* a) Schemel, b) Stuhl 1.

sta·bend ['ʃtaːbənt] *adj* (*literature*) obs. for alliterierend II.

'Stab|,fe·der *f tech.* bar spring. — **s~,för·mig** *adj* 1. rod- (*od.* bar-)shaped, rhabdoid(al) (*scient.*). – 2. *biol. cf.* stäbchenförmig. — **~,füh·rung** *f mus.* direction: unter der ~ von under the direction of, conducted by. — **~,fuß,bo·den** *m* inlaid strip floor. — **~,heu,schrecke** (*getr.* -k·k-) *f zo.* stick insect (*Carausius morosus*). — **~,ho·bel** *m tech.* (*Rundstabhobel*) hollowing (*od.* round) plane. — **~,hoch,sprin·ger** *m* (*sport*) pole vaulter (*od. colloq.* jumper). — **~,hoch,sprung** *m* pole vault(ing) (*od. colloq.* jumping).

sta·bil [ʃtaˈbiːl; sta-] **I** *adj* ⟨-er; -st⟩ 1. (*Baukonstruktion, Gerüst, Tisch etc*) stable,

---

solid, sturdy, strong: das Regal ist nicht ~ the shelf unit is not stable (*od.* is unstable). – 2. (*Gesundheit, Bündnis, Freundschaft etc*) stable, solid, stout. – 3. (*Regierung, Stimmenmehrheit etc*) stable, firm. – 4. (*Verhältnisse, Wirtschaftslage, Währung etc*) stable, steady: die Preise ~ halten to keep prices stable (*od.* on an even level); ~es Gleichgewicht stable balance, equilibrium. – 5. *colloq.* (*Körperbau*) sturdy, robust, stalwart, solid, rugged: ein ~er Bursche a sturdy fellow (*colloq.*). – 6. *chem.* (*Emulsion etc*) stable. – **II** *adv* 7. stably, solidly: diese Häuser sind ~ gebaut these houses are solidly built. – 8. ein ~ gebautes Mädchen *colloq.* a sturdily built girl, a girl of a sturdy build.

Sta'bil|,bau,ka·sten *m* (*für Kinder*) steel construction set. — **~,emul·si,on** *f chem.* stable emulsion.

sta·bi·lie·ren [ʃtabiˈliːrən; sta-] *v/t u. v/reflex* ⟨*no* ge-, h⟩ *obs. for* stabilisieren.

Sta·bi·li·sa·tor [ʃtabiliˈzaːtor; sta-] *m* ⟨-s; -en [-zaˈtoːrən]⟩ 1. *tech.* a) (*Schwinghebel*) stabilizer *Br. auch* -s-, balancer, b) (*zum Ausgleich des Maschinengangs*) equalizer *Br. auch* -s-. – 2. *auto. electr.* stabilizer *Br. auch* -s-. – 3. *chem. med.* a) stabilizer *Br. auch* -s-, stabilizing (*Br. auch* -s-) agent, b) emulsifier, emulsifying agent. – 4. *mil.* (*eines Panzergeschützes*) stabilizer *Br. auch* -s-. – 5. *aer. mar.* stabilizer *Br. auch* -s-.

sta·bi·li·sie·ren [ʃtabiliˈziːrən; sta-] **I** *v/t* ⟨*no* ge-, h⟩ 1. (*Machtverhältnisse, Preise, Währung etc*) stabilize *Br. auch* -s-, stabilitate. – 2. *aer.* (*ein Flugzeug, eine Rakete*) stabilize *Br. auch* -s-. – 3. *med.* (*Herz etc*) stabilize *Br. auch* -s-. – **II** *v/reflex sich* ~ 4. (*von Wirtschaftslage, Preisen, Kursen etc*) stabilize *Br. auch* -s-, steady, become (*od.* get) steadier, (*allmählich*) grow steadier. – 5. *med.* (*von Herz, Kreislauf etc*) stabilize *Br. auch* -s-. – **III S~** *n* ⟨-s⟩ 6. *verbal noun.* — **Sta·bi·li'sie·rung** *f* ⟨-; *no pl*⟩ 1. *cf.* Stabilisieren. – 2. (*der Wirtschaftslage, Währung, Löhne etc*) stabilization *Br. auch* -s-.

Sta·bi·li'sie·rungs|,an,lei·he *f econ.* stabilization (*Br. auch* -s-) loan. — **~,flos·se** *f* 1. *aer. mar.* stabilizing (*Br. auch* -s-) fin, stabilizer *Br. auch* -s-. – 2. *aer. cf.* Höhenflosse. — **~,fonds** *m econ.* stabilization fund. — **~po·li,tik** *f* stabilization policy, policy of stabilization. — **~,wi·der,stand** *m electr.* stabilization resistance.

Sta·bi·li·tät [ʃtabiliˈtɛːt; sta-] *f* ⟨-; *no pl*⟩ 1. (*einer Baukonstruktion, eines Gerüstes etc*) stability, robustness, strength, solidity, sturdiness. – 2. (*eines Bündnisses etc*) stability, solidity. – 3. (*der Wirtschaftslage, Währung, Preise etc*) stability, steadiness: mangelnde ~ instability. – 4. *med.* stability.

Sta·bi·li'täts,fak·tor *m* stability factor.

'Stab|iso,la·tor *m electr.* stick (*od.* rod) insulator. — **~,ker·nig** *adj* ~e Zellen *biol.* stab cells, stabs. — **~,kir·che** *f arch.* (*in Norwegen etc*) stave church. — **~,lam·pe** *f bes. Br.* (electric) torch, *bes. Am.* flashlight. — **~,li·ste** *f* (*beim Film*) production list. — **~,ma,gnet** *m phys.* bar magnet. — **~,reim** *m metr.* alliteration. — **~,rost** *m metall.* mining bar grate, grizzly.

'Stabs|,arzt *m mil.* captain (medical corps). — **~,be,fehl** *m* headquarters order. — **~,boots,mann** *m mar. mil. Am.* master chief petty officer, *Br.* fleet chief petty officer. — **~,chef** *m mil.* chief of staff. — **~,feld,we·bel** *m Am.* master sergeant, *Br.* Warrant Officer Class II.

'Stab,sich·tig·keit *f* ⟨-; *no pl*⟩ *med.* astigmatism.

'Stabs|kom·pa,nie *f mil.* headquarters company. — **~of,fi,zier** *m* 1. (*Major bis Oberst*) field (grade) officer. – 2. (*Offizier beim Stab*) staff officer. — **~,quar,tier** *n* headquarters *pl* (*often construed as sg*).

'Stabs|,un·ter·of·fi,zier *m mil.* 1. (*beim Heer*) sergeant. – 2. (*bei der Luftwaffe*) *Am.* staff sergeant, *Br.* sergeant. — **~,ve·te·ri,när** *m* major (Vet).

'Stab|,ta·schen,lam·pe *f cf.* Stablampe. — **~,übun·gen** *pl* (*in der Gymnastik*) bar (*od.* staff) exercises. — **~,walz,werk** *n metall.* bar (rolling) mill. — **~,wan·ze** *f zo. cf.* Stelzenwanze. — **~,wech·sel** *m* (*sport*) (*beim Staffellauf*) baton exchange, take-over. — **~,wick·lung** *f electr.* bar winding.

— **~,wurz** *f bot.* southernwood, *auch* old man (*Artemisia abrotanum*).

stac·ca·to [staˈkaːto; ʃta-] *adv mus.* staccato.

stach [ʃtaːx] *1 u. 3 sg pret of* stechen.

Sta·cha·now|,ar·bei·ter [ʃtaˈxaːnɔf-; sta-] *m* (*in der Sowjetunion*) Stakhanovite. — **~sy,stem** *n* Stakhanovite system.

stä·che ['ʃtɛːçə] *1 u. 3 sg pret subj of* stechen.

Sta·chel ['ʃtaxəl] *m* ⟨-s; -n⟩ 1. *bot.* (*an Sträuchern, Kakteen etc*) spine, prick, (*kleiner*) prickle, spinule (*scient.*). – 2. *zo.* a) (*der Bienen, Wespen, Skorpione etc*) sting, *bes. Am.* stinger, piercer, aculeus (*scient.*), b) (*des Igels, Stachelschweins etc*) spine, quill, prick, c) (*eines Stachelhäuters*) spicule, spiculum, d) (*an den Flossen bestimmter Fische*) spine, ray, acantha (*scient.*): seine ~n aufstellen a) (*von Igel etc*) to put up (*od.* raise) its spines, b) *fig. colloq.* to bristle. – 3. (*an Gürtel-, Schuhschnallen etc*) tongue. – 4. (*des Stacheldrahts*) barb. – 5. (*an Rennschuhen, Hundehalsbändern etc*) spike. – 6. (*am Sporn*) point. – 7. (*zum Antreiben des Viehs*) goad: wider den ~ löcken *fig. lit.* to kick against the pricks. – 8. *fig.* (*etwas Schmerzendes, Quälendes*) sting, thorn: durch die Aussprache wurde dem Vorfall der ~ genommen the discussion took the sting out of the incident; auch nach der Versöhnung blieb ein ~ zurück the sting was still there even after the reconciliation. – 9. *fig.* (*treibende Kraft*) goad, spur, incentive, stimulus: der ~ des Ehrgeizes trieb ihn immer weiter the goad of ambition drove him on further. – 10. *mus.* (*am Cello etc*) tailpin, spike, end-pin. — **~,ap·fel** *m bot.* soursop (*Annona muricata*). — **~,bä·ren,klau** *f*, *m* bear's-breech, brank-ursine (*Acanthus spinosus*).

'Sta·chel,beer,blatt,wes·pe *f zo.* green currant worm (*Pristiphora pallipes*).

'Sta·chel,bee·re *f bot.* 1. gooseberry. – 2. *cf.* Stachelbeerstrauch.

'Sta·chel,beer|mar·me,la·de *f gastr.* gooseberry jam. — **~-,Mehl,tau, Ame·ri·ka·ni·scher** *m bot.* American gooseberry mildew (*Sphaerotheca mors-uvae*). — **~,span·ner** *m zo. cf.* Harlekin 2a. — **~,strauch** *m bot.* gooseberry (bush *od.* shrub) (*Ribes uva-crispa*). — **~,wein** *m gastr.* gooseberry wine.

'Sta·chel,bilch *m zo.* spiny dormouse (*Platacanthomys lasiurus*).

'Sta·chel,bürz·ler [-,byrtslər] *m* ⟨-s; -⟩ *zo.* (*tropischer Singvogel*) cuckoo shrike (*Fam. Campephagidae*).

'Sta·chel,dol·de *f bot.* sea (*od.* prickly) parsnip (*Echinophora spinosa*).

'Sta·chel,draht *m* barbed wire: elektrisch geladener ~ live (*od.* electrically charged) barbed wire. — **~,hin·der·nis** *n*, **~,ver,hau** *m, n* barbed wire obstacle (*od.* entanglement). — **~,zaun** *m* barbed wire fence.

'Sta·chel,flos·se *f zo.* (*der Stachelflosser*) spiny (dorsal) fin, acantha (*scient.*). — **'Sta·chel,flos·ser** *pl collect.* spiny-finned fishes (*Ordng Acanthopterygii*).

'sta·chel,för·mig *adj bot.* spine- (*od.* prick-, prickle-)shaped, spinous; spiniform, aculeiform (*scient.*).

'Sta·chel,fort,satz *m med.* spinous process. — **~,gras** *n bot.* bur grass (*Gattg Cenchrus*). — **~,haie** *pl zo.* squaloids, acanthodii (*Ordng Squaloidea*). — **~,hals,band** *n* (*für Hunde*) spiked collar. — **~,häu·ter** [-,hɔytər] *m* ⟨-s; -⟩ *zo.* echinoderm: die ~ the echinoderms, the echinoderma(ta). — **~,hum·mer** *m* spiny lobster (*Palinurus vulgaris*).

'sta·che·lig *adj* 1. (*Sträucher, Kaktus etc*) prickly, thorny, thistly, bristly, spiny, *auch* spiney; spinous, spinose (*lit.*). – 2. (*Igel etc*) spiny, *auch* spiney, prickly. – 3. (*Stoff, Pullover etc*) prickly, coarse. – 4. (*Bart, Kinn*) stubb(l)y, bristly, prickly. – 5. *fig.* (*kratzbürstig*) prickly, bristly. — **'Sta·che·lig·keit** *f* ⟨-; *no pl*⟩ 1. (*von Sträuchern etc*) prickliness, thorniness, spininess, spinosity (*lit.*). – 2. *fig.* (*Kratzbürstigkeit*) prickliness, bristliness.

'sta·chel·los *adj* 1. *bot.* prickless, thornless, spineless. – 2. (*Biene*) stingless.

'Sta·chel,ma,kre·le *f zo.* carangid (*Fam. Carangidae*). — **~,maus** *f* spiny mouse (*Gattg Acomys*). — **~,mohn** *m* Mexican (*od.* prickly) poppy (*Gattg Argemone, bes. A. mexicana*). — **~,nuß** *f cf.* Stechapfel. — **~,pal·me** *f* prickly palm (*Gattg Bactris*): Große ~ beach palm (*B. major*).

— ~**rat·te** f zo. spiny (od. hedgehog, porcupine) rat (Gattg Echimys). — ~**ro·chen** m cf. Stechrochen. — ~**schnecke** (getr. -k·k-) f 1. murex (Fam. Muricidae). – 2. sting winkle (Tritonalia erinacea). — ~**schwamm** m bot. hydnum (Gattg Hydnum). — ~**schwanz-Le·gu,an** m zo. 1. (in Südamerika) spiny-tailed lizard (Hoplocerus spinosus). – 2. (in Nordamerika) collared swift (Sceloporus poinsetti). — ~**schwein** n porcupine (Gattg Hystrix): Gewöhnliches (od. Europäisches) ~ common (od. European) porcupine (H. cristata). — ~**stock** m (des Viehtreibers) goad. — ~**ta·schen,maus** f zo. spiny (pocket) mouse (Gattg Heteromys). — ~**zel·le** f med. prickle cell.

Sta·ches ['ʃtaxəs] m ⟨-; -⟩ Southwestern G. dial. colloq. obstinate fellow, mule (beide colloq.).

'**stach·lig** adj cf. stachelig. — '**Stach·lig·keit** f ⟨-; no pl⟩ cf. Stacheligkeit.

Stack [ʃtak] n ⟨-(e)s; -e⟩ Low G. for Buhne.

Sta·del ['ʃtaːdəl] m ⟨-s; - u. Swiss ⁕⟩ Southern G., Austrian and Swiss dial. barn, shed.

Sta·di·on ['ʃtaːdi̯ɔn] n ⟨-s; -dien⟩ (sport) stadium, Am. colloq. auch bowl.

Sta·di·um ['ʃtaːdi̯ʊm] n ⟨-s; -dien⟩ 1. stage, phase, phasis (lit.): die Verhandlungen sind in ein neues ~ eingetreten the negotiations have entered a new stage. – 2. med. biol. (einer Krankheit, einer Entwicklung etc) stage, stadium, period, phase: akutes [chronisches] ~ acute [chronic] stage; Krebs in vorgerücktem ~ cancer in an advanced stage, far-gone cancer; ~ der Heilung healing stage.

Stadt [ʃtat] f ⟨-; ⁑e ['ʃtɛːtə]⟩ 1. town, (größere) city: er wohnt in einer kleinen ~ he lives in a small town; New York ist eine große ~ New York is a large (od. big) city; die ~ Berlin the city of Berlin; die Freie ~ Danzig hist. the Free Town of Danzig; die Ewige ~ (Rom) the Eternal City, Rome; eine ~ von (od. mit) 8000 Einwohnern a town of (od. with) 8,000 inhabitants; ein Haus am Rande der ~ a house on the outskirts of the city; der Gegensatz zwischen ~ und Land the contrast between town and country; die Nachricht verbreitete sich in ~ und Land the news spread up and down the country; die Leute aus der ~ (the) townsmen; ich bin in der ~ aufgewachsen I grew up in a town (od. city), I am town-, (od. city-)bred; X wurde zur offenen ~ erklärt mil. X was declared an open town; die ganze ~ spricht von dem Skandal fig. the whole town is talking about the scandal, the scandal is all over (od. is the talk of the) town; die ganze ~ war auf den Beinen fig. colloq. the whole town was up and about. – 2. ⟨only sg⟩ colloq. (Innenstadt) town, town (od. city) center (bes. Br. centre), Am. auch downtown: in die ~ gehen to go (in)to town, bes. Am. to go downtown; sie ist in der ~ she is in town, bes. Am. she is downtown. – 3. ⟨only sg⟩ colloq. (Stadtverwaltung) municipality; town, (bei größeren Städten) city (colloq.): mein Mann ist bei der ~ (angestellt) my husband is a municipal employee, Br. my husband works for the council (in Großstädten auch corporation). — ~**ab,ga·ben** pl jur. Br. (municipal) rates, Am. municipal taxes. — s~**adel** m hist. town nobility (od. aristocracy). — s~**ähn·lich** adj (Siedlungen) townlike, citied. — ~**amt** n municipal office (od. authority). — ~**an,lei·he** f econ. municipal (Br. auch corporation) loan (od. bond): ~ loans (od. bonds). — ~**an,schluß** m tel. (in einem Dienstgebäude) telephone connection (Br. auch connexion) with the town (od. city), intercity toll system: ~ haben to have a telephone connection with the city, to be on the city telephone exchange. — ~**ar,chiv** n municipal (od. town, city) archives pl. — s~**'aus,wärts** [ˌʃtat-] adv out of town. — ~**auto,bahn** f Am. city expressway, Br. city motorway. — ~**bad** n 1. (Freibad) municipal (od. town, city) swimming pool (Br. auch baths pl). – 2. (Hallenbad) municipal baths pl.

'**Stadt,bahn** f city (od. municipal, metropolitan) railrod (Br. railway). — ~**netz** n city (od. municipal, metropolitan) railroad (Br. railway) network (od. system).

'**Stadt|,bau,mei·ster** m civ.eng. arch. municipal architect. — ~**bau,rat** m municipal building surveyor. — ~**be,hör·de** f municipal authority, Br. auch (municipal) corporation. — s~**be,kannt** adj known all over the town, well-known (attrib), notorious: er ist eine ~e Persönlichkeit he is known all over the town; das Ereignis ist ~ the event is (known) all over the town. — ~**be,völ·ke·rung** f town (bes. bei großen Städten city, urban) population. — ~**be,woh·ner** m town (od. city) resident (od. dweller, lit. denizen), inhabitant of a town (od. city), citizen. — ~**be,zirk** m 1. (Verwaltungseinheit) (municipal od. town, city) district (od. ward), (bes. in London u. New York) borough. – 2. cf. Stadtteil 1. — ~**bi·blio,thek** f municipal (od. town, city) library. — ~**bild** n town picture, townscape. — ~**bo·te** m town messenger. — ~**bü·cher** pl hist. (im Mittelalter) municipal records. — ~**bü·che,rei** f cf. Stadtbibliothek. — ~**bum·mel** m colloq. stroll (od. saunter) through the town (od. city) center (bes. Br. centre), Am. auch downtown stroll: einen ~ machen to go for a stroll (od. to stroll, to saunter) through the town center.

Städt·chen ['ʃtɛːtçən] n ⟨-s; -⟩ 1. dim. of Stadt. – 2. little (od. small) town, townlet: andere ~, andere Mädchen (Sprichwort) etwa there are more fish in the sea.

'**Stadt|,chro·nik** f town (od. city) chronicle. — ~**di,rek·tor** m Am. city manager, Br. town clerk.

'**Städ·te|,bal·lung** f aggregation of cities, conurbation. — ~**bau** m ⟨-(e)s; no pl⟩ town (od. city) planning. — ~**bau·er** m ⟨-s; -⟩ town (od. city) planner. — s~**bau·lich** adj u. adv in (the field of) town (od. city) building (od. construction), from the viewpoint (od. in terms of) town (od. city) planning: ~e Planung town (od. city) planning, urbanism. — ~**bil·der** pl 1. (art) town (od. city) panoramas (od. views). – 2. (literature) town (od. city) tableaux (auch tableaus), town sketches. — ~**bund** m hist. league of towns: der Rheinische [Schwäbische] ~ the Rhenish [Swabian od. Suabian] League of Towns.

,**stadt'ein,wärts** adv into town.

'**Städ·te|,mann·schaft** f (sport) town (od. city) team. — ~**ord·nung** f municipal statutes pl, Br. etwa Municipal Corporation Act. — ~**part·ner·schaft** f partnership between towns (od. cities). — ~**pla·ner** m town (od. city) planner, urbanist. — ~**pla·nung** f town (od. city) planning, urbanism.

Städ·ter ['ʃtɛːtər] m ⟨-s; -⟩ townsman, town (od. city) dweller, citizen, towny (colloq.), Am. sl. towner: die ~ the townsmen, the people of the town (od. city), the townspeople; the town (od. city) folk(s), the townsfolk (colloq.). — '**Städ·te·rin** f ⟨-; -nen⟩ townswoman.

'**Städ·te|,tag** m congress of towns, Br. convention of municipal authorities. — ~**zug** m (railway) interurban train.

'**Stadt|,flucht** f exodus from the cities, flight from town life. — ~**gar·ten** m cf. Stadtpark. — ~**gärt·ner** m municipal (od. town, city) gardener. — ~**gas** n ⟨-es; no pl⟩ town (od. city) gas. — ~**ge,biet** n municipal (od. town, city) area, Am. auch city zone. — ~**ge,mein·de** f municipality, bes. Am. incorporated town (od. city), (kleine) auch township, bes. Br. borough. — ~**ge,schich·te** f 1. history of a town (od. city). – 2. (heutige) urban history. — ~**ge,spräch** n 1. ⟨only sg⟩ talk of the town, town talk: die gestrigen Vorfälle wurden zum ~ the incidents of yesterday became the talk of the town. – 2. tel. local call. — ~**gra·ben** m hist. (town od. city) moat. — ~**gren·ze** f town (od. city) boundary (od. limits pl).

'**Stadt·gue,ril·la**¹ f ⟨-; no pl⟩ pol. city guerilla.

'**Stadt·gue,ril·la**² m ⟨-(s); -s⟩ meist pl pol. (Partisan) city guerilla.

'**Stadt|,hal·le** f municipal (od. civic, town) hall. — ~**haupt,mann** m hist. captain of the town militia, auch town major. — ~**haus** n 1. (Wohnsitz in der Stadt) town house. – 2. cf. Rathaus. — ~**in·ne·re** n cf. Stadtzentrum.

städ·tisch ['ʃtɛːtɪʃ] I adj 1. (Verwaltung, Einrichtung, Eigentum etc) municipal, town (attrib), (bei großen Städten) auch city (attrib): die ~en Behörden the municipal authorities; ~er Angestellter municipal employee; die ~e Wasserversorgung the municipal (od. town, city) water supply; ~e Sparkasse municipal savings bank; ~e Verkehrsbetriebe municipal (od. city, Br. auch corporation, bei Millionenstädten auch metropolitan) transport sg; ~e Anleihe econ. municipal loan. – 2. (Bevölkerung, Probleme, Belange etc) town (attrib), (bei großen Städten) auch city (attrib), urban: ~es Einzugsgebiet urban (bei Millionenstädten auch metropolitan) periphery; ~e Siedlung bes. geogr. town, urban settlement. – 3. (Kleidung, Lebensweise, Umgangsformen etc) town (attrib); townish, towny (colloq.); (großstädtisch) auch city (attrib), urban. – 4. (stadtähnlich) townlike: das Dorf macht einen recht ~en Eindruck the village has a rather townlike appearance. – II adv 5. municipally: das Altersheim wird ~ verwaltet the home for the aged is under municipal administration (od. is municipally run). – 6. in townish style, townishly (colloq.): ~ gekleidet sein to be dressed in townish style (od. colloq. townishly).

'**Stadt|,käm·me·rer** m treasurer of a town, city treasurer. — ~**kas·se** f municipal (od. town, city) treasury. — ~**kern** m cf. Stadtzentrum. — ~**kind** n town (od. city) child. — ~**klatsch** m town gossip. — ~**kli·ma** n meteor. urban climate. — ~**kom·man,dant** m mil. Br. town major, Am. commanding officer (of a town). — ~**kreis** m pol. municipal administrative district, Br. urban district. — s~**kun·dig** adj well acquainted with a town (od. city): ein ~er Führer a guide who is well acquainted with the town (od. who knows the town well). — ~**le·ben** n town (in großen Städten city, urban) life. — ~**leu·te, die** pl the townsmen, the people of the town (od. city), the townspeople; the town (od. city) folk(s), the townsfolk (colloq.). — ~**luft** f ⟨-; no pl⟩ town (od. city) air. — ~**mau·er** f (einer mittelalterlichen Stadt) town (od. city) wall. — ~**mis·si,on** f relig. town (od. city) mission. — ~**mit·te** f town (od. city) center (bes. Br. centre). — ~**mu·si,kant** m mus. hist. town musician: → Bremer. — ~**park** m town (od. city) park. — ~**par·la,ment** n pol. city (od. town) council. — ~**pfar·rer** m röm.kath. parish priest. — ~**pfei·fer** m mus. hist. town musician. — ~**pflan·ze** f fig. colloq. humor. city girl (od. sl. bird, chick). — ~**plan** m town (od. city) map. — ~**pla·ner** m cf. Städteplaner. — ~**pla·nung** f cf. Städteplanung. — ~**prä·si,dent** m Swiss mayor.

'**Stadt,rand** m edge (od. fringe, periphery) of a town (od. city), outskirts pl (of a town): wir wohnen am ~ we live on the fringe of the city (od. on the outskirts). — ~**sied·lung** f suburban housing development (Br. housing estate).

'**Stadt|,rat** m ⟨-(e)s; ⁑e⟩ 1. (Einrichtung) municipal council (od. board), town (Br. auch borough, bei größeren Städten city) council, board of aldermen, Am. auch board of councilmen. – 2. (Person) municipal (od. town, city) councillor (Am. auch councilor), alderman, Br. auch borough councillor, Am. auch councilman. — ~**rä·tin** f ⟨-; -nen⟩ municipal (od. town, city) councillor (Am. auch councilor), lady alderman, Am. auch councilwoman. — ~**rats,sit·zung** f meeting (od. session) of the municipal (od. town, city) council, aldermen's (Am. auch councilmen's) meeting. — ~**recht** n ⟨-(e)s; -e⟩ 1. status of a town (od. city): einer Gemeinde das ~ verleihen to confer the status of a town (up)on (bes. Am. to incorporate) a town, to grant a community a town (od. city) charter. – 2. jur. hist. a) (Urkunde) charter of a town (od. borough), b) (Rechtsnormen) city law, Br. auch corporation statutes pl. — ~**rohr,post** f (postal service) city-wide pneumatic tube systems pl. — ~**rund,fahrt** f town (od. city) sightseeing tour. — ~**säckel** (getr. -k·k-) m econ. colloq. town (od. city) purse (od. treasury). — ~**schrei·ber** m hist. town clerk. — ~**se,nat** m Austrian (in Wien) city senate. — ~**staat** m ⟨-(e)s; -en⟩ pol. city-state. — ~**strei·cher** m ⟨-s; -⟩

city vagrant (*od.* tramp), street loafer.
— ~ta·sche *f* 1. (hand)bag. - 2. (*Reisetasche*) *Br.* holdall, *Am.* carryall, grip-(sack). — ~teil *m* 1. part of the town (*od.* city), quarter. - 2. (*feste Verwaltungseinheit*) *cf.* Stadtbezirk 1. — ~thea·ter [-te͜ːˌaːtər] *n* municipal (*od.* town, city) theater (*bes. Br.* theatre). — ~tor *n* (*in mittelalterlichen Städten*) city gate, gate of the town (*od.* city). — ~vä·ter, die *pl fig. colloq.* the city fathers. — ~ver,kehr *m* town (*in großen Städten* city, urban) traffic.
'Stadt·ver,ord·ne·te¹ *m* ⟨-n; -n⟩ *cf.* Stadtrat 2.
'Stadt·ver,ord·ne·te² *f* ⟨-n; -n⟩ *cf.* Stadt-rätin.
'Stadt·ver,ord·ne·ten·ver,samm·lung *f cf.* a) Stadtrat 1, b) Stadtratssitzung.
'Stadt|ver,wal·tung *f* municipal (*od.* town, city) administration (*od.* authorities *pl*). — ~vier·tel *n cf.* Stadtteil 1. — ~,wa·che *f hist.* municipal (*od.* town, city) guard. — ~,wap·pen *n* coat of arms (*od.* arms *pl*) of a town (*od.* city). — ~woh·nung *f bes. Am.* city apartment, *bes. Br.* city flat. — ~,zen·trum *n* town (*od.* city) center (*bes. Br.* centre), *Am. auch* downtown: im ~ von Berlin in the center of Berlin, *Am. auch* in downtown Berlin. — ~zu,brin·ger,dienst *m* (*der Fluggesellschaften*) feeder service.
Sta·fel ['ʃtaːfəl] *m* ⟨-s; ⁓⟩ *Swiss for* Alm¹.
Sta·fet·te [ʃtaˈfɛtə] *f* 1. (*zum Überbringen von Nachrichten etc*) relay: eine ~ von Läufern bringt das olympische Feuer an seinen Bestimmungsort a relay of runners brings (*od.* runners relay) the Olympic fire to its destination. - 2. *hist.* (*Meldereiter*) courier, *Br. auch* express (messenger). - 3. (*sport*) *obs. for* a) Staffel 1, b) Staffellauf.
Sta·fet·ten|,lauf *m* (*sport*) *obs. for* Staffel-lauf. — ~,läu·fer *m*, ~,läu·fe·rin *f obs. for* Staffelläufer(in).
Staf·fa·ge [ʃtaˈfaːʒə] *f* ⟨-; -n⟩ 1. (*art*) a) (*Menschen- u. Tierfiguren*) staffage, b) (*schmückendes Beiwerk*) accessories *pl*, (addition of secondary features as) decoration, staffage. - 2. *fig.* (*leerer Schein*) mere show (*od.* sham, facade, *bes. Br.* façade).
Staf·fel ['ʃtafəl] *f* ⟨-; -n⟩ 1. (*sport*) (*von Wettläufern, Schwimmern etc*) relay (team). - 2. *mil.* a) (*taktische*) echelon, b) (*der Luftwaffe*) squadron. - 3. (*von Motorradfahrern, Reitern etc*) echelon. - 4. *econ.* a) (*graded*) scale, b) (*der Gewinnanteile*) graded scale of profit allocation. - 5. *Southern G., Austrian and Swiss for* a) Treppenstufe, b) Leitersprosse. — ~,an,lei·he *f econ.* graduated-interest loan. — ~be,steue·rung *f* graduated taxation. — ~be,trieb *m* ⟨-(e)s; *no pl*⟩ 1. *electr.* echelon working. - 2. *tel.* echelon service. — ~,bruch *m geol.* step (*od.* distributive) fault(s *pl*).
Staf·fe·lei *f* ⟨-; -en⟩ 1. (*art*) easel. - 2. *Bavarian* stepladder.
'Staf·fel|,feu·er *n mil.* 1. staggered barrages *pl*. - 2. *mar.* ladder fire. — ~,flug *m*, ~for·ma·ti,on *f aer.* echelon formation, flying in echelon. — s~,för·mig *bes. aer. mil. mar.* I *adj* echelon (*attrib*): ~e Formation echelon formation, formation (*od.* disposition) in echelons. - II *adv* in echelon(s), by echelons: etwas ~ anordnen to arrange s.th. in echelons, to echelon s.th. — ~ge-,bet *n röm.kath. cf.* Stufengebet. — ~ka·pi,tän *m aer. mil. mar.* squadron commander, *Br.* officer commanding (*od.* OC) squadron. — ~,lauf *m* (*sport*) relay (race). — ~,läu·fer *m*, ~,läu·fe·rin *f* ⟨-; -nen⟩ 1. (*in der Leichtathletik*) relay runner. - 2. (*beim Skilanglauf*) relay racer. — ~,lei·tung *f electr.* echelon (*od.* series) circuit.
staf·feln ['ʃtafəln] I *v/t* ⟨h⟩ 1. (*Gehälter, Tarife, Steuern etc*) graduate, grade, scale, gradate: die Löhne nach der Leistung ~ to scale pay to output. - 2. (*Arbeitszeit, Ferientermine etc*) stagger. - 3. *mil. mar.* (*Truppen, Kriegsschiffe etc*) echelon, dispose (*things*) in echelons. - 4. (*sport*) (*Hintermannschaft etc*) draw up (*players*) in echelon: die Mannschaft hatte ihre Verteidigung geschickt gestaffelt the defence was skilfully drawn up in echelon. - II *v/reflex* sich ~ 5. (*von Gehältern, Tarifen, Steuern etc*) graduate, grade. - III S~ *n* ⟨-s⟩ 6. *verbal noun.* - 7. *cf.* Staffelung.
'Staf·fel|,preis *m econ.* graduated (*auch* graded) price. — ~,rech·nung *f* 1. accounting based on sliding balances. - 2. interest

calculation based on the respective balances. — ~,schwim·mer *m*, ~,schwim·me·rin *f* (*sport*) relay swimmer. — ~,stab *m* (relay) baton. — ~ta,rif *m econ.* 1. (*Rahmentarif*) sliding (*od.* graded, graduated, differential) tariff. - 2. (*Einzeltarif*) rate, (*bei der Bahn, abgestuft nach Entfernungen*) tapering rates *pl*.
'Staf·fe·lung *f* ⟨-; -en⟩ 1. *cf.* Staffeln. - 2. (*der Gehälter, Tarife, Steuersätze etc*) graduation, gradation. - 3. *mar. mil.* (*der Truppen, Kriegsschiffe etc*) echelon.
'staf·fel,wei·se *adv* 1. by graduation (*od.* gradation). - 2. *mar. mil.* in echelon(s), by echelons.
'Staf·fel,zin·sen *pl econ.* graduated interest *sg.* — ~zins,rech·nung *f* graduated calculation of interest.
Stag [ʃtaːk] *n* ⟨-(e)s; -e(n)⟩ *mar.* (*Stütztau*) stay: durch ein ~ befestigen to stay; über ~ gehen (*wenden*) to go about.
'Stag·fla·ti·on [ʃtakflaˈtsi̯oːn; stak-] *f* ⟨-; -en⟩ *econ.* stagflation.
'Stag,fock *f mar.* (stay) foresail, fore staysail.
Sta·gna·ti·on [ʃtagnaˈtsi̯oːn; sta-] *f* ⟨-; -en⟩ 1. (*im kulturellen Leben, in der Politik etc*) stagnation, stagnancy, standstill, stagnance. - 2. *econ.* (*der Ausfuhr etc*) stagnation, stagnancy, sluggishness. - 3. (*des Wassers, der Luft etc*) stagnation, stagnancy, stagnance. - 4. *med.* stagnation, stagnancy, stagnance, stasis (*scient.*).
sta·gnie·ren [ʃtaˈgniːrən; sta-] I *v/i* ⟨*no* ge-, h⟩ 1. (*von Entwicklung, kulturellem Leben etc*) stagnate, be stagnant, be at (*od.* have come to) a standstill. - 2. *econ.* (*von Geschäften, Ausfuhr etc*) stagnate, be stagnant (*od.* sluggish, dull). - 3. (*von Wasser, Luft etc*) stagnate, be stagnant. - 4. *med.* (*von Blutzufuhr etc*) stagnate. — II S~ *n* ⟨-s⟩ 5. *verbal noun.* - 6. *cf.* Stagnation. — sta'gnie·rend I *pres p.* - II *adj* 1. (*Entwicklung etc*) stagnant. - 2. *econ.* (*Wirtschaftslage etc*) stagnant, sluggish. - 3. (*Wasser*) stagnant, standing. — Sta-'gnie·rung *f* ⟨-; *no pl*⟩ *cf.* Stagnation.
'Stag,se·gel *n mar.* staysail.
stahl [ʃtaːl] 1 *u.* 3 *sg pret of* stehlen.
Stahl *m* ⟨-(e)s; ⁓e *u. rare* -e⟩ 1. *metall.* steel: legierter [niedriglegierter, unlegierter] ~ alloy [alloy-treated, unalloyed] steel; rostfreier (*od.* nichtrostender) [hitzebeständiger] ~ stainless [heat-resistant] steel; beruhigter [halbberuhigter, unberuhigter] ~ killed [semikilled, rimming *od.* rimmed] steel; schweißbarer ~ weldable steel, steel suitable for welding; die Träger sind aus ~ the girders are (made) of steel; etwas mit ~ überziehen (*od.* belegen) to steel-face s.th.; Eisen zu ~ verarbeiten (*od.* in ~ verwandeln) to convert iron into steel; hart wie ~ *auch fig.* (as) hard as nails; er hat Nerven wie ~ (*od.* aus) ~ *fig.* he has iron nerves. - 2. *tech.* a) (*als Schneidwerkzeug*) cutting tool, b) (*Anreißnadel*) scriber, marker. - 3. *fig. poet. archaic* (*stählerne Waffe*) steel, blade: der kalte ~ durchbohrte ihn the cold steel pierced him.
'Stahl,ak·ti·en *pl econ.* steels, steel shares (*Am.* stocks), (the) steel group *sg.* — ~,an·ker *m civ.eng.* steel tie (rod). — ~,ar·beit *f* steelwork. — ~,ar·bei·ter *m* steelworker. — s~,ar·tig *adj* steellike, *Br.* steel-like, steely. — ~,bad *n* 1. *med.* a) chalybeate bath, b) (*Badeort*) chalybeate spa. - 2. *metall.* molten (steel) bath. — ~,band *n* ⟨-(e)s; ⁓er⟩ 1. *tech.* steel band (*od.* strap, tape). - 2. *metall.* strip steel. — ~,band-,maß *n tech.* steel measuring tape, steel tape (rule). — ~,bau *m* ⟨-(e)s; -ten⟩ *civ.eng.* 1. ⟨*only sg*⟩ steel construction, structural steelwork. - 2. (*Bauwerk*) steel-(-framed) structure (*od.* construction). - 3. ⟨*only sg*⟩ (*als Lehrfach*) structural steel engineering. — ~,bau,teil *n, m* steel structural component (*od.* member). — ~,bau,wei·se *f* steel-framed construction. - 2. steel construction system.
'Stahl·be,ton *m civ.eng.* reinforced concrete, ferroconcrete. — ~,bau *m* ⟨-(e)s; -ten⟩ 1. ⟨*only sg*⟩ reinforced concrete construction. - 2. (*Bauwerk*) reinforced concrete structure (*od.* construction). — ~-(,bo·gen),brücke (getr. -k·k-) *f* reinforced concrete (*od.* RC) (arch) bridge. — ~,fer-tig,teil *n, m* precast (reinforced) concrete unit.

'stahl,blau I *adj* steel-blue, steel-colored (*bes. Br.* -coloured). - II S~ *n* steel blue.
'Stahl,blech *n metall.* steel plate (*od.* sheet). — ~,man·tel *m* sheet steel jacket.
'Stahl|,block *m metall.* (steel) ingot. — ~,boh·len,spund,wand *f* reinforced concrete sheet piling. — ~,bür·ste *f* wire brush. — ~,draht *m* steel wire.
stäh·le ['ʃteːlə] 1 *u.* 3 *sg pret subj of* stehlen.
'Stahl,ei·sen *n metall.* basic pig iron.
stäh·len ['ʃteːlən] I *v/t* ⟨h⟩ 1. *tech.* steel-face, clad (*s.th.*) with steel. - 2. *lit.* (*Körper, Muskeln etc*) steel, harden, temper: sie stählte ihren Mut she steeled (*od.* braced up) her courage. - II *v/reflex* sich ~ 3. *fig. lit.* (*für* for) harden (*od.* toughen) oneself. - III S~ *n* ⟨-s⟩ 4. *verbal noun.*
stäh·lern ['ʃteːlərn] *adj* 1. (*Werkzeug, Gerüst etc*) (*attrib*), (made) of steel, steely. - 2. *fig.* (*Nerven, Blick, Griff etc*) of (*od.* like) steel, steely: ~e Muskeln muscles of steel; er hat einen ~en Willen he has an iron (*od.* a cast-iron) will, he is steel-willed.
'Stahl·er,zeu·gung *f metall.* steel manufacture, steelmaking.
'Stäh·le,schleif·ma,schi·ne *f tech.* tool and cutter grinder.
'Stahl|,fach *n* (*in der Bank etc*) safe-(-deposit box), strongbox. — ~,fach-,werk *n civ.eng.* steel framework, steel skeleton. — ~,fe·der *f* 1. *tech.* steel spring. - 2. (*Schreibfeder*) steel pen (*od.* nib). — ~,fink *m zo.* combassou, *auch* combasou (*Hypochera funerea*). — ~,fla·sche *f tech.* (*für Gas*) steel cylinder.
'Stahl,form|gie·ße,rei *f metall.* steel-casting foundry. — ~,guß *m* steel castings *pl.* — ~,guß,stück *n* steel casting.
'Stahl|,fri·schen *n metall.* iron (re)fining. — ~ge,häu·se *n tech.* steel casing. — ~ge,rüst *n civ.eng.* 1. girder (*od.* skeleton) construction. - 2. (*eines Aufzuges*) overhead gantry. - 3. (*Baugerüst*) tubular steel scaffold(ing). — ~ge,schoß *n mil.* steel ball (*od.* bullet). — ~ge,win·nung *f metall.* steel manufacture, steelmaking. — s~-gie·ße,rei *f* steel(-casting) foundry. — ~,grau I *adj* steel-gray (*bes. Br.* -grey). - II S~ *n* steel gray (*bes. Br.* grey). — ~,gür·tel,rei·fen *m auto.* steel-braced radial-ply tire (*bes. Br.* tyre). — ~,guß *m metall.* 1. (*als Werkstoff*) cast steel. - 2. (*als Erzeugnis*) steel castings *pl.* — s~-,hal·tig *adj* containing steel, chalybeate (*scient.*). — ~,ham·mer *m tech.* steel hammer. — s~,hart *adj* (as) hard as steel, steely. — ~,här·tung *f* steel hardening. — ~,helm *m mil.* steel helmet, tin hat (*sl.*), *Br. sl.* battle bowler. — ~,hül·se *f* cartridge case. — ~,hüt·te *f metall. cf.* Stahlwerk. — ~,in·du,strie *f* steel industry. — ~,kam·mer *f* (*einer Bank*) strong room, *Am.* steel vault. — ~,kan·te *f* (*am Ski*) steel edge. — ~,kas,set·te *f* strongbox. — ~,keil *m tech.* gad, iron wedge (*od.* quoin, key). — ~,kern *m* steel core. — ~,kern·ge-,schoß *n mil.* steel-core (*od.* armor- [*bes. Br.* armour-])piercing) projectile. — ~,kern-mu·ni·ti,on *f* steel-core (*od.* armor- [*bes. Br.* armour-]piercing) ammunition. — ~,ket·te *f* steel chain. — ~,kies·ge,blä·se *n tech.* steel-shot blower. — ~,klam·mer *f* corner iron. — ~,klin·ge *f* steel blade. — ~,kon·struk·ti,on *f civ.eng. cf.* Stahlbau 1, 2. — ~,ku·gel *f tech.* (*des Kugellagers*) steel ball. — ~,le·gie·rung *f metall.* 1. steel alloy. - 2. alloy steel. — ~,li·ne,al *n* steel rule. — ~,man·tel·ge,schoß *n mil.* steel jacket bullet. — ~,maß,stab *m* steel rule. — ~,mast *m* 1. *tech.* steel mast. - 2. *mar.* steel mast. — ~-ma,trat·ze *f* steel spring mattress. — ~,mö·bel *pl* steel furniture *sg.* — ~,plat·te *f tech.* steel plate. — ~,pro·duk·ti,on *f econ.* 1. (*Ausstoß*) steel output. - 2. (*Tätigkeit*) steel production.
'Stahl,rohr *n tech.* 1. steel tube. - 2. (*werkstofftechnisch*) tubular steel, steel tubing. — ~,mö·bel *pl* tubular steel furniture *sg.* — ~,trä·ger *m civ.eng.* tubular steel girder.
'Stahl|,roß *n* 1. *obs. poet.* (*Lokomotive*) iron horse. - 2. *humor.* (*Fahrrad*) (iron) steed. — ~,sai·te *f mus.* wire (*od.* steel) string. — ~,sand *m metall.* steel shot (*od.* grit). — ~,schnei·der *m tech.* steel cutter. — ~-,schrott *m* steel scrap. — ~,schuh *m* (*für Sandbahnrennen*) steel shoe. — ~,schwel·le *f* (*railway*) steel sleeper (*bes. Am.* tie).

~seil n steel cable, wire (od. steel-clad) rope. — **~ske,lett** n civ.eng. steel skeleton. — **~ske,lett,bau** m ‹-(e)s; -ten› steel skeleton construction, steel framework. — **~sor·te** f metall. steel grade (od. quality). — **~spä·ne** pl 1. tech. steel chips. - 2. cf. Stahlwolle. — **~spit·ze** f (der Schreibfeder) steel nib (od. pen point). — **~ste·cher** m (art) engraver on (od. in) steel, steel(-plate) engraver, siderographer. — **~stem·pel** m (mining) steel prop. — **~stich** m steel(-plate) engraving, auch siderographic print (od. impression). — **~stift** n tech. 1. (Nagel) steel pin. - 2. (für Metall- od. Lederarbeiten) tracer. — **~trä·ger** m 1. civ.eng. steel girder. - 2. metall. (gewalzter) steel beam. — **~tros·se** f mar. steel (od. wire) rope (od. hawser). — **~trust** m econ. steel trust. — **s~ver·ar·bei·tend** adj only in ~e Industrie steel-working (od. steel-using) industry. — **~ver,for·mung** f metall. steelworking. — **~walz,werk** n steel rolling mill. — **~wa·ren** pl steel articles, steelware sg. hardware sg. — **~wel·le** f tech. (steel) shaft. — **~werk** n steelworks pl (construed as sg or pl), steel mill (od. plant). — **~wer·ker** m ‹-s; -› steelmaker, steelworker. — **~wer·te** pl econ. cf. Stahlaktien. — **~wol·le** f steel wool (od. shavings pl).

stak [ʃtaːk] 1 u. 3 sg pret, **stä·ke** [ˈʃtɛːkə] 1 u. 3 sg pret subj lit. of stecken II.

Sta·ke [ˈʃtaːkə] f ‹-; -n› Low. G. 1. (Stange zum Staken) (punt) pole. – 2. (Pfahl) stake.

sta·ken [ˈʃtaːkən] I v/t ‹h› 1. punt, pole. – II v/i ‹sein› 2. punt, pole. – 3. fig. colloq. (mit steifen Schritten gehen) stalk (along).

'Sta·ken m ‹-s; -› cf. Stake.

Sta·ket [ʃtaˈkeːt] n ‹-(e)s; -e› stockade, palisade, pale fence. [Holzlatte.]

Sta·ke·te [ʃtaˈkeːtə] f ‹-; -n› Austrian for] **Sta·ke·ten,zaun** m bes. Austrian for Staket.

Stak·ka·to [staˈkaːto; ʃta-] n ‹-s; -s u. -kati [-ti]› mus. staccato. — **~zei·chen** n staccato mark.

stak·sen [ˈʃtaːksən] v/i ‹sein› dial. for staken II.

'stak·sig colloq. I adj (von Person) gawky, lanky and awkward. – II adv ~ gehen to stalk (along).

Sta·lag·mit [stalaˈɡmiːt; ʃta-; -ˈmɪt] m ‹-s u. -en; -e(n)› min. geol. stalagmite. — **sta·lag'mi·tisch** adj stalagmitical.

Sta·lak·tit [stalakˈtiːt; ʃta-; -ˈtɪt] m ‹-s u. -en; -e(n)› min. geol. stalactite. — **sta·lak'ti·tisch** adj stalactitic, auch stalactitical, stalactic(al), stalactital.

Sta·li·nis·mus [staliˈnɪsmus; ʃta-] m ‹-; no pl› pol. Stalinism. — **Sta·li'nist** [-ˈnɪst] m ‹-en; -en› Stalinist. — **sta·li'ni·stisch** adj Stalinist.

'Sta·lin,or·gel [ˈstaːliːn-; ˈʃtaː-] f mil. colloq. multiple rocket launcher.

Stall[1] [ʃtal] m ‹-(e)s; ⁼e› 1. (bes. Pferdestall) stable, Am. auch barn: die Pferde aus dem ~ holen to fetch the horses from the stable; ein Pferd in den ~ stellen to stable a horse, to put a horse in the stable; den ~ ausmisten a) to clean the dung out of the stable, b) fig. colloq. (gründlich aufräumen) to clean the place up, c) fig. colloq. (Mißstände beseitigen) to make a clean sweep (od. general cleanup [Br. clean-up] of things); einen ganzen ~ voll Kinder haben fig. colloq. to have hordes (od. an army) of children. - 2. (für einzelnes Tier) stall. - 3. (Kuhstall) cowshed, cowhouse, Am. auch cow barn, Br. auch byre. - 4. (Schweinestall) (pig)sty, Am. auch pigpen. - 5. (Kaninchenstall) hutch. - 6. (sport) a) (beim Pferderennsport) stable, b) (Gestüt) stud: der ~ X nimmt an diesem Rennen nicht teil the X stable is not participating in this race; → Pferd 2. - 7. (sport) cf. Rennstall 2. - 8. colloq. for a) Garage, b) Flugzeugschuppen. - 9. (Schuppen) shed, outhouse.

Stall[2] m ‹-(e)s; no pl› agr. dial.(Pferdeharn) stale, urine (of a horse).

'Stalla,ter·ne (getr. -ll·l-) f stable lantern.

'Stall|,baum m agr. (stable) bar. — **~bur·sche** m 1. groom, stableman. - 2. cf. Stalljunge 1.

Ställ·chen [ˈʃtɛlçən] n ‹-s; -› 1. dim. of Stall. - 2. (für Kleinkinder) playpen.

'Stall|,dienst m 1. stable work. - 2. mil. stable duty, stables pl. — **~,dün·ger** m agr. cf. Stallmist.

---

stal·len [ˈʃtalən] v/i ‹h› agr. dial. (von Pferd) stale, urinate.

'Stall|,flie·ge f zo. cf. Wadenbeißer. — **~füt·te·rung** f agr. stable (Am. auch barn, indoor) feeding. — **~gang** m, **~gas·se** f cleaning and milking passage, feeding alley. — **~ge,fähr·te** m (sport) stablemate, stable companion. — **~geld** n stable (od. stabling) money. — **~hal·tung** f (des Viehs) stabling. — **~ha·se** m colloq. domestic (od. pet) rabbit. — **~jun·ge** m 1. stableboy. - 2. cf. Stallbursche 1. — **~knecht** m 1. (für Kühe) cowherd, cowman. - 2. (im Rennstall) cf. Stallbursche 1. — **~magd** f (im Kuhstall) dairymaid, milkmaid. — **~mast** f agr. stable (od. winter) fattening, stall-feeding. — **~mei·ster** m 1. (eines Fürsten) equerry, master of the horse. - 2. (im Rennstall) riding master. — **~mist** m agr. stable (od. farmyard, yard, Am. auch barnyard) manure, dung.

'Stal·lung f ‹-; -en› meist pl 1. agr. stable, stabling. - 2. pl hist. bes. Br. mews pl (usually construed as sg).

'Stall|,vieh n agr. stabled cattle (usually construed as pl). — **~,wa·che** f stable guard.

Stamm [ʃtam] m ‹-(e)s; ⁼e› 1. (Baumstamm) (tree) trunk, bole: ein schlanker ~ a slender trunk; ein dicker [hohler] ~ a thick [hollow] trunk; Stämme schälen to (de)bark (od. strip) trunks, to remove bark in strips (od. peel the bark) from trunks; Holz auf dem ~ kaufen econ. to buy standing timber (od. trees); → Apfel 1. - 2. bot. (einer Pflanze) stalk, stem, stock. - 3. (einer Feder) shaft. - 4. med. a) (eines Nervs, Gefäßes etc) trunk, truncus (scient.), b) (des Hirns) stalk, stem. - 5. relig. (des Kreuzes) tree. - 6. ling. (Wortstamm) stem, root, auch theme, base, radical (of a word). - 7. (Volksstamm) tribe, race: einen ~ begründen [umsiedeln] to be the founder of [to resettle] a race; die germanischen Stämme the Teutonic tribes. - 8. (Familie, Geschlecht) stock, lineage, family, house, line: eines ~es und Geschlechtes sein to be of one stock and family; der ~ der Hohenstaufen hist. the house (od. family) of Hohenstaufen; er ist der letzte seines ~es he is the last of his (family) stock; aus königlichem ~ of royal blood; männlicher [weiblicher] ~ male [female] line; aus dem ~e Davids Bibl. from the house (od. stock, lineage) of David; vom ~e Nimm sein fig. colloq. humor. to be a great one for accepting gifts (colloq.), to be a sponger. - 9. jur. stirps, stock: Erbfolge nach Stämmen succession per stirpes (od. by stocks). - 10. ‹only sg› (fester Bestand von Personen) stock: der Spieler gehört zum ~ der Mannschaft the player belongs to the stock of the team. - 11. ‹only sg› (von Arbeitern etc) regular (od. permanent) staff, body of permanent workers, cadre (personnel). - 12. mil. a) permanent staff, b) (Kader) cadre (personnel). - 13. biol. a) (Bakterienstamm) bacterial strain, b) (Einteilungseinheit) phylum. - 14. agr. a) (Viehbestand) (live)stock, b) (Zucht) breed.

'Stamm|,ab,schnitt m 1. (einer Lebensmittelkarte) central coupon. - 2. (wood) butt, log. — **~ak,kord** m mus. basic (od. fundamental) chord. — **~,ak·tie** f econ. ordinary (od. original) share (bes. Am. stock), Am. common stock.

'Stamm·mann·schaft (getr. -mm,m-) f (sport) regular team.

'Stamm|,an,teil m econ. (in einer GmbH) share. — **~,ar·bei·ter** m longtime employee, (in einer Fabrik etc) auch permanent worker. — **~,baum** m 1. family tree, genealogic(al) tree, genealogy, pedigree, lineage, line of ancestors, stemma (lit.): langer ~ long pedigree; seinen ~ zurückverfolgen to retrace one's line of ancestors. - 2. zo. pedigree: ein Hund mit [ohne] ~ a pedigree(d) [an unpedigreed] dog; ein Pferd mit edlem ~ a horse with a noble pedigree. - 3. biol. phylogenetic tree. - 4. tech. (eines Fabrikationsvorgangs) flow sheet. — **~be,leg·schaft** f regular (od. permanent) staff, cadre (personnel), (in einer Fabrik etc) auch body of permanent workers, permanent labor (bes. Br. labour). — **~be,sat·zung** f mar. skeleton crew. — **~,blü·ter** [-,blyːtər] m ‹-s; -› bot. cauliflorous plant. — **s~,blü·tig** [-,blyːtɪç] adj cauliflorous.

'Stamm,buch n 1. family register (od.

---

record). - 2. family album. - 3. agr. zo. a) (für Vieh, Schweine etc) herdbook, b) (für Pferde, Hunde etc) studbook. - 4. obs. for Gästebuch: das kann (od. soll) er sich ins ~ schreiben fig. colloq. let him take good note of that. — **~,blatt** n leaf of a family album (od. register, record).

'Stamm|,burg f ancestral castle. — **~ca,fé** n favorite (bes. Br. favourite) café, café where one is a regular customer.

Stämm·chen [ˈʃtɛmçən] n ‹-s; -› dim. of Stamm.

'Stamm|da,tei [-da,taɪ] f ‹-; -en› (computer) master file. — **~di·vi,den·de** f econ. dividend on ordinary (od. original) shares (bes. Am. stock), Am. dividend on common stock. — **~,ein·heit** f mil. 1. parent unit. - 2. (Kadereinheit) cadre unit. — **~,ein,la·ge** f econ. (bei einer GmbH) participation, shareholder's contribution (of capital), capital contributed.

stam·meln [ˈʃtaməln] I v/t ‹h› 1. (aus Unsicherheit, Verlegenheit, Unkenntnis etc) stammer, stutter, falter: er stammelte ein paar Worte des Dankes he stammered (out) his thanks; eine Entschuldigung ~ to stutter (out) an excuse. - II v/i 2. med. (infolge eines Sprachfehlers) stutter, stammer. - III S~ n ‹-s› 3. verbal noun. - 4. med. stutter, stammer, traulism (scient.): funktionelles S~ dyslalia.

'Stamm,el·tern pl 1. progenitors, ancestors. - 2. Bibl. (Adam u. Eva) first parents.

stam·men [ˈʃtamən] v/i ‹h› 1. (von Personen) (aus, von from) be descended, come, spring, proceed, bes. Am. stem: er stammt aus (od. von) einem alten Geschlecht he is from (od. of) an old family, he is of ancient lineage; sie stammt aus gutem Hause [aus einer Arztfamilie] she comes from a good family [from a family of physicians]; aus einfachen Verhältnissen ~ to come from a family of modest means (od. circumstances). - 2. (aus einem Land, einer Stadt) (aus from) come, hail: die Familie stammt aus Italien the family comes from Italy; er stammt aus München he comes (od. is) from Munich; sie ~ aus allen Teilen der Welt they come (od. hail) from all parts of the globe (od. colloq. from all arts and parts). - 3. (von Dingen etc) (aus, von from) come, be, bes. Am. stem: der Schmuck stammt von meiner Großmutter the jewel(le)ry is from (od. belonged to) my grandmother; die Nachricht stammt aus zuverlässiger Quelle the news comes from a reliable source; die Risse ~ von fehlerhaften Stellen im Material the cracks stem (od. originate) from flaws in the material. - 4. (zeitlich) (aus from, back to) date: diese Urkunde stammt aus dem 16. Jh. this document dates back to the 16th century; dieser Brauch stammt aus der Zeit, als this custom dates from (od. originated at) the time when. - 5. (zurückgehen auf) (von) originate (with, from), come (from): dieser Ausspruch stammt von Schopenhauer this saying originated with Schopenhauer (od. was originally Schopenhauer's); das Wort stammt von ihm the word was coined by him; das Gedicht stammt von Goethe the poem is (od. was written) by Goethe. - 6. ling. (sich ableiten) (aus from) be derived, derive: dieses Wort stammt aus dem Lateinischen this word is derived (od. derives) from Latin, this word is of Latin origin (od. derivation).

'Stamm,en·dung f ling. termination of the stem.

stam·mern [ˈʃtamərn] v/t u. v/i ‹h› Low G. dial. for stammeln.

'Stam·mes|be,wußt,sein n clan spirit, family pride. — **~,bräu·che** pl tribal customs. — **~,ei·gen·heit** f peculiarity of a tribe (od. race, tribal (od. racial) peculiarity. — **~ent,wick·lung** f biol. phylogeny, phylogenesis, phylesis. — **~,feh·de** f tribal feud. — **~ge,nos·se** m tribesman. — **~ge,schich·te** f biol. cf. Stammesentwicklung. — **s~ge,schicht·lich** adj biol. phylogen(et)ic, phyletic. — **~,häupt·ling** m chieftain, head of a tribe. — **~,kun·de** f ethnology. — **~,na·me** m tribal name. — **~,ord·nung** f tribal organization, tribalism. — **~,rech·te** pl tribal rights (od. privileges). — **~,sa·ge** f tribal legend. — **~,sit·ten** pl tribal customs (od. rights, traditions). — **~,un·ter,schied** m tribal (od. racial) difference (od. distinction). —

~zu·ge,hö·rig·keit f membership in a tribe (od. race).

'Stamm|,fäu·le f (forestry) heart (od. trunk, butt) rot. — **~,fol·ge** f line of descent, genealogical order. — **~,form** f 1. ling. cardinal (od. principal, ground, radical) form. — 2. bot. zo. original (od. primitive) form. — **s~,früch·tig** [-,fryçtıç] adj bot. caulocarpic, caulocarpous. — **~,frücht·ler** [-,fryçtlər] m ⟨-s; -⟩ caulocarpic (od. caulocarpous) plant. — **~,gast** m 1. (eines Restaurants etc) regular customer (od. client), patron, habitué, regular (colloq.). — 2. (im Hotel etc) regular guest (od. client), patron, habitué. — **~ge,richt** n gastr. (im Restaurant) regular dish. — **~,gut** n jur. 1. family (od. entailed) estate. — 2. (Familiensitz) ancestral seat. — **~,hal·ter** m son and heir, firstborn male descendant. — **~,haus** n 1. (eines Geschlechts) principal line. – 2. econ. a) principal (od. parent) firm (od. company), b) cf. Stammsitz 2. — **~,holz** n (wood) (als Oberbegriff) trunk wood, logs pl, merchantable boles pl, roundwood, round timber.

'Stammie·te (getr. -mm,m-) f (Theaterabonnement) theater (bes. Br. theatre) subscription, subscription for a season ticket. — **'Stammie·ter** (getr. -mm,m-) m season-ticket holder, subscriber.

stäm·mig ['ʃtɛmıç] I adj 1. (kräftig) sturdy, stout, strong, robust: ein kleines, ~es Bäumchen a sturdy little tree; ein Paar ~e Arme a pair of strong (od. brawny, colloq. husky) arms; ein ~er Kerl a sturdy (od. brawny, burly) fellow. – 2. (untersetzt) stocky, sturdy, thickset, chunky: ein ~er kleiner Kerl a stocky little fellow. – 3. (Pferd etc) strong, sturdy. – II adv 4. sie ist ~ gebaut she is stockily built, she has a stocky build. — **'Stäm·mig·keit** f ⟨-; no pl⟩ 1. sturdiness, stoutness, strongness, robustness. - 2. stockiness, sturdiness, chunkiness. - 3. (der Pferde etc) strongness, sturdiness.

'Stamm|ka·pi·tal n econ. 1. (Geschäftskapital) share capital, capital stock. - 2. (einer GmbH) capital. — **~,knei·pe** f colloq. favorite (bes. Br. favourite) pub (od. taproom, haunt), habitual haunt, Am. sl. hangout. — **~,kun·de** m, **~,kun·din** f regular customer, patron, regular (colloq.). — **~,kund·schaft** f regular customers pl (od. clientele), regulars pl (colloq.). — **~,land** n mother country. — **~,le·hen** n hist. hereditary fief. — **~,lei·tung** f 1. (computer) trunk circuit. - 2. electr. (einer Fernsehantenne etc) main distribution cable.

'Stamm·ler m ⟨-s; -⟩, **'Stamm·le·rin** f ⟨-; -nen⟩ stammerer, stutterer, person with a stammer (od. stutter).

'Stamm|,li·ste f mar. mil. cf. Stammrolle. — **~,lo·kal** n cf. Stammkneipe. — **~,lö·sung** f phot. stock solution. — **~per·so,nal** n permanent (od. regular) staff, cadre (personnel). — **~,platz** m 1. usual (od. habitual) place (od. seat). - 2. (theater) subscription seat. — **~prio·ri,tät(s,ak·tie)** f econ. cf. Vorzugsaktie. — **~,rol·le** f mil. (personnel) roster, muster roll: j-n in die ~ eintragen to list s.o. in the roster. — **~,rol·len,num·mer** f number (given to a soldier upon call-up). — **~,schloß** n ancestral castle. — **~,sil·be** f ling. radical (syllable). — **~,sitz** m 1. ancestral (od. family) seat. - 2. econ. (original) headquarters pl (often construed as sg). — **~,ta·fel** f genealogical (auch genealogic) table, family tree (od. pedigree). — **~,tier** n agr. (männliches) sire.

'Stamm,tisch m colloq. (im Gasthaus) 1. table reserved for regular guests (od. colloq. for regulars). – 2. meeting of regular guests at their reserved table: am ~ wird viel politisiert the regulars talk a lot of politics when they meet; montags geht er gewöhnlich zum ~ od. hat er seinen ~) on Mondays he meets his friends at the pub. – 3. regular guests pl, regulars pl (colloq.) (circle meeting regularly at a reserved table): der ~ trifft sich donnerstags the regulars meet on Thursdays. — **~po,li·ti·ker** m humor. armchair politician. — **~,run·de** f circle of regular guests at a 'Stammtisch'. — **~stra,te·ge** m humor. armchair strategist.

'Stamm|,ton m mus. natural. — **~,trup·pen,teil** m mil. parent unit.

'Stammut·ter (getr. -mm,m-) f 1. (Ahne)

---

ancestress, progenitrix, auch progenitress. - 2. anthrop. matriarch. - 3. Bibl. (Eva) progenitrix of mankind.

'Stamm,va·ter m 1. ancestor, progenitor, primogenitor, parent, stirps (scient.). - 2. Bibl. (Adam) first parent, progenitor of mankind.

'Stamm|,verb, ~,ver·bum n ling. radical verb. — **~ver,mö·gen** n econ. cf. Stammkapital. — **s~ver,wandt** adj 1. kindred (attrib), cognate, of the same race. - 2. ling. related: ~es Wort related word, cognate. — **~ver,wandt·schaft** f 1. kinship, kindredness, cognation, identity of origin. - 2. ling. relationship, kinship. — **~vo,kal** m radical vowel. — **~,volk** n anthrop. aborigines pl, primitive race. — **~,wap·pen** n her. family coat of arms, family arms pl. — **~,wort** n ⟨-(e)s; ⸚er⟩ ling. radical, auch root, stem, base. — **~,wür·ze** f brew. original wort. — **~,wur·zel** f bot. taproot, trunk root. — **~,zel·le** f biol. parent cell.

Stam·perl ['ʃtampərl] n ⟨-s; -(n)⟩ Bavarian and Austrian 1. liqueur (od. brandy) glass. - 2. quick one, Br. colloq. spot, Am. sl. snort: trinken wir ein ~ let's have a quick one.

'Stampf|,ach·se f (space) pitch(ing) axis. — **~,an,la·ge** f tech. (im Kokerei) coal compressing plant. — **~as,phalt** m civ.eng. compressed natural rock asphalt. — **~,bau** m ⟨-(e)s; no pl⟩ pisé (building), cofferwork of earth, beaten cobwork. — **~be,ton** m tamped (od. rammed) concrete.

Stamp·fe ['ʃtampfə] f ⟨-; -n⟩ tech. civ.eng. wooden rammer (od. tamper).

stamp·fen ['ʃtampfən] I v/t ⟨h⟩ 1. (Erde, Lehm etc) stamp (s.th.) (down). - 2. civ.eng. a) (Pflaster, Boden) ram (od. tamp) (down), bes. Br. pun. - 3. (im Mörser) bray, pound: etwas zu Pulver ~ to pulverize (Br. auch -s-) s.th., to crush s.th. - 4. etwas aus der Erde (od. dem Boden) ~, fig. to conjure s.th. up (from nowhere), to produce s.th. (as if) by magic: ich kann es doch nicht aus dem Boden ~! I can't conjure it up. - 5. gastr. a) (Kartoffeln) mash, b) (Kraut) tamp, ram down. - 6. agr. a) (Trauben) crush, press, (mit den Füßen) tread, tramp, b) (Korn) bruise. - 7. (textile) beat, beetle. - 8. tech. a) (Erze, Kohle) stamp, pound, crush, b) (Beschickung im Koksofen) compress, c) (Formsand) ram. - II v/i ⟨h u. sein⟩ 9. ⟨h⟩ mit dem Fuß ~ to stamp: er stampfte vor Wut (mit dem Fuß) auf den Boden he stamped (his foot) with rage. - 10. ⟨sein⟩ (schwer auftreten) tramp(le), stamp. - 11. ⟨h⟩ (von Pferden) paw: die Pferde stampften mit ihren Hufen the horses pawed (the ground). - 12. ⟨h⟩ (von Maschinen, Motoren etc) stamp, pound. - 13. ⟨h u. sein⟩ mar. (von Schiff bei hohem Seegang) pitch. - 14. ⟨h⟩ aer. (von Flugzeug, Raumfahrzeug) porpoise. III S~ n ⟨-s⟩ 15. verbal noun. - 16. (einer Maschine etc) stamp, pound. - 17. mar. (des Schiffes) pitch.

'Stampf·fer m ⟨-s; -⟩ 1. (für Kartoffeln) masher. - 2. tech. tamper. - 3. (für verstopften Abfluß) plunger. - 4. metall. (in der Gießerei) tamper, rammer.

'Stampf|ka,lan·der m (für Textilien) beating mill, beetle. — **~kar,tof·feln** pl gastr. mashed (od. creamed) potatoes. — **~,ka·sten** m tech. tamping box. — **~,mas·se** f metall. stamping mass. — **~,schwin·gung** f mar. heaving. — **~,werk** n tech. 1. (mining) stamp (od. stamping) mill. - 2. tech. tamping (od. ramming) machine. — **~,werk,zeug** n tamping tool.

Stam·pi·glie [ʃtam'pıljə; -'pi:ljə] f ⟨-; -n⟩ Austrian 1. rubber stamp. - 2. (Abdruck) stamp, seal.

stand [ʃtant] 1 u. 3 sg pret of stehen.

Stand¹ m ⟨-(e)s; no pl⟩ 1. standing. - 2. (stehende Stellung) stand, standing (od. upright) position: sich zum ~ aufrichten to raise oneself to a standing position; einen Sprung aus dem ~ machen to take a jump (od. to jump) (on two legs) from a standing position; der Tisch hat hier keinen festen ~ the table does not stand firmly here (bei j-m, mit j-m) keinen leichten (od. einen schweren) ~ haben fig. a) (sich nur schwer durchsetzen können) to have a hard time (of it) (with s.o.), b) (nicht angesehen sein) to be in s.o.'s bad (od. black) books, to be in bad odo(u)r (od. out of favo[u]r) with s.o., to be out of s.o.'s favo(u)r; die Firma

---

hatte gegen ihre Konkurrenten einen schweren ~ the company had a hard time (od. had quite a struggle) to hold its own against its competitors. – 3. (Halt) footing, foothold: einen festen (od. sicheren) ~ haben to have a firm foothold. – 4. (Standplatz von Taxis etc) stand: seinen ~ an einem bestimmten Ort haben to have one's stand at a particular place. – 5. (des Wassers etc) level, height: den höchsten ~ erreichen to reach the peak (level). – 6. (des Barometers, Thermometers etc) reading. – 7. (Niveau) level, standard: der heutige ~ der Wissenschaft the present level of research; nach dem neuesten ~ der Technik in keeping with the latest technological development(s); etwas auf den neuesten ~ bringen to bring s.th. up to date. – 8. econ. a) (der Preise, Kurse etc) level, rate, b) (Saldo eines Kontos etc) balance, c) (Höhe von Aufträgen etc) number, figure: gegenwärtiger ~ des Ausfuhrhandels current foreign trade figure; der derzeitige ~ der Aufträge the present number (od. stock) of orders on hand; ~ vom 30. 6.: DM 300,— as of June 30: DM 300.—; nach ~ gemäß, entsprechend) dem ~ vom 1. 1. as of January 1. – 9. (Lage) state: beim jetzigen ~ der Dinge in the present state of affairs, as matters stand (at present), as things are (at the moment). – 10. (Beschaffenheit, Zustand) state, condition: gut im ~ sein, in gutem ~(e) sein (von Dingen) to be in good condition (od. repair); j-n in den ~ setzen, etwas zu tun to enable s.o. to do s.th., to put s.o. in a position to do s.th.; sein Herz ist in einem schlechten ~ colloq. his heart is in a bad way (od. is bad) (colloq.), his heart is in poor condition. – 11. astr. a) (eines Gestirns) position (in a constellation), b) (der Sonne) height, position: beim tiefsten ~ der Sonne at the lowest altitude (od. position, height) of the sun. – 12. (sport) a) (eines Spiels nach Punkten) score, b) (eines Rennens etc) state, position: das Spiel wurde beim ~ von 2 : 0 abgebrochen the game was abandoned at a score of 2—0. – 13. agr. (des Getreides) stand. – 14. hunt. (des Wildes) harbor, bes. Br. harbour, accustomed haunt, b) cf. Wildbestand.

Stand² m ⟨-(e)s; ⸚e⟩ 1. ⟨only sg⟩ (gesellschaftliche Stellung, Würde) social standing (od. position), station, rank, status: unter seinem ~e heiraten to marry beneath one's social position (od. below one's station); seinem ~e gemäß leben to live according to one's social standing; ein Mann von ~ a man of rank (od. high standing); eine Dame von ~ a lady of quality. – 2. (Klasse, Berufsgruppe) class: der ~ der Arbeiter the working class; die höheren [niederen] Stände the upper [lower] classes; Leute aus allen Ständen people of all classes. – 3. hist. estate: die drei Stände (des Mittelalters) the three estates (od. orders) (of the Middle Ages); der dritte ~ (in der franz. Revolution) the third estate, the bourgeoisie; der weltliche ~ the laity, the secular estate; der bürgerliche ~ the bourgeoisie, the middle class, the commoners pl. - 4. pl die Stände pol. a) (Volksvertretung) the diet sg, b) (die 3 gesetzgebenden Faktoren in Großbritannien) the estates of the realm. – 5. ⟨only sg⟩ jur. (Personenstand) status, state: ledigen ~es sein to be single (od. unmarried); sie traten in den (heiligen) ~ der Ehe lit. they were joined in (holy) matrimony. – 6. Swiss for Kanton 1. – 7. obs. seines ~es Jurist sein to be a lawyer by profession; ~ oder Beruf profession or business.

Stand³ m ⟨-(e)s; ⸚e⟩ 1. (Verkaufsstand auf Märkten, Ausstellungs-, Messestand) stand, booth, bes. Br. stall: einen ~ auf dem Jahrmarkt haben to have a booth at the fair. - 2. (Zeitungsstand) newsstand, kiosk, auch kiosque. - 3. agr. (Box) stall, box. - 4. hunt. (des Schützen) stand.

'Stand,an,zei·ger m tech. level indicator.

Stan·dard ['ʃtandart; 'stan-] m ⟨-s; -s⟩ 1. (Norm) standard. - 2. fig. (Niveau) standard, level: einen ziemlich hohen ~ aufweisen to show a pretty high level. - 3. (Feingehalt einer Münze) standard. - 4. phys. unit. — **~,ab,wei·chung** f (in

Statistik) standard deviation. — **~at·mo-,sphä·re** *f meteor.* standard atmosphere. — **~,aus,füh·rung** *f* standard type (*od.* model, design), standard. — **~,aus,ga·be** *f* standard edition. — **~,aus,rü·stung** *f* (*zur Photographie etc*) standard equipment. — **~,aus,spra·che** *f ling.* standard (of) pronunciation. — **~er,zeug·nis** *n* standard product. — **~,grö·ße** *f* standard size.

stan·dar·di·sie·ren [ʃtandardi'ziːrən; stan-] **I** *v/t* ⟨*no ge-, h*⟩ (*normen*) standardize *Br. auch* -s-, normalize *Br. auch* -s-. **- II S~** *n* ⟨-s⟩ *verbal noun.* — **Stan·dar·di·sie·rung** *f* ⟨-; *no pl*⟩ **1.** *cf.* Standardisieren. **- 2.** standardization *Br. auch* -s-, normalization *Br. auch* -s-.

'Stan·dard|,ko,pie *f* (*eines Films*) standard print. — **~,ko·sten** *pl* standard cost *sg.* — **~mo,dell** *n* standard model (*od.* type, design), standard. — **~ob,jek,tiv** *n phot.* standard (*od.* ordinary) lens. — **~qua·li,tät** *f* standard (quality), stock lines *pl.* — **~,spra·che** *f* standard language. — **~,tanz** *m meist Pl* (*od.* standard dance. — **~,typ** *m cf.* Standardmodell. — **~,werk** *n* (*literature*) standard work. — **~,wer·te** *pl econ.* (*Aktien*) standard stocks (*od.* securities, *bes. Br.* equities, leading shares (*bes. Am.* stocks).

Stan·dar·te [ʃtan'dartə] *f* ⟨-; -n⟩ **1.** standard, banner, (*kleine*) guidon. **- 2.** *antiq.* (*römisches Feldzeichen*) aquila. **- 3.** *hunt.* (*des Fuchses, Wolfes*) brush, *Am. auch* tail. **- 4.** *phot.* a) (*einer Filmkamera*) lens mount, b) (*eines Photoapparates*) lens carrier.

Stan'dar·ten,trä·ger *m* standard-bearer.

'Stand|,baum *m* (*im Pferdestall*) stall bar. — **~,bein** *n* **1.** (*art*) standing leg. **- 2.** (*sport*) a) (*beim Eis- u. Rollkunstlauf*) skating leg, b) (*beim Fußball*) nonkicking (*Br.* non-kicking) leg.

'Stand,bild *n* **1.** statue: j-m ein ~ errichten to set up (*od.* erect, raise) a statue to s.o. **- 2.** (*kleines*) statuette. — **~,auf,nah·me** *f* (*film*) *cf.* Standphoto.

'Stand,brem·se *f* **1.** *auto.* parking brake. **- 2.** *tech.* (*railway*) waggon (*bes. Am.* wagon) lock.

Ständ·chen ['ʃtɛntçən] *n* ⟨-s; -⟩ *mus.* **1.** (*nächtliches*) serenade: j-m ein ~ bringen to serenade s.o. **- 2.** (*morgendliches*) morning (love) song, aubade (*lit.*).

stän·de ['ʃtɛndə] *I u. 3 sg perf subj of* stehen.

'Stän·de|,haus *n hist.* assembly house of the estates, parliament house. — **~,kam·mer** *f pol.* corporative chamber. — **~,ord·nung** *f hist.* corporative system.

Stan·der ['ʃtandər] *m* ⟨-s; -⟩ **1.** (*Dienstflagge am Auto*) pennant. **- 2.** *mar.* (*am Schiff*) pennant, pendant.

Stän·der ['ʃtɛndər] *m* ⟨-s; -⟩ **1.** (*für Kleider, Schirme, Plakate etc*) stand. **- 2.** (*Gestell*) rack. **- 3.** (*am Fahrrad, Motorrad*) stand, (*am Motorroller*) sprag. **- 4.** (*für Bücher*) bookrack, bookstand. **- 5.** (*Pfosten*) post, pillar: durchgehender ~ through (*Am. auch* thru) pillar. **- 6.** *tech.* a) (*eines Gerätes, einer leichten Maschine*) (floor) stand, pedestal, b) (*einer schweren Maschine*) standard, column, upright, c) (*als Maschinenrahmen*) base, frame, d) (*eines Motors*) stator. **- 7.** *civ.eng.* (*im Fachwerk*) a) upright, stud(ding), b) joggle post. **- 8.** *electr.* a) frame, b) (*einer Wechselstrommaschine*) stator. **- 9.** *hunt.* (*des Federwildes*) leg. **- 10.** (*sport*) a) (*für Hochsprung etc*) upright, b) (*eines Sprunghindernisses*) stand, post. **- 11.** *her.* gyron, giron. **- 12.** *vulg.* 'horn' (*vulg.*).

'Stän·de,rat *m* ⟨-(e)s; -räte⟩ *Swiss pol.* **1.** 2nd chamber of Swiss parliament (*2 members per canton*). **- 2.** *a member of this chamber.*

'Stän·der|,schleif·ma,schi·ne *f tech.* pedestal-type grinder. — **~,strom** *m electr.* stator current. — **~,wick·lung** *f* stator winding.

'Stän·de,saal *m hist.* assembly hall of the estates.

'Stan·des|,amt *n* registry (*Br.* registrar's) office. — **s~,amt·lich** *I adj* civil: ~e Trauung civil marriage, marriage at a registry (*Br.* registrar's) office, *Am.* marriage before a civil magistrate. **- II** *adv* sich ~ trauen lassen to be married at a registry (*Br.* registrar's) office, to have a civil marriage ceremony, *Am.* to be married before a civil magistrate. — **~be,am·te** *m Br.* registrar, *Am.* civil magistrate. — **s~be,wußt** *adj* class-

-conscious. — **~be,wußt,sein** *n* class consciousness, pride of rank, caste feeling. — **~,dün·kel** *m* class arrogance. — **~ehe** *f* marriage of rank. — **~,eh·re** *f* professional honor (*bes. Br.* honour). — **~er,hö·hung** *f hist.* elevation to a higher rank. — **s~ge,mäß I** *adj* according to (*od.* in accordance with, in keeping with) one's rank (*od.* social position, status, standing, station): eine ~e Heirat a marriage within one's social class; ~er Unterhalt *jur.* support according to one's social standing. **- II** *adv* ~ leben to live according to one's social standing (*od.* position); du bist aber nicht ~ angezogen *fig. colloq.* humor. you are not dressed up to standard. — **~ge,nos·se** *m* one's equal, compeer, co-equal. — **~,herr** *m hist.* mediatized (*Br. auch* -s-) prince (*od.* baron). — **~,herr·schaft** *f* mediatized (*Br. auch* -s-) territory. — **~,in·ter,es·sen** *pl* class interests. — **s~,mä·ßig** *adj u. adv cf.* standesgemäß. — **~,or·ga·ni·sa·ti,on** *f* professional organization (*Br. auch* -s-). — **~per,son** *f* person of rank (*od.* position). — **~,pflich·ten** *pl* duties of one's station. — **~pri·vi,le·gi·en** *pl* **1.** (*klerikale*) clerical (*od.* ecclesiastical) prerogatives. **- 2.** *hist.* class (*od.* estate) privileges (*od.* prerogatives). — **~,rech·te** *pl hist. cf.* Standesprivilegien **2.** — **~,re,gi·ster** *n jur. Br.* register of births, deaths and marriages, *Am.* register of births, marriages and burials. — **~,rück,sich·ten** *pl* considerations of rank (*od.* standing). — **~,spra·chen** *pl* professional jargons.

'Stän·de,staat *m pol.* corporative state.

'Stan·des|,tracht *f* **1.** (*der Geistlichen*) clerical (*od.* priestly) attire. **- 2.** *hist.* class (*od.* professional) attire. — **~un·ter,schied** *m meist pl* social difference, class distinction. — **~vor,ur·teil** *n* class prejudice. — **s~,wid·rig** *adj* **1.** contrary to one's rank. **- 2.** unprofessional, unethical: ~es Verhalten unprofessional conduct, professional misconduct. — **~,wür·de** *f* **1.** dignity of rank (*od.* standing). **- 2.** professional dignity. — **~zu·ge,hö·rig·keit** *f* belonging to a class.

'Stän·de|,tag *m*, **~ver,samm·lung** *f hist.* assembly of the representatives of the estates, diet, parliament. — **~,we·sen** *n* ⟨-s; *no pl*⟩ corporative (*od.* estate) system.

'stand,fä·hig *adj* capable of standing.

'stand,fest *adj* **1.** (*Leiter, Tisch, Vase etc*) steady, rigid, stable: nicht mehr ganz ~ sein *fig. colloq.* humor. to be tipsy (*colloq.*). **- 2.** *fig.* firm, steady. **- 3.** *tech.* rigid, stable. — **'Stand,fe·stig·keit** *f* ⟨-; *no pl*⟩ **1.** steadiness, rigidity, stability, stableness. **- 2.** *fig.* firmness, steadiness. **- 3.** *tech.* rigidity, stability.

'Stand|,flä·che *f tech.* base, (*im Maschinenkatalog*) space occupied. — **~,fo·to** *n cf.* Standphoto. — **~,fuß** *m* (*sport*) (*beim Eis- u. Rollkunstlauf*) skating foot. — **~ge,fäß** *n chem.* storage vessel. — **~,geld** *n* **1.** (*für den Marktstand etc*) toll, *bes. Br.* stallage, stall (rent *od.* money). **- 2.** *mar.* (*railway*) demurrage (charge). — **~ge,richt** *n mil.* court-martial. — **s~ge,richt·lich** *adv only in* j-n ~ verurteilen to court-martial s.o. — **~glas** *n chem.* glass (cylinder).

'stand·haft I *adj* **1.** steadfast, *auch* stedfast, firm, steady: ein ~er Mensch bleibt bei der Wahrheit a steadfast man sticks to the truth; ~ bleiben a) to remain steadfast (*od.* firm), to stand firm (*od.* pat), b) (*von Mädchen*) not to yield; ~ sein im Glauben to be steadfast in one's faith, to persevere in one's faith; ~e Weigerung steady refusal. **- 2.** (*unerschütterlich*) firm, unflinching, unwavering, unyielding, staunch, stanch, constant. **- 3.** (*beharrlich*) persevering, persistent. **- 4.** (*entschlossen*) resolute. — **II** *adv* **5.** die Leiden ~ ertragen to bear pain unflinchingly; sich ~ wehren to put up (*od.* offer) stout resistance, to hold out stoutly. — **'Stand·haf·tig·keit** *f* ⟨-; *no pl*⟩ **1.** steadfastness, firmness, steadiness, fortitude. **- 2.** (*Unerschütterlichkeit*) firmness, staunchness, stanchness, constancy. **- 3.** (*Beharrlichkeit*) perseverance, persistence. **- 4.** (*Entschlossenheit*) resoluteness, resolution.

'stand,hal·ten I *v/i* ⟨*irr, sep,* -ge-, *h*⟩ **1.** hold one's ground (*od.* own), hold out: die Truppe hielt stand the troups held their ground. **- 2.** j-d hält j-m [etwas]

stand s.o. withstands s.o. [s.th.], s.o. stands up to s.o. [s.th.], s.o. holds out against s.o. [s.th.], s.o. holds his ground (*od.* stands firm) against s.o. [s.th.]: sie hielten dem Feinde stand they withstood (*od.* held out against) the enemy. **- 3.** etwas hält (*dat*) etwas stand a) (*einem Angriff, einer Beanspruchung etc*) s.th. withstands (*od.* resists, sustains) s.th., b) *fig.* (*einem Vergleich etc*) s.th. stands (*od.* bears) s.th.: die Stadt konnte der Belagerung nicht ~ the town could not withstand (*od.* hold out against) the siege; die Brücke hält jeder Belastung stand the bridge will hold any load; einer Prüfung ~ *fig.* to stand the test; einer näheren Untersuchung dürften diese Behauptungen nicht ~ *fig.* these assertions will not bear closer scrutiny. **- II S~** *n* ⟨-s⟩ **4.** *verbal noun.* **- 5.** resistance.

stän·dig ['ʃtɛndɪç] **I** *adj* ⟨*attrib*⟩ **1.** (*fortwährend*) constant, continual, steady, perpetual, persistent: ~er Lärm constant noise; ~e Angst constant (*od.* persistent, perpetual) fear; sie lebt in ~er Sorge she lives in a (state of) constant (*od.* perpetual) anxiety; er steht unter ~em Druck he is constantly under pressure; mit j-m in ~er Verbindung stehen to be (*od.* keep) in touch with s.o. constantly; ein ~es Ansteigen der Produktion *econ.* a steady (*od.* continual) increase in production; ~e Nachfrage nach *econ.* constant (*od.* steady, persistent) demand for; ~er Begleiter constant companion; ~e Niederschläge constant (*od.* continual) rain *sg.* **- 2.** (*immer wiederkehrend*) continual, constant, habitual: seine ~en Bemühungen his continual (*od.* sustained) efforts; ihre ~en Klagen her constant complaints. **- 3.** (*Adresse, Institution, Konferenz, Mitglied etc*) permanent: ~er Wohnsitz *jur.* permanent residence (*od.* abode), domicile; seinen ~en Wohnsitz nehmen to take up (*od.* set up) one's abode, to settle; ~er Aufenthalt fixed (place of) abode, fixed address; ~er Vertreter a) *pol.* permanent representative, b) *econ.* regular agent; ~er Ausschuß permanent (*od.* standing) committee; ~er Beirat permanent advisory board (*od.* council); ~er Schiedshof Permanent Court of Arbitration; ~es Personal (*Stammpersonal*) permanent staff; in ~er Bereitschaft sein to be permanently on call; ~er Korrespondent (*einer Zeitung*) resident correspondent. **- 4.** (*Einkommen etc*) fixed, regular. **- 5.** (*Regel, Praxis etc*) established: ~e Rechtsprechung *jur.* established practice. **- 6.** *mil.* (*Truppen*) regular. **- 7.** ~e Last *civ.eng.* dead load, deadweight. **- II** *adv* **8.** wir haben ~ Ärger mit ihm we are constantly having trouble with him, he is a constant nuisance (to us); sie kommt ~ zu spät she is always late; sie stört ihn ~ she keeps (*od.* is always, *Am. colloq.* is forever) interrupting him; das Telefon läutet ~ the telephone is constantly ringing; die Bevölkerung nimmt ~ zu the population is steadily increasing.

stän·disch ['ʃtɛndɪʃ] *adj* **1.** *hist.* of (*od.* relating to) the estates (of the realm). **- 2.** *pol.* corporative, corporate.

'Stand|,kampf *m* (*sport*) (*beim Ringen*) standing wrestling. — **~,licht** *n auto.* parking light. — **~,li·nie** *f* **1.** *tech.* (*in Landvermessung*) base (*od.* station) line (*od.* level). **- 2.** *mar. aer.* line of position, position line. — **~mi·kro,fon**, **~mi·kro,phon** *n* static microphone. — **~,mo·tor** *m tech.* stationary engine. — **~,nenn,schub** *m aer.* static thrust (*od.* basic dry) rating. — **~,öl** *n chem. tech.* stand (*bes. Am.* bodied) oil.

'Stand,ort *m* ⟨-(e)s; -e⟩ **1.** stand, position: von seinem ~ aus konnte er den Turm nicht sehen he could not see the tower from where he was standing. **- 2.** (*eines Betriebes, Reaktors, einer Kamera etc*) site, location. **- 3.** *mar. aer.* (*eines Schiffes, Flugzeuges etc*) position: den ~ bestimmen to fix the position; den ~ angeben to give (*od.* indicate) one's position; wahrer ~ true position, (*durch Peilung ermittelter*) fix. **- 4.** *mil.* (*Garnison*) garrison, post, station: seinen ~ haben in (*dat*) to be stationed in. **- 5.** *biol. zoo.* station, site, habitat (*scient.*). **- 6.** *bot.* site, habitat (*scient.*). **- 7.** *fig.* (*Meinung etc*) position. — **~,äl·te·ste** *m mil. Br.* senior officer of a garrison, *Am.* post senior officer. — **be,din·gun·gen** pl (eines Industriebetriebes etc) local conditions, conditions applying to the locality. — **be,reich** m mil. garrison (bes. Am. post) command. — **be,stim·mung** f **1.** mar. aer. position fixing (od. finding). – **2.** econ. fixing of a location. – **3.** fig. definition of a (theoretical) position (od. approach). — **ka·ta,log** m (in einer Bibliothek) shelf list. — **kom·man,dant** m mil. garrison (bes. Am. post) commander. — **la·za,rett** n post hospital. — **mel·dung** f mar. aer. position report. — **meß·ge,rät** n aer. mar. position-finding instrument. – s~**treu** adj zo. sedentary. — **ver,le·gung** f, **wech·sel** m **1.** mil. (permanent) change of station. – **2.** (eines Betriebes) change of location, transfer to another place (od. another site, other premises).

'Stand|,pau·ke f colloq. talking-to, lecture, (stärker) dressing down; ticking-off, telling--off (colloq.): j-m eine ~ halten to read s.o. a lecture, to lecture s.o., to read the riot act to s.o., to give s.o. a (good) talking--to (od. stärker dressing down), (stärker) to dress s.o. down; to give s.o. a (good) ticking-off (od. telling-off), to tick (od. tell) s.o. off (colloq.). — **,pho·to** n (film) still. — **,platz** m stand, station.

'Stand,punkt m **1.** fig. (point of) view, viewpoint, standpoint, position: sein ~ ist his point of view is; auf dem ~ stehen (od. sich auf den ~ stellen, den ~ vertreten), daß to take the view (od. to be of the opinion) that; von diesem ~ aus betrachtet (seen) from this point of view (od. this angle); vom ~ der Wissenschaft aus from the scientific point of view (od. standpoint); seinen ~ behaupten (od. wahren) to maintain one's point of view; sich (dat) j-s ~ zu eigen machen to adopt s.o.'s point of view; j-s ~ verstehen to understand s.o.'s point of view; j-m seinen ~ klarmachen (od. darlegen, auseinandersetzen) to explain one's point of view to s.o., to make one's point of view clear to s.o.; j-m den ~ klarmachen colloq. to give s.o. a piece of one's mind; ich stehe nicht auf Ihrem ~, ich teile nicht Ihren ~ I don't share your view (od. opinion); er vertritt einen (od. steht auf einem) anderen ~ he takes a different point of view, he takes a different view of things; das ist ein überwundener (od. überholter) ~ that is an outmoded point of view; unter Wahrung des gegenseitigen ~es each party maintaining its position; er hat seinen ~ geändert he has changed his views (od. his viewpoint); das ist auch ein ~! auch iron. that's one way of looking at it. – **2.** (Beobachtungsplatz) viewpoint, standpoint, position.

'Stand,punkts,glei·chung f math. station equation.

'Stand|quar,tier n mil. fixed (od. settled) quarters pl, (für Feldtruppen) cantonment. — **,recht** n mil. martial law: das ~ verhängen to proclaim (od. impose) martial law. – s~**,recht·lich** adj u. adv mil. according to martial law: ~ erschossen werden to be executed by order (od. sentence) of a court-martial. — **,re·de** f harangue: halt keine ~n! colloq. cut the talk (od. cackle)! — **,rohr** n **1.** civ.eng. riser, vertical pipe. – **2.** tech. standpipe. — **,schub** m aer. (space) (von Luftschraube) static thrust, (bei Strahltriebwerk) auch static jet thrust. — **,schwin·gung** f phys. static vibration. — **,seil,bahn** f cable railway (at ground level), funicular (railway), auch funiculaire. – s~**,si·cher** adj bes. civ.eng. stable, steady, rigid. — **,si·cher·heit** f stability, steadiness, rigidity. — **,spie·gel** m full-length mirror. — **,uhr** f grandfather('s) clock. — **,ver·such** m **1.** tech. stability test. – **2.** metall. (Werkstoffprüfung) creep test. — **,vi,sier** n **1.** mil. (am Gewehr) fixed (od. battle) sight. – **2.** (bei der Landvermessung) backsight. — **,vo·gel** m zo. nonmigratory (Br. non--migratory) (od. sedentary) bird. — **,waa·ge** f (sport) (beim Bodenturnen) horizontal balance. — **,wild** n hunt. sedentary game. — **,zeit** f **1.** tech. a) (eines Werkzeugs) tool life, b) (einer Maschine) service (od. tool) life. – **2.** metall. (Ofentemperatur) holding (od. stay) time. — **,zy,lin·der** m chem. graduated cylinder.

Stan·ge ['ʃtaŋə] f <-; -n> **1.** pole, stick, post: Anzug von der ~ colloq. for Konfektionsanzug. – **2.** (zum Festhalten, Aufhängen etc) rail. – **3.** (Fahnenstange) staff, pole, stick. – **4.** (für Hühner etc) perch, roost: sie saßen da wie die Hühner auf der ~ fig. colloq. they perched there one beside the other (like birds on a telegraph wire). – **5.** (von Lakritze, Rasierseife etc) stick. – **6.** gastr. (von Spargel) stem, shoot, stick. – **7.** (am Pferdezaum) bridle bit, bar. – **8.** (des Korsetts) busk. – **9.** tech. a) (aus Metall) bar, rod, b) (einer Schieblehre, eines Zirkels) beam, c) (eines Ventils) stem, d) (eines Schirms etc) rib. – **10.** (sport) a) (beim Stabhochsprung) pole, b) (beim Springreiten) (eines Hindernisses) pole. – **11.** choreogr. bar(re): an der ~ üben to practise (bes. Br. practise) at the bar. – **12.** mar. a) (setting) pole, b) (Fahrwasserzeichen) pole, marking post: mit der ~ treiben (od. fortstoßen) to pole. – **13.** hort. agr. (zum Stützen) stake, pole. – **14.** hunt. a) (eines Hirschgeweihs) branch, beam, b) (des Jagdfalken) block, c) (Fuchsschwanz) tail, brush. – **15.** (forestry) pole, (bes. dünne Stange) stake. – **16.** fig. colloq. (in Wendungen wie) sie ist eine lange (od. dürre) ~ she is (as) thin as a rake, she is like a bean pole (od. a long drink of water) (colloq.); bei der ~ bleiben a) to stick to business (od. to the point), b) (aushalten) to stick to one's guns; j-m die ~ halten to back s.o. up, to stand by s.o., to take s.o.'s part; j-n bei der ~ halten to make s.o. stick to it; eine ~ angeben to show off; das hat mich eine schöne (od. ordentliche) ~ Geld gekostet that cost me a pretty penny fig. colloq. a mint of money, Br. sl. a packet).

stän·geln ['ʃtɛŋəln] v/t <h> hort. (Pflanzen) stake.

'Stan·gen|,boh·ne f bot. climbing (od. pole) bean, bes. Br. runner bean, auch runner, Am. frijol, auch frijole (Phaseolus vulgaris). — **,boh·rer** m tech. hand auger. – s~**,för·mig** adj shaped like a bar (od. rod). — **,ge,biß** n (Kandare) curb (od. bar) bit. — **,gold** n metall. ingot gold. — **,holz** n (forestry) timber stand of pole trees, pole wood. — **,pferd** n wheeler, wheelhorse, pole horse. — **re,vol·ver·au·to,mat** m tech. turret-type bar automatic. — **,schlan·gen,boh·rer** m tech. hand auger. — **,schwe·fel** m chem. roll (od. stick) sulfur (bes. Br. -ph-), roll brimstone. — **,spar·gel** m gastr. asparagus spear, asparagus served whole. — **,vi,sier** n mil. bar sight. — **,zieh·ma,schi·ne** f tech. rod drawing machine. — **,zir·kel** m universal divider, beam compasses pl (Am. trammels pl).

Sta·nit·zel [ʃta'nɪtsəl] m, n <-s; -> Bavarian and Austrian colloq. pointed paper bag.

stank [ʃtaŋk] 1 u. 3 sg pret of **stinken**.

Stank m <-(e)s; no pl> colloq. for Zank.

stän·ke ['ʃtɛŋkə] 1 u. 3 sg pret subj of **stinken**.

Stän·ker ['ʃtɛŋkər] m <-s; -> **1.** colloq. contempt. troublemaker, quarreler, bes. Br. quarreller, mischief-maker, cantankerous person. – **2.** colloq. cf. Stänkerkäse. — **Stän·ke'rei** f <-; -en> colloq. **1.** cf. Stänkern. – **2.** troublemaking, mischief--making. — **'Stän·ke·rer** m <-s; -> colloq. contempt. cf. Stänker 1.

'Stän·ker,kä·se m colloq. strong (od. stinking) cheese.

stän·kern ['ʃtɛŋkərn] I v/i <h> colloq. (Unfrieden stiften) make trouble (od. mischief). – II S~ n <-s> verbal noun.

Stan·ni,ol [ʃta'nioːl; ʃta-] n <-s; -e> **1.** (Zinnfolie) tinfoil. – **2.** colloq. (Aluminiumfolie) tinfoil, aluminium (Am. aluminum) foil. — **be,lag** m tinfoil coating (od. surfacing). — **,kap·sel** f tinfoil capsule. — **,kon·den,sa·tor** m electr. tinfoil capacitor. — **,pa,pier** n tinfoil, silver paper. — **,strei·fen** m **1.** strip of tinfoil. – **2.** mil. (Radarstörfolie) chaff, window.

stan·te pe·de ['stante 'peːde; 'ʃtantə 'peːdə] adv colloq. humor. right away.

'Stanz|au·to,mat m tech. automatic punch(ing) machine. — **,blech** n sheet steel with good punching properties.

Stan·ze² ['ʃtantsə] f <-; -n> **1.** tech. a) punch(ing) machine, b) bending die, c) flanging die, d) roller die, e) planishing die, f) stamping die, g) blanking die. – **2.** (beim Kupfer-

stechen) matrix. – **3.** med. (des Zahnarztes) punch.

'Stan·ze² f <-; -n> metr. stanza.

'Stanz,ein·heit f (computer) punching unit, puncher.

stan·zen ['ʃtantsən] I v/t <h> tech. **1.** (lochstanzen) punch. – **2.** (prägen) stamp. – **3.** (Rohlinge) blank. – **4.** (bes. Lochstreifen, -karten) punch. – II S~ n <-s> **5.** verbal noun. — **'Stan·zer** m <-s; -> tech. press worker.

Stan·ze'rei f <-; -en> tech. punching department. — **ma,schi·ne** f punch(ing) press.

'Stanz|ma,tri·ze f tech. punch(ing) (od. stamping) tool (od. die). — **pres·se** f punch(ing) press. — **,stahl** m steel suitable for presswork. — **,werk,zeug** n punch(ing) (od. stamping) tool, (für Rohlinge) blanking die.

Sta·pel ['ʃtaːpəl] m <-s; -> **1.** (aufgeschichteter) pile, stock. – **2.** (ungeordneter) heap. – **3.** <only sg> mar. stocks pl: auf ~ on the stocks; ein Schiff vom ~ (laufen) lassen to launch a ship; vom ~ laufen to be launched, to leave the slips; ein Schiff auf ~ legen to lay down a ship. – **4.** (in Wendungen wie) einen Witz vom ~ lassen fig. colloq. to crack a joke; eine Rede vom ~ lassen fig. colloq. to deliver (od. make) a speech; eine Werbekampagne vom ~ lassen fig. colloq. to launch an advertising campaign; ich sollte wohl mal wieder einen Brief an ihn vom ~ lassen fig. colloq. I think it's high time I wrote him another letter. – **5.** econ. a) (Handelsplatz) staple, emporium, b) (Stapelplatz) warehouse, stockyard. – **6.** (textile) a) (Faserlänge) staple, b) tuft of hair. — **,ab,la·ge** f print. pile delivery. — **,fa·ser** f (textile) staple fiber (bes. Br. fibre), staple. — **,gü·ter** pl econ. staple sg. — **,hö·he** f **1.** height of a pile, piling height. – **2.** (eines Staplers) stacking height. — **,holz** n stack wood.

Sta·pe·lie [ʃta'peːliə] f <-; -n> bot. carrion flower, stapelia (scient.) (Gattg Stapelia).

'Sta·pel,kar·ren m cf. Gabelstapler.

'Sta·pel,lauf m mar. launch(ing). — **,bahn** f launching ways pl, launchways pl (beide construed as sg or pl).

sta·peln ['ʃtaːpəln] I v/t <h> **1.** (Wäsche etc) pile up, stack (up). – **2.** (ungeordnet) heap (up). – **3.** fig. (Reichtümer, Wissen etc) amass, pile up. – **4.** econ. (einlagern) store, warehouse. – II v/reflex <h> sich **5.** pile up: auf seinem Schreibtisch stapelt sich die Arbeit work is piling up on his desk. – III S~ n <-s> **6.** verbal noun.

'Sta·pel,nu,an·ce f (textile) standard shade. — **,platz** m **1.** econ. a) (indoor od. outdoor) storage place, b) (Handelsplatz) trading center (bes. Br. centre) (especially for staple goods), staple, emporium. – **2.** mil. dump. — **,recht** n hist. staple right.

'Sta·pe·lung f <-; no pl> cf. Stapeln.

'Sta·pel,wa·re f econ. staple: ~n pl staple sg.

Stap·fe ['ʃtapfə] f <-; -n>, **'Stap·fen** m <-s; -> meist pl footstep, footprint, track.

'stap·fen v/i <sein> plod, trudge, stump, slog: durch den Schnee ~ to plod through the snow.

Sta·phy·le [ʃta'fyːlə; ʃta-] f <-; -n> med. (Zäpfchen) uvula.

Sta·phy·lo·der·mie [ʃtafyloder'miː; ʃta-] f <-; -n [-ən]> med. staphyloderma.

Sta·phy·lo'kok·ken·in·fek,ti,on f med. staphylococcal infection.

Sta·phy·lo·kok·kus [ʃtafylo'kɔkus; ʃta-] m <-; -ken> meist pl med. staphylococcus.

'Stap·ler m <-s; -> tech. stacker, (für Bleche) piler.

Star¹ [ʃtaːr] m <-(e)s; -e> zo. starling (Fam. Sturnidae): Gemeiner ~ (common) starling (Sturnus vulgaris).

Star² [staːr; ʃtaːr; staː] (Engl.) m <-s; -s> (in Film, Theater, Sport etc) star: als ~ auftreten to star; sie war der ~ des Festes she was the queen of the festival.

Star³ [ʃtaːr] m <-(e)s; -e> med. (Augenkrankheit) cataract: angeborener ~ congenital cataract; grauer ~ gray (bes. Br. grey) cataract; grüner ~ glaucoma; schwarzer ~ black cataract, amaurosis (scient.); j-n am ~ operieren, j-m den ~ stechen to remove s.o.'s cataract; den ~ stechen (od. s.o.'s cataract); den ~ werde ich ihr stechen fig. colloq. I'll give her an eye-opener.

'Star·al,lü·re f meist pl air of a star.

'star,ar·tig adj med. cataractous.
starb [ʃtarp] 1 u. 3 sg pret of sterben.
'Star·be,set·zung f (theater, film) star cast.
'star|,blind adj med. blind from (od. through) cataract. — **S~,blind·heit** f blindness caused by cataract. — **S~,bril·le** f cataract lenses pl.
stä·ren ['ʃtɛːrən] v/i ⟨h⟩ zo. (von Schafen) be in heat.
'Sta·ren,ka·sten m cf. Starkasten.
stark [ʃtark] **I** adj ⟨⁼er; ⁼st⟩ **1.** (körperlich) strong, stout, mighty: ~e Arme strong (od. brawny) arms; das ~e Geschlecht the stronger sex; iß, damit du groß und ~ wirst! you must eat up to grow big and strong (od. to grow into a big strong boy); stärker werden to become stronger, to strengthen; er markiert (od. mimt) gerne den ~en Mann colloq. he likes to play the strong man; sich für etwas [j-n] ~ machen to stand up for s.th. [s.o.]. — **2.** (gesund, kräftig) strong, stout: eine ~e Konstitution haben to have a strong constitution, to be robust; fühlst du dich ~ genug, um aufzustehen? do you feel strong enough to get up? – **3.** (Charakter, Wille etc) strong, forceful: ~e Nerven strong nerves; ~er Glaube strong faith; im Unglück ~ sein to be strong (od. to show strength) in the face of misfortune. – **4.** (mächtig) powerful, strong, mighty, strong-armed (attrib): eine ~e Organisation a powerful organization; er ist der ~e Mann (in) seiner Partei he is the strong man in his party; Einigkeit macht ~ (Sprichwort) union (od. unity) is strength (proverb). – **5.** (widerstandsfähig) strong, stout: eine ~e Festung a strong fortress; ein ~es Seil a strong rope. – **6.** (in Durchmesser, Umfang etc) thick: eine ~e Wand a thick wall; eine ein Zentimeter ~e Pappe a sheet of pasteboard one centimeter thick; die Dissertation ist 150 Seiten ~ the dissertation has (od. comprises) 150 pages, the dissertation is 150 pages long. – **7.** (beleibt) corpulent, stout: er ist stärker geworden he has put on weight; sie ist etwas ~ um die Hüften she is a bit broad about the hips. – **8.** (Haar) thick: ~en Haarwuchs haben a) (dichtes Haar) to have thick hair, b) (schnell nachwachsendes Haar) to have a heavy growth of hair. – **9.** (zahlenmäßig) strong: ein 20000 Mann ~es Heer an army 20,000 strong, an army numbering 20,000; wie ~ sind die hier stationierten Einheiten? what is the strength of the units stationed here? ein ~es Aufgebot an Polizei a large (od. strong) force of police. – **10.** (mengenmäßig) heavy, great: ein ~er Raucher [Trinker] sein to be a heavy (od. hard) smoker [drinker]; ein ~er Esser a big eater. – **11.** dial. (bei Zeit-, Entfernungsangaben) good: der Ort ist eine ~e Stunde von hier the place is a good hour from here. – **12.** (Regen, Schneefall etc) heavy: ~er Frost heavy (od. hard, severe) frost. – **13.** (Strömung, Wind etc) strong, forceful: ~er Wind strong (od. hard, stiff, high, violent) wind. – **14.** (Hitze, Kälte etc) intense, great. – **15.** (Verkehr) heavy. – **16.** (gehaltvoll, hochprozentig) strong: ~er Tee [Kaffee] strong tea [coffee]; ~es Bier strong (od. heavy, potent) beer; ~er Tabak strong tobacco; eine ~e Lösung a strong (od. concentrated) solution; ein ~es Mittel a strong (od. potent, powerful) remedy. – **17.** (Geruch, Duft etc) strong, penetrating. – **18.** (Farben, Licht etc) strong, intense. – **19.** (Stimme) strong, loud. – **20.** (Schmerz etc) intense, severe: ~e Kopfschmerzen haben to have a severe (od. splitting, violent) headache; er hat eine ~e Erkältung he has a heavy (od. severe, bad) cold; eine ~e Blutung profuse (od. heavy) bleeding. – **21.** (Fieber) high: das Fieber ist stärker geworden the temperature has risen (od. gone up). – **22.** (Eindruck, Interesse etc) strong, intense, great: ~e Anziehungskraft [Abneigung] strong (od. keen, quick) attraction [dislike]; ~er Wunsch strong (od. keen, urgent, compelling) desire; ich habe stärkste Bedenken dagegen I have the strongest objections to it; eine ~e Ähnlichkeit innerhalb der Familie a strong (od. striking) resemblance within the family; ~e Betonung der ersten Silbe strong accentuation of the first syllable; es besteht eine ~e Nachfrage nach there's a

keen (od. great, big) demand for; er ist in ~em Maß(e) vom Wetter abhängig he is extremely sensitive to the weather; in stärkstem Maß(e) extremely; das ist eine ~e Übertreibung! that is a great (od. a gross, an absolute) exaggeration! – **23.** (Leistung, Begabung etc) great: er hat eine ~e musikalische Begabung he has great (od. considerable) musical talent; in Mathematik war ich nie sehr ~ I was never great (od. very good) at mathematics; Englisch ist nicht seine ~e Seite English is not his strong point (od. his forte); dieser Roman gehört zu seinen stärksten Werken this novel is one of his greatest works; die Darstellerin wurde im letzten Akt etwas stärker the actress improved in the last act; eine ~e Verteidigung (sport) a strong defence (Am. defense). – **24.** (Ausdruck etc) strong: ~e Worte strong words (od. language sg). – **25.** das ist ~! das ist ein ~es Stück! colloq. that's a bit much (od. colloq. thick)! – **26.** (optics) (Brille etc) strong, powerful. – **27.** tech. a) (Motor, Scheinwerfer etc) powerful, high-powered, b) (Druck) heavy, c) (Blech) heavy, thick, d) (fest) strong, e) (mechanische Beanspruchung) hard, f) (Hitze) intense. – **28.** electr. (Strom) strong, heavy. – **29.** print. (Auflage) large. – **30.** ling. (Deklination, Konjugation) strong. – **31.** hunt. (Bock, Hirsch etc) large. – **32.** (Kaliber bei Feuerwaffen) large. – **II** adv **33.** strongly: ~ riechende Blumen strong-smelling flowers; eine ~ gesüßte [gesalzene, gewürzte] Speise a strongly sweetened [salted, seasoned] dish; etwas ~ verdünnen to dilute s.th. strongly; das ist ~ übertrieben! that's greatly (od. grossly, highly) exaggerated! ich nehme ~ an, daß er nicht mehr kommt I strongly suspect that he won't come anymore; j-n ~ im Verdacht haben to suspect s.o. strongly; er fühlte sich ~ von ihr angezogen he felt strongly (od. greatly) attracted to her. – **34.** heavily: ~ trinken [rauchen] to be a heavy drinker [smoker]; ~ essen to be a big (od. great) eater; er war ~ betrunken he was very (od. dead) drunk; eine ~ blutende Wunde a profusely bleeding wound; ~ erkältet sein to have a heavy (od. bad, severe) cold; es hat ~ geregnet it rained heavily (od. hard); ein ~ bevölkertes Gebiet a densely (od. thickly) populated area; ~ verschuldet sein to be in heavy debt, to be heavily in debt; ~ behaart sein to be (very) hairy (od. lit. hirsute). – **35.** greatly: ~ vergrößert [verkleinert] greatly magnified [diminished]; ~ benachteiligt sein to be greatly (od. badly) handicapped; (zu) ~ vereinfachend (od. verallgemeinernd) simplistic; ein ~ gefragter Artikel an article in great (od. high) demand; ein ~ besetzter Saal a well-filled hall; ein ~ besuchtes Konzert a well-attended concert; es geht ~ auf zehn (Uhr) it's going on for ten (o'clock), it's almost ten (o'clock); er ist ~ in den Sechzigern colloq. he is well into his sixties, he is in his late sixties, he is going on for seventy, he is well past sixty.
'Star,ka·sten m nesting box for starlings.
'Stark,bier n brew. strong beer.
'Star·ke m ⟨-n; -n⟩ strong man: das Recht liegt auf seiten des Stärkeren justice is on the strong man's side.
Stär·ke¹ ['ʃtɛrkə] f ⟨-; -n⟩ **1.** ⟨only sg⟩ (körperliche) strength, force, stoutness, power, might, auch brawn. – **2.** ⟨only sg⟩ (des Charakters, Willens etc) strength, power. – **3.** (einer Organisation etc) power, strength, might(iness). – **4.** ⟨only sg⟩ (Widerstandsfähigkeit) strength, stoutness. – **5.** (Durchmesser, Dicke) thickness, strength, (von zylindrischen Körpern) auch diameter: die ~ des Drahtes [Bleches] the ga(u)ge of the wire [sheet metal]. – **6.** ⟨only sg⟩ (Beleibtheit) corpulence, stoutness. – **7.** (des Haares) thickness. – **8.** (eines Aufgebots, Heers etc) strength. – **9.** (des Regens etc) heaviness. – **10.** (der Strömung, des Winds etc) force, strength. – **11.** (von Hitze, Kälte etc) intensity, intenseness. – **12.** (des Verkehrs) heaviness. – **13.** (Gehalt, Hochprozentigkeit) strength: die ~ des Medikaments the strength (od. potency) of the drug. – **14.** (eines Geruchs etc) strength, penetratingness. – **15.** (von Farben, Licht etc) strength, intensity, intenseness. – **16.** (Lautstärke) strength,

loudness. – **17.** (eines Schmerzes etc) intensity, intenseness, severity, severeness. – **18.** (des Fiebers) height. – **19.** ⟨only sg⟩ (eines Eindrucks, Interesses etc) strength, intensity, intenseness. – **20.** ⟨only sg⟩ (der Nachfrage etc) greatness, keenness. – **21.** (starke Seite) strong point, forte: Mathematik ist nicht gerade meine ~ mathematics isn't my strong point; ihre ~ liegt auf anderem Gebiet her strong point lies elsewhere (od. in another sector). – **22.** (optics) (von Gläsern etc) power. – **23.** tech. a) (der Scheinwerfer etc) power, capacity, b) (eines Motors) rating, c) (des Drucks) heaviness. – **24.** electr. (Stromstärke) intensity, strength. – **25.** chem. (einer Lösung) concentration. – **26.** print. (einer Auflage) volume, circulation.
'Stär·ke² f ⟨-; -n⟩ chem. med. (auch für Wäsche) starch, amylum (scient.) ($C_6H_{10}O_5$).
'Stär·ke|,ab,bau m med. decomposition of starch. — **s~,ar·tig** adj chem. starchy; amylaceous, amyloid(al) (scient.). — **~,bil·dung** f chem. med. amylogenesis. — **~fa,brik** f starch factory. — **~fa·bri,kant** m starch manufacturer. — **~fa·bri·ka·ti,on** f starch manufacture. — **~ge,halt** m chem. med. starch content. — **~,grad** m intensity. — **s~,hal·tig** adj chem. med. containing starch, starchy; amylaceous, amyloid(al) (scient.). — **~,klei·ster** m chem. pharm. starch paste (od. glue, mucilage). — **~,lö·sung** f chem. starch solution. — **~,mehl** n starch (flour), cornstarch, bes. Br. farina, amylum (scient.).
'Stär·ke,mel·dung f mil. strength report (od. return). — **~,mes·sung** f measurement of strength.
stär·ken¹ ['ʃtɛrkən] **I** v/t ⟨h⟩ **1.** (durch Sport, Arzneien etc) strengthen, fortify, steel: Schwimmen stärkt die Muskulatur swimming strengthens the muscles. – **2.** (durch Nahrung) refresh. – **3.** (das Selbstgefühl etc) boost, strengthen: j-s Mut ~ to boost s.o.'s courage; j-m das Rückgrat ~ fig. colloq. to back s.o. up, to give s.o. moral support. – **4.** (kräftigen) invigorate. – **5.** cf. bestärken. – **II** v/reflex sich ~ **6.** take some refreshment(s), refresh oneself. – **7.** colloq. humor. have (od. take) a drink. – **III** S~ n ⟨-s⟩ **8.** verbal noun. – **9.** (Selbstbewußtseins etc) boost.
'stär·ken² v/t ⟨h⟩ (Wäsche) (clear)starch.
'stär·kend **I** pres p of stärken¹ u. ². – **II** adj bes. med. cordial, restorative, roborant (scient.): ~es Mittel tonic, restorative, roborant (scient.).
'Stär·ke,pu·der m, colloq. n chem. starch powder.
'Stär·ke·ver,hält·nis n relative strength.
'Stär·ke|,was·ser n chem. starch water. — **~,wert** m (bei Viehfutter) starch equivalent. — **~,zucker** (getr. -k·k-) m starch sugar, dextrose (scient.).
'stark|,glie·de·rig, **~,glied·rig** adj strong-limbed.
'Stark|,holz n (wood) heavy timber, siz(e)able wood. — **s~,kno·chig** adj big-boned. [Star class.]
'Star,klas·se f (sport) (bei Segelbooten)
'stark|,lei·big [-,laibɪç] adj corpulent, stout. — **~,mo·to·rig** [-mo,toːrɪç] adj auto. with a powerful (od. high-powered) engine.
'Stark,strom m electr. heavy (od. power) current. — **~,an,la·ge** f (electric) power plant. — **~,frei,lei·tung** f overhead power line. — **~in·ge·ni,eur** m electrical power engineer. — **~,ka·bel** n power cable. — **~kon·den,sa·tor** m heavy-current capacitor. — **~,lei·tung** f power line. — **~,si·che·rung** f high-voltage fuse. — **~,tech·nik** f heavy-current (od. electrical) power engineering.
'Stark,ton,horn n super-tone horn.
'Stär·kung f ⟨-; -en⟩ **1.** cf. Stärken¹. – **2.** (Imbiß etc) refreshment: darf ich Ihnen eine kleine ~ anbieten? may I offer you a light refreshment? – **3.** (Kräftigung) invigoration. – **4.** (Trost) comfort, consolation. – **5.** colloq. (Alkohol) pick-me-up, 'stiffener' (colloq.), Am. colloq. bracer, 'reviver' (sl.).
'Stär·kungs,mit·tel n bes. med. tonic, restorative, roborant (scient.).
'stark,wan·dig [-,vandɪç] adj thick-walled.
Star·let ['staːrlɛt; 'ʃtaːr-; 'staːlɪt] (Engl.) n ⟨-s; -s⟩ (film) starlet.
Stär·ling ['ʃtɛrlɪŋ] m ⟨-s; -e⟩ zo. troupial, auch troopial, grackle (Fam. Icteridae).

'**Star,matz** m ⟨-es; -e u. ⁻e⟩ *colloq. humor.* for Star¹.

'**Star-ope·ra·ti,on** f *med.* cataract operation, couching (of a cataract), Graefe's operation (*scient.*).

Sta·rost [staˈrɔst; ʃta-] m ⟨-en; -en⟩ *hist.* **1.** (*in Polen*) starost. – **2.** (*in Rußland*) starosta. — **Sta·ro·stei** [starɔsˈtai; ʃta-] f ⟨-; -en⟩ (*in Polen*) starosty.

starr [ʃtar] **I** adj **1.** (*steif, unbeweglich*) stiff, (*von Toten*) *auch* rigid: ~ werden (*von Gliedern, Muskeln etc*) to become (*od.* grow, get) stiff, to stiffen; ich war ~ vor Schreck I was scared to death (*od.* stiff, skinny), I was paralyzed (*Br. auch* -s-) with fright; da bin ich (einfach) ~! *fig. colloq.* I'm dumbfounded (*od.* thunderstruck)! I'm completely flabbergasted! (*colloq.*), *Br. sl.* well, stone me! – **2.** (*empfindungslos*) numb, benumbed: meine Finger sind ~ vor Kälte my fingers are numb with cold. – **3.** (*Blick etc*) staring, fixed: j-n mit ~en Augen ansehen to look at s.o. with staring eyes (*od.* with a stare); der ~e Blick des Toten the dead man's glassy stare. – **4.** (*Gesichtszüge*) immovable, rigid. – **5.** (*Regeln, Prinzipien, Schema, System etc*) rigid, inflexible: die ~en Regeln der Etikette the rigid rules of etiquette. – **6.** (*unnachgiebig*) rigid, inflexible, unbending, adamant, *Am. colloq.* hard-shell(ed): die ~e Haltung der Delegation in dieser Frage the rigid attitude of the delegation in this matter. – **7.** (*Papier, Seide etc*) stiff. – **8.** *chem.* (*Fett*) consistent. – **9.** *phys.* (*Körper etc*) rigid, stable, solid. – **10.** *tech. civ.eng.* (*Konstruktion etc*) rigid, rugged. – **11.** *aer.* a) (*Rotorblatt etc*) rigidly mounted, b) (*Luftschraube*) fixed-pitch (*attrib*), c) (*Fahrwerk*) fixed, non-retractable *Br.* non-, d) (*Luftschiff*) rigid. – **12.** *mil.* a) (*Verteidigung, Verteidigungslinie*) rigid, b) (*Kanone, Maschinengewehr etc*) fixed. – **13.** *econ.* (*Marktverhältnisse etc*) rigid, inelastic, intractable, (*Preise*) *auch* pegged. – **14.** *poet.* (*Felsen, Klippen etc*) stern. – **II** adv **15.** (*unbeweglich*) stiff(ly), rigidly: ~ (und steif) dasitzen to sit there stiffly (*od.* like a statue); der Tote lag ~ (und steif) am Boden the dead man lay stark (and stiff) on the ground. – **16.** (*mit starrem Blick*) fixedly, with a stare: j-n ~ ansehen to stare at s.o., to look at s.o. with a stare; mit ~ geöffneten Augen with staring eyes. – **17.** ein ~ angebrachtes Verbindungsstück *tech. civ. eng.* a rigidly mounted connecting piece.

'**Starr|,ach·se** f *auto.* rigid axle. — ~,bau,wei·se f *tech.* rigid design.

Star·re [ˈʃtarə] f ⟨-; no pl⟩ *cf.* Starrheit 1—4.

star·ren [ˈʃtarən] **I** v/i ⟨h⟩ **1.** stare, *auch* glare: j-m ins Gesicht ~ to stare s.o. in the face; er starrte auf seinen Teller he stared at his plate; ins Leere ~ *fig.* to stare (*od.* gaze) into space; sie starrte vor (*acc*) sich hin she stared in front of her. – **2.** vor (*dat*) (*od.* von) etwas ~ to be full of s.th.: das Zimmer starrte vor Schmutz the room was full of (*od.* filthy with, thick with) dirt; dieser Aufsatz starrt von Fehlern this essay is full of (*od.* is teeming with, teems with) mistakes; das ganze Land starrte vor Waffen the whole country bristled with weapons (*od.* arms). – **3.** *poet.* (*ragen*) jut, project: Gewehrläufe starrten aus den Fenstern gunbarrels jutted out of the windows; die Felsen ~ gegen den Himmel the rocks jut (up) (*od.* stand out) against the sky. – **II** v/t **4.** → Loch 1. – **III** S~ n ⟨-s⟩ **5.** verbal noun. – **6.** stare, *auch* glare.

'**Starr,flü·gel,flug,zeug** n *aer.* fixed wing aircraft.

'**Starr·heit** f ⟨-; no pl⟩ **1.** (*Steifheit, Unbeweglichkeit*) stiffness, (*von Toten*) *auch* rigidity, rigidness. – **2.** (*Empfindungslosigkeit*) stiffness, numbness. – **3.** (*des Blicks etc*) stare, fixedness, glassiness. – **4.** (*der Gesichtszüge*) immovability, rigidity, rigidness. – **5.** (*der Regeln, eines Schemas etc*) rigidity, rigidness, inflexibility, *auch* rigor, *bes. Br.* rigour. – **6.** (*Unnachgiebigkeit*) intransigence, rigidity, rigidness, inflexibility, adamancy. – **7.** *tech. civ.eng.* ruggedness, stability, rigidity. – **8.** *econ.* (*der Preise etc*) rigidity, rigidness, inelasticity.

'**Starr,ho·bel,ma,schi·ne** f *tech.* rigid planing machine.

'**Starr,kopf** m *fig. colloq. contempt.* bullhead, mule, headstrong (*od.* bullheaded, *Br.* bull-headed, pigheaded, mulish, obstinate, unyielding) fellow (*colloq.*). — '**starr,köp,fig** [-,kœpfɪç] adj starrsinnig. — '**Starr,köp·fig·keit** f ⟨-; no pl⟩ *cf.* Starrsinn.

'**Starr,krampf** m ⟨-(e)s; no pl⟩ *med.* **1.** (*Tetanus*) tetanus. – **2.** (*der Kaumuskulatur*) lockjaw, *auch* locked jaw. — ~,ba,zil·lus m tetanus (bacillus), Bacillus (*od.* Clostridium) tetani (*scient.*). — ~,se·rum n antitetanic serum, tetanus antitoxin.

'**Starr,schmie·re** f *tech.* grease.

'**Starr,sinn** m ⟨-(e)s; no pl⟩ headstrongness, stubbornness, obstinacy, bullheadedness, *Br.* bull-headedness, pigheadedness, mulishness. — '**starr,sin·nig** adj headstrong, stubborn, obstinate, unyielding, bullheaded, *Br.* bull-headed, pigheaded, mulish. — '**Starr,sin·nig·keit** f ⟨-; no pl⟩ *cf.* Starrsinn.

'**Starr,sucht** f ⟨-; no pl⟩ *med.* catalepsy. — '**starr,süch·tig** adj cataleptic.

Start [ʃtart; start] m ⟨-(e)s; -s, *rare* -e⟩ **1.** *cf.* Starten. – **2.** (*sport*) a) start, *auch* getaway, b) (*Startlinie, -platz*) start, starting line: stehender [fliegender] ~ standing [flying] start; die Pferde gehen an den ~ the horses go to the start; die Läufer sind an den ~ gegangen the runners have taken up their starting positions; das Zeichen zum ~ geben to give the starting signal; er hatte einen guten ~, er ist gut vom ~ weggekommen (*od.* abgekommen) he made a good start (*auch* getaway), he was off to a good start; der Titelverteidiger ist nicht am ~ the titleholder is not among the competitors (*od.* not participating in the race). – **3.** *aer.* a) (*eines Flugzeugs*) take-off, *Br.* take-off, b) (*Startplatz*) starting (*od.* takeoff, *Br.* take-off) point, takeoff, *Br.* take-off: den ~ freigeben a) to give the start, b) to clear for takeoff; die Maschine rollt zum ~ the aircraft taxies to the takeoff; ~ mit Radar-Hilfe radar-assisted takeoff. – **4.** (*space*) liftoff, *Br.* lift-off, (*eines Flugkörpers*) launch. – **5.** *fig. colloq.* (*Anfang, Beginn*) start, beginning. – **6.** *fig. colloq.* (*Eintritt, Antritt*) start: der ~ ins Leben the start into life; er hat bei seiner neuen Stellung keinen guten ~ gehabt he made a poor start in his new post. – **7.** (*Aufschrift*) start. — ~,au·to,ma·tik f auto. automatic choke (control).

'**Start,bahn** f *aer.* runway. — ~·be,feue·rung f runway lighting (system), runway lights pl.

'**Start|,band** n (*für Tonband etc*) head (*od.* start) leader, leader. — ~·be,fehl m aer. mil. order to take off. — s~·be,rech·tigt adj (*sport*) eligible: nicht ~ ineligible. — s~·be,reit adj **1.** (*Sportler, Rennfahrer etc*) ready to start: sich ~ machen to get ready (to start), (*von Läufer auch*) to set oneself. – **2.** aer. (*space*) cf. startklar. – **3.** ⟨pred⟩ *fig. colloq.* (*ausgeh-, reisefertig*) ready to go, ready for off (*colloq.*). — ~·be,schleu·ni,gung f (*space*) liftoff (*Br.* lift-off) thrust. — ~·block m ⟨-(e)s; ⁻e⟩ (*sport*) a) (*beim Laufen*) starting block, b) (*beim Schwimmen*) starting platform (*od.* block).

star·ten [ˈʃtartən; ˈstar-] **I** v/i ⟨sein⟩ **1.** (*sport*) a) start, *auch* get away, b) (*an einem Rennen teilnehmen*) take part, participate: die Läufer sind gestartet the runners have started (*od.* are off); sie starteten zur 6. Etappe they started on the 6th stage; X wird nicht beim (*od.* zum) Rennen ~ X will not take part (*od.* participate) in the race; er ist zu früh gestartet a) he jumped (*od.* beat) the gun (*bes. von Rennfahrer* the flag), b) *fig. colloq.* (*er war zu voreilig*) he jumped (*od.* beat) the gun, he was too hasty. – **2.** aer. (*von Flugzeug etc*) take off, start. – **3.** (*space*) lift off, (*von Flugkörper*) be launched, take off. – **4.** *colloq.* (*aufbrechen*) start (out *od.* off), set out: zu einer Reise ~ to start (*od.* set out) on a journey. – **5.** *colloq.* (*beginnen*) start, begin, tee off: wann startet die Feier? when does the party begin? – **6.** bes. auto. (*von Motor*) start, run: der Motor startet nicht the engine does not start. – **II** v/t ⟨h⟩ **7.** (*space*) (*eine Rakete, einen Satelliten etc*) launch. – **8.** (*sport*) (*ein Rennen*) start. – **9.** *colloq.* (*ein Unternehmen,*

eine Offensive etc) start, launch. – **10.** bes. auto. (*einen Motor*) start (up). – **III** S~ n ⟨-s⟩ **11.** verbal noun. – **12.** cf. Start 2a, 3a, 4.

'**Star·ter** m ⟨-s; -⟩ **1.** (*sport*) starter. – **2.** auto. tech. cf. Anlasser 1, 3. — ~,klap·pe f auto. (*eines Vergasers*) (air) choke, strangler. — ~,kranz m starter ring (*od.* rim) gear, flywheel ring gear.

'**Start|er,laub·nis** f **1.** aer. takeoff (*Br.* take-off) clearance. – **2.** (*sport*) permission (to take part): j-m die ~ für ein Rennen entziehen to withdraw s.o.'s permission to take part in (*od.* to enter) a race, to disqualify s.o. from participation in a race, to suspend s.o. from a race. — ~,flag·ge f (*sport*) starting flag. — ~,fol·ge f starting order. — ~,geld n **1.** (*für bekannten Rennfahrer, Tennisspieler etc*) starting money. – **2.** (*zur Teilnahme*) entry fee. — ~·ge,neh·mi,gung f aer. (*sport*) cf. Starterlaubnis. — ~·ge,rät n (*space*) (*Oberbegriff*) launcher. — ~·ge,rüst n launching rack. — ~·ge,schwin·dig·keit f **1.** aer. takeoff (*Br.* take-off) speed. – **2.** (*space*) liftoff (*Br.* lift-off) speed. — ~·ge,wicht n (*eines Flugzeugs*) takeoff (*Br.* take-off) weight. — ~,hil·fe f **1.** aer. assisted takeoff (*Br.* take-off): ~ mit Hilfsstrahltriebwerk jet-assisted take(-)off, jato, *auch* JATO; ~ durch Raketen rocket-assisted take(-)off, rato, *auch* RATO. – **2.** fig., *auch* econ. start, initial help (*od.* aid): j-m für ein Geschäft eine ~ geben to give s.o. a start in (*od.* give s.o. a help in starting) a business. — ~·im,puls m telev. sync mark (*od.* plop). — s~,klar adj **1.** (*Flugzeug etc*) ready for takeoff (*Br.* take-off), ready to take off (*od.* to start). – **2.** (*space*) ready for liftoff (*Br.* lift-off), (*Flugkörper*) ready for launch(ing), ready to be launched. — ~,knopf m **1.** auto. choke (knob). – **2.** tech. (*einer Maschine*) start button. — ~·kom,man·do n **1.** (*sport*) *auch fig.* starting command. – **2.** aer. a) (*Befehl*) launching (*od.* liftoff, *Br.* lift-off) command, b) (*Mannschaft*) launching team. — ~·kom,plex m (*space*) launching complex. — ~·kon,trol·le f check (*od.* inspection) before the start (*bei Flugzeugen* prior to takeoff [*Br.* take-off]). — ~,län·ge f aer. cf. Startstrecke. — ~,lei·stung f (*eines Triebwerks*) (maximum) takeoff (*Br.* take-off) power (*od.* rating). — ~·leit,zen·trum n (*space*) ground control center (*bes. Br.* centre). — ~,li·nie f (*sport*) starting line, (*beim Rennsport*) *auch* scratch line. — ~,li·ste f starting list. — ~,loch n (*bei Laufwettbewerben*) starting hole. — ~,lu·ke f (*beim Skispringen*) starting hatch. — ~,mar·ke f (*film*) start mark. — ~·ma,schi·ne f (*sport*) (*bei Pferderennen*) starting gate. — ~,mas·se f (*space*) initial mass. — ~,mel·dung f (*sport*) (*zu einem Rennen*) entry. — ~,num·mer f starting number. — ~,ord·nung f cf. Startfolge. — ~,pha·se f **1.** aer. takeoff (*Br.* take-off) phase. – **2.** (*space*) launching phase. — ~·pi,sto·le f (*sport*) starter's pistol. — ~,platt,form f (*space*) launching platform, launch pad. — ~,platz m **1.** (*sport*) starting place. – **2.** aer. takeoff (*Br.* take-off) point. – **3.** (*von Ballons, Sonden etc*) point of ascent. – **4.** (*space*) launch site. — ~·ra,ke·te f (*sport*) booster rocket. — ~,ram·pe f launching ramp: selbstfahrende ~ self-propelled launching ramp. — ~,ril·le f (*einer Schallplatte*) starting groove. — ~,schie·ne f (*für Raketen*) launching rail. — ~,schleu·der f catapult, launcher. — ~,schub m **1.** aer. takeoff (*Br.* take-off) thrust. – **2.** (*space*) liftoff (*Br.* lift-off) thrust. — ~,schuß m (*sport*) *auch fig.* starting shot: den ~ zu etwas geben to fire (*od.* give) the starting shot for s.th.; da fällt (*od.* da ist) der ~! there's the starting shot! there's the gun! — ~,seil n aer. (*beim Segelfliegen*) launching rope. — ~,si,gnal n cf. Startzeichen. — ~,si·lo m (*space*) ground launching silo. — ~,sprung m (*sport*) (*beim Schwimmen*) starting dive. — ~,strecke f (getr. -k·k-) f aer. takeoff (*Br.* take-off) distance (*od.* run). — ~,stu·fe f (*space*) launcher stage. — ~,tisch m launch pad. — ~,trieb,werk n booster engine (motor). — ~,trieb,werk,bün·del n booster cluster. — ~,turm m launch tower. — ~·ver,bot n **1.** (*sport*) suspension: er hat ~ he has been suspended; einen Sportler mit ~

belegen to suspend a sportsman. – **2.** *aer.* takeoff (*Br.* take-off) restriction: ~ für ein Flugzeug erlassen to ground an aircraft. — **~ver,lauf** *m* (*space*) launching flight history. — **~ver,zö·ge·rung** *f* **1.** *aer.* delay (*od.* in) departure. – **2.** (*sport*) delay of start. — **~,vor·be,rei·tun·gen** *pl* **1.** *aer.* preparations for takeoff (*Br.* take-off). – **2.** (*space*) preparations for liftoff (*Br.* lift-off). – **3.** (*sport*) preparations for the start. – **4.** *fig. colloq.* (vor einer Reise) preparations for leaving. — **~,zei·chen** *n* (*sport*) *aer.*, *auch fig.* starting signal, start: das ~ geben to give the starting signal. — **~,zeit** *f* **1.** (*space*) launch time. – **2.** (*sport*) starting time.

Sta·se ['ʃtaːzə; 'ʃtaː-] *f* ⟨-; -n⟩ *med.* stasis.
Sta·sis ['ʃtaːzɪs; 'ʃtaː-] *f* ⟨-; Stasen⟩ *med.* cf. Stase.
Sta·tik ['ʃtaːtɪk; 'ʃtaː-] *f* ⟨-; no pl⟩ statics *pl* (*usually construed as sg*). — **'Sta·ti·ker** [-tɪkər] *m* ⟨-s; -⟩ structural engineer.
Sta·ti·on [ʃta'tsioːn] *f* ⟨-; -en⟩ **1.** (*Bahnhof*) (railroad, *Br.* railway) station, *Am. auch* depot: frei ~ *econ.* free station. – **2.** (*Haltestelle*) stop: noch 3 ~en bis zum Marktplatz another 3 (*od.* 3 more) stops to the market square. – **3.** (*Halt, Rast*) stop, rest: ~ machen to make a stop, to have a rest. – **4.** (*Reiseunterbrechung, Zwischenstation*) stay, *bes. Am.* stopover: wir machten in Bonn 2 Tage ~ we had a two-day stay in Bonn, we stayed (*bes. Am.* stopped over) in Bonn for 2 days; ich mache bei meinem Bruder ~ I'll have a short stay at my brother's. – **5.** freie ~ (haben) (*Kost u. Logis*) (to have) free board and lodging. – **6.** *fig.* (des Lebensweges, einer Entwicklung etc) stage. – **7.** (in einem Krankenhaus) ward: auf welcher ~ liegt der Patient? which ward is the patient in? ambulante ~ outpatient department, *Am. auch* outpatient clinic. – **8.** (*Funk-, Sende-, Polizei-, Wetterstation etc*) station: bemannte ~ attended station; er arbeitet auf einer meteorologischen ~ he is working at a meteorological station. – **9.** *relig.* (des Kreuzwegs) station (of the Cross).
sta·tio·när [ʃtatsio'nɛːr] **I** *adj* **1.** (*Bevölkerung, Wirtschaft, Vorgang etc*) stationary, fixed. – **2.** *tech.* (*Maschine etc*) stationary, fixed. – **3.** (*space*) (*Satellit*) stationary. – **4.** *phys. electr.* a) (*Meßanzeige, Strom etc*) stationary, steady, b) (*Schwingung*) undamped: eine ~e Welle a standing (*auch* stationary) wave. – **5.** *med.* a) (*Prozeß*) stationary, b) (*Behandlung*) inpatient treatment. – **II** *adv* **6.** j-n ~ behandeln *med.* to give s.o. inpatient treatment.
Sta·tio·nen,fol·ge [ʃta'tsioːnən-] *f* (*railway*) sequence of stations.
sta·tio·nie·ren [ʃtatsio'niːrən] **I** *v/t* ⟨no ge-, h⟩ *bes. mil.* (*Truppen, Flugzeuge etc*) station, position, post. – **II S~** *n* ⟨-s⟩ *verbal noun.* — **sta·tio'niert I** *pp.* – **II** *adj* ~ sein to be stationed (*od.* based). — **Sta·tio'nie·rung** *f* ⟨-; no pl⟩ cf. Stationieren.
Sta·tio'nie·rungs,ko·sten *pl mil.* stationing costs. — **~,streit,kräf·te** *pl* stationed forces.
Sta·ti'ons,an,sa·ge *f* (*radio*) station announcement, network signature. — **~,arzt** *m med.* ward physician. — **~ba·ro,me·ter** *n meteor.* station barometer. — **~,dia** *n telev.* station caption (*od.* identification slide). — **~,ge,bäu·de** *n* (*railway*) station (house). — **~,netz** *n meteor.* network of stations. — **~,schwe·ster** *f med. Am.* floor nurse in charge, nurse in charge of a ward, *Br.* ward sister. — **~,vor,stand** *m Austrian and Swiss,* **~,vor,ste·her** *m* (*railway*) cf. Bahnhofsvorsteher.
sta·tisch ['ʃtaːtɪʃ; 'ʃtaː-] **I** *adj* **1.** (*Elektrizität, Energie etc*) static, *auch* statical: ~e Berechnung static calculation (*od.* test). – **2.** *civ.eng.* structural: ~e Berechnung structural analysis; ~es Moment moment of force, static (*auch* statical) moment. – **II** *adv* **3.** statically: ~ unbestimmt statically indeterminable.
stä·tisch ['ʃtɛːtɪʃ] *adj* (*Pferd*) *Swiss for* störrisch 2.
Sta·tist [ʃta'tɪst] *m* ⟨-en; -en⟩ **1.** (*theater, film*) supernumerary, walk(er)-on, dummy, super (*colloq.*), (*bes. in Massenszenen*) *auch* extra. – **2.** *fig.* supernumerary, super (*colloq.*): der verletzte Spieler konnte nur noch als ~ mitwirken the injured

player could merely act as a super. — **Sta'ti·sten,rol·le** *f* **1.** (*theater, film*) supernumerary (*od.* walking) part, walk-on: eine ~ spielen to have a walking part, to play (*od.* act as) a walk(er)-on. – **2.** *fig.* supernumerary part.
Sta·ti·ste·rie [ʃtatɪstə'riː] *f* ⟨-; -n [-ən]⟩ (*theater, film*) crowds *pl.*
Sta·ti·stik [ʃta'tɪstɪk; ʃtaː-] *f* ⟨-; -en⟩ **1.** ⟨only sg⟩ (*Wissenschaft*) statistics *pl* (construed as sg or pl). – **2.** (*Aufstellung*) statistics *pl* (construed as sg or pl): eine ~ über (acc) etwas aufstellen to compile statistics on (*od.* about) s.th. — **Sta'ti·sti·ker** [-tɪkər] *m* ⟨-s; -⟩ statistician, statist.
sta·ti·stisch [ʃta'tɪstɪʃ; ʃtaː-] **I** *adj* statistical: ~e Erhebungen statistical inquiries (*od.* investigations), statistics (construed as sg or pl); eine ~e Aufstellung a statistical table (*od.* return), statistics *pl* (construed as sg or pl); das S~e Bundesamt the Federal Statistical Office. – **II** *adv* statistically: das Ergebnis ist ~ erwiesen the result has been proved statistically; etwas ~ erfassen to make a statistical survey of s.th.
Sta·tiv [ʃta'tiːf] *n* ⟨-s; -e⟩ (*für Kameras, Theodolite etc*) tripod, support, stand. — **~,fahr,wa·gen** *m* (*film*) *telev.* (tripod) dolly. — **~,ka·me·ra** *f* stand camera. — **~,kopf** *m* tripod head. — **~,wa·gen** *m* cf. Stativfahrwagen.
Sta·to·blast [ʃtato'blast; ʃtaː-] *m* ⟨-en; -en⟩ *biol.* statoblast.
Sta·tor ['ʃtaːtɔr; 'ʃtaː-] *m* ⟨-s; -en [ʃta'toːrən; ʃtaː-]⟩ *electr. tech.* (einer Maschine, eines Induktionsmotors) stator.
Statt [ʃtat] *f* ⟨-; no pl⟩ (in Wendungen wie) an meiner ~ instead of me, in my place (*od.* lit. stead), *bes. jur. econ. auch* in lieu of me; j-n an Kindes ~ annehmen to adopt s.o.; ich erkläre (*od.* versichere) an Eides ~ *jur.* I declare (*od.* affirm) in lieu of an oath; eine Erklärung an Eides ~ *jur.* an affirmation in lieu of an oath, a statutory declaration; etwas an Zahlungs ~ liefern *econ.* to supply s.th. instead (*od.* in lieu) of payment.
statt I *prep* ⟨gen, colloq. u. obs. dat⟩ **1.** instead of, in (the) place of, in lieu of (*lit.*): er wird ~ meiner gehen he will go instead of me (*od.* in my place, *lit.* in my stead); ~ dessen wärest du besser weggegangen you would have done better to go away instead (of doing that); das Buch hatte er nicht; ~ dessen gab er mir eine Zeitschrift he did not have the book but gave me a periodical instead (*od. lit.* in its stead); ~ eines Blumenstraußes instead of a bunch of flowers. – **II** *prep* ⟨dat⟩ **2.** ~ Worten instead of words. – **III** *conj* **3.** ~ zu, ~ daß instead (*od. lit.* in lieu) of (*gerund*): ~ zu arbeiten (*od.* ~ daß er arbeitet,) träumt er vor sich hin he dreams away to himself instead of working. – **4.** dieser Brief ist an mich ~ an dich gerichtet this letter is addressed to me and not to you.
Stät·te ['ʃtɛtə] *f* ⟨-; -n⟩ **1.** place: eine ~ des Grauens [der Verwüstung, der Erinnerung] a place of horror [devastation, commemoration]; eine geweihte ~ a consecrated (*od.* hallowed, sacred) place; die heiligen ~n *relig.* the holy places. – **2.** (*Schauplatz*) site, place: die ~ der Ausgrabungen the site of the excavations; die ~, wo sich das Unglück ereignete the site where the accident took place, the scene of the accident. – **3.** keine bleibende ~ haben *poet.* (keinen festen Wohnsitz) to have no fixed abode.
'statt,fin·den *v/i* ⟨irr, sep, -ge-, h⟩ **1.** (abgehalten werden) take place, be held (*od.* given), come off, (von Theaterstück, Oper etc) *auch* be staged (*od.* performed): die Feier kann heute abend leider nicht ~ unfortunately the celebration cannot take place this evening; der Gottesdienst findet um 11 Uhr statt the service will be held (*od.* celebrated) at 11 o'clock. – **2.** (sich ereignen) take place, happen, occur: hier fand das Unglück statt this is where the disaster happened, this is the scene of the disaster. – **3.** *phys.* (von Reaktion) occur. — **~,ge·ben** *v/i* ⟨irr, sep, -ge-, h⟩ ⟨dat⟩ **1.** (einem Gesuch, einer Bitte etc) grant (acc), comply with: das Amt hat seiner Eingabe stattgegeben the authorities (have) granted his petition. – **2.** *jur.* (als rechtsgültig anerkennen) sustain:

einem Antrag [Einwand] ~ to sustain a motion [an objection]; → Klagebegehren. — **~,ha·ben** *v/i* ⟨irr, sep, -ge-, h⟩ *rare for* stattfinden.
'statt·haft *adj* ⟨pred⟩ **1.** (Maßnahme etc) admissible, *auch* admissable, permissible, allowable: so ein Betragen ist hier nicht ~ such behavio(u)r is not admissible (*od.* is inadmissible) here; es ist nicht ~, hier zu rauchen smoking is not admissible (*od.* permitted) here. – **2.** *jur.* (Einwand etc) (legally) admissible (*auch* admissable), legal: derartige Transaktionen sind nicht ~ such transactions are legally inadmissible (*od.* are illegal).
'Statt,hal·ter *m* ⟨-s; -⟩ **1.** *hist.* governor. – **2.** ~ Christi (*Titel des Papstes*) vicar of Christ. — **'Statt,hal·ter·schaft** *f* ⟨-; no pl⟩ **1.** *hist.* governorship. – **2.** ~ Christi (des Papstes) vicariate of Christ.
'statt·lich *adj* **1.** (Erscheinung, Gestalt etc) dignified, stately, commanding: ein ~er Fünfziger a dignified man in his fifties. – **2.** (Gebäude, Tier, Baum etc) stately, imposing. – **3.** (Familie, Schar etc) fairly large, considerable. – **4.** (Anzahl, Betrag, Vermögen etc) considerable, handsome, fair: ein ~es Sümmchen *colloq.* a nice little sum, a nice little pile of money (*colloq.*). — **'Statt·lich·keit** *f* ⟨-; no pl⟩ **1.** (einer Erscheinung, Gestalt etc) dignity, dignifiedness, stateliness. – **2.** (eines Gebäudes, Tiers etc) stateliness, imposingness.
sta·tua·risch [ʃta'tuaːrɪʃ; ʃtaː-] *adj* (*art*) statuary.
Sta·tue ['ʃtaːtuə; 'ʃtaː-] *f* ⟨-; -n⟩ statue.
'sta·tu·en·haft *adj* statuesque, statuelike.
Sta·tu·et·te [ʃta'tuɛtə; ʃtaː-] *f* ⟨-; -n⟩ small statue, statuette, figurine.
sta·tu·ie·ren [ʃtatu'iːrən; ʃtaː-] *v/t* ⟨no ge-, h⟩ ein Exempel ~ to set a warning example; an j-m ein Exempel ~ to make an example of s.o.
Sta·tur [ʃta'tuːr] *f* ⟨-; -en⟩ **1.** (*Größe, Wuchs*) stature, height: er ist von kleiner [mittlerer, großer] ~ he is of short [medium, tall] stature. – **2.** (*Körperbau*) build, physique: er ist von kräftiger ~ he is of strong build.
Sta·tus ['ʃtaːtus; 'ʃtaː-] *m* ⟨-; -⟩ **1.** (gesellschaftlicher, sozialer etc) status, rank, position. – **2.** *pol.* (einer ehemaligen Kolonie etc) status. – **3.** (rechtlicher) ~ *jur.* (eines Minderjährigen etc) (legal) status: ehelicher [eines Kindes] ~ status of legitimacy. – **4.** *rare* (Zustand, Lage) status, state, condition. – **5.** *econ.* a) (eines Unternehmens etc) (financial) status (*od.* condition), b) (Vermögensstand) statement of position, net position on assets and liabilities, c) (Kreditstatus einer Firma) credit standing. – **6.** *bes. med. biol.* (innerhalb eines Entwicklungsvorgangs) state, status, condition. — **~,kla·ge** *f jur.* action for declaratory judg(e)ment on the status of a person.
'Sta·tus nas'cen·di [nas'tsɛndi] *m* ⟨- -; no pl⟩ *bes. chem. med. biol.* nascent state.
'Sta·tus 'quo ['kvoː] *m* ⟨- -; -⟩ *bes. pol.* status quo.
'Sta·tus·sym,bol *n sociol.* status symbol.
Sta·tut [ʃta'tuːt; ʃtaː-] *n* ⟨-(e)s; -en⟩ **1.** (eines Vereins, Ordens etc) statute, constitution, covenant, by(e)law: die ~en aufsetzen to lay down (*od.* draw up, draft) the statutes; das ist gegen die ~en that is contrary to (the) statutes; die ~en the constitution *sg* (of an association); ein durch die ~en bestimmtes Vorrecht a privilege determined by the statutes, a statutory privilege. – **2.** *pl econ.* (einer Handelsgesellschaft) articles of association, *Am. auch* by(e)laws. — **sta·tu·ta·risch** [-'tuːtarɪʃ] *adj u. adv* cf. statutengemäß.
Sta·tu'tar,recht [ʃtatu'taːr-; ʃtaː-] *n jur.* statutory law.
sta·tu·ten,ge,mäß, ~mä·ßig I *adj* statutory. – **II** *adv* etwas statutenmäßig verankern to embody s.th. in the statutes. — **~,wid·rig** *adj* contrary to (the) statutes.
Stau [ʃtau] *m* ⟨-(e)s; -e, *auch* -s⟩ **1.** cf. Stauung. – **2.** das Wasser ist im ~ *mar.* (zwischen Flut u. Ebbe) the tide is turning (*od.* about to turn, on the turn). – **3.** *civ.eng.* (künstliche Hebung des Wasserspiegels) damming up. – **4.** *meteor.* (Windstau) barrier effect (on air flow). — **~,an,la·ge** *f civ.eng.* reservoir installations *pl* (*od.* facilities *pl*), water retaining (*od.* control) structure.
Staub [ʃtaup] *m* ⟨-(e)s; *tech.* -e u. Stäube⟩

1. dust: auf den Möbeln lag dicker ~ there was a thick layer of dust (*od.* the dust lay thick) on the furniture; ~ wischen to dust; ~ saugen to vacuum(-clean), *Br. colloq.* to hoover; zu ~ zerfallen to crumble (*od.* disintegrate) into dust, *Am. auch* to dust; vor j-m in den ~ sinken, sich vor j-m in den ~ werfen to throw oneself in the dust (*od. lit.* to prostrate oneself) before (*od.* in front of) s.o.; der Vorfall hat viel ~ aufgewirbelt *fig.* the incident made (*od.* created) quite a stir (*od.* sensation), the incident kicked (*od.* stirred) up a lot of dust (*colloq.*); sich aus dem ~(e) machen *fig. colloq.* to bolt, to decamp, to make off (*od.* one's getaway), to hook it (*sl.*), *Am. sl.* to dust; ich habe (mir) den ~ Hamburgs von den Füßen geschüttelt *fig. lit.* I shook (off) the dust of Hamburg from my feet, I left Hamburg for good; wieder zu ~ (und Asche) werden *relig.* to return to dust (and ashes); das geht dich einen feuchten ~ an! *fig. colloq.* that's none of your business! → Erde 10. – **2.** *nucl. astr.* dust: radioaktiver [kosmischer] ~ radioactive [cosmic] dust. – **3.** *bot.* short for Blütenstaub.

'**Staub|,ab,sau-gung** *f metall.* dust exhaust (*od.* collection, removal). — ~,**ab,saugungs,an,la-ge** *f tech.* dust exhausting equipment. — ~,**ab,schei-der** *m* dust collector (*od.* arrester). — ~,**ab,scheidung** *f* dust separation (*od.* collection, removal). — **s~,ähn-lich** *adj* dustlike. — ~,**an,samm-lung** *f* (*mining*) dust accumulation. — **s~,ar-tig** *adj* dustlike. — ~,**bad** *n* (*der Vögel*) dust bath. — **s~,be-deckt** *adj* **1.** covered with dust, dusty. – **2.** *bot.* (*mit Blütenstaub*) pollinated, pollinose. — ~,**be,kämp-fung** *f* (*mining*) dust suppression. — ~,**be,kämp-fungs,maß-nah-men** *pl* dust-control measures (*od.* methods). — ~,**be,lä-sti-gung** *f* molestation by dust. — ~,**be,la-stung** *f* (*mining*) (*von Bergarbeitern*) dust exposure. — ~,**be,la-stungs,stu-fe** *f* dust exposure index rating, dust exposure category (*od.* group). — ~,**be-sen** *m* soft broom, dust brush.

'**Staub,beu-tel** *m* **1.** *bot.* anther. – **2.** (*im Staubsauger*) dust bag. — ~,**fach** *n bot.* pollen sac.

'**Staub|,bil-dung** *f* formation of dust: die ~ bekämpfen to suppress dust. — ~,**bin-dung** *f tech.* dust consolidation. — ~,**blatt** *n bot.* stamen. — ~,**blü-te** *f* male flower. — ~,**brand** *m agr.* (*Getreidekrankheit*) dust brand.

'**Stäub-chen** ['ʃtɔyρçən] *n* ⟨-s; -⟩ speck (*od.* particle, mote, atom) of dust: in der Wohnung war nicht ein ~ zu sehen there wasn't a speck of dust to be seen in the apartment (*bes. Br.* flat), the whole apartment was spic(k)-and-span.

'**staub,dicht** *adj* dustproof, dust-tight.

'**Stau,becken** (getr. -k·k-) *n civ.eng.* (*einer Talsperre etc*) storage reservoir (*od.* pool), artificial lake.

stau-ben ['ʃtaubən] **I** *v/i* ⟨h⟩ make (*od.* raise, stir up) dust: Bettenmachen staubt sehr bed-making makes plenty of dust. – **II** *v/impers* es staubt so auf dieser Straße this road is so dusty; paß auf, sonst staubt's! *fig. colloq.* be careful or there will be trouble (*od. colloq.* the sparks will start flying).

stäu-ben ['ʃtɔybən] **I** *v/i* ⟨h⟩ **1.** *cf.* stauben I. – **2.** (*von Schnee, Spänen etc*) fly up. – **3.** (*von Wasser*) spray. – **4.** *bot.* (*von Blüten*) emit pollen. – **II** *v/t* **5.** *agr. hort.* (*Bäume, Beete etc*) dust, powder. – **III** *v/reflex* sich ~ **6.** (*von Vögeln*) dust, take a dust bath.

'**Staub|ex-plo-si,on** *f* (*mining*) dust explosion. — ~,**ex-po-si-ti,on** *f* exposure to dust, dust exposure. — ~,**fa-den** *m bot.* filament. — ~,**fall** *m meteor.* dust fall. — ~,**fang** *m tech. cf.* Staubfänger 2. — ~,**fän-ger** *m* **1.** *colloq.* dust trap (*od.* catcher). – **2.** *tech.* dust arrester (*od.* collector). – **3.** *metall.* (*im Hochofen*) dust catcher. — ~,**feue-rung** *f metall.* pulverized (*Br. auch* -s-) coal firing, (coal) dust firing. — ~,**fil-ter** *n, m tech.* (*im Staubsauger etc*) dust filter. — **s~,frei** *adj* (*Luft, Straße etc*) free from dust, dustless. — ~,**ge,fäß** *n bot.* stamen. — ~,**ge,halt** *m meteor.* (*der Atmosphäre*) dust content, atmospheric pollution. — **s~,hal-tig** *adj* (*Luft, Atmosphäre etc*) dust-laden.

stau-big ['ʃtaubɪç] *adj* dusty: ~ werden to become (*od.* get) dusty, *Am. auch* to dust; ein ~er Bruder *fig. colloq. contempt.* a bad egg (*colloq.*).

'**Staub,bin-de** *f med.* rubber bandage.

'**Staub|,kamm** *m* fine-tooth (*od.* fine-toothed, fine) comb. — ~,**koh-le** *f* ⟨-; no *pl*⟩ (*mining*) pulverized (*Br. auch* -s-) coal. — ~,**korn** *n* ⟨-(e)s; ⁻er⟩, ~,**körn-chen** *n* **1.** dust particle, speck of dust. – **2.** *bot.* pollen grain. — ~,**lap-pen** *m cf.* Staubtuch. — ~,**la,wi-ne** *f* **1.** (*von Schnee*) avalanche of dry snow, dry (*od.* drift) avalanche. – **2.** (*vulkanologisch*) hot (ash) avalanche.

'**Stäub-ling** ['ʃtɔyρlɪŋ] *m* ⟨-s; -e⟩ *bot.* (*Pilz*) blindball (*Gattg Lycoperdon*).

'**Staub|,lun-ge** *f* (*mining*) *med.* silicosis, pneumoconiosis, *auch* pneumonoconiosis, pneumokoniosis, *auch* pneumonokoniosis, anthracosis, anthracosilicosis. — ~,**man-tel** *m* (*fashion*) *bes. Br.* dustcoat, *Am.* duster. — ~,**mas-ke** *f* (*mining*) dust mask. — ~,**meß-ge,rät** *n* dust measuring instrument, dust particle counter. — ~,**pin-sel** *m* dusting brush. — ~,**pla-ge** *f* dust nuisance. — ~,**pu-der** *m, colloq. n* dust powder. — ~,**re-gen** *m* drizzle. — ~,**sack**, s~,**samm-ler** *m metall. cf.* Staubfänger 3. — **s~,sau-gen** *v/t u. v/i* ⟨*insep*, -ge-, h⟩ vacuum(-clean), *Br. colloq.* hoover. — ~,**sau-ger** *m* **1.** vacuum cleaner (*auch* sweeper), *Br. auch* hoover (*TM*): einen Teppich mit dem ~ reinigen to vacuum(-clean) (*Br. colloq.* to hoover) a carpet. – **2.** *tech.* vacuum cleaner. — ~,**schicht** *f* coat (*od.* layer) of dust. — ~,**schutz,mas-ke** *f tech.* dust shield (*od.* mask). — ~,**sturm** *m meteor.* dust storm. — ~,**teil-chen** *n* dust particle. — **s~'trocken** (getr. -k·k-) *adj* bone-dry, (as) dry as a bone, dusty. — ~,**trom-be** *f meteor.* dust devil, *auch* dust whirl. — ~,**tuch** *n* ⟨-(e)s; -tücher⟩ duster, dustcloth. — **s~ver,zin-ken** *v/t* ⟨*insep*, no -ge-, h⟩ dry-galvanize *Br. auch* -s-, sherardize *Br. auch* -s-. — ~**ver,zin-kung** *f tech.* dry galvanizing (*Br. auch* -s-), sherardizing *Br. auch* -s-. — ~,**we-del** *m* feather duster, whisk. — ~,**wir-bel** *m meteor.* dust devil (*auch* whirl). — ~,**wol-ke** *f* cloud of dust, dust cloud, dust, pother (of dust): das Auto hinterließ eine dichte ~ the car left a thick cloud of dust behind. — ~,**zucker** (getr. -k·k-) *m* Southern G. and Austrian for Puderzucker.

stau-chen ['ʃtauxən] **I** *v/t* ⟨h⟩ **1.** toss, jolt: den Sack mit Korn auf den Boden ~ to toss the sack of corn on to the floor. – **2.** (*mit dem Fuß*) kick. – **3.** *tech.* a) (*kalt*) upset, b) (*warm*) pressure-forge, hot-press, c) (*Bolzenköpfe*) head, d) (*Sägezähne*) swage, e) (*Walzgut*) roll (*s.th.*) on edge, edge. – **4.** *med.* (*bes. Wirbelsäule*) compress. – **5.** *fig. colloq. cf.* zusammenstauchen 1. – **II S~** *n* ⟨-s⟩ **6.** *verbal noun.* – **7.** *cf.* Stauchung.

'**Stau-cher** *m* ⟨-s; -⟩ *fig. colloq.* reproof, rebuke.

'**Stauch|ge,rüst** *n tech.* edging stand. — ~**ka,li-ber** *n* edging pass. — ~**ma,schi-ne** *f* upsetting machine, upsetter. — ~**ma,tri-ze** *f* upsetting die. — ~,**schwei-ßung** *f* upset welding. — ~,**stem-pel** *m* (*für Schraubenköpfe*) header. — ~,**stich** *m* edging pass.

'**Stau-chung** *f* ⟨-; -en⟩ **1.** *cf.* Stauchen. – **2.** *med.* compression.

'**Stauch|ver,such** *m tech.* **1.** upsetting test. – **2.** (*von Schraubenköpfen etc*) heading test. — ~,**wal-ze** *f* edging roll. — ~,**werk,zeug** *n* upsetting tool, (*für Schraubenköpfe*) heading tool.

'**Stau,damm** *m civ.eng.* embankment-type dam, fill dam.

Stau-de ['ʃtaudə] *f* ⟨-; -n⟩ *bot.* **1.** (*hardy*) herbaceous plant. – **2.** (*fälschlich für Strauch*) shrub, bush. – **3.** (*von Salat*) head (of lettuce).

'**stau-den|,ar-tig**, ~,**för-mig** *adj bot.* herbaceous.

'**Stau-den,ge,wächs** *n bot. cf.* Staude 1. — ~**ra,bat-te** *f* herbaceous border.

'**stau-dig** *adj bot. cf.* staudenartig.

'**Stau,druck** *m* **1.** *phys.* dynamic pressure. – **2.** *aer.* ram pressure. – **3.** *tech.* (*Rückdruck*) back pressure. – **4.** *med.* (*im venösen System*) back pressure. — ~,**dü-se** *f cf.* Staurohr. — ~,**mes-ser** *m* ⟨-s; -⟩ **1.** *aer.* pressure head. – **2.** *aer.* pitot-static instrument, pitot head.

'**Stau-ef,fekt** *m meteor.* (*an Gebirgen*) barrier effect.

stau-en ['ʃtauən] **I** *v/t* ⟨h⟩ **1.** (*Wasser etc*) dam (up). – **2.** (*Fluß etc*) bank (up), dam (up). – **3.** (*Verkehr*) congest. – **4.** *med.* stop: Blutgefäße ~ a) to apply a tourniquet, b) to cause venous congestion; ein Stein im Gallengang staut die Gallenflüssigkeit a stone in the biliary duct causes backing up of the bile. – **5.** *mar.* (*Güter, Ladung etc*) stow (*s.th.*) (away). – **II** *v/reflex* sich ~ **6.** (*von Wasser*) accumulate, collect, rise. – **7.** (*von Eis, Post etc*) pile up, accumulate, collect, gather: vor dem Eingang stauten sich die Massen crowds gathered at the entrance. – **8.** (*von Autos*) pile up, become jammed (*od.* congested): an der Kreuzung staute sich der Verkehr the traffic piled up (*od.* came to a standstill) at the crossing. – **9.** *fig.* (*von Ärger, Wut etc*) build up. – **10.** *med.* congest. – **III S~** *n* ⟨-s⟩ **11.** *verbal noun.* – **12.** *mar.* stowage. – **13.** *cf.* Stauung.

'**Stau-er** *m* ⟨-s; -⟩ *mar.* stevedore. — ~,**lohn** *m* stowage.

Stau-fe ['ʃtaufə] *m* ⟨-n; -n⟩, '**Stau-fer** *m* ⟨-s; -⟩ *hist. cf.* Hohenstaufe. — '**Stau-fer,zeit** *f* ⟨-; no *pl*⟩ period of the Hohenstaufen Emperors.

'**Stauf-fer|,büch-se** [ʃtaufər-] *f tech.* grease cup (*od.* box), Stauffer lubricator. — ~,**fett** *n* ⟨-(e)s; no *pl*⟩ cup (*od.* consistent, Stauffer) grease.

'**stau-fisch** *adj hist. cf.* hohenstaufisch.

'**Stau,hö-he** *f* (*eines Wehrs*) surface level, head of water. — ~,**holz** *n mar.* dunnage (wood). — ~,**klap-pe** *f* (*eines Wehrs*) wicket, *bes. Br.* shutter. — ~**ko-ef-fi-zi,ent** *m mar.* **1.** (*des Schiffes*) coefficient of loading. – **2.** (*Staumaß der Ladung*) stowage factor. — ~,**la-ge** *f meteor.* barrier effect. — ~,**mau-er** *f civ.eng.* (massive) concrete dam.

stau-nen ['ʃtaunən] **I** *v/i* ⟨h⟩ **1.** (*über acc* at) be astonished, be amazed, marvel, wonder: alle staunten über seine Leistung everybody was astonished (*od.* amazed) at his performance; da staunst du, was! that surprised you, didn't it? er staunte, wie schnell er die Arbeit fertiggebracht hatte I was astonished how quickly he had finished the work; ich staunte über seine Größe I marvel(l)ed at his height (*od.* at how tall he was); da staunt der Laie(, und der Fachmann wundert sich) *colloq.* that's really quite a startler, that was quite unexpected; man höre und staune! *colloq.* wait till you hear this! just listen to that! worüber ich am meisten staunte, war what struck me most was. – **2.** (*starren*) gaze in astonishment (*od.* amazement), gape. – **II** *v/t* **3.** Bauklötze(r) ~ *fig. colloq.* to be bowled over. – **III S~** *n* ⟨-s⟩ **4.** *verbal noun.* – **5.** astonishment, amazement, wonder, wonderment: starr (*od.* stumm) vor S~ lost in amazement (*od.* wonder), open-mouthed, agape (*pred*); die Kinder kamen aus dem S~ nicht heraus the children could not get over their astonishment; j-n in S~ versetzen to astound (*od.* amaze, astonish) s.o., to fill (*od.* strike) s.o. with amazement (*od.* astonishment). — '**stau-nend I** *pres p.* – **II** *adj* **1.** (*Augen*) wondering. – **2.** (*Menge, Zuschauer*) amazed, astonished, wondering. – **III** *adv* **3.** in (*od.* with) astonishment (*od.* amazement): etwas ~ betrachten to look at s.th. in amazement.

'**stau-nen-er,re-gend** *adj u. adv cf.* erstaunlich I, II.

'**stau-nens,wert** *adj* **1.** astonishing, astounding, amazing. – **2.** (*wunderbar*) wonderful, marvellous, stupendous.

'**Stau-pe[1]** ['ʃtaupə] *f* ⟨-; -n⟩ *vet.* distemper.

'**Stau-pe[2]** *f* ⟨-; -n⟩ *obs.* (public) flogging (*od.* whipping, scourging).

'**stäu-pen** ['ʃtɔypən] *v/t* ⟨h⟩ *obs.* (*Verbrecher etc*) flog (*od.* whip, scourge) (*s.o.*) (in public). [*post.*]

'**Staup,säu-le** *f hist.* flogging (*od.* whipping)

'**Stau|,punkt** *m aer. phys.* stagnation point. — ~,**raum** *m* **1.** *mar.* stowage room. – **2.** *civ.eng.* storage capacity. — ~,**rohr** *n aer. phys.* pitot tube.

Stau-ro-lith [ʃtauro'liːt; ʃtau-; -'lɪt] *m* ⟨-s od. -en; -e(n)⟩ *min.* staurolite.

Stau-ro-skop [ʃtauro'skoːp; ʃtau-] *n* ⟨-s; -e⟩ *phys.* stauroscope.

'**Stau,schei-ben,för-de-rer** *m* (*mining*) (disc *od.* disk) retarding conveyer (*od.* conveyor).

'**Stau,see** *m* artificial (*od.* storage, obstruction) lake.

'**Stau**|**strahl**|**an**|**trieb** m aer. ramjet propulsion. — ~|**dü**|**se** f ramjet nozzle. — ~|**trieb**|**werk** n ramjet engine.

'**Stau**|**stu**·**fe** f civ.eng. barrage weir with lock. — ~**tem**·**pe**·**ra**|**tur** f (space) stagnation temperature.

'**Stau**·**ung** f ⟨-; -en⟩ **1.** cf. Stauen. – **2.** mar. stowage. – **3.** (im Verkehr) congestion, jam, stoppage. – **4.** (von Wärme, Wasser etc) accumulation, collection. – **5.** med. congestion: venöse ~ venous congestion.

'**Stau**·**ungs**|**druck** m ⟨-(e)s; ⁼e⟩ med. back pressure, congestion pressure. — ~**gelb**|**sucht** f mechanical (od. obstructive) jaundice (od. scient. icterus). – regurgitation jaundice. — ~**hy**·**per**·**ämie** [-ˌmiː] f congestive (od. passive) hyper(a)emia. — ~|**le**|**ber** f congestion of the liver, cardiac (od. stasis) liver (scient.). — ~|**lun**·**ge** f congested (od. engorged) lung; pulmonary congestion, cardiac lung (scient.). — ~|**milz** f congestion spleen. — ~**nie**·**re** f congestion kidney. — ~**ödem** [-ˀøˌdeːm] n **1.** cardiac (o)edema. – **2.** (lymphbedingtes) obstructive (o)edema. — ~**pa**·**pil**·**le** f (im Auge) choked disc (od. disk) (od. papilla), papill(o)edema.

'**Stau**|**ver**|**band** m med. tourniquet. — ~|**was**·**ser** n **1.** civ.eng. impounded water. – **2.** mar. (strömungsloses Wasser) slack water. — ~|**wehr** n weir, barrage. — ~|**werk** n control work (od. structure).

'**Steak** [steːk; ʃteːk; steɪk] (Engl.) n ⟨-s; -s⟩ steak.

'**Stea**·**rat** [steaˈraːt; ʃteˈ-] n ⟨-s; no pl⟩ chem. stearate.

'**Stea**·**rin** [ʃteaˈriːn; steˈ-] n ⟨-s; -e⟩ chem. stearin. — ~**fa**|**brik** f stearin factory. — ~|**ker**·**ze** f, ~|**licht** n stearin candle. — ~|**pech** n chem. pitch, auch fatty acid (od. stearin) pitch. — **s**~**sau**·**er** adj stearic: stearinsaures Salz stearate. — ~|**säu**·**re** f stearic acid (CH₃(CH₂)₁₆COOH). — ~|**sei**·**fe** f stearate, stearic soap.

'**Stea**·**ryl**|**al**·**ko**·**hol** [steaˈryːl-; ʃteˈ-] m chem. stearyl alcohol (CH₃(CH₂)₁₆CH₂OH).

'**Stea**·**tit** [steaˈtiːt; ʃte-; -ˈtɪt] m ⟨-s; -e⟩ min. steatite.

'**Stech**|**ap**·**fel** m bot. thorn apple, Jimson-(weed), Jamestown weed, datura (scient.) (Datura stramonium). — ~|**bahn** f hist. tilt-yard, tilting yard, lists pl (construed as sg or pl). — ~|**becken** (getr. -k·k-) n med. bedpan. — ~|**bee**·**re** f bot. cf. Seidelbast. — ~|**bei**·**tel** m tech. (firmer) chisel. — ~|**dorn** m bot. popular name for several thorny plants. — ~|**ei**·**che** f cf. Stechpalme. — ~|**ei**·**sen** n tech. cf. Stechbeitel.

ste·**chen** [ˈʃtɛçən] **I** v/t ⟨sticht, stach, gestochen, h⟩ **1.** stick, run: sich (dat) eine Nadel in den Finger ~ to stick a pin into one's finger; → Hafer 2. – **2.** (mit dem Stachel verletzen) sting: die Biene hat mich gestochen the bee has stung me. – **3.** (mit dem Stechrüssel) bite: die Mücken haben sie gestochen she has been bitten by (the) midges. – **4.** (durchstechen) pierce, prick: Löcher in etwas ~ to pierce (od. prick, make holes in) s.th., to perforate s.th. – **5.** (mit einer Waffe verwunden) stab, jab: j-n mit dem Dolch in den Rücken ~ to stab s.o. in the back with the dagger, to run (od. stick) the dagger into s.o.'s back. – **6.** (Kalb, Schwein) stick, kill. – **7.** (Rasen, Spargel, Torf etc) cut. – **8.** (Stechuhr) punch: er muß morgens und abends die Kontrolluhr ~ he has to punch the time clock (od. telltale) in the morning and in the evening, he has to clock in (od. on) in the morning and clock out (od. off) in the evening. – **9.** (art) (einritzen, gravieren) engrave, cut: ein Bild in Kupfer ~ to engrave a picture in copper. – **10.** (Aale etc) spear. – **11.** hunt. (Schnepfen) dig. – **12.** (games) (Karte) take, trump, ruff: mit dem König den Buben ~ to take the jack with the king. – **13.** med. a) (einstechen) prick, b) (durchstechen) pierce, c) (aufstechen) puncture, lance, open, d) (Star) couch. – **II** v/i ⟨h u. sein⟩ **14.** ⟨h⟩ (von Distel, Dorn, Nadel etc) prick. – **15.** ⟨h⟩ (von Insekt, Nessel) sting. – **16.** ⟨h⟩ (von Fliege, Mücke etc) bite. – **17.** ⟨h⟩ (von Sonne) burn, beat down. – **18.** ⟨h⟩ in (acc) (durch) etwas ~ to stick (od. stab) into [through] s.th.: mit der Nadel in [durch] den Stoff ~ to stick a needle into [through] the material. – **19.** ⟨h⟩ (mit einer Waffe) stab: nach j-m ~ a) to stab (od. thrust, poke) at s.o., b) hist.

(beim Turnierspiel) to tilt at s.o.; er hat mit dem Messer nach mir gestochen he thrust at me with a knife. – **20.** ⟨h⟩ in Kupfer ~ to engrave in copper. – **21.** ⟨h⟩ (von Farben etc) have a touch (od. tinge, dash): ins Rote ~ to have a touch of red, to have a reddish tinge. – **22.** ⟨h⟩ (games) a) be trump, b) (mit Trumpf) trump, ruff: Karo sticht diamonds are trump(s). – **23.** ⟨h⟩ (sport) (bei Punktegleichheit) break the (od. a) tie, (beim Schießen) shoot off. – **24.** ⟨h⟩ bot. (von stacheligen Pflanzen) sting, prickle. – **25.** ⟨sein⟩ in See ~ mar. to put (out od. off) to sea. – **26.** ⟨h⟩ med. a) (von Schmerz) shoot, stab, b) in die Vene ~ to puncture a vein. – **27.** ⟨h⟩ hunt. (vom Dachs) root. – **28.** ⟨h⟩ fig. colloq. (in Wendungen wie) es stach ihm in die Augen it caught (od. struck) his eye; in ein Wespennest ~ to stir up a nest of hornets, to bring a hornets' nest about one's ears. – **III** v/reflex ⟨h⟩ sich ~ **29.** prick oneself: sich (mit einer Nadel) in die Hand ~ to prick one's hand with a needle. – **IV** v/impers ⟨h⟩ **30.** es sticht mich (od. mir) im Rücken I have (od. feel) a sharp (od. shooting, stabbing) pain in my back. – **V** **S**~ n ⟨-s⟩ **31.** verbal noun: auf Hauen und S~ mit j-m stehen fig. to be at daggers drawn (od. at loggerheads) with s.o. – **32.** (games) ruff: kreuzweises S~ cross (od. double) ruff. – **33.** (sport) a) (beim Reiten) jump-off, barrage, b) cf. Stichkampf. – **34.** med. (stechender Schmerz) shooting (od. stabbing, sharp, acute, lancinating) pain: ein S~ im Rücken verspüren (od. haben) to feel a stabbing pain in one's back. – **35.** cf. Stich 1, 2, 5, 6. — '**ste**·**chend I** pres p. – **II** adj **1.** (Schmerz) shooting, stabbing, sharp, acute, lancinating. – **2.** (Geruch) pungent, poignant, acrid, sharp, keen. – **3.** (Blick) penetrating, piercing. – **4.** (Sonne) burning, scorching, blistering.

'**Ste**·**cher** m ⟨-s; -⟩ **1.** (Kupfer-, Stahlstecher) engraver. – **2.** hunt. (Schnabel der Schnepfenvögel) bill. – **3.** (am Jagdgewehr) hair trigger. – **4.** (für Käse) (cheese) scoop.

'**Stech**|**flie**·**ge** f zo. **1.** biting (od. stinging) fly. – **2.** cf. Wadenbeißer. – **3.** cf. Bremse². — ~**gin**·**ster** m bot. (common) gorse (od. furze, bes. Br. whin), prickly box (od. broom) (Ulex europaeus). — ~|**he**·**ber** m siphon. — ~|**im**·**me** f zo. aculeate (Gruppe Aculeata). — ~|**kar**·**re** f (two-wheeled) trolley, barrow, truck. — ~|**kar**·**te** f **1.** clocking-in card. – **2.** (beim Kartenspiel) winning (od. trump) card. — ~|**mei**·**ßel** m tech. cutting-off tool. — ~|**mücke** (getr. -k·k-), Ge'**mei**·**ne** f zo. (Northern house) mosquito, Br. gnat (Culex pipiens). — ~|**pad**·**del** n (beim Kanusport) single-bladed paddle. — ~|**pal**·**me** f bot. holly, ilex (scient.) (Ilex aquifolium). — ~|**pal**·**men**·**ge**|**wäch**·**se** pl aquifoliaceae (Fam. Aquifoliaceae). — ~|**ro**·**chen** m zo. stingray (Dasyatis pastinaca). — ~|**rüs**·**sel** m (der Insekten) beak, proboscis (scient.). — ~|**schloß** n (eines Gewehrs) hair-trigger lock. — ~|**schritt** m mil. goose step. — ~|**uhr** f time clock, telltale. — ~|**vieh** n Austrian agr. calves and swine pl. — ~|**win**·**de** f bot. a) smilax (Gattg Smilax), b) prickly bindweed (S. aspera). — ~|**zir**·**kel** m math. tech. (toolmakers') dividers pl.

'**Steck**|**ach**·**se** f auto. linchpin, auch lynchpin. — ~|**an**|**schluß** m electr. plug and socket connection (Br. auch connexion). — **s**~**bar** adj plug-in (attrib). — ~|**becken** (getr. -k·k-) n med. bedpan. — ~|**brief** m jur. warrant of apprehension (od. of arrest for a fugitive), wanted circular (od. list, flyer): einen ~ erlassen to issue a warrant of apprehension. — **s**~**brief**·**lich** adv (in Wendungen wie) j-n ~ verfolgen to take out a warrant against s.o.; er wird ~ gesucht (od. verfolgt) a warrant is out against him, he is wanted for arrest (od. on a warrant). — ~|**do**·**se** f electr. plug connector, (wall) socket: etwas in eine ~ tun to socket s.th.

stecken (getr. -k·k-) [ˈʃtɛkən] **I** v/t ⟨h⟩ **1.** put, stick: einen Bleistift hinters Ohr ~ to stick a pencil behind one's ear; einen Brief in den Briefkasten ~ to put a letter into the letter box (Am. mailbox), to post (bes. Am. mail) a letter; die Hände in die Taschen ~ a) to put one's hands in(to) one's pockets, b) fig. to twiddle one's

thumbs, to be idle; j-n in die Tasche (od. in den Sack) ~ fig. colloq. to outdo (od. outwit, get the better of) s.o., to knock spots off s.o. (colloq.); den Gewinn in die eigene Tasche ~ fig. colloq. to pocket (od. to line one's pocket with) the profit; eine Hand durch das Gitter ~ to stick (od. put, pass) a hand through the railings; eine Kerze in den Leuchter ~ to stick a candle in(to) the candle holder; den Kopf aus dem Fenster ~ to put one's head out of the window; als sie allein war, steckte sie sich schnell ein(en) Bonbon in den Mund when she was alone she quickly put (od. popped) a sweet (Am. candy) into her mouth; sich (dat) einen Ring an den Finger ~ to put a ring on one's finger; das Schwert in die Scheide ~ auch fig. to put one's sword into its sheath, to sheathe one's sword; den Schlüssel ins Schloß ~ to put the key in the lock; sich (dat) eine Zigarre ins Gesicht ~ colloq. to stick a cigar in one's mouth; er müßte seine Nase mehr in die Bücher ~ fig. colloq. he ought to have his nose stuck in his books more; steck deine Nase nicht in anderer Leute Angelegenheiten! fig. colloq. don't poke your nose into (od. keep your nose out of) other people's business! → Brief 1; Kopf 1. – **2.** (gleiten lassen) slip: der Dieb steckte die Geldscheine unbemerkt in seine Manteltasche the thief slipped the banknotes into his coat pocket unnoticed. – **3.** etwas zu sich ~ colloq. to take s.th. along (with one): vergiß nicht, etwas Geld zu dir zu ~ don't forget to take some money along (with you). – **4.** (hineinstopfen) stick, stuff: sich (dat) Watte in die Ohren ~ to stuff cotton wool in one's ears; die Wäsche in einen Sack ~ to stuff the linen into a bag. – **5.** (hineinzwängen) cram, jam. – **6.** (befestigen) pin, fix, put: ein Abzeichen an den Mantel ~ to pin a badge on (to) one's coat. – **7.** (mit Nadeln) pin: einen Saum ~ to pin (up) a hem; ich habe das Kleid erst gesteckt I have only pinned the dress together; sich (dat) die Haare zu einem Knoten ~ to pin (od. put, do) one's hair up in a bun. – **8.** etwas durch etwas ~ to put (od. pass) s.th. through s.th. – **9.** bes. tech. (einsetzen) insert. – **10.** hort. (Erbsen, Bohnen etc) set, plant. – **11.** colloq. (in ein Kloster, eine Schule etc) put, send, stick: sie steckten ihn ins Gefängnis they put him (od. shut him up) in prison; sie steckten ihn zu den Soldaten they sent him to (od. put him in) the army. – **12.** colloq. (kleiden) dress, put: er wurde in eine Uniform gesteckt he was put in a uniform. – **13.** etwas in Brand ~ to set s.th. on fire, to set fire to s.th. – **14.** Geld in (acc) etwas ~ to put money into s.th., to invest money in s.th. – **15.** sich (dat) ein Ziel ~ to set oneself an aim (od. a goal). – **16.** j-m etwas ~ colloq. to hint s.th. to s.o.: wie kann ich es ihm nur ~, daß how can I hint to him that; ~ colloq. drop him the hint, give him the hint) that; ich habe es ihm tüchtig (od. ordentlich) gesteckt I really ticked him off, I gave him a good ticking-off (beide colloq.). – **II** v/i ⟨steckt, steckte od. lit. stak, gesteckt, h⟩ **17.** (feststecken) stick (fast), be stuck (fast): die Räder ~ im Schlamm the wheels are stuck in the mud. – **18.** (sein, sich befinden) be: der Schlüssel steckt (in der Tür) the key is in the door; die Zeitung steckt im Briefkasten the newspaper is in the letter box (Am. mailbox); das Kissen steckt voller Nadeln the cushion is full of pins; eine Stange steckt in der Erde a pole is (stuck) in the ground; wo steckst du denn? colloq. where are you? da steckt er colloq. there he is; da steckt's! fig. colloq. (das ist der Grund) there's the rub! that's the snag! (colloq.); er steckt mitten in der Arbeit colloq. he is in the middle of his work, he is stuck at his work; darin steckt viel Arbeit colloq. there's a lot of work in it, it involves a lot of work (beide colloq.); das Buch steckt voller Fehler colloq. the book is full of mistakes; sie steckt voller Bosheit colloq. she is full of malice; in ihm steckt etwas colloq. he will go far (od. a long way, colloq. places) (yet), there is some good stuff in him: in ihm scheint eine Krankheit zu ~ colloq. he seems to have a germ of some sort; mir steckt die Grippe in den Knochen colloq. I feel as if I'm going to have the flu (*colloq.*); der Schreck steckt mir noch in den Gliedern I'm still trembling (all over) with the shock; → Decke 2; Haut 2; Kinderschuh 2; Kopf *Verbindungen mit Präpositionen.* – 19. (*befestigt sein*) be fixed, be attached. – 20. (*angesteckt sein*) be pinned: das Preisschild steckt am Ärmel the price tag is pinned on (*od.* to) the sleeve. – **III** *v/reflex* ⟨h⟩ 21. sich hinter j-n ~ *fig. colloq.* (*um etwas zu erreichen*) to get (*od.* keep) in with s.o.

'**Stecken** (*getr.* -k-k-) *m* ⟨-s; -⟩ *Southern G. and Austrian* stick: → Dreck 1.

'**stecken|blei·ben** (*getr.* -k-k-) *v/i* ⟨*irr, sep,* -ge-, sein⟩ 1. (*im Schlamm etc*) get stuck (fast), get bogged down, stick (fast), bog down: das Auto ist in einer Schneeverwehung steckengeblieben the car is (*od.* has got) stuck in a snowdrift. – 2. (*im Hals etc*) stick, get stuck: der Bissen blieb ihm im Halse stecken the food stuck in his throat; das Wort blieb mir vor Schreck im Munde stecken *fig.* I was speechless with terror; → Kehle 1. – 3. (*von Kugel etc*) get stuck, become lodged, lodge. – 4. *fig.* (*in der Rede etc*) get stuck, falter. – 5. *fig.* (*von Verhandlungen etc*) reach (a) deadlock, deadlock.

'**Stecken|kraut** (*getr.* -k-k-) *n bot.* giant fennel (*Ferula communis*).

'**stecken|las·sen** (*getr.* -k-k-) *v/t* ⟨*irr, sep, pp* steckenlassen, *auch* steckengelassen, h⟩ 1. leave: den Schlüssel (im Schloß) ~ to leave the key (in the lock); laß dein Geld nur stecken *colloq.* leave your money where it is. – 2. j-n (in der Not) ~ *fig. colloq.* to leave s.o. in the lurch, to let s.o. down.

'**Stecken|pferd** (*getr.* -k-k-) *n* 1. (*Kinderspielzeug*) hobbyhorse, stick horse, cockhorse. – 2. *fig.* (*Hobby*) hobby(horse): Briefmarkensammeln ist sein ~ stamp collecting is his hobby, he hobbies in stamp collecting; er reitet sein (*od.* auf seinem) ~ he is riding his hobby. – 3. *fig.* (*Leidenschaft*) passion, fad, craze.

'**Stecker** (*getr.* -k-k-) *m* ⟨-s; -⟩ *electr.* plug (contact): ~ mit Schalter switch plug; zweipoliger ~ two-pin plug. — ~**an-**,**schluß** *m* plug connection (*Br. auch* connexion). — ~**hül·se** *f* 1. pin bushing. – 2. (*Paßstück*) adapter. — ~**schal·ter** *m* plug switch. — ~**schnur** *f* plug-terminated cord. — ~**stift** *m* plug pin.

'**Steck|fas·sung** *f electr.* plug-socket holder. — ~**kamm** *m* (*für Frisur*) side comb. — ~**kar·tof·feln** *pl agr.* seed potatoes. — ~**kis·sen** *n* baby's pillow. — ~**kon·takt** *m electr.* plug (connection, *Br. auch* connexion, *od.* contact).

'**Steck·ling** *m* ⟨-s; -e⟩ *hort.* slip, cutting, nursery plant, layer: verpflanzter ~ transplant.

'**Steck|lot** *n tech.* grain spelter. — ~**mu·schel** *f zo.* wing shell, sea wing, pinna (*scient.*) (*Pinna nobilis*).

'**Steck|na·del** *f* pin: etwas mit ~n befestigen to pin s.th.; es war so still, daß man eine ~ (zu Boden *od.* zur Erde) hätte fallen hören können it was so quiet that one could have heard a pin drop; in dem Raum hätte keine ~ zu Boden fallen können there wasn't an inch of space in the room, it was a tight squeeze in the room; j-n [etwas] wie eine ~ suchen to hunt for s.o. [s.th.] high (up) and low (down). — ~**kopf** *m* pinhead.

'**Steck|rad** *n tech.* pick-off gear. — ~**reis** *n* Steckling. — ~**rü·be**, '**Schwe·di·sche** *f bot.* Swedish turnip, swede (*auch* Swede) (turnip), rutabaga (*scient.*) (*Brassica napobrassica*). — ~**schach** *n* portable chess set. — ~**schlüs·sel** *m tech.* box (*od.* socket) wrench (*bes. Br.* spanner). — ~**schuß** *m mil.* bullet lodged in the body. — ~**vor·rich·tung** *f electr.* plug and socket connection (*Br. auch* connexion). — ~**zir·kel** *m* compasses *pl* with shifting points, drawing compasses *pl*. — ~**zwie·bel** *f hort.* bulb for planting.

'**Steen·bok** ['steːnbɔk; 'ʃteː-] *m* ⟨-(e)s; -e⟩ *zo.* steenbok, steinbo(c)k (*Raphicerus campestris*).

'**Stee·ple·chase** ['stiːpəlˌtʃeɪs; 'stiːplˌtʃeɪs] (*Engl.*) *f* ⟨-; -n [-sən]⟩ (*Hindernisrennen im Pferdesport*) steeplechase. — **Steep·ler** ['stiːplər; 'stiːplə] (*Engl.*) *m* ⟨-s; -⟩ (*Pferd*) steeplechaser.

Steg [ʃteːk] *m* ⟨-(e)s; -e⟩ 1. (*Fußweg*) (foot)path, trail: ich kenne dort Weg und ~ I know every hill and dale there. – 2. (*kleine Brücke*) (foot)bridge. – 3. (*Brett als Brücke*) plank. – 4. (*über eine Bahnlinie etc*) overpass. – 5. (*an Maschinen*) catwalk. – 6. (*Boots-, Landungssteg*) landing stage, jetty, pier. – 7. (*Gangway*) gangway, gangplank, *auch* gangboard. – 8. (*optics*) (*einer Brille*) a) bridge, nosepiece, rest, b) (*Seitensteg*) pad. – 9. (*einer Hose*) strap. – 10. *mus.* (*an Saiteninstrumenten*) bridge, chevalet (*scient.*). – 11. *tech.* a) crosspiece, bar, b) (*eines Drehmaschinenbetts*) girth, c) (*eines Spiralbohrers*) web, d) (*eines Kettengliedes*) side bar, stem, e) (*an Profilstahl*) web, f) (*eines Sägengestells*) stretcher, g) (*eines Ventils*) web, h) (*eines Kolbens*) land space between the holes. – 12. *print.* stick, reglet: ~e furniture *sg.* – 13. *arch.* (*Trägersteg*) web.

'**Steg|ho·se** *f* (*fashion*) strapped trousers *pl* (*od.* pants *pl sometimes construed as sg*). — ~**ka·sten** *m print.* furniture case. — ~**ket·te** *f tech.* stud-link chain, stud(ded) chain. — ~**la·den** *m Austrian* (*in der Flußschiffahrt*) (*Gangway, Laufplanke*) *cf.* Steg 7.

Ste·go·ce·pha·le [stegotseˈfaːlə; ʃteː-] *m* ⟨-n; -n⟩ *zo.* stegocephalian.

Steg·odon ['steːgodɔn; 'ʃteː-] *m* ⟨-s; -ten [stegoˈdɔntən]⟩ *zo.* (*fossiles Rüsseltier*) stegodon(t) (*Gattg Stegodon*).

Ste·go·sau·ri·er [stegoˈzauriər; ʃteː-] *m zo.* (*fossiler Saurier*) stegosaur(us), stegosaurian (*Gattg Stegosaurus*).

'**Steg|reif** *m only in* aus dem ~ impromptu, extempore, extemporaneously, extemporarily, ad libitum, offhand, ad lib (*colloq.*), *Am. colloq.* off the cuff: etwas aus dem ~ machen to do s.th. extempore, to improvise (*od. colloq.* to ad-lib) s.th.; aus dem ~ sprechen to speak offhand, to extemporize, to improvise, to ad-lib (*colloq.*); eine Rede aus dem ~ an impromptu (*od.* extempore, unpremeditated, *colloq.* ad-lib) speech. — ~**dich·ter** *m* extempore poet, extemporizer. — ~**dich·tung** *f* impromptu (*poetry*). — ~**ge·dicht** *n* impromptu (*od.* extempore) poem, impromptu. — ~**ko·mö·die** *f* (*theater*) extempore comedy, commedia dell'arte. — ~**re·de** *f* extempore (*od.* improvised, *Am. colloq.* off-the-cuff) speech. — ~**spiel**, ~**stück** *n* (*theater*) extempore play, impromptu.

'**Steh|auf·männ·chen** *n* 1. (*Spielzeug*) tumbler, *bes. Am.* roly-poly, *auch* roley-poley. – 2. *fig. colloq.* never-say-die fellow (*colloq.*). — ~**bier·hal·le** *f* stand-up beer hall. — ~**bild** *n phot.* still (picture). — ~**bol·zen** *m tech.* stay bolt, stud (bolt).

ste·hen ['ʃteːən] **I** *v/i* ⟨steht, stand, gestanden, h *u.* sein⟩ 1. stand: aufrecht ~ to stand up(right); auf den Zehenspitzen ~ to stand on tiptoe(s) (*Am. auch* on one's tippy-toe[s]); das Baby kann schon (allein) ~ the baby can stand (up) (on its own) already; einige Leute mußten im Bus ~ some people had to stand in the bus; steh doch still! stand still! don't fidget! die Menschen standen dicht gedrängt people stood crowded together; kannst du dort noch ~? (*im Wasser*) can you still stand there? ich kann vor Müdigkeit kaum noch ~ I'm so tired that I can hardly stand up; auf die Füße zu ~ kommen to fall on one's feet; auf dem Kopf ~ a) (*von Personen*) to stand on one's head, b) (*von Dingen*) to be upside down, c) *fig.* to be upside down (*od.* topsy-turvy); so hat es sich zugetragen, so wahr ich hier stehe! that's the way it was, as true (*od.* sure) as I'm standing here! ein Haarbüschel stand in die Höhe a tuft of hair stood (*od.* stuck) up (*od.* stood on end); mir standen die Haare zu Berge *fig. colloq.* my hair stood on end; auf eigenen Füßen ~ *fig.* to stand on one's own feet (*od.* legs), to be independent; die Beweisführung steht auf schwachen Füßen *fig.* the reasoning has a shaky basis (*od.* foundation); er steht mit beiden Beinen fest auf der Erde *fig.* he has both feet (firmly) on the ground; he has a good head on his shoulders, he has his head screwed on the right way (*colloq.*); der Mantel steht vor Dreck *fig. colloq.* the coat is thick with dirt; er steht ihm *vulg.* he is horny (*vulg.*). – 2. (*sein, sich befinden*) be, stand: früher stand hier ein Haus

there used to be a house here; rechts [links] von j-m ~ to be (*od.* stand) on s.o.'s right [left]; der Keller steht voll Wasser the cellar is full of water; das Haus steht leer the house is (standing) vacant (*od.* empty, unoccupied); die Sonne stand schon ziemlich hoch the sun was already quite high; ich bin zu ihm gefahren, wie ich ging und stand *colloq.* I went to see him just as I was; der Weizen steht gut the wheat stands well (*od.* looks promising); die Sache steht so, daß wir weiterhin hoffen können things are such that we can go on hoping; so wie die Dinge ~, kann man kaum etwas tun as things are one can hardly do anything; so wie die Dinge nun einmal ~, müssen wir versuchen, das Beste daraus zu machen seeing things are as they are we must try to make the best of it; die Sache steht gut [schlecht] things are going well [badly]; wie steht der Dollar? how does the dollar stand? die Aktien ~ gut a) the shares (*bes. Am.* stocks) are at a favo(u)rable price, b) *fig. colloq.* prospects are good; das Spiel steht 2 zu 1 (*sport*) the score is (*od.* stands) (at) 2 to 1; wie steht es (*od.* das Spiel)? (*sport*) what is the score? how does the score stand? am Fenster ~ to stand at the window; an der Front ~ *mil.* to be at the front; am Anfang seiner Karriere ~ to be at the beginning of one's career; ein Gewitter steht am Himmel a thunderstorm is imminent; das Essen steht auf dem Tisch the meal is on the table; der Schweiß stand ihm auf der Stirn the sweat stood on his forehead; auf j-s Seite ~ to be on s.o.'s side, to side with s.o.; auf ihrem Sparbuch ~ 1 000 Mark she has 1,000 marks in her savings account; was steht auf dem Programm? *auch fig.* what is on the program(me)? dein Name steht nicht auf der Liste your name is not on (*od.* does not figure in, does not appear in) the list; auf dem Brief steht kein Datum there is no date on the letter, the letter bears no date; es steht auf der ersten Seite it is on the first page; es stand auf des Messers Schneide it was touch and go; es stand viel für sie auf dem Spiel there was much at stake for her; mit j-m auf gutem Fuß ~ to be on good terms with s.o.; das steht außer Frage (*od.* Zweifel) that is beyond question (*od.* doubt), there is no question (*od.* doubt) about it; er stand bei ihr he stood beside her; Geld bei j-m ~ haben to have money standing (*od.* lodged, placed) with s.o.; das Wasser steht ihm bis zum Hals a) the water comes up to his neck, b) *fig.* he's up to his neck in difficulties, he's in deep water(s); diese Parties ~ mir bis hierher *colloq.* I'm sick and tired of these parties (*colloq.*), I'm fed up with these parties (*sl.*); hier steht Aussage gegen Aussage this is a case of statement against statement; der Besen steht hinter dem Schrank the broom is behind the cupboard; die ganze Belegschaft stand hinter ihm *fig.* the whole staff was behind him, he had the whole staff behind him, the whole staff backed him; j-m im Weg(e) ~ *auch fig.* to be in s.o.'s way; bei j-m in Arbeit ~ to be in s.o.'s employ (*od.* pay), to be employed by s.o.; mit j-m in Briefwechsel ~ to correspond (*od.* to be in correspondence) with s.o.; ich werde (alles) tun, was in meinen Kräften steht I will do everything within my power; das steht nicht in meiner Macht that is not within (*od.* is out of) my power; in Blüte ~ to (be in) bloom; in Flammen ~ to be on fire, to be (*od.* stand) in flames; Tränen standen ihr in den Augen there were tears in her eyes; mit j-m [etwas] in Einklang ~ to be in agreement with s.o. [s.th.]; mit einem Fuß im Grabe ~ *fig.* to have one foot in the grave; in j-s (*od.* bei j-m in) Gunst ~ to be in s.o.'s favo(u)r (*od.* good books); im Kampf ~ to be fighting; in Verbindung mit j-m ~ to be in touch with s.o.; in schlechtem Ruf ~ to have a bad reputation; er steht in (*od.* im) Verdacht zu stehlen he is suspected (*od.* under the suspicion) of stealing; ich stehe mit dieser Meinung nicht allein I am not alone in this opinion; gut mit j-m ~ to be on good terms with s.o.; mir steht der Sinn (*od.* mein Sinn steht) nicht nach Vergnügen I am not in the mood for amusement; **über den Dingen** ~ *fig.* to be above (such) petty things; **über** [**unter**] **j-m** ~ *fig.* to be s.o.'s superior [inferior]; **unter Wasser** ~ to be under water; **unter Druck** ~ to be under pressure; **unter j-s Einfluß** ~ to be under s.o.'s influence; **unter j-s Schutz** ~ to be under (*od.* in) s.o.'s protection; **unter einem bestimmten Motto** ~ to be under a special motto; **unter j-s Leitung** [**Befehl**] ~ to be under s.o.'s direction [order]; **unter Waffen** ~ to be under arms; **unter Anklage** ~ *jur.* (**wegen** for) to stand trial; **vor der Tür** ~ to be at the door; **vor den Schranken des Gerichts** ~ to stand at the bar of the court; **es steht mir immer noch vor Augen** I can still see it (before me); **vor der vollendeten Tatsache** ~ to be confronted with the accomplished fact; **vor großen Schwierigkeiten** [**Aufgaben**] ~ to face great difficulties [tasks]; **etwas steht vor der Verwirklichung** s.th. is at the point of realization, s.th. is about to be realized; **vor dem Ruin** ~ to be on the verge (*od.* brink) of ruin; **j-m zur Seite** ~ to stand by s.o.; **das steht nicht zur Debatte** (*od.* Diskussion) that is not at issue (*od.* in question); **j-m zur Verfügung** (*od.* zu Gebote) ~ to be at s.o.'s disposal; **etwas steht** [**nicht**] **zur Verfügung** s.th. is [not] available; **zum Verkauf** ~ to be (up) for sale; **es** ~ **2 Programme zur Wahl** there is a choice of 2 program(me)s; **was steht zu Diensten?** what can I do for you? → **abseits** 1, 3; **Kippe**[1] 1; **Kopf** 1. – **3.** (*geschrieben stehen*) say, be written: **hier steht, daß** it says here that; **wo steht das (geschrieben)?** where does it say so (*od.* that)? **was steht auf dem Zettel?** what does it say on the note? what does the note say? **davon steht nichts in dem Brief** the letter doesn't say anything about it. – **4.** (*stillstehen*) have stopped: **die Uhr** [**die Maschine**] **steht** the watch [the machine] has stopped; **die Autokolonne stand** the line of cars had come to a standstill. – **5. etwas steht j-m** *fig.* s.th. suits (*od.* becomes) s.o.: **das Kleid steht dir** (gut) the dress suits you (well); **diese Farbe würde ihr nicht** ~ this colo(u)r would not look well on (*od.* be becoming to) her; **Blau steht ihr** blue suits her, she wears blue well. – **6.** (*bestehen*) stand, exist: **das Haus wird noch weitere 30 Jahre** ~ the house will stand another 30 years; **nur ein paar Mauern** ~ **noch von dem alten Schloß** only a few walls of the old castle are still (*od.* left) standing; **das Gebäude steht noch nicht lange** the building hasn't been standing very long; **solange die Welt steht** a) (*zurückschauend*) as long as the world has existed, b) (*in die Zukunft schauend*) as long as the world exists (*od.* remains); **der Plan steht und fällt mit dem Wetter** the plan stands or falls by (*od.* is completely dependent on) the weather. – **7.** (*fertig sein*) be finished: **bis zum Herbst muß das Haus** ~ the house must be finished by (the) autumn (*bes. Am.* fall). – **8.** (*seine Stellung halten, nicht weichen*) stand one's ground, stand firm: **sosehr die Menge auch drängte — die Wache stand** however much the crowd pushed, the sentries held their ground. – **9.** (*anzeigen*) be at, point to: **wie steht das Barometer?** what is the barometer at? **das Thermometer steht auf 10 Grad** the thermometer stands at 10 degrees; **der Uhrzeiger steht auf 12** the hand of the clock is pointing to 12; **die Verkehrsampel steht auf Rot** the traffic light is red; **die Wetterfahne steht nach Osten** the weather vane points to the east. – **10. auf dieses Verbrechen steht Gefängnis** this crime is punishable by imprisonment; **auf Mord steht dort die Todesstrafe** they have the death penalty for murder there. – **11.** (*ausgesetzt sein*) be put (*od.* set): **auf seinen Kopf steht eine hohe Belohnung** there is a high reward on his head, a high reward has been put (*od.* set) on his head. – **12.** *ling.* a) (*konstruiert werden*) take, be followed by, be construed, b) (*angewendet werden*) be used, be employed, c) (*von Satzzeichen*) be put, be written: **folgende Verben** ~ **mit dem Konjunktiv** the following verbs take the subjunctive; **der bestimmte Artikel steht immer, wenn** the definite article is always used when;

hier muß ein Komma ~ a comma must be inserted (*od.* put, written) here. – **13.** (*sport*) (*beim Skispringen*) jump: **er stand über 90 Meter** he jumped more than 90 meters. – **14. zu etwas** ~ a) to stick to (*od.* stand by) s.th., b) to think about s.th.: **hoffentlich steht er zu seinem Wort** I hope he will stand by (*od.* will keep) his word; **wie** ~ **Sie zu dieser Frage?** what do you think (*od.* what is your opinion) about this problem? how do you stand on this problem? – **15. zu j-m** ~ to stand by s.o. – **16. für etwas** ~ a) (*repräsentieren*) to stand for (*od.* to represent) s.th., b) (*einstehen*) to be responsible (*od.* answerable) for s.th.: **diese Figur steht** (sinnbildlich) **für die junge Generation** this figure represents (symbolically) the younger generation; **du stehst mir dafür, daß das Geld bezahlt wird** you are responsible for seeing that the money will be paid. – **17. auf j-n** [**etwas**] ~ *colloq.* to like (*od.* fancy, be fond of, have a fancy [*od.* soft spot] for, *Am. sl.* dig) s.o. [s.th.]: **er steht auf modernen Jazz** he goes in for modern jazz. – **18. zu** ~ **kommen** (*kosten*) cost: **das wird ihm** (*od.* **ihn**) **teuer zu** ~ **kommen** a) that will cost him a pretty penny, b) *fig.* he will have to pay dearly for that; **es kam mich auf 100 Mark zu** ~ it cost me 100 marks. – **II** *v/t* ⟨h *u.* sein⟩ **19.** ⟨h *u.* sein⟩ **stand:** (**für j-n**) **Modell** ~ (*art*) to serve as a model (for s.o.), to pose (for s.o.), to sit (to s.o.); **bei einem Kind Pate** ~ to stand sponsor (*od.* godfather) to a child; **Wache** ~ a) *mil.* to stand (*od.* to be) on guard, to stand guard (*od.* sentry), b) *mar.* to stand watch; **Schlange** ~ to stand in (a) line, to stand in a queue, to queue (*od.* line) up; **Schmiere** ~ *colloq.* to keep a lookout (*Br.* look-out); → **Antwort** 1; **Mann** 3. – **20.** ⟨h⟩ **sich** (*dat*) **die Beine in den Bauch** ~ *fig. colloq.* to stand until one is ready to drop. – **21.** ⟨h *u.* sein⟩ **einen Sprung von mehr als 90 Metern** ~ (*sport*) (*beim Skispringen*) to stand a jump of more than 90 meters. – **III** *v/reflex* ⟨h⟩ **22. sich** (finanziell) **gut** [**schlecht**] ~ to be well [badly] off: **man steht sich besser, wenn Sie ein großes Paket kaufen** you are better off with (*od.* if you buy) a large packet; **er steht sich nicht schlecht dabei** he does not do so badly at it; **sie** ~ **sich auf 2000 Mark im Monat** they have (an income of) 2,000 marks a month. – **23. sich gut** [**schlecht**] **mit j-m** ~ to be on good [bad] terms with s.o.: **wie stehst du dich mit deinen neuen Kollegen?** how do you get on (*od.* along) (how do you hit it off) with your new colleagues? – **IV** *v/impers* ⟨h *u.* sein⟩ **24. wie geht's, wie steht's?** how are things? how is life? how's tricks? (*colloq.*); **so steht es also!** so that's the way it is (*od.* things are)! **wie steht's mit der Gesundheit?** how is your (*od. colloq.* the) health? **wir gehen heute schwimmen, wie steht's mit dir?** we go swimming today, what (*od.* how) about you? **wie steht's damit?** what about it? **es steht schlecht mit ihm** (*od.* **um ihn**) a) he is in bad health, b) he is in a bad way, things are going badly for him; **es steht schlecht um unseren Plan** things look bad for our plan. – **25. es steht ganz bei Ihnen, ob** it is entirely up to you whether; **es steht nicht bei mir, das zu entscheiden** it is not within my power (*od.* it is not for me) to decide that; **es steht nicht in meiner Absicht, das zu tun** I do not intend (*od.* it is not my intention) to do that, I have not the intention of doing that. – **26. es steht zu erwarten** [**befürchten, hoffen**], **daß** it is to be expected [feared, hoped] that. – **V S**~ *n* ⟨-s⟩ **27.** *verbal noun:* **das S**~ **fällt ihm schwer** standing is difficult for him; **ich könnte im S**~ **schlafen** I could sleep (*od.* fall asleep) on my feet; **seine Mahlzeit im S**~ **einnehmen** to have a stand-up meal. – **28.** (*Stillstand*) stop, standstill, halt: **etwas zum S**~ **bringen** to bring s.th. to a standstill; **eine Blutung zum S**~ **bringen** *med.* to stop (*od.* sta[u]nch, stay) a bleeding; **zum S**~ **kommen** to come to a stop. – **29.** *hunt.* (*des Hundes*) point.

'ste·hen,blei·ben *v/i* ⟨*irr, sep,* -ge-, sein⟩ **1.** (*von Personen*) stop, (come to a) halt, stand (*auch* stop) still: **bitte nicht** (**hier**) ~! move on (*od.* along), please! – **2.** (*von Autos etc*) stop, come to a halt (*od.* standstill), halt. – **3.** (*von Uhren etc*) stop. –

4. (*nicht berührt od. verändert werden*) stay, be left, remain: **der Schrank bleibt da stehen, wo er immer stand!** the cupboard will stay where it has always stood! **der Satz kann so nicht** ~ the sentence cannot be left like this. – **5.** (*zurückbleiben, vergessen werden*) be left (behind): **bei uns ist gestern ein Schirm stehengeblieben** an umbrella was left at our place yesterday; **sein Essen blieb ihm stehen** his meal was left (*od.* remained) untouched. – **6.** (*beim Lesen, Reden etc*) stop, leave off: **wo war ich (gerade) stehengeblieben?** where did I stop (just now)? – **7.** (*von Zeit, Wissensstand etc*) come to a halt, stop: **die Entwicklung ist stehengeblieben** the development has come to a halt; **hier ist die Zeit stehengeblieben** time stands still here. – **8.** *med.* (*von Herzen*) stop (beating): **vor Schreck wäre mir fast das Herz stehengeblieben** *fig.* my heart nearly stopped (beating) with terror. – **9.** *tech.* (*von Motor etc*) stall, break down, die, conk (out) (*colloq.*).

'ste·hend I *pres p.* – **II** *adj* **1.** (*aufrecht*) upright, erect, standing. – **2.** (*sich nicht bewegend*) stationary, standing, immobile. – **3.** (*Fahrzeug*) standing. – **4.** (*Gewässer*) stagnant, standing. – **5.** *fig.* (*ständig*) permanent, standing: **das ist zu einer** ~**en Einrichtung geworden** that has become a permanent institution. – **6.** *fig.* (*allgemein gebräuchlich*) standing; stock, standard (*attrib*): **eine** ~**e Redewendung** a stock phrase. – **7.** ~**en Fußes** *fig.* immediately, at once, straightaway, *Br.* straight away, right away. – **8.** *tech.* a) (*Motor, Ventil etc*) vertical, perpendicular, b) (*Welle*) stationary. – **9.** *mil.* a) (*Heer*) standing, regular, b) (*Ziel*) fixed. – **III** *adv* **10.** ~ **k. o. sein** (*sport*) (*beim Boxen*) to be out on one's feet. – **11.** (*im Stehen*) in a standing position: **er kann** ~ **schlafen** he can sleep standing. – **IV S**~**e, das** ⟨-n⟩ **12. er tat alles in seiner Macht S**~**e** he did everything within his power.

'ste·hen,las·sen *v/t* ⟨*irr, sep, pp* stehenlassen, *auch* stehengelassen, h⟩ **1.** (*nicht berühren od. wegnehmen*) leave (s.th.) (standing): **alles stehen- und liegenlassen** to drop all (*od.* everything); **für ein Kotelett läßt sie jedes Stück Torte stehen** she would give a hundred pieces of cake for a cutlet. – **2.** (*nicht verändern*) leave (s.th.) (unchanged): **so kannst du die Anrede nicht** ~ you can't leave the address as it is. – **3.** (*vergessen*) leave (s.th.) (behind): **ich habe meinen Schirm im Bus** ~ I left my umbrella in the bus. – **4.** (*Fehler etc*) overlook. – **5.** (*Essen etc*) leave (s.th.) (untouched): **sie läßt ihren Tee (so lange) stehen, bis er kalt ist** she leaves her tea (*od. colloq.* she lets her tea stand) until it's cold. – **6. j-n** ~ to leave s.o. standing: **sie ließ mich einfach stehen und ging** she just left me standing (there) and went off; **warum hast du deine Freunde unten** ~? why did you leave your friends standing downstairs? – **7. sich** (*dat*) **einen Bart** ~ to grow a beard. – **8.** (*sport*) (*den Gegner*) give (s.o.) the slip, get past.

'Ste·her *m* ⟨-s; -⟩ (*sport*) **1.** (*Rennpferd*) stayer, (long-distance) racehorse. – **2.** (*beim Radsport*) motor-paced rider. – ~**,ren·nen** *n* **1.** (*beim Pferdesport*) long-distance (endurance) race. – **2.** (*beim Radsport*) motor-paced (track) race.

'Steh|**,gei·ger** *m* leader of a café orchestra. – ~**,im·biß** *m* **1.** stand-up lunch. – **2.** stand-up snack bar. – ~**kon,vent** *m* *humor.* standing meeting (*od.* conference). – ~**,kra·gen** *m* stand-up collar. – ~**,la·ger** *n* *tech.* pillow (*od.* plummer) block. – ~**,lam·pe** *f* floor (*Br.* standard) lamp. – ~**,lei·ter** *f* stepladder.

steh·len ['ʃte:lən] **I** *v/t* ⟨stiehlt, stahl, gestohlen, h⟩ **1.** (*Geld etc*) steal, lift, thieve, *bes. jur.* purloin; pinch, hook, swipe (*colloq.*): **j-m die Zeit** ~ to waste s.o.'s time; **dem lieben Gott die Zeit** ~ *fig.* to idle (*od.* laze) away one's time, to idle away the day; **ich mußte mir die Zeit dafür regelrecht** ~ I really had to skimp (*od.* steal) the time for it; **j-m einen Kuß** ~ to steal a kiss from s.o.; **j-s Herz** ~ *fig.* to steal s.o.'s heart; **j-m die Schau** ~ *fig. colloq.* to steal the show from s.o. (*sl.*); **mit ihm kann man Pferde** ~ *fig. colloq.*

he is game for anything, he is a good sport. – **2.** (*Kinder etc*) kidnap. – **3.** (*eine Idee etc*) steal, plagiarize *Br. auch* -s-, lift. – **4.** (*Vieh*) lift, *Am. colloq.* rustle. – **II** *v/i* **5.** steal, lift, thieve, *bes. jur.* commit larceny (*od.* theft); pinch, swipe (*colloq.*): du sollst nicht ~ *Bibl.* thou shalt not steal; woher nehmen und nicht ~? *colloq.* where do you expect me to get that? → Rabe. – **III** *v/reflex* sich ~ **6.** (*sich heimlich bewegen*) steal: er stahl sich nachts aus dem [ins] Haus he stole out of [into] the house at night. – **7.** (*mit negativer Absicht*) sneak: sich in j-s Vertrauen ~ *fig.* to sneak into s.o.'s confidence. – **IV** S~ *n* ⟨-s⟩ **8.** *verbal noun.* – **9.** theft, *bes. jur.* larceny. – **10.** (*einer Idee etc*) plagiarism, plagiary.

'Steh·ler *m* ⟨-s; -⟩ thief, stealer: → Hehler 1.

'Stehl|,sucht *f* ⟨-; *no pl*⟩, **~,trieb** *m* ⟨-(e)s; *no pl*⟩ *psych.* kleptomania, cleptomania.

'Steh,platz *m* standing room: 100 Stehplätze standing room for 100 persons (*od.* passengers); ich fand gerade noch einen ~ I (just) found standing room, I found just space to stand in. — **~,in,ha·ber** *m* **1.** (*in Straßenbahn, Bus etc*) standing passenger, straphanger, *Am. colloq.* standee. – **2.** (*im Theater etc*) holder of a standing (room) ticket, *Am. colloq.* standee. — **~,kar·te** *f* standing (room) ticket.

'Steh|,pult *n* standing (*od.* high) desk. — **~,satz** *m print.* standing matter. — **~ver,mö·gen** *n* (*sport*) *auch fig.* staying power, stamina.

Stei·er·mär·ker ['ʃtaɪər,mɛrkər] *m* ⟨-s; -⟩ Styrian, native (*od.* inhabitant) of Styria. — **'stei·er,mär·kisch** *adj* Styrian.

steif [ʃtaɪf] **I** *adj* ⟨-er; -st⟩ **1.** (*Gelenk etc*) stiff: ~er Hals *med.* stiff neck; vom langen Sitzen ganz ~ werden to stiffen (up) (*od.* grow stiff) from sitting for a long time; durch die Gicht sind ihre Hände ~ geworden her hands have become stiff from gout; seinen Arm ~ halten to hold one's arm stiff, to stiffen one's arm; ~ wie ein Stock a) (*durch langes Sitzen etc*) so stiff one can hardly move, b) (*Körperhaltung*) (as) stiff as a poker, c) *fig.* (*Benehmen etc*) stiff and starchy, stilted, terribly stiff (*od.* formal) (*colloq.*). – **2.** (*vor Kälte*) (vor with) numb, benumbed, stiff. – **3.** (*bes. sport*) (*durch Muskelverhärtung*) muscle-bound. – **4.** (*durch Totenstarre*) stiff, rigid. – **5.** (*Stoff, Material etc*) stiff, hard: ~e Pappe stiff (*od.* firm) cardboard; ~er Hut stiff hat. – **6.** (*gestärkt*) (stiffly) starched, starchy, stiff: der Kragen ist nicht ~ genug the collar is not sufficiently starched; die Wäsche war ~ wie ein Brett the linen was (as) stiff as a board. – **7.** (*Pudding, Brei etc*) stiff, firm: Eiweiß ~ schlagen to beat the egg whites (until) stiff. – **8.** (*Grog*) stiff, strong. – **9.** (*Brise etc*) stiff: ~er Wind moderate (*od.* stiff) gale. – **10.** (*Bewegung, Gang etc*) stiff, stilted. – **11.** (*Penis*) erect(ed). – **12.** *fig.* (*förmlich, gezwungen*) stiff, stilted, formal, starchy: ~es Benehmen stiff (*od.* starchy) behavio(u)r; ~es Lächeln stiff (*od.* wooden) smile; bei ihnen herrscht eine ziemlich ~e Atmosphäre there's a formal atmosphere (*od.* there's an atmosphere of formality) in their home. – **13.** *mar.* stiff. – **II** *adv* **14.** stiffly: sich ~ bewegen to move stiffly; ~ lächeln *fig.* to smile stiffly (*od.* formally); ‚Ich danke Ihnen", sagte er ~ "Thank you," he said stiffly; es geht ziemlich ~ bei ihnen zu *fig.* they behave very formally. – **15.** ~ und fest *fig.* a) (*eigensinnig, hartnäckig*) stubbornly, obstinately, b) (*unerschütterlich, fest*) firmly, steadfastly: ~ und fest behaupten, daß to maintain stubbornly that, to persist in saying that; ~ und fest auf (*dat*) etwas beharren to stick obstinately to s.th.; er glaubte ~ und fest daran he believed in it firmly.

'Stei·fe *f* ⟨-; -n⟩ **1.** (*Wäschestärke*) starch, synthetic stiffening agents *pl.* – **2.** ⟨*only sg*⟩ *tech.* (*Steifigkeit*) rigidity, stiffness. – **3.** *civ. eng.* (*Stütze*) stay, support, brace, strut. – **4.** ⟨*only sg*⟩ *civ.eng.* (*des Betons*) consistency.

stei·fen ['ʃtaɪfən] **I** *v/t* ⟨h⟩ **1.** (*Muskel etc*) stiffen. – **2.** (*Wäsche etc*) starch, stiffen. – **3.** *tech. civ.eng.* *cf.* absteifen 1, 2. – j-m den Nacken (*od.* Rücken) ~ *fig.* to back s.o. up, to give s.o. moral support. – **II** S~ *n* ⟨-s⟩ **5.** *verbal noun.*

'Steif|,hal·ten *v/t* ⟨*irr, sep,* -ge-, h⟩ *only in* die Ohren (*od.* den Nacken) ~ *fig. colloq.* to keep a stiff upper lip.

'Steif·heit *f* ⟨-; *no pl*⟩ **1.** (*der Glieder etc*) stiffness. – **2.** (*bei Kälte*) numbness, stiffness. – **3.** (*bei Totenstarre*) stiffness, rigidity. – **4.** (*von Stoff, Material etc*) stiffness, hardness. – **5.** (*von gestärkter Wäsche*) starchiness, stiffness. – **6.** (*von Brei etc*) stiffness, consistency. – **7.** (*von Bewegung, Gang etc*) stiffness, stiltedness. – **8.** (*des Penis*) erectness, erection. – **9.** *fig.* (*von Benehmen etc*) stiffness, stiltedness, formality, starchiness. – **10.** *tech. cf.* Steife 2. – **11.** *civ.eng. cf.* Steife 4.

'Stei·fig·keit *f* ⟨-; *no pl*⟩ **1.** *tech. civ.eng. cf.* Steife 2, 4. – **2.** *bes. tech.* (*dem Stoff eigentümliche*) stiffness.

'steif|,lei·nen *adj fig.* (*förmlich*) buckram, stiff, formal, starchy. — S~,lei·nen *n*, S~,lein,wand *f* (*textile*) buckram, stiffener, stiffening.

'Stei·fung *f* ⟨-; *no pl*⟩ **1.** *cf.* Steifen. – **2.** *cf.* Versteifung 2.

'Steif,wer·den *n bes. med.* **1.** (*der Gelenke etc*) stiffening, ankylosis (*scient.*). – **2.** (*einer Leiche*) cadaveric rigidity, rigor mortis (*scient.*). – **3.** (*des Penis*) erection.

Steig [ʃtaɪk] *m* ⟨-(e)s; -e⟩ (narrow) (foot)path. — **~,bö** *f aer.* bump, rising (*od.* ascending) gust.

'Steig,bü·gel *m* **1.** (*für den Reiter*) stirrup: j-m den ~ halten a) to hold s.o.'s stirrup, b) *fig.* (*in seiner Karriere etc*) to help s.o. on, to give s.o. a leg up. – **2.** *med.* (*Gehörknöchel*) stirrup, stapes (*scient.*). — **~,hal·ter** *m fig.* mainstay. — **~,mus·kel** *m med.* stapedius. — **~,rie·men** *m* stirrup leather (*od.* strap).

Stei·ge¹ ['ʃtaɪɡə] *f* ⟨-; -n⟩ *obs. for* Steigung 2.

'Stei·ge² *f* ⟨-; -n⟩ *bes. Southern G. and Austrian* **1.** (*für Obst*) hamper. – **2.** (*für Kleintiere, bes. für Transport*) crate. – **3.** (*Kleintierstall*) pen.

'Steig,ei·sen *n* ⟨-s; -⟩ **1.** (*eines Bergsteigers*) crampon, climbing iron. – **2.** (*eines Elektrikers etc*) climbing iron, climber. – **3.** (*an Leitungsmasten*) pole climber. – **4.** (*in Schornsteinen, Mauern etc*) climbing iron.

stei·gen ['ʃtaɪɡən] **I** *v/i* ⟨steigt, stieg, gestiegen, sein⟩ **1.** step, get: an Land ~ to step (*od.* go) ashore; auf das Podium ~ to step up on to the platform, to mount the platform; aufs Pferd [Fahrrad] ~ to mount (*od.* get on [to]) one's horse [bicycle]; vom Pferd [Fahrrad] ~ to dismount from (*od.* get off) one's horse [bicycle]; aus dem Wasser ~ to come out of the water; aus dem Bus ~ to step (*od.* get) off (*od.* out of) the bus, to alight from the bus; aus dem Auto ~ to step (*od.* get) out of the car; aus dem Bett ~ to get out of bed; in den Keller ~ to go down into the cellar; in das Flugzeug [den Bus, den Zug] ~ to step (*od.* get) on to (*od.* into) the plane [bus, train], to board the plane [bus, train]; in die Badewanne ~ to step (*od.* get) into the bathtub; in die Kleider ~ to get into one's clothes, to get dressed; ins Examen ~ *fig. colloq.* to take one's examination; vom Stuhl ~ to get off a chair; → Dach 5. – **2.** (*aufwärts gehen*) (*od.* walk) uphill: seit ihrer Krankheit kann sie schlecht ~ since her illness she has had difficulty going uphill. – **3.** (*klettern, auch bei Skiwanderungen*) climb: auf einen Berg [eine Leiter] ~ to climb (up) (*od.* ascend) a mountain [ladder]; durchs Fenster ~ to climb through the window; über eine Mauer ~ to climb over (*od.* scale) a wall. – **4.** (*von Tränen etc*) rise: (die) Tränen stiegen ihr in die Augen tears rose to her eyes, tears welled up in her eyes; das Blut stieg ihm ins Gesicht blood rushed to his face, his colo(u)r rose; der Duft stieg ihm in die Nase the smell went up his nose; → Kopf *Verbindungen mit Präpositionen*. – **5.** (*von Pferden*) rear (up), rise on its hind legs. – **6.** (*von Vögeln, Ballons, Raketen etc*) rise (up), soar, climb (up), mount, ascend: (einen) Drachen ~ lassen to fly a kite; eine Rakete ~ lassen (*zu Silvester*) to let off (*od.* to fire) a rocket. – **7.** (*von Flugzeugen*) climb, soar, (*schnell, hoch*) *auch* zoom: auf 3000 Fuß ~ to climb to 3,000 feet. – **8.** (*von der Sonne, Rauch etc*) rise, ascend: der Nebel steigt a) the fog rises, b) (*löst sich auf*) the fog lifts. – **9.** (*von*

Straße, Gelände etc) rise, climb, mount, ascend. – **10.** (*von Wasser, Flut etc*) rise, swell: der Fluß stieg über seine Ufer the river rose above its banks. – **11.** (*von Barometer, Temperatur etc*) rise, climb, mount, increase. – **12.** (*von Fieber*) rise, go up. – **13.** (*von Anzahl, Menge etc*) rise, increase, go up, mount. – **14.** (*von Preisen, Kursen etc*) rise, increase, advance, go (*od.* move, run) up, climb, improve: die Kurse sind gestiegen the market has risen; im Preis [Wert] ~ to rise in price [value], to be rising; der Preis (der Ware) ist um das Doppelte gestiegen the price (of the article) rose (*od.* has risen) to double the amount (*od.* rose by 100 percent), the article (has) doubled in price; die Produktion stieg von ... auf ... production advanced from ... to ...; sprunghaft ~ to soar, to (sky)rocket. – **15.** (*von Rang, Wertschätzung etc*) rise, go up: sie ist in meiner Achtung gestiegen she has risen in my esteem, she has gone up in my estimation. – **16.** (*von Ungeduld, Spannung, Stimmung etc*) rise, mount, grow, increase. – **17.** *colloq.* (*von Veranstaltungen etc*) come off: wann steigt die Party heute abend? when is the party coming off tonight? eine Rede ~ lassen to launch a speech. – **18.** *math.* a) (*von Kurven etc*) ascend, b) (*von Werten*) increase, rise. – **19.** *med.* (*von Blutdruck*) increase. – **20.** *hunt.* (*vom Gams-, Steinwild*) climb. – **21.** (*von Fischen*) swim upriver. – **II** *v/t* **22.** climb, mount, ascend, go up: Treppen ~ to climb stairs; auf der Erfolgsleiter eine Stufe höher ~ *fig.* to move up a step on the ladder (of success). – **III** S~ *n* ⟨-s⟩ **23.** *verbal noun.* – **24.** (*von Vögeln, Ballons etc*) rise, soar, climb, ascent, ascension. – **25.** (*von Flugzeugen*) climb, soar, (*schnelles, hohes*) *auch* zoom. – **26.** (*von der Sonne, Rauch etc*) rise, ascent, ascension. – **27.** (*von Wasser etc*) rise, swell. – **28.** (*von Straße etc*) rise, climb, ascent, ascension. – **29.** (*von Temperatur, Anzahl, Menge etc*) increase. – **30.** (*von Preisen etc*) rise, increase, climb, advance, upward movement, *Am. colloq.* hike: das S~ der Kohlepreise the rise in (the) price of coal; das S~ und Fallen der Aktien the rise and fall (*od.* the upward and downward movement) of shares (*bes. Am.* stocks), the ups and downs of share prices; im S~ begriffen sein to be on the rise (*od.* increase), to be climbing. — **'stei·gend I** *pres p.* – **II** *adj* **1.** (*Bedeutung, Interesse etc*) increasing, growing, mounting. – **2.** *econ.* a) (*Kosten, Preise etc*) rising, increasing, advancing, b) (*Kurstendenz*) upward, bullish. – **3.** (*Blutdruck, Fieber*) rising. – **4.** (*Alter*) increasing, advancing.

'Stei·ger *m* ⟨-s; -⟩ **1.** (*mining*) deputy. – **2.** *metall.* (*in der Gießerei*) riser (feeding) head.

'Stei·ge·rer *m* ⟨-s; -⟩ *econ.* (*bei Auktionen*) bidder.

stei·gern ['ʃtaɪɡərn] **I** *v/t* ⟨h⟩ **1.** (*vermehren, erhöhen*) increase, augment, heighten: die Auflage (einer Zeitung) ~ to increase the circulation; die Geschwindigkeit ~ to increase speed, to accelerate; die Lautstärke ~ to increase (*od.* raise) the volume; die Fassung steigert (noch) den Wert des Steins the setting increases (*od.* adds to) the value of the stone. – **2.** (*intensivieren*) heighten, intensify, increase: ihre Gelassenheit steigerte seinen Ärger bis zur Raserei her calmness heightened his anger to rage; ihre Schönheit wurde durch das Kleid gesteigert her beauty was heightened (*od.* enhanced) by the dress, the dress added to her beauty. – **3.** (*verbessern*) improve, better: er muß seine Leistungen (in der Schule) ~ he must improve his work (at school). – **4.** (*verschlimmern*) aggravate. – **5.** *econ.* a) (*Preise, Löhne, Ausfuhr etc*) increase, raise, mark up, advance, *Am. colloq.* up, b) (*Produktion, Leistung etc*) increase, step up, *Am. colloq.* up. – **6.** *ling.* (*Adjektive, Adverbien*) compare. – **II** *v/i* **7.** (*bei Auktionen*) bid. – **III** *v/reflex* sich ~ **8.** (*sich vermehren*) increase, heighten, augment. – **9.** (*sich intensivieren*) heighten, grow, increase, intensify. – **10.** (*sich verbessern*) improve, better: in diesem Jahr hat sie sich (in ihren Leistungen) erstaunlich gesteigert she has improved remarkably (in her work) this year. – **11.** (sich verschlimmern) become worse (od. aggravated). – **12.** econ. a) (von Preisen etc) rise, increase, advance, go (od. move) up, climb, improve, b) (von Produktion etc) increase, step up. – **IV S~** n ⟨-s⟩ **13.** verbal noun. – **14.** increase, augmentation. – **15.** intensification, increase. – **16.** improvement, betterment. – **17.** aggravation. – **18.** econ. increase, (des Gehaltes) raise. – **19.** ling. comparison. — **'Stei·ge·rung** f ⟨-; -en⟩ **1.** cf. Steigern. – **2.** (Vermehrung, Erhöhung) increase, augmentation, growth. – **3.** (Intensivierung) intensification, increase, enhancement. – **4.** (Verbesserung) improvement. – **5.** (Verschlimmerung) aggravation. – **6.** econ. a) (der Preise etc) increase, rise, advance, upward movement, improvement, b) (der Produktion, Leistung etc) increase, step-up. – **7.** ling. (next) degree of comparison: „schöner' ist die ~ von ,schön' 'schöner' is the comparative of 'schön'. – **8.** (literature) (rhetorische) climax.

'Stei·ge·rungs|,grad m, **~,stu·fe** f ling. degree of comparison.

'Steig|,fä·hig·keit f **1.** aer. climbing ability (od. power). – **2.** auto. hill-climbing ability, gradability. — **~,fell** n meist pl (am Ski) sealskin, climber, auch creeper. — **~,flug** m aer. climb, climbing flight: **steiler ~** steep climb. — **~ge,schwin·dig·keit** f rate of climb, climbing speed. — **~,gurt** m (am Ski) climber, auch creeper. — **~,hö·he** f **1.** aer. height of climb, altitude. – **2.** mil. (Schußhöhe) vertical range. — **~,lei·stung** f aer. **1.** (des Triebwerks) climb power. – **2.** (eines Flugzeugs) rate of climb, climb performance. — **~,lei·ter** f stepladder. — **~,lei·tung** f **1.** electr. rising main. – **2.** tech. cf. Steigrohr. — **~,rad** n (einer Uhr) balance wheel. — **~,rie·men** m (am Sattel) stirrup leather (od. strap). — **~,rohr** n tech. (für Wasser, Gas etc) standpipe, rising main, Am. riser.

'Steig-|,und 'Gleit,wachs n (für Skilanglauf) climbing and gliding wax. — **~,und 'Sink·ge,schwin·dig·keits,mes·ser** m aer. rate of climb indicator.

'Stei·gung f ⟨-; -en⟩ **1.** cf. Steigen. – **2.** (Steigungsgrad) gradient, incline, ascent, Am. grade: die Straße hat eine ~ von 15% the road has a gradient of 15%. – **3.** (ansteigender Weg, Hang etc) gradient, incline, (up)grade. – **4.** tech. a) (eines eingängigen Gewindes) lead, b) (eines mehrgängigen Gewindes) pitch, c) (einer Rampe) slope, d) (eines Kegels) taper, e) (einer Feder) pitch. – **5.** aer. (einer Luftschraube) pitch.

'Stei·gungs|,mes·ser m tech. (in)clinometer, climb indicator, gradometer. — **~,win·kel** m **1.** (einer Straße etc) angle of gradient (od. inclination, Am. grade). – **2.** aer. a) angle of climb, b) (einer Luftschraube) pitch angle. – **3.** tech. a) (einer Schraube, Schnecke etc) helix angle, b) (eines eingängigen Gewindes) lead angle.

'Steig,wachs n (für Ski) climbing wax.

steil [ʃtaɪl] **I** adj ⟨-er; -st⟩ **1.** (Berg, Weg, Abgrund etc) steep, precipitous, precipitate: **~e Steigung** steep (od. sharp) gradient; **ein ~er Abfall** a steep (od. an abrupt, a sheer) drop; **~es Ufer** steep bank, bluff. – **2.** (Schrift) tall, vertical. – **3.** fig. (Karriere etc) fast, rapid. – **4.** **ein ~er Zahn** fig. colloq. cf. Zahn 6. – **II** adv **5.** steeply, precipitously: **~ ansteigen** a) (von Berg, Straße etc) to rise (od. ascend) steeply, to steepen, b) (von Preisen etc) to rise (od. increase, advance) steeply, to soar, to (sky)rocket; **das Flugzeug stieg ~ auf** the plane climbed (up) steeply, the plane zoomed (up); **~ abfallen** to descend (od. drop) steeply, to rise, to precipitate; **der Weg führte ~ bergauf [bergab]** the path led steeply uphill [downhill]. — **S~,ab,fall** m steep (od. precipitous, abrupt) drop, precipice, escarpment. — **'Stei·le** f ⟨-; -n⟩ **1.** ⟨only sg⟩ rare for Steilheit. – **2.** cf. Steilhang. — **'Steil,feu·er** n mil. high-angle fire. — **~ge,schütz** n high-angle (od. high-trajectory) gun. — **'Steil,hang** m precipice, steep slope (od. gradient). — **'Steil·heit** f ⟨-; no pl⟩ **1.** (eines Weges, Abgrunds etc) steepness, precipitousness, sheerness, abruptness. – **2.** (einer Hand-

schrift) tallness. – **3.** fig. (der Karriere etc) fastness, rapidity, rapidness. – **4.** electr. (einer Röhre) mutual conductance, transconductance. – **5.** phot. (einer Emulsion) steepness.

'Steil|,kur·ve f aer. steep turn, (in Bodennähe) auch ground loop. — **~,kü·ste** f geogr. steep coast, bluff. — **~,paß** m (sport) (beim Fußball etc) through pass. — **~,schrift** f tall (od. vertical) writing. — **~,ufer** n geogr. steep bank, bluff. — **~,vor,la·ge** f (sport) cf. Steilpaß. — **~,wand** f (im Gebirge) steep face (od. precipice). — **~,wand,fah·rer** m (auf Volksfesten etc) wall-of-death rider.

Stein [ʃtaɪn] m ⟨-(e)s; -e⟩ **1.** (natürliches Gestein) stone: **ein Denkmal aus ~** a stone monument, a monument of stone; **etwas in ~ hauen** to carve s.th. in stone; **~ werden** (od. erstarren) auch fig. to petrify; **sie hat ein Herz aus** (od. lit. von) **~** fig. she has a heart of stone. – **2.** (Baugestein) brick, building stone. – **3.** (Gesteinsstück) stone: **kleine ~e** small stones, pebbles; **ein behauener ~** a) (grob) a hewn stone, b) (künstlerisch) a carved stone; **~e brechen** to break stones; **der ~ der Weisen** auch fig. the philosophers' (auch philosopher's) stone; **der ~ des Anstoßes** fig. the stumbling block; **der Krieg ließ hier keinen ~ auf dem andern** war did not leave a stone standing; **es blieb kein ~ auf dem andern** there was not a stone left standing; **~e [den ersten Stein] auf j-n werfen** fig. to throw (od. cast) stones [the first stone] at s.o.; **j-m ~e in den Weg legen** fig. to put obstacles in s.o.'s way, to put a spoke in s.o.'s wheel; **j-m alle ~e aus dem Weg räumen** fig. to pave the way for s.o., to remove all obstacles from s.o.'s path; **den ~ ins Rollen bringen** fig. to start the ball rolling, to get things going (od. under way); **damit kam der ~ ins Rollen** fig. this set the ball rolling; **mir fällt ein ~ vom Herzen!** fig. that takes a load (od. weight) off my mind; **ihre Tränen könnten einen ~ erbarmen** (od. erweichen) colloq. her tears could melt a heart of stone; **das ist wie** (od. nur) **ein Tropfen auf den** (od. einen) **heißen ~** fig. that's only a drop in the bucket (od. ocean); **über Stock und ~ laufen** to run over hedge and ditch; **er schwor ~ und Bein** colloq. he swore black and blue (colloq.), he swore by all that's holy; **es friert ~ und Bein** colloq. it is freezing hard, it is freezing (od. bitterly) cold; → Tropfen 5. – **4.** (Grabstein) (grave)stone, (tomb)stone. – **5.** (Gedenkstein) (memorial) stone. – **6.** (Edelstein) (precious) stone, (geschliffen) jewel, gem: **dir würde** (auch) **kein ~ aus der Krone fallen** fig. colloq. it wouldn't kill (od. hurt) you, it wouldn't break your back. – **7.** (einer Uhr) ruby. – **8.** (im Feuerzeug) flint. – **9.** (Bierkrug) stein, (beer) mug. – **10.** (games) a) cf. Damestein, b) cf. Schachfigur, c) cf. Dominostein 1: → Brett 1. – **11.** bot. agr. (bei Steinobst) stone, kernel. – **12.** med. (Gallen-, Nierenstein etc) stone: concretion, calculus (scient.). — **~,acker** (getr. -k·k-) m agr. stony field. — **~,ad·ler** m zo. golden eagle (Aquila chrysaetos). — **s~'alt** adj colloq. (as) old as the hills (od. as Methuselah). — **s~,ar·tig** adj bes. min. stony, auch stoney, stonelike; lithoid, auch lithoidal (scient.). — **~,axt** f hist. stone ax(e). — **~,bank** f **1.** stone seat (od. bench). – **2.** geol. stone bed. — **'Stein,bau** m ⟨-(e)s; -ten⟩ arch. **1.** ⟨only sg⟩ (natural) stone construction method. – **2.** cf. Steinbauwerk. — **~,ka·sten** m box of (toy) bricks. — **~,wei·se** f arch. cf. Steinbau 1. — **~,werk** n (natural) stone structure. — **'Stein|,bei·ßer** [-,baɪsər] m ⟨-s; -⟩ zo. groundling (Cobitis taenia). — **~be,klei·dung** f civ.eng. arch. stone lining (od. facing, surfacing). — **~be,schrei·bung** f geol. petrography. — **~,bet·tung** f civ.eng. (beim Straßenbau) stone bed(ding). — **~,bild** n (art) stone statue. — **~,bil·dung** f med. formation of stones (od. scient. calculi), stone formation; lithogenesis, lithiasis (scient.). — **~,block** m block of stone. — **~,bock** m **1.** zo. (Alpensteinbock) rock goat, ibex (Capra ibex): **Nubischer ~** jaal (od. Nubian) goat (C. ibex nubiana). – **2.** astr. astrol. Capricorn: **Wendekreis des ~s** Tropic (auch tropic) of Capricorn. — **~,bo·den** m **1.** (im Haus etc) stone floor.

– **2.** agr. stony soil. — **~,boh·rer** m **1.** tech. rock drill, stone bit. – **2.** civ.eng. masonry drill. — **~,brand** m bot. bunt, auch stinking smut (Tilletia caries od. T. foetida). — **~,brech** [-,brɛç] m ⟨-(e)s; -e⟩ breakstone, saxifrage (scient.) (Gattg Saxifraga). — **~,brecher** m **1.** tech. (als Maschine) rock (od. stone) crusher. – **2.** cf. Steinbrucharbeiter. — **~,brech·ge,wäch·se** pl bot. saxifrages (Fam. Saxifragaceae). — **~,brocken** (getr. -k·k-) m (piece of) stone, (lump of) stone, (größerer) boulder. — **'Stein,bruch** m quarry. — **~,ar·bei·ter** m quarryman, quarrier. — **~be,sit·zer** m quarry-owner, owner of a quarry (od. of quarries). — **'Stein|,brücke** (getr. -k·k-) f stone bridge. — **~,butt** m zo. turbot (Psetta maxima). — **'Stein,chen** n ⟨-s; -⟩ **1.** dim. of Stein. – **2.** (Kieselstein etc) pebble. — **'Stein|,damm** m mar. **1.** (Staudamm) rock fill dam. – **2.** (Deich) stone dike (od. dyke). – **3.** (Hafendamm) rock fill embankment, breakwater, mole, jetty. — **~,dros·sel** f zo. cf. Steinrötel. — **~,druck** m ⟨-(e)s; -e⟩ print. **1.** ⟨only sg⟩ (Verfahren) lithography, lithographic printing. – **2.** (Bild) lithograph. — **~,drucker** (getr. -k·k-) m lithographer, lithographic printer. — **~,drucke,rei** (getr. -k·k-) f **1.** lithographic printing office, lithographic printery, litho works pl (construed as sg or pl). – **2.** ⟨only sg⟩ cf. Steindruck 1. — **~,ei·be** f bot. podocarpus (Gattg Podocarpus). — **~,ei·che** f chestnut oak, durmast, auch durmast oak (Quercus petraea). — **~,ein,klem·mung** f med. impaction. — **~,er,bar·men** n fig. colloq. cf. Steinerweichen.

'stei·nern adj **1.** (of) stone: **eine ~e Brücke** a stone bridge. – **2.** fig. stony, auch stoney, rocky: **sie hat ein ~es Herz** she has a heart of stone. – **3.** fig. (Miene etc) stony, auch stoney.

'Stein|er,wei·chen n only in **zum ~** fig. colloq. (enough) to melt a heart of stone: **sie weinte zum ~** her tears were enough to melt a heart of stone. — **s~er,wei·chend** adj colloq. (Schluchzen etc) heart-rending, tugging (od. tearing, pulling) at the heartstrings. — **~,fall** m (mining) (Unfallursache) falls pl of ground. — **~,fi·gur** f (art) stone statue. — **~,flachs** m min. mountain flax, asbestos, auch asbestus (scient.). — **~,flie·ge** f zo. stone fly (Ordng Plecoptera). — **~,flie·se** f (Steinplatte) flag(stone). — **s~,fres·send** adj zo. lithophagous. — **~,frucht** f bot. stone fruit, drupe (scient.). — **s~,frucht,ar·tig** adj drupaceous. — **~,fuß,bo·den** m stone floor.

'Stein,gar·ten m hort. rock garden, rockery, rockwork. — **~,pflan·ze** f bot. rock plant. — **'Stein,ge,röll** n rubble, shingle. — **~,grab** n archeol. (bes. in England) barrow, (bes. in Irland, Wales) cromlech. — **s~,grau** adj stone-gray (bes. Br. -grey), crystal-palace green. — **'Stein,gut** n ⟨-(e)s; -e⟩ **1.** (Material) earthenware. – **2.** (Geschirr) crockery, earthenware, stoneware. — **~ge,schirr** n cf. Steingut 2. — **'Stein|,ha·gel** m fig. shower of stones. — **s~'hart** adj (as) hard as stone, stony, auch stoney, petrous (scient.). — **~,haue** f tech. (stone) pick, stone sledge. — **~,hau·er** m cf. Steinmetz. — **~,hau·fen** m heap of stones. — **~,holz** n min. magnesite composition, xylolith (TM). — **~,huhn** n zo. rock partridge (Alectoris graeca). — **~,hum·mel** f zo. black bumble-bee (Bombus lapidarius).

'stei·nig adj **1.** (Weg, Gelände etc) stony, auch stoney, full of stones. – **2.** med. stony, auch stoney, calculous (scient.).

stei·ni·gen ['ʃtaɪnɪgən] **I** v/t ⟨h⟩ stone, lapidate (archaic). – **II S~** n ⟨-s⟩ verbal noun. — **'Stei·ni·gung** f ⟨-; -en⟩ **1.** cf. Steinigen. – **2.** lapidation.

'Stein,kauz m zo. little owlet (Athene noctua). — **~,kern** m (zylindrischer) ~ geol. (eines Baums der Steinkohlenflora) coal pipe. — **~,kitt** m civ.eng. cement for stone. — **~,klee** m bot. sweet clover, auch melilot (Gattg Melilotus): **Weißer** (od. Weißblühender) **~** white sweet clover, tree (od. Bokhara) clover, auch white melilot (M. albus). — **~,klop·fer** m civ.eng. (beim Straßenbau etc) stone breaker.

'Stein,koh·le f mineral (od. hard, pit, bituminous) coal.

'Stein,koh·len,asche f ashes pl of mineral coal. — ~,**becken** (getr. -k·k-) n (mining) hard-coal basin. — ~,**berg,bau** m ⟨-(e)s; no pl⟩ hard-coal mining. — ~,**berg,werk** n hard-coal mine, auch colliery. — ~,**flöz** n hard-coal seam. — ~,**för·de·rung** f hard-coal extraction (od. production, output). — ~,**for·ma·ti,on** f geol. Carboniferous system. — ~,**gas** n coal gas. — ~,**gru·be** f (mining) coal mine, pit. — s.,**hal·tig** adj (Schicht etc) carboniferous, auch carbonaceous. — ~,**hei·zung** f tech. hard-coal heating, mineral- (od. bituminous-)coal heating. — ~,**re,vier** n (mining) hard-coal district, coalfield. — ~,**teer** m tech. coal tar. — ~,**vor,kom·men** n (mining) hard-coal deposit. — ~,**zeit** f geol. cf. Karbon.

'Stein,kor·al·le f zo. cf. Riffkoralle. — ~,**krank·heit** f med. cf. Steinleiden. — ~,**kraut** n bot. alyssum, alison (Gattg Alyssum). — ~,**krebs** m zo. (eine Flußkrebsunterart) stone crayfish (Potamobius astacus torrentium). — ~,**krug** m 1. stone (od. earthen) jar, (mit Henkel) stone (od. earthen) jug (bes. Am. pitcher). - 2. (Bierkrug) stone (od. earthen) mug, stein. — ~,**ku·gel** f 1. stone ball. - 2. pl obs. (Geschosse) stone shot sg. — ~,**kun·de** f min. geol. cf. Gesteinskunde. — ~,**kun·di·ge** m ⟨-n; -n⟩ cf. Gesteinskundige. — ~,**la·wi·ne** f avalanche of stones (od. rocks). — ~,**lei·den** n med. calculosis, lithiasis, (der Harnorgane) urolithiasis. — ~,**lin·de** f bot. mock privet, jasmine box (Gattg Phillyrea). — ~,**lun·ge** f med. masons' (od. stonecutters') lung; silicosis, calcicosis (scient.). — ~,**mann** m (als Wegorientierung) cairn, auch carn. — ~,**mar·der** m zo. stone (auch beech) marten (Martes foina). — ~,**mau·er** f 1. stone wall. — ~,**mei·ßel** m 1. tech. (Werkzeug) stone (od. brick) chisel. - 2. (des Bildhauers) stone carver's chisel. — ~,**mer·gel** m min. marlstone.

'Stein,metz [-,mɛts] m ⟨-en; -en⟩ stonemason, stonecutter, stoneman.

'Stein,nuß f bot. cf. Elfenbeinnuß. — ~,**obst** n ⟨-(e)s; no pl⟩ stone fruit(s pl). — ~,**öl** n ⟨-(e)s; no pl⟩ min. cf. Erdöl. — ~,**ope·ra·ti,on** f med. lithotomy, lithectomy. — ~,**packung** (getr. -k·k-) f civ.eng. (im Straßenbau) pitched slope, hand-placed stone riprap. — ~,**pap·pe** f (paper) fireproof pasteboard. — ~,**pfad** m rocky path. — ~,**pflan·ze** f bot. saxicoline (od. saxicolous, saxatile) plant. — ~,**pfla·ster** n 1. civ.eng. (einer Straße) stone sett pavement. - 2. (mit Steinplatten) block pavement. — ~,**picker** (getr. -k·k-) [-,pɪkər] m ⟨-s; -⟩ zo. sea poacher (Agonus cataphractus). — ~,**pilz** [,**Ech·ter**] m bot. edible boletus, flat mushroom, cepe, auch cep (Boletus edulis). — ~,**pla·stik** f ⟨-; -en⟩ 1. (art) stone sculpture. - 2. ⟨only sg⟩ civ.eng. (fugenloser Wandbelag) jointless wall facing (od. lining). — ~,**plat·te** f arch. civ.eng. (stone) slab, flag(stone): einen Weg mit ~n auslegen to pave a path with flagstones. — ~,**plat·ten,weg** m path paved with (stone) slabs (od. flagstones). — ~,**quen·del** m bot. basil thyme (Satureja acinos). — ~,**re·gen** m fig. rain of stones.

'stein,reich[1] adj (reich an Steinen) rich in (od. full of) stones.

'stein,reich[2] adj fig. colloq. (sehr reich) rolling in (od. loaded with, rotten with) money (colloq.), immensely rich.

'Stein,rol·ler m zo. (amer. Karpfenfisch) stone roller (Campostoma anomalum).

'Stein,rö·tel m ⟨-s; -n⟩ zo. rock thrush (od. shrike) (Monticola saxatilis).

'Stein,sä·ge f tech. stone-cutting saw.

'Stein,salz n ⟨-es; no pl⟩ min. rock salt, halite (scient.). — ~,**la·ger** n rock salt (od. scient. halite) deposit, bed of rock salt.

'Stein,sa·men m bot. stoneweed, stoneseed (Gattg Lithospermum): Echter ~ gromwell (L. officinale). — ~,**samm·lung** f collection of stones. — ~,**sarg** m stone coffin, sarcophagus. — ~,**säu·le** f 1. stone column. - 2. archeol. (Druidenstein) menhir. — ~,**schicht** f layer of stone(s).

'Stein,schlag m 1. (im Gebirge) rockfall: „~" (Verkehrszeichen) "falling or fallen rocks"; bei ~ in (the) case of rockfall (od. of falling rocks). - 2. ⟨only sg⟩ civ.eng. cf. Steinschotter.

'Stein,schlä·ger,lun·ge f med. stonecutters' lungs pl.

'Stein,schlag|ge,fahr f danger of rockfall (od. of falling rocks): „Vorsicht, ~!" "Beware of falling rocks!" — ~,**ham·mer** m tech. stone breakers' hammer.

'Stein|,schlei·fer m tech. 1. stone polisher. - 2. (Maschine) stone-rubbing machine. — ~,**schleu·der** f 1. sling, Br. catapult, Am. slingshot. - 2. mil. hist. (Katapult) stone-throwing catapult (od. sling). — ~,**schloß** n mil. hist. (am Gewehr) flintlock. — ,**schmät·zer** m zo. wheatear, fallow chat (Oenanthe oenanthe).

'Stein|,schnei·de,kunst f (jewelry) (art of) gem carving (od. cutting), glyptography (scient.). — **'Stein,schnei·der** m gem carver (od. cutter), lapidary.

'Stein,schnitt m 1. med. lithotomy. - 2. civ.eng. cutting of stones. — ~,**la·ge** f med. dorsosacral (od. lithotomy) position.

'Stein|,schot·ter m civ.eng. (beim Straßenbau etc) ballast: eine Straße mit ~ belegen to cover a road with ballast, to ballast a road. — ~,**schrift** f print. grotesque. — ~,**schutt** m 1. civ.eng. rubble. - 2. geol. rubble, detritus (scient.). — ~,**set·zer** m civ.eng. (Pflasterer) paver, pavior, bes. Br. paviour. — ~,**sockel** (getr. -k·k-) m 1. (eines Denkmals etc) stone socle (od. base, pedestal). - 2. (eines Bauwerks) plinth, bes. Am. base course. — ~,**spalt,ham·mer** m tech. stone sledge. — ~,**ta·fel** f (an Denkmälern etc) stone tablet, plaque, auch placque. — ~,**topf** m earthenware pot. — ~,**wäl·zer** m zo. turnstone (Arenaria interpres). — ~,**wels** m zo. madtom (Gattg Noturus). — ~,**werk,zeug** n archeol. (der Steinzeit) stone tool, eolith (scient.). — ~,**wild** n hunt. ibex. — ~,**wol·le** f tech. rock wool. — ~,**wurf** m stone's throw: das Haus ist nur einen ~ weit (od. entfernt) the house is only a stone's throw away (od. is within a stone's throw). — ~,**wü·ste** f desert of stones (od. rocks). — ~,**zan·ge** f med. lithotomy forceps. — ~,**zeich·nung** f (art) cf. Lithographie.

'Stein,zeit f ⟨-; no pl⟩ geol. hist. Stone Age: ältere [mittlere, jüngere] ~ Pal(a)eolithic [Mesolithic, Neolithic] period. — **'stein,zeit·lich** adj (of the) Stone Age.

'Stein,zeit,mensch m anthrop. Stone Age man.

'Stein,zel·le f bot. (im Fruchtfleisch der Birne etc) brachysclereid, auch stone cell.

'Stein,zer,trüm·me·rer [-,trymərər] m ⟨-s; -⟩ med. (für Blasensteine etc) lithotrite, lithoclast. — **'Stein,zer,trüm·me·rung** f lithotrity.

Stei·rer ['ʃtaɪrər] m ⟨-s; -⟩ geogr. Styrian. — **'stei·risch** adj Styrian.

Steiß [ʃtaɪs] m ⟨-es; -e⟩ 1. med. cf. Steißbein. - 2. (Gesäß) buttocks pl, rump, breech. - 3. zo. a) rump, b) (eines Vogels) rump, uropygium (scient.), c) (bei Insekten) pygidium (scient.). — ~,**bein** n med. base of the spine, coccyx (scient.). — ~,**fuß** m zo. diver, dabchick (Fam. Podicipedidae). — ~**ge,burt** f med. breech delivery: eine ~ haben to deliver a breech. — ~,**huhn** n zo. 1. tataupa (Crypturellus tataupa). - 2. tinamou (Ordng Tinamiformes). — ~,**la·ge** f med. (eines Kindes) breech (presentation): in ~ liegen to present as a breech. — ~,**tromm·ler** m contempt. (Lehrer) seat tanner (colloq.). — ~,**wir·bel** m med. caudal (od. scient. coccygeal) vertebra.

Ste·le ['ʃte:lə; 'ʃtɛ:lə] f ⟨-; -n⟩ antiq. stele.

Stel·la·ge [ʃtɛ'la:ʒə] f ⟨-; -n⟩ 1. (Gestell) stand, rack. - 2. econ. cf. Stellagegeschäft. - 3. mar. a) cf. Stelling 3, b) staging. — ~**ge,schäft** n econ. put and call, Br. spread, Am. straddle.

'Stell,dich,ein n ⟨-(s); -(s)⟩ 1. rendezvous, tryst (lit.), date (colloq.): j-m ein ~ geben to arange a rendezvous with s.o., to date s.o. (colloq.). - 2. fig. (Treffen von Sportlern, Prominenten etc) meeting, Am. auch meet, rendezvous: die bedeutendsten Wissenschaftler gaben sich auf dem Kongreß ein ~ the most distinguished scientists had a rendezvous (od. get-together) at the congress.

Stel·le ['ʃtɛlə] f ⟨-; -n⟩ 1. place, spot, locality: er saß noch immer an derselben ~ he was still sitting in the same place (od. on the same spot); das Buch steht an der falschen ~ the book is in the wrong place; das gehört nicht an diese ~ a) this is not the right (od. proper) place for that, that does not belong here, b) fig. (ist hier unangebracht) this is not the place for that, that's quite out of place here; da bist du bei mir an der richtigen ~! fig. colloq. you've come to the right place (od. person, colloq. man)! er fand sich an Ort und ~ ein he arrived on the spot; wir sind an Ort und ~ (am Ziel) we are at our destination, we're here (colloq.); ich erledige das gleich an Ort und ~ (gleich hier) I'll do that here and now; etwas an Ort und ~ legen to put s.th. in its proper place; an dieser ~ ist das Unglück geschehen the accident happened at this place (od. on this site); ich weiß eine wunderbare ~ für ein Picknick I know a marvel(l)ous spot for a picnic, I know a wonderful picnic site; eine kahle ~ im Wald a bare place (od. area) in the forest; an verschiedenen ~n des Dorfes brach Feuer aus fire broke out at several places (od. points) in the village; eine schadhafte ~ im Straßenbelag a damaged place (od. area) on the road surface; sie hat eine wunde ~ am Arm she has a sore (spot) on the arm; das ist seine schwache ~ fig. that's his sore point (od. tender spot); seine Argumentation hat einige schwache ~n fig. his argumentation has some weak points (od. has its weaknesses, has its deficiencies); an dieser ~ steht sonst immer der Eisverkäufer this is the place where the ice-cream man usually stands, this is usually the ice-cream man's stand; ich kann den Schrank nicht von der ~ rücken I can't move the cupboard (an inch); er kommt nicht von der ~ auch fig. he's making no headway (od. progress), he's getting nowhere, he's not getting on (od. anywhere); die Verhandlungen kamen nicht von der ~ the negotiations were making no headway (od. were getting nowhere, were deadlocked); wir wagten uns nicht von der ~ zu rühren we did not dare (to) move (od. stir) (from the spot); rühr dich nicht von der ~! don't (you) dare (to) move! sie wichen nicht von der ~ a) (von ihrem Platz) they did not move from their place, b) (im Kampf) they did not give way; die Polizei war sofort zur ~ the police were on the spot immediately; etwas zur ~ schaffen fig. (beschaffen, organisieren) to produce s.th.; er ist immer zur ~, wenn man ihn braucht he is always there (od. at hand) when he is needed; sich [bei j-m] zur ~ melden bes. mil. to report (oneself present) [to s.o.]; Soldat K. zur ~! mil. Private K. present, sir! wer wird an seine ~ treten? who will take his place? who will replace him? sie haben dich an seine ~ gesetzt fig. they put you in his place, they substituted you for him, they replaced him by (od. with) you; Haß ist an die ~ der Liebe getreten hate has replaced love (od. has taken the place of love); an ~ von cf. anstelle; auf der ~ colloq. on the spot, immediately, at once, there and then; das Urteil wurde auf der ~ vollstreckt the sentence was carried out on the spot; er war auf der ~ tot he was killed instantly (od. outright); komm auf der ~ hierher! come here at once (od. this instant)! etwas auf der ~ erledigen to see to s.th. immediately (od. right away); auf der ~ treten mil. auch fig. colloq. to mark time; in der Diskussion trat man lange auf der ~ fig. colloq. they marked time for ages in the discussion (colloq.). - 2. (Standort) site, place, position, location: sie suchten nach einer passenden ~ für die Fabrik they looked for a suitable (building) site for the factory. - 3. (in einer Reihenfolge) place: der Verein steht in der Tabelle an 3. ~ the team is in 3rd place in the table; dieser Punkt steht (od. kommt) in meiner Liste an erster [letzter] ~ this item is (od. ranks) first [last] on my list; seine Mutter kommt bei ihm an erster ~ his mother comes first for him; an erster ~ möchte ich Herrn X nennen first and foremost I'd like to mention Mr. X. - 4. (in einem Text, Musikstück etc) passage: eine ~ aus einem Buch zitieren to quote a passage from a book. - 5. (Lage) position, place: ich möchte nicht an seiner ~ sein (od. stehen) I would not like to be in his position (od. place, shoes); ich an deiner ~ würde nicht hingehen if I were in your position (*od.* if I were you) I would not go; **versetz dich mal an meine** ~ put (*od.* place) yourself in my position, imagine you were in my position. – **6.** (*Posten, Arbeitsplatz*) post, position, place, situation; berth, billet, job (*colloq.*): **eine** ~ **suchen** to look for a post; **eine freie** (*od.* offene, unbesetzte) ~ a vacant (*od.* open, an unoccupied) position, a vacancy, an opening; **bei uns ist keine** ~ **frei** we have no vacancy; **sich um eine** ~ **als Fahrer bewerben** to apply for a post as a driver (*od.* for a driver's job); **die** ~ **ist schon besetzt** the vacancy has already been filled. – **7.** (*Amt, Dienststelle*) authority, agency, office: **die amtlichen** ~**n** the (official) authorities; **die halbamtlichen** ~**n** the semiofficial authorities; **sich bei der zuständigen** ~ **erkundigen** to ask (*od.* make inquiries of) the competent authorities; **selbst die höchsten** ~**n wußten nichts davon** even the highest-ranking authorities knew nothing about it. – **8.** **undichte** ~ *auch fig.* leak. – **9.** *math.* a) (*Ziffer*) figure, digit, b) (*Dezimalstelle*) place: **die Zahl 100 hat 3** ~**n** the number 100 has 3 figures; **die zweite** ~ **hinter dem Komma** the second place after the (decimal) point. – **10.** *med.* a) (*Sitz einer Krankheit, eines Leidens*) seat, location, b) *cf.* Bruchstelle.

'**Stellei·ste** (*getr.* -ll,l-) *f tech.* taper gib.

stel·len ['ʃtɛlən] **I** *v/t* ⟨h⟩ **1.** (*aufrecht hinstellen*) set (*s.th.*) up, stand (*s.th.*) (up), set (*od.* place) (*s.th.*) upright: **die Mutter stellte das Kind wieder auf die Füße** the mother set the child on its feet (*od.* stood the child up) again; **er versuchte, einen Schulchor auf die Beine zu** ~ *fig. colloq.* he tried to get a school choir going (*od.* to start a school choir). – **2.** (*Gegenstand etc*) put, set, place: **stell das Glas beiseite** (*od.* auf die Seite) put the glass aside; **eine Leiter an die Wand** ~ to put (*od.* lean) a ladder against the wall; **ein Kind in die Ecke** ~ (*zur Strafe*) to put a child in the corner, to make a child stand in the corner; **etwas über** (*acc*) **etwas** ~ *fig.* to put s.th. before (*od.* above) s.th., to value s.th. higher than s.th.; **er hat immer die Sache über die Person gestellt** *fig.* he has always considered the cause more important than the person(s) involved; **j-n über j-n** ~ *fig.* a) (*als Vorgesetzten*) to put s.o. above (*od.* over) s.o., to make s.o. s.o.'s superior, b) (*höher schätzen*) to value (*od.* esteem) s.o. more highly than s.o.; **j-n j-m zur Seite** ~ *fig.* to assign s.o. to s.o.; → **beiseite**; **Kopf** *Verbindungen mit Präpositionen*; **Licht** 1; **Schatten** 2; **Wand** 1. – **3. ein Auto in die Garage** ~ to put a car into the garage, to garage a car. – **4. ein Pferd in den Stall** ~ to put (*od.* lead) a horse into the stable, to stable a horse. – **5.** (*in Wendungen wie*) **etwas [j-n] unter j-s Aufsicht** ~ to place s.th. [s.o.] under s.o.'s supervision (*od.* care); **man kann die Leute nicht immer unter Aufsicht** ~ you can't supervise people all the time; **sich** (*dat*) **etwas vor Augen** ~ to imagine s.th.; **dem Leser wurde ein Bild des Chaos vor Augen gestellt** the reader was presented with a picture of chaos; **j-m etwas in Aussicht** ~ to lead s.o. to expect s.th.; **etwas unter Beweis** ~ (*Fähigkeiten, Behauptungen etc*) to prove (*od.* evidence) s.th., to put s.th. to the proof (*od.* test); **etwas zur Diskussion** ~ to put (*od.* bring) s.th. up for discussion; **etwas in j-s Ermessen** (*od.* Belieben) ~ to leave s.th. to s.o.'s discretion; **etwas in Frage** ~ a) (*anzweifeln*) to question (*od.* query) s.th., b) (*gefährden*) to jeopardize (*Br. auch* -s-) (*od.* endanger) s.th.; **j-n vor Gericht** ~ to bring s.o. to court (*od.* to trial), to put s.o. on (*bes. jur.* subject s.o. to) trial; **sie stellt ihr Kind immer in den Mittelpunkt** she always makes her child the center (*bes. Br.* centre) of attention; **er stellte diese Probleme in den Mittelpunkt seiner Rede** he focus(s)ed on these problems in his speech; **j-n vor ein Problem** ~ to confront s.o. with a problem; **sein Verhalten stellte mich vor ein Rätsel** his behavio(u)r puzzled me; **j-n zur Rede** ~ to make s.o. explain himself; **etwas zur Schau** ~ to put s.th. on display, to exhibit s.th.; **etwas unter Strafe** ~ to make s.th. punishable (by law); **j-m etwas zur Verfügung** ~ to put s.th. at s.o.'s disposal, to make s.th.

available to s.o.; **er stellte sein Amt zur Verfügung** he gave in (*od.* handed in, tendered) his resignation; **2 Themen zur Wahl** ~ to give (*od.* offer) a choice of 2 topics; → **Abrede** 1; **Bein** 1; **Dienst** 7, 22; **Probe** 5; **Rechnung** 6. – **6.** *gastr.* **etwas kalt** ~ a) (*Wein etc*) to put s.th. to cool, to put s.th. in a cool place, b) (*mit Eis kühlen*) to ice s.th.; **etwas warm** ~ (*Speisen etc*) to keep s.th. warm (*od.* hot). – **7.** (*anordnen*) arrange, set out: **wie sollen wir die Möbel** ~? how shall we arrange the furniture? – **8.** (*einstellen, schalten*) turn, put: **das Radio leiser** [**lauter**] ~ to turn the radio down [up]; **den Transformator auf Null** ~ to turn (*od.* put) the transformer to zero, to set the transformer at zero. – **9.** (*eine Uhr*) set: **stell die Wecker auf 7 Uhr** set the alarm (clock) at (*od.* for) 7; **seine Uhr nach dem Radio** ~ to set one's watch by the radio. – **10.** (*eine Szene für ein Bild*) pose, set (*s.th.*) up: **wir haben das Bild nur gestellt** we just posed the picture. – **11.** (*Fallen, Netze etc*) set, lay. – **12.** (*Fragen*) ask, put (forward), pose: **darf ich Ihnen eine Frage** ~? darf ich **eine Frage an Sie** ~? may I ask you a question? may I put a question to you? → **Frage** 1. – **13.** (*Bedingungen, Forderungen etc*) make, stipulate: **er stellte die Bedingung, daß** he made the condition that. – **14.** (*Ansprüche, Ansinnen etc*) make: **du stellst aber hohe Ansprüche!** you are very exacting (*od.* hard to please)! **einen Antrag** ~ a) (*bei einer Behörde*) to make (*od.* file) an application, b) *bes. pol.* (*bei einer Sitzung etc*) to raise (*od.* bring in, put forward, put) a motion; **einen Antrag auf** (*acc*) **etwas** ~ *bes. pol.* to move that s.th. be done. – **15.** (*eine Frist, einen Termin etc*) set, fix, appoint. – **16.** (*eine Aufgabe, ein Thema etc*) set: **j-m eine schwere Aufgabe** ~ to set s.o. a difficult task; (**j-m**) **ein Ultimatum** ~ *bes. pol.* to deliver (s.o.) an ultimatum. – **17.** (*eine Prognose, Diagnose etc*) make. – **18.** (*Arbeitskräfte, Hilfsmittel etc*) supply, provide, furnish: **dieses Land stellt die meisten Gastarbeiter** this country supplies most of the foreign workers, most of the foreign workers come from this country; **für j-n** [**etwas**] **Ersatz** ~ to supply a substitute for s.o. [s.th.]. – **19.** (*einen Einbrecher etc*) corner, have (*od.* hold) (s.o.) at bay. – **20. gut gestellt sein** to be well off. – **21.** (*railway*) a) (*eine Weiche*) set, throw, *bes. Am.* switch, b) (*ein Signal*) switch: **ein Signal auf „Halt"** [**„Freie Fahrt"**] ~ to switch (*od.* set) a signal to 'stop' ['go']; **sie stellten die Weichen für den Fortschritt** *fig.* they paved the way for progress. – **22.** *tech.* a) (*Schraube, Feder, Meißel etc*) set, adjust, b) (*Hebel etc*) shift (*s.th.*) (into position), place (*s.th.*) in position, move, position, c) (*Zeitzünder etc*) time. – **23.** *jur.* a) (*Bürgschaft, Sicherheit, Kaution etc*) provide, offer, give, b) (*Zeugen*) produce: **können Sie einen Bürgen** ~? can you give (*od.* offer) bail? – **24.** *mil.* a) (*Truppenkontingente, Geiseln etc*) supply, furnish, b) (*den Feind*) engage, c) (*feindliches Flugzeug, Schiff etc*) intercept. – **25.** *mar.* (*Segel*) trim. – **26.** *hunt.* (*Wild*) bring (game) to bay, bay, corner, have (*od.* hold) (game) at bay. – **II** *v/reflex* **sich** ~ **27.** (*sich aufrecht hinstellen*) stand up. – **28.** (*an einen Ort, Platz*) (go and) stand, place oneself: **er stellte sich ans Fenster** he went and stood at the window; **sich auf einen Stuhl** ~ to (go and) get up on (to) a chair; **sich auf die Zehen(spitzen)** ~ to stand on tiptoe; **stell dich dorthin!** go and stand over there! **stell dich hierher!** come and stand over here! **sich hinter j-n** [**etwas**] ~ a) to go and stand behind s.o. [s.th.], *fig.* to back (*od.* support) s.o., b) *fig.* to stand up for s.o. [s.th.]; **sich j-m in den Weg** ~ to block (*od.* bar) s.o.'s way; **sich vor j-n** [**etwas**] ~ a) to go and stand in front of s.o. [s.th.], b) *fig.* to stand up for s.o. [s.th.]; **sich gegen j-n** [**etwas**] ~ *fig.* to oppose s.o. [s.th.]; **ich tue das nicht, und wenn er sich auf den Kopf stellt!** *fig. colloq.* I won't do it, no matter what he does! I wouldn't do it for the world! **sich in den Dienst einer (guten) Sache** ~ *fig.* to devote oneself to (the service of) (*od.* to offer one's services in) a (good) cause; **sich auf einen Standpunkt** ~ *fig.* to take (*od.* hold) a point of view;

er stellte sich ihm zur Verfügung *fig.* he placed (*od.* put) himself at his disposal; **die Frauen** ~ **sich für die Untersuchung zur Verfügung** *fig.* the women volunteer for the examination; → **Seite** 11. – **29.** (*von Schwierigkeiten, Fragen*) arise: **die Probleme, die sich uns** ~ the problems which arise for us (*od.* which confront us, [which] we face). – **30.** (*von Einbrecher, Flüchtling etc*) give oneself up, surrender: **der Dieb stellte sich** (freiwillig) **der Polizei** the thief gave himself up to the police; **sich den Behörden** [**der Polizei**] ~ to surrender (*od.* give oneself up) to the authorities [the police]. – **31.** (*einem Gegner, Kampf etc*) face (up to): **er stellte sich der allgemeinen Kritik** he faced up to the general criticism; **sich dem Herausforderer zum Kampf** ~ to face (up to) the challenger in a fight; **die Einheit stellte sich zum Kampf** *mil.* the unit faced (*od.* accepted) combat. – **32.** (*sich präsentieren*) present oneself: **er stellte sich den Journalisten zu einer Pressekonferenz** he presented himself to the journalists in a press conference. – **33.** (*sich verstellen*) pretend, feign, sham, fake: **sie stellt sich nur so** *colloq.* she is only pretending; **sich krank** [**taub**] ~ to pretend to be sick [deaf], to feign (*od.* sham, fake) illness [deafness]; **ich stellte mich tot** I pretended to be dead; **stell dich nicht so dumm!** *colloq.* don't pretend you don't know! come off it! (*colloq.*). – **34. sich gut** [**schlecht**] ~ (*situiert sein*) to be well [badly] off: **er stellt sich dort besser als hier** he is better off there than here. – **35. sich mit j-m gut** ~ *fig. colloq.* to keep (well) in with s.o., to get on good terms with s.o. – **36. sich zu etwas** ~ *fig.* (*eingestellt sein*) to feel (*od.* think) about s.th., to be disposed to(ward[s]) s.th.: **ich weiß nicht, wie er sich dazu stellt** I don't know how he feels (*od.* what he thinks) about it, I don't know his opinion on it. – **37. sich** (*zum Militärdienst*) ~ *mil.* to enlist (in the armed forces), to join up (*colloq.*). – **III S.** ~ *n* ⟨-s⟩ **38.** *verbal noun.* – **39.** (*einer Bedingung, Forderung*) stipulation. – **40.** (*einer Frist, eines Termins etc*) fixation, appointment. – **41.** (*eines Ultimatums*) delivery. – **42.** (*von Arbeitskräften, Hilfsmitteln etc*) supply, provision, procurement. – **43.** *jur.* (*einer Sicherheit, Bürgschaft etc*) provision. – **44.** *mil.* (*von Truppen*) supply.

'**Stel·len**|**,an·ge,bot** *n* offer of a post, vacancy, vacant post: ~**e** *pl* (*Überschrift in der Zeitung*) vacancies, positions offered, situations (*od.* positions) vacant, personnel wanted. — ~**,an,zei·ge** *f* advertisement (*seltener* -z-) (*od. colloq.* ad, *Br. colloq.* advert) for a position (*od.* post, situation): ~**n** *pl* (*Überschrift in der Zeitung*) positions, situations, personnel *sg.* — ~**,an,zei·ger** *m* employment gazette. — ~**be,set·zung** *f* filling of a vacancy. — ~**be,wer·ber** *m*, ~**be,wer·be·rin** *f* ⟨-; -nen⟩ applicant (for a position *od.* post). — ~**be,wer·bung** *f* application (for a position *od.* post). — ~**ge,such** *n* application for a post: ~**e** *pl* (*Überschrift in der Zeitung*) positions (*od.* situations) wanted, *Am. colloq.* want ads. — **s-~los** *adj cf.* stellungslos. — ~**,markt** *m* **1.** employment market. – **2.** (*Stellenanzeigen in der Zeitung*) advertisements (*seltener* -z-) *pl* for positions (*od.* posts, situations, vacancies, appointments). — ~**,nach,weis** *m cf.* Stellenvermittlung 2. — ~**,plan** *m* **1.** *econ.* (*für die Besetzung von Stellen*) staff plan(ning), staff appointment scheme, post (*od.* staff) allocation scheme (*bes. Am.* schedule), *Am.* staffing schedule. – **2.** *mil.* table of organization. — ~**,su·che** *f cf.* Stellungssuche. — ~**teil** *m* (*der Zeitung*) personnel advertising (*seltener* -z-) section. — ~**,über,sicht** *f* **1.** (*in einer Zeitung*) survey of positions (*od.* situations) advertised (*seltener* -z-). – **2.** *econ. cf.* Stellenplan 1. — ~**ver,mitt·ler** *m*, ~**ver,mitt·le·rin** *f* employment (*od.* placement) agent. — ~**ver,mitt·lung** *f* **1.** (*amtliche*) placement (service). – **2.** (*private*) employment (*od.* placement) agency (*od.* office). — ~**ver,mitt·lungs·bü,ro** *n cf.* Stellenvermittlung 1. Stellungswechsel 1. — **s-~,wei·se** *adv* in (several) parts (*od.* places), here and there: ~ **lag auf den Bergen noch Schnee** there was still snow in several parts of the mountains, there were still some snowy patches (here and there) on the mountains; ~ ist der Roman sehr langweilig the novel is very boring in parts, the novel has some very boring patches; diese Pflanzen kommen hier nur ~ vor these plants only occur here sporadically.

'Stel·len,wert *m* 1. (*computer*) digit (*od.* place) value. – 2. *math.* place value. – 3. *fig.* (*eines Begriffes etc*) rank. — ~schrei·bung *f* (*computer*) radix notation.

'Stel·len,zu,la·ge *f econ.* increment attached to the post.

Stel·ler ['ʃtɛlər] *m* ⟨-s; -⟩ *electr.* 1. (*für den Ton*) fader, control (knob). – 2. (*für Licht*) dimmer.

'Stell|,geld *n econ.* premium for a put and call transaction (*Am.* for a straddle, *Br.* for a spread). — ~ge,schäft *n cf.* Stellagegeschäft. — ~glied *n* (*computer*) final control element. — ~grö·ße *f tech.* control medium. — ~he·bel *m* switch (*od.* adjusting) lever, (*eines Gewinderäderkastens*) tumbler lever.

Stel·ling ['ʃtɛlɪŋ] *f* ⟨-; -en⟩ *mar.* 1. (*Gerüst*) stage. – 2. (*für Außenbordarbeiten*) (hanging) stage. – 3. (*Laufplanke*) gangway.

'Stell,knor·pel *m med.* arytenoid cartilage.

'Stell,ma·cher *m* ⟨-s; -⟩ *Northern and Middle G.* cartwright; wheelwright. — ,Stell·ma·che·rei *f* ⟨-; -en⟩ 1. ⟨*only sg*⟩ (*Arbeit*) cartwright's (*od.* wheelwright's) work. – 2. (*Werkstatt*) cartwright's (*od.* wheelwright's) shop.

'Stell|,mar·ke *f* mil. (am Zünder) register line. — ~mes·ser *n* switch knife. — ~mo·tor *m* 1. *tech.* (space) servomotor, booster motor. – 2. *aer.* (*für Flügelklappen*) flap actuator. — ~mut·ter *f* adjusting (*od.* set) nut. — ~netz *n mar.* fixed net. — ~pro·be *f* (*theater*) blocking (*od.* first) rehearsal. — ~pult *n tech.* control desk. — ~rad *n* (*einer Uhr*) regulating (*od.* set) wheel, regulator. — ~ring *m tech.* (*Wellenteil*) set collar. — ~schie·ne *f* (*railway*) slide rail. — ~schlüs·sel *m tech.* adjustable spanner (*bes. Am.* wrench). — ~schmie·ge *f* (*in der Zimmerei*) bevel (square), T bevel. — ~schrau·be *f tech.* set(ting) (*od.* adjusting) screw.

'Stel·lung *f* ⟨-; -en⟩ 1. *cf.* Stellen. – 2. (*Körperhaltung*) position, posture, pose, attitude: in gebückter [sitzender, liegender] ~ verharren to remain in a crouched [sitting, lying] position; das Modell nahm eine andere ~ ein the model took up another position (*od.* changed her pose). – 3. (*eines Hebels, der Augen, Füße, von Spielfiguren etc*) position. – 4. (*Posten, Arbeitsplatz*) post, position, employment, place, situation; job, berth, billet (*colloq.*): eine leitende ~ an executive (*od.* a leading, a key, a top) position; ich suche eine ~ I'm looking for a post; er hat dort eine ~ als Buchhalter he has a post (*od.* he is employed) as a bookkeeper there; sich um eine ~ bewerben to apply for a post; Herr X ist bei uns in ungekündigter ~ Mr. X is (employed) in our firm without being under notice; eine einflußreiche ~ innehaben (*od. lit.* bekleiden) to hold (*od.* be in) an influential position, to have a position of influence; ohne ~ sein to have no employment, to be jobless (*od.* out of a job) (*colloq.*); → kosten[2]. – 5. (*Rang*) position, status, rank, station: die gesellschaftliche ~ der Frau the social position of women; die Stadt hat ihre beherrschende ~ als Handelsplatz eingebüßt the town has lost its dominating position as a trading center (*bes. Br.* centre); die marktbeherrschende ~ der Kunststoffe *econ.* the dominating market power of plastics. – 6. (*Amt, Eigenschaft*) position, capacity: ich, in meiner ~ als Botschafter I, in my capacity as (an) ambassador. – 7. (*geistige Position*) position: er nahm innerhalb der Auseinandersetzung eine exponierte ~ ein he held (*od.* took [up]) an extreme position in the discussion; zu einem Problem ~ nehmen (*od.* beziehen) a) to take (up) a position on (*od.* an attitude to[ward[s]], an approach to) a problem, to take a view on (*od.* of) a problem, b) (*sich äußern*) to comment on (*od.* give one's view on, give one's opinion of) a problem; er hat in dieser Angelegenheit eine neue ~ bezogen he took [up] a new position (*od.* attitude

to) the matter; sie hat immer für mich ~ genommen she always took my part, she always sided with (*od.* backed) me; gegen j-n [etwas] ~ nehmen to oppose s.o. [s.th.]. – 8. *mil.* a) (*taktische*) position, b) (*Frontlinie*) (front) line(s *pl*), c) (*eines Geschützes*) emplacement: eine taktisch günstige ~ a tactically advantageous position, a point of vantage; eine ausgebaute (*od.* befestigte) ~ a fortified (*od.* an organized) position; eine gedeckte ~ a sheltered (*od.* defilade) position; eine ~ beziehen to occupy (*od.* move into) a position; den Feind aus der ~ werfen to dislodge the enemy from his position; in ~ gehen a) to move into position, b) (*von Schützen etc*) to take up one's position (*od.* stand); (in) ~! (*Befehl*) prepare for action! die ~ halten a) to hold the position, b) *fig. colloq. humor.* to hold the fort; ein Geschütz in ~ bringen to bring a gun into position. – 9. (*rechtliche*) ~ *jur.* (legal) status (*od.* position). – 10. *ling.* a) (*Reihenfolge*) order, b) (*eines Verbs im Satz, eines Vokals in der Silbe etc*) position. – 11. *med.* (*bei der Geburt*) presentation. – 12. *astr.* (*eines Planeten, Sterns*) position.

'Stel·lung,nah·me *f* ⟨-; *no pl*⟩ 1. (*Erklärung, Meinungsäußerung*) (zu on) comment(ary), statement: in einer kritischen ~ zu den Vorfällen sagte der Präsident, daß in a critical comment on the incidents the president said that; wir bitten das Gericht um (eine) ~ we request a commentary from the court; er hat sich einer ~ enthalten he withheld (his) comment, he did not commit himself, he was noncommittal. – 2. (*zu einem Problem etc*) (zu) position (on, concerning), attitude (to, toward[s]), view (on, of). – 3. (*Kritik, Beurteilung*) (zu of) criticism, critique.

'Stel·lungs|,aus,bau *m* ⟨-(e)s; *no pl*⟩ *mil.* consolidation of field fortifications. — ~bau *m* ⟨-(e)s; *no pl*⟩ construction of field fortifications. — ~be,fehl *m* call-up order(s *pl*), *Am. auch* induction (*od.* draft) order(s *pl*) (*od.* notice). — ~krieg *m* 1. war of position. – 2. (*Grabenkrieg*) trench warfare.

'stel·lungs·los *adj* unemployed, out of work (*od.* employment, *colloq.* a job); without a job, jobless (*colloq.*). — **'Stel·lungs·lo·se** *m*, *f* ⟨-n; -n⟩ unemployed (*od. colloq.* jobless) person: die ~n *pl* the unemployed, the jobless (*colloq.*).

'stel·lungs,pflich·tig *adj mil.* liable (*od.* subject) to call-up (*od.* to be called up, *Am. auch* to enlistment *od.* to being drafted).

'Stel·lungs,spiel *n* (*sport*) positional play (*od.* game).

'Stel·lungs,su·che *f* search for a post (*od.* a position, [an] employment, *colloq.* a job): er ist auf ~ he is looking for (*od.* is in search of) a post, he is job-hunting (*colloq.*); auf ~ gehen to look for a post, to job-hunt (*colloq.*). — **'Stel·lungs,su·chen·de** *m*, *f* ⟨-n; -n⟩ person looking for (*od.* in search of) a post, job-hunter (*colloq.*).

'Stel·lungs,wech·sel *m* 1. (*eines Angestellten etc*) change of position (*od.* post, *colloq.* job). – 2. *mil.* a) change of position, b) (*eines Geschützes*) change of emplacement: die Truppen nahmen einen ~ vor the troops changed their position.

'stell·ver,tre·tend I *adj* 1. (*Funktion, Haftung etc*) vicarious, substitutional, substitutionary. – 2. (*in einem Amt*) deputy (*attrib*), acting (*attrib*): ~er Vorsitzender deputy (*od.* acting) chairman, vice-chairman; ~er Direktor deputy director, vice-director; ~er Geschäftsführer assistant managing director; ~er Kommandeur *mil.* deputy commander, *Br.* second-in-command. – II *adv* 3. ~ für j-n [etwas] a) vicariously (*od.* substitutionally) for s.o. [s.th.], b) (*im Namen von*) on behalf of s.o. [s.th.]: die Qualen, die er ~ für andere erleiden mußte the pains which he had to suffer vicariously for others; ich spreche ~ für meine Kameraden I speak on behalf of my comrades. – 4. as (a) deputy: ein Amt ~ ausüben to hold an office as (a) deputy.

'Stell·ver,tre·ter *m* 1. deputy, substitute: er ernannte ihn zu seinem ~ he appointed him (as) his deputy; als j-s ~ (*od.* als ~ für j-n) fungieren to act as s.o.'s deputy, to

act as deputy (*od.* as a substitute) for s.o., to deputize (*Br. auch* -s-) for s.o. – 2. *bes. jur. pol. econ.* (*Bevollmächtigter*) proxy: Eheschließung durch ~ marriage by proxy; ~ eines Aktionärs proxy holder. – 3. *relig.* a) ~ Christi (*der Papst*) vicar of Christ, b) (*eines Bischofs*) *bes. Am.* deputy, *bes. Br.* surrogate, c) (*eines Pfarrers*) deputy, vicar, locum (tenens). – 4. *med.* (*eines Arztes*) locum (tenens), substitute.

'Stell·ver,tre·tung *f* ⟨-; *no pl*⟩ 1. substitution, representation: in j-s ~ handeln, j-s ~ übernehmen to act as s.o.'s substitute (*od.* in substitution for s.o., in place of s.o.), to deputize (*Br. auch* -s-) for s.o. – 2. *bes. jur. pol. econ.* (*auf Grund einer Vollmacht*) proxy: in ~ für Herrn X in proxy for Mr X.

'Stell·vor,rich·tung *f tech.* adjusting (*od.* setting) device (*od.* mechanism), regulator.

'Stell,werk *n* (*railway*) signal box, *Am.* switch (*od.* signal) tower, interlocking station. — **'Stell,werk(s),mei·ster** *m* chief signalman (*Am.* towerman). — **'Stell,werk,wei·che** *f* interlocking points *pl* (*od.* switch).

'Stell,win·kel *m tech.* sliding T bevel.

'Stelz,bein *n rare for* Stelzfuß 1. — **'stelz,bei·nig** *adj fig.* 1. (*Person*) spindle-legged, spindle-shanked. – 2. (*steif, geziert*) stilted, stilty.

Stel·ze ['ʃtɛltsə] *f* ⟨-; -n⟩ 1. stilt: auf ~n gehen (*od.* laufen) to walk on stilts; sie geht (*od.* läuft) wie auf ~n she has a very stilted walk (*od.* gait). – 2. *pl fig. colloq.* (*sehr lange Beine*) spindles, spindle (*od.* spindly) legs, spindleshanks. – 3. *pl zo.* wagtails, motacillids (*Fam. Motacillidae*). – 4. *Austrian gastr.* pickled knuckle of pork.

stel·zen ['ʃtɛltsən] *v/i* ⟨*sein*⟩ (*steif u. geziert gehen*) stalk (*auch* stilt) (along).

'Stel·zen|ga,zel·le *f zo. cf.* Lamagazelle. — ~lau·fen *n* walking on stilts. — ~läu·fer *m* 1. stilter, stiltwalker. – 2. *zo.* black-winged stilt (*Himantopus himantopus*). — ~wan·ze *f zo.* stilt bug (*Fam. Berytidae u. Neitidae*).

'Stelz,fuß *m contempt.* 1. peg leg, stump. – 2. *fig.* (*Person*) peg leg.

'stel·zig *adj cf.* stelzbeinig.

'Stelz,wur·zel *f bot.* (*der Mangroven etc*) prop (*od.* brace) root.

Stem·ma ['ʃtɛma; 'ʃtɛ-] *n* ⟨-s; -ta [-ta]⟩ (*literature*) *ling. zo.* stemma.

'Stemm|,bo·gen *m* (*sport*) (*beim Skilauf*) stem turn. — ~ei·sen *n tech.* 1. ca(u)lking iron. – 2. *cf.* Stemmeißel.

'Stemm,ei·ßel (*getr.* -mm,m-) *m tech.* mortise (*auch* mortice) chisel.

stem·men ['ʃtɛmən] I *v/t* ⟨h⟩ 1. (*eine Last*) lift (*od.* hoist, heave) (s.th.) up: etwas in die Höhe ~ to lift s.th. up in the air; dieser Gewichtheber stemmt 200 Kilo this weightlifter lifts 200 kilos. – 2. (*pressen, drücken*) press, stem, brace: er stemmte die Füße gegen die Tür he pressed his feet against the door; die Absätze in den Boden ~ to press (*od.* dig) one's heels into the ground. – 3. sie stemmte die Arme in die Seiten (*od.* die Hände in die Hüften) she put (*od.* planted) her arms on her hips, she stood with her arms akimbo. – 4. *tech.* a) (*Fugen*) ca(u)lk, b) (*Holz*) mortise, *auch* mortice. – 5. *colloq.* 'pinch' (*colloq.*), steal. – II *v/i* 6. (*sport*) a) (*beim Skilaufen*) stem, b) (*beim Gewichtheben*) lift. – III *v/reflex* 7. sich gegen etwas [j-n] ~ a) to press (*od.* brace) oneself against s.th. [s.o.], to apply one's weight against s.th. [s.o.], b) *fig.* to resist (*od.* oppose, be set against) s.th. [s.o.]: er stemmt sich gegen alle Neuerungen *fig.* he is (dead) set against all innovations. – 8. sich auf (*acc*) etwas ~ to press (*od.* brace, prop) oneself on s.th. – IV S~ *n* ⟨-s⟩ 9. *verbal noun.* – 10. (*einer Last*) lift, hoist, heave.

'Stemm|,ham·mer *m* *tech.* ca(u)lking hammer. — ~kri·sti·a·nia [-krɪs,tiaˈnɪa] *m* (*sport*) *cf.* Stemmschwung. — ~loch *n tech.* (*im Holz*) mortise, *auch* mortice. — ~schwung *m* (*beim Skisport*) stem christiania (*auch* Christiania), stem christy (*colloq.*). — ~tor *n civ.eng.* (*beim Schleusenbau*) miter (*bes. Br.* mitre) gate.

Stem·pel ['ʃtɛmpəl] *m* ⟨-s; -⟩ 1. (*Gerät*) stamp. – 2. (*Abdruck*) stamp, (*auf einem Dokument etc*) *auch* seal: einen ~ unter ein Schriftstück setzen to put a stamp on (*od.* to) a document, to stamp (*od.* seal) a document. – 3. (*postal service*) a) (*Poststempel*) postmark, b) (*Werbeaufdruck*) publicity impression, cachet, postmark ad: der Brief trägt den ~ vom 3. Oktober the letter bears the postmark of (*od.* was postmarked) October 3. – **4.** *fig.* stamp, mark, impress: das Werk trägt den ~ seines Genies the work bears the stamp (*od.* cachet) of his genius; der Krieg hat einer ganzen Generation seinen ~ aufgedrückt the war has left (*od.* impressed) its mark on a whole generation; sein Verhalten trägt den ~ der Unaufrichtigkeit his behavio(u)r bears the mark of (*od.* is marked by) insincerity. – **5.** *econ.* a) (*auf Waren*) factory mark, brand, b) (*Firmenzeichen*) stamp, mark. – **6.** *tech.* a) (*Lochstempel*) punch, b) (*beim Pochwerk*) stamp, c) (*einer Druckpumpe*) piston, d) (*Gesenkoberteil*) upper die, e) (*einer Richtpresse*) ram. – **7.** *metall.* a) *cf.* Prägestempel 1, b) *cf.* Feingehaltsstempel, c) (*in der Kokerei*) ram. – **8.** (*mining*) prop, post, support: hydraulische ~ hydraulic supports. – **9.** *civ.eng.* (*Querstrebe*) strut, brace. – **10.** *bot.* pistil. — ~**druck** *m* ⟨-(e)s; -e⟩ seal (*od.* stamp) printing. — ~**far·be** *f* stamp(ing) ink. — **s~frei** *adj* (*mining*) prop-free: ~e Abbaufront prop-free front face. — ~**ge·bühr** *f* econ. stamp duty (*bes. Am.* tax). — ~**geld** *n* colloq. dole (*colloq.*), unemployment benefit (*od.* allowance, *Am.* compensation). — ~**kis·sen** *n* (ink *od.* stamp) pad. — ~**mar·ke** *f* econ. (revenue) stamp. — ~**ma,schi·ne** *f* (*postal service*) (stamp) canceling (*bes. Br.* cancelling) machine.

stem·peln ['ʃtɛmpəln] **I** *v/t* ⟨h⟩ **1.** (*Ausweis, Dokumente etc*) stamp. – **2.** (*postal service*) a) (*Briefe, Dokumente etc*) postmark, b) (*entwerten*) (*Briefmarke*) cancel, obliterate. – **3.** etwas mit Datumstempel ~ to date-stamp s.th. – **4.** (*Silber, Gold etc*) (hall)mark. – **5.** j-n zu etwas ~ *fig.* a) (*kennzeichnen*) to stamp (*od.* label) s.o. as s.th., b) (*brandmarken*) to brand s.o. (as) s.th., c) to stigmatize (*Br. auch -s-*) s.o. as s.th. – **II** *v/i* **6.** (*gehen*) colloq. (*von Arbeitslosen*) to be (*od.* go, live) on the dole (*colloq.*): er geht zur Zeit ~ he is on the dole at the moment; der Bauarbeiter muß im Winter immer ~ gehen the building worker always has to go on the dole in the winter. – **7.** bei Arbeitsantritt [Arbeitsende] ~ (*Stempeluhr betätigen*) to clock in (*od.* on) [out *od.* off]. – **III S~** *n* ⟨-s⟩ **8.** *verbal noun.*

'**Stem·pel|pa,pier** *n* stamped paper. — **s~pflich·tig** *adj* econ. subject (*od.* liable) to stamp duty (*bes. Am.* tax). — ~**pres·se** *f* tech. gag press. — ~**schnei·der** *m* ⟨-s; -⟩ stamp (*od.* punch) cutter, (*eines Prägestempels*) auch diesinker. — ~**stän·der** *m* stamp rack. — ~**stel·le** *f* econ. (*für Arbeitslose*) unemployment cash office. — ~**steu·er** *f* econ. stamp duty (*bes. Am.* tax). — ~**uhr** *f* time clock, telltale.

'**Stem·pe·lung** *f* ⟨-; -en⟩ *cf.* Stempeln.
'**Stem·pel,zei·chen** *n cf.* Stempel 2, 3.
'**Sten·del,wurz**, '**Breit,blätt·ri·ge** ['ʃtɛndəl-] *f bot.* broad helleborine (*Epipactis helleborine*).
Sten·ge ['ʃtɛŋə] *f* ⟨-; -n⟩ *mar.* topmast.
Sten·gel ['ʃtɛŋəl] *m* ⟨-s; -⟩ **1.** *bot.* stalk, stem, caulis (*scient.*). – **2.** fall nicht vom ~ *fig. colloq.* a) (*fall nicht herunter*) don't fall off, b) (*verlier nicht gleich die Fassung*) keep your hair (*od.* shirt) on (*sl.*); als ich die Rechnung bekam, fiel ich fast vom ~ when I got the bill I nearly fainted (*od.* you could have knocked me down with a feather). — ~**blatt** *n bot.* stem (*od. scient.* cauline) leaf. — ~**fäu·le** *f* stem rot. — ~**knol·le** *f* tuber. — **s~los** *adj* stemless, stalkless, unstalked; acaulescent, acauline (*scient.*). — **s~trei·bend** *adj* stemming, caulescent (*scient.*).
Ste·no ['ʃte·no] *f* ⟨-; *no pl*⟩ *colloq. short for* Stenographie. — ~**block** *m colloq. short for* Stenogrammblock.
Ste·no·dak·ty·lo [ʃteno'daktylo] *f* ⟨-; -s⟩ Swiss for Stenotypistin.
Ste·no·graf [ʃteno'gra:f] *m* ⟨-en; -en⟩ *cf.* Stenograph. — **Ste·no·gra'fie** [-gra'fiː] *f* ⟨-; -n [-ən]⟩ *cf.* Stenographie. — **ste·no·gra'fie·ren** [-gra'fiːrən] *v/t u. v/i* ⟨*no* ge-, h⟩ *cf.* stenographieren.
Ste·no·gramm [ʃteno'gram] *n* ⟨-s; -e⟩ shorthand notes *pl* (*od.* report), stenograph: ein ~ aufnehmen to take (down) shorthand

notes; das Diktat in ~ aufnehmen to take the dictation down in shorthand. — ~**auf,nah·me** *f* taking (down) (*od.* making) of shorthand notes: kommen Sie bitte zur ~ please come and take a dictation (in shorthand). — ~**block** *m* shorthand block (*od.* pad). — ~**hal·ter** *m* (shorthand) pad holder (*od.* clamp, fixture). — ~**heft** *n* shorthand notebook.
Ste·no·graph [ʃteno'gra:f] *m* ⟨-en; -en⟩ **1.** shorthand writer (*od.* reporter), stenographer. – **2.** (*an einer Stenographiermaschine*) stenotypist.
Ste·no'gra·phen,dienst *m* shorthand (*od.* stenographic) service.
Ste·no·gra·phie [ʃtenogra'fiː] *f* ⟨-; -n [-ən]⟩ **1.** shorthand, stenography. – **2.** (*mittels einer Maschine*) stenotypy.
ste·no·gra·phie·ren [ʃtenogra'fiːrən] **I** *v/t* ⟨*no* ge-, h⟩ **1.** write (*s.th.*) in shorthand, take (*od.* put) (down) in shorthand, stenograph. – **2.** (*mit der Stenographiermaschine*) stenotype. – **II** *v/i* **3.** write in shorthand, take (down) shorthand notes: können Sie gut ~? are you good at shorthand? is your shorthand good?
Ste·no·gra'phier·ma,schi·ne *f* stenotype (machine), stenotyper.
Ste·no'gra·phin *f* ⟨-; -nen⟩ shorthand writer (*od.* reporter), stenographer.
ste·no'gra·phisch I *adj* shorthand (*attrib*), stenographic, *auch* stenographical. – **II** *adv* in shorthand, stenographically: etwas ~ aufnehmen to take s.th. (down) in shorthand.
Ste·no·kar·die [ʃtenokar'diː; ʃte-] *f* ⟨-; -n [-ən]⟩ *med.* angina pectoris, stenocardia.
'**Ste·no·kon·to,ri·stin** *f* girl clerk with shorthand training, shorthand clerk.
ste·no·pä·isch [ʃteno'pɛːiʃ; ʃte-] *adj* ~e Brille stenopaic (*auch* stenopeic, stenopaeic) (*od.* pinhole) spectacles *pl.*
Ste·no·se [ʃte'noːzə; ʃte-] *f* ⟨-; -n⟩ *med.* (*Verengung*) narrowing, stricture, stenosis (*scient.*).
'**Ste·no|se·kre,tä·rin** *f* shorthand secretary. — ~**stift** *m* stenographic (*od.* shorthand) pencil.
ste·no·therm [ʃteno'tɛrm; ʃte-] *adj biol.* stenothermal, *auch* stenothermic.
Ste·no·ty·pie [ʃtenoty'piː] *f* ⟨-; -n [-ən]⟩ stenotypy. — **ste·no·ty'pie·ren** [-rən] *v/t u. v/i* ⟨*no* ge-, h⟩ stenotype.
Ste·no·ty·pist [ʃtenoty'pɪst] *m* ⟨-en; -en⟩, **Ste·no·ty'pi·stin** *f* ⟨-; -nen⟩ shorthand typist.
Sten·tor ['ʃtɛntɔr; 'ʃtɛn-] *m* ⟨-s; -en [-'toːrən]⟩ *zo. cf.* Trompetentierchen.
'**Sten·tor,stim·me** *f* stentorian (*od.* stentorious) voice.
Stenz [ʃtɛnts] *m* ⟨-es; -e⟩ *contempt.* (*Geck*) fop, swell (*colloq.*).
Step [ʃtɛp; stɛp] (*Engl.*) *m* ⟨-s; -s⟩ tap (*od.* step) dance. — ~**ei·sen** *n* (*am Schuh*) taps *pl.*
Ste·pha·nit [ʃtefa'niːt; -'nɪt] *m* ⟨-s; *no pl*⟩ *min.* stephanite.
'**Stepp,decke** (*getr.* -k·k-) *f* quilt, *Am.* puff, *auch* bed-quilt, *Am.* comforter.
Step·pe ['ʃtɛpə] *f* ⟨-; -n⟩ *geogr.* steppe, (*in Nordamerika*) prairie, (*in Südamerika*) pampa.
step·pen[1] ['ʃtɛpən] *v/t* ⟨h⟩ (*Naht etc*) quilt, stitch.
'**step·pen**[2] *v/i* ⟨h⟩ (*Step tanzen*) tap-dance.
'**Step·pen|,ad·ler** *m zo. cf.* Raubadler. — ~**be,woh·ner** *m* inhabitant of the steppe(s). — ~**brand** *m* steppe fire. — ~**fuchs** *m zo.* corsac, corsak, *auch* Afghan fox (*Vulpes corsac*). — ~**gras** *n bot.* steppe grass. — ~**huhn** *n zo.* Pallas's sandgrouse (*Syrrhaptes paradoxus*). — ~**kat·ze** *f* steppe (*od.* Pallas['s]) cat, manul (*Felis manul*). — ~**mur·mel,tier** *n* bobac, *auch* boback (*Marmota bobak*). — ~**schup·pen,tier** *n* Temminck's pangolin (*Manis temmincki*). — ~**tier** *n* animal of (*od.* living in) the steppe: ~*e pl* steppe game *sg.* — ~**wolf** *m* **1.** *zo.* coyote, prairie wolf (*Canis latrans*). – **2.** „Der ~" ''The Steppenwolf'' (*novel by Hesse*).
'**Step·per** *m* ⟨-s; -⟩ *cf.* Steptänzer.
'**Step·pe'rei** *f* ⟨-; -en⟩ quilting, stitching.
'**Step·per,gang** *m med.* steppage gait.
'**Step·pe·rin**[1] *f* ⟨-; -nen⟩ quilter, stitcher.
'**Step·pe·rin**[2] *f* ⟨-; -nen⟩ *cf.* Steptänzerin.
'**Stepp|,fuß** *m* (*an der Nähmaschine*) (presser) foot. — ~**jacke** (*getr.* -k·k-) *f* quilted jacket.

'**Stepp·ke** ['ʃtɛpkə] *m* ⟨-(s); -s⟩ *Northern G.* (*bes. in Berlin*) colloq. humor. (*kleiner Kerl*) whippersnapper, 'half-pint' (*sl.*), *bes. Br.* colloq. 'nipper', *Br.* colloq. Tich.
'**Stepp|ma,schi·ne** *f* (*textile*) tech. quilter, stitching machine. — ~**na·del** *f* large (*auch* quilting) needle. — ~**naht** *f* quilting seam. — ~**naht,schwei·ßen** *n* tech. stitch welding. — ~**stich** *m* backstitch: mit ~ nähen to backstitch.
'**Step|,tanz** *m* tap (*od.* step) dance. — ~**,tän·zer** *m*, ~**,tän·ze·rin** *f* tap (*od.* step) dancer, *Am.* colloq. stepper.
Ster [ʃteːr] *m* ⟨-s; -e *u.* -s, *bei Zahlenangaben* -⟩ (*Raummaß für Holz*) stere: 5 ~ 5 steres.
'**Ster·be|,al·ter** *n* age of death. — ~**,bett** *n* deathbed: auf dem ~ liegen to be dying (*od.* at death's door). — ~**,buch** *n cf.* Sterberegister. — ~**,da·tum** *n* date of (*s.o.'s*) death.
'**Ster·be,fall** *m* **1.** death, decease, exitus (*scient.*): wir hatten gerade einen ~ in der Familie we have just had a death in the family. – **2.** im (*e*) bes. jur. in (the) case (*od.* in the event) of death (*od.* decease). — ~**ver,si·che·rung** *f* death insurance, insurance payable at death.
'**Ster·be·ge,bet** *n relig.* **1.** prayer offered by a dying person. – **2.** prayer offered for a dying person.
'**Ster·be,geld** *n* death benefit, sum payable at death, funeral allowance, *Br.* death grant. — ~**ver,si·che·rung** *f* death benefit insurance, burial insurance.
'**Ster·be|,sang** *m meist pl* funeral hymn. — ~**,glocke** (*getr.* -k·k-) *f* passing (*od.* death) bell. — ~**,hemd** *n* shroud. — ~**,hil·fe** *f* **1.** *cf.* Sterbegeld. – **2.** *med.* euthanasia. — ~**,jahr** *n* year of (*s.o.'s*) death. — ~**,kas·se** *f* burial fund. — ~**,la·ger** *n cf.* Sterbebett. — ~**,li·ste** *f cf.* Sterberegister.
ster·ben ['ʃtɛrbən] **I** *v/i* ⟨stirbt, starb, gestorben, sein⟩ **1.** die, decease, pass away, expire (*lit.*): sie ist vor drei Jahren gestorben she died three years ago; jung (*od.* in jungen Jahren) ~ to die young; er ist im Alter von 70 Jahren gestorben, er ist mit 70 (Jahren) gestorben he died at the age of 70; kinderlos ~ to die childless (*od. lit.* without issue); arm ~ to die poor (*od.* in poverty); als Christ ~ to die a Christian; leicht ~ to have an easy death; schwer ~ to have a hard death; eines natürlichen [gewaltsamen] Todes ~ to die a natural [violent] death; an einer Lungenentzündung ~ to die of pneumonia; an einer Wunde ~ to die from a wound; er starb an den Folgen eines Unfalls he died as the result of an accident; an gebrochenem Herzen ~ a) to die of a broken heart; aus Kummer ~ to die of grief; durch j-n (*od.* j-s Hand) ~ to die (*od.* be killed) by s.o. (*od.* s.o.'s hand); durch Vernachlässigung ~ to die through neglect; für j-n [etwas] ~ to die (*od.* give one's life, lose one's life) for s.o. [s.th.]; er lebt und stirbt für seine Arbeit *fig.* he lives and dies for his work; über einem angefangenen Werk ~ to die without finishing (*od.* completing) one's work, to die in the middle of one's work; vor Hunger ~, *lit.* Hungers ~ a) to die of hunger, to starve to death, b) colloq. to be dying (*od. colloq.* starving) with hunger; ich wäre vor Hunger fast gestorben colloq. I was starving with hunger (*colloq.*); ich bin vor Angst fast gestorben colloq. I nearly died with fright; vor Neugierde (fast) ~ colloq. to be dying with curiosity; sie wäre vor Langeweile fast gestorben colloq. she was bored to death (*od.* tears), she was bored stiff; so leicht (*od.* schnell) stirbt man nicht colloq. you'll survive it; du wirst schon daran ~ colloq. it won't kill (*od.* hurt) you; der ist für mich gestorben *fig. colloq.* he no longer exists for me (*od.* as far as I am concerned); und wenn sie nicht gestorben sind, so leben sie noch heute (*Schlußsatz der Märchen*) and they lived happily ever after; → Siele 1. – **II S~** *n* ⟨-s⟩ **2.** *verbal noun:* im S~ liegen to be dying (*od.* at death's door); wenn's ans S~ geht, wenn's zum ~ kommt when we come to die; das große S~ wide-spread deaths *pl;* es war zum Leben zuwenig und zum S~ zuviel it was just enough to keep the wolf from the door; ich fand die Party zum S~ langweilig colloq. the party bored me to death (*od.* to tears,

bored me stiff). – **3.** cf. Tod 1. — **'ster-bend I** pres p. – **II** adj **1.** dying, moribund (lit.): die ~e Natur dying (od. fading) nature: „Der ~e Schwan" "The Dying Swan" (scene from the ballet "Swan Lake" by Tchaikovsky). – **2.** fig. (Feuer etc) dying.

'Ster·ben·de m, f ⟨-n; -n⟩ dying person, moribund (lit.).

'Ster·bens|**angst** f mortal (od. deadly) fear (od. terror). — **s~'elend** adj colloq. ghastly: mir ist ~, ich fühle mich ~ I feel ghastly. — **s~'krank** adj dangerously ill. — **s~'lang,wei·lig** adj colloq. deadly boring, terribly dull (beide colloq.): er ist ~ he is deadly boring, he is a perfect (od. colloq. deadly) bore; die Party war ~ the party was terribly dull, the party bored me to death (od. to tears, stiff). — **s~'mü·de** adj dead tired (od. beat). — **~'see·le** f only in keine ~ colloq. not a (living) soul: ich habe keiner ~ etwas davon gesagt I didn't tell a soul. — **~'wort, ~'wört·chen** n only in kein ~ colloq. not a single word, not a syllable: er hat mir kein ~ davon gesagt he didn't breathe a word of it (to me).

'Ster·be|**ort** m ⟨-(e)s; -e⟩ place of death. — **~re,gi·ster** n register of deaths, (in Klöstern, Stiften) auch necrology. — **~sa·kra,men·te** pl relig. last rites: die ~ erhalten to receive the last rites; j-n mit den ~n versehen to administer the last rites to s.o. — **~,stun·de** f hour of (s.o.'s) death. — **~,tag** m day of (s.o.'s) death, deathday. — **~,ur,kun·de** f death certificate. — **~,zif·fer** f mortality (rate), death rate. — **~,zim·mer** n death chamber.

sterb·lich ['ʃtɛrplɪç] **I** adj mortal: die ~en Überreste, die ~e Hülle the mortal remains pl. – **II** adv colloq. (sehr) awfully, terribly (beide colloq.): ~ in j-n verliebt sein to be desperately in love with s.o.; sich ~ blamieren to make an absolute (od. colloq. awful) fool of oneself; ich habe mich ~ gelangweilt I was bored to death (od. tears), I was bored stiff.

'Sterb·li·che m, f ⟨-n; -n⟩ mortal: der gewöhnliche (od. normale) ~ bes. iron. the ordinary man (od. human being), the man in (Am. auch on) the street.

'Sterb·lich·keit f ⟨-; no pl⟩ **1.** (Vergänglichkeit) mortality. – **2.** (Zahl der Sterbefälle) mortality (rate), death rate.

'Sterb·lich·keits,zif·fer f cf. Sterblichkeit 2.

Stereo..., stereo... combining form denoting stereo...

Ste·reo ['ʃtereo; 'stɛ-] **I** n ⟨-s; -s⟩ **1.** (radio) stereo: ein Konzert in ~ hören to hear a concert in stereo; haben Sie diese Platte auch in ~? do you have this record in stereo? – **2.** print. short for Stereotypplatte. – **II** s~ adv **3.** s~ ~ auch mono abspielbar (Aufschrift) this record can be played either with stereo or mono equipment. — **~aku·stik** [ʃtereoʔa'kʊstik; ste-] f ⟨-; no pl⟩ phys. stereo(phonic) acoustics pl (construed as sg). — **~,an,la·ge** f (radio) stereo set (od. equipment). — **~,auf,nah·me** f **1.** phot. a) (Belichtungsergebnis) stereoscopic pair of pictures (od. views), b) (für Projektor etc) stereophotograph. – **2.** (radio) a) (bes. auf Tonband) stereo(phonic) recording, b) (auf Schallplatte) stereo(phonic) pickup, Am. stereo(phonic) transcription. — **~be,trach·tungs·ge,rät** n phot. stereo viewer. — **~,bild** n cf. Stereoaufnahme 1. — **~,box** f (radio) stereo(phonic) (loudspeaker) box. — **~che·mie** [stereoçe'mi:; ʃte-] f chem. stereochemistry. — **~,dia** n phot. stereoscopic slide. — **~ef,fekt** m **1.** (radio) stereo(phonic) effect. – **2.** phot. stereo(scopic) effect. — **s~elek·tro·nisch** [ʃtereoʔɛlɛk'troːnɪʃ; ste-] adj stereoelectronic. — **~emp,fang** m (radio) stereo(phonic) reception. — **~,film** m stereo(scopic) film. — **~ge,rät** n **1.** (Radioapparat) stereo(phonic) set (od. equipment). – **2.** (Tonbandgerät) stereo(phonic) tape recorder. – **3.** (Plattenspieler) stereo(phonic) record player. — **~gno·stik** [ʃtereo'gnɔstik; ste-] f ⟨-; no pl⟩ med. (Fähigkeit zur Formerkennung) stereognosis.

Ste·reo·gra·phie [stereogra'fi:; ʃte-] f ⟨-; -n [-ən]⟩ math. stereography.

ste·reo·iso·mer [ʃtereoʔizo'meːr; ste-] adj chem. stereoisomer.

'Ste·reo|**ka·me·ra** f phot. stereo(scopic) camera. — **~,laut,spre·cher** m (radio) **1.** stereo(phonic) loudspeaker. – **2.** cf. Stereobox.

Ste·reo·me·ter [stereo'meːtər; ste-] n ⟨-s; -⟩ math. phys. stereometer. — **Ste·reo·me'trie** [-me'tri:] f ⟨-; no pl⟩ stereometry, solid geometry. — **ste·reo·me'trisch** [-'meːtrɪʃ] adj stereometric.

'Ste·reo·mi·kro·pho·to·gra,phie f phot. stereomicrography.

ste·reo·phon [stereo'foːn; ste-] **I** adj stereophonic, stereo: eine ~e Aufnahme a stereophonic recording, a recording in stereophony. – **II** adv in stereophony: das Konzert wird ~ ausgestrahlt (od. gesendet) the concert is transmitted in stereophony. — **Ste·reo·pho'nie** [-fo'ni:] f ⟨-; no pl⟩ stereophony, stereo. — **ste·reo'pho·nisch** adj cf. stereophon I.

'Ste·reo|**pho·to·gra,phie** f stereo(scopic) photography. — **~,plat·te** f **1.** (radio) stereo(phonic) record. – **2.** print. cf. Stereotypplatte. — **~pro,gramm** n (radio) stereo(phonic) program (bes. Br. programme). — **~,schie·ber** m phot. stereo slide. — **s~se·lek·tiv** [ʃtereozelɛk'tiːf; ste-] adj chem. stereoselective. — **~se·lek·ti·vität** [ʃtereozelɛktivi'tɛːt; ste-] f ⟨-; no pl⟩ stereoselectivity. — **~,sen·dung** f (radio) stereo(phonic) broadcast. — **~si,gnal** n stereo signal.

Ste·reo·skop [ʃtereo'skoːp; ste-] n ⟨-s; -e⟩ (optics, film) phot. stereoscope. — **Ste·reo·sko'pie** [-sko'pi:] f ⟨-; no pl⟩ stereoscopy. — **ste·reo'sko·pisch** adj stereoscopic, auch stereoscopical.

ste·reo·spe·zi·fisch [ʃtereospe'tsi:fɪʃ; ste-] adj chem. stereospecific. — **Ste·reo·spe·zi·fi'tät** [-tsifi'tɛːt] f ⟨-; no pl⟩ stereospecificity.

'Ste·reo,ton,band·ge,rät n stereo tape recorder.

ste·reo·typ [ʃtereo'ty:p; ste-] adj **1.** print. stereotyped. – **2.** fig. (Lächeln, Phrasen etc) stereotyped: ~e Antworten stereotyped (od. stock) answers, ~e Redewendung stereotyped (od. stock) phrase, cliché. — **S~,druck** m ⟨-(e)s; -e⟩ print. **1.** stereotype (print). – **2.** ⟨only sg⟩ cf. Stereotypie 1a.

Ste·reo·ty·peur [ʃtereoty'pøːr; ste-] m ⟨-s; -e⟩ print. stereotyper.

Ste·reo'typ·gie·ße,rei f print. foundry, stereotyping room.

Ste·reo·ty·pie [ʃtereoty'pi:; ste-] f ⟨-; -n [-ən]⟩ **1.** print. a) ⟨only sg⟩ (Verfahren) stereotypy, stereotyping, b) (Raum) stereotyping room, foundry. – **2.** ⟨only sg⟩ med. psych. stereotypy. — **~pa,pier** n print. stereotyping (od. backing) paper.

ste·reo·ty·pie·ren [ʃtereoty'pi:rən; ste-] v/t ⟨no ge-, h⟩ print. stereotype, make a stereotype of.

ste·reo'ty·pisch adj obs. for stereotyp.

Ste·reo'typ|**me,tall** n print. stereo(typing) metal. — **~,plat·te** f stereo(type) plate.

'Ste·reo|**vor,satz** m phot. stereo (od. beam-splitting) attachment. — **~,wie·der,ga·be** f phot. (radio) stereo reproduction.

ste·ril [ʃte'ri:l; ste-] **I** adj **1.** (unfruchtbar) sterile, barren, infertile, unproductive. – **2.** (keimfrei) sterile, aseptic: etwas ~ machen to make s.th. sterile, to sterilize s.th. – **3.** fig. (Diskussion, Roman etc) sterile: eine ~e Atmosphäre a sterile atmosphere, an atmosphere of sterility. – **II** adv **4.** sterilely: ~ arbeiten med. to proceed under sterile conditions.

Ste·ri·li·sa·ti·on [ʃteriliza'tsioːn; ste-] f ⟨-; -en⟩ med. **1.** (Keimfreimachung) sterilization. – **2.** (Unfruchtbarmachung) sterilization. — **Ste·ri·li·sa·ti'ons·me,thode** f method of sterilization.

Ste·ri·li·sa·tor [ʃterili'za:tɔr; ste-] m ⟨-s; -en [-za'to:rən]⟩, **Ste·ri·li'sier·ap·pa,rat** m sterilizer: ~ für Instrumente [Verbandstoffe] instrument [dressing] sterilizer.

ste·ri·li·sie·ren [ʃterili'zi:rən; ste-] **I** v/t ⟨no ge-, h⟩ **1.** med. biol. a) (keimfrei machen) sterilize, make (s.th.) sterile (od. aseptic), b) (unfruchtbar machen) sterilize. – **2.** gastr. a) (Milch etc) sterilize, pasteurize, process, b) (Gemüse etc) sterilize, preserve. – **II** S~ n ⟨-s⟩ **3.** verbal noun. – **4.** cf. Sterilisation. — **Ste·ri·li'sier,ge,rät** n sterilizer. — **~,lö·sung** f germicide.

Ste·ri·li'sie·rung f ⟨-; -en⟩ **1.** cf. Sterilisieren. – **2.** cf. Sterilisation.

Ste·ri·li·tät [ʃterili'tɛːt; ste-] f ⟨-; no pl⟩ **1.** (Unfruchtbarkeit) sterility, barrenness, infertility, unproductiveness. – **2.** (Keimfreiheit) sterility, asepsis. – **3.** fig. sterility. — **Ste·ri·li'täts,pro·be** f med. sterility test.

Ste·rin [ʃte'riːn; ʃte-] n ⟨-s; -e⟩ chem. sterol.

Ster·ke ['ʃtɛrkə] f ⟨-; -n⟩ Low G. agr. heifer.

Ster·let(t) ['ʃtɛrlɛt] m ⟨-s; -e⟩ zo. sterlet (Acipenser ruthenus).

Ster·ling ['ʃtɛrlɪŋ; 'stɛr-; 'stəː-] (Engl.) m ⟨-s; -e⟩ sterling: 2 Pfund ~ 2 pounds sterling. — **~,block** m, **~ge,biet** n, **~,raum** m sterling area (od. bloc).

Stern[1] [ʃtɛrn] m ⟨-(e)s; -e⟩ **1.** star: ein heller (od. glänzender, leuchtender) ~ a bright star; die ~e stehen am Himmel the stars are in the sky; die ~e verblaßten the stars waned; ein mit ~en übersäter Himmel a starry (od. star-spangled) sky; variabler ~ astr. variable (star); ein ~ erster [zweiter] Größe astr. a star of the first [second] magnitude; der Einfluß der ~e astrol. the astral (od. stellar) influence; unter fremden ~en fig. far away from home; in den ~en lesen fig. to read (in) the stars; das steht noch in den ~en (geschrieben) fig. it is written in the stars; nach den ~en greifen fig. to reach for the stars; er wollte für sie die ~e vom Himmel holen fig. he promised her the moon; ~e sehen fig. colloq. to see stars. – **2.** fig. (Glücksstern) (lucky) star: unter einem glücklichen ~ geboren sein to be born under a lucky star; sie ist mein guter ~ she is my lucky star; an seinen ~ glauben to believe in one's luck; mein (od. ein) guter ~ hat mich davor bewahrt my (od. a) good star saved me; das Vorhaben stand unter einem ungünstigen (od. unglücklichen) ~ the plan stood under an unlucky star (od. was ill-fated, was illstarred, was not in favo[u]r with the gods); sein ~ ist im Aufgehen [Sinken] his star is in the ascendant [is setting]. – **3.** (sternförmiger Gegenstand) star: ~e aus Goldpapier stars made of gold paper. – **4.** (Rangabzeichen) star. – **5.** (als Zeichen für Qualität, Besonderes etc) star: dieses Hotel hat im Reiseführer 3 ~e this hotel has 3 stars in the travel guide; Kognak mit 3 ~en three-star brandy. – **6.** (für Fußnoten, Anmerkungen etc) star, asterisk. – **7.** (Blesse bei Pferden u. Rindern) star. – **8.** (Berühmtheit, Star) star: ein neuer [aufgehender] ~ am Filmhimmel a new [rising] star on the film horizon.

Stern[2] m ⟨-(e)s; -e⟩ mar. stern.

ster·nal [stɛr'naːl; ʃtɛr-] adj med. zo. sternal. — **S~punk·ti,on** f med. sternal puncture.

'Stern|**an,be·ter** m relig. star-worshipper, astrolater (scient.). — **~an,be·tung** f worship of stars, astrolatry (scient.). — **~anis** [-ʔa,niːs] m bot. star (od. Indian, Chinese) anise (Illicium verum). — **~an,ten·ne** f electr. star antenna (bes. Br. aerial). — **~ap·fel** m bot. cainito, star apple (Chrysophyllum cainito). — **s~ar·tig** adj **1.** starlike. – **2.** astr. stellar, starlike. — **~at·las** m star atlas. — **~be,deckung** (getr. -k·k-) f astr. occultation. — **s~be,sät** adj poet. starry, star-spangled, starred. — **~be,we·gung** f astr. stellar motion. — **~,bild** n **1.** astr. constellation, configuration. – **2.** astrol. (des Tierkreises) sign of the zodiac. — **~,blu·me** f bot. aster (Gattg Aster).

'Stern·chen n ⟨-s; -⟩ **1.** dim. of Stern[1]. – **2.** cf. Stern[1] 5, 6. – **3.** colloq. (beim Film etc) starlet. – **4.** pl gastr. (Suppeneinlage) star-shaped pasta sg.

'Stern|**deu·ter** m astrologer. — **~deu·te'rei** [,ʃtɛrn-], **~deu·tung** f ⟨-; no pl⟩ astrology. — **~,drei·eck,schal·ter** m electr. star-delta switch. — **~,drei·eck,schal·tung** f star-delta connection (Br. auch connexion). — **~drift** f astr. star drift (od. streaming).

'Ster·nen|**all** n poet. stellar world. — **~,bahn** f orbit of stars. — **~,ban·ner, das** (der USA) the star-spangled banner, the stars and stripes pl. — **~ge,fil·de, ~ge,wöl·be** n poet. for Sternenhimmel. — **~,gucker** (getr. -k·k-) m colloq. stargazer, astronomer. — **s~,hell** adj cf. sternenklar. — **~,him·mel** m starry sky, firmament. — **s~,klar** adj (Nacht, Himmel etc) starry, starlit. — **~,licht** n ⟨-(e)s; no pl⟩ starlight, starry light. — **s~,los** adj (Nacht, Himmel etc) starless, without stars. — **~,meer** n poet. sea of stars. — **~,schein** m starlight, starry light. — **~,zelt** n poet. firmament.

'Stern|**fahrt** f (sport) (motor) rally (auch

rallye). — **~flug** m air(plane) rally (*auch* rallye). — **~flun·der** f zo. starry flounder (*Platichthys stellatus*). — **s~för·mig** adj **1.** star-shaped, starlike, starry, stellate, asteroid. – **2.** (*strahlig*) radial. – **3.** bot. stellate. — **~for·scher** m astronomer. — **s~ge·schal·tet** adj electr. star- (*od.* Y-)connected. — **~ge·wöl·be** n arch. star(-ribbed) vault. — **~gi·raf·fe** f zo. (yellow) giraffe, four-horned giraffe (*Giraffa camelopardalis*). — **~grup·pe** f astr. constellation, *auch* association. — **~gucker** (*getr.* -k·k-) m **1.** colloq. cf. Sternengucker. – **2.** zo. cf. Himmelsgucker. — **~guß** m metall. star cast iron.

'stern'ha·gel|be'sof·fen, **~'blau**, **~'voll** adj colloq. contempt. dead (*od. sl.* blind) drunk, (as) drunk as a lord; 'sloshed', 'sozzled', blotto, Am. 'canned' (*sl.*).

'Stern|hai m zo. smooth dogfish (*od.* hound), auch smooth dog (*Mustelus mustelus*). — **~hau·fen** m astr. cluster (of stars), star cluster. — **s~hell** adj cf. sternenklar. — **~him·mel** m cf. Sternenhimmel. — **~hö·hen·mes·ser** m astr. astrolabe. — **~jahr** n astr. sideral year. — **~kar·te** f star chart (*od.* map), astronomical chart. — **~ka·ta·log** m star catalog (*bes.* Br. catalogue). — **~keil·wel·le** f tech. spline shaft. — **s~klar** adj cf. sternenklar. — **~ko·ral·le** f zo. cf. Riffkoralle. — **~kun·de** f astronomy. — **~kun·di·ge** m, f ⟨-n; -n⟩ astronomer. — **~licht** n starlight. — **s~los** adj cf. sternenlos. — **~ma·te·rie** f phys. stellar matter. — **~mie·re** f bot. stitchwort (*Gattg Stellaria*). — **~mo·tor** m tech. radial (cylinder) engine. — **~mull** m zo. star-nosed mole, auch starnose (*Condylura cristata*). — **~ne·bel** m astr. star cloud, stellar nebula (*scient.*). — **~ort** m star place (*od.* position).

ster·no·thy·reo·id [sternotyreo'iːt; ʃtɛr-] adj med. sternothyroid.

'Stern·phy·sik f astr. astrophysics pl (*construed as sg*).

'Stern·punkt m **1.** electr. star point. – **2.** telev. television switching network center (*bes.* Br. centre). — **~lei·ter** m electr. neutral conductor. — **~span·nung** f Y-voltage, star voltage.

'Stern|rad·ge·trie·be n tech. star-wheel mechanism. — **~ro·chen** m zo. starry ray (*Raja radiata*). — **~schal·tung** f electr. star(-delta) connection (*Br. auch* connexion). — **~schnecke** (*getr.* -k·k-) f zo. sea lemon, warty slug (*Gattg Doris*).

'Stern|schnup·pe f astr. meteor, shooting (*od.* falling) star. — **'Stern|schnup·pen·re·gen** m star (*od.* meteoric) shower, shower of meteors.

'Stern|schrei·ber m (*im Radarwesen*) plan position indicator. — **~schritt** m (*sport*) (*beim Basketball*) pivot: einen ~ machen to pivot. — **~sin·gen** n (*am Dreikönigstag*) epiphany carol singing. — **~sin·ger** m meist pl epiphany carol singer (*children dressed up as the three Magi*). — **~span·nung** f electr. voltage to neutral. — **~strah·lung** f astr. stellar radiation. — **~strom** m cf. Sterndrift. — **~stun·de** f **1.** astr. sideral hour. – **2.** fig. decisive moment in history, historic moment: „~n der Menschheit" "The Tide of Fortune" (*by* S. Zweig). – **3.** fig. (*Höhepunkt*) highlight, climax. — **~sy·stem** n astr. stellar system, (*im weiteren Sinne*) galaxy. — **~ta·fel** f star (*od.* astronomical) chart. — **~tag** m star (*od. scient.* sideral) day.

Ster·num ['stɛrnʊm; 'ʃtɛr-] n ⟨-s; Sterna [-na]⟩ med. zo. sternum, breastbone.

'Stern|war·te f astr. (astronomical) observatory. — **~wol·ken** f star clouds. — **~wurm** m zo. sipuncul(o)id (*Klasse Sipunculoidae*). — **~zahl** f astr. (*in einem Sternkatalog*) star number. — **~zei·chen** n **1.** astrol. sign (of the zodiac). – **2.** print. star, asterisk. — **~zeit** f astr. star (*od. scient.* sideral) time. [steroid.]

Ste·ro·id [stero'iːt; ʃte-] n ⟨-(e)s; -e⟩ chem.⟩

Stert [ʃtɛrt] m ⟨-(e)s; -e⟩ Low G. **1.** cf. Sterz¹. – **2.** colloq. (*Gesäß*) 'tail end' (*colloq.*), bottom.

Ster·tor ['stɛrtor; 'ʃtɛr-] m ⟨-s; no pl⟩ med. (*Röcheln*) stertor. — **ster·to'rös** [-to'røːs] adj stertorous.

Sterz¹ [ʃtɛrts] m ⟨-es; -e⟩ **1.** (*der Vögel*) tail. – **2.** agr. (*am Pflug*) ploughtail, bes. Am. plowtail, plough (*bes.* Am. plow) handles pl. – **3.** tech. (*einer Windmühle*) tail.

Sterz² m ⟨-es; -e⟩ bes. Austrian dial. gastr. hot sweet polenta (*od.* pasta).

stet [ʃteːt] adj ⟨attrib⟩ **1.** (*unablässig, beständig*) constant, continuous, perpetual: ~er Fleiß assiduity, assiduousness; in ~er Treue (*als Briefabschluß*) yours faithfully. – **2.** (*beharrlich*) constant, incessant, persistent: seine ~en Vorwürfe his constant reproaches; → Tropfen 5.

Ste·tho·skop [steto'skoːp; ʃte-] n ⟨-s; -e⟩ med. stethoscope.

'ste·tig I adj **1.** cf. stet. – **2.** (*Wind*) steady. – **3.** math. constant, continual. – **4.** econ. (*Aktienkurs etc*) steady. – **II** adv **5.** constantly, continuously, perpetually. — **'Ste·tig·keit** f ⟨-; no pl⟩ **1.** constancy, continuity, continuousness, perpetualness. – **2.** (*Beharrlichkeit*) constancy, incessantness, persistence, persistency. – **3.** (*des Windes*) steadiness. – **4.** math. constancy, continuance. – **5.** econ. steadiness, stability.

stets [ʃteːts] adv **1.** (*immer*) always: er ist ~ für mich eingetreten he always stood up for me, he stood up for me at all times; du bist (mir) ~ willkommen you are always welcome; ~ zu Ihren Diensten always at your service; ~ der [die] Ihre (*als Briefschluß*) ever yours, yours as ever. – **2.** (*ständig, jedesmal*) always, invariably, continually, constantly: er kommt ~ zu spät he is invariably late. — **~fort** adv Swiss for fortwährend III.

Steu·er¹ ['ʃtɔyər] n ⟨-s; -⟩ **1.** auto. (*Lenkrad*) (steering) wheel: am (*od.* hinter dem) ~ sitzen to be at the wheel, to drive; wer setzt sich ans ~? who is going to take the wheel (*od.* to drive)? j-n ans ~ lassen to let s.o. drive; das ~ herumwerfen a) to swing the wheel round, b) fig. to swing right round, to change one's course; → Trunkenheit 2. – **2.** mar. a) (*unter Wasser*) rudder, b) (*Gesamtanlage*) steering gear, helm: am ~ stehen to be at the helm; das ~ fest in der Hand haben auch fig. to have the helm firmly in one's hand; das ~ übernehmen auch fig. to take the helm. – **3.** aer. a) controls pl, control surface, b) (*Seitensteuer*) rudder.

'Steu·er² f ⟨-; -n⟩ econ. a) tax, rate, impost, levy, imposition, b) (*indirekte*) indirect tax, c) (*kommunale*) Am. local (*od.* city) tax, Br. rate, d) pl (*Besteuerung*) taxes, taxation sg: staatliche ~ state tax; direkte ~n direct taxes; fällige ~n taxes due (for payment); progressive (*od.* gestaffelte) ~n progressive (*od.* graduated) taxes; drückende ~n heavy taxes (*od.* taxation sg); frei von ~n tax-free (*od.* -exempt), free of (*od.* exempt from) tax(ation); ~n abführen to pay in taxes; etwas mit einer ~ belegen, eine ~ auf etwas legen to levy (*od.* put, impose) a tax on s.th., to tax s.th., to make s.th. taxable; j-m eine ~ auferlegen, j-n mit einer ~ belegen to tax s.o.; ~n einziehen (*od.* einnehmen, erheben) to collect taxes; etwas von der ~ absetzen to deduct s.th. from one's taxable income; der ~ unterliegen to be taxable (*od.* liable to taxation); (die) ~n hinterziehen to defraud (*od.* evade) the tax; das Auto kostet 500 Mark ~n im Jahr the car costs 500 marks a year in tax.

Steu·er|ab·kom·men n econ. tax convention. — **~ab·zug** m deduction of tax, tax deduction: ohne ~, frei von Steuerabzügen free of tax (*od.* of all taxes), tax-free (*od.* -exempt). — **~amne·stie** f tax (*od.* fiscal) amnesty. — **~amt** n **1.** (*für Staatsabgaben*) inland (*od.* internal) revenue office. – **2.** (*für Verbrauchssteuern*) excise office. — **~än·de·rungs·ge·setz** n taxation amendment law. — **~an·glei·chung** f tax adjustment.

'Steu·er·an·la·ge f **1.** tech. steering mechanism, control gear. – **2.** mar. steering gear, helm.

'Steu·er·an·schlag m econ. cf. Steuerveranlagung.

'Steu·er·an·wei·sung f (*computer*) control statement.

'Steu·er|auf·kom·men n econ. tax returns pl, yield of taxes, tax yield, inland (*bes.* Am. internal) revenue. — **~auf·schlag** m supplementary (*od.* additional) tax, surtax. — **~auf·sicht** f tax control. — **~auf·sichts·be·hör·de** f tax control office. — **~aus·fall** m shortfall in (*od.* loss of) (tax) revenue. — **~aus·gleich** m tax equalization. — **~aus·gleichs·rück·la·ge** f tax

---

equalization reserve. — **~aus·schuß** m tax committee.

'steu·er·bar¹ adj **1.** (*Auto, Schiff, Flugzeug etc*) steerable, man(o)euverable, bes. Br. manœuvrable, manageable, governable, controllable. – **2.** (*Luftschiff*) dirigible. – **3.** electr. tech. controllable.

'steu·er·bar² adj econ. cf. steuerpflichtig 1.

'Steu·er·bar·keit f ⟨-; no pl⟩ **1.** (*eines Autos etc*) steerability, man(o)euverability, bes. Br. manœuvrability, manageability, governability, controllability. – **2.** (*eines Luftschiffs*) dirigibility. – **3.** electr. tech. controllability.

'Steu·er·be·am·te m revenue officer.

'Steu·er|be·fehl m (*computer*) control impulse. — **~be·fehls·spei·cher** m control memory.

'Steu·er|be·frei·ung f econ. tax exemption, exemption from taxes (*od.* taxation). — **s~be·gün·stigt** adj enjoying tax privileges, tax-privileged: ~es Sparen tax-linked saving; ~e Anleihe loan with tax privileges. — **~be·gün·sti·gung** f tax privilege (*od.* allowance), income tax relief, tax concession(s pl). — **~be·hör·de** f tax authorities pl, bes. Br. board of inland revenue, bes. Am. internal revenue authorities pl. — **~bei·trei·bung** f tax collection. — **~be·la·stung** f taxation, tax burden: die erhöhte ~ the increased taxation (*od.* tax burden). — **~be·mes·sungs·grund·la·ge** f basis for the assessment of the tax. — **~be·ra·ter** m tax adviser (*auch* advisor) (*od.* consultant, expert). — **~be·rech·nung** f calculation of tax, tax assessment. — **~be·scheid** m notice of assessment, tax assessment (bill), tax bill. — **~be·stim·mung** f tax regulation. — **~be·trag** m tax amount. — **~be·trug** m tax evasion, evasion of tax(es), tax fraud. — **~be·wil·li·gung** f pol. grant of supply, passing of a finance bill. — **~be·zirk** m assessment (*od.* revenue) area. — **~bi·lanz** f balance sheet for taxation purposes, tax balance.

'Steu·er·bord n ⟨-(e)s; -e⟩ mar. starboard: nach ~ halten to keep to starboard; nicht nach ~ abkommen! nothing to the right! Ruder (nach) ~! starboard the helm! rudder right! [the right.]

'steu·er·bord(s) adv mar. to starboard, to⟩

'Steu·er·bord|sei·te f mar. starboard (side). — **~wa·che** f starboard watch. — **~wind** m wind on the starboard beam.

'Steu·er·de·likt n econ. jur. tax offence (*Am.* offense).

'Steu·er·dia·gramm n tech. (*für Ventile*) valve-timing diagram.

'Steu·er|dif·fe·ren·zie·rung f econ. differential treatment in taxation, fiscal differentiation. — **~druck** m **1.** econ. pressure (*od.* burden) of taxation, tax burden. – **2.** aer. control feel. — **~dü·se** f (*space*) vernier engine. — **~ei·gen·schaf·ten** pl tech. steering qualities.

'Steu·er|ein·gän·ge pl econ. receipt sg of taxes, tax receipts. — **~ein·kom·men** n, **~ein·künf·te** pl, **~ein·nah·men** pl cf. Steueraufkommen. — **~ein·neh·mer** m tax collector, excise man (*od.* officer), receiver of taxes. — **~ein·zie·hung** f tax collection. — **~ela·sti·zi·tät** f tax elasticity.

'Steu·er·elek·tro·de f electr. control electrode.

'Steu·er|ent·la·stung f econ. tax relief. — **~er·he·bung** f imposition (*od.* levy, raising) of taxes. — **~er·hö·hung** f increase in taxation. — **~er·klä·rung** f tax declaration, (tax) return: eine ~ abgeben (*od.* einreichen) to make (*od.* file) a tax declaration, to send in one's tax return. — **~er·laß** m remission of taxes, tax remission. — **~er·leich·te·rung** f tax relief (*od.* concession). — **~er·mä·ßi·gung** f tax abatement (*od.* reduction, relief). — **~er·mitt·lung** f ascertainment of taxes. — **~er·mitt·lungs·ver·fah·ren** n tax ascertainment procedure. — **~er·spar·nis** f saving of taxes. — **~er·stat·tung** f refund of (overpaid) tax. — **~er·trag** m cf. Steueraufkommen. — **~fahn·dung** f fiscal investigation, investigation into tax evasion. — **~fehl·be·trag** m tax deficit (*od.* deficiency). — **~fest·set·zung** f cf. Steuerveranlagung.

'Steu·er|flä·che f aer. control surface: ~n pl flying (*Am.* surface) controls. — **~flos·se** f fin.

'Steu·er|**flucht** f econ. tax evasion. — ~**for·de·rung** f tax (od. fiscal) claim. — **s~frei** adj econ. a) tax-free (od. -exempt), exempt from (od. free of) taxes (od. taxation), nonassessable Br. non-, b) (Waren) duty-free: ~**er Betrag** tax-free allowance. — ~**frei·be·trag** m tax-free allowance. — ~**frei·gren·ze** f limit of tax exemption. — ~**frei·heit** f **1.** econ. exemption from taxes (od. taxation), tax exemption. – **2.** pol. (für Diplomaten etc) immunity from taxes (od. taxation), fiscal immunity.

'Steu·er|**fre·quenz** f electr. pilot frequency. — ~**funk·ti·on** f (computer) control function.

'Steu·er|**ge·heim·nis** n econ. fiscal secrecy. — ~**gel·der** pl tax money sg (od. receipts).

'Steu·er|**ge·rät** n **1.** electr. control device, controller, (einer Stereoanlage) control unit. – **2.** mar. steering apparatus. – **3.** aer. control unit.

'Steu·er|**ge·rech·tig·keit** f econ. equity of taxation, fiscal equality. — ~**ge·setz** n law on taxation, fiscal law. — ~**ge·setz·ge·bung** f tax (od. fiscal) legislation, tax (od. revenue) laws pl.

'Steu·er|**git·ter** n (radio) control grid.

'Steu·er|**gläu·bi·ger** m econ. tax creditor. — ~**gleich·heit** f fiscal equality. — ~**grund·la·ge** f basis of assessment, basis of taxation (od. of the tax). — ~**grup·pe** f tax group (od. bracket, Br. schedule).

'Steu·er|**he·bel** m aer. control lever.

'Steu·er|**hel·fer** m econ. cf. Steuerberater. — ~**hin·ter·zie·her** m tax evader (od. dodger). — ~**hin·ter·zie·hung** f tax evasion (od. fraud), defraudation of the revenue. — ~**ho·heit** f jur. tax sovereignty, jurisdiction in tax (od. fiscal) matters.

'Steu·er·im·puls m tech. pilot pulse.

'Steu·er|**jahr** n econ. fiscal (od. tax) year. — ~**kar·te** f **1.** tax card. – **2.** (Lohnsteuerkarte) wage tax card. — ~**klas·se** f tax group (od. bracket, Br. schedule).

'Steu·er|**knopf** m electr. control knob. — ~**knüp·pel** m aer. (control) stick.

'Steu·er|**kraft**¹ f ⟨-; no pl⟩ mar. steerageway.

'Steu·er|**kraft**² f ⟨-; no pl⟩ econ. taxable capacity.

'Steu·er|**kreis** m electr. control circuit. — ~**kurs** m aer. mar. heading. — ~**kur·ve** f tech. cam.

'Steu·er·last f econ. burden (od. pressure) of taxation, tax burden (od. load). — ~**quo·te** f per capita tax burden.

'Steu·er·lei·stung f auto. rated horsepower.

'steu·er·lich I adj fiscal: ~**e Belastung** tax burden; ~**e Erfassung** taxation; ~**e Einkünfte** tax revenue sg (od. yield sg, receipts). – **II** adv ~ **begünstigt** tax-supported (od. -privileged); etwas ~ **erfassen** to make s.th. taxable, to impose (od. levy, lay) a tax on s.th.; ~ **günstig** with low tax liability; etwas ~ **veranlagen** to assess s.th. (for taxation).

'Steu·er·li·ste f econ. assessment roll, tax list (od. roll).

'steu·er·los adj mar. rudderless.

'Steu·er·mah·nung f econ. reminder concerning overdue tax.

'Steu·er·mann m ⟨-(e)s; -männer u. -leute⟩ **1.** mar. a) helmsman, steersman, Am. wheelsman, b) (Rang in der Handelsmarine) mate, auch navigator, c) (Rang in der Kriegsmarine) chief quartermaster. – **2.** (sport) (eines Ruderboots) coxswain, auch cockswain: ohne ~ without a coxswain, coxswainless; Zweier mit ~ pair-oars pl with coxswain; Zweier ohne ~ coxswainless pair-oars pl.

'Steu·er·manns|**maat** m mar. (in der Kriegsmarine) quartermaster's mate. — ~**pa·tent** n mate's certificate. — ~**quit·tung** f econ. mate's receipt.

'Steu·er|**mar·ke** f econ. **1.** (revenue od. tax) stamp. – **2.** (Hundemarke) dog tag. — ~**meß·zahl** f ground tax multiplier (related to standard value of real estate). — ~**me·tho·de** f taxation method. — ~**mit·tel** pl tax money sg (od. receipts). — ~**mo·ral** f taxpayer honesty.

steu·ern ['ʃtɔyərn] **I** v/t ⟨h⟩ **1.** (Auto etc) drive, steer: er steuerte den Wagen sicher durch den Verkehr he drove the car safely through the traffic; wer steuerte den Wagen? who was driving the car? who was at the wheel? – **2.** mar. steer, navigate, head, (als Lotse) auch pilot: ein

Schiff in den Hafen ~ to head a ship for the harbo(u)r; einen Kurs ~ to steer a course. – **3.** aer. steer, navigate, pilot. – **4.** electr. control. – **5.** tech. a) (Maschine) control, b) (regeln) regulate, c) (computer) control, d) (Lochstreifen) operate, e) (Ventil) time. – **6.** (radio) (Ton) modulate. – **7.** fig. (lenken) steer, guide, direct: die Unterhaltung in die gewünschte Richtung ~ to steer the conversation in the desired direction. – **II** v/i ⟨h u. sein⟩ **8.** ⟨h⟩ (im Auto) drive, steer, be at the wheel. – **9.** mar. a) ⟨h⟩ steer, b) ⟨sein⟩ (nach for) steer, stand, head, be bound: nach dem Kompaß ~ to steer by the compass; das Schiff steuert nach Süden the ship stands (od. is steering) southward(s). – **10.** ⟨sein⟩ fig. (in acc, nach for) head: sie ~ direkt in ihr Unglück they are heading straight for disaster; wohin steuert die deutsche Politik? where are German politics heading? – **11.** ⟨h⟩ einer Sache — lit. a) (Einhalt gebieten) to check (od. control) s.th., b) (vorbeugen) to obviate (od. prevent) s.th., to ward s.th. off, c) (abhelfen) to remedy s.th.: wir müssen versuchen, diesem Mißstand zu ~ we must try to remedy this grievance. – **III S~** n ⟨-s⟩ **12.** verbal noun. – **13.** auto. steerage. – **14.** aer. mar. steerage, navigation. – **15.** electr. control. – **16.** (radio) modulation. – **17.** tech. a) control, b) (Regulierung) regulation, c) (eines Lochstreifens) operation.

'Steu·er|**nach·for·de·rung** f econ. subsequent tax claim. — ~**nach·laß** m cf. Steuerermäßigung.

'Steu·er·nocken (getr. -k·k-) m tech. cam.

'Steu·er·no·vel·le f econ. (taxation) amendment bill (od. law). — ~**num·mer** f tax office reference number. — ~**oa·se** [-ˈʔo,a:zə] f (Monaco etc) tax haven. — ~**ob·jekt** n taxable object. — ~**ord·nung** f system of taxation. — ~**pacht** f econ. hist. tax farming. — ~**päch·ter** m tax farmer. — ~**pau·scha·le** f econ. lump sum tax. — ~**pfän·dung** f distraint (od. distress) for taxes overdue. — ~**pflicht** f liability to pay taxes, tax liability. — **s~pflich·tig** adj **1.** (Einkommen etc) liable (od. subject) to taxation, taxable, assessable, (für Gemeindesteuern) Br. auch rat(e)able. – **2.** (Waren) dutiable. — ~**pflich·ti·ge** m, f ⟨-n; -n⟩ taxpayer. — ~**po·li·tik** f fiscal policy.

'Steu·er·pro·gramm n (computer) master control program (bes. Br. programme).

'Steu·er·pro·gres·si·on f tax progression (od. graduation). — ~**prü·fer** m Am. tax auditor, Br. tax inspector. — ~**prü·fung** f tax inspection.

'Steu·er·pult n electr. tech. control desk (od. station).

'Steu·er·quel·le f econ. tax (re)source, source of taxation.

'Steu·er·rad n **1.** auto. mar. (steering) wheel. – **2.** aer. control wheel. – **3.** tech. timing gear.

'Steu·er·ra·te f econ. tax instal(l)ment. — ~**recht** n tax (od. fiscal) law. — **s~recht·lich** adj relating to fiscal law. — ~**re·form** f econ. tax reform (od. revision). — ~**re·gi·ster** n tax register.

'Steu·er·re·lais n electr. control (od. pilot) relay.

'Steu·er·richt·li·ni·en pl econ. tax instructions (od. regulations).

'Steu·er·röh·re f (radio) modulating tube (bes. Br. valve).

'Steu·er·rol·le f econ. cf. Steuerliste. — ~**rück·er·stat·tung** f tax refund (od. remission). — ~**rück·la·ge** f cf. Steuerrückstellung. — ~**rück·stän·de** pl tax arrears. — ~**rück·stel·lung** f tax reserve, provision for taxation. — ~**rück·ver·gü·tung**, ~**rück·zah·lung** f cf. Steuerrückerstattung.

'Steu·er·ru·der n **1.** mar. cf. Steuer¹ 2. – **2.** aer. control surface.

'Steu·er·sa·che f econ. tax (od. fiscal) matter: Berater in ~n tax adviser (auch advisor). — ~**sach·ver·stän·di·ge** m tax expert. — ~**satz** m tax rate, rate of assessment.

'Steu·er·säu·le f **1.** auto. cf. Lenksäule. – **2.** aer. control column. — ~**schal·ter** m electr. controller, control switch.

'Steu·er·schät·zung f econ. tax estimate. — ~**schrau·be** f only in die ~ anziehen [lockern] fig. to raise (od. increase, tighten)

[to reduce od. abate] taxation, to tighten [to loosen] the tax screw. — ~**schuld** f tax(es pl) due (od. owed), tax liability: aufgelaufene ~ accrued taxes pl. — ~**schuld·ner** m person with tax liability.

'Steu·er·sen·der m (radio) drive (unit), driver.

'Steu·er·sen·kung f econ. tax reduction (od. abatement).

'Steu·er·si·gnal n (computer) control signal.

'Steu·er·soll n econ. tax(es pl) due, amount of tax liability.

'Steu·er|**span·nung** f electr. control voltage. — ~**spur** f control track. — ~**stab** m (im Reaktor) control rod.

'Steu·er|**staf·fe·lung** f econ. tax graduation (od. progression). — ~**stra·fe** f fiscal penalty. — ~**straf·recht** n fiscal offence (Am. offense) law. — ~**straf·tat** f fiscal (od. revenue) offence (Am. offense). — ~**stu·fe** f tax bracket. — ~**stun·dung** f tax deferment (Am. auch deferral), (Nachfrist) tax respite. — ~**sub·jekt** n taxpayer.

'Steu·er·sy·stem¹ n electr. control system.

'Steu·er·sy·stem² n econ. system of taxation, tax system.

'Steu·er|**ta·bel·le** f econ. tax table. — ~**ta·rif** m tax scale (auch schedule). — **s~tech·nisch I** adj **1.** fiscal. – **II** adv **2.** for fiscal reasons. – **3.** in fiscal terms. — ~**trä·ger** m taxpayer.

'Steu·er·trieb·werk n (space) cf. Steuerdüse.

'Steu·er|**über·tre·tung** f econ. fiscal (od. revenue) offence (Am. offense), minor offence against tax regulations. — ~**über·wäl·zung** f tax shifting, shifting of taxation. — ~**um·ge·hung** f tax evasion, minor tax offence (Am. offense).

'Steue·rung f ⟨-; -en⟩ **1.** cf. Steuern. – **2.** auto. cf. Lenkung 2. – **3.** auto. (der Ventile) a) (Vorgang) control, b) (Anlage) control system (od. mechanism), c) (Bauteil) control (od. valve, timing) gear. – **4.** aer. controls pl, control system. – **5.** electr. tech. (computer) control: automatische ~ automatic control.

'Steu·er·ven·til n tech. control valve, servo-valve.

'Steu·er·ver·an·la·gung f econ. (tax) assessment. — ~**ver·ge·hen** n major revenue (od. fiscal) offence (Am. offense). — ~**ver·gün·sti·gung** f cf. Steuerbegünstigung. — ~**ver·pach·tung** f econ. hist. tax farming. — ~**ver·tei·lung** f distribution of taxation. — ~**ver·wal·tung** f **1.** tax (od. fiscal) administration. – **2.** cf. Steuerbehörde. — ~**vor·aus·zah·lung** f advance tax instal(l)ment (od. payment). — ~**vor·recht** n tax (od. fiscal) privilege.

'Steu·er·vor·rich·tung f tech. control device.

'Steu·er·vor·teil m meist pl econ. tax advantage.

'Steu·er|**wal·ze** f electr. drum (od. barrel) controller. — ~**wel·le** f tech. (eines Drehautomaten) camshaft, backshaft. — ~**werk** n (computer) control unit.

'Steu·er·wert m econ. taxable (od. rat[e]able) value. — ~**we·sen** n taxation, tax system. — ~**zah·ler** m taxpayer. — ~**zah·lung** f tax payment, payment of taxes. — ~**zah·lungs·ter·min** m tax payment (od. tax-maturity) date. — ~**zu·schlag** m additional tax, surtax, supertax.

Ste·ven ['ʃte:vən] m ⟨-s; -⟩ mar. **1.** (Vorsteven) stem. – **2.** (Achtersteven) stern post.

Ste·ward ['stjuːərt; 'stju:-] m ⟨-s; -s⟩ (auf Schiffen, in Flugzeugen etc) steward. — **Ste·war·deß** ['stjuːərdɛs; 'stju:ərdɛs; -'dɛs] f ⟨-; -dessen⟩ stewardess, (in Flugzeugen) auch air hostess.

sti·bit·zen [ʃti'bɪtsən] v/t ⟨no ge-, h⟩ colloq. humor. 'pinch', 'swipe', 'nip' (alle colloq.), filch: wer hat meinen Bleistift stibitzt? who pinched my pencil?

Sti·bi·um ['sti:biʊm; 'ʃti:-] n ⟨-s; no pl⟩ min. cf. Antimon. — **Stib·nit** [stɪ'bni:t; ʃti-; -'nɪt] m ⟨-s; -e⟩ cf. Antimonglanz.

stich [ʃtɪç] imp sg of stechen.

Stich m ⟨-(e)s; -e⟩ **1.** (Einstechen einer Nadel, eines Dorns etc) prick: sie spürte einen ~ im Arm she felt a prick in her arm. – **2.** (Stoß mit einem Messer etc) stab, thrust: der ~ ging ins Herz the stab went (in)to the heart. – **3.** (Einstichloch einer Nadel, Spritze etc) prick, puncture. – **4.** (Stichwunde) stab (wound od. mark), thrust: **er brachte ihm mehrere ~e mit dem Messer bei** he gave him several stabs with the knife. **- 5.** (*einer Biene, eines Skorpions*) sting. **- 6.** (*einer Mücke, eines Flohs etc*) bite: **sein Rücken war mit ~en übersät** his back was covered with bites. **- 7.** (*beim Nähen, Sticken etc*) stitch: **langer ~** (*Heftstich*) long stitch, tack; **weite [enge] ~e machen** to make loose [close] stitches, **to stitch loosely [closely]. - 8.** (*stechender Schmerz*) stab, twinge, pang, (*in der Seite*) *auch* stitch: **~e in der Brust verspüren** to feel pangs in one's chest. **- 9.** (*seelischer Schmerz, Kummer*) pang, stab, sting, (*stärker*) wrench: **es gab ihr jedesmal einen ~** (*ins Herz*) **, wenn sie ihn sah** she always felt a pang (*od.* it always cut her to the quick) when she saw him. **- 10.** *fig.* (*gezielte boshafte Bemerkung*) gibe, jibe, taunt, thrust, passing shot (*colloq.*): **er versetzte ihr laufend ~e** he kept making gibes (*od.* passing shots) at her, he kept gibing (*od.* jibing, taunting, *colloq.* needling) her. **- 11. ~ halten** *fig.* to withstand: **seine Behauptungen werden einer Nachprüfung nicht ~ halten** his assertions will not stand (*od.* bear) examination (*od.* scrutiny), his assertions will not hold water. **- 12. j-n im ~ lassen** to abandon (*od.* desert, *lit.* forsake) s.o., to leave s.o. in the lurch, to let s.o. down, to go back on s.o., to walk out on s.o. (*sl.*); **etwas im ~ lassen** (*Haus u. Hof etc*) to abandon s.th.; **sein Gedächtnis [sein Auto] läßt ihn oft im ~** *fig. colloq.* his memory [his car] often lets him down. **- 13. einen ~ haben** a) (*von Milch, Bier, Fleisch etc*) to have gone off, b) (*von Farben*) to have a tinge (*od.* touch), c) *fig. colloq. humor.* (*von Person*) to be touched (*od. colloq.* cracked): **du hast wohl einen (kleinen) ~!** you're not quite right in the head! you're a bit touched! **das Rot hat einen ~ ins Blaue** the red has a blue tinge (*od.* a tinge of blue). **- 14.** (*art*) (*Kupfer-, Stahlstich*) engraving, cut: **ein ~ von Dürer** an engraving by Dürer, a Dürer engraving. **- 15.** (*beim Kartenspiel*) trick: **ich habe noch keinen einzigen ~ gemacht** (*od.* gewonnen) I haven't made (*od.* won) a single trick yet; **alle ~e machen** to make (*od.* take, win) all tricks. **- 16.** *metall.* (*in der Walztechnik*) pass. **- 17.** *mar. cf.* Knoten 3. **- 18.** *arch.* (*Höhe eines Bogens, Gewölbes etc*) camber, hog. **- 19.** *phot.* (*bei Negativ, Dia*) color (*bes. Br.* colour) aberration, cast: **dieses Dia hat einen ~ ins Blaue** this slide is excessively blue in colo(u)r (*od.* has a bluish cast [*od.* tinge]).

'**Stich|,art** f (*beim Nähen*) (type of) stitch. — **~,axt** f *tech. cf.* Bundaxt. — **~,bahn** f (*railway*) branch terminal line. — **~,bal·ken** m *arch.* dragon beam (*od.* piece). — **~,band·ke·ra·mik** f *archeol.* stroke-ornamented pottery. — **~,blatt** n **1.** (*am Degen etc*) guard, coquille. **- 2.** (*games*) *cf.* Trumpfkarte. — **~,bo·gen** m *arch.* segmental (*od.* flat) arch. — **~,da·tum** n *cf.* Stichtag.

Sti·chel ['ʃtɪçəl] m ⟨-s; -⟩ **1.** (*des Graveurs, Kupferstechers*) single lip cutter. **- 2.** *tech.* cutter bit.

Sti·che'lei f ⟨-; -en⟩ **1.** *cf.* Sticheln. **- 2.** *meist pl colloq.* gibe, jibe, taunt.

'**Sti·chel,haar** n **1.** (*von Hunden*) short stubby hair. **- 2.** *pl* (*textile*) kemp fibers (*bes. Br.* fibres). — **s~,haa·rig** *adj* stubby-haired.

sti·cheln ['ʃtɪçəln] **I** *v/i* ⟨h⟩ **1.** *colloq.* gibe, jibe, taunt: **gegen j-n [etwas] ~** to gibe at s.o. [s.th.], to make gibes (*od.* jibes) at (*od.* about) s.o. [s.th.]. **- 2.** (*mit kleinen Stichen*) sew with small stitches. **- II S~** n ⟨-s⟩ **3.** *verbal noun.* **- 4.** *cf.* Stichelei.

'**Stich|ent,scheid** m **1.** *pol.* decision (reached) by a final (*Am.* runoff) ballot, *Am.* decision by tie-break. **- 2.** (*sport*) (*durch einen Stichkampf*) result reached by a deciding contest. — **s~,fest** *adj cf.* hieb- und stichfest. — **~,flam·me** f **1.** darting (*od.* leaping) flame. **- 2.** *tech.* (*am Schweißbrenner etc*) pointed jet flame.

'**stich,hal·tig**, *Austrian* '**stich,häl·tig** [-,hɛltɪç] **I** *adj* (*Gründe, Einwand etc*) sound, valid, solid: **ein ~es Argument** a sound argument, an argument which holds good; **seine Theorie ist nicht ~** his theory is not sound (*od.* is unsound), his theory does not hold good (*od.* water). **- II** *adv* **er hat**

seine Behauptungen **~ bewiesen** he gave (*od.* brought) sound evidence for his assertions. **- III S~e, das** ⟨-n⟩ (the) sound (*od.* valid, solid) argument: **dagegen läßt sich nichts S~es einwenden** there is no sound argument to be made against it, there is no valid objection to be raised to it. — '**Stich,hal·tig·keit**, *Austrian* '**Stich,häl·tig·keit** f ⟨-; *no pl*⟩ soundness, validity, solidity, cogency.

'**sti·chig** *adj* (*Milch, Fleisch etc*) off (*pred*), tainted.

'**Stich|,kampf** m (*sport*) deciding contest, decider (*colloq.*), (*beim Fechten*) fight-off, barrage, (*beim Schießen*) shoot-off. — **~,ka,nal** m *civ.eng.* branch canal. — **~,kap·pe** f *arch.* lunette. — **~,län·ge** f (*beim Nähen*) **1.** length of stitch. **- 2.** *cf.* Stichweite.

'**Stich·ler** m ⟨-s; -⟩ *colloq. contempt.* giber, jiber, taunter.

'**Stich·ling** m ⟨-s; -e⟩ *zo.* stickleback (*Fam. Gasterosteidae*).

'**Stich|,loch** n *metall.* (*eines Schmelzofens*) taphole. — **~,stopf·ma,schi·ne** f taphole (plugging) gun, blast furnace gun.

'**Stich,maß** n *tech.* (*Schraublehre*) inside micrometer.

Sti·cho·man·tie [stɪçoman'tiː; ʃtɪ-] f ⟨-; -n [-ən]⟩ (*Art der Wahrsagung*) stichomancy.

Sti·cho·my·thie [stɪçomy'tiː; ʃtɪ-] f ⟨-; *no pl*⟩ (*literature*) *antiq.* stichomythia, *auch* stichomythy.

'**Stich,pro·be** f **1.** random sample, spot check: **~n machen** to take random samples, to take samples at random. **- 2.** (*in der Statistik*) (random) sample. **- 3.** *econ.* (*bei der Rechnungsprüfung*) sample audit. — '**Stich,pro·ben·er,he·bung** f (*in der Statistik*) random sample survey.

'**Stich,sä·ge** f *tech.* compass saw, (*für Schlüssellöcher*) keyhole saw.

stichst [ʃtɪçst] *2 sg pres*, **sticht** [ʃtɪçt] *3 sg pres of* stechen.

'**Stich|,tag** m **1.** fixed (*od.* set, effective, crucial) day (*od.* date), date set. **- 2.** (*letzter Termin*) deadline. — **~ver,let·zung** f *cf.* Stichwunde. — **~,waf·fe** f stabbing (*od.* thrust) weapon. — **~,wahl** f *pol.* second (*od.* additional) ballot. — **~,wei·te** f (*beim Nähen*) spacing (between two stitches).

'**Stich,wort**[1] n ⟨-(e)s; ¨er⟩ **1.** (*im Wörterbuch*) entry (word), headword, heading, lemma (*scient.*): **ein ~ aufnehmen** to enter a headword. **- 2.** (*Kolumnentitel*) catchword.

'**Stich,wort**[2] n ⟨-(e)s; -e⟩ **1.** (*bes. theater*) cue. **- 2.** (*Notiz*) key word, note: **sich** (*dat*) **ein paar ~e aufschreiben** (*od.* machen) to note down a few key words, to take (*od.* make, jot down) a few notes. **- 3.** *fig.* (*Schlüsselwort, Hinweis*) cue, signal, intimation: **das war das ~ zum Aufbruch** that was the cue to go.

'**Stich,wort·ver,zeich·nis** n (*in Nachschlagewerken*) index of headings.

'**Stich|,wun·de** f *med.* stab (wound *od.* mark), thrust. — **~,zahl** f **1.** (*einer Nähmaschine*) number of stitches. **- 2.** (*Produktionskontingent etc*) quota.

'**Stick,ar·beit** f embroidery (work).

sticken (*getr.* -k·k-) ['ʃtɪkən] **I** *v/t u. v/i* ⟨h⟩ **1.** embroider, stitch. **- II S~** n ⟨-s⟩ **2.** *verbal noun.* **- 3.** embroidery.

Sticke'rei (*getr.* -k·k-) f ⟨-; -en⟩ **1.** *cf.* Sticken. **- 2.** (*Gesticktes*) embroidery, stitchwork. **- 3.** (*Fabrik*) embroidery works *pl* (*construed as sg or pl*).

'**Sticke·rin** (*getr.* -k·k-) f ⟨-; -nen⟩ embroideress, embroideress.

'**Stick|,garn** n embroidery cotton. — **~,hu·sten** m *med.* whooping cough.

'**stickig** (*getr.* -k·k-) **I** *adj* (*Luft, Zimmer etc*) stuffy, (*stärker*) stifling, suffocating. **- II** *adv* **in dem ~ heißen Raum** in the stifling hot room.

'**Stick|,luft** f ⟨-; *no pl*⟩ stuffy (*stärker* stifling, suffocating) air. — **~ma,schi·ne** f (*textile*) embroidery machine. — **~,mu·ster** n embroidery pattern. — **~,na·del** f embroidery needle. — **~oxid** [-ʔo,ksiːt], **~oxyd** [-ʔo,ksyːt] n *chem. cf.* Stickstoffmonoxid. — **~oxy,dul** n *cf.* Lachgas. — **~,per·le** f (*fashion*) (embroidery) bead. — **~,rah·men** m embroidery frame. — **~,sei·de** f embroidery silk.

'**Stick,stoff** m ⟨-(e)s; *no pl*⟩ *chem.* nitrogen (N): **etwas mit ~ verbinden** to combine s.th. with nitrogen, to nitrogenate (*od.* nitrogenize) s.th. — **s~arm** *adj* (*Stahl*) low-nitrogen (*attrib*), poor in nitrogen.

— **~bak,te·ri·en** *pl biol. med.* nitrobacteria. — **~di·oxid** [-diʔo,ksiːt], **~di·oxyd** [-diʔo,ksyːt] n *chem.* nitrogen dioxide, nitrogen peroxide (NO_2). — **~,dün·ger** m *agr.* nitrogenous fertilizer (*Br. auch* -s-). — **s~,frei** *adj bes. chem.* (*Zucker, Stärke etc*) nitrogen-free. — **~,grup·pe** f nitrogen group. — **s~,hal·tig** *adj bes. chem.* nitrogenous. — **~,kreis,lauf** m *biol. chem.* (*in der Natur*) nitrogen cycle. — **~mon·oxid** [-monʔo,ksiːt], **~mon·oxyd** [-monʔo,ksyːt] n nitrogen oxide (NO). — **~phos,phat** n *agr.* nitrogenous phosphate. — **s~,reich** *adj bes. chem.* rich in nitrogen, with high nitrogen content. — **~,sät·ti·gung** f *chem.* saturation with nitrogen. — **~tri·chlo,rid** n nitrogen trichloride (NCl_3). — **~tri·oxid** [-triʔo,ksiːt], **~tri·oxyd** [-triʔo,ksyːt] n nitrogen trioxide (N_2O_3). — **~ver,bin·dung** f nitrogen compound. — **~,was·ser·stoff,säu·re** f hydrazoic acid, hydrogen azide, *auch* azoimide (HN_3).

stie·ben ['ʃtiːbən] *v/i* ⟨stiebt, stob, *auch* stiebte, gestoben, sein *u.* h⟩ **1.** ⟨sein, *ohne Richtungsangabe auch* h⟩ (*von Funken etc*) fly, (*von Wassertropfen*) *auch* spray: **der Schnee hat nur so gestoben** the snow was flying about (in all directions); **er galoppierte davon, daß die Funken stoben** he galloped off so fast that the sparks were flying. **- 2.** ⟨sein⟩ (*von Menschen*) flee: **die Fußgänger sind nach allen Seiten gestoben** the pedestrians fled in all directions.

'**Stief,bru·der** ['ʃtiːf-] m **1.** stepbrother. **- 2.** (*Halbbruder*) half brother.

Stie·fel ['ʃtiːfəl] m ⟨-s; -⟩ **1.** boot: (**hohe**) **~** (high *od.* top, high-leg) boots, Wellingtons, Wellington boots; (**halbhohe**) **~** ankle boots, bootees, booties, (**half**) Wellingtons (*od.* Wellington boots); **Spanischer ~** *hist.* (*Folterwerkzeug*) boot (of torture), Spanish boot. **- 2.** (*des Anglers, Fischers*) wader, wading (*od.* hip) boot, *auch* Wellington. **- 3.** *cf.* Berg-, Gummistiefel. **- 4.** *fig. colloq.* (*in Wendungen wie*) **das zieht einem ja die ~ aus!** (*ist nicht mit anzuhören*) it would make your hair stand on end! **der bildet sich** (*dat*) **vielleicht einen ~ ein!** a) he thinks he's it! he fancies himself! b) (*hält sich für schön*) he thinks he's the cat's whiskers (*od.* the cat's pajamas [*bes. Br.* pyjamas], the dog's dinner)! **er macht seinen (alten) ~ weiter** (*immer im gleichen Trott*) he works (*od.* plods on) in the same old routine (*od.* way); **die hat vielleicht wieder einen ~ zusammengeredet!** (*viel Unsinn*) she talked a lot of rubbish (*colloq.*). **- 5.** (*Trinkgefäß*) boot-shaped beer glass: **er kann schon einen (ordentlichen) ~ vertragen** *fig. colloq.* (*viel Alkohol*) he can hold his liquor. **- 6.** *tech.* (*einer Pumpe*) barrel, body. — **~,ab,satz** m bootheel, *Br.* boot-heel. — **~,an,zie·her** m (*bes. für Reitstiefel*) boot hook. — **~,bür·ste** f black(en)ing brush.

Stie·fe·let·te [ʃtiːfə'lɛtə] f ⟨-; -n⟩ **1.** (*für Damen*) stylish, high-heeled ankle boot. **- 2.** (*für Herren*) ankle boot, bootee, bootie, (half) Wellington (*od.* Wellington boot).

'**Stie·fel,knecht** m bootjack, boot tree.

stie·feln ['ʃtiːfəln] *v/i* ⟨sein⟩ *colloq.* **1.** (*mit großen Schritten gehen*) stride. **- 2.** *humor.* (*gehen*) hoof it, foot it (*beide colloq.*): **dann bin ich bis zu dir gestiefelt** then I hoofed it all the way to your place.

'**Stie·fel,put·zer** m *cf.* Schuhputzer. — **~,schaft** m bootleg. — **~,span·ner** m boot tree (*od.* stretcher). — **~,stul·pe** f boot top.

'**Stief,el·tern** *pl* stepparents. — **~,teil** m stepparent.

'**Stie·fel,wich·se** f boot polish (*od.* blacking, blackening).

'**Stief|,ge,schwi·ster** *pl* **1.** stepbrother(s) and stepsister(s). **- 2.** (*Halbgeschwister*) half brother(s) and half sister(s). — **~,kind** n **1.** *auch fig.* stepchild: **diese Abteilung ist das ~ der Firma** *fig.* this department is the stepchild of the firm; **er ist ein ~ des Glücks** *fig.* he is a stepchild of fortune; **sie ist von ihren Kameradinnen immer als ~ behandelt worden** *fig.* she has always been treated as a stepchild (*od.* Cinderella, the Cinderella) by her friends. **- 2.** *cf.* a) Stiefsohn, b) Stieftochter. — **~,mut·ter** f ⟨-; ¨⟩ stepmother: **böse ~** wicked stepmother. — **~,müt·ter·chen** n ⟨-s; -⟩ *bot.* pansy (*Gattg Viola*): **Wildes ~** wild pansy, *auch* heartsease, Johnny-jump-up (*V. tricolor*). — **s~,müt-**

ter·lich I adj **1.** stepmotherly. – **2.** fig. (Behandlung etc) stepmotherly, unkind. – **II** adv **3.** fig. in a stepmotherly fashion (od. way), unkindly: die Natur hat ihn ~ behandelt nature was not very kind to him. — ~·schwe·ster f **1.** stepsister. – **2.** (Halbschwester) half sister. — ~·sohn m stepson. — ~·toch·ter f stepdaughter. — ~·va·ter m stepfather.

stieg [ʃtiːk] *1 u. 3 sg pret of* steigen.

'Stie·ge f ⟨-; -n⟩ **1.** (schmale, steile Treppe) poky (auch pokey) staircase (od. stairs pl construed as sg or pl). – **2.** (Lattenkiste für Obst u. Gemüse) crate, Br. auch chip basket. – **3.** obs. (20 Stück) score. – **4.** Southern G. and Austrian for Treppe 1. — **'Stie·gen,haus** n Southern G. and Austrian for Treppenhaus.

Stieg·litz [ʃtiːɡlɪts] m ⟨-es; -e⟩ zo. goldfinch, thistle finch (Carduelis carduelis).

stiehl [ʃtiːl] imp sg, **stiehlst** [ʃtiːlst] 2 sg pres, **stiehlt** [ʃtiːlt] 3 sg pres of stehlen.

Stiel [ʃtiːl] m ⟨-(e)s; -e⟩ **1.** (einer Axt, Schaufel, eines Hammers etc) handle, shaft, bes. tech. shank: Werkzeuge mit ~ tools with handles (od. with a handle), handled (od. shanked) tools. – **2.** (einer Peitsche, Pfanne, eines Besens, Pinsels, Löffels etc) handle, shaft. – **3.** (eines Weinglases, einer Pfeife etc) stem, shank: Gläser ohne ~ glasses without stems (od. without a stem), stemless glasses; Gläser mit kurzem [langem] ~ short- [long-]stemmed glasses. – **4.** bot. a) (Stengel einer Pflanze, Blütenstiel) (foot)stalk, stem; pedicel, pedicle, (bei mehreren Blüten) auch peduncle (scient.), b) (eines Blattes) (leaf)stalk, stem; petiole, petiolus (scient.), c) (einer Frucht) (fruit)stalk, stem, peduncle (scient.): Blumen mit langem [kurzem] ~ flowers with long [short] stalks (od. stems), long- [short-]stemmed flowers; → Stumpf 7. – **5.** med. (des Kleinhirns, eines Tumors) peduncle, pedicle. – **6.** mil. (einer Handgranate) stick. – **7.** geol. (in vulkanischem Gestein) neck, pipe. – **8.** zo. (Augenträger der Schnecken, Schalenkrebse) stalk, peduncle (scient.). — ~·au·ge n **1.** zo. a) (der Schnecken, Schalenkrebse) stalk eye, b) (der Fische) telescope eye. – **2.** ~n machen (od. bekommen, kriegen) fig. colloq. humor. to goggle, to be pop-eyed: als sie das Paket öffnete, bekamen alle ~n when she opened the parcel their eyes nearly popped out of their heads. — ~·au·gen,flie·ge f zo. stalk-eyed fly (Fam. Diopsidae). — s~·äu·gig adj a) (Schalenkrebs, Schnecke etc) stalk-eyed, b) (Fisch) telescope-eyed. — ~·be·sen m broom. — ~·blatt n bot. stalked (od. scient. petioled, petiolate, auch petiolated) leaf. — ~·bril·le f lorgnette. — ~·dre·hung f med. torsion of a peduncle (od. pedicle). — ~·ei·che f bot. English (od. common, scient. pedunculate) oak (Quercus robur).

stie·len [ʃtiːlən] v/t ⟨h⟩ rare (Werkzeuge, Geräte) fit (s.th.) with a handle.

'Stiel|,glas n glass with a stem, stemmed glass. — ~·hand·gra,na·te f mil. stick hand grenade. — ~·lap·pen m med. pedicle(d) (od. tubed) flap. — ~·loch n (eines Hammers etc) eye. — s~·los adj **1.** (Werkzeug, Gerät) without a handle, handleless. – **2.** (Trinkglas etc) stemless. – **3.** bot. (Blatt, Blüte etc) stalkless, sessile (scient.). — ~·pfan·ne f frying pan (with a long handle). — ~·stich m (beim Sticken) stem (od. rope) stitch.

stie·men [ʃtiːmən] Low G. **I** v/impers ⟨h⟩ es stiemt it is snowing heavily. – **II** v/i cf. qualmen 1.

stier [ʃtiːr] **I** adj **1.** (Blick, Gesichtsausdruck) fixed (and stupid): mit ~em Blick (od. ~en Blick[e]s) ging er durch den Saal he went across the hall with a vacant stare. – **2.** ~ sein Austrian and Swiss colloq. (ohne Geld sein) to be hard up, to be down to rock bottom, to be broke (sl.). – **II** adv **3.** er blickte ~ geradeaus he looked straight ahead with an inane stare.

Stier [ʃtiːr] m ⟨-(e)s; -e⟩ **1.** zo. bull: junger ~ young bull, bullock; er war wütend wie ein ~ fig. he was raving (od. colloq. hopping) mad; den ~ bei den Hörnern (an)packen (od. fassen) bes. fig. to take the bull by the horns. – **2.** astr. Taurus.

stie·ren[1] [ʃtiːrən] v/i ⟨h⟩ **1.** (starr u. ausdruckslos schauen) look with a fixed (and stupid) stare, stare with a vacant look: er stierte vor sich hin he stared in front of

him with an inane look. – **2.** (wütend schauen) glare, glower, scowl, look daggers. – **3.** colloq. (neugierig schauen) stare, goggle: was stierst du so auf meinen Teller? what are you staring at my plate for?

'stie·ren[2] v/i ⟨h⟩ (von Kuh) be in heat (od. season).

'stie·rig adj only in ~ sein (von Kuh) to be in heat (od. season).

'Stier|,kalb n bull calf. — ~·kampf m bullfight, tauromachy (lit.), Am. auch corrida. — ~·are·na [-ʔaˌreːna] f bullring. — ~·kämp·fer m bullfighter, torero, (bes. berittener) toreador. — ~·nacken m fig. bull neck, auch bullneck. — s~·nackig (getr. -k·k-) adj fig. bullnecked. — ~·op·fer n antiq. sacrifice of a bull.

Stie·sel [ʃtiːzəl] m ⟨-s; -⟩ bes. Northern G. colloq. (ungeselliger, langweiliger Mann) 'drip' (sl.), Am. sl. 'flat tire', unsociable dull bore. — **'stie·se·lig, 'sties·lig** adj (langweilig, fad) unattractive, boring, dull.

stieß [ʃtiːs] *1 u. 3 sg pret of* stoßen.

Stift[1] [ʃtɪft] m ⟨-(e)s; -e⟩ **1.** bes. tech. a) (Haltestift) pin, b) (Nagel ohne Kopf, Drahtstift) wire brad, c) (Bolzen) bolt, d) (Zapfen) pin, plug, stud: etwas mit ~en befestigen to fasten s.th. with pins, to pin s.th. – **2.** (am Schnürsenkel) tag. – **3.** short for a) Bleistift, b) Buntstift. – **4.** med. (eines Stiftzahns) dowel. – **5.** (cosmetics) deodorant stick. – **6.** fig. colloq. (Lehrling) apprentice boy. – **7.** fig. colloq. (Knirps) 'squirt' (colloq.), bes. Br. colloq. 'nipper'.

Stift[2] n ⟨-(e)s; -e, rare -er⟩ **1.** (geistliches) ~ röm.kath. a) (religious od. church, ecclesiastic[al]) foundation (od. institution), b) cf. Domstift, c) (Kloster) convent, d) (Hochstift) bishopric, e) (Erzstift) archbishopric, f) cf. Stiftskirche. – **2.** (weltliches) ~ (Altersheim, Waisenhaus etc) (secular) foundation (od. institution). – **3.** cf. Damenstift.

stif·ten [ʃtɪftən] **I** v/t ⟨h⟩ **1.** (spenden) donate, give: er stiftete 10 000 Mark für den Bau der Klinik he donated 10,000 marks for the building of the hospital; einen Preis ~ to donate (od. offer) a prize. – **2.** röm.kath. a) (Kloster, Orden etc) found, establish, endow, institute, b) (Kerze, Messe etc) offer. – **3.** colloq. (spendieren) stand, give: mein Vater hat uns für den Abend eine Kiste Wein gestiftet my father stood us (od. treated us to) a crate of wine for the evening. – **4.** (in Wendungen wie) eine Ehe ~ to bring about a marriage, to make a match; sie stiftet gern Ehen humor. she is quite a matchmaker, she is always matchmaking; Frieden ~ to make (od. establish) peace; Unfrieden (od. Zwietracht) ~ to sow discord; Unheil ~ to cause disaster; Unruhe ~ to make (od. stir up) trouble; Verwirrung ~ to cause (od. make) havoc. – **II** S~ n ⟨-s⟩ **5.** verbal noun. – **6.** (eines Geldbetrags, Preises etc) donation. – **7.** (eines Klosters, Ordens etc) foundation, establishment, endowment, institution. — ~·ge·hen v/i ⟨irr, sep, -ge-, geht⟩ colloq. make (od. clear, run) off, bolt, take to one's heels. — S~·kopf m colloq. (ganz kurzer Haarschnitt) crew (hair)cut.

'Stif·ter m ⟨-s; -⟩ **1.** (Spender) donor, giver. – **2.** (eines Klosters, Krankenhauses, Ordens etc) founder, establisher, institutor. – **3.** rare (Urheber) author, originator. — ~·ver,band m (für gemeinnützige Zwecke etc) founders' association.

'Stift|,schlüs·sel m tech. pin spanner. — ~·schrau·be f stud bolt (od. screw). — **'Stifts|,da·me** f, ~·fräu·lein n hist. (Bewohnerin eines Damenstifts) canoness. — ~·herr m relig. hist. canon, capitular. — ~·hüt·te f Bibl. tabernacle, auch Tabernacle, auch tent of meeting. — ~·kir·che f relig. **1.** collegiate church. – **2.** (eines Hochstiftes) cathedral.

'Stift,sockel (getr. -k·k-) m electr. pin base. — **'Stifts|,prün·de** f relig. canonry, canonship. — ~·schu·le f cathedral (od. chapter) school.

'Stift,stecker (getr. -k·k-) m electr. pin plug.

'Stif·tung f ⟨-; -en⟩ **1.** cf. Stiften: für die ~ des Krankenwagens hat er einen Teil seines Vermögens geopfert he sacrificed

part of his fortune for the donation of the ambulance. – **2.** (gestifteter Betrag, Schenkung etc) donation, endowment: eine wohltätige ~ a charitable donation, a charity; eine ~ von 200 Mark an das Rote Kreuz machen to make (od. give) a donation of 200 marks to the Red Cross, to endow the Red Cross with 200 marks. – **3.** (Institution u. Anstalt) foundation, institution: eine geistliche (od. religiöse) ~ a religious (od. a church, an ecclesiast[al]) foundation; eine ~ errichten to create a foundation trust.

'Stif·tungs|,brief m cf. Stiftungsurkunde. — ~·fei·er f, ~·fest n foundation (od. commemoration) festival (od. day). — ~·fonds m endowment fund(s pl). — ~·rat m econ. **1.** board of trustees (of a foundation). – **2.** (Mitglied) member of a board of trustees. — ~·ur,kun·de f jur. deed (od. charter) of foundation, foundation charter. — ~·ver,mö·gen n econ. property (od. assets pl) of a foundation.

'Stift|,zahn m med. pivot (od. crown) tooth. — ~·zeich·nung f crayon (od. pastel) drawing (od. sketch).

Stig·ma [ʃtɪɡma; 'stiː-] n ⟨-s; Stigmen u. -ta [-ta]⟩ **1.** med. bot. zo. stigma. – **2.** relig. (Wundmal) stigma: die ~ta Christi the stigmata (of Christ).

Stig·ma·ti·sa·ti·on [ʃtɪɡmatizaˈtsioːn; stɪ-] f ⟨-; -en⟩ bes. relig. stigmatization Br. auch -s-.

stig·ma·tisch [ʃtɪˈɡmaːtɪʃ; stɪ-] adj stigmatic.

stig·ma·ti·sie·ren [ʃtɪɡmatiˈziːrən; stɪ-] v/t ⟨no ge-, h⟩ bes. relig. stigmatize Br. auch -s-: stigmatisiert werden to be stigmatized. — **Stig·ma·ti'sier·te** m, f ⟨-n; -n⟩ stigmatic, stigmatist. — **Stig·ma·ti'sie·rung** f ⟨-; -en⟩ cf. Stigmatisation.

Stil [ʃtiːl; stiːl] m ⟨-(e)s; -e⟩ **1.** (eines Schriftstellers, Journalisten etc) style, pen: er schreibt einen flüssigen ~ he has a fluent (od. smooth) style; das Buch ist in lebendigem ~ geschrieben the book is written in a lively style. – **2.** (sprachliche Ausdrucksweise) style, diction: in Fragen des ~s gibt dieses Buch Auskunft this book gives information on questions of style (od. on stylistic questions). – **3.** (in der Architektur, Malerei, in einer Sportart etc) style: der gotische [romanische] ~ the Gothic [Romanesque] style; das Haus ist im ~ des 19. Jahrhunderts erbaut the house is built in the style (od. manner) of the 19th century; der ~ Renoirs Renoir's style (od. brush, brushwork). – **4.** ⟨only sg⟩ (Form, Manier) style, manner: ganz im ~ unserer Zeit exactly in the style of our time; sie leben in großem ~ they live in grand style; die Zeitrechnung alten [neuen] ~s old-[new-]style chronology; Betrügereien im großen (od. großen ~s) large-scale fraud(s); das ist schlechter ~ that is bad form, that isn't done; sie hat ~ she is a woman of style. — ~·ana,ly·se f (literature, art) analysis of style, stylistic analysis. — ~·art f (in der Architektur, Malerei etc) kind (od. type, variety) of style.

Stilb [ʃtɪlp; stɪlp] n ⟨-s; -⟩ phys. (Einheit der Leuchtdichte) stilb.

Stil·ben [ʃtɪlˈbeːn; stɪl-] n ⟨-s; no pl⟩ chem. stilbene, toluylene ($C_6H_5CH = CHC_6H_5$). — ~·farb,stoff m stilbene dye.

'stil,bil·dend adj (Lektüre etc) stylistically instructive.

'Stil|,blü·te f (sprachlicher Mißgriff) (blatant) stylistic lapse (od. colloq. howler). — ~·bruch m break in style, incongruity of style: es wäre ein ~, nach der Oper in einen Jazzkeller zu gehen fig. it would be incongruous (od. unfitting) for us to go to a jazz dive after the opera. — ~·büh·ne f (theater) presentational stage. — ~·ebe·ne f level of style. — s~·echt adj (Nachbildung, Verkleidung etc) true to style. — ~·emp,fin·den n feeling for (od. sense of) style. — ~·ent,wick·lung f development of style, stylistic (auch stylistical) development.

Sti·lett [ʃtiˈlɛt; sti-] n ⟨-s; -e⟩ stiletto, stylet.

'Stil|,feh·ler m stylistic (auch stylistical) fault, fault in style. — ~·ge,fühl n ⟨-s; no pl⟩ cf. Stilempfinden. — s~·ge,recht **I** adj **1.** (Kleidung, Einrichtung etc) appropriate in style, in (od. of) the appropriate style: es ist eine gemütliche, wenn auch nicht ganz ~e italienische Weinstube it is a cosy (*od.* cozy) Italian tavern, if not altogether appropriately furnished (*od.* although the decor is not altogether appropriate in style). – **2.** (*geziemend, gebührend*) fit(ting), appropriate. – **II** *adv* **3.** ~ gekleidet sein to be appropriately dressed; die Schauspieler waren ~ gekleidet the actors wore costumes appropriate to the period, the actors wore period costume.

sti·li·sie·ren [ʃtili'ziːrən; sti-] *v/t* ‹*no ge-, h*› (*bes. art*) (*Naturformen etc*) stylize *Br. auch* -s-. — **sti·li'siert I** *pp*. – **II** *adj* (*Blumen, Ornamente etc*) stylized *Br. auch* -s-. — **Sti·li'sie·rung** *f* ‹-; -en› (*der Naturformen etc*) stylization *Br. auch* -s-.

Sti·list [ʃti'list; sti-] *m* ‹-en; -en› (*bes. literature*) stylist. — **Sti'li·stik** [-tɪk] *f* ‹-; -en› **1.** stylistics *pl* (construed as sg *or* pl). – **2.** (*Buch*) stylistic reference book (*od.* work), book on style. — **sti'li·stisch I** *adj* stylistic: die ~en Feinheiten eines Romans the stylistic subtleties of (*od.* the subtleties of style in) a novel; in ~er Hinsicht ist dieser Autor besser this author is better from the stylistic point of view (*od.* stylistically, from the point of view of style). – **II** *adv* stylistically: der Aufsatz ist ~ gut stylistically the essay is good.

'Stil|kleid *n* (*fashion*) evening dress in a plain but elegant style. — **~‚kun·de** *f* ‹-; -n› *cf.* Stilistik. — **~‚kunst** *f* (*literature*) style.

still [ʃtɪl] **I** *adj* ‹-er; -st› **1.** quiet, silent: ~! quiet! silence! ~! be (*od.* keep) quiet! ~ werden a) to become (*od.* grow) quiet, to fall silent, b) (*von Meer, Wind etc*) to become (*od.* grow) calm (*od.* still, tranquil), to calm (down), to subside; sich ~ verhalten a) (*nicht sprechen*) to keep quiet, b) (*sich nicht bewegen*) to keep still, c) *fig.* (*geduldig abwarten*) to lie low; es wurde ~ im Saal the hall became quiet; sei doch endlich ~ davon! *colloq.* give it a rest! give over! (*sl.*); um den berühmten Schauspieler ist es ~ geworden there is no more talk about the famous actor, nobody any longer mentions the famous actor; ~es Gebet quiet (*od.* silent) prayer; eine ~e Messe *röm.kath.* a low mass. – **2.** (*Feierstunde, Tag etc*) quiet: eine ~e Hochzeit a quiet wedding; in der ~en Jahreszeit a) in the quiet season, b) *econ.* (*wenn das Geschäftsgang flau ist*) in the quiet (*od.* slack, dull, dead) season; sie genießen ein ~es Glück they enjoy quiet bliss; überleg dir das in einer ~en Stunde think it over in a quiet hour; in ~er Trauer in silent mourning; der S~e Freitag *relig.* (*Karfreitag*) Good Friday; die S~e Woche *relig.* (*Karwoche*) Holy (*od.* Passion) Week. – **3.** (*Gegend, Straße, Ort etc*) quiet, peaceful: sie gingen in eine ~e Ecke des Lokals they went into a quiet corner of the bar; das ~e Örtchen *fig. colloq. humor. bes. Br. colloq.* the loo, *bes. Am. colloq.* the john. – **4.** (*Nacht etc*) still, quiet, silent, tranquil, peaceful. – **5.** (*See, Bucht etc*) calm, still, tranquil: die Luft ist ~ the air is still; ~e Wasser sind (*od.* gründen*) tief (*Sprichwort*) still waters run deep (*proverb*); er ist ein ~es Wasser *fig.* he is a deep person, he is a dark horse. – **6.** (*zurückhaltend, in sich gekehrt*) quiet, still, silent: er ist ein ~er Mensch he is a quiet person; du bist ja heute so ~ you are so quiet today; ein ~er Beobachter a silent observer; sie ist so verdächtig ~ it's odd that she should be (*od.* should have got) so quiet, she is (*od.* has got) so suspiciously quiet. – **7.** (*heimlich, verborgen*) secret: du hast einen ~en Verehrer you have a secret admirer; ~e Liebe secret (*od. lit.* unavowed) love; ~e Hoffnung secret (*od.* inward) hope; ein ~er Seufzer an inward sigh; im ~en a) (*heimlich*) secretly, in secret, on the quiet (*od.* sly, *sl.* qt), b) (*im Innern*) inwardly; er hatte seine Flucht im ~en vorbereitet he had prepared his escape in secret; im ~en amüsierte er sich über ihn he was inwardly amused at him; er hoffte im ~en, daß inwardly he hoped that; ~e Vorbehalte gegen j-n hegen to have (*od.* harbo[u]r) secret (*od.* inward, inner) reservations about s.o.; er ist dem ~en Suff ergeben *colloq.* he drinks on the quiet (*od.* sly, *sl.* qt); ~e Reserven haben (*an Geld, Kräften etc*) to have secret (*od.* hidden) reserves. – **8.** (*stillschweigend*) tacit, implicit, silent: eine ~e Überein-

kunft a tacit understanding. – **9.** *econ.* a) (*Geschäftsgang, Börse etc*) quiet, slack, dull, dead, b) (*Teilhaber*) sleeping, silent, c) (*Beteiligung, Gesellschaft etc*) sleeping, silent. – **II** *adv* **10.** (*ruhig, bewegungslos*) still: ein Glas ~ halten to hold a glass still; die Füße ~ halten to keep one's feet still; das Kind lag ~ the child lay still (*od.* quietly); du mußt die Lampe ~ halten you must hold the lamp still (*od.* steady). – **11.** (*ohne zu sprechen*) silently: sie ging ~ neben ihm her she walked beside him silently. – **12.** (*heimlich, insgeheim*) secretly, on the quiet (*od.* sly, *sl.* qt): heimlich, ~ und leise machten sie sich davon *colloq.* they stole away secretly. — **~‚blei·ben** *v/i* ‹*irr, sep, -ge-, sein*› keep quiet.

'still·le *adj u. adv colloq.* for still 1, 10.

'Stil·le[^1] *f* ‹-; *no pl*› **1.** (*der Nacht, des Waldes etc*) silence, stillness, quiet, quietude, tranquil(l)ity, peace(fulness), quietness: die nächtliche ~ the silence of the night; in der ~ der Nacht in the still(ness) of the night, in the dead of night; die tiefe ~ wurde von keinem Laut unterbrochen not a sound disturbed the deep silence; es herrschte eine unheimliche ~ there was a deathly silence (*od.* hush); die ~ des Waldes the silence (*od.* hush) of the forest; die ~ wirkte beruhigend auf ihn the quietude soothed him. – **2.** (*Schweigen*) silence: es herrschte (eine) atemlose ~ there was dead silence; es trat eine peinliche ~ ein there was an embarrassing silence; eine plötzliche ~ a (sudden) hush. – **3.** (*der See, der Luft etc*) calm(ness), stillness, tranquil(l)ity: die ~ vor dem Sturm *auch fig.* the calm (*od.* lull) before the storm. – **4.** in aller ~, in der ~ a) (*ohne Aufsehen*) quietly, b) (*heimlich*) secretly, on the quiet (*od.* sly, *sl.* qt): sie heirateten in aller ~ they got married on the quiet; die Beisetzung fand in aller ~ statt the funeral was very quiet; die Wandlung vollzog sich in der ~ the change took place unnoticed; sich in aller ~ davonmachen *colloq.* to leave secretly, to slip (*od.* steal) away. – **5.** *econ.* dullness, slackness, deadness.

'Stil·le[^2] *f* ‹-; -n› *mar. meteor.* calm: äquatoriale ~n doldrums.

'Stil·le[^3] *m, f* ‹-n; -n› quiet person: die ~n im Lande *Bibl.* they that are quiet in the land.

'stille·ben (*getr.* -ll,l-) *n* ‹-s; -› (*art*) still life.

'stille·gen (*getr.* -ll,l-) **I** *v/t* ‹*sep, -ge-, h*› **1.** *bes. econ.* (*Bergwerk, Fabrik etc*) shut (*od.* close) down. – **2.** (*Eisenbahnlinie etc*) close (down). – **3.** (*Autoverkehr*) suspend. – **4.** (*Auto, Schiff etc*) lay (*s.th.*) up. – **5.** *mar.* (*Schiff*) put (*s.th.*) out of service (*od.* commission), *Am.* tie (*s.th.*) up. – **6.** *metall.* (*Hochofen etc*) put (*s.th.*) out of service (*od.* operation), shut down. – **7.** (*lahmlegen*) paralyze *Br. auch* -s-: der Streik hatte viele Betriebe stillgelegt the strike had paralyzed many factories. – **8.** *econ.* (*Geld*) neutralize *Br. auch* -s-. – **9.** *med.* a) (*unbeweglich machen*) immobilize *Br. auch* -s-, b) (*Organ*) put (*s.th.*) out of action. – **II** S~ *n* ‹-s› **10.** verbal noun. — **'Stille·gung** (*getr.* -ll,l-) *f* ‹-; -en› **1.** *cf.* Stillegen. – **2.** *bes. econ.* (*eines Betriebes, eines Bergwerks, einer Anlage etc*) closure, shutdown. – **3.** (*des Verkehrs*) suspension. – **4.** (*eines Autos, Schiffs etc*) lay-up. – **5.** (*Lahmlegung*) paralyzation *Br. auch* -s-.

'Stil·leh·re *f* ‹-; *no pl*› *cf.* Stilistik 1.

stil·len ['ʃtɪlən] **I** *v/t* ‹h› **1.** (*Säugling*) nurse, suckle, breast-feed: sie kann das Baby selbst ~ she can nurse the baby herself. – **2.** (*Hunger*) assuage, allay, appease, (*Appetit*) *auch* pacify, satisfy. – **3.** (*Durst*) quench, slake, appease. – **4.** *med.* a) (*Blutung*) stop, sta(u)nch, arrest, control, suppress, b) (*Schmerz*) alleviate, soothe, kill: die Blutung ~ to stop (*od.* suppress) the bleeding, to arrest the flow of blood. – **5.** (*Verlangen, Begierde, Neugier etc*) satisfy, gratify, still: j-s Sehnsucht ~ to satisfy s.o.'s longing. – **II** S~ *n* ‹-s› **6.** verbal noun. – **7.** (*des Säuglings*) lactation. – **8.** (*des Hungers*) assuagement, allayment, appeasement, (*des Appetits*) *auch* pacification, satisfaction. – **9.** (*des Durstes*) appeasement. – **10.** *med.* a) (*einer Blutung*) arrest, control, suppression, b) (*des Schmerzes*) alleviation: ~ einer Blutung arrest of blood flow, hemostasis (*scient.*). – **11.** (ei-

nes Verlangens, einer Begierde etc) satisfaction, gratification. — **'stil·lend I** *pres p*. – **II** *adj* **1.** (*Mutter*) nursing. – **2.** *med. cf.* schmerzstillend.

'Still‚fä·hig·keit *f* ‹-; *no pl*› *med.* ability to nurse (*od.* breast-feed). — **~ge‚bet** *n röm.kath. cf.* Sekret[^2]. — **~‚geld** *n* ‹-(e)s; -er› *colloq.* nursing allowance (*od.* benefit), nursing mothers' bonus (*Br.* grant).

'still‚ge‚legt *pp* (*Bergwerk etc*) shut- (*od.* closed-)down (*attrib*), abandoned. – **2.** *cf.* stillstehend 3. — **~ge‚stan·den I** *pp* of stillstehen. – **II** *interj mil.* (*Kommando*) attention! 'shun!

'Still‚hal·te‚ab‚kom·men *n* ‹-s; -› *econ. jur. pol.* standstill agreement. — **~kre‚dit** *m* standstill credit.

'still‚hal·ten *v/i* ‹*irr, sep, -ge-, h*› **1.** (*bes. von Kind*) keep (*od.* sit) still: halt doch einen Augenblick still! keep still a minute! – **2.** (*sich nicht wehren*) submit (*od.* endure things) silently. – **3.** *pol.* (*von Staaten*) look on, refrain from interference. – **4.** *econ.* (*bei Lohnverhandlungen etc*) refrain from raising demands.

'Still‚hal·te‚pflicht *f* ‹-; *no pl*› *econ.* obligatory standstill.

'Still‚hal·tung *f* ‹-; *no pl*› *econ.* (*im zwischenstaatlichen Kreditwesen*) standstill, suspension of claims.

'stillie·gen (*getr.* -ll,l-) *v/i* ‹*irr, sep, -ge-, h u. sein*› **1.** *econ.* a) (*von Betrieben etc*) be shut down, lie (*od.* be) idle, b) (*von Geschäften etc*) be at a standstill, stagnate, c) (*von Kapital*) be dormant. – **2.** (*von Verkehr*) be suspended. – **3.** (*lahmgelegt sein*) be paralyzed (*Br. auch* -s-). – **4.** (*von Segelschiff bei Flaute*) be in the doldrums. – **5.** *mar.* (*von Schiff*) be laid up.

'stil·los I *adj* devoid of (*od.* lacking [in]) style, styleless. – **II** *adv* in bad taste. — **'Stil·lo·sig·keit** *f* ‹-; -en› **1.** ‹*only sg*› lack (*od.* want, absence) of style, styleless- ness. – **2.** ‹*only sg*› bad taste. – **3.** *cf.* Stilwidrigkeit.

'Still‚pe·ri‚ode *f med. cf.* Stillzeit.

'still‚schwei·gen *v/i* ‹*irr, sep, -ge-, h*› **1.** (*nichts sagen*) be silent, hold one's peace: schweig still! hold your peace, be silent. – **2.** zu etwas ~ to say nothing in reply to s.th. – **3.** (*nichts verraten*) keep it to oneself, keep it quiet. [a] secret; von etwas ~ to keep s.th. to oneself, to keep s.th. quiet (*od.* [a] secret).

'Still‚schwei·gen *n* **1.** silence: etwas mit ~ übergehen, über (*acc*) etwas mit ~ hinweggehen to pass s.th. over in silence. – **2.** (*Diskretion*) silence, secrecy: über (*acc*) etwas (strengstes) ~ bewahren to keep (*od.* preserve, maintain) (strictest) silence on (*od.* about) s.th.; j-m ~ auferlegen (*od.* gebieten) to impose (*od.* enjoin) silence (*od.* secrecy) (up)on s.o.

'still‚schwei·gend I *pres p*. – **II** *adj* **1.** tacit, implicit, implied: ~e Übereinkunft (*od.* Vereinbarung*) tacit agreement; unter der ~en Voraussetzung, daß on the tacit (*od.* with the implicit) understanding that; ~e Zustimmung implied consent. – **III** *adv* **2.** in silence, silently, without (saying) a word: sich ~ entfernen to leave (*od.* go away) in silence; er nahm alle Beleidigungen ~ hin he took (*od.* accepted) all the insults in silence; etwas ~ übergehen, über (*acc*) etwas ~ hinweggehen to pass s.th. over in silence. – **3.** implicitly, by implication, tacitly: der Vertrag wurde ~ verlängert the contract was renewed implicitly (*od.* by tacit agreement, automatically); ~ zustimmen to agree tacitly.

'still‚sit·zen *v/i* ‹*irr, sep, -ge-, h u. sein*› **1.** (*nicht beschäftigt sein*) be inactive (*od.* idle). – **2.** nicht ~ können *fig.* to be always on the go.

'Still‚stand *m* ‹-(e)s; *no pl*› **1.** *cf.* Stillstehen. – **2.** standstill, stoppage, stop: zum ~ bringen a) (*Auto etc*) to bring (*s.th.*) to a standstill, to stop, to halt, b) (*Betrieb etc*) to bring (*s.th.*) to a standstill, to paralyze *Br. auch* -s-, *Am.* to tie (*s.th.*) up; zum ~ kommen a) (*von Auto etc*) to come to a standstill (*od.* halt), b) (*von Betrieb etc*) to come to a standstill, to be paralyzed *Br. auch* -s-, c) *fig.* (*von Verhandlungen etc*) to reach (*od.* come to) a deadlock (*od.* full stop, *auch* dead stop, stalemate); ~ ist Rückgang (*Sprichwort*) etwa not to go forward is to go backward. – **3.** (*der

Arbeit) stop. **- 4.** (*einer Maschine*) idleness. **- 5.** *tech.* (*Ruhelage*) standstill, rest. **- 6.** *jur.* (*eines Verfahrens*) suspension. **- 7.** *fig.* (*einer Entwicklung, des Fortschritts etc*) stagnation, stoppage, cessation. **- 8.** *econ.* (*der wirtschaftlichen Entwicklung, der Geschäfte etc*) stagnation, stagnancy, inactivity, *Am. auch* tie-up. **- 9.** *med.* a) (*des Herzens*) cardiac arrest, b) (*einer Seuche, eines Prozesses*) stop, control, arrest. **'Still,stands,dau·er** f *tech.* (*Bewegungspause eines Maschinentisches*) dwell.

'still,ste·hen I v/i ⟨*irr, ge-, -ge-, h u. sein*⟩ **1.** stand still: *das Herz stand still* the heart stood still (*od.* stopped); *die Zeit schien stillzustehen* time seemed to stand still; *da steht mir* (*od.* einem) (*ja*) *der Verstand still! fig. colloq.* that really beats everything! *ihr Mundwerk steht nie still fig. colloq.* her tongue never stops (wagging). **- 2.** (*außer Betrieb sein*) (*von Maschinen*) be idle, lie still. **- 3.** (*von Motor etc*) stop, stall. **- 4.** *econ.* (*von Betrieben*) a) be shut (*od.* closed) down, be idle, be at a standstill, b) (*lahmgelegt sein*) be paralyzed (*Br. auch* -s-). **- 5.** (*stagnieren*) stagnate, be stagnant. **- 6.** (*von Verkehr*) be tied up (*od.* blocked, jammed). **- 7.** *mil.* stand at (*od.* to) attention. **- II S~** n ⟨-s⟩ **8.** *verbal noun.* **- 9.** *cf.* Stillstand. — **'still,ste·hend I** *pres p.* **- II** *adj* **1.** at a standstill. **- 2.** (*stagnierend*) stagnant. **- 3.** (*außer Betrieb*) idle, inactive. **- 4.** (*Wasser*) stagnant. **- 5.** *tech.* (*ortsfest*) stationary. **- 6.** (*Verkehr*) tied-up (*attrib*), blocked, jammed.

'still,stel·len I v/t ⟨*sep, -ge-, h*⟩ **1.** (*fixieren, schienen*) immobilize *Br. auch* -s-. **- II S~** n ⟨-s⟩ **2.** *verbal noun.* **- 3.** *med.* (*im Gipsverband*) plaster fixation. **'Stil·lung** f ⟨-; *no pl*⟩ *cf.* Stillen.

'still|ver,gnügt I *adj* (*Mensch*) inwardly happy. **- II** *adv* ~ *lächelte er vor sich hin* he smiled away to himself amusedly; *er saß* ~ *in der Ecke* he sat in the corner quietly happy. — **S~,was·ser** n *mar.* (*der Tide etc*) slack water. — **S~,zeit** f **1.** *med.* (*der Mutter*) lactation (period), nursing period. **- 2.** nursing time.

'Stil|,mö·bel n piece of period furniture: *die* ~ *pl* the period furniture *sg.* — **~,pro·be** f sample of style. — **~,übung** f exercise in stylistic (*auch* stylistical) composition. — **s~,voll I** *adj* (*Zimmer etc*) with (harmony of) style: ~ *sein* to have style. **- II** *adv* *einen Raum* ~ *gestalten* to design a room in good style (*od.* taste). — **s~,wid·rig** *adj* stylistically incongruous (*od.* incongruent), violating stylistic convention. — **~,wid·rig·keit** f stylistic (*auch* stylistical) incongruity. — **~,wör·ter,buch** n dictionary of style.

'Stimm|,ab,ga·be f vote, voting, poll, polling. — **~,auf,wand** m vocal effort: *mit großem* ~ with great vocal effort. **'Stimm,band** n ⟨-(e)s; ⁼er⟩ *meist pl med.* vocal cord (*auch* chord, band): *falsches* [*wahres*] ~ false [true] vocal cord. — **~,läh·mung** f phonetic paralysis, paralysis of the vocal cords.

'stimm·bar *adj mus.* tunable, *auch* tuneable. **'stimm|be,rech·tigt** *adj pol.* entitled (*od.* eligible) to vote, enfranchised: *nicht* ~ nonvoting *Br.* non-; ~ *sein* to have a vote, to be eligible to vote. — **S~be,rech·tig·te** m, f voter, elector: *dieser Wahlkreis hat 10 000* ~ this constituency has 10,000 voters (*od.* an electorate of 10,000), the voting strength of this constituency is 10,000. — **S~be,rech·ti·gung** f eligibility (*od.* right) to vote, franchise. **'Stimm|be,zirk** m *pol.* electoral district. — **~,bil·dung** f **1.** *med.* voice formation, vocalization *Br. auch* -s-, phonation. **- 2.** *mus.* vocal (*od.* voice) training. — **~,bruch** m ⟨-(e)s; *no pl*⟩ *med.* breaking of the voice, change of voice: *er hat* (*od.* ist im) ~ his voice is breaking. — **~,buch** n *meist pl mus. hist.* part book. — **~,bür·ger** m *Swiss pol.* voter, citizen (having the right to vote). — **~,dou·ble** n (*film*) dubbing voice.

Stim·me ['ʃtɪmə] f ⟨-; -n⟩ **1.** voice: *belegte* ~ husky voice; *dunkle* [*dünne*] ~ dark (*od.* somber, *bes. Br.* sombre) [thin] voice; *heisere* [*helle*] ~ hoarse (*od.* raucous) [clear] voice; *mit lauter* [*leiser*] ~ in a loud [soft *od.* low] voice; *schwache* ~ feeble voice; *tiefe* [*tonlose*] ~ deep [toneless *od.* flat] voice; *mit erhobener* ~ *sagte*

er raising his voice he said; mit zorniger ~ in an angry voice (*od.* tone); *sie hört* ~*n she hears voices;* *die* ~ *verlieren* to lose one's voice; *seine* ~ *verstellen* to disguise (*od.* change) one's voice. **- 2.** *mus.* (*Singstimme*) voice: *sie hat eine schöne* ~ she has a beautiful voice; *seine* ~ *ausbilden lassen* to have one's voice trained; [*nicht*] (*gut*) *bei* ~ *sein colloq.* [not] to be in good voice; *er hat eine tragfähige* ~ his voice carries well. **- 3.** *mus.* a) (*Stimmlage*) voice, b) (*Partie*) voice, (voice) part, c) (*Orgelregister*) (reed) stop: *ein Chor für vier* ~*n* a chorus for four voices, a four-part chorus; *die erste* [*zweite*] ~ the soprano [alto] part; *die* ~ *der ersten Geige* the first violin part, the part of the first violin; *gemischte* ~*n* mixed voices. **- 4.** *fig.* (*innere Mahnung*) voice, dictate(s *pl*): *die* ~ *des Gewissens* the voice of conscience; *die* ~ *der Vernunft* the dictates *pl* of common sense; *eine innere* ~ an inner voice, a still, small voice; *sie folgte der* ~ *ihres Herzens lit.* she followed the call of her heart. **- 5.** *fig.* (*Meinung*) voice, opinion: *die* ~*n der Presse* press comments; *die* ~ *des Volkes* the voice of the people; *in letzter Zeit mehren sich die* ~*n gegen diesen Plan* [*, die dafür sind*] objections to this [opinions in favo(u)r of this] plan have been increasing lately. **- 6.** *bes. pol.* vote: *abgegebene* ~*n* votes cast (*od.* polled); *ausschlaggebende* (*od.* entscheidende) ~ decisive (*od.* casting) vote; *ungültige* ~*n* invalid (*od.* spoiled) votes; *wahlberechtigte* ~ eligible vote; *seine* ~ *abgeben* to cast one's vote, to go to the polls, to poll; *sich der* ~ *enthalten* to abstain from voting; *die Mehrheit der abgegebenen* ~*n erhalten* (*od.* auf *acc* sich vereinigen) to receive (*od.* poll) a majority of the votes (*od.* of votes cast); *die meisten* [*wenigsten*] ~*n erhalten* to be at the head of (*od.* to head) [to be at the bottom of] the poll; *einem Kandidaten seine* ~ *geben* to give one's vote to a candidate, to vote for a candidate; *mit einer Mehrheit von 5* ~*n zum Vorsitzenden gewählt werden* to be elected chairman with a majority of 5 (votes); *der Antrag wurde mit 7 gegen 5* ~*n angenommen* [*abgelehnt*] the proposal was adopted (*od.* passed) [rejected] by 7 votes to 5; *wir haben im Versammlungssitz und* ~ we have seat and vote in the assembly; ~*n sammeln,* (*um*) ~*n werben* to collect votes, to canvass, *auch* to canvas, to electioneer; *die* ~ *zählen* to count (*od.* tell) the votes, (*im Parlament*) to act as teller. **- 7.** *eine beratende* ~ *haben* to be (*od.* act) in an advisory (*od.* a consultative) capacity. **'Stimm,ei·sen** n *mus. cf.* Stimmhammer.

stim·men ['ʃtɪmən] I v/t ⟨h⟩ **1.** *mus.* a) (*Geige, Klavier etc*) (*auf acc* to) tune: *das Orchester stimmt die Instrumente* the orchestra is tuning up; *etwas höher* [*tiefer*] ~ a) to tune s.th. up [down], b) to raise [to lower] the pitch of s.th. — **2.** *fig.* (*in Wendungen wie*) *j-n ernst* ~ to put s.o. in a serious mood, to make s.o. serious; *j-n fröhlich* (*od.* heiter) ~ to put s.o. in a cheerful mood; *er versuchte, mich günstig zu* ~ he tried to humo(u)r me, he tried to dispose me favo(u)rably toward(s) him; *seine Antwort stimmte mich nachdenklich* his reply put me in a pensive (*od.* reflective) mood, his reply made me think (*od.* thoughtful); *j-n traurig* ~ to make s.o. sad, to sadden s.o.; *j-n versöhnlich* ~ to put s.o. in a better mood. — **II** v/i **3.** (*von einer Rechnung etc*) be right, be correct, be in order: *die Abmessungen* ~ [*nicht*] the measurements are right [wrong *od.* incorrect]; *die Kasse hat nicht gestimmt* the till didn't balance; *stimmt so! colloq.* (*bes. zum Kellner*) keep the change! **- 4.** (*zutreffen*) be right (*od.* true, correct, so): *stimmt!* quite right! that's right! quite so! *exactly! stimmt's?* isn't that so? is that not so? *das stimmt* that's quite true (*od.* right), that is so; *das stimmt nicht* that's not true (*od.* right, so); *da stimmt* (*doch*) *etwas nicht* a) there's s.th. wrong there (*od.* here), b) (*das ist verdächtig*) there's s.th. fishy about that (*colloq.*); *das kann doch nicht* [*kann unmöglich*] ~ that cannot [possibly] be right; *stimmt es, daß er kommt?* is it true (*od.* right) that he is coming? *bei dir stimmt's wohl nicht? fig. colloq.* you must be out of your mind (*od.* off your

head, sl. off your rocker); *stimmt's oder hab' ich recht? colloq.* am I right? **- 5.** *für* [*gegen*] *j-n* ~ *bes. pol.* to vote for [against] s.o., [not] to give one's vote to s.o.: *für* [*gegen*] *etwas* ~ to vote for [against] s.th. **- 6.** (*passen*) (*zu with*) go: *es stimmt zu dem, was er sagt* it tallies with what he says, it bears out his statement. — **III S~** n ⟨-s⟩ **7.** *verbal noun:* *das S~ der Instrumente* the tuning up.

'Stim·men|,ab,ga·be f *pol. cf.* Stimmabgabe. — **~,an,teil** m percentage of votes. — **~,an,zahl** f number of votes. — **~,ein,bu·ße** f loss of votes. — **~,fang** m vote catching, canvassing, *Am. auch* vote getting. — **~ge,winn** m votes *pl* gained, gain (*od.* increase) in votes. — **~ge,wirr** n babble (*od.* din, confusion) of voices, babble. — **~,gleich·heit** f *pol.* **1.** equality (*od.* parity) of votes. **- 2.** (*im Parlament*) tie, equal division: *bei* ~ in the event of a tie (*od.* of votes being equal); *bei* ~ *entscheidet die Stimme des Vorsitzenden* the vote of the chairman shall be decisive in the event of a tie, in the event of a tie the chairman has the casting vote. — **~,kauf** m buying of votes. — **~,mehr·heit** f majority (*bes. Am.* plurality) (of votes): *absolute* [*einfache*] ~ absolute [simple *od.* bare] majority; *relative* ~ relative majority of votes, *bes. Am.* plurality; *eine Entschließung mit* ~ *annehmen* to pass a resolution by a majority vote; *mit* ~ *gewählt werden* to be elected by a majority of votes. — **~,min·der·heit** f minority of votes, minority vote. — **~,tei·lung** f splitting of votes, division.

'Stimm,ent,hal·tung f *pol.* abstention (from voting).

'Stim·men|,un·ter,schied m *pol.* difference of votes (*od.* between votes cast). — **~ver,hält·nis** n proportion of votes. — **~,wer·ber** m canvasser, electioneer. — **~,wer·bung** f canvassing, electioneering, *Am. auch* vote getting. — **~,zahl** f number of votes, poll: *erforderliche* ~ requisite number of votes. — **~,zäh·ler** m **1.** counter of votes, *Am. auch* canvasser, *Br. auch* scrutineer. **- 2.** (*im Parlament*) teller. — **~,zäh·lung** f counting of votes, poll, polling, count.

'Stim·mer m ⟨-s; -⟩ (*eines Musikinstrumentes*) tuner.

'stimm,fä·hig *adj pol. cf.* stimmberechtigt. **'Stimm,fal·te** f *med.* true vocal cord. — **~,fär·bung** f *mus.* timbre. — **~,fre·mi·tus** [-,fre:mitus] m ⟨-; *no pl*⟩ *med.* pectoral (*od.* vocal, tactile) fremitus. — **~,füh·rung** f *mus.* part writing, *Am.* voice leading, conduct of parts (*od.* voices). — **~,ga·bel** f tuning fork. — **~ge,bung** f ⟨-; *no pl*⟩ vocalization *Br. auch* -s-. — **s~ge,wal·tig** *adj* loudvoiced, with a powerful voice.

'stimm,haft *adj ling.* (*Konsonant, Laut*) voiced, sonant. — **'Stimm,haf·tig·keit** f ⟨-; *no pl*⟩ voicedness, voice vocality, sonancy.

'Stimm,ham·mer m *mus.* tuning hammer (*od.* lever, wrest).

'Stimm,it·tel (*getr.* -mm,m-) n ⟨-s; -⟩ *mus.* vocal resources *pl*, voice.

'Stimm,kraft f vocal (*od.* voice) power.

'Stimm,la·ge f voice, register: *Wechsel in der* ~ break; *hohe* [*mittlere, tiefe*] ~ upper [medium, lower] register.

'stimm·lich I *adj* vocal: ~ *e Kraft* vocal power. — **II** *adv* ~ *unzureichend* vocally insufficient; ~ *auf der Höhe* in good voice; ~ *begabt sein* to be a gifted singer, to be gifted with a beautiful voice.

'Stimm|,lip·pe f *med.* vocal cord (*auch* chord). — **~,li·ste** f *pol.* voting list, electoral register.

'stimm·los *adj* **1.** *ling.* voiceless, unvoiced, surd: *ein* ~*er Konsonant* a voiceless (*od.* an unvoiced) consonant. **- 2.** *med.* voiceless, aphonic (*scient.*). — **'Stimm,lo·sig·keit** f ⟨-; *no pl*⟩ **1.** *ling.* voicelessness. **- 2.** *med.* voicelessness, aphonia (*scient.*).

'Stimm|,pfei·fe f *mus.* pitch (*od.* tuning) pipe. — **~,pro·be** f voice test.

'Stimm,recht n *pol.* a) right to vote, voting right, b) (*electoral*) franchise, suffrage: *allgemeines* ~ universal suffrage; ~ *haben* to have a vote, to be entitled (*od.* eligible) to vote; *das* ~ *ausüben* to exercise (*od.* make use of) one's right to vote (*od.* one's franchise), to vote; *ohne* ~ without a vote; *das* ~ *verlieren* to lose one's vote, to be dis(en)franchised; **Ausübung des ~s** exercise of the right to vote.

'**Stimm,recht·le·rin** [-lərɪn] f ⟨-; -nen⟩ suffragist, suffragette.

'**stimm,rechts·los** adj only in **~e Aktie** econ. nonvoting (Br. non-voting) share (bes. Am. stock).

'**Stimm,rit·ze** f med. glottis, glottal chink, rima glottidis (scient.).

'**Stimm,rit·zen|,deckel** (getr. -k·k-) m med. epiglottis. — **~,krampf** m laryngismus, spasm of the glottis, laryngospasm.

'**Stimm|,schlüs·sel** m mus. cf. Stimmhammer. — **~,stock** m 1. (beim Klavier) tuning board, pin block, wrest plank. – 2. (beim Harmonium) pan. – 3. (bei der Violine) sound post. – 4. (beim Akkordeon) reed board. — **~,ton** m 1. tuning note (Am. tone), tuning standard. – 2. voice (quality). — **~,übung** f vocal exercise: **~en machen** to exercise one's voice. — **~,um,fang** m range (od. compass) of the voice, gamut.

'**Stim·mung** f ⟨-; -en⟩ 1. (Gemütslage) mood, humor, bes. Br. humour, spirits pl: **festliche ~** festive mood; **in gedrückter ~ sein** to feel depressed (od. low), to be in low (od. poor) spirits, to be very down (od. in the dumps, down in the mouth) (colloq.); **in gehobener ~ sein** to be in an elated (stärker exultant) mood, to be in high spirits, Am. colloq. auch to be chipper; **in gereizter ~ sein** to be irritable; **in guter ~ sein** to be in good humo(u)r (od. form), to be in a good mood; **in schlechter ~ sein** in bad humo(u)r (od. form), in a bad mood (od. temper); **er ist wechselnden ~en unterworfen** he is moody, he is prone to moods; **ich bin jetzt für solche Dinge gar nicht in ~** I am not in the mood for (od. I do not feel like) that just now, I am in no mood (od. frame of mind) for that just now; **das hängt von seiner ~ ab** that depends (up)on his mood; **die Nachricht hat ihre ~ getrübt** the news has damped their spirits. – 2. (fröhliche Laune, Frohsinn) (high) spirits pl: **ich bin heute in ~** I am in the mood for (od. I feel like) action today, I am in good form today; **nicht in ~ sein** not to be in form; **die ~ war glänzend** spirits were high; **er bringt alle in ~** he livens everyone up; **er bringt ~ hinein** he makes things go with a swing; **nach dem fünften Glas kam er in ~** he livened up after the fifth glass; **für ~ sorgen, ~ machen** to liven (Am. sl. pep) things up; **j-m die ~ verderben** to dash s.o.'s spirits; **die ~ wuchs** spirits rose. – 3. (Atmosphäre) atmosphere: **es herrschte eine gedämpfte (od. gedrückte) ~** there was an atmosphere of gloom; **das Bild hat ~** the picture has atmosphere; **~ machen (durch Beleuchtung etc)** to create atmosphere. – 4. (Gesamteindruck) mood, atmosphere: **die ~ einer Landschaft** the mood (od. atmosphere) of a landscape; **die düstere ~ des Gemäldes** the sinister atmosphere of the picture; **die heitere ~ eines Menuetts** the gay mood of a minuet; **der Maler hat die vorherrschende ~ erfaßt (od. eingefangen)** the artist has captured the prevailing mood (very well). – 5. (der Bevölkerung) feeling, sentiment, opinion: **die allgemeine ~** (the) general feeling, public sentiment. – 6. (der Belegschaft, Truppe) morale. – 7. (Geneigtheit) enthusiasm: **~ für etwas machen** to work up (a bit of) enthusiasm for s.th. – 8. econ. a) (an der Börse) tendency, tone, b) (auf dem Markt) trend. – 9. mus. a) cf. Stimmen, b) tuning, temperament, pitch: **~ halten** to keep in tune.

'**Stim·mungs|,än·de·rung** f change of (od. in) mood. — **~,ba·ro,me·ter** n fig. barometer of opinion. — **~,bild** n 1. (art) a) painting conveying a special atmosphere (od. mood), b) impressionistic picture. – 2. (literature) a) description of a certain atmosphere (od. poem) conveying a certain mood (od. atmosphere). – 3. mus. expression of atmosphere. — **~ka·no·ne** f er ist eine ~ colloq. humor. he is the life (and soul) of a party. — **~,ma·che** f ⟨-; no pl⟩ contempt. attempt to manipulate public opinion. cf. Stimmungskanone. — **~,ma·cher** m colloq. cf. Stimmungskanone. — **~,mensch** m moody person (od. creature). — **~s mu,sik** f 1. (in einem Restaurant etc) background (od. mood) music. – 2. (lustige Musik) gay (od. lively) music. — **~,um-**

,**schwung** m 1. (bei einer Person) change of (od. in) mood. – 2. (auf einer Party etc) change of atmosphere. – 3. (Gesinnungswandel) change (od. shift) of opinion, volte-face, about-face. – 4. econ. (an der Börse etc) change of tone (od. tendency). — **s~,voll** adj 1. (Abend etc) entertaining, enjoyable. – 2. (Bild etc) full of atmosphere. – 3. (Gedicht etc) full of genuine feeling, full of (od. with) emotional appeal. — **~,wan·del, ~,wech·sel** m cf. Stimmungsumschwung 1—3.

'**Stimm|,vieh** n pol. colloq. contempt. herd (od. mob) of voters, uncritical (od. easily fooled) voters pl. — **~,wech·sel** m ⟨-s; no pl⟩ med. cf. Stimmbruch. — **~,werk,zeug** n vocal organ (od. instrument). — **~,zäh·ler** m pol. cf. Stimmenzähler. — **~,zäh·lung** f cf. Stimmenzählung. — **~,zet·tel** m ballot (paper), bes. Br. voting paper: **[un]gültiger ~** [in]valid ballot; **leerer (od. nicht ausgefüllter) ~** voting paper left blank, blank vote; **Abstimmung durch ~** voting by ballot, balloting; **durch ~ abstimmen** to take a (od. to vote by) ballot, to ballot; **einen ~ in die Wahlurne werfen** to deposit a voting paper in the ballot box. — **~,zug** mus. (an Blechinstrumenten) tuning slide.

Sti·mu·lans ['ʃtiːmulans; 'stiː-] n ⟨-; -lantia [ʃtimu'lantsia; sti-] u. -lanzien [ʃtimu'lantsiən; sti-]⟩ med. stimulant, excitant.

Sti·mu·la·ti·on [ʃtimula'tsioːn; sti-] f ⟨-; no pl⟩ rare for Stimulierung.

sti·mu·lie·ren [ʃtimu'liːrən; sti-] I v/t ⟨no ge-, h⟩ 1. stimulate. – II S~ n ⟨-s⟩ 2. verbal noun. – 3. f. Stimulierung. — **sti·mu'lie·rend** I pres p. – II adj stimulant. — **Sti·mu'lie·rung** f ⟨-; no pl⟩ 1. cf. Stimulieren. – 2. stimulation.

Sti·mu·lus ['ʃtiːmulus; 'stiː-] m ⟨-; -li [-li]⟩ stimulus: **schädlicher ~** noxious stimulus.

Stin·ka·do·res[1] [ʃtɪŋka'doːrɛs] f ⟨-; -⟩ colloq. stinking weed (sl.), bad-smelling cigar.

Stin·ka'do·res[2] m ⟨-; -⟩ colloq. bad-smelling cheese.

'**Stink|asant** [-ʔa,zant] m pharm. cf. Asant. — **~,baum** m sterculia (Gattg Sterculia): **Echter ~** stinking wood, stavewood (S. foetida). — **~,bom·be** f stink bomb. — **~,dachs** m zo. stinkard, teledu, auch Javanese skunk (Mydaus meliceps).

stin·ken ['ʃtɪŋkən] I v/i ⟨stinkt, stank, gestunken, h⟩ 1. stink, stench, smell (od. be) rank (od. fetid, auch foetid), have a rank (od. fetid, auch foetid) smell; Br. colloq. pong, hum: **der Komposthaufen stinkt** the compost heap stinks; **das stinkt wie die Pest** colloq. that stinks like hell, Br. colloq. that fairly pongs; **er stinkt aus dem Mund** colloq. he has bad breath, Br. colloq. his breath smells, Br. colloq. his breath has an awful pong; **der Käse stinkt** the cheese stinks (od. colloq. is high); **etwas stinkt an der Sache** fig. colloq. there's s.th. fishy about that (od. about it somewhere) (colloq.); **die Sache stinkt mir** fig. colloq. I am sick (and tired) of it; **mir stinkt's (od. stinkt es)** colloq. I am sick to death of the whole thing (colloq.)., I am fed up with the [back] teeth) with the whole thing (sl.); → Eigenlob; Faulheit; Geld 1; Himmel 7. – 2. **nach etwas ~** a) to stink (od. reek, Br. colloq. pong, hum) of s.th., b) fig. colloq. to smack (od. reek, scent) of s.th.: **er stinkt nach Alkohol** he stinks (od. smells strongly) of alcohol; **das stinkt nach Verrat** fig. colloq. that smacks of treachery. – II v/impers 3. **es stinkt, hier stinkt's (nach of)** this place stinks (Br. colloq. pongs, hums), there is an awful stench (od. colloq. a nasty smell, Br. colloq. an awful pong) here. — '**stin·kend I** pres p. – II adj 1. stinking, vile-smelling, rank, fetid, auch foetid, foul, malodorous (lit.), stinky, smelly (colloq.): **~es Gewässer** foul (od. stinking) water. – 2. (faulig) foul, putrid, rotten. – III adv 3. **~ faul** cf. stinkfaul.

'**stink'faul** adj colloq. (as) lazy as hell, Br. bone-idle (od. -lazy): **er ist ~** he is a lazybones, Br. he is bone-idle.

'**stin·kig** adj 1. cf. stinkend II. – 2. **~e Laune haben** colloq. to be in a foul (od. vile, sl. rotten, stinking) mood (od. temper).

'**stink'lang,wei·lig** adj colloq. contempt. dead(ly) (Br. vulg. bloody) boring, (as) dull as ditchwater: **er ist ~** he bores me stiff (od. to death, to tears), he is an awful (Br. auch a crashing) bore.

'**Stink|,lau·ne** f colloq. foul (od. vile, stinking, Am. stinky, sl. rotten) mood, foul temper: **eine ~ haben** to be in a rotten mood. — **~,mor·chel** f bot. stinkhorn, phalloid, auch carrion fungus (Phallus impudicus). — **~,na·se** f med. atrophic rhinitis, ozena (scient.). — **s~,reich** adj colloq. stinking (od. filthy) with money, stinking (od. filthy) rich (alle colloq.), rotten (od. loaded) with money (sl.). — **~,tier** n skunk (Unterfam. Mustelidae): **Mexikanisches ~** conepate, auch conepatl (Gattg Conepatus); **Südamerikanisches ~** cf. Streifenskunk. — **s~'vor,nehm** colloq. I adj swank(y), swish, posh (alle colloq.): **ein ~es Hotel** a swanky (bes. Am. sl. ritzy) hotel. – II adv **~ tun** contempt. to be frightfully (Am. real) posh. — **~,wan·ze** f zo. stinkbug (Palomena prasina). — **~'wut** f colloq. towering rage: **eine ~ haben** to be in a towering rage, to be flaming (od. rip-roaring, colloq. hopping) mad, to fume with rage, Am. colloq. to be sore as hell. — **s~'wü·tend** adj ~ **sein** colloq. to be flaming mad.

Stint[1] [ʃtɪnt] m ⟨-(e)s; -e⟩ zo. bes. Europäischer ~ smelt, sparling (Osmerus eperlanus).

Stint[2] m ⟨-(e)s; -e⟩ Low G. colloq. greenhorn: **sich freuen wie ein ~** to be as happy as larry (od. a sandboy), Br. sl. to be chuffed to pieces.

Sti·pen·di·at [ʃtipɛn'diaːt] m ⟨-en; -en⟩, **Sti·pen·dia·tin** [-'diaːtɪn] f ⟨-; -nen⟩ ped. 1. scholarship holder, student on a scholarship, scholar, Br. auch exhibitioner. – 2. (Inhaber eines Forschungsstipendiums) holder of a post-graduate scholarship, Am. auch fellowship holder, fellow.

Sti·pen·di·en,fonds m scholarship fund, (für Forschungsarbeit) Am. auch fellowship fund.

Sti·pen·di·um [ʃti'pɛndiʊm] n ⟨-s; -dien⟩ 1. scholarship, grant, Br. exhibition. – 2. (für Forschungsarbeit) post-graduate scholarship, Am. auch fellowship.

Stip·pe ['ʃtɪpə] f ⟨-; -n⟩ Low G. for a) Punkt 1, b) Pustel, c) Soße 1. — '**stip·pen** v/t ⟨h⟩ etwas in (acc) etwas ~ Low G. (tunken) to dip (od. dunk) s.th. in(to) s.th.

'**Stipp,milch** f Northern G. gastr. cottage cheese thinned with milk and flavo(u)red with fruit juice.

'**Stipp·vi,si·te** f colloq. 1. flying visit (colloq.), short visit: **eine ~ nach Paris machen** to go on a flying visit to Paris. – 2. (private) flying visit (colloq.), short call (od. visit): **eine ~ bei j-m machen** to pop (od. drop) in on s.o. (for a visit), to call in on s.o. (colloq.), to pay s.o. a short visit, to pay a short call on s.o.; **gestern hat er bei uns eine ~ gemacht** he came on a flying visit yesterday, he popped (od. dropped, called) in (od. round) yesterday.

stirb [ʃtɪrp] imp sg, **stirbst** [ʃtɪrpst] 2 sg pres, **stirbt** [ʃtɪrpt] 3 sg pres of sterben.

Stirn [ʃtɪrn] f ⟨-; -en⟩ 1. forehead, brow (lit.), front (poet.), sinciput (scient.): **fliehende [gewölbte] ~** receding (od. sloping) [bulging] forehead; **mit gekrauster ~** with a frown; **hohe [niedrige] ~** high [low] forehead; **sich (dat od. acc) an die ~ greifen (od. fassen)** to put one's hand to one's forehead; **da kann man sich (dat) nur an die ~ greifen** fig. colloq. it really makes you wonder, you couldn't believe it; **die ~ runzeln (od. in Falten legen)** to frown, to knit one's brow (lit.); **sich (dat od. acc) vor (od. an) die ~ schlagen** to strike one's forehead; **der Schweiß stand ihm auf der ~** perspiration stood (out) on his forehead; **sie strich sich (dat) das Haar aus der ~** she brushed her hair back from her forehead; **er wischte sich (dat) den Schweiß von der ~** he wiped the perspiration off (od. from) his forehead; **mit eiserner ~** fig. a) (unerschütterlich) with unflinching resolution (od. determination), resolutely, b) (unverschämt) brazenly, brazen-facedly; **etwas mit eiserner ~ leugnen** fig. to deny s.th. brazenly; **j-m [etwas] die ~ bieten** fig. to face (od. meet) s.o. [s.th.] boldly, to face s.o. [s.th.] (squarely), er **bot dem Feind die ~** fig. he faced the enemy boldly, he showed the enemy a bold face (od. lit. front); **er hatte die ~ zu behaupten** fig. he had the cheek (od. face, Am. auch gall, colloq. nerve) to maintain,

he had the effrontery (*od.* impudence, insolence) to maintain; es steht ihm auf der ~ geschrieben *fig.* it is written all over his face. - **2.** *zo.* forehead. — ~,**ader** *f med.* frontal vein. — ~,**an,sicht** *f tech.* front (*od.* end) view, front elevation. — ~,**band** *n* ⟨-(e)s; ¨er⟩ **1.** headband, frontlet, browband, (*bes. verziertes*) frontal, fillet. - **2.** (*bes. goldenes*) diadem. - **3.** (*der Juden, Nonnen*) frontlet. - **4.** (*einer Gasmaske etc*) forehead strap. - **5.** *antiq.* taenia, *auch* tenia. — ~,**bein** *n med.* frontal bone. — ~,**bin·de** *f cf.* Stirnband 1—3, 5.
Stir·ne ['ʃtɪrnə] *f* ⟨-; -n⟩ *lit. for* Stirn.
Stir·nen ['ʃtɪrnən] *n tech.* face milling.
'**Stirn|,fal·te** *f* wrinkle on the forehead: tiefe ~ furrow (*od.* deep wrinkle) on the forehead. — ~,**flä·che** *f* **1.** *tech.* a) end face (*od.* surface), front, b) (*einer Schleifscheibe*) side, c) (*einer Nabe*) boss. - **2.** (*bes. bei Holz*) crosscut end. — ~,**frä·ser** *m* facing-type milling cutter, end mill. — ~,**haar** *n* front hair, foretop. — ~,**höcker** (*getr.* -k·k-) *m zo.* frontal bump.
'**Stirn,höh·le** *f med.* frontal sinus.
'**Stirn,höh·len|,ei·te·rung** *f med. cf.* Stirnhöhlenvereiterung. — ~ent,**zün·dung** *f*, ~**ka,tarrh** *m* frontal sinusitis. — ~**ver·,ei·te·rung** *f* chronic suppuration of the frontal sinus.
'**Stirn|,holz** *n tech.* end-grained wood. — ~,**joch** *n agr.* (*für Rinder*) head yoke. — ~,**kip·per** *m auto. Am.* end-dump truck, *Br.* end-tipping lorry. — ~,**küh·ler** *m* front radiator. — ~,**la·ge** *f med.* (*eines Kindes*) brow presentation. — ~,**la·ger** *n tech.* end journal bearing. — ~,**lap·pen** *m med.* frontal lobe. — ~,**locke** (*getr.* -k·k-) *f* forelock, curl on the forehead. — ~,**mus·kel** *m med.* frontal muscle. — ~,**naht** *f* metopic (*od.* frontal) suture.
'**Stirn,rad** *n tech.* spur gear. — ~**ge,trie·be** *n* spur gearing. — ~**ver,zah·nung** *f* spur-gear tooth system. — ~,**wälz,frä·ser** *m* spur-gear hob.
'**Stirn|re,flek·tor** *m* (*des Arztes*) frontal (*od.* head) mirror. — ~,**reif** *m* bronze (*od.* silver) headband. — ~,**rie·men** *m* (*am Pferdegeschirr*) browband. — ~,**run·zeln** *n* frown(ing). — ~,**schlei·fen** *n tech.* face grinding. — ~,**sei·te** *f* **1.** front (side), facade, *bes. Br.* face. - **2.** *tech.* (end) face, front end (*od.* face). - **3.** (*des Holzes*) end grain. — ~,**spie·gel** *m cf.* Stirnreflektor. — ~,**wand** *f* **1.** *arch.* front (*od.* end) wall. - **2.** (*railway*) (*eines Waggons*) end wall. - **3.** *auto.* a) (*des Rahmens*) cowl, b) (*Spritzwand*) splashboard. — ~,**wi·der·,stand** *m aer.* head resistance. — ~,**win·dung** *f med.* frontal convolution. — ~,**wun·de** *f* wound on the forehead. — ~,**zie·gel** *m arch. antiq.* antefix (tile).
Stoa ['ʃtoːa; 'stoːa] *f* ⟨-; *no pl*⟩ *philos.* (*Schule u. Lehre*) Stoa: Lehre der ~ Stoicism.
stob [ʃtoːp] *1 u. 3 sg pret*, **stö·be** ['ʃtøːbə] *1 u. 3 sg pret subj of* stieben.
Stö·ber ['ʃtøːbər] *m* ⟨-s; -⟩, ~,**hund** *m hunt.* harrier, tufter.
stö·bern ['ʃtøːbərn] **I** *v/i* ⟨h⟩ **1.** *colloq.* (*kramen*) (in *dat* in; nach for) rummage (about *od.* [a]round), root (a)round (*od.* about): ich habe in allen Schubläden nach dem Brief gestöbert I rooted (a)round in every drawer for the letter. - **2.** *colloq.* (*suchen*) (in *dat* in; nach for) hunt, search: in den Akten ~ to search through the files; in alten Büchern nach Hinweisen ~ to hunt up references in old books, to look through old books for references. - **3.** *colloq.* (*schnüffeln*) (in *dat* in) poke (a)round (*od.* about). - **4.** (*in Geschäften etc*) look (*od.* poke) (a)round, have a look ([a]round): darf ich hier ein bißchen ~? may I just have a look (a)round? - **5.** in einem Buch [einer Zeitung] ~ to browse in a book [newspaper]. - **6.** *bes. Southern G.* (*gründlich saubermachen*) do one's spring-cleaning. - **7.** (*von Schneeflocken*) blow about. - **II** *v/t* **6.** *bes. Southern G.* (*Haus, Zimmer*) spring-clean. - **9.** *hunt.* (*Wild etc*) start, rouse, bolt, put (*s.th.*) up. - **III** *v/impers* **10.** es stöbert the snow is blowing about. - **IV** S~ *n* ⟨-s⟩ **11.** *verbal noun.*
sto·cha·stisch [sto'xastɪʃ; ʃto-] *adj* (*in der Statistik*) (*zufallsabhängig*) stochastic: ~er Prozeß stochastic process.
'**Stoch,ei·sen** *n metall.* poker (bar), stoker's

rod. — **sto·chen** ['ʃtoxən] *v/t* ⟨h⟩ poke, stir, stoke.
'**Sto·cher** *m* ⟨-s; -⟩ **1.** toothpick. - **2.** *metall. cf.* Stocheisen.
sto·chern ['ʃtoxərn] *v/i* ⟨h⟩ in (*dat*) etwas ~ a) (*mit dem Schürhaken etc*) to poke (about *od.* around in) s.th., b) (*mit dem Zahnstocher etc*) to pick s.th., c) (*mit der Gabel etc*) to pick at s.th.: in der Glut ~ to poke (*od.* stir up, rake, stoke) the fire; sie stocherte in den Zähnen she picked her teeth; er stocherte in seinem Essen he picked at his food, he pushed his food around his plate; in der Erde ~ to poke around in the ground; im Ausguß ~ to poke the drain.
Stö·chio·me·trie [ʃtøçiome'triː; stø-] *f* ⟨-; *no pl*⟩ *chem.* stoichiometry, *Br. auch* stoicheiometry. — **stö·chio'me·trisch** [-'meːtrɪʃ] *adj* stoichiometric, *auch* stoichiometrical.
Stock[1] [ʃtɔk] *m* ⟨-(e)s; ¨e⟩ **1.** (*als Stütze*) stick: sich auf einen ~ stützen to lean on a stick; am ~ gehen a) to walk with (the help of) a stick, to use a stick, b) *fig. colloq.* (*finanziell*) to be at rock bottom, to be in financial difficulties, c) *fig. colloq.* (*bei viel Arbeit etc*) to be killed with work (*colloq.*). - **2.** (*Spazierstock*) walking stick, cane. - **3.** (*zum Schlagen etc*) stick, cane, rod: j-n mit einem ~ kräftig verprügeln to beat s.o. with a stick, to cane s.o., to give s.o. a good caning, to give s.o. a good thrashing (*od.* flogging) (with a stick); der Hund bekam den ~ zu spüren the dog was given the stick (*od.* a thrashing); sich (*dat*) einen ~ (zurecht)schneiden to cut oneself a cane (*od.* rod). - **4.** (*Rohrstock*) cane. - **5.** *fig. colloq.* (*in Wendungen wie*) steh nicht da wie ein ~! don't stand there like a post (*od.* dummy); sie weinte, und er saß da wie ein ~ she was crying and he sat there like a post; er geht, als wenn er einen ~ verschluckt hätte he walks as if he had swallowed a ramrod; → steif 1. - **6.** (*Billardstock*) cue. - **7.** (*Bergstock*) alpenstock. - **8.** (*des Geometers*) staff. - **9.** *hort.* a) (*Blumenstock*) (flowering) pot plant, b) *cf.* Rosenstock, c) *cf.* Rebstock. - **10.** *bot.* a) (*Stamm*) trunk, stem, stock, b) (*Wurzelstock*) root stock, c) (*Baumstumpf*) stump (*od.* stub) (of a tree): über ~ und Stein *fig.* over hedge and ditch, up hill and down dale. - **11.** (*Gebirgsstock etc*) massif, mountain mass. - **12.** (*Bienenstock*) beehive. - **13.** *print.* (printing) block, cliché. - **14.** (*sport*) a) (*Skistock*) (ski) pole (*od.* stick), b) (*Schlagstock*) trap bat, c) (*Keule*) bat. - **15.** *mil.* (*zum Gewehrreinigen*) (cleaning) rod. - **16.** *hist.* (*Folterwerkzeug*) stocks *pl*: j-n in den ~ legen to put s.o. in the stocks.
Stock[2] *m* ⟨-(e)s; *u.* -werke⟩ **1.** storey, *bes. Am.* story, floor: das Haus ist fünf ~ hoch the house is five storeys (*bes. Am.* stories) high; im ersten ~ wohnen to live on the first (*Am.* second) floor. - **2.** (*einer Brücke, eines Busses*) deck.
Stock[3] [ʃtɔk; stɔk] (*Engl.*) *m* ⟨-s; -s⟩ *econ.* **1.** (*Grundkapital*) (original) capital, holding. - **2.** (*Vorrat, Warenlager*) stock. - **3.** (*Effekten*) total amount of loan.
'**stock|be'sof·fen**, ~**be'trun·ken** *adj colloq.* 'plastered' (*colloq.*), blotto (*sl.*), dead drunk, completely drunk. — **S~,blech·,sche·re** *f tech.* compound lever bench shears *pl*. — ~'**blind** *adj colloq.* stone-blind: ~ sein to be as blind as a bat (*od.* mole).
Stöck·chen ['ʃtœkçən] *n* ⟨-s; -⟩ **1.** *dim. of* Stock[1]. - **2.** (*der Offiziere*) swagger stick (*od.* cane).
'**Stock|,de·gen** *m* sword cane (*od.* stick). — **s~,dumm** *adj colloq.* as dumb as they come (*colloq.*), half- (*od. sl.* dim-)witted, thickskulled, asinine, blockheaded: er ist ~ he is a complete and utter dimwit (*od.* halfwit, thickskull), he is as stupid as they make them (*od.* as they come). — **s~,dun·kel** *adj colloq.* pitch-dark (*od.* -black): eine stockdunkle Nacht a pitch-black night, a night as black as pitch. — **s~,dürr** *adj colloq.* exceedingly thin, just skin and bones.
Stöckel[1] (*getr.* -k·k-) ['ʃtœkəl] *m* ⟨-s; -⟩ *colloq.* high heel.
'**Stöckel**[2] (*getr.* -k·k-) *n* ⟨-s; -⟩ *Austrian* (*Nebengebäude, bes. von Schlössern, Bauernhäusern*) outhouse, outbuilding.

'**Stöckel,ab,satz** (*getr.* -k·k-) *m colloq.* high heel.
stöckeln (*getr.* -k·k-) ['ʃtœkəln] *v/i* ⟨sein⟩ *colloq.* trip (*od.* mince, prance) along on high heels.
'**Stöckel,schuh** (*getr.* -k·k-) *m meist pl colloq.* high-heeled shoe.
stocken (*getr.* -k·k-) ['ʃtɔkən] **I** *v/i* ⟨h⟩ **1.** (*innehalten*) pause, stop: er stockte mitten im Satz he paused in the middle of the sentence; sie stockte plötzlich in ihrer Erzählung she stopped short in (the middle of) her story. - **2.** (*steckenbleiben*) falter, hesitate, halt, get stuck (*colloq.*): er stockte beim Aufsagen des Gedichtes he faltered in his recitation of the poem, he got stuck in the middle of his recitation (*colloq.*). - **3.** (*von Gespräch*) flag. - **4.** (*von Arbeit etc*) come to a standstill (*od.* halt), stop. - **5.** (*von Verkehr*) congest, be jammed, *Am. auch* tied up), come to a standstill. - **6.** *econ.* (*von Geschäft, Handel etc*) a) (*stagnieren*) be stagnant, stagnate, come to a standstill, b) (*flau werden*) be slack, slacken (off), fall off, slow down: der Absatz stockte a) sales came to a standstill, b) sales fell off (*od.* slackened). - **7.** *med.* a) (*von Kreislauf*) stagnate, b) (*von Herz*) cease to beat (*od.* act, work), stop, c) (*von Puls*) stop, d) (*gerinnen*) coagulate, clot: ihm stockte der Atem *fig.* his heart missed a beat, his heart stopped; das Blut stockte ihm in den Adern *fig.* his blood curdled (*od.* ran cold). - **8.** *Bavarian and Austrian* (*von Milch*) curdle, thicken. - **9.** (*durch Hitze od. Kälte fest werden*) thicken, solidify, congeal, coagulate. - **10.** (*von Farbe*) cake. - **11.** (*von Motor etc*) stall, conk (out) (*colloq.*). - **12.** (*von Wäsche, Papier etc*) become damp-stained (*od.* mildewed), turn moldy (*bes. Br.* mouldy). - **13.** (*von Holz*) rot. - **II** S~ *n* ⟨-s⟩ **14.** *verbal noun*: ins S~ geraten a) (*von einem Sprecher*) to stop and start, to begin to falter, b) (*von Verhandlungen etc*) to reach (*od.* come to) a deadlock (*od.* standstill), to deadlock, c) (*von Absatz etc*) to slacken (off), to fall off, to slow down. - **16.** *cf.* Stockung. - **17.** (*beim Sprechen*) hesitation: ohne S~ lesen to read fluently (*od.* without faltering). - **18.** (*der Arbeit*) standstill. - **19.** *econ.* (*des Handels etc*) a) stagnation, b) (*Flaute*) lull, (the) doldrums *pl*. — '**stockend** (*getr.* -k·k-) **I** *pres p.* — **II** *adj* **1.** (*Geschäft etc*) slack, sluggish, dull, stagnant, slow. - **2.** (*zögernd*) hesitant, halting. - **3.** (*unsicher*) faltering: mit ~er Stimme with (*od.* in) a faltering voice. — **III** *adv* **4.** hesitantly, haltingly, hesitatingly: ~ sprechen to speak haltingly.
'**Stock,en·de** *n* **1.** end of a stick. - **2.** (*wood*) butt of the bole.
'**Stock,en·te** *f zo.* mallard, stock (*auch* wild) duck (*Anas platyrhynchos*).
Stöcker (*getr.* -k·k-) ['ʃtœkər] *m* ⟨-s; -⟩, ~,**fisch** *m zo.* saurel (*Trachurus trachurus*).
'**Stock,fäu·le** *f* **1.** (*an der Wurzel*) root rot. - **2.** (*wood*) rotting of the stem. — **s~'fin·ster** *adj colloq. cf.* stockdunkel. — ~,**fisch** *m* **1.** *gastr.* stockfish, dried cod. - **2.** *fig. colloq.* (*langweiliger, wenig gesprächiger Mensch*) lifeless bore, 'stick' (*colloq.*). — ~,**fleck** *m* (*auf Stoff, Papier etc*) dampstain, spot of mold (*bes. Br.* mould), spot of mildew, fox mark. — **s~,fleckig** (*getr.* -k·k-) *adj* (*Stoff, Papier etc*) damp-stained, moldy, *bes. Br.* mouldy, spotted with mold (*bes. Br.* mould), mildewed, mildewy, foxed, foxy: ~e alte Bücher foxed old books; ~ werden to turn mo(u)ldy, to become damp-stained, to mildew. — **s~'fremd** *adj colloq.* (*in Wendungen wie*) ~e Leute complete (*od.* absolute) strangers; er ist mir ~ he is a complete stranger to me, I would not know him from Adam; sie sind hier ~ they don't know a soul here, they are absolute strangers here. — ~**ge,trie·be** *n tech.* lantern pinion. — ~,**haus** *n hist.* town jail (*Br. auch* gaol). — **s~'hei·ser** *adj colloq.* (as) hoarse as a crow (*colloq.*), absolutely (*od. colloq.* terribly) hoarse. — ~,**hieb** *m meist pl* bat, blow (*od.* stroke) with a stick: j-m ~e versetzen to beat s.o. with a stick, to give s.o. a caning (*od.* beating), to give s.o. a thrashing (*od.* flogging) with a stick. — ~,**holz** *n* (*forestry*) stump wood.

'stockig (getr. -k·k-) adj **1.** cf. stockfleckig.
– **2.** (wood) dozy, fusty.
'Stock|,kampf m cudgel play, cudgels pl,
fighting with sticks. — **s~ka'tho·lisch** adj
colloq. ultra-Catholic: **er ist ~** he is ultra-
-Catholic (od. an out-and-out Catholic). —
s~kon·ser·va'tiv adj pol. ultraconservative,
archconservative, extremely (od. colloq.
dyed-in-the-wool) conservative. — **~kon-
ser·va'ti·ve** m, f staunch (od. colloq. dyed-
-in-the-wool) conservative, archconservative. — **~krank·heit** f bot. **1.** (bes. des
Klees) stem sickness. – **2.** (bes. des Getreides)
tulip root.
Stöck·lein ['ʃtœklaɪn] n ⟨-s; -⟩ dim. of
Stock¹.
Stöck·li ['ʃtœkli] n ⟨-s; -⟩ Swiss dial. for
Altenteil.
'stock'nüch·tern adj colloq. cold sober,
(as) sober as a judge.
'Stock|,prü·gel pl beating sg, caning sg,
flogging (od. thrashing) sg with a stick. —
~,punkt m chem. (des Öls) solidification
(od. pour, congelation) point, setting (od.
congeal) point. — **~,reis** n bot. sprout. —
~,ro·se f bot. hollyhock, rose mallow
(Althaea rosea). — **~,schal·tung** f auto.
stick shift. — **~,sche·re** f tech. cf. Stock-
blechschere. — **~,schirm** m walking-
-stick umbrella. — **~,schlä·ge** pl cf. Stock-
prügel. — **~,schnup·fen** m med. chronic
coryza (od. rhinitis). — **s~'steif** colloq.
I adj **1.** (Haltung, Glieder etc) (as) stiff as
a poker (colloq.), stiff and stark. – **2.** fig.
(Benehmen, Gesellschaft etc) starchy,
stiff, formal. — **II** adv **3.** er saß ~ **da**
he sat there as stiff as a poker (colloq.)
(od. like a post). — **s~'still** adj colloq. stock-
-still. — **~,stra·fe** f colloq. Prügelstrafe. —
s~'taub adj colloq. stone-deaf, (as) deaf as
a post (od. stone).
'Stockung (getr. -k·k-) f ⟨-; -en⟩ **1.** cf.
Stocken. – **2.** stoppage, holdup, Br. hold-
-up, delay, stop, interruption: **eine ~**
hervorrufen to cause a hold(-)up. – **3.** (Ver-
kehrsstockung) traffic jam (od. congestion,
Br. auch block): **der Verkehr ging ohne ~**
weiter the traffic went on without a
hold(-)up. – **4.** (Pause) pause, break. –
5. fig. (Stillstand, toter Punkt) deadlock,
standstill, stalemate. – **6.** med. a) (von
Kreislauf) stagnation, b) (Stillstand) cessation, arrest, stasis (scient.), c) (Gerinnung)
coagulation, d) (Blutandrang) congestion.
– **7.** (von Öl) solidification, coagulation.
'Stock,werk n **1.** storey, bes. Am. story,
floor: **ein Haus mit 5 ~en** a house of
5 storeys (bes. Am. stories), a five-storeyed
(bes. Am. -storied) house; **im oberen**
[unteren] **~** on the upper [lower] floor,
upstairs [downstairs]; **die Zimmer im**
oberen [unteren] **~** the upstairs (auch up-
stair) [downstairs, auch downstair] rooms.
– **2.** geol. stratum, (einer Erzablagerung)
stockwork.
'Stock,werks|,an,zei·ger m floor indicator.
— **~ga,ra·ge** f auto. multi-storey (bes. Am.
-story) parking garage.
'Stock|,zahn m med. Southern G., Austrian
and Swiss for Backenzahn. — **~,zwin·ge** f
tech. ferrule.
Stoff [ʃtɔf] m ⟨-(e)s; -e⟩ **1.** (Gewebe)
material, fabric, cloth, textile, (Wollstoff)
auch stuff; **seidene** [wollene, baumwol-
lene] **~** silk [wool(l)en, cotton] fabrics
(od. material sg); **~ weben** [drapieren] to
weave [to drape] fabric; **~ zuschneiden** to
cut out a pattern, to cut out material (to
od. from a pattern); **~ für einen Rock**
a) material for a skirt, b) (Coupon) a skirt
length. – **2.** bes. chem. a) substance,
matter, body, b) (Grundstoff) base material,
c) (Wirkstoff) agent: **[an]organische ~e**
[in]organic substances; **pflanzliche** [tieri-
sche] **~e** vegetable [animal] substances;
feste [gasförmige, flüssige] **~e** solid
[gaseous, liquid] substances; **schädlicher ~**
cf. Schadstoff; → kinetisch 1. – **3.** philos.
(Materie) matter: **Geist und ~** mind and
matter. – **4.** (Material) material: **Glas ist**
ein spröder ~ glass is a brittle material;
er ist aus anderem ~ gemacht fig. he is
made of different stuff. – **5.** (geistiges
Material) material: **~ zur Unterhaltung**
[zum Nachdenken, zum Plaudern] material (od. food) for conversation [reflection,
Br. auch reflexion, gossip]; **er sammelt ~**
für einen (od. zu einem) **Roman** he is
collecting material for a novel; **eine**

Fülle von ~ a wealth of material; **nach**
einer Stunde mühsamer Unterhaltung
ist ihnen der ~ ausgegangen after an
hour of strained conversation they ran
out of topics. – **6.** (bes. literature) subject, (subject) matter: **ein dankbarer** [trok-
kener, unergiebiger] **~** a worthwhile
[a dry, an unproductive] subject; **der ~ des**
Films ist sehr interessant the subject of
the film is very interesting; **das gäbe**
einen guten ~ für eine (od. zu einer)
Komödie that would be a good subject (od.
that would furnish matter) for a comedy;
dieser Vorfall hat viel ~ zum Lachen
gegeben this incident became a great
source of amusement. – **7.** colloq. (Bier,
Schnaps etc) stuff. – **8.** sl. (Rauschgift) stuff,
shit (sl.).
'Stoff|,ab,tei·lung f (im Warenhaus) textile
department. — **~,bahn** f length of material.
— **~,bal·len** m bale of material (od.
cloth). — **s~be,spannt** adj fabric-covered.
— **~be,span·nung** f fabric covering. — **~-**
,bruch m fold.
Stof·fel ['ʃtɔfəl] m ⟨-s; -⟩ colloq. contempt.
(ungehobelter Mensch) boor. — **'stof·fe·lig**
adj boorish, uncouth.
'Stoffet·zen (getr. -ff,f-) m rag, tatter, shred.
'Stoff,hand,schuh m fabric glove.
'stoff·lich adj **1.** (materiell) material,
substantial: **~e Veränderungen** material
changes. – **2. die ~e Qualität des Anzuges**
ist hervorragend the material of the suit
is first-class (quality). – **3. ~e Ähnlichkeiten**
zweier Werke feststellen to discover
similarities between two works as regards
the subject matter. — **'Stoff·lich·keit** f
⟨-; no pl⟩ materiality, substantiality.
'stoff·lig adj colloq. contempt. cf. stoffelig.
'Stoff|ma·le·rei f painting on cloth. —
~,mu·ster n **1.** pattern, design. – **2.** (Stoff-
probe) sample (of material). — **~,pa,tent** n
(patents) product patent. — **~,pup·pe** f
rag (od. stuffed) doll. — **~,rand** m edge
of the (od. a piece of) cloth. — **~,rest** m
remnant. — **~,samm·lung** f (zu einem Aufsatz etc) collection of material. — **~,schuh**
m meist pl **1.** fabric shoe. – **2.** (aus Leinen)
canvas (auch canvass) shoe. — **~,teil·chen**
n chem. phys. particle, corpuscule. — **~,tier**
n soft animal, stuffed (od. cuddly) (toy)
animal.
'Stofffül·le (getr. -ff,f-) f wealth of material.
'Stoff,wahl f choice of subject, selection
of a subject.
'Stoff,wech·sel m biol. med. metabolism,
metabolic process: **abbauender ~** ca-
tabolism; **aufbauender ~** anabolism; **ge-**
störter ~ disordered metabolism. — **~-**
,gleich·ge,wicht n med. metabolic equilibrium. — **~,krank·heit** f metabolic disease.
— **~,pro,dukt** n product of metabolism,
(durch Abbau) auch catabolite, (durch
Aufbau) auch anabolite. — **~,pro,zeß** m
metabolic process. — **~,stö·rung** f metabolic disturbance, disordered (od. disturbed)
metabolism; dysbolism, pathobolism
(scient.).
'Stoff,zu,ga·be f (beim Schneidern) extra
(od. additional) material.
stöh·le ['ʃtøːlə] rare 1 u. 3 sg pret subj of
stehlen.
stöh·nen ['ʃtøːnən] **I** v/i ⟨h⟩ **1.** groan, moan:
seufzen und ~ to sigh and moan; **ächzen**
und ~ to moan and groan; **sie stöhnte**
vor Schmerz she groaned with pain; **das**
Volk stöhnte unter der Gewaltherrschaft
fig. people groaned under the tyranny. –
2. (sich beklagen) moan, complain, Am.
sl. gripe: **er stöhnt dauernd über die**
schwere Arbeit he is always moaning
about his heavy work. – **3.** fig. (von Wind
etc) moan, sigh, sough (lit.): **der Wind**
stöhnte in den Bäumen the wind moaned
in the trees. – **4.** fig. (von Polsterung,
Balken etc) groan: **das Bett hat unter**
seinem Gewicht gestöhnt the bed groaned
under his weight. — **II S~** n ⟨-s⟩ **5.** verbal
noun: **unter Ächzen und S~** auch fig. with
great moaning and groaning. – **6.** groan(s
pl), moan(s pl): **ein leises S~** a low moan;
das S~ der Verwundeten the moans pl of
the wounded. – **7.** fig. (des Windes) moan,
sough (lit.). – **8.** fig. (von Balken etc) groan.
Stoi·ker ['ʃtɔɪkər; 'stoː-] m ⟨-s; -⟩ **1.** philos.
Stoic, Stoic(al) philosopher. – **2.** fig.
(gleichmütiger Mensch) stoic. — **'sto·isch**
[-ɪʃ] adj **1.** philos. Stoic(al). – **2.** (Gelassenheit, Ruhe) stoic(al): **mit ~em**

Gleichmut with stoic equanimity. —
Stoi·zis·mus [ʃtɔɪˈtsɪsmʊs; sto-] m ⟨-;
no pl⟩ **1.** philos. Stoicism. – **2.** fig. stoicism.
Sto·la ['ʃtoːla; 'stoː-] f ⟨-; Stolen⟩ **1.**
(breiter Schal) stole. – **2.** antiq. (Ärmelgewand für
Frauen) stola, stole. – **3.** relig. stole.
'Stol·ge,büh·ren [ˈʃtoːl-; ˈstoːl-] pl röm.kath.
surplice fees.
Stol·le ['ʃtɔlə] f ⟨-; -n⟩ Middle and Northern
G. for Stollen¹.
Stol·len¹ ['ʃtɔlən] m ⟨-s; -⟩ loaf-shaped
yeast fruit cake, fruit loaf, Am. auch
stollen.
'Stol·len² m ⟨-s; -⟩ **1.** (mining) adit, drift,
auch tunnel: **einen ~** (vor)treiben to drive
an adit, to tunnel. – **2.** mil. gallery. – **3.** (an
Hufeisen) calk, auch calkin, rough. – **4.** (an
Fußballstiefeln) stud, Am. cleat. –
5. metr. stollen (a repeated section of the
bar in 'Minnesang' and 'Meistersang').
– **6.** (am Ski) cleats pl of snow (clinging
to the soles of the skis).
'Stol·len|,bau m ⟨-(e)s; no pl⟩ (mining)
tunneling, bes. Br. tunnelling. — **~,gang** m
tunnel. — **~,soh·le** f (adit) level. — **~-**
,vor,trieb m driving a tunnel. — **~,wei·te**
f tunnel width. — **~,zim·me·rung** f
timbering of adits, tunnel timbering.
Sto·lo ['ʃtoːlo; 'stoː-] m ⟨-s; -nen [stoˈloː-
nən; sto-]⟩ bot. stolon.
'Stol·per,draht m mil. trip wire. — **~-**
,mi·ne f trip-wire mine.
'Stol·per·er m ⟨-s; -⟩ dial. for Fehltritt 1.
'stol·pe·rig adj (holperig) uneven, bumpy.
stol·pern ['ʃtɔlpərn] **I** v/i ⟨sein⟩ **1.** (über
acc over) stumble, trip: **das Kind stolperte**
und fiel (hin) the child stumbled and fell;
über die (od. seine) **eigenen Füße** (od.
Beine) **~** to trip over one's own feet; **über**
einen Strohhalm (od. Zwirnsfaden) **~** fig.
colloq. to stumble over a straw; **über ein**
Wort ~ fig. a) (sich versprechen) to
stumble over a word (od. trip), b) (stutzig
werden) to be puzzled by (od. at) a word;
nach dem dritten Glas stolperte sie schon
ein wenig mit der Zunge fig. colloq. after
the third glass her tongue tripped a little. –
2. (taumeln, wanken) stumble, blunder:
er stolperte durch den dunklen Flur he
stumbled through the dark hall. – **3.** über
j-n ~ fig. colloq. to bump (od. to run) into
s.o., to come across s.o.: **wir stolperten**
in Italien dauernd über Bekannte we were
continually running into acquaintances in
Italy. — **II S~** n ⟨-s⟩ **4.** verbal noun: **j-n**
zum S~ bringen auch fig. colloq. to trip
s.o. up; **über** (acc) **etwas ins S~ kommen**
(od. geraten) auch fig. colloq. to stumble
(od. trip) over s.th.
stolz [ʃtɔlts] adj ⟨-er; -est⟩ **1.** (von Stolz erfüllt) proud: **~ auf** (acc) **sein** [j-n] sein
to be proud of (od. to take pride in) s.th.
[s.o.]; **darauf** (od. darüber) **kannst du ~**
sein you can be proud of that, that is
something for you to be proud of; **ich bin**
~ darauf, ihn zu kennen I'm proud to
know (od. of knowing) him; **er ist ~ wie**
ein Spanier he is (as) proud as a Spaniard;
die Auszeichnung macht mich ~ the distinction makes me (od. colloq. does) me proud.
– **2.** (hochmütig, eingebildet) haughty, proud,
disdainful, arrogant, lofty: **ein kalter, ~er**
Blick a cold and haughty look; **eine ~e**
Haltung [ein ~er Gang] a proud bearing
[gait]; **eine ~e Schöne** a haughty young
beauty; **er ist ~ wie ein Pfau** he is (as)
proud (od. vain) as a peacock; **er ist zu ~,**
(um) **andere um Hilfe zu bitten** he is too
proud to ask others for help; **wir wollen**
ihn nicht zu ~ machen let's not make him
too conceited. – **3.** ⟨attrib⟩ (stattlich, prächtig) splendid, magnificent, proud, noble,
fine: **ein ~es Gebäude** [Schloß] a splendid
building [castle]; **ein ~er Anblick** a proud
sight; **eine ~e Erscheinung** a noble appearance. – **4.** ⟨attrib⟩ (ruhmvoll) proud, glorious: **ein ~er Tag** [Moment] in der Geschichte der Menschheit a proud day
[moment] in the history of man.
Stolz m ⟨-es; no pl⟩ **1.** pride: **voller** (od. mit)
~ berichtete er von seinem Erfolg full of
pride (od. with pride, proudly) he told of his
success; **der ~ der Mutter** [Eltern] (auf ihre
Kinder) maternal [parental] pride; **er hat**
keinen ~ he has no pride (in him); **ich**
habe auch meinen ~ I have my pride, too;
j-s ~ verletzen to wound s.o.'s pride; **er**
setzte seinen ~ darein, alles selbst zu
machen he took (a) pride in (od. he prided

himself on) doing everything himself; er ist der ~ seiner Eltern he is the pride of his parents, he is the apple of his parents' eye; der Garten ist ihr ganzer ~ she takes great pride in her garden. – **2.** (*Hochmut, Dünkel, Einbildung*) haughtiness, pride, arrogance, disdain, loftiness, conceit(edness): falscher ~ false pride; wir werden ihm den ~ schon noch austreiben we'll cure him of his haughtiness; Dummheit und ~ wachsen auf einem Holz (*Sprichwort*) etwa arrogance and stupidity grow on the same tree.

stol·zie·ren [ʃtɔl'tsiːrən] v/i ⟨*no* ge-, *sein*⟩ **1.** (*hochmütig gehen*) stalk, strut: ohne ein weiteres Wort stand sie auf und stolzierte aus dem Zimmer without another word she got up and stalked out of the room. – **2.** (*auffällig, pomphaft einhergehen*) swagger, prance, parade: die Mädchen stolzierten in ihren neuen Kleidern über die Promenade the girls were swaggering along the promenade in their new dresses.

Sto·ma ['stoːma; 'ʃtoː-] n ⟨-s; -ta [-ta]⟩ **1.** med. (*Öffnung, Mund*) opening, orifice, mouth, stoma (*scient.*). – **2.** biol. stoma.

sto·ma·chal [stoma'xaːl; ʃto-] adj med. stomachic(al), stomachal.

Sto·ma·chi·kum [sto'maxikʊm; ʃto-] n ⟨-s; -chika [-ka]⟩ med. pharm. stomachic.

Sto·ma·ti·tis [stoma'tiːtɪs; ʃto-] f ⟨-; -titiden [-ti'tiːdən]⟩ med. sore mouth, stomatitis (*scient.*).

Sto·ma·to·lo·gie [stomatolo'giː; ʃto-] f ⟨-; no pl⟩ med. stomatology. — **sto·ma·to·'lo·gisch** [-'loːgɪʃ] adj stomatologic(al).

stop [ʃtɔp; stɔp] **I** interj **1.** (*halt*) stop! – **2.** tel. (*Punkt*) stop. – **II** S~ m ⟨-s; -s⟩ **3.** (*sport*) (*beim Tennis etc*) stop.

'Stopf|,buch·se, ~,**büch·se** f tech. stuffing box. — ~**,ei** n darning egg, darner.

stop·fen¹ ['ʃtɔpfən] **I** v/t ⟨h⟩ **1.** (*Socken, Strümpfe, Pullover etc*) darn, mend: ein Loch im Strumpf ~ to darn a hole in a stocking. – **2.** (*pressen*) (in acc into) stuff, cram: sie stopfte alles in ihre Tasche she stuffed everything into her bag; er stopfte sich (dat) die Taschen voller Nüsse he stuffed his pockets with nuts; sie stopfte ein großes Stück Schokolade in den Mund she stuffed a large piece of chocolate into her mouth; er stopfte die fünf Kinder in sein Auto humor. he crammed (od. packed, piled) the five children into his car. – **3.** (*stecken*) put: sich (dat) Watte in die Ohren ~ to put cotton (wool) into one's ears. – **4.** (*füllen*) stuff, fill: ein Kissen mit Daunen ~ to stuff a cushion with down. – **5.** (*Pfeife*) fill: er stopfte seine (od. sich dat eine) Pfeife he filled his pipe. – **6.** (*Wurst*) fill, make. – **7.** (*zustopfen, verschließen*) stop (od. plug, stuff, fill) (up): ein Loch ~ a) to stuff up a hole, b) fig. to fill a gap; ein Leck mit Werg ~ to plug a leak with tow; ein Loch ~ und ein anderes aufreißen fig. to rob Peter to pay Paul; → Maul 2; Mund 2. – **8.** (*mästen*) stuff, cram, fatten: Gänse ~ to stuff geese. – **9.** gastr. (*füllen*) stuff. – **10.** mus. (*Blechinstrumente*) stop, mute, muffle. – **11.** das Feuer ~ mil. to cease (od. stop) firing. – **12.** vulg. 'stuff' (*vulg.*). – **II** v/i **13.** med. pharm. (*Verstopfung auslösen*) constipate, be constipating, cause constipation: Schokolade stopft chocolate constipates. – **14.** (*sättigen*) be filling. – **15.** colloq. (*schlingen*) gorge, wolf (od. bolt) one's food. – **III** S~ n ⟨-s⟩ **16.** verbal noun. – **17.** ein Mittel zum S~ med. pharm. an antidiarrh(o)eal, an astringent, an emplastic (*rare*).

'Stop·fen² m ⟨-s; -⟩ Northwestern G. for Stöpsel 2, Korken.

'stop·fend I pres p of stopfen¹. – **II** adj med. pharm. constipating, astringent, binding.

'Stop·fen,pfan·ne f metall. bottom-pour (od. teeming, bottom-tap, stopper) ladle.

'Stop·fer m ⟨-s; -⟩ **1.** (*Gerät zum Stopfen, Füllen*) stopper. – **2.** (*Stopfhacke*) tamping pick. – **3.** med. plugger. – **4.** (*Flicker*) darner, mender. – **'Stop·fe·rin** f ⟨-; -nen⟩ (woman) darner (od. mender).

'Stopf|,garn n darning yarn. — ~**,hacke** (getr. -k·k-) f tamping pick. — ~**,holz** n bes. Austrian for a) Stopfei, b) Stopfpilz. — ~**,korb** m (Handarbeitskorb) workbasket. — ~**,mit·tel** n med. pharm. antidiarrh(o)eal, astringent, emplastic (*rare*). — ~**,na·del** f darning needle, darner. — ~**,naht** f darn.

— ~**,nu·del** f (für Gänse etc) flour ball. — ~**,pilz** m darning mushroom, darner. — ~**,ton** m mus. (beim Horn) stopped tone (od. note). — ~**,twist** m darning yarn. — ~**,wol·le** f darning wool.

stopp [ʃtɔp] interj (halt) stop!

Stopp m ⟨-s; -s⟩ **1.** (Unterbrechung) stop(page). – **2.** ⟨only sg⟩ colloq. hitchhiking. – **3.** econ. a) (für Import) ban, b) (für Löhne, Gehälter, Preise etc) freeze. – **4.** (film) telev. (Ende einer Aufnahme) stop: ~! cut! hold it! — ~**,ball** m (sport) (beim Tennis etc) stop. — ~**,be,fehl** m (computer) breakpoint (od. stop, halt) instruction.

Stop·pel¹ ['ʃtɔpəl] f ⟨-; -n⟩ meist pl **1.** agr. (Halmrest) stubble: die ~n stürzen to plough (bes. Am. plow) stubble, to clear the stubbles. – **2.** (Bartstoppel) stubble: er hat schon wieder ziemliche ~n he has rather a lot of stubble (od. bristles) on his chin again (colloq.). – **3.** pl (Haarstoppeln) stubble sg, stubbly (od. bristly) hair sg. – **4.** zo. cf. Stoppelfeder.

'Stop·pel² m ⟨-s; -(n)⟩ Austrian for Stöpsel 2.

'Stop·pel|,bart m colloq. stubbly (od. bristly) beard, stubble. — ~**,fe·der** f zo. pinfeather. — ~**,feld** n stubble (field). — ~**,haar** n colloq. stubbly (od. bristly) hair, stubble.

'stop·pe·lig adj (Bart, Wange, Kinn etc) stubbly, bristly.

'Stop·pel|,klee m agr. stubble clover. — ~**,korn** n ⟨-(e)s; no pl⟩ corn (bes. Am. grain) grown (od. reaped) on a stubble field.

stop·peln ['ʃtɔpəln] **I** v/i ⟨h⟩ agr. (Ähren lesen) glean. – **II** v/t fig. colloq. cf. zusammenstoppeln.

'Stop·pel|,rü·be f (late) turnip (Brassica rapa var. communis). — ~**,schei·ben,pflug** m agr. disk (od. disc) top soil plough (bes. Am. plow), disk (od. disc) tiller, disk (od. disc) stubble cleaner. — ~**,stür·zen** n stubble cleaning (od. ploughing, bes. Am. plowing). — ~**,werk** n ⟨-(e)s; no pl⟩ colloq. (Stückwerk) patchwork. — ~**,zie·her** m Austrian for Korkenzieher.

stop·pen ['ʃtɔpən] **I** v/t ⟨h⟩ **1.** (Fahrzeug, Verkehr, Person, Ablauf, Entwicklung etc) stop. – **2.** (abbrechen) stop, break off: die Jagd ~ to stop the chase. – **3.** (sport) (beim Fußball etc) a) (Gegner) stop, tackle, b) (Ball) stop, trap, kill. – **4.** (mit der Stoppuhr messen) time, clock: einen Läufer (od. die Geschwindigkeit eines Läufers) ~ (sport) to time a runner. – **II** v/i **5.** (anhalten) stop: der Fahrer stoppte bei einem Zeitungskiosk the driver stopped (od. pulled up [od. in]) at a newsstand.

'Stop·per m ⟨-s; -⟩ **1.** mar. stopper. – **2.** (sport) a) (beim Fußball) center (bes. Br. centre) half(back), b) colloq. (Zeitnehmer) timekeeper. – **3.** (Türstopper) holdback. – **4.** colloq. hitchhiker.

'Stopp·ler m ⟨-s; -⟩ agr. (Ährenleser) gleaner.

'Stopp,licht n **1.** auto. (Bremslicht) stoplight. – **2.** (Verkehrssignal) red light, stoplight.

'stopp,lig adj cf. stoppelig.

'Stopp,preis m econ. ceiling (od. controlled) price. — ~**,schild** n (Halteschild) stop sign. — ~**,si,gnal** n (railway) (Haltesignal) stop signal. — ~**,stra·ße** f stop street. — ~**,ta·ste** f (an Tonbandgerät etc) **1.** stop bar. – **2.** temporary stop button. — ~**,uhr** f stopwatch, timer, split-second watch. — ~**,zei·chen** n stop signal, signal to stop.

Stöp·sel ['ʃtœpsəl] m ⟨-s; -⟩ **1.** (Flaschenverschluß, Pfropfen) stopper, plug. – **2.** (Korken) cork: den ~ aus der Flasche ziehen to uncork a bottle. – **3.** (Spund, Zapfen) plug, bung, stopper. – **4.** electr. (Stecker) plug. – **5.** (Stift, Pflock) peg, pin. – **6.** fig. colloq. (Knirps, kleiner Junge) whippersnapper, bes. Br. colloq. 'nipper', Br. colloq. 'tiddler', 'half-pint' (sl.).

stöp·seln ['ʃtœpsəln] v/t ⟨h⟩ **1.** stopper, plug. – **2.** cork. – **3.** tech. electr. plug.

Stör¹ [ʃtøːr] m ⟨-(e)s; -e⟩ zo. sturgeon (Fam. Acipenseridae): Gemeiner (od. Atlantischer) ~ common Atlantic sturgeon (Acipenser sturio).

Stör² f ⟨-; -en⟩ Bavarian, Austrian, auch Swiss auf (in) die ~ gehen obs. (von Schneiderinnen) to work at the customer's home.

'Stör|ak·ti,on f bes. pol. deliberate interruption, planned disruption. — s~**,an,fäl·lig** adj **1.** (radio) susceptible to interference. – **2.** (Auto etc) susceptible to breakdown. — ~**,an,fäl·lig·keit** f **1.** susceptibility to interference. – **2.** breakdown susceptibility. — ~**,an,griff** m mil. harassing (od. nuisance) attack. — ~**,an,zei·ge,lam·pe** f tech. trouble-indicating light.

Sto·rax ['stoːraks; 'ʃtoː-] m ⟨-(es); -e⟩ bot. cf. Styrax.

Storch [ʃtɔrç] m ⟨-(e)s; ⸚e⟩ zo. stork (Fam. Ciconiidae): Weißer ~ white stork (Ciconia ciconia); Schwarzer ~ black stork (C. nigra); er geht wie ein ~ im Salat colloq. he is picking his way very gingerly; der ~ hat die Mutter ins Bein gebissen fig. colloq. the stork has brought mummy a new baby; bei den Nachbarn kommt bald der ~ fig. colloq. the neighbo(u)rs are expecting the stork soon, the stork is due to call on our neighbo(u)rs soon; na, nun brat mir aber einer 'nen ~! colloq. well, I never (did)! well, blow me down! — ~**,bei·ne** pl fig. colloq. spindly legs, spindleshanks. — s~**,bei·nig** adj spindle-legged, spindle-shanked. — ~**,blu·me** f bot. flowering rush (Butomus umbellatus).

stor·chen ['ʃtɔrçən] v/i ⟨sein⟩ colloq. pick one's way gingerly.

'Stor·chen,nest n stork's nest.

Stör·chin ['ʃtœrçɪn] f ⟨-; -nen⟩ zo. female stork.

'Storch|,schna·bel m **1.** stork's bill. – **2.** bot. cranesbill, geranium (scient.) (Gattg Geranium). – **3.** tech. (Zeichengerät) pantograph. – **4.** med. (Zange) cranesbill. — ~**,vo·gel** m zo. stork (Fam. Ciconiidae).

Store [ʃtoːr] m ⟨-s; -s⟩ **1.** (durchsichtiger Fenstervorhang) net curtain. – **2.** Swiss roller blind.

stö·ren ['ʃtøːrən] **I** v/t ⟨h⟩ **1.** disturb: den Frieden [die Eintracht] ~ to disturb the peace [harmony]; j-n bei der Arbeit ~ to disturb s.o. at his work; ich will Sie nicht ~ I don't want to disturb you; störe ich? am I disturbing you? am I intruding? lassen Sie sich nicht ~ don't let me disturb you; stört es Sie, wenn ich rauche? do you mind my (od. me) smoking (od. if I smoke)? – **2.** (unterbrechen) interrupt: eine Vorlesung ~ to interrupt a lecture; entschuldigen Sie, wenn ich (Sie) störe excuse me for interrupting (you). – **3.** (belästigen) bother, plague: störe mich nicht fortwährend! don't bother me all the time! – **4.** (ärgern) bother, annoy, worry: seine langen Haare ~ mich nicht his long Haare doesn't bother me, I don't mind his long hair. – **5.** (irritieren) irritate, annoy: der Kratzer auf der Brille stört mich the scratch on my glasses irritates me. – **6.** (bemühen) trouble. – **7.** (Eindruck, Wirkung etc) spoil. – **8.** a) (radio) telev. (ungewollt) interfere with, b) (radio) (gewollt) jam. – **9.** mil. harass. – **10.** jur. interfere with: → Besitz 1. – **II** v/reflex **11.** sich an (dat) etwas ~ to take s.th. bother one: ich störe mich nicht an seinem Äußeren I don't let his appearance bother me. – **III** v/i **12.** (lästig sein) disturb: bitte nicht ~! please do not disturb! – **13.** (lästig sein) be annoying, be irritating, be disturbing. – **14.** (im Wege sein) be in the way. – **15.** (Wirkung verderben) spoil the effect. – **IV** S~ n ⟨-s⟩ **16.** verbal noun. – **17.** cf. Störung.

'stö·rend I pres p. – **II** adj **1.** (Geräusch, Besucher, Begleiterscheinungen etc) disturbing, annoying. – **2.** (irritierend) irritating, annoying. – **3.** (unangenehm) troublesome, inconvenient.

'Stö·ren,fried [-,friːt] m ⟨-(e)s; -e⟩ contempt. **1.** troublemaker: das ist wieder der alte ~ von nebenan that's the old troublemaker (od. colloq. there's trouble) from next door again. – **2.** (Eindringling) intruder.

'Stö·rer m ⟨-s; -⟩ **1.** contempt. cf. Störenfried. – **2.** (radio) cf. Störsender.

Stö·re'rei f ⟨-; no pl⟩ colloq. constant disturbance.

'Stör,fak·tor m (radio) interference factor.

'Stör,feld n (radio) interference field. — ~**,stär·ke** f interference field intensity.

'Stör,feu·er n mil. harassing fire. — ~**,fil·ter** n, m (radio) anti-interference filter, (wave) trap, rejector (circuit). — ~**,flug** m aer. mil. nuisance raid. — ~**,flug,zeug** n nuisance raider. — ~**,fre·quenz** f (radio) interference frequency.

~**,funk** m jamming transmission. — ~**ge,biet** n area of interference, jamming (od. disturbed) area, mush area. — ~**ge,räusch** n (radio) a) background noise, b) (atmosphärisches) statics pl, interference, c) (beabsichtigtes) jamming. — ~**,klap·pe** f aer. spoiler. — ~**ma,nö·ver** n pol. disruptive action, troublemaking. — ~**,ne·bel** m (radio) chief interference zone.

stor·nie·ren [stɔr'niːrən; ʃtɔr-] **I** v/t ⟨no ge-, h⟩ econ. **1.** (Buchung) reverse. — **2.** (Auftrag) cancel. — **3.** (Prämie) return. — **II S**~ n ⟨-s⟩ **4.** verbal noun. — **Stor'nie·rung** f ⟨-; -en⟩ **1.** cf. Stornieren. — **2.** reversal, contraentry. – **3.** cancelation, bes. Br. cancellation. – **4.** return (of premium).

'**Stör,ni,veau** n (radio) noise level.

Stor·no ['stɔrno; 'ʃtɔr-] m, n ⟨-s; Storni [-ni]⟩ econ. cf. Stornierung.

'**Stör|,pe·gel** m (radio) cf. Störniveau. — ~**,quel·le** f (radio) telev. noise source.

stör·rig ['ʃtœrɪç] adj cf. störrisch. — '**Stör·rig·keit** f ⟨-; no pl⟩ **1.** (eines Esels, Pferds etc) stubbornness, obstinacy. — **2.** (eines Pferds) stubbornness, disobedience. — **3.** (einer Person) stubbornness, headstrongness, obstinacy. — **4.** (Uneinsichtigkeit, Sturheit) mulishness, pigheadedness. – **5.** (eines Materials) stubbornness, resistance, refractoriness.

stör·risch ['ʃtœrɪʃ] adj **1.** (Esel) stubborn, obstinate. — **2.** (Pferd) stubborn, disobedient. — **3.** (Person) stubborn, headstrong, obstinate. — **4.** (uneinsichtig, stur) mulish, pigheaded. – **5.** (Material) stubborn, resistant, refractory.

'**Stör,schutz** m electr. (radio) **1.** noise suppression, interference elimination. — **2.** (Gerät) anti-interference device. — ~**kon·den,sa·tor** m (radio) anti-interference (od. noise-suppressor) capacitor.

'**Stör|,sen·der** m (radio) jamming station, interfering transmitter. — ~**,sen·dung** f jamming (transmission). — ~**,span·nung** f (radio) telev. disturbing (od. interfering) voltage. — ~**,sper·re** f electr. (radio) cf. Störschutz. — ~**,strei·fen** m telev. interference pattern. — ~**,strom** m (radio) noise (od. random) current. — ~**,su·cher** m, ~**,such·ge,rät** n (radio) telev. interference detector. — ~**,tä·tig·keit** f ⟨-; no pl⟩ (radio) jamming.

Stor·ting ['ʃtɔr,tɪŋ] n ⟨-s; -e u. -s⟩ pol. (norweg. Volksvertretung) Storting, auch Storthing.

'**Stö·rung** f ⟨-; -en⟩ **1.** cf. Stören. — **2.** disturbance. – **3.** (Unterbrechung) interruption: entschuldigen Sie die ~ excuse the interruption (od. intrusion), excuse me for interrupting (od. intruding). – **4.** a) (radio) (atmosphärische) statics pl, atmospherics pl, b) (radio) telev. (durch Sender) interference, c) (radio) (gewollte) jamming. – **5.** tech. a) (Defekt) fault, trouble, b) (Betriebsstörung) failure, breakdown, operating trouble, c) (Funktionsstörung) malfunction: technische ~en technical faults (od. trouble sg); eine ~ beseitigen to remedy (od. clear) a fault; wegen einer technischen ~ because of a technical fault, because of technical trouble. – **6.** mil. harassment. – **7.** meteor. disturbance, perturbation: gewittrige ~en thundery disturbance sg. – **8.** med. a) (gesundheitliche) disturbance, complaint, disorder, b) (geistige) disturbance, disorder, c) (Magen-, Darmstörung) indigestion, gastric upset, d) (des Sehvermögens) defect, impairment, e) (von außen) interference: funktionelle [geistige, nervöse] ~ functional [mental, nervous] disorder. – **9.** astr. (in Himmelsmechanik) phys. perturbation. – **10.** geol. fault. – **11.** math. disturbance.

'**Stö·rungs|,an,nah·me** f (radio) telev. (Dienststelle) interference group. — ~**be,sei·ti·gung** f tech. elimination of faults, fault clearance, troubleshooting. — ~**,dia** n telev. fault caption. — ~**,dienst** m **1.** (radio) telev. interference elimination service. – **2.** tel. fault-clearing service. – **3.** electr. line fault service. — ~**,feu·er** n mil. cf. Störfeuer. — **s**~**frei** adj **1.** undisturbed. – **2.** (radio) telev. interference-free. – **3.** tech. trouble-free. – **4.** (radar) static-free. — ~**,stel·le** f cf. Störungsdienst. — ~**,su·che** f **1.** tech. troubleshooting. – **2.** (radio) interference location. — ~**,su·cher** m **1.** tel. lineman, auch linesman, faultsman. – **2.** tech. troubleshooter, trouble man. —

~**such,trupp** m tech. tel. fault-locating gang. — ~**,zei·chen** n meist pl electr. (auf dem Radarschirm) clutter, hash.

Sto·ry ['stɔːri; 'stɔːrɪ] (Engl.) f ⟨-; -s⟩ (Geschichte, Inhaltsangabe, Bericht) story.

Stoß [ʃtoːs] m ⟨-es; ⁼e⟩ **1.** push, shove, thrust: j-m einen ~ geben to give s.o. a push; dieses Erlebnis hat ihm einen ziemlichen ~ versetzt fig. this experience was (od. came as) quite a shock (od. blow) to him, this experience shook him greatly; sein Selbstbewußtsein hat einen gewaltigen ~ erlitten fig. his self-confidence has been greatly shaken; gib deinem Herzen einen ~ (und tu es) fig. (go on,) have a heart, (go on,) be a sport. — **2.** (Schlag) blow, knock: einen ~ abwehren to ward (od. fend) off a blow; den ersten ~ führen auch fig. to deal the first blow; er kann einen ~ vertragen fig. colloq. he can take a knock. — **3.** (Rippenstoß) dig (in the ribs), nudge: er gab seinem Nachbarn einen ~ in die Seite he gave his neighbo(u)r a dig in the ribs, he dug his neighbo(u)r in the ribs. — **4.** (mit dem Fuß) kick. — **5.** (mit dem Kopf, den Hörnern) butt, hit, bump. – **6.** (mit der Faust) punch, cuff, blow. — **7.** (mit etwas Spitzem) poke, prod. – **8.** auch fig. (Anstoß) impulse. – **9.** auch tech. (Aufprall) impact, shock, blow. — **10.** (Erschütterung beim Fahren) jolt, jerk, bump, jog. – **11.** (Erdstoß) shock (of an earthquake). – **12.** (in eine Trompete etc) blast, blow. – **13.** (starke Luftbewegung) gust, blast. – **14.** (beim Schwimmen) stroke. – **15.** (beim Kugelstoßen) throw, put. – **16.** (beim Fechten) thrust. – **17.** (beim Billard) stroke. – **18.** (Rückstoß eines Gewehrs) recoil, kick. – **19.** electr. surge. – **20.** med. (des Herzens) apex beat. – **21.** med. pharm. (große Dosis) massive dose, stoss. – **22.** phys. (Druck, Schub) thrust. – **23.** tech. (Verbindungsstelle bei Tapeten) (butt) joint: auf ~ tapeziert butt-jointed. – **24.** civ.eng. (Fuge) joint. – **25.** (railway) rail joint. – **26.** (fashion) (Stoßband) seam, hem. – **27.** (mining) stope, face. – **28.** (Haufen, Stapel) pile, stack: ein ~ Bücher [Zeitschriften, Wäsche, Teller] a pile of books [magazines, washing, plates]; ganze Stöße von schmutzigem Geschirr regular stacks of dirty dishes (colloq.); ein ~ Banknoten a pile (od. wad, bundle, sheaf) of bank notes; ein ~ Briefe a) a pile of letters, b) (einer Sendung) a batch of letters; die Gäste kamen alle auf einen ~ colloq. the guests came all in one batch (od. colloq. at one go). – **29.** mil. (auf acc for) thrust. – **30.** hunt. (Schwanz aller größeren Federwildarten) tail.

'**Stoß|,band** n ⟨-(e)s; ⁼er⟩ (am Hosenbein etc) seam, hem. — ~**be,an,spru·chung** f **1.** tech. impact (od. shock) stress. - **2.** civ.eng. dynamic load. — ~**be,darf** m econ. emergency needs pl, rush demand. — ~**bor·te** f cf. Stoßband. — ~**bri,ga·de** f DDR pol. shock brigade. — ~**,dämp·fer** m auto. shock absorber, Br. auch damper. — ~**,de·gen** m rapier. — ~**,druck** m ⟨-(e)s; ⁼e⟩ tech. thrust.

Stö·ßel ['ʃtøːsəl] m ⟨-s; -⟩ **1.** (des Mörsers) pestle. – **2.** a) (einer Presse) slide ram, b) (eines Ventils) tappet, c) (beim Diesel) pushrod, d) (einer Pumpe) tappet. – **3.** auto. (Ventilstößel) tappet.

'**stoß·emp,find·lich** adj tech. sensitive to shock.

sto·ßen ['ʃtoːsən] **I** v/t ⟨stößt, stieß, gestoßen, h⟩ **1.** push, shove: j-n ins Wasser ~ to push s.o. into the water; etwas zur Seite ~ to push s.th. aside; j-n von sich ~ a) to push s.o. off (od. away), b) fig. to disown s.o.; j-n aus dem Haus ~ fig. to put (od. turn) s.o. out; j-n vom Thron ~ fig. to dethrone s.o., to put s.o. off the throne; ich mußte ihn mit der Nase darauf ~ fig. I had to shove it under his nose; → Bescheid 2; Kopf Verbindungen mit Präpositionen. – **2.** (mit einer Waffe) thrust, stab: j-m das Messer in die Brust ~ to thrust a knife into s.o.'s chest, to stab s.o. in the chest with a knife. — **3.** (anrempeln) jostle, push, shove. – **4.** (bes. mit dem Ellenbogen) nudge, dig: j-n (mit dem Ellenbogen) in die Rippen ~ to nudge (od. dig) s.o. in the ribs. – **5.** (mit dem Fuß) kick: er hat den Stein zur Seite gestoßen he kicked the stone aside. – **6.** (mit dem Kopf, den Hörnern) butt. – **7.** (mit der Faust) punch, cuff. – **8.** (mit etwas Spitzem) poke, prod. –

9. sich (dat) etwas (an dat etwas) ~ to knock (od. bump, hit) s.th. on (od. against) s.th.: ich habe mir den Kopf an der Tür gestoßen I knocked (od. hit) my head on the door. – **10.** (zerstoßen) pound: Zucker [Pfeffer, Zimt] ~ to pound sugar [pepper, cinnamon]. – **11.** (pulverisieren) powder, pulverize Br. auch -s-. – **12.** (sport) (Kugel) throw, put. – **II** v/reflex sich ~ **13.** bump oneself: ich habe mich an der Tischkante gestoßen I bumped myself on the edge of the table. – **14.** sich an (dat) etwas ~ fig. (Anstoß nehmen) to be put off (od. disturbed) by s.th.: ich stoße mich nicht an seinem Äußeren I'm not put off by (od. I don't mind) his appearance, I don't let his appearance disturb (od. bother) me. – **III** v/i ⟨h u. sein⟩ **15.** ⟨h⟩ (von Bock, Stier etc) butt. – **16.** ⟨h⟩ (rütteln, schütteln) jolt, jerk, jog. – **17.** ⟨h⟩ (von Gewehr) kick, recoil. – **18.** ⟨sein⟩ an (acc) (od. gegen) etwas ~ to knock (od. bump) against s.th., to hit s.th.: → Kopf Verbindungen mit Präpositionen. – **19.** ⟨sein⟩ an (acc) etwas ~ fig. (angrenzen) to border on s.th., to adjoin s.th., to abut (on) s.th.: unser Garten stößt an einen Park our garden borders on a park. – **20.** ⟨sein⟩ auf (acc) etwas ~ fig. a) (von Raubvogel) to pounce on s.th., to swoop (down) on s.th., b) (auf Widerstand, Schwierigkeiten etc) to meet with (od. to encounter) s.th., c) (zufällig entdecken) to come across (od. to discover, to stumble on) s.th., d) (direkt erreichen) to come straight to s.th.: er stieß auf unerwartete Schwierigkeiten he met with unexpected difficulties; ich stieß auf folgenden interessanten Satz I came across the following interesting sentence; auf Erdöl ~ to strike oil; wenn Sie dieser Straße folgen, ~ Sie direkt auf den Bahnhof if you follow this road you will come straight to the station. – **21.** ⟨sein⟩ auf j-n ~ fig. to run (od. to bump) into s.o., to come across s.o.: ich stieß (zufällig) auf einen alten Bekannten I ran into an old acquaintance (of mine). – **22.** ⟨h⟩ ins Horn ~ to blow (od. give a blast on) the horn. – **23.** ⟨sein⟩ zu j-m ~ to join up with s.o.: die Nachhut stieß zur Truppe the rear guard joined up with the main body (of the troops). – **24.** ⟨sein⟩ mar. vom Land ~ to lie off, to put to sea, to set sail; auf Grund ~ to run aground. – **IV S**~ n ⟨-s⟩ **25.** verbal noun. – **26.** (beidarmiges) S~ (sport) (beim Gewichtheben) (two hands) clean and jerk.

Stö·ßer ['ʃtøːsər] m ⟨-s; -⟩ **1.** (eines Mörsers) pestle. – **2.** zo. cf. Sperber.

Stö·ße'rei f ⟨-; no pl⟩ colloq. (Rempelei) pushing and shoving, jostling.

'**Stoß|,fän·ger** m **1.** tech. bumper, buffer, shock absorber. – **2.** auto. cf. Stoßdämpfer. — ~**,fe·der** f tech. buffer spring. — **s**~**fest** adj shockproof, shock-resistant. — ~**fe,stig·keit** f shock resistance, shock (od. impact) strength. — ~**,flä·che** f tech. **1.** abutting surface. – **2.** (bei der Schweißtechnik) abutting face. — **s**~**frei** adj shockless, bumpless, elastic, smooth: ~er Lauf smooth running; ~er Eingriff (von Zahnrädern) sliding engagement; ~e Umschaltung bumpless transfer. — ~**,fu·ge** f **1.** civ.eng. (in Mauerwerk) vertical joint. – **2.** metall. (einer Gießform) joint face. – **3.** auto. (eines Kolbenrings) gap. — ~**ge,bet** n fervent prayer: ein ~ zum Himmel schicken to send up a fervent prayer to heaven. — ~**ge·ne,ra·tor** m electr. impulse generator. — **s**~**ge,si·chert** adj tech. shock-protected.

stö·ßig ['ʃtøːsɪç] adj (Bock, Kuh, Stier etc) apt (od. liable) to butt.

'**Stoß|,kan·te** f **1.** (an Hosenaufschlägen, Ärmeln etc) bottom edge. – **2.** (bei Tapeten) selvage, selvedge. — ~**,keil** m mil. spearhead. — ~**,kis·sen** n (sport) (beim Fechten) protective pad. — ~**,kraft** f **1.** tech. impact load, striking power, energy of blow. – **2.** mil. combat strength. – **3.** phys. impulse load (od. force). — ~**,kreis** m (sport) (beim Kugelstoßen) throwing circle. — ~**,la·de** f tech. shooting board. — ~**,la·sche** f (railway) fishplate. — ~**,lücke** f (getr. -k·k-) (bei der Schienen) expansion gap. — ~**ma,schi·ne** f tech. slotter, slotting machine. — ~**,mei·ßel** m slotting tool. — ~**,naht** f butt joint. — ~**,pres·se** f (beim Schmieren) handgun. — ~**ra,pier** n rapier.

'**Stoß**,**räum**|**ma**,**schi·ne** f tech. push-type broaching machine. — ~,**na·del** f push broach. — ~,**pres·se** f broaching press.
'**Stoß**|,**rich·tung** f 1. tech. direction of impact. – 2. electr. direction of impulse. – 3. mil. direction of assault. — ~,**seuf·zer** m deep (heartfelt) sigh. — ~,**si·cher** adj tech. shockproof. — ~,**span·nung** f electr. transient (od. impulse, pulse) voltage. — ~,**stan·ge** f auto. 1. bumper (bar): vordere [hintere] ~ front [rear] bumper. – 2. (eines Ventils) pushrod.
stößt [ʃtøːst] 2 u. 3 sg pres of stoßen.
'**Stoß**|,**the·ra·pie** f med. massive dose therapy, stosstherapy. — ~,**trän·kung** f (mining) water infusion.
'**Stoß**,**trupp** m mil. combat patrol. — ~,**un·ter**,**neh·men** n raid.
'**Stoß**|,**ver·bin·dung** f tech. joint. — ~,**ver·kehr** m 1. rush-hour (od. peak) traffic. – 2. cf. Stoßzeit. — ~,**waf·fe** f thrust weapon. — s~,**wei·se** adv 1. (ruckweise) by jerks, jerkily. – 2. (unregelmäßig) intermittently, discontinuously, by (auch in) fits and starts, by fits. – 3. ~ atmen to pant, to puff (and pant). – 4. electr. a) (pulsierend) pulsatingly, pulsatorily, b) (aussetzend) intermittently, c) vibratorily. — ~,**wel·le** f phys. shock (od. percussion) wave. — ~,**wir·kung** f shock effect. — ~,**zahl** f phys. (von Gasmolekülen) impact coefficient. — ~,**zahn** m zo. tusk, (bei Elefanten) auch ivory. — ~,**zeit** f meist pl rush hour. — ~,**zün·dung** f mil. percussion ignition. — ~,**zu**,**schlag** m civ.eng. impact allowance.
Stot·te'rei f <-; no pl> stuttering (and stammering), stammering.
'**Stot·te·rer** m <-s; -> stutterer, stammerer.
stot·tern ['ʃtɔtərn] I v/i <h> 1. bes. med. stutter, stammer. – 2. (von Motor) splutter, falter. – II v/t 3. (aus Verlegenheit, Unsicherheit etc) stutter, stammer: verlegen stotterte er ein paar Worte he stuttered a few words in embarrassment. – III S~ n <-s> 4. verbal noun. – 5. bes. med. stutter, stammer, traulism (scient.). – 6. etwas auf S~ kaufen fig. colloq. to buy s.th. by instal(l)ments (bes. Br. on hire purchase, Br. colloq. on the never-never).
'**Stöv·chen** ['ʃtøːfçən] n <-s; -> Low G. tea(pot) warmer.
'**Sto·ve** ['ʃtoːvə] f <-; -n> Low G. drying (od. dry) room.
Stra·bis·mus [stra'bɪsmʊs; ʃtra-] m <-; no pl> med. (Schielen) squint, strabismus (scient.). — **Stra·bo** ['stra:bo; 'ʃtra:-] m <-s; -s> squinter.
stracks [ʃtraks] adv cf. schnurstracks.
Stra·di·va·ri [stradi'va:ri] f <-; -(s)>, **Stra·di·va·ri·us** [-riʊs] f <-; -> mus. Stradivarius, Strad (colloq.).
'**Straf**|,**ab**,**tei·lung** f jur. criminal division (od. department). — ~,**ak·ti·on** f punitive (od. punitory) action. — ~,**än·de·rung** f cf. Strafumwandlung. — ~,**an**,**dro·hung** f sanction, threat of punishment: bei (od. unter) ~ on (od. under) penalty. — ~,**an·stalt** f jur. 1. penal establishment (od. institution), house of correction, Am. correctional institution. – 2. (für Jugendliche) detention center (bes. Br. centre) for juveniles, Br. auch remand home, Am. reformatory, reform school. – 3. cf. a) Gefängnis 1, b) Zuchthaus 1. – 4. mil. detention (Am. disciplinary) barracks pl (usually construed as sg). — ~,**an**,**trag** m demand for a stated penalty: einen ~ stellen to demand a stated penalty; einen ~ zurückziehen to withdraw one's demand for a stated penalty. — ~,**an·tritt** m commencement of (a) sentence (od. of imprisonment). — ~,**an**,**zei·ge** f (penal) charge: ~ gegen j-n erstatten a) to bring (od. lay, prefer) a charge against s.o., b) (denunzieren) to inform against s.o. — ~,**ar·beit** f ped. (in der Schule) imposition, pensum, lines pl. — ~,**auf**,**ga·be** f cf. Strafarbeit. — ~,**auf**,**he·bung** f jur. 1. reversal (od. quashing, disaffirmance, disaffirmation) of a sentence (od. penalty). – 2. (zeitweilige) suspension of a sentence (od. penalty). — ~,**auf**,**he·bungs**,**grund** m reason for reversal of (a) sentence (od. penalty). — ~,**auf**,**schub** m reprieve, suspension of sentence: j-m ~ gewähren to reprieve s.o. — ~,**aus**,**schlie·ßungs**,**grund** m reason for exemption from punishment. — ~,**aus**,**set·zung** f suspension of sentence, (vorübergehende) auch interruption of

sentence: ~ zur Bewährung (suspension of sentence on) probation; bedingte ~ im Gnadenwege suspension of sentence on probation by an act of clemency (od. grace). — ~,**bank** f (sport) (beim Eishockey) penalty bench: er mußte zwei Minuten auf die ~ he was sent off for two minutes, he got a two minutes' penalty.
'**straf·bar** adj jur. (Person, Handlung) punishable, liable to punishment (od. penalty), (verbrecherisch) criminal: eine ~e Handlung begehen to commit a penal (od. punishable, criminal) offence (Am. offense) (od. act); sich ~ machen to incur a penalty (od. criminal liability), to make (od. render) oneself liable to a penalty (od. to prosecution); die Tat ist ~ nach Paragraph the act is an offence (Am. offense) under section, the crime is punishable under section. — '**Straf·bar·keit** f <-; no pl> 1. punishability, liability to punishment (od. penalty). – 2. (das Verbrecherische einer Handlung etc) criminality, criminal nature.
'**Straf**|**ba**,**tail**,**lon** n mil. delinquent battalion. — ~,**be·fehl** m jur. order of punishment: einen ~ erlassen to issue an order of punishment. — ~,**be·fug·nis** f 1. penal authority. – 2. (eines Richters) right (auch power) to punish. — ~,**be**,**scheid** m (einer Verwaltungsbehörde) notice inflicting punishment. — ~,**be**,**stim·mung** f 1. penal (od. penalty) clause (od. provision, regulation). – 2. pl cf. Strafgesetz. — ~,**dienst** m mil. 1. extra duty. – 2. extra fatigue.
Stra·fe ['ʃtra:fə] f <-; -n> 1. (für Ungehorsam etc) punishment, penalty: das ist (nun) die ~ für deinen Leichtsinn that is the punishment for your carelessness; das ist die ~ dafür, daß du gelogen hast that is (the payment) for lying; dafür wirst du von deinen Eltern ~ bekommen your parents will punish you for that; sie hat ihre (verdiente) ~ bekommen, colloq. sie hat ihre ~ (weg) she has been given her (due) punishment (od. her deserts); er hat ~ verdient he deserves punishment (od. to be punished); er wird seiner gerechten ~ nicht entgehen he will not escape his just punishment; zur ~ bleibst du heute zu Hause! you'll stay at home today as a punishment; die ~ blieb nicht aus, die ~ folgte auf dem Fuße the punishment did not fail to come; ~ muß sein it is a question (od. matter) of discipline, discipline is discipline. – 2. (körperliche) corporal punishment, chastisement, discipline. – 3. jur. a) penalty, punishment, sentence, b) (Freiheitsstrafe) (sentence of) imprisonment, c) (Geldstrafe) fine, (pecuniary) penalty: leichte [schwere] ~ light [heavy] penalty; angemessene [empfindliche] ~ reasonable (od. adequate) [severe] penalty; gerichtliche ~ legal punishment; bei (Androhung) einer ~ von an (od. under) penalty (od. pain) of; etwas bei ~ verbieten (od. unter ~ stellen) to forbid s.th. on penalty (od. pain), to sanction s.th., to make s.th. punishable; Betreten (des Geländes) bei ~ verboten! trespassers (will be) prosecuted; darauf stehen hohe ~n that is punished (od. punishable) with high penalties; j-m eine ~ auferlegen (od. zuerkennen, colloq. aufbrennen, aufbrummen, eine ~ über od. gegen) j-n verhängen, gegen j-n auf ~ erkennen a) to impose (od. inflict, award) a penalty on s.o., b) (bei Geldstrafen) to fine s.o., to impose (od. levy) a fine on s.o.; j-m eine ~ androhen to threaten s.o. with punishment; ~ zumessen to mete out punishment; eine ~ aufheben a) to quash (od. rescind, set aside) a sentence, b) (zeitweilig) to suspend a sentence; die ~ zur Bewährung aussetzen to suspend the sentence on probation; j-m die ~ erlassen to remit s.o.'s penalty; eine ~ erhöhen (od. verschärfen) to increase a penalty; eine ~ herabsetzen (od. mildern) to reduce (od. mitigate) a penalty; eine ~ umwandeln in (acc) to commute (od. convert) a sentence to; eine ~ verbüßen (od. absitzen, colloq. abbrummen) to serve one's term (od. of imprisonment), to complete (od. serve) one's sentence, to serve (od. do) one's time (colloq.); 10 Mark ~ zahlen to pay a fine of 10 marks, to be fined 10 marks, to pay 10 marks' fine; zu einer ~ von drei Monaten Gefängnis verurteilt werden

to be sentenced to (a term of) three months' imprisonment. – 4. fig. (in Wendungen wie) sie ist eine (wahre) ~ she is a (perfect) pain (in the neck, bes. Am. vulg. ass); es ist eine ~ für mich, mit ihm zu arbeiten it is a pain (od. colloq. grind, punishment) for me to (have to) work with him. – 5. (sport) (beim Eishockey etc) penalty.
'**Straf**,**ecke** (getr. -k·k-) f (sport) (beim Hockey) penalty corner.
stra·fen ['ʃtra:fən] I v/t <h> 1. punish: j-n hart ~ to punish s.o. severely; j-n für ein Vergehen ~ to punish s.o. for an offence (Am. offense); j-n mit dem Entzug seiner Güter ~ to punish s.o. with the deprivation of his estates; j-n mit Verachtung ~ fig. to show one's contempt for s.o., to scorn s.o. openly. – 2. (züchtigen) punish, chastise, discipline. – 3. j-n Lügen ~ a) to belie s.o., b) to show s.o.'s story up, to show up s.o.'s story (as false): ihre Verlegenheit strafte ihre Worte Lügen her embarrassment belied her words. – II S~ n <-s> 4. verbal noun. – 5. punishment. – 6. punishment, chastisement, discipline. — '**stra·fend** I pres p. – II adj 1. bes. jur. punitive, punitory, penal. – 2. (rächend) avenging: ~e Gerechtigkeit avenging justice. – 3. (vorwurfsvoll, tadelnd) reproachful, reproaching: ~e Worte reproachful words; ein ~er Blick a reproachful look.
'**Straf**|,**en·de** n jur. expiration (od. completion) of the sentence (of imprisonment). — ~ent·las·se·ne m, f <-n; -n> ex-convict, Br. discharged prisoner: bedingt ~r prisoner discharged on parole, Am. parolee, Br. ticket-of-leave man. — ~ent·las·sung f release, discharge: bedingte ~ (release on) parole, Br. release on ticket of leave. — ~er·laß m remission of a penalty (od. sentence): teilweiser ~ remission of part of the sentence. — ~er·mä·ßi·gung f cf. Strafnachlaß. — ~ex·er·zie·ren n mil. pack drill. — ~ex·pe·di·ti·on f pol. punitive expedition.
straff [ʃtraf] I adj <-er; -(e)st> 1. (Muskulatur, Brust, Haut etc) firm. – 2. (gespannt etc) taut, tight: ein Seil ~ spannen to tauten (od. tighten) a rope; eine Schraube ~ anziehen to tighten a screw; das Bettuch ~ ziehen to tighten the sheet, to pull the sheet tight; → Zügel 2. – 3. (Haltung etc) straight, erect. – 4. (Zucht, Leitung etc) strict, rigid, austere: ~e Organisation strict organization (Br. auch -s-); ein ~es Regiment führen to rule with a firm hand. – 5. (Stil, Handlung etc) concise. – II adv 6. tightly: der Gummizug sitzt sehr ~ the elastic is very tight; ~ zurückgekämmtes Haar hair combed straight back.
'**Straf**,**fall** m jur. cf. Strafsache.
'**straf**,**fäl·lig** adj jur. punishable, liable to a penalty (od. to prosecution): ~ werden to incur a penalty (od. criminal liability), to make (od. render) oneself liable to a penalty. — '**Straf**,**fäl·li·ge** m, f <-n; -n> offender, delinquent. — '**Straf**,**fäl·lig·keit** f <-; no pl> punishability, liability to a penalty (od. to prosecution).
straf·fen ['ʃtrafən] I v/t <h> 1. (Seil etc) tauten, tighten. – 2. (Tuch, Decke etc) tighten. – 3. (Zügel) rein (od. pull) up, draw in, tighten. – 4. (Haut, Muskulatur etc) lift: sich (dat) die Gesichtshaut ~ lassen to have a face-lift(ing); sich (dat) die Büste ~ lassen to have one's bust lifted, to have an uplift (colloq.). – 5. (Text, Handlung etc) render (s.th.) concise. – II v/reflex sich ~ 6. (von Seil etc) tauten, tighten. – 7. (von Muskulatur etc) become firm. – 8. (von Haut) tauten. – 9. (von Haltung etc) straighten. – III S~ n <-s> 10. verbal noun. – 11. (der Muskulatur etc) lift. – 12. (der Gesichtshaut) face-lifting, auch face-lift.
'**Straff·heit** f <-; no pl> 1. (der Muskulatur, Haut etc) firmness. – 2. (Gespanntheit) tautness, tightness. – 3. (der Haltung) straightness, erectness. – 4. (einer Organisation etc) strictness, rigidity, rigidness, austerity, austereness. – 5. (des Stils etc) conciseness, concision.
'**straf**,**frei** jur. I adj unpunished, scot-free, exempt from (od. free of) penalty. – II adv er ging ~ aus he went unpunished, he got off scot-free, he got off (od. was let) off (colloq.). — '**Straf**,**frei·heit** f <-; no pl> impunity, exemption from penalty.
'**Straf**|**ge**,**bühr** f fine, penal due (od. fee, impost). — ~ge,**fan·ge·ne** m, f jur. prisoner

under (*od.* undergoing a) sentence, convict. — ~**geld** *n* fine, penalty. — ~**ge**|**richt** *n* 1. *jur. cf.* Strafkammer. – 2. *fig. lit.* (*Strafe*) punishment, chastisement: das ~ des Himmels the punishment of heaven; ein ~ heraufbeschwören to provoke punishment. – 3. göttliches ~ *relig.* Judg(e)ment (of God). — ~**ge**|**richts·bar·keit** *f* penal (*od.* criminal) jurisdiction (*od.* justice). — ~**ge**|**setz** *n* penal (*od.* criminal) law (*od.* statute). — ~**ge**|**setz**|**buch** *n* penal (*od.* criminal) code. — ~**ge**|**setz**|**ge·bung** *f* penal legislation. — ~**ge**|**walt** *f* 1. *jur.* penal authority, power of sentence. – 2. *bes. mil.* disciplinary power. — ~**kam·mer** *f* (*beim Landgericht*) criminal court (*od.* division). — ~**kla·ge** *f* penal (*od.* criminal) action, penal suit. — ~**ko·lo**|**nie** *f* convict (*od.* penal) settlement, penal colony. — ~**kom·pa**|**nie** *f* *mil.* delinquent company. — ~**la·ger** *n* detention camp.

sträf·lich ['ʃtrɛːflɪç] **I** *adj* 1. reproachable, reprovable: ~er Leichtsinn reproachable carelessness. – 2. (*unverzeihlich*) inexcusable, unpardonable. – **II** *adv* 3. dreadfully: er hat sie ~ vernachlässigt he has neglected her dreadfully.

Sträf·ling ['ʃtrɛːflɪŋ] *m* ⟨-s; -e⟩ prisoner, convict.

'**Sträf·lings**|**für·sor·ge** *f* prison welfare, welfare (services *pl od.* activity) for prisoners. — ~**klei·dung** *f* convict's (*od.* prison) clothes *pl* (*od.* clothing).

'**straf·los** *adj u. adv cf.* straffrei. — '**Straf-lo·sig·keit** *f* ⟨-; *no pl*⟩ *cf.* Straffreiheit.

'**Straf**|**man**|**dat** *n* ticket. — ~**maß** *n jur.* sentence, degree of penalty (*od.* punishment): das höchste [niedrigste] ~ the maximum [minimum] (*od.* penalty od. punishment). — ~**maß**|**nah·me** *f* sanction, punitive (*od.* punitory) measure. — **s**~**mil·dernd** *adj* mitigating, extenuating: j-m ~e Umstände zubilligen to allow s.o. mitigating (*od.* extenuating) circumstances; ~e Umstände geltend machen to plead mitigating circumstances, to plead in mitigation. – **II** *adv* in mitigation (of sentence): etwas ~ berücksichtigen to consider s.th. in mitigation; ~ wirken to be considered in mitigation. — ~**mil·de·rung** *f* mitigation (*auch* commutation) of sentence (*od.* penalty). — ~**mi**|**nu·te** *f* (*sport*) (*beim Eishockey*) penalty minute: er erhielt zwei ~n he was given (*od.* he got) a two minutes' penalty. — ~**mit·tel** *n* means *pl* (*construed as sg or pl*) of punishment. — **s**~**mün·dig** *adj* penally (*od.* criminally) liable, liable for a criminal offence (*Am.* offense), responsible. — ~**mün·dig·keit** *f* penal (*od.* criminal) liability, criminal discretion, responsibility, responsible age (*rare*). — ~**nach**|**laß** *m* reduction (*od.* abatement) of a penalty (*od.* sentence). — ~**pfle·ge** *f cf.* Strafrechtspflege. — ~**por·to** *n* (*postal service*) *cf.* Nachgebühr. — ~**pre·digt** *f colloq.* (severe) reprimand (*od.* reproof), lecture: j-m eine ~ halten to reprimand (*od.* reprove) s.o. severely, to take s.o. to task, to lecture s.o., *Am. sl.* to bawl s.o. out.

'**Straf·pro**|**zeß** *m jur.* criminal procedure (*od.* proceedings *pl*, trial, case, *Am. rare* suit). — ~**ord·nung** *f* code of criminal procedure.

'**Straf**|**punkt** *m* (*sport*) penalty point. — ~**raum** *m* (*beim Fußball*) penalty area. — ~**recht** *n jur.* criminal (*od.* penal) law, *Br. auch* crown law. — ~**recht-ler** *m* ⟨-s; -⟩ penologist. — **s**~**recht·lich** **I** *adj* penal, criminal: ~es Delikt criminal offence (*Am.* offense); ~e Verfolgung criminal prosecution (*od.* action); sich einer ~en Verfolgung aussetzen to incur a penalty (*od.* criminal liability), to make (*od.* render) oneself liable to a penalty (*od.* to prosecution). – **II** *adv* criminally, penally: j-n ~ verfolgen to prosecute s.o., to take criminal proceedings against s.o. — ~**rechts**|**leh·rer** *m ped.* professor of criminal (*od.* penal) law, penologist. — ~**rechts**|**pfle·ge** *f* criminal justice. — ~**rechts·re**|**form** *f* reform of the penal (*od.* criminal) law, penal reform. — ~**re·de** *f philippic.* — ~**re**|**gi·ster** *n* 1. *jur.* criminal (*od.* police) record, penal register: Vermerk im ~ entry in the criminal record; Auszug aus dem ~ extract from (the) police records. – 2. *colloq. humor.* (*Sündenregister*) blacklist, black book. — ~**rich·ter**

m judge in a criminal court, criminal judge. — ~**sa·che** *f* criminal case (*od.* matter): Zuständigkeit in ~n criminal jurisdiction. — ~**schlag** *m* (*sport*) (*beim Hockey*) penalty stroke. — ~**schuß** *m* (*beim Eishockey*) penalty shot. — ~**se**|**kun·de** *f* penalty second. — ~**se**|**nat** *m jur.* criminal division, division of a criminal court. — ~**stoß** *m* (*sport*) (*beim Fußball*) penalty kick: einen ~ verhängen (*od.* geben), auf ~ erkennen (*od.* entscheiden) to award a penalty kick; den ~ ausführen to take the penalty kick.

'**Straf**|**tat** *f* criminal (*od.* penal, punishable) offence (*Am.* offense) (*od.* act), *auch* crime. — ~**be**|**stand** *m* statutory offence (*Am.* offense).

'**Straf**|**tä·ter** *m jur.* (criminal) offender, criminal. — ~**til·gung** *f* (*im Strafregister*) extinction in the criminal record. — ~**um**|**wand·lung** *f* commutation of penalty (*od.* sentence). — **s**~**un**|**mün·dig** *adj* not liable for a criminal offence (*Am.* offense), not criminally liable. — ~**ver**|**bü·ßung** *f* serving of one's term of imprisonment (*od.* one's prison term, one's term, one's sentence). — ~**ver·fah·ren** *n* 1. criminal proceedings *pl* (*od.* procedure): ein ~ gegen j-n einleiten to institute criminal proceedings against s.o.; ein ~ durchführen to carry on (*od.* take) criminal proceedings. – 2. *cf.* Strafprozeß. — ~**ver·fol·gung** *f* (criminal) prosecution, criminal action. — ~**ver·fü·gung** *f* 1. (*durch die Polizei*) police order (inflicting punishment). – 2. (*durch den Richter*) penal order of the court. — **s**~**ver**|**schär·fend** *adj* increasing the penalty (*od.* sentence). — ~**ver**|**schär·fung** *f* increase of penalty (*od.* sentence). — **s**~**ver**|**set·zen** *v/t* ⟨*only inf u. pp* strafversetzt, *h*⟩ j-n ~ to transfer s.o. for disciplinary reasons, to remove s.o. — ~**ver**|**set·zung** *f* transfer for disciplinary reasons, removal. — ~**ver·tei·di·ger** *m* counsel for the defence (*Am.* defense). — ~**voll**|**streckung** (*getr.* -k·k-) *f* execution of (a) sentence (*od.* [a] punishment). — ~**voll**|**zie·hung** *f cf.* Strafvollstreckung.

'**Straf·voll**|**zug** *m jur.* 1. *cf.* Strafvollstreckung. – 2. treatment of prisoners, prison methods *pl*.

'**Straf·voll·zugs**|**an·stalt** *f jur. cf.* Strafanstalt 1. — ~**be**|**hör·de** *f* prison authority (*od.* administration). — ~**ord·nung** *f* prison system, *bes. Am.* penitentiary system.

'**straf**|**wei·se** *adj u. adv bes. jur.* as a punishment: j-n ~ versetzen to transfer s.o. for disciplinary reasons, to remove s.o. — ~**wür·dig** *adj* punishable, penal.

'**Straf**|**wurf** *m* (*sport*) (*beim Hand- u. Wasserball*) penalty throw. — ~**mar·ke** *f* (*beim Handball*) penalty line.

'**Straf**|**zeit** *f* 1. *jur.* term, term of imprisonment (*od.* confinement). – 2. (*sport*) penalty time. — ~**neh·mer** *m* (*sport*) (*beim Eishockey*) penalty timekeeper.

'**Straf**|**zet·tel** *m cf.* Strafmandat. — ~**zu**|**mes·sung** *f jur.* award (*od.* determination) of punishment. — ~**zu**|**schlag** *m bes. econ.* penal surcharge.

Stra·gel ['ʃtraːgəl] *m* ⟨-s; -⟩ *bot.* tragacanth (*Gattg Astragalus*).

Strahl [ʃtraːl] *m* ⟨-(e)s; -en⟩ 1. (*Lichtstrahl*) ray, beam, (*wenn er durch Wolken bricht*) shaft of light: die ~en der Sonne the rays of the sun; einfallender ~ incident ray. – 2. (*Blitzstrahl*) flash. – 3. (*Wasser-, Luftstrahl*) jet, stream, (*nur von Wasser*) squirt: den ~ auf das brennende Haus richten to train (*od.* play) the jet on the burning house. – 4. *poet.* ray: ~ der Hoffnung ray of hope. – 5. *pl phys.* (*Energiestrom*) rays, beams: schädliche ~en noxious rays; kosmische [ionisierende, radioaktive, ultraviolette] ~en cosmic [ionizing, radioactive, ultraviolet] rays. – 6. *math.* half line, *auch* half ray. — ~**ab**|**wei·ser** *m* (*space*) blast deflector. — ~**an**|**trieb** *m aer. mar.* jet propulsion. — ~**bren·ner** *m tech.* jet burner. — ~**dü·se** *f* 1. *tech.* blast nozzle. – 2. *aer.* exhaust nozzle. — ~**ein**|**sprit·zung** *f auto.* solid injection. — ~**emp**|**fän·ger** *m* (*radio*) beam receiver.

strah·len ['ʃtraːlən] **I** *v/i* ⟨*h*⟩ 1. (*von Licht etc*) beam, emit rays, radiate, ray: die Sonne strahlte am Himmel the sun was beaming (*od.* shining radiantly) in the sky. – 2. (*funkeln, glänzen*) sparkle, flash, glitter,

scintillate: der Edelstein strahlte im Licht the jewel sparkled (*od.* shone) in the light. – 3. *fig.* (*vor dat* with) beam, be radiant: er strahlte förmlich vor Glück he was literally beaming (*od.* was simply radiant) with happiness; über das ganze Gesicht (*od.* über beide Backen) ~ to beam all over one's face, to beam from ear to ear; ihre Augen strahlten vor Freude her eyes shone (*od.* sparkled, were radiant) with joy. – **II** *v/t* 4. (*radio*) (*mit Richtstrahler*) (*nach at*) beam: das Programm wird nach Europa gestrahlt the program(me) is beamed at Europe. – **III S**~ *n* ⟨-s⟩ 5. *verbal noun.* – 6. (*von Licht, Funkwellen etc*) emission of rays, radiation. – 7. (*von Edelsteinen etc*) sparkle, scintillation.

'**Strah·len**|**ana·ly**|**sa·tor** *m phys.* radiation analyzer (*Br. auch* -s-). — ~**bahn** *f* 1. *phys.* ray path. – 2. (*optics*) path of light. — ~**be**|**hand·lung** *f med.* 1. ray treatment, radiotherapy. – 2. (*mit Lichtstrahlen*) actinotherapy. – 3. (*mit Radium*) (radium) beam therapy. — ~**be**|**la·stung** *f* 1. *phys.* radiant (*od.* radiation) load. – 2. *nucl.* exposure (to radiation): ~ der Haut exposure of the skin; berufliche ~ occupational exposure; ~ der Gesamtbevölkerung exposure of the population at large. — ~**bio·lo**|**gie** *f* radiobiology. — **s**~**bre·chend** *adj* (*optics*) refractive, refracting, refractile. — ~**bre·chung** *f* refraction. — ~**bün·del** *n* 1. *phys.* (*optics*) pencil (*od.* beam, bundle) of rays, beam. – 2. *math.* pencil of lines. — ~**bü·schel** *n math.* pencil of rays. — ~**che**|**mie** *f chem.* 1. actinochemistry. – 2. radiation chemistry.

'**strah·lend I** *pres p.* – **II** *adj* 1. radiant: ein ~es Lächeln a radiant (*od.* beaming) smile, a beam; ~e Augen sparkling (*od.* shining, radiant) eyes; eine ~e Schönheit a radiant beauty. – 2. (*Wetter, Sonnenschein etc*) bright, glorious. – 3. (*bei*) ~er Laune sein to be in high spirits. – **III** *adv* 4. radiantly: j-n ~ anlächeln to smile at s.o., to smile at s.o. radiantly; ~ vor Freude begrüßte sie ihn she welcomed him radiant (*od.* beaming) with joy. – 5. (*in Wendungen wie*) ein ~ heller Tag a bright and sunny day; ~ schönes Wetter glorious weather; ~ blaue Augen bright (*od.* vivid) blue eyes; ~ weiße Zähne sparkling (*od.* dazzling) white teeth; er war ~ (gut) gelaunt he was in high spirits.

'**Strah·len**|**der·ma**|**ti·tis** *f med.* 1. Roentgen-ray (*od.* X-ray) dermatitis. – 2. actinic dermatitis, actinodermatitis. – 3. (*nach Bestrahlung*) radiothermitis. — ~**de**|**tek·tor** *m phys.* ray detector. — ~**do·sis** *f* 1. *med. nucl.* (radiation) dose: höchstzulässige ~ maximum permissible dose; genetische ~ der Bevölkerung genetic dose to the population. – 2. *pl nucl.* radiation levels: von außen höchstzulässige ~ permissible external radiation levels. — ~**ein**|**fall** *m phys.* incidence of rays. — **s**~**emp**|**find·lich** *adj med. nucl.* radiosensitive. — ~**emp·find·lich·keit** *f* radiosensitivity. — **s**~**ex·po**|**niert** *adj nucl.* exposed to radiation: beruflich ~e Personen individuals occupationally exposed; berufliche ~e Arbeitskräfte radiation workers; beruflich nicht ~e Arbeitskräfte nonradiation (*Br.* non-radiation) workers. — ~**feld** *n nucl.* radiation field. — ~**fil·ter** *n, m tech. med.* ray filter. — **s**~**för·mig I** *adj* 1. (*Anordnung etc*) radial, radiate(d). – 2. *bot. zo.* radiate, actiniform, actinoid, actinomorphic, *auch* actinomorphous (*scient.*). – **II** *adv* 3. ~ angeordnet arranged radially, radial, radiate(d); ~ auseinanderlaufen to diverge (radially), to radiate. — ~**for·scher** *m phys.* radiologist. — ~**for·schung** *f* radiology. — ~**gang** *m cf.* Strahlenbahn. — ~**ge**|**fahr** *f meist pl nucl.* radiation hazard. — ~**ge**|**fähr·dung** *f* radiation (*od.* radiological) hazard. — ~**ge**|**schä·dig·te** *m, f* radiation victim, person suffering from radiation damage. — **s**~**ge**|**schützt** *adj* protected against radiation, radiation-protected. — ~**här·te** *f phys.* hardness of radiation, ray hardness. — ~**heil·kun·de** *f med.* radiotherapeutics *pl* (*construed as sg*). — ~**ke·gel** *m phys.* cone of rays. — ~**krank·heit** *f med.* radiation sickness. — ~**kranz** *m* (*art*) *cf.* Heiligenschein 1. — ~**kun·de** *f med. phys.* radiology. — ~**leh·re** *f med. phys.* 1. radiology. – 2. actinology. — ~**meer** *n*

poet. ocean of light. — ~**mes·ser** *m phys.*
1. radiometer. – 2. (*in Astrophysik*) actinometer. — ~**mes·sung** *f* 1. radiometry. –
2. actinometry. — ~**nach‚weis·ge‚rät** *n
nucl.* radiation monitor.
'**Strah·len‚pilz** *m bot.* ray fungus, actinomycete (*scient.*) (*Gattg Actinomyces*).
— ~**er‚kran·kung**, ~**krank·heit** *f* ‹-; *no pl*›
med. vet. actinomycosis.
'**Strah·len‚schä·den** *pl*, ~**schä·di·gung** *f
med.* radiation damage (*od.* injury), (*bes.
der Haut*) irradiation burn.
'**Strah·len‚schutz** *m med. nucl.* 1. radiation
protection (*od.* safety practice), (*technische
Vorrichtung*) radiation shielding: Beauftragter für ~ radiological health and safety
officer. – 2. (*als Vorrichtung*) protective
screen (against radiation). — ~**an‚zug** *m*
antiradiation (*od.* radiationproof) suit, *auch*
frog suit (*colloq.*).
'**Strah·len‚sen·der** *m* (*radio*) *cf.* Strahlsender. — s~**si·cher** *adj med. phys.*
radiationproof. — ~**si·cher·heits‚maß·
‚nah·men** *pl* radiation safety measures (*od.*
rules). — ~**sym·me‚trie** *f math.* radial
symmetry. — ~**the·ra‚pie** *f med. cf.* Strahlenbehandlung. — ~**tier·chen** *n zo. cf.*
Radiolarie. — ~**über‚wa·chung** *f nucl.*
radiation monitoring. — s~**un‚durch‚läs·
sig** *adj med. phys.* radiopaque. — ~**wir·
kung** *f* radiological (*od.* radiation) effect. —
~**zer‚set·zung** *f chem.* decomposition by
irradiation.
'**Strah·ler** *m* ‹-s; -› 1. *phys. tech.* (*für
Licht, Wärme etc*) radiator. – 2. (*radio*)
(*Antenne*) antenna, *bes. Br.* aerial. –
3. *aer. colloq.* (*Düsenjäger*) 'blowtorch' (*sl.*).
'**Strahl|‚flug‚zeug** *n aer.* jet aircraft (*od.*
plane). — ~**ge‚blä·se** *n tech.* jet blower,
(*für Gasreinigung*) jet washer.
'**strah·lig** *adj u. adv cf.* strahlenförmig.
'**Strahl|‚jä·ger** *m aer.* jet fighter (*od.* interceptor). — ~**mo·tor** *m aer. cf.* Strahltriebwerk. — ~**pum·pe** *f tech.* injector
pump. — ~**rohr** *n* 1. *tech.* (*eines Sandstrahlgebläses*) nozzle holder. – 2. (*eines
Feuerlöschschlauches*) jet pipe. – 3. *aer.*
tailpipe. – 4. *metall.* (oxygen) lance. —
~**röh·re** *f electr.* ray tube. — ~**rück‚lauf**
m (*im Radarwesen*) flyback. — ~**ru·der** *n*
(*space*) jet (*od.* blast) vane. — ~**sen·der** *m*
(*radio*) ray (*od.* beam) transmitter (*od.*
generator). — ~**stein** *m min.* actinolite. —
~**strom** *m*, ~**strö·mung** *f meteor.* jet
stream. — ~**trieb‚werk** *n aer.* 1. jet engine,
jet unit (*od.* power plant). – 2. (*Turbinenstrahltriebwerk*) turbojet (engine). – 3. (*Propellerstrahltriebwerk*) propjet (engine). –
4. (*Staustrahltriebwerk*) ramjet (engine).
'**Strah·lung** *f* ‹-; -en› *meteor. electr. phys.*
radiation: atomare [kosmische] ~ atomic
[cosmic] radiation; infrarote [ultraviolette] ~ infrared [ultraviolet] radiation;
schwarze ~ blackbody (*od.* Planckian)
radiation.
'**Strah·lungs|bi‚lanz** *f meteor.* balance of
radiation, radiation balance. — ~**cha·rakte‚ri·stik** *f* (*radio*) radiation (field) pattern.
— ~**dämp·fung** *f phys.* loss of radiant
energy (*od.* radiation). — ~**de‚tek·tor** *m
nucl.* radiation detector (*od.* monitor). —
~**dich·te** *f* radiation density. — ~**druck** *m*
‹-(e)s; ⁓e› *phys.* radiation pressure. —
s~**durch‚läs·sig** *adj* permeable to
radiation, transmitting rays. — ~**ener‚gie**
f radiation energy. — ~**feld** *n* radiation
field. — s~**frei** *adj* nonradiating *Br.* non-,
without radiation, *auch* radiationless. —
~**frost** *m meteor.* radiation frost. — ~**ge·
‚fähr·dung** *f nucl.* radiation hazard. —
~**gür·tel** *m* Van Allen radiation belt. —
~**hei·zung** *f tech.* radiant (*od.* panel) heating. — ~**herd** *m ling.* (*in Sprachgeographie*)
focal area. — ~**hö·he** *f phys.* radiation
height. — ~**in·ten·si‚tät** *f nucl.* intensity
(*od.* dose, rate) of radiation. — ~**kli·ma** *n
meteor.* radiation climate. — ~**krank·heit**
f nucl. med. radiation sickness. — ~**küh·
lung** *f* (*space*) radiation cooling. — ~**
‚lei·stung** *f* (*einer Antenne*) radiated power.
— s~**los** *adj cf.* strahlungsfrei. — ~**
‚men·ge** *f nucl.* quantity (*od.* dose) of
radiation. — ~**meß·ge‚rät** *n* radiation
monitor (*od.* detector), counter tube,
Geiger counter. — ~**mu·ta·ti‚on** *f med.
biol.* radiomutation. — ~**ofen** *m metall.*
radiation furnace. — ~**pe·gel** *m nucl.*
radiation background. — ~**py·ro‚me·ter**
n metall. radiation pyrometer. — ~**quant**

n phys. photon. — ~**quel·le** *f nucl.*
radiation source. — ~**schä·den** *pl med.
cf.* Strahlenschäden. — ~**tem·pe·ra‚tur**
f astr. phys. radiation temperature. — ~
über‚wa·chung *f nucl. cf.* Strahlenüberwachung. — ~**ver‚mö·gen** *n phys.* radiating (*od.* emissive) power (*od.* capacity), emissivity. — ~**wär·me** *f* radiant (*od.* radiation)
heat. — ~**wet·ter** *n meteor.* radiation
weather. — ~**wi·der‚stand** *m phys.*
radiation resistance. — ~**wir·kung** *f*
radiation effect. — ~**zo·ne** *f* zone of
radiation, radiation zone.
'**Strahl‚wir·kungs‚grad** *m* (*space*) propulsive efficiency.
'**Strähn** [ʃtrɛːn] *m* ‹-(e)s; -e› *Austrian for*
Strähne 3.
'**Sträh·ne** ['ʃtrɛːnə] *f* ‹-; -n› 1. (*Haarsträhne*) strand: sie hat schon einige
weiße ~n im Haar her hair has already
some white strands; das nasse Haar hing
ihr in ~n ins Gesicht the wet hair hung in
strands (*od.* straggles, *bes. Br.* rat's tails)
around her face. – 2. *pl* (*gefärbte*) streaks:
sich (*dat*) ~n machen lassen to have one's
hair streaked. – 3. (*Garnsträhne etc*) skein,
strand, hank. — '**sträh·nig** *adj* (*Haar*) in
strands, (*wenn naß*) straggly.
Strak [ʃtraːk] *n* ‹-s; -e› *mar.* 1. (*Plankengang*) strake. – 2. (*Sprungkurve des Schiffes*)
sheer curve (*od.* line). — '**stra·ken** I *v/t* ‹h›
(*ausrichten*) sheer. – II *v/i* ‹sein› (*bes. von
Sprungkurven*) sheer.
Stra·min [ʃtraˈmiːn] *m* ‹-s; -e› (*für
Stickereien*) canvas, *auch* canvass.
stramm [ʃtram] I *adj* ‹-er; -st› 1. (*Gürtel,
Hose etc*) tight, close. – 2. (*Seil etc*) taut,
tight: Schrauben ~ anziehen *tech.* to tighten screws. – 3. *bes. mil.* (*Haltung*) straight,
erect: (eine) ~e Haltung annehmen to stand
(*od.* pull oneself) up straight, to stand to attention. – 4. (*Zucht, Disziplin etc*) strict, rigid, austere. – 5. (*anstrengend, hart*) strenuous, hard: ~er Dienst strenuous work. –
6. (*zügig, schnell*) brisk, lively, smart: ein
~er Marsch a brisk march. – 7. (*schneidig*)
smart, snappy (*colloq.*): ein ~er Soldat a
smart soldier. – 8. (*kräftig, gesund*) bouncing: sie hat einen ~en Sohn geboren she
gave birth to a bouncing baby boy. – 9. ein
~er Bursche *colloq.* a strapping (*od.* sturdy,
hefty, stalwart) fellow (*colloq.*); ein ~es
Mädel *colloq.* a buxom (*od.* sturdy) girl. –
10. S~er Max *gastr.* open sandwich of boiled
ham and fried egg. – II *adv* 11. tightly: der
Rock sitzt ziemlich ~ the skirt fits rather
tightly (*od.* sits rather close). – 12. *colloq.*
hard: ~ arbeiten to work hard. – 13.
colloq. briskly, smartly: ~ marschieren
to march briskly. — ~**ste·hen** *v/i* ‹irr,
sep, -ge-, h u. sein›. *mil.* stand to (*od.* at)
attention. — ~**zie·hen** *v/t* ‹irr, sep, -ge-, h›
1. (*eine Schraube etc*) tighten. – 2. einem
Kind die Hose(n) ~ *fig. colloq.* to warm a
child's bottom (*Br. auch* jacket) (*colloq.*), to
give a child a (proper) spanking, to spank
a child.
'**Stram·pel‚hös·chen** *n* rompers *pl.*
stram·peln ['ʃtrampəln] *v/i* ‹h u. sein›
1. ‹h› kick: das Baby strampelt mit Armen
und Beinen the baby is kicking (and waving
its arms); er strampelte vor Vergnügen
mit den Beinen he kicked with delight. –
2. ‹sein› *colloq.* (*radfahren*) cycle, (*mit
Anstrengung*) pedal, treadle.
'**Stram·pel‚sack** *m* (baby's) sleeping bag,
sleeper.
Strand [ʃtrant] *m* ‹-(e)s; ⁓e, *rare* -e›
1. (*Meeresstrand*) (sea)shore, strand: auf
(den) ~ geraten (*od.* laufen) *mar.* to run
ashore, to strand, to be stranded; ein
Schiff auf (den) ~ setzen *mar.* to beach
(*od.* ground) a ship, to run (*od.* haul) a ship
ashore; an den ~ getrieben werden to be
driven ashore. – 2. (*Badestrand*) beach,
strand: sandiger [steiniger] ~ sandy
[stony, *auch* stoney] beach; an den (*od.*
zum) ~ gehen to go to the beach; am ~
liegen to lie on the beach. — ~**an‚zug** *m*
beach suit. — ~**as·sel** *f zo.* rock (*od.* sea)
slater, sea wood louse (*Ligia oceanica*). —
~**aster** *f bot.* hog's-bean, sea starwort,
auch sea aster (*Aster tripolium*). — ~**bad** *n*
1. (*am Meer*) open-air saltwater swimming
pool. – 2. bathing place (at a lake, river
etc). — ~**burg** *f* sand castle. — ~**di·stel** *f
bot.* sea holly, eryngo (*scient.*) (*Eryngium
maritimum*). — ~**dorn** *m* ‹-(e)s; *no pl*› *cf.*
Sanddorn.

stran·den ['ʃtrandən] I *v/i* ‹sein› 1. *mar.*
(*von Schiffen etc*) strand, be stranded, (take)
ground, run aground (*od.* ashore). – 2. *fig.*
(*scheitern, verkommen*) founder, go to
wreck (*od.* ruin, seed, *sl.* pot). – II S~ *n*
‹-s› 3. *verbal noun.*
'**Strand‚fi·sche‚rei** *f* strand fishery. — ~
floh *m zo.* beach flea (*Gattgen Talitrus u.
Orchestia*). — ~**gut** *n* stranded goods *pl*
(*od.* property), wreckage, (*schwimmendes*)
flotsam, (*über Bord geworfenes*) jetsam. —
~**ha·fer** *m bot.* beach (*od.* marram) grass,
sand reed, matgrass, matweed (*Ammophila
arenaria*). — ~**hau‚bit·ze** *f only in* voll (*od.*
blau, geladen) wie eine ~ *colloq.* (as) drunk
as a fiddler, (as) drunk as a lord, 'tight'
(*colloq.*). — ~**ho‚tel** *n* 1. seaside hotel. –
2. (*an einem See etc*) beach hotel. — ~**kie·
fer** *f bot.* maritime pine, cluster pine (*auch*
fir) (*Pinus pinaster*). — ~**kleid** *n* beach
dress. — ~**klei·dung** *f* beach wear. —
~**korb** *m* canopied wicker beach chair. —
~**krab·be** *f zo.* shore (*od.* green) crab
(*Carcinus maenas*). — ~**läu·fer** *m* 1. *zo.*
sandpiper, sand runner (*Gattg Calidris*). –
2. *colloq. humor.* beach promenader. —
~**li·nie** *f* shore line. — ~**nel·ke** *f bot.* sea
lavender (*Gattg Limonium*). — ~**pro·me·
‚na·de** *f* (beach) promenade, *Am.* (*aus
Holzplanken*) *auch* boardwalk. — ~**räu·ber**
m wrecker. — ~**schnecke** (*getr.* -k·k-) *f zo.*
periwinkle, lit(t)orina (*scient.*) (*Fam.
Lit(t)orinidae*). — ~**schuh** *m meist pl* beach
shoe, sandshoe. — ~**see** *m geogr.* lagoon.
— ~**ta·sche** *f* beach bag.
'**Stran·dung** *f* ‹-; -en› 1. *cf.* Stranden. –
2. (*Resultat*) stranding, shipwreck.
'**Stran·dungs‚ord·nung** *f jur. mar.* regulations *pl* respecting flotsam and jetsam.
'**Strand|‚vo·gel** *m zo.* beach bird. — ~
‚wäch·ter *m* lifeguard, *bes. Br.* lifesaver. —
~**wa·gen** *m auto.* beach buggy. — ~**wär·
ter** *m cf.* Strandwächter. — ~**weg** *m*
(beach) path. — ~**wolf** *m zo.* brown hyena,
strand wolf (*Hyaena brunnea*).
Strang [ʃtraŋ] *m* ‹-(e)s; ⁓e› 1. (*Seil, Strick*)
rope, cord: der ~ einer Glocke the bell
rope. – 2. (*des Henkers*) halter, death rope
(*od.* cord): j-n zum Tod durch den ~ verurteilen *jur.* to sentence s.o. to death by
hanging. – 3. (*beim Pferdegeschirr*) trace,
tug: über die Stränge schlagen (*od.*
hauen) *fig.* a) to kick over the traces,
b) (*hemmungslos, ausgelassen sein*) to run
riot (*od.* wild); wenn wir alle an einem
(*od.* am gleichen) ~ ziehen, können wir
es schaffen *fig.* we can succed (*od.* do it)
if we all pull together (*od.* if we all join
forces); wir ziehen (doch) alle an einem
(*od.* am gleichen) ~ *fig.* we are all in the
same boat; wenn die Stränge reißen *fig.
colloq.* if it (*od.* if the worst) comes to the
worst, if all else fails. – 4. (*railway*) (*Schienenstrang*) track: toter ~ dead track. –
5. (*textile*) (*Strähne*) skein, skean(*od.*), hank:
ein ~ Seidengarn a skein of silk yarn. –
6. *med.* a) (*von Muskeln, Sehnen, Nerven
etc*) cord, *auch* chord; funicle, funiculus,
funis (*scient.*), b) (*des Rückenmarks*) cord,
auch chord. – 7. (*literature*) *hist.* (*logisch
zusammenhängender Teil eines Romans*)
strand. – 8. *tech.* a) (*einer Kette*) strand,
b) (*von Rohren*) line, run, c) (*Wellenstrang*)
line, d) (*eines Riementriebes*) strand. –
9. *metall.* (*beim Strangguß*) slab, billet. –
10. *electr.* a) (*Teil einer Mehrphasenwicklung*) phase belt, b) (*eines Kabels*) harness.
Stran·ge ['ʃtraŋə] *f* ‹-; -n› *Swiss for*
Strang 5, Strähne 3.
'**strang‚ge‚preßt** I *pp.* – II *adj metall.*
extruded.
'**Strang|‚guß** *m metall.* continuous casting.
— ~**‚pres·se** *f* extrusion press. — s~
‚pres·sen *v/t u. v/i* ‹insep, -ge-, h› extrude.
Stran·gu·la·ti·on [ʃtraŋgulaˈtsi̯oːn; straŋ-]
f ‹-; -en› 1. *cf.* Strangulieren. – 2. *bes.
med. jur.* strangulation: Tod durch ~
death by strangulation.
Stran·gu·la·ti'ons|‚ile·us *m med.* strangulation ileus. — ~**mar·ke** *f* furrow after
strangulation, strangulation mark.
stran·gu·lie·ren [ʃtraŋguˈliːrən; straŋ-] I *v/t*
‹no ge-, h› 1. (*erwürgen*) strangle, strangulate. – 2. *med.* (*Gefäß, Gang etc*) strangulate. – II S~ *n* ‹-s› 3. *verbal noun.* –
4. strangulation. — **Stran·gu'lie·rung** *f*
‹-; -en› *bes. med. jur. cf.* Strangulation.
Strang·urie [ʃtraŋguˈriː; straŋ-] *f* ‹-; -n
[-ən]› *med. cf.* Harnzwang.

Stra·pa·ze [ʃtra'paːtsə] *f* ⟨-; -n⟩ strain, exertion, drag (*colloq.*): er war den ⁓n der Reise nicht gewachsen he was not able to stand (*od.* not up to) the strain of the journey; die Fahrt war eine ⁓ the trip was very wearing, the trip was an awful strain (*od.* drag, *Br.* fag) (*colloq.*).

stra·pa·zen·reich *adj cf.* strapaziös 1.

stra·pa·zie·ren [ʃtrapa'tsiːrən] **I** *v/t* ⟨*no* ge-, h⟩ **1.** (*überanstrengen*) be a strain on, be wearing for, overtax, take a lot out of (*colloq.*): die Reise hat ihn sehr strapaziert the trip was a great strain on him, the trip took an awful lot (*od.* quite a bit) out of him. – **2.** (*Kleidung*) be hard on: ich habe den Mantel in letzter Zeit sehr strapaziert I have been very hard on the coat lately, I have given the coat a lot of hard wear lately (*colloq.*); die Schuhe wurden auf der Wanderung sehr strapaziert the hike was very hard on the shoes, the shoes took some hard wear(ing) (*od.* some battering) on the hike. – **3.** *fig.* (*Ausdruck, Wendung etc*) flog. – **4.** *fig.* (*in Wendungen wie*) j-s Geduld ⁓ to try s.o.'s patience; j-s Nerven ⁓ to try (*od.* fray, be wearing on) s.o.'s nerves. – **II** *v/reflex* sich ⁓ **5.** (*bei einer Arbeit etc*) exert oneself, (*stärker*) overexert oneself.

stra·pa'zier·fä·hig *adj* (*Stoff, Material etc*) durable, hard-wearing.

stra·pa·zi·ös [ʃtrapa'tsiøːs] *adj* **1.** (*Arbeit, Reise etc*) strenuous, wearing, arduous, exhausting. – **2.** (*Person*) trying, wearing, exhausting.

Straps [ʃtraps; straps; stræps] (*Engl.*) *m* ⟨-es; -e⟩ (*Strumpfhalter*) *Am.* garter, *Br.* (stocking) suspender.   [strass, paste.⟩

Straß [ʃtras] *m* ⟨- *u.* -sses; -sse⟩ (*jewelry*)⟩

straß'ab *adv* down the street: → straßauf.

straß'auf *adv* up the street: ⁓, straßab up and down the street.

Sträß·chen ['ʃtrɛːsçən] *n* ⟨-s; -⟩ **1.** *dim. of* Straße. – **2.** streetlet, alley.

Stra·ße ['ʃtraːsə] *f* ⟨-; -n⟩ **1.** (*in einer Stadt*) street: breite [schmale] ⁓ broad [narrow] street; belebte [ruhige] ⁓ busy [quiet] street; verstopfte ⁓n jammed (*od.* congested) streets; die ⁓ überqueren to cross the street; eine ⁓ weiter a block further (on); Herrschaft der ⁓ *fig.* rule of the street; auf der ⁓ in (*Am. auch* on) the street; auf offener ⁓ a) in the open street, b) *fig.* in broad daylight; bei diesem Wetter schickt (*od.* jagt) man (noch) nicht einmal einen Hund auf die ⁓! I wouldn't send a dog out in this weather! auf die ⁓ gehen *fig.* a) (*demonstrieren*) to make a public demonstration, to protest publicly, b) (*von Prostituierten*) to walk the streets; j-n auf die ⁓ setzen *fig. colloq.* a) (*einen Mieter*) to throw s.o. out, b) (*einen Angestellten*) to give s.o. the sack (*od.* his cards), to sack s.o. (*alle colloq.*); auf der ⁓ sitzen (*od.* liegen, stehen) *fig. colloq.* to be on the street; durch die ⁓n irren to roam (through) the streets; in welcher ⁓ wohnen Sie? which street do you live in (*Am. auch* on)? in die nächste ⁓ einbiegen to turn into (*od.* off at) the next street, to take the next turn(ing) (*od.* street); Verkauf an (*od.* auf) der ⁓ street sale (*od.* vending); etwas über die ⁓ verkaufen to sell s.th. for consumption off the premises; j-n von der ⁓ auflesen *fig.* to pick s.o. up (*od.* to take s.o.) from (*od.* out of) the gutter; ein Mädchen von der ⁓ a streetwalker, a prostitute; mein Zimmer liegt zur (*od.* nach der) ⁓ (hin) my room overlooks (*od.* faces) the street; → Geld 1; Mann 2; Verkauf 3. – **2.** (*Land-, Zufahrtsstraße*) road, *Am. auch* street: kurvenreiche ⁓ winding (*od.* twisting, twisty) road; vereiste [verschneite] ⁓n icy [snow-covered] roads; ⁓ erster [zweiter] Ordnung primary (*od.* major) [secondary] road; ⁓ mit Vorfahrtsrecht priority road; nichtöffentliche ⁓ private road; ⁓ mit zwei (getrennten) Fahrbahnen dual carriageway, *Am.* divided (*auch* dual) highway; ⁓ mit drei Spuren three-lane carriageway (*Am.* highway); ⁓ frei! freie ⁓! road clear (ahead); ⁓ (*wegen Bauarbeiten*) gesperrt! road up! eine ⁓ sperren to close (*od.* block, bar) a road; diese ⁓ führt (*od.* geht) nach München this road leads (*od.* goes) to Munich; dort kreuzen sich zwei ⁓n two roads cross (*od.* intersect) there; an der ⁓ at the side of the road, at

(*od.* by) the roadside. – **3.** (*Prachtstraße, Allee*) avenue, boulevard. – **4.** (*Fernverkehrsstraße*) highroad, *bes. Am.* highway. – **5.** *mar.* (*Schiffahrtsstraße*) sea-lane, sea road, sea route, (navigable) waterway. – **6.** (*Meerenge*) strait(s *pl construed as sg*): die ⁓ von Gibraltar the Strait(s) of Gibraltar. – **7.** *metall.* rolling (mill) train: gestaffelte ⁓ staggered rolling train.

'**Stra·ßen‖ab·schnitt** *m* road section. — ⁓**an·la·ge** *f cf.* Straßenführung. — ⁓**an·zug** *m* (*fashion*) *Am.* business suit, *Br.* lounge suit. — ⁓**ar·bei·ten** *pl* roadworks: „⁓!" (*Warnschild*) "roadworks (ahead)!" *Br. auch* "road up!" — ⁓**ar·bei·ter** *m* roadman, *Am.* road laborer. — ⁓**auf·lauf** *m* street brawl. — ⁓**auf·se·her** *m* road surveyor. — ⁓**aus·bes·se·rung** *f cf.* Straßeninstandsetzung.

'**Stra·ßen·bahn** *f Am.* streetcar, trolley (car), *Br.* tram(way), tramcar: mit der ⁓ fahren to go by (*od.* take the, take a) streetcar (*Br.* tram). — ⁓**de·pot** *n Am.* carbarn, *Br.* tram(way) depot.

'**Stra·ßen·bah·ner** *m* ⟨-s; -⟩ *colloq. Am.* streetcar employee, *Br.* tramway employee.

'**Stra·ßen·bahn‖fah·rer** *m* motorman, *Br.* tram(way) (*od.* tramcar) driver. — ⁓**hal·te·stel·le** *f Am.* streetcar stop, *Br.* tram stop. — ⁓**li·nie** *f Am.* streetcar (*od.* trolley) line, *Br.* tramline, tramway. — ⁓**netz** *n* streetcar (*od.* trolley [car], *Br.* tramway) network (*od.* system). — ⁓**re·kla·me** *f* streetcar (*Br.* tram[way], tramcar) advertising (*auch* -z-). — ⁓**schaff·ner** *m* streetcar (*Br.* tram) conductor. — ⁓**schaff·ne·rin** *f* streetcar (*Br.* tram) conductress. — ⁓**schie·ne** *f Am.* streetcar rail, *Br.* tram(way) rail. — ⁓**ver·kehr** *m Am.* streetcar traffic, *Br.* tram(way) traffic. — ⁓**wa·gen** *m Am.* streetcar, *Br.* tramcar.

'**Stra·ßen·bau** *m* ⟨-(e)s; -ten⟩ *civ.eng.* **1.** ⟨*only sg*⟩ road construction (*od.* building, making), road (*od.* highway) engineering. – **2.** (*Anlage*) road construction. — ⁓**amt** *n* office for road construction, road construction office. — ⁓**ar·bei·ten** *pl* road construction work *sg.* — ⁓**be·hör·de** *f* road construction authorities *pl*, road (*od.* highway) authorities *pl*, *Br.* highway authority. — ⁓**in·ge·ni·eur** *m* road (*od.* highway) engineer. — ⁓**ma·schi·nen** *pl* road construction machinery *sg* (*od.* plant *sg*, equipment *sg*). — ⁓**stel·le** *f* road construction site: „⁓!" (*Warnschild*) "roadworks ahead!" *Br. auch* "road up!"

'**Stra·ßen‖be·kannt·schaft** *f* chance (*od.* passing) acquaintance, pickup (*sl.*). — ⁓**be·lag** *m civ.eng.* road surfacing (*od.* pavement). — ⁓**be·leuch·tung** *f* street lighting. — ⁓**be·nut·zer** *m* road user. — ⁓**be·nut·zungs·ge·bühr** *f* (road) toll. — ⁓**be·schaf·fen·heit** *f* road condition. — ⁓**be·schot·te·rung** *f civ.eng.* crushed-stone (*od.* crushed-rock) bed. — ⁓**be·to·nie·rung** *f* road (*od.* highway) concreting. — ⁓**bett** *n* ballast (*od.* crushed-stone, crushed-rock) bed. — ⁓**bie·gung** *f* (road) bend (*od.* curve, turn), turning. — ⁓**bild** *n* (*einer Stadt etc*) layout (*Br.* lay-out) of streets, streetscape. — ⁓**bö·schung** *f* slope of a road (*od.* highway). — ⁓**brücke** *f* (*getr.* -k·k-) road bridge, (*bei Fern-, Landstraßen*) *auch* highway bridge. — ⁓**damm** *m* road (*od.* highway) embankment. — ⁓**decke** (*getr.* -k·k-) *f civ.eng.* road (*od.* highway) surfacing, road pavement. — ⁓**dir·ne** *f cf.* Straßenmädchen. — ⁓**dorf** *n geogr.* ribbon-built village (along main road). — ⁓**drei·eck** *n* triangular road junction. — ⁓**ecke** (*getr.* -k·k-) *f* street corner: an der ⁓ at the corner of the street. — ⁓**ein·mün·dung** *f* road junction. — ⁓**fah·ren** *n* (*beim Radsport*) road cycling. — ⁓**fah·rer** *m* road rider. — ⁓**fahr·zeug** *n* road vehicle. — ⁓**flucht** *f* road building line. — ⁓**front** *f* (*eines Hauses etc*) street front, facade, *bes. Br.* façade. — ⁓**füh·rung** *f civ.eng.* route configuration. — ⁓**ga·be·lung** *f* road (*od.* fork) junction, bifurcation. — ⁓**gang** *m auto.* (*des Getriebes*) (on-the-)road gear. — **s·⁓ge·bun·den** *adj* (*Fahrzeug*) road-bound. — ⁓**glät·te** *f* slippery road (*od.* surface): „Achtung, ⁓!" (*Warnschild*) "Slippery road". — ⁓**gra·ben** *m* (road) ditch: (mit dem Wagen) im ⁓ landen *colloq.* to land

in the ditch, to ditch one's car. — ⁓**haf·tung** *f auto.* **1.** (*der Reifen*) road adhesion, road-holding power. – **2.** (*des Wagens*) roadability. — ⁓**hal·tung** *f cf.* Straßenlage 1. — ⁓**han·del** *m* street sale (*od.* trading, vending, hawking). — ⁓**händ·ler** *m* street trader (*od.* seller, vendor, hawker), (*bes. für Obst*) *Br.* coster(monger). — ⁓**hilfs·dienst** *m* road service. — ⁓**in·stand·hal·tung** *f* road maintenance, maintenance (*od.* upkeep) of roads. — ⁓**in·stand·set·zung** *f* road repair (*od.* reinstatement) (work). — ⁓**jun·ge** *m contempt.* street urchin, guttersnipe, ragamuffin, street Arab (*auch* arab), *Br. auch* street-boy, *Am. colloq.* dead-end kid. — ⁓**kampf** *m* street fight: Straßenkämpfe street fights, street fighting *sg*; im ⁓ in street fighting. — ⁓**kar·te** *f* **1.** street map. – **2.** road map. — ⁓**keh·re** *f* road bend, sharp turn. — ⁓**keh·rer** *m* ⟨-s; -⟩ street cleaner (*od.* sweeper), *bes. Br.* scavenger. — ⁓**keh·richt** *m*, *n* street sweepings *pl.* — ⁓**kehr·ma·schi·ne** *f* road sweeper. — ⁓**kleid** *n* (*fashion*) outdoor dress. — ⁓**knie** *n* sharp road bend (*od.* curve). — ⁓**kno·ten·punkt** *m* road junction. — ⁓**kon·trol·le** *f* road (*od.* street) check. — ⁓**kon·troll·punkt** *m* checkpoint. — ⁓**kot** *m cf.* Straßenschmutz. — ⁓**kreu·zer** *m auto. colloq.* 'battleship' (*colloq.*). — ⁓**kreu·zung** *f* crossroads *pl* (*construed as sg od. pl*), *auch* crossroad, (street) crossing, (road) junction, *bes. Am.* intersection. — ⁓**kund·ge·bung** *f* (street) demonstration, manifestation. — ⁓**la·ge** *f auto.* **1.** road-holding property, roadability: dieser Wagen hat eine gute ⁓ this car holds the road well, this is a road-hugging car. – **2.** (*im Verkehrsfunk*) traffic conditions *pl.* — ⁓**lärm** *m* street noise. — ⁓**la·ter·ne** *f* streetlight, streetlamp. — ⁓**Leucht·na·gel** *m* reflectorizing (traffic) stud. — ⁓**mäd·chen** *n* streetwalker, street girl, prostitute. — ⁓**mei·ste·rei** *f* highway maintenance depot. — ⁓**mu·si·kant** *m* (*od.* strolling) musician. — ⁓**na·me** *m* name of a street, street name. — ⁓**netz** *n* road network (*od.* system). — ⁓**pfla·ster** *n* pavement. — ⁓**pfla·ste·rung** *f* (*Vorgang*) paving. — ⁓**po·li·zei** *f cf.* Verkehrspolizei. — ⁓**rad·renn·fah·rer** *m cf.* Straßenrennfahrer. — ⁓**rand** *m* roadside, wayside, (*ungepflasterter*) shoulder: am ⁓ at (*od.* by) the roadside, at the side of the road. — ⁓**raub** *m* highway robbery. — ⁓**räu·ber** *m* **1.** hijacker, high-jacker, footpad, *Am. colloq.* road agent. – **2.** *hist.* highwayman. — ⁓**red·ner** *m* street (*od. colloq.* soapbox) orator. — ⁓**rei·ni·gung** *f* street cleaning, *bes. Br.* scavenging, scavengery. — ⁓**rei·ni·gungs·ma·schi·ne** *f* roadway flusher, street-cleaning machine. — ⁓**ren·nen** *n* (*sport*) (*Radrennen*) road race. — ⁓**renn·ma·schi·ne** *f* road cycle. — ⁓**rol·ler** *m cf.* Straßenwalze. — ⁓**samm·lung** *f* street collection. — ⁓**sän·ger** *m* street singer. — ⁓**Schild** *n* **1.** (*Namensschild*) street sign. – **2.** (*Hinweisschild*) road sign. — ⁓**schlacht** *f* street battle. — ⁓**schmutz** *m* dirt (in the streets). — ⁓**schot·ter** *m civ.eng.* crushed (*od.* broken) stone (*od.* rock), *bes. Br.* road metal. — ⁓**schuh** *m* (*fashion*) walking shoe. — ⁓**sei·te** *f* **1.** roadside, wayside: auf beiden ⁓n on both sides of the road. – **2.** (*eines Hauses*) *cf.* Straßenfront. — ⁓**sper·re** *f* **1.** roadblock, (road) barricade. – **2.** *cf.* Straßensperrung. — ⁓**sper·rung** *f* blocking (*od.* closing) of a road. — ⁓**spin·ne** *f* multiple road junction. — **s·⁓taug·lich** *adj* (*Auto*) roadworthy. — ⁓**taug·lich·keits·prü·fung** *f* road serviceability test. — ⁓**test** *m* road test. — ⁓**thea·ter** [-te·aːtər] *n* street theater (*Am. br.* theatre). — ⁓**trans·port** *m* road transport (*od.* haulage). — ⁓**tun·nel** *m* vehicular tunnel, underpass. — ⁓**über·füh·rung** *f* flyover, (road) overpass, viaduct. — ⁓**über·gang** *m* pedestrian (*od.* street) crossing, *Am.* crosswalk, (*mit Zebrastreifen*) *auch* zebra crossing. — ⁓**um·lei·tung** *f* detour, *Br.* diversion. — ⁓**un·ter·füh·rung** *f* **1.** (*für Autos*) underpass, undercrossing. – **2.** (*für Fußgänger*) (pedestrian) subway. — ⁓**un·ter·hal·tung** *f cf.* Straßeninstandhaltung. — ⁓**ver·en·gung** *f* (road) bottleneck, road narrows *pl.* — ⁓**ver·hält·nis·se** *pl cf.* Straßenzustand. — ⁓**ver·kauf** *m econ.* street sale. — ⁓**ver·käu·fer** *m* street seller (*od.* vendor).

'**Stra·ßen·ver,kehr** m (road) traffic, (in der Stadt) auch street traffic: Vorsicht im ~! watch the traffic!

'**Stra·ßen·ver,kehrs|,amt** n Road Traffic Licensing (Br. auch Licencing) Department. — ~,la·ge f traffic conditions pl. — ~,ord·nung f Road Traffic Act, Road Traffic Regulations pl, Br. Highway Code. — ~,schild n traffic sign. — ~-,Zu,las·sungs-,Ord·nung f Motor Vehicles Regulations pl, Road Licensing (Br. auch Licencing) Regulations pl.

'**Stra·ßen|ver,stop·fung** f traffic jam (od. congestion). — ~ver,zeich·nis n street directory. — ~,wacht f road maintenance squad. — ~,wal·ze f civ.eng. road roller. — ~,wasch·ma,schi·ne f street washer (od. flusher). — ~,wöl·bung f barrel camber. — ~,zoll m (road) toll. — ~,zug m street of (od. lined with) houses. — ~,zu,stand m road conditions pl. — ~,zu,stands·be,richt m (im Radio etc) report (od. information) on (the) road conditions, road news pl (construed as sg or pl).

Stra·te·ge [ʃtra'teːgə; stra-] m ⟨-n; -n⟩ mil. strategist. — **Stra·te'gie** [-te'giː] f ⟨-; -n [-ən]⟩ bes. mil. strategy. — **stra·te·gisch** I adj strategic: ~es Material strategic material; ~e Aufklärung strategic reconnaissance; ~e Luftkriegführung strategic air warfare. – II adv ~ gefährdetes Gebiet strategically exposed area; ~ wichtig strategically important, of strategic importance.

Stra·ti·fi·ka·ti·on [ʃtratifikaˈtsjoːn; stra-] f ⟨-; -en⟩ 1. (Schichtenbildung) stratification. – 2. agr. (von Saatgut) stratification. — **stra·ti·fi'zie·ren** [-'tsiːrən] v/t ⟨no ge-, h⟩ 1. geol. stratify. – 2. agr. (Saatgut) stratify.

Stra·ti·gra·phie [ʃtratigraˈfiː; stra-] f ⟨-; -n [-ən]⟩ geol. stratigraphy. — **stra·ti·gra·phisch** [-'graːfɪʃ] adj stratigraphic, auch stratigraphical.

Stra·to·sphä·re [ʃtratoˈsfɛːrə; stra-] f ⟨-; no pl⟩ stratosphere.

Stra·to'sphä·ren|,auf,stieg m aer. ascent into the stratosphere. — ~,bal,lon m stratosphere balloon, Am. colloq. skyhook (balloon). — ~,flug m aer. stratosphere flight. — ~,flug,zeug n stratoliner, stratocruiser.

stra·to'sphä·risch adj stratospheric, auch stratospherical.

Stra·tus [ʃtraːtus; 'straː-] m ⟨-; -ti [-ti]⟩ meteor. stratus (cloud). — ~,wol·ke f meteor. stratus (cloud).

sträu·ben ['ʃtrɔybən] I v/t ⟨h⟩ 1. (Fell) bristle: die Katze sträubt ihr Fell the cat bristles (its hairs). – 2. (Gefieder) ruffle (s.th.) (up). – II v/reflex sich ~ 3. (von Fell) bristle, stand on end. – 4. (von Gefieder) ruffle (up). – 5. (von Haaren) stand on end: ihm sträubten sich vor Entsetzen die Haare his hair stood on end with fright; da ~ sich einem ja die Haare! that's (enough) to make your hair stand on end! – 6. fig. (sich widersetzen) refuse: sie sträubte sich mit Händen und Füßen dagegen she really balked (at it), she kicked against it, she dug her heels in, she resisted with might and main, she refused to do it; die Feder sträubt sich, das Erlebte zu schildern my pen refuses to describe the experience. – III S~ n ⟨-s⟩ 7. verbal noun. – 8. fig. refusal, resistance: da hilft kein S~ there is no use (in) resisting.

Strauch [ʃtraux] m ⟨-(e)s; ⁼er⟩ 1. bush, shrub, (in Südaustralien) scrub. – 2. pl (Gesträuch) shrubbery sg, bushes, shrubs, bush sg. — **s~,ar·tig** adj bot. shrublike, bushlike, shrubby; fruticose, frutescent (scient.). — ~,dieb m contempt. prowler, footpad.

'**Strauch|,erb·se** f bot. pigeon pea (Cajanus cajan). — ~,eu·le f zo. small angle shades moth (Euplexia lucipara).

'**strau·chig** adj bushy, shrubby.

'**strauch·los** adj (Gegend etc) without a bush (od. shrub), bushless.

'**Strauch|,mal·ve** f bot. sea mallow (Gattg Lavatera). — ~,rit·ter m contempt. cf.

Strauchdieb. — ~,ro·se f hort. shrub rose. — ~,werk n cf. Strauch 2.

Strauß[1] [ʃtraus] m ⟨-es; -e⟩ zo. ostrich (Struthio camelus): Vogel ~ auch fig. ostrich.

Strauß[2] m ⟨-es; ⁼e⟩ 1. (Blumenstrauß) bunch, (von kleinen Blumen) auch nosegay, posy: ein ~ Rosen a bunch of roses; ich habe einen ~ Feldblumen gepflückt I gathered a bunch of wild flowers; einen ~ binden to tie (up) a bunch of flowers. – 2. (Bukett) bouquet. – 3. bot. (Blütenstand) des Flieders etc) thyrse, thyrsus.

Strauß[3] m ⟨-es; ⁼e⟩ lit. (Kampf) fight, struggle: ein harter ~ a hard struggle; einen ~ mit j-m ausfechten a) to (have a) fight with s.o., b) fig. to have it out with s.o.

Sträuß·chen ['ʃtrɔysçən] n ⟨-s; -⟩ 1. dim. of Strauß[2]. – 2. (als Hut- od. Kleiderschmuck etc) spray, nosegay, posy, (fürs Knopfloch) auch boutonniere, bes. Br. buttonhole.

'**Strau·ßen|,ei** n ostrich egg. — ~,farm f ostrich farm. — ~,fe·der f ostrich feather (od. plume). — ~,zucht f ostrich farming.

'**Strauß|,farn** m bot. ostrich fern (Matteuccia struthiopteris). — ~,gras n bent (grass), redtop (grass) (Gattg Agrostis). — ~,vo·gel m meist pl zo. (African) ostrich; struthio, struthioid (bird) (scient.) (Fam. Struthionidae). — ~,wirt·schaft f dial. (im Rheingau etc) florally decorated vintner's cottage where wine is sold in the harvest season.

stra·wan·zen [ʃtraˈvantsən] v/i ⟨no ge-, sein⟩ Bavarian and Austrian colloq. loaf (around). [Kladde 4.]

Straz·ze ['ʃtratsə] f ⟨-; -n⟩ econ. (Kladde).

Streb [ʃtreːp] m ⟨-(e)s; -e⟩ (mining) coal face, auch face working: schwebender [streichender] ~ rise [strike] face. — ~,an,lauf m commencement of face (operation). — ~,aus,bau m face supports pl. — ~au·to·ma·ti,sie·rung f coal face automation. — ~,bau m ⟨-(e)s; no pl⟩ longwall mining.

Stre·be ['ʃtreːbə] f ⟨-; -n⟩ 1. bes. arch. civ.eng. a) (Stützpfeiler, senkrechter Träger) prop, stay, support, (um etwas vor dem Absinken zu bewahren) auch shore, b) (Querstrebe) crossbeam, traverse, brace, c) (Verbindungsstrebe) tie rod, d) cf. Strebebogen, e) cf. Strebepfeiler: etwas mit einer ~ abstützen to prop s.th., to shore s.th. up. – 2. aer. (eines Flugzeugs) stay, strut. – 3. mar. a) brace, stay, b) (Rippe) rib, c) (Schore) shore. – 4. (mining) a) deviation from the vertical of a sloping prop, b) sprag. — ~,bal·ken m 1. (eines Bohrturms) derrick brace. – 2. (schräger Stützbalken) diagonal brace (bes. Br. strut). — ~,bo·gen m arch. arched buttress. — ~,mau·er f arch. civ.eng. supporting (od. retaining) wall.

stre·ben ['ʃtreːbən] I v/i ⟨h u. sein⟩ 1. ⟨h⟩ (nach Geld, Erkenntnis etc) (nach) strive (for, lit. after), aspire (to, lit. after), aim (at, auch for): er strebt nach größerer Macht he strives for (od. he seeks) greater power. – 2. ⟨h⟩ (hingezogen sein, angezogen werden) (nach, zu) strive (for, lit. after), be drawn (od. attracted) (by): die Pflanzen ~ nach dem (od. zum) Licht the plants strive for (od. are drawn by) the light. – 3. ⟨h u. sein⟩ (drängen, expandieren) (nach, in acc zu) push, press, expand: die Germanen strebten nach dem Süden the Teutons pushed to the south (od. southward[s]). – 4. ⟨h⟩ (tendieren, sich orientieren) (nach to, toward[s]) tend. – 5. ⟨h⟩ danach ~, etwas zu tun to strive (od. endeavor, bes. Br. endeavour) to do s.th.: ich strebe danach, meine Kenntnisse zu vervollkommnen I strive to perfect my knowledge. – 6. ⟨sein⟩ in die Höhe (od. nach oben, in den Himmel) ~ to rise up into the air (od. sky). – 7. ⟨h⟩ lit. (sich bemühen) endeavor, bes. Br. endeavour. – 8. ⟨sein⟩ nach Hause [in den Park, zum Fest] ~ lit. to make (od. head) for home [for the park, for the party]. – II S~ n ⟨-s⟩ 9. verbal noun. – 10. (nach Geld, Ruhm etc) (nach to, lit. after) aspiration: sein ganzes S~ ist darauf gerichtet, Erfolg zu haben it is his one (and only) aspiration to be successful; S~ ist Leben (Sprichwort) etwa life without aspiration is not worth living. – 11. (Drängen, Expansion) (nach, in acc zu, toward[s]) push, expansion. – 12. (Tendenz, Orientierung) (nach to, toward[s]) tendency, trend.

'**Stre·be,pfei·ler** m arch. civ.eng. (arched) buttress, flying buttress.

'**Stre·ber** m ⟨-s; -⟩ contempt. 1. (allzu ehrgeiziger Mensch) pushing (od. overambitious) person (od. colloq. fellow), pusher (colloq.), Am. colloq. thruster. – 2. (j-d, der sich lieb Kind machen will) eager beaver (colloq.), ambitious toady. – 3. ped. cf. Büffler.

Stre·be'rei f ⟨-; no pl⟩ colloq. contempt. for Strebertum.

'**stre·ber·haft**, '**stre·be·risch** adj contempt. 1. pushing, overambitious. – 2. (Schüler, Student) grinding, Br. swotting.

'**Stre·ber·na,tur** f contempt. cf. Streber 1, 2.

'**Stre·ber·tum** n ⟨-s; no pl⟩ contempt. 1. pushingness, pushiness. – 2. (in der Schule, Universität) grind (colloq.), Br. swot.

'**Stre·be,werk** n arch. (bes. an gotischen Kirchen) flying buttresses pl, abutment system.

'**Streb|,för·de·rer** m (mining) face conveyor (auch conveyer). — ~,her,rich·tung f development of face. — ~,lei·stung f face O.M.S. (od. output per man shift).

'**streb·sam** adj industrious (od. diligent, assiduous) and ambitious: ein ~er junger Mann an industrious and ambitious young man. — '**Streb·sam·keit** f ⟨-; no pl⟩ ambitious industry (od. diligence, assiduity, assiduousness).

'**streb,sei·tig** adj (mining) inbye, auch inby (away from the shaft).

'**Streck|ap·pa,rat** m med. traction (od. extension) apparatus, tractor. — ~,bank f hist. (Folterwerkzeug) rack.

'**streck·bar** adj 1. (Gegenstand, Material) stretchable, extensible, extendible, extendable, extensile. – 2. metall. ductile, extensible. — '**Streck·bar·keit** f ⟨-; no pl⟩ 1. stretchability, extensibility, extendibility, extendability. – 2. metall. ductility, extensibility.

'**Streck,bett** n med. orthop(a)edic (od. extension) bed.

Strecke (getr. -k·k-) ['ʃtrɛkə] f ⟨-; -n⟩ 1. (Entfernung) distance: die ~ von X nach Y beträgt etwa 800 km the distance from X to Y is about 800 km; die zurückgelegte ~ the distance covered; er lief die ~ in 10 Sekunden he ran the distance in 10 seconds. – 2. (Weg, Wegstrecke) way, stretch, distance: eine lange (od. weite, große) ~ a long way (od. distance); es ist eine gute (od. colloq. tüchtige, schöne) ~ (Wegs) bis dorthin it's quite a stretch (od. long way, good bit) from here to there; er ging einen Teil der ~ zu Fuß he went part of the way on foot; bis zum nächsten Urlaub ist es noch eine gute ~ fig. colloq. it's still a good while (od. Am. bit) until the next holiday (Am. vacation); auf der ~ bleiben fig. a) (umkommen) to be killed, b) colloq. (zurückbleiben u. aufgeben) to drop out; bei der Rallye blieben die meisten Wagen auf der ~ colloq. most of the cars at the rally dropped out (od. did not finish); die kleinen Ladenbesitzer blieben im Konkurrenzkampf auf der ~ colloq. the stiff competition put the small shop owners out of business. – 3. (Teilstück, Abschnitt) stretch, part: wir haben ihn eine ~ (des Wegs) begleitet we accompanied him part (od. a leg) of the way; die ~ von X nach Y war die interessanteste auf unserer Reise the stretch from X to Y was the most interesting part of our journey; eine gutausgebaute ~ a well-built stretch of road; die Autobahn ist auf einer ~ von 10 km gesperrt the autobahn is closed for a stretch of 10 km. – 4. (Route) route, Am. auch rout, run: der Zug befuhr die ~ München—Köln the train travel(l)ed on the route from Munich to Cologne; auf der ~ nach München on the Munich route; eine regelmäßig beflogene ~ a route regularly flown, a regular route. – 5. (Fläche, Gebiet) expanse, stretch, extent, tract: eine riesige ~ Wald (od. lit. Waldes) a vast stretch of woodland. – 6. (eines Flußlaufs) stretch, section, (bes. gerade) reach. – 7. (in einem Buch, Film, Musikstück etc) passage, part: lange ~n des Romans sind furchtbar langweilig colloq. long sections of the novel are terribly boring (colloq.). – 8. (in einem sportlichen Wettkampf etc) stretch, part, period, section:

das Spiel war über weite ⁓n nur mittelmäßig long periods of the match were just average. – **9.** *(railway)* a) track, line, b) *(Fahrweg)* route, *Am. auch* rout, c) *(Streckenabschnitt)* section (of line): zweigleisige [elektrifizierte] ⁓ double [electrified] track; der Zug hielt auf freier ⁓ the train stopped in the middle of nowhere; die ⁓ ist frei the track is clear; eine ⁓ abgehen to pace off a track; die ⁓ blockieren to block the line. – **10.** *(sport)* *(Rennstrecke)* course: gerade ⁓ straight course. – **11.** *math.* distance, line segment: die ⁓ AB halbieren to bisect the line between A and B. – **12.** *hunt.* *(Jagdbeute)* kill, bag: die ⁓ betrug 50 Fasanen the kill was 50 pheasants; einen Hasen zur ⁓ bringen to kill *(od.* shoot, bag) a hare. – **13.** j-n zur ⁓ bringen a) to kill s.o., to shoot s.o. down, b) *fig.* to hunt s.o. down, to get hold of s.o., to catch s.o. – **14.** *(mining)* a) *(im Kohlenbergbau)* roadway, *auch* gate road, b) *(im Erzbergbau etc)* drift, gallery. – **15.** *tel.* line. – **16.** *metall.* *(im Walzwesen)* (mill od. rolling) train. – **17.** *telev.* cable, line: Aufzeichnung über ⁓ recording from line.

strecken *(getr. -k-k-)* [ˈʃtrɛkən] **I** v/t ⟨h⟩ **1.** *(ausstrecken)* stretch *(s.th.)* (out), extend: er stand auf und streckte die *(od.* seine) Glieder he got up and stretched (his limbs *od.* himself); die Beine unter den Tisch ⁓ to stretch one's legs (out) under the table; er streckt die Beine noch unter Vaters Tisch *fig. colloq.* he is still living off his father *(od.* parents); die Arme in die Höhe *(od.* nach oben) ⁓ to stretch one's arms up, to raise *(od.* put up) one's arms; den Hals ⁓ to crane one's neck; den Finger ⁓ a) to stretch one's finger out, b) *(in der Schule)* to put one's hand up, to raise one's hand; „Arme streckt!" *(Kommando bei der Gymnastik)* "stretch your arms!", "arms up *(od.* out)!"; alle viere von sich ⁓ *fig. colloq.* a) *(sich bequem ausstrecken)* to stretch (oneself) (out), b) *(von Tier)* to die; → Waffe 3. – **2.** *(stecken)* stick, put: die Zunge aus dem Mund ⁓ to stick *(od.* put) one's tongue out; den Kopf aus dem Fenster [ins Zimmer] ⁓ to stick *(schnell u. plötzlich auch* pop) one's head out of the window [into the room]. – **3.** j-n zu Boden ⁓ to knock s.o. down, to fell *(od.* floor, *colloq.* flatten) s.o. – **4.** *gastr.* *(Suppe etc)* eke out, make *(s.th.)* go further *(colloq.),* *(verdünnen) auch* dilute: eine Bouillon mit Wasser ⁓ to eke out a bouillon with water, to water down a bouillon. – **5.** *(Vorräte, Budget etc)* eke out, stretch. – **6.** *(Arbeit, Tätigkeit etc)* prolong(ate), protract. – **7.** *(Aufsatz, Artikel etc)* pad out, expand. – **8.** *(Farben etc)* extend, fill, *(verdünnen)* dilute. – **9.** *med.* a) *(Muskel, Arm etc)* extend, stretch, b) *(geraderichten) (Glieder)* apply traction to. – **10.** *tech.* a) *(Draht, Seile etc)* stretch, draw, extend *(s.th.)* in length, b) *(Glas)* flatten. – **11.** *metall.* *(Eisen, Blech etc)* a) lengthen, elongate, b) *(durch Hämmern)* hammer out, c) *(Walzgut)* rough (down), roll (out). – **12.** *mar.* a) *(Tauwerk, stehendes Gut etc)* stretch, set up, b) *(Kiel)* ⁓ to lay the keel. – **II** v/i **13.** create a slimming effect: ein Kleid mit Längsstreifen streckt a dress with vertical stripes is slimming. – **III** v/reflex **sich** ⁓ **14.** *(sich ausstrecken)* stretch (oneself) out: er streckte sich ins Gras he stretched (himself) out on the grass. – **15.** *(sich recken)* stretch (oneself): er dehnte und streckte sich he stretched himself *(od.* his limbs); → Decke 2. – **16.** *(sich hoch aufrichten)* stretch (up): ich mußte mich ⁓, um die Decke zu erreichen I had to stretch up to reach the ceiling. – **17.** sich (in die Länge) ⁓ *(von Weg etc)* to drag on, to go on and on *(colloq.).* – **18.** sich (im Lauf) ⁓ *(von Rennpferden)* to run at full speed. – **19.** *(sport)* *(im Wasserspringen)* open. – **IV S⁓** n ⟨-s⟩ **20.** verbal noun. – **21.** *cf.* Streckung.

'Strecken|ab₁schnitt *(getr. -k-k-)* m *(railway)* section (of line). – **⁓₁ar·bei·ter** m *cf.* Rottenarbeiter. – **⁓₁auf₁se·her** m *Br.* ganger platelayer, *Am.* trackwalker. – **⁓₁aus·bau** m *(mining)* roadway supports *pl.* — **⁓₁aus₁schal·ter** m *electr.* track switch. — **⁓₁be₁ge·hung** f ⟨-; -en⟩ *(railway)* trackwalking, *Br.* line inspection. — **⁓₁be₁gleit₁damm** m *(mining)* roadway *(od.* roadside) packs *pl.* — **⁓₁be₁la·stung** f *(rail-*

way) train path loading. — **⁓₁be₁trieb** m *(mining)* (ore) drift mining. — **⁓₁block** m *(railway)* block section. — **⁓₁för·de·rung** f *(mining)* roadway haulage *(od.* transport). — **⁓₁füh·rung** f **1.** *(railway)* civ.eng. routing. – **2.** *aer.* route survey. – **3.** *(sport)* course. — **⁓₁karte** f **1.** *(railway)* route map. – **2.** road map. – **3.** *aer.* route chart. — **⁓₁läu·fer** m *(railway)* Br. line walker, *Am.* trackwalker. — **⁓₁mar₁kie·rung** f **1.** course marking. – **2.** *(railway)* route indicator *(od.* indicating) signals *pl,* route signaling *(bes. Br.* signalling) system. — **⁓₁na·vi·ga·ti₁on** f *aer.* route *(od.* surface) navigation. — **⁓₁netz** n **1.** *(railway)* network *(od.* system) of railroad *(Br.* railway) lines. – **2.** *aer.* network, route pattern, air routes *pl.* — **⁓₁plan** m *(sport)* plan of the course. — **⁓₁po·sten** m *(sport)* course judge. — **⁓₁prü·fer** m *(railway)* line *(Am.* track) spotter. — **⁓re₁kord** m *(sport)* course record. — **⁓si₁gnal** n *(railway)* block signal. — **⁓₁stück** n **1.** *(railway)* section. – **2.** *aer.* route segment, leg. — **⁓₁ver₁kehr** m *(railway)* local traffic. — **⁓₁vor₁trieb** m *(mining)* **1.** tunneling, *bes. Br.* tunnelling, road heading, roadway drivage. – **2.** *(als Leistungseinheit)* rate of advance. — **⁓₁vor₁triebs·ma₁schi·ne** f tunneling *(bes. Br.* tunnelling) *(od.* road-heading) machine. — **⁓₁wär·ter** m lineman, signal man. — **s⁓₁wei·se** *adv* in parts *(od.* places), here and there.

'Strecker *(getr. -k-k-)* m ⟨-s; -⟩ **1.** *med.* *(Muskel)* a) extensor (muscle), b) *(Anspanner)* tensor (muscle). – **2.** *civ.eng.* *(Binder)* header.

'Streck|₁fol·ter f *hist.* rack. — **⁓ge₁rüst** n *metall.* (in Blechwalzerei) breakdown stand. — **⁓ge₁senk** n fuller. — **⁓₁gren·ze** f yield point. — **⁓₁hang** m *(sport)* (beim Turnen) stretched hang. — **⁓₁ka₁li·ber** n *metall.* breaking-down pass. — **⁓₁la·ge** f *(sport)* stretched position. — **⁓₁lei·ter** f *hist. cf.* Streckbank. — **⁓₁ma₁schi·ne** f *tech.* **1.** stretching machine, *(für Blech)* stretcher-leveler *(bes. Br.* -leveller), *(für Draht)* flattening machine. – **2.** *(in der Spinnerei)* drawing frame. – **3.** *(der Former)* me₁tall. expanded metal. — **⁓₁mit·tel** n *bes. tech.* **1.** extender (thinner), adulterant, filler. – **2.** *(für Flüssigkeiten)* diluent. – **3.** *gastr.* diluting agent, diluter. — **⁓₁mus·kel** m *med.* extensor (muscle). — **⁓₁pro·be** f *tech.* yield point test. — **⁓₁seh·ne** f *med.* extensor tendon. — **⁓₁sei·te** f extensor surface *(od.* side). — **⁓₁stütz** m *(sport)* (beim Turnen) stretched support.

'Streckung *(getr. -k-k-)* f ⟨-; -en⟩ **1.** *cf.* Strecken. – **2.** extension. – **3.** *(der Arbeit etc)* protraction. – **4.** *(eines Artikels etc)* expansion. – **5.** *gastr.* dilution. – **6.** *metall.* *tech.* extension, elongation. – **7.** *med.* a) extension, stretching, b) *(Geraderichten)* straightening, c) *(einer Verrenkung)* redressment. – **8.** *aer.* *(eines Flugkörpers)* aspect ratio.

'Streck|ver₁band m *med.* extension bandage, Thomas splint: ein Bein im ⁓ one leg in high traction. — **⁓₁wal·ze** f *metall.* roughing *(od.* breaking-down) roll. — **s⁓₁wal·zen** v/t ⟨only inf u. pp streckgewalzt, h⟩ break down, rough, *(bes. Blöcke) Am.* bloom, *Br.* cog. — **⁓₁werk** n *tech. cf.* Streckmaschine 2. — **s⁓₁zie·hen** v/t ⟨only inf u. pp streckgezogen, h⟩ *metall.* stretchform. — **⁓₁zieh₁pres·se** f stretching press.

streh·len [ˈʃtreːlən] v/t ⟨h⟩ *tech.* (Gewinde) chase. — **'Streh·ler** m ⟨-s; -⟩ *(Werkzeug)* chaser.

Streich [ʃtraɪç] m ⟨-(e)s; -e⟩ **1.** blow, *(mit der offenen Hand) auch* slap, smack: zu einem ⁓ ausholen to raise one's hand to deal a blow. – **2.** *(mit einem Werkzeug, einer Waffe etc)* blow, stroke, lick: er versetzte ihm einen tödlichen ⁓ he dealt him a fatal blow; zwei Gegner auf einen ⁓ töten to kill two enemies *(od.* with) one blow; gestern habe ich zwei gute Abschlüsse auf einen ⁓ gemacht *fig.* yesterday I made *(od.* struck) two good bargains at one go *(colloq.).* – **3.** *(Scherz, Schabernack)* trick, prank, caper, joke: dumme [übermütige] ⁓e machen to play silly *(od.* foolish) [wanton *od.* wild] pranks; er ist stets zu lustigen ⁓en aufgelegt he is always up to practical jokes; mischievous pranks, funny tricks; j-m einen ⁓ spielen to play a trick

(od. prank, joke) on s.o., *auch* to play s.o. a trick; er spielte ihr einen üblen *(od.* bösen, gemeinen) ⁓ he played a mean *(od.* nasty, *colloq.* dirty, *sl.* rotten) trick on her; mein Gedächtnis hat mir wieder einen ⁓ gespielt *fig. colloq.* my memory has been playing tricks on me again, my memory has let me down again; er hat noch ganz andere ⁓e gemacht he has done worse things than that.

'Streich|₁bal·ken m *civ.eng.* wall plate. — **⁓₁baß** m *mus.* string bass. — **⁓₁baum** m **1.** *(textile)* (in der Weberei) whip roll. – **2.** *(leather)* (in der Gerberei) horse. — **⁓₁blech** n **1.** *agr.* (am Pflug) moldboard, *bes. Br.* mouldboard, breast board. – **2.** *tech.* (zum Schaben) bolt plate, scraper. — **⁓₁brett** n **1.** *agr. cf.* Streichblech 1. – **2.** *metall.* (der Former) straight edge. – **3.** *civ.eng.* (Holzspachtel der Maurer etc) wooden float. — **⁓₁bür·ste** f *(paper)* (zum Tapezieren etc) spreading brush.

strei·cheln [ˈʃtraɪçəln] v/t ⟨h⟩ **1.** *(Tier)* stroke, pet, *(bes. zärtlich)* fondle. – **2.** j-n ⁓ to stroke *(od.* caress, fondle) s.o.: er streichelte ihren Arm *(od.* ihr den Arm) he stroked *(od.* caressed) her arm; der Wind streichelte ihre erhitzten Gesichter *poet.* the wind caressed their heated faces.

'Strei·che₁ma·cher m ⟨-s; -⟩ *colloq.* practical joker, prankster, pranker.

strei·chen [ˈʃtraɪçən] **I** v/t ⟨streicht, strich, gestrichen, h⟩ **1.** *(mit Farbe)* paint, coat: die Tür muß frisch *(od.* neu) gestrichen werden the door must be freshly painted *(od.* be repainted), the door must be given a fresh *(od.* new) coat of paint. – **2.** *(schmieren)* spread, *auch* daub: (sich *dat)* Butter auf ein Brötchen ⁓, (sich *dat)* ein Brötchen mit Butter ⁓ to spread butter on *(od.* to butter) a roll; das läßt sich ja wie Butter ⁓! that spreads like butter! die Farbe läßt sich gut ⁓ the paint spreads *(od.* goes on) well; Salbe auf eine Wunde ⁓ to spread ointment on *(od.* apply ointment to) a wound. – **3.** *(Mörtel, Kitt in Fugen etc)* (in *acc* into) fill. – **4.** *lit.* *(streicheln)* stroke, caress: leicht strich er ihre Wange he gently stroked her cheek. – **5.** sich *(dat)* den Bart ⁓, seinen Bart ⁓ to stroke one's beard; sich *(dat)* [j-m] die Haare aus dem Gesicht ⁓ to stroke *(od.* push) one's [s.o.'s] hair back from one's [s.o.'s] face. – **6.** *(Wort, Zeile etc)* stroke, strike, cross, scratch) out, stroke *(od.* strike, cross, scratch) *(s.th.),* delete, cancel; expunge, elide *(lit.):* Nichtzutreffendes bitte ⁓! delete what does not apply. – **7.** j-n *(von einer Liste)* ⁓ to stroke *(od.* strike) s.o. off *(od.* from) a list, to delete s.o. from a list, *(Sportler) auch* to drop s.o. (from a list); einen Punkt von der Tagesordnung ⁓ to delete an item from the agenda; sie haben seinen Namen aus dem Verzeichnis gestrichen they struck his name off *(od.* took his name out of, cancel[l]ed his name from) the directory. – **8.** *(Aufträge, Gehaltszulagen etc)* cancel, revoke, countermand: unsere Ferienreise werden wir ⁓ müssen I think we'll have to cancel *(od.* drop) our holiday *(Am.* vacation) trip; einen Artikel ⁓ *print.* to cancel *(od. colloq.* kill) an article. – **9.** *(Schulden, Rechnungsbeträge etc)* cancel, delete, annul. – **10.** *fig.* *(auslöschen)* wipe out, obliterate; erase, expunge, efface *(lit.):* man kann nicht 10 Jahre seines Lebens einfach ⁓ you can't simply wipe out 10 years of your life; ich habe ihn aus meinem Gedächtnis gestrichen I have erased his name from my memory. – **11.** *(Rasiermesser, -klingen)* strop, strap, set. – **12.** *mus.* *(Streichinstrumente)* play, bow. – **13.** *(theater)* *(Szene etc)* cut. – **14.** *mar.* a) *(Segel)* strike, b) *(Stengen)* strike, lower, send down, c) *(Riemen)* back: → Flagge 2; Segel. – **15.** *(textile)* *(Wolle)* card. – **16.** *cf.* glätten 1, 2, 6, glattstreichen. – **II** v/i ⟨h sein⟩ **17.** *(mit etwas)* über *(acc)* etwas ⁓ to stroke s.th. (with s.th.): die Mutter strich zärtlich über sein Haar the mother stroked *(od.* caressed) his hair tenderly, the mother gently ran her hand over his hair. – **18.** ⟨sein⟩ *(schweifen, wandern)* roam, ramble: sie strichen durch die Stadt they roamed (through) the streets of the town. – **19.** ⟨sein⟩ *(von Wind, Brise etc)* waft, *(stärker)* sweep. – **20.** ⟨sein⟩ *(von*

Vogel, Segelflugzeug etc) (*über acc* over) skim. – **21.** ⟨*sein*⟩ (*von Raubtieren, Einbrechern etc*) prowl: der Fuchs streicht durch die Wälder the fox prowls (through) the woods; ein fremder Mann streicht um unser Haus a stranger is prowling (a)round our house. – **22.** ⟨*sein*⟩ j-m um die Beine ~ (*von Katze, Hund etc*) to sidle round s.o.'s legs. – **23.** ⟨*sein*⟩ das Gebirge streicht von Norden nach Süden *geogr.* the mountains range (*od.* the mountain range stretches [*od.* extends, runs]) from north to south. – **24.** ⟨*sein*⟩ *geol.* (*von Gesteinsschichten*) strike. – **25.** ⟨*h*⟩ *mus.* bow. – **26.** ⟨*h*⟩ einen ~ lassen *colloq.* to let one go (*colloq.*), to fart (*vulg.*). – **III S~** *n* ⟨*-s*⟩ **27.** *verbal noun.* – **28.** (*mining*) strike. – **29.** *cf.* Streichung.

'Strei·cher *m* ⟨*-s; -*⟩ *mus.* string instrument player: die ~ the strings, the string section *sg.* — **~,grup·pe** *f* (*eines Orchesters*) string section, strings *pl.*

'streich|,fä·hig *adj* **1.** *gastr.* (*Butter, Käse etc*) easy to spread. – **2.** (*Farbe, Lack etc*) suitable for painting, brushable. — **S~,fä·hig·keit** *f* ⟨*-; no pl*⟩ **1.** *gastr.* (*von Butter, Käse etc*) spreading property. – **2.** (*von Farben, Lacken etc*) suitability for painting, brushability. — **~,fer·tig** *adj* **1.** *gastr.* ready for spreading, ready to spread. – **2.** (*Farbe etc*) ready for application (*od.* brushing, painting). — **S~,flä·che** *f* **1.** (*paints*) area to be painted. – **2.** *cf.* Reibfläche 2.

'Streich,garn *n* (*textile*) carded yarn. — **~spin·ne,rei** *f* carded-yarn spinning mill.

'Streich,holz *n* match: ein ~ anzünden to strike (*od.* light) a match. — **~,heft,** **~,heft·chen** *n* matchbook, book of matches. — **~,schach·tel** *f* matchbox.

'Streich|in·stru,ment *n mus.* bowed string instrument, string(ed) instrument: die ~e collect. the strings. — **~,kä·se** *m gastr.* cheese spread, spreading cheese. — **~,kör·per** *m mus. cf.* Streichergruppe. — **~,lack** *m* (*paints*) brushing lacquer. — **~,le·der** *n cf.* Streichriemen. — **~,li·nie** *f geol.* strike line. — **~,maß** *n tech.* (*des Zimmermanns*) scratch (*od.* marking) ga(u)ge. — **~,mas,sa·ge** *f med.* effleurage. — **~,mas·se** *f* **1.** *tech.* coating compound. – **2.** *synth.* spreading paste. – **3.** *gastr.* spread. — **~,mu,sik** *f mus.* music for strings. — **~,or·che·ster** *n* string orchestra. — **~pa,pier** *n tech.* coated paper. — **~quar,tett** *n mus.* string quartet(te). — **~,quin,tett** *n* string quintet(te). — **~,rich·tung** *f geol. cf.* Streichlinie. — **~,rie·men** *m* (*razor*) strop (*od.* strap). — **~,trio** *n mus.* string trio.

'Strei·chung *f* ⟨*-; -en*⟩ **1.** *cf.* Streichen. – **2.** (*eines Worts, einer Zeile etc*) deletion, cancel(l)ation, expunction (*lit.*). – **3.** (*eines Namens, Bewerbers, Listenpunktes etc*) deletion. – **4.** (*eines Auftrages etc*) cancel(l)ation, revocation. – **5.** (*einer Schuld, eines Betrags etc*) cancel(l)ation, deletion, annulment. – **6.** (*theater*) (*einer Szene*) cut.

'Streich,wol·le *f* (*textile*) carded (*od.* clothing) wool.

Streif [ʃtraif] *m* ⟨*-(e)s; -e*⟩ *poet.* for Streifen.

'Streif,band *n* ⟨*-(e)s; ˵er*⟩ **1.** (*postal service*) wrapper: eine Zeitung unter ~ verschicken to send a newspaper under (*od.* in) wrapper. – **2.** *econ.* (*beim Bankwesen*) special wrapper for securities held in banker's safe custody. — **~de,pot** *n econ.* safe custody deposit. — **~,zei·tung** *f* (*postal service*) newspaper (sent) under (*od.* in) wrapper.

Strei·fe ['ʃtraifə] *f* ⟨*-; -n*⟩ **1.** (*Polizei-, Soldatenpatrouille*) patrol: motorisierte ~ motor patrol. – **2.** (*patrouillierender Polizist od. Soldat*) *bes. Br.* patrol, *bes. Am.* patrolman. – **3.** (*Kontrollgang eines Polizisten od. Wächters*) beat, round: er ist auf ~ he is on his beat.

strei·fen¹ ['ʃtraifən] **I** *v/t* ⟨*h*⟩ **1.** touch, brush (against): sie streifte die Vase mit ihrem Ärmel she brushed against the vase with her sleeve; ein Windhauch streifte ihre Wange *poet.* a gentle breeze touched (*od.* caressed) her cheek. – **2.** (*darüberstreichen*) touch, brush (over), skim (over): ihr langes Kleid streifte den Fußboden her long dress skimmed over the floor; das Flugzeug streifte die Wasseroberfläche the aircraft skimmed (over) the water surface. – **3.** (*knapp verfehlen*) graze: die Kugel hat seinen Arm nur gestreift the

bullet only grazed his arm; der Wagen streifte den Baum the car grazed the tree. – **4.** etwas von etwas ~ a) (*einen Ring vom Finger etc*) to slip s.th. off s.th., b) (*ein Insekt vom Ärmel, Blätter von den Bäumen etc*) to brush s.th. off s.th.: er streifte ihr den Mantel von den Schultern he slipped her coat off her shoulders. – **5.** etwas auf (*acc*) [*über acc*] etwas ~ to slip s.th. on [over] s.th.: sich (*dat*) das Hemd über den Kopf ~ a) (*es anziehen*) to slip one's shirt on (over one's head), b) (*es ausziehen*) to slip one's shirt off (over one's head). – **6.** etwas in die Höhe ~ (*Ärmel etc*) to push s.th. up. – **7.** (*von Blick, Augen*) skim over: sein verstohlener Blick streifte mich, er streifte mich mit einem verstohlenen Blick his furtive glance skimmed over me, he glanced at me furtively. – **8.** *fig.* (*ein Thema, Problem etc*) touch (up)on, skirt, glance at: wir haben den Ort auf unserer Reise nur gestreift we only glanced at the place on our journey. – **9.** *hunt.* a) (*das Fell abziehen*) (*Hasen etc*) skin, b) (*durch Streifschuß*) wound. – **II** *v/i* ⟨*sein u. h*⟩ **10.** ⟨*sein*⟩ an (*acc*) (*od.* gegen) etwas ~ a) (*leicht berühren*) to touch (*od.* brush [against]) s.th., b) (*knapp verfehlen*) to graze s.th. – **11.** ⟨*sein*⟩ (*schweifen, wandern*) roam, ramble: durch die Felder ~ to roam (*od.* ramble) through the fields, to roam the fields. – **12.** ⟨*sein*⟩ (*von Raubtier, Einbrecher etc*) prowl: Wölfe streiften durch die Wälder wolves prowled (through) the forests. – **13.** ⟨*sein*⟩ (*von Blick*) skim: er ließ seinen Blick über die Schulklasse ~ he let his glance skim over the class. – **14.** ⟨*h*⟩ an (*acc*) etwas ~ *fig.* (*grenzen an*) to verge (*od.* border) on s.th.

'strei·fen² *v/t* ⟨*h*⟩ **1.** (*regelmäßig*) stripe. – **2.** (*unregelmäßig*) streak. – **3.** *bot.* striate. – **4.** *civ.eng.* channel, flute.

'Strei·fen *m* ⟨*-s; -*⟩ **1.** (*in regelmäßiger Anordnung*) stripe: ein Kleid mit schmalen ~ a dress with narrow stripes; die ~ eines Zebras the stripes of a zebra. – **2.** (*in unregelmäßiger Anordnung*) streak: sie hat schon einige graue ~ im Haar she has some gray (*od.* some streaks of gray) in her hair already; Fleisch mit einem ~ Fett *gastr.* meat with a streak of fat; dunkelrote ~ am Abendhimmel dark red streaks in the evening sky. – **3.** (*Papier-, Stoff-, Metallstreifen*) strip, (*bes. schmaler u. langer*) shred: ein Tuch in ~ schneiden to cut a cloth into strips. – **4.** (*Geländestreifen*) strip, tract: ein fruchtbaren Landes a strip of fertile land. – **5.** (*Linie, Strich*) line, *bes. Am.* stripe: der weiße ~ in der Fahrbahnmitte the white line in the middle of the road. – **6.** *fig. colloq.* (*in Wendungen wie*) das paßt mir nicht in den ~ that's a nuisance, that doesn't suit me one bit, that's inconvenient for me. – **7.** (*film*) *phot.* a) film (strip), b) *cf.* Spielfilm, c) (*Negativ*) streak, d) (*Video*) striation. – **8.** *mil.* (*Rangabzeichen*) (*grade*) stripe. – **9.** *min.* a) (*im Marmor etc*) vein, streak, stripe, b) (*auf der Oberfläche von Kristallen*) band, lamella. – **10.** *med.* a) (*Gaze, Heftpflaster*) strip, b) (*Hautstreifen*) stria, c) (*im Sputum*) streak, d) (*der Schwangeren*) stria (*gravidarum*). – **11.** *tech.* a) (*an der Glasoberfläche*) cord, wreath, b) (*bei der Rohrherstellung*) skelp. – **12.** *tel.* tape. – **13.** *aer.* (*Kondensstreifen*) trail. – **14.** *astr.* a) (*des Jupiters etc*) belt, b) (*eines Meteors*) trail. – **15.** *her.* (*für die Devise*) scroll.

'Strei·fen|,bil·dung *f med.* striation. — **~,blech** *n metall.* strip steel. — **~,boot** *n mar.* (*der Wasserschutzpolizei*) patrol boat. — **~,bunt,barsch** *m zo.* port (*od.* black) acara (*Aequidens portalegrensis*). — **~,dienst** *m* **1.** (*eines Polizisten, Soldaten*) patrol duty. – **2.** (*Patrouille*) patrol. — **~,drucker** (*getr. -k·k-*) *m tel.* (*Telegraphenapparat*) perforator. — **~,farn** *n bot.* spleenwort, finger fern (*Gattg Asplenium*). — **~,fisch** *m zo.* silversides *pl* (*construed as sg or pl*), *auch* silverside (*Fam. Atherinidae*). — **~,frosch** *m* Senegal frog (*Gattg Kassina*). — **~,ge,fü·ge** *n metall.* banded structure. — **~,hecht·ling** [-,heçtlɪn] *m* ⟨*-s; -e*⟩ *zo.* panchax lineatus (*Aplocheilus lineatus*). — **~hyä·ne** [-,hy,ɛːnə] *f* striped hyena (*Hyaena hyaena*). — **~,kul,tur** *f agr.* (*zur Verhinde-*

rung der Erosion) strip-cropping, strip farming. — **~,maus** *f zo.* striped mouse (*od.* rat) (*Arvicanthus barbarus*). — **~po·li,zist** *m* patrol, *bes. Am.* patrolman. — **~,scha,kal** *m zo.* side-striped jackal (*Canis adustus*). — **~,schrei·ber** *m tel. cf.* Streifendrucker. — **~,si·che·rung** *f electr.* strip (*od.* link) fuse. — **~,skink** *m zo.* blue-tailed skink (*od.* lizard), *auch* five-lined (*od.* redheaded) lizard (*Eumeces fasciatus*). — **~,skunk** *m* Canadian skunk (*Mephitis mephitis*). — **~,wa·gen** *m* (police) patrol car, *Am. auch* squad (*od.* cruise, *colloq.* prowl) car, cruiser, *Br. colloq.* Z-car. — **s~,wei·se** *adv* **1.** in stripes. – **2.** in strips, in shreds. — **~,wie·sel** *n zo.* **1.** snake marten (*Poecilictis libyca*). – **2.** African souslik (*Poecilogale albinucha*). — **~,wolf** *m cf.* Streifenschakal. — **~,zie·sel** *m*, Austrian *n* North American thirteen-lined ground squirrel, *auch* thirteen-lined gopher (*Citellus tridecimlineatus*).

'Streif,hieb *m* (*mit einem Säbel etc*) grazing blow.

'strei·fig *adj* **1.** *cf.* gestreift **II.** – **2.** (*als unerwünschter Nebeneffekt*) streaky: das Kleid ist nach dem Waschen ~ geworden the dress has become streaky in the wash. – **3.** *min.* a) (*Marmor etc*) veined, streaked, streaky, b) (*Kristalle*) striate(d). – **4.** *med.* (*Gewebe etc*) streaky, striate(d). – **5.** *tech.* (*Glas etc*) corded. – **6.** *metall.* (*Gefüge*) banded, lamellar.

'Streif|,jagd *f hunt.* drive. — **~,licht** *n* ⟨*-(e)s; -er*⟩ **1.** flash (of light), faint ray of light. – **2.** *fig.* sidelight, side lighting: ~er auf (*acc*) etwas werfen to throw sidelights (up)on s.th., to provide incidental information about s.th. – **3.** (*art*) accidental light(s *pl*). – **4.** *phot.* glancing light.

'Streif·ling *m* ⟨*-s; -e*⟩ *hort.* (*Apfelsorte*) redstreak.

'Streif,schuß *m* **1.** graze, grazing shot. – **2.** (*Wunde*) graze, grazing (*od.* tangential) wound: er hat einen ~ am Arm bekommen he received a graze on the arm, a bullet grazed his arm.

'Strei·fung *f* ⟨*-; -en*⟩ **1.** striping. – **2.** *med.* (*im Gewebe*) striation.

'Streif|,wun·de *f med. cf.* Streifschuß 2. — **~,zug** *m* **1.** scout(ing trip): laß uns einen ~ durch die Stadt machen let us make a scout through (*od.* let us scout [out]) the town. – **2.** *fig.* (*durch ein Wissensgebiet etc*) (*durch on*) discourse.

Streik [ʃtraik] *m* ⟨*-(e)s; -s*⟩ strike, walkout (*colloq.*), *bes. Br. colloq.* turn-out: [un]befristeter ~ [un]limited strike; wilder ~ unauthorized (*Br. auch -s-*) (*od.* informal, wildcat, *Am. colloq. auch* quicky) strike, walkout; einen ~ ausrufen, zum ~ aufrufen to call a strike; in (den) ~ treten to go (out) (*od.* come out) on strike, to strike, to walk out (*colloq.*); die Belegschaft des Betriebes befindet sich im ~ the personnel of the firm is (out) on strike (*od.* is striking, *colloq.* is out); einen ~ abbrechen (*od. colloq.* abblasen) [beilegen] to call off [to settle] a strike; die vom ~ betroffenen Fabriken the factories affected (*od.* made idle) by the strike, the strikebound factories, *Am. auch* the factories struck. — **~,ab,stim·mung** *f* strike voting (*od.* ballot, vote). — **~,an,dro·hung** *f* threat of (a) strike. — **~,ar·beit** *f* ⟨*-; no pl*⟩ work done by nonstrikers, strikebreaker's work, scab work (*colloq.*). — **~,auf,ruf** *m* call to strike. — **~,aus,schuß** *m* strike committee. — **~be,fehl** *m* (*der Gewerkschaft*) strike order, order to strike: den ~ zurücknehmen to countermand the strike (order). — **~be,we·gung** *f* strike movement. — **~,bre·cher** *m* strikebreaker, scab (*colloq.*), *bes. Br. colloq.* blackleg, *Br. colloq. auch* knobstick, rat (*sl.*), *Am. sl.* fink. — **~,bruch** *m* breaking of a strike. — **s~,brü·chig** *adj only in* ~ werden to break a strike. — **~,dro·hung** *f* threat of (a) strike.

strei·ken ['ʃtraikən] *v/i* ⟨*h*⟩ **1.** (*sich im Streik befinden*) strike, be (out) on strike, be out (*colloq.*). – **2.** (*in Streik treten*) strike, go (out) (*od.* come out) on strike, walk out (*colloq.*): für höhere Löhne ~ to strike for higher wages. – **3.** *fig. colloq.* (*sich weigern, es zu tun*) refuse (to do it), ba(u)lk at it (*colloq.*): da streike ich! I refuse! (you can) count me out! – **4.** *fig. colloq.* (*die Teilnahme an etwas verweigern*) refuse to take part (*od.* participate), *bes. Br.*

colloq. cry off. – **5.** *fig. colloq.* (*sich weigern, etwas fortzusetzen*) refuse to go on (*od.* continue): nach einem Marsch von 6 Stunden streikte ich after six hours' walk I refused to go any further. – **6.** *fig. colloq.* (*von Magen etc*) rebel, revolt. – **7.** *fig. colloq.* (*von Motor, Maschine etc*) stall, conk (out) (*colloq.*). — '**Strei·kend I** *pres p.* – **II** *adj* (*Arbeiter etc*) striking, on strike.

'**Strei·ken·de** *m, f* ⟨-n; -n⟩ striker.

'**Streik|ge,fahr** *f* danger of a strike: die ~ abwenden to avert the danger of a strike. — ~**,geg·ner** *m* opponent of a strike. — ~**,geld** *n* ⟨-(e)s; -er⟩ **1.** ⟨*only sg*⟩ *cf.* Streiklohn. – **2.** *pl* (*von der Gewerkschaft gezahlte*) strike benefits. — ~**,kas·se** *f* strike fund. — ~**,lei·tung** *f cf.* Streikausschuß. — ~**,lohn** *m* strike pay. — ~**pa,ro·le** *f* strike slogan. — ~**,po·sten** *m* picket(er), *auch* piquet: ~ stehen to picket; etwas mit ~ besetzen to picket s.th. — ~**,recht** *n* right to strike. — ~**,sper·re** *f* picket line. — ~**ver,bot** *n* prohibition of strike(s), ban on strikes: ein ~ verhängen to put a ban on (*od.* to ban) strikes. — ~**,wa·che** *f cf.* Streikposten. — ~**,wel·le** *f fig.* chain (*od.* series) of strikes.

Streit [ʃtrait] *m* ⟨-(e)s; -e⟩ **1.** quarrel, row, *Am. sl.* run-in: zwischen ihnen entbrannte ein heftiger ~ um (*od.* über) die Erbschaft a violent quarrel about (*od.* over) the inheritance flared up between them; die beiden haben dauernd ~ the two of them are constantly having rows (*od.* are constantly having rows); bei uns zu Hause ist (*od.* gibt es) immer ~ there are always rows at home; sie gerieten miteinander in ~ they started a row (*od.* started quarrel[l]ing, started to quarrel) with each other; unser Nachbar wollte ~ mit mir anfangen our neighbo(u)r wanted to start a row with me; einen ~ vom Zaun brechen to pick a quarrel; er sucht immer (nur) ~ he's always out (*od.* looking) for a quarrel; einen ~ schlichten (*od.* beilegen) [begraben] to settle [to bury] a quarrel; sie trugen den ~ mit den Fäusten aus they ended the quarrel with a fight, they came to fisticuffs; wir hatten gestern einen kleinen ~ we had a bit of a quarrel yesterday, we had a tiff (*bes. Am. spat*) yesterday. – **2.** (*Meinungsstreit, Wortgefecht*) dispute, controversy, altercation (*lit.*): ein gelehrter ~ a learned (*od.* scholarly) controversy; ein ~ um nichts (*od. colloq.* um des Kaisers Bart) a dispute about nothing (*od.* about mere bagatelles, about trifles). – **3.** (*Gezänk, Krawall*) row, fracas, rumpus (*colloq.*): ich wachte von einem ~ auf der Straße auf I was awakened by a row in the street. – **4.** (*handgreiflicher*) fight, brawl, scuffle, scrap (*colloq.*). – **5.** (*Konflikt, Zwiespalt*) conflict, variance: mit sich selbst im ~ liegen to be in conflict (*od.* at variance) with oneself; Neid und Bewunderung lagen miteinander im ~ envy and admiration were in conflict (*od.* conflicted) with each other. – **6.** (*Fehde*) feud: die beiden Familien lagen jahrzehntelang miteinander im ~ the two families had a (*od.* were at) feud with each other for decades. – **7.** *lit.* (*Kampf mit Waffen*) fight: sich zum ~ rüsten to arm oneself for the fight. – **8.** *jur.* short for Rechtsstreit.

'**Streit,axt** *f hist.* war hatchet, battle-ax(e), poleax(e), pollax(e): zweischneidige ~ twibil(l); die ~ begraben *fig.* to bury the hatchet. — ~**kul,tur** *f archeol.* battle-ax(e) culture.

'**streit·bar** *adj* **1.** (*kampflustig*) quarrelsome, pugnacious, disputatious, contentious: ~ sein, eine ~e Gesinnung haben to be quarrelsome. – **2.** (*aggressiv*) aggressive. – **3.** (*kriegerisch*) warlike, belligerent. – **4.** (*mutig*) valiant. – **5.** (*für eine Idee etc*) militant.

strei·ten ['ʃtraitən] **I** *v/i* ⟨streitet, stritt, gestritten, h⟩ **1.** quarrel, argue, row: müßt ihr immer ~? must you always be quarrel(l)ing? sie haben den ganzen Abend lang gestritten they were quarrel(l)ing (*od.* having words) with each other the whole evening. – **2.** (*einen Meinungsstreit austragen*) dispute, controvert, haggle, tussle, argue: wir haben über die Frage gestritten, ob we have been disputing (on *od.* about, over) the question of whether;

über (den) Geschmack läßt sich (nicht) ~ tastes differ, there is no accounting for tastes; darüber läßt sich ~ that's a debatable point. – **3.** (*krakeelen, sich laut zanken*) (have a) row (*od.* brawl), broil: in unserer Nachbarschaft haben zwei Familien miteinander gestritten two families rowed (*od.* had a row) with each other in our neighbo(u)rhood. – **4.** (*handgreiflich*) have a fight (*od.* scuffle, *colloq.* scrap), fight, scuffle, scrap (*colloq.*). – **5.** *lit.* (*mit Waffen kämpfen*) fight, struggle, combat: sie stritten tapfer gegen die gewaltige Übermacht they fought bravely against the tremendous superior force. – **6.** (*im Konflikt sein*) conflict, be in conflict (*od.* at variance): Furcht und Ehrlichkeit stritten in ihm fear and honesty are at adds within him. – **7.** für [gegen] etwas ~ *fig.* (*sich einsetzen*) to fight (*od.* struggle, contend) for [against] s.th.: für seine Überzeugungen [gegen j-s Behauptung] ~ to fight for one's convictions [against s.o.'s assertion]. – **8.** um etwas ~ a) *fig.* (*wetteifern*) to fight (*od.* vie, contend) for s.th., b) *jur.* (*vor Gericht*) to be in litigation about s.th., *auch* to litigate (for) s.th.: vier Mannschaften ~ um den Sieg four teams compete for (the) victory. – **9.** *jur.* (*prozessieren*) litigate. – **II** *v/reflex* sich ~ **10.** quarrel, argue, row: sie ~ sich fortwährend they are constantly quarrel(l)ing (*od.* having quarrels), they live like cat and dog; gestern habe ich mich mit meinem Vater gestritten I quarrel(l)ed (*od.* had an argument, had words) with my father yesterday; sie ~ sich um nichts (*od. colloq.* um des Kaisers Bart) they quarrel about (mere) bagatelles (*od.* trifles); wenn zwei sich ~, freut sich der Dritte (*Sprichwort*) etwa when two people quarrel there is always a third who rejoices. – **11.** (*einen Meinungsstreit austragen*) dispute, controvert, haggle, tussle, argue. – **12.** (*sich laut zanken*) row, have a brawl. – **13.** (*handgreiflich werden*) have a fight (*od.* scuffle, *colloq.* scrap), fight, scuffle, scrap (*colloq.*). – **III S~** ⟨-s⟩ **14.** verbal noun. – **15.** *cf.* Streit. — '**strei·tend I** *pres p.* – **II** *adj* **1.** die ~en Parteien *jur.* the litigant parties. – **2.** die ~e Kirche *relig.* the church militant.

'**Strei·ten·de** *m, f* ⟨-n; -n⟩ *meist pl* **1.** quarrel(l)er, arguer. – **2.** (*bei einem Meinungsstreit*) disputant, disputer, controversialist. – **3.** (*bei einer Streiterei*) brawler. – **4.** (*bei einer Schlägerei etc*) fighter, scrapper (*colloq.*). – **5.** die ~n *jur.* (*vor Gericht*) the litigants, the litigant parties.

'**Strei·ter** *m* ⟨-s; -⟩ **1.** *lit.* (*Kämpfer, Krieger*) fighter, combatant. – **2.** *fig.* (*für eine Überzeugung, Idee etc*) (für) fighter (for), proponent (of), advocate (of), champion (of).

Strei·te'rei *f* ⟨-; -en⟩ **1.** *cf.* Streiten. – **2.** constant (*od.* continuous) quarrels *pl* (*od.* arguments *pl*, rows *pl*). – **3.** (*Disputieren*) constant (*od.* continuous) disputes *pl* (*od.* disputation, controversy, *lit.* altercation). – **4.** (*Gezänk*) constant (*od.* continuous) rows *pl* (*od.* brawls *pl*, broils *pl*).

'**Streit|,fall** *m* **1.** dispute, difference, conflict. – **2.** *jur.* case (at law), litigation, issue: einen ~ vor Gericht bringen to take a case to court; einen ~ gütlich beilegen to settle (*od.* arrange) a case amicably. — ~**,fra·ge** *f* **1.** (*Gegenstand eines Streites*) (question at) issue, (point of) controversy, point at issue, question: internationale ~n international controversies. – **2.** (*umstrittene Angelegenheit*) moot question, debatable point, controversial subject. — ~**ge,dicht** *n* (*literature*) poem of invective, contentious poem. — ~**ge·gen,stand** *m bes. jur.* **1.** matter in dispute (*od.* at issue). – **2.** object of dispute. — ~**ge,hil·fe** *m jur.* intervener, *auch* intervenor. — ~**ge,nos·se** *m* (one) party in a joinder. — ~**ge,nos·sen·schaft** *f* joinder. — ~**ge,spräch** *n* dispute, debate, discussion, disputation.

'**Streit|,hahn**, ~**,ham·mel** *m colloq.* contempt. squabbler, wrangler, brawler. — ~**,han·del** *m* quarrel, dispute.

'**Streit,hän·gig·keit** *f* ⟨-; *no pl*⟩ *jur.* pendency.

'**Streit|,han·sel**, ~**,hansl** [-,hanzəl] *m* ⟨-s; -n⟩ *Bavarian and Austrian colloq.* for Streithahn, Streithammel.

'**strei·tig** *adj* **1.** *cf.* strittig. – **2.** *jur.* (*Gerichtsbarkeit, Zivilsache etc*) contentious, litigious. – **3.** j-m (*das Recht auf acc*) etwas ~ machen to contest (*od.* dispute) s.o.'s right to s.th.; j-m [etwas] den Rang ~ machen to compete (*od.* vie) with s.o. [s.th.], to rival s.o. [s.th.].

'**Strei·tig·keit** *f* ⟨-; -en⟩ *meist pl* dispute, difference, conflict, (*Rechtsstreitigkeit*) litigation: Beilegung von ~en bes. *jur.* settlement of disputes.

'**Streit|,kräf·te** *pl mil.* (armed) forces, troops. — ~**,lust** *f* ⟨-; *no pl*⟩ eagerness to fight, readiness for a quarrel, quarrelsome disposition. — **s~,lu·stig** *adj* **1.** ready for (*od.* fond of) a quarrel: er ist ~ he is (always) ready for a quarrel, he enjoys (*od.* likes) a (good) fight. – **2.** *cf.* streitsüchtig **1.** — ~**,macht** *f mil. cf.* Streitkräfte. — ~**,ob·jekt** *n cf.* Streitgegenstand. — ~**,punkt** *m bes. jur.* (point *od.* question at) issue, point in (*od.* under) dispute, point of controversy. — ~**,roß** *n obs. od. poet.* war-horse, steed, charger. — ~**,sa·che** *f* **1.** (matter of) controversy, matter in (*od.* under) dispute, contentious (*od.* controversial) matter. – **2.** *jur.* a) (*Prozeß*) litigation, lawsuit, b) (*Rechtssache*) case. — ~**,schrift** *f* polemic(al) (*od.* controversial) treatise (*od.* pamphlet, writing), pamphlet. — ~**,sucht** *f* ⟨-; *no pl*⟩ quarrelsomeness, pugnacity, pugnaciousness, cantankerousness, contentiousness, disputatiousness. — **s~,süch·tig** *adj* **1.** quarrelsome, pugnacious, cantankerous, contentious, disputatious. – **2.** *cf.* streitlustig **1.** — ~**,süch·tig·keit** *f* ⟨-; *no pl*⟩ **1.** *cf.* Streitsucht. – **2.** *cf.* Streitlust. — ~**,wa·gen** *m antiq.* (war) chariot. — ~**,wert** *m jur.* value (*od.* sum) in (the matter of) dispute, value in litigation, amount (*od.* money) involved.

Stre·lit·zia [ʃtreˈlɪtsɪa] *f* ⟨-; -zien⟩ *bot.* bird-of-paradise (flower), bird's-tongue flower (*Strelitzia reginae*).

strem·men ['ʃtremən] *Middle G. dial. colloq.* **I** *v/t* ⟨h⟩ *cf.* beengen **1.** – **II** *v/reflex* sich ~ *cf.* anstrengen **1.**

streng [ʃtreŋ] **I** *adj* ⟨-er; -st⟩ **1.** (*hart, unerbittlich*) severe, strict, rigorous, rigid: ein ~er Lehrer [Richter] a severe (*od.* stern) teacher [judge]; ein ~er Vater a severe (*od.* an austere, a stern) father; ~e Erziehung strict upbringing; ~e Disziplin strict (*od.* rigid, stringent) discipline; ~e Prüfung severe (*od.* stiff, tough) test; ~es Gesetz severe law; ~e Bestrafung severe punishment; ~er Verweis severe rebuke; ~e Sitten *auch humor.* strict (*od.* rigid) morals; ~ mit j-m (*od.* gegen j-n) sein to be strict (*od.* severe) with s.o.; er ist ~ gegen sich und (gegen) andere he is hard on himself and on others, he is severe with himself and with others; ein ~es Regiment führen to rule with a heavy (*od.* firm) hand, to keep a tight rein; ~e Maßnahmen ergreifen to take strict (*od.* stringent) measures; j-n zu ~em Arrest verurteilen *jur.* to sentence s.o. to close arrest (*od.* confinement). – **2.** (*Kritik, Beurteilung*) severe. – **3.** (*Blick, Gesichtsausdruck etc*) stern, severe: ein ~es Gesicht machen to look stern (*od.* severe). – **4.** (*Kleiderschnitt etc*) severe, austere. – **5.** (*unbedingt, genau*) strict: ~e Diät halten to observe a strict (*od.* rigid) diet; ~e Grundsätze haben to have strict (*od.* rigid) principles; ~e Befehle [Verbote] strict orders [prohibitions]; ~e Einhaltung der Gesetze strict observance of (*od.* rigid, close) adherence to the laws; im ~en Sinn des Wortes in the strict sense of the word; in ~er Abgeschlossenheit leben to live in strict seclusion; zu ~ster Geheimhaltung verpflichtet sein to be liable to strict (observance of) secrecy; zu ~stem Stillschweigen verpflichtet sein to be obliged to observe strict silence. – **6.** (*strenggläubig*) strict, rigid: (ein) ~er Katholik a strict Catholic. – **7.** (*Kälte, Frost etc*) severe: ~er Winter severe (*od.* hard, rigorous) winter; ~e Kälte severe (*od.* bitter, biting) cold; ~es Klima severe (*od.* rigorous, inclement, harsh) climate. – **8.** (*Geschmack, Geruch*) pungent, acrid, harsh: ~ schmecken [riechen] to have a pungent taste [smell], to taste [smell] pungent. – **9.** *mus.* (*Kontrapunkt*) strict. – **II** *adv* **10.** severely, strictly, rigorously, in a severe (*od.* strict, rigorous) manner: j-n

~ **bestrafen** to punish s.o. severely; ~ **durchgreifen** to take strict (*od.* stringent) measures; **seine Kinder ~ erziehen** to bring one's children up very strictly, to give one's children a strict upbringing; ~ **urteilen** to judge severely. – **11.** sternly, severely: **j-n ~ ansehen** to look sternly at s.o., to give s.o. a stern look. – **12.** ~ **geschnitten** a) (*von Kleidern etc*) with a severe (*od.* an austere) cut, b) (*von Gesichtern*) with severe (*od.* harsh, austere) features. – **13.** strictly: ~ **geheim** strictly (*od.* top) secret; ~ **vertraulich** strictly confidential(ly), in strict confidence; **etwas ~ sachlich betrachten** to regard s.th. from a strictly objective point of view; **eine ~ wissenschaftliche Methode** a strictly scientific method; **sie ist ~ katholisch erzogen worden** she was given a strict (*od.* rigid) Catholic upbringing, she was brought up a strict (*od.* rigid) Catholic; **die Vorschriften ~ einhalten, sich ~ an die Vorschriften halten** to adhere (*od.* keep) strictly (*od.* rigidly, closely) to the regulations, to observe the regulations (very) strictly; ~ **nach Vorschrift handeln** to act in strict accordance with the regulations; ~ **auf** (*acc*) **etwas achten** (*od.* bedacht sein) to pay strict attention to s.th., to take strict care of s.th.; **j-m etwas ~ untersagen** (*od.* verbieten) to prohibit (*od.* forbid) s.o. s.th. strictly; **Parken ~ verboten!** parking strictly prohibited. – **14.** **etwas geht ~** s.th. is stiff: **der Verschluß geht ~** the fastener is stiff. – **15.** ~ **im Takt** (*od.* Zeitmaß) *mus.* strictly in time.

'**Stren·ge** *f* ⟨-; *no pl*⟩ **1.** (*Härte, Unerbittlichkeit*) severity, severeness, strictness, rigorousness, rigidity. – **2.** (*des Urteils etc*) severeness. – **3.** (*des Gesichtsausdrucks etc*) sternness, severeness. – **4.** (*in Kleidung etc*) severeness, austerity. – **5.** (*strikte Genauigkeit*) strictness. – **6.** (*des Glaubens*) strictness, rigidity. – **7.** (*der Kälte, des Frostes etc*) severity, severeness. – **8.** (*von Geschmack od. Geruch*) pungency, acridity, harshness.

'**streng|flüs·sig** *adj chem.* viscous, viscid. — ~**ge,nom·men** *adv* **1.** strictly speaking, to be exact: ~ **heißt das** strictly speaking, this means. – **2.** (*eigentlich*) actually, in actual fact, really. — ~**gläu·big** *adj* orthodox, rigid, strict: **ein ~er Katholik** an orthodox Catholic. — **S~,gläu·big·keit** *f* orthodoxy.

'**streng·stens** *adv* most severely (*od.* strictly): ~ **bestraft werden** to be punished most severely; **Rauchen ~ verboten** (*od.* untersagt)! smoking strictly prohibited, *Am. auch* absolutely no smoking; **Betreten ~ verboten!** no (*Am. auch* absolutely no) admittance, trespassers will be prosecuted.

Strep·to·kok·ke [strɛpto'kɔkə] *f* ⟨-; -n⟩, **Strep·to'kok·kus** [-'kɔkəs] *m* ⟨-; -ken⟩ *meist pl med.* streptococcus.

Strep·to·ly·sin [strɛptoly'ziːn] *n* ⟨-s; -e⟩ *med.* streptolysin, streptococcolysin.

Strep·to·my·cin [strɛptomy'tsiːn] *n* ⟨-s; *no pl*⟩ *med. pharm.* streptomycin.

Strep·to·my·zet [strɛptomy'tseːt] *m* ⟨-en; -en⟩ *med. biol.* streptomyces.

'**Stre·se,mann** ['streːzə-] *m* ⟨-s; *no pl*⟩ (*fashion*) *colloq.* gentleman's dark suit with waistcoat and striped trousers.

Streß [strɛs; stres] *m* ⟨-sses; -sse⟩ **1.** *med. psych.* stress. – **2.** *geol.* stress. — ~**si,tua·ti,on** *f med. psych.* stress situation.

Stretch [strɛtʃ] *m* ⟨-(e)s ['strɛtʃ(ə)s]; -es ['strɛtʃɪs]⟩ (*textile*) elastic (*od.* stretch) material. — ~**garn** *n* stretch yarn. — ~**strumpf** *m* **1.** elastic (*od.* stretch) stocking. – **2.** *pl* elastic (*od.* stretch) stockings, *collect. auch* elastic (*od.* stretch) hosiery *sg* (*od.* hose *sg*). [stretto, stretta.]

Stret·ta ['strɛta] *f* ⟨-; -ten *od.* -s⟩ *mus.*⌐

Streu [strɔy] *f* ⟨-; -en⟩ (*bes. für Vieh*) litter. — ~**be,reich** *m tech.* (*von Prüfwerten*) scattering range, range of variation. — ~**be,sitz** *m agr.* scattered (*farm*) holding (*od.* property). — ~**blu·men** *pl* **1.** (*bei Prozessionen etc*) flowers for strewing. – **2.** (*auf Stoff, Tapete etc*) scattered flowers. — ~**brei·te** *f* **1.** *math. tech.* (*in Statistiken*) (width of) scattering range. – **2.** *bes. mil.* a) (*von Geschossen*) zone of dispersion, b) (*von Torpedos*) spacing. — ~**büch·se** *f cf.* Streuer 1. — ~**dü·se** *f tech.* spray nozzle.

streu·en ['strɔyən] **I** *v/t* ⟨h⟩ **1.** (*Körner, Sand etc*) strew, scatter: **Samen ~** to sow (seed), to strew seed; **Blumen auf den Weg ~** to strew flowers on the path; → **Sand** 1. – **2.** (*Zucker, Salz, Mehl etc*) sprinkle, scatter: **Zucker auf den Kuchen ~** to scatter (*od.* dust, dredge) sugar on the cake, to sprinkle (*od.* dust, dredge) the cake with sugar; **Zucker [Salz, Pfeffer, Mehl] auf** (*acc*) **etwas ~** to sprinkle sugar [salt, pepper, flour] on s.th., to sugar [salt, pepper, flour] s.th. – **3.** (*Dünger, Mist etc*) spread. – **4.** *agr.* (*Stroh*) litter. – **5.** *phys.* (*Strahlen*) spread. – **6.** *med.* (*Bakterien*) disseminate, scatter. – **II** *v/i* **7.** (*von Salz-, Zuckerstreuern etc*) sprinkle: **der Salzstreuer streut nicht** the salt shaker does not work (*od.* is clogged). – **8.** *bes. mil.* a) (*von Gewehren etc*) scatter, b) (*absichtlich, der Länge nach*) search, c) (*absichtlich, der Seite nach*) sweep. – **9.** (*optics*) (*von Linsen*) disperse. – **10.** *phys.* (*von Strahlen*) scatter, disperse. – **11.** *electr.* leak. – **12.** *math.* diverge. – **13.** *med.* (*von Bakterien*) disseminate, scatter. – **III** *S~ n* ⟨-s⟩ **14.** *verbal noun.* – **15.** scatter. – **16.** *phys.* scatter, dispersion. – **17.** *med.* dissemination, scatter. – **18.** *mil.* dispersion.

'**Streu·er** *m* ⟨-s; -⟩ **1.** (*für Zucker, Salz, Pfeffer etc*) shaker, caster, *auch* castor, sifter. – **2.** (*Puderstreudose*) dusting box. – **3.** *med.* (*Person*) carrier.

'**Streu,fak·tor** *m* **1.** *phys.* scattering coefficient. – **2.** *electr.* leakage coefficient. — ~**feld** *n electr.* stray (electric) field. — ~**feu·er** *n mil.* **1.** scattered fire. – **2.** (*über eine Fläche*) area fire. – **3.** (*längs*) searching fire. – **4.** (*seitlich*) sweeping fire. — ~**flä·che** *f electr.* (*des Lichtes*) scattering surface. — ~**ge,mein·de** *f relig.* scattered parish. — ~**gold** *n tech.* gold dust. — ~**gut** *n* (*auf Straßen*) abrasive (*od.* gritting) material, grit. — ~**ke·gel** *m* **1.** *bes. mil.* (*einer Waffe*) dispersion cone. – **2.** (*radio*) (*eines Lautsprechers*) dispersion cone. — ~**kü·gel·chen** *n med.* pellet, pil(l)ule.

'**Streu,licht** *n phot. phys.* stray light, scattered light. — ~**schirm** *m phot.* diffusing screen.

streu·nen ['strɔynən] *v/i* ⟨sein⟩ stray, roam (about). — '**streu·nend I** *pres p.* – **II** *adj* (*Hund, Kind etc*) stray (*attrib*): **ein ~es Tier** a stray (animal); ~**e Kinder** stray children, waifs.

'**Streu·ner** *m* ⟨-s; -⟩ **1.** (*streunendes Tier*) stray (animal). – **2.** *contempt.* (*Herumtreiber, Landstreicher*) stray, tramp, vagabond, (*streunendes Kind*) *auch* waif.

'**Streu,neu·tron** *n phys.* stray neutron. — ~**pflicht** *f* obligation (*of house owners, shopkeepers etc*) to strew sand, gravel, ashes etc in case of icy or snowy pavements. — ~**pul·ver** *n med. pharm.* dusting powder. — ~**punkt** *m phot.* dispersion point. — ~**salz** *n* (*bei Glatteis, Schneeglätte*) (denatured) thawing salt. — ~**sand** *m* **1.** (*bei Glatteis und Schneeglätte*) gritting sand. – **2.** *obs.* (*zum Trocknen der Tinte*) pounce, writing sand (*od.* powder).

'**Streu·sel** ['strɔyzəl] *n* ⟨-s; -⟩ *meist pl gastr.* **1.** *cake decoration of chocolate flakes, chopped nuts etc.* – **2.** (*Streuselkuchenbelag*) sweet pastry crumbs *pl.* — ~**ku·chen** *m* crumble cake.

'**Streu,sied·lung** *f* scattered settlement. — ~**strah·len** *pl phys.* scattered rays. — ~**strah·lung** *f* scattered radiation. — ~**strom** *m electr.* leakage (*od.* stray) current.

'**Streu·ung** *f* ⟨-; -en⟩ **1.** *cf.* Streuen. – **2.** *bes. mil.* a) (*bei Geschossen*) dispersion, spread, b) (*einer Salve*) pattern. – **3.** *phys.* a) (*von Strahlen*) dispersion, b) (*von Licht*) diffusion. – **4.** *nucl.* (*eines Teilchens, Photons*) scattering: [in]elastische ~ [in]elastic scattering. – **5.** *electr.* (*bei Magnetfeldern*) leakage. – **6.** *med.* (*von Bakterien*) dissemination, scatter. – **7.** *math.* (*in Statistiken*) mean error. – **8.** *tech.* scattering. – **9.** *civ.eng.* (*gegen Eisglätte*) gritting. – **10.** *telev.* scattering.

'**Streu·ungs·ko·ef·fi·zi,ent** *m math. tech.* (*bei Statistiken*) scattering coefficient.

'**Streu,wert** *m math.* erratic value. — ~**win·kel** *m* **1.** *phys.* (*von Strahlen etc*) angle of dispersion. – **2.** *bes. mil.* (*von Geschossen*) angular latitude (*od.* spacing). – **3.** *telev.* angle of scatter, divergence.

spread). — ~**zucker** (getr. -k·k-) *m gastr.* caster (*auch* castor) sugar.

Stria ['striːa; 'striːa] *f* ⟨-; -ae ['striːɛ; 'striːɛ]⟩ *med.* (*Schwangerschaftsnarbe*) stria, stretch mark.

strich [strɪç] *1 u. 3 sg pret* of streichen.

Strich *m* ⟨-(e)s; -e⟩ **1.** (*mit Bleistift, Pinsel etc*) stroke: **ein dünner [dicker] ~** a thin [thick] stroke; **mit wenigen [kräftigen] ~en ein Bild entwerfen** to sketch a picture with (*od.* in) a few [with *od.* in bold] strokes; **mit einigen (wenigen) ~en eine Situation umreißen** *fig.* to outline a situation broadly; **einen ~ durch etwas machen** to cross (*od.* stroke) s.th. out, to run one's pen through s.th.; **j-m einen ~ durch die Rechnung machen** *fig. colloq.* to thwart (*od.* spoil, cross) s.o.'s plans, to upset s.o.'s applecart, to knock s.o.'s plans on the head (*colloq.*); **ich habe heute keinen ~ getan** *fig. colloq.* I haven't done a stroke (of work) today, I haven't lifted a finger today; **er ist nur ein ~** (*in der Landschaft*) *fig. colloq.* he is nothing but skin and bone, he is (as) thin as a rake; → **Konzept 4.** – **2.** (*Linie*) line: **einen geraden ~ ziehen** to draw a straight line; **einen ~ unter** (*acc*) **etwas machen** (*od.* ziehen) a) to underline s.th., to draw a line under s.th., to underscore s.th., b) *fig.* to make a clean break with s.th.; **er machte** (*od.* zog) **einen (dicken) ~ unter seine Vergangenheit** *fig.* he made a clean break with his past, he put an end to things past, he turned over a new leaf; ~ **d(a)runter!** *fig. colloq.* let's forget it! let no more be said about it; **unterm ~ stehen** *fig. colloq.* (*in einer Zeitung*) to be in the feuilleton; **die Prüfungsarbeit war unterm ~** *fig. colloq.* the examination paper was not up to the mark (*od.* up to scratch); **er kann noch auf dem ~ gehen** *colloq. humor.* (*ist nicht so betrunken*) he is still able to walk on a straight line. – **3.** (*Gedanken-, Morsestrich*) dash. – **4.** *colloq.* (*gestrichene Textstelle*) cut: **im Manuskript einige ~e machen** to make some cuts in (*od.* to edit) the manuscript. – **5.** (*Bürstenstrich*) stroke: **hundert ~(e) mit der Bürste machen** to give one's hair a hundred strokes with the brush. – **6.** ⟨*only sg*⟩ (*bei Haar, Fell etc*) pile: **Haar gegen den ~ bürsten [kämmen]** to brush [comb] one's hair the wrong way. – **7.** (*bei Stoffen*) nap: **das Material gegen den ~ verarbeiten** to work (on) the material against the nap; **nach ~ und Faden** *fig. colloq.* right and left, right, left, and center (*bes. Br.* centre), through and through; **j-n nach ~ und Faden betrügen** *fig. colloq.* to cheat s.o. right, left, and center (*bes. Br.* centre); **j-n nach ~ und Faden verprügeln** *fig. colloq.* to give s.o. a good hiding (*od. colloq.* tanning). – **8.** ⟨*only sg*⟩ (*bei Teppichen*) pile. – **9.** ⟨*only sg*⟩ (*bei Holz*) grain: **mit** (*od.* nach) **dem ~** with the grain; **das geht mir** (*entschieden*) **gegen den ~** *fig. colloq.* it goes against the grain with me. – **10.** (*Landstrich*) strip (*od.* tract) (of land). – **11.** (*Vogelzug*) migration, passage, flight: **der ~ der Stare** the migration of the starlings. – **12.** *fig. colloq.* (*in Wendungen wie*) **den habe ich vielleicht auf dem ~** a) (*kann ich nicht leiden*) I simply cannot stand (*od.* abide) him, b) I am very down on him, I have it in for him; **den ~ auf j-n gehen** to walk the streets; **ein Mädchen auf den ~ schicken** (*von Zuhälter*) to make a girl walk the streets. – **13.** *mus.* (*Bogenstrich*) bow, stroke: **einen kräftigen [weichen, guten] ~ haben** to have a firm [soft, good] stroke. – **14.** *tech.* (*als Skaleneinteilung*) graduation (*od.* division) line (*od.* mark), graduation. – **15.** *mar.* (*beim Kompaß*) point: **acht ~** eight points. – **16.** *mil.* (*Winkeleinheit, Teilstrich*) mil. – **17.** *math.* prime: **a ~, a'** a prime, a'; **b zwei ~, b''** b double prime, b''. – **18.** *min.* streak.

'**Strich,ät·zung** *f print.* line etching (*od.* engraving, plate, block), linecut. — ~**dü·ne** *f geogr.* seif dune.

stri·cheln ['strɪçəln] **I** *v/i* ⟨h⟩ **1.** draw (in) a series of little strokes. – **II** *v/t* **2.** (*Linien etc*) draw (s.th.) in a series of little strokes: **eine Linie ~** to draw a broken line. – **3.** (*schraffieren*) hatch, hachure, *auch* hatchure. – **4.** *med. biol.* (*Bakterienkultur*) streak. – **III** *S~ n* ⟨-s⟩ **5.** *verbal noun.* —

'Stri·che·lung f ⟨-; -en⟩ **1.** cf. Stricheln. – **2.** (Striche) series of little strokes. – **3.** (gestrichelte Linie) broken line. – **4.** (Schraffierlinien) hatches pl, hachures pl, auch hatchures pl.

'Strich|,farn m bot. cf. Streifenfarn. — **~,jun·ge** m colloq. male prostitute. — **~,kul,tur** f med. biol. streak (od. stroke) culture. — **~,mäd·chen** n colloq. streetwalker, prostitute. — **~,mar·ke** f line (od. locating) mark, datum (od. reference) line. — **~,maß** n, **~,maß,stab** m tech. (Meßlineal) (graduated) steel straightedge, steel rule. — **~,pro·be** f min. (zur Mineralbestimmung) assay. — **~,punkt** m ling. (Satzzeichen) semicolon. — **~,ra·ster,test,bild** n telev. bar (test) pattern. — **~,re·gen** m meteor. local (od. localized Br. auch -s-, regional) rain (od. showers pl). — **~,ska·la** f tech. graduated scale. — **~,ta·fel** f min. streak plate. — **~,tei·lung** f tech. (line) graduation. — **~,vö·gel** pl zo. birds of passage, visitants. — **s~,wei·se** adv **1.** (in manchen Gebieten) here and there, in local areas, in some areas (od. regions): ~ Regen [Hagel] local (od. localized Br. auch -s-, regional) showers pl [hail], showers pl [hail] here and there. – **2.** zo. (beim Vogelzug) in flights, in flocks. — **~,zeich·nung** f line drawing. — **~,zeit** f zo. (der Vögel) time of passage, time of flight (od. migration), migration time.

Strick [ʃtrɪk] m ⟨-(e)s; -e⟩ **1.** (Seil, Tau) cord, (dicker) rope: ein Pferd am ~ führen to lead a horse by the rope; der ~ des Henkers the (hangman's) rope (od. halter, noose); dann kann ich gleich einen ~ nehmen (od. zum ~ greifen)! I might as well hang myself! am ~ baumeln colloq. to swing (on the gallows) (colloq.); j-m einen ~ aus etwas drehen fig. colloq. to use s.th. against s.o., to put a noose round s.o.'s neck; wenn alle ~e reißen fig. colloq. if it (od. if the worst) comes to the worst, if all else fails. – **2.** fig. colloq. humor. (Schelm, Schlingel) (young od. little) rascal, scamp, little beggar (colloq.): du bist mir ein (rechter) ~! you're a real rascal!

'Strick|,ar·beit f **1.** cf. Stricken. – **2.** (Produkt) piece of knitting. — **~,art** f (knitting) stitch, knit. — **~,beu·tel** m knitting bag. — **stricken** (getr. -k·k-) ['ʃtrɪkən] **I** v/t ⟨h⟩ (Pullover, Strümpfe etc) knit. – **II** v/i knit: an einem Schal ~ to knit (at) a scarf; zwei rechts, zwei links ~ to knit two plain, two purl, to knit two and purl two. – **III S~** n ⟨-s⟩ verbal noun.

'Stricker (getr. -k·k-) m ⟨-s; -⟩ knitter. **Stricke'rei** (getr. -k·k-) f ⟨-; -en⟩ **1.** cf. Stricken. – **2.** (Strickstoff, -material) knitted fabric (od. material), knit. – **3.** cf. Strickarbeit 2.

'Stricke·rin (getr. -k·k-) f ⟨-; -nen⟩ knitter.

'Strick|,garn n knitting yarn. — **~,gras** n bot. cf. Esparto(gras). — **~,hand,schuh** m meist pl knitted glove. — **~,jacke** (getr. -k·k-) f cardigan, knitted jacket. — **~,kleid** n knitted dress. — **~,klei·dung** f knitwear. — **~,lei·ter** f rope ladder. — **~,ma·sche** f stitch. — **~ma,schi·ne** f knitting machine, knitter. — **~ma·te·ri,al** n knitting yarn (od. material). — **~,mu·ster** n **1.** (Anleitung) knitting pattern. – **2.** (Strickart) (knitting) stitch, knit. – **3.** (Probe) knitting sample. — **~,na·del** f knitting needle. — **~,strumpf** m **1.** stocking which is being knitted. – **2.** colloq. (Strickzeug) knitting: nach dem ~ greifen to do some knitting. — **~,wa·ren** pl knit(ted) goods (od. articles), knitwear sg. — **~,we·ste** f **1.** knitted vest (bes. Br. waistcoat). – **2.** cf. Strickjacke. — **~,wol·le** f knitting wool. — **~,zeug** n knitting (things pl).

Stri·dor ['ʃtriːdɔr; 'ʃtriː-] m ⟨-s; no pl⟩ med. stridor: inspiratorischer ~ inspiratory stridor.

Stri·du·la·ti·on [ʃtridula'tsi̯oːn; ʃtri-] f ⟨-; no pl⟩ zo. (bei Insekten) stridulation. **Stri·du·la·ti·ons,or,gan** n (der Grillen) stridulatory organ.

Strie·gel ['ʃtriːɡəl] m ⟨-s; -⟩ (Stallgerät) currycomb. — **'strie·geln** v/t ⟨h⟩ **1.** (Pferd etc) curry(comb), groom. – **2.** (Hund etc) brush. – **3.** j-n ~ fig. colloq. to make s.o. sweat.

Strie·me ['ʃtriːmə] f ⟨-; -n⟩ rare for Striemen.

Strie·men ['ʃtriːmən] m ⟨-s; -⟩ (auf der Haut) welt, weal, bes. Am. wale. — **'strie·mig** adj (mit Striemen bedeckt) marked (od. covered) with welts (od. weals, bes. Am. wales), welted, wealed, bes. Am. waled.

Strie·zel ['ʃtriːtsəl] m ⟨-s; -⟩ Bavarian and Austrian yeast dough baked in the shape of a plait.

strie·zen ['ʃtriːtsən] v/t ⟨h⟩ colloq. **1.** cf. triezen 1. – **2.** Northern G. for stibitzen.

strikt [ʃtrɪkt; ʃtrɪkt] **I** adj ⟨-er; -est⟩ ⟨meist attrib⟩ **1.** (streng, hart) severe, strict, rigorous: ~e Maßnahmen ergreifen to take severe (od. stringent) measures. – **2.** (genau, unbedingt) strict: ~e Befehle [Verbote] strict orders [prohibitions]; ~e Einhaltung der Vorschriften strict (od. rigid) observance of (od. adherence to) the regulations; ~e Grundsätze haben to have strict (od. rigid) principles; ~e Diät halten to keep to a strict diet. – **II** adv **3.** ~ durchgreifen to take severe (od. stringent) measures; eine Anweisung ~ befolgen, sich ~ an eine Anweisung halten to adhere (od. keep) strictly (od. rigidly) to an instruction; j-m etwas ~ befehlen [verbieten] to order [to forbid] s.o. strictly to do s.th.; er hat es ~ abgelehnt, mir zu helfen he flatly refused to help me.

strik·te ['ʃtrɪktə; 'ʃtrɪktə] adv cf. strikt II. **Strik·tur** [ʃtrɪk'tuːr; ʃtrɪk-] f ⟨-; -en⟩ med. (Verengung) narrowing, stricture. — **striktu'riert** [-tu'riːrt] adj strictured.

String [ʃtrɪŋ] (Engl.) m ⟨-(e)s; -s⟩ (computer) string.

strin·gen·do [ʃtrɪn'dʒɛndo] mus. **I** adv u. adj stringendo. – **II S~** n ⟨-s; -s u. -di [-di]⟩ stringendo.

strin·gent [ʃtrɪn'ɡɛnt; ʃtrɪŋ-] adj u. adv cf. zwingend II, III.

Strin·ger ['ʃtrɪŋər] m ⟨-s; -⟩ aer. mar. (space) (Bauteil) stringer.

Strip¹ [ʃtrɪp; strɪp] m ⟨-s; -s⟩ med. pharm. adhesive strip.

Strip² [ʃtrɪp] m ⟨-s; -s⟩ colloq. for Striptease.

Strip·pe ['ʃtrɪpə] f ⟨-; -n⟩ bes. Northern G. colloq. **1.** (Kordel, Schnur) string: j-n fest an der ~ haben (od. halten) fig. to keep a tight rein on s.o., to keep s.o. on a tight rein. – **2.** (Schnürsenkel) shoelace, shoestring. – **3.** (in der Straßenbahn) strap. – **4.** humor. (Telefon) phone (colloq.): ich hänge mich gleich an die ~ I'll get on the phone in a minute; ich habe ihn gerade an der ~ I've got him on the phone (od. line) just now; sie hängt dauernd an der ~ she is never off the phone, she is on the phone all day long.

'Strip·pe·rin f ⟨-; -nen⟩ colloq. 'stripper' (colloq.), bes. Am. colloq. 'teaser', 'peeler' (sl.).

'Strip·ping ['ʃtrɪpɪŋ; 'strɪ-] n ⟨-s; no pl⟩ nucl. stripping.

'Strip,tease ['ʃtrɪpˌtiːs; 'strɪpˌtiːz] (Engl.) m, auch n ⟨-; no pl⟩ striptease: einen ~ machen to (do a) striptease. — **~lo,kal** n striptease theater (bes. Br. theatre). — **~,tän·ze·rin** f stripteaser, striptease artist, exotic dancer, stripper (colloq.).

stritt [ʃtrɪt] 1 u. 3 sg pret of streiten.

strit·tig ['ʃtrɪtɪç] adj **1.** (umstritten) contentious, controversial, in dispute, at issue, moot (attrib): ~e Frage controversial question, question at issue; ~er Punkt (point at) issue, contentious (od. moot) point. – **2.** jur. (streitig) contentious, litigious. – **3.** (bestreitbar, diskutierbar) debatable, disputable, contestable.

Striz·zi ['ʃtrɪtsi] m ⟨-s; -s⟩ Southern G. and Austrian colloq. gay spark, fast one (od. fellow) colloq.

Stro·be ['ʃtroːbə] f ⟨-; -n⟩ bot. white pine (Pinus strobus).

stro·be·lig ['ʃtroːbəlɪç] adj colloq. cf. strubbelig.

Stro·bo·skop [strobo'skoːp; ʃtro-] n ⟨-s; -e⟩ (optics) stroboscope. — **stro·bo·sko·pisch** adj stroboscopic.

Stroh [ʃtroː] n ⟨-(e)s; no pl⟩ **1.** straw: ein Bündel ~ a bundle (od. bunch) of straw; dem Vieh frisches ~ aufschütten to litter the cattle, to supply the cattle with fresh straw; das Haus brannte wie ~ the house burnt like straw; das Essen schmeckte wie ~ fig. contempt. the food had no taste at all, the food was absolutely tasteless; er hat (nur) ~ im Kopf fig. colloq. he hasn't got much upstairs (colloq.). – **2.** colloq. in the top stor[e]y, in the upper stor[e]y (colloq.), he

is empty-headed; → dreschen 1. – **2.** (zum Dachdecken) thatch: ein Haus mit ~ decken to thatch a house, to cover a house with thatch. — **~,bal·len** m bale of straw. — **~,be·sen** m straw broom, whisk. — **~,bett** n straw bed. — **~,bin·der** m agr. straw trusser (od. binder). — **s~,blond** adj straw(-colored, bes. Br. -coloured), flaxen. — **~,blu·me** f bot. everlasting (flower), strawflower, immortelle (Gattg Helichrysum). — **~,bund** n ⟨-(e)s; -e⟩ bundle of straw. — **~,dach** n thatch(ed) roof, thatch. — **s~,dumm** adj fig. colloq. blockheaded, empty-headed.

'stro·hern adj **1.** (aus Stroh) straw(y). – **2.** fig. (fade) insipid, flat. – **3.** fig. (trocken) dry.

'Stroh|,fackel (getr. -k·k-) f straw torch. — **s~,far·ben** adj straw(-colored, bes. Br. -coloured), stramineous. — **~,fa·ser** f meist pl (zum Flechten) chip. — **~,feu·er** n **1.** straw fire. – **2.** fig. passing fancy, flash in the pan: ihre große Liebe war nur ein ~ her great love was short-lived (od. was only a flash in the pan). — **~,flech·ter** m straw plaiter. — **~ge,flecht** n straw plait, plait of straw. — **s~,gelb I** adj straw(-yellow), straw-colored (bes. Br. -coloured). – **II S~** n straw (yellow). — **~,häcks·ler** [-,hɛkslər] m ⟨-s; -⟩ agr. chaffcutter. — **~,halm** m **1.** straw: nach einem ~ greifen fig. to clutch at a straw; der rettende ~ the saving straw; → klammern 1. – **2.** (zum Trinken) (drinking) straw. — **~,hau·fen** m heap of straw, (geschichteter) (straw)stack. — **~,hut** m straw (hat). — **~,hüt·te** f thatched hut.

'stro·hig adj **1.** (Haar) flaxen. – **2.** (fade schmeckend) tasteless, insipid, flat. – **3.** (Apfelsinen etc) turnipy.

'Stroh|,kopf m fig. colloq. blockhead, fathead, blockheaded (od. empty-headed) fellow (colloq.). — **~,la·ge** f layer of straw. — **~,la·ger** n bed of straw. — **~,mann** m ⟨-(e)s; ˙-er⟩ **1.** cf. Strohpuppe 1, 2. – **2.** fig. econ. jur. man of straw, straw man, figurehead, dummy: er ist nur ein ~ he is a mere figurehead. – **3.** (games) dummy. — **~,mat·te** f straw mat. — **~,mie·te** f agr. heap (od. stack) of straw, straw silo. — **~,mist** m straw manure. — **~,pap·pe** f (minderwertige Pappe) strawboard. — **~,pres·se** f agr. tech. straw (baling) press, straw baler. — **~,pup·pe** f **1.** straw doll. – **2.** (als Vogelscheuche) scarecrow. – **3.** mil. (bei Schießübungen) dummy. – **4.** fig. contempt. for Strohmann 2. — **~,sack** m **1.** straw mattress (od. bed), palliasse, paillasse. – **2.** (du) heiliger (od. gerechter) ~! fig. colloq. good heavens (od. gracious)! dear me! — **~,schicht** f layer of straw. — **~,scho·ber** m bes. Southern G. and Austrian agr. **1.** strawstack. – **2.** (Scheune) barn. — **~,seil** n (zum Garbenbinden) straw rope. — **~,stoff** m straw pulp (od. stuff). — **~,ta·sche** f straw bag. — **~,wein** m straw wine. — **~,wisch** m wisp (od. whisk) of straw. — **~,wit·we** f colloq. humor. grass widow. — **~,wit·wer** m colloq. humor. grass widower. — **~zel·lu,lo·se** f straw cellulose.

Strolch [ʃtrɔlç] m ⟨-(e)s; -e⟩ **1.** (Landstreicher) tramp, vagabond, vagrant, Am. sl. bum. – **2.** (Gauner, Spitzbub) rascal, scoundrel, scalawag, scallywag, auch scallawag, skalawag, scamp. – **3.** colloq. humor. (Schlingel) (young od. little) rascal, scamp. **strol·chen** ['ʃtrɔlçən] v/i ⟨sein⟩ **1.** (umherstreifen) roam, rove, wander. – **2.** (vagabundieren) tramp, vagabond(ize).

'Strol·chen|,fah·rer m Swiss joyrider (sl.). — **~,fahrt** f joyride (sl.).

Strom [ʃtroːm] m ⟨-(e)s; ˙-e⟩ **1.** (Fluß) (large) river: breiter ~ broad river; reißender ~ torrent, torrential river. – **2.** (Strömung) current, stream, flow: mit dem ~ schwimmen a) to swim with the current, to swimm downstream, b) fig. to swim (od. go) with the tide; gegen den ~ schwimmen a) to swim against the current, to swim upstream, b) fig. to swim against the tide; gegen den ~ ankämpfen to fight against the current. – **3.** (von Flüssigkeit etc) stream, flood, flow: ein ~ von Lava a stream of lava. – **4.** (in Wendungen wie) ein ~ von Tränen a stream (od. flood) of tears; das Blut floß in Strömen blood poured (od. streamed, flowed in streams); der Sekt floß in

Strömen champagne flowed freely (od. like water); es regnet in Strömen it is pouring (od. teeming) (with rain), it is raining in floods, it is raining cats and dogs, it is bucketing (colloq.). - 5. (von Licht) stream, flood. - 6. (von Autos, Verkehr etc) stream: der ~ des Verkehrs the stream (od. flow) of traffic. - 7. (von Menschen) flood, stream: ein ~ von Menschen ergoß sich auf die Straße a flood of people poured out into the street, people streamed out into the street; sich vom ~ der Menge treiben lassen to drift along with the crowd. - 8. (von Worten etc) torrent, flood, stream, pour. - 9. der ~ der Zeit fig. the flow of time. - 10. electr. a) (electric) current, juice (colloq.), b) (Leistung, Kraftstrom) (electric) power: elektrischer [magnetischer] ~ electric [magnetic] current; starker [schwacher] ~ heavy [weak] current; gestern fiel der ~ aus there was a power failure yesterday, the electricity was cut (off) yesterday; den ~ einschalten [ausschalten] to turn (od. switch) on [off] the (electric) current; der ~ fließt the (electric) current flows; viel [wenig] ~ verbrauchen to use (od. consume) a great deal of [little] electricity; ~ sparen to save electricity; mit ~ versorgen (od. beliefern) to supply with electricity, to power; unter ~ stehen to be live.

Stro·ma ['stro:ma; 'stro:-] n <-s; -ta [-ta]> med. biol. bot. (Grundsubstanz) stroma, ground substance.

,strom'ab adv cf. stromabwärts.

'Strom|,ab,fall m electr. current drop. — **~,ab,ga·be** f current output, delivery (od. supply) of current. — **~,ab,lei·tung** f 1. (einer Stromleitung) shunt. - 2. (durch Streuung) leakage. — **~,ab,nah·me** f 1. (der Stromstärke) fall of current. - 2. (Entnahme) current drain, discharge of electricity. - 3. (Anzapfung) collection of current.

'Strom,ab,neh·mer m electr. 1. (bei Straßenbahnen etc) (current) collector, sliding contact, trolley arm. - 2. econ. cf. Stromverbraucher. — **~,bü·gel** m bow (of a collector). — **~,stan·ge** f (der Straßenbahn) troll(e)y boom. [(od. switchoff).|

'Strom,ab,schal·tung f electr. power cut|

,strom'ab,wärts adv downstream, downriver, down the river.

'Strom|ag·gre,gat n electr. generating set. — **~,an·ker** m mar. stern (od. stream) anchor. — **~,an,schluß** m electr. branch connection (Br. auch connexion), connection to the mains. — **~,art** f type of current. — **s~'auf** [,stro:m-] adv cf. stromaufwärts. — **~,auf,nah·me** f electr. power (od. current) consumption, power (od. current) input. — **s~'auf,wärts** [,stro:m-] adv upstream, upriver, up the river. — **~,aus,fall** m electr. (electric) power breakdown, failure of the electrical supply. — **~,aus,lö·ser** m circuit breaker. — **~,ba·ke** f mar. river beacon. — **~,be,darf** m electr. current demand, (eines Gerätes) power consumption. — **~be,gren·zer** m <-s; -> current limiter. — **~be,la·stung** f (electr.) current (od. power) load (od. loading). — **~,bett** n geogr. riverbed. — **~,dich·te** f electr. current density. — **~,durch,gang** m current passage (od. flow). — **~,ein·heit** f unit of current.

strö·men ['strø:mən] I v/i <sein> 1. (von Wasser) stream, flow: der Fluß strömt ins Tal the river streams into the valley. - 2. (in Wendungen wie) Blut strömte aus der Wunde blood streamed (od. poured) from the wound; Tränen strömten über ihre Wangen tears were flowing (od. running, streaming) down her cheeks. - 3. (von Regen) pour (down), teem, (stärker) lash. - 4. (von Gas, Luft etc) stream: kalte Luft strömte ins Zimmer cold air streamed into the room. - 5. (von Licht) stream, flood. - 6. (von Menschen) stream, pour: die Menge strömte aus dem Theater the crowd poured out of the theater (bes. Br. theatre). - 7. (von Worten etc) stream. - II S~ n <-s> 8. verbal noun. - **'strö·mend** I pres p. - II adj in ~em Regen in the pouring rain, in a downpour of rain.

'Strom|,en·ge f narrows pl (sometimes construed as sg) of a river. — **~ent,nah·me** f electr. discharge of electricity, current drain.

Strö·mer ['strø:mər] m <-s; -> colloq. 1. (Landstreicher) tramp, vagabond, vagrant, Am. sl. bum. - 2. (streunendes Tier) stray (animal). - 3. roamer, rover, ranger.

'Strö·mer m <-s; -> zo. stroemer (Leuciscus souffia).

strö·mern ['strø:mərn] v/i <sein> colloq. 1. (vagabundieren) tramp, vagabond(ize), Am. sl. bum. - 2. (streunen) stray.

'Strom|er,zeu·ger m electr. generator. — **~er,zeu·gung** f generation of current. — **s~,füh·rend** adj (Draht, Teile) alive, live (bes. attrib), current-carrying. — **~ge,biet** n geogr. river basin, auch river system. — **~ge,bühr** f electr. electricity rate (od. charge). — **~,ka·bel** n electric (od. power) cable. — **~,kreis** m (electrical od. power) circuit: offener ~ open circuit; den ~ schließen to close the circuit. — **~,lauf-(,plan)** m circuit (od. wiring) diagram. — **~,lei·ter** m (current) conductor. — **~,lei·tung** f circuit line. — **~lie·fe,rant** m current supplier. — **~,lie·fe·rung** f current (od. power) supply, supply of current (od. power).

'Strom,li·nie f 1. meteor. (u. Aerodynamik) streamline. - 2. civ.eng. (in Bodenmechanik) flow line.

'Strom,li·ni·en,form f tech. streamlined contour: eine Karosserie in ~ a streamlined body. — **s~,för·mig** adj streamlined: etwas ~ gestalten to streamline s.th. — **~,ka·ros·se,rie** f auto. streamlined body. — **~,wa·gen** m streamlined car.

'strom·los adj electr. dead, at earth potential, de-energized, without current.

'Strom|,men·ge f electr. quantity of electricity. — **~,mes·ser** m <-s; -> ammeter, amperemeter. — **~,mit·te** f mar. midstream.

'Strom,netz n electr. (electric) power supply system, supply mains pl, line circuit, power line.

'Strom|,preis m econ. cf. Stromtarif. — **~,quel·le** f electr. power (od. current) source. — **~,rech·nung** f econ. electricity bill. — **~,re·ge·lung** f current control. — **~,reg·ler** m current regulator. — **~,rei·ni·ger** m <-s; -> ripple filter. — **~re,lais** n current relay. — **~re·so,nanz** f parallel (od. current) resonance. — **~,rich·ter** m static converter (od. convertor, inverter). — **~,rich·tung** f 1. direction of current. - 2. electr. direction of current, flow. — **~,rück·ge,win·nung** f electr. power (od. current) regeneration (od. recuperation). — **~,rück,lei·tungs,ka·bel** n return cable (od. line). — **~,samm·ler** m 1. accumulator, storage battery. - 2. (Kollektor) current collector. — **~,schal·ter** m current switch. — **~,schie·ne** f 1. conductor (od. contact, third) rail. - 2. cf. Sammelschiene. — **~,schnel·le** f <-; -n> rapid(s pl construed as sg or pl), shoot, chute, auch shute, Am. auch riffle. — **~,schwan·kung** f meist pl electr. current undulation (od. variation, fluctuation). — **~,si·che·rung** f fusible cut-out, fuse. — **~,span·nung** f voltage, tension. — **s~,spa·rend** adj current(-power-)saving. — **~,sper·re** f 1. electr. power cut. - 2. (bei Flößerei) boom. — **~,spit·ze** f electr. maximum (od. peak) current. — **~,spu·le** f current (od. series) coil.

'Strom,stär·ke f electr. 1. current intensity (od. strength). - 2. (in Ampere) amperage. — **~,mes·ser** m <-s; -> cf. Strommesser.

'Strom|,stö·rung f electr. current (od. power) interference (od. failure). — **~,stoß** m 1. electr. current rush (od. impulse). - 2. phys. (electric) shock: er wurde durch einen ~ getötet he was killed by a(n electric) shock. - 3. tel. (im)pulse. — **~,ta,rif** m econ. electricity tariff. - 2. (Einzeltarif) rate. — **~,tei·ler** m electr. center- (bes. Br. centre-)tapped choke. — **~,tor** n 1. thyratron. - 2. (Entladungsröhre) discharge tube (bes. Br. valve). — **~,über-,gang** m current passage. — **~,über,la·stung** f current overload. — **~,ufer** n river bank. — **~,um,keh·rung** f electr. current reversal. — **s~,un,ab,hän·gig** adj independent of current.

'Strö·mung f <-; -en> 1. cf. Strömen. - 2. (in Fluß, Meer etc) current, stream: kalte [warme] ~en des Meeres cold [warm] currents of the sea; der Fluß hat eine starke [reißende] ~ the river has a strong [raging] current; gegen die ~ ankämpfen

to struggle against the current; sich mit der ~ treiben lassen to drift with the current; von der ~ fortgerissen [mitgerissen] werden to be swept away [along] by the current. - 3. (in Aerodynamik) flow. - 4. electr. (im Magnetismus) flux. - 5. fig. (Tendenz, Richtung) current, trend, tendency, drift: eine neue ~ in der Romanliteratur a new current in fiction; revolutionäre ~en des 20. Jahrhunderts revolutionary trends (od. movements) of the 20th century.

'Strö·mungs|,bild n (in Aerodynamik) flow pattern (od. diagram). — **~ge-,schwin·dig·keit** f velocity of flow, current. — **~ge,trie·be** n auto. hydraulic (drive) unit, fluid drive. — **~,leh·re** f phys. theory of flow, fluid dynamics pl (often construed as sg), (von Flüssigkeiten) hydrodynamics pl (usually construed as sg), (von Gasen) aerodynamics pl (construed as sg). — **~ma·no,me·ter** n transpiration manometer. — **~me,cha·nik** f mechanics pl (construed as sg or pl) of fluids. — **~,mes·ser** m <-s; -> (in Aerodynamik) flow (od. current) meter. — **~,reg·ler** m flow regulator, control valve. — **~,rich·tung** f mar. phys. drift, direction of flow. — **~,wi·der,stand** m phys. flow resistance.

'Strom|,un·ter,bre·cher m electr. circuit (od. contact) breaker, current interrupter (auch interruptor). — **~,un·ter,bre·chung** f interruption of current. — **~ver,brauch** m 1. current consumption. - 2. (einer Glühbirne etc) power consumption. — **~ver-,brau·cher** m 1. (Maschine) power consumer, power-consuming aggregate. - 2. (Mensch) consumer of electric current. — **~ver,hält·nis·se** pl river conditions. — **~ver,lust** m electr. loss of current (od. power), current loss.

'Strom·ver,sor·gung f electr. power (od. current) supply.

'Strom·ver,sor·gungs|,an,la·ge f electr. power (od. generating) plant. — **~ge,biet** n power supply area. — **~,ka·bel** n power cable. — **~,netz** n (power) supply mains pl.

'Strom·ver,stär·kung f 1. electr. power gain. - 2. (radio) current gain.

'Strom·ver,tei·ler m electr. power distribution. — **~,ka·sten** m power distribution box. — **~,ta·fel** f power distribution panel.

'Strom|ver,tei·lung f current (od. power) distribution. — **~ver,zwei·gung** f current branching. — **~,wäch·ter** m automatic controller. — **~,wand·ler** m (current) transformer. — **~,wär·me** f resistance-heating effect, Joule effect. — **~,wech·sel** m electr. alternation (od. reversal) of current. — **~,wel·le** f current wave (od. surge).

'Strom|,wen·der m electr. commutator. — **~,mo·tor** m commutator motor.

'Strom|,wen·de,span·nung f electr. commutation voltage. — **~,wen·dung** f commutation (od. reversion) (of current). — **~,zäh·ler** m electric current meter. — **~,zu,fuhr**, **~,zu,füh·rung** f electr. power supply, supply of electricity. — **~,zweig** m current branch, branch circuit.

Stron·tia·nit [strontsia'ni:t; stron-; -'nıt] m <-s; -e> min. strontianite.

Stron·ti·um ['strontsium; 'stron-] n <-s; no pl> chem. strontium (Sr).

Stroph·an·thin [strofan'ti:n; stro-] n <-s; no pl> med. pharm. strophanthin.

Stro·phe ['stro:fə] f <-; -n> 1. metr. stanza, verse, stave (lit.), (bes. der Antike) strophe: ein Gedicht aus (od. mit) vier ~n a poem of four stanzas. - 2. mus. (eines Liedes) verse, stanza.

'Stro·phen|,bau m metr. structure (od. scheme) of a stanza, stanzaic structure. — **~,form** f form of a stanza, stanzaic form. — **~,lied** n strophic song.

'stro·phisch adj metr. in stanzas (od. verses), stanzaic, auch stanzaical, strophic, auch strophical: ~e Gliederung stanzaic structure; ~e Dichtung poetry in stanzas (od. verses), stanzaic poetry.

Stropp [strop] m <-(e)s; -s> mar. (Tauschlinge) (rope) sling.

Stros·se ['strosə] f <-; -n> (mining) 1. (eines Fahrweges, eines Tunnels) floor. - 2. (im Untertagebau) level.

strot·zen ['strotsən] v/i <h> 1. (vor Kraft, Energie etc) (von, vor dar od. with) brim (over): er strotzt vor Gesundheit he is brimming (over) with health. - 2. (vor

Schmutz etc) (**von, vor** *dat* with) be thick: **seine Hose strotzt vor Dreck** his trousers are thick with dirt. – **3.** (*übervoll sein*) (**von, vor** *dat* with) be teeming: **der Aufsatz strotzt von Fehlern** the essay is teeming with (*od.* brimful of) mistakes; **ihr Kleid strotzte von Juwelen** her dress was dripping with jewel(le)ry. — **'strot·zend I** *pres p.* – **II** *adj* **1.** ~ **vor Gesundheit** bursting (*od.* brimming) with health. – **2.** (*Vegetation etc*) exuberant, luxuriant. – **3.** ~**es Euter** (*einer Kuh etc*) udder brimful of milk.

strub·be·lig ['ʃtrubəliç] *adj colloq.* (*Haar*) dishevel(l)ed, tousled, unkempt.

'Strub·bel,kopf ['ʃtrubəl-] *m colloq.* **1.** (*Haar*) dishevel(l)ed (*od.* tousled, unkempt) hair. – **2.** (*Person*) tousle-headed person, person with dishevel(l)ed (*od.* tousled) hair.

'strubb·lig *adj colloq. cf.* strubbelig.

Stru·del ['ʃtruːdəl] *m* ⟨-s; -⟩ **1.** (*Wasserwirbel*) whirl(pool), eddy, swirl, vortex, (*größerer*) *auch* maelstrom: **in einen ~ geraten** to be caught up in a whirlpool. – **2.** (*in Aerodynamik*) swirl, eddy, vortex. – **3.** *fig.* (*Wirbel*) whirl(pool), whirlwind, maelstrom, swirl: **in den ~ der Ereignisse gezogen** (*od.* hineingerissen) **werden** to be caught up in (*od.* drawn into) the whirlpool of events; **sich in den ~ der Vergnügungen stürzen** to abandon oneself to a whirlpool of pleasure; **im ~ der Geschehnisse untergehen** to be lost in the whirlpool of events. – **4.** *bes. Southern G. and Austrian gastr.* (*Mehlspeise*) strudel.

'stru·de·lig *adj* (*Wasser etc*) whirling, swirling, whirly.

stru·deln ['ʃtruːdəln] *v/i* ⟨h⟩ **1.** (*sich wirbelnd bewegen*) whirl, swirl, eddy. – **2.** (*brodeln*) bubble.

'Stru·del|,teig *m bes. Southern G. and Austrian gastr.* strudel dough (*od.* pastry, paste). — ~**,wurm** *m zo. meist pl* flatworm (*Klasse Turbellaria*).

Struk·tur [ʃtrukˈtuːr; struk-] *f* ⟨-; -en⟩ **1.** (*innere Gliederung, Gefüge*) structure: ~ **des Gewebes** *biol.* structure of tissue; **soziale** [**wirtschaftliche**] ~ social [economic] structure (*od.* pattern); **seelische** ~ *psych.* mental structure; **die** ~ **eines Romans** [**Gedichts**] the structure of a novel [poem]. – **2.** (*textile*) (*eines Stoffes*) texture, structure. – **3.** (*von Tapeten*) embossment.

Struk·tu·ra·lis·mus [ʃtrukturaˈlismus; struk-] *m* ⟨-; no pl⟩ *ling.* structuralism. — **Struk·tu·ra'list** [-'lɪst] *m* ⟨-en; -en⟩ structuralist. — **struk·tu·ra'li·stisch** *adj* structuralistic, *auch* structuralistic.

Struk'tur|ana,ly·se *f* structural analysis. — ~**,än·de·rung** *f cf.* Strukturveränderung. — **s~be,dingt** *adj econ.* (*Arbeitslosigkeit, Probleme etc*) structural. — ~**,bo·den** *m geol.* patterned ground. — ~**ele,ment** *n chem.* structural constituent.

struk·tu·rell [ʃtruktuˈrɛl; struk-] *adj* **1.** structural: ~**e Veränderungen** structural changes (*od.* alterations); ~**e Arbeitslosigkeit** *econ.* structural unemployment. – **2.** (*textile*) structural.

Struk'tur|,for·mel *f chem.* structural (*od.* constitutional) formula. — ~**ge,we·be** *n* (*textile*) textured pattern. — ~**,gleich·heit** *f chem. math.* isomorphism.

struk·tu·rie·ren [ʃtruktuˈriːrən; struk-] **I** *v/t* ⟨no ge-, h⟩ **1.** structure. – **2.** (*textile*) (*Stoff etc*) texture. – **II S**~ *n* ⟨-s⟩ **3.** *verbal noun*. — **struk·tu'riert I** *pp.* – **II** *adj sociol.* (*Gesellschaft etc*) structured. — **Struk·tu'rie·rung** *f* ⟨-; -en⟩ **1.** *cf.* Strukturieren. – **2.** *cf.* Struktur.

Struk'tur|iso·me,rie *f chem.* structural isomerism. — ~**,kri·se** *f econ.* structural crisis. — ~**po,li·tik** *f econ. pol.* structural policy. — **s~po,li·tisch** *adj* (*Maßnahmen etc*) relating to structural policy, structural. — ~**prin,zip** *n* structural principle. — ~**re,form** *f* structural reform. — ~**ta,pe·te** *f* embossed wallpaper. — ~**ver,än·de·rung** *f* structural change (*od.* alteration). — ~**,wan·del** *m* change in structure, structural change.

Stru·ma ['ʃtruːma; 'struː-] *f* ⟨-; -men *u.* -mae [-mɛ]⟩ *med.* (*Kropf*) goiter, *bes. Br.* goitre, struma (*scient.*).

Strum·ek·to·mie [strumɛktoˈmiː; ʃtru-] *f* ⟨-; -n [-ən]⟩ *med.* strumectomy.

stru·mös [ʃtruˈmøːs; struː-] *adj med.* strumous.

Strumpf [ʃtrumpf] *m* ⟨-(e)s; ⁀e⟩ *meist pl* **1.** (*langer*) stocking: **ein Paar Strümpfe** a pair of stockings; **wollene** [**seidene**] **Strümpfe** wool(l)en [silk] stockings; **Strümpfe aus Nylon** nylon stockings, nylons; **nahtlose Strümpfe** seamless stockings; **Strümpfe mit Naht** seam(ed) stockings; **er schlich auf Strümpfen durchs Zimmer** he went across the room on his stocking(ed) soles (*od.* feet); **sich auf die Strümpfe machen** *fig. colloq.* to get going, to get a move on (*sl.*); **sein Geld in den ~ stecken** *fig.* a) (*sparen*) to save one's money, to put something aside for a rainy day, b) (*nicht auf die Bank bringen*) to keep one's money under the bed (*od. colloq.* in an old sock). – **2.** (*Kniestrumpf*) knee stocking, knee-high stocking. – **3.** (*Herrensocke*) sock, half hose. – **4.** *obs.* (*des Gaslichts*) mantle.

'Strumpf|,band *n* ⟨-(e)s; -bänder⟩ garter. — ~**,fisch** *m zo.* scabbard fish (*Lepidopus caudatus*). — ~**,nat·ter** *f zo.* garter snake (*Gattg Thamnophis*).

'Strumpf|fa,brik *f* stocking (*auch* hosiery) factory. — ~**fa·bri,kant** *m* stocking (*auch* hosiery) manufacturer. — ~**,garn** *n* stocking (*auch* hosiery) yarn, knitting yarn. — ~**,gür·tel** *m cf.* Strumpfhalter 2.

'Strumpf|,hal·ter *m* **1.** garter, *Br.* suspender. – **2.** garter (*Br.* suspender) belt, girdle, (*als Hose*) *auch* pantie (*od.* panty) girdle. — ~**,gür·tel** *m cf.* Strumpfhalter 2.

'Strumpf|,ho·se *f* pantie (*od.* panty) hose, tights *pl.* — ~**in·du,strie** *f cf.* Strumpfwarenindustrie.

'Strumpf|,wa·ren *pl* hosiery *sg.* — ~**,händ·ler** *m*, ~**,händ·le·rin** *f* hosier. — ~**,hand·lung** *f* hosiery. — ~**in·du,strie** *f* hosiery industry.

'Strumpf|,wir·ker *m* hosier, stockinger, stocking knitter (*od.* weaver). — ~**,wir·ke,rei** *f* **1.** hosiery, manufacture of stockings. – **2.** stocking (*auch* hosiery) factory. — ~**,wir·ke·rin** *f cf.* Strumpfwirker. — ~**,wirk·ma,schi·ne** *f tech.* stocking frame (*od.* loom, machine).

Strunk [ʃtruŋk] *m* ⟨-(e)s; ⁀e⟩ *bot.* **1.** (*dicker Pflanzenstengel*) stalk, stem. – **2.** (*Baumstumpf*) stump, stub.

strun·zen ['ʃtruntsən] *v/i* ⟨h⟩ *colloq. for* prahlen 1.

strup·pie·ren [ʃtruˈpiːrən] *v/t* ⟨no ge-, h⟩ (*Pferde*) overstrain, *Br.* over-strain, over-exert, *Br.* over-exert.

strup·pig ['ʃtrupɪç] *adj* **1.** (*Haar*) a) (*zerzaust*) dishevel(l)ed, tousled, unkempt, b) (*zottig*) shaggy. – **2.** (*Bart*) scrubby, bristly. – **3.** (*Fell*) shaggy. – **4.** (*Gebüsch etc*) thick. — **'Strup·pig·keit** *f* ⟨-; no pl⟩ **1.** a) dishevelment, tousle, unkemptness, b) shagginess. – **2.** scrubbiness, bristliness. – **3.** shagginess. – **4.** thickness.

'Struw·wel,pe·ter ['ʃtruvəl-] *m* ⟨-s; -⟩ *colloq.* **1.** Shock-headed Peter. – **2.** *cf.* Strubbelkopf 2.

Strych·nin [ʃtrçˈniːn; ʃtryç-] *n* ⟨-s; no pl⟩ *chem. med.* strychnine ($C_{21}H_{22}N_2O_2$). — ~**säu·re** *f* strychnic acid. — ~**ver,gif·tung** *f med.* strychninism, strychnism, strychnic (*od.* strychnine) poisoning.

'Stu·art|,kra·gen ['stuːart; 'ʃtuː-] *m* (*fashion*) Stuart collar. — ~**-Mo,del·le** *pl chem.* (*für Unterricht*) Stuart's atomic models.

Stub·ben ['ʃtubən] *m* ⟨-s; -⟩ *bes. Northern G.* stump (of a tree), stub.

Stüb·chen ['ʃtyːpçən] *n* ⟨-s; -⟩ **1.** *dim. of* Stube. – **2.** (*gemütliches Zimmerchen*) cozy (*bes. Br.* cosy) little room (*od.* den), cubby(hole), *Br.* cubby(-hole), *Br. auch* snuggery.

Stu·be ['ʃtuːbə] *f* ⟨-; -n⟩ **1.** (*Zimmer*) room: **die gute ~** the parlor, *bes. Br.* the parlour; **er hockt immer in der ~** *colloq.* he always stays (*od.* sits around) indoors (*od.* at home). – **2.** (*Wohnzimmer*) drawing (*od.* sitting, living) room. – **3.** *mil.* (*in einer Kaserne*) room.

'Stu·ben|,äl·te·ste *m* ⟨-n; -n⟩ *mil.* senior soldier (of the room). — ~**ap,pell** *m* bunk inspection. — ~**ar,rest** *m* **1.** *mil.* confinement to barracks (*bes. Am.* quarters), *Br. auch* C.B., *Am.* arrest in quarters: ~ **haben** to be confined to barracks. – **2.** *cf.* Hausarrest. — ~**be,leg·schaft** *f mil.* room complement. — ~**,dienst** *m* barrack room duty (*Br. auch* fatigue). — ~**,far·be** *f colloq.* pale (*od.* pasty) complexion. — ~**,flie·ge** *f*

---

zo. **1.** (*common*) housefly (*Musca domestica*). – **2.** common fly. — ~**ge,lehr·sam·keit** *f* book learning. — ~**ge,lehr·te** *m* ⟨-n; -n⟩ *bookish* (*od.* book-wise) person. — ~**ge,nos·se** *m* roommate, *Br.* room-mate. — ~**,hocker** (*getr.* -k·k-) *m colloq. contempt.* stay-at-home, *Am. colloq.* homebody. — ~**hocke'rei** (*getr.* -k·k-) [,ʃtuːbən-] *f* ⟨-; no pl⟩ *colloq. contempt.* perpetual staying at home. — ~**,hocke·rin** (*getr.* -k·k-) *f* ⟨-; -nen⟩ *colloq. contempt. cf.* Stubenhocker. — ~**ka·me,rad** *m cf.* Stubengenosse. — ~**,luft** *f* indoor air. — ~**,mäd·chen** *n* **1.** parlormaid, *bes. Br.* parlourmaid. – **2.** (*im Hotel etc*) chambermaid. — **s~,rein** *adj* **1.** (*Hunde etc*) clean, *Am.* housebroke(n), *bes. Br.* house-trained. – **2.** (*in der Wendung*) **dieser Witz ist nicht ganz ~** *fig. colloq.* this joke is a little off colo(u)r (*od.* not for polite company, *colloq.* a bit off). – **3.** *fig. colloq.* (*politisch zuverlässig*) with a clean (*od.* clear) record. — ~**,vo·gel** *m meist pl* captive (*od.* cage) bird. — ~**,wa·gen** *m* bassinet (*auch* basinette) (on wheels).

Stü·ber ['ʃtyːbər] *m* ⟨-s; -⟩ *cf.* Nasenstüber.

Stü·berl ['ʃtyːbərl] *n* ⟨-s; -⟩ *Bavarian and Austrian* small room.

'Stubs,na·se *f* ['ʃtups-] *f cf.* Stupsnase.

Stuck [ʃtuk] *m* ⟨-(e)s; no pl⟩ *arch.* (*art*) **1.** (*Material*) plaster of Paris: **mit ~ verzieren** to (decorate *s.th.* with) stucco, to parget. – **2.** (*Stuckverzierung*) stucco(work), parget(t)ing, parget, ornamental plasterwork. – **3.** *cf.* Stuckmarmor.

Stück [ʃtyk] *n* ⟨-(e)s; -e, *nach Zahlangaben* -⟩ **1.** (*als Ganzes od. Teil eines Ganzen*) piece: **ein dünnes ~ Kuchen** a thin piece (*od.* a sliver) of cake; **große ~e** big pieces, chunks, hunks; **ein kleines ~** a small piece, a bit; **ein winziges ~** a morsel; **ein ~ Brot** a) a piece of bread, b) (*Schnitte*) a slice of bread; **ein ~ Butter** a piece (*od.* lump) of butter; **ein ~ Schokolade** a piece of chocolate; **ein ~ Stoff** a piece of cloth; **2 Mark das ~, pro ~** 2 Mark, das ~ **für 2 Mark** 2 marks each (*od.* apiece); **aus einem ~** a) (*in einem Stück geschnitten*) cut (*od.* made) in one piece, b) *tech.* (*in einem Stück gegossen*) cast integral, — **für ~** piece by piece; **Käse** [**Wurst**] **im ~ kaufen** to buy cheese [sausage] in one piece, to buy cheese [sausage] unsliced; **in ~e gehen** to break into pieces (*od.* bits); **in ~e zerfallen** to crumble to pieces; **alles in ~e schlagen** to knock (*od.* smash, break) everything to pieces (*od.* bits, smithereens); **in ~e schneiden** (*Gemüse etc*) to cut (*s.th.*) into pieces. – **2.** (*in Wendungen wie*) **das Kleid ist mein bestes ~** *colloq.* this is my best number (*colloq.*); **Vater ist unser bestes ~** *colloq. humor.* father is a brick (*colloq.*); **aus freien ~en** *fig.* of one's own (free) will, of one's own accord, voluntarily, by one's own choice; **etwas aus freien ~en tun** *fig.* to do s.th. voluntarily; **sich** (*dat*) **große ~e einbilden** *fig.* to think very highly (*od.* have a high opinion) of oneself, to be self-opinionated; **auf j-n große ~e halten** *fig.* to think highly (*od.* the world) of s.o., to hold s.o. in high esteem, to have a high opinion of s.o., to set (*od.* lay) great store by (*od.* on) s.o.; **er behandelte ihn wie ein ~ Dreck** *colloq.* he treated him like dirt; **ein schönes** (*od.* hübsches) ~ **Geld kosten** *colloq.* to cost a pretty penny (*od.* a tidy bit, a tidy [*od.* nice little] sum) (*colloq.*), to take plenty of dough (*sl.*); **damit kannst du dir ein hübsches** (*od.* schönes) ~ **Geld verdienen** *colloq.* you can make a tidy sum (*od.* quite a bit, pots of money) with that (*colloq.*); **ein schweres** ~ **Arbeit** *colloq.* a) a tough bit of work, b) (*Aufgabe*) a tough (*od.* stiff) job; **das ist ein starkes** ~**!** *colloq.* that's a bit much (*od. sl.* thick)! **sich** (*dat*) **ein tolles** ~ **leisten** *colloq.* to make a nice mess (*od.* hash) of things. – **3.** (*ein bißchen*) bit: **hast du ein ~ Schnur?** have you (got) (*Am.* do you have) a bit of string? – **4.** (*geschnittenes*) cut, piece: **ein schönes** ~ **Rindfleisch** a nice cut of beef. – **5.** (*abgerissenes*) shred, bit, fragment, piece: **etwas in ~e reißen** to tear s.th. into (*od.* to, in) pieces (*od.* bits, shreds); **sie läßt sich für ihre Kinder in ~e reißen** *fig. colloq.* she would go through fire and water for her children. – **6.** (*Bruchstück*) fragment, piece, bit: **er leimte die ~e wieder zu-**

sammen he glued the fragments (*od.* pieces) together. – **7.** (*Teilstück*) part, portion: sie teilte den Apfel in vier gleiche ~e she cut the apple into four equal parts (*od.* pieces); ich hörte nur ein ~ seiner Rede I only heard part of his speech. – **8.** (*Probestück*) specimen, sample: wir lassen Ihnen je ein ~ zugehen we will send you a specimen each. – **9.** (*einer Sammlung etc*) piece, item: die wertvollsten ~e the most valuable pieces; er hat in seiner Sammlung ein paar herrliche ~e he has got a few marvel(l)ous pieces (*od.* specimens) in his collection. – **10.** (*Zucker, Kohle etc*) lump: ich nehme zwei ~ Zucker I take two lumps of sugar. – **11.** (*Holz*) log, piece. – **12.** (*Papier*) piece, slip: diese Aktie ist nur noch ein ~ Papier *fig.* this share is just a piece (*od.* scrap) of paper. – **13.** (*Seife*) bar, cake, tablet. – **14.** (*Land etc*) piece of land, plot, lot: ein ~ Garten a garden plot. – **15.** *agr.* a) (*Vieh, Wild etc*) head, b) (*Geflügel*) piece: 50 ~ Vieh 50 head of cattle. – **16.** (*als Maßeinheit nach Zahlen im Englischen oft unübersetzt*) wieviel Eier wollen Sie? 40 ~ how many eggs do you want? 40 (*od.* two-score), please. – **17.** (*Buchexemplar, Durchschlag*) copy: von diesem Buch wurden 1000 ~ verkauft 1,000 copies of this book were sold. – **18.** (*Abschnitt aus einem Buch etc*) passage, section: er wußte ganze ~e aus dem „Faust" auswendig he knew whole passages of "Faust" by heart; er las mir ein ~ aus seinem Buch vor he read me a passage (*od.* section) from his book. – **19.** (*Wegstück, Strecke*) distance, way, stretch, bit: begleitest du mich noch ein ~? will you come along another bit? will you accompany me part of the way? bis zum Bahnhof ist es noch ein schönes ~ it is quite a way (*od.* distance, stretch) from here to the station; j-n ein ~ mitnehmen (*im Auto*) to give s.o. a lift; wir hatten bereits ein gutes ~ (*Weges*) zurückgelegt we had already covered a fair distance; wir [die Verhandlungen] sind ein gutes ~ vorwärtsgekommen *fig.* we [the negotiations] have made considerable headway (*od.* good progress), we [the negotiations] have come on (*od.* progressed) quite a bit. – **20.** *mus.* piece (of music), composition: drei ~e für Klavier three pieces for piano; ein ~ von Mozart a composition by Mozart. – **21.** (*theater*) play, piece: ein ~ von Shakespeare a play by Shakespeare; die Personen des ~es the characters of the play, dramatis personae; überarbeitetes ~ adaptation; ein zugkräftiges ~ a popular play, *bes. Am.* a drawing card, a box-office success. – **22.** *pl econ.* debentures, (debenture) bonds, stocks, shares, securities: ~e einer Anleihe individual bonds. – **23.** (*ausgegeben*) in ~en zu 100 DM *econ.* (issued) in denominations of 100 marks. – **24.** (*Geldstück, Münze*) coin, piece (of money). – **25.** (*Arbeitsstück*) piece, unit: Lohnkosten je ~ wage cost *sg* per unit produced. – **26.** *tech.* (*einzelnes Gerät*) unit. – **27.** *colloq. contempt.* (*in Wendungen wie*) ein freches ~ a cheeky brat (*od.* thing, devil), a saucy one; ein dummes [albernes] ~ a stupid [silly] thing. – **28.** in allen [vielen] ~en in all [many] respects: j-m in allen ~en recht geben to agree with s.o. in every respect (*od.* on all points); sie gleicht ihrer Mutter in vielen ~en she takes after her mother in many ways (*od.* respects). – **29.** ~er zehn *colloq. archaic* about ten.

'**Stück·ak,kord** *m econ.* piece-rate work.

'**Stuck,ar·beit** *f arch.* stucco(work), plaster of Paris work.

'**Stuck,ar·bei·ter** *m econ. cf.* Akkordarbeiter.

'**Stück·chen** *n* ⟨-s; -⟩ **1.** *dim. of* Stück. – **2.** j-n ein ~ begleiten to accompany s.o. part of the way.

'**Stuck,decke** (*getr.* -k·k-) *f arch.* stucco (*od.* plaster of Paris) ceiling.

'**Stücke,kon·to** (*getr.* -k·k-) *n econ. obs.* stock account.

stückeln (*getr.* -k·k-) ['ʃtʏkəln] **I** *v/t* ⟨h⟩ **1.** (*in Stücken zusammensetzen*) piece (*s.th.*) together, patch (*s.th.*) up: der Ärmel des Kleides mußte gestückelt werden the sleeve of the dress had to be pieced together. – **2.** (*in Stücke zerteilen*) cut

(*s.th.*) in (*od.* to, into) pieces (*od.* bits). – **3.** (*Wertpapiere*) denominate. – **II** *v/i* **4.** (*ein Stück einsetzen*) insert (*od.* add) a piece: hier mußte ich ~ (*beim Schneidern*) I had to insert a piece of material here. – **III S~** *n* ⟨-s⟩ **5.** *verbal noun.* – '**Stücke·lung** (*getr.* -k·k-) *f* ⟨-; -en⟩ **1.** *cf.* Stückeln. – **2.** (*von Anleihen, Aktien, Banknoten*) denomination.

stucken (*getr.* -k·k-) ['ʃtukən] *v/t u. v/i* ⟨h⟩ *Austrian colloq. cf.* büffeln.

stücken (*getr.* -k·k-) ['ʃtʏkən] **I** *v/t* ⟨h⟩ *rare for* stückeln 1. – **II S~** *n* ⟨-s⟩ *verbal noun.*

'**Stücken,zucker** (*getr.* -k·k-) *m Northern G. for* Würfelzucker.

'**Stück,erz** *n metall.* lump (*od.* coarse) ore.

'**Stücke,schrei·ber** (*getr.* -k·k-) *m* playwright.

'**Stücke·ver,zeich·nis** (*getr.* -k·k-) *n econ.* list of securities purchased, list of stocks bought.

'**Stück|,fär·bung** *f* piece dyeing. — ~,**faß** *n* (*Weinmaß*) butt: ein ~ Wein a butt of wine. — ~,**fracht** *f econ. mar. cf.* Stückgut b, c. — ~**ge,wicht** *n* individual (*od.* item) weight.

'**Stuck,gips** *m tech. chem. arch.* plaster of Paris stucco, *auch* calcined gypsum (CaSO₄·½H₂O). — ~,**ar·beit** *f cf.* Stuckarbeit.

'**Stück,grö·ße** *f* size of piece (*od.* lump).

'**Stück|,gut** *n econ.* a) parcel(l)ed goods *pl*, piece goods *pl*, b) (*Stückfracht*) parcel(l)ed freight, *bes. Am.* less-than-carload freight (*od.* lot), LCL, c) (*als Seefracht*) general cargo: etwas als ~ versenden a) (*per Bahn*) to forward (*od.* convey, *Am.* ship) s.th. by ordinary goods (*Am.* freight) train, b) (*per Schiff*) to ship s.th. by ordinary goods (*Am.* freight). LCL. — ~,**bahn,hof** *m* parcels station. — ~,**la·dung** *f econ.* general (*od.* mixed) cargo (*od.* carload), less-than-carload (*od.* part-load) consignment. — ~,**sen·dung** *f* less-than-carload consignment, small consignment. — ~**ta,rif** *m* part-load (freight) rate, general goods tariff, *Am.* LCL rates *pl.* — ~,**um·schlag** *m* general cargo handling. — ~**ver,frach·tung** *f econ.* **1.** carriage of general goods. – **2.** (*Seefrachtgeschäft*) carriage of general cargo. — ~**ver,kehr** *m* part-load traffic, *Am.* LCL freight traffic. — ~**wag,gon** *m* part-load railway truck (*bes. Am.* freight car).

'**stückig** (*getr.* -k·k-) *adj* (*mining*) (*Erze, Kohle etc*) produced in (*od.* containing) large lumps.

'**Stück|,kauf** *m* purchase of specified goods (*od.* items). — ~,**koh·le** *f* **1.** (*mining*) large coal, lumps *pl*, lump coal. – **2.** *pl bes. Br.* cobbles, cobble coal *sg.* — ~,**koks** *m* lump coke. — ~,**ko·sten** *pl econ.* unit cost, cost per article. — ~,**ko·sten,rech·nung** *f* job order cost accounting. — ~,**lei·stung** *f* (*einer Maschine etc*) piece-handling time. — ~,**li·ste** *f econ. tech.* parts list, list of items, specification, (*der Seefracht*) tally sheet. — ~,**lohn** *m cf.* Akkordlohn.

'**Stück·lung** *f* ⟨-; -en⟩ *cf.* Stückelung.

'**Stuck,mar·mor** *m* artificial (*od.* stucco) marble.

'**Stück|no,tie·rung** *f econ.* (*bei der Börse*) stock quotation per unit. — ~,**pfor·te** *f mar. hist.* port(hole), gun hole. — ~,**preis** *m econ.* price by the (*od.* per) piece, price per unit, unit price. — ~,**rech·nung** *f* item-costing. — ~,**kauf** *m* selling by the piece. — ~**ver,zeich·nis** *n cf.* Stückliste. — ~,**wa·re** *f econ.* piece goods *pl.* — **s~,wei·se I** *adj* **1.** *econ.* retail (*attrib*), by the piece: ~r Verkauf selling by the piece, retail selling. – **II** *adv* **2.** (*Stück für Stück*) piece by piece. – **3.** (*nach Stück*) by the piece: ~ verkaufen *econ.* to sell retail (*od.* by the piece); ~ bezahlen *econ.* (*im Akkord*) to pay by the piece. – **4.** (*in kleinen Posten*) by (*od.* in) parcels: Ware ~ versenden to send goods by (*od.* in) parcels, to send goods in small units. – **5.** *cf.* schrittweise II.

'**Stück,werk** *n* ⟨-(e)s; *no pl*⟩ *fig. lit. contempt.* patchwork, scrappy (*od.* patchy) work: dies Buch ist ~ this book is patchy (*od.* scrappy); unser Wissen ist ~ a) our knowledge is fragmentary (*od.* scrappy, patchwork, very incomplete), b) *Bibl.* we know in part.

'**Stück|,zahl** *f econ.* number of pieces (*od.* items, units), piece number. — ~,**zeich·nung** *f tech.* detail (*od.* parts, component) drawing. — ~,**zeit** *f tech.* machining (*od.* production) time per piece. — ~,**zin·sen**

pl econ. broken-period interest *sg.* — ~,**zucker** (*getr.* -k·k-) *m cf.* Würfelzucker.

Stu·dent [ʃtu'dɛnt] *m* ⟨-en; -en⟩ **1.** student, (*nichtgraduierter*) *auch* undergraduate, graduate (*colloq.*), (*graduierter*) *auch* graduate, (*eines College[s]*) *auch* collegian: ~ der Medizin [Naturwissenschaften, Rechte] medical [science, law] student; ~ der Technik technology student, student of technology; ~ der Theologie divinity (*od.* theology) student, student of divinity (*od.* theology); ehemaliger ~ (*einer Universität*) former student (of a university), *bes. Am.* alumnus; ein ewiger ~ an eternal student. – **2.** *pl collect.* students, gown (*collect.*). – **3.** Austrian pupil at a secondary (*od. Am.* grammar) school.

Stu·den·ten|,arzt *m* students' doctor. — ~,**aus,schuß** *m* student council: Allgemeiner ~ Students' Representative Council. — ~,**aus,tausch** *m* student exchange. — ~,**aus,weis** *m* student('s) card, *Am.* identification card. — ~,**ball** *m* students' dance (*od.* ball), *Am. colloq.* prom. — ~,**blu·me** *f bot.* grass-of-Parnassus, bog star (*Parnassia palustris*). — ~,**bu·de** *f colloq.* student's digs *pl* (*colloq.*). — ~,**bund** *m* students' association. — ~,**fut·ter** *n colloq.* assortment of almonds, raisins and nuts. — ~**ge,mein·de** *f* Christian student community. — ~,**haus**, ~,**heim** *n bes. Br.* (student('s]') hostel, (student('s]') hall (of residence), *Am.* dormitory, *Am. colloq.* dorm. — ~,**jah·re** *pl* student days, college days, university years, years spent at college (*od.* a university). — ~,**jahr,gang** *m* year. — ~,**le·ben** *n* student life, college life, (*in Großbritannien*) *auch* undergraduate life. — ~,**lied** *n meist pl* student(s') song. — ~**mit·ver,ant,wor·tung** *f* joint responsibility between students and teachers. — ~,**müt·ze** *f* student's cap, (*bes. in Großbritannien*) college cap. — ~,**nel·ke** *f bot. cf.* Studentenblume. — ~,**pfar·rer** *m* college chaplain, student pastor. — ~,**rös·chen** *n bot. cf.* Studentenblume.

Stu·den·ten·schaft *f* ⟨-; -en⟩ students *pl*, student body, body of students, (*nichtgraduierte*) *auch* undergraduates *pl*, undergrads *pl* (*colloq.*), (*graduierte*) *auch* graduates *pl*: die ~ unserer Stadt the students *pl* of our town.

Stu·den·ten|,spra·che *f* student(s') slang. — ~,**streich** *m* student(s') prank (*od.* trick, hoax).

Stu·den·ten·tum *n* ⟨-s; *no pl*⟩ **1.** student's life. – **2.** (the) body of students.

Stu·den·ten|,ver,bin·dung *f Br.* students' society, *Am.* fraternity, *Am. colloq.* frat. — ~,**vier·tel** *n* student(s') quarter. — ~**werk** *n* **1.** student administration. – **2.** students' union. — ~,**wohn,heim** *n cf.* Studentenhaus. — ~,**zeit** *f* student (*od.* college) days *pl*, years *pl* spent at a university (*od.* at college, *Am. auch* at school): in unserer ~ in our student days.

Stu·den·tin *f* ⟨-; -nen⟩ (woman) student, (*nichtgraduierte*) *auch* (woman) undergraduate, undergrad (*colloq.*), (*graduierte*) *auch* (woman) graduate, *Br. colloq. auch* undergraduette, *Am. colloq. auch* coed. — **Stu·'den·tin·nen·ver,ei·ni·gung** *f* women students' association, *Am.* sorority.

stu·den·tisch *adj* student (*attrib*), relating to students: ~e Bräuche student customs; die ~e Jugend the students *pl*; ~e Verbindung (*od.* Korporation) *cf.* Studentenverbindung.

Stu·die ['ʃtuːdiə] *f* ⟨-; -n⟩ **1.** (*kurze, literarische Darstellung*) essay, study, sketch: eine ~ über moderne Musik schreiben to write a study on modern music. – **2.** (*wissenschaftliche Untersuchung*) study: er (be)treibt ~n über das Verhalten der Bienen he pursues studies on the behavio(u)r of bees. – **3.** (*Vorarbeit zu einem Kunstwerk*) sketch: für dieses Bild hat er mehrere ~n gemacht he made several sketches for this picture. – **4.** (*kleines künstlerisches Werk eines Malers etc*) study: seine ~n über Bettler und Straßenmusikanten sind weltberühmt his studies of beggars and street musicians are world-famous.

'**Stu·di·en|,an·stalt** *f ped.* secondary school, *Br. etwa* grammar school, *Am. etwa* high school. — ~**as,ses·sor** *m*, ~**as·ses,so·rin** *f teacher at a secondary school having passed the stage of a 'Studienreferendar(in)' and the* *second state examination.* — ∼,auf·ent,halt *m* educational stay, stay for the purpose of study. — ∼,aus,ga·be *f* text(book) edition. — ∼,aus,schuß *m* research committee (*od.* commission, group), study group. — ∼,bei-,hil·fe *f* (educational) grant. — ∼be,ra·ter *m ped.* counsel(l)or, adviser (*auch* advisor) (of studies), tutor. — ∼be,ra·tung *f* guidance and counsel(l)ing (on one's course of study). — ∼,dau·er *f cf.* Studienzeit 2. — ∼di,rek·tor *m*, ∼di-rek,to·rin *f* vice-principal and head of a '*Studienseminar*' at a secondary school ranking above an '*Oberstudienrat*'. — ∼,fach *n* subject (*od.* field) (of study). — ∼,fahrt *f cf.* Studienreise. — ∼,fern,se·hen *n* adult education television program (*bes. Br.* programme). — ∼-,freund *m*, ∼,freun·din *f* student (*od.* university, college) friend. — ∼,gang *m* course of studies. — ∼,ge,büh·ren *pl* (university) fees, tuition *sg*, *Br.* tuition fees. — ∼,geld *n* money for one's studies, study allowance. — ∼,ge,mein·schaft *f* study group (*od.* seminar). — ∼,ge,nos·se *m cf.* Studienkamerad. — ∼,grup·pe *f* study group. — s∼,hal·ber *adv* for the purpose of study. — ∼,jahr *n* **1.** academic year. — **2.** *pl* university (*od.* college) years, years of study. — ∼ka·me,rad, ∼kol,le·ge *m* fellow student. — ∼kom,mis·si,on *f cf.* Studienausschuß. — ∼,kreis *m* group (*od.* circle) of students. — ∼,lei·ter *m ped.* supervisor (of studies), tutor. — ∼,ord·nung *f* university regulations *pl.* — ∼par,ti·tur *f mus.* study score. — ∼,plan *m* **1.** plan of studies. — **2.** (*Lehr-, Unterrichtsplan*) curriculum, syllabus. — ∼pro,fes·sor *m*, ∼pro,fes,so·rin *f* Bavarian *obs.* teacher at a secondary school ranking between a '*Studienrat*' and an '*Oberstudienrat*'. — ∼pro,gramm *n* program(me) of studies. — ∼,rat *m*, ∼,rä-tin [-,rɛːtɪn] *f* ⟨-; -nen⟩ teacher at a secondary school having served in his (*od. her*) profession for several years after the second state examination. — ∼re·fe·ren,dar *m*, ∼re·fe-ren,da·rin *f* ⟨-; -nen⟩ teacher at a secondary school having passed the first state examination and still undergoing training. — ∼re-,form *f* university reform. — ∼,rei·se *f* educational (*od.* study) trip. — ∼,rich·tung *f* branch (*od.* field) of study. — ∼se,me·ster *n cf.* Semester 1. — ∼se·mi,nar *n* seminary for '*Studienreferendare*'. — ∼,stif·tung *f* scholarship fund. — ∼,zeit *f* **1.** student (*od.* college) days, student days *pl* at a university (*od.* at college). – **2.** (*Dauer*) duration of studies: die ∼ für Medizinstudenten beträgt etwa sieben Jahre the course for medical students takes (*od.* lasts) approximately seven years. — ∼,zweck *m* purpose of study: zu ∼en, um ∼e for the purpose of study. — ∼,zweig *m* branch of study.

stu·die·ren [ʃtuˈdiːrən] **I** *v/t* ⟨*no* ge-, h⟩ **1.** (*Sprache, Fach etc*) study, *bes. Br.* read: er will Medizin ∼ he wants to study medicine, *Am. auch* he wants to go to medical school; er studiert Jura (*od.* Rechtswissenschaften, die Rechte) he is studying law, he is a law student, *bes. Br.* he is reading for the bar. – **2.** (*Frage etc*) study, investigate: ich habe die Materie studiert I studied (*od.* read up on) the (subject) matter; sie ∼ das Problem eingehend they are making a detailed investigation of the problem. – **3.** (*Börsenbericht, Fahrplan, Speisekarte, Zeitung etc*) study. – **4.** (*Bilder, Photos etc*) study, look at (*s.th.*) closely, take a close look at. – **5.** (*film, theater*) study, rehearse: die Rolle des Hamlet ∼ to study the part of Hamlet. – **II** *v/i* **6.** *Br.* read, be at a university (*od.* at college, *Am. auch* at school), be a student: er studiert he is at a university; sie hat in München bei Prof. X studiert she studied under Professor X in Munich; sie studiert an der Hochschule für Musik she is studying at (*od.* is a student of [*od.* at]) the conservatory; was studiert er? what is he studying? what is his subject? wo hat er studiert? which university did he go to (*od.* was he at)? sie studiert nun im fünften Semester Medizin she is in her third year (*Am. auch* fifth semester) of medicine; er hat studiert he has had an academic (*od.* a university) education, he has been to a university; er will seinen Sohn ∼ lassen he wants to send his son to the university. – **III** S∼ *n* ⟨-s⟩ **7.** *verbal noun.* – **8.** study, studies *pl:* Probieren

geht über S∼ (*Sprichwort*) an ounce of practice is worth a pound of theory (*proverb*), the proof of the pudding is in the eating (*proverb*).

Stu'die·ren·de *m*, *f* ⟨-n; -n⟩ student, (*nichtgraduiert*) *auch* undergraduate, (*graduiert*) *auch* graduate: alle ∼n werden gebeten zu all students are kindly requested to; Zahl der ∼n number of students, enrol(l)-ment.

Stu'dier,stu·be *f cf.* Studierzimmer.

stu'diert I *pp.* – **II** *adj colloq.* educated, lettered: er ist ein ∼er Mann he is an educated man, he is a man of letters, he has been to a university, he has had an academic education.

Stu'dier·te *m*, *f* ⟨-n; -n⟩ *colloq.* educated person, academically trained person, graduate: das ist ein ∼r a) he is an educated man, he has been to a (*od.* the) university, he has taken a degree (*od.* is a graduate), b) *contempt. iron.* he is an intellectual.

Stu'dier,zim·mer *n* study.

Stu·di·ker [ˈʃtuːdikər] *m* ⟨-s; -⟩ *colloq. humor. for* Student.

Stu·dio [ˈʃtuːdiʊ] *n* ⟨-s; -s⟩ **1.** (*eines Künstlers*) studio, atelier. – **2.** (*film, theater*) *telev.* studio: fahrbares ∼ mobile studio. — ∼-be,leuch·tung *f* (*radio, film*) *telev.* studio lighting. — ∼,büh·ne *f* (*theater*) studio. — ∼,lei·ter *m* (*radio*) *telev.* station manager. — ∼pro·duk·ti,on *f* studio production. — ∼re,dak,teur *m* presenting editor. — ∼,sen·dung *f* studio broadcast.

Stu·dio·sus [ʃtuˈdiozʊs] *m* ⟨-; -sen *od.* -si [-zi]⟩ *colloq. humor. for* Student.

'Stu·dio,über,tra·gung *f* (*radio*) *telev. cf.* Studiosendung.

Stu·di·um [ˈʃtuːdiʊm] *n* ⟨-s; Studien⟩ **1.** studies *pl:* er hat sein ∼ in München absolviert he graduated from (*od.* is a graduate of) Munich University; sein ∼ abbrechen [aufgeben] to break off [to give up] one's studies; sein ∼ (mit einem Examen) abschließen to conclude one's studies (with a degree); ich mußte mir mein ∼ verdienen I had to work (*od.* pay) my way through the university, I had to support myself through the university; ich bereite mich auf das ∼ vor I am preparing for (my studies at) a university; er muß sich jetzt seinem ∼ widmen he has to devote himself now to (*od.* concentrate now on) his studies; er hat ein abgeschlossenes ∼ he has academic qualifications, he has a (university) degree; vor Beginn des ∼s before commencing one's studies; während seines ∼s in Berlin during his studies (*od.* while he was studying) in Berlin. – **2.** (*eines einzelnen Fachgebietes*) study: das ∼ der Medizin the study of medicine; nächstes Jahr beginnt er mit dem ∼ der Rechtswissenschaften he will take up law at the university next year. – **3.** (*fig.*) naturwissenschaftliche Studien (be)treiben to engage in (*od.* carry on) studies (*od.* research) in science; an das ∼ einer politischen Frage herangehen to study (*od.* investigate) a political question; das ∼ der einschlägigen Fachliteratur the study(ing) of relevant literature; in das ∼ einer Pflanze versunken absorbed in the study of a plant.

Stu·di·um ge·ne·ra·le [ˈʃtuːdiʊm geneˈraːle; ˈstuːr] *n* ⟨--; *no pl*⟩ **1.** liberal arts *pl.* – **2.** (*im Mittelalter*) studium generale.

Stu·fe [ˈʃtuːfə] *f* ⟨-; -n⟩ **1.** (*einer Treppe*) step, stair: ∼ aus Stein stone step; ∼ einer Leiter rung (*od.* step) of a ladder; ∼ vor der Haustür doorstep; ∼n des Altars altar steps; ausgetretene ∼n worn steps; Achtung (*od.* Vorsicht), ∼(n)! mind the step(s)! die ∼n hinaufsteigen [hinunter-gehen] to go upstairs (*od.* up the stairs) [downstairs]; ∼n hinunter ∼n steigen to go up steps; die zweite ∼ von oben the second step from the top; er nimmt zwei ∼n auf einmal he takes two steps at once (*od.* at a time); die ∼n zum Erfolg emporklimmen (*od.* hinaufsteigen) *fig.* to climb the ladder to success; um ∼ a) step by step, b) *fig.* step by step, by degrees; von ∼ zu ∼ a) from step to step, b) *fig.* rung by rung; auf der Leiter des Erfolges von ∼ zu ∼ steigen *fig.* to climb the ladder to success rung by rung; die höchste ∼ des Glücks *fig.* the height of happiness; er erreichte die höchste ∼ des Ruhms *fig.* he reached the top rung (*od.*

the summit, the pinnacle) of fame, ∼. – **2.** *fig.* (*Niveau*) level: mit j-m auf gleicher (*od.* auf derselben) ∼ stehen to be on a level (*od.* on a par) with s.o.; du kannst ihn doch nicht mit mir auf eine (*od.* die gleiche) ∼ stellen you cannot put (*od.* place) him on a level with me; auf einer höheren gesellschaftlichen ∼ stehen to be on a higher social level (*od.* rank); die Kultur dieses Volkes stand auf einer hohen [niedrigen] ∼ the civilization of this people was of a high [low] order. – **3.** *fig.* (*Rangstufe*) rank, grade: die nächste ∼ in der Laufbahn the next rank (*od.* step up) in one's career; die unterste ∼ der Offizierslaufbahn the lowest rank of (commissioned) officer; um mehrere ∼n aufrücken (*od.* aufsteigen) to move up (*od.* be promoted) (by) several ranks. – **4.** *fig.* (*Stadium, Phase*) stage, phase: die Entwicklung des Kindes läßt verschiedene ∼n erkennen the development of a child shows various stages; die kritische ∼ einer Krankheit the critical stage of a disease. – **5.** j-m die Haare in ∼n schneiden to cut s.o.'s hair in tiers, to tier s.o.'s hair. – **6.** (*fashion*) (*im Kleid*) frill, flounce. – **7.** *mus.* (*Tonstufe*) degree: tonische ∼n tonal degrees; zweite ∼ (*der Tonleiter*) second degree, supertonic. – **8.** *ped.* a) (*in der Volksschule*) grade, *Br. auch* class, b) (*in der Oberschule*) class, *Am.* grade, *bes. Br.* form. – **9.** (*paints*) (*Farbton*) shade, hue. – **10.** (*im Gelände*) step, terrace. – **11.** *geol.* (*Formation*) stage, assise (*scient.*). – **12.** (*mining*) a) reference mark, b) (*klar erzhaltiges Stück*) lump of ore. – **13.** *ling.* (*der Steigerung*) degree. – **14.** *arch.* step. – **15.** *civ.eng.* (*einer Treppe etc*) tread. – **16.** *electr.* a) (*eines Verstärkers*) stage, b) (*eines Schalters*) step. – **17.** *metall.* (*einer Prüfung*) stage. – **18.** *tech.* a) (*einer Schaltung*) step, b) (*einer Bearbeitung*) stage, c) (*eines Drehzahlbereiches*) range, d) (*eines Geschwindigkeitsbereiches*) increment, e) (*eines Getriebes*) speed, step, f) (*einer Temperatur*) level. – **19.** (*space*) (*einer Rakete*) stage: erste [zweite] ∼ first [second] stage. – **20.** *econ.* (*des Einkommens etc*) level, class, grade, bracket, tier.

stu·fen [ˈʃtuːfən] **I** *v/t* ⟨h⟩ **1.** cut steps in(to), step. – **2.** (*stufenförmig anlegen*) terrace. – **3.** (*Haare*) cut (*s.th.*) in tiers, tier. – **4.** *fig.* (*staffeln*) graduate, gradate, grade. – **5.** (*Farben*) gradate, grade, shade. – **6.** *tech.* (*Drehzahlen*) grade. – **II** S∼ *n* ⟨-s⟩ **7.** *verbal noun.* – **8.** *cf.* Stufung.

'Stu·fen,an,ord·nung *f tech.* stepped arrangement. — s∼,ar·tig **I** *adj* **1.** (*Anordnung etc*) steplike. – **2.** (*Landschaft etc*) terraced. – **3.** (*Konstruktion*) stepped. – **4.** *fig.* gradual, gradational. – **II** *adv* **5.** ∼ angeordnet arranged in steps, stepped. – **6.** *fig.* gradually. — ∼,bar·ren *m* (*sport*) asymmetric (*od.* uneven) bars *pl.* — ∼-,boot *n mar.* step-bottom(ed) (*od.* stepped) boat. — ∼,brei·te *f arch.* width of stairs. — ∼,fol·ge *f* **1.** arrangement of steps. – **2.** *fig.* grad(u)ation, sequence of stages. — s∼-,för·mig **I** *adj* **1.** in the form of steps, in steps, stepped: ∼e Verwerfung *geol.* distributive (*auch* step) fault. – **2.** *fig.* (*Entwicklung etc*) gradual, gradational. – **II** *adv* **3.** in steps, in tiers: etwas ∼ anordnen to tier (*od.* step) s.th.; ∼ angeordnete Sitzreihen *arch.* seats arranged in tiers, tiered rows of seats; ∼ ansteigen to rise in steps. – **4.** *fig.* gradually. — ∼,gang *m fig. cf.* Stufenfolge 2. — ∼,ge,bet *n röm.kath.* preparatory prayer at the steps of the altar. — ∼,ge,trie·be *n tech.* variable speed transmission, cluster gear, *auch* gear cluster. — ∼,här·tung *f metall.* hot-quenching, austempering. — ∼,heck *n auto.* notchback. — ∼,keil *m phot.* step wedge. — ∼,kol·ben *m tech.* differential (*od.* stepped) piston. — ∼,kon,takt *m electr.* step-resistance contact. — ∼,land·schaft *f geol.* terraced (*od.* cuesta) landscape. — ∼,lei·ter *f* **1.** stepladder: die ∼ zum Erfolg *fig.* the ladder to success. – **2.** *fig.* (*progressive*) scale, gradation. – **3.** *fig.* (*der Gefühle*) scale, gamut. — ∼,lin·se *f* (*optics*) step (*od.* echelon) lens. — ∼,los *tech.* **I** *adj* (*Getriebe etc*) infinitely variable. – **II** *adv* ∼ regelbar, ∼ regulierbar infinitely variable; ∼ einstellbar steplessly adjustable. — ∼,mo·tor *m* adjustable speed motor. — ∼,plan *m econ.* graduated plan. — ∼,pres·se *f* multiple-plunger (*od.* -die) press. — ~,**psalm** *m meist pl relig.* degree psalm. — ~**py·ra,mi·de** *f* stepped pyramid. — ~,**rad** *n tech.* cluster gear. — ~,**rä·der·ge,trie·be** *n* cone gear drive. — ~**ra,ke·te** *f* (*space*) stage rocket, multistage rocket. — ~,**schal·ter** *m electr.* step(-up) (*od.* sequence, multiple-contact) switch. — ~,**schal·tung** *f* variable speed control. — ~,**schei·be** *f* cone (*Br.* stepped) pulley. — ~,**schei·ben·,an,trieb** *m* cone- (*Br.* stepped-)pulley drive. — ~**ta,rif** *m econ.* (*im Steuerwesen*) graduated tax rate (system). — ~**theo,rie** *f* (*in der Wirtschaftsgeschichte*) theory dividing economic evolutions into historical stages. — ~**trans·for,ma·tor** *m electr.* tapping transformer. — ~,**tren·nung** *f* (*space*) stage separation. — ~**vo,lant** *m* (*fashion*) tiered flounces *pl.* — s~,**wei·se** **I** *adj* **1.** gradual, progressive, in progressive steps: ~**r** Abbau der Zollschranken *econ.* gradual reduction (*od.* removal) of tariffs. – **2.** *bes. tech.* (*Bewegung*) stepwise. – **II** *adv* **3.** step by step, by degrees, gradually: etwas ~ erreichen to reach s.th. gradually; ~ fortschreitend progressive, gradual. – **4.** *bes. tech.* stepwise, in stages. — ~,**wick·lung** *f electr.* bank(ed) winding. — ~,**wi·der,stand** *m* decade (*od.* banked) resistor. — ~,**win·kel** *m math.* corresponding angle. — ~,**wir·kung** *f tech.* step-by-step action. — ~,**zahl** *f* number of steps.

'**stu·fig** *adj* (*Gelände etc*) having steps (*od.* terraces), stepped, terraced, formed into steps (*od.* terraces).

'**Stu·fung** *f* ⟨-; -en⟩ **1.** *cf.* Stufen. – **2.** *fig.* (*Staffelung*) graduation, gradation. – **3.** (*von Farben*) gradation, shade, shading.

Stuhl [ʃtuːl] *m* ⟨-(e)s; ᵉe⟩ **1.** chair: geflochtener ~ wicker(work) chair; gepolsterter ~ a) upholstered chair, b) (*Sessel*) easy chair; ~ mit hoher [niedriger] Lehne high- [low-]backed chair; ~ ohne Lehne stool; als ich die Rechnung bekam, wäre ich beinahe vom ~ gefallen *colloq.* I was flabbergasted (*od.* I nearly died) when I got the bill (*colloq.*); sich zwischen zwei Stühle setzen *fig. colloq.* to fall between two stools; j-m den ~ vor die Tür setzen *fig. colloq.* a) to put (*od.* turn) s.o. out, b) (*j-n entlassen*) to give s.o. the sack (*colloq.*), to sack (*od.* fire) s.o. (*colloq.*). – **2.** *cf.* Drehstuhl 1, 2, 4, Garten-, Küchen-, Lehn-, Liegestuhl. – **3.** (*Sitz, Platz*) seat, chair: j-m einen ~ anbieten to offer s.o. a seat. – **4.** (*Hocker, Schemel*) stool. – **5.** (*Kirchenstuhl*) pew. – **6.** *jur.* a) der elektrische ~ the electric chair, the hot seat, *Am.* the chair: → hinrichten 1; Hinrichtung 2, b) vor dem ~ des Richters before the judge. – **7.** a) der Apostolische ~ *Heilige, Päpstliche*) ~, der ~ Petri *röm. kath.* the Apostolic (*od.* Holy, Papal) See, the See of Rome, b) vor Gottes ~ gerufen werden *relig.* to be called before the judg(e)ment (*auch* Judg[e]ment) seat (*od.* throne) (of God). – **8.** *ped.* (*Lehrstuhl*) chair, professorship. – **9.** Meister vom ~ (*Leiter einer Freimaurerloge*) master of the lodge. – **10.** *tech.* (*Webstuhl*) loom, frame. – **11.** *metall.* (*für Walzblöcke*) stand. – **12.** ⟨*only sg*⟩ *med.* a) *cf.* Stuhlgang 1, b) (*Kot*) stool(s *pl*), f(a)eces *pl* (*scient.*).

'**Stuhl,ab,gang** *m med.* motion, def(a)ecation, evacuation (*od.* passing) of f(a)eces (*scient.*).

'**Stuhl,bein** *n* leg of a chair, chair leg.

Stühl·chen ['ʃtyːlçən] *n* ⟨-s; -⟩ *dim. of* Stuhl 1.

'**Stuhl·,drang** *m med. cf.* Stuhlzwang. — ~**ent,lee·rung** *f* discharge of the bowels, (bowel) movement; evacuation, def(a)ecation, dejection (*scient.*): unwillkürliche ~ involuntary def(a)ecation, incontinence. — ~**fei·er** *f* Petri ~, ~ Petri *röm.kath.* St. Peter's Day. — ~,**flech·ter** *m*, ~,**flech·te·rin** *f* ⟨-; -nen⟩ chair bottomer.

'**stuhl,för·dernd** *adj med. pharm.* laxative, purgative, cathartic, aperient: ~**es** Mittel laxative, purgative, cathartic, aperient.

'**Stuhl,gang** *m* ⟨-(e)s; *no pl*⟩ *med.* **1.** discharge of the bowels, (bowel) movement, motion, evacuation; def(a)ecation, dejection (*scient.*): regelmäßiger ~ regular movement, regularity of the bowels; der ~ ist in Ordnung the bowels are regular; regelmäßigen ~ haben to have open bowels, to have regular bowel movement; keinen ~ haben to have no bowel movement; haben Sie heute

schon ~ gehabt? have you had a bowel movement today? have your bowels moved (*od.* acted) today? für regelmäßigen ~ sorgen to keep one's bowels regular; träger ~ constipation. – **2.** *cf.* Stuhl 11 b.

'**Stuhl|ge,richt** *n hist.* secret tribunal (of the Fehme). — ~**ge,stell** *n* chair frame. — ~,**kis·sen** *n* chair cushion. — ~,**leh·ne** *f* back of a chair, backrest. — ~,**ma·cher** *m* chairmaker. — ~,**rol·le** *f* chair caster (*auch* castor). — ~**säu·le** *f civ.eng.* post. — ~,**schie·ne** *f* (*railway*) bull-headed rail. — ~,**sitz** *m* (chair) bottom, seat.

'**Stuhl|,un·ter,su·chung** *f med.* examination of the f(a)eces, tamisage. — ~**ver,hal·tung** *f* obstipation, suppressed evacuation, retention of f(a)eces. — ~**ver,här·tung** *f* f(a)ecal impaction. — ~**ver,mie·ter** *m*, ~**ver,mie·te·rin** *f* person who hires out chairs.

'**Stuhl|,zäpf·chen** *n med. pharm.* rectal suppository. — ~,**zwang** *m med.* urgent need to relieve the bowels, (rectal) tenesmus (*scient.*).

Stuk·ka·teur [ʃtuka'tøːr] *m* ⟨-s; -e⟩ *arch.* plaster of Paris worker.

Stul·le ['ʃtulə] *f* ⟨-; -n⟩ *Northern G.* **1.** slice of bread. – **2.** slice of bread and butter, (*belegte, zusammengeklappte Brotschnitte*) sandwich.

'**Stulp,är·mel** ['ʃtulp-] *m cf.* Stulpenärmel.

Stul·pe ['ʃtulpə] *f* ⟨-; -n⟩ **1.** (*am Ärmel*) cuff, turnback, wrist, (*größere*) gauntlet cuff. – **2.** (*am Handschuh*) cuff, top. – **3.** (*am Hosenbein*) *bes. Br.* turn-up, *Am.* cuff. – **4.** (*am Stiefel*) turndown.

stül·pen ['ʃtylpən] *v/t* ⟨h⟩ **1.** (*umdrehen*) turn (*s.th.*) upside down. – **2.** (*umschlagen*) turn (*s.th.*) inside out. – **3.** (*hochstülpen*) turn (*s.th.*) up. – **4.** (*nach innen*) turn (*od.* tuck) (*s.th.*) in. – **5.** etwas über (*acc*) etwas ~ to put s.th. over (*od.* [up]on) s.th. – **6.** etwas auf (*acc*) etwas ~ to put (*od.* lay) s.th. (up)on (*od.* on top of) s.th. – **7.** (*sich dat*) den Helm auf den Kopf ~ to clap (*od.* stick) one's helmet on one's head; er stülpte (*sich dat*) den Hut übers linke Ohr he cocked his hat over his left ear.

'**Stul·pen|,är·mel** *m* turnback (*od.* turned-back) sleeve. — ~,**hand,schuh** *m cf.* Stulphandschuh. — ~,**stie·fel** *m meist pl* **1.** turndown (*od.* top) boot. – **2.** (*langer*) Wellington (boot).

'**Stulp,hand,schuh** *m* **1.** gauntlet, *auch* gauntlet glove. – **2.** (*sport*) a) (*beim Fechten*) fencing glove, b) (*beim Boxen*) boxing glove.

'**Stülp,korb** *m* (*bei der Imkerei*) straw hive.

'**Stulp,na·se**, '**Stülp,na·se** *f* snub(bed) (*od.* turnup, *Br.* turn-up, turned-up, pug) nose.

'**Stülp,na·sen,ot·ter** *f zo.* Lataste's viper (*Vipera latastei*).

'**Stulp,stie·fel** *m cf.* Stulpenstiefel.

stumm [ʃtum] **I** *adj* ⟨-er; -st⟩ **1.** dumb, *auch* mute: von Geburt an ~ dumb from birth; er ist ~, aber nicht taub he is dumb, but not deaf; durch einen Schock ~ werden to become dumb as the result of a shock; sich ~ stellen to pretend to be dumb. – **2.** *fig.* (*still, schweigsam*) silent, mum, mute: ~ wie ein Fisch a) (*schweigsam*) (as) mute as a fish, b) (*verschlossen*) (as) close as a clam; auf alle Fragen ~ bleiben to remain silent to all questions; j-n ~ machen *euphem.* to silence s.o., to knock (*od.* bump) s.o. off (*sl.*); → Diener[1] 9. – **3.** *fig.* (*nicht von Worten begleitet*) silent, inarticulate: ~es Flehen silent (*od.* mute) appeal; ~es Gebet silent prayer; er machte eine ~e Geste he made a silent gesture; (eine) ~e Klage a silent complaint; ~er Schmerz silent grief; ~er Vorwurf lag in ihrem Blick silent reproach was in her eyes; ~e Zwiesprache silent conversation. – **4.** *fig.* (*still, geheim*) silent, secret: ~e Gedanken secret (*od.* unspoken) thoughts. – **5.** *fig.* (*sprachlos*) dumb, mute, speechless, inarticulate: er war ~ vor Schreck he was struck dumb with terror, he was mute (*od.* speechless) with terror; er war ~ vor Zorn he was speechless with anger (*od.* rage). – **6.** ~e Person a) (*theater*) walking part, walk-on, mute, b) (*film*) extra; ~e Rolle silent (*od.* nonspeaking) part; ~es Spiel dumb show, pantomime. – **7.** *ling.* mute, silent, quiescent: das ~e ‚h‘ the silent (*od.* mute) ‘h’. – **II** *adv* **8.** *fig.* silently, without saying a word: ~ reichte er mir den Brief he handed me the letter without (saying) a word; ~ sah sie ihn an

she looked at him silently; sie saß ~ dabei, während wir uns unterhielten she sat there mum (*od.* without a word) while we were talking; ~ und steif stand er da he stood there like a post.

'**Stumm,ab,stim·mung** *f* (*radio*) silent (*od.* quiet) tuning, quiet automatic volume control.

'**Stum·me** *m, f* ⟨-n; -n⟩ dumb person, mute (person): die ~n collect. the dumb.

Stum·mel ['ʃtuməl] *m* ⟨-s; -⟩ **1.** (*einer Zigarre, Kerze etc*) end, stub, stump, *bes. Am.* butt: der ~ einer Zigarette a cigarette end, *bes. Br. sl.* a fag end. – **2.** (*Bleistiftstummel*) stub. – **3.** (*von Gliedmaßen, Zahn*) stump. – **4.** *zo.* (*verkümmertes Glied*) a) stub, stump, b) (*Stummelschwanz*) dock. – **5.** *tech.* (*einer Achse*) stub. — ~,**af·fe** *m zo.* guereza, colobin (*Gattg Colobus*). — ~,**fü·ßer** *m* ⟨-s; -⟩ *meist pl* Onychophoran, peripatus (*Stamm Onychophora*). — ~,**pfei·fe** *f* short-(stemmed) pipe, *bes. Br.* cutty (pipe). — ~,**schwanz** *m zo.* dock(ed tail).

'**Stumm,film** *m* silent film (*Am.* [motion] picture, *bes. Am. colloq.* movie). — ~,**zeit** *f* silent film era: in der ~ in the days of the silents (*colloq.*).

'**Stumm·heit** *f* ⟨-; *no pl*⟩ **1.** dumbness, muteness, mutism. – **2.** *fig.* (*Schweigen*) silence, muteness. – **3.** *fig.* (*Sprachlosigkeit*) dumbness, muteness, speechlessness, inarticulateness.

Stum·pen¹ ['ʃtumpən] *m* ⟨-s; -⟩ *Southern G. for* Baumstumpf.

'**Stum·pen²** *m* ⟨-s; -⟩ **1.** (hat) stump (*od.* body). – **2.** (*Zigarre*) cheroot, *bes. Am.* stogie, stogy, *auch* stogee.

Stüm·per ['ʃtympər] *m* ⟨-s; -⟩ *colloq. contempt.* **1.** (*Pfuscher, Nichtskönner*) bungler, botcher, tinker, duffer, *Br. colloq.* hash(er), *Am. sl.* ‘dub’: er ist ein rechter ~ he is an absolute (*Br.* a proper) bungler; hier waren ~ am Werk this has been bungled (*od.* botched). – **2.** (*Dilettant*) dilettante, *auch* dilettant, dabbler, dabster. – **3.** (*schlechter Spieler*) bungler, (*am Klavier etc*) *auch* strummer, thrummer.

Stüm·pe'rei *f* ⟨-; -en⟩ *colloq. contempt.* **1.** ⟨*only sg*⟩ bungling, botching, *Br. colloq.* ‘hashing’: die ~, mit der diese Arbeit gemacht wurde, ist unbeschreiblich it is indescribable the way the work has been bungled (*od.* botched, *Br. colloq.* hashed). – **2.** (*stümperhafte Arbeit*) bungle, botch, botchy (*od.* bad) job, amateur work, *Br. colloq.* ‘hash’. – **3.** (*Dilettantismus*) dilettantism, *auch* dilettanteism, dabbling. – **4.** (*dummer Fehler*) blunder.

'**stüm·per·haft** *colloq. contempt.* **I** *adj* **1.** (*Ausführung, Entwurf etc*) botched, bungled, botchy, *Br. colloq.* ‘hashed’: eine ~e Arbeit a botch, a bad job, a bungle, *Br. colloq.* a ‘hash’. – **2.** (*Kenntnisse etc*) poor, scanty. – **3.** (*Versuch, Spiel etc*) clumsy, unskil(l)ful. – **4.** (*dilettantisch*) dilettante (*attrib*), dabbling. – **II** *adv* **5.** das ist sehr ~ gemacht that has been bungled (*od.* botched, *Br. colloq.* hashed), that is a botch.

'**Stüm·pe·rin** *f* ⟨-; -nen⟩ *colloq. contempt. cf.* Stümper.

stüm·pern ['ʃtympərn] *colloq. contempt.* **I** *v/i* ⟨h⟩ **1.** (*bei Arbeit etc*) bungle, boggle, make a mess (*Br. colloq.* hash), *Br. colloq.* ‘hash’, foozle (*sl.*). – **2.** (*dumme Fehler machen*) blunder. – **3.** (*auf dem Klavier*) strum, thrum. – **4.** (*beim Spiel*) play poorly, play like an amateur. – **II** *v/t* **5.** bungle, botch, make a mess (*Br. colloq.* hash) of, *Br. colloq.* ‘hash’, foozle (*sl.*). – **III** S~ *n* ⟨-s⟩ **6.** *verbal noun.* – **7.** *cf.* Stümperei 2, 4.

stumpf [ʃtumpf] **I** *adj* ⟨-er; -(e)st⟩ **1.** (*Messer, Klinge, Schere, Zähne, Werkzeug etc*) blunt, dull, edgeless: dieses Messer ist völlig ~ this knife is absolutely blunt (*od.* has no edge at all); ein Werkzeug ~ machen to blunt (*od.* to take the edge off, to dull, to blunt the edge of) a tool. – **2.** (*Nadel, Spitze, Bleistift etc*) blunt, dull, pointless: der Bleistift ist ~ the pencil is blunt (*od.* has no point). – **3.** ~e Nase a) flat (*od.* pug) nose, b) (*Stupsnase*) snubby (*od.* snub[bed], turned-up, turnup) nose. – **4.** *math.* a) (*Winkel*) obtuse, b) (*Kegel etc*) truncated: ~e Pyramide truncated pyramid, frustrum (*scient.*). – **5.** *metr.* (*Reim*) masculine, male. – **6.** *fig.* (*nicht glänzend*) dull, lusterless, *bes. Br.*

lustreless, mat, matt(e): ihr Haar ist ~ her hair is dull. – **7.** *fig.* (*Farbe*) dull, dead. – **8.** *fig.* (*teilnahmslos, abgestumpft*) dull, impassive, stolid, apathetic: ein ~er Blick a dull look; durch die schweren Schicksalsschläge ist sie ~ geworden the heavy blows of fate have made her impassive. – **9.** *fig.* (*unempfänglich, unempfindlich*) insensitive, insensible, indifferent: ~ gegen alles Schöne insensitive to everything beautiful. – **10.** *fig.* (*träge*) dull, lethargic, torpid. – **11.** *fig.* (*stumpfsinnig, beschränkt*) dull, dense, obtuse, thick. – **12.** *aer.* (*Körper*) blunt. – **II** *adv* **13.** j-n anblicken to look at s.o. impassively. – **14.** etwas ~ zusammenfügen (*od.* verbinden) *tech.* to butt-joint s.th.; die beiden Flächen stoßen ~ zusammen the two surfaces butt-joint (*od.* abut).

Stumpf *m* ⟨-(e)s; ⁼e⟩ **1.** (*Baumstumpf*) stump (of a tree), stub. – **2.** (*von Gliedmaßen*) stump. – **3.** (*einer Kerze, eines Bleistifts etc*) end, stub, stump. – **4.** (*Zahnstumpf*) stump. – **5.** (*Schwanzstummel*) dock, stump, stub. – **6.** *math.* (*eines Kegels, einer Pyramide*) a) frustrum, b) (*schief abgeschnittener*) ungula. – **7.** etwas mit ~ und Stiel ausrotten *fig. colloq.* to destroy s.th. root and branch; etwas mit ~ und Stiel aufessen (*od.* vertilgen) *fig. colloq.* to eat s.th. bones and all.

stump·fen ['ʃtumpfən] *v/t* ⟨h⟩ *rare* **1.** (*make*) (*s.th.*) blunt, (*make s.th.*) dull. – **2.** *fig. cf.* abstumpfen 3, 4.   [(track).⟩
'Stumpf‚gleis *n* (*railway*) dead-end siding⟩
'Stumpf·heit *f* ⟨-; *no pl*⟩ **1.** (*eines Messers, Werkzeugs, Bleistifts, einer Schere, Klinge, Nadel etc*) bluntness, dul(l)ness. – **2.** *fig.* (*von Seide, Haaren etc*) dul(l)ness. – **3.** *fig.* (*einer Farbe*) dul(l)ness, deadness. – **4.** *fig.* (*Teilnahmslosigkeit, Abgestumpftheit*) dul(l)ness, impassiveness, impassivity, stolidness, stolidity, apathy. – **5.** *fig.* (*Unempfänglichkeit, Unempfindlichkeit*) (*gegen to*) insensitiveness, insensitivity, insensibility, indifference. – **6.** *fig.* (*Trägheit*) dul(l)ness, lethargy, torpidity. – **7.** *fig.* (*Stumpfsinn, Beschränktheit*) dul(l)ness, denseness, obtuseness.

'stumpf‚kan·tig *adj tech.* blunt-edged.

'Stumpf‚ke·gel *m math.* truncated cone. — **~‚kle·be‚pres·se** *f* (*film*) butt joiner. — **~‚koi‚ei·dech·se** *f* *zo.* Nucras lizard (*Gattg Nucras*). — **~‚kro·ko·dil** *n* dwarf crocodile (*Osteolaemus tetraspis*). — **~‚la·sche** *f tech.* butt strap.
'Stumpf‚naht *f tech.* butt weld. — **~‚schwei·ßung** *f* butt-seam welding.
'Stumpf‚näs·chen *n dial. for* Stupsnase. — **~‚na·se** *f* **1.** *dial. for* Stupsnase. – **2.** *zo.* pig-tailed monkey (*Simias concolor*). — **~‚na·sen‚af·fe** *m dial. for* round langur (*od.* monkey) (*Gattg Rhinopithecus*). — **~‚nas‚horn** *n cf.* Breitmaulnashorn. — **s~‚na·sig** [-‚na:zɪç] *adj* **1.** flat- (*od.* pug-)nosed. – **2.** (*stupsnasig*) snub-nosed, snubby.
'Stumpf‚schnau·zen|‚mull *m zo. cf.* Blindmaus. — **~‚nas‚horn** *n cf.* Breitmaulnashorn.
'stumpf‚schwei·ßen *tech.* **I** *v/t* ⟨insep, -ge-, h⟩ butt-weld. – **II** *S~* *n* ⟨-s⟩ butt welding.
'Stumpf|‚schweiß‚naht *f tech.* butt weld. — **~‚schwei·ßung** *f* butt welding.
'Stumpf‚sinn *m* ⟨-(e)s; *no pl*⟩ **1.** (*Teilnahmslosigkeit*) dul(l)ness, impassiveness, impassivity, stolidness, stolidity, apathy. – **2.** *colloq.* (*Langweiligkeit, Monotonie*) dul(l)ness, monotony, tediousness, drabness. – **3.** *psych.* emotional dul(l)ness, hebetude (*scient.*). — **'stumpf‚sin·nig** *adj* **1.** (*Person*) dull, impassive, stolid, apathetic: bei dieser Arbeit wird man ja ~ this work really dulls the brain. – **2.** (*Arbeit etc*) dull, monotonous, tedious, drab. – **3.** *psych.* dull, apathetic.
'Stumpf|‚stoß *m tech.* butt joint. — **~‚ver‚zah·nung** *f* stub-tooth gearing. — **s~‚win·ke·lig, s~‚wink·lig** *adj math.* obtuse-angled, *auch* obtuse-angular, obtuse.
Stünd·chen ['ʃtʏntçən] *n* ⟨-s; -⟩ **1.** *dim. of* Stunde. – **2.** *colloq.* (*little*) while: ich komme auf (*od.* für) ein ~ vorbei I'll drop in for a (little) while (*od.* for an hour or so); nur noch ein ~ just another hour or so. – **3.** *cf.* Stündlein 1.
Stun·de ['ʃtundə] *f* ⟨-; -n⟩ **1.** hour: eine viertel ~ a quarter of an hour, *bes. Am.* a quarter hour; eine halbe ~ half an hour, *bes. Am.* a half hour; in einer dreiviertel ~, in drei viertel ~n in three quarters of an hour; fünfviertel ~n an hour and a quarter; anderthalb ~n an hour and a half; es dauerte eine ganze (*od. colloq.* geschlagene) ~ it took a full (*od.* whole, solid) hour; alle zwei ~n every two hours, every other hour; die Wirkung hält 24 Stunden an the effect lasts for 24 hours; eine Verzögerung von zwei ~n a two-hour delay, two hours' delay, a delay of two hours; ich könnte ganze ~n (lang) davon erzählen I could talk about it for hours (and hours) (*od.* for hours on end); eine ~ nach der andern (*od.* um ~) verrann hour after hour passed; vier ~n hintereinander four hours running (*od.* at a stretch); in einer ~ bin ich zurück I shall be back in an hour('s time); wir warteten von ~ zu ~ we waited from hour to hour; auf (*od.* für) eine ~ vorbeikommen to drop in for an hour; eine knappe ~ vorher barely an hour before; das Auto fährt 120 Kilometer in der (*od. colloq.* die) ~ the car does 120 kilometers an (*od.* per) hour. – **2.** (*Zeitpunkt, Moment*) hour, moment, time: seit dieser (*od.* von Stund an*) war er wie verwandelt from that (very) hour (*od.* from that hour on, *lit.* from that time forth) he was a different person; seit dieser ~ sind wir Feinde we have been enemies ever since; die Verhandlungen dauern zur ~ noch an the negotiations are still under ~ way; es ist (bis) zur ~ noch unbekannt, ob to this moment (*od.* so far, as yet) it is still unknown whether; sie können jede (*od.* zu jeder) ~ kommen they will arrive (*od.* be here) any minute (*od.* time) (now); in (*od.* zu) vorgerückter ~ wurden Witze erzählt people were telling jokes at an advanced hour; in letzter (*od.* elfter, zwölfter) ~ at the eleventh hour, at the very last moment, at a late hour; zur rechten ~ at the right time; er kam zu ~ recht ungelegener ~ he came at quite an inconvenient time; zur vereinbarten ~ at the appointed time (*od. lit.* hour); er kam zur gewohnten (*od.* zu gewohnter) ~ he came at the usual time; zu später ~ at a late hour, late at night; das Gebot der ~ erfordert es the demands of the moment make it necessary; sie hat seitdem keine ruhige ~ mehr she has not had a quiet moment (*od.* a minute's peace) since; seine (*od.* die Gunst der) ~ wahrnehmen (*od.* nutzen) to make use of an opportune moment; das waren schwere ~n that was a difficult moment; ihre schwere ~ war gekommen (*der Zeitpunkt der Entbindung*) her time had come; seine ~ ist gekommen (*od.* hat geschlagen) (*sein Ende naht*) his time has come, his sands are running out; die ~ der Rache ist gekommen (*od.* hat geschlagen) the time (*od.* hour) has come to take revenge; von den ersten Zeilen des Briefes an wußte er schon, was die ~ geschlagen hatte he knew from the first lines of the letter what was in store for him (*od. colloq.* what was up); warte nur, meine ~ kommt (schon) noch! (*als Drohung*) just wait, my chance (*od.* opportunity, turn) will come; er hat ihr den Nerzmantel in einer schwachen ~ versprochen he promised her the mink coat in a weak moment (*od.* in a moment of weakness); die X (*noch unbekannter Zeitpunkt*) such and such a time; dem Glücklichen schlägt keine ~ happiness takes no account of time, the happy never think of time. – **3.** (*als Längenmaß*) hour('s journey): eine gute ~ (Weg[e]s) a good hour('s journey); sie wohnt nur drei ~n von uns entfernt she lives only three hours (*od.* hours' journey) away from us; bis Berlin sind es noch gut zwei ~n it's still a good two hours to Berlin. – **4.** (*Schulstunde*) class, period, lesson: die erste ~ fällt aus the first class is cancel(l)ed; was haben wir nächste ~ (*od.* in der nächsten)? what's our next class? what do we have next period? morgen fallen alle ~n aus there will be no classes tomorrow. – **5.** (*Privatstunde*) lesson: j-m ~n (in Englisch) geben to give s.o. (English) lessons; bei j-m ~n nehmen to take lessons from s.o.; er bekommt 10 Mark für die (*od.* pro, *colloq.* die) ~ he gets 10 marks a (*od.* per) lesson. – **6.** (*working*) hour.

stün·de ['ʃtʏndə] *1 u. 3 sg pret subj of* stehen.
stun·den ['ʃtundən] *econ.* **I** *v/t* ⟨h⟩ **1.** j-m die Zahlung ~ to grant (*od.* allow) s.o. respite in (*od.* a delay of) payment: können Sie mir die (Zahlung der) Miete drei Wochen ~? could you grant (*od.* give) me three weeks for (*od.* to pay) the rent? – **II** *S~* *n* ⟨-s⟩ **2.** *verbal noun.* – **3.** *cf.* Stundung.
'Stun·den|‚buch *n relig. hist.* book of hours. — **~‚durch‚schnitt** *m* average per hour. — **~‚ei·bisch** *m bot.* flower-of-an-hour, bladder ketmia (*Hibiscus trionum*). — **~‚frau** *f dial. for* Putzfrau. — **~ge·bet** *n meist pl relig.* horary prayer, hours. — **~ge·schwin·dig·keit** *f* speed per hour: mittlere ~ average speed per hour. — **~‚glas** *n* hourglass. — **~‚halt** *m Swiss* hourly rest. — **~‚ho‚tel** *n* hotel of ill repute (*od.* fame), ill-famed hotel. — **~‚ki·lo‚me·ter** *m* kilometer (*bes. Br.* kilometre) per hour. — **s~‚lang** *adj u. adv* for hours (and hours), for hours on end: nach ~em Warten after waiting for hours; sie führt ~e Telefongespräche she is on the telephone for hours on end; ich könnte ihm ~ zusehen I could watch him for hours. — **~‚lei·stung** *f econ.* (*eines Arbeiters, einer Maschine*) hourly output, output per hour. — **~‚lohn** *m* hourly wage(s *pl*), wage rate (*od.* wages *pl*) per hour, pay by the hour: er arbeitet im ~ he is paid by the hour. — **~‚plan** *m* timetable, *bes. Am.* schedule. — **~‚rad** *n* (*watchmaking*) hour, count, pattern) wheel. — **~‚satz** *m econ.* hourly rate, rate per hour. — **~‚schlag** *m* **1.** stroke of the clock (*od.* hour): mit dem ~ on the stroke (of the clock), on the hour, as the clock strikes (*od.* struck); mit dem ~ fünf on the stroke of five, as the clock strikes (*od.* struck) five. – **2.** *cf.* Glockenschlag. — **~‚ver‚dienst** *m econ. cf.* Stundenlohn. — **s~‚wei·se** *adj u. adv* by the hour: ~e Bezahlung payment by the hour; ~e Beschäftigung a) (*unregelmäßig*) employment by the hour, casual employment, b) (*regelmäßig*) part-time employment; j-n ~ einstellen to employ s.o. by the hour; etwas ~ mieten to rent s.th. by the hour. — **s~‚weit** *adv* ~ entfernt several hours away. — **~‚win·kel** *m astr.* hour angle. — **~‚zei·ger** *m* (*watchmaking*) hour hand. — **~‚zet·tel** *m econ.* (*zur Arbeitszeitkontrolle*) time card (*bes. Am.* ticket).
Stünd·lein ['ʃtʏntlaɪn] *n* ⟨-s; -⟩ **1.** *dim. of* Stunde: sein letztes ~ ist gekommen (*od.* hat geschlagen) *fig. colloq.* his last hour has come. – **2.** *cf.* Stündchen 1, 2.
stünd·lich ['ʃtʏntlɪç] **I** *adj* **1.** hourly. – **II** *adv* **2.** every hour, hourly: dreimal ~ three times an hour; der Bus verkehrt ~ the bus runs (once) every hour (*od.* hourly); ich muß ihn täglich und ~ daran erinnern I have to remind him (of it) over and over again. – **3.** (*jeden Moment*) any time, any minute: wir erwarten ihn ~ we are expecting him any minute (now).
'Stun·dung *f* ⟨-; -en⟩ *econ.* **1.** *cf.* Stunden. – **2.** respite, delay, moratorium, delay (*od.* deferment, prolongation) of payment: um ~ bitten to ask for a postponement (*od.* deferment) of payment.
'Stun·dungs|‚an‚trag *m econ. cf.* Stundungsgesuch. — **~‚frist** *f* time (*od.* grace) allowed for payment. — **~ge‚such** *n* request for postponement (*od.* deferment) of payments.
Stunk [ʃtuŋk] *m* ⟨-s; *no pl*⟩ *colloq.* **1.** (*Unfrieden, Zank*) hullabaloo, *auch* hullaballoo, row, ruction(s *pl*), rumpus (*colloq.*): ~ machen to cause a hullabaloo, to kick up a row (*colloq.*), to raise hell (*sl.*). – **2.** (*Nörgelei*) nagging, grumbling, carping.
Stunt·man ['stʌntmən] (*Engl.*) *m* ⟨-s; Stuntmen [-mən]⟩ (*film*) (*Double*) stunt man.
stu·pend [ʃtu'pɛnt; stu-] *adj* ⟨-er; -est⟩ (*erstaunlich*) stupendous, tremendous, amazing, astounding.
Stupf [ʃtupf] *m* ⟨-(e)s; -e⟩ *Southern G. and Swiss dial. for* Stups. — **'stup·fen** *v/t* ⟨h⟩ *Southern G. and Austrian colloq.*, Swiss *dial. for* stupsen, anstoßen 4.
stu·pid [ʃtu'pi:t; stu-], **stu'pi·de** [-də] *adj* **1.** stupid, dull, dense, obtuse, thick. – **2.** *cf.* stumpfsinnig 1, 2. — **Stu·pi·di·tät** [-pidi'tɛ:t] *f* ⟨-; *no pl*⟩ **1.** stupidity, dul(l)ness,

denseness, obtuseness, thickness. — **2.** *cf.* Stumpfsinn 1, 2.

Stu·por ['stuːpɔr; 'stuː-] *m* ⟨-s; *no pl*⟩ *psych.* stupor. — **stu·po·rös** [stupoˈrøːs; ʃtu-] *adj* stuporous, stuporose.

Stups [ʃtups] *m* ⟨-es; -e⟩ *colloq.* push, jog, (*bes. mit dem Ellbogen*) nudge: j-m einen ~ geben to give s.o. a push. — **'stup·sen** *v/t* ⟨h⟩ *colloq.* push, jog, (*bes. mit dem Ellbogen*) nudge.

'Stups|ˌnäs·chen *n colloq. cf.* Stupsnase. — **~ˌna·se** *f colloq.* snub(bed) (*od.* snubby, turnup, *Br.* turn-up, tip-tilted) nose. — **s~ˌna·sig** [-ˌnaːzɪç] *adj colloq.* snub-nosed, snubby.

stur [ʃtuːr] **I** *adj* ⟨-er; -st⟩ *colloq. contempt.* **1.** (*starrsinnig*) stubborn, obstinate, (*stärker*) mulish, pigheaded, cussed (*colloq.*): so ein ~er Bock such a mule (*colloq.*); ~ wie ein Panzer (as) stubborn as a mule; sosehr ich auch bat, er blieb ~ (*od.* er gab seine ~e Haltung nicht auf) no matter how much I pleaded, he was stubborn (*od.* he refused stubbornly, he did not move an inch). — **2.** (*verbissen, zäh*) dogged: sie zwang sich zu ~em Weitergehen she forced herself to go on doggedly. — **3.** (*stumpf, gleichgültig*) impassive, stolid, indifferent. — **4.** (*Arbeit etc*) dull, monotonous, tedious, drab. — **5.** *cf.* starr 3, stier 1. — **II** *adv* **6.** er führte den Befehl ~ aus he carried out the order without intelligent thought; ~ und steif behaupten, daß to swear black and blue that; er bleibt ~ bei seiner Meinung he sticks obstinately to his opinion.

stür·be ['ʃtyrbə] *1 u. 3 sg pret subj of* sterben.

'Stur·heit *f* ⟨-; *no pl*⟩ *colloq. contempt.* **1.** stubbornness, obstinacy, (*stärker*) mulishness, pigheadedness, cussedness (*colloq.*). — **2.** doggedness. — **3.** impassiveness, impassivity, stolidness, indifference. — **4.** dul(l)ness, monotony, tediousness, drabness.

Sturm [ʃturm] *m* ⟨-(e)s; ⁻e⟩ **1.** strong wind, storm, (*stärker*) gale: draußen tobte ein heftiger (*od.* schwerer) ~ a heavy storm was raging outside, it was blowing a gale (*od.* great guns) outside; der ~ entwurzelte viele Bäume the storm uprooted many trees; vom ~ gepeitschte Bäume storm-tossed trees; ein ~ brach los *auch fig.* a storm broke (out); der ~ legte sich *auch fig.* the storm abated (*od.* subsided); gegen den ~ ankämpfen to struggle against the storm; im Wasserglas *fig. colloq.* storm in a teacup, *Am.* tempest in a teapot; ein ~ der Entrüstung *fig.* a storm (*od.* an outcry) of indignation; ein ~ des Beifalls [des Protests] *fig.* a storm of applause [protest(s)]; ein innerer ~ an inner turmoil, a commotion; er entfesselte einen ~ des Gelächters *fig.* he raised peals of laughter; den Stürmen des Lebens trotzen *fig.* to weather the storms of life; wer Wind sät, wird ~ ernten (*Sprichwort*) he that sows the wind will reap the whirlwind (*proverb*). — **2.** (*Unwetter*) storm, tempest (*lit.*): das Barometer steht auf ~ a) the barometer points to storm, b) *fig.* there is a storm brewing; sein Barometer steht heute auf ~ *fig. colloq.* he is in a rage (*od.* fury) today; die Ruhe vor dem ~ *auch fig.* the calm (*od.* lull) before the storm; ~ läuten *colloq.* to ring (the doorbell) vehemently. — **3.** (*Windstoß*) gust, blast, bluster, (*stärker*) squall. — **4.** (*Orkan*) hurricane. — **5.** ⟨*only sg*⟩ *mil.* (*Angriff, Ansturm*) storm, assault, attack, charge, onset: zum ~ blasen to sound the attack; eine Stellung im ~ nehmen (*od.* erobern) to take (*od.* carry) a position by storm, to storm a position; der ~ auf die Bastille *hist.* the storming of the Bastille (*1789*); ein ~ auf die Geschäfte setzte ein *fig.* there was a rush for (*od.* on) the shops; ein ~ auf die Banken *fig.* a run on the banks; es gab einen ~ auf die Sitzplätze *fig.* there was a rush for seats; die Bevölkerung lief gegen die Steuererhöhung ~ *fig.* the population was up in arms against the increase in taxes; j-n [j-s Herz] im ~ erobern *fig.* to take s.o. [s.o.'s heart] by storm. — **6.** ⟨*only sg*⟩ (*sport*) a) (*beim Fußball etc*) forward line, b) (*beim Rugby*) pack. — **7.** „Der ~" "The Tempest" (*play by Shakespeare*).

'Sturm|ˌab·teiˌlung *f hist.* (*in NS-Zeit*) Storm Troopers *pl.* — **~anˌgriff** *m mil.* assault, charge. — **~arˌtil·leˌrie** *f* assault artillery. — **~ˌbahn** *f meteor.* track (*od.* trajectory) (of storm). — **~ˌband** *n* ⟨-(e)s; -bänder⟩ (*am Helm etc*) chin strap. — **~baˌtailˌlon** *n mil.* assault battalion. — **s~beˌreit** *adj mil.* ready to attack. — **~beˌseˌge·lung** *f mar.* storm canvas (*od.* sails *pl*). — **s~beˌwegt** *adj* **1.** (*Meer etc*) storm-beaten. — **2.** (*Bäume etc*) storm-tossed. — **~bö** *f* squall. — **~ˌbock** *m mil. hist.* battering ram. — **~ˌboot** *n mil.* assault boat. — **~ˌdeck** *n mar.* hurricane deck.

stür·men ['ʃtyrmən] **I** *v/impers* ⟨h⟩ **1.** es stürmt there is a storm; draußen stürmte es heftig it was blowing a gale (*od.* great guns) outside; es stürmt und schneit it is storming and snowing. — **II** *v/i* ⟨h u. sein⟩ **2.** ⟨h u. sein⟩ (*von Wind*) storm, rage, bluster, blast, blow: der Wind stürmte ums Haus the wind was raging round the house. — **3.** ⟨h u. sein⟩ *mil.* (*make an*) assault, charge. — **4.** ⟨h u. sein⟩ (*sport*) attack, rush. — **5.** ⟨sein⟩ *fig.* (*rennen, jagen*) rush, dash, dart, (*wütend*) storm, tear: sie stürmte ins Zimmer she rushed into the room; er stürmte nach oben he dashed upstairs. — **III** *v/t* ⟨h⟩ **6.** *mil.* take (*s.th.*) by storm (*od.* assault), storm, assault, assail: die gegnerische Stellung ~ to take (*od.* carry) the enemy's position by assault; als es keine Karten mehr gab, stürmte man die Türen *fig.* when the tickets were sold out (the) people stormed the doors. — **7.** *fig.* (*sich stürzen auf, herfallen über*) make a rush for, descend (up)on: am ersten Tag des Ausverkaufs wurden die Geschäfte gestürmt on the first day of the sales people made a rush for the shops; eine Bank ~ to make a run on a bank.

'Stür·mer *m* ⟨-s; -⟩ **1.** (*sport*) forward. — **2.** *fig.* (*Hitzkopf*) hot-tempered person, hothead, hotspur. — **~ˌrei·he** *f* (*sport*) *cf.* Sturm 6.

'Stür·mer ˌund 'Drän·ger *m* ⟨-s - -s; ---⟩ *meist pl* (*literature*) poet (*od.* writer) of the Storm and Stress period.

'Stur·mesˌbrau·sen *n poet.* raging (*od.* blustering) of the storm.

'Sturm|ˌfah·ne *f* (*als Warnung in Seebädern*) warning flag. — **~ˌfeld** *n meteor.* storm area. — **s~ˌfest** *adj* stormproof. — **~ˌflut** *f* storm tide (*od.* flood). — **~ˌfock** *f* (*beim Segeln*) storm jib. — **s~ˌfrei** *adj* **1.** sheltered from the storm. — **2.** *mil.* (*Stellung etc*) unassailable. — **3.** eine ~e Bude *colloq.* (*Studentenbude*) *bes. Br. colloq.* trouble-free digs *pl.* — **~geˌpäck** *n mil.* combat (*od.* light) pack. — **s~geˌpeitscht** *adj* **1.** (*Meer etc*) stormlashed (*od.* -tossed). — **2.** (*Baum etc*) storm-tossed. — **~geˌschütz** *n mil.* (self-propelled) (assault) gun. — **~geˌwehr** *n* automatic rifle. — **~ˌglocke** (*getr.* -k·k-) *f* alarm (*od.* storm) bell, tocsin. — **~ˌhau·be** *f* **1.** *mil. hist.* helmet, basinet, armet, burgonet. — **2.** *zo.* helmet shell (*Cassis cornuta*). — **~ˌhut** *m bot.* monkshood, helmetflower, aconite (*Gattg Aconitum, bes. A. napellus*).

stür·misch ['ʃtyrmɪʃ] **I** *adj* **1.** (*Wetter*) stormy, tempestuous (*lit.*), (*böig*) squally. — **2.** (*Meer, Überfahrt etc*) stormy, rough, turbulent. — **3.** (*Tag, Nacht etc*) stormy, wild. — **4.** (*Wind*) strong, rough, violent; tempestuous, rude (*lit.*). — **5.** *fig.* (*Schritte etc*) brisk, lively. — **6.** *fig.* (*Begrüßung etc*) stormy. — **7.** *fig.* (*Beifall etc*) tumultuous, roaring, (*stärker*) wild, frenzied. — **8.** *fig.* (*Debatte, Protest, Auseinandersetzung etc*) stormy, vehement. — **9.** *fig.* (*Leben, Zeit etc*) stormy, turbulent. — **10.** *fig.* (*Entwicklung, Aufschwung etc*) rapid. — **11.** *fig.* (*Leidenschaften etc*) stormy, violent, turbulent. — **12.** *fig.* (*ungestüm*) impetuous, unruly: nicht so ~! take it easy! *Am. colloq.* easy on! — **13.** *fig.* (*leidenschaftlich*) passionate, ardent: ein ~er Liebhaber a passionate lover. — **14.** *econ.* a) (*Handel etc*) brisk, b) (*Nachfrage*) keen, great: bei teilweise ~em Geschäft with dealings brisk at times; es herrschte eine ~e Nachfrage nach diesem Artikel this article was in great demand. — **II** *adv* **15.** er wurde ~ begrüßt he was given a stormy welcome.

'Sturm|ˌke·gel *m mar.* storm-cone. — **~laˌter·ne** *f bes. Am.* hurricane lamp (*od.* lantern), tornado lantern, *bes. Br.* storm lantern (*od.* lamp). — **~ˌlauf** *m mil.* assault. — **~ˌläu·ten** *n* sounding of the alarm, (sounding of the) tocsin. — **~ˌlei·ter** *f mil. hist.* scaling ladder. — **~ˌmö·we** *f zo.* sea mew (*od.* gull), common gull, mall (*Larus canus*). — **s~ˌreif** *adj* ready to be assaulted: ~ schießen *mil.* (*Stellung*) to soften up. — **~ˌrei·he** *f* (*sport*) *cf.* Sturm 6. — **~ˌriemen** *m* (*am Helm etc*) chin strap. — **~ˌscha·den** *m* damage caused by storm. — **~ˌschritt** *m mil.* double time, *auch* double-quick: im ~ kam er auf mich zu *fig. colloq.* he came toward(s) me at (*Am.* on) the double. — **~ˌschwal·be** *f zo.* storm petrel, *auch* stormy petrel, Mother Carey's chicken (*Hydrobates pelagicus*). — **~ˌse·gel** *n mar.* storm sail (*od.* canvas), (*auf Jachten*) trysail. — **~ˌsiˌgnal** *n* **1.** *mar.* (*an Küste*) storm signal. — **2.** *mil.* charge. — **~ˌspit·ze** *f* (*sport*) (*beim Fußball*) spearhead. — **~ˌtau·cher** *m zo.* shearwater (*Gattg Puffinus*): Dunkler ~ sooty shearwater (*P. griseus*); Großer ~ great shearwater (*P. gravis*); Nordischer ~ Manx shearwater (*P. puffinus*). — **~ˌtief** *n meteor.* (severe) storm, cyclone. — **~ˌtrupp** *m mil.* assault party.

'Sturm ˌund 'Drang *m* ⟨---([e]s); *no pl*⟩ (*literature*) Sturm und Drang, Storm and Stress.

'Sturm-ˌund-'Drang|-Peˌri·ode, **~-ˌZeit** *f* period of Sturm und Drang (*od.* Storm and Stress).

ˌSturm|ˌvo·gel *m zo.* petrel, stormbird (*Ordng Procellariiformes*). — **~ˌwar·nung** *f mar.* **1.** gale (*od.* storm) warning. — **2.** *cf.* Sturmsignal 1. — **~ˌwel·le** *f mil.* assault wave. — **~ˌwet·ter** *n* stormy weather. — **~ˌwind** *m* stormy wind, storm, gale. — **~ˌzei·chen** *n* **1.** *cf.* Sturmsignal. — **2.** *fig.* storm signal (*od.* warning). — **~ˌzen·trum** *n meteor.* storm center (*bes. Br.* centre). — **~ˌzo·ne** *f* storm belt (*od.* area).

Sturz [ʃturts] *m* ⟨-es; ⁻e, *arch. u. tech.* -e⟩ **1.** fall, (*bei kleinen Kindern*) *auch* tumble: ein schwerer (*tödlicher*) ~ a bad [fatal] fall; ein ~ aus dem Fenster a fall from the window; ein ~ vom Pferd a fall (*od.* spill) from a horse, a cropper (*colloq.*); einen ~ bauen (*od.* drehen) *colloq.* to come a cropper (*colloq.*), to (have a) fall; einen tiefen ~ überleben to survive a fall from a great height. — **2.** *fig.* (*eines Ministers etc*) (down)fall, overthrow, tumble, (*einer Regierung*) *auch* subversion: den ~ eines Ministers herbeiführen to bring about a minister's downfall. — **3.** *fig.* (*eines Monarchen*) dethronement, deposal. — **4.** *fig.* (*der Temperatur etc*) drop, fall. — **5.** *fig.* (*Wettersturz*) sudden change. — **6.** *econ.* (*der Kurse, Preise etc*) fall, drop, decline, slump, tumble, (*stärker*) collapse. — **7.** ein Glas auf einen ~ leeren *colloq.* to empty a glass in (*od.* at) one gulp. — **8.** *auto.* (*Radsturz*) camber. — **9.** *arch.* (*Fenster-, Türsturz*) lintel. — **10.** *bes. Austrian* glass cover. — **~ˌacker** (*getr.* -k·k-) *m agr.* new-ploughed field, *bes. Am.* plowed field (*od.* land). — **~anˌgriff** *m aer. mil.* dive-bomb(ing) attack, diving attack. — **~ˌbach** *m auch fig.* torrent: ein ~ von Worten *fig.* a torrent of words. — **~ˌbom·ber** *m aer.* dive bomber.

Stür·ze ['ʃtyrtsə] *f* ⟨-; -n⟩ **1.** *mus.* bell. — **2.** *Middle G., Bavarian and Austrian for* a) Deckel 1, b) Glasglocke 1.

stür·zen ['ʃtyrtsən] **I** *v/i* ⟨sein⟩ **1.** fall, have a fall, topple, come (*Am. auch* get) a cropper (*colloq.*), (*von Kindern*) *auch* tumble: schwer ~ to have a bad (*od.* nasty) fall, to come an awful (*od.* a nasty) cropper (*colloq.*); unglücklich ~ to have an awkward fall; auf dem Eis [auf der Treppe] ~ to fall on the ice [on the stairs]; von einem Gerüst ~ to fall from (*od.* off) a scaffold; in den Abgrund ~ to fall into the abyss; mit dem Fahrrad ~ to have a fall with one's bicycle; vom Pferd ~ to fall from (*od.* off) one's horse, to come (*Am. auch* get) a cropper (*colloq.*); das Flugzeug stürzte ins Meer the plane crashed (*od.* plummeted) into the sea. — **2.** (*eilen, rennen*) rush, dash, shoot: sie stürzte ans Fenster she rushed to the window; er stürzte auf die Straße he dashed on to the street; er kam ins Zimmer gestürzt he rushed (*od.* burst, barged) into the room; in j-s Arme ~ to rush (*od.* fling oneself) into s.o.'s arms. — **3.** (*hervorströmen*) stream, flow, pour: Tränen stürzten ihr aus den Augen tears flowed from her eyes; Blut stürzte aus der Wunde blood flowed (*od.* gushed) from the wound. – **4.** (*steil abfallen*) drop (*od.* fall) abruptly: der Fels stürzt dort 200 Meter in die Tiefe the cliff drops straight down for 200 meters (*od.* has a drop of 200 meters) there. – **5.** *econ.* (*von Kursen, Preisen etc*) fall, drop, decline, slump, tumble, (*stärker*) collapse, (*plötzlich*) *auch* plummet. – **II** *v/reflex* ⟨h⟩ **6.** sich in (*acc*) [aus, von] etwas ~ to throw (*od.* fling, hurl) oneself into [out of, from] s.th.: sich aus dem Fenster ~ to throw oneself out of the window; sich in j-s Arme ~ to fling oneself into s.o.'s arms; sich ins Wasser ~ a) to plunge into the water, b) to drown oneself; sich in sein Schwert *lit.* to throw oneself on one's sword. – **7.** sich auf j-n a) to pounce (*od.* descend) (up)on s.o., b) *fig.* to assail s.o., to descend up(on) s.o., c) *mil.* to assail (*od.* assault) s.o.: drei Männer stürzten sich auf den Einbrecher three men pounced on the burglar; die Reporter stürzten sich auf den Filmstar *fig.* the reporters descended on the film star; die Armee stürzte sich auf den Feind the army assaulted the enemy. – **8.** sich auf (*acc*) etwas ~ *fig.* to make (a beeline) for s.th., to make straight for s.th., to (make a) dive at s.th.: sie stürzten sich auf die wenigen leeren Plätze they made a beeline for the few empty seats; die Kinder stürzten sich auf die Süßigkeiten the children made a beeline for the sweets (*Am.* candies). – **9.** sich auf seine Beute ~ (*von Raubtieren*) to pounce (*od.* spring) (up)on the prey, (*von Raubvögeln*) *auch* to swoop down (up)on the prey. – **10.** sich in (*acc*) etwas ~ *fig.* to plunge into s.th.: sich in die Arbeit ~ to plunge into work; sich (tief) in Schulden ~ to plunge (deep) into debt; sich ins Vergnügen ~ to plunge into a world of pleasure; du wirst dich noch ins Elend (*od.* Verderben) ~ you will bring misery upon yourself one day; er stürzte sich blindlings in die Gefahr he rushed headlong into danger; → Kosten 1. – **III** *v/t* ⟨h⟩ **11.** (*stoßen*) throw, hurl, cast (*lit.*): j-n [etwas] in einen Abgrund ~ to throw s.o. [s.th.] into an abyss; du wirst uns alle ins Elend (*od.* Verderben) ~ *fig.* you'll be the death of us all. – **12.** (*Kisten etc*) overturn, turn (*s.th.*) upside down, upset: „Nicht ~!" (*Aufschrift auf Kisten etc*) "This side (*od.* way) up!" *auch* "Keep upright!" "Do not tip over!" – **13.** (*Pudding etc*) turn (*s.th.*) out of (*od.* remove *s.th.* from) a mold (*bes. Br.* mould), unmold, *bes. Br.* unmould. – **14.** (*Minister etc*) overthrow, tumble, bring about the downfall of, (*eine Regierung*) *auch* subvert, bring down. – **15.** (*Monarchen*) dethrone, depose. – **16.** die Kasse ~ to count the cash. – **17.** etwas über (*acc*) etwas ~ to put s.th. over s.th., to cover s.th. with s.th. – **18.** *agr.* (*umpflügen*) plough, *bes. Am.* plow: die Stoppeln ~ to return the stubble. – **IV** S~ *n* ⟨-s⟩ **19.** *verbal noun.* – **20.** *cf.* Sturz 1–6.

'**stür·zend I** *pres p.* – **II** *adj* ~e Linien *phot.* converging verticals.

'**Sturz,flug** *m aer.* a) nose dive, b) (*mit Vollgas*) power dive: einen ~ machen, im ~ hinuntergehen to take a nose dive, to nose-dive; einen ~ abfangen to pull out of a nose dive. — ~,brem·se *f* dive brake. — ~ge,schwin·dig·keit *f* diving speed.

'**Sturz,ge,burt** *f med.* precipitate labor (*bes. Br.* labour) (*od.* delivery), oxytocia (*scient.*). — ~,glas *n Austrian cf.* Sturz 10. — ~,hang *m* (*sport*) (*am Barren, Reck etc*) bent inverted hang. — ~,helm *m* crash helmet. — ~,kampf,bom·ber *m*, ~,kampf-,flug,zeug *n aer. mil.* dive bomber. — ~,kap·pe *f* (*beim Radrennen*) helmet. — ~,pflug *m agr.* fallow plough (*bes. Am.* plow). — ~,see *f mar.* heavy (*od.* breaking) sea, surge, (*große*) roller: eine ~ übernehmen to ship a heavy sea.

Stuß [ʃtus] *m* ⟨-sses; *no pl*⟩ *colloq.* **1.** *cf.* Quatsch 1. – **2.** nonsense, something silly: mach keinen ~! nonsense! don't be silly!

'**Stut,buch** *n agr.* studbook.

Stu·te ['ʃtuːtə] *f* ⟨-; -n⟩ mare: trächtige ~ mare in foal.

Stu·ten ['ʃtuːtən] *m* ⟨-s; -⟩ *Low G.* (sweet) milk bread (*od.* roll).

'**Stu·ten|,foh·len**, ~,**fül·len** *n agr.* filly. — ~,**milch** *f* mare's milk.

Stu·te'rei *f* ⟨-; -en⟩ *agr.* stud.

Stutz [ʃtuts] *m* ⟨-es; -e, *Swiss auch* ⸚e⟩ *dial.* **1.** push, shove: auf den ~ all of a sudden, suddenly. – **2.** *cf.* Stutzen 1. – **3.** *cf.* Federbusch 1, 2. – **4.** *cf.* Wandbrett. – **5.** *Swiss* steep slope.

Stütz [ʃtyts] *m* ⟨-es; -e⟩ (*sport*) (*am Gerät*) rest, support. — ~,**ap·pa,rat** *m med.* support(ing apparatus), brace, (*für die Wirbelsäule*) *auch* Taylor's splint. — ~,**arm** *m* **1.** *civ.eng.* outrigger, stabilizer. – **2.** *tech.* (*eines Fräsdorns*) arbor support. – **3.** (*sport*) supporting arm. — ~,**bal·ken** *m arch.* supporting bar.

'**Stutz,bart** *m* trimmed (*od.* square) beard.

'**Stütz,bein** *n* (*sport*) **1.** supporting leg. – **2.** (*beim Basketball*) pivot foot.

'**Stutz,beut·ler** *m* ⟨-s; -⟩ *zo.* pig-footed bandicoot (*Chaeropus ecaudatus*).

Stüt·ze ['ʃtytsə] *f* ⟨-; -n⟩ **1.** *tech.* support, stay: der Stock dient ihm als ~ the stick serves him as a support; die Pflanze braucht eine ~ the plant needs a prop (*od.* needs to be propped up). – **2.** *civ.eng.* column. – **3.** (*für Kopf, Arm etc*) rest. – *fig.* (*Beistand, Halt*) mainstay, staff: sie ist die ~ seines Alters she is the mainstay of his old age; in j-m eine ~ haben to have a mainstay in s.o. – **5.** (*Pfeiler*) *auch fig.* pillar: die ~n der Regierung [Gesellschaft] *fig.* the pillars of government [society]. – **6.** *fig.* (*Hilfe*) help, aid: die ~ der Hausfrau the (home *od.* domestic) help; eine ~ für das Gedächtnis a reminder, s.th. to jog one's memory, a memory aid, an aide-mémoire. – **7.** *fig.* (*Rückendeckung, Unterstützung*) support, backing, help, underpinning: du warst mir wirklich keine ~ in der Diskussion you gave me no support (*od.* you were no help to me) at all in the discussion. – **8.** (*mining*) stay. – **9.** *med.* sustentaculum.

'**Stutz,ech·se** *f zo.* stump-tail(ed) lizard) (*Trachysaurus rugosus*).

stut·zen¹ ['ʃtutsən] *v/t* ⟨h⟩ **1.** (*beschneiden*) cut (*s.th.*) (short), curtail, pare. – **2.** (*Bart, Haar etc*) trim. – **3.** (*sehr kurz schneiden*) crop, bob. – **4.** (*Schwanz*) dock, bob. – **5.** (*Ohren*) crop. – **6.** (*Flügel*) clip: → Flügel 2. – **7.** *hort.* a) (*zurechtstutzen*) trim, clip, b) (*kappen*) prune, lop, cut (*s.th.*) back.

'**stut·zen²** *v/i* ⟨h⟩ **1.** be puzzled, wonder: bei dem letzten Satz des Artikels stutzte ich I was puzzled by (*od.* I wondered about) the last sentence of the article. – **2.** (*argwöhnisch werden*) become suspicious. – **3.** (*innehalten, stocken*) stop short, hesitate. – **4.** (*vom Pferd, Hund, Wild etc*) start (back), startle, stop short: das Pferd stutzte vor dem Graben the horse stopped short at the ditch.

'**Stut·zen** *m* ⟨-s; -⟩ **1.** *bes. Southern G., Austrian and Swiss* (*kurzes Gewehr*) short rifle, carbine. – **2.** *bes. Bavarian and Austrian* a) (*Wadenstrumpf*) footless stocking, b) (*Kniestrumpf*) knee sock, knee-length stocking. – **3.** (*Fußballstrumpf*) football sock. – **4.** *tech.* a) connecting piece, b) (*für Rohre*) fitting, pipe connection (*Br. auch* connexion), c) (*Muffe*) socket. – **5.** *auto.* filler neck (*od.* pipe).

stüt·zen ['ʃtytsən] **I** *v/t* ⟨h⟩ **1.** (*Person*) support: die alte Dame wurde von zwei Krankenschwestern gestützt the old lady was supported by two nurses. – **2.** (*Baum, Ast, Pflanze, Mauer, Gebäude etc*) support, prop (up), stay: eine Wand durch Strebepfeiler ~ to support a wall by buttresses, to buttress a wall. – **3.** (*Ellbogen, Kopf etc*) rest, prop, lean: die Ellbogen auf den Tisch ~ to prop one's elbows on the table: → Hand¹ *Verbindungen mit Präpositionen*; Kinn. – **4.** *fig.* (*untermauern*) support, uphold, back (up): er stützte seine Darlegung durch Beweise he supported his statement with evidence. – **5.** *fig.* (*aufbauen*) base, found, ground: er stützt seine Arbeit auf das Buch seines berühmten Kollegen X his work is based on the book of his famous colleague X. – **6.** *econ.* a) (*Preise, Kurse etc*) support, peg, b) (*Währung, Unternehmen etc*) back, (*Währung*) *auch* peg. – **II** *v/reflex* **7.** sich auf j-n [etwas] ~ to lean on s.o. [s.th.]: die alte Dame stützte sich auf den

---

Arm ihres Begleiters the old lady leaned (*bes. Br.* leant) on her companion's arm. – **8.** sich auf (*acc*) etwas ~ *fig.* (*von Argument, Behauptung, Theorie, Verteidigung etc*) to be based (*od.* founded, grounded) on s.th., to rest (*od.* stay) on s.th.: die Anklage stützte sich auf die Aussage eines Zeugen the charge was based on the statement of a witness; meine Behauptung stützt sich auf Tatsachen my statement is based on facts. – **III** S~ *n* ⟨-s⟩ **9.** *verbal noun.* – **10.** *cf.* Stützung.

'**Stut·zer** *m* ⟨-s; -⟩ **1.** *rare for* Geck. – **2.** *colloq.* short overcoat for men, *Br. colloq.* bumfreezer. – **3.** *Swiss for* Stutzen 1. — '**stut·zer·haft** *adj cf.* geckenhaft. — '**Stut·zer·tum** *n* ⟨-s; *no pl*⟩ foppishness, dandyism, swellishness (*colloq.*).

'**Stütz,flä·che** *f arch. tech.* supporting surface.

'**Stutz,flü·gel** *m mus.* baby grand (piano).

'**Stütz|,frucht** *f agr.* supporting crop. — ~ge,**rüst** *n* **1.** *civ.eng.* supporting framework (*od.* structure). – **2.** *med.* supporting structure; sustentaculum, retinaculum (*scient.*). — ~ge,**we·be** *n med.* supporting tissue; sustentacular tissue, stroma, pseudocartilage (*scient.*). — ~,**griff** *m* (*sport*) (*beim Geräteturnen*) supporting grip (*od.* hold). — ~,**holz** *n* (*mining*) studdle, *auch* strut.

'**stut·zig** *adj* (*in Wendungen wie*) ~ werden a) (*verwundert, erstaunt*) to be puzzled, to (begin to) wonder, b) (*argwöhnisch*) to become suspicious, to smell a rat; das hat mich ~ gemacht a) that puzzled me, that made me (begin to) wonder, I thought that odd, b) that made me suspicious, that started me thinking.

'**Stütz|,iso,la·tor** *m electr.* base (*od.* pin-type) insulator. — ~,**keh·re** *f* (*sport*) (*am Barren u. Pferd*) support turn, swinging half turn. — ~,**kip·pe** *f* (*am Barren*) short (*od.* drop) upstart, drop kip. — ~,**la·ger** *n tech.* thrust bearing, one-direction locating type bearing. — ~,**mau·er** *f* **1.** *tech.* retaining wall. – **2.** *civ.eng.* (*am Fuß eines Abhangs*) revetment wall. — ~,**pfahl** *m* (*einer Seilbahn*) supporting mast. — ~,**pfei·ler** *m* supporting column, buttress, abutment. — ~,**pfo·sten** *m cf.* Stützpfahl. — ~,**punkt** *m* **1.** point of support. – **2.** *tech.* (*des Hebels*) fulcrum, pivot. – **3.** *mil.* base, station, strongpoint: schwimmender ~ floating base. — ~,**punkt,ab,kom·men** *n mil.* agreement covering the use of military bases. — ~,**rad** *n* (*am Pflug etc*) supporting wheel.

'**Stütz,schwanz** *m* bobtail.

'**Stütz|,sprung** *m meist pl* (*sport*) (*am Pferd*) vault with support. — ~,**stan·ge** *f* stay bar. — ~,**übun·gen** *pl* (*sport*) exercises with (hand) support.

'**Stutz,uhr** *f* mantelpiece (*od.* shelf) clock.

'**Stüt·zung** *f* ⟨-; *no pl*⟩ **1.** *cf.* Stützen. – **2.** *bes. econ.* support.

'**Stüt·zungs|,ak·ti,on** *f econ.* support(ing action): ~ der Banken banking support. — ~,**käu·fe** *pl* (*an der Börse*) support(ing) purchases, backing *sg* of prices by purchases. — ~,**kre,dit** *m* supporting (*od.* standby) credit, emergency credit (loan). — ~,**maß,nah·me** *f* support(ing) action. — ~,**preis** *m* supported (*od.* pegged) price.

'**Stütz|,ver,band** *m med.* **1.** fixed dressing. – **2.** (*des Skrotums*) suspensory bandage. — ~,**waa·ge** *f* (*sport*) (*am Barren, Pferd, beim Bodenturnen*) support lever. — ~,**wech·sel** *m* change of support. — ~,**wort** *n ling.* prop word.

sty·gisch ['styːɡɪʃ; 'ʃtyː-] *adj myth. auch fig.* Stygian, *auch* stygian. [*auto.* styling.] **Sty·ling** ['staɪlɪŋ] *n* (*Engl.*) ⟨-s; *no pl*⟩ *bes.* \ **Sty·lit** [sty'liːt; ʃty-] *m* ⟨-en; -en⟩ *relig.* (*Säulenheiliger*) stylite.

Sty·lo·bat [stylo'baːt; ʃty-] *m* ⟨-en; -en⟩ *antiq. arch.* stylobate.

Sty·lo·gra·phie [stylogra'fiː; ʃty-] *f* ⟨-; *no pl*⟩ *print.* stylography.

Styp·ti·kum ['styptikum; 'ʃtyp-] *n* ⟨-s; -tika⟩ *med. pharm.* styptic, astringent. — '**styp·tisch** [-tɪʃ] *adj* (*blutstillend*) styptic, arresting h(a)emorrhage.

Sty·rax ['styːraks; 'ʃtyː-] *m* ⟨-(es); -e⟩ *bot. med. pharm.* storax, styrax (*Gattg Styrax*). — ~,**baum** *m bot.* benzoin tree, benjamin tree, storax (*scient.*) (*Styrax benzoin*).

Sty·rol [sty'roːl; ʃty-] *n* ⟨-s; *no pl*⟩ *chem.* styrene, *auch* styrol ($C_6H_5CH = CH_2$).

Sua·da ['zŭaːda] f ⟨-; Suaden⟩, **Sua·de** ['zŭaːdə] f ⟨-; Suaden⟩ **1.** (*Redefluß*) torrent of words: eine zornige ~ a torrent of rage (*od.* anger). – **2.** (*Beredsamkeit*) eloquence.

Sua·he·li[1] [zŭaˈheːli] m ⟨-(s); -(s)⟩ Swahili.

Sua·he·li[2] n ⟨-(s); *no pl*⟩ *ling.* Swahili.

sua·so·risch [zŭaˈzoːrɪʃ] *adj* (per)suasive, *auch* persuasory.

sub…, Sub… *combining form denoting* sub…

sub·akut [zʊpˀaˈkuːt] *adj med.* subacute.

sub·al·pin [zʊpˀalˈpiːn], **sub·al·pi·nisch** *adj geogr.* subalpine.

sub·al·tern [zʊpˀalˈtɛrn] **I** *adj* **1.** (*Beamter, Stellung etc*) subaltern, subordinate. – **2.** *contempt.* subordinate, underling (*attrib*): er hat einen ~en Charakter he lacks independence, he cannot assert himself. – **II** *adv* **3.** seinen Vorgesetzten gegenüber verhielt er sich äußerst ~ *contempt.* he was obsequious in his relations with his superiors. — **S~be,am·te** m subordinate (*od.* inferior) official.

Sub·al'ter·ne m, f ⟨-n; -n⟩ **1.** subaltern, subordinate. – **2.** *contempt.* underling. – **3.** *mil.* subaltern.

Sub·al'tern·of·fi,zier m *mil.* subaltern (*od.* company grade) officer.

sub·ant·ark·tisch [zʊpˀantˀˀarktɪʃ] *adj geogr.* subantarctic.

sub·apen·ni·nisch [zʊpˀapɛˈniːnɪʃ] *adj geogr.* subapennine.

sub·ark·tisch [zʊpˀˀarktɪʃ] *adj geogr.* subarctic.

'Sub·dia,kon ['zʊp-] m *röm.kath.* subdeacon. — **'Sub·dia·ko,nat** n subdiaconate, subdeaconate, subdeaconry.

Sub·do·mi·nan·te [zʊpdomiˈnantə] f *mus.* subdominant.

sub·du·ral [zʊpduˈraːl] *adj med.* subdural.

Su·be'rin,säu·re [zubeˈriːn-] f *chem. cf.* Korksäure.

sub·fe·bril [zʊp-feˈbriːl] *adj med.* subfebrile.

sub·fos·sil [zʊp-fɔˈsiːl] *adj biol.* (*Tiere, Pflanzen*) subfossil. [glacial.]

sub·gla·zi·al [zʊpglaˈtsĭaːl] *adj geol.* sub-

Sub·jekt [zʊpˈjɛkt] n ⟨-(e)s; -e⟩ **1.** *ling.* subject. – **2.** *philos.* subject, self. – **3.** *contempt.* individual (*colloq.*): ein verdächtiges [verkommenes] ~ a suspicious [depraved] individual (*od.* character); ein übles ~ a nasty individual, a blackguard, a bad lot (*od.* egg) (*colloq.*). – **4.** *mus. hist.* (*Thema*) subject, theme.

Sub·jek·ti·on [zʊpjɛkˈtsĭoːn] f ⟨-; -en⟩ *ling.* (*in der Rhetorik*) putting of a question and its being answered by the questioner himself.

sub·jek·tiv [zʊpjɛkˈtiːf] **I** *adj* (*Betrachtungsweise, Urteil etc*) subjective: ~es Recht *jur.* right; → Tatbestand 1. – **II** *adv* er urteilt immer viel zu ~ he is always much too subjective in his judg(e)ment.

Sub·jek·ti·vis·mus [zʊpjɛktiˈvɪsmʊs] m ⟨-; *no pl*⟩ *philos.* subjectivism. — **sub·jek·ti'vi·stisch** [-tɪʃ] *adj* subjectivistic.

Sub·jek·ti·vi·tät [zʊpjɛktiviˈtɛːt] f ⟨-; *no pl*⟩ subjectivity.

Sub'jekt,satz m *ling.* nominative clause.

'Sub·kon·ti,nent m *geogr.* subcontinent.

'Sub·kul,tur f ⟨-; -en⟩ *sociol.* (*der Jugend, des Undergrounds etc*) subculture.

sub·ku·tan [zʊpkuˈtaːn] *adj med.* (*Einspritzung etc*) subcutaneous, hypodermic, subdermal.

sub·le·tal [zʊpleˈtaːl] *adj med. chem.* (*Giftdosis etc*) sublethal.

sub·lim [zuˈbliːm] *adj lit.* (*Unterschied, Prosa etc*) sublime.

Sub·li·mat [zubliˈmaːt] n ⟨-(e)s; -e⟩ *chem.* **1.** (*Niederschlag*) sublimate. – **2.** (*Quecksilberchlorid*) mercury chloride, *auch* mercury (II) chloride, corrosive sublimate, mercuric chloride ($HgCl_2$).

Sub·li·ma·ti·on [zublimaˈtsĭoːn] f ⟨-; -en⟩ *chem. meteor.* sublimation. — **Sub·li·ma·ti'ons,küh·lung** f (*space*) sublimation cooling.

Sub·li'mat·ver,gif·tung f *med.* sublimate poisoning.

sub·li·mie·ren [zubliˈmiːrən] **I** *v/t* ⟨*no* ge-, h⟩ **1.** *chem.* sublime, sublimate: sublimiert werden to be sublimed, to sublime, to sublimate. – **2.** *bes. psych.* (*Erlebnisse, Triebe etc*) sublime, sublimate. – **II S~** n ⟨-s⟩ **3.** *verbal noun.* — **Sub·li'mie·rung** f ⟨-; -en⟩ **1.** *cf.* Sublimieren. – **2.** sublimation.

sub·lin·gu·al [zʊplɪŋˈgŭaːl] *adj med.* sublingual, hypoglossal.

sub·lu·na·risch [zʊpluˈnaːrɪʃ] *adj* sublunar(y).

Sub·lu·xa·ti·on [zʊpluksaˈtsĭoːn] f *med.* subluxation, incomplete (*od.* partial) dislocation.

sub·ma·rin [zʊpmaˈriːn] *adj biol. geol.* submarine.

sub·ma·xil·lar [zʊpmaksɪˈlaːr] *adj med.* submaxillary, inframaxillary.

sub·mers [zʊpˈmɛrs] *adj bot.* (*Pflanzen*) submerse(d).

Sub'mers-Ver,fah·ren n *chem.* submersion process.

Sub·mi·kron [zʊpˈmiːkrɔn] n ⟨-s; -en [-miˈkroːnən]⟩ *meist pl chem. phys.* submicron.

Sub·mis·si·on [zʊpmɪˈsĭoːn] f ⟨-; -en⟩ *econ.* **1.** (*Ausschreibung*) invitation of (*od.* call for) tenders, invitation to tender (*od.* bids), invitation to tender (*od.* bid): einen Auftrag über eine ~ erhalten to obtain an order by tendering; öffentliche Arbeiten in ~ (ver)geben to invite tenders (*od.* bids) for the execution of public works, to put the execution of public works up for tender. – **2.** (*Vertrag*) contract by tender. – **3.** *obs. for* a) Ehrerbietigkeit, Unterwürfigkeit, b) Unterwerfung 4.

Sub·mis·si·ons,an·ge,bot n *econ.* tender, bid. — **~be,din·gun·gen** *pl* conditions of tender (*od.* bid). — **~ver,fah·ren** n procedure of tendering (*od.* bidding). — **~weg** m ⟨-(e)s; *no pl*⟩ *only* in einen Auftrag auf dem (*od.* im) ~e vergeben to place an order by way of inviting tenders (*od.* bids).

Sub·mit·tent [zʊpmɪˈtɛnt] m ⟨-en; -en⟩ *econ.* (*bei Ausschreibungen*) tenderer, bidder.

sub·mu·kös [zʊpmuˈkøːs] *adj med.* submucous, submucosal. — **Sub·mu'ko·sa** [-ˈkoːza] f ⟨-; *no pl*⟩ submucosa, submucous membrane.

sub·ok·zi·pi·tal [zʊpˀɔktsipiˈtaːl] *adj med.* suboccipital (*od.* cisternal) puncture. — **S~punk·ti,on** f suboccipital (*od.* cisternal) puncture.

Sub·or·di·na·ti·on [zʊpˀɔrdinaˈtsĭoːn] f ⟨-; -en⟩ *bes. ling.* subordination. — **sub·or·di·na·ti'ons,wid·rig** *adj* insubordinate.

sub·or·di·nie·ren [zʊpˀɔrdiˈniːrən] *v/t* ⟨*no* ge-, h⟩ *bes. ling.* subordinate. — **sub·or·di'nie·rend I** *pres p.* – **II** *adj ling.* (*Konjunktion etc*) subordinating.

Sub·oxid [zʊpˀɔˈksiːt], **Sub·oxyd** [-ˈksyːt] n *chem.* suboxide.

sub·ozea·nisch [zʊpˀotseˈaːnɪʃ] *adj geol.* suboceanic.

sub·phre·nisch [zʊp-ˈfreːnɪʃ] *adj med.* (*Abszeß etc*) subphrenic, subdiaphragmatic.

sub·po·lar [zʊppoˈlaːr] *adj geol. meteor.* subpolar.

Sub·ro·ga·ti·on [zʊprogaˈtsĭoːn] f ⟨-; -en⟩ *jur.* subrogation. — **Sub·ro·ga·ti'ons,recht** n right of subrogation.

sub·se·rös [zʊpzeˈrøːs] *adj med.* subserous: ~es Gewebe subserosa.

sub·si·di·är [zʊpziˈdĭɛːr], **sub·si·dia·risch** [-ˈdĭaːrɪʃ] *adj* (*Zahlungen, Recht etc*) subsidiary.

Sub·si·di·en [zʊpˈziːdĭən] *pl* (*Hilfsgelder*) subsidies: durch ~ unterstützen to subsidize *Br. auch* -s-.

Sub·si·stenz [zʊpzɪsˈtɛnts] f ⟨-; -en⟩ **1.** ⟨*only sg*⟩ *philos.* subsistence, subsistency. – **2.** *obs. for* Lebensunterhalt. — **s~los** *adj obs.* without means of subsistence (*od.* subsistency).

sub·si·stie·ren [zʊpzɪsˈtiːrən] *v/i obs.* ⟨*no* ge-, h⟩ subsist.

Sub·skri·bent [zʊpskriˈbɛnt] m ⟨-en; -en⟩ *econ.* (*bes. im Buchhandel*) (gen to, *Am. auch* for) subscriber.

sub·skri·bie·ren [zʊpskriˈbiːrən] *econ.* **I** *v/t* ⟨*no* ge-, h⟩ **1.** (*Lexikon etc*) subscribe to (*Am. auch* for). – **2.** *obs. for* zeichnen 7. – **II** *v/i* **3.** (auf *acc* to, *Am. auch* for) subscribe.

Sub·skrip·ti·on [zʊpskrɪpˈtsĭoːn] f ⟨-; -en⟩ subscription.

Sub·skrip·ti'ons,an,zei·ge f (*im Buchhandel*) prospectus (of a new publication). — **~,li·ste** f list of subscribers, subscription list. — **~preis** m subscription price. — **~schein** m receipt issued for a subscription.

Sub·spe·zi·es [zʊpˈspeːtsĭɛs] f ⟨-; -⟩ *biol.* subspecies.

Sub·stan·tia·li·tät [zʊpstantsĭaliˈtɛːt] f ⟨-; *no pl*⟩ substantiality, materiality.

sub·stan·ti·ell [zʊpstanˈtsĭɛl] *adj* **1.** sub-

stantial. – **2.** *bes. philos.* (*wirklich vorhanden, wesenhaft*) substantial, material.

sub·stan·ti·ie·ren [zʊpstantsiˈiːrən] *v/t* ⟨*no* ge-, h⟩ *philos.* substantiate.

Sub·stan·tiv ['zʊpstantiːf; -'tiːf] n ⟨-s; -e⟩ *ling.* noun, substantive.

sub·stan·ti·vie·ren [zʊpstantiˈviːrən] *v/t* ⟨*no* ge-, h⟩ *ling.* (*Verben etc*) substantiv(iz)e, substantivate. — **Sub·stan·ti'vie·rung** f ⟨-; -en⟩ substantivization, substantivation.

sub·stan·ti·visch [zʊpstanˈtiːvɪʃ; 'zʊp-] *ling.* **I** *adj* (*Konstruktion etc*) substantive, substantival, nominal. – **II** *adv* ~ gebraucht werden to be used substantively (*od.* substantivally, as a noun, as a substantive).

Sub·stan·ti·vum [zʊpstanˈtiːvum] n ⟨-s; -tiva [-va]⟩ *ling. rare for* Substantiv.

Sub·stanz [zʊpˈstants] f ⟨-; -en⟩ **1.** ⟨*only sg*⟩ (*wesentlicher Bestandteil, Grundlage*) substance: die moralische ~ eines Menschen the moral substance (*od.* fiber, *bes. Br.* fibre) of a person; dem Parteiprogramm fehlt es an politischer ~ the party program(me) lacks political substance; die ~ eines Vorrats angreifen to touch the substance of a reserve. – **2.** *bes. chem. phys. biol.* substance, body: eine klebrige ~ a sticky substance. – **3.** *med.* a) (*anatomische*) substance, matter, material, substantia (*scient.*), b) (*Widerstandskraft*) (power of) resistance, stamina (*scient.*): graue [weiße, lebende] ~ gray (*bes. Br.* grey) [white, living] matter. – **4.** *econ.* a) (*aktive Vermögenswerte*) (actual) capital, property, assets *pl*, resources *pl*, b) (*Kapital[betrag], Besitzstand*) principal: die ~ angreifen to draw on one's resources; von der ~ leben (*od.* zehren) to live on one's capital. – **5.** *philos.* substance, essence. – **6.** (*games*) (*beim Schach-, Damespiel etc*) substance. — **~er,hal·tung** f **1.** preservation of (the) substance. – **2.** *econ.* a) (*bei aktiven Vermögenswerten*) maintenance of (one's) (actual) capital (*od.* assets, resources), b) (*bei verzinslichem Kapital*) maintenance of one's principal. — **~,for·mel** f *chem.* empirical formula. — **s~los** *adj* unsubstantial. — **~,schwund**, **~ver,lust** m **1.** loss of substance. – **2.** *med.* a) loss of substance, b) (*in der Histologie*) loss of tissue. – **3.** *econ.* a) (*bei aktiven Vermögenswerten*) loss of (actual) capital (*od.* real assets, resources), b) (*bei verzinslichem Kapital*) loss of principal. — **~ver,min·de·rung** f *econ.* depletion. — **~ver,zehr** m (*bei aktiven Vermögenswerten*) waste (*od.* loss) of capital (*od.* real assets). — **~,wech·sel** m *biol.* metastasis. — **~,wert** m *econ.* real value, value of material asset.

Sub·sti·tu·ent [zʊpstiˈtŭɛnt] m ⟨-en; -en⟩ *electr. tel.* substituted group.

sub·sti·tu·ie·ren [zʊpstituˈiːrən] *v/t* ⟨*no* ge-, h⟩ **1.** (*Begriffe, Moleküle, Atome etc*) substitute: A durch B ~ to substitute B for A. – **2.** (*computer*) extract. — **Sub·sti·tu'ie·rung** f ⟨-; -en⟩ *cf.* Substitution.

Sub·sti·tut [zʊpstiˈtuːt] m ⟨-en; -en⟩ **1.** *econ.* a) (*Anwärter*) assistant of sales manager, b) (*Verkaufsleiter*) departmental sales manager. – **2.** *archaic for* Stellvertreter, Ersatzmann 1. – **3.** *rare* subagent.

Sub·sti·tu·ti·on [zʊpstitutsĭoːn] f ⟨-; -en⟩ **1.** substitution: die ~ von Sauerstoff durch Schwefel the substitution of sulfur (*bes. Br.* -ph-) for oxygen. – **2.** *econ. ling.* substitution.

Sub·sti·tu·ti·ons|be,fehl m (*computer*) extract instruction. — **~,ef,fekt** m econ. substitution effect. — **~,gü·ter** *pl* substitutable goods. — **~iso·me,rie** f *chem.* substitutional (*od.* structural) isomerism. — **~the·ra,pie** f *med.* substitution (*od.* replacement) therapy.

Sub·strat [zʊpˈstraːt] n ⟨-(e)s; -e⟩ **1.** *biol. ling. philos.* substrate, substratum. – **2.** *chem.* a) (*enzymchemisch*) reactant, substrate, substratum, b) (*zum Aufbau von Farblacken*) substrate, substratum, carrying base. — **~,far·be** f *chem.* lake.

sub·su·mie·ren [zʊpzuˈmiːrən] *v/t* ⟨*no* ge-, h⟩ *bes. philos.* (*unterordnen*) subsume.

Sub·sum·ti·on [-zʊmˈtsĭoːn] f ⟨-; -en⟩ subsumption. — **sub·sum'tiv** [-zʊmˈtiːf] *adj* subsumptive.

Sub·tan·gen·te [zʊptaŋˈgɛntə] f *math.* subtangent.

sub·til [zʊpˈtiːl] **I** *adj lit.* **1.** (*feinsinnig*) subtle, delicate: eine ~e Beschreibung a subtle description. – 2. *(fein, kaum erheblich)* subtle, fine: ~e Unterscheidungen subtle distinctions. – 3. *(kompliziert, schwierig)* subtle: ein ~er Charakter a subtle character. – 4. *(spitzfindig)* subtle, shrewd, subtile. – **II** *adv* 5. subtly, *auch* subtlely: er hat ihren Charakter sehr ~ herausgearbeitet he delineated her character very subtly *(od.* with great subtlety). – 6. subtilely.

Sub·ti·li·tät [zuptili'tɛːt] *f* ⟨-; -en⟩ *lit.* 1. *(Feinsinnigkeit)* subtlety, delicacy. – 2. *(Feinheit)* subtlety, fineness. – 3. *(Schwierigkeit, Kompliziertheit)* subtlety. – 4. *(Spitzfindigkeit)* subtlety, shrewdness, subtility.

Sub·tra·hend [zuptra'hɛnt] *m* ⟨-en; -en⟩ *math.* subtrahend.

sub·tra·hie·ren [zuptra'hiːrən] *math.* **I** *v/t* ⟨*no* ge-, h⟩ subtract, subduct: 3 von 8 ~ to subtract 3 from 8. – **II** *v/i* subtract: die Schüler lernen ~ the pupils are learning to subtract, the pupils are learning subtraction.

Sub·trak·ti·on *f* ⟨-; -en⟩ *math.* subtraction.

Sub·trak·ti·ons|auf·ga·be *f math.* subtraction problem. — **~,zei·chen** *n* subtraction sign *(od.* mark).

'Sub,tro·pen *pl geogr.* subtropical regions, subtropics, semitropics. — **'sub,tro·pisch** *adj* subtropical, *auch* subtropic, semitropic(al), subtorrid.

Sub·ven·ti·on [zupvɛn'tsĭoːn] *f* ⟨-; -en⟩ *meist pl* subsidy, *auch* subvention: die Landwirtschaft erhält vom Staat beträchtliche ~en farmers receive considerable subsidies from the state, agriculture is heavily subsidized *(Br. auch* -s-) by the state.

sub·ven·tio·nie·ren [zupvɛntsĭo'niːrən] *v/t* ⟨*no* ge-, h⟩ *(Industriezweige etc)* subsidize *Br. auch* -s-, *auch* subvention, subventionize *Br. auch* -s-. — **sub·ven·tio'niert I** *pp.* – **II** *adj (Betrieb etc)* subsidized *Br. auch* -s-, *auch* subventioned, subventionized *Br. auch* -s-: staatlich ~ state-subsidized.

Sub·ven·tio'nie·rung *f* ⟨-; -en⟩ subsidization *Br. auch* -s-.

Sub·ven·ti'ons|emp,fän·ger *m* receiver *(od.* recipient) of subsidies *(auch* subventions). — **~po·li,tik** *f* policy of granting subsidies *(auch* subventions), support policy.

Sub·ver·si·on [zupvɛr'zĭoːn] *f* ⟨-; -en⟩ *pol. rare (Umsturz)* subversion. — **sub·ver'siv** [-'ziːf] *adj bes. pol. (Elemente, Tätigkeit etc)* subversive, subversionary.

'Such|ak·ti,on *f* search operation, *(nach Kriegsvermißten etc) auch* tracing operation: eine ~ *(nach j-m)* einleiten to start a search operation *(for s.o.).* — **~an,zei·ge** *f* 1. advertisement *(seltener* -z-) for missing persons. – 2. advertisement *(seltener* -z-) for lost animals. — **~ar·beit** *f* 1. painstaking research. – 2. *(nach Kriegsvermißten etc)* work involved in tracing *(od.* search for) missing persons. — **~bild** *n (in der Verhaltensforschung)* searching image. — **~bü,ro** *n cf.* Suchstelle. — **~dienst** *m (des Roten Kreuzes etc)* tracing *(od.* missing persons) service.

Su·che¹ ['zuːxə] *f* ⟨-; *no pl*⟩ 1. search, hunt, quest *(lit.):* die ~ nach Bodenschätzen verlief ergebnislos the search for mineral resources was unsuccessful; sich auf die ~ *(nach j-m [etwas])* machen, auf die ~ *(nach j-m [etwas])* gehen to go and search *(od.* hunt, *lit.* seek) *(for s.o. [s.th.]),* to start searching *(od.* the search) *(for s.o. [s.th.]):* ich bin auf der ~ nach einem Hotel I'm looking for a hotel; auf der ~ nach einer Siedlung fuhren sie den Fluß hinauf they went up the river in search of *(od.* to search for, *lit.* in quest of) a settlement. – 2. ~ nach Minen *mil.* a) location of mines, b) *(mit einem Minensuchboot)* sweep for mines.

'Su·che² *f* ⟨-; -n⟩ *hunt.* tracking.

su·chen ['zuːxən] **I** *v/t* ⟨h⟩ 1. *(vermißte Gegenstände, Personen, Wohnung, Ort, Arbeitskräfte, Stellung, Pilze, Spur, Ursache, Fehler etc)* look for, *(intensiver)* search *(od.* hunt) for, seek, quest *(lit.):* was [wen] suchst du? what [whom, *colloq.* who] are you looking for? ich habe das Buch in allen Ecken und Winkeln gesucht I've been searching for the book in every nook and cranny; du wirst gesucht, man sucht dich they are looking

for you; die Polizei suchte die Ausbrecher [die Vermißten] the police searched for *(od.* tried to trace, tried to track down) the escaped prisoners [the missing persons]; er wird polizeilich gesucht the police are looking for him, he is wanted by the police; ich muß dir immer deine Sachen ~ *colloq.* I always have to find you your things *(od.* to find your things for you); er suchte (sich *dat)* einen Weg durch das Getümmel he searched for *(od.* he picked his) way through the crowd; Angestellte durch Inserate ~ to look for employees by advertisement *(seltener* -z-), to advertise *(seltener* -z-) for employees; tüchtige Sekretärin gesucht wanted: an efficient secretary, efficient secretary wanted; er sucht hinter allem etwas *fig.* he is always looking for *(od.* he always tries to find) hidden meanings in everything; → Laterne 1; Stecknadel. – 2. *(Beistand, Trost, Ausweg, Erholung etc)* look for, seek: er sucht Anschluß a) he seeks contact *(od.* company), b) he is trying to make friends; sie suchten Schutz vor dem Regen they sought *(od.* took) shelter from the rain; bei j-m Rat ~ to seek advice from s.o., to ask s.o.'s advice; er sollte sich *(dat)* eine Frau ~ he ought to look for a wife *(for himself);* die beiden haben sich gesucht und gefunden *fig. colloq.* those two have really found each other. – 3. *(bedacht sein auf, trachten nach)* look *(od.* be out) for, seek: er sucht immer Streit he is always out for a quarrel, he is always ready to pick a quarrel; er sucht stets den eigenen Vorteil he is always out for his own advantage, he knows which side his bread is buttered (on) *(colloq.).* – 4. ~ etwas zu tun to try *(od.* seek, endeavor, *bes. Br.* endeavour, strive) to do s.th.: sie suchte ihm zu gefallen she tried to please him; er suchte ihn von seinem Plan zu überzeugen he sought to convince him of his plan. – 5. *fig. (in Wendungen wie)* das Weite ~ to run away, to make *(od.* run) off, to take to one's heels, to hook it *(sl.);* was suchst du hier? was hast du hier zu ~? *colloq.* what are you *(od.* what do you think you are) doing here? du hast hier nichts zu ~! *colloq.* you've no business (to be) here! das hat hier nichts zu ~! *colloq. (ist hier am falschen Platz)* what is out of place here, what is that doing here? wir haben dort nichts mehr zu ~ *colloq.* there's no point in going there; dieser Wein sucht seinesgleichen this wine stands alone *(od.* is unrival[l]ed, is unparalleled); das hätte ich nicht hinter ihm gesucht *colloq.* I wouldn't have thought him (to be) capable of that; → Heil 1. – 6. *hunt. (Wild)* track, scent (out), hunt up. – 7. Minen ~ *mil.* a) to look for *(mit einem Stab auch* to prod) mines, b) *(mit einem Minensuchboot)* to sweep mines. – **II** *v/i* 8. look, *(intensiver)* search: suchet, so werdet ihr finden *Bibl. auch colloq.* seek and ye shall find. – 9. Such, such! *(Befehl an den Hund)* fetch it! – 10. nach j-m ~ to look for *(od. hunt, intensiver* search) for s.o.: sie suchten vier Tage nach dem Flüchtling they looked for *(od.* tried to trace) the fugitive for four days. – 11. nach etwas ~ a) to look *(od.* hunt, *intensiver* search) for s.th., b) *(nach einem Vorwand, Ausweg etc)* to look for *(od.* seek) s.th., c) *(nach Worten, Ausdrücken etc)* to be at a loss *(od.* grope) for s.th.: sie suchte in ihrer Handtasche nach den Papieren she searched (in) her handbag for the papers; in dem dunklen Zimmer suchte er verzweifelt nach einem Lichtschalter he searched *(od.* groped) desperately for a switch in the dark room. – 12. nach Minen ~ *mil. cf.* suchen 7. – **13.** S~ *n* ⟨-s⟩ 13. *verbal noun.* – **14.** *cf.* Suche. — **'su·chend I** *pres p.* – **II** *adj* searching. – **III** *adv* sie blickte sich ~ um she looked around *(od.* about) her with a searching glance *(od.* searchingly). — **'Su·chen·de** *m, f* ⟨-n; -n⟩ searcher.

'Su·cher *m* ⟨-s; -⟩ 1. *cf.* Suchende. – 2. *(der Wahrheit, Gottes etc)* seeker, searcher. – 3. *(von verlorenen Gegenständen in der Eisenbahn etc)* tracer. – 4. *cf.* Suchscheinwerfer. – 5. *phot.* viewfinder. – 6. *tel.* line selector. – 7. *med. (für Suche nach Fremdkörpern)* probe, *(fürs Auge)* electroacoustic probe. – 8. *tech. cf.* Such-

gerät 1. – 9. *astr. (am Teleskop)* finder. – 10. *mil. cf.* Minensuchgerät. — **~bild** *n phot.* viewing image.

Su·che'rei *f* ⟨-; *no pl*⟩ *colloq.* constant searching: diese ewige ~ habe ich satt! I am sick of this constant *(od.* eternal) searching! *(colloq.).*

'Su·cher,fen·ster *n phot.* viewfinder window. — **'Su·che,rin** *f* ⟨-; -nen⟩ *cf.* Suchende. — **'Su·cher|oku,lar** *n phot.* viewfinder eyepiece. — **~rah·men** *m* viewfinder frame. — **~strahl** *m cf.* Suchstrahl.

'Such|ge,rät *n* 1. *electr. (radio)* a) search device *(od.* search equipment), b) *(in Radarwesen)* search radar. – 2. *mil. cf.* Minensuchgerät. – 3. *auto.* spot lamp. — **~git·ter** *n cf.* Gitter 10. — **~kar,tei** *f* 1. *(einer Suchstelle)* card index for missing persons. – 2. *(der Polizei)* card index for wanted persons, wanted persons file. — **~kind** *n* missing child. — **~,licht** *n* ⟨-(e)s; -er⟩ 1. *(eines Wachtturms etc)* searchlight. – 2. *(der Polizei)* searchlight. — **~li·ste** *f* 1. *(einer Suchstelle)* list of missing persons. – 2. *(der Polizei)* list of wanted persons, wanted persons list. — **~mann·schaft** *f* search party. — **~mel·dung** *f* 1. *(polizeiliche)* police announcement about wanted persons. – 2. radio call. — **~schein,wer·fer** *m* 1. *(eines Schiffs etc)* searchlight, spotlight. – 2. *(am Auto)* spot *(od.* guide) lamp, spotlight. — **~,stel·le** *f* agency for tracing missing persons.

Sucht [zuxt] *f* ⟨-; ᵉe⟩ 1. *(nach Geld, Reichtum etc)* (nach for) greed. – 2. *(nach Abwechslung, Vergnügen etc)* (nach) mania (for), craze (for), addiction (to): die ~, alles zu kritisieren the mania for criticizing everything; das Sparen ist bei ihr zu einer wahren *(od.* reinen) ~ geworden saving money has become an absolute craze with her. – 3. *med.* a) *(nach Rauschgift, Drogen, Alkohol etc)* (nach) addiction (to), b) *(Manie)* mania: er leidet an der krankhaften ~ zu stehlen he is suffering from kleptomania *(od.* cleptomania). – 4. fallende ~ *med. archaic for* Epilepsie. — **s~er,re·gend, s~er,zeu·gend** *adj med. (Droge etc)* habit-forming. — **~ge,fahr** *f med.* danger of habit formation, danger of being habit-forming.

süch·tig ['zʏçtɪç] *adj med.* a) *(rauschgift-, drogensüchtig etc)* addicted, b) *(manisch, besessen)* manic: dieses Schlafmittel macht ~ this soporific is habit-forming *(od.* addiction-producing); ~ sein a) to be addicted *(od.* an addict), to suffer from addiction, b) *fig. (nach Abwechslung, Vergnügen etc)* (nach) to have a mania *(od.* craze) (for), to be addicted (to).

'Süch·ti·ge *m, f* ⟨-n; -n⟩ *med.* addict. — **'Süch·tig·keit** *f* ⟨-; *no pl*⟩ *med.* addiction.

'Such|trupp *m* 1. search party. – 2. *mil.* a) search detachment, b) *(zur Minensuche)* mine detection squad. — **~und 'Ret·tungs,dienst** *m (Luftnotdienst)* search and rescue (service).

suckeln *(getr.* -k·k-) ['zukəln] *v/i* ⟨h⟩ *dial.* (an *dat* an) suck.

Sud [zuːt] *m* ⟨-(e)s; -e⟩ 1. *gastr.* stock, broth. – 2. *med. pharm. (Absud)* decoction, extract. – 3. *brew.* a) *(Abkochen)* boiling (down), brewing, b) *(Abgekochtes)* brew. – 4. *chem.* a) decoction, b) extract, essence, extracted liquor.

Süd¹ [zyːt] ⟨*invariable*⟩ 1. south: Nord und ~ north and south; der Wind kommt aus ~ the wind comes from the south. – 2. → Nord¹ 2.

Süd² *m* ⟨-(e)s; *rare* -e⟩ *meteor. (Südwind)* south wind, *auch* south, southerly.

'Süd|afri'ka·ner *m,* **~afri'ka·ne·rin** *f* South African. — **s~afri'ka·nisch** *adj* South Africa(n). — **~ame·ri'ka·ner** *m,* **~ame·ri'ka·ne·rin** *f* South American. — **s~ame·ri'ka·nisch** *adj* South America(n).

Su·da·ner [zu'daːnər] *m* ⟨-; -nen⟩, **Su'da·ne·rin** *f* ⟨-; -nen⟩, **Su·da·ne·se** [-da'neːzə] *m* ⟨-n; -n⟩, **Su·da·ne·sin** *f* ⟨-; -nen⟩ Sudanese, *auch* Soudanese, Sudani. — **su·da'ne·sisch** [-da'neːzɪʃ] *adj* Sudanese, Sudani(c): die S~e Republik the Sudanese Republic.

Su'dan|farb,stof·fe *pl (paints)* Sudans, Sudan dyes. — **~gras** *n bot.* Sudan grass, *auch* Sudan *(Sorghum vulgare sudanensis).* — **su·da·nisch** [zu'daːnɪʃ] *adj cf.* sudanesisch. — **Su'dan,ne·ger** *m* Sudan(ese) *(auch* Soudanese) negro.

'Süd·asi·at [-ᵖa'zĭaːt] *m,* **'Süd·asia·tin**

[-ʔaˈzīaːtɪn] f South Asian. — **'süd·asia·tisch** [-ʔaˈzīaːtɪʃ] adj South Asiatic.
Su·da·ti·on [zudaˈtsioːn] f ⟨-; no pl⟩ med. (Schwitzen) sudation, sweating. — **Su·da·'to·ri·um** [-ˈtoːrĭum] n ⟨-s; -rien⟩ (Schwitzbad) sudatorium, sudatory, sudarium.
'Süd,bu·che f bot. evergreen beech (Gattg Nothofagus).
'süd,deutsch I adj South(ern) German: S~er Rundfunk South German Broadcasting Service. — II ling. S~ ⟨generally undeclined⟩, das S~e ⟨-n⟩ South(ern) German (idiom). — **'Süd,deut·sche** m, f ⟨-n; -n⟩ South(ern) German.
Su·del [ˈzuːdəl] m ⟨-s; -⟩ Swiss 1. (flüchtiger Entwurf) rough copy. — 2. cf. Kladde. — **~,ar·beit** f colloq. cf. Sudelei 3.
Su·de'lei f ⟨-; -en⟩ colloq. 1. cf. Sudeln. — 2. (Schmiererei, Geschmier) mess. — 3. (unsaubere, liederliche Arbeit) slovenly (od. slapdash) work, botch, botchery.
'Su·de·ler m ⟨-s; -⟩ colloq. cf. Sudler.
'su·de·lig adj colloq. 1. (dreckig) messy. — 2. (schlampig, liederlich) slovenly, botchy, slapdash. — 3. (bekleckst, unsauber geschrieben) messy, blotchy.
su·deln [ˈzuːdəln] colloq. I v/i ⟨h⟩ 1. (im Schmutz wühlen) wallow. — 2. (Dreck machen) mess about (od. around), make a mess. — 3. (unsauber, liederlich arbeiten) do slovenly (od. slapdash) work, botch (od. bungle) one's work, Br. colloq. (make a) hash. — 4. (schlecht u. unsauber schreiben) scribble, scrawl. — II S~ n ⟨-s⟩ 5. verbal noun.
'Su·del,wet·ter n ⟨-s; no pl⟩ dial. filthy (od. foul) weather.
Sü·den [ˈzyːdən] m ⟨-s; no pl⟩ 1. (Himmelsrichtung) south: im ~ in the south, Am. colloq. down south; im ~ von to the south of; nach ~ (gerichtet) southward(s); von ~, aus ~ southerly; dies Schiff geht nach ~ this boat is southbound; ein Flug in Richtung ~ a southbound flight; das Zimmer geht (od. liegt) nach (od. gen) ~ the room faces south. — 2. (Landstrich, Gegend) South, auch south: er stammt (od. kommt) aus dem ~ he comes (od. is) from the South, he is a Southerner; ich lebe im ~ Bayerns (od. von Bayern) I live in the south of Bavaria, I live in South (od. Southern) Bavaria; wir fahren in den ~ a) we are going (down) south, b) we are going to spend our holidays (Am. vacation) in Italy (od. on the Mediterranean). — 3. das Kreuz des ~s astr. the Southern Cross.
Su'de·ten,deut·sche [zuˈdeːtən-] m, f ⟨-n; -n⟩ Sudeten (German).
su'de·tisch adj Sudeten (attrib), auch Sudetic.
'Süd|eu·ro'pä·er m, **~eu·ro'päe·rin** f South European. — **s~eu·ro'pä·isch** adj South (od. Southern) European.
'Süd,früch·te pl tropical and subtropical fruits.
'Süd,früch·ten,händ·ler m Austrian for Südfruchthändler.
'Süd,frucht|,händ·ler m dealer in tropical and subtropical fruits. — **~,hand·lung** f tropical and subtropical fruit shop (Am. store).
'Sud,haus n brew. brewing (od. brew, boiling) house (od. room).
'Süd|,ka·per m ⟨-s; -⟩ zo. southern right whale (Eubalaena glacialis). — **~,ko·rea·ner** [-koreˈaːnər] m, **~,ko·rea·ne·rin** [-koreˈaːnərɪn] f ⟨-; -nen⟩ South Korean. — **s~,ko·rea·nisch** [-koreˈaːnɪʃ] adj South Korean. — **~,kü·ste** f south(ern) coast. — **~,la·ge** f ⟨-; no pl⟩ (eines Hauses, Berghangs etc) exposure to the south.
'Süd,län·der m ⟨-s; -⟩, **'Süd,län·de·rin** f ⟨-; -nen⟩ inhabitant of Italy, Greece, Spain or Portugal. — **'süd,län·disch** adj of (od. pertaining to) Italy, Greece, Spain or Portugal.
'Sud·ler m ⟨-s; -⟩ colloq. 1. (liederlicher Arbeiter, Pfuscher) botcher, bungler, sloven, messy (od. untidy) worker. — 2. messy writer.
süd·lich [ˈzyːtlɪç] I adj 1. (Landesteil etc) south(ern), southerly; ~st southernmost; ~e Breite south(ern) latitude; die ~e Halbkugel the southern hemisphere; die ~en Stadtbezirke von London the southern urban districts of London. — 2. (Wind, Richtung) south, souther(n)ly, southwardly: Wind aus ~en Richtungen meteor. south-

er(n)ly wind. — 3. cf. südländisch. — II adv 4. south, southward(s), souther(n)ly: ~ von Berlin (to) the south of Berlin. — III prep ⟨gen⟩ 5. ~ des Waldes (to) the south of the forest; ~ Berlins (to) the south of Berlin.
'Süd,licht n ⟨-(e)s; no pl⟩ astr. southern lights pl, aurora australis (scient.).
'sud·lig adj colloq. cf. sudelig.
'Süd'ost¹ ⟨invariable⟩ southeast.
'Süd'ost² m ⟨-(e)s; -e⟩ meteor. cf. Südostwind.
'Süd'osten m southeast. — **s~'öst·lich** I adj 1. (Landes-, Stadtteil etc) southeast(ern). — 2. (Wind, Richtung) southeast(ward), southeasterly. — II adv 3. southeast(ward[s]), southeasterly: ~ von dieser Stelle (to) the southeast of that place; ~ von Berlin (to) the southeast of Berlin. — III prep ⟨gen⟩ 4. (to) the southeast of. — **~'ost·pas,sat** m meteor. southeast trade wind. — **s~'ost,wärts** adv southeastward(s), (to the) southeast, southeasterly. — **~'ost,wind** m southeast (wind), southeasterly, bes. mar. (stürmischer) southeaster.
'Süd,pol m ⟨-s; no pl⟩ geogr. South Pole, south pole.
'Süd·po,lar|ex·pe·di·ti,on f Antarctic expedition, expedition to Antarctica (od. the South Pole). — **~,for·schung** f ⟨-; no pl⟩ exploration of Antarctica (od. of the Antarctic continent, od. (the) South Polar regions). — **~ge,biet** n antarctic (od. Antarctic) region, (the) Antarctic. — **~,kreis** m Antarctic Circle. — **~,län·der** pl Antarctic countries. — **~,meer** n Antarctic Ocean.
'Süd,punkt m astr. south point.
'Süd,see f ⟨-; no pl⟩ geogr. South Seas pl. — **~,gecko** (getr. -k·k-) m zo. South Sea gekko (Gehyra oceanica). — **~,in·sel** f South Sea island. — **~in·su,la·ner** m South Sea Islander.
'Süd|,sei·te f south side. — **~,sla·we** m 1. pl South Slavs. — 2. obs. for Jugoslawe. — **~,sla·win** f obs. for Jugoslawin. — **s~,sla·wisch** adj 1. (Völker, Sprachen etc) South Slavic. — 2. obs. for jugoslawisch. — **~,spit·ze** f geogr. southern tip.
'Süd,staa·ten, die pl (der USA) the Southern States, the South sg; Dixieland sg, auch Dixie sg (colloq.): der Krieg gegen die ~ hist. the War of Secession (1861—65). — **'Süd,staat·ler** m ⟨-s; -⟩ 1. (in den USA) Southerner. — 2. hist. (im amer. Bürgerkrieg) Confederate, Secessionist.
,Süd,süd|'ost ⟨invariable⟩, **~'osten** m (Himmelsrichtung) south-southeast. — **~'west** ⟨invariable⟩, **~'we·sten** m (Himmelsrichtung) south-southwest.
'Süd|ti,ro·ler m, **~ti,ro·le·rin** f ⟨-; -nen⟩ South Tyrolean (od. Tyrolese, auch Tirolean, Tirolese). — **s~ti,ro·lisch** adj South Tyrolean (od. Tyrolese, auch Tirolean, Tirolese).
'süd,wärts adv southward(s), (to the) south, southerly.
'Süd,wein m gastr. fortified wine.
,Süd'west¹ ⟨invariable⟩ southwest.
,Süd'west² m ⟨-(e)s; -e⟩ meteor. cf. Südwestwind.
,Süd'we·sten m ⟨-s; no pl⟩ southwest.
,Süd'we·ster m ⟨-s; -⟩ (Seemannshut) sou'wester, southwester.
,süd|'west·lich I adj 1. (Landes-, Stadtteil etc) southwest(ern). — 2. (Wind, Richtung) southwest(ward), southwesterly. — II adv 3. southwest(ward[s]), southwesterly: ~ von Berlin (to) the southwest of Berlin. — III prep ⟨gen⟩ 4. (to) the southwest of. — **~'west,wärts** adv southwestward(s), (to the) southwest, southwesterly. — **S~'west,wind** m southwest (wind), southwester(ly), bes. mar. (stürmischer) southwester.
'Süd,wind m south wind, auch south, southerly.
Sue·be [ˈzŭeːbə], **Sue·ve** [ˈzŭeːvə] m ⟨-n; -n⟩ hist. cf. Swebe.
Suff [zuf] m ⟨-(e)s; no pl⟩ colloq. 1. (Handlung) boozing, auch boosing (colloq.), drinking: sich dem ~ ergeben to take to boozing (od. to the bottle); er ist dem stillen ~ ergeben he is a secret drinker, he drinks on the quiet (colloq.). — 2. (Zustand) state of drunkenness, drunken stupor: er hat es im ~ gesagt he said it while (he was) drunk (od. colloq. tight).
Süf·fel [ˈzyfəl] m ⟨-s; -⟩ bes. Northern G. colloq. tippler.

süf·feln [ˈzyfəln] v/i u. v/t ⟨h⟩ Austrian colloq. cf. süffeln.
süf·feln [ˈzyfəln] colloq. I v/i ⟨h⟩ (gern einen trinken) tipple, (like to) have (od. take) a couple (od. one or two). — II v/t (genüßlich trinken) tipple.
süf·fig [ˈzyfɪç] adj colloq. (Wein, Bier etc) pleasant to drink: dieser Wein ist ~ this wine drinks well.
Süf·fi·sance [zyfiˈzãːs] f ⟨-; no pl⟩ 1. (Selbstgefälligkeit) (self-)complacency, self-satisfaction. — 2. (Dünkel) (self-)conceit, conceitedness. — **süf·fi'sant** [-ˈzant] adj 1. (Lächeln etc) (self-)complacent, self-satisfied. — 2. (dünkelhaft) (self-)conceited.
Suf·fix [zuˈfɪks; ˈzu-] n ⟨-es; -e⟩ ling. suffix.
suf·fi·zi·ent [zufiˈtsĭɛnt] adj (ausreichend, genügend) sufficient. — **Suf·fi·zi'enz** [-ˈtsĭɛnts] f ⟨-; no pl⟩ sufficiency.
'Süff·ler m ⟨-s; -⟩, **Süff·ling** [ˈzyflɪŋ] m ⟨-s; -e⟩ obs. tippler.
Suf·fo·ka·ti·on [zufokaˈtsĭoːn] f ⟨-; -en⟩ med. (Erstickung) suffocation, asphyxia (scient.).
Suf·fra·gan [zufraˈgaːn] m ⟨-s; -e⟩ röm. kath. suffragan (bishop).
Suf·fra·get·te [zufraˈgɛtə] f ⟨-; -n⟩ hist. (Frauenrechtlerin) suffragette. — **Suf·fra'get·ten·tum** n ⟨-s; no pl⟩ suffragettism.
Suf·fu·si·on [zufuˈzĭoːn] f ⟨-; -en⟩ med. suffusion, extravasation.
Su·fi [ˈzuːfi] m ⟨-(s); -⟩ relig. (im Islam) Sufi.
Su·fis·mus [zuˈfɪsmus] m ⟨-; no pl⟩ relig. (im Islam) Sufism, auch Sufiism. — **Su'fist** m ⟨-en; -en⟩ Sufi.
sug·ge·rie·ren [zugeˈriːrən] v/t ⟨no ge-, h⟩ j-m etwas ~ bes. psych. to suggest s.th. to s.o., to convey s.th. to s.o. by suggestion: der Hypnotiseur suggerierte ihm, er sei ein Held the hypnotist suggested to him that he was a hero.
sug·ge·sti·bel [zugɛsˈtiːbəl] adj bes. psych. suggestible: suggestible persons. — **Sug·ge·sti·bi·li'tät** [-tibili'tɛːt] f ⟨-; no pl⟩ suggestibility.
Sug·ge·sti·on [zugɛsˈtĭoːn] f ⟨-; -en⟩ bes. psych. suggestion.
Sug·ge·sti'ons|,kraft f ⟨-; no pl⟩ bes. psych. power of suggestion. — **~the·ra,pie** f med. psych. suggestion therapy.
sug·ge·stiv [zugɛsˈtiːf] adj bes. psych. (Wirkung, Macht etc) suggestive: er stellte dem Zeugen ~e Fragen he put suggestive questions to the witness. — **S~,fra·ge** f suggestive question.
Su·gil·la·ti·on [zugɪlaˈtsĭoːn] f ⟨-; -en⟩ med. ecchymosis, suggillation, suffusion.
Suh·le [ˈzuːlə] f ⟨-; -n⟩ 1. (der Tiere) wallow. — 2. (Lache, kleiner Tümpel) wallow, slough, auch slew, slue.
suh·len [ˈzuːlən] v/i u. sich ~ v/reflex ⟨h⟩ 1. (von Schwarz- u. Rotwild) wallow, welter: das Schwein suhlt (sich) im Schlamm the pig wallows in the mud. — 2. fig. (in Obszönitäten etc) wallow.
'sühn·bar adj archaic od. lit. (Verbrechen etc) expiable, atonable, auch atoneable.
Süh·ne [ˈzyːnə] f ⟨-; -n⟩ 1. atonement, expiation: sie verlangten (od. forderten) ~ für das Verbrechen they demanded atonement of (od. for, expiation of) the crime; die Untat fand gerechte ~ the misdeed met just atonement (od. was justly atoned od. expiated). — 2. (Wiedergutmachung, Entschädigung) recompense, atonement, reparation: ~ von j-m für etwas fordern to demand recompense (od. reparation) for s.th. from s.o., to demand atonement (od. for) s.th. from s.o. — 3. jur. (Schlichtung bei Scheidungsprozessen etc) conciliation. — 4. relig. (Christi) atonement, propitiation. — **~,al,tar** m relig. (für Sühnopfer) altar of expiation. — **~,geld** n hist. for Bußgeld. — **~,maß,nah·me** f (measure of) atonement (od. expiation).
süh·nen [ˈzyːnən] I v/t ⟨h⟩ 1. (ein Vergehen, einen Frevel etc) atone (for), expiate: er hat das Verbrechen mit dem Tod gesühnt he atoned (od. paid for) his crime with death. — 2. (wiedergutmachen, entschädigen) atone (for), recompense. — II v/i 3. für etwas ~ a) (für ein Vergehen etc) to atone (for) s.th., b) (für einen Schaden etc) to atone (for) s.th., to make recompense for s.th.: er hat für seine Tat gesühnt he atoned for (doing)

this. – III S~ *n* ⟨-s⟩ **4.** *verbal noun.* – **5.** *cf.*
Sühnung. – '**süh·nend I** *pres p.* – **II** *adj*
(*Opfer etc*) expiatory, atoning.
'**Süh·ne|‚op·fer** *n relig. cf.* Sühnopfer. —
~‚rich·ter *m jur.* (*bei Scheidungsprozessen
etc*) conciliation judge. — **~ter‚min** *m*
conciliation hearing. — **~ver‚fah·ren** *n*
conciliation proceedings *pl.* — **~ver-
‚hand·lung** *f cf.* Sühnetermin. — **~ver-
‚such** *m* attempt at conciliation.
'**Sühn‚op·fer** *n relig.* **1.** ~ (Christi) propitiation, atonement. – **2.** (*zur Versöhnung
der Götter*) expiatory, expiatory sacrifice.
'**Süh·nung** *f* ⟨-; *no pl*⟩ **1.** *cf.* Sühnen. –
2. (*eines Verbrechens etc*) (*gen*) atonement
(of, for), expiation (of).
Sui·te ['sviːtə; zu'iːtə] *f* ⟨-; -n⟩ **1.** *mus.*
suite. – **2.** (*eines Hotels etc*) suite (of
rooms). – **3.** (*Gefolge*) entourage, suite,
retinue, train.
Sui·zid [zui'tsiːt] *m, n* ⟨-(e)s; -e⟩ (*Selbstmord*) suicide.
Su·jet [zy'ʒeː; sy'ʒe; sy'ʒɛ] (*Fr.*) *n* ⟨-s; -s⟩
(*literarisches od. künstlerisches Thema*)
subject.
Suk·ka·de [zu'kaːdə] *f* ⟨-; -n⟩ *gastr.*
(*kandierte Fruchtschale*) candied peel,
succade.
Suk·ku·bus ['zukubus] *m* ⟨-; -kuben
[-'kuːbən]⟩ *myth.* succubus.
suk·ku·lent [zuku'lɛnt] *adj bes. bot.* (*Pflanze,
Obst*) succulent. — **Suk·ku'len·te** *f* ⟨-; -n⟩
meist pl bot. succulent. — **Suk·ku'lenz**
[-'lɛnts] *f* ⟨-; *no pl*⟩ (*Saftfülle*) succulence,
succulency.
Suk·ti·on [zuk'tsioːn] *f* ⟨-; -en⟩ *med.*
suction.
suk·ze·die·ren [zuktse'diːrən] *v/i* ⟨*no ge-,
sein*⟩ j-m ~ *obs.* to succeed s.o.
Suk·zes·si·on [zuktse'sioːn] *f* ⟨-; -en⟩
succession: apostolische ~ *relig.* apostolic
succession.
Suk·zes·si'ons‚staat *m* ⟨-(e)s; -en⟩ *jur.
pol.* (*bes. im Völkerrecht*) succession state.
suk·zes·siv [zuktse'siːf] **I** *adj* successive,
gradual. — **II** *adv cf.* sukzessive. —
suk·zes'si·ve [-və] *adv* successively, gradually, little by little.
Suk·zes·sor [zuk'tsɛsɔr] *m* ⟨-s; -en [-'soː-
rən]⟩ *obs. for* Rechtsnachfolger.
Sul·fa·dia·zin [zulfadia'tsiːn] *n* ⟨-s; *no
pl*⟩ *chem.* sulfadiazine *bes. Br.* -ph-
$(H_2NC_6H_4SO_2NHC_4H_3N_2)$.
Sul·fa·mat [zulfa'maːt] *n* ⟨-(e)s; *no pl*⟩
chem. sulfamate *bes. Br.* -ph-.
Sul·fa·me·ra·zin [zulfamera'tsiːn] *n* ⟨-s;
no pl⟩ *chem.* sulfamerazine *bes. Br.* -ph-
$(C_{11}H_{12}N_4O_2S)$.
Sulf·amid [zulfa'miːt] *n* ⟨-(e)s; -e⟩ *chem.*
sulfamide *bes. Br.* -ph- $(SO_2(NH_2)_2)$. —
~‚harz *n* sulfamide resin.
Sulf·amin‚säu·re [zulfa'miːn-] *f chem.*
sulfamic (*bes. Br.* -ph-) acid (H_2NSO_3H).
Sul·fat [zul'faːt] *n* ⟨-(e)s; -e⟩ *chem.*
sulfate *bes. Br.* -ph-. — **sul·fa·tie·ren**
[zulfa'tiːrən] *v/t* ⟨*no ge-, h*⟩ **1.** sulfate *bes.
Br.* -ph-. – **2.** sulfate *bes. Br.* -ph-, sulfatize,
bes. Br. sulphatize *auch* -s-. — **Sul·fa-
'tie·rung** *f* ⟨-; -en⟩ sulfation *bes. Br.* -ph-.
Sul·fid [zul'fiːt] *n* ⟨-(e)s; -e⟩ *chem.* sulfide
bes. Br. -ph-.
Sul'fin‚säu·re [zul'fiːn-] *f chem.* sulfinic
(*bes. Br.* -ph-) acid (RSO_2H).
Sul·fit [zul'fiːt; -'fɪt] *n* ⟨-s; -e⟩ *chem.*
sulfite *bes. Br.* -ph-. — **~‚lau·ge** *f cf.*
Lignin. — **~‚zell‚stoff** *m Am.* sulfite pulp,
Br. sulphite cellulose.
Sul·fo‚chlo·rid [zulfoklo'riːt] *n chem.* a)
sulfuric (*bes. Br.* -ph-) oxychloride (SO_2Cl_2),
b) *pl* sulfonyl (*bes. Br.* -ph-) chlorides
(RSO_2Cl). — **~chlo'rie·rung** [-klo'riːrʊŋ] *f*
sulfochlorination *bes. Br.* -ph-.
Sul·fon [zul'foːn] *n* ⟨-s; -e⟩ *chem.* sulfone
bes. Br. -ph-.
Sul·fo·nal [zulfo'naːl] *n* ⟨-(e)s; *no pl*⟩ *med.
pharm. chem.* sulfonal *bes. Br.* -ph-, sulfon-
methane *bes. Br.* [(CH_3)_2C(SO_2C_2H_5)_2].
Sul·fon·amid [zulfona'miːt] *n* ⟨-(e)s; -e⟩
meist pl med. pharm. sulfonamide *bes. Br.*
-ph-, sulfa (*bes. Br.* -ph-) drug.
Sul·fo·nat [zulfo'naːt] *n* ⟨-(e)s; -e⟩ *chem.*
sulfonate *bes. Br.* -ph-. — **sul·fo'nie·ren**
[-'niːrən] *v/t* ⟨*no ge-, h*⟩ *cf.* sulfurieren.
Sul'fon‚säu·re *f chem.* sulfonic (*bes. Br.*
-ph-) acid (RSO_3H).
Sulf|oxid [zulf'ʔo'ksiːt], **~oxyd** [-'ksyːt] *n*
chem. sulfoxide *bes. Br.* -ph-.
Sul·fur ['zulfur] *n* ⟨-s; *no pl*⟩ *chem.* sulfur
bes. Br. -ph- (S).

sul·fu·rie·ren [zulfu'riːrən] *v/t* ⟨*no ge-, h*⟩
chem. sulfonate *bes. Br.* -ph-. — **Sul·fu-
'rie·rung** *f* ⟨-; -en⟩ sulfonation *bes. Br.*
-ph-.
Sul·ky ['zulki; 'sʌlkɪ] (*Engl.*) *n* ⟨-s; -s⟩
(*beim Trabrennen*) sulky.
Süll [zyl] *m* ⟨-(e)s; -e⟩ *Low G.* **1.** *mar.*
coaming, *auch* coamings *pl.* – **2.** (*hohe Tür-
schwelle*) sill.
Sul·tan ['zultaːn] *m* ⟨-s; -e⟩ sultan. —
Sul·ta'nat [-ta'naːt] *n* ⟨-(e)s; -e⟩ sultanate.
— **Sul'ta·nin** *f* ⟨-; -nen⟩ sultana.
Sul·ta·ni·ne [zulta'niːnə] *f* ⟨-; -n⟩ (*kernlose
Rosine*) sultana.
Sulz [zults] *f* ⟨-; -en⟩, '**Sul·ze** *f* ⟨-; -n⟩
Southern G., Austrian and Swiss for Sülze.
Sül·ze ['zyltsə] *f* ⟨-; -n⟩ **1.** *gastr.* brawn,
jellied meat. – **2.** *min.* (*Salzlake*) brine. –
3. *hunt. cf.* Salzlecke.
sul·zen ['zultsən] *v/t* ⟨h⟩ *Southern G.,
Austrian and Swiss for* sülzen.
sül·zen ['zyltsən] *v/t* ⟨h⟩ *gastr.* (*Fleisch,
Fisch*) brawn (*s.th.*) until jellified.
'**Sülz|‚fleisch** *n gastr.* jellied meat. —
~ko‚te‚lett *n* cutlet in aspic. — **~‚wurst** *f*
⟨-; *no pl*⟩ (jellied) brawn, *Am. auch* head-
cheese.
Su·mach ['zuːmax] *m* ⟨-s; -e⟩ *bot.* sumac(h),
auch shumac (*Gattg Rhus*).
Su'ma·tra|‚nas‚horn *n zo.* Sumatran (*od.
Chittagong*) rhinoceros (*Dicerorhinus su-
matrensis*). — **~‚roll‚schlan·ge** *f* Weber's
cylinder snake (*Anomalochilus weberi*).
Su·me·rer [zu'meːrər] *m* ⟨-s; -⟩ *hist.*
Sumerian. — **su'me·risch I** *adj* Sumerian.
– **II** *ling.* **S~** ⟨*generally undeclined*⟩, das
S~e ⟨-n⟩ Sumerian.
summ [zum] *interj only in* ~, ~! buzz, buzz!
Sum·ma ['zuma] *f* ⟨-; Summen⟩ **1.** *philos.
hist.* (*in der Scholastik*) summa. – **2.** *obs.
for* Summe: in s~ archaic *cf.* summa
summarum.
sum·ma cum lau·de ['zuma kʊm 'laʊdə]
adv ped. summa cum laude.
Sum·mand [zu'mant] *m* ⟨-en; -en⟩ *math.*
summand, addend.
sum·ma·risch [zu'maːrɪʃ] **I** *adj* (*Bericht,
Darstellung etc*) summary: ~e Gerichtsbarkeit (*od.* Rechtsprechung) *jur.* (*in
angelsächsischen Ländern*) summary jurisdiction. – **II** *adv* summarily: er hat das
Thema nur sehr ~ behandelt he only
treated the subject very summarily; ~ zu
bestrafende Delikte *jur.* offences (*Am.*
offenses) summarily punishable.
sum·ma sum·ma·rum ['zuma zu'maːrum]
adv (*alles in allem*) all in all, all things
considered.
Sum·ma·ti·on [zuma'tsioːn] *f* ⟨-; -en⟩
math. summation.
Sümm·chen ['zymçən] *n* ⟨-s; -⟩ *dim. of*
Summe 1: ein nettes (*od.* hübsches, rundes) ~ *colloq.* a fair amount, a nice (*od.
colloq.* tidy) sum, a pretty penny (*colloq.*).
Sum·me ['zumə] *f* ⟨-; -n⟩ **1.** (*Geldbetrag*)
sum, amount: eine große (*od.* hohe) ~
für etwas bereitstellen to provide a large
sum (*od.* amount) for s.th.; die höchste
[niedrigste] ~ für etwas bieten to bid the
highest (*od.* maximum) [lowest, minimum]
(amount) for s.th.; sie waren sich (*dat*)
über die Höhe der ~ nicht einig they
could not agree on the sum; das hat eine
runde (*od. colloq.* hübsche) ~ gekostet
that cost a fair amount (*od. colloq.*
a tidy sum, a pretty penny); das Projekt
hat ungeheure ~n verschlungen the project cost a tremendous sum (*od.* cost tremendous sums) (of money), the project
cost the earth (*colloq.*). – **2.** *math.* (*einer
Addition*) sum, aggregate (*scient.*): die ~
ziehen to add up, to tot up. – **3.** (*Gesamtheit*) sum (total), totality: die ~ aller Erkenntnis the sum (total) of all knowledge.
sum·men¹ ['zumən] **I** *v/i* ⟨h⟩ **1.** (*bes. von
Biene*) buzz, (*weicher*) hum, (*tiefer*) drone.
– **2.** (*bes. von Fliege, Mücke, Käfer etc*)
buzz, (*weicher*) hum. – **3.** (*mit geschlossenen
Lippen singen*) hum: er summte vor sich
hin he hummed (away) to himself. – **4.** (*von
elektrischen Leitungen, Transformator etc*)
buzz, (*weicher*) hum. – **5.** (*von Ohren,
Kopf, Blut etc*) sing, ring, hum: es summt
mir in den Ohren my ears are ringing.
6. (*von Wasserkessel etc*) sing, hum. –
7. *fig.* (*vor Betriebsamkeit, Geschäftigkeit
etc*) (vor dat with) buzz, hum: das Dorf
summte wie ein Bienenkorb the village
buzzed like a beehive. – **II** *v/t* **8.** (*ein Lied,

eine Melodie etc*) hum. – **III S~** *n* ⟨-s⟩
9. *verbal noun.* – **10.** (*bes. von Biene*) buzz,
(*weicher*) hum, (*tiefer*) drone. – **11.** (*bes.
von Fliege etc*) buzz, (*weicher*) hum. – **12.**
(*eines Liedes etc*) hum. – **13.** (*eines Telefon-
drahts etc*) buzz, (*weicher*) hum. – **14.** (*in
den Ohren*) hum. – **15.** (*des Wasser-
kessels*) hum.
sum·men² *v/t u.* sich ~ *v/reflex* ⟨h⟩ *obs.
for* summieren.
'**Sum·men|bi‚lanz** *f econ.* turnover bal-
ance. — **~‚for·mel** *f chem.* molecular formula. — **~fre‚quenz** *f electr.* (*radio*) sum
(*od.* summation) frequency. — **~‚gleichung**
f math. summation equation. — **~ver‚si-
che·rung** *f econ.* insurance of fixed sums.
— **~‚zäh·ler** *m tech.* summation meter,
summator.
'**Sum·mer** *m* ⟨-s; -⟩ *electr. tel.* buzzer, hum-
mer. — **~‚ton** *m*, **~‚zei·chen** *n cf.* Summton 2.
sum·mie·ren [zu'miːrən] **I** *v/t* ⟨*no ge-, h*⟩
1. *math.* sum (up), add (*od.* tot) (up), cast
up. – **2.** (*zusammenfassen*) sum up. – **II**
v/reflex sich ~ **3.** (*von Beträgen, Fehlern,
kleinen Vergehen etc*) add up, tot up: das
summiert sich! *colloq.* it all adds up. –
4. sich auf (*acc*) etwas ~ (*von Kosten etc*)
to add up (*od.* amount) to s.th. – **III S~** *n*
⟨-s⟩ **5.** *verbal noun.* — **Sum'mie·rung** *f*
⟨-; *no pl*⟩ **1.** *cf.* Summieren. – **2.** *math.*
summation. – **3.** (*der Erkenntnisse, Erfahrungen etc*) summing-up, summation.
'**Summ‚ton** *m* **1.** *cf.* Summen 10, 11, 13. –
2. *electr. tel.* buzzer signal, buzzing tone.
Sumpf [zumpf] *m* ⟨-(e)s; -̈e⟩ **1.** swamp,
marsh, slough, *auch* slew, slue: er versank
im ~ he sank into a swamp, he bogged
down (in a swamp); einen ~ trockenlegen to drain a swamp; in einen ~ geraten a) to get lost in a swamp, b) *fig.* (*in
schlechte Gesellschaft kommen*) to fall into
(*od.* get caught up in) bad company. –
2. *fig.* (*der Verzweiflung, Unmoral etc*)
slough, quagmire: er ging im ~ der Großstadt unter *lit.* he sank into the slough of
the big city. – **3.** (*mining*) (*eines Schachts*)
sump. – **4.** *tech.* (*in der Schmiertechnik*)
sump. – **5.** *auto.* (*einer Kurbelwanne*) oil
pan, sump. — **~‚aal** *m zo.* American short-
-tail eel, symbranch (*scient.*) (*Fam. Sym-
branchidae*). — **~an·ti‚lo·pe** *f* situtunga,
situtunga (*Strepsiceros spekei*). — **~aza-
‚lee** *f bot.* swamp (*auch* clammy) azalea,
auch swamp (*od.* white) honeysuckle (*Rhododendron viscosum*). — **~‚bi·ber** *m zo. cf.*
Nutria 1. — **~‚bo·den** *m* swampy (*od.*
marshy) ground. — **~‚deckel‚schnecke**
f (getr. -k·k-) *f zo.* pond (*od.* river) snail
(*Viviparus viviparus*). — **~‚dot·ter‚blu·me**
f bot. marsh marigold, cowslip (*Caltha
palustris*).
sump·fen ['zumpfən] *v/i* ⟨h⟩ *fig. colloq.*
humor. **1.** (*durch Nachtlokale ziehen*) *Am.
colloq.* barhop, go barhopping, *bes. Br.*
pub-crawl, go on a pub crawl. – **2.** (*ausschweifend leben*) live it up, lead a fast life.
sümp·fen ['zympfən] *v/t* ⟨h⟩ **1.** (*mining*)
drain. – **2.** (*in der Töpferei*) knead.
'**Sumpf|‚erz** *n min.* bog iron (ore). —
~‚fie·ber *n med. cf.* Malaria. — **~‚frosch** *m*
zo. **1.** Amerikanischer ~ pickerel (*od.*
swamp, marsh) frog (*Rana palustris*). –
2. Australischer ~ banjo frog (*Gattg Lim-
nodynastes*). — **~‚gar·be** *f bot.* sneezewort
(*Achillea ptarmica*). — **~‚gas** *n* marsh gas.
— **~‚ge·gend** *f* swampy (*od.* marshy,
sloughy) district. — **~‚herz‚blatt** *n bot. cf.*
Studentenblume. — **~‚hirsch** *m zo.* marsh
deer (*Dorcelaphus dichotomus*). — **~‚huhn**
n **1.** *fig. colloq. humor.* (*Nachtschwärmer*)
Am. colloq. barhopper, *bes. Br.* pub
crawler. – **2.** *zo.* crake (*Gattg Porzana*).
'**sump·fig** *adj* (*Gelände etc*) swampy,
marshy, sloughy.
'**Sumpf|‚kie·fer** *f bot.* pond (*od.* yellow)
pine (*Pinus serotina*). — **~kro·ko‚dil** *n zo.*
mugger, marsh crocodile (*Crocodylus
palustris*). — **~‚land** *n* ⟨-(e)s; *no pl*⟩
swamp(land), marsh(land). — **~‚loch** *n*
slough, mire. — **~‚luchs** *m zo.* jungle cat
(*Felis chaus*). — **~‚mei·se** *f* marsh tit,
auch marsh titmouse (*Parus palustris*). —
~‚moos *n bot.* muskeg moss, sphagnum
(moss) (*scient.*) (*Gattg Sphagnum*). —
~‚ohr‚eu·le *f zo.* short-eared owl (*Asio
flammeus*). — **~‚ot·ter** *m cf.* Nerz 1. —
~‚pflan·ze *f bot.* marsh (*od. scient.* paludal)
plant (*od.* weed). — **~‚porst** *m* marsh tea
(*Ledum palustre*). — **~‚schild‚krö·te** *f zo.*

mud turtle (od. terrapin, tortoise) (Fam. Emydidae): Europäische ~ European pond turtle, European pond tortoise (Emys orbicularis). — ~**schnep·fe** f bleater, common snipe (Capella gallinago). — ~**vö·gel** pl marsh birds, waders, wading birds. — ~**was·ser** n bog water. — ~**wie·se** f swampy (od. marshy) meadow (od. pasture). — ~**wurz** f bot. helleborine (Gattg Epipactis). — ~**ze·der**, ~**zy·pres·se** f deciduous cypress, Am. bald (od. black, white) cypress (Taxodium distichum).

Sums [zums] m ⟨-es; no pl⟩ Northern and Middle G. colloq. only in (einen) großen (od. viel) ~ (mit j-m od. um j-n [etwas]) machen to make a great fuss (od. ado) (about s.o. [s.th.]); mach keinen ~! don't make a fuss!

sum·sen ['zumzən] v/i ⟨h⟩ **1.** dial. for summen[1] I. – **2.** Bavarian and Austrian colloq. (von Kindern) whine.

Sund [zunt] m ⟨-(e)s; -e⟩ (Meerenge) sound, strait(s pl construed as sg), (in Dänemark) belt.

Sün·de ['zyndə] f ⟨-; -n⟩ **1.** relig. sin: läßliche ~ venial sin; die ~ des Hochmuts the sin of pride; eine ~ begehen to (commit a) sin; seine ~n beichten (od. bekennen) to confess one's sins; j-m seine ~n vergeben to forgive (od. pardon, remit) s.o. his sins; Vergebung der ~n forgiveness (od. remission) of sins, pardon for one's sins; in ~ leben to live in sin. – **2.** sin: es ist eine ~, Eßbares wegzuwerfen it is a sin to throw food away; es ist eine ~ und Schande, wie er sich ihr gegenüber benimmt it is a sinful (od. crying, wicked) shame (od. a downright scandal) the way he behaves toward(s) her; das ist eine ~ gegen den guten Ton that's an offence (Am. offense) against good form; sie ist häßlich wie die ~ she is (as) ugly as sin; er meidet (den) Alkohol wie die ~ he avoids alcohol like the plague; ich hasse ihn wie die ~ I hate him like poison; das ist doch keine ~ it's no crime.

Sün·den|**ba·bel** n ⟨-s; no pl⟩ meist humor. sink of iniquity, hotbed of vice, Am. colloq. hell's kitchen. — ~**be,kennt·nis** n bes. relig. confession (of sins). — ~**bock** m colloq. scapegoat, whipping boy, Am. colloq. 'goat', Am. sl. fall guy: den ~ spielen (od. abgeben), als ~ dienen to be the scapegoat; j-n zum ~ machen to make a scapegoat of s.o. — ~**er,laß** m relig. cf. Sündenvergebung. — ~**fall** m (the) Fall, fall of man. — s~**frei** adj **1.** free of sin, sinless. – **2.** (unschuldig) innocent. — ~**geld** n **1.** ill-gotten money (od. gains pl). – **2.** colloq. enormous sum, mint (of money) (colloq.): dieses Kleid hat ein ~ gekostet this dress cost a mint of money. — ~**kon·to** n fig. colloq. cf. Sündenregister. — ~**last** f burden of sin. — ~**le·ben** n life of sin, sinful life: ein ~ führen to live a life of sin. – **2.** colloq. cf. Hungerlohn. — ~**lohn** m **1.** wages pl (construed as sg or pl) of sin. – **2.** colloq. cf. Hungerlohn.

sün·den·los adj relig. cf. sündenfrei. —
Sün·den·lo·sig·keit f ⟨-; no pl⟩ **1.** sinlessness. – **2.** innocence.

Sün·den|**maß** n only in sein ~ war voll the measure of his sins was full. — ~**pfuhl** m contempt. cesspool (od. sink) of vice. — ~**re,gi·ster** n fig. colloq. list of sins: j-m sein ~ vorhalten to go through the list of s.o.'s sins; das kommt auf sein ~ that is another black mark (in the book) for him; der Engel, der das ~ führt the recording angel. — ~**schuld** f relig. (sum of) sins. — ~**ver,ge·bung** f absolution, forgiveness (od. remission) of sins.

Sün·der m ⟨-s; -⟩ **1.** relig. sinner. — **2.** (Missetäter) sinner: ein hartgesottener ~ a hardened sinner (od. offender). — **3.** (du bist ein) alter ~! colloq. humor. (you're an) old scamp! – **4.** armer ~ archaic criminal under sentence of death.

Sün·de·rin f ⟨-; -nen⟩ cf. Sünder 1, 2.

Sün·der·mie·ne f colloq. humor. hangdog expression.

Sünd,flut f relig. cf. Sintflut 1.

sünd·haft I adj **1.** relig. (Gedanken, Taten etc) sinful, iniquitous (lit.): der ~e Mensch the sinful man, the sinner; ein ~es Leben führen to lead a sinful life (od. a life of sin). – **2.** fig. colloq. 'frightful', 'wicked' (beide colloq.): das Kleid hat ein ~es Geld gekostet the dress cost a wicked amount

of money. – **II** adv **3.** relig. sinfully, iniquitously (lit.). – **4.** fig. colloq. 'frightfully', 'wickedly' (beide colloq.): ~ teuer frightfully expensive. — **Sünd·haf·tig·keit** f ⟨-; no pl⟩ relig. sinfulness; iniquity, iniquitousness (lit.).

sün·di·gen ['zyndɪgən] v/i ⟨h⟩ **1.** relig. (commit a) sin: gegen (od. wider) Gottes Gebote ~ to sin against God's commandments. – **2.** (gegen Natur, Gesundheit etc) (gegen against) sin. – **3.** an j-m ~ to wrong s.o. – **4.** colloq. indulge: ich darf zwar keinen Alkohol trinken, aber heute werde ich einmal ~ I'm not allowed to drink alcohol but I'm going to indulge today.

sünd·los adj relig. cf. sündenfrei. —
Sünd·lo·sig·keit f ⟨-; no pl⟩ cf. Sündenlosigkeit.

Sun·nit [zu'niːt] m ⟨-en; -en⟩ relig. (im Islam) Sunnite.

Su·per[1] ['zuːpər] n ⟨-s; no pl⟩ colloq. (Benzin) super (grade of gasoline [Br. petrol]): ~ fahren to drive on (od. use) super; ~ tanken to use super.

Su·per[2] m ⟨-s; -⟩ (radio) short for Superheterodynempfänger.

su·per adj ⟨invariable⟩ colloq. super (colloq.): sein neues Auto ist (einfach) ~ his new car is (absolutely) super.

Su·per-8|-Film [-'ʔaxt-] m phot. Super-8 film. — ~**Film,kas,set·te** f Super-8 (film) cartridge.

Su·per|**au·to** n colloq. super car. — ~**azi·di,tät** [zupɛr'ʔatsidi'tɛːt] f med. **1.** superacidity, hyperacidity. – **2.** (des Magensafts) hyperchlorhydria.

su·perb [zu'pɛrp], bes. Austrian **sü·perb** [zy'pɛrp] adj superb, splendid.

Su·per-Bal,lon,rei·fen m auto. super-balloon tire (bes. Br. tyre).

Su·per|**ding** n colloq. super job: ein ~ drehen to pull off a super (od. perfect) job. — ~**di·vi,den·de** f econ. **1.** extra dividend on preferential shares (bes. Am. stocks). – **2.** super-dividend (in high-profit years), Am. auch bonus. — s~**fein** adj bes. econ. (Qualität) superfine. — ~**fe·kun·da·ti·on** [zupɛrfekunda'tsioːn] f biol. med. superfecundation. — ~**fe·stung** f aer. mil. superfort(ress).

su·per·fi·zi·ell [zupɛrfi'tsiɛl] adj med. (oberflächlich) superficial.

Su·per|**frau** f colloq. super woman. — s~**ge,scheit** adj colloq. iron. **1.** (neunmalklug) too clever by half, highbrow. – **2.** (töricht) brilliant: das war (aber) ~ von dir! that was brilliant of you! — ~**ge,schei·te** m, f ⟨-n; -n⟩ colloq. iron. smart aleck, auch smart-alec, wiseacre, wise guy, Am. colloq. w(e)isenheimer: du bist ja ein ganz ~r! you're a real smart aleck! — ~**haus,frau** f colloq. **1.** perfect housewife, Br. contempt. auch hausfrau. – **2.** (übertrieben sorgfältige) house-proud woman.

Su·per·het ['zuːpərhɛt] m ⟨-s; -s⟩ colloq. (radio) superhet (receiver).

Su·per·he·te·ro·dyn·emp,fän·ger [zupɛrhetero'dyːn-] m (radio) superheterodyne (receiver).

Su·per|**in·fek·ti·on** [zupɛr'ʔɪnfɛk'tsioːn] f med. superinfection. — ~**in·ten·dent** [-'ʔɪntɛn'dɛnt] m ⟨-en; -en⟩ relig. superintendent. — ~**in·ten·den'tur** [-'ʔɪntɛndɛn'tuːr] f ⟨-; -en⟩ **1.** superintendency. – **2.** house of a superintendent.

Su·pe·ri·or [zu'peːriɔr] m ⟨-s; -en [-pe'rioːrən]⟩ röm.kath. (in Klöstern etc) superior: Vater ~ Father Superior. — **Su·pe·rio·rin** [zupe'rioːrɪn] f ⟨-; -nen⟩ superior: Mutter ~ Mother Superior.

Su·pe·rio·ri·tät [zuperiori'tɛːt] f ⟨-; no pl⟩ **1.** (Überlegenheit) superiority. – **2.** (Übergewicht) superiority, preponderance.

Su·per·kar,go m ⟨-s; -s⟩ econ. mar. supercargo.

su·per·klug adj colloq. iron. cf. supergescheit. — **Su·per·klu·ge** m, f ⟨-n; -n⟩ colloq. iron. cf. Supergescheite.

Su·per·la·tiv ['zuːpɛrlatiːf; zupɛrla'tiːf] m ⟨-s; -e⟩ **1.** ling. superlative (degree). – **2.** fig. superlative, exaggerated expression: in ~en reden to speak in superlatives. — **su·per·la·ti·visch** ['zuːpɛrlatiːvɪʃ; zupɛrla'tiːvɪʃ] adj **1.** ling. superlative. – **2.** fig. superlative, exaggerated.

Su·per|**mäd·chen** n colloq. super girl. —

~**mann** m colloq. superman. — ~**markt** m supermarket. — s~**mo,dern** adj colloq. ultramodern. — ~**na·tu·ra·lis·mus** [zupɛr-natura'lɪsmus] m philos. supernaturalism. — ~**na·tu·ra·list** [zupɛrnatura'lɪst] m supernaturalist. — s~**na·tu·ra·li·stisch** adj supernaturalistic. — ~**oxid** [-'ʔɔ,ksiːt] n chem. peroxide. — ~**phos,phat** n chem. agr. superphosphate. — ~**po·si·ti·on** [zupɛrpozi'tsioːn] f math. phys. superposition. — ~**schwer,ge,wicht** n (sport) superheavyweight. — ~**se·kre·ti·on** [zupɛrzekre'tsioːn] f med. hypersecretion.

Su·per·sti·ti·on [zupɛrsti'tsioːn] f ⟨-; no pl⟩ obs. for Aberglaube(n).

Su·per·strat [zupɛr'straːt] n ⟨-(e)s; -e⟩ ling. superstratum.

Su·per,tan·ker m mar. supertanker.

Su·pi·num [zu'piːnum] n ⟨-s; -na [-na]⟩ ling. supine.

Süpp·chen ['zypçən] n ⟨-s; -⟩ dim. of Suppe 1: sein ~ am Feuer anderer kochen fig. colloq. to (try to) get an advantage to the detriment of others.

Sup·pe ['zupə] f ⟨-; -n⟩ **1.** gastr. a) soup, b) (Fleischbrühe) broth, bouillon, consommé, auch consomme: klare [legierte] ~ clear [cream] soup; dicke [dünne] ~ thick [thin] soup; ein Teller ~ a plate of soup; ~ aus der Tüte [Dose] dried (od. powdered) [bes. Am. canned, bes. Br. tinned] soup; ~ mit Einlage garnished soup; j-m die ~ versalzen to oversalt the soup; j-m in die ~ spucken fig. colloq. to spoil s.o.'s fun; sie hat sich die ~ eingebrockt, jetzt muß sie sie auch auslöffeln, sie muß die ~ auslöffeln, die sie sich (selbst) eingebrockt hat fig. colloq. she'll have to face the music (colloq.); die ~ hat er sich selbst eingebrockt fig. colloq. he has only himself to blame (for it); da hast du dir ja eine schöne ~ eingebrockt! fig. colloq. you got yourself into a nice (od. fine) mess (od. a nice fix)! → Haar 3. – **2.** fig. colloq. (Nebel) soup.

Sup·pen|**fleisch** n gastr. **1.** meat for making soup. – **2.** boiled beef. — ~**ge,mü·se** n vegetables pl for soup-making. — ~**ge,würz** n cf. Suppenwürze. — ~**grün** n bunch of herbs and vegetables for soup-making. — ~**huhn** n boiling fowl. — ~**kas·per** m ⟨-s; -⟩ colloq. nickname for a child who will not eat its soup. — ~**kel·le** f Northern G. soup ladle. — ~**kno·chen** m soupbone. — ~**kon,ser·ve** f meist pl canned (bes. Br. tinned) soup. — ~**kraut** n **1.** meist pl potherb. – **2.** cf. Suppengrün. — ~**löf·fel** m **1.** soup spoon. – **2.** cf. Suppenkelle. — ~**nu·deln** pl soup noodles. — ~**schild,krö·te** f zo. green turtle (Chelonia mydas). — ~**schüs·sel** f (soup) tureen (auch terrine). — ~**tas·se** f soup cup. — ~**tel·ler** m soup plate. — ~**ter,ri·ne** f cf. Suppenschüssel. — ~**topf** m **1.** soup pot, stockpot. – **2.** gastr. pot-au-feu. — ~**wür·fel** m bouillon (od. soup) cube. — ~**wür·ze** f soup seasoning.

sup·pig adj (zu flüssig) soupy.

Sup·ple·ant [zuple'ant] m ⟨-en; -en⟩ Swiss for Ersatzmann 1.

Sup·ple·ment [zuple'mɛnt] n ⟨-(e)s; -e⟩ **1.** supplement. – **2.** math. (eines Winkels, Bogens etc) supplement. — **sup·ple·men·tär** [-'tɛːr] adj bes. math. supplementary, supplemental.

Sup·ple'ment|**band** m ⟨-(e)s; ⸚e⟩ supplement, supplementary (od. supplemental) volume. — ~**lie·fe·rung** f supplementary (od. supplemental) issue (od. fascicle). — ~**win·kel** m math. supplement, supplemental (od. supplementary) angle.

Sup·ple·ti·on [zuple'tsioːn] f ⟨-; -en⟩ ling. suppletion.

Sup·plik [zu'pliːk] f ⟨-; -en⟩ obs. for a) Bittgebet, b) Bittgesuch. — **Sup·pli'kant** [-pli'kant] m ⟨-en; -en⟩ obs. for Bittsteller.

sup·po·nie·ren [zupo'niːrən] v/t ⟨no ge-, h⟩ bes. philos. suppose, presume.

Sup·port [su'pɔrt] m ⟨-(e)s; -e⟩ tech. **1.** slide rest: drehbarer ~ swivel (od. swivel[l]ing) slide rest (od. toolholder). – **2.** (Planschlitten) cross slide (rest). – **3.** (Kreuzschlitten) compound (slide) rest. – **4.** top slide. – **5.** (Meißelhalter) toolholder. – **6.** (einer Hobelmaschine) toolhead, railhead. – **7.** turret(head).

Sup·po·si·ti·on [zupozi'tsɪo:n] f ⟨-; -en⟩ bes. philos. supposition, assumption.

Sup·po·si·to·ri·um [zupozi'to:rɪʊm] n ⟨-s; -rien⟩ med. pharm. suppository.

Sup·pres·si·on [zuprɛ'sɪo:n] f ⟨-; -en⟩ med. psych. suppression.

sup·pri·mie·ren [zupri'mi:rən] v/t ⟨no ge-, h⟩ med. psych. suppress.

Sup·pu·ra·ti·on [zupura'tsɪo:n] f ⟨-; -en⟩ med. (Eiterung) suppuration. — **sup·pu·ra·tiv** [-'ti:f] adj festering, suppurative, suppurating, purulent.

'su·pra‚flüs·sig ['zu:pra-] adj phys. superfluid. — **S~‚flüs·sig·keit** f superfluidity.

su·pra·kla·vi·ku·lar [zupraklaviku'la:r] adj med. supraclavicular. — **S~‚gru·be** f supraclavicular fossa.

'Su·pra‚leit·fä·hig·keit f electr. phys. superconductivity, supraconductivity. — **s~‚na·ti·o·nal** [zupranatsɪo'na:l] adj pol. (Organisation, Kongreß etc) supranational. — **~na·tu·ra·lis·mus** [zupranatura'lɪsmʊs] m relig. philos. supernaturalism. — **~na·tu·ra·list** [zupranatura'lɪst] m supernaturalist. — **s~na·tu·ra'li·stisch** adj supernaturalistic.

Su·pre·mat [zupre'ma:t] m, n ⟨-(e)s; -e⟩, **Su·pre·ma·tie** [-ma'ti:] f ⟨-; -n [-ən]⟩ bes. relig. supremacy. — **Su·pre‚mats‚eid** m relig. hist. (in England) oath of supremacy.

Su·re ['zu:rə] f ⟨-; -n⟩ relig. (im Koran) sura, auch surah.

Sur·fing ['sə:fɪŋ] (Engl.) n ⟨-s; no pl⟩ (sport) surfing, surfboarding, surf-riding, riding the surf.

'Sur‚fleisch ['zu:r-] n Austrian gastr. for Pökelfleisch.

Surf·rid·ing ['sə:f‚raɪdɪŋ] (Engl.) n ⟨-s; no pl⟩ (sport) cf. Surfing.

Su·ri·ka·te [zuri'ka:tə] f ⟨-; -n⟩ zo. suricate, auch suricat meerkat, mierkat (Suricata tetradactyla).

Sur·plus ['sə:pləs] (Engl.) n ⟨-; -⟩ econ. surplus.

sur·re·al [zyre'a:l; zu-] adj cf. surrealistisch. — **Sur·rea·lis·mus** [-a'lɪsmʊs] m ⟨-; no pl⟩ (art) (literature) surrealism. — **Sur·rea·list** [-a'lɪst] m ⟨-en; -en⟩, **Sur·rea·li·stin** f ⟨-; -nen⟩ surrealist. — **sur·rea·li·stisch** adj surrealist(ic), auch surreal.

sur·ren ['zʊrən] v/i ⟨h, nach Richtungsangabe sein⟩ 1. (von Insekten) buzz. – 2. (surrend fliegen) buzz, whiz(z). – 3. (von einem Pfeil etc) whiz(z), zip: der Pfeil surrte durch die Luft the arrow whiz(z)ed through the air. – 4. (von einem Spinnrad etc) whir, auch whirr. – 5. (von einem Motor) purr, whir, auch whirr. – 6. (von Filmkamera) buzz.

Sur·ro·gat [zuro'ga:t] n ⟨-(e)s; -e⟩ lit. 1. bes. econ. (Ersatzmittel, -stoff) substitute, surrogate. – 2. (Behelf) makeshift. – 3. jur. surrogate.

Sur·ro·ga·ti·on [zuroga'tsɪo:n] f jur. surrogation.

Su·san·ne [zu'zanə] I npr f ⟨-; no pl⟩ Susanna(h). – II f ⟨-; no pl⟩ eine keusche ~ a prude.

su·spekt [sʊs'pɛkt] adj lit. 1. (verdächtig) suspicious, suspect: ich finde sein Benehmen reichlich ~ I find his behavio(u)r rather suspicious. – 2. (fragwürdig) dubious, questionable.

sus·pen·die·ren [zʊspɛn'di:rən] I v/t ⟨no ge-, h⟩ 1. (Beamte etc) suspend: j-n vom Dienst ~ to suspend s.o. from office. – 2. bes. jur. (Verfahren, Gesetz, Beschluß etc) suspend, stop (s.th.) temporarily. – 3. med. suspend. – 4. chem. (feste Teilchen) suspend. – II S~ n ⟨-s⟩ 5. verbal noun. – 6. suspension.

Sus·pen·si·on [zʊspɛn'zɪo:n] f ⟨-; -en⟩ 1. cf. Suspendieren. – 2. suspension.

sus·pen·siv [zʊspɛn'zi:f] adj suspensive, suspensory: ~es Veto suspensive veto. — **Sus·pen·so·ri·um** [zʊspɛn'zo:rɪʊm] n ⟨-s; -rien⟩ med. suspensory, support.

süß [zy:s] I adj ⟨-er; -est⟩ 1. (süß schmeckend) sweet: ~e Kirschen [Mandeln] sweet cherries [almonds]; ~er Wein sweet wine; ~e Speisen gastr. sweet dishes, sweets; ~ schmecken to taste sweet, to have a sweet taste; ich trinke meinen Tee gern(e) sehr ~ I like my tea very sweet (od. strongly sugared); der Pudding ist (od. schmeckt) mir zu ~ the pudding is too sweet for me; widerlich ~ terribly (od. sickly) sweet; ~ machen a) to sweeten,

b) (Tee, Kaffee etc) to sugar, to sweeten; ein Gericht ~ abschmecken to give a dish a sweet taste; den Salat ~ anmachen to make a sweet dressing for the salad. – 2. (süß riechend) fragrant, sweet. – 3. (Klang, Stimme, Melodie etc) sweet, dulcet (lit.). – 4. (angenehm) sweet, pleasant, delightful: ~e Träume sweet dreams; das ~e Leben la dolce vita; das ~e Nichtstun sweet idleness; ihr dauerndes ~es Lächeln geht mir auf die Nerven her constant sugary smile gets on my nerves. – 7. (süßlich, sentimental) sugary. – 8. (hübsch, niedlich) sweet, lovely: ein ~es Gesicht a sweet face; in dem neuen Kleid sieht sie (einfach) ~ aus she looks (simply) sweet in her new dress. – II adv 9. sweetly: eine ~ duftende Rose a fragrant (od. sweet-scented, sweetly smelling) rose. – 10. (angenehm, sanft) sweetly: ~ träumen to have sweet dreams, to dream sweetly. – III S~e, das ⟨-n⟩ 11. Appetit auf etwas S~es haben to feel like (having) something sweet. – 12. sweet little thing (pl): der kleine Hund war so etwas S~es (od. colloq. so etwas von S~)! the puppy was such a sweet (od. darling) little thing!

'Süß‚dol·de f bot. sweet cicely (Myrrhis odorata).

'Sü·ße¹ f ⟨-; no pl⟩ lit. 1. (süßer Geschmack) sweetness. – 2. (süßer Duft) fragrance, sweetness. – 3. (einer Stimme, Melodie etc) sweetness, dulcet (lit.). – 4. (Zauber, Lieblichkeit) sweetness, charm: die ~ ihres Lächelns the sweetness of her smile. – 5. (Unaufrichtigkeit) sugariness, honeyedness. – 6. (Süßlichkeit, Sentimentalität) sugariness.

'Sü·ße² m, f ⟨-n; -n⟩ colloq. (bes. als Anrede) sweetheart, sweetie (pie) (colloq.), bes. Am. colloq. 'sugar', 'honey': hallo, (mein) ~r! hi, sugar!

sü·ßen ['zy:sən] I v/t ⟨h⟩ 1. sweeten. – 2. (mit Zucker) sweeten, sugar. – 3. (mit Saccharin) saccharify. – II S~ n ⟨-s⟩ 4. verbal noun. – 5. saccharification.

'Süß‚gras n bot. sweet grass.

'Süß‚holz n 1. bot. cf. Lakritze 1. – 2. ~ raspeln fig. colloq. to whisper sweet nothings (colloq.). — **~‚rasp·ler** [-‚rasplər] m ⟨-s; -⟩ fig. colloq. contempt. soft-soaper. — **~‚tra‚gant** m cf. Bärenschote.

'Sü·ßig·keit f ⟨-; -en⟩ 1. ⟨only sg⟩ cf. Süße¹. – 2. pl sweet things, sweets, sweetmeats, bes. Am. candies, goodies (colloq.): ~en lieben, gerne ~en essen to like sweet things, to have a sweet tooth.

'Süß|kar‚tof·fel f bot. sweet potato, batata (Ipomoea batatas). — **~‚kir·sche** f 1. meist pl (Frucht) sweet cherry. – 2. (Baum) sweet cherry (Prunus avium). — **~‚kir·schen‚baum** m cf. Süßkirsche 2. — **~‚klee** m 1. hedysarum (Gattg Hedysarum). – 2. cf. Esparsette.

'süß·lich adj 1. (Geruch etc) sweetish. – 2. fig. (Lächeln, Rede etc) honeyed, auch honied, sugary, saccharine. – 3. fig. contempt. (Musik, Gedicht etc) sugary, mawkish, treacly. – 4. fig. contempt. (Mensch) sugary, sugar-sweet. — **'Süß·lich·keit** f ⟨-; no pl⟩ 1. sweetishness. – 2. fig. contempt. sugariness. – 3. fig. contempt. sugariness, mawkishness, treacle.

'Süß|maul n colloq. (Leckermaul) person with a sweet tooth. — **~‚most** m unfermented fruit juice. — **~‚rahm‚but·ter** f creamery butter. — **s~'sau·er** I adj 1. sour-sweet. – 2. fig. (Lächeln etc) sour-sweet. – II adv 3. ~ lächeln fig. to smile sourly, to force a smile. — **~‚spei·se** f gastr. sweet dish, Br. (als Nachspeise) auch dessert. — **~‚stoff** m 1. (synthetic) sweetening agent, sweetener. – 2. (Saccharin) saccharin.

'Süß‚wa·ren pl 1. confectionery sg, confections. – 2. cf. Süßigkeit 2. — **~ge‚schäft** n, **~‚la·den** m confectionery, confectioner's (shop, bes. Am. store), Am. candy store, Br. sweetshop, Br. colloq. auch tuck-shop.

'Süß‚was·ser n ⟨-s; no pl⟩ freshwater. — **~‚al·gen** pl bot. freshwater algae. — **~‚fisch** m zo. freshwater fish. — **~me‚du·se** f freshwater medusa (Gattg Craspedacusta). — **~po‚lyp** m hydra (Gattg Hydra). — **~‚schild‚krö·te** f cf. Sumpfschildkröte. — **~‚schwamm** m spongillid, freshwater sponge (Fam. Spongillidae). — **~‚tank** m aer. mar. freshwater tank. — **~‚zun·ge** f zo. hogchoker, auch hogchoke (Trinectes maculatus).

'Süß‚wein m gastr. sweet (od. dessert) wine.

Sus·zep·ti·bi·li·tät [zustsɛptibili'tɛ:t] f ⟨-; no pl⟩ 1. obs. susceptibility. – 2. electr. susceptibility.

Su·ta·ne [zu'ta:nə] f ⟨-; -n⟩ röm.kath. cf. Soutane.

Su·tra ['zu:tra] n ⟨-; -s⟩ meist pl (literature) (ind. Lehrgedicht) sutra, auch sutta.

'Süt·ter·lin‚schrift ['zytərli:n-] f ⟨-; no pl⟩ a kind of writing in German (type) characters.

Su·tur [zu'tu:r] f ⟨-; -en⟩, **Su·tu·ra** [-ra] f ⟨-; -rae [-rɛ]⟩ med. suture, sutura (scient.).

Su·um cui·que ['zu:ʊm ku'i:kve] to each his own, suum cuique (lit.).

Su·ze·rän [zutse'rɛ:n] m ⟨-s; -e⟩ pol. suzerain. — **Su·ze·rä·ni·tät** [-rɛni'tɛ:t] f ⟨-; no pl⟩ suzerainty, suzerainship.

'Swap‚ge‚schäft [svɔp-; 'swɔp-] (Engl.) n econ. (im Devisenhandel) swap business (od. transaction).

Swa·sti·ka ['svastika] f ⟨-; -ken⟩, **~‚kreuz** n swastika, auch svastika, swastica.

Swea·ter ['sve:tər; 'swɛtə] (Engl.) m ⟨-s; -⟩ archaic for Pullover.

Swe·be ['sve:bə] m ⟨-n; -n⟩ hist. Suevian, Sueve: die ~n the Suevi, the Suebi. — **'swe·bisch** adj Suevian, Suevic.

'Swim·ming-‚pool ['svimiŋ-; 'swi-] (Engl.) m ⟨-s; -s⟩ swimming (Am. auch swim) pool.

Swing [sviŋ; swiŋ] (Engl.) m ⟨-(s); no pl⟩ 1. mus. (Jazzrichtung) swing (music). – 2. (rhythmischer Schwung u. Tanz) swing: diese Melodie hat ~ this melody has swing, this melody swings, this is a swinging melody. – 3. econ. (Kreditmarge) swing.

swin·gen ['sviŋən] v/i ⟨h⟩ 1. mus. (von Melodie etc) swing. – 2. (dance a) swing.

'Swing‚fox m (Tanz) swing fox.

'Switch·ge‚schäft ['svitʃ-; 'switʃ-] (Engl.) n econ. (beim Außenhandel) switch(ed) business (od. transaction).

Sy·ba·rit [zyba'ri:t] m ⟨-en; -en⟩ fig. Sybarite, voluptuous person. — **sy·ba'ri·tisch** adj sybaritic(al), given to luxury, voluptuous.   [syenite.]

Sye·nit [zye'ni:t; -'nɪt] m ⟨-s; -e⟩ min.]

Sy·ko·mo·re [zyko'mo:rə] f ⟨-; -n⟩ bot. (Maulbeerfeige) sycamore (fig), auch sycomore (fig), mulberry fig (Ficus sycomorus).

Sy·ko·phant [zyko'fant] m ⟨-en; -en⟩ antiq. (in Athen) sycophant.

Sy·ko·se [zy'ko:zə] f ⟨-; -n⟩, **Sy'ko·sis** [-zis] f ⟨-; -kosen⟩ med. sycosis.

syl·la·bisch [zy'la:bɪʃ] adj bes. ling. syllabic.

Syl·la·bus ['zylabʊs] m ⟨-; - u. -bi [-bi]⟩ 1. (Verzeichnis, Zusammenfassung) syllabus. – 2. röm.kath. syllabus (of errors).

Syl·lep·se [zy'lɛpsə] f ⟨-; -n⟩ ling. metr. syllepsis. — **syl'lep·tisch** [-tɪʃ] sylleptic.

Syl·lo·gis·mus [zylo'gismʊs] m ⟨-; -men⟩ philos. syllogism. — **syl·lo'gi·stik** [-tik] f ⟨-; no pl⟩ syllogistic(s pl sometimes construed as sg). — **syl·lo'gi·stisch** [-tɪʃ] adj syllogistic(al).

Syl·phe ['zylfə] m ⟨-n; -n⟩, auch f ⟨-; -n⟩ myth. (Luftgeist) sylph.

Syl·phi·de [zyl'fi:də] f ⟨-; -n⟩ 1. myth. sylphid. – 2. fig. lit. (anmutiges, schlankes Mädchen) sylph.

Syl·vin [zyl'vi:n] n ⟨-s; -e⟩ min. sylvite, auch sylvin(e).

Sym·bi·ont [zymbi'ont] m ⟨-en; -en⟩ biol. symbiont, symbion.

Sym·bio·se [zymbi'o:zə] f ⟨-; -n⟩ biol. auch fig. symbiosis: die beiden Länder gingen eine wirtschaftlich äußerst fruchtbare ~ ein fig. the two countries entered into a most profitable economic symbiosis. — **sym·bio·tisch** [-'o:tɪʃ] adj symbiotic, auch symbiotical.

Sym·bol [zym'bo:l] n ⟨-s; -e⟩ 1. symbol: die Waage ist das ~ für die Gerechtigkeit the balance is the symbol of (od. stands for, represents) justice. – 2. bes. math. chem. symbol, (conventional) sign. – 3. her. emblem. — **~cha‚rak·ter** m sym-

bolic character (*od.* nature). — ˌge**ˌhalt** *m*
⟨-(e)s; -e⟩ symbolic content.
Sym·bo·lik [zym'boːlɪk] *f* ⟨-; *no pl*⟩
symbolism, *auch* symbology.
sym'bo·lisch I *adj* **1.** (*Darstellung, Gestalt
etc*) symbolic(al): die ⁓e Darstellung des
Todes the symbolization (*od.* symbolic
representation) of death; das ist ⁓ für that
is a symbol of, that is symbolic of, that
symbolizes (*od.* represents). – **2.** (*computer*)
(*Adresse*) symbolic. – **II** *adv* **3.** symbolically: das muß ⁓ aufgefaßt werden that
is meant symbolically (*od.* as a symbol). –
III S⁓e, das ⟨-n⟩ **4.** the symbolicalness.
sym·bo·li·sie·ren [zymboli'ziːrən] **I** *v/t*
⟨*no* ge-, h⟩ symbolize, typify. – **II S⁓** *n* ⟨-s⟩
verbal noun. — **Sym·bo·li'sie·rung** *f* ⟨-; *no
pl*⟩ **1.** *cf.* Symbolisieren. – **2.** symbolization.
Sym·bo·lis·mus [zymbo'lɪsmʊs] *m* ⟨-; *no
pl*⟩ (*literature*) symbolism. — **Sym·bo'list** *m* ⟨-en; -en⟩ symbolist. —
sym·bo'li·stisch *adj* symbolist(ic).
Sym'bolˌ**kraft** *f* symbolic power. —
⁓ˌspra·che *f* **1.** *ling.* symbolic language. –
2. (*computer*) symbolic language.
Sym·ma·chie [zyma'xiː] *f* ⟨-; -n [-ən]⟩
antiq. (*Bundesgenossenschaft der griech.
Stadtstaaten*) symmachy, alliance.
Sym·me·trie [zyme'triː] *f* ⟨-; -n [-ən]⟩
1. (*in Anordnung, Struktur etc*) symmetry.
– **2.** (*der Gesichtszüge etc*) symmetry,
harmony. – **3.** *math.* symmetry. — ⁓-
ˌach·se *f math.* axis of symmetry, sym-
metric(al) axis. — ⁓ˌebe·ne *f* plane of
symmetry. — ⁓ˌfak·tor *m electr.* symmetry
factor. — ⁓ˌprin**ˌzip** *n* symmetry principle.
sym·me·trie·ren [zyme'triːrən] *electr.* **I** *v/t*
⟨*no* ge-, h⟩ **1.** balance, symmetrize *Br. auch*
-s-. – **II S⁓** *n* ⟨-s⟩ **2.** *verbal noun.* – **3.** *cf.*
Symmetrierung.
Sym·me'trierˌ**glied** *n electr.* balancing
network. — ⁓**trans·for**ˌ**ma·tor** *m* balancing (*od.* phase-inverter) transformer.
Sym·me'trie·rung *f* ⟨-; *no pl*⟩ **1.** *cf.* Sym-
metrieren. – **2.** symmetrization *Br. auch* -s-.
sym·me·trisch [zy'meːtrɪʃ] **I** *adj* **1.** (*Anordnung etc*) symmetric(al). – **2.** (*Gesichtszüge etc*) symmetric(al), harmonious. –
3. *math.* symmetric(al): ⁓e Funktion
symmetrical function. – **4.** *electr.* sym-
metric(al), balanced. – **II** *adv* **5.** symmetrically: etwas ⁓ anordnen to arrange s.th.
symmetrically.
sym·pa·the·tisch [zympa'teːtɪʃ] *adj* (*mit
Geheimkraft*) sympathetic: ⁓e Kur sympathetic cure; ⁓e Tinte sympathetic (*od.
secret*) ink.
Sym·pa·thie [zympa'tiː] *f* ⟨-; -n [-ən]⟩
1. (*Zuneigung, Wohlwollen*) liking: für j-n
⁓ empfinden to have a liking for s.o.; er
hat sich durch sein Verhalten alle ⁓n
verscherzt he is no longer liked (*od.* he is
now disliked) because of his behavio(u)r,
his behavio(u)r has turned everyone
against him. – **2.** (*innere Anteilnahme,
Übereinstimmung*) sympathy: die ⁓n der
Zuschauer lagen auf seiten des Ver-
lierers the sympathies of the spectators
were on the loser's side; er bringt dem
Gedanken der Todesstrafe keine gro-
ße(n) ⁓(n) entgegen he shows no great
sympathy for (*od.* has no great sympathy
with) the idea of the death penalty. —
⁓ˌkund**ˌge·bung** *f* demonstration of sympathy, sympathetic (*od.* sympathy) demonstration. — ⁓ˌstreik *m* sympathetic (*od.*
sympathy) strike: in ⁓ treten to come out
(*od.* go) on a sympathetic strike; in ⁓ mit
j-m (*od.* für j-n) treten to strike (*od.* come
out) in sympathy with s.o.
Sym·pa·thi·kus [zym'paːtikʊs] *m* ⟨-; *no
pl*⟩ *med.* **1.** (*Grenzstrang*) sympathetic
trunk. – **2.** (*System*) sympathetic (nervous
system), sympathetic system. – **3.** (*Nerv*)
sympathetic nerve.
Sym·pa·thi·sant [zympati'zant] *m* ⟨-en;
-en⟩ sympathizer *Br. auch* -s-.
sym·pa·thisch [zym'paːtɪʃ] *adj* **1.** pleasant,
lik(e)able, genial, congenial: er hat ein
⁓es Lächeln he has a pleasant smile. –
2. j-d [etwas] ist mir ⁓ I like s.o. [s.th.]:
sie waren sich sofort ⁓ they immediately
took a liking to each other; dieser Vorschlag ist mir sehr ⁓ I like this proposal
very much. – **3.** *med.* sympathetic: das ⁓e
Nervensystem the sympathetic (nervous
system), the sympathetic system; ⁓e
Augenentzündung (*od.* Ophthalmie) sympathetic ophthalmia (*od.* ophthalmitis).

sym·pa·thi·sie·ren [zympati'ziːrən] *v/i* ⟨*no*
ge-, h⟩ sympathize *Br. auch* -s-: er sym-
pathisiert mit der neuen Linken he
sympathizes with the new left; ich sym-
pathisiere mit seiner Abneigung gegen
derartige Ansichten I sympathize with
his dislike of such views.
Sym·pho·nie [zymfo'niː] *f* ⟨-; -n [-ən]⟩
mus. cf. Sinfonie. — **Sym'pho·ni·ker**
[-'foːnikər] *m* ⟨-s; -⟩ *cf.* Sinfoniker: die
Wiener ⁓ the Vienna Symphony Orchestra
sg. — **sym'pho·nisch** [-'foːnɪʃ] *adj cf.*
sinfonisch.
Sym·phy·se [zym'fyːzə] *f* ⟨-; -n⟩, **Sym-
phy·sis** ['zymfyzɪs] *f* ⟨-; -sen [-'fyːzən]⟩
med. symphysis.
Sym·po·si·on [zym'poːziən], **Sym'po-
si·um** [-ziʊm] *n* ⟨-s; -sien⟩ **1.** *antiq.*
(*Trinkgelage*) symposium, banquet. –
2. (*wissenschaftlicher Meinungsaustausch*)
symposium.
Sym·ptom [zymp'toːm] *n* ⟨-s; -e⟩ **1.** (*Kennzeichen, Merkmal*) symptom, sign: das ist
ein ⁓ unserer (*od.* für unsere) Gesell-
schaftsstruktur that is a symptom of our
social structure. – **2.** (*Anzeichen*) symptom,
indication: die ⁓e des Verfalls mehren
sich the symptoms of decay are increasing.
– **3.** *med.* a) (*objektives*) sign, b) (*subjektives*) symptom: die charakteristischen
⁓e einer Krankheit the characteristic
symptoms of a disease; warnendes ⁓
premonitory (*od.* precursory) symptom.
symp·to·ma·tisch [zympto'maːtɪʃ] *adj* (*für
of*) **1.** (*kennzeichnend*) symptomatic, characteristic: die hohe Zahl der Herzkrank-
heiten ist ⁓ für unsere Zeit the high
number of heart diseases is symptomatic
of (*od.* is a symptom of, symptomizes)
our time. – **2.** (*hinweisend, anzeigend*)
symptomatic, indicative. – **3.** *med.* symptomatic: ⁓e Veränderungen symptomatic
changes; ⁓e Therapie symptomatic therapy.
Symp·to·ma·to·lo·gie [zymptomatolo'giː]
f ⟨-; *no pl*⟩ *med.* (*Semiotik*) symptomatol-
ogy, semeiotics *pl* (*construed as sg or pl*),
semeiology, *auch* semiology.
Symp'to·men·komˌ**plex** *m med.* symptom
complex, syndrome.
Syn·ago·ge [zyna'goːgə] *f* ⟨-; -n⟩ *relig.*
synagog(ue).
Syn·al·la·ge [zy'nalage; zyn'ʔa-] *f* ⟨-; -n
[-'laːgən]⟩ *jur.* reciprocal (*od.* mutual,
synallagmatic) agreement.
Syn·alö·phe [zyna'løːfə; zynʔa-] *f* ⟨-; -n⟩
ling. metr. synal(o)epha.
syn·an·drisch [zy'nandrɪʃ; zyn'ʔan-] *adj
bot.* synantherous.
Syn·ap·se [zy'napsə; zyn'ʔapsə] *f* ⟨-; -n⟩,
Syn'ap·sis [-psɪs] *f* ⟨-; -apses [-psɛs]⟩
med. (*bei Nerven*) synapse, synapsis.
Syn·äre·se [zynɛ'reːzə; zynʔɛ-] *f* ⟨-; -n⟩,
Syn·äre·sis [zy'nɛːrezɪs; zyn'ʔɛː-] *f* ⟨-;
-sen [zynɛ'reːzən; zynʔɛ-]⟩ *ling.* syn-
(a)eresis.
Syn·ar·thro·se [zynar'troːzə; zynʔar-] *f*
⟨-; -n⟩ *med.* coarticulation, synarthrosis
(*scient.*).
Syn·äs·the·sie [zynɛste'ziː; zynʔɛs-] *f* ⟨-; -n
[-ən]⟩ *med. philos.* syn(a)esthesia.
Syn·chon·dro·se [zynçən'droːzə] *f* ⟨-; -n⟩
med. synchondrosis.
syn·chron [zyn'kroːn] *adj phys. tech.*
(*gleichzeitig, gleichlaufend*) synchronous.
Syn'chronˌ**bahn** *f* (*space*) synchronous
orbit. — ⁓ˌdreh**ˌzahl** *f tech.* synchronous
speed. — ⁓ˌemp**ˌfang** *m* (*radio*) synchronous reception. — ⁓ˌfir·ma *f* (*film*)
dubbing company (*od.* homokinetic) joint.
— ⁓ge**ˌne·ra·tor** *m electr.* synchronous
generator, alternator. — ⁓ge**ˌtrie·be** *n
auto.* synchromesh gear (*od.* transmission).
Syn·chro·nie [zynkro'niː] *f* ⟨-; *no pl*⟩ *ling.*
synchrony.
Syn'chronˌ**im**ˌ**puls** *m electr.* synchronization (*Br. auch* -s-) pulse.
Syn·chro·ni·sa·ti·on [zynkroniza'tsioːn] *f*
⟨-; -en⟩ **1.** *cf.* Synchronisieren. – **2.** *tech.
telev.* synchronization *Br. auch* -s-.
syn'chro·nisch *adj ling.* synchronic, *auch*
synchronical, descriptive: ⁓e Sprach-
betrachtung synchronic linguistics *pl*
(*usually construed as sg*), synchrony.
Syn·chro·ni'sier·beˌ**reich** *m electr.* synchronizing (*Br. auch* -s-) range.
syn·chro·ni·sie·ren [zynkroni'ziːrən] **I** *v/t*
⟨*no* ge-, h⟩ *tech. telev.* **1.** synchronize *Br.*

auch -s-, (*Tonfilm*) *auch* dub: ⁓ nach
Vorlage (*film*) to dub to script. – **II S⁓** *n*
⟨-s⟩ **2.** *verbal noun.* – **3.** *cf.* Synchronisation.
Syn·chro·ni'sierˌ**ge**ˌ**rät** *n electr.* (*radar,
radio*) synchronizer *Br. auch* -s-, synchronizing (*Br. auch* -s-) device (*od.* set). —
⁓ˌschal·tung *f* synchronizing (*od.* balanced)
circuit.
Syn·chro·ni'sie·rung *f* ⟨-; -en⟩ **1.** *cf.*
Synchronisieren. – **2.** *cf.* Synchronisation.
Syn·chro·ni'sie·rungsˌ**dros·sel** *f electr.*
synchronizing (*Br. auch* -s-) reactor.
Syn·chro·nis·mus [zynkro'nɪsmʊs] *m* ⟨-;
-men⟩ **1.** *bes. hist.* (*Gleichzeitigkeit*) synchronism, simultaneity, simultaneousness.
– **2.** *tech.* (*Gleichlauf*) synchronism. —
syn·chro'ni·stisch [-tɪʃ] *adj* syn-
chronistic(al), synchronological, synchronous: ⁓e Tabelle (*in der Geschichtsschreibung*) synchronological table, synchronism.
Syn·chro·ni·tät [zynkroni'tɛːt] *f* ⟨-; *no pl*⟩
tech. (*film*) synchronism.
Syn'chronˌ**lauf** *m tech.* (*film*) synchronous
running. — ⁓ˌmar·ke *f* (*film*) synchronizing
(*Br. auch* -s-) mark. — ⁓ma**ˌschi·ne** *f
electr.* synchronous machine. — ⁓ˌmi-
scher *m* synchronous mixer. — ⁓ˌmo·tor
m synchronous motor.
Syn·chro·no·skop [zynkrono'skoːp] *n* ⟨-s;
-e⟩ *electr.* synchroscope, synchronoscope.
Syn'chronˌ**rech·ner** *m tech.* synchronous
computer. — ⁓ˌsa**ˌtel**ˌ**lit** *m* (*space*) *telev.*
synchronous satellite. — ⁓ˌschal·tung *f*
1. *auto.* synchronized (*Br. auch* -s-) shifting.
– **2.** *tech.* synchronization *Br. auch* -s-,
synchromesh (mechanism). — ⁓ˌsi**ˌgnal** *n
telev.* synchronizing (*Br. auch* -s-) signal. —
⁓ˌuhr *f* synchronous (*od.* electric) clock,
synchronometer. — ⁓ˌum**ˌlauf·ge**ˌ**schwin-
dig·keit** *f tech.* synchronous speed.
Syn·chro·tron [zyn'krotroːn] *n* ⟨-s; -e,
auch -s⟩ *nucl.* synchrotron.
Syn·dak·ty·lie [zyndakty'liː] *f* ⟨-; -n [-ən]⟩
med. syndactylism, syndactylia, syndactyly.
syn·de·tisch [zyn'deːtɪʃ] *adj bes. ling.*
syndetic.
Syn·di·ka·lis·mus [zyndika'lɪsmʊs] *m* ⟨-;
no pl⟩ *pol.* (anarcho-)syndicalism. —
Syn·di·ka'list [-'lɪst] *m* ⟨-en; -en⟩ syn-
dicalist. — **syn·di·ka'li·stisch** *adj* syn-
dicalist(ic).
Syn·di·kat [zyndi'kaːt] *n* ⟨-(e)s; -e⟩ **1.** *econ.*
syndicate: sich zu einem ⁓ zusammen-
schließen to (form a) syndicate; Vereinigung zu einem ⁓ syndication. – **2.** *jur.*
(*Amt eines Syndikus*) syndicate. – **3.** (*Ver-
brechersyndikat*) syndicate.
Syn·di·kus ['zyndikus] *m* ⟨-; -se *u.* -dizi
[-ditsi]⟩ *econ. jur.* syndic, *Am.* corporation
lawyer.
Syn·drom [zyn'droːm] *n* ⟨-s; -e⟩ *med.*
syndrome, symptom complex.
Syn·echie [zynɛ'çiː; zynʔɛ-] *f* ⟨-; -n [-ən]⟩
med. (*Verklebung, Verwachsung*) adhesion,
synechia (*scient.*).
Syn·edri·on [zy'neːdriən; zynʔeː-] *n* ⟨-s;
-edrien⟩ *antiq.* **1.** (*altgriechische Rats-
behörde*) council, senate. – **2.** *cf.* Synedrium.
Syn·edri·um [zy'neːdrium; zynʔeː-] *n* ⟨-s;
-edrien⟩ (*Hoher Rat der Juden*) Sanhedrin,
Sanhedrim, Synedrion, Synedrium.
Syn·ek·do·che [zy'nɛkdoxe; zynʔɛk-] *f* ⟨-;
-n [-ən; -'dəxən]⟩ (*in der Rhetorik*) synecdoche.
syn·er·ge·tisch [zynɛr'geːtɪʃ; zynʔɛr-] *adj
bes. med.* (*zusammenwirkend*) synergetic,
auch synergetical, synenergetic.
Syn·er·gie [zynɛr'giː; zynʔɛr-] *f* ⟨-; *no pl*⟩
1. *bes. med.* (*von Muskeln, Organen etc*)
synergy. – **2.** *relig. cf.* Synergismus 1.
Syn·er·gis·mus [zynɛr'gɪsmʊs; zynʔɛr-] *m*
⟨-; *no pl*⟩ **1.** *relig.* synergism. – **2.** *med.
pharm.* (*mehrerer Arzneimittel etc*) synergism. – **3.** *med.* (*mehrerer Muskeln etc*)
synergism. — **syn·er'gi·stisch** *adj* **1.** *relig.*
synergistic, *auch* synergistical. – **2.** *med.
pharm.* synergistic, *auch* synergistical.
Syn·esis ['zyːnezɪs; 'zynʔe-] *f* ⟨-; -esen
[zy'neːzən; zynʔeː-]⟩ *ling.* synesis.
Syn·ize·se [zyni'zeːzə; zynʔi-] *f* ⟨-; -n⟩,
Syn·ize·sis [zy'niːtsezɪs; zynʔiː-] *f* ⟨-;
-sen [zyni'tseːzən; zynʔi-]⟩ *metr.* (*in antiker
Metrik*) synizesis.
Syn·ki·ne·se [zynki'neːzə] *f* ⟨-; -n⟩ *med.*
(*Mitbewegung*) synkinesis, synkinesia.
Syn·kli·na·le [zynkli'naːlə], *auch* **Syn-
ˌkli·ne** [-'kliːnə] *f* ⟨-; -n⟩ *geol.* (*Mulde*)
syncline.

Syn·ko·pe f ⟨-; -n [zyn'koːpən]⟩ **1.** ['zyn-kope] ling. (eines Vokals) syncope, syncopation. – **2.** ['zyːnkope] metr. (einer Senkung) syncope. – **3.** [zyn'koːpə] mus. syncopation. – **4.** ['zyːnkope] med. (tiefe Ohnmacht, auch Herzstillstand) syncope. — **syn·ko'pie·ren** [-ko'piːrən] **I** v/t ⟨no ge-, h⟩ ling. metr. mus. syncopate. – **II** v/i ⟨sein⟩ med. faint, lose consciousness, swoon (away).

syn·ko·pisch [zyn'koːpɪʃ] adj **1.** ling. metr. mus. syncopated. – **2.** med. syncopal.

Syn·kre·tis·mus [zynkre'tɪsmus] m ⟨-; no pl⟩ ling. philos. relig. syncretism. — **Syn·kre'tist** m ⟨-en; -en⟩ syncretist.

Syn·od [zy'noːt] m ⟨-(e)s; -e⟩ only in Heiliger ~ relig. (in der russischen Kirche) Holy Synod.

syn·odal [zyno'daːl] adj relig. synodal, synodic(al). — **S~be,schluß** m synodal decision.

Syn·oda·le [zyno'daːlə] m ⟨-n; -n⟩ relig. synodalist, member of a synod.

Syn·odal|ver,fas·sung [zyno'daːl-] f relig. synodal (constitution). — **~ver,samm·lung** f cf. Synode.

Syn·ode [zy'noːdə] f ⟨-; -n⟩ relig. **1.** (Kirchenversammlung) synod, (church) council. – **2.** (Verwaltungsorgan) synod. – **3.** röm.kath. cf. Konzil 1. — **syn'odisch** adj **1.** astr. synodic(al): ~e Umlaufzeit synodic period. – **2.** relig. rare for synodal.

syn·onym [zyno'nyːm] adj ling. synonymous, synonymic(al).

Syn·onym [zyno'nyːm] n ⟨-s; -e u. Synonyma [zy'noːnyma]⟩ ling. synonym, synonymous word.

Syn·ony·mie [zynony'miː] f ⟨-; no pl⟩ ling. synonymy, synonymity.

Syn·ony·mik [zyno'nyːmɪk] f ⟨-; -en⟩ ling. **1.** ⟨only sg⟩ synonymics pl (usually construed as sg). – **2.** (Buch) dictionary of synonyms.

syn·ony·misch [zyno'nyːmɪʃ] adj ling. rare for synonym.

Syn·onym,wör·ter,buch [zyno'nyːm-] n ling. dictionary of synonyms.

Syn·op·se [zy'nɔpsə; zyn'ʔɔpsə] f ⟨-; -n⟩, **Syn·op·sis** ['zyːnɔpsɪs; 'zynʔɔpsɪs] f ⟨-; -sen [zy'nɔpsən; zyn'ʔɔpsən]⟩ **1.** (Zusammenfassung) synopsis. – **2.** Bibl. synoptic Gospels pl, Synoptics pl.

Syn·op·tik [zy'nɔptɪk; zyn'ʔɔp-] f ⟨-; no pl⟩ meteor. synoptic meteorology, synoptics pl (construed as sg).

Syn·op·ti·ker [zy'nɔptikər; zyn'ʔɔp-] pl Bibl. Synoptists. — **syn'op·tisch** [-tɪʃ] adj **1.** synoptic, auch synoptical. – **2.** Bibl. Synoptic, auch Synoptical: ~e Evangelien Synoptic Gospels. – **3.** meteor. synoptic, auch synoptical: ~e Meteorologie cf. Synoptik.

Syn·ovia [zy'noːvia] f ⟨-; no pl⟩ med. (Gelenkschmiere) synovia, synovial fluid.

Syn·özie [zynø'tsiː; zynʔøː-] f ⟨-; -n [-ən]⟩ biol. synoecy, auch synoeky.

Syn·tag·ma [zyn'tagma] n ⟨-s; -men⟩ ling. syntagm.

syn·tak·tisch [zyn'taktɪʃ] adj ⟨attrib⟩ ling. syntactic(al).

Syn·tax ['zyntaks] f ⟨-; -en [-'taksən]⟩ **1.** ling. (Lehre u. Lehrbuch) syntax. – **2.** philos. math. (logical) syntax.

Syn·the·se [zyn'teːzə] f ⟨-; -n⟩ **1.** bes. ling. philos. (Vereinigung) synthesis. – **2.** chem. synthesis.

Syn·the·tics [zyn'teːtɪks] pl (textile) synthetics.

syn·the·tisch [zyn'teːtɪʃ] **I** adj **1.** chem. synthetic, auch synthetical, man-made: ~es Verfahren synthetic process, syntheticism: ~e Fasern (textile) synthetic (od. man-made) fibers (bes. Br. fibres), synthetics. – **2.** bes. philos. synthetic, auch synthetical: ~e Methode synthetic method, syntheticism; ~es Urteil synthetic judg(e)ment. – **3.** ling. synthetic, auch synthetical: ~e Sprache synthetic (od. inflectional) language. – **II** adv **4.** chem. synthetically: ~ hergestellt produced synthetically, synthetized, man-made.

Syn·zy·ti·um [zyn'tsyːtsĭum] n ⟨-s; -tien⟩ biol. med. syncytium.

Sy·phi·lis ['zyːfilɪs] f ⟨-; no pl⟩ med. syphilis, lues; syph, pox (colloq.). —

Sy·phi·li·ti·ker [zyfi'liːtikər] m ⟨-s; -⟩ syphilitic (od. luetic) patient, syphilitic. — **sy·phi·li·tisch** [zyfi'liːtɪʃ] adj syphilitic, luetic.

Sy·rer ['zyːrər], auch **'Sy·ri·er** [-rĭər] m ⟨-s; -⟩ Syrian.

Sy·rin·ge [zy'rɪŋə] f ⟨-; -n⟩ bot. cf. Flieder 1.

Sy·rin·go·mye·lie [zyrɪŋomye'liː] f ⟨-; -n [-ən]⟩ med. spinal gliosis, syringomyelia.

Sy·rinx ['zyːrɪŋks] f ⟨-; -ringen [zy'rɪŋən]⟩ **1.** zo. (Stimmkehlkopf der Vögel) lower larynx, syrinx (scient.). – **2.** mus. myth. (Panflöte) syrinx, panpipe.

sy·risch ['zyːrɪʃ] **I** adj Syrian. – **II** ling. **S~** ⟨generally undeclined⟩, **das S~e** ⟨-n⟩ Syriac, the Syriac language.

Sy·stem [zys'teːm] n ⟨-s; -e⟩ **1.** (Arbeits-, Ordnungsprinzip) system, method: ~ in (acc) etwas bringen to bring system into s.th., to system(at)ize s.th.; er tut alles mit ~ he does everything with system (od. systematically), he has great system; nach einem bestimmten ~ arbeiten to work according to a specific system; er wettet nach seinem eigenen ~ he bets according to his own system; in seinem Vorgehen liegt ~ there's method in his actions; dahinter steckt ~ there's method in that. – **2.** (Aufbauprinzip, Aufbau) system: das ~ einer Sprache ling. the system of a language; das zoologische [botanische] ~ biol. the zoological [botanical] system; das periodische ~ der Elemente chem. the periodic system of elements. – **3.** (Gedanken-, Lehrgebäude) system: das Hegelsche ~ the Hegelian system. – **4.** (Staats-, Gesellschaftsform) system: das sozialistische [kapitalistische] ~ the socialist(ic) [capitalist(ic)] system; das bestehende ~ ablehnen [unterstützen] to reject [to support] the prevailing system (od. the establishment). – **5.** bes. tech. (von Straßen, Leitungen etc) system, network. – **6.** phys. system, method. — **~ana,ly·se** f (computer) system analysis. — **~ana,ly·ti·ker** m system analyst.

Sy·ste·ma·tik [zyste'maːtɪk] f ⟨-; -en⟩ **1.** (systematischer Aufbau) systematics pl (construed as sg), system. – **2.** (Lehre, Wissenschaft) systematics pl (construed as sg), taxonomy (scient.). – **3.** bot. zo. systematics pl (construed as sg), taxonomy (scient.).

Sy·ste'ma·ti·ker [-tikər] m ⟨-s; -⟩ **1.** (Wissenschaftler) systematist, system(at)izer, systematician. – **2.** (systematischer Arbeiter) systematic person (od. worker). – **3.** bot. zo. systematist, taxonomist (scient.).

sy·ste'ma·tisch [-tɪʃ] **I** adj **1.** (Gliederung, Arbeitsweise etc) systematic, auch systematical, methodic(al): ~e Theologie systematic theology. – **2.** bot. zo. systematic, auch systematical, taxonomic (scient.): ~e Botanik systematic botany. – **3.** ~er Fehler (computer) systematic error. – **II** adv **4.** systematically, methodically: ~ vorgehen [arbeiten] to proceed [to work] systematically (od. with system); j-n ~ fertigmachen colloq. to wear s.o. down systematically.

sy·ste·ma·ti·sie·ren [zystemati'ziːrən] **I** v/t ⟨no ge-, h⟩ **1.** system(at)ize, methodize Br. auch -s-. – **2.** bot. zo. system(at)ize, classify. – **II S~** n ⟨-s⟩ **3.** verbal noun. — **Sy·ste·ma·ti'sie·rung** f ⟨-; -en⟩ **1.** cf. Systematisieren. – **2.** systematization, methodization Br. auch -s-. – **3.** bot. zo. systematization, classification.

sy'stem|be,dingt adj systematic: ~er Fehler tech. systematic error. — **S~er,kran·kung** f med. **1.** (eines physiologischen Systems) system disease. – **2.** (des Körpers) systemic disease. — **~fremd** adj pol. sociol. alien to the (prevailing [economic]) system. — **~ge,recht** adj in accordance with the system (od. principles). — **~im·ma,nent** adj bes. pol. immanent (od. inherent) in a system. — **S~kri·tik** f criticism of a system. — **~los** adj unsystematic, auch unsystematical, unmethodical, without system (od. method). — **S~treue** f pol. loyalty to a (political) system. — **S~zwang** m **1.** bes. ling. (paradigmatic) level(l)ing. – **2.** pol. obligation of conforming to a system.

Sy·sto·le ['zystole; -'toːlə] f ⟨-; -n [-'toːlən]⟩ med. systole. — **sy·sto·lisch** [zys'toːlɪʃ] adj systolic.

Sy·zy·gie [zytsy'giː] f ⟨-; -n [-ən]⟩, **Sy·zy·gi·um** [zy'tsyːgĭum] n ⟨-s; no pl⟩ astr. metr. syzygy.

Sze·nar [stse'naːr] n ⟨-s; -e⟩, obs. **Sze·na·ri·um** [-rĭum] n ⟨-s; -rien⟩ (theater) scenario.

Sze·ne ['stseːnə] f ⟨-; -n⟩ **1.** (im Theater) scene: Akt III, ~ 4, dritter Akt, vierte ~ Act III, Scene 4; eine ~ proben to rehearse a scene. – **2.** (Filmszene) scene, shot: eine ~ drehen to shoot a scene. – **3.** (Bühne, Schauplatz) stage, (bes. im Altertum) scene: Applaus auf offener ~ applause during the action; hinter der ~ a) backstage, b) fig. behind the scenes; etwas in ~ setzen a) (Theaterstück etc) to stage (od. mount) s.th., to put s.th. on the stage, b) fig. to stage s.th.; in ~ gehen to be staged; sie versteht es doch immer, sich in ~ zu setzen! fig. she always knows how to put herself in(to) the limelight (od. how to draw attention to herself)! er beherrschte vollkommen die ~ fig. he dominated the scene completely. – **4.** (Vorgang, Geschehen) scene: vor dem wartenden Zug spielten sich rührende ~n ab there were touching scenes in front of the waiting train. – **5.** (Anblick, Ausblick) scene, view. – **6.** (Zank, Streit) scene: häusliche ~n domestic scenes; sie hat wieder eine solche ~ gemacht she made (od. created) such a scene again, she had (od. was in) another of her tantrums; sie machte ihm eine ~ she laid into him (colloq.); es kam zu erregten ~n zwischen den Eheleuten there were heated scenes between the married couple.

'Sze·nen|ap,plaus m (theater) applause during the action. — **~bild** n (film, theater) set, setting, scenery. — **~bild·ner** m (set) designer, scenery (od. scenic) designer. — **~über,gang** m (film) interscene (Br. inter-scene) transition. — **~wech·sel** m (film, theater) scene change, shifting of scenes.

Sze·ne·rie [stsenə'riː] f ⟨-; -n [-ən]⟩ **1.** (theater) scenery. – **2.** (Landschaftsbild etc) scenery.

'sze·nisch I adj (theater) (Einteilung, Folge etc) scenic, scenical. – **II** adv scenically: etwas ~ darstellen a) to put s.th. on the stage, to stage s.th., b) (im Roman etc) (Handlung) to present s.th. in scenes (od. scenically).

Szep·ter ['stseptər] n ⟨-s; -⟩ obs. and Austrian for Zepter 1.

Szi·en·tis·mus [stsĭen'tɪsmus] m ⟨-; no pl⟩ **1.** philos. scientism. – **2.** relig. (Christian) Scientism. — **Szi·en'tist** [-'tɪst] m ⟨-en; -en⟩ relig. (Christian) Scientist.

Szil·la ['stsɪla] f ⟨-; -len⟩ bot. Scilla (Gattg Scilla).

Szin·til·la·ti·on [stsɪntɪla'tsĭoːn] f ⟨-; no pl⟩ **1.** astr. scintillation, twinkling. – **2.** phys. scintillation.

Szin·til·la·ti·ons|de,tek·tor m phys. scintillation detector. — **~,zäh·ler** m scintillometer, scintillation counter.

szin·til·lie·ren [stsɪntɪ'liːrən] v/i ⟨no ge-, h⟩ **1.** astr. scintillate, twinkle. – **2.** phys. scintillate.

'Szon·di-,Test ['sɔndi-] m med. psych. Szondi test.

Szyl·la ['stsyla] npr f ⟨-; no pl⟩ myth. Scylla: → Charybdis.

Szy·the ['stsyːtə] m ⟨-n; -n⟩ cf. Skythe. — **'szy·thisch** adj cf. skythisch.

T

T, t [teː] *n* ⟨-; -⟩ **1.** T, t (*twentieth letter of the German alphabet; sixteenth consonant*): ein großes T a capital (*od.* large) T; ein kleines T a small (*od.* little) t. – **2.** T *chem.* (*Tritium*) T. – **3.** t (*Tonne*) ton. – **4.** *phys.* a) t (*Zeit*) t, b) T (*Zeitkonstante*) time constant, c) T (*Temperatur*) t, *auch* T. – **5.** t *econ.* (*Tara*) t. – **6.** T (*something having the shape of the capital letter T*) T.

Tab [taːp; tæb] (*Engl.*) *m* ⟨-(e)s [taːps; ˈtaːbəs], -s [tæbz]; -e [ˈtaːbə], -s [tæbz]⟩ **1.** (*einer Karteikarte*) tab. – **2.** *cf.* Tabulator.

Ta·bak [ˈtaːbak; taˈbak] *m* ⟨-s; -e⟩ **1.** (smoking) tobacco, baccy (*colloq.*), weed (*sl.*): ~ rauchen to smoke tobacco; geschnittener [roher] ~ cut [raw] tobacco; leichter [schwerer] ~ mild [strong] tobacco; in dem Zimmer roch es stark nach ~ there was a strong smell of tobacco in the room; das ist starker ~ *fig. colloq.* that's a bit thick (*od.* much), that's too much of a good thing. – **2.** (*Schnupftabak*) snuff: ~ schnupfen to (take) snuff. – **3.** (*Kautabak*) chewing tobacco: ~ kauen to chew tobacco. – **4.** *bot.* tobacco (*Gattg Nicotiana*): ~ (an)bauen [ernten] to cultivate [to harvest] tobacco. — ~͵bau *m* ⟨-(e)s; *no pl*⟩ cultivation of tobacco, tobacco growing. — ~͵bei·ze *f tech.* sauce. — ~͵blatt *n* tobacco leaf. — ~͵brü·he *f cf.* Tabakbeize. — ~͵ern·te *f* tobacco crop. — ~fa͵brik *f* tobacco factory. — t~͵far·ben *adj* tobacco-colored (*bes. Br.* -coloured), tobacco-brown. — ~ge͵ruch *m* smell of tobacco. — ~ge͵schäft *n* tobacco shop (*bes. Am.* store), *Am. auch* cigar store, *Br.* tobacconist's (shop). — ~͵han·del *m* tobacco trade. — ~͵händ·ler *m* **1.** tobacconist, *Am.* tobacco dealer. – **2.** (*im Großhandel*) tobacco merchant. — ~in·du͵strie *f* tobacco industry. — ~͵la·den *m cf.* Tabakgeschäft. — ~͵lun·ge *f med.* (*vom Tabakstaub*) tobacco lung, tabacosis (*scient.*). — ~mo·no͵pol *n* tobacco monopoly. — ~͵pflan·ze *f bot.* tobacco (plant) (*Gattg Nicotiana*). — ~͵pflan·zer *m* tobacco grower (*od.* planter). — ~͵pflan·zung, ~plan͵ta·ge *f* tobacco plantation. — ~͵pres·se *f tech.* tobacco press. — ~͵qualm *m* thick tobacco smoke. — ~͵re͵gie [taˈbak] *f* ⟨-; *no pl*⟩ *Austrian* Tobacco Monopoly. — ~͵rest *m* (*in der Pfeife etc*) dottle, *auch* dottel, heel. — ~͵rol·le *f* roll of tobacco.

'Ta·baks͵beu·tel *m* tobacco pouch.

'Ta·bak|͵schnei·de·ma͵schi·ne *f tech.* tobacco cutter (*od.* cutting machine). — ~͵schnup·fer *m* snuff-taker, snuffer.

'Ta·baks|͵do·se *f* **1.** tobacco box. – **2.** (*für Schnupftabak*) snuffbox. — ~kol͵le·gi·um, *das hist.* tobacco club (*of King Frederick William I of Prussia*).

'Ta·bak͵sor·te *f* tobacco brand, brand of tobacco.

'Ta·baks͵pfei·fe *f* **1.** (tobacco) pipe. – **2.** *zo.* pipe mouth cornetfish, tobacco pipe fish (*Fistularia tabaccaria*).

'Ta·bak|͵steu·er *f econ.* tobacco tax, duty on tobacco. — ~͵strauch *m bot. cf.*

Tabakpflanze. — ~tra͵fik [taˈbak-] *f Austrian for* Tabakgeschäft. — ~ver͵brauch *m econ.* tobacco consumption.

'Ta·bak͵wa·ren *pl* **1.** (tobacco and) tobacco products, smokes (*colloq.*). – **2.** (*Ladenschild*) Tobacco Shop (*bes. Am.* Store), *Am. auch* Cigar Store, *Br.* Tobacconist. — ~͵la·den *m cf.* Tabakgeschäft.

Ta·ba·ni·de [tabaˈniːdə] *f* ⟨-; -n⟩ *zo.* (*Bremse*) tabanid (fly) (*Fam. Tabanidae*).

Ta·ba·tie·re [tabaˈtiːrə] *f* ⟨-; -n⟩ **1.** snuffbox. – **2.** *Austrian for* a) Tabaksdose 1, b) Zigarettenetui.

ta·bel·la·risch [tabɛˈlaːrɪʃ] **I** *adj* tabular, tabulated. – **II** *adv* in tabular form.

ta·bel·la·ri·sie·ren [tabɛlariˈziːrən] **I** *v/t* ⟨*no* ge-, h⟩ **1.** tabulate. – **II** T~ *n* ⟨-s⟩ **2.** *verbal noun*. – **3.** tabulation. — **Ta·bel·la·ri·sie·rung** *f* ⟨-; *no pl*⟩ *cf.* Tabellarisieren.

Ta·bel·le [taˈbɛlə] *f* ⟨-; -n⟩ **1.** table: mathematische [statistische] ~ mathematical [statistical] table; ~n aufstellen to compile tables. – **2.** (*Übersicht in Listenform*) table, schedule, list: die Ergebnisse wurden in einer ~ dargestellt the results were set out in a table (*od.* were tabulated). – **3.** (*bes. Inhaltsverzeichnis*) index, register. – **4.** (*Diagramm*) diagram, graph, chart. – **5.** (*Zusammenstellung*) tabulation. – **6.** (*sport*) table: die ~ anführen to lead (*od.* head) the table.

Ta'bel·len|͵buch *n math. tech.* table book. — ~en·de *n* (*sport*) bottom (*od.* foot) of the table. — ~͵form *f* tabular form: in ~ in tabular form; Aufstellung in ~ tabular statement, tabulation; etwas in ~ zusammenstellen (*od.* darstellen, bringen) to tabulate (*od.* schedule) s.th. — t~͵för·mig *adj* tabular. — ~͵füh·rer *m* (*sport*) top club (of the table), table leader: dieser Club ist ~ this club heads (*od.* leads) the table. — ~͵fuß *m print.* boxfoot. — ~͵kopf *m* box-head, box heading, boxed head. — ~͵le·sen *n* (*computer*) table look-up. — ~͵letz·te *m* (*sport*) bottom(-of-the-table) team. — ~͵platz *m* position. — ~͵punk·te *pl print.* leaders. — ~͵satz *m* tabular matter, table work. — ~͵spit·ze *f* (*sport*) top (*od.* head) of the table. — ~͵werk *n* tabular compilation. — ~͵wert *m math.* tabular value.

ta·bel·lie·ren [tabɛˈliːrən] *v/t* ⟨*no* ge-, h⟩ tab(ulate).

Ta·bel'lie·rer *m* ⟨-s; -⟩ **1.** (*Person*) tabulator. – **2.** *cf.* Tabelliermaschine.

Ta·bel'lier·ma͵schi·ne *f* tabulator, tabulating machine.

Ta·ber·na·kel [tabɛrˈnaːkəl] *n, auch m* ⟨-s; -⟩ *röm.kath.* tabernacle. [Taverne.]

Ta·ber·ne [taˈbɛrnə] *f* ⟨-; -n⟩ *obs. for*

Ta·bes [ˈtaːbɛs] *f* ⟨-; *no pl*⟩ *med.* (*Rückenmarksschwindsucht*) tabes (dorsalis), locomotor ataxia, posterior sclerosis. — **'Ta·bi·ker** [-bikər] *m* ⟨-s; -⟩, **'Ta·bi·ke·rin** *f* ⟨-; -nen⟩ tabetic. — **'ta·bisch** [-bɪʃ] *adj* tabetic, tabic, tabid.

Ta·blar [ˈtablaːr] *n* ⟨-s; -e⟩ *Swiss* shelf (of a rack): ausziehbares ~ pull-out shelf.

Ta·bleau [taˈbloː] *n* ⟨-s; -s⟩ **1.** (*bes. theater*) tableau. – **2.** *Austrian* series of diagrams (*od.* charts). – **3.** *obs. for* Gemälde 1, 3.

Ta·ble d'hôte [tabləˈdoːt] (*Fr.*) *f* ⟨-; *no pl*⟩ *gastr.* table d'hôte.

Ta·blett [taˈblɛt] *n* ⟨-(e)s; -s *u.* -e⟩ tray, (*bes. aus Metall*) salver, server, waiter.

Ta·blet·te [taˈblɛtə] *f* ⟨-; -n⟩ *med. pharm.* a) tablet, tabella, (*kleine runde*) *auch* troche, b) (*Komprette*) lozenge: eine ~ einnehmen to take a tablet.

Ta'blet·ten|͵ein͵nah·me *f* taking of tablets. — ~͵form *f* tablet form. — ~͵röhr·chen *n* tablet tube. — ~͵sucht *f* pharmacophilia, (*krankhafte*) pharmacomania.

Ta·bli·num [taˈbliːnum] *n* ⟨-s; -blina [-na]⟩ *antiq.* tablinum (*room between atrium and peristyle of a Roman house*).

Ta·bo·rit [taboˈriːt] *m* ⟨-en; -en⟩ *relig. hist.* (*radikaler Hussit*) Taborite.

ta·bu [taˈbuː; ˈtaːbu] *adj only in* ~ sein to be taboo (*od.* tabu): dieses Thema ist für ihn ~ this subject is taboo for him.

Ta·bu [taˈbuː; ˈtaːbu] *n* ⟨-s; -s⟩ taboo, tabu: ein ~ brechen to break a taboo; ein ~ verletzen to offend (against) a taboo; sich über alle ~s der Gesellschaft hinwegsetzen to ignore all social taboos.

ta·bu·ie·ren [tabuˈiːrən] *v/t* ⟨*no* ge-, h⟩ taboo, tabu, put (*s.th.*) under taboo (*od.* tabu).

Ta·bu·la ra·sa [ˈtaːbula ˈraːza] *f* ⟨- -; *no pl*⟩ *meist fig.* tabula rasa: tabula rasa (mit etwas) machen *fig.* to make a clean sweep (of s.th.).

Ta·bu·la·ten [tabuˈlaːtən] *pl geol. zo.* (*fossile Korallen*) tabulata (*Gattg Tabulata*).

Ta·bu·la·tor [tabuˈlaːtɔr] *m* ⟨-s; -en [-laˈtoːrən]⟩ (*an Rechen-, Schreibmaschine etc*) tab(ulator). — ~͵lösch͵ta·ste *f* tabulator clearance key. — ~͵setz͵ta·ste *f* tabulator set key.

Ta·bu·la·tur [tabulaˈtuːr] *f* ⟨-; -en⟩ *mus. hist.* a) (*der Meistersinger*) tabulatur (*system of rules for poetic and musical composition*), b) tablature (*instrumental musical notation*): in ~ absetzen to transcribe (*s.th.*) into tablature, to intabulate.

Ta·bu·rett [tabuˈrɛt] *n* ⟨-(e)s; -e⟩ *obs. and Swiss* tabo(u)ret, stool.

Ta·che·les [ˈtaxələs] *m* ⟨-; *no pl*⟩ *colloq.* (*in Wendungen wie*) ~ reden a) (*offen reden*) to speak in plain terms, b) (*gestehen*) to make a clean breast of it; mit j-m ~ reden to tell (*od.* tick) s.o. off (*colloq.*).

ta·chi·nie·ren [taxiˈniːrən] *v/i* ⟨*no* ge-, h⟩ *Austrian colloq.* slack, shirk. — **Ta·chi'nie·rer** *m* ⟨-s; -⟩ slacker, shirker.

Ta·chis·mus [taˈʃɪsmus] *m* ⟨-; *no pl*⟩ (*art*) tachism(e), action painting.

Ta·cho [ˈtaxo] *m* ⟨-s; -s⟩ *auto. short for* Tachometer.

Ta·cho·graph [taxoˈgraːf] *m* ⟨-en; -en⟩ *tech.* tachograph.

Ta·cho·me·ter [taxoˈmeːtər] *m, auch n* ⟨-s; -⟩ *auto.* (*Geschwindigkeitsmesser*) speedometer, tachometer, (*mit Kilometerzähler*) odometer: ~ für Fahrräder cyclometer. — ~͵stand *m* (*beim Fahrzeug*) odometer reading.

Ta·chy·graph [taxyˈgraːf] *m* ⟨-en; -en⟩ **1.** *tech. cf.* Tachograph. – **2.** *antiq.* tachygrapher.

Ta·chy·gra·phie [taxygra'fiː] f ⟨-; -n [-ən]⟩ *antiq.* tachygraphy. — **ta·chy'gra·phisch** [-'graːfɪʃ] *adj* tachygraphic(al).

Ta·chy·kar·die [taxykar'diː] f ⟨-; -n [-ən]⟩ *med.* tachycardia, tachyrhythmia.

Ta·chy·me·ter [taxy'meːtər] n ⟨-s; -⟩ *tech.* (*im Vermessungswesen*) tachymeter. — **Ta·chy·me'trie** [-me'triː] f ⟨-; *no pl*⟩ tachymetry. — **ta·chy'me·trisch** [-'meːtrɪʃ] *adj* tachymetric.

ta·ci·te·isch [tatsi'teːɪʃ] *adj* Tacitean: **die T~e Geschichtsschreibung** (the) Tacitean historiography.

Tack·ling ['tɛklɪŋ; 'tæklɪŋ] (*Engl.*) n ⟨-s; -s⟩ (*sport*) (*beim Fußball*) tackle.

Tacks [taks] m ⟨-es; -e⟩ *Austrian for* Täcks.

Täcks [tɛks] m ⟨-es; -e⟩ (*in der Schuhmacherei*) tack, tingle.

Tack·tack ['tak'tak] I n ⟨-s; *no pl*⟩ (*des Maschinengewehrs etc*) ack-ack. – II t~ *interj* ack-ack!

Ta·del ['taːdəl] m ⟨-s; -⟩ 1. (*Verweis, Rüge*) reproach, rebuke, reprimand, reproof; [un]gerechter ~ [un]just reprimand; kein Wort des ~s not a word of reproach; er ist über jeden ~ erhaben he is above (*od.* beyond) reproach, he is irreproachable; j-m einen scharfen ~ erteilen to give s.o. a sharp rebuke, to rebuke s.o. sharply, to reprimand s.o. severely; er hat einen ~ verdient he deserved a reprimand; sich j-s ~ zuziehen to earn s.o.'s rebuke; du wirst dir einen ~ zuziehen you will be reprimanded. – 2. (*Kritik*) criticism, censure, blame. – 3. (*Schuld*) blame: ihn trifft kein ~ he is not to be blamed (*od.* to blame). – 4. ohne ~ *lit.* a) (*von Person, vom Lebenswandel etc*) irreproachable, blameless, above (*od.* beyond) reproach, b) (*von Kleidung etc*) impeccable, perfect: ein Mann ohne ~ a man of unimpeachable character; → Furcht 1. – 5. (*in der Schule*) bad mark: einen ~ bekommen to be given a bad mark.

Ta·de'lei f ⟨-; -en⟩ *colloq.* constant faultfinding (*od.* nagging).

'ta·del|frei *adj u. adv cf.* tadellos. — **~haft** *adj cf.* tadelnswert. — **~los** I *adj* 1. (*einwandfrei*) irreproachable, impeccable, blameless, above (*od.* beyond) reproach, unimpeachable: sein Benehmen ist ~ his conduct is beyond reproach. – 2. (*Charakter etc*) impeccable, without fault (*od.* flaw), faultless, flawless, sterling. – 3. (*vollkommen*) perfect, impeccable: er antwortete in ~em Deutsch he answered in perfect (*od.* faultless) German; die Ware ist in ~em Zustand the goods are in perfect condition; ~e Kleidung impeccable clothes *pl.* – 4. (*makellos*) perfect, faultless, flawless: ~e Ausführung perfect finish. – 5. (*ausgezeichnet, vorzüglich*) excellent, perfect, first-class (*attrib*): ~e Arbeit excellent work. – II *adv* 6. er hat sich ~ benommen he behaved irreproachably (*od.* impeccably). – 7. (*ausgezeichnet*) perfectly: das Kleid sitzt ~ the dress sits perfectly; ein ~ sitzender Anzug a suit which sits perfectly (*od.* which is a perfect fit); der Motor läuft ~ the engine runs perfectly.

ta·deln ['taːdəln] I *v/t* ⟨h⟩ 1. (*bemängeln*) (wegen, für for) criticize *Br. auch* -s-, find fault with, blame, censure: j-n wegen (*od.* für) etwas ~, etwas an j-m ~ to criticize s.o. for s.th.; sie findet an allem etwas zu ~ she finds fault with everything. – 2. (*zurechtweisen*) (wegen, für for) reproach, rebuke, reprimand, reprehend, reprove, chide, castigate: sie tadelte ihn, weil er geflucht hatte she rebuked him for using bad language. – 3. (*schuld geben*) (wegen, für for) blame: man tadelte ihn wegen des Zwischenfalls he was blamed for the incident. – 4. (*bekritteln*) cavil (*od.* carp) at, nag at. – 5. (*mißbilligen*) disapprove (of). – II *v/i* 6. criticize *Br. auch* -s-, find fault: ich tad(e)le nicht gerne I don't like to criticize (people); tadle heimlich, lobe öffentlich (*Sprichwort*) etwa criticize discretely but praise openly. – III T~ n ⟨-s⟩ 7. *verbal noun.* – 8. *cf.* Tadel 1. — **'ta·delnd** I *pres p.* – II *adj* (*Blick, Bemerkung etc*) reproachful, reproving, rebukeful, upbraiding, chiding.

'ta·delns|wert *adj* (*Verhalten etc*) reproachable, blameworthy, culpable, blameful, blamable, *auch* blameable, reprehensible, censurable, rebukable.

'Ta·dels|an·trag m *pol.* motion of censure (*od.* no confidence): einen ~ stellen to present a motion of censure. — **'Ta·del|sucht** f ⟨-; *no pl*⟩ love of criticism (*od.* finding fault), faultfinding, censoriousness, criticalness, captiousness. — **t~süch·tig** *adj* censorious, faultfinding, critical, carping, captious. — **'Ta·dels|vo·tum** n *pol. cf.* Tadelsantrag.

'Tad·ler m ⟨-s; -⟩, **'Tad·le·rin** f ⟨-; -nen⟩ faultfinder, criticizer *Br. auch* -s-, critic, censurer.

Ta·dschi·ke [ta'dʒiːkə] m ⟨-n; -n⟩ Ta(d)jik, Tadzhik. — **ta'dschi·kisch** *adj* Ta(d)jik, Tadzhik: ~e Sprache Tajiki.

Tadsch Ma·hal, der ['taːtʃ 'mahal] ⟨- -⟩ (*Mausoleum in Agra, Indien*) Taj Mahal.

Ta·fel ['taːfəl] f ⟨-; -n⟩ 1. (*Wandtafel in der Schule etc*) blackboard, *Am. auch* chalkboard: die ~ löschen to wipe (*od.* clean) the blackboard; etwas an die ~ schreiben to write s.th. on the blackboard. – 2. (*Schiefertafel*) slate. – 3. (*Anschlagtafel, -brett*) (bulletin, *bes. Br.* notice) board. – 4. (*Aushängeschild etc*) sign(board). – 5. (*Warntafel*) notice. – 6. (*Hinweistafel im Verkehr*) sign. – 7. (*Gedenktafel etc*) tablet, plaque: an einem Haus eine ~ anbringen to fix a plaque on the wall of a house. – 8. (*Wandplakette etc*) plaque. – 9. *relig.* (*Altartafel*) altarpiece. – 10. (*Holztafel für Gemälde etc*) panel, board. – 11. (*zur Wandverkleidung*) panel, (*Betontafel*) concrete panel. – 12. (*Platte aus Metall*) plate, slab, (*dünne*) sheet. – 13. (*Steintafel*) slab. – 14. (*Glastafel*) plate, pane. – 15. (*Schokoladetafel*) bar. – 16. (*Leim, Wachs, Fette etc*) tablet, bar. – 17. (*zum Schreiben*) tablet, table: die alten Ägypter schrieben auf ~n the ancient Egyptians wrote on tablets; die zwölf ~n *jur. antiq. cf.* Zwölftafelgesetz. – 18. *lit.* (*Eßtisch*) (dinner *od.* dining) table: eine festlich geschmückte ~ a festive board (*od.* table); die ~ decken to lay the table; die ~ aufheben to rise from the table; j-n zur ~ bitten to ask s.o. to table; die ~ abdecken to clear the table; an j-s ~ speisen to dine (*od. lit.* sup) with s.o. – 19. (*festliche Mahlzeit*) formal meal, dinner: große ~ gala dinner; während der ~ wurden Reden gehalten speeches were made during the dinner. – 20. (*Tabelle*) table. – 21. (*zur Illustration in Büchern*) plate. – 22. (*graphische Darstellung*) diagram, (*statistische*) *auch* chart. – 23. *tech.* (*Schalttafel*) panel, (switch)board. – 24. (*jewelry*) (*der Edelsteine*) table.

'Ta·fel|ap·fel m eating (*od.* dessert) apple. — **t~ar·tig** *adj cf.* tafelförmig. — **~auf|satz** m centerpiece, *bes. Br.* centrepiece. — **~band** m ⟨-(e)s; -bände⟩ *print.* volume containing (illustrative) plates. — **~berg** m *geogr.* table mountain. — **~be|steck** n (set of) flatware. — **~bild** n (*art*) panel painting. — **~bir·ne** f eating (*od.* dessert) pear. — **~blech|sche·re** f *tech.* 1. circular blade tinners' snip. – 2. plate-shearing machine. — **~blei** n *metall.* sheet lead. — **~but·ter** f *gastr.* butter for the table. — **~dia|mant** m (*jewelry*) table diamond. — **~druck** m ⟨-(e)s; -e⟩ *print.* 1. block print. – 2. woodcut printing. — **~en·te** f *zo.* pochard, dunbird (*Nyroca ferina*). — **t~fer·tig** *adj* ready-to-serve, ready-to-eat (*beide attrib*). — **~form** f only in in ~ in plates (*od.* bars). — **t~för·mig** *adj* 1. tabular. – 2. *min.* tabular. — **~freu·den** *pl lit.* pleasures (*od.* delights) of the table. — **~ge|bir·ge** n *geogr.* table mountains *pl.* — **~ge|deck** n set of table linen. — **~ge|rät** n table utensils *pl*, tableware, dinnerware. — **~ge|schirr** n *cf.* a) Geschirr 1, 2, b) Tafelservice. — **~glas** n *tech.* 1. sheet (*od.* flat) glass. – 2. (*Spiegelglas*) plate glass. — **'Ta·fel|holz** n (*wood*) panel(l)ing wood, wainscot(t)ing, *Br. auch* wainscot. — **'Ta·fel|kla·vier** n *mus.* square piano. — **~land** n *geogr.* tableland, plateau, *auch* mesa. — **~lap·pen** m (*für Schultafel*) blackboard wiper, (*für Schiefertafel*) slate wiper. — **~leim** m *tech.* tablet glue. — **~leuch·ter** m ornate (silver) candlestick, (*mehrarmiger*) silver candelabrum, candelabra. — **~ma·le·rei** f (*art*) panel painting, painting on wooden panels. — **~mu|sik** f music composed for and performed at mealtimes.

ta·feln ['taːfəln] *v/i* ⟨h⟩ *lit.* 1. (*speisen*) dine. – 2. (*schmausen*) feast, banquet: er

tafelt gern he is fond of good food, he likes to eat well.

tä·feln ['tɛːfəln] I *v/t* ⟨h⟩ 1. *tech.* (*Wand, Decke*) panel, wainscot. – II T~ n ⟨-s⟩ 2. *verbal noun.* – 3. *cf.* Täfelung.

'Ta·fel|obst n dessert fruit. — **~öl** n salad oil. — **~run·de** f 1. (*Gäste*) company (at table), table. – 2. *myth.* (*des Königs Artus*) Round Table. — **~salz** n *gastr.* table salt. — **~schie·fer** m 1. (*Schieferplatte*) slate in slabs. – 2. *min.* shiver. — **~schmuck** m table decoration. — **~schwamm** m 1. (*für Schultafel*) sponge. – 2. *bot. cf.* Brachmännchen. — **~ser|vice** n table (*od.* dinner) service. — **~sil·ber** n silver plate, (table) silver, (*Besteck*) flat silver. — **~spitz** m *Austrian gastr.* boiled fillet of beef. — **~stein** m (*jewelry*) table diamond, thin table. — **~trau·ben** *pl* dessert grapes. — **~tuch** n ⟨-(e)s; -tücher⟩ (large) tablecloth. — **'Tä·fe·lung** f ⟨-; -en⟩ 1. *cf.* Täfeln. – 2. (*einer Wand, Decke*) wainscot.

'Ta·fel|waa·ge f *tech.* 1. platform scale (*od.* balance). – 2. (*für Autos, Vieh etc*) weighbridge. — **~wa·gen** m dray. — **~was·ser** n *gastr.* mineral (*bes. Br.* table) water. — **~wein** m table wine. — **~werk** n *cf.* Täfelung 2.

Tä·fer ['tɛːfər] n ⟨-s; -⟩ *Swiss for* Täfelung 2. **'Täf·lung** f ⟨-; -en⟩ *cf.* Täfelung.

Taft [taft] m ⟨-(e)s; -e⟩ taffeta, *auch* taffety, taffata: das Kleid ist ganz auf ~ gearbeitet (*od.* mit ~ gefüttert) the dress is fully lined with taffeta. — **~band** n ⟨-(e)s; ⁺er⟩ taffeta ribbon. **'taf·ten** *adj* ⟨*attrib*⟩ (made of) taffeta. **'Taft|kleid** n taffeta dress.

Tag [taːk] m ⟨-(e)s; -e⟩ 1. day: der heutige ~ today, this day; jeden ~, alle ~e every day; alle zwei ~e, jeden zweiten ~ every other (*od.* second) day; alle paar ~e every few days, every so often; zweimal am ~(e) twice a day, twice daily; zwei ~e lang for two days; am nächsten (*od.* folgenden) ~(e), am ~(e) darauf, am anderen ~(e) next day, (on) the next (*od.* following) day; am selben (*od.* gleichen) ~(e) (on) the same day; am ~(e) vor [nach] seiner Abreise the day before [after] his departure; vor einigen ~en a few days ago; am ~(e) des 12. August *archaic* on the day of the 12th of August; am ~(e) zuvor the day before, (on) the previous day; noch an diesem ~(e) (on) the same day; an einem dieser ~e (on) one of these days; an jenem (*od.* an dem betreffenden) ~(e) on that particular day, on the day in question; an einem bestimmten ~ on a given day; auf (*od.* für) ein paar ~e verreisen to go away for a few days; einen ~ [zwei ~e] Urlaub nehmen to take a day [two days] off; auf den ~ genau ankommen to arrive on the very day; es ist jetzt auf den ~ genau ein Jahr her, daß it is a year to a (*od.* the) day since; heute jährt sich der ~, an dem wir uns kennengelernt haben it is a year today since (the day) we met; bis auf den heutigen ~ to this (very) day; binnen drei ~en within three days; ~ für ~ day after (*od.* by) day; in acht ~en in a week('s time); heute in acht ~en, heute über acht ~e a week (from) today, *bes. Br.* this day week, a week hence (*lit.*); morgen in 14 ~en two weeks (*bes. Br.* a fortnight) (from) tomorrow, tomorrow in two weeks, *bes. Br.* tomorrow fortnight, in two weeks' (*bes. Br.* in a fortnight's) time; in den nächsten ~en (with)in the next few days; in wenigen ~en in a few days; zahlbar 30 ~e nach Sicht *econ.* (*von Wechseln*) payable 30 days' sight (*od.* 30 days after sight); 100 Stück pro ~ 100 pieces per (*od.* a) day; seit dem ~e, an dem er angekommen ist since the day (when) he arrived; es verging ein ~ um den anderen, aber er kam nicht the days (*od.* day after day) went by (*od.* passed) and still he did not come; vom ersten ~ an from the very first day (on); sich von einem ~ auf den anderen entschließen to decide from one day to the next; es geht ihm von ~ zu ~ besser he is getting better (*od.* is improving) from day to day (*od.* day by day, with every day); gestern vor acht ~en a week ago yesterday, yesterday week ago; eines (schönen) ~es a) (*auf Vergangenheit u. Zukunft bezogen*) one (fine) day, b) (*nur auf die Zukunft bezogen*) one of these days, one day, some day, *Am.* someday; **du wirst es eines ~es bereuen** you will regret it some day, you will live to regret it; **ganze ~e lang** for days on end, for days and days; **einen ganzen ~ lang** for a whole day; **den lieben langen ~** all day long, the whole day long, the livelong day (*lit.*); **er hat den ganzen ~ schwer gearbeitet** the whole day long he worked hard; **er muß jetzt jeden ~ ankommen** *colloq.* he should (*od.* will) arrive any day now; **es kann sich nur noch um ~e handeln** it is only a matter of days (now); **sie wird uns dieser ~e besuchen** *colloq.* she'll come to see us some (*od.* one) of these days (*od.* in a day or so); **er hat ihn dieser ~e gesprochen** *colloq.* he talked to him the other day (*od.* recently, lately); **es vergingen ~e, ehe er kam** it was days before he came; **es vergeht kein ~, ohne daß er mich anruft** not a day goes by (*od.* hardly a day passes) without his (*od.* him) phoning me; **morgen ist auch (noch** *od.* **wieder) ein ~** there is always tomorrow, tomorrow is another (*od.* a new) day; **im Laufe des ~es** in the course of the day; **ein denkwürdiger ~** a memorable day, a red-letter day; **heute ist sie ihr freier ~** it's her day off (*od.* her off day) today; **heute ist sein großer ~** this is his big day; **sie hat heute ihren guten ~** *colloq.* a) this is one of her better days, b) she is in good form (*od.* in a good mood) today; **sie hat heute ihren schlechten ~** *colloq.* a) this is one of her bad days, b) she is in bad (*od.* poor) form (*od.* in a bad mood) today; **sich** (*dat*) **einen guten ~ machen** *colloq.* a) to take it (*od.* things) easy for the day, b) to make (quite) a day of it; **ein schwarzer ~** *fig.* a black day; **einen ~ festlich begehen** to celebrate a day; **diesen ~ werde ich mir rot im Kalender anstreichen** I shall mark this day as a red-letter day; **der ~ des Herrn** *relig. lit.* the Lord's Day, the Day of the Lord, Sunday, the Sabbath (Day); **der Jüngste ~** *Bibl.* Judg(e)ment Day, the Day of Judg(e)ment, doomsday; **der Held des ~es** the hero of the day; **(sorglos) in den ~ hineinleben** to live for the day (*od.* moment), not to worry about tomorrow (*od.* the future); **seit Jahr und ~** *fig.* for many years, ever such a long time, ever so long; **dem lieben Gott den ~ (od. die ~e) stehlen** *fig. colloq.* to laze away the time; **ewig und drei ~e** *colloq. humor.* for ever and a day; **er redet viel, wenn der ~ lang ist** *colloq. humor.* he would talk till the cows come home; **man soll den ~ nicht vor dem Abend loben** (*Sprichwort*) don't count your (*od.* one should not count one's) chickens before they are hatched (*proverb*), don't hallo(o) till you are out of the wood(s) (*proverb*); **es ist noch nicht aller ~e Abend** a) that's not the last we have heard of that, b) don't count your chickens before they are hatched, c) we must await the outcome; → **Gesicht¹** 2; **Rom** 1; **Tür** 5. – **2.** (*helle Tageszeit*) day: **am** (*od.* **bei**) **~e, während des ~es, unter ~s** a) by day, in the daytime, during the day, b) by daylight; **~ und Nacht arbeiten** to work night and day, to work morning, noon, and night; **ein Unterschied wie ~ und Nacht** (as) different as chalk and cheese, (as) like as chalk to cheese; **den ganzen ~ arbeiten** to work all day (long); **die Geschäfte sind den ganzen ~ über geöffnet** the shops (*bes. Am.* stores) are open all day long (*od.* throughout the day); **ein sonniger** [nebliger, regnerischer] **~** a sunny [foggy, rainy] day; **der kürzeste** [längste] **~ des Jahres** the shortest [longest] day of the year; **die ~e werden länger** [kürzer] the days are getting longer [shorter], the days are drawing out [in]; **bis in den ~ hinein schlafen** to sleep long in the morning, to be a lie-abed; **bei Anbruch des ~es** at daybreak (*od.* dawn), at the break of day (*lit.*); **es wird ~, der ~ bricht an** (the) day is breaking (*od.* dawning), dawn is breaking; **der ~ neigt sich** (*od.* **sinkt, geht zur Neige)** *lit.* the day is drawing to a close; **es ist noch früh am ~e** it is still early in the day, it is early yet, (*bes. abends*) the night is young; **jetzt wird's ~** *fig. colloq.* a) that takes the cake (*colloq.*), b) (*überrascht*) goodness gracious, gracious me, *Br. vulg.* blimey. – **3.** (*Tageslicht*) (day)light: **es ist noch ~** it's still daylight; **es ist heller ~** it is

broad daylight; **am hell(icht)en ~e** in broad daylight; **solange es noch ~ ist** while it is still light; **wir werden noch bei ~(e) ankommen** it will still be daylight when we arrive; **etwas bei ~e besehen** *fig.* to look at s.th. in the proper light; **etwas kommt an den ~** *fig.* s.th. comes to light, s.th. comes out; **etwas an den ~ bringen** *fig.* to bring s.th. to light, to expose (*od.* unearth) s.th.; **es kommt alles an den ~** *fig.*, **die Sonne bringt es an den ~** (*Sprichwort*) truth will out. – **4.** **etwas an den ~ legen** to show (*od.* display, exhibit) s.th.: **sie hat großen Eifer an den ~ gelegt** she showed great zeal. – **5.** (*Datum*) date: **was für ein ~ ist heute? welchen ~ haben wir heute?** a) (*Datum*) what date is it today? what's today? (*colloq.*), b) (*Wochentag*) what day is it today? what's today? (*colloq.*); **~ und Stunde für ein Treffen festlegen** (*od.* **bestimmen**) to fix a date and a time for a meeting; **die beiden Veranstaltungen fallen auf einen ~** the two events fall on one (*od.* the same) day; **ein Brief vom selben ~** a letter of even (*od.* the same) date. – **6.** *meist pl* (*Zeit*) day(s *pl*): **in unseren** (*od.* **diesen**) **~en** nowadays, these days; **bis in unsere ~e** to this (very) day; **die ~e der Jugend** the days of youth; **sie hat schon bessere ~e gesehen** she has seen better days; **seine ~e sind gezählt** his days are numbered; **daß er das auf seine alten ~e noch erleben mußte!** who would have thought that he would have to go through this in his old age! **j-m in guten und bösen ~en die Treue halten** to remain faithful to s.o. in good and in bad times (*od.* through thick and thin); **den Anforderungen des ~es entsprechen** to meet present-day demands. – **7.** **guten ~!** (*als Gruß*) a) good day! *auch* how do you do? b) (*vormittags*) good morning! c) (*nachmittags*) good afternoon! d) (*beim Vorstellen*) how do you do? **~!** hello! (*colloq.*), *bes. Br. colloq.* hallo! hullo! *Am. colloq.* hi! howdy! **j-m guten ~ sagen, j-m (einen) guten ~ wünschen** to wish (*od.* bid) s.o. good day, to pass the time of day with s.o.; **ich wollte nur mal guten ~ sagen** I just came to say hello. – **8.** (*mining*) **unter ~e arbeiten** to work in a mine (*od.* pit), to work underground; **über ~e arbeiten** to work at the surface, to do pithead work. – **9.** *pl colloq.* (the) curse *sg* (*colloq.*), (menstrual) period *sg*, menstruation *sg*: **sie hat ihre ~e** she has her period.

'Tag,an,griff *m aer. mil. cf.* Tagesangriff.
,tag'aus *adv* only in **~, tagein** day in, day out; day after day (after day): **er tut ~, tagein die gleiche Arbeit** he does the same work day in, day out; **~, tagein** *colloq.* the same old story day after day.

'Tag|,bau *m* (*mining*) Southern G., Austrian, and Swiss for Tagebau. — **~,blatt** *n* Southern G., Austrian, and Swiss for Tageblatt. — **t~,blind** *adj med. zo.* affected with day blindness, hemeralopic (*scient.*). — **~,blin·de** *m, f med.* hemeralope. — **~,blind·heit** *f med. zo.* day blindness, hemeralopia (*scient.*). — **~,bo·gen** *n astr.* diurnal arc. — **~,bom·ber** *m aer. mil.* day bomber. — **~,dieb** *m* Southern G., Austrian, and Swiss for Tagedieb. — **~,dienst** *m* day duty.
'Ta·ge|,ar·beit *f obs.* day labor (*bes. Br.* labour). — **~,bau** *m* ⟨-(e)s; -e⟩ (*mining*) opencast (*od.* opencut, open-pit) mining, *auch* stripping, *Am.* strip mining. — **~,blatt** *n* daily (paper), journal. — **~,bruch** *m* (*mining*) surface subsidence (due to mining).
'Ta·ge,buch *n* **1.** diary, journal: **ein ~ führen** to keep a diary. – **2.** *econ.* (*in der Buchhaltung*) journal, daybook. – **3.** *mar.* ship's log book. — **~,ein,trag** *m,* **~,ein,tra·gung** *f* entry in a diary (*od.* journal, daybook).
'Ta·ge|,dieb *m* idler, sluggard, loafer, lazybones *pl* (*construed as sg or pl*). — **~,geld** *n* **1.** daily (*Am.* per diem) allowance, *Am.* per diem. – **2.** (*für Delegierte etc*) attendance (*od.* maintenance) allowance.
,tag'ein *adv* → tagaus.
'ta·ge,lang **I** *adj* lasting for days. – **II** *adv* for days on end, day after day.
'Ta·ge|,lied *n* (*literature*) morning song, alba, aubade. — **~,lohn** *m* daily (*od.* day's) wage *pl* (*od.* pay): **im ~ arbeiten** to work by the day, to work as a day laborer (*bes. Br.* labourer).

'Ta·ge,löh·ner [-,løːnər] *m* ⟨-s; -⟩ day laborer (*bes. Br.* labourer), dayman, *auch* handy man. — **~,ar·beit** *f* day labor (*bes. Br.* labour). [(*bes. Br.* labourer)]
'Ta·ge,löh·ne·rin *f* ⟨-; -nen⟩ day laborer
'ta·ge,löh·nern [-,løːnərn] *v/i* ⟨*insep, pp* tagegelöhnert, h⟩ work by the day, work as a day laborer (*bes. Br.* labourer), to work for daily wages.
'Ta·ge,marsch *m* day's march.
'ta·gen¹ ['taːgən] *v/i u. v/impers* ⟨h⟩ **es** (*od.* **der Morgen) tagt** it is dawning, (the) day is breaking (*od.* dawning).
'ta·gen² *v/i* ⟨h⟩ **1.** (*von Geschäftsleuten, Politikern, Lehrern etc*) meet, hold a meeting, sit (in conference): **der Ausschuß tagt schon wochenlang** the committee has been meeting for weeks (now); **sie tagten bis zum frühen Morgen** a) they sat until morning, b) *fig. colloq.* they celebrated until the small hours (of the morning) (*od.* until all hours). – **2.** (*von Parlament, Gericht etc*) be in session. – **3.** (*beraten*) deliberate, confer.
'Ta·ge,rei·se *f* day's journey, day: **nach Bagdad sind es zwei ~n** it is a two-day journey (*od.* it is two days' journey) to Bag(h)dad; **das ist ja eine ~!** *colloq. humor.* that's quite a long way!
'Ta·ges|,ab,lauf *m* (daily) routine, daily round. — **~,an,bruch** *m* daybreak, dawn, break of day (*lit.*): **bei ~** at daybreak, at dawn; **vor ~** before daybreak (*od.* daylight). — **~,an,griff** *m* **1.** *mil.* daylight attack. – **2.** *aer. mil.* daylight raid. — **~,an,zug** *m* (*fashion*) business suit. — **~,ar·beit** *f* **1.** day's work. – **2.** (*regelmäßig wiederkehrende*) daily routine, daily round. — **~,aus,flug** *m* (one-day) trip (*od.* excursion). — **~,aus,zug** *m econ.* daily statement of account. — **~be,darf** *m* **1.** daily requirement. – **2.** *cf.* Tagesration. — **~be,fehl** *m mil.* order of the day. — **~be,la·stung** *f electr. tel.* daily load. — **~be,richt** *m* daily report (*od.* bulletin). — **~,creme** *f* (*cosmetics*) vanishing cream. — **~,decke** *f* (*getr.* -k·k-) *f* bedspread. — **~,dienst** *m* (*in Internaten, Kasernen etc*) day duty. — **~,do·sis** *f med. pharm.* daily dose. — **~,durch,schnitt** *m* **1.** daily (*od.* per diem) average. – **2.** average of the day. — **~,ein,nah·me** *f* **1.** daily receipts *pl* (*od.* takings *pl*). – **2.** day's receipts *pl* (*od.* takings *pl*). — **~er,eig·nis** *n* event of the day: **über die ~se berichten** to report on the events of the day (*od.* on current events). — **~er,folg** *m* momentary (*od.* short-lived) success. — **~,fahrt** *f* (one-day) trip (*od.* excursion). — **~,för·de·rung** *f* (*mining*) daily output (*od.* production). — **~,fra·ge** *f meist pl* question of the day. — **~,ga·ge** *f* (*film, theater*) **1.** daily fee (*od.* rate). – **2.** fee of the day. — **~ge,bühr** *f* day rate. — **~,geld** *n econ.* day-to-day loan (*od.* money). — **~ge,richt** *n gastr.* day's menu, *auch* special dish of the day. — **~ge,sche·hen** *n* **1.** events *pl* of the day. – **2.** *telev.* daily TV news and current affairs transmission. — **~ge,spräch** *n* **1.** talk (*od.* topic) of the day: **das ~ bilden, sein** to be the talk of the day. – **2.** *tel.* daytime call (*at regular charge*). — **~ge,stirn** *n astr.* daytime celestial object. — **~,grau·en** *n cf.* Tagesanbruch. — **~,heim** *n* day home (*od.* center, *bes. Br.* centre). — **~,heim,schu·le** *f ped.* all-day school. — **t~'hell** *adj* *cf.* taghell. — **~,hel·le** *f lit.* light of day. — **~,kar·te** *f* **1.** (*für öffentliche Verkehrsmittel*) rover ticket. – **2.** *gastr.* menu of the day. — **~,kas·se** *f* **1.** (*theater*) box office. – **2.** *econ.* a) (*für kleine Ausgaben*) petty cash, b) (*Tageseinnahmen*) receipts *pl* (*od.* takings *pl*) of one day. — **~,ki·lo,me·ter,zäh·ler** *m tech.* trip odometer, (daily) trip mileage counter. — **~,ki·no** *n* cinema with morning, afternoon, and evening performances, all-day cinema. — **~,kleid** *n* day dress. — **~kom·men,tar** *m* (*radio*) *telev.* daily commentary. — **~,kurs** *m* **1.** *econ.* a) (*von Devisen*) current rate (of exchange), current exchange, day rate, day's rate (of exchange), rate (*od.* exchange) of the day, b) (*von Effekten*) daily quotation, quotation (*od.* price) of the day, current price: **zum ~ kaufen** to buy at the current (rate of) exchange (*od.* at value); **der heutige ~** today's rate (of exchange). – **2.** *ped.* (*einer Schule*) day course. — **~,lei·stung** *f* **1.** (*eines Unternehmens etc*) a) daily output (*od.* production), b) output (*od.* production)

of the day. – **2.** (*einer Maschine etc*) a) daily output (*od.* capacity), per diem capacity, b) output of the day. – **3.** (*mining*) *cf.* Tagesförderung. — **~₁leucht₁far·be** *f print.* daylight luminous (*od.* fluorescent) ink (*od.* paint).

'Ta·ges₁licht *n* daylight: bei ~ in (the) daylight; in vollem ~ in broad daylight; ans ~ kommen *fig.* to come to light, to come out, to transpire, to become known; es kam erst jetzt ans ~ *fig.* it has only now come to light, it has only now transpired (*Am. auch* developed); etwas ans ~ bringen *fig.* to bring s.th. to light, to expose (*od.* unearth) s.th.; das ~ scheuen *fig.* to shun the light of day. — **~₁auf₁nah·me** *f phot.* daylight shot. — **~₁bild₁schirm** *m* (*Radarschirm*) bright display screen. — **~ent₁wick·ler** *m phot.* daylight developer. — **~ent₁wick·lungs₁do·se** *f* daylight (processing) tank. — **~₁farb₁film** *m* daylight color (*bes. Br.* colour) film. — **~₁lam·pe** *f electr. phot.* daylight lamp. — **~pa₁pier** *n phot.* daylight paper.

'Ta·ges₁lohn *m* **1.** daily wage(s *pl*) (*od.* pay), day rate. – **2.** day's wage(s *pl*) (*od.* pay). — **~₁lo·sung** *f* **1.** *bes. mil.* password, parole, motto. – **2.** *econ. obs.* for Tageseinnahme. — **~₁marsch** *m cf.* Tagemarsch. — **~₁meldung** *f* daily report (*od.* return). — **~₁men·ge** *f* **1.** daily quantity (*od.* amount). – **2.** *med.* a) daily dose, b) (*an Urin*) daily output. — **~₁mit·tel** *n meteor.* daily mean: ~ der Temperatur daily mean of (air) temperature. — **~₁nach₁rich·ten, ~₁neu·ig·kei·ten** *pl* news (*construed as sg or pl*) (of the day). — **~₁no₁tie·rung** *f econ.* rate (*od.* price, quotation) of the day. — **~₁ord·nung** *f* **1.** agenda, order of business (*od.* the day), *Am. auch* docket: das ist an der ~ *fig. colloq.* that is the order of the day, that's nothing out of the ordinary; etwas auf die ~ setzen to place s.th. (*od.* put s.th. down) on the agenda, to include s.th. in the agenda; auf der ~ stehen to be (*od.* appear) on the agenda; auf der ~ steht ... the agenda calls for the discussion of ...; zur ~ übergehen a) to proceed (*od.* pass on) to the agenda, b) *fig.* to get down to the day's business, b) *fig.* to get down (*od.* straight) to business; ein Punkt auf der ~ an item on the agenda; wir kommen zu Punkt 2 der ~ we now come to item 2 of the agenda; die ~ aufstellen to prepare (*od.* draw up) the agenda; die ~ annehmen to adopt the order of the day; einen Punkt von der ~ streichen (*od.* absetzen) to remove (*od.* withdraw) an item from the agenda; zur ~! keep to the agenda, stick to the matter in hand (*od.* under discussion). – **2.** (*im Parlament*) order of the day, day's business. — **~₁plat·te** *f gastr. cf.* Tagesgericht. — **~po·li₁tik** *f* politics *pl* (*construed as sg or pl*) of the day. — **~₁preis** *m econ.* **1.** day's (*od.* ruling, actual, current) price: der heutige ~ today's price. – **2.** *cf.* Tageskurs 1. — **~₁pres·se** *f* daily press. — **~pro₁duk·ti₁on** *f* **1.** daily production. – **2.** output of the day. — **~ra·ti₁on** *f* daily ration(s *pl*). — **~₁raum** *m* dayroom. — **~₁satz** *m* **1.** *econ.* a) day (*od.* daily, per diem) rate, b) (*an der Börse*) current rate. – **2.** (*Verpflegungssatz*) daily ration, one day's supply. — **~₁schau** *f telev.* daily TV news transmission, news *pl* (*construed as sg or pl*). — **~₁schicht** *f* **1.** *econ.* day shift (*od.* turn). – **2.** (*mining*) day shift. — **~₁schwan·kung** *f med.* daily variation (*od.* fluctuation). — **~₁stem·pel** *m* date stamp. — **~₁tem·pe·ra₁tur** *f* **1.** *med.* diurnal temperature. – **2.** *meteor.* a) daytime temperature, b) today's temperature. — **~₁um₁satz** *m econ.* **1.** daily turnover. – **2.** sales *pl* of the day. — **~₁ur₁laub** *m* day's (*od.* one-day) leave. — **~ver₁brauch** *m* **1.** daily consumption. – **2.** consumption of the day. — **~ver₁dienst** *m* **1.** daily earnings *pl.* – **2.** earnings *pl* of the day. — **~ver₁pfle·gung** *f* **1.** one day's supply of food. – **2.** *bes. mil.* daily ration(s *pl*). — **~₁wech·sel** *m econ.* bill (expressed as) payable on a specified date. — **~₁wert** *m* current (*od.* market, present) value. — **~₁zeit** *f* **1.** time (*od.* hour) of (the) day: zu jeder ~ at any time of the day, at any hour; zu dieser ~ at this time of day. – **2.** (*Gegensatz zu Nachtzeit*) daytime. — **~₁zei·tung** *f* daily (news)paper, daily. — **~₁ziel** *n mil.* day's objective. — **~₁zin·sen** *pl econ.* interest *sg* on daily balances. — **~₁zug** *m* day train.

Ta·ge·tes [ta'ge:təs] *f* ⟨-; *no pl*⟩ *bot. cf.* Samtblume 1.

'ta·ge₁wei·se *adv* **1.** by the day: ~ bezahlt werden to be paid by the day. – **2.** on certain days: ~ kann sie nicht aufstehen there are (certain) days when she is not able to get up.

'Ta·ge₁werk *n* **1.** day's (*od.* daily) work (*od.* task): sein ~ verrichten, seinem ~ nachgehen to do (*od.* go about) one's daily work. – **2.** (*Arbeitseinheit*) man-day. – **3.** (*mining*) *cf.* Gedinge 2.

'Tag₁,fahrt *f* **1.** day journey. – **2.** (*mining*) *cf.* Ausfahrt 5. — **~₁fal·ter** *pl zo.* butterflies; diurnals, diurnal lepidoptera (*scient.*). — **~₁gecko** (*getr.* -k·k-) *m* Madagascar gecko (*Gattg Phelsuma*). — **~₁greif₁vö·gel** *pl* diurnal birds of prey (*Ordng Accipitres*). — **t~'hell** *adj* (as) light as day.

täg·lich ['tɛ:klɪç] **I** *adj* **1.** daily; day-to-day, day-by-day (*attrib*), quotidian, per diem: der ~e Bedarf an Nahrungsmitteln the daily food requirements *pl*; die ~e Arbeit one's daily work; über die ~en Vorfälle berichten to report on (the) daily events; unser ~(es) Brot gib uns heute *Bibl.* give us this day our daily bread; sich (*dat*) das ~e Brot verdienen *fig.* to earn one's living (*od.* daily bread); ~es Geld *econ.* call money, day-to-day money; auf ~e Kündigung *econ.* at call. – **2.** (*alltäglich*) everyday (*attrib*): im ~en Leben in everyday life. – **3.** *bes. astr. meteor.* diurnal. – **II** *adv* **4.** every day, daily, day by day, per diem: diese Zeitung erscheint ~ this newspaper is published daily; so etwas geschieht ~ (*od.* kommt ~ vor) things like this happen every day; es wird ~ schwieriger it's getting more difficult every day; ~ wiederkehrende Anfälle *med.* daily attacks, quotidian fits; ~ kündbares Darlehen *econ.* call loan, loan repayable on demand; ~ fällige Gelder (*od.* Einlagen) call money *sg*, sight (*Am.* demand) deposits. – **5.** (*pro Tag*) a (*od.* per) day, daily: zweimal ~ eine Medizin nehmen to take a medicine twice daily (*od.* a day).

'Tag₁,li·lie *f bot.* day lily, hemerocallis (*scient.*) (*Gattg Hemerocallis*). — **~₁lohn** *m Southern G., Austrian, and Swiss for* Tagelohn. — **~₁löh·ner** [-₁lø:nər] *m* ⟨-s; -⟩ *Southern G., Austrian, and Swiss for* Tagelöhner. — **~₁löh·ne·rin** *f* ⟨-; -nen⟩ *Southern G., Austrian, and Swiss for* Tagelöhnerin. — **~₁marsch** *m* day march. — **~₁nel·ke, 'Wei·ße** *f bot.* campion (*Melandrium album*). — **~₁pfau·en₁au·ge** *n zo.* peacock (*od.* argus) butterfly (*Inachis io*).

tags [ta:ks] *adv only in* ~ darauf (the) next day, (on) the following day, the day after; ~ zuvor the day before, (on) the previous day.

'Tag₁,sat·zung *f* **1.** *Austrian for* Gerichtstermin 2. – **2.** *Swiss hist.* Diet. — **~₁schicht** *f econ.* day shift (*od.* turn): ~ haben to be on day shift. — **~₁schlä·fer** *pl zo.* urutau (*Fam. Nyctibiidae*). — **~₁schmet·ter·lin·ge** *pl zo.* Tagfalter.

'tags₁,über *adv* during the day, in the daytime.

'tag₁täg·lich I *adj* daily, everyday (*attrib*). – **II** *adv* every single day, day in, day out, day after day (after day).

'Tag₁,traum *m psych.* daydream, waking dream.

Ta·gu·an ['ta:gŭa:n] *m* ⟨-s; -e⟩ *zo.* taguan, giant flying squirrel (*Petaurista petaurista*).

'Ta·gua₁nüs·se ['ta:gŭa-] *pl bot.* ivory (*od.* corozo) nuts, vegetable ivories, taguas.

'Tag- ₁und 'Nacht·be₁trieb, 'Tag- ₁und 'Nacht₁dienst *m* day and night (*od.* [a]round-the-clock) service.

'Tag₁und'nacht₁glei·che *f* ⟨-; -n⟩ *astr.* equinox.

'Ta·gung *f* ⟨-; -en⟩ **1.** meeting, conference, congress, convention: eine ~ abhalten to hold a meeting; eine ~ einberufen to call (*od.* convene) a meeting; an einer ~ teilnehmen to participate in a meeting. – **2.** *pol.* (*eines Ausschusses*) session, sitting. – **3.** (*Beratung*) deliberation, conference.

'Ta·gungs₁be₁richt *m* proceedings *pl.* — **~₁ort** *m* meeting place, venue. — **~₁teil₁neh·mer, ~₁teil₁neh·me·rin** *f* participant in a meeting (*od.* conference).

'tag₁,wei·se *adv cf.* tageweise. — **T~₁werk** *n* **1.** *cf.* Tagewerk. – **2.** *Southern G. and Swiss obs.* a land measure varying between 27 and 47 ares.

ta·hi·tisch [ta'hi:tɪʃ] *adj* Tahitian.

Tahr [ta:r] *m* ⟨-s; -s⟩ *zo.* tahr, thar (*Hemitragus jemlaicus*).

Tai·fun [taɪ'fu:n] *m* ⟨-s; -e⟩ *meteor.* typhoon. — **t~₁ar·tig** *adj* typhonic.

Tai·ga ['taɪga] *f* ⟨-; *no pl*⟩ *geogr.* (*bes. in Sibirien*) taiga.

Tail·le ['taljə] *f* ⟨-; -n⟩ **1.** waist: eine schlanke ~ haben to have a slim (*od.* slender) waist; j-n um die ~ fassen to put one's arm (a)round s.o.'s waist; das Kleid ist auf ~ gearbeitet the dress is waisted, the dress is fitted (*od.* close-fitting) at the waist. – **2.** (*fashion*) (*des Kleides*) bodice, corsage. – **3.** (*beim Kartenspiel*) shuffle and cut. – **4.** *hist.* (*in Frankreich*) taille.

'Tail·len₁um₁fang *m,* **~₁wei·te** *f* waist (measurement).

Tail·leur¹ [ta'jø:r] *m* ⟨-s; -s⟩ *obs. for* Schneider 1, 2.

Tail'leur² *n* ⟨-s; -s⟩ *bes. obs. od. Swiss* (*fashion*) tailleur (*woman's tailored costume*).

tail·lie·ren [ta'ji:rən] **I** *v/t* ⟨*no ge-, h*⟩ (*Kleid, Anzug etc*) waist, fit (*s.th.*) at the waist. – **II** *v/i* (*games*) shuffle and cut (the cards).

tail'liert I *pp.* – **II** *adj* waisted, fitted (*od.* close-fitting) at the waist.

Tai·lor·made ['teɪlə₁meɪd] (*Engl.*) *n* ⟨-; -s⟩ (*fashion*) *cf.* a) Schneiderkostüm, b) Schneiderkleid.

Tai·pan ['taɪpan] *m* ⟨-; -s⟩ *zo.* (*austral. Giftnatter*) taipan (*Oxyuranus scutellatus*).

Ta·kel ['ta:kəl] *n* ⟨-s; -⟩ *mar.* a) tackle, b) (*schweres*) purchase: großes ~ main tackle; loses ~ pendant tackle.

Ta·ke·la·ge [takə'la:ʒə] *f* ⟨-; -n⟩ *mar.* (*sport*) rig(ging): zu schwere ~ haben to be overrigged.

'Ta·ke·ler *m* ⟨-s; -⟩ *mar.* (ship) rigger.

ta·keln ['ta:kəln] *v/t* ⟨*h*⟩ *mar.* (*sport*) **1.** (*Schiff*) rig. – **2.** (*Tauende*) whip. — **'Ta·ke·lung** *f* ⟨-; -en⟩ *cf.* Takelage.

'Ta·kel₁werk *n mar.* (*sport*) *cf.* Takelage.

Ta·kin ['ta:kɪn] *m* ⟨-s; -s⟩ *zo.* takin (*Budorcas taxicolor*).

Ta·ko·nit [tako'ni:t, -'nɪt] *m* ⟨-(e)s; -e⟩ *min.* taconite.

Takt¹ [takt] *m* ⟨-(e)s; -e⟩ **1.** *bes. mus.* time, measure, meter, *bes. Br.* metre: den ~ schlagen to beat (the) time; im ~ spielen to play in time; den ~ halten, im ~ bleiben a) to keep time, b) (*beim Rudern etc*) to keep stroke; aus dem ~ kommen (*od.* fallen) a) to lose beat, b) *fig.* to be put out of one's stride; aus dem ~ (gekommen) sein to be off time (*od.* off [the] beat); j-n aus dem ~ bringen a) to put s.o. out of time, to put s.o. off time, b) *fig.* to disconcert s.o., to put s.o. out of his stride; den ~ angeben a) to give the time, b) *fig.* to be the leader; sich im ~ bewegen to move in time to the music; im ~ marschieren *bes. mil.* to march in time, to keep (in) step; gegen den ~ marschieren to march out of time, to be out of step; gegen den (*od.* nicht im) ~ spielen to play out of time (*od.* off the beat); den ~ wechseln to change time; zweiteiliger ~ simple time. – **2.** *mus. Br.* bar, *Am.* measure: er spielte die ersten ~e eines Liedes he played the first few bars of a song; zwei ~e voraus sein to be two bars ahead (of time); setzen Sie im vierten ~ ein (you) cut in at bar four; 5 ~e nach E five bars after E; hier sind drei ~e Pause there are three bars' rest here, there is a rest of three bars here; mitten im ~ abbrechen to break off in the middle of a bar; einen ~ vorgeben (*od.* vorzählen) to count in (*od.* off) one measure. – **3.** *metr.* (*Rhythmus*) rhythm, cadence, measure. – **4.** (*der Maschinen etc*) cycle. – **5.** (*Arbeitstakt der Fließbandproduktion etc*) phase, cycle. – **6.** *auto.* a) cycle, b) (*Hub*) stroke. – **7.** *tel.* cadence. – **8.** (*sport*) (*in Dressur*) rhythm.

Takt² *m* ⟨-(e)s; *no pl*⟩ tact(fulness), delicacy: ~ haben to have tact; die Angelegenheit mit ~ behandeln to handle the affair with tact (*od.* great delicacy, discretion, savoir faire); es fehlt ihm an ~ he lacks tact; j-m Mangel an ~ vorwerfen to accuse s.o. of tactlessness (*od.* lacking tact, having no tact); den ~ verletzen, gegen den ~ verstoßen to offend against tact (*od.* delicacy).

'Takt₁art *f mus.* time, measure, meter, *bes. Br.* metre. — **~be₁zeich·nung** *f* time signature. — **~₁feh·ler** *m* **1.** *mus.* break in time. – **2.** *cf.* Taktlosigkeit. — **t~₁fest** *adj mus.* steady (in keeping time), beat-

-conscious: ~ sein to keep good time. — ~**ge·ber** m (computer) clock. — ~**ge,fühl** n ⟨-(e)s; no pl⟩ tact(fulness), delicacy, sense of tact: kein ~ haben to have no tact, to lack tact.

tak·tie·ren¹ [tak'ti:rən] **I** v/i ⟨no ge-, h⟩ **1.** mus. beat (the) time, give (od. indicate) the beat. – **2.** tech. a) (von Maschinen) time, index, b) (von Arbeitsvorgängen) cycle. – **II T~** n ⟨-s⟩ **3.** verbal noun.

tak·tie·ren² v/i ⟨no ge-, h⟩ proceed tactically.

Tak·tie·rung f ⟨-; no pl⟩ cf. Taktieren¹.

Tak·tik ['taktik] f ⟨-; -en⟩ **1.** mil. tactics pl (usually construed as sg). – **2.** fig. (planmäßiges Vorgehen) tactics pl: eine raffinierte ~ anwenden to use subtle tactics; nach einer bestimmten ~ vorgehen to proceed according to certain tactics.

Tak·ti·ker ['taktikər] m ⟨-s; -⟩ mil. auch fig. tactician.

tak·tisch adj **1.** mil. (Einheit, Einsatz, Erprobung, Zeichen etc) tactical: ~er Führer officer in tactical command; ~e Luftunterstützung tactical air support; ~e Waffen tactical arms. – **2.** fig. (Vorgehen etc) tactical.

takt·los adj **1.** (Mensch, Benehmen, Frage, Bemerkung etc) tactless, without (od. lacking) tact, untactful, indelicate. – **2.** (indiskret) indiscreet, indelicate. — **'Takt·lo·sig·keit** f ⟨-; -en⟩ **1.** ⟨only sg⟩ tactlessnees, lack of tact, untactfulness, indelicacy. – **2.** (taktloses Verhalten) tactless thing: das war eine ~ that was a tactless thing to do; eine ~ begehen to do s.th. tactless, to drop a brick (colloq.). – **3.** (taktlose Bemerkung etc) tactless (od. indelicate) remark. – **4.** (Indiskretion) indiscretion, indelicacy.

'takt,mä·ßig mus. **I** adj measured, well-timed (attrib), square: ~er Rhythmus measure. – **II** adv in time.

'Takt,mes·ser m mus. metronome. — ~**pau·se** f bar rest. — ~**stock** m (conductor's) baton, stick (colloq.): den ~ schwingen (auch conveyer) to wield the baton. — ~**stra·ße** f tech. conveyor (auch conveyer) line. — ~**strich** m mus. bar (line). — ~**teil** m beat, part of the bar: guter ~ good (od. strong) beat; schlechter ~ weak beat, offbeat.

'takt,voll **I** adj **1.** tactful, delicate: ein ~er Mensch a tactful person, a person of tact. – **2.** (diskret) discreet, delicate. – **II** adv **3.** ~ über (acc) etwas hinweggehen to pass s.th. over tactfully (od. with [great] tact [od. delicacy], delicately).

'Takt,vor,zei·chen n, ~**vor,zeich·nung** f mus. time signature. — ~**wech·sel** m change of time (od. meter, bes. Br. metre). — ~**zahl** f bar number. — ~**zeit** f tech. cycle time.

Tal [ta:l] n ⟨-(e)s; ⁼er, poet. obs. -e⟩ valley; vale, dale (poet.): ein enges ~ a narrow (od. steep-sided) valley; ein weites ~ a wide (od. broad) valley; über Berg und ~ wandern to hike cross-country; zu ~ a) downhill, down into the valley, b) mar. downstream.

tal'ab(,wärts) adv **1.** down into the valley. – **2.** mar. downstream.

Ta·lar [ta'la:r] m ⟨-s; -e⟩ **1.** (der Richter u. Geistlichen) robe, gown, auch toga. – **2.** (der Professoren) gown, robe.

tal'auf(,wärts) adv **1.** up the valley. – **2.** mar. upstream.

'Tal,be,woh·ner m inhabitant of a (od. the) valley. — ~**bil·dung** f valley formation. — ~**bo·den** m valley floor (od. bottom).

'Tal,bot,wa·gen ['talbət-] m (railway) self-dumping car.

Ta·le'gal·la,huhn [tale'gala-] n zo. brush (od. wattle) turkey (Alectura lathami).

'Tal,ein,schnitt m geol. section of a valley. — ~**en·ge** f **1.** narrow of a valley, defile. – **2.** cf. Schlucht 1.

Ta·lent [ta'lɛnt] n ⟨-(e)s; -e⟩ **1.** (Begabung, Gabe) talent, (natural) gift (od. endowment): sie hat ~ zum Schauspielen she has a talent for acting; ein ~ brachliegen lassen to let a talent lie fallow, to waste a talent; er hat ein ~, im falschen Augenblick das Falsche zu sagen colloq. iron. he has a particular talent for (od. colloq. he is great at) saying the wrong thing at the wrong time. – **2.** (Person) talent, talented (od. gifted) person: er ist ein großes ~ he is a great talent; junge ~e

fördern to promote young talents. – **3.** antiq. (altgriech. Gewichts- u. Münzeinheit) talent.

ta·len·tiert [talɛn'ti:rt] adj talented, gifted: sehr ~ of great talent, highly talented (od. gifted).

ta'lent·los adj untalented, ungifted, without talent (od. gifts), talentless. — **Ta'lent·lo·sig·keit** f ⟨-; no pl⟩ lack of talent.

Ta'lent,pro·be f proof of one's talent.

ta'lent,voll adj cf. talentiert.

'Ta·ler m ⟨-s; -⟩ hist. (ehemalige dt. Silbermünze) taler, auch thaler, German dollar: → Pfennig 2. — ~**fisch** m zo. silver tetra (Ctenobrycon spilurus).

'Tal,fahrt f **1.** (mit dem Auto) downhill drive (od. run, trip). – **2.** (auf Skiern) downhill run, descent. – **3.** (mit Seilbahn) descent, trip down. – **4.** mar. a) downstream run (od. trip), b) downhill navigation. – **5.** bes. econ. pol. fig. downward trend, downswing.

Talg [talk] m ⟨-(e)s; -e⟩ **1.** (roh u. eßbar) suet. – **2.** (ausgelassener) a) (eßbarer) dripping, b) (ungenießbarer) tallow. – **3.** med. (der Talgdrüsen) sebaceous matter, sebum. — **t~,ab,son·dernd** adj med. sebaceous, sebiparous. — ~**ab,son·de·rung** f **1.** ⟨only sg⟩ secretion of sebaceous matter, sebaceous secretion. – **2.** sebum deposit.

'talg,ar·tig adj **1.** suety. – **2.** med. sebaceous.

'Talg,drü·se f med. sebaceous (od. oil) gland. — **'Talg,drü·sen,zy·ste** f sebaceous cyst.

tal·gen ['talgən] v/t ⟨h⟩ grease (s.th.) with tallow, tallow.

tal·gig ['talgɪç] adj **1.** cf. talgartig 1. – **2.** med. a) (Haut) sebaceous, b) (seborrhoisch) seborrhoic. – **3.** fig. (Gesichtsfarbe etc) tallowy.

'Talg|,ker·ze f, ~**licht** n tallow candle.

'Tal|,grund m cf. Talboden. — ~**hän·ge** pl slopes (od. sides) of a valley.

Ta·li·on [ta'lio:n] f ⟨-; -en⟩ jur. hist. talion, lex talionis. — **Ta·li·ons·prin,zip** n talionic principle.

Ta·li·pes ['ta:lipes] m ⟨-; -pedes [ta'li:pedes]⟩ med. talipes, clubfoot.

'Ta·li,pot,pal·me ['ta:lipɔt-] f bot. talipot (palm) (Corypha umbraculifera).

Ta·lis·man ['ta:lɪsman] m ⟨-s; -e⟩ talisman, mascot, (good-luck) charm.

Tal·je ['taljə] f ⟨-; -n⟩ mar. tackle: mit einer ~ holen (od. heben) to tackle, to purchase. — **'tal·jen** v/t ⟨h⟩ mar. tech. tackle, purchase.

'Tal·jen,läu·fer m mar. tackle fall.

'Tal·je,reep n mar. lanyard, auch laniard.

Talk [talk] m ⟨-(e)s; no pl⟩ min. talc(um), soapstone, steatite. — **t~,ar·tig** adj talcose, talcous, talcky, Br. auch talky. — ~**er·de** f min. magnesia, magnesium oxide, talcite, earthy talc.

'Tal,kes·sel m geol. (valley) basin, hollow, deep circular valley.

'talk,hal·tig adj min. talcose, talcous, talcky, Br. auch talky.

'Talk|,pu·der m, colloq. n talcum powder, talc (colloq.). — ~**spat** m min. magnesite.

Tal·kum ['talkum] n ⟨-s; no pl⟩ **1.** min. cf. Talk. – **2.** tech. powdered talc (od. soapstone). – **3.** cf. Talkpuder.

tal·ku·mie·ren [talku'mi:rən] v/t ⟨no ge-, h⟩ (Handschuhe etc) powder (s.th.) with talcum.

'Tal·kum,pu·der m, colloq. n cf. Talkpuder.

tal·lie·ren [ta'li:rən] v/t ⟨no ge-, h⟩ mar. tally.

Tal·lith [ta'li:t] m ⟨-; -⟩ (jüdischer Gebetsmantel) tallit(h), tal(l)is, auch talith(h).

Tall,öl ['tal-] n chem. tech. tall oil, (raffiniertes) gloss oil.

'Tal·ly,mann ['tali-] m ⟨-(e)s; ⁼er⟩ mar. tallyman, (cargo) checker, Br. auch tally clerk. [(fake.]

tal·mi ['talmi] adj ⟨pred⟩ Austrian sham,}

'Tal·mi n ⟨-s; no pl⟩ **1.** cf. Talmigold. – **2.** fig. (Unechtes) sham, pinchbeck, Am. colloq. goldbrick. — ~**gold** n talmi (od. imitation, Abyssinian) gold, pinchbeck. — ~**wa·re** f imitation (od. fake) goods pl, spurious articles pl.

Tal·mud ['talmu:t] m ⟨-(e)s; -e⟩ relig. Talmud. — **tal'mu·disch** adj Talmudic, auch Talmudical. — **Tal·mu'dis·mus** [-mu'dɪsmʊs] m ⟨-; no pl⟩ Talmudism. — **Tal·mu'dist** [-mu'dɪst] m ⟨-en; -en⟩ Talmudist.

'Tal|,mul·de f geol. valley basin, hollow. — ~**ne·bel** m valley fog.

Ta·lon [ta'lõ:] m ⟨-s; -s⟩ **1.** econ. (Erneuerungsschein) talon, coupon, renewal certificate. – **2.** (games) a) (Kartenrest beim Geben) stock, talon, b) (Kartenstamm bei Glücksspielen) stock. – **3.** mus. cf. Frosch 5.

'Tal·schaft f ⟨-; -en⟩ Swiss (auch in Vorarlberg) (all the) inhabitants pl of a valley.

'Tal|,schlucht f geogr. a) (große) canyon, gorge, b) (kleinere) ravine. — ~**schluß** m end of a valley, valley's end, valley head. — ~**sen·ke** f cf. Talmulde. — ~**soh·le** f **1.** cf. Talboden. – **2.** bes. econ. pol. fig. depression. — ~**sper·re** f civ.eng. dam, barrage. — ~**sta·ti,on** f (einer Seilbahn) valley station. — ~**ter,ras·se** f geol. valley terrace. — ~**über,füh·rung** f civ.eng. viaduct.

Ta·lus ['ta:lus] m ⟨-; Tali [-li]⟩ med. (Sprungbein) ankle bone; talus, astragalus (scient.).

'tal,wärts adv cf. talab(wärts).

'Tal|,weg m **1.** valley path. – **2.** geogr. thalweg. — ~**wind** m valley breeze.

Ta·man·dua [ta'mandüa] m ⟨-(s); -(s)⟩ zo. tamandua, caguare (Tamandua tetradactyla; arboreal anteater).

Ta·ma·rin [tama'ri:n] m ⟨-s; -s⟩ zo. (Krallenäffchen) tamarin (Gattg Tamarin).

Ta·ma·rin·de [tama'rɪndə] f ⟨-; -n⟩ bot. **1.** (Baum) tamarind (auch tamarindo) (tree) (Tamarindus indica). – **2.** (Frucht) tamarind, auch tamarindo.

Ta·ma·ris·ke [tama'rɪskə] f ⟨-; -n⟩ bot. tamarisk (Gattg Tamarix).

Tam·bour ['tambu:r] m ⟨-s; -e, Swiss Tambouren [-'bu:rən]⟩ **1.** (Trommel) drum. – **2.** (eines Spielmannszuges etc) drummer. – **3.** arch. (eines Kuppelgewölbes) drum. – **4.** tech. (in der Spinnerei) cylinder. — ~**ma,jor** m drum major. — ~**stock** m (drum major's) baton.

Tam·bur [tam'bu:r] m ⟨-s; -e⟩ **1.** (Stickrahmen) tambour (frame), embroidery ring (od. frame). – **2.** tech. cf. Tambour 4. — **tam·bu'rie·ren** [-bu'ri:rən] v/t ⟨no ge-, h⟩ (sticken) embroider (s.th.) on a tambour.

Tam·bu·rin [tambu'ri:n] n ⟨-s; -e⟩ **1.** mus. cf. Schellentrommel. – **2.** cf. Tambur 1. – **3.** (sport) a) (Gerät für Ballspiel) tabor-shaped racket, b) (für Gymnastik) tambourine.

Ta·mil ['ta:mil] n ⟨-(s); no pl⟩ ling. Tamilian (auch Tamilic) language. — **Ta·mi·le** [ta'mi:lə] m ⟨-n; -n⟩ Tamil(ian). — **ta·mi·lisch** [ta'mi:lɪʃ] adj Tamil(ian), auch Tamilic: ~e Sprache ling. cf. Tamil.

Tamp [tamp] m ⟨-s; -e⟩, **'Tam·pen** m ⟨-s; -⟩ mar. rope end.

Tam·pon ['tampon; tã'põ:] m ⟨-s; -s⟩ **1.** med. tampon, plug: aufsaugender [medikamentöser] ~ absorbent [medicated] tampon. – **2.** (Vaginaltampon) tampon. – **3.** print. (zum Einschwärzen) tampon, ink ball.

Tam·po·na·de [tampo'na:də] f ⟨-; -n⟩ med. tamponade, tamponage.

tam·po·nie·ren [tampo'ni:rən] v/t ⟨no ge-, h⟩ med. tampon, plug, pack.

Tam·tam [,tam'tam; 'tam'tam] n ⟨-s; -s⟩ **1.** mus. (Instrument) tam-tam. – **2.** (lautmalend für Trommelschlagen) tom-tom, tum-tum. – **3.** ⟨only sg⟩ colloq. fuss, to-do, ado: viel ~ (um j-n) machen to make a lot of fuss (about s.o.), to make a big fuss (of s.o., Am. over s.o.). – **4.** ⟨only sg⟩ colloq. (Reklamerummel) ballyhoo: die Festspiele wurden mit großem ~ eröffnet the festival was opened with a lot of ballyhoo.

Ta·mu·le [ta'mu:lə] m ⟨-n; -n⟩ cf. Tamile. — **ta'mu·lisch** adj cf. tamilisch.

Ta·na ['ta:na] f ⟨-; -s⟩ zo. tana (Tana tana).

'Ta·na,gra·fi,gur ['ta:nagra-] f meist pl antiq. Tanagra (figurine).

Tand [tant] m ⟨-(e)s; no pl⟩ **1.** (glänzende, wertlose Dinge) baubles pl, gewgaws pl. – **2.** (hübsche Kleinigkeiten) trinkets pl, knicknacks pl, auch nic(k)nac(k)s pl, bric-a-brac, trifles pl. – **3.** (Flitterkram) tinsel, glitter. – **4.** (Spielzeug) playthings pl, toys pl. – **5.** (Trödelkram) junk, trash, trumpery.

Tän·de'lei f ⟨-; -en⟩ **1.** cf. Tändeln. – **2.** (Liebelei) flirt(ation); philander, dalliance (lit.).

'Tän·de·ler m ⟨-s; -⟩ cf. Tändler.

'Tan·del,markt ['tandəl-] m Austrian colloq., **'Tän·del,markt** m dial. for Trödelmarkt.

tän·deln ['tɛndəln] **I** v/i ⟨h⟩ lit. **1.** play

about, dally. - **2.** (*liebeln*) flirt; philander, dally (*lit.*). - **II T~** n ⟨-s⟩ **3.** *verbal noun.*

'**Tän·del**|**schür·ze** f fancy (*od.* frilly) apron.

Tan·dem ['tandɛm] n ⟨-s; -s⟩ **1.** (*Fahrrad*) tandem (bicycle). - **2.** (*Pferdegespann*) tandem (cart). - **3.** *tech.* tandem arrangement. — ~**an**|**ord·nung** f *tech.* tandem arrangement. — ~**fah·rer** m **1.** (*eines Fahrrades*) tandem rider. - **2.** (*eines Pferdegespannes*) tandem driver. — ~**flug·zeug** n *aer.* tandem (aircraft). — ~**ma·schi·ne** f *tech.* tandem engine. — ~**pum·pe** f tandem pump. — ~**ren·nen** n (*sport*) tandem race.

Tand·ler ['tandlər] m ⟨-s; -⟩ *Bavarian and Austrian colloq.* for Trödler 1.

'**Tänd·ler** m ⟨-s; -⟩ **1.** (*Schäker*) flirt(er), philanderer (*lit.*). - **2.** *dial.* for Trödler 1.

Tang [taŋ] m ⟨-(e)s; -e⟩ *bot.* seaweed.

Tan·ga·re [taŋ'gaːrə] f ⟨-; -n⟩ *zo.* (*Singvogel*) **1.** tanager (*Fam. Thraupidae*). - **2.** organist (*Gattg Euphonia*).

Tan·gens ['taŋgɛns] m ⟨-; -⟩ *math.* tangent. — ~**kur·ve** f tangent curve.

Tan·gen·te [taŋ'gɛntə] f ⟨-; -n⟩ **1.** *math.* tangent. - **2.** (*in Städteplanung*) tangential trunk road. - **3.** *mus.* (*am Klavichord*) tangent.

Tan·gen·ten|**bus·so·le** f *electr.* tangent galvanometer. — ~**kur·ve** f *math.* tangent curve. — ~**schar** f (*einer Kurve*) web (*od.* family) of tangent lines. — ~**schnitt**|**punkt** m point of intersection of tangents.

tan·gen·ti·al [taŋgɛn'tsiaːl] *adj math.* tangential. — **T~**|**be**|**schleu·ni·gung** f *phys.* tangential acceleration. — **T~**|**ebe·ne** f *math.* tangent(ial) plane, plane of tangency. — **T~**|**kraft** f **1.** *phys.* tangential force. - **2.** *geol.* shear, shearing stress. — **T~**|**punkt** m *math.* tangent point. — **T~**|**schnitt** m chordal surface.

tan·gie·ren [taŋ'giːrən] v/t ⟨no ge-, h⟩ **1.** *math.* touch, be tangent to. - **2.** *fig.* affect, concern: diese Bestimmung tangiert mich nicht this regulation does not affect me.

Tan·go ['taŋgo] m ⟨-s; -s⟩ (*Gesellschaftstanz*) tango: ~ tanzen to dance the tango, to tango. — ~**be**|**leuch·tung** f *colloq.* dim lighting. — ~**jüng·ling** m *colloq. contempt.* dandy, playboy, *Br. sl.* auch spiv.

Tank [taŋk] m ⟨-(e)s; -s, *rare* -e⟩ **1.** (*Flüssigkeitsbehälter*) tank, container, receptacle. - **2.** (*eines Autos*) (gasoline, *colloq.* gas, *Br.* petrol) tank. - **3.** *mil.* (*Panzer*, *bes. im 1. Weltkrieg*) tank. — ~**an**|**hän·ger** m *auto.* tank trailer. — ~**an**|**la·ge** f fuel tank, fuel-storage depot. — ~**damp·fer** m *mar.* (oil) tanker. — ~**deckel** (*getr.* -k·k-) m cf. Tankverschluß.

tan·ken ['taŋkən] **I** v/i ⟨h⟩ **1.** fill up, (re)fuel, *bes. Am.* refill, *Am. colloq.* gas up: ich muß unbedingt ~ I really must fill up (*od.* stop to refuel); er hat zuviel getankt *fig. colloq.* he has had one too many (*colloq.*). - **2.** *aer.* (re)fuel: in der Luft ~ *aer.* to refuel in flight. - **II** v/t **3.** fill up with, *Am.* tank: 20 Liter (Benzin) ~ to fill up with 20 liters (of gasoline, *Br.* petrol); frische Luft ~ *fig. colloq.* to get a breath of fresh air; frische Kräfte ~ *fig. colloq.* to work up one's strength. - **4.** *fig. colloq.* (*Feuerzeug, Füllfederhalter etc*) refill. — **III** T~ n ⟨-s⟩ **5.** *verbal noun.*

'**Tan·ker** m ⟨-s; -⟩ *mar.* (oil) tanker. — ~**flot·te** f tanker fleet.

'**Tank**|**flug·zeug** n *aer.* tanker plane. — ~**in**|**halt** m **1.** contents *pl* of a tank. - **2.** (*Fassungsvermögen*) tank capacity. — ~**la·dung** f *bes. mar.* tank cargo. — ~**last**|**zug** m *auto.* tank truck train. — ~**lösch**|**fahr**|**zeug** n fire extinguishing tanker. — ~**re**|**ak·tor** m *nucl.* tank-type reactor. — ~**rei·ni·gung** f tank cleaning. — ~**säu·le** f *Am.* gasoline (*od. colloq.* gas) pump, *Br.* petrol pump. — ~**schiff** n *mar.* (oil) tanker. — ~**schiff·fahrt** (*getr.* -ff·f-) f tank shipping.

'**Tank**|**stel·le** f *auto.* service (*od.* filling) station, *Am.* gasoline (*od. colloq.* gas) station, *Br.* petrol station: freie ~ independent (*od.* free, private-contract) service (*od.* filling) station.

'**Tank**|**stel·len**|**wart** m cf. Tankwart. — ~**zu·be**|**hör** n service-station equipment.

'**Tank**|**uhr** f (*der Tanksäule*) gasoline (*od. colloq.* gas, *Br.* petrol) pump meter, fuel ga(u)ge. — ~**ver**|**schluß** m **1.** *auto.* filler cap. - **2.** tank lid. — ~**wa·gen** m **1.**

auto. tanker, *Am.* tank truck, *Br.* petrol (*od.* tank) lorry, *Br.* tank car, road transport tanker. - **2.** (*railway*) tank car (*od.* waggon, *bes. Am.* wagon). — ~**wart** m *auto.* service-station (*Br.* [petrol-]pump) attendant.

Tann [tan] m ⟨-(e)s; -e⟩ *poet.* for Tannenwald.

Tan·nat [ta'naːt] n ⟨-(e)s; -e⟩ *chem.* (*Gerbsäuresalz*) tannate.

Tan·ne ['tanə] f ⟨-; -n⟩ **1.** *bot.* a) fir (tree) (*Gattg Abies*), b) (*Weiß- od. Edeltanne*) silver fir (*A. alba*): schlank wie eine ~ (as) slender as a young sapling (*od.* as a blade); kerzengerade (gewachsen) wie eine ~ (as) straight as a rod (*od.* die). - **2.** *bot.* (*Rottanne, Fichte*) spruce (*od.* as a blade); (*Picea abies*). - **3.** *cf.* Tannenholz.

Tän·nel ['tɛnəl] m ⟨-s; -⟩ *bot.* waterwort (*Gattg Elatine*).

'**tan·nen** *adj* (made of) deal, made of fir.

'**Tan·nen**|**baum** m **1.** *bot.* cf. Tanne 1, 2. - **2.** *cf.* Weihnachtsbaum. — ~**ge**|**hölz** n fir grove. — ~**grün** n fir sprigs *pl.* — ~**hä·her** m *zo.* nutcracker, nutbreaker (*Nucifraga caryocatactes*). — ~**harz** n fir resin. — ~**holz** n fir (wood), spruce. — ~**laus** f *zo.* pine blight (*Fam. Adelgidae*). — ~**mei·se** f coal tit, coletit (*Parus ater*). — ~**na·del** f fir needle. — ~**wald** m fir wood (*od.* forest), forest of fir trees. — ~**we·del**, (**Ge'mei·ner**) m *bot.* horsetail, mare's tail, bottlebrush (*Hippuris vulgaris*). — ~**zap·fen** m fir cone. — ~**zweig** m **1.** (*kleiner*) fir twig (*od.* sprig). - **2.** (*großer*) fir branch.

'**Tan·nicht, Tän·nicht** ['tɛnɪçt] n ⟨-(e)s; -e⟩ *obs.* thicket of young firs.

tan·nie·ren [ta'niːrən] v/t ⟨no ge-, h⟩ *tech.* (*Leder*) tan, treat (*s.th.*) with tannic acid.

Tan·nin [ta'niːn] n ⟨-s; no pl⟩ *chem.* tannin. — ~**bei·ze** f tannin mordant. — ~**säu·re** f *chem.* tannic acid.

Tänn·ling ['tɛnlɪŋ] m ⟨-s; -e⟩ *bot.* young fir (tree).

Tan·rek ['tanrɛk] m ⟨-s; -s⟩ *zo.* (*Borstenigel*) tenrec, *auch* tanrec (*Tenrec ecaudatus*).

Tan·se ['tanzə] f ⟨-; -n⟩ *Swiss* a vat for carrying milk, wine, grapes etc on the back.

Tan·tal [tantal] n ⟨-s; no pl⟩ *chem.* tantalum (Ta).

Tan·ta·li·de [tanta'liːdə] m ⟨-n; -n⟩ *myth.* Tantalid. — **Tan·ta·li·den·ge**|**schlecht** n ⟨-(e)s; no pl⟩ race of the Tantalids.

Tan·ta·lit [tanta'liːt, -'lɪt] m ⟨-s; no pl⟩ *min.* tantalite.

'**Tan·tal**|**lam·pe** f *electr.* tantalum lamp.

Tan·ta·lus ['tantalus] *npr* m ⟨-; no pl⟩ *myth.* Tantalus. — ~**Meer**|**kat·ze** f *zo.* Tantalus monkey (*Cercopithecus aethiops tantalus*). — ~**qua·len** *pl fig. u. myth.* torments of Tantalus: j-m ~ bereiten, j-n ~ ausstehen lassen to tantalize (*Br. auch* -s-) s.o.; ~ leiden (*od.* ausstehen) to suffer agonies, to go through hell (*colloq.*).

'**Tant·chen** n ⟨-s; -⟩ auntie, aunty.

Tan·te ['tantə] f ⟨-; -n⟩ **1.** aunt. - **2.** (*in der Anrede*) aunt, auntie, aunty: liebe ~ Agathe dear aunt(ie) Agatha. - **3.** (*child's language*) lady: sag der ~ auf Wiedersehen! say good-bye to the lady! - **4.** (*child's language*) cf. Kindergärtnerin. - **5.** eine (alte) ~ *colloq. contempt.* a(n old) woman. - **6.** *sl.* (*Homosexueller*) 'queer', 'pansy' (*beide sl.*), *bes. Am. sl.* 'fairy'. - **7.** zu ~ Meier gehen *colloq.* (*austreten*) to pay a visit (*od.* call), *Br.* to spend a penny, *Am.* to go see Mrs. Jones (*alle colloq.*).

'**tan·ten·haft** *adj fig. contempt.* spinsterish, old-maidish, grannyish.

T-An·ten·ne ['teː-] f (*radio*) T-antenna, *bes. Br.* T-aerial.

Tan·tie·me [tã'tiːmə] f ⟨-; -n⟩ **1.** (*eines Autors, Erfinders etc*) royalty. - **2.** *econ.* tantième, percentage (of profits), bonus, director's fee. — ~**steu·er** f tax on tantième (*od.* director's fee).

Tanz [tants] m ⟨-es; ⁻e⟩ **1.** dance: ein moderner [ländlicher] ~ a modern [rustic *od.* rural] dance; j-n zum ~ auffordern to ask (*od.* to invite) s.o. to dance, to ask s.o. for a dance (*colloq.*); darf ich um den nächsten ~ bitten? may I have the pleasure of the next dance? die Kapelle spielte zum ~ auf the band struck up for a dance; einen ~ aussetzen to sit out a dance; sich im ~(e) drehen to spin (*od.* whirl) (a)round in a dance; einen ~ hinlegen (*od.* aufs Parkett legen) *colloq.* to cut a dash (on the dance floor). - **2.** *fig.* (*in Wendungen wie*) der ~

ums Goldene Kalb the worship of the golden calf; → Vulkan. - **3.** *fig. poet.* (*der Mücken, Wellen, Blätter etc*) dance, dancing. - **4.** (*Tanzveranstaltung*) dance, hop (*colloq.*): zum ~ gehen to go to a dance, to go dancing; j-n zum ~ führen to take s.o. out to a dance; heute abend ist ~ bei X there is a dance (on) tonight at X's. - **5.** (*Ball*) ball. - **6.** *mus.* dance. - **7.** *fig. colloq.* (*Aufhebens, Getue*) fuss, to-do, ado, (*stärker*) row, rumpus (*colloq.*): einen ~ machen (*od.* aufführen) to make a fuss (*od.* a scene), to make a (big) song and dance (*colloq.*). - **8.** *fig. colloq. iron.* (*Rummel*) 'fun' (*colloq.*): jetzt kann der ~ beginnen (*od.* losgehen)! now for the (*od.* some) fun! einen ~ mit j-m haben to have a quarrel with s.o.; dann ging der ~ erst richtig los this was but the beginning of the fun. — ~**abend** m evening's dancing. — ~**bar** f bar with dancing. — ~**bär** m dancing bear. — ~**bein** n only in das ~ schwingen *colloq.* to shake a leg (*colloq.*), to trip the light fantastic (*humor.*). — ~**bo·den** m **1.** dance hall. - **2.** *cf.* Tanzfläche. — ~**ca**|**fé** n coffeehouse (*Br.* coffee-house) with dancing.

Tänz·chen ['tɛntsçən] n ⟨-s; -⟩ *dim.* of Tanz: wollen wir ein ~ wagen? shall we venture a dance?

'**Tanz**|**da·me** f (dancing) partner. — ~**die·le** f cf. Tanzlokal.

tän·zeln ['tɛntsəln] v/i ⟨h, *in eine Richtung* sein⟩ **1.** skip, caper: sie tänzelte durch das Zimmer she skipped through the room. - **2.** (*von Pferden*) prance. - **3.** (*von Boxer*) dance, shuffle.

tan·zen ['tantsən] **I** v/i ⟨h u. sein⟩ **1.** ⟨h, *in eine Richtung* sein⟩ dance: er tanzt gut he dances well, he is a good dancer; sie hat leidenschaftlich gern getanzt she adored dancing; sie sind durch den ganzen Saal getanzt they danced right through the ballroom; möchtest du ~? would you like to dance (*od. colloq.* shake a leg)? wir wollen heute abend ~ gehen let's go dancing (*od. humor.* let's trip the light fantastic) tonight; auf der Terrasse wurde getanzt there was dancing on the terrace; heute abend gibt es den „Feuervogel" — es tanzt das Ballett X the "Firebird" is on the program(me) tonight, danced by the X ballet; auf dem Seil ~ to dance on (*od.* to walk) the tightrope, to tightrope; nach Radiomusik ~ to dance to music from (*od.* on) the wireless (*bes. Am.* radio); → Pfeife 1; Reihe 1; Vulkan. - **2.** ⟨sein⟩ (*hüpfen*) dance, skip, jump, hop: die Kinder tanzten vor Freude um den Tisch the children danced (a)round the table with joy. - **3.** ⟨h u. sein⟩ *fig. poet.* dance: das Boot tanzt auf den Wellen the boat dances (*od.* rocks, bobs) on the waves; die Mücken ~ über dem Wasser the midgets are dancing over the water; Schatten tanzten an der Wand shadows were dancing (*od.* playing) on the wall; die Buchstaben tanzten mir vor den Augen the letters were dancing (*od.* swimming) before my eyes. - **II** v/t ⟨h⟩ **4.** dance: Walzer ~ to dance the waltz, to waltz; sich (*dat*) Löcher in die Schuhe ~ to dance holes in one's shoes. - **III** T~ n ⟨-s⟩ **5.** *verbal noun:* zum T~ gehen to go dancing. - **6.** T~ des Bildes (*film*) trembling.

Tän·zer ['tɛntsər] m ⟨-s; -⟩ **1.** (*j-d, der tanzen kann*) dancer: er ist ein guter ~ he is a good dancer. - **2.** (*Tanzpartner*) (dancing) partner: sie hat keinen ~ gefunden she didn't find a partner. - **3.** (*Balletttänzer*) (ballet) dancer, danseur.

Tan·ze·rei f ⟨-; -en⟩ **1.** eine (kleine) ~ *colloq.* (*Tanzparty*) a bit of a dance (*od. colloq.* hop). - **2.** *contempt.* capers *pl.*

'**Tän·ze·rin** f ⟨-; -nen⟩ **1.** dancer: sie ist keine besondere ~ she is not much of a dancer. - **2.** (*Tanzpartnerin*) (dancing) partner: seine ~ war sehr schüchtern his partner was very shy; es mangelte an ~nen auf dem Ball there were not enough young ladies to dance with at the ball. - **3.** (*Balletttänzerin*) (ballet) dancer, danseuse, ballerina. - **4.** (*Revuetänzerin*) chorus (*od.* dancing) girl.

'**tän·ze·risch** *adj* ~e Fähigkeiten dancing talent *sg*, talent *sg* for dancing; die ~e Leistung war hervorragend the dancing was first-class.

'**Tanz**|**fest** n **1.** dance: ein kleines ~ geben (*od.* veranstalten) to give a a small dance.

- 2. (*Ball*) ball. — **~fi.gur** f figure, phrase. — **~flä.che** f **1.** dance floor. **- 2.** dancing room (*od.* area). — **~flie.ge** f zo. dancing fly, empis (*Fam. Empididae*): Gewürfelte ~ tesselate empis (*Empis tesselata*). — **~ge.sell.schaft** f dance, dancing party, Am. auch dansant. — **~girl** n chorus girl. — **~grup.pe** f chorus, group of dancers (*od.* chorus girls). — **~ka.pel.le** f dance band. — **~kar.te** f obs. (*einer Dame auf Bällen*) (ball) program(me). — **~kleid** n **1.** dancing dress. **- 2.** (*festliches*) ballroom gown. — **~kunst** f (art of) dancing, choreography. — **~kurs** m dancing lessons pl. — **~leh.rer** m dancing instructor (*od.* teacher). — **~leh.re.rin** f dancing instructress (*od.* teacher). **Tänz.lein** ['tɛntslaɪn] n ⟨-s; -⟩ dim. of Tanz.

'Tanz.lied n dancing song. — **~lo.kal** n **1.** restaurant (*od.* bar) with dancing. **- 2.** dance hall. — **~lust** f love of (*od.* enthusiasm for) dancing. — **t.lu.stig** adj fond of dancing: sie ist ~ she enjoys dancing, she loves to dance. — **~mei.ster** m obs. (*bei Gruppentänzen*) dancing master. — **~me.lo.die** f dance melody (*od.* tune). — **~mu.sik** f ⟨-; -en⟩ dance music. — **~or.che.ster** n dance band (*od.* orchestra). — **~paar** n a dancing couple. — **~part.ner** m, **~part.ne.rin** f (dancing) partner. — **~par.ty** f dancing party. — **~plat.te** f dance record, record of dance music. — **~platz** m (*für kultische Tänze*) dancing ground. — **~rhyth.mus** m dance (*od.* dancing) rhythm. — **~saal** m **1.** (*in einem Hotel, Schloß etc*) ballroom, dancing room. **- 2.** (*großes Tanzlokal*) dance hall. — **~schritt** m (dance *od.* dancing) step. — **~schuh** m dance (*od.* dancing) shoe. — **~schu.le** f dancing school. — **~schü.ler** m, **~schü.le.rin** f dancing pupil. — **~sport** m dancing. — **~stun.de** f **1.** dancing lesson. **- 2.** (*Tanzunterricht*) dancing lessons pl (*od.* class): in die ~ gehen to go to dancing lessons (*od.* class), to take dancing lessons. — **~sucht** f psych. choreomania, dinomania. — **~tee** m afternoon(-tea) dance, bes. Am. colloq. tea dance, (thé) dansant. — **~tur.nier** n dancing contest (*od.* competition). — **~un.ter.richt** m **1.** dancing lessons pl (*od.* class). **- 2.** cf. Tanzstunde 1. — **~ver.an.stal.tung** f, **~ver.gnü.gen** n **1.** dance. **- 2.** (*Ball*) ball. — **~wei.se** f **1.** cf. Tanzmelodie. **- 2.** way (*od.* style) of dancing. — **~wut** f psych. dancing mania, tarantism.

Tao ['ta:o; tau] n ⟨-; no pl⟩ philos. tao. — **Tao.is.mus** [tao'ɪsmʊs; tau-] m ⟨-; no pl⟩ Taoism. — **Tao.ist** [tao'ɪst; tau-] m ⟨-en; -en⟩ Taoist. — **tao'isti.sch** adj Taoist(ic).

'Ta.per,greis m colloq. contempt. doddering old man, dodderer. — **'ta.pe.rig** adj Northern G. doddery, doddering. — **ta.pern** ['ta:pərn] v/i ⟨sein⟩ Northern G. dodder.

Ta.pet [ta'pe:t] n ⟨-s; -s⟩ **1.** obs. for Tischdecke. **- 2.** fig. (*in Wendungen wie*) etwas aufs ~ bringen to bring s.th. up, to broach s.th., to bring s.th. on the tapis (*od.* carpet); etwas kommt aufs ~ s.th. comes (*od.* is brought) up for discussion.

Ta.pe.te [ta'pe:tə] f ⟨-; -n⟩ **1.** wallpaper: die ~n wechseln fig. colloq. a) to have a change of scenery (*od.* colloq. wallpaper), b) (*umziehen*) to move (to another house). **- 2.** auch pl paper hangings pl. **- 3.** (*gewirkte*) tapestry.

Ta'pe.ten.bahn f length n (*od.* strip) of wallpaper. — **~ge.schäft** n wallpaper shop (bes. Am. store). — **~händ.ler** m wallpaper dealer. — **~klei.ster** m wallpaper glue (*od.* paste). — **~lei.ste** f border. — **~mot.te** f zo. carpet moth (*Trichophaga tapetzella*). — **~mu.ster** n wallpaper design (*od.* pattern). — **~na.gel** m paperhanger's nail. — **~rol.le** f roll of wallpaper. — **~tür** f jib (*od.* concealed) door. — **~wech.sel** m fig. colloq. **1.** change of scenery (*od.* colloq. wallpaper). **- 2.** move to another house.

ta.pe.zie.ren [tape'tsi:rən] v/t u. v/i ⟨no ge-, h⟩ (wall)paper, decorate: ein Zimmer neu (*od.* frisch) ~ lassen to have a room redecorated (*od.* repapered).

Ta.pe'zie.rer m ⟨-s; -⟩ **1.** decorator, paperhanger, paperer. **- 2.** (*Polsterer*) upholsterer. — **~ar.beit** f **1.** (wall)papering, decorating, paperhanging. **- 2.** (*Polster-*

arbeit) upholstering, upholstery (work). — **~na.del** f tech. upholstering needle. — **~na.gel** m upholstering nail, bes. Br. tin tack. — **~werk.statt** f **1.** decorator's (*od.* paperhanger's) workshop. **- 2.** (*eines Polsterers*) upholsterer's workshop.

Tap.fe ['tapfə] f ⟨-; -n⟩, **'Tap.fen** m ⟨-s; -⟩ meist pl dial. for Stapfe(n).

tap.fer ['tapfər] **I** adj ⟨-er; -st⟩ **1.** (*kühn, heldenhaft*) brave, courageous, valiant, valorous, heroic, gallant: ~en Widerstand leisten to resist bravely. **- 2.** (*mutig*) brave, bold, plucky, daring, manly, stouthearted, manful. **- 3.** (*furchtlos*) dauntless, fearless, intrepid. **- 4.** (*nicht wehleidig*) brave, courageous: ein ~er Patient a brave patient. **- II** adv **5.** bravely, courageously, manfully: sich ~ schlagen auch fig. to fight bravely, to put up a brave fight; sich ~ halten a) (*von Soldaten etc*) to hold out bravely, b) (*in einer Diskussion etc*) to hold one's ground (*od.* own), to stand up for oneself, to put up a good fight; obwohl sie müde waren, sind sie ~ weitermarschiert although they were tired they marched on bravely; einer Versuchung ~ widerstehen to resist a temptation bravely; ~ seine Schmerzen ertragen to bear one's pain(s) courageously; ~ zugreifen colloq. (*beim Essen*) to tuck in with gusto, to take a hearty helping. — **'Tap.fer.keit** f ⟨-; no pl⟩ **1.** (*Kühnheit, Heldenhaftigkeit*) bravery, braveness, courage, valiancy, valor, bes. Br. valour, heroism, gallantry. **- 2.** (*Mut*) bravery, braveness, boldness, pluck, daring, manliness, stoutheartedness, manfulness. **- 3.** (*Furchtlosigkeit*) dauntlessness, fearlessness, intrepidness, intrepidity. **- 4.** (*im Ertragen von Schmerzen etc*) bravery, braveness, courage.

'Tap.fer.keits.aus.zeich.nung, **~me.dail.le** f medal (awarded) for bravery.

Ta.pio.ka [ta'pio:ka] f ⟨-; no pl⟩ **1.** bot. tapioca (plant); cassava, auch casava, manioc (*Gattg Manihot*). **- 2.** gastr. tapioca. — **~stär.ke** f gastr. tapioca starch. — **~sup.pe** f tapioca soup.

Ta.pir ['ta:pi:r; Austrian ta'pi:r] m ⟨-s; -e⟩ zo. tapir (*Fam. Tapiridae*). — **~rüs.sel.fisch** m mormyrid, auch mormyr (*Fam. Mormyridae*).

Ta.pis.se.rie [tapɪsə'ri:] f ⟨-; -n [-ən]⟩ **1.** (*gewirkte Tapete, Handteppich*) tapestry. **- 2.** (*Tapeten-, Teppichwirkerei*) tapestry (work od. embroidery). **- 3.** obs. (*Handarbeitsgeschäft*) needlework shop (bes. Am. store). — **~wa.ren** pl tapestry goods, tapestries.

tap.pen ['tapən] v/i ⟨h u. sein⟩ **1.** ⟨sein⟩ (*unsicher gehen*) grope one's way: wir tappten durch (*od.* über) den dunklen Flur we groped our way through the dark hall. **- 2.** ⟨sein⟩ (*stapfen*) tramp. **- 3.** ⟨h⟩ nach etwas ~ (*tasten*) to grope (about) for s.th., to feel (*od.* to fumble) for s.th.: er tappte nach dem Lichtschalter he groped about for the light switch; die Polizei tappt noch im dunkeln (*od.* finstern), wer es gewesen ist fig. colloq. the police are still (groping) in the dark as to who did it. [pisch.]

'tap.pig adj Southwestern G. dial. for täp-⌐ **täp.pisch** ['tɛpɪʃ] adj (*Bewegungen, Person, Benehmen etc*) awkward, clumsy, gawky.

tapp.rig ['taprɪç], **tap.rig** ['ta:prɪç] adj cf. taperig.

Taps [taps] m ⟨-es; -e⟩ **1.** colloq. awkward fellow (colloq.). **- 2.** dial. tap, pat.

tap.sen ['tapsən] v/i ⟨h u. sein⟩ colloq. **1.** ⟨sein⟩ (*schwerfällig gehen*) tramp, stump. **- 2.** ⟨sein⟩ (*von Hunden, Kindern etc*) pat. **- 3.** ⟨h⟩ (*klopfen*) tap, pat.

'tap.sig adj colloq. for täppisch.

Ta.ra ['ta:ra] f ⟨-; Taren⟩ econ. tare: wirkliche ~ actual (*od.* real) tare. — **~ge.wicht** n tare weight.

Ta.ran.tel [ta'rantəl] f ⟨-; -n⟩ zo. tarantula (*Lycosa tarentula*): er sprang auf wie von der ~ gestochen colloq. he jumped up as if something had bitten him.

Ta.ran.tel.la [taran'tɛla] f ⟨-; -s u. -tellen⟩ mus. tarantella, tarantelle: ~ tanzen to dance the tarantella.

ta.ra.ta.ta [tarata'ta:] interj tantara(ra)! auch tara(ta)ntara!

'Ta.ra.ver.gü.tung f econ. allowance for tare (weight), tare.

Tar.busch [tar'bu:ʃ] m ⟨-(e)s; -e⟩ (*fesartiger Hut*) tarboosh, auch tarb(o)ush.

'Tar.butt ['ta(:)r-] m ⟨-(e)s; -e⟩ zo. cf. Steinbutt.

Tar.de.noi.si.en [tardənŏa'ziɛ̃] n ⟨-s; no pl⟩ archeol. (*Kulturstufe der Mittelsteinzeit*) Tardenoisian culture.

Ta.ren.ter [ta'rɛntər], bes. hist. **Ta.ren'ti.ner** [-'ti:nər] m ⟨-s; -⟩ Tarentine, native (*od.* inhabitant) of Taranto (*od.* hist. Tarentum). — **ta.ren'ti.nisch** adj Tarentine.

Tar.get ['ta:gɪt] (*Engl.*) n ⟨-s; -s⟩ nucl. target. — **~kern** m target nucleus. — **~ma.te.ri.al** n target material (*od.* substance).

ta.rie.ren [ta'ri:rən] v/t ⟨no ge-, h⟩ econ. **1.** (*Tara bestimmen*) tare, ascertain the tare of. **- 2.** (*Tara vergüten*) tare. **Ta'rier.waa.ge** f tech. tare balance.

Ta.rif [ta'ri:f] m ⟨-s; -e⟩ **1.** econ. a) (*Gebührentabelle*) tariff, (table *od.* scale of) rates (*od.* charges) pl, b) (*Zollgebührenliste*) tariff, c) (*Einzeltarif*) rate, d) (*für Steuern etc*) tax scale, scale of tax rates, e) (*Lohntarif*) wage (*od.* salary) scale, scale (of wages od. salaries), f) short for Tarifvertrag: gleitender ~ sliding scale, gültiger ~ tariff in force; laut ~ according to the (*od.* as per) tariff; über [unter] ~ bezahlt werden to be paid above [below] agreed wage (*od.* salary) scale; einen ~ aufstellen to set up a tariff (*od.* scale of rates [od. charges, salaries]); einen ~ für etwas festsetzen to tariff s.th. **- 2.** (*railway*) a) (*für Personen*) tariff (*od.* list, table) of fares, b) (*für Fracht*) freight rates pl, Am. railroad freight rates pl, Br. railway rates pl. **- 3.** (*postal service*) cf. Postgebühr. **- 4.** tel. tariff. **- 5.** (*radio*) telev. rate: ~ für Werbesendungen time charge. — **~ab.kom.men** n econ. cf. Tarifvertrag. — **~än.de.rung** f change of (*od.* in) tariff. — **~an.ge.stell.te** m, f employee covered by (*od.* under) collective agreement, employee drawing standard earnings, scale-wage employee. — **~aus.schuß** m econ. **1.** tariff committee. **- 2.** (*bei Arbeitsverträgen*) wages council (*od.* board, committee). **- 3.** (*für Arbeitsplatzbewertung*) merit-rating committee. — **~au.to.no.mie** f **1.** (*im Zollwesen*) (customs) tariff autonomy. **- 2.** (*bei Lohnverhandlungen*) autonomy in negotiating wage rates. — **t.be.steu.ert** adj (*Wertpapiere*) subject to standard tax. — **~be.steue.rung** f subjection to standard tax. — **~be.stim.mung** f meist pl **1.** tariff regulation. **- 2** (*für Sozialpartner*) wage regulation. — **~be.zirk** m collective-agreement area. — **~bruch** m breach of (the) tariff, breach of wage regulation. — **~er.hö.hung** f **1.** (*railway, postal service etc*) increase of (*od.* in) tariff (*od.* charges). **- 2.** econ. increase of (*od.* in) scale wages (*od.* salaries), increase of standard wage. — **~er.mä.ßi.gung** f tariff reduction. — **~fest.set.zung** f fixing of the tariff. — **~ge.bühr** f meist pl tariff charge. — **~ge.halt** n scale (*od.* collectively agreed) salary. — **~ge.mein.schaft** f tariff community. — **~ge.stal.tung** f **1.** determination of tariffs. **- 2.** (*bei Lohnverhandlungen*) collective wage formation. — **~grund.la.ge** f tariff basis. — **~grup.pe** f **1.** (*bei Steuern*) tax bracket. **- 2.** (*bei Löhnen u. Gehältern*) standard-wage bracket. — **~ho.heit** f right to conclude collective agreements.

ta.ri.fie.ren [tari'fi:rən] **I** v/t ⟨no ge-, h⟩ econ. **1.** (*bes. bei Verzollung*) tariff, auch classify (s.th.) for custom purposes. **- 2.** (*in einen Tarif aufnehmen*) put (s.th.) on the tariff. **- 3.** (*einem Tarif unterwerfen*) tariffize. **- II T~** n ⟨-s⟩ **4.** verbal noun. — **Ta.ri'fie.rung** f ⟨-; -en⟩ cf. Tarifieren. **ta'ri.fisch** adj u. adv econ. cf. tariflich.

Ta'rif.klas.se f econ. tariff class, tax-rate (*od.* wage-rate) bracket. — **~kom.mis.si.on** f **1.** (*zur Festsetzung von kommerziellen Tarifen*) tariff commission. **- 2.** (*bei Lohnverhandlungen*) commission for collective wage agreement. — **~kon.flikt** m **1.** dispute over wages (*od.* rates). **- 2.** wage (*od.* salaries) dispute. — **~kün.di.gung** f **1.** (notice of) termination of scale of rates (*od.* charges). **- 2.** (notice of) termination of agreed wages (*od.* salaries).

ta'rif.lich I adj **1.** (*Löhne, Arbeitszeit, Kündigungsfrist etc*) contractual. **- II** adv **2.** according to (*od.* as per) tariff. **- 3.** (*auf Löhne bezogen*) according to wage scale (agreed).

Ta'rif|,lohn *m econ.* contractual (*od.* agreed, standard) wage(s *pl*), union rate. — **t~,mäßig** *adj u. adv cf.* tariflich. — **~,ord·nung** *f* wage scale (*od.* schedule), wages (*od.* pay scale) regulations *pl.* — **~,part·ner** *m* party to a (collective) wage agreement: **die ~** the employers and the employed, the two sides of (the) industry, union and employers' representatives. — **~po·li,tik** *f* 1. (*bei Zöllen*) tariff policy. — 2. (*bei Lohnverhandlungen*) wage(-scale) policy. — **t~po,li·tisch** *adj* ~e Auseinandersetzung wage dispute. — **~,satz** *m* 1. rate. – 2. (*für Löhne*) agreed wage (*od.* standard) rate. — **~,sen·kung** *f cf.* Tarifermäßigung. — **~,strei·tig·keit** *f meist pl* 1. (*Arbeitskampf*) wage dispute. – 2. (*bei kommerziellen Tarifen*) dispute on tariffs (*od.* rates). — **~,struk,tur** *f* tariff (*od.* wage-rate) structure. — **~,sy,stem** *n* tariff(ing) system. — **~,ta,bel·le** *f* tariff, scale of rates. — **~,trä·ger·ver,band** *m* association of carriers. — **~,über,wa·chung** *f* supervision (*od.* control) of tariffs (*od.* rates). — **~,ur,laub** *m* collectively agreed holidays *pl* (*Am.* vacation). — **~ver,hand·lung** *f meist pl* collective bargaining, union negotiations *pl.* — **~ver,trag** *m* industrial agreement, collective (wage) agreement (*od.* contract): **einen ~** aushandeln to negotiate an industrial agreement, to bargain collectively.

'Tarn|,an,strich *m mil.* camouflage (*od.* dazzle, pattern) coating. — **~,an,zug** *m* camouflage suit (*od.* dress). — **~be,zeich·nung** *f* camouflage (*od.* disguise) name, cover (name). — **~be,zug** *m mil.* camouflage cover(ing).

tar·nen ['tarnən] **I** *v/t* ⟨h⟩ 1. *mil.* a) camouflage, mask, b) (*durch Bemalung*) dazzle(-paint): **die Geschütze mit Zweigen** ~ to camouflage the guns with branches. – 2. *fig.* (*verschleiern, kaschieren*) camouflage, disguise, hide, conceal, mask, veil, cover (up), cloak, screen: **er versuchte, seine wahre Absicht zu** ~ he tried to camouflage his real intention. – **II** *v/reflex* **sich** ~ 3. *mil.* camouflage oneself. – 4. *fig.* disguise (*od.* camouflage, mask) oneself: **die Partei mußte sich** ~ the party had to disguise itself. – **III T~** *n* ⟨-s⟩ 5. *verbal noun.* – 6. *cf.* Tarnung.

'Tarn|,far·be *f* 1. camouflage (color, *bes. Br.* colour). – 2. camouflage paint, (*bei Schiffen*) *auch* dazzle (paint). — **~,kap·pe** *f myth.* magic cap (*od.* hood). — **~,netz** *n mil.* camouflage net. — **~,or·ga·ni·sa·ti,on** *f pol.* cover organization (*Br. auch* -s-), seemingly innocuous organization hiding its true aims. — **~,schein,wer·fer** *m auto.* masked headlamp, blackout lamp.

'Tar·nung *f* ⟨-; -en⟩ 1. *cf.* Tarnen. – 2. *mil.* camouflage. – 3. *fig.* camouflage, disguise, cloak, front.

Ta·rock [ta'rɔk] *n, m, Austrian n* ⟨-s; -s⟩ (*Kartenspiel*) tarok, *auch* taroc(k), tarots *pl.* — **~,kar·ten** *pl* tarots. — **~,spiel** *n cf.* Tarock.

Tar·pan [tar'paːn] *m* ⟨-s; -e⟩ *zo.* (*ausgestorbenes Wildpferd*) tarpan (*Equus gmelini*).

Tar·pe·ji·sche 'Fels (*od.* **'Fel·sen**), **der** [tar'peːjɪʃə] *antiq.* (*Richtstätte im alten Rom*) the Tarpeian Rock.

Tar·pon [tar'poːn], **Tar'pun** [-'puːn] *m* ⟨-s; -s⟩ *zo.* a) Atlantischer ~ tarpon (*Megalops atlanticus*), b) Pazifischer ~ tarpon, oxeye (herring) (*M. cyprinoides*).

tar·sal [tar'zaːl] *adj med. zo.* tarsal. — **T~,drü·se** *f* tarsal (*od.* meibomian) gland. — **T~,kno·chen** *m* tarsal bone.

Tar·sus ['tarzʊs] *m* ⟨-; -sen⟩ *med. zo.* tarsus.

Tar·tar [tar'taːr] *m* ⟨-en; -en⟩ *fälschlich für* Tatar[1].

tar·ta·re·isch [tarta'reːɪʃ] *adj myth.* (*unterweltlich*) Tartarean, Tartarean.

Tar·ta·ros ['tartarɔs] *m* ⟨-; *no pl*⟩ *myth. cf.* Tartarus[1].

Tar·ta·rus[1] ['tartarʊs] *m* ⟨-; *no pl*⟩ *myth.* Tartarus.

'Tar·ta·rus[2] *m* ⟨-; *no pl*⟩ *chem.* (*Weinstein*) tartar.

Tar·trat [tar'traːt] *n* ⟨-(e)s; -e⟩ *chem.* tartrate.

Tart·sche ['tartʃə] *f* ⟨-; -n⟩ *hist.* (*mittelalterlicher Schild*) targe(t).

Tar·tüff [tar'tʏf] *m* ⟨-s; -e⟩ (*Heuchler*) hypocrite, Tartuf(f)e.

Täsch·chen ['tɛʃçən] *n* ⟨-s; -⟩ *dim. of* Tasche.

Ta·sche ['taʃə] *f* ⟨-; -n⟩ 1. (*in Hose, Rock, Schürze etc*) pocket: **aufgesetzte ~n** patch pockets; **Hosen ohne ~n** trousers without pockets, pocketless trousers; **die Hände in die ~n stecken** a) to put one's hands in(to) one's pockets, b) *fig. colloq.* not to lift a finger, not to do a stroke; **er grub seine Hände tief in die ~n** he dug his hands deep into his pockets; **sich** (*dat*) **die ~n füllen** a) to fill one's pockets, b) *fig. colloq.* to line one's pocket(s); **j-n in die ~ stecken** (**können**) *fig. colloq.* to be more than a match for s.o., to be head and shoulders above s.o., to run rings round s.o.; **den stecke ich leicht in die ~** *fig. colloq.* I am well able to cope with him; **den hab' ich in der ~** *fig. colloq.* I've got him in my pocket (*od.* where I want him); **die Stelle habe ich in der ~** *fig. colloq.* I have the job in the bag (*Am. auch* in my pocket) (*colloq.*); → Faust 1. – 2. (*Handtasche*) (ladies') (hand)bag, *Am. auch* purse. – 3. (*Geldtasche*) purse, (money) bag: **in die eigene ~ arbeiten** (*od.* **wirtschaften**) *fig.* to line one's own pocket(s); **den Gewinn in die eigene ~ stecken** *fig. colloq.* to put the profit into one's own pocket, to pocket the profit; **ich mußte es aus meiner eigenen ~ bezahlen** *fig.* I had to pay it out of my own pocket; **er mußte tief in die ~ greifen** *fig.* he had to dip deep into his pocket, he had to fork out (*od.* cough up) a lot of money (*colloq.*); **er liegt seinen Eltern noch immer auf der ~** *fig. colloq.* he is still living off his parents (*od.* at his parents' expense); **die Hand auf die** (*od.* **der**) **~ halten** *fig. colloq.* to tighten the purse strings; **alle ~n voll haben** *fig. colloq.* to be well off, to be wealthy; → Geld 1. – 4. (*Einkaufstasche*) (shopping) bag. – 5. (*Aktentasche*) briefcase, portfolio, *auch* attaché case. – 6. (*Reisetasche*) (travel[l]ing) bag, holdall, *Am.* grip, *auch* gripsack. – 7. (*Schultasche*) schoolbag, satchel. – 8. (*Umhängetasche*) shoulder bag. – 9. (*Beutel*) bag, pouch, purse. – 10. (*Etui*) case. – 11. (*Schallplattenhülle*) sleeve, jacket, cover. – 12. *med.* a) pocket, pouch, purse, bag, b) (*Sack, Beutel*) sac, c) (*Höhle*) cavity, space. – 13. *mil.* (*taschenförmiger Raum*) pocket.

'Tä·schel,kraut ['tɛʃəl-] *n bot.* shepherd's purse (*od.* pouch, bag) (*Capsella bursa-pastoris*).

'Ta·schen|apo,the·ke *f* pocket first-aid kit. — **~,aus,ga·be** *f* (*eines Buches*) pocket edition. — **~,band** *n med.* false vocal cord, vestibular (*od.* ventricular) fold (*scient.*).

'Ta·schen,buch *n* 1. *print.* paperback (book), pocket book, *auch* pocketbook, paperbound, paper- (*od.* soft-)cover, paperbook. – 2. (*Notizbuch*) pocketbook, (pocket) notebook, memorandum book. – 3. (*Handbuch, Nachschlagewerk*) handbook, vade mecum. — **~,aus,ga·be** *f* paperback (*od.* pocket-book) edition. — **~for,mat** *n* paperback (*od.* pocket-book) size. — **~,rei·he** *f* paperback (*od.* pocket-book) series. — **~ver,lag** *m* pocket-book publishers *pl.*

'Ta·schen|,bür·ste *f* pocket clothes brush. — **~,dieb** *m,* **~,die·bin** *f* pickpocket: **vor ~en wird gewarnt** beware of pickpockets. — **~,dieb,stahl** *m* pocket-picking, picking pockets. — **~emp,fän·ger** *m* (*radio*) pocket receiver. — **~,fahr,plan** *m* pocket timetable (*Am. auch* schedule). — **~,feu·er,zeug** *n* (pocket) lighter. — **~for,mat** *n* pocket size: **in ~** pocket-size(d); **ein Buch in ~** a pocket(-size) book. — **~,fut·ter** *n* 1. (*bei Rock-, Hosentaschen etc*) pocketing. – 2. (*einer Handtasche etc*) lining. — **~,geld** *n* pocket money, spending money, allowance. — **~,ka,len·der** *m* pocket diary. — **~,kamm** *m* pocket comb. — **~,klap·pe** *f* 1. pocket flap. – 2. *med.* (*des Herzens*) semilunar valve. — **~,kom·paß** *m* pocket compass. — **~,krebs** *m zo.* 1. (common) crab (*Cancer pagurus*). – 2. *cf.* Strandkrabbe. — **~,lam·pe** *f* flashlight, *Br.* (electric) torch, pocket lamp (*od.* torch). — **~,ma·cher** *m* pursemaker. — **~,maus** *f zo.* kangaroo rat (*Fam. Heteromyidae*). — **~,mes·ser** *n* pocketknife, *Br.* pocket-knife, jackknife, *Br.* jack-knife, clasp knife, (*kleines*) penknife. — **~,pi,sto·le** *f* pocket pistol. — **~,rat·te** *f zo.* gopher,

---

auch pocket gopher (*od.* rat) (*Fam. Geomyidae*). — **~,schirm** *m* collapsible (*od.* folding, telescopic) umbrella (*Br. colloq.* brolly). — **~,schrau·ben,zie·her** *m* baby screwdriver. — **~,spie·gel** *m* pocket mirror.

'Ta·schen,spie·ler *m* conjurer, magician, juggler.

,Ta·schen·spie·le'rei *f* 1. conjury, conjuring, jugglery, juggling, sleight of hand, magic, legerdemain, *Br. sl. auch* hanky-panky. – 2. (*Kunststück*) conjuring (*od.* juggling) trick, juggle, sleight (of hand).

'Ta·schen·spie·le|,kunst *f* 1. *cf.* Taschenspielerei 1. – 2. *pl* conjuring (*od.* juggling) tricks. — **~(kunst),stück** *n,* **~,trick** *m cf.* Taschenspielerei 2.

'Ta·schen|,sprin·ger *m zo. cf.* Känguruhratte. — **~,tuch** *n* ⟨-(e)s; ⁺er⟩ handkerchief; hankie, hanky, *auch* hankey (*colloq.*), (*großes, buntes*) *auch* bandanna, *auch* bandana. — **~,uhr** *f* (pocket) watch, ticker (*colloq.*). — **~,wör·ter,buch** *n* pocket dictionary.

'Ta·sche,voll *only in* **eine ~** a bagful.

Täsch·lein ['tɛʃlaɪn] *n* ⟨-s; -⟩ *dim. of* Tasche.

Tasch·ner ['taʃnər], **Täsch·ner** ['tɛʃnər] *m* ⟨-s; -⟩ *Southern G. and Austrian for* Taschenmacher.

Tas·ma·ni·er [tas'maːniər] *m* ⟨-s; -⟩, **Tas·ma·ni·e·rin** *f* ⟨-; -nen⟩ Tasmanian. — **tas·ma·nisch** [-nɪʃ] *adj* Tasmanian.

Täß·chen ['tɛsçən] *n* ⟨-s; -⟩ 1. *dim. of* Tasse 1. – 2. **ein ~ Kaffee** [Tee] **trinken** *colloq.* to have a nice cup of coffee [tea].

Tas·se ['tasə] *f* ⟨-; -n⟩ 1. cup: **eine ~ Kaffee** a cup of coffee; **hoch die ~n!** *fig. colloq. humor.* cheers! – 2. (*mit Untertasse*) cup and saucer. – 3. *fig. colloq.* (*in Wendungen wie*) **du bist** (**vielleicht**) **eine trübe ~** you are a proper drip (*od.* wet blanket), *Am. auch* you are a flat tire (*alle colloq.*); **du hast wohl nicht alle ~n im Schrank** you're not quite all there, you're not quite right in the head, you must be daft (*alle colloq.*). – 4. *Austrian for* Tablett.

'tas·sen|,fer·tig *adj* (*Kaffee, Tee etc*) instant (*attrib*). — **T~,kopf** *m gastr.* (*als Maßangabe*) **ein ~ voll Zucker** a cup(ful) of sugar.

Ta·sta·tur [tasta'tuːr] *f* ⟨-; -en⟩ 1. *mus. cf.* Klaviatur. – 2. (*einer Schreibmaschine etc*) keyboard, keys *pl.*

'tast·bar *adj bes. med.* tactile, tactual, palpable.

Ta·ste ['tastə] *f* ⟨-; -n⟩ 1. (*eines Klaviers etc*) key: **die weißen ~n** the white (*od.* lower, natural) keys, the naturals; **die schwarzen ~n** the black (*od.* upper, chromatic) keys; **der Pianist griff mächtig in die ~n** the pianist played the piano with verve; **auf die ~n hauen** (*od.* **dreschen**) *colloq.* to thump the piano (*od.* keyboard). – 2. (*einer Schreibmaschine*) key. – 3. *tech.* (*Drucktaste*) (press) key, push-button key: **eine ~ bedienen** to operate a key; **auf eine ~ drücken** to (de)press a key. – 4. *tel.* (*des Morseapparats*) (Morse) key.

'Tast·emp,fin·dung *f med.* sense of touch, thigm(a)esthesia (*scient.*).

ta·sten ['tastən] **I** *v/i* ⟨h⟩ 1. (*nach for*) feel, grope: **er tastete nach dem Lichtschalter** he groped for the light switch; **sie tastete nach seiner Hand** she felt for his hand; **der Blinde tastete mit seinem Stock nach dem Weg** the blind man groped (for) his way with his cane. – 2. *fig.* (*nach for*) grope: **Scheinwerfer tasteten durch** (*od.* **in**) **das Dunkel** searchlights groped through the dark; **mit vorsichtigen Fragen tastete er nach der Ursache für ihr Verhalten** with careful questions he groped for the reason for her behavio(u)r. – **II** *v/reflex* **sich** ~ 3. feel (*od.* grope) one's way, grope along: **wir tasteten uns durch den dunklen Gang** we groped our way through the dark passage; **er tastete sich zum Ausgang** he groped his way to the exit; **sich zu der Lösung eines Problems ~** *fig.* to grope (one's way) toward(s) the solution of a problem. – **III** *v/t* 4. (*tastend wahrnehmen*) feel, touch. – 5. *med.* touch. – *med.* touch, palpate (*scient.*). – 6. *tel.* (*Funkspruch etc*) key. – **IV T~** *n* ⟨-s⟩ 7. *verbal noun.* – 8. *med.* palpation.

'Ta·sten,brett *n cf.* Tastatur.

'ta·stend I *pres p.* – **II** *adj* 1. (*Hände etc*) groping. – 2. *fig.* (*Versuche, Bemühungen etc*) tentative, groping.

'**Ta·sten**|,**feld** n cf. Tastatur 2. — ~,**ge·ber** m tel. key transmitter. — **t~ge,steu·ert** adj electr. key-operated (od. -driven). — ~**in·stru,ment** n mus. keyboard instrument. — ~,**rei·he** f row of keys. — ~,**schnell·te·le-,graph** m tel. keyboard printing telegraph. — ~,**scho·ner** m key cover.

'**Ta·ster** m ⟨-s; -⟩ 1. tech. a) (Werkzeug) machinist's (od. toolmaker's) cal(l)ipers pl, b) (zum Kopierfräsen) tracer, c) (eines Registriergerätes) stylus. – 2. tel. (Morsetaste) (Morse) key. – 3. print. a) (einer Setzmaschine) keyboard, b) (Setzer) keyboarder, typesetter. – 4. zo. a) (dünner, langer) feeler, antenna, b) (dicker, kurzer) palp(us). – 5. med. (zur Schädelmessung) cal(l)ipers pl. — ~,**leh·re** f tech. snap ga(u)ge. — ~,**zir·kel** m 1. tech. cf. Taster 1. – 2. med. (a)esthesiometer.

'**Tast**|**ge,fühl** n sense of touch. — ~,**haar** n zo. tactile hair, (Schnurrhaar) vibrissa, smeller. — ~,**kör·per·chen** n med. zo. tactile cell, touch corpuscle. — ~**or,gan** n organ of touch. — ~,**reiz** m contact stimulus. — ~,**sinn** m ⟨-(e)s; no pl⟩ tactile sense, sense of touch; pselaphesia, thigm(a)esthesia (scient.). — ~,**werk,zeug** n cf. Tastorgan. — ~,**zir·kel** m cf. Taster 1.

tat [ta:t] 1 u. 3 sg pret of tun.

Tat f ⟨-; -en⟩ 1. act, deed: eine edle [böse, tapfere] ~ a noble [an evil, a brave] deed; eine grausame ~ a cruel act, an act of cruelty; eine ~ der Verzweiflung an act of despair; ~en der Nächstenliebe acts of charity; diese ~ sollte er noch bitter bereuen he was to regret this act bitterly; damit hast du eine gute ~ getan (od. vollbracht) you have done a good deed (od. turn); den guten Willen (od. die gute Absicht) für die ~ nehmen to take the good will (od. intention) for the deed; das war zweifellos seine ~ that was undoubtedly his deed (od. doing); in seiner Wut ließ er sich zu dieser ~ hinreißen his rage drove him to commit this deed; j-m mit Rat und ~ beistehen (od. zur Seite stehen) to assist (od. to stand by) s.o. in word and deed. – 2. (Handeln, Tun) action: ein Mann der ~ a man of action (od. enterprise, initiative); er muß seine Worte durch die ~ beweisen he must prove his words by his actions; ich kann mich zu keiner ~ aufraffen I can't bring myself to do anything; zu seinen ~en stehen to stand up for one's actions; einen Plan in die ~ umsetzen to put a plan into action (od. practice), to put a plan into effect; den Worten (die) ~ folgen lassen to suit the action to the words; schreiten wir zur ~! humor. let's proceed to action! let's get to work! let's get down to it! – 3. (Groß-, Heldentat) deed, feat, exploit, achievement: eine geschichtliche ~ a(n) historic deed; große ~en vollbringen to accomplish great feats. – 4. jur. (Straftat, Vergehen) act, offence, Am. offense, (stärker) criminal act, crime: eine verbrecherische ~ a criminal act; eine vorsätzliche ~ a wil(l)ful (od. an intentional) act; j-n auf frischer ~ ertappen to catch s.o. in the (very) act (od. red--handed, [in] flagrante delicto); eine ~ begehen to commit a crime; eine ~ zugeben, sich zu einer ~ bekennen to own up (od. confess) to having done s.th., to own up (od. confess) to an offence; j-n einer ~ überführen to convict s.o. of a criminal act. – 5. in der ~ (wirklich) indeed, in fact, really: in der ~, du hast recht! indeed, you are right! er ist in der ~ ein Dickkopf he is indeed (od. he really is) a headstrong person; ich würde mich in der ~ sehr ärgern I would be very angry indeed.

Ta·tar[1] [ta'ta:r] m ⟨-en; -en⟩ Ta(r)tar.

Ta·tar[2] n ⟨-(s); no pl⟩ gastr. a) high-quality beef minced and served uncooked with egg yolk and seasoning, b) cf. Tatarbeefsteak.

Ta'tar,beef,steak n gastr. steak tartare.

Ta'ta·rin f ⟨-; -nen⟩ Ta(r)tar.

ta·ta·risch I adj Ta(r)tar, Ta(r)tarian, auch Tataric. – II ling. T~ ⟨generally undeclined⟩, das T~ ⟨-(n)⟩ Tatar, the Tatar language.

Ta'tar|**so·ße**, ~,**tun·ke** f gastr. tartar(e) sauce, sauce tartare.

ta·tau·ie·ren [tatau'i:rən] v/t ⟨no ge-, h⟩ cf. tätowieren.

'**Tat·be,richt** m jur. report of the circumstances, charge report.

'**Tat·be,stand** m 1. jur. facts pl (of the case), state(ment) of fact(s), factual situation, elements pl of an offence (Am. offense): objektiver [subjektiver] ~ physical (od. material) [mental] element of an offence; den ~ eines Delikts erfüllen to constitute an offence; den ~ aufnehmen to state the evidence, to establish the facts of a case; einen ~ erfüllen a) to come within (the terms of) a statute, b) (ein Tatbestandsmerkmal erfüllen) to constitute an offence. – 2. (bes. wissenschaftlicher) findings pl.

'**Tat·be,stands**|**auf,nah·me** f jur. statement of fact(s), summary of evidence. — ~,**merk,mal** n element of an offence (Am. offense): die ~e einer strafbaren Handlung erfüllen to constitute an offence.

'**Tat**|**be,weis** m jur. practical proof, proof of the fact. — ~,**chri·sten,tum** n practical Christianity.

tä·te ['tɛtə] 1 u. 3 sg pret subj of tun.

'**Tat,ein·heit** f jur. coincidence: in ~ mit in coincidence with; Raub in ~ mit Mord robbery (attended) with murder.

'**Ta·ten**|,**drang**, ~,**durst** m 1. desire (od. thirst, zest) for action (od. activity), desire (od. eagerness) to do things. – 2. (Unternehmungslust) (spirit of) enterprise, enterprising spirit. — **t~,dur·stig** adj 1. thirsty (od. burning) for action (od. activity), eager to do things. – 2. (unternehmungslustig) enterprising, full of go (colloq.). — **t~,froh** adj enterprising, full of enterprise (od. initiative, colloq. go).

'**ta·ten·los** I adj inactive, idle, passive. – II adv inactively, idly, passively: ~ zusehen a) to watch idly (od. without lifting a finger), b) (ohne einzugreifen) to watch without taking action. — '**Ta·ten·lo·sigkeit** f ⟨-; no pl⟩ inactivity, inaction, idleness, passivity.

'**ta·ten,lu·stig** adj cf. tatenfroh.

Tä·ter ['tɛːtər] m ⟨-s; -⟩ 1. doer. – 2. (Übeltäter) wrongdoer, culprit, evildoer. – 3. jur. a) delinquent, culprit, b) (im Strafrecht) perpetrator: X kommt als ~ für den Mord nicht in Frage X cannot be considered responsible for the murder; durch einen unbekannten ~ by an unknown person; der ~ konnte bisher nicht ermittelt werden it has not yet been ascertained who did it; wer war der ~? who did it? — '**Tä·te·rin** f ⟨-; -nen⟩ cf. Täter.

'**Tä·ter,schaft** f ⟨-; no pl⟩ jur. a) perpetration (of a crime), b) (Schuld) guilt: die ~ (ab)leugnen a) to deny one's guilt, to deny having done it, b) (vor Gericht) to plead not guilty.

'**Tat**|,**form** f ling. cf. Aktiv[1]. — ~,**fra·ge** f jur. question (od. point) of fact. — ~,**her·gang** m progression (od. course) of events (in [committing] a crime).

tä·tig ['tɛːtɪç] adj 1. (aktiv) active: ~e Mitarbeit (od. Mitwirkung) active assistance (od. cooperation); ~en Anteil an (dat) etwas nehmen to take an active part in s.th.; ~ Reue 1. – 2. (geschäftig, rührig) busy, up-and-doing, stirring: sie ist immer ~ she is always busy (od. doing s.th.). – 3. (fleißig, arbeitsam) busy, industrious: ich war heute unheimlich ~ colloq. humor. I was as busy as a bee today. – 4. (beschäftigt) busy: sie war eifrig in der Küche ~ she was very busy (working) in the kitchen. – 5. (beruflich) ~ sein to be employed, to work, to have a job (colloq.): in einer Firma ~ sein to be employed by (od. with) a firm, to be in the employ of (od. to work in) a firm; in der Industrie ~ sein to work in industry; er ist für eine Organisation ~ he works for an organization (Br. auch -s-). – 6. ~ sein als a) to work as, to have a job as (colloq.), b) (fungieren) to act (od. officiate) as: er ist als Journalist ~ he works as (od. he is) a journalist; er war als Vermittler ~ he acted as middleman. – 7. econ. (Gesellschafter) active. – 8. geol. (Vulkan) active.

'**Tä·ti·ge** m, f ⟨-n; -n⟩ employee: die in der Industrie ~n those (od. people) employed (od. working) in industry.

tä·ti·gen ['tɛːtɪgən] bes. econ. I v/t ⟨h⟩ 1. effect, transact, conclude: Abschlüsse ~ to transact deals; Einkäufe ~ a) econ. to effect purchases, b) (einkaufen) to do some shopping, to buy a few things; Geschäfte ~ to transact (od. to do) business; Verkäufe ~ to effect (od. to undertake, to make) sales. – II T~ n ⟨-s⟩ 2. verbal noun. – 3. cf. Tätigung.

'**Tä·tig·keit** f ⟨-; -en⟩ 1. (Aktivität, Tätigsein) activity: eine fieberhafte ~ entfalten to become feverishly active; den Schauplatz seiner ~ verlegen to move (bes. Am. shift) the scene of one's activity; den werden wir schon in ~ setzen colloq. we'll get him going (od. moving), we'll make him do something. – 2. (Arbeit) work: eine geistige [praktische] ~ ausüben to do intellectual [practical] work; häusliche ~ housework, domestic work; sich an eine geregelte ~ gewöhnen to get used to regular work; eine langjährige ~ in einer Firma a long period of work (od. activity, employment) in a firm; seine ~ wiederaufnehmen to resume one's work (od. duties, activities); jedermann ging wieder seiner ~ nach everyone went back to work (od. went back to his work again), everyone attended to (od. went about) his business again; er hat seine schriftstellerische ~ aufgegeben he has given up writing. – 3. (Beschäftigung) occupation, activity: er betrachtet Gartenarbeit als angenehme ~ he considers gardening a pleasant occupation; Briefeschreiben ist eine lästige ~ letter-writing is a tiresome occupation (od. business, job), writing letters is a bother. – 4. (Beruf) job (colloq.), occupation, work: er muß im Rahmen seiner beruflichen ~ viel reisen he has to travel much in his job; die freiberufliche ~ eines Journalisten the free-lance work of a journalist; welche ~ üben Sie aus? what is your job? ein Arzt hat eine verantwortliche ~ a doctor has a responsible job (od. does responsible work). – 5. (Dienst) service: seine ~ im Ministerium his service in the ministry. – 6. (Amtstätigkeit, Funktion) function, role: seine ~ in der Partei umfaßt folgende Aufgabengebiete his function in the party includes (od. comprises) the following duties. – 7. (Aktion) action: Scotland Yard wurde in ~ gesetzt Scotland Yard was called in(to action); die Vereinten Nationen treten in ~, wenn der Weltfrieden gefährdet ist the United Nations take action (od. go into action, intervene) when world peace is jeopardized; eine Aktion außer ~ setzen to call off (od. stop, cancel) a campaign. – 8. tech. (Betrieb) operation, action, function, motion: in ~ sein to operate; die Alarmanlage in [außer] ~ setzen to put the alarm system in [out of] action, to actuate [to stop] the alarm system. – 9. geol. activity, action: vulkanische ~ volcanic activity, plutonic action, volcanicity; der Vulkan ist noch in ~ the volcano is still active. – 10. med. (des Herzens) action.

'**Tä·tig·keits**|**be,reich** m 1. field (od. sphere, domain) of activity (od. activities). – 2. (Arbeitsbereich) field of work, line (of work). — ~**be,richt** m account of one's activity, action (od. progress) report. — ~,**drang** m cf. Tatendrang 1. — ~,**feld** n cf. Tätigkeitsbereich. — ~,**form** f ling. cf. Aktiv[1]. — ~**ge,biet** n cf. Tätigkeitsbereich. — ~,**kreis** m cf. Tätigkeitsbereich. — ~,**trieb** m cf. Tatendrang 1. — ~,**wort** n ⟨-(e)s; ⸚er⟩ ling. verb.

'**Tä·tig,sein** n ⟨-s; no pl⟩ activity.

'**Tä·ti·gung** f ⟨-; -en⟩ bes. econ. 1. cf. Tätigen. – 2. transaction, conclusion.

'**Tat,kraft** f ⟨-; no pl⟩ 1. (Energie) energy, vigor, bes. Br. vigour. – 2. (Initiative) initiative. — '**tat,kräf·tig** adj 1. energetic, active, vigorous: ein ~er Mann an energetic man, a man of action. – 2. (Hilfe etc) efficacious, effective.

tät·lich ['tɛːtlɪç] I adj violent: ~ werden to become violent, to resort to violence; sie wurden ~ they became violent, they came to blows; gegen j-n ~ werden to assault s.o.; ~e Bedrohung (od. Beleidigung) jur. assault; ~e Beleidigung jur. assault and battery. – II adv j-n ~ beleidigen (od. bedrohen) jur. to assault s.o. — '**Tät·lich·keit** f ⟨-; -en⟩ meist pl 1. violence: es kam zu ~en zwischen ihnen they resorted to violence, they came to blows; die Diskussion artete in ~en aus the discussion ended in blows; in seiner Wut ließ er sich zu ~en hinreißen his rage drove him to violence. – 2. jur. battery, assault (and battery).

'Tat|,mensch m energetic (od. active, vigorous) person, man of action, live wire, hustler. — **~,ort** m bes. jur. place (od. location, scene) of a (od. the) crime: Besichtigung des ~es visit to the scene.

tä·to·wie·ren [tɛto'viːrən] I v/t ⟨no ge-, h⟩ tattoo, auch tatoo: der Seemann ließ sich (dat) ein Herz auf den Arm ~ the sailor had a heart tattooed on his arm. – II T~ n ⟨-s⟩ verbal noun. — **Tä·to'wie·rer** m ⟨-s; -⟩ tat(t)ooer, tat(t)ooist. — **Tä·to'wier·te** m, f ⟨-n; -n⟩ tattooed (auch tatooed) person. — **Tä·to'wie·rung** f ⟨-; -en⟩ 1. cf. Tätowieren. – 2. (Muster) tattoo(ing), auch tatoo(ing).

'Tat,sa·che f ⟨-; -n⟩ fact: wesentliche [grundlegende, anerkannte, feststehende] ~n essential [basic, recognized Br. auch -s-, established] facts; unabänderliche (od. unumstößliche) ~n hard (od. unalterable) facts; offenkundige [unleugbare] ~ glaring [undeniable] fact; gegebene ~n given facts, data; nüchterne (od. nackte) ~n cold facts; das sind die nackten ~n those are the hard facts; ~ ist, daß er keinen Pfennig Geld hat the fact (of the matter) (od. the truth) is that he hasn't a penny, in actual fact he hasn't a penny; (das ist) ~! colloq. it's a fact! it's true! (ist das eine) ~? colloq. is that a fact? is that true? angesichts (od. in Anbetracht) der ~, daß considering the fact that; auf Grund dieser ~ for that reason, because of that; das ändert nichts an der ~, daß that doesn't alter the fact that; unter Vorspiegelung falscher ~n under false pretences (Am. pretenses); etwas als ~ hinstellen to lay s.th. down as fact, to aver s.th.; alle ~n sprechen dafür, daß the (od. all) facts (auch circumstances) indicate that; die ~n sprechen für sich the facts speak for themselves; er verschließt den ~n he is blind (od. he shuts his eyes) to the facts; sich an die ~n halten to keep (od. stick) to the facts; die ~n verdrehen (od. auf den Kopf stellen) to twist the facts; sich mit den ~n abfinden to put up with (od. resign oneself to) the facts; den ~n ins Auge blicken to face the facts; sich auf den Boden der ~n stellen, auf dem Boden der ~n bleiben to face the facts, to be realistic, to take a realistic view (of things); eine ~ festhalten to establish a fact; dieser Bericht entspricht nicht den ~n this report does not tally with (od. is not borne out by) fact (od. the facts); (zur) ~ werden to become fact, to materialize Br. auch -s-; etwas zur ~ machen to make s.th., to materialize (Br. auch -s-) (od. to realize Br. auch -s-) s.th.; j-n vor vollendete ~n stellen to confront s.o. with accomplished facts (od. with a fait accompli).

'Tat,sa·chen|be,richt m documentary (report), factual account. — **~,film** m documentary (film). — **~,irr·tum** m jur. error in fact. — **~ma·te·ri,al** n factual material. — **~,mensch** m (Realist) realist.

tat·säch·lich ['taːt,zɛçlɪç, ,taːt'zɛçlɪç] I adj ⟨attrib⟩ 1. real, actual, factual, auch virtual: die ~en Umstände the (real) facts, the actual circumstances; ~er Bestand econ. real stock; ~e Einnahmen econ. actual takings; der ~e Wert the real (od. true, effective) value. – 2. (wahrhaftig) true. – 3. pol. jur. de facto: in ~er und in rechtlicher Hinsicht in fact and in law. – II adv 4. in actual fact, in (point of) fact, actually, really: er ist ~ ein schlechter Autofahrer he really is a bad driver; ~ ist alles ganz anders gewesen actually everything was quite different. – 5. (wirklich) really, positively: das ist ~ eine Schande that's really a shame, that's a real (od. positive) shame, that is positively shameful. – 6. (in der Tat) really, indeed: ja, ~! yes, indeed! ist er es ~? is it really him? er hatte ~ recht he was right indeed; ~ so (indeed) it is a fact; er drohte zu kündigen, und er kündigte ~ he threatened to give notice and he did (od. sure enough) he did; ich weiß es ~ nicht I really don't know, I'm sure I don't know; er kommt heute abend. – T~? he is coming tonight. – Really? (od. Indeed? Is that so?). – 7. pol. jur. de facto, in fact: rechtlich und ~ in fact and in law, de facto and de jure.

tät·scheln ['tɛ(ː)tʃəln] v/t ⟨h⟩ 1. (liebkosen) caress, fondle, (bes. Tiere) pet. – 2. (streicheln) stroke. – 3. (klopfen) pat: er tätschelte ihre Hand he patted her hand.

tat·schen ['tatʃən] v/i ⟨h⟩ colloq. finger, paw: auf den Kuchen ~ to finger (od. paw) (over) the cake.

'Tat·ter,greis m colloq. dodderer (colloq.).

Tat·te·rich ['tatərɪç] m ⟨-(e)s; -e⟩ colloq. 1. ⟨only sg⟩ (Zittern, bes. der Hände) shake, tremble: den (od. einen) ~ haben a) to have the shakes (od. a shake in one's hands), b) (von alten Leuten) to be doddery (od. doddering) (colloq.). – 2. cf. Tattergreis. — **'tat·te·rig** adj colloq. 1. shaky, trembly. – 2. (von alten Leuten) doddery, doddering (beide colloq.). — **'tat·tern** v/i ⟨h⟩ colloq. 1. shake, tremble. – 2. dodder (colloq.).

Tat·ter·sall ['tatər,zal] m ⟨-s; -s⟩ (Reitschule) riding school, manege, auch manège.

'tatt·rig adj colloq. cf. tatterig.

Ta·tu ['taːtu] n ⟨-s; -s⟩ zo. great armadillo, tat(o)u (Dasypus gigas).

'Tat|,um,stand m meist pl jur. circumstance (of a case). — **~ver,dacht** m suspicion: der ~ fiel auf ihn suspicion fell on him, he was suspected of (having committed) the crime. — **~ver,däch·ti·ge** m, f person suspected of a crime. — **~,waf·fe** f murder (od. murderous) weapon, (unidentifizierte) auch blunt instrument. — **~,zeit** f time when a (od. the) crime was committed.

Tat·ze ['tatsə] f ⟨-; -n⟩ 1. zo. paw. – 2. fig. colloq. (große Hand) 'paw' (colloq.). – 3. Southern G. ped. colloq. rap over (od. on) the knuckles.

'Tat·zel,wurm ['tatsəl-] m myth. winged dragon (legendary alpine animal).

'Tat·zen,hieb m blow with a (od. the) paw.

Tau¹ [tau] m ⟨-(e)s; no pl⟩ dew: an den Gräsern funkelte (od. glitzerte) der ~ dew was sparkling (od. glistening) on the grass; der ~ fällt the dew falls (od. comes down); vor ~ und Tag aufstehen poet. to rise at the break of dawn.

Tau² n ⟨-(e)s; -e⟩ 1. mar. a) rope, b) (Kabeltau) cable, hawser: geschlagenes ~ laid rope. – 2. (sport) rope: am ~ klettern to climb the rope.

Tau³ n ⟨-(s); -s⟩ tau (19th letter of the Greek alphabet).

taub [taup] adj ⟨-er; -st⟩ 1. med. deaf: er ist auf einem Ohr ~ he is deaf in one ear; ~ machen to make (s.o.) deaf, to deafen; ~ werden to grow deaf; sie ist ~ geboren she was born deaf; schrei nicht so, ich bin doch nicht ~! don't shout like that, I'm not deaf! sich ~ stellen to pretend to be deaf, to feign deafness; sie waren ~ gegen alle Ermahnungen fig. they were deaf (od. turned a deaf ear) to all warnings; ~en Ohren predigen fig. to talk to deaf ears; auf dem Ohr ist er ~ fig. colloq. humor. he's deaf to that. – 2. (Glieder etc) numb, benumbed: meine Fingerspitzen sind ~ vor Kälte my fingertips are numb with cold; mein Fuß ist ~ a) my foot is numb, b) (eingeschlafen) my foot has gone to sleep. – 3. (Nuß) empty, hollow. – 4. (Ähre, Ei etc) empty. – 5. (Gewürze) stale. – 6. ~es Gestein (mining) barren ground, rock with no coal in it. — **~,blind** adj med. deaf and blind.

Täub·chen ['tɔypçən] n ⟨-s; -⟩ 1. dim. of Taube¹. – 2. mein ~ (Koseword) my love, bes. Br. colloq. ducky, auch duckie.

Tau·be¹ ['taubə] f ⟨-; -n⟩ zo. pigeon, dove (Fam. Columbidae): ~n gurren pigeons coo; sanft wie eine ~ (as) gentle as a dove; die gebratenen ~n fliegen einem nicht ins Maul (Sprichwort) etwa money does not grow on trees; → Spatz 1; Sperling.

'Tau·be² m, f ⟨-n; -n⟩ med. deaf person.

'Tau·ben,ar·ti·ge pl zo. obs. for Taubenvögel.

'Tau·ben|,aus,stel·lung f pigeon show. — **t~,blau** adj cf. taubengrau. — **~,ei** n pigeon's egg.

'tau·be,netzt adj moistened (od. sprinkled) with dew, bedewed (lit.).

'tau·ben,grau adj dove-gray (bes. Br. -grey), dove-color(ed), bes. Br. dove-colour(ed), columbine-blue.

'Tau·ben|,haus n cf. Taubenschlag. — **~,kropf** m bot. pigeon's crop. – 2. bot. campion (Cucubalus baccifer). — **~,paar** n pair of pigeons. — **~,schie·ßen** n 1. pigeon shooting. – 2. (sport) trap shooting, skeet (shooting). — **~,schlag** m pigeon house, dovecot(e), pigeonry, loft, columbary: hier geht's ja zu wie in einem ~! fig. colloq.

~,schwanz m 1. dove's tail. – 2. zo. hummingbird moth, hawkmoth (Macroglossum stellatarum). — **~,vö·gel** pl zo. columbaceous birds (Ordng Columbiformes). — **~,zucht** f pigeon breeding. — **~,züch·ter** m pigeon breeder (od. keeper).

Tau·ber ['taubər], **Täu·ber** ['tɔybər] m ⟨-s; -⟩, **'Tau·be·rich** [-rɪç], **'Täu·be·rich** [-rɪç] m ⟨-s; -e⟩ zo. cock pigeon.

'Taub·heit f ⟨-; no pl⟩ 1. med. deafness, auditory impairment; hypacusia, hypoacusis (scient.): völlige ~ anacousia, anacusis. – 2. psych. psychic (od. hysterical, functional) deafness. – 3. (von Gliedern) numbness. – 4. (von Nüssen) emptiness, hollowness. – 5. (von Ähren, Eiern etc) emptiness. – 6. (von Gewürzen) staleness. – 7. geol. (mining) barrenness, deadness.

'Taub·heits·ge,fühl n (in den Gliedern) (sensation of) numbness.

'Tau,bil·dung f dewfall, formation of dew.

Täu·bin ['tɔybɪn] f ⟨-; -nen⟩ zo. hen pigeon.

'Tau,blatt n bot. 1. (Portugiesisches) ~ drosophyllum (Drosophyllum lusitanicum). – 2. cf. Frauenmantel 2.

'Taub·le·gu,an m zo. greater earless lizard (Gatt Holbrookia).

Täub·ling ['tɔyplɪŋ] m ⟨-s; -e⟩ bot. russula (Gatt Russula; fungus).

'Taub,nes·sel f bot. dead nettle (Gattg Lamium): Rote ~ red archangel, red dead nettle, dog nettle (L. purpureum); Weiße ~ white dead nettle (L. album); Gelbe ~ yellow archangel (L. galeobdolon).

'taub|,stumm adj med. deaf and dumb, deaf-mute, surdomute (scient.). — **T~,stum·me** m, f ⟨-n; -n⟩ deaf and dumb person, deaf-mute, surdomute (scient.): die ~n the deaf and dumb.

'Taub,stum·men|al·pha,bet n deaf-and-dumb (od. manual, finger) alphabet. — **~,an,stalt** f institute (od. clinic) for the deaf and dumb, deaf-and-dumb asylum. — **~,leh·rer** m, **~,leh·re·rin** f deaf-and-dumb teacher, articulationist. — **~,schu·le** f school for the deaf and dumb. — **~,spra·che** f deaf-and-dumb (od. finger) language (od. signs pl); cheirology, dactylology (scient.). — **~,un·ter,richt** m instruction (od. training) of the deaf and dumb.

'Taub,stumm·heit f ⟨-; no pl⟩ med. deaf-mutism, deaf-muteness.

'Taub·wa,ran m zo. gila monster, beaded lizard (Lanthanotus borneensis).

'Tauch,an,la·ge f tech. dipping machine. — **~ar,ti·kel** m meist pl dipped goods pl. — **~,bad** n 1. med. plunge (od. immersion) bath. – 2. tech. dipping. — **~,bad,schmie·rung** f tech. oil bath lubrication. — **~,batte,rie** f electr. plunge (od. dipping) battery. — **~,boot** n mar. submarine, submersible (boat). — **~elek,tro·de** f electr. dipped (od. coated) electrode. — **~ele,ment** n (einer Batterie) bichromate cell. — **~email·le,lack** m tech. dipping enamel.

tau·chen ['tauxən] I v/t ⟨h⟩ 1. dip: die Hände ins Wasser [die Feder in die Tinte] ~ to dip one's hands [the pen into the ink]. – 2. (plötzlich u. kräftig) plunge, douse, auch dowse: er tauchte seinen Kopf in eine Schüssel mit kaltem Wasser he plunged his head into a bowl of cold water. – 3. j-n (mit dem Kopf ins od. unter Wasser) ~ to duck s.o.: er hat mich so lange getaucht, bis ich keine Luft mehr bekam he ducked me until I couldn't breathe any more. – 4. fig. (in Wendungen wie) der Garten wurde von der Abendsonne in rotes Licht getaucht the garden was bathed in red light by the evening sun. – 5. tech. (Glas) a) immerse, dip, b) (schwemmen) steep. – II v/i ⟨h u. sein⟩ 6. ⟨h u. sein⟩ (tief) dive: er ist in die Flut getaucht he dived into the flood; sie haben nach Perlen getaucht they dived for pearls; sie ist bis auf den Grund des Sees getaucht she dived to the bottom of the lake. – 7. ⟨h u. sein⟩ swim (od. stay) underwater, (als Sport) skin dive: er kann lange ~ he can stay underwater for a long time. – 8. ⟨sein⟩ (kräftig u. plötzlich) 9. ⟨sein⟩ (auftauchen) rise, come up: der Schwimmer tauchte aus dem Wasser the swimmer rose (od. came up) to the surface. – 10. ⟨sein⟩ dip: der Bug des Schiffes tauchte in die Wogen the bow of the ship dipped into the waves. – 11. ⟨sein⟩ fig. dip, sink: die

Sonne tauchte ins Meer the sun dipped into the sea. – **12.** ⟨*sein*⟩ *fig.* (*erscheinen*) appear, emerge, loom up: eine Gestalt tauchte aus dem Dunkel a figure emerged out of the dark(ness). – **13.** ⟨*sein*⟩ *fig.* (*verschwinden*) disappear: der Einbrecher entkam durch das Fenster und tauchte in die Dunkelheit der Nacht the burglar escaped through the window and disappeared into the darkness of the night. – **14.** ⟨*h u. sein*⟩ *mar.* (*von U-Boot*) submerge, dive. – **15.** ⟨*h u. sein*⟩ (*sport*) (*beim Boxen*) duck. – **III T~** *n* ⟨-s⟩ **16.** *verbal noun.* – **17.** *cf.* Tauchsport.

'**Tauch,en·te** *f zo.* scaup (duck), broadbill, *Am.* bluebill (*Fam. Aythinae*).

'**Tau·cher** *m* ⟨-s; -⟩ **1.** (*als Beruf*) diver. – **2.** (*sport*) *cf.* Sporttaucher. – **3.** Cartesischer ~ *phys.* Cartesian diver. – **4.** *zo. cf.* a) Lappentaucher, b) Seetaucher. — **~,an·zug** *m* diving suit (*od.* dress), diver's dress. — **~,aus·rü·stung** *f* diving equipment, diver's gear. — **~,bril·le** *f* diver's goggles *pl.* — **~,glocke** (*getr.* -k·k-) *f* (diving) bell. — **~,helm** *m* (diving) helmet. — **~,hühn·chen** *n zo.* sun-grebe, sunbird, *auch* finfoot, sun bittern (*Fam. Heliornithidae*). — **~,krank·heit** *f med.* divers' paralysis, caisson disease, compressed-air illness, decompression sickness. — **~,ku·gel** *f* (*zur Tiefseeforschung*) bathysphere. — **~,lei·ne** *f* diving line, lifeline. — **~,mas·ke** *f* diver's mask. — **~,sturm,vo·gel** *m zo.* diving petrel (*Fam. Pelecanoididae*). — **~,vo·gel** *m cf.* a) Lappentaucher, b) Seetaucher.

'**tauch,fä·hig** *adj mar.* (*U-Boot etc*) submersible. — '**Tauch,fä·hig·keit** *f* ⟨-; *no pl*⟩ submersibility.

'**Tauch|,fahrt** *f mar.* dive. — **~,fal·te** *f geol.* dipping fold. — **~,frä·sen** *n tech.* plunge milling. — **~,ge,rät** *n* diving apparatus. — **~,här·ten** *n tech.* dip hardening, hardening by immersion. — **~,hart,lö·tung** *f* dip brazing.

'**Tauch,kern|re,lais** *n electr.* plunger (*od.* solenoid) relay. — **~,spu·le** *f* slug coil.

'**tauch,klar** *adj mar.* (*U-Boot*) ready to submerge.

'**Tauch,kol·ben** *m tech.* plunger (piston). — **~,pum·pe** *f* plunger pump.

'**Tauch|,lack** *m tech.* dipping varnish. — **t~,lackie·ren** (*getr.* -k·k-) *v/t* ⟨*only inf u. pp* tauchlackiert⟩ dip-varnish. — **~,La·tex,mi·schung** *f* (*rubber*) dipping latex. — **~,lö·sung** *f* dipping solution. — **~,lö·ten** *n tech.* dip brazing. — **~,mi·schung** *f* (*rubber*) dipping compound. — **~,pa·ten,tie·ren** *n metall. tech.* batch patenting. — **~,ret·ter** *m mar.* escape gear. — **~,schleu·der,schmie·rung** *f tech.* splash lubrication. — **~,sie·der** *m electr.* immersion heater. — **~,sport** *m* skin diving. — **~,spu·le** *f electr.* moving coil. — **~,sta·ti,on** *f mar.* (*eines U-Boots*) diving station: auf ~ at diving station. — **~,tank** *m* (*eines U-Boots*) ballast tank. — **~,tie·fe** *f mar.* **1.** (*eines Tauchers*) diving depth. – **2.** (*eines U-Boots*) diving depth, depth of immersion. – **3.** (*Tiefgang*) designed draft (*bes. Br.* draught), molded draft, *bes. Br.* moulded draught. — **~,über,zug** *m tech.* dip coat(ing). — **~,ver,ed(e)·lung** *f* hot dip(ping) process. — **~,ver,fah·ren** *n* dipping (*od.* immersion) process. — **~,ver,such** *m mar.* diving experiment, trial dive. — **~,zeit** *f* diving time.

'**tau·en¹** [ˈtaʊən] **I** *v/impers* ⟨*h*⟩ **1.** es taut it is thawing. – **II** *v/i* ⟨*sein*⟩ **2.** thaw, melt: der Schnee taut von den Dächern the snow is thawing off the roofs; der Eiszapfen ist über Nacht getaut the icicle has melted overnight. – **III** *v/t* ⟨*h*⟩ **3.** melt, thaw: die Sonne taut den Schnee the sun melts the snow. – **IV T~** *n* ⟨-s⟩ **4.** *verbal noun.* – **5.** thaw.

'**tau·en²** *v/impers* ⟨*h*⟩ es taut dew is falling.

'**tau·en³** *v/t* ⟨*h*⟩ *mar.* (*schleppen*) tow.

'**Tau,en·de** *n mar.* rope('s) end.

Taue'rei *f* ⟨-; *no pl*⟩ *mar.* towing, towage.

'**Tauf,akt** *m relig.* christening ceremony, (ceremony of) baptism.

'**Tauf,fall** *m* dewfall.

'**Tauf|,becken** (*getr.* -k·k-) *n relig.* (baptismal) font. — **~be,kennt·nis** *n* baptismal profession (*od.* testimony). — **~,brun·nen** *m cf.* Taufbecken. — **~,buch** *n cf.* Taufregister.

Tau·fe [ˈtaʊfə] *f* ⟨-; -n⟩ **1.** *relig.* baptism,

christening: die ~ empfangen to be baptized (*Br. auch* -s-) (*od.* christened); die ~ spenden (*od.* erteilen) to christen, to baptize *Br. auch* -s-, to administer baptism; Wiedergeburt durch die ~ baptismal regeneration. – **2.** *relig.* (*Taufbecken*) font: das Kind über die ~ halten to present the child at the font; ein Kind aus der ~ heben to stand sponsor to a child; einen Verein aus der ~ heben *fig. colloq.* to found (*od.* inaugurate, initiate) an association. – **3.** (*Tauffeier*) christening (celebration): auf der ~ ging's lustig her people were in high spirits at the christening celebration. – **4.** *fig.* (*eines Flugzeugs, Schiffes etc*) christening, baptism.

tau·fen [ˈtaʊfən] **I** *v/t* ⟨*h*⟩ **1.** *relig.* baptize *Br. auch* -s-, christen: seine Kinder ~ lassen to have one's children baptized; er ließ sich ~ he was baptized, he received baptism; das Kind ist noch nicht getauft worden the child has not been baptized yet. – **2.** (*einen Namen geben*) christen, baptize *Br. auch* -s-, name: das Kind wurde (auf den Namen) Peter getauft the child was christened Peter. – **3.** *fig.* (*mit Bei- od. Spottnamen*) nickname, dub: seine Freunde haben ihn Mickey Mouse getauft his friends nicknamed him Mickey Mouse. – **4.** (*Flugzeug, Schiff*) christen, baptize *Br. auch* -s-, name. – **5.** j-n ~ *mar.* (*bei der Äquatortaufe*) to duck s.o. – **6.** *colloq.* (*Wein etc*) water, adulterate. – **7.** *colloq.* (*durchnässen*) soak: der Gewitterschauer hat uns tüchtig getauft we were (*od.* got) soaked to the skin in the thundershower. – **II T~** *n* ⟨-s⟩ **8.** *verbal noun.* – **9.** *colloq.* (*des Weins*) adulteration. – **10.** *cf.* Taufe 1, 4.

Täu·fer [ˈtɔʏfər] *m* ⟨-s; -⟩ **1.** Johannes der ~ *Bibl.* John the Baptist. – **2.** *pl relig.* (*Glaubensrichtungen*) Baptists.

'**tau,feucht** *adj* (*Gras etc*) moist with dew, dewy, bedewed (*lit.*).

'**Tauf|,for·mel** *f relig.* baptismal formula. — **~,ge,lüb·de** *n* baptismal vow. — **~,ge,schenk** *n* christening gift. — **~,hand·lung** *f relig. cf.* Taufakt. — **~,ka,pel·le** *f arch.* baptist(e)ry. — **~,kind** *n relig. cf.* Täufling. — **~,kis·sen** *n* baptismal cushion. — **~,kleid(·chen)** *n* baptismal dress.

'**Tau,flie·ge** *f zo.* fruit fly, drosophila (*scient.*) (*Fam. Drosophilidae*).

Täuf·ling [ˈtɔʏflɪŋ] *m* ⟨-s; -e⟩ child (*od.* person) to be baptized (*Br. auch* -s-).

'**Tauf|,na·me** *m* Christian (*od.* first, *Am. auch* given) name, forename. — **~,pa·te** *m* godfather, godparent, sponsor, godpapa (*colloq.*). — **~,pa·ten·ge,schenk** *n* godparent's gift. — **~,pa·tin** *f* godmother, godparent, sponsor, godmamma (*colloq.*). — **~,re,gi·ster** *n* parish register.

tau·frisch *adj* **1.** [ˈtaʊˌfrɪʃ] (*Rasen, Morgen etc*) fresh with dew, dewy. – **2.** [ˈtaʊˈfrɪʃ] *fig.* dewy: sich ~ fühlen to feel as fresh as a daisy.

'**Tauf|,scha·le** *f relig. cf.* Taufbecken. — **~,schein** *m* certificate of baptism. — **~,schmaus** *m* christening feast. — **~,stein** *m cf.* Taufbecken. — **~,tag** *m* christening day. — **~,was·ser** *n* baptismal water. — **~ze·re·mo,nie** *f* baptismal ceremony (*od.* rites *pl*). — **~,zeu·ge** *m cf.* Taufpate. — **~,zeu·gin** *f cf.* Taufpatin. — **~,zeug·nis** *n cf.* Taufschein.

tau·gen [ˈtaʊgən] *v/i* ⟨*h*⟩ **1.** (*geeignet sein*) (zu, für for) be good (*od.* fit, of use), be suited (*od.* suitable): er taugt nicht zur Arbeit he is useless for (*od.* as regards) work; er taugt nicht zum Lehrer he is not suited to teaching, he is not cut out to be a teacher; dieses Buch taugt nicht für Kinder this book is not suited for children; ich fürchte, dieses Werzeug wird wenig ~ I'm afraid this tool will not be any (*od.* much) good; das taugt für ihn that will do for him; das taugt mir *Bavarian and Austrian colloq.* that's exactly what I like. – **2.** (*wert sein*) be good: taugt der Film etwas? is the film any good? der neue Lehrling taugt nichts the new apprentice is good for nothing (*od.* is no good); diese billige Ware taugt nicht viel this cheap merchandise is no good (*od.* is not up to much); er hat nie viel getaugt he has never been any good; in der Schule taugt er überhaupt nichts he is not really good at school; er taugt zu nichts he is a good-for-nothing (*od.* ne'er-do-well).

'**Tau·ge,nichts** *m* ⟨- u. -es; -e⟩ *contempt.* **1.** good-for-nothing, ne'er-do-well: „Aus dem Leben eines ~" "The Happy-go-lucky" (*by Eichendorff*). – **2.** (*Schuft, Schurke*) rascal, rogue, bad egg (*od.* lot) (*colloq.*).

taug·lich [ˈtaʊklɪç] *adj* (zu, für for) **1.** good, useful, fit, apt, suited. – **2.** (*geistig*) qualified, competent. – **3.** (*fähig*) capable. – **4.** (*nützlich*) useful. – **5.** (*geeignet*) suitable, appropriate. – **6.** *mil.* fit (for service), able-bodied: er ist für ~ erklärt worden he has been passed as fit; nicht ~ unfit (for service). — '**Taug·lich·keit** *f* ⟨-; *no pl*⟩ **1.** usefulness, fitness, aptness. – **2.** (*geistige*) qualification, competence, aptitude. – **3.** (*Fähigkeit*) capability, ability. – **4.** (*Nützlichkeit*) usefulness. – **5.** (*Eignung*) suitability, appropriateness. – **6.** *mil.* fitness.

'**Taug·lich·keits|,grad** *m mil. cf.* Tauglichkeitsstufe. — **~,nach,weis** *m* certificate of qualification. — **~,stu·fe** *f mil.* grade (*od.* degree) of fitness. — **~,zeug·nis** *n* certificate of fitness.

'**tau·ig** *adj cf.* taufeucht.

'**Tau|,klet·tern** *n* (*sport*) climbing the rope. — **~,kreuz** *n* (*art*) tau cross. – **2.** **~,län·ge** *f* **1.** lenght of a rope. – **2.** (*mar. u Maß*) cable's length. — **~,man·tel** *m bot. cf.* Frauenmantel 2.

Tau·mel [ˈtaʊməl] *m* ⟨-s; *no pl*⟩ **1.** (*Schwindelgefühl*) dizziness, giddiness: ein ~ erfaßte (*od.* ergriff, überkam) ihn he was seized (*od.* overcome) by a sudden giddiness. – **2.** (*nach Schlaf, Narkose etc*) grogginess, *Am.* wooziness: als der Wecker mich aus dem Schlaf riß, war ich noch halb (*od.* wie) im ~ I was still groggy when the alarm clock woke me from my sleep. – **3.** (*Taumelgang*) staggering, reeling. – **4.** *fig.* (*Überschwang, Rausch*) frenzy, whirl, delirium, transport: ein ~ der Freude erfaßte (*od.* ergriff, überkam) sie she was overcome by a frenzy (*od.* rapture) of joy, she went into raptures (*od.* ecstasy); im ~ der Begeisterung in the whirl of excitement.

'**Tau·me·ler** *m* ⟨-s; -⟩ *vet.* animal with staggers.

'**Tau·mel,feh·ler** *m tech.* (*eines Gewindes*) drunkenness.

'**tau·me·lig** *adj* **1.** (*Gang etc*) reeling, staggering. – **2.** (*schwindlig*) dizzy, giddy. – **3.** (*nach Schlaf, Narkose etc*) groggy, *Am.* woozy.

'**Tau·mel|,kä·fer** *m zo.* whirligig (beetle) (*Fam. Gyrinidae*). — **~,käl·ber,kropf** *m bot.* rough chervil (*Chaerophyllum temulum*). — **~,lolch** *m bot.* darnel, ryegrass (*Lolium temulentum*).

tau·meln [ˈtaʊməln] **I** *v/i* ⟨*h u. sein*⟩ **1.** (*vor Trunkenheit, Schwäche, Müdigkeit etc*) reel, stagger, totter, teeter, sway: zu Boden ~ to stagger and fall to the ground. – **2.** ⟨*sein*⟩ (*von Schmetterling etc*) sway about (*od.* around). – **3.** ⟨*h*⟩ *tech.* a) (*von Messerkopf, Welle, Zahnrädern etc*) wobble, b) (*von einer Verzahnung*) run out radially. – **4.** ⟨*h*⟩ (*space*) (*von Satellit*) tumble. – **II T~** *n* ⟨-s⟩ **5.** *verbal noun.* – **6.** reel, stagger, teeter, sway. – **7.** (*von Insekten*) sway. – **8.** *tech.* a) wobble, b) radial runout (*Br.* run-out).

'**Tau·mel,schei·be** *f tech.* (*einer Hydraulikpumpe*) swash plate.

'**Tau,mes·ser** *m* ⟨-s; -⟩ *phys.* drosometer.

Tau·ner [ˈtaʊnər] *m* ⟨-s; -⟩ *Swiss dial.* for Tagelöhner.

'**Tau,per·le** *f poet.* pearl of dew. — **~,punkt** *m* ⟨-(e)s; *no pl*⟩ *phys.* dew point.

Tau·rin [taʊˈriːn] *n* ⟨-s; *no pl*⟩ *chem.* taurine, $H_2NCH_2CH_2SO_3H$.

Tau·ro'chol,säu·re [taʊroˈxoːl-] *f chem.* taurocholic acid $[(HO)_3C_{23}H_{36}CONHCH_2-CH_2SO_3H]$.

Tausch [taʊʃ] *m* ⟨-(e)s; -e⟩ **1.** *cf.* Tauschen. – **2.** (*von Briefmarken, Arbeitsplätzen etc*) exchange. – **3.** *bes. econ.* exchange, (*beim Tauschhandel*) barter, truck, *bes. Am. colloq.* swap, *auch* swop, *bes. Br. colloq.* swop, *auch* swap: einen guten [schlechten] ~ machen to make a good [bad] exchange; etwas in ~ geben [nehmen] für (*od.* gegen) etwas anderes to give [to take] s.th. in exchange for s.th. else; etwas zum ~ anbieten to offer s.th. for exchange. — **~,an·ge,bot** *n* offer for exchange, barter offer.

tau·schen ['taʊʃən] **I** v/t ⟨h⟩ **1.** exchange, trade, *bes. Am. colloq.* swap, *auch* swop, *bes. Br. colloq.* swop, *auch* swap: Briefmarken ~ to exchange stamps; die Plätze ~ to exchange (*od.* change) places (*od.* seats); den Arbeitsplatz [Studienplatz] mit j-m ~ to exchange one's place of work [one's place at (the) university] with s.o.; Blicke ~ to exchange glances; die Rollen ~ to exchange roles (*od.* parts). – **2.** *bes. econ.* (gegen for) exchange, (*im Tauschhandel*) barter, truck, *bes. Am. colloq.* swap, *auch* swop, *bes. Br. colloq.* swop, *auch* swap: tausche Radio gegen Fernsehapparat (*Zeitungsinserat*) exchange radio (set) for television set. – **II** v/i **3.** mit j-m a) to exchange (*od.* trade, *bes. Am. colloq.* swap, *auch* swop, *bes. Br. colloq.* swop, *auch* swap) with s.o., b) to (ex)change with s.o.: (ich) suche j-n, der mit mir tauscht I am looking for s.o. who will change (*od.* make an exchange) with me; ich möchte um keinen Preis mit ihr ~ I would not change (places) with her for anything, I would not like to be in her place (*od.* in her shoes) for anything. – **4.** *bes. econ.* barter, truck, *bes. Am. colloq.* swap, *auch* swop, *bes. Br. colloq.* swop, *auch* swap. – **III** T~ n ⟨-s⟩ **5.** *verbal noun.* – **6.** exchange. – **7.** *bes. econ.* exchange, barter, truck, *bes. Am. colloq.* swap, *auch* swop, *bes. Br. colloq.* swop, *auch* swap.

täu·schen ['tɔʏʃən] **I** v/t ⟨h⟩ **1.** deceive, delude, (*irreführen*) mislead: ihre Verkleidung täuschte sogar ihre Freunde her disguise even deluded her friends; laß dich durch seine Liebenswürdigkeit nicht ~! don't be misled (*od.* don't let yourself be deceived) by his friendliness! j-s Vertrauen ~ to deceive s.o.'s confidence. – **2.** (*hinters Licht führen*) fool, hoodwink, dupe, bamboozle (*colloq.*). – **3.** (*trügen*) cheat. – **4.** (*trügen*) deceive: wenn mich mein Gedächtnis nicht täuscht if I remember rightly (*od.* correctly), if my memory is not deceiving me (*od.* serves me right); wenn mich meine Augen nicht ~ if my eyes do not deceive me, if I am seeing right. – **5.** (*enttäuschen*) disappoint: ich sah mich in meinen Erwartungen getäuscht I was disappointed in my expectations, my expectations were disappointed. – **6.** sich ~ in seiner Annahme getäuscht sehen to be mistaken in one's assumption. – **7.** (*sport*) mil. (*durch eine Finte*) feint, deceive. – **II** v/i **8.** be deceptive: der Schein täuscht appearances are deceptive; sein harmloses Äußeres täuscht gewaltig his harmless outward appearance is very deceptive. – **9.** *ped.* (*in der Schule etc*) cheat. – **10.** (*sport*) mil. (*durch eine Finte*) (make) a) feint, b) (*betrügen*) cheat. – **III** v/reflex sich ~ **11.** be mistaken, be wrong: sie hat sich gründlich in ihm getäuscht she has been completely mistaken about him; ich kann mich natürlich ~, aber I may be wrong (*od.* mistaken) but; da täuschst du dich aber gewaltig! you are completely mistaken! wenn mich nicht alles täuscht if I am not altogether mistaken. – **IV** T~ n ⟨-s⟩ **12.** *verbal noun.* – **13.** delusion, deception. – **14.** dupery. – **15.** *cf.* Täuschung. — **'täu·schend I** *pres p.* – **II** *adj* **1.** (*trügerisch*) deceptive, delusive, misleading. – **2.** (*Ähnlichkeit etc*) remarkable, striking: du hast eine ~e Ähnlichkeit mit meiner Schwester you are remarkably like my sister, you are the spit (and) image (*auch* the spitting image) of my sister, there is a striking (*od.* remarkable) resemblance between you and my sister; das Bild ist eine ~e Nachahmung des Originals the picture is a remarkably good imitation of the original. – **III** *adv* **3.** deceptively, delusively. – **4.** remarkably, strikingly: er sieht seinem Vater ~ ähnlich he is remarkably like his father, he is the spit (and) image (*auch* the spitting image) of his father; eine ~ echte Nachahmung des Originals a remarkably good imitation of the original.

Tau·sche'rei f ⟨-; -en⟩ *colloq.* **1.** *cf.* Tauschen. – **2.** (*endless*) bartering, (continual) exchange.

'Tausch|ge·gen,stand m *econ.* object of exchange, bartering object. — **~ge,schäft** n *econ.* exchange deal (*od.* transaction), barter (deal), bartering, truck, *bes. Am. colloq.* swap, *auch* swop, *bes. Br. colloq.* swop, *auch* swap.

swop, *auch* swap. — **~gut** n object(s *pl*) of exchange, bartering object(s *pl*).

'Tausch,han·del m ⟨-s; *no pl*⟩ barter(ing), trade by barter, (*mit Wagen*) truck: ~ (be)treiben to barter, to truck, to trade by barter (*od.* exchange).

'Tausch,han·dels|,ab,kom·men n *econ.* barter agreement. — **~ge,schäft** n exchange (*od.* barter) transaction.

'Tausch|,mit·tel n *econ.* medium of exchange. — **~ob,jekt** n *cf.* Tauschgegenstand. — **~,part·ner** m exchange partner.

'Täu·schung f ⟨-; -en⟩ **1.** *cf.* Täuschen. – **2.** deception, deceit, delusion, misrepresentation: arglistige ~ *bes. jur.* wilful deceit, fraud, (*durch falsche Angaben*) fraudulent misrepresentation; bewußte ~ deliberate (*od.* intentional) deceit. – **3.** (*Hintergehung*) dupery, hoodwinking. – **4.** (*Betrug*) cheat. – **5.** (*Sinnestäuschung*) illusion: optische ~ optical illusion. – **6.** (*Selbsttäuschung*) delusion, illusion: gib dich keinen ~en über die zu erwartenden Schwierigkeiten hin don't delude yourself about the difficulties (that are) to be expected; ich gebe mich keinerlei ~en über ihn hin I have (*od.* am under) no illusions about him. – **7.** (*Irrtum*) error. – **8.** (*Trugschluß*) fallacy, false conclusion. – **9.** *ped.* (*in Prüfungen etc*) cheating: auch der Versuch einer ~ wird bestraft even the attempt to cheat will be punished. – **10.** (*sport*) a) *auch mil.* (*Finte*) feint, deception, b) (*Betrug*) cheat.

'Täu·schungs|,ab,sicht f **1.** *bes. jur.* intention to deceive. – **2.** *ped.* (*sport*) intention to cheat. — **~,an,griff** m *mil.* feint attack. — **~ma,nö·ver** n **1.** *mil.* feint. – **2.** *fig.* deception tactics *pl* (*usually construed as pl*), feint. — **~ver,such** m **1.** *bes. jur.* attempt to deceive. – **2.** *ped.* (*sport*) attempt to cheat.

'Tausch|ver,trag m *econ.* barter contract (*od.* agreement), contract of exchange. — **~,wa·re** f *meist pl* barter goods *pl* (*od.* commodity), goods *pl* for exchange. — **~,weg** m *only in* im ~(e) by way of exchange (*od.* barter). — **t~,wei·se** adv by way of exchange (*od.* barter). — **~,wert** m exchange (*od.* barter) value. — **~,wirt·schaft** f economy based on exchange (*od.* barter), barter economy.

tau·send ['taʊzənt] *adj* ⟨*cardinal number*⟩ **1.** thousand, a (*od.* one) thousand: ~ Mark a thousand marks; ~ (*od.* einige) ~ Exemplare several (*od.* some few) thousand copies, several thousands of copies; an die ~ Zuschauer about a thousand (*od.* some thousand, a thousand or so) spectators; vor vielen ~ Jahren (many) thousands of years ago; einer unter (*od.* von) ~ one in (*od.* out of) a thousand; Finnland, das Land der ~ Seen Finland, the land of the thousand lakes. – **2.** (*sehr viele*) a thousand: immer muß ich an ~ Dinge zugleich denken! I always have to think of a thousand things at once! der Teller zersprang in ~ Stücke the plate smashed into a thousand pieces; ~ und aber ~ Insekten thousands upon (*od.*) thousands of insects; in ~ Ängsten schweben, ~ Ängste ausstehen to die a thousand deaths; ~ Dank! thanks a million! many, many thanks! ~ Grüße! lots of love (*colloq.*).

'Tau·send¹ f ⟨-; -en⟩ figure one thousand: die ~ in Ziffern schreiben to write the thousand in figures.

'Tau·send² n ⟨-s; -e⟩ thousand: ein halbes ~ five hundred; ein paar (*od.* einige) ~ several (*od.* some few) thousand; soeben ist das erste ~ erschienen the first thousand (copies) have just come out; (viele) ~e begeisterter Zuschauer, (viele) ~e von begeisterten Zuschauern (many) thousands of enthusiastic spectators, ~e und aber ~e von Menschen thousands and (*od.* upon) thousands of people; der Protest mehrerer ~e (von Menschen) the protest of several thousands (of people); das Leben von ~en von Einwohnern war gefährdet the life of thousands of inhabitants was in danger; im ~ *econ.* per thousand; die Teilnehmerzahl ging in die ~e the number of participants went into the thousands; einer unter (*od.* von) ~en one in thousands, one in a thousand; zu Hunderten und ~en strömten sie ins Stadion they streamed into the stadium in (their, *Am.* the) hundreds and thousands.

'Tau·send³ m *euphem. for* Teufel **1.:** ei der ~! *archaic u. iron.* a) goodness (gracious) me! gracious me! good gracious (*od.* grief)! b) what the deuce (*od.* devil)!

'Tau·send,blatt n ⟨-(e)s; *no pl*⟩ *bot.* **1.** water milfoil (*Gattg Myriophyllum*). – **2.** *cf.* Schafgarbe.

'tau·send'eins *adj* ⟨*cardinal number*⟩ *cf.* tausendundeins.

Tau·sen·der ['taʊzəndər] m ⟨-s; -⟩ **1.** *colloq. for* Tausend¹. – **2.** *colloq. for* Tausendmarkschein. – **3.** *meist pl* math. (*im Dezimalsystem*) thousand.

'tau·sen·der'lei *adj* ⟨*invariable*⟩ of a thousand (different) kinds (*od.* sorts, types): ich habe noch ~ Dinge zu erledigen I still have a thousand things to do.

'tau·send,fach I *adj* thousandfold: in ~er Vergrößerung (*optics*) magnified a thousand times. – **II** *adv* (a) thousandfold, a thousand times: etwas ~ vergrößern to magnify s.th. a thousand times. – **III** T~, das ⟨-n⟩ the thousandfold (amount): das T~e von zwei one (*od.* a) thousand times two; sich um das T~e vermehren to increase (*od.* multiply) one thousandfold.

'tau·send,fäl·tig I *adj* **1.** *cf.* tausendfach I. – **2.** of a thousand (different) kinds (*od.* sorts). – **II** *adv* **3.** *cf.* tausendfach II. – **4.** in a thousand (different) ways.

'Tau·send|,fuß m ⟨-es; ⁼er⟩, **~,fü·ßer**, **~,füß·ler** [-,fyːslər] m ⟨-s; -⟩ *zo.* millipede, millepede, *auch* milliped, thousand-legs *pl* (*construed as sg od pl*); myriopod, myriapod (*scient.*) (*Klasse Myriapoda*). — **~'gul·den,kraut**, **'gül·den,kraut** [,taʊzənt-] n ⟨-(e)s; *no pl*⟩ *bot.* centaury (*Gattg Centaurium*). — **~'jahr,fei·er** [,taʊzənt-] f millenial, *auch* millenary celebration, millenium. — **t~,jäh·rig** *adj* **1.** thousand-year-old (*attrib*): eine ~e Eiche a thousand-year-old oak tree. – **2.** of a thousand years: eine ~e Entwicklung a development of (*od.* over) a thousand years. – **3.** lasting a thousand years, millennial, millenary, millennian: das T~e Reich *Bibl.* the millennium; das ~e Reich *hist. u. iron.* the thousand-year Reich. — **~,künst·ler** m **1.** (*Gaukler*) conjurer, magician, juggler. – **2.** *fig.* (*Alleskönner*) jack-of-all-trades, *bes. Br.* Jack of all trades. — **t~,mal** *adv* a thousand times: ich bitte ~ um Verzeihung! a thousand apologies! das habe ich dir schon ~ gesagt! I told you (so *od.* that) a (hundred) thousand times (*od.* time and [time] again)! tausend- und aber ~'thousands and thousands of times. — **~,mark,schein** [,taʊzənt-] m thousand-mark note.

'Tau·send,sa·sa [-,sasa] m ⟨-s; -(s)⟩ *colloq.* **1.** (*Teufelskerl, Mordskerl*) devil of a fellow. – **2.** (*Alleskönner*) jack-of-all-trades, *bes. Br.* Jack of all trades.

'Tau·send,sa·sa [-,sasa] m ⟨-s; -(s)⟩ *Southern G., Austrian and Swiss for* Tausendsasa.

'Tau·send,schön n ⟨-s; -e⟩, **'Tau·send,schön·chen** n ⟨-s; -⟩ *bot.* daisy, *Am.* English daisy (*Bellis perennis*).

'tau·sendst *adj* ⟨*ordinal number*⟩ thousandth: der ~e Teil the thousandth part; zum ~en Mal for the thousandth time.

'Tau·send·ste m, f ⟨-n; -n⟩, n ⟨-n; *no pl*⟩ thousandth: jeder ~ every thousandth person; → Hundertste.

'Tau·send·stel I n, *Swiss meist* m ⟨-s; -⟩ thousandth (part), millesimal. – **II** *adj* ⟨*attrib*⟩ thousandth, millesimal: ein t~ Kilometer the thousandth (part) of a kilometer, a millesimal kilometer.

'tau·send·und'eins *adj* ⟨*cardinal number*⟩ a (*od.* one) thousand and one: „Tausendundeine Nacht" "A Thousand and One Nights", "A Thousand Nights and One Night", "The Arabian Nights" (*colloq.*) (*collection of Oriental tales*).

Tau·to·lo·gie [taʊtoloˈgiː] f ⟨-; -n [-ən]⟩ (*in der Logik, Stilistik etc*) tautology. — **tau·to·lo·gisch** [-ˈloːgɪʃ] *adj* tautological, *auch* tautologic, tautologous.

Tau·to·me·rie [taʊtomeˈriː] f ⟨-; -n [-ən]⟩ *chem.* tautomerism.

'Tau,trop·fen m dewdrop, *Br.* dew-drop.

'Tau,werk n ⟨-(e)s; *no pl*⟩ *bes. mar.* **1.** ropes *pl*, cordage. – **2.** (*Takelwerk*) rigging: laufendes ~ running rigging; stehendes ~ standing rigging, dead ropes *pl*.

'Tau,wet·ter n **1.** *meteor.* thawing weather:

es hat ~ eingesetzt a thaw has set in. –
2. *fig. (bes. in der Politik)* thaw.
'Tau,zie·hen *n (sport)* tug-of-war: es begann ein heftiges ~ um den Posten *fig.*
there was a violent tug-of-war for the post.
Ta·ver·ne [ta'vɛrnə] *f ⟨-; -n⟩* tavern.
Ta·xa·me·ter [taksa'meːtər] *m ⟨-s; -⟩* **1.** *(in
Taxis)* taximeter. – **2.** *obs. for* Taxi.
'Tax,amt *n econ. (Schätzamt)* assessment
(od. valuation) office *(od.* board).
Ta·xa·ti·on [taksa'tsioːn] *f ⟨-; -en⟩ econ.
jur. cf.* Taxierung 2.
Ta·xa·tor [ta'ksaːtər] *m ⟨-s; -toren* [-ksa-
'toːrən]⟩ *econ. jur.* appraiser, *bes. Br.*
valuer, valuator, *(bes. bei Versicherungen)*
assessor. [gewächse.]
Ta·xa·ze·en [taksa'tseːən] *pl bot. cf.* Eiben-
Ta·xe¹ ['taksə] *f ⟨-; -n⟩ cf.* Taxi.
'Ta·xe² *f ⟨-; -n⟩ econ.* **1.** *(Gebühr, Abgabe)*
rate, tax, charge, fee: einer ~ unterliegen
to be subject to a tax. – **2.** *(amtlich fest-
gesetzter Schätzwert)* fixed *(od.* agreed)
value. – **3.** *(Schätzung)* rating, (e)valuation,
estimate, appraisal, appraisement, *(bes. bei
Steuern)* assessment: ~ über [unter] dem
Wert overvaluation [undervaluation].
Ta·xem [ta'kseːm] *n ⟨-s; -e⟩ ling.* taxeme.
'Tax|ge,bühr *f meist pl econ.* appraiser's
(od. assessor's) *(bes. Br.* valuer's, valuator's) fee. — **~ge,wicht** *n* appraised
weight.
Ta·xi ['taksi] *n, Swiss auch m ⟨-(s); -(s)⟩*
taxi(cab), cab: ein ~ nehmen to take a taxi;
(mit dem *od.* im) ~ fahren to go by taxi, to
ride in a taxi, to taxi. — **~chauf,feur** *m*
taxi driver, cabdriver, *Br.* cab-driver.
Ta·xie [ta'ksiː] *f ⟨-; -n [-ən]⟩ biol.* taxis.
ta'xier·bar *adj econ.* rat(e)able, assessable,
valuable.
ta·xie·ren [ta'ksiːrən] **I** *v/t ⟨no ge-, h⟩*
1. *bes. econ. jur. (Gegenstände) (auf acc* at)
rate, value, valuate, evaluate, make an
estimate of, *(bes. amtlich)* appraise, *(bes.
bei Steuern, Schäden etc)* assess: etwas zu
hoch ~ to overrate *(od.* overvalue) s.th.;
etwas zu niedrig ~ to underrate *(od.*
undervalue) s.th. – **2.** *(ungefähr einschätzen)*
estimate: der Wert des Bildes wird auf
5 000 Mark taxiert the value of the picture
is estimated at 5,000 marks; ich taxiere
ihn auf etwa 40 Jahre I estimate (*Br.*
should say, *bes. Am.* would say) he is
about 40 years old, I'd put him down as
(od. at) about 40. – **3.** *colloq. (abschätzen,
einstufen)* sum *(od. colloq.* size) *(s.o.)* up:
ich taxierte ihn kurz und ließ ihn (dann)
herein I summed him up briefly and (then)
let him in. – **II T~** *n ⟨-s⟩* **4.** *verbal noun.* –
5. *cf.* Taxierung.
Ta'xie·rer *m ⟨-s; -⟩ econ. jur. cf.* Taxator.
Ta'xie·rung *f ⟨-; -⟩* **1.** *cf.* Taxieren. –
2. *bes. econ. jur. (auf acc* at) rating, valuation, evaluation, estimate, *(bes. amtliche)*
appraisal, *auch* appraisement, *(bes. bei
Steuern, Schäden etc)* assessment. – **3.** *(ungefähre Einschätzung)* estimation, estimate.
'Ta·xi|,fah·rer *m* taxi driver, cabdriver, *Br.*
cab-driver, cabman, *bes. Br.* taximan. —
~,fah·re·rin *f* (woman) taxi driver *(od.*
cabdriver, *Br.* cab-driver). — **~,girl** *n (in
Tanzlokalen etc)* taxi dancer.
Ta·xis¹ ['taksɪs] *f ⟨-; Taxen⟩ biol.* taxis.
'Ta·xis² *f ⟨-; no pl⟩ med.* reduction *(od.*
reducing, setting) of a fracture.
'Ta·xi,stand *m* taxi stand, cabstand.
'Tax,kurs *m econ. (bes. bei Wertpapieren)*
estimated quotation.
Ta·xo·no·mie [taksono'miː] *f ⟨-; no pl⟩
biol. ling.* taxonomy, taxinomy. — **ta·xo-
'no·misch** [-'noːmɪʃ] *adj* taxonomic, *auch*
taxonomical.
'Tax,preis *m econ.* estimated price.
'Tax,uhr *f cf.* Taxameter 1.
Ta·xus ['taksʊs] *m ⟨-; -⟩ bot.* (Eibe) yew,
taxus *(scient.) (Gattg Taxus).* — **~,hecke**
(getr. -k·k-) *f* yew hedge.
'Tax,wert *m econ. jur.* estimated *(od.*
appraised) value, *(bes. im Steuerwesen)*
assessed value.
'Tay·lor·sy,stem ['teɪlə-] *(Engl.) n ⟨-s; no
pl⟩ econ.* Taylor principles *pl (od.* system).
Ta·zet·te [ta'tsɛtə] *f ⟨-; -n⟩ bot.* polyanthus
(narcissus) *(Narcissus tazetta).*
'Taz·zel,wurm ['tatsəl-] *m cf.* Tatzelwurm.
Tb(c) [teː'beː (teː·beː'tseː)] *short for* Tuberkulose. — **~,krank** *adj med. cf.* tuber-
kulosekrank.
Teach-in [,tiːtʃ'ʔɪn] *n ⟨-(s); -s⟩ pol. (Pro-
testdiskussion)* teach-in.

Teak [tiːk] *n ⟨-s; no pl⟩,* **~,holz** *n* teak-
(wood): ein Tisch aus ~ a table in teak-
(wood), a teak(wood) table.
Team [tiːm] *(Engl.) n ⟨-s; -s⟩ (Mannschaft,
Arbeitsgruppe)* team. — **~,ar·beit** *f,* **~,work**
[-,wəːk] *(Engl.) n ⟨-s; no pl⟩* teamwork.
Tech·ne·ti·um [tɛç'neːtsiʊm] *n ⟨-s; no pl⟩
chem.* technetium (Tc).
Tech·ni·co·lor [tɛçniko'loːr] *(TM) n ⟨-s; no
pl⟩ phot.* Technicolor (TM).
Tech·nik ['tɛçnɪk] *f ⟨-; -en⟩* **1.** *⟨only sg⟩*
technology, technics *pl (construed as sg or
pl)*, engineering science: das Zeitalter der
~ the age of technology; die Wunder der
~ the marvels of technology; auf dem
neuesten Stand der ~ sein to be constructed according to the latest technological *(od.* technical) developments, to be
the latest technological *(od.* technical)
development. – **2.** *(Verfahren, Arbeitsweise)*
technique, practice, mechanical skill: eine
neue ~ (in) der Malerei a new technique
in painting, a new painting technique; die
~ des Schweißbrennens the technique of
welding, (the) welding practice; er hat eine
neue ~ des Romans entwickelt he developed a new technique in fiction; eine (bestimmte) ~ beherrschen to master a
(specific) technique; er beherrscht die ~,
nie dazusein, wenn man ihn braucht
colloq. he has it down to a fine art never
to be there *(od.* he masters the technique
of never being there) when he is needed;
seine ~ verbessern to improve one's
technique. – **3.** *(Kunstfertigkeit)* execution,
technique: der Maler [Musiker] hat eine
ausgezeichnete ~ the artist [musician] has
an excellent technique. – **4.** *Austrian
(technische Hochschule)* institute *(bes. Br.*
college) of technology.
Tech·ni·ker ['tɛçnikər] *m ⟨-s; -⟩* **1.** technician, technicist. – **2.** *(Ingenieur)* engineer.
– **3.** *(in Kunst, Sport etc)* technician,
technicist.
Tech·ni·kum ['tɛçnikʊm] *n ⟨-s; -ka [-ka],
auch -ken⟩* technical *(od.* engineering)
school.
tech·nisch ['tɛçnɪʃ] **I** *adj* **1.** technical,
technological, engineering *(attrib):* das ~e
Zeitalter the technological age; ~er
Fortschritt technical *(od.* engineering)
progress; ~es Verfahren technical *(od.*
engineering) process; der Bau ist ein ~es
Wunder the construction is a technical
marvel *(od.* a marvel of technology); ~e
Ausbildung technical training; ich habe
keinerlei ~e Begabung I have no technical talent whatever, I am not technically
inclined at all; ~es Versagen, (eine) ~e
Störung a technical failure, a breakdown;
~e Daten technical data; ~e Einzelheiten
technical details, technicalities; ~e Abteilung technical department; ~es Personal
technical staff; ~er Leiter *(od.* Direktor)
eines Unternehmens technical director
(od. manager) of a company; ~er Angestellter technical employee; ~er Kaufmann sales engineer; ~er Zeichner
draftsman, technical drawer; ~es Zeichnen technical *(od.* engineering) drawing; ~e Fächer technical subjects, engineering fields; ~e Lehranstalten technical
institutes *(od.* training centers *[bes. Br.*
centres]), engineering colleges; ~e Hochschule institute *(bes. Br.* college) of
technology; ~e Universität university of
technology, technical university; ~e Hilfe
bes. econ. technical assistance; T~e Nothilfe *hist.* Technical Emergency Corps *(Br.*
Service); ~e Truppe *mil.* technical troops
pl; T~es Hilfswerk Technical Emergency
Corps *(Br.* Service); T~er Überwachungsverein Technical Control Board. – **2.**
(fachgerecht) technical: er spielt [malt]
in ~er Vollendung he plays [paints]
with technical perfection. – **3.** *(den äußeren
Umständen entsprechend)* technical: es
war mir aus rein ~en Gründen nicht
möglich, rechtzeitig dort zu sein I was
not able to be there in time for purely
technical *(od.* practical) reasons. – **4.** *(sport)*
technical: ~er K. o. technical knockout. –
II *adv* **5.** technically: er ist ~ sehr begabt
he is very gifted technically, he is very
talented technically; das Radiogerät ist ~
einwandfrei the radio is technically in
order. – **6.** *(die technische Durchführung betreffend)* technically: sein Spiel war ~
vollkommen his play was technically

---

perfect. – **7.** *(die äußeren Umstände betreffend)* technically: es ist mir rein ~
unmöglich, heute abend zu dir zu kommen it's impossible for me to come to see
you this evening for purely technical *(od.*
practical) reasons. — **~'wis·sen·schaft·lich**
adj ⟨attrib⟩ ~er Verein industrial science
association.
tech·ni·sie·ren [tɛçni'ziːrən] **I** *v/t ⟨no ge-,
h⟩* technicalize, technicize. — **II T~** *n ⟨-s⟩*
verbal noun. — **Tech·ni'sie·rung** *f ⟨-; -en⟩*
1. *cf.* Technisieren. – **2.** technicalization.
– **3.** mechanization.
Tech·no·krat [tɛçno'kraːt] *m ⟨-en; -en⟩
econ.* technocrat. — **Tech·no·kra'tie**
[-kra'tiː] *f ⟨-; no pl⟩* technocracy.
Tech·no·lo·ge [tɛçno'loːgə] *m ⟨-n; -n⟩*
technologist. — **Tech·no·lo'gie** [-lo'giː] *f
⟨-; -n [-ən]⟩* technology. — **tech·no-
'lo·gisch** *adj* technologic(al).
Tech·tel·mech·tel [,tɛçtəl'mɛçtəl] *n ⟨-s; -⟩
colloq.* affair, flirtation.
Teckel *(getr.* -k·k-) ['tɛkəl] *m ⟨-s; -⟩ zo. cf.*
Dachshund, Dackel 1.
Ted·dy ['tɛdi] *m ⟨-s; -s⟩,* **~,bär** *m* teddy
(bear), *auch* Teddy bear.
Te·de·um [te'deːʊm] *n ⟨-s; -s⟩ relig.*
Te Deum.
Tee [teː] *m ⟨-s; -s⟩* **1.** *(Teeblätter)* tea
(leaves), *Br.* tea(-leaves): grüner [schwar-
zer] ~ green [black] tea; ~ ernten to crop
tea; die ~s *(Teesorten)* the teas, the sorts
of tea, the tea blends. – **2.** *(Getränk)* eine
Tasse ~ a cup of tea; ~ mit Zitrone [Rum]
tea and lemon [rum]; ~ kochen *(od.* auf-
gießen) to make *(od.* brew) tea, *bes. Br.*
auch to wet the tea; ~ trinken to have *(od.*
drink) tea; er trinkt den ~ gern stark
[schwach] he likes his tea strong [weak];
den ~ ziehen lassen to let the tea draw *(od.*
stand, infuse); abwarten und ~ trinken!
fig. colloq. (let's) wait and see! – **3.** *(aus
Heilkräutern etc)* (herb) tea, infusion of
herbs. – **4.** *(Teegesellschaft)* tea (party),
Br. tea(-party): einen ~ geben to give
a tea(-)party; j-n zum ~ bitten to ask *(od.*
invite) s.o. to tea. – **5.** *bot. cf.* Teestrauch:
~ anbauen to grow tea. — **~,an,bau** *m
⟨-(e)s; no pl⟩* cultivation *(od.* growing) of
tea. — **~,bee·re** *f bot.* teaberry, checkerberry, wintergreen, gaultheria *(scient.)
(Gaultheria procumbens).* — **~,beu·tel** *m* tea
bag, *Br.* tea-bag. — **~,blatt** *n* tea leaf, *Br.*
tea-leaf. — **~,brett** *n cf.* Teetablett. —
~,büch·se, **~,do·se** *f* (tea) caddy, *Br.* tea-
caddy. — **~,Ei** *n* tea ball *(od.* egg), infuser.
— **~,Ern·te** *f* tea harvest. **~ge,bäck** *n
⟨-(e)s; no pl⟩* **1.** *(Plätzchen, Kekse etc) Br.*
tea *(od.* fancy) biscuits *pl, Am.* cookies *pl.*
– **2.** *(kleine Kuchen)* small cakes *pl,* petit(s)
fours *pl.* — **~ge,schirr** *n* tea service *(od.*
set), tea-service *(od.* -set), tea things
pl (colloq.). — **~ge,sell·schaft** *f* tea party,
Br. tea-party. — **~,glas** *n* tea glass, *Br.*
tea-glass. — **~,hau·be** *f cf.* Teewärmer. —
~,haus *n (bes. in Japan)* teahouse. — **~,kan-
ne** *f* teapot. — **~,kes·sel** *m* teakettle, *Br.*
tea-kettle. — **~,licht** *n ⟨-(e)s; -e⟩* teapot
warmer, teakettle *(Br.* tea-kettle) lamp.
'Tee,löf·fel *m* teaspoon, *Br.* tea-spoon: ein
~ (voll) Honig one teaspoon(ful) *(Br.* tea-
spoon[ful]) of honey; ein gehäufter ~
(voll) one heaped teaspoon(ful); zwei gestrichene ~ Butter two level teaspoons *(od.*
teaspoonfuls, teaspoonsful) of butter. —
t~,wei·se *adv* by the teaspoonful *(Br.* teaspoonful), in tea(-)spoonfuls, in tea-
(-)spoonsful.
'Tee|ma,schi·ne *f* tea urn, *Br.* tea-urn, *auch*
samovar. — **~,mil·be** *f zo.* **1.** Gelbe ~
yellow mite *(Hemitarsonemus latus).* –
2. Orangefarbene ~ orange *(od.* scarlet)
mite *(Brevipalpus obovatus).* – **3.** a) Pur-
purrote ~ purple *(od.* ribbed tea) mite
(Eriophyes carinatus), b) Rosafarbene ~
pink tea mite *(E. theoe).* — **~,mi·schung** *f*
tea blend, blend of tea. — **~,müt·ze** *f cf.*
Teewärmer.
Teen [tiːn] *(Engl.) m ⟨-s; -s⟩ colloq.* teen-
-ager, teener, *pl auch* teens: ~s und Twens
teens and twens, teen-agers and people in
their twenties.
Teen·ager ['tiːn,eɪdʒə] *(Engl.) m ⟨-s; -⟩*
1. teen-age(d) girl, girl in her teens. –
2. *cf.* Teen.
'Tee|,pflan·zung, **~plan,ta·ge** *f* tea plan-
tation.
Teer [teːr] *m ⟨-(e)s; -e⟩* tar. — **~,ab-
,schei·der** *m chem. tech.* tar separator *(od.*

extractor), detarrer. — **~ab,schei·dung** f tar separation (od. extraction), detarring. — **t~,ar·tig** adj tarry. — **~as,phalt** m tar asphalt, coal-tar pitch. — **~,dach,pap·pe** f cf. Teerpappe. — **~,decke** (getr. -k·k-) f civ.eng. (einer Straße) tar surfacing (od. pavement). — **~de·stil·la·ti,on** f chem. tech. tar distillation.

tee·ren ['te:rən] I v/t ⟨h⟩ tar: ein Schiff ~ mar. to tar (od. pitch) a vessel, to give a vessel a coat of tar; j-n ~ und federn (als Lynchjustiz) to tar and feather s.o. – II T~ n ⟨-s⟩ verbal noun.

'Teer|fa,brik f tar factory. — **t~,far·big** adj bes. med. (Stuhl etc) tar-colored (bes. Br. -coloured). — **~,farb,stof·fe** pl chem. tech. coal-tar (od. aniline) dyes. — **~,faß** n tar barrel. — **~,fleck** m tar stain.

'tee·rig adj 1. (mit Teer bedeckt, teerhaltig) tarry, tarred. – 2. cf. teerartig.

'Teer|,jacke (getr. -k·k-) f mar. humor. jack-tar, auch Jack-tar, jack, auch Jack. — **~,kes·sel** m tech. tar boiler. — **~,krebs** m med. tar (od. pitchworker's) cancer. — **~,lein,wand** f tarpaulin. — **~ma·ka,dam·stra·ße** f civ.eng. tar-macadam road. — **~,öl** n tar oil.

'Tee,ro·se f bot. tea rose, Br. tea-rose (Rosa odorata).

'Teer|,pap·pe f tarred felt. — **~schwe·le,rei** f ⟨-; -en⟩ tar distillery. — **~,sei·fe** f tar soap. — **~,spritz·ma,schi·ne** f tech. tarsprayer. — **~,stra·ße** f civ.eng. 1. tarred road. – 2. cf. Teermakadamstraße. — **~,stuhl** m ⟨-(e)s; no pl⟩ med. tarry stool.

'Tee·rung f ⟨-; -en⟩ tarring.

'Tee|sa,lon m tea salon. — **~ser,vice** n tea service (od. set), Br. tea-service (od. -set). — **~,sieb** n tea strainer. — **~,steu·er** f econ. excise (Am. auch excise tax) on tea, tea tax. — **~,strauch** m bot. tea (plant), tea shrub (Camellia sinensis). — **~,stun·de** f tea-time, Br. tea-time. — **~,ta,blett** n tea tray, Br. tea-tray, teaboard, Br. tea-board. — **~,tas·se** f teacup. — **~,tisch** m tea table, Br. tea-table. — **~,trin·ker** m tea drinker. — **~,wa·gen** m tea waggon (bes. Am. wagon), tea cart (bes. Br. trolley). — **~,wär·mer** m ⟨-s; -⟩ tea cosy (bes. Am. cozy). — **~,was·ser** n water for (making) tea: (das) ~ aufsetzen to put on (some) water for tea. — **~,wick·ler** m zo. 1. (Schmetterling) tea tortrix (Homona coffearia). – 2. (Raupe) sandwich caterpillar, flush worm.

TEE-,Zug [te:ʔe:'ʔe:-] m (railway) TEE, Trans-European Express (train).

Te·gel ['te:gəl] m ⟨-s; -⟩ geol. min. marl.

Teich [taıç] m ⟨-(e)s; -e⟩ 1. pond, pool. – 2. cf. Fischteich. – 3. der große ~ colloq. humor. (der Atlantische Ozean) the herring pond: über den großen ~ fahren to cross the herring pond. — **~,frosch** m zo. common (od. brown) frog (Rana temporaria). — **~,huhn** n moorhen, auch water hen, swamphen, gallinule (scient.) (Gallinula chloropus). — **~,kol·ben** m bot. cf. Rohrkolben. — **~,läu·fer** m zo. a family of semiaquatic bugs (Fam. Hydrometridae). — **~,li·lie** f bot. water (od. pond) lily (Nymphaea alba). — **~,lin·se** f Wasserlinse. — **~,molch** m zo. smooth (auch spotted) newt (Triturus vulgaris). — **~,mu·schel** f swan mussel, scient.) (Anodonta cygnea). — **~,ro·se, 'Gel·be** f bot. yellow water lily, candock (Nuphar lutea). — **~,wirt·schaft** f fish culture, pisciculture.

Teig [taık] m ⟨-(e)s; -e⟩ 1. (Knetteig) dough, paste, pastry: geriebener ~ short paste (od. pastry); der ~ geht auf die dough rises; den ~ kneten to knead the dough. – 2. (geschlagener Teig) batter. — **~ge,richt** n pie, pastry.

tei·gig ['taıgıç] adj 1. (dickflüssig) doughy. – 2. (nicht durchgebacken) doughy, sodden, soggy, pasty: ~es Brot doughy bread. – 3. (Obst etc) mealy. – 4. fig. (Gesichtsfarbe etc) pasty, doughy.

'Teig|knet·ma,schi·ne f dough-kneading machine. — **~,mas·se** f dough, paste, pastry. — **~,mul·de** f cf. Backtrog. — **~,räd·chen** n (pastry) jagging wheel. — **~,rol·le** f rolling pin. — **~,scha·ber** m (dough) scraper. — **~,sprit·ze** f cf. Spritze 6a. — **~,wa·ren** pl farinaceous products, pasta sg.

Teil [taıl] m, n ⟨-(e)s; -e⟩ 1. (eines Ganzen) part: der obere [untere, mittlere] ~ the upper (od. top) [the lower od. bottom, the

---

middle] part; der südliche [nördliche] ~ des Landes the southern [northern] part of the country; „Faust", erster [zweiter] ~ "Faust", Part One [Two]; ein ~ Whisky auf zwei ~e Wasser one part of whisk(e)y to two parts of water; die Straße ist nur (für) einen ~ des Jahres befahrbar the road is passable only part of the year; sie hat den größten ~ ihres Lebens in Afrika verbracht she spent most (od. the greater part) of her life in Africa; der größere ~ seines Vermögens ist fest angelegt the greater part (od. the bulk) of his fortune is permanently invested; wir wohnen im schönsten ~ der Stadt we live in the most beautiful part of the town; der schwierigste ~ der Aufgabe kommt erst (noch) the most difficult part of the problem is still to come; ich hoffe, du hast dir keine edle(re)n ~e verletzt I hope you did not hurt anything (od. any vital parts); sie kamen aus allen ~en der Welt they came from all over (od. from all parts [od. quarters] of) the world; ein Roman in vier ~en a novel in four parts; sie teilte den Kuchen in 12 ~e she divided the cake (up) into 12 parts; zu einem ~ von etwas werden to become part of s.th.; zum ~ cf. teilweise II; die Straßen sind zum ~ (schon) schneefrei a) the roads are already free of snow in parts (od. places), b) some roads are already free of snow; ich habe den Roman zum großen ~ gelesen I have read most (od. the greater part) of the novel; der Garten gehört zum ~ dem Nachbarn the garden belongs to the neigbo(u)r in part; das Land gehört zum größten ~ dem Staat the land belongs to the State for the most part, most (od. the greater part) of the land belongs to the State; ich wohne zum ~ hier, zum ~ bei meinen Eltern I live partly here, partly with my parents. – 2. jetzt können wir (endlich) zum gemütlichen ~ (des Abends) übergehen! now we can have a more relaxed evening! – 3. (eines Volkes, einer Versammlung etc) number: ein großer ~ der Leute a large number of the people; der größte ~ der Zuschauer most (od. the majority) of the spectators. – 4. (einer Zeitung) section: der politische [lokale] ~ the political [local] section. – 5. (Anteil) share, part: zu gleichen ~en a) in equal shares, b) econ. jur. share and share alike; Gewinn und Verlust zu gleichen ~en tragen econ. to go shares, to divide (od. share) profit and loss; sein(en) ~ beitragen to do one's share (od. bit), to pull one's weight; er hat sein(en) ~ bekommen (od. colloq. weg) a) he got his share, b) fig. colloq. (seine verdiente Strafe) he got (od. had) his due (bes. Br. colloq. gruel), he got what he asked for (od. what was coming to him); ich habe (zwar) nichts gesagt, aber mir mein(en) ~ gedacht fig. I did not say anything but had my own thoughts (od. opinion) about it (od. colloq. but I thought plenty); du hast (doch) den besseren ~ gewählt (od. colloq. erwischt) fig. you made the better bargain, you came off better; er hatte keinen ~ an der Verschwörung he had nothing to do with (od. he took no part in) the conspiracy; ich für mein(en) ~ bin anderer Meinung I for my part don't agree (with you). – 6. ein gut ~ a good deal (od. bit): er ist ein gut ~ kleiner als sie he is a good bit smaller than she is (od. colloq. than her). – 7. (Abschnitt) section, part: der zweite ~ der Strecke ist fertig the second section of the road has been finished. – 8. meist n (Bestandteil) component (part), constituent (part), piece, part, element, bit: er prüft jedes ~ sorgfältig he checks every piece carefully; etwas in seine ~e in einzelne ~e zerlegen to take s.th. apart (od. to pieces, to bits), to dismantle s.th. – 9. meist n (Bauteil) (structural) member, construction member. – 10. meist n (Zubehörteil) attachment, accessory part. – 11. meist n (Ersatzteil) spare (part), (replacement od. repair) part. – 12. math. part: der dritte ~ von neun ist drei the third part of nine is three. – 13. bes. jur. (Partei, Seite) party: der beklagte [klagende] ~ the defendant (od. defending party) [plaintiff]; der geschädigte [schuldige] ~ the injured [guilty] party; beide ~e müssen gehört werden both parties (od. sides)

---

have to be heard; ein für beide ~e vorteilhaftes Abkommen an agreement of mutual advantage. – 14. bildwichtiger ~ phot. center (bes. Br. centre) of interest.

'Teil|,ab,kom·men n pol. partial agreement. — **~,ab,rech·nung** f econ. partial accounting. — **~,ab,schnitt** m (einer Autobahn etc) section. — **~ak,zept** n econ. partial acceptance. — **~,an,sicht** f partial view. — **~ap·pa,rat** m tech. indexing (od. dividing) attachment. — **~,aus,ga·be** f print. (eines Gesamtwerkes) partial edition.

'teil·bar adj 1. divisible, dividable, partible: ~er Vertrag jur. divisible contract; ~e Leistung econ. divisible performance. – 2. math. divisible: 30 ist durch 6 ~ 30 is divisible by 6. — **'Teil·bar·keit** f ⟨-; no pl⟩ 1. divisibility, divisibleness, partibility. – 2. math. divisibility, divisibleness.

'Teil|be,griff m partial notion. — **~be,lich·tung** f phot. partial exposure. — **~be,reich** m cf. Teilgebiet. — **~be,schäf·tig·te** m, f econ. part-time worker (od. employee), part-timer. — **~be,schäf·ti·gung** f part-time employment. — **~be,trag** m econ. 1. partial amount. – 2. (Rate) installment, bes. Br. instalment. – 3. (Anleihe) tranche. — **~,bild** n telev. frame, Am. field.

'Teil·chen n ⟨-s; -⟩ 1. dim. of Teil. – 2. chem. phys. nucl. particle, corpuscle: negativ [positiv] geladenes ~ negatively [positively] charged particle. — **~,bahn** f nucl. particle orbit. — **~be,schleu·ni·ger** m particle accelerator. — **~,fluß** m particle flux. — **~,grö·ße** f particle size. — **~struk·tur** f particle structure. — **~,zahl** f number of particles. — **~,zäh·ler** m particle counter.

tei·len ['taılən] I v/t ⟨h⟩ 1. divide: einen Apfel in zwei Hälften ~ to divide (od. split) an apple in(to) two (halves) (od. in half); etwas in gleiche Teile ~ to divide (od. split) s.th. (up) equally (od. in[to] equal parts); in zwei gleiche Teile ~ to bisect; sie teilten sich (dat) den Kuchen they divided the cake (up) among(st) themselves, they shared the cake (out) among(st) themselves. – 2. (zerschneiden, trennen) part, divide: der Schiffsbug teilte die Wellen the ship's bow parted the waves; die Grenze teilt das Land in zwei Teile the border divides the country in(to) two parts. – 3. (Kosten, Wohnung etc) share: die Kosten ~ to share expenses (od. the costs); etwas brüderlich (mit j-m) ~ to share s.th. equally (od. fairly) (with s.o.); mit j-m die Wohnung ~ to share the apartment (bes. Br. flat) with s.o.; den letzten Groschen mit j-m ~ to give s.o. one's last penny; Freud und Leid mit j-m ~ to share s.o.'s joys and sorrows; sie teilten den Gewinn untereinander they shared (od. divided) the profit among(st) themselves. – 4. (j-s Ansichten, Schicksal etc) share: j-s Schicksal ~ to share s.o.'s lot (od. fate); ich teile deine Meinung über ihn I share your views on him, I am of (od. I agree with) your opinion about him. – 5. math. divide: man kann 20 nicht durch 6 ~, 20 läßt sich nicht durch 6 ~ 20 is not divisible (od. cannot be divided) by 6; 35 geteilt durch 7 ist (od. macht, gibt) 5 35 divided by 7 is 5. – 6. tech. a) (Lager, Schloßmutter) split, b) (Maßstäbe) graduate, c) (Gewinde, Zahnräder) index, divide. – II v/reflex sich ~ 7. (von Straßen, Flüssen etc) branch (in two), fork (in two), divide (in two), bifurcate. – 8. (von Vorhängen etc) part: der Vorhang teilte sich, das Stück begann the curtain parted, and the play began. – 9. (von Parteien etc) split (up). – 10. sich in (acc) etwas ~ to share s.th.: er teilt sich mit ihr in die Hausarbeit he shares the housework with her; sich in die Kosten ~ to share expenses (od. the costs) (zu zweit) auch to go halves in the costs, Am. ~ 11. (von Ansichten etc) differ, diverge: hier ~ sich unsere Meinungen that's where our opinions differ. – 12. biol. med. (von Zellen etc) divide. – 13. phys. (von Atomkernen etc) divide. – III v/i 14. divide: teile und herrsche! divide and rule! divide et impera! (lit.). – IV T~ n ⟨-s⟩ 15. verbal noun. – 16. cf. Teilung.

'Teil,ent,schä·di·gung f jur. partial indemnity.

'Tei·ler m ⟨-s; -⟩ math. divisor: der größte

[kleinste] gemeinsame ~ the greatest [smallest] common divisor.

'Teil|er,folg *m* partial success. — ~er,geb·nis *n* partial result. — ~er,neue·rung *f* partial renovation (*od.* renewal). — ~fi·nan,zie·rung *f econ.* partial financing. — ~,fin·ster·nis *f astr.* partial eclipse. — ~,fu·ge *f tech.* joint (line), parting line. — ~ge,biet *n* (*einer Wissenschaft etc*) branch, subsection.

'teil,ha·ben *v/i* ⟨*irr, sep,* -ge-, h⟩ **1.** an (*dat*) etwas ~ to share (*od.* participate, have a part) in s.th., to partake of s.th. – **2.** j-n an (*dat*) etwas ~ lassen to share s.th. with s.o.: sie ließ ihn an ihrer Freude ~ she shared her joy with him.

'Teil,ha·ber *m* ⟨-s; -⟩ *econ.* **1.** (*Gesellschafter*) partner, associate: geschäftsführender ~ managing partner; beschränkt haftender ~ limited (*od.* special) partner; unbeschränkt (*od.* persönlich) haftender ~ unlimited (*od.* general, *bes. Br.* ordinary) partner; stiller ~ silent (*od.* dormant, sleeping, *Am.* secret) partner; er ist ~ der Firma he is a partner in the firm, he has a share (*od.* an interest) in the firm; als ~ in eine Firma eintreten to enter (*od.* join) a firm as a partner; j-n als ~ in einer Firma aufnehmen to admit (*od.* accept) s.o. as a partner in a firm, to take s.o. into partnership. – **2.** (*Miteigentümer*) joint owner (*od.* proprietor), part owner.

'Teil,ha·ber·schaft *f* ⟨-; *no pl*⟩ partnership: stille ~ silent (*od.* dormant, sleeping, *Am.* secret) partnership; eine ~ auflösen to dissolve a partnership; mit j-m eine ~ eingehen, mit j-m in ~ treten to enter (*od.* go) into partnership with s.o.

'Teil,ha·ber·ver,trag *m* partnership contract.

'teil,haf·tig, *auch* 'teil·haft *adj* einer Sache ~ sein (*od.* werden) *lit.* a) to partake of s.th., to share in s.th., b) (*bes. eines Lobes, Vorteils etc*) to enjoy s.th., c) (*der göttlichen Gnade, eines Glückes etc*) to be blessed with s.th.: der Segnungen der Zivilisation ~ werden to enjoy the blessings of civilization; er wurde ihres Anblicks ~ he was allowed to set eyes upon her.

'Teil|,haf·tung *f econ.* partial liability. — ~,här·tung *f metall.* selective (*od.* decremental) hardening. — ~in·va·li·di,tät *f* partial invalidity (*od.* disablement, disability).

'teil,kas·ko|ver,si·chert *adj econ.* insured under partial cover(age) insurance. — T~ver,si·che·rung *f* partial cover(age) insurance.

'Teil|,kopf *m tech.* (*an Werkzeugmaschinen*) dividing (*od.* indexing) head. — ~,ko·sten,rech·nung *f econ.* partial cost accounting (*od.* calculation). — ~,kreis *m* **1.** *tech.* (*eines Zahnrades*) pitch circle. – **2.** *math.* (*an Winkelmeßinstrumenten*) graduated circle. — ~,lei·stung *f econ. jur.* part performance. — ~,lie·fe·rung *f econ.* **1.** (*Liefervorgang*) part (*od.* partial) delivery. – **2.** (*Ware*) part shipment (*od.* consignment). — ~ma,schi·ne *f tech.* dividing machine. — t~mö,bliert *adj* partly furnished. — ~,mon,ta·ge *f tech.* subassembly. — t~mo·to·ri,siert *adj mil.* partly motorized (*Br. auch* -s-): ~e Einheit semimobile unit.

'Teil,nah·me *f* ⟨-; *no pl*⟩ **1.** *cf.* Teilnehmen. – **2.** (*an Veranstaltungen etc*) (an *dat* in) participation. – **3.** (*Mitarbeit, Mitwirkung*) cooperation *Br. auch* co-, collaboration. – **4.** (*Interesse*) interest. – **5.** (*Anteilnahme*) sympathy: ~ an j-s Schicksal zeigen to show sympathy for s.o.'s lot; j-n seiner ~ versichern to commiserate with s.o., to condole with s.o. – **6.** *lit.* (*Beileid*) sympathy, condolence: in (*od.* mit) tiefer [aufrichtiger] ~ in deep [sincere] sympathy; meine aufrichtige ~ zum Tod Ihres Gatten! (please accept my (sincere) condolence(s) (*od.* I would like to convey [*od.* express] my sincere sympathy) on the death of your husband; j-m seine (herzliche) ~ ausdrücken to express one's sympathy to s.o., to condole with s.o. – **7.** *jur.* (*im Strafrecht*) complicity. — ~be,din·gun·gen *pl* conditions of participation. — t~be,rech·tigt *adj* eligible, qualified to participate (*od.* take part, *in einem Wettbewerb auch* enter): ~ sind nur Jugendliche über 18 only young people over 18 are eligible (to participate). — ~be,rech·tig·te *m, f* eligible (person), person qualified to

participate (*od.* take part, *in einem Wettbewerb auch* enter). — ~be,rech·ti·gung *f* eligibility, eligibleness, qualification for participation (*in einem Wettbewerb auch* for entry).

'teil,nahms·los I *adj* **1.** (*gleichgültig*) indifferent, unconcerned, unsympathetic. – **2.** (*gefühllos*) impassive, unfeeling, impassible. – **3.** (*uninteressiert*) disinterested, uninterested, dull. – **4.** *bes. med.* (*apathisch*) apathetic, listless, indifferent. – **II** adv **5.** ~ dasitzen to sit there impassively; ~ zusehen to watch indifferently (*od.* with indifference). — '**Teil,nahms·lo·sig·keit** *f* ⟨-; *no pl*⟩ **1.** indifference. – **2.** impassivity, impassiveness, unfeelingness, impassibility. – **3.** disinterest, uninterestedness. – **4.** *bes. med.* apathy, listlessness, indifference.

'teil,nahms,voll I *adj* (*mitfühlend, mitleidig*) sympathetic. – **II** adv sich ~ nach j-s Befinden erkundigen to inquire (*auch* enquire) about s.o. sympathetically.

'teil,neh·men I *v/i* ⟨*irr, sep,* -ge-, h⟩ **1.** (*an einer Veranstaltung etc*) (an *dat* in) take part, participate, partake: an der Aussprache ~ *pol.* to take part in the debate; an einem Lehrgang ~ to take (part in) a course; aktiv [passiv] an einem Seminar ~ to take an active [a passive] part (*od.* to take part actively [passively]) in a seminar; an einem Wettbewerb ~ to take part in (*od.* to enter) a competition; an einer strafbaren Handlung ~ *jur.* to participate in committing an offence (*Am.* offense). – **2.** (*mitwirken, mitarbeiten*) cooperate *Br. auch* co-, collaborate. – **3.** (*Interesse zeigen*) (an *dat* in) take (*od.* show) interest. – **4.** (*Anteil nehmen*) (an *dat* in) share, participate: an j-s Freude ~ to share in s.o.'s joy. – **5.** (*Mitleid haben*) sympathize *Br. auch* -s-: an j-s Kummer ~ to sympathize with s.o. – **II** T~ *n* ⟨-s⟩ **6.** *verbal noun.* – **7.** *cf.* Teilnahme 2—5, 7. — '**teil,neh·mend I** *pres p.* – **II** *adj* **1.** (*Mannschaft, Mitglied etc*) taking part. – **2.** *cf.* teilnahmsvoll I. – **3.** (*interessiert*) (an *dat* in) interested.

'Teil,neh·mer *m* ⟨-s; -⟩ **1.** (*an einer Veranstaltung etc*) (an *dat* in) participant, participator. – **2.** (*eines Lehrgangs*) student. – **3.** (*bes. sport*) (*eines Wettkampfes*) a) competitor, contestant, entrant, b) (*in der Endrunde*) finalist. – **4.** *jur.* (*im Strafrecht*) participant, participator: ~ an einer strafbaren Handlung participant in an offence (*Am.* offense). – **5.** *tel.* subscriber: angerufener [anrufender] ~ called [calling] subscriber; der ~ meldet sich nicht, der ~ antwortet nicht there is no reply. – **6.** *pl* (*Anwesende*) those present. — ~an,schluß *m tel.* subscriber's station.

'Teil,neh·me·rin *f* ⟨-; -nen⟩ *cf.* Teilnehmer.

'Teil,neh·mer|,li·ste *f* **1.** list of participants (*od.* participators). – **2.** (*bes. sport*) list of competitors (*od.* contestants, entrants). — ~,num·mer *f tel.* subscriber's number. — ~,quo·te *f* (*bei Lehrgängen*) student quota. — ~re,gie·rung *f meist pol.* participating government. — ~,staat *m meist pl* participating state. — ~ver,zeich·nis *n tel.* telephone directory. — ~,zahl *f* **1.** number of participants (*od.* participators). – **2.** (*bes. sport*) number of competitors (*od.* contestants, entrants). – **3.** *tel.* number of subscribers.

'Teil|,pacht *f* **1.** *agr.* share-tenancy, share farming (*od.* leasing). – **2.** *econ.* partial lease (*od.* rent). — ~,päch·ter *m* share-tenant, *auch* share-renter. — ~pen·si,on *f* (*im Hotel etc*) *cf.* Halbpension. — ~,rechts,nach,fol·ge *f pol.* partial succession.

teils *adv* **1.** in part: die Straßen sind ~ schon vereist a) the roads are already icy in parts (*od.* places), b) some roads are already icy. – **2.** ~ ..., ~ ... a) some ... some ..., b) partly ... partly ...: sie kamen ~ zu Fuß, ~ mit dem Wagen some of them came on foot, some by car; es waren 200 Leute dort, ~ Kinder, ~ Erwachsene there were 200 people present, some with them children, some adults; der Film war ~ gut, ~ weniger gut parts of the film were good, parts rather bad (*od.* not so good); the film was good in parts and bad in others; ich bin gestern nicht gekommen, ~ aus Zeitmangel, ~ weil ich keine Lust hatte I didn't come yesterday partly because I hadn't the time and partly because I didn't

feel like it. – **3.** ~ wolkig, ~ heiter *meteor.* cloudy with sunny intervals, sunny with cloudy intervals. – **4.** (na,) ~, ~! a) not too bad, (it) could be worse, so-so (*colloq.*), b) (*es gefällt einigermaßen*) (I like it) fairly well: wie fühlst du dich? T~, ~! how are you feeling? (I feel) fairly (*od.* tolerably) well, (I feel) not too bad (*od.* so-so); hat dir der Film gefallen? T~, ~! did you like the film? (I liked it) fairly well (*od.* I did and I didn't, it was all right, I suppose); haben Sie Lust, heute abend ins Theater zu gehen? T~, ~! do you feel like going to the theater tonight? I do and I don't; freust du dich auf den Besuch deiner Eltern? T~, ~! are you looking forward to your parents' visit? I am and I'm not.

'Teil|,scha·den *m* (*im Versicherungsrecht*) part (*od.* partial) damage, *bes. mar. auch* partial loss. — ~,schei·be *f tech.* index (*od.* indexing) plate. — ~,schuld·ver,schrei·bung *f econ.* bond (*forming part of a loan issue*). — ~,sen·dung *f* part consignment (*od.* shipment). — ~,staat *m pol.* constituent state. — ~,strecke (*getr.* -k·k-) *f* **1.** *bes.* (*railway*) *aer.* stage. – **2.** (*bei der Straßenbahn*) (*fare*) stage. – **3.** (*sport*) a) (*bei Staffelwettbewerben*) leg, section, b) (*Etappe*) stage. – **4.** (*Etappe*) stage: eine Reise in ~n zurücklegen to travel by (easy) stages. — ~,streik *m econ.* sectional strike. — ~,strich *m* **1.** (*einer Skala*) graduation (*od.* division) line, graduation (*od.* scale) mark, line of graduation. – **2.** *mil.* mil. — ~,stück *n* **1.** fragment. – **2.** (*Abschnitt*) section. – **3.** *cf.* Teilstrecke. — ~,tief *n meteor.* secondary (depression).

'Tei·lung *f* ⟨-; -en⟩ **1.** *cf.* Teilen. – **2.** division: die ~ Deutschlands *pol.* the division (*od.* partition) of Germany; die ~ der Gewalten *pol.* the division (*od.* separation) of powers; ~ einer Erbmasse *jur.* division (*od.* partition) of an estate. – **3.** (*eines Weges, Flusses etc*) division, bifurcation. – **4.** (*einer Partei etc*) split(-up). – **5.** *math.* division. – **6.** *biol. med.* a) (*Spaltung*) fission, b) (*Graduierung*) graduation, c) (*Furchung*) segmentation, d) (*von Zellen etc*) division. – **7.** *phys.* (*Kernteilung etc*) division.

'Tei·lungs|ar,ti·kel *m ling.* partitive article. — ~,auf,stel·lung *f econ. jur. cf.* Teilungsplan. — ~,bruch *m math.* partial fraction. — ~,ebe·ne *f med. biol. phys.* plane of division. — ~,kla·ge *f jur.* action for a division, (*bei Grundstückteilung*) *auch* action for a partition. — ~,mas·se *f econ.* (*Konkursmasse*) bankrupt's estate (*od.* assets *pl*). — ~,plan *m econ. jur.* scheme of partition. — ~,ur,kun·de *f* deed (*od.* instrument) of division (*od.* distribution), (*der Miteigentümer einer Liegenschaft*) *auch* deed of partition. — ~ver,hält·nis *n math.* division ratio. — ~ver,trag *m pol.* partition treaty, treaty of partition. — ~,zahl *f tech.* number of divisions. — ~,zei·chen *n math.* division sign. — ~,zwang *m jur.* compulsory partition.

'Teil|ver,lust *m* partial loss. — ~ver,satz *m* (*mining*) strip packing. — t~,wei·se I *adj* **1.** partial. – **II** adv **2.** partially, partly, in part: ganz oder ~ in whole or in part. – **3.** (*in einigen Fällen*) in some cases. – **4.** (*hier und da*) in parts. – **5.** wie ~ berichtet a) (*im Rundfunk etc*) as has been reported in several instances, b) (*in Zeitungen*) as has been reported in some editions. — ~,wert *m econ.* subjective value of a piece of goods. — ~,zahl *f* **1.** *math.* quotient. – **2.** *tech.* (*einer Teilscheibe*) number of divisions.

'Teil,zah·lung *f* ⟨-; -en⟩ *econ.* **1.** part (*od.* partial) payment. – **2.** (*Ratenzahlung*) payment by installments (*bes. Br.* instalments): etwas auf ~ kaufen *Br.* to buy s.th. on the hire purchase system (*od.* colloq. on the HP, *sl.* on the never-never), *Am.* to buy s.th. on the installment plan; auf Wunsch ~ payment by instal(l)ments on request. – **3.** (*Teilleistung, Rate*) installment, *bes. Br.* instal(l)ment: erste ~ first instal(l)ment; ~en leisten to pay by instal(l)ments, to make part payments; monatliche ~en payment by monthly instal(l)ments.

'Teil,zah·lungs|,bank *f* ⟨-; -en⟩ *econ.* instal(l)ment credit institution. — ~be,din·gun·gen *pl* **1.** *Br.* hire purchase terms, *Am.* installment terms. – **2.** (*Zielkauf*) deferred payment terms. — ~**ge**͵**schäft** n **1.** *Br.* hire purchase business, *Am.* installment business. – **2.** (*Transaktion*) *Br.* hire purchase transaction, *Am.* installment transaction. – **3.** (*Laden*) *Br.* hire purchase shop. — ~**kre**͵**dit** m *Br.* hire purchase credit, *Am.* installment credit. — ~**sy͵stem** n *Br.* hire purchase system, *Am.* installment plan (*od.* system). — ~**ver**͵**kauf** m *Br.* hire purchase, *Am.* installment sale. — ~**ver**͵**trag** m *Br.* hire purchase agreement, *Am.* installment contract, conditional sales contract.

'**Teil**͵**zeich·nung** f *arch. tech.* component (*od.* detail) drawing: **eine ~ machen** to detail.

'**Teil**͵**zeit**|**be**͵**schäf·ti·gung** f part-time employment. — ~**schu·le** f part-time school.

Teint [tɛ̃ː] m ⟨-s; -s⟩ complexion: **einen gesunden ~ haben** to have a healthy complexion (*od.* colo[u]r); **ein unreiner** [**reiner**] **~** a blemished [clear] complexion.

Te'ju-͵**Ech·se** [te'ʒuː-] f *zo.* teju, *auch* tegu (*Fam. Teiidae*).

tek·tie·ren [tɛk'tiːrən] v/t ⟨no ge-, h⟩ *print.* **1.** (*Gedrucktes*) paste an amendment slip over. – **2.** print (*s.th.*) on one side only.

Tek·tit [tɛk'tiːt; -'tɪt] m ⟨-s; -e⟩ *geol.* tektite.

Tek·to·ge·ne·se [tɛktoge'neːzə] f ⟨-; -n⟩ *geol.* tectogenesis.

Tek·to·nik [tɛk'toːnɪk] f ⟨-; no pl⟩ *geol. arch.* tectonics *pl* (*usually construed as sg*). — **tek'to·nisch** *adj* tectonic.

Tek·tur [tɛk'tuːr] f ⟨-; -en⟩ *print.* **1.** amendment slip. – **2.** circular printed on one side only.

Te·le ['teːlə] n ⟨-s; -⟩ *phot. short for* **Tele·objektiv.**   [tele...]

te·le..., **Te·le...** *combining form denoting*

Te·le·an·gi·ek·ta·sie [tele°aŋgi°ɛkta'ziː] f ⟨-; -n [-ən]⟩ *med.* telangiectasia, telangiectasis.

Te·le·fon [tele'foːn] n ⟨-s; -e⟩ *cf.* Telephon.

Te·le·fon... *cf.* Telephon...

te·le·fo·nie·ren [telefo'niːrən] v/i ⟨no ge-, h⟩ *cf.* telephonieren.

te·le·gen [tele'geːn] *adj telev.* telegenic.

Te·le·graf [tele'graːf] m ⟨-en; -en⟩ *cf.* Telegraph.

Te·le·gra·fen... *cf.* Telegraphen...

te·le·gra·fie·ren [telegra'fiːrən] v/t u. v/i ⟨no ge-, h⟩ *cf.* telegraphieren. — **te·le·'gra·fisch** *adj u. adv* telegraphisch.

Te·le·gramm [tele'gram] n ⟨-s; -e⟩ telegram, *Am. auch* telegraph, wire (*colloq.*), (*von od. nach Übersee*) *meist* cable: **ein dringendes ~** an urgent telegram; **ein ~ aufgeben** a) to hand in (*od.* tender, *Am.* file) a telegram, b) (*telephonisch*) to tender a telegram (by telephone), c) (*schicken*) to send a telegram; **ein ~ aufnehmen** to accept a telegram; **ein ~ zustellen** to deliver a telegram; **telephonisch übermitteltes** (*od.* zugesprochenes) **~** telegram delivered by telephone: **Aufgabe eines ~s** *cf.* Telegrammaufgabe. — ~**adres·se** [-°a͵drɛsə] f *cf.* Telegrammanschrift. — ~**an͵nah·me·stel·le** f **1.** telegram accepting office. – **2.** telegram counter. — ~**an͵schrift** f telegraphic address, (*bes. auf Briefköpfen*) cable address. — ~**auf**͵**ga·be** f handing in (*od.* tendering, *Am.* filing) of a telegram. — ~͵**auf**͵**ga·be**͵**form**͵**blatt,** ~͵**auf**͵**ga·be·for·mu**͵**lar** n telegram form, message blank. — ~**bo·te** m *cf.* Telegrammzusteller. — ~**form**͵**blatt** n *cf.* Telegrammaufgabeformblatt. — ~**for·mu**͵**lar** n *cf.* Telegrammaufgabeformblatt. — ~**ge**͵**bühr** f telegram rate (*od.* charge). — ~**schal·ter** m (*Annahmestelle*) telegram counter. — ~**stil** m *fig.* telegram style: **ein Brief im ~** a telegraphic letter. — ~͵**über**͵**mitt·lung** f transmission of telegrams. — ~**zu**͵**stel·ler** m telegram messenger. — ~**zu**͵**stel·lung** f delivery of telegrams.

Te·le·graph [tele'graːf] m ⟨-en; -en⟩ telegraph.

Te·le'gra·phen|**agen**͵**tur** f telegraphic agency. — ~**amt** n telegraph office. — ~**bau**͵**amt** n telegraph construction office. — ~**be**͵**am·te** m **1.** (*am Schalter*) telegraph clerk. – **2.** (*im Betrieb*) telegraph operator, telegrapher. — ~**be**͵**am·tin** f **1.** (*am Schalter*) (female) telegraph clerk. – **2.** (*im Betrieb*) (female) telegraph operator, telegrapher. — ~**bü**͵**ro** n *cf.* Telegraphenagentur. — ~**dienst** m telegraph service. —

~**draht** m telegraph wire. — ~**ka·bel** n telegraph cable. — ~**kode** m telegraph code. — **t-**͵**la·gernd** *adj* to be called for at the telegraph office. — ~**lei·tung** f telegraph line. — ~**mast** m *electr.* telegraph pole (*od.* mast). — ~**netz** n telegraph system (*od.* network). — ~**ord·nung** f telegraph regulations *pl.* — ~**re**͵**lais** n *electr.* telegraph relay. — ~**schlüs·sel** m telegraph code. — ~**stan·ge** f *electr. cf.* Telegraphenmast. — ~**stel·le** f telegraph office. — ~**zan·ge** f *tech.* linemen's pliers *pl* (*construed as sg or pl*).

Te·le·gra·phie [telegra'fiː] f ⟨-; no pl⟩ telegraphy: **drahtlose ~** wireless (telegraphy), radiotelegraphy. — **te·le·gra·'phie·ren** [-rən] v/t u. v/i ⟨no ge-, h⟩ telegraph, send (*Am.* file) a telegram, wire (*colloq.*), (*von od. nach Übersee*) *meist* cable.

te·le·gra·phisch I *adj* telegraphic, by telegraph, by wire (*colloq.*), (*gekabelt*) *meist* by cable: ~**e Postanweisung** telegraph(ic) money order; ~**e Überweisung** telegraphic remittance (*od.* transfer); ~**e Mitteilung** telegraphic message; **auf ~em Wege** by telegraph (*od.* telegram, *colloq.* wire); ~**e Antwort** reply by telegram (*od. colloq.* wire), wired reply (*colloq.*). – **II** *adv* by telegraph, by wire (*colloq.*), *meist* by cable: **etwas** [**Geld**] **~ überweisen** to remit (*od.* transmit, transfer, send) s.th. [money] by telegraph; ~ **anfragen** to inquire by telegram; **man wird Sie ~ verständigen** they will let you know by telegram (*od. colloq.* wire); ~ **antworten** to reply by telegram.

Te·le·gra·phist [telegra'fɪst] m ⟨-en; -en⟩ *cf.* Telegraphenbeamte. — **Te·le·gra·'phi·stin** f ⟨-; -nen⟩ *cf.* Telegraphenbeamtin.

Te·le|ki·ne·se [teleki'neːzə] f ⟨-; no pl⟩ (*beim Okkultismus*) telekinesis. — **t~ki·ne·tisch** [-tɪʃ] *adj* telekinetic. — ~**kol**͵**leg** ['teːlə-] n *telev.* (*in dat on*) course of television lectures.

Te·le·mark ['teːləmark] m ⟨-s; -s⟩, ~͵**schwung** m (*ein Skischwung*) telemark, *auch* Telemark.

Te·le·me·ter [tele'meːtər] n ⟨-s; -⟩ (*optics*) *cf.* Entfernungsmesser 1. — **Te·le·me·'trie** [-me'triː] f ⟨-; -n⟩ telemetry.

'**Te·le·ob**͵**jek**͵**tiv** n ⟨-s; -e⟩ *phot.* telephoto lens, telelens.

Te·leo·lo·gie [teleolo'giː] f ⟨-; no pl⟩ *philos.* teleology, finality. — **te·leo·'lo·gisch** [-'loːgɪʃ] *adj* teleologic(al), finalist(ic): ~**er Gottesbeweis** teleological argument (*od.* proof of the existence of God).

Te·leo·sau·rus [teleo'zaʊrʊs] m ⟨-; -saurier [-riər]⟩ *zo.* (*fossiles Krokodil*) teleosaurus (*Fam. Teleosauridae*).

Te·le·path [tele'paːt] m ⟨-en; -en⟩ telepathist, telepath. — **Te·le·pa'thie** [-pa'tiː] f ⟨-; no pl⟩ thought transference, telepathy (*scient.*). — **te·le·'pa·thisch** *adj* telepathic, psychic.

Te·le·phon [tele'foːn] n ⟨-s; -e⟩ telephone, phone (*colloq.*): **am ~** on the (tele)phone; **durchs ~** over the (tele)phone; **ans ~ gehen** to answer the (tele)phone; **j-n ans ~ rufen** to call s.o. to the (tele)phone; **das ~ läutet** the (tele)phone is ringing, there's the phone; **Sie werden am ~ verlangt** you are wanted on the (tele)phone; **bleiben Sie bitte am ~!** hold on (*od.* the line), please! **das ~ ist gestört** the (tele)phone is out of order. — ~͵**an**͵**la·ge** f *tel. cf.* Fernsprechanlage. — ~**an**͵**ruf** m (tele)phone call. — ~**an**͵**schluß** m *cf.* Fernsprechanschluß. — ~**ap·pa**͵**rat** m *cf.* Fernsprecher.

Te·le·pho·nat [telefo'naːt] m ⟨-(e)s; -e⟩ (tele)phone call.

Te·le'phon|**buch** n *cf.* Fernsprechbuch. — ~**draht** m (tele)phone wire. — ~**fräu·lein** n *cf.* Telephonistin. — ~**ge**͵**bühr** f *cf.* Fernsprechgebühr. — ~**ge**͵**heim·nis** n **1.** secrecy of the telephone service. – **2.** secret of the (tele)phone service. — ~**ge**͵**spräch** n **1.** (tele)phone conversation: **ein ~ führen** to carry on a telephone conversation. – **2.** (*Anruf*) ([tele]phone) call: **ein ~ anmelden** to book (*Am.* place, put in) a call; ~**e abhören** to intercept telephone calls, to tap the line (*od.* wire), to wiretap. — ~͵**grund·ge**͵**bühr** f basic rate (*bes. Br.* rental charge) for (tele)phone subscribers. — ~**hö·rer** m ([tele]phone) receiver.

Te·le·pho·nie [telefo'niː] f ⟨-; no pl⟩ telephony: **drahtlose ~** wireless telephony, radiotelephony.

te·le·pho·nie·ren [telefo'niːrən] v/i ⟨no ge-, h⟩ make a telephone (*od. colloq.* phone) call, telephone, phone (*colloq.*): **er telephoniert gerade** he is (tele)phoning (*od.* on the [tele]phone) at the moment; **mit j-m ~** a) (*j-n anrufen*) to call (*bes. Br.* ring) s.o. (up), to give s.o. a call (*od. colloq.* buzz, *bes. Br.* ring, *bes. Br. colloq.* tinkle), to telephone s.o., to phone s.o. (up) (*colloq.*), b) (*gerade am Telephon sprechen*) to speak (*od.* be speaking) to s.o. on the (tele)phone, to be on the phone to s.o. (*colloq.*); **sie hat lange telephoniert** she was on the phone for a long time; **von der Telephonzelle aus ~** to call from a (tele)phone booth.

te·le·'pho·nisch I *adj* telephonic: ~**e Anfrage** inquiry by (tele)phone; **eine ~e Durchsage** a telephonic (*od.* [tele]phone) announcement; ~**e Mitteilung** (tele)phone message. – **II** *adv* by (*od.* over the) telephone (*od. colloq.* phone), telephonically: **j-n ~ benachrichtigen** to inform s.o. by (tele)phone, to tell s.o. over the phone (*colloq.*); ~ **anfragen** to inquire by (tele)phone; **eine Meldung ~ durchgeben** to (tele)phone a message; **ich habe ~ mit ihm gesprochen** I spoke to him on the (tele)phone; **sind Sie ~ zu erreichen?** can I call you? can I get in touch with you by (tele)phone? *Br.* **auch** how are you on the (tele)phone? **er ist ~ erreichbar unter Nummer 4850** you can reach him on the (*od.* get in touch with him by) (tele)phone under number 4850.

Te·le·pho·nist [telefo'nɪst] m ⟨-en; -en⟩ telephonist, (telephone *od.* switchboard, *colloq.* phone) operator. — **Te·le·pho'ni·stin** f ⟨-; -nen⟩ telephonist, (telephone *od. colloq.* phone) operator, switchboard (*Am. colloq.* hello) girl.

Te·le'phon|**ka·bel** n *tel.* (tele)phone cable. — ~**lei·tung** f *cf.* Fernsprechleitung. — ~͵**num·mer** f *cf.* Fernsprechnummer. — ~͵**rech·nung** f (tele)phone bill. — ~**ver**͵**bin·dung** f (tele)phone connection (*Br. auch* connexion): **eine ~ herstellen** to put through (*od.* to connect) a call. – **2.** (*Fernsprechverkehr*) (tele)phone communication. — ~**ver**͵**kehr** m *cf.* Fernsprechverkehr. — ~**ver**͵**mitt·lung** f *cf.* Fernsprechvermittlung. — ~**ver**͵**zeich·nis** n *cf.* Fernsprechbuch. — ~**zan·ge** f linemen's pliers *pl* (*construed as sg or pl*). — ~**zel·le** f *cf.* Fernsprechzelle. — ~**zen**͵**tra·le** f *cf.* Fernsprechvermittlung.

Te·le·pho·to·gra·phie [telefotogra'fiː] f ⟨-; -n [-ən]⟩ *phot.* **1.** (*only sg*) telephotography. – **2.** (*Aufnahme*) telephotograph, telephoto (shot) (*colloq.*).

Te·le·plas·ma [tele'plasma] n ⟨-s; -men⟩ *philos.* teleplasm, ectoplasm.

Te·le·skop [tele'skoːp] n ⟨-s; -e⟩ (*Fernrohr*) telescope. — ~**arm** m *tech.* telescopic arm. — ~**au·ge** n telescopic eye. — ~**ga·bel** f (*beim Motorrad*) telescopic fork.

te·le·'sko·pisch *adj* (*optics*) telescopic, *auch* telescopical.

Te·le·'skop͵**stoß**͵**dämp·fer** m *auto.* telescopic shock absorber.

Te·le·vi·si·on [televi'zĭoːn; 'tɛlɪvɪʒən] (*Engl.*) f ⟨-; no pl⟩ television.

Te·lex ['teːlɛks] n ⟨-; no pl⟩ *tel.* **1.** *cf.* Fernschreiben. – **2.** *cf.* Fernschreiber 1. — ~**dienst** m telex service. — ~**Netz** n (automatic) telex network.

Tel·ler ['tɛlər] m ⟨-s; -⟩ **1.** plate: **flacher ~** a) flat (*od.* shallow) plate, b) dinner plate; **tiefer ~** a) deep plate, b) soup plate; **kleine ~** *pl* a) small (*od.* side) plates, b) cake plates; **bunter ~** plate of assorted delicacies; **sie aßen aus** (*od.* von) **einem ~** they ate from (*od.* off) one (*od.* the same) plate; **einen ~** (**voll**) **Suppe essen** to have (*od.* eat) a plate(ful) of soup. – **2.** *pl* (*Geschirr*) dishes: (**die**) ~ **waschen** to wash the dishes, to wash up. – **3.** *cf.* Holzteller. – **4.** (*als Wandschmuck etc*) plate, plaque, *auch* placque, (*größer*) *auch* platter. – **5.** (*Opferteller*) collection (*od.* offering) plate: **mit dem ~ sammeln gehen** to pass round the collection plate. – **6.** (*Handteller*) palm. – **7.** (*am Skistock*) snow ring, disk, disc. – **8.** *tech.* a) (*eines Ventils*) disk,

disc, head, b) *(einer Luftpumpe)* table. –
9. *auto. (einer Öldruckbremse)* retainer disk
(od. disc). – **10.** *hunt.* ear of a wild pig. –
11. Bunter ~ *(Radioprogramm)* disk *(od.*
disc) jockey program(me) of assorted
music. — **t~,ar·tig** *adj* platelike. — **~,brett**
n plate rail. — **~,dre·hen** *n (in Artistik)*
plate spinning *(od.* twirling). — **~,ei·sen** *n*
hunt. spring *(od.* steel) trap. — **~,fe·der** *f*
tech. plate *(od.* disk, disc, Belleville-type)
spring. — **~,fleisch** *n gastr.* boiled beef. —
t~,för·mig *adj* plate-shaped. — **~ge-**
,klap·per *n* clatter *(od.* rattling) of plates.
— **~ge,richt** *n gastr.* one-pot course,
casserole, stew. — **~,mi·ne** *f mil.* antitank
mine. — **~,müt·ze** *f* **1.** flatcap, tam-o'-
-shanter, tammy. – **2.** *(Baskenmütze)* beret.
— **~,rad** *n tech.* **1.** *od.* crown) gear
(od. wheel). — **~,samm·lung** *f* **1.** collection
of plates, plate collection. – **2.** *(Geld-*
sammlung) (plate) collection, *bes. Br.* whip-
-round. — **~,schnecke** *(getr.* -k·k-) *f zo.*
pond snail; planorbid, planorbis *(scient.)*
(Fam. Planorbidae). — **~,schrank** *m* plate
cupboard. — **~,sta·pel** *m* pile *(od.* stack)
of plates. — **~,tuch** *n* <-(e)s; -tücher> *Am.*
dish towel, tea cloth. — **~,ven,til** *n tech.*
cup *(od.* disk, disc, globe, plate, puppet)
valve. — **~,voll** *m* <-s; -> ein [zwei] ~ a
plateful [two platefuls, *auch* plateful]. —
~,wär·mer *m* plate-warmer. — **~,wä·scher**
m <-s; -> dishwasher, *Br.* dish-washer.

'Tell,mu·schel [ˈtɛl-] *f zo.* sunset shell,
tellin *(scient.) (Tellina radiata).*

Tel·lur [tɛˈluːr] *n* <-s; *no pl> chem.* tellurium
(Te): mit ~ verbinden to tellurize; mit ~
verbunden telluret(t)ed. — **~,di·oxid**
[-diˈʔɔˌksiːt], **~,di·oxyd** [-diˈʔɔˌksyːt] *n min.*
tellurite, tellurium dioxide (TeO₂).

tel'lu·rig *adj chem.* tellurous: ~e Säure
a) tellurous acid (H₂TeO₃), b) tellurium
dioxide (TeO₂).

tel'lu·risch *adj geol.* tellurian, telluric: ~e
Kräfte tellurian *(od.* telluric) energy *sg.*

Tel·lu·rit [tɛluˈriːt; -'rɪt] *n* <-s; -e> *chem.*
tellurite (TeO₂).

Tel·lu·ri·um [tɛˈluːriʊm] *n* <-s; -ien>
1. <*only sg> chem. cf.* Tellur. – **2.** *astr.*
tellurian, tellurion.

Tel'lur|,nickel *(getr.* -k·k-) *n* **1.** *chem.*
nickel telluride (NiTe₂). – **2.** *min.* melonite.
— **t~,sau·er** *adj chem.* telluric: tellursaures
Salz tellurate. — **~,säu·re** *f* telluric acid
(H₆TeO₆). — **~,sil·ber** *n min.* hessite. —
~,was·ser,stoff *m chem.* hydrogen telluride
(H₂Te).

Tem·pel [ˈtɛmpəl] *m* <-s; -> **1.** temple:
kleiner ~ templet; der ~ zu Jerusalem
Bibl. the Temple; jüdischer ~ synagogue;
heidnischer ~ pagan *(od.* heathen) temple;
ein ~ der Artemis *antiq.* a temple of
Artemis; das ist ein ~ der Kunst *fig. lit.*
this is a temple of art; j-n zum ~ hinauswerfen *fig. colloq.* to throw *(od.* turn) s.o.
out. – **2.** *(Heiligtum)* sanctuary. – **3.** *(der*
Mormonen) temple, tabernacle. – **4.** *(Pa-*
gode) pagoda. — **~,bau** *m* <-(e)s; -ten>
temple (building). — **~,dienst** *m* temple
service. — **~ge,sell·schaft** *f* temple
society. — **~,herr** *m hist.* (Knight) Templar.
— **~,hüp·fen** *n (games) (Hüpfspiel der Kin-*
der) (kind of) hopscotch.

tem·peln [ˈtɛmpəln] *(games)* **I** *v/i* <h>
1. play games of chance, gamble. – **II T~** *n*
<-s> **2.** *verbal noun.* – **3.** game of chance.

'Tem·pel|,or·den *m hist. cf.* Templer-
orden. — **~,raub** *m* (temple) sacrilege. —
~,räu·ber *m cf.* Tempelschänder. —
~,rit·ter *m* **1.** *cf.* Tempelherr. – **2.** *(Mit-*
glied eines Freimaurerordens) Knight Tem-
plar. — **~,schän·der** *m* desecrater *(od.*
desecrator) of a temple. — **~,schän·dung**
f (temple) sacrilege. — **~,tanz** *m* temple
dance. — **~,tän·ze·rin** *f* temple dancer.

Tem·pe·ra [ˈtɛmpera] *f* <-; -s>, **~,far·be** *f*
(paints) distemper, tempera: mit ~ malen
to paint with *(od.* in) distemper. — **~-**
ma·le·rei *f* (painting in) distemper,
tempera(-painting). — **~ma,nier** *f* distemper: in ~ malen to paint in tempera.

Tem·pe·ra·ment [tɛmperaˈmɛnt] *n* <-(e)s;
-e> **1.** *(Wesensart)* temperament: das hängt
vom ~ ab that depends on (one's) *(od.* that
is a question of) temperament; eine Frau
von feurigem ~ a woman with a fiery
temperament; ein melancholisches ~
a melancholic temperament *(od.* disposition, temper); ein ruhiges ~ haben to
have a calm *(od.* quiet) disposition. –

2. *(Schwung, Feuer)* temperament, fire,
vivacity, spirits *pl:* sie hat ~ she is full of
spirits, she has vivacity, she is vivacious;
sein ~ ist mit ihm durchgegangen his
temperament *(od.* impulsiveness) got the
better of him; er hat kein ~ there is no life
in him, he has no pep *(sl.);* seinem ~ die
Zügel schießen lassen to give vent to
one's temperament; eine Rede mit viel ~
vortragen to deliver a speech with great
vivacity *(od.* fervo[u]r, animation); das
südliche ~ Latin temperament *(od.* fire). –
3. sein hitziges ~ his hot temper: er hat
ein hitziges ~ he is hot-tempered. – **4.** die
vier ~e the four humors *(bes. Br.* humours).

tem·pe·ra'ment·los *adj* spiritless, lifeless,
fireless: ~ sein to be spiritless, to lack
temperament *(od.* vivacity). — **Tem·pe·ra-**
'ment·lo·sig·keit *f* <-; *no pl>* spiritlessness,
lifelessness, lack of temperament *(od.*
vivacity).

tem·pe·ra'ment,voll *adj* **1.** *(Person)* full
of spirits, (high-)spirited, vivacious: sie
ist sehr ~ she is full of spirits *(od. sl.* beans),
she has great vivacity. – **2.** *(Äußerungen*
etc) fervent, ebullient: eine ~e Rede a
fervent speech. – **3.** *(feurig)* fiery, passionate. – **4.** *(ungestüm)* impetuous, temperamental. – **5.** *auto.* spirited, lively.

Tem·pe·ra·tur [tɛmperaˈtuːr] *f* <-; -en>
1. *bes. meteor. phys.* temperature: es
wurde die tiefste ~ seit Jahren gemessen
the lowest temperature for years was
recorded; zulässige ~ temperature limit;
bei ~en unter Null at temperatures below
zero; eine ~ von 20° Celsius a temperature
of 20 degrees centigrade; die ~ ist unter
null Grad gesunken the temperature has
dropped below zero *(od.* freezing [point]);
die ~ ist gestiegen the temperature has
risen *(od.* gone up). – **2.** *med.* temperature:
erhöhte ~ temperature above normal; ~
haben *(Fieber)* to have a temperature;
j-m die ~ messen to take s.o.'s temperature. – **3.** *mus.* temperament: [un]gleich-
schwebende ~ [un]equal temperament. —
~,ab,fall *m* drop *(od.* fall) in temperature.
— **t~,ab,hän·gig** *adj* temperature-de-
pendent. — **~,än·de·rung** *f* temperature
change. — **~,an,stieg** *m* rise in *(od.* of)
temperature. — **~,aus,gleich** *m (Gleich-*
gewicht) temperature balance *(od.* compensation). — **~be,reich** *m* temperature
range. — **~,ein,fluß** *m* influence of
temperature. — **~er,hö·hung** *f cf.* Tem-
peraturanstieg. — **~ge,fäl·le** *n*, **~,gra-**
di,ent *m* temperature gradient. — **~-**
,kur·ve *f* temperature curve. — **~,ma·xi-**
mum *n* maximum temperature. — **~,meß-**
,far·ben *pl chem.* temperature-sensitive
(od. thermo-indicator, chameleon, *auch*
cameleon) paints. — **~,meß,ge,rät** *n*
temperature recorder. — **~,mes·sung** *f*
1. temperature measurement, thermometry.
– **2.** *med.* taking *(od.* measuring) of temperature. — **~re·ge·lung** *f* temperature
adjustment *(od.* regulation). — **~,reg·ler** *m*
temperature controller, thermostat, thermo-
regulator. — **~,rück,gang** *m* drop *(od.* fall)
in temperature. — **~,schrei·ber** *m* thermograph, temperature recorder. — **~,schwan-**
kung *f* **1.** variation *(od.* change) in *(od.* of)
temperature. – **2.** *bes. med.* fluctuating
temperature, fluctuation of temperature. —
~,ska·la *f phys.* thermometric *(od.* pyrometric) scale. — **~,sturz** *m meteor.* sudden
drop *(od.* fall) in temperature. — **~-**
,sum·me *f* accumulated temperature. —
t~,un,ab,hän·gig *adj phys.* temperature-
-independent. — **~,un·ter,schied** *m* difference in *(od.* of) temperature. — **~ver-**
,tei·lung *f* distribution of temperature. —
~,wech·sel *m* change in *(od.* of) temperature. — **~,zu,nah·me** *f cf.* Temperatur-
anstieg.

Tem·pe·renz·ler [tɛmpeˈrɛntslər] *m* <-s; ->
(total) abstainer, teetotaler, *bes. Br.*
teetotaller: er ist ~ he is a teetotal(l)er, he
has taken *(od.* signed) the pledge, he is on
the (water) wag(g)on *(colloq.).*

'Tem·per|,erz [ˈtɛmpər-] *n metall.* annealing
ore. — **~,gie·ße,rei** *f* malleable-iron
foundry. — **~,glüh,ofen** *m* malleable
annealing furnace. — **~,guß** *m* malleable
(cast) iron. — **~,guß,stück** *n* malleable
(iron) casting.

tem·pe·rie·ren [tɛmpeˈriːrən] *v/t* <no ge-,
h> **1.** *(Zimmer etc)* keep *(s.th.)* at a moderate temperature. – **2.** *mus.* temper. —

tem·pe'riert I *pp.* – **II** *adj* **1.** Wein sollte
gut ~ sein *gastr.* wine should be served at
the right temperature; der Raum ist gut ~
the room has a pleasant temperature. – **2.**
~e Stimmung *mus. (eines Instruments)*
tempered tuning.

'Tem·per,koh·le *f metall.* temper *(od.*
graphitic) carbon.

tem·pern [ˈtɛmpərn] *metall.* **I** *v/t* <h>
a) malleableize *Br. auch* malle-
ablize *Br. auch* -s-, anneal, b) *(Leicht-*
metalle) age-harden, age *(s.th.)* artificially.
– **II T~** *n* <-s> *verbal noun.*

'Tem·per|,ofen *m metall.* malleableizing
(Br. auch -s-) *(od.* annealing, *auch* malle-
ablizing *Br. auch* -s-) furnace. — **~,roh-**
,ei·sen *n* malleable pig iron. — **~,roh,guß**
m malleable hard iron. — **~,topf** *m* annealing pot.

'Tem·pe·rung *f* <-; -en> *metall. cf.* Tempern.

'Tem·per,weiß,guß *m tech.* white malleable
(cast) iron.

Tem·pest [ˈtɛmpɛst] *m* <-; -> *mar. (sport)*
(Segelboot) tempest.

tem·pie·ren [tɛmˈpiːrən] *v/t* <no ge-, h>
ein Geschoß ~ *mil. hist.* to cut fuses for
given ranges.

Temp·ler [ˈtɛmplər] *m* <-s; -> *hist.* (Knight)
Templar. — **~,or·den** *m* Order of the
(Knights) Templar(s), *auch* Order of the
Temple *(od.* of Saint John of Jerusalem).

Tem·po [ˈtɛmpo] *m* <-s; -s *u.* -pi [-pi]>
1. <*only sg> (Geschwindigkeit)* speed, pace:
ein halsbrecherisches ~ (a) breakneck
speed; langsames [schnelles] ~ *auto.*
slow [high *od.* great] speed, slow [fast]
pace; ein mörderisches ~ fahren to drive
like a lunatic *(od.* at a lunatic speed), to
drive *(at)* full tilt, to drive flat out *(colloq.);*
in rasendem ~ at (a) breakneck speed, at
a breakneck pace, at a tremendous lick
(od. clip) *(colloq.);* ein tolles ~ vorlegen
colloq. to put the boot down, to step on it
(beide colloq.); er raste in vollem ~ gegen
den Baum he crashed *(od.* ran) into the
tree at full speed *(od.* [at] full tilt); das ~ erhöhen to increase one's speed, to accelerate,
to speed up; das ~ vermindern to reduce
(od. slow down) one's speed, to decelerate;
ein ~ von 100 km/h *(od.* ~ 100) einhalten
to keep to the speed limit of 100 km
per hour; der hat aber ein ~ drauf *colloq.*
he is going at a tremendous *(od.* right)
lick *(od.* clip) *(colloq.);* ~, ~! *(Anfeuerung zu*
größerer Schnelligkeit) a) come on! go on!
b) *(beim Fahren)* put the boot down! step
on it! *(beide colloq.);* ~, ~! (nun aber) ~!
hurry up! step on it! *(colloq.).* – **2.** <*only sg>*
(beim Gehen, Laufen etc) pace *(auch fig.),*
speed: in gemächlichem ~ at a leisurely
(od. an easy) pace *(od.* gait), leisurely; das ~
verschärfen to pile on *(od. colloq.* hot up)
the pace; das ~ angeben *(od.* bestimmen)
a) *(sport)* to set the pace, b) *mus.* to beat
(od. mark) (the) time; er kann das ~ nicht
durchhalten *auch fig.* he cannot stand the
pace *(od.* keep pace). – **3.** <*only sg> (Schnel-*
ligkeit) rate: bei diesem ~ werden wir nie
fertig werden we'll never finish at this
rate. – **4.** *(Schwimmtempo)* (swimming)
stroke. – **5.** < *pl* Tempi> *mus.* time, tempo:
im ~ nachlassen to reduce tempo, to
slacken the time.

'Tem·po|ak·ti,on *f (beim Fechtsport)* coun-
terattack. — **~,an,ga·be**, **~be,zeich,nung**
f mus. tempo mark *(od.* indication). —
~ge,fühl *n* <-s; *no pl> (sport)* pace judg(e)-
ment. — **~,ge·gen,stoß** *m (beim Handball*
etc) fast break. — **~,läu·fer** *m (bei der*
Leichtathletik) front runner.

tem·po·ral [tempoˈraːl] *adj* **1.** *ling.* temporal: eine ~e Bestimmung a temporal
element *(od.* phrase, modifier). – **2.** *med.*
temporal. – **3.** *obs.* for weltlich 2, 5.

Tem·po·ra·li·en [tempoˈraːliən] *pl relig.*
temporals, temporalities.

Tem·po'ral,satz *m ling.* temporal clause.

tem·po·rär [tempoˈrɛːr] **I** *adj* temporary. –
II *adv* temporarily, for the time being.

'Tem·po,schwung *m (sport) (beim Ski-*
laufen) tempo (turn).

Tem·pus [ˈtɛmpʊs] *n* <-; -pora [-pora]>
ling. tense. — **~ge,brauch** *m* use of (the)
tenses.

Te·na·kel [teˈnaːkəl] *n* <-s; -> *print. (des*
Schriftsetzers) copyholder, visorium.

Te·na·zi·tät [tenatsiˈtɛːt] *f* <-; *no pl> chem.*
phys. tenacity.

Ten·denz [tɛn'dɛnts] f ⟨-; -en⟩ **1.** (*Richtung, Streben*) trend, tendency: **gewisse** ⁓**en machen sich in der Partei bemerkbar** certain trends (*od.* currents) are beginning to show in the party; **eine** ⁓ **verfolgen** to follow a trend; **die** ⁓ **einer Entwicklung** the trend of a development; **eine Partei mit liberaler** ⁓ a party with a liberal tendency (*od.* with liberal tendencies). – **2.** (*eines Buches etc*) trend, bias, slant (*colloq.*): **die politische [religiöse]** ⁓ **eines Romans** the political [religious] tendency (*od.* bias) of a novel. – **3.** ⁓ **zu etwas** (*Hang, Neigung etc*) tendency to (*od.* toward[s]) s.th.: **in ihren Büchern zeigt sich eine** ⁓ **zum Mystischen** her books show a tendency toward(s) mysticism (*od.* show her mystic inclinations). – **4.** (*Absicht*) intention: **er sagte das mit der deutlichen** ⁓, **die Wahrheit zu verschleiern** he said that with the obvious intention of concealing the truth. – **5.** *econ.* (*an der Börse*) trend, tendency: **die an der Börse herrschende** ⁓ the trend prevailing on the stock exchange; **die Preise zeigen eine steigende** ⁓ prices show a tendency to rise, prices show a bullish (*od.* an upward) trend (*od.* tendency); **fallende** (*od.* **rückläufige**) ⁓ bearish (*od.* downward) trend (*od.* tendency); **lustlose** ⁓ dull (*od.* flat) tendency; **nicht einheitliche** ⁓ irregular trend. — ⁓**dich·tung** f tendentious literature. [to tendency.] ten·den·zi·ell [tɛndɛn'tsiɛl] adv according⌡ **ten·den·zi·ös** [tɛndɛn'tsiø:s] **I** adj **1.** tendentious, *auch* tendencious, bias(s)ed: **ein** ⁓**er Bericht** a tendentious report. – **2.** (*politisch gefärbt*) politically bias(s)ed: **das Buch war** ⁓ **gefärbt** the book was politically bias(s)ed (*od.* politically not impartial). – **II** adv **3.** **etwas ist** ⁓ **gefärbt** s.th. is bias(s)ed, s.th. has a (certain) bias. **Ten·denz|ro·man** m novel with a purpose (*od.* revealing a commitment): **sozialer** ⁓ novel with a social purpose. — ⁓**stück** n (*theater*) thesis play. **Ten·der** ['tɛndər] m ⟨-s; -⟩ **1.** (*railway*) (*engine*) tender. – **2.** *mar. cf.* Begleitschiff **1.** – **3.** *econ.* tender. — ⁓**lo·ko·mo·ti·ve** f tank (*od.* tender) locomotive, tank engine. **ten·die·ren** [tɛn'di:rən] v/i ⟨no ge-, h⟩ (**nach, zu** to, toward[s]) show a tendency, tend, incline: **die Einstellung des Politikers tendierte zum Liberalismus** the politician's outlook (*od.* attitude) tended to(wards) liberalism. **Ten·di·ni·tis** [tɛndi'ni:tɪs] f ⟨-; -nitiden [-ni'ti:dən]⟩ *med.* (*Sehnenentzündung*) tendinitis. **Ten·do·va·gi·ni·tis** [tɛndovagi'ni:tɪs] f ⟨-; -nitiden [-ni'ti:dən]⟩ *med.* (*Sehnenscheidenentzündung*) tendovaginitis. **Te·nes·mus** [te'nɛsmus] m ⟨-; no pl⟩ *med.* (*Darmzwang*) straining, tenesmus (*scient.*). **Tenn** [tɛn] n ⟨-s; -e⟩ *agr.* Swiss for Tenne. **Ten·ne** ['tɛnə] f ⟨-; -n⟩ *agr.* threshing (*od.* barn) floor. **Ten·nis** ['tɛnɪs] n ⟨-; no pl⟩ (*sport*) (lawn) tennis: ⁓ **spielen** a) to play tennis, b) to have a game of tennis. — ⁓**arm** m med. tennis arm (*od.* elbow). — ⁓**auf·ga·be** f (*sport*) (*beim Volleyball*) overhead service. — ⁓**ball** m (*sport*) tennis ball. — ⁓**hal·le** f indoor tennis court. — ⁓**ho·se** f **1.** (*kurze*) tennis shorts *pl.* – **2.** (*lange*) tennis trousers *pl.* — ⁓**kleid** n tennis dress. — ⁓**klub** m (lawn) tennis club. — ⁓**mei·ster·schaft** f *meist pl* (lawn) tennis championship. — ⁓**platz** m **1.** tennis court. – **2.** (*auf Rasen*) grass (*od.* lawn) court. – **3.** (*Hartplatz*) hard court. — ⁓**schlä·ger** m tennis racket (*auch* racquet, *Am. auch* tennis bat. — ⁓**schuh** m *meist pl* tennis shoe. — ⁓**spie·ler** m, ⁓**spie·le·rin** f tennis player. — ⁓**tur·nier** n (lawn) tennis tournament. **Te·no·ni·tis** [teno'ni:tɪs] f ⟨-; -nitiden [-ni'ti:dən]⟩ *med.* (*Sehnenentzündung*) tenonitis. **Te·nor¹** [te'no:r] m ⟨-s; ⁓e⟩ *mus.* a) (*Stimmlage*) tenor (voice), b) (*Sänger*) tenor(-singer), tenor vocalist: **lyrischer** ⁓ lyric tenor; **er singt** (*od.* **ist**) ⁓ he sings tenor, he is a tenor. **Te·nor²** ['te:nər] m ⟨-s; no pl⟩ **1.** (*einer Rede, eines Vortrages etc*) tenor, substance. – **2.** (*entscheidender Teil eines Urteils*) substance, tenor, wording, text.

Te·nor|·ba·ri·ton m mus. tenor baritone. — ⁓**buf·fo** m buffo tenor. — ⁓**horn** n tenor (*od.* alto, baritone) (saxhorn), althorn. — ⁓**par·tie** f tenor part. — ⁓**schlüs·sel** m tenor clef. — ⁓**stim·me** f tenor (voice). **Te·no·tom** [teno'to:m] n ⟨-s; -e⟩ *med.* tenotome, tenotomy knife. — **Te·no·to'mie** [-to'mi:] f ⟨-; -n [-ən]⟩ (*Sehnendurchtrennung*) tenotomy, tendotomy. **Ten·si·on** [tɛn'zio:n] f ⟨-; -en⟩ *phys. med.* tension. **Ten·sor** ['tɛnzər] m ⟨-s; -en [-'zo:rən]⟩ *med.* (*Spanner*) tensor. **Ten·ta·kel** [tɛn'ta:kəl] m, n ⟨-s; -⟩ *meist pl* **1.** *zo.* a) tentacle, vibraculum, b) (*eines Nautilus*) sail. – **2.** *bot.* tentacle, sensitive hair. — ⁓**tie·re** pl zo. tentacular animals (*Stamm Tentaculata*). **Ten·ta·ku·lat** [tɛntaku'la:t] n ⟨-s; -e⟩ *meist pl zo.* (*Fühlerkranztier*) tentaculate, tentacular animal (*Stamm Tentaculata*). **Ten·ta·ku·lit** [tɛntaku'li:t; -'lɪt] m ⟨-en; -en⟩ *zo.* (*fossiles Tier*) tentaculite (*Gattg Tentaculites*). **Ten·ta·ku'li·ten|kalk** m min. tentaculite chalk. **Ten·ta·men** [tɛn'ta:mən] n ⟨-s; -mina [-mina]⟩ *ped. obs.* preliminary examination. **ten·tie·ren** [tɛn'ti:rən] v/t ⟨no ge-, h⟩ Austrian colloq. intend. **Te·nu·is** ['te:nuɪs] f ⟨-; -nues [-ɛs]⟩ *ling.* tenuis, voiceless stop. **Te·phrit** [te'fri:t; -'frɪt] m ⟨-s; -e⟩ *geol.* tephrite. **Te·pi·da·ri·um** [tepi'da:rɪum] n ⟨-s; -rien⟩ *antiq.* tepidarium. **Tep·pich** ['tɛpɪç] m ⟨-s; -e⟩ **1.** carpet: **ein orientalischer** ⁓ an oriental carpet (*od.* rug); **den** ⁓ **klopfen** to beat the carpet; **geknüpfter** ⁓ knotted (*od.* tufted) carpet; **ein Zimmer mit** ⁓**en auslegen** to carpet a room; **sie haben schöne** ⁓**e in ihrer Wohnung** they have beautiful carpets (*od.* carpeting) in their home, their home is beautifully carpeted; **ein** ⁓ **von Moos** *fig. poet.* a carpet of moss; **bleib auf dem** ⁓ ! *fig. colloq.* a) keep your feet on the ground! b) draw it mild! come off it! (*colloq.*). – **2.** (*Brücke, Vorleger*) rug. – **3.** (*Wandteppich*) tapestry. – **4.** (*Läufer*) runner. — ⁓**be·sen** m cf. Teppichbürste. — ⁓**bo·den** m carpeted floor, *auch* carpet(ing). — ⁓**bür·ste** f carpet brush. — ⁓**hai** m zo. carpet shark (*Orectolobus barbatus*). — ⁓**händ·ler** m carpet dealer. — ⁓**kä·fer** m zo. carpet beetle, *auch* buffalo carpet beetle, buffalo bug (*Anthrenus scrophulariae*). — ⁓**keh·rer** m ⟨-s; -⟩, ⁓**kehr·ma·schi·ne** f carpet sweeper. — ⁓**klop·fer** m carpet beater. — ⁓**klopf·ma·schi·ne** f carpet-cleaning machine. — ⁓**klopf·stan·ge** f carpet rail. — ⁓**knüp·fer** [-ˌknʏpfər] m ⟨-s; -⟩ cf. Teppichweber. — ⁓**mu·schel** f zo. carpet shell (*Fam. Veneridae*). — ⁓**mu·ster** n carpet pattern. — ⁓**schlan·ge** f zo. carpet snake (*Python variegatus od. spilotes*). — ⁓**scho·ner** m drugget. — ⁓**stab** m stair (*od.* carpet) rod. — ⁓**stan·ge** f cf. Teppichklopfstange. — ⁓**stift** m carpet tack. — ⁓**un·ter·la·ge** f carpet felt. — ⁓**we·ber** m, ⁓**wir·ker** m carpet weaver. — ⁓**wir·ke·rei** f carpet weaving (*od.* manufacture). **Te·ra·to·id** [terato'i:t] n ⟨-s; -e⟩, ⁓**ge·schwulst** f med. teratoma. **Te·ra·to·lo·gie** [teratolo'gi:] f ⟨-; no pl⟩ *med.* teratology. **Te·ra·tom** [tera'to:m] n ⟨-s; -e⟩ *med.* teratoma, teratoid tumor (*bes. Br.* tumour). **Ter·bi·um** ['tɛrbɪum] n ⟨-s; no pl⟩ *chem.* terbium (Tb). **Te·re·bin·the** [tere'bɪntə] f ⟨-; -n⟩ *bot.* terebinth (tree), turpentine tree (*Pistacia terebinthus*). **Te·re'phthal·säu·re** [tere'fta:l-] f chem. terephthalic acid ($C_6H_4(COOH)_2$). **Term** [tɛrm] m ⟨-s; -e⟩ *math. nucl.* term. **Ter·min** [tɛr'mi:n] m ⟨-s; -e⟩ **1.** (*Zeitpunkt*) (appointed *od.* fixed, set) date: **einen** ⁓ (*für etwas*) **anberaumen** to fix (*od.* set) a date (*od.* time) (for s.th.), to appoint (*od.* fix) a day (for s.th.), to schedule (s.th.); **einen** ⁓ **festlegen** (*od.* **festsetzen**) a) to fix (*od.* appoint, set) a date, b) (*Frist*) to set a term, to fix a time limit; **zu einem früheren** ⁓ at an earlier date; **frühester** ⁓ **für die Fertigstellung** earliest date of completion; **etwas auf einen späteren** ⁓ **verschieben** (*od.* **verlegen**) to postpone s.th. to a later date; **vereinbarter** ⁓ date set (*od.* agreed

upon); **bis zu diesem** ⁓ by this (*od.* that) date; **der** ⁓ **für die Invasion** *mil.* the target date for the invasion. – **2.** (*Frist*) term, time limit: **äußerster** (*od.* **letzter**) ⁓ a) deadline, final (*od.* latest) date, b) (*für die Teilnahme an einem Wettbewerb etc*) closing (*od.* final) date, deadline; **den** ⁓ [**nicht**] **einhalten** [to fail] to keep to schedule, [to fail] to keep to (*od.* observe) a time limit, [to fail] to meet a deadline, [to fail] to comply with a(n agreed) term; **einen** ⁓ **überschreiten** (*od.* **verpassen**) to exceed the time limit (*od.* deadline); **die Arbeit ist an einen** ⁓ **gebunden** the work has a deadline (*od.* is scheduled). – **3.** *econ.* a) (*für eine Zahlung etc*) term, time, date, b) (*für die Erfüllung eines Vertrages*) date: **gesetzter** ⁓ set (*od.* fixed, agreed) date, (*Stichtag*) appointed day. – **4.** *jur.* a) (*Gerichtssitzung*) (court) hearing, day of hearing (*od.* trial), b) (*Vorladung vor Gericht*) summons (to appear in court): **der Angeklagte hat heute** ⁓ the defendant is summoned to appear in court today; **einen** ⁓ **festsetzen** to fix (*od.* appoint) a day for a hearing (*od.* trial); **einen** ⁓ **versäumen** to default. – **5.** (*beim Rechtsanwalt, Arzt etc*) appointment. – **6.** (*sport*) scheduled time (of event). — ⁓**ab·schluß** m econ. time bargain. **ter·mi·nal** [tɛrmi'na:l] adj terminal. **Ter'min|ar·beit** f scheduled work. — ⁓**bör·se** f economy futures exchange. — ⁓**ein·la·ge** f (*bei der Bank*) time (*od.* fixed) deposit. — **t**⁓**ge·bun·den** adj (*Arbeit etc*) scheduled. — **t**⁓**ge·recht** I adj (*Zahlung, Lieferung etc*) on time, in due time, on schedule. – **II** adv in due time, on the due date, on schedule. — ⁓**ge·schäft** n econ. (*an der Börse*) time bargain, forward business (*od.* transaction), futures business: ⁓**e abschließen** to make a forward transaction; ⁓**e betreiben** to trade in futures. — ⁓**grün·de** pl only in aus ⁓**n** owing to (*od.* because of) a previous arrangement. **ter·mi·nie·ren** [tɛrmi'ni:rən] v/t ⟨no ge-, h⟩ econ. jur. cf. befristen. — **Ter·mi'nie·rung** f ⟨-; -en⟩ cf. Befristung. **Ter'min|ka·len·der** m appointment book, memo(randum) book, bes. Am. tickler. — ⁓**kauf** m econ. forward (*od.* future) purchase. — ⁓**kon·trol·le** f time-schedule control. — ⁓**kurs** m forward (*od.* future) rate (*od.* price). **ter'min·lich I** adj aus ⁓**en Gründen** owing to (*od.* because of) a previous arrangement. – **II** adv cf. terminmäßig **1.** **Ter'min|lie·fe·rung** f econ. forward (*od.* future) delivery. — ⁓**li·ste** f cf. Terminkalender. — ⁓**map·pe** f follow-up file. — ⁓**markt** m econ. futures (*od.* forward) market. — **t**⁓**mä·ßig** adv **1.** according to schedule: ⁓ **geht es mir aus** I cannot fit it into my schedule. – **2.** cf. rechtzeitig **3.** **Ter·mi·no·lo·ge** [tɛrmino'lo:gə] m ⟨-n; -n⟩ terminologist. — **Ter·mi·no·lo·gie** [terminolo'gi:] f ⟨-; -n [-ən]⟩ terminology, nomenclature, technical language. — **ter·mi·no·lo·gisch** [-'lo:gɪʃ] adj terminological. **Ter'min|pla·nung** f scheduling. — ⁓**schwie·rig·kei·ten** pl (*in Wendungen wie*) **in** ⁓ **sein** to have difficulty in keeping to a set date; **wegen** ⁓ **muß ich absagen**, ⁓ **zwingen mich abzusagen** I am forced to decline (the invitation) owing to a previous arrangement (*od.* engagement) (on that date). **Ter·mi·nus** ['tɛrminus] m ⟨-; -ni [-ni]⟩ term, expression. — ⁓ **'tech·ni·cus** ['tɛçnikus] m ⟨- -; -ni -ci [-tsi]⟩ technical term. **Ter'min|ver·kauf** m econ. forward (*od.* future) sale. — ⁓**ver·län·ge·rung** f extension. — ⁓**ver·pflich·tung** f timing, scheduling, time-limit obligation. — ⁓**ver·trag** m econ. cf. Terminabschluß. — ⁓**zah·lung** f (*termingerechte Zahlung*) payment on due date (*od.* on schedule). **Ter·mi·te** [tɛr'mi:tə] f ⟨-; -n⟩ *meist pl zo.* termite, white ant (*Ordng Isoptera*). **Ter'mi·ten|bau** m zo. termitarium, termitary. — ⁓**hü·gel** m termitarium, termitary, termite hill. — ⁓**staat** m termite colony. **Ter·mo·ne** [tɛr'mo:nə] pl biol. termones. **ter·när** [tɛr'nɛːr] adj chem. ternary. **Ter·ne** [tɛrnə] f ⟨-; -n⟩, Austrian **Ter·no** ['tɛrno] m ⟨-s; -s⟩ (*bei der Lotterie*) tern.

Ter·pe·ne [tɛr'peːnə] *pl chem.* terpene ($C_{10}H_{16}$).

Ter·pen·tin [tɛrpɛn'tiːn] *n, Austrian m, Austrian colloq. n* ⟨-s; *Arten* -e⟩ *chem.* 1. turpentine, turps *pl* (*usually construed as sg*) (*colloq.*). – 2. *cf.* **Terpentinöl**. — **~·öl** *n* turpentine (oil), *auch* spirit(s *pl*) of turpentine.

Ter·psi·cho·re [tɛr'psiːçore] *npr f* ⟨-; *no pl*⟩ *myth.* Terpsichore (*Greek Muse of dancing and choral song*).

Ter·rain [tɛ'rɛ̃ː] *n* ⟨-s; -s⟩ 1. terrain: hügeliges ~ hilly terrain; in unwegsamem ~ vorrücken *mil.* to advance in difficult terrain (*od.* country); das ~ sondieren a) to reconnoiter (*bes. Br.* reconnoitre) (*od.* explore) the terrain, b) *fig.* to see how the land lies, to feel one's way, to make tentative inquiries. – 2. *fig.* ground: sich auf (*od.* in) unbekanntem ~ bewegen to be on unfamiliar (*od.* new) ground; (an) ~ gewinnen a) to gain ground, b) (*bes. sport*) to close the gap; (an) ~ verlieren a) to lose ground, b) (*bes. sport*) to lag behind, to lose ground; in der nächsten Runde versuchte er, das ~ wieder aufzuholen he tried to close the gap in the following round; an politischem ~ verlieren to lose ground in the political sphere (*od.* politically). – 3. (*Grundstück*) plot of land. – 4. (*Baugelände*) building ground (*od.* site). — **~·auf·nah·me** *f geogr.* ground survey, establishing area boundaries. — **~·be·schrei·bung** *f* description of a terrain.

Ter·ra in·co·gni·ta ['tɛra in'kɔgnita] *f* ⟨-; *no pl*⟩ 1. terra incognita, unknown territory. – 2. *fig.* terra incognita, unfamiliar (*od.* new) ground.

Ter'rain·|skiz·ze *f geol.* topographic(al) sketch. — **~·spe·ku·la·ti·on** *f econ. cf.* Bodenspekulation. — **~·stu·fe** *f geol.* scarp. — **~·ver·hält·nis·se** *pl* ground conditions, site *sg*.

Ter·ra·kot·ta [tɛra'kɔta] *f* ⟨-; -kotten⟩ 1. ⟨*only sg*⟩ (*gebrannter Ton*) terra-cotta. – 2. (*Figur, Gefäß etc*) terra-cotta. — **~·fi·gur** *f* terra-cotta (figure).

Ter·ra·kot·te [tɛra'kɔtə] *f* ⟨-; -n⟩ *cf.* Terrakottafigur.

Ter·ra·my·cin [tɛramy'tsiːn] (*TM*) *n* ⟨-s; *no pl*⟩ *chem. med. pharm.* terramycin, oxytetracycline ($C_{22}H_{24}N_2O_9$).

Ter'ra·ri·en·|kun·de *f* ⟨-; *no pl*⟩ *zo.* terrariatology.

Ter·ra·ri·um [tɛ'raːrium] *n* ⟨-s; -rien⟩ *zo.* terrarium.

Ter·ras·se [tɛ'rasə] *f* ⟨-; -n⟩ 1. terrace. – 2. (*Dachterrasse*) roof garden. – 3. *geol.* terrace, undercliff.

ter'ras·sen·|ar·tig *adj u. adv cf.* terrassenförmig. — **T·~·dach** *n arch.* terrace roof. — **~·för·mig** *adj u. adv* terrace(d), in terraces, in the form of (*od.* like) a terrace. — **T·~·gar·ten** *m* terraced garden. — **T·~·kul·tur** *f agr.* terracing, terrace cultivation (*od.* cropping).

ter·ras·sie·ren [tɛra'siːrən] *v/t* ⟨*no* ge-, h⟩ terrace, bench.

Ter·raz·zo [tɛ'ratso] *m* ⟨-(s); -zi [-tsi]⟩ terrazzo. — **~·fuß·bo·den** *m* terrazzo floor(ing).

ter·re·strisch [tɛ'rɛstriʃ] *adj* terrestrial.

ter·ri·bel [tɛ'riːbəl] *adj obs. for* schrecklich I.

Ter·ri·er ['tɛriər] *m* ⟨-s; -⟩ (*Hunderasse*) terrier.

ter·ri·gen [tɛri'geːn] *adj geol.* terrigenous.

Ter·ri·ne [tɛ'riːnə] *f* ⟨-; -n⟩ 1. tureen, *auch* terrine. – 2. *cf.* Suppenschüssel.

ter·ri·to·ri·al [tɛrito'riaːl] *adj* ⟨*attrib*⟩ (*Integrität, Verteidigung etc*) territorial. — **T·~·an·sprü·che** *pl pol.* territorial claims. — **T·~·ar·mee** *f mil.* territorial army. — **T·~·ge·walt** *f pol.* (absolute) territorial authority. — **T·~·ge·wäs·ser** *pl mar.* (*eines Staates*) territorial waters. — **T·~·ho·heit** *f pol.* territorial jurisdiction (*od.* sovereignty).

Ter·ri·to·ria·lis·mus [tɛritoria'lɪsmus] *m* ⟨-; *no pl*⟩ *jur. hist.* territorialism.

Ter·ri·to·ria·li·tät [tɛritoriali'tɛːt] *f* ⟨-; *no pl*⟩ *pol.* territoriality. — **Ter·ri·to·ria·li·täts·prin·zip** *n* 1. principle of territoriality. – 2. *jur.* jus soli.

Ter·ri·to·ri·al·|staa·ten *pl hist.* territorial states. — **~·sy·stem** *n jur. hist. cf.* Territorialismus. — **~·trup·pe** *f meist pl mil.* territorials *pl*, territorial force.

Ter·ri·to·ri·um [tɛri'toːrium] *n* ⟨-s; -rien⟩

---

territory: sich auf fremdem ~ befinden to be in foreign territory.

Ter·ror ['tɛrɔr] *m* ⟨-s; *no pl*⟩ 1. terror: es kam zu blutigem ~ there was terror and bloodshed; in diesem Land herrscht der ~ this country is ruled by terror. – 2. (*Terrorismus*) terrorism, terror: das Land stand unter dem ~ dieser Organisation the country was under the terrorism of this organization; der organisierte ~ organized terrorism. – 3. (*Schrecken*) terror: Augen voll ~ eyes full of terror. — **~·akt** *m meist pl* act of terrorism, terror act: ~e terrorist activity *sg*. — **~·ak·ti·on** *f* terrorist campaign. — **~·an·griff** *m mil.* (*bes. durch Flugzeuge*) terror attack (*od.* raid). — **~·ban·de** *f* terror gang. — **~·herr·schaft** *f* reign of terror.

ter·ro·ri·sie·ren [tɛrori'ziːrən] I *v/t* ⟨*no* ge-, h⟩ 1. (*Bevölkerung etc*) terrorize *Br. auch* -s-. – 2. (*Untergebene etc*) intimidate, bully, browbeat, bulldoze. – 3. (*in Furcht versetzen*) terrify. – II T~ *n* ⟨-s⟩ 4. *verbal noun.* — **Ter·ro·ri·sie·rung** *f* ⟨-; -en⟩ 1. *cf.* Terrorisieren. – 2. terrorization *Br. auch* -s-.

Ter·ro·ris·mus [tɛro'rɪsmus] *m* ⟨-; *no pl*⟩ terrorism, terror.

Ter·ro·rist [tɛro'rɪst] *m* ⟨-en; -en⟩ terrorist.

ter·ro'ri·stisch *adj* terrorist, terroristic: ~e Kampfmaßnahmen terrorist(ic) action *sg*; ~e Drohungen terrorist threats.

'Ter·ror|or·ga·ni·sa·ti·on *f* terrorist organization. — **~·wel·le** *f* wave of terror.

Ter·tia¹ ['tɛrtsia] *f* ⟨-; -tien⟩ *ped.* fourth and fifth years of a German secondary school.

'Ter·tia² *f* ⟨-; *no pl*⟩ *print.* great primer, Columbian.

Ter·tia·ner [tɛr'tsiaːnər] *m* ⟨-s; -⟩, **Ter·tia·ne·rin** [-'tsiaːnərin] *f* ⟨-; -nen⟩ *ped.* pupil of a 'Tertia'.

Ter·ti·är [tɛr'tsiɛːr] I *n* ⟨-s; *no pl*⟩ 1. *geol.* Tertiary (period). – II t~ *adj* 2. *geol.* Tertiary. – 3. *chem. med.* tertiary. — **~·for·ma·ti·on** *f geol.* Tertiary (formation). — **~·lu·es** *f med.* tertiary syphilis. — **~·sta·di·um** *n* tertiary (*od.* third) stage. — **~·wick·lung** *f electr.* tertiary winding.

'Ter·tia·wech·sel *m econ.* third of exchange.

Terz [tɛrts] *f* ⟨-; -en⟩ 1. *mus.* a) third, tierce, b) (*bei der Orgel*) tierce: große [kleine] ~ major [minor] third. – 2. (*sport*) (*beim Fechten*) tierce. – 3. *röm.kath.* (*Gebet des Breviers um die 3. Tagesstunde*) t(i)erce.

Ter·zel ['tɛrtsəl] *m* ⟨-s; -⟩ *hunt.* (*abgerichteter Jagdfalke*) t(i)ercel, tassel.

Ter·ze·ro·ne [tɛrtse'roːnə] *m* ⟨-n; -n⟩, **Ter·ze·ro·nin** *f* ⟨-; -nen⟩ *anthrop.* terceron, quadroon.

Ter·zett [tɛr'tsɛt] *n* ⟨-(e)s; -e⟩ *mus.* trio, terzet(to).

Ter·zi·ar [tɛr'tsiaːr] *m* ⟨-s; -en⟩, **Ter·zia·rin** [-'tsiaːrin] *f* ⟨-; -nen⟩ *röm.kath.* tertiary.

Ter·zi·ne [tɛr'tsiːnə] *f* ⟨-; -n⟩ *meist pl metr.* t(i)ercet, terza rima.

'Te·sa·film ['teːza-] (*TM*) *m* ⟨-s; *no pl*⟩ (*transparent*) adhesive (*od. colloq.* sticky) tape, *bes. Am.* Scotch tape (*TM*), *Br.* Sellotape (*TM*).

'Tes·la|·spu·le ['tɛsla-] *f electr.* Tesla coil. — **~·strom** *m* Tesla current. — **~·trans·for·ma·tor** *m* Tesla coil (*od.* transformer).

tes·sel·la·risch [tɛsɛ'laːriʃ] *adj* (*art*) (*gewürfelt*) tessellate(d), tesselar, *auch* tesselate(d).

Tes·si·ner [tɛ'siːnər] *m* ⟨-s; -⟩, **Tes'si·ne·rin** *f* ⟨-; -nen⟩ Ticinese.

Test [tɛst] *m* ⟨-(e)s; -s, *auch* -e⟩ 1. (*Prüfung, Eignungsprüfung*) test: die Bewerber mußten sich einem ~ unterziehen (*od.* einen ~ mitmachen) the applicants had to undergo (*od.* take) a test. – 2. *psych.* (*Intelligenz-, Leistungs-, Persönlichkeitstest etc*) test: einen ~ mit j-m durchführen to conduct a test with s.o. – 3. *tech.* a) (*Nachweis der Wirksamkeit*) test, b) (*Probe, Probeversuch*) trial: die Maschine wurde einer Reihe von ~s unterworfen the machine was subjected to a series of tests. – 4. *chem. med.* a) (*Bestimmungsmethode*) test, b) (*Versuch*) experiment, trial: der ~ verlief negativ the test was negative.

Te·sta·ment [tɛsta'mɛnt] *n* ⟨-(e)s; -e⟩ 1. *jur.* (last) will, (*formell*) last will and testament: sein ~ machen to make one's will; er starb, ohne ein ~ zu hinterlassen,

---

er starb ohne ~, er starb ohne Hinterlassung eines ~s he died without leaving a will, he died intestate; ordnungsgemäß errichtetes ~ properly executed will; formloses ~ informal will; eigenhändig geschriebenes ~ holograph(ic) will; mündliches [ordentliches] ~ nuncupative (*od.* verbal) [formal] will; jederzeit widerrufliches ~ ambulatory will; ein ~ eröffnen [errichten] to open [to execute] a will; ein ~ gerichtlich bestätigen to probate a will, to grant probate of a will; ein ~ aufsetzen [widerrufen] to draft (*od.* draw up) [to revoke] a will; ein ~ anfechten to contest (*od.* dispute) a will; j-n in seinem ~ bedenken to include (*od.* remember, mention) s.o. in one's will; er wurde in einem ~ bedacht he benefit(t)ed by (*od.* under) a will, he was the beneficiary of a will; etwas durch ~ vermachen a) to leave (*od.* bequeath) s.th. by will, to will s.th., b) (*Grund u. Boden*) to devise s.th.; durch ~ verfügen to provide (*od.* dispose, stipulate) by will; Anerkennung des ~s probate; Errichtung eines ~s execution of a will; Hinterlassung eines gültigen ~s testacy; ist kein ~ vorhanden, bei Fehlen eines ~s in case of intestacy; ~e über Liegenschaften wills devising realty, devises; wenn ich dich erwische, kannst du dein ~ machen *fig. colloq.* (*drohend*) if I catch you, you've had it (*sl.*). – 2. Altes [Neues] ~ *Bibl.* Old [New] Testament: dies steht im Alten ~ this is written in the Old Testament.

te·sta·men·ta·risch [tɛstamɛn'taːriʃ] I *adj* ⟨*attrib*⟩ *jur.* testamentary: ~er Erbe *cf.* Testamentserbe; ~e Verfügung testamentary disposition. – II *adv* by will: ~ verfügen to dispose by will; etwas ~ vermachen a) to leave (*od.* bequeath) s.th. by will, to will s.th., b) (*Grund u. Boden*) to devise s.th.; der ~ Bedachte the beneficiary under a will.

Te·sta·ments·|an·fech·tung *f jur.* will contest. — **~·be·stä·ti·gung** *f* probate. — **~·er·be** *m* 1. testamentary heir. – 2. (*von Grundbesitz*) devisee. — **~·er·bin** *f* 1. testamentary heiress. – 2. (*von Grundbesitz*) devisee. — **~·er·öff·nung** *f* opening (*od.* reading) of the will. — **~·nach·trag** *m* codicil. — **~·ver·fü·gung** *f cf.* Testamentsbestimmung. — **~·voll·strecker** (*getr.* -k·k-) *m* executor. — **~·voll·strecke·rin** (*getr.* -k·k-) *f* ⟨-; -nen⟩ executrix. — **~·voll·strecker·zeug·nis** (*getr.* -k·k-) *n* letters *pl* testamentary. — **~·voll·streckung** (*getr.* -k·k-) *f* execution of a will. — **~·zeu·ge** *m* witness to a will. — **~·zu·satz** *m cf.* Testamentsnachtrag.

Te·stat [tɛs'taːt] *n* ⟨-(e)s; -e⟩ 1. *jur.* certificate, attestation. – 2. *ped.* (*eines Dozenten etc*) signature attesting student's attendance at lectures.

Te·sta·tor [tɛs'taːtor] *m* ⟨-s; -en [-ta'toːrən]⟩ *jur.* testator, legator, bequeather. – 2. (*von Grundbesitz*) devisor.

Te·sta·zee [tɛsta'tseːə] *f* ⟨-; -n⟩ *meist pl biol. zo.* testacean (*Ordng* Testacea).

'Test|be·fra·gung *f* opinion poll. — **~·ben·zin** *n chem.* white (*od.* petroleum) spirits *pl*; ligroin, *auch* ligroine (*scient.*). — **~·bild** *n telev.* test pattern.

te·sten ['tɛstən] I *v/t* ⟨h⟩ 1. *bes. psych.* (*prüfen*) test: j-n ~ to test s.o.; die Bewerber mußten sich vom Psychologen ~ lassen the applicants had to undergo a test by a psychologist. – 2. *chem. tech.* (*Maschinen, Materialien, Qualität etc*) test, try out: die Haltbarkeit des Gewebes ~ to test the durability of the fabric; eine Maschine ~ to test (*od.* try out) a machine. – II T~ *n* ⟨-s⟩ 3. *verbal noun.* – 4. test, trial.

'Te·ster *m* ⟨-s; -⟩ tester.

'Test|er·geb·nis *n* result of a (*od.* the) test. — **~·film** *m* test film. — **~·flug** *m aer.* test flight. — **~·fra·ge** *f* 1. test question. – 2. (*Fangfrage*) catch (*od.* trick) question.

te·stie·ren [tɛs'tiːrən] I *v/t* ⟨*no* ge-, h⟩ 1. *jur.* make a will. – II *v/t* 2. *bes. ped.* (*bescheinigen*) certify, attest: den Besuch einer Vorlesung ~ to certify attendance at a course of lectures. – 3. *jur.* a) (*bezeugen*) testify, attest, b) (*letztwillig verfügen*) dispose (of s.th.) by will, c) (*vermachen*) bequeath. – III T~ *n* ⟨-s⟩ 4. *verbal noun.* – 5. *bes. ped.* (*Bescheinigung*) certification, attestation. – 6. *jur.* a) (*durch einen Zeugen*) attestation, b) *(letztwillige Verfügung)* disposition by will.

Te'stie·rer *m* ⟨-s; -⟩ *jur. cf.* Testator.

te'stier,fä·hig *adj* capable of making a will, testable, competent as testator: ~ **sein** to be capable of making a will, to have testamentary capacity. — **Te'stier,fä·hig·keit** *f* ⟨-; *no pl*⟩ testamentary capacity, capacity to make a will.

te'stier,un,fä·hig *adj* incapable of making a will, not testable, incompetent as testator. — **Te'stier,un,fä·hig·keit** *f* ⟨-; *no pl*⟩ incapacity to make a will.

Te'stie·rung *f* ⟨-; -en⟩ *jur. ped. cf.* Testieren.

Te·sti·kel [tɛs'tiːkəl] *m* ⟨-s; -⟩ *biol. med. zo.* (Hoden) testicle, testis, spermary. — **t~,ar·tig, t~,för·mig** *med.* testicular. — **~hor,mon** *n* testis hormone.

'Test|ko,pie *f* **1.** *(film)* rush print, rushes *pl*. — **2.** *(im Kopierwerk)* first trial print, grading copy. — **~me,tho·de** *f* method of testing, test(ing) method. — **~ob,jekt** *n* test object.

Te·sto·ste·ron [tɛstoste'roːn] *n* ⟨-s; *no pl*⟩ *biol. chem.* testosterone ($C_{19}H_{28}O_2$).

'Test|pa,pier *n chem. cf.* Reagenzpapier. — **~per,son** *f bes. psych. med.* testee, test subject. — **~pi,lot** *m aer.* test pilot. — **~,rei·he** *f cf.* Testserie. — **~,sen·dung** *f (radio) telev.* **1.** *(Programm)* pilot (od. trial) program (*bes. Br.* programme), pilot. — **2.** test transmission. — **~,se·rie** *f* **1.** series of tests. — **2.** *psych.* scale, test battery. — **~,stopp-Ver,trag** *m pol.* Test-Ban Treaty, Treaty Banning Nuclear Weapon Tests. — **~,teil·chen** *n nucl.* test particle.

Te·stu·do [tɛs'tuːdo] *f* ⟨-; -dines [-dinɛs]⟩ **1.** *med.* figure-of-eight bandage. — **2.** *zo. cf.* Schildkröte 1. — **3.** *mil. hist.* testudo.

'Te·stung *f* ⟨-; -en⟩ test(ing).

'Test|ver,fah·ren *n* **1.** test(ing) procedure. — **2.** *cf.* Testmethode. — **~ver,such** *m* experiment.

Te·ta·nie [teta'niː] *f* ⟨-; -n [-ən]⟩ *med.* tetany, tetania. — **~,stel·lung** *f* obstetrician's hand.

te·ta·nisch [te'taːnɪʃ] *adj med.* tetanic.

Te·ta·nus [teː'taːnus] *m* ⟨-; *no pl*⟩ *med.* *(Starrkrampf)* tetanus, lockjaw. — **t~,ähn·lich** *adj* tetanoid, tetaniform. — **~an·ti·to,xin** *n* tetanus antitoxin, antitetanic serum. — **~ba,zil·lus, ~er,re·ger** *m* Clostridium tetani, Bacillus tetani. — **~,imp·fung** *f* tetanus vaccination. — **~,se·rum** *n* antitetanic serum, tetanus antitoxin.

Tête-à-Tête [tɛta'tɛːt] *n* ⟨-; -s⟩ (mit with) tête-à-tête.

Te·tra..., te·tra... *combining form denoting* tetra...

Te·tra·chlor|äthan [tetra'kloːr?ɛˌtaːn] *n* ⟨-s; *no pl*⟩ *chem.* tetrachloroethane ($C_2H_2Cl_4$). — **~äthy,len** *n* tetrachloroethylene ($CCl_2 = CCl_2$). — **~koh·len,stoff** *m* carbon tetrachloride (CCl_4).

Te·tra·chord [tetra'kɔrt] *m, n* ⟨-(e)s; -e⟩ *mus.* tetrachord.

Te·tra·chro·mie [tetrakro'miː] *f* ⟨-; -n [-ən]⟩ *print.* tetrachromatic print.

Te·tra·cy·clin [tetratsy'kliːn] *n* ⟨-s; -e⟩ *chem.* tetracycline ($C_{22}H_{24}H_2O_8$).

Te·tra·eder [tetra'?eːdər] *n* ⟨-s; -⟩ *math.* tetrahedron. — **te·tra'edrisch** [-'?eːdrɪʃ] *adj* tetrahedral.

Te·tra·edrit [tetra'?edriːt; -'driːt] *m* ⟨-s; -e⟩ *min.* tetrahedrite.

Te·tra·gon [tetra'goːn] *n* ⟨-s; -e⟩ *math.* tetragon. — **te·tra·go'nal** [-go'naːl] *adj* *(in der Kristallographie)* tetragonal.

Te·tra·lo·gie [tetralo'giː] *f* ⟨-; -n [-ən]⟩ *(bes. bei Dramen)* tetralogy.

Te·tra·me·ter [te'traːmetər] *m* ⟨-s; -⟩ *metr.* tetrameter.

Te·tra·ple·gie [tetraple'giː] *f* ⟨-; -n [-ən]⟩ *med.* quadriplegia, *auch* tetraplegia.

Te·tra·pod [tetra'poːt] *m* ⟨-s; -en⟩, **Te·tra·po·de** [-də] *m* ⟨-n; -n⟩ *zo.* tetrapod, quadruped (animal).

Te·tra·po·die [tetrapo'diː] *f* ⟨-; *no pl*⟩ *metr.* tetrapody.

Te·trarch [te'trarç] *m* ⟨-en; -en⟩ *antiq.* tetrarch. — **Te·trar'chie** [-'çiː] *f* ⟨-; -n [-ən]⟩ tetrarchy.

Te·tro·de [te'troːdə] *f* ⟨-; -n⟩ *electr.* tetrode, four-electrode tube (*bes. Br.* valve).

teu·er ['tɔyər] **I** *adj* ⟨teurer; -st⟩ **1.** *(kostspielig)* dear, expensive, costly: ein **sündhaft teures Kleid** *colloq.* an exorbitantly expensive dress; **wie ~ ist** (od. kommt) die

---

ser Wagen? how much (*od. what price) is this car? how much (*od. what) does this car cost? **etwas für teures Geld kaufen** to buy s.th. dear(ly) (*od. at a high price), to pay dear(ly) (*od. through the nose) for s.th.; **hier ist der Wein um vier Mark teurer als dort** the wine is four marks dearer (*od. costs four marks more) here than there; **teurer werden** to become (*od. get) dearer, to increase in price, to go up (in price); **das war ein teurer Spaß** (*od. ein teures Vergnügen) *colloq.* that was an expensive game (*od. joke); **da war guter Rat ~!** *fig.* we were in a (nice) pickle! – **2.** *(Geschäft, Lokal, Hotel etc)* dear, expensive, *Br. sl.* pric(e)y: **teure Zeiten** expensive times; **das Hotel ist ~** the hotel is expensive, the hotel has steep prices (*colloq.*); **die Riviera ist ein teures Pflaster** *colloq.* the Riviera is a pretty expensive place. – **3.** *(kostbar, wertvoll)* costly, precious, valuable. – **4.** *archaic* *(lieb, wert)* dear: **teuerster Vater!** dearest father! **meine teure Mutter ist gestern gestorben** my dear (*od. beloved, cherished) mother died yesterday; **sie ist mir lieb und ~** she is very dear to me. – **II** *adv* **5.** dear(ly): **eine Ware ~ kaufen [verkaufen]** to buy [to sell] an article dear(ly) (*od. at a high price); **sie waren entschlossen, ihr Leben ~ zu verkaufen** *fig.* they were determined to sell their lives dearly; **er hat sich** (*dat) **sein Glück ~ erkauft** *fig.* he paid dear(ly) for his happiness; **sie mußte ihren Fehler ~ bezahlen** *fig.* she had to pay dear(ly) for her mistake; **der Urlaub kam mich** (*auch mir) ~ **zu stehen** the holidays cost me a great deal (*od. a nice bit, *colloq.* a lot); **das wird dich** (*auch dir) **noch** ~ **zu stehen kommen!** *fig. colloq.* I'll make you pay (*od. smart) for that! you'll pay for that!

'Teu·er·ste *f* ⟨-n; -n⟩ *archaic od. iron.* *(als Anrede)* dearest.

'Teue·rung *f* ⟨-; -en⟩ *(Vorgang u. Resultat)* (general) increase (*od. rise) in prices, (general) price increase.

'Teue·rungs|,wel·le *f econ.* wave of price increases. — **~zu,la·ge** *f*, **~zu,schlag** *m* allowance for high cost of living, cost-of-living bonus (*od. allowance).

Teu·fe ['tɔyfə] *f* ⟨-; -n⟩ *(mining)* depth.

Teu·fel ['tɔyfəl] *m* ⟨-s; -⟩ **1.** der ~: *bes. relig.* the devil, *auch* the Devil, Satan, Old Nick (*colloq.*); **er ist ein ~ in Menschengestalt** (*od. der leibhaftige ~) he is the devil incarnate; **seine Frau ist ein richtiger ~** his wife is a real devil (*od. a she-devil, a vixen, *sl.* a bitch); **das Mädchen ist ein kleiner ~** *fig.* the girl is a (little) devil (in petticoats), the girl is a minx; **er ist ein kleiner ~** *fig.* he is a little devil (*od. sl.* a holy terror); **sie sieht aus wie des ~s Großmutter** she is as ugly as sin (*colloq.*); **seine Seele dem ~ verschreiben** to sell one's soul to the devil; **den ~ austreiben** to drive out (*od. exorcise, *auch* exorcize) the devil; **das hieße, den ~ mit** (*od. durch) Beelzebub austreiben *fig.* that would be robbing Peter to pay Paul; **mit dem ~ im Bunde sein** to be in league with the devil; **vom ~ besessen sein** *auch fig.* to be possessed by (*od. with) the devil; **er fürchtet weder Tod noch ~** he fears neither death nor (the) devil, he is afraid of nothing; **den ~ im Leib(e) haben** *fig. colloq.* a) *(von Pferden etc)* to be possessed by (*od. of) the devil, b) *(von Menschen)* to be full of devilment; **ihn reitet** (*wohl) **der ~, er wird** (*wohl) **vom ~ geritten, der ~ ist** (*wohl) **in ihn gefahren** *fig. colloq.* the devil has got into him (*od. has got hold of him); **bist du des ~s?** *fig. colloq.* are you mad (*od. crazy)? **hier ist der ~ los** *fig. colloq.* (now) the fat is in the fire, (all) hell is let loose; **mal den ~ nicht an die Wand!** *fig. colloq.* don't tempt fate (*od. providence)! **wenn man vom ~ spricht,** (*dann kommt er) *fig. colloq.* speak of the devil (and he will appear); **er fragt den ~ danach** (*od. er schert sich den ~ drum), **was die Leute von ihm denken** *fig. colloq.* he does not care (*od. give) a rap (*od. *colloq.* hang, *Am.* a dime, *Br.* twopence) (*od. *colloq.* care a hoot, give a damn) about what people think of him; **ich werde den ~ tun** (und mich bei ihm entschuldigen)! *fig. colloq.* I'm (*od. I'll be) damned (*od. hanged, blowed) (if I am going to apologize to him) (*colloq.*); **es müßte schon mit dem ~ zugehen** (*od. der ~ müßte schon seine Hand im Spiel haben)**, wenn**

---

ich die Stellung nicht bekäme *fig. colloq.* it would be a stroke of very bad luck if I did not get the job; **du arbeitest heute ja auf ~ komm raus!** *fig. colloq.* why, you are working like mad (*od. *colloq.* like the devil, like blazes, like hell) today! **er reitet [läuft, arbeitet] wie der ~** *fig. colloq.* he rides [runs, works] like mad (*od. *colloq.* like the devil, like blazes, like hell); **sie ist hinter dem Geld her wie der ~ hinter der armen Seele** she is after money like the devil after a poor soul; **mein ganzes Geld ist beim ~!** **mein ganzes Geld ist zum ~ (gegangen)!** *fig. colloq.* all my money is down the drain (*od. *colloq.* has gone to blazes, has gone phut, *sl.* has gone to pot); **bei dem Unfall ging mein Auto zum ~** *fig. colloq.* in the accident my car was smashed to pieces (*od. smithereens); **mein Ruf als guter Fahrer ist seither beim ~** *fig. colloq.* my reputation of being a good driver has since gone to blazes (*colloq.*); **j-n zum ~ jagen** *fig. colloq.* to send s.o. packing; **to tell s.o. to go to hell** (*od. to blazes, to the devil), **to tell s.o. where to go** (*od. where to get off) (*colloq.*); **ich wünsche ihn (innerlich) zum ~** *fig. colloq.* I could have seen him far enough; **in der Not frißt der ~ Fliegen** (*Sprichwort*) any port in a storm; **weiß der ~, wann dieses Buch endlich fertig werden wird!** *fig. colloq.* goodness (*od. heaven, *colloq.* the devil) knows when this book will ever be finished! **hol's der ~!** (zum) ~ (nochmal)! **~ auch!** *fig. colloq.* dash (*od. darn, damn, hang, blast, blow, drat, confound) it (all)! (*colloq.*); **Tod und ~!** *fig. colloq.* hell's bells! hellfire! (*beide colloq.*); **in drei** (*od. des) ~s Namen! *fig. colloq.* in the name of heaven (*od. goodness, pity)! **pfui ~!** a) *(angeekelt)* ugh! pew! b) *(entrüstet)* disgusting! ~, ~, **ist das ein Mädchen!** *fig. colloq.* boy (*od. man, *sl.* gosh, Jesus Christ, *bes. Am. sl.* wow), what a girl! **hol' dich der ~!** der ~ **soll dich holen! geh** (*od. scher dich) zum ~! *fig. colloq.* go to hell (*od. to blazes, to the devil)! (*colloq.*); **hol** (doch) der ~ **den ganzen Kram!** der ~ **soll den ganzen Kram holen! zum ~ mit dem ganzen Kram** *fig. colloq.* to hell with the whole lot (*od. thing)! (*colloq.*); **wer zum ~ war das?** who the devil (*od. the dickens, the hell, the heck, the deuce) was that? (*colloq.*); → Küche 1; kümmern 3. — **2.** *fig. colloq.* *(Bursche, Kerl)* devil, fellow (*colloq.*): **ein armer ~** a poor devil (*od. wretch).

Teu·fe·lei *f* ⟨-; -en⟩ devilry, deviltry, devilment, devilishness.

'Teu·fe·lin *f* ⟨-; -nen⟩ **1.** *(böses Weib)* devil, *(stärker)* she-devil, vixen, bitch (*sl.*). – **2.** *(Schelmin)* devil in petticoats, minx.

'Teu·fels|,ab,biß *m* ⟨-sses; -sse⟩ *bot.* blue scabious, devil's bit (scabious) (*Succisa pratensis*). — **~,ar·beit** *f only in* **das ist eine ~** *colloq.* that's a hell (*od. heck) of a job (*colloq.*). — **~,aus,trei·ber** *m* exorcist. — **~,aus,trei·bung** *f cf.* ~beschwörer. — **~be,schwö·rer** *m cf.* Teufelsaustreiber. — **~be,schwö·rung** *f cf.* Teufelsaustreibung. — **~,blu·me** *f zo.* phantom shrike (*Idolum diabolicum*; *a mantis*). — **~,bra·ten** *m colloq. contempt.* limb of the devil (*od. of Satan). — **~,brut** *f* ⟨-; *no pl*⟩ *colloq.* Satan's brood, brood (*od. spawn) of Satan. — **~,dreck** *m pharm.* as(s)af(o)etida, *auch* asfetida. — **~,haar** *n bot. cf.* Teufelszwirn. — **~,jun·ge, ~,kerl** *m colloq.* *(bewundernd)* devil of a fellow (*colloq.*). — **~,kir·sche** *f bot. cf.* Tollkirsche. — **~,krab·be** *f zo. cf.* Meerspinne. — **~,kral·le** *f bot.* rampion (*Gattg Phyteuma*). — **~,kreis** *m* vicious circle. — **~,kunst** *f* black (*od. diabolic) art, black magic, diablerie, devilry, deviltry. — **~,list** *f* diabolic (*od. devilish) trick. — **~,na·del** *f zo.* blue darner (*Gattg Aeschna*). — **~,ro·chen** *m zo. cf.* Manta. — **~,weib** *n* **1.** *only in* **das ist ein ~** *colloq.* *(bewundernd)* she is quite a woman. – **2.** *contempt.* for Teufelin 1. — **~,werk** *n colloq.* work of the devil. — **~,zwirn** *m bot.* dodder, *auch* love vine (*Gattg Cuscuta*).

teuf·lisch ['tɔyflɪʃ] **I** *adj* **1.** devilish, diabolic(al), fiendish, infernal, satanic: **ein ~er Plan** a fiendish plan; **ein ~es Grinsen** a diabolic(al) grin. – **2.** *fig. colloq.* (in Wendungen wie) **er war (in) ~er Laune** he was in a heck (*od. hell) of a mood (*colloq.*); **in ~er Eile sein** to be in a heck of a hurry (*colloq.*). – **II** *adv* **3.** devilishly, diabolically, fiendishly, infernally, satanically: j-n ~ quälen to torment s.o. diabolically. – **4.** *fig. colloq.* (*sehr, schrecklich*) fiendishly, devilish, hellish (*alle colloq.*): es ist ~ kalt it is devilish cold. – **III T~e**, *das* ⟨-n⟩ **5.** the devilish thing.

Teu·rung ['tɔyruŋ] *f* ⟨-; -en⟩ *cf.* Teuerung.

Teu·to·ne [tɔy'to:nə] *m* ⟨-n; -n⟩ Teuton. — **teu'to·nisch** *adj* Teutonic.

Te·xa·ner [tɛ'ksa:nər] *m* ⟨-s; -⟩ Texan, *auch* Texian. — **te'xa·nisch** *adj* Texan, *auch* Texian, Texas (*attrib*).

'Te·xas|-,Ei·che ['tɛ:ksas-] *f bot.* red oak (*Quercus texana*). — **~fie·ber** *n vet.* Texas (cattle) fever.

Text[1] [tɛkst] *m* ⟨-(e)s; -e⟩ **1.** text: der authentische (*od.* maßgebende) ~ the authentic text; ein verschlüsselter ~ a coded text; ich hatte in der Prüfung einen schweren ~ I had a difficult text in the exam; der genaue ~ des neuen Gesetzes wird noch veröffentlicht the exact text (*od.* wording) of the new law will be published (later); wie ist der genaue Wortlaut des ~es? what is the exact wording (*od.* phrasing) (*od.* what are the exact words) of the text? meiner Untersuchung liegt folgender ~ zugrunde my treatise is based on the following text; einen ~ kommentieren to comment (on) a text, to make comments on a text; einen ~ interpretieren to interpret a text; kannst du deinen ~ schon? (*bes. theater*) have you learned your lines? bleiben Sie (bei Ihrer Übersetzung) am ~! keep (*od.* stick) to the text (in your translation)! j-m den ~ lesen *fig. colloq.* to give s.o. a lecture, to lecture s.o.; aus dem ~ kommen *auch fig.* to lose the thread; j-n aus dem ~ bringen *fig.* to make s.o. lose his (*od.* to interrupt s.o.'s) train of thought; weiter im ~! *colloq.* (let's) go on (*od.* carry) on! – **2.** (*unter Bildern etc*) text, caption, legend. – **3.** (*eines Liedes etc*) text, words *pl*, lyrics *pl*: den ~ zu einem Lied schreiben to write the text (*od.* the words) to (*od.* for) a song. – **4.** *cf.* Textbuch 1. – **5.** *relig.* (*Bibelstelle*) text, Scriptural (*od.* Bible) text: über einen ~ sprechen (*od.* predigen) to speak (*od.* preach) on a text. – **6.** *print.* text, reading matter, *bes. Br.* letterpress: ein Buch mit viel ~ und wenig Bildmaterial a book with a great deal of text and little pictorial matter; der redaktionelle ~ the editorial matter. – **7.** (*radio, film*) *telev.* a) (*zum Ablesen*) text script, b) (*verbindende Worte*) continuity (script).

Text[2] *f* ⟨-; *no pl*⟩ *print.* (*Schriftgrad*) text face.

'Text|,ab,bil·dung *f* text illustration. — **~,ab,fas·sung** *f* formulation (*od.* drafting) of a text. — **~,ab,schnitt** *m* passage. — **~ana,ly·se** *f* analysis of a (*od.* the) text. — **~,an,zei·ge** *f print.* reader advertisement (*auch* -z-). — **~,auf,ga·be** *f math.* problem. — **~,aus,ga·be** *f* (*für den Schulunterricht etc*) text edition. — **~,aus,le·gung** *f* **1.** *cf.* Textinterpretation. – **2.** *relig.* exegesis. — **~be,rich·ti·gung** *f* emendation of a text. — **~,buch** *n* **1.** (*word*)book. – **2.** (*theater*) a) text, b) (*einer Oper, Operette*) libretto. — **~,dich·ter** *m* (*einer Oper etc*) librettist.

tex·ten ['tɛkstən] **I** *v/i* ⟨h⟩ **1.** *mus.* write the lyrics (*od.* words, text). – **2.** (*in der Werbung*) copywrite. – **3.** (*radio*) *telev.* script: auf Bild ~ to script to film. – **II** *v/t* **4.** *mus.* write the lyrics (*od.* words, text) to (*od.* for). — **'Tex·ter** *m* ⟨-s; -⟩ **1.** *mus.* lyric (*od.* text) writer. – **2.** (*in der Werbung*) copywriter, writer of advertising (*seltener* -z-) texts. – **3.** (*radio*) *telev.* scriptwriter, scripter.

'Text|,fäl·schung *f* interpolation. — **t~ge,mäß** *adj* textual, textuary, according to the text. — **~ge,stal·tung** *f* wording of a text. — **~gram,ma·tik** *f ling.* text grammar.

Tex'til|,ar·bei·ter *m* textile worker. — **~fa,brik** *f* textile mill (*od.* factory). — **~fa·bri,kant** *m* textile manufacturer. — **~,fa·ser** *f* (*bes. Br.* fibre) textile. — **~,gür·tel,rei·fen** *m auto.* textile radial-ply tire (*bes. Br.* tyre). — **Tex·ti·li·en** [tɛks'ti:liən] *pl* textiles, textile goods. —

Tex'til|in·du,strie *f* textile industry. — **~,kauf,mann** *m* textile merchant. — **~ma,schi·ne** *f* textile machine. — **~,mes·se** *f* textile (goods) fair. — **~,pflan·zen** *pl* textile (*od.* fiber, *bes. Br.* fibre) plants. —

~,sek·tor *m* textile branch (*od.* field, sector). — **~ver,ede·lung**, **~ver,ed·lung** *f* textile finishing. — **~,wa·ren** *pl cf.* Textilien. — **~,wirt·schaft** *f* textile field.

'text·im·ma,nent *adj* (*literature*) (*Interpretation, Kritik etc*) formalist, intrinsic: **~e** Deutung formalist (*od.* intrinsic) interpretation, explication de texte.

'Text|in·ter·pre·ta·ti,on *f* explanation (*od.* interpretation) of a text, stylistic interpretation (*od.* criticism). — **~,kri,tik** *f* textual criticism. — **~,kri·ti·ker** *m* textual critic. — **t~,kri·tisch** *adj* **~e** Methode method of textual criticism; **~e** Errungenschaft achievement in textual criticism.

'text·lich **I** *adj* textual, textuary. – **II** *adv* **~** gesehen as far as the text is concerned, as regards the text.

Text·lin·gui·stik ['tɛkstliŋ,guistik] *f* text linguistics *pl* (*usually construed as sg*).

Tex·to·lo·gie [tɛkstolo'gi:] *f* ⟨-; *no pl*⟩ textology.

'Text|,schrift *f print.* text face. — **~,stel·le** *f auch Bibl.* passage (of a text). — **~,teil** *m* (*eines Bildwerkes etc*) text part. — **~über·,lie·fe·rung** *f* tradition of the text, textual tradition.

Tex·tur [tɛks'tu:r] *f* ⟨-; -en⟩ **1.** *chem. tech.* texture. – **2.** *print. cf.* Textura.

Tex·tu·ra [tɛks'tu:ra] *f* ⟨-; *no pl*⟩ *print.* (*Schriftart*) black letter, *auch* Old English, Gothic.

'Text|va·ri,an·te *f* text(ual) variant. — **~ver,gleich** *m*, **~ver,glei·chung** *f* text comparison, collation. — **~,wort** *n* ⟨-(e)s; -e⟩ *relig.* passage (from the Bible).

Te·zett ['te:tsɛt; te'tsɛt] *n colloq.* (*in Wendungen wie*) bis ins (*letzte*) ~, bis zum ~ completely, entirely: etwas bis ins ~ kennen to know s.th. inside out, to know s.th. down to the last detail.

T-,för·mig ['te:-] *adj* T-shaped, tee (*attrib*): mit **~em** Kopf *tech.* T-headed.

Thai[1] [taɪ] *m* ⟨-(s); -(s)⟩ Thai, Thailander. **Thai**[2] *n* ⟨-; *no pl*⟩ *ling.* Thai, *auch* Siamese. **'Thai,län·der** *m* ⟨-s; -⟩, **'Thai,län·de·rin** *f* ⟨-; -nen⟩ *cf.* Thai[1]. — **'thai,län·disch** *adj* Thailand (*attrib*).

'Thai,spra·chen *pl ling.* Thai languages.

Tha·la·mus ['ta:lamus] *m* ⟨-; -mi [-mi]⟩ *med.* (*Sehhügel*) thalamus. — **~,hirn** *n* diencephalon, *auch* thalamencephalon. — **~sym,ptom** *n meist pl* thalamic symptom (*od.* sign).

Tha·lia [ta'li:a] *npr f* ⟨-; *no pl*⟩ *myth.* Thalia (*Greek Muse of comedy and pastoral poetry*).

Thal·li·um ['talium] *n* ⟨-s; *no pl*⟩ *chem.* thallium (Tl).

Thal·lo·phyt [talo'fy:t] *m* ⟨-en; -en⟩ *bot.* thallophyte, thalloid plant (*Abteilung Thallophyta*).

Thal·lus ['talus] *m* ⟨-; Thalli [-li]⟩ *bot.* thallus. — **~,pflan·ze** *f meist pl cf.* Thallophyt.

Tha·na·to·pho·bie [tanatofo'bi:] *f* ⟨-; *no pl*⟩ *psych.* thanatophobia.

Thau·ma·to·lo·gie [taumatolo'gi:] *f* ⟨-; *no pl*⟩ (*Wunderlehre*) thaumatology.

Thau·mat·urg [tauma'turk] *m* ⟨-en; -en⟩ (*Wundertäter*) thaumaturg(e), thaumaturgist.

Thea·ter [te'a:tər] *n* ⟨-s; -⟩ **1.** theater, *bes. Br.* theatre: städtisches [privates] ~ municipal [private] theater; staatlich subventioniertes ~ state-subsidized theater; ~ spielen a) to act, to playact, b) *fig.* to playact; gutes [schlechtes] ~ machen to play good [poor] theater; sie ist beim ~ she acts, she is an actress, she is on the stage (*od.* on the stage); er will zum ~ he wants to go on (*od.* take to) the stage, he wants to act (*od.* to become an actor); heute abend habe ich ~ this is my day for the theater; ein Abonnement für das ~ haben, auf das ~ abonniert sein to have a season ticket for (*od.* a subscription to) the theater; morgen abend gehen wir ins ~ we are going to the theater tomorrow night; was gibt es heute im ~? what's on (*od.* playing) at the theater tonight? im ~ gibt es heute ein Stück von Shakespeare (*od.* wird heute ein Stück von Shakespeare gespielt) there is a Shakespeare play on (*od.* they are performing a Shakespeare play) at the theater tonight. – **2.** ⟨*only sg*⟩ (*Theaterwesen, Gesamtheit der Stücke*) theater, *bes. Br.* theatre: das romantische ~ Romantic

theater; das ~ des 20. Jahrhunderts the theater of the 20th century, (the) 20th century theater. – **3.** (*Gebäude*) theater, *bes. Br.* theatre, playhouse: die ~ öffnen [schließen] demnächst the theaters will be opening [closing] soon; ein neues ~ bauen to build a new theater. – **4.** (*Haus, Theatersaal*) house, theater, *bes. Br.* theatre: das ~ ist ausverkauft [voll besetzt] the house is sold out (*od.* booked up) [is full, is filled to capacity]; allmählich füllte sich das ~ the house gradually filled (up). – **5.** ⟨*only sg*⟩ (*Publikum*) house, audience: das (ganze) ~ klatschte begeistert the (whole) house applauded enthusiastically. – **6.** ⟨*only sg*⟩ (*Aufführung*) performance: das ~ ist um zehn Uhr aus (*od.* zu Ende) the performance is over (*od.* finishes) at ten p.m.; was machen wir nach dem ~? what shall we do after the performance (*od.* theater)? – **7.** (*Filmtheater*) *bes. Br.* cinema, *Am.* (motion-)picture theater (*od.* house): (diesen Film sehen Sie) demnächst in diesem ~ (this film is) coming shortly to this cinema. – **8.** *fig. colloq.* (*Getue*) 'act' (*colloq.*): ihr Mitleid ist reines ~ her sympathy is just a big act. – **9.** *fig. colloq.* ~ machen a) (*Rummel machen*) to make a fuss (*od.* ado, to-do), to carry on, b) (*eine Szene machen*) to make (*od.* create) a fuss (*od.* ado, to-do, hullaballoo); um diesen Schauspieler wird viel (*od.* ein großes) ~ gemacht people make a great fuss of (*od.* about) (*od.* a great to-do about) this actor; er machte ein großes ~ um die zerbrochene Fensterscheibe he made an awful hullaballoo about the broken windowpane (*colloq.*). – **10.** *fig. colloq.* (*Ärger, Umstand*) trouble, bother: es ist (doch) immer wieder das gleiche ~ mit ihm! it's always the same old trouble (*od.* story) with him, he is always causing the same old bother.

Thea·ter|,abend [te'a:tər-] *m* evening at the theater (*bes. Br.* theatre). — **~abon·ne,ment** *n* **1.** (*Platzmiete*) (theater) subscription. – **2.** (*Platzkarte*) season (*od.* subscription) ticket (for the theater). — **~agent** [-ʔa,gɛnt] *m* theatrical agent. — **~agen,tur** *f* theatrical agency. — **~,an,recht** *n cf.* Theaterabonnement. — **~,auf,füh·rung** *f* (theatrical) performance. — **~be,richt** *m* **1.** (*in der Zeitung*) theater review (*od.* critique, criticism). – **2.** (*der Theaterleitung*) theater program (*bes. Br.* programme) for the season. — **t~be,ses·sen** *adj* stagestruck. — **~be,such** *m* **1.** visit to the theater: regelmäßiger ~ regular visits *pl* to the theater, regular theatergoing (*Br.* theatre-going); für heute abend ist ein ~ vorgesehen arrangements have been made for spending this evening at the theater, a visit to the theater has been arranged for this evening. – **2.** ⟨*only sg*⟩ theater attendance, theatergoing, *Br.* theatre-going: der ~ in dieser Saison war überdurchschnittlich gut theater attendance this season was above average. — **~be,su·cher** *m* theatergoer, *Br.* theatre-goer, playgoer, *Br.* play-goer, *pl auch* audience *sg.* — **~,bil,let** *n* theater ticket. — **~,büh·ne** *f* (theater) stage. — **~,coup** *m* coup de théâtre. — **~di,rek·tor** *m* manager of a theater, *bes. Am.* producer. — **~ef,fekt** *m* stage effect. — **~,fe·ri·en** *pl* theater holidays (*Am.* vacation *sg*). — **~,fim·mel** *m only in* den ~ haben *colloq.* to be a stage (*od.* theater) fan (*od.* buff) (*colloq.*). — **~,fri,seur** *m* theater hairdresser, theatrical coiffeur. — **~,glas** *n cf.* Opernglas. — **~,grup·pe** *f* theater group (*od.* company). — **~,kar·te** *f* theater ticket. — **~,kas·se** *f* box (*od.* booking, ticket) office. — **~,klatsch** *m* theater (*auch* greenroom) gossip. — **~,kri·tik** *f* theater critique, play review. — **~,kri·ti·ker** *m* theater (*od.* drama) critic. — **~,le·ben** *n* ⟨-s; *no pl*⟩ theater life. — **~,lei·ter** *m cf.* Theaterdirektor. — **~,lei·tung** *f* **1.** theater directors *pl*, theater management. – **2.** ⟨*only sg*⟩ (*Amt*) theater management (*od.* direction), management (*od.* direction) of the theater. — **~,li·te·ra,tur** *f* literature on the theater. — **~,lo·ge** *f* (theater) box, loge. — **~,ma·ler** *m* scene painter. — **~,ma·schi·ne,rie** *f* theater machinery. — **~,ma·schi,nist** *m* theater engineer. — **~,pro·be** *f* rehearsal. — **~,pu·bli·kum** *n* (theater) audience. — **~,raum** *m* auditorium. — **~re,gie** *f Am.*

(stage) direction, *Br.* (stage) producing. — **~re·qui·si·ten** *pl* (stage) properties, props (*colloq.*). — **~ring** *m* **1.** theater club. – **2.** balcony, dress circle. — **~saal** *m* theater hall, auditorium. — **~sai·son** *f* theater (*od.* theatrical) season. — **~schnei·der** *m*, **~schnei·de·rin** *f* costumer. — **~spiel·zeit** *f cf.* Theatersaison. — **~stück** *n* (stage) play, drama. — **~über·tra·gung** *f* (*radio*) *telev.* direct broadcast from a theater, theater live transmission. — **~un·ter·neh·mer** *m* impresario. — **~vor·stel·lung** *f* theatrical performance, show (*colloq.*). — **~welt** *f* theatrical (*od.* theater) world, world of the theater. — **~werk·statt** *f* theatrical workshop, scene shop. — **~wis·sen·schaft** *f* discipline of theater, theater study (*od.* studies *pl*), studies *pl* of dramaturgy. — **~wo·che** *f* theater week. — **~zei·tung** *f* theater journal (*od.* gazette, news *pl* construed as *sg* or *pl*). — **~zen·sur** *f* censorship of stage plays. — **~zet·tel** *m* theater program (*bes. Br.* programme), playbill.

Thea·ti·ner [tea'ti:nər] *m* ⟨-s; -⟩ *röm.kath.* Theatine.

Thea·tra·lik [tea'tra:lɪk] *f* ⟨-; *no pl*⟩ (*in Gestik, Ausdruck etc*) theatricality, theatricalness, staginess.

thea·tra·lisch [tea'tra:lɪʃ] *adj* **1.** (*bühnengerecht*) theatric(al): **~e** Effekte theatrical effects. – **2.** *fig. contempt.* (*übertrieben dramatisch, pathetisch*) theatric(al), staged, stagy, *auch* stagey, histrionic, *auch* histrionical, melodramatic, *auch* melodramatical.

The·ba·ner [te'ba:nər] *m* ⟨-s; -⟩ *antiq.* Theban. — **the'ba·nisch, the·bisch** ['te:bɪʃ] *adj bes. antiq.* Theban, Thebaic.

The·in [te'i:n] *n* ⟨-s; *no pl*⟩ *chem. cf.* Koffein.

The·is·mus [te'ɪsmʊs] *m* ⟨-; *no pl*⟩ *relig.* theism. — **The'ist** [-'ɪst] *m* ⟨-en; -en⟩ theist. — **the·i·stisch** [-'ɪstɪʃ] *adj* theistic, *auch* theistical.

The·ke ['te:kə] *f* ⟨-; -n⟩ **1.** (*Ladentisch*) counter: etwas unter der **~** verkaufen *fig.* to sell s.th. under the counter. – **2.** (*in einer Schenke, einer Imbißstube etc*) bar, counter.

The·li·tis [te'li:tɪs] *f* ⟨-; -tiden [-li'ti:dən]⟩ *med.* inflammation of the nipple, thelitis (*scient.*).

The·ma ['te:ma] *n* ⟨-s; -men, *auch* -mata [-ta]⟩ **1.** (*eines Aufsatzes, Vortrages etc*) subject, topic, theme: ein interessantes [heikles] **~** an interesting [a delicate] subject; etwas zum **~** haben to have s.th. as (a) theme; j-m ein **~** zur Bearbeitung stellen to assign s.o. a subject to work on; ein **~** erschöpfend behandeln to deal exhaustively with a subject; das **~** wechseln, auf ein anderes **~** übergehen to change the subject; vom **~** abschweifen (*od.* abweichen) to wander (*od.* stray) from the subject, to go (*od.* fly) off at a tangent; beim **~** bleiben to keep to the subject, to keep (*od.* stick) to the point; ein **~** fallenlassen to drop (*od.* dismiss) a subject; das gehört nicht zum **~** that has nothing to do with the subject, that is completely irrelevant; kehren wir zum **~** zurück let's get back to the subject; ein unerschöpfliches **~** für die Unterhaltung liefern to provide an inexhaustible topic of conversation; sich nicht von einem **~** abbringen lassen not to allow oneself to be sidetracked; bevor ich auf das eigentliche **~** eingehe, möchte ich sagen before dealing with (*od.* proceeding to) the subject proper I should like to say; zum **~** Essen a) as regards food, b) (*da wir gerade davon sprechen*) apropos (of) food, talking about food. – **2.** *mus.* a) (*einer Symphonie, eines Satzes etc*) theme, subject, *Am. auch* lead, b) (*bes. eines Kanons etc*) antecedent: Variationen über ein **~** von Bach variations on a theme by Bach. – **3.** *cf.* Filmthema. — **~mu·sik** *f* theme music.

The·ma·tik [te'ma:tɪk] *f* ⟨-; -en⟩ **1.** (*literature*) theme, subject matter. – **2.** *mus.* themes *pl*, thematic material, theme invention (*od.* construction), subject matter. — **the'ma·tisch** I *adj* thematic. – II *adv* thematically.

'The·ma·vo·kal *m ling.* thematic vowel.

'The·men·auf·stel·lung *f mus. cf.* Exposition 5. — **~be·reich** *m cf.* Themenkreis. — **~durch·füh·rung** *f bes. mus.* development, *Am.* elaboration, (*einer Fuge*) exposition. — **~kreis** *m* allied (*od.* inter-

related) subjects *pl* (*od.* topics *pl*). — **~ver·ar·bei·tung** *f cf.* Themendurchführung.

The·mis ['te:mɪs] *npr f* ⟨-; *no pl*⟩ *myth.* Themis (*ancient Greek goddess of justice*).

The·nar ['te:nar] *m* ⟨-s; -e [te'na:rə]⟩ *med.* (*Daumenballen*) ball of the thumb, thenar (*scient.*).

The·nar·dit [tenar'di:t; -'dɪt] *m* ⟨-s; -e(n)⟩ *min.* thenardite.

Theo·di·zee [teodi'tse:(ə)] *f* ⟨-; -n [-ən]⟩ *philos.* (*Rechtfertigung Gottes*) theodicy.

Theo·do·lit [teodo'li:t] *m* ⟨-(e)s; -e⟩ *tech.* (*Winkelmeßgerät*) theodolite. — **theo·do·li·tisch** *adj* theodolitic.

Theo·gno·sie [teogno'zi:], **Theo'gno·sis** [-'gno:zɪs] *f* ⟨-; *no pl*⟩ *philos.* (*Gotteserkenntnis*) theognosis.

Theo·go·nie [teogo'ni:] *f* ⟨-; -n [-ən]⟩ *myth.* theogony: die **~** betreffend theogonic.

Theo·krat [teo'kra:t] *m* ⟨-en; -en⟩ theocrat. — **Theo·kra'tie** [-kra'ti:] *f* ⟨-; -n [-ən]⟩ **1.** theocracy. – **2.** ⟨*only sg*⟩ (*politisches System*) theocracy, thearchy. — **theo'kra·tisch** *adj* **1.** theocratic. – **2.** (*Staatswesen*) theocratic, thearchic.

theo·kri·tisch [teo'kri:tɪʃ] *adj lit.* (*idyllisch*) Theocritean, *auch* Theocritan, idyllic, pastoral.

Theo·la·trie [teola'tri:] *f* ⟨-; -n [-ən]⟩ *relig. obs.* theolatry.

Theo·lo·ge [teo'lo:gə] *m* ⟨-n; -n⟩ **1.** theologian, divine. – **2.** *cf.* Theologiestudent.

Theo·lo·gie [teolo'gi:] *f* ⟨-; -n [-ən]⟩ theology, divinity: Doktor der **~** Doctor of Theology (*od.* Divinity); dialektische **~** dialectical theology. — **~stu·dent** *m* student of theology (*od.* divinity), theological (*od.* theology, divinity) student, *Am. colloq.* theologue.

theo'lo·gisch *adj* theological, *auch* theologic.

Theo·ma·nie [teoma'ni:] *f* ⟨-; -n [-ən]⟩ *psych.* (*religiöser Wahnsinn*) religious insanity, theomania (*scient.*).

Theo·pha·nie [teofa'ni:] *f* ⟨-; -n [-ən]⟩ (*Gotteserscheinung*) theophany.

The·or·be [te'ɔrbə] *f* ⟨-; -n⟩ *mus. hist.* (*Baßlaute*) theorbo.

Theo·rem [teo're:m] *n* ⟨-s; -e⟩ *math. philos.* theorem, proposition.

Theo·re·ti·ker [teo're:tikər] *m* ⟨-s; -⟩ theorist, theoretician, theoretizer, speculator.

theo·re·tisch [teo're:tɪʃ] I *adj* **1.** (*Unterricht, Physik etc*) theoretical, *auch* theoretic. – **2.** (*Lösung, Möglichkeit etc*) theoretical, *auch* theoretic, hypothetical, *auch* hypothetic, speculative: seine Behandlung des Themas ist zu **~** his treatment of the topic is too theoretical (*od.* academic). – II *adv* **3.** theoretically, in theory, hypothetically: **~** mag das richtig sein, aber theoretically (*od.* on paper) that may be right but.

theo·re·ti·sie·ren [teoreti'zi:rən] I *v/i* ⟨*no* ge-, h⟩ **1.** theorize, speculate. – II **T~** *n* ⟨-s⟩ **2.** *verbal noun.* – **3.** theorization, speculation.

Theo·rie [teo'ri:] *f* ⟨-; -n [-ən]⟩ **1.** theory, speculation, supposition, hypothesis, conjecture, *philos. auch* abstraction: eine **~** aufstellen [widerlegen, verwerfen] to evolve (*od.* develop) [to disprove, to reject] a theory; er hat da so seine eigene **~** *colloq.* he has his own (peculiar) theory about that; → kinetisch 1. – **2.** (*Gegensatz zu Praxis*) theory: **~** und Praxis theory and practice; nur in der **~** only in theory; das ist alles graue **~** that is all mere theory.

Theo·soph [teo'zo:f] *m* ⟨-en; -en⟩ *philos. relig.* theosophist, theosoph(er). — **Theo·so'phie** [-zo'fi:] *f* ⟨-; -n [-ən]⟩ theosophy. — **theo·so·phisch** *adj* theosophical, *auch* theosophic, theosophistic, *auch* theosophistical.

The·ra·peut [tera'pɔyt] *m* ⟨-en; -en⟩ *med.* therapist, therapeutist. — **The·ra'peu·tik** [-tɪk] *f* ⟨-; *no pl*⟩ therapeutics *pl* (*construed as sg or pl*). — **The·ra'peu·ti·kum** [-tikʊm] *n* ⟨-s; -tika [-ka]⟩ therapeutic agent. — **the·ra'peu·tisch** *adj* therapeutic, *auch* therapeutical.

The·ra·pie [tera'pi:] *f* ⟨-; -n [-ən]⟩ *med.* therapy, treatment: chirurgische **~** surgical intervention. — **~feh·ler** *m* false therapy. — **~leh·re** *f* therapeutics *pl* (*construed as sg or pl*).

ther·mal [tɛr'ma:l] *adj* thermal. — **T~bad** *n* **1.** thermal bath. – **2.** (*Ort*) thermal

springs resort (*od.* spa, baths *pl*). — **T~prä·zi·pi·ta·tor** [-prɛtsipi¸ta:tər] *m* ⟨-s; -en [-ta¸to:rən]⟩ (*mining*) (*Staubmeßgerät*) thermal precipitator. — **T~quel·le** *f* thermal spring. — **T~salz** *n* thermal salt. — **T~was·ser** *n* thermal water.

Ther·me ['tɛrmə] *f* ⟨-; -n⟩ *meist pl* thermal (*od.* hot) spring.

Ther·mik ['tɛrmɪk] *f* ⟨-; *no pl*⟩ **1.** *phys.* (*Wärmelehre*) thermionics *pl* (*usually construed as sg*). – **2.** *meteor.* (*bes. für Segelflug*) thermal (*od.* thermic, warm-air) current, updraft (*bes. Br.* updraught) of warm air. — **~flug** *m aer.* thermic flight.

ther·misch ['tɛrmɪʃ] *adj chem. phys.* thermal, thermic.

Ther·mi·stor [tɛrmɪs'to:r] *m* ⟨-s; -en⟩ *chem. phys.* thermistor.

Ther·mit [tɛr'mi:t; -'mɪt] *n* ⟨-s; -e⟩ *chem. tech.* thermit(e).

Ther·mo..., ther·mo... *combining form denoting* thermo...

Ther·mo·che·mie [tɛrmoçe'mi:] *f chem.* thermochemistry. — **~'che·mi·ker** [-'çe:mikər] *m* thermochemist. — **t~'che·misch** [-'çe:mɪʃ] *adj* thermochemical.

Ther·mo·chro·mie [tɛrmokro'mi:] *f* ⟨-; *no pl*⟩ *chem. phys.* thermochromism.

Ther·mo·dif·fu·si·on [tɛrmodɪfu'zio:n] *f* ⟨-; -en⟩ *phys.* thermal diffusion, thermodiffusion. — **~dü·se** ['tɛrmo-] *f aer. cf.* Thermotriebwerk. — **~dy·na·mik** [-dy'na:mɪk] *f phys.* thermodynamics *pl* (*construed as sg or pl*). — **t~dy'na·misch** [-dy'na:mɪʃ] *adj* thermodynamic, *auch* thermodynamical. — **t~elek·trisch** [-ʔe'lɛktrɪʃ] *adj* thermoelectric, *Br.* thermo-electric. — **~elek·tri·zi'tät** [-ʔɛlɛktritsi'tɛt] *f* thermoelectricity, *Br.* thermo-electricity. — **~ele'ment** [-ʔele'mɛnt] *n meist pl* thermocouple. — **t~fi'xie·ren** [-fɪ'ksi:rən] *v/t* ⟨*no* ge-, h⟩ *synth.* heat-set. — **~gal·va·no'me·ter** [-galvano'me:tər] *n electr. phys.* thermogalvanometer.

Ther·mo·graph [tɛrmo'gra:f] *m* ⟨-en; -en⟩ *meteor.* thermograph.

Ther·mo·gra·vi·me·trie [tɛrmogravime'tri:] *f* ⟨-; *no pl*⟩ *chem.* thermogravimetric analysis. — **t~io·nisch** [-ʔi'o:nɪʃ] *adj* thermoionic, *Br.* thermo-ionic. — **~'kau·stik** [-'kaʊstɪk] *f med.* thermocautery. — **~'kau·ter** [-'kaʊtər] *m* cauter. — **t~la'bil** [-la'bi:l] *adj* thermolabile.

Ther·mo·ly·se [tɛrmo'ly:zə] *f* ⟨-; -n⟩ *chem.* thermolysis. — **ther·mo·ly'sie·ren** [-ly'zi:rən] *v/t* ⟨*no* ge-, h⟩ thermolyze. — **ther·mo'ly·tisch** [-tɪʃ] *adj* thermolytic.

Ther·mo·ma·gne·tis·mus [tɛrmomagne'tɪsmʊs] *m phys.* thermomagnetism.

Ther·mo·me·ter [tɛrmo'me:tər] *n* ⟨-s; -⟩ *phys.* thermometer: das **~** zeigt (*od.* steht auf) 5° über [unter] Null the thermometer is at (*od.* shows) 5° above [below] zero; das **~** steigt [fällt] the thermometer is rising (*od.* going up) [falling *od.* going down]. — **~glas** *n* thermometer glass. — **~ku·gel** *f* thermometer bulb. — **~säu·le** *f* thermometer column. — **~ska·la** *f* scale of a thermometer, thermometric scale. — **~stand** *m* thermometer reading.

Ther·mo·me·trie [tɛrmome'tri:] *f* ⟨-; -n [-ən]⟩ *phys. med.* thermometry. — **t~'me·trisch** [-'me:trɪʃ] *adj phys.* thermometric. — **t~nu·kle'ar** [-nukle'a:r] *adj nucl.* (*Bombe, Reaktion etc*) thermonuclear.

ther·mo·phil [tɛrmo'fi:l] *adj biol.* (*wärmeliebend*) thermophile, *auch* thermophil. — **Ther·mo·phi'lie** [-fi'li:] *f* ⟨-; *no pl*⟩ thermophily.

Ther·mo·phor [tɛrmo'fo:r] *m* ⟨-s; -e⟩ *tech.* (*wärmespeicherndes Gerät*) thermophore.

Ther·mo·phy·sik [tɛrmofy'zi:k] *f* thermophysics *pl* (*usually construed as sg*).

Ther·mo·plast [tɛrmo'plast] *m* ⟨-(e)s; -e⟩ *meist pl chem.* thermoplastic. — **t~'pla·stisch** *adj* thermoplastic. — **t~re·si·stent** [-rezɪs'tɛnt] *adj* heat-stable, heat-resistant, thermoresistant, thermostable. — **~re'zep·tor** [-re'tsɛptər] *m med.* thermoreceptor. — **~säu·le** ['tɛrmo-] *f phys.* thermopile, thermoelectric (*Br.* thermo-electric) pile (*od.* battery), thermobattery.

'Ther·mos·be·häl·ter ['tɛrmɔs-] (*TM*) *m* thermos (*od.* vacuum) container. — **~fla·sche** (*TM*) *f* thermos flask (*od.* bottle), vacuum bottle, thermos.

'Ther·mo·si·phon *m phys. tech.* thermosiphon.

Ther·mo·skop [tɛrmo'sko:p] *n* ⟨-s; -e⟩ *phys.* thermoscope. — **ther·mo'sko·pisch** *adj* thermoscopic.

ther·mo·so·lie·ren [tɛrmozo'li:rən] *v/t* ⟨*no* ge-, h⟩ *chem.* thermosolate.

ther·mo·sta·bil [tɛrmosta'bi:l] *adj cf.* thermoresistent.

Ther·mo·stat [tɛrmo'sta:t] *m* ⟨-(e)s *u.* -en; -e(n)⟩ *tech.* (*Wärmeregler*) thermostat. — **Ther·mo'sta·tik** [-tɪk] *f phys.* thermostatics (*usually construed as sg*). — **ther·mo'sta·tisch** *adj* thermostatic.

'Ther·mo·strom *m phys. electr.* thermocurrent.

ther·mo·tak·tisch [tɛrmo'taktɪʃ] *adj med. biol.* thermotactic, thermotaxic, thermotropic. — **Ther·mo'ta·xis** [-'taksɪs] *f* thermotaxis.

Ther·mo|the·ra·pie [tɛrmotera'pi:] *f med.* (*Wärmebehandlung*) thermotherapy. — **~trieb·werk** ['tɛrmo-] *n aer.* thermal jet engine.

ther·mo·trop [tɛrmo'tro:p] *adj biol.* thermotropic, caloritropic. — **Ther·mo·tro'pis·mus** [-tro'pɪsmʊs] *m* ⟨-; *no pl*⟩ thermotropism, thermotaxis.

Ther·mo|vul·ka·ni·sa·ti·on [tɛrmovʊlkaniza'tsĭo:n] *f synth.* heat vulcanization (*Br. auch* -s-). — **~zel·le** ['tɛrmo-] *f electr. phys. cf.* Thermoelement.

the·sau·rie·ren [tezau'ri:rən] *v/t* ⟨*no* ge-, h⟩ *econ.* (*Geld, Edelmetall*) hoard (up), accumulate.

The·sau·rus [te'zaurʊs] *m* ⟨-; -ren *u.* -ri [-ri]⟩ *ling.* (*Wortschatzsammlung*) thesaurus, vocabulary.

The·se ['te:zə] *f* ⟨-; -n⟩ *philos.* thesis: eine ~ aufstellen [erhärten, widerlegen] to evolve [to confirm, to refute] a thesis.

The·seus ['te:zɔʏs] *npr m* ⟨-; *no pl*⟩ *myth.* Theseus.

The·sis ['te:zɪs] *f* ⟨-; -sen⟩ *metr.* thesis.

Thes·mo·pho·ri·en [tɛsmo'fo:rĭən] *pl antiq.* (*altgriech. Fruchtbarkeitsfest*) Thesmophoria *sg.*

'Thes·pis·kar·ren ['tɛspɪs-] *m humor.* (*Wanderbühne*) Thespian cart: mit dem ~ ziehen to be a strolling actor.

Thes·sa·li·er [tɛ'sa:lĭər] *m* ⟨-s; -⟩, **Thes·sa·lie·rin** *f* ⟨-; -nen⟩ *geogr.* Thessalian. — **thes·sa·lisch** [-lɪʃ] *adj* Thessalian.

Thes·sa·lo·ni·cher [tɛsa'lo:nɪçər] *m* ⟨-s; -⟩ *Thessalonian:* (Brief des Paulus an die) ~ *Bibl. cf.* Thessalonicherbrief. — **~brief** *m Bibl.* Epistle (of St. Paul) to the Thessalonians, Thessalonians *pl* (*construed as sg*).

'The·ta·funk·ti·on ['te:ta-] *f math.* theta function.

The·ur·gie [teʊr'gi:] *f* ⟨-; *no pl*⟩ *relig.* theurgy.

Thia·di·azol [tiadia'tso:l] *n* ⟨-s; *no pl*⟩ *chem.* thiadiazole ($C_2H_2N_2S$).

Thi·amin [tia'mi:n] *n* ⟨-s; *no pl*⟩ *chem. med. cf.* Aneurin.

Thi·azin [tia'tsi:n] *n* ⟨-s; *no pl*⟩ *chem.* thiazine (C_4H_5NS).

Thi·azol [tia'tso:l] *n* ⟨-s; *no pl*⟩ *chem.* thiazole (C_3H_3NS).

Thing [tɪŋ] *n* ⟨-(e)s; -e⟩ **1.** *pol.* (*Parlament in Skandinavien*) Thing, *auch* Ting. — **2.** *hist.* (*germanische Volksversammlung*) thing, meeting. — **~ort, ~platz** *m hist.* thingstead.

'Thio|äther ['ti:o-] *m* ⟨-s; -⟩ *chem.* sulfide *bes. Br.* -ph-, *auch* organic sulfide, thioether [(C_2H_5)$_2$S]. — **~harn·stoff** *m* ⟨-s; *no pl*⟩ thiourea, thiocarbamide, sulfourea *bes. Br.* -ph- ($CS(NH_2)_2$).

Thio·phen [tio'fe:n] *n* ⟨-s; -e⟩ *chem.* thiophene, *bes. Br.* thiophen, thiofuran (C_4H_4S).

Thio·plast [tio'plast] *m* ⟨-(e)s; -e⟩ *meist pl synth.* thioplast, thioplastic, polysulfide (*bes. Br.* -ph-) rubber, elastothiomer.

Thi·xo·tro·pie [tɪksotro'pi:] *f* ⟨-; *no pl*⟩ *chem.* thixotropy.

Tho·los ['to:los] *m* ⟨-; -loi [-lɔʏ] *u.* -len⟩ *antiq.* (*altgriech. Rundbau*) tholos, tholus.

Tho·ma·ner [to'ma:nər] *m* ⟨-s; -⟩ *mus.* **1.** pupil (*od. alumnus*) of the Thomasschule at Leipzig. — **2.** *pl cf.* Thomanerchor. — **~chor** *m* Thomas choir (*consisting of pupils of the Thomasschule*).

Tho·mas ['to:mas] *m* ⟨-; -se⟩ *only in* ungläubiger ~ doubting Thomas. — **~bir·ne** *f metall. bes. Am.* basic Bessemer converter, *Br.* Thomas converter. — **~kan·tor** *m* cantor at the Thomaskirche at Leipzig. — **~mehl** *n* ⟨-(e)s; *no pl*⟩ **1.** *agr.*

(*Düngemittel*) Thomas meal. — **2.** *metall. bes. Am.* ground basic Bessemer slag, *Br.* ground Thomas slag, Thomas meal. — **~schlacke** (*getr.* -k·k-) *f metall. bes. Am.* basic Bessemer slag, *Br.* Thomas slag. — **~stahl** *m* basic converter steel, *bes. Am.* basic Bessemer steel, *Br.* Thomas steel. — **~ver·fah·ren** *n* basic converter process, *bes. Am.* basic Bessemer process, *Br.* Thomas process.

Tho·mis·mus [to'mɪsmʊs] *m* ⟨-; *no pl*⟩ (*philos. System nach Thomas von Aquin*) Thomism. — **Tho'mist** [-'mɪst] *m* ⟨-en; -en⟩ Thomist. — **tho'mi·stisch** *adj* Thomist(ic).

Thor [to:r] *npr m* ⟨-s; *no pl*⟩ *myth.* Thor (*Old Norse god of thunder*).

Tho·ra [to'ra:; 'to:ra] *f* ⟨-; *no pl*⟩ *Bibl.* (*die 5 Bücher Mose*) (Sepher *od.* Sefer) Torah.

tho·ra·kal [tora'ka:l] *adj med.* thoracic, *auch* thoracical.

Tho·ra·ko·pla·stik [torako'plastɪk] *f* ⟨-; -en⟩ *med.* plastic surgery of the chest, thoracoplasty (*scient.*).

Tho·ra·ko·sko·pie [torakosko'pi:] *f* ⟨-; -n [-ən]⟩ *med.* thoracoscopy, pleural endoscopy, pleuroscopy.

Tho·ra·ko·zen·te·se [torakotsɛn'te:zə] *f* ⟨-; -n⟩ *med.* (*Brusthöhlenpunktion*) puncture of the thorax (*od.* pleura), thoracocentesis (*scient.*).

Tho·rax ['to:raks] *m* ⟨-(es); -e⟩ *med. zo.* thorax, chest. — **~er·öff·nung** *f med.* thoracotomy.

Tho·ria·nit [torĭa'ni:t; -'nɪt] *m* ⟨-s; -e⟩ *min.* thorianite.

Tho·rit [to'ri:t; -'rɪt] *m* ⟨-(e)s; -e⟩ *min.* thorite.

Tho·ri·um ['to:rĭʊm] *n* ⟨-s; *no pl*⟩ *chem.* thorium (Th). — **~di·oxyd** [-di'ʔɔˌksy:t], **~oxyd** [-'ʔɔˌksy:t] *n* thorium oxide (*od.* dioxide), *auch* thoria (ThO$_2$).

Tho·ron [to'ro:n; 'to:rɔn] *n* ⟨-s; *no pl*⟩ *chem.* thoron, *auch* thorium emanation.

'Thors·hühn·chen ['to:rs-] *n zo.* red (*bes. Br.*) grey) phalarope (*Phalaropus fulicarius*).

Thra·ker ['tra:kər] *m* ⟨-s; -⟩ *geogr.* Thracian. — **'thra·kisch** *adj* Thracian.

Throm·bin [trɔm'bi:n] *n* ⟨-s; -e⟩ *med.* thrombin, thrombase.

Throm·bo|ar·te·ri·itis [trɔmboʔarteri'i:tɪs] *f* ⟨-; -riitiden [-rii'ti:dən]⟩ *med.* thromboarteritis, *Br.* thrombo-arteritis. — **~em·bo'lie** [-ʔɛmbo'li:] *f* thromboembolism, *Br.* thrombo-embolism. — **~ki'na·se** [-ki'na:zə] *f* thrombokinase, thromboplastin. — **~ki'ne·se** [-ki'ne:zə] *f* ⟨-; *no pl*⟩ thrombokinesis. — **~phle'bi·tis** [-fle'bi:tɪs] *f* ⟨-; -bitiden [-bi'ti:dən]⟩ thrombophlebitis, venous thrombosis. — **~pla'stin** [-plas'ti:n] *n* ⟨-s; *no pl*⟩ thromboplastin.

Throm·bo·se [trɔm'bo:zə] *f* ⟨-; -n⟩ *med.* thrombosis: fortschreitende ~ creeping thrombosis. — **throm'bo·tisch** [-tɪʃ] *adj* thrombotic.

Throm·bo·zyt [trɔmbo'tsy:t] *m* ⟨-en; -en⟩ *meist pl med.* (*Blutplättchen*) (blood) platelet, thrombocyte (*scient.*). — **Throm·bo·zy·to·pe'nie** [-tsytope'ni:] *f* ⟨-; *no pl*⟩ thrombo(cyto)penia, lack of thrombocytes. — **throm·bo·zy·to'pe·nisch** [-tsyto'pe:nɪʃ] *adj* thrombo(cyto)penic. — **Throm·bo·zy·'to·se** [-tsy'to:zə] *f* ⟨-; *no pl*⟩ thrombocytosis.

Throm·bus ['trɔmbʊs] *m* ⟨-; -ben⟩ *med.* (*Blutgerinnsel*) thrombus, blood clot. — **~ex·zi·si·on** *f* thrombectomy.

Thron [tro:n] *m* ⟨-(e)s; -e⟩ **1.** throne: den ~ besteigen to ascend (*od.* mount) the throne; j-n auf den ~ erheben to raise s.o. to the throne; j-n vom ~ stoßen *od.* stürzen) to dethrone (*od.* depose) s.o.; dem ~ entsagen to abdicate; auf den ~ verzichten to renounce the throne; j-m auf den ~ folgen to succeed s.o. (*od.* to be s.o.'s successor) to the throne; die Stützen des ~es *fig.* the pillars of the throne; steigen Sie herab von Ihrem ~! *fig.* come down from your high horse! vor dem ~e Gottes *relig.* before the throne (*od.* in the presence) of God. — **2.** *colloq. humor.* chamber (pot), 'throne' (*sl.*): er sitzt auf dem ~ he is (sitting) on the throne, he is enthroned (*sl.*). — **3.** *cf.* Thronsessel. — **~an·wär·ter** *m* heir apparent, heir to the throne. — **~be·stei·gung** *f* accession to the throne. — **~be·wer·ber** *m* pretender to the throne.

thro·nen ['tro:nən] *v/i* ⟨h⟩ **1.** be enthroned:

---

er thronte auf einem Sessel *fig. colloq.* he sat enthroned on an armchair. — **2.** *colloq. humor.* be (seated) on the throne (*sl.*). — **'thro·nend I** *pres p.* — **II** *adj* (*art*) ~er Christus Christ in majesty; ~e Madonna enthroned Madonna, Majesty.

'Thron|ent·sa·gung *f* abdication (*od.* renunciation) of the throne (*od.* crown). — **~er·be** *m* heir to the throne: gesetzmäßiger [mutmaßlicher] Thronerbe heir apparent [presumptive]. — **~er·bin** *f* heiress to the throne.

'Thron·fol·ge *f* succession to the throne. — **~ge·setz** *n* **1.** law of succession. — **2.** *hist.* Act of Settlement.

'Thron|fol·ger *m* ⟨-s; -⟩, **~fol·ge·rin** *f* ⟨-; -nen⟩ successor to the throne. — **~him·mel** *m* canopy, baldachin(o), baldacchino, baldaquin. — **~prä·ten·dent** *m* pretender (*od.* pretendant, claimant) to the throne. — **~räu·ber** *m* usurper (of the throne). — **~re·de** *f* **1.** speech from the throne. — **2.** (*im britischen Parlament*) King's (*od.* Queen's) speech. — **~saal** *m* throne room. — **~ses·sel** *m* chair of state, *auch* throne-chair. — **~wech·sel** *m* change of sovereign(s).

Thu·ja ['tu:ja] *f* ⟨-; -jen⟩ *bot.* thuja, arborvitae (*Fam. Cupressaceae*).

Thu·je ['tu:jə] *f* ⟨-; -n⟩ *bot.* Austrian for Thuja.   [Thucydidean.]

thu·ky·di·de·isch [tukydi'de:ɪʃ] *adj hist.*]

Thu·le ['tu:lə] *npr n* ⟨-; *no pl*⟩ *myth.* Thule (*mythical isle in the far North*).

Thu·li·um ['tu:lĭʊm] *n* ⟨-s; *no pl*⟩ *chem.* thulium (Tm).

'Thun·fisch ['tu:n-] *m zo.* tuna (*Fam. Thunnidae*): Gemeiner (*od.* Roter) ~ tunny, bluefin, *auch* bluefin tuna (*Thunnus thynnus*); ~ in Dosen *gastr.* canned (*bes. Br.* tinned) tuna (fish). — **~netz** *n* tunny net.

Thü·rin·ger[1] ['ty:rɪŋər] *m* ⟨-s; -⟩ *geogr.* Thuringian.

'Thü·rin·ger[2] *f* ⟨-; -⟩ *gastr.* (*Wurst*) Thüringer, *auch* Thüringer sausage.

'thü·rin·gisch *adj* Thuringian.

Thyl·le ['tylə] *f* ⟨-; -n⟩ *bot.* tylosis, tylose.

Thy·mi·an ['ty:mĭan] *m* ⟨-s; -e⟩ *bot.* thyme (*Gattg Thymus*). — **~öl** *n med. pharm.* thyme oil.

thy·re·o·id [tyreo'i:t] *adj med.* thyroid.

Thy·re·o·idea [tyreo'i:dea] *f* ⟨-; *no pl*⟩ *med.* (*Schilddrüse*) thyroid gland (*od.* body), thyroid.

Thy·re·o·id·ek·to·mie [tyreoidɛkto'mi:] *f* ⟨-; -n [-ən]⟩ *med.* thyroidectomy.

Thy·re·o·idi·tis [tyreoi'di:tɪs] *f* ⟨-; -itiden [-di'ti:dən]⟩ *med.* thyroiditis.

Thy·reo'id·knor·pel *m med.* thyroid cartilage.

Thy·reo|to·xi·ko·se [tyreotɔksi'ko:zə] *f* ⟨-; -n⟩ *med.* thyrotoxicosis, thyro-intoxication. — **t~'to·xisch** [-'tɔksɪʃ] *adj* thyrotoxic.

Thy·ro·to·mie [tyroto'mi:] *f* ⟨-; -n [-ən]⟩ *med.* thyrotomy.

Thyr·oxin [tyr'ksi:n] *n* ⟨-s; *no pl*⟩ *chem. med.* thyroxine, *auch* thyroxin ($C_{15}H_{11}I_4NO_4$).

Tia·ra ['tĭa:ra] *f* ⟨-; -ren⟩ **1.** (*des Papstes*) tiara, papal (*od.* triple) crown. — **2.** *antiq.* tiara.

Ti·be·ta·ner [tibe'ta:nər] *m* ⟨-s; -⟩, **Ti·be·ta·ne·rin** *f* ⟨-; -nen⟩ *cf.* Tibeter(in). — **ti·be·ta·nisch** *adj cf.* tibetisch I.

Ti·be·ter ['ti:bɛtər; ti'be:tər] *m* ⟨-s; -⟩, **Ti·be·te·rin** *f* ⟨-; -nen⟩ *geogr.* Tibetan.

'Ti·bet·ga·zel·le *f zo.* goa (*Gazella picticaudata*).

ti·be·tisch ['ti:bɛtɪʃ; ti'be:tɪʃ] **I** *adj* Tibetan. — **II** *ling.* T~ ⟨*generally undeclined*⟩, das T~e ⟨-n⟩ Tibetan, the Tibetan language.

Ti·bia ['ti:bĭa] *f* ⟨-; Tibiae [-bĭɛ]⟩ **1.** *med. zo.* (*Schienbein*) shinbone, tibia (*scient.*). — **2.** *mus. antiq.* (*beinerne Flöte*) tibia.

Tic [tik] *m* ⟨-s; -s⟩ *med.* (*nervöses Zucken*) tic, twitching. — **~ dou·lou'reux** [dulu'rø:] *m* ⟨-s -; -s -['tik -]⟩ trigeminal paroxysmal neuralgia, tic douloureux.

Tick [tɪk] *m* ⟨-(e)s; -s⟩ *colloq.* **1.** (*Schrulle, Eigenart*) kink, quirk, tic, crotchet: er hat einen kleinen ~ a) he has a bit of a kink, he is a bit crazy (*od. colloq.* soft in the head), b) (*er ist eingebildet*) he is a bit conceited; er hat einen ~ ins Große he likes to act the big man. — **2.** auf j-n einen ~ haben (*Groll*) to have (*od.* bear) a grudge against s.o. — **3.** *med. cf.* Tic.

ticken (getr. -k·k-) ['tɪkən] **I** v/i ⟨h⟩ **1.** (von Uhr, Holzwurm etc) tick: **die Uhr tickt unregelmäßig** the clock is out of beat. — **2.** (von Fernschreiber etc) click. — **II** T~ n ⟨-s⟩ **3.** verbal noun. — **4.** (der Uhr, des Holzwurms etc) tick. — **5.** (des Fernschreibers etc) click.

'tick'tack [-'tak] interj (von Uhren) tic(k)-toc(k)! ticktick! Am. auch tic(k)tac(k)!

'Tick'tack¹ n ⟨-s; no pl⟩ (von Uhren) tic(k)-toc(k), ticktick, Am. auch tic(k)tac(k).

'Tick'tack² f ⟨-; -s⟩ (child's language) (Uhr) tic(k)toc(k).

Ti·de ['ti:də] f ⟨-; -n⟩ mar. tide: **auflaufende [fallende]** ~ rising [falling] tide. — ~,**becken** (getr. -k·k-) n tidal basin (od. pool). — ~,**ha·fen** m tidal harbor (bes. Br. harbour).

'Ti·den|,fall m mar. tidal fall. — ~,**hub** m tidal amplitude (od. range): **hoher [niedriger]** ~ spring [neap] tide(s pl).

tief [ti:f] **I** adj ⟨-er; -st⟩ **1.** (Brunnen, Wasser, See, Tal, Wunde etc) deep: **ein ~er Fall** a) (von einer Leiter etc) a long drop, b) fig. (moralisch, sittlich) a great (od. grave) fall; **ein ~er Teller** a) a deep plate, b) a soup plate; **es liegt ~er Schnee** the snow lies (od. is) deep on the ground; **ein ~er Seufzer** a deep (od. lit. profound) sigh; **aus ~stem Herzen** fig. from the bottom of one's heart; **in der ~sten Tiefe seiner Seele** fig. in the very depths of one's soul; **das ist ihr aus ~ster Seele verhaßt** fig. she hates that from the depths of her soul. — **2.** (Schrank, Bühne, Regal, Zimmer etc) deep. — **3.** (niedrig) low: **~e Temperaturen [~er Schmelzpunkt]** low temperatures [melting point]; **eine ~e Verbeugung** a low (od. deep) bow; **ein ~er Ausschnitt** a low neckline. — **4.** (Stimme, Ton etc) deep, low. — **5.** (Farbton) deep, strong, saturated, intense: **ein ~es Rot** a deep red; **~e Schatten** dark shadows. — **6.** fig. (Elend, Schmerz etc) deep, utter, extreme: **in ~er Trauer** in deep grief, deeply grieved. — **7.** fig. (Frieden, Stille, Schlaf etc) deep, profound, sound. — **8.** fig. (Wissen, Verständnis, Denken etc) profound, deep. — **9.** fig. (Grund, Ursache, Sinn etc) deep. — **10. im ~(st)en Wald [Afrika]** in the depths of the forest [of Africa]; **im ~sten Süden [Norden]** far (od. colloq. away) down in the south [up in the north], in the extreme south [north]; **in ~ster Nacht [im ~sten Winter]** in the depths (od. dead) of the night [of winter]; **ein Dorf im ~sten Frieden überfallen** to raid a village in the midst of peace; **das ist ja ~stes Mittelalter** that's as bad as (od. like) in the Dark Ages, that's absolutely medi(a)eval. — **11. bis in die ~e Nacht** far on (od. deep) into the night. — **II** adv **12.** deep(ly): **~ unten im Tal** deep down in the valley; **~ graben** to dig deep; **zwei Etagen ~er** two floors down (od. below); **die Straßen sind ~ verschneit** the streets are covered deep with snow; **ihre Augen liegen ~** she has deep-set eyes; **den Hut ~ ins Gesicht ziehen** to pull one's hat down over one's eyes; **~ im Schlamm stecken** to be deep in the mud; **~ in der Arbeit [in Schulden] stecken** fig. to be deep in work [in debt]; **er ist ~ gesunken** fig. he fell very low; **~er blicken** fig. to see beneath the surface; **das läßt ~ blicken** fig. that is very revealing, that speaks volumes; **j-m ~ in die Augen schauen** fig. to look deep into s.o.'s eyes; **er hatte zu ~ ins Glas geschaut** colloq. humor. he has had one too many (od. one over the eight) colloq.; **er hat seinen Teilhaber ~ hineingeritten** fig. colloq. he got his partner into a terrible mess (colloq.). — **13.** (niedrig) low: **~ fliegen** a) (von Vögeln etc) to fly low, b) aer. to fly low (od. at a low altitude), to hedgehop (colloq.); **die Sonne steht ~** the sun is low (in the sky); **das Barometer steht ~** the barometer is (at) (od. points to) low; **er bückte sich ~** he bent (down) low, he stooped (down); **ein ~ ausgeschnittenes Kleid** a low-necked dress. — **14.** mus. deep, low: **zu ~ singen** to sing flat; **einen Ton ~er** a whole tone lower; **ein Instrument ~er stimmen** to tune down an instrument. — **15.** (kräftig) deeply: **~ erröten** to blush deeply; **er war ~ gebräunt** he was deeply tanned, he had a deep tan. — **16.** fig. (sehr, äußerst) deeply, gravely, seriously, utterly, extremely: **~ gekränkt** (od. ver-

letzt) **sein** to be deeply hurt, to be cut to the quick; **~ empört sein** to be utterly indignant (od. scandalized Br. auch -s-); **etwas aufs ~ste bedauern** to regret s.th. deeply (od. profoundly, with all one's heart); **in j-s Schuld stehen** to be deeply indebted to s.o. — **17.** fig. (intensiv) deeply: **~ seufzen** to sigh deeply (od. lit. profoundly); **~ atmen** to breathe deeply; **~ schlafen** to sleep soundly. — **18.** fig. (nicht oberflächlich) deeply, profoundly: **sie empfindet sehr ~, sie ist sehr ~ veranlagt** she has very deep emotions; **seine Anteilnahme war ~ empfunden** his sympathy was deeply felt; **das Erlebnis ging bei ihr sehr ~** the experience affected her deeply (od. had a profound effect [up]on her). — **19.** (weit) deep, far: **~ ins Landesinnere vordringen** to penetrate deep into the country. — **20.** (spät) deep, late, far: **bis ~ in die Nacht hinein** till late at (od. into) the night, far on (od. deep) into the night; **bis ~ ins 19. Jh.** late (od. well on) into the 19th century.

Tief n ⟨-s; -s⟩ **1.** meteor. low-pressure area, low, depression, cyclone (scient.): **abziehendes** ~ departing low. — **2.** mar. a) (Seetief) oceanographic deep, b) (Einfahrt in Wattenfahrwasser) creek. — **3.** fig. (state of) depression: **sie befindet sich zur Zeit in einem seelischen** ~ she is very depressed (od. down) at the moment.

'Tief,an,griff m aer. mil. cf. Tieffliegerangriff.

'Tief,bau m ⟨-(e)s; no pl⟩ **1.** civ.eng. underground (od. civil) engineering. — **2.** (mining) deep mining. — ~,**amt** n civil engineering inspectorate. — ~,**fir·ma** f civil engineering contractors pl (od. company). — ~,**in·ge·ni,eur** m civil engineer.

'tief|be,trübt adj ⟨attrib⟩ (über acc) deeply grieved (at, about), deeply afflicted (at, by). — ~**be,wegt** adj ⟨attrib⟩ deeply moved. — ~**blau** adj dark- (od. deep-)blue. — **T~,blick** m fig. penetration, (keen) insight. — ~,**blickend** (getr. -k·k-) adj penetrating, acute, astute. — **T~,boh·rer** m tech. deep-well drilling tool. — **T~,bohrung** f **1.** (Arbeitsvorgang) deep drilling. — **2.** (Brunnenbau) deep boring, deep-well drilling. — **3.** (Tiefbohrloch) deep borehole. — **T~,bun·ker** m mil. deep (od. underground) shelter. — **T~,decker** (getr. -k·k-) m ⟨-s; -⟩ aer. low-wing aircraft (od. monoplane).

'Tief,druck¹ m ⟨-(e)s; -e⟩ print. **1.** ⟨only sg⟩ intaglio (printing), rotogravure. — **2.** intaglio (print), rotogravure.

'Tief,druck² m ⟨-(e)s; no pl⟩ meteor. low pressure.

'Tief,druck|ge,biet n meteor. cf. Tief 1. — ~,**rin·ne** f trough of low pressure. — ~**ro·ta·ti,ons·ma,schi·ne** f print. photogravure rotary press, rotogravure press. — ~**zo·ne** f meteor. cf. Tief 1.

Tie·fe f ⟨-; -n⟩ **1.** (des Meeres, eines Brunnens etc) depth, deepness: **beim Graben weiter in die** ~ **gehen** to dig down deeper; **bei einer Erörterung in die** ~ **gehen** fig. to go (od. to probe) deeper into the subject of an argument; **aus der** ~ **des Herzens** fig. from the depth(s) (od. bottom) of one's heart; **die Höhen und** ~**n des Lebens** fig. the ups and downs of life. — **2.** (eines Raumes etc) depth: **das Gebäude hat eine** ~ **von 10 Meter(n)** the building has a depth of 10 meters (bes. Br. metres) (od. is 10 meters [bes. Br. metres] deep); **das Photo hat keine** ~ the photograph has no depth. — **3.** (Abgrund) deep, abyss. — **4.** (einer Stimme etc) depth, deepness. — **5.** ⟨only sg⟩ fig. (von Gedanken etc) profoundness, profundity, depth. — **6.** ⟨only sg⟩ fig. (von Gefühlen) depth, deepness. — **7.** mil. (von Truppenteilen etc) depth. — **8.** mar. (gemessene Wassertiefe) soundings pl. — **9.** fig. mus. bass notes, gravity sg. — **10.** pl (radio) (Klangregler) bass sg. — **11.** pl bes. telev. (eines Bildes) dark-picture areas.

'Tief|ebe·ne f geogr. low plain, lowland, low-lying area. — **t~emp,fun·den** adj ⟨attrib⟩ (Dank etc) heartfelt.

'Tie·fen|,aus,deh·nung f extension in depth. — ~**be,strah·lung** f med. deep X-ray treatment. — ~,**feu·er** n mil. searching fire. — ~**ge,stein** n geol. plutonic rock, pluton, irruptive rock. — ~**glie·de·rung** f mil. echelonment in depth. — ~,**lot** n mar. depth-sounder, bathometer, fathometer

(TM). — ~,**mes·sung** f **1.** measurement of depth, sounding. — **2.** cf. Tiefseelotung. — ~**psy·cho,lo·ge** m psych. depth psychologist. — ~**psy·cho·lo,gie** f depth psychology. — ~,**rausch** m med. (bei Tauchern) rapture of the deep (od. depths). — ~,**ru·der** n mar. hydrofoil, hydrovane, depth fin, horizontal rudder.

'Tie·fen,schär·fe f phot. depth of field (od. focus): **Einstellung der** ~ bracketing, zone focus(s)ing.

'Tie·fen,schär·fen|be,reich m phot. zone of sharpness, field of focus. — ~,**ring** m depth of field setting, bracketing (od. zone-focus[s]ing) control. — ~,**ska·la** f depth of field scale.

'Tie·fen,schrift f ⟨-; no pl⟩ (einer Schallplatte) vertical cut. — ~,**streu·ung** f (in der Ballistik) range dispersion. — ~,**wahr,neh·mung** f perception of depth. — ~,**wir·kung** f **1.** (eines Bildes, einer Bühne etc) plastic (od. stereoscopic) effect. — **2.** (Intensität) intensity. — **3.** mil. (Eindringtiefe eines Geschosses) depth of penetration.

'tief'ernst adj very grave, very solemn.

'tief·er,schüt·tert adj ⟨attrib⟩ fig. **1.** deeply shocked (od. upset). — **2.** deeply moved (od. affected).

'Tief,flie·ger m aer. mil. low-flying aircraft, strafer, hedgehopper (colloq.). — ~,**an,griff** m low-level attack, (mit Bordwaffenbeschuß) strafing. — ~**be,schuß** m strafing.

'Tief,flug m aer. low-level flight, hedgehopping (colloq.): **im** ~ **über einen See fliegen** to make a low-level flight (od. fly low, colloq. hedgehop) over a lake. — ~,**gang** m ⟨-(e)s; no pl⟩ **1.** mar. draft, bes. Br. draught: **den** ~ **ablesen** to check the draft. — **2.** fig. depth: **ein Roman ohne** ~ a novel lacking in (in) depth. — ~**ga,ra·ge** f basement garage. — **t~ge,beugt** adj ⟨attrib⟩ **1.** (vom Alter etc) very stooped, bowed-down. — **2.** fig. (von Sorgen, vom Schicksal etc) bowed-down, deeply afflicted. — **t~ge,frie·ren** v/t ⟨only in f u. pp tiefgefroren, h⟩ cf. tiefkühlen 1. — **t~ge,fro·ren I** pp of tiefgefrieren. — **II** adj cf. tiefgekühlt 1. — **t~ge,fühlt** adj ⟨attrib⟩ cf. tiefempfunden. — **t~ge,hend** adj **1.** (Wunde, Wurzel etc) deep. — **2.** fig. (Wirkung) deep, penetrating. — **3.** fig. (Untersuchung etc) thorough, profound, intensive. — **4.** mar. (Schiff) deep-drawing, of great draft, bes. Br. draught. — **t~ge,kühlt I** pp. — **II** adj **1.** deepfrozen, quick-frozen, deepfreeze (attrib). — **2.** (Getränk etc) chilled, refrigerated. — **t~,greifend** adj **1.** (weitreichend) far-reaching. — **2.** (grundlegend) fundamental, radical. — **t~,grün** adj dark- (od. deep-)green. — **t~,grün·dig** [-,gryndɪç] adj **1.** (Bemerkung etc) profound, deep. — **2.** (Lächeln etc) knowing.

'Tief,kühl,an,la·ge f tech. deepfreezing plant, deepfreeze, auch deep freeze.

'tief,küh·len v/t ⟨only inf u. pp tiefgekühlt, h⟩ **1.** deepfreeze, quick-freeze. — **2.** (Getränk etc) chill, refrigerate.

'Tief,kühl,fach n (im Kühlschrank) deepfreeze chamber (od. compartment). — ~,**ket·te** f cold chain. — ~,**kost** f frozen foods pl. — ~,**mö·bel** n deepfreeze equipment. — ~,**obst** n deepfrozen fruit. — ~,**schrank** m deepfreeze cabinet. — ~,**tech·nik** f deepfreeze technique. — ~,**tru·he** f deepfreeze chest, freezer, Deepfreeze (TM), auch deep (Am. home) freezer. [quick-freezing.\

'Tief,küh·lung f deepfreeze, deepfreezing.\

'Tief,la·de|,an,hän·ger m auto. low-bed (od. low-body) trailer. — ~,**li·nie** f mar. load (water)line.

'Tief,la·der m (railway) low loader.

'Tief,la·de,wa·gen m (railway) well waggon (bes. Am. wagon), Am. auch flatcar.

'Tief|,land n ⟨-(e)s; -e u. ~er⟩ geogr. lowland(s pl). — **t~,lie·gend** adj **1.** (Gebiet etc) low-lying. — **2.** (Augen) deep-set, sunken. — **3.** (Schmerz) deep-seated. — **4.** geol. (Schichten etc) deep-seated. — ~,**lot** n mar. cf. Tiefenlot. — ~,**ofen** m metall. vertical ingot heating (od. pit) furnace, soaking pit. — ~,**pflug** m agr. subsoil plough (bes. Am. plow). — ~,**punkt** m fig. low point, low, nadir: **einen seelischen** ~ **haben** to be terribly depressed (colloq.); **ich habe heute einen ausgesprochenen** ~ I am at my lowest today, I am (down) in the dumps today (colloq.); **er befindet sich auf dem absoluten** ~ he has reached an all-time low (colloq.).

'**tief,schäf·tig** [-,ʃɛftɪç] (*textile*) **I** *adj* basse-lisse. – **II** *adv* ein ~ gewebter Stoff a basse-lisse material.

'**Tief|,schlaf** *m* **1.** deep sleep. – **2.** *med.* a) (*in der Narkose*) deep sleep, b) (*in der Hypnose*) trance. — ~**,schlag** *m* **1.** (*sport*) (*beim Boxen*) low blow, punch (*od.* blow) below the belt. – **2.** *fig.* (*gegen*) nasty (*od.* unfair) blow (at), blow below the belt. — t~,**schür·fend** *adj fig.* (*Gespräche, Gedanken etc*) profound. — ~,**schutz** *m* (*beim Boxsport*) cup protector. — t~,**schwarz** *adj* deep- (*od.* jet-)black.

'**Tief,see** *f* deep sea. — ~,**aal** *m zo.* deep-sea eel (*Fam. Synaphobranchidae u. Serrivomeridae*). — ~,**for·schung** *f* deep-sea research. — ~,**gra·ben** *m* deep, (deep-sea) trench. — ~,**ka·bel** *n tel.* deep-sea cable. — ~,**lot** *n mar.* deep-sea lead. — ~,**lo·tung** *f* deep-sea sounding, bathymetry. — ~,**tauch·ku·gel** *f* bathysphere. — ~,**tier** *n zo.* deep-sea animal.

'**Tief,sinn** *m* ⟨-(e)s; *no pl*⟩ **1.** (*eines Gedankens etc*) profundity, profoundness, depth of meaning. – **2.** (*Nachdenklichkeit*) thoughtfulness, pensiveness, meditativeness.

'**tief,sin·nig** *adj* **1.** profound. – **2.** (*nachdenklich*) thoughtful, pensive, meditative. – **3.** (*schwermütig*) melancholy, melancholic, pensive. — '**Tief,sin·nig·keit** *f* ⟨-; *no pl*⟩ *cf.* Tiefsinn.

'**Tief|,stand** *m* ⟨-(e)s; *no pl*⟩ **1.** (*des Wasserstandes*) low level. – **2.** *bes. econ.* (*einer Entwicklung*) low level (*od.* point, water). – **3.** (*einer Kultur etc*) nadir. — t~,**sta·peln** *v/i* ⟨*sep*, -ge-, h⟩ be overmodest, (tend to) make understatements. — ~,**start** *m* (*sport*) (*bei der Leichtathletik*) crouch start. — t~,**ste·hend** *adj* **1.** (*Sonne etc*) low. – **2.** *fig.* (*rangmäßig*) low, inferior. — ~,**strahler** *m* **1.** (*Straßenleuchte*) narrow-angle lighting fitting. – **2.** (*über Boxring*) ring lamp.

'**Tiefst,wert** *m* **1.** minimum (value). – **2.** *meteor.* lowest value: die ~e der vergangenen Nacht the lowest temperatures recorded last night.

'**Tief,ton** *m* **1.** low tone. – **2.** *ling.* secondary accent (*od.* stress). — ~**be,reich** *m* (*radio*) low audio (frequency) range.

'**tief,tö·nend** *adj* (*Stimme, Glocke etc*) sonorous, booming.

'**Tief,ton,laut,spre·cher** *m* (*radio*) woofer (speaker), *bes. Br.* low-frequency loudspeaker.

'**tief|'trau·rig** *adj* very sad. — ~,**wur·zelnd** *adj fig.* (*Haß, Vorurteil etc*) deep-rooted. — ~,**zie·hen** *v/t* ⟨*only inf u. pp* tiefgezogen, h⟩ *metall.* deep-draw. — **T~,ziel** *n mil.* low-flying target.

'**Tie·gel** ['ti:gəl] *m* ⟨-s; -⟩ **1.** (*kleiner Topf*) shallow saucepan. – **2.** *metall.* (*Schmelztiegel*) crucible, melting pot. – **3.** *print.* platen (press). – **4.** (*für Creme etc*) jar.

'**Tie·gel,druck** *m* ⟨-(e)s; -e⟩ *print.* **1.** ⟨*only sg*⟩ platen printing. – **2.** platen print. — ~,**pres·se** *f* platen press.

'**Tie·gel,guß** *m metall.* crucible cast steel. — ~,**stahl** *m* crucible steel.

'**Tie·gel,ofen** *m metall.* crucible furnace.

Tiek [ti:k] *n* ⟨-s; *no pl*⟩, '**Tiek,holz** *n* ⟨-es; *no pl*⟩ teak(wood).

Tier [ti:r] *n* ⟨-(e)s; -e⟩ **1.** animal: wildes ~ (wild *od.* savage) beast; dressiertes ~ trained animal; männliches [weibliches] ~ male (female) (animal); reinrassiges ~ pureblood (*od.* pure-blooded, purebred) animal, pureblood, purebred; mikroskopisch kleines ~ animalcule. – **2.** *fig. contempt.* beast, brute: er ist ein ~ he is a brute. – **3.** *fig.* (*tierisches Wesen*) brute, beast, animal: das ~ in j-m wecken to bring out the brute in s.o.; das ~ in (*dat*) sich bekämpfen to overcome the brute in oneself, to overcome one's baser instincts (*od.* one's bestiality). – **4.** *fig. colloq.* (*in Wendungen wie*) ein großes (*od.* hohes) ~ a V.I.P.; a swell, a big gun (*colloq.*); a bigwig, a big shot (*sl.*); sie ist ein armes ~ a) she has a hard time of it, b) she has awfully bad luck (*colloq.*); du bist ein gutes ~ you are a dear (*Br. colloq. auch* love). — ~,**an,be·ter** *m relig.* zoolater. — ~,**an,be·tung** *f* zoolatry. — ~,**art** *f zo.* (animal) species. — ~**arz,nei,kun·de** *f vet.* veterinary pharmacology. — ~,**arzt** *m* veterinarian, *Br.* veterinary surgeon, veterinary, vet (*colloq.*), *Am. colloq.* horse doctor. — t~,**ärzt·lich** *adj* veterinary. — ~**asyl** [-,ʔa,zy:l] *n* animal home. — ~,**bän·di·ger** *m* **1.** (*für Löwen etc*) (animal) tamer. – **2.** (*Abrichter*) (animal) trainer. — ~**be,schrei·bung** *f zo.* zoography, systematics *pl* (construed as *sg*). — ~,**bild** *n* (*art*) animal painting (*od.* piece), (*als Titel*) *auch* book of animals.

'**Tier·chen** *n* ⟨-s; -⟩ **1.** *dim. of* Tier: jedem ~ sein Pläsierchen *colloq.* every man to his taste. – **2.** *biol.* (*mikroskopisch kleines*) animalcule.

'**Tier|,dich·tung** *f* **1.** poetry about animals. – **2.** (*Sammlung von Tiergeschichten*) bestiary. — ~**ex·pe·ri,ment** *n med. zo.* animal experiment. — ~,**fa·bel** *f* (animal) fable. — ~,**fän·ger** *m* animal trapper, (*für zool. Sammlungen*) animal collector. — ~,**fett** *n* animal fat. — ~,**fres·ser** *m zo. cf.* Fleischfresser. — ~,**freund** *m* animal lover. — ~,**gar·ten** *m* **1.** zoological garden(s *pl*), zoo. – **2.** (*Wildgehege*) deer park. — ~,**gat·tung** *f zo.* genus. — ~**ge,he·ge** *n* preserve. — ~**geo·gra,phie** *f* zoogeography. — ~**ge,schich·te** *f* story about animals. — ~**ge,schlin·ge** *n* (*in Kunstgeschichte*) interlacing animal pattern. — ~**ge,sell·schaft** *f zo.* a) (*der gleichen Art*) population, b) (*verschiedener Arten*) synusia. — ~,**hal·ter** *m* animal owner: sind Sie ~? do you keep an animal (*od.* animals)? — ~,**han·del** *m* trade in animals. — ~,**hand·lung** *f* pet shop. — ~,**haut** *f* hide. — ~,**heil,kun·de** *f vet.* veterinary medicine. — ~,**heim** *n* animal home.

'**tie·risch** *adj* **1.** (*Produkte, Öle, Fette etc*) animal (*attrib*): → Kohle 3. – **2.** *fig.* (*Benehmen, Roheit, Gelüste etc*) brute (*attrib*), bestial, brutal. – **3.** mit ~em Ernst *fig. colloq.* dead seriously, with dead seriousness.

'**Tier|,kampf** *m* animal fight. — ~,**ken·ner** *m* animal expert. — ~,**kli·nik** *f* veterinary hospital. — ~,**koh·le** *f* (*für medizinische Zwecke*) animal charcoal.

'**Tier,kreis** *m* ⟨-es; *no pl*⟩ *astrol.* zodiac. — ~,**zei·chen** *n* sign of the zodiac.

'**Tier|,kult** *m relig.* zoolatry. — ~,**kun·de** *f zo.* zoology. — ~,**laus** *f* louse (*Ordng Anoplura*). — ~,**laut** *m meist pl* animal sound, sound produced by an animal. — ~,**le·ben** *n* animal life. — t~,**lieb** *adj* ⟨*pred*⟩ fond of animals. — ~,**lie·be** *f* **1.** love (*od.* fondness) of animals. – **2.** *psych.* (*krankhafte*) zoomania. — t~,**lie·bend** *adj* animal-loving. — ~,**ma·ler** *m* animal painter. — ~**me·di,zin** *f vet.* veterinary medicine. — ~**pa·ra,sit** *m zo.* zooparasite. — ~,**park** *m cf.* Tiergarten. — ~,**pfle·ger** *m cf.* Tierwärter. — ~,**psy·cho,lo·ge** *m* animal psychologist, zoopsychologist. — ~**psy·cho·lo,gie** *f* animal psychology, zoopsychology. — ~,**quä·ler** *m* tormentor of animals. — ~**quä·le,rei** [-,taɪr-] *f* cruelty to animals, zoosadism (*scient.*). — ~,**reich** *n* animal kingdom (*od.* regnum). — ~,**schau** *f* animal (*od.* menagerie) show. — ~,**schutz** *m* protection of animals. — ~**schutz·ge,biet** *n* (game) reservation, preserve. — ~**schutz·ver,ein** *m* Society for the Prevention of Cruelty to Animals. — ~,**seu·che** *f* livestock epidemic. — ~,**spra·che** *f* animal language. — ~,**stim·me** *f meist pl* animal voice (*od.* noise). — ~,**stück** *n* (*art*) *cf.* Tierbild. — ~**ver,such** *m med. zo.* animal experiment. — ~,**wär·ter** *m* keeper. — ~,**welt** *f* animal world. — ~,**zucht** *f agr.* animal husbandry, livestock breeding. — ~,**züch·ter** *m* (animal) breeder. — ~,**zucht,schau** *f* cattle show.

Ti·ger ['ti:gər] *m* ⟨-s; -⟩ *zo.* tiger (*Panthera tigris*): gestreift wie ein ~ striped like a tiger, tigered; sich wie ein ~ auf die Arbeit stürzen *fig. colloq.* to set to work like a madman. — ~,**au·ge** *n min.* tigereye, *auch* tiger's-eye. — ~,**fell** *n* tiger skin. — ~,**frosch** *m zo.* tiger frog (*Rana tigrina*). — ~,**hai** *m zo.* tiger shark (*Galeocerdo cuvieri*). — ~,**il·tis** *m* tiger weasel, marbled polecat (*Vormela peregusna*).

'**Ti·ge·rin** *f* ⟨-; -nen⟩ *zo.* tigress.

'**Ti·ger,kat·ze** *f zo.* tiger (*od.* leopard) cat (*Gattg Prionailurus*).

ti·gern ['ti:gərn] **I** *v/t* ⟨h⟩ (*Stoff etc*) spot, speckle. – **II** *v/i* ⟨*sein*⟩ *colloq.* (*schlendern*) traipse, *auch* trapes (*beide colloq.*), trail.

'**Ti·ger|,ot·ter** *f zo.* tiger snake (*Notechis scutatus*). — ~,**pferd** *n cf.* Bergzebra. — ~,**py·thon** *m* Indian (*od.* tiger) python (*Python molurus*). — ~**sa·la,man·der** *m* tiger salamander (*Ambystoma tigrinum*). —

~,**salm·ler** *m cf.* Wasserhund. — ~,**schlan·ge** *f cf.* Tigerpython. — ~,**schnecke** (getr. -k·k-) *f* tiger cowry (*Cypraea tigris*). — ~,**wolf** *m cf.* Tüpfelhyäne.

Til·de ['tɪldə] *f* ⟨-; -n⟩ **1.** *print.* swung dash, tilde. – **2.** *ling.* (*Aussprachezeichen im Spanischen, Portugiesischen etc*) tilde.

'**tilg·bar** *adj* **1.** (*auslöschbar*) effaceable. – **2.** *econ.* a) (*Anleihe, Staatsschuld etc*) redeemable, b) (*rückzahlbar*) repayable, amortizable *Br. auch* -s-: nicht ~ irredeemable.

til·gen ['tɪlgən] **I** *v/t* ⟨h⟩ **1.** (*auswischen, ausradieren*) wipe out, rub off (*od.* out), erase. – **2.** (*streichen*) strike out: einen Posten im Schuldbuch ~ to strike out an entry in a ledger. – **3.** *fig.* (*auslöschen*) blot (*od.* wipe) out, efface, expunge, obliterate: etwas aus seinem Gedächtnis ~ to wipe out the memory of s.th.; einen Makel ~ to efface a disgrace. – **4.** (*ungültig machen*) cancel, annul, nullify. – **5.** (*zerstören, vernichten*) eradicate, extirpate, exterminate, annihilate, extinguish: ein Volk vom Erdboden ~ to exterminate (*od.* wipe out) a nation from the face of the earth; Unkraut ~ to eradicate weeds. – **6.** *econ.* a) (*Schuld*) repay, pay (*od.* clear) off, amortize *Br. auch* -s-, liquidate, discharge, extinguish, b) (*Anleihen, Obligationen, Renten*) redeem, c) (*abschreiben*) write off. – **7.** *print.* delete. – **8.** etwas im Strafregister ~ *jur.* to erase s.th. in the penal register. – **II T**~ *n* ⟨-s⟩ **9.** *verbal noun.* — '**Til·gung** *f* ⟨-; -en⟩ **1.** *cf.* Tilgen. – **2.** erasure, erasion. – **3.** *fig.* (*aus dem Gedächtnis etc*) effacement, expunction, obliteration. – **4.** (*Aufhebung*) cancellation, *auch* cancelation, annulment, nullification. – **5.** (*Vernichtung*) eradication, extirpation, extermination, annihilation, extinction, extinguishment. – **6.** *econ.* a) (*einer Schuld*) repayment, amortization *Br. auch* -s-, liquidation, discharge, extinction, extinguishment, b) (*von Anleihen, Obligationen, Renten*) redemption. – **7.** *print.* deletion.

'**Til·gungs|,ab,kom·men** *n econ.* repayment (*od.* redemption, amortization *Br. auch* -s-) agreement. — ~,**an,lei·he** *f* redemption (*od.* amortization) loan. — ~,**bei,hil·fe** *f* redemption (*od.* amortization) subvention (*od.* grant). — ~**be,trag** *m* redemption amount. — ~,**dar,le·hen** *n* redeemable (*od.* amortizable) loan. — ~,**dau·er** *f* term of redemption. — ~,**fäl·lig·keit** *f* date of redemption. — ~,**fonds** *m* sinking (*od.* redemption, amortization) fund. — ~**kre,dit** *m* redemption credit. — ~,**plan** *m* scheme of redemption, redemption plan (*od.* table). — ~,**quo·te**, ~,**ra·te** *f* redemption (*od.* amortization) rate (*od.* installment, *bes. Br.* instalment, quota). — ~,**rück,la·ge** *f* redemption reserve. – ~,**satz** *m* redemption rate. — ~,**schuld** *f* redemption debt. — ~**ter,min** *m* redemption date. — ~,**zei·chen** *n print.* dele.

Til·si·ter ['tɪlzɪtər] **I** *adj* ~ Käse *gastr. cf.* Tilsiter II. – **II** *m* ⟨-s; -⟩ *gastr.* Tilsit, Tilset cheese, Tilsiter.

Tim·bre ['tɛ̃:bər] *n* ⟨-s; -s⟩ *mus. cf.* Klangfarbe 1, Tonfarbe.

ti·men ['taɪmən] *v/t* ⟨h⟩ *colloq.* time. — **Ti·ming** ['taɪmɪŋ] *n* ⟨-s; -s⟩ timing.

Ti·mo·kra·tie [timokra'ti:] *f* ⟨-; -n [-ən]⟩ timocracy.

Ti·mo·thee,gras [timo'te:-; 'ti:mote-] *n* ⟨-es; *no pl*⟩ *bot.* timothy (grass) (*Phleum pratense*).

Ti·mo·the·us [ti'mo:teus] *npr m* ⟨-; *no pl*⟩ *Bibl.* Timothy: (Brief des Paulus an) ~ *cf.* Timotheusbrief. — ~,**brief** *m* Epistle (of St. Paul) to Timothy. — ~**gras** *n* ⟨-es; *no pl*⟩ *bot. cf.* Timotheegras.

Tin·gel·tan·gel ['tɪŋəl,taŋəl] *m, n* ⟨-s; -⟩ *colloq.* **1.** (*Lokal*) cheap (*od.* low) nightclub with variety show, honky-tonk (*sl.*). – **2.** (*billige Unterhaltung*) cheap (*od.* low) variety entertainment in a nightclub, honky-tonk entertainment (*sl.*).

Tink·tur [tɪŋk'tu:r] *f* ⟨-; -en⟩ **1.** *med. pharm.* tincture, tinctura. – **2.** *tech.* (*Färbemittel*) tincture.

Ti·nef ['ti:nɛf] *m* ⟨-s; *no pl*⟩ *colloq.* **1.** (*wertloses Zeug*) junk, trash. – **2.** (*Unsinn*) nonsense: er soll ein Lügner sein? so ein ~! him a liar? stuff and nonsense!

Tin·ni·tus [tɪ'ni:tus] *m* ⟨-; *no pl*⟩ *med.*

(*Ohrenklingen*) ringing in the ears, tinnitus (*scient.*).

Tin·te ['tɪntə] *f* ⟨-; -n⟩ **1.** ink: unauslöschliche ~ indelible (*od.* marking) ink; viel rote ~ verbrauchen *fig.* (*viel korrigieren*) to use a lot of red ink; in der ~ sitzen *fig. colloq.* to be in the soup (*colloq.*), to be in a (nice) pickle; → dick 9. – **2.** *zo.* (*des Tintenfisches*) ink, sepia (*scient.*).

'Tin·ten|,faß *n* **1.** inkpot, *Br.* ink-pot, inkwell, *Br.* ink-well, ink bottle, *Br.* ink-bottle, inkstand. – **2.** (*im Tisch eingelassenes*) inkwell, *Br.* ink-well. — ~,**fisch** *m zo.* cuttlefish, octopus (*scient.*) (*Klasse Cephalopoda*). — ~,**fla·sche** *f* ink bottle, *Br.* ink-bottle. — ~,**fleck** *m* **1.** ink stain (*od.* spot). – **2.** *cf.* Tintenklecks. — ~,**gum·mi** *m* ink eraser (*Br. auch* rubber). — ~,**klecks** *m* (*in einem Heft, auf einem Brief etc*) inkblot. — ~,**ku·li** *m* stylographic pen. — ~,**lö·scher** *m* (rocker) blotter. — ~,**pilz** *m bot. cf.* Tintling. — ~,**stift** *m cf.* Kopierstift 1. — ~,**wi·scher** *m* pen wiper.

'tin·tig *adj* **1.** (*wie Tinte*) inky: ein ~es Blau an inky blue. – **2.** (*voller Tinte*) inky, ink-stained: ~e Finger ink-stained fingers.

'Tint·ling *m* ⟨-s; -e⟩ *bot.* inky cap (*Gattg Coprinus*).

Tip [tɪp] *m* ⟨-s; -s⟩ **1.** (*Rat, Vorschlag etc*) tip, hint, idea, wrinkle (*colloq.*): gib mir einen ~, wie ich das Kleid ändern soll give me an idea about how to alter the dress. – **2.** (*Wink, Hinweis etc*) clue, hint: ein Unbekannter gab der Polizei den ~ a stranger gave the police the clue. – **3.** (*Warnung, Verweis etc*) tip, warning: ich gebe dir den guten ~, es nicht wieder zu tun let me give you a good tip — don't do that again, I warn you not to do it again. – **4.** (*bei Wetten*) tip: ein sicherer ~ a hot (*od.* straight) tip, straight dope (*sl.*). – **5.** (*im Toto, Lotto*) round: beim letzten ~ habe ich drei Richtige gehabt I had three right in the last round.   [*sl.* hobo.]

'Tip·pel,bru·der *m colloq.* tramp, *Am.*

Tip·pe'lei *f* ⟨-; *no pl*⟩ *colloq.* traipse, *auch* trapes (*beide colloq.*).

tip·peln ['tɪpəln] *v/i* ⟨sein⟩ *colloq.* **1.** (*gehen*) traipse, *auch* trapes, 'trot' (*alle colloq.*): ich mußte den ganzen Weg ~ I had to traipse all the way there. – **2.** (*von Landstreichern*) tramp. – **3.** *cf.* trippeln.

tip·pen[1] ['tɪpən] **I** *v/i* ⟨h⟩ **1.** tap, tip, touch: j-m auf die Schulter ~ to tap s.o. on the shoulder; sich (*dat*) an die Stirn ~ to tap one's forehead mockingly; an den Hut ~(, um j-n zu grüßen) to tip one's hat (to s.o.); im Gespräch an einen wunden Punkt ~ *fig.* to touch a sore point in a conversation. – **2.** an j-n nicht ~ können *fig. colloq.* not to be able (*od.* fit) to hold a candle to s.o. – **3.** daran ist nicht zu ~ *fig. colloq.* that is an incontestable (*od.* indisputable) fact. – **II** *v/t* **4.** j-n auf die Schulter ~ to tap s.o. on the shoulder. – **5.** *auto.* (*Vergaser*) tickle, tip, prime.

'tip·pen[2] *v/t u. v/i* ⟨h⟩ *colloq.* (*auf der Maschine schreiben*) type(write).

'tip·pen[3] **I** *v/i* ⟨h⟩ **1.** guess, suppose: wir ~ auf ihn als den Mörder we guess (*od.* would say, would make a guess) that he is the murderer. – **2.** (*im Lotto*) do Lotto. – **3.** (*im Toto*) do the football pool(s). – **II** *v/t* **4.** 3 Richtige ~ to have three right.

'Tip·per *m* ⟨-s; -⟩ **1.** *cf.* Lottospieler. – **2.** *cf.* Totospieler.

'Tipp|,feh·ler *m colloq.* typing error (*od.* mistake). — ~,**fräu·lein** *n colloq.* typist.

'Tipp·ler *m* ⟨-s; -⟩ *Austrian colloq.* drunkard.

'Tipp·mam,sell *f colloq. contempt.* typist.

Tipp·se ['tɪpsə] *f* ⟨-; -n⟩ *colloq. contempt.* typist.

tipp, tapp ['tɪp 'tap] *interj* (*von nackten Füßen*) pitter-patter! pit-a-pat!

tipp·topp ['tɪp'tɔp] *colloq.* **I** *adj* ⟨*pred*⟩ tip-top (*colloq.*), first-class (*attrib*). – **II** *adv* ~ sauber immaculately clean, spic(k)-and-span; ~ aufgeräumt immaculately tidy, shipshape; ~ gekleidet immaculately dressed.

'Tipp,zet·tel *m* **1.** *cf.* Lottoschein. – **2.** *cf.* Totoschein.

Ti·ra·de [ti'ra:də] *f* ⟨-; -n⟩ **1.** tirade, harangue: sich in ~n ergehen to go into tirades. – **2.** *mus.* tirade.

ti·ri·li [tiri'li:] *interj* (*von Singvögeln*) tirralirra! — **ti·ri·lie·ren** [-'li:rən] *v/i* ⟨*no ge-,* h⟩ warble, carol, trill.

Ti·ro·ler [ti'ro:lər] *m* ⟨-s; -⟩ *geogr.* Tyrolean, *auch* Tirolean, Tyrolese, *auch* Tiroler, Tyrolian. — ~,**hut** *m* Tyrolean (*auch* Tirolean) hat.

ti'ro·lisch, *auch* **ti'ro·le·risch** *adj* Tyrolean, *auch* Tirolean, Tyrolese, *auch* Tiroler, Tyrolian.

Tisch [tɪʃ] *m* ⟨-(e)s; -e⟩ **1.** table: ein ~ zum Ausziehen a pull-out (*od.* an extension) table; am ~ sitzen a) to sit at the table, b) (*beim Essen*) to sit at table; den ~ decken to lay (*od.* set) the table; den ~ abräumen to clear the table; vom ~ aufstehen to leave (*od.* get up from) the table; es war so reichlich gedeckt, daß sich die ~e bogen *fig.* there was a tremendous spread (*colloq.*); die Beine (*od.* Füße) unter einen fremden ~ stecken (*od.* strecken) to sponge (up)on other people; sich an den gedeckten ~ setzen a) to sit down to a prepared meal, b) *fig.* to have everything set in front of one; etwas unter den ~ fallen lassen *fig.* to let s.th. drop; mit der Faust auf den ~ hauen a) to bang one's fist on the table, b) *fig.* to put one's foot down; reinen ~ machen *fig.* to make a clean sweep (of it); 100 Mark (bar) auf den ~ des Hauses *fig.* 100 marks cash down, 100 marks on the nail (*Am.* barrelhead); j-n unter den ~ trinken *fig. colloq.* to drink s.o. under the table. – **2.** ⟨*only sg*⟩ (*Mahlzeit*) meal, table: bei ~ during the meal, at table; die Kinder essen mit (uns) bei ~ the children eat with us at table; nach [vor] ~ after [before] a (*od.* the) meal; zu ~ gehen a) to go (in) to table, b) (*Mittagspause haben*) to have one's lunch hour (*od.* lunchtime); sich zu ~ setzen a) to sit down to a meal, b) (*bei Festessen etc*) to go to table; (bitte) zu ~! breakfast (*od.* lunch, dinner, supper) is served (*od.* ready); j-n zu ~ bitten (*od.* einladen) a) *lit.* to ask (*od.* invite) s.o. for a meal, b) to ask s.o. to come to table; bei j-m zu ~ sein to eat with s.o.; es wird gegessen, was auf den ~ kommt you will eat everything that is put in front of you (*od.* that you are given). – **3.** ⟨*only sg*⟩ (*Tischrunde*) table: der ganze ~ lachte the whole table laughed. – **4.** ⟨*only sg*⟩ (*Konferenztisch*) table: etwas vom grünen ~ aus (*od.* am grünen Tisch) entscheiden *fig.* to make decisions based on theoretical considerations (and ignoring reality); am runden ~ verhandeln *fig.* to negotiate by way of a conference; zwei Parteien an einen ~ bringen *fig.* to initiate conciliatory talks between two parties; etwas auf den ~ des Hauses legen *fig. pol.* to lay s.th. on the table of the house, to submit s.th. to everyone's scrutiny. – **5.** ⟨*only sg*⟩ (*Unterhalt*) board: ~ und Bett miteinander teilen to share bed and board; Trennung von ~ und Bett *jur.* separation from bed and board, judicial separation, divorce a mensa et thoro (*scient.*). – **6.** der ~ des Herrn *relig.* the Lord's table, the communion table: zum ~ des Herrn gehen to partake of the Lord's Supper, to receive communion, to commune.

'Tisch|ap·pa,rat *m tel. cf.* Tischtelefon. — ~,**band,sä·ge** *f tech.* narrow band saw. — ~,**bein** *n* table leg. — ~,**be·sen** *m* crumb brush. — ~,**be,steck** *n* a) (*einzelnes Eßbesteck*) (set of) knife, fork and spoon, b) (*für mehrere Personen*) (set of) cutlery. — ~,**blatt** *n cf.* Tischplatte. — ~,**bohr·ma,schi·ne** *f tech.* bench(-type) drilling machine.

'Tisch·chen *n* ⟨-s; -⟩ **1.** *dim. of* Tisch. – **2.** stand.

'Tisch|,da·me *f* dinner partner, lady partner at table. — ~,**decke** (*getr.* -k·k-) *f* tablecloth. — ~,**emp,fän·ger** *m telev.* table (television) set, table model. — ~,**en·de** *n* end of the table: am oberen [unteren] ~ at the top (*od.* head) [bottom *od.* end, *Am.* foot] of the table. — ~,**feu·er,zeug** *n* table (cigarette, *auch* cigaret) lighter. — ~,**fräs·ma,schi·ne** *f tech.* spindle molder (*bes. Br.* moulder). — ~,**gast** *m* (dinner) guest, diner. — ~,**ge,bet** *n* grace, benediction: das ~ sprechen to say grace (*od.* the benediction), to give thanks. — ~,**ge,nos·se** *m* **1.** table companion. – **2.** *mil. mar.* messmate. — ~,**ge,rät** *n* **1.** *telev. cf.* Tischempfänger. – **2.** *cf.* Tischgeschirr. — ~,**ge,schirr** *n* tableware. — ~,**ge,sell·schaft** *f* **1.** dinner party. – **2.** company at table. — ~,**ge-**,**spräch** *n* conversation at table, table talk. — ~,**glocke** (*getr.* -k·k-) *f* **1.** (*kleine Glocke mit Stiel*) handbell. – **2.** (*zu den Mahlzeiten ertönende*) dinner bell. — ~,**herr** *m* dinner partner, partner at table. — ~,**kan·te** *f* edge of a (*od.* the) table. — ~,**kar·te** *f* place (*od.* name) card. — ~,**ka·sten** *m cf.* Tischschublade. — ~,**klap·pe** *f* (*zum Hochklappen*) table leaf (*od.* flap). — ~**klop·fen** *n* (*im Spiritismus*) spirit rapping, table rapping (*od.* tapping). — ~,**koch,plat·te** *f electr.* table cooker. — ~,**la·de** *f cf.* Tischschublade. — ~,**lam·pe** *f* **1.** table lamp. – **2.** (*für Schreibtisch*) desk lamp. — ~,**läu·fer** *m* table runner.

'Tisch,lein,deck,dich *n* ⟨-; *no pl*⟩ *fig.* house (*od.* place) where s.o.'s every need is provided for, *Am. sl.* easy street.

'Tisch·ler *m* ⟨-s; -⟩ **1.** joiner. – **2.** *cf.* Kunsttischler. – **3.** *cf.* Bautischler. — ~,**ar·beit** *f* joinery.

Tisch·le'rei *f* ⟨-; -en⟩ **1.** ⟨*only sg*⟩ joinery, joiner's trade (*od.* craft, art): die ~ erlernen to learn joinery. – **2.** *cf.* Tischlerwerkstatt.

'Tisch·ler|ge,sel·le *m* journeyman joiner. — ~,**hand,werk** *n cf.* Tischlerei 1. — ~,**lehr·ling** *m* joiner's apprentice. — ~,**leim** *m* joiner's glue. — ~,**mei·ster** *m* master joiner.

tisch·lern ['tɪʃlərn] **I** *v/i* ⟨h⟩ do joiner's work, do joinery. – **II** *v/t* join, joint.

'Tisch·ler|,plat·te *f* blockboard. — ~,**werk,statt** *f* joiner's workshop. — ~,**werk,zeug** *n* **1.** joiner's tool. – **2.** *collect.* joiner's tools *pl*.

'Tisch|,mes·ser *n* table knife. — ~,**mi·kro,fon**, ~,**mi·kro,phon** *n* desk (*od.* table) microphone. — ~,**nach·bar** *m* neighbor (*bes. Br.* neighbour) at table. — ~,**ord·nung** *f* seating order (at table). — ~,**plat·te** *f* **1.** tabletop, *auch* table-board. – **2.** (*zum Einsetzen*) table leaf. — ~,**re·de** *f* **1.** after-dinner speech, speech made at table: eine ~ halten to make a speech at table. – **2.** „Luther's ~" "Luther's Table Talk" *sg.* — ~,**red·ner** *m* speaker (at table). — ~,**rücken** (*getr.* -k·k-) *n* (*im Spiritismus*) table tipping (*od.* tilting, turning). — ~,**run·de** *f* table: die ganze ~ lachte the whole table laughed. — ~,**schlit·ten** *m tech.* **1.** (*einer Fräsmaschine*) table slide. – **2.** (*einer Zahnradhobelmaschine*) table saddle. – **3.** (*einer Schleifmaschine für Messer*) worktable. — ~,**schub,la·de** *f* drawer of a (*od.* the) table. — ~,**te·le,fon**, ~**te·le,fon** *n* desk telephone.

'Tisch,ten·nis *n* (*sport*) table tennis. — ~,**ball** *m* table-tennis ball. — ~,**schlä·ger** *m* table-tennis bat (*od.* racket, *auch* racquet, *Am. auch* paddle). — ~,**spiel** *n* game of table tennis. — ~,**spie·ler** *m* table-tennis player. — ~,**tisch** *m* table-tennis table.

'Tisch,tuch *n* tablecloth: ein frisches ~ auflegen to put on (*od.* spread, lay) a new tablecloth; das ~ zwischen sich und j-m zerschneiden *fig.* to break off all relations with s.o. — ~,**klam·mer** *f* table clamp.

'Tisch|,wä·sche *f* table linen. — ~,**wein** *m gastr.* (ordinary) table (*od.* dinner, light) wine. — ~,**zeit** *f* **1.** mealtime. – **2.** (*Mittagspause in Firmen*) lunch hour, lunchtime. — ~,**zeug** *n* **1.** *cf.* Tischwäsche. – **2.** *cf.* Tischgeschirr.

Ti·tan[1] [ti'ta:n] *m* ⟨-en; -en⟩ *meist pl* **1.** *myth.* Titan. – **2.** *fig.* (*überragender Mensch*) titan, *auch* Titan, giant.

Ti'tan[2] *n* ⟨-s; *no pl*⟩ *chem.* titanium (Ti).

Ti'tan|di·oxid [-di'ʔɔ,ksi:t], **~di·oxyd** [-di-'ʔɔ,ksy:t] *n chem. min.* titanium dioxide, *auch* anatase (TiO₂).

Ti·ta·ne [ti'ta:nə] *m* ⟨-n; -n⟩ *cf.* Titan[1].

Ti'tan,ei·sen,erz *n min.* titaniferous iron ore, ilmenite.

ti'ta·nen·haft *adj fig.* (*überragend*) titanic, *auch* Titanic, gigantic.

ti'tan,hal·tig *adj chem. min.* titaniferous.

Ti·ta·nia [ti'ta:nia] *npr f* ⟨-; *no pl*⟩ *myth.* Titania.

Ti·ta·ni·de [tita'ni:də] *m* ⟨-n; -n⟩ *myth.* descendant of the Titans.

ti'ta·nisch *adj fig. cf.* titanenhaft.

Ti·ta·nit [tita'ni:t, -'nɪt] *m* ⟨-s; -e⟩ *min.* titanite, sphene.

Ti·ta·no·ma·chie [titanoma'xi:] *f* ⟨-; *no pl*⟩ *myth.* Titanomachy.

Ti'tan|,säu·re *f chem.* titanic acid. — ~,**stahl** *m metall.* titanium(-alloyed) steel.

Ti·tel ['ti:təl] *m* ⟨-s; -⟩ **1.** (*Standes-, Dienst-, Ehrenbezeichnung*) title: einen ~ führen to hold (*od.* bear) a title; j-n mit seinem ~ anreden to address s.o. with his title; sich (*dat*) einen ~ erwerben to acquire a title; j-m einen ~ verleihen to bestow a title (up)on s.o.; der Weltmeister verteidigte seinen ~ (*sport*) the world champion defended his title. - **2.** (*eines Buches, Films etc*) title: das Buch trägt den ~ „Vampire" the book is entitled (*od.* the title of the book is) "Vampires". - **3.** (*Motto, Leitfaden*) slogan, motto, title: die Aktion läuft unter dem „Brot für die Welt' the campaign is being run under the slogan 'Bread for the World'. - **4.** *print.* a) title, b) (*Titelseite*) title (page), c) (*Buch*) title, book. - **5.** *jur.* a) (*Rechtsgrund*) title, b) (*als Urkunde*) title deed, c) (*Anspruch*) title, (legal) claim: einen ~ erwirken to procure a title. - **6.** *jur.* (*Abschnitt eines Gesetzestextes*) title, section, rubric. - **7.** *econ.* a) (*im Haushaltsplan*) item (*Wertpapiere*) securities: einen ~ im Etat streichen to cancel a budget item (*od.* an item of the budget). - **8.** *telev.* (*film*) a) title, b) (*Titelinsert*) caption: rollender ~ roller titles *pl* (*od.* caption). — ~**,an·**
,fer·ti·ger *m* (*film*) caption (*od.* titling) artist. — ~**,an,wär·ter** *m* (*sport*) aspirant to the title. — ~**,auf,la·ge** *f print.* reissue (*Br.* re-issue) under a new title. — ~**,auf·**
,nah·me *f* **1.** *phot.* a) title photograph, b) (*Tätigkeit*) titling, photographing a title card. - **2.** (*film*) caption shooting.

'Ti·tel,bild *n* **1.** (*eines Buches*) frontispiece. - **2.** (*einer Zeitschrift etc*) cover picture. — ~**,mäd·chen** *n* cover girl.
'Ti·tel,blatt *n* **1.** (*einer Zeitschrift etc*) cover, front page. - **2.** (*eines Buches*) title page, title. — ~**,bo·gen** *m print.* title sheet, *Br.* preliminaries *pl*, *bes. Br.* oddment(s *pl*), *Am.* front matter.
Ti·te'lei *f* ⟨-; -en⟩ *print.* title sheet(s *pl*).
'Ti·tel,füh·rung *f* assumption of a title: unbefugte ~ unlawful assumption of a title. — ~**ge,rät** *n phot.* titling bench (*od.* set), titler. — ~**,hal·ter** *m* (*sport*) titleholder, holder of the title. — ~**,held** *m* (*bes. theater*) title (*od.* eponymous, *auch* eponymic) hero. — ~**,her,stel·lung** *f phot.* titling. — ~**,in·**
,ha·ber *m* titleholder. — ~**,in,sert** [-ʔɪn-
,zɛrt; -,ɪnsəːt] (*Engl.*) *n* ⟨-s; -s⟩ *telev.* (*film*) caption. — ~**,jagd** *f* (*sport*) *contempt.* title hunt (*od.* chase). — ~**,kampf** *m* (*sport*) (*beim Boxen*) title bout (*od.* fight). — ~**,kar,ton** *m* (*paper*) art (*od.* fashion) board. — ~**,kopf** *m print.* heading, head(line). — t~**,los** *adj* untitled, having no title. — ~**,mäd·chen** *n* cover girl. — ~**me·lo,die** *f mus.* theme song. — ~**,rah·men** *m phot.* title (*od.* titling) frame. — ~**,rol·le** *f* (*film, theater*) title role (*auch* rôle), title (*od.* name) part, eponymous (*auch* eponymic) role: ein Film mit X in der ~ a film featuring (*od.* with) X in the title role. — ~**,schrift** *f* **1.** *print.* titling (*od.* display) type. - **2.** *phot.* title (*od.* caption) lettering. — ~**,schutz** *m jur.* copyright (of a title). — ~**,sei·te** *f cf.* Titelblatt. — ~**,sucht** *f contempt.* mania for titles. — t~**,süch·tig** *adj* fond of (*od.* keen on) titles, title-conscious. — ~**,trä·ger** *m* holder of a title, titulary. — ~**ver,tei·di·ger** *m* (*sport*) defending champion, titleholder. — ~**vi,gnet·te** *f print.* title vignette (*od.* piece). — ~**vor,la·ge** *f phot.* title card. — ~**,vor,spann** *m* (*film*) opening titles *pl* (*od.* credits *pl*). — ~**,wort** *n* ⟨-(e)s; ∺er⟩ (*im Wörterbuch*) *cf.* Stichwort¹. — ~**,zei·le** *f* title line, head(line), heading.
Ti·ter ['ti:tər] *m* ⟨-s; -⟩ **1.** *chem.* titer, *bes. Br.* titre. - **2.** (*textile*) count.
Ti·tra·ti·on [titra'tsi̯oːn] *f* ⟨-; -en⟩, **Ti·'trier·ana,ly·se** [ti'triːr-] *f chem.* titration, volumetric analysis.
ti·trie·ren [ti'triːrən] *v/t* ⟨*no* ge-, h⟩ *chem.* titrate.
Ti·'trier,flüs·sig·keit *f chem.* standard solution, titrant. — ~**ver,fah·ren** *n chem.* titrimetry.
tit·schen ['tɪtʃən] *v/t* ⟨h⟩ *dial. for* eintauchen 2.
Ti·tu·lar [titu'laːr] *m* ⟨-s; -e⟩ *obs. for* Titelträger. — ~**,bi·schof** *m röm.kath.* titular bishop. — ~**,fürst** *m hist.* titular sovereign, nominal ruler. — ~**,pro,fes·sor** *m* honorary professor. — ~**,rat** *m* ⟨-(e)s; ∺e⟩ titular councillor (*auch* councilor).

Ti·tu·la·tur [titula'tuːr] *f* ⟨-; -en⟩ form of address.
ti·tu·lie·ren [titu'liːrən] **I** *v/t* ⟨*no* ge-, h⟩ **1.** j-n (mit) etwas ~ to address s.o. as s.th., to call s.o. s.th.: j-n (mit) Herr Professor ~ to address s.o. as professor. - **2.** j-n (als) etwas ~ *colloq. humor.* to call (*od.* dub) s.o. s.th.: j-n einen (*od.* als) Esel ~ to call s.o. a silly ass (*od.* a jackass). - **3.** etwas mit etwas ~ *colloq.* to call (*od.* name) s.th. s.th. — **II T~** *n* ⟨-s⟩ **4.** *verbal noun.* — **Ti·tu'lie·rung** *f* ⟨-; -en⟩ *cf.* Titulieren.
Ti·tu·lus ['ti:tulus] *m* ⟨-; -tuli [-li]⟩ (*Bildunterschrift*) caption.
Ti·tus ['ti:tus] *npr m* ⟨-; *no pl*⟩ **1.** *Bibl.* Titus: (der Brief des Paulus an) ~ *cf.* Titusbrief. - **2.** „~" "Titus" (*opera by Mozart*). — ~**,brief, der** *Bibl.* Epistle (of St. Paul) to Titus. — ~**,kopf** *m* (head of) short frizzy (*od.* curly) hair.
Ti·vo·li ['tiːvoli] *n* ⟨-(s); -s⟩ (*games*) tivoli.
ti·zia·nisch [ti'tsi̯aːnɪʃ] *adj* (*art*) **1.** by Titian: T~es Gemälde Titian painting. - **2.** (*Stil etc*) Titianesque.
ti·zi·an,rot ['tiːtsi̯aːn-; ti'tsi̯aːn-] *adj* titian, *auch* Titian.
tja [tja] *adv colloq.* well! hm!
Tjalk [tjalk] *f* ⟨-; -en⟩ *mar.* tjalk.
Tjost [tjɔst] *f* ⟨-; -en⟩, *m* ⟨-(e)s; -e⟩ *hist.* (*Turnierkampf*) joust.
Tme·sis ['tmeːzɪs] *f* ⟨-; Tmesen⟩ *ling.* tmesis.
T-,Nut ['teː-] *f tech.* T slot, *auch* tee slot.
Toast [toːst] *m* ⟨-(e)s; -e *u.* -s⟩ **1.** *gastr.* toast, toasted bread. - **2.** (*Trinkspruch*) toast: einen ~ auf j-n ausbringen to propose (*od.* drink, give) a toast to s.o.
toa·sten ['toːstən] **I** *v/t* ⟨h⟩ (*Brot*) toast. - **II** *v/i* auf j-n ~ to toast (*od.* pledge) (to) s.o., to propose (*od.* drink, give) a toast to s.o.
'Toa·ster *m* ⟨-s; -⟩, **'Toast,rö·ster** *m* toaster.
To·bak ['toːbak] *m* ⟨-(e)s; -e⟩ **1.** *obs. od. humor. for* Tabak. - **2.** *fig. colloq.* (*in Wendungen wie*) das ist starker ~! that's a bit much (*od. colloq.* thick)! → Anno.
to·ben ['toːbən] *v/i* ⟨h *u.* sein⟩ **1.** ⟨h *u.* sein⟩ (*lärmend spielen*) romp, caper, frolic, gambol, (*stärker*) rampage: die Kinder haben den ganzen Morgen im Garten getobt the children have romped in (*od.* about) the garden all morning; die Kinder sind durch den Garten getobt the children romped through the garden. - **2.** ⟨h⟩ (*wüten, rasen*) rage, storm: sie schrie und tobte wie wild she ranted and raged like mad; der Gefangene tobt in der Zelle the prisoner storms about the cell; die Menge tobt the crowd rages; das Publikum tobte vor Begeisterung the audience was wild with enthusiasm. - **3.** ⟨h⟩ *fig.* (*von Wind, Meer etc*) rage, storm: ein Unwetter tobte über München a storm raged over Munich; der Wind tobte um das Haus the wind raged (*od.* blustered) round the house. - **4.** ⟨h⟩ *fig.* (*von Leidenschaften, Gefühlen etc*) rage. - **5.** ⟨h⟩ *fig.* (*von Schlacht, Kampf etc*) rage. — **'to·bend I** *pres p.* - **II** *adj* **1.** (*Person*) enraged, furious, frantic. - **2.** *fig.* (*See, Wellen etc*) stormy, boisterous, (*stärker*) tempestuous, tumultuous.
'Tob,sucht *f* ⟨-; *no pl*⟩ maniacal fury, raving madness, frenzy: in ~ verfallen to become (*od. colloq.* go) raving mad. — t~**,süch·tig** *adj* maniacal, raving mad, frantic. — t~**,süch·ti·ge** *m, f* maniac.
'Tob,suchts,an,fall *m psych.* attack of acute mania, raving fit: einen ~ bekommen a) to become raving mad, b) *fig. colloq.* to go into (*od.* have, *sl.* throw) a tantrum; to blow one's top, to hit the roof (*od. colloq.*).
Toch·ter ['tɔxtər] *f* ⟨-; ∺⟩ **1.** daughter: die ~ des Hauses the daughter (*od.* young lady) of the house; höhere Töchter well-educated young ladies; natürliche ~ illegitimate (*od.* natural) daughter; Ihre (*od.* Ihr Fräulein) ~ your daughter; die Töchter des Landes *lit.* the daughters of the land; eine ~ Evas *fig.* a daughter of Eve, a woman. - **2.** *econ. cf.* Tochtergesellschaft. - **3.** *Swiss* a) (*Hausangestellte*) maid(servant), b) (*Kellnerin*) waitress. - **4.** *fig. lit.* daughter: Vorsicht ist eine ~ der Klugheit caution is the daughter of wisdom.
Töch·ter·chen ['tœçtərçən] *n* ⟨-s; -⟩ **1.** little daughter. - **2.** baby daughter.

'Toch·ter|ge,schwulst *f med.* metastasis. — ~**ge,sell·schaft** *f econ.* subsidiary company, subsidiary.
'Toch·ter,heim *n ped.* (höheres) ~ finishing school.
'Toch·ter|,kind *n archaic* daughter's child, grandchild. — ~**,kir·che** *f relig.* daughter (*od.* filial, branch) church, chapel of ease.
Töch·ter·lein ['tœçtərlaɪn] *n* ⟨-s; -⟩ *cf.* Töchterchen.
töch·ter·lich ['tœçtərlɪç] *adj* daughterly, filial.
'Töch·ter|,lie·be *f* daughterly (*od.* filial) love. — ~**pro,dukt** *n nucl.* daughter product.
'Töch·ter,schu·le *f ped. obs.* (höhere) ~ *cf.* Lyzeum 1.
'Toch·ter|,spra·che *f ling.* derivative (*od.* daughter) language. — ~**,stadt** *f* satellite town. — ~**,un·ter,neh·men** *n econ. cf.* Tochtergesellschaft. — ~**,zel·le** *f biol.* daughter cell. — ~**,zy·ste** *f med.* daughter (*od.* satellite, secondary) cyst.
Tod [toːt] *m* ⟨-(e)s; -esfälle, *rare* -e⟩ **1.** death; decease, demise (*lit.*): ein gewaltsamer [langsamer, sanfter] ~ a violent [a lingering, an easy] death; ein seliger ~ a happy (*od.* peaceful, Christian) death; jäher (*od.* plötzlicher) ~ sudden death; bürgerlicher ~ *pol.* loss of civil rights, civil death; ~ durch Entkräftung [Ersticken] death from exhaustion [by suffocation]; ~ auf dem Schlachtfeld [fürs Vaterland] death on the battlefield [for one's country]; den ~ erleiden [suchen] to suffer [to seek] death; den ~ finden to meet one's death, to be killed; den ~ herbeisehnen (*od.* herbeiwünschen), sich (*dat*) den ~ wünschen to wish for death (*od.* to die), to long for death('s relief); den ~ verdienen to deserve to die; sich (*dat*) (selbst) den ~ geben to kill oneself, to commit suicide; den ~ eines Helden sterben to die a hero's death; einen leichten ~ haben to die (*od.* have) an easy death; einen tausendfachen ~ (*od.* eines tausendfachen ~es) sterben, tausend ~e sterben *fig. lit.* to die a thousand deaths; j-m den ~ schwören to swear to kill s.o., to vow death (up)on s.o.; eines sanften [natürlichen, unnatürlichen] ~es sterben to die an easy [a natural, an unnatural] death; eines elenden [gewaltsamen] ~es sterben to die a wretched (*od.* dog's) [a violent] death; an der Schwelle des ~es at death's door, at the point of death; dem ~ geweiht doomed (*od.* bound *od.* destruction, to die) auf den ~ krank sein (*od.* liegen) to be dangerously (*od.* gravely, mortally) ill; ein Kampf auf Leben und ~ a life-and-death struggle; sich auf den ~ erkälten to catch one's death of cold (*colloq.*); du wirst dir noch den ~ holen *colloq.* you'll catch your death (of cold) (*colloq.*); bis zum (*od.* in den) ~ till death, to the last, to one's dying day, to the bitter end; bis über den ~ hinaus beyond the grave; für j-n [etwas] in den ~ gehen to go (*od.* give) one's life for s.o. [s.th.]; in den sicheren ~ gehen to go to meet certain death; im ~e sind alle gleich in death all are equal; mit dem ~e bestraft werden *jur.* to be under pain of death; nach j-s ~ veröffentlicht, nach dem ~ des Verfassers veröffentlicht posthumous; es geht (*od.* handelt sich) um Leben und ~ it is a matter (*od.* question) of life and death; j-n vom ~e erretten to save (*od.* rescue) s.o. from death, to save s.o.'s life; j-n vom ~e erwecken to raise (*od.* wake) s.o. from the dead; j-n zum ~e verurteilen *jur.* to sentence (*od.* condemn) s.o. to death, to pass a sentence of death on s.o.; zum ~e verurteilt (worden) sein *jur.* to be sentenced to death; ein zum ~e verurteilter Verbrecher *jur.* a criminal under sentence of death; j-n vom Leben zum ~e befördern to put an end to s.o.'s life; zu ~e kommen to meet (*od.* come by) one's death; zwischen Leben und ~ schweben to hover between life and death; gegen den ~ ist kein Kraut gewachsen (*Sprichwort*) there is no medicine against death (*proverb*), there is a remedy for everything (*od.* all things) but death (*proverb*), death defies the doctor; umsonst ist (nur) der ~, und der kostet das Leben (*Sprichwort*) *etwa* only death is free to all and it costs a man his life; einen ~ kann der Mensch nur sterben (*Sprichwort*) man can die but once; → kämpfen 1. – **2.** *fig.* (*personifiziert*) death: der Schwarze ~ the Black Death, the plague; der Weiße ~ death in the snow; der ~ als Sensenmann Death, the grim reaper, *auch* the Grim Reaper; der ~ hat schon bei ihr angepocht (*od.* steht schon vor ihrer Tür) she is at death's door; aussehen wie der leibhaftige ~ to look like death warmed up; bleich wie der ~ sein to be deathly (*od. lit.* ghastly) pale; ein Wettlauf mit dem ~ a race with death; dem ~ noch einmal entrinnen to escape death; mit dem ~e ringen to fight (*od.* struggle with) death. – **3.** *fig.* (*in Wendungen wie*) du bist (ein Kind) des ~es, wenn you are a dead man if; er fürchtet weder ~ noch Teufel he fears neither death nor devil; ~ und Teufel! *colloq.* hell's bells! hellfire! (*beide colloq.*); das kann ich auf (*od.* für) den ~ nicht leiden (*od.* ausstehen), das ist mir auf den ~ zuwider (*od.* verhaßt) I hate that like poison, I simply loathe (*od.* cannot abide) that; sich zu ~e arbeiten (*od. colloq.* schinden) [ärgern] to work (*od. colloq.* slave) oneself to death [to be really annoyed, (*stärker*) *bes. Am. colloq.* to be absolutely mad]; j-n zu ~e erschrecken to scare s.o. to death, to frighten s.o. to death (*od.* out of his wits); zu ~e erschrocken frightened (*od.* scared) to death, scared stiff (*colloq.*); zu ~e betrübt grieved to death, mortally grieved; zu ~e erschöpft utterly exhausted; einen Gedanken [ein Gleichnis] zu ~e hetzen *fig.* to flog (*od.* do) a thought [simile] to death; j-n [sich] zu ~e langweilen to bore s.o. [oneself] to death (*od.* to tears, stiff). – **4.** *fig.* (*Ende*) end, death: das wäre der ~ der Demokratie that would be the end of democracy; das wird noch mein ~ sein that will be the death of me yet. – **5.** *med.* death, exitus (*scient.*): klinischer ~ clinical death; drohender (*od.* bevorstehender) ~ impending death; etwas führt zum (*od.* endet mit dem) ~e, etwas hat den ~ zur Folge s.th. leads to (*od.* ends in) death; der ~ trat ein death took place; der ~ trat auf der Stelle ein death was instantaneous; den ~ feststellen to pronounce life to be extinct; den ~ bei j-m feststellen to pronounce s.o. dead. – **6.** *hunt.* (*des Wildes*) fall: Wild zu ~e hetzen to run (*od.* hunt) down game.

'tod,ähn·lich *adj* deathly, deathlike, resembling death, thanatoid (*scient.*). — **~,brin·gend** *adj* deadly, fatal, lethal.

Tod·dy ['tɔdi] *m* ⟨-(s); -s⟩ *gastr.* **1.** (*grogartiges Getränk*) toddy. – **2.** *cf.* Palmwein.

'tod|'elend *adj colloq.* (*absolutely*) wretched (*od.* ghastly). — **~'ernst** *adj colloq.* dead(ly) (*od.* very) serious.

'To·des|,ah·nung *f* presentiment (*od.* foreboding) of death. — **~,angst** *f* **1.** fear of death. – **2.** *fig.* mortal fear (*od.* terror, dread) (*colloq.*): j-n in ~ versetzen to frighten s.o. to death; (eine) ~ vor etwas haben to have a mortal fear of s.th., to be in mortal terror of s.th. (*sl.*); in ~ sein, in Todesängsten schweben, Todesängste ausstehen to be in mortal dread. — **~,an,zei·ge** *f* **1.** death notice. – **2.** (*in der Zeitung*) obituary (notice). — **~,art** *f* manner of death. — **t~,be,reit** *adj* ready to die, ready for death. — **~,be,reit·schaft** *f* readiness to die (*od.* for death). — **~,bläs·se** *f* deathly (*od.* deadly) pallor. — **~,bot·schaft** *f cf.* Todesnachricht 1. — **~,da·tum** *n* date of (*s.o.'s*) death, deathday. — **~,do·sis** *f med.* lethal dose. — **~,en·gel** *m* angel of death. — **~er,klä·rung** *f jur.* declaration of death.

'To·des,fall *m* **1.** im ~ *bes. jur.* in the event of death. – **2.** (*Sterbefall*) (case of) death: wegen ~(s) geschlossen closed because of (a) death (*bes. Br.* a bereavement). – **3.** *mil.* casualty. – **4.** *med.* (*bei einer Operation*) fatality. — **~ver,si·che·rung** *f econ.* insurance payable at death.

'To·des|,fol·ge *f only in* mit ~ *jur.* fatal, with a fatal result. — **~,furcht** *f* fear of death: übertriebene ~ *psych.* necrophobia. — **~ge,dan·ke** *m* thought of death: sich ~n machen to think of death. — **~ge,fahr** *f* danger (*od.* peril) of (one's) life, deadly peril: in ~ sein (*od.* schweben) to be in

mortal (*od.* imminent) danger, to be in danger of death (*od.* one's life); j-n aus (*certain*) death. — **~,jahr** *n* year of (*s.o.'s*) death. — **~,kampf** *m* ⟨-(e)s; *no pl*⟩ death struggle, throes *pl* of death, agony: im ~ liegen to be struggling with death, to lie in one's agony. — **~,kan·di,dat** *m* **1.** (*Todkranker*) death-marked patient, doomed man, goner (*sl.*). – **2.** (*zum Tode Verurteilter*) condemned (man). – **3.** (*Ausführender eines gefährlichen Auftrages etc*) person engaged in (*od.* sent on) a suicidal mission. – **4.** *pol.* marked man. — **~,keim** *m germ* (*od.* mark, seeds *pl*) of death: er trug den ~ schon in (*dat*) sich he carried the germ of death in him. — **~,ku·gel** *f* fatal (*od.* deadly) bullet. — **~,mut** *m* courage which defies death. — **t~,mu·tig** *adj* undaunted by death: ~ sein to defy death. — **~,nach,richt** *f* **1.** news *pl* (*construed as sg or pl*) of (*s.o.'s*) death. – **2.** *cf.* Todesanzeige. — **~,nä·he** *f* nearness of death. — **~,not** *f* great (*od.* deadly) peril, peril of death: in Todesnöten sein a) to be in peril of death, b) *fig.* to be in dire distress. — **~,op·fer** *n* death, casualty, fatality: Zahl der ~ number of casualties, death toll; → fordern 7. — **~,ot·ter** *f zo.* death adder (*Acanthophis antarcticus*). — **~,pein** *f* **1.** throes *pl* of death, agony (*of death*). – **2.** *fig.* agony. — **~,qua·len** *pl* **1.** pangs of death. – **2.** *fig.* agony: ~ ausstehen to suffer agony (*od.* a million deaths). — **~,ritt** *m* death ride. — **~,rö·cheln** *n* death rattle. — **~,schau·er** *m* fear of death. — **~,schrecken** (*getr.* -k·k-) *m only in* einen ~ bekommen to be frightened to death (*od.* out of one's wits). — **~,stoß** *m* **1.** deathblow, *Br.* death-blow, final (*od.* fatal) blow: j-m den ~ versetzen *auch fig.* to deal s.o. the death(-)blow. – **2.** *cf.* Gnadenstoß. — **~,stra·fe** *f jur.* capital punishment, death (*od.* extreme) penalty: bei ~ verboten forbidden on penalty (*od.* under pain) of death; die ~ abschaffen [einführen] to abolish [to introduce] capital punishment; darauf steht die ~ this carries the death penalty; gegen j-n auf ~ erkennen to pass (*od.* impose) a sentence of death on s.o., to pass the death sentence on s.o. — **~,strah·len** *pl phys.* death rays. — **~,streich** *m cf.* Todesstoß. — **~,stun·de** *f* hour of (*s.o.'s*) death, dying (*od.* last, mortal) hour: in der ~ in one's hour of death. — **~,sturz** *m* death fall. — **~,tag** *m* **1.** day of (*s.o.'s*) death, deathday. – **2.** (*Jahrestag*) anniversary of (*s.o.'s*) death: die 50. Wiederkehr seines ~es the 50th anniversary of his death. — **~,ur,sa·che** *f* cause of death. — **~,ur·teil** *n* **1.** *jur.* a) death sentence, sentence of death, capital sentence, b) (*Dokument*) death warrant: ein ~ fällen [vollstrecken] to pronounce [to carry out] a death sentence (*od.* a sentence of death). – **2.** *fig.* death warrant. — **~ver,ach·tung** *f* **1.** contempt (*od.* defiance) of death. – **2.** etwas mit ~ tun [essen] *fig. colloq.* to do [to eat] s.th. with utter repugnance. — **~ver,lan·gen** *n* longing (*od.* yearning) for death. — **~ver,mu·tung** *f jur.* presumption of death. — **t~,wür·dig** *adj* deserving (*od.* worthy) of death: ~es Verbrechen *jur.* capital crime. — **~,zeit** *f* time of (*s.o.'s*) death. — **~,zel·le** *f* condemned cell, death cell.

'Tod|,feind *m* sworn (*od.* deadly, mortal) enemy. — **t~'feind** *adj only in* j-m ~ sein to be s.o.'s sworn enemy. — **~,feind·schaft** *f* deadly (*od.* mortal) hatred (*od.* enmity): sie haben ~ geschworen they are sworn enemies. — **t~ge,weiht** *adj* doomed. — **~ge,weih·te** *m, f* ⟨-n; -n⟩ doomed person, moribund.

To·di ['to:di] *m* ⟨-s; -s⟩ *zo.* (*Vogel*) tody (*Fam. Todidae*).

'tod|,krank *adj* dangerously (*od.* mortally) ill. — **~'lang,wei·lig** *adj colloq.* dead(ly) boring: den Film fand ich ~ the film bored me to death (*od.* to tears).

töd·lich ['tø:tlɪç] **I** *adj* **1.** (*Krankheit, Wunde, Verletzung, Wirkung etc*) fatal, mortal, deadly. – **2.** (*Waffe, Geschoß etc*) deadly: ~ für deadly to. – **3.** (*Unfall, Schuß, Kugel etc*) fatal: ~er Unfall, Unfall mit ~em Ausgang fatal accident, accident with a fatal result. – **4.** (*Gift, Dosis etc*) lethal, lethiferous (*scient.*). – **5.** (*Gefahr etc*) deadly, mortal. – **6.** (*mörderisch*) murderous. –

7. ⟨*attrib*⟩ *fig.* (*Blässe, Stille etc*) deadly, deathly. – **8.** ⟨*attrib*⟩ *fig.* (*Haß, Angst, Langeweile etc*) deadly, mortal: das ist eine ~e Beleidigung that is a deadly insult; mit ~er Sicherheit (as) sure as death. – **II** *adv* **9.** mortally: ~ erkrankt [verwundet] mortally ill [wounded]; j-n ~ treffen *auch fig.* to strike s.o. a mortal blow; ~ wirken to have a deadly effect; ~ wirkendes Gift lethal poison. – **10.** fatally: er wurde bei dem Unfall ~ verletzt he was fatally injured in the accident; er ist ~ verunglückt he had a fatal accident, he was killed in an accident; ~ ausgehen (*od.* verlaufen) to end (*od.* terminate) fatally, to have a fatal end. – **11.** *fig.* (*aufs äußerste*) mortally: j-n ~ beleidigen to offend s.o. mortally; ~ erschrocken frightened (*od.* scared) to death, scared stiff (*colloq.*); j-n ~ hassen to hate s.o. like poison, to have a deadly (*od.* mortal) hatred of s.o.; sich ~ langweilen to be bored to death (*od.* to tears, stiff).

'tod|'matt *adj colloq. cf.* todmüde 2. — **~'mü·de** *adj colloq.* **1.** dead tired. – **2.** (*ermattet*) dead beat; tired- (*od.* worn-)out (*attrib*); 'done' (*pred*), 'dead' (*colloq.*). — **~'schick** *adj colloq.* (*Kleid, Frisur etc*) classy, nifty, swell (*alle colloq.*), *Am. sl.* snazzy; very stylish (*od.* smart). — **~'si·cher** *colloq.* **I** *adj* **1.** dead certain: eine ~e Sache a dead certainty, *Br. sl.* a dead cert, *Am. sl.* a cinch; ein ~er Tip a dead certain tip; ich bin ~, daß I am dead certain that; das ist ~ that is dead certain, that is (as) sure as death (*od.* goodness, God). – **2.** (*unfehlbar*) dead certain, surefire, unerring: eine ~e Methode a dead certain method. – **3.** (*narrensicher*) foolproof. – **II** *adv* **4.** (*as*) sure as death (*od.* goodness, God): er kommt ~ he will come as sure as death, he is sure (*od.* bound) to come. — **T~,sün·de** *f röm.kath.* mortal (*od.* deadly) sin: → sieben². — **~'trau·rig** *adj colloq.* desperately sad. — **~'un,glück·lich** *adj colloq.* desperately (*od. colloq.* dreadfully) unhappy. — **~ver,ur,sa·chend** *adj* killing, causing death. — **~,wund** *adj* mortally wounded.

Tof·fee ['tɔfɪ; 'tɔfɪ] (*Engl.*) *n* ⟨-s; -s⟩ (*Karamelbonbon*) toffee, *auch* toffy, *Am. auch* taffy.

Tof·fel ['tɔfəl], **Töf·fel** ['tœfəl] *m* ⟨-s; -⟩ *colloq. contempt.* booby.

töff, töff ['tœf'tœf] *interj* **1.** (*für Fahrgeräusch eines Autos*) phut-phut(-phut)! – **2.** (*für Hupgeräusch*) honk! honk!

Töff·töff ['tœf'tœf] *n* ⟨-s; -s⟩ *colloq. humor.* phut-machine (*colloq.*).

To·ga ['to:ga] *f* ⟨-; Togen⟩ *antiq.* toga.

To·hu·wa·bo·hu [tohuva'bo:hu] *n* ⟨-(s); -s⟩ (*Durcheinander, Wirrwarr*) chaos, confusion, tohubohu.

Toi·le [tǒa:l; twal] (*Fr.*) *m* ⟨-s; -s⟩ (*textile*) toile.

Toi·let·te¹ [tǒa'lɛtə] *f* ⟨-; -n⟩ **1.** (*Abort*) lavatory, toilet, water closet, W.C., *bes. Am. euphem.* bathroom, *bes. Br. colloq.* loo, (*für Damen*) *auch* ladies' room, powder room, *Br.* Ladies *pl* (*construed as sg*), (*für Herren*) *auch* gentlemen's room, *bes. Br. colloq.* gents *pl* (*construed as sg*): öffentliche ~n public lavatories (*od.* conveniences), *Am. auch* comfort station *sg*; auf die ~ gehen to go to the lavatory, *Br. colloq.* to spend a penny. – **2.** *cf.* Toilettenbecken.

Toi·let·te² *f* ⟨-; -n⟩ **1.** (*Ankleiden u. Körperpflege*) toilet: ~ machen to make one's toilet, to dress, to get dressed. – **2.** (*Gesellschaftskleidung*) dress, clothes *pl*: in großer ~ erscheinen to appear in full dress. – **3.** *cf.* Frisiertisch.

Toi·let·ten|ar,ti·kel *m meist pl* toilet article (*od.* requisite), *Am. auch* toiletry. — **~,becken** (*getr.* -k·k-) *n* lavatory (*od.* toilet) pan (*od.* bowl). — **~,beu·tel** *m* toilet bag (*od.* case), *Br. auch* sponge bag. — **~,ei·mer** *m* slop bucket (*od.* pail). — **~,frau** *f* (*woman*) lavatory (*od.* toilet) attendant. — **~,gar·ni,tur** *f* toilet set (*od.* service). — **~,ge·gen,stand** *m cf.* Toilettenartikel. — **~,geheim·nis·se** *pl* (*der Toilette*) mysteries of the toilet. — **~,kom,mo·de** *f cf.* Frisiertisch. — **~pa,pier** *n* toilet paper: eine Rolle ~ a toilet roll. — **~,sei·fe** *f* toilet soap. — **~,spie·gel** *m* toilet (*od.* dressing) glass (*od.* mirror). — **~,ta·sche** *f* toilet bag (*od.* case), *Br. auch* sponge bag.

— ⁓**tisch** m cf. Frisiertisch. — ⁓**was·ser** n toilet water.

toi, toi, toi ['tɔY'tɔY'tɔY] interj colloq. **1.** (unberufen,) ⁓, ⁓, ⁓! touch wood! – **2.** (viel Glück) good luck!

To'kai·er(ˌwein) [to'kaɪər(-)], **To'ka·jer·(ˌwein)** [-'kaɪər(-)] m Tokay (wine).

To·kee ['to:ke] m ⟨-s; -s⟩ zo. (Geckoart) tokay (Gekko gecko).

To·kio·ter [to'ki̯o:tər] **I** m ⟨-s; -⟩ native (od. inhabitant) of Tokyo (auch Tokio). – **II** adj ⟨attrib⟩ (of) Tokyo (auch Tokio).

Tok·ka·ta [tɔ'ka:ta] f ⟨-; -katen⟩ mus. toccata.

To·ko ['to:ko] m ⟨-s; -s⟩ zo. cf. Pfefferfresser.

To·ko·go·nie [tokogo'ni:] f ⟨-; -n [-ən]⟩ biol. tocogony, reproduction.

Tö·le ['tø:lə] f ⟨-; -n⟩ Northern G. colloq. contempt. (Köter) cur.

To·le·da·ner [tole'da:nər] **I** m ⟨-s; -⟩ Toledan. – **II** adj ⟨attrib⟩ Toledo, auch Toledan: ⁓ Klinge Toledo (blade).

to·le·rant [tole'rant] adj **1.** tolerant: gegen j-n [etwas] ⁓ sein, j-m [einer Sache] gegenüber ⁓ sein to be tolerant of (od. toward[s]) s.o. [of s.th.]. – **2.** (großzügig, liberal) broad- (od. large-)minded, liberal.

To·le·ranz [tole'rants] f ⟨-; -en⟩ **1.** ⟨only sg⟩ tolerance, tolerant attitude, toleration: ⁓ üben to have tolerance, to be tolerant. – **2.** ⟨only sg⟩ (großzügige, liberale Haltung) broad- (od. large-)mindedness, liberal attitude. – **3.** (Spielraum) margin. – **4.** tech. a) tolerance, allowance, allowable (od. permissible) deviation (od. variation), b) (zulässiges Spiel) clearance, c) (Zugabe) extra. – **5.** ⟨only sg⟩ med. tolerance, toleration. – **6.** ⟨only sg⟩ relig. tolerance, toleration, latitudinarianism. — ⁓ˌdo·sis f med. tolerance dose. — ⁓ˌedikt [-ˀeˌdɪkt] n hist. Toleration Act (313). — ⁓ˌgren·ze f tech. tolerance (limit). — ⁓ˌtest, ⁓ˌver·ˌsuch m tolerance test.

to·le·rie·ren [tole'ri:rən] **I** v/t ⟨no ge-, h⟩ tolerate. – **II T⁓** n ⟨-s⟩ verbal noun. — **To·le'rie·rung** f ⟨-; no pl⟩ **1.** cf. Tolerieren. – **2.** toleration.

toll [tɔl] **I** adj ⟨-er; -st⟩ **1.** (verrückt, wahnsinnig) mad, crazy, daft (colloq.): du bist wohl ⁓! you must be mad (od. out of your mind)! you must have taken leave of your senses! dieser Krach macht mich noch (ganz) ⁓! this noise is enough to drive me mad (od. sl. bats, Br. sl. scatty); er gebärdete sich wie ⁓ he carried on like mad; er arbeitete [lief] wie ⁓ he worked [ran] like mad; er wird jedesmal ⁓, wenn he goes mad whenever; ⁓es Zeug daherreden to talk a lot of nonsense (od. rubbish) (colloq.); je ⁓er, desto besser the madder the merrier. – **2.** (rasend, wild) raving (mad), raging, wild, furious, frantic, frenzied: ⁓ vor Wut sein to be wild with anger. – **3.** (ausgelassen, übermütig) wild, boisterous: das war eine ⁓e Zeit that was a wild time; die drei ⁓en Tage (vor Aschermittwoch) the three wild days; auf den Straßen herrschte ein ⁓es Treiben there were wild antics in the streets. – **4.** colloq. (großartig) great, marvel(l)ous; 'terrific', 'fantastic' (colloq.), 'smashing' (sl.): ⁓es Wetter marvel(l)ous (od. colloq. gorgeous) weather; das ist eine ⁓e Sache! that's terrific! eine ⁓e Frau a fantastic woman, a smasher (sl.), bes. Am. sl. a humdinger; eine tolle Figur [Frisur] a fantastic figure [hairstyle]; er hat ein ⁓es Auto he has a smashing car; das ist eine ⁓e Idee that's a great idea; du siehst ⁓ aus in dem Kleid you look smashing in that dress; die Party gestern abend war ⁓ the party last night was terrific (bes. Am. sl. went a humdinger); der Film war nicht so ⁓ the film was not so hot (sl.); sie führt ein ⁓es Leben she has a marvel(l)ous life. – **5.** (verwegen) daring, bold, daredevil (attrib): ein ⁓er Bursche (od. Kerl, Hecht) colloq. a daredevil; er hat sich ein ⁓es Stück geleistet he did something really daring. – **6.** colloq. (atemberaubend) breathtaking. – **7.** colloq. (halsbrecherisch) breakneck (attrib). – **8.** colloq. (schrecklich) 'frightful', 'dreadful', 'atrocious', 'terrible' (alle colloq.): ein ⁓es Gedränge a frightful crowd; ein ⁓er Lärm a frightful (od. an infernal) noise; das ist ja eine ⁓e Wirtschaft! that's a dreadful (od. terrible)

mess! nach der Party war das Zimmer in einem ⁓en Zustand after the party the room was in an atrocious state. – **9.** (arg, schlimm) bad: das ist denn doch zu ⁓! that's a bit much (od. colloq. thick)! that's pushing it a bit too far! die Zustände dort werden immer ⁓er conditions there are going from bad to worse (od. are getting worse and worse); es kommt noch ⁓er there's worse to come, the worst is yet to come. – **10.** colloq. (begierig) crazy, 'mad', 'wild' (colloq.): sie ist ⁓ nach Männern (od. hinter Männern her) she is wild about men, she is man-mad. – **11.** colloq. (unglaublich) incredible, fantastic, absurd: ⁓e Gerüchte verbreiten to spread fantastic (od. wild) rumo(u)rs. – **12.** archaic for geistesgestört. – **13.** vet. (tollwütig) rabid. – **14.** tech. (Schraube) drunken (bes. attrib). – **II** adv **15.** es ging ⁓ her colloq. a) (ausgelassen) there were high jinks, there were wild (od. colloq. mad) carryings-on, b) (wild durcheinander) things were at sixes and sevens; er treibt es (gar) zu ⁓ he goes (od. carries things) too far, he overdoes it (od. things); er hat ⁓ viel Geld colloq. he has a fantastic amount of money, he has pots (od. loads) of money (alle colloq.); es hat in der Nacht ⁓ geregnet colloq. it rained like mad (od. sl. heck) during the night. – **III T⁓e, das** ⟨-n⟩ **16.** das Tollste dabei ist, daß colloq. the best of it is that; das ist das Tollste, was ich je gehört habe colloq. that takes the cake (colloq.), that's the best yet; das Tollste kommt noch there is worse to come, the worst is yet to come.

'toll,dreist adj (as) bold as brass, madly reckless (colloq.).

'Tol·le f ⟨-; -n⟩ colloq. **1.** (hochgebürsteter Haarschopf) tuft, Br. quiff. – **2.** (zu einer Rolle gedrehte Haare) topknot. – **3.** (in die Stirn fallender Haarschopf) lock, Br. quiff. – **4.** zo. (bei Vögeln) crest, tuft, frill. – **5.** rare for Quaste 1, 2.

tol·len ['tɔlən] v/i ⟨h u. sein⟩ romp (about), caper, rollick, frolic, gambol: die Kinder haben den ganzen Morgen getollt [sind durch den Garten getollt] the children romped about all morning [romped through the garden].

'Toll,haus n **1.** obs. lunatic asylum, madhouse (colloq.). – **2.** fig. (Chaos, Durcheinander) bedlam, madhouse (colloq.).

'Toll·heit f ⟨-; -en⟩ **1.** ⟨only sg⟩ madness, frenzy, fury, furor, craziness, rage, med. auch mania. – **2.** (Verrücktheit, toller Streich) mad trick (colloq.), piece of folly.

'Toll,kir·sche f bot. deadly nightshade, banewort, belladonna (Atropa belladonna). — ⁓,kopf m colloq. (ungestümer, wagemutiger Mensch) madcap. — ⁓,kraut n bot. cf. Tollkirsche. — **t⁓,kühn** adj **1.** (Bursche, Tat etc) foolhardy, reckless, rash, daredevil (attrib): ein ⁓es Unternehmen a foolhardy (od. risky) undertaking; ein ⁓er Mensch a daredevil. – **2.** (aus Verzweiflung) desperate. — ⁓,kühn·heit f ⟨-; -en⟩ **1.** ⟨only sg⟩ foolhardiness, recklessness, rashness. – **2.** (aus Verzweiflung) act of desperation. — ⁓,wut f med. vet. rabies. — **t⁓,wü·tig** [-ˌvy:tɪç] adj rabid.

Tol·patsch ['tɔlpatʃ] m ⟨-(e)s; -e⟩ colloq. awkward (od. clumsy) fellow (colloq.), butterfingers pl (construed as sg). — **'tol·pat·schig I** adj awkward, clumsy, butterfingered. – **II** adv er hat sich sehr ⁓ benommen he acted very awkwardly (od. clumsily). — **'Tol·pat·schig·keit** f ⟨-; no pl⟩ awkwardness, clumsiness.

Töl·pel ['tœlpəl] m ⟨-s; -⟩ **1.** colloq. cf. Tolpatsch. – **2.** colloq. (Dummkopf) blockhead, duffer, oaf. – **3.** zo. booby, gannet (Fam. Sulidae). — **Töl·pe'lei** f ⟨-; -en⟩ colloq. cf. Tolpatschigkeit. — **'töl·pel·haft** adj u. adv cf. tolpatschig. — **'Töl·pel·haf·tig·keit** f ⟨-; no pl⟩ cf. Tolpatschigkeit.

Tol·te·ke [tɔl'te:kə] m ⟨-n; -n⟩ anthrop. (in Altmexiko) Toltec, auch Tolteca. — **tol'te·kisch** adj Toltec(an).

'To·lu,bal·sam ['to:lu-] m med. pharm. balsam of tolu, tolu (balsam). — ⁓,baum m tolu tree (Myroxylon balsamum).

To·lu·ol [to'lu̯o:l] n ⟨-(e)s; no pl⟩ chem. toluene, toluol (C₆H₅CH₃).

To'lyl,rest [to'ly:l-] m ⟨-s; no pl⟩ chem. tolyl group (CC₇H₇).

To·ma·hawk ['tɔmahak; -hɔ:k] m ⟨-s; -s⟩ (Streitaxt der Indianer) tomahawk.

To·ma·te [to'ma:tə] f ⟨-; -n⟩ bot. (Pflanze u. Frucht) tomato (Solanum lycopersicum): gefüllte ⁓n gastr. stuffed tomatoes; sie wurde rot wie eine ⁓ colloq. she went crimson (od. [as] red as a beet); treulose ⁓ fig. colloq. humor. faithless friend.

To'ma·ten|ˌkrem,sup·pe f gastr. cream of tomato soup. — ⁓,**mark** n tomato pulp. — ⁓,**pflan·ze** f hort. tomato (plant). — ⁓,**saft** m gastr. tomato juice. — ⁓,**sa,lat** m tomato salad. — ⁓,**schwär·mer** m zo. tomato sphinx, tobacco hawkmoth. — ⁓,**so·ße** f gastr. tomato sauce. — ⁓,**sup·pe** f tomato soup: gebundene ⁓ tomato bisque (auch bisk), cream of tomato soup.

Tom·bak ['tɔmbak] m ⟨-s; no pl⟩ metall. (Legierung) tombac, auch tombak, tambac, pinchbeck, high brass, red metal.

Tom·bo·la ['tɔmbola] f ⟨-; -s, rare -bolen⟩ Br. auch tombola (Br. auch -s) (od. hold) a raffle.

Ton¹ [to:n] m ⟨-(e)s; Sorten -e⟩ min. clay, argil, potter's clay (od. earth): feuerfester ⁓ fire-resistant (od. -resisting, -resistive) clay; gebrannter ⁓ fireclay, burned clay.

Ton² m ⟨-(e)s; ⁓e⟩ **1.** (Schall, Laut) tone, sound: helle [tiefe] Töne clear [dark] tones; kurzer, hoher ⁓ pip; ein dumpfer ⁓ a thud; er konnte keinen ⁓ hervorbringen he was not able to utter a sound (od. colloq. cheep); davon hat er keinen ⁓ gesagt he did not say a word about it; große Töne spucken fig. colloq. to talk big, to boast; hast du (od. haste, hat der Mensch) Töne! colloq. well, I never (did)! can you beat it (od. that)! did you ever! – **2.** mus. a) (einzelner Ton) note, Am. tone, b) (Tonart) key, c) (Ganzton) whole tone (od. step), d) (Tonhöhe) (tone) pitch, e) cf. Klangfarbe: von C nach D ist ein ganzer ⁓ from C to D is a whole tone (od. step); halber ⁓ semitone; den ⁓ halten to keep (od. to sustain) the pitch, to keep in tune; den ⁓ angeben a) to give the pitch (od. [key]note), b) (intonieren) to intonate, c) fig. to set the tone, to call the tune; der ⁓ macht die Musik fig. it is the tone that makes the music. – **3.** (Art zu sprechen) tone: in barschem [spöttischem] ⁓ in a harsh (od. rough) [derisive] tone, harshly (od. roughly) [derisively]; einen frechen [anderen] ⁓ anschlagen to adopt an impudent [a different] tone; den richtigen ⁓ treffen to find the right tone, to strike the right note; in den höchsten Tönen von j-m [etwas] sprechen fig. to praise s.o. [s.th.] to the skies, to speak in lofty words (od. strains) of s.o. [s.th.], to gush about s.o. [s.th.]; er hat sich im ⁓ vergriffen he used the wrong tone; ich verbitte mir diesen ⁓! I refuse to be spoken to (od. don't speak to me) in that tone of voice! hier herrscht ein freier ⁓ people have a rather casual tone here; ein rauher, aber herzlicher ⁓ a rough but genial (od. warm-hearted) tone. – **4.** der gute ⁓ a) good form (od. manners pl), b) the done thing: der gute ⁓ erfordert es good form requires it, good manners require it; es gehört zum guten ⁓ it is the done thing, Br. colloq. it is very (od. definitely) U. – **5.** (radio) telev. ⁓ tone (quality), b) (im Gegensatz zum Bild) sound: den ⁓ (aus)steuern to modulate; ⁓ ab! (beim Vertonen) turn over sound! ⁓ läuft! sound running! ⁓ unterlegen to dub sound, to lay the sound. – **6.** auch ling. (Betonung) accent, stress: den ⁓ auf (acc) etwas legen to put the stress on s.th.; der ⁓ liegt auf der ersten Silbe the stress is on the first syllable. – **7.** (in der Phonetik) a) (Tonhöhe) tone, pitch, b) cf. Tonfall 2, 3. – **8.** metr. (Hebung) beat.

Ton³ m ⟨-(e)s; ⁓e⟩ **1.** (Farbe) tone, color, bes. Br. colour, shade, hue (lit.): ein Gemälde in lebhaften Tönen a painting in bright tones. – **2.** (leichter Farbton, Tönung) tinge, tint, touch: dieses Bild hat einen rötlichen ⁓ this picture has a reddish tinge (od. a tinge [od. touch] of red). – **3.** (Schattierung, Nuance) shade, tone, nuance: einen ⁓ zu hell [dunkel] a shade too bright [dark]; im gleichen ⁓ to match, matching; ein blauer Teppich und Vorhänge im gleichen ⁓ a blue carpet and curtains to match (od. matching curtains); den gleichen ⁓ haben to be the same shade, to match, to tone; ~ in ~ in toning shades, in matching tones. – **4.** *phot.* tone.

'**Ton**|**,ab,neh·mer** *m (am Plattenspieler)* pickup, cartridge. — **~,ab,stim·mung** *f mus.* tone tuning.

to·nal [to'nɑːl] *adj mus.* tonal. — **To·na·li·tät** [-nali'tɛːt] *f ⟨-; no pl⟩* tonality, key.

'**Ton,an,ga·be** *f mus.* **1.** giving the pitch. – **2.** *(Intonation)* intonation.

'**ton,an,ge·bend** *adj fig.* **1.** *(Person, Gesellschaftsschicht etc)* leading, (pre)dominant, trend-setting. – **2.** **~e** Rede *pol.* keynote *(Br.* platform*)* address *(od.* speech*).* — '**Ton,an,ge·ben·de** *m ⟨-n; -n⟩*, '**Ton,an,ge·ber** *m ⟨-s; -⟩* **1.** leader, boss *(colloq.).* – **2.** *(einer Gesellschaftsschicht)* leader of fashion, leading member of society.

'**Ton**|**,an,satz** *m mus.* intonation. — **~,arm** *m (am Plattenspieler)* tone *(od.* pickup*)* arm.

'**Ton,art¹** *f mus.* **1.** key: in welcher **~** steht diese Sinfonie? what is the key of this symphony? er hat ihn in allen **~en** gelobt *fig.* he praised him in every possible strain; eine andere **~** anschlagen *fig.* to change one's tune. – **2.** *(Kirchentonart)* mode: Phrygische **~** *antiq.* Phrygian mode.

'**Ton,art²** *f min.* type of clay.

'**ton,ar·tig** *adj geol. min.* clayey, clayish, claylike; argill(ace)ous, argilloid *(scient.).*

'**ton,art·lich** *adj mus.* tonal.

'**Ton,art,vor,zeich·nung** *f mus.* key signature.

'**Ton**|**as·si,stent** *m* **1.** *(radio)* sound operator. – **2.** *(film)* sound camera operator: zweiter **~** sound assistant, boom operator. — **~ate·li,er** *n (radio)* sound (recording) studio. — **~,auf,nah·me** *f* **1.** (sound) recording. – **2.** *(radio) (für eine Sendung)* (electrical) transcription. — **~,auf,me·ge,rät** *n* sound recorder, sound-recording machine. — **~,auf,zeich·nung** *f* sound recording. — **~,aus,blen·dung** *f* sound fade. — **~,aus,fall** *m* loss of sound, sound breakdown. — **~,bad** *n phot.* toner, *auch* toning bath.

'**Ton,band** *n* **1.** (recording) tape: etwas auf **~** aufnehmen to record s.th. on tape, to tape-record s.th. – **2.** *cf.* Tonbandgerät. — **~ama·teur** *m* tape recording enthusiast. — **~,auf,nah·me** *f* tape recording. — **~,freund** *m cf.* Tonbandamateur. — **~ge,rät** *n* tape recorder. — **~jä·ger** *m* amateur sound recordist. — **~kas,set·te** *f* tape cassette. — **~,spu·le** *f* tape spool *(od.* reel*).*

'**Ton,be,reich** *m* audio range, gamut. — **~be,zeich·nung** *f* **1.** *metr.* accentuation. – **2.** *mus.* designation of a note. — **~,bild·schau** *f phot.* slide show with synchronized *(Br. auch* -s-*)* sound *(od.* commentary*).* — **~bil·dung** *f mus.* sound production *(od.* formation*).* — **~,blen·de** *f (radio)* tone control. — **~,bo·den** *m geogr.* clay(ey) soil. — **~,brei** *m tech.* clay slip *(od.* pulp*).* — **~buch,sta·be** *m mus.* tone letter. — **~cha,rak·ter** *m (eines Instruments etc)* timbre, tone quality. — **~,dämp·fer** *m cf.* Dämpfer 1. — **~,dau·er** *f* duration. — **~,decke** *(getr.* -k·k-*) f geol.* clay cover. — **~,dich·ter** *m mus.* composer, tone poet. — **~,dich·tung** *f* tone poem. — **~do·ku,ment** *n* sound document. — **~,druck** *m ⟨-(e)s; -e⟩ print.* **1.** *⟨only sg⟩* printing on a colored *(bes. Br.* coloured*)* surface. – **2.** print on a colored *(bes. Br.* coloured*)* surface. — **~ef,fekt** *m (radio)* sound effect. — **~,ein,blen·dung** *f* fade-up. — **~,ei·sen,stein** *m min.* clay ironstone.

to·nen ['toːnən] *v/t ⟨h⟩* **1.** *phot.* tone. – **2.** *print. (beim Steindruck)* tint, scum.

tö·nen¹ ['tøːnən] *v/i ⟨h⟩* **1.** *(klingen, schallen)* sound, ring, *(von Glocken) auch* chime, ding, *(von Totenglocke) auch* toll, knell *(lit.)*: von fern tönte sanfte Musik soft music could be heard from the distance. – **2.** *(widerhallen)* resound, echo, reverberate. – **3.** von etwas **~** *fig. colloq. (prahlerisch sprechen)* to sound off about s.th.: er hat ständig von seinen Erfolgen getönt he was always sounding off about his successes.

'**tö·nen²** **I** *v/t ⟨h⟩* **1.** *(färben)* tinge, tint, tone: etwas dunkler **~** to tone *(od.* shade*)* s.th. (down). – **2.** *(Haare, Papier)* tint. – **II T~** *n ⟨-s⟩* **3.** *verbal noun.* – **4.** *cf.* Tönung.

'**tö·nend I** *pres p of* tönen¹ *u.* ². – **II** *adj* **1.** sounding, resounding, sonorous. – **2.** *fig. (Worte)* empty, hollow.

'**Ton,er·de** *f* **1.** *chem.* aluminium *(Am.* aluminum*)* oxide *(auch* oxyde*),* argillaceous earth, alumina (Al₂O₃): essigsaure **~** basic aluminium acetate (Al(C₂H₃O₂)₃); schwefelsaure **~** aluminium sulfate *(bes. Br.* -ph-*)* (Al₂(SO₄)₃). – **2.** *geol.* argillaceous earth. – **3.** *(paper)* china clay.

tö·nern ['tøːnərn] *adj* **1.** *(Geschirr etc)* earthen, of clay, fictile, clayey: sein Plan steht auf **~en** Füßen *fig.* his project has a fragile *(od.* shaky*)* basis. – **2.** *min.* of clay, clayey, argill(ace)ous *(scient.).*

'**Ton**|**,fall** *m ⟨-(e)s; no pl⟩* **1.** *(Stimmführung)* modulation, *(in einem Satz) auch* cadence. – **2.** accent, intonation: er sprach mit ausländischem **~** he spoke with a foreign accent. – **3.** *ling.* intonation. – **4.** *mus.* inflection *(Br. auch* inflexion*)* (of the voice). — **~,far·be** *f mus.* timbre, (tone) quality, tone color *(bes. Br.* colour*).* — **~,fas·sung** *f (radio)* sound version. — **~,fen·ster** *n* sound gate. — **~,film** *m* sound film, *bes. Am.* sound motion picture, *bes. hist.* talking film, talkie *(colloq.).* — **~,fil·ter** *n, m (radio)* tone *(od.* audio*)* filter. — **~fi,xier,bad** *n phot.* (tone) fixing bath. — **~,fol·ge** *f mus.* **1.** sequence of notes *(od.* tones*).* – **2.** melody.

'**Ton,fre,quenz** *f electr.* audio *(od.* voice, sonic*)* frequency. — **~ge·ne,ra·tor** *m* tone *(od.* audio-signal, audio-frequency*)* generator, low-frequency oscillator. — **~,mes·sung** *f* audiometry.

'**Ton**|**,füh·rung** *f (radio) (im Lautsprecher)* labyrinth. — **~,fül·le** *f mus.* volume of sound, sonority. — **~,funk** *m (radio)* sound radio. — **~,gal·gen** *m* microphone boom. — **~,ge·bung** [-,geːbuŋ] *f ⟨-; no pl⟩ mus.* intonation. — **~,ge·dicht** *n* tone poem. — **~ge,fäß** *n* earthen(ware) vessel. — **~ge,mäl·de** *n mus.* tonal picture. — **~ge,schirr** *n* pottery, earthenware. — **~ge,schlecht** *n mus.* mode. — **~,gru·be** *f tech.* clay pit.

'**ton,hal·tig** *adj* **1.** *geol. min.* clayey; argill(ace)ous, argilliferous *(scient.).* – **2.** *metall.* aluminous.

'**Ton,hö·he** *f* **1.** *mus. phys.* pitch. – **2.** *ling.* *(in der Phonetik)* pitch, tone.

'**Ton,hö·hen**|**,schwan·kung** *f phys.* pitch variation. — **~,schwan·kungs,mes·ser** *m* pitch-variation indicator. — **~,zei·chen** *n ling. (in der Phonetik)* intonation *(od.* pitch*)* mark.

'**to·nig** *adj geol. min. cf.* tonartig, tonhaltig 1.

To·ni·ka ['toːnika] *f ⟨-; -niken⟩ mus.* tonic, keynote.

To·ni·kum ['toːnikum] *n ⟨-s; -nika [-ka]⟩ med. pharm.* tonic.

'**Ton·in·ge·ni,eur** *m* **1.** *(radio)* sound *(od.* studio*)* engineer. – **2.** *telev.* audio-control engineer.

'**Ton-,in-'Ton-,Far·ben** *pl* toning shades, matching tones.

'**to·nisch¹** *adj mus.* tonic.

'**to·nisch²** *adj* **1.** *med. (Krampf)* tonic. – **2.** *med. pharm.* tonic.

'**Ton·ka,bi·ne** *f (bes. film)* sound booth.

'**Ton·ka,boh·ne** ['tɔŋka-] *f bot.* tonka *(od.* tonca, tonga*)* bean *(Dipteryx odorata).*

'**Ton**|**,kalk** *m min.* argillaceous limestone. — **~,ka·me·ra** *f (film)* sound camera. — **~,ka,nal** *m (radio)* sound channel. — **~,kle·be,stel·le** *f (film)* sound join *(od.* splice*).* — **~,kopf** *m tech. (am Plattenspieler)* pickup (head), recorder head. — **~,ko,pie** *f (film)* sound print *(od.* copy*).* — **~,kunst** *f mus.* music, musical *(od.* tonal*)* art. — **~,künst·ler** *m* musician. — **~,la·ge** *f* **1.** pitch (level), register. – **2.** *(einer Vokalkomposition)* tessitura. — **~,la·ger** *n geol.* clay bed. — **~,lei·ter** *f mus.* scale, gamut, sol-fa: **~n** üben to practice *(bes. Br.* practise*) (od.* run over, learn*)* one's scales. — **~,lei·tung** *f (radio)* audio *(od.* sound*)* circuit.

'**ton·los** *adj* **1.** *(klanglos)* toneless, tuneless. – **2.** *ling. (unbetont)* unaccented, unstressed. – **3.** *electr. tel.* unmodulated.

,**Ton·ma·le'rei** *f* **1.** *ling. (Lautmalerei)* onomatopoeia. – **2.** *mus.* tone painting *(od.* poem*).*

'**Ton**|**,mei·ster** *m cf.* Toningenieur. — **~,mer·gel** *m min.* clay *(od.* argillaceous*)* marl. — **~,mes·ser** *m,* **,meß·ge,rät** *n phys.* tonometer, volume meter *(od.* indicator*).* — **~,mes·sung** *f* tonometry. — **~,mi·scher** *m (film)* sound fader and mixer. — **~,misch,pult** *n* sound mixer. — **~,mi·schung** *f* sound mixing. — **t~mo·du,liert** *adj (radio)* tone-modulated. —

~,mör·tel *m metall.* clay mortar. — **~,nach,ah·mung** *f ling.* onomatopoeia.

Ton·na·ge [tɔ'naːʒə] *f ⟨-; -n⟩ mar.* tonnage.

'**Tönn·chen,schnecke** *(getr.* -k·k-*)* ['tœnçən-] *f zo.* chrysalis shell *(Gattg Pupilla).*

Ton·ne¹ ['tɔnə] *f ⟨-; -n⟩ (Gewichtsmaß)* **1.** *(metrische Gewichtstonne)* metric ton (= 1 000 kg, 2,204.6 lbs.). – **2.** *(engl. Gewichtstonne) Br.* (long) ton (= 1 016 kg, 2,240 lbs.), *Am.* short ton (= 907,18 kg, 2,000 lbs.). – **3.** *mar.* a) shipping ton, b) *cf.* Registertonne.

'**Ton·ne²** *f ⟨-; -n⟩* **1.** *(großes Faß)* tun, butt, puncheon. – **2.** *(kleines Faß)* barrel, keg, cask: sie ist eine regelrechte **~** *fig. colloq.* she is a regular barrel *(od.* tub*),* she is very tubby. – **3.** *(offenes Faß)* tub, vat. – **4.** *mar. (Seezeichen)* buoy: **~n** auslegen to put *(od.* moor*)* buoys.

'**Ton·nen**|**,blech** *n tech.* arched plate. — **~,brücke** *(getr.* -k·k-*) f civ.eng.* cask *(od.* floating*)* bridge. — **~,dach** *n arch.* barrel *(od.* waggon, *bes. Am.* wagon, tunnel, cylindrical*)* roof. — **t~,för·mig** *adj* **1.** barrel-shaped, tubby. – **2.** *zo.* doliiform. — **~,fracht** *f* freight (charged) by the ton. — **~ge,halt** *m mar.* tonnage. — **~,geld** *n* tonnage (dues *pl od.* tax). — **~ge,wöl·be** *n arch.* barrel *(od.* waggon, *bes. Am.* wagon, tunnel, cylindrical*)* vault. — **~ki·lo,me·ter** *m (railway)* ton-kilometer, *bes. Br.* ton-kilometre. — **~,la·ger** *n tech.* spherical roller bearing. — **~,le·ger** *m mar.* buoy-laying vessel. — **~,ma·cher** *m* cooper. — **~,rei·fen** *m* hoop *(od.* a barrel*).* — **~,schnecke** *(getr.* -k·k-*) f zo.* (helmet) tun shell *(Fam. Doliidae).* — **t~,wei·se** *adv* **1.** by the ton. – **2.** *(faßweise)* by the barrel.

tonn·lä·gig ['tɔn,lɛːgɪç] *adj (mining)* inclined, at an angle, sloping.

'**Ton,pe·gel** *m (radio)* sound level. — **~kon,trol·le** *f* sound check. — **~,schwan·kung** *f* variation in sound level.

'**Ton**|**,pfei·fe** *f* clay pipe. — **~,plat·te** *f print.* toned *(od.* tinted*)* plate, tint block. — **~pro,jek·tor** *m (film)* sound projector. — **~qua·li,tät** *f* tone *(od.* sound*)* quality. — **~,quel·le** *f* sound *(od.* tone*)* source. — **~,rad** *n electr. (im Rundfunkgerät)* phonic *(od.* tone*)* wheel. — **~re·gis,seur** *m (film, radio)* sound engineer. — **~,rei·he** *f mus.* tone row *(od.* series*).* — **t~,rein** *adj* pure in tone, just. — **~,röh·re** *f tech. (für Kanäle etc)* clay conduit, earthenware pipe. — **~,rund,funk** *m* sound broadcasting, radio. — **~,satz** *m mus.* composition. — **~,säu·le** *f electr.* **1.** loudspeaker assembly *(od.* column). – **2.** public address pillar. — **~,schicht** *f* **1.** *geol.* claybank. – **2.** *(mining)* sheet *(od.* band*)* of argillaceous material. — **~,schie·fer** *m min.* argillaceous slate *(od.* schist, *auch* shist*).* — **~,schlamm** *m (in der Töpferei)* claywash. — **~,schnitt** *m (radio)* sound editing. — **~,schön·heit** *f mus.* beauty of sound. — **~,schöp·fung** *f* composition. — **~,schreiber** *m electr.* sound recorder. — **~,schrift** *f* notation. — **~,schwin·gung** *f phys.* sound vibration. — **~,set·zer** *m mus.* composer (of music). — **~,sieb** *n electr.* audio *(od.* tone, acoustic*)* filter. — **~,si,gnal** *n* audio *(od.* aural, sound*)* signal. — **~,sil·be** *f* **1.** *ling.* tonic (syllable). – **2.** *mus.* tone syllable.

Ton·sil·le [tɔn'zɪlə] *f ⟨-; -n⟩ meist pl med.* tonsil.

Ton·sil·lek·to·mie [tɔnzɪlɛkto'miː] *f ⟨-; -n [-ən]⟩ med.* tonsillectomy.

Ton'sil·len|**hy·per·tro,phie** *f ⟨-; no pl⟩ med. (Mandelvergrößerung)* tonsillar hypertrophy. — **~,mes·ser** *n* tonsillotome, (tonsil) guillotine. — **~,schlin·ge** *f* tonsil snare.

Ton·sil·li·tis [tɔnzɪ'liːtɪs] *f ⟨-; -litiden [-li'tiːdən]⟩ med. (Mandelentzündung)* tonsillitis: eitrige **~** quinsy.

'**Ton**|**,skiz·ze** *f mus.* (musical) sketch. — **~,spek·trum** *n phys.* sound spectrum. — **~,spur** *f* **1.** *(auf Tonband, Film)* sound track. – **2.** *(in Platte)* groove. — **~,stär·ke** *f* **1.** *(Lautstärke)* volume (of sound), intensity. – **2.** *ling.* volume. — **~,start,mar·ke** *f (film)* sound start mark. — **~,stö·rung** *f (radio) telev.* audio interference. — **~,strei·fen** *m (film)* sound film *(od.* reel*).* — **~,stu·dio** *n* sound studio. — **~,stu·fe** *f mus.* degree.

Ton·sur [tɔn'zuːr] *f ⟨-; -en⟩ relig. (der Mönche)* tonsure, shaven crown.

'Ton,tau·be f (sport) clay pigeon, bird. — 'Ton,tau·ben,schie·ßen n 1. trapshooting. – 2. skeet (shooting).

'Ton|,tech·nik f (radio, film) sound (od. audio) engineering. — ~,tech·ni·ker m sound (od. tone) technician, sound man, Am. arranger. — ~,teil m sound section. — ~,trä·ger m (radio) sound carrier. — ~,tren·nung f phot. tone separation. — ~,tren·nungs·ver,fah·ren n tone separation process. — ~,treue f (radio) (high) fidelity. — ~,um,fang m 1. mus. (einer Stimme, eines Instruments) compass, range, scale, gamut, register. – 2. phot. tone scale, range of tones.

'Ton- ¦und 'Bild,über,tra·gung f telev. sound and vision transmission.

'Tö·nung f <-; -en> 1. cf. Tönen². – 2. (Schattierung) tint, hue, shade, tone, nuance.

'Ton,un·ter,ma·lung f (radio, film) background music, (bes. beim Film) auch sound track.

'To·nus ['to:nus] m <-; Toni [-ni]> med. a) (Spannung) tonus, tonicity, tone, b) (Spannungszustand) tension.

'Ton|ver,stär·ker m (radio) sound amplifier. — ~ver,stär·kung f audio (od. sound) amplification. — ~,wa·gen m sound (location) truck (Br. van), recording car. — ~,wa·re f cf. Tongeschirr. — ~,wa·ren·fa·bri·ka,ti,on f pottery. — ~,wert m phot. tone value. — ~,wie·der,ga·be f 1. (radio) a) sound reproduction, b) (Klangtreue) (high) fidelity. – 2. phot. tone rendering. — ~,zei·chen n 1. mus. note. – 2. ling. accent.

To·pas [to'pa:s] m <-es; -e> min. topaz. — t~,far·ben adj topazine.

Topf [tɔpf] m <-(e)s; ⁼e> 1. pot: ein ~ voll Milch a potful of milk; Pflanzen in Töpfe setzen to pot plants; alles in einen ~ werfen fig. colloq. a) to lump everything together, b) to measure everything with the same yardstick (od. by the same measure). – 2. (zum Kochen) saucepan, pot: sie hat es nicht gern, wenn er ihr in den ~ guckt she does not like him to inspect her cooking; seine Nase in alle Töpfe stecken fig. colloq. to (poke one's) nose into other people's business; jeder ~ findet seinen Deckel (Sprichwort) there's a nut for every bolt (proverb). – 3. (Krug) jar. – 4. (Gefäß) vessel. – 5. (Nachttopf) (chamber) pot. – 6. (in Apotheken) gallipot. — ~,an,fas·ser m <-s; -> (housekeeping) cf. Topflappen. — ~,blu·me f cf. Topfpflanze.

'Töpf·chen ['tœpfçən] n <-s; -> 1. dim. of Topf. – 2. für Kosmetika etc) jar: ~ und Tiegelchen little pots and jars. – 3. colloq. (Nachttopf) potty: aufs ~ gehen to go to the potty; ich muß mal aufs ~ (child's language) I want to do potty, I want to go (od. on) the potty.

'Topf,deckel (getr. -k·k-) m potlid, saucepan lid.

Top·fen ['tɔpfən] m <-s; no pl> Bavarian and Austrian gastr. for Quark 2. — ~,pa·la,tschin·ke f meist pl Austrian rolled pancake filled with sweetened cottage cheese. — ~,stru·del m Bavarian and Austrian strudel with sweetened cottage cheese filling.

'Töp·fer ['tœpfər] m <-s; -> 1. potter. – 2. cf. Ofensetzer. — ~,ar·beit f 1. <only sg> (Vorgang) pottery, ceramics pl (usually construed as sg). – 2. pl cf. Töpferware. – 3. (einzelnes Stück) piece of pottery (od. ceramics). — ~,dreh,schei·be f potter's wheel.

Töp·fe'rei f <-; -en> 1. <only sg> (als Kunsthandwerk) pottery, ceramics pl (usually construed as sg). – 2. (Werkstatt) pottery.

'Töp·fer|,er·de f potter's clay (od. earth), argil. — ~,hand,werk n potter's trade. — ~,kunst f 1. (art of) pottery, ceramic art, ceramics pl (usually construed as sg). – 2. (antike) fictile art. — ~,markt m pottery market.

töp·fern¹ ['tœpfərn] v/i <h> make pottery, pot. [clay (od. earth).]

töp·fern² adj earthen, made of potter's]

'Töp·fer|,ofen m (potter's) kiln. — ~,schei·be f potter's wheel. — ~,ton m <-(e)s; -e> cf. Töpfererde. — ~,vo·gel m zo. ovenbird (Furnarius rufus). — ~,wa·re f pottery (ware), ceramic ware, ceramics pl, crockery, earthenware. — ~,werk,statt f potter's workshop, pottery. — ~,wes·pe, (Ge'mei·ne) f zo. potter wasp (Trypoxylon figulus).

'Topf|,flicker (getr. -k·k-) m tinker. — ~,frucht,baum m bot. a) pot tree (od. plant), sapucaia, sapucaja, auch supucaya (Lecythis ollaria), b) (Frucht) monkey('s porridge) pot. — ~ge,wächs n hort. cf. Topfpflanze. — ~,glüh,ofen m metall. pot annealing furnace. — ~,gucker m (getr. -k·k-) m colloq. person who is fond of looking into the cooking pot to see what meal is being prepared. — ~,hen·kel m handle of a pot. — ~,hut m (fashion) cloche (hat).

'top,fit ['tɔp-] adj <pred> colloq. very fit: ~ sein (bes. von Sportler) to be in top form; ich fühle mich heute ~ I feel very fit today, I am in top (od. colloq. tip-top) form today.

'Topf|,kie·ker m <-s; -> Low G. colloq. cf. Topfgucker. — ~,ku·chen m gastr. cf. Napfkuchen. — ~,lap·pen m (housekeeping) oven cloth, pot cloth, pot holder. — ~,ma,gnet m electr. bell-shaped (od. pot-type) magnet. — ~,man,schet·te f (für Blumentöpfe) (flower)pot cover, frill. — ~,pflan·ze f pot plant. — ~,rei·ni·ger m (housekeeping) (pot) scourer, scouring pad. — ~,scher·be f meist pl potsherd. — ~,schleif,schei·be f tech. cup wheel. — ~,stein m min. potstone, steatite. — ~,stür·ze f dial. for Topfdeckel. — ~,voll m <-; -> potful. — ~,wes·pe f zo. potter wasp (Trypoxylon figulus).

To·pi ['to:pi] n <-s; -s>, ~an·ti,lo·pe f zo. topi (Damaliscus corrigum jimela).

To·pik ['to:pik] f <-; no pl> philos. topics pl (construed as sg) (a special method of finding arguments).

To·pi·nam·bur [topinam'bu:r] m <-s; -s u. -e>, f <-; -en> bot. Jerusalem artichoke, topinambour, auch topinambou, topinambur (Helianthus tuberosus).

to·pisch ['to:pif] adj med. (örtlich, äußerlich wirkend) topical.

Top·ma·na·ge·ment ['tɔp,mænɪdʒmənt] (Engl.) n <-s; -s> top management.

To·po·graph [topo'gra:f] m <-en; -en> geogr. topographer. — To·po·gra'phie [-gra'fi:] f <-; -n [-ən]> topography.

to·po'gra·phisch adj topographic(al).

To·po·lo·gie [topolo'gi:] f <-; no pl> math. topology.

To·pos ['to:pɔs; 'tɔpɔs] m <-; Topoi [-pɔy]> (literature) topos.

To·po·ta·xis [topo'taksɪs] f <-; no pl> biol. topotaxis, tropism.

topp [tɔp] interj done! it's a deal! (it's) agreed!

Topp m <-s; -e(n) u. -s> 1. mar. masthead: über ~ (od. die ~en) flaggen to dress ship overall; über die ~en geflaggt dressed overall. – 2. (theater) colloq. humor. (the) gods pl, gallery.

topp·en ['tɔpən] I v/t <h> 1. mar. peak (up), top. – 2. (beim Golfsport) top. – II v/i 3. (petroleum) top (od. strip, skim) benzine.

'Topp|,flag·ge f mar. masthead flag: ~n setzen to hoist (od. dress the ship with) masthead flags. — ~,gast m <-(e)s; -en> (Matrose) topman. – ~,la,ter·ne f masthead (od. steaming) light. — ~,lei·ne f top halyard. — ~,licht n cf. Topplaterne. — ~,mast m topmast.

Topp·nant ['tɔpnant] f <-; -en> mar. topping lift.

'Topp,se·gel n mar. topsail.

'Topps,gast m <-(e)s; -en> mar. cf. Toppgast.

'Topp,zei·chen n mar. topmark.

Tor¹ [to:r] n <-(e)s; -e> 1. gate, door: das ~ schließen [öffnen] to close (od. shut) [to open] the gate; vor den ~en der Stadt fig. outside the town; der Feind steht vor den ~en hist. the enemy is at the gates; der Totogewinn öffnete ihm das ~ zu einem völlig neuen Leben fig. his win in the football pools was the beginning of a new life for him; dieses Gesetz öffnet der Unmoral Tür und ~ fig. this law opens the door (wide) to immorality; er stand da wie die Kuh vorm neuen ~ fig. colloq. humor. he was completely bowled over (od. colloq. flummoxed, auch flummixed, flummuxed), he was completely at a loss, he didn't know (od. which way) to turn. – 2. (Einfahrt) gateway. – 3. arch. (Portal) portal. – 4. (sport) (beim Fußball, Eishockey etc) a) goal, b) (erzieltes) goal: ein ~ schießen to kick a goal, to score (a goal); das ~ hüten, im ~ stehen to keep goal; sie siegten mit 3 : 2 ~en they won 3—2; ~! (Ausruf) (it's a) goal! – 5. a) (beim Skisport)

---

gate, b) (beim Kanusport) gate, c) (beim Krocket) Br. hoop, Am. wicket: er schneidet die ~e an he cuts into the gates.

Tor² [to:r] m <-en; -en> lit. fool, simpleton.

To·ra ['to:ra] f <-; -s> zo. tora (Alcelaphus tora).

'Tor|,ab,wurf m (sport) throw-out. — ~,bal·ken m 1. bar of a gate. – 2. (sport) goalpost, Br. goal-post. — ~,bo·gen m archway, arch. — ~,chan·ce f (sport) scoring chance: eine ~ herausspielen to create a scoring chance.

'Tord,alk ['tɔrt-] m <-(e)s od. -en; -e(n)> zo. razorbill, auch razor-billed auk (Alca torda).

'Tor|dif·fe,renz f (sport) goals difference. — ~,durch,fahrt f passageway, archway.

To·rea·dor [torea'do:r] m <-s u. -en; -e(n)> (berittener Stierkämpfer) toreador.

'Tor|,ein,fahrt f gateway. — ~er,folg m (sport) goal: er kam in diesem Spiel zu keinem ~ in this game he failed to score.

To·re·ro [to're:ro] m <-(s); -s> (Stierkämpfer) torero.

'To·res,schluß m <-sses; no pl> cf. Torschluß.

To·reu·tik [to'rɔytik] f <-; no pl> toreutics pl (construed as sg).

Torf [tɔrf] m <-(e)s; no pl> 1. geol. peat, turf: ~ stechen to cut peat. – 2. hort. peat. — t~,ar·tig adj peaty. — ~,bal·len m bale of peat. — ~,bo·den m, ~,er·de f peat(y) soil. — ~,feue·rung f peat firing (od. heating). — ~ge,win·nung f peat cutting (od. extraction). — ~,gru·be f peat bank, peatery. — t~,hal·tig adj peaty.

'tor,fig adj cf. torfhaltig.

'Torf|,koh·le f peat coal. — ~,la·ger n 1. peat (od. turf) bed (od. layer). – 2. cf. Torfmoor.

'Tor,flü·gel m wing of a gate (od. door).

'Torf|,moor n peat bog (od. moor). — ~,moos n bot. peat moss (od. bog, swamp) moss, sphagnum (moss) (Gattg Sphagnum). — ~,mull m hort. peat mold (bes. Br. mould), (granulated) peat, garden peat. — ~,so·de f (sod of) peat. — ~,ste·chen n peat cutting. — ~,ste·cher m peat cutter. — ~,stich m 1. cf. Torfstechen. – 2. (Ort) peat bank, peatery. — ~,streu f peat litter. — ~,stück n lump (od. piece) of peat.

'Tor,hal·le f arch. porch.

'Tor,heit f <-; -en> 1. <only sg> folly, foolishness, silliness: jugendliche ~ folly of youth, youthful folly; Alter schützt vor ~ nicht (Sprichwort) there is no fool like an old fool (proverb). – 2. (törichte Handlung) (act od. piece of) folly, foolish (od. unwise) act(ion), foolery: eine ~ begehen to do s.th. foolish.

'Tor,hü·ter m 1. gatekeeper. – 2. (sport) cf. Torwart.

tö·richt ['tø:rɪçt] I adj 1. (Frage, Handlung, Person) foolish, unwise, silly: es wäre ~ länger zu warten it would be foolish to wait any longer; die sieben ~en Jungfrauen Bibl. the seven foolish virgins. – 2. (einfältig) simple(minded). – II adv 3. sich ~ benehmen to behave foolishly (od. like a fool), to make a fool of oneself. — 'tö·rich·ter'wei·se adv foolishly enough, like a fool: ich habe mir ~ ein Auto gekauft I have bought myself a car, foolishly enough (od. fool that I am).

Tö·rin ['tø:rɪn] f <-; -nen> lit. fool(ish girl od. woman).

'Tor,jä·ger m (sport) goalgetter.

Tor·kel ['tɔrkəl] m <-s; ->, f <-; -n> Swiss and Southwestern G. for Weinkelter.

tor·keln ['tɔrkəln] v/i <sein> (von Betrunkenen) stagger, reel, totter, sway.

Tor'kret·be,ton [tɔr'krɛt-] (TM) m civ.eng. (ein Spritzbeton) shotcrete, jetcrete, Gunite (TM), gunned concrete. — tor·kre·tie·ren [tɔrkre'ti:rən] v/t <no ge-, h> gunite.

Törl [tø:rl] n <-s; -> Austrian (in den Alpen) gap.

'Tor|,lat·te f (sport) crossbar. — ~,lauf m (beim Skisport) slalom. — ~,li·nie f 1. goal line. – 2. (beim Skisport) line between the flags. — t~,los adj goalless: ~ enden to end in a goalless draw; die erste Halbzeit verlief ~ the first half was scoreless. — ~,mann m <-(e)s; ⁼er> cf. Torwart.

Tor·men·till [tɔrmɛn'tɪl] m <-s; no pl> bot. tormentil(la) (Potentilla tormentilla).

Törn [tœrn] m <-(e)s; -e> 1. Low G. (Reihenfolge, Turnus) turn. – 2. mar. turn, lay.

Tor·na·do [tɔr'na:do] m <-s; -s> meteor. tornado, Am. auch twister.

'**Tor**,**netz** *n* (*sport*) goal net.

Tor·**ni**·**ster** [tɔr'nɪstər] *m* ⟨-s; -⟩ 1. *mil.* knapsack, (field) pack, kit bag. – 2. (*der Schulkinder*) satchel, schoolbag. — ~**emp**-,**fän**·**ger** *m* (*radio*) portable receiver. — ~**sprech**,**funk**,**ge**,**rät** *n* portable two-way radio set, walkie-talkie, *auch* walky-talky (*colloq.*).

to·**ro**·**id** [toro'iːt] *adj electr.* toroidal.

tor·**pe**·**die**·**ren** [tɔrpe'diːrən] **I** *v/t* ⟨*no* ge-, h⟩ 1. *mar. mil.* (*Schiff*) torpedo. – 2. *fig. colloq.* (*einen Plan, eine Konferenz etc*) torpedo, wreck. – **II T~** *n* ⟨-s⟩ 3. *verbal noun.* — **Tor**·**pe**'**die**·**rung** *f* ⟨-; -en⟩ *cf.* Torpedieren.

Tor·**pe**·**do** [tɔr'peːdo] *m* ⟨-s; -s⟩ *mar. mil.* torpedo: einen ~ abschießen to launch (*od.* fire) a torpedo. — ~**an**,**griff** *m* torpedo attack. — ~**bahn** *f* torpedo wake.

Tor'**pe**·**do**,**boot** *n mar. mil.* torpedo boat. — ~**zer**,**stö**·**rer** *m* torpedo-boat destroyer.

Tor'**pe**·**do**|,**fisch** *m zo. cf.* Zitterrochen. — ~**flug**,**zeug** *n aer. mil.* torpedo aircraft. — ~**jä**·**ger** *m mar. mil. cf.* Torpedobootzerstörer. — ~**rohr** *n* torpedo (launching) tube. — ~**schnell**,**boot** *n* motor torpedo high--speed boat. — ~**schutz**,**netz** *n* torpedo net(ting).

'**Tor**|,**pfört**·**chen** *n* wicket. — ~**pfo**·**sten** *m* 1. doorpost, doorjamb. – 2. (*sport*) goalpost, *Br.* goal-post.

tor·**pid** [tɔr'piːt] *adj med.* (*schwach, träge*) torpid.

Tor·**por** ['tɔrpɔr] *m* ⟨-s; *no pl*⟩ *med.* torpor, torpidity.

tor·**quie**·**ren** [tɔr'kviːrən] *v/t* ⟨*no* ge-, h⟩ *obs. for* peinigen, quälen I.

Torr [tɔr] *n* ⟨-s; -⟩ *phys.* (*Maßeinheit*) torr.

'**Tor**|,**raum** *m* (*sport*) 1. (*beim Fußball*) goal area. – 2. (*beim Eishockey*) (goal) crease. – 3. (*beim Handball*) throwing circle. — ~,**rich**·**ter** *m* 1. (*beim Eishockey, Wasserball*) goal judge. – 2. (*beim Kanu- u. Skisport*) gate judge. — ~**rie**·**gel** *m* door (*od.* gate) bar.

'**Tor**,**schluß** *m* ⟨-sses; *no pl*⟩ closing time: kurz vor ~ a) at the last minute, b) *fig.* at the last minute, at the eleventh hour. — ~**pa**·**nik** *f* ⟨-; *no pl*⟩ *fig. colloq.* 1. last--minute panic: ~ haben to be in a last--minute panic; kurz vor dem Examen geriet er in ~ he got into a last-minute panic just before the examination. – 2. (*einer Frau*) fear of being left on the shelf (*colloq.*): sie hat ~ she is afraid of being left on the shelf; bei ihr brach ~ aus she became afraid of being left on the shelf.

'**Tor**|,**schuß** *m* (*sport*) shot at goal. — ~-,**schüt**·**ze** *m* scorer.

Tor·**si**·**on** [tɔr'zioːn] *f* ⟨-; -en⟩ 1. *tech.* (*eines Federstabs*) torsion, twist. – 2. *med.* (*eines Organs*) torsion. – 3. *math.* (*Raumkurve*) torsion, second curvature.

Tor·**si**'**ons**|**be**,**an**,**spru**·**chung** *f tech. cf.* Verdrehungsbeanspruchung. — ~**fe**-,**stig**·**keit** *f* torsional strength. — ~**kraft** *f* torsional force. — ~**span**·**nung** *f* torsional stress. — ~**stab** *m auto. cf.* Drehstab 2. — ~**stei**·**fig**·**keit** *f* torsional stiffness (*od.* rigidity). — ~**waa**·**ge** *f* torsion balance.

Tor·**so** ['tɔrzo] *m* ⟨-s; -s *u.* Torsi [-zi]⟩ 1. (*art*) torso. – 2. (*unvollendetes Werk*) torso: der Roman ist ein ~ geblieben the novel has remained a torso.

'**Tor**|,**stand** *m* (*sport*) score. — ~,**ste**·**her** *m cf.* Torwart.

Tort [tɔrt] *m* ⟨-(e)s; *no pl*⟩ (*in Wendungen wie*) j-m einen ~ antun to do s.o. a wrong; er hat es ihm zum ~ getan (*zum Trotz*) he did it to spite him.

Tört·**chen** ['tœrtçən] *n* ⟨-s; -⟩ *gastr.* 1. *dim. of* Torte. – 2. (*Obsttörtchen etc*) tart(let).

Tor·**te** ['tɔrtə] *f* ⟨-; -n⟩ *gastr.* fancy cake, gateau, flan.

Tor·**te**·**lett** [tɔrtə'lɛt] *n* ⟨-s; -s⟩ *gastr. cf.* Törtchen 2.

'**Tor**·**ten**|,**bo**·**den** *m gastr.* baked pastry case. — ~,**form** *f* cake (*od.* baking) tin, cake mold (*bes. Br.* mould). — ~,**guß** *m* 1. (*für Obsttorten*) jelly, glaze. – 2. (*für Schokoladentorten etc*) (cake) icing (*Am. auch* frosting). — ~,**he**·**ber** *m* cake server (*od.* slice). — ~,**plat**·**te** *f* cake plate (*od.* stand). — ~,**schach**·**tel** *f* confectioner's carton. — ~,**schau**·**fel** *f cf.* Tortenheber.

Tor·**ti**·**kol**·**lis** [tɔrti'kɔlɪs] *m* ⟨-; *no pl*⟩ *med.* (*Schiefhals*) torticollis, wryneck.

Tor·**tur** [tɔr'tuːr] *f* ⟨-; -en⟩ 1. *fig.* (*Qual, große Strapaze*) torture, agony, ordeal: es war die reine ~ it was absolute torture (*od.* eine wahre) ~ it was absolute torture. – 2. *hist.* (*Folter*) torture: j-n der ~ unterwerfen to subject s.o. to torture, to torture s.o.

To·**rus** ['toːrus] *m* ⟨-; -ri [-ri]⟩ 1. *arch. antiq.* (*einer Säule*) torus. – 2. *math.* (*Ringfläche*) torus, ring surface.

'**Tor**|**ver**,**hält**·**nis** *n* (*sport*) goals ratio. — ~,**wa**·**che** *f hist.* guard (at the gate), gatekeeper. — ~,**wäch**·**ter** *m* (*sport*) *cf.* Torwart. — ~,**wart** *m* (*beim Fußball etc*) goalkeeper, goalie (*colloq.*), *bes. Am.* goaltender. — ~,**weg** *m* gateway. — ~,**wurf** *m* (*sport*) (*beim Hand- u. Wasserball*) throw (*od.* shot) at goal.

To·**ry** ['tɔri; 'toːri; 'tɔːri] (*Engl.*) *m* ⟨-s; -s *u.* Tories [-riːs; -rɪz]⟩ *pol.* Tory, Conservative.

'**Tor**,**zoll** *m hist.* gate toll.

'**Tos**,**becken** (*getr.* -k·k-) *n civ.eng.* stilling basin (*od.* box, pool, well), *auch* still box.

to·**sen** ['toːzən] **I** *v/i* ⟨h⟩ 1. (*von Brandung, Wildbach etc*) roar, thunder. – 2. (*von Sturm etc*) roar, storm, rage. – 3. (*von Verkehr*) roar. – 4. (*von Beifall*) thunder. – **II T~** *n* ⟨-s⟩ 5. *verbal noun.* – 6. (*der Brandung etc*) roar, thunder. – 7. (*des Sturms, Verkehrs etc*) roar. — '**to**·**send I** *pres p.* – **II** *adj* 1. (*Brandung etc*) roaring, thundering, thunderous, (*stärker*) tumultuous. – 2. (*Sturm etc*) roaring. – 3. (*Beifall*) thundering, thunderous, (*stärker*) tumultuous, frantic.

Tos·**ka**·**ner** [tɔs'kaːnər] *m* ⟨-s; -⟩, **Tos**'**ka**·**ne**·**rin** *f* ⟨-; -nen⟩ Tuscan. — **tos**'**ka**·**nisch** *adj* Tuscan.

tot [toːt] *adj* 1. (*Person, Tier, Baum etc*) dead: er ist schon lange ~ he has been dead for a long time; er war sofort ~ (*bei einem Unfall*) death was instantaneous, he was killed outright; er fiel ~ hin he dropped dead; er blieb ~ liegen he lay there dead; sie lag wie ~ da she was lying there as if she were dead (*od.* [as] still as death); ~ oder lebendig dead or alive, alive or dead; mehr ~ als lebendig sein *fig.* to be more dead than alive; das Kind wurde ~ geboren the child was born dead (*od.* was stillborn [*Br.* still-born]); er konnte nur noch ~ geborgen werden his dead body was recovered; für ~ gelten to be presumed dead; einen Vermißten für ~ erklären *jur.* to declare a missing person (legally) dead; ~ und begraben *auch fig.* dead and buried; sie war halb ~ vor Angst *fig.* she was half dead with fear; seit diesem Ereignis ist er für mich ~ *fig.* he does not exist for me anymore since this incident; → Sprache *ling.* dead language; → Buchstabe 1; Mann 2, 11; umfallen 1. – 2. (*verstorben*) late (*attrib*), dead; deceased, defunct (*lit.*): seine ~e Tante his late (*od. lit.* deceased) aunt. – 3. (*leblos*) lifeless, inanimate, dead: ~e Materie dead matter. – 4. (*abgestorben, taub*) dead, numb, benumbed: ich habe ein ~es Gefühl im Arm my arm feels (*od.* is, has gone) dead. – 5. ⟨*pred*⟩ *fig. colloq.* (*erschöpft*) 'dead', 'done' (*beide colloq.*), dead beat, worn (*od.* fagged) out, completely exhausted: eine Mutter von fünf Kindern ist abends einfach ~ a mother of five children is absolutely dead (*od.* finished) in the evening. – 6. *fig.* (*ohne Ausdruck*) lifeless, dull: ~e Augen a) lifeless (*od.* dull) eyes, b) (*eines Blinden*) blind eyes; ohne Bilder wirkt der Raum ~ the room looks dead without pictures. – 7. *colloq.* (*Feuer, Flamme, Zigarette, Vulkan etc*) dead, extinct: ihre Liebe war ~ *fig.* her love was dead. – 8. (*Farben*) dead, dull, lusterless, *bes. Br.* lustreless. – 9. (*Gegend, Stadt, Straße etc*) dead, deserted. – 10. (*Zeit, Saison etc*) dead, quiet, dull. – 11. (*Gewässer*) dead, stagnant, standing. – 12. (*nicht weiterführend*) dead: ~er Flußarm dead arm (*od.* branch) of a river; eine ~e Leitung *tel.* a dead line; → Gleis 1; Punkt 10. – 13. (*ohne Nutzwert, ertraglos*) dead: ~es Gewicht (*eines Fahrzeugs*) dead-weight, dead load; → Kapital 1. – 14. ~er Gang *tech.* → Gang¹ 19. – 15. ~er Winkel a) (*beim Autofahren, von Brillenträgern etc*) blind corner, b) *mil.* dead (*od.* shielded) angle, blind spot, ~e Zone a) (*beim Radar*) dead (*od.* blind) zone, b) (*radio*) blind spot (*od.* area), c) (*bei einer Artillerie*) dead zone. – 16. ~es Rennen (*sport*) dead heat, tie.

to·**tal** [to'taːl] **I** *adj* 1. (*Zerstörung, Erschöpfung, Fehlschlag etc*) total, complete, utter. – 2. (*Machtfülle, Erfolg etc*) complete, absolute. – 3. (*Krieg*) total. – 4. *astr.* (*Mond-, Sonnenfinsternis*) total. – 5. *cf.* totalitär. – **II** *adv colloq.* 6. completely, downright: er machte alles ~ verkehrt he did everything completely wrong; der Matrose war ~ betrunken the sailor was completely (*od.* dead) drunk; sie ist ~ verrückt she is completely out of her mind, she is stark raving mad; ich bin ~ pleite I am completely (*od.* stone-)broke (*sl.*), I am completely at rock bottom.

To'**tal** *n* ⟨-s; -e⟩ *Swiss* total (amount *od.* sum), sum total.

To'**tal**|,**an**,**sicht** *f cf.* Gesamtansicht. — ~,**aus**,**fall** *m* total loss. — ~**aus**·**ver**,**kauf** *m* clearance sale. — ~**bi**,**lanz** *f econ.* total balance.

To·**ta**·**le** *f* ⟨-; -n⟩ (*film*) long shot.

To'**tal**|**er**,**trag** *m econ.* total proceeds *pl* (*od.* returns *pl*). — ~**fin**·**ster**·**nis** *f astr.* total eclipse. — ~**im**,**puls** *m electr.* total impulse.

To·**ta**·**li**·**sa**·**tor** [totali'zaːtɔr] *m* ⟨-s; -en [-za'toːrən]⟩ 1. (*beim Rennsport*) totalizator *Br. auch* -s-, totalizer *Br. auch* -s-, pari--mutuel machine, tote (*colloq.*). – 2. *meteor.* totalizator *Br. auch* -s-.

to·**ta**·**li**·**sie**·**ren** [totali'ziːrən] *v/t* ⟨*no* ge-, h⟩ *econ.* (*addieren*) total, totalize *Br. auch* -s-, add up, tot up.

to·**ta**·**li**·**tär** [totali'tɛːr] *adj pol.* (*Staat etc*) totalitarian.

To·**ta**·**li**·**ta**·**ris**·**mus** [totalita'rɪsmʊs] *m* ⟨-; *no pl*⟩ *pol.* totalitarianism.

To·**ta**·**li**·**tät** [totali'tɛːt] *f* ⟨-; *no pl*⟩ 1. (*Gesamtheit*) totality, entirety. – 2. *pol.* totality. – 3. *astr.* (*totale Verfinsterung*) totality.

To·**ta**·**li**'**täts**|,**an**,**spruch** *m* claim to unlimited authority. — ~**prin**,**zip** *n pol.* totalitarian principle.

To'**tal**|**re**·**flek**·**to**,**me**·**ter** *n phys. tech.* total reflectometer (*Br. auch* reflexion). — ~**re**·**fle**·**xi**,**on** *f phys.* total reflection (*Br. auch* reflexion). — ~-,**scha**·**den** *m* 1. *econ.* total loss. – 2. (*an Fahrzeugen*) total wreckage: an einem der Fahrzeuge entstand ~ one of the vehicles was totally wrecked (*od. colloq.* was a complete write-off). — ~**sum**·**me** *f* total, total amount (*od.* sum), sum total. — ~**ver**,**lust** *m econ.* total loss.

'**tot**|,**ar**·**bei**·**ten** *v/reflex* ⟨*sep*, -ge-, h⟩ sich ~ *colloq.* kill oneself (with work), slave (*od.* work) oneself to death, work oneself to the bone (*od. colloq.* to a frazzle). — ~,**är**·**gern** *colloq.* **I** *v/t* ⟨*sep*, -ge-, h⟩ j-n ~ to torment the life out of s.o. – **II** *v/reflex* sich ~ be absolutely mad, be highly peeved (*beide colloq.*), be really annoyed: ich hätte mich ~ können I was absolutely mad, I was annoyed (*od.* irritated) beyond words.

'**To**·**te**¹ *m* ⟨-n; -n⟩ 1. dead man (*od.* person): die ~n begraben [beklagen] to bury [to grieve for] the dead; der ~n gedenken to commemorate the dead; laß die ~n ruhen leave the dead in peace, never speak ill of the dead; die ~n sind stumm dead men tell no tales; das ist ein Lärm, um ~ aufzuwecken *fig.* that noise would (*od.* is enough to) (a)waken the dead; von ~n soll man nur gut reden (*Sprichwort*) speak well (*od.* never speak ill) of the dead. – 2. (*Verstorbene*) deceased, defunct, departed (*alle lit.*). – 3. (*Leiche*) (dead) body, corpse: der ~ wurde in seine Heimat übergeführt the body was taken to his native country. – 4. (*Todesopfer*) casualty, death, fatality: bei dem Unfall gab es zwei ~ und drei Verletzte two (persons) were killed and three injured (*od.* hurt) in the accident; es gab viele ~ there were heavy casualties, the death (*od.* casualty) toll was high.

'**To**·**te**² *f* ⟨-n; -n⟩ 1. dead (woman). – 2. *cf.* Tote¹ 2–4.

To·**tem** ['toːtɛm] *n* ⟨-s; -s⟩ (*der Indianer*) totem.

'**To**·**te**-,**Manns**-,**Hand** *f zo.* (*Lederkoralle*) dead-man's (*od.* men's-)fingers *pl* (construed as *sg* or *pl*) (*Alcyonium digitatum*).

'**To**·**tem**,**fi**,**gur** *f* totem. — ~,**glau**·**be** *m* totemism.

To·**te**·**mis**·**mus** [tote'mɪsmʊs] *m* ⟨-; *no pl*⟩ *anthrop.* totemism. — **to**·**te**'**mi**·**stisch** [-tɪʃ] *adj* totem(ist)ic.

'To·tem,pfahl m totem pole (auch post).

tö·ten ['tø:tən] **I** v/t ⟨h⟩ **1.** kill, put (s.o.) to death, slay (lit.): einen Menschen [ein Tier] ~ to kill a person [an animal]; bei diesem Unfall wurden drei Menschen getötet three persons were killed in this accident; j-n durch Ersticken ~ to suffocate (od. smother) s.o.; j-n mit Gift ~ to poison s.o.; der Kummer wird sie noch ~ she will worry herself to death some day; wenn Blicke ~ könnten colloq. if looks could kill; er tötet mir noch den (letzten) Nerv fig. colloq. he is driving me mad (od. crazy, sl. bats, Br. sl. scatty); die Zeit ~ fig. to kill (the) time. – **2.** cf. ermorden. – **3.** (Ungeziefer, Bakterien etc) kill, destroy. – **4.** fig. (Gefühle etc) kill, destroy, extinguish: j-s Liebe ~ to kill s.o.'s love; j-s Selbstgefühl ~ to kill s.o.'s self-confidence. – **5.** lit. (Fleisch, Begierde etc) deaden, mortify. – **6.** colloq. (Zigarette) stub (od. put) out. – **7.** med. (Nerv) deaden, kill. – **8.** tech. metall. (Flotationsschaumbildung) kill, deaden. – **9.** chem. tech. (Quecksilber) deaden. – **10.** hunt. kill, bag, account for. – **II** v/i **11.** kill, murder: du sollst nicht ~ Bibl. thou shalt not kill. – **III** v/reflex sich ~ **12.** kill oneself, take one's own life, put an end to one's life, lay hands on oneself, commit suicide. – **IV T~** n ⟨-s⟩ **13.** verbal noun: das T~ der Singvögel ist verboten it is prohibited to kill songbirds. – **14.** cf. Tötung.

'To·ten|,acker (getr. -k·k-) m poet. for Friedhof 1, 2. — **t~,ähn·lich** adj deathly, deathlike, deadly: er verfiel in einen ~en Schlaf he fell into a deathlike sleep. — **~,amt** n röm.kath. cf. Totenmesse. — **~,bah·re** f bier. — **~be,schau·er** m cf. Leichenbeschauer. — **~be,schwö·rer** m necromancer. — **~be,schwö·rung** f necromancy. — **~be,stat·tung** f burial, interment, inhumation, sepulture. — **~,bett** n deathbed: Reue auf dem ~ deathbed repentance. — **t~'blaß** adj deathly (od. deadly) pale, (as) pale as death, (as) white as a sheet (colloq.), ghastly (pale) (lit.). — **~'bläs·se** f deadly (od. deathly, deathlike) pallor (od. paleness). — **t~'bleich** adj cf. totenblaß. — **~,eh·rung** f honoring (bes. Br. honouring) of the dead. — **~,far·be** f **1.** death (od. livid) color (bes. Br. colour). – **2.** cf. Totenblässe. — **~,fei·er** f funeral, burial (od. funeral) rites pl, obsequies pl, exequies pl. — **~,fest** n festival in commemoration of the dead. — **~,fleck** m med. postmortem lividity; livor mortis, cadaveric ecchymosis (scient.). — **~,frau** f layer-out. — **~ge,bei·ne** pl dead men's bones. — **~ge,bet** n relig. prayer for the dead. — **~ge,läut,** **~ge,läu·te** n tolling of the death (od. funeral, passing) bell, (tolling of the) (death) knell (lit.). — **~ge,leit** n only in j-m das ~ geben to pay s.o. one's last respects, to attend s.o.'s funeral. — **~ge,rip·pe** n skeleton. — **~ge,ruch** m smell of death, cadaverous (od. cadaveric) smell. — **~ge,rüst** n catafalque. — **~ge,sang** m funeral chant, dirge. — **~,glocke** (getr. -k·k-) f death (od. funeral, passing) bell, (death) knell (lit.). — **~,got·tes,dienst** m funeral (od. memorial) service, office for the dead. — **~,grä·ber** m **1.** gravedigger, Br. grave-digger. – **2.** zo. burying (od. sexton) beetle, grave(-)digger, necrophore (scient.) (Gattg Necrophorus). — **~,gruft** f (funeral) vault, tomb, sepulcher, bes. Br. sepulchre. — **~,grün** n bot. periwinkle (Vinca minor).

'to·ten·haft adj **1.** deathlike, deathly, deadly: ~e Stille deathlike silence. – **2.** (leichenhaft) cadaverous, cadaveric.

'To·ten|,hal·le f cf. Totenhaus. — **~,hand** f **1.** hand of a dead person. – **2.** fig. hand as cold as death, hand like a dead fish (colloq.). — **~,haus** n mortuary, Am. funeral home (od. parlor). — **~,hemd** n shroud, winding-sheet, cerement(s pl). — **~,hü·gel** m archeol. barrow, tumulus. — **~,kä·fer** m zo. churchyard (od. darkling [ground] beetle (Blaps mortisaga). — **~,kam·mer** f antiq. (in den Katakomben) cubiculum. — **~,kla·ge** f **1.** lamentation (od. keening, bewailing) of the dead. – **2.** (Klagelied) lament(ation), dirge, keen. – **3.** (literature) elegy, dirge, monody, threnody.

'To·ten,kopf m **1.** death's-head, skull. – **2.** (als Giftzeichen etc) skull and crossbones. – **3.** zo. death's-head (hawk)moth (Ache-rontia atropos). — **~,äff·chen** n zo. squirrel monkey, saimiri (scient.) (Saimiri sciurea). — **~,flag·ge** f hist. (eines Piratenschiffs) Jolly Roger. — **~,schwär·mer** m zo. cf. Totenkopf 3.

'To·ten|,kranz m **1.** funeral wreath. – **2.** memorial wreath. — **~,kult** m cult of the dead. — **~,licht** n watch candle. — **~,lied** n funeral song (od. chant), dirge. — **~,li·ste** f **1.** list of the dead, list of casualties, bes. mil. death roll. – **2.** (standesamtliche) register of deaths. – **3.** (bes. eines Klosters etc) necrology, list of the dead. — **~,mahl** n funeral repast. — **~,mal** n monument to the dead, funeral monument. — **~,mas·ke** f death mask. — **~,mes·se** f röm.kath. **1.** mass for the dead, funeral service. – **2.** (gesungene) requiem (mass). — **~,op·fer** n antiq. sacrifice offered for the dead (od. to appease the Manes). — **~,re,gi·ster** n register of deaths. — **~,reich** n lit. realm of the dead, shades pl, netherworld, lower regions pl. — **~,schä·del** m cf. Totenkopf 1, 2. — **~,schau** f med. jur. cf. Leichenschau. — **~,schein** m death certificate: den ~ ausstellen to issue the death certificate. — **~,schlaf,** **~,schlum·mer** m **1.** poet. sleep of death. – **2.** fig. deathlike sleep. — **~,sonn,tag** m Sunday in commemoration of the dead (in German Protestant Church last Sunday before Advent). — **~,stadt** f antiq. city of the dead, necropolis (scient.). — **~,star·re** f med. cadaveric rigidity, rigor mortis (scient.). — **t~'still** adj ⟨pred⟩ deathly (od. deadly) still, (as) still as death, (as) silent as the grave. — **~'stil·le** f deathly (od. deadly, deathlike) silence, silence of the grave: es herrschte ~ there was (a) deathly silence. — **~,tanz** m (art) danse macabre, death dance, auch dance of death. — **~,tuch** n cf. Leichentuch. — **~,uhr** f zo. deathwatch (beetle), death tick (Anobium punctatum). — **~,ur·ne** f funeral (od. funerary, sepulchral, cinerary) urn. — **~ver,bren·nung** f cremation (of the dead). — **~ver,eh·rung** f worship (od. veneration) of the dead, necrolatry, manes worship. — **~,vo·gel** m zo. colloq. for Steinkauz. — **~,wa·che** f deathwatch, vigil, auch wake: die ~ halten to keep the deathwatch, to watch over the dead. — **~,wa·gen** m cf. Leichenwagen.

'Tö·ter m ⟨-s; -⟩ **1.** killer. – **2.** cf. Zigarettentöter.

'Tot|er,klär·te m, f ⟨-n; -n⟩ person declared (od. certified as) dead. — **t~,fah·ren I** v/t ⟨irr, sep, -ge-, h⟩ ein Kind ~ to knock a child down (od. to run over a child) and kill it. – **II** v/reflex er wird sich in seinem Auto noch einmal ~ colloq. he'll kill himself yet in that car of his. — **t~ge,bo·ren** adj ⟨attrib⟩ **1.** (Kind) stillborn, Br. still-born. – **2.** fig. colloq. abortive: → Kind 4. — **t~ge,brannt** adj metall. dead-burned. — **~ge,burt** f **1.** stillbirth, Br. still birth: die Zahl der ~en the number of stillbirths. – **2.** stillborn (Br. still-born) (child), dead birth. — **t~ge,glaubt** adj believed (od. supposed) to be dead. — **~ge,glaub·te** m, f ⟨-n; -n⟩ person believed to be dead. — **t~ge·hen** v/i ⟨irr, sep, -ge-, sein⟩ colloq. (von Tier) die. — **t~ge,sagt I** pp. – **II** adj reputed to be dead. — **~ge,sag·te** m, f ⟨-n; -n⟩ person reputed to be dead. — **t~,krie·gen** v/t ⟨sep, -ge-, h⟩ (in Wendungen wie) er ist nicht totzukriegen colloq. you can't wear him out, he has endless energy, he can go on for ever (colloq.); etwas ist nicht totzukriegen colloq. s.th. wears for ages (colloq.), s.th. never wears out. — **t~,la·chen** colloq. **I** v/reflex ⟨sep, -ge-, h⟩ sich ~ **1.** split one's sides (od. kill oneself) laughing (od. with laughter), nearly die laughing (od. of, with laughter): ich lach' mich tot! a) well, that's a hoot (od. colloq. scream, riot)! that's absolutely killing! b) well, I never (od. did)! well, honestly! – **II** T~ n ⟨-s⟩ **2.** verbal noun. – **3.** (in Wendungen wie) es (od. das) ist zum T~ it's too funny for words, it's a (perfect) hoot (od. colloq. scream, riot): der Witz ist zum T~ that's a hilarious (od. colloq. killing) joke, that's a sidesplitter (colloq.). — **~,la·ge** f aer. stagnation point. — **~,last** f econ. dead load, deadweight. — **~,lauf** m tech. lost motion. — **t~,lau·fen** v/reflex ⟨irr, sep, -ge-, h⟩ sich ~ fig. (von selbst zu Ende gehen) run its course, peter out, be exhausted: die Popmusik wird sich eines Tages ~ pop music will run its course; das läuft sich tot it will run its course, things will work themselves out. — **t~,le·gen** v/t ⟨sep, -ge-, h⟩ electr. (Leitung) dead-end. – **t~,lie·gend** adj econ. (Kapital etc) dead, idle, inactive, unemployed, dormant. — **~,lie·gen·de** n ⟨-s; no pl⟩ **1.** geol. lower new red sandstone. – **2.** (mining) dead heaps pl, waste. — **t~,ma·chen** colloq. **I** v/t ⟨sep, -ge-, h⟩ **1.** kill, put (s.o.) to death. – **2.** fig. (durch Wettbewerb) eliminate: er hat seinen Konkurrenten totgemacht he eliminated his competitor. – **II** v/reflex sich ~ **3.** cf. totarbeiten.

'Tot,mann,knopf m (railway) dead man's handle.

To·to ['to:to] m, colloq. auch n ⟨-s; -s⟩ **1.** (Fußballtoto) football pool(s pl): im ~ spielen to do the pools; im ~ gewinnen to have a win on the pools. – **2.** cf. Totalisator 1. — **~er,geb·nis** n meist pl **1.** result of the football pools. – **2.** (im Rennsport) totalizator (Br. auch -s-) results pl, odds pl, tote board result (colloq.). — **~ge,winn** m **1.** winnings pl on the football pools. – **2.** (im Rennsport) totalizator (Br. auch -s-) winnings pl, tote board winnings pl (colloq.). — **~ge,win·ner** m **1.** pools winner. – **2.** (im Rennsport) totalizator (Br. auch -s-) winner, tote winner (colloq.). — **~,schein** m Br. football (pool) coupon, Am. pool entry blank. — **~,spieler** m pool player. — **~,zet·tel** m cf. Totoschein.

'Tot,punkt m auto. tech. dead center (bes. Br. centre): unterer [oberer] ~ bottom [top] dead center. — **~,la·ge** f dead-center (bes. Br. -centre) position. — **~,zün·dung** f auto. dead-center (bes. Br. -centre) ignition.

'tot|,re·den v/t ⟨sep, -ge-, h⟩ j-n ~ colloq. to talk s.o.'s head off. — **~,sa·gen** v/t ⟨sep, -ge-, h⟩ j-n [etwas] ~ to declare s.o. [s.th.] dead: man hatte den Kranken schon totgesagt the patient had already been said to be dead. — **~,schä·men** v/reflex ⟨sep, -ge-, h⟩ sich ~ to be thoroughly ashamed (of oneself). — **~,schie·ßen I** v/t ⟨irr, sep, -ge-, h⟩ j-n ~ to shoot s.o. dead, to blow s.o.'s brains out (colloq.), to bump s.o. off (sl.). – **II** v/reflex sich ~ shoot oneself (dead). — **T~,schlag** m jur. manslaughter, homicide: einen ~ verüben to commit homicide; → Mord. — **~,schla·gen** v/t ⟨irr, sep, -ge-, h⟩ **1.** j-n [etwas] ~ to kill s.o. [s.th.], to put s.o. [s.th.] to death, to slay s.o. [s.th.] (lit.): er läßt sich eher ~, als daß er seinen Freund verriete fig. he would rather cut off his arm than betray his friend; dafür lasse ich mich ~ fig. I'd stake my life on it; du kannst mich ~ (od. und wenn du mich totschlägst), ich weiß es nicht mehr fig. colloq. I'll be blowed if I remember (sl.). – **2.** (Fliege etc) swat, kill. – **3.** fig. colloq. (Zeit) kill. — **T~,schlä·ger** m **1.** (Verbrecher) killer, homicide, manslayer. – **2.** (Knüppel) bes. Br. life preserver, Am. sl. blackjack, Br. sl. cosh. — **~,schwei·gen** v/t ⟨irr, sep, -ge-, h⟩ **1.** etwas ~ a) to keep quiet (od. silent, mum) about s.th., to hush s.th. up, to keep s.th. quiet (od. dark), to burke s.th., (bes. Nachricht) to suppress s.th., b) to pass over s.th. in silence: man versuchte, die Angelegenheit totzuschweigen they tried to hush the matter up. – **2.** j-n never to speak about (od. mention) s.o. — **~,se·geln** v/t ⟨sep, -ge-, h⟩ mar. **1.** (Strom, Wind, Tide etc) stem. – **2.** (Schiff) forereach, outsail, beat. — **T~si,gnal** n hunt. mort: das ~ blasen to blow a mort. — **~,ste·chen** v/t ⟨irr, sep, -ge-, h⟩ j-n ~ to stab s.o. to death. — **~,stel·len** v/reflex ⟨sep, -ge-, h⟩ sich ~ pretend to be dead, to play possum (colloq.). — **~,stür·zen** v/reflex ⟨sep, -ge-, h⟩ sich ~ fall to one's death. — **~,tram·peln** v/t ⟨sep, -ge-, h⟩ j-n [ein Tier] ~ to trample s.o. [an animal] to death. — **~,tre·ten** v/t ⟨irr, sep, -ge-, h⟩ j-n [ein Tier] ~ to tread (od. kick) s.o. [an animal] to death.

'Tö·tung f ⟨-; no pl⟩ **1.** cf. Töten. – **2.** jur. (Totschlag) homicide, manslaughter: fahrlässige ~ involuntary manslaughter; rechtmäßige ~ justifiable homicide; versuchte ~ homicidal attempt; vorsätzliche ~ voluntary manslaughter; ~ mit Vorbedacht malice aforethought (od. prepense) murder; ~ der Leibesfrucht prolicide, f(o)eticide; ~ auf Verlangen (od. aus Mitleid) mercy killing. – **3.** (Mord) murder, assassination.

– 4. *fig.* (*des Gefühls etc*) killing, destruction, extinction. **– 5.** *lit.* (*des Fleisches, der Begierde*) mortification. **– 6.** *hunt.* (*eines Wildes*) kill.

'tot|,wei·nen *v/reflex* ⟨*sep*, -ge-, h⟩ sich ~ *colloq.* cry one's heart (*od.* eyes) out. — **T~,zeit** *f tech.* dead (*od.* nonproductive, *Br.* non-productive, idle) time, downtime.

Tou·pet [tu'peː] *n* ⟨-s; -s⟩ (*Halbperücke*) toupee, toupet.

tou·pie·ren [tu'piːrən] **I** *v/t* ⟨*no* ge-, h⟩ (*Haar*) back-comb: sie toupiert ihr Haar sehr hoch she back-combs her hair very high. – **II T~** *n* ⟨-s⟩ *verbal noun.* — **Tou'pie·rung** *f* ⟨-; *no pl*⟩ *cf.* Toupieren.

Tour [tuːr] *f* ⟨-; -en⟩ **1.** (*Ausflug, Fahrt*) tour, trip, excursion: eine ~ machen to do (*od.* go on) a tour, to go on (*od.* make) a trip; eine ~ durch Europa machen to tour (through) Europe; auf ~ gehen (*bes. von Zirkus etc*) to take to the road. **– 2.** (*Tagesausflug mit Auto, Fahrrad etc*) run, tour, day trip, *Br.* day-trip. **– 3.** (*Wanderung*) hike. **– 4.** *tech.* (*Umdrehung*) turn, revolution, rev (*colloq.*): die Maschine macht (*od.* läuft mit) 3000 ~en in der Minute the engine runs at 3,000 revolutions per minute (*od.* at 3,000 rpm); einen Motor auf ~en bringen to rev up an engine (*colloq.*); j-n auf ~en bringen *fig. colloq.* to speed s.o. up, to prod s.o., to spur (*od.* urge) s.o. into action; auf vollen ~en laufen a) (*von Motor*) to run at full speed, b) *fig. colloq.* (*von Betrieb, Arbeit etc*) to go full blast, to be in full swing, *Am. sl.* to go a humdinger; auf ~en kommen a) (*von Motor*) to pick up (speed), to gather speed, b) *fig. colloq.* to get going (*od.* moving), to get into one's stride, c) *fig. colloq.* (*in Zorn geraten*) to fly into a rage (*od.* temper), to fly off the handle (*colloq.*). **– 5.** (*business*) trip: der Vertreter war viel auf ~ the salesman was often away on business trips. **– 6.** (*Strecke*) way: ich bin eine ~ gegangen und eine mit dem Bus gefahren I went one way on foot and returned by bus. **– 7.** (*eines Bus-, Straßenbahnfahrers etc*) run. **– 8.** (*Wende, Drehung*) figure, set, tour: die ~en der Quadrille the figures of the quadrille. **– 9.** (*beim Stricken*) row. **– 10.** (*Runde*) turn, round: die nächste ~ the next round. **– 11.** *fig. colloq.* (*Art, Weise*) way, manner, mode: er macht es auf die langsame ~ he is doing it the slow way (*od.* in slow motion); jetzt versucht er es auf diese ~ now he is trying it this way; komm mir bloß nicht auf diese ~! don't try that one on me! **– 12.** *fig. colloq.* (*Trick*) trick, dodge: auf diese ~ falle ich nicht herein I won't fall for that one, I am not to be fooled (*od.* duped, taken in) by your tricks; etwas auf die krumme ~ versuchen to try s.th. by devious ways and means (*od.* by skul[l]-duggery, by hook or by crook); er reist auf die dumme ~ he's trying his tricks on people, he's trying to dodge (*od.* dupe) people (*sl.*); er reitet keine krummen ~en he is straight (*od.* colloq. on the level). **– 13.** *fig. colloq.* (*Vorhaben, Plan etc*) plan, intention: j-m die ~ vermasseln to queer s.o.'s pitch, to spoil things for s.o., to spoil (*od.* thwart) s.o.'s plans. **– 14.** in einer ~ *fig. colloq.* a) at a stretch, without stopping (*od.* a break), b) incessantly, constantly, continuously: er fuhr acht Stunden in einer ~ he drove eight hours at a stretch; er redete in einer ~ he talked incessantly (*od.* without pausing for breath, *colloq.* a blue streak). **– 15.** er hat seine ~ *fig. colloq.* this is one of his days, he is in one of his moods.

'Tou·ren|,fahrt *f* (*im Motorsport*) touring competition. — **~,rad** *n* touring bicycle, *Br.* roadster. — **~,schrei·ber** *m tech.* gyrograph. — **~,ski** *m* (*sport*) touring ski. — **~,wa·gen** *m auto.* touring car, *auch* tourer. — **~,zahl** *f tech. auto.* number of revolutions. — **~,zäh·ler** *m* revolution (*od.* speed) indicator (*od.* counter), tachometer, revmeter, speedometer.

Tou·ris·mus [tu'rɪsmʊs] *m* ⟨-; *no pl*⟩ (*Fremdenverkehr*) tourism.

Tou·rist [tu'rɪst] *m* ⟨-en; -en⟩ tourist. **Tou·ri·sten|,her·ber·ge** *f* hostel, inn. — **~,klas·se** *f* **1.** (*im Flugzeug*) economy (*od.* tourist) class. **– 2.** (*auf Schiffen*) tourist class.

— **~,strom** *m* stream of tourists. — **~ver,kehr** *m* tourist traffic, tourism.

Tou·ri·stik [tu'rɪstɪk] *f* ⟨-; *no pl*⟩ tourism.

Tou'ri·stin *f* ⟨-; -nen⟩ (*female*) tourist.

tou·ri·stisch *adj* touristic, *auch* touristical.

Tour·né [tur'neː] *n* ⟨-s; -s⟩ (*games*) turnup.

Tour·nee [tur'neː] *f* ⟨-; -s *u.* -n [-ən]⟩ **1.** (*theater*) (*starring*) tour: auf ~ gehen, eine ~ machen to go on (*od.* make) a tour; auf ~ sein to be on tour. **– 2.** *mus.* (*eines Orchesters, Sängers etc*) (concert) tour.

tour·nie·ren [tur'niːrən] **I** *v/t* ⟨*no* ge-, h⟩ *gastr.* (*Butter, Gemüse etc*) form (*s.th.*) into decorative shapes. – **II** *v/i* (*games*) turn the card(s) (up).

Tox·ämie [tɔkse'miː] *f* ⟨-; -n [-ən]⟩ *med.* (*Blutvergiftung*) tox(a)emia, toxic(a)emia, septic(a)emia. — **tox·ämisch** [-'ksɛːmɪʃ] *adj* tox(a)emic, septic.

To·xi·ko·lo·ge [tɔksiko'loːgə] *m* ⟨-n; -n⟩ *med.* toxicologist. — **To·xi·ko·lo'gie** [-lo'giː] *f* ⟨-; *no pl*⟩ *med.* (*Giftlehre*) toxicology. — **to·xi·ko·lo·gisch** *adj* toxicologic, *auch* toxicological.

To·xi·ko·se [tɔksi'koːzə] *f* ⟨-; -n⟩ *med.* (*Vergiftung*) toxicosis.

To·xi·kum ['tɔksikum] *n* ⟨-s; -ka [-ka]⟩ *med.* (*Gift*) poison, toxic substance.

To·xin [tɔ'ksiːn] *n* ⟨-s; -e⟩ *med.* (*Giftstoff*) toxin: im Serum enthaltenes ~ serotoxin.

to·xisch ['tɔksɪʃ] *adj med.* toxic(ant), poisonous.

To·xi·zi·tät [tɔksitsi'tɛːt] *f* ⟨-; *no pl*⟩ *med.* (*Giftigkeit*) toxicity.

To·xo·id [tɔkso'iːt] *n* ⟨-(e)s; -e⟩ *chem.* toxoid.

To·xo·plas·mo·se [tɔksoplas'moːzə] *f* ⟨-; -n⟩ *med. vet.* (*Tierseuche*) toxoplasmosis.

T-Pro·fil ['teː-] *n* ⟨-s; -e⟩ *tech.* T-section.

Trab [traːp] *m* ⟨-(e)s; *no pl*⟩ **1.** (*Gangart des Pferdes*) trot: im ~ at a trot; starker [verkürzter, versammelter] ~ extended [short, collected] trot; in vollem ~ at full trot; in raschem ~ at a quick (*od.* brisk, smart) trot; (im) ~ reiten to trot; ein Pferd in ~ bringen (*od.* setzen) to trot a horse, to bring (*od.* raise) a horse to a trot, to put a horse into a trot; in ~ fallen to fall into a trot; einen ~ anschlagen, sich in ~ setzen to break into a trot, to begin to trot. **– 2.** *fig. colloq.* (*in Wendungen wie*) er setzte sich in ~ he broke into a trot (*od.* run), he began to trot (*od.* run); j-n auf (*od.* in) ~ bringen to make s.o. smarten up (*od. colloq.* get a move on); etwas in ~ bringen to set s.th. in motion, to get s.th. moving (*od.* going); j-n in ~ halten to keep s.o. on the go (*od.* move), to keep s.o. at it; er ist immer auf (dem) ~ he is always on the go (*od.* move), he is always up and doing; mach (*od.* nun aber) ein bißchen ~! *colloq.* hurry up! get a move on! (*colloq.*), make it snappy! (*colloq.*).

Tra·bant [tra'bant] *m* ⟨-en; -en⟩ **1.** *astr.* (*Begleitplanet*) moon, satellite. **– 2.** *hist.* (*Leibwächter, Diener*) trabant. **– 3.** *pol. cf.* Trabantenstaat. **– 4.** *telev.* (*Impuls*) equalizing (*Br. auch* -s-) pulse.

Tra'ban·ten|,sied·lung *f* satellite colony. — **~,staat** *m pol.* satellite (state). — **~,stadt** *f* (*Randsiedlung einer Großstadt*) satellite town.

Tra·be·kel [tra'beːkəl] *f* ⟨-; -n⟩ *med.* (*Balken*) trabecula, trabecle. — **~,bla·se** *f* trabeculated bladder.

tra·be·ku·lär [trabeku'lɛːr] *adj med. bot.* trabecular, *auch* trabeculate(d).

tra·ben ['traːbən] **I** *v/i* ⟨sein⟩ **1.** (*von Pferd etc*) trot, pace: ein Pferd ~ lassen to trot a horse, to put a horse to a trot. **– 2.** *colloq.* (*von Person*) trot, jog, run: der Junge trabte nach Hause the boy trotted home. – **II** **T~** *n* ⟨-s⟩ **3.** *verbal noun.* **– 4.** trot.

'Tra·ber *m* ⟨-s; -⟩ **1.** (*Pferd*) trotter, trotting horse, pacer, *bes. Am.* harness racer. **– 2.** (*Fahrer*) sulky driver, *bes. Am.* harness racer. — **~,bahn** *f cf.* Trabrennbahn. — **~,pferd** *n cf.* Traber 1. — **~,sport** *m* trotting sport, *bes. Am.* harness racing. — **~,wa·gen** *m* sulky.

'Trab|,rei·ten *n* trotting. — **~,renn,bahn** *f* trotting (*bes. Am.* harness) course. — **~,ren·nen** *n* trotting (*bes. Am.* harness) race, pacing.

Tra·chea [tra'xeːa] *f* ⟨-; Tracheen⟩ *med.* (*Luftröhre*) windpipe, trachea (*scient.*). — **tra·che'al** [-xe'aːl] *adj* **1.** *med.* tracheal. **– 2.** *zo.* (*bei Arthropoden*) spiracular.

Tra·che'al|ka,nü·le *f med.* tracheotomy

tube (*od.* cannula, *auch* canula). — **~ka,tarrh** *m* tracheal catarrh, tracheitis. — **~ka,the·ter** *m* endotracheal catheter. — **~,öff·nung** *f zo.* spiracle. — **~,ras·seln** *n med.* tracheal rale. — **~ste,no·se** *f* (*Luftröhrenverengerung*) tracheostenosis, tracheal stenosis. — **~,trom·mel** *f zo.* tympanum.

Tra·chee [tra'xeːə] *f* ⟨-; -n⟩ *zo.* trachea, spiracle: mit einer ~ (versehen) tracheate, spiraculate.

Tra·che·en|,öff·nung *f zo.* (*eines Insekts*) stigma. — **~,tie·re** *pl zo.* Tracheata.

Tra·chei·de [traxe'iːdə] *f* ⟨-; -n⟩ *bot.* tracheid.

Tra·cheo·to·mie [traxeoto'miː] *f* ⟨-; -n [-ən]⟩ *med.* (*Luftröhrenschnitt*) tracheotomy: blitzartige ~ fire-drill tracheotomy; obere ~ superior (*od.* high) tracheotomy; untere ~ inferior (*od.* low) tracheotomy.

Tra·chom [tra'xoːm] *n* ⟨-s; -e⟩ *med.* (*Körnerkrankheit*) trachoma, granular lids *pl* (*od.* conjunctivitis).

Tracht [traxt] *f* ⟨-; -en⟩ **1.** (*Volkstracht*) traditional (*od.* folk, national) costume: einfache [malerische] ~en simple [picturesque] costumes; sie hatten ihre alten ~en angelegt they had dressed in their old traditional costumes. **– 2.** (*einer Epoche*) period costume. **– 3.** (*Amtskleidung*) official dress, garb: die geistliche ~ the clerical garb (*od.* cloth). **– 4.** (*der Krankenschwestern etc*) uniform. **– 5.** *obs.* (*Traglast*) load, charge: eine ~ Holz [Heu] a load of wood [hay]. **– 6.** j-m eine gehörige ~ Prügel verabreichen *fig. colloq.* to give s.o. a sound thrashing (*od.* colloq. a good hiding). **– 7.** *zo.* (*Schwärmzeit der Bienen*) swarming time. **– 8.** *bot.* a) (*Nektarangebot der Pflanzen*) nectar (*od.* honey) flow, b) (*Wachstumsart*) habit. **– 9.** *hunt.* a) (*Junge*) litter, b) (*Gebärmutter des Haarwilds*) womb. **– 10.** (*am Sattel*) curve of the saddletree, saddle(tree) bar.

'Tracht,bie·ne *f zo.* field (*od.* foraging) bee.

trach·ten ['traxtən] **I** *v/i* ⟨h⟩ **1.** (*danach*) ~ zu to endeavor (*bes. Br.* endeavour) to, to try (*stärker* strive, seek) to: er trachtete (*danach*), alles Beweismaterial zu vernichten he tried to destroy all evidence; er trachtet nur danach, Geld zu verdienen his sole object (*od.* aim) is to make money, he is only out for money (*colloq.*). **– 2.** nach etwas ~ a) (*erstreben*) to aspire to (*od.* after) s.th., to seek s.th., to aim at s.th. (*stärker* strive for (*od.* after) s.th.), to endeavor (*bes. Br.* endeavour) after s.th., to be out for s.th. (*colloq.*), b) (*begehren*) to covet s.th., to have one's (*od.* an) eye on s.th. (*colloq.*): nach Ruhm [Reichtum] ~ to aspire to (*stärker* strive for) fame [wealth]; → Leben 1. – **II T~** *n* ⟨-s⟩ **3.** *verbal noun.* **– 4.** aspiration, aim, endeavor(s *pl*), *bes. Br.* endeavour(s *pl*), (*stärker*) striving(s *pl*): mein Sinnen und T~ my aim and endeavo(u)r; sein ganzes Sinnen und T~ ist auf Profit gerichtet (*od.* geht auf Profit aus) his every thought and wish is (aimed at) profits, all his aspirations aim at profit(s); sein ganzes T~ war his sole aim (*od.* object) was.

'Tracht·ten|,an,zug *m* (*fashion*) suit in the style of a traditional costume. — **~,fest** *n* festival of traditional (*od.* national) costumes. — **~,grup·pe** *f* group in traditional costume: ~n aus Bayern groups in (traditional) Bavarian costume. — **~ka,pel·le** *f* band in traditional costume. — **~ko,stüm** *n* (*fashion*) (woman's) suit in the style of a traditional costume. — **~ver,ein** *m* society for the continued use of traditional costumes. — **~,zug** *m* parade of traditional costumes.

träch·tig ['trɛçtɪç] *adj* **1.** (*Tier*) pregnant: ~ werden to conceive. – **2.** *fig. lit.* pregnant: ein von Gedanken ~es Werk a work pregnant with thought, a pithy work. — **'Träch·tig·keit** *f* ⟨-; *no pl*⟩ (*von Tieren*) pregnancy, gestation, gravidity. **'Träch·tig·keits,dau·er** *f zo. cf.* Tragezeit.

Tra·chyt [tra'xyːt; -'xʏt] *m* ⟨-s; -e⟩ *geol.* (*ein Ergußgestein*) trachyte.

Track [træk] (*Engl.*) *m* ⟨-s; -s⟩ *mar.* (*Route, Seeweg*) track.

'Track·ing·sta·ti,on ['trækɪŋ-] (*Engl.*) *f* (*space*) tracking station.

Tra·des·kan·tie [trades'kantsiə] *f* ⟨-; -n⟩ *bot.* spiderwort, dayflower (*Gattg Tradescantia*).

tra·die·ren [tra'diːrən] *v/t* ⟨*no* ge-, h⟩ (*überliefern*) hand down.

Tra·di·ti·on [tradi'tsioːn] *f* ⟨-; -en⟩ **1.** (*Überlieferung*) tradition: nach alter ~ according to an old (*od.* ancient) tradition; eine ~ pflegen [hochhalten] to cultivate [to keep up] a tradition; an der ~ festhalten to adhere to tradition; einer ~ folgen to follow a tradition; mit der ~ brechen to break with tradition; durch ~ gefestigte (wohlerworbene) Rechte *jur.* traditional (vested) rights. – **2.** (*Gepflogenheit*) convention, tradition: die ~ schreibt vor, daß convention prescribes that; das entspricht der ~ this is in keeping with tradition. – **3.** (*Gewohnheit, Brauch*) tradition, (old) custom: das jährliche Treffen ist bei uns bereits zur (festen) ~ geworden our annual meeting has become a (real) tradition.

Tra·di·tio·na·lis·mus [traditsiona'lɪsmʊs] *m* ⟨-; *no pl*⟩ *bes. relig.* traditionalism.

tra·di·tio·nell [traditsio'nɛl] *adj* **1.** (*herkömmlich*) traditional. – **2.** (*konventionell*) conventional, traditional.

tra·di·ti·ons|be,wußt *adj* traditionalistic. — **T~be,wußt,sein** *n* traditionalism. — **~,feind·lich** *adj* hostile to tradition. — **~ge,bun·den** *adj* traditionalist: ~er Mensch traditionalist. — **~ge,mäß I** *adj* traditional, in keeping with tradition. – **II** *adv* traditionally, according to tradition. — **T~pa,pie·re** *pl econ.* negotiable (*od.* transferable, endorsable) papers (*od.* instruments), documents of title. — **~,reich** *adj* rich in tradition. — **~ver,band** *m* association of (war) veterans of a certain military branch.

traf [traːf] *1 u. 3 sg pret*, **trä·fe** ['trɛːfə] *1 u. 3 sg pret subj of* **treffen**.

Tra·fik [tra'fɪk] *m* ⟨-s; -s⟩, *Austrian only f* ⟨-; -en⟩ *bes. Austrian* tobacconist's shop. — **Tra·fi'kant** [-fi'kant] *m* ⟨-en; -en⟩, **Tra·fi'kan·tin** *f* ⟨-; -nen⟩ tobacconist.

Tra·fo ['traːfo] *m* ⟨-(s); -s⟩ *electr. colloq.* transformer.

träg [trɛːk] *adj u. adv* ⟨-er; -st⟩ *rare for* **träge**.

'Trag|,ach·se *f tech.* supporting axle. — **~al,tar** *m röm.kath.* portable altar.

Tra·gant [tra'gant] *m* ⟨-(e)s; -e⟩ **1.** *bot.* tragacanth, goat's thorn, rattleweed (*Gattg Astragalus*). – **2.** (*Gummisubstanz*) (gum) tragacanth. — **~,gum·mi** *n, m cf.* Tragant 2.

'Trag|,arm *m* **1.** *tech. civ.eng.* supporting arm (*od.* bracket). – **2.** *auto.* a) *cf.* Längslenker, Querlenker, b) (*eines Wagenhebers*) carrier arm. — **~,bah·re** *f* stretcher, litter. — **~,bal·ken** *m* **1.** *civ.eng.* a) supporting beam, girder, b) (*Querträger*) cross girder, c) (*Längsträger*) longitudinal beam, d) (*für Fenster, Türen*) transom, e) *cf.* Deckenbalken. – **2.** *arch. antiq. cf.* Architrav. — **~,band** *n* ⟨-(e)s; ⁓er⟩ **1.** *electr.* a) (*einer Batterie*) suspension strap, b) (*für Luftkabel*) cable suspender. – **2.** *med.* a) (*an Prothesen*) strap, brace, b) (*Suspensorium*) suspensory. – **3.** (*Schlinge*) sling.

'trag·bar I *adj* **1.** (*Gerät*) portable: leicht ~ easy to carry; ~er Fernseher portable (television set). – **2.** (*Kleidung*) wearable, fit for wear(ing). – **3.** *fig.* (*Verhältnisse etc*) bearable, tolerable, endurable: dieser Zustand ist nicht mehr ~ this state of affairs is no longer bearable; schwer ~ hard to bear. – **4.** *fig.* (*Preis, Vorschlag*) reasonable, acceptable. – **5.** *fig.* (*Person*) acceptable: er ist als Lehrer nicht ~ he is impossible as a teacher; der Kandidat ist für alle Parteien ~ the candidate is acceptable to all parties. – **II T~e**, *das* ⟨-n⟩ **6.** *only in* im Rahmen (*od.* in den Grenzen) des T~en within reason(able limits).

'Trag|,baum *m* (*einer Sänfte*) carrying pole. — **~,bett** *n* portable bed. — **~,bü·gel** *m* carrying handle. — **~,draht** *m electr.* supporting (*od.* suspension, catenary) wire.

'Tra·ge *f* ⟨-; -n⟩ *cf.* a) Tragbahre, b) Tragkorb 3.

trä·ge ['trɛːgə] **I** *adj* ⟨-r; träg(e)st⟩ **1.** (*faul, bequem*) lazy, indolent, sluggish, slothful: alt und ~ werden to become old and sluggish. – **2.** (*müßig, untätig*) idle, inactive, truant (*lit.*). – **3.** (*langsam*) slow, sluggish: ein ~r Fluß a sluggish river. – **4.** (*schwerfällig*) heavy, torpid: er ist geistig ~ he has

a torpid (*od.* dull, sluggish) mind. – **5.** (*schläfrig*) sleepy, drowsy, dozy: die Hitze macht mich ganz ~ the heat makes me quite sleepy. – **6.** (*schlaff, schwunglos, lethargisch*) listless, languid, lethargic, torpid. – **7.** *fig.* (*Geschäft etc*) slack, dull, sluggish, stagnant: ~ werden to stagnate. – **8.** *phys.* (*Masse etc*) inert. – **9.** *chem.* inert, inactive, unreactive. – **10.** *med.* a) (*Organe*) inactive, b) (*Reflexe*) sluggish. – **11.** ~ Sicherung *electr.* delay(-action) (*od.* time-lag) fuse. – **II** *adv* **12.** er erhob sich ~ he rose lazily; der Fluß fließt ~ dahin the river flows along slowly (*od.* sluggishly).

tra·gen ['traːgən] **I** *v/t* ⟨trägt, trug, getragen, h⟩ **1.** (*carry, bear* (*lit.*): etwas in der Hand [auf dem Rücken] ~ to carry s.th. in one's hand [on one's back]; etwas bei sich tragen to carry s.th. on (*od.* with) one; er trägt den Arm in einer Binde [Schlinge] he has his arm in a sling; Waffen ~ to bear arms. – **2.** (*hinbringen, mitnehmen*) take: trag(e) den Brief zur (*od.* auf die) Post take the letter to the post office; etwas nach Hause ~ to take (*od.* carry) s.th. home; → Eule 1; Grab 1; Haut 2. – **3.** (*befördern*) carry, convey: der Wind trug den Schall [Geruch] zu uns the wind carried (*od.* wafted) the sound [smell] toward(s) us; er eilte davon, so schnell ihn die Füße trugen he ran off as fast as his legs would carry him; infolge übergroßer Geschwindigkeit wurde das Auto aus der Bahn getragen due to excessive speed the car was carried (*od.* flung) off (its) course; Neuigkeiten von Haus zu Haus ~ to bear (*od.* spread) news from door to door; → Hoffnung 1; Kirche 1; Schau 1. – **4.** (*Kleider, Schmuck, Brille, Haar etc*) wear: Schwarz [Trauer] ~ to wear (*od.* be in) black [mourning]; sie trägt gerne Grün she likes to wear green; sie trug eine Brille [ein Kleid] she wore glasses [a dress], she had glasses [a dress] on; das kannst du (doch) noch ~ (surely) you can still wear it; die Jacke läßt sich noch ~ the jacket is still wearable; sie trägt ihr Haar lang [offen, in einem Knoten] she wears her hair long [loose, in a bun]; er trägt einen Scheitel he wears (*od.* has) a part (*bes. Br.* parting); eine Krone ~ to wear a crown; sie trug die Ehrungen mit anmutiger Würde *fig.* she wore her hono(u)rs gracefully; → Horn 1; Scheuklappe. – **5.** *fig.* (*in Wendungen wie*) den Kopf (sehr) hoch ~ to carry (*od.* hold) one's head (very) high; die Nase (zu) hoch ~ *colloq.* to go along with one's nose in the air, to give oneself airs. – **6.** *fig.* (*haben*) bear, have: er trägt einen berühmten Namen he bears a famous name; das Buch trägt den Titel the book bears the title (*od.* is entitled); der Brief trägt das Datum vom dritten the letter is dated the third; das Schreiben trägt kein Datum the letter bears (*od.* has) no date; er trägt den Keim des Todes in sich *lit.* he bears the seeds of death in him; j-s Bild im Herzen ~ to carry s.o.'s image in one's heart; → Achsel 1; Hand¹ *Verbindungen mit Präpositionen u. Präp. Bes. Redewendungen.* – **7.** (*stützen, halten*) carry, support, bear (*lit.*): die Füße ~ mich kaum noch my legs will hardly carry me any longer; das Dach wird von Säulen getragen the roof is carried (*od.* supported, held up) by pillars. – **8.** (*Schwimmer*) buoy (*s.o.*) up. – **9.** *fig.* (*unterstützen*) support, uphold, sustain, maintain, carry: die Regierung wird vom Vertrauen des Volkes getragen the government is supported by the people's confidence. – **10.** (*unterhalten, ernähren*) support: das Land trägt so viele Ausländer nicht the country cannot support so many foreigners. – **11.** (*aushalten*) carry, take: die Brücke trägt schwere Lastwagen the bridge carries heavy lorries. – **12.** *fig.* (*Unglück, Leid etc*) bear, endure, suffer: er trägt sein Schicksal tapfer he bears his fate bravely; er hat ein schweres Los zu ~ his is a hard lot; wie trägt sie es? how is she bearing up? how is she taking it? sein Kreuz (geduldig) ~ to bear one's cross (patiently); leicht zu ~ bearable, tolerable; → Fassung 3. – **13.** (*Verantwortung etc*) bear, take: sie müssen die Folgen ihres Tuns ~ they must bear the consequences of their doings; wer trägt das Risiko? who takes the risk? die Schuld an (*dat*)

etwas ~ to bear the blame for s.th., to be to blame for s.th.; wer trägt die Schuld? whose fault is it? who is responsible (*od.* to blame) (for it)? – **14.** (*bezahlen*) pay, defray: die Versicherung trägt den Schaden [Verlust] the insurance company pays (for) the damage [loss]; die Hälfte der Kosten ~ to share expenses (with s.o.). – **15.** (*decken*) cover, bear: das Geschäft trägt die Kosten nicht the business does not cover the expenses. – **16.** sie trägt ein Kind unter dem Herzen *poet.* she is carrying a (*od.* is with) child. – **17.** die Kuh trägt ein Kalb the cow is in (*od.* with) calf. – **18.** (*Früchte*) bear, yield, produce: ich hoffe, daß seine Arbeit Früchte trägt *fig.* I hope (that) his work will bear fruit; Samen ~ to bear seed(s). – **19.** *econ.* (*Zinsen*) bear, yield, pay, return, produce, bring in: das Kapital trägt 4 Prozent Zinsen the capital bears 4 percent interest; Kapital trägt Zinsen capital produces interest. – **20.** (*in Verbindung mit bestimmten Substantiven*) Bedenken ~, etwas zu tun to have misgivings about doing s.th.; einer Sache Rechnung ~ to take s.th. into account; für etwas Sorge ~ to see to s.th.; dafür Sorge ~, daß to see (to it) that; nach etwas Verlangen ~ to long (*od.* have a longing) for s.th. – **II** *v/i* **21.** (*tragfähig sein*) hold: das Eis trägt schon the ice holds already; das Eis trägt noch nicht the ice will not hold yet. – **22.** (*von Wasser*) be buoyant. – **23.** (*fruchtbar sein*) bear: der Baum [Boden] trägt gut the tree [soil] bears well. – **24.** (*trächtig sein*) be pregnant: die Kuh trägt the cow is pregnant (*od.* with calf). – **25.** (*von Stimme, Schall etc*) carry. – **26.** *mil.* (*von Geschützen etc*) carry. – **27.** er hat schwer zu ~ he has a heavy load to carry, he is heavily laden (*od.* he is burdened) with s.th.; kann ich Ihnen ~ helfen? can I help you carry that? – **III** *v/reflex* sich ~ **28.** (*von einer Last etc*) carry: der Koffer trägt sich gut [leicht] the suitcase carries well [is easy to carry]. – **29.** (*von Kleidungsstücken, Stoffen etc*) wear: der Stoff trägt sich gut the fabric wears well, this is (a) good wearing material. – **30.** (*sich lohnen od. bezahlt machen*) pay (one's way): das Unternehmen trägt sich selbst the firm pays its way; das Geschäft trägt sich nicht the business does not pay. – **31.** (*in Wendungen wie*) sich mit der Absicht (*od.* dem Gedanken) ~, etwas zu tun a) (*erwägen*) to be considering (*od.* thinking of) doing s.th., to have s.th. in mind, b) (*fest vorhaben*) to have the intention of doing s.th., to intend to do s.th.; er trägt sich mit der Hoffnung, daß he lives in (*od.* cherishes) the hope that; er trägt sich mit Heiratsabsichten he is thinking of getting married, he has marriage in mind. – **IV T~** *n* ⟨-s⟩ **32.** *verbal noun.* – **33.** zum T~ kommen *fig.* to have an effect.

'tra·gend I *pres p.* – **II** *adj* **1.** (*Stimme*) clearly audible: sie hat eine ~e Stimme her voice carries well. – **2.** (*Rolle*) leading, main (*attrib*). – **3.** (*Gedanke, Idee, Motiv etc*) basic, main (*attrib*). – **4.** *cf.* trächtig 1. – **5.** *phys.* carrying. – **6.** *civ.eng.* (*stützend*) supporting: ~e Decke supporting floor. – **7.** *aer.* load-carrying: ~e Außenhaut stress-bearing skin.

Trä·ger ['trɛːgər] *m* ⟨-s; -⟩ **1.** (*von Lasten*) carrier. – **2.** (*auf dem Bahnhof*) porter. – **3.** *civ.eng.* girder. – **4.** *metall.* a) (*gewalzter*) beam, b) (*geschweißter*) girder. – **5.** *tech.* a) (*Halter*) bracket, stay, bearer, b) (*Stütze*) support: vorspringender ~ cantilever; senkrechter ~ upright. – **6.** (*an Wäsche, Kleidern etc*) (shoulder) strap. – **7.** (*Hosenträger*) *bes. Br.* braces *pl*, *bes. Am.* suspenders *pl.* – **8.** (*von Kleidung, Krone etc*) wearer: ~ des gelben Trikots (*bei Radrennen*) wearer of the yellow jersey. – **9.** *fig.* (*von Titeln, Ämtern*) bearer, holder. – **10.** *jur.* subject: ~ des Völkerrechts subject of international law; ~ von Rechten und Pflichten subject of rights and duties; ~ des öffentlichen Rechts subject of public law. – **11.** (*Vertreter*) representative: die ~ der Staatsgewalt the representatives of supreme power. – **12.** *fig.* (*einer Idee, Bewegung*) supporter, upholder. – **13.** (*Vermittler, Medium*) vehicle: die Sprache ist der ~ des Gedankens language is the vehicle of

thought. – **14.** *econ.* a) (*Faktor*) factor, b) (*Institution*) institution, agency: ~ der Sozialversicherung social insurance institutions. – **15.** *mar. mil. cf.* Flugzeugträger. – **16.** *med.* a) (*Krankheitsträger*) carrier, b) (*Lösungsmittel für Medizin*) vehicle. – **17.** *med. mil.* (*Krankenträger*) stretcher-bearer. – **18.** *chem.* (*Trägersubstanz*) support, carrier. – **19.** *biol.* (*Medium*) vehicle, carrier. – **20.** *zo.* (*Stiel*) peduncle, column. – **21.** ~ der Flechten *bot.* podetium. – **22.** eine Pflanze [ein Baum] ist ein guter [schlechter] ~ *hort.* a plant [a tree] is a good [poor] cropper (*od.* bears a good [poor] crop). – **23.** *electr.* carrier. – **24.** *math.* (*einer Punktreihe*) base. – **25.** *tech.* a) (*in der Goldschmiedekunst*) piping, b) (*in der Glasfabrikation*) fascet, c) (*Gestell, Unterbau*) mount. – **26.** *mus.* (*der Harfe*) pillar. – **27.** (*Golfjunge*) cad(d)ie, caddy. – **28.** (*Zeitungsträger*) news(paper)-boy. – **29.** *hunt.* (stag's) neck. – **30.** umlaufender ~ (*space*) orbiting vehicle. – **31.** (*film*) base. –
'**Trä·ger|ˌband** *n* (*an Kleidungsstücken*) (shoulder) strap. — ~ˌbrücke (*getr.* -k·k-) *f civ.eng.* girder bridge. — ~ˌener·gie *f electr.* carrier energy. — ~ˌflug·zeug *n aer. mil.* a) (*auf Flugzeugträgern*) carrier(-based) aircraft, b) (*auf anderen Schiffen*) shipboard plane. — ~ˌfre·quenz *f electr.* carrier frequency. — ~ˌgas *n chem. tech.* carrier gas. — ~ˌge·bühr *f* (*für Koffertträger*) porterage, porter's fee. — ~ˌkleid *n* dress with shoulder straps. — ~ˌlohn *m* (*für Lastenträger*) carriage, carrier's fee. — t~los *adj* (*Kleid etc*) strapless. — ~ˌra·ke·te *f* (*space*) launch vehicle, launcher (rocket). — ~ˌrau·schen *n electr.* carrier noise. — ~ˌrock *m* (*fashion*) skirt with shoulder straps. — ~ˌschür·ze *f* apron with shoulder straps. — ~ˌsei·te *f* (*film*) base side. — ~ˌstra·ße *f metall.* joist (*od.* beam) rolling mill, structural shape mill. — ~ˌstrom *m electr.* carrier current. — ~ˌsub·stanz *f chem.* support, carrier. — ~ˌsy·stem *n* (*space*) launcher system. — ~ˌwel·le *f electr.* (*radio*) *tel.* carrier (wave).
'**Tra·ge|ˌzeit** *f zo.* (period *od.* time of) gestation.
'**trag|ˌfä·hig** *adj* **1.** *tech.* (*belastbar*) load-carrying (*od.* -bearing): nicht ~ genug the load-carrying capacity of the bridge is insufficient. – **2.** *civ.eng.* load-carrying. – **3.** (*stabil*) strong. – **4.** *phys.* portative. – **5.** (*Wasser*) buoyant. — '**Trag|ˌfä·hig·keit** *f ⟨-; no pl⟩* **1.** *tech.* (*Belastbarkeit*) a) load-carrying capacity, carrying (*od.* bearing) power, loadability, b) (*eines Flugzeugs*) lifting capacity, c) (*einer Brücke*) safe load: die Brücke hat eine ~ von 20 Tonnen the safe (*od.* maximum) load for this bridge is 20 tons. – **2.** *phys.* portative force. – **3.** *mar.* a) deadweight tonnage, b) (*Schwerguttfähigkeit*) deadweight-loading (*od.* -carrying) capacity, deadweight tonnage. – **4.** *econ.* (*Nutzlast*) payload. – **5.** *civ.eng.* (*eines Baugrundes*) bearing capacity. – **6.** (*des Wassers*) buoyancy. – **7.** *sociol.* population capacity.
'**Trag|ˌfe·der** *f tech.* bearing (*od.* supporting) spring. — t~ˌfest *adj* (*Fußboden etc*) load- (*od.* weight-)resistant. — ~ˌfe·stig·keit *f* **1.** resistance to load (*od.* weight). – **2.** *civ.eng.* (*des Baugrunds*) bearing resistance. – **3.** breaking strength.
'**Trag|ˌflä·che** *f* **1.** *aer.* wing: unverspreizte (*od.* freitragende) ~ cantilever (wing), Flugzeug mit tiefliegenden ~n low-wing aircraft. – **2.** *tech.* bearing surface (*od.* area).
'**Trag|ˌflä·chen|be·la·stung** *f aer.* wing loading. — ~be·ˌspan·nung *f* wing (fabric) covering. — ~ˌboot *n mar. cf.* Tragflügelboot. — ~ˌholm *m aer.* spar. — ~ˌküh·ler *m* wing radiator. — ~ˌpro·fil *n* wing section. — ~ver·ˌei·sung *f* wing icing.
'**Trag|ˌflü·gel** *m* **1.** *aer.* airfoil, *bes. Br.* aerofoil. – **2.** *mar.* hydrofoil. — ~ˌboot *n mar.* hydrofoil, flying boat. — ~theo·ˌrie *f* (*in Aerodynamik*) airfoil (*od.* wing) theory.
'**Trag|ge·ˌstell** *n* **1.** (*am Fahrrad etc*) carrier. – **2.** (*bes. für den Rücken*) pack frame. – **3.** *tech.* carrying (*od.* supporting) framework. – **4.** *electr.* (*für Kabel*) cable support rack. — ~ˌgriff *m* carrying handle. — ~ˌgurt *m* carrying strap.
'**Träg·heit** *f ⟨-; no pl⟩* **1.** (*Faulheit*) laziness, indolence, sluggishness, sloth(fulness). –

2. (*Müßigkeit*) idleness, inaction, inactivity, truancy (*lit.*). – **3.** (*Langsamkeit*) slowness, sluggishness. – **4.** (*Schwerfälligkeit*) heaviness, torpidity, torpidness: geistige ~ dullness. – **5.** (*Schläfrigkeit*) sleepiness, drowsiness, doziness. – **6.** (*Schlaffheit*) listlessness, languidness, languor, lethargy, torpidity, torpidness. – **7.** (*des Geschäfts*) dullness, sluggishness, slackness, stagnancy. – **8.** *phys.* inertia. – **9.** *chem.* inertia, inactivity. – **10.** *med.* (*von Organen*) inactiveness, b) (*von Reflexen*) sluggishness. – **11.** *tech.* (*Verzögerung*) time lag.
'**Träg·heits|ˌach·se** *f phys.* axis of inertia. — ~ge·ˌsetz *n* law of inertia. — ~ˌhalb·ˌmes·ser *m tech.* radius of gyration. — ~ˌkraft *f phys.* force of inertia. — ~ˌlen·kung *f* (*space*) inertial guidance. — ~mo·ˌment *n* moment(um) of inertia. — ~na·vi·ga·ti·ˌon *f* (*space*) inertial navigation. — ~ˌsteue·rung *f cf.* Trägheitslenkung. — ~ver·ˌmö·gen *n cf.* Trägheitskraft.
'**Trag|ˌhim·mel** *m röm.kath. cf.* Baldachin 1. — ~ˌholz *n* (*für Eimer*) yoke.
Tra·gik ['traːɡɪk] *f⟨-; no pl⟩* **1.** (*schicksalhaftes Leid*) tragedy: die innere ~ eines unverstandenen Menschen the inner tragedy of one who is misunderstood. – **2.** (*tragisches Element*) tragedy, tragic thing (*od.* element): die ~ lag darin, daß the tragedy (about it) was that, the tragic thing about it was that. — '**Tra·gi·ker** [-ɡikər] *m ⟨-s; -⟩* tragic poet, tragedian.
Tra·gi·ko·mik [traɡi'koːmɪk] *f ⟨-; no pl⟩* tragicomedy. — **tra·gi'ko·misch I** *adj* tragicomic(al). – **II** *adv* tragicomically. — **Tra·gi·ko·mö·die** [-ko'møːdiə] *f ⟨-; -n⟩* *auch fig.* tragicomedy.
tra·gisch ['traːɡɪʃ] **I** *adj* **1.** (*theater*) tragic(al): ~e Rolle tragic part (*od.* role). – **2.** *fig.* (*erschütternd*) tragic(al): ein ~es Ereignis a tragic event; eine ~e Wendung nehmen to take a tragic turn; ein ~es Ende nehmen to come to a tragic end; ein ~es Schicksal a tragic fate. – **II** *adv* **3.** tragically: ~ enden to end tragically, to come to a tragic end. – **4.** etwas ~ nehmen *fig. colloq.* to take s.th. hard (*od.* to heart): nimm's nicht so ~! don't take it to heart, don't let it upset you, don't take it too seriously; ich nehme es nicht ~ I don't let it upset me, I don't let it get me down. – **III T~e, das** ⟨-n⟩ **5.** the tragic, the tragicalness: die Theorie des T~en the theory of the tragic.
'**Trag|ˌjoch** *n cf.* Tragholz. — ~ˌka·bel *n civ.eng.* (*einer Hängebrücke*) suspension cable. — ~kon·ˌstruk·ti·on *f* load-carrying system. — ~ˌkorb *m* **1.** (*zum Einkaufen*) basket. – **2.** (*meist mit Deckel*) hamper. – **3.** (*Kiepe*) pack basket, pannier, dosser. — ~ˌkör·per *m* body. — ~ˌkraft *f* **1.** *cf.* Tragfähigkeit. – **2.** *tech.* (*eines Krans*) lifting capacity. — ~ˌkranz *m metall.* (*eines Hochofens*) lintel (*od.* mantel) ring. — ~ˌla·ger *n tech.* journal (*od.* thrust) bearing: geteiltes ~ one-direction locating type bearing. — ~ˌlast *f* **1.** load, burden. – **2.** (*Abteil*) für Reisende mit ~en (*railway*) (compartment) for passengers with bulky (*od.* heavy) luggage (*bes. Am.* baggage). – **3.** *civ.eng.* working load. — ~ˌlei·ne *f aer.* (*am Fallschirm*) shroud, *auch* shroud line. — ~ˌmul·de *f* (*für Mörtel etc*) hod.
Tra·gö·de [tra'ɡøːdə] *m ⟨-n; -n⟩* (*theater*) tragic actor, tragedian.
Tra·gö·die [tra'ɡøːdiə] *f ⟨-; -n⟩* **1.** (*theater*) tragedy, tragic drama: eine ~ in fünf Akten a tragedy in five acts. – **2.** *fig.* (*Unglück*) tragedy, tragic event: in diesem Haus hat sich eine (wahre) ~ abgespielt a tragic event happened in this house. – **3.** mach doch keine (*od.* nicht gleich eine) ~ daraus! *fig. colloq.* don't make such a big thing of it!
Tra·gö·di·en|ˌdar·ˌstel·ler *m cf.* Tragöde. — ~ˌdich·ter *m cf.* Tragiker.
Tra·gö·din *f ⟨-; -nen⟩* tragic actress, tragedienne.
'**Trag|ˌpfahl** *m civ.eng.* bearing pile. — ~ˌpfei·ler *m* supporting pillar. — ~ˌpferd *n* packhorse, sumpter horse. — ~ˌrie·men *m* **1.** carrying (*od.* shoulder, neck) strap. – **2.** *mil.* (*am Gewehr*) sling. – **3.** (*einer Kutsche*) main brace. — ~ˌring *m* **1.** *metall. cf.* Tragkranz. – **2.** *tech.* (*einer Kniehebelkupplung*) toggle ring. — ~ˌsat·tel *m* pack-saddle, *Br.* pack-saddle. — ~ˌschicht *f*

civ.eng. (*im Straßenbau*) base (course). — ~ˌschlin·ge *f med.* sling.
'**Trag|ˌschrau·be** *f aer.* rotor, lifter propeller (*auch* propellor). — '**Trag|ˌschrau·ber** *m ⟨-s; -⟩* gyroplane, autogiro, *auch* autogyro.
'**Trag|ˌseil** *n* **1.** *tech.* a) carrying rope, supporting cable, lift wire, b) (*einer Schwebebahn*) suspension rope (*od.* cable). – **2.** *tel.* suspension wire. — ~ˌses·sel *m* sedan (chair): ~ des Papstes *hist.* gestatorial chair.
'**Träg| si·che·rung** *f electr.* slow-blow fuse.
trägst [trɛːkst] *2 sg pres of* tragen.
'**Trag|ˌstein** *m arch.* **1.** *cf.* Konsole 1. – **2.** (*Schlußstein*) keystone. — ~ˌstuhl *m cf.* Tragsessel.
trägt [trɛːkt] *3 sg pres of* tragen.
'**Trag|ˌta·sche** *f* carrier bag. — ~ˌtie·fe *f tech.* (*eines Gewindes*) depth of engagement.
'**Trag|tier** *n* pack animal. — ~ko·ˌlon·ne *f* mule column, *bes. Am.* packtrain.
'**Tra·gung** *f ⟨-; no pl⟩* only in zur ~ der Kosten verurteilt werden *jur.* to have to pay the costs; Verurteilung zur ~ der Prozeßkosten judg(e)ment for the payment of legal costs.
'**Trag|ver·ˌmö·gen** *n* **1.** *phys.* (*statischer Auftrieb*) buoyancy, *auch* buoyance. – **2.** *tech. cf.* Tragfähigkeit 1. — ~ˌvor·rich·tung *f* **1.** *tech.* supporting structure. – **2.** *aer.* stowing device. — ~ˌwa·gen *m* (*railway*) carrier (waggon, *bes. Am.* wagon). — ~ˌwei·te *f ⟨-; no pl⟩* **1.** (*von Stimme etc*) range, reach, carry. – **2.** (*von Ereignissen, Entscheidungen etc*) importance, significance, magnitude, import, consequence: er war sich (*dat*) der ~ seines Entschlusses nicht bewußt he failed to recognize the importance of his decision; eine Entscheidung von großer ~ a decision of great importance (*od.* moment, consequence). — ~ˌwerk *n* **1.** *aer.* wing assembly (*od.* unit). – **2.** *civ.eng.* a) (*einer Brücke*) structural member, b) (*eines Bauwerkes*) load-bearing member. — ~ˌzeit *f zo. cf.* Tragezeit.
Trail·le [traːj; 'traljə] *f ⟨-; -n [-jən]⟩* (*Fähre*) ferry.
Train [trɛː; trɛːn] *m ⟨-s; -s⟩* *mil. hist.* (baggage) train.
Trai·ner ['trɛːnər] *m ⟨-s; -⟩* (*sport*) trainer, *auch* instructor, (*bes. von Mannschaften*) coach.
trai·nie·ren [trɛ'niːrən] **I** *v/t ⟨no ge-, h⟩* **1.** train, (*bes. Mannschaft*) coach. — **2.** (*Muskulatur, Herz etc*) train, exercise: → Körper 1. – **3.** (*Gedächtnis*) train. – **4.** (*Pferd*) train, school. – **II** *v/i* **5.** (*für* for) train, be in training. – **III** *v/reflex* sich ~ **6.** train (oneself).
Trai·ning ['trɛːnɪŋ] *n ⟨-s; -s⟩* **1.** training: [nicht] im ~ sein to be in [out of] training; ein scharfes ~ stiff training; mit dem ~ beginnen to go into training. – **2.** (*des Gedächtnisses etc*) training.
'**Trai·nings|ˌan·stalt** *f* (*beim Pferdesport*) training farm, (*mit Gestüt*) stud farm. — ~ˌan·zug *m* track suit. — ~ˌar·beit *f* (*sport*) training. — ~ˌball *m* training ball. — ~be·ˌla·stung *f* training load. — ~ˌbo·xen *n* sparring. — ~ˌhal·le *f* training hall. — ~ˌhand·schu·he *pl* (*beim Boxen*) sparring gloves. — ~ˌho·se *f* track-suit trousers *pl.* — ~ˌla·ger *n* training camp. — ~ˌlauf *m* **1.** (*für Läufer*) training run. – **2.** (*für Bob etc*) practice run. — ~ˌleh·re *f* theory of training (*od.* exercises). — ~me·tho·de *f* training method. — ~part·ner *m*, ~ˌpart·ne·rin *f* training partner. — ~ˌplatz *m* training ground. — ~ˌschiff *n mar.* training ship. — ~ˌspiel *n* (*sport*) practice match (*od.* game). — ~ˌzen·trum *n* training center (*bes. Br.* centre).
Tra·jekt [tra'jɛkt] *m, n ⟨-(e)s; -e⟩ mar.* **1.** traject, ferry (bridge), railway (*od.* train, car) ferry, sea train. – **2.** *obs.* (*Überfahrt*) crossing, passage.
Tra·jek·to·rie [trajɛk'toːriə] *f ⟨-; -n⟩ math.* trajectory.
Tra'jekt| schiff *n mar.* train (*od.* car) ferry.
Tra·keh·ner [tra'keːnər] *m ⟨-s; -⟩* horse bred in the Trakehnen stud (*a former stud in East Prussia*).
Trakt [trakt] *m ⟨-(e)s; -e⟩* **1.** (*eines Gebäudes*) tract, section. – **2.** (*einer Versorgungsleitung, projektierten Straße etc*) tract, run, stretch. – **3.** *med. zo.* (*Gang im Körper, Duktus*) tract, canal, duct.

Trak·tan·den [trak'tandən] *pl*, ~,**li·ste** *f*
Swiss (einer Versammlung) agenda *sg.*

Trak·tat [trak'ta:t] *m, n* ⟨-(e)s; -e⟩ **1.** *(wissenschaftliche Abhandlung)* treatise, tractate. – **2.** *(religiöse Schrift, Broschüre)* tract, *(religious)* pamphlet *(od. brochure).* – **3.** *obs. for* Vertrag. — **Trak'tät·chen** [-'tɛ:tçən] *n* ⟨-s; -⟩ **1.** *dim. of* Traktat. – **2.** *contempt. for* Traktat 2.

trak·tie·ren [trak'ti:rən] *v/t* ⟨*no* ge-, h⟩ **1.** j-n *(mit etwas)* ~ a) *(mißhandeln)* to maltreat s.o. (with s.th.), b) *colloq. (peinigen, quälen)* to torture s.o. (with s.th.), c) *colloq. (plagen, belästigen)* to torment *(od.* plague, pester, badger) s.o. (with s.th.), d) *colloq. humor. (überreichlich bewirten)* to ply s.o. (with s.th.), e) *archaic (bewirten)* to treat s.o. (to s.th.), to regale s.o. (with s.th.): er wurde mit Fußtritten traktiert he was maltreated with kicks, he was kicked; j-n mit Schlägen ~ to maltreat *(od.* maul, *auch* mall) s.o. with blows, to beat s.o. up; ich bin in der Prüfung ganz schön traktiert worden *colloq.* the examination was quite an ordeal, I was given the once over in the examination *(colloq.).* – **2.** etwas *(mit etwas)* ~ *colloq. humor. (unsachgemäß behandeln)* to maltreat *(od.* violate) s.th. (with s.th.).

Trak·tor [traktor] *m* ⟨-s; -en [-'to:rən]⟩ tractor. — ~,**fah·rer** *m* tractor driver.

Trak·to·rist [trakto'rɪst] *m* ⟨-en; -en⟩ *DDR cf.* Traktorfahrer.

'Trak·tor,rei·fen *m* tractor tire *(Br.* tyre).

Trak·trix ['traktrɪks] *f* ⟨-; Traktrizes [-'tri:tsɛs]⟩ *math.* tractrix.

Trak·tur [trak'tu:r] *f* ⟨-; -en⟩ *mus. (der Orgel)* action.

Trak·tus ['traktʊs] *m* ⟨-; -⟩ *mus. röm.kath.* tract, *auch* Tract.

Tral·je [traljə] *f* ⟨-; -n⟩ *Low G.* **1.** *(Stab eines Gitters, Geländers)* bar, rod. – **2.** *cf.* Gitter 1–8.

tral·la [tra'la:], **tral·la·(·la)·la** [trala(la)-'la:; 'trala(la),la:] *interj* tra-la-(-la)! *auch* tralira! tri, tra, ~, Kasperle ist wieder da! hurrah, hurrah, Punch is back again!

Tral·la·la [trala'la:] *n* ⟨-s; *no pl*⟩ *colloq. contempt. (modischer Firlefanz)* frippery, gewgaw(s *pl*), *Am. colloq.* doodad.

'Träl·ler *m* ⟨-s; -⟩ *(beim Jodeln etc)* trill, *auch* thrill, warble.

träl·lern ['trɛlərn] *v/t u. v/i* ⟨h⟩ **1.** *(vor sich hin singen)* lilt. – **2.** *(laut u. tremulierend singen)* warble, troll, quaver.

Tram¹ [tram] *f* ⟨-; -s⟩, *Swiss n* ⟨-s; -s⟩ *Bavarian, Austrian and Swiss for* Straßenbahn.

Tram² [tra:m] *m* ⟨-(e)s; -e *u.* ⁼e⟩ *bes. Southern G. and Austrian for* Balken 1.

'Tram,bahn *f Bavarian for* Straßenbahn.

Trä·mel ['trɛ:məl] *m* ⟨-s; -⟩ *dial. for* Baumstumpf.

'Trame,sei·de ['tra:m-] *f (textile)* tram.

Tra·mi·ner [tra'mi:nər] *m* ⟨-s; -⟩ *(Weinsorte)* Traminer (wine).

Tram·lot ['tramlət] *n* ⟨-s; *no pl*⟩ *(sport) (Übung am Seitpferd)* tramelot.

Tramp [tramp; trɛmp; træmp] *(Engl.)* m ⟨-s; -s⟩ *(Landstreicher)* tramp, vagabond, bum(mer) *(sl.),* *Am. sl.* hobo. — ~,**damp·fer** *m mar. econ. cf.* Trampschiff.

Tram·pel ['trampəl] *m, n* ⟨-s; -⟩, *auch f* ⟨-; -n⟩ *colloq. contempt. (plumpe Person, bes. Frau)* bumpkin, clod.

tram·peln ['trampəln] **I** *v/i* ⟨h *u.* sein⟩ **1.** ⟨h⟩ *(mit den Füßen stampfen)* trample, stamp. – **2.** ⟨h *u.* sein⟩ *(schwerfällig gehen, laut auftreten)* tramp, trample, stamp, clump: trample doch nicht so! don't trample like that! die Ochsen sind über die frische Saat getrampelt the oxen trampled over the freshly sown field. – **3.** ⟨h⟩ *auto. (seitlich ausbrechen)* veer, swerve. – **II** *v/t* ⟨h⟩ **4.** *(stampfen)* trample: die Zuschauer trampelten ihn halb tot the spectators nearly trampled him to death; einen Weg durch den Schnee ~ to trample *(od.* tread) a path through the snow. – **III** T~ *n* ⟨-s⟩ **5.** *verbal noun.* – **6.** trample.

'Tram·pel,pfad *m colloq.* beaten path *(od.* track), trail. — ~,**tier** *n* **1.** *zo. (zweihöckeriges Kamel)* (Bactrian) camel, *auch* Bactrian *(Camelus bactrianus).* – **2.** *fig. colloq. contempt. cf.* Trampel.

tram·pen ['trampən; 'trɛmpən] *colloq.* **I** *v/i* ⟨sein⟩ **1.** hitchhike, thumb lifts *(Am. rides):* ich bin durch ganz Dänemark getrampt I hitchhiked *(od.* thumbed lifts) all through Denmark. – **2.** *mar.* tramp. – **II** *v/t* **3.** *(eine Strecke)* hitchhike, *Am. auch* thumb.

Tram·per ['trampər; 'trɛmpər] *m* ⟨-s; -⟩ *colloq. (Anhalter)* hitchhiker, *Am. auch* thumber.

'Tramp,fahrt *f mar. econ.* tramp trade.

Tram·po·lin [trampo'li:n] *n* ⟨-s; -e⟩ *(sport)* trampoline, *auch* trampolin, *bes. Am.* bounding table, tramp *(colloq.).* — ~,**sprin·gen** *n (Disziplin)* trampoline jumping. — ~,**sprung** *m* trampoline jump. — ~,**tur·nen** *n* trampoline gymnastics *pl (construed as sg)*, trampoline jumping.

'Tramp,ree·der *m mar. econ.* owner of tramp ships. — ~,**schiff** *n* tramp steamer, tramper. — ~,**schiffahrt** *(getr.* -ff,f-) *f* tramp shipping *(od.* navigation), tramping.

Tram·way ['tramve; 'træmwei] *(Engl.)* f ⟨-; -s⟩ *Austrian obs. for* Straßenbahn.

Tran [tra:n] *m* ⟨-(e)s; -e⟩ **1.** train *(od.* fish) oil. – **2.** *(Walspeck etc)* blubber. – **3.** *fig. colloq. (in Wendungen wie)* im ~ sein a) *(schläfrig u. unaufmerksam sein)* to be half asleep, b) *(betrunken sein)* to be drunk *(od. colloq.* tight); das muß ich im ~ gemacht haben a) I must have done that without thinking *(od.* when I was half asleep), b) I must have done that when I was drunk.

Tran·ce [trãs; trã:sə; trã:ns] *f* ⟨-; -n [-sən]⟩ trance: in ~ fallen to go (off) *(od.* fall) into a trance; j-n in ~ versetzen to put s.o. into a trance. — ~,**zu,stand** *m* trance.

Tran·che [trã:ʃ; 'trã:ʃə] *f* ⟨-; -n [-ʃən]⟩ **1.** *gastr. (Scheibe Fleisch od. Fisch)* slice, tranche. – **2.** *econ. (einer Anleihe)* tranche.

Tran'chier|be,steck *n* carving set, carvers *pl*, set *(od.* pair) of carvers. — ~,**brett** *n* trencher, carving board.

tran·chie·ren [trã'ʃi:rən] *v/t* ⟨*no* ge-, h⟩ *gastr. (Geflügel, Braten, Fisch)* carve, cut up.

Tran'chier|,ga·bel *f* carving fork, carver. — ~,**mes·ser** *n* carving knife, carver.

Trä·ne ['trɛ:nə] *f* ⟨-; -n⟩ **1.** tear: ~n der Freude [Rührung] weinen to weep tears of joy [emotion]; bittere [heiße] ~n vergießen to shed bitter [hot] tears; in ~n ausbrechen to burst *(od.* dissolve) into tears, to turn on the waterworks *(colloq.);* ihre Augen standen voll(er) [schwammen in] ~n her eyes were full of [brimmed with] tears; sie war in ~n aufgelöst, sie zerfloß in ~n she was (dissolved) in tears, she was in floods of tears; mir stiegen *(od.* traten) die ~n in die Augen tears welled to *(od.* up in) my eyes; den ~n nahe sein to be on the verge of tears *(od.* of crying), to be very near to tears; mit ~n in den Augen *(od.* unter ~n) teilte sie ihm die Nachricht mit amid tears she told him the news; der Rauch trieb ihm die ~n in die Augen the smoke brought tears to his eyes *(od.* made his eyes water); j-m die ~n trocknen a) to dry s.o.'s tears, b) *fig.* to help s.o. to get over it; wir haben ~n gelacht we laughed till the tears ran down our cheeks *(od.* till we cried); das Lied rührte sie zu ~n the song moved her to tears; sie ist leicht zu ~n gerührt she is easily moved to tears, she is a bit weepy *(colloq.);* die ~n hinunterschlucken *fig.* to swallow one's tears; diesem Mann brauchst du keine ~ nachzuweinen, dieser Mann ist keine ~ wert *colloq.* this man is not worth crying over; ich weine meiner alten Stelle keine ~ nach *fig. colloq.* I shed no tears over my old job; → kämpfen 1; Knopfloch. – **2.** *fig. colloq. bes. Northern G. (Tropfen Alkohol)* drop: es war keine ~ mehr in der Flasche there wasn't a drop left in the bottle. – **3.** *tech. (bei der Glasherstellung)* tear.

trä·nen ['trɛ:nən] *v/i* ⟨h⟩ *(von Augen)* **1.** *(durch Reizung)* water: bei dem Rauch ~ mir die Augen my eyes water in the smoke, the smoke makes my eyes water. – **2.** *(beim Weinen)* be full of tears, *(stärker)* brim with tears.

'Trä·nen|ap·pa,rat *m med.* lacrimal *(od.* lachrymal) apparatus *(od.* organs *pl).* — ~,**bein** *n* lacrimal *(od.* lachrymal) bone.

'trä·nend I *pres p.* – **II** *adj* ~e Augen a) *(durch Reizung)* watery *(od.* watering) eyes, b) *(beim Weinen)* tearful eyes, *(stärker)* eyes brimming with tears.

'Trä·nen|,drü·se *f med.* lacrimal *(od.*

lachrymal) gland: dieser Film drückt auf die ~n *fig. colloq. humor.* this film turns the tear taps on, this film is a tearjerker. — ~,**guß** *m* outburst *(od.* outpour) of tears. — **t~er,stickt** *adj only in* mit ~er Stimme in a voice choked with tears. — **t~,feucht** *adj (Augen, Gesicht)* moist *(od.* wet) with tears. — ~,**fi·stel** *f med.* lacrimal *(od.* lachrymal) fistula, dacryosyrinx. — ~,**fluß** *m* ⟨-sses; *no pl*⟩ *bes. med.* flow of tears; epiphora, lacrimation, *auch* lachrymation, dacryorrh(o)ea *(scient.).* — ~,**flüs·sig·keit** *f* ⟨-; *no pl*⟩ *med.* lacrimal *(od.* lachrymal) fluid. — ~,**flut** *f* ⟨-; *no pl*⟩ *poet.* flood of tears.

'Trä·nen,gang *m med.* **1.** tear duct, lacrimal *(od.* lachrymal) duct *(od.* canal) *(scient.).* – **2.** *cf.* Tränennasengang. — ~,**son·de** *f* lacrimal *(od.* lachrymal) sound *(od.* probe).

'Trä·nen,gas *n* ⟨-es; *no pl*⟩ *chem. mil.* tear gas, lacrimator, lachrymator. — ~,**bom·be** *f* tear *(od.* lacrimatory, lachrymatory) bomb.

'Trä·nen|,gras *n* ⟨-es; *no pl*⟩ *bot.* Job's tears *pl (construed as sg)*, tear grass *(Coix lacryma-jobi).* — ~,**ka,nal** *m med. cf.* Tränengang 1. — ~,**kie·fer** *f bot.* Himalayan *(od.* Asiatic white) pine *(Pinus excelsa).* — ~,**krug** *m archeol. (Totengabe)* lacrimatory, lachrymatory, *auch* tear bottle. — **t~,leer** *adj (Augen)* tearless, dry. — **t~,los** *adj (Abschied etc)* tearless, without tears. — ~,**na·sen,gang** *m med.* nasolacrimal *(auch* nasolachrymal) duct *(od.* canal). — **t~,reich** *adj (Abschied etc)* tearful, lachrymose.

'Trä·nen,sack *m* **1.** *med.* tear sac; lacrimal *(od.* lachrymal) sac, dacryocyst *(scient.).* – **2.** *zo. (der Hirsche, Antilopen etc)* tearpit, tear sac. — ~ent,zün·dung *f med.* inflammation of the lacrimal *(od.* lachrymal) sac, dacryocystitis *(scient.).*

'Trä·nen,strom *m* ⟨-(e)s; *no pl*⟩ *poet.* flood of tears. — **t~über,strömt** *adj* tear-stained, stained with tears. — **t~,voll** *adj* tearful, lachrymose.

'Tran|,fun·zel *f colloq. contempt.* **1.** wretched lamp. – **2.** *cf.* Transuse. — ~,**ger·bung** *f (leather)* fish-oil tannage. — ~,**ge,ruch** *m* ⟨-(e)s; *no pl*⟩ smell of train *(od.* fish) oil.

tra·nie·ren [tra'ni:rən] *v/t, v/i u. v/reflex* ⟨*no* ge-, h⟩ *cf.* trainieren.

'tra·nig *adj* **1.** *(nach Tran schmeckend)* tasting of *(od.* like) train *(od.* fish) oil. – **2.** *(nach Tran riechend)* smelling of *(od.* like) train *(od.* fish) oil. – **3.** *(Tran enthaltend)* containing train *(od.* fish) oil. – **4.** *fig. colloq. (schläfrig u. unaufmerksam)* sleepy-headed *(colloq.),* sluggish. – **5.** *fig. colloq. (trödelig u. langsam)* painfully slow, dawdling. – **6.** *fig. colloq. (langweilig, träge)* dull, languid, torpid.

trank [traŋk] *1 u. 3 sg pret of* trinken.

Trank [traŋk] *m* ⟨-(e)s; ⁼e⟩ **1.** *meist poet.* drink, *(bes. alkoholischer)* *auch* potation *(lit.):* vielen Dank für Speis und ~ *auch humor.* many thanks for food and drink. – **2.** *meist poet. (extra zubereiteter, gemischter)* potion, drink: einen giftigen ~ brauen to brew *(od.* concoct) a poisonous potion *(od.* drink). – **3.** *med. pharm. (Heiltrank)* a) *(medicinal)* potion *(od.* draft, *bes. Br.* draught), b) *(als Aufguß)* infusion, c) *(Abkochung)* decoction. – **4.** *vet.* potion.

trän·ke ['trɛŋkə] *1 u. 3 sg pret subj of* trinken.

'Trän·ke *f* ⟨-; -n⟩ **1.** *(des Viehs, Wilds)* watering place: Rinder zur ~ führen to lead cattle to the watering place, to water cattle. – **2.** *(Pferdeschwemme)* horsepond, *Br.* horse-pond. – **3.** *(Trog)* drinking trough. – **4.** *(Mengfutter für Pferde u. Rinder)* mash.

trän·ken ['trɛŋkən] **I** *v/t* ⟨h⟩ **1.** *(Vieh, Pferde etc)* water. – **2.** etwas mit etwas ~ to soak *(od.* drench) s.th. with s.th., to steep s.th. in s.th.: einen Lappen mit Öl ~ to soak a cloth with oil; seine Rede war mit Hohn und Spott getränkt *fig.* his speech was imbued with scorn and derision. – **3.** *tech. (bei Holzimprägnierung)* preserve, impregnate. – **4.** *civ.eng. (beim Straßenbau)* a) *(Schotterdecke)* grout, b) *(Straßendecke)* penetrate. – **5.** *chem.* digest. – **6.** *poet.* drench, soak: der Regen tränkt die Erde the rain drenches the ground. – **7.** j-n ~ *poet. od. obs.* to give s.o. to drink. – **II** T~ *n* ⟨-s⟩ **8.** *verbal noun.*

'**Tränk|,lack** *m tech.* impregnating varnish. — ~**mas·se** *f* impregnating compound.

'**Trank,op·fer** *n relig. antiq.* drink offering, libation (*lit.*).

'**Trank·sa·me** [-za:mə] *f ‹-; no pl›* Swiss for Getränk 1.

'**Tränk,stoff** *m tech.* **1.** (*zur Holzkonservierung*) preservative. – **2.** (*für Papier*) steep. – **3.** *cf.* Imprägniermittel.

'**Trän·kung** *f ‹-; no pl› cf.* Tränken.

'**Trän·kungs,schie·ßen** *n* (*mining*) pulsed--infusion shotfiring.

'**Tran,lam·pe** *f* train-oil lamp.

Tran·qui·li·zer ['trɛŋkvɪlaɪzər; 'træŋkwɪlaɪzə] (*Engl.*) *m ‹-s; -›* med. *pharm.* (*Beruhigungsmittel*) tranquilizer, *bes. Br.* tranquillizer.

tran·quil·lo [traŋ'kvɪlo] *mus.* **I** *adv u. adj* tranquillo. – **II** T~ *n ‹-s; -s u.* -quilli [-li]› tranquillo.

Trans·ak·ti·on [trans²ak'tsi̯o:n] *f ‹-; -en› econ.* transaction: eine ~ vornehmen to make a transaction, to transact business.

trans·al·pin [trans²al'pi:n], **trans·al'pinisch** *adj* transalpine.

Trans·ami·na·se [trans²ami'na:zə] *f ‹-; -n› chem.* transaminase.

Trans·at'lan·tik|,flug [trans²at'lantɪk-] *m aer.* transatlantic flight. — ·~**ka·bel** *n tel.* transatlantic cable. — ·~**ver,kehr** *m* transatlantic traffic.

trans·at·lan·tisch [trans²at'lantɪʃ] *adj* transatlantic.

tran·schie·ren [trã'ʃi:rən] *v/t ‹no ge-, h›* Austrian gastr. *cf.* tranchieren.

Trans·co·der [trans'ko:dər; træns'koʊdə] (*Engl.*) *m ‹-s; -› telev.* transcoder.

Tran·sept [tran'zɛpt] *m, n ‹-(e)s; -e› arch.* (*einer Kirche*) transept.

'**Trans-Eu'rop-Ex,press** ['trans²ɔy'ro:p-] *m ‹-es; -züge›* (*railway*) Trans-Europe--Express (train), TEE.

Trans·fer [trans'fe:r] *m ‹-s; -s›* **1.** *econ.* (*im internationalen Zahlungsverkehr*) transfer, (*von Geld*) *auch* transferal. – **2.** (*von Berufssportlern etc*) transfer. – **3.** (*Zubringerdienst*) transfer. – **4.** *ped.* transfer. — ~**ab,kom·men** *n econ.* transfer agreement. — ~**be,schrän·kung** *f* transfer restriction, restriction on transfer(s). — ~**dienst** *m* transfer (service), remittance. — ~**ge,bühr** *f* transfer fee.

trans·fe'rier·bar *adj econ.* (*Betrag etc*) transferable; *frei* ~ freely transferable.

trans·fe·rie·ren [transfe'ri:rən] **I** *v/t ‹no ge-, h›* **1.** *econ.* (*Zahlungen, Devisen etc*) transfer. – **2.** (*Berufssportler etc*) transfer. – **3.** *Austrian for* versetzen 4. – **II** T~ *n ‹-s›* **4.** *verbal noun.* — **Trans·fe'rie·rung** *f ‹-; -en›* **1.** *cf.* Transferieren. – **2.** (*von Devisen, Berufssportlern etc*) transfer. – **3.** *Austrian for* Versetzung 3.

Trans'fer|,li·ste *f* (*für Berufssportler etc*) transfer list. — ~**ma,schi·ne** *f tech.* transfer machine. — ~**schwie·rig·kei·ten** *pl econ.* transfer difficulties. — ~**sper·re** *f* ban on transfers, transfer ban. — ~**stra·ße** *f tech.* transfer line (*od.* train). — ~**sum·me** *f* (*für einen Berufssportler*) transfer fee. — ~**zah·lun·gen** *pl econ.* transfer payments.

Trans·fi·gu·ra·ti·on [transfigura'tsi̯o:n] *f ‹-; no pl› relig.* transfiguration.

trans·fi·nit [transfi'ni:t] *adj math.* (*in der Mengenlehre*) transfinite.

Trans·for·ma·ti·on [transfɔrma'tsi̯o:n] *f ‹-; -en›* **1.** transformation. – **2.** *lit. for* Umwandlung 2, 3.

Trans·for·ma·ti·ons|gram,ma·tik *f ling.* transformational grammar. — ~**re·gel** *f* transformational rule.

Trans·for·ma·tor [transfɔr'ma:tɔr] *m ‹-s; -en [-ma'to:rən]› electr.* (static *od.* stationary) transformer: *luftgekühlter* ~ ventilated transformer.

Trans·for·ma·to·ren|,an,la·ge *f electr.* transformer plant. — ~**blech** *n* transformer sheet (*od.* stamping). — ~**haus** *n*, ~**häus·chen** *n* transformer house (*od.* station). — ~**öl** *n* transformer oil. — ~**sta·ti,on** *f* transformer station.

Trans·for'ma·tor|,span·nung *f electr.* transformer voltage. — ~**sta·ti,on** *f* transformer station.

trans·for·mie·ren [transfɔr'mi:rən] **I** *v/t ‹no ge-, h›* **1.** *electr.* transform: *Strom auf eine höhere [niedrigere] Spannung* ~ to transform current to a higher [lower] tension, to step up [to step down] current.

– **2.** *lit. for* umwandeln[1] 1, 2. – **3.** *math. phys. psych.* transform. – **II** T~ *n ‹-s›* **4.** *verbal noun.* — **Trans·for'mie·rung** *f ‹-; -en›* **1.** *cf.* Transformieren. – **2.** *cf.* Transformation.

Trans·for·mis·mus [transfɔr'mɪsmus] *m ‹-; no pl› biol.* (*Entwicklungslehre*) transformism.

trans·fun·die·ren [transfun'di:rən] *v/t ‹no ge-, h› med.* (*Blut*) transfuse.

Trans·fu·si·on [transfu'zi̯o:n] *f ‹-; -en› med.* (*Blutübertragung*) transfusion: ~ *in eine Arterie [Vene]* arterial [venous] transfusion.

Trans·fu·si·ons|ap,pa,rat *m med.* transfusion apparatus. — ~**re·ak·ti,on** *f* transfusion reaction.

Trans·gres·si·on [transgrɛ'si̯o:n] *f ‹-; -en› geol.* transgression.

'**Tran·sie·de,rei** *f ‹-; -en› tech.* **1.** (*only sg*) boiling of train (*od.* fish) oil. – **2.** (*Anlage*) tryworks *pl* (*construed as sg od pl*).

Tran·si·stor [tran'zɪstər] *m ‹-s; -en* [-'to:rən]› **1.** *electr.* transistor. – **2.** (*radio*) *telev.* short for Transistorgerät. — **t~be,stückt** *adj* transistorized *Br. auch* -s-. — ~**emp,fän·ger** *m* transistorized (*Br. auch* -s-) receiver. — ~**fas·sung** *f* transistor socket. — ~**ge,rät** *n* (*radio*) *telev.* transistor set.

tran·si·sto·ri·sie·ren [tranzɪstori'zi:rən] *v/t ‹no ge-, h› electr.* (*Radio etc*) transistorize *Br. auch* -s-. — **tran·si·sto·ri'siert** I *pp.* – **II** *adj* transistorized *Br. auch* -s-.

Tran'si·stor,ra·dio *n, colloq., bes. Swiss, auch m* transistor radio (set).

Tran·sit [tran'zi:t; tran'zɪt; 'tranzɪt] *m ‹-s; -e› econ. pol.* (*von Waren, Personen durch das Gebiet eines Staates*) transit: *Lastwagen, die ein Land im* ~ *durchqueren* lorries (*bes. Am.* trucks) passing through a country in transit (*od.* transiting a country). — ~**ab,ga·be** *f* transit charge. — ~**ab,kom·men** *n* transit agreement. — ~**aus,fuhr** *f* third-country export. — ~**ge,bühr** *f* transit charge. — ~**ge,schäft** *n* third-country business (*od.* transaction). — ~**gut** *n*, ~**gü·ter** *pl* transit goods *pl*, goods *pl* in transit. — ~**ha·fen** *m* port of transit. — ~**han·del** *m* merchanting trade (involving third-country mediation). — ~**händ·ler** *m* merchanting trader engaged in 'Transithandel'.

tran·si·tie·ren [tranzi'ti:rən] *econ. pol.* **I** *v/t ‹no ge-, h›* (*ein Land*) transit, pass through (*a country*) in transit. – **II** *v/i* (*von Waren, Lastwagen etc*) pass through a country.

Tran·si·ti·on [tranzi'tsi̯o:n] *f ‹-; -en› obs.* (*Übergang*) transition.

tran·si·tiv ['tranzitiːf; -'tiːf] *ling.* **I** *adj* (*Verb*) transitive. – **II** *adv dieses Verb wird* ~ *verwendet* this verb is used transitively. – **III** T~ *n ‹-s; -e› cf.* Transitivum. — **tran·si·ti'vie·ren** [-ti'vi:rən] *v/t ‹no ge-, h› ling.* transitivize. — **Tran·si·ti·vum** [tranzi'ti:vum] *n ‹-s; -tiva* [-va]› *ling.* **1.** (*Aktionsform*) transitive. – **2.** (*transitives Verb*) transitive verb.

Tran'sit|,la·ger *n econ.* transit store. — ~**lei·tung** *f electr.* transit circuit.

tran·si·to·risch [tranzi'to:rɪʃ] *adj* **1.** (*Bestimmung, Anordnung etc*) transitory, transient, transitional. – **2.** *econ.* a) (*Posten, Passiva etc*) deferred, b) (*Kredit*) transmitted.

Tran·si·to·ri·um [tranzi'to:ri̯um] *n ‹-s; -rien› econ. pol.* (*im Staatshaushalt*) deferred item.

Tran'sit|,schein *m pol.* transit bond (*od.* permit). — ~**stra·ße** *f* transit road. — ~**ver,kehr** *m* transit traffic. — ~**vi·sum** *n pol.* transit visa. — ~**wa·re** *f econ.* transit goods. — **Transitgut.** — ~**zoll** *m* duty on goods in transit.

trans|kau·ka·sisch [transkau'ka:zɪʃ] *adj geogr.* Transcaucasian. — ~**kon·ti·nen'tal** [-kɔntinɛn'ta:l] *adj* transcontinental.

tran·skri·bie·ren [transkri'bi:rən] *v/t ‹no ge-, h›* **1.** *ling.* transliterate, transcribe. – **2.** *mus.* (*Musikstück*) transcribe: *eine Sinfonie für Klavier* ~ to transcribe a symphony for the piano. — **Tran·skrip·ti·on** [-krɪp'tsi̯o:n] *f ‹-; -en›* **1.** *ling.* transliteration, transcription. – **2.** *mus.* transcription.

trans·ku·tan [transku'ta:n] *adj med.* transcutaneous.

Trans·la·ti·on [transla'tsi̯o:n] *f ‹-; -en›*

---

1. *phys. tech.* translation, translational (*od.* translatory) motion. – **2.** *min.* (*in der Kristallographie*) translation, slipping.

Trans·la·ti·ons|,flä·che *f min.* (*in der Kristallographie*) slip plane. — ~**li·nie** *f* slip band.

Trans·li·te·ra·ti·on [translitera'tsi̯o:n] *f ‹-; -en› ling.* transliteration. — **trans·li·te'rie·ren** [-'ri:rən] *v/t ‹no ge-, h›* transliterate.

Trans·lo·ka·ti·on [transloka'tsi̯o:n] *f ‹-; -en› biol.* (*eines Gens*) translocation. — **trans·lo'zie·ren** [-'tsi:rən] *v/t ‹no ge-, h›* (*Gene*) translocate.

Trans·mis·si·on [transmɪ'si̯o:n] *f ‹-; -en›* **1.** *tech. cf.* Transmissionswelle. – **2.** (*optics*) transmission.

Trans·mis·si'ons|,an,trieb *m tech.* overhead transmission drive, lineshaft drive (*od.* transmission). — ~**grad** *m* (*optics*) transmittance, transmission factor. — ~**ket·te** *f tech.* transmission (*od.* driving) chain, power transmission chain. — ~**rie·men** *m* transmission belt. — ~**schei·be** *f* pulley. — ~**wel·le** *f* transmission shaft, lineshaft.

Trans·mit·tanz [transmɪ'tants] *f ‹-; no pl› phys. tel.* transmittance.

trans·mit·tie·ren [transmɪ'ti:rən] *v/t ‹no ge-, h› phys. tel.* (*Schwingung etc*) transmit.

Trans'ozean|,damp·fer [trans²'ʔo:tsea-n-] *m* transocean(ic) steamer (*od.* liner). — ~**flug** *m* transocean(ic) flight.

trans·ozea·nisch [trans²otse'a:nɪʃ] *adj* transoceanic, transocean (*attrib*).

trans·pa·rent [transpa'rɛnt] *adj* **1.** (*Glas, Papier etc*) transparent, pellucid. – **2.** (*Stoff, Gewebe etc*) transparent, diaphanous. – **3.** *fig.* (*Stil, Redeweise etc*) transparent, perspicuous, pellucid, diaphanous. – **4.** *fig.* intelligible, clear.

Trans·pa·rent *n ‹-(e)s; -e›* **1.** (*Spruchband*) banner. – **2.** (*durchscheinendes Bild*) transparency. — ~**druck** *m ‹-(e)s; -e› print.* transparent printing. — ~**pa,pier** *n* (*paper*) transparent paper.

Trans·pa·renz [transpa'rɛnts] *f ‹-; no pl›* **1.** (*von Glas, Papier etc*) transparency, transparence, pellucidity. – **2.** (*eines Stoffs, Gewebes etc*) transparency, transparence, diaphaneity. – **3.** *fig.* (*des Stils etc*) transparency, transparence, perspicuity, pellucidity, diaphaneity. – **4.** *fig.* intelligibility, clarity.

Tran·spi·ra·ti·on [transpira'tsi̯o:n] *f ‹-; no pl›* **1.** (*Schwitzen*) perspiration, transpiration. – **2.** *bot.* transpiration. — **tran·spi'rie·ren** [-'ri:rən] **I** *v/i ‹no ge-, h›* **1.** (*schwitzen*) perspire, transpire: *stark* ~ to perspire profusely. – **2.** *bot.* transpire. – **II** T~ *n ‹-s›* **3.** *verbal noun.* – **4.** *cf.* Transpiration.

Trans·plan·tat [transplan'ta:t] *n ‹-(e)s; -e› med.* a) (*Gewebe*) graft(ing), b) (*Organ*) transplant(ed organ): ~ *innerhalb der gleichen Art* homograft, isograft, isotransplant.

Trans·plan·ta·ti·on [transplanta'tsi̯o:n] *f ‹-; -en›* **1.** *cf.* Transplantieren. – **2.** *med.* a) (*eines Gewebes*) graft, b) (*eines Organs*) transplant(ation): *eine* ~ *vornehmen* to carry out a transplantation. – **3.** *hort.* transplant(ation). — **trans·plan'tie·ren** [-'ti:rən] **I** *v/t ‹no ge-, h›* **1.** *med.* a) (*Gewebeteile*) graft, b) (*Organe*) transplant. – **2.** *hort.* transplant. – **II** T~ *n ‹-s›* **3.** *verbal noun.* – **4.** *cf.* Transplantation.

trans·po·nie·ren [transpo'ni:rən] **I** *v/t ‹no ge-, h›* **1.** *mus.* transpose: *eine Komposition höher [tiefer]* ~ to transpose a composition upward(s) [downward(s)] (*od.* to a higher [lower] pitch). – **2.** *math.* (*Zahlen*) transpose. – **II** *v/i* **3.** *mus.* transpose. – **III** T~ *n ‹-s›* **4.** *verbal noun.* – **5.** *cf.* Transponierung. — **trans·po'nie·rend** I *pres p.* – **II** *adj* ~*e Instrumente mus.* transposing instruments. — **Trans·po'nie·rung** *f ‹-; no pl›* **1.** *cf.* Transponieren. – **2.** *mus. math.* transposition.

Trans·port [trans'pɔrt] *m ‹-(e)s; -e›* **1.** ‹*only sg*› (*Transportieren*) transport, transit, *bes. Am.* transportation, conveyance, shipment, (*mit Lastwagen, mit der Eisenbahn*) *auch* haulage, (*mit dem Schiff*) *auch* shipment: ~ *zu Lande [zu Wasser, in der Luft, auf dem Eisenbahn], auf dem Landweg [Wasserweg, Luftweg, Schienenweg]* transport by land [by water, by air, by rail], land [water, air, rail (*Am. auch* railroad, *Br. auch* railway)] transport; die Waren sind auf dem ~ (*od.* beim ~, während des ~[e]s) verlorengegangen the goods have been lost in transit (*od.* transport). – **2.** (*von Autos etc*) shipment, (*mit Lastwagen, mit der Eisenbahn*) *auch* haulage: dieser ~ geht nach Hamburg this shipment is bound for Hamburg. – **3.** (*bewachter*) ~ *mil.* (*von Gefangenen, Waffen etc*) convoy. – **4.** ⟨*only sg*⟩ *tech.* a) transport, *bes. Am.* transportation, conveyance, forwarding, b) (*eines Schlittens*) traverse. – **5.** ⟨*only sg*⟩ *phys.* (*von Wärme, Strahlungen etc*) convection.

trans·por·ta·bel [transpɔr'taːbəl] *adj* transportable: ein transportables Möbelstück a transportable piece of furniture.

Trans'port,an,la·ge *f tech.* conveying machinery, conveyer (*od.* conveyor) plant, haulage equipment.

Trans'port,ar·bei·ter *m* transport (*bes. Am.* transportation) worker. — **~ge-,werk·schaft** *f*, **~ver,band** *m* Transport and General Workers' Union.

Trans'port|,band *n* ⟨-(e)s; ⁻er⟩ *tech. cf.* Förderband. — **~be,fehl** *m* (*computer*) transfer instruction. — **~be,häl·ter** *m* container.

Trans'por·ter *m* ⟨-s; -⟩ **1.** *auto.* cargo carrier. – **2.** *cf.* a) Transportfahrzeug, b) Transportflugzeug, c) Transportschiff 1, d) Truppentransporter.

Trans·por·teur [transpɔr'tøːr] *m* ⟨-s; -e⟩ **1.** transporter. – **2.** *cf.* Spediteur. – **3.** *bes. math.* (*Winkelmesser*) protractor. – **4.** *tech.* (*Förder-, Umladevorrichtung*) conveyer, conveyor. – **5.** (*an der Nähmaschine*) feed point.

trans'port,fä·hig *adj* (*Güter, Patient etc*) transportable: der Verwundete ist noch nicht ~ the wounded man is not transportable (*od.* cannot be moved) yet. — **Trans'port,fä·hig·keit** *f* ⟨-; no pl⟩ transportability.

Trans'port|,fahr,zeug *n* transport vehicle. — **~,fir·ma** *f cf.* Transportunternehmen 1. — **~,flug,zeug** *n* **1.** transport (aircraft, *colloq.* plane). – **2.** *mil. cf.* Truppentransporter 2. — **~,füh·rer** *m mil.* troop transport commander. — **~ge,bühr** *f* transport (*bes. Am.* transportation) charge (*od.* fee), carriage. — **~ge,fahr** *f* transport (*bes. Am.* transportation) risk, risk of transport (*bes. Am.* transportation). — **~ge,le·gen·heit** *f* transport (*bes. Am.* transportation) facility. — **~ge,schäft** *n econ.* **1.** ⟨*only sg*⟩ (*Geschäftszweig*) transport business, carrying trade. – **2.** (*Geschäftsvorgang*) transport operation. – **3.** *cf.* Transportunternehmen 1. — **~ge-,sell·schaft** *f* **1.** transport company (*Am.* corporation). – **2.** *cf.* Speditionsfirma. — **~ge,wer·be** *n* ⟨-s; no pl⟩ **1.** transport industry, carrying trade. – **2.** *cf.* Speditionsgewerbe. — **~,hin·der·nis** *n* circumstances *pl* preventing carriage, obstacle to transport(ation).

trans·por'tier·bar *adj* transportable.

trans·por·tie·ren [transpɔr'tiːrən] **I** *v/t* ⟨*no ge-, h*⟩ **1.** (*Waren, Personen*) transport, forward, convey, (*mit Lastwagen, mit der Bahn*) *auch* haul, (*verschiffen*) *auch* ship. – **2.** *bes. phot.* wind (*s.th.*) (on): die Kamera transportiert den Film nicht mehr the camera does not advance (*od.* wind on) the film. – **3.** *econ. obs. for* übertragen[1] 17. – **II** *v/i* **4.** *tech.* (*von Schreibmaschine etc*) move.

Trans'port|,ket·te *f tech.* transfer (*od.* conveyor, conveyer) chain. — **~,ki·ste** *f* (*für Warensendungen, Umzüge etc*) transport (*bes. Am.* transportation) box, container. — **~,ko,lon·ne** *f bes. mil.* motor transport column (*od.* convoy). — **~kon-,trol·le** *f* (*computer*) transfer check. — **~-,ko·sten** *pl econ.* **1.** transport (*bes. Am.* transportation) cost *sg* (*auch* costs), carriage *sg*: ~ bezahlt carriage paid. – **2.** (*bes. mit Lastkraftwagen*) haulage *sg.* – **3.** (*Verschiffungskosten*) shipping charges. – **4.** *cf.* Speditionsgebühren. – **5.** *cf.* Frachtkosten. — **~,lei·stung** *f econ.* **1.** (*Kapazität*) transport (*bei Lastwagen, Eisenbahn etc* hauling) capacity. – **2.** (*Lieferleistung*) transport service(s *pl*). — **~ma,schi·ne** *f aer. cf.* Transportflugzeug. — **~me·ta,bo,li·ten** [-metabo,liːtən] *pl chem.* carrier metabolites. — **~,mit·tel** *n* means *pl* (*construed as sg or pl*) of conveyance (*od.*

transport, *bes. Am.* transportation), *Am. auch* transportation: öffentliches ~ *jur.* common carrier. — **~,mög·lich·keit** *f* transport (*bes. Am.* transportation) facility. — **~,of·fi,zier** *m mil.* **1.** (*bei einem Verband*) motor transport officer. – **2.** (*bei Transportoperationen*) transportation officer. — **~pa,pie·re** *pl* transport (*bes. Am.* transportation, shipping) documents (*od.* papers). — **~,pfan·ne** *f metall.* transfer ladle. — **~,quer,schnitt** *m nucl.* transport cross section. — **~,raum** *m* transport (*bes. Am.* transportation) capacity (*eines Schiffes*) cargo space. — **~,ri·si·ko** *n econ. cf.* Transportgefahr. — **~,rol·le** *f phot.* (*einer Filmkamera*) sprocket. — **~,scha·den** *m* transport (*bes. Am.* transportation) damage, loss on goods in transit. — **~,schiff** *n mar.* **1.** transport (ship *od.* vessel), transporter. – **2.** *mar. mil. cf.* Truppentransporter 1. — **~,schlit·ten** *m tech.* (*einer Schneidemaschine etc*) feed slide. — **~,schnecke** (*getr.* -k·k-) *f tech.* **1.** (*einer Förderanlage*) conveyor (*od.* conveyer) worm, screw conveyor (*od.* conveyer). – **2.** (*einer Werkzeugmaschine*) feed worm. — **~,schwim·men** *n* (*beim Rettungsschwimmen*) carry swimming. — **~,te·ta,nie** *f vet.* (*transport*)-tetany. — **~,un·ter,neh·men** *n* **1.** transport (*bes. Am.* transportation) company (*od.* agency), carriers *pl*, haulers *pl*, *bes. Br.* hauliers *pl.* – **2.** *cf.* Speditionsfirma. — **~,un·ter,neh·mer** *m* **1.** transport (*bes. Am.* transportation) agent, carrier, hauler, *bes. Br.* haulier, (*für den Nahverkehr*) *auch* carter. – **2.** *cf.* Spediteur. — **~ver,si·che-rung** *f* transport insurance, insurance of goods in transit. — **~vo,lu·men** *n* (*der Eisenbahn etc*) volume of transport. — **~-,weg** *m* **1.** (*Schiene, Straße etc*) transport (*bes. Am.* transportation) route. – **2.** (*Strecke*) transport (*bes. Am.* transportation) distance, *bes. Am.* haul. — **~,wert** *m* carriage value. — **~,we·sen** *n* ⟨-s; no pl⟩ **1.** transport (*bes. Am.* transportation) (system). – **2.** *cf.* Transportgewerbe.

Trans·po·si·ti·on [transpozi'tsioːn] *f* ⟨-; -en⟩ *bes. mus. med.* transposition.

trans·si·bi·risch [transzi'biːrɪʃ] *adj geogr.* Trans-Siberian: die T~e Eisenbahn the Trans-Siberian Railroad (*Br.* Railway).

trans·so·nisch [trans'zoːnɪʃ] *adj phys.* (*Luftströmungen etc*) transonic, *auch* trans-sonic.

Trans·sub·stan·tia·ti·on [transzupstan-tsia'tsioːn] *f* ⟨-; -en⟩ *relig.* transubstantiation, *auch* transsubstantiation.

Trans·su·dat [transzu'daːt] *n* ⟨-(e)s; -e⟩ *med.* transudate. — **Trans·su·da·ti·on** [-da'tsioːn] *f* ⟨-; -en⟩ transudation.

Trans·uran [trans?u'raːn] *n* ⟨-s; -e⟩, **~ele,ment** *n meist pl nucl.* transuranic element.

'Tran,su·se [-,zuːzə] ⟨-; -n⟩ *colloq. contempt.* slow coach, *bes. Am.* slowpoke.

trans·ver·sal [transvɛr'zaːl] **I** *adj* (*Welle, Schwingung etc*) transverse, transversal. – **II** *adv* transversely, transversally.

Trans·ver·sal|,be·ben *n geol.* transverse earthquake. — **~,durch,mes·ser** *m bes. math. med.* transverse diameter.

Trans·ver·sa·le *f* ⟨-; -n⟩ *math.* transversal.

Trans·ver·sal|,schwin·gung *f bes. phys.* transverse (*od.* transversal) vibration. — **~-ver,schie·bung** *f geol.* transverse fault.

Trans·ve·stis·mus [transvɛs'tɪsmʊs] *m* ⟨-; no pl⟩ *psych.* transvestism, *auch* transvestism. — **Trans·ve'stit** [-'tiːt] *m* ⟨-en; -en⟩ transvestite. — **Trans·ve·sti'tis·mus** [-ti'tɪsmʊs] *m* ⟨-; no pl⟩ *cf.* Transvestismus.

tran·szen·dent [transtsɛn'dɛnt] *adj* **1.** transcendent(al), *auch* transcendental. – **2.** *math.* (*Zahl, Gleichung*) transcendental.

tran·szen·den·tal [transtsɛndɛn'taːl] *adj philos.* (*Logik etc*) transcendental, metempirical. — **Tran·szen·den·ta·lis·mus** [-ta-'lɪsmʊs] *m* ⟨-; no pl⟩ transcendentalism.

Tran·szen·denz [transtsɛn'dɛnts] *f* ⟨-; no pl⟩ transcendence, transcendency.

'Tran,tü·te *f colloq. contempt. cf.* Transuse.

Tra·pez [tra'peːts] *n* ⟨-es; -e⟩ **1.** *math. bes. Br.* trapezium, *bes. Am.* trapezoid. – **2.** (*bes. in der Artistik, im Turnen*) trapeze. – **3.** (*sport*) (*beim Segeln für Vorschotmann*) trapeze (wire). — **~akt** *m* (*Artistennummer*) trapeze act. — **~ef,fekt** *m telev.* keystone effect. — **~,flü·gel** *m aer.* tapered wing. — **t~,för·mig** *adj* trapeziform, trapezoid(al).

— **~ge,win·de** *n tech. Am.* Acme standard screw thread, *Br.* trapezoidal thread.

Tra·pe·zi·us [tra'peːtsiʊs] *m* ⟨-; no pl⟩ *med.* (*Kapuzenmuskel*) trapezius.

Tra'pez|,künst·ler *m*, **~,künst·le·rin** *f* trapeze artist, trapezist.

Tra·pe·zo·eder [trapetso'?eːdər] *m* ⟨-s; -⟩ (*Kristallform*) trapezohedron.

Tra·pe·zo·id [trapetso'iːt] *n* ⟨-(e)s; -e⟩ *math. bes. Br.* trapezium, *bes. Am.* trapezoid.

trapp [trap] **I** *interj* ~, ~! a) (*von Pferden*) clip-clop! clippety-clop! b) (*von Personen*) clitter-clatter!: die Hufe machten ~, ~ the hooves went clip-clop, the hooves clip-clopped; die Kinder kamen ~, ~ die Treppe herunter the children came clitter-clatter down the stairs. – **II** *adv* ~, ~! *colloq.* (*in Wendungen wie*) hol den Hammer, aber ~, ~! (go and) fetch the hammer and hurry up (*od. colloq.* make it snappy, get a move on, get cracking)!

Trapp *m* ⟨-(e)s; -e⟩ *geol. min.* trap.

Trap·pe ['trapə] *m* ⟨-n; -n⟩, *auch f* ⟨-; -n⟩ *hunt. only m zo.* bustard (bird) (*Fam. Otididae*).

trap·peln ['trapəln] **I** *v/i* ⟨h u. sein⟩ **1.** (*von Pferden etc*) clop. – **2.** (*von Kindern etc*) patter. – **II** T~ *n* ⟨-s⟩ **3.** *verbal noun.* – **4.** (*von Pferden etc*) clop. – **5.** (*von Kindern etc*) patter.

trap·pen ['trapən] *v/i* ⟨h u. sein⟩ (*schwer auftreten*) tramp, clump, stump.

'Trap·per *m* ⟨-s; -⟩ (*nordamer. Pelztierjäger*) trapper.

Trap·pist [tra'pɪst] *m* ⟨-en; -en⟩ *röm.kath.* Trappist.

Trap'pi·sten|,kä·se *m gastr.* Trappist cheese, *auch* Port du Salut. — **~,klo·ster** *n röm.kath.* Trappist monastery. — **~,or·den** *m* order of Trappists (*od.* of La Trappe).

Trap'pi·stin *f* ⟨-; -nen⟩ *röm.kath.* Trappistine.

'Trap,schie·ßen ['trɛp-] *n* (*beim Schießsport*) trap shooting.

trap·sen ['trapsən] *v/i* ⟨h u. sein⟩ *Northern G. colloq.* tramp, clump, stump: Nachtigall, ich (*dial.* ick) hör dir ~ *fig. colloq. humor.* huh, big hint! you wouldn't be dropping a hint, would you?

tra·ra [tra'raː] *interj* tantara! *auch* tantarara! tar(at)antara!

Tra'ra *n* ⟨-s; no pl⟩ **1.** (*Hörner-, Trompetenschall*) tantara, *auch* tantarara, tar(at)antara. – **2.** *fig. colloq. contempt.* (*Aufhebens*) fuss, to-do: mach doch deswegen nicht so ein ~! don't make such a fuss about it! sie macht immer viel ~ um ihre Kinder she always makes an awful fuss of her children (*colloq.*); wenn wir zu spät kommen, macht er ein großes ~ if we are late, he makes (*od.* creates) a fuss (*od. colloq.* a song and dance) about it.

Traß [tras] *m* ⟨-sses; -sse⟩ *geol.* trass, *auch* terrace, tarras.

Tras·sant [tra'sant] *m* ⟨-en; -en⟩ *econ.* (*eines Wechsels*) drawer. — **Tras'sat** [-'saːt] *m* ⟨-en; -en⟩ (*eines Wechsels*) drawee.

Tras·se ['trasə] *f* ⟨-; -n⟩ *civ.eng.* (*im Straßen-, Eisenbahnbau etc*) location line, route. [Trasse.]

Tras·see ['trase] *n* ⟨-s; -s⟩ *Swiss for*

'Tras·sen,füh·rung *f civ.eng.* profile of the alignment (*auch* alinement).

tras·sie·ren [tra'siːrən] **I** *v/t* ⟨no ge-, h⟩ **1.** *civ.eng.* (*Straße, Eisenbahnlinie etc*) plot the trace (out), locate. – **2.** *econ.* einen Wechsel (auf j-n) ~ to draw (*od.* make out) a bill (of exchange) (*od.* a draft) (on *od.* to s.o.). – **II** *v/i* **3.** (auf j-n) ~ *econ.* to draw (*od.* make out) a bill (of exchange) (*od.* a draft) (on *od.* to s.o.). – **III** T~ *n* ⟨-s⟩ **4.** *verbal noun.*

Tras'sie·rung *f* ⟨-; -en⟩ **1.** *cf.* Trassieren. – **2.** *civ.eng.* (*einer Straße, Eisenbahnlinie etc*) a) location, b) *cf.* Trasse. – **3.** *econ.* (*eines Wechsels*) drawing of a bill of exchange (*especially on importer's bank*). — **Tras-'sie·rungs·kre,dit** *m econ.* reimbursement (*od.* acceptance) credit.

trat [traːt] *1 u. 3 sg pret*, **trä·te** ['trɛːtə] *1 u. 3 sg pret subj of* treten.

Tratsch [traːtʃ] *m* ⟨-(e)s; no pl⟩ *colloq. contempt.* (*Gerede über andere*) gossip, scandal, lowdown (*colloq.*): hast du schon den neuesten ~ über unsere Nachbarin gehört? have you heard the latest gossip about (*od.* scandal about, *colloq.* lowdown on) our neighbo(u)r? das ist alles nur Klatsch und ~ that's all pure gossip.

'**Trat·sche** f ⟨-; -n⟩ colloq. gossip(monger), scandalmonger.

trat·schen ['traːtʃən] colloq. **I** v/i ⟨h⟩ **1.** (über anderen reden) gossip: sie tratschten über den neuen Mieter they gossip(p)ed about the new tenant, they exchanged gossip about (od. the lowdown on) the new tenant. – **2.** (schwatzen) chat, gossip, prattle, chin-wag (sl.), bes. Am. visit. – **II T**~ n ⟨-s⟩ **3.** verbal noun. – **4.** gossip. – **5.** (Schwatzen) chat, gossip, prattle, chin-wag (sl.).

Trat·sche'rei f ⟨-; -en⟩ colloq. cf. Tratschen.

'**tratsch,süch·tig** adj colloq. gossipy.

Trat·te ['tratə] f ⟨-; -n⟩ econ. (gezogener Wechsel) draft: eine ~ auf j-n ausstellen (od. ziehen) to draw (od. make out) a draft on (od. to) s.o.; eine ~ einziehen [in Umlauf setzen] to collect [to circulate] a draft; eine ~ weitergeben (od. indossieren) to endorse (bes. Am. indorse) a draft.

'**Trat·ten,avis** [-ʔaˌviː] m econ. advice of draft. — ~**kre,dit** m credit on acceptance(s).

'**Trau·al,tar** m marriage altar: seine Braut zum ~ führen to lead one's bride to the altar; vor den ~ treten to go to the altar.

Träub·chen ['trɔʏpçən] n ⟨-s; -⟩ dim. of Traube.

Trau·be ['traubə] f ⟨-; -n⟩ **1.** (einzelne Weinbeere) grape: frühe [späte] ~n early [late] grapes; ~n lesen (od. ernten) to gather (od. harvest) grapes; die ~n hängen ihm zu hoch (od. sind ihm zu sauer) fig. it is a case of (od. it is just) sour grapes on his part. – **2.** a) (Büschel von Wein-, Johannisbeeren etc) bunch, cluster, b) (Blütenstand) raceme (scient.): sie reichte ihm eine dicke ~ (Wein) she gave him a thick bunch of grapes; zusammengesetzte ~, ~ zweiten Grades compound raceme. – **3.** fig. bunch, cluster: die Menschen standen in dichten ~n an den Eingängen the people clustered (a)round the entrances. – **4.** metall. (von Gußstücken) cluster.

Träu·bel ['trɔʏbəl] n ⟨-s; -⟩ bot. grape hyacinth (Gattg Muscari).

'**Trau·ben,ei·che** f bot. durmast (oak), chestnut oak (Quercus sessiliflora u. Q. petraea). — ~**ern·te** f cf. Traubenlese. — ~**fäu·le** f bot. vine mildew.

trau·ben,för·mig adj **1.** clustered. – **2.** (Ohrringe, Gläser etc) shaped like a cluster of grapes. – **3.** bot. (Blütenstand etc) clustered, bunchy; racemose, racemous (scient.). – **4.** min. (Erz etc) acinose, acinous, botryoidal, auch botryoid. – **5.** biol. (Struktur) botryoidal, auch botryoid, botryose.

'**Trau·ben,haut** f med. (des Auges) uvea, uveous coat, tunica uveae (scient.). — ~**hei·de** f bot. (sweet) pepper bush (Leucothoë racemosa). — ~**ho,lun·der** m red-berried elder (Sambucus racemosus). — ~**hya,zin·the** f cf. Träubel. — ~**kern** m grape seed, grapestone. — ~**kir·sche** f bot. (European) bird cherry (Prunus padus). — ~**kok·kus** m med. staphylococcus. — ~**krank·heit** f agr. grape (od. vine) disease. — ~**kur** f med. grape cure, botryotherapy (scient.). — ~**le·se** f vintage, grape harvest. — ~**mo·le** f med. (Blasenmole) hydatid (od. hydatidiform, cystic, vesicular) mole. — ~**most** m agr. grape must. — ~**pres·se** f winepress. — ~**ris·pe** f bot. compound raceme. — ~**rü·ster** f Dutch elm (Ulmus hollandica var. major). — ~**saft** m grape juice: unvergorener ~ unfermented grape juice, stum, must. — ~**säu·re** f chem. racemic acid (C₄H₆O₆). — ~**sche·re** f (für die Weinlese) grape scissors pl (sometimes construed as sg). — ~**schimmel** m bot. botrytis (Gattg Botrytis). — ~**stiel** m grape stalk. — ~**wick·ler** m zo. (Schmetterling) **1.** Bekreuzter ~ grape-fruit moth (Polychrosis botrana). – **2.** Einbindiger ~ grape-berry moth (Cochylis ambiguella).

'**Trau·ben,zucker** (getr. -k·k-) m chem. med. **1.** grape (od. corn, honey, starch) sugar; glucose; dextrose, dextro-glucose (scient.) (HOCH₂(CHOH)₄CHO). – **2.** (zum Lutschen) glucose: ein Stück ~ a piece of glucose, a glucose lozenge. — ~**in·fu·si,on** f med. infusion of glucose. — ~**lö·sung** f dextrose solution.

'**trau·big** adj cf. traubenförmig 1, 3, 4, 5.

trau·en[1] ['trauən] v/t ⟨h⟩ (ein Brautpaar) marry, wed: das Paar ist gestern getraut

worden the couple was married yesterday; → kirchlich 3; standesamtlich II.

'**trau·en**[2] **I** v/i ⟨h⟩ **1.** j-m [etwas] ~ to trust s.o. [s.th.]: j-m [etwas] nicht ~ not to trust s.o. [s.th.], to mistrust s.o. [s.th.]; es gibt keinen, dem ich ~ kann there is no one (whom) I can trust; ich traue der Sache (od. dem Frieden) nicht (recht) colloq. I don't like the look(s) of it, it's too good to be true; sie traut ihm nicht über den Weg (od. von hier bis dort) colloq. she doesn't trust him out of sight, she doesn't trust him an inch (od. a minute, round the corner); dem Glück ist nicht zu ~ fortune is fickle; trau, schau, wem! (Sprichwort) (skeptisch) I wonder if he (od. she, they) can be trusted. – **2.** (glauben) believe: sie traute seinen Worten nicht she did not believe what he said; ich traute meinen Augen [Ohren] nicht I could hardly believe my eyes [ears]. – **II** v/reflex **3.** sich ~, etwas zu tun a) (wagen) to dare (to) do s.th., to venture (od. have the courage, colloq. have the nerve) to do s.th., b) (sich zutrauen) to consider oneself (od. feel) able to do (od. capable of doing) s.th.: sie traute sich nicht, das Zimmer zu verlassen she did not dare (to) leave the room; ich traue mich nicht nach Hause [ins Haus] colloq. I daren't go home [go into the house]; du traust dich nur nicht! you haven't the courage (od. colloq. nerve, guts)! ich traue mich durchaus, diese Arbeit zu tun I feel fully capable of doing the work, I feel up to the work. – **III** v/t **4.** sich (dat) etwas ~, sich (dat) ~, etwas zu tun a) (wagen) to dare (to) do s.th., to venture (od. have the courage, colloq. have the nerve) to do s.th., b) (sich zutrauen) to consider oneself (od. feel) able to do (od. capable of doing) s.th.: ich traue mir das durchaus I consider myself fully capable of doing that.

Trau·er ['trauər] f ⟨-; no pl⟩ **1.** (Schmerz, Kummer) grief, sorrow: ~ über (acc) etwas empfinden to feel grief (od. sorrow) at s.th., to sorrow for (od. mourn) s.th., to sorrow (od. grieve) at (od. for, over) s.th.; sein plötzlicher Tod erfüllte alle mit tiefer (od. versetzte alle in tiefe) ~ his sudden death filled everyone with deep grief; voll(er) ~ sah sie ihn an she looked at him full of sorrow (od. sorrowfully); in tiefer ~ (auf Todesanzeigen) in deep grief (od. sorrow). – **2.** (Trauern) mourning: die ~ um den Verstorbenen the mourning of (od. for) the dead; ~ haben a) to be mourning, to mourn, b) (in Trauer gekleidet sein) to be (dressed) in mourning, to wear mourning, to mourn. – **3.** (Trauerkleidung) mourning: ~ anlegen to go into mourning; nach einem halben Jahr legte sie die ~ ab she went out of mourning after six months; ~ tragen, in ~ gehen (od. gekleidet sein) to be (dressed) in mourning, to wear mourning, to mourn; eine Dame in ~ a lady in mourning. – **4.** (Trauerzeit) (period of) mourning: der Staatspräsident ordnete eine dreitägige ~ an the President of the State ordered three days' mourning. — ~**an,zei·ge** f **1.** (im Postsendung) obituary (notice). – **2.** (in der Zeitung) obituary, announcement of (s.o.'s) death. — ~**bach,stel·ze** f zo. pied wagtail (Motacilla yarrellii). — ~**bie·ne** f nest-parasiting bee (Gattg Melecta). — ~**bin·de** f (black) crape (od. crêpe, crepe) (band), black (od. mourning) band, (am Hut) auch weeds pl. — ~**bot·schaft** f cf. Trauernachricht 1. — ~**bu·che** f bot. weeping beech (Fagus sylvatica var. pendula). — ~**dron·go** m zo. black drongo (Dicrurus macrocercus). — ~**en·te** f black (od. common) scoter (od. duck) (Oidemia nigra). — ~**esche** f bot. weeping ash (Fraxinus excelsior var. pendula). — ~**fah·ne** f flag of mourning. — ~**fall** m ⟨-(e)s; ⁻e⟩ death: wir haben in unserer Familie einen ~ we have had a death in our family; wegen ~(s) geschlossen closed because of (a) death (bes. Br. a bereavement). — ~**far·be** f color (bes. Br. colour) of mourning. — ~**fei·er** f **1.** memorial ceremony (od. service). – **2.** relig. cf. Trauergottesdienst. — ~**fei·er·lich·kei·ten** pl memorial ceremonies, obsequies (lit.). — ~**Flie·gen,schnäp·per** m zo. pied flycatcher (Ficedula hypoleuca). — ~**flor** m (im Knopfloch, an einer Fahne etc) small

(black) crape (od. crêpe, crepe) (band), Br. auch weeds pl. — ~**ge,fol·ge**, ~**ge,leit** n mourners pl, cortege, auch cortège. — ~**ge,mein·de** f mourning congregation: liebe ~! (bei einer Trauerrede) fellow mourners! — ~**ge,sang** m dirge, epicede, epicedium. — ~**glocke** (getr. -k·k-) f bot. mohawk weed, mealy bellwort (Uvularia perfoliata). — ~**got·tes,dienst** m relig. funeral (od. burial) service. — ~**haus** n house of mourning. — ~**jahr** n year of mourning, sad year. — ~**kar·te** f condolence (od. condolatory) card. — ~**klei·dung** f mourning: ~ anlegen to go into mourning; ~ anhaben (od. tragen) to be (dressed) in mourning, to wear mourning, to mourn; die ~ ablegen to go out of mourning. — ~**kloß** m colloq. contempt. 'wet blanket' (colloq.), 'drip' (sl.). — ~**mai·na** [-ˌmaina] m ⟨-s; -s⟩ zo. common myna(h) (Acridotheres tristis).

'**Trau·er,man·tel** m zo. mourning cloak (butterfly), Camberwell beauty (Nymphalis od. Vanessa antiopa). — ~**salm·ler** m black tetra, blackamoor petticoatfish (Gymnocorymbus ternetzi).

'**Trau·er,marsch** m mus. funeral (od. dead) march. — ~**mei·se** f zo. somber (auch sombre) tit (Parus lugubris). — ~**mie·ne** f sad face. — ~**mücke** (getr. -k·k-) f fickle midge (Fam. Sciaridae). — ~**mu,sik** f funeral music.

trau·ern ['trauərn] v/i ⟨h⟩ **1.** mourn, grieve, sorrow: um j-n ~ to mourn (for od. over) s.o., to grieve (od. sorrow) for s.o.; sie trauern um (od. über) den Verlust (od. Tod) ihres Kindes she mourns (for od. over) (od. grieves (od. sorrows) for [od. at, over], lit. bemoans) the loss (od. death) of her child. – **2.** (Trauerkleidung tragen) mourn, be (dressed) in (od. wear) mourning. – **3.** colloq. (brüten, grübeln) brood.

'**Trau·er,nach,richt** f **1.** sad news pl (construed as sg or pl), news pl of the (od. s.o.'s) death. – **2.** cf. Trauerbotschaft.

'**trau·ernd I** pres p. – **II** adj die ~en Hinterbliebenen (auf Todesanzeigen) the bereaved (family).

'**Trau·ern·de** m, f ⟨-n; -n⟩ mourner.

'**Trau·er,pa,pier** n ⟨-s; no pl⟩ black-edged (note)paper, mourning paper. — ~**rand** m **1.** (am Briefpapier) black edge (od. edging, border), bes. Br. mourning-border: Papier mit ~ cf. Trauerpapier. – **2.** pl fig. humor. (unter den Fingernägeln black lines (under the fingernails), bes. Br. colloq. 'mourning-borders': du hast Trauerränder you have black lines under your fingernails, your fingernails are black with dirt. — ~**re·de** f obituary (od. memorial) speech (od. oration). — ~**schlei·er** m veil of mourning, weeper, weeds pl. — ~**schnäp·per** m zo. cf. Trauer-Fliegenschnäpper. — ~**spiel** n **1.** (theater) tragedy: ein ~ in drei Akten a tragedy in three acts, a three-act tragedy. – **2.** fig. colloq. (in Wendungen wie) es ist ein ~ mit ihm! it's a shame about him! es ist ein ~, wie der Staat mit dem Geld umgeht it's a shame (od. a calamity) how (od. the way) the state handles money. — ~**tag** m **1.** day of mourning. – **2.** fig. (trauriger Tag) sad day. — **t~,voll** adj mournful, sorrowful. — ~**wei·de** f **1.** bot. weeping willow (Salix babylonica). – **2.** fig. colloq. contempt. cf. Trauerkloß. — ~**zeit** f (period of) mourning. — ~**zug** m funeral procession, cortege, auch cortège. — ~**zy,pres·se** f bot. rimu, imou (od. red) pine (Dacrydium cupressinum).

Trau·fe ['traufə] f ⟨-; -n⟩ **1.** (das von der überstehenden Dachrinne laufende Wasser) eavesdrop, Am. auch (eaves)drip: → Regen 1. – **2.** (überhängende Dachrinne) eaves pl (construed as sg or pl). – **3.** cf. Dachrinne 1.

träu·feln ['trɔʏfəln] **I** v/t ⟨h⟩ etwas in [auf] (acc) etwas ~ to drip (od. trickle) s.th. into [on to] s.th. – **II** v/i ⟨h u. sein⟩ cf. tropfen I, tröpfeln I. – **III** T~ n ⟨-s⟩ verbal noun.

träu·fen ['trɔʏfən] v/t u. v/i ⟨h u. sein⟩ dial. for träufeln.

'**Trauf,lei·ste** f arch. eaves molding (bes. Br. moulding).

'**Trauf,rin·ne** f cf. Dachrinne 1. — ~**röh·re** f cf. Regenfallrohr. — ~**stein** m water-shoot.

'Trau·hand·lung f (solemnization [Br. auch -s-] of) marriage: standesamtliche ~ marriage before the registrar, civil marriage (od. wedding); kirchliche ~ marriage in a church, church wedding.

'trau·lich I adj **1.** (gemütlich, anheimelnd) cozy, bes. Br. cosy, Br. auch homely, bes. Am. homey, homy: ein ~es Plauderstündchen a cozy chat. – **2.** (liebgeworden, vertraut) dear old: die ~en Gassen seiner Heimatstadt the dear old streets of his home town. – **3.** (einträchtig, harmonisch) harmonious: das ~e Zusammenleben des alten Ehepaars the harmonious life of the old couple. – **II** adv **4.** sie saßen ~ beieinander they were sitting together cozily (bes. Br. cosily); ~ zusammen leben to live together harmoniously (od. in harmony). — **'Trau·lich·keit** f ⟨-; no pl⟩ **1.** (das Anheimelnde) coziness, bes. Br. cosiness, Br. auch homeliness, bes. Am. homeyness, hominess. – **2.** (Eintracht, Harmonie) harmony.

Traum [traum] m ⟨-(e)s; ⸚e⟩ **1.** dream: ein schöner ~ a beautiful (od. colloq. lovely) dream; gestern nacht hatte ich einen ~ I had (od. dreamed, dreamt) a dream last night; einen ~ deuten (od. auslegen) to interpret (od. read, explain) a dream; ihr verstorbener Mann erschien ihr im ~ her late husband appeared to her in a dream; der Wecker riß mich aus meinen Träumen the alarm clock woke me from (od. interrupted) my dreams; du hast gestern im ~ gesprochen you talked in your sleep last night; es ist (od. es kommt mir vor) wie ein ~, wenn ich daran denke it is like a dream (od. it seems like a dream to me) when I think of it; wie im ~ tat er die Handgriffe he went through the movements like in a dream; ich denke nicht im ~ daran, ihn zu heiraten fig. I wouldn't dream (od. think) of marrying him; Geschirr spülen? Fällt mir (ja) nicht im ~ ein! fig. colloq. do the dishes? I wouldn't dream (od. think) of it! im Reich der Träume sein fig. poet. auch humor. to be in dreamland, to be in the land of dreams (od. Nod); Träume sind Schäume (Sprichwort) dreams are but shadows (od. are empty) (proverb). – **2.** (Wunschtraum) (wishful) dream: es war immer ihr ~, Filmstar zu werden she always dreamed of becoming a film star; ihr ~ ist ein Eigenheim it's her dream to have a house of her own; der ~ ist ausgeträumt (od. colloq. ist aus)! aus der ~! colloq. that's the end of that dream! that dream is over! seine Träume erfüllten sich nicht (od. gingen nicht in Erfüllung) his dreams did not come true; → kühn 6. – **3.** (Träumerei, Tagtraum) (day)dream, reverie, revery: sie war in Träumen versunken she was lost in reveries (od. daydreams); er wurde jäh aus seinen Träumen gerissen he was rudely awakened from his dreams. – **4.** fig. colloq. (etwas traumhaft Schönes) (perfect) dream: sein Haus ist ein ~ his house is a (perfect) dream (od. is heavenly); dieses Kleid ist ein ~ aus Taft und Seide this dress is a dream of taffeta and silk. – **5.** colloq. (Traummann, Traumfrau) 'dreamboat' (sl.), dream.

Trau·ma ['trauma] n ⟨-s; -men u. -mata [-ta]⟩ psych. med. trauma: schweres [leichtes] ~ severe [minor] trauma.

'Traum|ana,ly·se f psych. dream analysis (od. interpretation). — **~,ar·beit** f dreamwork.

trau·ma·tisch [trau'ma:tiʃ] adj psych. med. traumatic.

'Traum|,aus,le·ger m cf. Traumdeuter. — **~be,ruf** m dream-of profession, dream job. — **~,bild** n **1.** (Szene in einem Traum) dream (od. scient. oneiric) image. – **2.** (Phantasievorstellung, Halluzination) fantasy, phantasy, hallucination. – **3.** (Wunschbild, Vision) dream, vision. – **4.** cf. Traumgestalt. — **~,buch** n dream book. — **~,deu·ter** m interpreter of dreams, oneirocritic (scient.). — **~,deu·tung** f interpretation of dreams; oneirocriticism, oneirocritics pl (usually construed as sg) (scient.).

träu·men ['trɔymən] I v/t ⟨h⟩ **1.** dream: hast du etwas geträumt? did you dream anything? did you have a dream? ich habe etwas Furchtbares geträumt I had (od. dreamed, dreamt) a horrible dream; ich träumte, es hätte geschneit I dreamed (that) it had snowed; träum(e) (et)was Schönes! colloq. sweet (od. plesant, happy) dreams! das hätte ich mir nicht ~ lassen fig. colloq. I would never have dreamed of that. – **2.** (sich etwas einbilden, zusammenträumen) dream (s.th.) up: das hast du ja nur geträumt! you've dreamt that up! – **II** v/i **3.** dream: ich habe schlecht [schwer] geträumt I had bad [oppressing od. oppressive] dreams; von j-m ~ a) to dream about s.o., b) colloq. (für j-n schwärmen) to fancy (od. colloq. have a crush on) s.o.; von etwas ~ a) to dream about (od. of) s.th., b) colloq. (sich etwas sehnlich wünschen) to dream of (having) s.th.; sie träumt davon, Stewardeß zu werden she dreams of becoming a stewardess; mir träumte, sie wäre gekommen lit. I dreamed (that) she had come. – **4.** (mit offenen Augen) ~ to (day)dream: träume nicht! stop (day)dreaming! er saß am Ufer und träumte vor sich hin (od. in den Tag hinein, colloq. ins Blaue) he sat on the bank daydreaming (od. dreaming away to himself, and daydreamed); du träumst wohl (od. ja)! colloq. a) (du paßt ja nicht auf) are you (day)dreaming? b) fig. (du phantasierst ja) you must be dreaming! c) fig. (das kommt überhaupt nicht in Frage) you must be daft (od. cracked, off your head)! (alle colloq.). – **III** T~ n ⟨-s⟩ **5.** verbal noun.

'Träu·men·de m, f ⟨-n; -n⟩ dreamer.

'Traum·ent,stel·lung f psych. dream distortion.

'Träu·mer m ⟨-s; -⟩ **1.** cf. Träumende. – **2.** (verträumter Mensch) (day)dreamer. – **3.** (Phantast, Schwärmer) dreamer, castle-builder, (stärker) visionary, fantast, phantast.

Träu·me·rei f ⟨-; -en⟩ **1.** cf. Träumen. – **2.** (Tag-, Wachtraum) (day)dream, reverie, revery: das sind alles nur ~en! those are mere (od. pure) daydreams! – **3.** cf. Phantasterei 1. – **4.** „~" mus. "Rêverie" (by Schumann).

'Träu·me·rin f ⟨-; -nen⟩ cf. Träumer.

'träu·me·risch I adj **1.** dreamy, moony, auch mooney: ~e Augen dreamy eyes; ~es Wesen dreaminess, mooniness. – **2.** (sehnsüchtig) wistful. – **II** adv **3.** sie sah ihn ~ an she looked at him dreamily (od. wistfully).

'Traum|fa,brik f (film) dream factory. — **~,for·schung** f psych. dream research. — **~,frau** f dream woman, woman of one's dreams. — **~ge,bil·de** n **1.** (Wahngebilde, falsche Vorstellung) phantasm, fantasm, phantom, auch fantom. – **2.** cf. Traumbild 3. — **~ge,sicht** n ⟨-(e)s; -e⟩ **1.** vision. – **2.** cf. Traumgestalt. — **~ge,stalt** f vision, phantom, auch fantom.

'traum·haft I adj **1.** (wie im Traum) dreamlike, dreamy. – **2.** fig. colloq. (wunderbar) marvel(l)ous: ihr neues Haus ist einfach ~ her new house is simply marvel(l)ous (od. is a [perfect] dream). – **II** adv **3.** ein ~ schönes Kleid fig. colloq. an absolutely (od. a perfectly) beautiful dress, a (perfect) dream of a dress.

'Traum|,haus n dream (of a) house. — **~,hoch,zeit** f fairy-tale (od. dream) wedding. — **~,in,halt** m psych. dream content. — **~,land** n ⟨-(e)s; no pl⟩ **1.** dreamland, never-never (land, auch country). – **2.** fig. colloq. (wunderschönes Land) dreamland, land of one's dreams. — **~,land·schaft** f **1.** (auf einem Gemälde etc) dream landscape. – **2.** fig. colloq. (wunderschöne Landschaft) dream landscape, landscape of one's dreams. — **t~los I** adj (Schlaf) dreamless. – **II** adv ~ schlafen to sleep dreamlessly, to have (a) dreamless sleep. — **~,mäd·chen** n dream girl, girl of one's dreams. — **~,mann** m dream man, man of one's dreams. — **~,no·te** f (sport) (beim Eiskunstlauf, Turnen etc) dream score (od. mark). — **~,rei·se** f dream journey. — **~,sym,bo·lik** f psych. dream symbolism. — **~,ur,laub** m dream holiday (Am. vacation). — **t~ver,lo·ren, t~ver,sun·ken I** adj (Gesichtsausdruck etc) dreamy: das Mädchen war ganz ~ the girl was all dreamy (od. completely lost in dreams). – **II** adv ~ blickte sie in die Ferne she looked in(to) the distance dreamily (od. lost in dreams). — **~,vor,stel·lung** f **1.** dream (od. scient.

oneiric) imagination. – **2.** cf. Traumbild 2, 3. — **t~,wand·le·risch** [-,vandlərɪʃ] adj fig. cf. nachtwandlerisch. — **~,welt** f dreamworld, world of dreams, (eines Kindes) auch world of make-believe (auch make-belief): in einer ~ leben to live in a world of dreams. — **~,zu,stand** m psych. **1.** dreamlike (od. scient. oneiric) state. – **2.** hypnotischer ~ trance.

traun [traun] interj obs. truly! indeed! forsooth! (lit.).

Trau·ner ['traunər] m ⟨-s; -⟩ Austrian flatboat, Br. flat-boat.

'Trau|,re·de f **1.** (des Geistlichen) marriage sermon (od. address). – **2.** (des Standesbeamten) marriage address. — **~re,gi·ster** n marriage register, register of marriages.

trau·rig ['trauriç] I adj **1.** (Lied, Geschichte, Film etc) sad: eine ~e Nachricht a sad piece of news; unsere Reise nahm ein ~es Ende our journey came to a sad end (od. ended sadly). – **2.** (Augen, Blick, Lächeln, Stimme, Gedanken, Stimmung etc) sad, sorrowful, mournful, melancholy, melancholic: mach nicht so ein ~es Gesicht! don't look so sad! don't wear (od. put on) such a mournful expression! → Ritter 1. – **3.** ⟨pred⟩ (bekümmert, betrübt) sad, upset, (stärker) distressed, grieved: sie ist ~, weil ihr Vater gestorben ist, sie ist ~ über den Tod ihres Vaters she is sad because her father has died, she is sad (stärker) grieved, distressed) at (od. about) her father's death; du siehst ~ aus you look sad; seine harten Worte machten (od. stimmten) sie ~ his harsh words made her sad (od. saddened her, upset her, stärker distressed her, grieved her); als ich das hörte, wurde ich ~ (od. wurde mir ~ zumute) I was (od. grew) sad (od. I saddened) when I heard that; sei nicht ~ darüber! a) don't be (od. feel) sad about it! b) (mach dir nichts daraus) don't let it upset you! – **4.** (Vorfall, Ereignis, Verhältnisse, Los, Schicksal etc) sad, sorry, (stärker) deplorable, lamentable: dort herrschen ~e Zustände! there is a very sad state of affairs there! das ~e Einerlei des Tages the sad (od. sorry) routine of the day; dieser Ort hat eine ~e Berühmtheit erlangt this place acquired a sad (od. notorious) reputation; er hat ein ~es Schicksal gehabt he met with (od. his was) a sorry fate; der Schüler X ist ein ~er Fall the pupil X is a sad case; (es ist) ~, aber wahr! it is sad but true! it is the sad truth! – **5.** es ist ~(, daß) it is sad (od. it is a pity, colloq. it is too bad) (that), (stärker) it is distressing (od. deplorable, lamentable) (that): es ist ~ genug, daß du es nicht gemerkt hast it is really too bad (od. colloq. it's a poor show) that you shouldn't have noticed it. – **6.** (Pflicht, Notwendigkeit, Erkenntnis, Erfahrung etc) sad, sorry, painful: es ist meine ~e Pflicht, Ihnen sagen zu müssen, daß it's my sad duty to (have to) tell you that. – **7.** (unerfreulich, freudlos) sad, joyless: er hatte eine ~e Jugend he had a sad youth. – **8.** (leer u. hoffnungslos) bleak, dismal, dreary, auch drear (lit.): auf einmal erschien ihr das Leben sehr ~ suddenly life seemed very bleak to her. – **9.** (Fabrikmauer, Landschaft, Himmel, Wetter etc) sad, gloomy, bleak, dreary, murky, auch mirky. – **10.** fig. (unbedeutend, armselig) sad, meager, bes. Br. meagre, scanty: es ist nur noch ein ~er Rest vorhanden there are only a few sad remains left. – **11.** fig. (enttäuschend) disappointing, poor: das Ergebnis der Sammlung war ~ the result of the collection was poor. – **12.** fig. colloq. (jämmerlich, verächtlich) poor, sorry: du hast eine ~e Figur gemacht colloq. you looked a sorry sight, you cut a poor (od. sorry) figure. – **13.** fig. colloq. (schwunglos, ohne Unternehmungsgeist) dull, insipid; 'sorry', 'sad', 'poor' (colloq.): deine Freunde sind vielleicht ein ~er Haufen! colloq. your friends are a sorry lot! – **II** adv **14.** sie sah ihn ~ an she looked at him sadly (od. sorrowfully), she gave him a sad look; die Blumen ließen ~ die Köpfe hängen fig. the flowers drooped sadly (od. sad-looking, were sorry-looking). – **III** T~e, das ⟨-n⟩ **15.** the sad thing: das T~e daran ist, daß er nicht mehr zurückkehren kann the sad part about it is that he cannot come (od. go) back anymore. — **'Trau·rig·keit** f ⟨-;

no pl⟩ **1.** *(eines Liedes, Films etc)* sadness. — **2.** *(des Blicks, der Miene, Stimme, Gedanken etc)* sadness, sorrowfulness, mournfulness, melancholy. — **3.** *(Betrübnis, Kummer)* sadness, sorrow, *(stärker)* distress, grief: eine tiefe ~ erfüllte ihn he was filled with deep sadness; sie ist kein Kind von ~ *fig. colloq.* she is no child of sorrow. — **4.** *(eines Vorfalls, Ereignisses, Schicksals etc)* sadness, sorriness. — **5.** *(Freudlosigkeit)* sadness, joylessness. — **6.** *(einer Landschaft, Straße, Häuserfassade etc)* sadness, gloom(iness), dreariness, bleakness.

'**Trau**|**,ring** *m* wedding ring. — **~,schein** *m* marriage certificate: sie leben ohne ~ miteinander *colloq.* they are living together; keiner fragt nach ihrem ~ *colloq.* nobody cares whether *(od.* if) they are married or not.

traut [traut] *adj ⟨-er; -est⟩* **1.** *(vertraut, intim)* intimate: im ~en Freundeskreis in an intimate circle of friends. — **2.** *archaic od. iron. (gemütlich, anheimelnd)* cozy, *bes. Br.* cosy, *Br. auch* homely, *bes. Am. colloq.* homey, *auch* homy → Heim 1. — **3.** *obs. (lieb u. wert)* dear, beloved.

'**Trau,tag** *m* wedding day.

Trau-te ['trautə] *f ⟨-; no pl⟩ colloq.* (in Wendungen wie) die ~ [keine *(od.* nicht die) ~] haben, etwas zu tun, die ~ [keine *(od.* nicht die) ~] zu etwas haben to have [to lack] the courage *(od.* nerve, *colloq.* gumption, guts) to do s.th.; er hat nicht *(od.* ihm fehlt) die ~ *(dazu)* he has not the guts to do it) *(colloq.).*

'**Trau-ung** *f ⟨-; -en⟩* **1.** marriage *(od.* wedding) ceremony. — **2.** marriage, wedding: standesamtliche ~ marriage before the registrar, civil marriage *(od.* wedding); kirchliche ~ church wedding, marriage in a church.

'**Trau-ungs|ma,tri-kel** *f Austrian officialese for* Trauregister. — **~,tag** *m* wedding day. — **~ze-re,mo,nie** *f cf.* Trauung 1.

'**Trau|,zeu-ge** *m* witness to a marriage *(od.* wedding): erster ~ first witness, best man; zweiter ~ second witness, groomsman; bei einer Hochzeit ~ sein *(od. colloq.* spielen), bei einer Hochzeit den ~n machen *colloq.* to be a witness to a marriage, to be (the) best man *(od.* groomsman) at a wedding. — **~,zeu-gin** *f* witness to a marriage *(od.* wedding).   [Reisescheck.\

'**Tra-vel-ler,scheck** ['trɛvələr-] *m econ. cf.*⌡

Tra-vers [tra'vɛːr; tra'vɛrs] *n ⟨- [-'vɛːrs; -'vɛrs]; no pl⟩ (sport)* (in der Hohen Schule) quarters-in.

Tra-ver-sa-le [traver'zaːlə] *f ⟨-; -n⟩ (sport)* (beim Dressurreiten) half-pass.

Tra-ver-se [tra'vɛrzə] *f ⟨-; -n⟩* **1.** *arch. (Querbalken, -träger)* crossbeam, *Br.* cross-beam. — **2.** *tech. (an Maschinengestellen)* bridgepiece, *Br.* bridge-piece, crossrail, *Br.* cross-rail. — **3.** *(im Alpinismus) (Quergang)* traverse. — **4.** *mil.* a) *(Schutzwall auf Schießständen)* traverse, b) *hist. (einer Festung)* traverse.

tra-ver-sie-ren [traver'ziːrən] *v/i u. v/t ⟨no ge-, h⟩ (sport) (beim Reiten, Fechten, Bergsteigen etc)* traverse.

Tra-ver-tin [traver'tiːn] *m ⟨-s; -e⟩ min.* travertine.

Tra-ve-stie [traves'tiː] *f ⟨-; -n [-ən]⟩ (literature)* travesty. — **tra-ve'stie-ren** [-rən] *v/t ⟨no ge-, h⟩ (Gedicht etc)* travesty.

Trawl [troːl; troːl] *(Engl.) n ⟨-s; -s⟩ mar. (Schleppnetz)* trawl (net). — **Traw-ler** ['troːlər; 'troːlə] *(Engl.) m ⟨-s; -⟩* trawler.

Treat-ment ['triːtmənt] *(Engl.) n ⟨-s; -s⟩ (film)* treatment.

Tre-ber ['treːbər] *pl* **1.** *(Traubenrückstände beim Keltern)* marc *sg,* rape *sg.* — **2.** *brew. (Malzrückstände)* draff *sg.* — **~,brannt-,wein** *m* marc (brandy), eau-de-vie de marc. — **~,wein** *m* piquette.

Treck [trɛk] *m ⟨-s; -s⟩ (von Siedlern, Flüchtlingen etc)* trek: der Große ~ *hist. (der Buren)* the Great Trek (1835—38).

trecken *(getr.* -k·k-) ['trɛkən] *v/i ⟨sein⟩ (von Siedlern, Flüchtlingen etc)* trek.

Trecker *(getr.* -k·k-) ['trɛkər] *m ⟨-s; -⟩ bes. Northern G. for* Traktor.

Treff[1] [trɛf] *m ⟨-s; -s⟩ colloq.* **1.** *(Treffen, Zusammenkunft)* meeting. — **2.** *(Treffpunkt)* meeting place. — **3.** *(Verabredung)* appointment.

Treff[2] *n ⟨-s; -s⟩ (Spielkartenfarbe)* club(s pl).

Treff[3] *m ⟨-(e)s; -e⟩ colloq.* hit, blow: einen ~ weghaben *fig.* to have undergone a change for the worse.

'**Treff'as** *f (Spielkarte)* ace of clubs.

tref-fen ['trɛfən] **I** *v/t ⟨trifft, traf, getroffen, h⟩* **1.** *(mit einem Hieb, Schlag, Stoß etc)* hit, strike: der Faustschlag traf sein *(od.* traf ihn am, *colloq. auch* traf ihn ans) Kinn the blow hit *(od.* struck) his chin, the blow hit *(od.* struck, caught) him on the chin; der Axthieb hat ihn tödlich getroffen the cut with the ax(e) hit him fatally *(od.* struck him a mortal blow); → Schlag 27. — **2.** *(mit einem Schuß, Wurf etc)* hit: die Kugel hat ihn tödlich getroffen the bullet hit him fatally *(od.* wounded him mortally); j-n ins Auge ~ to hit s.o. in the eye; der Schneeball traf sie voll ins Gesicht the snowball hit her right *(od. colloq.* bang) in the face; er traf das Ziel nicht he did not hit *(od.* he missed) the target; er trifft nicht einmal einen Elefanten auf 1 m Entfernung *colloq. humor. contempt.* he couldn't hit a thing if you paid him; nichts getroffen, Schnaps gesoffen! *(Spottruf der Kinder)* missed! missed! — **3.** *(schwache Stelle, wunden Punkt etc)* hit: die Aktion traf den Nerv des Spionagerings the action hit the nerve of the espionage *(od.* spy) ring; er hat sie an ihrer empfindlichsten Stelle getroffen he hit her sore spot. — **4.** *(seelisch verletzen, kränken)* hurt, *(stärker)* wound: der Vorwurf trifft mich nicht the reproach does not hurt me; diese Bemerkung hat sie tief *(od.* schwer) getroffen this remark hurt her badly *(od.* hit her hard, hit home). — **5.** *(heimsuchen)* strike, afflict, befall *(lit.):* uns hat ein schweres Unglück getroffen a cruel disaster has struck us, we have been struck *(od.* we are stricken) by a cruel disaster. — **6.** *(folgenschwer sein für)* hit, affect: der Verlust traf ihn hart the loss hit him hard, the loss affected him severely; die ganze Schärfe des Gesetzes soll diejenigen ~, die the whole severity of the law shall affect those who. — **7.** *(zurückzuführen sein auf)* be attributed to: die Schuld trifft den Fahrer the blame is to be attributed to the driver; ihn trifft an dem Unglück keine Schuld no blame for the accident can be attributed to him, he is in no way to blame for the accident; wen trifft die Schuld? who is to blame (for it)? whose fault is it? — **8.** *(fallen auf, bestimmen)* fall (up)on: das Los traf meinen Bruder the lot fell on my brother. — **9.** *(begegnen)* meet, *(zufällig) auch* come across, run *(od.* bump) into: er traf einen Bekannten auf der Straße he met an acquaintance (of his) in the street. — **10.** sich ~ *(einander)* a) *(von Personen)* to meet, *(zufällig) auch* to come across *(od.* run into, bump into) each other, b) *(von Blicken etc)* to meet, c) *bes. math. (von Geraden etc)* to meet, to intersect: wir ~ uns morgen alle am Bahnhof we all will meet at the station tomorrow; die Linien ~ sich im Punkt 0 *math.* the lines meet *(od.* intersect) at the (point) 0. — **11.** *(antreffen, vorfinden)* find: er traf sie bei der Gartenarbeit he found her working in the garden. — **12.** *(Ton, Einsatz etc)* hit: der Sänger traf den Ton nicht the singer did not hit the note; bei einer Unterredung den richtigen Ton ~ *fig.* to find the right tone *(od.* use the right approach) in a conversation. — **13.** *(die richtige Lösung, den richtigen Zeitpunkt etc)* hit (up)on: mit dieser Vermutung hast du das Richtige getroffen you have hit on the right thing with this presumption; du hast es genau getroffen a) *(hast richtig geantwortet)* you have hit on the right answer, b) *(hast es erraten)* you have guessed right; wir haben es in unserem Urlaub gut [schlecht] getroffen we hit on the right [wrong] thing on our holiday *(Am.* in our vacation); du hättest es nicht besser ~ können, als you couldn't have done better (than), you couldn't be better off (than); → Nagel 2. — **14.** *(beim Malen, Photographieren etc)* capture: er hat die Abendstimmung gut getroffen he has captured *(od.* conveyed) the evening mood well; der Maler hat dich auf dem Porträt gut getroffen the painter captured you *(od.* has hit you off) well in the portrait. — **15.** *(in Verbindung mit bestimmten Substan-*

tiven) ein Abkommen ~ to make *(od.* enter into) an agreement; Anordnungen ~ to give *(od.* issue) orders *(od.* instructions); Anstalten [Vorbereitungen] ~ to make provisions *(od.* arrangements) [preparations]; eine (Aus)Wahl ~ *(aus od.* unter Dingen [Leuten]) ~ to make a selection *(od.* to select) (from things [people]), to take one's choice (among things [people]); eine Entscheidung ~ to reach, come to) a decision, to make up one's mind; eine Feststellung ~ to make a statement; Maßnahmen ~ to take measures; eine Verabredung ~ to arrange a meeting; Vorkehrungen (gegen etwas [j-n]) ~ to take precautions (against s.th. [s.o.]); Vorsichtsmaßregeln ~ to take precautionary measures. — **II** *v/i* **16.** *(mit einem Hieb, Schlag, Stoß etc)* hit *(od.* strike) the mark, hit *(od.* strike) home: seine Schläge trafen nicht his blows did not strike home, his blows missed; getroffen! a) you have hit the mark! you've hit it! b) *(sport) (beim Fechten)* touché! — **17.** *(mit einem Schuß, Wurf etc)* hit the *(od. lit.* find one's) mark, hit home: ~ schwarz 17. — **18.** *(von Vorwurf, Bemerkung etc)* hit home. — **19.** auf j-n ~ a) *(zusammentreffen mit)* to meet s.o., *(zufällig) auch* to come across s.o., run into, bump into s.o., b) *(bes. sport) (auf einen Gegner)* to encounter s.o., c) *bes. mil. (auf den Feind)* to get into contact with s.o., to meet s.o. — **20.** auf *(acc)* etwas ~ a) *(entdecken, finden)* to strike (up)on *(od.* to discover) s.th., b) *(auf Ablehnung, Widerstand etc)* to meet with s.th.: sie trafen auf Öl they struck (on) oil. — **III** *v/reflex* **21.** sich mit j-m ~ to meet s.o., *(zu einer offiziellen Unterredung) auch* to have a meeting with s.o. — **22.** das trifft sich ja großartig! wie sich das trifft! *colloq.* that's most convenient! that's very handy! *(colloq.).* — **IV** *v/impers* **23.** es trifft sich gut [schlecht] it is convenient [inconvenient]; es trifft sich gut, daß du auch kommst it's convenient *(od. colloq.* handy) that you are coming, too; es traf sich gerade (so) (, daß) it so happened (that); wir machen es so, wie es sich gerade trifft *colloq.* we'll just take things as they come.

'**Tref-fen** *n ⟨-s; -⟩* **1.** *(Zusammenkunft)* meeting. — **2.** *(sportlicher Wettkampf)* encounter, contest, *(beim Boxen, Ringen, Fechten) auch* bout: er ging aus dem ~ als Sieger hervor he emerged victorious from the encounter. — **3.** *mil.* a) *(Gefecht, Kampf)* combat, encounter, engagement, b) *(Scharmützel)* skirmish: neue Truppen ins ~ führen to lead new troops into combat; er führte neue Gründe ins ~ *fig.* he put forward new arguments. — **4.** *(Verabredung)* appointment.

'**tref-fend I** *pres p.* — **II** *adj* **1.** *(Antwort, Ausdruck, Bezeichnung, Urteil etc)* apt, fitting, appropriate, pertinent, apposite: die Formulierung ist sehr ~ the formulation is very appropriate. — **2.** *(Bemerkung etc)* very apt. — **3.** *(Ähnlichkeit, Übereinstimmung)* striking. — **4.** *(Bild, Photographie, Schilderung etc)* well-captured, well-done *(beide attrib)*, accurately conveyed: das Porträt von ihm ist wirklich ~ the portrait of him really does him justice *(od.* portrays him really well, has hit him off really well). — **III** *adv* **5.** fittingly, appropriately, pertinently: etwas ~ bezeichnen to define s.th. fittingly, to give a pertinent definition of s.th.; das ist ~ gesagt that is very well put *(od.* phrased). — **6.** er hat ihn ~ nachgeahmt his imitation of him was strikingly good.

'**Tref-fer** *m ⟨-s; -⟩* **1.** *(beim Schießen, Werfen, Schlagen etc)* hit: bei ihm ist jeder Schuß ein ~ every one of his shots hits the mark; das Schiff erhielt einige ~ the ship was hit in several places; einen ~ erzielen a) to score *(od.* make) a hit, b) *(in der Lotterie etc)* to have a win, c) *fig. colloq. (einen Erfolg buchen)* to score (a hit) *(colloq.),* to be successful, d) *(sport) (beim Fußball, Hockey etc)* to score a goal; einen ~ landen *(od.* anbringen) *(bes. sport)* a) *(beim Boxen)* to land a blow *(od.* punch), b) *(beim Fechten etc)* to land a hit; erhaltener ~ *(beim Fechten)* hit received; gegebener ~ hit scored. — **2.** *pl (in einer Wertungstabelle)* score *sg:* er gewann mit 80 ~n he won with a score of 80. — **3.** *(in der Lotterie, beim Toto, Lotto etc)* win: bei sechs ~n gewinnt man 500 000 Mark with six wins you'll get 500,000 marks. – **4.** *cf.* Volltreffer. – **5.** *fig. colloq.* (*Glückstreffer*) lucky hit. – **6.** *fig. colloq.* (*Erfolg, erfolgreicher Schachzug*) 'hit' (*colloq.*), success. – **7.** (*sport*) a) (*Torerfolg*) goal, score, b) (*beim Boxen*) hit, c) (*beim Fechten*) hit, touché, touch. — **~an,zei·ger** *m* (*sport*) (*beim Fechten etc*) judging apparatus. — **~,bild** *n* **1.** (*beim Schießsport*) grouping pattern of hits, hit pattern. – **2.** *mil.* a) (*beim Artilleriebeschuß*) dispersion ladder (*od.* table, pattern), b) (*beim Bombenangriff*) bomb dispersion pattern. — **~,dich·te** *f* density of hits. — **~theo,rie** *f* *biol.* (*in der Ionisation*) hit theory. — **~,zahl** *f* **1.** (*beim Schießen, Werfen etc*) number of hits. – **2.** (*erzielte Punktzahl*) score. – **3.** (*sport*) a) (*Torerfolge*) number of goals (*od.* scores), score, b) (*beim Fechten*) number of hits (*od.* touchés, touches).

'Treff|,flä·che *f* (*beim Fechten*) target (area): gültige ~ valid target. — **~ge,nau·ig·keit** *f* (*beim Schießen*) accuracy of fire.

'treff·lich *archaic od. lit.* **I** *adj* **1.** (*vortrefflich, vorzüglich*) excellent, outstanding. – **2.** (*erlesen, exquisit*) exquisite; select, choice (*attrib*). – **II** *adv* **3.** excellently: sie haben ~ gespeist they dined excellently; diese Methode hat sich ~ bewährt this method has proved excellent. — **'Treff·lich·keit** *f* <-; *no pl*> **1.** excellence. – **2.** (*Erlesenheit*) exquisiteness, selectness, choiceness.

'Treff·nis *n* <-ses; -se> *Swiss for* Anteil 1.

'Treff,punkt *m* **1.** (*eines Liebespaares, zweier Geschäftsfreunde etc*) meeting place, rendezvous: einen ~ ausmachen (*od.* vereinbaren) to arrange a meeting place. – **2.** (*Sammelpunkt, -platz*) meeting place (*od.* point), venue. – **3.** (*Zentrum*) meeting place, center, *bes. Br.* centre: die Stadt wurde zu einem ~ der Wintersportler the town became a meeting place (*od.* center) for winter sportsmen. – **4.** *math.* (*zweier Geraden etc*) point of incidence. – **5.** *mil.* a) (*von Einheiten eines Verbandes*) meeting place, rendezvous, b) (*Auftreffpunkt*) point of impact, c) (*Zielpunkt beim Feuern*) future (*od.* predicted) position: mittlerer ~ a) (*bei Ermittlung des Treffbildes*) mean point (*od.* center, *bes. Br.* centre) of impact, b) (*bei der Flugabwehr, mittlerer Sprengpunkt*) center (*bes. Br.* centre) of burst.

'treff,si·cher *adj* **1.** (*Schütze, Golfspieler etc*) sure, *Am. auch* surefire. – **2.** *fig.* (*Ausdrucksweise, Definition etc*) precise. – **3.** *fig.* (*Urteil, Entscheidung etc*) sound. — **'Treff,si·cher·heit** *f* <-; *no pl*> **1.** (*eines Schützen etc*) sureness, surety. – **2.** *fig.* (*des Ausdrucks, einer Definition etc*) precision, preciseness. – **3.** *fig.* (*des Urteils, einer Entscheidung etc*) soundness.

'Treff,wahr,schein·lich·keit *f bes. mil.* hit probability.

'Treib|,ach·se *f tech.* (*einer Lokomotive*) driving (*od.* live) axle. — **~,an·ker** *m mar.* sea anchor, drag, *auch* drag anchor. — **~,ar·beit** *f* (*art*) *tech.* (*mit dem Hammer*) embossing, embossed work. — **~,ball** *m* (*sport*) (*beim Badminton*) drive. — **~,beet** *n hort.* growing (*od.* forcing) bed, hotbed.

'Treib,eis *n geogr.* drift (*od.* floating) ice: starkes ~ ice floes *pl*, ice field. — **~,schol·le** *f* ice floe.

trei·ben¹ ['traɪbən] **I** *v/t* <treibt, trieb, getrieben, h> **1.** (*an einen, von einem Platz*) drive: das Vieh auf die Weide ~ to drive the cattle to (the) pasture; sie trieben die Gefangenen zu den Waggons they drove the prisoners to the wag(g)ons; den Feind aus dem Land ~ to drive the enemy out of the country. – **2.** (*antreiben*) drive, (*mit Elektrizität, einem Kraftstoff etc*) *auch* power: das Wasser treibt das Rad the water drives the wheel; das U-Boot wird mit Atomenergie getrieben the submarine is driven (*od.* powered) by atomic energy. – **3.** (*ein-, vortreiben*) drive: einen Haken in die Wand ~ to drive a hook into the wall; einen Tunnel durch den Berg ~ *civ.eng.* to drive (*od.* cut) a tunnel through the mountain; eine Strecke ~ (*mining*) to drive a roadway; → Keil 1. – **4.** (*mit sich führen, forttragen*) drive, drift: die Strömung treibt die Baumstämme the current drives (*od.* drifts) the logs, the logs drift with the current; das Boot wurde

ans Ufer getrieben the boat was driven ashore; der Wind treibt die Wolken vor sich her the wind drives the clouds along (before it). – **5.** j-n (*zur Eile*) ~ (*hetzen*) to rush (*od.* hurry, push, press) s.o.: du sollst mich nicht immer so ~! stop rushing me like this! ich will nicht immer so ~! stop rushing me like this! – **6.** j-n dazu ~, etwas zu tun), j-n (zu etwas) ~ a) (*ungestüm bedrängen*) to urge (*od.* press, push, *stärker* goad, incite) s.o. (to do s.th.), b) (*veranlassen*) to drive (*od.* impel) s.o. (to do s.th.), c) (*zwingen, keinen Ausweg lassen*) to force (*od.* compel, reduce) s.o. (to do s.th.): j-n zur (*od.* an die) Arbeit ~ to urge s.o. to work; er wurde von einem maßlosen Ehrgeiz getrieben he was driven (*od.* impelled) by an unbounded ambition; seine finanzielle Lage trieb ihn zum Selbstmord his financial situation drove him to suicide; treibe mich nicht zum Äußersten! don't push me too far; j-n zur Raserei (*od.* zum Wahnsinn) ~ to drive s.o. mad (*od.* insane, out of his mind [*od.* senses]); → Verzweiflung. – **7.** (*in Verbindungen mit Präpositon u. Substantiv*) j-n in den Tod ~ to drive s.o. to (his) death; j-n in die Enge ~ to corner s.o., to drive s.o. into a corner; er trieb die Verfolger in die Flucht he put his pursuers to flight, he routed his pursuers; Preise [Angebote] in die Höhe ~ to force (*od.* send) prices [bids] up, to escalate prices [bids]; der Hunger [die Sehnsucht] trieb ihn nach Hause hunger [yearning] drove him home; → Arm 1. – **8.** (*ausbrechen lassen*) cause to appear: die Anstrengung trieb ihm den Schweiß ins Gesicht (*od.* aus den Poren) the exertion made him sweat; der Rauch treibt mir die Tränen in die Augen the smoke makes my eyes water (*od.* brings tears to my eyes). – **9.** (*Blätter, Blüten, Wurzeln etc*) put forth, sprout: der Strauch treibt Knospen the shrub puts forth buds, the shrub buds; die Mode treibt seltsame (*od.* wunderliche) Blüten *fig.* fashion produces some strange phenomena. – **10.** (*Reifen, Kreisel etc*) trundle, bowl. – **11.** (*Sport, Gymnastik, Musik etc*) do, go in for: was treibst du denn den ganzen Tag? what do you do all day long? er treibt nebenher Französisch he does French as a sideline. – **12.** (*Gewerbe, Handwerk, Studium etc*) pursue, follow, carry on (*od.* out): eine bestimmte Politik ~ to pursue a certain policy; → Studie 2. – **13.** es (*toll od.* wild, arg, bunt) ~ *colloq.* a) to carry on (like mad), b) (*sich ausleben*) to live it up: wenn er es weiterhin so treibt if he carries (*od.* goes) on like that; treibt es nicht zu bunt! a) don't go too far! b) stop carrying on! – **14.** etwas zu weit (*od.* auf die Spitze, [bis] zum Äußersten) ~ to carry s.th. too far (*od.* to extremes, to excess): er treibt es noch so weit, daß er entlassen wird he will carry matters (*od.* things) so far (*od.* to such a length) that he will be dismissed. – **15.** (*in Verbindung mit bestimmten Substantiven*) (großen) Aufwand (*od.* Luxus) ~ to live in grand style (*od.* in luxury): sie treibt mit ihren Kindern zuviel Aufwand she is too extravagant with her children; Scherz (*od.* seinen Spaß, seinen Spott) mit j-m ~ to make fun of (*od.* stärker to ridicule) s.o.; sein Spiel(chen) mit j-m [etwas] ~ to play one's little game with s.o. [s.th.]; → Allotria; Handel¹ 1; Schindluder; Unfug 1; Unwesen 2; Unzucht. – **16.** es (mit j-m) ~ *colloq.* (*Geschlechtsverkehr haben*) to have it off (with s.o.) (*sl.*). – **17.** *hort.* (*Pflanzen im Treibhaus, Mistbeet etc*) force, advance, stimulate. – **18.** (*art*) *tech.* (*mit dem Hammer*) emboss: eine Schale aus Silber ~ to emboss a bowl in (*od.* out of) silver. – **19.** *metall.* (*zur Metalltrennung im Probiertiegel*) cupel. – **20.** *med.* a) (*Schweiß*) produce, b) (*Urin*) promote, produce. – **21.** (*sport*) (*bes. beim Fußball, Golf etc*) drive. – **22.** *hunt.* (*das Wild*) drive: → Bau² 1. – **II** *v/i* (*sein u. h*) **23.** (*sein u. h*) (*von Schiff, Floß, Leiche, Ballon etc*) drift: auf dem Fluß haben Eisschollen getrieben ice floes drifted on the river; die Baumstämme sind mit der Strömung getrieben the logs drifted with the current; die Kiste trieb an Land (*od.* ans Ufer) the box drifted ashore; die Jacht treibt vor Anker *mar.* the yacht is dragging anchor; im Strom des Lebens ~ *fig. poet.*

to drift with the current (of life); etwas ~ lassen a) (*ein Stück Holz etc*) to let s.th. drift (along), b) *fig.* (*Angelegenheit*) to let s.th. drift, c) *mar.* (*Segelboot*) to cut s.th. adrift; sich ~ lassen a) (*von der Strömung*) (von with) to (let oneself) drift (along), to float (along), b) (*vom Wind*) (von) to let oneself be driven (along) (by), to drift along (with), c) (*beim Schwimmen*) to float, d) *fig.* (*von einer Stimmung, Menschenmenge etc*) (von) to let oneself be carried along (by), to drift (with), e) *fig.* (*ziellos dahinleben*) to drift (along). – **24.** <sein> (*von Rauch, Wolken, Duft etc*) waft. – **25.** <sein> *fig.* (*in eine Krise, einen Krieg etc*) (in *acc* into) drift. – **26.** <h> (*zur Eile*) ~ to hurry, to push. – **27.** <h> *fig.* (*drängen, Druck ausüben*) urge, press, push. – **28.** <h> (*von Teig, Hefe etc*) work, ferment. – **29.** <h *u.* sein> (*von Baum, Strauch, Saat etc*) sprout, shoot: der Baum hat kräftig getrieben the tree shot up powerfully; aus dem Zweig sind Knospen getrieben buds have sprouted from the twig, the twig has budded. – **30.** <h> *med.* a) (*schweißtreibend sein*) produce sweat(ing) (*od.* perspiration), be sudorific (*scient.*), b) (*harntreibend sein*) promote (*od.* produce) urine, be diuretic (*scient.*). – **III** *v/impers* <h> **31.** es treibt mich, dir zu sagen, daß I am forced (*od.* compelled) to tell you that, I feel compelled (*od.* impelled) to tell you that; es trieb ihn zu ihr he felt compelled (*od.* he felt an inner compulsion) to go to her. – **IV** **T~** *n* <-s> **32.** *verbal noun.* – **33.** (*von Vieh, Holz*) drive. – **34.** (*beim Segeln etc*) drift. – **35.** (*ungestümes Drängen*) urge, (*stärker*) incitement. – **36.** (*eines Gewerbes, Handwerks etc*) pursuance. – **37.** (*Tun und*) **T~** activity, doings *pl*: sein Tun und **T~** verstehe ich nicht I don't (*od.* fail to) understand what he is up to. – **38.** (*Geschehen*) happenings *pl*, goings-on *pl* (*colloq.*): unberührt von dem **T~** um sie herum unaffected by the goings-on (*od.* by what was going on) around her. – **39.** (*heimliche Machenschaften*) underhand dealings *pl*, goings-on *pl* (*colloq.*). – **40.** (*Geschäftigkeit*) hustle and bustle, stir, bustling activity: auf dem Marktplatz herrschte ein geschäftiges (*od.* lebhaftes) **T~** there was (a) hustle and bustle on the market square, the market square bustled with activity. – **41.** (*auf Jahrmärkten, beim Karneval etc*) medley: ich stürzte mich in das bunte **T~** I plunged into the colo(u)rful medley. – **42.** (*ausgelassenes od.* wildes, wüstes) **T~** high jinks *pl*, *auch* hijinks *pl*, high jinx *pl*, (*von Kindern, Jugendlichen*) *auch* horseplay (*alle colloq.*). – **43.** (*müßiges od.* eitles) **T~** *poet.* toil: das **T~** der Welt the toil of the world.

'Trei·ben² *n* <-s; -> *hunt.* (*Treibjagd*) *Br.* battue, *Am.* drive.

'trei·bend **I** *pres p.* – **II** *adj* **1.** **~e** Kraft *fig.* driving force, incentive, propellant, *auch* propellent: er war bei dem Plan die **~e** Kraft he was the driving force behind the plan. – **2.** (*Boot, Stück Holz etc*) drifting: ein **~es** Wrack a derelict. – **3.** *med.* a) (*schweißtreibend*) sudorific, b) (*harntreibend*) diuretic.

'Trei·ber *m* <-s; -> **1.** (*Viehtreiber*) driver, drover. – **2.** *fig.* (*Antreiber, Schinder*) (slave) driver, taskmaster, *bes. Am. colloq.* rawhider. – **3.** *hunt.* beater, driver. – **4.** (*textile*) (*am Webstuhl*) picker. – **5.** *tech. cf.* Treibwerkzeug 1. – **6.** (*paints*) (*bei Tapezierarbeiten*) active material. – **7.** *civ.eng.* (*Kalkteile in einer Putzdecke*) popping particulars *pl*. — **~,amei·se** *f zo. cf.* Wanderameise.

Trei·be'rei *f* <-; *no pl*> *colloq. contempt.* **1.** (*dauerndes Hetzen*) constant hurrying (*od.* pushing). – **2.** *fig.* (*unmäßiges Antreiben, Schinden*) (relentless) driving, slave-driving, *bes. Am. colloq.* rawhiding.

'Treib|,fäu·stel *m* (*mining*) hammer, sledge(-hammer). — **~,gas** *n* <-es; *no pl*> *tech.* (*für Verbrennungsmotoren*) power (*od.* liquefied petroleum, L.P.) gas, fuel gas. — **~,gut** *n* <-(e)s; *no pl*> *mar.* flotsam. — **~,ham·mer** *m metall.* embossing (*od.* striking) hammer.

'Treib,haus *n hort.* hothouse: im Sommer ist unser Büro ein einziges ~ *fig. colloq.* our office is like a hothouse in (the) summer. — **~kul,tur** *f* hothouse culture (*od.* tillage). — **~,luft** *f* <-; *no pl*> hothouse air:

hier herrscht eine richtige ~ *colloq.* it's like a hothouse in here. — ~**₁pflan·ze** *f* hothouse plant.

'**Treib|₁holz** *n* ⟨-es; *no pl*⟩ driftwood. — ~**₁jagd** *f* **1.** *hunt. Br.* battue, *Am.* drive. — **2.** *fig.* roundup, *Br.* round-up: die Polizei veranstaltete eine ~ auf den Ausbrecher the police started a round(-)up for the escaped prisoner. — ~**₁kraft** *f* ⟨*no pl*⟩ *tech.* **1.** *cf.* Triebkraft 3. — **2.** (*der Munition*) propelling force. — ~**₁la·dung** *f* *mil.* (*Munition*) propelling charge: normale ~ normal charge. — ~**₁mei·ßel** *m* *tech.* (*für Treibarbeiten*) chaser. — ~**₁mi·ne** *f* *mar. mil.* floating mine. — ~**₁mit·tel** *n* **1.** (*zum Backen*) raising agent. — **2.** *chem. tech.* (*space*) propellant, *auch* propellent. — **3.** (*eines Feuerlöschers*) actuating medium.

'**Treib₁netz** *n* *mar.* drift net. — ~**fi·scher** *m* (herring) drifter, *auch* drift boat. — ~**fi·sche₁rei** *f* drift-net fishery.

'**Treib|₁öl** *n* *tech.* **1.** (*für Dieselmotoren etc*) fuel (*od.* motor, diesel) oil. — **2.** (*für hydraulische Systeme*) hydraulic oil. — ~**₁rad** *n* **1.** *tech.* driving gear. — **2.** *mil.* (*eines Panzers*) sprocket wheel. — ~**₁rie·men** *m* *tech.* (*zur Kraftübertragung*) driving (*od.* drive) belt. — ~**₁rol·le** *f* **1.** (*einer Ablaufhaspel*) pinch roll. — **2.** (*eines Getriebes*) driving pulley. — ~**₁sand** *m* *mar.* quicksand.

'**Treib₁satz** *m* (*space*) (*einer Rakete*) rocket motor, (*einer Feststoffrakete*) solid propellant (*auch* propellent) rocket motor (*od.* grain). — ~**ver₁hält·nis** *n* charge-weight ratio.

'**Treib|₁schei·be** *f* *tech.* (*einer Fördermaschine etc*) driving pulley. — ~**₁schlag** *m* (*beim Golf*) drive. — ~**₁schrau·be** *f* *aer.* pusher propeller. — ~**₁stan·ge** *f* (*einer Maschine, Lokomotive etc*) connecting rod, *bes. Am.* pitman.

'**Treib₁stoff** *m* *tech.* **1.** *cf.* Kraftstoff 1. — **2.** *aer.* aviation fuel. — **3.** (*space*) (*für Raketen*) propellant, *auch* propellent, (rocket) fuel: fester [flüssiger] ~ solid [liquid] fuel. — **4.** *cf.* Benzin 1. — ~**₁la·ger** *n* fuel dump (*od.* depot). — ~**₁tank** *m* fuel tank. — ~**ver₁brauch** *m* fuel consumption. — ~**ver₁hält·nis** *n* fuel ratio.

'**Treib|₁tech·nik** *f* (*art*) embossing technique. — ~**₁wal·ze** *f* *metall.* pinch roll. — ~**we·hen** *pl* *med.* Preßwehen. — ~**₁werk₁zeug** *n* **1.** *tech.* (*mining*) driving tool. — **2.** (*art*) *metall.* chasing (*od.* embossing) tool, chaser.

Trei·del ['traɪdəl] *m* ⟨-s; -n⟩, ~**lei·ne** *f* *mar.* towrope, *Br.* tow-rope, towline, *Br.* tow-line.

trei·deln ['traɪdəln] *mar.* *v/t u. v/i* ⟨h⟩ tow. '**Trei·del|₁pfad**, ~**₁weg** *m* (*Uferweg*) tow(ing) path.   [tracker, tower.]

'**Treid·ler** *m* ⟨-s; -⟩ *mar.* (*eines Schiffes*)

trei·fe ['traɪfə] *adj* *relig.* (*Speise*) tref, terefa(h), trefa(h) impure, unclean, not kosher.

'**Trei₁se·gel** *n* ⟨-s; -⟩ *mar.* trysail, *auch* trisail.

Tre·ma ['tre:ma] *n* ⟨-s; -s *u.* -ta [-ta]⟩ **1.** *ling.* (*Zeichen über Vokalen*) diaeresis, *auch* dieresis. — **2.** *med.* (*Schneidezahnlücke*) diastema.

Tre·ma·to·de [trema'to:də] *f* ⟨-; -n⟩ *meist pl* *zo. cf.* Saugwurm.

tre·mo·lan·do [tremo'lando] *adv* *mus.* tremolando, *auch* tremulando.

tre·mo·lie·ren [tremo'li:rən] *v/i* ⟨*no ge-,* h⟩ *mus.* quaver, trill, shake.

Tre·mo·lit [tremo'li:t; -'lɪt] *m* ⟨-s; -e⟩ *min.* tremolite.

Tre·mo·lo ['tre:molo] *n* ⟨-s; -s *u.* -moli [-li]⟩ *mus.* tremolo, tremulant, (*einer Trommel*) roll.

Tre·mor ['tre:mɔr] *m* ⟨-s; -es [tre'mo:rɛs]⟩ *med.* (*eines Muskels etc*) tremor, trepidation.

Tre·mu·lant [tremu'lant] *m* ⟨-en; -en⟩ *mus.* (*der Orgel*) tremolo (stop), tremulant.

tre·mu·lie·ren [tremu'li:rən] *v/i* ⟨*no ge-,* h⟩ *cf.* tremolieren.

Trench·coat ['trɛntʃ₁ko:t; -₁koʊt] (*Engl.*) *m* ⟨-(s); -s⟩ (*fashion*) trench coat.

Trend [trɛnt] *m* ⟨-s; -s⟩ **1.** (*zu* toward[s]) trend, tendency: der ~ geht dahin, das Wahlalter herabzusetzen there is a trend (*od.* tendency) toward(s) reducing the voting age; der ~ in der Preisentwicklung geht nach oben [unten] there is an upward [a downward] trend in the development of prices. — **2.** *math.* (*in der Statistik*) trend. — **3.** *biol.* trend.

tren·deln ['trɛndəln] *v/i* ⟨h⟩ *Southwestern G. dial.* dawdle (along).

'**Trend₁wert** *m* *math.* trend ordinate.

'**trenn·bar** *adj* **1.** (*Gruppe, Material, Erbteil etc*) separable, divisible, partible, severable (*lit.*). — **2.** (*Begriffe etc*) differentiable, distinguishable, discriminable. — **3.** *ling.* a) (*durch Trennungsstriche etc*) divisible, b) (*Präfix u. Verb*) separable: einsilbige Wörter sind nicht ~ monosyllables cannot be divided. — **4.** *tech.* (*Werkstoffe etc*) severable, separable. — **5.** *math.* divisible. — **6.** *chem. phys.* (*Gemenge, Substanz etc*) separable. — '**Trenn·bar·keit** *f* ⟨-; *no pl*⟩ **1.** (*eines Materials, Erbteils etc*) separability, severability (*lit.*). — **2.** (*von Begriffen*) distinguishability, discriminability. — **3.** *tech.* (*eines Werkstoffs*) severability, separability. — **4.** *math.* divisibility. — **5.** *chem. phys.* (*eines Gemenges etc*) separability.

'**Trenn-Emul·si₁on** *f* *chem. tech.* releasing emulsion.

tren·nen ['trɛnən] **I** *v/t* ⟨h⟩ **1.** separate, divide, part, sever (*lit.*); sunder, put (*things*) asunder (*poet.*): bei dem Lehrgang wurden die verschiedenen Altersgruppen (voneinander) getrennt the different age groups were separated (from one another) at the course of instruction; uns ~ Welten (voneinander) *fig.* we are worlds apart. — **2.** (*teilen, spalten*) divide, part, split, sever (*lit.*): einen Vorhang in zwei Hälften ~ to cut a curtain in(to) two halves; du kannst die Menschen nicht einfach in Gut und Böse ~ you cannot simply divide people into groups of good and bad. — **3.** (*auseinanderbringen*) separate, part, (dis)sever (*lit.*): durch den Krieg wurden sie für immer getrennt the war separated them forever; er versuchte, die beiden Kampfhähne zu ~ he tried to part the two fighters; es gibt nichts, was uns ~ kann there is nothing that can separate us. — **4.** (*entzweien*) divide, disunite, divorce, disjoin, unjoin: es sind deine politischen Ansichten, die uns ~ it's your political outlook that disunites us. — **5.** (*unterscheiden, auseinanderhalten*) distinguish (*od.* differentiate, discriminate) (between): diese Begriffe sind nicht zu ~, das sind nicht zu trennende Begriffe these conceptions cannot be distinguished (between) (*od.* are indistinguishable). — **6.** (*eine Ehe etc*) separate: sie trennten sich (gingen auseinander) a) (*von Eheleuten*) they separated, b) (*von Freunden etc*) they separated, they parted (company), (*nach Streit*) *auch* they split up. — **7.** *ling.* (*durch Trennungsstriche etc*) divide, split: dieses Wort kann man ~ this word can be divided; ein Wort nach Silben ~ to divide a word according to (its) syllables. — **8.** (*Telephon-, Funkgespräch etc*) cut off, disconnect, interrupt. — **9.** *cf.* auftrennen I. — **10.** j-n von j-m [etwas] ~ a) to separate (*od.* part, *lit.* sever, dissever) s.o. from s.o. [s.th.], b) (*absondern, isolieren*) to separate (*od.* isolate, segregate) s.o. from s.th.: sie wurde im Gedränge von ihrer Mutter getrennt she was separated from her mother in the crowd; er wurde von den übrigen Häftlingen getrennt he was isolated from the other prisoners. — **11.** etwas von etwas ~ a) to separate (*od.* divide, part, *lit.* sever, dissever, winnow) s.th. from s.th., b) (*unterscheiden, auseinanderhalten*) to distinguish (*od.* discriminate, differentiate) between s.th. and s.th., to separate (*od.* dissociate) s.th. from s.th., c) (*Ärmel vom Kleid, Kragen vom Hemd etc*) to rip s.th. off s.th., d) *chem. tech.* (*Metall von Erz etc*) to separate (*od.* part) s.th. from s.th.: der Hieb trennte ihm den Kopf vom Rumpf the stroke severed his head from his body; eine große Wüste trennt diesen Landesteil von dem anderen a great desert separates (*od.* cuts off, detaches) this part of the country from the rest; die Person von der Sache ~ to distinguish between the matter and the person; das Wahre vom Falschen ~ to winnow truth from falsehood. — **12.** etwas aus etwas ~ (*Futter aus einem Mantel etc*) to rip s.th. out of s.th. — **13.** *tech.* (*Werkstoffe etc*) sever, cut off. — **14.** *chem.* a) (*Stoffgemische etc*) separate, b) (*Razemat*) resolve, c) (*scheiden*) part, d) (*Bindung*) cleave. — **15.** *phys.*

nucl. decompose. — **16.** *electr.* (*Stromkreis*) disconnect, isolate, break, open. — **17.** (*space*) (*Raketenstufe*) separate. — **18.** *med.* (*in der Chirurgie*) separate, sever, resect. — **19.** (*radio*) (*Wellenbereiche*) divide. — **II** *v/i* **20.** (*Uneinigkeit od. Zwietracht bewirken*) cause disunion (*od.* disunity). — **21.** zwischen (*dat*) A und B ~ *colloq.* (*unterscheiden*) to distinguish (*od.* differentiate, discriminate) between A and B. — **22.** (*radio*) select: gut (*od.* scharf) ~ to have high selectivity. — **III** *v/reflex* sich ~ **23.** sich von j-m ~ to separate (*od. lit.* sever) from s.o., to part from (*od.* with) s.o., (*nach einer Auseinandersetzung*) *auch* to split with s.o.: sie hat sich von ihrem Mann getrennt she parted from her husband. — **24.** sich von etwas ~ a) to part with (*auch* from) s.th., b) (*abweichen*) to depart from s.th.: ich konnte mich von dem Anblick kaum ~ I could hardly take my eyes off it (*od.* the sight); er trennte sich von seinen früheren Leitbildern he departed from his former concepts. — **25.** (*von Wegen, Linien, Richtungen, Zeitabschnitten etc*) separate, divide, part, diverge, sever (*lit.*), sunder (*poet.*): hier ~ sich unsere Wege *auch fig.* this is where our roads part. — **26.** (*sich aufspalten*) (in *acc* into) divide, split, sever (*lit.*). — **27.** (*space*) (*von Raketenstufe*) separate. — **IV** *T~ n* ⟨-s⟩ **28.** *verbal noun.* — **29.** *cf.* Trennung. — '**tren·nend I** *pres p.* — **II** *adj* (*Element, Wesenszug etc*) separative, separating.

'**Trenn|₁fe·stig·keit** *f* rupture strength. — ~**₁flä·che** *f* **1.** *phys.* (*zwischen Flüssigkeiten*) interface. — **2.** (*in der Kristallographie*) parting (*od.* cleavage) plane. — ~**₁flüs·sig·keit** *f* *chem.* (*in der Chromatographie*) liquid phase. — ~**₁fu·ge** *f* *tech.* **1.** *metall.* (*eines Formkastens*) parting line. — **2.** *civ.eng.* (*Dehnfuge*) expansion joint. — ~**kom₁man·do** *n* (*sport*) (*beim Boxen*) break. — ~**₁kreis** *m* *electr.* buffer. — ~**₁kreis₁sä·ge** *f* *tech.* circular cut-off saw. — ~**₁li·nie** *f* **1.** (*auf Spielfeldern, Parkplätzen etc*) dividing line. — **2.** (*zum Abreißen*) perforated line. — **3.** *fig.* division, demarcation. — ~**ma₁schi·ne** *f* *tech.* cutting-off machine. — ~**₁mes·ser** *n* (*für Nähte*) ripper, ripping tool. — ~**po₁ten·ti₁al** *n* *nucl.* separation potential. — ~**₁punkt** *m* **1.** *ling.* (*zur Darstellung der Silbentrennung*) division mark. — **2.** *pl* (*Trema*) diaeresis *sg*, *auch* dieresis *sg*. — ~**ra₁ke·te** *f* (*space*) stage-separating rocket. — ~**re₁lais** *n* *tel.* disconnecting (*od.* cut-off) relay. — ~**₁rohr** *n* *chem. phys. nucl.* separation tube, thermal diffusion column. — ~**₁schal·ter** *m* *electr.* circuit breaker, isolating (*od.* disconnecting) switch, isolator. — ~**₁scharf** *adj* (*radio*) selective. — ~**₁schär·fe** *f* **1.** *electr.* (*radio*) selectivity. — **2.** *sociol.* (*in der Statistik*) power. — ~**₁schicht** *f* separating (*od.* separative, separatory) layer. — ~**₁schlei·fen** *n* *tech.* cut-off grinding. — ~**₁schleif·ma₁schi·ne** *f* abrasive cutting machine. — ~**₁schleu·der** *f* *cf.* Zentrifuge. — ~**₁strei·fe** *f* *chem. tech.* (*in der Destillation*) theoretical plate. — ~**₁strich** *m* **1.** *cf.* Trennlinie. — **2.** *cf.* Trennungsstrich 1, 2. — ~**₁ta·ste** *f* *electr.* cut key.

'**Tren·nung** *f* ⟨-; -en⟩ **1.** *cf.* Trennen. — **2.** separation, severance (*lit.*): er leidet sehr unter der ~ von seiner Frau he suffers greatly from the separation (*od.* from being parted) from his wife; ~ von Staat und Kirche *pol.* separation of Church and State. — **3.** (*Ein-, Aufteilung*) division, partition, severance (*lit.*), *relig. auch* schism: die ~ der Schüler nach Altersklassen the separation (*od.* dividing up) of the pupils according to age groups; die ~ eines Paragraphen in verschiedene Absätze the division of a section into different paragraphs. — **4.** (*Absonderung, Isolation*) separation, isolation, segregation: die ~ der Rassen segregation. — **5.** (*nach einem Zerwürfnis, Streit etc*) separation, split, (*stärker*) breach. — **6.** (*Abwendung, Abweichung*) departure: nach der ~ von seinen alten Vorbildern after his departure from his old ideals (*od.* paragons). — **7.** (*von Begriffen, Bedeutungsinhalten etc*) distinction, differentiation, discrimination, dissociation. — **8.** (*einer Ehe*) separation: auf ~ von Tisch und Bett klagen *röm.kath. jur.* to sue for (a) separation from bed and board; gerichtliche ~ *jur.* judicial separation; einverständliche ~ *jur. Br.* separation by (mutual) consent, *Am.* voluntary separation. – **9.** (*durch Trennstriche od. -punkte*) division. – **10.** (*eines Telephon-, Funkgesprächs etc*) disconnection, *Br. auch* disconnexion. – **11.** *tech.* (*eines Werkstoffs etc*) severance, separation. – **12.** *chem. phys.* (*eines Gemenges etc*) separation. – **13.** *electr.* (*eines Stromkreises*) disconnection, *Br. auch* disconnexion, isolation, interruption. – **14.** *med.* (*in der Chirurgie*) separation, severance, resection. – **15.** (*radio*) (*der Wellenbereiche*) selection. – **16.** ~ der Stufen (*space*) (*einer Trägerrakete*) stage separation.

'**Tren·nungs|ent,schä·di·gung** *f econ.* separation allowance. — ~,**flä·che** *f min.* (*bei Kristallen*) cleavage face, plane of cleavage. — ~**ge,we·be** *n bot.* abscission layer. — ~**,li·nie** *f cf.* Trennlinie. — ~**,punkt** *m cf.* Trennpunkt. — ~**,schmerz** *m* ⟨-es; *no pl*⟩ wrench, pain of separation. — ~**,strich** *m* **1.** (*am Ende einer Zeile*) hyphen. – **2.** (*senkrechter*) ~ (vertical) dash. – **3.** einen (klaren) ~ ziehen (*zwischen dat between*) *fig.* to make a (clear *od.* definite) distinction, to draw a (clear *od.* clean) line. — ~**,stun·de** *f poet.* parting hour, hour of parting. — ~**ver,fah·ren** *n* **1.** *chem. phys. nucl.* a) (*bei Stoffgemischen etc*) separation method (*od.* process), b) (*bei Kathoden*) resolution method (*od.* process). – **2.** *tech.* (*bei Werkstoffen*) severing (*od.* severance) process. — ~**wand** *f cf.* Trennwand. — ~**,wi·der,stand** *m* **1.** *tech.* resistance to fracture (*od.* rupture). – **2.** *chem.* cohesive resistance. — ~**,zei·chen** *n* **1.** division mark (*od.* sign). – **2.** *print.* (*Divis*) hyphen. – **3.** *cf.* a) Trennungsstrich 1, 2, b) Trennpunkt 1, c) Trema 1. – **4.** *tel. cf.* Trennzeichen. — ~**zu,la·ge** *f econ.* separation allowance.

'**Trenn|ver,fah·ren** *n* **1.** *chem. nucl.* separation process. – **2.** *tech.* (*in der Schweißtechnik*) cutting process. — ~**ver,mö·gen** *n chem.* **1.** (*eines Stoffgemisches*) separation power. – **2.** (*in der Chromatographie*) resolving power. — ~**ver,stär·ker** *m* **1.** *electr.* (*radio*) multi-coupler, buffer amplifier. – **2.** *tel.* trap amplifier. — ~**wand** *f* **1.** dividing wall, partition (wall): zwischen den beiden Abteilungen errichtete (*od.* zog) man eine ~ a partition was built between the two sections, the two sections were partitioned off by a wall. – **2.** *fig.* barrier, wall. — ~**,werk,zeug** *n tech.* cutting-off (*od.* parting) tool. — ~**,wi·der,stand** *m* etc. cf. Trennungswiderstand 2. — ~**,zei·chen** *n tel.* cut-off (*od.* clearing) signal.

Tren·se ['trɛnzə] *f* ⟨-; -n⟩ (*Pferdezaum*) snaffle (bit): einem Pferd die ~ anlegen to snaffle a horse.

tren·sen ['trɛnzən] *v/i* ⟨h⟩ *mar.* (*von Tau*) worm.

Trente-et-qua·rante [trãteka'rã:t] (*Fr.*) *n* ⟨-; *no pl*⟩ (*Kartenglücksspiel*) trente-(et)-quarante, rouge et noir.

Tre·pan [tre'pa:n] *m* ⟨-s; -e⟩ *med.* (*in der Chirurgie*) trephine, trepan.

Tre·pa·na·ti·on [trepana'tsio:n] *f* ⟨-; -en⟩ *med.* trepanation, trephination.

Tre·pang ['tre:paŋ] *m* ⟨-s; -e *u.* -s⟩ *zo.* (*eßbare Seewalze*) trepang, *auch* bêche-de-mer (*Holothuria edulis*).

tre·pa·nie·ren [trepa'ni:rən] *med.* **I** *v/t* ⟨*no* ge-, h⟩ **1.** trepan, trephine. – **II** **T**~ *n* ⟨-s⟩ **2.** *verbal noun.* – **3.** *cf.* Trepanation.

Tre·po·ne·ma [trepo'ne:ma] *n* ⟨-s; -men⟩ *biol.* (*Mikroorganismus*) treponema (*Fam. Treponemataceae*).

,trepp'ab *adv* downstairs, down the stairs.

,trepp'auf *adv* upstairs, up the stairs: ~ muß er immer keuchen he is always short of breath when he goes upstairs; ~, treppab upstairs, downstairs, up and down; sie war den ganzen Tag ~, treppab gelaufen she had run up and down the stairs all day long.

Trep·pe ['trɛpə] *f* ⟨-; -n⟩ **1.** staircase, stairs *pl* (*construed as sg or pl*), *auch* stair, stairway: eine ~ führte ins Obergeschoß a staircase (*od.* a flight of stairs) led to the upper floor; eine breite [enge, gewundene] ~ a broad [narrow, winding] staircase; die ~ hinaufgehen [hinuntergehen] to go upstairs [downstairs]; sie eilte in großen Sprüngen (*od.* er sprang mit großen Sätzen) die ~ hinunter he ran down the

stairs by leaps and bounds; sie steigt nicht gern ~n she hates climbing stairs; das Kind ist die ~ hinuntergefallen the child fell down the stairs; j-n die ~ hinunterwerfen to push s.o. down the stairs (*od.* downstairs); wir sind diese Woche mit der ~ dran *colloq.* we have to clean (*od.* do) the stairs this week; sie wohnen fünf ~n (hoch) *bes. Northern G. colloq.* they live on the fifth (*Am.* sixth) floor; meine Eltern wohnen eine ~ höher *colloq.* my parents live one floor up (*colloq.*); → hinauffallen. – **2.** (*Freitreppe*) flight of steps (*od.* stairs), perron. – **3.** *fig.* stairway: die ~ zum Erfolg the stairway (*od.* ladder) to success. – **4.** *pl fig. colloq.* (*bei ungleichmäßigem Haarschnitt*) uneven bits: j-m ~n ins Haar schneiden to cut s.o.'s hair unevenly (*od.* in steps), to cut lumps out of s.o.'s hair. – **5.** *Southern G.* (*Stufe*) step.

'**Trep·pen|,ab,satz** *m arch.* landing. — ~**,arm** *m* (*straight*) flight, flight of stairs. — ~**,auf,gang** *m* stairway. — ~**,au·ge** *n* (*stair*)well. — ~**be,leuch·tung** *f* staircase lights *pl* (*od.* lighting). — ~**,en·de** *n* (*Austritt*) staircase end. — ~**,fen·ster** *n* staircase window. — ~**flucht** *f* ⟨-; -en⟩ *cf.* Treppenarm. — ~**,flur** *m cf.* Treppenhaus 2. — **t**~**,för·mig** **I** *adj* **1.** (*Anlage, Anordnung etc*) in the form of stairs (*od.* steps), stair-step (*attrib*). – **2.** *zo.* (*Zellen etc*) scalariform. – **II** *adv* **3.** ~ angeordnet sein to be arranged in the form of stairs (*od.* steps). — ~**ge,län·der** *n* **1.** banister(s *pl construed as sg or pl*), *auch* bannister(s *pl*): das ~ hinunterrutschen to slide down the banisters. – **2.** (*Handlauf*) handrail, banister(s *pl construed as sg or pl*), *auch* bannister(s *pl*). — ~**,haus** *n* **1.** *cf.* Treppenschacht. – **2.** staircase. — ~**,lauf** *m cf.* Treppenarm. — ~**,läu·fer** *m* stair (*od.* Venetian) carpet. — ~**,lei·ter** *f cf.* Trittleiter. — ~**,loch** *n cf.* Treppenauge. — ~**,nat·ter** *f zo.* ladder snake (*Elaphe scalaris*). — ~**pfo·sten** *m arch.* **1.** (*Geländersäule*) banister, *auch* banister, upright. – **2.** (*am Anfang einer Treppe*) banister (*auch* bannister) post, newel(-post). — ~**po,dest** *n, m cf.* Treppenabsatz. — ~**po·ly,gon** *n math.* staircase polygon (*od.* curve). — ~**,rost** *m tech.* (*in Feuerungsanlagen*) inclined grate. — ~**,schacht** *m arch.* stairwell. — ~**,schritt** *m* (*sport*) (*beim Skilaufen*) side step. — ~**,schutz,lei·ste** *f arch.* nosing. — ~**,spin·del** *f* newel. — ~**,stu·fe** *f* stairstep. — ~**,wan·ge** *f* string. — ~**,witz** *m* **1.** afterthought. – **2.** ~ der Weltgeschichte paradox (*od.* bad joke) of history.

Tre·sen ['tre:zən] *m* ⟨-s; -⟩ *Low and Middle G. for* a) Ladentisch, b) Theke 2.

Tre·sor [tre'zo:r] *m* ⟨-s; -e⟩ **1.** (*Panzerschrank*) safe, strongbox. – **2.** (*Stahlkammer in einer Bank etc*) strong room, safe deposit, *Am. auch* vault: Wertpapiere in den ~ geben to deposit securities in the strong room. — ~**ab,tei·lung** *f* (*einer Bank*) safe-deposit department. — ~**,fach** *n* safe-deposit (*auch* safe) box, strongbox. — ~**,raum** *m cf.* Tresor 2. — ~**,schlüs·sel** *m* safe-deposit (*od.* strong-room) key.

Tres·pe ['trɛspə] *f* ⟨-; -n⟩ *bot.* brome(grass) (*Gattg Bromus*): Weiche ~ soft chess (*B. mollis*).

Tres·se ['trɛsə] *f* ⟨-; -n⟩ **1.** *meist pl* (*an einer Uniform*) stripe, braid, lacing: die ~n bekommen [verlieren] to get [to lose] one's stripes. – **2.** (*Borte, Besatz*) braid, galloon.

'**Tres·sen|,rock** *m* (*eines Portiers etc*) braided (*od.* gallooned) coat. — ~**,strei·fen** *pl bes. mil.* (*einer Uniform*) (lacing) stripes, lacing *sg*, braid *sg*. — ~**,win·kel** *m* chevron.

Tre·ster ['trɛstər] *pl cf.* Treber. — ~**,brannt,wein** *m cf.* Treberbranntwein. — ~**,wein** *m cf.* Treberwein.

'**Tret|,an,las·ser** *m tech.* (*eines Motorrads etc*) kick starter. — ~**,au·to** *n* (*für Kinder*) pedal car. — ~**,boot** *n* pedal boat.

tre·ten ['tre:tən] **I** *v/i* ⟨tritt, trat, getreten, h *u.* sein⟩ **1.** ⟨h⟩ (*mit dem Fuß ausschlagen*) kick: Vorsicht, das Pferd tritt! beware, the horse kicks! vor Wut trat er gegen die Tür he kicked (against) the door with rage; er hat mir ans (*od.* gegen das) Schienbein getreten he gave me a kick on the shin, he kicked my shin; j-m in den Hintern (*od. vulg.* Arsch) ~ a) to kick s.o. on the (*od. vulg.* up the) backside (*bes. Br. vulg.* arse, *Am. vulg.* ass),

to kick s.o.'s backside, b) *fig. colloq.* (*zur Eile antreiben*) to give s.o. a kick in the pants (*colloq.*) (*od. colloq.* backside, *bes. Br. vulg.* arse, *Am. vulg.* ass); nach j-m ~ to kick (*od.* take a kick) at s.o. – **2.** ⟨sein⟩ (*die Füße setzen*) step, walk, put one's feet: der Gang war so voll, daß man nicht wußte, wohin man ~ sollte the corridor was so crowded that one did not know where to step. – **3.** ⟨sein⟩ (*schreiten*) step, walk: er trat aus dem Haus he stepped out of (*od.* left) the house; bitte nicht auf den Rasen ~! please keep off the lawn! please do not walk on the lawn! sie trat ins Zimmer she walked (*od.* came) into the room; nach vorn ~ to step (*od.* move) forward; er trat zu ihnen he walked (*od.* went) over to them; auf den Plan ~ *fig.* a) to appear, to make one's appearance, b) (*in den Kampf eingreifen*) to enter the lists. – **4.** ⟨sein⟩ (*sich hinstellen*) go and stand: sie trat ans Fenster she went and stood at the window, she stepped (over) to the window; er trat auf den Balkon he stepped out on(to) the balcony; beiseite (*od.* auf die Seite, zur Seite) ~ to step aside; in den Vordergrund ~ a) (*von Personen*) to come forward, to step into the foreground, b) *fig.* (*von Problem, Frage etc*) to come to the fore, to become significant (*od.* important); in den Hintergrund ~ a) (*von Personen*) to step into the background, b) *fig.* (*von Problem, Frage etc*) to become insignificant (*od.* unimportant); sie trat hinter [neben, vor] ihn she went and stood [neben, vor] ihn she went and stood [beside, in front of] him; vor den Spiegel ~ to go and stand in front of (*od.* to step over to) the mirror; j-m in den Weg ~ to (go and) stand in s.o.'s way, to block s.o.'s way; bitte ~ Sie näher! a) please come (*od.* step) nearer! b) (*kommen Sie herein*) come in, please! ich will Ihnen ja nicht zu nahe ~, aber *fig.* I don't want to hurt your feelings, but; auf j-s Seite ~ *fig.* to take sides (*od.* to side) with s.o., to back s.o. up; er wagte es nicht, ihm unter die Augen zu ~ *fig.* he did not dare to face him; → Gewehr 2; Stelle 1. – **5.** ⟨h *u.* sein⟩ (*um etwas zu bedecken, hinunterzudrücken etc*): er trat mit dem Absatz auf das Geldstück he stepped on the coin with his heel; auf die Bremse ~ to step (*od.* colloq. jump) on the brake; dann trat sie aufs Gaspedal then she stepped on the accelerator, *bes. Am.* then she stepped on the gas. – **6.** ⟨h *u.* sein⟩ (*aus Versehen, Rücksichtslosigkeit etc*) step, tread, walk: er hat mir auf den Fuß getreten he stepped (*od.* trod, walked) on my foot; einem Hund auf den Schwanz ~ to tread on a dog's tail; vor Ungeduld trat ich von einem Fuß auf den anderen I shuffled (*od.* shifted) about impatiently from one foot to the other; in eine Pfütze ~ to step in(to) a puddle; → Fußstapfe(n); Hühnerauge; Schlips. – **7.** ⟨h⟩ (*beim Radfahren etc*) pedal, treadle: er trat mächtig in die Pedale he pedal(l)ed (*od.* treadled) away vigorously. – **8.** ⟨sein⟩ (*an einen Platz rücken*) move: der Mond tritt hinter die Wolken the moon moves behind the clouds; wenn der Mond vor die Sonne tritt when the moon moves across (*od.* crosses) the sun; sie trat an die Spitze des Zuges she moved to the head of the procession; der Verein trat an die Spitze der Tabelle the team moved to the top (*od.* head) of the table; → Stelle 1. – **9.** ⟨sein⟩ (*an einen Platz gestellt, gesetzt werden*) come, be put (*od.* set): das Verb tritt an den Anfang des Satzes the verb comes (*od.* is set) at the beginning of the sentence. – **10.** ⟨sein⟩ (*hinzugefügt, angehängt werden*) be added: die Endung tritt an den Stamm the ending is added to the stem. – **11.** ⟨sein⟩ (*hervorkommen, zum Ausbruch kommen*) come: ihr traten die Tränen in die Augen tears came to her eyes; ihm trat Schaum vor den Mund he foamed at the mouth. – **12.** ⟨sein⟩ (*eintreten*) enter: ins Leben ~ to enter life; in den Ehestand ~ to enter into matrimony (*od.* marriage); er tritt ins 20. Lebensjahr he enters the 20th year of his life; die Sonne tritt in das Zeichen des Krebses the sun enters the sign of Cancer; die Verhandlungen traten in ein neues Stadium the negotiations entered (*od.* reached) a new stage; in den Ruhestand ~ to go into retirement, to retire. – **13.** ⟨sein⟩ *(in Wendungen wie)* in Aktion ~ to go *(od.* come*)* into action; zu j-m in Beziehung *(od.* Kontakt*)* ~ to enter into relations with s.o.; in Erscheinung ~ a) *(von Person)* to make one's appearance, to appear, b) *(von Merkmal, Symptom etc)* to appear, to enter the picture; in Streik ~ to go *(od.* come*)* out on strike; der Fluß tritt über die Ufer the river overflows (its banks), the river bursts its banks; → Kraft 10. – **II** *v/t* ⟨h⟩ **14.** *(mit einem Fußtritt)* kick: er hat mich in den Bauch getreten he kicked me *(od.* he gave me a kick*)* in the stomach; den Ball ~ *(sport) (beim Fußball)* to kick the ball, to take a kick; eine Ecke *[einen Freistoß]* ~ to take a corner *[a free kick]*; → Fuß¹ 1; Glück 1. – **15.** j-n ~, etwas zu tun *fig. colloq.* to keep at s.o. to do s.th.: er muß immer erst getreten werden he always needs to be pushed to do s.th., he always needs a kick in the pants before he will do s.th. *(colloq.)*. – **16.** *(um etwas herunterzudrücken, zu betätigen)* tread(le), work: den Blasebalg ~ to tread *(od.* work*)* the bellows; die Nähmaschine ~ to treadle *(od.* work the treadle of*)* the sewing machine. – **17.** j-n *(auf den Fuß)* ~ to tread on *(od.* step on, walk on, tread*)* s.o.('s foot): paß auf, daß du niemanden trittst! mind that you don't tread on anyone! – **18.** *(trampeln)* tread, trample: einen Weg durch den Schnee ~ to tread a path through the snow; etwas in den Staub ~ *auch fig.* to trample *(od.* crush*)* s.th. into the dust. – **19.** sich *(dat)* etwas in den Fuß ~ to run s.th. into one's foot. – **20.** *(in Wendungen wie)* Wasser ~ *(beim Schwimmen, bei der Kneippkur etc)* to tread water; den Takt ~ to mark time; → Pflaster 3. – **21.** *zo. (Henne)* tread.

'**Tre·ter** *pl colloq. contempt. (derbe, alte Schuhe)* clodhoppers.

'**Tret,he·bel** *m* treadle, pedal.

'**Tret,kur·bel** *f (am Fahrrad, Moped etc)* (pedal) crank. — **~,an,trieb** *m* pedal-crank drive.

'**Tret,la·ger** *n (des Fahrrads etc)* pedal(-crank) bearing. — **~ge,häu·se** *n (des Fahrrads etc)* bottom bracket shell.

'**Tret|,luft,pum·pe** *f tech.* foot pump. — **~,mi·ne** *f mil.* antipersonnel mine. — **~,müh·le** *f* **1.** *fig. colloq.* 'grind' *(colloq.)*, treadmill, monotonous routine: am Montag muß ich zurück in die (alte) ~ it's back to the grind for me on Monday; endlich sind wir heraus aus der ~ des Alltags we can forget the grind for a while at last. – **2.** *(zur Bewässerung)* treadmill. — **~,rad** *n* **1.** treadwheel. – **2.** *(Schöpfrad)* tympanum. — **~,rol·ler** *m (für Kinder)* treadle scooter. — **~,schal·ter** *m electr.* foot switch, floor switch. — **~,schlit·ten** *m (sport)* obs. (Swedish) sleigh. — **~,start** *m (beim Eisschnellauf)* forward start. — **~,strah·ler** *m tech. (eines Pedals)* reflector. — **~,werk** *n* foot-operated mechanism.

treu [trɔy] **I** *adj* ⟨-er; -e(st)⟩ **1.** *(in der Gesinnung)* faithful, loyal: ein ~er Freund a faithful *(od. lit.* constant, sta[u]nch*)* friend; ein ~er Diener a loyal servant; ~e Freundschaft faithful *(od.* loyal*)* friendship; j-m ~ bleiben to remain faithful *(od. lit.* true*)* to s.o.; ~ bis in den Tod *lit.* true unto death; ~ wie Gold (as) true as steel. – **2.** *(in der Ehe)* faithful: er ist seiner Frau ~ he is faithful to his wife. – **3.** *(ergeben)* devoted: eine ~e Seele *colloq.* a devoted soul. – **4.** *(zuverlässig)* trusty, trustworthy. – **5.** *(Anhänger, Verfechter etc)* stanch, *bes. Br.* staunch, true-blue, loyal. – **6.** einer Sache ~ sein *(od.* bleiben*)* to be *(od.* remain*)* true to s.th., to stick to s.th.; seinem Eid ~ sein to be true *(od.* loyal*)* to one's oath, to keep one's oath; er war *(od.* blieb*)* seinem Glauben ~ he was true to *(od.* kept*)* his faith; das Glück ist ihm ~ geblieben *fig.* he was blessed with *(od.* always had*)* good luck; sich selbst *[seinen Grundsätzen]* ~ bleiben to remain true to oneself *[to one's principles]*; ich bleibe meinem Vorsatz ~ I shall stick to my purpose *(od.* colo[u]rs*)*; → Versprechen² 1. – **7.** *(anhänglich)* faithful: ein ~er Hund a faithful dog. – **8.** *fig. (Abbild, Bild, Schilderung, Wiedergabe etc)* faithful, true, accurate, exact: eine ~e Wiedergabe des Originals a faithful reproduction

---

of the original. – **9.** *(radio) (Tonwiedergabe)* high-fidelity, hi-fi *(colloq.) (beide attrib).* – **10.** zu ~en Händen *bes. jur.* in *(od.* [up]on*)* trust: ich übergebe Ihnen dieses Buch zu ~en Händen I hand over this book to you for safe keeping. – **11.** Dein ~er Freund X *(als Grußformel in Briefen)* Yours truly, X. – **12.** der ist ja ~! *Northern G. colloq. (naiv)* he's hopeful! – **II** *adv* **13.** faithfully, devotedly: seine Pflicht ~ erfüllen to do one's duty faithfully *(od.* loyally*)*; sie hat der Familie 20 Jahre ~ gedient she worked for *(od.* served*)* the family devotedly for 20 years; sein Freund ist ihm ~ ergeben his friend is (truly) devoted to him.

Treu *f* ⟨-; *no pl*⟩ **1.** *obs. od. poet. for* Treue: *(bei)* meiner ~! upon my soul! struth! üb immer ~ und Redlichkeit *(Sprichwort)* etwa be ever faithful and upright. – **2.** *jur. (in Wendungen wie)* ~ und Glauben good faith, bona fides *(scient.):* auf ~ und Glauben on trust; eine Vereinbarung auf ~ und Glauben a gentleman's *(od.* gentlemen's*)* agreement; ein auf ~ und Glauben abgeschlossenes Geschäft a bona fide transaction. — **~,bruch** *m* **1.** breach of faith. – **2.** *(Untreue)* disloyalty. – **3.** *(Verrat)* perfidy, treachery, treason. – **4.** *jur. hist. (Bruch der Lehenstreue)* felony. — **t~,brü·chig** *adj* **1.** faithless. – **2.** *(untreu)* disloyal. – **3.** *(verräterisch)* perfidious.

'**Treue** *f* ⟨-; *no pl*⟩ **1.** *(der Gesinnung etc)* loyalty, *(von Untertanen etc)* auch allegiance: er hat uns mehr als einmal die ~ bewiesen he has more than once shown *(od.* given*)* us proof of his loyalty; j-m ~ schwören *(od.* geloben*)* a) *(dem König etc)* to vow allegiance *(od.* loyalty*)* to s.o., b) *(Gott)* to pledge *(God)* one's faith; die ~ zu seinem Vaterland loyalty *(od.* allegiance*)* to one's fatherland. – **2.** *(der Ehegatten)* fidelity, faithfulness: eheliche ~ conjugal fidelity; dem Ehepartner ~ geloben to vow fidelity to one's partner; sie hielten sich die ~ they were faithful to each other; ich glaube an seine [zweifle an seiner] ~ I believe [doubt] that he is faithful. – **3.** *(Ergebenheit)* devotion. – **4.** *(Zuverlässigkeit)* trustiness. – **5.** *(im Halten des gegebenen Wortes)* faith: unverbrüchliche ~ unswerving faith; j-m die ~ halten *(od.* bewahren*)* to keep faith with s.o., to be *(od.* remain*)* loyal *(od.* faithful*)* to s.o.; er bewahrte seinem Land die ~ he was *(od.* remained*)* loyal to his country; sie hielten einander die ~ *(von Freunden etc)* they kept faith with each other; (j-m) die ~ brechen a) to break *(one's)* faith *(with s.o.),* to be untrue *(to s.o.),* b) *(verraten)* to betray *(s.o.).* – **6.** *(Anhänglichkeit)* faithfulness: der Hund hing mit rührender ~ an seinem Herrn the dog stayed by his master with touching faithfulness. – **7.** *fig. (Genauigkeit)* faithfulness, accuracy, exactness: bei diesen Sagen fehlt es oft an der ~ der Überlieferung the transmission of these legends is often not very accurate *(od.* faithful*).* – **8.** *(radio) (der Tonwiedergabe)* high fidelity. – **9.** *hist. cf.* Lehenstreue. – **10.** in guten ~n *Swiss* in good faith.

'**Treue·ge,löb·nis** *n* **1.** pledge of fidelity. – **2.** *cf.* Treueid.

'**Treu,eid** *m* **1.** oath of allegiance, *Am. (bei Beamten)* loyalty oath: (j-m) den ~ abnehmen to administer the oath of allegiance (to s.o.); den ~ leisten to swear *(od.* take*)* the oath of allegiance. – **2.** *jur. hist. (der Lehensleute)* homage.

'**Treue|,pflicht** *f jur.* a) *(des Staatsbürgers etc)* (duty of) allegiance *(od.* loyalty*),* b) *(des Arbeitnehmers)* trust: Verletzung der ~ breach of trust; seine ~ erfüllen to fulfil(l) one's trust. — **~,prä,mie** *f econ.* **1.** *(für langjährige Dienste)* bonus for loyal service. – **2.** *(für Kunden)* bonus for long--standing custom, bonus to long-standing customers. — **~,ra,batt** *m econ.* **1.** discount allowed to long-standing *(od.* regular*)* customers. – **2.** *(bes. im Reedereigeschäft)* rebate.

'**treu·er,ge·ben** *adj* ⟨*attrib*⟩ **1.** *(Freund etc)* truly devoted. – **2.** *cf.* treugesinnt.

'**Treue,schwur** *m cf.* Treuegelöbnis.

'**treu·ge,sinnt** *adj* ⟨*attrib*⟩ *(dat* to*)* loyal.

'**Treu,hand** *f* ⟨-; *no pl*⟩ *jur. cf.* Treuhandschaft. — **~,ab,kom·men** *n pol.* trustee-

---

ship agreement. — **~,bank** *f* ⟨-; -en⟩ *econ.* trust bank.

'**Treu,hän·der** [-,hɛndər] *m* ⟨-s; -⟩ *econ. jur.* **1.** trustee, *(Verwahrer)* custodian, fiduciary: sein Vermögen einem ~ übergeben to hand one's property to a trustee, *bes. Am.* to trustee one's property; etwas als ~ verwalten to hold s.th. in *(od.* on*)* trust. – **2.** *cf.* Konkursverwalter. — **~,de,pot** *n econ.* trust deposit.

'**treu,hän·de·risch I** *adj* on a trust basis, on trust, fiduciary. – **II** *adv* etwas ~ verwalten to hold s.th. in *(od.* on*)* trust.

'**Treu,hän·der,rat** *m pol. cf.* Treuhandschaftsrat.

'**Treu,hän·der·schaft** *f* ⟨-; *no pl*⟩ *econ. (der Banken etc)* trusteeship, custodianship, guardianship.

'**Treu,hand|,ge,biet** *n pol.* **1.** trust territory. – **2.** *(ehemaliges Mandat des Völkerbundes)* trusteeship territory. — **~ge,sell·schaft** *f econ.* trust company *(od.* corporation*).* — **~,kon·to** *n* trust account.

'**Treu,hand·schaft** *f* ⟨-; *no pl*⟩ *econ. jur. (Treuhandverhältnis)* fiduciary relationship.

'**Treu,hand·schafts,rat** *m pol. (Organ der Vereinten Nationen)* Trusteeship Council.

'**Treu,hand|,staat** *m pol.* trustee *(od.* administering*)* state. — **~sy,stem** *n (im Völkerrecht)* trusteeship system. — **~ver,hält·nis** *n econ. jur.* **1.** fiduciary relationship. – **2.** *(Trust)* trust: ein ~ begründen to constitute *(od.* create*)* a trust. — **~ver,mö·gen** *n econ.* trust estate *(od.* funds *pl,* property*).* — **~ver,trag** *m* **1.** *econ.* trust agreement *(bes. Am.* indenture*).* – **2.** *jur. (Urkunde)* trust deed. – **3.** *(im Völkerrecht) cf.* Treuhandabkommen. — **~ver,wal·tung** *f econ. pol.* trusteeship, custodianship.

'**treu,her·zig I** *adj* **1.** *(ohne Falsch, arglos)* guileless, artless: ein ~er Charakter a guileless character. – **2.** *(unbefangen, naiv)* ingenuous, naïve, *auch* naive, simpleminded: sie ist ein ~es Mädchen she is an ingenuous girl. – **3.** *(offen)* candid, frank. – **II** *adv* **4.** er blickte mich ~ an a) he looked at me guilelessly, b) *(von Hund etc)* he looked at me trustingly *(od.* with trusting eyes*).* – **5.** ~ erzählte er dem Fremden von seinen Ersparnissen ingenuously he told the stranger of his savings. — '**Treu,her·zig·keit** *f* ⟨-; *no pl*⟩ **1.** *(Arglosigkeit)* guilelessness, artlessness. – **2.** *(Unbefangenheit, Naivität)* ingenuousness, naïveté, *auch* naiveté, naïvety, simplemindedness. – **3.** *(Offenheit)* candidness, frankness.

'**treu·lich** *adv lit.* **1.** faithfully. – **2.** *(getreu, genau)* faithfully, exactly, truly.

'**treu·los I** *adj (gegen, gegenüber* to*)* **1.** *(Freund etc)* faithless, disloyal. – **2.** *(untreu)* unfaithful: er hat eine ~e Frau his wife is unfaithful to him. – **3.** *(abtrünnig)* disloyal, unfaithful, faithless. – **4.** *(verräterisch)* treacherous, traiterous, perfidious, false. – **II** *adv* **5.** ~ an j-m handeln to behave disloyally to *(od.* toward[s]*)* s.o. — '**Treu·lo·sig·keit** *f* ⟨-; *no pl*⟩ *(gegen, gegenüber* to*)* **1.** faithlessness, disloyalty. – **2.** *(eines Ehegatten)* infidelity, unfaithfulness. – **3.** *(Abtrünnigkeit)* disloyalty, unfaithfulness, faithlessness. – **4.** *(Verrat)* treachery, perfidy, perfidiousness, treason. – **5.** *(als Handlung)* treason, treasonable act, treacherous *(od.* disloyal*)* deed.

'**Treu|,pflicht** *f jur. cf.* Treuepflicht. — **~,schwur** *m cf.* Treuegelöbnis. — **t~,sor·gend** *adj* ⟨*attrib*⟩ *(Vater, Mutter)* loving, devoted.

Tria·de [tri'aːdə] *f* ⟨-; -n⟩ *metr. philos. relig.* triad.

Tria·ge [tri'aːʒə] *f* ⟨-; -n⟩ *(Ausschuß, bes. bei Kaffeebohnen)* refuse of coffee beans, *bes. Br.* triage.

Tri·al¹ ['triːal] *m* ⟨-s; -e⟩ *ling.* trial.

Tri·al² ['traɪəl] *(Engl.) n* ⟨-s; -s⟩ *(sport) (beim Motorradgeländesport)* trial. — **~,fah·rer** *m* trial rider.

Tri·an·gel ['triːaŋəl] *m* ⟨-s; -⟩ **1.** *mus.* triangle. – **2.** *colloq.* three-cornered rip: sich *(dat)* einen ~ in die Hose reißen to tear a three-cornered rip in one's trousers.

tri·an·gu·lär [triaŋgu'lɛːr] *adj* triangular.

Tri·an·gu·la·ti·on [triaŋgula'tsioːn] *f* ⟨-; -en⟩ *tech. (in der Landvermessung)* triangulation. — **Tri·an·gu·la·ti'ons,punkt** *m* triangulation point.

tri·an·gu·lie·ren [triaŋgu'liːrən] **I** *v/t* ⟨*no ge-, h*⟩ triangulate, survey *(s.th.)* by triangulation. – **II** **T~** *n* ⟨-s⟩ *verbal noun.* —

Tri·an·gu'lie·rung f ⟨-; -en⟩ **1.** cf. Triangulieren. - **2.** triangulation.

Tri·as ['tri:as] f ⟨-; no pl⟩ geol. Triassic, Trias. — **~for·ma·ti,on** f Triassic (od. Trias) (formation).

tri·as·sisch [tri'asɪʃ] adj geol. Triassic, Trias (attrib).

Tri·azin [tria'tsi:n] n ⟨-s; -e⟩ chem. triazine (C₃H₃N₃).

Tri·azol [tria'tso:l] n ⟨-s; -e⟩ chem. triazole (C₂H₃N₃).

Tri·ba·de [tri'ba:də] f ⟨-; -n⟩ tribade, Lesbian. — **Tri·ba'die** [-ba'di:] f ⟨-; no pl⟩ tribadism, tribady, lesbianism, Lesbian love, sapphism. — **tri'ba·disch** adj tribadic, Lesbian.

Tri·brom·ätha,nol [tri'bro:m-] n ⟨-s; -e⟩ chem. tribromoethanol (CBr₃CH₂OH).

Tri·bun [tri'bu:n] m ⟨-s u. -en; -e(n)⟩ antiq. (im alten Rom) tribune.

Tri·bu·nal [tribu'na:l] n ⟨-s; -e⟩ jur. tribunal, court of justice.

Tri·bu·nat [tribu'na:t] n ⟨-(e)s; -e⟩ antiq. tribuneship, tribunate.

Tri·bü·ne [tri'by:nə] f ⟨-; -n⟩ **1.** (Rednertribüne) platform, rostrum, tribune. - **2.** (Zuschauertribüne) stand, Am. auch bleacher(s pl sometimes construed as sg).

tri·bu·ni·zisch [tribu'ni:tsɪʃ] adj antiq. tribunician, tribunitian, auch tribunicial, tribunitial.

Tri·bus ['tri:bus] f ⟨-; -⟩ antiq. tribe.

Tri·but [tri'bu:t] m ⟨-(e)s; -e⟩ **1.** hist. (auferlegte Steuer, Abgaben) tribute, dues pl: (einen) ~ zahlen (od. entrichten) to pay tribute; einem Volke einen ~ auferlegen to impose (od. lay) a tribute (up)on a people, to lay a people under tribute. - **2.** fig. toll: ~ fordern (von of) to take toll; der Krieg forderte einen hohen ~ an Menschenleben the war exacted a high toll in human lives; das ist der ~ dafür, daß that is the toll (od. payment) for. - **3.** einer Sache (ihren) ~ zollen fig. a) (einer Sache Opfer bringen) to make sacrifices to s.th., b) (etwas gebührend anerkennen) to pay tribute to s.th. — **~,ab,kom·men** n hist. agreement on tribute. — **~,last** f burden of tribute.

tri'but,pflich·tig adj hist. (j-m to s.o.) tributary: j-n ~ machen to lay s.o. under tribute, to impose (od. lay) a tribute (up)on s.o. — **Tri'but,pflich·tig·keit** f ⟨-; no pl⟩ obligation to pay tribute.

Tri'but,zah·lung f hist. payment of tribute.

Tri·ceps ['tri:tsɛps] m ⟨-; -e⟩ med. cf. Trizeps.

Tri·chi·ne [tri'çi:nə] f ⟨-; -n⟩ zo. vet. trichina, trichinella (Trichina spiralis).

Tri'chi·nen,krank·heit f med. vet. cf. Trichinose. — **~,schau** f vet. examination for trichinosis.

tri·chi·nös [triçi'nø:s] adj vet. (Schweinefleisch etc) trichinous, trichiniferous.

Tri·chi·no·se [triçi'no:zə] f ⟨-; -n⟩ med. vet. trichinosis, trichinasis, trichinellosis, trichinelliasis.

Tri·chi·no·skop [triçino'sko:p] n ⟨-s; -e⟩ med. trichinoscope.

Tri'chlor|äthy,len [tri'klo:r-] n chem. trichloroethylene (CHClCCl₂). — **~,es·sig,säu·re** f trichloroacetic (auch trichloracetic) acid (CCl₃COOH).

Tri·chom [tri'ço:m] n ⟨-s; -e⟩ bot. hair; trichome, trichoma (scient.).

Tri·cho·mo'na·den·be,fall [triçomo'na:dən-] m med. trichomoniasis.

Tri·cho·phy·tie [triçofy'ti:] f ⟨-; -n [-ən]⟩ med. trichophytosis, tinea.

Tri·cho·se [tri'ço:zə] f ⟨-; -n⟩ med. cf. Haarkrankheit.

Tri·cho·spo·rie [triçospo'ri:] f ⟨-; -n [-ən]⟩ med. trichomycosis, piedra, trichosporosis tropica.

Tri·cho·to·mie [triçoto'mi:] f ⟨-; no pl⟩ philos. trichotomy. — **tri·cho'to·misch** [-'to:mɪʃ] adj trichotomic, trichotomous.

Trich·ter ['trɪçtər] m ⟨-s; -⟩ **1.** funnel, filler: etwas durch einen ~ gießen to pour s.th. through a funnel. - **2.** fig. colloq. (in Wendungen wie) jetzt bin ich auf den (richtigen) ~ gekommen I have it now, I'm on the right track now, I'm (od. I have got) on to it now; j-n auf den ~ bringen to start (od. get) s.o. off on the right foot; der Nürnberger ~ humor. the royal road to learning. - **3.** (eines Vulkans, einer Granate, einer Bombe etc) crater. - **4.** tech. a) (Aufgabetrichter) feeding hopper, b) (Mahltrichter) hopper. - **5.** metall. a) (in Gießerei) funnel, gate, downgate, sprue, b) (für Stumpfschweißung von Rohren) bell, c) (eines Hochofens) cone, hopper. - **6.** mus. (Schalltrichter der Blasinstrumente) bell, pavilion. - **7.** (eines Lautsprechers etc) horn. - **8.** (als Sprachrohr) megaphone. - **9.** tel. a) (am Sprechtrichter) trumpet, b) (Sprechtrichter) mouthpiece. - **10.** auto. (des Vergasers) choke. - **11.** med. (des Zwischenhirns) infundibulum. - **12.** bot. (einer Blüte) funnel-shaped corolla. - **13.** zo. (Bewegungsglied der Kopffüßer) (jet propulsion) funnel. - **14.** geogr. cf. Trichtermündung. — **~,brust** f med. funnel chest (od. breast). — **~,feld** n mil. shell-torn (od. shelled, shell-pitted, shell-pocked) ground (od. area). — **t~,för·mig** adj funnel-shaped; infundibular, infundibulate, infundibuliform (scient.). — **~ge,wöl·be** n arch. fan vaulting. — **~,laut,spre·cher** m electr. horn-type loudspeaker, cone speaker.

'Trich·ter·ling m ⟨-s; -e⟩ bot. (Blätterpilz) clitocybe (Gattg Clitocybe).

'Trich·ter|,lun·ker m metall. pipe, axial cavity. — **~,mün·dung** f **1.** geogr. (eines Flusses) estuary. - **2.** metall. (in der Gießerei) gate opening.

trich·tern ['trɪçtərn] v/t ⟨h⟩ pour (s.th.) through a funnel (od. filler).

'Trich·ter|,spin·ne f zo. grass spider, funnel weaver, agalena (scient.) (Fam. Agalenidae). — **~,wa·gen** m (railway) (für Schüttgut) traveling (bes. Br. travelling) loading hopper. — **~,wick·ler** m zo. cf. Blattroller. — **~,win·de** f bot. morning glory; ipomaea, ipomoea (scient.) (Gattg Ipomoea, bes. I. purpurea).

Trick [trɪk] m ⟨-s; -s, auch -e⟩ **1.** (Kniff) trick: einen ~ anwenden to use a trick; einen ~ für etwas haben to have (od. know) a trick for doing s.th.; das ist der ganze ~ that's all there is to it. - **2.** (Dreh) knack: den ~ heraushaben to have (got) the knack of it, to have the know-how (colloq.). - **3.** (List, Täuschung) trick, game, ruse, artifice, sleight (of hand), man(o)euver, bes. Br. manœuvre, dodge (colloq.): keine ~s! none of your tricks (od. dodges)! sie kennt alle ~s she is up to all the dodges (od. every dodge, every game); mit allerlei ~s with all sorts of tricks (od. ruses); er fiel auf den billigsten ~ herein he fell for the cheapest trick; ein raffinierter ~ a clever trick; ein neuer ~, den Gegner zu täuschen (sport) a new trick (od. dodge, artifice, feint) in deceiving the opponent; rhetorische ~s rhetorical tricks, stratagems of rhetoric; der ~ eines Schwindlers the trick (od. sl. hanky-panky) of a swindler. - **4.** (eines Zauberkünstlers) trick, act: da ist ein ~ dabei there is a trick in it; einen ~ vorführen to perform a trick. - **5.** (Reklametrick) gag; stunt, gimmick (colloq.). - **6.** (Stich über Sechs im Whist) trick. - **7.** (sport) a) (beim Wasserski-Figurenlauf) trick, b) (beim Ringen) chip. - **8.** (film) special effect(s pl), animation.

'Trick|,auf,nah·me f **1.** (film) trick shot. - **2.** (beim Tonband) trick recording. — **~be,trü·ger** m trickster.

'Trick,film m (film) **1.** trick (od. stunt) film. - **2.** cf. Zeichentrickfilm. — **~,zeich·ner** m cartoon-film artist, cartoonist, animator. — **~,zeich·nung** f cartoon-film drawing, animation.

trick·sen ['trɪksən] v/i ⟨h⟩ colloq. (bes. beim Fußball) feint, trick.

'Trick|,sze·ne f (film) trick scene. — **~,ta·ste** f (Fotografie etc) trick button. — **~,tisch** m (film) cartoon camera bench, rostrum bench, animation board. — **~,ti·tel** m animated title (od. caption). — **~,über,blen·dung** f **1.** (film) animation superimposition. - **2.** telev. split-screen effect.

Trick·track ['trɪk,trak; ,trɪk'trak] n ⟨-s; -s⟩ (games) trictrac, auch tricktrack, backgammon.

tri·cus·pi·dal [trikuspi'da:l] adj med. cf. trikuspidal.

tri·cy·klisch [tri'tsy:klɪʃ] adj bes. chem. (Verbindung etc) tricyclic.

Tri·dent [tri'dɛnt] m ⟨-(e)s; -e⟩ (Dreizack, bes. des Poseidon) trident.

tri·den·ti·nisch [tridɛn'ti:nɪʃ] adj Tridentine, of Trent: das T~e Konzil röm.kath. hist. cf. Tridentinum; das T~e Glaubensbekenntnis röm.kath. hist. the Tridentine profession of faith.

Tri·den·ti·num, das [tridɛn'ti:num] ⟨-s⟩ röm.kath. hist. the Council of Trent.

Tri·du·um ['tri:duum] n ⟨-s; -duen [-duən]⟩ triduum, triduo (a term of three days).

Tri·dy·mit [tridy'mi:t; -'mɪt] m ⟨-(e)s; -e⟩ chem. min. silicon dioxide, tridymite (SiO₂).

trieb [tri:p] 1 u. 3 sg pret of treiben¹.

Trieb¹ m ⟨-(e)s; -e⟩ **1.** bot. agr. (Schößling) (young) shoot, sprout: junge ~e growth sg; erster [zweiter] ~ first [second] shoot; geile ~e rank growth sg (od. shoots), proud branches. - **2.** bot. (Keimkraft) germinating power, growth.

Trieb² m ⟨-(e)s; -e⟩ **1.** (Instinkt) instinct: natürlicher ~ (natural) instinct; dem ~ der Natur gehorchen to follow one's natural instinct; von seinen niederen ~en beherrscht werden to be dominated by one's lower instincts; der böse, zerstörerische ~ des Menschen the evil destructive instinct of man. - **2.** (innerer Antrieb) impulse: einem inneren (dunklen) ~ folgen to follow (od. act on) an inner impulse; aus eigenem ~ of one's own accord, spontaneously; krankhafter ~ morbid impulse. - **3.** (Drang) urge, compulsion, drive, motive, need: einen unwiderstehlichen ~ zur Macht fühlen to feel an irresistible urge for power. - **4.** (Wunsch, Verlangen) desire, urge: seine (sinnlichen) ~e befriedigen [zügeln, beherrschen] to gratify [bridle, curb] one's (sensual) desire; er gibt seinen ~en zu sehr nach he yields too easily to his sensual desire. - **5.** (Geschlechtstrieb) sexual drive (od. instinct), libido (scient.). - **6.** (Fortpflanzungstrieb) instinct of propagation, reproductive instinct (od. drive). - **7.** (Selbsterhaltungstrieb) (instinct of) self-preservation. - **8.** ich habe nicht den geringsten ~ dazu I don't feel like (doing) it at all. - **9.** (Hang) propensity, tendency, inclination: er hat einen ~ zum Verbrechen he has a propensity for crime, he has criminal tendencies (od. inclinations). - **10.** fig. (treibende Kraft) driving force. - **11.** tech. a) drive, transmission, b) (über Zahnräder) gear drive, gearing, c) (Triebling) pinion.

'Trieb|,ach·se f tech. driving (od. live) axle. — **t~,ar·tig** adj psych. instinctive, instinctual, impulsive. — **~be,frie·di·gung** f gratification of instinct. — **~,fahr,zeug** n **1.** (railway) a) tractive (od. motive-power) unit, b) pl tractive stock sg. - **2.** auto. motor vehicle. — **~,fe·der** f **1.** tech. mainspring, spiral power spring, elastic (od. master, driving, motive) spring. - **2.** (der Uhr) driving spring. - **3.** fig. mainspring, prime mover, motive: die ~ sein von etwas to be at the bottom of s.th.; Haß und Neid waren die ~n seines Handelns hatred and envy were the mainspring of his actions.

'trieb·haft I adj psych. **1.** instinctual, instinctive. - **2.** carnal: ein ~er Mensch a carnal person, a person who is a slave to his instincts. - **3.** (Handeln, Handlung) carnal, sexually motivated. — **II** adv **1.** ~ handeln to act on an (instinctive) impulse. — **'Trieb·haf·tig·keit** f ⟨-; no pl⟩ instinctiveness.

'Trieb|,hand·lung f psych. instinctive act (od. behavior, bes. Br. behaviour), instinctual (od. affective) act. — **~,knos·pe** f bot. leaf bud. — **~kon,flikt** m psych. conflict between instincts (od. drives). — **~,kraft** f **1.** fig. (treibende Kraft) driving (od. motive) force. - **2.** psych. impulse, driving force, motive. - **3.** tech. driving (od. motive) power (od. force), propelling force. - **4.** bot. germinating (od. vegetative) power, growth, vegetativeness. — **~,le·ben** n psych. **1.** instinctive (od. instinctual) life. - **2.** (Sexualleben) sex life: ein starkes ~ haben to have (od. lead) a very active sex life.

Trieb·ling ['tri:plɪŋ] m ⟨-s; -e⟩ tech. (Ritzel) (drive) pinion.

'trieb,mä·ßig adj psych. **1.** instinctive, instinctual, impulsive. - **2.** (libidinös) libidinal.

'Trieb|,mit·tel n cf. Treibmittel. — **~,rad** n tech. **1.** (als Maschinenteil) driving wheel, driver. - **2.** (eines Getriebes) pinion, driving gear. — **~,sand** m mar. cf. Treibsand. — ~**sphä·re** f psych. instinctual sphere. — ~**stahl** m (watchmaking) pinion steel (od. wire). — ~**stan·ge** f tech. cf. Pleuelstange. — ~**stock** m lantern gear. — ~**tä·ter** m jur. psych. cf. Triebverbrecher. — ~**ver**‚**bre·chen** n sex crime. — ~**ver**‚**bre·cher** m sex offender. — ~**ver**‚**drän·gung** f psych. drive displacement.

'**Trieb**‚**wa·gen** m 1. (railway) railcar, motor (rail) coach, autorail, self-propelled carriage: elektrischer ~ electric railcar. - 2. (einer Straßenbahn) tramcar, motor car (od. carriage), prime mover. - 3. auto. (Zugwagen) tractor vehicle. — ~**zug** m Br. railway-motor train, Am. railroad motor train.

'**Trieb**‚**wel·le** f 1. tech. drive (od. driving) shaft. — 2. auto. pinion shaft.

'**Trieb**‚**werk** n 1. aer. a) (Flugtriebwerk) aero-engine, b) (mit Hilfsgeräten) power plant (od. unit). - 2. (space) (einer Rakete) engine, motor. - 3. tech. a) (Antriebsvorrichtung) gear (od. driving) mechanism, b) (Getriebe) gear (drive), transmission, c) (Motor) engine, d) (eines Wassermessers) clockwork, counting mechanism. - 4. mil. (eines Panzers) power plant. — ~**bün·del** n (space) (engine) cluster.

Tri'eder·bin‚**okel** [tri'ʔeːdər-] n (optics) (Prismenbinokel) binocular telescope, prism binoculars pl (sometimes construed as sg).

'**Trief**‚**au·ge** n med. blear (od. watering) eye; lippitude, marginal blepharitis (scient.). — **t~**‚**äu·gig** adj blear(y)-eyed, bleared.

trie·fen ['triːfən] I v/i ‹trieft, triefte, lit. auch troff, getrieft, rare getroffen, h u. sein› 1. ‹h u. sein› drip: er trieft vor (od. von) Schweiß he is dripping with perspiration, perspiration is rolling off him; der Schweiß triefte ihm von der Stirn the perspiration was dripping from (od. rolling off) his forehead. - 2. ‹h› (tropfnaß sein) be dripping wet, soaking, colloq. sopping wet: sein Mantel [er] triefte vor (od. von) Nässe his coat [he] was dripping (od. soaking) wet. - 3. ‹sein› (tröpfeln) trickle, ooze: aus der Wunde troff Blut blood trickled from the wound. - 4. ‹h› (von Augen) water, run. - 5. ‹h› (von Nase) run. - 6. ‹h› fig. be stained: seine Hände trieften von Blut his hands were stained with blood. - 7. ‹h› fig. meist iron. gush, ooze: sie trieft vor Freundlichkeit she gushes with friendliness; er trieft von Weisheit he overflows with wisdom. - 8. ‹h› (von Kerze) gutter. - II T~ n ‹-s› 9. verbal noun. — '**trie·fend** I pres p. - II adj 1. dripping (od. soaking, colloq. sopping) (wet). - 2. (Augen) watering, blear(y), bleared. - 3. (Nase) running, runny. - III adv 4. er ist ~ naß he is dripping (od. soaking, colloq. sopping) wet, he is absolutely soaked (od. drenched).

'**Trief**‚**na·se** f med. running (od. runny) nose. — **t~**‚**na·sig** [-‚naːzɪç] adj runny-nosed, with a running (od. runny) nose. — **t~'naß** adj dripping (od. soaking, colloq. sopping) wet, absolutely soaked (od. drenched).

Triel [triːl] m ‹-(e)s; -e› zo. stone curlew, thick-knee (Burhinus oedicnemus).

trie·len ['triːlən] v/i ‹h› Southwestern G. dial. slobber (od. drivel) over (od. on) oneself. — '**Trie·ler** m ‹-s; -› bib.

Tri·en·ni·um [tri'ɛnium] n ‹-s; -nien› obs. period (od. space) of three years, triennial period, triennium: akademisches ~ three-year university course.   [trireme.\

Trie·re [tri'eːrə] f ‹-; -n› mar. antiq.\

Trie·rer ['triːrər] m ‹-s; -› native (od. inhabitant) of Treves.

'**trie·risch** adj of Treves.

Tri·eur [tri'øːr] m ‹-s; -e› agr. tech. (zur Getreidereinigung u. Saatgutaufbereitung) cereal-seed dresser.

trie·zen ['triːtsən] v/t ‹h› colloq. 1. (quälen) plague, pester, badger, bother. - 2. (necken) 'rag', 'rib' (beide colloq.), tease. - 3. (ärgern) annoy, vex, irritate.

triff [trɪf] imp sg, **triffst** [trɪfst] 2 sg pres, **trifft** [trɪft] 3 sg pres of treffen.

Tri·fo·li·um [tri'foːlium] n ‹-s; -lien› bot. trefoil, trifolium (scient.) (Gattg Trifolium).

Trift [trɪft] f ‹-; -en› 1. agr. a) driving of cattle to pasture, b) (Weg zur Weide) cattle track, driveway, passage for cattle, c) (Weide) pasture, pasturage. - 2. (forestry) drifting (of timber in wild water), (im Fluß) stream (od. log) driving. - 3. mar. cf. Drift[1]. — ~**eis** n cf. Treibeis.

---

trif·ten ['trɪftən] v/t ‹h› (Baumstämme) drift, drive.

'**Trift**‚**holz** n (forestry) cf. Treibholz.

'**trif·tig**[1] adj mar. drifting, adrift (pred): der Anker ist ~ the anchor drives.

'**trif·tig**[2] adj 1. (stichhaltig) valid, sound, strong: aus ~en Gründen for good reasons; er muß einen ~en Grund haben he must have good (od. a sound) reason. - 2. (gewichtig) weighty, important. - 3. (zwingend) cogent. - 4. (überzeugend) convincing, conclusive. - 5. (ausreichend) satisfactory. - 6. (einleuchtend) plausible. — '**Trif·tig·keit** f ‹-; no pl› 1. validity, soundness, strength. - 2. weight(iness), importance. - 3. cogency. - 4. convincingness, conclusiveness. - 5. satisfactoriness. - 6. plausibility.

Tri·ga ['triːga] f ‹-; -s u. -gen› (Dreigespann) triga, three-horse team.

Tri·ge·mi·nus [tri'geːminus] m ‹-; -mini [-ni]›, ~**nerv** m med. trigeminus, trigeminal (od. fifth cranial) nerve. — ~**neur·al**‚**gie** f trigeminal (od. trifacial) neuralgia, prosalgia.

Trig·ger ['trɪgər; 'trɪgə] (Engl.) m ‹-s; -› electr. trigger.

Tri·glyph [tri'glyːf] m ‹-s; -e›, **Tri·gly·phe** f ‹-; -n› arch. antiq. (eines dorischen Tempels) triglyph.

tri·go·nal [trigo'naːl] adj math. min. trigonal. — **T~aspekt** [-ʔas‚pɛkt] m astrol. (zweier Gestirne) trine. — **T~zahl** f math. trigonal number.

Tri·go·no·me·trie [trigonome'triː] f ‹-; no pl› math. trigonometry: ebene ~ plane trigonometry; sphärische ~ spherical trigonometry, spherics pl (construed as sg). — **tri·go·no'me·trisch** [-'meːtrɪʃ] adj trigonometric, auch trigonometrical: ~e Funktion trigonometric function (auch ratio); ~er Punkt triangulation (od. trigonometric) point.

Tri·kar'bon‚**säu·re**‚**zy·klus** [trikar'boːn-] m chem. cf. Zitronensäurezyklus.

tri·klin [tri'kliːn], **tri'kli·nisch** adj min. triclinic, anorthic, triclinohedric.

Tri·ko·lo·re [triko'loːrə] f ‹-; -n› tricolor, bes. Br. tricolour.

Tri·kot[1] [tri'koː; 'trɪko] n ‹-s; -s› 1. (der Akrobaten, Tänzer etc) leotard, maillot, (langes) auch tights pl: fleischfarbenes ~ flesh-colo(u)red tights pl, fleshings pl. - 2. (der Turnerinnen) leotard. - 3. (bei Fußball, Radrennen) shirt, jersey, T-shirt: das Gelbe ~ (des Spitzenreiters bei der Tour de France) the yellow jersey. - 4. (Turnhemd) vest, T-shirt, bes. Br. singlet, jersey. - 5. obs. bathing suit, maillot.

Tri·kot[2] [tri'koː; 'trɪko] m, rare n ‹-s; -s› (textile) (Wirkwaren) tricot.

Tri·ko·ta·gen [triko'taːʒən] pl (textile) knitted garments, knitwear sg: die Herstellung von ~ the manufacture of knitted goods.

Tri·kot‚**hemd** n vest, T-shirt, bes. Br. singlet. — ~**wa·re** f (textile) 1. cf. Trikot[2]. - 2. pl cf. Trikotagen. — ~**wä·sche** f tricot underwear.

tri·kus·pi·dal [trikuspi'daːl] adj med. tricuspid. — **T~in·suf·fi·zi·enz** f tricuspid insufficiency. — **T~klap·pe** f (des Herzens) tricuspid valve.   [trilith(on).\

Tri·lith [tri'liːt; -'lɪt] m ‹-s; -en› archeol.\

Tril·ler ['trɪlər] m ‹-s; -› 1. mus. trill, auch thrill, shake. - 2. (der Lerchen etc) warble, trill, auch thrill, roll. - 3. einen ~ (unter dem Pony) haben fig. colloq. to be not all there (od. not right in the head), to be daft (alle colloq.).

tril·lern ['trɪlərn] I v/i ‹h› 1. mus. trill, shake, quaver. - 2. (von Lerchen etc) warble, trill, roll. - 3. (auf einer Signal-, Trillerpfeife) blow shrilly, trill. - II v/impers 4. bei ihm trillert es wohl fig. colloq. he is not all there (od. not right in the head), he is daft (alle colloq.). - III v/t ‹h› 5. verbal noun. - 6. cf. Triller 2: das T~ der Lerche the warble of the lark.

'**Tril·ler**‚**pfei·fe** f thunderer whistle.

Tril·li·ar·de [trɪ'liardə] f ‹-; -n› Am. sextillion, Br. a thousand trillions.

Tril·li·on [trɪ'lioːn] f ‹-; -en› Am. quintillion, Br. trillion.

Tri·lo·bit [trilo'biːt; -'bɪt] m ‹-en; -en› meist pl zo. (fossiler Krebs) trilobite (Klasse Trilobita).

Tri·lo·gie [trilo'giː] f ‹-; -n [-ən]› (literature) trilogy.

Tri·me·ster [tri'mɛstər] n ‹-s; -› 1. trimester. - 2. ped. three-month term, bes. Am. trimester.

Tri·me·ter ['triːmetər] m ‹-s; -› metr. trimeter. — **tri·me·trisch** [tri'meːtrɪʃ] adj trimetric(al).

Trimm [trɪm] m ‹-(e)s; no pl› 1. mar. trim: das Schiff ist gut in ~ she ship is in good trim. - 2. aer. cf. Trimmung 3a. — ~**ach·se** f trimming axis. — ~**an**‚**zei·ger** m aer. cf. Trimmungsanzeiger.

trim·men ['trɪmən] I v/t ‹h› 1. aer. mar. trim. - 2. electr. (radio) trim, track. - 3. (Hunde) trim, clip. - 4. colloq. (Motor etc) (auf acc) tune (s.th.) up. — colloq. (zurechtmachen) do up: das Lokal ist auf Wildwest getrimmt the restaurant is done up in wild West style. - 6. j-n ~ colloq. (Sportler etc) to condition s.o., to put (od. get) s.o. into shape. - II v/reflex sich ~ 7. (sport) colloq. (für her) keep fit, do keep-fit exercises. - III T~ n ‹-s› 8. verbal noun. - 9. tech. (eines Schwingkreises) trim, track. - 10. nucl. shimming. - 11. colloq. (des Motors etc) tune-up.

'**Trim·mer** m ‹-s; -› 1. mar. (Kohlentrimmer) trimmer. - 2. electr. (radio) (Kondensator) trimmer (capacitor), padding capacitor.

'**Trimm**‚**klap·pe** f aer. trim(ming) tab (od. flap). — ~**kon·den**‚**sa·tor** m electr. (radio) cf. Trimmer 2. — ~**pfad** m (sport) an outdoor path used for performing a physical (od. body) fitness program(me). — ~**ru·der** n 1. aer. cf. Trimmklappe. - 2. (einer Rakete) external control vane. - 3. aer. balance tab. — ~**spi**‚**ra·le** f (sport) chart showing the exercises performed of a keep-fit program(me). — ~**stab** m nucl. shim rod. — ~**tank** m mar. trim(ming) tank.

'**Trim·mung** f ‹-; no pl› 1. cf. Trimmen. - 2. mar. trim. - 3. aer. a) (Zustand) trim, b) (Anlage) trim system.

'**Trim·mungs**‚**an**‚**zei·ger** m aer. trim position indicator, trim meter.

'**Trimm**‚**wi·der**‚**stand** m electr. trimming resistor.

tri·morph [tri'mɔrf] adj bot. (Blüten etc) trimorphic. — **Tri·mor'phis·mus** [-'fɪsmus] m ‹-; no pl› trimorphism.

Tri·ne ['triːnə] f ‹-; rare -n› Northern G. only in dumme ~ colloq. contempt. silly goose.

Tri·ni·ta·ri·er [trini'taːriər] m ‹-s; -› röm. kath. Trinitarian. — **tri·ni·ta·risch** [-rɪʃ] adj Trinitarian.

Tri·ni·tät [-'tɛːt] f ‹-; no pl› relig. Trinity.

Tri·ni·ta·tis [trini'taːtɪs] m ‹undeclined› (der Sonntag) ~ relig. Trinity Sunday. — ~**fest** n cf. Trinitatis.

Tri·ni·tro|**ben·zol** [trinitroben'tsoːl] n chem. trinitrobenzene ($C_6H_3(NO_2)_3$). — ~**kre'sol** [-kre'zoːl] n trinitrocresol [$(NO_2)_3C_6H(CH_3)OH$]. — ~**phe'nol** [-fe'noːl] n cf. Pikrinsäure. — ~**to·lu·ol** [-to'lŭoːl] n (Sprengstoff) trinitrotoluene, TNT ($CH_3C_6H_2(NO_2)_3$).

'**trink·bar** adj 1. (Wasser etc) drinkable, potable. - 2. colloq. (Wein etc) drinkable. — '**Trink·bar·keit** f ‹-; no pl› drinkableness, potability, potableness.

'**Trink**‚**be·cher** m drinking cup. — ‚**brannt**‚**wein** m potable spirits pl. — ~**brun·nen** m (water) fountain.

trin·ken ['trɪŋkən] I v/t ‹trinkt, trank, getrunken, h› 1. drink, have: (ein Glas) Milch ~ to drink (a glass of) milk; Tee ~ to drink (od. have) tea; was ~ Sie? what would you like to drink? what will you have? er trank einen Liter (Bier) he drank two pints (of beer); ich möchte (gern) etwas ~ I'd like (to have) s.th. to drink, I'd like to have a drink; etwas in einem Zug ~ to drink s.th. in one gulp; to toss down s.th., Br. sl. to knock back s.th.; ein Glas [eine Flasche] leer ~ to empty a glass [a bottle]; der Wein läßt sich ~ colloq. the wine is drinkable; Wasser aus der hohlen Hand ~ to drink water from one's cupped hand; ~ wir noch ein Gläschen (od. noch eins) let's have another drink (od. colloq. peg); er trinkt den Whisky pur he drinks (od. takes) his whisk(e)y neat (bes. Br. straight): → abwarten 4; Brüderschaft 1; Durst 1; Tisch 1. - 2. (dem Alkohol zusprechen) drink, tipple: es wurde an diesem Abend viel getrunken a lot of drinking (*Am. colloq. auch* liquoring [up]) went on that evening; er trinkt gern einen (*od.* eins) he is fond of a drop, he likes a drink now and then; ich möchte lieber nichts ~ I'd rather not have anything to drink. – **3.** *fig. bes. poet.* drink in, *auch* imbibe: die Erde trinkt den Regen *poet.* the soil drinks in the rain. – **II** *v/i* **4.** drink: er trank aus einem Glas [aus der Flasche] he drank out of (*od.* from) a glass [from the bottle]; in langen Zügen ~ to take long drafts (*bes. Br.* draughts), to quaff; an einer Quelle ~ to drink from a spring; sie trank in kleinen Schlucken she drank in sips, she sipped. – **5.** (*bes. von Vögeln, Wild etc*) drink, (*von Pferden etc*) *auch* water. – **6.** (*dem Alkohol zusprechen*) drink, *Am. colloq. auch* liquor (up): sie hatten schon am Morgen getrunken they had already been drinking (*od.* tippling) in the morning, they had already had a drink in the morning; er war es nicht gewohnt, auf nüchternen Magen zu ~ he was not used to drinking on an empty stomach; sie haben tüchtig getrunken they consumed a lot of liquor; sie hatten bis zum frühen Morgen getrunken they had caroused until the morning. – **7.** auf j-n [etwas] ~ to drink to (*od.* to toast) s.o. (*s.th.*): ich trinke auf Ihr Wohl (*od.* auf Ihre Gesundheit) I drink (to) your health; worauf wollen wir ~? what shall we drink to (*od.* toast)? darauf müssen wir ~! we'll have to celebrate that! – **8.** (*der Trunksucht verfallen sein*) drink, tipple, be fond of (*od.* go on, take to) the bottle (*colloq.*), *Am. colloq. auch* liquor (up), (*stärker*) to be a heavy (*od.* hard) drinker, to be a drunkard: ihr Mann trinkt her husband drinks (*od.* is a heavy drinker). – **9.** (*von Baby an der Mutterbrust*) suck ([at] the breast). – **III** *v/reflex* sich ~ **10.** (*in Wendungen wie*) sich toll und voll ~ to drink to one's heart's content; er hat sich um den Verstand getrunken he drank himself silly (*od. colloq.* daft); er hat sich zu Tode getrunken he drank himself to death; er hat sich arm getrunken he drank every penny he had. – **IV** T~ *n* ⟨-s⟩ **11.** *verbal noun:* sich (*dat*) das T~ angewöhnen to take to drinking (*od. colloq.* to the bottle), to get into the habit of drinking; durch vieles T~ from excessive drinking (*od.* tippling); → Essen¹ 5; Essen² 1.

'**Trin·ker** *m* ⟨-s; -⟩ heavy (*od.* hard) drinker, (*Säufer*) drunkard, alcoholic, dipsomaniac: er ist ein gewohnheitsmäßiger ~ he is a habitual drunkard (*od.* drinker), he is an a alcoholic. — **~de·menz** *f psych.* alcoholic dementia. — **~für,sor·ge** *f cf.* Alkoholikerfürsorge. — **~heil,an,stalt**, **~heil,stät·te** *f* institution for the cure of alcoholics.

'**Trin·ke·rin** *f* ⟨-; -nen⟩ *cf.* Trinker.
'**Trin·ker**|**,le·ber** *f med.* hobnail liver. — **~psy,cho·se** *f psych.* alcoholic psychosis.
'**trink**|**,faul** *adj only in* ~er Säugling lazy feeder. — **~,fest** *adj only in* ~ sein *colloq.* to hold one's liquor well, to be able to carry a lot (*colloq.*).
'**Trink**|**,fla·sche** *f* **1.** water bottle (*od.* flask, canteen) with a cup. – **2.** (*für Baby*) feeding (*od.* nursing) bottle. — **~ge,fäß** *n* drinking vessel, can. — **~ge,la·ge** *n* drinking bout (*od.* spree), binge, carouse, carousal. — **~,geld** *n* tip, gratuity: j-m (ein) ~ geben to tip to s.o., to give s.o. a tip; ~ inbegriffen gratuity included; ein ordentliches ~ a good (*od. colloq.* decent) tip; etwas für ein ~ tun *fig.* to do s.th. for a mere pittance (*od.* for next to nothing). — **~,glas** *n* (drinking) glass, tumbler. — **~,hal·le** *f* **1.** (*in Heilbädern*) pump room. – **2.** (*auf Jahrmärkten, auf der Straße etc*) refreshment stall (*od.* booth). — **~,halm** *m* (drinking) straw. — **~,horn** *n obs.* drinking horn. — **~kum,pan** *m colloq.* drinking mate (*od.* crony, *colloq.* pal). — **~,kur** *f med.* mineral water cure: eine ~ machen to take the waters. — **~,lied** *n* drinking song, wassail (*lit.*). — **~,milch** *f gastr.* certified milk. — **~,napf** *m* (*für Vögel*) fountain. — **~,scha·le** *f* bowl, drinking cup. — **~,spruch** *m* toast: einen ~ auf j-n ausbringen to propose (*od.* give) a toast to s.o. — **~,stu·be** *f* taproom.
'**Trink,was·ser** *n* drinking (*od.* fresh, potable) water: kein ~! (*Aufschrift*) no

drinking water. — **~auf·be,rei·tungs,an,la·ge** *f tech.* drinking water conditioning plant. — **~be,häl·ter** *m* fresh water tank. — **~,not** *f* shortage of drinking water. — **~ver,seu·chung** *f* contamination of drinking water. — **~ver,sor·gung** *f* drinking water supply.
'**Trink,zwang** *m* obligation to order alcoholic beverages (*od.* drinks).
Tri·nom [tri'no:m] *n* ⟨-s; -e⟩ *bes. math.* trinomial. — **tri·no·misch** *adj* trinomial.
Trio ['tri:o] *n* ⟨-s; -s⟩ **1.** *mus.* (*Musikstück u. Ausführende*) trio. – **2.** *fig. contempt.* trio, triumvirate: ein fideles ~ *humor.* a merry trio; nach dem Einbruch wurde das ~ verhaftet the trio was (*od.* were) arrested after the burglary.
Tri·ode [tri'o:də] *f* ⟨-; -n⟩ *electr.* triode, three-electrode tube (*bes. Br.* valve).
Trio·le [tri'o:lə] *f* ⟨-; -n⟩ *mus.* triplet.
Trio·lett [trio'lɛt] *n* ⟨-(e)s; -e⟩ *metr.* triolet.
'**Trio|so,na·te** *f mus. hist.* sonata a tre, sonata of three parts. — **~,walz,werk** *n metall.* three-high mill.
Trip [trɪp] (*Engl.*) *m* ⟨-s; -s⟩ **1.** (*kurze, bes. unvorbereitete Reise*) trip: wir machten einen ~ nach Wien we went on a trip to Vienna. – **2.** *fig. colloq.* (*mit Rauschgift*) trip: auf einen ~ gehen to take a trip.
'**Tri·pel|al·li,anz** ['tri:pəl-] *f pol. hist.* Triple Alliance (*bes.* 1882). — **~en,ten·te** *f* Triple Entente (*bes.* 1907). — **~,fu·ge** *f mus.* triple fugue. — **~,punkt** *m chem. phys.* (*in der Ballistik*) triple point. — **~,takt** *m mus.* triple time.
Tri·phe'nyl|me,than [trife'ny:l-] *n chem.* triphenylmethane (CH(C₆H₅)₃). — **~phos,phat** *n* triphenyl phosphine [(C₆H₅)₃PO₄].
Tri·phthong [trɪf'tɔŋ] *m* ⟨-s; -e⟩ *ling.* triphthong.
tri·plie·ren [tri'pli:rən] *v/t u. sich* ~ *v/reflex* ⟨*no* ge-, h⟩ *obs. for* verdreifachen.
Tri·plik [tri'pli:k] *f* ⟨-; -en⟩ *jur. rare* surrejoinder.
Tri·pli·kat [tripli'ka:t] *n* ⟨-(e)s; -e⟩ *rare* triplicate.
Tri·pli·zi·tät [triplitsi'tɛ:t] *f* ⟨-; *no pl*⟩ *rare* (*dreifaches Vorkommen*) triplicity.
'**Trip·ma,dam** *f* ⟨-; -en⟩ *bot.* stone orpine, dwarf houseleek (*Sedum rupestre*).
Tri·po·die [tripo'di:] *f* ⟨-; -n [-ən]⟩ *metr.* tripody.
trip·peln ['trɪpəln] **I** *v/i* ⟨*sein*⟩ **1.** trip, mince along: sie trippelte vor uns her she minced (*od.* tripped) along in front of us. – **2.** (*von kleinen Kindern*) toddle: das Kind kam zu mir getrippelt the child came toddling over to me. – **3.** (*von Hunden etc*) trot. – **II** T~ *n* ⟨-s⟩ **4.** *verbal noun.* – **5.** *cf.* Getrippel.
trip·pen ['trɪpən] *v/i* ⟨h⟩ *Low G. for* tropfen I.
Trip·per ['trɪpər] *m* ⟨-s; -⟩ *med.* gonorrh(o)ea, (the) clap (*colloq.*).
'**tripp,trapp** *interj* **1.** (*Geräusch von Pferdehufen*) clip-clop, clippety-clop. – **2.** (*von Kindern*) pitter-patter, pit-(a-)pat: das Kind ging ~ die Treppe hinunter the child (pitter-)pattered (*od.* went pitter-patter, pit-a-pat) down the stairs.
'**Tripp-,trapp** *n* ⟨-s; *no pl*⟩ **1.** (*von Pferdehufen*) clip-clop, clippety-clop. – **2.** (*von Kinderfüßen etc*) pitter-patter, pit-a-pat.
Trip·tan [trɪp'ta:n] *n* ⟨-s; -e⟩ *chem.* triptane [CH₃)₃CCH(CH₃)₃].
Tri·ptik ['trɪptɪk], **Tri·ptyk** ['trɪptyk] *n* ⟨-s; -s⟩ (*für Kraftfahrzeuge etc*) triptyque, *auch* triptych.
Tri·pty·chon ['trɪptyçɔn] *n* ⟨-s; -chen *u.* -cha [-ça]⟩ (*dreiteiliger Altaraufsatz*) triptych, *auch* triptich.
Tri·pus ['tri:pus] *m* ⟨-; -poden [tri'po:dən]⟩ (*Dreifuß*) tripod.
Tri·sac·cha·rid [trizaxa'ri:t] *n* ⟨-s; *no pl*⟩ *chem.* trisaccharide.
Tris'azo,farb,stof·fe [tri'zatso-] *pl chem.* trisazo dyes.
Tris·mus ['trɪsmus] *m* ⟨-; *no pl*⟩ *med.* (*Kiefersperre*) lockjaw, trismus (*scient.*).
trist [trɪst] *adj* (*Häuser, Ort, Stimmung, Leben etc*) dismal, dreary, *auch* drear, cheerless, bleak: eine ~ e Gegend a bleak (*od.* dismal) place; ~es Wetter dismal (*od.* murky, mirky) weather.
Tri·ste ['trɪstə] *f* ⟨-; -n⟩ *Bavarian, Austrian and Swiss agr.* hay (*od.* straw) heaped round a pole.

Tri·sti·chon ['trɪstɪçɔn] *m* ⟨-s; -chen⟩ *metr.* tristich.
Trit·ago·nist [tritago'nɪst] *m* ⟨-en; -en⟩ *antiq.* (*theater*) tritagonist.
Tri·the·is·mus [trite'ɪsmus] *m* ⟨-; *no pl*⟩ *relig.* tritheism.
Tri·ti·um ['tri:tsɪum] *n* ⟨-s; *no pl*⟩ *chem.* tritium, heavy hydrogen (T).
Tri·ton¹ ['tri:tɔn] *npr m* ⟨-en [tri'to:nən]; -en [tri'to:nən]⟩ *myth.* triton, *auch* Triton (*Greek sea deity*).
'**Tri·ton**² *n* ⟨-s; -en⟩ *nucl.* (*Kern eines Tritiumatoms*) triton.
Tri·to·nie [tri'to:nɪə] *f* ⟨-; -n⟩ *bot.* tritonia, montbretia (*Gattg Tritonia*).
'**Tri·tons,horn** *n* **1.** *myth.* Triton's horn (*od.* trumpet). – **2.** *zo.* great triton, sea trumpet (*Tritonium tritonis; seashell*).
Tri·to·nus ['tri:tonus] *m* ⟨-; *no pl*⟩ *mus.* tritone.
tritt [trɪt] *imp sg u. 3 sg pres of* treten.
Tritt *m* ⟨-(e)s; -e⟩ **1.** (*hörbarer Schritt*) footfall, footstep: er hörte leise ~e he heard faint footsteps (*od.* hushed footfalls). – **2.** ~e im Schnee [Sand] a) (*Fußspur*) footmarks (*od.* footsteps, treads) in the snow [sand], b) (*Fährte von Wild*) track *sg* (*od.* trace *sg*, trail *sg*) in the snow [sand]. – **3.** (*Fußtritt*) kick: j-m einen ~ geben (*od.* versetzen) a) to give s.o. a kick, to kick s.o., b) *fig.* to kick s.o. out, to give s.o. the push(-off) (*od.* the sack) (*alle colloq.*); ein ~ in den Hintern *colloq.* a kick in the backside (*od.* pants) (*colloq.*); die Tür mit einem ~ öffnen to kick the door open. – **4.** (*eines Pferdes*) kick. – **5.** (*Schritt*) tread, step, pace: j-n an seinem ~ erkennen to recognize s.o. by his step; einen leichten [schweren] ~ haben to have a light [heavy] tread (*od.* step). – **6.** (*beim Bergsteigen etc*) step, pace, tread: einen sicheren ~ haben to be surefooted; einen falschen ~ tun a) to miss one's step, b) to go over on (*od.* turn) one's ankle. – **7.** *bes. mil.* (*Gleichschritt*) step: im ~! in step! im ~ marschieren to march in step; im falschen ~ out of step; ~ fassen to fall in(to) step; ~ halten *auch fig.* (mit with) to keep (in) step, to keep pace; aus dem ~ geraten (*od.* kommen) a) to get out of step, b) *fig.* not to be in form; ohne ~, marsch! *Br.* march, at ease! break step! *Am.* route step, march! ohne ~ marschieren (*auf Brücke*) to break step. – **8.** (*Stufe, Sprosse*) step, rung: vom ~ abrutschen to slip off the step. – **9.** *cf.* Trittbrett 1, 2. – **10.** (*kleine Stehleiter*) step stool. – **11.** (*erhöhter Platz im Raum, Plattform*) raised area (*od.* flooring), platform, pace. – **12.** (*einer Nähmaschine, eines Webstuhls, Spinnrads etc*) treadle, pedal. – **13.** *hunt.* (*der Hühner, Tauben etc*) a) footprint, b) (*Fuß*) foot.
'**Tritt**|**,brett** *n* **1.** (*beim Wagen*) running board, footboard. – **2.** (*bei der Kutsche*) carriage step, footstep. – **3.** (*bei Straßenbahn etc*) step. — **~,ei·sen** *n hunt.* steel (*od.* spring) trap. — **t~,fest** *adj* (*Teppich, Rasen*) hard-wearing, durable. — **~,flä·che** *f* (*einer Stufe, Leiter etc*) tread. — **~,hocker** (*getr. -k·k-*) *m* step stool. — **~,lei·ter** *f* stepladder, steps *pl*, pair of steps.
trittst [trɪtst] *2 sg pres of* treten.
Tri·umph [tri'umf] *m* ⟨-(e)s; -e⟩ **1.** (*Sieg, Erfolg*) (über *acc* over) triumph, victory: das war ein ~ für ihn this was a great triumph (*od.* victory) for him; der Sänger feierte ~e the singer achieved great triumphs; ein ~ der Medizin a triumph of medical science; ein ~ über seine Schwäche a victory over one's weakness. – **2.** (*Genugtuung*) triumph: in seiner Miene spiegelte sich der ~ über die Niederlage seines Gegners there was (an expression of) triumph on his face (*od.* over) the defeat of his opponent. – **3.** im ~ a) (*im festlichen Zug*) in a triumphal procession, b) *antiq.* in triumph, triumphantly: j-n im ~ durch die Straßen geleiten to lead s.o. through the streets in a triumphal procession.
tri·um·phal [trium'fa:l] *adj* (*Einzug, Empfang etc*) triumphant, triumphal.
Tri·um·pha·tor [trium'fa:tər] *m* ⟨-s; -en [-fa'to:rən]⟩ *antiq.* triumphator, triumphant victor.
Tri·umph|,bo·gen *m arch.* triumphal arch. — **~ge,heul** *n* cheers *pl* (*od.* shouts *pl*) of triumph. — **t~ge,krönt** *adj* crowned with

success (*od.* triumph). — **~ge,sang** *m* triumphal (*od.* triumphant) song.

tri·um·phie·ren [trium'fiːrən] *v/i* ⟨*no* ge-, h⟩ (über *acc*) **1.** (*frohlocken*) triumph (over), exult (over, in), glory (in), (*hämisch*) gloat (over): sie triumphierte innerlich she triumphed inwardly; triumphiere nicht zu früh! *colloq.* don't triumph too soon, don't count your chickens before they are hatched; sie triumphierten über ihr Glück they exulted (*od.* gloried) in their good luck. – **2.** (*siegen*) triumph (over): er triumphierte über seine Gegner he triumphed over his opponents. – **3.** (*die Oberhand, das Übergewicht haben*) prevail (over, against), be triumphant (over) (*lit.*): am Ende triumphierte die Gerechtigkeit justice prevailed in the end. — **tri·um·'phie·rend I** *pres p.* – **II** *adj* **1.** (*Gesichtsausdruck, Lächeln etc*) triumphant, exultant, (*stärker*) cock-a-hoop (*colloq.*). – **2.** die **~e** Kirche *röm.kath.* (the) church triumphant. – **III** *adv* **3.** „ich hatte recht", sagte er **~** "I was right," he said triumphantly. **Tri'umph|,kreuz** *n* *röm.kath.* triumphal cross. — **~,marsch** *m* *mus.* triumphal march. — **~,wa·gen** *m antiq.* triumphal chariot. — **~,zug** *m* triumphal procession. **Tri·um·vir** [tri'umvɪr] *m* ⟨-s *u.* -n; -n⟩ *antiq.* triumvir. **Tri·um·vi·rat** [triumvi'raːt] *n* ⟨-(e)s; -e⟩ *antiq.* triumvirate. **tri·va·lent** [triva'lɛnt] *adj chem.* trivalent, tervalent. **tri·vi·al** [tri'vǐaːl] *adj* **1.** (*abgedroschen, banal*) trite, commonplace, banal, hackneyed: eine **~e** Bemerkung a trite remark, a banality, a commonplace, a truism. – **2.** (*alltäglich, gewöhnlich*) trivial, ordinary, common: ein großes Ereignis in ihrem sonst so **~en** Leben a great event in her otherwise trivial life. – **3.** (*unwichtig, unerheblich*) trivial, petty, insignificant: ein **~er** Einwand a trivial objection. — **Tri·via·li·tät** [-vǐali'tɛt] *f* ⟨-; -en⟩ **1.** ⟨*only sg*⟩ (*Abgedroschenheit*) triteness, commonplaceness, banality. – **2.** ⟨*only sg*⟩ (*Alltäglichkeit*) triviality, ordinariness, commonness. – **3.** ⟨*only sg*⟩ (*Unerheblichkeit*) triviality, pettiness, insignificance. – **4.** (*banale Äußerung*) banality, commonplace, truism. **Tri·vi·al·li·te·ra,tur** *f* **1.** *cf.* Unterhaltungsliteratur. – **2.** light fiction (*highly improbable in plot and written in trite style*). – **3.** *cf.* Schundliteratur. **Tri·vi·um** ['triːvǐum] *n* ⟨-s; *no pl*⟩ *ped. hist.* trivium. **Tri·zeps** ['triːtsɛps] *m* ⟨-; -e⟩ *med.* triceps. **tro·chä·isch** [tro'xɛːɪʃ] *adj metr.* trochaic: **~e** Verse trochaic lines, trochaics. **Tro·chan·ter** [tro'xantər] *m* ⟨-s; -⟩ *med. zo.* trochanter. **Tro·chä·us** [tro'xɛːus] *m* ⟨-; -chäen⟩ *metr.* trochee, trochaic. **Tro·chi·lus** ['trɔxilus] *m* ⟨-; -chilen [-'xiːlən]⟩ *arch. antiq.* (*an ionischen Säulenbasen*) trochilus. **Tro·chit** [trɔ'xiːt; -'xɪt] *m* ⟨-s *u.* -en; -en⟩ *geol.* (*Versteinerung*) trochite. — **Tro·'chi·ten,kalk** *m* crinoidal limestone. **Troch·lea** ['trɔxlea] *f* ⟨-; -leae [-leɛ]⟩ *med. zo.* trochlea. **troch·le·ar** [trɔxle'aːr] *adj bot. med. zo.* trochlear: **T~nerv** *m med.* trochlear nerve. **Tro·choi·de** [trɔxo'iːdə] *f* ⟨-; -n⟩ *math.* trochoid. **Tro·cho·pho·ra** [trɔ'xoːfora] *f* ⟨-; -phoren [-xo'foːrən]⟩, **~,lar·ve** *f zo.* (*Larve der Ringelwürmer*) trochophore. **trocken** (*getr.* -k·k-) ['trɔkən] **I** *adj* ⟨trock(e)ner; -st⟩ **1.** (*Klima, Luft, Jahreszeit, Handtuch, Haare etc*) dry: trock(e)nes Brot a) dry bread, b) (*altes*) stale bread, c) (*ohne Belag*) plain bread; trock(e)nes Holz a) dry wood, b) (*abgelagertes*) seasoned wood; trock(e)ne Schuhe und Strümpfe anziehen to put on dry shoes and socks; trock(e)nen Fußes nach Hause kommen to get home dry(-shod); das Heu **~** einfahren *agr.* to bring the hay in dry; das Schiff liegt **~** *mar.* the ship is in dry dock (*Br.* dry-dock); das Schiff liegt hoch und **~** *mar.* the ship is high and dry (*od.* has stranded, has run aground); noch nicht **~** hinter den Ohren sein *fig. colloq.* to be still wet (*od.* not yet dry) behind the ears, to be still green; **~** Brot macht Wangen rot

(*Sprichwort*) *etwa* simple fare gives you a healthy complexion; → Faden[1] 1; Kehle 1. – **2.** (*Boden, Land etc*) dry, arid. – **3.** (*Husten*) dry, unproductive: ein **~er** Husten a dry cough, a hack. – **4.** (*ohne Tränen*) dry, tearless: ein **~es** Schluchzen a dry sob; **~en** Auges zusehen to watch without shedding a tear; → Auge 1. – **5.** (*ohne Getränke, ohne Alkohol*) dry: **~e** Party dry party; **~** dasitzen to sit without a drink; **~es** Gedeck *gastr.* meal excluding beverages. – **6.** (*Wein, Wermut etc*) dry: ein trock(e)ner Sekt a dry champagne. – **7.** *fig.* (*Lektüre, Fach, Zahlen, Menschen etc*) dry, dull, tedious, jejune, dryasdust (*attrib*). – **8.** *fig.* (*Humor, Witz etc*) dry: er hat so eine trock(e)ne Art, Witze zu erzählen he has a way of telling dry jokes. – **9.** *chem.* (*als Reaktionsbedingung*) anhydrous. – **10.** *chem. tech.* (*Destillation*) destructive. – **11.** *agr.* (*Kuh etc*) dry. – **12. ~er** Wechsel *econ.* promissory note. – **13.** *bot.* (*Pflanzen*) xerophilous. – **14.** mit einer **~en** Rechten schlug er ihn k.o. (*sport*) *colloq.* he knocked him out with a sharp right(-hander). – **II** *adv* **15. ~** aufbewahren! (*Aufschrift*) keep dry (in a dry place!); etwas kühl und **~** aufbewahren to keep s.th. in a cool dry place; sich **~** rasieren to dry-shave. – **16.** dry(ly), *auch* drily, wryly: etwas **~** bemerken to remark s.th. dryly. – **17.** (*langweilig*) dryly: er schreibt sehr **~** he has a very tedious style. – **III T~e**, das ⟨-n⟩ **18.** auf dem Trock(e)nen stehen to be on a dry spot; im Trock(e)nen sein (*od.* sitzen) to be out of the rain. – **19.** (*mit Kleinschreibung*) *fig. colloq.* (*in Wendungen wie*) auf dem trockenen sitzen (*od.* sein) a) to be stranded, to be in low water, b) to be short of funds; im trockenen sein (*geborgen sein*) to be in safety, to be out of the wood(s); → Schäfchen 1.

'Trocken|,an,la·ge (*getr.* -k·k-) *f* **1.** *tech.* drying plant (*od.* equipment). – **2.** *cf.* Trocknungsanlage 2. — **~,ap·pa,rat** *m* **1.** *tech.* drying apparatus. – **2.** *chem.* desiccator. – **3.** (*paper*) festoon dryer (*auch* drier). — **~,bag·ger** *m tech.* excavator. — **~bat·te,rie** *f electr.* dry (cell) battery, *auch* dry cell. — **~,bee·ren,aus,le·se** *f gastr.* choice wine made from selected grapes left to partly-dry on the vine. — **~,bett** *n geogr.* dry stream bed, dry (*od.* dead) valley. — **~be,wirt·schaf·tung** *f agr.* dry farming. — **~,blu·me** *f bot. cf.* Strohblume. — **~,bo·den** *m* drying loft. — **~,brett** *n* (*für Keramik etc*) pallet, drying board. — **~,dampf** *m tech.* dry steam. — **~de·stil·la·ti,on** *f chem. tech.* **1.** dry distillation. – **2.** (*von Kohle*) destructive distillation, carbonization *Br. auch* -s-, coking. — **~,dock** *n mar.* dry dock, *Br.* dry-dock, graving dock: ein Schiff ins **~** bringen to dry-dock a ship. — **~,ei** *n gastr.* dried (*od.* dehydrated) egg. — **~,eis** *n* **1.** Dry Ice (*TM*). – **2.** *tech.* carbon-dioxide snow. — **~ele,ment** *n electr.* dry cell. — **~,far·be** *f* (*paints*) dry (*od.* pastel) color (*bes. Br.* colour). — **~,farm** *f agr.* dry farm. — **~,fäu·le** *f bot. cf.* Baumfäule. — **~,fil·ter** *n, m tech.* dry filter. — **~,fir·nis** *m* (*paints*) siccative varnish. — **~,fleisch** *n gastr.* dried beef. — **~,flie·ge** *f* (*sport*) (*zum Angeln*) dry fly. — **~,fracht** *f mar.* dry cargo (*od.* freight). — **~,frach·ter** *m*, **~,fracht,schiff** *n* dry-cargo carrier (*od.* vessel). — **~,fut·ter** *n agr.* provender, dry feed. — **~,füt·te·rung** *f* stall-feeding. — **~ge,biet** *n geogr.* arid region (*od.* district). — **~ge,frie·ren** *n* ⟨-s; *no pl*⟩ *gastr.* dehydrofreezing. — **~ge,halt** *m* dry content. — **~ge,mü·se** *n gastr.* dried (*od.* dehydrated) vegetables *pl.* — **~ge,stell** *n* **1.** drying frame. – **2.** (*für Wäsche*) clotheshorse, *Br.* clotheshorse. – **3.** (*für Handtücher*) towel rack (*od.* horse). – **4.** (*für Fische etc*) hack, flake. — **~ge,wicht** *n econ.* dry weight. — **~,gleich,rich·ter** *m electr.* dry disk (*od.* disc, plate) rectifier, metal oxide (*auch* oxyde) rectifier. — **~,grün,fut·ter** *n agr.* dried forage (*od.* green) fodder. — **~,guß** *m metall.* dry sand casting. — **~,hau·be** *f* **1.** hair dryer (*auch* drier). – **2.** (*für Haartrockner*) drying hood. — **~,häu·tig** *adj bot.* scarious, *auch* scariose. — **~,he·fe** *f gastr.* dry yeast.

'Trocken·heit (*getr.* -k·k-) *f* ⟨-; *no pl*⟩ **1.** dryness. – **2.** (*des Klimas, eines Landes etc*) dryness, aridity. – **3.** (*Dürre*) drought. – **4.** *fig.* (*Langweiligkeit*) dryness, dul(l)-

ness, tediousness, jejuneness. – **5.** *med.* (*der Haut*) xerosis.

'Trocken|,hohl,maß (*getr.* -k·k-) *n cf.* Trockenmaß. — **~,kam·mer** *f tech.* drying chamber. — **~,kar,tof·feln** *pl gastr.* dried (*od.* dehydrated) potatoes. — **~,kle·be,pres·se** *f* (*film*) dry film splicer. — **~,kost** *f med.* dry diet. — **~,kupp·lung** *f tech.* dry clutch. — **~,kurs** *m* (*sport*) *cf.* Trockenskikurs. — **~,la·dung** *f econ.* dry cargo. — **~,lauf,ei·gen·schaft** *f tech.* dry-running quality. — **t~,le·gen I** *v/t* ⟨*sep*, -ge-, h⟩ **1.** einen Säugling **~** *Am.* to diaper an infant, to change an infant's diaper (*bes. Br.* napkin, *colloq.* nappy, nappie), to change an infant. – **2.** (*Moor, Sumpf etc*) drain, dewater. – **II T~** *n* ⟨-s⟩ **3.** *verbal noun.* — **~,le·gung** *f* ⟨-; -en⟩ **1.** *cf.* Trockenlegen. – **2.** (*eines Moors, Sumpfes etc*) drainage. — **~,lei·ne** *f* clothesline, *Br.* clothes-line. — **~,lö·schen** *n tech.* (*in Kokerei*) dry quenching. — **~,luft** *f* dry air. — **~,ma,le·rei** *f* (*art*) crayon drawing (*od.* sketching), *auch* chalking-out. — **~ma,schi·ne** *f tech.* extractor. — **~,maß** *n* dry measure. — **~mas,sa·ge** *f med.* massage without application of lubricating oils. — **~,mas·se** *f agr.* dry matter. — **~,mau·er** *f* pack wall. — **~,milch** *f gastr.* dried (*od.* powdered, desiccated) milk, milk powder. — **~,mit·tel** *n* **1.** *tech.* dry (*od.* drying) agent. – **2.** (*paints*) siccative. – **3.** *med.* desiccant, siccative. – **4.** *chem.* dehydrating agent. — **~,obst** *n gastr.* dried (*od.* dehydrated) fruit. — **~,ofen** *m* **1.** *tech.* drying oven (*od.* kiln), baking oven, drying furnace. – **2.** (*wood*) seasoning kiln. — **~,öl** *n* drying oil, dryer, *auch* drier. — **~,par,tie** *f* (*paper*) dryer (*auch* drier) part, dry end. — **~pe·ri,ode** *f meteor.* dry spell, drought. — **~,pflan·ze** *f bot.* xerophyte, xerophytic plant. — **~,plas·ma** *n med. pharm.* dried plasma. — **~,platz** *m* place for drying laundry. — **~prä·pa,rat** *n med. pharm.* dry preparation. — **~,pul·ver** *n* drying powder. — **~,rah·men** *m* (*textile*) tenter. — **~ra·sie·rer** *m* ⟨-s; -⟩ *colloq.* **1.** (*Gerät*) dry shaver. – **2.** (*Person*) dry shaver: ich bin **~** I dry-shave. — **~ra,sur** *f* dry shave. — **~,raum** *m* **1.** *tech.* baking oven, drying (*od.* dry, hot-air) room. – **2.** (*paper*) drying loft. – **3.** room for drying laundry. — **~,rei·ben** *v/t* ⟨*irr, sep*, -ge-, h⟩ rub (*s.th.*) dry. — **~,rei·bung** *f tech.* dry friction. — **~re·si,stenz** *f* drought resistance. — **~,riß** *m geol.* mud crack. — **~,rohr** *n chem. tech.* drying tube. — **~,ru·dern** *n* (*sport*) practice on the rowing machine (*od.* simulator). — **~scham,pun** *n* dry shampoo. — **~,schei·ben,kupp·lung** *f tech.* dry-plate clutch. — **~,schleu·der** *f* **1.** *tech.* (*auch für Wäsche*) spin dryer (*auch* drier). – **2.** *chem.* centrifugal dryer (*auch* drier), hydroextractor, *Br.* hydro-extractor. — **~,schliff** *m tech.* dry grinding. — **~,schmier,mit·tel** *n* dry lubricant. — **~,schnee,ar·ten** *pl* types of dry (*od.* light) snow. — **~schrank** *m* (*auch* *od.* airing) cupboard. — **~sham,poo** *n* dry shampoo. — **t~,sit·zen** *v/i* ⟨*irr, sep*, -ge-, h *u.* sein⟩ *colloq.* he left without a drink: j-n **~** lassen to offer s.o. no refreshment. — **~,ski,kurs** *m* (*sport*) dry skiing (course *od.* instruction). — **~,spi·ri·tus** *m chem.* white coal. — **~,stän·der** *m* (*für Wäsche etc*) *cf.* Trockengestell 2, 3. — **~,stan·ge** *f* clothespole, *Br.* clothes-pole. — **~,star·re** *f med. biol.* anabiosis. — **~,stäu·ben** *n agr.* dry dusting. — **t~,ste·hen** *v/i* ⟨*irr, sep*, -ge-, h *u.* sein⟩ *agr.* (*von Kühen*) be dry, give no milk. — **~,stem·pel** *m* print. embossed seal. — **~,stoff** *m chem.* (*paints*) dryer, *auch* drier, siccative. — **~sub,stanz** *f* dry substance, solid matter. — **~,tal** *n geogr. cf.* Trockenbett. — **~trans·for,ma·tor** *m electr.* dry(-type) (*od.* air-cooled) transformer. — **~,trom·mel** *f* drying drum, rotary dryer (*auch* drier). — **~,tuch** *n cf.* Abtrockentuch. — **~,tuff** *m geol.* dry tuff. — **t~,tup·fen** *v/t* ⟨*sep*, -ge-, h⟩ sponge (*od.* dab) (*s.th.*) dry. — **~,turm** *m* **1.** (*zur Kohleaufbereitung*) drainage bunker. – **2.** (*für Lederbehandlung*) turret dryer (*auch* drier). — **~,ver,fah·ren** *n* drying process. — **~,vor,rich·tung** *f* dryer, *auch* drier, drying apparatus. — **~,wald** *m bot.* savanna(h) (forest). — **~,wä·sche** *f* **1.** (*Waschmethode*) dry wash. – **2.** (*Wäsche*) roughdry (*Br.* rough-dry) clothes *pl*, dry washing (*Am.* wash). - **3.** *metall.* dry scrubbing. — **t~,wi·schen** *v/t* ⟨*sep*, -ge-, h⟩ wipe (*s.th.*) dry. — **t~,woh·nen** *v/t* ⟨*sep*, -ge-, h⟩ ein Haus ~ to be the first occupant of a newly built house. — **~,zeit** *f* **1.** drying time. - **2.** *geogr.* dry season, period of drought (*od.* prolonged dry weather), *auch* dry spell. — **~,zel·le** *f electr. cf.* Trockenelement. — **~,zen·tri,fu·ge** *f tech.* dry centrifuge. — **~,zy,lin·der** *m* (*paper*) drying (*od.* desiccating) cylinder.

trock·nen ['trɔknən] **I** *v/i* ⟨sein⟩ **1.** dry, become (*od.* get) dry: schnell ~ to dry quickly; etwas trocknet in der Sonne [an der frischen Luft] s.th. dries in the sun [in the open air]. - **II** *v/t* ⟨h⟩ **2.** dry: Wäsche ~ to dry linen; Holz ~ a) to dry wood, b) (*durch spezielle Lagerung*) to season wood; sich (*dat*) den Schweiß von der Stirn ~ to dry (*od.* wipe) the perspiration off one's forehead; seine Tränen ~ to dry one's tears. - **3.** (*Früchte, Kräuter etc*) dry, desiccate, dehydrate. - **4.** *tech.* a) dry, b) (*Steine*) kiln. - **5.** *metall.* (*in der Gießerei*) (*Kerne*) bake. - **6.** *cf.* trockenlegen 2. - **III T~** *n* ⟨-s⟩ **7.** *verbal noun*: etwas zum T~ aufhängen to hang s.th. up to dry. - **8.** *cf.* Trocknung. — **'trock·nend I** *pres p.* - **II** *adj chem.* drying, desiccative, desiccatory, desiccant, siccative: ~e Öle drying oils.

'Trock·ner *m* ⟨-s; -⟩ dryer, *auch* drier, desiccator.

'Trock·nung *f* ⟨-; *no pl*⟩ **1.** *cf.* Trocknen. - **2.** drying process, desiccation, dehydration.

'Trock·nungs,an,la·ge *f* **1.** *tech.* drying plant. - **2.** *agr.* drying installation, dehydrator, dryer, *auch* drier.

Trod·del ['trɔdəl] *f* ⟨-; -n⟩ **1.** tassel, tuft. - **2.** *mil.* (*am Degengriff*) sword knot. — **~,blu·me** *f bot.* soldanell, soldanella (*Gattg Soldanella*). — **~,müt·ze** *f* cap with a tassel (*od.* tuft).

Trö·del ['trø:dəl] *m* ⟨-s; *no pl*⟩ **1.** (*Altwaren*) junk, secondhand (*Br.* second-hand) articles *pl* (*od.* goods *pl*). - **2.** *colloq.* contempt. (*billiger, wertloser Kram*) junk, trash, rubbish, jumble: ich würde den ganzen ~ wegwerfen I would get rid of all that junk. — **~,bu·de** *f colloq. contempt.* junk shop (*bes. Am.* store).

Trö·de'lei *f* ⟨-; *no pl*⟩ *colloq. cf.* Trödeln.

'Trö·del,fritz *m* ⟨-en; -en⟩, **~,frit·ze** *m colloq. contempt.* slow coach, *bes. Am.* slowpoke, dawdler, dillydallier. — **~,han·del** *m* secondhand (*Br.* second-hand) trade. — **~,händ·ler** *m colloq. cf.* Trödler 1.

'trö·de·lig *adj colloq.* dawdling, slow, lackadaisical.

'Trö·del,kram *m colloq. contempt. cf.* Trödel 2. — **~,la·den** *m* secondhand (*Br.* second-hand) (*od.* junk) shop (*bes. Am.* store). — **~,lie·se** *f colloq. contempt.* slow coach, *bes. Am.* slowpoke, dawdler, dillydallier. — **~,markt** *m colloq.* jumble (*od.* flea) market, *auch* flea fair.

trö·deln ['trø:dəln] **I** *v/i* ⟨h *u.* sein⟩ *colloq.* **1.** ⟨h⟩ dawdle, dillydally, linger: er hat schon immer bei der Arbeit getrödelt he has always dawdled at his work; trödel nicht so! stop dawdling! - **2.** ⟨sein⟩ (*langsam gehen*) dawdle: wir sind nach Hause getrödelt we dawdled (off) home. - **II T~** *n* ⟨-s⟩ **3.** *verbal noun.*

'Trö·del,wa·ren *pl* secondhand (*Br.* second-hand) goods (*od.* articles), junk *sg*.

'Tröd·ler *m* ⟨-s; -⟩ **1.** secondhand (*Br.* second-hand) (*od.* junk) dealer. - **2.** (*für gebrauchte Kleidung*) old-clothesman. - **3.** *colloq.* (*langsamer Mensch*) dawdler, dillydallier, slow coach, *bes. Am.* slowpoke.

'Tröd·le·rin *f* ⟨-; -nen⟩ *cf.* Trödler 1, 3.

'Tröd·ler,schnecke (*getr.* -k·k-) *f zo.* carrier (shell) (*Gattg Xenophora*).

Tro·er ['tro:ər] *m* ⟨-s; -⟩ *cf.* Trojaner.

troff [trɔf] *1 u. 3 sg pret lit.*, **tröf·fe** ['trœfə] *1 u. 3 sg pret subj lit. of* triefen.

trog [tro:k] *1 u. 3 sg pret of* trügen.

Trog *m* ⟨-(e)s; ⁼e⟩ **1.** (*Wasch-, Futter-, Backtrog etc*) trough. - **2.** (*Bottich*) vat. - **3.** (*des Maurers*) mason's hod. - **4.** *tech.* (*eines Schleifsteins*) frame. - **5.** (*paper*) vat, pan. - **6.** *electr.* (*einer Batterie*) tray. — **~,bat·te·rie** *f electr.* trough battery.

trö·ge ['trø:gə] *1 u. 3 sg pret subj of* trügen.

Tro·glo·dyt [troglo'dy:t] *m* ⟨-en; -en⟩ (*Höhlenbewohner*) troglodyte.

'Trog,mu·schel *f zo.* solid surf clam (*Mactra solidissima*).

Tro·gon ['tro:gɔn] *m* ⟨-s; -s *u.* -ten [tro-'gɔntən]⟩ *zo.* trogon (*Ordng Trogones*).

T-,Rohr ['te:-] *n tech.* T-tube, T-pipe.

Troi·ka ['trɔyka] *f* ⟨-; -s⟩ (*russ. Gespann aus drei Pferden*) troika.

tro·isch ['tro:ɪʃ] *adj cf.* trojanisch.

Tro·ja·ner [tro'ja:nər] *m* ⟨-s; -⟩ *antiq.* Trojan, Dardanian.

tro·ja·nisch *adj* Trojan, Dardanian: der T~e Krieg the Trojan War; das T~e Pferd the Trojan horse.

Tro·kar [tro'ka:r] *m* ⟨-s; -e *u.* -s⟩ *med.* (*Stichinstrument*) trocar, *auch* trochar.

Troll [trɔl] *m* ⟨-(e)s; -e⟩ *myth.* (*Kobold*) troll.

'Troll,blu·me *f bot.* (European) globeflower (*Trollius europaeus*).

trol·len ['trɔlən] *v/reflex* ⟨h⟩ sich ~ *colloq.* toddle (*od.* trot) off: troll dich! be off (with you)!

'Trol·ley,bus ['trɔli-] *m* (*Oberleitungsbus*) trolleybus.

Trom·be ['trɔmbə] *f* ⟨-; -n⟩ *meteor.* **1.** (*Wasserhose*) waterspout. - **2.** (*Sand-, Windhose*) dust devil (*od.* whirl), sand spout.

Trom·mel ['trɔməl] *f* ⟨-; -n⟩ **1.** *mus.* drum: große ~ big (*od.* bass) drum; kleine ~ side (*Am. auch* snare) drum; die ~ schlagen (*od.* rühren) to beat (*od.* play) the drum; die ~ für etwas [j-n] rühren *fig. colloq.* to beat the drum for s.th. [s.o.]; mein Bauch ist wie eine ~ *colloq.* a) (*aufgebläht*) my stomach is like a balloon, b) (*nach zu reichlichem Essen*) my stomach is like a drum. - **2.** *tech.* a) (*zylindrischer Behälter*) drum, barrel, b) (*der Waschmaschine*) drum, tumbler, c) *der Trockenschleuder* (drying) drum, rotary dryer (*auch* drier), d) (*Seiltrommel*) (cable) drum, e) (*einer Schraublehre*) barrel, f) (*des Revolverkopfes eines Drehautomaten*) round turret head, g) (*der Zentrifuge*) centrifugal, h) (*einer Bremse*) (brake) drum, i) (*der Spinnmaschine*) drum (cylinder), barrel, j) (*des Revolvers*) drum magazine. - **3.** *electr.* (*für Kabel*) reel. - **4.** magnetische ~ (*Speicher im Computer*) magnetic drum. - **5.** *arch.* a) (*einer Kuppel*) drum, tambour, b) (*eines Kapitells*) tambour, c) (*des Säulenschafts*) cylindrical piece, drum. - **6.** *med.* (*des Ohrs*) eardrum, tympanum (*scient.*). - **7.** *cf.* Botanisierbüchse.

'Trom·mel,an·ker *m electr.* drum armature. — **~,bauch** *m med.* potbelly, *Br.* pot-belly, abdominal distension (*scient.*). — **~,brem·se** *f tech.* drum brake.

Trom·me'lei *f* ⟨-; *no pl*⟩ *contempt.* (continual) drumming: die ~ geht mir auf die Nerven this drumming is getting on my nerves.

'Trom·mel,fell *n* **1.** *med.* eardrum, tympanic membrane (*scient.*). - **2.** *mus.* drumhead, drumskin. — **~ent,zün·dung** *f med.* tympanitis, myringitis. — **~er,schüt·ternd** *adj colloq.* (*Lärm, Gelächter etc*) earsplitting, *Br.* ear-splitting, deafening. — **~per·fo·ra·ti,on** *f med.* perforation of the eardrum; myringotomy, tympanotomy (*scient.*). — **~re,flex** *m* Politzer's cone.

'Trom·mel,feu·er *n* **1.** *mil.* drumfire, heavy barrage. - **2.** *fig.* volley, barrage, drumfire: ein ~ von Fragen prasselte auf ihn nieder he was bombarded with questions. — **~,fisch** *m zo.* freshwater drum (*Aplodinotus grunniens*). — **t~,för·mig** *adj* drum-shaped, cylindrical. — **~kon,ver·ter** *m metall.* barrel converter. — **~,kör·per** *m mus.* body of a drum. — **~ma·ga,zin** *n* (*des Gewehrs*) drum magazine, ammunition drum.

trom·meln ['trɔməln] **I** *v/i* ⟨h⟩ **1.** (*die Trommel schlagen*) (beat the) drum. - **2.** (*mit den Fingern, auf einen Gegenstand etc*) drum: er trommelte nervös (mit den Fingern) auf dem Tisch he drummed nervously (with his fingers) on the table, he beat the devil's tattoo. - **3.** (*mit den Fäusten*) drum, bang, hammer, beat, pound, pummel: gegen die Tür ~ to bang (on) the door. - **4.** (*von Regen, Hagel etc*) pelt, drum, beat, hammer. - **5.** *hunt.* (*von Hasen u. Kaninchen*) tap, drum. - **II** *v/t* **6.** drum, beat: einen Marsch ~ to drum a march; Gott sei getrommelt und gepfiffen! *colloq. humor.* thank goodness! thank God! - **7.** j-n aus dem Bett

(*od.* Schlaf) ~ *fig. colloq.* to get s.o. out of bed, *Br. colloq.* to knock s.o. up. - **III T~** *n* ⟨-s⟩ **8.** *verbal noun.* - **9.** drum beat.

'Trom·mel,rad *n tech.* drum wheel. — **~re,vol·ver** *m* revolver. — **~re,vol·ver,kopf** *m tech.* drum turret. — **~,schlag** *m mus.* drumbeat. — **~,schlä·ger** *m cf.* Trommler.

'Trom·mel,schle·gel *m mus.* drumstick. — **~,fin·ger** *m med.* clubbed (*od.* drumstick, Hippocratic) finger.

'Trom·mel,sieb *n tech.* revolving (*od.* drum, rotary) screen. — **~,spei·cher** *m* (*computer*) drum storage (*od.* memory). — **~,spra·che** *f* language of drums, bush telegraph. — **~,stock** *m mus.* drumstick. — **~,sucht** *f* **1.** *med.* meteorism, tympanites, *auch* tympanitis, tympanism. - **2.** *vet.* bloat. — **~wasch·ma,schi·ne** *f* tumbler-type washing machine. — **~,wick·lung** *f electr.* drum winding. — **~,wir·bel** *m mil. mus.* **1.** (*lauter*) roll of (*od.* on) the drum(s). - **2.** (*gedämpfter*) ruffle.

'Tromm·ler *m* ⟨-s; -⟩ drummer, tambour.

Trom·pe ['trɔmpə] *f* ⟨-; -n⟩ *arch.* squinch (arch).

Trom·pe·te [trɔm'pe:tə] *f* ⟨-; -n⟩ **1.** *mus.* trumpet: schmetternde ~n blaring trumpets; die (*od.* auf der) ~ blasen to sound the trumpet; → Pauke 1, 2. - **2.** *med.* a) (*des Ohrs*) Eustachian tube, b) (*Eileiter*) oviduct, Fallopian tube. - **3.** *mar.* sheepshank.

trom·pe·ten [trɔm'pe:tən] **I** *v/i* ⟨*no* ge-, h⟩ **1.** (*Trompete blasen*) trumpet, blow (*od.* sound) the trumpet. - **2.** *fig.* (*von Elefanten*) trumpet. - **3.** *fig. colloq.* (*sich laut schneuzen*) honk one's nose. - **II** *v/t* **4.** (*Melodie etc*) trumpet. - **5.** *fig. cf.* posaunen II. - **III T~** *n* ⟨-s⟩ **6.** *verbal noun.*

Trom'pe·ten,baum *m bot.* trumpetwood, trumpet tree (*Gattg Catalpa*). — **~,blä·ser** *m mus. cf.* Trompeter. — **~,blatt** *n bot.* a) trumpet-leaf, sidesaddle flower, Indian cup, pitcher plant (*Gattg Sarracenia*), b) trumpets *pl* (*S. flava*). — **~,blu·me** *f cf.* Narzisse. — **~,fisch** *m zo.* trumpet fish, tubenose (*Fam. Aulorhynchidae*). — **t~,för·mig** *adj* **1.** trumpetlike, trumpet-shaped. - **2.** *bot.* trumpet-shaped. — **~ge,schmet·ter** *n* blare of trumpets. — **~jas,min** *m bot. cf.* Klettertrompete. — **~,moos** *n cf.* Becherflechte. — **~nar,zis·se** *f cf.* Narzisse. — **~re,gi·ster** *n mus.* (*der Orgel*) trumpet (stop). — **~,ruf** *m cf.* Trompetensignal. — **~,schall** *m* trump, sound of trumpets: unter ~ with trumpets sounding. — **~,schnecke** (*getr.* -k·k-) *f zo. cf.* Tritonshorn 2. — **~,si,gnal** *n bes. mil.* trumpet call (*od.* signal). — **~,stoß** *m* **1.** flourish, blast on the trumpet. - **2.** *fig.* (*eines Elefanten*) trumpet(ing). — **~,stück** *n mus.* **1.** tune (*od.* air) for the trumpet, piece (set) for trumpets. - **2.** (*trumpeter's*) flourish. — **~,tier·chen** *n zo.* stentor (*Gattg Stentor*). — **~,zug** *m mus.* (*der Orgel*) *cf.* Trompetenregister. — **~,zun·ge** *f bot.* salpiglossis (*Gattg Salpiglossis*).

Trom'pe·ter *m* ⟨-s; -⟩ *mus.* trumpeter. — **~,mus·kel** *m med.* trumpeter (muscle), buccinator (*scient.*). — **~,schwan** *m zo.* trumpeter swan (*Cygnus buccinator*). — **~,vo·gel** *m* trumpeter, agami (*Psophia crepitans*).

Tro·pan [tro'pa:n] *n* ⟨-s; *no pl*⟩ *chem.* tropane ($C_8H_{15}N$).

Tro·pa,säu·re [tro'pa-] *f* ⟨-; *no pl*⟩ *chem.* tropic acid ($HOCH_2CH(C_6H_5)COOH$).

Tro·pe ['tro:pə] *f* ⟨-; -n⟩ (*literature*) *cf.* Tropus 2.

'Tro·pen, die *pl geogr.* the tropics.

'Tro·pen,an,zug *m* tropical suit. — **~,aus,füh·rung** *f* (*von Geräten*) tropical finish (*od.* design). — **~,aus,rü·stung** *f* tropical kit. — **t~be,stän·dig** *adj cf.* tropenfest 1. — **~dys·en·te,rie** *f med.* am(o)ebic dysentery. — **t~,fest** *adj* **1.** suitable for the tropics, withstanding tropical conditions. - **2.** *med.* tropicalized: ~ machen to tropicalize. — **~,fe·stig·keit** *f* resistance to tropical conditions. — **~,fie·ber** *n med.* tropical fever (*malignant tertian malaria*). — **~ge,biet** *n geogr.* tropical region. — **~,helm** *m* sun helmet, topee, topi. — **~hy·gie·ne** [-hy,gie:nə] *f med.* tropical hygiene. — **~in·sti,tut** *n* institute for tropical diseases. — **~,klei·dung** *f* tropical clothes *pl.* — **~,kli·ma** *n* tropical climate. — **~,kol·ler** *m psych.* tropical frenzy. — **~,kran·ken-**

‚haus n hospital for tropical diseases. — **‚krank·heit** f tropical disease. — **‚land** n **1.** tropical country. – **2.** pl tropical countries, tropics. — **‚me·di‚zin** f med. tropical medicine. — **‚me·di‚zi·ner** m specialist in tropical diseases. — **‚pflan·ze** f bot. tropical plant. — **t‚taug·lich** adj med. fit for service in tropical climates. — **‚uni‚form** f tropical uniform, khakis pl, auch khakees pl. — **‚ve·ge·ta·ti‚on** f bot. tropical vegetation. — **‚zi‚tro·ne** f lime (Citrus aurantifolia). — **‚zo·ne** f geogr. tropical zone.

Tropf[1] [trɔpf] m ⟨-(e)s; ⸚e⟩ colloq. contempt. **1.** (einfältiger) ~ simpleton, nincompoop, Br. sl. twit. – **2.** armer [elender] ~ poor [miserable] devil (od. wretch). – **3.** Southern G. good-for-nothing.

Tropf[2] m ⟨-(e)s; no pl⟩ only in am ~ hängen med. colloq. to be on an intravenous drip.

'Tropf|ap·pa‚rat m med. intravenous infusion set. — **‚bank** f ⟨-; ⸚e⟩ tech. drain board. — **t‚bar** adj tech. capable of forming drops. — **‚bern‚stein** m min. liquid amber. — **‚blech** n tech. drip (od. drain) pan. — **‚brett** n **1.** (in der Färberei) dripping (od. drain) board. – **2.** (bei der Zuckerfabrikation) drainer.

Tröpf·chen ['trœpfçən] n ⟨-s; -⟩ **1.** dim. of Tropfen. – **2.** droplet. – **3.** das ist ein gutes ~! colloq. that's good stuff! (colloq.), this wine is excellent! — **‚bil·dung** f droplet formation. — **‚in·fek·ti‚on** f med. droplet (od. airborne) infection. — **‚kul‚tur** f biol. hanging-drop culture. — **‚mo‚dell** n nucl. (ein Atommodell) liquid drop model (od. theory) of the nucleus. — **t‚wei·se** adv cf. tropfenweise.

'Tropf‚ein‚lauf m med. Murphy (od. continuous rectal) drip; drop enema, enteroclysis (scient.).

tröp·feln ['trœpfəln] I v/i ⟨h u. sein⟩ **1.** ⟨sein⟩ (von Flüssigkeiten) drip, dribble, trickle, drop: der Kaffee tröpfelt in die Kanne the coffee dribbles into the pot. – **2.** ⟨h⟩ med. (von Ekzemen) weep. – II v/t ⟨h⟩ **3.** (Medizin etc) (auf acc on to; in acc into) drip, drop. – III v/impers ⟨h⟩ **4.** es tröpfelt colloq. it is spitting (with rain).

trop·fen ['trɔpfən] I v/i ⟨h u. sein⟩ **1.** ⟨sein⟩ (von Wasser, Regen) drip, drop, fall in drops: das Wasser ist von der Decke getropft the water was dripping from the ceiling. – **2.** ⟨sein⟩ (von Blut, Schweiß) drip: Schweiß tropfte ihm von der Stirn sweat was dripping from (od. off) his forehead. – **3.** ⟨sein⟩ (von Tränen) trickle: Tränen tropften über ihre Wangen tears trickled down her cheeks. – **4.** ⟨h⟩ (von Wasserhahn) drip, leak. – **5.** ⟨h⟩ (von Topf etc) (have a) leak. – **6.** ⟨h⟩ (von Kerze) drip, gutter. – **7.** ⟨h⟩ (von Bäumen etc) drip: die Bäume ~ von Tau the trees are dripping with dew; der Mantel tropft the coat is dripping wet. – **8.** ⟨h⟩ colloq. (von Nase) drip: deine Nase tropft your nose is dripping, you have a drop on (the end of) your nose. – **9.** ⟨sein⟩ (von Harz) trickle, exude: aus dem Stamm tropft Harz resin trickles out of (od. exudes from) the trunk. – **10.** ⟨h⟩ (von Weinstock) weep. – II v/t ⟨h⟩ **11.** (Medizin etc) drip, drop. – III v/impers ⟨h⟩ **12.** es tropft (nur) it is (only) spitting.

'Trop·fen m ⟨-s; -⟩ **1.** (Wasser-, Regen-, Blutstropfen etc) drop: es regnet in (großen) dicken ~ the rain is falling in (od. it is raining) (great) big drops; etwas bis auf den letzten ~ austrinken to drink s.th. (down) to the last drop; wir haben keinen ~ Milch mehr im Haus colloq. we haven't a drop of milk left in the house; so ähnlich wie ein ~ Wasser dem andern as like as two peas (in a pod); das Volk bis auf den letzten ~ (Blut) aussaugen fig. to suck the life blood of the people. – **2.** (Schweißtropfen) bead: der Schweiß stand ihm in (dicken) ~ auf der Stirn (large) beads of perspiration stood on his forehead. – **3.** (Farbtropfen) blob, drop. – **4.** ein guter (od. edler) ~ fig. (Wein) a splendid (od. capital) wine, a good drop; einen guten ~ zu schätzen wissen to be a connoisseur of wine(s). – **5.** fig. (in Wendungen wie) ein ~ Wermut (od. ein bitterer ~) im Becher der Freude poet. a drop of bitterness in the cup of joy; dieser ~ brachte das Faß zum Überlaufen this was the last straw (that broke the camel's back); nur ein ~ auf den heißen Stein a mere drop in the bucket, no more than a pebble dropped

into the sea; steter ~ höhlt den Stein (Sprichwort) constant dropping wears the stone (proverb). – **6.** pl med. pharm. drops: j-m ~ verschreiben to prescribe drops for s.o.; ~ (ein)nehmen to take drops. – **7.** (jewelry) pear-shaped jewel, drop. – **8.** min. drop of water (colourless transparent topaz).

'Trop·fen|‚fän·ger m drip catcher. — **‚form** f **1.** shape (od. form) of a drop: in ~ in the shape of a drop. – **2.** in ~ med. as drops. — **t‚för·mig** adj drop-shaped. — **‚schild‚krö·te** f spotted turtle (Clemmys guttata). — **t‚wei·se** adv **1.** by (od. in) drops (od. driblets), drop by drop: etwas ~ trinken to sip (at) s.th. – **2.** fig. colloq. in dribs and drabs, in bits and pieces: j-m eine Nachricht ~ beibringen to tell s.o. a piece of news in bits and pieces. — **‚zäh·ler** m med. drop counter.

'Trop·fer m ⟨-s; -⟩ med. dropper.

'Tropf|‚fett n gastr. dripping. — **‚fla·sche** f med. dropper (od. dropping) bottle. — **t‚flüs·sig** adj tech. liquid. — **‚in·fu·si‚on** f med. **1.** (in Vene) intravenous drip (od. infusion). – **2.** (subkutan) hypoderm(at)oclysis. — **‚kli‚stier** n cf. Tropfeinlauf.

Tröpf·lein ['trœpflain] n ⟨-s; -⟩ cf. Tröpfchen.

'Tropf|‚loch n tech. drain hole. — **t‚naß** adj dripping wet. — **‚öler** m tech. sight-feed oiler, drip-feed oiler. — **‚pfan·ne** f (housekeeping) dripping pan. — **‚punkt** m chem. phys. **1.** drop point. – **2.** (des Öls) pour point. — **‚rin·ne** f auto. drip molding (bes. Br. moulding). — **‚rohr** n tech. trickling (od. percolating) tube. — **‚scha·le** f **1.** drip(ping) pan. – **2.** med. drip tray. — **‚schmie·rung** f tech. drip-oil lubrication.

'Tropf‚stein m geol. dripstone: herabhängender ~ stalactite; stehender ~ stalagmite. — **t‚ar·tig** adj stalactiform, stalactitic, auch stalactitical, stalactic(al), stalactital. — **‚bil·dung** f stalactitic formation. — **‚höh·le** f stalactite cave (od. cavern), limestone cave with stalactites.

'Tropf‚trans·fu·si‚on f med. drip transfusion. — **‚trich·ter** m chem. dropping funnel. — **t‚was·ser·ge‚schützt** adj tech. (Motor etc) drip-proof. — **‚zünd‚punkt** m chem. phys. drop ignition temperature.

Tro·phäe [tro'fɛːə] f ⟨-; -n⟩ **1.** (Beutestück) auch fig. trophy. – **2.** hunt. huntsman's trophy.

tro·phisch ['troːfɪʃ] adj biol. med. trophic.

Tro·pho·bio·se [trofobi'oːzə] f ⟨-; -n⟩ zo. trophobiosis.

Tro·pho·blast [trofo'blast] m ⟨-en; -en⟩ biol. trophoblast, trophoderm.

Tro·pho·plas·ma [trofo'plasma] n ⟨-s; -plasmen⟩ biol. trophoplasm.

Tro·pi·cal ['trɔpikəl; 'trɔpɪkəl] (Engl.) m ⟨-s; -s⟩ (textile) tropical.

Tro·pi·ka ['troːpika] f ⟨-; no pl⟩ med. Malaria tropica.

'Tro·pik‚luft ['troːpɪk-] f ⟨-; no pl⟩ meteor. tropical air (mass). — **‚vo·gel** m zo. tropic bird, boatswain (Fam. Phaëthontidae).

Tro·pin [tro'piːn] n ⟨-s; no pl⟩ chem. tropine ($C_8H_{15}NO$).

'tro·pisch adj **1.** geogr. tropic(al), intertropical: ~e Hitze tropical heat; ~er Regenwald tropical rain forest; ~e Zone (the) tropics pl, tropical zone; ~e Konvergenzzone intertropical convergence zone; ~e Luftmassen tropical air masses. – **2.** biol. tropic. – **3.** ~es Jahr astr. tropical (od. solar) year. – **4.** (literature) metaphorical, auch metaphoric.

Tro·pis·mus [tro'pɪsmʊs] m ⟨-; -pismen⟩ **1.** biol. tropism. – **2.** (literature) tropism.

tro·pi·stisch [tro'pɪstɪʃ] adj biol. tropistic.

Tro·po·lon [tropo'loːn] n ⟨-s; no pl⟩ chem. tropolone, cycloheptatrienolone ($C_7H_6O_2$).

Tro·po·pau·se [tropo'pauzə] f ⟨-; no pl⟩ meteor. tropopause.

Tro·po·phyt [tropo'fyːt] m ⟨-en; -en⟩ bot. tropophyte.

Tro·po·sphä·re [tropo'sfɛːrə] f ⟨-; no pl⟩ meteor. geogr. troposphere.

Tro·pus ['troːpʊs] m ⟨-; Tropen⟩ **1.** mus. trope. – **2.** (literature) trope, metaphor.

Troß [trɔs] m ⟨-sses; -sse⟩ **1.** mil. hist. a) baggage (train), b) (Marketender etc) camp followers pl, hangers-on pl. – **2.** fig. (Gefolge) train, followers pl: einen großen ~ mit sich führen to have a crowd (od.

train) of followers (od. a great following). – **3.** fig. (Schar) company, crowd.

Tros·se ['trɔsə] f ⟨-; -n⟩ **1.** mar. (Tau) hawser, towrope. – **2.** (Kabel) steel hawser, cable. — **'Tros·sen‚win·de** f mar. hawser reel (od. winch).

'Troß|‚knecht m mil. hist. baggage servant, baggager, waggoner, bes. Am. wagoner. — **‚pferd** n obs. baggage horse, packhorse, Br. pack-horse. — **‚schiff** n mil. mar. supply ship. — **‚wa·gen** m mil. hist. baggage waggon (bes. Am. wagon) (od. cart).

Trost [troːst] m ⟨-es; no pl⟩ **1.** comfort, consolation, solace (lit.): zum ~(e) as a consolation; welch ein ~! what (a) comfort! ein ~, daß it is comforting (od.) that; das ist ihr einziger [ganzer] ~ that is her only [one] consolation; ein schlechter (od. schwacher) ~ (a) poor consolation, (a) cold comfort; ein wirklicher ~ a real comfort; geistlicher ~ spiritual comfort; (das ist mir) ein schöner ~! iron. nice comfort that! j-m ~ zusprechen to comfort (od. console, lit. solace) s.o.; ~ aus etwas schöpfen to derive comfort from (od. take comfort in) s.th., to draw consolation from s.th.; ~ in (dat) etwas finden to find solace in s.th.; bei j-m [in (dat) etwas] ~ suchen to seek comfort from s.o. [in s.th.]; die Worte haben ihm ~ gebracht the words consoled him. – **2.** (Person) comfort: j-m ~ und Hilfe sein to be s.o.'s comforter and helper. – **3.** du bist wohl nicht (recht od. ganz) bei ~(e) colloq. you must be out of your mind, you are not in your right mind, you must have taken leave of your senses. — **t‚be‚dürf·tig** adj in want (od. need) of comfort (od. consolation), needing comfort. — **‚brief** m consoling (od. consolatory) letter, (bes. bei Todesfall) letter of sympathy (od. condolence). — **t‚brin·gend** adj comforting, consoling, consolatory.

trö·sten ['trøːstən] I v/t ⟨h⟩ **1.** comfort, console, solace (lit.): ich tröstete ihn über seinen Verlust I consoled him on his loss; sie war nicht zu ~ she was inconsolable (od. unconsolable); das kann mich nicht ~ I find (od. there is) small comfort in that. – **2.** cf. aufheitern 1. – II v/reflex sich ~ **3.** console (od. comfort, lit. solace) oneself, take (od. find) comfort: tröste dich! colloq. don't let it worry you! tröste dich, mir geht's genau so! I'm in the same boat, if it's any comfort (to know)! sich über etwas ~ to get over (od. forget) s.th.; sich mit einer Hoffnung ~ to comfort oneself (od. buoy oneself up) with a hope; ich tröste mich mit (od. bei, über) einer Flasche Wein I comfort myself with a bottle of wine; er tröstete sich mit einer anderen Frau he sought consolation with another woman; sie hat sich schnell getröstet fig. she soon remarried. – III T~ n ⟨-s⟩ **4.** verbal noun. – **5.** cf. Tröstung.

'trö·stend I pres p. – **II** adj (Wort, Zuspruch etc) comforting, consoling, consolatory.

'Trö·ster m ⟨-s; -⟩ **1.** comforter, consoler: der Alkohol war sein stiller ~ fig. alcohol was his secret comfort(er). – **2.** der ~ relig. (der Heilige Geist) the Comforter, the Paraclete.

'Trost‚fah·ren n (sport) cf. Trostrennen.

'tröst·lich I adj **1.** comforting, consoling, consolatory: das ist nicht eben sehr ~ that is hardly (very) comforting, there is small comfort in that; es ist ein ~er Gedanke, daß it is a comforting thought that, it is comforting (od. a comfort) to think that. – **2.** (beruhigend) comforting, reassuring. – **3.** (erfreulich) comforting, cheering: das klingt ~ that sounds comforting (od. promising), that has a cheerful ring. – **II T~e, das** ⟨-n⟩ **4.** the comforting (od. consoling) thing: das einzig T~e bei der Sache the only (od. one) comforting thing about it.

'trost·los adj **1.** (Situation etc) bleak, hopeless, desolate. – **2.** (Aussichten etc) bleak, hopeless, cheerless, disconsolate. – **3.** (Verhältnisse etc) hopeless, deplorable. – **4.** (Ergebnis) disheartening, pathetic. – **5.** (Wetter, Landschaft etc) desolate, bleak, cheerless. – **6.** colloq. (Vorstellung etc) pathetic, hopeless: diese Vorstellung war einfach ~ this performance was absolutely pathetic. – **7.** (elend, jämmerlich) pathetic, wretched, miserable: eine ~e Gestalt a wretched figure. – **8.** *colloq.* (*langweilig*) pathetic, dull, boring, tedious: **ein ~es Programm** a dull program(me). – **9.** *colloq. for* **untröstlich.** — **'Trost·lo·sig·keit** f ⟨-; *no pl*⟩ **1.** (*von Situation etc*) bleakness, hopelessness, desolateness. – **2.** (*von Aussichten etc*) bleakness, hopelessness, cheerlessness, disconsolateness. – **3.** (*von Verhältnissen etc*) hopelessness, deplorableness, deplorability. – **4.** (*einer Person*) wretchedness.

'Trost|,preis m consolation (*od.* booby) prize. — **~,re·de** f consolatory speech (*od.* address), words *pl* of comfort. — **t~,reich** *adj* (*Worte etc*) consoling, comforting, consolatory. — **~,ren·nen** n (*sport*) consolation race (*od.* contest). — **~,run·de** f consolation round. — **~,schrei·ben** n *cf.* Trostbrief. — **~,spruch** m comforting words *pl.*

'Trö·stung f ⟨-; -en⟩ **1.** *cf.* Trösten. – **2.** *lit.* comfort, consolation, relief, solace (*lit.*): **mit den ~en der heiligen Kirche versehen** *röm.kath.* provided with the (last) rites of the Church.

'Trost,wort n ⟨-(e)s; -e⟩ word of comfort (*od.* consolation), comforting (*od.* soothing) word.

Trott [trɔt] m ⟨-(e)s; -e⟩ **1.** trot: **im ~ reiten** to trot; **ein leichter ~** a jog trot. – **2.** *fig. colloq.* jog trot, routine: **wir dürfen nicht in den alten ~ zurückfallen** we must not fall back into the old jog trot (*od.* the same old rut); **der tägliche ~** the daily routine.

Trot·tel ['trɔtəl] m ⟨-s; -⟩ *colloq. contempt.* idiot, moron, nincompoop, num(b)skull, duffer, sap (*sl.*), *Am. sl.* 'dope': **so ein ~!** such a(n addlepated) nincompoop!

'trot·tel·haft, 'trot·te·lig I *adj* **1.** (*ungeschickt*) awkward, clumsy. – **2.** (*vergeßlich*) forgetful, absent-minded. – **3.** (*blöde*) idiotic, moronic, brainless. – **II** *adv* **4.** **sich ~ benehmen** to behave idiotically.

'Trot·tel,lum·me f *zo.* foolish guillemot, murre (*Uria aalge*).

trot·teln ['trɔtəln] *v/i* ⟨sein⟩ *colloq.* **1.** *cf.* trotten. – **2.** *cf.* trödeln 2.

trot·ten ['trɔtən] *v/i* ⟨sein⟩ *colloq.* **1.** (*schwerfällig gehen*) plod, trudge, jog. – **2.** (*traben*) trot.

Trot·ti·nett ['trɔtinɛt] n ⟨-s; -e⟩ *Swiss* (children's) scooter.

Trot·toir [trɔ'tŏaːr] n ⟨-s; -e u. -s⟩ *dial. od. obs. for* Bürgersteig, Gehsteig.

Tro·tyl [tro'tyːl] n ⟨-s; *no pl*⟩ *chem.* trinitrotoluene, trotyl (CH₃C₆H₂(NO₂)₃).

trotz [trɔts] *prep* **I** ⟨*gen, rare dat*⟩ in spite of, despite, notwithstanding: **~ seiner Verdienste** despite (*od.* for all) his merits; **~ seines Verbotes** in spite of his prohibition. – **II** ⟨*dat*⟩ **~ allem** (*od.* alledem) in spite of all that, for all that, for all you may say. – **III** ⟨*nom*⟩ **~ Schnee und Kälte** despite the snow and the cold.

Trotz [trɔts] m ⟨-es; *no pl*⟩ **1.** defiance: **j-m [etwas] ~ bieten** to defy s.o. [s.th.], to bid defiance to s.o. [s.th.] (*lit.*); **j-m [etwas] zum ~** in defiance of s.o. [s.th.]; **einer Gefahr ~ bieten** to defy (*od.* brave) a danger; **dem Sturm ~ bieten** to brave (*od.* weather) the storm; **dem Schicksal ~ bieten** to fight against fate; **dem Unglück ~ bieten** to bear up under (*od.* against) adversity (*od.* misfortune). – **2.** (*Boshaftigkeit*) spite, malice: **aus purem** (*od.* reinem) **~** out of sheer spite; **aus reinem ~ gegen seinen Vater** purely to spite his father. – **3.** (*Eigensinn*) obstinacy, stubbornness: **j-s ~ brechen** to knock the obstinacy out of s.o.

'Trotz|,al·ter n *psych. cf.* Trotzphase.

'trotz,dem [-'deːm] **I** *adv* (*dennoch*) nevertheless, nonetheless, still, all (*od.* just) the same, for all that: **er sagte es ~ nicht** nevertheless (*od.* yet) he did not say it; **du kannst sagen, was du willst, ich gehe ~** I don't care what you say, I am still going to go (*od.* I am going to go nevertheless, I am going to go despite what you say); **~ kann man nicht glauben, daß** one still cannot believe that, yet one cannot believe that. – **II** *conj* (*obwohl*) (al)though, even though, notwithstanding that; **~ sie sich anstrengte, versagte sie** although she made an effort she failed.

trot·zen ['trɔtsən] *v/i* ⟨h⟩ **1.** **j-m [einer Sache] ~** to defy s.o. [s.th.]: **der Staatsgewalt ~** to defy the supreme power. – **2.** (*bes. einer Gefahr etc*) brave, defy: **dem Sturm ~** *auch fig.* to brave (*od.* weather)

---

the storm. – **3.** (*schmollen*) sulk, pout, be sulky (*od.* in the sulks): **er trotzte den ganzen Tag** he was in the sulks all day. – **4.** (*störrisch sein*) be obstinate. – **5.** (*Widerstand leisten*) resist.

'trot·zig I *adj* ⟨-er; -st⟩ **1.** (*schmollend*) sulky: **das Kind machte ein ~es Gesicht** the child pouted (*od.* put on a sulky face). – **2.** (*Antwort etc*) defiant. – **3.** (*widerspenstig*) defiant, refractory, obstreperous, froward. – **4.** (*eigensinnig*) obstinate, stubborn, headstrong, (*stärker*) pigheaded, mulish. – **5.** (*eigenwillig*) wilful, *bes. Am.* willful, *auch* perverse. – **II** *adv* **6.** **~ schweigen** to keep silent defiantly. – **7.** **sich ~ wehren** to resist bravely (*od.* valiantly, doggedly).

Trotz·kis·mus [trɔts'kɪsmʊs] m ⟨-; *no pl*⟩ *pol.* Trotskyism. — **Trotz'kist** [-'kɪst] m ⟨-en; -en⟩ Trotskyist, Trotskyite. — **trotz'ki·stisch** *adj* Trotskyist, Trotskyite.

'Trotz,kopf m **1.** (*trotziges kleines Kind*) sulky child: **seinen ~ aufsetzen** to sulk, to pout. – **2.** *contempt.* stubborn (*od.* obstinate, *stärker* pigheaded) person: **er ist ein alter ~** he is a stubborn old so-and-so. — **'trotz,köp·fig** [-,kœpfɪç] *adj cf.* trotzig 1, 3, 4.

'Trotz|,pha·se f *psych.* (*eines Kindes*) phase of defiance (*od.* obstinacy). — **~,re·ak·ti,on** f act of defiance.

Trou·ba·dour ['truːbaduːr; truba'duːr] m ⟨-s; -e *u.* -s⟩ (*provenzalischer Minnesänger*) troubadour.

Trou·vère [tru'vɛːr] m ⟨-s; -s⟩ *hist.* (*nordfranz. Minnesänger*) trouvère, trouveur.

'Troy·ge,wicht ['trɔy-] n ⟨-(e)s; *no pl*⟩ *econ.* troy weight.

trüb [tryːp] *adj* ⟨-er; -st⟩ *cf.* trübe.

trü·be ['tryːbə] *adj* ⟨-r; trübst⟩ **1.** cloudy, clouded, turbid, troubled, nebulous: **~ werden** (*von Flüssigkeit etc*) to go (*od.* turn) cloudy. – **2.** (*Wein etc*) cloudy, muddy. – **3.** (*Glas, Spiegel*) clouded, cloudy, opaque. – **4.** (*Metall*) dull, tarnished. – **5.** (*Edelstein*) clouded, cloudy. – **6.** (*Farben*) dull, somber, *bes. Am.* sombre, dim, grave, sad. – **7.** (*Licht, Sterne*) dim, wan. – **8.** (*Sicht*) blurred, dim. – **9.** (*Augen*) dull. – **10.** (*Wetter*) dull, murky, mirky, dreary, gloomy. – **11.** (*Himmel*) overcast, cloudy; darksome, lowering (*lit.*): **es wird ~** it is getting cloudy, it is clouding over. – **12.** *fig.* (*Stimmung, Gedanken, Aussichten, Zuständen etc*) gloomy, dismal, somber, *bes. Br.* sombre, gray, *bes. Br.* grey, doleful, bleak: **in ~r Stimmung sein** to be in a gloomy mood, to be downcast (*od.* depressed, *stärker* dejected); **~n Zeiten entgegensehen** to foresee gloomy days; **~ Tage durchmachen** to go through a trying time; **das sieht ~ aus** that's a gloomy (*od.* bleak, dreary) prospect; **es sieht ~ damit aus** things are looking bad; → Tasse 3. – **13.** *fig.* (*Erfahrungen*) unhappy, unfortunate. – **14.** *med.* a) (*Urin*) cloudy, turbid, nepheloid (*scient.*), b) (*Hornhaut*) steamy. – **15.** (*substantiviert mit Kleinschreibung*) **im ~n fischen** *fig.* to fish in troubled waters.

Tru·bel ['truːbəl] m ⟨-s; *no pl*⟩ **1.** (*Gewühl*) hubbub, bustle, hurly-burly: **sich in den ~ des Verkehrs stürzen** to plunge into the hubbub of (the) traffic; → Jubel. – **2.** *fig.* (*Durcheinander*) fuss, excitement, turbulence, rumpus (*colloq.*): **wir kommen aus dem ~ nicht mehr heraus** there is no end to this fuss and excitement. – **3.** (*Menschenmenge*) milling crowd, throng.

trü·ben ['tryːbən] **I** *v/t* ⟨h⟩ **1.** (*Flüssigkeit, Wasser*) make (*s.th.*) cloudy (*od.* turbid), trouble, muddy, cloud: **er sieht aus, als ob er kein Wässerchen ~ könnte** *fig. colloq.* he looks as if butter would not melt in his mouth, he looks the picture of innocence. – **2.** (*Glas*) cloud, dim. – **3.** (*Metall*) tarnish, dull. – **4.** (*Blick, Sicht, Sinn*) blur, dim, blear: **Tränen trübten ihren Blick** her eyes were dimmed (*od.* blinded) by tears. – **5.** **kein Wölkchen trübte den Himmel** not a cloud obscured the sky. – **6.** *fig.* (*Stimmung*) sour, cast a cloud over (*od.* on). – **7.** *fig.* (*Freude, Heiterkeit, Aussichten etc*) spoil, mar, darken: **dein Kummer hat mir die Freude getrübt** your trouble marred my joy; **j-s Heiterkeit ~** to damp s.o.'s spirits, to act as a wet blanket on s.o. – **8.** *fig.* (*Blick, Urteil*) obscure: **j-m den (klaren) Blick (für etwas) ~** to obscure s.o.'s judg(e)ment (of s.th.), to bias (*od.* prejudice) s.o. (against s.th.); **j-s Urteil ~** to bias (*od.*

---

warp) s.o.'s judg(e)ment. – **9.** *fig.* (*Geist, Verstand*) dull, becloud, obscure, overcloud. – **10.** *fig.* (*Wein etc*)cloud, poison. – **II** *v/reflex* **sich ~ 11.** (*von Flüssigkeit, Wasser*) cloud, grow (*od.* become) cloudy (*od.* turbid). – **12.** (*von Glas*) cloud, grow (*od.* become) clouded (*od.* cloudy, dim, opaque). – **13.** (*von Metall*) (become) dull, tarnish. – **14.** (*von Blick, Sicht, Sinn*) become blurred (*od.* dim[med]). – **15.** **der Himmel trübt sich** the sky is clouding over (*od.* becoming overcast). – **16.** *fig.* (*von Stimmung*) cloud. – **17.** *fig.* (*von Geist, Verstand*) (become) dull: **sein Geist hat sich getrübt** his mind has become dull. – **18.** *fig.* (*von Beziehungen etc*) become strained. – **III T~** n ⟨-s⟩ **19.** *verbal noun.* – **20.** *cf.* Trübung.

'Trüb,glas n ⟨-es; ⸚er⟩ *tech.* opaque (*od.* opal) glass.

'Trüb·heit f ⟨-; *no pl*⟩ **1.** (*von Flüssigkeit, Wasser*) cloudiness, turbidity, turbidness. – **2.** (*von Wein etc*) cloudiness, muddiness. – **3.** (*von Glas, Spiegel*) cloudiness, dimness, opacity, opaqueness. – **4.** (*von Edelsteinen*) cloudiness. – **5.** (*von Farben*) dul(l)ness, somberness, *bes. Br.* sombreness, dimness. – **6.** (*von Licht*) dimness, wanness. – **7.** (*von Sicht*) blurredness, dimness. – **8.** (*von Augen*) dul(l)ness. – **9.** (*von Wetter*) murkiness, mirkiness, dreariness, gloominess. – **10.** (*von Himmel*) cloudiness. – **11.** *fig.* (*von Stimmung, Gedanken etc*) gloominess, dismalness, somberness, *bes. Br.* sombreness, grayness, *bes. Br.* greyness, dolefulness. – **12.** *med.* (*im Urin*) nebulae *pl.*

Trüb·nis ['tryːpnɪs] f ⟨-; -se⟩ *poet.* **1.** *cf.* Trübheit. – **2.** *cf.* Betrübnis.

Trüb·sal ['tryːpzaːl] f ⟨-; -e⟩ *poet.* **1.** (*seelischer Schmerz*) sorrow, grief, affliction, woe. – **2.** (*Elend*) misery. – **3.** (*Not*) distress. – **4.** (*Drangsal*) tribulation, trouble. – **5.** (*Unglück*) misfortune. – **6.** *Bibl.* tribulation, affliction. – **7.** **~ blasen** *fig. colloq.* to mope, to be in the doldrums; to be (down) in the dumps, to have the blues, to be in the blues (*colloq.*).

'trüb,se·lig *adj* **1.** (*Gedanken etc*) gloomy, melancholy, melancholic, doleful. – **2.** (*Leben, Stunden etc*) wretched, miserable. – **3.** (*Person*) woeful, woebegone, forlorn. – **4.** *colloq.* (*Wetter, Tag*) dismal, gloomy, dreary. – **5.** (*Gegend*) bleak, dismal, dreary. – **6.** **~er Rest** *fig. colloq.* sad remains *pl.* — **'Trüb,se·lig·keit** f ⟨-; *no pl*⟩ **1.** gloominess, melancholy, dolefulness. – **2.** wretchedness, misery. – **3.** (*von Personen*) woefulness, forlornness: **in ihrer ganzen ~** in all her forlornness. – **4.** (*einer Gegend*) bleakness, dismalness, dreariness.

'Trüb,sinn m ⟨-(e)s; *no pl*⟩ **1.** melancholy, gloom(iness), low spirits *pl*; blues *pl*, blue devils *pl* (*colloq.*). – **2.** *med.* melancholia. — **'trüb,sin·nig** *adj* melancholy, melancholic, gloomy, low-spirited.

'Trü·bung f ⟨-; -en⟩ **1.** *cf.* Trüben. – **2.** (*einer Flüssigkeit*) cloudiness, turbidity, turbidness. – **3.** (*von Glas, Spiegel etc*) cloudiness, opacity, opaqueness: **der Spiegel weist eine leichte ~ auf** the mirror is slightly cloudy. – **4.** (*als einzelne Stelle*) opacity. – **5.** (*von Metall*) tarnishing, dulling. – **6.** (*von Öl*) cloudiness. – **7.** (*einer Sichtscheibe*) discoloration, *bes. Br.* discolouration. – **8.** *chem.* (*einer Lösung*) turbidity. – **9.** **~ des Bewußtseins, ~ des Geistes** *cf.* Bewußtseinstrübung. – **10.** *fig.* (*Störung*) disturbance: **~ der diplomatischen Beziehungen** disturbance (*od.* straining) of diplomatic relations. – **11.** *med.* a) (*der Linse*) opacity, b) (*im Urin*) cloudiness, c) (*beim Röntgen*) haziness, shadow: **wollige ~ albuminoid** (*od.* parenchymatous) degeneration. – **12.** (*paints*) (*bei Lacken*) blushing.

'Trü·bungs|,kreis m (*optics*) blur circle. — **~,mes·ser** m **1.** *chem. med.* nephelometer. – **2.** *phys.* a) (*für Flüssigkeiten*) turbidimeter, b) (*für Keramik, Glas*) opacimeter. — **~,punkt** m *chem.* cloud (*od.* turbidity) point. — **~,re·ak·ti,on** f *med.* flocculation reaction. — **~,zo·ne** f (*optics*) *cf.* Trübungskreis.

Truch·seß ['trʊxzɛs] m ⟨-sses; -sse⟩ *hist.* sewer, (*in England*) *etwa* lord high steward.

'Truck·sy,stem ['trak-] n *econ. hist.* truck (system), tommy system.

'Tru·del,fall,schirm m *aer.* antispin parachute.

tru·deln ['truːdəln] **I** v/i ⟨sein⟩ **1.** aer. spin. – **2.** (von Reifen etc) wobble. – **II T~** n ⟨-s⟩ **3.** verbal noun. – **4.** aer. (tail) spin: ins T~ kommen to fall into a spin, to start to spin. **'tru·del·si·cher** adj aer. nonspinning Br. non-.

Trüf·fel ['tryfəl] f ⟨-; -n⟩, colloq. meist m ⟨-s; -⟩ **1.** bot. a) truffle (Tuber cibarium), b) Weiße ~ white truffle (Choiromyces maeandriformis). – **2.** (Praline) truffle. – **3.** (Praline) truffle. — **~bo·den** m truffle ground (od. soil). — **~le·ber·pa,ste·te** f gastr. truffled liver paste. **trüf·feln** ['tryfəln] v/t ⟨h⟩ gastr. flavor (bes. Br. flavour) (od. enrich) (s.th.) with truffles.

trug [truːk] 1 u. 3 sg pret of tragen.

Trug m ⟨-(e)s; no pl⟩ **1.** (Täuschung) deceit, fraud, imposture: → Lug. – **2.** (Unwahrheit) falsehood, lie. – **3.** psych. (der Sinne) delusion. — **~bild** n psych. **1.** (durch Sinnestäuschung) illusion, hallucination, mirage. – **2.** (Erscheinung) phantom, auch fantom, vision, phantasm, fantasm. — **~dol·de** f bot. cyme, false umbel, pleiocharium (scient.).

trü·ge ['tryːgə] 1 u. 3 sg pret subj of tragen.

trü·gen ['tryːgən] **I** v/t ⟨trügt, trog, getrogen, h⟩ deceive: wenn mein Gedächtnis mich nicht trügt if I remember rightly, if my memory serves me right; wenn meine Augen mich nicht ~ if my eyes do not deceive me (od. are not deceiving me); die Hoffnung trog ihn he was disappointed in his hope. – **II** v/i be deceptive (od. deceitful): wenn nicht alle Zeichen ~ unless all signs fail; sein gutes Aussehen trügt (in Wirklichkeit ist er krank) he looks deceptively well; der Schein trügt appearances are deceptive; diese Zahlen ~ these numbers (od. figures) are deceptive.

'trü·ge·risch adj **1.** (Person) deceitful, deceptive, guileful, mendacious. – **2.** (Aussehen, Gedächtnis, Glück etc) deceptive, deceitful: ein ~es Spiel mit j-m treiben to play a deceitful game with s.o., to play s.o. false; ~es Glück deceptive happiness, a fool's paradise. – **3.** (Hoffnung, Glanz) false, fallacious, illusory, illusive, delusive. – **4.** (Wetter, Eis, Boden etc) treacherous. **'Trug|ge,bil·de** n cf. Trugbild 2. — **~hecht** m zo. cf. Makrelenhecht. — **~hirsch** m odocoileus (Unterfam. Odocoileinae).

trüg·lich ['tryːklɪç] adj obs. for trügerisch 2–4.

'Trug|,nat·ter f meist pl zo. poisonous colubrid snake (Unterfam. Boiginae). — **~,rat·te** f meist pl octodont (Fam. Octodontidae). **'Trug,schluß** m **1.** fallacy, wrong (od. erroneous) conclusion: das ist ein ~ von dir you are wrong there, you have got the wrong idea there. – **2.** philos. paralogism, false syllogism, sophism. – **3.** mus. deceptive (od. delusive) cadence.

Tru·he ['truːə] f ⟨-; -n⟩ **1.** chest. – **2.** (für Radio etc) cabinet, console.

Trum [trʊm] m, auch n ⟨-(e)s; -e u. Trümmer⟩ **1.** geol. apophysis. – **2.** (mining) cf. Trumm².

Trumm¹ [trʊm] n ⟨-(e)s; ˮer⟩ Bavarian and Austrian dial. **1.** (Stück) piece, lump. – **2.** das ist ein ~ Mannsbild he is a hulk of a (od. a hulking big) man.

Trumm² m, auch n ⟨-(e)s; -e u. ˮer⟩ (mining) **1.** shaft compartment. – **2.** upper (od. lower) half of conveyer (od. conveyor) belt (od. chain).

Trüm·mer ['trymər] pl **1.** (Schutt) rubble sg, debris sg: aus den ~n erstehen to rise from the ashes. – **2.** (von Gebäuden) ruins: etwas in ~ legen to lay s.th. in ruins; in ~n liegen to be (od. lie) in ruins. – **3.** (Stücke) pieces, bits, fragments: etwas in ~ schlagen to smash s.th. to pieces (od. bits), to wreck s.th.; in ~ gehen to go to (od. break in) pieces (od. bits), to disintegrate. – **4.** (Schiffstrümmer) wreckage sg, wreck sg. – **5.** (Überreste) remnants, remains. – **6.** geol. debris sg. — **~achat** [-ˀaˌxat] m min. quartz (od. brecciated) agate, agate breccia. — **~berg** m (Schuttberg) mountain of rubble (od. debris). — **t~be,sät** adj strewn with debris, covered with wreckage. — **~be,sei·ti·gung** f rubble clearance, clearing of rubble (and debris). — **~feld** n **1.** expanse of ruins. – **2.** fig. cf. Trümmerhaufen 2. — **~flo·ra** f bot. ruderal flora. — **~ge,stein** n geol. rubble, brash, (mit runden Steinen) con-

---

glomerate, (mit eckigen Bruchstücken) breccia. — **~grund,stück** n bombed (od. bomb-damaged) site. — **~hau·fen** m **1.** heap of ruins (od. rubble, debris), wreckage. – **2.** fig. shambles pl (usually construed as sg): eine Stadt in einen ~ verwandeln to turn a town into a shambles. — **~li·te·ra,tur** f literature set among the ruins of the Second World War. — **~stät·te** f cf. Trümmerfeld 1. — **~ver,wer·tung** f tech. rubble (od. debris) salvage.

'Trumm,sä·ge f (für Holzbearbeitung) one-man crosscut saw.

Trumpf [trʊmpf] m ⟨-(e)s; ˮe⟩ **1.** (games) (Farbe) trump: ~ spielen to play trumps; ~ ausspielen to lead off a trump; mit (einem) ~ stechen to trump; was ist ~? what are trumps? Pik ist ~ spades are trumps; seinen letzten [besten] ~ ausspielen to play one's last trump [best card]; der letzte ~ (der im Spiel ist) the long trump. – **2.** cf. Trumpfkarte. – **3.** fig. (Vorteil) trump: alle Trümpfe in der Hand haben to have all the trumps in one's hand; j-m die Trümpfe aus der Hand nehmen to steal s.o.'s thunder; seinen letzten ~ ausspielen to play one's last trump; seine besten Trümpfe aus der Hand geben to give away one's best trumps. – **4.** fig. (tonangebende Richtung) Höflichkeit ist ~ courtesy is the word; dieses Jahr ist Midi ~ midi is in this year. — **~as** n (Spielkarte) ace of trumps. — **~bu·be** m jack (od. knave) of trumps. — **~da·me** f queen of trumps.

trump·fen ['trʊmpfən] v/i u. v/t ⟨h⟩ (games) trump. **'Trumpf|,far·be** f (games) trump (suit). — **~kar·te** f trump (card). — **~,kö·nig** m king of trumps.

'Trum,scheit n ⟨-(e)s; -e⟩ mus. trumpet marine, marine trumpet, auch monochord.

Trun·cus ['trʊŋkʊs] m ⟨-; Trunci ['trʊntsi]⟩ med. (Stamm) trunk, truncus (scient.).

Trunk¹ [trʊŋk] m ⟨-(e)s; rare ˮe⟩ archaic od. lit. **1.** drink: j-m einen ~ reichen to give s.o. a drink, to give s.o. to drink; j-m den Krug zum ~e reichen to pass s.o. the pitcher to drink; ein guter ~ macht Alte jung (Sprichwort) etwa a good drop to drink makes the old young again. – **2.** med. pharm. draught, potion.

Trunk² m ⟨-(e)s; no pl⟩ **1.** (Trunksucht) drinking: sich dem ~ ergeben to take to drinking; dem ~ verfallen (od. ergeben) sein to be given (od. addicted, a slave) to drink, to be on the bottle (colloq.). – **2.** (Rausch) drunkenness: er hat es im ~ getan he did it while (he was) drunk (od. intoxicated).

'Trun·kel,bee·re ['trʊŋkəl-] f bot. bog bilberry (od. whortleberry), moorberry (Vaccinium uliginosum alpinum).

trun·ken ['trʊŋkən] adj **1.** obs. od. poet. drunken (attrib), drunk (pred), inebriated, intoxicated: er war ~ von Wein he was drunk with wine; ich wollte ihn ~ machen I tried to make him drunk. – **2.** fig. (in Wendungen wie) ~ vor (od. von) Begeisterung drunk (auch drunken) (od. intoxicated) with enthusiasm; der Sieg machte sie ganz ~ they were quite drunk (auch drunken) with victory.

'Trun·ken,bold [-ˌbɔlt] m ⟨-(e)s; -e⟩ contempt. drunkard, inebriate, sot, soak(er) (sl.).

'Trun·ken·heit f ⟨-; no pl⟩ **1.** archaic for Betrunkenheit. – **2.** ~ am Steuer drunkenness at the wheel; wegen ~ am Steuer jur. for driving while under the influence of drink (od. alcohol), for drunken (Am. auch drunk) driving, Am. for driving while intoxicated. – **3.** fig. lit. drunkenness, inebriation, intoxication.

'Trunk,sucht f ⟨-; no pl⟩ **1.** drunkenness, intemperance. – **2.** med. dipsomania: chronische ~ inebriety. — **'trunk,süch·tig** adj **1.** drunken (attrib), addicted (od. given) to drink, intemperate, bibulous. – **2.** med. dipsomaniac.

Tru·pia·le [truˈpiaːlə] pl zo. troupials, auch troopials (Fam. Icteridae).

Trupp [trʊp] m ⟨-s; -s⟩ **1.** (von Arbeitern etc) gang, crew, group. – **2.** (von Polizisten etc) squad. – **3.** mil. group, section, detachment, party. – **4.** civ.eng. gang of construction workers. – **5.** (von Tieren) troop, herd.

Trup·pe ['trʊpə] f ⟨-; -n⟩ **1.** mil. a) troop, body (of men), b) (Einheit) unit, c) cf.

Truppengattung: die ~n pl the troops, collect. the services, the (armed) forces; kämpfende ~ fighting forces pl, combat element; ~n zusammenziehen [verlegen] to concentrate (od. mass) [to move] troops. – **2.** (theater) company, troupe. – **3.** cf. Artistentruppe.

'Trup·pen|,ab,bau m mil. reduction of forces, force reduction. — **~,amt** n (Heeresamt) General Army Offices pl. — **~,an,samm·lung** f cf. Truppenkonzentration. — **~,art** f cf. Truppengattung. — **~,arzt** m (unit) medical officer. — **~,auf,stel·lung** f disposition of troops. — **~,aus,he·bung** f levy (of troops), conscription. — **~be,fehls,ha·ber** m cf. Truppenführer. — **~be,reit,stel·lung** f assembly of troops. — **~be,sich·ti·gung** f inspection of (the) troops, field day. — **~be,stand** m cf. Truppenstärke. — **~be,treu·ung** f troop welfare. — **~be,we·gung** f movement (of troops), man(o)euver, bes. Br. manœvre. — **~,ein,heit** f unit, element. — **~,ein,schif·fung** f embarkation (auch embarcation) of troops. — **~,füh·rer** m commander, military leader. — **~,füh·rung** f **1.** command. – **2.** (als Lehrfach) applied tactics pl (usually construed as sg). — **~,gat·tung** f arm, branch (of service). — **~,glie·de·rung** f order of battle. — **~,hel·fe·rin** f woman auxiliary. — **~ko,lon·ne** f column. — **~,kom,man,deur** m cf. Truppenführer. — **~,kom,man·do** n cf. Truppenführung 1. — **~,kon·tin,gent** n contingent. — **~kon·zen·tra·ti,on** f concentration (od. massing) of troops. — **~,kör·per** m body (of troops). — **~,la·ger** n camp. — **~,lan·dungs,boot** n landing craft. — **~,mu·ste·rung** f parade, review, inspection. — **~of·fi,zier** m line (od. regimental) officer. — **~pa,ra·de** f (military) review. — **~re·du,zie·rung** f reduction of forces, force reduction: beiderseitige [ausgewogene] ~ mutual [balanced] force reduction. — **~,schau** f cf. Truppenparade. — **~,schiff** n cf. Truppentransporter 1. — **~,schu·le** f branch school, training establishment. — **~,stand,ort** m garrison. — **~,stär·ke** f (troop) strength: Verminderung der ~ force reduction. — **~,teil** m unit, formation. — **~,trans,port** m troop transport (bes. Am. transportation) (od. movement). — **~,trans,por·ter** m mil. **1.** mar. troopship, transport, auch transport ship (od. vessel). – **2.** aer. troop carrier, troop carrier aircraft. — **~,übung** f field exercise. — **~,übungs,platz** m training area. — **~- ,und 'Waf·fen,gat·tun,gen** pl arms and branches of service. — **~,un·ter,kunft** f billet, barracks pl (construed as sg or pl), quarters pl. — **~,ver,band** m **1.** unit, formation. – **2.** (für besondere Aufgaben) task force. — **~ver,band(s),platz** m Br. regimental aid post, aid station, advanced field dressing station; Am. local aid post, clearing station. — **~ver,la·dung** f **1.** (auf Eisenbahn) entrainment. – **2.** (auf Schiff, Flugzeug) embarkation, auch embarcation. – **3.** (auf LKW) entrucking. — **~ver,le·gung** f cf. Truppenverschiebung. — **~ver,pfle·gung** f provisioning of troops. – **2.** (als Mahlzeit) rations pl. — **~ver,schie·bung** f **1.** movement of troops. – **2.** redeployment. — **~ver,sor·gung** f supply support. — **~ver,stär·kung** f reinforcements pl, (Ersatz) replacements pl. — **~ver,wal·tung** f interior administration. — **~,zei·chen** n unit badge, unit insignia pl. — **~,zug** m troop train. — **~zu,sam·men,zie·hung** f cf. Truppenkonzentration. — **~,zweig** m cf. Truppengattung.

'Trupp|,füh·rer m detachment leader. — **t~,wei·se** adv in gangs, in squads.

Trü·sche ['tryːʃə] f ⟨-; -n⟩ zo. burbot (Lota lota).

Trust [trast; trʊst; trʌst] (Engl.) m ⟨-(e)s; -e u. -s⟩ econ. (Konzern) trust: in ~s zusammenfassen to combine into trusts, to trustify. — **~,bil·dung** f formation of trusts, trustification. — **~,fonds** m trust fund.

'Trut,hahn ['truːt-] m **1.** zo. turkey(-cock), gobbler (Meleagris gallopavo): der ~ kollert the turkey gobbles. – **2.** gastr. turkey. — **~,gei·er** m zo. gallinazo, turkey buzzard (Cathartes aura).

'Trut,hen·ne f zo. turkey(-hen).

'Trut,hüh·ner pl zo. turkey fowls, turkeys.

Trutz [trʊts] m ⟨-es; no pl⟩ obs. od. poet.

for Trotz 1: → Schutz 2. — ~**far·be**, ~**fär·bung** f zo. warning color(ation) (bes. Br. colour[ation]).

Try'pan,blau [try'paːn-] n ⟨-s; no pl⟩ chem. trypan (od. naphthylamine, Niagara) blue.

Try·pa·no·so·ma [trypano'zoːma] n ⟨-s; -nosomen⟩ med. zo. trypanosoma, trypanosome (Fam. Trypanosomidae).

Try·pa·no·so·mia·sis [trypanozo'miːazɪs] f ⟨-; -miasen [-'miaːzən]⟩ 1. med. trypanosomiasis. – 2. amerikanische ~ vet. mal de caderas.

Try·pars·amid [tryparza'miːt] n ⟨-s; no pl⟩ med. pharm. tryparsamide.

Tryp·sin [try'psiːn] n ⟨-s; no pl⟩ biol. (Ferment) trypsin.

Trypt·amin [trypta'miːn] n ⟨-s; no pl⟩ chem. tryptamine ($C_8H_6NCH_2CH_2NH_2$).

Tryp·to·phan [trypto'faːn] n ⟨-s; no pl⟩ chem. tryptophan, auch tryptophane [(C_8H_6N)$CH_2CH(NH_2)COOH$].

Tscha·ko ['tʃako] m ⟨-s; -s⟩ (helmartige Kopfbedeckung) shako.

Tschar·dasch ['tʃardaʃ] m ⟨-(es); -(e)⟩ mus. cf. Csárdás.

tschau [tʃau] interj colloq. bye-bye, Am. auch by-by, Br. auch bye (now), so long, bes. Br. cheerio (alle colloq.).

Tsche·che ['tʃɛçə] m ⟨-n; -n⟩ Czech.

'Tsche·chen,keh·re f (sport) (am Barren u. Seitpferd) Czechkehre.

'Tsche·chin f ⟨-; -nen⟩ Czech (woman od. girl).

'tsche·chisch I adj Czech. – **II** ling. **T~** ⟨generally undeclined⟩, **das T~e** ⟨-n⟩ Czech, the Czech language.

Tsche·cho·slo·wa·ke [tʃɛcoslo'vaːkə] m ⟨-n; -n⟩, **Tsche·cho·slo'wa·kin** f ⟨-; -nen⟩ Czechoslovak(ian). — **tsche·cho·slo'wa·kisch** adj Czechoslovak(ian).

Tscher·kes·se [tʃɛr'kɛsə] m ⟨-n; -n⟩, **Tscher'kes·sin** f ⟨-; -nen⟩ Circassian. — **tscher'kes·sisch** adj Circassian.

Tschet·nik ['tʃɛtnɪk] m ⟨-s; -s⟩ hist. (jugoslawischer Partisane) Chetnik.

Tschi·buk [tʃi'buk] m ⟨-s; -s⟩ (lange türkische Tabakspfeife) chibouk, chibouque.

tschil·pen ['tʃɪlpən] v/i ⟨h⟩ (vom Sperling) chirp, twitter.

Tschi·nel·len [tʃi'nɛlən] pl mus. cf. Becken 7.

'Tschirr·an·ti,lo·pe ['tʃɪr-] f zo. guib (Tragelaphus scriptus).

tschüs [tʃys] interj colloq. bye-bye, Am. auch by-by, Br. auch bye (now), so long, bes. Br. cheerio (alle colloq.).

tschut·ten ['tʃutən] v/i ⟨h⟩ Swiss play football.

'Tse·tse,flie·ge ['tsɛtse-] f zo. tsetse (fly) (Glossina morsitans). — ~**krank·heit** f med. cf. Schlafkrankheit.

T-,Stück ['teː-] n bes. electr. T-joint, tee(-piece), Tee.

T-,Trä·ger ['teː-] m tech. T-beam, T-girder, tees pl.

Tua·reg ['tŭaːrɛk; 'tuːarɛk] ⟨generally undeclined⟩, **das ~** ⟨-(s)⟩ ling. T(o)uareg.

Tu·ba ['tuːba] f ⟨-; Tuben⟩ 1. mus. tuba. – 2. med. cf. Tube 3.

tu·bar [tu'baːr] adj med. tubal. — **T~,gravi·di,tät** f ampullar (od. Fallopian, tubal, oviduct) pregnancy.

Tu·be ['tuːbə] f ⟨-; -n⟩ 1. tube: eine ~ Zahnpasta a tube of toothpaste. – 2. auf die ~ drücken fig. colloq. (die Geschwindigkeit erhöhen) to put the boot down (colloq.), to step on it (sl.), bes. Am. colloq. to step on the gas. – 3. med. a) tube, tuba (scient.), b) cf. Eileiter.

'Tu·ben,blu·tung f med. tubal h(a)emorrhage. — ~**durch,bla·sung** f tubal insufflation. — ~**durch,gän·gig·keit** f tuba patency. — ~**ent,zün·dung** f 1. (des Eileiters) salpingitis. – 2. (im Ohr) inflammation of the Eustachian tube. — ~**ka,the·ter** m (am Ohr) Eustachian catheter. — ~**riß** m, ~**rup,tur** f tubal rupture. — ~**schwan·ger·schaft** f cf. Tubargravidität. — ~**ver·kle·bung** f tubal adhesion. — ~**ver·schluß** m tubal obstruction (od. occlusion).

Tu·ber ['tuːbər] m ⟨-s; -⟩ med. (Höcker, Vorsprung) tuber, tuberosity.

Tu·ber·cu·lum [tu'bɛrkuıum] n ⟨-s; -cula [-la]⟩ med. cf. Tuberkel.

Tu·be·rin [tube'riːn] n ⟨-s; no pl⟩ chem. tuberin.

Tu·ber·kel [tu'bɛrkəl] m ⟨-s; -⟩, Austrian auch f ⟨-; -n⟩ med. tubercle, tuberculum (scient.). — **t~,ähn·lich** adj tuberculoid. — ~**ba,zil·lus** m Koch's (od. tubercle) bacillus

(Mycobacterium tuberculosis). — ~**bil·dung** f tuberculation. — ~**knöt·chen** n (miliary) tubercle. — **t~,krank** adj tuberculous, consumptive.

Tu·ber·ku·lin [tubɛrku'liːn] n ⟨-s; no pl⟩ med. pharm. Koch's lymph, tuberculin. — ~**be,hand·lung**, ~**imp·fung** f tuberculization Br. auch -s-. — ~**pro·be** f tuberculin test.

tu·ber·ku·lös [tubɛrku'løːs] adj med. tuberculous, consumptive.

Tu·ber·ku·lo·se [tubɛrku'loːzə] f ⟨-; -n⟩ med. vet. a) tuberculosis, b) (der Lunge) pulmonary tuberculosis, consumption, phthisis (scient.).

Tu·ber·ku'lö·se m, f ⟨-n; -n⟩ med. patient suffering from tuberculosis, tuberculous (od. tuberculotic) patient.

Tu·ber·ku·lo·se|be,kämp·fung f med. tuberculosis control. — ~**er,re·ger** m cf. Tuberkelbazillus. — ~**for·schung** f tuberculosis research, phthisiology (scient.). — ~**für,sor·ge** f welfare for tuberculosis patients. — ~**imp·fung** f (zur Vorbeugung) BCG vaccination. — **t~,krank** adj tuberculous, consumptive.

tu·ber·ku·lo·sta·tisch [tubɛrkulo'staːtɪʃ] adj med. chem. (Wirkung) tuberculostatic.

Tu·be·ro·se [tube'roːzə] f ⟨-; -n⟩ bot. tuberose (Polianthes tuberosa).

tu·bu·lär [tubu'lɛːr] adj med. tubular.

tu·bu·lös [tubu'løːs] adj med. tubulous, tubular.

Tu·bu·lus ['tuːbulus] m ⟨-; Tubuli [-li]⟩ med. tubule, tubulus (scient.).

Tu·bus[1] ['tuːbus] m ⟨-; Tubi [-bi]⟩ med. a) tube, b) (beim Röntgen) cone.

'Tu·bus[2] m ⟨-; -ben u. -se⟩ (optics) (am Mikroskop, Fernrohr etc) tube.

'Tu·bus|,schlit·ten m (am Mikroskop) tube slide. — ~**trä·ger** m tube support.

Tuch[1] [tuːx] n ⟨-(e)s; -e⟩ (textile) cloth, fabric.

Tuch[2] n ⟨-(e)s; ꞏer⟩ 1. cloth. – 2. (Kopftuch) scarf, kerchief. – 3. (Umhängetuch) shawl. – 4. (Halstuch) scarf, neckerchief, muffler. – 5. (Staubtuch) duster. – 6. (Wischtuch) cloth, rag: mit einem ~ über den Tisch wischen to wipe the table with a cloth. – 7. (Badetuch) bath towel. – 8. fig. das wirkt auf ihn wie (od. das ist für ihn) ein rotes ~ that makes him see red, to him it is like a red rag to a bull.

'Tuch|,bal·len m bale of cloth. — ~**baum** m (beim Weben) cloth beam, auch fore beam. — ~**bin·dung** f ⟨-; no pl⟩ cf. Leinwandbindung.

Tu·chent ['tuːxənt] f ⟨-; -en⟩ bes. Austrian for Federbett 1.

'Tuch|fa,brik f cloth mill (od. factory). — ~**fa·bri,kant** m cloth manufacturer, auch clothier. — ~**fal·te** f 1. (Knitterfalte) crease, crumple, wrinkle, crinkle. – 2. (Rockfalte) pleat. — ~**füh·lung** f 1. mil. close touch (od. interval): in ~ shoulder to shoulder. – 2. (in Wendungen wie) mit j-m ~ haben (od. in ~ stehen) to be in close contact with s.o., to rub shoulders with s.o.; auf ~ gehen (nahe aneinanderrücken) to huddle together. — ~**ga·ser** [-,gaːzər] m ⟨-s; -⟩ tech. gasser. — ~**han·del** m econ. cloth trade, Br. drapery business (od. trade). — ~**händ·ler** m cloth merchant, auch clothier, Br. draper. — ~**kle·ber** m chem. cloth adhesive. — ~**ma·cher** m clothworker, cloth maker. — ~**rauh·ma,schi·ne** f gig. — ~**sieb** n (housekeeping) tammy, strainer, (für Gelee) auch jelly bag.

tüch·tig ['tyçtɪç] **I** adj 1. (fähig) capable, competent, able: ein ~er Lehrer a capable teacher. – 2. (gut) proficient: in (dat) etwas ~ sein to be proficient in (od. at) s.th., to be good at (od. strong in) s.th.; er ist (sehr) ~ in Mathematik he is (very) proficient at (od. in) math; good at, clever at) mathematics; er ist sehr ~ in seinem Fach he knows (od. understands) his business well. – 3. (geübt) skilled, skillful, bes. Am. skilful: ein ~er Handwerker a skilled craftsman. – 4. (arbeitsam) hardworking, industrious. – 5. (leistungsfähig) efficient: eine ~e Hausfrau [Geschäftsfrau] an efficient housewife [businesswoman]. – 6. (vortrefflich) excellent, capital: eine ~e Arbeit an excellent piece of work; eine ~e Leistung excellent work, an excellent performance; na ~! colloq. pretty (Br. colloq. jolly) good! good for you (od. him, them)! – 7. ⟨attrib⟩ bes. Northern G. colloq. (sehr

viel, heftig, groß) good: ein ~er Stoß a good (hard) punch; ein ~er Schlag a resounding blow; eine ~e Ohrfeige a good (od. colloq. smart) box on the ear; eine ~e Tracht Prügel a good beating, a good (od. sound) hiding (od. thrashing); eine ~e Mahlzeit a good (od. a square, a good square) meal; ein ~er Appetit a good (od. hearty) appetite; ein ~er Esser a good eater; einen ~en Schluck nehmen to take a (good) swig (colloq.); eine ~e Portion a good (od. fair-sized) helping; nimm dir ein ~es Stück (Kuchen)! take a good (od. decent) piece (of cake)! ein ~es Stück Weg a good (long) way; ein ~es Stück Arbeit (pretty) hard work; ein ~er Schritt a good (od. round) pace; ich hatte ~e Halsschmerzen I had a pretty sore throat, I had quite a sore throat. – **II** adv bes. Northern G. colloq. 8. ~ arbeiten [lernen] to work [study] hard. – 9. j-n ~ verprügeln to give s.o. a good beating, to give s.o. a good (od. sound) hiding (od. thrashing). – 10. ~ zulangen (beim Essen) to tuck in, to eat up, to fall to; dem Wein ~ zusprechen to do justice to the wine.

'Tüch·ti·ge m, f ⟨-n; -n⟩ efficient (od. hardworking, industrious) person: → Bahn[2] 1.

'Tüch·tig·keit f ⟨-; no pl⟩ 1. ⟨Fähigkeit⟩ capability, competence, ability: dank seiner ~ haben wir es geschafft we made it thanks to his capability. – 2. ⟨Können⟩ proficiency. – 3. ⟨Geübtheit⟩ skill: seine ~ als Kletterer ist unübertroffen his skill as a climber is unparallel(l)ed. – 4. ⟨Arbeitsamkeit⟩ industry. – 5. ⟨Leistungsfähigkeit⟩ efficiency: körperliche ~ fitness.

'Tuch|,wal·ker m (textile) fuller. — ~**wa·ren** pl cloths, Br. drapery sg, Am. dry goods pl (sometimes construed as sg). — ~**we·be,rei** f 1. (Tätigkeit) cloth weaving. – 2. (Fabrik) cloth weaving mill. — ~**zeichen** n aer. ground (od. code) panel, ground signal.

Tücke (getr. -k·k-) ['tʏkə] f ⟨-; -n⟩ 1. ⟨only sg⟩ malice, spite, maliciousness: er ist voller ~ he is full of malice. – 2. (Hinterlist) guile, deceit(fulness), (stärker) insidiousness, treachery, treacherousness, perfidy: → List 1. – 3. (tückische Handlung) wile, deceit, perfidy, knavery: sie waren machtlos gegen die ~n der Gegner they were helpless against the wiles (od. trickery) of the enemy. – 4. (des Glücks, Schicksals etc) trick. – 5. (verborgene Gefahr) die ~ des Objekts the cussedness of things; der Strom hat seine ~n the river is treacherous; das hat seine ~n that's rather intricate (od. involved).

tuckern (getr. -k·k-) ['tukərn] v/i ⟨h u. sein⟩ 1. ⟨h⟩ (von langsamem Motorboot oder Traktor) chug, put(t)-put(t). – 2. ⟨h⟩ (vom Auto) splutter, chug. – 3. ⟨sein⟩ (mit einem Motorboot fahren) chug: wir sind über den See getuckert we chugged across the lake.

'tückisch (getr. -k·k-) adj 1. malicious, spiteful. – 2. (hinterlistig) guileful, sly, deceitful, (stärker) insidious, treacherous, perfidious. – 3. (Plan etc) insidious, subtle. – 4. (Tier, Angriff etc) vicious. – 5. (Krankheit) insidious, malignant. – 6. (Eis, Straße etc) treacherous.

tuck-tuck [,tuk'tuk] interj (Lockruf für Hühner) chuck-chuck, cluck-cluck.

'Tu·dor|,blatt ['tuːdər-] n, ~**blu·me** f arch. Tudor flower. — ~**bo·gen** m (Spitzbogen) Tudor arch. — ~**ro·se** f Tudor rose. — ~**stil** m ⟨-s; no pl⟩ Tudor style.

Tue·rei [tuːə'rai] f ⟨-; no pl⟩ colloq. contempt. cf. Getue 2.

Tuff [tuf] m ⟨-s; -e⟩ geol. 1. tuff. – 2. cf. Tuffstein. — **t~,ar·tig** adj 1. tuffaceous. – 2. tufaceous. — ~**er·de** f ⟨-; no pl⟩ tufaceous earth. — ~**ke·gel** m tuff cone. — ~**la·va** f min. ataxite. — ~**stein** m ⟨-s; no pl⟩ geol. tufa, auch calcareous tufa, calc-tufa.

'Tüf·tel,ar·beit f ⟨-; no pl⟩ tedious and delicate work (od. job).

Tüf·te·lei f ⟨-; -en⟩ colloq. 1. fig. hair-splitting, subtleties pl, sophistry. – 2. cf. Tüftelarbeit.

'Tüf·te·ler m ⟨-s; -⟩ colloq. fiddler.

'tüf·te·lig adj colloq. punctilious, fussy.

tüf·teln ['tyftəln] v/i ⟨h⟩ 1. (an dat at, with) fiddle: er tüftelt gern(e) he is always fiddling at s.th. – 2. fig. a) (über acc about, over) subtilize, quibble, b) split hairs. – **3.** (an dat over) pore, puzzle.

'Tüft·ler m ⟨-s; -⟩ colloq. cf. Tüfteler. — **'tüft·lig** adj colloq. cf. tüftelig.

Tu·gend ['tu:gənt] f ⟨-; -en⟩ **1.** ⟨only sg⟩ (sittlich einwandfreie Haltung) virtue: ~ und Laster virtue and vice; die ~ in Person fig. virtue in person, virtue personified; auf dem Pfad der ~ wandeln fig. iron. to follow the path of virtue, to keep to the straight and narrow; vom Pfad der ~ abweichen fig. iron. to wander from the path of virtue; ein Ausbund an ~ iron. a perfect (od. an absolute, a regular) prig, a paragon of virtue; es sich zur ~ machen, etwas zu tun to make a virtue of doing s.th.; → Not 2. – **2.** (gute Eigenschaft) virtue, (good) quality: ein Mann mit vielen ~en a man of many (good) qualities.

'Tu·gend,bold [-,bɔlt] m ⟨-(e)s; -e⟩ iron. (tugendhafte Person) paragon of virtue, self-righteous person, (pompous) prig. — **'tu·gend·haft** adj **1.** virtuous. – **2.** (ehrbar) honest. – **3.** (keusch) virtuous, chaste. — **'Tu·gend·haf·tig·keit** f ⟨-; no pl⟩ **1.** virtue, virtuousness. – **2.** (Ehrbarkeit) honesty, integrity. – **3.** (Keuschheit) virtue, chastity. — **'Tu·gend|,held** m iron. cf. Tugendbold. — **~,leh·re** f cf. Ethik 2. — **'tu·gend·los** adj virtueless, destitute (od. devoid) of virtue. — **'Tu·gend|,pfad** m fig. path of virtue. — **~,pre·di·ger** m iron. moralizer Br. auch -s-. — **t~,reich** adj most virtuous. — **~,ro·se** f röm.kath. (päpstlicher Orden) Golden Rose. — **t~,sam** adj lit. **1.** virtuous. – **2.** (keusch) virtuous, chaste. — **~,wäch·ter** m colloq. iron. guardian of virtue.

Tu·kan ['tu:kan; tu'ka:n] m ⟨-s; -e⟩ zo. cf. Pfefferfresser.

Tu·lar·ämie [tularɛ'mi:] f ⟨-; -n [-ən]⟩ med. rabbit (od. deer-fly) fever, tular(a)emia (scient.).

'Tu·la,sil·ber ['tu:la-] n tula metal.

Tu·li·pa·ne [tuli'pa:nə] f ⟨-; -n⟩ poet. for Tulpe 1.

Tüll [tyl] m ⟨-s; -e⟩ (textile) tulle. — **~,blu·se** f (fashion) tulle blouse.

Tül·le ['tylə] f ⟨-; -n⟩ **1.** (an der Tee-, Kaffeekanne etc) spout. – **2.** tech. (kurzes Rohrstück) a) (eines Leuchters) socket, b) (eines Blasebalgs) nozzle, c) (einer Öllampe) burner, wick holder, d) (eines Spatens) hose, e) (am Schloß) socket, f) (Dichtungsring) grommet, g) (Hülse) bush, h) (Mundstück) mouthpiece, i) (eines Meßgefäßes) lip. – **3.** (housekeeping) (zum Spritzen von Gebäck) icing bag. – **4.** mil. (am Bajonett) socket.

'Tüll|fa·bri·ka·ti,on f tulle (od. net) manufacture. — **~,gar,di·ne** f (textile) net (od. lace) curtain. — **~,schlei·er** m (fashion) tulle veil. — **~,spit·ze** f net lace. — **~,vor·hang** m cf. Tüllgardine.

Tul·pe ['tulpə] f ⟨-; -n⟩ **1.** bot. tulip (Gattg Tulipa): Wilde ~ wild tulip (T. silvestris). – **2.** Northern G. colloq. (Bierglas) tulip-shaped glass, tulip.

'tul·pen,ar·tig adj tuliplike.

'Tul·pen|,baum m bot. tulip tree (od. poplar) (Liriodendron tulipifera). — **~,beet** n hort. bed of tulips. — **~,zucht** f tulip growing, cultivation of tulips. — **~,züch·ter** m tulip grower. — **~,zwie·bel** f bot. tulip bulb.

Tum·ba ['tumba] f ⟨-; -ben⟩ röm.kath. altar (of high) tomb.

Tu·mes·zenz [tumɛs'tsɛnts] f ⟨-; -en⟩ med. swelling, tumescence (scient.).

tu·mes·zie·ren [tumɛs'tsi:rən] v/i ⟨no ge-, h⟩ med. (anschwellen) swell, tumefy (scient.).

tum·meln ['tuməln] **I** v/reflex ⟨h⟩ sich ~ **1.** (herumtollen u. spielen) romp (about od. around), frolic, gambol, (von Hunden, Katzen etc) auch frisk: die Kinder tummelten sich auf der Wiese the children were romping around on the grass. – **2.** (herumplantschen) splash (about od. around), romp (about od. around). – **3.** (von Fischen) dart about (od. around). – **4.** fig. colloq. (sich beeilen) get a move on (colloq.), get going (od. colloq. cracking), look sharp (Br. colloq. slippy), smarten up (colloq.), hurry (up), Am. hustle: ich muß mich ~, unsere Gäste kommen gleich I must get going, our guests will be here any minute; tummle dich! get a move on! (colloq.), look sharp (about it)! look alive! make it snappy! – **II** v/t **5.** (Pferd) exercise, work.

'Tum·mel,platz m **1.** auch fig. playground. – **2.** (beim Reitsport) exercise (od. working) ground.

'Tumm·ler m ⟨-s; -⟩ (fuß- u. henkelloses Trinkglas) tumbler.

Tüm·mler ['tymlər] m ⟨-s; -⟩ zo. **1.** Kleiner ~ cf. Braunfisch. – **2.** Großer ~ cf. Flaschennase. — **~,tau·be** f tumbler (pigeon) (Columba livia gyratrix).

Tu·mor ['tu:mor] m ⟨-s; -en [tu'mo:rən], colloq. -e [tu'mo:rə]⟩ med. (Geschwulst) tumor, bes. Br. tumour, growth: gutartiger (od. benigner) ~ benign tumo(u)r; bösartiger (od. maligner) ~ malignant tumo(u)r (od. neoplasm).

Tüm·pel ['tympəl] m ⟨-s; -⟩ **1.** (sumpfiger Teich) marshy pool, slough. – **2.** (Sumpfloch) slough, swamp hole, (im Moor) auch bog pool. – **3.** contempt. (See mit niedrigem Wasserstand) puddle. – **4.** metall. (beim Gießen) pouring basin, well.

Tu·mult [tu'mult] m ⟨-(e)s; -e⟩ **1.** (lärmendes Getümmel) commotion, uproar, tumult: ein großer ~ erhob sich a great tumult arose, there was a great tumult, there was a terrific commotion. – **2.** (Auflauf, Aufruhr) turmoil, (stärker) riot, rumpus (colloq.): einige Studenten waren auch an dem ~ beteiligt some students were also involved in the row; einen ~ erregen to stir up a row. – **3.** (Lärm) row, racket, hubbub. – **4.** (geistiger, seelischer) turmoil, tumult. — **~,schä·den** pl damage sg (caused) by riots.

tu·mul·tu·a·risch [tumul'tŭa:rɪʃ] adj ⟨attrib⟩ **1.** (lärmend, bewegt) tumultuous, tumultuary, uproarious. – **2.** (aufrührerisch) riotous.

Tu·mu·lus ['tu:mulus] m ⟨-; -li [-li]⟩ hist. (Hügelgrab) tumulus.

tun [tu:n] **I** v/t ⟨tue, tust, tut; tat, getan, h⟩ **1.** do: was tust du heute abend? what are you doing tonight? ich weiß nicht, was ich ~ soll I don't know what (I am) to do, I don't know where to turn; was soll ich ~ what shall I do? what am I to do? ich muß heute noch viel ~ I still have a lot to do today; ich habe nichts zu ~ I have nothing to do; er tut den ganzen Tag nichts he doesn't do a thing (od. he does nothing, colloq. he does damn all) all day (long); er tut nichts als schimpfen a) he does nothing but scold, b) he does nothing but complain; tu doch endlich was! a) (arbeite) do (od. get down to) a bit of work! b) (unternimm etwas dagegen) do s.th. about it! du mußt ein bißchen was ~ colloq. you must (od. you'll have to) do (od. get down to) a bit of work; was ist zu ~? what is to be done? what wants (od. needs) doing? (colloq.); wir wollen sehen, was sich ~ läßt we'll see what can be done (about it); ich habe getan, was ich konnte I did what I could; ich kann ~, was ich will, es gelingt mir nicht no matter how (much) I try (od. try as I may), I can't do it; ich kann ~, was ich will, es gelingt mir nicht, ihn zu überzeugen no matter what I do, I don't succeed in persuading him; was ich auch tue, ich komme nicht weiter I (can) make no headway (od. I don't get any farther), no matter what I do; sie tat, was in ihren Kräften stand she did what she could, she did her utmost (od. best); ich habe mein möglichstes getan I have done my level best (od. my utmost); er hat alles (erdenkliche) für sie getan he did everything (imaginable od. one could think of) for her; ich tue etwas für meine Bildung I do s.th. for my education; ich habe alles selbst [allein] getan I did everything (by) myself [on my own]; er hat die Arbeit nur halb getan he only half did the job, he only did a half job (on it), Am. he only did the job halfway; das wäre schon getan that's that, that's (done); das ist so gut wie getan it's as good as done; das ist schnell getan that doesn't (od. won't) take long (od. a minute); das will getan sein that wants (od. needs) doing (od. to be done); auch diese Arbeit will getan sein it, too, requires proper attention, it's no easy job; da muß etwas getan werden s.th. must be done about it; ich kann nichts dazu ~ I cannot do anything about it, I can do nothing about it; tu, was du willst! do whatever you like, do as you please; tu, was du nicht lassen kannst do it if you must (od.

insist); das können Sie ~ oder auch lassen (you can) do it or leave it; er weiß genau, was man zu ~ und zu lassen hat he knows exactly what is done and what is not done, he knows all the do's and the don't's; du weißt nicht, was du da tust you don't know what you are doing (there); das (od. so etwas) tut man (doch) nicht that (simply) is not done; so was tue ich nicht I wouldn't do a thing like that; unter diesem Betrag tut er's nicht he won't do it for less (than that amount); er hat andere Dinge zu ~ he has other things to do (od. other fish to fry); er hat es von sich aus getan he did it on his own (initiative), he did it off his own bat; j-m etwas zu ~ geben to give s.o. s.th. to do; etwas an (dat) etwas ~ to work at (od. on) s.th.; ich habe an meinem Aufsatz noch nichts getan I have not done any work on my essay yet; etwas gegen etwas [j-n] ~ to do s.th. about s.th. [s.o.]; was du ~ willst, tue bald never put off till tomorrow what may be done today. – **2.** (verrichten) do, perform: eine Arbeit ~ to work (od. a job); → Pflicht 1; übrig 11, 12. – **3.** colloq. (an od. auf einen Platz) put: tu es dorthin put it there; etwas in eine Schachtel ~ to put s.th. in(to) a box; Geld auf die Bank ~ to put money in the bank; etwas beiseite ~ to put s.th. aside; Salz an die Speisen ~ to put salt in the food, to add salt to (od. salt) the food; tu das noch auf den Haufen dort put that on the heap there, add this to the heap. – **4.** (genügen, ausreichen, gut genug sein) do: dieser Stuhl tut's auch this chair will do; Sparen allein tut es nicht saving alone is not enough; damit ist es (noch) nicht getan it's not as simple as all that, that's only half the battle. – **5.** colloq. (von Auto etc) go: der alte Wagen tut's nicht mehr the old car won't (od. doesn't) go anymore; tut er es nicht mehr? will it not go? has it given up? – **6.** (verüben, begehen) do: was hat er denn getan? what has he done? ich habe es nicht getan I didn't do it, it wasn't me; wer hat das getan? who did that? who was it? tu es nicht wieder! don't do it again! don't let that happen again! – **7.** j-m etwas (zuleid[e]) ~ to do s.th. (harmful) to s.o.: was hat er dir getan? what did he do to you? tu mir nichts, ich tu dir auch nichts (you) leave me alone and I'll leave you alone; was du nicht willst, daß man dir tu, das füg auch keinem anderen zu (Sprichwort) do as you would be done by. – **8.** j-m etwas zuliebe ~ to do s.th. to please s.o., to do s.th. for s.o.'s sake. – **9.** nichts mit j-m zu ~ haben to have nothing to do with s.o.: mit ihr habe ich nichts zu ~ I have nothing to do with her; ich will mit ihr nichts mehr zu ~ haben I will have nothing (od. I won't have anything) more to do with her, I have done (Am. I'm through) with her. – **10.** etwas mit etwas zu ~ haben to have s.th. to do with s.th., to be somehow connected with s.th.: das hat mit Physik nichts zu ~ that has nothing to do with physics; das hat ja damit nichts zu ~ (but) that has nothing to do with it (od. that); damit will ich nichts zu ~ haben I will have nothing to do with that, I wash my hands of it, I have done (Am. I'm through) with that; was habe ich damit zu ~? what has that (got) to do with me? (and) where do I come in? – **11.** es mit j-m zu ~ haben (od. colloq. kriegen) a) (Schwierigkeiten bekommen) to get into trouble with s.o., b) (konfrontiert sein) to find oneself up against s.o., to be confronted with s.o.: wenn du das machst, dann bekommst du es mit dem Chef [dem Finanzamt] zu ~ if you do that you will get into trouble with the boss [the tax authorities]; im Endspiel hatten sie es mit dem Vorjahressieger zu ~ they found themselves up against last year's winner in the final match; in dieser Angelegenheit haben Sie es mit dem Chef zu ~ you are dealing with the boss in this matter. – **12.** es mit etwas zu ~ bekommen (od. colloq. kriegen) to have trouble with s.th.: im Gebirge bekomme ich es immer mit dem Herzen zu ~ I always have trouble with my heart (od. I always have [od. I always get] heart trouble) in the mountains. –

13. es mit der Angst zu ⁓ bekommen to get scared, *Br. sl.* to get the wind up. – **14.** (*in Verbindung mit Substantiven*) Abbitte ⁓ to offer (*od.* make) an apology, to apologize *Br. auch* -s-; eine Äußerung ⁓ to make a remark (*od.* statement); ich kann nichts Besseres ⁓(, als) I cannot do better (than), I can do no better (than); eine Bitte ⁓ to make a request; einen flüchtigen Blick in (*acc*) etwas ⁓ to take (*od.* have) a fleeting (*od.* cursory) glance at s.th., to catch a glimpse of s.th., to glance (*Am. auch* glimpse) at s.th.; j-m Böses ⁓ to do s.o. harm (*od.* an injury), to harm s.o., to inflict an injury on s.o.; j-m einen Gefallen ⁓ to do s.o. a favor (*bes. Br.* favour); j-m Gutes ⁓ to do s.o. a good turn; er hat ihm schon viel Gutes getan he has done him many a good turn, he has done a lot for him; des Guten zuviel ⁓ to overdo it (*od.* things); einen Schluck [Zug] aus der Flasche ⁓ to take a drink [draft, *bes. Br.* draught, pull, *colloq.* swig] from the bottle; einen Schrei ⁓ to give (*od.* utter) a shout; einen Schritt ⁓ to take a step; er hat wieder einen Schritt vorwärts getan *fig.* he has come another step forward, he has made further progress; das Seinige ⁓ to do one's share (*od.* bit), to pull one's weight; einen Seufzer ⁓ to give (*od.* heave) a sigh; einen Sprung ⁓ to take a jump; Unrecht ⁓ to do wrong; j-m Unrecht ⁓ to do s.o. wrong (*od.* an injustice); j-m seinen Willen ⁓ to do what s.o. wishes, to let s.o. have (*od.* to give s.o.) his way; → Abbruch 4, 8; Buße 1; Fehltritt 3; Mißgriff; Wirkung 1; Wunder 2. – **15.** (*mit vorangestelltem Infinitiv*) singen tut sie gern she does like to sing. – **16.** *colloq.* (*inkorrekt, zur Umschreibung des Präsens*) sie tut schreiben she is writing. – **17.** es mit j-m ⁓ *colloq.* (*Geschlechtsverkehr haben*) to do it with s.o. (*colloq.*), to have it off with s.o. (*sl.*). – **18.** (*in Wendungen wie*) j-n bei j-m in die Lehre ⁓ *colloq.* to put s.o. indentured as an apprentice with s.o., to apprentice s.o. to s.o.; j-n auf die Schule ⁓ *colloq.* to send s.o. to school; das tut nichts it doesn't matter, never mind; das tut nichts zur Sache that is neither here nor there, that is of no significance; was tut's (, wenn), was tut das (schon) (, wenn) what does it matter if. – **II** *v/i* **19.** zu ⁓ haben (*arbeitsmäßig*) to have work to do: stör mich bitte nicht, ich habe im Augenzu ⁓ please don't disturb me, I have work to do (*od.* I am busy) at the moment; ich habe alle (*od.* beide) Hände voll zu ⁓ I have my hands full; ich habe noch in der Stadt zu ⁓ a) I have a few errands (*od.* things) to do in town, b) I have some business (to do) in town, I have some matters to attend to in town; ich hatte (schön) zu ⁓, um das Stück fertigzubekommen I had (quite) a job to finish (*od.* I had ([quite] a job finishing the piece, I had to keep (hard) at it to get the piece finished; wir haben noch zu ⁓, wenn wir den 11-Uhr-Zug erreichen wollen we('ll) have to hurry (*od. colloq.* to smarten up, to get a move on) if we want to catch the 11 o'clock train. – **20.** mit j-m zu ⁓ haben to have dealings with s.o., to have to do with s.o.: hast du in deiner Arbeit je mit Herrn X zu ⁓ gehabt? did you ever have anything to do with (*od.* did you ever come across) Mr. X in your work? – **21.** mit etwas zu ⁓ haben a) (*verbunden sein*) to have (s.th.) to do with s.th., to be connected with s.th., b) (*geschäftlich*) to have to do business (*od.* dealings) with s.th.: er hat mit der Exportabteilung zu ⁓ (*arbeitet dort*) he has (s.th.) to do (*od.* he is somehow connected) with the export department; er hat mit dieser Behörde oft zu ⁓ (*kommt öfter dorthin*) he often has (business) to do (*od.* he has a lot to do, he often has dealings) with that authority. – **22.** (so) ⁓, als ob a) to behave (*od.* act) as if, b) (*etwas vortäuschen*) to pretend (that): er tut so, als ob er der Chef wäre he behaves as if he were the boss, he thinks he is the boss; ⁓ Sie, wenn Sie zu Hause wären make yourself (quite) at home; er tut, als sei er nicht zu Hause he is pretending to be out; er tut nur so a) it's all put on, he's putting on an act (*od.* just doing that), b) he's just pretending; ⁓ Sie doch nicht so! don't

make (such) a fuss! come off it! – **23.** (*in Verbindung mit Adverbien*) sie tut immer so freundlich she always pretends to be on the best of terms, she is always all over you (*colloq.*); würdig ⁓ to pretend to be dignified, to assume an air of (*od.* to affect) dignity; spröde ⁓ to play (*od.* pretend to be) coy, to simper; er tut immer so fein he puts on (*od.* gives himself) airs, *bes. Br. colloq.* he is so frightfully posh; er tut immer so gescheit he always pretends to (*od.* he thinks he is) so clever, he is such a know-(it-)all; er tut immer so wichtig he thinks he is so important, he is so officious, he thinks he's it (*od.* the be-all and end-all); tu doch nicht so blöd! don't be so silly! es tut mir leid I am sorry; er tut mir leid I am (*od.* feel) sorry for him; sich (*dat*) weh ⁓ to hurt oneself; j-m weh ⁓ *auch fig.* to hurt s.o.; das hat (aber) weh getan a) that hurt, that was painful, b) *fig.* it hurt; Sie tun gut (*od.* klug) daran zu gehen you had better go, it would be wiser (for you) to go; Sie haben gut daran getan, es ihm zu sagen you did well to tell him (that); Sie täten besser daran zu you would do (*od. colloq.* be) better to; tue recht und scheue niemand (*Sprichwort*) do right and fear no man (*proverb*); → Kopf 1. – **24.** es ist ihr [ihm] um etwas zu ⁓ she [he] is concerned about s.th., s.th. is of great consequence to her [him]: es ist ihm nur um das Geld zu ⁓ a) (*ist daran interessiert*) he is only concerned about (*od.* interested in) money, money is the only thing that interests him, b) (*scheut die Geldausgabe*) it's a question of (the) money for him; es ist mir um die Zukunft zu ⁓ I am concerned about the future; es ist mir allein darum zu ⁓ zu wissen it is my sole interest to know, the one (and only) thing that interests me is to know. – **25.** du weißt nicht, wie das tut you have no idea what it will feel like. – **III** *v/reflex* **26.** (*in Wendungen wie*) sich an (*dat*) etwas gütlich ⁓ a) to treat oneself to s.th., b) to help oneself to s.th. – **27.** etwas tut sich, es tut sich etwas *colloq.* there is s.th. going on (*od.* brewing, in the wind) here, there is s.th. up here (*colloq.*): heute abend tut sich was in der Stadt there is s.th. going on in town tonight. – **IV** *v/impers* **28.** plötzlich tat es einen Schlag, und wir saßen im Dunkeln suddenly there was a bang and there we were in the dark. – **29.** wie geht's — na, es tut sich *colloq.* how are things — all right (*od.* so-so). – **V T⁓** *n* ⟨-s⟩ **30.** *verbal noun.* – **31.** (*Handlungen*) deeds *pl*, acts *pl*, activities *pl*: heimliches T⁓ a) secret acts *pl*, b) (*Machenschaften*) underhand doings *pl* (*od.* goings-on *pl*); verräterisches T⁓ perfidious (*od.* treacherous) acts *pl* (*od.* activities *pl*); die Verantwortung hinsichtlich meines T⁓s und Lassens the responsibility for what I do and what I do not do; Sagen und T⁓ ist zweierlei (*Sprichwort*) saying is one thing and doing is another. – **32.** (*Handlungsweise*) actions *pl*, dealings *pl*. – **33.** (*Verhaltensweise*) conduct, behavior, *bes. Br.* behaviour, doings *pl*: sein T⁓ gefällt mir nicht I don't like his conduct; sein T⁓ und Treiben (all) his activities *pl*.

'Tünch,ar·beit *f* **1.** (*Anstrich*) whitewash, limewash. – **2.** (*Tätigkeit*) whitewashing, limewashing.

Tün·che ['tʏnçə] *f* ⟨-; -n⟩ **1.** (*paints*) a) (*weiße*) ⁓ whitewash, b) (*Kalktünche*) limewash, whitewash, c) (*Leimfarbe*) distemper. – **2.** *cf.* Tünchfarbe. – **3.** *fig. contempt.* (*äußerer Anstrich*) veneer, varnish: seine Höflichkeit ist nur ⁓ his politeness is a mere varnish (*od.* is merely a veneer). – **4.** *fig. colloq. contempt.* (*Make-up*) heavy make-up: sie hat viel ⁓ im Gesicht she is painted up, her face is plastered with makeup.

tün·chen ['tʏnçən] (*paints*) **I** *v/t* ⟨h⟩ **1.** whitewash, (*mit Kalktünche*) limewash: eine Wand zweimal ⁓ to give a wall two coats of limewash. – **2.** (*mit Leimfarbe*) distemper. – **II T⁓** *n* ⟨-s⟩ **3.** *verbal noun.*

'Tün·cher *m* ⟨-s; -⟩ (*Maler*) whitewasher, limewasher.

'Tünch|,far·be *f* (*farbige Tünche*) distemper. – **⁓,kü·bel** *m* pail of whitewash (*od.* limewash). – **⁓,schicht** *f* coat of whitewash (*od.* limewash, distemper): oberste ⁓ finishing coat of limewash.

Tun·dra ['tʊndra] *f* ⟨-; -dren⟩ *geogr.* tundra.

Tu·nell [tu'nɛl] *n* ⟨-s; -e⟩ *Southern G., Austrian and Swiss for* Tunnel 1, 2.

Tu·ner ['tjuːnər] *m* ⟨-s; -⟩ (*radio*) *telev.* tuner.

Tu·ne·si·er [tu'neːzi̯ər] *m* ⟨-s; -⟩, **Tu·ne·sie·rin** *f* ⟨-; -nen⟩ *geogr.* Tunisian. – **tu·ne·sisch** [-zɪʃ] *adj* Tunisian, Tunisia (*attrib*).

'Tung|,baum ['tʊŋ-] *m bot.* tung (oil) tree, *auch* tung (*Aleurites fordii*). – **⁓,öl** *n tech.* *cf.* Holzöl.

Tung·sten ['tʊŋsteːn] *m* ⟨-; *no pl*⟩ *chem. cf.* Wolfram. — **Tung·ste·nit** [-te'niːt; -te'nɪt] *m* ⟨-s; *no pl*⟩ *min.* tungstenite.

'Tu,nicht,gut *m* ⟨- *u.* -(e)s; -e⟩ ne'er-do-well: die Mutter nannte ihren mißratenen Sohn einen ⁓ the mother called her wayward son a ne'er-do-well; er ist und bleibt ein ⁓ he is and always will be a ne'er-do-well, he will never do any good.

Tu·ni·ka ['tuːnika] *f* ⟨-; Tuniken⟩ **1.** *hist.* (*römisches Gewand*) tunic. – **2.** (*fashion*) tunic.

Tu·ni·ka·te [tuni'kaːtə] *f* ⟨-; -n⟩ *meist pl zo. cf.* Manteltier.

Tu·ning ['tjuːnɪŋ] *n* ⟨-s; *no pl*⟩ *auto.* (*des Motors*) tuning.

Tun·ke ['tʊŋkə] *f* ⟨-; -n⟩ *bes. Northern G. gastr. for* Soße 1.

tun·ken ['tʊŋkən] **I** *v/t* ⟨h⟩ **1.** etwas in (*acc*) etwas ⁓ a) (*Kekse, Watte etc*) to dip (*od.* soak, sop) s.th. in s.th., b) (*Feder, Finger etc*) to dip s.th. in(to) s.th. – **2.** j-n in (*acc*) etwas ⁓ to dip (*od.* duck) s.o. in(to) s.th.: sie tunkten ihn ins Wasser they ducked him in(to) the water, they gave him a ducking. – **II** *v/i* ⟨sein⟩ **3.** mit etwas in (*acc*) etwas ⁓ to dip s.th. in(to) s.th.: er tunkte mit dem Finger ins Wasser he dipped his finger in(to) water. – **III T⁓** *n* ⟨-s⟩ **4.** *verbal noun.*

'tun·lich I *adj* **1.** (*ratsam*) advisable, expedient: ich hielt es nicht für ⁓, die Sache weiterzuverfolgen I did not consider it advisable to pursue the matter any further. – **2.** (*möglich*) possible: wo immer es ⁓ war, haben wir geholfen we helped wherever (it was) possible. – **3.** (*ausführbar*) feasible, practicable: soweit ⁓ haben wir die Anordnungen befolgt we followed the instructions as far as was feasible. – **II** *adv* **4.** *cf.* tunlichst.

'tun·lichst *adv* (*möglichst*) if at all possible: das wirst du ⁓ vermeiden avoid that if at all possible (*od.* if you possibly can); ⁓ bald as soon as possible.

Tun·nel ['tʊnəl] *m* ⟨-s; -(s)⟩ *civ.eng.* **1.** (*unterirdischer Gang, Stollen*) tunnel: einen ⁓ (durch den Berg) ansetzen [bohren] to collar [to drill] a tunnel (through the mountain), to tunnel the mountain. – **2.** (*Unterführung*) subway, underpass. – **3.** (*mining*) tunnel. — **⁓,an·ämie** [-ʔanɛˌmiː] *f med. cf.* Hakenwurmkrankheit. — **⁓,an,la·ge** *f civ.eng.* tunnel system. — **⁓,bau** *m civ.eng.* tunnel construction. — **⁓,ef,fekt** *m phys.* tunnel effect. — **⁓,ofen** *m tech.* tunnel kiln, continuous-type furnace. — **⁓,schacht** *m civ.eng.* tunnel shaft.

Tun·te ['tʊntə] *f* ⟨-; -n⟩ *Northern G. colloq. contempt.* (*langweilige u. zimperliche Frau*) prude. — **'tun·ten·haft**, **'tun·tig** *adj* prudish.

Tupf [tʊpf] *m* ⟨-(e)s; -e(n)⟩ *Southern G., Austrian and Swiss for* Tupfen.

'Tupf|,bäll·chen [-ˌbɛlçən] *n* ⟨-s; -⟩, **⁓,ballen** *m print.* printer's ball, dabber.

Tüp·fel ['tʏpfəl] *m*, *bes. Austrian* *n* ⟨-s; -⟩ **1.** (*kleiner Punkt*) dot, point, tittle. – **2.** (*kleiner Fleck*) small spot, speck. – **3.** *bot.* pit. — **⁓,ana,ly·se** *f chem.* drop (*od.* spot) analysis. — **⁓,bärb·ling** [-ˌbɛrblɪŋ] *m* ⟨-s; -e⟩ *zo.* blackstriped danio (*Danio nigrofasciatus*). — **⁓,beu·tel,mar·der** *m* common native cat (*Dasyurus viverrinus*). — **'Tüp·fel·chen** *n* ⟨-s; -⟩ tiny spot (*od.* dot): bis aufs letzte ⁓ *fig. colloq.* down to the last T, down to the last detail; da fehlt noch das ⁓ auf dem i *fig. colloq.* it lacks the finishing touch; da darf kein ⁓ fehlen everything has to be (absolutely) perfect. — **'Tüp·fel|,farn** *m bot.* polypody (*Gattg Polypodium*): Gemeiner ⁓ wall fern (*P. vulgare*). — **⁓,hart,heu** *n* common Saint-John's-wort (*Hypericum perforatum*). — **⁓,hyä·ne** [-hyˌɛːnə] *f zo.* spotted (*od.* laughing) hyena (*Crocuta crocuta*).

'tüp·fe·lig *adj* **1.** (*gefleckt*) spotted, speckled. – **2.** (*punktiert*) dotted.

tüp·feln ['tʏpfəln] *v/t* ⟨h⟩ **1.** (*mit kleinen Punkten*) stipple. – **2.** (*mit Tinten-, Farbklecksen etc*) dot. – **3.** (*sprenkeln*) speckle, fleck.

tup·fen ['tʊpfən] **I** *v/t* ⟨h⟩ **1.** (*mit einem Taschentuch etc*) dab: sich (*dat*) mit dem Taschentuch das Gesicht ~ to dab one's face with one's handkerchief. – **2.** *bes. med.* (*mit Watte etc*) (*Wunde*) swab, swob, (*mit einem Schwamm*) *auch* sponge: Jod auf die Wunde ~ to swab iodine on the wound, to swab the wound with iodine. – **3.** *cf.* tüpfeln. – **II** *v/i* **4.** j-m auf die Schulter ~ to tap s.o. on the shoulder.

'Tup·fen *m* ⟨-s; -⟩ (*Punkt*) dot, spot: ganz kleiner ~ (small) speck.

'Tup·fer *m* ⟨-s; -⟩ **1.** *med.* swab, sponge. gauze pad. – **2.** *tech.* (*am Vergaser*) needle valve, tickler. – **3.** *cf.* Tupfen. – **4.** *colloq.* (*leichte Berührung*) tap: er gab ihm einen ~ auf die Schulter he gave him a tap on the shoulder. — **~trä·ger** *m med.* applicator.

Tu·pi [tu'piː] **I** *m* ⟨-(s); -(s)⟩ *anthrop.* (*südamer. Indianer*) Tupi. – **II** *n* ⟨*generally undeclined*⟩ *ling.* Tupi.

Tur [tuːr] *m* ⟨-(s); -s⟩ *zo.* (*Steinbockrasse*) tur (*Capra cylindricornis*).

Tür [tyːr] *f* ⟨-; -en⟩ **1.** (*Wohnungs-, Haus-, Schrank-, Auto-, Käfig-, Waggontür etc*) door: die ~ aufmachen (*od.* öffnen) [zumachen *od.* schließen] to open [to shut, to close] the door; die ~ zum Hof the door into (*od.* leading to) the courtyard; es klingelte an der ~ the doorbell rang; an die ~ gehen (*um zu öffnen*) to go to (*od.* to answer) the door; mein Vater stand vor der ~ my father was (standing) at the door; sie kam zur ~ herein she came in (through) the door; er hörte die ~ gehen he heard the door; nach der ~ sehen a) to look at the door, b) (*aufmachen gehen*) to go to (*od.* answer) the door, c) (*in einer bedrängten Lage*) to look for a way out (*od.* for the door); j-m die ~ aufhalten to hold the door open for s.o.; sie steckte den Kopf zur ~ herein she put her head round the door; er macht nie die ~ hinter sich zu he never closes the door behind (*od.* after) him; ~ zu, es zieht! *colloq.* close (*od.* shut) the door, there's a draught! die ~en zuschlagen, mit den ~en schlagen to slam (*od.* bang) the doors (shut); j-m die ~ vor der Nase zumachen (*od.* zuschlagen, zuhauen) *colloq.* to shut (*od.* slam) the door in s.o.'s face; etwas unter der ~ durchschieben to slip (*od.* push, slide) s.th. in under the door; sie wohnen ~ an ~ they live door to door; er wohnt mit ihr ~ an ~ he lives next door to her; zwei ~en von hier the next door but one, two doors up (*od.* down); das Wartezimmer ist die nächste ~ links the waiting room is the next door on the left; er hat die Bushaltestelle direkt vor der ~ *colloq.* the bus stop is right at (*od.* just outside) his door, the bus stop is right on his doorstep; alles spielte sich vor meiner ~ ab everything happened at (*od.* outside) my door; von ~ zu ~ gehen (*von Milchmann, Bettler, Hausierer etc*) to go from door to door, to go round the houses; er ist ein wenig (mit dem Hund) vor die ~ gegangen he has gone (with the dog) to stretch his legs; wir standen vor verschlossenen ~en *auch fig.* a closed door faced (*od.* confronted) us. – **2.** (*in einem Zaun, einer Mauer etc*) gate. – **3.** (*Türöffnung*) doorway: er stand in der ~ he stood in the doorway; der Schreibtisch ist in der ~ steckengeblieben the desk got stuck in the door(way). – **4.** *fig.* gateway, doorway: die ~ zum Erfolg the gateway to success. – **5.** *fig.* (*in Wendungen wie*) j-m die ~ weisen, j-n (*od.* j-m den Stuhl) vor die ~ setzen *colloq.* a) (*bei einem Besucher etc*) to show s.o. the door, to turn (*od.* throw, *Br. sl.* turf) s.o. out, b) (*bei einem Angestellten, Arbeiter etc*) to give notice to (*od. colloq.* to sack) s.o., to give s.o. the sack (*colloq.*), c) (*bei einem Mieter etc*) to put s.o. in the street, to turn (*od.* throw, *Br. sl.* turf) s.o. out; er findet überall offene ~en he finds an open door (*od.* he is welcome) everywhere; ihm stehen alle ~en offen a) (*hat gute Beziehungen, Berufsaussichten etc*) all doors are (*od.* every door is) open

to him, b) (*ist gern gesehen*) he is welcome everywhere; Tag der offenen ~ (*bei der Feuerwehr, Polizei etc*) open house; Haus der offenen ~ House of Welcome; Politik der offenen ~ *pol.* open-door policy; die Gespräche wurden hinter verschlossenen ~en geführt the talks were held behind closed doors; die ~(en) zu weiteren Verhandlungen offenlassen to leave the door open for further negotiations; da rennst du (bei mir) offene ~en ein! you need not tell me that! das hieße ja dem Laster ~ und Tor öffnen! this would mean (*od.* be) leaving the door open to vice! damit war die ~ für eine Versöhnung endgültig zugefallen thus the door for reconciliation was closed for good; er fällt immer gleich mit der ~ ins Haus he always blurts out everything; Weihnachten steht vor der ~ Christmas is almost upon us (*od. colloq.* is just [a]round the corner); ein Krieg steht vor der ~ klopft an die) a war is (knocking) at the door (*od.* is imminent); kehren Sie erst mal vor Ihrer eigenen ~! put your own house in order first! du kriegst die ~ nicht zu! *colloq.* can you beat it (*od.* that)! well, I never (did)! did you ever! → Angel 2. — **~ab·tre·ter** *m* doormat.

Tu·ra·ko [tu'raːko] *m* ⟨-(s); -s⟩ *zo.* t(o)uraco (*Fam. Musophagidae*).

'Tür,an·gel *f* door hinge.

Tu·ra·ni·er [tu'raːniər] *m* ⟨-s; -⟩ *anthrop.* Turanian. — **tu'ra·nisch** [-nɪʃ] *adj* Turanian: eine ~e Sprache *ling.* a Turanian language.

'Tür,an·schlag *m* doorstop.

Tu·ras ['tuːras] *m* ⟨-; -se⟩ *tech.* (*Gleiskettenrad*) sprocket wheel.

'Tur·ba,chor ['tʊrba-] *m mus.* (*in Oratorien etc*) crowd (*od.* turba) chorus, chorus for the crowd.

Tur·ban ['tʊrba(ː)n] *m* ⟨-s; -e [-baːnə]⟩ turban.

'Tur·ban,tuch *n* turban cloth.

Tur·bel·la·rie [tʊrbɛ'laːriə] *f* ⟨-; -n *u.* -laria [-'laːria]⟩ *meist pl zo. cf.* Strudelwurm.

'Tür·be,schlag *m* door mounting.

tur·bi·nal [tʊrbi'naːl] *adj* (*gewunden*) turbinal, turbinate.

Tur·bi·ne [tʊr'biːnə] *f* ⟨-; -n⟩ *tech.* turbine. **Tur'bi·nen,an,la·ge** *f tech.* turbine plant (*od.* installation). — **~an,las·ser** *m* turbine starter. — **~an,trieb** *m* turbine drive. — **~au·to** *n auto.* turbocar. — **~boh·ren** *n tech.* turbodrilling. — **~boh·rer** *m* turbodrill. — **~damp·fer** *m mar.* turbine steamer (*od.* steamship). — **~flug,zeug** *n aer. cf.* Düsenflugzeug, Strahlflugzeug. — **~ge,blä·se** *n tech.* turboblower. — **~ge,häu·se** *n* turbine casing (*od.* cylinder, housing). — **~,hal·le** *f* (*in einem Kraftwerk*) turbine hall. — **~haus** *n* power house. — **~kraft,stof·fe** *pl chem.* (aviation) turbine fuels, jet fuels, *Am. auch* aviation turbine gasoline *sg.* — **~,lä·u·fer** *m tech.* turbine rotor. — **~lo·ko·mo,ti·ve** *f* turbine(-driven) locomotive (*od.* engine). — **~luft,strahl,trieb,werk** *n aer.* turbojet (engine). — **~mo·tor** *m tech.* turbine engine.

Tur'bi·nen-Pro'pel·ler|-,Flug,zeug *n aer.* turboprop (aircraft). — **~,Strahl,trieb,werk** *n* turbo-propeller (*od.* turboprop) engine, turboprop (engine).

Tur'bi·nen|,rad *n tech.* turbine wheel (*od.* impeller). — **~,rück,stoß,trieb,werk** *n aer.* turbojet (engine). — **~,schau·fel** *f mar. tech.* turbine blade. — **~,schiff** *n mar. cf.* Turbinendampfer. — **~,tan·ker** *m* turbine tanker. — **~,trom·mel** *f tech.* turbine drum.

'Tur·bo|,auf,la·dung ['tʊrbo-] *f aer.* turbocharging. — **~,dü·sen,mo·tor** *m cf.* Turbinenluftstrahltriebwerk. — **~dy,na·mo** *m tech. electr.* turbodynamo. — **t~elek·trisch** [tʊrbo?e'lɛktrɪʃ] *adj* turboelectric. — **~ge,blä·se** *n tech.* turboblower.

'Tür,bo·gen *m arch.* door arch.

'Tur·bo|ge·ne,ra·tor *m tech. electr.* turbine generator, turbogenerator. — **~,hö·hen,la·der** *m aer.* turbosupercharger. — **~kom,pres·sor** *m* centrifugal supercharger, turbocompressor.

'Tur·bo-'Prop|-,Flug,zeug [-'prɔp-] *n,* **~-Ma,schi·ne** *f aer.* turboprop (aircraft). — **~-,Trieb,werk** *n* turboprop (engine) engine, turboprop.

'Tur·bo-'Strahl|,jä·ger *m aer. mil.* turbo-

jet fighter. — **~,mo·tor** *m aer.* turbojet (engine). — **~,trieb,werk** *n* turbojet (engine).

'Tur·bo·ven·ti·la·tor *m tech.* (*Kreiselverdichter*) turbofan.

tur·bu·lent [tʊrbu'lɛnt] **I** *adj* **1.** (*stürmisch, lärmend*) turbulent: die Sitzung nahm einen ~en Verlauf the meeting took a turbulent course. – **2.** (*Gewässer*) turbulent. – **3.** *phys.* (*Strömung*) turbulent, eddy (*attrib*). – **II** *adv* **4.** in der Sitzung ging es ~ zu things became quite turbulent (*od.* agitated) at the meeting.

Tur·bu·lenz [tʊrbu'lɛnts] *f* ⟨-; -en⟩ *aer. phys.* turbulence. — **~theo,rie** *f astr.* theory of turbulence.

'Tür,drücker (*getr.* -k·k-) *m* **1.** (*Knopf für Türöffner*) door button. – **2.** *cf.* Türknauf. – **3.** *cf.* Türklinke.

Tü·re ['tyːrə] *f* ⟨-; -n⟩ *cf.* Tür.

'Tür,ein,fas·sung *f* doorframe.

'Tü·ren,schla·gen *n* banging (*od.* slamming) of doors.

Turf [tʊrf; tɔːf] (*Engl.*) *m* ⟨-s; *no pl*⟩ (*sport*) (*Pferderennbahn u. -sport*) turf.

'Tür|,flü·gel *m* leaf (*od.* wing) of a door. — **~,fries** *m* head casing. — **~,fül·lung** *f* door panel. — **~,fut·ter** *n* door panel lining. — **~ge,sims** *n* cornice of a door.

Tur·ges·zenz [tʊrgɛs'tsɛnts] *f* ⟨-; -en⟩ *med.* (*Anschwellung*) turgescence, turgor.

Tur·gor ['tʊrgɔr] *m* ⟨-s; *no pl*⟩ *med.* turgor. — **~,span·nung** *f* turgor tension.

'Tür|,griff *m* **1.** door handle. – **2.** *cf.* Türknauf. — **~,he·ber** *m* door lifter. — **~,hü·ter** *m obs.* doorkeeper, porter.

Tür·ke ['tʏrkə] *m* ⟨-n; -n⟩ **1.** *geogr.* Turk. – **2.** einen ~n bauen *colloq.* to put up a facade (*bes. Br.* façade).

'Tür·ken *m* ⟨-s; *no pl*⟩ *Austrian dial. for* Mais.

'Tür·ken|,bund *m* ⟨-(e)s; ⸚e⟩ *bot.* Turk's-cap lily, *auch* Turk's cap, martagon (*scient.*) (*Lilium martagon*). — **~,hüt·chen** *n zo.* European limpet (*Patella vulgata*). — **~,krieg** *m meist pl hist.* Turkish war. — **~,li·lie** *f bot. cf.* Türkenbund. — **~,pfei·fe** *f* Turkish tobacco pipe, chibouk, chibouque. — **~,sä·bel** *m hist.* (Turkish) scimitar. — **~,sitz** *m only in* im ~ sitzen to sit cross-legged, to sit with one's legs crossed.

'Tür,ket·te *f* door chain.

'Tür·kin *f* ⟨-; -nen⟩ Turk(ish woman *od.* girl).

Tür·kis [tʏr'kiːs] *m* ⟨-es; -e⟩ *min.* (*blaugrüner Edelstein*) turquoise, *auch* turquois, *auch* calaite.

tür·kis *adj* turquoise, *auch* turquois. — **~,blau** *adj* turquoise-blue.

'tür·kisch I *adj* Turkish: ~es Bad Turkish bath; ~er Knoten Turk's head (*od.* cap), double crown; ~es Reich *hist.* Ottoman Empire; → Honig 1. – **II** *ling.* T~ ⟨*generally undeclined*⟩, das T~e ⟨-n⟩ Turkish, the Turkish language. — **T~,blau** *n* Turkish (*auch* Turkey) blue. — **T~,rot** *n* Turkey (*auch* Turkish, Adrianople, Levant) red.

'Tür·kisch,rot,öl *n chem.* turkey-red oil.

tür·ki·sen *adj* turquoise, *auch* turquois.

tür·kis|,far·ben, ~,far·big *adj* turquoise, *auch* turquois. — **~,grün** *adj* turquoise-green.

tür·ki·sie·ren [tʏrki'ziːrən] *v/t* ⟨*no* ge-, h⟩ Turki(ci)ze.

'Tür|,klin·ke *f* door handle: ~n putzen *colloq.* a) (*betteln*) to go begging from door to door, to go round the houses begging, b) (*hausieren*) to peddle, to hawk, c) (*Spenden sammeln*) to go from door to door collecting money for charity, to go round the houses collecting; heute gab wieder ein Vertreter dem anderen die ~ in die Hand *fig.* one salesman came after the other today; sie hatte schon die ~ in der Hand, als sie nochmals zum Chef gerufen wurde she was on the point of going (out of the door) when she was called back to the boss. — **~,klop·fer** *m* (door) knocker.

Turk·me·ne [tʊrk'meːnə] *m* ⟨-n; -n⟩ Turkman, Turcoman, Turkoman.

turk'me·nisch I *adj* Turkmenian. – **II** *ling.* T~ ⟨*generally undeclined*⟩, das T~e ⟨-n⟩ Turcoman, Turkoman, Turkmen.

'Tür,knauf *m* doorknob, *bes. Br.* door handle.

Tur·ko·lo·ge [tʊrko'loːgə] *m* ⟨-n; -n⟩ Turcologist. — **Tur·ko·lo·gie** [-lo'giː] *f* ⟨-; *no pl*⟩ Turcology. — **tur·ko'lo·gisch** *adj* turcologic(al).

'Turk|,spra·chen ['tʊrk-] *pl ling.* Turkic languages. — **~ta,ta·ren** *pl anthrop.* Turko-Tatars. — **~,völ·ker** *pl* Turkic peoples.

Turm [tʊrm] *m* ⟨-(e)s; ⸚e⟩ **1.** tower: die Türme der Stadt waren schon von weitem sichtbar the towers of the town could be seen from a distance; einen ~ besteigen to climb a tower; der ~ zu Babel, der Babylonische ~ the tower of Babel; der schiefe ~ von Pisa the leaning tower of Pisa. **- 2.** *hist. cf.* Bergfried. **- 3.** (*spitzer Kirchturm*) steeple. **- 4.** (*Glockenturm*) (*einer Kirche*) belfry, bell tower. **- 5.** *mar.* (*eines U-Boots*) conning tower. **- 6.** *mil.* (*eines Geschützes, Panzers etc*) turret: drehbarer ~ revolving turret. **- 7.** *hist.* (*Schuldturm*) debtors' prison, jail: j-n in den ~ werfen [lassen] to throw (*od.* cast) s.o. into prison [to have s.o. thrown into prison]. **- 8.** (*beim Schachspiel*) castle, rook. **- 9.** (*sport*) (*Sprungturm*) diving platform. **- 10.** (*im Theater*) (light) tower.

Tur·ma·lin [tʊrma'liːn] *m* ⟨-s; -e⟩ *min.* tourmaline, *auch* turmaline: roter ~ rubellite; schwarzer ~ schorl(ite), *auch* shorl.

'turm,ar·tig *adj* towerlike.

'Tür,mat·te *f* doormat.

'Turm,bau *m* building (*od.* construction) of a tower: der ~ zu Babel *Bibl.* the building of the Tower of Babel.

Türm·chen ['tʏrmçən] *n* ⟨-s; -⟩ **1.** *dim. of* Turm. **- 2.** turret.

'Turm|,dach *n arch.* tower roof. — **~,dreh·kran** *m tech.* tower crane.

tür·men¹ ['tʏrmən] **I** *v/reflex* ⟨h⟩ sich ~ **1.** (*sich aufhäufen*) pile up, heap (up): im Keller ~ sich die Kisten the boxes are piling up in the cellar, the cellar is stacked high with boxes; die Hindernisse türmten sich *fig.* the obstacles were piling up. **- 2.** (*von Wolken*) pile up, bank up, accumulate. **- 3.** *lit.* (*sich erheben*) tower (up), rise (up): die Berge ~ sich im Hintergrund the mountains tower up in the background. **- II** *v/t* **4.** (*aufstapeln*) pile (up), stack (up). **- 5.** (*Wellen etc*) make (s.th.) tower up.

'tür·men² *v/i* ⟨sein⟩ **1.** *colloq.* (*sich davonmachen*) bolt, decamp, run away, skedaddle (*colloq.*), *bes. Am. colloq.* skip; vamoose, beat (*od.* hook, hop) it (*sl.*): die Diebe sind getürmt the thieves bolted (*od. colloq.* made a bolt for it). **- 2.** (*von Gefangenen*) get away, break out, escape, break jail (*Br. auch* gaol), flee.

'Tür·mer *m* ⟨-s; -⟩ *obs.* watchman on a tower, warder (of a tower), lookout, *Br.* look-out.

'Turm|,fah·ne *f* vane. — **~,fal·ke** *m zo.* kestrel, *Br. auch* windhover (*Falco tinnunculus*). — **~,ge,schütz** *n mil.* turret gun. — **~,glocken,spiel** (*getr.* -k·k-) *n mus.* carillon, chime. — **~,hau·be** *f arch. cf.* Turmdach. — **~,helm** *m* kepen. — **t~,hoch** [-,hoːx; -'hoːx] **I** *adj* ⟨*attrib* turmhoh-⟩ **1.** (*Häuser, Bäume etc*) towering, lofty: turmhohe Wellen towering (*od.* mountain-high) waves. **- 2.** *fig.* towering: seine turmhohe Überlegenheit war offensichtlich his towering superiority was obvious. **- II** *adv* **3.** der Baum überragte das Haus ~ the tree towered high above the house; j-m ~ überlegen sein *fig.* to tower (high) above (*od.* over) s.o., to be head and shoulders above s.o., to be vastly superior to s.o., to excel s.o. by far; sie steht ~ über jeder Verleumdung *fig.* she is (far) above any kind of slander. — **t~,ho·he** *adj* ⟨*attrib*⟩ *cf.* turmhoch I. — **~,knauf** *m arch.* steeple ball. — **~,kraut** *n bot.* tower cress (*Gattg Turritis*): Kahles ~ tower mustard (*T. glabra*). — **~la,fet·te** *f mil.* turret (mount[ing]). [Turm. - **2.** turret.]

Türm·lein ['tʏrmlaɪn] *n* ⟨-s; -⟩ **1.** *dim. of*⟩

'Turm|,luk [-,luːk] *n* ⟨-(e)s; -e⟩ *mar. mil.* (*eines U-Boots*) turret hatch. — **~,lu·ke** *f mil.* (*beim Panzer etc*) turret hatch. — **~,schä·del** *m med.* tower (*od. steeple*) head; oxycephaly, turricephaly (*scient.*). — **~,schnecke** (*getr.* -k·k-) *f zo.* screw (*od.* tower) shell (*Gattg Turitella*). — **~,schwal·be** *f cf.* Mauersegler. — **~,spit·ze** *f arch.* spire. — **~,sprin·gen** *n* (*beim Wasserspringen*) high diving. — **~,sprin·ger** *m* high diver. — **~,uhr** *f* (*am Kirchturm*) church clock. **- 2.** (*einer Burg*) keep. — **~,wäch·ter** *m obs. cf.* Türmer. — **~,zin·ne** *f arch.* tower battlement.

Turn [tœrn; təːn] (*Engl.*) *m* ⟨-s; -s⟩ *aer.* (*Kunstflugfigur*) turn.

'Turn|,an,zug, ~,dreß *m* (*sport*) gym clothes *pl* (*od.* outfit, dress).

tur·nen ['tʊrnən] **I** *v/i* ⟨h *u.* sein⟩ **1.** ⟨h⟩ do gymnastics (*od. colloq.* gym), do gymnastic exercises: er kann gut ~ he is good at gym; am Pferd ~ to do exercises (*od.* work) on the (pommel) horse (*od.* vaulting horse, *Br.* vaulting-horse); ich gehe ~ I do gymnastics (*od. colloq.* gym), I go to the gym (*colloq.*). **- 2.** ⟨sein⟩ die Kinder turnten über die Tische *fig. colloq.* the children climbed up and down all over the tables. **- 3.** ⟨sein⟩ *fig. colloq.* (*sich durchzwängen*) perform acrobatics: der Kellner turnte durch die Reihen, um an unseren Platz zu gelangen the waiter performed acrobatics to get to our table. **- II** *v/t* ⟨h⟩ **4.** (*eine Turnübung*) do, perform: was habt ihr heute geturnt? what gymnastic exercises did you do today? **- III** **T~** *n* ⟨-s⟩ **5.** *verbal noun*: sich beim T~ verletzen to get hurt while doing gymnastics (*od. colloq.* at gym, *in der Schule auch* at PT, at PE). **- 6.** (*als Unterrichtsfach*) physical education (*od.* training), PE, PT: er ist vom T~ befreit he is excused from PT. **- 7.** (*als Sport*) gymnastics *pl* (*construed as sg*). **- 8.** (*Freiübungen*) exercises *pl*, cal(l)isthenics *pl* (*sometimes construed as sg*), Swedish movements *pl* (*od.* drill).

'Tur·ner *m* ⟨-s; -⟩ gymnast, *Am. auch* turner. — **~,bund** *m* gymnastics association.

Tur·ne'rei *f* ⟨-; *no pl*⟩ *colloq.* gymnastics *pl* (*construed as sg*).

'Tur·ne·rin *f* ⟨-; -nen⟩ *cf.* Turner.

'tur·ne·risch **I** *adj* ⟨*attrib*⟩ (*Leistung etc*) gymnastic, *auch* gymnastical. **- II** *adv* gymnastically, as regards gymnastics.

'Tur·ner,rie·ge *f* (*sport*) *cf.* Turnriege.

'Tur·ner,schaft *f* ⟨-; -en⟩ (*sport*) **1.** gymnastic club. **- 2.** gymnasts *pl*, group of gymnasts.

'Turn|,fest *n* gym(nastic) display (*od.* festival). — **~,ge,rät** *n* (gymnastic) apparatus, piece of gymnastic equipment: ~e (gymnastic) apparatus(es) (*od.* equipment *sg*). — **~,hal·le** *f* gymnasium, gym (*colloq.*), *Am. auch* turnhall(e). — **~,hemd** *n* gym (*in der Schule auch* PE, PT) shirt (*bes. Br.* vest), *bes. Br.* singlet. — **~,ho·se** *f* gym (*in der Schule auch* PE, PT) shorts *pl*.

Tur·nier [tʊr'niːr] *n* ⟨-s; -e⟩ **1.** *hist.* a) tournament, tourney, j(o)usts *pl*, b) (*Zweikampf*) tilt, j(o)ust(ing): Teilnehmer eines ~s combatant in a tournament, tilter, j(o)uster. **- 2.** (*Wettkampf in Sport u. Spiel*) tournament. — **~,bahn** *f hist. cf.* Turnierplatz 1.

tur·nie·ren [tʊr'niːrən] *v/i* ⟨*no* ge-, h⟩ *obs. hist.* **1.** hold a tournament. **- 2.** (*im Turnier kämpfen*) take part in a tournament, tourney, tilt, j(o)ust.

Tur'nier|,helm *m hist.* tilting (*od.* j[o]usting) helm(et). — **~,kämp·fer** *m* tilter, j(o)uster. — **~,lan·ze** *f* tilting lance. — **~,lei·tung** *f* (*sport*) tournament management (*od.* administration). — **~,platz** *m* **1.** *hist.* tiltyard, tilting field (*od.* yard), j(o)usting field, lists *pl* (*construed as sg or pl*). **- 2.** (*im Reitsport*) (show jumping) arena. — **~,rei·ter** *m*, **~,rei·te·rin** *f* (*sport*) *cf.* Springreiter(in). — **~,schranken** *pl hist.* lists *pl* (*construed as sg or pl*). — **~,spiel** *n cf.* Turnier 1. — **~,tanz** *m* (championship) ballroom dancing.

'Turn|,klei·dung *f* gym (*in der Schule auch* PE, PT) clothes *pl* (*od.* outfit, dress, *colloq.* things *pl*). — **~,leh·rer** *m* **1.** *ped.* gymnastics (*od. colloq.* gym) teacher (*Br. auch* master). **- 2.** (*in Gymnastikkursen etc*) gymnastics (*od. colloq.* gym) instructor, *Am. colloq.* coach. — **~,leh·re·rin** *f* **1.** *ped.* gymnastics (*od. colloq.* gym) (*od.* PE, PT) teacher (*Br. auch* mistress). **- 2.** gymnastics (*od. colloq.* gym) instructress. — **~,leib·chen** *n cf.* Turnhemd. — **~,mat·te** *f* mat. — **~,rie·ge** *f* (*sport*) (gym) squad (*od.* team, group), squad (*od.* team, group) of gymnasts. — **~,saal** *m cf.* Turnhalle. — **~,schuh** *m* gym shoe, *Am.* sneaker. — **~,spie·le** *pl* **1.** (ball) games. **- 2.** (*Hallenspiele*) indoor games. — **~,stun·de** *f ped.* gymnastics (*od. colloq.* gym) (*od.* PE, PT) lesson (*od.* class). — **~,übung** *f* gymnastic exercise: ~en machen to do gymnastics. — **~, und 'Sport,leh·rer** *m ped.*

cf. Turnlehrer 1. — **~,un·ter,richt** *m ped.* **1.** instruction in gymnastics. **- 2.** (*Stunde*) gymnastics (*od. colloq.* gym) (*od.* PE, PT) lesson (*od.* class).

Tur·nü·re [tʊr'nyːrə] *f* ⟨-; -n⟩ (*fashion*) bustle, tournure.

Tur·nus ['tʊrnus] *m* ⟨-, *Austrian* -ses, -se⟩ **1.** (*regelmäßiger Wechsel*) rotation: im ~ in rotation, rotationally; sie lösen sich im ~ ab they relieve each other in rotation (*der Reihe nach in turn*), they take turns; die Zeitschrift erscheint in einem ~ von zwei Wochen (*od.* im zweiwöchigen ~) the journal is published in a two-week (*od.* fortnightly, biweekly) rotation (*od.* cycle), the journal is published every second (*od.* other) week. **- 2.** *bes. Austrian* (*Dienstturnus*) rotation, *bes. Br.* rota. — **t~,ge,mäß** *adv cf.* turnusmäßig II. — **t~,mä·ßig I** *adj* **1.** (*Überprüfung etc*) regular(ly recurring). **- 2.** (*festgelegt*) rotational: die Resolution sieht den ~en Wechsel des Vorsitzenden vor the resolution provides for rotation of the chairmanship. **- II** *adv* **3.** regularly. **- 4.** in (*od.* by) rotation, rotationally: Personal in einem Amt ~ wechseln to rotate personnel in an office; der nächste Kurs findet ~ am 1. April statt the next rotational course is due to begin on April 1.

'Turn|,va·ter *m colloq.* founder of gymnastics (*nickname of F. L. Jahn*). — **~ver,ein** *m* gymnastic (*od. colloq.* gym) club. — **~,wart** *m* **1.** gymnastics supervisor (*od.* captain). **- 2.** (*Riegenführer*) squad leader. — **~,wett,kampf** *m* gymnastic competition (*od.* contest). — **~,zeug** *n* gymnastics (*od. colloq.* gym) outfit (*od. colloq.* things *pl*).

'Tür|,öff·ner *m* door opener (*od.* handle, latch). — **~,öff·nung** *f arch.* doorway, door opening.

Tu·ron [tu'roːn] *n* ⟨-s; *no pl*⟩ *geol. hist.* Turonian.

'Tür|,pfo·sten *m* doorpost. — **~,rah·men** *m* doorframe, doorcase. — **~,rie·gel** *m* **1.** door latch. **- 2.** (*selbsttätiger*) snap bolt. — **~,rit·ze** *f* crack (*od.* chink) in a door. — **~,schild** *n* doorplate, nameplate. — **~,schlie·ßer** *m* **1.** *tech.* (*Vorrichtung*) a) (*selbsttätiger*) door check (*od.* closer), b) *cf.* Türschnäpper. **- 2.** (*Person*) doorkeeper. **- 3.** (*im Theater etc*) *bes. Am.* doorman, (head) usher, *Br.* commissionaire, (*Logenschließer*) boxkeeper. — **~,schlie·ße·rin** *f* **1.** doorkeeper. **- 2.** (*im Theater etc*) (head) usherette, (*Logenschließerin*) boxkeeper. — **~,schloß** *n* (door) lock. — **~,schlüs·sel** *m* (door) key, *Am. auch* latchkey. — **~,schnal·le** *f Southern G. and Austrian for* Türklinke. — **~,schnäp·per** *m* door catch. — **~,scho·ner** *m* finger plate. — **~,schwel·le** *f* **1.** threshold, (door)sill. **- 2.** *metall.* (*eines Schmelzofens*) sill. — **~,spalt** *m* crack of the door. — **~,ste·her** *m* **1.** (*in Hotels etc*) doorkeeper, porter, janitor, concierge, *bes. Am.* doorman. **- 2.** (*im Gericht*) usher.

'Tür,stock *m* ⟨-(e)s; ⸚e⟩ **1.** (*mining*) square set. **- 2.** *arch.* architrave. **- 3.** *bes. Southern G. and Austrian* doorframe. — **~,aus,bau** *m* (*mining*) square set, rectilinear support.

'Tür|,stop·per *m* doorstop, holdback. — **~,sturz** *m* ⟨-es; -e *u.* ⸚e⟩ *arch.* door lintel.

tur·teln ['tʊrtəln] *v/i* ⟨h⟩ **1.** (*girren*) coo. **- 2.** *fig. colloq. humor.* (*von Verliebten*) bill and coo.

'Tur·tel|,täub·chen *n* **1.** *dim. of* Turteltaube. **- 2.** *fig. colloq.* (*Kosename für die Geliebte*) turtledove. — **~,tau·be** *f* **1.** *zo.* turtledove (*Streptopelia turtur*). **- 2.** verliebt wie die ~n *fig. colloq. humor.* billing and cooing; all lovey-dovey, crazy about each other (*colloq.*), nuts on (*od.* about) each other (*sl.*).

'Tür,ver,klei·dung *f arch.* door lining. — **~,vor,hang** *m* **1.** portiere. **- 2.** (*zum Schutz vor Kälte etc*) door curtain. — **~,vor,le·ger** *m Southwestern G. and Swiss*, **~,vor,le·ger** *m* doormat.

Tusch [tʊʃ] *m* ⟨-(e)s; -e⟩ *mus.* fanfare, flourish: die Kapelle spielte einen ~ the band played a flourish.

Tu·sche ['tuʃə] *f* ⟨-; -n⟩ **1.** (*schwarze, chinesische*) India (*Br.* Indian) ink, *auch* China (*od.* Chinese) ink, tusche: lithographische ~ lithographic (*od.* autographic writing) ink. **- 2.** (*Zeichen-, Ausziehtusche*) drawing ink. **- 3.** (*Wimperntusche*) mascara. **- 4.** *cf.* Tuschfarbe 1.

Tu·sche'lei f ⟨-; -en⟩ colloq. (constant) whispering.

tu·scheln ['tʊʃəln] I v/i ⟨h⟩ **1.** whisper (secretively): miteinander ∼ to whisper to each other. – II v/t ∼ whisper: was tuschelt ihr die ganze Zeit? what are you whispering about all the time? – III T∼ n ⟨-s⟩ **3.** verbal noun. – **4.** whisper.

tu·schen ['tʊʃən] I v/t ⟨h⟩ **1.** (art) a) (color-, bes. Br. colour-)wash, b) (mit schwarzer Tusche) ink, draw (s.th.) in India (Br. Indian, auch China, Chinese) ink, c) (aquarellieren) paint (s.th.) in watercolors (bes. Br. water-colours). – **2.** (cosmetics) (Wimpern) mascara, put mascara on: ich muß mir noch die Wimpern ∼ I must put mascara on (od. I must make up) my eyelashes. – II v/i **3.** cf. tuschen 1. – III T∼ n ⟨-s⟩ **4.** verbal noun.

'Tusch|far·be f meist pl **1.** (Wasserfarbe) watercolor, bes. Br. water-colour. – **2.** cf. Tusche 1. — ∼**fe·der** f India (Br. Indian, auch China, Chinese) ink pen.

tu·schie·ren [tu'ʃiːrən] v/t ⟨no ge-, h⟩ **1.** tech. (Metall) touch up. – **2.** obs. for beleidigen 1.

Tu'schier|li·ne,al n tech. level(l)ing straightedge. — ∼**plat·te** f surface plate.

'Tusch|ka·sten m box of watercolors (bes. Br. water-colours). — ∼**ma·le,rei** f (art) drawing (od. painting) in India (Br. Indian, auch China, Chinese) ink. — ∼**ma,nier** f aquatint: Kupferstich in ∼ aquatint engraving (od. etching). — ∼**pin·sel** m **1.** ink brush. – **2.** watercolor (bes. Br. water-colour) brush. — ∼**zeich·nung** f drawing (od. sketch) in India (Br. Indian, auch China, Chinese) ink.

Tus·ku·lum ['tuskulʊm] n ⟨-s; -la [-la]⟩ (ruhiger Landsitz) country estate (od. seat).

'Tus·sah|,sei·de ['tʊsa-] f (textile) tussah, tussore, auch tusser, tussur. — ∼**spin·ner** m zo. tussah, tussore, auch tusser, tussur (Antheraea paphia).

tut¹ [tuːt] 3 sg pres of tun.

tut² interj (child's language) ∼, ∼! (von Autos) toot, toot!

'Tüt·chen n ⟨-s; -⟩ dim. of Tüte.

Tu·te ['tuːtə] f ⟨-; -n⟩ **1.** colloq. trumpet, horn, bugle. – **2.** dial. for Tüte.

Tü·te ['tyːtə] f ⟨-; -n⟩ **1.** (aus Papier) (paper) bag, (spitze) cornet: eine ∼ Bonbons a bag (Am. auch sack) of sweets (bes. Am. candies); eine ∼ voll Kirschen a bagful of cherries; die ∼ war geplatzt the paper bag had burst; eine ∼ drehen (aus Zeitungspapier etc) to make a bag; er muß ∼n kleben fig. colloq. he's bagging (od. stitching) mailbags (colloq.), he's in prison; (das) kommt nicht in die ∼! fig. colloq. humor. nothing doing! not on your life! no way! Br. not likely! Am. no dice! du möchtest meinen Wagen ausleihen? Kommt nicht in die ∼! you want to borrow my car? not on your life! (Br. auch catch me!). – **2.** (abgepackte) packet, bag: eine ∼ Zucker a bag of sugar. – **3.** (Eistüte) (ice-cream) cone, ice-cream cornet. – **4.** cf. Zuckertüte.

Tu·tel [tu'teːl] f ⟨-; -en⟩ jur. (Vormundschaft) guardianship, tutelage. — **tu·te'la·risch** [-la'rɪʃ] adj tutelary.

tu·ten ['tuːtən] I v/i ⟨h⟩ **1.** (blasen) toot(le): er tutete auf seiner (od. in seine) Trompete he tooted (od. sounded, blew) his trumpet; in der Ferne tutete ein Horn a horn tooted (Br. auch hooted) in the distance. – **2.** (hupen) blow (od. honk, sound) one's horn, honk, toot, Br. auch hoot: er fuhr vor und tutete laut he drew up and honked (his horn) loudly (od. and gave a loud honk on the horn). – **3.** (von Triebwagen, Diessellok etc) toot. – **4.** (von Schiffen) toot, honk, sound (od. honk) its (od. her) siren. – II v/t ∼ (blasen) toot(le), sound, blow. – III v/impers **6.** es tutet tel. you can hear the dial (od. dial[l]ing) tone. – IV T∼ n ⟨-s⟩ **7.** verbal noun: er hat von T∼ und Blasen keine Ahnung fig. colloq. he doesn't know the first thing about it. – **8.** toot(le). – **9.** (Hupen) toot, honk, Br. auch hoot. – **10.** (einer Diessellokomotive etc) toot. – **11.** (eines Schiffes) toot, honk.

'Tü·ten|,eis n (ice-cream) cone, ice-cream cornet. — ∼**pa,pier** n bag (od. cap, grocery) paper.

Tu·tio·ris·mus [tutsio'rɪsmʊs] m ⟨-; no pl⟩ relig. philos. tutiorism.

Tu·tor ['tuːtər] m ⟨-s; -en [tu'toːrən]⟩ bes. ped. tutor.

Tut·te ['tʊtə], **Tüt·te** ['tytə] f ⟨-; -n⟩ vulg. tit(ty) (vulg.), nipple.

Tüt·tel·chen ['tʏtəlçən] n ⟨-s; -⟩ Northern G. **1.** dot, tittle. – **2.** kein ∼ fig. colloq. a) not a jot (od. bit, tittle), b) not an inch.

Tut·ti ['tuti] n ⟨-(s); -(s)⟩ mus. tutti, ripieno.

Tut·ti·frut·ti [tuti'fruti] n ⟨-(s); -(s)⟩ **1.** tutti-frutti. – **2.** (Eis mit verschiedenen Früchten) tutti-frutti. – **3.** obs. for Allerlei 1.

Tweed [tviːt; twiːd] (Engl.) m ⟨-s; -s u. -e⟩ (textile) tweed. — ∼**ko,stüm** n tweed suit (od. costume).

Twen [tvɛn] m ⟨-(s); -s⟩ colloq. **1.** young man in his 20's. – **2.** young woman in her 20's. – **3.** pl young people (between 20 and 30).

Twie·te ['tviːtə] f ⟨-; -n⟩ Low G. (Seitengäßchen) (narrow) side street, alley.

Twill [tvɪl] m ⟨-s; -s u. -e⟩ (textile) twill.

Twin·set ['tvɪnzɛt; 'twɪn,sɛt] (Engl.) m, n ⟨-(s); -s⟩ (fashion) twin set.

Twist¹ [tvɪst] m ⟨-es; -e⟩ (Stopfgarn) (cotton) twist, darning cotton.

Twist² m ⟨-s; -s⟩ (Tanz) twist.

twi·sten ['tvɪstən] v/i ⟨h⟩ (dance the) twist.

Two·step ['tuːstɛp] m ⟨-s; -s⟩ (Tanz) two-step.

Ty·chis·mus [ty'çɪsmʊs] m ⟨-; no pl⟩ philos. tychism (theory that chance is an objective reality).

Tym·pa·nie [tympa'niː] f ⟨-; no pl⟩ med. **1.** (Blähsucht) tympanites, tympanism. – **2.** abdominal distension.

Tym·pa·ni·tis [tympa'niːtɪs] f ⟨-; no pl⟩ (Trommelfellentzündung) tympanitis.

tym·pa·ni·tisch [tympa'niːtɪʃ] adj (Schall) tympanitic.

Tym·pa·non ['tympanɔn] n ⟨-s; -na [-na]⟩ arch. (Bogenfeld) tympanum.

Tym·pa·num ['tympanʊm] n ⟨-s; -na [-na]⟩ **1.** med. tympanum, tympanic cavity and middle ear. – **2.** mus. cf. Pauke 1b.

'Tyn·dall-ef,fekt ['tɪndəl-] m phys. Tyndall effect (auch phenomenon).

Typ [tyːp] m ⟨-s; -en⟩ **1.** type: ein athletischer ∼ an athletic type; er ist der ∼ eines Wissenschaftlers he is a typical scientist, he is (just) the type of a scientist; bei Menschen seines ∼s ist man besser vorsichtig with persons of his type (od. cast, stamp) it is better to be careful. – **2.** colloq. (Art, Schlag) type, sort, kind: er gehört zu dem ∼ von Menschen, die he is one of the type (od. sort) of people who; sie mag dunkle ∼en she likes the dark type; er ist ein melancholischer ∼ he is a melancholy type (od. sort, kind) of man, he has a melancholic disposition, he is the melancholy type (od. sort); ein Mädchen mit südländischem ∼ a girl with Latin looks; sie ist ein blonder ∼ she is a blonde. – **3.** colloq. (in Wendungen wie) sie ist genau mein ∼ she is just my type (od. sort od. kind of girl), she is just what I like, she is a girl after my (own) heart; Blond ist nicht sein ∼ blondes are not his type, he does not care for blondes; dein ∼ wird verlangt you are wanted; hau ab, dein ∼ wird hier nicht verlangt! clear off! we don't want your sort here! – **4.** sl. auch contempt. fellow (colloq.), Am. sl. guy: er ist ein ganz netter ∼ he is a nice fellow (od. chap), he is a good sort (alle colloq.), bes. Br. sl. he is a nice bloke. – **5.** (Gepräge) type: eine Gemeinschaft neuen ∼s a new type of community. – **6.** geol. type. – **7.** tech. (Bauart, Modell) type, design, model: er hat einen Opel vom ∼ Admiral he has an Opel of the Admiral type; die Firma wird drei neue ∼en herausbringen the firm will put three new models (od. types) on the market; Kamera ∼ S 88 type S 88 camera.

Ty·pe ['tyːpə] f ⟨-; -n⟩ **1.** print. type, (printing) letter: die ∼n pl the letter (collect.). – **2.** (der Schreibmaschine) type. – **3.** mil. tech. type, model. – **4.** colloq. contempt. (komischer Mensch) queer fish, queer (od. odd) bird (od. character, customer) (alle colloq.), bes. Br. sl. rum: finstere ∼n a) bes. Br. sl. rum customers, b) (gewalttätige) hooligans; so 'ne ∼ what a character; du bist eine richtige ∼ you are a real character; er ist eine komische ∼ he is a queer (od. an odd) bird, he's a strange fellow, he is an odd (od. a strange, a funny) one (alle colloq.). – **5.** rare for Typ 4.

ty·pen ['tyːpən] I v/t ⟨h⟩ **1.** (Waren) stand-

---

ardize Br. auch -s-. – II T∼ n ⟨-s⟩ **2.** verbal noun. – **3.** standardization Br. auch -s-.

'Ty·pen|be,schrän·kung f econ. limitation of the number of types. — ∼**be,zeich·nung** f tech. model (od. type) designation. — ∼**druck** m ⟨-(e)s; -e⟩ print. type printing. — ∼**drucker** (getr. -k·k-) m type printer, type-printing telegraph. — ∼**gieß·ma,schi·ne** f print. type-casting machine. — ∼**he·bel** m (einer Schreibmaschine) type bar. — ∼**leh·re** f psych. typology. — ∼**,nor·mung** f tech. type standardization (Br. auch -s-), standardization (Br. auch -s-) of types. — ∼**num·mer** f model (od. type) number. — ∼**psy·cho,lo,gie** f psych. typology. — ∼**rei·ni·ger** m (für die Schreibmaschine) type cleaner. — ∼**schild** n tech. type plate, nameplate, (model) identification plate, (eines Motors) rating plate. — ∼**setz·ma,schi·ne** f print. typesetting (Br. type-setting) machine.

'typ·ge,recht adj tech. true to type.

Ty·phli·tis [ty'fliːtɪs] f ⟨-; -tiden [-fli'tiːdən]⟩ med. typhlitis.

ty·phös [ty'føːs] adj med. typhous, typhic.

Ty·phus ['tyːfʊs] m ⟨-; no pl⟩ med. typhoid (fever): er ist an ∼ erkrankt he has typhoid fever. — **t∼,ähn·lich** adj typhoid, resembling typhoid fever. — **t∼,ar·tig** adj typhoid. — ∼**ba,zil·len,trä·ger** m typhoid carrier, typhophor. — ∼**ba,zil·lus** m typhoid bacillus. — ∼**be,kämp·fung** f antityphoid measures pl. — ∼**epi·de,mie** f typhoid epidemic. — ∼**er,re·ger** m cf. Typhusbazillus. — ∼**,imp·fung** f antityphoid vaccination. — ∼**in·fek·ti,on** f infection with typhoid (fever). — **t∼,krank** adj suffering from typhoid (fever). — ∼**,kran·ke** m, f ⟨-n; -n⟩ typhoid patient (od. case), patient suffering from typhoid (fever). — ∼**,se·rum** n med. pharm. typhoid antiserum. — ∼**,vak,zi·ne** f med. typhoid vaccine. — **t∼,ver,däch·tig** adj suspected of typhoid (fever).

Ty·pik ['tyːpɪk] f ⟨-; -piken⟩ psych. (Lehre vom Typ) typology.

'ty·pisch I adj (für of) typical, characteristic, auch paradigmatic: ∼ sein für to be typical (od. characteristic) of, to typify; dies ist ein ∼es Beispiel ihrer Methoden this typifies their methods; die ∼en Merkmale einer Krankheit the typical (od. characteristic) symptoms of a disease; die ∼en Eigenschaften the characteristics; ein ∼er Vertreter des Naturalismus a typical (od. exemplary) representative of naturalism; seine Gedichte sind in keiner Weise ∼ für seine Zeit his poems are quite untypical (od. unrepresentative) of his time; dieses Verhalten ist ∼ für ihn this way of acting is typical of him, that's just his way (colloq.); (das ist) ∼ Walter! colloq. (that is) Walter all over (od. typically Walter)! trust Walter! ∼ Mann! colloq. that's just men all over! that's just typical of men! (das ist wieder einmal) ∼! colloq. that's (just) typical! – II T∼, das ⟨-n⟩ the typical thing (od. feature[s pl]), characteristic[s pl]): das T∼e an der Sache ist, daß the typical thing about it is that; das T∼e seines Charakters the typical feature of his character; etwas T∼es something typical.

ty·pi·sie·ren [typi'ziːrən] I v/t ⟨no ge-, h⟩ **1.** (art, literature) (als Typ darstellen) typify, stylize (Br. auch -s-) (by the creation of types). – **2.** econ. tech. standardize Br. auch -s-. – **3.** (Fahrzeuge etc) type, classify (s.th.) (in types). – II T∼ n ⟨-s⟩ **4.** verbal noun. — **Ty·pi'sie·rung** f ⟨-; -en⟩ **1.** cf. Typisieren. – **2.** (art, literature) stylization (Br. auch -s-) (by the creation of types), typification. – **3.** tech. type rationalization (Br. auch -s-) (od. classification).

Ty·po·graph [typo'graːf] m ⟨-en; -en⟩ print. **1.** (Setzer) typographer, typesetter, Br. type-setter, compositor, typo (colloq.). – **2.** (Setzmaschine) typograph. — **Ty·po·gra'phie** [-gra'fiː] f ⟨-; -n [-ən]⟩ typography, typographic art. — **ty·po'gra·phisch** I adj (Gestaltung etc) typographic(al). – II adv typographically.

Ty·po·lo·gie [typolo'giː] f ⟨-; -n [-ən]⟩ psych. cf. Typenlehre.

ty·po·lo·gisch [typo'loːgɪʃ] I adj psych. relig. typological, auch typologic. – II adv typologically.

'Typ,schein m type certificate.

'Ty·pung f ⟨-; no pl⟩ tech. **1.** cf. Typen. –

2. standardization *Br. auch* -s-. — **3.** (*Typenreihe*) type series.

Ty·pus ['ty:pus] *m* ⟨-; -pen⟩ **1.** type: er ist der ~ eines kühl berechnenden Chefs he is the type of a cold, calculating boss (*sl.*). — **2.** *biol.* type (specimen): untergeordneter ~ subtype.

Tyr·amin [tyra'mi:n] *n* ⟨-s; *no pl*⟩ *chem.* tyramine (HOC$_6$H$_4$CH$_2$NH$_2$).

Ty·rann[1] [ty'ran] *m* ⟨-en; -en⟩ **1.** tyrant, despot. — **2.** *antiq.* tyrant, autocrat, absolute ruler: die Dreißig ~en the Thirty Tyrants. — **3.** (*Unterdrücker*) oppressor. — **4.** *fig.* (*herrschsüchtiger Mensch*) tyrant, despot. — **5.** *fig.* (*Peiniger*) tyrant: das Kind war ein kleiner ~ the child was a little tyrant (*od.* a little Lord Fauntleroy).

Ty·rann[2] *m* ⟨-en; -en⟩ *zo.* tyrant flycatcher (*od.* wren, *auch* bird), tyrant (*Gattg Tyrannus*).

Ty·ran'nei *f* ⟨-; -en⟩ **1.** tyranny, despotism, tyrannic (*od.* despotic) rule. — **2.** (*Unterdrückung*) oppression.

Ty'ran·nen|**herr·schaft** *f* tyranny, despotism, tyrannic (*od.* despotic) rule. — ~**mord** *m* tyrannicide. — ~**mör·der** *m*, ~**mör·de·rin** *f* tyrannicide.

Ty'ran·nen·tum *n* ⟨-s; *no pl*⟩ *cf.* Tyrannenherrschaft.

Ty'ran·nin *f* ⟨-; -nen⟩ *fig. cf.* Tyrann[1] 4.

Ty·ran·nis [ty'ranɪs] *f* ⟨-; *no pl*⟩ *antiq.* tyranny.

ty'ran·nisch I *adj* **1.** tyrannical, despotic, tyrannous. — **2.** (*herrschsüchtig*) tyrannical, despotic, domineering. — **3.** (*grausam*) oppressive. — II *adv* **4.** tyrannically, despotically.

ty·ran·ni·sie·ren [tyrani'zi:rən] I *v/t* ⟨*no* ge-, h⟩ **1.** tyrannize (*Br. auch* -s-) (over), rule (over) (*s.th.*) despotically: er tyrannisierte das Land dreißig Jahre lang he tyrannized the country for thirty years. — **2.** (*unterdrücken*) oppress. — **3.** *fig.* tyrannize *Br. auch* -s-, domineer, bully: er tyrannisierte seine ganze Familie he tyrannized (*od.* bullied) his whole family; ich lasse mich nicht von dir ~! I won't be bullied by you. — **4.** sich von etwas ~ lassen *fig.* to follow the dictates of s.th. — II T~ *n* ⟨-s⟩ **5.** *verbal noun.* — **6.** (*Unterdrückung*) oppression. — **Ty·ran·ni'sie·rung** *f* ⟨-; *no pl*⟩ **1.** *cf.* Tyrannisieren. — **2.** *cf.* Tyrannei 2.

Ty·ran·no·sau·rus [tyrano'zaurus] *m* ⟨-; -saurier [-riər]⟩ *zo.* tyrannosaurus (*Gattg Tyrannosaurus*).

tyr·rhe·nisch [ty're:nɪʃ] *adj* Tyrrhenian: das T~e Meer the Tyrrhenian Sea.

Tz ['te:tset; te'tset] *n* ⟨-s; *no pl*⟩ *colloq. cf.* Tezett.

U

U, u [uː] *n* ⟨-; -⟩ **1.** U, u (*twenty-first letter of the German alphabet; fifth vowel*): **ein großes U** a capital (*od.* large) U; **ein kleines U** a small (*od.* little) u; **das u in 'Hund'** the u in 'Hund'; → **X 2.** – **2. U** *chem.* (*Uran*) U. – **3. U** *electr.* (*Spannung*) E, V. – **4. U** (*something having the shape of the capital letter U*) U.

U̇, ü [yː] *n* ⟨-; -⟩ U (*od.* u) modified, U (*od.* u) umlaut.

'U-,Bahn *f* **1.** *Am.* subway, *bes. Br.* underground (railway), (*in London*) tube. – **2.** (*Zug*) *Am.* subway (train), *bes. Br.* underground (train), (*in London*) tube: **er fährt jeden Morgen mit der ~** *Am.* he goes on the (*od.* by) subway every morning, *bes. Br.* he takes the underground every morning.

'U-,Bahn,hof *m* subway (*bes. Br.* underground) station.

'U-,Bahn|-,Netz *n* subway (*bes. Br.* underground) system (*od.* network). — **~-,Schacht** *m* **1.** (*beim Bau, zur Belüftung etc*) subway (*bes. Br.* underground) shaft. – **2.** (*Zugang zur Station*) access to the subway (*bes. Br.* underground) station. — **~-,Tun·nel** *m* subway (*bes. Br.* underground) tube (*od.* tunnel).

übel ['yːbəl] **I** *adj* ⟨übler; -st⟩ **1.** (*Zustand, Folgen, Angewohnheit, Krankheit, Wunde etc*) bad, nasty, rotten (*sl.*): **sich in einer üblen Lage befinden** to be in a bad (*od.* nasty, *auch* an ugly) situation (*od.* mess), (*finanziell*) *auch* to be in a tight spot (*od.* in a fix); **sich in einem üblen Zustand befinden** a) (*von Haus, Auto etc*) to be in a bad state (of repair), b) (*von Patient etc*) to be in very bad condition, b) (*von Patient etc*) to be in a bad state (*od.* way); **er ist in eine üble Geschichte** (*od.* Sache) **geraten** (*od.* verwikkelt worden) *colloq.* he has got mixed up in a nasty affair; **die Angelegenheit hat ein übles Ende** (*od.* einen üblen Ausgang) **genommen** the affair has come to a nasty end; **eine üble Erkältung** a bad (*od.* nasty, *sl.* rotten) cold; **er sieht ~ aus** a) (*krank, bleich*) he doesn't look well, he looks unwell (*od. colloq.* poorly), b) (*übel zugerichtet*) he looks really bad. – **2.** (*Person, Charakter, Gesinnung etc*) bad, nasty, wicked, (*stärker*) evil: **ein übler Kerl** (*od.* Bursche, Geselle, Patron), **ein übles Subjekt** *colloq.* a nasty customer, a bad lot (*od.* egg) (*alle colloq.*); **er ist kein übler Kerl** *colloq.* he's not a bad fellow (*od.* chap) (*colloq.*); **ein Verbrecher übelster Sorte** a criminal of the worst kind (*od.* of the first water). – **3. nicht ~** *colloq.* not bad (at all), not half bad (*colloq.*): **sein Zeugnis ist gar nicht so ~** his school report is not half bad; **das wäre gar nicht ~, dieser Gedanke ist nicht ~, das ist kein übler Gedanke** that is not (*od.* wouldn't be) a bad idea, that idea is not (half) bad; **ein Glas Bier wäre jetzt nicht ~** a glass of beer wouldn't be a bad idea (*od.* thing) just now, a glass of beer would be quite acceptable just now. – **4.** (*Streich, Trick, Tat, Behandlung etc*) nasty, mean, evil, wicked, vile, dirty (*colloq.*): **man hat ihn auf (die) übelste Weise hereingelegt, man hat ihm auf (die) übel-**

ste (*od.* in der übelsten) Weise mitgespielt a) they played the nastiest game with him, b) (*mit bösen Streichen*) they played the meanest (*od.* nastiest) trick on him; **ein übles Foul** (*beim Fußball etc*) a nasty (*od.* dirty) foul; → **Nachrede 1.** – **5.** (*Geruch, Geschmack etc*) bad, nasty, unpleasant, vile (*colloq.*), rotten (*sl.*), (*stärker*) foul, nauseating, nauseous: **die Flüssigkeit hat einen üblen Geruch** the liquid has a nasty smell. – **6.** (*Laune, Stimmung etc*) nasty, wicked, filthy, ill (*attrib*): **er war übler Laune** he was in a filthy mood. – **7.** (*Gesellschaft, Umgang etc*) bad, rotten (*sl.*): **in üble Gesellschaft geraten** to get into bad company. – **8.** (*Gegend, Stadtviertel etc*) bad, low, *bes. Am.* tough: **eine üble Spelunke** a low dive (*od. sl.* joint). – **9.** (*Ruf, Leumund etc*) ill (*attrib*), bad, evil: **sie hat einen üblen Ruf, sie steht in üblem Ruf** she is in ill repute (*od.* fame), she has a bad reputation; **dieses Lokal steht in üblem** (*od.* hat einen üblen) **Ruf** this place is in ill repute, this is a place of ill (*od.* bad) repute, this is an ill-famed (*od.* a disreputable) place. – **10. ihm ist ~** he [she] feels sick (*stärker* ill): **mir ist leicht ~** I feel a bit sick, I feel (a bit) queasy (*auch* queazy, squeamish); **beim** (*od.* vom) **Autofahren wird mir immer ~** I always feel (*od.* get) sick in the car, I tend to (*od.* I always) get carsick (*Br.* car-sick); **da kann einem ja ~ werden(, wenn man so etwas sieht)** *colloq.* it would make (*od.* it's enough to make) you sick (to look at it), it would turn your stomach (to look at it). – **11.** (*Wetter etc*) bad, nasty, filthy, wicked, rotten (*sl.*), (*stärker*) foul. – **12.** (*Witz, Scherz etc*) nasty, filthy, dirty. – **13.** *colloq.* (*minderwertig, von schlechter Qualität*) pretty awful (*colloq.*), wicked: **ein übles Gesöff** *colloq.* wicked stuff, poison. – **II** *adv* **14.** badly: **das hätte ~** (*für dich*) **ausgehen können** that could have turned out pretty badly (*od.* nasty) (for you); **j-n ~ zurichten** to beat s.o. up, to do s.o. over (*sl.*); **der Überfallene war ~ zugerichtet** the assaulted man had been beaten up badly; **etwas ~ zurichten** to ruin s.th., to make a (nice) mess of s.th.; **der Sturm hat die Häuser ~ zugerichtet** the storm ruined (*od.* played havoc with) the houses (*od.* damaged the houses badly); **Sie wären ~ beraten(, wenn Sie das täten)** you would be ill-advised (to do that); **es steht ~ mit ihm, es geht ihm ~, er ist ~ dran** *colloq.* a) he is in a bad (*od.* nasty) situation, b) (*gesundheitlich*) he is in a bad state (*od.* way), c) (*finanziell*) he is in a tight spot (*od.* in a fix); **~ von j-m denken** to think badly (*od.* ill) of s.o.; **es ist ihm ~ ergangen** he fared (*od.* came off) badly, things went badly for him, he had a rough time of it (*colloq.*); **er hat es ~ aufgenommen** (*od.* vermerkt)**, daß ich ihn nicht eingeladen habe** he took it badly that I did not invite him; **sein freches Gerede ist ihm ~ bekommen** his impudent talk did him no good, he had to pay (dearly) for his impudent talk; **der Wein von gestern ist mir ~ bekommen**

the wine I drank yesterday did not agree with me (*od. colloq. humor.* had repercussions); **es steht dir ~ an, ihn zu kritisieren** you have no room (*od.* you are in no position) to criticize (*Br. auch* -s-) him. – **15.** (*kümmerlich, unzureichend*) poorly: **sie hat mir meine Hilfsbereitschaft ~ gedankt** she gave me poor reward for my helpfulness; **mit diesem Programm ist er beim Publikum ~ angekommen** the audience gave his program(me) a poor reception. – **16. nicht ~** *colloq.* quite well: **das klingt [schmeckt, riecht] nicht ~** that sounds [tastes, smells] quite good (*od.* not bad); **die Sache läßt sich nicht ~ an** the affair is quite promising; **wie geht's? Danke, nicht ~!** how are you? Not (too *od.* so) bad, thank you! I'm quite well, thank you! I can't complain! **das Kleid gefällt mir nicht ~** I like the dress quite well, I think the dress isn't bad; **ich hätte nicht ~ Lust gehabt, ihm eine runterzuhauen** I really felt like landing him one (*sl.*). – **17.** (*gemein, niederträchtig*) nastily, meanly: **j-m ~ mitspielen** a) to play a nasty game with s.o., b) (*mit bösen Streichen*) to play mean (*od.* nasty) tricks on s.o. – **18. ~ nach etwas riechen [schmecken]** to smell [to taste] strongly of s.th., to have a strong (*od.* nasty, *colloq.* vile, *sl.* rotten, *stärker* foul) smell [taste] of s.th.: **es riecht ganz ~ nach Knoblauch** there is a nasty smell of garlic. – **19. ~ gelaunt sein** to be in a nasty (*od.* filthy, wicked) mood, to be ill-humored (*bes. Br.* -humoured); **j-m ~ gesinnt** (*od.* gesonnen) **sein** to be ill-disposed to (*od.* toward[s]) s.o., to have it in for s.o. (*colloq.*); **~ beleumdet sein** to be in ill repute (*od.* fame), to have an ill (*od.* a bad, an evil) reputation. – **20.** → **wohl 4.** – **21.** [**nicht**] **~ daran tun, etwas zu tun** *lit. od. archaic* to be ill- [well-]advised to do s.th. – **III 'Üb·le, das** ⟨-n⟩ **22.** the evil: **j-m Übles (an)tun** to do s.o. evil (*od.* ill, wrong, a wrong); **Übles von j-m reden, j-m Übles nachsagen** to speak evil (*od.* ill, badly) of s.o. – **23.** the bad (*od.* nasty, *sl.* rotten) thing: **das Üble an der Sache ist, daß** the nasty thing about it (*od.* the matter) is that.

'Übel *n* ⟨-s; -⟩ **1.** evil, ill: **das kleinere [größere] ~** the lesser [greater] evil; **von zwei ~n das kleinere wählen** to choose the lesser of two evils; **etwas [j-n] als notwendiges ~ betrachten** to consider s.th. [s.o.] as a necessary evil (*od.* ill); **das ist die Wurzel** (*od.* der Grund) **allen** (*od.* alles) **~s** that is the root of all evil; **zuviel Alkohol ist von** (*auch* vom) **~** too much alcohol is an evil. – **2.** (*Mißstand, Übelstand*) evil, trouble, grievance, ill: **das ist das alte ~** that's the old trouble; **einem ~ abhelfen, ein ~ beseitigen** to remedy (*od.* put an end to) a grievance (*od.* an ill); **wir müssen das ~ bekämpfen** we have to combat the trouble; **das ~ an der Wurzel packen** to get down to the root of the grievance. – **3.** (*Ärgernis*) nuisance. – **4.** (*Unglück, Unheil*) misfortune, (*stärker*) disaster, calamity: **von einem ~ betroffen** (*od.* heimgesucht) **werden** to be afflicted with misfortune; zu allem ~ fing es auch noch an zu regnen to crown (it) all it started to rain. – **5.** *archaic for* Krankheit 1–3.

'Übel·be·fin·den *n med.* indisposition.

'übel|be·leu·mun·det, ~be·leu·mun·det *adj* ⟨*attrib*⟩ of ill (*od.* bad) repute, disreputable.

'übel·be·ra·ten *adj* ⟨*attrib*⟩ ill-advised.

'übel·ge·launt *adj* ⟨*attrib*⟩ ill-humored (*bes. Br.* -humoured).

'übel·ge·sinnt, 'übel·ge·son·nen *adj* ⟨*attrib*⟩ ill-disposed.

'Übel·keit *f* ⟨-; *no pl*⟩ sickness, queasiness, squeamishness, nausea, (*stärker*) illness: leichte ~ slight (*od.* mild) sickness (*od.* nausea); sie wurde von einer ~ befallen she was overcome by a feeling (*od.* an attack) of sickness; gegen eine plötzliche ~ ankämpfen to struggle against a sudden attack of sickness; der Geruch erregt (*od.* verursacht) mir ~, ich verspüre ~ von dem Geruch the smell makes me (feel) sick (*od.* turns my stomach); ein ~ erregender (*od.* verursachender) Anblick a sickening (*od.* nauseating) sight.

'Übel·keits|,an·fall *m* attack (*od.* wave) of sickness (*od.* nausea), qualm (*lit.*). — **~ge·fühl** *n* feeling of sickness (*od.* nausea).

'übel·lau·nig *adj cf.* übelgelaunt.

'übel·neh·men I *v/t* ⟨*irr, sep,* -ge-, h⟩ **1.** etwas ~ to take s.th. badly (*od.* amiss, ill), to take s.th. in bad (*od.* ill) part, to be offended at (*od.* by) s.th., to take umbrage (*od.* offence, *Am.* offense) at s.th.: er hat es nicht übelgenommen he did not take it badly, he took it in good part; er nahm es übel, daß man sich über ihn lustig machte he took it badly that people laughed at him, he was offended (*od.* he took offence) at being ridiculed. – **2.** j-m etwas ~ to be offended (*od.* take umbrage) at s.o. for s.th.: sie hat dir diese Bemerkung sehr übelgenommen she was very much offended at your remark, she took your remark in very bad part; er nimmt es ihm übel, daß er ihn nicht eingeladen hat he has taken it badly that he did not invite him; nehmen Sie mir es nicht übel, wenn ich Ihnen sage, daß I hope you won't take offence (*od.* you won't get me wrong) if I tell you that, I hope you won't mind my (*od.* me) telling you that; ich kann es Ihnen nicht ~(, wenn) I can't blame you(, if); bitte nimm es mir nicht übel! no offence (*od.* harm) (meant), don't get me wrong. – **II** *v/i* **3.** *colloq. humor.* (*schmollen*) sulk, huff, be in the sulks, be in a huff.

'übel·neh·me·risch *adj* **1.** (*schnell beleidigt*) easily offended, huffy, touchy. – **2.** (*nachtragend*) resentful.

'übel·rie·chend *adj* **1.** (*Flüssigkeit, Stoff etc*) evil- (*od. colloq.* vile-, *stärker* foul-)smelling, smelly (*colloq.*), malodorous (*lit.*), (*stärker*) stinking, fetid, *auch* foetid. – **2.** (*Atem*) bad, foul, offensive. – **3.** *med.* (*Lochien, Stuhl etc*) fetid, *auch* foetid, malodorous.

'übel·schmeckend (getr. -k·k-) *adj* evil- (*od. colloq.* vile-, *stärker* foul-)tasting.

'Übel·sein *n* ⟨-s; *no pl*⟩ (feeling of) sickness (*od.* nausea), (*stärker*) illness: ein plötzliches ~ a sudden attack (*od.* wave) of sickness, a qualm (*lit.*); bei ~ in case of sickness.

'Übel·stand *m* evil, trouble, grievance, ill: einem ~ abhelfen, einen ~ beseitigen to remedy (*od.* put an end to) a grievance; die Luftverschmutzung ist ein großer ~ unserer Zeit pollution of the air is a great grievance of our time.

'Übel·tat *f* **1.** (*böse Tat, Missetat*) misdeed, evildoing, *Br.* evil-doing, misdemeanor, *bes. Br.* misdemeanour, maleficence (*lit.*). – **2.** (*Verbrechen*) misdeed, malfeasance, crime. — **'Übel·tä·ter** *m* **1.** (*Missetäter*) evildoer, *Br.* evil-doer, wrongdoer, malefactor, misdemeanant. – **2.** (*Verbrecher*) culprit, criminal.

'übel·wol·len I *v/i* ⟨*irr, sep,* -ge-, h⟩ **1.** j-m ~ a) (*übel gesinnt sein*) to be ill-disposed to(ward[s]) s.o., to have it in for s.o. (*colloq.*), b) (*Böses zufügen wollen*) to wish s.o. ill, to be malevolent toward(s) s.o. – **II Ü~** *n* ⟨-s⟩ **2.** *verbal noun.* – **3.** (*üble Gesinnung*) evil-mindedness. — **4.** (*Böswilligkeit*) ill will, malevolence. — **'übel·wol·lend I** *pres p.* – **II** *adj* **1.** (*übel gesonnen*) ill-disposed, evil-minded. – **2.** (*böswillig, bösartig*) ill-willed, malevolent.

üben ['yːbən] **I** *v/t* ⟨h⟩ **1.** (*Musikstück, Lied, Arbeitsvorgang, Handgriff, Lesen etc*) prac-

tice, *bes. Br.* practise: etwas fleißig ~ to practice s.th. hard. – **2.** (*Geige, Klavier etc*) practice (*bes. Br.* practise) (on). – **3.** (*Fingerfertigkeit, Muskeln etc*) exercise, train. – **4.** (*Gedächtnis, Geist etc*) exercise, train, school. – **5.** j-n in (*dat*) etwas ~ to train (*od.* school, practice, *bes. Br.* practise, *stärker* drill) s.o. in s.th.: wir wurden schon als Kinder in Höflichkeit geübt we were trained in politeness from childhood. – **6.** *fig.* (*Zurückhaltung etc*) exercise, show: Geduld ~ to exercise (*od.* show, have) patience; Höflichkeit ~ to show (*od.* practice) politeness; er hat immer Gerechtigkeit geübt he always showed fairness, he always exercised justice; Gewalt ~ to exercise (*od.* exert) power; → Barmherzigkeit; Kritik 3; Rache 1; Vergeltung 2; Verrat 2. – **7.** *obs. for* ausüben 1. – **II** *v/i* **8.** practice, *bes. Br.* practise: er übt jeden Tag eine Stunde he practices (for) one hour every day; du mußt noch viel ~ you need much more practice; auf der Geige [dem Klavier] ~ *colloq.* to practice (on) the violin [the piano]. – **9.** (*trainieren*) (für *od.* for) train. – **III** *v/reflex* **10.** sich (in *dat* etwas) ~ a) (*im Lesen, Schreiben, Schwimmen etc*) to practice (*bes. Br.* practise) (s.th.), to train (in *od.* at s.th.), to school (*stärker* drill) oneself (in s.th.), b) *fig.* (*in Geduld, Bescheidenheit, Zurückhaltung etc*) to practice (*bes. Br.* practise) (s.th.), to school oneself (in s.th.): sich im Gebrauch einer Waffe [eines Werkzeugs] ~ to practice the handling of a weapon [of a tool]; früh übt sich, was ein Meister werden will (*Sprichwort*) just as the twig is bent, the tree is inclined (*proverb*). – **IV Ü~** *n* ⟨-s⟩ **11.** *verbal noun.* – **12.** (*eines Musikstücks, Arbeitsvorgangs etc*) practice: beim Ü~ ist mir eine Saite zersprungen a string broke while I was practicing (*od.* during practice); durch regelmäßiges Ü~ by regular practice. – **13.** (*der Muskeln, des Gedächtnisses etc*) exercise.

über ['yːbər] **I** *prep* ⟨*dat*⟩ **1.** (*oberhalb*) above, over: der Ballon schwebte ~ dem Tal the balloon hovered above (*od.* over) the valley; die Lampe hängt ~ dem Tisch the lamp hangs above the table; A ~ B *math.* A over B; die Familie, die ~ uns wohnt the family living over us; zehn Grad ~ Null (*od.* ~ dem Gefrierpunkt) 10 degrees above zero (*od.* above freezing point). – **2.** (*erhöht im Verhältnis zur Umgebung*) above: sie stand ~ ihm auf einer Mauer she stood above him on a wall; der Mond steht hoch ~ den Bäumen the moon stands high above the trees; 1 000 Meter ~ dem Meeresspiegel 1,000 meters (*bes. Br.* metres) above sea level; sie steht ~ der Situation (*od.* ~ den Dingen) *fig.* she is above trivialities (*od.* petty things, petty matters). – **3.** (*bedeckend*) over: sie trug einen Mantel ~ dem Kleid she wore a coat over her dress; Nebel lag ~ der Stadt fog lay over the city; ~ der Sache liegt ein Geheimnis *fig.* the matter is shrouded in mystery; ~ den Büchern sitzen (*od. colloq.* hocken) *fig.* to sit (*od.* pore) over one's books. – **4.** *colloq.* (*jenseits, auf der anderen Seite*) over, across: sie wohnen ~ der Straße they live across (*od.* over) the street. – **5.** (*in einer Rangordnung, Folge*) above: ~ dem Durchschnitt above (the) average (*od.* standard); der Oberst steht ~ dem Major colonel is a rank above major; er steht ~ mir (*geistig*) he is above (*od.* intellectually superior to) me, b) (*als Vorgesetzter*) he is over (*od.* above) me, he is my superior; was ihr Wissen anbelangt, so steht sie haushoch ~ ihm *colloq.* as far as her knowledge is concerned she is head and shoulders (*od.* she is miles) above him; er erkannte niemanden ~ sich an he did not recognize anyone as his superior, he did not acknowledge anyone to be his superior. – **6.** (*infolge von*) over, on account of, because of: ~ dem Streit ging ihre Freundschaft in die Brüche their friendship broke up over the quarrel; ~ dem Lärm hat er das Klingeln nicht gehört he did not hear the ringing (*od.* the bell) over (*od.* for) the noise; ~ dem Lesen vergaß sie, ihn anzurufen she forgot to ring him up over (*od.* because of) a book. – **7.** (*bei, während*) over: ~ der Arbeit schlief sie ein she fell asleep over her work; etwas ~ einem Glas Wein besprechen to discuss

s.th. over a glass of wine. – **8.** (*vor lauter*) over, in: ~ unserer Begeisterung dürfen wir nicht die Nachteile vergessen we must not forget the disadvantages over (*od.* in) our enthusiasm, our enthusiasm must not blind us to the disadvantages. – **9.** Strub ~ Berchtesgaden (*postal service*) Strub (Berchtesgaden). – **II** *prep* ⟨*acc*⟩ **10.** (*quer hinüber, von Punkt zu Punkt*) across, over: ~ die Straße gehen to go across (*od.* over) the street, to cross the street; er fuhr ~ die Brücke he drove across (*od.* over) the bridge, he crossed the bridge; sie entkamen ~ die Grenze they escaped over the border; ~ einen Graben springen to jump across (*od.* over) a ditch, to clear a ditch; ~ Land fahren (*od.* reisen) to travel cross-country; der Übergang ~ den Fluß war schwierig the crossing over the river was difficult; jetzt ist er wohl schon ~ den Kanal *colloq.* he is across (*od.* is over, has crossed) the channel by now; einen Stock quer ~ den anderen legen to put one stick across the other; Getränke ~ die Straße verkaufen *fig.* to sell beverages for consumption off the premises. – **11.** (*hoch hinüber*) over: das Pferd sprang ~ das Hindernis the horse jumped over (*od.* cleared, took) the obstacle; er warf einen Blick ~ den Zaun he cast a glance over the fence; ~ Stock und Stein over hedge and ditch; ~ etwas hinwegkommen *auch fig.* to get over s.th.; → Bord¹ 1. – **12.** (*über etwas hin*) over: sich (*dat*) ~ die Stirn fahren to pass one's hand over one's forehead; er strich ihr ~ das (*od. colloq.* übers) Haar he ran his hand over her hair; der Wind weht ~ die Heide the wind blows over (*od.* across) the heath; das Rennen ging ~ eine Distanz von the race went over a distance of; → Berg 1. – **13.** (*an einen höherliegenden Platz*) above, over: sie hängte das Bild ~ das Sofa she hung the picture over the sofa. – **14.** (*von einem höherliegenden Platz aus*) (out) over: vom Turm aus blickte er ~ die Stadt he looked out over the town from the tower. – **15.** (*auf*) (up)on, on top of: einen Balken ~ den anderen schichten to put one beam on top of the other. – **16.** (*überdeckend*) over: er legte seinen Mantel ~ den Arm he put his coat over his arm; eine Decke ~ den Tisch breiten to spread a cloth over the table; er goß Wasser ~ sich he poured water over himself. – **17.** ~ etwas (*hinunter*) down: Tränen liefen ihr ~ die Wangen tears ran down her cheeks; es lief ihm kalt ~ den Rücken *fig.* a shiver ran (up and) down his spine. – **18.** ~ etwas (*hinaus*), (bis) ~ (*räumlich*) a) (*bis jenseits*) beyond, b) (*höher als*) (up) over, (*od.* up and) down his spine. – **18.** ~ etwas (*hinaus*), (bis) ~ (*räumlich*) a) (*bis jenseits*) beyond, b) (*höher als*) (up) over, c) (*hinabreichend*) below: unser Spaziergang führte uns ~ die Stadtgrenze hinaus our walk took us beyond the city boundary; er ist weit ~ das (*od. colloq.* übers) Ziel hinausgeschossen *fig.* he overshot the mark; sie steckte bis ~ die Knie im Schnee she was in snow (*od.* the snow was) up over her knees; das Wasser ging ihm ~ die Schultern the water reached up over his shoulders; der Fluß trat ~ die Ufer the river overflowed (its banks) (*od.* burst its banks); er kommt nicht ~ das hohe C hinaus he doesn't get beyond top C; die Röcke reichen wieder ~ das Knie skirts have come down over the knees again; → Berg 2. – **19.** ~ etwas (*hinaus*) a) (*zeitlich*) beyond, past, b) (*mehr als*) more than, beyond, c) *fig.* beyond, above: du solltest doch ~ dieses Alter hinaus sein you should be beyond (*od.* past) that age by now; sie ist ~ die besten Jahre hinaus she is past (*od.* beyond) her prime; ~ die Zeit arbeiten a) (*länger als vorgeschrieben*) to work over the set time, b) (*Überstunden machen*) to work overtime (*od.* over hours); er ist zwei Stunden ~ die Zeit *colloq.* he is two hours overdue; das geht ~ meine Kräfte that is beyond my strength (*od.* beyond me); ich bin ~ mein Verdienst gelobt worden I have been praised more than I deserved (*od.* beyond my merit); j-n [etwas] ~ alles (*od.* alle Maßen) lieben to love s.o. [s.th.] above all else (*od.* beyond all measure); sie ist ~ alle Maßen (*od.* Begriffe) schön she is incomparably beautiful; ~ jeden Tadel erhaben sein *fig.* to be beyond reproach (*od.* [all] blame); er ist ~ solche Kleinigkeiten erhaben *fig.* he is above such trivialities (*od.* petty things, petty matters); → Horizont 2. - **20.** (*vermittels*) over: ~ eine schmale Treppe gelangten wir in sein Zimmer we reached his room over (*od.* by) a small staircase; einen Aufruf ~ den Rundfunk verlesen to make an appeal over the radio (*od.* the air). - **21.** (*durch, über die Vermittlung von*) through, from: wir haben die Wohnung ~ einen Makler bekommen we got the apartment (*bes. Br.* flat) through a broker; ich erfuhr seine Nummer ~ die Auskunft I got his number from the (*od.*) information. - **22.** (*bei Streckenangaben*) by: bist du ~ die Autobahn gefahren? did you come by the expressway (*bes. Br.* motorway)? - **23.** (*bei Ortsangaben*) (by way of), via: ~ München nach Rom fahren to go to Rome by (*od.* via) Munich; fährt der Bus ~ den Bahnhof? does the bus go by (*od.* go via, pass) the station? - **24.** (*über einen Zeitraum hinweg*) over: bleibst du ~ Nacht? will you stay overnight (*od.* [for] the night)? *Am. auch* will you stop over? seine Haare waren ~ Nacht weiß geworden his hair had grown white overnight; ich bin ~ Weihnachten bei meinen Eltern I'm staying with my parents over (*od.* for) Christmas. - **25.** (*während eines Zeitraums*) over, during: ~ Mittag kommt er nach Hause he comes home over lunchtime, he comes home for lunch. - **26.** *colloq.* (*nach einem Zeitraum*) in: übers Jahr in a year('s time); heute ~ drei Wochen three weeks (from) today, today in three weeks, this day three weeks; ~ Jahr und Tag (*dereinst*) in a year and a day; ~ kurz oder lang sooner or later. - **27.** (*in einer Rangordnung, Folge*) above: er wurde rangmäßig ~ seine Kollegen gestellt he was placed above his colleagues in rank; Musik geht ihm ~ alles he puts music above all (*od.* before all else); es geht nichts ~ ein gutes Buch there is nothing better than (*od.* nothing like) a good book. - **28.** (*bei Herrschaft, Autorität*) over: Herr ~ etwas [j-n] sein to be master over s.th. [s.o.]; der Herr ~ Leben und Tod *fig.* Lord over life and death; ich habe keine Gewalt ~ ihn I have no power over him; sie vermag viel ~ ihn she has great influence over (*od.* on) him; der Sieg der Römer ~ die Gallier the victory of the Romans over the Gauls. - **29.** (*betreffend*) about, (*bei etwas fest Umrissenem*) *auch* on: ~ etwas [j-n] sprechen a) to talk about s.th. [s.o.], b) (*einen Vortrag halten*) to talk on s.th. [s.o.]; er berichtete ~ seine Reise nach Afrika he reported about (*od.* on) his journey to Africa; ein Buch ~ Architektur a book on architecture; sie sprachen ~ Geschäfte they talked (about) business. - **30.** (*bei einer Häufung*) upon: er macht Schulden ~ Schulden he incurs debts upon (*od.* and more) debts; hier wurden Fehler ~ Fehler gemacht mistake upon mistake was made here, they made one mistake after the other here; er sagte einmal ~ das andere (*Mal*), daß he said over and over (again) that, he said time and (time) again that. - **31.** (*im Wert von*) for: ein Scheck ~ 5000 Mark a check (*Br.* cheque) for 5,000 marks. - **32.** es ~ sich (*od.* übers Herz) bringen, etwas zu tun to bring oneself to do s.th., to find it in one's heart to do s.th.: er brachte es nicht ~ sich, den Fisch zu essen he could not bring himself to eat the fish. - **33.** *bes. Northern G. colloq.* (*,nach' bei Zeitangaben*) past, *Am. auch* after: 20 Minuten ~ 12 20 (minutes) past 12. - **34.** *lit.* (*bei Verwünschungen*) Fluch (*die Pest*) ~ dich! curse [the plague] (up)on you! weh ~ die Schurken! woe to the villains! - **35.** (*wegen*) sich ~ etwas [j-n] ärgern to be annoyed about (*od.* at) s.th. [at s.o.]; laß dir ~ diesen Vorfall keine grauen Haare wachsen! *colloq.* don't lose any sleep over this incident! - **36.** sich (*dat*) ~ etwas einig werden to agree (up)on s.th.; deine Meinung ~ ihn your opinion about (*od.* on, of) him; ~ einen Witz lachen to laugh at (*od.* over) a joke; sich ~ etwas hinwegsetzen to ignore (*od.* disregard) s.th.; eine Wandlung kam ~ ihn a change came over him; es kam plötzlich ~ mich it suddenly came over me; ~ etwas erfreut sein to be pleased with s.th. - **III** *adv* → **37.** (*während*) long (*nachgestellt*): den ganzen Tag ~ all (*od.* the whole) day long; den ganzen

Sommer ~ sind wir am Meer we are at the seaside all summer (long); das ganze Jahr ~ all (the) year round. - **38.** (*mehr als*) over, more than, (*bes. bei Altersangaben*) *auch* past: Städte von ~ 50000 Einwohnern, Städte ~ 50000 Einwohner towns of over (*od.* more than) 50,000 inhabitants; er verdient ~ 2000 Mark im Monat he earns more than 2,000 marks per month; Gepäckstücke ~ 50 kg pieces of luggage over (*od.* of more than, exceeding) 50 kg; sie ist ~ 40 (Jahre alt) she is over 40 (years old), she is past 40, she is on the wrong (*od.* shady) side of 40 (*humor.*); Kinder ~ zehn (Jahre) children over ten (years); es ist schon ~ drei Wochen her it is over three weeks since. - **39.** ~ und ~ all over: er war ~ und ~ mit Dreck bespritzt *colloq.* he was covered with dirt all over; sie wurde ~ und ~ rot she blushed all over (*od.* up to her ears); sie stecken ~ und ~ in Schulden they have debts upon debts, they are up to their ears in debt. - **40.** das Gewehr ~! *mil.* (*Kommando*) shoulder arms! *Am.* right (*od.* left) shoulder arms! *Br.* slope arms! - **IV** *adj* ⟨*pred*⟩ **41.** *colloq.* (*übrig*) over, left (over): es sind fünf Mark ~ there are five marks left. - **42.** j-m (in *dat* etwas) ~ sein *colloq.* to outmatch (*od.* outstrip, outdo) s.o. (in s.th.): er ist mir weit ~ a) (*kräftemäßig*) he outmatches me by far (in strength), he is more than a match for me, I am no (*od.* a poor) match for him, b) (*geistig*) he outmatches me by far in intelligence, he is miles (*od.* head and shoulders) above me (in intelligence). - **43.** eine Sache ~ sein *colloq.* (*satt haben*) to be sick (and tired) of s.th. (*colloq.*), to be fed up (*od.* browned off) with s.th. (*sl.*).

,über·'ackern¹ (*getr.* -k·k-) *v/t* ⟨*insep, no* -ge-, h⟩ *agr.* (*Feld etc*) plough (*bes. Am.* plow) (*s.th.*) over (*od.* again).

'über·,ackern² (*getr.* -k·k-) *v/t* ⟨*sep,* -ge-, h⟩ *agr.* plough (*bes. Am.* plow) (*s.th.*) lightly.

'über·ak,tiv *adj* overactive. — 'Über·ak·ti·vi,tät *f* ⟨-; *no pl*⟩ overactivity.

,über'all *adv* **1.** everywhere, all over, all over (*od.* round) the place (*colloq.*), all over the shop (*od.* joint) (*sl.*): ich habe dich ~ gesucht I've looked for you everywhere; Gott ist ~ God is everywhere (*od. lit.* omnipresent), God is in all places; ~ in Deutschland everywhere in Germany, throughout Germany; diese Pflanze ist ~ zu finden this plant is found everywhere; man kann nicht ~ zugleich sein you can't be in two places at one (*od.* the same) time; er ist ~ bekannt he is known everywhere; er ist ~ zu gebrauchen he is very versatile, he can turn his hand to anything (*od.* everything), he is a good hand at anything (*od.* everything); diese Ware ist ~ verbreitet this merchandise is available everywhere; er ist ~ und nirgends zu Hause he is at home everywhere and nowhere; die Leute kamen von ~ her people came from all (arts and) parts (*od.* from all quarters). - **2.** (*bei jeder Gelegenheit*) always, wherever possible: er drängt sich ~ vor he always presses to the fore. - **3.** (*auf allen Gebieten*) in every field: sie weiß ~ Bescheid she is at home in every field.

,über·all'her *adv* from all parts, from everywhere, from all over (*od.* round) the place (*colloq.*): die Glückwünsche kamen ~ the congratulations came from all parts; zu diesem Fest kamen die Leute ~ people came to this festival from all (arts and) parts (*od.* from all quarters).

,über·all'hin *adv* everywhere, all over (*od.* round) the place (*colloq.*): er begleitete sie ~ he accompanied her everywhere.

,über·al'tert *adj* ⟨*meist pred*⟩ **1.** (*Person*) superannuated. - **2.** *sociol.* (*Bevölkerung, Belegschaft etc*) overly aged: die Stadt ist ~ the city has too high a percentage of old people. - **3.** (*überholt, nicht mehr aktuell*) obsolete. - **4.** (*forestry*) (*Baum*) overmature. — ,Über·al·te·rung *f* ⟨-; *no pl*⟩ **1.** (*einer Person*) superannuation. - **2.** ~ eines Volkes *sociol.* rise in the ratio of old people to the total population. - **3.** obsolescence. - **4.** (*forestry*) (*von Bäumen*) overmaturity.

'Über·an·ge,bot *n econ.* (an *dat* of) **1.** (*an Waren*) surplus, glut, excess(ive) supply. - **2.** (*an Arbeitskräften*) surplus.

'über·,ängst·lich *adj* (*Person*) overanxious,

oversolicitous. — 'Über·,ängst·lich·keit *f* ⟨-; *no pl*⟩ overanxiousness, oversolicitude.

,über'an,stren·gen **I** *v/t* ⟨*insep, no* -ge-, h⟩ **1.** j-n ~ to overexert s.o. - **2.** (*Herz, Muskeln etc*) (over)strain: dieses schlechte Licht überanstrengt meine Augen this poor light strains (*od.* tries, is trying for) my eyes. - **3.** (*Kräfte etc*) overtax, overexert. - **4.** (*Pferde etc*) overstrain, overexert, overtax. - **II** *v/reflex* sich ~ **5.** overexert oneself, (over)strain oneself: er hat sich bei der Bergtour überanstrengt he overexerted himself on his mountain hike. - **III** Ü~ *n* ⟨-s⟩ **6.** *verbal noun.* - **7.** *cf.* Überanstrengung. — ,über'an,strengt **I** *pp.* - **II** *adj* (over)strained): du siehst recht ~ aus you look rather strained (*od.* exhausted); meine ~en Nerven my strained (*od.* frayed) nerves. — ,Über'an,stren·gung *f* ⟨-; *no pl*⟩ **1.** *cf.* Überanstrengen. - **2.** strain. - **3.** (*Überbelastung*) overexertion, overstrain. - **4.** (*Zustand*) overstress.

,über'ant,wor·ten **I** *v/t* ⟨*insep, no* -ge-, h⟩ *lit.* (dat to) **1.** (*Verantwortung übertragen*) commit, entrust, hand (*s.o., s.th.*) over: das Kind wurde den Großeltern überantwortet the child was handed over (*od.* committed) to the grandparents(' charge); der Direktor überantwortete mir die Exportabteilung the director put me in charge of the export department. - **2.** *jur.* (*ausliefern*) hand (over, give) (*s.o.*) over, surrender: der Verbrecher wurde dem Gericht überantwortet the criminal was surrendered to the court (of justice). - **II** *v/reflex* sich ~ **3.** *jur.* surrender oneself: sich dem Gericht [der Polizei] ~ to surrender oneself to the court (of justice) [the police]. - **III** Ü~ *n* ⟨-s⟩ **4.** *verbal noun.* — ,Über'ant,wor·tung *f* ⟨-; *no pl*⟩ **1.** *cf.* Überantworten. - **2.** *jur.* surrender, (*Einlieferung*) delivery.

'Über·,an,zug *m* **1.** (*fashion*) overalls *pl*, dungarees *pl*. - **2.** (*space*) (*Raumfahrerkombination*) outer suit.

,über·'ar·bei·ten **I** *v/t* ⟨*insep, no* -ge-, h⟩ **1.** (*Aufsatz, Manuskript, Roman etc*) revise, touch (*s.th.*) up, retouch: du mußt diesen Artikel nochmals ~ you'll have to revise this article again. - **2.** (*Gemälde, Skulpturen etc*) touch (*s.th.*) up, retouch. - **3.** (*handwerklich*) rework. - **II** *v/reflex* sich ~ **4.** overwork (oneself), work oneself to the bone: er hat sich vollkommen überarbeitet he has been overworking completely, he has been working himself to the bone. - **III** Ü~ *n* ⟨-s⟩ **5.** *verbal noun.* - **6.** *cf.* Überarbeitung. — ,über·'ar·bei·tet **I** *pp.* - **II** *adj* **1.** (*Aufsatz etc*) revised, retouched, touched-up (*attrib*). - **2.** (*Gemälde etc*) retouched, touched-up (*attrib*), done over (*pred*). - **3.** (*handwerkliches Arbeitsstück*) reworked. - **4.** (*Mensch*) overworked, (*bes. bei nervlicher Beanspruchung*) overwrought. — 'Über·'ar·bei·tung *f* ⟨-; -en⟩ **1.** *cf.* Überarbeiten. - **2.** (*eines Aufsatzes etc*) revision, retouch. - **3.** (*eines Gemäldes etc*) retouch. - **4.** (*only sg*) overwork: ich bin durch ständige ~ völlig erschöpft I am completely exhausted from continuous overwork.

'Über·,är·mel *m* (*Ärmelschoner*) oversleeve, sleevelet.

'über·,aus *adv* exceedingly, extremely: er war ~ freundlich he was exceedingly friendly; er hat ~ heftig reagiert he reacted extremely violently.

,über·'backen¹ (*getr.* -k·k-) *v/t* ⟨*irr, insep, no* -ge-, h⟩ *gastr.* gratinate, brown (*s.th.*) (on top), crust.

,über·'backen² (*getr.* -k·k-) **I** *pp* of überbacken¹. - **II** *adj gastr.* au gratin, gratiné, browned on top.

'Über·,bau¹ *m* ⟨-(e)s; -e u. -ten⟩ **1.** *civ.eng.* a) (*einer Brücke etc*) superstructure, b) (*vorstehender Teil*) projecting part. - **2.** *fig.* (*von Institutionen*) superstructure.

'Über·,bau² *m* ⟨-(e)s; *rare* -e⟩ *philos.* superstructure.

,über·'bau·en *v/t* ⟨*insep, no* -ge-, h⟩ *civ.eng.* build (*s.th.*) over, overbuild: der Hof wurde mit einem Dach überbaut the yard was built over with a roof.

'über·be·an,spru·chen **I** *v/t* ⟨*insep, no* -ge-, h⟩ **1.** j-n ~ to overtax (*od.* overwork) s.o. - **2.** (*Gebrauchsgegenstände*) overuse. - **3.** *tech.* (*Werkstoffe*) a) (*elastisch*) overstress, b) (*verformend*) overstrain, c) (*belastend*) overload. - **II** Ü~ *n* ⟨-s⟩ **4.** *verbal noun.* - **5.** *cf.* Überbeanspruchung. —

'über·be·an·sprucht I pp. – **II** adj **1.** (Person) overtaxed, overworked. – **2.** (Gebrauchsgegenstand) overused. – **3.** tech. a) overstressed, b) overstrained, c) overloaded. — **'Über·be·an·spru·chung** f ⟨-; no pl⟩ **1.** cf. Überbeanspruchen. – **2.** overtaxation. – **3.** overuse. – **4.** tech. a) overstress, b) overstrain, c) overload.

'Über·be·bau·ung f ⟨-; no pl⟩ arch. overbuilding.

'Über·be·darf m econ. (an dat for) excess(ive) demand.

'über·be·hal·ten v/t ⟨irr, sep, no -ge-, h⟩ **1.** (Mantel, Umhang etc) keep (s.th.) round one's shoulders. – **2.** colloq. for übrigbehalten.

'Über·bein n **1.** med. a) (Ganglion) ganglion, synovial cyst, b) (Knochenvorsprung) exostosis, c) (Knoten) node. – **2.** vet. (am Pferdefuß) ringbone.

'über·be·la·den v/t ⟨only inf u. pp überbeladen, h⟩ (Auto, Schiff, Flugzeug etc) overload, (Schiff) auch overlade.

'über·be·la·sten I v/t ⟨only inf u. pp überbelastet, h⟩ **1.** tech. (Maschinen etc) overload. – **2.** electr. cf. überlasten 2. – **3.** (Fahrzeuge) overload, overcharge. – **4.** econ. a) (Fonds) surcharge, overcharge, overdraw, b) (Budget) overtax, overburden. – **II Ü~** n ⟨-s⟩ **5.** verbal noun. – **6.** cf. Überbelastung. — **'über·be·la·stet I** pp. – **II** adj **1.** tech. (Maschine etc) overloaded. – **2.** electr. cf. überlastet 2. – **3.** (Fahrzeug) overloaded, overcharged. – **4.** econ. a) (Konto) surcharged, overcharged, overdrawn, b) (Budget) overtaxed, overburdened. — **'Über·be·la·stung** f ⟨-; no pl⟩ **1.** cf. Überbelasten. – **2.** tech. a) (Vorgang) overloading, b) (Überlast) excess load, overload. – **3.** electr. cf. Überlastung 3.

'über·be·le·gen v/t ⟨only inf u. pp überbelegt, h⟩ (Hotel, Krankenhaus, Zimmer etc) overcrowd, fill (s.th.) beyond (its intended) capacity. — **'über·be·legt I** pp. – **II** adj overcrowded, filled beyond capacity.

'über·be·lich·ten phot. **I** v/t ⟨only inf u. pp überbelichtet, h⟩ **1.** (Film, Platte etc) overexpose. – **II Ü~** n ⟨-s⟩ **2.** verbal noun. – **3.** cf. Überbelichtung. — **'über·be·lich·tet I** pp. – **II** adj overexposed. — **'Über·be·lich·tung** f ⟨-; no pl⟩ **1.** cf. Überbelichten. – **2.** overexposure.

'über·be·lie·fern v/t ⟨only inf u. pp überbeliefert, h⟩ econ. (Geschäft, Lagerhaus etc) overstock.

'Über·be·schäf·ti·gung f ⟨-; no pl⟩ econ. overemployment.

'über·be·set·zen v/t ⟨only inf u. pp überbesetzt, h⟩ **1.** (Schulklasse etc) overcrowd. – **2.** (Behörde, Betrieb etc) overstaff. — **'über·be·setzt I** pp. – **II** adj **1.** overcrowded. – **2.** overstaffed.

'über·be·sie·delt adj sociol. (Gebiet etc) overpopulated.

'Über·be·sie·de·lung, 'Über·be·sied·lung f ⟨-; no pl⟩ sociol. (einer Gegend) overpopulation, excessive density of population.

'über·be·steu·ern econ. **I** v/t ⟨only inf u. pp überbesteuert, h⟩ overtax. – **II Ü~** n ⟨-s⟩ verbal noun. — **'Über·be·steue·rung** f ⟨-; no pl⟩ **1.** cf. Überbesteuern. – **2.** overtaxation, excessive taxation.

'über·be·to·nen v/t ⟨insep, no -ge-, h⟩ auch fig. overstress, overemphasize Br. auch -s-, overaccentuate: eine Silbe [ein Wort] ~ to overstress a syllable [a word]; er hat diese Entwicklung überbetont fig. he has overemphasized this development. – **II Ü~** n ⟨-s⟩ verbal noun. — **'Über·be·to·nung** f ⟨-; no pl⟩ **1.** cf. Überbetonen. – **2.** overstress, overemphasis, overaccentuation.

'über·be·völ·kern v/t ⟨only inf u. pp überbevölkert, h⟩ cf. übervölkern. — **'über·be·völ·kert I** pp. – **II** adj cf. übervölkert II. — **'Über·be·völ·ke·rung** f ⟨-; no pl⟩ cf. Übervölkerung.

'über·be·wer·ten I v/t ⟨insep, no -ge-, h⟩ **1.** econ. overrate, overestimate, overvalue: sein Vermögen ist vom Finanzamt überbewertet worden his assets have been overestimated by the tax authorities. – **2.** fig. overrate, overestimate, overvalue, overprize: sie haben seine Fähigkeiten überbewertet fig. they have overrated his abilities. – **3.** (sport) (Kür etc) overmark. – **II Ü~** n ⟨-s⟩ **4.** verbal noun. – **5.** cf. Überbewertung 2. — **'Über·be·wer-**

tung f ⟨-; -en⟩ **1.** cf. Überbewerten. – **2.** overestimation. – **3.** econ. (Ergebnis) overestimate.

'über·be·zah·len I v/t ⟨insep, no -ge-, h⟩ **1.** j-n ~ to overpay s.o. – **2.** etwas ~ to pay too much (od. in excess) for s.th., to overpay (on od. for) s.th., to pay through the nose for s.th. – **II Ü~** n ⟨-s⟩ **3.** verbal noun. — **'Über·be·zah·lung** f ⟨-; no pl⟩ **1.** cf. Überbezahlen. – **2.** overpayment.

'über·bie·gen v/reflex ⟨irr, sep, -ge-, h⟩ sich ~ bend over: die Turnerin bog sich nach vorne über the gymnast bent over forward(s).

,über·bie·gen² v/t ⟨irr, insep, no -ge-, h⟩ overbend.

,über·bie·ten I v/t ⟨irr, insep, no -ge-, h⟩ **1.** (bei einer Versteigerung) outbid, overbid: sein hohes Angebot wurde noch um 5000 Mark überboten his high offer was outbid by 5,000 marks. – **2.** j-n in (dat) etwas ~ to excel (od. outdo, surpass) s.o. in (od. at) s.th.: sie überboten sich in Höflichkeiten they outdid each other (od. one another) in civilities. – **3.** (übertreffen) beat, best (colloq.): niemand konnte bis jetzt seinen Rekord ~ nobody has yet managed to beat his record; das überbietet alles bisher Dagewesene that beats (od. crowns, surpasses) all; diese Frechheit ist nicht zu ~ this is the height of insolence. – **II** v/i **4.** (games) make a higher call (od. bid): wer überbietet? who makes a higher call? – **III** v/reflex **5.** sich selbst in (dat) etwas ~ to outdo (od. excel, pass) oneself in s.th.: er überbot sich mit dieser Leistung selbst he outdid himself with this achievement. – **IV Ü~** n ⟨-s⟩ **6.** verbal noun. – **7.** cf. Überbietung. — **,über·bie·tend I** pres p. – **II** adj (in Wendungen wie) eine alles ~e Leistung a record achievement; das ist ein nicht zu ~er Erfolg this is an unrival(l)ed (od. unparallel[l]ed) success.

,Über·bie·ter m ⟨-s; -⟩ (bei Versteigerungen) outbidder.

,Über·bie·tung f ⟨-; no pl⟩ **1.** cf. Überbieten. – **2.** (höheres Angebot) overbid. – **3.** (games) higher call (od. bid).

'über·bin·den¹ v/t ⟨irr, sep, -ge-, h⟩ bind (s.th.) over.

,über·bin·den² v/t ⟨irr, insep, no -ge-, h⟩ Swiss j-m etwas ~ (Aufgabe etc) to charge s.o. with s.th.

'Über·biß m med. overbite, supraocclusion (scient.).

,über·bla·sen v/t u. v/i ⟨irr, insep, no -ge-, h⟩ mus. overblow.

,über·blat·ten v/t ⟨insep, no -ge-, h⟩ tech. **1.** (Bauholz) rebate, scarf, half the joint of. – **2.** (Schienen) scarf.

,über·blät·tern¹ v/t ⟨insep, no -ge-, h⟩ (Buchstelle, Seite etc) skip (over), miss out on.

,über·blät·tern² v/t ⟨insep, no -ge-, h⟩ cf. durchblättern¹.

'über·blei·ben v/i ⟨irr, sep, -ge-, sein⟩ colloq. for übrigbleiben 1.

'Über·bleib·sel [-ˌblaipsəl] n ⟨-s; -⟩ **1.** (einer Speise) leftover: die ~ unseres Mittagessens the leftovers (od. leavings, remains) of our lunch. – **2.** fig. (überkommene Einrichtung, Institution etc) survival, relic, remnant: dieser Aberglaube ist ein ~ aus alter Zeit this superstition is a survival from earlier times. – **3.** (Stoff-, Papierreste etc) remnant, oddment: aus diesem ~ kann ich noch ein Puppenkleid machen I can still make a doll's dress from this remnant. – **4.** meist pl (eines Bauwerks, Tempels etc) remains pl, ruins pl, (Trümmer) auch debris.

'Über·blend·au·to·ma·tik f (an Filmkamera) **1.** electro- (od. auto-)fade, electronic fade-in/fade-out control. – **2.** (für Bildüberlagerung) automatic (auch lap) dissolve.

,über·blen·den I v/i ⟨insep, no -ge-, h⟩ **1.** (film) a) change from one film scene to another (by fade-in/fade-out), b) (durch Bildüberlagerung) dissolve, c) (durch sofortigen Szenenübergang) change over, e) (zwischen Projektoren) change over, e) (durch Szenenwechsel zwischen Simultanereignissen) crosscut, intercut: nach der nächsten Szene ~ wir we have a transition after the next sequence. – **2.** (bei Tontechnik) fade over. – **II Ü~** n ⟨-s⟩ **3.** verbal noun. — **,Über·blen·dung** f ⟨-; -en⟩ **1.** cf. Überblenden. – **2.** (film) a) (durch Abblenden) fade (od. fade-in/fade-out) effect, b) (durch Bildüber-

lagerung) automatic (auch lap) dissolve, c) (durch sofortigen Szenenübergang) cut, d) (zwischen Projektoren) changeover. – **3.** (beim Ton) fade-over.

'Über·blick m **1.** (Aussicht) general view, (weite Aussicht) panorama, panoramic view: von dieser Stelle hat man einen schönen ~ über die Stadt there is a good panoramic view of the town from this point. – **2.** fig. survey, general account, view: der Vortragende gab einen umfassenden ~ über die moderne Physik the lecturer gave a comprehensive survey of modern physics; dieses Buch gibt einen ausgezeichneten ~ über die moderne Kunst this book gives an excellent general account of modern art. – **3.** fig. (Bild, Vorstellung) general idea: ich muß mir erst einmal einen ~ verschaffen I must first study the lie of the land, I must first see what's what; ich muß mir erst einen ~ über dieses Fachgebiet verschaffen I must first acquire (od. get) a general idea of this field, I must first orient(ate) myself (with)in (od. with) this field; er hat einen guten ~ über dieses Fachgebiet he has a good general knowledge of this field. – **4.** ⟨only sg⟩ (Übersicht) grasp: ihm fehlt der rechte ~ he lacks the proper grasp; er hatte den ~ über die Lage verloren he had completely lost track of things. – **5.** cf. Abriß¹ 1.

,über·blicken (getr. -k·k-) v/t ⟨insep, no -ge-, h⟩ **1.** cf. übersehen¹ 1. – **2.** fig. (Lage etc) sum up, grasp, have a clear view of: er überblickte die Lage sofort he summed up the situation immediately, he immediately saw how things were standing; er überblickt noch nicht, was hier vorgeht he does not yet grasp what is going on here; das kann ich noch nicht genau ~ I am not clear about (od. on) that yet, I can't say yet exactly; es ist noch nicht zu ~, ob es still unclear whether; soweit ich die Angelegenheit überblicke as far as I can see, the way I have it (od. things).

'über·bor·den¹ [-ˌbɔrdən] v/i ⟨sep, -ge-, sein⟩ (von Fluß etc) overflow (its banks), burst its banks.

,über·bor·den² v/i ⟨insep, no -ge-, h u. sein⟩ Swiss for ausarten 1.

'Über·bord|spü·len n mar. washing overboard. — **~,wer·fen** n jettison.

'Über·bor·säu·re f ⟨-; no pl⟩ chem. perboric acid (HBO₃).

'Über·bre·cher m mar. breaker.

,über·brin·gen I v/t ⟨irr, insep, no -ge-, h⟩ **1.** j-m etwas ~ to bring (od. deliver, gehobener present) s.th. to s.o.: ich überbrachte ihm eine Nachricht von seiner Frau I delivered him a message from his wife; er überbrachte ihm unsere Glückwünsche he gave (od. conveyed) him our congratulations. – **II Ü~** n ⟨-s⟩ **2.** verbal noun. – **3.** cf. Überbringung.

,Über·brin·ger m ⟨-s; -⟩ **1.** bringer, deliverer, (gehobener) presenter, auch presentor. – **2.** econ. (eines Schecks, Wechsels etc) bearer: zahlbar an ~ payable to bearer; durch ~ per bearer. — **~,klau·sel** f econ. bearer clause. — **~,scheck** m econ. bearer check, Br. bearer-cheque.

,Über·brin·gung f ⟨-; no pl⟩ **1.** cf. Überbringen. – **2.** delivery, (gehobener) presentation.

,über·brück·bar adj **1.** (Gegensätze, Zwiespälte etc) reconcilable, bridgeable. – **2.** (Zeitspannen etc) bridgeable.

,über·brücken (getr. -k·k-) **I** v/t ⟨insep, no -ge-, h⟩ **1.** (Fluß, Tal etc) bridge, span (s.th.) with a bridge. – **2.** fig. (Gegensätze, Zwiespälte etc) bridge, reconcile: es gelang ihm, die Kluft zwischen ihnen zu ~ he succeeded in bridging the gulf between them. – **3.** fig. (Zeitspannen, Geldmangel etc) bridge: um den Geldmangel zu ~, bekamen wir von unserer Bank einen Kredit our bank granted us an interim loan (od. a loan to tide us over). – **4.** electr. a) (Widerstand) bypass, b) (Pole) bridge, c) (nebenschließen) shunt. – **II Ü~** n ⟨-s⟩ **5.** verbal noun. — **,Über·brückung** (getr. -k·k-) f ⟨-; no pl⟩ **1.** cf. Überbrücken. – **2.** (Brücke, Überführung) bridge, viaduct. – **3.** (von Gegensätzen etc) reconciliation. – **4.** electr. a) bypass, b) bridging, c) (Nebenschluß) shunt.

,Über·brückungs|bei·hil·fe (getr. -k·k-) f econ. cf. Überbrückungshilfe. — **~,draht** m electr. jumper. — **~,gel·der** pl econ.

tiding-over funds, stopgap moneys (*Am. auch* monies). — **~,hil·fe** *f* stopgap relief, readjustment allowance, interim aid. — **~,klem·me** *f electr.* bridge (*od.* bypass, shunt) connector. — **~kre,dit** *m econ.* interim (*od.* temporary) credit (*od.* loan), stopgap loan. — **~re,ser·ve** *f*, **~,vor,rat** *m* interim (*od.* tiding-over, stopgap) reserve. — to outyell s.o.

,über'brül·len *v/t* ⟨*insep, no* -ge-, h⟩ j-n ~ to outyell s.o.

,über'bür·den [-'bʏrdən] **I** *v/t* ⟨*insep, no* -ge-, h⟩ overburden: j-n mit Steuern ~ to overburden s.o. with taxes, to overtax s.o.; j-n mit Arbeit ~ to overburden s.o. with work, to overwork (*od.* overtask) s.o. — **II Ü~** *n* ⟨-s⟩ *verbal noun.* — **,Über'bür·dung** *f* ⟨-; *no pl*⟩ *cf.* Überbürden.

'über,chlor|,sau·er *adj chem.* perchloric: überchlorsaures Salz perchlorate. — **Ü~,säu·re** *f* ⟨-; *no pl*⟩ perchloric acid (HClO₄). **'Über,chrom,säu·re** *f* ⟨-; *no pl*⟩ *chem.* perchromic acid (H₃CrO₈ · 2H₂O).

,über'da·chen I *v/t* ⟨*insep, no* -ge-, h⟩ **1.** (*ein Stadion etc*) roof in (*od.* over). — **2.** *fig.* canopy. — **II Ü~** *n* ⟨-s⟩ **3.** *verbal noun.* **,über'dacht**[1] *pp of* überdachen. — **II** *adj* (*Stadion etc*) roofed: ~e Vorhalle porch. **,über'dacht**[2] *pp of* überdenken.

,Über'da·chung *f* ⟨-; -en⟩ **1.** *cf.* Überdachen. — **2.** (*Dach*) roof(ing).

'Über,dampf *m* ⟨-(e)s; *no pl*⟩ *tech.* excess steam.

,über'dau·ern I *v/t* ⟨*insep, no* -ge-, h⟩ **1.** (*Kriege, Zeitraum etc*) outlast, outlive, survive: sein Werk hat sein Leben überdauert his work outlasted him. — **2.** (*bes. von Produkten etc*) outwear, outlast. — **II Ü~** *n* ⟨-s⟩ **3.** *verbal noun.* — **,über'dau·ernd I** *pres p.* — **II** *adj bot.* cf. ausdauernd **4.**

'Über,decke (*getr.* -k·k-) *f* cover(let), bedspread, bedcover.

,über'decken[1] (*getr.* -k·k-) **I** *v/t* ⟨*insep, no* -ge-, h⟩ **1.** etwas mit (*od.* durch) etwas ~ to cover s.th. over with s.th., to overlay s.th. with s.th. — **2.** (*Farbe*) (mit, durch with) cover. — **3.** *fig.* veil, disguise, mask, shroud. — **4.** *gastr.* (*Geschmack*) mask. — **5.** *tech.* a) (*verbergen*) conceal, mask, b) (*überlappen*) overlap, c) (*Räderzähne*) engage, overlap, d) (*Führungsbahnen*) guard. — **6.** (*durch Störsender*) blanket. — **7.** *phot.* mask. — **II Ü~** *n* ⟨-s⟩ **8.** *verbal noun.* **'über,decken**[2] (*getr.* -k·k-) *v/t* ⟨*sep,* -ge-, h⟩ *colloq.* (*Decke, Tischtuch etc*) lay, spread: ein neues Tischtuch ~ to lay (*od.* put) a new tablecloth on the table.

,über'deckt I *pp of* überdecken[1]. — **II** *adj* **1.** *biol.* (*Erbfaktor*) recessive. — **2.** *med.* (*Symptom*) masked, disguised.

,Über'deckung (*getr.* -k·k-) *f* ⟨-; -en⟩ **1.** *cf.* Überdecken[1]. — **2.** (*radio*) *telev.* (covering) range.

,Über'deckungs,kar·te (*getr.* -k·k-) *f* (*radio*) *telev.* range map.

,über'deh·nen I *v/t* ⟨*insep, no* -ge-, h⟩ **1.** overstretch, elongate (*s.th.*) excessively. — **2.** *tech.* strain. — **3.** *med.* (*Sehne*) overstretch. — **II Ü~** *n* ⟨-s⟩ **4.** *verbal noun.* **,Über'deh·nung** *f* ⟨-; -en⟩ **1.** *cf.* Überdehnen. — **2.** *med.* a) (*eines Gelenks*) hyperextension, b) (*eines Muskels od. einer Sehne*) strain, c) (*Überspannung*) overdistension, overtraction.

,über'den·ken *v/t* ⟨*irr, insep, no* -ge-, h⟩ think (*s.th.*) over, turn (*s.th.*) over in one's mind, consider: er wollte die Sache noch einmal ~ he wanted to think the matter over (*od.* he wanted to give the matter further consideration, to reconsider the matter).

,über'dies *adv* **1.** (*ohnehin*) anyway, anyhow, in any case. — **2.** (*außerdem*) besides, moreover, furthermore, what is more.

'über-di-men-sio,nal *adj* (*Bild etc*) oversize, mammoth (*beide attrib*).

'über-di-men-sio,niert *adj* oversized.

'über,ding·lich *adj philos.* supersubstantial.

'über,do,sie·ren *bes.* **I** *v/t* ⟨*insep, no* -ge-, h⟩ overdose, exceed the proper dose of. — **II Ü~** *n* ⟨-s⟩ *verbal noun.* — **'Über,do,sie·rung** *f* ⟨-; *no pl*⟩ **1.** *cf.* Überdosieren. — **2.** overdosage.

'Über,do·sis *f* overdose.

,über'dre·hen[1] *v/t* ⟨*insep, no* -ge-, h⟩ *tech.* **1.** (*Uhrfeder etc*) overwind. — **2.** (*Motor*) overspeed. — **3.** (*Gewinde*) strip. — **4.** (*Schrauben*) overturn.

,über'dre·hen[2] *v/t* ⟨*sep,* -ge-, h⟩ *tech.* finish-turn, give (*s.th.*) a light cut.

,über'dreht I *pp of* überdrehen[1]. — **II** *adj*

---

fig. colloq. **1.** *oft contempt.* eccentric. — **2.** (*bes. Kind*) overexcited.

'Über,druck[1] *m* ⟨-(e)s; ⁺e⟩ **1.** *tech.* overpressure, excess pressure. — **2.** *phys.* pressure above the atmosphere.

'Über,druck[2] *m* ⟨-(e)s; -e⟩ **1.** *print.* surprint, overprint. — **2.** *philat.* (*auf Briefmarken*) overprint.

'Über,druck·at·mo,sphä·re *f phys.* high-pressure atmosphere.

,über'drucken (*getr.* -k·k-) *v/t* ⟨*insep, no* -ge-, h⟩ **1.** *print.* surprint, overprint. — **2.** *philat.* overprint.

'Über,druck|ka,bi·ne, **~,kam·mer** *f tech.* pressure (*od.* pressurized) cabin. — **~,pa·pier** *n* ⟨-s; *no pl*⟩ *print.* (*in der Lithographie*) transfer paper. — **~tur,bi·ne** *f tech.* reaction turbine. — **~,tu·sche** *f print.* (*in der Lithographie*) transfer ink. — **~,ven,til** *n tech.* pressure relief valve. — **~,wind·ka,nal** *m* compressed-air tunnel.

'Über,druß [-,drus] *m* ⟨-sses; *no pl*⟩ **1.** (an *dat of*) weariness, tiredness: ~ am Leben weariness of life. — **2.** (*Übersättigung*) satiety, surfeit: bis zum ~ to (the point of) satiety, to (a) surfeit. — **3.** (*Ekel*) disgust.

,über'drüs·sig [-,drʏsɪç] *adj* **1.** einer Sache [Person] ~ sein to be weary (*od.* tired, *poet.* aweary) of s.th. [s.o.]: des Wartens ~ tired of waiting; der Welt ~ weary of the (*od.* this) world, world-weary; sie ist meiner (*od. colloq.* mich) ~ she is (*od.* has) tired of me. — **2.** einer Sache [Person] ~ werden to weary (*od.* tire, sicken) of s.th., to grow weary (*od.* tired) of s.th. [s.o.].

,über,durch,schnitt·lich I *adj* **1.** above average: seine Leistungen sind ~ his achievements are above average. — **2.** (*sehr gut*) outstanding, exceptional. — **II** *adv* **3.** ~ gut outstandingly (*od.* exceptionally, extraordinarily) good; ein ~ begabtes Kind a child with above-average intelligence.

,über'eck *adv* diagonally, crosswise, at an angle.

'Über,ei·fer *m* ⟨-s; *no pl*⟩ **1.** overeagerness, overkeenness, overzealousness, oversolicitude. — **2.** (*übertriebene Geschäftigkeit*) officiousness, busybodyism. — **'über,eif·rig** *adj* **1.** overeager, overkeen, overzealous, oversolicitous. — **2.** (*übertrieben geschäftig*) officious: ein ~er Mensch an officious person, a busybody.

,über'eig·nen I *v/t* ⟨*insep, no* -ge-, h⟩ j-m etwas ~ to make s.th. over to s.o., to convey (*od.* assign) s.th. to s.o., to place s.th. in s.o.'s custody: etwas zur Sicherung ~ to assign s.th. for security. — **II Ü~** *n* ⟨-s⟩ *verbal noun.* — **,Über'eig·nung** *f* ⟨-; -en⟩ **1.** *cf.* Übereignen. — **2.** assignment, (*bes. von Grundeigentum*) conveyance, assurance (*rare*): unentgeltliche ~ voluntary conveyance.

,Über'eig·nungs|,klau·sel *f jur.* granting clause. — **~,ur,kun·de** *f* **1.** bill of sale. — **2.** (*Abtretungsurkunde*) deed of assignment. — **~,ver,trag** *m* contract of assignment.

'Über,ei·le *f* (over)haste: in der ~ hat er die Autopapiere vergessen in his haste he forgot his car papers.

,über'ei·len I *v/t* ⟨*insep, no* -ge-, h⟩ **1.** (*Abreise, Entschluß, Vorhaben etc*) rush, hurry, precipitate: ~ Sie nichts! don't rush things (*od.* matters). — **2.** *obs. for* ereilen. — **II** *v/reflex* sich ~ **3.** hurry: übereile dich nicht damit! don't do it too hurriedly, don't rush (*od.* hurry) through it, take your time (with it). — **III Ü~** *n* ⟨-s⟩ **4.** *verbal noun.*

'über,ei·lig *adj* ⟨*pred*⟩ rash, overhasty: du warst in deinem Entschluß etwas ~ you were rather rash in your decision.

,über'eilt I *pp.* — **II** *adj* **1.** (*Schritt, Zusage, Lob etc*) rash, overhasty, precipitate, precipitant, brash (*colloq.*): ~e Schlüsse ziehen to jump to conclusions; das war zu ~ that was too rash. — **2.** (*voreilig*) premature. — **3.** (*überstürzt*) headlong. — **III** *adv* **4.** ~ handeln to act rashly.

,Über'ei·lung *f* ⟨-; *no pl*⟩ **1.** *cf.* Übereilen. — **2.** rashness, haste, precipitation, precipitancy, *auch* precipitance.

,über,ein'an·der *adv* **1.** (*liegend*) one on top of the other, one upon another (*od.* the other). — **2.** (*hängend, stehend*) one above (*od.* over) the other. — **3.** (*Gegenseitigkeit ausdrückend*) ~ sprechen to talk about each other (*od.* one another). — **~ge,schla·gen I** *pp of* übereinanderschlagen. —

II *adj* mit ~en Armen [Beinen] with one's arms folded [legs crossed]. — **~,grei·fen** *v/i* ⟨*irr, sep,* -ge-, h⟩ (*von Dachziegeln etc*) overlap. — **~,le·gen I** *v/t* ⟨*sep,* -ge-, h⟩ **1.** lay (*od.* put) (*things*) on top of each other (*od.* one another), lay (*od.* put) (*things*) one upon (*od.* on top of) another (*od.* the other): ich habe die Bücher übereinandergelegt I laid the books one upon another. — **2.** (*in einem Haufen*) stack (up), pile up. — **3.** *bes. math.* superpose. — **II Ü~** *n* ⟨-s⟩ **4.** *verbal noun.* — **~,lie·gen** *v/i* ⟨*irr, sep,* -ge-, h *u.* sein⟩ lie on top of each other (*od.* one another). — **~,lie·gend I** *pres p.* — **II** *adj* **1.** (*Gegenstände etc*) superimposed, lying on top of each other (*od.* one another). — **2.** *bes. geol. math.* overlying, superposed. — **3.** *tech.* (*Stoß etc*) overlapping. — **4.** *zo.* (*Schuppen etc*) imbricated. — **~,schich·ten I** *v/t* ⟨*sep,* -ge-, h⟩ **1.** arrange (*od.* pile) (*things*) in layers, pile up, stack (up). — **2.** *geol.* superimpose, superpose. — **II Ü~** *n* ⟨-s⟩ **3.** *verbal noun.* — **~,schich·tung** *f* ⟨-; *no pl*⟩ **1.** *cf.* Übereinanderschichten. — **2.** arrangement in layers. — **3.** *bes. geol.* superimposition, superposition. — **~,schla·gen** *v/t* ⟨*irr, sep,* -ge-, h⟩ **1.** (*Arme*) fold. — **2.** (*Beine*) cross. — **Ü~,ste·hen** *n bot.* (*von Blättern*) anteposition, superposition. — **~,stel·len I** *v/t* ⟨*sep,* -ge-, h⟩ **1.** put (*od.* set) (*things*) on top of each other (*od.* one another), put (*od.* set) (*things*) one upon (*od.* on top of) another (*od.* the other). — **2.** (*in einem geordneten Haufen*) stack (up), pile up. — **II Ü~** *n* ⟨-s⟩ **3.** *verbal noun.* — **~,wer·fen** *v/t* ⟨*irr, sep,* -ge-, h⟩ throw (*things*) on top of each other (*od.* one another), throw (*things*) one upon (*od.* on top of) another (*od.* the other).

,über'ein,kom·men *v/i* ⟨*irr, sep,* -ge-, sein⟩ **1.** (darin) ~, daß to agree that: man kam darin überein, daß die Sondersteuer unzulässig sei it was agreed that the extra tax (*od.* surtax) was inadmissible; man kam überein zu it was agreed that. — **2.** (darin) ~, etwas zu tun to agree to do s.th., to agree on doing s.th.: sie kamen überein, die Forderung abzulehnen they agreed to refuse (*od.* on refusing) the demand. — **3.** über (*acc*) etwas ~ to agree (up)on s.th., *bes. jur. econ.* (*vertraglich*) *auch* to stipulate for s.th.: sie kamen über folgendes überein they agreed on the following; wir müssen mit ihnen über eine Lösung des Falles ~ we have to reach an agreement (*od.* have to come to terms) with them on a solution of the case.

,Über'ein,kom·men *n* ⟨-s; -⟩ (über *acc* on, about, concerning) **1.** agreement, understanding: ein stillschweigendes ~ a tacit (*od.* an implicit) agreement; (mit j-m) ein ~ treffen to make (*od.* enter into) an agreement (with s.o.), to come to terms (with s.o.); es konnte kein ~ erzielt werden no agreement (*od.* understanding) could be reached. — **2.** *jur.* a) (*bes. im Völkerrecht*) agreement, convention, b) (*nach einem vorangegangenen Streit*) settlement.

,Über'ein,kunft *f* ⟨-; ⁺e⟩ *cf.* Übereinkommen: Zahlungsweise nach ~ laut, gemäß ~ mode (*od.* method) of payment as per (*od.* as arranged by, according to) agreement (*od.* understanding), mode of payment (as) agreed upon; zu einer ~ gelangen to reach (*od.* come to) an agreement, to come to terms.

,über'ein,stim·men I *v/i* ⟨*sep,* -ge-, h⟩ **1.** mit j-m (in *dat* etwas) ~, mit j-s Meinung (*od.* Auffassung) (über *acc* etwas) ~ to agree with s.o. (on s.th. *od.* about s.th.), to concur with s.o. (in s.th.), to share s.o.'s opinion (on s.th.): in politischen Fragen stimmen wir immer (miteinander) überein we always agree (with each other) on political questions, we are always of the same opinion on political questions; hierin (*od.* in diesem Punkt) stimmen sie nicht [mit uns] überein they do not agree (*od.* they disagree) [with us] on (*od.* in) this matter, they differ [with us *od.* from us] on (*od.* in) this matter; alle stimmen vollkommen darin überein, daß everyone agrees wholeheartedly that. — **2.** mit etwas (in *dat* etwas) ~ a) (*in äußerer Form u. Gestalt*) to correspond with s.th. (in s.th.), to be identical with s.th. (in s.th.), b) (*inhalts-, aussagemäßig*) to correspond (*od.* tally, agree) with s.th. (in s.th.), (*genauer*) to be identical with (*od.* to) s.th. (in s.th.), c) (*wert-, zahlenmäßig*) to tally (*od.* correspond) with s.th. (in s.th.), (*genauer*) to be identical with (*od.* to) s.th. (in s.th.), d) (*zeitlich*) to correspond (*od.* synchronize *Br. auch* -s-) with s.th. (in s.th.), e) (*in Farbe, Muster, Struktur etc zueinander passen*) to match s.th. (in s.th.), to harmonize (*Br. auch* -s-) (*od.* blend, go well) with s.th. (in s.th.), f) *ling.* (*von Verb, Adjektiv etc*) to agree with s.th. (in s.th.): die beiden Busse stimmen in Größe und Farbe genau (miteinander) überein the two bus(s)es correspond exactly (*od.* are identical) (with each other) in size and colo(u)r; der Artikel stimmt in allen Punkten mit den Tatsachen überein the article corresponds exactly (*od.* tallies, agrees) with the facts in all points; die Zeugenaussagen stimmten nicht überein the witnesses' statements did not correspond (*od.* tally, agree) (with each other), the witnesses' statements differed; der Gegenstand stimmt mit der Beschreibung überein the object corresponds with (*od.* answers [to]) the description; Soll und Haben müssen ~ debit and credit must tally; die beiden Farben stimmen gut überein the two colo(u)rs match (*od.* blend) well; die Tapete stimmt mit dem Vorhang nicht überein the wallpaper does not match (*od.* go well with) the curtain; bei einem Tonfilm müssen Ton und Handlung genau (miteinander) ~ in a sound film sound and action must synchronize exactly; das deutsche Verb stimmt in Person und Zahl mit seinem Subjekt überein the German verb agrees with its subject in person and number. – **3.** (*aufeinanderpassen*) match, be matched: das Muster des Kleides stimmt an der Schulternaht nicht überein the pattern of the dress does not match (*od.* has not been matched) at the shoulder seam. – **II** Ü~ *n* ⟨-s⟩ **4.** *verbal noun.* — ¦**über'ein¦stim·mend I** *pres p.* – **II** *adj* **1.** (*Meinung, Auffassung etc*) concurrent, unanimous. – **2.** (*Berichte, Meldungen etc*) concurrent, correspondent, corresponding: ~en Meldungen zufolge according to concurrent reports. – **3.** (*in dat etwas*) ~ a) (*gestalts-, inhalts-, wertmäßig*) corresponding (*genauer* identical) (in s.th.), b) (*zueinander passend*) matching (*od.* harmonizing *Br. auch* -s-) (in s.th.): zwei in Form und Farbe ~e Gegenstände two objects identical in form and colo(u)r. – **III** *adv* **4.** die Zeugen sagten ~, daß er zuerst geschossen habe the witnesses said concurrently (*od.* unanimously) that he had been the first to shoot. – **5.** ~ mit den Satzungen haben wir folgendes beschlossen in accordance (*od.* conformity, keeping) with the by(e)laws (*od.* statutes) we have resolved the following.

¦**Über'ein¦stim·mung** *f* ⟨-; -en⟩ **1.** *cf.* Übereinstimmen. – **2.** (*der Meinungen etc*) agreement, accord(ance), concord(ance), concurrence: in vielen Punkten ~ erreichen (*od.* erzielen), in vielen Punkten zur ~ kommen to reach an agreement (*od.* an accord) on many points; es herrscht allgemeine ~ darüber, daß there is general agreement (on the fact) that; etwas (mit etwas) in ~ bringen a) (*Meinungen, Auffassungen etc*) to bring s.th. into agreement (*od.* accord[ance]) (with s.th.), to conciliate s.th. (with s.th.), b) (*äußere Form u. Gestalt*) to bring s.th. into correspondence (with s.th.), c) (*inhalts-, aussagemäßig*) to bring s.th. into correspondence (*od.* agreement) (with s.th.), to tally s.th. (with s.th.), d) (*Einnahmen u. Ausgaben, Soll u. Haben etc*) to tally s.th. (with s.th.), e) (*zeitlich*) to bring s.th. into correspondence (with s.th.), to synchronize (*Br. auch* -s-) s.th. (with s.th.), f) (*farblich, strukturmäßig etc*) to match s.th. (with s.th.), to harmonize (*Br. auch* -s-) s.th. (with s.th.), g) *ling.* (*Verben, Substantive etc*) to bring s.th. into agreement (with s.th.); in ~ mit den Ausführungen meines Vorredners in accordance (*od.* conformity, keeping) with the remarks of the previous speaker. – **3.** *philos.* (*in äußerer Form u. Gestalt*) correspondence, congruence, (*genauer*) identicalness, identicality. – **4.** (*farb-, strukturmäßige etc*) harmony: farbliche ~ harmony of colo(u)rs. – **5.** (*zeitliche*) correspondence, synchronization *Br. auch* -s-. – **6.** (*Zusammenfallen, Koinzidenz*)

coincidence: die ~ der Ereignisse the coincidence of (the) events. – **7.** *ling.* agreement.

¦**über'ein¦tref·fen** *v/i* ⟨*irr, sep,* -ge-, sein⟩ *cf.* übereinkommen.

¦**über'ei·sen** *v/t* ⟨*insep, no* -ge-, h⟩ cover (*s.th.*) with ice. — ¦**über'eist I** *pp.* – **II** *adj* frozen over.

¦**über·ele¦gant** *adj* overelegant.

¦**über·emo·tio¦nell** *adj* overemotional.

¦**über·emp¦find·lich** *adj* **1.** (*gegen* to) oversensitive, hypersensitive, supersensitive. – **2.** (*überreizt*) high-strung, highly strung: ~e Nerven haben to be high-strung (*od.* highly strung). – **3.** *med.* (*gegen* to) hypersensitive: ~ machen to make hyper(a)esthetic; ~ gegen Erdbeeren allergic (*od.* supersensitive, hypersensitive) to strawberries; ~ gegen Schmerzen hyperalgesic. — ¦**Über·emp¦find·lich·keit** *f* **1.** (*gegen* to) hypersensitivity, oversensitivity, hypersensitiveness, supersensitiveness. – **2.** *med.* (*gegen* to) hypersensitivity: ~ gegen Berührung hyper(a)esthesia; ~ gegen Erdbeeren allergy (*od.* hypergia) to strawberries; ~ gegen Lebensmittel idiosyncrasy; ~ gegen Schmerzen hyperalgesia; ~ gegen Wärme hyperthermalgesia; ~ gegen Reize hyperaffectivity, idiosyncrasy.

¦**über·emp¦find·sam** *adj* oversensitive.

¦**über·end¦lich** *adj math.* transfinite.

¦**über·eng** *adj med.* (*Becken*) justo minor.

¦**über·ent¦wickeln** (getr. -k·k-) **I** *v/t* ⟨*insep, no* -ge-, h⟩ **1.** *bes. phot.* overdevelop. – **II** Ü~ *n* ⟨-s⟩ **2.** *verbal noun.* – **3.** *cf.* Überentwicklung. — ¦**über·ent¦wickelt** (getr. -k·k-) **I** *pp.* – **II** *adj* **1.** *bes. phot.* overdeveloped. – **2.** *med.* a) overdeveloped, b) (*hypertroph*) hypertrophic, c) (*überreif*) hypermature. — ¦**Über·ent¦wick·lung** *f* ⟨-; *no pl*⟩ **1.** *cf.* Überentwickeln. – **2.** *bes. phot.* overdevelopment. – **3.** *med.* a) overdevelopment, b) hypertrophy, c) overmaturity.

¦**über·er¦fül·len I** *v/t* ⟨*insep, no* -ge-, h⟩ *econ.* (*Soll, Plan etc*) overfulfil, exceed. – **II** Ü~ *n* ⟨-s⟩ *verbal noun.* — ¦**Über·er¦fül·lung** *f* ⟨-; *no pl*⟩ **1.** *cf.* Übererfüllen. – **2.** overfulfilment, *bes. Am.* overfulfillment.

¦**über·er¦näh·ren I** *v/t* ⟨*insep, no* -ge-, h⟩ overfeed. – **II** Ü~ *n* ⟨-s⟩ *verbal noun.* — ¦**Über·er¦näh·rung** *f* **1.** *cf.* Überernähren. – **2.** *med.* a) hyperalimentation, b) (*Krankheitsbild*) hyperalimentosis.

¦**über·er¦reg·bar** *adj med.* hyperexcitable, overexcitable, erethic (*scient.*). — ¦**Über·er¦reg·bar·keit** *f* hyperexcitability, overexcitability, erethism (*scient.*).

¦**über·es·sen**[1] *v/reflex* ⟨*irr, insep, pp* übergessen, h⟩ sich ~ (an *dat* with) overeat (oneself), *bes. med.* overload one's stomach: der Junge hat sich an Süßigkeiten übergessen the boy overate (himself) with sweets (*bes. Am.* candies); du hast dich übergessen you have eaten too much.

¦**über·es·sen**[2] *v/t* ⟨*irr, sep, pp* übergegessen, h⟩ sich (*dat*) etwas ~ to sicken oneself of s.th.: ich habe mir die Süßigkeiten übergegessen I grew tired (*od. colloq.* sick) of the sweets (*bes. Am.* candies).

¦**über·eu¦tek·tisch** *adj metall.* (*Legierung*) hypereutectic.

¦**über·fah·ren**[1] *v/t* ⟨*irr, insep, no* -ge-, h⟩ **1.** (*mit einem Auto, Motorrad etc*) run over (*od.* down), knock (*s.o., s.th.*) down. – **2.** (*Ampel, Signal*) go through. – **3.** (*Mittellinie*) go over, cross. – **4.** (*Stoppschild*) go past, overshoot. – **5.** (*eine andere Straße*) overpass. – **6.** *fig. colloq.* (*übertölpeln*) walk (all) over: ich lasse mich nicht ~ I won't let people walk over me.

¦**über·fah·ren**[2] **I** *v/t* ⟨*irr, sep,* -ge-, h⟩ take (*s.o.*) across, ferry (*s.o.*) over. – **II** *v/i* ⟨sein⟩ (*über einen Fluß, See etc fahren*) cross. – **III** Ü~ *n* ⟨-s⟩ *verbal noun.*

¦**Über·fahrt** *f* ⟨-; -en⟩ **1.** (*über einen Fluß etc*) crossing: während (*od.* auf) der ~ during the crossing, on the way over (*od.* across). – **2.** (*übers Meer*) crossing, (sea) passage, transit: eine stürmische ~ a rough (*od.* stormy) crossing.

¦**Über·fall**[1] *m* ⟨-(e)s; ⸚e⟩ (auf *acc*) **1.** (*um j-n zu berauben, zu verprügeln etc*) assault ([up]on). – **2.** (*auf eine Bank, einen Laden etc*) raid ([up]on), (*mit vorgehaltener Schußwaffe*) auch hold up: bewaffneter ~ armed raid; ein ~ auf eine Bank a bank holdup; einen ~ auf die Sparkasse verüben (*od.* machen) to carry out

(*od.* make) a raid on the savings bank. – **3.** (*auf feindliche Truppen, Stellungen, auf ein Lager, Dorf etc*) raid (*od.* assault, descent) ([up]on): nächtlicher ~ night raid. – **4.** (*auf ein Land etc*) invasion (of). – **5.** *fig. colloq.* (*überraschender Besuch*) onslaught (on): wir haben einen ~ auf euch vor we are planning an onslaught on you, we are planning to descend (*od.* land in) on you.

¦**Über·fall**[2] *m civ.eng.* (*einer Schleuse, eines Wehrs*) overfall.

¦**über'fal·len**[1] *v/t* ⟨*irr, insep, no* -ge-, h⟩ **1.** (*um j-n zu berauben etc*) assault: der Kassenbote ist gestern ~ worden the bank messenger was assaulted (*od.* an assault was made on the bank messenger) yesterday. – **2.** (*eine Bank, einen Laden etc*) raid, make a raid (up)on, (*mit vorgehaltener Schußwaffe*) auch hold (*s.th.*) up. – **3.** (*feindliche Truppen, Stellung, Flotte, ein Lager, Dorf etc*) raid ([up]on), assault, descend (*od.* make a raid) ([up]on). – **4.** (*ein Land, eine Provinz etc*) invade. – **5.** *fig. colloq.* (*überraschend besuchen*) descend (up)on, land in on. – **6.** j-n mit etwas ~ *fig. colloq.* a) (*mit Fragen, Vorwürfen etc*) to bombard s.o. with s.th., b) (*mit einer Nachricht, Neuigkeit etc*) to spring s.th. on s.o. – **7.** *fig. lit.* (*in Wendungen wie*) er wurde von einer plötzlichen Schwäche ~ he was overcome by a sudden fit of weakness; tiefe Traurigkeit überfiel ihn he was overcome by deep sadness; eine seltsame Krankheit hatte sie ~ a curious illness had befallen her; Schlaf überfiel uns sleep came over (*od.* overcame) us, we were overcome by sleep; ein Schauder überfiel mich a shudder seized (*od.* overcame) me; ein Gewitter [die Nacht] hatte sie ~ a thunderstorm [night] had come upon them.

¦**über'fal·len**[2] *v/i* ⟨*irr, sep,* -ge-, sein⟩ fall over: nach vorn ~ to fall over forward(s).

¦**Über·fall¦ho·se** *f* (*fashion*) **1.** knickerbockers *pl.* – **2.** powder pants *pl* (*sometimes construed as sg*).

¦**über·fäl·lig** *adj* **1.** ⟨*meist pred*⟩ overdue, (*wenn Unglück vermutet wird*) missing: das Flugzeug ist seit vier Stunden ~ the plane has been overdue for four hours. – **2.** (*längst fällig*) overdue: die Kündigung war schon lange ~ the notice was long overdue. – **3.** *econ.* (*Wechsel*) overdue, *Am.* past-due.

¦**Über·fall¦kom·man·do** *n* flying (*Am.* riot) squad: das ~ rufen to call the police. — ~¦rohr *n civ.eng.* overflow pipe.

¦**Über·falls¦kom·man·do** *n Austrian for* Überfallkommando. — ~¦recht *n jur.* the right to appropriate the fruit that falls on one's premises over a wall (*od.* fence, hedge).

¦**Über·fall¦wa·gen** *m* (*der Polizei*) squad car. — ~¦was·ser *n* ⟨-s; ⸚er⟩ *civ.eng.* overflow (*od.* overfall) water. — ~¦wehr *n civ. eng.* overfall (*od.* overflow) weir.

¦**Über·fal·tung** *f* ⟨-; -en⟩ *geol.* inversion, inverted fold.

¦**Über·fang¦glas** *n* (*optics*) flashed (*od.* cover) glass.

¦**über·fär·ben** *v/t* ⟨*insep, no* -ge-, h⟩ **1.** color (*bes. Br.* colour) (*s.th.*) over, overcolor, *bes. Br.* overcolour, overdye. – **2.** (*Farbe*) repaint. – **3.** (*textile*) cross-dye.

¦**über·fei·len** *v/t* ⟨*insep, no* -ge-, h⟩ *fig.* touch up.

¦**über·fein** *adj* **1.** (*Gehör etc*) superfine, highly sensitive. – **2.** (*Differenzierung etc*) overnice, oversubtle.

¦**über·fei·nert** [-'faɪnərt] *adj* **1.** (*Geschmack, Person*) fastidious. – **2.** (*Kultur, Sitten, Person etc*) overrefined.

¦**Über·fei·ne·rung** [-'faɪnəruŋ] *f* ⟨-; *no pl*⟩ **1.** (*im Geschmack*) fastidiousness. – **2.** (*von Kultur, Sitten etc*) overrefinement.

¦**über·fet·tet** *adj* **1.** (*Seife*) superfatted. – **2.** (*Haut*) excessively greasy.

¦**über·flei·ßig** *adj* overdiligent.

¦**über·flie·gen**[1] *v/t* ⟨*irr, insep, no* -ge-, h⟩ **1.** fly over (*od.* across), overfly: den Atlantik ~ to fly (across) the Atlantic. – **2.** *fig.* (*mit den Augen*) glance over, skim (over), scan, run one's eyes over.

¦**über·flie·gen**[2] *v/i* ⟨*irr, sep,* -ge-, sein⟩ *colloq. for* hinüberfliegen.

¦**über·flie·ßen**[1] **I** *v/i* ⟨*irr, sep,* -ge-, sein⟩ **1.** (*von Flüssigkeiten*) run over, overflow, flood. – **2.** (*von Gefäßen, Behältern etc*) overflow, brim (over): → Mund 2. – **3.** *lit.* (*von Augen*) brim, swim: ihre Augen flossen (von Tränen) über her eyes were swimming (with tears). – **4.** *fig.* (*in Wendungen wie*) **von Mitleid** ~ to overflow with pity; **von Freude** ~ to brim over with joy; **von Reichtum** ~ *obs.* to overflow with riches. – **5.** ineinander ~ to interflow, to intermingle. – **II Ü~** *n* ⟨-s⟩ **6.** *verbal noun.* – **7.** zum Ü~ voll filled to overflowing, brimful, *auch* brimfull.

,**über'flie.ßen**[2] *v/t* ⟨*irr, insep, no* -ge-, h⟩ flood.

,**über'flos.sen I** *pp of* überfließen[2]. – **II** *adj* (von with) flooded.

,**über'flü.geln I** *v/t* ⟨*insep, no* -ge-, h⟩ **1.** j-n ~ *fig.* to outstrip (*od.* outdistance, outmatch, outdo) s.o., to leave s.o. behind. – **2.** *mil. rare* outflank. – **II Ü~** *n* ⟨-s⟩ **3.** *verbal noun.* — ,**Über'flü.ge.lung,** ,**Über'flüg.lung** *f* ⟨-; *no pl*⟩ *cf.* Überflügeln.

'**Über,fluß** *m* ⟨-sses; *no pl*⟩ **1.** (an *dat* of) abundance, (*bes. reichliche Menge*) superabundance, (*während in einigen Ländern* ~ an Lebensmitteln herrscht while there is superabundance of food in some countries; im ~ in abundance, in plenty; **Geld im** ~ money in abundance, money galore; **etwas im** ~ **besitzen** (*od.* haben), an (*dat*) etwas ~ haben to abound in s.th., to have s.th. in abundance (*od.* plenty), to have plenty (*od. colloq.* oodles) of s.th.; im ~ vorhanden sein (*od.* zur Verfügung stehen) to be (super)abundant (*od.* plentiful), to (super)abound; **Mittel sind im** ~ vorhanden (the) means are available in plenty. – **2.** (*Wohlstand*) affluence, opulence, abundance, luxury: im ~ leben to live in affluence (*od.* luxury). – **3.** (*Reichtum, Fülle*) wealth: etwas von seinem ~ hergeben to give of one's wealth; ~ bringt Überdruß (*Sprichwort*) *etwa* great wealth, great weariness. – **4.** *econ.* (*Überangebot*) glut, oversupply. – **5.** *econ.* (*Überschuß*) (*bes. an Arbeitskräften*) surplus, redundancy. – **6.** (*Überfülle*) profusion. – **7.** zu allem ~, zum ~ *fig.* to crown (it) all, to make matters worse.

'**Über,fluß.ge,sell.schaft** *f* ⟨-; *no pl*⟩ *sociol.* affluent society.

,**über'flüs.sig** *adj* **1.** (*entbehrlich*) superfluous: dieser Stuhl ist hier völlig ~ this chair is completely superfluous here; etwas ~ machen to make (*od.* render) s.th. superfluous, to obviate (*od.* supersede) s.th. – **2.** (*unnötig*) unnecessary, superfluous, needless, uncalled-for (*attrib*): diese Arbeit wäre ~ gewesen, wenn this work would have been unnecessary if; ~e Bemerkung superfluous remark, superfluity; seine Bemerkung war höchst ~ his remark was quite unnecessary; es ist wohl ~ zu sagen, daß I don't think it is necessary to say that; ich will keine ~en Worte machen I shan't talk unnecessarily long, I'm going to make it short (*od.* brief); jedes weitere Wort ist hier ~ any further discussion is completely superfluous (*od.* unnecessary) here. – **3.** (*unerwünscht*) superfluous, unwanted, undesired, undesirable, not wanted (*pred*): ich habe das Gefühl, hier ~ zu sein I feel (I am) superfluous here, I have the impression that I'm not wanted here; er ist hier ~ he (*od.* his company) is superfluous here, we can certainly do without him. – **4.** (*überschüssig*) extra, spare, surplus (*alle attrib*): die drei ~en Zimmer ihres Hauses haben sie vermietet they have let the three spare rooms of their house. — '**über,flüs.si.ger.** '**wei.se** *adv* superfluously, needlessly, unnecessarily: und ~ entschuldigte sie sich and then she apologized, which was quite superfluous (*od.* unnecessary).

'**Über,flüs.sig.keit** *f* ⟨-; *no pl*⟩ **1.** (*Entbehrlichkeit*) superfluity, superfluousness. – **2.** (*Unnötigkeit*) unnecessariness, superfluity, superfluousness, needlessness. – **3.** (*Unerwünschtheit*) superfluity, superfluousness, undesirability.

,**über'flu.ten**[1] **I** *v/t* ⟨*insep, no* -ge-, h⟩ **1.** *cf.* überschwemmen 1. – **2.** (*Damm*) overflow, come (*od.* flow) over (the top of), (over)top. – **3.** (*absichtlich*) flood. – **4.** *fig.* inundate, swamp, deluge, flood: Touristen überfluteten die malerische Insel tourists inundated the picturesque island; ausländische Erzeugnisse ~ unseren Markt foreign products are flooding our market. – **5.** *fig.* (*von Licht*) (*Platz etc*) flood, inundate. – **II Ü~** *n* ⟨-s⟩ **6.** *verbal noun.*

,**über'flu.ten**[2] **I** *v/i* ⟨*sep,* -ge-, sein⟩ *lit.* (*von Fluß etc*) overflow (its banks), burst its banks. – **II Ü~** *n* ⟨-s⟩ *verbal noun.*

,**über'flu.tung** *f* ⟨-; -en⟩ **1.** *cf.* Überfluten[1]. – **2.** *cf.* Überschwemmung 2. – **3.** *fig.* inundation.

,**über'for.dern I** *v/t* ⟨*insep, no* -ge-, h⟩ **1.** j-n ~ a) (*geistig*) to ask too much of s.o., to expect too much of (*od.* from) s.o., to make excessive demands (up)on s.o., b) (*körperlich*) to overtax (*od.* overstrain) s.o.: du darfst das Kind nicht ~ you must not ask too much of the child; diese Aufgabe überfordert meine Kräfte this task is too much for me; mit diesem Spaziergang hat der Kranke seinen Körper überfordert the patient overtaxed his body (*od.* overdid it) with this walk. – **2.** j-n ~ *econ.* to overcharge (*od.* surcharge) s.o. – **II Ü~** *n* ⟨-s⟩ **3.** *verbal noun.* — **Über'for.de.rung** *f* ⟨-; *no pl*⟩ **1.** *cf.* Überfordern. – **2.** (*geistige u. körperliche*) overstrain, excessive (*od.* exorbitant) demand: die ~ eines Kindes the excessive demand(s *pl*) made (up)on a child. – **3.** *econ.* overcharge, surcharge.

'**Über.for,mat** *n* oversize.

'**Über.fracht** *f* **1.** *econ.* excess freight, overfreight. – **2.** (*railway*) (*Gepäck*) overweight.

,**über'fragt** *adj* ⟨*pred*⟩ ~ sein to be asked too much: da bin ich ~ I am afraid I don't know that (*od. colloq.* the answer to that one), I'm afraid I can't answer that (one *colloq.*), I am stumped (*colloq.*); in diesem Punkt war er sichtlich ~ that question was obviously beyond him.

,**über'frem.den** [-'frɛmdən] **I** *v/t* ⟨*insep, no* -ge-, h⟩ **1.** foreignize, give a foreign character to. – **2.** *econ.* control (s.th.) by foreign capital. – **II Ü~** *n* ⟨-s⟩ **3.** *verbal noun.* – **4.** *cf.* Überfremdung. — ,**über'frem.det I** *pp.* – **II** *adj* durch (*od.* mit) etwas ~ sein [werden] to be [to become] infiltrated with (*od.* by) s.th. — ,**Über'frem.dung** *f* ⟨-; *no pl*⟩ **1.** *cf.* Überfremden. – **2.** foreignization. – **3.** *econ.* control by foreign capital.

,**über'fres.sen** *v/reflex* ⟨*irr, insep, no* -ge-, h⟩ sich ~ **1.** (*von Tieren*) overeat (itself), overfeed. – **2.** *vulg.* (*von Menschen*) overeat (oneself), eat oneself silly, glut (oneself): sich an (*dat*) etwas ~ to eat oneself silly on s.th., to glut oneself with s.th., to gorge oneself with (*od.* on) s.th.

'**über'frie.ren** *v/i* ⟨*irr, sep,* -ge-, sein⟩ (*von Gewässer etc*) freeze over.

'**Über.fuhr** *f* ⟨-; -en⟩ *Austrian for* Fähre.

,**über'füh.ren**[1] *v/t* ⟨*insep, no* -ge-, h⟩ **1.** transport, transfer: die Leiche nach Deutschland ~ to transport the body to Germany; der Kranke wurde in ein anderes Krankenhaus überführt the patient was transferred to another hospital. – **2.** *aer.* ferry. – **3.** *chem.* transform. – **II Ü~** *n* ⟨-s⟩ **4.** *verbal noun.* – **5.** *cf.* Überführung[1] 2–4, 6.

'**über,füh.ren**[2] *v/t* ⟨*sep,* -ge-, h⟩ **1.** *cf.* überführen[1] 1, 2. – **II Ü~** *n* ⟨-s⟩ **2.** *verbal noun.* – **3.** *cf.* Überführung[1] 2, 3, 6.

,**über'füh.ren**[3] *jur.* **I** *v/t* ⟨*insep, no* -ge-, h⟩ **1.** j-n einer Sache (*od.* Schuld) ~ to prove (*od.* find) s.o. guilty of s.th., to convict s.o. of s.th.; j-n eines Verbrechens ~ to find s.o. guilty (*od.* to convict s.o.) of a crime. – **II Ü~** *n* ⟨-s⟩ **2.** *verbal noun.* – **3.** *cf.* Überführung[3].

'**Über.füh.rung**[1] *f* ⟨-; -en⟩ **1.** *cf.* Überführen[1]. – **2.** ⟨*only sg*⟩ (*einer Leiche, eines Patienten etc*) transport, *bes. Am.* transportation, transfer. – **3.** *aer.* ferry. – **4.** *chem.* transformation. – **5.** *civ.eng.* (*im Brücken-, Straßenbau*) road bridge, overbridge, overspan bridge, viaduct, overpass, overcrossing, *Br.* flyover. – **6.** (*im Transportwesen*) transfer, conveyance, transport, *bes. Am.* transportation.

'**Über.füh.rung**[2] *f* ⟨-; -en⟩ **1.** *cf.* Überführen[2]. – **2.** *cf.* Überführung[1] 2, 3, 6.

'**Über.füh.rung**[3] *f* ⟨-; *no pl*⟩ *jur.* **1.** *cf.* Überführen[3]. – **2.** conviction.

'**Über.füh.rungs,flug** *m* *aer.* ferrying flight. — ~**kom,man.do** *n* (*Besatzung*) ferry crew. — ~**zahl** *f* *chem.* transference (*od.* transport) number.

'**Über.fül.le** *f* ⟨-; *no pl*⟩ (von of) **1.** (*große Menge*) profusion, (super)abundance, affluence, opulence. – **2.** (*übergroße Menge*) superfluity, overabundance, superabundance, redundancy, plethora (*lit.*).

,**über'fül.len I** *v/t* ⟨*insep, no* -ge-, h⟩ **1.** (*Gefäß etc*) overfill: sich (*dat*) den Magen ~ (mit) to glut oneself (with), to gorge oneself (with, on), to overload one's stomach (with). – **2.** (*Kissen etc*) overstuff, stuff (*s.th.*) too full. – **3.** *econ.* a) (*Lager*) overstock, b) (*Markt*) glut. – **II Ü~** *n* ⟨-s⟩ **4.** *verbal noun.*

,**über'füllt I** *pp.* – **II** *adj* **1.** (*Gefäß etc*) overfilled. – **2.** (*Saal, Straßenbahn, Universität, Beruf etc*) (over)crowded: ~e Straßen a) crowded roads, b) (*blockiert, verstopft*) blocked (*od.* congested) roads; die Züge sind ~ the trains are overcrowded (*od.* jammed with people); ~e Mietskasernen overcrowded tenement houses. – **3.** (*Magen*) overloaded. – **4.** *econ.* a) (*Lager etc*) overstocked, overfilled, b) (*Markt*) glutted. – **5.** *mar.* (*Hafen etc*) congested. — **Über'füllung** *f* ⟨-; *no pl*⟩ **1.** *cf.* Überfüllen. – **2.** (*von Straßen, Gebäuden etc*) (over)crowding: wegen ~ geschlossen full up, house full. – **3.** (*Verkehrsverstopfung*) congestion. – **4.** *econ.* (*des Marktes*) glut. – **5.** *mar.* (*eines Hafens etc*) congestion of shipping.

'**Über.funk.ti,on** *f* *med.* hyperactivity, overactivity, hyperfunction(ing): ~ der Leber hyperhepatia; ~ der Schilddrüse hyperthyroidism; ~ der Schweißdrüsen hyperhidrosis, *auch* hyperidrosis.

,**über'füt.tern I** *v/t* ⟨*insep, no* -ge-, h⟩ **1.** (*mit Speisen*) overfeed. – **2.** *fig.* (*mit Informationen, Lektüre etc*) cram, surfeit, stuff. – **II Ü~** *n* ⟨-s⟩ **3.** *verbal noun.* — ,**Über'füt.te.rung** *f* ⟨-; *no pl*⟩ **1.** *cf.* Überfüttern. – **2.** *med.* hyperalimentation, superalimentation, supernutrition, hypernutrition. – **3.** *fig.* (*Übersättigung*) (mit of) surfeit.

'**Über.ga.be** *f* ⟨-; *no pl*⟩ **1.** *cf.* Übergeben[1]. – **2.** (*von Briefen, Waren etc*) delivery. – **3.** (*eines Amtes etc*) assignment. – **4.** (*feierliche* ~ presentation. – **5.** *jur.* a) (*eines Besitzes, Eigentums, Vermögens etc*) delivery, b) (*letztwillige*) bequeathal, bequest, c) (*eines Verbrechers*) surrender. – **6.** *mil.* (*einer Festung etc*) surrender: bedingungslose ~ unconditional surrender. — ~**be,din.gun.gen** *pl* *mil. pol.* conditions of surrender (*od.* capitulation). — ~**be,schei.ni.gung** *f* *econ.* **1.** (bill of) receipt. – **2.** (*bill of) transfer. — ~**lot.se** *m* *aer.* handover controller. — ~**pro.be,fahrt** *f* handing-over test run (*od.* drive). — ~**pro.to,koll** *n* *mil. pol.* instrument of surrender. — ~**ver,hand.lun.gen** *pl* negotiations for surrender. — ~**ver,wei.ge.rung** *f* *jur. econ.* refusal to deliver.

'**Über.gang** *m* ⟨-(e)s; ⸚e⟩ **1.** (*über Straßen, Flüsse etc*) crossing: kein ~ no crossing. – **2.** (*Überqueren*) (*der Berge etc*) crossing, passage. – **3.** (*Zebrastreifen*) (*für for*) zebra (*od.* pedestrian) crossing. – **4.** (*Fußgängerbrücke*) footbridge. – **5.** (*Bahnübergang*) crossing: schienengleicher ~ *Am.* grade crossing, *bes. Br.* level crossing. – **6.** (*in ein anderes Stadium*) transition, change: der ~ vom Wachen zum Schlafen the transition from waking to sleep. – **7.** (*zu einer Partei, Religion etc*) change, switch, conversion. – **8.** (*auf ein anderes Thema*) transition, gradual change (*od.* shift), (*in der Rhetorik*) *auch* metabasis: ohne ~ without introduction. – **9.** (*Übergangszeit, Zwischenlösung*) interim: für den ~ as an interim. – **10.** *jur.* a) (*von Rechten*) devolution, b) (*durch Übereignung*) assignment, transfer. – **11.** (*railway*) change: ~ von der zweiten in die erste Klasse change from second to first class. – **12.** *mus.* a) transition, b) (*zwischen den Registern*) break.

'**Über.gangs,bahn** *f* (*space*) intermediate orbit. — ~**bahn,hof** *m* (*railway*) transit station. — ~**bei,hil.fe** *f* (*für Soldaten nach dem Wehrdienst*) gratuity. — ~**be,stim.mung** *f* interim, transitional (*od.* interim, provisional, temporary) regulation (*od.* arrangement, provision). — ~**er,schei.nung** *f* phenomenon of transition. — ~**fahr.kar.te** *f* (*railway*) surcharge ticket. — ~**far.be** *f* transition color (*bes. Br.* colour). — ~**form** *f* intergrade. — ~**ge,setz** *n* *jur.* temporary (*od.* transitional) law. — ~**klei.dung** *f* interseasonal wear (*od.* clothes *pl*). — ~**man.tel** *m* interseasonal coat. — ~**pe.ri,ode** *f* transition period. — ~**re,gie.rung** *f* *pol.* transition (*od.* interim) government, caretaker government (*od.* administration). — ~**sta.di.um** *n* **1.** transition(al) stage. – **2.** (*Zustand*) transitional state. – ~**stel·le** *f* crossing (place). – ~**stil** *m* arch. transition style. – ~**zeit** *f* **1.** transition(al) period. – **2.** (*zwischen Winter u. Frühling etc*) interseasonal (*od. colloq.* in-between) period. – ~**zu·stand** *m* transitional state.

'**über·gar** *adj* **1.** gastr. overdone. – **2.** metall. a) (*Kupfer*) dry, b) (*Stahl*) overblown, c) (*Schmelzofen*) too hot.

'**Über·gar·di·ne** *f* **1.** (*Einzelstück*) (over)drape, curtain. – **2.** *meist pl* (over)drapes *pl*, curtains *pl*, (over)drapery, curtaining, hangings *pl*.

'**über'ge·ben**[1] **I** *v/t* ⟨*irr, insep, no* -ge-, h⟩ **1.** j-m etwas ~ a) to hand s.th. over to s.o., to deliver s.th. to s.o., b) (*anvertrauen*) to commit (*od.* consign, entrust) s.th. to s.o. (*od.* s.o.'s custody), c) (*Amt, Aufgabe, Arbeit etc*) to assign s.th. to s.o., d) (*feierlich überreichen*) to present s.th. to s.o. (*od.* s.o. with s.th.), e) (*vermachen, vererben*) to bequeath (*od.* leave) s.th. to s.o., f) mil. (*Festung etc*) to surrender (*od.* yield) s.th. to s.o.: j-m etwas zum Aufbewahren ~ to hand s.th. over to s.o. to keep, to commit s.th. to s.o.'s custody; eine Sache dem Rechtsanwalt ~ to turn a matter over to one's lawyer; etwas dem Gericht ~ to take s.th. to court; dem Bürgermeister den Schlüssel der Stadt ~ to present the key of the town to the mayor; → Kommando 2. – **2.** eine Straße [Brücke] dem Verkehr ~ *fig.* to open a street [bridge] to traffic. – **3.** den Leichnam der Erde ~ *fig.* to commit the body to the ground, to bury the body; etwas den Flammen ~ *fig.* to consign s.th. to the flames. – **II** *v/reflex* sich ~ **4.** vomit, be sick, throw up. – **III Ü~** *n* ⟨-s⟩ **5.** *verbal noun.*

'**über,ge·ben**[2] *v/t* ⟨*irr, sep,* -ge-, h⟩ *colloq.* **1.** j-m etwas ~ a) to put s.th. (a)round s.o.'s shoulders, b) (*wenn er liegt*) to put s.th. over s.o. – **2.** j-m eins ~ *fig.* to smack (*od.* slap) s.o.

'**Über·ge·bot** *n* econ. (*bei einer Zwangsversteigerung*) higher bid, overbid.

'**Über·ge·bühr** *f* overcharge, surcharge.

'**über·ge·bühr·lich** *adv* excessively, unduly, supererogatorily: j-s Dienste [Zeit] ~ in Anspruch nehmen to make excessive use of (*od.* demands on) s.o.'s services [time].

'**über,ge·hen**[1] **I** *v/i* ⟨*irr, sep,* -ge-, sein⟩ **1.** auf j-n (*od.* in j-s Besitz, Hände) ~ to go (*od.* pass) over to s.o., to devolve (up)on (*od.* to) s.o., to become the property of s.o.: das Hotel wird in fremde Hände ~ the hotel will change hands (*od.* will pass into other hands, will become s.o. else's property). – **2.** zu etwas ~ to proceed (*od.* pass on, go on) to s.th.: laßt uns zum nächsten Punkt ~ let us proceed to the next topic (*od.* item); zum Angriff ~ *auch fig.* to proceed to attack; → Tagesordnung 1. – **3.** zu j-m ~ to go (*od.* change) over to s.o.: zur Gegenpartei ~ to change sides, to rat, *Am. colloq.* to flop over; zum Feind ~ to go over to the enemy. – **4.** ~ in (*acc*) a) (*in ein anderes Stadium*) to change (*od.* turn) (in)to, b) (*in einen anderen Farbton*) to merge (*od.* fade, blend) into: in Verwesung ~ to decay, to putrefy; in ein anderes Tempo ~ *mus.* to change to another time; von Braun in Rot ~ to merge (*od.* blend) from brown into red; → Fleisch 3. – **5.** ineinander ~ a) (*von Farbtönen*) to (inter)fuse, b) (*von Epochen etc*) to merge, c) (*von Begriffen etc*) to overlap. – **6.** *fig.* (*in Wendungen wie*) die Augen gingen ihm über a) *lit.* his eyes filled (*od.* brimmed) with tears, b) *colloq.* his eyes nearly popped out (of his head); → Mund 2. – **7.** mar. (*von Ladung etc*) shift. – **II Ü~** *n* ⟨-s⟩ **8.** *verbal noun.* – **9.** *cf.* Übergang 6–8.

'**über'ge·hen**[2] **I** *v/t* ⟨*irr, insep, no* -ge-, h⟩ **1.** etwas ~ a) (*über etwas hinweggehen*) to pass over, to ignore (*od.* disregard, overlook, neglect) s.th., b) (*auslassen*) to skip (*od.* miss) s.th., to leave s.th. out, c) (*vergessen*) to forget s.th., d) (*unbeachtet lassen*) to ignore s.th.: etwas mit Stillschweigen ~ to pass s.th. over without comment; einige Seiten im Buch ~ to skip some pages in the book; seinen Hunger ~ to ignore one's hunger. – **2.** j-n ~ a) to pass s.o. over, to leave s.o. out, to omit s.o., *Am. auch* to overslaugh s.o., b) (*zurücksetzen*) to slight s.o.: er wurde bei

der Beförderung übergangen he was left out in the promotion (*od.* passed over in [the course of] the promotions); sie fühlte sich übergangen she felt she had been passed over. – **II Ü~** *n* ⟨-s⟩ **3.** *verbal noun.*

'**Über·ge·hung** *f* ⟨-; *no pl*⟩ **1.** *cf.* Übergehen[2]. – **2.** disregard, neglect. – **3.** (*bei einer Beförderung etc*) omission. – **4.** *jur.* (*eines Deszendenten*) (*bei einer letztwilligen Verfügung*) *Am.* pretermission, *Br.* preterition. – **5.** (*in der Rhetorik*) pretermission.

'**über·ge·la·gert** *adj* geol. (*Schicht*) overlying.

'**über·ge·nau** *adj* **1.** (*sehr sorgfältig u. gewissenhaft*) meticulous, fastidious, scrupulous. – **2.** (*überkritisch, pedantisch*) fussy, hypercritical.

'**über·ge·nug** *adv* more than enough, enough and to spare.

'**über·ge·ord·net I** *pp.* – **II** *adj* **1.** (*Problem etc*) paramount, overriding, primary: von ~er Bedeutung of overriding significance. – **2.** (*Behörde etc*) superior, superordinate, higher, paramount. – **3.** *ling.* a) (*Satz*) main (*attrib*), principal, b) (*Begriff*) generic. – **4.** (*sozial*) (*bei Tieren*) dominant.

'**Über·ge·päck** *n* excess luggage (*bes. Am.* baggage).

'**über·ge·schnappt I** *pp.* – **II** *adj* ⟨*pred*⟩ *colloq.* crazy, off one's rocker (*od.* block) (*sl.*), gone round the bend (*sl.*).

'**Über·ge·wand** *n* overgarment.

'**Über·ge·wicht** *n* ⟨-(e)s; *no pl*⟩ **1.** (*von Personen, Briefen, Paketen etc*) overweight, excess weight: ein ~ von zehn Prozent haben to be ten percent overweight. – **2.** das ~ bekommen a) (*von Gegenständen*) to overbalance, to lose equilibrium (*od.* balance), to become top-heavy, b) (*von Personen*) to overbalance, to lose one's balance, c) (*umkippen*) to topple over. – **3.** *fig.* (*Übermacht*) preponderance, predominance, supremacy, superiority, ascendancy, *auch* ascendency: militärisches [politisches] ~ haben to have military [political] preponderance; das ~ über j-n bekommen to gain (*od.* get) the upper hand over s.o. – **4.** *fig.* (*Vorherrschen*) predominance: ein ~ technischer Fächer im Lehrplan a predominance of technical subjects in the curriculum. – **5.** *econ.* excess weight.

'**über'gie·ßen**[1] *v/t* ⟨*irr, insep, no* -ge-, h⟩ **1.** *cf.* aufbrühen. – **2.** (*besprengen*) water, sprinkle. – **3.** (*mit Zuckerguß*) ice, candy. – **4.** (*Braten*) baste. – **5.** *fig.* (*mit Licht*) bathe, flood, inundate. – **II** *v/reflex* **6.** sich ~ (*mit Wasser*) to douse (*auch* dowse) oneself (with water), to pour water over oneself. – **III Ü~** *n* ⟨-s⟩ **7.** *verbal noun.*

'**über,gie·ßen**[2] **I** *v/t* ⟨*irr, sep,* -ge-, h⟩ **1.** (*verschütten*) spill. – **2.** (*Soße etc*) pour (*s.th.*) over. – **3.** eine Flüssigkeit in ein anderes Gefäß ~ to pour a liquid (out) into another receptacle. – **II Ü~** *n* ⟨-s⟩ **4.** *verbal noun.*

'**Über·gie·ßung** *f* ⟨-; -en⟩ **1.** *cf.* Übergießen[1]. – **2.** med. (*bei einer Wasserkur*) affusion, suffusion, sponge bath.

'**über'git·tern** [-'gɪtərn] *v/t* ⟨*insep, no* -ge-, h⟩ **1.** cover (*s.th.*) with latticework (*od.* trelliswork). – **2.** (*optics*) divide (*s.th.*) into squares.

'**über'gla·sen** [-'glaːzən] *v/t* ⟨*insep, no* -ge-, h⟩ **1.** glaze (*s.th.*) over. – **2.** tech. (*Keramik etc*) vitrify.

'**über·glück·lich** *adj* overjoyed, delirious with joy, extremely happy.

'**über'gos·sen I** *pp of* übergießen[1]. – **II** *adj fig.* mit Schamröte ~ sein to be crimson with shame; von Licht [mit Schweiß] ~ sein to be bathed in light [perspiration].

'**über'grei·fen I** *v/i* ⟨*irr, sep,* -ge-, h⟩ **1.** auf (*acc*) etwas ~ a) (*beim Geigenspielen, Geräteturnen etc*) to shift to s.th., b) (*beim Klavierspielen*) to cross to s.th., c) *fig.* (*von Feuer, Epidemie, Streik etc*) to spread to s.th. – **2.** auf (*od.* in) j-s Rechte ~ *fig.* to encroach (*od.* infringe) (up)on s.o.'s rights. – **3.** ineinander ~ (*von Begriffen etc*) to overlap. – **II Ü~** *n* ⟨-s⟩ **4.** *verbal noun.*

'**Über·griff** *m* ⟨-(e)s; -e⟩ **1.** *cf.* Übergreifen. – **2.** (*kriegerischer, feindlicher*) (*auf acc*) inroad (*into*), incursion (into), trespass ([up]on). – **3.** (*in j-s Rechte etc*) (*in acc*) encroachment ([up]on), infringement ([up]on), trespass ([up]on).

'**über·groß** *adj* **1.** (*sehr groß*) outsize(d), oversize(d), extra large, overlarge. – **2.** (*rie-*

senhaft) vast, immense, huge, colossal, enormous, gigantic.

'**Über·grö·ße** *f* **1.** (*bei Kleidern, Schuhen etc*) outsize, oversize, extra large size. – **2.** (*bei Dimensionsangaben*) overproportion, oversize, outsize.

'**über,ha·ben** *v/t* ⟨*irr, sep,* -ge-, h⟩ **1.** etwas ~ a) (*anhaben*) to have s.th. on, b) *fig. colloq.* (*übrig haben*) to have s.th. left (over), to have s.th. over, c) *fig. colloq.* (*einer Sache überdrüssig sein*) to be sick (and tired) of s.th. (*colloq.*), to be fed up (*od.* browned off) with (*sl.*), to have had enough of s.th. (*sl.*): ich war froh, daß ich einen Mantel überhatte I was glad that I had a coat on; ich habe dein ewiges Gerede über ~ I'm sick and tired of your constant talking. – **2.** für etwas nichts ~ *colloq.* to have no time for (*od.* not to be interested in) s.th.: sie hat für die moderne Musik nichts über she is not interested in modern music.

'**über,hal·ten**[1] *v/t* ⟨*irr, sep,* -ge-, h⟩ *colloq.* hold (*s.th.*) over (*s.th.*).

'**über'hal·ten**[2] *v/t* ⟨*irr, insep, no* -ge-, h⟩ *Austrian obs. for* übervorteilen 1.

'**Über,häl·ter** [-,hɛltər] *m* ⟨-s; -⟩ (*forestry*) **1.** standard holdover. – **2.** (*zur Saatgutgewinnung*) seed tree.

'**Über,hand,nah·me** *f* ⟨-; *no pl*⟩ **1.** *cf.* Überhandnehmen. – **2.** (*von Kriminalität, Ungeziefer, Lärm etc*) spread, increase. – **3.** (*von einer Meinung, Lebensweise etc*) prevalence.

'**über'hand,neh·men I** *v/i* ⟨*irr, sep,* -ge-, h⟩ **1.** (*von Kriminalität, Ungeziefer, Lärm etc*) spread, increase: dein Zuspätkommen nimmt allmählich überhand your coming late is gradually increasing (*od.* is becoming too frequent); Diebstahl nimmt immer mehr überhand theft is spreading more and more (*od.* is growing rife, becoming rampant). – **2.** (*von Unfällen, Selbstmorden etc*) multiply, increase. – **3.** (*von Unkraut*) run riot, become rampant. – **4.** (*von Meinungen, Ideen, Lebensweise etc*) become widespread (*od.* prevalent), gain prevalence: darauf achten, daß etwas nicht überhandnimmt to take care that s.th. does not become too widespread. – **II Ü~** *n* ⟨-s⟩ **5.** *verbal noun.* – **6.** *cf.* Überhandnahme.

'**Über,hang** *m* ⟨-(e)s; ⁿe⟩ **1.** (*Gardine*) curtain, hanging(s *pl*). – **2.** (*von Felsen*) overhanging rock (*od.* ledge), overhang. – **3.** (*von Schneewächte*) overhanging section (*od.* ledge). – **4.** arch. a) overhang, b) projection. – **5.** *aer. auto.* overhang: ~ der Karosserie hinter den Rädern *auto.* (rear) overhang. – **6.** *econ.* a) (*Geldüberhang*) surplus money, b) (*bei Buchung*) carry-over, c) (*Restbetrag*) residue, d) *cf.* Auftragsüberhang. – **7.** *hort.* overhanging branches *pl*.

'**über,hän·gen**[1] *v/t* ⟨*sep,* -ge-, h⟩ **1.** j-m etwas ~ (*Mantel, Decke, Stola etc*) to put s.th. (a)round s.o.'s shoulders. – **2.** sich (*dat*) etwas ~ a) (*Mantel etc*) to put s.th. (a)round one's shoulders, b) (*Tasche, Gewehr etc*) to hang s.th. on (*od.* [a]round) one's shoulder, c) (*mit Schwung*) to sling s.th. (a)round one's shoulder.

'**über,hän·gen**[2] *v/i* ⟨*irr, sep,* -ge-, h⟩ (*von Felsen, Dächern, Zweigen etc*) project, hang over, overhang.

'**über'hän·gen**[3] *v/t* ⟨*insep, no* -ge-, h⟩ etwas mit etwas ~ to hang s.th. over s.th.: den Vogelkäfig mit einem Tuch ~ to hang a cloth over the birdcage.

'**über,hän·gend I** *pres p of* überhängen[1] *u.* [2]. – **II** *adj* **1.** (*Felsen, Dach, Zweig etc*) overhanging. – **2.** arch. a) cantilevering, b) (*vorstehend*) projecting.

'**Über,hang,man,dat** *n* pol. excessive mandate.

'**Über,hangs,recht** *n* ⟨-(e)s; *no pl*⟩ *jur.* the right to cut off overhanging branches.

'**über'happs** [-'haps] *adv Austrian colloq.* for a) übereilt III, b) flüchtig II.

'**über'har·ken** *v/t* ⟨*insep, no* -ge-, h⟩ rake over.

'**über'ha·sten** *v/t* ⟨*insep, no* -ge-, h⟩ *cf.* übereilen 1. — '**über'ha·stet I** *pp.* – **II** *adj u. adv cf.* übereilt 1–4.

'**über'haucht** *adj* ihr Gesicht war von einem sanften Rot ~ *poet.* her cheeks had a rosy hue.

'**über'häu·fen I** *v/t* ⟨*insep, no* -ge-, h⟩ **1.** j-n mit etwas ~ *fig.* a) (*mit Geschenken, Ehrungen, Komplimenten etc*) to heap s.th.

(up)on s.o., to overwhelm s.o. with s.th., b) (*mit Arbeit, Aufgaben, Pflichten etc*) to swamp (*od.* overburden) s.o. with s.th., c) (*mit Vorwürfen, Schimpfwörtern etc*) to shower (*od.* rain) s.th. (up)on s.o.: ein Kind mit Liebe ~ to lavish one's affection(s) on a child; j-n mit Fragen ~ a) (*plagen*) to shower (*od.* ply) s.o. with questions, b) (*bombardieren*) to pelt (*od.* bombard) s.o. with questions; mit Arbeit überhäuft werden to be swamped (*od.* snowed under) with work. – **2.** etwas mit etwas ~ to swamp (*od.* load) s.th. with s.th., to heap (*od.* pile) s.th. high with s.th. – **3.** *econ.* a) (*Markt*) glut, b) (*Lager*) overstock. – **II U~** *n* ⟨-s⟩ **4.** *verbal noun.* – **5.** *cf.* Überhäufung.

¸**über'häuft I** *pp.* – **II** *adj* der Tisch war mit Papieren ~ the table was swamped (*od.* piled high) with papers. — ¸**Über'häu·fung** *f* ⟨-; *no pl*⟩ **1.** *cf.* Überhäufen. – **2.** *fig.* (*mit Schimpfwörtern, Vorwürfen etc*) shower, rain. – **3.** *fig.* (*Schwall, Flut*) volley.

¸**über'haupt** *adv* **1.** at all: wie konnte das denn ~ geschehen? how could that happen at all? arbeitet er denn ~? does he (*do any*) work at all? hast du ~ schon etwas gegessen? have you had anything to eat at all? was ist ~ mit dir los? what is wrong with you anyway? – **2.** (*eigentlich, tatsächlich*) actually, at all: wie ist das ~ passiert? how did that actually happen? how did that happen at all (*od.* in the first place)? – **3.** (*außerdem, überdies, sowieso*) anyway, anyhow, in the first place: was willst du ~? what are you driving at, anyway? ~ wollte ich nicht Sie, sondern Herrn X sprechen I did not want (*od. colloq.* I never wanted) to speak to you in the first place, I wanted (to speak to) Mr. X. – **4.** ~ nicht (*ganz und gar nicht*) not at all: daran habe ich ~ nicht gedacht I did not think of that at all, I did not even think of that, I never thought of it at all; das war ~ nicht vorgesehen that was not planned at all; du hättest es ~ nicht tun sollen you should not have done it at all (*od.* in the first place); hat er sich bedankt? — ~ nicht! *colloq.* did he thank you (for it)? — not at all! not a (*od.* one) bit of it! (*colloq.*); du hast dich wieder meinetwegen in Unkosten gestürzt! — ~ nicht! you've gone to (such) a lot of expense again! — not at all! (*od.* it's nothing!); er hat ~ kein Geld he has no money at all, he has no money what(so)ever; er ließ sich ~ nicht aus der Fassung bringen he was not at all (*od.* not in the least) perturbed, he was not perturbed in the least (*od.* slightest), he was not the least (*od.* slightest) bit perturbed; er hat ~ keine Ahnung *colloq.* he hasn't the slightest (*od.* faintest) idea, he hasn't the ghost of an idea; du besuchst mich ~ nie you never come to see me at all, you never come to see me. – **5.** ~ nichts nothing at all, nothing what(so)ever: du weißt ~ nichts you know nothing at all, you know absolutely nothing; davon versteht er ~ nichts he knows nothing what(so)ever (*od.* absolutely nothing) about it, he doesn't know a (*od.* the first) thing about it; das hat ~ nichts damit zu tun that has nothing at all (*od.* nothing whatever) to do with it; es schadet ~ nichts, wenn er warten muß it won't do him the slightest (*od.* the least bit of) harm to wait; das macht ~ nichts that does not matter at all (*od.* in the least, one bit, a bit); macht es dir was aus? ~ nichts! (*od.* would) you mind (awfully *colloq.*)? not at all! not in the least (*od.* slightest)! möchten Sie Kaffee oder Tee? danke, ~ nichts would you like coffee or tea? I'll have nothing (*od.* I'd rather not have anything) at all, thank you; davon hat er ~ nichts erwähnt he did not mention anything about it at all, he didn't say a word (*od.* thing) about it, he didn't breathe a word of it. – **6.** (*als Einschränkung*) at all: vorausgesetzt, daß das ~ der Fall ist provided that that is the case at all; gibt es ~ eine Möglichkeit? is there any chance at all (*od.* what[so]ever)? – **7.** (*als beiläufige Aussage od. Feststellung*) kannst du mir fünf Mark leihen? du bist mir ~ noch zehn Mark schuldig can you lend me five marks? now that I think of it (*od.* come to think of it, indeed), you still owe me ten marks;

du kannst noch nicht gehen, ~ muß ich mit dir noch einiges besprechen you can't go yet, in fact (*od.* now that I mention it), I have several things to say to you (*od.* several bones to pick with you); ich höre gern Bach, ~ höre ich gern klassische Musik I like Bach, in fact (*od.* indeed), I like classical music in general; das glaube ich dir nicht, ~ ist die Behauptung absurd I don't believe you, indeed (*od.* in fact), your statement is quite absurd; in Deutschland und Frankreich, und ~ in ganz Europa in Germany and France, and indeed all over Europe; es ist ~ lächerlich, daß er das von uns verlangt it (really) is quite (*od.* altogether) absurd that he expects us to do that; das ist ~ die Höhe, das ist die Höhe ~ *colloq.* that really is the limit! that really tops the lot! (*beide colloq.*); das ist ~ der netteste Kerl *colloq.* he's the nicest fellow ever, he really is the nicest fellow (*beide colloq.*); der beste Witz ~ the best joke out; das ist ~ die beste Lösung that's the best solution yet (*od.* of all); das ist ein Feigling, ~ ist das ein Angsthase *colloq.* he's a coward, in fact, he is always such a scaredy-cat; er sagte, sie wäre falsch und ~ recht unzuverlässig (*od.* und recht unzuverlässig ~*) he said she was two-faced and (indeed) pretty unreliable in general; er sagte, ich wäre ~ ein Spielverderber he said I was always such a spoilsport; er ist ~ ein alter Meckerer *colloq.* he's an old grumbler anyway; das Lärmen ist verboten, ~ in der Nacht *colloq.* noisemaking is prohibited, particularly (*od.* especially) at night.

¸**über'he·ben**[1] *v/reflex* ⟨*irr, insep, no* -ge-, h⟩ sich ~ **1.** (*beim Tragen etc*) (over)strain oneself, injure (*od.* rupture) oneself with lifting. – **2.** sich über j-n ~ *fig.* (*überheblich sein*) to consider oneself above (*od.* better than) s.o.: ohne mich ~ zu wollen without wanting to seem presumptuous (*od.* to boast myself, to blow my own trumpet).

'**über,he·ben**[2] *v/t* ⟨*irr, sep,* -ge-, h⟩ *colloq.* lift (*od.* carry) (*s.th.*) over.

¸**über'heb·lich** [-'heːplɪç] *adj* overbearing, presumptuous, arrogant. — ¸**Über'heb·lich·keit** *f* ⟨-; *no pl*⟩ presumption, arrogance, hauteur.

'**Über'he·bung** *f* ⟨-; *no pl*⟩ *cf.* Überheblichkeit.

¸**über'hei·zen** *v/t* ⟨*insep, no* -ge-, h⟩ overheat: das Zimmer ist überheizt worden the room has been overheated.

¸**über'hin** *adv obs.* (*oberflächlich*) superficially.

¸**über'hit·zen I** *v/t* ⟨*insep, no* -ge-, h⟩ **1.** overheat. – **2.** *phys. tech.* (*Dampf etc*) superheat. – **II U~** *n* ⟨-s⟩ **3.** *verbal noun.* — '**Über'hit·zer** *m* ⟨-s; -⟩ *tech.* superheater. — ¸**über'hitzt I** *pp.* – **II** *adj* **1.** overheated: ~e Gemüter *fig.* frayed tempers; ~e Phantasie *fig.* wild imagination; ~e Konjunktur *econ.* overheated boom. – **2.** *phys. tech.* (*Dampf etc*) superheated. — ¸**Über'hit·zung** *f* ⟨-; *no pl*⟩ *cf.* Überhitzen.

'**über,ho·beln** *v/t* ⟨*sep,* -ge-, h⟩ *tech.* finish-plane.

'**über,hoch** *adj* ⟨*attrib* überhoh-⟩ extremely (*od.* excessively) high.

'**über,höf·lich** *adj* overpolite, overcourteous, excessively polite (*od.* courteous).

¸**über'hö·hen I** *v/t* ⟨*insep, no* -ge-, h⟩ **1.** *civ.eng.* (*Schienen, Straßen, Kurven etc*) superelevate, bank. – **2.** *tech.* (*Profilträger*) camber, hog, b) (*Schweißnaht*) reinforce. – **3.** *arch.* (*Spitzbogen*) lancet. – **4.** (*Preise*) force (*s.th.*) up, raise (*s.th.*) excessively, jack (*s.th.*) up (*sl.*). – **II U~** *n* ⟨-s⟩ **5.** *verbal noun.* — '**über'höht I** *pp.* – **II** *adj* **1.** *civ.eng.* (*Schiene, Straße, Kurve etc*) superelevated, banked. – **2.** *tech.* a) (*Träger*) cambered, b) (*Profil*) lifted, c) (*Schweißnaht*) reinforced. – **3.** *arch.* pointed, lanceted. – **4.** (*Preise*) excessive, prohibitive, exorbitant. – **5.** (*Geschwindigkeit*) excessive: mit ~er Geschwindigkeit fahren to exceed (*s.th.*) drive over) the speed limit, to speed. — ¸**Über'hö·hung** *f* ⟨-; *no pl*⟩ **1.** *cf.* Überhöhen. – **2.** *civ.eng.* (*von Schienen, Straßen, Kurven etc*) superelevation, bank. – **3.** *tech.* a) (*eines Profilträgers*) camber, hog, b) (*einer Schweißnaht*) reinforcement. – **4.** *arch.* (*eines Spitzbogens*) lancet. – **5.** (*von Preisen*) excess, excessive rise.

¸**über'ho·len**[1] **I** *v/t* ⟨*insep, no* -ge-, h⟩ **1.** (*im Straßenverkehr*) pass, *bes. Br.* overtake: rechts ausweichen, links ~ keep right, overtake on the left; j-n ~ wollen to prepare to overtake s.o.; beschleunige nicht, wenn du überholt wirst do not accelerate when (you are) being overtaken. – **2.** (*sport*) (*beim Laufen, im Motorsport etc*) overtake, outdistance, outpace, outstrip. – **3.** *fig.* (*übertreffen, überflügeln*) outstrip, outdo, surpass. – **4.** *bes. tech.* (*auf Fehler prüfen u. ausbessern*) overhaul, service, recondition: das Auto müßte einmal gründlich überholt werden the car really needs a complete overhaul. – **II** *v/i* **5.** pass, *bes. Br.* overtake. – **III U~** *n* ⟨-s⟩ **6.** *verbal noun.* – **7.** (*im Verkehr*) **Ü~ verboten!** no passing (*bes. Br.* overtaking)! do not pass (*bes. Br.* overtake)! **Vorsicht beim Ü~!** pass (*bes. Br.* overtake) with care (*od.* caution). – **8.** *cf.* Überholung.

¸**über'ho·len**[2] *mar.* **I** *v/t* ⟨*sep,* -ge-, h⟩ **1.** j-n (mit dem Boot) ~ to fetch s.o. over (in a boat). – **II** *v/i* **2.** hol über! (*Ruf an den Fährmann*) ferryman ahoy! – **3.** (*sich auf die Seite legen*) heel (over). – **III U~** *n* ⟨-s⟩ **4.** *verbal noun.*

¸**Über'hol**¦**fahr,bahn** *f cf.* Überholspur. — **~ma,nö·ver** *n* passing man(o)euver, *bes. Br.* overtaking manœuvre. — **~spur** *f* overtaking (*Br. auch* fast) lane. — **~strecke** (getr. -k·k-) *f* overtaking stretch of road. — **~strei·fen** *m* overtaking stripe (*od.* line).

¸**über'holt I** *pp* of überholen[1]. – **II** *adj* **1.** *bes. tech.* (*Fahrzeug, Schiff etc*) overhauled, reconditioned. – **2.** *fig.* (*Meinung, Theorie etc*) outdated, outmoded, out-of-date (*attrib*), antiquated, obsolete, passé: durch etwas ~ sein to be superseded by s.th.; diese Neuigkeit ist schon längst ~ that is no news (*od.* nothing new), that news is old rope (*od.* hat) (*colloq.*).

¸**Über'ho·lung** *f* ⟨-; -en⟩ **1.** *cf.* Überholen[1]. – **2.** *bes. tech.* (*von Autos, Maschinen etc*) overhaul.

¸**Über'ho·lungs**¦**ar·bei·ten** *pl tech.* overhaul work *sg.* — **~be,dürf·tig** *adj bes. tech.* in need of an overhaul (*od.* a repair). — **~gleis** *n* (*railway*) siding, passing track.

¸**Über'hol**¦**ver,bot** *n* **1.** ban on passing (*bes. Br.* overtaking). – **2.** (*als Schild*) "No Passing" (*bes. Br.* "No Overtaking") sign. – **3.** (*als Strecke*) im ~ überholen to pass (*bes. Br.* overtake) within a passing (*bes. Br.* overtaking) limit. — **~vor,gang** *m* **1.** passing, *bes. Br.* overtaking: während des ~s while passing. – **2.** *cf.* Überholmanöver.

¸**über'hö·ren**[1] *v/t* ⟨*insep, no* -ge-, h⟩ etwas ~ a) (*versehentlich*) to miss s.th., not to hear s.th., b) (*akustisch nicht verstehen*) not to hear (*od.* catch) s.th., c) (*absichtlich*) to ignore s.th., not to listen to s.th.: ich habe ihn sein Kommen ganz überhört I did not hear him come; das will ich überhört haben! I will ignore that! I didn't hear that!

'**über,hö·ren**[2] *v/t* ⟨*sep,* -ge-, h⟩ **1.** *cf.* abhören 1, 4. – **2.** sich (*dat*) etwas ~ to be tired (*od. colloq.* sick) of hearing s.th.

'**Über,ho·se** *f* **1.** (*Arbeitshose*) overalls *pl*, dungarees *pl.* – **2.** (*beim Skifahren etc*) wet pants *pl*, over-pants *pl* (*beide sometimes construed as sg*), slip-over trousers *pl.*

'**Über-,Ich** *n psych.* superego.

'**über,imp·fen** *v/t* ⟨*sep,* -ge-, h⟩ *med.* (von from; *auf acc* to) inoculate.

'**über,ir·disch** *adj* **1.** (*über der Erde*) superterranean, superterrestrial. – **2.** (*übernatürlich*) supernatural, unearthly, unworldly, supermundane: ~e Geister supernatural creatures. – **3.** (*himmlisch*) heavenly, celestial, ethereal: ~es Wesen heavenly (*od.* celestial) being. – **4.** (*göttlich*) divine: von ~er Schönheit of divine beauty.

'**über,jäh·rig** *adj obs.* **1.** more than a year old. – **2.** (*zu alt*) superannuated, too old.

'**Über,jod,säu·re** *f* ⟨-; *no pl*⟩ *chem.* periodic acid (J_2O_7).

¸**über'kal·ken** *v/t* ⟨*insep, no* -ge-, h⟩ whitewash (*od.* limewash) (*s.th.*) over.

'**über,kan,di·delt** [-kan,diːdəlt] *adj colloq.* crazy, crackbrained, odd, eccentric, erratic, 'nutty' (*sl.*).

'**Über-ka·pi·ta·li,sie·rung** *f econ.* overcapitalization *Br. auch* -s-.

'**über,kip·pen** *v/i* ⟨*sep,* -ge-, sein⟩ **1.** (*das Gleichgewicht verlieren*) overbalance, lose one's balance, (*von Gegenständen*) auch lose equilibrium. – **2.** (*umfallen*) topple (*od.* tip) over. – **3.** *fig.* (*von Stimme*) crack, break.

ˌüberˈkleˈben¹ *v/t* ⟨*insep, no* -ge-, *h*⟩ etwas (mit etwas) ~ to paste (*od.* glue) s.th. over (with s.th.).

ˈüberˌkleˈben² *v/t* ⟨*sep,* -ge-, *h*⟩ etwas ~ to paste (*od.* glue, stick) s.th. on (*od.* over) (*s.th.*).

ˈÜberˌkleiˈdung¹ *f* ⟨-; *no pl*⟩ outerwear.

ˌÜberˈkleiˈdung² *f* ⟨-; -en⟩ *arch. civ.eng. tech. cf.* Verkleidung 5, 6, 7.

ˌüberˈkleiˈstern *v/t* ⟨*insep, no* -ge-, *h*⟩ *colloq. for* überkleben¹.

ˌüberˈkletˈtern *v/t* ⟨*insep, no* -ge-, *h*⟩ climb over.

ˈüberˌklug *adj* know-(it-)all, would-be wise, sapient, overwise, too clever by half: ein ~er Mensch a know-(it-)all, a wiseacre.

ˈüberˌkoˈchen¹ *v/i* ⟨*sep,* -ge-, *sein*⟩ **1.** (*von Milch, Suppe etc*) boil over. – **2.** (*vor Wut*) ~ *fig.* to explode (with rage), to fly into a rage (*od.* temper); noch ein Wort, und er kocht über one more word and he will explode.

ˌüberˈkoˈchen² *v/t* ⟨*insep, no* -ge-, *h*⟩ *gastr.* (*Eingemachtes etc*) boil (*s.th.*) up again, reboil.

ˌüberˈkomˈmen¹ **I** *v/t* ⟨*irr, insep, no* -ge-, *h*⟩ etwas überkommt j-n a) (*von Empfindungen*) s.th. overcomes (*od.* comes over) s.o., b) (*von plötzlichen Gedanken*) s.th. suddenly strikes (*od.* occurs to) s.o.: ein Anflug von Schwäche überkam sie a wave of weakness came over her; plötzlich überkam ihn ein Gefühl des Ekels he was suddenly overcome by a feeling of disgust, he was suddenly revolted. – **II** *v/impers* es überkam mich ganz plötzlich, daß ich die Tür nicht abgeschlossen hatte it suddenly struck me that I had not locked the door.

ˌüberˈkomˈmen² **I** *pp of* überkommen¹. – **II** *adj* (*Sitten, Gebräuche etc*) traditional, conventional: ein von den Vorfahren ~es Gut a legacy.

ˌüberˈkomˈpenˌsieˈren *v/t* ⟨*insep, no* -ge-, *h*⟩ overcompensate. — **ˈÜberˌkomˈpenˌsieˈrung** *f* ⟨-; *no pl*⟩ overcompensation.

ˌüberˈkonˌfesˈsioˌnell *adj relig.* interdenominational.

ˈÜberˌkonˌjunkˈtur *f econ.* overheated (*od.* super) boom.

ˈÜberˌkorˈrekˌtur *f med. psych.* overcompensation, overcorrection.

ˌüberˈkraˈgen [-ˈkraːgən] *v/i* ⟨*insep, no* -ge-, *h*⟩ *tech.* (*von Bauholz etc*) overhang, project.

ˌüberˈkreuˈzen *v/t* ⟨*insep, no* -ge-, *h*⟩ *mus.* (*Hand*) cross.

ˈüberˌkrieˈgen *v/t* ⟨*sep,* -ge-, *h*⟩ etwas ~ *colloq.* to get sick (and tired) of s.th. (*colloq.*), to get fed up (*od.* browned off) with s.th. (*sl.*).

ˈüberˌkriˈtisch *adj* overcritical, hypercritical.

ˌüberˈkritˈzeln *v/t* ⟨*insep, no* -ge-, *h*⟩ etwas ~ to scribble over s.th., to scribble s.th. out.

ˌüberˈkroˈnen [-ˈkroːnən] *v/t* ⟨*insep, no* -ge-, *h*⟩ *med.* (*Zähne*) crown.

ˌüberˈkruˈsten **I** *v/reflex* ⟨*insep, no* -ge-, *h*⟩ sich ~ crust (over), form crusts. – **II** *v/t* etwas ~ *bes. gastr.* to crust s.th. (over).

ˌüberˈkuˈgeln *v/reflex* ⟨*insep, no* -ge-, *h*⟩ sich ~ a) roll over (and over), b) roll (*od.* go, turn) head over heels.

ˈÜberˌkulˌtur *f* overcivilization *Br. auch* -s-, overrefinement.

ˌüberˈlaˈden¹ **I** *v/t* ⟨*irr, insep, no* -ge-, *h*⟩ **1.** (*Auto, Schiff, Flugzeug*) overload, overlade. – **2.** *fig.* (*Bild, Zimmer, Stil etc*) clutter, overcharge. – **3.** (*Schußwaffe*) overcharge. – **4.** (*Batterie etc*) overcharge. – **5.** sich (*dat*) den Magen ~ to overload one's stomach, to overeat (oneself). – **6.** j-n mit etwas ~ (*mit Arbeit etc*) to swamp (*od.* overburden) s.o. with s.th. – **II** *v/reflex* **7.** sich mit etwas ~ (*mit Schmuck etc*) to festoon (*od.* clutter) oneself with s.th. – **III** Ü~ *n* ⟨-s⟩ **8.** *verbal noun.* – **9.** *cf.* Überladung¹.

ˈüberˌlaˈden² *v/t* ⟨*irr, sep,* -ge-, *h*⟩ **1.** (*umladen*) transship, *auch* tranship, transfer, shift. – **II** Ü~ *n* ⟨-s⟩ **2.** *verbal noun.* – **3.** *cf.* Überladung².

ˌüberˈlaˈden³ **I** *pp of* überladen¹. – **II** *adj* **1.** (*Auto, Schiff, Flugzeug etc*) overloaded, overladen. – **2.** (*Magen*) overloaded. –

3. (*Gewehr etc*) overcharged. – **4.** *fig.* (*Bild, Zimmer*) overladen, cluttered, overcharged: das Zimmer war mit Krimskrams ~ *colloq.* the room was cluttered (up) (*od.* plastered) with knickknacks (*Br.* knick-knacks), the room was filled with a clutter of knick-knacks. – **5.** *fig.* (*Stil*) overladen, redundant.

ˌÜberˈlaˈdenˌheit *f* ⟨-; *no pl*⟩ *fig.* **1.** (*eines Zimmers etc*) cluttered state. – **2.** (*Stil*) redundancy, floridness.

ˌÜberˈlaˈdung¹ *f* ⟨-; *no pl*⟩ **1.** *cf.* Überladen¹. – **2.** (*mit Waren, Gepäck etc*) overload. – **3.** (*eines Gewehrs, einer Batterie etc*) overcharge. – **4.** *fig. cf.* Überladenheit.

ˈÜberˌlaˈdung² *f* ⟨-; *no pl*⟩ **1.** *cf.* Überladen². – **2.** transshipment, *auch* transhipment, transfer.

ˌüberˈlaˈgern **I** *v/t* ⟨*insep, no* -ge-, *h*⟩ **1.** (*überdecken*) super(im)pose, overlay. – **2.** *geol.* overlie. – **3.** *bes. tech. cf.* überlappen. – **4.** *electr.* (*radio*) *tel.* superheterodyne. – **5.** *med.* (*in der Röntgenologie*) overshadow, mask, disguise, conceal. – **II** *v/reflex* sich ~ **6.** (*von Ereignissen*) overlap. – **7.** *med.* a) overlap, b) (*von Knochenenden*) override. — **II** *v/i* ⟨*s*⟩ **8.** *verbal noun.* — **ˌÜberˈlaˌgeˈrung** *f* ⟨-; *no pl*⟩ **1.** *cf.* Überlagern. – **2.** *electr.* (*radio*) *tel.* super(im)position. – **3.** *med.* (*in der Röntgenologie*) disguise. – **4.** *psych.* psychic overtone, superimposed psychic cause.

ˌÜberˈlaˌgeˈrungsˌemp̌fang *m* (*radio*) superhet(erodyne) reception. — **~empˌfänger** *m* superhet(erodyne) receiver. — **~freˌquenz** *f* heterodyne frequency.

ˈÜberˌlandˌbahn *f* (*railway*) *Am.* interurban railroad, *Br.* interurban railway, intercity train. — **~bus** *m* (cross-)country (*od.* interurban) bus, *bes. Br.* coach. — **~flug** *m aer.* cross-country flight. — **~leiˌtung** *f electr.* long-distance (*od.* power) transmission line, overhead supply line. — **~omˌniˌbus** *m cf.* Überlandbus. — **~straˌße** *f* cross-country road (*bes. Am.* highway). — **~transˌport** *m* overland transport (*bes. Am.* transportation), long-distance haulage. — **~verˌkehr** *m* interurban traffic. — **~zenˌtraˌle** *f electr.* district (*od.* rural) power station.

ˈüberˌlang *adj* extra (*od.* exceptionally, particularly) long. — **ˈÜberˌlänˌge** *f* exceptional length: wegen ~ geänderte Anfangszeiten (*film*) showing times altered due to exceptional length of film.

ˌüberˈlapˈpen *v/t u.* sich ~ *v/reflex* ⟨*insep, no* -ge-, *h*⟩ *bes. tech.* overlap. — **ˌÜberˈlapˈpung** *f* ⟨-; -en⟩ overlap, overlapping.

ˌÜberˈlapˌpungsˌnieˈtung *f tech.* lap-(-joint) riveting. — **~stoß** *m* overlapped joint.

ˌüberˈlasˈsen¹ **I** *v/t* ⟨*irr, insep, no* -ge-, *h*⟩ **1.** j-m etwas ~ a) (*hinterlassen*) to leave s.o. (with) s.th., b) (*verkaufen*) to sell s.th. to s.o., c) (*vermieten*) to rent (*od.* lease, *bes. Br.* let) s.th. to s.o., d) (*preisgeben*) to let s.o. have s.th., to hand s.th. over to s.o., (*Festung etc*) to relinquish (*od.* surrender, abandon) s.th. to s.o., e) *jur.* to leave (*od.* cede) s.th. to s.o.: sie haben es mir für zehn Mark ~ they sold it to me for ten marks; sie überließ es ihm widerstandslos she let him have it without resistance; er überließ ihr alle seine Schulden he left her (with) all his debts. – **2.** j-m ein Urteil [die Entscheidung] ~ to leave a judg(e)ment [the decision] to s.o. (*od.* s.o.'s discretion): Sie das nur mir (you) just leave that to me; das bleibt Ihnen ~ it (*od.* that, the decision) is entirely up to you, it is entirely your decision, you are entirely free (*od.* at liberty) to decide. – **3.** j-n j-m ~ to entrust (*od.* commit, resign) s.o. to s.o.'s care: man kann ihn unbesorgt ihrer Pflege ~ we can leave (*od.* entrust) him to her care without (need to) worry. – **4.** j-n seinem Schicksal ~ to leave s.o. to his fate. – **5.** j-n sich (*dat*) selbst ~ to leave s.o. on his own (*od.* to himself): das Kind war sich immer selbst ~ the child was always left on its own (*od.* left to its own devices [*od.* resources]); wir ~ die beiden besser sich selbst we had better leave the two (*od.* them) to themselves. – **6.** etwas etwas (*dat*) ~ (*dem Schicksal, der Zukunft etc*) to leave s.th. to s.th.: das muß man dem Zufall ~ that must be left to chance. – **II** *v/reflex* **7.** sich seinem Kummer [Schmerz, seiner Freude, seinen Erinnerungen] ~ to give oneself over (*od.*

up) to (*od.* to yield oneself to) sorrow [pain, joy, memories]. – **8.** sich j-s Führung ~ to let oneself be guided by s.o. – **III** Ü~ *n* ⟨-s⟩ **9.** *verbal noun.* – **10.** *cf.* Überlassung.

ˈüberˌlasˈsen² *colloq.* **I** *v/t* ⟨*irr, sep,* -ge-, *h*⟩ (*übriglassen*) leave (*s.th.*) (over): wir müssen ihm etwas Kuchen ~ we must leave him some cake. – **II** Ü~ *n* ⟨-s⟩ *verbal noun.*

ˌÜberˈlasˈsung *f* ⟨-; *no pl*⟩ **1.** *cf.* Überlassen¹. – **2.** (*Preisgabe*) relinquishment, surrender, abandonment. – **3.** *jur.* a) (*Abtretung*) cession, transfer, b) (*durch Verkauf*) sale.

ˈÜberˌlast *f* ⟨-; -en⟩ **1.** overload, overweight. – **2.** ⟨*only sg*⟩ *fig.* burden.

ˌÜberˈlastˌbarˌkeit *f* ⟨-; *no pl*⟩ *tech.* overload capacity.

ˌüberˈlasˈten **I** *v/t* ⟨*insep, no* -ge-, *h*⟩ **1.** (*Auto, Fahrstuhl etc*) overload, overlade. – **2.** (*Maschine, Stromnetz etc*) overload. – **3.** j-n ~ (*mit Arbeit etc*) to overburden (*od.* overtax, overstrain) s.o. – **II** *v/reflex* sich ~ **4.** er hat sich finanziell vollkommen überlastet he has overburdened himself financially (*od.* overtaxed his financial strength). – **III** Ü~ *n* ⟨-s⟩ **5.** *verbal noun.* – **6.** *cf.* Überlastung. — **ˌüberˈlaˈstet** **I** *pp.* – **II** *adj* **1.** (*Auto, Fahrstuhl etc*) overloaded, overladen. – **2.** (*Maschine, Stromnetz etc*) overloaded. – **3.** (*Person*) overburdened, overtaxed, overstrained. — **ˌÜberˈlaˈstung** *f* ⟨-; *no pl*⟩ **1.** *cf.* Überlasten. – **2.** (*eines Autos etc*) overload. – **3.** *electr. tech.* (*einer Maschine etc*) overload: plötzliche ~ sudden overload, surge. – **4.** (*einer Person*) overstrain, overstress.

ˌÜberˈlaˈstungsˌfäˌhigˌkeit *f* ⟨-; *no pl*⟩ *tech.* overload capacity. — **~kuppˌlung** *f* overload clutch. — **~schutz** *m* overload protection.

ˈÜberˌlauf *m civ.eng.* overflow, spillway, wasteway.

ˈüberˌlauˈfen¹ **I** *v/i* ⟨*irr, sep,* -ge-, *sein*⟩ **1.** (*von Flüssigkeit, Gefäß etc*) overflow, run over: paß auf, die Badewanne läuft über! be careful, the bathtub is overflowing! sie läuft vor Betriebsamkeit und Eifer über *fig.* she gushes with activity and officiousness. – **2.** (*überkochen*) boil over: → Galle 3. – **3.** *cf.* übergehen¹. – **4.** ineinander ~ (*von Farben etc*) to run. – **II** Ü~ *n* ⟨-s⟩ **5.** *verbal noun*: zum Ü~ voll filled to overflowing, brimful, *auch* brimfull.

ˌüberˈlauˈfen² **I** *v/t* ⟨*irr, insep, no* -ge-, *h*⟩ **1.** Angst (*od.* Schauder) [Zittern] überläuft j-n s.o. is seized (*od.* overcome) with fear [shudders]. – **2.** overrun. – **II** *v/impers* **3.** es überlief mich kalt cold shudders went up and down my spine.

ˌüberˈlauˈfen³ **I** *pp of* überlaufen². – **II** *adj* ⟨*meist pred*⟩ **1.** (*Ort, Ausflugsziel etc*) (*von*) overcrowded (with), overrun (with, by): von Touristen ~ overcrowded with (*od.* inundated with, invaded by) tourists. – **2.** (*Beruf*) overcrowded. – **3.** (*Arzt*) besieged (*od.* inundated) with patients. – **4.** (*durch Bettler, Hausierer etc*) pestered, plagued, importuned.

ˈÜberˌläuˈfer *m* ⟨-s; -⟩ **1.** *mil.* deserter. – **2.** *pol.* turncoat, renegade. – **3.** *bes. relig.* renegade, apostate, convert. – **4.** *hunt.* boar of the second year.

ˈÜberˌlaufˌrohr *n tech.* overflow pipe. — **~venˌtil** *n* overflow (*od.* bypass) valve.

ˈüberˌlaut **I** *adj* **1.** overloud, too loud; stentorian, stentorious (*lit.*): er sprach mit ~er Stimme he spoke too loudly (*od. lit.* stentoriously). – **2.** (*Sirengeheul etc*) deafening. – **3.** (*lärmend*) too noisy. – **II** *adv* **4.** ~ sprechen to speak too loudly (*od. lit.* stentoriously).

ˌüberˈleˈben¹ *v/t* ⟨*insep, no* -ge-, *h*⟩ **1.** (*eine Person*) (*um*) survive, outlive: er hat seine Frau (um drei Jahre) überlebt he outlived his wife (by three years); der wird uns noch alle ~ *colloq.* he will outlive us all, he will live longer than any (*od.* all) of us. – **2.** (*Katastrophe, Krieg etc*) survive: du wirst es ~! *colloq. humor.* you'll survive (it). – **3.** (*eine bestimmte Frist*) last, live out: der Kranke wird die Nacht nicht ~ the patient will not last the night. – **4.** *fig. colloq.* (*in Wendungen wie*) das überlebe ich nicht! I'll never survive it! that will be the death of me! er glaubte, er werde den Verlust seines Sohnes nicht ~ he thought he would never get over the death of his son. – **II** *v/reflex* sich ~ **5.** outlive (*od.* outlast) one's use(fulness): **dieses Sy-stem hat sich überlebt** this system has out-lived its use(fulness); **das hat sich überlebt** that has had its day. – **III Ü~** *n* ⟨-s⟩ **6.** *verbal noun.* – **7.** survival. – **8.** *bes. jur.* survivor-ship. — **,über'le·bend I** *pres p.* – **II** *adj* **der ~e Teil** *od.* **Ehegatte** *jur.* the surviving party (*od.* widow[er]).

,Über'le·ben·de *m, f* ⟨-n; -n⟩ (*einer Katastrophe etc*) survivor: **er ist der einzige ~** he is the only ~.

,Über'le·bens,chan·ce *f* chance of survival. — **~,fall** *m only in* **im ~** *jur.* in case of survival.

'über,le·bens,groß *adj* (*Bild, Statue etc*) larger than life-size(d), larger than life, monumental. — **'Über,le·bens,grö·ße** *f* ⟨-; *no pl*⟩ (*in Wendungen wie*) **eine Statue in ~** a statue larger than life (*od.* larger than life-size[d]), a monumental statue.

,Über'le·bens,ren·te *f jur.* survivorship annuity. — **~,zeit** *f* survival time.

,über'lebt I *pp.* – **II** *adj* (*Vorstellungen etc*) antiquated, outmoded, out-of-date (*attrib*): **das sind ~e Anschauungen** these are anti-quated views; **an dem ~en Prinzip festhal-ten** to stick to the out-of-date principle; **~ sein** to be out of date, to belong to the past, to be a thing of the past.

,über'le·gen¹ I *v/t* ⟨insep, *no* -ge-, h⟩ **1.** think (*s.th.*) over, give (*s.th.*) (some) thought, think about, consider, deliberate: **etwas ~** to give s.th. some thought; **ich muß es mir noch ~** I'll think about it, I'll think it over; **überleg dir's doch mal** think about it, think it over, give it (some) thought, consider it; **etwas gründlich ~** to think s.th. over very carefully, to give s.th. careful thought, to weigh s.th. (up); **sich** (*dat*) **etwas reiflich ~** to consider s.th. well, to weigh s.th. (up), to revolve s.th.; **~ Sie sich das gut!** give it careful thought, consider it well, weigh it well before deciding; **seine Worte genau ~** to weigh one's words; **das will genau überlegt sein** that requires careful consideration; **~ Sie sich das in Ruhe** give it some quiet thought, think about it at your leisure; **etwas hin und her ~** to turn s.th. over (*od.* to revolve s.th.) in one's mind, to consider s.th. from every angle, to consider and reconsider s.th.; **ich werde** (*od.* will) **es mir ~** a) I shall consider the matter, I shall think it over, b) I'll think (*od.* see) about it, I'll see what can be done (about it); **ich werde mir noch ~, ob** I'll consider whether; **sich** (*dat*) **~, was man tun soll** to deliberate (*od.* think about) what to do; **etwas noch einmal ~** to reconsider s.th.; **das würde ich mir zweimal ~** I should think twice before doing it; **ich habe es mir überlegt** a) I have made up my mind, b) (*anders*) I have changed my mind (*od.* I have had second thoughts) (about it); **wenn ich es mir recht überlege** on second thoughts, when I think about it (properly), (when I) come to think of it; **das hättest du dir vorher ~ müssen** you should have thought of that (*od.* weighed the con-sequences) beforehand; **das Für und Wider ~** to weigh (up) the pros and cons; **das wäre zu ~** that is worth consider-ing (*od.* a thought); **was gibt es denn da noch zu ~?** what is there to think about? – **2.** (*ausdenken*) work out, *Am. auch* figure out: **ich habe mir folgendes überlegt** this is what I (have) worked out, I came (*od.* have come) to the following conclusion. – **3.** **überleg dir mal, was es kosten würde!** *colloq.* just think (*od.* imagine) what it would cost! – **II** *v/i* **4.** (*nachdenken*) think, reflect, deliberate, ponder: **lassen Sie mich mal ~** let me think; **er überlegte eine Weile, dann sagte er** he deliberated for a while, and then he said; **sie mußte lange ~** she had to put on her thinking cap (*colloq.*); **sie ~ nicht lange** they don't think twice, they don't give anything much thought; **etwas niederschreiben, ohne lange zu ~** to write s.th. down without giving it much thought. – **III Ü~** *n* ⟨-s⟩ **5.** *verbal noun:* **wie lange habe ich Zeit zum Ü~?** how much time do I have to think about it (*od.* to think it over)? – **6.** *cf.* Überlegung 2.

'über,le·gen² I *v/t* ⟨sep, -ge-, h⟩ *colloq.* **1.** lay (*od.* put) (*s.th.*) on: **j-m eine Decke ~** to put a blanket on (*od.* over) s.o., to

cover s.o. with a blanket; **wir haben die Balken quer übergelegt** we laid the beams across. – **2.** (*Kind*) put (*a child*) across one's knee, give (*a child*) a spanking. – **II** *v/reflex* **sich ~ 3.** lean over: **ich hatte mich zu weit übergelegt** (*über die Reling etc*) I had leaned (*auch* leant) over too far. – **4.** *mar. cf.* krängen.

,über'le·gen³ I *adj* **1.** (an *dat* in) superior: **j-m ~ sein** a) (*mächtiger, stärker sein*) to be superior to s.o., b) (*geistig, an Talent, Ge-schicklichkeit etc*) to outclass (*od.* outdo, surpass, outdistance) s.o., to be s.o.'s superior, to be superior to s.o., to be more than a match for s.o.; **j-m weitaus ~ sein** to be head and shoulders above s.o., to be streets ahead of s.o., (*im Sport auch*) to be points better than s.o.; **er ist mir in keiner Weise ~** I am a match for him, he has nothing on me (*colloq.*); **im Tennis ist er mir ~** he is better than I am (*od. colloq.* than me) at tennis; **der ~e Feind** the superior enemy; **sich j-m in einer Sache ~ zeigen** to prove superior to s.o. in s.th.; **sich ~ fühlen** to think (*od.* consider) one-self superior, to feel superior; **zahlenmäßig ~ superior in numbers; **j-m zahlenmäßig ~ sein** to outnumber s.o. – **2.** ⟨attrib⟩ (*un-übertroffen*) unsurpassed, surpassing, pre-eminent, *Br.* pre-eminent: **ein ~er Könner** an unsurpassed expert. – **3.** ⟨attrib⟩ (*herab-lassend*) superior, supercilious: **mit ~er Miene** a) with a supercilious expression (on one's face), b) (*in einer überlegenen Art*) with a superior air, with an air of superi-ority, in a superior (*od.* an overbearing, a lofty) manner; **~es Lächeln** superior (*od.* supercilious) smile. – **4.** ⟨attrib⟩ (*gelassen*) serene: **an** (*acc*) **etwas mit ~er Ruhe herangehen** to tackle a problem serenely (*od.* with serene composure). – **II** *adv* **5.** (*hervorragend*) in superior style. – **6.** (*sport*) (*mit Abstand*) by a wide margin: **die Mannschaft siegte ~ mit 6 : 2 (Toren)** the team won by a wide margin of 6 to 2; **gegen j-n ~ siegen** to outclass s.o., to wipe (*od.* mop) the floor with s.o. – **7.** (*herab-lassend*) in a superior manner, super-ciliously: **~ lächeln** to smile superciliously. – **8.** (*gelassen*) serenely. – **9.** **~ wirken** to give the impression of being superior (*od.* of superiority).

,Über'le·ge·ne *m, f* ⟨-n; -n⟩ superior: **die ihm geistig ~n** his intellectual superiors (*od.* betters), those superior to him in-tellectually.

,Über'le·gen·heit *f* ⟨-; *no pl*⟩ **1.** (an *dat* in) superiority: **geistige [wirtschaftliche] ~** intellectual [economic] superiority; **j-s ~ anerkennen** to recognize (*Br. auch* -s-) s.o.'s superiority; **die ~ dieser Mannschaft war unverkennbar** the superiority of this team was unmistakable, the advantage lay definitely with this team. – **2.** (*zur See, in der Luft etc*) preponderance, advantage, superiority: **zahlenmäßige ~** superiority in numbers. – **3.** (*Vorrangstellung*) pre-eminence, *Br.* pre-eminence. – **4.** (*über-legene Art*) superiority, superciliousness, superior (*od.* supercilious, overbearing, lofty) manner.

,über'legt I *pp of* überlegen¹. – **II** *adj* **1.** (*durchdacht*) deliberate, studied, considered: **ein ~es Urteil** a deliberate judg(e)ment; **eine bis ins einzelne ~e Komposition** a studied (*od.* well-considered) composition. – **2.** (*be-sonnen*) deliberate, considerate, circum-spect: **ein nüchterner, ~er Mann** a calm, considerate man. – **3.** (*klug, vorsichtig*) prudent. – **4.** *jur.* (*vorsätzlich*) premeditated. – **III** *adv* **5.** deliberately, considerately: **~ handeln** to act deliberately; **etwas ~ tun** to do s.th. deliberately (*od.* with deliber-ation, with circumspection). — **,Über-'legt·heit** *f* ⟨-; *no pl*⟩ deliberation, consideration, circumspection.

,Über'le·gung *f* ⟨-; -en⟩ **1.** *cf.* Überlegen¹. – **2.** ⟨*only sg*⟩ thought, consideration, deliberation, reflection, *Br. auch* reflexion: **bei nüchterner [sachlicher] ~** after se-rious [objective] thought; **nach reiflicher ~** upon mature (*od.* due) consideration, after careful thought, after due deliberation; **bei näherer ~** on second thoughts, on thinking it over again, when one takes a closer look at it; **mit voller ~** in full awareness (*od.* fully aware) of the facts; **sie hat ohne ~ ihr ganzes Geld ausgegeben** she thoughtlessly (*od.*

rashly) spent all her money, she spent all her money on the spur of the moment (*od.* on a blind impulse); **ohne gründ-liche ~** without adequate (*od.* due) re-flection (*od.* consideration); **mit ~ handeln** to act deliberately (*od.* with due deliber-ation). – **3.** *pl* (*Gedanken*) considerations, reflections, *Br. auch* reflexions: **~en an-stellen, ob** to consider (*od.* contemplate) whether; **~en über** (*acc*) **etwas** [j-n] **an-stellen** to think about s.th. [s.o.]; **etwas in seine ~en einbeziehen** to include s.th. in one's considerations. – **4.** *jur.* premeditation. — **,Über'le·gungs,zeit** *f* ⟨-; *no pl*⟩ *cf.* Be-denkzeit.

'über,leh·nen *v/reflex* ⟨sep, -ge-, h⟩ **sich ~** lean over.

'über,lei·ten I *v/i* ⟨sep, -ge-, h⟩ **1. zu etwas ~** *fig.* to lead up to s.th.: **im Aufsatz von einem Thema zum anderen ~** to lead up (*od.* go on) from one essay topic to the next; **diese Passage leitet zum näch-sten Thema über** *mus.* this section leads up (*od.* forms a transition) to the following theme. – **II** *v/t* **2.** *bes. chem.* pass (*od.* conduct) over. – **3.** (*Blut*) transfuse. – **4.** (*elektrischen Strom*) conduct. – **5.** *tech.* (*Schwingungen etc*) communicate. – **III Ü~** *n* ⟨-s⟩ **6.** *verbal noun.* – **7.** *cf.* Überleitung. — **'über,lei·tend I** *pres p.* – **II** *adj* **1.** *mus.* transient, transitional. – **2.** (*Worte etc*) transitional.

'Über,lei·tung *f* ⟨-; -en⟩ **1.** *cf.* Überleiten. – **2.** (*Übergang*) (zu to) transition: **ohne ~ zum nächsten Thema [Abschnitt] über-gehen** to go on to the next theme [section] without transition. – **3.** *mus.* transition, connecting (*od.* bridge) passage. – **4.** *med.* (*des Blutes*) transfusion. – **5.** *tel.* cutover, *Br.* cut-over.

'Über,lei·tungs·ver,trag *m jur.* transition agreement.

,über'le·sen *v/t* ⟨irr, insep, *no* -ge-, h⟩ **1.** (*flüchtig durchlesen*) glance through, skim over: **er hat den Brief nur ~** he only glanced through the letter. – **2.** (*genau durchlesen*) read (*s.th.*) over, peruse: **ein Schriftstück noch einmal ~** to peruse a document a second time. – **3.** (*übersehen*) overlook: **einen Druckfehler ~** to overlook a printing error.

,über'lie·fern *v/t* ⟨insep, *no* -ge-, h⟩ **1.** hand (*s.th.*) down, pass (*s.th.*) on, transmit, bequeath: **der Nachwelt ~** to hand down to posterity; **überliefert werden** to come down; **diese Gebräuche wurden uns überliefert** these customs have been handed (*od.* have come) down to us. – **2.** *archaic* (*ausliefern*) deliver (*od.* hand) (*s.o.*) over, surrender: **man überlie-ferte ihn dem Gericht** he was handed over to the court. — **,über'lie·fert I** *pp.* – **II** *adj* (*Sitten, Gebräuche, Formen etc*) traditional: **überliefertes Wissen** (*einer bestimmten Klasse*) traditional knowledge, lore; **die uns von den Ahnen ~e Sitte** the custom bequeathed (*od.* to) us by our ancestors; **der Text ist nur in Bruchstücken ~** the text has been transmitted (*od.* handed down) only in fragments; **diese Sage ist mündlich [schriftlich] ~** this legend has been handed down (*od.* transmitted) by word of mouth [in writing]. – **III Ü~e, das** ⟨-n⟩ the tra-dition.

,Über'lie·fe·rung *f* ⟨-; -en⟩ **1.** tradition: **mündliche ~** oral tradition; **schriftliche ~** written tradition. – **2.** (*als Werk*) record.

'Über,lie·ge,geld *n econ. mar.* demurrage.

'über,lie·gen *mar.* **I** *v/i* ⟨irr, sep, -ge-, h u. sein⟩ **1.** (*von Schiff im Hafen*) to be on de-murrage. – **II Ü~** *n* ⟨-s⟩ **2.** *verbal noun.* – **3.** demurrage, detention.

'Über,lie·ge,ta·ge *pl mar.* demurrage days. – **~,zeit** *f* (time of) demurrage.

,über'li·sten [-'lɪstən] **I** *v/t* ⟨insep, *no* -ge-, h⟩ **1.** outwit, dupe, trick, outsmart (*col-loq.*): **den Feind ~** to outwit the enemy; **j-n zu ~ suchen** to try to outwit s.o. – **II Ü~** *n* ⟨-s⟩ **2.** *verbal noun.* – **3.** dupery. — **,Über-'li·stung** *f* ⟨-; *no pl*⟩ *cf.* Überlisten.

überm ['yːbɐm] *colloq. for* über dem.

,über'ma·chen *v/t* ⟨insep, *no* -ge-, h⟩ **j-m etwas ~** *obs.* a) (*vermachen*) to make s.th. over to s.o., b) (*zukommen lassen*) to give (*od.* grant) s.o. s.th.

'Über,macht *f* ⟨-; *no pl*⟩ **1.** superiority, superior strength: **wir sind in der ~** we have the superior strength; **die Truppe ergab sich angesichts der vielfachen ~**

des Gegners the combat group surrendered in face of the tremendous superiority (*od.* superior strength) of the enemy; ⁓ des Feindes superiority of the enemy. – **2.** (*der übermächtige Feind*) superior force: der ⁓ weichen to yield to the superior force; gegen eine ⁓ kämpfen to struggle against a superior force. – **3.** *fig.* predominance, preponderance.

'über,mäch·tig I *adj* **1.** (*Gegner, Feind etc*) superior (in strength): ⁓ sein to be superior in strength, to be too powerful. – **2.** (*sehr mächtig*) all-powerful, paramount, predominant. – **3.** *fig.* (*sehr stark*) very strong, tremendous: sein Glaube war so ⁓, daß his faith was so strong that; er fühlte ein ⁓es Verlangen he felt a very strong desire, he was seized with an overwhelming (*od.* overpowering) desire. – **II** *adv* **4.** tremendously, overwhelmingly.

,über'ma·len¹ I *v/t* ⟨*insep, no* -ge-, h⟩ **1.** (*Bild etc*) paint (⁓) over (*od.* out), overpaint. – **2.** (*nachbessern*) touch (*s.th.*) up, repaint. – **II Ü⁓** *n* ⟨-s⟩ **3.** *verbal noun.*

'über,ma·len² *v/i* ⟨*sep,* -ge-, h⟩ *colloq.* (*über vorgezeichnete Linien*) paint over the line(s).

,Über'ma·lung *f* ⟨-; -en⟩ **1.** *cf.* Übermalen¹. – **2.** (*auf einem Gemälde etc*) repaint.

'über·man,gan,sau·er *adj chem.* permanganic: übermangansaures Kali potassium permanganate (KMnO₄).

,über'man·nen [-'manən] *v/t* ⟨*insep, no* -ge-, h⟩ **1.** *fig.* (*überkommen*) overcome: der Schlaf übermannte ihn sleep overcame him; die Rührung hat ihn übermannt he was overcome with emotion. – **2.** *archaic* (*Feind etc*) overpower.

'Über·man·tel *m* overcoat.

'Über·maß *n* ⟨-es; -e⟩ **1.** (*textile*) oversize. – **2.** ⟨*only sg*⟩ excess, excessive amount, plethora (*lit.*): ein ⁓ an Arbeit an excess of work; ein ⁓ an Leiden an excess of sufferings; ein ⁓ an Vertraulichkeit excessive familiarity; im ⁓ in excess, excessively; etwas im ⁓ produzieren to overproduce s.th.; bis zum ⁓ to excess, to an excessive degree, (*von Eigenschaften*) auch to a fault. – **3.** ⟨*only sg*⟩ (*im Essen etc*) excess: etwas im ⁓ essen to eat s.th. to excess, to eat an excessive amount of s.th. – **4.** ⟨*only sg*⟩ *fig.* (*positiv*) transport: im ⁓ der Freude in a transport of joy, in one's extremity of joy. – **5.** ⟨*only sg*⟩ *fig.* (*Übertreibung*) excess, immoderacy, immoderation: das ⁓ schadet immoderation is harmful.

'über,mä·ßig I *adj* **1.** excessive: einer Sache ⁓e Bedeutung beimessen to attach excessive importance to a matter; ⁓es Wachstum *med.* excessive growth, overgrowth. – **2.** (*unmäßig*) excessive, immoderate, inordinate: ⁓es Rauchen excessive (*od.* immoderate) smoking. – **3.** (*unangemessen*) undue, unjustified: ⁓er Aufwand undue extravagance. – **4.** *mus.* augmented, sharp, extreme: ⁓er Akkord augmented chord. – **II** *adv* **5.** excessively, to excess, too much: ⁓ rauchen to smoke too much, to overindulge in tobacco; ⁓ arbeiten to work too hard; hohe Preise exorbitant (*od.* inordinate, excessive) prices; der Wagen braucht ⁓ viel Öl the car uses an excessive (*od.* exorbitant) amount of oil. – **6.** (*allzu*) overmuch, overly: er zeigte sich nicht ⁓ besorgt he did not show overmuch concern.

'über·me·cha·ni,siert *adj fig.* (*Gesellschaft etc*) overmechanized *Br. auch* -s-, supermechanized *Br. auch* -s-.

'Über,mensch *m auch iron.* superman, superhuman. — **'Über,men·schen·tum** *n* ⟨-s; *no pl*⟩ superhumanity.

'über,mensch·lich I *adj* **1.** *fig.* superhuman, Herculean, extraordinary: mit ⁓er Anstrengung in a superhuman effort; eine ⁓e Leistung a Herculean achievement. – **2.** *cf.* übernatürlich 1. – **II Ü⁓e, das** ⟨-n⟩ **3.** only in sie haben Ü⁓es geleistet *fig.* they did Herculean work.

'Über·mi·kro,skop *n* (*optics*) *cf.* Elektronenmikroskop.

'über,mit·tel,groß *adj* above medium height.

,über'mit·teln [-'mɪtəln] *v/t* ⟨*insep, no* -ge-, h⟩ **1.** convey: j-m seine Glückwünsche ⁓ to convey one's congratulations to s.o. (by letter); bitte ⁓ Sie ihm meinen Dank please convey my thanks to him; eine

Nachricht telegraphisch ⁓ to send (*od.* transmit) a message by telegraph, to telegraph a message. – **2.** (*überbringen*) deliver, bring: er hat die freudige Nachricht übermittelt he delivered (*od.* brought) the good news. – **3.** *econ.* (*übersenden, überlassen*) transmit, pass on: einen Auftrag ⁓ to transmit an order. – **II Ü⁓** *n* ⟨-s⟩ **4.** *verbal noun.* – **5.** *cf.* Übermittelung.

,über'mit·te·lung, Über'mitt·lung *f* ⟨-; -en⟩ **1.** *cf.* Übermitteln. – **2.** (*von Glückwünschen etc*) conveyance. – **3.** (*Überbringung*) delivery. – **4.** *econ.* transmission.

'Über'mitt·ler *m* **1.** (*von Glückwünschen etc*) conveyer, conveyor. – **2.** (*Überbringer*) deliverer, bringer. – **3.** *econ.* transmitter.

'über·mo,dern *adj cf.* hypermodern.

'Über·mo·du·la·ti,on *f tel.* overmodulation. — **'über·mo·du,lie·ren** *v/t* ⟨*insep, no* -ge-, h⟩ overmodulate.

'über,mor·gen *adv* the day after tomorrow: ⁓ abend the day after tomorrow in the evening.

'über,mor·gig *adj* ⟨*attrib*⟩ (*Sitzung etc*) of the day after tomorrow.

,über'mü·den [-'my:dən] **I** *v/t* ⟨*insep, no* -ge-, h⟩ **1.** overtire, tire (*od.* fag) (*s.o.*) out, overweary. – **2.** (over)fatigue. – **II Ü⁓** *n* ⟨-s⟩ **3.** *verbal noun.* – **4.** *cf.* Übermüdung. — **,über'mü·det I** *pp.* – **II** *adj* **1.** overtired, tired- (*od.* fagged-)out ⟨*attrib*⟩, overweary, overwearied. – **2.** (over)fatigued.

,Über'mü·dung *f* ⟨-; *no pl*⟩ **1.** *cf.* Übermüden. – **2.** (over)fatigue, great weariness.

,Über'mü·dungs|er,schei·nung *f,* ⁓,zei·chen *n* sign of (over)fatigue.

'Über,mut *m* ⟨-(e)s; *no pl*⟩ **1.** high (*od.* boisterous, exuberant) spirits *pl,* boisterousness, frolicsomeness: jugendlicher ⁓ high spirits of youth; die Kinder wissen vor lauter ⁓ (*od.* in ihrem ⁓) nicht, was sie tun sollen the children are in such high spirits (*od.* are so full of fun, *sl.* are so full of beans) that they are up to all sorts of mischief (*od.* high jinks). – **2.** (*der Fohlen etc*) frolicsomeness, friskiness. – **3.** aus ⁓ (*Mutwillen*) out of wantonness: das hat er aus reinem ⁓ getan he did it from (*od.* out of) sheer wantonness (*od.* colloq. just for kicks). – **4.** *obs. contempt.* haughtiness, presumption: ⁓ tut selten gut (*Sprichwort*) pride goes before a fall (*proverb*).

'über,mü·tig I *adj* **1.** (*bes. Kind*) high-spirited, boisterous, rollicking, frolicsome, in high spirits, full of fun (*od. sl.* beans): ⁓e Streiche boisterous pranks; in ⁓er Laune in high spirits, full of fun (*od. sl.* beans). – **2.** (*Fohlen etc*) frolicsome, frolicking, frisky. – **3.** (*Party*) rollicking, boisterous, roistering, roystering, gay. – **4.** (*keck, dreist*) pert, cheeky, perky; cocky, coxy (*colloq.*): werde (nur) nicht ⁓! don't be so cocky! er wird ⁓ he is getting too big for his boots (*colloq.*). – **II** *adv* **5.** die Kinder sprangen ⁓ umher the children romped about in high spirits.

übern ['y:bərn] *colloq. for* über den.

,über'nach·ten I *v/i* ⟨*insep, no* -ge-, h⟩ **1.** spend (*od.* stay) the night, stay overnight, *Am. auch* overnight: wir ⁓ im Hotel we spend the night at a hotel; im Freien (*od.* unter freiem Himmel) ⁓ to sleep (*od.* spend the night) in the open (air) (*od.* out of doors, outdoors); sie übernachteten bei Freunden they stayed overnight (*od.* the night) with friends; kann er bei euch ⁓? can he stay the night with you? can he stay with you (*od.* can you put him up) for the night? – **II Ü⁓** *n* ⟨-s⟩ **2.** *verbal noun.* – **3.** *cf.* Übernachtung.

'über,nächst *adj* next but one: sie wohnen im ⁓en Haus [in der ⁓en Straße] they live in the next house [street] but one, they live two houses (*od.* doors) [streets] up (*od.* down); ⁓e Woche [⁓es Jahr] the week [year] after next; am ⁓en Tag two days later.

,über'näch·tigt, *auch* **'über,näch·tig** *adj* exhausted (*od.* worn out) (from lack of sleep *od.* from a late night): ⁓ sein to have had a late night, to have stayed up until late hours (*od.* all night); ⁓ aussehen to look worn out (*od.* haggard) from lack of sleep, to be blear(y)-eyed; blasse, ⁓e Gestalten pale, blear(y)-eyed figures; er machte einen ⁓en Eindruck he looked as if he had not had much sleep.

,Über'näch·t·ler [-'nɛçtlər] *m* ⟨-s; -⟩ *Swiss person who spends the night in a barn.*

,Über'nach·tung *f* ⟨-; -en⟩ **1.** *cf.* Übernachten. – **2.** overnight accommodation, night's lodging: Preis für ⁓ und Frühstück price for bed and breakfast.

,Über'nach·tungs|,geld *n* overnight accommodation allowance, lodging allowance (for one night). — ⁓,ko·sten *pl* overnight expenses. — ⁓,mög·lich·keit *f* overnight accommodation, lodging for the night.

'Über,nah·me *f* ⟨-; -n⟩ **1.** *cf.* Übernehmen¹. – **2.** *econ.* a) (*einer Schuld, Forderung*) receipt, b) (*laut Abmachung*) acceptance. – **3.** die feste ⁓ neuer Effektenemissionen *econ.* underwriting new issues of securities. – **4.** *econ.* (*eines Betriebes etc*) takeover, *Br.* take-over, (*vollkommene*) absorption. – **5.** (*der Verantwortung etc*) assumption: seit der ⁓ des Geschäftes (*od.* der Leitung) durch ihn since he has taken charge (*od.* assumed control) of the business. – **6.** (*eines Amtes*) succession (to). – **7.** (*einer Erbschaft*) succession (to), acceptance. – **8.** (*der Macht*) assumption, (*mit Gewalt*) seizure. – **9.** *ling.* (*eines Wortes in eine andere Sprache*) adoption. — ⁓,be,din·gun·gen *pl econ.* conditions of acceptance. — ⁓,kurs *m* transfer (*od.* taking-over) rate. — ⁓,preis *m* takeover (*Br.* take-over) (*od.* contract) price. — ⁓pro·vi·si,on *f* (*bei Wertpapieren*) underwriting commission. — ⁓,ri·si·ko *n* takeover (*Br.* take-over) risk. — ⁓,schein *m* receipt.

'Über,nahms,stel·le *f Austrian for* Annahmestelle.

'über·na·tio,nal *adj pol.* supranational, supernational.

'über·na,tür·lich I *adj* **1.** supernatural, supranatural, preternatural: ⁓es Wesen supernatural being, spirit; ⁓e Erscheinung supranatural phenomenon; j-m ⁓e Kräfte zuschreiben to ascribe supernatural faculties to s.o. – **2.** (*wunderbar*) miraculous: ein ⁓es Ereignis a miracle. – **II Ü⁓e, das** ⟨-n⟩ **3.** the supernatural, the supranatural, the preternatural: Lehre vom Ü⁓en preternaturalism. – **4.** the miraculous.

,über'neh·men¹ I *v/t* ⟨*irr, insep, no* -ge-, h⟩ **1.** (*ein Geschäft, den väterlichen Hof, ein Amt etc*) take over: er hat die Praxis seines Vaters übernommen he took over his father's practice; Angestellte von einem anderen Betrieb (mit) ⁓ to take over employees from another firm; ein Amt [einen Posten] ⁓ to take over (*od.* assume) an office [a post]; j-s Amt ⁓, ein Amt von j-m ⁓ to take over (*od.* assume) an office from s.o., to succeed to s.o.'s (*od.* to succeed s.o. in) office; der Staat übernahm die Besitzungen der Kirche the State took over the possessions of the Church, (*mit Gewalt*) *auch* the State took possession of Church holdings; eine Sendung vom Bayerischen Rundfunk ⁓ to take over a broadcast from the Bavarian Broadcasting Station. – **2.** (*Verpflichtung, Aufgabe, Arbeit etc*) (under)take, assume, take on, accept: dafür übernehme ich keine Verantwortung I won't take any (*od.* I decline all) responsibility for that; es wird keine Gewähr übernommen no responsibility is taken (*od.* accepted) for that; ein Risiko ⁓ to (under)take a risk; → Bürgschaft 1, 2; Garantie 6. – **3.** (*Auftrag, Bestellung etc*) (under)take, accept, take on. – **4.** es ⁓, etwas zu tun, etwas ⁓ a) (*etwas auf sich nehmen*) to undertake to do s.th., to take it upon oneself to do s.th., b) (*etwas besorgen, erledigen*) to deal with (*od.* to look after, colloq. to take care of) s.th.: würden Sie es ⁓, das Geschenk zu kaufen? würden Sie den Kauf des Geschenks ⁓? would you undertake to buy the gift? would you take care of the purchase of the gift? der Architekt konnte den Bau der Brücke nicht ⁓ the architect could not undertake the construction of the bridge; die Wohnraumbeschaffung wird von der Firma übernommen the firm undertakes to find (*od.* supply) living quarters; sie wollte die Erziehung der verwaisten Kinder ⁓ she wanted to be responsible for bringing up (*od.* for the rearing of) the orphan children; er hat ihre Schulden übernommen he undertook to pay her debts; die Verfahrenskosten ⁓ to undertake to pay the costs of the proceedings; die Auswertung der Ergebnisse wurde von Herrn X übernommen Mr. X dealt with (*od.* took care of, looked after) the evaluation of the results; ~ Sie das, bitte take care of that, please; etwas freiwillig ~ to volunteer to do s.th.; den Anführer der Bande übernehme ich! *colloq.* I'll take care of the leader of the gang! – **5.** (*Kommando, Befehl, Funktion, Leitung etc*) take over, assume: die Führung einer Partei ~ to take over (*od.* assume) the leadership of a party; die Mannschaft übernahm in der Tabelle [bei der Staffel] die Führung the team took the lead in the table [in the relay race]; den Vorsitz ~ a) (*das Amt*) to take over the chairmanship, b) (*bei einer Versammlung*) to take the chair. – **6.** (*Rolle, Part etc*) take. – **7.** (*Macht, Regierungsgewalt etc*) take over, assume, (*mit Gewalt*) seize. – **8.** (*Gedanken, Ideen, System, Verfahrensweise etc*) take over, adopt. – **9.** (*Personen, Güter, Treibstoff von einem havarierten Schiff, Flugzeug etc*) take over: die Passagiere wurden von einem Hubschrauber übernommen the passengers were taken over by a helicopter. – **10.** (*in Empfang nehmen*) (*Waren etc*) accept, take delivery of: ich kann die Waren erst ~, wenn I cannot take delivery until (*od.* before). – **11.** (*Textstellen, Wörter aus anderen Sprachen etc*) borrow: einen Absatz wörtlich aus einem anderen Buch [von einem anderen Autor] ~ to borrow (*od.* take) a paragraph word for word from another book [author]; das Wort wurde aus dem Französischen übernommen the word has been borrowed (*od.* taken) from the French language. – **12.** (*eine Erbschaft*) accept, enter (up)on. – **13.** *jur.* (*einen Fall, Prozeß*) undertake, take up: dieser Anwalt übernahm seine Verteidigung this attorney undertook (*od.* took up) his defence (*Am.* defense). – **14.** *econ.* a) (*Versicherung*) underwrite, effect, b) (*Haftung*) accept, c) (*Lieferverpflichtung*) undertake. – **15.** (*sport*) (*den Ball, Puck etc*) receive. – **II** *v/reflex* sich ~ **16.** (*zuviel auf sich nehmen*) undertake too much, take on too much: es war klar, daß er sich damit übernommen hatte it was obvious that he had taken on too much. – **17.** (*sich überanstrengen*) (*bei, in dat in*) to (over)strain oneself, to overdo it (*od.* things): ich habe mich beim Umzug übernommen I strained myself during the move, I overdid it when I was moving (house); übernimm dich nur nicht! *fig. iron.* don't strain yourself! mind you don't do too much! don't kill yourself! (*colloq.*); sich im (*od.* beim) Essen ~ to overeat (oneself). – **III** Ü~ n ⟨-s⟩ **18.** *verbal noun.* – **19.** *cf.* Übernahme 2—9.

'über,neh·men² *v/t* ⟨*irr, sep, -ge-, h*⟩ **1.** (*Mantel, Schal etc*) put (*s.th.*) (a)round one's shoulders. – **2.** (*Gewehr*) shoulder, slope. – **3.** Wasser ~ (*beim Segeln etc*) to ship water.

'Über'neh·mer *m* ⟨-s; -⟩ **1.** (*Empfänger*) receiver, recipient. – **2.** *jur.* (*Rechtsnachfolger*) assign(ee), transferee.

'über·ner,vös *adj* overnervous, high-strung, highly strung.

'über·ord·nen I *v/t* ⟨*sep, -ge-, h*⟩ **1.** j-n [etwas] einem anderen ~ to put (*od.* place) s.o. [s.th.] over another person: er wurde ihm übergeordnet he was put over him. – **2.** etwas einer Sache ~ a) to put (*od.* place) s.th. above s.th., b) *bes. philos.* to superordinate s.th. to s.th.: ich muß diese Angelegenheit allen anderen Fragen ~ I must put this matter above all else, I must give precedence to this matter over all (the) other questions. – **II** Ü~ n ⟨-s⟩ **3.** *verbal noun.* – **'Über·ord·nung** *f* ⟨-; *no pl*⟩ **1.** *cf.* Überordnen. – **2.** *bes. philos.* superordination.

'Über·or·ga·ni·sa·ti,on *f* overorganization *Br. auch* -s-. — **'über·or·ga·ni,sie·ren** *v/t* ⟨*insep, no -ge-, h*⟩ overorganize *Br. auch* -s-.

'über·par,tei·lich *adj* nonpartisan *Br. non-*; nonparty *Br. non-, Br.* crossbench (*attrib*), above party lines (*od.* considerations).

'Über·par,tei·lich·keit *f* ⟨-; *no pl*⟩ nonpartisanship *Br. non-*.

'über·per,sön·lich *adj* more-than-personal (*attrib*).

'Über,pflan·ze *f bot.* epiphyte.

'über,pflan·zen¹ I *v/t* ⟨*sep, -ge-, h*⟩ *colloq.* **1.** *hort.* a) (*Sträucher etc*) transplant, b) (*Topfpflanzen auf ein Beet*) bed out. –

2. *med.* (*auf acc* to, on; **von** from) transplant, graft. – **II** Ü~ n ⟨-s⟩ **3.** *verbal noun.* – **4.** *cf.* Überpflanzung.

'über·pflan·zen²' I *v/t* ⟨*insep, no -ge-, h*⟩ (**mit** with) plant. – **II** Ü~ n ⟨-s⟩ *verbal noun.*

'über·pflanzt I *pp of* überpflanzen². – **II** *adj* ~ sein mit to be planted with.

'Über'pflan·zung *f* ⟨-; -en⟩ **1.** *cf.* Überpflanzen¹ u. ². – **2.** *med.* transplant(ation).

'über'pin·seln¹ *v/t* ⟨*insep, no -ge-, h*⟩ (*nochmals*) paint (*s.th.*) over.

'über·pin·seln² *v/t* ⟨*sep, -ge-, h*⟩ *colloq. cf.* übermalen².

'über,plan,mä·ßig *adj* **1.** (*Bezüge etc*) extra, supplementary, additional, noncontractual *Br. non-.* – **2.** (*Stellen etc*) supernumerary, nonschedule *Br. non-* (*attrib*).

'über,plät·ten *v/t* ⟨*sep, -ge-, h*⟩ iron (*s.th.*) over again, press (*od.* smooth) (*s.th.*) over again (with an iron).

'über,pol·stern *v/t* ⟨*insep, no -ge-, h*⟩ (*Möbel etc*) overstuff.

'Über,preis *m econ.* exorbitant (*od.* excessive) price, overcharge: **von** j-m ~e verlangen to overcharge s.o.

'Über·pro·duk·ti,on *f.* **1.** *econ.* overproduction, surplus (*od.* excess) production. – **2.** *med.* a) overproduction, b) (*der Schilddrüse etc*) oversecretion, overactivity.

'über·pro·por·tio,niert *adj only in* sie ist ~ *humor.* she is top-heavy.

'über'prü·fen I *v/t* ⟨*insep, -ge-, h*⟩ **1.** (*Frage, Situation etc*) examine, look into, go into, investigate, review, study, vet (*colloq.*). – **2.** (*Standpunkt, Entscheidung etc*) consider, examine: dieser Vorschlag wird überprüft this proposal is being considered (*od.* is under consideration); etwas erneut ~ to reexamine (*Br.* re-examine) (*od.* reconsider) s.th. – **3.** (*Ergebnis*) examine, check up on, investigate. – **4.** (*Gepäck, Ware etc*) check, inspect, examine, look through. – **5.** (*kontrollieren*) check, inspect, scrutinize *Br. auch* -s-: die Papiere ~ to scrutinize the papers. – **6.** (*auf die Richtigkeit*) verify, check: eine Aussage ~ to verify a statement; die Richtigkeit von etwas ~ to verify (*od.* check) s.th. – **7.** (*auf Brauchbarkeit*) test. – **8.** (*einen Wagen etc*) inspect, check, (*bes. vor einem Rennen*) scrutinize *Br. auch* -s-. – **9.** j-n ~ (*politisch*) to screen s.o. – **10.** *econ.* (*Kassenbücher etc*) audit. – **11.** *jur.* revise, review. – **II** Ü~ n ⟨-s⟩ **12.** *verbal noun.* — **'Über'prü·fung** *f* **1.** *cf.* Überprüfen. – **2.** (*einer Frage, Situation etc*) examination, investigation, review, study. – **3.** (*eines Standpunktes, Vorschlags, einer Entscheidung etc*) consideration, examination. – **4.** (*eines Ergebnisses*) examination, investigation, checkup, *Br.* check-up. – **5.** (*des Gepäcks etc*) check, inspection, examination. – **6.** (*der Personalien*) check, inspection, scrutiny. – **7.** (*einer Aussage*) verification. – **8.** (*auf Brauchbarkeit*) inspection, control, check. – **9.** (*eines Wagens etc*) inspection, check. – **10.** (*der Bilanzen etc*) audit. – **11.** *jur.* (*von Verwaltungsakten, eines Urteils etc*) revision, review.

'Über'prü·fungs|,aus,schuß *m*, **~kom·mis·si,on** *f jur.* board of review, screening (*od.* vetting) panel.

'über,quel·len *v/i* ⟨*irr, sep, -ge-, sein*⟩ **1.** *auch fig.* (**von** with) overflow: die Tribüne quoll von Zuschauern über the grandstand was overflowing with spectators. – **2.** (*von Teig*) rise over the edge. — **'über,quel·lend I** *pres p.* – **II** *adj* (*Freude, Dankbarkeit etc*) overflowing, exuberant, ebullient (*lit.*).

'über'quer *adv obs.* crosswise, crossways, diagonally.

'über'que·ren I *v/t* ⟨*insep, no -ge-, h*⟩ **1.** (*Straße, Kreuzung etc*) cross: die Straße unachtsam (*od.* verkehrswidrig) ~ to jaywalk. – **2.** (*Ozean, Fluß etc*) cross, traverse. – **II** Ü~ n ⟨-s⟩ **3.** *verbal noun:* unachtsames (*od.* verkehrswidriges) Ü~ der Straße jaywalking. — **'Über'que·rung** *f* ⟨-; -en⟩ **1.** *cf.* Überqueren: die ~ des Atlantiks a) the crossing of the Atlantic, b) (*Überfahrt*) the Atlantic crossing. – **2.** traversal, traverse. – **3.** (*bes. eines Sees*) transit across.

'über'ra·gen¹ *v/t* ⟨*insep, no -ge-, h*⟩ **1.** j-n ~ a) (*an Größe*) to tower above (*od.* over) s.o., (*geringfügig*) to be taller than

s.o., b) *fig.* (*an dat* in) to tower above (*od.* over) s.o., to outdo (*od.* outstrip, outclass, excel, outmatch) s.o.: er hat alle überragt he towered above everyone; j-n um Haupteslänge ~ to be a head taller than s.o.; j-n haushoch ~ *fig. colloq.* to be head and shoulders above s.o.; j-n an Leistungen [weit] ~ *fig.* to [far] outstrip s.o. in performance. – **2.** etwas ~ to tower above (*od.* over) s.th., to rise above s.th., to overtop (*od.* surpass) s.th.: der Kirchturm überragt die Dächer der Häuser the church tower rises above the roofs of the houses.

'über·ra·gen² *v/i* ⟨*sep, -ge-, h*⟩ jut (*od.* stick) out, project, protrude: der Balken ragt über the beam juts out.

'über·ra·gend¹ I *pres p of* überragen¹. – **II** *adj* **1.** paramount, overriding: eine Frage von ~er Bedeutung a question of paramount importance, a paramount question. – **2.** (*Persönlichkeit etc*) outstanding, prominent. – **3.** (*Leistung etc*) outstanding, brilliant, excellent, *Am.* banner (*attrib*).

'über·ra·gend² I *pres p of* überragen². – **II** *adj* (*Balken etc*) projecting, protruding.

'über·ra·schen [-'raʃən] *v/t* ⟨*insep, no -ge-, h*⟩ **1.** surprise, *Am. auch* surprize, give (s.o.) a surprise (*Am. auch* surprize): seine Äußerung hat mich überrascht his remark surprised me, I was surprised at his remark; j-n mit einem Geschenk [Besuch] ~ to surprise s.o. with a present [visit]; j-n angenehm [unangenehm] ~ to give s.o. a pleasant [an unpleasant] surprise; du überraschst mich! you surprise me! I'm surprised at you! das überrascht mich nicht that doesn't surprise me at all, I'm not at all surprised; lassen wir uns ~! *colloq.* let's wait and see (what happens)! ich lasse mich gern ~ *colloq.* well, let it be a surprise then. – **2.** (*verblüffen, befremden*) surprise, take (s.o.) by surprise, astonish, astound, amaze. – **3.** (*überrumpeln*) take (s.o.) by surprise, take (*od.* catch) (s.o.) unawares. – **4.** (*aus der Fassung bringen*) take (s.o.) aback – **5.** j-n bei etwas ~ to catch (*od.* surprise) s.o. at s.th., to catch (*od.* surprise) s.o. (in the act of) doing s.th.: der Vater überraschte seinen Sohn beim Rauchen the father surprised his son smoking; er hat ihn dabei überrascht he caught him at it, he caught him in the act. – **6.** von einem Gewitter [vom Regen, von der Dunkelheit] überrascht werden to get (*od.* be) caught in a thunderstorm [in the rain, in the dark]. — **'über·ra·schend I** *pres p.* – **II** *adj* **1.** (*erstaunlich*) surprising: die Untersuchung hat ~e Ergebnisse gebracht the investigation brought surprising results. – **2.** (*verblüffend*) surprising, astonishing, astounding, amazing. – **3.** (*unerwartet*) surprising, unexpected: ein ~er Besuch an unexpected (*od.* a surprise) visit; die Dinge haben eine ~e Wendung genommen things have taken an unexpected turn. – **III** *adv* **4.** ~ schnell [groß, genau] surprisingly fast [big, exact]; ich mußte ~ verreisen I had to go away unexpectedly; sein Tod kam für uns alle sehr ~ his death came as a great surprise to all of us.

'über·ra·schen·der'wei·se *adv* to one's surprise (*od.* astonishment, amazement).

'über·rascht I *pp.* – **II** *adj* (**über** *acc* at) **1.** surprised: ich war ~ über deine Bemerkung I was surprised at your remark; ich war angenehm ~ I was pleasantly surprised; ich glaube, er war unangenehm ~, als er das hörte I think it was an unpleasant surprise for him to hear that; sie zeigte sich nicht ~ she showed no surprise, she did not look at all surprised. – **2.** (*verblüfft, befremdet*) surprised, astonished, astounded, amazed. – **III** *adv* **3.** in surprise, surprisedly: sie blickte ~ auf she looked up full of surprise (*od.* surprised[ly]).

'Über'ra·schung *f* ⟨-; -en⟩ **1.** ⟨*only sg*⟩ surprise: zu meiner größten ~ to my great(est) surprise. – **2.** ⟨*only sg*⟩ (*Verblüffung, Befremdung*) astonishment, amazement. – **3.** (*unerwartetes Geschenk, Ereignis etc*) surprise: eine angenehme [unangenehme] ~ a pleasant [an unpleasant] surprise; ist das aber eine ~! what a surprise! so eine ~, dich hier zu treffen! what a surprise to see you here! fancy seeing you here! j-m eine ~ bereiten to give s.o. a surprise; ich habe eine ~ für dich I have a surprise for you; **das sollte eine** ~ **für dich sein** that was meant as (*od.* to be) a surprise for you; **das war vielleicht eine** ~**!** *colloq.* that was a surprise and a half!

‚**Über·ra·schungs**|‚**an**‚**griff** *m mil.* surprise attack (*od.* raid). — ~**ef**‚**fekt** *m* surprise effect. — ~**ma**‚**nö·ver** *n* surprise man(o)euver (*bes. Br.* manœuvre). — ~**mo**‚**ment** *n* element of surprise: **das** ~ **ausnutzen** to take advantage of the element of surprise. — ~‚**sieg** *m* (*sport*) surprise (*od.* unexpected) win (*od.* victory). — ~**sie·ger** *m* surprise (*od.* unexpected) winner.

‚**über**'**rech·nen** *v/t* ⟨*insep, no* -ge-, *h*⟩ **1.** *cf.* überschlagen² 3. — **2.** (*nachprüfen*) check.

‚**über**'**re·den I** *v/t* ⟨*insep, no* -ge-, *h*⟩ persuade, talk (*s.o.*), (*durch Schmeicheln*) *auch* coax, cajole: **j-n zu etwas** ~ a) to persuade (*od.* talk, argue) *s.o.* into *s.th.*, *bes. Am. colloq.* to sell *s.o.* on *s.th.*, b) to coax (*od.* cajole, inveigle) *s.o.* into *s.th.*; **j-n überreden, etwas zu tun** a) to persuade (*od.* prevail [up]on, induce) *s.o.* to do *s.th.*, to persuade (*od.* talk, argue) *s.o.* into doing *s.th.*, b) to coax *s.o.* to do *s.th.*, to coax (*od.* cajole, inveigle) *s.o.* into doing *s.th.*; **er hat ihn nicht zum Kauf** ~ **können** he could not talk him into buying; **ich überredete ihn, daheim zu bleiben** I persuaded (*od.* prevail [up]on) him to stay at home; **sie hat sich** ~ **lassen** she allowed herself to be persuaded, she came round; **sie ließ sich** ~**, mit ihm zu fahren** she allowed herself to be persuaded to go (*od.* into going) with him; **laß dich nicht** ~**!** don't let yourself be talked into it (*od.* anything). — **II Ü**~ *n* ⟨-s⟩ *verbal noun.* — ‚**Über**'**re·dung** *f* ⟨-; -en⟩ **1.** *cf.* Überreden. — **2.** persuasion, suasion (*lit.*). — **3.** (*durch Schmeichelei*) cajolement, inveiglement.

‚**Über**'**re·dungs**|‚**ga·be** *f cf.* Überredungskunst. — ~‚**kraft** *f* power(s *pl*) of persuasion, persuasiveness. — ~‚**kunst** *f* **1.** art of persuasion. — **2.** (*Schmeichelei*) cajolery.

'**über·re·gio**‚**nal** *adj* supraregional.

'**über**‚**reich I** *adj* **1.** too (*od.* extremely) rich. — **2.** ~ **an** (*dat*) **etwas** abounding in (*od.* overflowing with, replete with) *s.th.*: ~ **an Verzierungen** overflowing (*od.* lush) with ornament. — **II** *adv* **3.** ~ **ausgestattet mit** richly (*od.* lavishly, abundantly) provided with; **j-n** ~ **beschenken** to shower *s.o.* with presents, to lavish presents on *s.o.*

‚**über**'**rei·chen I** *v/t* ⟨*insep, no* -ge-, *h*⟩ **1.** (**j-m**) **etwas** ~ to hand *s.th.* over (to *s.o.*), to present *s.th.* (to *s.o.*): **der Botschafter überreichte sein Beglaubigungsschreiben** the ambassador presented his credentials; **überreicht von** presented by. — **2.** *bes. econ.* (*beifügen*) enclose: **wir** ~ **Ihnen in der Anlage unsere Preisliste** we enclose our price list, enclosed please find our price list. — **II Ü**~ *n* ⟨-s⟩ **3.** *verbal noun.* — **4.** *cf.* Überreichung.

'**über·reich·lich I** *adj* (more than) ample, superabundant. — **II** *adv* amply: **wir waren mit Vorräten** ~ **versehen** we were amply supplied with provisions, we had a more than ample supply of provisions.

‚**Über**'**rei·chung** *f* ⟨-; *no pl*⟩ **1.** *cf.* Überreichen. — **2.** presentation: ~ **des Beglaubigungsschreibens** presentation of one's credentials.

'**Über**‚**reich**‚**wei·te** *f* (*radio*) *telev.* (*eines Senders*) transhorizon range, overshoot.

'**über**‚**reif** *adj* **1.** overripe, overmature: ~**es Getreide** [~**er Käse**] overripe grain [cheese]; ~**es Obst** overripe (*auch* overmellow) fruit. — **2.** *med.* overripe, hypermature.

'**Über**‚**rei·fe** *f* ⟨-; *no pl*⟩ **1.** overripeness, overmaturity, (*des Obstes*) *auch* overmellowness. — **2.** *med.* overripeness, hypermaturity.

‚**über**'**rei·ten** *v/t* ⟨*irr, insep, no* -ge-, *h*⟩ **1.** **j-n** ~ to ride over *s.o.*, to ride *s.o.* down, to override *s.o.* — **2.** (*ein Pferd*) founder, override.

‚**über**'**rei·zen I** *v/t* ⟨*insep, no* -ge-, *h*⟩ **1.** *med.* a) overexcite, overstimulate, b) (*Nerven*) overstrain. — **II** *v/reflex* **sich** ~ **2.** (*beim Skat etc*) overbid, *Br. auch* overcall. — **III Ü**~ *n* ⟨-s⟩ **3.** *verbal noun.* — **4.** *cf.* Überreizung.

‚**über**'**reizt I** *pp.* — **II** *adj med.* **1.** (*Mensch*) overexcited, overstimulated: **nervlich** ~ **sein** to be overwrought, to be very irritable (*bes. Br. colloq.* nervy). — **2.** (*Nerven*) overstrained, unstrung. — **3.** *cf.* Überreiztheit.

‚**Über**'**reizt·heit** *f* ⟨-; *no pl*⟩ *med.* (*Zustand*) **1.** overexcitedness, excessive irritation. — **2.** (*der Nerven*) overstrained (*od.* overwrought) state, irritability.

‚**Über**'**rei·zung** *f* ⟨-; -en⟩ **1.** *cf.* Überreizen. — **2.** overstimulation, overexcitement, superexcitation. — **3.** *cf.* Überreiztheit.

‚**über**'**ren·nen** *v/t* ⟨*irr, insep, no* -ge-, *h*⟩ **1.** **j-n** ~ a) to run *s.o.* over (*od.* down), b) *fig.* (*mit Argumenten etc*) to crush *s.o.* — **2.** *mil.* a) (*feindliche Stellungen etc*) overrun, b) (*Feind*) rush.

'**Über**‚**rest** *m meist pl* **1.** remains *pl*, relic, rest: **das sind die ganzen** ~**e dieses prächtigen Bauwerks** these are the only remains of this magnificent building. — **2. die sterblichen** ~**e** *lit.* the (mortal) remains, the relics (*lit.*). — **3.** *pl* (*Trümmer*) ruins. — **4.** *pl fig.* (*aus der Vergangenheit*) relics, remnants, vestiges, *Am.* hangovers: ~**e einer alten Kultur** vestiges (*od.* remnants) of an ancient civilization (*Br. auch* -s-). — **5.** *pl* (*einer Mahlzeit*) remains, leftovers, *Br.* left-overs. — **6.** (*bes. Tuchrest*) remnant. — **7.** *chem.* (*Rückstand*) residue, residuum. — **8.** *geol.* detritus.

‚**über**'**rie·seln¹** *lit.* **I** *v/t* ⟨*insep, no* -ge-, *h*⟩ **1.** (*Wiesen etc*) irrigate. — **3. ein kalter Schauer überrieselte mich** *fig.* a cold shiver ran (up and) down my spine. — **II** *v/impers* **4. es überrieselte mich** (kalt) *fig.* I had the shivers. — **III Ü**~ *n* ⟨-s⟩ **5.** *verbal noun.* — **6.** *agr. med.* irrigation.

'**über**‚**rie·seln²** *v/i* ⟨*sep,* -ge-, *sein*⟩ (*von Wasser etc*) trickle over.

'**Über**‚**rie·se·lung**, '**Über**‚**ries·lung** *f* ⟨-; *no pl*⟩ *cf.* Überrieseln¹.

'**Über**‚**rock** *m* (*fashion*) **1.** (*Überzieher*) overcoat, topcoat. — **2.** *obs.* for Gehrock.

'**Über**‚**roll**‚**bü·gel** *m auto.* overroll bar.

'**über**‚**rol·len¹** *v/i* ⟨*sep,* -ge-, *sein*⟩ (*von Auto*) roll over.

‚**über**'**rol·len²** *v/t* ⟨*insep, no* -ge-, *h*⟩ **1.** (*Person*) run (*s.o.*) over (*od.* down). — **2.** *mil. cf.* überrennen 2.

'**Über**‚**roll-**‚**Si·cher·heits**‚**bü·gel** *m auto.* *cf.* Überrollbügel.

‚**über**'**rum·peln I** *v/t* ⟨*insep, no* -ge-, *h*⟩ **1. j-n** ~ to surprise *s.o.*, to take *s.o.* by surprise, to take (*od.* catch) *s.o.* unawares: **sich** ~ **lassen** to be taken unawares, to be caught napping; **er hat ihn mit seiner Frage überrumpelt** his question caught him unawares. — **2.** *mil.* a) (*Gegner*) take (*s.o.*) by surprise, surprise, b) (*Festung, Stellung etc*) take (*s.th.*) by surprise. — **II Ü**~ *n* ⟨-s⟩ *verbal noun.* — ‚**Über**'**rum·pe·lung**, ‚**Über**'**rump·lung** *f* ⟨-; *no pl*⟩ *cf.* Überrumpeln. — **2.** surprise. — **3.** *mil.* surprise attack.

‚**über**'**run·den I** *v/t* ⟨*insep, no* -ge-, *h*⟩ **1.** (*sport*) lap. — **2. j-n** ~ *fig.* to run rings (a)round *s.o.*: **er hat in Latein seine Mitschüler längst überrundet** he ran rings round his classmates in Latin. — **II Ü**~ *n* ⟨-s⟩ **3.** *verbal noun.* — ‚**Über**'**run·dung** *f* ⟨-; *no pl*⟩ *cf.* Überrunden.

'**übers** ['y:bərs] *colloq.* for über das.

‚**über**'**sä·en** *v/t* ⟨*insep, no* -ge-, *h*⟩ *fig.* (mit with) strew, prank (*lit.*).

‚**über**'**sät I** *pp.* — **II** *adj* (mit with) **1.** (*mit Blumen, Blüten etc*) strewn, carpeted. — **2.** (*mit Sternen*) (be)spangled, studded: **ein mit Sternen** ~**er Himmel** a sky bespangled with stars, a star-spangled sky. — **3.** (*mit Papierfetzen etc*) littered. — **4.** (*mit Narben, Flecken etc*) covered: **sein Körper war mit Narben** ~ his body was covered with scars. — **5.** *fig.* (*mit Fehlern etc*) studded.

'**über**‚**satt** *adj* (von with) glutted, replete, too full (*colloq.*).

‚**über**'**sät·ti·gen I** *v/t* ⟨*insep, no* -ge-, *h*⟩ **1.** *chem.* supersaturate. — **2.** *tech.* (*Dampf*) supersaturate, oversaturate. — **II Ü**~ *n* ⟨-s⟩ **3.** *verbal noun.* — ‚**über**'**sät·tigt I** *pp.* — **II** *adj* **1.** (von with) surfeited, replete, glutted, gorged. — **2.** *fig.* sated, satiated, cloyed, surfeited, glutted, gorged: **von Süßigkeiten** ~ **sein** to be cloyed with (*od. colloq.* sick and tired of, *sl.* fed up with) sweets (*Am.* candy). — **3.** *chem.* supersaturated. — **4.** *tech.* (*Lösung*) supersaturated, oversaturated. — ‚**Über**'**sät·tigt**-‚**sein** *n* ⟨-s; *no pl*⟩ *cf.* Übersättigung 2, 3. —

‚**Über**'**sät·ti·gung** *f* ⟨-; *no pl*⟩ **1.** *cf.* Übersättigen. — **2.** surfeit, repletion. — **3.** *fig.* satiety, surfeit, satiation. — **4.** *chem.* supersaturation. — **5.** *tech.* supersaturation, oversaturation.

‚**über**'**säu·ern I** *v/t* ⟨*insep, no* -ge-, *h*⟩ **1.** *chem.* overacidify. — **2.** (*Magen*) produce acidity of. — **II Ü**~ *n* ⟨-s⟩ **3.** *verbal noun.* — ‚**über**'**säu·ert I** *pp.* — **II** *adj* overacid, overacidified. — ‚**über**'**säue·rung** *f* ⟨-; *no pl*⟩ **1.** *cf.* Übersäuern. — **2.** *chem.* overacidification. — **3.** *med.* a) hyperacidity, superacidity, b) (*des Magens*) hyperpepsia, c) (*des Blutes*) acidosis, acid(a)emia.

'**Über**‚**schall** *m phys.* supersound, ultrasound.

Über·schall... *combining form denoting* supersonic, ultrasonic.

'**Über**‚**schall**|‚**flug** *m aer.* supersonic flight. — ~‚**flug**‚**zeug** *n* supersonic aircraft. — ~**fre**‚**quenz** *f phys.* supersonic (*od.* supertonic) frequency, supersonic. — ~**schwin·dig·keit** *f aer.* supersonic speed. — ~**ka**‚**nal** *m cf.* Überschallwindkanal. — ~**ra**‚**ke·ten**‚**flug**‚**zeug** *n aer.* supersonic rocket-propelled aircraft. — ~‚**strah·len** *pl phys.* supersonic rays. — ~‚**wind·ka**‚**nal** *m* supersonic wind tunnel.

‚**über**'**schat·ten I** *v/t* ⟨*insep, no* -ge-, *h*⟩ **1.** overshadow: **die Bäume überschatteten den Hof** the trees overshadowed the yard; **die Erde überschattete den Mond** the earth overshadowed (*od.* obscured) the moon. — **2.** *fig.* (*trüben*) (over)shadow, cast a shadow (*od.* cloud, gloom) (up)on (*od.* over): **ein tödlicher Unfall überschattete das Rennen** a fatal accident cast a cloud over the race; **ihre Freundschaft wurde überschattet durch** their friendship was overshadowed by. — **3.** *fig.* (*in den Schatten stellen*) overshadow, eclipse, cast (*od.* put) (*s.th.*) into the shade: **der Ruhm des Vaters überschattet seinen eigenen** his father's fame casts his own into the shade. — **II Ü**~ *n* ⟨-s⟩ **4.** *verbal noun.* — ‚**Über**'**schat·tung** *f* ⟨-; *no pl*⟩ *cf.* Überschatten.

‚**über**'**schät·zen I** *v/t* ⟨*insep, no* -ge-, *h*⟩ overrate, overestimate: **j-n** (**bei weitem**) ~ to overrate *s.o.* (by far); **seine Kräfte** ~ to overestimate one's strength; **ich habe die Entfernung überschätzt** I overestimated the distance. — **II** *v/reflex* **sich** ~ overestimate (*od.* overrate) oneself. — **III Ü**~ *n* ⟨-s⟩ *verbal noun.* — ‚**Über**'**schät·zung** *f* ⟨-; *no pl*⟩ **1.** *cf.* Überschätzen. — **2.** overestimation.

'**Über**‚**schau** *f* ⟨-; *no pl*⟩ (über *acc* of) brief outline (*od.* review, survey), synopsis: **eine kurze** ~ (über *acc* etwas) **geben** to give a brief outline (of *s.th.*).

'**über**‚**schau·bar** *adj* **1.** visible at a glance. — **2.** *fig.* (*in Wendungen wie*) **jetzt sind die Dinge** ~ now we can see how things stand, now we can see what's what; **die Bestimmungen sind nicht mehr** ~ the regulations have become extremely involved.

‚**über**'**schau·en** *v/t* ⟨*insep, no* -ge-, *h*⟩ *cf.* überblicken 2, übersehen¹ 1, 3.

'**über**‚**schäu·men** *v/i* ⟨*sep,* -ge-, *sein*⟩ **1.** (*von Sekt etc*) bubble over. — **2.** (*von Bier, Milch etc*) foam (*od.* froth) over. — **3.** *fig.* (*in Wendungen wie*) **vor Wut** ~ to fume (*od.* boil, seethe) with rage; **vor Freude** [**Temperament**] ~ to bubble over with joy [temperament]. — '**über**‚**schäu·mend I** *pres p.* — **II** *adj* (*Temperament, Lebensfreude etc*) exuberant, effusive, ebullient (*lit.*).

'**Über**‚**schicht** *f econ.* extra shift: **eine** ~ **machen** to work in an extra shift.

'**Über**‚**schie·bung** *f geol.* upthrow, upcast, overthrust (fault).

'**über**‚**schie·ßen¹** *v/i* ⟨*irr, sep,* -ge-, *sein*⟩ **1.** (*von Summe*) be in excess. — **2.** (*von Flüssigkeit*) overflow.

‚**über**'**schie·ßen²** *v/t* ⟨*irr, insep, no* -ge-, *h*⟩ *mil.* **1.** (*Ziel*) overshoot. — **2.** (*eigene Truppen*) fire over, deliver overhead fire on.

'**über**‚**schie·ßend I** *pres p of* überschießen¹. — **II** *adj econ.* (*Betrag, Summe etc*) surplus, excess, exceeding (*alle attrib*).

'**über**‚**schläch·tig** [-‚ʃlɛçtɪç] *adj tech.* (*Wasserrad*) *cf.* oberschlächtig.

‚**über**'**schla·fen** *v/t* ⟨*irr, insep, no* -ge-, *h*⟩ **etwas** ~ *colloq.* to sleep on *s.th.*: **ich werde es** ~ I'll sleep on it.

'**Über,schlag** m ⟨-(e)s; ⇌e⟩ **1.** cf. Purzelbaum. – **2.** (sport) a) (freier) somersault, auch summersault, b) cf. Handstandüberschlag. – **3.** aer. a) (beim Kunstflug) loop, b) (beim Landen) nose-over. – **4.** econ. (flüchtige Berechnung) estimate, rough calculation (od. computation). – **5.** electr. flashover, sparkover, arc-over, disruptive discharge.

'**über,schla·gen**[1] I v/t ⟨irr, sep, -ge-, h⟩ **1.** (Tuch etc) put (s.th.) (a)round one's shoulders. – **2.** (Beine) cross. – **3.** mus. (Hand) cross. – **II** v/i ⟨sein⟩ **4.** (von Wellen) break. – **5.** electr. (von Funken) flash (od. spark, arc, jump) over. – **6.** (von Boot) cf. kentern 1. – **7.** fig. (in acc into) turn abruptly: seine Begeisterung schlug leicht ins Ekstatische über his enthusiasm tended to turn abruptly into ecstasy. – **8.** mus. (von Stimme) crack, break.

,**über'schla·gen**[2] I v/t ⟨irr, insep, no -ge-, h⟩ **1.** (Kapitel, Seiten beim Lesen) skip (out), omit. – **2.** (Mahlzeit etc) skip: heute überschlage ich das Mittagessen I am going to skip (od. cut) lunch today. – **3.** (ungefähr berechnen, abschätzen) calculate (od. estimate) roughly, make a rough estimate of: ich überschlug die Kosten I made a rough estimate of the costs; er überschlug, ob das Geld noch für ein Eis reichte he made a rough estimate to see if he had enough (money) for an ice cream; er hatte rasch alle Möglichkeiten ~ he had quickly gone over all the possibilities (in his mind). – **II** v/reflex sich ~ **4.** (von Personen) go head over heels, tumble over, roll over (and over): ich hatte mich mehrmals ~ I had gone head over heels several times. – **5.** (sport) turn a somersault (auch summersault). – **6.** (von Auto) turn (right) over, overturn. – **7.** (von Motorrad-, Radfahrer) go over the handle bars. – **8.** aer. a) (im Kunstflug) loop the loop, b) (bei Landung) turn (od. nose) over, somersault, auch summersault. – **9.** (von Stimme) break, crack: seine Stimme überschlug sich im Zorn his voice broke in (his) anger. – **10.** mus. cf. umschlagen 16b. – **11.** fig. (von Ereignissen etc) follow in quick succession. – **12.** fig. colloq. (in Wendungen wie) er überschlägt sich förmlich vor Diensteifer he nearly trips over himself with zeal; sich vor Liebenswürdigkeit fast ~ to fall over oneself (od. bend over backwards) to be nice.

,**über'schla·gen**[3] I pp of überschlagen[2]. – **II** adj (Wasser etc) lukewarm, tepid, blood-warm, with the chill taken off.

'**Über,schlag,fun·ken** m electr. jump spark.

'**über,schlä·gig** [-,ʃlɛːgɪç] I adj (Berechnung etc) rough. – **II** adv etwas ~ berechnen to estimate s.th. roughly, to make a rough estimate of s.th.

'**Über,schlag,la·ken** n **1.** (oberes Bettuch) top sheet. – **2.** (zum Aufknöpfen auf Woll- od. Steppdecke) (button-over) quilt (od. eiderdown) cover.

'**über'schläg·lich** [-,ʃlɛːklɪç] adj u. adv cf. überschlägig.

'**Über,schlag,span·nung** f electr. flashover (od. sparkover, arc-over, breakdown) voltage.

'**Über,schlags,rech·nung** f econ. rough estimate (od. calculation).

'**Über,schlag,strecke** (getr. -k·k-) f electr. sparkover path, spark length.

'**Über,schlag,wen·de** f (sport) (beim Schwimmen) somersault (auch summersault) turn, (beim Rückenschwimmen) back somersault (auch summersault) turn.

'**über,schlau** adj smart-aleck(y), auch smart-alec, superclever: sei nicht so ~ don't be such a smart aleck (od. know-[it-]all).

'**über,schnap·pen** v/i ⟨sep, -ge-, h u. sein⟩ **1.** ⟨h u. sein⟩ (von Riegel, Schloß etc) snap (od. click) over. – **2.** ⟨h u. sein⟩ (watchmaking) (vom Zahn eines Rädchens) trip. – **3.** ⟨sein⟩ (von Stimme) crack, break. – **4.** ⟨sein⟩ colloq. go crazy (od. mad): du bist wohl übergeschnappt you must be cracked (od. crazy); er wird eines Tages noch ~ he'll go crazy (od. sl. off his rocker, Br. sl. round the bend) one of these days.

,**über'schnei·den** I v/t ⟨irr, insep, no -ge-, h⟩ sich (gegenseitig) ~ **1.** (von Linien, Flächen etc) intersect. – **2.** (von Problemen, Arbeitsgebieten etc) overlap, intersect. – **3.** (von Veranstaltungen, Vorlesungen etc)

---

coincide, clash, overlap. – **4.** (von Rhythmen etc) overlap. – **5.** (von Interessen etc) clash, collide, interfere with each other. – **II** v/reflex **6.** sich mit etwas ~ a) (von Problem, Arbeitsgebiet etc) to overlap with s.th., to intersect with s.th., b) (von Veranstaltung, Vorlesung etc) to coincide (od. clash, overlap) with s.th., c) (von Rhythmus etc) to overlap with s.th., d) (von Interesse etc) to collide (od. interfere) with s.th.: Peters Thema überschneidet sich mit dem seines Freundes Peter's subject overlaps with that of his friend, Peter and his friend's subjects overlap. – **III** Ü~ n ⟨-s⟩ **7.** verbal noun. — ,**Über'schnei·dung** f ⟨-; -en⟩ **1.** cf. Überschneiden. – **2.** (von Linien) (point of) intersection. – **3.** (von Problemen etc) overlap, intersection. – **4.** (von Veranstaltungen etc) clash, overlap. – **5.** (von Rhythmen etc) overlap. – **6.** (von Interessen etc) clash, collision.

,**über'schneit** adj snow-covered, snowy, besnowed (lit.).

'**über,schnell** I adj **1.** cf. übereilig. – **2.** cf. übereilt II. – **3.** (Auto etc) superfast. – **II** adv **4.** cf. übereilt 4.   [queer.]

,**über'schraubt** adj fig. colloq. eccentric,⌐

,**über'schrei·ben** I v/t ⟨irr, insep, no -ge-, h⟩ **1.** (hinwegschreiben über) write over, overwrite, overscore. – **2.** (betiteln) head-(line), (en)title, superscribe. – **3.** j-m etwas ~, etwas auf j-n ~ jur. to register (od. enter) s.th. in s.o.'s name, to settle s.th. (up)on s.o., to make over s.th. to s.o.: er hat das Haus (auf den Namen) seiner Frau ~ lassen he had the house entered (od. registered) in his wife's name; er überschrieb sein Geschäft auf seinen Sohn he made over his business to his son. – **4.** etwas auf j-s Konto ~ econ. to transfer (od. pass) s.th. to s.o.'s account. – **II** Ü~ n ⟨-s⟩ **5.** verbal noun. — ,**Über'schrei·bung** f ⟨-; -en⟩ **1.** cf. Überschreiben. – **2.** jur. registration, entry.

,**Über'schrei·bungs,ur,kun·de** f jur. **1.** (Schenkungsurkunde) deed of donation (od. gift). – **2.** (bei Grundstücken) deed of conveyance.

,**über'schrei·en** I v/t ⟨irr, insep, no -ge-, h⟩ outcry, shout (od. cry) (s.o.) down. – **II** v/reflex sich ~ (over)strain one's voice.

,**über'schreit·bar** adj passable, crossable: der Fluß ist um diese Jahreszeit nicht ~ the river is not passable (od. cannot be passed od. crossed) at this time of (the) year.

,**über'schrei·ten** I v/t ⟨irr, insep, no -ge-, h⟩ **1.** (Grenze, Fluß, Straße etc) cross, go over (od. across): die Grenze ~ to cross (od. pass) the border. – **2.** (Schwelle) cross, pass. – **3.** fig. (Maß, Grenze etc) exceed, pass, go beyond, transcend: das überschreitet alles Maß that exceeds all bounds. – **4.** die zulässige Höchstgeschwindigkeit ~ to exceed (od. break) the speed limit. – **5.** econ. (Kredit) exceed, strain. – **6.** fig. (Befugnisse, Kompetenzen etc) exceed, stretch, transgress. – **7.** fig. (Kräfte) overtax. – **8.** fig. (Zeit) overrun, exceed: wir haben die Sendezeit überschritten we have overrun our time, we are running over time. – **9.** fig. (Urlaub etc) overstay. – **10.** fig. (in Wendungen wie) die Party hatte den Höhepunkt überschritten the party was beginning to lag; der Höhepunkt dieser Entwicklung ist bereits [längst] überschritten the peak (od. climax) of this development is already [well] past; sie hat die 40 [längst] überschritten she is [well] over 40, she is [well] on in her 40's (od. forties). – **11.** mar. (Lademarke) submerge. – **II** Ü~ n ⟨-s⟩ **12.** verbal noun: Ü~ der Geleise verboten do not cross the tracks. – **13.** fig. (der Befugnisse etc) transgression. — ,**Über'schrei·tung** f ⟨-; -en⟩ cf. Überschreiten.

'**Über,schrift** f ⟨-; -en⟩ **1.** (Titel) head(ing), title, bes. Am. caption: mit einer ~ versehen to entitle (od. head, Am. auch caption). – **2.** (Gedichtzeile) headline. – **3.** print. (über die ganze Spaltenbreite) crosshead, auch crossheading. – **4.** jur. (eines Gesetzes, einer Klage etc) title, rubric.

'**Über,schuh** m meist pl **1.** (halbhoher) galosh, overshoe, ~e aus Gummi rubbers. – **2.** (für Skischuhe) overshoe.

,**über'schul·det** adj econ. heavily indebted. — ,**Über'schul·dung** f ⟨-; -en⟩ heavy (od. excess[ive]) indebtedness, overindebtedness.

'**Über,schuß** m ⟨-sses; ⇌sse⟩ **1.** econ. a) (Gewinn) profit, b) (Verdienstspanne) (gross) margin, c) (Mehrbetrag) surplus: einen ~ abwerfen to yield a profit; sie erzielten hohe Überschüsse they made high profits. – **2.** econ. (an Waren) (an dat of) surplus(age), overflow, (over)plus, Am. overage. – **3.** econ. (Saldo) balance. – **4.** fig. (an Energie, Kraft etc) (an dat of) surplus, excess. – **5.** fig. (an Geburten, Zuwachs etc) (an dat of) surplus: ~ an Frauen cf. Frauenüberschuß. – **6.** print. surplus, overrun. — ~**gas** n tech. surplus gas. — ~**ge,biet** n econ. surplus area.

'**über,schüs·sig** [-,ʃʏsɪç] adj **1.** econ. surplus, excess (beide attrib): ~e Erzeugnisse surplus (od. excess, overplus) goods (od. products); ~e Kaufkraft excess purchasing power. – **2.** (Kraft etc) surplus (attrib), spare.

'**Über,schuß,land** n econ. surplus country. — ~**luft** f tech. excess air. — ~**pro,duk·te** pl econ. surplus products. — ~**re·ak·ti·vi,tät** f nucl. excess reactivity. — ~**re,ser·ve** f econ. excess reserve.

,**über'schüt·ten**[1] v/t ⟨insep, no -ge-, h⟩ **1.** j-n (mit) etwas ~ a) (mit Sand etc) to pour s.th. over s.o. [s.th.], to cover s.o. [s.th.] with s.th., b) (mit Wasser etc) to pour s.th. over s.o. [s.th.]. – **2.** j-n mit etwas ~ fig. a) (mit Geschenken etc) to shower (od. overwhelm, inundate, load) s.o. with s.th., to shower (od. lavish) s.th. on s.o., b) (mit Fragen etc) to shower (od. overwhelm) s.o. with s.th., c) (mit Angeboten etc) to inundate (od. swamp) s.o. with s.th.: sie überschüttete ihn mit Vorwürfen she showered him with reproaches, she heaped reproaches (up)on him (od. his head); er wurde mit Angeboten überschüttet he was inundated (od. snowed under) with offers.

'**über,schüt·ten**[2] v/t ⟨sep, -ge-, h⟩ **1.** etwas ~ to spill s.th. – **2.** j-m etwas über s.th. over s.o.: er hat mir einen Eimer Wasser übergeschüttet he poured a bucket of water over me.

'**Über,schwang** [-,ʃvaŋ] m ⟨-(e)s; no pl⟩ rapture, exuberance, exaltation: im ~ der Leidenschaft in the rapture of passion; im ~ der Gefühle in the exuberance of one's feelings; in jugendlichem ~ in youthful exuberance.

'**Über,schwän·ge·rung** f med. superimpregnation, superfecundation.

'**über,schwap·pen** v/i ⟨sep, -ge-, sein⟩ colloq. splash (od. slop) over, spill.

'**über,schwe·fel,sau·er** adj chem. überschwefelsaures Salz per(oxydi)sulfate bes. Br. -ph-. — '**Über,schwe·fel,säu·re** f ⟨-; no pl⟩ per(oxydi)sulfuric (bes. Br. -ph-) acid ($H_2S_2O_8$).

'**über,schwel·lig** [-,ʃvɛlɪç] adj psych. supraliminal.

,**über'schwem·men** I v/t ⟨insep, no -ge-, h⟩ **1.** flood, inundate, swamp, submerge, overflow, deluge, drown. – **2.** fig. (mit with) inundate, swamp, deluge, flood: der Leser wird heute mit einer Flut von Zeitungen überschwemmt the reader is deluged with a flood of newspapers nowadays; jeden Sommer wird Berchtesgaden von Touristen überschwemmt Berchtesgaden is inundated with (od. invaded by, overrun by) tourists every summer. – **3.** econ. a) (Markt) glut, b) (Lager) overstock. – **4.** biol. invade. – **II** Ü~ n ⟨-s⟩ **5.** verbal noun. — '**Über'schwem·mung** f ⟨-; -en⟩ **1.** cf. Überschwemmen. – **2.** inundation, flood, spate, freshet, overflow: plötzliche ~ sudden (od. flash) flood. – **3.** geol. deluge, cataclysm. – **4.** er hat im Badezimmer eine ~ angerichtet colloq. humor. he has flooded the whole bathroom. – **5.** biol. invasion.

,**Über'schwem·mungs,ge,biet** n **1.** (überschwemmtes Gebiet) flood(ed) (od. inundated) area. – **2.** geogr. floodplain. — ~**ge,fahr** f danger of flooding. — ~**ka·ta,stro·phe** f flood disaster.

'**über,schweng·lich** [-,ʃvɛŋlɪç] I adj **1.** (Worte etc) rapturous, rhapsodic: mit ~en Worten in rapturous (od. lavish) terms. – **2.** (Gefühl, Stil etc) effusive, gushing, gushy: eine ~ Rede an effusive (od. exuberant, a luxuriant) speech. – **II** adv **3.** j-m ~ danken to thank s.o. effusively (od. gushingly, lavishly, gushily); ~ grüßen to greet effusively (od. with great effusion). — '**Über,schweng·lich·keit** f ⟨-; no pl⟩ **1.** (in Rede, Stil etc) effusion, effusiveness, gush(iness), exuberance, exuberancy. – **2.** (*von Gefühl etc*) effusion, effusiveness, gush(iness). [overheavy.]

'über,schwer *adj* (*Fahrzeug, Panzer etc*)|

'Über,schwing,fak·tor *m* (*radio*) overshoot ratio.

'Über,see ⟨*invariable*⟩ overseas *pl* (*usually construed as sg*): nach ~ gehen to go overseas; in ~ leben to live overseas; aus ~ zurückkommen to return from overseas; Märkte in ~ overseas markets; Exporte nach ~ overseas exports; Gäste aus ~ visitors from overseas. — ~,damp·fer *m mar.* ocean(-going) (*od.* transoceanic, transocean) steamer (*od.* liner). — ~,ge,bie·te *pl* overseas territories. — ~,ge,spräch *n tel.* overseas call. — ~,ha·fen *m mar.* transatlantic harbor (*bes. Br.* harbour). — ~,han·del *m* overseas trade.

'über,see·isch *adj* **1.** (*Gebiet, Markt etc*) oversea(s). – **2.** (*Schiffsroute, -verbindung*) transocean(ic). – **3.** (*Kabel*) transatlantic, submarine.

'Über,see,ka·bel *n tel.* transatlantic (*od.* submarine) cable. — ~,kof·fer *m* trunk.

'Über,see·le *f philos.* (*im Transzendentalismus*) oversoul.

'Über,see,li·nie *f mar.* transoceanic (*od.* transocean) line. — ~,markt *m econ.* overseas market. — ~,rei·se *f* journey overseas. — ~,schiff *n* overseas ship, transoceanic (*od.* transocean) vessel. — ~,schiffahrt (*getr.* -ff,f-) *f* transoceanic navigation. — ~-Te·le,gramm *n* transoceanic telegram, cablegram, *auch* cable. — ~,ver,kehr *m* **1.** overseas (*od.* transoceanic) traffic. – **2.** drahtloser ~ *tel.* transoceanic radio service.

,über'seh·bar *adj* **1.** visible at a glance, surveyable. – **2.** *fig.* (*in Wendungen wie*) die Folgen sind nicht ~ the consequences are unforeseeable (*od.* cannot be foreseen); der bei dem Unglück entstandene Schaden ist noch nicht ~ the damage caused by the accident is not yet estimable.

,über'se·hen[1] *v/t* ⟨*irr, insep, no* -ge-, h⟩ **1.** (*überblicken*) overlook, survey, oversee: von seinem Fenster kann er die ganze Straße ~ he can overlook (*od.* he has a view of) the whole street from his window. – **2.** *fig.* (*Lage etc*) *cf.* überblicken 2. – **3.** *fig.* (*abschätzen, erkennen*) estimate: der Schaden läßt sich in seinem Ausmaß noch nicht ~ the extent of the damage cannot yet be estimated (*od.* ascertained) (*od.* is not yet estimable). – **4.** (*nicht bemerken*) overlook, miss, fail to see (*od.* notice): ~ werden to escape (s.o.'s) notice; ich habe es ~ it escaped my notice; etwas ist nicht zu ~ s.th. cannot be missed, s.th. is as big as a barn door (*colloq.*); das findest du schon, es ist nicht zu ~ you are sure to find it, you can't miss (*od.* fail to see) it. – **5.** (*vergessen*) leave (*s.th.*) out, omit, forget: bei der Übersetzung habe ich ein Wort ~ I left a word out in the translation. – **6.** (*hinweggehen über*) let (*s.th.*) pass, overlook, ignore, excuse: ich will diesen Fehler noch einmal ~ I will let this mistake pass this once. – **7.** (*unbeachtet lassen*) disregard, overlook, neglect, pass over, blink (at), wink (at). – **8.** j-n (*absichtlich*) to slight (*od.* snub, ignore) s.o.

,über'se·hen[2] *v/t* ⟨*irr, sep, -ge-, h*⟩ sich (*dat*) etwas ~ (*Farbe etc*) to tire (*od.* grow tired, sicken) of (seeing) s.th., to see too much of s.th., to see s.th. too often.

'über,se·lig *adj lit.* overjoyed, delirious with joy.

,über'sen·den I *v/t* ⟨*meist irr, insep, no* -ge-, h⟩ **1.** (*Grüße, Wünsche etc*) send, convey. – **2.** (*Pakete, Geschenke etc*) send: Waren ~ to send (*od.* consign, *Am. auch* ship) goods. – **3.** (*Geld*) remit. – II **Ü~** *n* ⟨-s⟩ **4.** *verbal noun.* — **,Über'sen·der** *m* **1.** sender, conveyer, conveyor. – **2.** (*von Waren*) sender, consignor. – **3.** (*von Geld*) remitter. — **,Über'sen·dung** *f* ⟨-; *no pl*⟩ **1.** *cf.* Übersenden. – **2.** conveyance. – **3.** (*von Waren*) consignment, *Am. auch* shipment. – **4.** (*von Geld*) remittance.

,über'setz·bar *adj* translatable: dieser Ausdruck ist nicht ins Englische ~ this expression cannot be translated into English.

,über'set·zen[1] I *v/t* ⟨*insep, no* -ge-, h⟩ (*in acc* into) **1.** *ling.* translate, render: etwas aus dem Französischen ins Englische ~ to translate (*od.* put, render)

s.th. from French into English; einen Text in gutes Englisch ~ to translate (*od.* turn) a text into good English; einen Abschnitt genau [wörtlich] ~ to translate a paragraph faithfully [literally]; dieses Buch läßt sich gut ~ this book translates well. – **2.** *tech.* a) (*Zoll etc in das metrische System*) transpose, translate, b) (*in der Mechanik*) transmit. – II *v/i* **3.** translate: er kann nicht ~ he can't translate, he is a poor translator; ich habe drei Stunden an diesem Text übersetzt it took me three hours to translate this text. – III **Ü~** *n* ⟨-s⟩ **4.** *verbal noun.* – **5.** *cf.* Übersetzung.

'über,set·zen[2] I *v/t* ⟨*sep, -ge-, h*⟩ **1.** ferry (*s.o., s.th.*) over (*od.* across). – **2.** den Finger ~ *mus.* to put one's finger over. – den Fuß ~ (*beim Tanzen*) to cross one's foot, to put one foot across the other. – II *v/i* ⟨h *u.* sein⟩ **4.** cross (over): wir haben (*od.* sind) mit drei Booten zum (*od.* nach dem) anderen Ufer übergesetzt we crossed to the other shore with three boats.

,Über'set·zer *m* **1.** translator: freiberuflicher [vereidigter] ~ free-lance [sworn] translator. – **2.** *tel.* (*eines Drucktelegraphen*) translator.

,Über'set·ze·rin *f* ⟨-; -nen⟩ *cf.* Übersetzer 1.

,Über'set·zung *f* ⟨-; -en⟩ **1.** *cf.* Übersetzen[1]. – **2.** *ling.* translation, rendition, rendering, version: eine wörtliche [freie] ~ a literal [free] translation; eine ~ aus dem Englischen ins Deutsche a translation from English into German; die englische ~ des Buches ist besser als die französische the English translation (*od.* version) of the book is better than the French one. – **3.** *tech.* a) gear (*od.* trans-mission) ratio, b) (*eines Hebels*) leverage: eine kleine [große] ~ a small [big] gear ratio; das Getriebe hat eine ~ von 1 : 4 the gearbox ratio is 1 : 4; die ~ wechseln to change (*bes. Am.* shift) gear.

,Über'set·zungs,bü·ro *n* translation agency (*od.* bureau, office), translating bureau. — ~,feh·ler *m* translation error, error in translation. — ~,ge,bühr *f* translation fee. — ~,ge,trie·be *n tech.* transmission gearing: ~ ins Langsame speed-reducing gear; ~ ins Schnelle speed-increasing gear. — ~,ma,schi·ne *f* translating machine, language translation computer. — ~,übung *f* translation exercise. — ~,ver,hält·nis *n* **1.** *tech.* gear (*od.* transmission) ratio. – **2.** *electr.* (*eines Transformators*) transformation ratio. — ~,wis·sen,schaft *f* ⟨-; *no pl*⟩ science of translation.

'Über,sicht *f* ⟨-; -en⟩ (über *acc* of) **1.** ⟨*only sg*⟩ (*Bild, Vorstellung*) general idea, (overall) view: eine ~ bekommen, ~ gewinnen to obtain (*od.* get) a general idea (of how things stand); er hat die ~ völlig verloren he has become completely (*od.* utterly) confused, he has no idea of what's going on (*colloq.*). – **2.** ⟨*only sg*⟩ (*Kontrolle*) control: die ~ über (*acc*) etwas verlieren to lose control of (*od.* over) s.th.; man verlor jede ~ the matter got completely out of hand. – **3.** ⟨*only sg*⟩ *cf.* Überblick 4. – **4.** (*Aufstellung*) list: eine ~ über den Spielplan der kommenden Saison a list of the repertoire for the coming season; eine ~ über die Kohlenwasserstoffverbindungen a list (*od.* table) of carbohydrate compounds; eine tabellarische ~ über das Erdzeitalter a table of the eras (*od.* ages). – **5.** (*zusammenfassende Darstellung*) outline, summary, resumé, précis, synopsis, abstract, review, conspectus: eine ~ über die englische Literatur an outline of English literature. – **6.** *cf.* Übersichtstafel.

'über,sich·tig *adj med.* longsighted, far-sighted; hyperopic, hypermetropic (*scient.*). — **'Über,sich·tig·keit** *f* ⟨-; *no pl*⟩ longsightedness, farsightedness; hyperopia, hypermetropia (*scient.*).

'über,sicht·lich I *adj* **1.** (*leicht überblickbar*) easy to survey, easily surveyed. – **2.** (*klar gegliedert*) clear(ly arranged), distinct: eine ~e Anordnung a clear arrangement. – II *adv* **3.** (*klar, gut faßbar*) clearly, distinctly: der Aufsatz war ~ gegliedert the essay was clearly organized; etwas ~ darstellen to describe s.th. clearly. — **'Über,sicht·lich·keit** *f* ⟨-; *no pl*⟩ **1.** (*von Gelände etc*) openness: die ~ dieser Straße wird durch nichts beeinträchtigt

visibility on this road is unimpaired. – **2.** (*einer Anordnung etc*) clarity, clearness, distinctness: der besseren ~ halber for clarity's sake, for the sake of clarity.

'Über,sichts,kar·te *f* general map. — ~,plan *m* layout plan. — ~,skiz·ze *f* general sketch (*od.* draft). — ~,ta,bel·le *f* chart. — ~,ta·fel *f* synoptic table.

'über,sie·deln[1] I *v/i* ⟨*sep, -ge-, sein*⟩ (nach to) **1.** (*umziehen*) move. – **2.** (*auswandern*) emigrate. – II **Ü~** *n* ⟨-s⟩ **3.** *verbal noun.*

,über'sie·deln[2] *v/i* ⟨*insep, no* -ge-, sein⟩ *cf.* übersiedeln[1].

Über·sie·de·lung ['y:bər,zi:dəluŋ; ,y:bər'zi:dəluŋ] *f* ⟨-; *no pl*⟩ **1.** *cf.* Übersiedelung[1]. – **2.** (*Umzug*) (nach to) move, removal. – **3.** (*Auswanderung*) (nach to) emigration.

'über,sie·den *v/i* ⟨*sep, -ge-, sein*⟩ boil over.

Über·sied·lung ['y:bər,zi:dluŋ; ,y:bər'zi:dluŋ] *f* ⟨-; *no pl*⟩ *cf.* Übersiedelung.

'Über,sied·lungs,gut *n* ⟨-(e)s; *no pl*⟩ **1.** removal goods *pl.* – **2.** emigration goods *pl.*

'über,sinn·lich *adj* **1.** supersensible, suprasensuous: ~e Kräfte psychic(al) forces (*od.* powers). – **2.** *philos.* transcendent, *auch* transcendant, transcendental, metaphysical.

,über'som·mern *v/i* ⟨*insep, no* -ge-, h⟩ **1.** *zo.* (a)estivate. – **2.** *agr.* (*von Vieh*) summer.

,über'sonnt *adj* sun-drenched.

,über'span·nen I *v/t* ⟨*insep, no* -ge-, h⟩ **1.** (*Fluß, Tal etc*) span, traverse: eine neue Brücke überspannt den Fluß a new bridge spans (*od.* [over]arches) the river. – **2.** (*Fläche, Raum*) (mit with) span, cover. – **3.** *arch.* (*überwölben*) vault, span, (over)arch. – **4.** *tech.* (*zu stark spannen*) (*Feder etc*) (over)strain. – **5.** *mus.* (*Saite*) overstretch. – **6.** *fig.* (*in Wendungen wie*) seine Forderungen ~ to carry one's claims (*od.* demands) too far (*od.* to extremes), to exaggerate one's claims, to stretch (it a bit) (*colloq.*); → Bogen 9. – **7.** *phys. tech.* (*Dampf*) superheat. – **8.** *med.* (*Sehne, Haut*) superextend, overstretch. – II **Ü~** *n* ⟨-s⟩ **9.** *verbal noun.* – **10.** *cf.* Überspannung 1. — **,über'spannt** I *pp.* – II *adj fig.* **1.** (*Forderung, Hoffnung etc*) exaggerated, extravagant. – **2.** (*Redeweise, Ansichten etc*) eccentric, extravagant: ~e Vorstellungen eccentric (*od.* fantastic, wild, outré) ideas. – **3.** (*Person*) eccentric; crazy, cracked (*colloq.*): sie ist ~ she is (quite) eccentric. — **,Über'spannt·heit** *f* ⟨-; *no pl*⟩ *fig.* **1.** (*von Forderungen, Hoffnungen etc*) exaggeration, extravagance. – **2.** (*von Redeweise, Ansichten etc*) eccentricity, extravagance. – **3.** (*von Person*) eccentricity, craziness (*colloq.*). – **4.** (*Zustand*) overwrought state, exaltation of mind.

,Über'span·nung[1] *f* **1.** *cf.* Überspannen. – **2.** *fig.* (*Übertreibung*) exaggeration. – **3.** *tech.* (*einer Feder etc*) (over)strain.

'Über,span·nung[2] *f electr.* excess voltage, overvoltage.

'Über,span·nungs,schal·ter *m electr.* overvoltage circuit breaker. — ~,schutz *m* overvoltage (*od.* transient) protection.

,über'spie·len I *v/t* ⟨*insep, no* -ge-, h⟩ **1.** (*Schallplatte, Tonband, Musikstück etc*) rerecord, transfer: etwas auf ein Tonband ~ to rerecord s.th. on a tape, to make a tape recording of s.th. – **2.** (*Gegner*) outplay, outman(o)euver, *bes. Br.* outman(o)euvre, pass. – **3.** *fig.* (*Fehler, Schwächen etc*) cover (up), veil. – **4.** (*theater*) overplay, overact. – II **Ü~** *n* ⟨-s⟩ **5.** *verbal noun.* – **6.** *cf.* Überspielung.

,Über'spiel,lei·tung *f* (*radio*) *telev.* closed circuit.

,über'spielt I *pp.* – II *adj* (*sport*) a) (*Gegner*) outplayed, outman(o)euvered, *bes. Br.* outman(o)euvred, b) (*Spieler*) played out: er scheint ~ zu sein he seems to have played too many matches.

,Über'spie·lung *f* ⟨-; -en⟩ **1.** *cf.* Überspielen. – **2.** (*radio*) *telev.* rerecording, transfer: die ~ von Lichtton auf Magnetton magnetic transfer.

,über'spin·nen *v/t* ⟨*irr, insep, no* -ge-, h⟩ (*mit Spinngewebe überziehen*) spin a web over, web.

,über'spit·zen I *v/t* ⟨*insep, no* -ge-, h⟩ **1.** (*Argument, Bemerkung etc*) exaggerate, overstate. – **2.** (*Angelegenheit etc*) exaggerate, carry (*s.th.*) to extremes (*od.* too far). – **II Ü~** n ⟨-s⟩ **3.** *verbal noun.* — **,über-'spitzt I** *pp.* – **II** *adj* (*Argument, Bemerkung etc*) oversubtle, pushed to extremes. – **III** *adv* einen Sachverhalt ~ formulieren to state facts oversubtly. — **,Über'spit·zung** *f* ⟨-; -en⟩ **1.** *cf.* Überspitzen. – **2.** ⟨*only sg*⟩ oversubtlety, extreme (*od.* exaggerated) subtlety. – **3.** exaggeration, oversubtle (*od.* extreme) formulation.

,über'spon·nen I *pp of* überspinnen. – **II** *adj electr.* (*Draht*) covered, braided.

'Über,spre·chen *n tel.* cross talk.

,über'spren·keln *v/t* ⟨*insep, no* -ge-, h⟩ etwas mit etwas ~ to sprinkle s.th. with s.th.

,über'sprin·gen¹ *v/t* ⟨*irr, insep, no* -ge-, h⟩ **1.** (*Zaun, Hürde etc*) jump (*od.* leap) (over, *von Ufer zu Ufer auch* across), clear: im letzten Versuch konnte er diese Höhe ~ he was able to clear this height in his last attempt. – **2.** (*eine Weitsprungmarke etc*) overleap, overjump: er hat die 6-Meter--Marke übersprungen he has overlept the 6-meter (*bes. Br.* -metre) mark. – **3.** *fig.* (*Abschnitt, Seite etc*) skip (over), leave out, jump, (*bes. aus Versehen*) miss (out): er hat diese heiklen Fragen übersprungen he left out (*od.* skipped over) these delicate questions. – **4.** *fig.* (*Klasse, Generation etc*) jump, skip.

'über,sprin·gen² *v/i* ⟨*irr, sep, -ge-, sein*⟩ **1.** von etwas auf (*acc*) etwas ~ *fig.* to jump from s.th. to s.th.: der Redner sprang auf ein anderes Thema über the speaker jumped to another subject. – **2.** (*von Funken etc*) spring (*od.* dart, flash) over: die Funken sprangen von dem brennenden Haus auf die Scheune über the sparks sprang over from the burning house on to the barn. – **3.** ~ auf (*acc*) *med.* a) (*von Krankheiten*) to shift to, b) (*von Epidemien*) to spread to.

'über,spru·deln I *v/i* ⟨*sep, -ge-, sein*⟩ **1.** bubble over: das kochende Wasser ist übergesprudelt the boiling water bubbled over. – **2.** *fig.* bubble over, effervesce: von (*od.* vor) Witz ~ to bubble over with wit; vor Lebensfreude ~ to bubble over with zest (*od.* the joy of life). – **II Ü~** n ⟨-s⟩ **3.** *verbal noun.* – **4.** exuberance, effervescence. — **'über,spru·delnd I** *pres p.* – **II** *adj* (*Laune, Temperament, Witz etc*) exuberant, effervescent.

,über'sprü·hen¹ *v/t* ⟨*insep, no* -ge-, h⟩ spray (over).

'über,sprü·hen² I *v/t* ⟨*sep, -ge-, h*⟩ etwas nochmals ~ to spray s.th. again, to respray s.th. – **II** *v/i* ⟨*sein*⟩ *fig.* (vor *dat* with) sparkle, scintillate, bubble over.

'Über,sprung,hand·lung *f* **1.** *zo.* displacement (*od.* sparking-over) activity, irrelevant movement. – **2.** *psych.* substitute activity.

,über'spü·len *v/t* ⟨*insep, no* -ge-, h⟩ **1.** wash (over): die steigende Flut überspülte das Wrack the rising tide washed over the wreck. – **2.** flood, overflow: der Fluß überspült die Ufer the river floods its banks. — **,über'spült I** *pp.* – **II** *adj* (*Straße, Schiffsdeck*) flooded, awash (*pred*).

'über,staat·lich *adj* (*Institution etc*) supranational, supernational.

'Über,stand *m* ⟨-(e)s; ⁺e⟩ excess length.

'Über,stän·der *m* (*forestry*) *cf.* Überhälter. — **'über,stän·dig** *adj* (*von Bäumen*) declining, overmature.

,über'ste·chen *v/t* ⟨*irr, sep, no* -ge-, h⟩ **1.** (*games*) (mit Trumpf) overtrump. – **2.** (*überwendlich nähen*) oversew.

,über'ste·hen¹ *v/t* ⟨*irr, insep, no* -ge-, h⟩ **1.** (*Krankheit*) get over, recover from, (*Operation*) *auch* stand: er hat es gut überstanden he has got(ten) over it well. – **2.** (*Krise, Gefahr*) weather, ride out: eine Krise glücklich ~ to weather a crisis. – **3.** (*Unglück, Katastrophe*) survive. – **4.** (*in Wendungen wie*) das wäre überstanden! *colloq.* (phew!) that's (*od.* that's behind us) at last)! du wirst schon ~ *colloq.* you'll survive (it); er hat es überstanden *euphem.* (*er ist tot*) he is at rest.

'über,ste·hen² *v/i* ⟨*irr, sep, -ge-, sein*⟩ (*vorspringen*) project, jut (out).

'Über,steig *m* (*über einen Zaun*) stile.

,über'steig·bar *adj* surmountable, surpassable.

,über'stei·gen¹ *v/t* ⟨*irr, insep, no* -ge-, h⟩ **1.** (*Mauer etc*) climb over, surmount. – **2.** (*Zaun etc*) climb (mit einem Schritt step) over. – **3.** (*Hindernis*) cross, traverse,

---

surmount: Hannibals Truppen überstiegen die Alpen Hannibal's troops crossed the Alps. – **4.** *fig.* exceed, go beyond, (surpass: das übersteigt alle unsere Erwartungen that exceeds all our expectations; das übersteigt unsere Kräfte that exceeds (*od.* outreaches) our strength; das übersteigt meine Fähigkeiten that's beyond me (*od.* my abilities); das Angebot übersteigt die Nachfrage the supply exceeds the demand; eine Frechheit, die alle Grenzen übersteigt an impudence that exceeds (*od.* outreaches, *lit.* transcends) all limits; das übersteigt meinen Horizont that is beyond me; das übersteigt alles! that beats all! (*colloq.*); das übersteigt (ja) alles, was ich bisher gehört habe I never heard the like of that, that beats all (*colloq.*). – **5.** *fig.* (*Deutung etc*) transcend.

,über'stei·gen² *v/i* ⟨*irr, sep, -ge-, sein*⟩ *colloq.* (*hinüberklettern*) (zu to) climb (mit einem Schritt step) over, cross over.

,über'stei·gern I *v/t* ⟨*insep, no* -ge-, h⟩ **1.** (*Preis etc*) force up. – **2.** (*übertreiben*) exaggerate, go too far with: du sollst deine Forderungen nicht ~ you should not exaggerate (*od. colloq.* overdo it with) your demands. – **3.** j-n ~ (*überbieten*) to outbid (*od.* overbid) s.o. – **II** *v/reflex* sich ~ gush. – **III Ü~** n ⟨-s⟩ **5.** *verbal noun.* — **,über'stei·gert I** *pp.* – **II** *adj* exaggerated, excessive: ~er Nationalismus ultranationalism; ~es Selbstbewußtsein overconfidence. — **,Über'stei·ge·rung** *f* ⟨-; no pl⟩ **1.** *cf.* Übersteigern. – **2.** (*Übertreibung*) exaggeration.

,über'stel·len I *v/t* ⟨*insep, no* -ge-, h⟩ **1.** j-n j-m ~ to put (*od.* place) s.o. over (*od.* above) s.o. – **2.** j-n einer Behörde (*od.* an eine Behörde) ~ (*officialese*) to commit s.o. to an authority. – **II Ü~** n ⟨-s⟩ **3.** *verbal noun.* — **'Über'stel·lung** *f* ⟨-; no pl⟩ **1.** *cf.* Überstellen. – **2.** (*an acc* to) commitment.

,über'stem·peln *v/t* ⟨*insep, no* -ge-, h⟩ *cf.* stempeln 2.

'Über,sterb·lich·keit *f* excessive mortality.

,über'steu·ern I *v/t* ⟨*insep, no* -ge-, h⟩ **1.** (*Mikrophon etc*) overmodulate, overdrive. – **2.** (*Auto*) oversteer. – **II Ü~** n ⟨-s⟩ **3.** *verbal noun.* — **'Über'steue·rung** *f* ⟨-; no pl⟩ **1.** *cf.* Übersteuern. – **2.** overmodulation. [*Bridge*] overtrick.|

'Über,stich *m* (*games*) higher trump, (*beim*

,über'stim·men *v/t* ⟨*insep, no* -ge-, h⟩ *bes. pol.* **1.** (*Person*) outvote. – **2.** (*Antrag*) vote (s.th.) down.

über'stolz *adj* overproud.

,über'stop·fen *v/t* ⟨*insep, no* -ge-, h⟩ *colloq.* (*dünne Stellen*) darn over, reinforce (s.th.) with a darn.

,über'strah·len I *v/t* ⟨*insep, no* -ge-, h⟩ **1.** (*in Licht tauchen*) shine (up)on, irradiate. – **2.** *auch fig.* (*verdunkeln*) outshine, eclipse: der Ruhm des Sohnes wird von dem des Vaters überstrahlt *fig.* the son's fame is outshone by that of his father. – **3.** *phot.* irradiate. – **II Ü~** n ⟨-s⟩ **4.** *verbal noun.* — **,Über'strah·lung** *f* ⟨-; -en⟩ **1.** *cf.* Überstrahlen. – **2.** *telev.* irradiation, halation, flare, overshoot distortion, bloom. – **3.** *phot.* a) (*im Filmmaterial*) halation, irradiation, b) (*in der Optik*) flare.

,über'strecken (getr. -k·k-) *I v/t* ⟨*insep, no* -ge-, h⟩ *med.* (*Arm, Gelenk etc*) overstretch, superextend. – **II Ü~** n ⟨-s⟩ *verbal noun.* — **'Über'streckung** (getr. -k·k-) *f* **1.** *cf.* Überstrecken. – **2.** (*von Sehne, Muskel etc*) overextension, hyperextension, parectasis (*scient.*). – **3.** (*von Gelenk*) hyperdistension.

,über'strei·chen¹ I *v/t* ⟨*irr, insep, no* -ge-, h⟩ **1.** etwas mit etwas ~ to coat s.th. with (*od.* give s.th. a coat of) s.th.: etwas mit Firnis ~ to varnish s.th. – **II Ü~** n ⟨-s⟩ **2.** *verbal noun.* – **3.** *cf.* Überstreichung.

'über,strei·chen² I *v/t* ⟨*irr, sep, -ge-, h*⟩ etwas noch einmal ~ to give s.th. another coat of paint, to paint s.th. again (*od.* over), to repaint s.th.

'Über,strei·chung *f* ⟨-; -en⟩ **1.** *cf.* Überstreichen¹. – **2.** *math.* vinculum.

'über,strei·fen *v/t* ⟨*sep, -ge-, h*⟩ **1.** j-m etwas ~ to slip s.th. on s.o. – **2.** sich (*dat*) etwas ~ to slip s.th. on.

'über,streu·en *v/t* ⟨*insep, no* -ge-, h⟩ (mit with) strew, sprinkle.

'Über,strom *m* ⟨-(e)s; no pl⟩ *electr.* excess current, overcurrent.

'über,strö·men¹ *v/t* ⟨*insep, no* -ge-, h⟩ **1.** *cf.* überschwemmen 1. – **2.** (*Felsen etc*) surge, rush over. – **3.** *fig.* (*in Wendungen wie*) Tränen überströmten ihr Gesicht tears poured down her cheeks.

'über,strö·men² *v/i* ⟨*sep, -ge-, sein*⟩ *lit.* **1.** (*von Wasser*) (von with) overflow, run over: von Tränen ~ to brim with tears. – **2.** *fig.* (von, vor *dat* with) overflow: von Dankesbezeigungen ~ to overflow with gratitude; vor Freude ~ to exult with joy; vor Liebenswürdigkeit ~ to overflow with kindness. – **3.** auf j-n ~ to be conveyed (*od.* communicated) to s.o.

'über,strö·mend I *pres p of* überströmen². – **II** *adj auch fig.* overflowing: aus ~em Herzen overflowing with emotion; ~e Freundlichkeit a) overflowing (*od.* exuberant) friendliness, b) (*überschwengliche*) gushing friendliness.

'Über,strom|,schal·ter *m electr.* line circuit breaker (*od.* contactor). — **~,schutz** *m*, **~,si·che·rung** *f* overcurrent protection.

'über,strömt I *pp of* überströmen¹. – **II** *adj* **1.** flooded, inundated. – **2.** *fig.* (von Licht) inundated, suffused. – **3.** (*in Wendungen wie*) ihr von Tränen ~es Gesicht her tear-stained face; der Ort ist im Winter von Touristen ~ *fig.* the town is inundated with tourists in (the) winter.

'Über,ström·ven,til *n tech.* overflow (*od.* bypass) valve.

'über,stül·pen *v/t* ⟨*sep, -ge-, h*⟩ j-m etwas ~ to clap s.th. on (*od.* over) s.o.('s head); sich (*dat*) etwas ~ to clap s.th. on, to clap s.th. on (*od.* over) one's head.

'Über,stun·den *pl* overtime *sg*: bezahlte ~ paid overtime; ~ machen to work overtime. — **~,ar·beit** *f* overtime work. — **~,gel·der** *pl*, **~,lohn** *m* overtime pay *sg*.

'über,stür·zen I *v/t* ⟨*insep, no* -ge-, h⟩ **1.** (*ohne Überlegung tun*) rush into: er hat seine Reise überstürzt he rushed into his trip; wir wollen nichts ~ don't let's rush into anything, don't let's act rashly; ~ Sie nichts! don't rush into anything, don't be overhasty. – **2.** sich ~ (*von Ereignissen etc*) to follow in rapid succession. – **II** *v/reflex* sich ~ **3.** (*von Person*) rush into things, act rashly (*od.* overhastily, precipitately). – **III Ü~** n ⟨-s⟩ **4.** *verbal noun.* – **5.** *cf.* Überstürzung.

'über,stürzt I *pp.* – **II** *adj* (*Abreise, Flucht, Tat, Handeln etc*) overhasty, headlong, rash, precipitous, precipitate: ~e Eile headlong rush (*od.* haste), hurry-scurry. – **III** *adv* ~ handeln to act overhastily (*od.* rashly, precipitously, precipitately), *bes. Am.* to go off half-cocked, *Br.* to go at half cock.

'Über,stür·zung *f* ⟨-; no pl⟩ **1.** *cf.* Überstürzen. – **2.** headlong rush (*od.* haste), rashness, precipitation, precipitancy, precipitance: nur keine ~! there is no hurry! take your time! hold your horses!

'über,süß *adj* oversweet, too sweet.

'Über,ta·ge|,ar·beit *f* (*mining*) surface work. — **~,ar·bei·ter** *m* surface worker.

,über'ta·kelt *adj mar.* overcanvased, *auch* overcanvassed.

'Über,ta·ra *f econ.* excess tare.

'über,ta·rif·lich *adj econ.* in excess of (collectively agreed) scale.

,über'täu·ben [-'tɔybən] *v/t* ⟨*insep, no* -ge-, h⟩ (*Schmerz etc*) (durch with, by) deaden, dull.

'über·ta,xie·ren *v/t* ⟨*insep, no* -ge-, h⟩ *econ.* overestimate.

,über'teu·ern [-'tɔyərn] *I v/t* ⟨*insep, no* -ge-, h⟩ etwas ~ to overcharge (*od.* charge too much for) s.th. – **II Ü~** n ⟨-s⟩ *verbal noun.* — **,über'teu·ert I** *pp.* – **II** *adj* (*Ware*) too expensive. — **,Über'teue·rung** *f* **1.** *cf.* Überteuern. – **2.** overcharge.

,über'töl·peln [-'tœlpəln] *I v/t* ⟨*insep, no* -ge-, h⟩ dupe, gull, outwit, take (s.o.) in (*colloq.*). – **II Ü~** n ⟨-s⟩ *verbal noun.* — **'Über'töl·pe·lung** *f* ⟨-; -en⟩ **1.** *cf.* Übertölpeln. – **2.** dupery.

,über'tö·nen *v/t* ⟨*insep, no* -ge-, h⟩ **1.** (*Stimme, Lärm*) drown. – **2.** (*Ton, Klang*) overtone.

über'tourt [-'tu:rt] *adj tech.* overdriven.

'Über,trag [-,tra:k] *m* ⟨-(e)s; ⁺e⟩ (*in der Buchführung*) **1.** (*Betrag*) amount carried over (*od.* [brought] forward). – **2.** (*Handlung*) transfer, carrying over (*od.* forward), carry-over: einen ~ machen to make a transfer.

,über'trag·bar *adj* **1.** (*Idee, Prinzip etc*)

(auf *acc* to) applicable, appliable, transferable, *auch* transferrable. – **2.** (*Text*) (in *acc* into) translatable. – **3.** *jur.* (auf *acc* to) a) (*Dokumente, Ausweise, Wahlstimmen etc*) transferable, *auch* transferrable, b) (*Rechte*) alienable, conferrable, c) (*Titel*) conveyable: dieser Ausweis ist nicht ~ this identity card is not transferable. – **4.** *jur. econ.* (*Besitztum*) (auf *acc* to) conveyable, demisable, assignable: nicht ~ a) (*durch Indossament*) not negotiable *Br.* non-; durch Indossament ~ negotiable (by endorsement). – **5.** *med.* (*Krankheit*) (auf *acc* to) a) (*ansteckend*) contagious, infectious, communicable, catching, b) transmissible, transmittable. — ‚Über'trag·bar·keit *f* ⟨-; *no pl*⟩ **1.** transferability, applicability. – **2.** translatability. – **3.** *jur.* a) transferability, b) alienability. – **4.** *jur. econ.* demisability, assignability, negotiability. – **5.** *med.* a) contagiousness, infectiousness, communicability, b) transmissibility.

,über'tra·gen¹ **I** *v/t* ⟨*irr, insep, no* -ge-, h⟩ **1.** (*eine Kopie anfertigen von*) copy, transcribe, transfer: sie übertrug den Text aus dem Buch in ihr Heft she copied (*od.* transcribed) the text from the book into her notebook; ein Manuskript ins reine ~ to make a fair copy of a manuscript; Korrekturen auf die zweite Druckfahne ~ to transfer corrections to the second galley. – **2.** (*auf Stoff etc*) (*Muster etc*) (auf *acc* on to) transfer. – **3.** (*auf einen anderen Bereich anwenden*) apply, transfer: man darf unser System nicht einfach auf die dortigen Verhältnisse ~ one cannot simply apply our system to the conditions there; dieselben Prinzipien auf ein anderes Sachgebiet ~ to apply the same principles to another field. – **4.** (*senden*) broadcast: etwas im Rundfunk ~ to broadcast (*od.* transmit) s.th. on the radio; etwas im Fernsehen ~ to broadcast s.th. on (*od.* over the) radio; etwas im Fernsehen ~ to broadcast s.th. on (the) TV, to televise (*od.* telecast) s.th.; der Hessische Rundfunk überträgt das Fußballspiel live aus London Radio Hessen is broadcasting the football match live from London. – **5.** (*auf Tonband, Schallplatten etc*) (*Sendung*) (auf *acc* on) record, make a recording of: ich habe das Konzert auf Band ~ I recorded the concert on tape, I made a tape recording of the concert. – **6.** (*Amt, Befugnisse, Vollmachten etc*) transfer: ihm wurde das Amt des Staatssekretärs ~ the office of undersecretary was transferred to him; der Diktator übertrug seinem Sohn die Macht im Staat the dictator transferred the power in the state to his son. – **7.** (*eine Würde, einen Titel etc*) confer, transfer: ihm wurde die Bischofswürde ~ the episcopate (*od.* the dignity of [a] bishop) was conferred on him. – **8.** (*Aufgabe, Arbeit, Verantwortung, Posten etc*) assign, consign, entrust: die Stadt übertrug dem Architekten X den Bau der Brücke the city assigned (*od.* consigned, entrusted) the construction of the bridge to architect X; die Arbeit wurde einem tüchtigen Goldschmied ~ the work was assigned (*od.* entrusted) to a competent goldsmith, a competent goldsmith was assigned (*od.* entrusted with) the work; man übertrug ihm die Professur he was assigned (*od.* awarded) the professorship. – **9.** *tech. phys.* a) (*Kraft, Bewegung etc*) transmit, transfer, b) (*Maße*) transfer, c) (*Gewinde*) transpose, d) (*Ätzbilder*) duplicate: durch die Kolbenbewegung wird die Kraft vom Motor auf die Räder ~ power is transmitted from the motor to the wheels by the piston movement. – **10.** (*computer*) transfer. – **11.** (*Begeisterung, Vorurteile etc*) (auf *acc*) transmit (to), infuse ([in]to) (*lit.*). – **12.** (*in eine andere Sprache, in Prosa etc*) (*Text, Gedicht*) (in *acc*) translate (into), transpose (into), render (in): ein englisches Buch ins Deutsche ~ to translate an English book into (*od.* to render an English book in) German; eine Dichtung in die Volkssprache ~ to translate a work of poetry into the vernacular, to vernacularize (*Br. auch* -s-) a work of poetry. – **13.** (*in Maschinenschrift, in Lautschrift etc*) (*Text*) (in *acc* into) transcribe, translate. – **14.** *psych.* transfer. – **15.** *med.* a) (*Erbeigenschaften*) (auf *acc*

to) transfer, b) (*Krankheit, Infektion, Bazillus, Virus etc*) transmit, pass on, c) (*Haut, Gewebe etc*) (auf *acc* to) graft, transplant, d) (*Blut*) transfuse, e) (*Herztöne*) transmit: im Mittelalter wurde die Pest von Ratten ~ in the Middle Ages the plague was transmitted by rats; sie übertrug die Krankheit auf ihren Mann she gave the illness to her husband, she infected her husband; ihm wurde ein Liter Blut ~ he was given a transfusion of a liter (*bes. Br.* litre) of blood. – **16.** *jur.* a) (*überschreiben*) (*Besitz, Vermögen etc*) transfer, convey (*s.th.*) (away), b) (*Rechte*) devolve, c) (*Patente, Rechtstitel, Privilegien etc*) assign: sie übertrug das Grundstück ihrem (*od.* auf ihren, an ihren, auf den Namen ihres) Neffen she transferred the estate to (*od.* conveyed the estate to, devolved the estate [up]on) her nephew (*od.* her nephew's name); der Erfinder hat der Firma das Patent ~ the inventor assigned the patent to the firm. – **17.** *econ.* a) (*einen Buchungsbetrag, Schulden, Haushaltsmittel etc*) (auf *acc* to) transfer, b) (*in ein anderes Geschäftsbuch, ins Hauptbuch etc*) (*Posten*) (in *acc* to) carry (*s.th.*) over (*od.* forward), c) (*Summe, Forderung, Wechsel etc*) (auf *acc* to) transfer, assign, transmit. – **18.** *mus. cf.* transponieren 1. – **19.** *hort.* (*Edelreis*) inlay. – **20.** *her.* (*Wappenschild*) charge. – **II** *v/reflex* sich ~ **21.** sich auf j-n ~ a) (*von guter Stimmung, schlechter Laune etc*) to be passed on to s.o., to infect s.o., b) (*von Erregung, Panik etc*) to spread to s.o., c) (*von Krankheit, Infektion etc*) to be communicated (*od.* transmitted, passed on) to s.o. – **22.** *hort.* (*von Bäumen, Sträuchern etc*) bear too much fruit. – **III** Ü~ *n* ⟨-s⟩ **23.** *verbal noun.*

,über'tra·gen² **I** *pp* of übertragen¹. – **II** *adj* **1.** (*Bedeutung*) figurative, metaphorical, *auch* metaphoric. – **2.** *Austrian* (*Kleidung*) (over)worn. – **3.** ⟨*pred*⟩ *Austrian* (*bes. Auto*) second-hand. – **4.** über Satelliten ~ (*radio*) *telev.* satellite-transmitted.

,Über'tra·gen·de *m, f* ⟨-n; -n⟩ *jur.* **1.** (*Zedent*) conveyor, transferrer, *auch* transferer, transfer(r)or. – **2.** (*Veräußerer*) alienor.

,Über'tra·ger *m* ⟨-s; -⟩ **1.** *jur. cf.* Übertragende. – **2.** *tel.* audio-frequency transformer. – **3.** *electr.* repeating coil.

,Über'trä·ger *m* **1.** *chem.* carrier, transmitter, transporter. – **2.** *med.* carrier, vector (*scient.*).

,Über'tra·gung *f* ⟨-; -en⟩ **1.** *cf.* Übertragen. – **2.** (*von Text, Korrektur etc*) transcription, transfer(ence), transferal, *auch* transferral. – **3.** (*eines Musters auf Stoff, einer Zeichnung auf Platten etc*) (auf *acc* on to) transfer(ence), transferal, *auch* transferral. – **4.** (*eines Systems auf andere Verhältnisse etc*) (auf *acc* to) application, transfer(ence), transferal, *auch* transferral. – **5.** (*Sendung*) broadcast: die ~ des Wettkampfes im Rundfunk (*od.* Radio) the broadcast of the contest on (the) (*od.* over the) radio, the radio broadcast of the competition; die ~ der Konferenz im Fernsehen the broadcast of the conference on (*od.* by) television, the television broadcast (*od.* the telecast) of the conference. – **6.** (*einer Sendung auf Tonband, Schallplatte etc*) recording: ~en machen to make recordings. – **7.** (*eines Amts, von Befugnissen, Vollmachten etc*) (auf *acc* to) transfer(ence), transferal, *auch* transferral. – **8.** (*einer Würde, eines Titels etc*) (auf *acc* to) transfer(ence), conferment. – **9.** (*einer Aufgabe, Arbeit, Verantwortung, eines Postens etc*) (auf *acc* to) assignment, consignment, entrustment. – **10.** *tech. phys.* a) (*einer Kraft, Bewegung etc*) (auf *acc* to) transmission, transfer, b) (*von Maßen*) transfer, c) (*eines Gewindes*) transposition, d) (*von Schwingungen*) communication, e) (*von Ätzbildern*) duplication. – **11.** (*computer*) transfer. – **12.** (*eines Textes in eine andere Sprache, eines Gedichts in Prosa etc*) (in *acc*) translation, transposition. – **13.** (*eines Stenogramms in Maschinenschrift, eines Textes in Lautschrift etc*) (in *acc*) transcription, translation. – **14.** *psych.* transference. – **15.** *med.* a) (*von Erbeigenschaften*) (auf *acc* to) transference, b) (*einer Krankheit, Infektion, eines Virus etc*) (auf *acc* to) transmission, c) (*von Haut, Gewebe etc*) (auf *acc* to) grafting, transplant(ation), d) (*von Blut*) (auf *acc*

to) transfusion, e) (*der Herztöne*) transmission. – **16.** *jur.* (auf *acc, an*) a) (*eines Besitzes, Vermögens etc*) transfer(ence) (to), conveyance (to), b) (*eines Rechtes*) devolution ([up]on), c) (*eines Patents, Rechtstitels, von Privilegien etc*) assignment (to): die ~ des Hofs auf (*od.* an) seinen Sohn, die ~ des Hofs auf den Namen seines Sohns the transfer of the farm to (*od.* the devolution of the farm [up]on) his son('s name). – **17.** *econ.* a) (*eines Buchungsbetrags, von Schulden, Haushaltsmitteln etc*) (auf, in *acc* to) transfer(ence), b) (*einer Summe auf ein anderes Konto, einer Forderung auf einen anderen Gläubiger etc*) (auf *acc* to) transfer(ence), transmission. – **18.** *mus. cf.* Transposition.

,Über'tra·gungs|be‚fehl *m* (*computer*) move statement. — ~er‚klä·rung *f jur.* deed of transfer, transfer deed. — ~‚feh·ler *m* **1.** *econ.* (*in der Buchführung*) transfer (*od.* booking, transcription) error. – **2.** *cf.* Übersetzungsfehler. – **3.** *tel.* line transmission error. – **4.** *tech.* (*beim Nachformfräsen*) copying inaccuracy. – **5.** (*computer*) transfer error. — ~ge‚bühr *f* **1.** *jur.* a) transfer fee, b) (*Umschreibegebühr*) registration fee. – **2.** *econ.* (*im Aktiengeschäft*) transfer (*od.* registration, endorsement) fee. — ~ge‚rät *n* (*optics*) transfer equipment. — ~‚ka·bel *n* (*radio*) *telev.* transmission cable. — ~ka‚nal *m* (*computer*) channel. — ~‚lei·tung *f* (*radio*) transmission line. — ~‚recht *n jur.* right of cession. — ~‚schein *m econ.* (*im Clearingverkehr*) transfer certificate (*od.* voucher). — ~‚steu·er *f jur.* transfer tax. — ~‚tech·nik *f* **1.** *electr.* transmission technique. – **2.** communication engineering. — ~ur‚kun·de *f jur.* **1.** (*für Rechte, Patente etc*) deed. – **2.** (*für Grundbesitz, Vermögen etc*) deed of conveyance (*od.* transfer). – **3.** (*für Aktien*) transfer deed. — ~ver‚fü·gung *f* **1.** (*von Befugnissen*) delegation order. – **2.** (*bei Grund u. Boden*) vesting order. — ~ver‚merk *m* (*auf einem Wechsel*) endorsement. — ~‚wa·gen *m* (*radio*) *telev.* mobile transmission unit. — ~‚wel·le *f tech.* transmission shaft.

'über·trai‚niert *adj* (*sport*) overtrained.

,über'tref·fen **I** *v/t* ⟨*irr, insep, no* -ge-, h⟩ **1.** (*besser sein als*) outdo, outmatch, outstrip, excel, surpass: j-n [etwas] weit (*od.* bei weitem, um vieles) ~ to outdo s.o. [s.th.] by far, to outdistance (*od. lit.* eclipse) s.o. [s.th.]; er übertrifft ihn um vieles he surpasses him by far, he is by far the better (of the two); j-n im Weitsprung [Kopfrechnen] ~ to outdo s.o. in broad (*Br.* long) jump [mental arithmetic]; j-n an Ausdauer [Kühnheit, Mut] ~ to outstrip s.o. in perseverance (*od.* endurance) [bravery *od.* boldness, courage]; j-n an Fleiß ~ to be more industrious than s.o.; etwas an Reichweite ~ *mil.* (um by) to outrange s.th.; darin ist er nicht zu ~ he is unparallel(l)ed (*od.* unrival[l]ed, unsurpassed) at that; j-n nach Punkten ~ (*sport*) to outpoint s.o. – **2.** (*an Bedeutung, Größe, Umfang etc*) surpass, excel, exceed, *auch* overshadow: dieses Fest übertraf alle anderen an Glanz this festival excelled all others in splendo(u)r, this festival outshone (*od. lit.* eclipsed) all others; dieser Herrscher übertraf alle seine Vorgänger an Größe this monarch surpassed all his predecessors in greatness; das übertraf meine schlimmsten Erwartungen (*od.* Befürchtungen) it was worse than I had ever expected (*od.* anticipated); sein Reichtum übertrifft jede Vorstellung his wealth surpasses description (*od.* is indescribable, is beyond description); das übertrifft alles bisher Dagewesene this beats everything (yet), that bears the palm, that takes the cake (*colloq.*); München übertrifft Stuttgart an Einwohnern Munich surpasses (*od.* outnumbers) Stuttgart in population; → kühn 6. – **II** *v/reflex* **3.** sich (selbst) ~ to excel oneself, to outdo oneself: du hast dich darin selbst übertroffen you excelled yourself there. — ,über'tref·fend **I** *pres p.* – **II** *adj* alles ~ matchless, unequal(l)ed, unparallel(l)ed, unrival(l)ed: das Buch war ein alles ~er Erfolg the book was an unequal(l)ed success.

,über'trei·ben **I** *v/t* ⟨*irr, insep, no* -ge-, h⟩ **1.** (*eine Tätigkeit*) overdo, carry (*od.* take) (s.th.) too far (od. to extremes), hyperbolize (lit.), overdo it with (colloq.): er übertreibt den Sport he overdoes sport; sie übertreibt die Sparsamkeit she carries her thrift(iness) too far, she is overthrifty; er sollte seine Ansprüche nicht ~ he should not carry his demands too far; übertreib es nicht! don't overdo it, don't carry things too far. – 2. (eine Erzählung, einen Bericht etc) exaggerate, overstate, magnify, overdraw, overcharge, hyperbolize (lit.): du übertreibst seine Schwächen [Vorzüge] you exaggerate his weaknesses (od. foibles) [good points]; in seiner Erzählung übertrieb er die Gefahren he magnified the dangers in his story. – 3. es mit etwas ~ colloq. to overdo it with s.th. (colloq.), to do too much of s.th.: du übertreibst es mit dem Schwimmen you are overdoing the swimming (colloq.), you do too much swimming; übertreib es mit der Arbeit nicht don't do too much work, don't work too hard, don't overwork, don't (over)strain yourself. – 4. (theater) (Rolle) overact, overplay. – II v/i 5. (aufschneiden) exaggerate, talk big, bes. Br. draw the long bow: übertreibe nicht! don't exaggerate; come off it, draw it mild (colloq.). – 2. (in stark (od. maßlos) ~ to exaggerate grossly, to lay it on thick (od. with a trowel), to pile it on (colloq.). – III Ü~ n ⟨-s⟩ 6. verbal noun. – 7. cf. Übertreibung. — ,über-'trei-bend I pres p. – II adj exaggerating, exaggerative, auch exaggeratory, hyperbolic, auch hyperbolical (lit.): stark ~e Worte [Gerüchte] highly exaggerating words [rumo(u)rs]. — ,Über'trei-bung f ⟨-; -en⟩ 1. cf. Übertreiben. – 2. exaggeration, overstatement, Am. sl. stretcher. – 3. (in der Rhetorik) hyperbole.

'über,tre-ten[1] v/i ⟨irr, sep, -ge-, h u. sein⟩ 1. ⟨sein⟩ (von Fluß etc) overflow: im Frühjahr ist der Fluß übergetreten the river overflowed (its banks) in spring. – 2. ⟨h u. sein⟩ (sport) (bei der Leichtathletik) a) (beim Weit- u. Dreisprung) foul (a jump), b) (beim Diskuswurf, Hammerwurf u. Kugelstoßen) foul (a throw), c) (beim Speerwurf) overstep the scratch line. – 3. ⟨h u. sein⟩ (sport) (beim Handball) step into the circle. – 4. ⟨sein⟩ (zu einer Partei etc) (zu to) go over: zur Opposition ~ pol. to change sides. – 5. ⟨sein⟩ (konvertieren) (zu) go over (to), convert (to), turn (colloq.): (zu einem anderen Glauben) ~ to change one's faith, to turn (colloq.); er ist zum Katholizismus übergetreten he turned Roman Catholic. – 6. ⟨sein⟩ (in eine andere Abteilung, Schule etc) (in acc to) change (over), go: er ist in eine andere Schule übergetreten he changed (over) (od. was transferred) to another school, he changed schools. – II Ü~ n ⟨-s⟩ 7. verbal noun.

,über'tre-ten[2] v/t ⟨irr, insep, no -ge-, h⟩ 1. (ein Gesetz, Verbot etc) break, violate, infringe, transgress, trespass (up[on), contravene, bes. Am. infract. – 2. (Grenze) cross (over), pass. – 3. (sich dat) den Fuß ~ to sprain one's ankle. – 4. (Diät) break (the rules of). – II Ü~ n ⟨-s⟩ 5. verbal noun. – 6. cf. Übertretung[2].

,Über'tre-ter m ⟨-s; -⟩, ,Über'tre-te-rin f ⟨-; -nen⟩ (von Gesetzen, Verboten etc) transgressor, violator, breaker, trespasser, contravener, bes. Am. infractor.

'Über,tre-tung[1] f ⟨-; -en⟩ cf. Übertreten[1].

,Über'tre-tung[2] f ⟨-; -en⟩ 1. cf. Übertreten[2]. – 2. (eines Gesetzes, Verbots etc) violation, infringement, transgression, trespass, contravention, bes. Am. infraction. – 3. jur. (Straftat) misdemeanor, bes. Br. misdemeanour, offence, Am. offense: sich einer ~ schuldig machen to commit a misdemeano(u)r, to trespass, to offend.

,Über'tre-tungs,fall m only in im ~(e) a) in case of transgression (od. contravention), b) (bei Nichtbefolgung einer Vorschrift) in case of noncompliance (Br. non-).

,über'trie-ben I pp of übertreiben. – II adj 1. (Verbeugung etc) overdone. – 2. (Sauberkeit etc) exaggerated, excessive, extreme: ~e Vorsicht exaggerated caution, overcaution; aus ~em Eifer etwas falsch machen to do s.th. wrong(ly) out of excessive zeal; in ~er Weise in an exaggerated way, exaggeratedly: in ~em Maße excessively, to an excessive (od. exaggerated) extent. – 3. (Bericht etc) exaggerated, over-

drawn: das ist leicht ~ that is slightly (od. mildly) exaggerated; es ist nicht ~ zu sagen it is no exaggeration (od. it is not exaggerating) to say. – 4. (unmäßig) exorbitant, excessive: ~e Forderungen exorbitant demands. – 5. (Ansicht etc) exaggerated, extravagant, extreme: sich (dat) von etwas ~e Vorstellungen machen to have exaggerated ideas about s.th. – II adv 6. excessively, exaggeratedly: etwas ~ darstellen to give an overdrawn account of s.th., to exaggerate (od. overdraw, overstate) s.th.: du denkst ~ schlecht von ihr you have an exaggeratedly low (od. poor) opinion of her; er ist ~ vorsichtig he is exaggeratedly cautious, he is overcautious; ~ streng sein mit j-m to be too strict with (od. hard on) s.o. — ,über'trie-ben-heit f ⟨-; no pl⟩ 1. (von Forderungen, eines Stils etc) exaggeration. – 2. (einer Ansicht etc) extravagance, extravagancy.

'Über,tritt m ⟨-(e)s; -e⟩ 1. (zu einer anderen Partei, Konfession etc) (zu to) change, conversion: nach seinem ~ zur kommunistischen Partei after his change to the Communist Party. – 2. (in eine andere Schule, einen anderen Beruf etc) (in acc to) change, move, transfer: die ~e in höhere Schulen häuften sich the number of moves to secondary (Br. grammar) schools increased. – 3. (über eine Grenze) (frontier od. border) crossing.

'Über,tritts,li-nie f (sport) (beim Kegeln) foul line.

,über'trump-fen v/t ⟨insep, no -ge-, h⟩ 1. (übertreffen, überbieten) outdo, surpass, trump: er versuchte, seinen Kollegen zu ~ he tried to outdo (od. go one better than) his colleague. – 2. (games) (Farbe, Spieler) overtrump, trump.

,über'tun[1] v/t ⟨irr, sep, -ge-, h⟩ sich (dat) [j-m] etwas ~ colloq. a) (über eine Schulter) to hang (od. put) s.th. over one's [s.o.'s] shoulder, b) (über beide Schultern) to put s.th. (a)round one's [s.o.'s] shoulders, c) (über den Kopf) to put s.th. on (one's [s.o.'s] head): sie tat sich die Kapuze über she put her hood on (her head), she put her hood up.

,über'tun[2] v/reflex ⟨irr, insep, no -ge-, h⟩ sich (dat) ~ colloq. for übernehmen[1] II.

,über'tün-chen I v/t ⟨insep, no -ge-, h⟩ 1. whitewash, limewash. – 2. fig. (verdecken) whitewash, gloss over, varnish (over): er versuchte, seine Verbrechen zu ~ he tried to whitewash his crimes. – II Ü~ n ⟨-s⟩ 3. verbal noun. — ,Über'tün-chung f ⟨-; no pl⟩ cf. Übertünchen.

'über,über,mor-gen adv colloq. the day after the day after tomorrow (colloq.), three days from today, in three days.

'Über-ven-ti-la-ti,on f med. hyperventilation. — 'Über-ven-ti-la-ti,ons-te-ta,nie f hyperventilation tetany.

,über-ver,dich-ten I v/t ⟨insep, no -ge-, h⟩ 1. tech. (bei Verbrennungsmotoren) supercharge. – 2. civ.eng. (Straßenbelag) overcompact. – II Ü~ n ⟨-s⟩ 3. verbal noun. — 'Über-ver,dich-tung f ⟨-; -en⟩ 1. cf. Überverdichten. – 2. tech. supercharge. – 3. civ.eng. overcompaction.

'Über-ver,dienst m ⟨-(e)s; -e⟩ econ. extra earnings pl.

,über-ver,si-chern econ. I v/t ⟨insep, no -ge-, h⟩ overinsure. – II v/reflex sich ~ overinsure oneself. – III Ü~ n ⟨-s⟩ verbal noun. — 'Über-ver,si-che-rung f 1. cf. Überversichern. – 2. overinsurance.

,über'völ-kern [-'fœlkərn] v/t ⟨insep, no -ge-, h⟩ overpopulate, overpeople. — ,über'völ-kert I pp. – II adj overpopulated, overpeopled. — ,Über'völ-ke-rung f ⟨-; no pl⟩ overpopulation, congestion of population.

'über,voll I adj (von, mit) 1. (mit Gegenständen, Substanzen etc) overfull (of), brimful (auch brimfull) (of), brimming (with), filled to overflowing (with), bursting (with), cram-full (of) (colloq.). – 2. (mit Menschen, Tieren) crowded (with), cram-full (of) (colloq.): ~ sein mit to teem with. – II adv 3. der Wagen war ~ beladen the car was overloaded (od. overladen).

'über,vor,sich-tig adj overcautious, overcareful.

,über'vor,tei-len [-'for-] I v/t ⟨insep, no -ge-, h⟩ 1. j-n ~ a) (beim Kauf, Verkauf etc) to overcharge (od. overreach, defraud,

colloq. do) s.o., to make s.o. pay through the nose, b) (bei Verhandlungen, Verträgen etc) to overreach (od. dupe, get the better of, colloq. best) s.o. – 2. cf. betrügen 1. – II Ü~ n ⟨-s⟩ 3. verbal noun. – 4. defraudation, dupery. — 'Über'vor,tei-lung f ⟨-; no pl⟩ cf. Übervorteilen.

'über,wach adj 1. (wach u. angespannt) tensely (od. nervously) awake: das Aufputschmittel machte sie ~ the stimulant made her tensely awake. – 2. fig. farsighted: einige ~e Beobachter sagten schon damals voraus, daß some farsighted observers even then predicted that.

,über'wa-chen I v/t ⟨insep, no -ge-, h⟩ 1. j-n ~ a) (beaufsichtigen) to supervise (od. oversee) s.o., to keep tab (od. tabs, an eye) on s.o. (colloq.), b) (polizeilich) to keep s.o. under surveillance, to shadow s.o., c) (wissenschaftlich) to observe s.o. closely: er überwacht die Arbeiter in der Werkstatt he supervises the workers in the workshop; er wird von seinem Vorgesetzten streng überwacht his superior keeps a sharp eye on him; der Patient wurde von einem Ärzteteam überwacht the patient was closely observed by a team of doctors. – 2. etwas ~ a) (Produktion, Projekt, Abteilung, Verkehr etc) to supervise (od. superintend) s.th., b) (Rundfunksendung, Telefongespräch etc) to monitor s.th., c) (polizeilich) to supervise s.th., d) (wissenschaftlich) to observe s.th. closely: ich überwachte die Ausführung des Befehls I supervised the execution of the command; meine Aufgabe war, die Maschinen zu ~ my job was to supervise the machines, I was in charge of the machines; die Polizei überwacht den Verkehr the police supervises (od. controls) the traffic; der Geldtransport wird von der Polizei überwacht the money transport is supervised (od. safeguarded) by the police; während der ersten Tage wurden die Pflanzen ständig überwacht during the first few days the plants were observed closely and continuously. – 3. etwas ~ (space) telev. nucl. to monitor s.th. – 4. etwas ~ mil. (Gebiet etc) to control s.th. – II Ü~ n ⟨-s⟩ 5. verbal noun. – 6. cf. Überwachung.

,über'wach-sen[1] v/t ⟨irr, insep, no -ge-, h⟩ overgrow.

,über'wach-sen[2] I pp of überwachsen[1]. – II adj ~ mit overgrown with.

,Über'wa-chung f ⟨-; no pl⟩ 1. cf. Überwachen. – 2. (des Verkehrs, der Lebensmittel etc) supervision, control: scharfe ~ close supervision; die technische ~ eines Fahrzeugs the technical supervision of a vehicle. – 3. (von Angestellten, Behörden etc) supervision, oversight, superintendence, surveillance: ihm unterlag die ~ dreier Abteilungen he had (od. was in charge of) the supervision of three departments. – 4. (polizeiliche) supervision, surveillance: die ~ politischer Versammlungen durch die Polizei the supervision of political meetings by the police. – 5. (wissenschaftliche) close observation. – 6. med. a) supervision, control, b) (nach Behandlung) follow-up (check): ~ von Kontaktpersonen control of contacts; ~ der Schwangerschaft prenatal supervision (Am. care). – 7. mil. (eines Gebietes) a) control, b) (Beobachtung) surveillance.

,Über'wa-chungs,an,la-ge f 1. electr. tech. monitor, monitoring device (od. equipment). – 2. tech. control system (od. plant), supervisor equipment. – ~,aus-schuß m pol. supervisory (od. watch, bes. Am. vigilance) committee, control commission. – ~,dienst m 1. (Stelle, Abteilung) supervisory department. – 2. supervisory service: technischer ~ technical control service; der ärztliche ~ in Fabriken medical supervision in factories. – ~ge,rät n 1. tech. control unit. – 2. electr. telev. nucl. monitor (instrument). – 3. aer. control instrument. – ~,stel-le f (einer Organisation, einer Behörde etc) supervisory department. — ~,un-ter,su-chung f med. follow-up (bes. Br. routine) examination, bes. Am. (medical) checkup. – ~ver,ein m Technischer ~ (für Kraftfahrzeuge etc in der BRD) Technical Control Board.

'über,wal-len v/i ⟨sep, -ge-, sein⟩ lit. 1. (von Suppe etc) boil over. – 2. sein Zorn wallte über *fig.* he boiled with rage, his blood boiled, he seethed with rage.

,über'wal·len² I *v/t* ⟨*insep, no* -ge-, h⟩ *lit.* 1. (*durchdringen*) surge through, well up in: ein Gefühl überwallte mich a feeling surged through me. – 2. (*überkommen, ergreifen*) strike: der Gedanke überwallte mich, daß the thought struck me that; die Angst überwallte ihn fear struck (*od.* seized) him, he was seized with fear. – II *v/impers* 3. es überwallte mich heiß I went all hot and cold.

,über'wäl·ti·gen [-'vɛltɪgən] I *v/t* ⟨*insep, no* -ge-, h⟩ 1. j-n ~ to overpower (*od.* overwhelm) s.o.: die Gefangenen überwältigten den Aufseher the prisoners overpowered the guard. – 2. j-n ~ *fig.* (*überkommen, erfassen*) (*von Mitleid, Furcht etc*) to overwhelm (*od.* overcome, overpower) s.o.: Angst überwältigte ihn fear overwhelmed (*od.* overcame) him, he was overcome (*od.* overwhelmed) by (*od.* with) fear; ihre Schönheit überwältigte ihn her beauty overwhelmed (*od.* colloq. stunned) him; er läßt sich vom Zorn ~ he lets his anger get the better of him. – 3. j-n mit etwas ~ *fig.* to overwhelm (*od.* overpower) s.o. with s.th.: er überwältigte die Zuhörer mit seinen Reden he overpowered the audience with his speeches. – 4. von etwas überwältigt werden *fig.* a) (*von Mitleid, Angst etc*) to be overwhelmed (*od.* overcome) by (*od.* with) s.th., b) (*von Schlaf etc*) to be overcome by s.th.: er wurde von Müdigkeit überwältigt he was overcome by fatigue. – II Ü~ n ⟨-s⟩ 5. *verbal noun.* —

,über'wäl·ti·gend I *pres p.* – II *adj* overwhelming, overpowering: mit ~er Mehrheit wiedergewählt reelected (*Br.* re-elected) with an overwhelming majority; ein ~er Erfolg an overwhelming (*od.* colloq. a smashing) success; die ~e Schönheit der Alpen the overwhelming beauty of the Alps; ihre Schönheit ist ~ *colloq.* her beauty is stunning (*colloq.*); deine Leistungen sind nicht gerade (*od.* sehr) ~ *colloq.* your achievements are not exactly overwhelming (*od.* not up to much, *colloq.* are no great shakes); das Nordlicht zu sehen war ein ~er Anblick it was an overwhelming sight to see the northern lights; dich so in Lockenwicklern zu sehen ist kein ~er Anblick *colloq. iron.* it's not exactly a pretty sight to see you in curlers. – III Ü~e, das ⟨-n⟩ (*in Wendungen wie*) das Ü~e an der Sache ist the overwhelming thing about it is; das ist nichts Ü~es it's nothing much (*od.* fantastic), it's not so hot, it's nothing to write home about (*colloq.*). — **,über'wäl·tigt** I *pp.* – II *adj* ~ sein (*von Schönheit, Größe etc*) (*von* by) to be overwhelmed (*od.* overpowered, colloq. stunned): als er sie sah, war er völlig ~ he was swept off his feet when he saw her. — **,Über'wäl·ti·gung** *f* ⟨-; *no pl*⟩ *cf.* Überwältigen.

,über'wäl·zen *v/t* ⟨*insep, no* -ge-, h⟩ *econ. cf.* abwälzen 3.

'Über,was·ser|,fahr,zeug *n mar.* surface vessel (*od.* craft). — **~,streit,kräf·te** *pl mar. mil.* surface forces.

'über'wech·seln *v/i* ⟨*sep,* -ge-, h⟩ ~ auf (*acc*) a) (*auf ein anderes Fach etc*) to change (*od.* switch) (over) to, b) (*auf eine andere Schule etc*) to change over to: von einem Fach auf ein anderes ~ to change over from one subject to another.

'Über,wechs·ler *m* ⟨-s; -⟩ *pol.* turncoat, renegade.

'Über,weg *m* 1. (*railway*) *cf.* Bahnübergang 1. – 2. *cf.* Fußgängerüberweg. — **~,schran·ke** *f* (*railway*) grade- (*Br.* level)-crossing gate.

,über'wei·sen I *v/t* ⟨*irr, insep, no* -ge-, h⟩ 1. *econ.* (*Geld*) transfer, remit: Geld auf ein Konto [an eine Bank] ~ to transfer money to an account [to a bank]; eine Bank anweisen, Geld zu ~ to instruct a bank to remit money; → telegraphisch II. – 2. *jur.* (*einen Fall*) remit, transfer: einen Fall an ein anderes Gericht ~ to remit a case to another court. – 3. *pol.* (*Antrag, Sache etc*) refer, commit, remit, pass, transfer: einen Antrag an einen Ausschuß ~ to refer a motion to a committee. – 4. *med.* (*Patienten*) refer: einen Patienten an einen (*od.* zu einem) Facharzt ~ to

refer a patient to a specialist. – 5. *Austrian rare for* überführen³. – II Ü~ n ⟨-s⟩ 6. *verbal noun.* – 7. *cf.* Überweisung.

,über'wei·ßen *v/t* ⟨*insep, no* -ge-, h⟩ 1. give (*s.th.*) another coat of white paint. – 2. (*mit Tünche*) whitewash, limewash.

,über'wei·sung *f* ⟨-; -en⟩ 1. *cf.* Überweisen. – 2. *econ.* (*von Geld*) remittance, transfer: telegraphische ~ telegraphic (*od.* cable) transfer. – 3. *jur.* (*eines Falles*) transference, transferal, *auch* transferral, transfer, relegation. – 4. *pol.* (*eines Antrages*) commitment, reference, devolution. – 5. *med.* (*eines Patienten*) transfer.

,Über'wei·sungs|,auf,trag *m econ.* remittance order. — **~,emp,fän·ger** *m* remittee. — **~,for·mu,lar** *n* transfer form. — **~ge,bühr** *f* (*postal service*) remittance (*od.* transfer) fee. — **~,scheck** *m* (*im Bundesbankverkehr*) transfer order (*from account to account*). — **~ver,kehr** *m* money transfer business (*od.* system).

'über,weit *adj* extra (*od.* exceptionally, particularly) wide. — **'Über,wei·te** *f* (*fashion*) *cf.* Übergröße 1.

'Über,welt *f philos. relig.* (the) world beyond the scope of human experience. — **'über,welt·lich** *adj* ultramundane, supermundane, supramundane.

'über,wend·lich [-,vɛntlɪç] I *adj* (*Näherei, Naht*) whipped, oversewn, overcast, sewn overhand. – II *adv* etwas ~ nähen to whip (*od.* oversew, overcast) s.th., to sew s.th. overhand.

'über,wer·fen¹ *v/t* ⟨*irr, sep,* -ge-, h⟩ 1. sich (*dat*) [j-m] etwas ~ (*Mantel, Tuch, Schal etc*) to wrap s.th. round one's [s.o.'s] shoulders. – 2. j-n ~ (*beim Ringen*) to throw s.o. over.

,über'wer·fen² *v/t* ⟨*irr, insep, no* -ge-, h⟩ sich ~ (*wegen over, because of*) to fall out (*with each other*), to break (*with each other*). – II *v/reflex* sich mit j-m ~ (*wegen over, because of*) to fall out with s.o., to break with s.o.

,Über'wer·fung *f* ⟨-; -en⟩ (*beim Straßenbau*) overpass.

'Über,wert *m econ.* surplus (*od.* excess) value.

,über'wer·ten *v/t* ⟨*insep, no* -ge-, h⟩ *rare for* überbewerten.

'über,wer·tig *adj* 1. *econ.* standing (*od.* quoted) above standard value (*bei Wertpapieren* above par). – 2. ~e Idee *psych.* obsessive idea.

'Über,we·sen *n* superhuman (*od.* supernatural) creature (*od.* being).

,über'wie·gen¹ *v/t* ⟨*irr, insep, no* -ge-, h⟩ 1. etwas überwiegt etwas s.th. outweighs (*od.* outbalances, overbalances, overweighs) s.th.: die Vorteile ~ die Nachteile the advantages outweigh the disadvantages; ihr Verstand überwiegt ihre Schönheit her intelligence outbalances her beauty. – II *v/i* (*das Übergewicht haben, vorherrschen*) preponderate, predominate, prevail: hier überwiegt die Meinung des Vorstandes the opinion of the executive prevails on this point; in dieser Gesellschaft überwiegt die Toleranz tolerance prevails in this society. – III Ü~ n ⟨-s⟩ 3. *verbal noun.* – 4. preponderance, *auch* preponderancy, predominance, *auch* predominancy, predomination.

,über'wie·gen² *v/i* ⟨*irr, sep,* -ge-, h⟩ *colloq.* (*von Brief etc*) be overweight.

,über'wie·gend I *pres p* of überwiegen¹. – II *adj* preponderant, predominant: der ~e Teil der Bevölkerung ist katholisch the predominant portion (*od.* the majority) of the population is (Roman) Catholic; die ~e Mehrheit the vast (*od.* overwhelming) majority. – III *adv* (*hauptsächlich, in erster Linie*) mainly, predominantly: ~ heiter und trocken *meteor.* mainly (*od.* predominantly) bright and dry; der Ort ist ~ von Negern bewohnt the village is inhabited mainly (*od.* predominantly) by Negroes; es waren ~ arme Leute, denen er begegnete the majority of the people he met were poor, the people he met were for the most part poor.

,über'wind·bar *adj* 1. (*Schwierigkeiten, Hindernisse etc*) surmountable, superable. – 2. (*Berg, Fluß etc*) negotiable. – 3. *lit.* (*Feind, Gegner*) vincible.

,über'win·den I *v/t* ⟨*irr, insep, no* -ge-, h⟩ 1. (*Schwierigkeiten, Hindernisse etc*) overcome, surmount, get over, overpass: eine Krise ~ to overcome a crisis. – 2. (*Berg,*

Fluß etc) negotiate: → Klippe 3. – 3. *lit.* (*Feind, Gegner*) overcome, bear down, overbear: er überwand selbst seinen stärksten Gegner he overcame even his strongest opponent. – 4. *cf.* besiegen 1. – 5. (*Angst, Leidenschaften etc*) overcome, get over, subdue, vanquish: seine Abneigung gegen etwas ~ to overcome one's aversion to (*od.* for) s.th.; ein Vorurteil ~ to overcome (*od.* outgrow) a prejudice. – II *v/reflex* 6. sich ~, etwas zu tun to bring (*stärker* will) oneself to do s.th.: ich konnte mich nicht ~, es zu tun I could not bring (*od.* will) myself to do it; dazu muß ich mich erst ~ I have to make a conscious effort first. – III Ü~ n ⟨-s⟩ 7. *verbal noun.* – 8. *cf.* Überwindung.

,über'wind·lich [-'vɪntlɪç] *adj archaic for* überwindbar.

,Über'win·dung *f* ⟨-; *no pl*⟩ 1. *cf.* Überwinden. – 2. (*Anstrengung*) (*conscious*) effort: es gehört viel ~ dazu it takes a great deal of effort; es hat mich ~ gekostet, das zu tun it cost me quite some effort (*od.* willpower) to do that. – 3. *cf.* Selbstüberwindung. – 4. (*Widerstreben*) reluctance, *auch* reluctancy: er tat es nur mit ~ he did it only with reluctance.

,über'win·tern I *v/i* ⟨*insep, no* -ge-, h⟩ 1. (*bes. von Vögeln u. Pflanzen*) winter: die Störche ~ in Afrika the storks winter in Africa. – 2. (*Winterschlaf halten*) hibernate. – II Ü~ n ⟨-s⟩ 3. *verbal noun.* — **,Über'win·te·rung** *f* ⟨-; *no pl*⟩ 1. *cf.* Überwintern. – 2. hibernation.

,über'wis·sen·schaft·lich *adj* overscientific.

,über'wöl·ben I *v/t* ⟨*insep, no* -ge-, h⟩ *arch.* (*Raum, Keller etc*) vault, arch (over), overarch. – II Ü~ n ⟨-s⟩ *verbal noun.* — **,über'wölbt** I *pp.* – II *adj* vaulted, arched. — **,Über'wöl·bung** *f* ⟨-; *no pl*⟩ *cf.* Überwölben.

,über'wu·chern I *v/t* ⟨*insep, no* -ge-, h⟩ (*Garten, Beet, Grab etc*) overgrow, overrun. – II Ü~ n ⟨-s⟩ *verbal noun.* — **,über'wu·chert** I *pp.* – II *adj* overgrown, overrun. — **,Über'wu·che·rung** *f* ⟨-; *no pl*⟩ 1. *cf.* Überwuchern. – 2. overgrowth.

,über'wun·den I *pp* of überwinden. – II *adj* 1. outdated: das ist ein längst ~er Standpunkt this is an outdated view; der Faschismus ist längst ~ Fascism has long been outdated (*od.* overcome). – 2. ich gab mich ~ I admitted defeat.

'Über,wurf *m* 1. (*loses Überkleid*) wrap, wrapper, *bes. Am.* robe. – 2. (*loser Umhang*) wrap, shawl, wrapper. – 3. *Austrian for* Zierdeckchen. – 4. (*Tagesdecke fürs Bett*) bedspread, counterpane, bedcover, coverlet. – 5. (*sport*) (*beim Ringen*) sit-back. – 6. *tech.* (*Schließband am Vorhängeschloß*) hasp. – 7. *hist.* (*der Rüstung*) surcoat. — **~,mut·ter** *f tech.* cap (*od.* sleeve, union) nut.

'Über,zahl *f* ⟨-; *no pl*⟩ 1. (*Mehrzahl*) majority: die Männer waren in der ~ the men were in the majority. – 2. (*zahlenmäßige Übermacht*) (numerical) superiority, superior number (*od. pl*), (*des Feindes*) superior forces *pl*: der Feind erschien in großer ~ the enemy appeared (*vastly*) superior in number; der ~ weichen a) to yield to (the) superior forces, b) (*bei einer Abstimmung*) to give in to the majority.

,über'zah·len *v/t* ⟨*insep, no* -ge-, h⟩ *cf.* überbezahlen.

,über'zäh·len *v/t* ⟨*insep, no* -ge-, h⟩ *Northern G. colloq. for* nachzählen.

'über,zäh·lig *adj* 1. supernumerary: bei der Party waren einige Damen ~ there were several ladies too many at the party. – 2. (*überflüssig*) superfluous: ich glaube, wir sind hier ~ I think we are superfluous here. – 3. (*überschüssig*) surplus, excess (*beide attrib*): die ~en Bestände im Warenlager the surplus stocks in the warehouse. – 4. (*übrig*) odd, spare: ich habe hier einen ~en Schuh I have an odd shoe here; hast du noch ~es Geld? have you any spare money (*od.* money to spare)? – 5. *mil.* (*Artikel etc*) excess (*attrib*). – 6. *metr.* (*Silbe*) superfluous, hypermetric.

'Über,zahn *m med.* projecting tooth.

'über,zart *adj* very tender, soft, delicate.

'über,zärt·lich *adj* very gentle, overdelicate, affectionate.

,über'zeich·nen¹ I *v/t* ⟨*insep, no* -ge-, h⟩ 1. *econ.* (*Aktien, Anleihe etc*) (*um by*) oversubscribe. – **2.** *fig.* (*Romanfigur, Person, Charakter etc*) overdraw. – **II Ü~ n** ⟨-s⟩ **3.** *verbal noun.*

'über|zeich·nen² *v/i* ⟨*sep*, -ge-, h⟩ *colloq.* (*über den Rand, vorgezeichnete Linie*) draw (*od.* go) over the line.

¡Über¡zeich·nung *f* ⟨-; *no pl*⟩ **1.** *cf.* Überzeichnen¹. – **2.** *econ.* oversubscription.

'Über¡zeit *f* ⟨-; *no pl*⟩ *bes. Swiss* overtime: **~ machen** to work (*od.* do) overtime. – **~¡ar·beit** *f* overtime work.

'über¡zei·tig *adj cf.* überreif 1.

'über¡zeit·lich *adj* supertemporal.

'über¡zeug·bar *adj* convincible, persuadable, persuasible. — **¡Über¡zeug·bar·keit** *f* ⟨-; *no pl*⟩ persuadability.

¡über'zeu·gen I *v/t* ⟨*insep*, *no* -ge-, h⟩ **1.** convince, persuade, *bes. jur.* satisfy: auch dieses Argument konnte ihn nicht ~ not even this argument could convince him; er läßt sich nicht ~ there is no convincing him, he will not be convinced; j-n von etwas ~ to convince (*od.* persuade) s.o. of s.th.; ich habe sie von seiner Unschuld überzeugt I convinced her of his innocence. – **II** *v/i* **2.** be convincing: du mußt auch ~ können you must be able to convince (people) (*od.* to be convincing); ~, nicht überreden it is better to convince than to persuade. – **3.** (*überzeugend wirken*) prove oneself: er konnte durch seine Leistungen ~ he was able to prove himself through (*od.* by) his achievements. – **III** *v/reflex* **4.** sich (selbst) von etwas ~ to convince (*od.* persuade) oneself of s.th., to satisfy oneself about s.th.: ich überzeugte mich (selbst) von der Richtigkeit seiner Behauptungen I convinced myself of the correctness of his assertions; ~ Sie sich (selbst) go and convince (*od.* see for) yourself; sie können sich (selbst) (davon) ~, daß you can convince yourself that; ich überzeugte mich davon mit meinen eigenen Augen I went to see for myself. – **IV Ü~ n** ⟨-s⟩ **5.** *verbal noun.* — **¡über'zeu·gend I** *pres p.* – **II** *adj* **1.** (*Argument, Beweis, Darstellung etc*) convincing, persuasive, suasive: seine Rede war nicht ~ his speech was unconvincing; ~ wirken to be convincing, to carry conviction. – **2.** (*zwingend*) compelling, forcible. – **III** *adv* **3.** ~ sprechen to speak convincingly. — **¡über'zeugt I** *pp.* – **II** *adj* **1.** ⟨*attrib*⟩ convinced, persuaded: ein ~er Christ a convinced Christian, a Christian by conviction; ein ~er Nationalist a nationalist by conviction, an ardent nationalist. – **2.** ⟨*pred*⟩ ~ sein, daß to be convinced (*od.* persuaded, sure) that; von etwas ~ sein to feel (*od.* to be) sure of s.th.; von etwas voll und ganz (*od.* felsenfest) ~ sein to be firmly (*od.* absolutely) convinced of s.th.; ich bin fest (davon) ~, daß I am quite sure (*od.* positive) that, I have every confidence that; ich bin von ihrem Können nicht ~ I am not convinced of her skill; Sie dürfen ~ sein, daß you may rest assured that; er ist sehr von sich (selbst) ~ he is very sure (*od.* full) of himself.

¡Über'zeu·gung *f* ⟨-; *no pl*⟩ **1.** *cf.* Überzeugen. – **2.** conviction, persuasion: zu einer ~ gelangen (*od.* kommen) to reach (*od.* come to) a conviction; er ist nicht von seiner ~ abzubringen(, daß) he is not to be dissuaded (that); ich bin der festen ~, daß, es ist meine feste ~, daß it is my firm conviction that, I am firmly convinced (*od.* persuaded) that; ich habe die ~ gewonnen, daß I have come to the conviction that; etwas aus ~ tun to do s.th. out of conviction; sie sprach aus [mit] innerer ~ she spoke out of [with] (inner) conviction (*od.* certitude); → Brusttton. – **3.** (*Grundsätze*) convictions *pl*, principles *pl*: nach seiner ~ leben [handeln] to live [to act] according to one's convictions; gegen seine ~ handeln to act contrary to one's convictions. – **4.** (*Gewißheit*) certainty, assurance.

¡Über'zeu·gungs·kraft *f* ⟨-; *no pl*⟩ persuasive power, power of persuasion: aber diesmal sprach er ohne die rechte ~ but this time he spoke unconvincingly. — **~¡tat** *f jur.* punishable offence (*Am.* offense) committed out of conviction. — **~¡tä·ter** *m* person committing a punishable offence (*Am.* offense) out of conviction.

'Über¡zieh¡är·mel *m* **1.** oversleeve. – **2.** (*eines Schlächters*) butcher's sleeve.

¡über'zie·hen¹ *v/t* ⟨*irr*, *sep*, -ge-, h⟩ **1.** (*Kleidungsstück*) put (*od.* slip) (*s.th.*) on: ich zieh mir noch schnell meinen Mantel über I'll just go and put my coat on; zieh (dir) noch etwas über put s.th. else on. – **2.** j-m eins ~ *colloq.* to clout (*od.* land) s.o. one (*colloq.*), to hit s.o. one (*od.* a blow): ich werde dir gleich eins ~ I'll clout you one in a minute; er zog ihm mit dem Stock eins über he clouted him one (*od.* he hit him a wallop) with the cane.

¡über'zie·hen² **I** *v/t* ⟨*irr*, *insep*, *no* -ge-, h⟩ **1.** (*mit Stoff, Leder, Papier etc*) cover, (*von innen*) line: einen Sessel mit Leder ~ to cover a chair with leather; ich muß das Sofa neu ~ lassen I have to have the couch re-covered. – **2.** (*mit Zucker, Schokolade etc*) ice, *Am.* frost: einen Kuchen mit Zuckerguß ~ to ice (*Am.* frost) a cake; einen Kuchen mit Schokolade ~ to ice (*Am.* frost) a cake with chocolate. – **3.** *med. pharm.* (*Pillen, Dragées etc*) (sugar)coat. – **4.** *metall.* (mit with) a) (*in Galvanisation*) plate, b) (*in Tauchveredelung*) coat: etwas mit Kupfer ~ to copper(-plate) s.th.; etwas mit Silber ~ to silver(-plate) s.th. – **5.** (*paints*) (mit Lacken, Farben) coat. – **6.** (*in Wendungen wie*) ein Bett (frisch) ~ to change the bed (*od.* bedlinen), to put clean linen (*od.* fresh sheets) on a bed; ein Kissen [Polster] ~ to put a cover on a pillow [cushion]. – **7.** *econ.* (*Konto, Geld*) overdraw: ich habe diesen Monat 50 Mark überzogen I have overdrawn (*od.* I have an overdraft of) 50 marks this month. – **8.** (*Himmel etc*) cover, spread over (*od.* across): Wolken ~ den Himmel clouds are covering the sky, the sky is beginning to cloud over; Nebel überzog das Land fog covered (*od.* spread over) the countryside. – **9.** ein Land mit Krieg [einem Heer] ~ to invade a country [with an army]. – **10.** *fig.* (*zu weit treiben*) carry (*s.th.*) too far. – **11.** (*Uhren, Spielwerk etc*) overwind. – **12.** *colloq.* (*Feder, Gummi etc*) overstretch. – **13.** *lit.* spread over: flammende Röte überzog ihr Gesicht a blush spread over her face, her face flushed. – **14.** *auto. cf.* übersteuern 2. – **15.** *aer.* (*Flugzeug*) stall. – **16.** *fig.* (*Sendezeit, Redezeit etc*) overrun. – **II** *v/i* **17.** *aer.* fly nose high. – **III** *v/reflex* sich ~ **18.** (*von Himmel*) become overcast, cloud over: es überzieht sich *meteor.* it is becoming cloudy, it is clouding over. – **19.** (*mit Belag etc*) (mit with) become encrusted (*od.* covered): sich mit Kesselstein ~ to fur. – **20.** sich mit einem Häutchen ~ to fur. – **IV Ü~ n** ⟨-s⟩ **21.** *verbal noun.* – **22.** *cf.* Überziehung.

'Über¡zie·her *m* ⟨-s; -⟩ (*fashion*) (*für Herren*) **1.** *cf.* Mantel 1, 2. – **2.** (*loser Mantel*) paletot. – **3.** (*leichter Mantel*) topcoat. – **4.** raincoat.

'Über¡zieh|ho·se *f cf.* Überhose. — **~¡socken** (*getr.* -k·k-) *pl* golf socks. — **~¡strumpf** *m med.* stockinet(te).

¡Über'zie·hung *f* ⟨-; *no pl*⟩ **1.** *cf.* Überziehen¹. – **2.** *econ.* (*eines Kontos*) overdraft.

'Über¡zie·hungs|kre¡dit *m econ.* overdraft credit. — **~pro·vi·si¡on** *f* overdraft commission (*od.* charge).

'über¡zi·vi·li¡siert *adj* overcivilized *Br.* auch -s-, supercivilized *Br.* auch -s-.

¡über'zo·gen I *pp* of überziehen². – **II** *adj* **1.** *econ.* (*Konto*) overdrawn. – **2.** *med.* (*Schleimhaut*) covered. – **3.** frisch ~e Betten fresh(ly made) beds, beds with fresh sheets. – **4.** *med. pharm.* (*Pillen*) (sugar)coated, sugared. – **5.** *aer.* (*Flugzustand*) stalled.

¡über'züch·ten I *v/t* ⟨*insep*, *no* -ge-, h⟩ **1.** (*Pflanzen, Tiere*) overbreed. – **2.** *tech.* (*Motor*) soup up (*sl.*). – **II Ü~ n** ⟨-s⟩ **3.** *verbal noun.* — **¡über'züch·tet I** *pp.* – **II** *adj* ein ~er Hund an overbred dog. — **¡Über'züch·tung** *f* ⟨-; *no pl*⟩ *cf.* Überzüchten.

¡über'zuckern (*getr.* -k·k-) *v/t* ⟨*insep*, *no* -ge-, h⟩ **1.** (*Kuchen, Gebäck etc*) ice, *Am.* frost. – **2.** *cf.* kandieren. – **3.** *med. pharm.* (*Pillen etc*) sugarcoat, coat (*s.th.*) with sugar. – **4.** j-m die bittere Pille ~ *fig. colloq.* to sweeten the pill for s.o.

'Über¡zug *m* **1.** (*für Bett, Sessel etc*) cover. – **2.** (*für Kissen u. Federbett*) cover, case, (*für Kopfkissen*) *auch* slip. – **3.** *tech.* (*Schicht*) coat(ing), (*sehr dünner*) film. – **4.** *med.* (*der Zunge*) fur, coat. – **5.** (*Auskleidung*) lining. – **6.** *gastr.* icing, (*Am.* frosting): ein ~ aus Schokolade a choco-

late icing (*Am.* frosting). — **~¡blei** *n tech.* lead for coating. — **~¡hül·le** *f aer.* balloon envelope.

'Über¡zugs|kre¡dit *m econ. cf.* Überziehungskredit. — **~lack** *m* (*paints*) coating varnish.

'über¡zwerch *adv Southern and Western G. dial.* (*überquer, über Kreuz*) crosswise, crossways, across.

Ubi·quist [ubi'kvɪst] *m* ⟨-en; -en⟩ *zo.* ubiquist. — **ubi·qui·tär** [-kvi'tɛːr] *adj* ubiquitous.

Ubi·qui·tät [ubikvi'tɛːt] *f* ⟨-; *no pl*⟩ *relig.* (*Allgegenwart Gottes*) ubiquity.

üb·lich ['yːplɪç] **I** *adj* **1.** (*Verfahren, Weise, Preis, Lohn, Programm, Treiben, Worte etc*) usual, customary, normal: die ~e Begrüßung the usual welcome; dieses Produkt wurde im ~en Verfahren hergestellt this product was produced in the usual (*od.* ordinary) way; er ist nicht im ~en Sinn aufsässig he is not rebellious in the usual (*od.* normal) sense (of the word); wie ~ as usual, as always, de règle (*lit.*); er verspätete sich wie ~ he was late as usual; wir sehen uns, wie ~, am Sonntag we'll see each other (*od.* meet) as usual on Sunday; auf dem ~en diplomatischen Weg through the usual diplomatic channels. – **2.** es ist (allgemein) ~, daß it is the (common *od.* general) practice that, it is common practice that: es ist ~, daß Frauen das tun it is common practice for women to do that (*od.* for women to do that); in Deutschland ist das nicht ~ in Germany it is not the practice (*od.* custom), in Germany it is not customary (*od.* practiced, *bes. Br.* practised); wie es ~ war as was the practice; das ist schon lange nicht mehr ~ that has not been the practice for years; es ist nicht mehr ~ it is no longer the practice (*od.* custom), it is no longer customary; es ist bei ihm so ~ it is the habit with him, that's the way he always does it. – **3.** (*gewohnt*) usual, habitual, accustomed: er kam mit der ~en Verspätung he came with the usual (*od.* with his habitual) delay; sie nahm bei Tisch ihren ~en Platz ein she took her habitual place at the table. – **II Ü~e, das** ⟨-n⟩ **4.** the usual (thing). – **5.** (*mit Kleinschreibung*) es ist das ~e, daß it is common practice that.

'üb·li·cher'wei·se *adv* usually, normally, generally, customarily: ~ lassen wir so etwas aus we usually leave these things out.

'U-¡Bo·gen *m* loop over the U.

'U-¡Bol·zen *m tech.* U-bolt.

'U-¡Boot *n mar. mil.* submarine. — **~-¡Ab¡wehr** *f cf.* U-Boot-Bekämpfung. — **~-Be¡gleit¡schiff** *n* (submarine) tender. — **~-Be¡kämp·fung** *f* antisubmarine defence (*Am.* defense). — **~-¡Bun·ker** *m* submarine pen. — **~-¡Fal·le** *f* mystery ship, Q-boat. — **~-Ge¡fahr** *f* submarine threat. — **~-¡Ha·fen** *m* submarine base. — **~-¡Jä·ger** *m* **1.** *mil. mar.* submarine chaser, *bes. Am.* subchaser. – **2.** *mil. aer.* antisubmarine aircraft. — **~-Kom·man¡dant** *m* submarine commander. — **~-¡Krieg** *m* submarine warfare. — **~-¡Mann** *m* submariner. — **~-¡Mut·ter¡schiff** *n* submarine tender. — **~-¡Netz** *n* submarine net. — **~-¡Or·tungs·ge¡rät** *n* submarine detecting gear, asdic, *bes. Am.* sonar. — **~-¡Ru·del** *n* submarine (*od.* wolf) pack. — **~-¡Sper·re** *f* antisubmarine barrier. — **~-¡Stütz·punkt** *m* submarine base. — **~-¡Turm** *m* conning tower. — **~-¡Waf·fe** *f* submarine forces *pl*. — **~-¡Werft** *f* submarine shipyard (*od.* dockyard).

üb·rig ['yːbrɪç] *adj* **1.** ⟨*attrib*⟩ (*übriggeblieben*) remaining, *bes. math. chem.* residual, residuary: die ~en Gäste blieben bis nach Mitternacht the remaining guests stayed until after midnight; die ~en Sachen aufheben to keep the remaining things (*od.* the rest of the things, the remainder); die ~en Abschnitte (*od.* Paragraphen) the remaining paragraphs. – **2.** ⟨*attrib*⟩ (*ander*) other: die ~en Nationen verhielten sich neutral the other (*od.* the rest of the) nations remained neutral; das ~e Europa the rest of Europe. – **3.** ⟨*attrib*⟩ (*weiter, zusätzlich*) further, additional. – **4.** ⟨*pred*⟩ left (over), over: ist noch etwas Kuchen ~? is there any cake left (over)? is there any cake over? von den 100 Mark ist nichts mehr ~

I have nothing left of the 100 marks; es sind noch einige Kinokarten ~ there are a few cinema (*Am.* movie) tickets left (over); etwas ~ haben to have s.th. left; ich habe dafür keine Zeit ~ I have no time left (*od.* to spare) for that; hier habe ich einen Schuh ~ I've an odd shoe here; hast du eine Zigarette ~? can you spare me a cigarette? would you have a cigarette for me (*od.* a cigarette to spare)? die Stadt hat dafür kein Geld ~ a) the town will not spare the money for it, b) the town cannot afford it (*od.* does not have the money for it). – 5. etwas für j-n ~ haben to be fond of s.o., to have a soft spot for s.o.: er hatte schon immer viel für sie ~ he has always been very fond of her; sie hat nichts für ihn ~ she doesn't care much (*od.* have much time) for him, she is not greatly taken with him (*colloq.*). – 6. etwas für etwas ~ haben to be interested (*od.* have an interest) in s.th.: er hat viel für das Theater ~ he is very interested in (*od. colloq.* keen on) the theater (*bes. Br.* theatre); dafür habe ich nicht viel ~ I am not particularly interested in that, I have no time for that. – 7. (*substantiviert mit Kleinschreibung*) die ~en (*Personen*) the others, the rest *sg*: die ~en waren gegangen the rest (*od.* remainder) had left; ihr [wir] ~en you [we] others, the rest of you [us]. – 8. (*substantiviert mit Kleinschreibung*) das ~e the rest, the remainder: alles ~e soll den Kindern gehören all the rest (*od.* remainder) is for the children; soviel für heute, das ~e das nächste Mal so much for today, the rest (*od.* remainder) next time; das (*od.* alles) ~e können Sie sich denken you can imagine the rest. – 9. (*substantiviert mit Kleinschreibung*) ein ~es tun a) to do s.th. else, to go a step further, b) to be a further reason: wenn Sie ein ~es tun wollen, dann sprechen Sie mit seinen Eltern if you want to do s.th. else, (then) speak to his parents; ich hatte schlechte Schuhe, und der Regen tat ein ~es, daß ich zu Hause blieb I had bad shoes and the rain was a further reason for (my) staying at home; die Krise tat ein ~es, die Spannungen zu verschärfen the crisis contributed to the increase in tension. – 10. (*substantiviert mit Kleinschreibung*) im ~en a) as for the rest, b) *cf.* übrigens: im ~en halte ich nicht viel davon as for the rest, I don't think much of it.

'**üb·rig·be·hal·ten** *v/t* ⟨*irr, sep, no* -ge-, h⟩ keep (*s.th.*): ich habe mir von den Geld fünf Mark ~ I have kept five marks of the money (over).

'**üb·rig·blei·ben** *v/i* ⟨*irr, sep,* -ge-, sein⟩ **1.** be left (over), remain: von dem Kuchen ist nichts übriggeblieben nothing was left of the cake. – **2.** es bleibt mir nichts (anderes *od.* weiter) übrig, als ihn zu grüßen there is nothing else I can do but greet him, I have no other choice than to greet him.

'**üb·ri·gens** *adv* by the way, incidentally, by the by(e): ~, weißt du schon, daß by the way, do you know that; ich habe dich ~ gestern gesehen I saw you yesterday, by the way.

'**üb·rig·ge·blie·ben** I *pp of* übrigbleiben. – II *adj* ⟨*attrib*⟩ **1.** leftover, *Br.* left-over, remaining, remnant, remainder: die ~en Essen the left(-)over meals. – **2.** *bes. chem. math.* residual, residuary.

'**üb·rig·las·sen** *v/t* ⟨*irr, sep,* -ge-, h⟩ **1.** leave: er hat von seiner Portion nichts übriggelassen he did not leave any of his helping; nichts ist übriggelassen worden nothing was left (over). – **2.** die Arbeit läßt viel zu wünschen übrig the work leaves much (*od. colloq.* a lot) to be desired.

'**Übung** *f* ⟨-; -en⟩ **1.** *cf.* Üben. – **2.** ⟨*only sg*⟩ (*eines Musikstücks, eines Arbeitsvorgangs, Handgriffs, einer Rolle etc*) practice: nach einiger ~ gelang ihm der Salto after some practice he managed to do the somersault; ein Stück zur ~ spielen to play a piece for practice; ~ macht den Meister (*Sprichwort*) practice makes perfect (*proverb*). – **3.** ⟨*only sg*⟩ (*Praxis, Erfahrung*) practice, experience: sie hat im Kochen schon viel ~ she has had a great deal of practice (*od.* experience) at (*od.* in) cookery already; es fehlt dir an der nö-

tigen (*od.* rechten) ~, dir fehlt die nötige (*od.* rechte) ~ you lack the necessary practice; (das ist) alles nur ~! das macht alles nur die ~! *colloq.* it's a question of practice (*od.* experience); aus der (*od.* außer) ~ kommen [sein] to get [to be] out of practice; du mußt in ~ bleiben you have to keep in practice, you've got to keep your hand in. – **4.** (*Probe für den Ernstfall*) exercise: militärische ~ military exercise; die Feuerwehr rückte zu einer ~ aus the fire brigade went out on an exercise. – **5.** *ped.* exercise: grammati(kali)sche ~ grammatical exercise; schriftliche ~ a) (*in der Schule*) written exercise, b) (*als Hausaufgabe*) written homework (*od.* exercise). – **6.** (*Übungsstunde an Universitäten etc*) practical course (involving student participation): eine ~ über moderne Lyrik (ab)halten to give (*od.* hold) a practical course on modern lyrics. – **7.** geistliche ~en *pl* (*eines Mönches*) spiritual exercises. – **8.** (*sport*) exercise: eine ~ am Reck an exercise on the horizontal bar.

'**Übungs|,ar·beit** *f ped.* (*der Schüler*) exercise. — ~**,auf,ga·be** *f* (*des Schülers*) exercise. — ~**,ball** *m* (*sport*) practice ball. — ~**,bei,spiel** *n* example. — ~**,boot** *n* (*sport*) *cf.* Gigboot. — ~**,buch** *n ped.* book of exercises. — ~**,flug** *m aer.* practice flight. — ~**,flug,zeug** *n* training aircraft, trainer. — ~**ge,län·de** *n* training ground (*od.* area). — ~**ge,rät** *n* (*sport*) **1.** training apparatus (*od.* equipment). – **2.** (*Heimtrainer*) home trainer. — ~**ge,schoß** *n mil.* practice round. — ~**,grup·pe** *f* (*sport*) training group.

'**übungs,hal·ber** *adv* for practice: ~ wollen wir das noch mal machen we'll do that again for practice.

'**Übungs|,hand·gra,na·te** *f mil.* practice hand grenade. — ~**,hang** *m* (*beim Skisport*) practice (*od.* nursery) slope. — ~**,heft** *n ped.* exercise book. — ~**kla·via,tur** *f mus.* practice (*od.* dumb) clavier, dummy keyboard. — ~**,kurs** *m* **1.** (*sport*) training course. – **2.** (*an Schulen, Instituten etc*) practical course. — ~**,la·dung** *f mil.* (*bei Munition*) practice charge. — ~**,la·ger** *n* training camp. — ~**,lei·ter** *m* (*sport*) training supervisor. — ~**,marsch** *m mil.* training march. — ~**,mu·ni,ti,on** *f* practice ammunition. — ~**,platz** *m* **1.** (*sport*) training ground. – **2.** *mil.* a) training area, b) (*Exerzierplatz*) drill ground. — ~**,schan·ze** *f* (*sport*) practice skijump. — ~**,schie·ßen** *n mil.* (*sport*) target practice. — ~**,se·gel,flug,zeug** *n aer.* training glider. — ~**,spiel** *n* (*sport*) practice match (*od.* game). — ~**,stück** *n* **1.** *ped.* (*zum Übersetzen etc*) exercise, lesson. – **2.** *mus.* a) exercise, b) étude, study. — ~**,stun·de** *f* practice hour. — ~**,teil** *m* (*sport*) (*beim Turnen*) part of the exercise. — ~**the,ra,pie** *f med.* therapeutic exercises *pl.* — ~**,zeit** *f* practice time. — ~**,zweck** *m* purpose of practice.

Ucke·lei (*getr.* -k·k-) ['ukəlaɪ] *m* ⟨-s; -e *u.* -s⟩ *zo. cf.* Ukelei.

Udi·to·re [udi'to:rə] *m* ⟨-(n); -tori [-ri] *u.* -n⟩ *röm.kath.* (*im Vatikan*) Auditor Papae.

Ud·mur·te [ut'murtə] *m* ⟨-n; -n⟩ *anthrop.* Udmurt, Votyak, Votiak. — **ud'mur·tisch** I *adj* Udmurt, Votyak, Votiak. – II *ling.* U~ ⟨*generally undeclined*⟩, das U~e ⟨-n⟩ Udmurt, Votyak, Votiak.

'**U-,Ei·sen** *n* ⟨-s; -⟩ *tech.* U-iron.

Ufer ['u:fər] *n* ⟨-s; -⟩ **1.** (*eines Flusses*) bank, strand (*poet.*): ein steil abfallendes ~ a steep (*od.* precipitous) bank; der Fluß trat über seine ~ the river overflowed its banks; ans andere ~ fahren to cross to the other bank. – **2.** (*eines Sees*) shore, border, bank: das sichere ~ erreichen to reach the shore in safety; vom ~ abstoßen to push off from the shore. – **3.** (*eines Meeres*) (sea)shore: der Schiffbrüchige wurde ans ~ gespült the shipwrecked person was washed ashore (*od.* up). — ~**,aas** *n zo.* (*Eintagsfliege*) white worm, mayfly (*Polymitarcis virgo*). — ~**,ab,bruch** *m geol.* washing of a bank, bank erosion.

'**Ufer,an,lie·ger** *m jur.* riparian. — ~**,recht** *n* riparian right.

'**Ufer|,an,rai·ner** *m Southern G. and Austrian for* Uferanlieger. — ~**,bahn** *f* (*railway*) shore (*od.* seaboard) railroad (*Br.* railway). — ~**,bau** *m civ.eng.* bank con-

struction. — ~**,bau·ten** *pl* bank (protection) structures. — ~**,be,fe·sti·gung** *f* **1.** (*Anlage*) bank stabilization system. – **2.** (*Tätigkeit*) bank stabilization. — ~**,be,woh·ner** *m* riparian. — ~**,be,zirk** *m* waterfront. — ~**,böschung** *f* embankment, sloping bank, bankside. — ~**,damm** *m civ.eng.* **1.** (*eines Flusses*) embankment. – **2.** (*des Meeres, der See*) quay. — ~**,ei·gen·tü·mer** *m jur.* riparian (owner *od.* proprietor). — ~**,fa,schi·ne** *f civ.eng.* fascine, (brushwood) faggot. — ~**,flie·ge** *f zo. cf.* Steinfliege. — ~**,land** *n* **1.** (*am Meer*) shoreland. – **2.** (*Küstenland*) coastland, littoral. — ~**,läu·fer** *m zo.* **1.** *cf.* Flußuferläufer. – **2.** Amerikanischer ~ spotted sandpiper (*Actitis macularia*). – **3.** Bartrams ~ Bartram's sandpiper (*Bartramia longicauda*). — ~**,li·nie** *f* (*eines Flusses, Sees*) shoreline.

'**ufer·los** I *adj* **1.** shoreless. – **2.** *fig.* (*Debatte, Gespräch etc*) endless. – **3.** *fig.* (*grenzenlos*) boundless, vast. – II U~e, das ⟨-n⟩ **4.** (*in Wendungen wie*) er gerät ins U~e, er verliert sich ins U~e he rambles on (aimlessly) from one thing to the next. – **5.** (*mit Kleinschreibung*) seine Pläne gingen ins ~e his plans went on to infinity, his plans snowballed ad infinitum.

'**Ufer|,mau·er** *f civ.eng.* **1.** *cf.* Uferdamm. – **2.** (*Anlegestelle*) quay. — ~**pro·me,na·de** *f* **1.** (*am Fluß*) embankment walk (*od.* promenade). – **2.** (*am Meer, an einem See*) promenade (along the shore *od.* strand). — ~**,recht** *n jur. cf.* Uferanliegerrecht. — ~**,schnep·fe** *f zo.* black-tailed godwit (*Limosa limosa*). — ~**,schutz** *m civ.eng. cf.* Uferbefestigung. — ~**,schutz,bau·ten** *pl* **1.** (*am Fluß*) bank (protection) structures. – **2.** (*Deiche*) dikes, dykes. — ~**,schwal·be** *f zo.* bank swallow (*auch* martin), *Br.* sand martin (*Riparia riparia*). — ~**,staat** *m* riparian state. — ~**,stra·ße** *f* embankment road, *auch* shore boulevard. — ~**,strömung** *f geogr.* littoral (*od.* coastal) current (*od.* stream). — ~**,wan·ze** *f zo.* water bug (*Fam.* Saldidae).

'**ufer,wärts** *adv* **1.** (*bei einem Fluß*) toward(s) the bank. – **2.** (*bei einem Meer, See*) shoreward(s): das Schiffswrack treibt ~ the shipwreck drifts shoreward(s).

'**Ufer,win·de** *f bot.* greater bindweed (*Calystegia sepium*).

uff [uf] *interj* whew: ~, das hätten wir geschafft! whew, that's that (done)!

Ufo ['u:fo] *n* ⟨-(s); -s⟩ (*space*) UFO, unidentified flying object.

'**U-,för·mig** *adj* U-shaped.

Ugri·er ['u:griər] *m* ⟨-s; -⟩ *anthrop.* Ugrian. — **ugrisch** ['u:grɪʃ] I *adj* Ugrian, Ugric. – II *ling.* U~ ⟨*generally undeclined*⟩, das U~e ⟨-n⟩ Ugric, Ugrian, the Ugric language.

uh [u:] *interj* oh! ~, bin ich erschrocken! oh, that gave me an awful fright! oh, what a fright I got!

'**U-,Ha·ken** *m cf.* U-Bogen.

UHF [u:ha:ʔʔɛf] (*radio*) *telev.* ultra-high frequency. — ~**,Band** *n* ultra-high frequency band. — ~-'**Fern,seh,sen·der** *m* UHF television transmitter.

Uhl [u:l] *f* ⟨-; -en⟩ **1.** *Low G. for* Eule 1: → Nachtigall. – **2.** *Low G. for* Handbesen.

Uhr [u:r] *f* ⟨-; -en⟩ **1.** (*Armbanduhr, Taschenuhr etc*) watch, timepiece: eine goldene ~ a gold watch; sieh mal nach der ~, bitte see what time it is, please; die ~ stellen to set one's watch; die ~ vorstellen to put one's watch on (*od.* forward), to set one's watch ahead; die ~ aufziehen to wind (up) one's watch; meine ~ geht richtig [falsch] a) (*im Augenblick*) my watch is right [wrong *od.* out], b) (*im allgemeinen*) my watch keeps good [bad *od.* poor] time; die ~ geht vor [nach] a) (*im Augenblick*) her watch is fast [slow], b) (*im allgemeinen*) her watch gains (time) (*od.* goes fast) [loses (time) *od.* goes slow]; seine ~ geht zehn Minuten vor [nach] his watch is ten minutes fast [slow]; meine ~ geht täglich acht Minuten vor [nach] my watch gains [loses] eight minutes a day, my watch goes eight minutes fast [slow] a day; nach meiner ~ ist es zehn it is ten o'clock by my watch, I make it ten (o'clock) (*colloq.*); meine ~ ist stehengeblieben my watch has stopped; die ~ geht nach dem Mond *colloq.* your watch is completely unreliable; seine ~ ist abgelaufen *fig.*

his sands are running out; **rund um die ~** colloq. (a)round the clock. – **2.** (*Turmuhr, Wanduhr, Standuhr, Wecker etc*) clock: **die ~ schlägt fünf** the clock strikes five; **ich werde ihm sagen, was die ~ geschlagen hat** *fig. colloq.* I'll give him a (good) piece of my mind, I'll tell him a thing or two (*od. colloq.* where to get off); **er weiß, was die ~ geschlagen hat** *fig. colloq.* he knows what he is in for (*od.* what is coming to him, what is in store for him), he knows which way the wind blows. – **3.** ⟨*only sg*⟩ (*bei Zeitangaben*) **es ist ein ~** it is one o'clock (*od.* one p.m.); **es hat 12 ~ geschlagen** it is noon (*od.* the clock) has just struck 12; **in zehn Sekunden ist es 15 ~** in ten seconds it will be three o'clock (*od.* three p.m., fifteen hours, [*bei offiziellen Zeitansagen*] *auch* fifteenhundred hours); **es ist 12 ~** (*mittags*) it is 12 o'clock (noon), it is noon, it is 12 p.m.; **es ist 12 ~** (*nachts*) it is 12 o'clock (midnight), it is midnight; **es ist Punkt zwei ~** it is exactly two o'clock, it is two o'clock on the dot (*colloq.*); **er kam um Punkt drei ~** he came at the stroke of three, he came at three o'clock on the dot (*colloq.*); **es ist 14.30 ~** it is two thirty (p.m.); **wieviel ~ ist es?** what time is it? what is the time? **was ist die ~?** *Northern G. colloq.* what time is it? **wissen Sie, wieviel ~ es ist?** could you tell me the time (*od.* what time it is), please? **es ist 12 ~ 10** it is ten past (*Am. auch* after) twelve, it is twelve ten; **um wieviel ~?** (at) what time? when? – **4.** (*Stoppuhr*) (stop)watch: **die ~ läuft** the watch has been started; **ein Rennen gegen die ~** a race against time.

'Uhr|₁arm₁band n **1.** (*aus Leder, Stoff*) watch strap, watchband. – **2.** (*aus Gold, Silber etc*) watch bracelet, watchband. – **3.** (*elastisches*) expansion band. — **~₁auf₁zug** m **1.** (*einer Armbanduhr etc*) winding pinion. – **2.** (*einer Standuhr etc*) (clock) winder. — **~₁band** cf. Uhrarmband 1, 3.
'Uhr₁en|etui [-ˀɛt₁viː] n watchcase. — **~fa₁brik** f watch factory. — **~fa'bri₁kant** m watch manufacturer. — **~ge₁schäft** n watchmaker's (shop, *bes. Am.* store). — **~₁han·del** m trade in clocks and watches. — **~in·du₁strie** f watch-and-clock-making industry. — **~ver₁gleich** m time check: **einen ~ machen** to check (*od.* synchronize *Br. auch* -s-) the watches.
'Uhr₁fe·der f watch spring. — **~ge₁hän·ge** n watch chain with ornaments. — **~ge₁häu·se** n clock case. — **~ge₁trie·be** n pinion of a watch. — **~ge₁wicht** n weight of a clock. — **~₁glas** n **1.** watch glass, (watch) crystal. – **2.** *chem.* beaker cover. — **~₁ket·te** f watch chain (*od.* guard, fob), fob, *auch* fob chain.
'Uhr₁ma·cher m ⟨-s; -⟩ watchmaker, clockmaker, horologist, horologer. — **₁Uhr·ma·che'rei** f ⟨-; -en⟩ **1.** ⟨*only sg*⟩ watchmaking, horology. – **2.** (*Werkstätte*) watchmaker's workshop.
'Uhr|₁pen·del n pendulum (of a clock). — **~₁schlüs·sel** m clock key. — **~₁ta·sche** f watch pocket, (*in der Hose*) *auch* fob (pocket).
'Uhr₁werk n **1.** (*einer Uhr*) clockwork, works pl (*od.* movement) (of a clock). – **2.** (*einer Armbanduhr*) watchwork, works pl (*od.* movement) of a watch. – **3.** *tech.* (*einer mechanischen Vorrichtung*) clockwork, driving mechanism. — **u~be₁trie·ben** adj clockwork-driven. — **~₁zün·der** m (*einer Zeitzünderbombe*) clockwork fuse.
'Uhr₁zei·ger m hand (of a watch *od.* clock): **den ~ zurückdrehen** to turn the clock back. — **~₁rich·tung** f cf. Uhrzeigersinn. — **~₁sinn** m only in **im ~** clockwise; **entgegen dem ~** anticlockwise, counterclockwise, *Br.* counter-clockwise.
'Uhr₁zeit f time: **die ~ vergleichen** to compare (*od.* check) the time, to synchronize (*Br. auch* -s-) the watches; **j-n nach der ~ fragen** to ask s.o. the time. — **~₁ge·ber** m (*computer*) real-time clock.
Uhu ['uːhu] m ⟨-s; -s⟩ **1.** *zo.* eagle owl (*Bubo bubo*): **Virginischer ~** great horned owl (*B. virginianus*). – **2.** *Bavarian colloq.* for Spinner 3.
Ui·sti·ti [uis'tiːti] m ⟨-(s); -(s)⟩ *zo.* common marmoset (*Callithrix jacchus*).
Ukas ['uːkas; u'kas] m ⟨-ses; -se⟩ **1.** (*Verordnung, Befehl*) ukase, edict, decree. – **2.** *hist.* (*Erlaß des Zaren*) ukase, *auch* ukaz.

Uke·lei ['uːkəlaɪ] m ⟨-s; -e *u.* -s⟩ *zo.* (*Karpfenfisch*) bleak (*Alburnus lucidus*).
uk-ge₁stellt [uˑkaː-] adj mil. deferred. — **UK-Ge₁stell·te** [uˑkaː-] m ⟨-n; -n⟩ deferee.
Ukrai·ner [ukra'iːnər; u'kraɪnər] m ⟨-s; -⟩ Ukrainian, Little Russian. — **ukrai·nisch** [ukra'iːnɪʃ; u'kraɪnɪʃ] **I** adj Ukrainian. – **II** ling. **U~** ⟨*generally undeclined*⟩, **das U~e** ⟨-n⟩ Ukrainian, the Ukrainian language, Little Russian.
Uku·le·le [uku'leːlə] n ⟨-; -n⟩ mus. ukulele.
UKW [uˑkaːˈveː] m ⟨-s; -⟩ short for Ultrakurzwelle. — **~-An₁ten·ne** f (*radio*) very-high-frequency (*od.* VHF-, *auch* vhf-)antenna (*bes. Br.* aerial). — **~-Be₁reich** m very-high-frequency (*od.* VHF-, *auch* vhf-)range. — **~-Emp₁fän·ger** m very-high-frequency (*od.* VHF-, *auch* vhf-)receiver. — **~-₁Sen·der** m very-high-frequency (*od.* VHF-, *auch* vhf-)transmitter.
Ulan [u'laːn] m ⟨-en; -en⟩ mil. hist. uhlan, lancer.
Ulan·ka [u'laŋka] f ⟨-; -s⟩ mil. hist. (*Waffenrock der Ulanen*) uhlan's tunic.
Ul·cus ['ʊlkʊs] n ⟨-; Ulcera [-tsera]⟩ med. cf. Ulkus.
Ule·ma [ule'maː] m ⟨-s; -s⟩ (*islamischer Rechts-, Gottesgelehrter*) ulama, ulema.
ulen ['uːlən] v/t ⟨h⟩ Low G. for reinigen 1.
Ulen·spe·gel ['uːlən₁ʃpeːɡəl] npr m ⟨-s; no pl⟩ (*literature*) cf. Eulenspiegel.
Ulk [ʊlk] m ⟨-(e)s; -e(s)⟩ colloq. **1.** (*Scherz, Unfug*) joke: **seinen ~ mit j-m treiben** to play jokes on s.o.; **~ machen** to joke (*od.* to lark) (around); **etwas aus ~ tun** to do s.th. for a (*od.* the) lark (*od.* gag), to do s.th. for a joke (*od.* for fun, for the fun of it, *colloq.* for kicks). – **2.** (*Streich*) practical joke. — **'ul·ken** v/i ⟨h⟩ joke (*od.* lark) (around).
'ul·kig adj colloq. **1.** (*lustig, komisch*) funny, droll, comical: **er ist sehr ~** he is very funny, he is a scream (*colloq.*). – **2.** (*sonderbar, wunderlich*) odd, queer, peculiar, strange: **ein ~er Vogel** a queer bird, an odd fish (*beide colloq.*).
Ul·kus ['ʊlkʊs] n ⟨-; Ulzera [-tsera]⟩ med. (*Geschwür*) ulcus, ulcer.
Ul·me ['ʊlmə] f ⟨-; -n⟩ bot. elm (*Gattg Ulmus*): **Nordamerikanische ~** slippery elm (*U. rubra*).
'Ul·men|₁holz n elm (wood). — **~₁kä·fer** m zo. elm beetle (*Galerucella luteola*). — **~₁splint₁kä·fer** m elm bark beetle (*Scolytus scolytus*). — **~₁ster·ben** n bot. Dutch elm disease. — **~₁wäld·chen** n elm grove.
Ul·na ['ʊlna] f ⟨-; Ulnae [-nɛ]⟩ med. (*Elle*) ulna. — **ul'nar** [-'naːr] adj ulnar.
Ul·na·ris [ʊl'naːrɪs] m ⟨-; no pl⟩ med. ulnar nerve. — **~₁läh·mung, ~pa₁re·se** f paralysis (*od.* paresis) of the ulnar nerve.
Ul'nar₁nerv m med. ulnar nerve.
Ul·ster ['ʊlstər] m ⟨-s; -⟩ (*Herrenmantel*) ulster.
Ul·ti·ma ra·tio ['ʊltima 'raːtsio] f ⟨- -; no pl⟩ lit. ultima ratio, last resort.
ul·ti·ma·tiv [ultima'tiːf] **I** adj **1.** **eine ~e Forderung an j-n richten** to make a demand on s.o. in the form of an ultimatum; **in ~er Form** in the form of an ultimatum. – **2.** fig. cf. nachdrücklich 1. – **II** adv **3.** **etwas ~ fordern** to demand s.th. in the form of an ultimatum (*od.* peremptorily).
Ul·ti·ma·tum [ulti'maːtʊm] n ⟨-s; -maten *u.* -s⟩ (an acc to) ultimatum: (j-m) ein ~ **stellen** to issue (*od.* deliver) an ultimatum (to s.o.); **in einem ~ wurde er aufgefordert, das Land binnen vier Tagen zu verlassen** he was ordered in an ultimatum to leave the country within four days.
ul·ti·mo ['ultimo] adv econ. **~ März** at the end of March, on the last day of March; **bis ~ April** by the end (*od.* last day) of April.
'Ul·ti·mo m ⟨-s; -s⟩ econ. end of month, last day of month: **per ~** for settlement at the end of month. — **~₁ab₁rech·nung** f monthly settlement. — **~ef₁fek·ten** pl (an der Börse) securities to be delivered at the end of a month. — **~₁fäl·lig·keit** f end-of-month maturity. — **~₁geld** n last-day money. — **~ge₁schäft** n last-day business. — **~li·qui·da·ti₁on** f monthly settlement. — **~pa₁pie·re** pl cf. Ultimoeffekten. — **~re₁gu₁lie·rung** f monthly clearance. — **~₁set·tle·ment** n settlement at the end of a (*od.* each) month.

~wech·sel m bill maturing at the end of a month.
Ul·tra ['ultra] m ⟨-s; -s⟩ pol. ultra(ist), radical, extremist.
ul·tra..., Ul·tra... combining form denoting ultra...
Ul·tra|'dyn·emp₁fän·ger [ultra'dyːn-] m (*radio*) ultradyne receiver. — **~₁fil·ter** ['ultra-] n, m chem. ultrafilter. — **u~₁hart** ['ultra-] adj nucl. (*Strahlen*) very energetic, high-energy (*attrib*). — **u~₁hoch** ['ultra-] adj (*Frequenz etc*) ultrahigh. — **u~kon·ser·va₁tiv** ['ultra-] adj pol. ultraconservative, extremely conservative.
'Ul·tra₁kurz₁wel·le f **1.** (*radio*) very high frequency, VHF, *auch* vhf, ultrashort wave. – **2.** med. ultrashort wave.
'Ul·tra₁kurz₁wel·len|an₁ten·ne f (*radio*) cf. UKW-Antenne. — **~₁sen·der** m cf. UKW-Sender.
'Ul·tra₁lin·ke f ⟨-n; no pl⟩ pol. extreme left.
Ul·tra·ma·rin [ultrama'riːn] **I** n ⟨-s; no pl⟩ (*Farbe*) ultramarine (blue). – **II** u~ adj cf. kornblumenblau 1.
'Ul·tra|mi₁kro₁skop n med. ultramicroscope. — **u~mi₁kro₁sko·pisch** adj ultramicroscopic. — **u~mo₁dern** adj ultramodern.
ul·tra·mon·tan [ultramɔn'taːn] adj hist. (*streng päpstlich*) ultramontane. — **Ul·tra·mon'ta·ne** m ⟨-n; -n⟩ ultramontanist, ultramontane. — **Ul·tra·mon·ta'nis·mus** [-ta'nɪsmʊs] m ⟨-; no pl⟩ ultramontanism.
'ul·tra₁rot adj phys. ultrared, infrared. — **~₁durch₁läs·sig** adj transparent to infrared. — **U~₁strah·lung** f infrared radiation.
'Ul·tra₁schall m ⟨-(e)s; no pl⟩ med. phys. **1.** ultrasound: **mit ~ behandeln** med. to treat (*s.o.*) with ultrasound. – **2.** supersonics pl (*usually construed as sg*), ultrasonics pl (*construed as sg*). — **~be₁hand·lung** f med. treatment with ultrasound. — **~₁bohr·en** n tech. ultrasonic drilling. — **~₁bohr·ma₁schi·ne** f ultrasonic drilling machine. — **~dia₁gno·stik** f med. ultrasonic diagnosis. — **~₁echo₁lot** n aer. mar. supersonic (*od.* ultrasonic) altimeter. — **~₁echo₁lo·tung** f ultrasonic height-finding (*od.* sounding). — **~fre₁quenz** f supersonic (*od.* ultrasonic) frequency. — **~ge₁rät** n med. supersonic (*od.* ultrasonic) apparatus, ultrasonoscope. — **~₁heil·ver₁fah·ren** n ultrasonography. — **~₁prü·fung** f tech. metall. ultrasonic test(ing). — **~₁schwei·ßen** n metall. ultrasonic welding. — **~₁schwin·gun·gen** pl phys. supersonic (*od.* ultrasonic) vibrations. — **~₁tech·nik** f ultrasonics pl (*construed as sg*), auch supersonics pl (*usually construed as sg*). — **~the·ra₁pie** f med. ultrasonography. — **~₁wel·le** f phys. supersonic (*od.* ultrasonic) wave. — **~₁wel·len·fre₁quenz** f supersonic (*od.* ultrasonic) sound wave frequency.
'Ul·tra|₁strah·len pl cosmic rays. — **~₁strah·lung** f (cosmic) ultraradiation.
'ul·tra·vio₁lett **I** adj (*Licht, Strahlen etc*) ultraviolet: **j-n mit ~en Strahlen behandeln** med. to uviolize s.o. – **II** U~ n ⟨-s; no pl⟩ ultraviolet. — **~₁durch₁läs·sig** adj transparent to ultraviolet.
'ul·tra·vi₁si·bel adj med. phys. ultramicroscopic. — **U~zen·tri₁fu·ge** f (*im Labor*) ultracentrifuge.
Ul·ze·ra·ti·on [ultsera'tsioːn] f ⟨-; -en⟩ med. ulceration.
ul·ze·rie·ren [ultse'riːrən] v/i ⟨no ge-, sein⟩ med. (*geschwürig werden*) ulcerate.
ul·ze·rös [ultse'røːs] adj med. (*geschwürig*) ulcerous, ulcerative.
um [ʊm] **I** prep ⟨acc⟩ **1.** (*räumlich*) (a)round: **~ den Tisch (herum) sitzen** to sit (a)round the table; **das Mutterschiff kreist ~ den Mond** (*space*) the command module is circling (a)round (*od.* is looping) the moon; **die Touristen sammelten sich ~ den Reiseleiter** the tourists gathered (a)round the guide; **er ist immer ~ sie herum** he is always hanging (a)round her; **ein Haus herumgehen** to go (a)round a house; **~ den Garten läuft ein Zaun** a fence runs (a)round the garden; **er wohnt gleich ~ die Ecke** he lives just (a)round the corner; **~ die Ecke biegen** to turn (a)round) the corner; **(sich dat) ein Tuch ~ den Hals binden** to tie a scarf (a)round one's neck; **j-m ~ den Hals fallen** to throw one's arms (a)round s.o.'s neck; **~ sich schauen** to look around (*od.* about) one; **wild ~ sich schlagen** to kick around wildly; **er wirft**

mit dem Geld nur so ~ sich he throws his money around; die Seuche griff ~ sich the epidemic spread; alles dreht sich ~ das (*od.* ~s) Geld everything revolves around money, money makes the world go round (*colloq.*); es ist ~ ihn recht ruhig geworden there's not so much talk about him now; die Frauen ~ Goethe the women around Goethe; ihr wurde leicht ~s Herz she felt relieved (*od. lit.* light of heart); mir ist weh ~s Herz I am sore at heart, my heart is grieved; wenn du wüßtest, wie mir ~s Herz ist if you knew how I felt (*od.* feel); → schlagen 6. – **2.** (*zeitlich*) a) (*etwa, ungefähr*) (round) about, (some time) around, about ... or so, b) (*genau*) at: die Vorstellung beginnt ~ acht Uhr the performance starts at eight o'clock; kannst du ~ zehn (herum) kommen? can you come round about ten? can you come about ten or so? *Br. colloq.* can you come tenish? das muß ~ Ostern (herum) gewesen sein that must have been some time around Easter. – **3.** (*für, nach*) for: er fragte mich ~ Rat he asked me for advice; ~ Hilfe rufen to shout for help; sie flehte ~ Gnade she begged for mercy; er bat ~ Aufschub he asked for postponement; der Sohn schrieb an seinen Vater ~ Geld the son wrote to his father for money; ich gäbe viel ~ meine Gesundheit I would give a lot for my health; → Verzeihung 2; Wette 2. – **4.** (*in bezug auf*) about: sie wußte ~ sein Geheimnis she knew about his secret; schade ~ ihn! it's a pity (*od.* it's too bad) about him! bei dieser Geschichte geht es ~ das Problem der Freiheit this story is about (*od.* deals with) the problem of freedom; es geht mir nicht ~ das (*od.* ~s) Geld I'm not concerned about the money, it's not so much the money; hier geht es ~ das Prinzip this is a question of principle; es steht schlecht ~ ihn a) (*gesundheitlich*) he's in a bad way, b) (*finanziell etc*) he's in a bad way, things are going badly for him; er hat sich ~ die Stadt verdient gemacht he did the town good service; das hat er nicht ~ sie verdient he did not deserve that from her; → bemühen 2, 3; geschehen² II; kümmern I. – **5.** (*wegen*) for: ~ j-n weinen to weep for s.o.; es tut mir leid ~ dich I'm sorry for you; j-n ~ etwas beneiden to envy s.o. s.th. – **6.** (*eine Aufeinanderfolge, einen Wechsel bezeichnend*) after: Woche ~ Woche verging one week went by after the other, week after week went by, the weeks went by one after the other; er arbeitete nur einen Tag ~ den anderen (*Northern G.* einen ~ den anderen Tag) he works only every other (*od.* second) day; einer ~ den anderen verließ den Raum a) one left the room after the other, they left the room one after the other (*od.* one by one), b) every second (*od.* other) person left the room; wir bekamen Absage ~ Absage we received one negative reply after the other. – **7.** (*einen Austausch bezeichnend*) for: er arbeitet ~ einen sehr geringen Lohn he works for very low wages; ich habe das ~ eine geringe Summe gekauft I bought that for very little (*od.* for a low price); ~ Geld spielen to play for money; was tut man nicht alles ~s liebe Geld! what one doesn't do for money! ~ zehn Mark wetten to bet ten marks; ~ jeden Preis at all costs; ~ keinen Preis on no account; nicht ~ alles in der Welt not for a mint of money, not for a pension, not if you paid me (*colloq.*); es geht ~ Leben und Tod it's a matter (*od.* question) of life and death; es geht ~s Ganze everything is at stake, it's all (*od.* neck) or nothing; Auge ~ Auge(, Zahn ~ Zahn) an eye for an eye(, and a tooth for a tooth). – **8.** (*in Wendungen wie*) ~ etwas kommen to be done out of s.th.; j-n ~ etwas bringen a) to rob (*od.* deprive) s.o. of s.th., b) (*betrügerisch*) to cheat (*od.* do) s.o. out of s.th.; ich bin ~ mein ganzes Geld gekommen a) I have lost all my money, b) (*durch Betrug*) I've been cheated (*od.* done) out of all my money; die unerwünschte Heirat hat ihn ~ sein Erbteil gebracht the undesirable marriage deprived him of his inheritance; durch den Besuch bin ich ~ meinen Mittagsschlaf gekommen I was done out of my nap by the visitors; ~s Leben kommen to lose one's life. – **9.** (*einen*

Unterschied bezeichnend*) by: ~ ein bedeutendes (*od.* beträchtliches, erkleckliches) kleiner smaller by far; ~ so mehr [weniger], als (*od.* weil, da) all the more so [all the less] because (*od.* since); das neue Modell ist ~ vieles besser the new model is better by far; er hat sich ~ nichts gebessert he hasn't improved in the slightest; du bist ~ zehn Zentimeter [einen Kopf] kleiner als ich you are ten centimetres (*bes. Br.* centimetres) [a head] smaller than I (*od.* me, than I am); du kommst genau ~ eine Stunde zu spät you are exactly one hour (too) late; sie hat sich ~ zehn Mark verrechnet she was ten marks out in her calculation; dieser Artikel ist dort ~ die Hälfte billiger this article is only half the price there; ~ ein Haar wäre ich gefallen I was very near to (*od.* I was within an ace of) falling; ~ so besser [schlimmer]! so much the better! all the better! [so much the worse!]. – **II** um ... willen *prep* ⟨*gen*⟩ **10.** ~ j-s [einer Sache] willen for the sake of s.o. [s.th.]: ~ meinetwillen for my sake; ~ des lieben Friedens willen for the sake of peace; ~ Himmels willen! a) for heaven's sake! b) (*als Ausdruck des Erstaunens*) heavens (above)! good(ness) gracious! ~ Gottes willen! for goodness' (*stärker* God's) sake! – **III** conj **11.** ~ zu (*final*) (in order) to: er ging ins Nebenzimmer, ~ zu telephonieren he went into the next room (in order) to make a telephone call; sie ist noch zu jung, ~ das zu verstehen she is too young to understand that. – **12.** ~ zu (*konsekutiv*) to: er wanderte nach Amerika aus, ~ dort drei Jahre später zu sterben he emigrated to America to die there three years later; sie heirateten, ~ sich schon nach wenigen Monaten wieder scheiden zu lassen they (got) married (only) to be divorced again after a few months. – **IV** adv **13.** ~ und ~ a) all around, b) (*völlig*) completely, totally, c) (*durcheinander*) inside out: Feinde ~ und ~ enemies all around; ich kehrte die Schublade ~ und ~ I turned the drawer inside out. – **14.** colloq. (*etwa*) about, around: er verdient so ~ (die) tausend Mark he earns something around (*od.* in the vicinity of) a thousand marks; es waren so ~ die 20 Leute dort there were about (*od.* some) 20 people there.

'**um,ackern** (*getr.* -k·k-) v/t ⟨*sep*, -ge-, h⟩ agr. plough (*bes. Am.* plow) (*s.th.*) up.
'**um·adres,sie·ren** I v/t ⟨*sep*, no -ge-, h⟩ readdress, redirect. – II U~ n ⟨-s⟩ verbal noun. — '**Um·adres,sie·rung** f ⟨-; -en⟩ **1.** *cf.* Umadressieren. – **2.** redirection.
'**um,än·dern** I v/t ⟨*sep*, -ge-, h⟩ **1.** change, alter. – **2.** (*teilweise*) modify. – **3.** (*Kleid etc*) alter. – II U~ n ⟨-s⟩ **4.** verbal noun. — '**Um,än·de·rung** f ⟨-; -en⟩ **1.** *cf.* Umändern. – **2.** change, alteration. – **3.** (*teilweise*) modification. – **4.** (*eines Kleides etc*) alteration.
'**um,ar·bei·ten** I v/t ⟨*sep*, -ge-, h⟩ **1.** etwas zu etwas ~ to make (*od.* turn) s.th. into s.th. – **2.** (*Kleid etc*) refashion, remodel, *Am.* make over: ein Kleid nach der neuesten Mode ~ to have a dress remodel(l)ed (*od.* after) the latest fashion. – **3.** (*Buch, Artikel, Aufsatz etc*) revise: einen Roman ~ to rewrite a novel. – **4.** (*für den Film etc*) adapt: er arbeitete seinen Roman zu einem Drama um he adapted his novel for the stage. – **5.** (*modifizieren*) modify. – **6.** (*neu gestalten, umorganisieren*) remodel, recast, refashion. – II U~ n ⟨-s⟩ **7.** verbal noun. — '**Um,ar·bei·tung** f ⟨-; -en⟩ **1.** *cf.* Umarbeiten. – **2.** (*eines Buches etc*) revision. – **3.** (*für den Film etc*) adaptation. – **4.** (*Modifizierung*) modification.
,**um'ar·men** I v/t ⟨*insep*, no -ge-, h⟩ **1.** embrace, clasp (*s.o.*) in one's arms: die beiden Liebenden umarmten sich the two lovers embraced (each other). – **2.** (*an sich drücken*) hug: das Kind umarmte die Mutter the child hugged its mother. – II U~ n ⟨-s⟩ **3.** verbal noun. — ,**Um'ar·mung** f ⟨-; -en⟩ **1.** *cf.* Umarmen. – **2.** embrace. – **3.** hug. – **4.** fig. (*Liebesakt*) embrace, union.
'**um,bau** m ⟨-(e)s; -ten u. -e⟩ **1.** *cf.* Umbauen¹. – **2.** renovation(s pl), structural alteration(s pl): wegen ~(s) geschlossen closed for renovations. – **3.** tech. reconstruction, redesign, rebuilding. – **4.** (*umgebautes Gebäude*) altered section: im ~

wurde eine Ölheizung installiert an oil stove was installed in the altered section. – **5.** fig. (*einer Verwaltung etc*) reorganization *Br. auch* -s-, reconstruction. – **6.** (*theater*) change of set (*od.* scenery). – **7.** (*um Couch, Bett etc*) (wooden) surround(s pl).
'**um,bau·en**¹ I v/t ⟨*sep*, -ge-, h⟩ **1.** (*Haus etc*) renovate, alter, make structural alterations to, convert. – **2.** (*völlig*) rebuild. – **3.** (*anders arrangieren*) rearrange, change (*s.th.*) round. – **4.** tech. rebuild, reconstruct, redesign. – **5.** fig. (*Verwaltung etc*) reorganize *Br. auch* -s-, reconstruct. – **6.** (*zu einem neuen Zweck*) (in acc into) convert. – **7.** das Bühnenbild ~ (*theater*) to change the set(ting) (*od.* scenery). – II U~ n ⟨-s⟩ **8.** verbal noun.
,**um'bau·en**² v/t ⟨*insep*, no -ge-, h⟩ etwas mit etwas ~ to build s.th. (a)round s.th., to surround s.th. with s.th.
,**um'baut** I pp of umbauen². – II adj ~er Raum enclosed area, interior space.
'**um·be,hal·ten** v/t ⟨*irr*, sep, no -ge-, h⟩ (*Schal, Stola, Kette etc*) keep (*s.th.*) on.
'**um·be,nen·nen** I v/t ⟨*irr*, sep, no -ge-, h⟩ rename. – II U~ n ⟨-s⟩ verbal noun. — '**Um·be,nen·nung** f ⟨-; -en⟩ *cf.* Umbenennen.
'**Um·ber**¹ ['umbər] m ⟨-s; no pl⟩ min. (paints) cf. Umbra.
'**Um·ber**² m ⟨-s; -n⟩, ~·fisch m zo. sciaenoid, grunt drum(fish) (*Fam. Sciaenidae*).
'**Um·ber,fle·der,maus** f zo. northern serotine (*Eptesicus nilssoni*).
'**um·be,set·zen** I v/t ⟨*irr*, sep, no -ge-, h⟩ **1.** (*Posten, Stelle etc*) appoint a different person to: die Stelle wurde umbesetzt a different person was appointed to the post. – **2.** pol. reshuffle, *Am.* shake up. – **3.** (*theater*) (*Rolle*) recast. – II U~ n ⟨-s⟩ **4.** verbal noun. — '**Um·be,set·zung** f ⟨-; -en⟩ **1.** *cf.* Umbesetzen. – **2.** pol. reshuffle, *Am.* shake-up. – **3.** (*theater*) recast, change of cast.
'**um,bet·ten** I v/t ⟨*sep*, -ge-, h⟩ **1.** (*Kranke etc*) put (*s.o.*) in(to) (*od.* transfer [*s.o.*] to) another bed. – **2.** (*Leiche*) transfer (*body*) to another grave. – **3.** civ.eng. (*Fluß*) rechannel. – II U~ n ⟨-s⟩ **4.** verbal noun. — '**Um,bet·tung** f ⟨-; -en⟩ **1.** *cf.* Umbetten. – **2.** (*eines Kranken*) transfer (to another bed). – **3.** (*einer Leiche*) transfer (to another grave).
'**um·be,zeich·nen** v/t ⟨*sep*, no -ge-, h⟩ relabel.
'**um,bie·gen** I v/t ⟨*irr*, sep, -ge-, h⟩ **1.** etwas nach oben [unten] ~ a) (*Ärmel, Kragen etc*) to turn s.th. up [down], b) (*Draht, Eisenstange etc*) to bend (*od.* turn) s.th. up [down]. – **2.** tech. a) deflect, b) (*Rand von Blechteilen*) fold. – **3.** (*Buchseite etc*) turn (*od.* fold) down, dog-ear. – **4.** fig. colloq. (*Urteil etc*) deflect. – II v/reflex sich ~ **5.** (*von Kragenecken, Seitenrändern etc*) curl up. – III v/i ⟨sein⟩ **6.** (*eine Biegung machen, umkehren*) turn (back), double back.
'**um,bil·den** I v/t ⟨*sep*, -ge-, h⟩ **1.** (*neu gestalten*) recast, remodel, refashion. – **2.** (*neu organisieren*) reorganize *Br. auch* -s-, reconstruct. – **3.** (*umwandeln*) transform, metamorphose. – **4.** (*reformieren*) reform. – **5.** pol. (*Kabinett etc*) reshuffle, reorganize *Br. auch* -s-, *Am.* shake up. – II U~ n ⟨-s⟩ **6.** verbal noun. — '**Um,bil·dung** f ⟨-; -en⟩ **1.** *cf.* Umbilden. – **2.** reorganization *Br. auch* -s-, reconstruction. – **3.** transformation, metamorphosis (*lit.*). – **4.** reform. – **5.** pol. (*des Kabinetts etc*) reshuffle, reorganization *Br. auch* -s-, *Am.* shake-up: eine ~ der Regierung vornehmen to reshuffle the government; in der ~ begriffen sein to be undergoing a reshuffle.
Um·bi·li·cus [um'bi:likus] m ⟨-; -lici [-tsi]⟩ med. (*Nabel*) navel, umbilicus (*scient.*). — **um·bi·li'kal** [-bili'ka:l] adj umbilical.
'**um,bin·den**¹ v/t ⟨*irr*, sep, -ge-, h⟩ **1.** (*Schal, Tuch, Kette, Gürtel, Schürze etc*) put (*s.th.*) on: sich (dat) einen Schal ~ to put a scarf on, to put (*od.* tie) a scarf (a)round one's neck. – **2.** print. (*Buch etc*) rebind.
,**um'bin·den**² v/t ⟨*irr*, insep, no -ge-, h⟩ etwas mit etwas ~ to tie (*od.* bind) s.th. (a)round s.th.
'**um,bla·sen**¹ v/t ⟨*irr*, sep, -ge-, h⟩ blow (*s.th., s.o.*) down (*od.* over): sie ist so

dünn, daß man sie ~ könnte *fig.* she is so thin (that) you could knock her down with a feather.

'um'**bla·sen**[2] *v/t* ⟨*irr, insep, no* -ge-, h⟩ *poet.* (*umwehen*) blow (a)round.

'Um,**blatt** *n* (*der Zigarre*) binder.

'um,**blät·tern** **I** *v/t* ⟨*sep,* -ge-, h⟩ (*Buchseite etc*) turn (over). – **II** *v/i* turn (over) the (*od.* a) page, turn over (*colloq.*).

'um,**blicken** (*getr.* -k·k-) *v/reflex* ⟨*sep,* -ge-, h⟩ sich ~ **1.** look back (*od.* round), revert the eyes: sich nach j-m [etwas] ~ a) to look back at s.o. [s.th.], b) (*im Vorübergehen*) to look round after s.o. – **2.** (*im Kreise*) look round (*od.* about) (one).

Um·bra ['umbra] *f* ⟨-; *no pl*⟩ *min.* (*paints*) umber. — ~**,er·de** *f min.* umber earth.

,um'**bran·den** *v/t* ⟨*insep, no* -ge-, h⟩ *poet.* surge (*od.* foam) (a)round.

,um'**brau·sen** *v/t* ⟨*insep, no* -ge-, h⟩ *poet.* roar round.

'um,**bre·chen**[1] **I** *v/t* ⟨*irr, sep,* -ge-, h⟩ **1.** (*Stock, Zaun, Baum etc*) break (*s.th.*) down. – **2.** *agr.* (*Boden*) turn (over), break (up), plough, *bes. Am.* plow. – **II** *v/i* ⟨sein⟩ **3.** (*von Zaun, Baum etc*) break.

,um'**bre·chen**[2] *v/t* ⟨*irr, insep, no* -ge-, h⟩ *print.* **1.** (*Satz*) make up. – **2.** (*Zeile*) overrun.

,Um'**bre·cher** *m* ⟨-s; -⟩ *print.* makeup (*Br.* make-up) man.

'um,**brin·gen** **I** *v/t* ⟨*irr, sep,* -ge-, h⟩ **1.** j-n ~ to kill (*od.* murder) s.o., to take s.o.'s life, to do away with s.o. (*colloq.*): diese Arbeit wird mich noch eines Tages ~ *fig. colloq.* this work will kill me one day. – **2.** *fig. colloq.* (*in Wendungen wie*) etwas ist nicht umzubringen s.th. wears forever (*od.* for ages), s.th. never wears out; j-d ist nicht umzubringen s.o. has endless energy, s.o. is indefatigable, s.o. can go on for ever (*colloq.*). – **II** *v/reflex* sich ~ kill oneself, take one's own life, commit suicide, do away with oneself (*colloq.*): sie brachte sich fast (*od.* bald, halb) um, als sie den Nagel in die Wand schlug *fig. colloq.* she nearly (*od.* half) killed herself hammering the nail into the wall; er brachte sich fast um vor Hilfsbereitschaft *fig. colloq.* he was tripping over himself to be helpful (*colloq.*); bring dich bloß nicht um! *iron.* (mind you) don't kill (*od.* hurt, strain) yourself!

um·brisch ['umbrɪʃ] **I** *adj* Umbrian. – **II** *ling.* U~ ⟨*generally undeclined*⟩, das U~e ⟨-n⟩ Umbrian, the Umbrian language.

'Um,**bruch** *m* ⟨-(e)s; ⁼e⟩ **1.** *print.* a) makeup, *Br.* make-up, b) *cf.* Umbruchkorrektur: durch diese Korrektur entsteht viel ~ this correction involves a great deal of overrunning. – **2.** *agr.* newly broken soil. – **3.** (*mining*) by-pass. – **4.** *fig.* (*grundlegende Änderung*) (radical) change: diese Entdeckung kennzeichnet einen ~ in der Geschichte der Medizin this discovery marks a radical change (*od.* a revolution) in the history of medicine. – **5.** *bes. pol.* a) upheaval, revolution, b) (*im Parlament*) landslide. — ~**,ab·zug** *m print.* page proof. — ~**kor·rek·tur** *f* page proof. — ~**re·dak·teur** *m* editorial makeup (*Br.* make-up) man.

'um,**bu·chen** **I** *v/t* ⟨*sep,* -ge-, h⟩ **1.** (*Flug etc*) change one's reservation for: ich mußte den Flug auf Samstag ~ I had to change my flight reservation to Saturday. – **2.** *econ.* transfer (*s.th.*) (to another account). – **II U~** *n* ⟨-s⟩ *verbal noun.* — **'Um**,**bu·chung** *f* ⟨-; -en⟩ **1.** *cf.* Umbuchen. – **2.** change in reservation: ich möchte eine ~ vornehmen I would like to make a change in reservation. – **3.** *econ.* (book) transfer.

'um,**decken** (*getr.* -k·k-) *v/t* ⟨*sep,* -ge-, h⟩ **1.** (*den Tisch*) ~ to lay (*od.* set) the table differently, to change the table setting. – **2.** (*Dach*) retile.

'um,**den·ken** *v/i* ⟨*irr, sep,* -ge-, h⟩ reorient one's opinion. – **II U~** *n* ⟨-s⟩ reorientation.

'um,**deu·ten** *v/t* ⟨*sep,* -ge-, h⟩ etwas ~ to give a new interpretation to s.th., to reinterpret s.th.: diese Theorie wurde später von Forschern umgedeutet this theory was later given a new interpretation by scientists. — **'Um**,**deu·tung** *f* ⟨-; -en⟩ reinterpretation.

'um,**dich·ten** *v/t* ⟨*sep,* -ge-, h⟩ recast.

'um·di·ri·gie·ren *v/t* ⟨*sep, no* -ge-, h⟩ **1.** (*Verkehr*) redirect, divert, detour. – **2.** *fig.* redirect.

'um·dis·po·nie·ren **I** *v/i* ⟨*sep, no* -ge-, h⟩ make new arrangements, replan, change one's arrangements. – **II** *v/t* replan, reorganize *Br. auch* -s-.

,um'**drän·gen** *v/t* ⟨*insep, no* -ge-, h⟩ throng (*od.* crowd, press) (a)round.

'um,**dre·hen** *v/t* ⟨*sep,* -ge-, h⟩ **1.** (*ganz herum*) turn (*s.th.*) (round): den Schlüssel im Schloß ~ to turn the key in the lock; schon der Gedanke daran drehte mir den Magen um *fig. colloq.* the very thought (of it) turned my stomach; → Pfennig 2; Spieß 4. – **2.** (*Blatt Papier, Matratze etc*) turn (*s.th.*) over. – **3.** (*Buchseite*) turn (over). – **4.** (*abdrehen*) wring: einem Huhn den Hals ~ to wring a chicken's neck; ich werde dir den Hals ~ *fig. colloq.* I'll wring your neck. – **5.** (*verdrehen*) twist: j-m den Arm ~ to twist s.o.'s arm; j-m das Wort im Mund ~ *fig. colloq.* to twist s.o.'s every word. – **6.** (*von innen nach außen*) turn (*s.th.*) inside out: Taschen [Socken, Handschuhe] ~ to turn pockets [socks, gloves] inside out. – **II** *v/reflex* sich ~ **7.** turn (round): sie drehte sich auf dem Absatz um und verließ das Zimmer she turned on her heel and left the room; alle drehten sich um everybody turned round; sich nach j-m ~ a) to turn round to look at s.o., to look round at s.o., b) (*im Vorübergehen*) to turn round to look after s.o., to look round after s.o.; deine Großmutter würde sich im Grabe ~, wenn sie das hörte *fig. colloq.* your grandmother would turn in her grave if she heard that; das Herz drehte sich mir im Leibe um vor Kummer *fig.* my heart bled with sorrow; wenn ich schon daran denke, dreht sich mir der Magen um *fig. colloq.* my stomach turns (over) (*od.* heaves) at the very thought of it. – **8.** *mar.* (*von Schiff*) (*umkippen*) turn over. – **9.** (*von Kapsel etc*) spin. – **10.** *aer.* (*von Flugzeug*) rotate. – **III** *v/i* ⟨sein⟩ **11.** *colloq.* (*umkehren*) turn (back), double back.

Um·dre·hung [ˌum'dreːʊŋ; 'um,dreːʊŋ] *f* ⟨-; -en⟩ **1.** turn: eine einmalige ~ a single turn; eine ~ nach links a turn to the left. – **2.** *astr. phys. tech.* a) (*um die eigene Achse*) rotation, revolution, turn, b) (*um einen Mittelpunkt*) revolution: 5000 ~en in der Minute 5,000 revolutions (*od. colloq.* revs) per minute. – **3.** (*sport*) (*beim Fechten*) volte-face.

'Um,**dre·hungs**,**ach·se** *f astr. phys. tech.* axis of rotation. — ~**be,we·gung** *f* rotary motion. — ~**ge,schwin·dig·keit** *f* speed of rotation, rotational speed. — ~**,punkt** *m* center (*bes. Br.* centre) of rotation. — ~**,zahl** *f tech.* number of revolutions, speed. — ~**,zäh·ler** *m* revolution counter.

,um'**dü·stert** *adj* (*Blick etc*) obscured, gloomy.

,um·ein'an·der *adv* **1.** (*örtlich*) a) (*bei zwei Personen*) (a)round each other, b) (*bei mehreren Personen*) (a)round one another: ~ herumtanzen to dance (a)round each other. – **2.** (*modal*) (*bei zwei Personen*) about each other, b) (*bei mehreren Personen*) about one another: die beiden Schwestern kümmern sich gar nicht mehr ~ the two sisters don't bother about each other at all now.

'um·ent,wickeln (*getr.* -k·k-) *phot.* **I** *v/t* ⟨*sep, no* -ge-, h⟩ redevelop. – **II U~** *n* ⟨-s⟩ *verbal noun.* — **'Um·ent,wick·lung** *f* ⟨-; *no pl*⟩ **1.** *cf.* Umentwickeln. – **2.** redevelopment.

'um·er,zie·hen *v/t* ⟨*irr, sep, no* -ge-, h⟩ reeducate, *Br.* re-educate. – **'Um·er,zie·hung** *f* ⟨-; *no pl*⟩ reeducation, *Br.* re-education.

,um'**fä·cheln** *v/t* ⟨*insep, no* -ge-, h⟩ **1.** fan. – **2.** *poet.* fan, caress.

'um,**fah·ren**[1] **I** *v/t* ⟨*irr, sep,* -ge-, h⟩ j-n [etwas] ~ to run over s.o. [s.th.], to knock (*od.* run) s.o. [s.th.] down. – **II** *v/i* ⟨sein⟩ *colloq.* make a detour. – **III U~** *n* ⟨-s⟩ *verbal noun.*

,um'**fah·ren**[2] **I** *v/t* ⟨*irr, insep, no* -ge-, h⟩ **1.** (*rund um etwas herumfahren*) drive (a)round, circumvent: auf dieser Straße kann man den See ganz ~ on this road you can drive right ~ all the way) (a)round the lake. – **2.** (*ausweichend*) drive round, circumvent: es gelang ihm gerade noch, das Hindernis zu ~ he just managed to drive (*od.* get) round the obstacle. – **3.** (*auf einer Umgehungsstraße*) bypass,

circumvent. – **4.** *mar.* a) (*Insel etc*) (sail) (a)round, b) (*Kap etc*) double, c) (*Welt*) circumnavigate. – **II U~** *n* ⟨-s⟩ *verbal noun.*

'Um,**fahrt** *f* ⟨-; -en⟩ **1.** (*Umweg*) detour. – **2.** (*Rundfahrt*) round trip, *bes. Br.* circular tour.

'Um,**fah·rung** *f* ⟨-; -en⟩ **1.** *cf.* Umfahren[2]. – **2.** *mar.* (*der Welt*) circumnavigation.

,Um'**fah·rungs,stra·ße** *f Austrian* bypass.

'Um,**fall** *m* ⟨-(e)s; *no pl*⟩ *fig. colloq.* **1.** change of mind (*od.* opinion). – **2.** *pol.* defection.

'um,**fal·len** **I** *v/i* ⟨*irr, sep,* -ge-, sein⟩ **1.** (*von Personen*) fall down (*od.* over), drop to the ground: ich bin so müde, daß ich fast umfalle I am (so tired I'm) about to drop; tot ~ to drop (down) dead; ich will (auf der Stelle) tot ~, wenn *colloq.* I'll eat my hat if; ich will tot ~, wenn das nicht die Wahrheit ist *colloq.* cross my heart and hope to die. – **2.** (*schwer u. plötzlich*) slump (to the ground). – **3.** (*ohnmächtig werden*) faint, swoon, pass out (*colloq.*): bei der Hitze fielen die Leute um wie die Fliegen *colloq.* people fainted (*od.* dropped off) like flies in the heat; ich wäre vor Schreck fast umgefallen *colloq.* I nearly fainted of (*od.* with) fright. – **4.** (*von Gegenständen*) fall down (*od.* over), topple over. – **5.** (*umkippen, umschlagen*) turn over, tip over, overturn. – **6.** *fig. colloq.* (*bes. von Politikern*) go back on (*od.* break) one's word. – **II U~** *n* ⟨-s⟩ **7.** *verbal noun:* zum U~ müde sein to be (so tired that one is) about to drop.

'um,**fal·zen** *v/t* ⟨*sep,* -ge-, h⟩ *cf.* falzen 1.

'Um,**fang** *m* ⟨-(e)s; *no pl*⟩ **1.** *tech.* a) (*des Kreises, der Kugel etc*) circumference, periphery, (*eines Rades*) *auch* perimeter. – **2.** (*eines Baumes etc*) girth, circumference: der Baum hat einen ~ von acht Metern the tree has a girth of eight meters (*bes. Br.* metres); Herr X hat einen ganz schönen ~ *colloq. humor.* Mr. X has quite a girth. – **3.** (*einer Stadt etc*) perimeter. – **4.** (*Volumen*) size, proportion, volume, compass, girth: das Buch hat einen ~ von 300 Seiten the book has (*od.* contains) 300 pages; welchen ~ soll der Aufsatz haben? what size (*od.* how long) should the essay be? – **5.** (*räumliche Ausdehnung*) dimension, size: das Grundstück hat einen ~ von tausend Quadratmetern the estate has a dimension of a thousand square meters (*bes. Br.* metres), the estate is a thousand square meters (*bes. Br.* metres) in dimension (*od.* size). – **6.** (*in der Schneiderei*) width. – **7.** *fig.* (*Ausmaß*) extent, dimension(s *pl*): ich konnte die Auswirkungen damals noch nicht in ihrem vollen ~ übersehen I could not foresee the full extent of the consequences at the time; er hat es in vollem ~ zugegeben he fully admitted his guilt. – **8.** *fig.* (*Maßstab*) scale: sie konnten die Produktion nur in kleinerem ~ fortsetzen they could only continue production on a smaller scale. – **9.** *fig.* (*des Verkehrs, Verkaufs etc*) volume. – **10.** *fig.* (*eines Begriffes*) range, extension, breadth. – **11.** *mus.* (*einer Stimme*) volume, compass. – **12.** *econ.* (*einer Versicherung*) coverage. – **13.** (*radio*) (*des Tonbereichs*) range.

,um'**fan·gen** *v/t* ⟨*irr, insep, no* -ge-, h⟩ **1.** clasp. – **2.** (*umarmen*) embrace. – **3.** *fig. lit.* surround, envelop, *auch* envelope, encompass: Dunkelheit umfing sie darkness enveloped her.

'um,**fäng·lich** [-,fɛŋlɪç] *adj* extensive.

'um,**fang,reich** *adj* **1.** (*dick, voluminös*) voluminous. – **2.** *fig.* (*Studien, Bestellungen, Beziehungen, Erkundigungen etc*) extensive. – **3.** *fig.* (*Gebiet etc*) extensive, expansive. – **4.** *fig.* (*Arbeiten, Werke etc*) extensive. – **5.** (*geräumig*) spacious, capacious. – **6.** *colloq.* (*Person*) voluminous. – **7.** *mus.* (*Stimme*) of great range (*od.* ambitus).

'Um,**fangs,tei·lung** *f tech.* (*des Zahnrads*) circular pitch.

'um,**fär·ben** *v/t* ⟨*sep,* -ge-, h⟩ dye (*s.th.*) a different color (*bes. Br.* colour).

'Um,**färb,ha·se** *m zo.* white rabbit (*Lepus americanus*).

,um'**fas·sen**[1] *v/t* ⟨*insep, no* -ge-, h⟩ **1.** clasp: j-n von hinten ~ to clasp s.o. from behind; er hatte meine Hände umfaßt he had clasped my hands. – **2.** (*umarmen*) embrace: sie umfaßten sich lange they embraced (each other) for a long time. –

3. *fig.* (*enthalten, in sich schließen*) comprise, include, contain, encompass: diese Ausgabe umfaßt sämtliche wichtigen Werke des Schriftstellers this edition contains all the important works of the author; das Buch umfaßt 300 Seiten the book has 300 pages (*od.* is 300 pages long). – **4.** *fig.* (*zeitlich*) cover: die Erzählung umfaßt einen Zeitraum von drei Tagen the story covers a period of three days. – **5.** *fig.* (*einfassen*) surround, enclose: etwas mit einem Zaun ~ to surround s.th. with a fence, to fence s.th. in. – **6.** *mil.* encircle, envelop, *auch* envelope. – II U~ *n* ⟨-s⟩ **7.** *verbal noun.* – **8.** *cf.* Umfassung.

'um·fas·sen² *v/t* ⟨*sep*, -ge-, h⟩ (*Ring, Stein etc*) give (*s.th.*) a different setting, set (*s.th.*) differently, reset.

um'fas·send I *pres p of* umfassen¹. – II *adj* **1.** (*Kenntnisse, Vollmachten etc*) extensive, wide, large, comprehensive. – **2.** (*Geständnis, Beichte etc*) complete, full, comprehensive. – **3.** (*durchgreifend, weitreichend*) sweeping, drastic, extensive.

Um'fas·sung *f* ⟨-; *no pl*⟩ **1.** *cf.* Umfassen¹. – **2.** (*Einfassung*) enclosure. – **3.** *mil.* envelopment, encirclement: zangenförmige ~ pincers *pl* (*sometimes construed as sg*).

Um'fas·sungs|be·we·gung *f*, **~ma·nö·ver** *n mil.* encircling (*od.* enveloping, pincers) movement. — **~mau·er** *f civ.eng.* exterior (*od.* external) wall.

'Um·feld *n* **1.** *phot.* (*eines Projektionsbilds etc*) ambient (*od.* outer) field. – **2.** *psych.* surrounding field. — **~bild** *n phot.* cut-off (*od.* out-of-frame) area. — **~hel·lig·keit** *f* ambient brightness.

um'flat·tern *v/t* ⟨*insep*, *no* -ge-, h⟩ flutter (a)round.

um'flech·ten *v/t* ⟨*irr*, *insep*, *no* -ge-, h⟩ **1.** etwas mit etwas ~ to weave s.th. round s.th.: eine Flasche mit Bast ~ to weave a raffia cover round a bottle; eine Flasche ~ to weave a wicker cover round a bottle. – **2.** plait (*s.th.*) round. – **3.** (*Draht*) braid.

um'flie·gen¹ *v/t* ⟨*irr*, *insep*, *no* -ge-, h⟩ **1.** fly (a)round. – **2.** (*um zu umgehen*) fly (a)round, bypass.

'um·flie·gen² *v/i* ⟨*irr*, *sep*, -ge-, sein⟩ *colloq.* (*umfallen*) fall over: der Sonnenschirm ist umgeflogen the sunshade fell over.

um'flie·ßen *v/t* ⟨*irr*, *insep*, *no* -ge-, h⟩ **1.** etwas ~ to flow (a)round s.th.: vom Meer umflossen werden to be surrounded (*od.* washed) by the sea. – **2.** das Kleid umfloß ihre Gestalt in weichen Falten *lit.* the folds of the dress flowed smoothly (a)round her figure.

um'floch·ten I *pp of* umflechten. – II *adj* **1.** ~e Flasche wicker bottle. – **2.** (*Draht*) braided.

um'flort [-'floːrt] *adj only in* ~er Blick *lit.* eyes *pl* dim with tears (*od.* sadness).

um'flos·sen I *pp of* umfließen. – II *adj* von Licht ~ *lit.* bathed in (*stärker* flooded with) light.

um'flu·ten *v/t* ⟨*insep*, *no* -ge-, h⟩ *cf.* umfließen 1.

'Um·form·bar·keit *f* ⟨-; *no pl*⟩ *tech.* deformability, forming property (*od.* capacity).

'um·for·men I *v/t* ⟨*sep*, -ge-, h⟩ **1.** (*Hut etc*) remodel, refashion. – **2.** *fig.* (*System etc*) remodel, refashion, recast, reshape, convert. – **3.** *fig.* (*Menschen*) transform, remold, *bes. Br.* remould: das Leben hat ihn umgeformt life has transformed him. – **4.** *econ. cf.* umwandeln 3. – **5.** *electr.* (*in acc into*) convert, transform. – **6.** *tech.* a) form, shape, b) (*verformen*) deform. – II U~ *n* ⟨-s⟩ **7.** *verbal noun.* – **8.** *cf.* Umformung.

'Um·for·mer *m* ⟨-s; -⟩ *electr.* converter, convertor. — **~sta·ti·on** *f* (power) converter station.

'Um·for·mung *f* ⟨-; -en⟩ **1.** *cf.* Umformen. – **2.** *fig.* (*eines Systems etc*) recast, conversion. – **3.** *fig.* (*eines Menschen*) transformation. – **4.** *econ.* (*einer Handelsgesellschaft etc*) transformation. – **5.** *electr.* conversion. – **6.** *tech.* a) metal-forming, b) (*spezifische*) plastic deformation. – **7.** *math.* transformation.

'Um·fra·ge *f* **1.** (*bei with*) (general) inquiry (*auch* enquiry): meine ~ ergab, daß my inquiry revealed that; Sie können ja bei Ihren sämtlichen Kollegen (eine) ~ halten

you can make inquiries with (*od.* ask, question) all your colleagues. – **2.** (*Meinungsumfrage*) opinion poll: öffentliche ~ (public opinion *od.* Gallup) poll; das Institut wird eine ~ veranstalten (*od.* durchführen) the institute will carry out an opinion poll; eine ~ unter der Bevölkerung hat ergeben, daß a public opinion poll showed that.

'um·fra·gen *v/i* ⟨*sep*, -ge-, h⟩ ask around, inquire (*auch* enquire) around: du kannst ja zuerst einmal ~ ask around a bit first.

um'frie·den [-'friːdən], *auch* **um'frie·di·gen** [-dɪgən] I *v/t* ⟨*insep*, *no* -ge-, h⟩ enclose, fence (*s.th.*) in. – II U~ *n* ⟨-s⟩ *verbal noun.* — **Um'frie·dung**, *auch* **Um'frie·di·gung** *f* ⟨-; -en⟩ **1.** *cf.* Umfrieden. – **2.** enclosure, fence.

um'füh·ren *v/t* ⟨*sep*, -ge-, h⟩ *metall.* (*Walzgut etc*) loop, repeat.

'Um·füh·rung¹ *f* ⟨-; -en⟩ *metall.* looper, repeater.

'Um·füh·rung² *f* ⟨-; -en⟩ *cf.* Umleitung 2.

'um·fül·len I *v/t* ⟨*sep*, -ge-, h⟩ **1.** etwas (in einen Behälter) ~ a) to fill (*od.* put) s.th. into another container, b) (*Flüssigkeiten*) to fill (*od.* pour) s.th. into another container, to pour s.th. over: die Milch (in eine andere Flasche) ~ to pour the milk into another bottle; Wein in eine Karaffe ~ to decant wine. – **2.** *brew.* re-rack. – **3.** *metall.* (*Pfanneneisen*) reladle. – **4.** *chem.* (*Gas etc*) transfer. – II U~ *n* ⟨-s⟩ **5.** *verbal noun.*

'Um·füll|pfan·ne *f tech.* transfer ladle. — **~pum·pe** *f* transfer pump.

'Um·fül·lung *f* ⟨-; *no pl*⟩ *cf.* Umfüllen.

um·funk·tio·nie·ren I *v/t* ⟨*sep*, *no* -ge-, h⟩ **1.** (zu into) remodel: die SPD zu einer Partei der Privilegierten ~ to remodel (*od.* reform) the Social Democrats into a party of the privileged; der Passagierdampfer wurde zu einem Lazarettschiff umfunktioniert the passenger steamer was remodel(l)ed (*od.* turned into) a hospital ship; sie hat ihn umfunktioniert *colloq. humor.* she has remodel(l)ed him. – **2.** etwas in (*acc*) etwas ~ to turn s.th. into s.th.: das Treffen wurde in eine politische Diskussion umfunktioniert the meeting (was) turned into a political discussion. – II U~ *n* ⟨-s⟩ **3.** *verbal noun.* — **Um·funk·tio·nie·rung** *f* ⟨-; *no pl*⟩ *cf.* Umfunktionieren.

'Um·gang¹ *m* ⟨-s; *no pl*⟩ **1.** (*Verkehr, Beziehung*) dealings *pl*, association, (social) intercourse, relations *pl*: jeden ~ mit den Nachbarn meiden to avoid all dealings with the neighbo(u)rs; mit j-m ~ haben (*od.* pflegen) to associate (*od.* mix, mingle) with s.o., to keep company with s.o.; freundschaftlicher ~ fraternization; gesellschaftlicher ~ social intercourse; der vertrauliche ~, der zwischen ihnen entstanden war the confidential relationship which had developed between them; er hat keinen ~ mit ihnen he has no relations with them; er hat mit niemandem ~ he has no social life, he does not associate with anyone, he lives in seclusion. – **2.** (*Bekannte*) company, acquaintances *pl*, (*circle of*) friends *pl*: sein ~ the company he keeps, his acquaintances *pl*; er hat wenig ~ he has few acquaintances, he does not mix much, he keeps himself to himself, he does not have much company; schlechten ~ haben to keep bad company; das ist kein ~ für dich that's no (fit) company for you. – **3.** ~ mit j-m [etwas] dealings *pl* with s.o. [s.th.]: im ~ mit Untergebenen ist er stets liebenswürdig he is always obliging in his dealings with subordinates; Erfahrung im ~ mit Menschen [Kindern] haben to have experience in dealing with (*od.* in handling) people [children], to have a (great) way with people [children]; beim ~ mit Tieren when dealing with animals; beim ~ mit Büchern when handling (*od.* working with) books. – **4.** (*sexueller*) intercourse.

'Um·gang² *m* ⟨-(e)s; ¨e⟩ **1.** *röm.kath.* (*feierlicher*) procession: ~ um die Felder procession for the blessing of the fields (of the parish). – **2.** *arch.* (circular) passage, gallery, (de)ambulatory. – **3.** *phys.* rotation, revolution. – **4.** *tech.* (*Umdrehung*) turn. – **5.** (*Teil des Pferdegeschirrs um die Hinterhand*) breeching. – **6.** *electr.* (*einer Wicklung*) convolution.

'um·gäng·lich [-ˌɡɛŋlɪç] *adj* **1.** sociable, companionable: er ist ein ~er Mensch he is a sociable person, he is a good mixer (*colloq.*); ~ sein to be companionable (*od.* pleasant company); nicht ~ unsociable, uncompanionable. – **2.** (*verträglich*) affable, easy to get along with. — **'Um·gäng·lich·keit** *f* ⟨-; *no pl*⟩ **1.** sociability, sociableness, companionableness. – **2.** (*Verträglichkeit*) affability, affableness.

'Um·gangs|for·men *pl* **1.** (social) manners, deportment *sg*, (social) address *sg*: gute [schlechte] ~ haben to have good [bad] manners; er hat keine ~ he has no manners. – **2.** etiquette *sg*: strenge (*od.* erstarrte) ~ strict etiquette *sg*. — **~spra·che** *f* ling. colloquial (*od.* informal) speech (*od.* language): die deutsche ~ colloquial German; eine Wendung der ~ a colloquialism, a colloquial phrase. — **u~sprach·lich** *adj* colloquial, informal: ~e Wendung colloquialism, colloquial phrase.

um'gar·nen [-'ɡarnən] *v/t* ⟨*insep*, *no* -ge-, h⟩ j-n *fig.* to ensnare (*od.* benet) s.o. – II U~ *n* ⟨-s⟩ *verbal noun.* — **Um'gar·nung** *f* ⟨-; *no pl*⟩ **1.** *cf.* Umgarnen. – **2.** ensnarement.

um'gau·keln *v/t* ⟨*insep*, *no* -ge-, h⟩ flutter (*od.* flit) (a)round: der Schmetterling umgaukelte die Blüten the butterfly fluttered (a)round the blossoms.

um'ge·ben¹ I *v/t* ⟨*irr*, *insep*, *no* -ge-, h⟩ **1.** (*auf allen Seiten einfassen*) surround, enclose, encircle: er umgab den Garten mit einem Zaun he enclosed the garden with a fence, he fenced in the garden, he built a fence (a)round the garden; sie haben das Grundstück mit einer Mauer ~ they surrounded the plot (*od.* piece of land) with a wall, they walled in the plot. – **2.** (*auf allen Seiten herum sein*) surround, enclose, encircle, bound: eine Mauer umgibt den Garten a wall surrounds the garden; dichter Nebel umgab den See a thick fog surrounded (*od.* encompassed) the lake. – **3.** (*Personen*) surround: Menschen, die dich täglich ~ people who surround you every day, people of your (daily) environment. – **4.** *fig.* (*in Wendungen wie*) j-n mit liebevoller Fürsorge ~ to treat s.o. with loving care. – II *v/reflex* **5.** sich mit j-m ~ to surround oneself with s.o.: er umgab sich mit Gelehrten he surrounded himself with scholars.

um'ge·ben² I *pp of* umgeben¹. – II *adj* **1.** (*eingefaßt*) die Stadt ist ringsum von Wald ~ the city is surrounded (*od.* encircled, environed) on all sides by forest, forest bounds (*od.* encircles, environs) the city on all sides. – **2.** (*eingehüllt, verborgen*) von Geheimnissen ~ *fig.* surrounded by (*od.* wrapped in, *lit.* shrouded in) mystery. – **3.** (*inmitten*) der Redner war ~ von zahlreichen Zuhörern the speaker was surrounded by a large audience.

'um·ge·ben³ *v/t* ⟨*irr*, *sep*, -ge-, h⟩ j-m etwas ~ (*umhängen*) to put s.th. (a)round s.o.: er hat mir den Mantel umgegeben he put the coat (a)round me (*od.* my shoulders).

'um·ge·bend I *pres p of* umgeben¹. – II *adj tech.* (*Luft etc*) ambient.

'um·ge·bo·gen I *pp of* umbiegen. – II *adj* **1.** bent over. – **2.** (*Kragenecken*) turned in.

'Um·ge·bung *f* ⟨-; -en⟩ **1.** (*eines Ortes etc*) surroundings *pl*, environs *pl*, environment: die Stadt hat eine malerische ~ the city has picturesque surroundings; einen Ausflug in die ~ Münchens (*od.* von München) machen to make an excursion into the surroundings of (*od.* the countryside surrounding) Munich; Salzburg und ~ Salzburg and its environs, Salzburg and the surrounding countryside; die nähere ~ the outskirts *pl*, the vicinity, the precincts *pl*, the purlieus *pl*; in der weiteren ~ in the environs. – **2.** (*umgebender Bezirk, Nachbarschaft*) vicinity, neighborhood, *bes. Br.* neighbourhood: alle Tankstellen in der ~ waren geschlossen all the service (*Am. colloq.* gas) stations in the vicinity were closed; in der ~ des Domes in the vicinity (*od.* precincts) of the cathedral. – **3.** *fig.* (*Umwelt*) surroundings *pl*, environment: die ~, in der er aufgewachsen ist the surroundings in which he grew up; in vertrauter [fremder] ~ in [un]familiar surroundings; in dieser ~ könnte ich mich nicht wohlfühlen I could not feel at ease in this environment; **das Kind mußte sich erst an die neue ~ gewöhnen** (*od.* **mit seiner neuen ~ vertraut machen**) the child first had to get accustomed (*od.* used) to its new surroundings; **sich seiner ~ anpassen** to adapt (oneself) to one's environment. – **4.** *fig.* (*einen Menschen umgebende Personen*) people *pl* in one's milieu (*od.* circle), people *pl* around one: **in seiner ~ tuschelt man darüber, daß** people in his circle are whispering that; **er ist ganz abhängig von seiner ~** he is wholly dependent on the people around him (*od.* on his circle of friends); **nur seine nähere ~ wußte davon** only the people closest to him knew about it. – **5.** *fig.* (*eines Staatspräsidenten, Monarchen etc*) entourage, suite. – **6.** *biol.* environment.

Um·ge·bungs·tem·pe·ra·tur *f tech.* ambient temperature.

'Um,ge·gend *f* ⟨-; -en⟩ environs *pl*, surroundings *pl*: **die nähere ~** the vicinity.

'um,ge·hen¹ I *v/i* ⟨*irr, sep,* -ge-, *sein*⟩ **1.** (*sich verbreiten*) go (a)round: **die Grippe geht wieder um** (the) flu is going (a)round again, there is a lot of flu about at the moment (*beide colloq.*); **es ging das Gerücht um, daß** the rumo(u)r went around (*od.* circulated) that, it was rumo(u)red that, there were rumo(u)rs that, stories were abroad that; **eine Anwesenheitsliste ~ lassen** to pass (a)round (*od.* circulate) an attendance list. – **2.** (*spuken*) haunt, walk: **ein Geist geht dort um** that place is haunted; **im Schloß geht ein Gespenst um** a ghost haunts the castle, the castle is haunted. – **3. mit j-m ~** a) to deal with (*od.* handle) s.o., b) (*mit j-m verkehren*) to associate (*od.* mix, keep company) with s.o.: **er kann mit den Leuten ~**, **er weiß, wie man mit den Leuten umgehen muß** he knows how to deal with (*od.* handle) people, he has a (great) way with people; **er weiß mit Kindern umzugehen** he has a way with children; **mit Kindern behutsam ~** to be gentle with children; **grob mit j-m ~** to treat s.o. rudely (*od.* roughly, harshly); **mit Künstlern und Schauspielern ~** to associate with artists and actors; **sage mir, mit wem du umgehst, und ich sage dir, wer du bist** (*Sprichwort*) as a man is, so is his company (*proverb*), *etwa* tell me the company you keep, and I will tell you who you are. – **4. mit etwas ~** a) to use (*od.* handle) s.th., b) (*mit etwas in bestimmter Weise verfahren*) to use (*od.* treat, deal with) s.th. in a certain way): **er lernte mit Zirkel und Lineal [mit dem Gewehr] um(zu)gehen** he learned (how) to use (*od.* handle) dividers and ruler [a gun]; **mit etwas umzugehen wissen** to know how to handle s.th.; **er kann mit Pferden ~** he knows how to deal with (*od.* handle) horses, he has a way with horses; **sie kann mit der Maschine ~** she knows how to handle (*od.* use, operate) the machine; **ich kann damit nicht ~, ich verstehe (es) nicht, damit umzugehen** I don't know how to use (*od.* handle) it; **großzügig mit einem Text ~** to take liberties with a text; **mit Geld leichtsinnig ~** to spend right and left, to spend (money) lavishly; **du gehst mit deinen Sachen sehr liederlich um** you are very careless with your things; **schonend mit etwas ~** to nurse s.th., to be careful with s.th.; **sparsam mit etwas ~** to economize (*Br. auch* -s-) on s.th.; **sparsam mit seinem Geld [Vorrat] ~** to use (one's money [provisions] sparingly, to go easy on one's money [provisions] (*colloq.*); **er geht sehr vorsichtig mit der Uhr um** he minds the watch like the apple of his eye. – **5.** (*sich in Gedanken mit etwas beschäftigen*) toy: **mit dem Gedanken** (*od.* **Plan**) **~, etwas zu tun** to toy with the idea of doing s.th., to contemplate (*od.* think of, think about) doing s.th.; **er geht mit dem Gedanken** (*od.* **Plan**) **um, sich ein Auto zu kaufen** he is contemplating (*od.* thinking of *od.* about) buying a car; **er war schon lange mit dem Gedanken umgegangen, nach Griechenland zu fliegen** he had contemplated (*od.* thought about) flying to Greece for a long time. – **6.** *colloq.* (*einen Umweg machen*) make a detour, go a roundabout way, take a circuitous route. – **7.** *colloq.* (*von Rad etc*) turn, rotate, go

round, revolve. – **II** *v/impers* **8. es geht dort um** that place is haunted.

'um'ge·hen² I *v/t* ⟨*irr, insep, no* -ge-, *h*⟩ **1.** (*einen Bogen machen um*) bypass, circumvent, circuit, avoid: **den Sumpf ~** to bypass the swamp; **um den Verkehr zu ~** *fig.* (in order) to bypass (*od.* circumvent) traffic. – **2.** *fig.* (*vermeiden*) avoid, circumvent, evade, bypass, dodge, get (a)round: **er umging die Antwort auf ihre Frage, indem er eine Gegenfrage stellte** he avoided (*od. colloq.* got out of) answering (*od.* he evaded, he dodged) her question by asking her another; **sie verstand es, solche Hindernisse zu ~** she knew how to avoid (*od.* bypass) such obstacles; **man kann die Schwierigkeiten ~** there is a way (of getting) (a)round the difficulties; **das läßt sich nicht ~** it cannot be avoided (*od.* helped). – **3.** *fig.* (*Gesetze, Bestimmungen, Verordnungen etc*) circumvent, evade, elude, bypass, dodge, get (a)round: **er hat diese Vorschrift umgangen** he got (a)round this regulation. – **4. den Feind ~** *mil.* to outflank (*od.* envelop, *auch* envelope) the enemy, to turn the enemy's flank, (*vorbeistoßen an*) to bypass the enemy. – **5.** (*um etwas herumgehen*) go (*od.* walk) (a)round. – **II U~** *n* ⟨-s⟩ **6.** *verbal noun.*

'um,ge·hend I *pres p of* umgehen¹. – **II** *adj* (*sofortig*) (*Erledigung, Antwort etc*) immediate: **~e Antwort erbeten** kindly inform us at your earliest convenience (*od.* by return); **mit ~er Post** by return ([of] mail, *bes. Br.* [of] post). – **III** *adv* (*sofort*) immediately: **j-m ~ antworten** to reply immediately, to reply by return ([of] mail, *bes. Br.* [of] post); **bitte geben Sie uns ~ Bescheid** please reply by return, please let us know by return.

'Um,ge·hung *f* ⟨-; *no pl*⟩ **1.** *cf.* Umgehen². – **2.** (*eines Hindernisses, des Verkehrs etc*) avoidance, circumvention. – **3.** *fig.* (*einer Antwort etc*) avoidance, circumvention, evasion. – **4.** *fig.* (*eines Gesetzes, einer Vorschrift etc*) circumvention, evasion, elusion. – **5.** ~ **des Feindes** *mil.* a) outflanking (man[o]euver, *bes. Br.* manœuvre), b) bypass(ing).

'Um,ge·hungs,bahn *f* (*railway*) bypass railroad (*Br.* railway). — **~be,we·gung** *f mil.* **1.** (*Umfassung*) outflanking man(o)euver (*bes. Br.* manœuvre), turning movement. – **2.** (*am Feinde vorbei*) bypass movement. — **~ma,nö·ver** *n cf.* Umgehungsbewegung 1. — **~,stra·ße** *f* bypass (motorway).

'um,ge·kehrt I *pp.* – **II** *adj* **1.** reverse, inverted: **im ~en Falle** in the reverse case, if circumstances are reversed; **in ~er Reihenfolge** in (the) reverse (*od.* in inverted) order, reversed in order; **das Angebot steht im ~en Verhältnis zur Nachfrage** supply is in inverse proportion to demand. – **2.** (*entgegengesetzt*) opposite, reverse, inverse: (**es ist**) **gerade ~!** it is exactly the opposite (*od.* reverse), it is (just) exactly the other way round; **in ~er Richtung** in the opposite (*od.* converse) direction; **den ~en Eindruck gewinnen** to get the opposite impression; **mit ~en Vorzeichen** a) *math.* with opposite signs, b) *fig.* with completely reversed premises. – **3.** ~**er Prozeß** *chem.* reciprocal process. – **III** *adv* **4. die Sache verhielt sich gerade ~** it was exactly the opposite (*od.* the other way round), the reverse was the case (*od.* true); **vom Englischen ins Deutsche, und ~** from English into German, and vice versa (*od.* conversely); ~ **proportional** *math.* inversely proportional; → Schuh 1. – **IV** *conj* **5.** *colloq.* (*dagegen*) on the other hand: ~ **kann man von ihm nicht erwarten, daß** on the other hand he can hardly be expected to. – **6.** conversely. – **V U~e, das** ⟨-n⟩ **7.** the reverse, the opposite: **sollte nicht das U~e der Fall sein?** should not the reverse be the case? should it not be the other way round?

'um,ge·lau·tet I *pp.* – **II** *adj* ~**er Vokal** *ling.* mutated (*od.* modified, fronted) vowel, vowel modified by umlaut.

'um,ge·stal·ten I *v/t* ⟨*sep, pp* umgestaltet, *h*⟩ **1.** alter, modify: **er hat seine Pläne umgestaltet** he altered his plans; **diese Entdeckung hat das Weltbild umgestaltet** this discovery has completely altered our picture of the world. – **2.** (*lite-*

rarisches Werk etc) recast, transform. – **3.** (*Park, Raum etc*) redesign, rearrange. – **4.** (*umorganisieren*) remodel, reorganize *Br. auch* -s-, reform. – **5.** *tech.* remodel, redesign, reconstruct. – **II U~** *n* ⟨-s⟩ **6.** *verbal noun.* — **'Um·ge,stal·tung** *f* **1.** *cf.* Umgestalten. – **2.** alteration, modification. – **3.** (*eines literarischen Werkes etc*) recast. – **4.** (*eines Parks etc*) redesign, rearrangement. – **5.** (*Umorganisation*) reorganization *Br. auch* -s-, reform. – **6.** *tech.* redesign, reconstruction.

'um·ge,wan·delt I *pp of* umwandeln¹. – **II** *adj only in* **er ist wie ~** *fig.* he is a completely different person, he has changed completely.

'um·ge,wöh·nen *v/reflex* ⟨*sep, pp* umgewöhnt, *h*⟩ **sich ~** get into the way of it (*od.* things), adapt to a different way of doing things: **ich mußte mich völlig ~** I had to adapt to a completely different way of doing things.

'um,gie·ßen¹ I *v/t* ⟨*irr, sep,* -ge-, *h*⟩ **1.** *cf.* umfüllen 1. – **2.** *metall.* recast. – **II U~** *n* ⟨-s⟩ **3.** *verbal noun:* **beim U~ der Flüssigkeit** when decanting the liquid, during (the) decantation of the liquid. – **4.** *metall.* recast.

'um'gie·ßen² I *v/t* ⟨*irr, insep, no* -ge-, *h*⟩ **1.** pour round. – **2.** *metall.* cast round. – **3.** *bes. tech.* (mit wolt) grout: **eine Maschine mit Zement ~** to grout a machine with cement. – **II U~** *n* ⟨-s⟩ **4.** *verbal noun.*

'um,git·tern [-ˈgɪtɐn] *v/t* ⟨*insep, no* -ge-, *h*⟩ surround (*s.th.*) with a grating.

'um'glänzt *adj only in* **von Licht [Sonnenhelle] ~** *lit.* resplendent [sun-drenched].

'um,glie·dern I *v/t* ⟨*sep,* -ge-, *h*⟩ (*Partei, Truppen etc*) reorganize *Br. auch* -s-, regroup. – **II U~** *n* ⟨-s⟩ *verbal noun.* — **'Um,glie·de·rung** *f* ⟨-; -en⟩ **1.** *cf.* Umgliedern. – **2.** reorganization *Br. auch* -s-, regroupment.

'um,gra·ben *v/t* ⟨*irr, sep,* -ge-, *h*⟩ *hort.* (*Beet, Garten, Erde etc*) dig (up), turn (up) the soil of.

'um'gren·zen I *v/t* ⟨*insep, no* -ge-, *h*⟩ **1.** (*umschließen*) border, bound, encircle: **die Wiese wird von Bäumen umgrenzt** the meadow is bordered by trees, trees border (*od.* bound) the meadow. – **2.** (*einfrieden*) enclose. – **3.** *fig.* (*Begriff, Aufgabe, Vollmacht etc*) define, circumscribe: **j-s Befugnisse genau ~** to define s.o.'s powers (*od.* authority). – **II U~** *n* ⟨-s⟩ **4.** *verbal noun.* — **'um'grenzt** I *pp.* – **II** *adj* **1.** vom Meer ~ bounded by the sea. – **2.** genau ~ *fig.* (*Begriff, Aufgabe, Vollmacht etc*) clearly defined. — **'Um'gren·zung** *f* ⟨-; -en⟩ **1.** *cf.* Umgrenzen. – **2.** ⟨*only sg*⟩ *fig.* (*von Begriffen, Aufgaben, Vollmachten etc*) definition, circumscription. – **3.** (*Einfriedung*) enclosure. – **4.** *tech.* boundary. [line.]

'Um'gren·zungs,li·nie *f tech.* boundary

'um'grün·den *v/t* ⟨*sep,* -ge-, *h*⟩ *econ.* (*Firma*) convert (a firm) from one legal form to another. — **'Um,grün·dung** *f* conversion.

'um,grup,pie·ren I *v/t* ⟨*sep, no* -ge-, *h*⟩ **1.** *mil.* (*Truppen*) regroup, reorganize *Br. auch* -s-. – **2.** regroup, recompose. – **3.** (*sport*) reshuffle. – **4.** *pol.* reshuffle, *Am.* shake up. – **5.** *math.* rearrange. – **II U~** *n* ⟨-s⟩ **6.** *verbal noun.* — **'Um,grup,pie·rung** *f* ⟨-; -en⟩ **1.** *cf.* Umgruppieren. – **2.** *mil.* regroupment, reorganization *Br. auch* -s-. – **3.** recomposition. – **4.** (*sport*) reshuffle. – **5.** *pol.* reshuffle, *Am.* shake-up. – **6.** *math.* rearrangement.

'um,gucken (*getr.* -k·k-) *v/reflex* ⟨*sep,* -ge-, *h*⟩ **sich ~** *colloq. for* umsehen.

'um,gür·ten¹ *v/t* ⟨*sep,* -ge-, *h*⟩ **sich** (*dat*) **das Schwert ~** *lit.* to gird on one's sword (*lit.*).

'um'gür·ten² *v/reflex* ⟨*insep, no* -ge-, *h*⟩ **sich (mit dem Schwert) ~** *lit.* to gird oneself with one's sword (*lit.*).

'um'gür·tet *pp of* umgürten². – **II** *adj* **mit etwas ~ sein** *lit.* to be girded (*od.* girt) with s.th. (*lit.*).

'Um,guß *m* **1.** transfusion. – **2.** *metall.* recast. — **~ver,fah·ren** *n metall.* recasting process.

'um,ha·ben *v/t* ⟨*irr, sep,* -ge-, *h*⟩ *colloq.* (*Schürze, Tuch, Jacke, Armbanduhr etc*) have (s.th.) on: **sie hatte einen Mantel um** she had a coat on (*od.* [a]round her shoulders).

'**um**,**hacken** (*getr.* -k-k-) ⟨*sep*, -ge-, h⟩ **1.** (*fällen*) cut (*od.* hew) (*s.th.*) down, fell: der Baum wurde umgehackt the tree was cut down. – **2.** *hort.* (*durch Hacken auflockern*) hoe (up), break (*s.th.*) up with the hoe.

'**um**'**hal·sen** I *v/t* ⟨*insep*, *no* -ge-, h⟩ j-n ~ to hug s.o., to put one's arms (a)round s.o.'s neck. – II U~ *n* ⟨-s⟩ *verbal noun.* — ,**Um**'**hal·sung** *f* ⟨-; -en⟩ **1.** *cf.* Umhalsen. – **2.** hug.

'**Um**,**hang** *m* ⟨-(e)s; ⸚e⟩ **1.** (*Cape*) (hooded) cape. – **2.** (*Überwurf*) cloak. – **3.** (*Regenumhang*) (plastic) rain cape. – **4.** (*loser*) wrap. – **5.** *cf.* Frisierumhang.

'**Um**,**hän·ge·mi·kro,fon**, ~**mi·kro,phon** *n* necklace microphone.

'**um**,**hän·gen**[1] *v/t* ⟨*sep*, -ge-, h⟩ **1.** (*Mantel etc*) (a)round one's shoulders: sich (*dat*) [j-m] etwas ~ to put s.th. (a)round one's [s.o.'s] shoulders. – **2.** (*Schal, Tuch etc*) wrap (a)round one: er hatte eine Decke umgehängt he was wrapped up in a blanket; → Katze 2. – **3.** (*Tasche, Gewehr*) put (*s.th.*) over one's shoulder, (*mit Schwung*) *auch* sling (*s.th.*) over one's shoulder. – **4.** (*quer über die Schulter*) string (*s.th.*) (a)round one's shoulder. – **5.** (*Rucksack, Tornister etc*) put (*s.th.*) on. – **6.** *fig.* (*in Wendungen wie*) sie weiß nicht, was sie sich noch alles ~ soll *colloq.* she is dripping (*od.* festooned, coming down) with jewelry (*bes. Br.* jewellery); → Mäntelchen 2. – **7.** (*Bild etc*) change (*s.th.*) (a)round, rehang.

,**um**'**hän·gen**[2] *v/t* ⟨*insep*, *no* -ge-, h⟩ etwas mit etwas ~ to hang s.th. round (*od.* festoon s.th., decorate s.th.) with s.th.: das Bild wurde mit einem Flor umhängt the picture was decorated with a mourning band.

'**Um**,**hän·ge**,**rie·men** *m* shoulder strap. — ~**,ta·sche** *f* shoulder bag. — ~**,tuch** *n* ⟨-(e)s; -tücher⟩ shawl, wrap.

'**Um**,**häng**,**ta·sche** *f cf.* Umhängetasche.

'**Um**,**hang**,**tuch** *n* ⟨-(e)s; -tücher⟩ *cf.* Umhängetuch.

'**Um**,**has·pel·ma,schi·ne** *f tech.* recoiler.

'**um**,**has·peln** *v/t* ⟨*sep*, -ge-, h⟩ *tech.* recoil.

'**um**,**hau·en** *v/t* ⟨*irr*, *sep*, -ge-, h⟩ **1.** (*mit der Axt*) fell, cut (*od.* hew) (*s.th.*) down: er haute (*lit.* hieb) den Baum um he cut the tree down. – **2.** etwas ~ *colloq.* to knock s.th. over. – **3.** j-n ~ *colloq.* to knock s.o. down: etwas haut j-n um *fig. colloq.* a) (*vor Erstaunen*) s.th. bowls s.o. over, b) (*vor Gestank etc*) s.th. nearly knocks s.o. down; das haut mich (*od.* einen) glatt um that bowls me (*od.* one) over completely, that strikes me (*od.* one) all of a heap (*colloq.*); es hat mich fast umgehauen, als ich davon hörte I was more or less bowled over (*od. colloq.* struck all of a heap) when I heard it; der Gestank haut einen (ja) um! the smell here would nearly knock you down.

,**um**'**he·gen** *v/t* ⟨*insep*, *no* -ge-, h⟩ j-n [etwas] ~ *lit.* to look after s.o. [s.th.] with loving care.

,**um**'**her** *adv* about, (a)round: rings (*od.* weit) ~ all around, round about, all about. — ~**,blicken** (*getr.* -k-k-) *v/i* ⟨*sep*, -ge-, h⟩ look (*od.* glance) around (*od.* about) (one): er blickte unschlüssig [ängstlich] umher he looked around indecisively [anxiously]. — ~**,bum·meln** *v/i* ⟨*sep*, -ge-, sein⟩ *colloq. cf.* herumbummeln 1. — ~**,fah·ren** I *v/t* ⟨*irr*, *sep*, -ge-, h⟩ **1.** j-n [etwas] ~ to drive s.o. [s.th.] (a)round (*od.* about). – II *v/i* ⟨sein⟩ **2.** drive (*od.* tour, go, ride) around (*od.* about): wir sind in der Stadt mit dem Bus umhergefahren we drove (*od.* toured) around the town by bus. – **3.** (*mit dem Fahrrad*) cycle around (*od.* about). — ~**,flat·tern** *v/i* ⟨*sep*, -ge-, sein⟩ flutter around (*od.* about). — ~**,flie·gen** *v/i* ⟨*irr*, *sep*, -ge-, sein⟩ fly around (*od.* about). — ~**,füh·ren** *v/t* ⟨*sep*, -ge-, h⟩ j-n ~ a) to lead s.o. (a)round, b) to show s.o. (a)round. — ~**,ge·hen** *v/i* ⟨*irr*, *sep*, -ge-, sein⟩ go (*od.* walk) around (*od.* about): im Park ~ to walk (*od.* stroll) around the park; im Zimmer ~ to walk about the room, to pace the floor (*od.* up and down) the room], to pace up and down (in the room). — ~**,gei·stern** *v/i* ⟨*sep*, -ge-, sein⟩ *cf.* herumgeistern. —

~**,ir·ren** *v/i* ⟨*sep*, -ge-, sein⟩ wander (*od.* roam) about (*od.* around): sie irrten in der Gegend umher they wandered around (*od.* about) (all over the place); ich bin in den Straßen umhergeirrt I wandered around the streets; seine Augen irren umher *fig.* his eyes wander (*od.* roam) about. — ~**,ja·gen** I *v/i* ⟨*sep*, -ge-, sein⟩ **1.** (*von Personen*) chase (*od.* rush, dash, race, tear, hare) around (*od.* about): ich bin den ganzen Nachmittag in der Stadt umhergejagt, um noch alles zu erledigen I chased around town all afternoon to get everything done. – **2.** (*von Tieren*) chase (*od.* race, tear) around (*od.* about): der Hund jagt im Garten umher the dog chases around the garden. – II *v/t* ⟨h⟩ **3.** j-n ~ to chase s.o. around (*od.* about). — ~**,krie·chen** *v/i* ⟨*irr*, *sep*, -ge-, sein⟩ creep (*od.* crawl) around (*od.* about): auf allen vieren ~ to creep around on all fours. — ~**,lau·fen** *v/i* ⟨*irr*, *sep*, -ge-, sein⟩ run around (*od.* about), run up and down (*od.* hither and thither): kopflos liefen sie umher they ran around in bewilderment. — ~**,lie·gen** *v/i* ⟨*irr*, *sep*, -ge-, h *u.* sein⟩ *cf.* herumliegen 2. — ~**,rei·sen** *v/i* ⟨*sep*, -ge-, sein⟩ *cf.* herumreisen. — ~**,rei·ten** *v/i* ⟨*sep*, -ge-, sein⟩ ride around (*od.* about): im Wald ~ to ride around the woods. — ~**,schau·en** *v/i* ⟨*sep*, -ge-, h⟩ look (a)round (*od.* about) (one). — ~**,schlei·chen** *v/i* ⟨*irr*, *sep*, -ge-, sein⟩ **1.** creep (*od.* prowl, sneak) around (*od.* about). – **2.** (*von Kindern*) slink about. — ~**,schlen·dern** *v/i* ⟨*sep*, -ge-, sein⟩ *cf.* herumschlendern. — ~**,schlep·pen** *v/t* ⟨*sep*, -ge-, h⟩ *cf.* herumschleppen 1, 2. — ~**,schwei·fen** *v/i* ⟨*sep*, -ge-, sein⟩ *cf.* herumschweifen. — ~**,schwir·ren** *v/i* ⟨*sep*, -ge-, sein⟩ *cf.* herumschwirren. — ~**,se·hen** *v/i* ⟨*sep*, -ge-, h⟩ *cf.* umherblicken. — ~**,spä·hen** *v/i* ⟨*sep*, -ge-, h⟩ glance around (*od.* about). — ~**,sprin·gen** *v/i* ⟨*irr*, *sep*, -ge-, sein⟩ **1.** jump (*od.* leap, skip) around (*od.* about). – **2.** *fig.* (*von Licht etc*) dart about (*od.* here and there). — ~**,ste·hen** *v/i* ⟨*irr*, *sep*, -ge-, h *u.* sein⟩ stand (*od. colloq.* hang) around (*od.* about). — U~**,ste·he'rei** [,um,he:r-] *f* ⟨-; *no pl*⟩ die übliche ~ *colloq.* the usual standing about (*od.* around). — ~**,strei·chen** *v/i* ⟨*irr*, *sep*, -ge-, sein⟩ *cf.* herumstreichen 1. — ~**,strei·fen** *v/i* ⟨*sep*, -ge-, sein⟩ (in den Wäldern, in der Gegend etc) roam (*od.* rove, wander) around (*od.* about). — ~**,streu·nen** *v/i* ⟨*sep*, -ge-, sein⟩ (*von herrenlosen Hunden*) stray (around *od.* about), (*von Personen*) *auch* roam around (*od.* about). — ~**,strol·chen** *v/i* ⟨*sep*, -ge-, sein⟩ *cf.* herumstrolchen. — ~**,tap·pen** *v/i* ⟨*sep*, -ge-, sein⟩ **1.** grope (*od.* feel) around (*od.* about). – **2.** *fig.* grope around (*od.* about). — ~**,ta·sten** *v/i* ⟨*sep*, -ge-, h⟩ (nach for) feel (*od.* grope, fumble) about (*od.* around). — ~**,tra·gen** *v/t* ⟨*irr*, *sep*, -ge-, h⟩ j-n [etwas] ~ to carry s.o. [s.th.] around (*od.* about). — ~**,trei·ben** I *v/i* ⟨*irr*, *sep*, -ge-, h *u.* sein⟩ drift about (on the water): das Schiff trieb auf dem Meer umher the boat drifted about on the sea. – II *v/reflex* ⟨h⟩ sich ~ *cf.* herumtreiben. — ~**,wan·dern** *v/i* ⟨*sep*, -ge-, sein⟩ **1.** wander (*od.* roam) around (*od.* about): in der Welt ~ to wander (*od.* travel) (about) the world; im Wald ~ to wander (*od.* roam) about the wood; er wandert im Land umher he roams (around) (*od.* he tramps) the country, he is on the tramp. – **2.** *fig.* (*von Augen, Gedanken etc*) wander (*od.* roam) about. — ~**,wim·meln** *v/i* ⟨*sep*, -ge-, sein⟩ (*von Menschenmenge, kleinen Tieren etc*) swarm around (*od.* about). — ~**,zie·hen** *v/i* ⟨*irr*, *sep*, -ge-, sein⟩ **1.** (*von Zigeunern, Händlern, Hausierern etc*) wander (*od.* move, roam) about (*od.* around). – **2.** (*vom Zirkus*) travel (*od.* move) about (*od.* around). – **3.** (*von Schauspielern einer Wanderbühne*) stroll. – II *v/t* ⟨h⟩ **4.** etwas ~ to pull (*od.* drag) s.th. around (*od.* about). — ~**,zie·hend** I *pres p.* – II *adj* **1.** (*Zigeuner, Hausierer etc*) wandering. – **2.** (*Zirkus*) travel(l)ing. – **3.** (*Schauspieler*) strolling.

,**um**'**hin,kön·nen** *v/i* ⟨*irr*, *sep*, -ge-, h⟩ nicht ~, etwas zu tun a) (*keine andere Wahl haben*) not to be able to help (*od.* avoid, get [a]round, *colloq.* get out of) doing s.th., b) (*sich nicht zurückhalten können*) not to be able to help (*od.* refrain from, stop oneself from) doing s.th.: er wird kaum ~, seinen Bruder auch einzuladen he will hardly be able to help (*od.* avoid) inviting his brother too, he will be more or less obliged to invite his brother too; ich konnte nicht umhin, ich mußte gratulieren I could not help (*od.* avoid, get round) it, I had to express my congratulations; ich konnte nicht umhin, ihr meine Meinung zu sagen I could not help (*od.* stop myself from) telling her what I thought; sie können nicht umhin, auch die anderen mitzunehmen they cannot avoid taking (*od.* they will have to take) the others along too; er sprach so überzeugend, daß ich nicht umhinkonnte, ihm Glauben zu schenken he spoke so convincingly that I could not help believing (*od.* that I could not help but believe, that I had to believe) him.

'**um**,**hö·ren** *v/reflex* ⟨*sep*, -ge-, h⟩ sich ~ to ask around, to keep one's eyes and ears open: sich nach etwas ~ to ask around about s.th.

,**um**'**hül·len** *v/t* ⟨*insep*, *no* -ge-, h⟩ (mit) **1.** wrap (*s.o., s.th.*) up (in), cover (with), envelop (*auch* envelope) (in), enwrap (in): der Verletzte wurde mit einer Decke umhüllt the injured person was wrapped up in a blanket. – **2.** etwas mit Papier ~ to wrap s.th. (up) in paper, to enwrap s.th. in paper. – **3.** etwas mit einem Schleier ~ to veil s.th. – **4.** *tech.* a) (*Kabel, Draht*) coat, b) (*beim Schweißen*) shield, c) (*Elektrode etc*) cover, d) (*ummanteln*) encase. – **5.** *math.* envelop, *auch* envelope. – **6.** *nucl.* (*Uranstab*) clad, *auch* can, jacket. – II U~ *n* ⟨-s⟩ **7.** *verbal noun.* — ,**Um**'**hül·len·de** *f* ⟨-n; -n⟩ *math.* envelope. — ,**um**'**hüllt** I *pp.* – II *adj* die Affäre bleibt wohl immer von einem Geheimnis ~ *fig.* the affair will always be veiled (*od. lit.* shrouded) in secret. — ,**Um**'**hül·lung** *f* ⟨-; -en⟩ **1.** *cf.* Umhüllen. – **2.** (*Hülle, Verpackung*) wrapper, wrapping, cover(ing), wrap, encasing, envelope (*lit.*). – **3.** *nucl.* (*von Stäben*) cladding, *auch* canning, jacket.

,**um**'**ju·beln** *v/t* ⟨*insep*, *no* -ge-, h⟩ j-n ~ to cheer (*od.* greet) s.o. enthusiastically.

,**um**'**kämpft** *adj* only in hart ~ sein *mil.* (*Stellung etc*) to be hotly contested.

,**um**'**kap·seln** *v/t* ⟨*insep*, *no* -ge-, h⟩ *med.* encapsulate, encyst.

'**Um**,**kehr** *f* ⟨-; *no pl*⟩ **1.** turning (*od.* going) back, return: der Sturm zwang die Männer zur ~ the storm forced the men to return (*od.* turned the men back); den Feind zur ~ zwingen to force the enemy (to turn) back (*od.* to retreat); sich zur ~ entschließen to decide to go (*od.* turn) back. – **2.** *fig. lit.* (*Abkehr vom Bösen*) change of ways, fresh start: er gelobte ~ und Besserung he promised to change (*od.* mend) his ways (*od.* to make a fresh start) and turn over a new leaf; den Sünder zur ~ bewegen to make the sinner change his ways. – **3.** *fig. lit.* (*Bekehrung*) conversion. – **4.** *pol.* about-face, turnabout, volte-face. – **5.** *jur.* (*der Beweislast*) reversal. – **6.** *bes. tech. electr.* reversal. – **7.** *phot.* (*im Kopierwerk*) reversal. — ~**,an,stalt** *f phot.* reversal film process(ing) lab(oratory), *auch* reversing station. — ~**,bad** *n* reversing bath.

'**um**,**kehr·bar** *adj* **1.** *phys.* (*optics*) *med.* reversible. – **2.** *phot.* reversible, invertible. — '**Um**,**kehr·bar·keit** *f* ⟨-; *no pl*⟩ *phys.* (*optics*) *med.* reversibility.

'**Um**,**kehr**,**dienst** *m phot.* reversal film processing service. — ~**,du·pli,kat** *n* reversal duplicate. — ~**,emul·si,on** *f* reversal emulsion.

'**um**,**keh·ren** I *v/i* ⟨*sep*, -ge-, sein⟩ **1.** turn back, go back, return: er mußte ~, weil die Straße gesperrt war he had to turn back because the street was blocked; wir wollen jetzt lieber ~ we would do better to (*od.* we had better) go back now; Sie haben den falschen Weg eingeschlagen, Sie müssen ~ you have come the wrong way, you must turn back (*od.* retrace your steps); er kehrte auf halbem Wege um a) he turned back halfway, b) *fig.* he stopped halfway. – **2.** *fig. lit.* (*sich vom Bösen abkehren*) change (*od.* mend) one's ways, turn over a new leaf, make a fresh start: in seiner Predigt ermahnte er sie umzukehren he admonished them in his sermon to change their ways. – II v/t ⟨h⟩ 3. (*Taschen, Hemden, Strümpfe etc*) turn (*s.th.*) inside out, turn out. – 4. *fig.* (*in Wendungen wie*) alles [das ganze Haus] ~ (*um etwas zu finden*) to turn everything [the whole house] inside out (*od.* upside down). – 5. die Beweislast ~ *jur.* to shift the burden of proof. – 6. *ling.* invert, transpose. – 7. *mus.* invert. – 8. *math.* invert, reverse. – 9. *phot.* a) (*Film, Negativ*) reverse, b) (*Objektiv*) invert. – 10. (*optics*) *phys. tech. electr.* reverse. – III v/reflex ⟨h⟩ sich ~ 11. *Northern G.* (*von Personen*) turn round (*od.* about). – 12. (*von Dingen*) be reversed (*od.* inverted), turn about: die Verhältnisse haben sich völlig umgekehrt the conditions have been completely reversed (*od.* inverted). – 13. mir kehrt sich der Magen um, wenn ich das sehe *colloq.* a) (*vor Übelkeit*) it makes my stomach turn (*od.* it makes me sick) to see that, my stomach turns (over) when I see that, b) *fig.* (*vor Entsetzen*) it makes me sick to see that. – IV U~ n ⟨-s⟩ 14. *verbal noun.* – 15. *cf.* Umkehrung. – 16. return.

'**Um,kehr|ent,wick·lung** f *phot.* reversal processing. — ~**,film** m reversal film. — ~**funk·ti,on** f *math.* inverse function. — ~**ge,trie·be** n *tech.* reversing gear mechanism. — ~**,lin·se** f (*optics*) erector lense. — ~**,mo·tor** m *tech.* reversible motor. — ~**,pris·ma** n (*optics*) *phot.* inverting (*od.* reversing) prism. — ~**,punkt** m 1. *tech. math.* point of reversal: thermischer ~ inversion temperature. – 2. *mar.* (*des Wasserstandes*) slack. — ~**,schal·ter** m *electr.* pole changer (*od.* reversing) switch. — ~**,spie·gel** m (*optics*) inverting (*od.* reversion) mirror.

'**Um,keh·rung** f ⟨-; *no pl*⟩ 1. *cf.* Umkehren. – 2. overturning. – 3. *electr.* (*optics*) *phot.* reversal. – 4. *ling. mus.* inversion. – 5. *philos.* converse, conversion. – 6. *math.* conversion, inversion. – 7. *fig.* (*der Verhältnisse etc*) reversal. – 8. *tech.* reversal, reverse. – 9. *psych.* inversion.

'**Um,kehr·ver,fah·ren** n *phot.* reversal process.

'**um,kip·pen** I v/i ⟨sep, -ge-, sein⟩ 1. (*von Vasen, Tassen, Tintenfässern etc*) fall (*od.* topple) over, overturn. – 2. (*auf eine Seite*) tip up (*od.* over), tilt over: als er auf die Lehne kletterte, kippte der Sessel um when he climbed on the armrest, the chair tilted over. – 3. (*von Personen*) topple over, go over backward(s): sie schaukelte so lange, bis sie mit dem Stuhl umkippte she rocked the chair until she toppled over. – 4. *colloq.* (*ohnmächtig werden*) pass out (*colloq.*): plötzlich kippte die Frau um the woman suddenly passed out. – 5. (*von Fahrzeug etc*) overturn, turn (*od.* tip) over. – 6. (*von Boot etc*) capsize, tip (*od.* keel) over, overturn, turn (*od.* tip) over. – 7. *fig. colloq. cf.* umfallen 6. – II v/t ⟨h⟩ 8. (*Tasse, Tintenfaß etc*) knock (*od.* tip) over, upset. – 9. (*Korb, Schubkarren, Faß, offenen Eisenbahngüterwagen etc*) tip up.

'**um,klam·mern** I v/t ⟨insep, no -ge-, h⟩ 1. (*Geländer, Handgelenk etc*) clasp, (*in Angst, Not etc*) clench, clutch: das Tier umklammerte den Ast mit allen vieren the animal clung to the branch with all fours. – 2. j-n ~ (*von Kind etc*) to cling to s.o.: j-n mit beiden Armen ~ to cling to s.o., to clasp both arms (a)round s.o., (*beim Rettungsschwimmen*) *auch* to clutch s.o. – 3. sich (*od.* einander) ~ (*sport*) a) (*von Boxern*) to clinch, b) (*von Ringern*) to lock, to tie up. – 4. *mil.* (*Feind*) encircle, envelop, *auch* envelope. – II U~ n ⟨-s⟩ 5. *verbal noun.* – 6. *cf.* Umklammerung. —
'**um,klam·mert** I pp. – II adj ~ halten to clasp. — ,**Um'klam·me·rung** f ⟨-; *no pl*⟩ 1. *cf.* Umklammern. – 2. (*von Geländer, Stock etc*) clasp, (*stärker*) clutch, clench. – 3. (*sport*) (*beim Boxen*) clinch, b) (*beim Ringen, Rettungsschwimmen*) clutch. – 4. *mil.* pincer movement, envelopment.

'**um,klapp·bar** adj collapsible, folding.
'**um,klap·pen** v/t ⟨sep, -ge-, h⟩ 1. (*herunterschlagen*) turn (*od.* fold) down: ich habe die Lehne des Sitzes umgeklappt I turned down the armrest. – 2. (*heraufschlagen*) fold back (*od.* up). – 3. *colloq.*

(*ohnmächtig werden*) pass out (*colloq.*). – 4. *med.* (*Oberlid*) evert, ectropionize (*scient.*).
'**Um,klei·de·ka,bi·ne** f 1. (*im Schwimmbad*) changing (*bes. Br.* bathing) box (*od.* cubicle). – 2. (*in einem Kleidergeschäft*) changing cubicle.
'**um,klei·den¹** I v/reflex ⟨sep, -ge-, h⟩ sich ~ 1. change (one's clothes): ich habe mich zum Abendessen umgekleidet I changed for dinner. – II v/t 2. j-n ~ to change s.o.'s clothes. – III U~ n ⟨-s⟩ 3. *verbal noun.* – 4. *cf.* Umkleidung¹.
,**um'klei·den²** I v/t ⟨insep, no -ge-, h⟩ 1. etwas mit etwas ~ to cover s.th. (up) with s.th.: etwas mit schwarzem Tuch ~ to cover s.th. (up) with black cloth; etwas mit schönen Worten ~ *fig.* to cover s.th. up with euphemistic words. – 2. *tech.* a) (*Kabel etc*) coat, sheathe, b) (*Elektrode etc*) cover, c) (*ummanteln*) encase, jacket. – II U~ n ⟨-s⟩ 3. *verbal noun.* – 4. *cf.* Umkleidung².
'**Um,klei·de,raum** m 1. changing room, (*mit Spinden*) locker room. – 2. (*theater, sport*) dressing room.
'**Um,klei·dung¹** f ⟨-; *no pl*⟩ 1. *cf.* Umkleiden¹. – 2. change of clothes.
,**Um'klei·dung²** f ⟨-; -en⟩ 1. *cf.* Umkleiden². – 2. (*einer Tribüne etc*) cover. – 3. *tech.* a) (*eines Drahtes, Kabels etc*) coat, b) (*einer Elektrode etc*) cover.
'**um,knicken** (*getr.* -k·k-) I v/t ⟨sep, -ge-, h⟩ 1. (*Zweig etc*) bend (*s.th.*) (over (*od.* in two). – 2. (*Blatt Papier etc*) fold (*s.th.*) over (*od.* down). – 3. (*Buchecke etc*) fold (*s.th.*) over (*od.* down). – II v/i ⟨sein⟩ 4. (*mit dem Fuß*) ~ a) to twist (*od.* go over on) one's ankle, b) to sprain one's ankle. – 5. (*von Mast*) snap.
'**um,knif·fen** v/t ⟨sep, -ge-, h⟩ (*Papier*) fold (*s.th.*) over (*od.* down).
'**um,kom·men** v/i ⟨irr, sep, -ge-, sein⟩ 1. die, lose one's life: er ist bei einer Flugzeugkatastrophe umgekommen he lost his life (*od.* was killed) in a plane crash; sie kamen in den Flammen kläglich um they died a pitiful death in the flames; im Kriege [in der Schlacht] ~ to be killed in the war [in (the) battle]; durchs Schwert ~ to fall (*od.* perish) by the sword; viele Menschen kamen in der Wüste um many people died (*od.* perished) in the desert; wer sich in Gefahr begibt, kommt darin um (*Sprichwort*) *etwa* he who looks for trouble finds it, he that seeks trouble never misses (*proverb*). – 2. (*von Tieren*) die, perish, (*bei einem Unfall*) *auch* be killed. – 3. vor (*dat*) etwas ~ *fig. colloq.* to be dying with s.th.: ich komme um vor Hitze I am dying (*od.* sweltering) in the heat, the heat is killing me; ich komme um vor Hunger I am simply starving (to death), I am absolutely ravenous. – 4. (*von Lebensmitteln*) go bad, go off, spoil: ich lasse nichts ~ I don't let anything go bad. – II U~ n ⟨-s⟩ 5. *verbal noun:* es ist eine Hitze zum U~ *colloq.* this heat is killing.
,**um'krän·zen** v/t ⟨insep, no -ge-, h⟩ *cf.* bekränzen. — ,**Um'krän·zung** f ⟨-; *no pl*⟩ *cf.* Bekränzung.
'**Um,kreis** m ⟨-es; *no pl*⟩ 1. im ~ von within a radius (*od.* compass) of: im ~ von 10 Metern, 10 Meter im ~ within a radius of 10 meters, for 10 meters (a)round. – 2. (*nähere Umgebung*) neighborhood, *bes. Br.* neighbourhood, vicinity: im ganzen ~ in the whole vicinity. – 3. *geogr.* circumference, circuit. – 4. *math.* circumscribed circle, circumcircle.
,**um'krei·sen** I v/t ⟨insep, no -ge-, h⟩ 1. (*im Flug*) circle (a)round, encircle: der Adler umkreiste seine Beute the eagle circled (a)round his prey. – 2. (*herumspringen um*) jump (*od.* run) (a)round: der Hund umkreist seinen Herrn the dog jumps around its master. – 3. *astr.* revolve (a)round: die Erde umkreist die Sonne the earth revolves (a)round the sun. – 4. (*space*) orbit: den Mond ~ to orbit the moon. – II U~ n ⟨-s⟩ 5. *verbal noun.* – 6. *cf.* Umkreisung.
'**Um,kreis,mit·tel,punkt** m *math.* circumcenter, *bes. Br.* circumcentre.
,**Um'krei·sung** f ⟨-; -en⟩ 1. *cf.* Umkreisen. – 2. *astr.* revolution. – 3. (*space*) orbit.
'**um,krem·peln** v/t ⟨sep, -ge-, h⟩ 1. (*Ärmel, Hosenbeine*) roll (*s.th.*) up, (*nur einmal*) turn (*s.th.*) up. – 2. (*umwenden*) turn

---

(*s.th.*) inside out. – 3. *fig. colloq.* (*beim Suchen in Unordnung bringen*) turn (*s.th.*) upside down (*od.* inside out): ich habe die ganze Wohnung umgekrempelt und die Dokumente nicht gefunden I turned the whole apartment inside out but did not find the documents. – 4. *fig. colloq.* to change s.o. [s.th.]: man kann einen Menschen nicht ~ you can't change people; wir haben unseren Plan völlig umgekrempelt we changed our plan completely. – II v/reflex sich ~ 5. *fig. colloq.* change one's nature (*od.* character).
'**Um,la·de|,bahn,hof** m 1. reloading (*od.* transfer) station. – 2. *mar.* transshipment (*auch* tranship) station. — ~**ge,bühr** f *econ.* charge for reloading, transloading charge. — ~**,gü·ter** pl 1. goods to be reloaded (*od.* transshipped, *auch* transshipped). – 2. *mar.* transshipment (*auch* transhipment) cargo sg. — ~**,ha·fen** m *mar. cf.* Umschlaghafen. — ~**,ko·sten** pl *econ.* 1. reloading (*od.* transloading) charges. – 2. *mar. cf.* Umschlagkosten 1.
'**um,la·den** I v/t ⟨irr, sep, -ge-, h⟩ 1. (*einen Wagen etc*) reload, transload. – 2. (*Güter etc*) reload, transfer, transship, *auch* tranship, rehandle. – 3. *mar.* a) (*umschlagen*) transship, *auch* tranship, b) (*weiterverladen*) reship. – II U~ n ⟨-s⟩ 4. *verbal noun.* – 5. *mar.* a) transshipment, *auch* transhipment, b) reshipment.
'**Um,la·de,platz** m 1. place of transshipment (*auch* transhipment), transfer point, rehandling yard. – 2. *mar. cf.* Umschlagplatz 2.
'**Um,la·der** m ⟨-s; -⟩ *mar.* stevedore.
'**Um,la·dung** f ⟨-; *no pl*⟩ 1. *cf.* Umladen. – 2. *cf.* Umschlag 7.
'**Um,la·ge** f *econ.* 1. a) rate, levy, apportioned (*od.* special) fee (*to cover communal expenses*), b) (*im Versicherungswesen*) (cost-covering) contribution: die ~ beträgt pro Person drei Mark the apportioned fee is three marks per head. – 2. (*Verteilung der Beträge*) apportionment. – 3. (*Abgabenumlage*) assessment, levy, *Br. auch* rating.
'**um,la·gern¹** I v/t ⟨sep, -ge-, h⟩ 1. (*Güter, Waren etc*) re-store. – 2. *econ.* (*Kredite etc*) redirect. – 3. *chem.* rearrange. – II U~ n ⟨-s⟩ 4. *verbal noun.*
,**um'la·gern²** v/t ⟨insep, no -ge-, h⟩ 1. *mil.* (*Stadt*) besiege, beset, beleaguer. – 2. *fig.* besiege, crowd (a)round, beleaguer: der Verkaufsstand wurde von Kauflustigen umlagert the stand was besieged by prospective buyers; die Reporter umlagerten den Eingang the reporters crowded (a)round the entrance.
'**Um,la·ge·rung** f 1. *cf.* Umlagern¹. – 2. *chem.* rearrangement. – 3. *econ.* (*von Krediten*) redirection.
'**Um,la·ge·ver,fah·ren** n *econ.* contribution (*od.* redirection, apportionment) procedure.
'**Um,lauf** m 1. *econ.* (*des Geldes etc*) circulation: die im ~ befindlichen Banknoten the bank notes in circulation; Geld im ~ currency, current money; im ~ sein (*von Geld etc*) to circulate, to float; Geld in ~ bringen to bring money into circulation; Papiergeld in ~ setzen to issue bank notes, to put bank notes into circulation; diese Münzen sind nicht mehr im ~ these coins are out of (*od.* withdrawn from) circulation. – 2. *fig.* (*in Wendungen wie*) im ~ sein (*von Gerüchten*) to be abroad, to go (a)round; ein Gerücht in ~ setzen to spread (*od.* start, circulate) a rumo(u)r; die tollsten Gerüchte sind im ~ the wildest rumo(u)rs are afloat (*od.* have been spread, have been going [a]round); wer hat denn diese Geschichte über mich in ~ gesetzt? who has started that rumo(u)r about me? – 3. (*Rundschreiben*) circular (letter). – 4. (*space*) orbit. – 5. *phys.* a) (*Umdrehung*) rotation, revolution, b) (*Zyklus*) cycle, c) (*eines Kreisels*) gyration. – 6. *astr.* revolution. – 7. *med.* a) (*Blutkreislauf*) (blood) circulation, b) (*Nagelgeschwür*) whitlow, felon, panaritium (*scient.*). – 8. (*railway*) (*der Güterwagen etc*) turn-round. — ~**,bahn** f *astr.* (*space*) orbit: elliptische ~ elliptical orbit; äquatornahe [erdnahe, polarnahe] ~ near-equatorial [near-earth, near-polar] orbit; ~ um den Mond lunar orbit; Rendezvous auf einer ~ um die Erde rendez-vous in earth orbit; das Raum-

schiff auf eine ~ bringen (*od.* in die ~ einschießen) to insert (*od.* inject) the spacecraft into orbit, to orbit the spacecraft; auf einer ~ sein to orbit; in eine ~ gelangen to enter an orbit. — **~,berg** *m geol.* meander core. — **~be,we·gung** *f* ⟨-; *no pl*⟩ **1.** *tech.* rotary movement, rotation. – **2.** *astr.* orbital motion, revolution. — **~,blen·de** *f phot.* rotary shutter. — **~,durch,mes·ser** *m tech.* (*einer Drehmaschine*) swing(-over bed).

'um,lau·fen[1] **I** *v/i* ⟨*irr, sep,* -ge-, sein⟩ **1.** (*von Geld, Rundschreiben etc*) circulate. – **2.** *fig.* (*von Neuigkeiten, Gerüchten etc*) circulate, go (a)round. – **3.** *print.* (*übergreifen*) overlap. – **4.** *colloq.* (*einen Umweg machen*) make a detour. – **II** *v/t* ⟨h⟩ **5.** j-n [etwas] ~ to run (*od.* knock) s.o. [s.th.] over (*od.* down). – **III** **U~** *n* ⟨-s⟩ **6.** *verbal noun.* – *cf.* Umlauf 1, 2.

,um'lau·fen[2] *v/t* ⟨*irr, insep, no* -ge-, h⟩ etwas ~ a) to run (a)round s.th., b) *astr.* (*space*) to orbit s.th.

'um,lau·fend I *pres p of* umlaufen[1]. – **II** *adj* **1.** (*Gerücht, Rundschreiben etc*) circulating. – **2.** *econ.* a) (*Banknoten, Münzen etc*) circulating, b) (*Kapital etc*) floating. – **3.** *bes. tech.* (*um eine Achse drehend*) rotary, rotating, revolving, gyrating: ~e Schere rotary shear(s *pl*). – **4.** *meteor.* (*Winde*) variable, shifting.

'Um,lauf|,för·de·rer *m tech.* endless conveyor (*od.* conveyer). — **~ge,blä·se** *n* centrifugal blower. — **~ge,schwin·dig·keit** *f* **1.** *tech.* a) speed of rotation, b) (*einer Schleifscheibe, eines Rades*) peripheral speed. – **2.** (*space*) orbital velocity. — **~ge,trie·be** *n tech.* **1.** epicyclic transmission. – **2.** (*Planetengetriebe*) planetary gearing. — **~ka·pi,tal** *n econ. cf.* Umlaufvermögen. — **~,küh·lung** *f* **1.** *tech.* closed-circuit circulation cooling. – **2.** (*space*) regenerative cooling. — **~,map·pe** *f* (*im Büro*) circulation (*od.* float) file. — **~,mit·tel** *pl econ.* circulating media, currency *sg.* — **~,mo·tor** *m aer. tech.* rotary engine. — **~,öl** *n tech.* circulation oil. — **~,pum·pe** *f* rotary pump. — **~,rad** *n tech.* planet gear. — **~,reg·ler** *m tech.* bypass regulator. — **~,rich·tung** *f* direction of rotation. — **~,rühr,werk** *n* rotary agitator. — **~,schmie·rung** *f* circulation (*od.* closed-circuit) lubrication (*od.* oiling). — **~,schrei·ben** *n* circular (letter). — **~,seil** *n tech.* circulation rope. — **~,sinn** *m* direction (*od.* sense) of rotation. — **~,spei·cher** *m* (*computer*) circulating memory (*od.* register). — **~,ver,dich·ter** *m tech.* rotary compressor. — **~,ver,mö·gen** *n econ.* current assets *pl.* — **~,zahl** *f tech. cf.* Drehzahl. — **~,zeit** *f* **1.** *astr.* period (of revolution). – **2.** (*space*) orbital period: ~ eines Weltraumkörpers period of an object in space. – **3.** *econ.* period of circulation. – **4.** *tech.* period of rotation. – **5.** (*railway*) period for turn-round.

'Um,laut *m* ⟨-(e)s; -e⟩ *ling.* **1.** (*only sg*) (*Veränderung eines Vokals*) umlaut, (vowel) mutation. – **2.** (*als Laut*) umlaut, mutated (*od.* modified) vowel. — **'um,lau·ten** *v/t* ⟨*sep,* -ge-, h⟩ (*Vokal*) modify, mutate.

'um,leg·bar *adj* **1.** *cf.* umklappbar. – **2.** *econ.* (*Kosten, Steuern etc*) (re)apportionable.

'Um,le·ge·ka,len·der *m* (turnover) desk calendar.

'Um,le·ge,kra·gen *m* turndown (*od.* turnover) collar.

'um,le·gen[1] *v/t* ⟨*sep,* -ge-, h⟩ **1.** put (*od.* lay) (s.th.) down. – **2.** (*durch Hagel, Sturm etc*) break (*od.* beat) (s.th.) down. – **3.** (*Baum*) fell. – **4.** (*Hemd-, Mantelkragen*) a) (*nach unten*) turn (s.th.) down, b) (*nach oben*) turn (s.th.) up, c) (*Stoff*) turn (s.th.) in. – **6.** sich (*dat*) [j-m] etwas ~ to put s.th. (a)round oneself [s.o.]: sie legte ihm eine Decke um she put a blanket (a)round his shoulders; sie legte sich eine Kette um she put on a necklace. – **7.** (*Verband etc*) apply. – **8.** (*wenden*) turn (s.th.) over, flip: du mußt eine Karte ~ (*beim Kartenspiel*) you must turn one card over (*od.* flip one card). – **9.** (*umleiten*) (*Verkehr*) divert. – **10.** (*railway*) (*Schiene*) relay. – **11.** *econ.* a) (*gleichmäßig aufteilen*) (*Kosten*) (re)apportion, b) (*Steuern*) assess, c) (*transferieren*) (*Depots*) transfer, shift. – **12.** *jur.* (*Bauland, Grundbesitz*) regroup. – **13.** (*Termin*) change. – **14.** (*Patienten*) move

(*s.o.*) (to another place). – **15.** j-n ~ *colloq.* (*zu Boden strecken*) to knock s.o. down, to lay s.o. low. – **16.** j-n ~ *colloq.* (*kaltblütig töten*) to do s.o. in, to finish (*od.* bump) s.o. off (*alle sl.*), to kill (*od.* murder) s.o. – **17.** *vulg.* (*Frau, Mädchen*) 'lay', 'make' (*beide sl.*), *Am. vulg.* knock up: eine ~ to screw a woman (*sl.*). – **18.** *tel.* (*Gespräch*) (auf *acc* to) transfer, put (*a call*) through. – **19.** *electr.* a) (*Leitung*) relay, b) (*Schalter*) reverse. – **20.** *mil.* (*Einheit, Truppe etc*) shift. – **21.** *mar.* a) (*Schornstein*) hinge, pull down, b) (*Schiff*) lay (*a boat*) on the side, career. – **22.** (*leather*) (*Fleisch-, Haarseite*) reverse. – **23.** *tech.* a) (*Hebel etc*) shift, reposition, b) (*Blechkante*) bead, fold (*od.* bend) (*s.th.*) over, c) (*Riemen*) shift. – **24.** (*kippen*) tilt. – **25.** (*textile*) (*Saum*) tuck. – **26.** *colloq.* (*sport*) *cf.* legen 12. – **II** *v/reflex* sich ~ **27.** (*von Baum, Mast etc*) bend (*od.* tilt) over. – **28.** (*nach Hagel, Sturm etc*) lie down. – **29.** (*vom Wind*) shift, change, veer (round). – **III** *v/i* **30.** *mar.* tack about. – **IV** **U~** *n* ⟨-s⟩ **31.** *verbal noun.*

,um'le·gen[2] *v/t* ⟨*insep, no* -ge-, h⟩ etwas mit etwas ~ to lay s.th. (a)round s.th.

'Um,leg,kra·gen *m cf.* Umlegekragen.

'Um,le·gung *f* ⟨-; *no pl*⟩ **1.** *cf.* Umlegen[1]. – **2.** (*eines Grundbesitzes*) regroupment. – **3.** *econ.* (*von Kosten*) (re)apportionment. – **4.** (*von Steuern*) assessment. – **5.** *tech.* relocation. – **6.** *tel.* (*von Gesprächen*) transfer.

'um,lei·ten *v/t* ⟨*sep,* -ge-, h⟩ **1.** (*Verkehr*) divert, detour, reroute. – **2.** (*Post etc*) redirect. – **3.** (*Versandgüter*) reroute. – **4.** (*railway*) (*Zug*) redirect, detour. – **5.** *civ.eng.* (*Fluß*) divert, deviate, bypass. – **6.** *med.* (*Blut*) shunt. – **7.** *electr.* reroute. – **8.** *aer.* (*Flugzeug*) divert. – **II** **U~** *n* ⟨-s⟩ **9.** *verbal noun.*

'Um,lei·tung *f* ⟨-; -en⟩ **1.** *cf.* Umleiten. – **2.** a) (*des Verkehrs*) (temporary) diversion, (route) deviation, b) (*Straße*) bypass, *bes. Am.* detour: „Achtung ~!" "Diversion", *bes. Am.* "Detour"; wir mußten eine ~ fahren we had to take a bypass. – **3.** (*railway*) (*eines Zuges*) redirection. – **4.** *civ.eng.* diversion, deviation. – **5.** *aer.* (*eines Flugzeugs*) diversion.

'Um,lei·tungs|,schild *n* diversion (*bes. Am.* detour) sign. — **~,stra·ße** *f* bypass, *bes. Am.* detour.

'Um,lenk|,bahn *f* (*space*) midcourse guidance flight path. — **~,blech** *n tech.* baffle plate, deflector.

'um,len·ken *v/t* ⟨*sep,* -ge-, h⟩ turn (*s.th.*) round (*od.* back).

'Um,lenk|,he·bel *m* **1.** *tech.* reversing lever. – **2.** *auto.* (*für die Benzinzuleitung*) bell crank. — **~,rol·le** *f* (*einer Seilbahn, eines Riementriebes*) idler (*od.* guide) pulley.

'um,ler·nen I *v/t* ⟨*sep,* -ge-, h⟩ **1.** a) (*in der Denkweise*) change one's view(s), reorient(ate) oneself, b) (*im Verhalten*) change one's ways: du wirst noch sehr ~ müssen you will have to change your ways. – **2.** (*im Beruf etc*) learn a new trade. – **II** *v/t* **3.** learn (*s.th.*) anew.

'um,lie·gend *adj* **1.** surrounding, (*nah*) neighboring, *bes. Br.* neighbouring: in den ~en Wäldern in the surrounding woods; ~e Gegend surrounding country(side), environs *pl.* – **2.** *med.* (*Organe*) circumjacent, adjoining.

,um'lo·dern *v/t* ⟨*insep, no* -ge-, h⟩ blaze (*od.* flare) around.

,um'man·teln I *v/t* ⟨*insep, no* -ge-, h⟩ **1.** *tech.* (*Kessel etc*) jacket, encase. – **2.** *electr.* (*Elektrode etc*) sheathe, cover. – **II** **U~** *n* ⟨-s⟩ **3.** *verbal noun.* — **,Um'man·te·lung** *f* ⟨-; -en⟩ **1.** *cf.* Ummanteln. – **2.** *tech.* (*eines Kessels etc*) jacket, encasement. – **3.** *electr.* sheath, cover. – **4.** (*einer Zündkerze*) screen.

'um,mar,kie·ren *v/t* ⟨*sep, no* -ge-, h⟩ re-mark.

,um'mau·ern *v/t* ⟨*insep, no* -ge-, h⟩ wall (*s.th.*) in, surround (*s.th.*) with a wall.

'um,mo·deln I *v/t* ⟨*sep,* -ge-, h⟩ *colloq.* **1.** (*Form*) reshape, remodel. – **2.** (*Kleidung*) remodel, refashion. – **3.** (*Zimmereinrichtung*) rearrange. – **4.** (*Arbeitsweise, Schema etc*) alter. – **5.** (*Person*) change, alter, reform: seine neue Freundin hat ihn völlig umgemodelt he has been completely changed by his new girl friend. – **II** **U~** *n* ⟨-s⟩ **6.** *verbal noun.* — **'Um,mo·de·lung,**

'Um,mod·lung *f* ⟨-; *no pl*⟩ **1.** *cf.* Ummodeln. – **2.** (*einer Zimmereinrichtung etc*) rearrangement. – **3.** (*einer Arbeitsweise, eines Schemas etc*) alteration.

'um·mon,tie·ren *v/t* ⟨*sep, no* -ge-, h⟩ *tech.* remount.

'um,mün·zen I *v/t* ⟨*sep,* -ge-, h⟩ **1.** (*neu schmelzen*) remint. – **2.** (*neu prägen*) recoin. – **3.** eine Erfahrung in bares Geld ~ *fig.* to make money out of an experience, to cash in on an experience. – **II** **U~** *n* ⟨-s⟩ **4.** *verbal noun.* — **'Um,mün·zung** *f* ⟨-; *no pl*⟩ **1.** *cf.* Ummünzen. – **2.** (*Neuprägung*) recoinage.

,um'nach·tet *adj only in* geistig ~ *lit.* mentally disturbed, (*stärker*) mentally deranged, insane. — **,Um'nach·tung** *f* ⟨-; *no pl*⟩ *only in* geistige ~ mental disturbance, (*stärker*) mental derangement, obnubilation (*lit.*): er starb in geistiger ~ he died in a state of mental derangement; das muß er in geistiger ~ gesagt haben *fig. colloq.* he must have said that in a moment of madness.

'um,nä·hen[1] *v/t* ⟨*sep,* -ge-, h⟩ (*umschlagen u. festnähen*) (*Stoffrand*) hem.

,um'nä·hen[2] *v/t* ⟨*insep, no* -ge-, h⟩ (*durch Nähen befestigen*) fell, sew (*s.th.*) round, (*Saum*) tuck, (*überwendlich*) overcast.

,um'ne·beln *v/t* ⟨*insep, no* -ge-, h⟩ *fig.* **1.** (be)fog, daze, obfuscate, becloud. – **2.** (*durch Alkoholgenuß*) befuddle.

,um'ne·belt I *pp.* – **II** *adj* mit ~em Blick vor sich hinstarren to stare at nothing quite befuddled.

'um,neh·men *v/t* ⟨*irr, sep,* -ge-, h⟩ put (*od.* wrap) (*s.th.*) (a)round one.

'um,nu·me,rie·ren *v/t* ⟨*sep, no* -ge-, h⟩ renumber.

'um,ord·nen *v/t* ⟨*sep,* -ge-, h⟩ rearrange, reorder.

'Um·or·ga·ni·sa·ti,on *f* ⟨-; *no pl*⟩ reorganization *Br. auch* -s-: drastische ~ drastic reorganization, *bes. Am.* shake-up. — **'um·or·ga·ni,sie·ren I** *v/t* ⟨*sep, no* -ge-, h⟩ reorganize *Br. auch* -s-, (*drastisch*) *bes. Am.* shake up. – **II** **U~** *n* ⟨-s⟩ *verbal noun.* — **'Um·or·ga·ni,sie·rung** *f* ⟨-; *no pl*⟩ **1.** *cf.* Umorganisieren. – **2.** *cf.* Umorganisation.

'um·ori·en,tie·ren *v/reflex* ⟨*sep, no* -ge-, h⟩ sich ~ reorient(ate) oneself. — **'Um·ori·en,tie·rung** *f* ⟨-; *no pl*⟩ reorientation.

'um,packen (getr. -k·k-) *v/t* ⟨*sep,* -ge-, h⟩ repack.

,um'pan·zern *v/t* ⟨*insep, no* -ge-, h⟩ **1.** *mil. hist.* cover (*s.th.*) with armor (*bes. Br.* armour) (*od.* a coat of mail). – **2.** *tech.* armor, *bes. Br.* armour.

'um,pflan·zen[1] *v/t* ⟨*sep,* -ge-, h⟩ *hort.* transplant, replant.

,um'pflan·zen[2] *v/t* ⟨*insep, no* -ge-, h⟩ etwas mit Bäumen [Sträuchern, Blumen] ~ to surround s.th. with trees [bushes, flowers], to plant trees [bushes, flowers] (a)round s.th.

'um,pfla·stern *v/t* ⟨*sep,* -ge-, h⟩ repave.

'um,pflü·gen *v/t* ⟨*sep,* -ge-, h⟩ *auch fig.* plough (*bes. Am.* plow) (*s.th.*) up.

'um,pfrop·fen *v/t* ⟨*sep,* -ge-, h⟩ *hort.* regraft.

'um,po·len *electr.* **I** *v/t* ⟨*sep,* -ge-, h⟩ change the polarity of. – **II** *v/i* reverse polarity. – **III** **U~** *n* ⟨-s⟩ *verbal noun.*

'Um,po·ler *m* ⟨-s; -⟩ *electr.* pole-changer.

'Um,pol,schal·ter *m electr.* commutating switch.

'Um,po·lung *f* ⟨-; -en⟩ **1.** *cf.* Umpolen. – **2.** pole changing, reversal of polarity.

'um,prä·gen I *v/t* ⟨*sep,* -ge-, h⟩ **1.** (*Münzen, Geld etc*) recoin. – **2.** *fig.* (*Volk, Charakter*) remold, *bes. Br.* remould. – **II** **U~** *n* ⟨-s⟩ **3.** *verbal noun.* — **'Um,prä·gung** *f* **1.** *cf.* Umprägen. – **2.** recoinage.

'um,pres·sen *v/t* ⟨*sep,* -ge-, h⟩ *tech.* re-press.

'um,pur·zeln *v/i* ⟨*sep,* -ge-, sein⟩ *colloq.* tumble (*od.* topple) over (*od.* down).

'um,pu·sten *v/t* ⟨*sep,* -ge-, h⟩ blow (*s.th.*) down: der leiseste Windhauch pustet sie um *fig.* you could knock her down with a feather.

'um·quar,tie·ren I *v/t* ⟨*sep, no* -ge-, h⟩ **1.** j-n ~ to move s.o. to other accommodations: wir müssen den Patienten (in ein anderes Zimmer) ~ *colloq.* we must move the patient (to another room). – **2.** *mil.* a) (*Truppen*) shift, b) (*Soldaten*) rebillet, requarter. – **II** **U~** *n* ⟨-s⟩ **3.** *verbal* *noun.* — 'Um·quar,tie·rung *f* ⟨-; -en⟩ **1.** *cf.* Umquartieren. – **2.** move to other accommodations.

,um'rah·men¹ **I** *v/t* ⟨insep, no -ge-, h⟩ (*Bild etc*) frame, form a frame around, enframe: ein dichter Bart umrahmte sein Gesicht his face was framed in a bushy beard; der Vortrag wurde von Musik umrahmt *fig.* the lecture was given a musical setting. – **II** U~ *n* ⟨-s⟩ *verbal noun.*

'um,rah·men² **I** *v/t* ⟨sep, -ge-, h⟩ reframe, change the frame of. – **II** U~ *n* ⟨-s⟩ *verbal noun.*

,um'rahmt **I** *pp of* umrahmen¹. – **II** *adj* die Traueranzeige war schwarz ~ the obituary was framed with a black border.

'Um'rah·mung *f* ⟨-; -en⟩ **1.** *cf.* Umrahmen¹. – **2.** frame. – **3.** *print.* box.

,um'ran·den [-'randən] *v/t* ⟨insep, no -ge-, h⟩ **1.** etwas mit etwas ~ a) (*ein Blatt*) to edge (*od.* border, rim) s.th. with s.th., b) (*mit Litze, Borte etc*) to edge (*od.* trim, border) s.th. with s.th., c) (*mit Steinen, Büschen etc*) to surround (*od.* border, edge) s.th. with s.th. – **2.** (*auf einem Bestellvordruck etc*) mark (*s.th.*) with a circle: der Korrektor hat die Fehler rot umrandet the corrector has marked the mistakes with a red circle, the corrector has drawn red circles (a)round the mistakes. – **II** U~ *n* ⟨-s⟩ **3.** *verbal noun.*

,um'rän·dern *v/t* ⟨insep, no -ge-, h⟩ *cf.* umranden. — ,um'rän·dert **I** *pp.* – **II** *adj* **1.** *cf.* umrandet II. – **2.** rot ~e Augen haben to have red circles (*od.* rims) (a)round one's eyes.

,um'ran·det **I** *pp.* – **II** *adj* **1.** rot [schwarz] ~ sein to be red- [black-]rimmed. – **2.** *med.* a) bordered, surrounded, b) (*Augen*) circled.

,Um'ran·dung *f* ⟨-; -en⟩ **1.** *cf.* Umranden. – **2.** (*aus Stoff etc*) edging, trimming, border. – **3.** (*mit Steinen, Büschen etc*) border, edging, *bes. Br.* surround. – **4.** *cf.* Bettumrandung.

,Um'ran·dungs,feu·er *n aer.* (*auf dem Flugplatz*) boundary light.

'um·ran,gie·ren *v/t* ⟨sep, no -ge-, h⟩ (*railway*) shunt, switch.

,um'ran·ken *v/t* ⟨insep, no -ge-, h⟩ **1.** twine (a)round, entwine: Wicken ~ den Baumstamm sweet peas twine (a)round (*od.* entwine) the trunk of the tree. – **2.** etwas mit etwas ~ to twine s.th. (a)round s.th. —

,um'rankt **I** *pp.* – **II** *adj* entwined, *stärker* covered with creeper(s) (*od.* climbing plants): mit Efeu ~ wreathed with ivy, ivy-clad; das Haus ist von wildem Wein ~ the house is covered with Virginia creeper; der Berg ist von Märchen und Sagen ~ *fig.* the mountain is wreathed (*od.* enveloped) in fairy tales and legends.

'um,räu·men **I** *v/t* ⟨sep, -ge-, h⟩ **1.** (*anders anordnen*) rearrange, change (*s.th.*) (a)round: sie räumt mal wieder die Möbel um she is rearranging the furniture (*od.* changing the furniture [a]round) again. – **2.** (*umlagern, umstellen*) move, shift: wir müssen sämtliche Waren ~ we have to shift all the goods. – **II** *v/i* **3.** rearrange the furniture.

,um'rau·schen *v/t* ⟨insep, no -ge-, h⟩ surge (*od.* roar) (a)round: Wasser umrauscht den Felsen water surges (a)round the rock.

'um,rech·nen **I** *v/t* ⟨sep, -ge-, h⟩ **1.** etwas (in *acc* etwas) ~ *bes. math.* to convert s.th. (into s.th.), to reduce s.th. (to s.th.): ein Pfund in Schillinge ~ to reduce a pound to shillings; einen Meter in Zentimeter ~ to convert a meter (*bes. Br.* metre) into centimeters (*bes. Br.* centimetres). – **2.** etwas auf (*acc*) etwas ~ to divide s.th. amongst (*od.* apportion s.th. to) s.th. – **3.** *tech. tel.* translate. – **II** U~ *n* ⟨-s⟩ **4.** *verbal noun.* — 'Um,rech·nung *f* ⟨-; -en⟩ **1.** *cf.* Umrechnen. – **2.** *bes. math.* conversion, reduction.

'Um,rech·nungs,fak·tor *m math.* conversion factor. — ~,kurs, ~,satz *m econ.* (*der Devisen*) conversion rate. — ~,schlüs·sel *m* conversion key. — ~ta,bel·le *f* conversion table. — ~ver,hält·nis *n* conversion (*od.* exchange) ratio. — ~,wert *m* exchange value.

,um'rei·sen *v/t* ⟨insep, no -ge-, h⟩ die Welt ~ to travel (*od.* tour) [a]round the world (*od.* globe).

'um,rei·ßen¹ **I** *v/t* ⟨irr, sep, -ge-, h⟩

---

1. etwas ~ (*Mauer, Zaun etc*) to pull (*od.* break) s.th. down: er tut, als ob er alles ~ wollte *fig. colloq.* he goes at things hammer and tongs. – **2.** j-n ~ to take s.o. with one, (*umfahren*) *auch* to knock s.o. down: der Wagen fuhr auf den Gehsteig und riß mehrere Leute um the car drove up on the footpath (*Am.* sidewalk) and took several people with it (*od.* and knocked several people down); du hättest mich fast umgerissen you almost took me with you. – **II** U~ *n* ⟨-s⟩ **3.** *verbal noun.*

,um'rei·ßen² **I** *v/t* ⟨irr, insep, no -ge-, h⟩ **1.** (*Plan, Methode etc*) outline, sketch: etwas in wenigen Worten ~ to sketch s.th. in a few words. – **2.** (*Rede, Vortrag etc*) summarize *Br. auch* -s-. – **3.** (*Lebensweg etc*) survey. – **II** U~ *n* ⟨-s⟩ **4.** *verbal noun.*

'um,rei·ten¹ **I** *v/t* ⟨irr, sep, -ge-, h⟩ j-n [etwas] ~ to ride s.o. [s.th.] over (*od.* down). – **II** *v/i* ⟨sein⟩ ride back.

,um'rei·ten² *v/t* ⟨irr, insep, no -ge-, h⟩ ride (a)round.

'um,ren·nen *v/t* ⟨irr, sep, -ge-, h⟩ run (*od.* knock) (*s.o.*, *s.th.*) over (*od.* down).

'um,rich·ten *v/t* ⟨sep, -ge-, h⟩ *tech.* (*Werkzeugmaschine etc*) reset.

'Um,rich·ter *m* ⟨-s; -⟩ *electr.* frequency changer (*od.* converter, convertor).

'Um,rich·te,zeit *f tech.* resetting (*od.* set-up) time.

,um'rin·gen *v/t* ⟨insep, no -ge-, h⟩ **1.** j-n ~ a) to crowd (*od.* gather) (a)round s.o., b) (*umdrängen*) to throng around s.o., c) *bes. mil.* (*feindlich*) to ring (*od.* encircle, invest) s.o.: die Kinder ~ den Vater the children gather (a)round the(ir) father; Indianer umringten das Fort (Red) Indians encircled the fort. – **2.** etwas ~ (*von Wasser, Bergen, Wald etc*) to encircle (*od.* encompass) s.th.

'Um,riß *m* ⟨-sses; -sse⟩ **1.** *cf.* Umreißen². – **2.** (*Kontur, Silhouette*) outline, contour, profile, silhouette: etwas im ~ entwerfen *auch fig.* to outline s.th.; nur die Umrisse der Berge waren in der Dunkelheit zu erkennen only the contours (*od.* silhouette[s]) of the mountains could be made out in the darkness. – **3.** (*gegen den Himmel*) skyline. – **4.** *fig.* outline: eine Weltgeschichte in Umrissen an outline of world history; eine Epoche in großen Umrissen schildern to give a rough outline of an epoch. – **5.** *tech.* a) contour, outline, b) (*Profil*) profile. – **6.** *med.* (*in der Röntgenologie*) silhouette.

,um'ris·sen **I** *pp of* umreißen². – **II** *adj* scharf (*od.* klar) ~ a) (*Profil, Konturen etc*) sharply defined (*od.* outlined), b) (*Programm, Plan etc*) clearly defined (*od.* outlined, delineated); fest ~ (*Ansichten etc*) clear-cut; grob ~ (*Bericht, Inhaltsangabe etc*) rough(ly sketched).

'Um,riß|,kar·te *f geogr.* outline (*od.* skeleton) map. — ~,li·nie *f cf.* Umriß 2, 3. — ~,zeich·nung *f* contour drawing.

'um,rol·len *v/t* ⟨sep, -ge-, h⟩ **1.** *tech.* (*Gießform*) roll (*s.th.*) over. – **2.** (*film*) rewind, respool.

'Um,rol·ler *m* (*film*) rewinder.

'Um,roll,tisch *m* (*film*) rewind bench.

'um,rüh·ren *v/t* ⟨sep, -ge-, h⟩ (*Farbe, Speisen etc*) stir (up).

,um'run·den *v/t* ⟨insep, no -ge-, h⟩ **1.** (*sport*) lap. – **2.** (*space*) orbit.

'um,rü·sten **I** *v/t* ⟨sep, -ge-, h⟩ **1.** *mil.* (*Armee etc*) reequip, *Br.* re-equip. – **2.** *tech.* (*Maschine etc*) reset, *Br.* re-set. – **3.** *electr.* convert (*s.th.*) by replacing certain units). – **II** U~ *n* ⟨-s⟩ **4.** *verbal noun.* — 'Um,rü·stung *f* ⟨-; no pl⟩ **1.** *cf.* Umrüsten. – **2.** *mil.* reequipment, *Br.* re-equipment.

ums [ums] *short for* um das.

'um,sacken¹ (getr. -k·k-) *v/i* ⟨sep, -ge-, sein⟩ *colloq.* crumple (*od.* double) (up), slump.

'um,sacken² (getr. -k·k-) *v/t* ⟨sep, -ge-, h⟩ put (*od.* fill) (s.th.) in(to) another sack.

'um,sä·gen *v/t* ⟨sep, -ge-, h⟩ (*Baum etc*) saw (*s.th.*) down.

'um,sat·teln **I** *v/t* ⟨sep, -ge-, h⟩ ein Pferd ~ to resaddle a horse, to change a horse's saddle. – **II** *v/i fig. colloq.* auf (*acc*) etwas ~ to change (*od.* switch) to s.th.: er hat von Tier- auf Humanmedizin umgesattelt he has switched from veterinary (medicine) to human medicine.

'Um,satz *m* **1.** *econ.* a) (*bes. Verkaufs-*

---

menge) sales *pl*, b) (*bes. Wertumsatz*) turnover, c) (*Einnahmen*) returns *pl*, d) (*an der Börse*) transactions *pl*, business: den ~ steigern to step up (*od.* increase) sales; einen guten ~ haben a) to have good sales, b) to have a big turnover. – **2.** *med.* a) (*von Energie*) transformation, b) (*Verbrauch*) consumption, c) (*beim Stoffwechsel*) metabolism. — ~ana,ly·se *f econ.* sales analysis. — ~,aus,gleich,steu·er *f* turnover equalization (*Br. auch* -s-) tax. — ~be,steue·rung *f* taxation of (the) sales (*od.* turnover). — ~be,tei·li·gung *f* participation in sales (*od.* the turnover). — ~,för·de·rung *f* sales promotion. — ~ge,schwin·dig·keit *f* rate of turnover. — ~,hö·he *f* amount (*od.* level) of turnover. — ~,kur·ve *f* sales curve, turnover schedule. — ~,los *adj* **1.** without turnover. – **2.** (*Guthaben*) dormant. – **3.** (*Konto*) inactive. — ~,prä·mie *f* sales bonus. — ~pro·vi·si,on *f* turnover (*od.* sales) commission. — ~,rück,gang *m* recession (*od.* decrease, falling-off) in sales. — ~,stei·ge·rung *f* increase in sales, stepping up of sales. — ~,steu·er *f* turnover tax, *bes. Am.* sales tax. — ~,zah·len, ~,zif·fern *pl* turnover (*od.* index, guidance) figures.

'um,säu·men¹ *v/t* ⟨sep, -ge-, h⟩ **1.** (*Kleid etc*) hem. – **2.** (*Spitze*) purl.

,um'säu·men² *v/t* ⟨insep, no -ge-, h⟩ **1.** surround, border. – **2.** (*Straße*) line, border.

,um'sau·sen *v/t* ⟨insep, no -ge-, h⟩ whistle (*od.* howl) (a)round.

'um,schaf·fen **I** *v/t* ⟨irr, sep, -ge-, h⟩ transform, remodel. – **II** U~ *n* ⟨-s⟩ *verbal noun.* — 'Um,schaf·fung *f* ⟨-; -en⟩ **1.** *cf.* Umschaffen. – **2.** transformation.

'Um,schalt,ein,rich·tung *f electr.* **1.** automatic transfer equipment. – **2.** distribution switchboard.

'um,schal·ten **I** *v/t* ⟨sep, -ge-, h⟩ **1.** *electr.* a) switch over, b) (*Stromwender, Motor etc*) commutate, c) (*Stromkreis*) switch (to a different circuit), d) (*Stromrichtung*) reverse, change. – **2.** *tech.* a) (*Hebel*) change, reposition, shift, b) (*Treibriemen*) shift, c) (*Getriebe*) change (over) (*od.* shift), d) (*Spindel einer Werkzeugmaschine*) reverse, e) (*Millimetergewinde auf Zollsystem*) transpose, f) (*Revolverkopf*) index, g) (*Maschinentisch*) reverse. – **3.** *auto.* (*Gänge*) shift. – **II** *v/i* **4.** (*radio*) *telev.* (auf ein anderes Programm) ~ to switch to another program (*bes. Br.* programme): wir schalten um nach Hamburg we are going over (*od.* switching) to Hamburg. – **5.** *fig. colloq.* (im Denken) switch: ich kann nicht so schnell ~ I can't switch so quickly. – **6.** *fig. colloq.* (in den Gewohnheiten) readapt: nach den Ferien wieder auf den Alltag ~ to readapt to daily routine after the holidays. – **III** U~ *n* ⟨-s⟩ **7.** *verbal noun.* – **8.** *auto.* changeover, *Br.* gear-change, *Am.* gearshift. – **9.** *cf.* Umschaltung.

'Um,schal·ter *m* **1.** *tech.* (changeover *od.* throw-over) switch: selbsttätiger ~ cutout, *Br.* cut-out. – **2.** (an der Schreibmaschine) shift key. – **3.** *electr.* (für Stromrichtung) commutator, reversing switch.

'Um,schalt|,fest,stel·ler *m* (an der Schreibmaschine) shift-key lock. — ~,he·bel *m* **1.** *tech.* change lever. – **2.** *electr.* a) (changeover) switch, b) (eines Tonbandes) tape-speed lever. — ~,pau·se *f* (radio) *telev. cf.* Schaltpause. — ~re,lais *n electr.* change-over relay. — ~,stöp·sel *m* switch plug. — ~,sy,stem *n* switching (*od.* changeover) system. — ~,ta·ste *f* **1.** (an einer Schreibmaschine) shift key. – **2.** *electr.* reversing key.

'Um,schal·tung *f* ⟨-; no pl⟩ **1.** *cf.* Umschalten. – **2.** *electr.* a) (des Stroms) changeover, b) (eines Motors, Stromwenders) commutation. – **3.** *tech.* change-over.

,um'schat·ten *v/t* ⟨insep, no -ge-, h⟩ surround (s.th.) with shadow.

'Um,schau *f* ⟨-; no pl⟩ **1.** (in Wendungen wie) ~ halten to look (a)round; nach etwas ~ halten to look out (od. be on the lookout [Br. look-out]) for s.th.; nach j-m ~ halten to look out for s.o.; nach einer Frau ~ halten to look out for a wife. – **2.** (als Zeitungsname) review. – **3.** (radio) *telev.* (Programmteil) current affairs magazine, topical magazine.

'**um,schau·en** v/reflex ⟨sep, -ge-, h⟩ sich ~ **1.** (in der Runde) look (a)round: ich habe mich ein wenig im Lande umgeschaut I had a look (a)round the country; ich werde mich mal für dich ~ I'll have a look (a)round for you. – **2.** (auskundschaften) spy about, scout. – **3.** (zurückblicken) look back (od. round): er schaute sich flüchtig um he glanced round (od. back).

'**um,schau·feln** v/t ⟨sep, -ge-, h⟩ **1.** turn (s.th.) (over) with a shovel, shovel (s.th.) (over). – **2.** Zucker [Mehl] (in einen anderen Behälter) ~ to scoop sugar [flour] into another container. – **3.** agr. (Korn) stir, cast.

,**um,schäu·men** v/t ⟨insep, no -ge-, h⟩ (Felsen, Riff etc) foam (a)round.

'**um,schich·ten** I v/t ⟨sep, -ge-, h⟩ **1.** repile, restack. – **2.** fig. (nach Aufbau od. Struktur ändern) regroup, rearrange, restructure. – **II** v/reflex sich ~ **3.** (von Partei etc) change in structure (od. structurally). – **III** U~ n ⟨-s⟩ **4.** verbal noun.

'**um,schich·tig** adv **1.** in turns, alternately. – **2.** econ. in shifts: ~ arbeiten to work in shifts.

'**Um,schich·tung** f **1.** cf. Umschichten. – **2.** fig. regroupment, rearrangement: ~ des Vermögens econ. reapportionment of property; ~ von Investitionen econ. redirection of investments; ~ der Nachfrage econ. shifts pl in the demand structure (od. pattern); soziale ~ social upheaval, shifts pl in social structure.

'**Um,schich·tungs·pro,zeß** m sociol. process of regroupment, shifts pl in social structure: gesellschaftlicher ~ process of social regroupment.

'**um,schie·ßen** v/t ⟨irr, sep, -ge-, h⟩ **1.** j-n [etwas] ~ to shoot s.o. [s.th.] down. – **2.** print. (eine Form) reimpose.

,**um,schif·fen**[1] I v/t ⟨insep, no -ge-, h⟩ **1.** (ein Kap, Riff etc) double, round. – **2.** fig. (Schwierigkeit, Hindernis etc) circumvent, overcome: → Klippe 3. – **II** U~ n ⟨-s⟩ **3.** verbal noun.

'**um,schif·fen**[2] mar. I v/t ⟨sep, -ge-, h⟩ **1.** (umladen) transship, auch tranship. – **2.** (weiterverschiffen) reship. – **3.** (Passagiere) transfer. – **II** U~ n ⟨-s⟩ **4.** verbal noun.

,**Um'schif·fung**[1] f ⟨-; -en⟩ **1.** cf. Umschiffen[1]. – **2.** fig. circumvention.

'**Um,schif·fung**[2] f ⟨-; no pl⟩ mar. **1.** cf. Umschiffen[2]. – **2.** (Umschlag) transshipment, auch tranship. – **3.** (Weiterverschiffung) reshipment. – **4.** (von Passagieren) transfer.

'**Um,schlag** m ⟨-(e)s; ⁼e⟩ **1.** cf. Umschlagen. – **2.** (Briefhülle) envelope: im gefütterten [verschlossenen] ~ in a lined [closed od. sealed] envelope; einen ~ adressieren [zukleben] to address [to seal] an envelope. – **3.** (Buchumschlag) (book od. dust) jacket, (aus Leder, Plastik) cover. – **4.** (Schutzhülle) folder. – **5.** (fashion) a) (am Ärmel) cuff, b) (am Hosenbein) bes. Br. turn-up, Am. cuff, c) (am Kleid) hem. – **6.** ⟨only sg⟩ fig. (der Stimmung, Gesinnung, Politik etc) change. – **7.** ⟨only sg⟩ econ. a) (von Gütern, Lagern) (cargo) handling, turnover, b) (bei Verkehrsträgern) transloading, (bes. auf Schiffen) transshipment, auch transhipment, c) (eines Hafens) (amount of) traffic (od. goods pl) handled. – **8.** ⟨only sg⟩ meteor. (des Wetters) sudden change, turn, break. – **9.** med. a) (als Kompresse) compress, b) (aus Brei) poultice, cataplasm, c) (warmer u. feuchter) fomentation, stupe, d) (nasser) stupe, water dressing: einen heißen ~ machen to put on (od. apply) a hot fomentation (od. stupe); → kalt 10. – **10.** tech. (beim Fräsen, Bohren) shift. – **11.** ⟨only sg⟩ mus. (der Stimme) break, crack.

'**Um,schlag·an,la·ge** f mar. transshipment (auch transhipment) facility. — ~,ar·bei·ten pl handling operations. — ~,bahn·hof m cf. Umladebahnhof. — ~,bild n cover picture. — ~,bo·gen m sheet of wrapping paper. — ~,boh·ren n tech. shift drilling. — ~,deckel (getr. -k·k-) m cover. — ~,ein·rich·tun·gen pl mar. transshipping (auch transhiping) facilities. — ~,ei·sen n tech. (Schröter) (blacksmith's) hardy.

'**um,schla·gen** I v/t ⟨irr, sep, -ge-, h⟩ **1.** (Blatt, Seite) turn (over). – **2.** (Kragen) turn (s.th.) down. – **3.** (Ärmel, Hose etc) turn (s.th.) up. – **4.** (Tuch, Schal) wrap

(od. put) (s.th.) (a)round (one od. one's shoulders). – **5.** (Teppich, Decke etc) fold (s.th.) over. – **6.** (Bäume, Büsche etc) fell, cut (s.th.) down. – **7.** (Nagel etc) bend, hammer (s.th.) crooked. – **8.** econ. a) (Güter, Lager) handle, turn (s.th.) over, b) (von einem auf den anderen Verkehrsträger) transload, (bes. auf Schiffen) transship, auch tranship. – **9.** tech. (in der Klempnerei) bend, fold. – **10.** print. (Druckbogen) work and turn. – **II** v/i ⟨sein⟩ **11.** (von Wagen, Auto etc) overturn, turn over. – **12.** mar. cf. kentern 1. – **13.** meteor. (vom Wind) change, veer, shift, chop about. – **14.** (vom Wetter) change, break. – **15.** gastr. (von Wein, Bier) turn sour. – **16.** mus. (von Stimme) break, crack, b) (von Blasinstrumenten) (in einen Oberton) (in acc to) fly off, (in die Oktave) jump. – **17.** fig. (von Stimmung, Meinung etc) change: ins Gegenteil ~ to change completely (od. to the contrary): ganz plötzlich ist die Stimmung umgeschlagen the mood changed all of a sudden; seine Stimmung schlägt rasch um (er ist launisch) his mood changes quickly, he is moody. – **III** U~ n ⟨-s⟩ **18.** verbal noun. – **19.** Druckform zum U~ print. work-and-turn form. – **20.** cf. Umschlag 6—8, 11.

'**Um,schlag,tuch** n cf. Umschlagtuch.

'**Um,schlag|ge,schwin·dig·keit** f econ. **1.** rate (od. speed) of turnover. – **2.** handling speed, speed of transloading (od. transshipment, auch transhipment). — ~,ha·fen m mar. port of transshipment (auch transhipment). — ~,ka·pa·zi,tät f mar. econ. handling capacity. — ~,kar,ton m print. cover cardboard. — ~,ko·sten pl **1.** mar. a) handling charges, cost sg of loading and discharging, b) transshipment (auch transhipment) charges, cost sg of transshipment (auch transhipment) (od. transloading). – **2.** (railway) transfer charges. — ~,kra·gen m (fashion) turndown (od. turnover) collar. — ~,man,schet·ten pl turn-up (Br. turn-up) cuffs. — ~,pa,pier n wrapping paper. — ~,platz m **1.** econ. reloading point. – **2.** mar. a) place of transshipment (auch transhipment), b) (zur Weiterverschiffung) place of reshipment. — ~,saum m (am Kleid etc) double hem. — ~,sei·te f print. **1.** (äußere) cover (od. front) page. – **2.** (innere) inner cover. — ~,stel·le f econ. mar. Umschlagplatz. — ~,tuch n ⟨-(e)s; ⁼er⟩ shawl, wrap. — ~,ver,kehr m econ. mar. transfer, transit, transloading (od. transshipment, auch transhipment) activities pl (od. business). — ~,zeich·nung f cover design. — ~,zeit f econ. **1.** turnover time. – **2.** (im Warentransport) transit time.

,**um,schlei·chen** v/t ⟨irr, insep, no -ge-, h⟩ **1.** etwas [j-n] ~ to creep (od. prowl) (a)round s.th. [s.o.]. – **2.** j-n ~ fig. to hang around s.o.

,**um,schlei·ern** [-'ʃlaɪərn] v/t ⟨insep, no -ge-, h⟩ rare for verschleiern 4.

,**um,schlie·ßen**[1] v/t ⟨irr, insep, no -ge-, h⟩ **1.** (mit den Armen) clasp, enfold: j-n mit den Armen ~ to clasp s.o. in one's arms, (bes. von einem Kind) to hug s.o. – **2.** (mit den Händen) clasp: die Hände des Mörders umschlossen den Hals des Opfers the murderer's hands clasped the victim's neck. – **3.** (von Schmuckkette, Gürtel etc) encircle, ring. – **4.** (umgeben) surround, enclose, encircle: eine Mauer [ein Zaun] umschließt den Garten a wall [fence] surrounds the garden, the garden is walled in [fenced in]. – **5.** fig. (einschließen, beinhalten) embrace, encompass, comprehend, include: die Erzählung umschließt den Zeitraum von der Pionierzeit bis zur Gegenwart the narrative encompasses the period from the pioneer days to the present. – **6.** mil. (Lager, Festung etc) a) invest, b) (belagern) besiege. – **7.** tech. encircle, surround. – **8.** civ.eng. enclose. – **9.** print. (Kolumnen) reimpose. – **10.** (sport) (bes. beim Ringen) hug. – **II** U~ n ⟨-s⟩ **11.** verbal noun.

,**um,schlie·ßen**[2] v/i ⟨irr, sep, -ge-, h⟩ turn the key.

,**Um'schlie·ßung** f ⟨-; no pl⟩ **1.** cf. Umschließen[1]. – **2.** enclosure, encirclement. – **3.** mil. a) (einer Festung) investment, b) (Belagerung) siege. – **4.** tech. embedment.

,**um,schlin·gen**[1] I v/t ⟨irr, insep, no -ge-, h⟩ **1.** etwas ~ (von Efeu, Wein etc) to twist (od. twine) (a)round s.th., to entwine s.th. –

2. j-n ~ to clasp (od. embrace, hug) s.o.: mit beiden Armen umschlang er ihren Hals he clasped his arms around her neck, he clasped her neck in his arms. – **3.** (beim Ringen) lock, encircle. – **II** U~ n ⟨-s⟩ **4.** verbal noun.

'**um,schlin·gen**[2] v/t ⟨irr, sep, -ge-, h⟩ sich ⟨dat⟩ einen Schal [ein Tuch] ~ to wrap a shawl [a cloth] (a)round oneself.

'**Um'schlin·gung** f ⟨-; rare -en⟩ **1.** cf. Umschlingen[1]. – **2.** (Umarmung) embrace, hug.

,**um,schlos·sen** I pp of umschließen[1]. – **II** adj ~es Bauteil civ.eng. boundary structure.

,**um,schlun·gen** I pp of umschlingen[1]. – **II** adj **1.** ein leidenschaftlich ~es Liebespaar a pair of lovers clasped in each other's arms; sie hielten sich eng ~ they were locked in each other's arms. – **2.** ~e Naht med. figure-of-eight suture.

,**um,schmei·cheln** v/t ⟨insep, no -ge-, h⟩ j-n ~ a) to flatter (od. cajole) s.o., b) to caress s.o.

'**um,schmei·ßen** v/t u. v/i ⟨irr, sep, -ge-, h⟩ colloq. cf. umwerfen.

'**Um,schmelz|be,trieb** m metall. remelting foundry. — ~,ei·sen n remelt iron.

,**um,schmel·zen** metall. I v/t ⟨irr, sep, -ge-, h⟩ **1.** remelt. – **2.** convert. – **II** U~ n ⟨-s⟩ **3.** verbal noun. – '**Um,schmel·zung** f ⟨-; no pl⟩ cf. Umschmelzen.

'**um,schmie·den** v/t ⟨sep, -ge-, h⟩ reforge.

'**Um,schmiß** m ⟨-sses; -sse⟩ mus. colloq. 'clinker' (sl.), Am. sl. 'boner'.

,**um,schnal·len** v/t ⟨sep, -ge-, h⟩ (sich dat) etwas ~ (Säbel, Koppel, Pistole etc) to buckle s.th. on.

,**um,schnü·ren** v/t ⟨insep, no -ge-, h⟩ (Paket etc) **1.** cord. – **2.** (verschnüren) tie (s.th.) up.

,**um,schrei·ben**[1] I v/t ⟨irr, sep, -ge-, h⟩ **1.** (noch einmal schreiben) rewrite, redraft: den ganzen Brief ~ to rewrite the whole letter. – **2.** (Theaterstück etc) rewrite. – **3.** (abschreiben) transcribe. – **4.** (ändern) alter, change: ein Ticket ~ to alter a ticket. – **5.** (in eine andere Schriftart) transliterate: Sanskrit in lateinische Schrift ~ to transliterate Sanskrit into roman letters. – **6.** jur. (auf j-n to s.o.) a) (Besitz etc) transfer, convey, b) (Recht) transfer: ich will das Haus auf seinen Namen ~ lassen I intend to have the house transferred to him (od. his name). – **7.** (Wertpapiere) transfer, reregister, Br. re-register, register (s.th.) (in the name of a specified receiver). – **8.** verbal noun.

,**um,schrei·ben**[2] v/t ⟨irr, insep, no -ge-, h⟩ **1.** (mit Worten) paraphrase, circumvent: dafür gibt es keine genaue Übersetzung, man kann es nur ~ there is no exact translation for it, it can only be paraphrased. – **2.** (erläutern, umgrenzen) describe, define, delineate: eine Aufgabe in wenigen Worten ~ to outline a task in a few words (od. briefly); ein neues Arbeitsgebiet ~ to define a new field of activity. – **3.** math. circumscribe: ein Dreieck mit einem Kreis ~ to circumscribe a triangle with a circle, to describe a circle around a triangle. – **4.** ling. a) circumlocute, b) construct (s.th.) periphrastically, expand, c) transcribe, (in ein anderes Alphabet) transliterate: eine Zeitform mit einem Hilfsverb ~ to construct a tense form with an auxiliary; ein Verb mit einem Hilfsverb ~ to expand a verb by an auxiliary. – **II** U~ n ⟨-s⟩ **5.** verbal noun. – **6.** cf. Umschreibung[2].

,**um,schrei·bend** I pres p of umschreiben[2]. – **II** adj **1.** paraphrastic, auch paraphrastical. – **2.** (beschreibend) descriptive, definitive, delineative. – **3.** ling. periphrastic.

'**Um,schrei·bung**[1] f ⟨-; -en⟩ **1.** cf. Umschreiben[1]. – **2.** ⟨only sg⟩ (Kopieren) transcription. – **3.** ⟨only sg⟩ (in eine andere Schriftart) transliteration. – **4.** jur. transfer, conveyance. – **5.** econ. (von Wertpapieren) transfer, (re)registration, Br. (re-)registration.

,**Um'schrei·bung**[2] f ⟨-; -en⟩ **1.** cf. Umschreiben[2]. – **2.** ⟨only sg⟩ (mit Worten) paraphrase, circumlocution. – **3.** (Erläuterung, Umgrenzung) description, delineation. – **4.** ⟨only sg⟩ math. (in der Geometrie) circumscription. – **5.** ling. a) circumlocution, b) periphrasis, c) transcription, (in ein anderes Alphabet) transliteration: die englische ~ mit ‚to do‘ anwenden to use the English periphrasis 'to do'.

'Um,schrei·bungs·ge,bühr f alteration fee.

,um'schrei·ben I pp of umschreiben². – II adj 1. math. (Kreis) circumscribed. – 2. med. (lokalisiert) localized Br. auch -s-, circumscribed, limited: ein genau ~es Ekzem a precisely localized eczema. – 3. ~e Form (mit ‚to do‘) ling. expanded form (with the periphrasis 'to do').

'Um,schrift¹ f <-; -en> 1. (geänderter Text) new version, rewritten passage, rewrite. – 2. ling. (in Phonetik) transcription: enge [weite] ~ narrow [broad] transcription.

'Um,schrift² f <-; -en> econ. (auf einer Münze etc) legend, (marginal od. surrounding) inscription, bes. Am. epigraph.

'um,schul·den econ. I v/t <sep, -ge-, h> 1. (Anleihen, Kredite etc) convert, (re)fund, refinance. – 2. (Unternehmen) change (od. modify) the terms of debt (od. indebtedness) of. – II U~ n <-s> 3. verbal noun. — 'Um,schul·dung f <-; -en> 1. cf. Umschulden. – 2. econ. conversion (of a debt): ~ landwirtschaftlicher Betriebe conversion of the terms of agricultural loans.

'Um,schul·dungs·kre,dit m econ. conversion credit.

'um,schu·len I v/t <sep, -ge-, h> 1. (Schulkind) (re)move (od. transfer) (s.o.) to another school. – 2. bes. pol. reeducate, Br. re-educate. – 3. (Berufstätige, Piloten etc) retrain, train (s.o.) on different lines: er wurde auf einen anderen Flugzeugtyp umgeschult he was retrained on a new type of aircraft. – II v/i 4. ich muß ~ I must train for (od. I must learn) another profession. – III U~ n <-s> 5. verbal noun. 'Um,schü·ler m retrainee.

'Um,schu·lung f <-; -en> 1. cf. Umschulen. – 2. (eines Schulkindes) removal (od. transfer) to another school. – 3. bes. pol. reeducation, Br. re-education. – 4. (eines Berufstätigen) (vocational) retraining. – 5. mil. aer. conversion (od. transition) training: ~ auf einen Zivilberuf training for a civilian profession.

'Um,schu·lungs|,kurs, ~,kur·sus m (vocational) retraining course.

'um,schüt·teln v/t <sep, -ge-, h> shake (s.th.) (up).

'um,schüt·ten v/t <sep, -ge-, h> 1. (in ein anderes Gefäß) pour (s.th.) (out) into another vessel, decant. – 2. colloq. (verschütten) (Flüssigkeit) spill. – 3. colloq. (umwerfen) (Glas etc) overturn, upset.

,um'schwär·men v/t <insep, no -ge-, h> 1. etwas ~ (von Bienen, Fliegen etc) a) to swarm (a)round s.th., b) (umsummen) to buzz (a)round s.th. – 2. j-n ~ fig. a) (von Verehrern) to swarm (a)round s.o., b) (von Bettlern etc) to swarm (od. crowd) (a)round s.o., to besiege s.o.: sie wird von vielen Jungen umschwärmt (the) boys simply swarm (a)round her. — ,um'schwärmt I pp. – II adj surrounded by many adorers.

,um'schwe·ben v/t <insep, no -ge-, h> etwas ~ to hover (od. float) (a)round s.th.

'Um,schwei·fe pl (in Wendungen wie) ohne ~ etwas sagen (od. erklären) to say s.th. straight out (od. plainly, bluntly, directly); mach keine (langen) ~ come (od. get) to the point, stop beating about the bush, don't give us such a rigmarole, stop mincing matters; etwas ohne ~ tun to do s.th. without further ado.

'um,schwen·ken v/i <sep, -ge-, h u. sein> 1. <h u. sein> fig. change one's mind (od. tune). – 2. <h u. sein> fig. (von Partei etc) change (od. veer from) one's policy: die Partei schwenkte auf einen anderen Kurs um the party veered (od. changed) to another line of policy. – 3. <sein, auch h> (von Kran etc) swing (od. wheel, veer) round. – 4. <sein> mil. wheel about (od. round). – 5. <h> (vom Wind) (von ... nach from ... to) veer round.

,um'schwir·ren v/t <insep, no -ge-, h> etwas ~ (von Vögeln, Insekten etc) to buzz (od. whiz[z]) (a)round s.th.

'Um,schwung m 1. reversal, change, turnabout, Br. turn-about, about-face: plötzlicher ~ sudden change (od. reversal), revulsion; plötzlich trat ein ~ ein there was a sudden change (od. reversal); ein ~ der öffentlichen Meinung [der allgemeinen Stimmung] a reversal in (the) public opinion [of the general mood]. – 2. ~ des Glückes vicissitudes pl, turn of the tide. –

3. (Gefühlsumschwung) sudden change (od. revulsion) of feelings. – 4. pol. a) revolution, b) (als Reaktion zum Vorhergegangenen) backlash, c) (zum alten System etc) swingback: einen ~ herbeiführen to bring about a change. – 5. econ. a) change, b) (Rückschlag) reaction. – 6. (paints) (der Farben) change. – 7. (literature) reversal. – 8. (sport) (beim Turnen) circle: ~ nach vorn forward circle.

,um'se·geln mar. I v/t <insep, no -ge-, h> (mit Segelschiff etc) 1. (die Welt) sail (a)round, circumnavigate. – 2. (Kap, Klippe etc) double, round. – II U~ n <-s> 3. verbal noun. — ,Um'se·ge·lung f <-; -en> 1. cf. Umsegeln. – 2. circumnavigation. — ,Um'seg·ler m circumnavigator. — ,Um'seg·lung f <-; -en> cf. Umsegelung.

,um,se·hen I v/reflex <irr, sep, -ge-, h> sich ~ 1. look (a)round: er sah sich unschlüssig um he looked around vaguely (od. undecidedly); er soll sich anderswo ~ fig. he should look around elsewhere. – 2. look back (od. round): er ging, ohne sich umzusehen he left without looking back. – 3. sich ~ in (dat) etwas a) (im Kreis, in einem Land etc) to (have a) look (a)round s.th., b) (in einem Raum, Kaufhaus etc) to (have a) look (a)round (od. about) s.th.: ich will mich heute in der Stadt ~, ob I want to look around (the) town today to see if; ich hab' mich mal in unserer Hauptstadt umgesehen I took a look around our capital; er hat sich viel in der Welt umgesehen he has seen a lot of the world; heute darfst du dich bei mir nicht ~ don't take too close a look (od. don't look too closely) at my place today. – 4. sich ~ nach etwas to look (a)round for s.th.: er sah sich vergeblich nach einem Taxi um he looked (a)round in vain for a taxi; sie muß sich nach einer neuen Stelle ~ she has to look around for a new job; ich werde mich danach ~ I'll (have a) look around for that. – 5. sich ~ nach (j-m a) to look round (od. back) after (od. at) s.o., b) (suchen) to (have a) look (a)round for s.o., c) (aus Neugierde) to look round at s.o.: sich nach einer Frau ~ fig. to (have a) look (a)round for a wife. – 6. ihr werdet euch noch ~ fig. you'll get a surprise or two. – II U~ n <-s> 7. verbal noun: im U~ in the twinkling of an eye, before you could say Jack Robinson, in a jiffy (colloq.).

'um,sein v/i <irr, sep, -ge-, sein> colloq. (zeitlich) 1. (von Zeit, Vorstellung etc) be over: meine Zeit ist um my time is up. – 2. (von Frist etc) have expired.

'um,sei·tig I adj <attrib> overleaf (nachgestellt): die ~e Abbildung the diagram (shown) overleaf. – II adv overleaf, on the next page.

'um,seits adv (officialese) for umseitig II.

'um,setz·bar adj econ. 1. (marktgängig) marketable, sal(e)able. – 2. (Währung) convertible. – 3. (in Geld) realizable Br. auch -s-.

'um,set·zen I v/t <sep, -ge-, h> 1. (Pflanzen) transplant, move, shift. – 2. (Schüler) move, shift. – 3. (Waren) sell, turn over, dispose of: es wurde wenig umgesetzt there was a small turnover, business was poor. – 4. (Nährstoffe) assimilate. – 5. etwas in (acc) etwas a) (umwandeln) to turn (od. convert) s.th. into s.th., b) (übertragen) to translate s.th. into (od. reduce s.th. to) s.th.: etwas in bares Geld ~ to turn (od. convert) s.th. into cash, to realize (Br. auch -s-) s.th.; einen Plan in die Tat ~ to put (od. translate) a plan into action. – 6. print. reset. – 7. ling. transliterate. – 8. tech. change over, reset. – 9. auto. (Räder) interchange. – 10. math. convert. – 11. (computer) (Daten) convert, translate. – 12. (sport) (beim Gewichtheben) clean. – 13. etwas ~ in (acc) chem. to convert (od. transform) s.th. into. – II v/reflex sich ~ 14. (von Personen) move, shift places. – 15. chem. a) sich ~ in (acc) to be converted (od. transformed) into, b) sich ~ mit to react with. – III U~ n <-s> 16. verbal noun. – 17. (sport) (beim Gewichtheben) clean.

'Um,set·zer m 1. electr. (frequency) converter (od. mixer). – 2. (radio) telev. relay (transmitter), translator. – 3. (computer) converter.

'Um,set·zung f <-; -en> 1. cf. Umsetzen. – 2. tech. transposition, translation. – 3. math. permutation. – 4. chem. con-

version, reaction, transformation. – 5. electr. transformation, conversion.

'Um,sich,grei·fen n spread(ing), rampancy.

'Um,sicht f <-; no pl> circumspection, consideration, prudence, discretion: bei etwas große ~ beweisen to take account of everything in dealing with s.th.

'um,sich·tig I adj circumspect(ive), considerate, prudent. – II adv ~ handeln to act prudently (od. with circumspection).

'Um,sich·tig·keit f <-; no pl> cf. Umsicht.

'um,sie·deln I v/t <sep, -ge-, h> (Flüchtlinge) (nach) to resettle, transplant, relocate. – II v/i (sein) (umziehen) move, remove: sie sind nach Berlin umgesiedelt they moved to (od. resettled in) Berlin. – III U~ n <-s> verbal noun. — 'Um,sie·de·lung f <-; -en> cf. Umsiedlung. — 'Um,sied·ler m resettler, transplant. — 'Um,sied·lung f <-; -en> 1. cf. Umsiedeln. – 2. resettlement, transplantation, relocation: die ~ der Deutschen aus Polen the resettling of Germans from Poland in Germany. – 3. (Umzug) move, removal.

'um,sin·ken v/i <irr, sep, -ge-, sein> 1. (von Baum etc) sink (od. fall) down. – 2. ich könnte vor Müdigkeit ~ fig. I am ready to drop with fatigue, I am fit to drop. – 3. (ohnmächtig werden) faint, swoon.

,um·so 'mehr [-zo], ,um·so'mehr [-zo-] adv Austrian all the more.

,um'sonst I adj <pred> 1. (unentgeltlich) free (of charge), gratis, gratuitous; for free, free gratis and for nothing (colloq.); → Tod 1. – 2. (vergeblich) in vain, useless, futile, fruitless: unsere Bemühungen waren völlig ~ our efforts were completely in vain (od. a complete waste of time). – II adv 3. (unentgeltlich) free (of charge), gratis, for nothing; for free, free gratis and for nothing (colloq.): er tut nichts ~ he doesn't do anything for nothing; das gibt es ~ you can have it for the asking; etwas fast ~ bekommen to get s.th. for a mere song (od. for next to nothing). – 4. (vergeblich) in vain, to no avail (od. purpose). – 5. nicht ~ (ohne Grund) not without (good) reason, not for nothing. – 6. das hast du nicht ~ getan! colloq. iron. I'll get my own back on you for that! I'll pay you back for that!

,um'sor·gen v/t <insep, no -ge-, h> care for, look after.

'um·sor·tie·ren v/t <sep, no -ge-, h> re-sort.

,um·so 'we·ni·ger, ,um·so'we·ni·ger adv Austrian all the less.

,um'span·nen¹ v/t <insep, no -ge-, h> 1. (mit der Hand, dem Arm) clasp: er umspannte ihre Taille mit seinem Arm he clasped her with his arm around the waist. – 2. fig. (räumlich) comprise, cover, encompass, embrace: das Römische Reich umspannte den ganzen Mittelmeerraum the Roman Empire comprised (od. extended over) the entire Mediterranean region. – 3. fig. (zeitlich) span: diese Entwicklung umspannt einen Zeitraum von vielen Jahren this development spans a period of many years.

'um,span·nen² I v/t <sep, -ge-, h> 1. (Pferde) change. – 2. electr. transform. – 3. tech. (Werkstück) reclamp, reset, reload, relocate. – II U~ n <-s> 4. verbal noun.

'Um,span·ner m electr. transformer.

'Um,spann|,lei·stung f electr. transformer power (od. capacity). — ~,sta·ti,on f transformer station (od. plant).

'Um,span·nung f <-; no pl> 1. cf. Umspannen². – 2. electr. transformation.

'Um,spann,werk n electr. cf. Umspannstation.

,um'spie·len¹ I v/t <insep, no -ge-, h> 1. auch fig. play (a)round: die Wellen umspielten das Boot the waves played (od. danced) (a)round the boat; ein spöttisches Lächeln umspielte seine Lippen lit. a mocking smile played (a)round (od. on) his lips. – 2. (sport) (beim Fußball etc) dodge, dribble round. – 3. mus. a) paraphrase, b) den Hauptton ~ to wind about the principal note (bes. Am. tone). – II U~ n <-s> 4. verbal noun.

'um,spie·len² v/t <sep, -ge-, h> (radio) (Aufnahme) play (s.th.) back.

,Um'spie·lung f <-; no pl> 1. cf. Umspielen¹. – 2. mus. a) paraphrase, b) ornamentation of a note (bes. Am. tone), c) ornamental variation of a theme (od. melody).

'Um·spie·lungs|,ton m mus. ornamental note (bes. Am. tone) winding about the principal note (bes. Am. tone). — ~va·ria·ti,on f ornamental variation.

,um'spin·nen v/t ⟨irr, insep, no -ge-, h⟩ 1. spin a web (right) round. — 2. fig. ensnare, trap. — 3. mus. (Saite) cover, wrap, gimp. — 4. tech. (Draht) cover, braid.

'um,sprin·gen¹ I v/i ⟨irr, sep, -ge-, sein⟩ 1. (vom Wind) shift, change (suddenly): häufig ~ to baffle. — 2. mar. (von der Tide) (be on the) turn. — 3. (sport) (beim Skilauf) jump-turn. — 4. mit etwas ~ fig. colloq. to handle (od. treat) s.th. roughly: wie der mit seinen Sachen umspringt! (you should see) how (od. the way) he handles his things! - 5. mit j-m ~ fig. colloq. to treat (od. deal with) s.o. roughly: so kannst du nicht mit ihm ~! that's not the way to deal with him! — II U~ n ⟨-s⟩ 6. verbal noun. — 7. (des Windes) shift.

,um'sprin·gen² v/t ⟨irr, insep, no -ge-, h⟩ skip (od. leap, jump) (a)round.

'Um,sprung m 1. mar. (der Tide) turn. — 2. (sport) (beim Skilauf) jump turn.

'um,spu·len v/t ⟨sep, -ge-, h⟩ 1. (Tonband etc) rewind. — 2. (Film) rewind, reroll.

,um'spü·len v/t ⟨insep, no -ge-, h⟩ lit. wash (a)round, bathe (poet.): die Wellen umspülten das Boot the waves washed (a)round the boat.

'Um,spu·ler m, **'Um,spul,vor,rich·tung** f tech. (film) rewinder.

'Um,stand m 1. (Sachverhalt) circumstance: ein [un]glücklicher ~ a [an un]fortunate circumstance; der ~, daß the circumstance (od. fact) that; Umstände, die zum Tode führten circumstances (od. factors) which led to death; nähere Umstände angeben to state the circumstances, to give (further) particulars (od. details); alle Umstände darlegen to go into (od. give full) details (od. particulars); mildernde Umstände geltend machen jur. to plead in mitigation, to plead mitigating circumstances; j-m mildernde Umstände zubilligen jur. to allow s.o. extenuating circumstances. - 2. pl (Lage, Verhältnisse) circumstances, conditions: günstige Umstände favo(u)rable circumstances; unter verdächtigen Umständen under suspicious circumstances; unter diesen (od. den gegebenen) Umständen wäre das sicher das beste under (od. in) the circumstances (od. as matters stand) that would surely be (the) best; unter gewissen Umständen in certain circumstances; unter Umständen a) possibly, perhaps, potentially, b) (notfalls) if need be, should the need arise; unter allen Umständen at all events, in any case; unter keinen Umständen under no circumstances, on no (od. not on any) account; je nach den Umständen according to the circumstances, as the case may be (colloq.); es geht ihm den Umständen entsprechend gut he is as well as can be expected in the circumstances. - 3. in anderen Umständen sein colloq. to be in the family way (colloq.), to be expecting. - 4. Umstände machen a) (von Sachen od. Personen) to cause inconvenience (od. trouble), b) (von Personen) to be formal (od. ceremonious): mach (dir) meinetwegen keine Umstände don't put yourself out (od. don't [go to any] trouble) on my account; ohne viel Umstände a) (ohne zu zögern) without further ado, b) (sachlich) without ceremony, without making a fuss; mit j-m [etwas] nicht viel Umstände machen to make short work (od. shrift) of s.o. [s.th.].

'um,stän·de,hal·ber adv owing to circumstances.

'um,ständ·lich [-,ʃtɛntlɪç] I adj 1. (verwickelt) intricate, complicated, involved: eine ~e Arbeit intricate work. — 2. (unbequem) troublesome: das ist mir viel zu ~ that's much (od. far) too much trouble (od. bother) (to od. for me). — 3. (weitschweifig) long-winded, circuitous, roundabout, circular: eine ~e Erzählung a long-winded (od. long-drawn-out, auch long-drawn) narrative. — 4. (zu genau) circumstantial, detailed, particular, minute: eine ~e Schilderung a circumstantial description. — 5. (förmlich) ceremonious, formal. — 6. (schwerfällig) ponderous, awkward, fussy: ein ~er Mensch a ponderous person; er ist so ~ he has such an awkward (od. a roundabout, a complicated) way of

doing (od. going about) things; sei doch nicht so ~! don't be so awkward (od. fussy, pedantic). — II adv 7. etwas ~ erzählen a) to give a long-winded (od. long-drawn-out, auch long-drawn) account of s.th., b) to narrate s.th. in great detail (od. at great length), to go into detail(s), to particularize Br. auch -s-; er macht alles immer so ~ he has such an awkward (od. a roundabout, a complicated) way of doing things. — **'Um,ständ·lich·keit** f ⟨-; no pl⟩ 1. (Weitschweifigkeit) long-windedness, circuitousness, circuity, circularity. — 2. (übergroße Genauigkeit) circumstantiality, detail(edness), particularity, minuteness. — 3. (Förmlichkeit) ceremoniousness, formality. — 4. (Schwerfälligkeit) ponderousness, ponderosity, awkwardness, fussiness, pedantry.

'Um,stands|,an·ga·be, **~be,stim·mung,** **~er,gän·zung** f ling. adverb(ial) modification (od. phrase, element, auch adjunct). — **~,hal·ber** adv f. umständehalber. — **~,ka·sten** m colloq. contempt. cf. Umstandskrämer. — **~,kleid** n maternity dress (od. frock). — **~,klei·dung** f maternity wear (od. clothes pl). — **~,krä·mer** m, Austrian **~,mei·er** m colloq. contempt. fusspot, Am. auch fussbudget (beide colloq.). — **~,satz** m ling. adverb(ial) clause. — **~,wort** n adverb: ~ der Zeit temporal adverb; verbindendes ~ conjunctive adverb.

'um,stau·en v/t ⟨sep, -ge-, h⟩ mar. 1. shift. - 2. (umpacken) restow: die Ladung ~ to shift the cargo.

,um'ste·chen¹ v/t ⟨irr, insep, no -ge-, h⟩ 1. stitch (od. sew) (right) round. — 2. med. a) (suture od. secure) (s.th.) with a purse-string ligature, apply a suture-ligature to, b) undersew.

'um,ste·chen² v/t ⟨irr, sep, -ge-, h⟩ 1. hort. (Beet etc) grub, dig (up), turn. — 2. (art) (beim Kupferstich) cut (od. engrave) again, reengrave, Br. re-engrave. — 3. (Getreide umschaufeln) turn (s.th.) (with a shovel).

'um,stecken (getr. -k·k-) v/t ⟨sep, -ge-, h⟩ 1. (zum Kürzen) pin (s.th.) up. — 2. (anders stecken) repin. — 3. electr. (Stecker etc) move, plug (s.th.) into a different socket. — 4. tech. (Wechselräder) change.

,um'ste·hen¹ v/t ⟨irr, insep, no -ge-, h⟩ stand round, surround.

'um,ste·hen² v/i ⟨irr, sep, -ge-, sein⟩ (von Baum) lean to one side.

'um,ste·hend I pres p of umstehen². — II adj ⟨attrib⟩ 1. (Seite) next. — 2. (Text) printed overleaf, on the next page. - 3. (Menschen) standing (a)round, onlooking: die ~en Leute the people standing (a)round, the bystanders, the onlookers. — III adv 4. overleaf: wie ~ a) as stated overleaf, b) econ. as booked overleaf. — **'Um,ste·hen·de** pl bystanders, onlookers.

'Um,stei·ge,kar·te f transfer (ticket).

'um,stei·gen v/i ⟨irr, sep, -ge-, sein⟩ (in acc to): in [einem Ort] in, at; nach for) change: in einen Bus ~ to change (od. transfer) to a bus; in einen anderen Bus [Zug] ~ to change buses [trains]; nach Paris [in Nürnberg] ~ to change for Paris [at Nuremberg]; alles ~! all change! Am. all out!

'Um,stei·ger m colloq. for Umsteigekarte.

'Um,stei·ge·sta·ti,on f (der U-Bahn) interchange (Am. transfer) station.

'Um,steig,kar·te f cf. Umsteigekarte.

,um'stel·len¹ bes. mil. I v/t ⟨insep, no -ge-, h⟩ (umzingeln) surround. — II U~ n ⟨-s⟩ verbal noun.

'um,stel·len² I v/t ⟨sep, -ge-, h⟩ 1. (anders stellen) rearrange, change (bes. Am. shift) (s.th.) (a)round. — 2. (in Reihenfolge austauschen) turn (bes. Am. switch) (s.th.) round. — 3. ling. a) (Wörter) transpose, b) (Subjekt u. Prädikat) invert, c) (Satz) recast. — 4. fig. (anders ausrichten) (auf acc to) convert: einen Betrieb ~ to convert an enterprise; eine Fabrik auf Maschinenbetrieb ~ to mechanize (Br. auch -s-) a factory; wieder ~ (auf Friedensproduktion, den früher verwendeten Brennstoff etc) to reconvert. - 5. econ. a) (Produktion etc) (auf acc to) switch, b) (Versorgungssätze etc) recalculate, c) (Kosten) convert: die Produktion auf Konsumgüter ~ to switch production (od. the production of goods) to consumer goods. — 6. tech. a) (Arbeitsweise etc) (auf acc to) change (over), b) (Maschine) reset,

c) (Schneidzeuganordnung auf der Maschine) retool. — 7. math. transpose. — 8. (sport) (Mannschaft) reshuffle. — 9. med. (Diät eines Patienten) (auf acc to) change. — II v/reflex sich ~ 10. accustom oneself to new conditions, change one's attitude. — 11. (auf acc to) adapt (od. readjust, accommodate) (oneself). — III U~ n ⟨-s⟩ 12. verbal noun. — **'Um,stell,he·bel** m tech. reversing lever.

'Um,stel·lung¹ f ⟨-; -en⟩ cf. Umstellen¹.

'Um,stel·lung² f ⟨-; -en⟩ 1. cf. Umstellen². - 2. fig. (auf acc to) adaptation, readjustment, accommodation. — 3. fig. (Veränderung) change: die ~ war zu groß für ihn the change was too great for him. - 4. fig. (eines Betriebes, einer Maschine etc) (auf acc to) conversion, changeover. - 5. ling. a) (von Wörtern) transposition, b) (von Subjekt u. Prädikat) inversion. — 6. med. (auf acc to) change(over). — 7. econ. (auf acc to) switch, conversion, transformation. — 8. tech. a) (auf acc to) changeover, b) rearrangement, c) (eines Hebels) shifting, d) (der Schneidwerkzeuge) retooling, resetting.

'Um,stel·lungs|kre,dit m econ. reorganization (Br. auch -s-) (od. reequipment, Br. re-equipment) loan. — **~,rech·nung** f conversion account (od. sheet).

'um,steu·er·bar adj tech. reversible: nicht ~ irreversible; direkt ~er Motor direct reversible engine.

'Um,steu·er|ge,trie·be n tech. reversing gear. — **~,he·bel** m 1. reversing (od. reverse) lever (od. handle). — 2. (für eine Kupplung) clutch lever.

,um'steu·ern v/t ⟨insep, no -ge-, h⟩ steer round, steer clear of.

'um,steu·ern² electr. tech. I v/t ⟨sep, -ge-, h⟩ reverse. — II U~ n ⟨-s⟩ verbal noun.

'Um,steue·rung f ⟨-; -en⟩ tech. 1. cf. Umsteuern². - 2. (Einrichtung) reversing gear (od. mechanism). — 3. (Vorgang) reversal (operation), reversion, reverse. - 4. (computer) transfer of control.

'Um,steue·rungs|,he·bel m tech. cf. Umsteuerhebel. — **~sy,stem** n mar. reversing gear.

'Um,steu·er,wel·le f tech. reversing shaft, weightshaft.   [steuerung.|

'Um,steu·rung f ⟨-; -en⟩ tech. cf. Um-|

'um,stim·men v/t ⟨sep, -ge-, h⟩ 1. (Musikinstrument) retune, tune (s.th.) to another pitch, change the tuning of. — 2. j-n ~ fig. to talk over (od. bring, win) s.o. round, to change s.o.'s mind: er läßt sich nicht leicht ~ he does not give in easily, he is difficult to move (od. convince, persuade).

'um,sto·ßen I v/t ⟨irr, sep, -ge-, h⟩ 1. (Dinge) overturn, overthrow. — 2. (Menschen) knock (s.o.) over (od. down). — 3. jur. (Urteil etc) reverse, overrule, annul, set aside, disaffirm. — 4. (Entschluß, Prinzipien etc) reverse, change. - 5. fig. cf. umwerfen 7. — 6. fig. (Testament) change. — 7. fig. (Befehl) countermand. — II U~ n ⟨-s⟩ 8. verbal noun. — **'Um,sto·ßung** f ⟨-; no pl⟩ 1. cf. Umstoßen. - 2. jur. (eines Urteils etc) reversal, annulment, disaffirmance. - 3. fig. (eines Entschlusses etc) reversal, change. - 4. fig. (eines Plans, Testaments etc) change.

,um'strah·len v/t ⟨insep, no -ge-, h⟩ irradiate, surround (s.th.) with (od. bathe [s.th.] in) light. — **,um'strahlt** I pp. — II adj von Licht ~ surrounded with (od. bathed in) light, irradiate.

,um'stricken¹ (getr. -k·k-) I v/t ⟨insep, no -ge-, h⟩ fig. (umgarnen) (en)snare, entangle, benet. — II U~ n ⟨-s⟩ verbal noun.

'um,stricken² (getr. -k·k-) v/t ⟨sep, -ge-, h⟩ reknit.

'Um,strickung (getr. -k·k-) f ⟨-; -en⟩ fig. 1. cf. Umstricken¹. - 2. entanglement.

,um'strit·ten adj 1. (umkämpft) contested. - 2. fig. (nicht gesichert) disputed, contested: die Herkunft dieses Wortes ist (nach wie vor) ~ the derivation of this word is (still) disputed. — 3. fig. (diskutiert) debatable, controversial: diese Frage ist ~ this is a debatable (od. moot) point, this is a controversial (od. an open) question; eine ~e Frage a vexed question.

,um'strö·men v/t ⟨insep, no -ge-, h⟩ 1. (von fließenden Gewässern) surge (od. flow) (a)round. — 2. (vom Meer) lash (od. surge) (a)round, wash. — 3. fig. stream (od. surge) past.

'um·struk·tu,rie·ren I v/t ⟨sep, no -ge-, h⟩ restructure. – **II U~** n ⟨-s⟩ verbal noun. — **'Um·struk·tu,rie·rung** f ⟨-; -en⟩ **1.** cf. Umstrukturieren. – **2.** (Ergebnis) new structure. – **3.** change in pattern.

'um,stu·fen v/t ⟨sep, -ge-, h⟩ reclassify, Br. re-grade.

'um,stülp·bar adj med. eversible.

,um'stül·pen¹ v/t ⟨insep, no -ge-, h⟩ print. tumble, turn ⟨s.th.⟩ crosswise.

'um,stül·pen² I v/t ⟨sep, -ge-, h⟩ **1.** (Gefäß) turn (s.th.) upside down (od. colloq. the other way up), upend, invert. – **2.** (Hut, Tasche etc) turn (s.th.) inside out, turn out: ich habe meine Hosentasche umgestülpt, aber den Schlüssel immer noch nicht gefunden I turned my trouser pocket inside out, but I still have not found the key; der Wind hat den Schirm umgestülpt the wind has turned the umbrella inside out. – **3.** (umkrempeln) turn up: zum Abspülen mußt du dir die Ärmel ~ when you wash up you must turn up your sleeves. – **4.** med. a) invert, b) (nach außen) evert, c) (Lid) ectropionize. – **5.** (in der Lexikographie) reverse. – II v/reflex sich ~ **6.** (von Regenschirm etc) turn (od. blow) inside out. – III U~ n ⟨-s⟩ **7.** verbal noun.

'Um,stül·pung f ⟨-; -en⟩ **1.** cf. Umstülpen². – **2.** med. a) inversion, b) (nach außen) eversion, c) (des Lids) ectropion: angeborene ~ extroversion. – **3.** (in der Lexikographie) reversion.

,um'stür·men v/t ⟨insep, no -ge-, h⟩ lit. storm (od. rage) (a)round.

'Um,sturz m ⟨-es; -stürze⟩ pol. overthrow, subversion, bouleversement, overturn: ~ der Verfassung subversion of the constitution; politischer ~ revolution, cataclysm; einen ~ planen (od. vorbereiten) to prepare (od. plot) an overthrow (od. a take-over, a putsch); ein gewaltsamer ~ an overthrow by force. — ~be,stre·bungen pl subversive (od. subversionary, revolutionary) tendencies. — ~be,we·gung f subversive (od. subversionary, revolutionary) movement.

'um,stür·zen I v/t ⟨sep, -ge-, h⟩ **1.** (zu Boden stürzen) overturn, overthrow, knock (od. topple) (s.th.) over (od. down). – **2.** (Eimer etc) upset, knock (od. topple) (s.th.) over, overturn. – **3.** (Form) invert, turn (s.th.) upside down. – **4.** fig. (Pläne etc) cf. umwerfen 7. – **5.** fig. (ins Gegenteil verkehren) reverse. – **6.** fig. (gewaltsam ändern od. beseitigen) subvert: die Gesellschaftsordnung ~ to subvert the social order. – II v/i ⟨sein⟩ **7.** (von Turm etc) tumble, fall down (od. over). – **8.** (von Bäumen) fall (down), come down. – **9.** (von Wagen) overturn, turn over, overset. – **10.** (von Boot) cf. kentern 1. – III U~ n ⟨-s⟩ **11.** verbal noun. – **12.** fig. (gewaltsame Änderung od. Beseitigung) subversion.

'Um,sturz,leh·ren pl pol. subversive (od. revolutionary) doctrines.

'Um,stürz·ler m ⟨-s; -⟩ pol. **1.** rebel, revolutionary, revolutionist, subverter. – **2.** anarchist. — **'um,stürz·le·risch** adj **1.** revolutionary, subversive, subversionary. – **2.** anarchistic.

'Um,sturz,par,tei f pol. revolutionary party, party of subversion. — ~ver,such m subversive attempt, attempted putsch.

'Um,sud m brew. distillate.

,um'sum·men v/t ⟨insep, no -ge-, h⟩ buzz (od. hum) (a)round.

,um'tan·zen v/t ⟨insep, no -ge-, h⟩ dance (a)round.

'um,tau·fen v/t ⟨sep, -ge-, h⟩ **1.** (umbenennen) rename, rechristen, change the name of. – **2.** relig. rebaptize Br. auch -s-, rechristen. – **3.** sich ~ lassen colloq. to change one's religion (od. faith).

'Um,tausch m ⟨-es; rare -e⟩ econ. **1.** (von gekauften Gegenständen) exchange: diese Waren sind vom ~ ausgeschlossen these goods will not be exchanged (od. are not exchangeable); ~ nicht gestattet no goods exchanged; zwecks ~ for the purpose of exchange. – **2.** (von Geld) exchange, conversion. – **3.** (von Wertpapieren) conversion: ~ zum Nennwert conversion at face value.

'um,tausch·bar adj econ. **1.** (Gegenstände) exchangeable. – **2.** (Wertpapiere) convertible. — **'Um,tausch·bar·keit** f ⟨-; no pl⟩ **1.** exchangeability. – **2.** (von Wertpapieren) convertibility.

'um,tau·schen v/t ⟨sep, -ge-, h⟩ econ. **1.** (gekaufte Gegenstände) (gegen for) exchange. – **2.** (Geld) (in acc, gegen) exchange (for), convert (into). – **3.** (Wertpapiere) (gegen into) convert.

'Um,tausch|,frist f econ. exchange term. — ~,recht n **1.** right to exchange. – **2.** (bei Wertpapieren) conversion right. — ~,stel·le f exchange office (od. counter, department).

,um'to·ben v/t ⟨insep, no -ge-, h⟩ rage (od. rave, storm) (a)round.

'um,top·fen [-,tɔpfən] v/t ⟨sep, -ge-, h⟩ (Pflanzen, Blumen) repot.

,um'to·sen v/t ⟨insep, no -ge-, h⟩ beat.

,um'tost I pp. – **II** adj von Wind und Wellen ~ beaten by the wind and the waves.

'um,trei·ben I v/t ⟨irr, sep, -ge-, h⟩ j-n ~ fig. to worry (od. bother) s.o., to be on s.o.'s mind: sein schlechtes Gewissen treibt ihn um his guilty conscience is bothering (od. disturbing) him (od. is making him restless). – **II** v/i Southern G. colloq. be noisy.

'um,tre·ten I v/i ⟨irr, sep, -ge-, sein⟩ **1.** (sport) (beim Skilauf) step-turn. – **II U~** n ⟨-s⟩ **2.** verbal noun. – **3.** (sport) step turn.

'Um,trieb m **1.** pl fig. machinations, intrigues, (subversive) activities, practices, stratagems, engineering sg (colloq.): feindliche ~e inimical (od. enemy) intrigues. – **2.** fig. colloq. activity, bustle. – **3.** (forestry) rotation, cutting cycle. – **4.** (mining) bypass.

'Um,trunk m (sociable) drink: einen ~ halten to have a drink (all round).

'um,tun I v/t ⟨irr, sep, -ge-, h⟩ colloq. **1.** (umlegen) put on: ich tat ihr den Mantel um I put her coat (a)round her shoulders. – **II** v/reflex sich ~ **2.** (be)stir oneself. – **3.** sich nach etwas [j-m] ~ to look out (od. [a]round) for s.th. [s.o.]: sich nach (einer) Arbeit ~ to look out for a job.

,um'wach·sen¹ v/t ⟨irr, insep, no -ge-, h⟩ grow (a)round, overgrow, entwine, auch intwine.

'um,wach·sen² I v/t ⟨sep, -ge-, h⟩ (sport) (Langlaufski etc) change the wax on. – **II** v/i change the wax.

,um'wach·sen³ I pp of umwachsen¹. – **II** adj ein von Efeu ~er Baum an ivy-covered tree, a tree entwined (auch intwined) with ivy.

,um'wal·len v/t ⟨insep, no -ge-, h⟩ **1.** mil. (Festung etc) rampart, wall (in), circumvallate. – **2.** Nebelschwaden ~ die Berggipfel fig. poet. clouds of mist cloak (od. envelop, auch envelope) the mountain peaks. – **3.** lit. (in Wendungen wie) goldenes Haar umwallte ihre Stirn her golden hair fell in waves (a)round her brow. — ,Um'wal·lung f ⟨-; -en⟩ mil. circumvallation, enceinte.

'Um,wälz|,an,la·ge f civ.eng. **1.** circulation equipment. – **2.** cf. Umwälzbecken. — ~,becken (getr. -k·k-) n spiral flow tank.

'um,wäl·zen v/t ⟨sep, -ge-, h⟩ **1.** (Stein) heave (od. roll) (s.th.) over. – **2.** tech. (Wasser) circulate. – **3.** fig. (Ideen, Lebensgewohnheiten) revolutionize Br. auch -s-. – II v/reflex sich ~ **4.** heave (od. roll) over. – III U~ n ⟨-s⟩ **5.** verbal noun. — **'um,wäl·zend I** pres p. – II adj fig. (Erfindung, Ereignis, Idee etc) revolutionary, epochal, epoch-making, cataclysmic, cataclysmal.

'Um,wälz,pum·pe f tech. (für Heizung etc) circulation pump.

'Um,wäl·zung f ⟨-; -en⟩ **1.** cf. Umwälzen. – **2.** (grundlegende Änderung) radical change: auf diesem Gebiet haben sich gewaltige ~en vollzogen there has been a tremendous upheaval in this sector (od. field). – **3.** sociol. upheaval, radical change, cataclysm: das 19. Jahrhundert ist ein Zeitalter sozialer ~en the 19th century is an era of social upheavals. – **4.** pol. upheaval, revolution(ary change).

'um,wan·del·bar adj **1.** (verwandelbar) transformable, transmutable. – **2.** (für Zweckbestimmungsänderung) convertible. – **3.** econ. a) (Anleihe, Vermögenswert etc) convertible, b) (Gesellschaft etc) transformable. – **4.** jur. (bes. Strafe) commutable. – **5.** electr. math. phys. transformable. – **6.** nucl. transmutable. – **7.** chem. introconvertible. — **'Um,wan·del·bar·keit** f ⟨-; no pl⟩ **1.** transformability, transmutability. – **2.** convertibility. – **3.** econ. a) (einer Anleihe etc) convertibility, b) (einer Gesellschaft etc) transformability. – **4.** jur. (einer Strafe) commutability. – **5.** electr.

math. phys. transformability. – **6.** nucl. transmutability. – **7.** chem. introconvertibility.

'um,wan·deln¹ I v/t ⟨sep, -ge-, h⟩ **1.** (in Form, Aussehen, Wesen etc ändern) (in acc into) transform, turn, transmute, convert, metamorphose. – **2.** (in der Zweckbestimmung ändern) (in acc into) convert, turn: Handelsschiffe in Kriegsschiffe ~ to convert merchant ships into warships. – **3.** econ. (in acc into) a) convert, b) transform: eine Anleihe ~ to convert a loan; eine Kapitalgesellschaft in eine Personalgesellschaft ~ to transform (od. convert) a joint-stock company into a partnership. – **4.** jur. (in acc into) (mildernd) commute: eine Freiheitsstrafe in eine Geldstrafe ~ to commute a prison sentence into a fine. – **5.** phys. transform, transmute. – **6.** nucl. transmute. – **7.** tech. modify. – **8.** electr. a) transform, b) convert: Gleichstrom in Wechselstrom ~ to transform direct current into alternating current. – **9.** chem. convert, transform. – **10.** biol. chem. metabolize. – **11.** relig. transubstantiate. – **12.** med. zo. transform, assimilate. – **13.** (games) (beim Schachspiel) promote. – II U~ n ⟨-s⟩ **14.** verbal noun.

,um'wan·deln² v/t ⟨insep, no -ge-, h⟩ etwas ~ poet. to walk (a)round s.th.

'Um,wan·de·lung f ⟨-; -en⟩ cf. Umwandlung.

'Um,wand·ler m ⟨-s; -⟩ **1.** electr. a) (Umformer) converter, convertor, b) (Meßwertwandler) transducer. – **2.** (computer) a) conversion unit, b) (in Datenverarbeitung) modifier, converter.

'Um,wand·lung f ⟨-; -en⟩ **1.** cf. Umwandeln¹. – **2.** (Änderung in Form, Aussehen, Wesen etc) (in acc into) transformation, transmutation, conversion, metamorphosis. – **3.** (Änderung der Zweckbestimmung) (in acc into) conversion: ~ von Handelsschiffen in Kriegsschiffe conversion of merchant ships into warships. – **4.** econ. (in acc into) a) conversion, b) transformation: ~ einer Anleihe conversion of a loan; ~ einer Gesellschaft transformation of a company. – **5.** jur. (in acc into) commutation: ~ einer Strafe commutation of (a) sentence (od. penalty). – **6.** phys. transformation, transmutation: die ~ von Masse in Energie the transmutation of mass into energy. – **7.** electr. a) transformation, b) conversion. – **8.** tech. mil. math. conversion. – **9.** chem. conversion, transformation, transmutation. – **10.** biol. metamorphosis, transmutation. – **11.** med. zo. transformation, assimilation. – **12.** (games) (beim Schachspiel) promotion. – **13.** (computer) assembly.

'Um,wand·lungs|,an,la·ge f nucl. converter reactor. — ~ener,gie f phys. energy of transmutation. — u~,fä·hig adj cf. umwandelbar. — ~kon,stan·te f phys. constant of transformation. — ~pro,dukt n conversion product. — ~pro,zeß m process of change (od. transformation), metamorphosis. — ~,punkt m phys. critical (transformation) point. — ~ta,bel·le f conversion table. — ~tem·pe,ra,tur f **1.** phys. transmutation point. – **2.** metall. transformation (od. equilibrium) temperature, auch critical temperature. — ~ver,fah·ren n process of conversion. — ~ver,hält·nis n degree of transformation. — ~,wär·me f metall. (critical) heat, heat of transformation.

'um,wech·seln I v/t ⟨sep, -ge-, h⟩ **1.** econ. a) (Geld) change, b) (Währungen) exchange. – **2.** (Reifen) change (s.th.) round. – II U~ n ⟨-s⟩ **3.** verbal noun. — **'Um,wechs·lung** f ⟨-; no pl⟩ **1.** cf. Umwechseln. – **2.** exchange.

'Um,wechs·lungs,kurs m econ. rate of exchange.

'Um,weg m **1.** detour, Br. auch détour, circuit(ous route), roundabout (way): einen ~ machen to make a detour, to go (od. take) a roundabout way, to take a circuitous route; auf ~en by a roundabout (od. circuitous) route, by circuits. – **2.** (längere Zeit od. Entfernung) detour, Br. auch détour: es ist nur ein ~ von fünf Kilometern [Minuten] it is only a detour of five kilometers [minutes], it is only five kilometers [minutes] out of the way. – **3.** fig. roundabout (od. circuitous, indirect) way: auf ~en in a roundabout (od. circuitous) way, by devious (od. indirect) means; etwas auf

~en zu erreichen suchen to try to achieve s.th. by devious ways and means; etwas auf ~en erfahren to learn s.th. in a roundabout way (od. indirectly); er ging ohne ~e auf sein Ziel los he went (od. aimed) straight for his goal. — ~**hand·lung** f psych. detour action. — ~**len·kung**, ~**steue·rung** f (computer) (einer Nachricht) alternate routing.

,**um'we·hen**[1] v/t ⟨insep, no -ge-, h⟩ blow (a)round: sanft ~ to waft (a)round, to fan. '**um,we·hen**[2] v/t ⟨sep, -ge-, h⟩ blow (s.th.) over (od. down).

'**Um,welt** f ⟨-; no pl⟩ 1. auch biol. (eines Lebewesens) environment, (Umgebung) surroundings pl: eine fremde [gewohnte] ~ a strange (od. an unfamiliar) [a familiar] environment; sich seiner ~ anpassen to adapt to one's environment; jeder ist den Einflüssen seiner ~ ausgesetzt everyone is influenced by his environment. – 2. sociol. milieu. — u.~be,dingt adj environmental, due to environmental factors. — ~be,din·gun·gen pl environmental conditions. — ~be,ob·ach·tungs·sa·tel,lit m (space) environmental monitoring satellite. — ~,ein·fluß m environmental influence. — ~er,hal·tung f environmental preservation. — ~,fak·tor m psych. environmental factor. — u.~feind·lich adj ecologically harmful (od. noxious). — ~,for·schung f 1. environmental research. – 2. bes. med. study of environmental relations, ecology. — u.~,freund·lich adj ecologically beneficial. — ~ge,fahr f ecological (od. environmental) hazard. — u.~ge,schä·digt adj impaired by environmental influences. — u.~ge,stört adj sociol. maladjusted. — ~hy·gie·ne [-hy,gie:nə] f environmental sanitation. — ~ka·pa·zi,tät f zo. environmental (od. carrying) capacity. — ~,kri·se f environmental crisis. — ~,leh·re f ecology, mesology. — ~me·di,zin f environmental medicine. — ~,pla·nung f environmental planning. — ~po·li,tik f environ-politics pl (construed as sg or pl). — ~pro,blem n environmental problem. — ~psy·cho·lo,gie f environmental psychology. — ~,scha·den m impairment caused by environmental influences. — ~,schutz m environmental control, preservation of the environment, environment protection. — ~,schutz·be,we·gung f ecology movement, environmentalism. — ~,schüt·zer m environmentalist. — ~,schutz·ge,setz n jur. environmental law. — ~,schutz·vor,schrif·ten pl environmental standards. — ~tech·no·lo,gie f pollution-control (od. environmental) technology. — ~ver,än·de·rung f environmental change. — u.~ver,schmut·zend adj pollutive. — ~ver,schmut·zer m ⟨-s; -⟩ polluter: Prozeß gegen ~ jur. environmental lawsuit. — ~ver,schmut·zung f environmental pollution: ~ durch die Industrie industrial pollution. — ~ver,seu·chung f environmental contamination. — ~,wir·kung f environmental effect.

,**um,wen·den** I v/t ⟨auch irr, sep, -ge-, h⟩ 1. (Blatt, Seite) turn (over). – 2. (wenden) turn (s.th.) (round). – II v/i 3. (von Fahrzeug) turn. – III v/reflex sich ~ 4. turn round: sie wandte sich um und verließ das Zimmer she turned round and left the room; sich nach j-m ~ to turn round to look at s.o.

,**um'wer·ben** v/t ⟨irr, insep, no -ge-, h⟩ 1. (Frau etc) court, woo: sie wird sehr umworben she has many admirers (od. suitors). – 2. econ. (Kunden etc) court, solicit: die Konsumgüterindustrie umwirbt den Verbraucher the consumer goods industry courts the consumer.

'**um,wer·fen** I v/t ⟨irr, sep, -ge-, h⟩ 1. (Vase, Stuhl etc) upset, knock (s.th.) over (od. down), tip over, overturn, overthrow. – 2. (Kegel etc) knock (od. bowl) (s.th.) over (od. down). – 3. (Personen) knock (s.o.) down. – 4. fig. colloq. (physisch schwächen) knock (s.o.) out: das wirft den stärksten Mann um that would knock anyone out; das Gläschen Wein wird dich nicht gleich ~ that small glass of wine won't knock you out. – 5. fig. colloq. (erschüttern) disturb, perturb: die Nachricht wird ihn nicht ~ the news won't disturb him greatly. – 6. fig. colloq. (beeindrucken) stun, bowl (s.o.) over: ihre Schönheit warf ihn um he was stunned by her beauty. – 7. fig. (Pläne etc) a) change (od. alter) (s.th.),

completely, b) upset, disturb, thwart: das hat meinen Plan total umgeworfen that has completely upset my plan, that has made me change my plan completely; hast du deinen Plan schon wieder umgeworfen? have you changed your plan again? – 8. sich (dat) etwas ~ a) (Mantel, Umhang etc) to throw (od. fling) s.th. on (od. [a]round one's shoulders), b) (Gewehr) to sling s.th. on (od. over one's shoulder). – 9. (sport) (Hürde) knock down. – II v/i 10. (von Wagen) overturn. – 11. mus. colloq. blunder, Am. sl. pull a boner. – 12. (mit einer Last) drop one's load. — '**um,wer·fend** I pres p. – II adj das Stück war von einer ~en Komik colloq. the play was screamingly (od. hilariously, excruciatingly) funny; ihre Leistungen waren nicht gerade ~ colloq. her achievements were no great shakes (colloq.). – III adv colloq. (sehr) ~ komisch screamingly (od. hilariously, excruciatingly) funny; ~ gut fantastic(ally good).

'**Um,wer·ten** I v/t ⟨sep, -ge-, h⟩ 1. econ. revalue, reassess. – 2. philos. reevaluate, Br. re-evaluate. – II U~ n ⟨-s⟩ 3. verbal noun. — '**Um,wer·tung** f 1. cf. Umwerten. – 2. econ. revaluation, reassessment. – 3. philos. reevaluation, Br. re-evaluation.

'**Um,wickel·ma,schi·ne** (getr. -k·k-) f tech. (für Draht etc) recoiler. — ,**um'wickeln**[1] (getr. -k·k-) I v/t ⟨insep, no -ge-, h⟩ 1. eine Sache mit etwas ~ a) to bind a thing with s.th., b) to wind s.th. (a)round a thing, auch to enwind (auch inwind) a thing with s.th., b) (einwickeln) to wrap a thing (up) in (od. with) s.th., to wrap s.th. (a)round a thing: etwas mit Stroh ~ to cover s.th. with straw; das Handgelenk mit einer Binde ~ to bind one's wrist with a bandage, to bandage (up) one's wrist; etwas mit Speck ~ gastr. to wrap s.th. with strips of bacon. – 2. tech. cover, wrap. – II U~ n ⟨-s⟩ 3. verbal noun. '**um,wickeln**[2] (getr. -k·k-) v/t ⟨sep, -ge-, h⟩ 1. (Spule, Garn etc) rewind. – 2. tech. (Draht) recoil.

,**Um'wicke·lung** (getr. -k·k-), ,**Um'wick·lung** f 1. cf. Umwickeln[1]. – 2. envelope, cover.

,**um'wim·meln** v/t ⟨insep, no -ge-, h⟩ flock (od. swarm) (a)round. — ,**um'wim·melt** I pp. – II adj ~ von surrounded (od. besieged) by.

,**um'win·den** v/t ⟨irr, insep, no -ge-, h⟩ (mit with) enwreathe, auch inwreathe, entwine, auch intwine, entwist, auch intwist.

,**um'wir·beln** v/t ⟨insep, no -ge-, h⟩ whirl (od. swirl) (a)round.

,**um'wit·tert** adj fig. (von by) surrounded: von Skandalen ~ surrounded by scandal; von Geheimnissen ~ veiled in secrecy, shrouded in mystery.

,**um'wo·ben** adj only in von Sagen ~ wreathed (od. [en]shrouded) in legend(ary lore).

,**um'wo·gen** v/t ⟨insep, no -ge-, h⟩ poet. (Insel etc) wash (a)round. — ,**um'wogt** I pp. – II adj vom Beifall ~ fig. amid(st) thunderous applause; von goldenen Ähren ~ fig. poet. surrounded by rippling golden corn.

'**um,woh·nend** adj neighboring, bes. Br. neighbouring. — '**Um,woh·nen·de**, '**Um,woh·ner** [-,vo:nər] pl neighbors, bes. Br. neighbours, people living in the neighbo(u)rhood.

,**um'wöl·ken** I v/t ⟨insep, no -ge-, h⟩ 1. fig. (verdüstern) cloud, darken: Unmut umwölkte seine Stirn displeasure clouded his brow. – II v/reflex sich ~ 2. cloud (over), become overcast, darken, auch overcast: der Himmel umwölkt sich the sky is clouding (over). – 3. fig. cloud, darken: seine Stirn umwölkte sich vor Unmut his brow clouded with displeasure.

,**um'wüh·len** v/t ⟨sep, -ge-, h⟩ 1. (Boden, Erde etc) grub up, grub in, root in, dig up: die ganze Stadt wurde umgewühlt fig. the whole town was dug up. – 2. (Schublade, Wohnung etc) rummage (through), root (about) in, ransack, rake.

,**um'zäu·nen** I v/t ⟨insep, no -ge-, h⟩ (Grundstück etc) (mit with) fence (in, up), fence (s.th.) round, enclose (od. surround) (s.th.) with a fence. – II U~ n ⟨-s⟩ verbal noun. — ,**Um'zäu·nung** f ⟨-; -en⟩ 1. cf. Umzäunen. – 2. (Zaun) fence, enclosure.

'**um,zeich·nen** v/t ⟨sep, -ge-, h⟩ 1. (Bild)

draw (s.th.) (over) again. – 2. (Waren) mark (s.th.) differently.

'**um,zie·hen**[1] v/i ⟨irr, sep, -ge-, sein⟩ 1. (Haus, Wohnung wechseln) move (house): in ein anderes Haus ~ to move (to another) house; dreimal umgezogen ist einmal abgebrannt (Sprichwort) etwa three moves are as bad as a fire. – 2. (Zimmer wechseln) move (rooms), move one's lodgings: in ein anderes Zimmer ~ to move to another room (od. to other lodgings). – 3. (Wohnort wechseln) (nach to) move, remove. '**um,zie·hen**[2] I v/t ⟨irr, sep, -ge-, h⟩ ein Kind ~ to change a child's clothes. – II v/reflex sich ~ change (one's clothes): sich zum Abendessen ~ to change (od. dress) for dinner. ,**um'zie·hen**[3] v/reflex ⟨irr, insep, no -ge-, h⟩ sich ~ (vom Himmel) cloud (over), become overcast, darken, auch overcast.

,**um'zin·geln** [-'tsɪŋəln] I v/t ⟨insep, no -ge-, h⟩ surround, encompass, encircle, envelop, auch invest, (bes. Festung) invest. – II U~ n ⟨-s⟩ verbal noun. — ,**Um'zin·ge·lung** f ⟨-; no pl⟩ 1. cf. Umzingeln. – 2. encompassment, encirclement, envelopment, (bes. einer Festung) investment.

'**Um,zug** m ⟨-(e)s; -züge⟩ 1. (Wohnungswechsel) move, removal, remove: Umzüge besorgen (von Spediteur) to undertake (od. look after) removals. – 2. (Festzug) parade, procession: historischer (od. festlicher) ~ pageant (od. parade); einen ~ veranstalten to (hold a) parade. – 3. pol. a) (political) procession, demonstration, b) cf. Demonstrationszug.

'**Um,zugs·geld** n removal allowance. — ~,gut n ⟨-(e)s; no pl⟩ personal and household effects pl in course of removal. — u.~,hal·ber adv for removal (purposes), owing to removal: ~ geschlossen closed for removal (purposes). — ~,ko·sten pl removal expenses, expense sg of moving (house). — ~,ko·sten·ver,gü·tung f compensation for removal expenses. — ~,tag, ~ter,min m day (od. date) of the move.

,**um'zün·geln** v/t ⟨insep, no -ge-, h⟩ (von Flammen) leap (up) (od. lick) (a)round.

un·ab·än·der·lich [,ʊn,ʔap'ʔɛndɐlɪç; 'ʊn-] I adj 1. (Tatsache, Vorschrift, Klausel, Gesetz etc) unalterable, inalterable. – 2. (Entschluß, Entscheidung, Urteil etc) irrevocable, unalterable, inalterable, irreversible: mein Entschluß ist ~ my resolution is irrevocable. – 3. (Geschick, Los, Fügung etc) inevitable. – II adv 4. mein Entschluß steht ~ fest my resolution is irrevocable. – III U~e, das ⟨-n⟩ 5. the inevitable: sich ins U~e fügen (od. schicken) to resign oneself to (od. submit to, to bow to, to accept) the inevitable. – 5. cf. Unabänderlichkeit. — ,**Un·ab'än·der·lich·keit** f ⟨-; no pl⟩ 1. (einer Tatsache, Vorschrift etc) unalterability, inalterability, unalterableness. – 2. (eines Entschlusses, Urteils etc) irrevocability, irrevocableness, unalterability, irreversibility. – 3. (des Schicksals) inevitability, inevitableness.

un·ab·ding·bar [,ʊn,ʔap'dɪŋbaːr; 'ʊn-] adj 1. (Voraussetzung, Folge, Forderung etc) indispensable, auch indispensible. – 2. bes. jur. (Recht, Privileg etc) inalienable, unalienable. — ,**Un·ab'ding·bar·keit** f ⟨-; no pl⟩ 1. (einer Voraussetzung etc) indispensability. – 2. bes. jur. (eines Rechts etc) inalienability.

un·ab·ding·lich [,ʊn,ʔap'dɪŋlɪç; 'ʊn-] adj cf. unabdingbar 1.

'**un·ab·ge·fer·tigt** adj 1. (Gepäck, Postsendung etc) undispatched, undespatched. – 2. (Schalterkunde) unattended. – 3. (Passagier, Reisender) unchecked.

'**un·ab·ge·kocht** adj (Wasser, Milch etc) unboiled.

'**un·ab·ge·stimmt** adj (radio) untuned.

'**un·ab·hän·gig** I adj 1. (von of) independent: voneinander ~e Entwicklungen developments (which are) independent of each other; sie ist von ihren Eltern ~ she is independent of her parents, she does not depend (up)on her parents; durch die Erbschaft wurde er finanziell ~ the inheritance made him financially independent; ein ~es Leben führen to lead an independent life, to live independently; unser Plan ist vom Wetter [von seiner Entscheidung] ~ our plan is independent of (od. does not depend [up]on) the weather [his decision]; (politisch) ~e

Zeitung (politically) independent newspaper; **ein wirtschaftlich** ~**er Unternehmenszweig** [**Staat**] *econ.* an economically independent (*od.* a self-contained, a self-sufficient, a self-supporting) line of business [state]. – **2.** (*freiberuflich tätig*) self-employed, free-lance (*attrib*). – **3.** *pol.* a) (*Land, Nation etc*) independent, sovereign, self-governing, autonomous, b) (*Politik, Abgeordneter, Zeitung etc*) independent, nonpartisan *Br.* non-, (*Abgeordneter*) *Br.* cross-bench (*attrib*), c) (*zu keiner Mächtegruppe gehörig*) nonaligned *Br.* non-. – **4.** *tech.* (*Aggregat etc*) self--contained. – **5.** *math.* (*Veränderliche*) independent. – *ling.* absolute, independent. – **II** *adv* **7.** independently: ~ **leben** to live independently; **sie machten** ~ **voneinander die gleiche Entdeckung** they made the same discovery independent(ly) of each other. – **8.** ~ **von** (*ohne Rücksicht auf*) irrespective (*auch* irrespectively) of, regardless of: ~ **davon, ob du das Angebot annimmst oder nicht** irrespective (*od.* regardless) of whether you accept the offer or not. — **'Un,ab,hän·gi·ge** *m* ⟨-n; -n⟩ *pol.* independent, *Br.* cross-bencher. —
'Un,ab,hän·gig·keit *f* ⟨-; *no pl*⟩ **1.** (*von of*) independence: (*wirtschaftliche*) ~ *econ.* (*eines Unternehmenszweigs, Staates etc*) (economic) independence, self-sufficiency, *auch* self-sufficience, autarky. – **2.** *pol.* (*eines Landes, einer Nation etc*) independence, independency, sovereignty, autonomy: **einer Kolonie die** ~ **gewähren** to grant independence to a colony, to grant a colony independence.

'Un,ab,hän·gig·keits|be,we·gung *f pol.* independence movement. — ~**er,klä·rung** *f* **1.** declaration of independence. – **2.** *Am. hist.* Declaration of Independence (*4. 7. 1776*). — ~**,krieg** *m hist.* War of Independence (*1775—1783*). — ~**,tag** *m Am.* Independence Day, *auch* Fourth of July.

un·ab·kömm·lich [,ʊn,ʔap'kœmlɪç; 'ʊn-] *adj* ⟨*meist pred*⟩ **1.** indispensable, *auch* indispensible: **er ist im Augenblick** ~ he is indispensable (*od.* he can't be spared, he can't get away) at the moment. – **2.** *mil.* (*im Zivilberuf*) in a reserved occupation: ~ **gestellt werden** to be in a reserved occupation. —
,Un,ab'kömm·li·che *m* ⟨-n; -n⟩ *mil.* (*im Zivilberuf*) person in a reserved occupation. —
,Un,ab'kömm·lich·keit *f* ⟨-; *no pl*⟩ **1.** indispensability. – **2.** *mil.* (*im Zivilberuf*) reserved occupation. —
,Un,ab'kömm·lich,stel·lung *f* ⟨-; *no pl*⟩ *mil.* deferment (of a person).

un·ab·läs·sig [,ʊn,ʔap'lɛsɪç; 'ʊn-] **I** *adj* ⟨*attrib*⟩ **1.** (*unaufhörlich, ständig*) incessant, persistent, constant, ceaseless, continuous: ~**e Klagen** incessant complaints. – **2.** (*stetig u. gleichmäßig*) continuous, constant, unremitting, steady, unabated: **sein** ~**er Fleiß** his constant (*od.* unflagging) industriousness. – **II** *adv* **3.** **es regnete** ~ it was raining incessantly (*od. colloq.* without a letup [*Br.* let-up]); **er war** ~ **darum bemüht, die Verhältnisse zu bessern** he was constantly striving for an improvement of (*od.* he was persistent in his efforts to improve) the state of affairs.

un·ab·lös·bar [,ʊn,ʔap'løːsbaːr; 'ʊn-], **un·ab·lös·lich** [,ʊn,ʔap'løːslɪç; 'ʊn-] **I** *adj* **1.** (*Material, Etikett etc*) undetachable, irremovable. – **2.** *econ.* a) (*Schuld, Anleihe, Hypothek etc*) irredeemable, b) (*Rente*) irredeemable, perpetual, c) (*Verpflichtung*) incommutable. – **II** *adv* **3.** **diese Insel ist** ~ **mit der Republik verbunden** this island is an undetachable part of the republic.

un·ab·seh·bar [,ʊn,ʔap'zeːbaːr; 'ʊn-] **I** *adj* **1.** (*Folgen, Auswirkungen etc*) unforeseeable, unpredictable, incalculable: **eine Ablehnung der Verträge würde** ~**e Folgen haben** the rejection of the treaties would have unforeseeable consequences; **auf** ~**e Zeit** for an unforeseeable length of time; **das liegt noch in** ~**er Zukunft** that is still in an unforeseeable (*od.* a distant) future. – **2.** (*Schaden, Verlust etc*) immeasurable, tremendous, immense, vast, incalculable. – **3.** (*Weite, Ebene etc*) vast, immense, interminable, boundless, unbounded (*lit.*). – **II** *adv* **4.** **die Ebene erstreckt sich** ~ **nach Osten** the plain stretches eastward (~) for a vast (*od.* an incalculable) distance. — **,Un,ab'seh·bar·keit** *f* ⟨-; *no pl*⟩ **1.** (*der*

Folgen, Auswirkungen etc) unpredictability, unpredictableness, incalculability. – **2.** (*von Schaden, Verlust etc*) immeasurability, immensity, vastness, incalculability.

un·ab·setz·bar [,ʊn,ʔap'zɛtsbaːr; 'ʊn-] *adj* **1.** (*Herrscher, Beamter etc*) irremovable. – **2.** *econ.* (*Betrag etc*) undeductible. — **,Un·ab'setz·bar·keit** *f* ⟨-; *no pl*⟩ **1.** (*eines Beamten etc*) irremovability. – **2.** *econ.* undeductibility.

'un,ab·sicht·lich I *adj* **1.** (*Kränkung, Verwechslung etc*) unintentional, unintended, unwitting, undeliberate, undesigned, (*unbedacht*) inadvertent. – **2.** (*nicht mutwillig*) unmalicious, (*nicht vorsätzlich*) unpremeditated, involuntary. – **II** *adv* **3. ich habe das Geld** ~ **eingesteckt** I took the money unintentionally (*od.* by mistake). — **'Un,ab·sicht·lich·keit** *f* ⟨-; *no pl*⟩ **1.** undeliberateness, absence of intent(ion) (*od.* design). – **2.** inadvertence, inadvertency.

un·ab·tret·bar [,ʊn,ʔap'treːtbaːr; 'ʊn-] *adj jur.* **1.** (*Anspruch, Forderung etc*) unassignable. – **2.** (*Recht etc*) intransferable, untransferable.

un·ab·weis·bar [,ʊn,ʔap'vaɪsbaːr; 'ʊn-], **un·ab·weis·lich** [,ʊn,ʔap'vaɪslɪç; 'ʊn-] *adj* **1.** (*Bitte, Gesuch etc*) unrefusable, irrefusable, irrecusable. – **2.** (*Notwendigkeit, Pflicht etc*) imperative, peremptory. – **3.** (*Argumente etc*) irrefutable, irrebuttable, (*unbestreitbar*) incontrovertible: ~**e Rechtsvermutung** *jur.* irrebuttable presumption.

un·ab·wend·bar [,ʊn,ʔap'vɛntbaːr; 'ʊn-] *adj* (*Verhängnis, Schicksal, Katastrophe etc*) unpreventable, inescapable, unavoidable: **die Zerstörung der Stadt war** ~ the destruction of the town was unpreventable (*od.* could not be prevented). — **,Un·ab'wend·bar·keit** *f* ⟨-; *no pl*⟩ unpreventableness, inescapableness, unavoidableness.

'un,acht·sam *adj* **1.** (*Zuhörer, Schüler, Bedienung, Gastgeber etc*) inattentive, unattentive. – **2.** (*Zuschauer, Wachtposten etc*) inattentive, unattentive, unobservant. – **3.** (*unvorsichtig, fahrlässig*) careless, negligent: **ein** ~**er Fahrer** a careless driver. – **4.** (*nachlässig, gedankenlos*) inattentive, unattentive, thoughtless, inadvertent: **ich war ihm gegenüber** ~ I was inattentive toward(s) him. – **5.** (*unbedacht*) thoughtless: **eine** ~**e Bemerkung** a thoughtless remark. – **6.** (*versehentlich*) inadvertent. — **'Un,acht·sam·keit** *f* ⟨-; *no pl*⟩ **1.** (*eines Zuhörers, Schülers, Gastgebers etc*) inattentiveness, inattention. – **2.** (*eines Zuschauers, Wachtpostens etc*) inattentiveness, unattentiveness. – **3.** (*Unvorsichtigkeit, Fahrlässigkeit*) carelessness, negligence: **er hat sie aus** ~ **umgeworfen** a) he knocked the vase down through carelessness, b) (*aus Versehen*) he knocked the vase down inadvertently. – **4.** (*Nachlässigkeit, Gedankenlosigkeit*) inattentiveness, unattentiveness, thoughtlessness. – **5.** (*Unbedachtheit*) thoughtlessness. – **6.** (*Versehen*) inadvertence, inadvertency.

'un,ähn·lich *adj* dissimilar; unalike, unlike (*pred*): **die beiden Brüder sind einander** ~ the two brothers are unalike, the two brothers bear no resemblance to each other. — **'Un,ähn·lich·keit** *f* ⟨-; -en⟩ dissimilarity, unlikeness.

'U-,Naht *f tech.* (*beim Schweißen*) single-U butt weld.

'un,al·ters·ge,mäß *adj* not corresponding to age.

'un,ame·ri·ka·nisch *adj* un-American.

'un,an·bring·lich *adj* (*postal service*) *cf.* unzustellbar.

'un,an,däch·tig *adj* (*in der Kirche, beim Gebet etc*) undevout, indevout.

un·an·fecht·bar [,ʊn,ʔan'fɛçtbaːr; 'ʊn-] *adj* **1.** (*Beweis, Argument, Ergebnis etc*) incontestable, incontestible, indisputable, undisputable, unimpeachable, unchallengeable. – **2.** *jur.* (*Urteil*) a) unappealable, incontestable, incontestible, b) (*rechtskräftig*) nonappealable *Br.* non-. — **,Un·an'fecht·bar·keit** *f* ⟨-; *no pl*⟩ **1.** (*eines Beweises, Arguments etc*) incontestability, indisputability, indisputableness, unimpeachability, unimpeachableness. – **2.** *jur.* (*eines Urteils*) incontestability, unappealableness.

,Un·an'fecht·bar·keits,klau·sel *f econ.* incontestable clause.

'un,an·ge,bracht *adj* **1.** (*den Umständen nicht angemessen*) inappropriate, untoward, unsuitable, inapt, unfitting, out-of-place (*attrib*), malapropos, inapposite (*lit.*): **diese Bemerkung war hier äußerst** ~ this remark was completely out of place here. – **2.** (*unzweckmäßig, unklug*) inexpedient, mistaken, misplaced; impolitic, *auch* impolitical (*lit.*): ~**e Sparsamkeit** misplaced thrift. – **3.** (*dem Zeitpunkt nicht angemessen*) inopportune, untimely.

'un,an·ge,bro·chen *adj* (*Packung, Dose etc*) unopened.

'un,an·ge,foch·ten I *adj* **1.** (*Sieger, Führungsposition etc*) undisputed, unchallenged, unquestioned. – **2. j-n** ~ **lassen** a) (*den Sieg etc überlassen*) to leave s.o. unchallenged, b) (*nicht behindern*) to leave s.o. unhindered: **die Zollbeamten ließen ihn** ~ the customs officers let him pass unhindered. – **3. etwas** ~ **lassen** a) (*Maßnahme, Resultat etc*) to leave s.th. uncontested (*od.* unimpeached, unchallenged), b) *jur.* (*Testament, Patent etc*) to leave s.th. uncontested (*od.* undisputed). – **4.** *jur.* (*Recht*) undisputed. – **II** *adv* **5. er siegte** ~ he had a comfortable win; **die Mannschaft führt** ~ **die Tabelle an** the team heads the table unchallenged; **sie kam** ~ **über die Grenze** she crossed the border unhindered (*od.* without hindrance).

un·an·geh·bar [,ʊn,ʔan'geːbaːr; 'ʊn-] *adj med.* inaccessible, inapproachable. — **,Un·an'geh·bar·keit** *f* ⟨-; *no pl*⟩ inaccessibility.

'un,an·ge,klei·det *adj* undressed, not dressed, en déshabillé, *Br. colloq.* not civilized (*auch* -s-).

'un,an·ge,mel·det I *adj* **1.** (*Besucher etc*) unannounced. – **2.** *econ. jur.* (*Vermögen, Zollgut, Forderung etc*) undeclared. – **II** *adv* **3. er kam** ~ he came unannounced, he came without notice, he came without telling (*od.* advising) me (*od.* us) beforehand; **diese Waren sind** ~ **eingegangen** *econ.* these goods arrived without previous notice.

'un,an·ge,mes·sen I *adj* **1.** (*in einem Mißverhältnis stehend*) disproportionate, disproportional, out of proportion, incommensurate (*lit.*): **eine dem Wert der Arbeit** ~**e Bezahlung** a payment which is in no proportion to (*od.* is out of all proportion with, is disproportionate to) the value of the work. – **2.** (*übermäßig, übertrieben*) unreasonable, (*stärker*) excessive, exorbitant: ~**e Forderungen stellen** to make excessive demands; **ein** ~**er Preis** an unreasonable price, a price which is out of all proportion. – **3.** (*unzureichend, unzulänglich*) inadequate, insufficient(ting). – **4.** *cf.* unangebracht. – **II** *adv* **5.** disproportionately: ~ **hoch** [**niedrig**] disproportionately high [low]. — **'Un,an·ge,mes·sen·heit** *f* ⟨-; *no pl*⟩ **1.** disproportion(ateness). – **2.** excessiveness, exorbitance. – **3.** inadequacy, inadequateness.

'un,an·ge,nehm I *adj* **1.** (*Zeit, Wetter, Reise, Stimme, Behandlung, Nachricht, Mitteilung etc*) unpleasant: **eine** ~**e Geschichte** an unpleasant affair; **der Besuch beim Zahnarzt war sehr** ~ the visit to the dentist was very unpleasant. – **2.** (*Arbeit, Pflicht, Angelegenheit, Erinnerungen etc*) unpleasant, distasteful, irksome: **ich hatte die** ~**e Aufgabe, ihr dies zu sagen** I had the unpleasant task of telling her that. – **3.** (*Geschmack, Gefühl etc*) unpleasant, disagreeable, nasty: **die Suppe hat einen** ~**en Geschmack** the soup has an unpleasant taste, the soup is distasteful (*od.* unpalatable); **einen** ~**en Geruch haben** to have an unpleasant (*od.* a disagreeable, an offensive) smell. – **4.** (*Folgen, Wirkung, Überraschung etc*) unpleasant, awkward, nasty: **das könnte sehr** ~ **für Sie werden** this could be very unpleasant for you; **ich befand mich in einer** ~**en Lage** (*od.* Situation) a) (*in Schwierigkeiten*) I was in an unpleasant (*od.* awkward) situation (*od.* in a predicament), (*finanziell*) *auch* I was in a tight squeeze (*od. colloq.* spot), b) (*in einer peinlichen Lage*) I was in an embarrassing (*od.* uncomfortable) situation. – **5.** (*Vorfall, Ereignis, Begegnung, Auseinandersetzung etc*) embarrassing: **es wäre mir sehr** ~**, wenn** it would be very embarrassing for me if; **die Verspätung war mir** ~ it was embarrassing for me to be late. – **6.** (*Person*) unpleasant, nasty, disagreeable, objectionable, troublesome: **er ist ein ~er Zeitgenosse** *colloq.* he's an old so-and-so (*colloq.*); **er kann recht ~ werden** *colloq.* he can become rather nasty. – **II** *adv* **7.** unpleasantly: **ihre Stimme klang ~ hoch** her voice was unpleasantly high--pitched (*od.* had an unpleasantly high pitch); **es ist mir ~ aufgefallen** (*od.* **es berührte mich ~**), **daß** I noticed to my distaste (*od.* displeasure, *stärker* disgust) that; **~ riechen** to have an unpleasant (*od.* offensive) smell; → **auffallen** 1. – **III** **U~e,** *das* ⟨-n⟩ **8.** **das U~e daran** (*od.* **dabei**) **ist, daß** the unpleasant thing about it is that. – **9.** **ich muß dir etwas U~es sagen** I have something unpleasant to tell you; **er hat etwas U~es an sich** he has (*od.* there is) something unpleasant (*od.* disagreeable) about him.

'un,an,ge,se·hen *adj* unexamined: **er schickte die Bilder ~ zurück** he returned the pictures unexamined (*od.* without looking at them).

'un,an,ge,ta,stet *adj* **1.** untouched: **etwas ~ lassen** to leave s.th. untouched. – **2.** *fig.* unaffected, untouched: **die Rechte der Kirche bleiben ~** the rights of the church remain (*od.* are) unaffected. – **3.** **j-n ~ lassen** *fig.* to leave s.o. unharmed.

un·an·greif·bar [,ʊn,ʔan'graɪfbaːr; 'ʊn-] *adj* **1.** *mil.* (*Land, Festung etc*) unattackable, unassailable. – **2.** *fig.* (*Stellung, Position, Ruf etc*) unassailable. – **3.** *chem. tech.* (*Metall, Substanz etc*) incorrodable, *auch* incorrodible, noncorrosive *Br.* non-, non-corrodible *Br.* non-. – **4.** *jur. cf.* **unanfechtbar** 2.

un·an·nehm·bar [,ʊn,ʔan'neːmbaːr; 'ʊn-] *adj* (*Bedingung etc*) unacceptable: **sie stellten ~e Forderungen an die Regierung** they made unacceptable demands (up)on the government; **sein Vorschlag ist für uns ~** his proposal is unacceptable to us. — **,Un,an'nehm·bar·keit** *f* ⟨-; no *pl*⟩ (*der Bedingungen etc*) unacceptability, unacceptableness.

'Un,an,nehm·lich·keit *f* ⟨-; -en⟩ **1.** *meist pl* (*Unbequemlichkeit*) inconvenience, incommodity: **dieser Umweg bringt kleine ~en mit sich** this detour causes (a) slight inconvenience. – **2.** *pl* (*Schwierigkeiten, Verdruß*) trouble *sg*, difficulties: **wenn du das tust, bekommst du ~en** if you do that you will get (*od.* run) into trouble, if you do that you will incur difficulties; **Sie können sich unnötige ~en ersparen, wenn Sie sich das ersparen** you can save yourself unnecessary trouble by. – **3.** *pl* (*Scherereien, zusätzliche Mühe*) bother *sg*, trouble *sg*: **ich will Ihnen keine ~en machen** (*od.* **bereiten**) I don't want to cause you (*od.* put you to) any trouble. – **4.** (*Nachteil, Übelstand*) disadvantage, drawback, inconvenience: **eine der ~en ist** one of the inconveniences (*od.* drawbacks) is.

'un,an,sehn·lich *adj* **1.** (*nicht hübsch, reizlos*) unattractive, plain, unhandsome, *Am.* homely: **sie ist recht ~** she is rather unattractive, she is not much to look at (*colloq.*). – **2.** (*häßlich*) unsightly, ugly. – **3.** (*armselig, schäbig*) unsightly, shabby, dowdy: **eine ~e Verpackung** an unsightly packing. — **'Un,an,sehn·lich·keit** *f* ⟨-; no *pl*⟩ **1.** (*Reizlosigkeit*) unattractiveness, plainness, unhandsomeness, *Am.* homeliness. – **2.** (*Häßlichkeit*) unsightliness, ugliness. – **3.** (*Armseligkeit, Schäbigkeit*) unsightliness, shabbiness, dowdiness.

'un,an,stän·dig I *adj* **1.** (*Benehmen, Manieren, Kleidung etc*) indecent, improper, unseemly, indecorous: **er fiel durch sein ~es Betragen auf** he was conspicuous because of his indecent behavio(u)r. – **2.** (*unmanierlich*) unmannerly, ill-mannered: **es ist ~, beim Essen zu schmatzen** it is bad manners (*od.* it is unmannerly) to make smacking noises while eating. – **3.** (*Buch, Bild, Bemerkung, Geste etc*) indecent, improper, (*stärker*) coarse, obscene, foul, bawdy, ribald: **ein ~er Witz** an indecent (*od.* colloq. an off-colo[u]r, a blue) joke; **~e Wörter** indecent (*od.* colloq. four-letter) words; **~e Reden** indecent (*stärker* foul) language *sg*, obscenities, bawdy *sg*, ribaldry *sg*; **~e Reden führen** to talk smut. – **4.** (*Handlungsweise, Verhalten*) dishonorable, *bes. Br.* dishonourable: **es**

war sehr ~ von ihm, 100 Mark zu verlangen it was very dishono(u)rable of him to charge 100 marks. – **II** *adv* **5.** **du hast dich ~ benommen** (*od.* **betragen**) you behaved indecently (*od.* improperly). — **'Un,an,stän·dig·keit** *f* ⟨-; -en⟩ **1.** ⟨*only sg*⟩ (*des Benehmens, der Kleidung etc*) indecency, improperness, impropriety, unseemliness, indecorousness, indecorum. – **2.** ⟨*only sg*⟩ (*eines Buches, Bildes etc*) indecency, improperness, impropriety, (*stärker*) coarseness, obscenity, foulness. – **3.** ⟨*only sg*⟩ (*einer Handlungsweise, des Verhaltens*) dishonorableness, *bes. Br.* dishonourableness. – **4.** *pl* (*unanständige Bilder, Bücher, Redensarten etc*) indecencies, (*stärker*) obscenities, (*Reden*) smut *sg*.

'un,an,stö,ßig *adj* **1.** (*Benehmen, Kleidung etc*) decent, proper, seemly, inoffensive. – **2.** (*Buch, Bild etc*) decent, decorous, proper.

un·an·tast·bar [,ʊn,ʔan'tastbaːr; 'ʊn-] *adj* **1.** (*Gesinnung etc*) irreproachable, unimpeachable. – **2.** (*Vorrat, Reserve etc*) untouchable. – **3.** (*Stellung, Position, Ruf etc*) inviolable, unassailable. – **4.** *fig. auch iron.* (*Werte, Bereich etc*) sacred, inviolable, untouchable, sacrosanct. – **5.** *jur.* (*Recht, Rechtspersönlichkeit*) inviolable. — **,Un,an'tast·bar·keit** *f* ⟨-; no *pl*⟩ **1.** (*der Gesinnung etc*) irreproachability, irreproachableness, unimpeachability, unimpeachableness, untouchability. – **2.** (*der Stellung, Position etc*) inviolability. – **3.** *fig. auch iron.* (*von Werten, eines Bereichs etc*) sacredness, inviolability, inviolableness, sacrosanctity. – **4.** *jur.* (*eines Rechts etc*) inviolability, inviolableness.

un·an·wend·bar [,ʊn,ʔan'vɛntbaːr; 'ʊn-] *adj* (*Methode, Mittel etc*) inapplicable: **auf** (*acc*) **etwas ~ sein** to be inapplicable to s.th. — **,Un,an'wend·bar·keit** *f* ⟨-; no *pl*⟩ inapplicability, inapplicableness.

'un·ap·pe,tit·lich I *adj* **1.** (*Speise*) unappetizing *Br. auch* -s-, unsavory, *bes. Br.* unsavoury. – **2.** (*Anblick, Zubereitung etc*) unappetizing *Br. auch* -s-, unsavory, *bes. Br.* unsavoury: **die Küche sieht so ~ aus** the kitchen looks so unappetizing; **ein ~ aussehendes Essen** a meal looking rather unappetizing. – **3.** *fig. colloq.* (*Person*) looking rather uninviting, unprepossessing. – **II** *adv* **4.** **das Essen war ~ zubereitet** the meal was unappetizingly prepared. — **'Un·ap·pe,tit·lich·keit** *f* ⟨-; no *pl*⟩ **1.** (*einer Speise*) unsavoriness, *bes. Br.* unsavouriness. – **2.** (*unsauberes, unordentliches Aussehen*) unappetizing (*Br. auch* -s-) (*od.* unsavory, *bes. Br.* unsavoury) appearance.

'Un,art¹ *f* ⟨-; -en⟩ **1.** (*schlechte Angewohnheit*) bad (*od. sl.* rotten) habit, bad (*od. sl.* rotten) trick: **das ist so eine ~ von ihm** that's one of his bad habits. – **2.** (*Ungezogenheit, schlechtes Benehmen*) bad manners *pl*, bad behavior (*bes. Br.* behaviour), bad conduct: **es ist eine ~, die Beine auf den Tisch zu legen** it is bad manners (*od.* it is very rude) to put one's legs on the table. – **3.** (*Unhöflichkeit*) impoliteness, rudeness, incivility. – **4.** *pl* (*eines Kindes*) mischief *sg*, tricks: **machst du schon wieder ~en?** are you up to mischief again? are you up to your tricks again?

'Un,art² *m* ⟨-(e)s; -e⟩ *colloq.* naughty child, rascal, 'pickle' (*colloq.*), *Am. colloq.* hellion.

'un·ar·tig *adj* **1.** (*Kind*) naughty, mischievous. – **2.** *obs. for* unhöflich. — **'Un,ar·tig·keit** *f* ⟨-; no *pl*⟩ **1.** (*eines Kindes*) naughtiness, mischievousness, mischief. – **2.** *obs. for* Unhöflichkeit.

'un·ar·ti,ku,liert *adj* **1.** inarticulate: **~e Laute** inarticulate sounds. – **2.** (*nicht ausgesprochen*) unarticulated.

'un·äs,the·tisch *adj* un(a)esthetic, inaesthetic.

Unau ['uːnaʊ] *m* ⟨-s; -s⟩ *zo. cf.* Zweifingerfaultier.

'un,auf,dring·lich *adj* **1.** (*Mensch, Verhalten, Kleidung, Eleganz etc*) unobtrusive, inobtrusive, discreet: **ein ~es Parfüm** an unobtrusive perfume. – **2.** (*Musik, Farben etc*) subdued, soft. — **'Un,auf,dring·lich·keit** *f* **1.** (*einer Person, eines Parfüms etc*) unobtrusiveness, discreetness. – **2.** (*von Farben, Musik etc*) subduedness.

'un,auf,fäl·lig I *adj* **1.** (*Kleidung, Benehmen, Auftreten, Muster etc*) unobtrusive, inobtrusive, unostentatious, discreet: **sie**

kleidet sich mit ~er Eleganz she dresses with unobtrusive elegance. – **2.** (*Bewegung, Geste etc*) inconspicuous, unconspicuous, discreet. – **3.** (*Erscheinung, Äußeres, Tätigkeit, Wirken etc*) inconspicuous, unconspicuous: **ein ~er junger Mann** an inconspicuous young man. – **4.** (*Farbe etc*) subdued, soft. – **II** *adv* **5.** **ein ~ gemusterter Stoff** a discreetly patterned fabric; **folgen Sie mir ~!** follow me inconspicuously. — **'Un,auf,fäl·lig·keit** *f* ⟨-; no *pl*⟩ **1.** unobtrusiveness, discreetness. – **2.** inconspicuousness, discreetness. – **3.** inconspicuousness.

un·auf·find·bar [,ʊn,ʔauf'fɪntbaːr; 'ʊn-] *adj* **1.** (*vermißte Person, verlorener Gegenstand*) unfindable, undiscoverable, indiscoverable: **der Schlüssel war ~** the key was unfindable (*od.* could not be found anywhere). – **2.** (*von der Polizei etc Gesuchter*) unfindable, untraceable, undiscoverable, indiscoverable. – **3.** (*Versteck etc*) undetectable, undiscoverable, indiscoverable.

'un,auf,ge,for·dert I *adj* **1.** unasked, unsolicited, unbidden. – **II** *adv* **2.** without being asked: **er hat ~ den Raum verlassen** he left the room without being asked. – **3.** (*aus eigenem Antrieb, freiwillig*) of one's own accord (*od.* free will): **sie schickte ihm ~ Geld** she sent him money of her own accord.

'un,auf,ge,führt *adj* **1.** (*Theaterstück*) unperformed, unacted. – **2.** (*in Liste etc*) unlisted, not appearing on a list: **~ bleiben** to remain unlisted.

'un,auf,ge,klärt *adj* **1.** (*Irrtum, Mißverständnis etc*) unclarified. – **2.** (*Verbrechen, Fall etc*) unsolved. – **3.** (*unwissend*) unenlightened, uninformed, ignorant. – **4.** (*sexuell*) ~ ignorant of the facts of life.

'un,auf,ge,löst *adj mus.* (*Akkord, Vorhalt*) undissolved.

'un,auf,ge,räumt *adj* (*Zimmer etc*) untidy.

'un,auf,ge,schlos·sen *adj* (*Mensch, Charakter*) hidebound, *Br.* hide-bound: **er ist neuen Ideen gegenüber ~** he is unreceptive to new ideas.

un·auf·halt·bar [,ʊn,ʔauf'haltbaːr; 'ʊn-] *adj u. adv cf.* unaufhaltsam.

un·auf·halt·sam [,ʊn,ʔauf'haltzaːm; 'ʊn-] **I** *adj* **1.** (*nicht aufzuhaltend*) unstoppable, uncheckable: **ein ~er Verfall** an unstoppable decay, a decay which cannot be stopped (*od.* checked). – **2.** (*unerbittlich*) (*Schicksal*) inexorable, merciless. – **II** *adv* **3.** **die technische Entwicklung schreitet ~ voran** technical development cannot be stopped (*od.* cannot be checked, is unstoppable); **der Zeiger der Uhr rückte ~ weiter** the hand of the clock advanced inexorably.

un·auf·hör·lich [,ʊn,ʔauf'høːrlɪç; 'ʊn-] **I** *adj* ⟨*attrib*⟩ (*Regen, Schmerzen, Gerede, Klagen etc*) incessant, ceaseless, unceasing, constant, continuous, unremitting, perpetual, eternal (*colloq.*). – **II** *adv* **~ schneite es** it snowed incessantly (*od. colloq.* without a letup [*Br.* let-up]); **sie mußte ~ an ihn denken** she could not stop thinking of him.

un·auf·lös·bar [,ʊn,ʔauf'løːsbaːr; 'ʊn-] *adj* **1.** (*Rätsel, Gleichung etc*) unsolvable, insolvable, insoluble. – *cf.* unauflöslich I. — **,Un,auf'lös·bar·keit** *f* ⟨-; no *pl*⟩ **1.** (*eines Rätsels, einer Gleichung etc*) insolvability, unsolvability, insolubility. – **2.** *cf.* Unauflöslichkeit.

un·auf·lös·lich [,ʊn,ʔauf'løːslɪç; 'ʊn-] **I** *adj* **1.** (*Einheit, Bund etc*) indissoluble, irresolvable. – **2.** (*Ehe*) indissoluble. – **II** *adv* **3.** indissolubly: **sie sind ~ miteinander verbunden** they are indissolubly united. — **,Un,auf'lös·lich·keit** *f* ⟨-; no *pl*⟩ (*einer Einheit, Ehe etc*) indissolubility.

'un,auf,merk·sam *adj* **1.** (*Zuhörer, Schüler, Bedienung, Gastgeber etc*) inattentive, unattentive. – **2.** (*Zuschauer, Wachtposten etc*) inattentive, unattentive, unobservant, inobservant. – **3.** (*unvorsichtig, fahrlässig*) careless: **ein ~er Fahrer** a careless driver. – **4.** (*nachlässig, gedankenlos*) inattentive, unattentive, unobservant, thoughtless: **ich war ihr gegenüber ~** I was inattentive toward(s) her. — **'Un,auf,merk·sam·keit** *f* ⟨-; no *pl*⟩ **1.** (*eines Zuhörers, Schülers, Gastgebers etc*) inattentiveness, inattention. – **2.** (*eines Zuschauers, Wachtpostens etc*) inattentiveness, inattention, unattentiveness, inobservance, unobservance, nonobservance *Br.* non-. – **3.** (*Unvorsichtigkeit, Fahrlässigkeit*) carelessness: er hat das Verkehrszeichen aus ~ übersehen he overlooked the traffic sign out of carelessness. – **4.** (*Nachlässigkeit, Gedankenlosigkeit*) inattentiveness, inattention, unattentiveness, inadvertence, inadvertency, thoughtlessness.

'un,auf,rich·tig *adj* **1.** (*nicht ehrlich, heuchlerisch*) insincere: sein Mitleid ist ~ his pity is insincere (*od.* feigned, lip-deep). – **2.** (*nicht offen, nicht freimütig*) uncandid, unfrank, disingenuous. – **3.** *cf.* falsch 12. — **'Un,auf,rich·tig·keit** *f* ⟨-; -en⟩ **1.** ⟨*only sg*⟩ (*Unehrlichkeit, Heuchelei*) insincerity. – **2.** ⟨*only sg*⟩ (*fehlende Freimütigkeit*) uncandor, *bes. Br.* uncandour, uncandidness, unfrankness, disingenuity, disingenuousness. – **3.** (*Unwahrheit*) insincerity: er ertappte sie bei einer ~ he caught her being insincere.

un·auf·schieb·bar [,ʊn,ʔaʊfˈʃiːpbaːr; ˈʊn-] *adj* **1.** (*Termin, Entscheidung etc*) undeferrable, *auch* undeferable, unpostponable: die Reise ist ~ the journey is undefer(r)able, the journey cannot be put off (*od.* deferred, postponed, delayed). – **2.** urgent, pressing.

un·aus·bleib·lich [,ʊn,ʔaʊsˈblaɪplɪç; ˈʊn-] *adj* (*Folgen, Wirkung etc*) inevitable: diese Mißverständnisse waren ~ these misunderstandings were inevitable, these misunderstandings were bound (*od.* sure) to come.

un·aus·denk·bar [,ʊn,ʔaʊsˈdɛŋkbaːr; ˈʊn-] *adj* (*Greueltaten, Wirkung etc*) unimaginable, unthinkable: die Folgen wären ~ the consequences would be unimaginable (*od.* would be beyond [all] imagination).

un·aus·führ·bar [,ʊn,ʔaʊsˈfyːrbaːr; ˈʊn-] *adj* **1.** (*Plan, Vorhaben, Tat etc*) impracticable, unpracticable, infeasible, unfeasible, unworkable, impractical: die Idee ist ~ the idea is impracticable (*od.* cannot be carried out, cannot be put into effect). – **2.** (*Auftrag, Aufgabe etc*) unfulfillable, impossible. – **3.** (*Befehl*) inexecutable. — **'Un,aus'führ·bar·keit** *f* ⟨-; *no pl*⟩ **1.** (*eines Plans, Vorhabens etc*) impracticability, unpracticability, unpracticableness, infeasibility, unfeasibility, unworkability, impracticality. – **2.** (*eines Auftrags etc*) impossibility of fulfil(l)ment, inability to be fulfilled. – **3.** (*eines Befehls*) impossibility of being executed, inability to be executed.

'un,aus·ge,bil·det *adj* **1.** (*Arbeitskräfte, Personal, Stimme, Gehör etc*) untrained, unschooled, (*Handwerker*) *auch* unskilled. – **2.** (*Fähigkeiten, Talente, Wesenszug, Verfahren etc*) undeveloped. – **3.** *mil.* (*Rekrut*) untrained. – **4.** *med. biol.* (*Organe etc*) a) (*noch nicht voll entwickelt*) undeveloped, unevolved, b) (*rudimentär*) rudimentary, rudimental.

'un,aus·ge,führt *adj* **1.** (*Vorhaben, Befehl etc*) unexecuted: sie ließen den Plan ~ they did not carry out (*od.* execute) the plan. – **2.** (*Tat, Verbrechen etc*) uncommitted. – **3.** (*Auftrag etc*) unfulfilled.

'un,aus·ge,füllt *adj* **1.** (*Lücke, Fuge etc*) unfilled, unstopped. – **2.** (*Formular, Fragebogen etc*) blank, unfilled: er gab das Formular ~ zurück he returned the form blank. – **3.** (*ungenutzt*) unused, (*stärker*) wasted: eine ~e Zimmerecke an unused corner in the room. – **4.** (*arbeitsmäßig*) not fully occupied (*od.* employed). – **5.** (*geistig u. seelisch*) unfulfilled: ein ~es Leben an unfulfilled life.

'un,aus·ge,gli·chen *adj* **1.** *bes. psych.* unstable: ein ~er Charakter an unstable character. – **2.** (*launisch*) moody, of uneven temper: sie ist sehr ~ she is very moody, she is a person of very uneven temper. – **3.** (*Verhältnis, Erscheinungsbild etc*) unbalanced, disproportionate: die Statistik zeigt ein ~es Bild statistics show an unbalanced picture. – **4.** (*Stil, Anordnung etc*) unbalanced, disharmonious, disharmonic, *auch* disharmonical, inharmonious. – **5.** *meteor.* (*Klima*) unstable, instable, unequable. – **6.** (*Haushalt, Bilanz etc*) unbalanced. – **7.** *biol.* (*Stoffwechsel*) unbalanced. — **'Un,aus·ge,glichen·heit** *f* ⟨-; *no pl*⟩ **1.** *bes. psych.* (*emotional*) instability. – **2.** moodiness, uneven temper. – **3.** imbalance, disproportion(ateness). – **4.** disharmony, dis-

harmonism. – **5.** *meteor.* instability, unstability. – **6.** *econ.* imbalance.

'un,aus·ge,go·ren *adj fig. colloq.* **1.** (*junger Mann*) immature; half-baked, unlicked (*colloq.*). – **2.** das ist alles noch ~ (*ein Vorhaben, Plan etc*) all that needs time to settle (*od.* has to be allowed to mature).

'un,aus·ge,la·stet *adj* **1.** (*Produktionsanlage etc*) not working (*od.* running) to capacity, not fully utilized (*Br. auch* -s-). – **2.** (*Person*) not fully occupied (*od.* employed), not (working) at full stretch.

'un,aus·ge,prägt *adj* (*Wesens-, Charakterzug etc*) indistinctive, undistinctive, not clearly defined.

'un,aus·ge,schla·fen *adj* ~ sein not to have had enough sleep.

'un,aus·ge,setzt *adj u. adv cf.* unaufhörlich, unablässig.

'un,aus·ge,spro·chen *adj* (*Vorwurf etc*) unuttered, unspoken, unexpressed, unsaid.

'un,aus·ge,wo·gen *adj cf.* unausgeglichen 3—5. — **'Un,aus·ge,wo·gen·heit** *f* ⟨-; *no pl*⟩ *cf.* Unausgeglichenheit 3—5.

un·aus·lösch·lich [,ʊn,ʔaʊsˈlœʃlɪç; ˈʊn-] **I** *adj* **1.** (*Eindruck, Erinnerung etc*) indelible, ineffaceable. – **2.** (*Tinte, Schrift etc*) indelible. – **II** *adv* **3.** das Erlebnis hat sich ihm ~ eingeprägt the experience engraved (*od.* fixed) itself indelibly on his mind, the experience left an indelible impression on him.

un·aus·rott·bar [,ʊn,ʔaʊsˈrɔtbaːr; ˈʊn-] *adj* (*Vorurteil, Aberglaube etc*) ineradicable, uneradicable, inveterate; inexpungible, *auch* inexpungeable, inextirpable (*lit.*).

un·aus·sprech·bar [,ʊn,ʔaʊsˈʃprɛçbaːr; ˈʊn-] *adj cf.* unaussprechlich 1.

un·aus·sprech·lich [,ʊn,ʔaʊsˈʃprɛçlɪç; ˈʊn-] **I** *adj* **1.** (*Wort etc*) unpronounceable, jawbreaking, *Br.* jaw-breaking (*colloq.*): dieser Name ist ~ this name is unpronounceable (*od.* is a tongue-twister, *colloq.*, is a jawbreaker [*Br.* jaw-breaker]). – **2.** *fig.* (*Freude, Schmerz, Elend etc*) inexpressible, *auch* unexpressible, ineffable, unutterable, unspeakable, untold (*lit.*): ein ~es Glück (an) inexpressible happiness, (a) happiness beyond all expression. – **II** *adv* **3.** er tat mir ~ leid *fig.* I felt inexpressibly (*od.* unspeakably) sorry for him.

un·aus·steh·lich [,ʊn,ʔaʊsˈʃteːlɪç; ˈʊn-] **I** *adj* (*Mensch, Lärm etc*) intolerable, insufferable: er ist heute wieder ~! he is intolerable (*od.* at his worst) again today; ein ~er Kerl *colloq.* an intolerable fellow (*colloq.*), an old so-and-so; sie ist mir ~, ich finde sie ~ I find her intolerable, I can't bear (the sight of) her. – **II** *adv* intolerably: er ist ~ neugierig he is intolerably curious (*od.* inquisitive). — **,Un,aus'steh·lich·keit** *f* ⟨-; *no pl*⟩ intolerability, intolerableness, insufferableness.

un·aus·tilg·bar [,ʊn,ʔaʊsˈtɪlkbaːr; ˈʊn-] *adj* **1.** (*Erinnerung etc*) indelible, ineffaceable; inexpungible, *auch* inexpungeable, inextirpable (*lit.*). – **2.** (*Schuld, Sünde etc*) inexpiable.

un·aus·weich·lich [,ʊn,ʔaʊsˈvaɪçlɪç; ˈʊn-] *adj* (*Katastrophe, Konfrontation etc*) inescapable, unescapable, inevitable, unavoidable, ineludible, ineluctable.

'un,bän·dig [-,bɛndɪç] **I** *adj* **1.** (*Leidenschaft, Sucht, Haß, Zorn etc*) unrestrained, unrestrainable, unbridled, irrepressible, uncontrollable, (*stärker*) insensate: eine ~e Wut erfaßte ihn he was seized with (*od.* he flew into) an unrestrained rage. – **2.** (*Freude, Vergnügen, Jubel, Lachen etc*) unrestrained, unrestrainable. – **3.** (*Junge, Mädchen etc*) unruly, boisterous, obstreperous, intractable, indocile, (*stärker*) unmanageable. – **4.** (*Wildheit, Naturkräfte etc*) unrestrained, unrestrainable, ungovernable, intractable. – **5.** (*Körperkräfte, Stärke etc*) tremendous, enormous. – **6.** (*Pferd, Stier etc*) fractious, indocile. – **II** *adv* **7.** ~ lachen to laugh unrestrainedly (*od.* without restraint). – **8.** (*ungeheuer*) tremendously, enormously: er ist ~ stark he is tremendously strong, he has plenty of brawn, he is as strong as an ox (*od.* a horse). — **'Un,bän·dig·keit** *f* ⟨-; *no pl*⟩ **1.** (*der Leidenschaft, des Zorns etc*) unrestrainedness, irrepressibility, (*stärker*) insensateness. – **2.** (*der Freude, des Lachens etc*) unrestrainedness. – **3.** (*eines Kindes, Jugendlichen etc*) unruliness, boisterousness, obstreperousness, intractability, intract-

ableness, indocility, (*stärker*) unmanageableness. – **4.** (*der Naturkräfte etc*) unrestrainedness, intractableness. – **5.** (*der Körperkräfte*) tremendousness, enormity, enormousness. – **6.** (*eines Pferds, Stiers etc*) fractiousness, indocility.

'un,bar *adj* ⟨*attrib*⟩ *u. adv econ. cf.* bargeldlos.

'un,barm,her·zig *adj* **1.** (*mitleidlos*) merciless, pitiless, ruthless, unmerciful: ein ~er Mensch a merciless person; ~e Schläge prasselten auf ihn herab merciless blows rained down on him. – **2.** (*unerbittlich*) inexorable, relentless, merciless: ein ~es Schicksal an inexorable fate; mit ~er Strenge with inexorable (*od.* iron) severity. – **3.** *colloq. humor.* hard: sei nicht so ~! don't be so hard. – **4.** *cf.* erbarmungslos I. — **'Un,barm,her·zig·keit** *f* ⟨-; *no pl*⟩ **1.** (*Mitleidlosigkeit, Herzlosigkeit*) mercilessness, pitilessness, unmercifulness. – **2.** (*Unerbittlichkeit*) inexorability, relentlessness, mercilessness.

'un·be,ab,sich·tigt **I** *adj* (*Wirkung, Fehler, Kränkung etc*) unintentional, inadvertent, unwitting, unintended, undesigned: das war ~ that was unintentional, that was not done on purpose. – **II** *adv* j-n ~ kränken to offend s.o. unintentionally (*od.* unwittingly).

'un·be,ach·tet **I** *adj* **1.** (*unbemerkt, unbeobachtet*) unnoticed, unnoted, unobserved: das Ereignis blieb ~ the event went unnoticed. – **2.** (*nicht geachtet, nicht berühmt*) unnoted, unnoticed: ein ~er Schriftsteller a neglected (*od.* an unnoted) writer. – **3.** (*unberücksichtigt*) unheeded, disregarded, unregarded, unobserved: sie ließen seine Einwände ~ they paid no attention to (*od.* they took no notice of, they ignored) his objections. – **4.** (*vernachlässigt*) unnoticed: auf dem Ball blieb sie ~ she was left unnoticed (*od.* left in the corner, left a wallflower) at the dance. – **II** *adv* **5.** ~ verließ er das Zimmer he left the room unnoticed (*od.* unobserved, unnoted).

'un·be,acht·lich *adj jur.* irrelevant.

'un·be,an,stan·det **I** *adj* **1.** (*Waren etc*) unobjected, not rejected. – **2.** (*Regelverstoß etc*) unobjected: einen Fehler ~ lassen to let a mistake pass. – **3.** (*Entscheidung, Wahl etc*) unopposed, uncontested, unobjected. – **II** *adv* **4.** das Paket kam ~ durch die Zollkontrolle the parcel got through (*od.* passed) the customs without objection.

'un·be,ant,wort·bar *adj* (*Frage, Schreiben etc*) unanswerable.

'un·be,ant,wor·tet *adj* (*Brief, Frage etc*) unanswered: das Schreiben ist noch immer ~ the letter is still unanswered (*od.* has not been answered yet); seine Anfrage blieb ~ his inquiry was left unanswered.

'un·be,ar·bei·tet *adj* **1.** (*Thema, Fall, Auftrag etc*) untreated: dieses Sachgebiet ist noch ~ this subject matter is still untreated, this subject matter has not been treated (*od.* dealt with) yet. – **2.** *tech.* (*Werkstück*) unfinished, rough, (*maschinell*) unmachined. – **3.** *agr.* uncultivated.

'un·be,auf,sich·tigt *adj* **1.** (*Arbeiter, Kinder etc*) unsupervised. – **2.** (*Maschinen, Fabrikanlage, Feuer etc*) unattended, unsupervised, uncontrolled.

un·be·bau·bar [,ʊnbəˈbaʊbaːr; ˈʊn-] *adj* **1.** *agr.* (*Acker*) uncultiva(ta)ble, untillable. – **2.** *civ.eng.* not suitable for development: ein ~es Grundstück [Gelände] a) a plot [an area] not suitable for development, b) (*durch Bauverbot*) a plot [a site] where building is not permitted.

'un·be,baut *adj* **1.** *agr.* (*Boden*) uncultivated, untilled, fallow, unlabored, *bes. Br.* unlaboured (*lit.*). – **2.** *civ.eng.* (*Grundstück etc*) unbuilt, vacant: das Gelände ist noch ~ the area is still undeveloped.

'un·be,dacht *adj* **1.** (*unbesonnen, unüberlegt*) thoughtless: ich habe ihn mit einer ~en Äußerung gekränkt I offended him with a thoughtless remark. – **2.** (*voreilig*) rash, imprudent, inconsiderate, hasty: in einem ~en Augenblick in a moment of rashness, in an unguarded moment.   [carelessly.\
'un·be,dach·ter'wei·se *adv* thoughtlessly,\
'un·be,dacht·sam *adj cf.* unbedacht.\
'un·be,dacht·sa·mer'wei·se *adv cf.* unbedachterweise.

'Un·be¸dacht·sam·keit f ⟨-; no pl⟩ **1.** (Unbesonnenheit) thoughtlessness. – **2.** (Voreiligkeit) rashness, imprudence, inconsiderateness, inconsideration, hastiness.

'un·be¸darft [-¸darft] adj colloq. **1.** (unerfahren) inexperienced, unexperienced, green: ich bin auf diesem Gebiet völlig ~ I am completely inexperienced (od. unversed, inexpert) in this field. – **2.** (naiv) naïve, auch naive, naïf, naif, green. – **3.** (einfältig, leichtgläubig) gullible. — **'Un·be¸darft·heit** f ⟨-; no pl⟩ colloq. **1.** (Unerfahrenheit) inexperience, greenness. – **2.** (Naivität) naïveté, auch naiveté, naïvety, greenness. – **3.** (Einfältigkeit, Leichtgläubigkeit) gullibility.

'un·be¸deckt adj **1.** (Grube, Leichnam etc) uncovered. – **2.** (Körperteil) bare: sein Kopf war ~ he was bareheaded (Br. bare-headed).

'un·be¸denk·lich I adj **1.** (völlig sicher, risikolos) absolutely safe (od. reliable): ich halte den Plan für ~ I think (that) the plan is completely safe. – **2.** (unschädlich) harmless, unharmful. – **3.** (gewissenlos, skrupellos) unscrupulous. – II adv **4.** safely: ihr könnt diesen Weg ~ gehen you can safely go that way. – **5.** (ohne zu zögern) without hesitation, unhesitatingly: ich würde so etwas ~ tun I would do that without hesitation; dieses Angebot kannst du ~ annehmen you can accept the offer without hesitation. – **6.** (gewissenlos, skrupellos) unscrupulously. — **'Un·be¸denk·lich·keit** f ⟨-; no pl⟩ **1.** (völlige Sicherheit, Risikolosigkeit) absolute safety (od. safeness, reliability). – **2.** (Unschädlichkeit) harmlessness. – **3.** (Gewissenlosigkeit) unscrupulousness.

'Un·be¸denk·lich·keits|be¸schei·ni·gung f **1.** jur. cf. Unbedenklichkeitszeugnis 1. – **2.** econ. (für Zollgut) certificate of nonobjection (Br. non-), import (clearance) certificate. — **~¸über¸prü·fung** f econ. (bei Zollgut) objectionability test. — **~¸zeug·nis** n **1.** jur. certificate of nonobjection (Br. non-). – **2.** mar. nucl. navicert.

'un·be¸deu·tend I adj **1.** (Ereignis, Unternehmen, Persönlichkeit, politische Gruppe, Theater, Kunstwerk etc) insignificant, unsignificant, unimportant: eine ~e Stadt an insignificant (od. colloq. a one-horse, Am. colloq. a jerkwater, a two-by-four) town; ein ~er Schriftsteller an insignificant (od. undistinguished) writer. – **2.** (Einfluß, Auswirkung, Stellung, Position etc) insignificant, unsignificant. – **3.** (Zwischenfall, Gewinn, Verlust, Fortschritt etc) minor, insignificant, unsignificant, slight, negligible, auch negligeable: am Auto entstand ~er Sachschaden minor (od. negligible, auch negligeable) damage was caused to the car. – **4.** (Angelegenheit, Auseinandersetzung etc) trivial, petty, trifling: sie streiten sich über ganz ~e Dinge they quarrel about petty things. – **5.** (Menge, Anzahl, Unterschied etc) insignificant, unsignificant, inconsiderable: schon eine ~e Menge des Gifts genügt an insignificant quantity of the poison is sufficient. – II adv **6.** die Einwohnerzahl hat sich nur ~ vermehrt the number of inhabitants increased only insignificantly. — **'Un·be¸deu·tend·heit** f ⟨-; no pl⟩ **1.** (eines Ereignisses, Kunstwerks, einer Persönlichkeit etc) insignificance, insignificancy, unimportance. – **2.** (einer Stellung, Position, eines Zwischenfalls, Verlusts etc) insignificance, insignificancy, negligibility. – **3.** (einer Menge, eines Unterschieds etc) insignificance, insignificancy, inconsiderableness.

un·be·dingt ['ʊnbə¸dɪŋt; ¸ʊn-] I adj ⟨attrib⟩ **1.** (Vertrauen, Gehorsam, Treue, Zuverlässigkeit etc) unconditional, absolute, implicit. – **2.** (Zustimmung, Unterstützung, Billigung etc) unconditional, unreserved, absolute: er ist ein ~er Anhänger der Demokratie he is an unconditional supporter of democracy. – **3.** (Notwendigkeit, Voraussetzung etc) imperative, absolute. – **4.** med. a) (Bettruhe, Diät etc) rigid, strict, b) ~er Reflex unconditioned reflex. – II adv **5.** (bedingungslos) unconditionally, absolutely: j-m ~ vertrauen to place unconditional (od. absolute) confidence in s.o. – **6.** (unter allen Umständen) by all means: du mußt ~ dabeisein! you must take part by all means! soll ich mit-

kommen? ja, ~! shall I come with you? yes, by all means (od. yes, you must)! – **7.** (dringend) urgently: ich muß ihn ~ sprechen I have to speak to him urgently; die Hilfeleistung war ~ notwendig the aid was urgently needed; sie braucht ~ ein neues Kleid she needs a new dress urgently (od. badly). – **8.** nicht ~ not necessarily. — **'Un·be¸dingt·heit** f ⟨-; no pl⟩ **1.** (des Vertrauens, Gehorsams, der Treue etc) unconditionality, unconditionalness, absoluteness, implicitness. – **2.** (der Unterstützung, Billigung etc) unconditionality, unconditionalness, absoluteness, unreservedness.

'un·be¸ein¸fluß·bar adj uninfluenceable, objective. — **'Un·be¸ein¸fluß·bar·keit** f ⟨-; no pl⟩ uninfluenceability, objectivity.

'un·be¸ein¸flußt adj **1.** (von by) uninfluenced, unaffected. – **2.** (nicht einseitig festgelegt) unbias(s)ed.

'un·be¸ein¸träch·tigt adj (Gesundheit, Geschicklichkeit, Prestige etc) (von by) unimpaired.

'un·be¸en·det adj **1.** (Veranstaltung etc) unfinished, unended. – **2.** (Buch, Werk etc) unfinished, incomplete.

'un·be¸fä·higt adj (Angestellter etc) unqualified, incompetent: er ist zu dieser Arbeit ~ he is unqualified for (od. incompetent for, not qualified to do) this work.

un·be¸fahr·bar [¸ʊnbə¸faːrbaːr; ¸ʊn-] adj **1.** (Straße, Weg etc) impassable, impracticable. – **2.** (Wasserstraße) unnavigable, impassable.

'un·be¸fan·gen I adj **1.** (nicht verlegen, nicht gehemmt) unabashed, unembarrassed. – **2.** (frisch u. natürlich, unaffektiert) unaffected. – **3.** (unvoreingenommen, vorurteilslos) unbias(s)ed, unprejudiced, objective, impartial: der ~e Beobachter the unbias(s)ed observer. – **4.** (offen u. ehrlich) frank, candid. – **5.** (unverbildet) ingenuous. – **6.** jur. (Richter, Zeuge etc) unbias(s)ed, unprejudiced, (unparteiisch) impartial. – II adv **7.** j-m ~ gegenübertreten to face s.o. without embarrassment (od. unembarrassedly): sie sagte ihm ~ ihre Meinung she told him her candid opinion. — **'Un·be¸fan·gen·heit** f ⟨-; no pl⟩ **1.** (Ungehemmtheit) unabashed (od. unembarrassed) manner. – **2.** (Unaffektiertheit) unaffectedness. – **3.** (Unvoreingenommenheit) freedom from bias (od. prejudice), objectivity, impartiality. – **4.** (Offenheit) frankness, candor, bes. Br. candour, candidness. – **5.** (Unverbildetheit) ingenuousness. – **6.** jur. (eines Richters, Zeugen etc) freedom from bias (od. prejudice), (Unparteilichkeit) impartiality.

'un·be¸fe·stigt adj **1.** (Straße, Startbahn etc) unpaved. – **2.** mil. (Stellung etc) unfortified.

'un·be¸fleckt adj fig. **1.** archaic od. iron. (Ehre, Name etc) unsullied, undefiled. – **2.** die U~e Empfängnis (Mariä od. Mariens) relig. the Immaculate Conception (of [the Virgin] Mary).

'un·be¸frie·di·gend adj (Arbeit, Leistung etc) unsatisfactory: das Ergebnis der Verhandlungen war sehr ~ the result of the negotiations was very unsatisfactory.

'un·be¸frie·digt adj **1.** (Wünsche, Neugier etc) unsatisfied, ungratified: sie blieb (od. war) ~ (auch sexuell) she was (left) unsatisfied. – **2.** (unzufrieden) dissatisfied, discontented: die Arbeit hat mich ~ gelassen the work left me dissatisfied. – **3.** (enttäuscht) disappointed: er ist vom Leben ~ he is disappointed in (od. with) life. — **'Un·be¸frie·digt·heit** f ⟨-; no pl⟩, **'Un·be¸frie·digt¸sein** n **1.** unsatisfaction. – **2.** dissatisfaction, discontent. – **3.** (feeling of) disappointment.

'un·be¸fri·stet I adj unlimited. – II adv for an unlimited period.

'un·be¸fruch·tet adj biol. (Ei) unfertilized Br. auch -s-.

'un·be¸fugt adj bes. jur. **1.** unauthorized Br. auch -s-: ~es Betreten fremden Grundbesitzes trespass to land. – **2.** (nicht zuständig) incompetent. – **3.** (unberechtigt) unwarranted.

'Un·be¸fug·te m, f ⟨-n; -n⟩ trespasser, unauthorized (Br. auch -s-) person: Zutritt für ~ verboten no admittance except on business, no trespassing, (bes. vor Gelände) trespassers will be prosecuted.

'un·be¸fug·ter¸wei·se adv jur. without authority (od. permission), without being authorized (Br. auch -s-), unauthorized Br. auch -s-.

'un·be¸gabt adj (für for) untalented, ungifted, talentless. — **'Un·be¸gabt·heit** f ⟨-; no pl⟩ lack of talent.

'un·be¸gan·gen adj (Weg, Schneefeld etc) untrodden.

'un·be¸ge·ben adj econ. (Wechsel) unnegotiated, not disposed of.

'un·be¸glau·bigt adj jur. unattested, uncertified, unauthenticated.

'un·be¸glei·tet adj unaccompanied.

'un·be¸gli·chen adj (Rechnung, Schuld etc) outstanding, unsettled, unpaid, due.

un·be¸greif·lich [¸ʊnbə¸graɪflɪç; ¸ʊn-] adj **1.** incomprehensible, inconceivable, unfathomable, inapprehensible: es ist mir ~, wie das geschehen konnte I cannot understand how that could have happened; das ist ein ~er Leichtsinn that is an incomprehensible stupid thing to do. – **2.** (unerklärlich) inexplicable, mysterious. — **'Un·be¸greif·lich·keit** f ⟨-; no pl⟩ incomprehensibility, inconceivability, inapprehensibility.

un·be¸grenz·bar [¸ʊnbə¸grɛntsbaːr; ¸ʊn-] adj illimitable.

un·be¸grenzt ['ʊnbə¸grɛntst; ¸ʊn-] I adj **1.** (Mittel, Vertrauen etc) unlimited, boundless, infinite, limitless, unbounded: das Land der ~en Möglichkeiten (die Vereinigten Staaten) the land of boundless possibilities. – **2.** (Zeit) unlimited, indefinite. – **3.** bot. indefinite. – II adv **4.** for an unlimited period: ich habe heute ~ Zeit I have unlimited time today; diese Konserven sind nicht ~ haltbar these preserves will not keep for an unlimited period (of time). — **'Un·be¸grenzt·heit** f ⟨-; no pl⟩ **1.** unlimitedness, boundlessness, infinity, infiniteness, infinitude, limitlessness, unboundedness. – **2.** (der Zeit) unlimitedness, indefiniteness.

'un·be¸grün·det adj (Verdacht, Bedenken, Anschuldigung etc) unfounded, ill-founded, ungrounded, groundless, baseless: dein Mißtrauen ist völlig ~ your mistrust is completely unfounded; eine Klage als ~ abweisen jur. to dismiss a claim on the merits.

un·be¸haart [¸ʊnbə¸haːrt; ¸ʊn-] adj **1.** hairless. – **2.** (Kopf) bald. – **3.** (Stelle) bare, bald. – **4.** zo. naked, smooth, glabrous (scient.). – **5.** bot. smooth(-leaved), glabrous (scient.). — **'Un·be¸haart·heit** f ⟨-; no pl⟩ **1.** hairlessness. – **2.** baldness. – **3.** bareness, baldness. – **4.** zo. nakedness, smoothness, glabrousness (scient.). – **5.** bot. smoothness, glabrousness (scient.).

'Un·be¸ha·gen n ⟨-s; no pl⟩ **1.** (seelisches) uneasiness: ein leises ~ beschlich (od. überkam) sie a slight feeling of uneasiness crept over (od. through) her. – **2.** (körperliches) discomfort, malaise.

'un·be¸hag·lich adj **1.** (Zimmer, Temperatur, Einrichtung etc) uncomfortable. – **2.** (Gefühl, Situation etc) uneasy, uncomfortable: sich ~ fühlen to feel uneasy (od. ill at ease). — **'Un·be¸hag·lich·keit** f ⟨-; no pl⟩ **1.** uncomfortableness. – **2.** uneasiness, uncomfortableness.

'un·be¸hau·en adj **1.** (Steine) unhewn, uncut, undressed. – **2.** (Bauholz) unsquared, undressed.

'un·be¸haust adj **1.** undomiciled, nonresident Br. non-. – **2.** homeless, uprooted.

un·be¸hel·ligt [¸ʊnbə¸hɛlɪçt; ¸ʊn-] adj u. adv unmolested, undisturbed: j-n ~ lassen to leave s.o. unmolested; ~ bleiben to be left unmolested.

'un·be¸herrscht I adj unrestrained, uncontrolled, intemperate, lacking self-control: ~es Gerede intemperate utterance, unguarded speech. – II adv ~ handeln to act without self-control (od. -restraint). — **'Un·be¸herrscht·heit** f ⟨-; no pl⟩ unrestrainedness, unrestraint, lack of self-control, intemperance.

un·be¸hin·dert [¸ʊnbə¸hɪndərt; ¸ʊn-] I adj **1.** (Sicht, Zufahrt etc) unobstructed, unhindered, unimpeded, unhampered. – **2.** (nicht eingeschränkt) unrestricted, unconfined. – II adv **3.** ~ durch eine Absperrung kommen to come through a barrier unhindered (od. without hindrance).

'un·be¸hol·fen I adj **1.** (unpraktisch) unpractical, impractical, helpless. – **2.** (un-

geschickt) awkward, clumsy, heavy-handed: **er ist sehr** ~ his fingers are all thumbs. – **3.** *(schwerfällig)* clumsy, lumbering, heavy-footed, awkward. – **II** *adv* **4.** awkwardly, clumsily: ~ **laufen** *(od.* **gehen)** to lumber (along). — **'Un·be·hol·fen·heit** *f* ⟨-; *no pl*⟩ **1.** unpracticalness, impracticality, impracticalness, helplessness. – **2.** awkwardness, clumsiness, heavy-handedness. – **3.** clumsiness, awkwardness, lumberingness.

'un·be·host *adj colloq. humor.* trouserless, pantless.

un·be·irr·bar [‚ʊnbə'ʔɪrbaːr; 'ʊn-] *adj* **1.** *(in einer Meinung, Überzeugung etc)* unswerving, unwavering, steadfast, *auch* stedfast. – **2.** *(bes. im Glauben)* sta(u)nch, steadfast, *auch* stedfast.

un·be·irrt [‚ʊnbə'ʔɪrt; 'ʊn-] *adv* **1.** unswervingly, unwaveringly, steadfastly, *auch* stedfastly. – **2.** sta(u)nchly, steadfastly, *auch* stedfastly.

'un·be·kannt I *adj* **1.** *(Person, Werke, Ursache etc)* unknown: **aus** ~**er Ursache for** unknown reasons; ~ **verzogen** *(Vermerk auf Briefen)* moved to an unknown address, removed — address unknown; ~**en Aufenthalts** resident at an unknown address, present address unknown; **eine Familie dieses Namens ist hier** ~ there is no family of that name known here; **das ist mir** ~ I did not know that; **eine** ~**e Größe a)** *math.* an unknown quantity, **b)** *fig. colloq. (Person)* a dark horse; **das Grabmal des U**~**en Soldaten** the tomb of the Unknown Warrior *(Am.* Soldier). – **2.** *(nicht vertraut)* unfamiliar, strange: **die Gegend war mir völlig** ~ that district was quite unfamiliar to me; **viele** ~**e Gesichter** many unfamiliar *(od.* strange) faces; **es dürfte dir nicht** ~ **sein, daß** you will of course be familiar with *(od.* aware of) the fact that. – **3.** *(fremd)* strange: **ich bin hier** ~ I am a stranger *(od.* I am strange) here. – **4.** *(obskur)* obscure: **ein (gänzlich)** ~**er Ort** some obscure locality. – **5.** *(unerkannt, inkognito)* incognito, unknown, unidentified. – **6.** ~**es Flugobjekt** *(space)* unidentified flying object, UFO. – **II U**~**e, das** ⟨-n⟩ **7.** the unknown.

'Un·be·kannt *only in* **Anzeige [ein Verfahren] gegen** ~ *jur.* charge [proceedings *pl*] against a person or persons unknown.

'Un·be·kann·te¹ *m* ⟨-n; -n⟩ **1.** unknown person. – **2.** *(Fremder)* stranger: **wer war der große** ~? who was the mysterious stranger?

'Un·be·kann·te² *f* ⟨-n; -n⟩ **1.** unknown person *(od.* woman, girl). – **2.** *(Fremde)* stranger. – **3.** *math.* unknown (quantity *od.* factor): **eine Gleichung mit drei** ~**n** an equation with three unknown quantities.

'un·be·kann·ter·wei·se *adv (in Wendungen wie)* **grüßen Sie bitte Ihre Mutter** ~ **von mir** please give my regards to your mother although I don't know her *(od.* although we don't know each other, although we have never been introduced).

'un·be·klei·det I *adj* undressed, unclothed, naked: ~ **sein** to be naked, to have nothing *(od.* no clothes) on. – **II** *adv* with nothing *(od.* no clothes) on, without (any) clothes on.

'un·be·kömm·lich *adj auch fig.* indigestible, unwholesome.

un·be·küm·mert [‚ʊnbə'kymərt; 'ʊn-] **I** *adj* **1.** *(sorglos)* carefree, lighthearted: **ihr Lachen war** ~ her laughter was carefree. – **2.** *(von Natur aus)* happy-go-lucky, easygoing, *Br.* easy-going. – **3.** *(unbesorgt)* unconcerned, nonchalant: **sei** ~! don't worry! never fear! – **4.** *(gleichgültig)* heedless, regardless, mindless, indifferent, careless: **sie lief voraus,** ~ **darum, ob die anderen folgen konnten** she ran ahead, regardless *(od.* heedless) of whether the others could follow. – **II** *adv* **5.** ~ **lachen** to laugh lightheartedly. — **Un·be'küm·mert·heit** *f* ⟨-; *no pl*⟩ **1.** carefreeness, lightheartedness. – **2.** happy-go-lucky attitude, easygoingness, *Br.* easy-goingness. – **3.** unconcern, nonchalance. – **4.** heedlessness, regardlessness, indifference, carelessness.

'un·be·la·den *adj* unloaded, unladen, empty.

'un·be·la·stet *adj* **1.** *(Fahrzeug etc)* unloaded, unladen. – **2.** *(Bein etc)* unweighted. – **3.** *fig. (sorglos)* carefree, free from care *(od.* worries), lighthearted, free and easy. – **4.** *fig. (Gewissen)* clear. – **5.** *econ.* **a)** *(Grund-*

stück) unencumbered, unmortgaged, **b)** *(Konto)* uncharged. – **6.** *electr.* unloaded: **in** ~**em Zustand** in no-load condition. – **7.** *pol.* with a clean record *(od.* an immaculate past).

'un·be·lä·stigt *adj* unmolested.

'un·be·laubt *adj* leafless, bare, without foliage *(od.* leaves).

'un·be·lebt *adj* **1.** *(Materie)* inanimate, dead. – **2.** *(leblos, schwunglos)* dull, lifeless, spiritless, inanimate. – **3.** *(Straße, Gegend etc)* quiet, deserted.

'un·be·leckt *adj fig. colloq. contempt.* untouched: ~ **von jeder Kultur sein** to be untouched by civilization *(Br. auch* -s-), to show no trace of culture.

un·be·lehr·bar [‚ʊnbə'leːrbaːr; 'ʊn-] *adj (Mensch)* unteachable: **er ist** ~ he will take advice from *(od.* listen to) no one, he won't listen to reason. — **Un·be'lehr·bar·keit** *f* ⟨-; *no pl*⟩ unteachableness.

'un·be·le·sen *adj* unread, unlettered. — **'Un·be·le·sen·heit** *f* ⟨-; *no pl*⟩ ignorance in literary matters.

'un·be·leuch·tet *adj (Straßen etc)* unlit, unlighted, unilluminated.

'un·be·lich·tet *adj phot. (Film, Platte)* unexposed.

'un·be·liebt *adj* unpopular, not (much) liked, disliked: **er ist sehr** ~ **bei seinen Kollegen** he is very unpopular with his colleagues; **er machte sich durch diese Anordnung bei allen** ~ he made himself unpopular with everyone by this directive. — **'Un·be·liebt·heit** *f* ⟨-; *no pl*⟩ unpopularity.

'un·be·lohnt *adj* unrewarded.

'un·be·mannt *adj* **1.** *(Raumschiff, Boot etc)* unmanned. – **2.** *aer.* unpiloted, pilotless. – **3.** *colloq. humor. (Mädchen)* husbandless, without a husband.

un·be·merk·bar [‚ʊnbə'mɛrkbaːr; 'ʊn-] *adj* imperceptible.

'un·be·merkt I *adj* unnoticed, unobserved, unseen, unperceived: **sein Verschwinden blieb** ~ his disappearance went unnoticed. – **II** *adv* **er trat** ~ **ins Zimmer** he entered the room unnoticed; **j-n** ~ **verfolgen,** **j-n** ~ **überwachen** to shadow s.o.

'un·be·mit·telt *adj* without means *(od.* funds), impecunious, poor: **er ist nicht ganz** ~ he is not without means, he is not exactly hard up.

'un·be·nannt *adj* **1.** unnamed. – **2.** *math.* abstract.

un·be·nom·men [‚ʊnbə'nɔmən; 'ʊn-] *adj only in* **es ist** *(od.* **bleibt) Ihnen** ~, **das zu tun** you are (quite) at liberty to do that.

'un·be·nutzt, 'un·be·nützt *adj* **1.** *(Taschentuch, Besteck etc)* unused. – **2.** *(noch nicht im Gebrauch)* unused, not (yet) brought *(od.* taken) into use, unemployed. – **3.** *(neu)* new. – **4.** *(Geld)* idle. – **5.** *(Gebäude)* unoccupied, vacant. – **6.** *cf.* ungenutzt.

'un·be·ob·ach·tet *adj* unobserved, unnoticed, unwatched: **sie glaubte sich** ~ she thought (that) no one was watching her *(od.* was looking); **in einem** ~**en Augenblick machte er sich davon** he made off when no one was watching *(od.* looking).

'un·be·quem *adj* **1.** *(Sessel, Schuhe, Kleid etc)* uncomfortable, uncomfy *(colloq.).* – **2.** *(lästig, ärgerlich, störend)* inconvenient: **diese Art Heizung ist sehr** ~ this type of heating is very inconvenient. – **3.** *fig. (Fragen etc)* awkward, embarrassing. – **4.** *fig. (Gast, Mahner, Aufpasser etc)* irksome, irritating. – **5. er wurde ihnen** ~ *fig.* he began to be a nuisance to them. — **'Un·be·quem·lich·keit** *f* ⟨-; -en⟩ **1.** ⟨*only sg*⟩ uncomfortableness, lack of comfort. – **2.** inconvenience.

un·be·re·chen·bar [‚ʊnbə'rɛçənbaːr; 'ʊn-] *adj* **1.** incalculable. – **2.** *(nicht vorhersehbar)* unpredictable, imponderable: ~**e Umstände** imponderables. – **3.** *(Mensch, Verbrecher)* unpredictable: **er ist** ~ he is unpredictable. — **Un·be're·chen·bar·keit** *f* ⟨-; *no pl*⟩ **1.** incalculability. – **2.** unpredictability, imponderability. – **3.** unpredictability.

'un·be·rech·net *adj (gratis)* free, gratis, gratuitous, complimentary, free of charge.

'un·be·rech·tigt *adj* **1.** *(ohne Befugnis od. Genehmigung)* unauthorized *Br. auch* -s-, unwarranted: ~**er Nachdruck a)** unauthorized reprint, **b)** piracy, pirated *(od.* piratical, *auch* piratic) edition. – **2.** *(Vor-*

wurf, Forderung etc) unjustified, unreasonable, unwarranted. – **3.** *(unbegründet, grundlos)* unfounded, ungrounded. – **4.** *(unfair, unbillig)* unfair. — **'un·be·rech·tig·ter'wei·se** *adv* **1.** without authority *(od.* warrant). – **2.** without justification *(od.* reason, warrant).

'un·be·rich·tigt *adj* uncorrected.

'un·be·rit·ten *adj* unmounted.

un·be·rück·sich·tigt [‚ʊnbə'rʏkzɪçtɪçt; 'ʊn-] *adj* unconsidered, not taken into account *(od.* consideration): **sein Einwand blieb** ~ his objection was left unconsidered; **etwas** ~ **lassen a)** to leave s.th. out of account *(od.* consideration), **b)** *(ignorieren)* to take no notice of.

un·be·ru·fen [‚ʊnbə'ruːfən; 'ʊn-] *interj* ~(, **toi, toi, toi)!** touch wood!

un·be·rühr·bar [‚ʊnbə'ryːrbaːr; 'ʊn-] *adj* untouchable. — **Un·be'rühr·ba·re** *m, f* ⟨-n; -n⟩ *(Paria)* untouchable. — **Un·be'rühr·bar·keit** *f* ⟨-; *no pl*⟩ untouchability.

'un·be·rührt *adj* **1.** untouched: **das Essen** ~ **lassen** to leave the *(od.* one's) food untouched *(od.* untasted); **das Bett war** ~ the bed was untouched *(od.* had not been slept in). – **2.** *fig. (Mädchen, Natur, Schnee etc)* virgin *(attrib).* – **3.** *fig. (nicht betroffen)* unaffected: **Angestellte und Beamte bleiben von diesem Gesetz** ~ employees and civil servants are not affected by *(od.* do not fall within the purview of) this law. – **4. etwas (im Gespräch)** ~ **lassen** *fig.* to leave s.th. untouched *(od.* unmentioned). – **5.** *fig. (ohne Mitgefühl)* unmoved, unaffected, untouched, cold: **das ließ ihn** ~ that left him cold. — **'Un·be·rührt·heit** *f* ⟨-; *no pl*⟩ *(eines Mädchens, der Natur etc)* virginity.

un·be·scha·det [‚ʊnbə'ʃaːdət; 'ʊn-] *prep* ⟨*gen*⟩ *lit.* notwithstanding, irrespective of: ~ **seiner Verdienste kann doch nicht übersehen werden, daß** notwithstanding his merits one cannot overlook the fact that.

'un·be·schä·digt *adj* **1.** *(Verpackung, Auto etc)* undamaged. – **2.** *(intakt)* intact. – **3.** *colloq. (Person)* uninjured, unhurt, unharmed.

'un·be·schäf·tigt *adj* **1.** *(Arbeiter, Angestellte etc)* unemployed. – **2.** *(müßig)* unoccupied, idle, free.

'un·be·schei·den *adj (Person, Forderung, Preis etc)* immodest, presumptuous: **ohne** ~ **sein zu wollen** I don't mean to be presumptuous, without wishing to appear presumptuous; **ist es sehr** ~, **wenn** would I be imposing on you *(od.* would it be too much) if; **darf ich mir die** ~**e Frage erlauben, wie teuer das war?** may I make so bold as to ask you how much that cost? — **'Un·be·schei·den·heit** *f* ⟨-; *no pl*⟩ immodesty, presumption, presumptuousness.

'un·be·schei·nigt *adj* uncertified.

'un·be·schla·gen *adj* **1.** *(Pferd)* unshod. – **2.** *fig. (in dat in)* unversed, unskilled. – **3.** *fig. (mit with)* unfamiliar.

'un·be·schnit·ten *adj* **1.** *print. (Buch)* uncut, deckle-edged. – **2.** *relig. med. (Knabe)* uncircumcised. – **3.** *hort. (Bäume etc)* unpruned, untrimmed. – **4.** *(Münzen)* unclipped.

'un·be·schol·ten *adj* **1.** *(Person)* blameless, irreproachable, of unblemished *(od.* unsullied, stainless) reputation *(od.* character). – **2. er ist** ~ *jur. (nicht vorbestraft)* he has no *(previous od.* prior) conviction(s), he has no police record. — **'Un·be·schol·ten·heit** *f* ⟨-; *no pl*⟩ blamelessness, good reputation *(od.* name), integrity.

'Un·be·schol·ten·heits‚zeug·nis *n* certificate of integrity.

'un·be·schrankt *adj only in* ~**er Bahnübergang** crossing without gates, unguarded crossing.

un·be·schränkt [‚ʊnbə'ʃrɛŋkt; 'ʊn-] *adj* **1.** *(Vertrauen, Kredit etc)* unrestricted, unlimited, unbounded, indefinite. – **2.** *(absolut)* absolute: **er hat** ~**e Vollmachten** he has absolute *(od.* plenary) power *(od.* authority), he has carte blanche; ~**e Vollmachten besitzend** plenipotentiary; ~**e Haftung** *econ.* unlimited *(od.* full) liability. — **'Un·be'schränkt·heit** *f* ⟨-; *no pl*⟩ **1.** unrestrictedness, unlimitedness, unboundedness, indefiniteness. – **2.** absoluteness.

un·be·schreib·lich [ˌʊnbəˈʃraiplıç; ˈʊn-]
I adj (Gefühl, Schönheit, Armut, Frechheit, Zustände etc) indescribable, undescribable, unspeakable, inexpressible, beyond all description: das Durcheinander war ~ the mess was indescribable. – **II** adv ~ schön [schmutzig, teuer] indescribably (od. unspeakably, extremely) beautiful [dirty, expensive].

un·be·schrie·ben adj (Blatt, Seite etc) blank, unwritten: er ist noch ein ~es Blatt fig. he is still an unknown quantity.

un·be·schrit·ten adj untravel(l)ed, untrod(den): ~e Pfade gehen fig. to travel on new ground.

un·be·schuht adj shoeless, without shoes, unshod, barefoot(ed).

un·be·schützt [ˌʊnbəˈʃʏtst; ˈʊn-] adj unprotected.

un·be·schwert adj 1. unweighted. – 2. fig. (sorglos) carefree, lighthearted, free from care (od. worries), footloose. – 3. ~ von Sorgen [Pflichten] fig. unburdened (od. unencumbered) by worries [duties]. – 4. fig. (Gewissen) clear. — **Un·be·schwert·heit** f ⟨-; no pl⟩ fig. (Sorglosigkeit) carefreeness, lightheartedness.

un·be·seelt adj (Natur, Materie etc) inanimate.

un·be·se·hen [ˌʊnbəˈzeːən; ˈʊn-] adj etwas ~ kaufen a) to buy s.th. without previous inspection (bes. Am. sight unseen), b) to buy s.th. without closer inspection: dieses Wörterbuch können Sie ~ kaufen you can buy this dictionary without closer inspection.

un·be·setzt adj 1. (Amt, Stelle etc) vacant: ~e Stelle vacancy. – 2. (Sitzplatz etc) unoccupied, vacant, not taken. – 3. (Bus, Zug, Kino, Theater etc) empty, not full. – 4. mil. unoccupied. – 5. (theater) (Rolle) uncast. – 6. tel. unoccupied.

un·be·sie·delt adj 1. (Gebiet etc) unsettled, uncolonized Br. auch -s-. – 2. cf. unbevölkert.

un·be·sieg·bar [ˌʊnbəˈziːkbaːr; ˈʊn-] adj 1. (Armee etc) invincible, unconquerable, unvanquishable. – 2. (sport) (Mannschaft etc) undefeatable, unbeatable, invincible. — **Un·be·sieg·bar·keit** f ⟨-; no pl⟩ 1. invincibility, invincibleness, unconquerableness. – 2. invincibility, invincibleness.

un·be·siegt [ˌʊnbəˈziːkt; ˈʊn-] adj 1. (Armee etc) undefeated, unconquered, unvanquished. – 2. (sport) (Mannschaft etc) undefeated, unbeaten: die Mannschaft ist schon seit 5 Spielen ~ the team has had an unbeaten run of five games.

un·be·sol·det adj 1. unsalaried, unpaid. – 2. (ehrenamtlich) honorary.

un·be·son·nen adj 1. (ohne Umsicht od. Überlegung) thoughtless, imprudent. – 2. (übereilt, überstürzt) rash, hasty, headlong, precipitous. – 3. (leichtsinnig) reckless. — **Un·be·son·nen·heit** f ⟨-; -en⟩ 1. thoughtlessness, imprudence. – 2. rashness, hastiness, precipitousness. – 3. recklessness, temerity.

un·be·sorgt [ˈʊnbəˌzɔrkt; ˌʊn-] **I** adj unconcerned: sei ~! don't worry! never fear! Sie können ganz ~ sein you can put your mind at ease (od. rest). – **II** adv with an easy mind: du kannst ~ auf die Reise gehen you can go on the journey with an easy mind. — **Un·be·sorgt·heit** f ⟨-; no pl⟩ unconcern.

un·be·spiel·bar [ˌʊnbəˈʃpiːlbaːr; ˈʊn-] adj (sport) (Fußballplatz etc) unplayable. — **Un·be·spiel·bar·keit** f ⟨-; no pl⟩ only in wegen ~ des Platzes the ground being unplayable.

un·be·stallt adj noncommissioned Br. non-, uncommissioned.

Un·be·stand m ⟨-(e)s; no pl⟩ obs. for Unbeständigkeit.

un·be·stän·dig adj 1. inconstant, unsteady, unstable, instable. – 2. (Wetter, Markt, Nachfrage etc) unsettled, variable, changeable, changing, unsteady: das Wetter ist zur Zeit sehr ~ the weather is very unsettled at the moment. – 3. (schwankend) fluctuating. – 4. (sprunghaft) erratic. – 5. (Person, Charakter, Gefühl etc) changeable, flighty, fickle, volatile, versatile, mercurial. – 6. psych. labile, unstable. – 7. chem. unstable, labile. — **Un·be·stän·dig·keit** f ⟨-; no pl⟩ 1. inconstancy, unsteadiness, unstableness, instability. – 2. unsettledness, variability, variableness, changeability,

changeableness, unsteadiness. – 3. fluctuation. – 4. erraticism. – 5. changeability, changeableness, flightiness, fickleness, volatility, versatility, mercuriality. – 6. psych. lability, unstableness. – 7. chem. unstableness, lability.

un·be·stä·tigt [ˌʊnbəˈʃtɛːtıçt; ˈʊn-] adj (Meldung etc) unconfirmed, unverified: ~en Meldungen zufolge according to unofficial reports.

un·be·stech·lich [ˌʊnbəˈʃtɛçlıç; ˈʊn-] adj 1. (Person) incorrupt(ible), unbribable. – 2. fig. (Urteil etc) keen, unerring. — **Un·be·stech·lich·keit** f ⟨-; no pl⟩ 1. incorruptibility, incorrupt(ible)ness. – 2. keenness, unerringness.

un·be·steig·bar [ˌʊnbəˈʃtaikbaːr; ˈʊn-] adj (Berg etc) unsurmountable, unscalable. — **Un·be·steig·bar·keit** f ⟨-; no pl⟩ unsurmountableness.

un·be·stell·bar [ˌʊnbəˈʃtɛlbaːr; ˈʊn-] adj 1. agr. not arable (od. tillable), untillable, uncultivable. – 2. (postal service) cf. unzustellbar.

un·be·stellt adj 1. agr. uncultivated, untilled. – 2. econ. (Waren) unordered.

un·be·steu·ert adj econ. untaxed, tax-free.

un·be·stimm·bar [ˌʊnbəˈʃtımbaːr; ˈʊn-] **I** adj 1. (nicht festsetzbar) indeterminable, undeterminable: quantitativ ~ unquantifiable. – 2. (undefinierbar) undefinable, indefinable. – 3. (vage) vague. – **II U~e,** das ⟨-n⟩ 2. philos. the indeterminable, auch the indeterminate.

un·be·stimmt adj 1. (Zeitraum, Zukunft, Anzahl etc) indefinite, undetermined, indeterminate, unsettled: etwas auf ~e Zeit verschieben to postpone s.th. for an indefinite time (od. indefinitely); etwas auf ~e Zeit vertagen jur. to adjourn s.th. sine die. – 2. (ungewiß) uncertain, unsure, indefinite, not definite, iffy (colloq.): es ist noch ganz ~, wann er kommt it is still uncertain when he is coming. – 3. (vage, undefinierbar) vague, indefinable, undefinable, undefined: ich habe das ~e Gefühl, daß I have the vague feeling that. – 4. (unentschlossen) undetermined, undecided, indecisive. – 5. (unklar, nicht präzis) vague, indefinite. – 6. ling. a) (Artikel) indefinite, b) (Pronomen) indefinite, impersonal. – 7. math. indeterminate, indefinite. — **Un·be·stimmt·heit** f ⟨-; no pl⟩ 1. indefiniteness, indetermination, indeterminateness, unsettledness. – 2. uncertainty, indefiniteness. – 3. vagueness, undefinableness. – 4. undeterminedness, undecidedness, indecision. – 5. vagueness, indefinability.

Un·be·stimmt·heits·prin,zip n Heisenbergsches ~ nucl. uncertainty (od. indeterminacy) principle.

un·be·straft adj unpunished.

un·be·streit·bar [ˌʊnbəˈʃtraitbaːr; ˈʊn-] adj (Tatsache, Erkenntnis etc) incontestable, incontestible, indisputable, undisputable, unquestionable, undeniable, unchallengeable. — **Un·be·streit·bar·keit** f ⟨-; no pl⟩ incontestableness, indisputability, undisputableness, unquestionableness, undeniableness.

un·be·strit·ten [ˈʊnbəˌʃtrıtən; ˌʊn-] **I** adj (Recht, Tatsache etc) uncontested, undisputed, unquestioned, undenied, unchallenged. – **II** adv indisputably, undeniably, without doubt.

un·be·tei·ligt adj 1. an (dat) etwas ~ sein a) not to be involved in s.th., to have no part in s.th., b) econ. to have no interest in s.th., c) to have (od. hold) no participation in s.th. – 2. (teilnahmslos, gleichgültig) indifferent, detached, unconcerned, uninterested.

Un·be·tei·lig·te m, f ⟨-n; -n⟩ person uninvolved, uninterested person (od. party): sich einem ~n anvertrauen to confide in s.o. who is uninvolved (od. not personally involved) (in the matter), to confide in a neutral person.

Un·be·tei·ligt·heit f ⟨-; no pl⟩ (Gleichgültigkeit) indifference, detachment, unconcern, lack of interest.

un·be·tont adj (Buchstabe, Silbe, Wort) unstressed, unaccented, auch unaccentuated.

un·be·trächt·lich [ˌʊnbəˈtrɛçtlıç; ˈʊn-] adj insignificant, trivial, trifling, inconsiderable: eine nicht ~e Summe (quite) a considerable amount.

un·be,tre·ten adj (Weg etc) untrod(den), unbeaten.

un·beug·sam [ˌʊnˈbɔykzaːm; ˈʊn-] adj (Wille etc) inflexible, unbending, unyielding, inexorable: er hat einen ~en Willen a) he has an unfaltering determination, b) he is uncompromising. — **Un·beug·sam·keit** f ⟨-; no pl⟩ inflexibility, unbendingness, unyieldingness, inexorability.

un·be,völ·kert adj unpopulated, uninhabited.

un·be,wacht adj 1. (Haus, Geschäft, Kind) unguarded, unwatched: in einem ~en Moment riß er sich los he broke away when no one was watching. – 2. (Bahnübergang) without gates, unguarded. – 3. (Parkplatz) unattended.

un·be,waff·net adj 1. unarmed, defenceless, Am. defenseless. – 2. fig. (Auge) naked. – 3. biol. (ohne Krallen, Stacheln etc) unarmed, without armature.

un·be,wal·det adj unwooded, treeless, bare.

un·be·wäl·tigt [ˈʊnbəˌvɛltıçt; ˌʊn-] adj unsurmounted, unmastered, unconquered: → Vergangenheit 2.

un·be,wan·dert adj in (dat) etwas (od. auf einem Gebiet) ~ sein a) (auf geistigem Gebiet) to be unversed in (od. unstudied in, stärker ignorant of) s.th., to have no knowledge of s.th., not to be well up in (od. on) s.th., b) (auf praktischem Gebiet) to be inexperienced in s.th., c) (auf handwerklichem Gebiet) to be unskilled in s.th.

un·be,wäs·sert adj unwatered.

un·be·weg·lich [ˈʊnbəˌveːklıç; ˌʊn-] **I** adj 1. (Schrank, Gelenk etc) immobile, immovable, auch immoveable: etwas ~ machen to immobilize (Br. auch -s-) s.th. – 2. (bewegungslos) motionless, immobile. – 3. (nicht flexibel) inflexible. – 4. (festangebracht) fixed, stationary. – 5. (starr) rigid. – 6. (ortsfest) stationary. – 7. (Gesicht, Miene) rigid, immobile. – 8. (Fest, Feiertag) immovable, auch immoveable. – 9. fig. (geistig) inflexible, rigid: er ist geistig sehr ~ he is mentally very inflexible. – 10. jur. econ. immovable, auch immoveable: ~e Güter immovables, realty sg. – 11. med. (Bruch) irreducible, fixed. – **II** adv 12. er stand ~ da he stood there motionless. — **Un·be,weg·lich·keit** f ⟨-; no pl⟩ 1. immobility, immovability. – 2. (Bewegungslosigkeit) motionlessness, immobility. – 3. (Inflexibilität) inflexibility. – 4. (Starrheit) rigidity. – 5. (des Gesichts) rigidity, immobility. – 6. fig. (geistige) inflexibility, rigidity.

un·be,wegt adj 1. motionless. – 2. (Wasseroberfläche) calm, tranquil, still, untroubled. – 3. (Gesicht, Miene) rigid, immobile. – 4. fig. (ungerührt) unmoved.

un·be,wehrt adj 1. cf. unbewaffnet 1. – 2. (Stadt etc) unfortified.

un·be,weibt adj colloq. wifeless, womanless, living as a bachelor.

un·be,weint adj unlamented, unwept(-for).

un·be·weis·bar [ˌʊnbəˈvaisbaːr; ˈʊn-] adj 1. bes. jur. unprovable, not to be proved. – 2. bes. math. indemonstrable. — **Un·be·weis·bar·keit** f ⟨-; no pl⟩ 1. impossibility to prove, unprovability, unprovableness. – 2. indemonstrability.

un·be,wie·sen adj 1. bes. jur. unproved, unproven, not proven. – 2. bes. math. undemonstrated.

un·be,wirt·schaf·tet adj 1. agr. a) (Alm, Hof etc) unmanaged, b) (Land) uncultivated. – 2. (Berghütte) without management: zur Zeit ~ sein a) to have no management at the moment, b) to be closed at the moment. – 3. econ. a) (Devisen, Preise etc) not subject to control, b) (Waren) nonrationed Br. non-.

un·be·wohn·bar [ˌʊnbəˈvoːnbaːr; ˈʊn-] adj uninhabitable, unfit for habitation, unfit to live in.

un·be,wohnt adj 1. (Gebiet etc) uninhabited. – 2. (Wohnung, Haus, Zimmer) unoccupied, vacant, uninhabited. – 3. (nicht mehr bewohnt) deserted.

un·be,wölkt adj (Himmel) cloudless.

un·be,wußt I adj 1. unconscious: bewußte und ~e Entscheidungen conscious and unconscious decisions. – 2. (gen of) unaware, unconscious: ihrer Würde ~ unconscious (od. unaware) of her dignity. – 3. bes. psych. a) (instinktiv) instinctive,

b) (*ohne Willen*) involuntary, c) (*unter-bewußt*) subconscious: ~e Handlungen involuntary actions. – **4.** das ist mir ganz ~ *bes. Northern G.* I know nothing about it, I am not aware of it. – **II** *adv* **5.** unconsciously: er hantierte ~ mit dem Messer he fiddled about unconsciously with the knife; ich habe es ganz ~ getan I did it quite unconsciously. – **6.** (*ohne es zu wissen*) unwittingly, unknowingly: er hat ~ das Falsche gesagt he said the wrong thing unwittingly (*od.* without knowing it). – **7.** *bes. psych.* a) instinctively, b) involuntarily, c) subconsciously: sind diese Reaktionen bei jedem Menschen vorhanden? ja, zumindest ~ are these reactions present in every human being? yes, at least subconsciously (*od.* in the subconscious [mind]). – **III** U~e, das ⟨-n⟩ **8.** *psych.* a) the unconscious (mind), b) (*das Unterbewußte*) the subconscious (mind): das kollektive U~e the collective (*od.* racial) unconscious.

'Un·be·wußt·heit *f* ⟨-; *no pl*⟩ *bes. psych.* unconsciousness, unawareness.

un·be·zahl·bar [ˌʊnbəˈtsaːlbaːr; ˈʊn-] *adj* **1.** (*viel zu teuer*) exorbitantly (*od.* prohibitively) expensive: die Wohnungen sind (für uns) ~ the apartments are exorbitantly expensive (as far as we are concerned). – **2.** *fig.* (*unersetzlich*) priceless, invaluable, impayable, without (*od.* beyond) price: dieses Gerät ist einfach ~ this appliance is simply invaluable (*od.* not to be had for money). – **3.** sie ist ~ *fig.* a) (*treu*) she is worth her weight in gold, b) *colloq.* (*äußerst amüsant*) she is priceless (*colloq.*).

'un·be·zahlt *adj econ.* **1.** (*Rechnung*) unpaid, unsettled, outstanding. – **2.** (*Arbeit, Urlaub*) unpaid.

un·be·zähm·bar [ˌʊnbəˈtsɛːmbaːr; ˈʊn-] *adj* (*Begierde, Trieb etc*) uncontrollable, unrestrainable, indomitable: ihre Neugierde war ~ her curiosity was uncontrollable.

ˌUn·be·ˈzähm·bar·keit *f* ⟨-; *no pl*⟩ uncontrollableness, indomitableness.

'un·be·zeugt *adj jur.* unattested, unwitnessed, unvouched(-for), unwarranted.

'un·be·zo·gen *adj* **1.** (*Bett etc*) bare, sheetless, without sheets. – **2.** (*Kissen etc*) uncovered, coverless, without a cover. – **3.** (*Wohnung*) untenanted, unoccupied.

un·be·zwei·fel·bar [ˌʊnbəˈtsvaɪfəlbaːr; ˈʊn-] *adj* beyond (all) doubt (*od.* question), unquestionable, indubitable.

'un·be·zwei·felt *adj* undoubted, unquestioned.

un·be·zwing·bar [ˌʊnbəˈtsvɪŋbaːr; ˈʊn-] *adj* **1.** (*Gegner etc*) invincible, insuperable. – **2.** (*Festung etc*) impregnable. – **3.** (*Berg etc*) unsurmountable, insurmountable, insuperable, unconquerable: der Mount Everest galt lange als ~ the Mount Everest was regarded as being unsurmountable for a long time. – **4.** (*Gefühle etc*) uncontrollable.

ˌUn·be·ˈzwing·bar·keit *f* ⟨-; *no pl*⟩ **1.** (*des Gegners etc*) invincibleness, insuperability, insuperableness. – **2.** (*einer Festung etc*) impregnability. – **3.** (*des Berges etc*) unsurmountableness, insurmountableness, insuperability, insuperableness, unconquerableness. – **4.** (*der Gefühle etc*) uncontrollability.

un·be·zwing·lich [ˌʊnbəˈtsvɪŋlɪç; ˈʊn-] *adj cf.* unbezwingbar.

'un·be·zwun·gen *adj* **1.** unconquered, unvanquished. – **2.** (*nicht unterworfen*) unsubdued.

un·bi·blisch *adj* unbiblical, unscriptural.

un·bieg·sam [ˈʊn.biːkzaːm; ˌʊn-] *adj* **1.** inflexible, unflexible, unbending, rigid. – **2.** *bes. metall.* inductile. – **3.** *med.* (*Gelenk etc*) stiff, immobile. – **'Un·bieg·sam·keit** *f* ⟨-; *no pl*⟩ **1.** inflexibility, unbendingness, rigidity. – **2.** *bes. metall.* inductility. – **3.** *med.* stiffness, immobility.

'Un·bil·den [-ˌbɪldən] *pl lit.* (*in Wendungen wie*) die ~ der Witterung the inclemency *sg* of the weather; die ~ des Klimas the rigo(u)rs of climate; er hat die ~ dieser schweren Zeit tapfer ertragen he bore bravely the (trials and) tribulations of that difficult time.

'Un·bil·dung *f* ⟨-; *no pl*⟩ lack of education (*od.* culture).

'Un·bill [-ˌbɪl] *f* ⟨-; *no pl*⟩ *obs.* injustice, wrong, injury: ihr ist große ~ widerfahren she has suffered a grievous wrong.

'un·bil·lig *adj* **1.** *bes. jur.* (*ungerecht*) unfair, unjust, inequitable: ~e Härte undue hardship. – **2.** *lit.* unreasonable: ist es wirklich so ~, diese Frage aufzuwerfen? is it really so unreasonable to raise this question? — **'Un·bil·lig·keit** *f* ⟨-; -en⟩ **1.** ⟨*only sg*⟩ (*Ungerechtigkeit*) unfairness, injustice, inequity. – **2.** ⟨*only sg*⟩ (*Ungehörigkeit*) unreasonableness. – **3.** *pl* (*konkret*) acts of injustice.

un·bio·lo·gisch *adj med.* abiologic(al).

'un·blu·tig I *adj* **1.** (*Revolution, Sieg etc*) bloodless, without bloodshed, unbloody: durch einen ~en Handstreich by a bloodless coup de main; ~es Opfer *relig.* (*bes. das Abendmahl*) unbloody sacrifice. – **2.** *med.* (*Therapie etc*) nonoperative *Br.* non-. – **II** *adv* **3.** without bloodshed, bloodlessly, unbloodily.

'un·bot·mä·ßig *adj lit.* **1.** (*Person*) insubordinate, (*stärker*) unruly, refractory (*obs.*). – **2.** (*Verhalten etc*) disobedient. — **'Un·bot·mä·ßig·keit** *f* ⟨-; *no pl*⟩ **1.** insubordination, (*stärker*) unruliness, refractoriness (*obs.*). – **2.** disorderly behavio(u)r, disorderliness.

'un·brauch·bar *adj* **1.** (*nicht zu gebrauchen*) useless, of no use: er ist völlig ~ he is completely useless (*od.* [of] no use at all), he is (of) no earthly use (*colloq.*); seine Arbeit ist ~ his work is good for nothing, his work is no use (*od.* good). – **2.** (*ungeeignet*) (für for) unsuited, unsuitable, inapt, inept: er ist ~ für diese Arbeit he is unsuited for this kind of work. – **3.** *tech.* a) (*Maschinen etc*) unserviceable, unusable, useless, unfit for use, b) (*Material*) waste (*attrib*), c) (*Methode*) impracticable, inapplicable: das Werkzeug ist ~ the tool is unfit for use; das Gerät ist (durch unsachgemäße Handhabung) ~ geworden the appliance has been spoiled (through inappropriate use). – **4.** *mil.* (*Geschütz*) unserviceable, useless: etwas ~ machen to render s.th. unserviceable; etwas für militärische Zwecke ~ machen to demilitarize (*Br. auch* -s-) s.th. – **5.** (*Plan etc*) impracticable, unworkable, infeasible. — **'Un·brauch·bar·keit** *f* ⟨-; *no pl*⟩ **1.** uselessness. – **2.** (*Untauglichkeit*) unsuitedness, unsuitableness, inaptness, ineptness, (*eines Verfahrens*) impracticability. – **3.** (*eines Werkzeugs etc*) unserviceableness, uselessness, unfitness. – **4.** *mil.* (*eines Geschützes*) unserviceability, uselessness. – **5.** (*eines Planes etc*) impracticability, unworkability, infeasibility.

'Un·brauch·bar·ma·chung *f* ⟨-; *no pl*⟩ **1.** wreckage, destruction. – **2.** *mil.* (*eines Geschützes*) dismantling.

un·bü·ro·kra·tisch *adj* unbureaucratic.

'un·buß·fer·tig *adj relig.* impenitent, unrepenting. — **'Un·buß·fer·tig·keit** *f* ⟨-; *no pl*⟩ impenitence.

'un·christ·lich *adj* **1.** unchristian. – **2.** *fig. colloq.* 'unchristian', 'unearthly', 'ungodly' (*alle colloq.*): zu einer ~en Zeit at an unchristian hour. – **'Un·christ·lich·keit** *f* ⟨-; *no pl*⟩ unchristianness.

und [ʊnt] *conj* **1.** and: arm ~ reich rich and poor; Tag ~ Nacht night and day; das erste ~ zweite Kapitel the first and second chapters; ein ~ derselbe one and the same (man), the very same (man); Schenker ~ Co. (*Firmenbezeichnungen*) Schenker and Co.; er las, ~ ich schrieb he read and I wrote; da stand er ~ wartete there he stood waiting (*od.* and waited); geh ~ hole mir Zigaretten go and get me some cigarettes; lauf hin ~ sag es ihm go and tell him; ~ zwar namely, that is to say, videlicet, viz.; ~ ähnliche(s) and the like, and things like that; ~ and(e)re and others; ~ and(e)res and other things; ~ vieles andere (mehr) and many other things; ~ dergleichen (mehr) a) and the like, b) and so forth, and so on; siehe Seite 12 ~ folgende (Seite[n]) confer page 12 and the following page(s) (*od.* page 12 ff.); ~ so weiter and so on, and so forth, et cetera; ~ so fort and so forth, and so on, and (all) that (*colloq.*); er sagte, das ~ das sei geschehen he said that such and such had happened; man erzählte, der ~ der habe teilgenommen they said so and so had taken part; da ~ dort here and there; dort ~ dort at such and such a place; dann ~ dann, zu der ~ der Zeit at such and such a time; dann ~ wann (every) now and then, from time to

time. – **2.** (*plus*) and, plus: drei ~ drei ist sechs three and three are (*auch* is) six, three plus three is six. – **3.** (*zusammen mit*) together with, and: dies ~ verschiedene andere Umstände führten zu this together with various other circumstances led to. – **4.** (*verstärkend*) (*in Wendungen wie*) mehr ~ mehr more and more; immer größer ~ größer bigger and bigger; nach ~ nach gradually, by degrees; es geht drunter ~ drüber *colloq.* everything is in confusion (*od.* higgledy-piggledy, *auch* higglety-pigglety, at sixes and sevens, topsy-turvy); über ~ über from head to foot, from top to toe; für nichts ~ wieder nichts to no purpose whatsoever; es wollte ihm nicht ~ nicht gelingen he simply could not do (*od.* manage) it; er schreibt nicht, ~ ich auch nicht he does not write, nor (*od.* [and] neither) do I; er ist mit deinem Plan einverstanden, ~ auch wir stimmen zu he agrees to your plan and so do we; ~ er auch nicht nor he either; ~ so geschah's and so it was; ~ so geschah es, daß and so it happened; and thus it came to be that; ~ dabei ist er schon alt and yet he is an old man; ~ selbst dann noch and even then (*od.* if that is so); ~ dabei noch der Regen and the rain as well (*od.* into the bargain); ~ damit basta! *colloq.* and that's that! ~ das tat ich auch which I did. – **5.** (*selbst wenn*) even if: man wird es versuchen, ~ wäre es noch so schwer we must try (it) no matter how difficult it is; ~ wenn es noch so regnet, ~ sollte es noch so regnen even if it pours (*od.* is pouring). – **6.** (*entgegensetzend*) but: es ist kaum zu glauben, ~ doch ist es so it is scarcely credible, but it is true; ~ das war noch nicht alles but that was not all, nor was that all. – **7.** (*ordnend*) by: zwei ~ zwei two by two, in twos (*od.* pairs); immer zwei ~ zwei two at a time. – **8.** *colloq. bes. contempt. iron.* (*entgegenstellend*) der ~ Angst haben! him afraid? (not likely!) (*colloq.*); der ~ sein Wort halten! *contempt.* keep his promise? what, him? him keep a promise? (*beide colloq.*); ich ~ Klavier spielen! *iron.* me play the piano? (*colloq.*). – **9.** as to: sei so gut ~ schreibe ihm! (would you) be so kind as to write to him, would you mind writing to him; tun Sie mir den Gefallen ~ bringen Sie den Brief zur Post would you do me the favo(u)r of mailing (*bes. Br.* posting) (*od.* a favo[u]r and mail [*bes. Br.* post]) this letter; sei ein Schatz ~ mach die Tür zu be a dear and shut the door. – **10.** *colloq.* (*in Wendungen wie*) hat er es geschafft? (na) ~ ob! did he make it? he certainly (*Am. colloq.* sure) did (*Am. sl.* and how!); magst du Schokolade? ~ ob (*od.* wie)! do you like chocolate? you bet! (*colloq.*) (*od. sl.* not half! *Br. colloq. auch* rather! *Am. sl.* and how!); hat sie ihm die Meinung gesagt? ~ wie! did she give him a piece of her mind? she certainly (*Am. colloq.* sure) did! (*od. sl.* not half! *Am. sl.* and how!) – **11.** (na) ~? *colloq.* a) (*abwartend*) what happened then? well? and after that? b) (*abweisend*) so what? what of it?

'Un·dank *m* ⟨-(e)s; *no pl*⟩ ingratitude, ungratefulness, thanklessness, unthankfulness: grober ~ gross ingratitude; j-m eine Gefälligkeit mit ~ lohnen to repay s.o.'s kindness with ingratitude; nur ~ ernten to earn only ingratitude, to get small thanks for it; mit ~ belohnt werden to be repaid with ingratitude; ~ ist der Welt Lohn (*Sprichwort*) *etwa* ingratitude is the way of the world.

'un·dank·bar *adj* **1.** (*gegen to*) ungrateful, thankless, unthankful: ein ~es Geschöpf *colloq.* an ungrateful creature; es wäre sehr ~ von uns, ihm jetzt nicht zu helfen it would be very ungrateful of us not to help him now; ~ gegen j-n sein to behave ungratefully toward(s) s.o.; sich j-m gegenüber ~ zeigen (*od.* erweisen) to show ingratitude to s.o. – **2.** *fig.* (*Arbeit, Geschäft etc*) thankless, unrewarding, unthankful: eine ~e Aufgabe a thankless task.

'Un·dank·ba·re *m, f* ⟨-n; -n⟩ ungrateful person, ingrate: der ~ the ungrateful *pl*.

'Un·dank·bar·keit *f* ⟨-; *no pl*⟩ **1.** ingratitude, ungratefulness, thanklessness, unthankfulness. – **2.** *fig.* (*einer Aufgabe etc*) thanklessness, unthankfulness.

'un·da·tiert *adj* undated.

un·de·fi·nier·bar [ˌʊndefiˈniːrbaːr; ˈʊn-]

I adj 1. (*Geräusch, Geruch, Geschmack etc*) indefinable, undefinable, elusive. – 2. contempt. (*Farbe etc*) nondescript, indefinable, undefinable. – II U~e, das ⟨-n⟩ 3. the indefinable, the undefinable: etwas U~es s.th. indefinable (*od.* undefinable).

un·dehn·bar [ˌʊnˈdeːnbaːr; ˈʊn-] adj 1. (*Material etc*) unstretchable, inelastic, unelastic, unexpandable, inextensible, unextensible. – 2. bes. metall. a) (*unbiegsam*) inductile, b) (*nicht kaltverformbar*) immalleable, c) inflexible. – 3. phys. a) (*von festen Körpern*) undilatable, b) (*Gas etc*) unexpansive, inexpansible, unexpansible. – 4. (*leather*) (*Gewebe*) inextensible, unextensible.

un·de·kli·nier·bar [ˌʊndekliˈniːrbaːr; ˈʊn-] adj ling. (*Adverbien etc*) undeclinable.

ˈun·de·moˌkra·tisch adj undemocratic.

un·denk·bar [ˌʊnˈdɛŋkbaːr; ˈʊn-] adj unthinkable, inconceivable: es ist (ganz) ~, daß er hier ist und uns nicht besucht it is quite unthinkable that he should be here and not come (*od.* without coming) to see us; ich habe es für ~ gehalten, daß so etwas einmal geschehen könnte it was always quite inconceivable for me thàt such a thing could happen.

un·denk·lich [ˌʊnˈdɛŋklɪç; ˈʊn-] adj only in seit (*od.* vor) ~en Zeiten from time immemorial (*od.* out of mind).

Un·der·ground [ˈʌndəˌɡraʊnd] (*Engl.*) m ⟨-s; no pl⟩ underground: die Kunst des ~s underground art.

Un·der·state·ment [ˈʌndəˈsteɪtmənt] (*Engl.*) n ⟨-s; no pl⟩ (*Untertreiben, Herunterspielen*) understatement.

ˈun·deut·lich I adj 1. (*Umrisse etc*) indistinct, faint, blurred, hazy, vague, obscure. – 2. fig. (*Erinnerung etc*) vague, hazy, faint: ich habe nur eine ~e Vorstellung davon, wie I only have a vague (*od.* hazy) idea of how. – 3. (*Bild, Aufnahme etc*) blurred, indistinct, fuzzy. – 4. (*Schrift*) illegible, difficult to read, obscure. – 5. (*Aussprache*) indistinct, inarticulate, unclear, (*stärker*) unintelligible. – 6. (*Laut*) slurred. – 7. (*Stimmen etc*) faint, indistinct. – II adv 8. ~ sprechen to speak indistinctly (*od.* inarticulately, *stärker* unintelligibly), to mumble, to mutter; schnell und ~ sprechen to speak quickly and indistinctly; etwas ~ aussprechen to pronounce s.th. indistinctly (*od.* inarticulately), to slur s.th. – 9. (*unklar*) indistinctly, faintly: ich kann sie [es] nur ~ erkennen (*od.* sehen) I can only distinguish them [it] faintly (*od.* vaguely); j-n ganz ~ hören (*od.* verstehen) (*am Telephon*) to hear s.o. rather indistinctly (*od.* faintly). – 10. (*unleserlich*) illegibly: er schreibt so ~ his handwriting is illegible (*od.* difficult to read). – 11. fig. (*vage*) vaguely, faintly: ich erinnere mich ~ daran I have a vague (*od.* faint, hazy) recollection of it. — **ˈUn·deut·lich·keit** f ⟨-; no pl⟩ 1. (*der Umrisse etc*) indistinctness, faintness, haziness, vagueness, obscurity. – 2. fig. vagueness, haziness, faintness. – 3. (*eines Bildes, einer Aufnahme etc*) indistinctness, blur, fuzziness. – 4. (*der Schrift*) illegibility, obscurity. – 5. (*der Aussprache*) indistinctness, inarticulateness, unclearness, (*stärker*) unintelligibility. – 6. (*der Laute*) inarticulateness. – 7. (*der Stimmen etc*) faintness, indistinctness.

ˈun·deutsch adj (*Ausdruck etc*) un-German.

Un·de·zi·me [ʊnˈdeːtsimə] f ⟨-; -n⟩ mus. eleventh.

ˈun·dicht adj 1. (*wasser-, gasdurchlässig*) leaking, leaky, permeable, pervious, untight, not watertight: das Faß [die Kanne] ist ~ the barrel [the pot] leaks (*od.* has a leak, is not watertight); der Wasserhahn ist ~ the water tap leaks (*od.* is not tight, is leaking); die ~e Stelle auch fig. the leak. – 2. (*luftdurchlässig*) not airtight, leaking, leaky: ~e Ventile leaky valves; die Fenster schließen ~ the windows do not close tight. – 3. (*porös*) porous. – 4. ~er Guß metall. porous (*od.* unsound) casting. — **ˈUn·dich·te, ˈUn·dich·tig·keit** f ⟨-; no pl⟩ 1. leakiness. – 2. (*Porosität*) porosity.

ˈun·dif·fe·ren·ziert adj undifferentiated.

Un·di·ne [ʊnˈdiːnə] npr f ⟨-; -n⟩ myth. Undine.

ˈUn·ding n ⟨-(e)s; -e⟩ 1. ⟨only sg⟩ absurdity: es ist wirklich ein ~, solche Forderungen zu stellen it is completely

absurd (*od.* preposterous) to make such demands; es wäre ein ~ zu behaupten, daß it would be absurd (*od.* preposterous) to maintain that. – 2. (*konkret*) monstrosity.

ˈun·di·ploˌma·tisch adj undiplomatic.

ˈun·dis·kuˌta·bel adj undiscussable, undebatable: das ist ~ a) that's not worth discussing (*od.* talking about), b) (*stärker*) that's out of the question.

ˈun·dis·soˌzi·iert adj chem. undissociated.

ˈun·dis·ziˌpli·niert adj undisciplined: ~er Fahrer undisciplined driver, road hog. — **ˈUn·dis·ziˌpli·niert·heit** f ⟨-; no pl⟩ lack of discipline.

ˈun·draˌma·tisch adj undramatic.

Un·du·la·ti·on [ʊndulaˈtsi̯oːn] f ⟨-; -en⟩ phys. geol. (*Wellenbewegung*) undulation. — **Un·du·laˌti·ons·theoˌrie** f ⟨-; no pl⟩ phys. undulatory theory.

un·du·la·to·risch [ʊndulaˈtoːrɪʃ] adj undulatory.

ˈun·duld·sam adj (*gegen of*) intolerant. — **ˈUn·duld·sam·keit** f ⟨-; no pl⟩ (*gegen of*) intolerance.

un·du·lie·ren [ʊnduˈliːrən] v/i ⟨no ge-, h⟩ biol. med. undulate. — **un·du·lie·rend** I pres p. – II adj undulating, undulant, undulatory.

ˈun·durchˌdacht adj (*Plan etc*) not well thought out, ill-considered (*attrib*), ill-conceived (*attrib*).

un·durch·dring·lich [ˌʊndʊrçˈdrɪŋlɪç; ˈʊn-] adj 1. (*Nebel, Rauch, Finsternis, Gestrüpp etc*) impenetrable, thick. – 2. (*unwegsam*) impassable: ~er Dschungel impassable jungle. – 3. med. (*Membran*) impenetrable, impermeable. – 4. phys. impermeable, impervious, impenetrable. – 5. fig. (*unergründlich*) impenetrable, inscrutable: ein ~es Geheimnis an impenetrable mystery; ~es Gesicht inscrutable face; poker face, dead pan, deadpan face (*colloq.*); mit ~er Miene with an impenetrable expression, with a deadpan stare (*colloq.*); in ~es Dunkel gehüllt veiled (*od.* wrapped [up]) in profound mystery. — **ˌUn·durchˈdring·lich·keit** f ⟨-; no pl⟩ 1. (*des Nebels, der Finsternis, des Gestrüpps etc*) impenetrability, impenetrableness, thickness. – 2. (*Unwegsamkeit*) impassability, impassableness. – 3. med. (*der Membran*) impenetrability, impenetrableness, impermeability, impermeableness. – 4. phys. impermeability, impermeableness, imperviousness, impenetrability, impenetrableness. – 5. fig. (*Unergründlichkeit*) impenetrability, impenetrableness, inscrutableness.

un·durch·führ·bar [ˌʊndʊrçˈfyːrbaːr; ˈʊn-] adj (*Plan, Vorhaben etc*) impracticable, Am. auch impractical, not feasible, infeasible, unfeasible, unworkable: es ist ~ it is not feasible, it cannot be done. — **ˌUn·durchˌführ·bar·keit** f ⟨-; no pl⟩ (*eines Plans etc*) impracticability, Am. auch impracticality, unworkability, infeasibility, unfeasibility.

ˈun·durchˌläs·sig adj 1. (*Stoff etc*) impermeable, impervious, imperviable. – 2. (*wasserundurchlässig*) impermeable (*od.* impervious) to water, waterproof, (*Gefäß*) auch watertight. – 3. (*luftundurchlässig*) airproof, (*Gefäß*) auch airtight, Br. air-tight. – 4. (*lichtundurchlässig*) impermeable, impervious, opaque, nontransparent Br. non-, nondiaphanous Br. non-. – 5. bes. phys. (*für*) impervious: ~ für den Schall impervious to sound, soundproof, Br. sound-proof; ~ für Strahlen impervious to rays. — **ˈUn·durchˌläs·sig·keit** f 1. (*eines Stoffes etc*) impermeability, imperviousness. – 2. (*Wasserundurchlässigkeit*) waterproofness, (*eines Gefäßes*) auch watertightness. – 3. (*Luftundurchlässigkeit*) airproofness, (*eines Gefäßes*) auch airtightness, Br. air-tightness. – 4. (*Lichtundurchlässigkeit*) opacity, opaqueness, nontransparency Br. non-, nondiaphanousness Br. non-, imperviousness to light. – 5. bes. phys. imperviousness.

un·durch·schau·bar [ˌʊndʊrçˈʃaubaːr; ˈʊn-] adj 1. obscure, mysterious: ein ~es Verhalten an obscure behavio(u)r. – 2. (*Charakter etc*) puzzling, enigmatic.

ˈun·durchˌschos·sen adj print. unspaced.

ˈun·durchˌsich·tig adj 1. (*Stoff, Gewebe etc*) nontransparent Br. non-. – 2. (*Glas, Papier etc*) opaque, nontransparent Br. non-. – 3. fig. (*Person, Absichten etc*)

obscure, mysterious: seine Gründe sind ziemlich ~ his reasons are rather obscure (*od.* unobvious). – 4. fig. contempt. (*Lage etc*) involved, obscure. – 5. fig. (*Gesicht, Miene*) impenetrable. — **ˈUn·durchˌsich·tig·keit** f ⟨-; no pl⟩ 1. (*eines Stoffes, eines Gewebes etc*) nontransparency Br. non-. – 2. (*von Glas, Papier etc*) opacity, opaqueness, nontransparency Br. non-. – 3. fig. (*einer Person, Absicht, eines Grundes*) obscurity, mysteriousness. – 4. fig. contempt. (*der Lage etc*) involvement, obscurity. – 5. fig. (*der Miene*) impenetrability, impenetrableness.

ˈun·eben adj 1. (*Oberfläche etc*) uneven, rough, out of flat. – 2. (*Weg*) rough, uneven, rugged. – 3. (*Straße*) bumpy, rough. – 4. (*Gelände*) uneven, rough, broken, (*hügelig*) hilly, undulating. – 5. nicht ~ sein fig. colloq. a) (*von Vorschlag, Gedanken etc*) not to be (so) bad, to be rather good, not to be half bad (*colloq.*), b) (*von Personen*) not to be a bad sort, to be quite a nice person, (*dem Aussehen nach*) not to be half bad (*colloq.*).

ˈun·eben·bürˌtig adj 1. of inferior birth, of unequal (*od.* inferior) rank. – 2. fig. inferior, unequal.

ˈUn·eben·heit f ⟨-; -en⟩ 1. ⟨only sg⟩ (*einer Oberfläche*) unevenness. – 2. ⟨only sg⟩ (*eines Weges*) roughness, unevenness, ruggedness. – 3. ⟨only sg⟩ (*einer Straße*) bumpiness, roughness. – 4. (*unebene Stelle*) bump, roughness, rough patch. – 5. ⟨only sg⟩ (*eines Geländes*) unevenness, roughness. – 6. meist pl fig. (*im Stil*) incongruity.

ˈun·echt adj 1. (*Edelsteine, Edelmetalle etc*) artificial, false: ~er Schmuck imitation jewelry (*bes. Br.* jewellery); der Stein ist ~ the stone (*od.* gem) is false (*od.* not genuine); ~e Perlen imitation pearls; ~es Silber [Gold] false (*od.* imitation) silver [gold]. – 2. (*Haar, Bart, Zähne etc*) false, artificial: sie trägt ~es Haar she wears false hair. – 3. (*gefälscht*) false, counterfeit(ed), forged, fake(d), inauthentic, unauthentic, spurious, bogus: eine ~e Urkunde a forged document; sein Paß ist ~ his passport is counterfeited (*od.* faked), he has a false (*od.* counterfeit) passport. – 4. (*Handschrift, Bild etc*) false, counterfeit(ed), forged, fake(d), spurious. – 5. math. (*Bruch*) improper. – 6. (*Farbe*) fugitive, fading, not fast. – 7. fig. (*geheuchelt*) artificial, sham, ungenuine, spurious, counterfeit(ed), bogus, phon(e)y (*sl.*): ein ~es Mitgefühl an artificial sympathy. – 8. ling. spurious. — **ˈUn·echt·heit** f ⟨-; no pl⟩ 1. (*eines Edelsteins, von Zähnen etc*) artificiality, artificialness, falseness. – 2. (*einer Urkunde etc*) falseness, inauthenticity, unauthenticity, spuriousness. – 3. (*einer Handschrift, eines Bildes etc*) spuriousness. – 4. (*von Farben*) fugitiveness. – 5. fig. (*eines Gefühls etc*) artificiality, artificialness, ungenuineness, spuriousness, phoniness, auch phonyness (*sl.*). – 6. ling. spuriousness.

ˈun·edel adj 1. lit. (*Verhalten etc*) ignoble. – 2. (*Interessen etc*) base, low-minded, mean: aus unedlen Motiven out of base motives. – 3. (*Metalle*) base.

ˈun·ehe·lich adj 1. illegitimate: ~es Kind illegitimate (*od.* natural, love) child, child born out of wedlock, bastard (child), child born on the wrong side of the blanket (*colloq. humor.*); ~e Geburt illegitimate birth, illegitimacy, bastardy; j-n für ~ erklären to declare s.o. illegitimate, to bastardize (*Br. auch* -s-) s.o.; er wurde ~ geboren he was born out of wedlock. – 2. (*verboten*) illicit: ~e Beziehungen illicit relationship sg. – 3. (*Mutter*) unmarried. — **ˈUn·ehe·lich·keit** f ⟨-; no pl⟩ illegitimacy, bastardy.

ˈUn·ehˌre f ⟨-; no pl⟩ lit. dishonor, bes. Br. dishonour, discredit, disgrace: j-m zur ~ gereichen, j-m ~ machen to bring discredit upon s.o., to discredit (*od.* dishono[u]r) s.o.; er hat sie in ~ gestürzt he robbed her of her hono(u)r; er glaubte, ein Leben in ~ nicht ertragen zu können he thought he could not bear a life of dishono(u)r (*od.* to live in dishono[u]r); j-m etwas zur ~ anrechnen to regard s.th. a dishono(u)r to s.o.

ˈun·ehˌren·haft adj (*Person, Verhalten, Wesen etc*) dishonorable, bes. Br. dishonourable, disreputable, unrespectable: in ~er Weise by dishono(u)rable means. — **ˈUn·ehˌren·hafˌtig·keit** f ⟨-; no pl⟩

dishonorableness, *bes. Br.* dishonourableness, disreputableness, disreputability.

'un·ehr·er·bie·tig I *adj* (*Verhalten etc*) disrespectful, irreverent, unrespectful, irreverential. – **II** *adv* sich ~ gegen j-n benehmen to behave disrespectfully (*od.* irreverently) toward(s) s.o. — **'Un·ehr·er·bie·tig·keit** *f* ⟨-; *no pl*⟩ disrespect(fulness), lack (*od.* want) of respect, irreverence, irreverency.

'un·ehr·lich I *adj* **1.** dishonest. – **2.** (*unaufrichtig*) insincere. – **3.** (*falsch*) two-faced, double-dealing, false. – **4.** (*unredlich*) dishonest, shady, crooked, underhand (*attrib*): ~es Handeln crooked (*od.* dishonest) dealings *pl*; sich (*dat*) das Geld auf ~e Weise verdienen to earn one's money by dishonest means. – **5.** (*ehrlos, niederträchtig*) disgraceful, (*stärker*) infamous: ~e Absichten disgraceful intentions. – **II** *adv* **6.** ~ handeln to act in a dishonest (*od.* crooked, an underhand) manner, to play a crooked game, to be dishonest in one's dealings. — **'Un·ehr·lich·keit** *f* ⟨-; *no pl*⟩ **1.** dishonesty. – **2.** (*Unaufrichtigkeit*) insincerity. – **3.** (*Falschheit*) falseness, duplicity. – **4.** (*Unredlichkeit*) dishonesty, shadiness, crookedness. – **5.** (*Ehrlosigkeit*) disgracefulness, (*stärker*) infamy.

'un·ei·gen·nüt·zig I *adj* unselfish, selfless, disinterested: sie ist sehr ~ she is very unselfish; ~e Freundschaft selfless friendship; ~es Handeln disinterested action. – **II** *adv* sie hat dabei ganz ~ gehandelt she has acted unselfishly (*od.* without self-interest, selflessly) in the matter; sich ~ einer Sache annehmen to look after (*od.* *colloq.* take care of) s.th. selflessly. — **'Un·ei·gen·nüt·zig·keit** *f* ⟨-; *no pl*⟩ unselfishness, selflessness, disinterestedness.

'un·ei·gent·lich I *adj* **1.** improper, not real: im ~en Sinne a) not in a strict (*od.* not in the proper) sense, b) (*im übertragenen Sinne*) in a figurative sense, figuratively. – **2.** *math.* (*Integral*) improper. – **II** *adv* **3.** eigentlich habe ich keine Lust hinzugehen. – Aber ~ könntest du doch hingehen *humor. iron.* I don't really feel like going at all. — But if you stretch a point you could go, couldn't you!

un·ein·bring·lich [ˌʊnˈʔaɪnˈbrɪŋlɪç; ˈʊn-] *adj econ.* (*Betrag, Forderung etc*) irrecoverable, (*Schuld*) auch bad. — **ˌUn·ein'bring·lich·keit** *f* ⟨-; *no pl*⟩ (*einer Forderung etc*) irrecoverableness, (*einer Schuld*) *auch* badness.

'un·ein·ge·denk *prep* ⟨*gen*⟩ *lit.* unmindful, forgetful of: ~ der vormaligen Freundschaft unmindful of the former friendship.

'un·ein·ge·la·den *adj* uninvited, unasked: ~ kommen to come uninvited (*od.* without invitation), to gate-crash.

'un·ein·ge·löst *adj* **1.** *econ.* a) unredeemed, b) (*Wechsel*) dishonored, *bes. Br.* dishonoured: ~e Abschnitte behalten ihre Gültigkeit unredeemed coupons remain valid. – **2.** *fig.* (*Versprechen etc*) unredeemed, unfulfilled.

'un·ein·ge·schränkt [ˈʊnˌʔaɪŋəˌʃrɛŋkt; ˌʊnˌʔaɪŋəˈʃrɛŋkt] **I** *adj* **1.** (*Rechte, Befugnisse etc*) unlimited, unrestricted: er hat ~e Vollmachten he has unlimited (*od.* absolute) authority; die Firma hat ~en Kredit the company has unlimited (*od.* unrestricted) credit. – **2.** (*Macht etc*) absolute, uncontrolled. – **3.** (*voll, völlig*) unreserved, unqualified, absolute: diese Maßnahme der Regierung verdient ~es Lob this government measure deserves unqualified (*od.* unreserved, unstinted) praise (*od.* full marks); ~es Vertrauen absolute (*od.* unreserved) trust; unsere ~e Zustimmung our unqualified assent. – **4.** (*Handel*) free, unrestricted. – **II** *adv* **5.** without reservation, unreservedly: eine ~ anerkannte Theorie a theory accepted without reservation.

'un·ein·ge·stan·den *adj* (*Irrtum etc*) unadmitted, unacknowledged.

'un·ein·ge·weiht *adj* uninitiate(d). — **'Unein·ge·weih·te** *m*, *f* ⟨-n; -n⟩ outsider, uninitiated person, uninitiate: das ist für ~ unverständlich this is unintelligible for the uninitiated.

'un·ein·heit·lich *adj* **1.** nonuniform *Br.* non-, without uniformity. – **2.** *econ.* (*Preise, Kurse etc*) irregular, unsteady: die Börse bietet ein ~es Bild the stock exchange presents a mixed showing.

'un·ei·nig *adj* **1.** (*verschiedener Ansicht*) divided, differing, disagreeing, disunited, discordant: ~ sein to be divided (*od.* at odds, at variance, at issue, in disagreement); in dieser wichtigen Frage sind sie ~ they are divided (*od.* they differ, disagree) on this vital question; sie sind ~, wer X gewesen ist they disagree about (*od.* on, as to) who X was; die unter sich ~en Parteien the parties at odds (*od.* disunited) among(st) themselves; er ist noch mit sich selbst ~ a) he has not yet decided (*od.* made up his mind), he is still undecided, b) (*kann sich selbst nicht leiden*) he is at odds (*od.* issue, variance) with himself. – **2.** (mit j-m) ~ werden *cf.* uneins 2. — **'Unei·nig·keit** *f* ⟨-; *no pl*⟩ **1.** disagreement, dividedness, division, difference, disunity, discord(ance), discordantness: durch ~ in der Frage des Beitritts through disagreement on the point of membership. – **2.** (*Mißhelligkeit*) dissension, discord(ance), discordantness, disharmony, variance. – **3.** (*Spaltung*) division, dividedness.

un·ein·nehm·bar [ˌʊnˌʔaɪnˈneːmbaːr; ˈʊn-] *adj mil.* impregnable, inconquerable: die Festung galt als ~ the fortress was considered impregnable (*od.* secure).

'un·eins *adj* ⟨*pred*⟩ **1.** ~ sein to be divided (*od.* at odds, at variance, at issue, in disagreement). – **2.** (mit j-m) ~ werden to fall out (with s.o.), to have words (with s.o.), to quarrel (with s.o.): sie wurden (untereinander) ~ they have had words (*od.* have fallen out).

un·ela·stisch [-ˈʔeˌlastɪʃ] *adj* inelastic: ~e Nachfrage *econ.* inelastic demand.

'un·ele·gant *adj* **1.** inelegant. – **2.** *fig.* (*Ausdruck etc*) ungenteel, inelegant.

'un·emp·fäng·lich *adj* **1.** (für) insusceptible (to), unsusceptible (to), insensitive (to), unresponsive (to), insensible (to), unappreciative (of), inappreciative (of), insensible (to): er ist ~ für Musik he is insusceptible (*od.* irresponsive) to music, he does not appreciate music; für Eindrücke ~ sein to be insensitive to impressions, to be unimpressionable. – **2.** (*unzugänglich*) (für) immune (to), impervious (to), deaf (to), insusceptible (to), unsusceptible (to): für Schmeicheleien ist er ~ he is deaf (*od.* immune) to flattery. – **3.** *med.* (für to) a) (*nicht anfällig*) insusceptible, unsusceptible, b) (*für Reize*) unreceptive. — **'Un·empfäng·lich·keit** *f* ⟨-; *no pl*⟩ **1.** (für) insusceptibility, unsusceptibility (to), insensitivity (to), insensitiveness (to), unresponsiveness (to), irresponsiveness (to), inappreciation (of), insensibility (to), insensibleness (to). – **2.** (*Unzugänglichkeit*) (für to) immunity, imperviousness, deafness, insusceptibility, unsusceptibility. – **3.** *med.* (für to) a) insusceptibility, unsusceptibility, b) (*für Reize*) unreceptiveness.

'un·emp·find·lich *adj* **1.** (*Material*) practicable, serviceable: ein ~er Stoff a material which does not soil easily (*od.* which is not easily soiled). – **2.** (*Farbe etc*) practical. – **3.** ~ gegen etwas sein a) to be insensitive (*od.* insensible) to s.th., b) *fig.* (*gleichgültig*) to be indifferent (*od.* insensitive) to s.th.: er ist ~ gegen Kälte [Hitze] he is insensible (*od.* inured) to cold [heat]. – **4.** *tech.* (gegen to) insensitive, insusceptible, unsusceptible. – **5.** *chem.* (gegen to) insensitive. – **6.** *med.* a) (für, gegen to) insensitive, resistant, b) (*taub, gefühllos*) numb, c) (*anästhesiert*) an(a)esthetized *Br. auch* -s-: gegen Schmerzen ~ insensitive to pain; j-n [etwas] ~ machen to an(a)esthetize (*Br. auch* -s-) s.o. [s.th.], to render s.o. [s.th.] insensitive; ~ werden to become insensitive (*od.* resistant). – **7.** ~ gegen Kälte *bot.* (*winterfest*) hardy. — **'Un·emp·find·lich·keit** *f* ⟨-; *no pl*⟩ **1.** (*von Material*) practicability, practicableness, serviceableness, serviceability. – **2.** (*von Farben etc*) practicality, practicalness. – **3.** (gegen to) insensitivity, insensitiveness, insensibility. – **4.** *fig.* (*Gleichgültigkeit*) (gegen to) indifference, insensitivity, insensitiveness. – **5.** *tech.* (gegen to) insensitivity, insensitiveness, insusceptibility, unsusceptibility. – **6.** *chem.* (gegen to) insensitivity, insensitiveness. – **7.** *med.* a) (*Gefühllosigkeit*) (gegen to) insensitivity, insensitiveness, b) (*Taubheit*) numbness, c) (*Anästhesie*) an(a)esthesia. – **8.** ~ gegen Kälte *bot.* hardiness.

'un·end·lich I *adj* **1.** endless, never-ending: er erinnerte sich an die ~en Sorgen he remembered the endless worries. – **2.** *fig.* (*außerordentlich*) tremendous: ~e Mühe haben to have tremendous difficulty. – **3.** (*grenzenlos*) infinite, boundless, immense, immeasurable, illimitable: die ~e Weite des Meeres the infinite expanse of the ocean. – **4.** *math.* a) (*Reihe, Integral*) infinite, b) (*Dezimalbruch*) infinite, nonterminating *Br.* non-, never-ending: die ~e Zahl (*od.* Größe) infinity, infinitude, the infinite. – **5.** auf ~ einstellen *phot.* to focus at infinity. – **6.** *astr. philos.* infinite. – **II** *adv* **7.** infinitely: ~ klein *math.* infinitely small, infinitesimal; ~ groß *bes. math.* infinitely great; es gibt ~ viele Zahlen the numbers go on to infinity. – **8.** *fig.* (*sehr*) infinitely, extremely, terribly (*colloq.*): ein ~ schweres Problem an extremely difficult problem; ~ traurig terribly sad; ich bin Ihnen ~ dankbar I am infinitely grateful (*od.* I am very much obliged) to you; ~ lange warten to wait for ages (and ages) (*od.* for absolute ages) (*colloq.*); die Zeit verging ~ langsam time passed terribly slowly, time seemed an eternity. – **9.** ~ viel a tremendous (*od.* huge, vast) amount of: es wurde ~ viel gelesen a tremendous (*od. colloq.* terrific) amount of reading was done; er hatte ~ viel Kraft he had tremendous (*od.* immense, unlimited) strength; ~ viel Sorgen no end of trouble (*colloq.*); ~ viel Geld a tremendous lot of (*od.* pots of) money (*colloq.*). – **III** U~e, das ⟨-n⟩ **10.** infinity, infinitude, the infinite: dieser Weg scheint (bis) ins U~e zu führen this road seems to go on to infinity; zwei parallele Linien schneiden sich im U~en *math.* two parallel lines intersect at infinity. – **11.** das geht ins U~e *fig.* there is no end to it.

ˌUn·end·lich·ein·stel·lung *f phot.* **1.** (*einer Linse*) infinity setting. – **2.** (*auf einer Entfernungsskala*) infinity position.

ˌUn·end·lich·keit *f* ⟨-; *no pl*⟩ **1.** endlessness. – **2.** infinity, infinitude, boundlessness, immensity, immeasurability, immeasurableness, illimitability, illimitableness: ~ von Raum und Zeit infinity of space and time, illimitable reaches *pl* of space and time; ~ des Weltalls boundlessness of the universe.

'un·eng·lisch *adj* un-English.

un·ent·behr·lich [ˌʊnˌʔɛntˈbeːrlɪç; ˈʊn-] *adj* indispensable, *auch* indispensible, essential, absolutely necessary: dieser Arbeiter ist [für uns] ~ this worker is indispensable [to *od.* for us]; er ist mir eine ~e Hilfe I cannot do without him; es ist mir ~ I cannot do without it, it is essential for me; er hält sich für ~ he thinks he is indispensable (*od.* that we can't get on without him); sich ~ machen to make oneself indispensable; ein ~es Buch für den Autofahrer a book essential to the motorist. — **ˌUn·ent'behr·lich·keit** *f* ⟨-; *no pl*⟩ indispensability, indispensableness, essentiality, essentialness, absolute necessity.

un·ent·deckt [ˌʊnʔɛntˈdɛkt; ˈʊn-] *adj* undiscovered.

un·ent·gelt·lich [ˌʊnʔɛntˈgɛltlɪç; ˈʊn-] **I** *adj* (*Leistungen etc*) free, gratis, gratuitous, without charge, free of charge: der Zutritt ist ~ admittance is free (of charge). – **II** *adv* free (of charge), gratis, without charge, gratuitously: ich mache das ~ I do that free of charge (*od.* for nothing); Auskunft wird ~ erteilt information (is given) free of charge (*od.* gratis); er übt diese Tätigkeit ~ aus he does this service gratuitously. — **ˌUn·ent'gelt·lich·keit** *f* ⟨-; *no pl*⟩ gratuity, gratuitousness.

un·ent·halt·sam *adj* **1.** intemperate. – **2.** (*geschlechtlich*) incontinent. — **'Unent·halt·sam·keit** *f* ⟨-; *no pl*⟩ **1.** intemperance. – **2.** (*geschlechtlich*) incontinence.

un·ent·rinn·bar [ˌʊnʔɛntˈrɪnbaːr; ˈʊn-] *adj* (*Schicksal etc*) inescapable, ineluctable.

'un·ent·schie·den I *adj* **1.** (*Person, Sache etc*) undecided: es ist noch ~, ob wir die Ferien hier oder dort verbringen it is still undecided (*od.* indefinite) whether we will spend our holidays here or there; er ist noch ~, ob er hingehen soll oder nicht he is still undecided (*od.* in two minds, *colloq.* dithering) about going. – **2.** (*als Charaktereigenschaft*) indecisive, irresolute, undecided: ein ~er Mensch an indecisive person, a ditherer (*colloq.*). – **3.** (*Frage etc*) undecided, open, unsettled: etwas ~ lassen to leave s.th. open. – **4.** *jur.* (*Rechtsstreit, Prozeß etc*) pending, in suspense, (*in der Schwebe*) in abeyance. – **5.** (*sport*) drawn: ~es Spiel draw, tie, drawn game, *Am. auch* standoff. – **II** *adv* **6.** ~ spielen to draw, to tie; das Spiel steht ~ the score is even; ~ enden to end in a draw, to be drawn.

'**Un·ent,schie·den** *n* ⟨-s; -⟩ (*sport*) draw, tie, *Am. auch* standoff.

'**Un·ent,schie·den·heit** *f* ⟨-; *no pl*⟩ indecision, irresolution, undecidedness.

'**un·ent,schlos·sen** *adj* **1.** (*ohne Entschluß*) undecided: ~ sein a) to be undecided, to waver, to vacillate, to dither (*colloq.*), b) *pol.* to sit (*od.* be) on the fence, to straddle; ich bin noch ~ I am undecided as yet. – **2.** (*als Charaktereigenschaft*) indecisive, irresolute, double-minded: ein ~er Mensch an irresolute person. — '**Un·ent,schlos·sen·heit** *f* ⟨-; *no pl*⟩ **1.** undecidedness, vacillation. – **2.** indecision, irresolution.

un·ent·schuld·bar [,ʊnʔɛntʃʊltbaːr; 'ʊn-] *adj* inexcusable, unpardonable: sein Verhalten ist ~ his behavio(u)r is inexcusable.

'**un·ent,schul·digt** **I** *adj* unexcused: ~es Fehlen unexcused absence, absence without valid excuse. – **II** *adv* ~ fehlen to be absent without valid excuse.

un·ent·wegt [,ʊnʔɛnt'veːkt; 'ʊn-] **I** *adj* ⟨*attrib*⟩ **1.** (*stetig, unermüdlich*) unswerving, unflinching, stalwart, steadfast, *auch* stedfast: ein ~er Kämpfer für den Frieden a steadfast fighter for peace. – **II** *adv* **2.** (*unverdrossen, unbeirrbar*) unswervingly, unflinchingly, stalwartly, steadfastly: er verfolgt ~ dieselbe Politik he unswervingly pursues the same policy. – **3.** (*mit Ausdauer*) steadily: ~ arbeiten to work steadily, to go (*od.* keep) on working. – **4.** (*unaufhörlich*) incessantly: das Telephon klingelte ~ the telephone rang incessantly (*od. colloq.* without a letup [*Br.* let-up]).

,**Un·ent'weg·te** *m, f* ⟨-n; -n⟩ *bes. pol.* die-hard, stalwart, *Am.* standpatter.

,**Un·ent'wegt·heit** *f* ⟨-; *no pl*⟩ **1.** steadfastness, unswervingness, stalwartness. – **2.** *bes. pol.* die-hardism.

'**un·ent,wickelt** (*getr.* -k·k-) **1.** undeveloped: ~es Talent undeveloped (*od.* uncultivated) talent. – **2.** *med. biol.* a) undeveloped, unformed, embryonic, b) (*jugendlich*) juvenescent, c) (*unreif*) unripe. – **3.** *phot.* undeveloped.

un·ent·wirr·bar [,ʊnʔɛnt'vɪrbaːr; 'ʊn-] *adj* (*Knäuel etc*) inextricable.

un·ent·zif·fer·bar [,ʊnʔɛnt'tsɪfɐrbaːr; 'ʊn-] *adj* undecipherable.

un·ent·zünd·bar [,ʊnʔɛnt'tsʏntbaːr; 'ʊn-] *adj chem. tech.* noninflammable *Br.* non-, uninflammable, nonflammable *Br.* non-, unflammable.

un·er·ach·tet [,ʊnʔɛr'ʔaxtət; 'ʊn-] *prep* ⟨*gen*⟩ *obs. for* ungeachtet.

un·er·bärm·lich [,ʊnʔɛr'bɛrmlɪç; 'ʊn-] *adj* obdurate.

'**un·er,be·ten** *adj* **1.** unrequested, unsought, unsolicited, unbidden, unbid, unasked(-for). – **2.** (*unwillkommen*) unwelcome.

un·er·bitt·lich [,ʊnʔɛr'bɪtlɪç; 'ʊn-] **I** *adj* **1.** (*Gegner etc*) inexorable, implacable. – **2.** (*Kampf, Schlacht etc*) relentless, hard. – **3.** (*erbarmungslos*) merciless, pitiless, inexorable, unrelenting: sie flehten um Gnade, aber er blieb ~ they begged for mercy, but he remained merciless. – **4.** *fig.* (*Tatsachen etc*) stubborn, hard. – **II** *adv* **5.** er blieb ~ bei seinen Forderungen he stuck inexorably to his demands. – **6.** ~ kämpfen to fight relentlessly (*od.* tooth and nail). — ,**Un·er'bitt·lich·keit** *f* ⟨-; *no pl*⟩ **1.** inexorability, inexorableness, implacability. – **2.** relentlessness, hardness. – **3.** mercilessness, pitilessness, inexorability, inexorableness, unrelentingness. – **4.** *fig.* stubbornness, hardness.

'**un·er,fah·ren** *adj* **1.** (*mit wenig Lebenserfahrung*) (in *dat* in) inexperienced, unexperienced: sie ist so ~ she is so inexperienced; ~e junge Menschen inexperienced young people; in vielen Dingen noch ~ sein to be inexperienced in (*od. colloq.* an innocent about) many things. – **2.** (*unreif*) callow, green. – **3.** (*auf einem bestimmten Gebiet*) (in *dat*) inexperienced (in), unexperienced (in), unversed (in), new (to): er ist darin noch ~ he is still in-

experienced (*od.* unversed) in it, he is a novice at it. – **4.** (*ungeübt*) unskilled.

'**Un·er,fah·re·ne** *m, f* ⟨-n; -n⟩ **1.** inexperienced (*od.* unexperienced) person. – **2.** (*unreife Person*) greenhorn. – **3.** (*auf einem bestimmten Gebiet*) inexperienced (*od.* unexperienced) person, novice. – **4.** (*Ungeübte*) unskilled (*od.* inexpert) person, inexpert.

'**Un·er,fah·ren·heit** *f* ⟨-; *no pl*⟩ **1.** inexperience, lack of experience: j-s ~ ausnützen to abuse (*od.* take advantage of) s.o.'s inexperience. – **2.** (*Ungeübtheit*) lack of skill, inexpertness.

un·er·find·lich [,ʊnʔɛr'fɪntlɪç; 'ʊn-] *adj* **1.** (*unerklärlich*) undiscoverable, inexplicable, incomprehensible: aus ~en Gründen for inexplicable (*od.* obscure) reasons. – **2.** (*ein Rätsel, rätselhaft*) mysterious: es ist mir ~, wieso it is a mystery to me why.

un·er·forsch·lich [,ʊnʔɛr'fɔrʃlɪç; 'ʊn-] *adj* **1.** impenetrable. – **2.** (*Geist, Ratschluß etc*) unfathomable, inscrutable, arcane: Gottes Wege sind ~ the ways of the Lord are unfathomable. — ,**Un·er'forsch·lich·keit** *f* ⟨-; *no pl*⟩ **1.** impenetrability, impenetrableness. – **2.** (*des Geistes etc*) unfathomableness, inscrutability, inscrutableness.

'**un·er,forscht** *adj* (*Gebiet etc*) unexplored.

'**un·er,freu·lich** *adj* **1.** unpleasant, uncheering, unwelcome: ich muß dir eine ~e Mitteilung machen I have unpleasant news for you; ~e Überraschungen unpleasant surprises. – **2.** (*unangenehm, peinlich*) unpleasant, embarrassing: ~e Szene embarrassing scene; diese Geschichte ist recht ~ this story is very unpleasant. – **3.** (*enttäuschend*) disappointing, unsatisfactory: ~es Ergebnis disappointing result.

un·er·füll·bar [,ʊnʔɛr'fʏlbaːr; 'ʊn-] *adj* (*Wünsche, Hoffnungen, Forderungen etc*) unrealizable *Br. auch* -s-, unfulfillable. — ,**Un·er'füll·bar·keit** *f* ⟨-; *no pl*⟩ unrealizability *Br. auch* -s-.

'**un·er,füllt** *adj* **1.** (*Leben*) unfulfilled. – **2.** (*Pflicht*) unperformed, unfulfilled, undischarged. – **3.** ~ bleiben a) (*von Wünschen etc*) to go unfulfilled, not to be realized (*Br. auch* -s-), b) (*von Weissagungen etc*) not to come true, to prove false. — '**Un·er,füllt·heit** *f* ⟨-; *no pl*⟩ unfulfillment.

'**un·er,gie·big** *adj* **1.** (*Quelle, Vorkommen etc*) unproductive, poor: eine ~e Mine an unproductive mine. – **2.** (*Ernte, Beute etc*) poor, unprofitable. – **3.** (*Boden*) poor, barren, sterile. – **4.** *fig.* (*Thema, Stoff etc*) unprofitable, unproductive. – **5.** *meteor.* (*Regenfälle*) low, little. — '**Un·er,gie·big·keit** *f* ⟨-; *no pl*⟩ **1.** (*einer Quelle etc*) unproductiveness, poorness. – **2.** (*der Beute etc*) poorness, unprofitableness. – **3.** (*des Bodens etc*) poorness, barrenness, sterility, poverty. – **4.** *fig.* (*eines Themas etc*) unprofitableness, unproductiveness. – **5.** *meteor.* (*der Regenfälle*) low quantity.

un·er·gründ·bar [,ʊnʔɛr'gryntbaːr; 'ʊn-] *adj cf.* unergründlich. — ,**Un·er'gründ·bar·keit** *f* ⟨-; *no pl*⟩ *cf.* Unergründlichkeit.

un·er·gründ·lich [,ʊnʔɛr'gryntlɪç; 'ʊn-] *adj* **1.** unfathomable, fathomless, bottomless, abysmal: die ~e Tiefe des Meeres the fathomless depth of the sea. – **2.** *fig.* (*Motive etc*) inscrutable, unfathomable, impenetrable. — ,**Un·er'gründ·lich·keit** *f* ⟨-; *no pl*⟩ **1.** unfathomableness, fathomlessness, bottomlessness. – **2.** inscrutability, inscrutableness, unfathomableness, impenetrability, impenetrableness.

'**un·er,heb·lich** **I** *adj* **1.** (*geringfügig*) insignificant, inconsiderable, unimportant, trivial: es entstand nur ~er Sachschaden only insignificant (*od.* slight) material damage was done; ~e Kosten trivial cost *sg*; ~er Betrag trivial (*od.* trifling) sum; nicht ~e Verluste considerable (*od.* heavy) losses. – **2.** (*nicht zur Sache gehörend*) irrelevant, immaterial. – **II** *adv* **3.** er hat sich nicht ~ verrechnet he is considerably out in his calculations. — '**Un·er,heb·lich·keit** *f* ⟨-; *no pl*⟩ **1.** (*Geringfügigkeit*) insignificance, unimportance, inconsiderableness, triviality. – **2.** (*Belanglosigkeit*) irrelevance, immaterialness.

'**un·er,hofft** *adj* (*Glück, Freude etc*) unhoped(-for), unexpected.

'**un·er,hört**[1] **I** *adj* **1.** (*empörend, schändlich*) outrageous, scandalous: ~es Verhalten [Vorgehen] outrageous behavio(u)r [action]; eine ~e Frechheit an outrageous

insolence; (das ist ja) ~! that's outrageous! the cheek (*od.* insolence) of it! – **2.** (*noch nie dagewesen*) unprecedented: der Pianist verfügt über eine ~e Technik the pianist has an unprecedented technique; in einem ~en Ausmaß on an unprecedented (*od.* unheard-of) scale. – **3.** *colloq.* (*groß*) tremendous: er hat ~es Glück gehabt he has had fantastic (*od.* terrific) luck (*colloq.*); ~er Reichtum terrific wealth (*colloq.*). – **4.** *econ.* (*Preise*) exorbitant, fantastic (*colloq.*). – **II** *adv* **5.** ~ billig *colloq.* fantastically cheap (*colloq.*), dirt cheap; die Preise sind ~ hoch *colloq.* prices are exorbitant (*od. colloq.* fantastically high).

'**un·er,hört**[2] *adj* **1.** (*Bitte etc*) ungranted. – **2.** (*Flehen, Gebet etc*) unanswered: sein Gebet blieb ~ his prayer went unanswered (*od.* was unheard). – **3.** (*Liebe*) unanswered, unrequited.

'**un·er,kannt** *adj* **1.** unrecognized *Br. auch* -s-, unidentified: der Dieb konnte ~ entkommen the thief managed to escape unidentified. – **2.** (*anonym*) incognito: er wollte ~ bleiben he wanted to remain incognito (*od.* anonymous).

un·er·kenn·bar [,ʊnʔɛr'kɛnbaːr; 'ʊn-] *adj* (*Ursachen, Auswirkungen etc*) unrecognizable *Br. auch* -s-.

'**un·er,kennt·lich** *adj only in* sich ~ zeigen to be unappreciative.

un·er·klär·bar [,ʊnʔɛr'klɛːrbaːr; 'ʊn-] *adj* rare for unerklärlich. — ,**Un·er'klär·bar·keit** *f* ⟨-; *no pl*⟩ rare for Unerklärlichkeit.

un·er·klär·lich [,ʊnʔɛr'klɛːrlɪç; 'ʊn-] *adj* inexplicable, unexplainable, unaccountable, inexplainable: es ist mir ~, wie das geschehen konnte I cannot explain how this could have happened. — ,**Un·er'klär·lich·keit** *f* ⟨-; *no pl*⟩ inexplicability, unaccountability.

'**un·er,klärt** *adj* (*Krieg, Liebe*) undeclared.

un·er·läß·lich [,ʊnʔɛr'lɛslɪç; 'ʊn-] *adj* (*Bedingung, Voraussetzung etc*) compulsory, obligatory, imperative, (*Pflicht*) *auch* remissible: es ist ~, sich zu vergewissern, daß it is imperative (*od.* absolutely essential) to ascertain that.

'**un·er,laubt** **I** *adj* **1.** *jur.* illicit: ~e Handlung illicit (*od.* tortious) act, (*zivilrechtlich*) tort; ~e Beziehungen zu j-m unterhalten a) to have illicit contact with s.o., b) (*bes. sexuell*) to have illicit relations with s.o.; → Waffenbesitz. – **2.** unlawful. – **3.** unauthorized *Br. auch* -s-: ~es Betreten des Gebäudes verboten no admittance except on business, admittance for authorized persons only; ~e Entfernung von der Truppe *mil.* absence without leave, *bes. Am.* A.W.O.L. – **4.** *ped.* (*Hilfsmittel*) unauthorized *Br. auch* -s-, illicit. – **5.** *print.* (*Nachdruck*) unauthorized *Br. auch* -s-, unlicensed, *Br. auch* unlicenced. – **II** *adv* **6.** without permission (*od.* leave): das Klassenzimmer ~ verlassen to leave the classroom without permission; sich ~ von der Truppe entfernen *mil.* to absent oneself without leave.

'**un·er,le·digt** *adj* **1.** (*Post etc*) unanswered. – **2.** (*Arbeit etc*) (that has) not (been) attended to (*od.* dealt with). – **3.** *econ.* (*Aufträge*) unfulfilled, not (yet) cleared. – **4.** (*Rechnungen*) unpaid, unsettled, undischarged, (*ausstehend*) *auch* outstanding. – **5.** (*noch schwebend*) pending.

'**un·er,löst** *adj relig.* unredeemed.

un·er·meß·lich [,ʊnʔɛr'mɛslɪç; 'ʊn-] **I** *adj* (*Reichtum, Fülle, Größe, Tiefe etc*) immeasurable, immense, vast, untold. – **II** *adv* immensely, immeasurably: er ist ~ reich he is immensely rich. — ,**Un·er'meß·lich·keit** *f* ⟨-; *no pl*⟩ immeasurability, immensity, vastness.

'**un·er,mit·telt** *adj* unascertained.

un·er·müd·lich [,ʊnʔɛr'myːtlɪç; 'ʊn-] **I** *adj* (*ausdauernd*) untiring, indefatigable, unwearying, tireless, unresting, unflagging: er ist ~ in seinen Bemühungen he is untiring in his efforts. – **II** *adv* ~ arbeiten to work untiringly. — ,**Un·er'müd·lich·keit** *f* ⟨-; *no pl*⟩ tirelessness, indefatigability, indefatigableness.

'**un,ernst** *adj* unserious.

'**un·er,tert** *adj* (*Frage, Problem etc*) undiscussed.

'**un·er,probt** *adj* **1.** (*Gerät, Maschine, Mittel, Methode, Verfahren etc*) untested, untried. – **2.** *med. pharm.* (*Droge, Medikament etc*) untested, untried.

'un·er,quick·lich *adj* (*unerfreulich, unangenehm*) unpleasant, unedifying. — **'Un·er,quick·lich·keit** *f* ⟨-; *no pl*⟩ unpleasantness.

un·er·reich·bar [ˌʊnʔɛrˈraɪçbaːr; 'ʊn-] *adj* **1.** (*Ziel, Standard, Qualität, Leistung etc*) unattainable, unachievable, inaccessible, unreachable: er setzte sich ein ~es Ziel he set himself an unattainable goal; das liegt in ~er Ferne that is inaccessibly distant, that is at an inaccessible distance; diese gute Stellung bleibt für ihn ~ this good post will always be unattainable for him (*od.* beyond [*od.* out of] his reach). — **2.** (*Ort, Stelle etc*) inaccessible, unreachable: dieser Berggipfel ist für ungeübte Bergsteiger ~ this mountain peak is inaccessible to inexperienced mountaineers. — **3.** *med.* (*unangehbar*) inaccessible, inapproachable. — **,Un·er'reich·bar·keit** *f* ⟨-; *no pl*⟩ **1.** (*eines Zieles etc*) unattainableness, inaccessibility. — **2.** (*eines Ortes etc*) inaccessibility. — **3.** *med.* (*Unangehbarkeit*) inaccessibility.

un·er·reicht [ˌʊnʔɛrˈraɪçt; 'ʊn-] *adj* **1.** (*nicht erreicht*) unattained, unachieved: sein Ziel aber blieb ~ his goal, however, remained unattained. – **2.** (*unübertroffen*) unmatched, unequal(l)ed, unrival(l)ed: seine Bestzeit von 10,2 Sekunden blieb ~ his best time of 10.2 seconds remained unmatched.

un·er·sätt·lich [ˌʊnʔɛrˈzɛtlɪç; 'ʊn-] *adj* (*Appetit, Habgier, Neugierde, Wissensdurst etc*) insatiable, voracious, gluttonous, unappeasable. — **,Un·er'sätt·lich·keit** *f* ⟨-; *no pl*⟩ **1.** insatiability, voracity, voraciousness, gluttony. – **2.** *med.* morbid appetite (*od.* hunger), insatiability, acoria (*scient.*).

'un·er,schlos·sen *adj* **1.** *geogr.* a) (*Gebiet, Landstrich etc*) unexplored, virgin (*attrib*), b) (*Boden*) unexploited. – **2.** *econ.* a) (*Markt*) unexplored, unprobed, untapped, not yet opened up, b) (*Land, Region*) undeveloped. – **3.** *civ.eng.* (*Baugelände*) undeveloped.

un·er·schöpf·lich [ˌʊnʔɛrˈʃœpflɪç; 'ʊn-] *adj* **1.** (*Vielfalt, Thema, Vorrat etc*) inexhaustible: wasteless, drainless (*lit.*). – **2.** (*Mensch, Geduld etc*) inexhaustible: sie war ~ im Erfinden lustiger Namen she was inexhaustible in inventing funny names. — **,Un·er'schöpf·lich·keit** *f* ⟨-; *no pl*⟩ inexhaustibility.

'un·er,schrocken (*getr.* -k·k-) **I** *adj* (*mutig, furchtlos*) undaunted, dauntless, intrepid, unflinching, fearless, unafraid. – **II** *adv* ~ für etwas eintreten to stand up for s.th. fearlessly (*od.* courageously). — **'Un·er,schrocken·heit** (*getr.* -k·k-) *f* ⟨-; *no pl*⟩ dauntlessness, undauntedness, intrepidity, intrepidness, fearlessness.

un·er·schüt·ter·lich [ˌʊnʔɛrˈʃʏtɐlɪç; 'ʊn-] **I** *adj* **1.** (*Ruhe, Vertrauen etc*) imperturbable, unshak(e)able. – **2.** ~ sein in (*dat*) etwas to be unswerving (*od.* unwavering, sta[u]nch, ste[a]dfast) in s.th.; er ist ~ wie ein Fels in s.th. he is as firm as a rock. – **II** *adv* **3.** er ist ~ davon überzeugt, daß he is unshak(e)ably convinced that. — **,Un·er'schüt·ter·lich·keit** *f* ⟨-; *no pl*⟩ **1.** imperturbability, unshak(e)ableness. – **2.** unswervingness, sta(u)nchness, steadfastness, *auch* stedfastness.

un·er·schwing·lich [ˌʊnʔɛrˈʃvɪŋlɪç; 'ʊn-] **I** *adj* **1.** (*Preise, Kosten etc*) exorbitant, prohibitive. – **2.** (*Waren, Gegenstände etc*) unattainable, beyond (*od.* s.o.'s) means, out of reach: ein Auto ist für uns zur Zeit noch ~ a car is beyond our means (*od.* out of reach for us) at the moment. – **II** *adv* **3.** exorbitantly, prohibitively: das ist ~ teuer that is prohibitively expensive. **un·er·setz·bar** [ˌʊnʔɛrˈzɛtsbaːr; 'ʊn-] *adj cf.* unersetzlich.

un·er·setz·lich [ˌʊnʔɛrˈzɛtslɪç; 'ʊn-] *adj* **1.** (*Schaden, Verlust etc*) irreparable, irrecoverable, irretrievable. – **2.** (*Person, Ausrüstung, Erinnerungsstück etc*) irreplaceable, unreplaceable: er ist im Betrieb ~ he is irreplaceable in the company; du bist nicht ~ you are not the only pebble on the beach (*colloq.*). — **,Un·er'setz·lich·keit** *f* ⟨-; *no pl*⟩ **1.** irreparability, irreparableness, irrecoverableness, irretrievability, irretrievableness. – **2.** irreplaceableness.

un·er·sprieß·lich [ˌʊnʔɛrˈʃpriːslɪç; 'ʊn-] *adj* **1.** (*keinen Nutzen bringend*) unprofitable, fruitless. – **2.** *cf.* unerquicklich.

un·er·träg·lich [ˌʊnʔɛrˈtrɛːklɪç; 'ʊn-] **I** *adj* (*Qual, Lage, Sehnsucht etc*) intolerable, unbearable, unendurable, insufferable, unsufferable: sie hatte ~e Schmerzen she had unendurable pain, her pain was beyond endurance; seine Anspielungen sind ~ his insinuations are intolerable (*od.* cannot be endured); dieser Mensch ist mir ~ I find this person insufferable. – **II** *adv* intolerably, unbearably: es ist ~ heiß it's unbearably hot. — **,Un·er'träg·lich·keit** *f* ⟨-; *no pl*⟩ intolerability, intolerableness, unbearableness, insufferableness, unsufferableness.

'un·er,wähnt *adj* (*Thema, Einzelheiten etc*) unmentioned, untouched: etwas ~ lassen to leave s.th. unmentioned, to make no mention of s.th., to pass over s.th. (in silence); nichts ~ lassen to leave nothing unmentioned (*od.* untold); ich möchte es nicht ~ lassen, daß I would not like to leave (it) unmentioned that.

un·er·war·tet ['ʊnʔɛrˌvartət; ˌʊn-] **I** *adj* **1.** (*Besuch, Nachricht, Wiedersehen, Ereignis, Last etc*) unexpected: ich bekam heute ~en Besuch I had an unexpected (*od.* a surprise) visitor today. – **2.** (*unvorhergesehen*) unforeseen, unexpected, unanticipated: auf ~e Schwierigkeiten stoßen to meet with unexpected difficulties. – **3.** (*plötzlich*) sudden. – **II** *adv* **4.** unexpectedly: es geschah alles völlig ~ it all happened completely unexpectedly; das kommt mir sehr ~ this comes quite unexpectedly (for me); plötzlich und ~ verschied unser lieber Vater (*in Todesanzeigen*) our dear father passed away suddenly and unexpectedly.

un·er·weis·bar [ˌʊnʔɛrˈvaɪsbaːr; 'ʊn-], **un·er·weis·lich** [ˌʊnʔɛrˈvaɪslɪç; 'ʊn-] *adj cf.* unbeweisbar.

'un·er,wi·dert *adj* **1.** (*Zuneigung, Liebe etc*) unrequited, unreturned. – **2.** (*Gruß*) unreturned. – **3.** (*Besuch*) not returned: mein Besuch blieb ~ my visit was not returned. – **4.** (*Brief, Schreiben etc*) unanswered.

'un·er,wie·sen *adj* (*Behauptung, Theorie etc*) unproved, unproven.

'un·er,wünscht *adj* **1.** (*Besuch, Vorfall, Effekt, Ergebnis etc*) unwanted, unwelcome. – **2.** (*Kind, Nachkommen*) unwanted. – **3.** *pol.* (*Person*) undesirable: politisch ~ politically undesirable.

'un·er,zo·gen *adj* (*Person, Benehmen etc*) ill-bred, ill-mannered, bad-mannered.

'un·ety·mo,lo·gisch *adj ling.* unetymological, *auch* unetymologic.

'un·ex,akt *adj* (*Formulierung, Angaben etc*) inexact, unexact, inaccurate.

'un·fach·ge,mäß *adj cf.* unfachmännisch.

'un·fach,män·nisch *adj* (*laienhaft*) inexpert, amateurish.

'un,fä·hig *adj* **1.** (*Arbeiter, Mitarbeiter etc*) incapable, inefficient, incompetent. – **2.** ⟨*pred*⟩ (*nicht imstande*) unable, (*stärker*) incapable: wegen seiner Krankheit ist er ~ zu arbeiten he is unable to work (*od.* incapable of working) because of his illness; der Verletzte war ~ aufzustehen the injured man was unable to get up; ich war ~, einen klaren Gedanken zu fassen I was incapable of thinking straight; ich wäre ~, so etwas zu tun I would be incapable of doing a thing like that. – **3.** (*untauglich*) unfit. – **4.** j-n für ~ erklären *jur.* to incapacitate s.o. — **'Un,fä·hig·keit** *f* ⟨-; *no pl*⟩ **1.** incapability, inability, inefficiency, incompetence, incapacity. – **2.** inability, (*stärker*) incapability, incapacity. – **3.** unfitness. – **4.** *jur.* incapacity.

'un,fair **I** *adj* (*Benehmen, Verhalten, Vorgehen, Behandlung, Spiel etc*) unfair: das ist ~ that's not fair, that's unfair, that's not playing the game, that's not cricket (*colloq.*). – **II** *adv* unfairly: ~ spielen (*sport*) to play unfair. — **'Un,fair·neß** *f* ⟨-; *no pl*⟩ unfairness.

'Un,fall *m* ⟨-(e)s; �=e⟩ **1.** accident: leichter [tragischer, bedauerlicher] ~ slight [tragic, regrettable] accident; schwerer ~ serious accident, casualty; selbstverschuldeter ~ a) accident from (*od.* due to) one's own fault, b) (*selbstveranlaßt*) self-induced accident, c) (*mit Absicht*) self-inflicted accident; ~ mit dem Auto car accident; ein ~ passierte (*od.* ereignete sich) an accident occurred; einen ~ haben [erleiden] to have [to meet with] an accident;

Unfälle vermeiden [verhüten] to avoid [to prevent] accidents; ich war in einen ~ verwickelt I was involved in an accident; die Unfälle mehren (*od.* häufen) sich accidents are increasing; gestern ereignete sich ein tödlicher ~ a fatal accident occurred yesterday; der ~ hat ein Todesopfer gefordert one person was killed in the accident; er starb an den Folgen eines ~(e)s he died as the result of an accident; bei diesem ~ hat es zwei Schwerverletzte gegeben there were two casualties (*od.* people seriously injured) in this accident; gegen ~ versichert sein to be insured against accidents; ~ mit tödlichem Ausgang (*od.* mit Todesfolge) *jur.* death by misadventure, fatality; → Arbeits-, Betriebsunfall. – **2.** (*Mißgeschick, Malheur*) accident, mishap: ich hatte einen kleinen ~, ich habe mich in den Finger geschnitten I had a slight mishap and cut my finger.

'Un,fall|,ab,tei·lung *f* (*in Klinik*) accident (*od.* emergency, *Am. auch* receiving) ward. — **~,an,zei·ge** *f* notice of accident. — **~,arzt** *m* specialist for accident injuries. — **~,auf,nah·me,raum** *m* (*in Klinik*) casualty receiving room. — **u~be,dingt** *adj* caused by an accident. — **~be,richt** *m* accident report. — **~be,tei·lig·te** *m*, *f* person involved in an (*od.* the) accident. — **~,bild** *n* accident picture. — **~ent,schä·di·gung** *f jur.* accident benefit (*od.* damages *pl*, compensation).

'Un,fal·ler *m* ⟨-s; -⟩ *colloq.* accident-prone person.

'Un,fall|er,mitt·lung *f* (*der Polizei*) accident inquiry. — **~,fah·rer** *m* driver at fault in an (*od.* the) accident. — **~,flucht** *f* abscondence after an (*od.* the) accident, hit-and-run driving: ~ begehen to abscond after an accident. — **~,flüch·ti·ge** *m*, *f* fur. driver who absconds after an (*od.* the) accident, (*flüchtiger Fahrer*) hit-and-run driver. — **~,fol·gen** *pl* consequences of an (*od.* the) accident.

'un,fall,frei **I** *adj* ~er Fahrer driver who has never been involved in an accident; 30jähriges ~es Fahren thirty years of accident-free driving. – **II** *adv* ~ fahren to drive without ever being involved in an accident.

'Un,fall|,für,sor·ge *f sociol.* accident welfare work. — **~ge,fahr** *f* danger of accident. — **~ge,schä·dig·te** *m*, *f* victim of an (*od.* the) accident. — **~,häu·fig·keit** *f* accident frequency. — **~,heil,kun·de** *f med.* traumatology. — **~,hil·fe** *f* **1.** first aid (*od.* at (*od.* the scene of) an (*od.* the) accident. – **2.** *cf.* Unfallstation 1. — **~,kli·nik** *f med.* hospital for accident cases. — **~kom,man·do** *n* (*der Polizei*) accident squad. — **~,kran·ken,haus** *n cf.* Unfallklinik. — **~,mel·de,dienst** *m* accident reporting service. — **~,mel·dung** *f* report of an (*od.* the) accident. — **~,merk,blatt** *n* accident report sheet. — **~neu,ro·se** *f med. psych.* accident (*od.* traumatic) neurosis. — **~,op·fer** *n* victim of an (*od.* the) accident, casualty. — **~,ort** *m* ⟨-(e)s; -e⟩ *cf.* Unfallstätte. — **~pro·to,koll** *n* protocol of an (*od.* the) accident. — **~psy,cho·se** *f med. psych.* traumatic psychosis. — **~,quo·te**, **~,ra·te** *f* accident rate. — **~re,ak·ti,on** *f med. psych.* traumatic reaction. — **~,ren·te** *f jur.* accident annuity (*od.* benefit). — **~,ri·si·ko** *n* accident risk (*od.* hazard). — **~,scha·den** *m jur.* accident damage. — **~,schutz** *m econ.* **1.** (*Versicherungsbereich*) accident insurance (cover). – **2.** (*Maßnahmen*) prevention of accidents. — **~,schutz,vor,rich·tung** *f* safety (*od.* protective) device. — **~,schwe·re** *f* seriousness (*od.* gravity) of an (*od.* the) accident. — **u~,si·cher** *adj* **1.** (*System, Scheibe etc*) accident-proof. – **2.** (*Kreuzung*) (very) safe. — **~,skiz·ze** *f* diagram (*od.* sketch) of an (*od.* the) accident. — **~sta·ti,on** *f* **1.** first-aid station. – **2.** (*in Klinik*) *cf.* Unfallabteilung. — **~sta,ti·stik** *f* accident statistics *pl* (*construed as sg or pl*). — **~,stät·te**, **~,stel·le** *f* site (*od.* scene) of an (*od.* the) accident. — **~,sucht** *f med. psych.* traumatophilia. — **~,tod** *m* accidental death. — **~,to·te** *m*, *f* person killed in an (*od.* the) accident, casualty. — **u~,träch·tig** *adj* **1.** (*Kurve, Kreuzung etc*) hazardous. – **2.** (*Fahrer*) accident-prone. — **~,un·ter,su·chung** *f* investigation of an (*od.* the) accident. — **~,ur,sa·che** *f* cause of an (*od.* the) accident. — **ver-,hü·tung** f prevention of accidents. — **ver,hü·tungs,vor,schrif·ten** pl rules for the prevention of accidents, safety regulations, national safety code sg. — **ver-,letz·te** m, f med. 1. casualty. - 2. (*Verunglückte*) accident victim. — **ver,let·zung** f injury (*od.* casualty) caused by an (*od.* the) accident, accidental trauma. — **ver-,si·che·rung** f econ. 1. accident insurance. - 2. (*Betriebsunfallversicherung*) Br. industrial injuries insurance, bes. Am. workmen's compensation insurance. — **ver,si·che·rungs·po,li·ce** f accident policy. — **wa·gen** m 1. car involved in an (*od.* the) accident. - 2. (*eines Krankenhauses*) ambulance. - 3. (*der Polizei*) accident squad car. — **zif·fer** f accident rate.

un·faß·bar [,ʊn'fasbaːr; 'ʊn-] adj incomprehensible, inconceivable, impalpable: das ist mir ~ this is quite incomprehensible (to me), that is beyond me, that beats me. — **Un'faß·bar·keit** f <-; no pl> incomprehensibility, incomprehensibleness, inconceivability, impalpability.

un·faß·lich [,ʊn'faslɪç; 'ʊn-] adj cf. unfaßbar. — **Un'faß·lich·keit** f <-; no pl> cf. Unfaßbarkeit.

un·fehl·bar [,ʊn'feːlbaːr; 'ʊn-] I adj 1. (*Entscheidung, Gefühl, Instinkt, Urteilsvermögen*) infallible, unerring, unfailing, inerrable, inerrant. - 2. (*Mensch*) infallible, indefectible: kein Mensch ist ~ no one is infallible. - 3. röm.kath. (*Entscheidung des Papstes*) infallible. - **II** adv 4. (*bestimmt*) certainly, surely, for certain (*od.* sure). - 5. (*unweigerlich*) inevitably. — **Un'fehl·bar·keit** f <-; no pl> 1. infallibility, unerringness, unfailingness, inerrability, inerrancy. - 2. infallibility, indefectibility. - 3. röm.kath. infallibility.

Un'fehl·bar·keits,glau·be(n) m röm.kath. infallibilism.

un·fein adj 1. (*Benehmen, Bemerkung, Vorgehen etc*) indelicate, unrefined, ungenteel. - 2. (*Person*) indelicate, (*Mann*) auch ungentlemanly, not gentlemanlike, ungentlemanlike (*archaic*), (*Frau*) auch unladylike, not ladylike. - 3. (*grob*) coarse. - 4. <pred> das ist ~ it is bad manners (*od.* bad form, bes. Br. non-U) (to say [*od.* do] so). — **Un'fein·heit** f <-; no pl> 1. indelicacy, lack of refinement (*od.* gentility). - 2. indelicacy, (*von Mann*) auch ungentlemanliness. - 3. coarseness.

un·fern I prep <gen> not far from, near: ~ der Brücke ereignete sich ein Unfall an accident occurred not far from the bridge; das Verbrechen geschah ~ des Stadtrandes the crime was committed near the city boundary. - **II** adv ~ von der Brücke not far from the bridge.

un·fer·tig adj 1. (*Arbeit, Haus, Zustand etc*) unfinished, uncompleted, unaccomplished, inchoate (*lit.*): es ist alles noch ~ (*od.* in ~em Zustand) everything is still unfinished; er hat seinen Aufsatz ~ liegenlassen he has left his essay unfinished. - 2. fig. (*Mensch*) unformed, callow, half-baked (*colloq.*), (*stärker*) immature, unripe: er ist noch ein ~er junger Mann he is still an unformed young man. — **Un'fer·tig·keit** f <-; no pl> 1. (*einer Arbeit etc*) unfinishedness, incompleteness, incompletion, inchoateness (*lit.*). - 2. (*einer Person*) callowness, (*stärker*) immaturity, unripeness.

un·fil·trier·bar [,ʊnfɪl'triːrbaːr; 'ʊn-] adj med. (*Virus*) nonfilterable Br. non-.

Un·flat [-,flaːt] m <-(e)s; no pl> 1. (*Schmutz, Unrat*) filth, dirt, muck: einen Stall von ~ ausfegen fig. lit. to rid a place of vice. - 2. fig. (*Beschimpfungen, Schimpfwörter*) abuse, vituperation.

un·flä·tig [-,flɛːtɪç] I adj (*Ausdruck, Witz etc*) dirty, filthy, (*stärker*) obscene, bawdy. - **II** adv (*schimpfen*) (*stärker*) obscenely, bawdily: ~ schimpfen to swear filthily; er hat sich ihr gegenüber ~ benommen he behaved obscenely toward(s) her. — **Un'flä·tig·keit** f <-; -en> 1. <only sg> (*eines Wortes etc*) dirtiness, filthiness, (*stärker*) obscenity, bawdiness. - 2. (*als Handlung, Ausdruck*) obscenity, filth: komm mir nicht mit ~en keep your obscenities to yourself.

un·flek·tier·bar [,ʊnflɛk'tiːrbaːr; 'ʊn-] adj ling. uninflectible, incapable of inflection (*Br. auch* inflexion).

un·flek,tiert adj ling. uninflected.

un·folg·sam adj 1. (*Kind, Verhalten etc*) disobedient: sei nicht so ~ don't be so disobedient. - 2. (*eigenwillig*) (*Kind*) wil(l)ful, wayward. — **Un'folg·sam·keit** f <-; no pl> 1. disobedience. - 2. wil(l)fulness, waywardness.

Un·form f <-; -en> deformity, misshape.

un·for,mell adj (*Party, Feier, Empfang etc*) informal.

un·för·mig adj 1. (*Gestalt, Masse etc*) shapeless, unshapely. - 2. med. (*Kopf, Gliedmaßen etc*) deformed, misshapen, monstrous. — **Un'för·mig·keit** f <-; no pl> 1. (*einer Gestalt etc*) shapelessness, unshapeliness. - 2. med. deformity, misshape(nness), monstrosity.

un·förm·lich I adj (*Auftreten, Benehmen, Atmosphäre etc*) informal, unceremonious, casual. — **II** adv bei dieser Party ging es recht ~ zu everything was very informal at the party. — **Un'förm·lich·keit** f <-; no pl> informality, unceremoniousness, casualness.

un·fran,kiert adj (*postal service*) unpaid, (*bes. maschinell*) unfranked.

un·frau·lich adj unwomanly, unfeminine, mannish.

un·frei adj 1. (*Volk, Person, Staatsordnung etc*) unfree, not free. - 2. (*befangen, gehemmt*) embarrassed, self-conscious: in ihrer Gegenwart fühlt er sich ~ he feels embarrassed in her presence. - 3. (*postal service*) (*nicht freigemacht*) unpaid, unfranked: ein Paket ~ senden to send a parcel unpaid. - 4. hist. (*leibeigen*) unfree: ein ~er Bauer an unfree peasant.

Un·freie[1] m hist. serf, bond(s)man.

Un·freie[2] f hist. serf, bondwoman, auch bondswoman.

Un·frei·heit f <-; no pl> 1. (*eines Volkes etc*) unfreedom. - 2. hist. serfdom, bondage, servitude.

un·frei,wil·lig I adj (*Handlung, Tätigkeit etc*) involuntary: er nahm ein ~es Bad humor. he took a ducking, he got soaked. - **II** adv ~ zur Schule gehen to be compelled to go to school.

un·freund·lich I adj 1. (*Person, Haltung, Verhalten, Benehmen etc*) unfriendly: er sieht ~ aus, aber in Wirklichkeit ist er sehr nett he makes an unfriendly (*od.* a stern, a gruff) impression but he is really quite nice; sie war sehr ~ zu ihm (*rare* gegen ihn) she was very unfriendly toward(s) him. - 2. (*Worte*) unfriendly, unkind. - 3. (*Wetter, Klima, Tag, Jahreszeit*) unpleasant, disagreeable, (*Tag, Wetter*) auch dull: letztes Wochenende war das Wetter hier sehr ~ last weekend the weather here was very dull (*od.* rough). - 4. (*Raum, Landschaft etc*) cheerless, gloomy, uncheerful. - 5. (*Farben*) dull, drab, cheerless, uncheerful. - 6. econ. (*Börsentendenz*) cheerless, unfavorable, bes. Br. unfavourable. - **II** adv 7. ~ antworten to answer in an unfriendly manner; j-n ~ empfangen to give s.o. an unfriendly welcome. — **Un'freund·lich·keit** f <-; -en> 1. <only sg> (*einer Person etc*) unfriendliness. - 2. <only sg> (*eines Wortes*) unfriendliness, unkindness. - 3. <only sg> (*des Klimas etc*) unpleasantness, disagreeableness, disagreeability, (*des Wetters*) auch dullness, roughness. - 4. <only sg> (*eines Raumes etc*) cheerlessness, gloominess, uncheerfulness. - 5. <only sg> (*einer Farbe*) dullness, drabness, cheerlessness, uncheerfulness. - 6. <only sg> econ. (*der Börsentendenz*) cheerlessness, unfavorableness, bes. Br. unfavourableness. - 7. meist pl (*Worte, Bemerkungen, Gesten etc*) unpleasantry, unpleasantness: mit solchen ~en kommen Sie bei ihm nicht weiter you won't get any farther with him by such unpleasant remarks.

Un·frie·de(n) m <-dens; no pl> discord, disharmony: die beiden Völker lebten nebeneinander in Unfrieden the two peoples lived side by side in discord; Unfrieden stiften to cause (*od.* stir up) discord; Friede ernährt, Unfriede verzehrt (*Sprichwort*) etwa wars bring scars.

un·fri,siert adj 1. (*ungekämmt*) unkempt, uncombed. - 2. fig. colloq. (*Bilanz, Nachrichten etc*) not dressed up, undoctored (*beide colloq.*), authentic. - 3. fig. colloq. (*Motor, Auto etc*) not tuned (*od. sl.* souped, hotted) up.

un·froh adj (*Mensch*) uncheerful.

un·fromm adj (*Mensch, Leben*) impious, undevout, unreligious, irreligious, ungodly.

un·frucht·bar adj 1. (*Boden, Land etc*) infertile, unfertile, unfruitful, sterile, barren, poor, infecund: den Boden ~ machen to make the soil infertile, to sterilize (*Br. auch* -s-) the soil; auf ~en Boden fallen fig. to fall upon stony ground; das fällt bei ihm auf ~en Boden fig. that is lost (*od.* wasted) on him. - 2. bot. sterile, acarpous. - 3. med. (*geschlechtlich*) infertile, barren, sterile: j-n ~ machen to sterilize (*Br. auch* -s-) s.o., (*einen Mann*) auch to castrate (*weibliches Tier*) auch to spay. - 5. (*Jahr*) unfruitful, unproductive. - 6. fig. (*Gespräche, Verhandlungen etc*) fruitless, futile, auch infructuous: es ist ~, wenn wir jetzt darüber sprechen it is fruitless (*od.* futile) (for us) to talk about it now. - 7. fig. (*Arbeit etc*) unproductive, unprolific, fruitless, unfruitful. - 8. der Künstler ist recht ~ geworden fig. the artist has become quite unproductive (*od.* unprolific). — **Un'frucht·bar·keit** f <-; no pl> 1. (*des Bodens etc*) infertility, unfertility, unfruitfulness, sterility, barrenness, poorness, infecundity. - 2. bot. sterility. - 3. med. infertility, barrenness, sterility. - 4. vet. sterility. - 5. (*eines Jahres*) unfruitfulness, unproductiveness. - 6. fig. (*von Gesprächen etc*) fruitlessness, futility. - 7. fig. (*der Arbeit etc*) unproductiveness, fruitlessness, unfruitfulness. - 8. fig. (*eines Künstlers*) unproductiveness.

Un'frucht·bar,ma·chung f <-; no pl> med. vet. sterilization Br. auch -s-, (*eines Mannes, eines männlichen Tieres*) auch castration, (*eines weiblichen Tieres*) auch spay.

Un·fug m <-(e)s; no pl> 1. mischief, auch nuisance: ~ treiben (*od.* anstellen) to do (*od.* to cause) mischief; mach keinen ~! a) (*hör auf*) none of your mischief! b) (*als Warnung*) don't get (*od.* be) up to any mischief! er hat es aus reinem ~ getan he did it out of pure (*od.* sheer) mischief (*od.* devilment). - 2. (*Herumtoben*) mischief, horseplay, bes. Br. colloq. rag. - 3. (*Unsinn, Dummheit*) nonsense: das ist doch alles ~ that is all nonsense. - 4. grober ~ jur. public mischief.

un·füg·sam adj 1. (*ungehorsam*) disobedient, (*stärker*) insubmissive: ein ~es Kind a disobedient child. - 2. (*unlenksam*) intractable, unmanageable, difficult: ein ~er Schüler an intractable pupil.

un·fühl·bar adj 1. intangible, impalpable, imperceptible. - 2. med. (*Puls*) imperceptible, impalpable.

un·fun,diert adj 1. (*nicht auf Wahrheit beruhend*) unfounded, groundless, ungrounded: eine ~e Behauptung an unfounded assertion; seine Beweise sind völlig ~ his evidence is completely unfounded. - 2. ~es Wissen ungrounded knowledge, knowledge without foundation. - 3. ~e Schuld econ. unfunded (*od.* floating) debt.

un·ga,lant adj (*Mann*) ungallant, discourteous: er ist Frauen gegenüber sehr ~ he is very ungallant to women.

un·gang·bar ['ʊn,gaŋbaːr; ,ʊn-] adj auch fig. (*Weg etc*) impassable, impracticable.

un·gar adj 1. gastr. (*Speisen*) underdone: das Fleisch war ~ the meat was underdone (*od.* not quite done). - 2. (*Leder*) untanned. - 3. agr. (*Boden*) in a nonfriable (*Br.* non-friable) state.

Un·gar ['ʊŋgar] m <-n; -n> geogr. Hungarian, Magyar. — **Un·ga·rin** f <-; -nen> Hungarian, Magyar, Hungarian (*od.* Magyar) woman (*od.* girl).

un·ga·risch I adj Hungarian, Magyar. - **II** ling. U~ <generally undeclined>, das U~e <-n> Hungarian, Magyar.

un·gar,niert adj gastr. (*Speisen*) ungarnished, without trimmings.

Un·gar,wein m gastr. Hungarian wine.

un·gast·lich adj (*Haus, Stätte etc*) inhospitable. — **Un'gast·lich·keit** f <-; no pl> inhospitality, inhospitableness.

un·gatt·lich [-,gatlɪç] adj Swiss for grob 11–15.

un·ge·ach·tet ['ʊŋə,ʔaxtət; ,ʊn-] prep <gen> 1. (*trotz*) despite, in spite of: ~ dessen despite this. – **2.** regardless of, notwithstanding, irrespective (*auch* irrespectively) of, unmindful of: ~ des schlechten Wetters gingen wir spazieren we went for a walk regardless of the bad weather; aller Tatsachen ~ beschloß man all facts notwithstanding it was decided.

'un·ge·ahn·det ['ʊngə͜ˀaːndət; ˌʊn-] *adj* (*Verstoß, Vergehen, Verbrechen etc*) unpunished, unpenalized *Br. auch* -s-: dieses Verbrechen blieb ~ this crime went unpunished.

'un·ge·ahnt ['ʊngə͜ˀaːnt; ˌʊn-] *adj* ⟨*attrib*⟩ (*Möglichkeiten, Perspektiven, Erfolge*) unimagined, undreamed-of, *auch* undreamt-of, unrealized *Br. auch* -s-, unsuspected.

'un·ge·än·dert *adj* (*Texte, Schriftstücke, Dokumente etc*) unchanged, unaltered.

'un·ge·backen (*getr.* -k·k-) *adj gastr.* unbaked.

'un·ge·ba·det *adj* (*Person*) unbathed: gestern abend ging ich ~ ins Bett last night I went to bed unbathed (*od.* without [taking] a bath).

'un·ge·bahnt *adj* (*Weg*) untrod(den), unbeaten.

'un·ge·bän·digt *adj* **1.** (*Tier*) untamed. – **2.** (*nicht zugeritten*) unbroken. – **3.** (*Gefühle, Leidenschaften, Naturkräfte etc*) untamed, unsubdued, tameless (*lit.*).

'un·ge·bär·dig [-gə͜bɛːrdɪç] **I** *adj* **1.** (*Kind, auch Tier*) unruly, obstreperous, wild, refractory. – **2.** (*Benehmen etc*) unmannerly, (*stärker*) unmannered. – **II** *adv* **3.** sich ~ benehmen to behave in an unmannerly (*stärker* unmannered) fashion, to behave unmannerly (*stärker* unmanneredly). — **'Un·ge·bär·dig·keit** *f* ⟨-; *no pl*⟩ **1.** (*eines Kindes etc*) unruliness, obstreperousness, wildness, refractoriness. – **2.** (*des Benehmens etc*) unmannerliness.

'un·ge·beich·tet *adj* (*Sünden*) unconfessed.

'un·ge·bes·sert *adj* **1.** *med.* (*Zustand etc*) unimproved. – **2.** *jur.* a) unreformed, b) (*verstockt, verderbt*) unregenerate, *auch* unregenerated.

'un·ge·be·ten *adj* (*Gast, Besucher etc*) uninvited, unbidden, self-invited: zu unserer Party kamen viele ~e Gäste many uninvited guests (*od.* intruders, gate-crashers) came to our party; sie kamen ~ they came uninvited (*od.* without invitation, unasked).

'un·ge·beugt *adj* **1.** (*Person, Willenskräfte etc*) unbent, unbowed, unsubdued. – **2.** *ling. cf.* unflektiert.

'un·ge·bil·det *adj* **1.** (*ohne Bildung u. Erziehung*) uneducated, ill-bred: er ist ein ~er Mensch he is an uneducated person. – **2.** (*ohne Schulbildung*) uneducated, untaught, untutored. – **3.** (*ohne Wissen*) ignorant, unlearned, illiterate, unlettered. – **4.** (*unkultiviert*) uncultured, uncultivated, unpolished, unrefined.

'un·ge·bleicht *adj* (*Leinwand etc*) unbleached, gray, *bes. Br.* grey, ecru (*attrib*).

'un·ge·bo·ren *adj u. adv* (*Kind*) unborn.

'un·ge·brannt *adj* **1.** (*Kaffee*) unroasted, green. – **2.** *tech.* a) (*Töpferware*) green, b) (*Ton*) raw, unfired, c) (*Ziegel*) unburned, unburnt.

'un·ge·bräuch·lich *adj* (*Redewendung, Verfahren etc*) uncommon, unusual, uncustomary: dieses Wort ist heute ~ this word is uncustomary (*od.* has gone out of use, is no longer common usage) nowadays.

'un·ge·braucht *adj* (*Waren*) unused.

'un·ge·bro·chen *adj* **1.** *fig.* (*Energie, Kraft, Stärke, Glaube etc*) unbroken. – **2.** *math.* (*Zahl*) whole. – **3.** *phys.* (*Lichtstrahlen etc*) unrefracted.

'Un·ge·bühr *f* ⟨-; *no pl*⟩ *lit.* **1.** (*Ungehörigkeit*) impropriety, unseemliness, misconduct. – **2.** (*Unanständigkeit*) indecency. – **3.** *obs. for* Ungerechtigkeit 1, Unrecht.

un·ge·büh·rend ['ʊngə͜byːrənt; ˌʊn-] *adj u. adv cf.* ungebührlich.

un·ge·bühr·lich ['ʊngə͜byːrlɪç; ˌʊn-] **I** *adj* **1.** (*Betragen, Benehmen etc*) improper, unseemly, unbecoming: er antwortete mir in einem ~en Ton he answered me in an unseemly tone. – **2.** (*unanständig*) indecent. – **3.** *jur.* (*Beeinflussung*) undue: ~es Verhalten misbehavior, *bes. Br.* misbehaviour. – **II** *adv* **4.** sich ~ benehmen to behave improperly (*stärker* indecently), to behave in an improper (*od.* unseemly, *stärker* indecent) manner. – **5.** er hatte sich darüber ~ aufgeregt he got unduly

excited about it; der Beamte ließ ~ lange auf sich warten the civil servant let (*od.* made) us wait unduly long (*od.* an undue length of time). — '**Un·ge·bühr·lich·keit** *f* ⟨-; *no pl*⟩ **1.** (*eines Betragens etc*) impropriety, unseemliness, unbecomingness. – **2.** (*Unanständigkeit*) indecency.

'un·ge·bun·den *adj* **1.** *print.* (*Buch etc*) unbound, in sheets. – **2.** (*Schnittblumen etc*) loose, untied. – **3.** *chem.* (*Element, Substanz etc*) free, uncombined: ~er Kohlenstoff free carbon. – **4.** *fig.* (*frei, unabhängig*) unattached, independent, footloose: ein ~es Leben führen to lead a free life. – **5.** *fig.* (*nicht verlobt od. verheiratet*) unattached, fancy-free: sie ist noch frei und ~ she is still free and unattached. – **6.** in ~er Rede *ling.* in prose. — **'Un·ge·bun·den·heit** *f* ⟨-; *no pl*⟩ *fig.* (*Unabhängigkeit*) independence, independency, unrestraint.

'un·ge·dämpft *adj* **1.** *phys.* a) (*Schwingung*) undamped, b) (*Welle*) undamped, continuous. – **2.** *mus.* (*Töne*) undamped.

'un·ge·deckt *adj* **1.** *econ.* a) (*Scheck, Wechsel, Kredit, Ausgaben, Notenumlauf*) uncovered, b) (*ohne Golddeckung*) fiduciary. – **2.** *mil.* uncovered, unprotected, exposed, open. – **3.** (*sport*) (*Spieler etc*) (*beim Fußball, Handball etc*) unmarked, uncovered, unguarded. – **4.** (*Tisch*) unlaid: der Tisch ist noch ~ the table has not been laid (*od.* set) yet.

'Un·ge·deih *m only in* auf Gedeih und ~ for better or (for) worse, for good or (for) evil (*od.* ill), for weal or (for) woe (*lit.*).

'un·ge·dient *adj mil.* (*Soldat*) with no prior service. — **'Un·ge·dien·te** *m* ⟨-n; -n⟩ soldier with no prior service.

'un·ge·druckt *adj print.* (*Schriften etc*) unprinted, not yet in print, in manuscript.

'Un·ge·duld *f* ⟨-; *no pl*⟩ impatience: wir haben dich mit ~ erwartet we have been longing (*od.* dying) to see you; von ~ erfüllt sein to be filled with impatience; voller ~ sah er dauernd auf die Uhr he kept looking at his watch impatiently (*od.* quite impatient); vor ~ brennen [vergehen] to be burning [dying] with impatience; seine ~ bezähmen (*od.* bändigen, besänftigen) to contain (*od.* restrain, curb) one's impatience.

'un·ge·dul·dig **I** *adj* (*Person*) impatient, restless, restive: ~ werden a) to become impatient, b) (*unruhig*) (*bes. von Kind*) to become restless; das Kind zeigte sich sehr ~ the child was very impatient. – **II** *adv* ~ wartete ich auf meinen Besuch I waited impatiently (*od.* anxiously) for my visitors.

'un·ge·eig·net *adj* **1.** (*Person*) (*für*) unsuited (for, to), unsuitable (*od.* unfit, inapt, inept, unfitted) (for): ein für diese Stelle ~er Bewerber an applicant unsuited for this position. – **2.** (*unfähig*) (*für for*) incompetent. – **3.** (*nicht qualifiziert*) (*für for*) unqualified, ineligible. – **4.** (*Methode, Verfahren etc*) (*für, zu*) unsuited (for, to), inapt (*od.* unapt, inappropriate) (for). – **5.** *tech.* (*Werkzeug etc*) (*für*) unsuited (for, to), unsuitable (for): diese Zange ist für diesen Zweck ~ this pair of pliers is unsuited for this purpose. – **6.** (*zum Anbau, zu Nahrungszwecken, für Boden etc*) (*für, zu*) unfit (for), unsuitable (for), unsuited (for, to), uncongenial (to), unadapted (for). – **7.** (*Moment, Zeit etc*) (*für for*) unsuitable, inopportune, improper: im ~en Moment at the most unsuitable time (*od.* moment), at the worst time (*od.* moment).

un·ge·fähr ['ʊngə͜fɛːr; ˌʊn-] **I** *adj* ⟨*attrib*⟩ **1.** (*Vorstellung, Schätzung, Wert etc*) approximate, rough: von etwas eine ~e Vorstellung haben to have a rough idea of s.th.; wir stellten eine Liste auf über den ~en Bedarf im nächsten Jahr we made a list of the approximate requirements for next year; der ~e Verlauf der Grenze the approximate (*od.* rough, general) course of the border. – **II** *adv* **2.** approximately, about, roughly, ... or thereabout(s) (*nachgestellt*): er ist ~ 40 Jahre alt he is about 40 years old, he is around (*od.* round about) 40; es dauert ~ eine Stunde (*od.* eine Stunde ~) it lasts approximately an hour (*od.* one hour approximately); wie viele brauchst du ~? about how many do you need? how many do you need roughly? ich benötige ~ sechs Stück I need about six, I need (about) six or so (*od.* thereabout[s]); diese Reparatur wird Sie ~

5 000 DM kosten this repair will cost you approximately 5,000 marks, this repair will cost you s.th. in the neighbo(u)rhood of 5,000 marks. – **3.** (*in Wendungen wie*) wenn ich nur ~ wüßte, was er meint if I only knew approximately what he means, if I only had a general (*od.* rough) idea of what he means; frage ihn, er weiß es so ~ ask him, he can tell you roughly (*od.* he knows roughly); war das denn ~ so, wie er es erzählt hat? was it s.th. like what he said? ja, so ist es ~ gewesen yes, it was just about like that; wo ~ war es? whereabouts (*auch* whereabout) was it? das wird ~ stimmen that will be about right. – **4.** er näherte sich ihm wie von ~ he approached him as if by chance; das ist doch nicht von ~ so, das kommt doch nicht von ~ it is not like that by chance, it is not a matter of pure chance (that that is so).

un·ge·fähr·det ['ʊngə͜fɛːrdət; ˌʊn-] **I** *adj* **1.** safe, unendangered. – **2.** *ped.* (*Schüler*) safe. – **3.** ihr Sieg war ~ (*sport*) their win was never in danger. – **II** *adv* **4.** safely, safe and sound: man kann ~ über die Holzbrücke gehen you can walk safely (*od.* it is quite safe to walk) across the wooden bridge. – **5.** ~ siegen (*sport*) to have a comfortable win.

'Un·ge·fähr·län·ge *f tech.* approximate length.

'un·ge·fähr·lich *adj* **1.** (*Sache, Unternehmen, Abenteuer etc*) harmless, undangerous, not dangerous: was du da tust, ist nicht ganz ~ what you are doing there is not altogether harmless; das ist keine ~e Lage that is a very precarious situation. – **2.** (*Arzneimittel, Drogen, Chemikalien, Tiere etc*) harmless, innocuous: eine ~e Schlange an innocuous snake. — **'Un·ge·fähr·lich·keit** *f* ⟨-; *no pl*⟩ **1.** (*eines Abenteuers etc*) harmlessness. – **2.** (*einer Droge etc*) harmlessness, innocuousness, innocuity.

'un·ge·fäl·lig *adj* (*Person*) disobliging, unobliging, uncourteous, uncomplaisant, unaccommodating: er ist anderen Leuten gegenüber immer so ~ he is always so disobliging to people. — **'Un·ge·fäl·lig·keit** *f* ⟨-; *no pl*⟩ (*einer Person*) disobligingness, uncomplaisance.

'un·ge·fälscht *adj* (*Kunstgegenstände, Bilder etc*) unfalsified, unfaked, unforged, genuine.

'un·ge·färbt *adj* **1.** (*Stoffe, Wolle, Haar, Flüssigkeiten, Glas, Lebensmittel etc*) undyed, uncolored, *bes. Br.* uncoloured. – **2.** *fig.* (*Berichte, Darstellungen etc*) unvarnished, unembellished.

'un·ge·faßt *adj* (*jewelry*) (*Edelstein*) unset.

'un·ge·fe·dert *adj* (*Fahrzeuge, Polstermöbel etc*) unsprung.

'un·ge·fie·dert *adj zo.* (*Vögel*) unfledged, unfeathered, plumeless, callow.

'un·ge·fil·tert *adj* **1.** (*Kaffee, Flüssigkeiten etc*) unfiltered, unstrained. – **2.** *phys.* (*Sonnenstrahlen etc*) unfiltered.

'un·ge·fleckt *adj bot.* (*Pflanzen*) immaculate.

'un·ge·flü·gelt *adj zo.* **1.** (*Vögel*) wingless. – **2.** (*Insekten*) apterous, apteral.

'un·ge·formt *adj tech.* (*Material, Töpfererde, Ton, Plastik etc*) unshaped, unformed.

'un·ge·fragt **I** *adj* unasked. – **II** *adv* unasked, without being asked.

'un·ge·früh·stückt *adv colloq. humor.* without (having) breakfast, on an empty stomach: er geht jeden Morgen ~ zur Arbeit he goes to work every morning without (having had) breakfast.

'un·ge·fü·ge *adj* **1.** (*Gegenstand, Bündel etc*) unwieldy, bulky. – **2.** (*Gestalt, Figur etc*) hulking, heavily built. – **3.** *cf.* unförmig.

'un·ge·fü·gig *adj* **1.** (*Person*) incompliant, uncompliant, unpliant, (*stärker*) untoward. – **2.** *cf.* ungefüge 1.

'un·ge·füt·tert *adj* **1.** (*Tiere*) unfed. – **2.** *fig.* (*Briefumschlag, Handschuh etc*) unlined.

'un·ge·gerbt (*leather*) *adj* **1.** (*Fell*) green. – **2.** raw, untanned, undressed: ~es Leder rawhide. – **II** *adv* **3.** ~ gesalzen (*Fell*) green-salted.

'un·ge·ges·sen **I** *adj* (*Speisen*) uneaten. – **II** *adv* ~ aus dem Haus gehen *colloq. humor.* to leave the house without having eaten.

'un·ge·glie·dert *adj* **1.** *biol.* (*Körper, Stengel, Gliedmaßen etc*) unsegmented, unjointed,

inarticulate, unarticulated, unarticulate. –
2. (*schriftliche Arbeit etc*) unstructured.

'**un·ge,go·ren** *adj* (*Wein, Fruchtsaft etc*) unfermented.

'**un·ge,hal·ten** *adj* (*unwillig*) (über *acc* at, with) displeased, annoyed, (*stärker*) indignant: er wird allmählich ~ he is beginning to get annoyed (*od.* to lose his temper). — '**Un·ge,hal·ten·heit** *f* ⟨-; *no pl*⟩ displeasure, annoyance, (*stärker*) indignation.

'**un·ge,här·tet** *adj* *metall.* unhardened, nonhardened *Br.* non-.

'**un·ge,heilt** *adj* uncured.

'**un·ge,hei·ßen** *adv only in* etwas ~ tun to do s.th. without being asked (*od.* of one's own accord, unasked, unbidden).

'**un·ge,heizt** *adj* (*Zimmer, Haus etc*) unheated.

'**un·ge,hemmt** I *adj* **1.** *cf.* ungehindert I. – **2.** *fig.* uninhibited, unrestrained, unhampered, at (one's) ease. – **3.** *fig. cf.* hemmungslos 1. – II *adv* **4.** *fig.* inhibitedly, without restraint (*od.* the slightest embarrassment), freely. — '**Un·ge,hemmt·heit** *f* ⟨-; *no pl*⟩ *fig.* unrestraint.

'**un·ge,heu·chelt** *adj* (*Interesse, Anteilnahme etc*) unfeigned, sincere, undissembling, candid.

un·ge,heu·er ['ʊŋgə,hɔyər; ,ʊn-] I *adj* **1.** (*Verdacht etc*) dreadful. – **2.** (*Wolke, Welle etc*) enormous, tremendous, immense, vast, prodigious, gigantic, giant (*attrib*), huge, mammoth (*attrib*), pythonic (*lit.*). – **3.** (*Kraft, Verantwortung, Mut, Leistung etc*) enormous, tremendous, prodigious: ungeheurer Reichtum enormous (*od.* immense, vast) riches *pl*; eine ungeheure Wucht an enormous (*od.* a tremendous) impact (*od.* force); eine ungeheure Korrespondenz an enormous amount of correspondence; eine ungeheure Menge Geld an enormous (*od. colloq.* a terrific, a fantastic) amount of money. – **4.** *colloq.* (*Spaß, Vergnügen etc*) 'tremendous, smashing (*beide colloq.*), marvel(l)ous: ungeheure Lust haben, etwas zu tun to be dying to do s.th. – **5.** *colloq.* (*Schmerzen, Durst etc*) terrible, dreadful, desperate: er hatte einen ungeheuren Durst he was terribly thirsty (*colloq.*); ein ungeheurer Fehler a terrible mistake (*colloq.*); a howling mistake, a howler (*sl.*). – **6.** (*substantiviert mit Kleinschreibung*) die Aufgabe steigert sich ins ungeheure the task assumes enormous (*od.* tremendous) dimensions. – II *adv* **7.** (*sehr*) greatly, highly: ~ viel a great deal, an enormous (*od.* a tremendous, a prodigious) amount; ~ groß enormous; das Wort ist ~ mißbraucht worden the word has been excessively (*od. colloq.* terribly) misused. – **8.** *colloq.* mighty (*colloq.*), *Br. colloq.* jolly: ~ gut jolly good.

'**Un·ge,heu·er** *n* ⟨-s; -⟩ **1.** monster, prodigy. – **2.** *fig.* (*roher, gewalttätiger Mensch*) monster, ogre.

un·ge,heu·er·lich [,ʊŋgə'hɔyərlɪç; 'ʊn-] *adj* **1.** (*Verbrechen etc*) monstrous, atrocious, enormous, abominable. – **2.** (*Ansinnen, Zumutung etc*) outrageous, monstrous (*colloq.*): es ist geradezu ~, was er gesagt hat what he said is absolutely outrageous. — ,**Un·ge'heu·er·lich·keit** *f* ⟨-; -en⟩ **1.** (*Tat*) monstrosity, atrocity, enormity. – **2.** ⟨*only sg*⟩ (*eines Ansinnens, einer Zumutung etc*) outrageousness, monstrosity (*colloq.*).

'**un·ge,hin·dert** I *adj* ⟨*attrib*⟩ (*Zutritt etc*) unhindered, unhampered, unchecked, unobstructed, unimpeded, free. – II *adv* ~ die Grenze passieren to cross the border unhindered (*od.* without hindrance).

un·ge,ho·belt ['ʊŋgə,hoːbəlt; ,ʊn-] *adj* **1.** (*Bretter etc*) unplaned. – **2.** *fig.* (*Benehmen*) unpolished, uncouth, rude, churlish. – **3.** *fig.* (*Person*) unpolished, uncouth, rough-hewn, coarse-grained, unlicked, rude, churlish.

'**un·ge,hö·rig** I *adj* (*Antwort, Benehmen etc*) undue, impertinent, unseemly, unbecoming, (*stärker*) crude, improper, indecent. – II *adv* sich ~ benehmen to behave improperly, to misbehave. — '**Un·ge,hö·rig·keit** *f* ⟨-; -en⟩ **1.** (*unziemliches Benehmen*) liberty, irregularity. – **2.** ⟨*only sg*⟩ (*einer Antwort, Handlung etc*) impertinence, unseemliness, (*stärker*) impropriety, indecency, indecorum.

'**un·ge,hor·sam** *adj* **1.** disobedient, insubordinate, (*stärker*) recalcitrant: gegen j-n ~ sein to disobey s.o., to be disobedient to s.o. – **2.** *mil.* insubordinate.

'**Un·ge,hor·sam** *m* (gegen to) **1.** disobedience, insubordination, (*stärker*) recalcitrance. – **2.** *mil.* insubordination.

'**un·ge,hört** *adj* ⟨*pred*⟩ unheard: sein Ruf verhallte ~ his cry died away unheard.

'**Un·geist** *m* ⟨-(e)s; *no pl*⟩ *lit.* demon, *auch* daemon.

'**un,gei·stig** *adj* unintellectual.

'**un·ge,kämmt** *adj* **1.** (*Haar*) uncombed, unkempt, ungroomed. – **2.** *tech.* (*Wolle*) uncarded.

'**un·ge,kämpft** *adj only in* die Schlacht blieb ~ *lit.* the battle remained unfought.

'**un·ge,klärt** *adj* **1.** (*Problem etc*) unsettled, uncleared, open to question. – **2.** (*Lage*) obscure. – **3.** (*Flüssigkeit*) unsettled, (*Wasser*) unclarified.

'**un·ge,kocht** *adj* **1.** (*Wasser*) unboiled. – **2.** (*Speisen*) uncooked, raw, crude.

'**un·ge,krönt** *adj* (*Herrscher*) uncrowned.

'**un·ge,krümmt** *adj* unbent, unbowed.

'**un·ge,kühlt** *adj* uncooled.

'**un·ge,kün·digt** *adj only in* in ~er Stellung not under notice to leave.

'**un·ge,kün·stelt** *adj* (*Person, Benehmen, Stil etc*) unaffected, unsophisticated, artless, natural, unstudied. — '**Un·ge,kün·stelt·heit** *f* ⟨-; *no pl*⟩ unaffectedness, unsophistication, artlessness, naturalness.

'**un·ge,kürzt** *adj* **1.** (*Buch, Ausgabe etc*) unabridged, uncondensed. – **2.** (*Film, Fassung etc*) unabridged, uncut, unshortened. – **3.** (*Summe, Betrag*) full, unreduced.

'**un·ge,la·den**[1] **1.** (*Gewehr*) not loaded. – **2.** *electr.* (*Batterie etc*) uncharged.

'**un·ge,la·den**[2] *adj* **1.** uninvited, unbidden, *auch* unbid: ~ kommen to come uninvited (*od.* without invitation), to gate-crash. – **2.** *jur.* unsummoned.

'**un·ge,läu·fig** *adj* **1.** (*nicht vertraut*) unfamiliar: dieses Wort ist mir ~ this word is unfamiliar to me, I am not familiar with this word. – **2.** (*wenig benutzt*) uncommon, unusual, uncurrent.

'**un·ge,läu·tert** *adj* *fig.* (*Charakter, Herz, Mensch*) unchastened.

'**Un,geld** *n only in* das hat ein ~ gekostet *colloq.* that cost a heck of a lot (*od.* a mint) of money (*colloq.*).

'**un·ge,le·gen** I *adj* (*unpassend*) inconvenient, unsuitable, (*zeitlich*) *auch* inopportune, untimely, ill-timed: zu ~er Stunde at an inconvenient time, at an awkward moment. – II *adv* komme ich ~? have I come at an inconvenient time? dieser Vorschlag kommt mir höchst ~ this suggestion does not suit me at all; der Besuch meiner Mutter kommt mir (höchst) ~ my mother's visit is (most) inopportune (for me). — '**Un·ge,le·gen·heit** *f only in* j-m ~en machen (*od.* bereiten) to put s.o. to inconvenience (*od.* trouble, bother), to put s.o. out.

'**un·ge,legt** *adj only in* über ~e Eier gackern, ~e Eier begackern, sich um ~e Eier kümmern *fig. colloq.* to cross one's bridges before one comes (*od.* gets) to them.

'**un·ge,leh·rig** *adj* unteachable, indocile.

'**un·ge,lehrt** *adj cf.* ungebildet.

'**un·ge,leimt** *adj* **1.** unglued. – **2.** (*Papier*) unsized.

'**un·ge,lenk** *adj* **1.** (*Bewegung etc*) awkward, clumsy, ungainly, ungraceful, angular. – **2.** *fig.* (*Schrift, Worte*) awkward, clumsy. — '**un·ge,len·kig** *adj* stiff. — '**Un·ge,len·kig·keit** *f* ⟨-; *no pl*⟩ stiffness.

'**un·ge,lernt** *adj* **1.** (*Arbeit, Arbeiter*) unskilled. – **2.** (*Fähigkeit etc*) untaught, unschooled.

'**un·ge,le·sen** *adj* unread.

'**un·ge,liebt** *adj* un(be)loved.

'**un·ge,lo·gen** *adv colloq.* without lying: dafür habe ich ~ zehn Mark bezahlt I paid ten marks for that, no lie (*od.* honest to God), I'm not lying when I tell you that I paid ten marks for that.

'**un·ge,löscht** *adj* **1.** (*Durst*) unquenched. – **2.** (*Feuer*) unextinguished, unquenched. – **3.** ~er Kalk *chem.* unslaked lime, quicklime.

'**un·ge,löst** *adj* **1.** (*Frage, Problem, Rätsel etc*) un(re)solved. – **2.** *chem.* undissolved. – **3.** *med.* (*Lungenentzündung*) unresolved.

'**un·ge,lüf·tet** *adj* **1.** (*Zimmer etc*) unaired,

unventilated. – **2.** (*Kleidung, Betten*) unaired.

'**Un·ge,mach** *n* ⟨-(e)s; *no pl*⟩ *lit.* hardship, trouble, adversity.

'**un·ge,macht** *adj* (*Bett*) unmade.

'**un·ge,mah·len** *adj* (*Korn, Kaffee etc*) unground.

'**un·ge,mäht** *adj* (*Wiese, Gras*) unmown, uncut.

'**un·ge,mälzt** *adj* *brew.* (*Getreide*) unmalted, raw.

'**un·ge,mäß** I *adj* (*unangemessen*) (*dat*) unsuited (to, for), inappropriate (to). – II *prep* ⟨*dat*⟩ in disconformity to (*od.* with).

un·ge,mein ['ʊŋgə,maɪn; ,ʊn-] I *adj* (*sehr groß*) uncommon, tremendous, extraordinary: es macht mir ~es Vergnügen it gives me tremendous pleasure (*colloq.*). – II *adv* uncommonly, tremendously, extraordinarily: ~ schön uncommonly (*od.* singularly, surpassingly) beautiful; ~ groß uncommonly big, enormous; er redet ~ viel he talks a tremendous lot (*colloq.*); ~ viel Bodenschätze an uncommon amount of mineral resources.

un·ge,mes·sen ['ʊŋgə,mɛsən; ,ʊn-] *adj u. adv cf.* unermeßlich.

'**un·ge,mil·dert** *adj* **1.** (*Schmerzen etc*) unmitigated, unalleviated. – **2.** (*Hitze etc*) untempered, unmitigated.

'**un·ge,min·dert** *adj* (*Härte, Wucht etc*) undiminished.

'**un·ge,mischt** *adj* **1.** unmixed, unblended. – **2.** (*Metalle*) unalloyed.

'**un·ge,münzt** *adj* uncoined: ~es Gold [Silber] bullion.

'**un·ge,mu·stert** *adj* (*Stoff etc*) plain, unpatterned.

'**un·ge,müt·lich** *adj* **1.** (*wenig behaglich*) uninviting, unhomely: sein Zimmer ist ~ his room is uninviting (*od.* not cozy [*bes. Br.* cosy]), his room lacks warmth. – **2.** (*unbequem*) uncomfortable, uneasy. – **3.** *colloq.* (*ohne Muße*) restless. – **4.** *colloq.* (*unangenehm*) unpleasant, nasty: ich kann auch ~ werden! I can be very unpleasant if I like to (*od.* choose, want to)! – **5.** dir wird's wohl allmählich ~ *colloq.* (*mulmig*) things are getting too (*od.* a bit) hot for you, aren't they? — '**Un·ge,müt·lich·keit** *f* ⟨-; *no pl*⟩ uninvitingness, lack of warmth, unhomeliness.

'**un·ge,nannt** *adj* **1.** (*Person*) anonymous, unnamed: der Retter möchte ~ bleiben the rescuer wishes to remain anonymous (*od.* does not wish to disclose his name). – **2.** (*Grund, Ursache etc*) unnamed: aus ~en Gründen for reasons unnamed.

'**un·ge,nau** *adj* **1.** (*Messung, Berechnung etc*) inaccurate, inexact: eine ~e Übersetzung an inexact (*od.* a loose) translation. – **2.** (*Vorstellung, Beschreibung etc*) vague, approximate, hazy. – **3.** (*sport*) (*Paß etc*) inaccurate. — '**Un·ge,nau·ig·keit** *f* ⟨-; -en⟩ **1.** ⟨*only sg*⟩ (*einer Messung etc*) inaccuracy, inaccurateness, inexactness, inexactitude. – **2.** ⟨*only sg*⟩ (*einer Beschreibung etc*) vagueness, haziness. – **3.** (*in einem Text, einer Übersetzung etc*) inaccuracy, inexactitude: es sind dir ein paar ~en unterlaufen there are several inaccuracies in your work. – **4.** ⟨*only sg*⟩ (*sport*) (*von Pässen etc*) inaccuracy, inaccurateness.

un·ge,niert ['ʊŋʒə,niːrt; ,ʊn-] I *adj* unembarrassed, unceremonious, free and easy. – II *adv* without embarrassment, without ceremony: völlig ~ a) without the slightest embarrassment, b) (*selbstsicher*) with perfect aplomb; du darfst das ~ sagen you can say that without the slightest misgivings; langen Sie ~ zu! please feel quite free to help yourselves! — '**Un·ge,niert·heit** *f* ⟨-; *no pl*⟩ freedom from embarrassment, unceremoniousness, free and easy way (*od.* manner), easiness.

un·ge,nieß·bar ['ʊŋgə,niːsbaːr; ,ʊn-] *adj* **1.** (*nicht zum Essen geeignet*) inedible, uneatable. – **2.** (*unschmackhaft*) unpalatable, distasteful, brackish. – **3.** *fig. colloq.* (*Person*) disagreeable, unpleasant, (*stärker*) unbearable, intolerable, brackish. — '**Un·ge,nieß·bar·keit** *f* ⟨-; *no pl*⟩ **1.** inedibility. – **2.** unpalatability, distastefulness.

'**un·ge,nü·gend** I *adj* **1.** insufficient, inadequate: etwas für ~ erachten to regard s.th. as insufficient. – **2.** *ped.* (*als Note*) unsatisfactory: er hat für seine Arbeit ein ,ungenügend' erhalten he was given a very poor mark (*bes. Am.* an F) for his work. – **II** *adv* **3.** er hatte seine Reise ~ vorbereitet he had not prepared his journey sufficiently. – **4.** ~ bezahlt underpaid; ~ frankiert (*Brief etc*) a) insufficiently (pre)paid, b) short-paid; ~ bemannt *mar.* undermanned.

'**un·ge,nüg·sam** *adj* (*gierig*) insatiable, greedy.

'**un·ge,nutzt**, '**un·ge,nützt** *adj* unused, unemployed, unutilized *Br. auch* -s-, unimproved: die Zeit ~ verstreichen lassen to waste time; eine Gelegenheit ~ verstreichen lassen to waste (*od.* miss) an opportunity, to let an opportunity go (*od.* slip).

'**un·ge,öff·net** *adj* (*Brief, Paket, Flasche etc*) unopened.

'**un·ge,ord·net** *adj* **1.** (*Papiere, Seiten etc*) disordered, disarranged, unarranged: ~e Verhältnisse *fig.* disorder *sg.* – **2.** (*Wissen, Kenntnisse*) ill-assorted, unorganized *Br. auch* -s-, disorganized *Br. auch* -s-, undigested.

'**un·ge,paart** *adj* **1.** unpaired, odd. – **2.** *zo.* unpaired, unmatched, (*bes. Vögel*) unmated, single. – **3.** *med.* unpaired, azygous, *auch* azygos (*scient.*). – **4.** *chem.* (*Elektron*) impaired.

'**un·ge,pan·zert** *adj* unarmed, unarmored, *bes. Br.* unarmoured.

'**un·ge,pfla·stert** *adj* unpaved.

'**un·ge,pflegt** *adj* **1.** (*Aussehen, Haar etc*) unkempt, dishevel(l)ed, ungroomed, untidy: sie sieht immer ~ aus she always looks unkempt, she is always unkempt-looking. – **2.** (*Anlage, Rasen etc*) unkempt, untidy, badly kept, untended. – **3.** (*Sprache*) uncultivated. — '**Un·ge,pflegt·heit** *f* ⟨-; *no pl*⟩ unkemptness, dishevelment, untidiness.

'**un·ge,pflückt** *adj* unpicked, unculled: ~e Blumen unpicked (*od.* unplucked) flowers.

'**un·ge,pflügt** *adj* unploughed, *bes. Am.* unplowed, unbroken.

'**un·ge,plant** *adj* unplanned.

'**un·ge,pö·kelt** *adj gastr.* (*Fleisch*) uncured, fresh.

'**un·ge,prägt** *adj cf.* ungemünzt.

'**un·ge,prüft** *adj* **1.** (*nicht überprüft*) unexamined, unchecked, uninspected. – **2.** (*ohne Examen*) uncertified. – **3.** *tech.* untried, untested. – **4.** *econ.* (*Bilanz etc*) unaudited.

'**un·ge,putzt** *adj* **1.** (*ungesäubert*) uncleaned: ~e Schuhe uncleaned (*od.* uncleaned) shoes. – **2.** (*ungeschmückt*) undecorated, unadorned.

'**un·ge,rächt** *adj* unavenged, unrevenged: sein Tod darf nicht ~ bleiben his death must not go unavenged (*od.* must be avenged).

'**un·ge,ra·de** *adj* **1.** (*Linie etc*) not straight, uneven. – **2.** (*schräg*) crooked. – **3.** (*gekrümmt*) curved. – **4.** (*Zahl, Hausnummer*) uneven, odd. – **5.** ein ~r Zwölfender (*od.* Zwölfer) *hunt.* a stag of thirteen points.

'**Un·ge,rad·heit** *f* ⟨-; *no pl*⟩ (*einer Zahl*) unevenness, oddness.

'**un·ge,rahmt** *adj* unframed.

'**un·ge,rän·dert** *adj* unrimmed, unbordered.

'**un·ge,ra·ten** *adj* ⟨*attrib*⟩ **1.** (*unerzogen*) rude, ill-mannered, bad-mannered. – **2.** (*mißraten*) wayward: er hat einen ~en Sohn he has a wayward son, his son has turned out badly.

'**un·ge,räu·chert** *adj gastr.* (*Wurst etc*) unsmoked.

'**un·ge,rech·net** *adj* apart from, not counting (*od.* including): für meine Ferien habe ich 500 Mark ausgegeben, die Reisekosten ~ I spent 500 marks on my holidays apart from (the) travel(l)ing expenses (*od.* not taking [the] travel(l)ing expenses into account).

'**un·ge,recht** **I** *adj* **1.** unjust, inequitable, unfair: eine ~e Vermögensverteilung [Besteuerung] an unjust distribution of property [taxation]; ein ~es Urteil a) an unjust judg(e)ment, b) *jur.* (*Urteilsspruch*) an unjust sentence. – **2.** *cf.* ungerechtfertigt I. – **II** *adv* **3.** j-n ~ behandeln to treat s.o. unjustly, to wrong s.o.; ~ urteilen a) to judge unjustly (*od.* unfairly), b) to pass an unjust sentence.

'**un·ge,rech·ter'wei·se** *adv* wrongly, unjustly.

'**un·ge,recht,fer·tigt** **I** *adj* **1.** (*Anspruch, Forderung etc*) unjustified, unwarranted. – **2.** (*Krieg*) unjustified. – **II** *adv* **3.** unduly.

'**un·ge,recht,fer·tig·ter'wei·se** *adv* unduly.

'**Un·ge,rech·tig·keit** *f* ⟨-; -en⟩ (*gegen to*) **1.** ⟨*only sg*⟩ injustice, unjustness, inequity, iniquity, unfairness: das ist eine schreiende ~, diese ~ schreit zum Himmel such injustice cries to high heaven, this is shamefully unjust (*od.* unfair). – **2.** *bes. econ.* (*hinsichtlich Löhnen, Arbeitsbedingungen*) inequity, iniquity: ~en bei der Besteuerung inequities in taxation.

'**un·ge,re·gelt** *adj* **1.** (*nicht reguliert*) unregulated. – **2.** (*unregelmäßig*) irregular: ein ~es Leben führen to lead an irregular life; ein ~es Kommen und Gehen an irregular coming and going. – **3.** (*nicht festgelegt*) unscheduled: ~e Freizeit unscheduled free time. – **4.** (*unerledigt*) unsettled: eine Angelegenheit [Schulden] ~ lassen to leave an affair [debts] unsettled.

'**un·ge,reift** *adj gastr.* (*Käse*) unripened.

'**un·ge,reimt** *adj* **1.** (*Verse*) unrhymed, rhymeless. – **2.** *fig.* (*unsinnig*) inconsistent, incongruous, absurd: ~es Zeug (daher)reden to talk (a lot of) nonsense (*od. sl.* rot); das ist doch alles ~es Zeug there is neither rhyme nor reason in all that. — '**Un·ge,reimt·heit** *f* ⟨-; -en⟩ (*Unsinnigkeit*) inconsistency, *auch* inconsistence, incongruity, absurdity.

'**un·ge,rei·nigt** *adj* **1.** uncleaned. – **2.** *chem.* unpurified, crude. – **3.** *relig.* unpurified.

'**un·ge,rich·tet** *adj* **1.** (*radio*) equiradial, nondirectional *Br.* non-, nondirective *Br.* non-: eine ~e Antenne an equiradial antenna (*bes. Br.* aerial). – **2.** *math.* scalar, nonoriented *Br.* non-: eine ~e Größe a scalar quantity.

'**un·ge,rinn·bar** *adj chem.* incoagulable.

'**un·ge,rippt** *adj* **1.** (*Papier*) unlaid. – **2.** *bot.* veinless.

'**un,gern** *adv* unwillingly, reluctantly, with reluctance (*auch* reluctancy), grudgingly: etwas ~ tun to do s.th. reluctantly, to be reluctant (*od.* loath, *auch* loathe, loth) to do s.th.; ich fahre ~ weite Strecken I don't like (*od.* enjoy) driving over long distances; er ging auf den Vorschlag nur ~ ein he accepted the proposal unwillingly; ich leihe es dir nur ~ I am lo(a)th to lend it to you (*od.* to lend you it), it is not without reluctance that I lend it to you; ich nehme äußerst ~ an solchen Veranstaltungen teil I hate to go (*od.* I hate going) to meetings like that; gern oder ~, du mußt es tun you must do it whether you like it or not (*od.* and if you don't like it you may [*od.* can] lump it); er sieht es ~, daß [wenn] he does not like it at all (*od.* he is not at all [*od.* a bit] pleased) that [if *od.* when]; ich tue es nicht ~ I don't dislike doing it, I rather like (*od.* enjoy) doing it; er hat es zwar getan, aber nur sehr ~ he did it, but only very reluctantly (*od.* very grudgingly, with great reluctance).

'**un·ge,ru·fen** *adj* without being called (*od.* sent for), unbidden.

'**un·ge,rügt** *adj only in* das kann nicht ~ bleiben that cannot go uncensured.

'**un·ge,rührt** *adj* unmoved, untouched: er hörte ihren Klagen ~ zu he listened to her complaints unmoved (*od.* with dry eyes, unfeelingly); ~ von ihren Bitten unmoved by her pleas.

'**un·ge,rupft** *adj* **1.** (*Huhn etc*) unplucked. – **2.** *fig. colloq.* (*in Wendungen wie*) ~ davonkommen a) to get away without being fleeced, b) to escape unmolested; er ist nicht ~ davongekommen a) they fairly skinned him (*colloq.*), b) he did not get away (*od.* off) with it; er blieb ~ he got away (*od.* off) with it.

'**un·ge,rü·stet** *adj* **1.** (*unbewaffnet*) unarmed. – **2.** *fig.* (*unvorbereitet*) unprepared.

'**un·ge,sagt** *adj* (*in Wendungen wie*) dieses Wort wäre besser (*od.* lieber) ~ geblieben this word would have better been unsaid; das hättest du besser ~ gelassen you would have better (*od.* done) better to leave that unsaid, it would have been better had you left that unsaid; vieles blieb ~ much remained unsaid.

'**un·ge,sal·zen** *adj gastr.* **1.** (*nicht gewürzt*) unsalted. – **2.** (*nicht konserviert*) unsalted, uncured.

'**un·ge,sät** *adj* unsown.

'**un·ge,sat·telt** *adj* (*Pferd*) unsaddled: auf ~em Pferd reiten to ride (a horse) bareback(ed).

'**un·ge,sät·tigt** *adj* **1.** (*noch hungrig*) un-

---

satisfied, insatiate(d). – **2.** *chem.* (*Lösung, Verbindung etc*) unsaturated.

'**un·ge,säu·bert** *adj* uncleaned.

'**un·ge,säu·ert** *adj* (*Brot, Teig*) unleavened: ~es Brot unleavened bread, *relig.* azyme, *auch* azym; Fest der ~en Brote *relig.* feast of unleavened bread, azymes *pl.*

'**un·ge,säumt**[1] *adj* (*ohne Saum*) unhemmed.

un·ge·säumt[2] ['ʊngə,zɔymt; ,ʊn-] *adv lit.* (*ohne zu zögern*) immediately, without delay.

'**un·ge,schaf·fen** *adj* uncreated.

'**un·ge,schält** *adj* **1.** (*Erbsen, Getreide etc*) unshelled, unhusked, unhulled: ~er Reis paddy, *auch* padi, paddy rice. – **2.** (*Obst, Kartoffeln etc*) unpeeled.

'**un·ge,sche·hen** *adj* (*in Wendungen wie*) etwas ~ machen to undo s.th.; Geschehenes kann man nicht ~ machen what has been done cannot be undone.

un·ge·scheut ['ʊngə,ʃɔyt; ,ʊn-] *adv lit.* without fear: er sagte ihm die Wahrheit ~ he told him the truth without fear; sagen Sie mir ~, was Sie auf dem Herzen haben don't be afraid to tell me what you are worried about.

'**un·ge,schich·tet** *adj geol.* unstratified.

'**un·ge,schicht·lich** *adj* **1.** (*die Geschichte nicht berücksichtigend*) ahistoric(al). – **2.** (*in der Geschichte nicht nachweisbar*) unhistorical, fictitious.

'**Un·ge,schick** *n* ⟨-(e)s; *no pl*⟩ **1.** (*Mangel an Geschicklichkeit*) lack of skill: sein ~ bei Verhandlungen his lack of skill in negotiation(s). – **2.** (*Mißgeschick*) mischance, mishap, misadventure. – **3.** *cf.* Ungeschicklichkeit.

'**un·ge,schickt** *adj cf.* ungeschickt I. – '**Un·ge,schick·lich·keit** *f* ⟨-; *no pl*⟩ (*linkisches Verhalten*) clumsiness, maladroitness, unhandiness, left-handedness, awkwardness, ungainliness.

'**un·ge,schickt** **I** *adj* **1.** (*linkisch*) clumsy, maladroit, unhandy, awkward, ungainly, bungling, butterfingered: er ist so ~ he is so clumsy (*od.* left-handed), he is all thumbs, his fingers are all thumbs; ~ läßt grüßen *fig. colloq.* trust you! clever boy (*od.* girl)! butterfingers! seine ~en Bewegungen his clumsy movements. – **2.** (*schlechtangelegt*) clumsy: ein ~er Versuch a clumsy attempt. – **3.** *fig.* (*unbedacht*) inadvertent: eine ~e Bewegung an inadvertent movement. – **4.** *fig.* (*unklug*) imprudent, undiplomatic, unfortunate: diese Frage war ziemlich ~ this question was rather imprudent. – **II** *adv* **5.** etwas ~ anfassen *fig.* to go about s.th. the wrong way; er hat sich ~ ausgedrückt he expressed himself clumsily; eine Bitte ~ vorbringen to express a wish clumsily; sie hat sich ~ benommen she behaved imprudently. — '**Un·ge,schickt·heit** *f* ⟨-; *no pl*⟩ **1.** *cf.* Ungeschicklichkeit. – **2.** (*Unklugheit*) imprudence, imprudentness.

'**un·ge,schie·den** *adj metall.* **1.** (*Gold u. Silber*) unparted. – **2.** (*Erz*) unsorted.

'**un·ge,schlacht** [-gə,ʃlaxt] *adj contempt.* **1.** (*Person, Aussehen*) hulking, hulky, bulky. – **2.** (*Sprache*) uncouth, coarse, rude. – **3.** (*Sitten*) uncivilized *Br. auch* -s-, barbaric, barbarous. — '**Un·ge,schlacht·heit** *f* ⟨-; *no pl*⟩ **1.** bulkiness. – **2.** uncouthness, coarseness, rudeness. – **3.** barbarity, barbarousness.

'**un·ge,schla·gen** *adj* **1.** (*Baum*) unfelled. – **2.** *mil.* (*sport*) unbeaten, undefeated: die Mannschaft ist schon seit 5 Spielen ~ the team has had an unbeaten run of five games. – **3.** *gastr.* (*Sahne*) unwhipped.

'**un·ge,schlecht·lich** *adj biol.* asexual, sexless; agamic, agamous (*scient.*): → Fortpflanzung 2. — '**Un·ge,schlecht·lich·keit** *f* ⟨-; *no pl*⟩ asexuality, sexlessness.

'**un·ge,schlif·fen** *adj* **1.** (*Messer, Klinge etc*) unsharpened, unwhetted, blunt. – **2.** (*Marmor etc*) unpolished. – **3.** (*Edelstein*) uncut: ein ~er Diamant an uncut (*od.* a rough) diamond. – **4.** *fig.* (*Benehmen, Mensch*) unpolished, rough, crude, (*stärker*) uncouth, coarse. – **5.** *fig.* (*Stil*) unpolished, rugged. — '**Un·ge,schlif·fen·heit** *f* ⟨-; *no pl*⟩ *fig.* **1.** (*ungeschliffenes Benehmen*) roughness, lack of polish, crudeness, crudity, (*stärker*) uncouthness, coarseness. – **2.** (*des Stils*) ruggedness.

'**un·ge,schmä·lert** *adj* undiminished, unimpaired, uncurtailed.

'un·ge·schmei·dig adj 1. tech. (Werkstoff etc) unpliable, impliable, stiff, rigid. – 2. metall. a) (nicht dehnbar) unyielding, inelastic, b) (nicht biegsam) inflexible, unbending, unpliable, impliable. – 3. (Wachs etc) unmoldable, bes. Br. unmouldable.

'un·ge·schminkt I adj 1. without makeup (Br. make-up). – 2. fig. (Tatsachen) crude, plain, cold, naked, bare. – 3. fig. (Bericht etc) unvarnished, unadorned: er sagte ihr die ⁓e Wahrheit ins Gesicht he told her the unvarnished (od. plain) truth straight to her face. – II adv 4. j-m ⁓ die Wahrheit sagen fig. to tell s.o. the unvarnished truth.

'un·ge·schmückt adj unadorned.

'un·ge·schnit·ten adj 1. (Gras) uncut, unmown. – 2. (Haar) uncut. – 3. (textile) (Samt) uncut.

'un·ge·scho·ren I adj 1. unshorn. – 2. (textile) (Tuch) unshorn. – 3. fig. (in Wendungen wie) laß mich damit ⁓ don't bother me with that; ⁓ bleiben to stay (od. remain) untroubled, to get away with it. – 4. colloq. humor. (unrasiert) unshaven, unshaved. – II adv 5. ⁓ davonkommen to escape unmolested.

'un·ge·schrie·ben adj (in Wendungen wie) das ist ein ⁓es Gesetz it is an unwritten law; der Brief blieb ⁓ the letter was left unwritten (od. was never written).

'un·ge·schult adj untrained, unschooled.

'un·ge·schützt adj 1. (Bucht, Pflanze etc) unsheltered, exposed. – 2. (Kinder etc) unprotected, unguarded. – 3. mil. undefended, vulnerable, exposed.

'un·ge·schwächt adj unweakened: ⁓e Tatkraft unweakened (od. unimpaired) energy.

'un·ge·schweißt adj tech. unwelded.

'un·ge·se·hen adj (in Wendungen wie) er konnte ⁓ ins Haus gelangen he was able to get into the house unseen (od. without being seen).

'un·ge·sel·lig adj 1. unsociable, insociable, uncompanionable, (stärker) antisocial. – 2. zo. (einzeln lebend) ungregarious, unsocial, solitary. — **'Un·ge·sel·lig·keit** f ⟨-; no pl⟩ (Einzelgängertum) unsociableness, unsociability, insociability, (stärker) antisociality.

'un·ge·setz·lich adj 1. bes. jur. unlawful. – 2. illegal. — **'Un·ge·setz·lich·keit** f ⟨-; -en⟩ 1. ⟨only sg⟩ bes. jur. unlawfulness. – 2. illegality.

'un·ge·si·chert adj 1. unsecured. – 2. (Weg, beim Bergsteigen) without permanent belays.

'un·ge·siebt adj 1. (Mehl etc) unsifted, unbolted. – 2. tech. (Kohle etc) unscreened.

'un·ge·sit·tet I adj 1. (unmanierlich) ill-mannered, bad-mannered, ill-bred. – 2. (unkultiviert) uncultured, uncivilized Br. auch -s-. – 3. (unanständig) indecent. – II adv 4. sich ⁓ benehmen to behave ill-manneredly.

'un·ge·sprä·chig adj (schweigsam) taciturn, reticent, silent.

'un·ge·spro·chen adj unspoken.

'un·ge·stalt adj obs. for a) mißgestaltet, b) unförmig.

'un·ge·stal·tet adj (Masse) unshaped, unshapen.

'un·ge·stärkt adj 1. without food. – 2. (Wäsche) unstarched.

'un·ge·stem·pelt adj (Briefmarke) unstamped.

'un·ge·steppt adj (Falte) unstitched.

'un·ge·stielt adj 1. a) bot. stemless, b) zo. stalkless; acauline, acaulescent (scient.). – 2. med. (Tumor) sessile.

'un·ge·stillt adj 1. (Neugier, Sehnsucht etc) unsatisfied: ⁓es Verlangen unsatisfied (od. unstilled) desires pl. – 2. (Hunger) unsatisfied, unappeased. – 3. (Durst) unquenched, unslaked. – 4. (Schmerz) unstilled. – 5. med. (Blutung) unsta(u)nched.

'un·ge·stört adj 1. (Neugier, Unbehelligt) undisturbed: hier bist du völlig ⁓ you have peace and quiet here. – 2. (nicht unterbrochen) uninterrupted: eine ⁓e Entwicklung an uninterrupted development; ⁓er Schlaf uninterrupted (od. wakeless, sound) sleep. – 3. (unbeeinträchtigt) unimpaired, untroubled: ⁓es Glück untroubled happiness. – 4. med. (Befinden) normal. – II adv 5. hier kannst du ⁓ arbeiten you can work here undisturbed (od. in peace and quiet). — **'Un·ge·stört·heit** f ⟨-; no pl⟩ undisturbedness.

'un·ge·straft I adj unpunished. – II adv er konnte sein Geld ⁓ ins Ausland bringen he could transfer his money abroad unpunished (od. with impunity); ⁓ davonkommen to get off unpunished (od. scot-free); so etwas kann man nicht ⁓ tun fig. (ohne weiteres) one cannot do a thing like that without considering the implications.

'un·ge·streift adj med. (Muskel) unstriped, unstriated, nonstriated Br. non-, smooth.

'un·ge·stri·chen adj unpainted.

'un·ge·stüm [-ɡə‿ʃtyːm] I adj 1. (vorwärts-drängend) impetuous: die ⁓e Jugend impetuous youth; er ist ein ⁓er Mensch he is an impetuous person, he is a hotspur. – 2. (hitzig) hotheaded. – 3. (leidenschaftlich) passionate: ein ⁓er Liebhaber a passionate lover; eine ⁓e Umarmung a passionate (od. an impassioned) embrace. – 4. (stürmisch) enthusiastic, tempestuous: eine ⁓e Begrüßung an enthusiastic welcome. – 5. (heftig) vehement: ein ⁓er Ausbruch von Leidenschaft a vehement outbreak of passion; ⁓er Angriff mil. vehement attack. – 6. (ungezügelt, wild) wild: ⁓e Freude wild joy. – 7. (lärmend) boisterous. – II adv 8. er sprang ⁓ auf he jumped up impetuously.

'Un·ge·stüm n ⟨-(e)s; no pl⟩ 1. impetuosity: mit jugendlichem ⁓ with youthful impetuosity; mit ⁓ impetuously. – 2. (Hitzigkeit) hotheadedness. – 3. (Leidenschaft) passion. – 4. (einer Begrüßung etc) tempestuousness, enthusiasm. – 5. (Heftigkeit) vehemence. – 6. (ungezügeltes Wesen) wildness. – 7. (lärmendes Wesen) boisterousness.

'un·ge·stutzt adj 1. (Bart, Haar) untrimmed, uncropped. – 2. (Baum) untopped, unpolled. – 3. (Hecke) unclipped, unclipt, untrimmed. – 4. vet. a) (Ohren eines Tiers) uncropped, b) (Schwanz) undocked, c) (Flügel) unclipped, unclipt.

'un·ge·stützt adj unsupported.

'un·ge·sucht adj 1. fig. unaffected, natural, artless. – 2. unsought(-for), without having to search for it.

'un·ge·sühnt adj 1. (ungebüßt) unatoned, unexpiated. – 2. (unbestraft) unpunished. – 3. (nicht wiedergutgemacht) unrequited, unredressed.

'un·ge·sund adj 1. (Aussehen, Gesichtsfarbe etc) unhealthy, sickly. – 2. (Nahrung) unwholesome, unhealthy, unhealthful: → allzuviel. – 3. (Lebensumstände, Klima etc) unhealthy, unhealthful, insalubrious: eine ⁓e Umgebung an unhealthy (od. an unwholesome, a noisome) environment; Rauchen ist ⁓ smoking is unhealthy (od. is bad for you). – 4. fig. (Entwicklung, Wirtschaftslage etc) unsound, unwholesome, unhealthy.

'un·ge·süßt adj unsweetened.

'un·ge·ta·delt adj cf. ungerügt.

'un·ge·tan adj (in Wendungen wie) etwas ⁓ lassen (Arbeit, Tat etc) to leave s.th. undone; ⁓ bleiben to remain undone.

'un·ge·tauft adj 1. relig. unchristened, unbaptized Br. auch -s-. – 2. fig. colloq. (Wein etc) undiluted, unadulterated.

'un·ge·teert adj untarred.

'un·ge·teilt adj 1. (ganz, nicht geteilt) undivided: Bestrebungen nach einem ⁓en Deutschland pol. endeavo(u)rs toward(s) an undivided (od. a united) Germany; ⁓es Eigentum (an einer Liegenschaft) jur. undivided share (in land). – 2. fig. (Aufmerksamkeit etc) undivided, full, entire. – 3. fig. (Freude etc) undivided. – 4. fig. (Zustimmung etc) undivided, unanimous. – 5. tech. one-piece (attrib), solid.

'un·ge·tem·pert adj 1. metall. (Temperrohguß) unmalleablized Br. auch -s-, unannealed. – 2. synth. unstoved after bake.

'un·ge·tilgt adj econ. (Schuld, Darlehen etc) uncleared, unredeemed, not repaid.

'un·ge·tra·gen adj (Kleidung, Schmuckstück) unworn.

'un·ge·trennt adj unseparated, unparted.

'un·ge·treu adj poet. 1. (treulos) (gegen to) disloyal, unfaithful. – 2. (unredlich) perfidious, treacherous.

'un·ge·trock·net adj undried.

'un·ge·trübt adj 1. (Blick, Flüssigkeit etc) clear: ⁓es Wasser a) (klares) clear water, b) (stilles) untroubled water. – 2. (Himmel) cloudless, clear. – 3. fig. (Freundschaft, Verhältnis) unmarred, perfect. – 4. fig. (Freude, Glück etc) serene, undisturbed, unmixed, unalloyed: ⁓e Tage der Freude

verleben to spend serene days of happiness. – 5. (jewelry) pure.

'Un·ge·tüm n ⟨-(e)s; -e⟩ 1. (Tier) monster. – 2. fig. (Gegenstand, Maschine etc) monster, monstrosity: ein ⁓ von Schrank a monstrosity of a cupboard, a monster cupboard. – 3. fig. cf. Ungeheuer 2.

'un·ge·übt adj 1. (nicht geübt) unpracticed, bes. Br. unpractised, unskilled, untrained: er ist im Skifahren ⁓ he is unpracticed in skiing, he lacks practice at skiing. – 2. (unerfahren) inexperienced. — **'Un·ge·übt·heit** f ⟨-; no pl⟩ 1. lack of practice (od. skill). – 2. inexperience.

'un·ge·wandt adj 1. (in einer Tätigkeit) unskil(l)ful. – 2. (im Benehmen, Umgang) clumsy, awkward. – 3. (im Sprechen) ineloquent. – 4. (langsam) slow. — **'Un·ge·wandt·heit** f ⟨-; no pl⟩ 1. lack of skill, unskil(l)fulness. – 2. clumsiness, awkwardness. – 3. ineloquence. – 4. slowness.

'un·ge·warnt adj unwarned.

'un·ge·wa·schen adj 1. (Obst, Wäsche etc) unwashed: iß kein ⁓es Obst don't eat unwashed fruit. – 2. (schmutzig) dirty, unclean. – 3. (Wolle) in the grease (od. yolk). – 4. fig. colloq. contempt. (in Wendungen wie) ein ⁓es Maul haben a) to have a foul (od. filthy) tongue, b) to have a malicious tongue; ⁓es Zeug reden to talk (a lot of) twaddle (od. sl. rot).

'un·ge·webt adj unwoven.

'un·ge·weiht adj relig. unconsecrated.

'un·ge·wiegt adv only in ich werde heute nacht ⁓ schlafen colloq. humor. no one need rock me to sleep tonight.

'un·ge·wiß I adj 1. (nicht gewiß, unbestimmt) uncertain, unsure, indefinite: es ist noch ⁓, ob it is still uncertain whether; etwas auf ungewisse Zeit verschieben a) to postpone s.th. indefinitely, b) jur. to adjourn s.th. sine die; (völlig) ⁓ (quite up) in the air. – 2. (zweifelhaft) doubtful, dubious, questionable. – 3. (unentschieden) undecided, undetermined, unsettled: der Ausgang des Spiels ist noch ⁓ the outcome of the game is still undecided. – 4. (vage, ungenau) vague: eine ungewisse Ahnung haben to have a vague feeling; eine ungewisse Handbewegung machen to make a vague gesture. – II **'Un·ge·wis·se, das** ⟨-n⟩ 5. the uncertain thing, the uncertainty: etwas Ungewisses s.th. uncertain. – 6. (in Wendungen wie) eine Reise ins Ungewisse a journey into the unknown; ein Sprung ins Ungewisse a leap in the dark. – 7. (mit Kleinschreibung) j-n (über acc etwas) im ungewissen lassen to leave s.o. in the air (about s.th.), to keep s.o. guessing (at od. about s.th.), to leave s.o. (all) at sea (about s.th.); im ungewissen bleiben to remain unsure (od. uncertain, in doubt). — **'Un·ge·wiß·heit** f ⟨-; no pl⟩ 1. uncertainty, uncertainness, unsureness, indefiniteness. – 2. (Zweifel) doubt(fulness), dubiousness, questionableness. – 3. (Ungenauigkeit) vagueness. – 4. (Spannung) suspense.

'Un·ge·wit·ter n 1. obs. (Unwetter, Gewitter) tempest, (violent) (thunder)storm: ein ⁓ zieht auf there is a storm brewing. – 2. ein ⁓ brach über ihn herein fig. the storm broke over his head.

'un·ge·wöhn·lich I adj 1. (unüblich) unusual, uncommon, uncustomary, extraordinary: es herrscht eine ⁓e Kälte we are having an unusual (od. extraordinary) cold spell; das ist ein ⁓er Schritt that is an unusual step. – 2. (besonder) unusual, particular, special, exceptional, singular. – 3. (ander) unusual, different: sie hat einen ⁓en Geschmack she has a rather different taste, her taste is out of the ordinary. – 4. (selten) rare, extra: das ist eine ⁓e Auszeichnung that is a rare distinction. – 5. (bemerkenswert) unusual, remarkable: Ihr Sohn besitzt ein ⁓es Talent your son is gifted with a remarkable talent. – 6. (neuartig) novel. – II adv 7. unusually, uncommonly, extraordinarily, remarkably, exceptionally: ⁓ groß unusually big; er ist ⁓ ernst für sein Alter he is unusually serious for his age. – III **U·⁓e, das** ⟨-n⟩ 8. the unusual thing: etwas ganz und gar U⁓es a freak; nichts U⁓es nothing out of the ordinary, nothing unusual.

'un·ge·wohnt adj unusual, uncustomary, unhabitual, unwonted (lit.): in ⁓er (od. auf ⁓e) Weise in an unusual way (*od.* manner); **zu** ⁓**er Stunde** at an unusual time. – **2.** (*fremdartig*) strange, unfamiliar: **eine** ⁓**e Umgebung** strange surroundings *pl*; **ein** ⁓**er Anblick** an unfamiliar sight. – **3.** (*neu*) new, unused, unfamiliar: **die Tätigkeit ist für mich** ⁓ that work is new to (*od.* new ground for) me. – **4.** (*in Wendungen wie*) **diese Arbeit ist ihr** ⁓ (*fremd*) she is unused (*od.* unaccustomed, not used, not accustomed) to this kind of work; **der dauernde Lärm war ihm** ⁓ he was unaccustomed to the constant noise.

'**un·ge**‚**wollt I** *adj* **1.** (*unabsichtlich*) unintentional, unintended, inadvertent: **ein** ⁓**er Scherz** an unintentional joke. – **2.** (*unwillkürlich*) involuntary, unwilled: **ein** ⁓**es Lächeln** an involuntary smile. – **II** *adv* **3. j-n** ⁓ **beleidigen** to offend s.o. unintentionally (*od.* inadvertently); **Entschuldigung, das geschah** ⁓ excuse me, that was unintentional. – **4.** ⁓ **lachen** to laugh involuntarily.

'**un·ge**‚**wünscht** *adj* unwanted, unwished(-for): **ein** ⁓**es Kind** an unwanted child.

'**un·ge**‚**würzt** *adj* (*Speise etc*) unseasoned, unspiced.

'**un·ge**‚**zählt** *adj* **1.** (*nicht gezählt*) uncounted: **er steckte das Geld** ⁓ **in die Tasche** he put the money in his pocket uncounted (*od.* without counting it). – **2.** ⟨*attrib*⟩ *fig.* (*unzählbar*) innumerable, countless, untold: **es gibt** ⁓**e Möglichkeiten** there are innumerable possibilities. – **3.** (*nicht berücksichtigt*) omitted: ⁓**e Wählerstimmen** votes omitted in the count, unpolled votes.

'**un·ge**‚**zähmt** *adj* **1.** (*Raubtiere etc*) untamed: ⁓**er Falke** haggard. – **2.** (*Pferde, Hunde, Katzen etc*) undomesticated. – **3.** (*wild*) wild, savage. – **4.** *fig.* (*Geist*) uncurbed, unsubdued. – **5.** *fig.* (*Leidenschaft, Begierde etc*) unbridled, unrestrained.

'**un·ge**‚**zahnt** *adj* **1.** *tech.* (*Zahnräder, Sägen*) nontoothed *Br.* non-, untoothed. – **2.** *bot. zo.* edentate.

'**un·ge**‚**zäumt** *adj* (*Pferd etc*) unbridled.

'**un·ge**‚**zeich·net** *adj* **1.** (*Ware etc*) unmarked. – **2.** (*Brief*) unsigned.

'**un·ge**‚**zeugt** *adj* unbegotten.

'**Un·ge**‚**zie·fer** [-gə‚tsiːfər] *n* ⟨-s; *no pl*⟩ vermin (*usually construed as pl*), bugs *pl*, creepy-crawlies *pl* (*colloq.*): **von** ⁓ **geplagt sein** to be vermin-ridden; **voller** ⁓ **sein** to be vermin-infested; **Mittel gegen** ⁓ vermin killer, insecticide. — ⁓**be**‚**kämpfung** *f* vermin control. — **u**⁓**ver**‚**seucht** *adj* verminous, infested with vermin. — ⁓**ver**‚**til·gung** *f* vermin disinfestation.

'**un·ge**‚**zielt** *adj* only in **er gab einen** ⁓**en Schuß ab** he fired an unsighted shot, he fired without aiming.

'**un·ge**‚**zie·mend** *adj lit.* **1.** (*unschicklich*) unseemly, improper, undecorous, unbecoming. – **2.** (*unpassend*) unbefitting, unsuitable: **eine** ⁓**e Bemerkung** an unsuitable remark. – **3.** (*unanständig*) indecent. – **4.** (*frech*) impertinent.   [*ürlich*) natural.]

'**un·ge**‚**ziert** *adj* **1.** unaffected. – **2.** (*na-*

'**un·ge**‚**zim·mert** *adj* untimbered.

'**un·ge**‚**zo·gen** *adj* **1.** (*schlechterzogen*) ill-bred, ill-mannered, unmannerly, (*stärker*) uncivil: **sie haben einen sehr** ⁓**en Sohn** they have a very ill-bred son, they have a brat of a son. – **2.** (*unartig*) naughty: **du bist ein** ⁓**es Kind** you are a naughty child. – **3.** (*frech*) cheeky, rude, saucy, impertinent: **eine** ⁓**e Bemerkung machen** to make an impertinent remark. — '**Un·ge**‚**zo·gen·heit** *f* ⟨-; -en⟩ **1.** ⟨*only sg*⟩ (*ungehöriges Benehmen*) unmannerliness, lack of breeding, (*stärker*) incivility. – **2.** (*ungehörige Handlung*) bad manners *pl*: **es war eine** ⁓ **von ihm, während des Essens zu rauchen** it was bad manners (*od.* it was unmannerly) of him to smoke during the meal. – **3.** (*ungehörige Äußerung*) impertinence: **was du gesagt hast, war eine** ⁓ what you said was an impertinence. – **4.** ⟨*only sg*⟩ (*Ungehorsam*) disobedience. – **5.** ⟨*only sg*⟩ (*Unartigkeit*) naughtiness. – **6.** ⟨*only sg*⟩ (*Frechheit*) cheek, rudeness, sauciness, impertinence. – **7.** ⟨*only sg*⟩ (*schlechtes Benehmen*) misbehavior, *bes. Br.* misbehaviour.

'**un·ge**‚**zü·gelt** *fig.* **I** *adj* **1.** (*unbeherrscht*) unbridled, unrestrained, unruled: **sie ist bekannt für ihr** ⁓**es Temperament**

[*colloq.* **Mundwerk**] she is known for her unbridled temperament [loose tongue]. – **2.** (*liederlich, ausschweifend*) dissipated. – **II** *adv* **3.** without restraint.

'**un·ge**‚**zwun·gen I** *adj* **1.** (*Benehmen, Wesen etc*) free and easy, casual, unceremonious: **ein** ⁓**es Benehmen** casual (*od.* unconstrained) behavio(u)r. – **2.** (*ungekünstelt*) natural, unaffected: **die** ⁓**e Art von ihm gefällt mir** I like his natural (*od.* free and easy) way. – **3.** (*Gespräch etc*) casual, unconstrained. – **4.** (*Atmosphäre*) free and easy, casual: **es herrschte eine** ⁓**e Atmosphäre** there was an atmosphere of ease (*od.* unconstraint). – **5.** (*Stil*) casual, unlabored, *bes. Br.* unlaboured, unforced. – **II** *adv* **6.** ⁓ **mit j-m verkehren** to be at ease with s.o.; **sich** ⁓ **benehmen** (*od.* **bewegen**) to behave very casually, to be (*od.* feel) at ease, to let one's hair down; (*frei und*) ⁓ **reden** to talk (*od.* speak) quite freely. — '**Un·ge**‚**zwun·gen·heit** *f* ⟨-; *no pl*⟩ **1.** (*des Benehmens, eines Gesprächs, der Atmosphäre*) ease, casualness. – **2.** naturalness, unaffectedness.

'**un**‚**gif·tig** *adj* **1.** unpoisoned. – **2.** *med.* a) nonpoisonous *Br.* non-, nontoxic *Br.* non-, atoxic, b) (*unschädlich*) innocuous.

'**un·gla**‚**siert** *adj* (*Reis etc*) unglazed.

'**Un**‚**glau·be**, '**Un**‚**glau·ben** *m relig.* **1.** unbelief. – **2.** (*heidnischer Glaube*) infidelity, heathenism, paganism.

'**un**‚**glaub·haft** *adj cf.* unglaubwürdig 1.

'**un**‚**gläu·big I** *adj* **1.** disbelieving, incredulous, doubting: → Thomas. – **2.** (*skeptisch*) sceptical. – **3.** *relig.* a) unbelieving, faithless, b) (*religionslos*) irreligious, c) (*heidnisch*) infidel, heathen (*attrib*), pagan. – **II** *adv* **4.** ⁓ **lächeln** to smile disbelievingly; **j-n** ⁓ **ansehen** to look at s.o. doubtingly (*od.* doubtfully).

'**Un**‚**gläu·bi·ge** *m*, *f* ⟨-n; -n⟩ **1.** disbeliever. – **2.** *relig.* a) unbeliever, b) (*Religionslose*) irreligionist, c) (*Heide*) infidel, heathen, pagan: **die** ⁓**n** the unfaithful, the infidels.

'**Un**‚**gläu·big·keit** *f* ⟨-; *no pl*⟩ **1.** disbelief, incredulity, doubt. – **2.** *relig. cf.* Unglaube.

un·glaub·lich [‚ʊn'glaʊplɪç; 'ʊn-] **I** *adj* **1.** incredible, unbelievable: **eine** ⁓**e Geschichte** an incredible (*od.* a cock-and-bull) story. – **2.** *fig.* (*großartig, phantastisch*) 'incredible', 'unbelievable', 'fantastic', 'fabulous' (*alle colloq.*): **es ist** ⁓, **wie reibungslos die Fahrt verlief** it is fantastic how smoothly the journey went off; **seine Großzügigkeit ist wirklich** ⁓ his generosity is really incredible. – **3.** *fig.* (*unerhört, empörend*) outrageous, scandalous: **es ist** ⁓, **wie er seine Angestellten behandelt** it is scandalous how he treats his employees; **das ist ja eine** ⁓**e Frechheit!** that is an outrageous impertinence! – **II** *adv* **4.** incredibly, unbelievably: **er war** ⁓ **nett zu mir** he was incredibly (*od. colloq.* awfully) nice to me; **sie sieht noch** ⁓ **jung aus** she still looks incredibly young; **die Leute dort sind** ⁓ **arm** the people there are unbelievably poor. – **III U**⁓**e, das** ⟨-n⟩ **5. das grenzt ja ans U**⁓**e** that is well-nigh incredible.

'**un**‚**glaub**‚**wür·dig** *adj* **1.** (*Geschichte, Aussage, Bericht etc*) unbelievable, incredible, implausible, improbable. – **2.** (*Person*) untrustworthy, unreliable, undependable, independable. – **3.** (*Dokumente, Belege etc*) inauthentic, unauthentic(ated). — '**Un**‚**glaub**‚**wür·dig·keit** *f* ⟨-; *no pl*⟩ **1.** incredibility, incredibleness, implausibility, improbability. – **2.** untrustworthiness, unreliability, undependability, independability. – **3.** inauthenticity, unauthenticity.

'**un**‚**gleich I** *adj* **1.** (*im Aussehen*) unlike, dissimilar, unalike. – **2.** (*im Charakter*) different, divergent, distinct. – **3.** (*in Größe, Höhe, Breite, Ausmaß etc*) unequal, different, unlike. – **4.** (*Kräfteverhältnis, Verteilung etc*) unequal, uneven. – **5.** (*Schuhe, Socken, Handschuhe etc*) different, odd. – **6.** (*grundverschieden*) disparate. – **7.** (*nicht gleichbleibend, schwankend*) unequal, varying, uneven, irregular. – **8. x ist** ⁓ **y** *math.* x is not equal to y. – **9.** (*uneben*) uneven. – **II** *adv* **10.** (*groß etc*) different in length [size]. – **11.** ⟨*verstärkend vor comp*⟩ (*by*) far, much, a great deal, (*stärker*) incomparably: **das neue Auto ist** ⁓ **schneller als das alte** the new car is incomparably faster (*od.* faster by far) than the old one.

'**un**‚**gleich**‚**ar·tig** *adj* **1.** (*in der Art, im Charakter*) different, divergent, distinct. – **2.** (*in der Zusammensetzung, im Aufbau etc*) heterogeneous. – **3.** (*grundverschieden*) disparate. — '**Un**‚**gleich**‚**ar·tig·keit** *f* ⟨-; *no pl*⟩ **1.** difference, divergence, distinction. – **2.** heterogeneity, heterogeneousness. – **3.** disparity.

'**un**‚**gleich**|‚**blät·te·rig**, ⁓‚**blätt·rig** *adj bot.* heterophyllous.

'**un**‚**gleich**‚**er·big** [-‚ʔɛrbɪç] *adj biol.* heterozygote.

'**Un**‚**gleich**‚**flüg·ler** [-‚flyːglər] *pl zo.* heteropterous insects, *auch* true bugs (*Ordng Heteroptera*).

'**un**‚**gleich**‚**för·mig** *adj* **1.** (*Bewegungsablauf etc*) irregular, uneven. – **2.** (*unsymmetrisch*) asymmetric(al), unsymmetric, *auch* unsymmetrical.

'**Un**‚**gleich·heit** *f* ⟨-; -en⟩ **1.** ⟨*only sg*⟩ (*vor dem Gesetz*) inequality, unequality. – **2.** (*im Aussehen*) unlikeness, dissimilarity. – **3.** (*im Charakter*) difference, divergence, distinction. – **4.** (*in den Dimensionen*) inequality, difference, unlikeness. – **5.** ⟨*only sg*⟩ (*eines Kräfteverhältnisses, einer Verteilung etc*) inequality, unevenness. – **6.** ⟨*only sg*⟩ (*Grundverschiedenheit*) disparity. – **7.** (*Unregelmäßigkeit, Schwankung*) inequality, variation, unevenness, irregularity. – **8.** *math.* inequality.

'**Un**‚**gleich·heits**‚**zei·chen** *n math.* sign of inequality.

'**un**‚**gleich**‚**lap·pig** *adj* **1.** *bot.* inequilobate. – **2.** *zo.* (*Muschel*) inequivalve(d).

'**un**‚**gleich**‚**mä·ßig** *adj* **1.** (*Verteilung, Belastung, Wärme etc*) uneven. – **2.** (*unregelmäßig*) irregular, unsteady: ⁓**er Puls** irregular pulse. – **3.** (*Handschrift etc*) uneven, erratic, irregular. – **4.** (*nicht gleichbleibend, schwankend*) unequal, varying, uneven, irregular. – **5.** (*unsymmetrisch*) asymmetric(al), unsymmetric, *auch* unsymmetrical. — '**Un**‚**gleich**‚**mä·ßig·keit** *f* ⟨-; *no pl*⟩ **1.** unevenness. – **2.** irregularity, unsteadiness. – **3.** unevenness, irregularity. – **4.** inequality, unequality, variation, unevenness, irregularity. – **5.** asymmetry.

'**un**‚**gleich**‚**na·mig** *adj* **1.** ⁓**e Brüche** *math.* fractions with different denominators, unlike fractions. – **2.** *electr.* (*Pole*) unlike, opposite.

'**un**‚**gleich**|‚**schen·ke·lig** [-‚ʃɛŋkəlɪç], ⁓‚**schenk·lig** [-‚ʃɛŋklɪç] *adj tech.* unequal.

'**un**‚**gleich**‚**sei·tig** *adj math.* (*Dreieck*) scalene.

'**un**‚**gleich**‚**stof·fig** [-‚ʃtɔfɪç] *adj* inhomogeneous. — '**Un**‚**gleich**‚**stof·fig·keit** *f* ⟨-; *no pl*⟩ inhomogeneity.

'**un**‚**gleich**‚**tei·lig** *adj bot.* (*Blume, Alge*) heteromerous.

'**Un**‚**glei·chung** *f math.* inequation.

'**Un**‚**glimpf** [-‚glɪmpf] *m* ⟨-(e)s; *no pl*⟩ *obs.* **1.** (*Beleidigung*) insult, affront, (*stärker*) outrage: **j-m** ⁓ **zufügen** to insult (*stärker* outrage) s.o. – **2.** (*Unrecht*) wrong.

'**un**‚**glimpf·lich** *adv* **mit j-m** ⁓ **verfahren** to treat s.o. harshly (*od.* cruelly).

'**Un**‚**glück** *n* ⟨-(e)s; -e⟩ **1.** ⟨*only sg*⟩ misfortune, bad fortune, ill (*od.* bad) luck: **vom** ⁓ **betroffen sein** to be afflicted by misfortune, to be hard hit; **vom** ⁓ **verfolgt werden** to be plagued by misfortune; **im Leben viel** ⁓ **haben** to have a lot of bad luck (*od.* to meet with many reverses) in life; **das** ⁓ **wollte es, daß** misfortune would have it that; **j-m im** ⁓ **zu Hilfe kommen** to help s.o. in (his) misfortune; **dieser Stein bringt dir** ⁓ this stone will bring you ill (*od.* bad) luck; **das ist weiter kein** ⁓ *colloq.* that doesn't matter, that's nothing; ⁓ **kommt selten allein** (*Sprichwort*) it never rains but it pours (*proverb*); → Glück 1. – **2.** ⟨*only sg*⟩ (*Elend, Armut*) distress, misery, adversity: → Häufchen. – **3.** ⟨*only sg*⟩ (*Unheil*) disaster: **sich ins** ⁓ **stürzen**, **ins** (*od.* **in sein**) ⁓ **rennen** to head for disaster; **durch die Heirat stürzte er sich ins** ⁓ his marriage was his undoing; **durch schlechte Gesellschaft geriet er ins** ⁓ the bad company he kept was his undoing; **j-n ins** ⁓ **bringen** (*od.* **stürzen**) to bring disaster (up)on s.o., to be s.o.'s undoing; **ein Mädchen ins** ⁓ **bringen** to get a girl into trouble. – **4.** (*verhängnisvolles*) calamity, disaster, (*plötzlich hereinbrechendes*) catastrophe: **ein** ⁓ **voraussehen** to foresee a calamity. – **5.** (*Mißgeschick*) mishap, mischance, misadventure. – **6.** *bes.*

aer. auto. mar. (railway) (Unfall) accident: ein ~ ist passiert (*od.* geschehen) an accident (has) happened. – **7.** *(in Wendungen wie)* zum ~ unfortunately, as (ill) luck would have it; zu allem ~ starb ihm auch noch die Frau and then, to make matters worse, his wife died; um das ~ (noch) vollzumachen to crown (it) all; es ist ein ~, daß er nicht geheiratet hat *colloq.* it's a shame (*od.* pity) that he shouldn't have got married (*od.* that he should have never married).

'un₁glück₁brin-gend *adj* unpropitious, ominous.

'un₁glück-lich I *adj* **1.** unhappy: ~ aussehen to look unhappy (*od.* sad); j-n ~ machen to make s.o. unhappy; eine ~e Kindheit verleben to have an unhappy (*od.* a sad) childhood; eine ~e Ehe führen to lead an unhappy marriage; sie war sehr ~ darüber, daß er sie verließ she was brokenhearted when he left her; im Innersten ~ sein to be dreadfully unhappy (*od.* quite miserable); an einer ~en Liebe leiden to suffer from disappointed (*od.* unrequited) love. – **2.** *(vom Pech, Mißgeschick verfolgt)* unfortunate, unlucky, hapless, ill-fated: eine ~e Wahl treffen to make an unfortunate (*od.* untoward) choice; in einer ~en Lage sein to be in an unfortunate (*od.* untoward) position; eine ~e Bewegung machen to make an unfortunate movement; etwas einem ~en Zufall zuschreiben to ascribe s.th. to an unfortunate coincidence; einen ~en Einfall haben to have an unfortunate idea; ein ~es Beispiel geben to set an unfortunate (*od.* unsuitable) example; ein ~es Opfer des Krieges sein to be the unfortunate victim of (the) war. – **3.** *(betrübt, mutlos)* dejected, dispirited, downcast. – **4.** *(tieftraurig, verzweifelt)* disconsolate. – **5.** *(elend)* miserable, wretched, pathetic: eine ~e Figur machen (*od.* abgeben) to look a pathetic (*od.* sorry) sight. – **6.** *(unheil-, verhängnisvoll)* fatal, disastrous, calamitous, ill-fated: eine ~e Botschaft überbringen to deliver fatal (*od.* disastrous) news. – **7.** *(in Wendungen wie)* eine ~e Hand im Umgang mit Kindern haben to have an unfortunate manner (*od.* way) with children; eine ~e Hand in Geschäften haben to have bad luck in business. – **II** *adv* **8.** ~ verliebt sein to be crossed (*od.* thwarted) in love; ~ fallen to have a (very) bad fall; ~ spielen to be unlucky at cards (*od.* gambling); es trifft sich sehr unglücklich, daß it is rather unfortunate that, most unfortunately.

'Un₁glück-li-che *m, f* unhappy person: ich ~r! poor me!

'un₁glück-li-cher'wei-se *adv* unfortunately, unluckily, as misfortune would have it: kommt Peter auch? Ja, ~! is Peter coming too? Yes, unfortunately (*od.* worse luck).

'Un₁glücks₁bo-te *m* bringer of bad tidings, bearer of ill news. — **~₁bot-schaft** *f* bad (*od.* evil) tidings *pl (lit.)* (*od.* news *pl* construed as *sg or pl*).

'un₁glück₁se-lig *adj* ⟨*attrib*⟩ **1.** *(vom Pech verfolgt)* unfortunate, ill-starred: eine ~e Affäre an unfortunate affair. – **2.** *(armselig)* miserable, wretched: ein ~es Leben a miserable life. – **3.** *(bedauernswürdig)* pathetic, lamentable. – **4.** *(verhängnisvoll)* fatal, calamitous.

'un₁glück₁se-li-ger'wei-se *adv cf.* unglücklicherweise.

'Un₁glücks₁fah-rer *m* unlucky driver. — **~₁fall** *m* **1.** *(unglückliche Begebenheit)* misfortune, mishap, misadventure. – **2.** *(Unfall)* accident, casualty: Tod durch ~ accidental death. — **~ge₁fähr-te** *m* fellow sufferer, companion in misfortune. — **~₁hä-her** *m zo.* Siberian jay (*Cractes infaustus*). — **~₁jahr** *n* unfortunate (*od.* disastrous) year. — **~₁kind** *n*, **~₁mensch** *m* unlucky (*od.* unfortunate) person, poor devil. — **~₁pro₁phet** *m auch fig.* prophet of doom (*od.* evil). — **~₁ra-be** *m fig. colloq.* unfortunate fellow (*colloq.*), poor devil: du ~! you poor unfortunate! er ist aber auch ein ~! he really is a poor devil. — **~₁stät-te** *f* **1.** *(Unfallstätte)* scene of the (*od.* an) accident. – **2.** *(Schauplatz einer Katastrophe etc)* scene of the (*od.* a) disaster. — **~₁stern** *m (in Wendungen wie)* unter einem ~ geboren sein to be born under an unlucky star; unter einem ~ stehen to be

ill-starred. — **~₁tag** *m* unfortunate (*od.* black, *stärker* fatal) day. — **~₁vo-gel** *m fig. colloq. cf.* Unglücksrabe. — **~₁wa-gen** *m* unlucky car. — **~₁wurm** *m fig. colloq. cf.* Unglücksrabe. — **~₁zahl** *f* unlucky number. — **~₁zei-chen** *n* evil omen.

'un₁glück-ver₁hei-ßend *adj* foreboding, ominous.

'Un₁gna-de *f* ⟨-; *no pl*⟩ **1.** disgrace, disfavor, *bes. Br.* disfavour: bei j-m in ~ fallen to fall into disgrace with s.o., to get into s.o.'s bad (*od.* black) books; bei j-m in ~ sein to be in disgrace (*od.* bad odo[u]r) with s.o., to be in s.o.'s bad (*od.* black) books, to be in the doghouse with s.o. (*colloq.*). – **2.** *(Ungunst)* displeasure, disfavor, *bes. Br.* disfavour: j-n seine ~ fühlen lassen to show s.o. one's displeasure; → Gnade 1.

'un₁gnä-dig I *adj* **1.** *(unfreundlich)* ungracious: eine ~e Antwort bekommen to be given an ungracious (*od.* a surly) reply. – **2.** *(verdrießlich)* ill-humored, *bes. Br.* ill-humoured, bad-tempered, surly, crabbed. – **3.** *(Schicksal)* unkind. – **II** *adv* **4.** sie reagierte ~ auf seine Frage she reacted ungraciously to his question; etwas ~ aufnehmen to take s.th. in (*od.* with) bad grace; j-n ~ empfangen to give s.o. a cool welcome, to receive s.o. ungraciously.

'un₁gra-de *adj colloq. for* ungerade.

'un₁gram-ma-ti₁ka-lisch, **'un₁gram₁ma-tisch** *adj* ungrammatical, *auch* ungrammatic, not in accordance with the rules of grammar.

'un₁gra-zi₁ös *adj* ungraceful, graceless, inelegant.

'un₁gründ-lich *adj* **1.** *(nicht gewissenhaft)* lacking in thoroughness, unthorough. – **2.** *(nicht genau)* inaccurate, imprecise, unprecise. – **3.** *(nachlässig, schludrig)* careless, slipshod.

Un-gu-lat [ʊŋgu'laːt] *m* ⟨-(e)s; -en⟩ *meist pl zo.* *(Huftier)* ungulate.

'un₁gül-tig *adj* **1.** *(Paß, Fahrkarte etc)* invalid: einen Wechsel für ~ erklären lassen *econ.* to have a bill declared invalid (*od.* extinct); einen Paß für ~ erklären to invalidate a passport; ein Ticket ungültig machen to cancel (*od.* obliterate) a ticket. – **2.** *(Vertrag, Testament, Wahl etc)* void: eine Ehe für ~ erklären to declare a marriage void (*od.* invalid), to annul (*od.* nullify) a marriage; einen Vertrag ~ machen to render a contract void, to vitiate (*od.* void) a contract; ~ machende Gründe reasons rendering (*s.th.*) void, reasons for cancel(l)ing (*od.* annulling) (*s.th.*). – **3.** *(Münzen, Banknoten etc)* not current: das Fünfmarkstück wird im nächsten Monat ~ the five-mark piece will no longer be legal tender beginning next month. – **4.** durch Verjährung ~ werden to superannuate. – **5.** *(null und nichtig)* null and void. – **6.** *(jur. a) (Gesetz)* inoperative, ineffective, b) *(Urteil)* void, c) *(Klage)* nude: das Gesetz wird am 1. Mai ~ the law becomes inoperative (*od.* ineffective) on May 1st; ein Gesetz für ~ erklären to declare a law inoperative, to repeal (*od.* abolish) a law; ein Urteil für ~ erklären to declare a sentence void, to set aside a sentence, to void a sentence. – **7.** *pol.* *(Stimmen)* invalid, spoilt, void. – **8.** *(sport)* a) *(Tor etc)* disallowed, b) *(beim Fechten)* *(Treffläche)* invalid: das Tor war ~ the goal did not count. — **'Un₁gül-tig-keit** *f* ⟨-; *no pl*⟩ **1.** *(eines Passes, einer Fahrkarte, eines Wechsels etc)* invalidity. – **2.** *(eines Vertrages, Testaments, einer Ehe etc)* voidness, nullity, invalidity. – **3.** *pol.* *(einer Wahl, von Stimmen)* invalidity.

'Un₁gül-tig-keits-er₁klä-rung *f* **1.** *(von Pässen, Fahrkarten etc)* invalidation. – **2.** *(eines Vertrages, einer Ehe, Wahl etc)* (decree of) nullification: Klage auf ~ *cf.* Nichtigkeitsklage. – **3.** *(von Urkunden)* notice of legal extinction.

'Un₁gül-tig₁ma-chung *f (officialese)* **1.** *(von Pässen, Fahrkarten etc)* invalidation. – **2.** *(eines Vertrages etc)* nullification. – **3.** *(einer Urkunde)* extinction. — **~₁wer-den** *n* **1.** *(einer Ehe, eines Vertrages etc)* nullification. – **2.** *(Verjährung etc)* expiration. – **3.** *(Ablauf)* expiry.

'Un₁gunst *f* ⟨-; *no pl*⟩ **1.** *(einer Person)* disfavor, *bes. Br.* disfavour, ill will, disaffection: bei j-m in ~ stehen to be in s.o.'s bad (*od.* black) books. – **2.** *(der*

Witterung) inclemency. – **3.** *(der Verhältnisse)* unpropitiousness. – **4.** *(Nachteil)* disadvantage, disfavor, *bes. Br.* disfavour: zu j-s ~en to s.o.'s disadvantage (*od.* disfavo[u]r); zu j-s ~en ausfallen to be to s.o.'s disadvantage; das spricht zu seinen ~en that tells against him.

'un₁gün-stig I *adj* **1.** *(Nachricht, Entwicklung, Beurteilung etc)* unfavorable, *bes. Br.* unfavourable, untoward: einen ~en Eindruck hinterlassen to leave an unfavo(u)rable impression; die Aussichten sind sehr ~ (the) prospects are very unfavo(u)rable; in einem ~en Verhältnis in an unfavo(u)rable proportion; im ~sten Falle at worst, if the worst comes to the worst. – **2.** *(Merkmale, Umstände etc)* inauspicious, unpropitious, adverse: die wirtschaftlichen Verhältnisse sind ~ the financial conditions are unpropitious. – **3.** *(Kauf, Bedingung etc)* disadvantageous, unprofitable. – **4.** *(Zeitpunkt, Gelegenheit)* inopportune, inconvenient, unsuitable: der Besuch meiner Mutter kam ~ my mother's visit was inopportune (*od.* ill-timed). – **5.** *phot.* a) *(Aufnahme, Blickwinkel etc)* unfavorable, *bes. Br.* unfavourable, b) *(Aufnahme einer Person)* unflattering. – **6.** *(Frisur etc)* unflattering, unbecoming, unsuitable. – **7.** *(Licht etc)* bad. – **8.** *meteor.* *(Wind, Wetter)* unfavorable, *bes. Br.* unfavourable: ~e Witterungsverhältnisse unfavo(u)rable (*od.* adverse) weather conditions. – **II** *adv* **9.** etwas ~ beurteilen to judge s.th. unfavo(u)rably; sich ~ auf (*acc*) etwas auswirken to have an unfavo(u)rable effect (up)on s.th.; die Sache ist ~ für ihn ausgegangen the affair turned out unfavo(u)rably for him.

'un₁gut *adj* *(in Wendungen wie)* ein ~es Gefühl bei etwas haben to have misgivings (*od.* not to feel happy) about s.th.; das ist ein ~es Zeichen that is a bad (*od.* an ominous) sign; zwischen ihnen besteht ein ~es Verhältnis their relationship is rather strained; nehmen Sie es nicht für ~, wenn ich sage don't think it unkind of me if I say, don't mind my saying; nichts für ~! no offence (*Am.* offense) (meant)! no harm meant! no hard feelings! nothing personal!

un-halt-bar ['ʊn₁haltbaːr; ₁ʊn-] *adj* **1.** *(Behauptung, Theorie etc)* untenable, unsustainable, unmaintainable: diese Theorie ist ~ this theory is untenable. – **2.** *(Versprechen)* untenable: ~e Versprechungen machen to make untenable promises (*od.* promises that cannot be kept). – **3.** *(Zustand, Forderung etc)* unwarrantable, untenable. – **4.** *mil.* *(Stellung, Festung)* untenable, unmaintainable: die Festung wurde ~ the fortress became indefensible. – **5.** *(sport)* a) *(Ball, Schuß)* unstoppable, b) *(Tor)* unavoidable. — **'Un₁halt-bar-keit** *f* ⟨-; *no pl*⟩ *(von Behauptung, Theorie, Zustand, Stellung etc)* untenability.

'un₁hand-lich *adj* **1.** unwieldy, unhandy, unmanageable, awkward: diese Kamera ist zu ~ this camera is too unhandy (*od.* awkward to hold). – **2.** *(sperrig)* bulky. — **'Un₁hand-lich-keit** *f* ⟨-; *no pl*⟩ **1.** unwieldiness, unhandiness, unmanageableness, awkwardness. – **2.** bulkiness.

'un₁har-mo-nisch *adj* **1.** *auch fig.* inharmonious, unharmonious, disharmonious, disharmonic, *auch* disharmonical, *(stärker)* discordant. – **2.** *(mißtönend)* discordant, inharmonic, jarring.

'un₁häus-lich *adj only in* er ist (ziemlich) ~ he is not a homebody really (*colloq.*).

'Un-heil *n* ⟨-s; *no pl*⟩ **1.** mischief: ~ anrichten (*od.* stiften) to cause (*od.* do) mischief; auf ~ sinnen to intend (*od.* mean) mischief; ~ verkünden to bode ill. – **2.** *(Böses)* evil. – **3.** *(Schaden)* harm. – **4.** *(Katastrophe)* disaster, calamity: ich habe das ~ (schon) kommen sehen I foresaw disaster. – **5.** *(durch Sturm etc)* havoc.

un-heil-bar ['ʊn₁haɪlbaːr; ₁ʊn-] **I** *adj* **1.** *med.* *(Krankheit, Kranker)* incurable, past recovery: als ~ entlassen werden to be discharged as incurable. – **2.** *fig.* *(Schaden etc)* irreparable, irremediable, irrecoverable, past remedy. – **II** *adv* **3.** ~ krank sein to be incurably ill, to be past recovery. — **'Un₁heil-ba-re** *m, f* ⟨-n; -n⟩ incurable, goner (*sl.*). — **'Un₁heil-bar-keit** *f* ⟨-; *no pl*⟩ incurability, incurableness.

'un,heil|,brin·gend adj 1. fatal, fateful. – 2. cf. unheildrohend. — ~,dro·hend adj ominous, portentous, sinister, dire. — ~,schwan·ger adj lit. portentous, fraught with misfortune. — ~,stif·tend adj mischief-making. — U~,stif·ter m, ~,stif·te·rin f mischief-maker. — ~ver,kün·dend adj 1. ill-omened, ill-boding, evil-boding. – 2. cf. unheilbringend 1. – 3. cf. unheildrohend. — ~,voll adj 1. (Folgen, Politik, Wirkung etc) disastrous, calamitous. – 2. (Blick etc) sinister. – 3. (Konstellation etc) malefic. – 4. cf. unheilbringend 1.

'un,heim·lich I adj 1. (Abenteuer, Geschichte, Ort etc) eerie, weird, uncanny, creepy: hier ist es ~ this place is eerie, this place would give you the creeps (od. willies, jumps) (colloq.). – 2. (Gefühl) uncanny: mir ist ~ (zumute) I have an uncanny feeling. – 3. (Mensch, Gestalt) weird: der Kerl ist mir ~ colloq. I have an uncomfortable feeling about this fellow (colloq.). – 4. (Blick) sinister. – 5. fig. colloq. (unerhört, sehr groß, riesig) 'terrific' (colloq.), terrible, tremendous: auf dem Schreibtisch herrscht ein ~es Durcheinander there is a terrible (od. colloq. frightful) muddle on the desk; einen ~en Hunger haben to be terribly hungry (colloq.), to be ravenous (od. colloq. starving); mit ~er Geschwindigkeit at a terrific speed, at an awful lick (sl.). – II adv 6. colloq. (sehr) terribly, terrifically (beide colloq.), tremendously: das ist ja ~ interessant that is terribly interesting; ~ groß sein to be terrifically big, to be a terrific size (beide colloq.), to be enormous; ~ viel Geld a tremendous (od. terrific) lot of money (colloq.); ~ viele Menschen a tremendous number of people; er ist ~ beschlagen he is terribly well informed.

'un,heiz·bar adj 1. (ohne Heizvorrichtung) without a heating system, that cannot be heated. – 2. (wegen übermäßiger Größe etc) unheatable, unable to be heated.

'un,hi·sto·risch adj cf. ungeschichtlich.

'un,höf·lich adj 1. impolite. – 2. (ungezogen) discourteous, ill-mannered, unmannerly, unmannered. – 3. (ungefällig) disobliging, unobliging. – 4. (nicht schmeichelhaft) uncomplimentary. – 5. (respektlos) disrespectful. – 6. (frech) rude, uncivil. — 'Un,höf·lich·keit f <-; no pl> 1. impoliteness. – 2. (Ungezogenheit) discourtesy, discourteousness, unmannerliness. – 3. (Ungefälligkeit) disobliging manner. – 4. (Respektlosigkeit) disrespect. – 5. (Frechheit) rudeness, incivility.

'un,hold adj <pred> lit. rare (böse, feind) (dat) ill-disposed (toward[s]), hostile (to).

'Un,hold m <-(e)s; -e>, 'Un,hol·din f <-; -nen> 1. (böser Geist, Ungeheuer) evil spirit, demon, auch daemon. – 2. contempt. (rohe, grausame Person) monster, fiend.

un·hör·bar [,ʊn'hœːrbaːr; 'ʊn-] adj 1. inaudible. – 2. (nicht wahrnehmbar) imperceptible. – 3. phys. inaudible, subaudio, Br. sub-audio (attrib). — ,Un'hör·bar·keit f <-; no pl> 1. inaudibility, inaudibleness. – 2. imperceptibility, imperceptibleness.

'un·hy·gie·nisch [-hy,gieːnɪʃ] adj unhygienic, insanitary, unsanitary.

uni¹ [y'niː; y'ni] (Fr.) (textile) I adj <pred> (Stoff) unicolor(ed), bes. Br. unicolour(ed), plain: ~ gefärbt solid-dyed. – II U~ n <-s; -s> solid color (bes. Br. colour).

Uni² ['yni; 'yniː] f <-; -s> colloq. bes. Br. colloq. varsity, Am. colloq. 'U', university.

'un·idio,ma·tisch adj ling. unidiomatic.

unie·ren [u'niːrən] v/t <no ge-, h> bes. relig. unite. — uniert [u'niːrt] I pp. – II adj united: ~e Kirchen Uniate Churches. — Unier·te [u'niːrtə] m, f <-n; -n> member of the Uniate Church.

Uni·fi·ka·ti·on [unifika'tsi̯oːn] f <-; -en> rare for Unifizierung 2.

uni·fi·zie·ren [unifi'tsiːrən] I v/t <no ge-, h> 1. (vereinigen) unite, unify. – 2. (vereinheitlichen) uniform(ize Br. auch -s-), standardize Br. auch -s-. – 3. econ. (Staatsanleihen) consolidate. – II U~ n <-s> verbal noun. — Uni·fi·zie·rung f <-; -en> 1. cf. Unifizieren. – 2. unification, union. – 3. uniformization Br. auch -s-. standardization Br. auch -s-. – 4. econ. consolidation.

uni·form [uni'fɔrm] adj uniform.

Uni·form [uni'fɔrm; 'uni-] f <-; -en> 1. mil. a) uniform, bes. Br. regimentals pl, b) (Feldanzug) (field od. service) uniform, battle dress: in großer ~ in full dress, in full-dress uniform, in full fig (colloq.); in kleiner ~ in undress uniform; nicht in ~ in civilian clothes; in civilians, in civvies, in mufti (colloq.); die ~ anziehen a) to put on one's (od. to dress in) uniform, b) fig. to enlist, to join the forces, to sign up; die ~ ausziehen a) to take off one's uniform, b) fig. to quit (od. leave, retire from) military service. – 2. (von Polizisten, Schaffnern etc) uniform. — ~,be·satz m piping.

uni·for·mie·ren [unifɔr'miːrən] I v/t <no ge-, h> 1. dress (s.o.) in uniform, uniform. – 2. fig. (einheitlich machen) make (s.th.) uniform, uniform(ize Br. auch -s-). – II U~ n <-s> 3. verbal noun. – 4. cf. Uniformierung. — uni·for'miert I pp. – II adj 1. uniformed, in uniform: von den Polizisten war nur einer ~ only one of the policemen was in uniform. – 2. fig. (gleichgeschaltet) uniformed, uniformized Br. auch -s-. — Uni·for'mier·te m <-n; -n> person in (military) uniform. — Uni·for'mie·rung f <-; no pl> 1. cf. Uniformieren. – 2. fig. uniformization Br. auch -s-.

Uni·for·mi·tät [uniformi'tɛːt] f <-; no pl> uniformity.

'Uni·form|,rock m tunic. — ~,trä·ger m person in uniform.

uni·ge,färbt [y'ni-] adj (textile) cf. uni¹.

Uni·kat [uni'kaːt] n <-(e)s; -e> (einzige Ausfertigung) unicum.

Uni·kum ['uːnikum] n <-s; Unika [-ka], auch -s> 1. (etwas Einmaliges) unique (thing), unicum. – 2. (Seltenheit) rarity. – 3. fig. colloq. (sonderbarer od. ungewöhnlicher Mensch) character, original. – 4. print. unique copy, unicum.

uni·la·te·ral [unilate'raːl] adj unilateral.

'un·in·tel·li,gent adj unintelligent.

'un·in·ter·es,sant adj 1. (Aufgabe, Beruf etc) uninteresting, devoid of interest, (bes. finanziell) unattractive. – 2. (unwichtig) (Brief etc) unimportant, inconsiderable, of little importance: seine Meinung ist ~ his opinion is unimportant (od. colloq. neither here nor there).

'un·in·ter·es,siert adj (an dat in) disinterested, uninterested: er ist an Kunst vollkommen ~ he is completely uninterested in art, he has absolutely no interest in art. — 'Un·in·ter·es,siert·heit f <-; no pl> uninterestedness, disinterest, lack of interest.

Uni·on [u'ni̯oːn] f <-; -en> union.

Unio·nist [uni̯o'nɪst] m <-en; -en> unionist. Uni·ons|par,tei·en pl BRD pol. union sg of the conservative parties (CDU and CSU). — ~prio·ri,tät f jur. (im Patentrecht) convention (od. union) priority.

uni·pe·tal [unipe'taːl] adj bot. unipetalous.

uni·po·lar [unipo'laːr] adj electr. (Leitfähigkeit) unipolar. — Uni·po·la·ri,tät [-lari'tɛːt] f unipolarity.

Uni·po'lar,ma,schi·ne f electr. unipolar (od. homopolar) machine.

'un,ir·disch adj 1. (nicht von dieser Welt) unworldly, unearthly. – 2. (ätherisch) unsubstantial.

'un·iso,liert adj electr. uninsulated.

uni·so·no [uni'zoːno; u'niːzono] mus. I adv u. unisono in unison, unisono. – II U~ n <-s; -soni [-ni] u. -s> unison.

uni·tär [uni'tɛːr] adj relig. Unitarian.

Uni·ta·ri·er [uni'taːri̯ər] m <-s; -> relig. Unitarian.

uni·ta·risch [uni'taːrɪʃ] adj unitary.

Uni·ta·ris·mus [unita'rɪsmʊs] m <-; no pl> 1. relig. Unitarianism. – 2. pol. unitarism, auch unitarianism.

uni·va·lent [univa'lɛnt] adj biol. chem. univalent, monovalent.

uni·ver·sal [univɛr'zaːl] adj universal.

Uni·ver'sal|ent,wick·ler m phot. universal developer. — ~er·be m jur. sole (od. universal) heir (auch legatee). — ~ge,lehr·te m polymath, polyhistor, auch polyhistorian. — ~ge,lenk n med. tech. universal joint. — ~ge,nie n universal genius, all-rounder, Am. all-around man, Br. all-round man. — ~ge,schich·te f <-; no pl> world history.

Uni·ver·sa·lis·mus [univɛrza'lɪsmʊs] m <-; no pl> universalism.

Uni·ver·sa·li·tät [univɛrzali'tɛːt] f <-; no pl> universality.

Uni·ver'sal|,kü·chen·ma,schi·ne f 1. universal (Am. all-around, Br. all-round) beater (od. mixer). – 2. aer. universal galley machine, galley slave (colloq.). — ~,le·xi·kon n encyclopedia, auch encyclopaedia. — ~,mit·tel n med. pharm. auch fig. universal remedy, panacea, cure-all. — ~,mo·tor m tech. electr. universal motor. — ~ra,dar n general-purpose radar. — ~,schlüs·sel m master key. — ~,schrau·ben,schlüs·sel m tech. universal wrench (bes. Br. spanner). — ~,spen·der m med. universal donor. — ~,su·cher m phot. universal (od. multiple-frame, multifocus) viewfinder: ~ mit gekuppeltem Entfernungsmesser universal viewfinder with coupled rangefinder, view- and rangefinder combined. — ~,werk,zeug n tech. all-purpose tool. — ~,zan·ge f all-purpose pliers pl (construed as sg or pl).

uni·ver·sell [univɛr'zɛl] adj 1. universal. – 2. tech. universal; all-purpose, multipurpose (attrib).

Uni·ver·si·tät [univɛrzi'tɛːt] f <-; -en> ped. university, college, Am. auch school: die Münchener ~ the University of Munich; zur ~ gehen to go to the (od. a) university; auf der ~ sein to be at the (od. a) university, to study at the (od. a) university; die ~ besuchen to be at the (od. a) university; die ~ verlassen to leave the university; an eine ~ berufen werden to be appointed to a professorship; → technisch 1.

Uni·ver·si'täts|bi·blio,thek f university library. — ~,bil·dung f university education. — ~,drucke,rei (getr. -k·k-) f university press. — ~,fe·ri·en pl cf. Semesterferien. — ~ge,bäu·de n university building. — ~ge,län·de n university grounds pl, campus. — ~,in·sti,tut n university institute. — ~jah·re pl college years. — ~,kli·nik f med. university hospital (od. clinic). — ~,lauf,bahn f ped. university career. — ~,leh·rer m university teacher (od. professor, lecturer), Br. auch college tutor. — ~pro,fes·sor m university professor. — ~rek·tor m vice-chancellor (Am. president, auch chancellor) of a (od. the) university. — ~,stadt f university town (od. city). — ~,stu·di·um n university studies pl. — ~,un·ter,richt m university (od. academic) teaching. — ~ver,wal·tung f university administration. — ~,vor,le·sung f university lecture: ~en besuchen to attend university lectures. — ~,we·sen n universities pl, (the) university (od. academic) world, (the) world of academic learning. — ~,zeit f cf. Studienzeit.

Uni·ver·sum [uni'vɛrzʊm] n <-s; no pl> universe.

'un,ka·me,rad·schaft·lich adj unhelpful, unfriendly, unsporting, not comradely.

'un,kauf,män·nisch adj uncommercial, unbusinesslike.

Un·ke ['ʊŋkə] f <-; -n> 1. zo. (red-bellied) toad (Gattg Bombina). – 2. fig. colloq. (Unglücksprophet, Schwarzseher) croaker, Cassandra. — un·ken ['ʊŋkən] v/i <h> colloq. croak: sie unkt ständig she is always croaking.

'un,kennt·lich adj 1. (nicht erkennbar) unrecognizable Br. auch -s-, unidentifiable. – 2. (nicht wahrnehmbar) indiscernible. – 3. etwas ~ machen a) (Unterschrift, Dokument etc) to deface (od. obliterate) s.th., b) mil. to camouflage s.th. — 'Un,kennt·lich·keit f <-; no pl> 1. indiscernibility, indiscernibleness. – 2. (durch Entstellung) unrecognizableness Br. auch -s-: bis zur ~ entstellt disfigured past (od. beyond) recognition, disfigured out of all resemblance.

'Un,kennt·nis f <-; no pl> 1. ignorance, unawareness: aus ~ out of ignorance; in ~ der Tatsachen ignorant of the facts; über (acc) etwas in ~ sein to be ignorant of s.th.; j-n über etwas in ~ lassen not to inform s.o. about s.th., to keep s.o. in the dark about s.th.; ~ vortäuschen to feign ignorance; ~ schützt nicht vor Strafe ignorance of the law excuses no one. – 2. (Unerfahrenheit) unacquaintance.

'Un,ken,ruf m fig. foreboding, premonition, Cassandra's warning.

'un,keusch adj u. adv unchaste, immodest, incontinent, (stärker) wanton, lewd, lascivious: ein ~es Leben führen, ~ leben to live an unchaste life. — 'Un,keusch·heit f <-; no pl> unchastity, immodesty, incontinence, (stärker) wantonness, lewdness, lasciviousness: ~ treiben auch humor. to misbehave.

'un,kind·lich *adj* 1. unchildlike. – 2. (*alt-klug*) precocious, *Br. auch* old-fashioned. – 3. (*zu den Eltern*) unfilial.

'un,kirch·lich *adj* 1. nonclerical *Br.* non-. – 2. (*weltlich*) secular, worldly.

'un,klar I *adj* 1. unclear: nur eine Sache ist mir noch ~ there is just one thing that is still unclear to me; es ist mir ~, wie das geschehen konnte I cannot understand how that could have happened. – 2. (*Worte, Rede, Ausdrucksweise etc*) unclear, confused, woolly, *Am. auch* wooly, blurry, obscure, abstruse, fuzzy. – 3. (*verworren*) muddled. – 4. (*vage*) vague, indefinite. – 5. (*undeutlich*) indistinct, blurred, hazy. – 6. (*trübe*) turbid, cloudy. – 7. (*nebelig*) misty, hazy. – 8. (*substantiviert mit Klein-schreibung*) j-n über (*acc*) etwas im ~en lassen to leave s.o. in the dark about s.th.; im ~en über (*acc*) etwas sein to be in the dark about s.th. – II *adv* 9. sich ~ aus-drücken to express oneself unclearly. – 10. etwas in der Ferne nur ~ erkennen to distinguish s.th. indistinctly in the distance. — 'Un,klar·heit *f* ⟨-; -en⟩ 1. ⟨*only sg*⟩ unclarity, unclearness: es herrscht ~ darüber, ob it is not clear whether, there is still some doubt (*od.* uncertainty) as to whether. – 2. ⟨*only sg*⟩ (*der Worte ect*) un-clarity, unclearness, confusion, wool(l)iness, obscurity, abstruseness, fuzziness. – 3. ⟨*only sg*⟩ (*Verworrenheit*) muddle. – 4. ⟨*only sg*⟩ (*Vagheit*) vagueness, indefiniteness. – 5. ⟨*only sg*⟩ (*Undeutlichkeit*) indistinctness, indistinction, blurredness, haziness. – 6. unclear point: bestehen noch ~en? are there any points (which are) still unclear? ~en beseitigen to eliminate any unclear points.

un·klas·si·fi·zier·bar ['unklasifi,tsiːrbaːr; ,un-] *adj* 1. *bes. bot. zo.* unclassifiable. – 2. *fig.* nondescript.

'un,kleid·sam *adj* unbecoming.

'un,klug *adj* 1. imprudent, unwise, in-judicious, ill-advised, inexpedient, im-politic, *auch* impolitical: es war sehr ~ von dir, ihr das zu sagen it was very imprudent of you to tell her that. – 2. (*un-besonnen*) thoughtless. — 'Un,klug·heit *f* ⟨-; -en⟩ 1. ⟨*only sg*⟩ imprudence, unwise-ness, unwisdom, injudiciousness, inex-pediency, inexpedience, impolitic(al)ness. – 2. ⟨*only sg*⟩ (*Unbesonnenheit*) thought-lessness. – 3. imprudent act, imprudence.

'un·kol·le·gi,al *adj* inconsiderate toward(s) one's colleagues.

'un·kom·pli,ziert *adj* 1. (*Arbeit, Aufgabe, Vorgang etc*) uncomplicated, straight-forward, simple, plain. – 2. (*Person, Wesen*) easy to get along (*od.* on) with, uncomplicated.

un·kon·trol·lier·bar ['unkɔntrɔ,liːrbaːr; ,un-] *adj* uncontrollable, unmanageable.

'un·kon·trol,liert *adj* unchecked, uncon-trolled.

'un·kon·ven·tio,nell *adj* unconventional, unorthodox: ~e Kriegführung uncon-ventional warfare.

'un·kon·ver,tier·bar *adj econ.* (*Währung*) inconvertible, unconvertible.

'un,kör·per·lich *adj* 1. incorporeal, im-material, asomatous, discarnate. – 2. *jur.* incorporeal: ~e Rechtsgegenstände a) choses in action, b) (*Forderungen*) in-corporeal chattels. — 'Un,kör·per·lich·keit *f* ⟨-; *no pl*⟩ incorporeity, immateriality.

'un·kor,rekt *adj* 1. (*unschicklich*) incorrect, improper. – 2. (*fehlerhaft*) incorrect, faulty, wrong. – 3. (*ungenau*) incorrect, inaccurate, imprecise, unprecise. – 4. (*grammatisch*) ~ ling. (grammatically) wrong. — 'Un·kor,rekt·heit *f* ⟨-; -en⟩ 1. ⟨*only sg*⟩ in-correctness, impropriety. – 2. ⟨*only sg*⟩ (*Fehlerhaftigkeit*) incorrectness, faultiness, wrongness. – 3. ⟨*only sg*⟩ (*Ungenauigkeit*) incorrectness, inaccuracy, imprecision, im-preciseness. – 4. *ling.* solecism. – 5. im-propriety. – 6. inaccuracy.

'Un,ko·sten *pl econ.* expenses, cost(s): kleine ~ petty expenses; abzugsfähige ~ deduct-ible costs; abzüglich der ~ less expenses, expenses to be deducted; nach Abzug der ~ expenses deducted; für die ~ aufkommen, die ~ tragen (*od.* bestreiten) to meet (*od.* bear) the expenses; die ~ berechnen to calculate the expenses; ~ haben to incur expenses; j-m sind ~ entstanden s.o. has incurred expenses; etwas als ~ buchen to enter s.th. as expenses; die ~ verteilen

to apportion the expenses; zu den ~ bei-tragen to make a contribution toward(s) (covering) the expenses; das war mit großen ~ verbunden that involved considerable (*od.* incurred great) expense(s); seine ~ verringern to cut down (on) one's expenses; j-n in große ~ stürzen *colloq.* to put s.o. to great expense; sich in große ~ stürzen *colloq.* to go to great expense. — ~,auf,stel·lung *f* specification of expenses. — ~,bei,trag *m* contribution toward(s) (covering) the expenses. — ~be,rech·nung *f* 1. calculation of expenses. – 2. charging of expenses. — ~,kon·to *n* expense account. — ~,rech·nung *f* account (of) charges. — ~,um,la·ge *f* allocation (*od.* levy) of expenses. — ~ver,gü·tung *f* reimbursement of expenses.

'Un,kraut *n* ⟨-(e)s; ⁼er⟩ *bot.* 1. (*Unkraut-pflanze*) weed: ein weitverbreitetes ~ a very common weed. – 2. *collect.* weeds *pl*, weedery: voller ~ weedy, weeded; ~ jäten (*od.* ausreißen, rupfen, ziehen, zupfen) to weed, to pull out weeds; ~ ver-geht (*od.* verdirbt) nicht (*Sprichwort*) ill weeds grow apace (*proverb*), a bad penny (*od.* shilling) always comes back (*proverb*). – 3. *Bibl.* tares *pl*. — ~be,kämp·fung *f* weed control. — ~be,kämp·fungs,mit·tel *n* herbicide, weed killer. — ~,egg·e *f agr.* harrow. — ~,ste·cher *m* weeder, thistle lifter. — ~ver,til·gung *f* weed killing. — ~ver,til·gungs,mit·tel *n* herbicide, weed killer.

'un,krie·ge·risch *adj* unwarlike, non-belligerent *Br.* non-, pacific.

'un,kri·tisch *adj* uncritical, undiscrimi-nating.

'un·kul·ti,viert I *adj* 1. *agr.* (*Land*) un-cultivated, untilled. – 2. (*Person*) un-cultured, uncultivated. – 3. (*Benehmen, Sitten etc*) uncultivated, uncivilized *Br. auch* -s-, (*stärker*) barbarous. – II *adv* 4. ~ essen to be an uncouth eater; sich ~ benehmen to behave boorishly.

'Un,kul,tur *f* ⟨-; *no pl*⟩ 1. (*von Personen*) lack of culture, unculture. – 2. (*im Be-nehmen etc*) lack of culture (*od.* civilization *Br. auch* -s-), (*stärker*) barbarism.

un·künd·bar ['unkyntbaːr; ,un-] *adj* 1. (*Ob-ligationen etc*) irredeemable. – 2. (*Schuld*) permanent, funded, noncallable *Br.* non-. – 3. (*Rente*) perpetual. – 4. (*Vollmacht etc*) irrevocable. – 5. (*Vertrag etc*) not termi-nable. – 6. (*Stellung*) permanent, not subject to notice. – 7. (*Beamter, Richter etc*) irremovable. — 'Un,künd·bar·keit *f* ⟨-; *no pl*⟩ 1. (*von Obligationen etc*) irre-deemability, irredeemableness. – 2. (*von Vollmachten*) irrevocability. – 3. (*von Ver-trägen*) nonterminability *Br.* non-. – 4. (*einer Stellung*) permanency. – 5. (*von Beamten etc*) irremovability.

'un,kun·dig *adj* ⟨*gen*⟩ einer Sache ~ sein *lit.* a) (*auf praktischem Gebiet*) not to be acquainted (*od.* to be unacquainted) with a thing, b) (*auf geistigem Gebiet*) to have no knowledge (*od.* to be ignorant) of a thing: des Lesens und Schreibens ~ sein to be illiterate (*od.* analphabetic); der englischen Sprache ~ sein to have no knowledge of English; des Weges ~ sein not to know one's way.

'un,künst·le·risch *adj* unartistic, inartistic, artless.

'Un,land *n* ⟨-(e)s; Unländer⟩ *rare* un-cultivated (*od.* uncultivable) land.

'un,längst *adv* lately, recently, not long ago, the other day.

'un,lau·ter *adj* 1. (*Charakter, Geschäft, Gewinn, Mittel etc*) dishonest, corrupt: sich ~er Mittel bedienen to use dishonest means. – 2. ~er Wettbewerb *econ.* unfair competition.

'un,leid·lich *adj* 1. (*reizbar, unverträglich*) disagreeable, ill-humored, *bes. Br.* ill-humoured, cranky, crabbed, crabby, cross. – 2. (*Kind*) cranky, crabbed, cross.

'un,lenk·sam *adj* (*Kind, Charakter etc*) un-manageable, intractable, unruly, ungovern-able, indocile.

un·le·ser·lich ['un,leːzərlıç; ,un-] I *adj* (*Handschrift, Inschrift, Unterschrift etc*) illegible, indecipherable, undecipherable, unreadable, (*Handschrift*) *auch* crabbed: etwas ~ machen to deface s.th. – II *adv* 2. ~ schreiben to write illegibly, to write in an illegible hand. — 'Un,le·ser·lich·keit *f* ⟨-; *no pl*⟩ illegibility, indecipherableness,

undecipherability, unreadableness, un-readability.

un·leug·bar ['un,lɔykbaːr; ,un-] *adj* un-deniable, incontestable, indisputable: es ist ~, daß there is no denying the fact that. — 'Un,leug·bar·keit *f* ⟨-; *no pl*⟩ undeni-ableness, incontestability, indisputability.

'un,lieb *adj* disagreeable, unpleasant: es ist mir nicht ~, daß I am rather glad that.

'un,lie·bens,wür·dig *adj* unamiable, un-friendly, disobliging, ungracious, disagree-able. — 'Un,lie·bens,wür·dig·keit *f* ⟨-; -en⟩ 1. ⟨*only sg*⟩ unamiability, unfriendli-ness, disobliging manner. – 2. *meist pl* ungracious (*od.* unfriendly) act (*od.* remark).

'un,lieb·sam [-,liːpzaːm] I *adj* (*Störung, Überraschung, Vorkommnis etc*) disagree-able, unpleasant. – II *adv* er ist ~ aufgefal-len (durch by) he made himself unpleas-antly conspicuous.

'un·li·mi,tiert *adj* unlimited.

'un·li,niert *adj* (*Papier*) unlined, unruled.

'Un,lo·gik *f* illogicality, illogicalness.

'un,lo·gisch *adj* (*Folgerung etc*) illogical, nonlogical *Br.* non-: etwas erschien mir dabei ~ s.th. about it struck me as being illogical.

un·lös·bar [,un'løːsbaːr; 'un-] I *adj* 1. (*Ehe etc*) indissoluble, permanent. – 2. (*Problem, Aufgabe, Rätsel etc*) unsolvable, insoluble. – 3. (*Knoten*) inextricable. – 4. *fig.* (*Ver-wicklung etc*) inextricable, unsolvable. – 5. *chem. cf.* unlöslich. – II *adv* 6. zwei Dinge sind ~ miteinander verbunden two things are inseparably linked (together). — ,Un'lös·bar·keit *f* ⟨-; *no pl*⟩ 1. indissolubil-ity, permanence. – 2. insolubility. – 3. in-extricability. – 4. *fig.* inextricability. – 5. *chem. cf.* Unlöslichkeit.

un·lösch·bar [,un'lœfbaːr; 'un-] *adj* 1. (*Feuer*) inextinguishable, unquenchable. – 2. (*Durst*) unquenchable.

un·lös·lich [,un'løːslıç; 'un-] *adj chem.* insoluble. — ,Un'lös·lich·keit *f* ⟨-; *no pl*⟩ insolubility.

'Un,lust *f* ⟨-; *no pl*⟩ 1. disinclination, reluctance: etwas nur mit ~ tun to do s.th. only very reluctantly (*od.* only with reluctance). – 2. (*Abneigung*) aversion, dislike. – 3. (*Überdruß*) weariness. – 4. *econ.* (*an der Börse*) slackness, dullness. — ~ge,fühl *n* feeling of reluctance.

'un,lu·stig I *adj* 1. disinclined, reluctant. – 2. (*mißgestimmt*) morose, sullen. – 3. *econ.* (*Börse*) slack, dull. – II *adv* 4. reluctantly, with reluctance.

'un·ma,gne·tisch *adj* nonmagnetic *Br.* non-.

'un·ma,nier·lich I *adj* unmannerly, man-nerless. – II *adv* ~ essen to have bad table manners.

'un,männ·lich *adj* 1. (*weibisch*) unmanly, effeminate, sissy (*colloq.*), *Br. sl.* cissy, cissie. – 2. (*feig*) unmanly, unmanlike, pusillanimous, cowardly. — 'Un,männ-lich·keit *f* ⟨-; *no pl*⟩ 1. unmanliness, effeminacy, effeminateness, sissiness (*colloq.*), *Br. sl.* cissiness. – 2. unmanliness, pusillanimity, cowardliness.

'un,mas,kiert *adj* 1. (*ohne Maske*) un-masked. – 2. (*ohne Maskenkostüm*) un-disguised.

'Un,maß *n* ⟨-es; *no pl*⟩ 1. immensity, excess: im ~ to excess. – 2. *obs. for* Un-ziemlichkeit.

'Un,mas·se *f* enormous (*od.* vast) quantity (*od.* number), host(s *pl*); lot(s *pl*), loads *pl*, tons *pl*, heaps *pl*, oodles *pl* (*colloq.*): eine ~ Briefe (*od.* von Briefen) loads of letters.

un·maß·geb·lich ['un,maːs,geːplıç; ,un-maːs-] *adj* 1. (*Person*) unauthoritative. – 2. (*Urteil, Meinung etc*) incompetent, unauthoritative: nach meiner ~en Mei-nung *auch humor.* in my humble opinion.

'un,mä·ßig I *adj* 1. (in *dat* in) immoderate, unreasonable, extravagant. – 2. (*unge-heuer*) excessive, inordinate: in ~es Ver-langen nach Bier an excessive desire for beer. – 3. (*bes. im Alkoholgenuß*) in-temperate. – 4. (*unermeßlich*) immeasur-able, unmeasurable, boundless. – 5. (*auf sexuellem Gebiet*) incontinent. – II *adv* 6. immoderately, without moderation. – 7. excessively, to excess: sein Durst war ~ groß his thirst was excessive. — 'Un-,mä·ßig·keit *f* ⟨-; *no pl*⟩ 1. immoderation, unreasonableness, extravagance. – 2. ex-cess(iveness), inordinateness. – 3. im-measurability, unmeasurableness, boundlessness. – **4.** intemperance. – **5.** incontinence.

'un·me·lo·disch *adj mus.* unmelodious, untuneful.

'Un·men·ge *f cf.* Unmasse.

'Un·mensch *m* **1.** monster, brute, fiend, beast, *Am. colloq.* hellkite. – **2.** ich bin ja kein ~ *colloq.* after all, I am no monster.

un·mensch·lich ['ʊnˌmɛnʃlɪç; ˌʊn-] **I** *adj* **1.** inhuman(e), unhuman, brutal, cruel, barbarous, savage, beastly. – **2.** (*menschenunwürdig*) degrading. – **3.** (*übermenschlich*) superhuman. – **4.** *colloq.* (*sehr groß*) 'terrific' (*colloq.*), tremendous. – **II** *adv* **5.** die Gefangenen wurden ~ behandelt the prisoners were treated inhumanly. — **'Un·mensch·lich·keit** *f* ⟨-; -en⟩ **1.** inhumanity, brutality, cruelty, barbarity, savageness, beastliness. – **2.** ⟨*only sg*⟩ degradingness. – **3.** ⟨*only sg*⟩ superhumanness.

un·merk·bar [ˌʊnˈmɛrkbaːr; 'ʊn-] *adj u. adv cf.* unmerklich.

un·merk·lich [ˌʊnˈmɛrklɪç; 'ʊn-] **I** *adj* imperceptible, indiscernible, inappreciable, insensible, inconspicuous. – **II** *adv* imperceptibly: die beiden Farben gehen ~ ineinander über the two colo(u)rs merge (*od.* fuse, melt) into each other imperceptibly; es war ~ dunkler geworden it had grown dark so gradually that we had not noticed it.

un·meß·bar [ˌʊnˈmɛsbaːr; 'ʊn-] *adj* immeasurable, immensurable, unmeasurable.

'un·me·tho·disch **I** *adj* unmethodical, immethodical, *auch* immethodic, desultory. – **II** *adv* unmethodically, immethodically, without method, desultorily.

'un·mi·li·tä·risch *adj* unmilitary.

un·misch·bar ['ʊnˌmɪʃbaːr; ˌʊn-] *adj* immiscible, unmixable.

un·miß·ver·ständ·lich ['ʊnˌmɪsfɛrˌʃtɛntlɪç; ˌʊnˌmɪs-] **I** *adj* (*Ablehnung, Antwort, Absage etc*) unmistakable, unequivocal, plain, round, blunt. – **II** *adv* j-m ~ klarmachen, daß to make it quite (*od.* perfectly) clear to s.o. that; seine Meinung ~ sagen to speak one's mind quite plainly (*od.* bluntly).

'un·mit·tel·bar I *adj* ⟨*attrib*⟩ **1.** (*Nähe, Nachbarschaft etc*) immediate, proximate. – **2.** (*Folge, Auswirkung, Ursache etc*) immediate, direct, proximate: es besteht ein ~er Zusammenhang zwischen there is a direct (*od.* primary) relationship between. – **3.** (*Kenntnisse, Informationen etc*) firsthand, direct. – **4.** (*Gefahr, Krise etc*) immediate, imminent, impending. – **5.** (*Rundfunk- od. Fernsehsendung*) direct, live. – **6.** *pol.* direct. – **II** *adv* **7.** immediately, directly, straight, right: ~ danach immediately afterwards; ~ hinter dir right behind you; diese Straße führt ~ in die Stadt this road leads straight into town; ein ~ bevorstehendes Ereignis an imminent event. – **'Un·mit·tel·bar·keit** *f* ⟨-; *no pl*⟩ immediacy, directness.

'un·mö·bliert *adj* (*Zimmer, Wohnung etc*) unfurnished.

'un·mo·dern *adj* unfashionable, out of fashion (*nachgestellt*) outmoded, out-of-date (*attrib*): ~ werden [sein] to go [to be] out (of fashion).

'un·mo·disch *adj cf.* unmodern.

un·mög·lich ['ʊnˌmøːklɪç; ˌʊn-] **I** *adj* **1.** (*nicht durchführbar*) impossible, infeasible, unfeasible: es ist mir ~, heute abend zu kommen it is impossible for me to come tonight, I cannot possibly come tonight; das ist technisch ~ that is technically impossible; etwas ~ machen to prevent s.th. – **2.** ⟨*pred*⟩ (*ausgeschlossen*) impossible, out of the question: das ist ganz (*od.* schlechterdings, *archaic* platterdings) ~ that is quite (*od.* absolutely, totally, downright) impossible; es wäre nicht ~, daß it might (possibly) happen that. – **3.** (*furchtbar, unerträglich*) impossible: er ist ein ~er Mensch he is an impossible person. – **4.** *colloq.* (*lächerlich, absurd*) ridiculous, grotesque, preposterous: ein ~es Kleid a ridiculous dress; du siehst mit dem Hut ~ aus you look ridiculous (*od. colloq.* a sight) with that hat; j-n ~ machen to make s.o. look ridiculous; sich ~ machen a) to make a fool (*od. colloq.* a dreadful exhibition) of oneself, b) to compromise oneself. – **5.** (*empörend, unerhört*) outrageous: er kam zu einer ~en Zeit he came at an ungodly (*od.* unearthly) hour (*colloq.*). – **II** *adv*

6. (*keinesfalls*) not possibly: ich kann es ~ tun I can't possibly do it; das kann ~ stimmen that cannot possibly be so. – **7.** outrageously: sich ~ benehmen to behave outrageously. – **III** U~e, das ⟨-n⟩ **8.** the impossible: das U~e möglich machen to make the impossible possible; du solltest nichts U~es erwarten you should not expect the impossible; scheinbar U~es leisten to do the apparently impossible. – **'Un·mög·lich·keit** *f* ⟨-; *no pl*⟩ impossibility.

'Un·mo·ral *f* ⟨-; *no pl*⟩ immorality, vice.

'un·mo·ra·lisch *adj u. adv* (*Mensch, Tat Forderung, Gesinnung etc*) immoral, unmoral, vicious (*lit.*): ein ~es Leben führen, ~ leben to lead (*od.* live) an immoral life.

'un·mo·ti·viert I *adj* (*Handlung, Vorgehen etc*) unmotivated. – **II** *adv* without motivation.

'un·mün·dig *adj* (*minderjährig*) minor, under age, infant (*attrib*). — **'Un·mün·di·ge** *m, f* ⟨-n; -n⟩ minor, infant. — **'Un·mün·dig·keit** *f* ⟨-; *no pl*⟩ minority, nonage, infancy.

'un·mu·si·ka·lisch *adj* **1.** (*Person*) unmusical. – **2.** (*Komposition etc*) unmusical, unmelodious, tuneless, untuneful, immusical. — **'Un·mu·si·ka·li·tät** *f* ⟨-; *no pl*⟩ **1.** lack of musicality (*od.* melody), untunefulness, untunableness, notelessness.

'Un·mut *m* ⟨-(e)s; *no pl*⟩ **1.** (*Ärger, Verdruß*) ill humor (*bes. Br.* humour), annoyance, vexation, irritation. – **2.** (*Mißfallen*) (*über acc*) displeasure (at), disapproval (of), disfavor (*bes. Br.* disfavour) (at): sie konnte ihren ~ über sein Verhalten nicht verbergen she could not hide her displeasure at his behavio(u)r. —

'un·mu·tig *adj* **1.** ill-humored, *bes. Br.* ill-humoured, annoyed, vexed, irritated. – **2.** displeased.

un·nach·ahm·lich ['ʊnˌnaːx, ?aːmlɪç; ˌʊnˌnaːx-] *adj* (*Art, Gabe etc*) inimitable. — **'Un·nach·ahm·lich·keit** *f* ⟨-; *no pl*⟩ inimitability, inimitableness.

'un·nach·gie·big *adj* **1.** (*Material etc*) unyielding, unbending, inflexible, rigid. – **2.** *fig.* (*Haltung, Person etc*) unyielding, unbending, inflexible, unrelenting, uncompromising, intransigent, stubborn, adamant (*pred*): er blieb trotz aller Bitten ~ he remained unbending in spite of all the pleas. — **'Un·nach·gie·big·keit** *f* ⟨-; *no pl*⟩ **1.** unyieldingness, unbendingness, inflexibility, rigidity. – **2.** *fig.* unyieldingness, unbendingness, inflexibility, unrelentingness, uncompromisingness, intransigence, *auch* intransigency, stubbornness, adamancy.

'un·nach·sich·tig I *adj* strict, severe, (*stärker*) pitiless, unrelenting, merciless. – **II** *adv* er hat ihn ~ bestraft he punished him pitilessly (*od.* mercilessly). — **'Un·nach·sich·tig·keit** *f* ⟨-; *no pl*⟩ strictness, severity, (*stärker*) pitilessness, unrelentingness, mercilessness.

un·nah·bar [ˌʊnˈnaːbaːr; 'ʊn-] *adj* (*Person*) unapproachable, inapproachable, inaccessible, reserved, standoffish, ungateable, un-come-at-able (*colloq.*). — **Un·nah·bar·keit** *f* ⟨-; *no pl*⟩ unapproachableness, inapproachableness, inaccessibility, reserve(dness), standoffishness.

'Un·na·tur *f* ⟨-; *no pl*⟩ *rare* unnaturalness.

'un·na·tür·lich *adj* **1.** (*wider die Natur*) unnatural. – **2.** (*außergewöhnlich*) unnatural, preternatural, abnormal, exceptional. – **3.** (*geziert*) affected. – **4.** (*gezwungen*) forced, strained. – **5.** (*gekünstelt, unecht*) artificial, contrived. – **6.** (*unheimlich, angsterregend*) unnatural, uncanny, supernatural. — **'Un·na·tür·lich·keit** *f* ⟨-; *no pl*⟩ **1.** unnaturalness. – **2.** unnaturalness, preternaturalness, abnormality, exceptionalness, exceptionality. – **3.** affectation, affectedness. – **4.** forcedness, strainedness. – **5.** artificiality, contrivance. – **6.** unnaturalness, uncanniness, supernaturalness.

un·nenn·bar [ˌʊnˈnɛnbaːr; 'ʊn-] *adj* (*Kummer, Jammer, Schmerzen etc*) inexpressible, unutterable, unspeakable, unnam(e)able, ineffable.

'un·nor·mal *adj cf.* anormal 1.

'un·no·tiert *adj econ.* (*Wertpapier*) unlisted, unquoted.

'un·nö·tig I *adj* **1.** (*Geldausgaben, Sorgen,*

Maßnahmen etc) unnecessary, needless, unneedful: etwas ~ machen to make s.th. unnecessary, to obviate s.th.; sich (*dat*) ~e Sorgen machen to worry unnecessarily (*od.* needlessly). – **2.** (*überflüssig*) superfluous. – **II** *adv* **3.** unnecessarily, needlessly. – **4.** superfluously. [needlessly.]

'un·nö·ti·ger'wei·se *adv* unnecessarily,

'un·nu·me·riert *adj* unnumbered.

'un·nütz I *adj* **1.** (*Geldausgaben etc*) useless, unprofitable, profitless, vain. – **2.** (*Gegenstand*) useless, unserviceable. – **3.** (*Sorgen, Gedanken etc*) unnecessary: mache dir keine ~en Gedanken don't worry unnecessarily. – **4.** (*Gerede etc*) idle, empty. – **5.** ⟨*pred*⟩ (*sinnlos, zwecklos*) useless, pointless: es ist ~, darüber zu sprechen it is useless to talk about it, it is no use talking about it. – **6.** ⟨*pred*⟩ (*umsonst*) in vain. – **7.** (*unartig*) naughty: sich ~ machen, ~ sein to make a nuisance of oneself. – **II** *adv* **8.** uselessly: sein Geld ~ vertun (*od.* verschwenden) to waste (*od.* squander) one's money (uselessly *od.* to no purpose).

'un·nüt·zer'wei·se *adv cf.* unnötigerweise.

'un·öko·no·misch *adj* uneconomic, *auch* uneconomical.

un·ope·rier·bar ['ʊnʔopeˌriːrbaːr; ˌʊn-] *adj med.* inoperable.

'un·or·dent·lich I *adj* **1.** (*nicht ordnungsliebend*) untidy. – **2.** (*Aussehen, Kleidung etc*) untidy, unkempt, disheveled, *bes. Br.* dishevelled, slipshod. – **3.** (*schlampig*) slovenly, slipshod, frowzy, frowsy, frouzy. – **4.** (*Zimmer, Schreibtisch etc*) untidy: ihr Zimmer war wieder schrecklich ~ *colloq.* her room was terribly untidy (*od.* in a dreadful state, in an awful mess) again (*colloq.*). – **5.** (*ungeordnet*) unordered, orderless, disordered, disorderly, unorderly. – **6.** (*Arbeit etc*) untidy, careless, messy. – **7.** (*Lebenswandel etc*) disorderly, dissolute, irregular. – **II** *adv* **8.** untidily: alles lag ~ im Zimmer verstreut everything was scattered untidily (*od.* was littered) about the room. — **'Un·or·dent·lich·keit** *f* ⟨-; *no pl*⟩ **1.** untidiness. – **2.** untidiness, unkemptness, dishevelment, slipshodness. – **3.** slovenliness, slipshodness. – **4.** untidiness. – **5.** disorderedness, disorderliness. – **6.** untidiness, carelessness, messiness.

'Un·ord·nung *f* ⟨-; *no pl*⟩ **1.** untidiness, disorder, disarray: er liebt eine gewisse ~ auf seinem Schreibtisch he prefers a certain degree of disorder on his desk. – **2.** (*Durcheinander*) mess, confusion, jumble, muddle: eine Kartei in ~ bringen to jumble (*od.* muddle, mess) up a file; sie haben das Haus in einer furchtbaren ~ hinterlassen *colloq.* they left the house in a terrible mess (*od.* in a dreadful state) (*colloq.*); die ~ beheben (*od.* beseitigen) to tidy up the mess. – **3.** (*der Kleidung, der Haare etc*) dishevelment, disarray, disorder, mess: j-m die Haare in ~ bringen to dishevel s.o.'s hair. – **4.** (*geistige, seelische, politische, soziale etc*) disorder, disarray, confusion, muddle, mess, disarrangement: nach dem Krieg war alles in ~ geraten (*od.* gekommen) everything was in a state of disorder after the war; dieses Erlebnis brachte ihr gesamtes Weltbild in ~ this experience upset her whole view of life (*od.* made the bottom fall out of her world). – **5.** (*in der Verwaltung etc*) confusion, disorganization *Br. auch* -s-, inorganization *Br. auch* -s-. – **6.** in ~ sein (*nicht richtig funktionieren*) not to be in order: ihre Verdauung ist in ~ her digestion is not in order.

'un·or·ga·nisch *adj auch ling.* inorganic.

'un·or·ga·ni·siert *adj* disorganized *Br. auch* -s-, unorganized *Br. auch* -s-, inorganized *Br. auch* -s-.

'un·or·tho·dox *adj* unorthodox.

'un·or·tho·gra·phisch *adj* unorthographical, wrongly spelled (*bes. Br.* spelt), misspelled, *bes. Br.* misspelt.

'un·paar *adj cf.* unpaarig.

'Un·paar·hu·fer *m* ⟨-s; -⟩ *zo.* perissodactyl.

'un·paa·rig *adj* **1.** unpaired. – **2.** *med.* azygous, azygos.

'Un·paar·ze·her [-ˌtseːər] *m* ⟨-s; -⟩ *zo. cf.* Unpaarhufer. — **'un·paar·ze·hig** *adj* perissodactyl, *auch* perissodactylous.

'un·päd·ago·gisch [-ˌpɛdaˌgoːgɪʃ] *adj* unp(a)edagogic(al).

'un·par·la·men,ta·risch *adj* unparliamentary.

'un·par,tei·isch *adj* 1. impartial, unbias(s)ed, unprejudiced, equitable, evenhanded: eine ~e Haltung einnehmen to adopt an impartial attitude. – 2. *(neutral)* neutral, detached.

'Un·par,tei·ische[1] *m* <-n; -n> 1. impartial person. – 2. *(Schiedsmann)* arbiter, arbitrator. – 3. *(sport) cf.* Schiedsrichter 3.

'Un·par,tei·ische[2] *f* <-n; -n>. *cf.* Unparteiische[1] 1. – 2. arbitress.

'un·par,tei·lich *adj* 1. *cf.* unparteiisch. – 2. *pol.* nonparty *Br.* non- *(attrib)*, independent. — 'Un·par,tei·lich·keit *f* <-; *no pl*> 1. impartiality, impartialness, equity, equitableness, evenhandedness, unprejudicedness. – 2. *pol.* independence.

'un,paß I *adv* at the wrong time, at an unsuitable moment. – II *adj* <pred> *cf.* unpäßlich.

'un,pas·send *adj* 1. *(Bemerkung, Kleidung, Geschenk etc)* unsuitable, inappropriate, unfitting, inapt, unapt, out of place: ein paar ~e Worte sprechen *humor.* to speak a few unsuitable words. – 2. *(Zeit, Gelegenheit, Augenblick etc)* inconvenient: ein Besuch zu ~er Zeit a visit at an unsuitable time, an ill-timed *(od.* inopportune, untimely, unseasonable, a mistimed)* visit. – 3. *(unschicklich)* improper. – 4. *(gegen die Regeln der Etikette)* unbefitting.

un·pas·sier·bar ['unpa,si:rba:r; ,un-] *adj* *(Straße, Weg, Grenzübergang etc)* impassable, *(Fluß)* auch unfordable.

'un,päß·lich [-,pɛslɪç] *adj* <pred> ~ sein, sich ~ fühlen a) to be indisposed, to feel *(od.* be)* unwell, to feel *(od.* be)* seedy *(od.* off colo[u]r, under the weather)* *(colloq.)*, b) *euphem. (von Frauen)* to be indisposed, to feel *(od.* be)* unwell. — 'Un,päß·lich·keit *f* <-; -en> 1. indisposition, unwellness, seediness *(colloq.)*. – 2. *euphem. (von Frauen)* indisposition, unwellness.

'un·pa,the·tisch *adj* unpathetic, *auch* unpathetical. [otic.]

'un·pa·trio·tisch [-patri,o:tɪʃ] *adj* unpatri-|

'un·per,sön·lich *adj* 1. *auch ling.* impersonal. – 2. *fig. (Atmosphäre, Stil, Einrichtung, Gespräch etc)* impersonal. – 3. *(Person, Art etc)* distant, aloof *(pred)*. — 'Un·per,sön·lich·keit *f* <-; *no pl*> *fig.* 1. impersonality. – 2. aloofness.

un,pfänd·bar ['un,pfɛntba:r; ,un-] *adj* unseizable. — 'Un,pfänd·bar·keit *f* <-; *no pl*> exemption from seizure.

'un·phi·lo,so·phisch *adj* unphilosophic(al).

'un·poe·tisch [-po,e:tɪʃ] *adj* unpoetic(al).

'un·po,lar *adj* *chem.* *(Bindung)* nonpolar *Br.* non-.

'un·po,liert *adj* 1. *tech.* unpolished. – 2. *gastr. (Reis)* unpolished.

'un·po,li·tisch *adj* 1. unpolitical, nonpolitical *Br.* non-, apolitical. – 2. *(unklug)* impolitic, *auch* impolitical, unwise, inexpedient.

'un·po·pu,lär *adj* unpopular. — 'Un·po·pu·la·ri,tät *f* <-; *no pl*> unpopularity.

'un·prak·tisch *adj* 1. *(Gegenstand, Gerät, Werkzeug, Anordnung etc)* unpractical, impractical, impracticable, unhandy. – 2. *(Person)* impractical, impracticable, unhandy.

'un·prä·ten·ti,ös *adj* unpretentious.

'un·prä,zis, 'un·prä,zi·se *adj* unprecise, imprecise.

'un·pro·ble,ma·tisch *adj* unproblematic.

'un·pro·duk,tiv *adj* 1. *econ.* a) *(Arbeit, Ölquelle etc)* unproductive, nonproductive *Br.* non-, b) *(Kapital)* idle. – 2. *(Künstler etc)* unproductive. — 'Un·pro·duk·ti·vi,tät *f* <-; *no pl*> 1. unproductiveness, nonproductiveness *Br.* non-. – 2. idleness. – 3. unproductiveness.

'un·pro·fi,liert *adj* nondistinguished *Br.* non-.

'un·pro·por·tio,niert *adj* *(Körper)* disproportionate, disproportional, disproportionable, out of proportion.

'un·pro·vo,ziert *adj* unprovoked.

'un,pünkt·lich *adj* 1. unpunctual. – 2. *(säumig)* tardy. — 'Un,pünkt·lich·keit *f* <-; *no pl*> 1. unpunctuality. – 2. tardiness.

un·qua·li·fi·zier·bar ['unkvalifi,tsi:rba:r; ,un-] *adj* unqualifiable.

'un·qua·li·fi,ziert *adj* unqualified.

'un·quit,tiert *adj* *econ.* *(Rechnung)* unreceipted.

'un·ra,siert *adj* unshaven, unshaved.

'Un,rast[1] *f* <-; *no pl*> 1. restlessness. – 2. *(innere)* restlessness, disquiet(ude), uneasiness, inquietude.

'Un,rast[2] *m* <-(e)s; -e> *colloq. (ruheloser Mensch, bes. Kind)* fidget.

'Un,rat *m* <-(e)s; *no pl*> *lit.* 1. *(Abfall, Kehricht)* refuse, rubbish, garbage, *Br.* dust, *Am.* trash. – 2. *(Kot)* excrement. – 3. *fig.* ~ wittern to smell a rat.

'un·ra·tio,nell *adj* *(Betrieb, Arbeitsweise etc)* inefficient.

'un,rät·lich *adj* *obs. for* unratsam.

'un,rat·sam *adj* inadvisable, unadvisable.

'un·re,al *adj* unreal.

'un·rea,li·stisch *adj* unrealistic.

'un,recht I *adj* 1. *(attrib)* *(nicht richtig)* wrong: sie ist dort am ~en Platz she is in the wrong place there; der Brief ist in ~e Hände gekommen *(od.* gelangt)* the letter passed *(od.* got)* into the wrong hands; auf dem ~en Wege sein *fig.* to be on the wrong track *(od.* road)*; an die ~e Tür klopfen *fig.* to come to the wrong door *(od.* person)*; → Kehle 1. – 2. *(nicht gut)* wrong: auf ~e Gedanken kommen to get up to mischief; das war ~ von dir that was wrong of you; → Gut 1. – 3. *(ungerecht)* unjust, unfair. – 4. *(ungelegen, unpassend)* inappropriate, unsuitable, wrong: ein Besuch zur ~en Zeit a visit at the wrong time *(od.* at an unsuitable moment)*, an ill-timed visit; er kommt immer zur ~en Zeit he always comes at the wrong moment. – 5. *(substantiviert mit Kleinschreibung)* er hat ~ bekommen he was contradicted *(od.* proved wrong)*; j-m ~ geben to contradict s.o.; da hast du nicht ganz ~ you are not so wrong there; du hast ~ getan zu widersprechen you did *(od.* were)* wrong to contradict; j-m ~ tun to do s.o. wrong, to wrong s.o. – II *adv* 6. (an j-m) ~ handeln to do s.o. wrong. – III U~e, das <-n> 7. *only in* er hat etwas U~es getan [gegessen] he did *(od.* committed)* [ate] something wrong.

'Un,recht *n* <-(e)s; *no pl*> 1. injustice, wrong: ein himmelschreiendes ~ an outrageous injustice; j-m (ein) ~ antun *(od.* zufügen) to do s.o. (a) wrong, to wrong s.o., to do s.o. an injustice; ein ~ begehen to commit a wrong; ~ erdulden *(od.* erleiden, leiden) to suffer wrong; es geschieht ihm ~ he is being wronged; ihr ist bitteres ~ widerfahren she has suffered bitter injustice; ein ~ wiedergutmachen to compensate *(od.* make amends for, recompense)* a wrong; besser ~ leiden als ~ tun *(Sprichwort)* better to suffer wrong than do wrong *(proverb)*, better suffer ill than do ill *(proverb)*. – 2. wrong: du befindest dich *(od.* bist) im ~ you are wrong; j-n ins ~ setzen to put s.o. in the wrong; du beklagst dich zu ~ you complain without good reason, your complaint is unjustified; man hat ihn zu ~ beschuldigt he was wrongly accused; ich gebe mein ~ zu I admit that I am wrong, I stand corrected; Irland heißt nicht zu ~ die Grüne Insel Ireland is known as the Emerald Isle and not without (good) reason.

'Un,rech·te *m, f* <-n; -n> wrong person: da bist du bei mir an den ~n gekommen you've come to the wrong person *(od.* man).

'un,recht,mä·ßig *jur.* I *adj* *(Besitz etc)* illegitimate, illegal, unlawful, wrongful. – II *adv* sich *(dat)* etwas ~ aneignen to usurp s.th.

'un,recht,mä·ßi·ger'wei·se *adv* illegitimately, illegally, unlawfully, wrongfully.

'Un,recht,mä·ßig·keit *f* <-; *no pl*> illegitimacy, illegality, unlawfulness, wrongfulness.

'un,red·lich *adj* *(Charakter, Handlungsweise, Gewinne etc)* dishonest, shady, underhand, crooked. — 'Un,red·lich·keit *f* <-; -en> 1. <only sg> dishonesty, shadiness, underhandedness, crookedness. – 2. *pl* dishonest *(od.* crooked) ways.

'un·re,ell *adj* *econ.* 1. *(unredlich)* dishonest, shady, underhand, crooked. – 2. *(unlauter)* unfair. – 3. *(unzuverlässig, unsolide)* unreliable, unsound, independable, undependable.

'un·re·flek,tiert *adj* spontaneous, impulsive, unreflected.

'un,re·gel,mä·ßig *adj* 1. *(Puls, Atem,*

Arbeitszeit, Mahlzeiten, Abstände, Bewegungen etc) irregular: ein ~es Leben führen to lead an irregular life. – 2. *(Fläche, Zähne etc)* irregular, uneven. – 3. *(Handschrift etc)* irregular, uneven, erratic. – 4. *ling. (Verb, Konjugation etc)* irregular. — 'Un,re·gel,mä·ßig·keit *f* <-; -en> 1. <only sg> irregularity. – 2. <only sg> *(einer Fläche, Handschrift, der Zähne etc)* irregularity, unevenness. – 3. *(kleiner Verstoß, Fehler)* irregularity: er hat sich einige ~en zuschulden kommen lassen he committed several irregularities.

'un,reif *adj* 1. *(Obst etc)* unripe, green, immature. – 2. *(unentwickelt)* undeveloped. – 3. *(unausgereift)* unripened. – 4. *fig. (Person)* immature, callow, unripe, unfledged, green, verdant *(lit.)*. – 5. *fig. (unfertig)* callow, unlicked *(colloq.)*. – 6. *fig. (Gedanke, Denkweise etc)* immature, unfledged. – 7. *fig. (künstlerisches Werk etc)* immature. – 8. *fig. (Plan, Projekt etc)* immature, half-baked *(colloq.)*. – 9. <pred> *fig. (Zeit)* unripe. – 10. *med. (Fötus)* underdeveloped, premature.

'Un,rei·fe *f* <-; *no pl*> 1. unripeness, immaturity. – 2. *fig. (einer Person)* immaturity, callowness, unripeness, greenness, verdancy *(lit.)*. – 3. *fig. (Unfertigkeit)* callowness. – 4. *fig. (in der Denkweise, eines künstlerischen Werkes etc)* immaturity. – 5. *med. (des Fötus)* underdevelopment, prematurity.

'un,rein *adj* 1. *(schmutzig)* unclean, dirty, *(stärker)* filthy. – 2. *(Wasser, Luft etc)* impure, unclean, polluted. – 3. *(Haut)* blemished, impure. – 4. *(Atem)* bad, offensive. – 5. *(Edelstein)* impure, flawed, flawy. – 6. *fig. (Gedanken etc)* impure, unclean(ly), unchaste. – 7. *mus. cf.* unsauber 8. *metr. (Reim)* impure. – 9. *relig.* a) *(Tier, Speise etc)* impure, unclean, b) *(aussätzig)* unclean. – 10. *(substantiviert mit Kleinschreibung)* etwas ins ~e schreiben to make a rough copy of s.th. — 'Un,rein·heit *f* <-; -en> 1. <only sg> uncleanliness, uncleanness, dirt(iness), *(stärker)* filth(iness). – 2. <only sg> impurity, impureness, uncleanliness, uncleanness, pollution. – 3. <only sg> impurity. – 4. <only sg> offensiveness. – 5. <only sg> impurity, impureness. – 6. <only sg> *fig.* impurity, impureness, uncleanliness, uncleanness, unchastity, unchasteness. – 7. <only sg> *mus.* impurity, impureness. – 8. <only sg> *metr.* impurity, impureness. – 9. <only sg> *relig.* impurity, impureness, uncleanness. – 10. *(unsaubere Stelle)* impurity. – 11. *(Fehler, Makel)* blemish, flaw.

'un,rein·lich *adj* uncleanly, unclean. — 'Un,rein·lich·keit *f* <-; *no pl*> uncleanliness, uncleanness.

'un·ren,ta·bel *adj* *econ.* a) unprofitable, b) *(in der Landwirtschaft)* submarginal: der Betrieb ist ~ the business is unprofitable, the business does not pay (its way). — 'Un·ren·ta·bi·li,tät *f* <-; *no pl*> unprofitableness.

un·rett·bar [,un'rɛtba:r; 'un-] *adv* ~ verloren sein to be irretrievably *(od.* irrecoverably)* lost.

'un,rich·tig I *adj* *(Angaben, Darstellung, Zahlen, Schlußfolgerung, Wiedergabe etc)* incorrect, erroneous, false, wrong: ~e Darstellung des Sachverhalts *jur.* false recital *(od.* pretence, *Am.* pretense)* of the facts; ~e Angaben misrepresentation *sg*, false representation *sg*, *(bei Steuererklärung)* false statement *sg*. – II *adv* etwas ~ darstellen to misrepresent s.th. — 'Un,rich·tig·keit *f* <-; -en> 1. <only sg> incorrectness, erroneousness, falseness, falsity. – 2. *(Fehler)* mistake, error: dir sind einige ~en unterlaufen you have made some mistakes.

'un,rit·ter·lich *adj* unchivalrous.

'un·ro,man·tisch *adj* unromantic, *auch* unromantical.

'Un,ruh [-,ru:] *f* <-; -en> 1. *tech. (der Uhr etc)* balance spring. – 2. *colloq. for* Unruhe.

'Un,ru·he *f* <-; *no pl*> 1. *(innere Erregung, Spannungszustand)* restlessness, restiveness, (state of) disquiet *(od.* disturbance)*, *(stärker)* agitation: eine quälende ~ überkam *(od.* erfaßte)* ihn he was overcome by *(od.* seized with)* a tormenting restlessness; innere ~ a feeling of unrest. – 2. <only sg> *(Zappelei, Fahrigkeit etc)* fidgetiness, restlessness, restiveness. – 3. <only

sg⟩ (*Angst, Besorgnis*) (state of) unrest (*od.* uneasiness, anxiety, vexation, worry, *Am. auch* worriment): ich bin in ~, weil sie noch nicht gekommen ist I am in a state of unrest (*od.* I am uneasy, I am anxious) because she hasn't come yet; sein Ausbleiben versetzte sie in ~ his absence made her uneasy (*od.* anxious), his absence worried her. – **4.** ⟨*only sg*⟩ (*Zustand der Gärung*) (state of) unrest, ferment(ation): die ~ unter den Studenten wird immer größer the unrest among the students is growing (*od.* increasing); der Vulkan ist in ständiger ~ the volcano is in a permanent state of unrest. – **5.** ⟨*only sg*⟩ (*Gehetze, Gedränge*) hustle and bustle: die ~ der Großstadt the hustle and bustle of the city. – **6.** ⟨*only sg*⟩ (*geräuschvolles Durcheinander*) disturbance, commotion: in der Schulklasse herrschte große ~ there was great disturbance in the class(room); ~ stiften to cause disturbance. – **7.** *pl* (*Aufruhr*) troubles, disturbances, (*stärker*) riots: die ~ niederschlagen to suppress the riots. – **8.** ⟨*only sg*⟩ (*eines Pferds etc*) restiveness, skittishness. – **9.** ⟨*only sg*⟩ *fig.* (*in einem Muster, Bild etc*) disturbing (*od.* jarring) element (*od.* factor, note). – **10.** ⟨*only sg*⟩ *med.* a) nervöse ~ nervous restlessness (*od.* restiveness), dysphoria (*scient.*), b) (motorische) ~ (*der Extremitäten*) superactivity, c) (*der Peristaltik etc*) irritation. – **11.** *tech. cf.* Unruh 1.

'Un,ru·he|**,herd** *m fig.* storm center (*bes. Br.* centre), cause of disturbance (*od.* trouble), trouble spot (*colloq.*). — **~,stif·ter** *m* **1.** (*in einer Gemeinschaft, Schulklasse etc*) troublemaker. – **2.** (*Ruhestörer*) disturber of the peace. – **3.** *bes. pol.* a) (*Aufwiegler*) troublemaker, firebrand, instigator of rebellion (*od.* trouble), b) *fig.* (*von einem Staat, Volk etc*) troublemaker, source of trouble. — **u·~,voll** *adj lit.* for unruhig 1—6.

'Un,ruh|**,herd** *m fig. cf.* Unruheherd.
'un,ru·hig I *adj* **1.** (*innerlich erregt*) restless, restive, unquiet, (*stärker*) agitated. – **2.** (*zappelig, fahrig*) fidgety, restless, restive. – **3.** (*ängstlich, besorgt*) uneasy, anxious, worried: sie ist ~, weil er nicht kommt she is uneasy because he does not come – **4.** (*ruhelos, rastlos*) restless: der Patient hatte eine ~e Nacht the patient had a restless night; ein ~es Leben führen to lead a restless (*Am. colloq.* a knockabout) life; → Geist¹ 16. – **5.** (*Bevölkerung, Jugendliche, Zeit, Ära etc*) restless, unsettled, restive, yeasty. – **6.** (*politische Lage etc*) troubled. – **7.** (*Schlaf*) restless, fitful, uneasy, restive. – **8.** (*Meer, See etc*) rough, choppy, (*stärker*) turbulent: wir hatten eine ~e Überfahrt we had a rough crossing. – **9.** (*Straße, Platz etc*) busy, bustling. – **10.** (*Wohnung, Wohngegend etc*) noisy. – **11.** (*Schulklasse, Kinder etc*) boisterous. – **12.** (*Pferd etc*) restive, skittish. – **13.** *fig.* (*Muster, Bild etc*) jarring. – **14.** ~er Lauf *tech.* a) (*einer Maschine, eines Motors, Projektors, Rads etc*) uneven running, b) (*eines Lagers*) unsteady running. – **15.** *telev.* (*Bild*) unsteady. – **II** *adv* **16.** restlessly, restively: er ging ~ auf und ab he walked up and down restlessly. – **17.** (*ängstlich, besorgt*) uneasily, anxiously. – **18.** ~ schlafen to sleep restlessly (*od.* fitfully), to have a restless (*od.* fitful, an uneasy, a restive) sleep. – **19.** ~ laufen *tech.* a) (*von Maschine, Motor, Projektor, Rad etc*) to run jerkily (*od.* unevenly), b) (*von Lager*) to run unsteadily.

'un,rühm·lich *adj* inglorious: die Sache nahm ein ~es Ende the matter came to an inglorious end. — **'Un,rühm·lich·keit** *f* ⟨-; *no pl*⟩ ingloriousness.
'Un,ruh|**,stif·ter** *m cf.* Unruhestifter. — **u·~,voll** *adj poet.* for unruhig 1—6.

'un,rund *tech. I adj* **1.** (*Rad, Reifen etc*) out-of-round (*od.* -true) (*attrib*), unround, untrue. – **2.** (*Welle, Spindel etc*) noncylindrical *Br.* non-. – **3.** (*Loch*) *Br.* non-. – **II** *adv* **4.** laufen a) to run off center (*bes. Br.* centre), to run out of true, b) (*von Spindel*) to run out. — **'Un,rund·heit** *f* ⟨-; *no pl*⟩ **1.** (*eines Rads, Reifens etc*) out-of-roundness. – **2.** (*einer Welle, Spindel etc*) noncylindricality *Br.* non-, noncylindricalness *Br.* non-.

uns [uns] **I** *pers pron* ⟨*dat u. acc pl of* ich⟩ **1.** ⟨*dat*⟩ a) to us, us, b) (*nach Präpositionen*) us: er will es ~ geben he wants to give it to us; sie hat ~ geschrieben she wrote to us, *bes. Am.* she wrote us; reservieren Sie

~ bitte einen Tisch please reserve us a table, please reserve a table for us; das gehört ~ nicht that doesn't belong to us, that is not ours; bei ~ a) (*in meinem Heimatland*) in our (*od.* my) country, b) (*in meiner Familie*) in our (*od.* my) family, c) (*in meiner Wohnung*) at our (*od.* my) home (*od. colloq.* place); ein Freund von ~ a friend of ours, one of our friends; grüßen Sie ihn von ~ send (*od.* give) him our kind regards, remember him to us; unter ~ gesagt between us, between you and me (and the bedpost *colloq.*); ~ kann keiner! *colloq.* we are the greatest (*od. sl.* the cat's pyjamas)! – **2.** ⟨*acc*⟩ us: sie fragen ~ they ask us; wir sahen nicht hinter ~ we did not look behind us. – **II** *reflex pron* **3.** ourselves, (*als Pluralis majestatis*) *auch* ourself: wir waschen ~ we wash (ourselves). – **III** *reciprocal pron* **4.** each other, (*bei mehr als zwei Personen*) one another: wir sehen ~ fast nie we hardly ever see each other.
'un,sach·ge,mäß I *adj* **1.** (*Behandlung, Lagerung, Verpackung etc*) inappropriate, improper. – **2.** (*Darstellung, Bericht etc*) inadequate, incompetent. – **II** *adv* **3.** etwas ~ behandeln [lagern] to treat [to store] s.th. inappropriately (*od.* improperly).
'un,sach·lich *adj* **1.** (*nicht objektiv*) unobjective. – **2.** (*nicht zur Sache gehörig*) irrelevant, impertinent: solche Bemerkungen sind doch ~! remarks like that are irrelevant (*od.* beside the point)! remarks like that have no bearing (whatsoever) on the point! — **'Un,sach·lich·keit** *f* ⟨-; *no pl*⟩ **1.** (*mangelnde Objektivität*) lack of objectivity. – **2.** (*mangelnde Sachbezogenheit*) irrelevance, irrelevancy, impertinence.
,un'sag·bar, ,un'säg·lich [-'zɛːklɪç] **I** *adj* (*Leid, Elend, Schmerz etc*) inexpressible, unexpressible, *auch* unexpressable, unutterable, unspeakable, ineffable, untold. – **II** *adv* inexpressibly, unutterably, unspeakably, ineffably: sie war ~ traurig she was inexpressibly sad; er litt ~ his suffering was inexpressible; j-n ~ lieben to love s.o. beyond expression (*od.* beyond all bounds).
'un,sanft I *adj* **1.** (*rauh, rücksichtslos*) ungentle, rough. – **2.** (*barsch, unfreundlich*) harsh, rough. – **3.** (*grob, unhöflich*) rude. – **II** *adv* **4.** ~ mit etwas umgehen to handle s.th. ungently (*od.* roughly); j-n ~ anfassen a) (*packen*) to take hold of s.o. roughly, to manhandle s.o., to rough s.o. up (*sl.*), b) *fig.* (*behandeln*) to treat s.o. harshly (*od.* roughly), to manhandle s.o.; er wurde ~ geweckt he was rudely awakened.
'un,sau·ber *adj* **1.** (*ungewaschen, nicht gereinigt*) unclean. – **2.** (*ungepflegt, vernachlässigt*) untidy, unkempt. – **3.** (*schmuddelig*) grimy, dingy. – **4.** (*Haut, Teint*) blemished. – **5.** (*Arbeit, Ausführung, Handschrift, Zeichnung etc*) careless, untidy. – **6.** *fig.* (*Charakter, Beweggründe etc*) impure. – **7.** *fig.* (*Mittel, Methoden, Geschäft, Handel etc*) underhand(ed): er macht ~e Geschäfte he has underhand dealings; die Geschäftspraktiken der Firma sind ~ the firm has underhand business practices, the business practices of the firm are pretty underhand (*od.* are not aboveboard). – **8.** *mus.* a) (*Tonqualität etc*) impure, b) (*falsch*) off-key, off-pitch (*beide attrib*), out of tune, c) (*Spiel*) inexact. – **9.** (*sport*) (*Spielweise, Schlag etc*) unfair, dirty. – **10.** *tech.* (*Oberfläche*) fussy. — **'Un,sau·ber·keit** *f* ⟨-; -en⟩ **1.** ⟨*only sg*⟩ uncleanness. – **2.** ⟨*only sg*⟩ (*Ungepflegtheit*) untidiness, unkemptness. – **3.** ⟨*only sg*⟩ (*Schmuddeligkeit*) griminess, dinginess. – **4.** ⟨*only sg*⟩ *fig.* (*der Mittel, Methoden etc*) underhandedness. – **5.** *meist pl* (*an einer ausgeführten Arbeit*) imperfection. – **6.** *meist pl* (*unsaubere Praktik*) underhand dealings *pl*. – **7.** *meist pl mus.* a) (*Tonqualität etc*) impurity, b) off-key pitch, c) inexactness. – **8.** *tech.* (*sandige Oberfläche*) scabbiness.
'un,schäd·lich *adj* **1.** (*Mittel, Substanz, Insekten etc*) innocuous, innoxious, harmless, unharmful: diese Tabletten sind ~ these pills are innocuous (*od.* will not do any harm); etwas ~ machen to make (*od.* render) s.th. innocuous (*od.* harmless), b) (*Ungeziefer*) to destroy s.th., *cf.* chem. med. pharm. (*Gift etc*) to neutralize (*Br. auch* -s-) s.th., d) *mil.* (*Kampfstoffe, Minen etc*) to neutralize (*Br. auch* -s-) (*od.* disarm) s.th. – **2.** j-n ~ machen a) (*einen Gegner*) to get s.o. out of the way, b) (*einen Verbrecher, Dieb etc*) to put an end (*od.* a stop) to s.o.'s activ-

ity. – **3.** *med.* (*Tumor*) benign, innocuous. — **'Un,schäd·lich·keit** *f* ⟨-; *no pl*⟩ (*eines Mittels, einer Substanz etc*) innocuity, innocuousness, innoxiousness, harmlessness. —
'Un,schäd·lich,ma·chung *f* ⟨-; *no pl*⟩ **1.** (*von Ungeziefer*) destruction. – **2.** zur ~ von Verbrechern werden jetzt Computer eingesetzt computers are now used to counteract (*od.* arrest, stop) criminal activity. – **3.** *chem. med. pharm.* (*von Gift etc*) neutralization *Br. auch* -s-. – **4.** *mil.* (*von Minen etc*) neutralization *Br. auch* -s-.
'un,scharf I *adj* **1.** (*Umrisse, Konturen etc*) blurred, hazy, obscure, blurry, fuzzy. – **2.** (*Photographie*) blurred, out of focus. – **3.** (*Einstellung eines Fernrohrs, Lautsprechers etc*) unsharp, fuzzy: die Bässe sind ~ the bass tones are unsharp. – **4.** *fig.* (*Definition, Unterscheidung etc*) indistinct, woolly, *Am. auch* wooly. – **5.** ~e Trennung a) (*radio*) lack of selectivity, b) *tech.* unsharp division. – **6.** *mil.* (*Munition etc*) unarmed, unprimed: Munition ~ machen to deactivate (*od.* unprime) ammunition. – **II** *adv* **7.** das Fernrohr ist ~ eingestellt the telescope is out of focus; etwas nur ~ wahrnehmen können to have a blurred picture of s.th.
'Un,schär·fe *f* ⟨-; *no pl*⟩ **1.** (*der Konturen etc*) blurredness, haziness, obscurity, fuzziness. – **2.** *phot.* blur, lack of definition. – **3.** (*der Einstellung eines Fernrohrs, Lautsprechers etc*) unsharpness, fuzziness. — **~be,zie·hung, ~re·la·ti,on** *f nucl. cf.* Unbestimmtheitsprinzip.
un·schätz·bar [,un'ʃɛtsbaːr; 'un-] *adj* **1.** inestimable, incalculable: der Ring hat einen ~en Wert it ist von ~em) Wert the ring has (*od.* is of) inestimable value, the ring is priceless (*od.* is beyond price). – **2.** *fig.* (*Verdienste, Hilfe etc*) inestimable, invaluable. — **,Un'schätz·bar·keit** *f* ⟨-; *no pl*⟩ **1.** inestimability, inestimableness, incalculability. – **2.** *fig.* (*der Verdienste etc*) inestimability, inestimableness, invaluableness.
'un,schein·bar *adj* **1.** (*unauffällig*) inconspicuous, unconspicuous: ein ~es Männchen an inconspicuous little man. – **2.** (*einfach, gewöhnlich*) ordinary, plain. — **'Un,schein·bar·keit** *f* ⟨-; *no pl*⟩ **1.** inconspicuousness. – **2.** ordinariness, plainness.
'un,schick·lich *adj* **1.** (*ungehörig*) unseemly, improper, indecorous, malapropos: solche Fragen sind ~ such questions are unseemly (*od.* out of place); es ist ~ für eine Dame, so etwas zu tun it is unseemly (*od.* improper, indecorous, unbefitting, unbecoming) for a lady to do such a thing, it ill befits (*od.* behu[o]ves) a lady to do such a thing. – **2.** (*unanständig*) indecent. — **'Un,schick·lich·keit** *f* ⟨-; *no pl*⟩ **1.** unseemliness, impropriety, indecorum. – **2.** indecency.
un·schlag·bar [,un'ʃlaːkbaːr; 'un-] *adj* **1.** (*Gegner, Mannschaft etc*) unbeatable, undefeatable. – **2.** *fig. colloq.* (*Beweis, Argument etc*) irrefutable, incontrovertible. – **3.** *fig. colloq.* (*unerreicht, konkurrenzlos*) unrivaled, *bes. Br.* unrivalled, unparalleled: du bist wirklich ~! you're marvel(l)ous (*od.* a marvel)! you're the greatest!
'Un,schlitt [-,ʃlɪt] *n* ⟨-(e)s; -e⟩ (*Talg*) tallow. — **~,ker·ze** *f* tallow candle.
'un,schlüs·sig *adj* **1.** (*unentschlossen*) irresolute, undecided, wavering, vacillating: ich bin noch ~ I'm still wavering (*od.* in [*auch* of] two minds), I have not made up my mind yet. – **2.** (*zaudernd*) hesitant, hesitating, halting, wavering, wavery: du hast es nicht bekommen, weil du ~ warst you did not get it because you hesitated (*od.* wavered); er blieb ~ stehen he hesitated and stopped. — **'Un,schlüs·sig·keit** *f* ⟨-; *no pl*⟩ **1.** irresoluteness, irresolution, undecidedness, indecision, vacillation. – **2.** hesitation, hesitancy, hesitance.
'un,schmack·haft *adj* **1.** (*von unangenehmem Geschmack*) distasteful, unpalatable. – **2.** (*von fadem Geschmack*) tasteless, unsavory, *bes. Br.* unsavoury, insipid.
un·schmelz·bar [,un'ʃmɛltsbaːr; 'un-] *adj chem. metall.* nonmelting *Br.* non-, infusible.
'un,schön *adj* **1.** (*Gesicht*) plain, unhandsome. – **2.** (*häßlich*) ugly. – **3.** unsightly: die Schutthalde vor dem Fenster ist ein ~er Anblick the dump in front of the window is unsightly (*od.* is an eyesore). – **4.** (*unangenehm*) unpleasant. – **5.** *fig.* (*nicht nett, ge-*

mein) unkind: es war sehr ~ von dir, sie daran zu erinnern it was quite unkind (*od.* not very nice) of you to remind her of it.
'Un‚schuld *f* ⟨-; *no pl*⟩ **1.** (*Schuldlosigkeit*) innocence, guiltlessness (*lit.*): seine ~ beteuern to protest (*od.* assert, plead) one's innocence, to plead 'not guilty' (*colloq. humor.*); j-s ~ beweisen to prove s.o.'s innocence, to prove s.o. (to be) innocent (*od.* not guilty); Weiß ist die Farbe der ~ white is the colo(u)r of innocence; ich wasche meine Hände in ~ a) *Bibl.* I wash my hands of this man, b) *fig.* I wash my hands of it; die gekränkte ~ spielen *fig. colloq.* to play the offended innocent. – **2.** (*Unverdorbenheit, Reinheit*) innocence: sie ist die reine ~ *fig.* she is innocence itself (*od.* in person, personified). – **3.** (*Arglosigkeit*) innocence, guilelessness: ‚warum denn nicht‘, sagte sie in aller ~ 'why not,' she said in all innocence. – **4.** (*Jungfräulichkeit*) virginity: einem Mädchen die ~ rauben (*od.* nehmen) to rob a girl of her virginity. – **5.** die ~ vom Lande *fig. colloq. humor.* the country innocent.
un‚schul·dig *adj* **1.** (*schuldlos*) innocent, guiltless (*lit.*): j-n für ~ halten (*od.* deem, consider) s.o. (to be) innocent; j-n für ~ erklären *jur.* to declare s.o. innocent (*od.* not guilty), to acquit s.o.; j-n ~ verurteilen *bes. jur.* to condemn s.o. who is innocent (*od.* not guilty); er hat ~ im Gefängnis gesessen he was in prison although he was innocent (*od.* despite his innocence); sie tat ganz ~ *colloq.* she pretended to be so innocent; sie war [as] innocent as a lamb, she played the innocent, she looked as if butter would not melt in her mouth. – **2.** an (*dat*) etwas ~ sein a) *bes. jur.* not to be guilty of s.th., to be innocent of s.th., b) not to be responsible for s.th., to bear no blame for s.th.: er ist an dem Unfall ~ he is not guilty of (*od.* he was not at fault in) the accident; du bist daran nicht ganz ~ you are not altogether free of the responsibility (*od.* blame) for it, you bear (a) part of the responsibility for it. – **3.** (*unverdorben, rein*) innocent: es ist doch nur ein ~es Kind! it is only an innocent child! Fest der U~en Kinder, U~e Kinder *röm.kath.* (*Kirchenfest*) (Holy) Innocents' Day. – **4.** (*harmlos, arglos*) innocent, harmless: ~e Vergnügungen innocent pleasures. – **5.** (*noch*) ~ sein (*jungfräulich*) (*von Mädchen, Frauen*) to be (still) a virgin (*od.* untouched); ein ~es Mädchen a virgin, an untouched girl. — **'Un‚schuldi·ge** *m, f* ⟨-n; -n⟩ innocent (person): einen ~n verurteilen *bes. jur.* to condemn s.o. who is innocent (*od.* not guilty); den ~n spielen to play the innocent, *Am. colloq.* auch to pull the baby act. — **'un‚schul·diger'wei·se** *adv rare* ~ im Gefängnis sitzen to be in prison although (one is) innocent (*od.* despite one's innocence).
'Un‚schulds|‚en·gel *m*, ~**lamm** *n fig. colloq.* little innocent. — **~‚mie·ne** *f colloq.* innocent face (*od.* look), air of innocence: eine ~ aufsetzen (*od.* an den Tag legen) to put on an innocent face. — **u~‚voll** *meist iron.* I *adj* (*Miene, Blick etc*) innocent: ach, du ~er Engel! *colloq.* oh, you little innocent! – II *adv* in all innocence: ‚wer hat das wohl getan?‘ sagte sie ~ 'who has been up to this?' she said in all innocence.
'un‚schwer *adv* without difficulty, easily: seine Absichten sind ~ zu erraten his intentions can be guessed without difficulty, his intentions are easy to guess.
'Un‚se·gen *m* ⟨-s; *no pl*⟩ *lit.* **1.** (*Fluch*) curse: es liegt ein ~ auf (*od.* über) dem Haus there is a curse (up)on the house. – **2.** (*Unheil*) bane, curse, undoing. – **3.** (*Unglück*) ill luck, misfortune.
'un‚selb‚stän·dig *adj* **1.** (*auf die Hilfe anderer angewiesen*) dependent on others, not independent, lacking independence (*od.* independency): er ist schon über 20, aber noch sehr ~ he is already over 20, but he is still dependent on others, *colloq.* but he can't stand on his own two feet yet; da siehst du, was für ein ~er Mensch er ist! now you see how dependent he is on the (help of) others (*od.* how helpless he is)! ein ~er Mitarbeiter a colleague who is incapable of working independently (*od.* of independent work); sie ist noch zu ~ in ihrer Arbeit she still lacks independence in her work. – **2.**

(*Arbeit, Hausaufsatz etc*) done with assistance. – **3.** ~es Arbeitsverhältnis (*od.* Beschäftigungsverhältnis) *econ.* wage- (*od.* salary-)earning employment. – **4.** ~e Erwerbspersonen wage earners, (wage-earning) employees, employed persons; Einkünfte aus ~er Arbeit wage earnings, income *sg* from wages (and salaries). – **4.** (*art*) (*Künstler*) unoriginal. — **'Un‚selb‚stän·dig·keit** *f* ⟨-; *no pl*⟩ **1.** lack of independence (*od.* independency), dependence (*od.* dependency) on others. – **2.** *econ.* (*im Arbeits-, Beschäftigungsverhältnis*) wage- (*od.* salary-)-earning employment. – **3.** (*art*) (*eines Künstlers*) unoriginality, lack of originality.
'un‚se·lig *adj* **1.** (*Vorfall, Tat, Entscheidung etc*) unfortunate, ill-fated, (*stärker*) calamitous, disastrous: an diesem ~en Tag im November on that unfortunate day in November. – **2.** (*Hang, Vorliebe etc*) unfortunate, accursed. – **3.** (*Geschick, Los etc*) wretched, pitiable. – **4.** (*Erinnerung etc*) unpleasant. — **'Un‚se·li·ge** *m, f* ⟨-n; -n⟩ *lit. od. archaic* (pitiable) wretch.
un·ser ['ʊnzər] I *pers pron* ⟨*gen of* **wir**⟩ **1.** of us: wir (*od.* es) waren ~ vier there were four of us, we were four; es ist ~ aller Wunsch it is the wish of all us; er gedenkt ~ he thinks of us; Herr, erbarme dich ~! Lord, have mercy (up)on us! – II *possess pron* **2.** ⟨*used as adj*⟩ a) our, b) *poet.* ⟨*nachgestellt, undeclined*⟩ our: ~ Sohn our son; eine ~er Töchter one of our daughters; das ist ~ Haus that is our house, that house is ours; das Wohl ~er Kinder the wellbeing of our children; U~e liebe Frau *röm.kath.* Our (Blessed) Lady, the Blessed Virgin; → Vater 3. – **3.** ⟨*used as pred*⟩ a) ~er, ~e, ~(e)s, der, die, das ~e (*od.* unsre) ours, b) ⟨*undeclined*⟩ ours: euer Haus ist kleiner als ~es (*od.* unsres, das uns[e]re) your house is smaller than ours; ist das ~er? is that ours? der Sieg ist ~ (the) victory is ours. – **4.** ⟨*used as noun*⟩ der, die, das U~e ours, our own: welches ist die U~e? which one is our own (*od.* is ours)? die U~en a) (*unsere Familie, Landsleute etc*) our people, b) (*unsere Mannschaft etc*) our side, our ones (*colloq.*).
'un·ser|‚ei·ner *indef pron colloq.* the likes *pl* of us (*colloq.*): ~ hat es schwer the likes of us have a hard time; an unsereinen denkt niemand nobody thinks of the likes of us. — **~‚eins** *indef pron* ⟨*undeclined*⟩ *colloq. cf.* unsereiner.
'un·se·rer'seits *adv* **1.** on our part, on (*od.* from) our side: ~ bestehen keine Bedenken there are no objections on our part. – **2.** (*zur Abgrenzung, Klarstellung*) for our part: so haben wir ~ nichts dazu beigetragen thus we, for our part, contributed nothing to it.
'un·se·res'glei·chen *indef pron* ⟨*undeclined*⟩ **1.** people like ourselves, our equals: wir verkehren nur mit ~ we only associate with people like ourselves. – **2.** people like us, people such as we, the likes of us (*colloq.*): ~ kann sich so etwas nicht erlauben people like us cannot afford that sort of thing.
'un·se·res'teils *adv cf.* unsererseits.
'un·se·rig *possess pron* I der, die, das ~e *cf.* unser 3a. – II der, die, das U~e *cf.* unser 4.
'un·se·ri‚ös *adj* **1.** (*Person*) untrustworthy, dubious, slippery, chancy (*colloq.*): er sieht so ~ aus he looks untrustworthy, he is a chancy-looking fellow (*colloq.*). – **2.** (*Geschäfte, Spekulation etc*) dubious. – **3.** (*Firma, Unternehmen etc*) untrustworthy, dubious. — **'Un·se·rio‚si·tät** *f* ⟨-; *no pl*⟩ **1.** (*einer Person*) untrustworthiness, slipperiness, chanciness (*colloq.*). – **2.** (*der Geschäfte etc*) dubiosity, dubiousness. – **3.** (*einer Firma etc*) untrustworthiness, dubiousness, dubiosity.
'un·ser'seits *adv cf.* unsererseits.
'un·sers'glei·chen *indef pron* ⟨*undeclined*⟩ *cf.* unseresgleichen.
'un·sert'hal·ben ['ʊnzərt-] *adv obs. od. lit.* for unsertwegen.
'un·sert'we·gen *adv* **1.** on our account, because of us. – **2.** for our sake: sie blieb ~ zu Hause for our sake she stayed at home. – **3.** (*im Hinblick auf uns*) as far as we are concerned.
'un·sert'wil·len *adv* (um) ~ *cf.* unsertwegen 1, 2.
‚Un·ser'va·ter *n* ⟨-s; *no pl*⟩ Swiss for Vaterunser.

'un‚si·cher *adj* **1.** (*Bewegungen, Gang, Schritte, Stimme etc*) unsteady, (*stärker*) shaky: er hat eine ~e Hand he has an unsteady hand; er ist noch ~ auf den Beinen (*od.* Füßen) he is still a bit unsteady (*stärker* shaky, wobbly) on his legs. – **2.** (*bedenklich, riskant*) uncertain, unsure, unsafe, insecure, (*stärker*) risky: die Sache ist mir zu ~ the affair is too uncertain for me. – **3.** (*gefahrvoll*) unsafe, dangerous: die Guerillas machten die ganze Gegend ~ the guerillas threatened danger to (*od.* imperil[l]ed) the whole area; komm, wir gehen und machen den Zeltplatz ~ *fig. colloq. humor.* come on, let's stir up (*od.* let's cause a bit of a stir on) the camping site. – **4.** (*nicht stabil*) insecure, unsafe, unsure, unstable, instable, unsettled: der Ast war höchst ~er Sitz the branch was a very insecure perch; die ~en politischen Verhältnisse the unstable political conditions. – **5.** (*gefährdet, bedroht*) precarious, insecure: die ~e Wirtschaftslage the precarious economic situation. – **6.** (*ungewiß, unbestimmt*) unsure, uncertain, iffy (*colloq.*): es ist sehr ~, ob er kommt it is very uncertain (*od.* not yet sure) whether he will come. – **7.** (*ohne Selbstvertrauen*) unsure (of oneself), diffident. – **8.** (*ohne genügende Kenntnisse, Erfahrung etc*) unsure (*pred*): ein ~er Skifahrer a skier who is still unsure (of himself); sie ist in der Rechtschreibung ~ she is unsure of her spelling, she is not sure of herself at (*od. colloq.* she is shaky on) spelling. – **9.** (*schwankend, unentschieden*) uncertain, unsure, wavering, undecided: ich bin ~, ob ich es tun soll I am uncertain (*od.* I am in two minds) (as to) whether I shall do that; deine Fragen machen mich ~ your questions make me uncertain. – **10.** (*unzuverlässig*) unreliable, undependable, independable, unsure, uncertain: → Kantonist.
'Un‚si·cher·heit *f* ⟨-; *no pl*⟩ **1.** (*der Bewegungen, Hand, Stimme etc*) unsteadiness, (*stärker*) shakiness. – **2.** (*Bedenklichkeit, Gewagtheit*) uncertainty, unsureness, unsafeness, insecurity, (*stärker*) risk(iness). – **3.** (*Gefährlichkeit*) unsafeness, unsafety, danger: die ~ auf den Straßen nimmt zu the unsafe conditions of the roads are increasing. – **4.** (*mangelnde Stabilität*) insecurity, unsafeness, unsafety, unsureness, unstability, instability, unsettledness. – **5.** (*gefährdete, mißliche Lage*) precariousness, insecurity. – **6.** (*Ungewißheit, Unbestimmtheit*) unsureness, uncertainty. – **7.** (*mangelndes Selbstvertrauen*) unsureness, lack of self-confidence, diffidence. – **8.** (*aus Mangel an Kenntnissen, Erfahrung etc*) unsureness. – **9.** (*Unentschiedenheit*) uncertainty, unsureness, undecidedness. – **10.** (*Unzuverlässigkeit*) unreliability, undependability, independability, unsureness, uncertainty.
'Un‚si·cher·heits|‚fak·tor *m* factor (*od.* element) of uncertainty. — **~prin‚zip** *n math.* uncertainty principle.
'un‚sicht·bar *adj* **1.** invisible: Gott ist ~ God is invisible; ~e Tinte invisible (*od.* secret, sympathetic) ink; sich ~ machen a) to make oneself invisible, b) *fig. colloq. humor.* (*plötzlich verschwinden*) to vanish into thin air; → Kirche 3. – **2.** (*nicht wahrnehmbar*) invisible, imperceptible: diese Lebewesen sind mit bloßem Auge ~ these organisms are invisible (*od.* imperceptible) to the naked eye. – **3.** *econ.* (*Transaktionen etc*) invisible: ~e Ausfuhren und Einfuhren invisibles. — **'Un‚sicht·bar·keit** *f* ⟨-; *no pl*⟩ **1.** invisibility. – **2.** (*Unerkennbarkeit*) invisibility, imperceptibility, imperceptibleness.
'un‚sich·tig *adj rare* **1.** (*Luft etc*) hazy. – **2.** (*Nacht, Dämmerung etc*) obscure.
'Un‚sinn *m* ⟨-(e)s; *no pl*⟩ **1.** (*Torheit*) nonsense, stupid (*od.* foolish) thing: es wäre ~, so etwas zu tun it would be nonsense (*od.* be stupid, be foolish) to do a thing like that; mach keinen ~! a) (*sei nicht töricht*) don't be stupid (*od.* a fool)! b) (*mach keinen Unfug*) don't fool around! don't cut capers! c) (*als Drohung*) don't get any funny ideas! – **2.** (*Dummheiten, Unfug*) tomfoolery: habt ihr wieder ~ gemacht (*od.* getrieben)? have you been fooling around (*od.* carrying on) again? what (mischief) have you been up to again? → Kopf Verbindungen mit Präpositionen. – **3.** (*törichtes Geschwätz, Geschreibsel etc*)

nonsense, rubbish, twaddle, balderdash, bunkum, bosh; rot, tommyrot, baloney (*sl.*): ~ reden (*od. colloq.* schwatzen, quatschen, verzapfen) to talk nonsense (*od.* twaddle, rot); was er sagt, ist barer (*od.* blühender, *colloq.* blanker, glatter, reiner) ~, was er sagt, ist der blanke (*od.* reine) ~ *colloq.* what he says is absolute (*od.* complete and utter, pure, sheer) nonsense (*od.* complete and utter, pure, sheer) nonsense! such rubbish! fudge! – **4.** *colloq.* (*Schnitzer, Dummheit*) blunder: da habe ich ~ gemacht! I made a blunder there.

'un‚sin·nig I *adj* **1.** nonsensical, stupid, foolish, (*stärker*) absurd: ~e Fragen stellen to ask nonsensical questions; was für ein ~es Gerede! what nonsensical talk! what nonsense (*od.* twaddle, balderdash, rubbish, *sl.* rot)! es ist ~, schon jetzt aufzubrechen it's nonsensical (*od.* it's nonsense, it's stupid) to go already. – **2.** *fig. colloq.* (*Preise, Forderungen etc*) unreasonable, absurd, 'insane' (*colloq.*). – **3.** *fig. colloq.* (*Freude, Glück, Kraft, Anstrengung etc*) 'terrific' (*colloq.*): das hat ein ~es Geld gekostet that has cost a tremendous amount (*od. colloq.* a mint) of money. – **4.** *fig. colloq.* (*Durst, Schmerzen, Hitze, Kälte etc*) 'terrible', 'terrific' (*beide colloq.*). – **II** *adv* **5.** *fig. colloq.* 'insanely' (*colloq.*), unreasonably, absurdly: ~ hohe Kosten unreasonably high costs. – **6.** *fig. colloq.* (*unbändig*) terribly (*colloq.*): j-n ~ liebhaben to love s.o. madly (*colloq.*); wir haben uns ~ gefreut we were terribly pleased. — **'Un‚sin·nig·keit** *f* ⟨-; -en⟩ nonsensicalness, (*stärker*) absurdity, absurdness.

'Un‚sit·te *f* ⟨-; -n⟩ bad (*od. sl.* rotten) habit, deplorable custom: es ist eine ~ von dir, immer dazwischenzureden it is a bad habit of yours to interrupt all the time; eine weitverbreitete ~ a widespread bad habit; eine ~ ablegen to break with a bad habit.

'un‚sitt·lich I *adj* **1.** (*Gesinnung, Verhalten, Forderung etc*) immoral. – **2.** (*unzüchtig*) indecent: ~er Antrag proposition. – **II** *adv* **3.** j-n ~ berühren to touch s.o. indecently. — **'Un‚sitt·lich·keit** *f* ⟨-; -en⟩ **1.** ⟨*only sg*⟩ (*der Gesinnung, einer Forderung etc*) immorality. – **2.** (*unsittliche Handlung*) immoral act, immorality. – **3.** (*Unzüchtigkeit*) indecency.

'un·sol‚da·tisch *adj mil.* unsoldierly.

'un·so‚lid, 'un·so‚li·de I *adj* **1.** (*Bauweise, Konstruktion etc*) unsolid, unstable, instable. – **2.** (*Lebenswandel etc*) loose, fast (*obs.*): ein unsolides Leben führen to lead a loose life, to live loosely, to live it up; er ist ein ziemlich unsolider Mensch he is a pretty loose person. – **3.** (*Charakter etc*) fickle. – **4.** *econ.* a) (*Firma, Geschäft etc*) unreliable, b) (*Ware*) of low (*od.* inferior) quality. – **II** *adv* **5.** sie lebt in letzter Zeit sehr ~ she has been living very loosely (*od.* a very loose life) recently.

'un‚sorg‚fäl·tig I *adj* **1.** (*Person*) careless, slipshod, (*stärker*) slovenly. – **2.** (*Arbeit, Schrift etc*) careless, sloppy (*colloq.*), (*stärker*) slovenly. – **II** *adv* **3.** carelessly, sloppily (*colloq.*): er hat diese Arbeit ganz ~ gemacht he did this work very carelessly (*od.* in a very slipshod fashion).

'un·sor‚tiert *adj* un(as)sorted.

'un·so‚zi‚al *adj* (*Verhalten, Maßnahme etc*) asocial, antisocial.

un·spalt·bar ['ʊnˌʃpaltbaːr; ˌʊn-] *chem. nucl.* bes. Am. nonfissionable, bes. Br. non-fissile.

'un·spe‚zi·fisch *adj* nonspecific Br. non-.

'un‚sport·lich I *adj* **1.** ~er Mensch a person who is not the sporting (*od.* outdoor) type: sie ist furchtbar ~ *colloq.* she is by no means the sporting type. – **2.** (*bes. sport*) (*unfair, regelwidrig*) unsportsmanlike, unsporting, unfair. – **3.** (*unkameradschaftlich*) unsporting. – **II** *adv* **4.** die gegnerische Mannschaft spielte sehr ~ the opposing team played very unfair (*od.* a very unsportsmanlike game). — **'Un‚sport·lich·keit** *f* ⟨-; -en⟩ (*bes. sport*) **1.** ⟨*only sg*⟩ (*unsportliches Verhalten*) unsportsmanlike (*od.* unsporting, unfair) behavior (*bes. Br.* behaviour), unfairness, foul. – **3.** ⟨*only sg*⟩ (*unsportliches Wesen*) lack of fitness (*od.* athletic constitution).

uns·re ['ʊnzrə] *possess pron* **I** cf. unser 2, 3. – **II** der, die, das U~ cf. unser 4.

'uns·rer'seits *adv* cf. unsererseits.

---

uns·res'glei·chen *indef pron* ⟨undeclined⟩ cf. unseresgleichen.

'uns·res'teils *adv* cf. unsererseits.

'uns·ret'we·gen ['ʊnzrət-] *adv* cf. unsertwegen.

uns·rig ['ʊnzrɪç] *possess pron* **I** der, die, das ~e cf. unser 3. – **II** der, die, das U~e cf. unser 4.

'un·sta‚bil *adj* **1.** (*Gerüst, Konstruktion, Fundament etc*) unstable, instable, unsteady, shaky. – **2.** *civ.eng.* rapid-setting, labile. – **3.** *fig.* (*Verhältnisse, Wirtschaftslage etc*) unstable, instable, unsettled, astatic. – **4.** *econ.* (*Preise, Kurse, Währung etc*) unstable, instable, unsteady, fluctuating. — **'Un·sta·bi·li‚tät** *f* ⟨-; *no pl*⟩ **1.** (*eines Gerüsts, Fundaments etc*) instability, unstability, unsteadiness, shakiness. – **2.** *civ.eng.* lability. – **3.** *fig.* (*der Verhältnisse, Wirtschaftslage etc*) instability, unstability, unsettledness, astaticism. – **4.** *econ.* (*der Preise, Kurse etc*) instability, unstability, unsteadiness, fluctuation.

'un‚starr *adj* **1.** *tech.* (*Achse, Welle etc*) flexible. – **2.** *aer.* (*System, Luftschiff*) non-rigid. Br. non-.

'Un‚stä·te [-ˌʃtɛːtə] *f* ⟨-; *no pl*⟩ *poet.* restlessness, unrest.

'un‚statt·haft *adj* **1.** (*Betragen, Forderung etc*) inadmissible, *auch* inadmissable: er fand es ~, so etwas zu tun he found (*od.* considered it) inadmissible to do such a thing; es ist ~, den Ball mit der Hand zu berühren (*beim Fußball etc*) it is inadmissible (*od.* it is not allowed) to touch the ball with one's hand. – **2.** *jur.* illegal, illicit, inadmissible.

un·sterb·lich ['ʊnˌʃtɛrplɪç; ˌʊn-] **I** *adj* **1.** (*Seele, Kunstwerk, Ruhm, Klassiker etc*) immortal, deathless: dieses Werk machte den Künstler ~ this work made the artist immortal (*od.* immortalized [Br. *auch* -s-] the artist). – **2.** (*Liebe, Sehnsucht etc*) undying, deathless. – **II** *adv* **3.** *fig. colloq.* (*sehr*) completely and utterly: sich ~ blamieren to make a complete and utter fool of oneself; sie hat sich ~ in ihn verliebt she has fallen hopelessly (*od. colloq.* madly) in love with him.

'Un‚sterb·li·che *m* ⟨-n; -n⟩ *myth.* immortal: die ~n a) *myth. antiq.* (*der Götter*) the immortals, *auch* the Immortals, b) (*literature*) (*die Mitglieder der Académie française*) the Immortals.

'Un‚sterb·lich·keit *f* ⟨-; *no pl*⟩ (*der Götter, Seele*) immortality.

'Un‚sterb·lich·keits‚glau·be(n) *m relig.* belief in immortality (*od.* immortalization Br. *auch* -s-).

'Un‚stern *m* ⟨-(e)s; *no pl*⟩ *fig. lit.* unlucky star: unter einem ~ geboren sein to be born under an unlucky star.

'un‚stet I *adj* **1.** (*Blick, Puls etc*) unsteady, (*Augen*) *auch* shifty. – **2.** (*unruhig, ruhelos*) unsteady, restless: er ist sehr ~ und wechselt oft den Arbeitsplatz he is very restless and often changes his job. – **3.** (*nicht seßhaft, umherziehend*) unsettled, vagrant: ein ~es Leben führen to lead an unsettled life. – **4.** (*wankelmütig*) changeable, inconstant, fickle, shifty. – **II** *adv* **5.** unsteadily. – **6.** (*ohne feste Bleibe*) vagrantly: ~ umherirren to roam about vagrantly. — **'un‚ste·tig I** *adj* **1.** archaic for unstet I. – **2.** *math.* (*Funktion*) discontinuous. – **3.** *tech.* (*Lauf einer Maschine*) unsteady, intermittent. – **II** *adv* **4.** ~ veränderliche *math.* discrete variable. — **'Un‚ste·tig·keit** *f* ⟨-; *no pl*⟩ **1.** (*des Blicks etc*) unsteadiness, (*der Augen*) *auch* shiftiness. – **2.** (*Unruhe, Ruhelosigkeit*) unsteadiness, restlessness, unrest. – **3.** (*Umherziehen, mangelnde Seßhaftigkeit*) unsettledness, vagrancy. – **4.** (*Wankelmut*) changeability, changeableness, inconstancy, inconstantness, fickleness, shiftiness. – **5.** *math.* (*einer Funktion*) discontinuity. – **6.** *tech.* unsteadiness, intermittence, intermittency.

un·still·bar ['ʊnˌʃtɪlbaːr; ˌʊn-] *adj* **1.** (*Sehnsucht, Verlangen, Drang etc*) unappeasable, undisagreeing, (*stärker*) insatiable, unsatiable. – **2.** (*Hunger*) unappeasable, inappeasable, insatiable, unsatiable. – **3.** (*Durst*) unquenchable. – **4.** *med.* (*Blutung*) uncontrollable.

'un‚stim·mig *adj* disunited, disagreeing, differing, at variance: über (*acc*) etwas ~ sein to be disunited (*od.* to disagree, to differ) on s.th., to be at variance about s.th. — **'Un-**

‚stim·mig·keit *f* ⟨-; -en⟩ **1.** *meist pl* (*Meinungsverschiedenheit*) disagreement, difference, dissension, *auch* dissention, variance: es hat nie ~en zwischen den beiden gegeben there have never been disagreements between the two (of them), they have never been at variance with each other; wir hatten gestern eine kleine ~ we had a slight disagreement (*od.* had a tiff, had words) yesterday. – **2.** *bes. jur.* (*in der Rechtsprechung, Auslegung etc*) disagreement, discrepancy, inconsistency. – **3.** *bes. econ.* (*in der Buchführung, in einer Rechnung etc*) discrepancy, difference.

'un‚stoff·lich *adj philos.* immaterial, incorporeal.

un·sträf·lich ['ʊnˌʃtrɛːflɪç; ˌʊn-] *adj u. adv* archaic for untadelig 1, 4. — **'Un‚sträf·lich·keit** *f* ⟨-; *no pl*⟩ archaic for Untadeligkeit 1.

un·strei·tig ['ʊnˌʃtraɪtɪç; ˌʊn-] **I** *adj* (*Vorteil, Beweis etc*) indisputable, undisputable, incontestable, incontestible, undeniable, unquestionable. – **II** *adv* ihr Betragen hat sich ~ gebessert her behavio(u)r has improved indisputably (*od.* undeniably).

'un·stu‚diert *adj* **1.** (*Handlungsweise*) unstudied, unsophisticated. – **2.** (*ungebildet*) (*Person*) unlearned, unread, *auch* illiterate.

un·sühn·bar [ˌʊnˈzyːnbaːr; 'ʊn-] *adj* inexpiable.

'Un‚sum·me *f* ⟨-; -n⟩ *colloq.* enormous (*od. colloq.* fantastic) sum (of money), mint (of money) (*colloq.*): das hat ihn ~n gekostet, das hat ihn eine ~ (von) Geld gekostet that cost him a fantastic sum (*od.* a mint) of money, that cost him something fantastic.

'un·sym‚me·trisch *adj* unsymmetrical, *auch* unsymmetric, asymmetric(al), dissymmetrical, *auch* dissymmetric, unbalanced: ~e Belastung unbalanced load.

'un·sym‚pa·thisch *adj* (*Mensch, Stimme etc*) disagreeable, unlikable, *auch* unlikeable, dislikable, *auch* dislikeable: ich finde sie ~ I don't like her, I dislike her; er war mir schon immer ~ I never liked him, I have always disliked him; dieser Plan ist mir ~ I dislike (*od. colloq.* I am not keen on) this plan.

'un·sy‚ste·ma·tisch I *adj* unsystematic, *auch* unsystematical, unmethodical, immethodical, *auch* immethodic. – **II** *adv* ~ arbeiten to work unsystematically (*od.* unmethodically), to work without system (*od.* method).

un·ta·del·haft ['ʊnˌtaːdəlhaft; ˌʊn-] *adj u. adv rare for* untadelig.

un·ta·de·lig ['ʊnˌtaːdəlɪç; ˌʊn-] **I** *adj* **1.** (*Mensch, Lebensführung, Amtsführung, Betragen etc*) irreproachable, blameless, impeccable, unblamable, irreprehensible: er ist ~ he is above (*od.* beyond) reproach. – **2.** (*Ruf, Leumund*) impeccable, stainless. – **3.** (*einwandfrei*) (*von Ware etc*) impeccable, flawless. – **II** *adv* **4.** er hat sich ~ geführt he behaved irreproachably; immer ~ gekleidet sein to be always immaculately dressed. — **'Un‚ta·de·lig·keit** *f* ⟨-; *no pl*⟩ **1.** (*eines Menschen, der Amtsführung etc*) irreproachability, irreproachableness, blamelessness, impeccability, impeccableness, irreprehensibility, irreprehensibleness. – **2.** (*des Rufs*) impeccability, impeccableness, stainlessness. – **3.** (*der Ware etc*) impeccability, flawlessness.

un·tad·lig ['ʊnˌtaːdlɪç; ˌʊn-] *adj u. adv* cf. untadelig. — **'Un‚tad·lig·keit** *f* ⟨-; *no pl*⟩ cf. Untadeligkeit. [ungifted.]

'un·ta‚len·tiert *adj* untalented, talentless,]

'Un‚tat *f* atrocity, outrageous (*od.* atrocious) deed, outrage: eine ~ begehen to commit an atrocity.

'un‚tä·tig *adj* **1.** inactive, unactive: die meisten Leute blieben ~ most of the people remained inactive (*od.* did nothing); einem Streit ~ zusehen to watch a quarrel inactively (*od.* without doing anything). – **2.** (*müßig, träge*) idle: die Hände ~ in den Schoß legen *fig.* to lead an idle life, to sit back and do nothing; ~ zu Hause sitzen to sit around the house idly (*od.* idle). – **3.** *geogr.* (*Vulkan*) dormant. – **4.** *med.* (*Darm, Drüsen etc*) inactive, passive, inert. — **'Un‚tä·tig·keit** *f* ⟨-; *no pl*⟩ **1.** inactivity, inaction: zur ~ verdammt sein to be condemned to inactivity. – **2.** (*Müßiggang, Trägheit*) idleness. – **3.** *geogr.* (*eines Vulkans*) dormancy. – **4.** *med.* (*des Darms, der Drüsen etc*) inactivity, passivity, inertia, inertness. - **5.** *pol.* (*Tatenlosigkeit, Treibenlassen*) drift: Politik der ~ policy of drift.

'un‚taug·lich *adj* **1.** unfit, unsuitable, unsuited, (*Werkzeug, Ausrüstung etc*) *auch* unserviceable: der Boden ist für Getreideanbau ~ the soil is unsuitable for growing grain; ein Versuch am ~en Objekt an experiment on an unfit subject. - **2.** (*Mittel, Maßnahme, Methode etc*) inappropriate, unsuitable. - **3.** (*körperlich*) unfit: sein Sehfehler machte ihn für diese Arbeit ~ his visual defect made him unfit (*od.* disqualified him) for this job. - **4.** (*geistig*) incompetent. - **5.** (*charakterlich*) unsuitable, unsuited. - **6.** (*unqualifiziert*) ineligible, unqualified: bei der Prüfung erwies sich der Kandidat als ~ the candidate proved ineligible in the examination. - **7.** (*für den od.* zum Wehrdienst) *mil.* unfit for military service: als ~ entlassen werden to be dismissed as unfit. — **'Un‚taug·lich·keit** *f* ⟨-; *no pl*⟩ **1.** unfitness, unsuitableness, unsuitability, (*eines Werkzeugs, einer Ausrüstung etc*) *auch* unserviceableness. - **2.** (*eines Mittels, einer Maßnahme etc*) inappropriateness, unsuitableness, unsuitability. - **3.** (*körperliche*) unfitness. - **4.** (*geistige*) incompetence, incompetency. - **5.** (*charakterliche*) unsuitableness, unsuitability. - **6.** (*Unqualifiziertheit*) ineligibility. - **7.** ~ (*für den od.* zum Wehrdienst) *mil.* unfitness (for military service): wegen ~ entlassen werden to be dismissed because of unfitness (*od.* as unfit).

un·teil·bar [‚ʊnˈtaɪlbaːr; 'ʊn-] *adj* **1.** indivisible, inseparable, unseparable: ein ~es Ganzes an indivisible whole. - **2.** *math.* ~e Größe indivisible; ~e Zahl indivisible (*od.* prime) number, prime. - **3.** *jur.* (*Erbteil etc*) indivisible, impartible. — **‚Un'teil·bar·keit** *f* ⟨-; *no pl*⟩ **1.** indivisibility, indivisibleness, inseparability. - **2.** *math.* indivisibility. - **3.** *jur.* (*eines Erbteils etc*) indivisibility, impartibility.

un·ten ['ʊntən] *adv* **1.** (down) below, down: da (*od.* dort) ~ im Tal down (*od.* below) there in the valley, down there in the valley below (*poet.*); sie arbeiten weit (*od.* tief) ~ im Schacht they are working deep down (*od.* far down, far below) in the shaft; die Dämpfe kamen von ~ her(auf) the vapo(u)rs came from (down) below; weiter ~ stieß der Bohrer auf eine ölhaltige Schicht the drill struck a petroliferous stratum deeper (*od.* further) down; von hier ~ (aus) kann ich nichts sehen I can't see anything from down here; → Radieschen 1. - **2.** (*an Gegenständen, am Körper*) down (below): die Schublade links [rechts] ~ the drawer down (below) on the left [right]; man wußte kaum noch, was (*od.* wo) oben und ~ war one couldn't tell up from down; hier ~ tut es mir weh it hurts down here; er war von oben bis ~ mit Dreck beschmiert *colloq.* he was covered with dirt from head to foot (*od.* from head to toe, from top to toe); das Haus von oben bis ~ putzen to clean the house from top to bottom. - **3.** (*am Boden, auf dem Grund*) (down) at the bottom: ~ im Faß (down) at the bottom of the cask; der Kaffee liegt ganz ~ im Päckchen (*od.* im Päckchen ganz ~) the coffee is right at the bottom (*od.* at the very bottom) of the parcel; wir wohnen im Haus ganz ~ we live on the bottom floor of the house; etwas ~ anfassen to take hold of s.th. at the bottom; „~!" (*Aufschrift auf Versandkisten etc*) "other side up!" - **4.** (*am Fuß*) at the foot: ~ am Berg at the foot of the mountain. - **5.** nach ~ a) (*in die Tiefe*) down, b) (*abwärts*) downward(s), c) (*bei Häusern, Treppen*) downstairs: die Waffe war nach ~ gerichtet the weapon was level(l)ed (*od.* pointed) downward(s); die Preise zeigen selten eine Tendenz nach ~ prices rarely show a downward tendency; ich gehe nach ~ I go downstairs; nach ~ zu (*od.* hin) wird der Baumstamm dicker the trunk grows thicker toward(s) the bottom. - **6.** (*untendrunter*) underneath, below (it). - **7.** er [sie] ist bei mir ~ durch *fig. colloq.* I have (*od.* I am) done (*od.* finished) with him [her], I am through with him [her] (*colloq.*). - **8.** (*unter der Wasseroberfläche etc*) below (*od.* under) the surface: beim Schwimmen den Kopf ~ behalten to swim with one's head under (the surface). - **9.** (*dort drunten*) down: sie ist

am See she is down by the lake. - **10.** (*am hinteren Ende*) at the far end: am Tisch ganz ~ sitzen to sit at the far end of the table. - **11.** (*bei Häusern, Treppen*) downstairs: ich warte ~ auf dich I'll wait for you downstairs. - **12.** *colloq.* (*niedrig*) low: das Flugzeug fliegt zu weit ~ the aircraft flies too low. - **13.** *colloq.* (*auf dem Erdboden*) on the ground. - **14.** (*in einer Rang-, Reihenfolge*) at the bottom: etwas von ~ auf erlernen *fig.* to learn s.th. from the bottom, to start from scratch; dein Name kommt in der Liste erst weit ~ your name appears far down on the list; er hat sich von ~ heraufgedient a) *mil.* he rose from the ranks, b) *fig.* he worked his way up from the bottom (of the ladder) (*od.* from the bottom to the higher ranks [*od.* to a superior position]). - **15.** *colloq.* (*im Süden*) down (south). - **16.** *print.* a) (*auf einer Seite, Karte etc*) below, at the bottom (*od.* foot), b) (*im folgenden Text*) (herein)below, hereinafter: ~ auf Seite 24 at the bottom of page 24, page 24 below; siehe Seite 24 ~ see (*od.* vide) page 24 below; die Belegstellen sind ~ angeführt references are given below; wie ~ näher bezeichnet as (set forth) below, as described hereinafter; der Ort liegt ganz ~ auf der Landkarte *fig. colloq.* (*weit im Süden*) the place is right at the bottom of the map. - **17.** *mar.* (*in der Takelage*) alow.

'un·ten·'an *adv* **1.** (*am unteren Ende eines Tisches, Festzuges etc*) at the far end: ~ sitzen to sit at the far end. - **2.** (*auf einer Liste, Tabelle etc*) at the bottom. - **3.** (*in einer Rang-, Reihenfolge*) far (*od. colloq.* away) behind. — **~'aus** *adv* (*nach unten hin*) downward(s). — **~'drun·ter** *adv colloq.* underneath, below (it): ich hatte ~ nichts an (*unter der Oberkleidung*) I had nothing on underneath. — **~'durch** *adv* underneath, below (it): der Hund hatte sich einen Weg ~ gesucht the dog had found a way underneath.

'un·ten·er‚wähnt *adj* ⟨*attrib*⟩ (*officialese*) *cf.* untenstehend 2, 3. — **'Un·ten·er‚wähn·te** *m, f* ⟨-n; -n⟩ *cf.* Untenstehende.
'un·ten·ge‚nannt *adj* ⟨*attrib*⟩ *cf.* untenstehend 2, 3. — **'Un·ten·ge‚nann·te** *m, f* ⟨-n; -n⟩ *cf.* Untenstehende.

'un·ten·'her *adv* **1.** (*through*) underneath, under. - **2.** (*im Gelände weiter unten*) further down: gehen wir doch ~! let's go further down. — **~'her·um** *adv colloq.* (*in den unteren Körperpartien*) underneath: sich ~ warm anziehen to dress warmly underneath. — **~'hin** *adv* **1.** (*in die Tiefe*) down. - **2.** (*abwärts*) downward(s). - **3.** (*bei Häusern, Treppen*) downstairs.

'un·ten‚ste·hend (*officialese*) **I** *adj* **1.** (*Text, Passage*) following. - **2.** (*Bedingungen, Klausel, Person etc*) (herein)below (*od.* hereinafter) mentioned, *Br. auch* undermentioned, mentioned below (*nachgestellt*). - **3.** (*substantiviert mit Kleinschreibung*) ~es bezieht sich nicht auf diesen Absatz the following does not refer to this paragraph; im ~en (herein)below, (herein)after. - **II** *adv* **4.** (herein)below, hereinafter: ~ finden Sie unsere Abrechnung please find our (statement of) account below. - **III** U~e, das ⟨-n⟩ **5.** the following: das U~e betrifft Sie nicht the following does not concern you. - **6.** (*Bedingung, Klausel etc*) the (herein)below (*od.* hereinafter) mentioned, *Br. auch* the undermentioned. — **'Un·ten‚ste·hen·de** *m, f* ⟨-n; -n⟩ the (herein)below (*od.* hereinafter) mentioned, *Br. auch* the undermentioned.

un·ter[1] ['ʊntər] **I** *prep* ⟨*dat*⟩ **1.** (*unterhalb*) below, beneath, under(neath): er stand ~ dem Fenster he stood below the window; ~ dem Bild war ein Schild there was a plate under the picture; ~ dem Haus ist ein Keller there is a cellar under the house; die Familie, die ~ uns wohnt the family which lives below us; sie trägt ein Kind ~ dem Herzen *fig.* she is with child; ~ dem 15. Grad südlicher Breite *geogr.* below the 15th degree south (*od.* of southern latitude); der Pfeiler ~ der Brücke the pillar under the bridge; er packte das Kind ~ den Armen he picked the child up under the arms; er kroch ~ der Schranke hindurch he crawled under the barrier; sie ist schon lange ~ der Erde he has been in her grave for a long time; → Dach 1, 5. - **2.** (*tiefer*) below: sie stand ~ ihm auf der Treppe she

stood below him on the stairs; tief ~ uns sahen wir das Tal liegen we saw the valley far below us; 100 Meter ~ dem Meeresspiegel 100 meters (*bes. Br.* metres) below sea level; → Tag 8. - **3.** (*beschirmt von*) under, beneath: wir saßen ~ einem Apfelbaum we were sitting under (*od.* beneath) an apple tree; ~ einem blauen Himmel under a blue sky; ~ freiem Himmel schlafen *fig.* to sleep under the open sky (*od.* out of doors, in the open). - **4.** (*bedeckt, verdeckt von*) under, below, underneath: der Brief lag ~ der Zeitung the letter was under the newspaper; ~ Wasser schwimmen to swim underwater; das ganze Dorf steht ~ Wasser the whole village is under water (*od.* is flooded); ~ dem Deckmantel der Freundschaft *fig.* under the cloak (*od.* guise) of friendship. - **5.** (*rang- u. wertmäßig niedriger*) below: ~ dem Durchschnitt below (the) average (*od.* standard): Hauptmann ist ein Rang ~ dem Major captain is one rank below major; er steht ~ mir a) (*als Untergebener*) he is under me, he is my subordinate, b) (*geistig*) he is below (*od.* inferior to) me intellectually; die Mannschaft steht zwei Plätze ~ unserem Verein (*sport*) the team is two places below our club; sie blieb eine Sekunde ~ ihrem Vorjahresrekord (*sport*) she was one second below her last year's record; 20 Grad ~ Null (*od.* ~ dem Gefrierpunkt) 20 degrees below zero (*od.* freezing point), 20 degrees below (*colloq.*); → Kritik 1; Stand[2] 1; Würde 1. - **6.** (*eine Rangordnung betreffend*) under: ~ j-m arbeiten to work under s.o. (*od.* as s.o.'s subordinate); ~ der Regierung Adenauers under the Adenauer government; er hat 200 Leute ~ sich he has 200 persons under him; das Volk leidet ~ der Gewaltherrschaft the people suffer under the tyranny. - **7.** (*infolge von*) under: er brach ~ der Last zusammen he collapsed under (*od.* beneath) the weight; ~ ihren Händen gedeihen die Blumen gut *fig.* the flowers thrive well under her care. - **8.** (*bei einer Auswahl, inmitten*) among(st): ~ anderem besuchte ich ein Museum I visited a museum among other things; ~ seinen Papieren war dieser Brief this letter was among his papers; er ist der Begabteste ~ ihnen he is the most talented among (*od.* of) them. - **9.** mitten ~ in the midst of: er stand mitten ~ den Zuschauern he stood in the midst of the spectators; mitten ~ uns ist ein Verräter there is a traitor in our midst. - **10.** (*bei Vertraulichkeit, Ausschließlichkeit*) between: ~ uns gesagt between you and me (and the bedpost *colloq.*); aber das bleibt ~ uns! but that's just between you and me! but that's confidential! der Teppich kostet ~ Brüdern 800 Mark *colloq.* the carpet costs 800 marks between friends; hier sind wir ganz ~ uns we are in strict privacy (*od.* quite alone) here; → Augl 1. - **11.** (*weniger als*) under: ~ einer Stunde kann ich nicht zurück sein I can't be back in under (*od.* less than) an hour; ich kann so etwas auch ~ diesem Preis bekommen I can get something like that for less than (*od.* under) this price; etwas ~ dem Listenpreis verkaufen to sell s.th. under (the) list price; → Wert 1. - **12.** (*bei, mit*) under: ~ falschem (*od.* einem falschen*) Namen leben to live under a false (*od.* an assumed) name; das tue ich nur ~ gewissen Bedingungen I'll only do it under certain conditions; ~ der Bedingung, daß on (the) condition that, provided that; er ist eher ~ dem Namen G. bekannt he is better known under (*od.* by) the name of G.; → Protest 1; Träne 1. - **13.** (*in Wendungen wie*) das ganze Land steht ~ Waffen the whole country is under arms; etwas ~ Verschluß halten (*od.* haben) a) to keep s.th. under lock and key, b) (*unter Zollverschluß*) to keep s.th. in bond; ~ dem Eindruck der Nachricht under the impression of the news; ~ dem Siegel der Verschwiegenheit under the seal of secrecy; ~ Beifall amidst (*od.* accompanied by) applause; ~ Glockengeläut to the peal of bells, with bells ringing; ~ Zwang stehen to be under compulsion; ~ Berücksichtigung dieser Umstände in consideration of (*od.* considering) these circumstances; ~ großen Entbehrungen at the cost of great privations; ~ er starb ~ Schmerzen he died in pain (*stärker* agony); ~ großen Schmerzen leiden to suffer (from) great pain; was verstehst du ~ diesem Begriff? what do you understand by this concept? ~ Segel sein *mar.* to be under sail; → Aufsicht 1; Ausschluß 4. – **14.** (*bei Überschriften, Rubriken etc*) under: ~ ,Uran' lesen wir folgendes under 'uranium' we read the following. – **15.** *econ. od. archaic* (*bei Datumangabe*) under the date of: ~ dem 15. April under the date of April 15; ~ dem heutigen Datum under today's date. – **16.** *bes. Southern G. colloq.* (*während*) during: ~ der Woche during the week; → Tag 2. – **17.** ~ einem Austrian for zugleich 1. – **II** *prep* ⟨*acc*⟩ **18.** (*unterhalb*) below, beneath, under(neath): sie stellte sich ~ das Fenster she went and stood below the window; → Auge 1. – **19.** (*zur Stützung, Sicherung etc*) under(neath): er legte zwei Steine ~ das Brett he put two stones under the shelf; → Arm 1. – **20.** (*in den Schutz, Schatten etc von*) under, beneath: er legte sich ~ einen Sonnenschirm he lay down under a sunshade. – **21.** (*bei Verdecken, Bedecken etc*) under, below, underneath: ich legte den Brief ~ das Buch I put the letter under the book; der Löffel fiel ~ den Tisch the spoon fell under the table; die Katze schlüpfte ~ die Bank the cat slipped under (*od.* below, underneath) the bench; den Kopf ~ das (*od.* colloq. ~s) Wasser tauchen to duck one's head under(water) (*od.* below the surface); bei dem Rohrbruch wurde der Keller ~ Wasser gesetzt the cellar was flooded when the pipes burst; er wird mich noch ~ die Erde bringen *fig.* he will be the death of me yet; → Hut¹ 1; Tisch 1. – **22.** (*an das untere Ende*) at the bottom of: seinen Namen ~ ein Dokument setzen to put one's name at the bottom of (*od.* put one's name to) a document, to sign a document. – **23.** bis ~ a) (*hinaufreichend*) (up) to, b) (*hinabreichend*) to below: die Scheune war bis ~ das Dach gefüllt the barn was filled to the roof; bis ~ die Knie to below the knees. – **24.** (*rang- u. wertmäßig niedriger*) below: sie stellten ihn rangmäßig ~ X they put him below X in rank; die Temperaturen sanken weit ~ Null (*od.* ~ den Gefrierpunkt) the temperatures dropped (away) below zero (*od.* freezing point); ~ diesen Preis kann ich nicht hinuntergehen I can't go below this price. – **25.** (*eine Rangordnung betreffend*) under: die Abteilung wurde ~ seine Leitung gestellt the department was put under his control. – **26.** (*unter Überschriften, Rubriken etc*) under: ein Konto ~ ,Unkosten' setzen *econ.* to enter an account under 'expenses'. – **27.** (*zwischen*) among(st): er mischte sich ~ die Menge he mixed among (*od.* mingled with) the crowd; etwas ~ die Leute bringen *fig. colloq.* a) (*Neuigkeiten etc*) to spread s.th., b) (*Geld*) to spend s.th.; wenn das ~ die Leute kommt *fig. colloq.* if people hear of (*od.* about) that, if that comes (*od.* leaks) out. – **28.** mitten ~ into the middle (*od.* midst) of: er war mitten ~ sie getreten he had stepped into their midst. – **29.** das ganze Volk wurde ~ die Waffen gerufen the whole nation was called to arms; ~ Segel gehen *mar.* to set sail. – **III** *adv* **30.** (*weniger als*) under, less than: Städte von ~ 10 000 Einwohnern, Städte ~ 10 000 Einwohner towns with under (*od.* less than) 10,000 inhabitants; ich will nicht ~ 2 000 Mark verdienen I do not want to earn less than 2,000 marks; für Jugendliche ~ 16 (Jahre[n]) ist der Film nicht geeignet the film is not suitable for juveniles under 16 (years of age).

'**un·ter²** *adj cf.* untere.

'**Un·ter** *m* ⟨-s; -⟩ (*Spielkarte*) knave, jack.

'**Un·ter|,ab,satz** *m* subsection, subparagraph. — **~,ab,schnitt** *m* **1.** *cf.* Unterabsatz. – **2.** (*Unterteilung eines größeren Ganzen*) subsection. – **3.** *mil.* a) subsector, b) (*in der Taktik*) subarea. — **~,ab,tei·lung** *f* **1.** subdivision, subcategory, subsection. – **2.** *econ.* subdivision, subsection, branch. – **3.** *biol.* subdivision, subphylum (*scient.*). — **~,an·ge,bot** *n econ.* (an *dat of*) insufficient supply. — **~,arm** *m med.* forearm, lower arm; cubitus, antebrachium, antibrachium (*scient.*). — **~,är·mel** *m* undersleeve. — **~,art** *f bot. zo.* subspecies. — **~,auf,se·her** *m* **1.** (*im Gefängnis etc*) warder (*od.* guard) second in command. – **2.** (*bei der Arbeit*) overseer second in command. – **3.** (*im Museum*) attendant second in command. —

~,aus,schuß *m bes. pol.* subcommittee. — **~,bal·ken** *m civ.eng.* lower beam, architrave.

'**Un·ter,bau** *m* ⟨-(e)s; -ten⟩ **1.** *civ.eng.* a) (*einer Brücke, eines Hauses, eines Gleiskörpers etc*) substructure, b) (*einer Straße*) roadbed, c) (*Gründung*) foundation(s *pl*), d) *cf.* Bettung 4. – **2.** (*leather*) (*eines Schuhs*) lower part. – **3.** *tech.* (*einer Maschine*) base. – **4.** (*forestry*) underplanting, planting under cover. – **5.** *mil.* (*der Führung*) lower command levels *pl*. – **6.** *auto.* a) understructure, chassis, b) (*eines Reifens*) carcass, c) (*eines Lastwagens*) substructure. – **7.** *fig.* basis: der ideologische ~ the ideological basis.

'**Un·ter,bauch** *m*, **~,ge,gend** *f med.* hypogastric region, hypogastrium.

,un·ter'bau·en *v/t* ⟨*insep, no* -ge-, h⟩ **1.** *civ.eng.* a) support (*s.th.*) from below, b) (*unterlegen*) underlay, c) (*mit einem Gerüst*) scaffold. – **2.** *fig. cf.* untermauern 2.

'**Un·ter|be,am·te** *m* subordinate official, subaltern. — **~,be,gabt** *adj* less gifted (*od.* talented). — **~,be,griff** *m* **1.** *ling.* (*in der Semantik*) member of a (semantic) class. – **2.** *philos.* (*in der Logik*) subsumption. — **~,be,la·stung** *f tech.* underload(ing). — **u~be,legt** *adj* **1.** (*Krankenhaus etc*) not fully utilized (*Br. auch* -s-) (*od.* occupied), *Am. auch* underutilized. – **2.** (*Hotel etc*) not full. — **u~be,lich·ten** *phot.* **I** *v/t* ⟨*insep, no* -ge-, h⟩ **1.** underexpose. – **II** U~ *n* ⟨-s⟩ **2.** *verbal noun.* – **3.** *cf.* Unterbelichtung. — **u~be,lich·tet I** *pp.* – **II** *adj* **1.** *phot.* underexposed. – **2.** *fig. colloq.* 'dim', daft (*beide colloq.*), dull: er ist ein bißchen ~ he is a bit dim, he is not exactly bright. — **~,be,lich·tung** *f* ⟨-; -en⟩ *phot.* **1.** *cf.* Unterbelichten. – **2.** underexposure. — **u~be,mannt** *adj mar.* (*Schiff etc*) undermanned, shorthanded. — **~,be,reich** *m math.* subregion. — **u~be,setzt** *adj* (*Büro, Verwaltung etc*) understaffed, shorthanded, short-staffed, short of staff. — **~,bett** *n* **1.** (*eines Etagenbetts*) lower (*od.* bottom) bed. – **2.** (*auf der Matratze liegendes Federbett*) feather bed. — **u~be,völ·kert** *adj* underpopulated. — **~,be,voll,mäch·tig·te** *m* subagent. — **u~be,wer·ten I** *v/t* ⟨*insep, no* -ge-, h⟩ **1.** underrate, underestimate, undervalue. – **2.** (*sport*) (*Kür etc*) undermark. – **II** U~ *n* ⟨-s⟩ **3.** *verbal noun.* — **~,be,wer·tung** *f* **1.** *cf.* Unterbewerten. – **2.** underestimation, underestimate, undervaluation. — **u~be,wußt** *psych.* **I** *adj* subconscious, marginal. – **II** U~e, das ⟨-n⟩ the subconscious, the marginal. — **~,be,wußt,sein** *n* subconscious (mind): im ~ in the subconscious (mind), subconsciously. — **u~be,zah·len** *econ.* **I** *v/t* ⟨*insep, no* -ge-, h⟩ **1.** underpay. – **II** U~ *n* ⟨-s⟩ **2.** *verbal noun.* – **3.** *cf.* Unterbezahlung. — **u~be,zahlt I** *pp.* – **II** *adj* underpaid. — **~,be,zah·lung** *f* ⟨-; *no pl*⟩ **1.** *cf.* Unterbezahlen. – **2.** underpayment. — **~,be,zirk** *m* subdistrict.

,un·ter'bie·ten I *v/t* ⟨*irr, insep, no* -ge-, h⟩ **1.** *econ.* a) (*Preis*) undercut, b) (*Konkurrenten*) undercut, cut (*s.o.*) under, undersell, underquote, (*durch geringere Lohnkosten*) *auch* underwork, c) (*Angebot bei einer Versteigerung*) underbid: sich (*gegenseitig*) ~ to underbid each other. – **2.** (*games*) underbid. – **3.** (*sport*) (*Rekord*) lower, beat. – **4.** *fig.* surpass: das schlechte Niveau ist kaum noch zu ~ the poor standard is almost unsurpassable. – **II** U~ *n* ⟨-s⟩ **5.** *verbal noun.* — **,Un·ter'bie·ter** *m* underbidder, undercutter. — **,Un·ter'bie·tung** *f* ⟨-; -en⟩ *cf.* Unterbieten.

'**Un·ter·bi,lanz** *f econ.* adverse (*od.* unfavorable, *bes. Br.* unfavourable, deficit) balance.

'**un·ter'bin·den¹** *v/t* ⟨*irr, sep,* -ge-, h⟩ *colloq.* tie (*s.th.*) underneath.

,un·ter'bin·den² *I v/t* ⟨*irr, insep, no* -ge-, h⟩ **1.** (*Vorhaben, Handlung etc*) prevent, prohibit, repress. – **2.** (*Zufuhr etc*) cut off. – **3.** (*Mißbrauch etc*) stop, put an end to. – **4.** (*Verkehr*) stop. – **5.** *med.* a) (*Gefäß*) tie up, ligate, ligature, b) (*Nabelschnur*) tie. – **II** U~ *n* ⟨-s⟩ **6.** *verbal noun.*

'**Un·ter'bin·dung** *f* ⟨-; *no pl*⟩ **1.** *cf.* Unterbinden². – **2.** (*von Vorhaben, Handlung etc*) prevention, prohibition, repression. – **3.** *med.* (*eines Gefäßes*) ligation, ligature.

,Un·ter'bin·dungs|,klem·me *f med.* artery forceps, h(a)emostat. — **~,na·del** *f* ligature needle.

'**Un·ter,blatt** *n* **1.** *bot.* lower leaf. – **2.** (*einer Zigarre*) filler.

,un·ter'blei·ben I *v/i* ⟨*irr, insep, no* -ge-, sein⟩ **1.** (*nicht getan werden*) be left (*od.* remain) undone: das wäre besser unterblieben this would have been better left undone. – **2.** (*nicht stattfinden*) be dropped: schließlich unterblieb das Ganze doch the whole thing was finally dropped; wenn ihr nicht wollt, dann unterbleibt die Sache (halt) if you do not want to we'll drop it. – **3.** (*versäumt werden*) be omitted: die Buchung hat leider unterbleiben the booking has unfortunately been omitted. – **4.** (*aufhören*) stop, cease: das hat sofort zu ~ this must stop at once. – **5.** (*nicht wieder eintreten*) not happen (*od.* occur) again, not be repeated: ich hoffe, das wird in Zukunft ~ I hope this will not happen again in future. – **II** U~ *n* ⟨-s⟩ **6.** *verbal noun.* – **7.** (*Versäumtwerden*) omission. – **8.** (*Aufhören*) cessation.

'**Un·ter,bo·den** *m* **1.** *civ.eng.* subfloor, *Br.* sub-floor. – **2.** (*eines Fußbodenbelages*) undersurface. – **3.** *auto.* underfloor. – **4.** *geol.* subsoil, undersoil. – **5.** (*eines Knopfes*) lower plate. — **~,schutz** *m auto.* (underside) protective undercoating, underfloor protection.

'**Un·ter|,boots,mann** *m mar.* boatswain's mate. — **~,bram,rah** *f* lower topgallant yard. — **~,bram,se·gel** *n* lower topgallant sail.

,un·ter'bre·chen I *v/t* ⟨*irr, insep, no* -ge-, h⟩ **1.** j-n ~ to interrupt s.o., to cut s.o. (*od.* take s.o. up) short, to stop s.o. (short), to catch s.o. up: bitte unterbrich (*od.* ~ Sie) mich nicht! please don't interrupt! verzeihen Sie, wenn ich (Sie) unterbreche pardon me for interrupting you, pardon my interrupting you. – **2.** ein Gespräch ~ to interrupt (a conversation), to break (*od.* cut, chime) in, to butt in (on a conversation) (*colloq.*): er unterbrach das Gespräch mit der Bemerkung, daß he interrupted the conversation) with the remark that. – **3.** (*Arbeit, Verhandlung, Sendung etc*) interrupt. – **4.** (*Schweigen, Schlaf etc*) interrupt, break. – **5.** (*Tradition, Studium etc*) interrupt, intermit: er unterbrach sein Studium für drei Jahre he interrupted his studies for three years. – **6.** (*Verkehr etc*) suspend, hold up. – **7.** (*railway*) (*Fahrt etc*) interrupt, break: die Reise ~ to interrupt one's journey, to stop over. – **8.** *tel.* a) (*Leitung*) disconnect, b) (*Gesprächspartner*) cut off: wir sind unterbrochen worden we were cut off. – **9.** *electr.* (*Stromkreis, Kontakt*) disconnect, break, interrupt. – **10.** (*sport*) (*Spiel etc*) a) (*von Schiedsrichter*) suspend, interrupt, stop, b) (*von äußeren Ereignissen*) interrupt: der Schiedsrichter unterbrach das Spiel für zehn Minuten the referee suspended play for ten minutes; das Spiel wurde vom Regen unterbrochen the match was interrupted (*od.* stopped) by the rain. – **11.** *med.* (*Blutzufuhr etc*) cut off. – **12.** *mil.* (*Feuer etc*) stop, suspend. – **II** *v/reflex* sich ~ **13.** pause, stop short, interpose. – **III** U~ *n* ⟨-s⟩ **14.** *verbal noun.* – **15.** *cf.* Unterbrechung.

,Un·ter'bre·cher *m electr.* interrupter, circuit (*od.* contact) breaker. — **~,kon,takt** *m* contact breaker point, make-and-break (*od.* interrupter) contact. — **~,nocken** (getr. -k·k-) *m auto.* ignition distributor cam. — **~,plat·te** *f electr.* breaker plate.

,Un·ter'bre·chung *f* ⟨-; -en⟩ **1.** *cf.* Unterbrechen. – **2.** (*von Gespräch, Arbeit, Sendung, Schlaf, Studium, Reise etc*) interruption: entschuldigen Sie die ~ excuse me (*od.* us) for interrupting (you), excuse my (*od.* our) interrupting (you); mit kleinen [einigen] ~en with short [several] interruptions; mit ~en intermittently. – **3.** (*Pause*) break, pause, interval, intermission, *Am.* time out, *auch* time-out: nach einer ~ von drei Jahren after a break (*od.* an interruption) of three years; nach einer kurzen ~ geht das Programm weiter the program(me) will be continued after a short intermission; ohne ~ without a break, without interruption (*od. colloq.* letup). – **4.** (*des Verkehrs etc*) suspension, holdup. – **5.** (*railway*) (*der Fahrt etc*) interruption: ~ der Fahrt interruption of one's journey, stopover. – **6.** *tel.* (*der Leitung*) disconnection, *Br. auch* disconnexion. – **7.** *electr.* (*von Stromkreis, Kontakt*) disconnection,

Br. auch disconnexion, break, interruption. – **8.** (*sport*) a) (*durch den Schiedsrichter*) interruption, suspension, *Am.* time-out, b) (*durch äußere Ereignisse*) interruption: der Schiedsrichter befahl eine ~ des Spiels the referee ordered an interruption (*od.* a stoppage) of play. – **9.** *mil.* (*von Feuer etc*) stop, suspension.

,**Un·ter'bre·chungs**|,**fun·ke** *m electr.* break spark. — ~,**ta·ste** *f* break key.

'**un·ter,brei·ten**[1] *v/t* ⟨*sep*, -ge-, h⟩ *colloq.* (*Decke, Unterlage etc*) spread (*s.th.*) (out) underneath: wir wollen ihr eine Decke ~ let us spread a blanket (out) under(neath) her.

,**un·ter'brei·ten**[2] **I** *v/t* ⟨*insep*, *no* -ge-, h⟩ j-m etwas ~ a) (*Gesuch etc*) to submit s.th. to s.o., b) (*Entwurf, Schriftstück etc*) to present s.th. to s.o., c) (*Gesetzesvorlage*) to propose s.th. to s.o., d) (*Gedanken, Wunsch*) to present s.o. s.th.: j-m einen Vorschlag ~ to make s.o. a proposal. – **II U**~ *n* ⟨-s⟩ *verbal noun.*

,**Un·ter'brei·tung** *f* ⟨-; *no pl*⟩ **1.** *cf.* Unterbreiten[2]. – **2.** (*von of*) submission, submittance, submittal. – **3.** (*Vorlage*) presentation. – **4.** (*Vorschlag*) proposal.

'**un·ter,brin·gen I** *v/t* ⟨*irr, sep*, -ge-, h⟩ **1.** (*Gäste, Besuch etc*) lodge, accommodate, put (*s.o.*) up: j-n in einem Hotel ~ to put s.o. up at a hotel. – **2.** (*Gepäck etc*) stow (*s.th.*) (away), tuck (*s.th.*) away. – **3.** (*Waren, Güter etc*) store, stow. – **4.** (*Geschirr etc*) put, accommodate, (*Geräte*) *auch* house. – **5.** (*Sammlung, Ausstellung*) house: die Sammlung wurde im Nationalmuseum untergebracht the collection was housed in the National Museum. – **6.** *fig.* (*geistig einordnen*) (*Namen, Personen etc*) place: ich kann diesen Namen nirgends ~ I cannot place this name anywhere. – **7.** j-n in einer Stellung ~ to place s.o. in a situation, to find a situation for s.o., to fix s.o. up, to get s.o. a job (*colloq.*); j-n bei einer Firma ~ to find s.o. a situation (*od. colloq.* job) in a firm. – **8.** *econ.* a) (*Anleihen, Aufträge, Obligationen, Wertpapiere etc*) place, b) (*Wechsel*) negotiate. – **9.** *print.* a) (*bei einem Verlag etc*) place, b) (*an einer Stelle*) fit (*s.th.*) in: einen Artikel bei einer Zeitung ~ to place an article with a newspaper; diesen Artikel bringen wir auf der ersten Seite unter we will fit this article in on the front page. – **10.** *mil.* (*Truppen*) quarter, (*in Privatquartier*) billet. – **II U**~ *n* ⟨-s⟩ **11.** *verbal noun.* — '**Un·ter,brin·gung** *f* ⟨-; *no pl*⟩ **1.** *cf.* Unterbringen. – **2.** (*von Gästen, Besuch etc*) accommodation, lodg(e)ment. – **3.** (*von Gütern etc*) storage, stowage. – **4.** *econ.* a) (*von Wertpapieren etc*) placement, b) (*von Wechseln*) negotiation. – **5.** *mil.* (*Unterkunft*) quarters *pl*, accommodation, (*private*) billets *pl*.

'**Un·ter,brin·gungs,mög·lich·keit** *f* ⟨-; -en⟩ accommodation.

,**un·ter'bro·chen I** *pp of* unterbrechen. – **II** *adj* **1.** interrupted, discontinuous. – **2.** *tel.* disconnected. – **3.** *electr.* (*Stromkreis etc*) disconnected, broken, interrupted. – **4.** (*sport*) suspended, stopped, interrupted. – **5.** *med.* cut-off (*attrib*). – **6.** *mil.* (*Feuer*) stopped, suspended.

'**Un·ter,bruch** *m* ⟨-(e)s; -brüche⟩ *Swiss for* Unterbrechung.

'**Un·ter,büh·ne** *f* (*theater*) below-stage area, trap room.

'**un·ter,but·tern** *v/t* ⟨*sep*, -ge-, h⟩ *colloq.* (*Geld etc*) throw in.

'**un·ter,chlo·rig** *adj chem.* hypochlorous: ~e Säure hypochlorous acid (HOCl).

'**Un·ter**|,**deck** *n mar.* lower deck. — ~**,deckung** (*getr.* -k·k-) *f econ.* (*der Kosten*) deficient cover.

,**un·ter,der'hand** *adv* **1.** on the quiet (*od.* sly), secretly. – **2.** *econ.* privately.

,**un·ter'des(·sen)** *adv* **1.** meanwhile, (in the) meantime. – **2.** (*bis zu dem Zeitpunkt*) by then (*od.* that time).

'**Un·ter**|**de·ter·mi,nan·te** *f math.* minor determinant, subdeterminant. — ~**do·mi·nan·te** *f mus. cf.* Subdominante.

'**Un·ter,druck** *m* ⟨-(e)s; -drücke⟩ **1.** *phys. tech.* (*der Luft*) a) pressure below the atmospheric, b) vacuum. – **2.** *med.* low blood pressure, hypotension (*scient.*). – **3.** *civ.eng.* (*eines Schornsteins, Raumes*) negative pressure. — ~**brem·se** *f tech.* vacuum brake.

,**un·ter'drücken** (*getr.* -k·k-) **I** *v/t* ⟨*insep, no* -ge-, h⟩ **1.** (*Volk, Minderheit etc*) oppress,

hold (*s.o.*) down, (*stärker*) tyrannize *Br. auch* -s-. – **2.** (*Aufstand, Revolution etc*) suppress, quell, put down, crush, repress, stamp out. – **3.** (*Freiheit*) throttle, stifle, strangle. – **4.** (*Entwicklung etc*) suffocate, suppress. – **5.** (*Nachrichten, Veröffentlichungen etc*) suppress: Tatsachen ~ to suppress (*od.* hush up, burke) facts. – **6.** (*Gefühle*) suppress, repress, stifle, bottle up, restrain. – **7.** (*Neigungen*) suppress, repress. – **8.** (*Äußerungen, Zweifel etc*) suppress. – **9.** (*Lachen, Gähnen, Seufzer, Husten etc*) stifle, suppress, choke (*back od.* down). – **II U**~ *n* ⟨-s⟩ **10.** *verbal noun.* – **11.** *cf.* Unterdrückung.

,**Un·ter'drücker** (*getr.* -k·k-) *m* ⟨-s; -⟩ **1.** oppressor. – **2.** tyrant, despot.

'**Un·ter,druck**|,**för·de·rer** *m* **1.** *tech.* automatic vacuum conveyor, autovac. – **2.** *auto.* (*im Vergaser*) vacuum pump element. — ~,**kam·mer** *f aer. tech.* low-pressure (*od.* decompression) chamber. — ~,**mes·ser** *m tech.* vacuum ga(u)ge.

,**un·ter'drückt I** *pp.* – **II** *adj* **1.** (*Volk, Minderheit etc*) oppressed, downtrodden. – **2.** (*Gefühl*) suppressed, repressed, stifled, restrained. – **3.** (*Lachen, Gähnen, Seufzer, Husten etc*) stifled, suppressed: aus der letzten Reihe war ~es Gelächter zu hören stifled laughter could be heard from the back row.

,**Un·ter'drück·te** *m, f* ⟨-n; -n⟩ oppressed (*od.* downtrodden) person: die ~n the oppressed, the downtrodden.

,**Un·ter'drückung** (*getr.* -k·k-) *f* ⟨-; *no pl*⟩ **1.** *cf.* Unterdrücken. – **2.** (*eines Volkes etc*) oppression. – **3.** (*von Aufstand, Gefühlen, Neigungen etc*) suppression, repression. – **4.** (*von Tatsachen, Äußerungen, Lachen etc*) suppression.

'**un·ter,durch,schnitt·lich** *adj* subaverage, *Br.* sub-average, below average (*od.* normal, the mark): trotz ~er Leistungen in spite of sub(-)average performances (*od.* performances below normal).

'**un·te·re** *adj* ⟨*attrib*⟩ ⟨*sup* unterst⟩ **1.** (*räumlich*) lower: die linke ~ Schublade the left lower drawer, the bottom drawer on the left; die ~ Seite the lower side, the underside; Wein von der ~n Saar wine from the Lower Saar; das ~ Tischende the (far) end (*od.* the bottom) of the table. – **2.** *fig.* (*Klasse, Schicht, Grenze, Note etc*) lower: die ~ Instanz *jur.* the lower instance; die ~ Beamtenlaufbahn minor civil service.

,**un·ter,ein'an·der** *adv* **1.** one under (*od.* below, beneath) the other. – **2.** (*zwischen zwei Personen*) between each other, (*zwischen mehr als zwei Personen*) among one another: (wir) ~ between (*od.* among) ourselves; (ihr) ~ between (*od.* among) yourselves; (sie) ~ between (*od.* among) themselves; das können wir ~ ausmachen we can settle this among ourselves; die Familien haben ~ geheiratet the families intermarried. – **3.** (*gegenseitig*) mutually, reciprocally: sich ~ helfen to help each other (mutually). – **4.** (*miteinander*) with one another: Leitungen ~ verbinden to connect leads with one another, to interconnect leads. — ~,**le·gen** *v/t* ⟨*sep*, -ge-, h⟩ lay (*od.* put) (things) one under (*od.* below, beneath) the other. — ~,**lie·gen** *v/i* ⟨*irr, sep*, -ge-, h *u.* sein⟩ lie under (*od.* below, beneath) the other.

'**Un·ter,ein·heit** *f mil.* subunit.

'**Un·ter,ein,tei·lung** *f cf.* Unterteilung 2, 4.

'**un·ter·ent,wickeln** (*getr.* -k·k-) **I** *v/t* ⟨*insep, no* -ge-, h⟩ (*Film*) underdevelop. – **II U**~ *n* ⟨-s⟩ *verbal noun.* — '**un·ter·ent-**,**wickelt** (*getr.* -k·k-) **I** *pp.* – **II** *adj* **1.** (*Land, Wirtschaft etc*) underdeveloped, backward. – **2.** *med. biol.* underdeveloped, hypotrophic (*scient.*). – **3.** *ped.* retarded, backward: das Kind ist geistig und körperlich ~ the child is both mentally retarded and physically underdeveloped. – **4.** *psych.* subnormal. — '**Un·ter·ent,wick·lung** *f cf.* Unterentwickeln. – **2.** (*von Ländern, Wirtschaft etc*) underdevelopment, backwardness. – **3.** *med. biol.* underdevelopment, bad (*od.* disturbed) development (*od.* evolution), hypotrophy (*scient.*). – **4.** *ped.* retardation, backwardness. – **5.** *phot.* underdevelopment. – **6.** *psych.* subnormality.

'**un·ter·er,nährt** *adj* undernourished, underfed, starving. — '**Un·ter·er,näh·rung** *f* ⟨-; *no pl*⟩ undernourishment, malnutrition.

,**un·ter'fah·ren** *v/t* ⟨*irr, insep, no* -ge-, h⟩ **1.** *civ.eng.* underpin. – **2.** ein Flöz ~ (*mining*)

to drive a roadway underneath the existing (coal seam) workings.

'**Un·ter·fa,mi·lie** *f bot. zo.* subfamily.

,**un·ter'fan·gen I** *v/t* ⟨*irr, insep, no* -ge-, h⟩ *civ.eng. cf.* unterfahren 1. – **II** *v/reflex* sich ~ *lit.* (*wagen*) dare: sich einer Sache ~ *rare* to venture (*od.* attempt) s.th.; sich ~, etwas zu tun to venture (*od.* attempt) to do s.th.

,**Un·ter'fan·gen** *n* ⟨-s; *no pl*⟩ *lit.* (*bold*) venture (*od.* attempt), risky enterprise (*od.* undertaking): es ist ein aussichtsloses ~, ihn von seinem Plan abzubringen it is absolutely futile to try to dissuade him.

'**un·ter,fas·sen** *v/t* ⟨*sep*, -ge-, h⟩ j-n ~ to take s.o.'s arm: sich ~ to link arms (with each other); sie hatten sich untergefaßt they had linked arms.

'**Un·ter,fe·der** *f zo.* vent feather.

,**un·ter'fer·ti·gen** *v/t* ⟨*insep, no* -ge-, h⟩ (*officialese*) sign, execute. — ,**Un·ter'fer·tig·te** *m, f* ⟨-n; -n⟩ undersigned.

,**Un·ter'feue·rung** *f tech.* undergrate firing.

'**Un·ter,flä·che** *f* (*bei Ziegeln etc*) bed.

,**un·ter'flie·gen** *v/t* ⟨*irr, insep, no* -ge-, h⟩ *aer.* (*Radarkontrolle etc*) fly underneath (*od.* below).

'**Un·ter,flü·gel** *m zo.* underwing.

,**Un·ter'flur**|**hy,drant** *m civ.eng.* (under)-ground hydrant. — ~,**mo·tor** *m auto.* underfloor engine.

'**Un·ter,fran·ke** *m* Lower Franconian. — '**un·ter'frän·kisch** *adj* Lower Franconian.

,**un·ter'füh·ren I** *v/t* ⟨*insep, no* -ge-, h⟩ **1.** *civ.eng.* (*Straße, Tunnel etc*) underpass. – **2.** *print.* (*Wort etc*) digit. – **II U**~ *n* ⟨-s⟩ **3.** *verbal noun.*

'**Un·ter,füh·rer** *m mil.* noncommissioned (*Br.* non-commissioned) officer.

,**Un·ter'füh·rung** *f* ⟨-; -en⟩ **1.** *cf.* Unterführen. – **2.** (*für Autos, Fußgänger etc*) subway, underpass. – **3.** (*railway*) underbridge.

'**Un·ter'füh·rungs,zei·chen** *n* ditto (mark).

'**Un·ter·funk·ti,on** *f bes. med.* weak (*od.* insufficient, impaired) function, hypofunction (*scient.*): ~ der Schilddrüse insufficient function of the thyroid gland, thyroid insufficiency, hypothyroidism (*scient.*).

'**Un·ter,fut·ter** *n* (*fashion*) (inner) lining. — ,**un·ter'füt·tern** *v/t* ⟨*insep, no* -ge-, h⟩ (*fashion*) line (*s.th.*) underneath, underline.

'**Un·ter,gang** *m* ⟨-(e)s; *rare* -gänge⟩ **1.** *cf.* Untergehen: der ~ der Sonne the setting of the sun. – **2.** (*von Schiffen*) sinking, shipwreck. – **3.** *fig.* downfall, decline, eclipse: „Der ~ des Abendlandes" "The Decline of the West" (*by* O. Spengler). – **4.** *fig.* (*Vernichtung*) destruction, extinction: der ~ Trojas the fall of Troy; der ~ der Welt the end of the world. – **5.** *fig.* (*Verderben*) destruction, ruin: sie gehen dem ~ entgegen they are heading for destruction; der Alkohol ist noch sein ~ alcohol will be his undoing (*od.* ruin); das ist mein ~ that will be my ruin (*od.* undoing); that will be the end of me, that will finish me (*colloq.*); dem ~ geweiht *lit.* doomed to ruin.

'**un·ter,gä·rig** [-,gɛːrɪç] *adj brew.* (*Bier*) bottom-fermented. — '**Un·ter,gä·rung** *f* ⟨-; *no pl*⟩ bottom fermentation.

'**Un·ter,gat·tung** *f bot. zo.* subgenus.

,**un·ter'ge·ben** *adj* ⟨*pred*⟩ j-m ~ sein to be under s.o.'s authority (*od.* control). — ,**Un·ter'ge·be·ne** *m, f* ⟨-n; -n⟩ inferior, subordinate, *bes. Am.* subaltern, underling (*contempt.*): seine ~n his inferiors.

,**Un·ter'ge·ben·heit** *f* ⟨-; *no pl*⟩ inferiority, subordination.

'**Un·ter·ge,bot** *n econ. cf.* Unterangebot.

'**un·ter·ge,bracht I** *pp of* unterbringen. – **II** *adj* **1.** gut ~ sein to be well kept (*od.* housed), (*von Personen*) to be accommodated well. – **2.** diese berühmte Sammlung ist im Nationalmuseum ~ this famous collection is (housed) in the National Museum.

'**un·ter·ge,faßt I** *pp.* – **II** *adj* ~ gehen *colloq.* to walk arm in arm (*od.* with arms linked).

'**un·ter·ge,gan·gen I** *pp of* untergehen. – **II** *adj fig.* (*Volk, Rasse etc*) extinct.

'**un·ter·ge,hakt I** *pp.* – **II** *adj* ~ gehen *colloq.* to walk arm in arm (*od.* with arms linked).

'**un·ter,ge·hen I** *v/i* ⟨*irr, sep*, -ge-, sein⟩ **1.** (*von Gestirnen*) set, go down: sein Stern geht langsam unter *fig.* his star is declining (*od.* on the decline). – **2.** (*von Boot, Schiff*) sink, go down (*od.* under), founder, swamp: mit Mann und Maus ~ to go down with all hands (*od.* with every soul). – **3.** (*von Ertrin-*

kenden) be drowned. – **4.** seine Worte gingen im Lärm unter *fig.* his words were drowned by (*od.* lost in, swamped by) the noise. – **5.** *fig.* (*von Reichen, Dynastien etc*) go down (*od.* under). – **6.** *fig.* (*vernichtet, zerstört werden*) be destroyed: die Welt geht unter the world will be destroyed (*od.* will come to an end); davon geht doch die Welt nicht unter *colloq.* that's not the end of the world. – **7.** *fig.* (*von Kultur, Volk*) be wiped out, perish. – **8.** *fig.* (*verderben*) go to one's ruin, perish: viele gehen in der Großstadt unter many perish in the big cities. – **II U~** *n* ⟨-s⟩ **9.** *verbal noun:* sein Stern (*od.* Ruhm) ist im U~ (begriffen) *fig.* his star is declining (*od.* on the decline). – **10.** *cf.* Untergang. — '**un·ter·ge·hend I** *pres p.* – **II** *adj* (*Sonne*) setting.

'**Un·ter·ge,hölz** *n* (forestry) *cf.* Unterholz.

'**un·ter·ge,ord·net I** *pp.* – **II** *adj* **1.** (*unterstellt*) (*dat* to) subordinate, ancillary, (*dem Rang nach*) inferior: in ~er Stellung (*od.* Position) in a subordinate position; ~e Stellen subordinate offices; j-m ~ sein to be subordinate to s.o. – **2.** (*zweitrangig*) secondary, minor, subsidiary: von ~er Bedeutung of secondary importance; ein ~es Problem a minor problem, a subsidiary issue; er spielt eine ~e Rolle *fig.* he plays a minor role.

'**un·ter·ge,schla·gen I** *pp of* unterschlagen². – **II** *adj* mit ~en Beinen with crossed legs, cross-legged.

'**un·ter·ge,scho·ben I** *pp of* unterschieben¹. – **II** *adj* ~es Testament *jur.* supposititious will; → Kind 1.

'**Un·ter|ge,schoß** *n* (eines Hauses) basement (floor) (*od.* storey, *bes. Am.* story). — ~**ge·senk** *n tech.* **1.** (beim Gesenkschmieden) bottom (*od.* lower) die. – **2.** (beim Freiformschmieden) bottom swage. — ~**ge,stell** *n* **1.** base, supporting frame. – **2.** *tech.* (einer Maschine) base. – **3.** *auto.* a) underframe, b) (Fahrgestell) chassis. – **4.** *colloq. humor.* (Beine) 'pins' *pl*, 'underpinnings' *pl*, *auch* 'understandings' *pl* (alle sl.).

'**un·ter·ge,taucht I** *pp.* – **II** *adj* submersed, *auch* immersed.

'**Un·ter·ge,wand** *n* undergarment.

'**Un·ter·ge,wicht** *n* underweight, short weight. — '**un·ter·ge,wich·tig** *adj* underweight.

'**Un·ter·gla,sur** *f* (in der Keramik) underglaze. — ~**far·ben** *pl* underglaze colors (*bes. Br.* colours). — ~**ma·le,rei** *f* underglaze painting.

,**un·ter'glie·dern I** *v/t* ⟨insep, no -ge-, h⟩ subdivide. – **II U~** *n* ⟨-s⟩ *verbal noun.* — ,**Un·ter'glie·de·rung** *f* ⟨-; -en⟩ **1.** *cf.* Untergliedern. – **2.** subdivision.

,**un·ter'gra·ben¹** *v/t* ⟨irr, sep, -ge-, h⟩ agr. (Dünger etc) dig (*od.* turn) (s.th.) in.

,**un·ter'gra·ben² I** *v/t* ⟨irr, insep, no -ge-, h⟩ *fig.* **1.** (Ansehen, Autorität, öffentliche Ordnung etc) undermine, subvert: j-s guten Ruf ~ to undermine s.o.'s reputation. – **2.** (Gesundheit) undermine, sap, (stärker) shatter, ruin. – **II U~** *n* ⟨-s⟩ **3.** *verbal noun.* — ,**Un·ter'gra·bung** *f* ⟨-; no pl⟩ *cf.* Untergraben².

,**un·ter'grä·dig** [-,grɛːdɪç] *adj* (Alkohol) underproof.

'**Un·ter,griff** *m* **1.** *tech.* (am Radreifen) lip of the tire (*bes. Br.* tyre). – **2.** (sport) a) (beim Turnen etc) reverse grip, undergrasp, b) (beim Ringen) body (*od.* waist) lock, undersnatch.

'**Un·ter,grund** *m* ⟨-(e)s; no pl⟩ **1.** underground. – **2.** *geol.* subsoil, substratum: fester (*od.* felsiger) ~ bedrock. – **3.** (art) (in der Malerei) ground(ing), undercoat. – **4.** *print.* (back)ground. – **5.** *pol.* underground: in den ~ gehen to go underground. — ~**bahn** *f cf.* U-Bahn. — ~**be,hand·lung** *f tech.* treatment of base material. — ~**be,wäs·se·rung** *f agr.* underground irrigation. — ~**be,we·gung** *f pol.* underground (movement). — ~**film** *m* underground film.

'**un·ter,grün·dig** [-,grʏndɪç] *adj* **1.** subterranean, underground (attrib). – **2.** *fig.* hidden.

'**Un·ter,grund|li·te·ra,tur** *f* underground literature. — ~**locke·rer** (getr. -k·k-) [-,lɔkərər] *m* ⟨-s; -⟩ *agr.* subsoiler. — ~**locke·rung** (getr. -k·k-) *f* ⟨-; no pl⟩ *agr.* subsoiling. — ~**or·ga·ni·sa,ti·on** *f pol.* underground organization (*Br. auch* -s-). — ~**packer** (getr. -k·k-) *m agr.* land packer (*od.* presser),

---

compaction roller. — ~**pflug** *m* subsoiler. — ~**pu·bli,zi·stik** *f* underground publicity.

'**Un·ter|grup·pe** *f* **1.** *math. phys.* subgroup. – **2.** *med. bot. zo.* subgroup, subspecies. – **3.** *tech.* (in der Fertigungstechnik) subassembly. – **4.** *econ.* subdivision. — ~**haar** *n zo.* underfur.

'**un·ter,ha·ben** *v/t* ⟨irr, sep, -ge-, h⟩ *colloq.* have (s.th.) on underneath.

'**un·ter,ha·ken** *colloq.* **I** *v/t* ⟨sep, -ge-, h⟩ *cf.* unterfassen. – **II** *v/reflex* sich bei j-m ~ to take s.o.'s arm, to link arms with s.o.: ich hakte mich bei ihm unter I took his arm, I linked my arm in his, I linked arms with him.

'**un·ter,halb I** *prep* ⟨gen⟩ **1.** (auf geringerer Höhe als) below: kurz ~ des Gipfels machten wir eine Rast we had a rest just below the peak; ~ des Dorfes biegt der Weg nach rechts ab the path turns to the right below the village; ~ von uns sahen wir Salzburg liegen we could see Salzburg below (*od.* beneath) us. – **2.** (tiefer als) below, under: ich hatte mich ~ des Knies verletzt I had hurt myself below the knee; ~ des Fensters ist ein Fleck an der Wand there is a stain on the wall below (*od.* beneath) the window; ~ der Gürtellinie (sport) below the belt(line); seine Gedanken bewegen sich immer ~ der Gürtellinie *colloq.* he has a dirty mind. – **3.** (tiefer als, aber in waagerechter Lage) below, beneath, under(neath): das Blumenbeet ~ des Fensters the flower bed below (*od.* underneath) the window. – **4.** (über hinaus, nach) beyond, past, on the other (*od.* far) side of, further down than: die Bäckerei ist ~ der Kirche the bakery is beyond the church. – **5.** (flußabwärts) downstream from: Linz liegt ~ Passaus Linz is situated downstream from Passau. – **6.** *rare* (südlich von) south of: Italien liegt ~ der Alpen Italy is south of the Alps. – **II** *adv* **7.** below: weiter ~ further below. – **8.** (flußabwärts) downstream.

'**Un·ter,halt** *m* ⟨-(e)s; no pl⟩ **1.** (zur Lebensführung) keep, maintenance, support, upkeep: j-s ~ bestreiten, für j-s ~ sorgen (*od.* aufkommen) to provide for s.o.'s keep, to keep (*od.* support) s.o.; zum ~ der Familie beitragen to contribute to the family's keep; seinen ~ bestreiten aus to support oneself on (*od.* from). – **2.** (Lebensunterhalt) livelihood, living, subsistence, sustenance: sich (*dat*) seinen ~ verdienen to earn one's living (*od.* livelihood); seinen ~ haben to earn a livelihood. – **3.** (Instandhaltung) maintenance, (Wartung) *auch* upkeep: der ~ eines Hauses ist eine kostspielige Angelegenheit the upkeep of a house is a costly affair; ~ und Instandsetzung maintenance and repair. – **4.** *jur.* a) (für die getrennt lebende [Am. auch geschiedene] Ehefrau) alimony, b) (für Kinder und die getrennt lebende [Br. auch geschiedene] Ehefrau) maintenance (allowance): laufender ~ permanent alimony; angemessener ~ reasonable maintenance.

,**un·ter'hal·ten¹ I** *v/t* ⟨irr, insep, no -ge-, h⟩ **1.** (Familie, Kinder etc) keep, support, maintain, sustain. – **2.** (Schule, Rennstall etc) keep, maintain, sustain, (bes. subventionieren) subsidize *Br. auch* -s-. – **3.** (Anlage, Brücke, Straße etc) keep (s.th.) up, maintain. – **4.** *econ.* (Geschäft etc) run, keep. – **5.** (Feuer) keep (s.th.) burning (*od.* going, feed. – **6.** (Beziehungen) maintain, entertain: mit (*od.* zu) j-m gute [freundschaftliche] Beziehungen ~ to maintain good [friendly] relations with s.o.; mit einer Frau intime Beziehungen ~ to have sexual relations with a woman. – **7.** (Briefwechsel) keep up, carry on, maintain. – **8.** (Gäste, Publikum etc) entertain, amuse, divert. – **II** *v/reflex* sich ~ **9.** (sich vergnügen) enjoy oneself: wir haben uns gestern abend gut ~ we (really) enjoyed ourselves (*od.* we had an enjoyable time) yesterday evening. – **10.** sich mit etwas ~ to amuse (*od.* entertain, divert) oneself with s.th.: mit diesem Spiel kann ich mich stundenlang ~ I can amuse myself for hours with this game. – **11.** sich mit j-m über [acc] etwas ~ (Gespräche führen) to talk to (*od.* with) s.o. (about s.th.), to converse (*od.* discourse) with s.o. (about [*od.* on] s.th.): es ist ein Vergnügen, sich mit ihr zu ~ it is a pleasure to converse with her; sich auf Englisch ~ to converse (*od.*

---

talk) in English. – **III U~** *n* ⟨-s⟩ **12.** *verbal noun.* – **13.** *cf.* Unterhaltung.

'**un·ter,hal·ten²** *v/t* ⟨irr, sep, -ge-, h⟩ hold (s.th.) underneath.

,**un·ter'hal·tend I** *pres p of* unterhalten¹. – **II** *adj cf.* unterhaltsam.

,**un·ter'hal·ter** *m* **1.** conversationalist, converser. – **2.** entertainer: er ist ein guter ~ he is very entertaining, he is a good entertainer, he is good (*od.* entertaining) company.

,**un·ter'halt·sam** *adj* **1.** (Abend, Film, Lektüre etc) entertaining, amusing, diverting, *auch* amusive: der Abend war recht ~ the evening was quite entertaining. – **2.** ~ (nett, angenehm) pleasant.

'**Un·ter,halts|an,spruch** *m jur.* **1.** (der getrennt lebenden [Am. auch geschiedenen] Ehefrau) claim for alimony. – **2.** (der Kinder und der getrennt lebenden [Br. auch geschiedenen] Ehefrau) maintenance claim, claim for maintenance, right to maintenance: Geltendmachung des ~s recovery of maintenance. — **u~be,dürf·tig** *adj* needing (*od.* in need of) support. — ~**bei,hil·fe** *f cf.* Unterhaltszuschuß. — ~**bei,trag** *m cf.* Unterhalt 4. — **u~be,rech·tigt** *adj* **1.** (bei getrennt lebenden [Am. auch geschiedenen] Ehegatten) entitled to alimony. – **2.** (bei Kindern und getrennt lebenden [Br. auch geschiedenen] Ehegatten) entitled to maintenance. — ~**be,rech·tig·te** *m, f* ⟨-n; -n⟩ **1.** person entitled to alimony. – **2.** person entitled to maintenance. — ~**be,trag** *m cf.* Unterhalt 4. — ~**emp,fän·ger** *m sociol.* recipient of national (*od.* public) assistance, welfare recipient. — ~**for·de·rung** *f* **1.** claim for alimony. – **2.** recovery of maintenance. — ~**geld** *n* **1.** *jur. cf.* Unterhalt 4. – **2.** national (*od.* public) assistance (money): ~ (Fürsorgeunterstützung) beziehen to be on welfare. — ~**ge,wäh·rung** *f* granting of national (*od.* public) assistance. — ~**kla·ge** *f* **1.** action for alimony. – **2.** action for maintenance (*Am. auch* support). — ~**ko·sten** *pl* **1.** maintenance cost *sg.* – **2.** *jur.* maintenance *sg*, maintenance costs. — ~**pflicht** *f* **1.** obligation (*od.* liability) to pay alimony. – **2.** obligation (*od.* liability) to pay (*od.* provide) maintenance: sich der ~ entziehen to shirk one's obligation to pay alimony (*od.* of paying maintenance); seine ~ verletzen to fail to meet one's maintenance. — **u~pflich·tig** *adj* **1.** under an obligation to pay alimony. – **2.** responsible for maintenance: ~ sein to be responsible for maintenance. — ~**pflich·ti·ge** *m, f* ⟨-n; -n⟩ **1.** person having a duty to maintain another. – **2.** person under an obligation to pay alimony. – **3.** person liable to pay maintenance. — ~**ren·te** *f* maintenance allowance. — ~**rück,stän·de** *pl* maintenance arrears. — ~**zah·lung** *f* **1.** alimony payment. – **2.** maintenance payment. — ~**zu,schuß** *m* (bes. des Staates an die Beamtenanwärter) maintenance (*od.* subsistence) grant.

,**Un·ter'hal·tung** *f* ⟨-; -en⟩ **1.** *cf.* Unterhalten¹. – **2.** ⟨only sg⟩ (von Schule, Rennstall etc) upkeep, maintenance. – **3.** ⟨only sg⟩ (von Gebäuden, Plätzen etc) maintenance, (Wartung) *auch* upkeep: ~ und Instandsetzung maintenance and repair. – **4.** (Vergnügen) entertainment, amusement, diversion. – **5.** (Gespräch) conversation, talk, discourse.

,**Un·ter'hal·tungs|bei,la·ge** *f* (einer Zeitung) light reading supplement. — ~**elek,tro·nik** *f* entertainment electronics *pl* (construed as sg). — ~**film** *m* entertainment film. — ~**kon,zert** *n* entertainment concert. — ~**ko·sten** *pl cf.* Unterhaltskosten. — ~**lek,tü·re** *f* light reading. — ~**li·te·ra,tur** *f* light and popular literature, light fiction. — ~**mu,sik** *f* light music. — ~**pro,gramm** *n* light program (*bes. Br.* programme). — ~**ro,man** *m* light novel. — ~**sen·dung** *f* light program (*bes. Br.* programme). — ~**stück** *n* (theater) entertainment play. — ~**teil** *m* (einer Zeitung) light reading section.

,**un·ter'han·deln I** *v/i* ⟨insep, no -ge-, h⟩ **1.** negotiate, treat, transact: mit j-m über [acc] etwas ~ to negotiate with s.o. on s.th., to treat with s.o. for s.th. – **2.** *mil.* parley. – **II U~** *n* ⟨-s⟩ **3.** *verbal noun.*

'**Un·ter'händ·ler** *m* **1.** negotiator, negotiant, transactor. – **2.** (Vermittler) mediator, go-between. – **3.** *mil.* parliamentary.

Un·ter'hand·lung f ⟨-; -en⟩ 1. cf. Unterhandeln. - 2. negotiation, transaction: mit j-m in ~en treten [stehen] to enter into [to carry on] negotiations with s.o. - 3. mil. parley.

'Un·ter,haupt n civ.eng. (einer Schleuse) lower (od. outer) gates pl.

'Un·ter,haus n ⟨-es; no pl⟩ 1. (in Großbritannien u. den Commonwealthländern) (the) House of Commons; Mitglied des ~es member of the House (of Commons). - 2. lower house (od. chamber). — ~,ab·ge,ord·ne·te m, f, ~,mit,glied n member of the House (of Commons). — ~,sit·zung f session of the House (of Commons).

'Un·ter,haut f med. hypoderm(is), subcutis, subcutaneous connective tissue. — ~,bin·de·ge,we·be n subcutaneous connective tissue. — ~,fett·ge,we·be n subcutaneous fatty tissue. — ~,ge,we·be n hypoderm(is), subcutaneous tissue. — ~,zell·ge,we·be n subcutaneous cell tissue, hypoderm(is).

'Un·ter,he·fe f brew. bottom yeast.

'Un·ter,hemd n undershirt, undervest, bes. Br. vest, Am. auch jersey.

,un·ter'höh·len v/t ⟨insep, no -ge-, h⟩ 1. undermine, hollow (s.th.) out from below. - 2. fig. cf. untergraben².

'Un·ter,holz n ⟨-es; no pl⟩ (forestry) undergrowth, underwood, bes. Am. understory.

'Un·ter,hör·fre,quenz f phys. subaudio (frequency).

'Un·ter,ho·se f 1. (für Herren) underpants pl (sometimes construed as sg), drawers pl, (kurze) auch briefs pl, bes. Am. shorts pl, bes. Br. pants pl (sometimes construed as sg), (lange) auch long drawers (od. johns) pl. - 2. (für Damen) pants pl (sometimes construed as sg), bes. Br. knickers pl, (bes. kurze) briefs pl, panties pl (colloq.).

'un·ter,ir·disch I adj 1. underground (attrib): ~er Gang underground passage, subway, tunnel; ~er Atomversuch underground atomic (od. nuclear) test. - 2. geol. subterranean. - 3. myth. (Gefilde, Götter etc) chtonian, infernal. - II U~ adv 4. die Bahn fährt ~ the train runs underground.

'Un·ter,jacke (getr. -k·k-) f sleeved undershirt, T-shirt, auch tee shirt.

,un·ter'jo·chen I v/t ⟨insep, no -ge-, h⟩ 1. (unterwerfen) subjugate, put (s.o.) under the yoke, subject, enslave. - 2. (unterdrücken) subjugate, keep (s.o.) under. - II U~ n ⟨-s⟩ 3. verbal noun. — ,Un·ter'jo·cher m ⟨-s; -⟩ 1. subjugator, enslaver. - 2. subjugator. — ,un·ter'jocht I pp. - II adj (Völker etc) subjugated, subjected, enslaved. — ,Un·ter'jo·chung f ⟨-; -en⟩ 1. cf. Unterjochen. - 2. subjugation, subjection, enslavement.

'un·ter,ju·beln v/t ⟨sep, -ge-, h⟩ j-m etwas ~ colloq. a) (andrehen) to palm s.th. off up(on) s.o., b) (anlasten) to pin s.th. on s.o.

'Un·ter·ka,li·ber|ge,schoß n mil. subcaliber (bes. Br. subcalibre) projectile. — ~mu·ni·ti,on f subcaliber (bes. Br. subcalibre) ammunition.

'Un·ter,ka,nal m civ.eng. tailrace. — ~,kan·te f lower (od. bottom) edge.

'Un·ter·ka·pi·ta·li,sie·rung f econ. undercapitalization Br. auch -s-.

'Un·ter,ka·sten m print. lower case.

,un·ter'kei·len v/t ⟨insep, no -ge-, h⟩ tech. (Maschine) level (s.th.) with a wedge.

,un·ter'kel·lern [-'kɛlərn] I v/t ⟨insep, no -ge-, h⟩ ein Haus ~ to make a cellar under a house. - II U~ n ⟨-s⟩ verbal noun. — ,Un·ter'kel·le·rung f 1. cf. Unterkellern. - 2. cellars pl under (od. basement of) a house.

'Un·ter,kie·fer m 1. med. zo. (von Wirbeltieren) lower jaw, underjaw; mandible, submaxilla (scient.). - 2. zo. (von Gliederfüßern) mandible. — ~,ast m ramus of the lower jaw (od. of the mandible). — ~,bo·gen m arch of the lower jaw. — ~,drü·se f mandibular gland. — ~,ge·gend f submaxillary region. — ~ge,lenk n mandibular joint. — ~,ka,nal m mandibular canal. — ~,kno·chen m mandible, submaxilla, submaxillary.

'Un·ter,kinn n (Doppelkinn) double chin, jowls pl (contempt).

'Un·ter,klas·se f 1. meist pl ped. lower form, bes. Am. junior class. - 2. bot. zo. subclass.

'Un·ter|,kleid n 1. undergarment. - 2. (Damenunterkleid) (full-length) slip. — ~,klei-

---

dung f underwear, underclothes pl, underclothing.

'un·ter,kom·men I v/i ⟨irr, sep, -ge-, sein⟩ 1. (Wohnung finden) find accommodation (od. lodgings). - 2. (Anstellung finden) find work (od. employment, colloq. a job), be taken on. - 3. das ist mir schon einmal untergekommen fig. colloq. I have come across that before. - II U~ n ⟨-s⟩ 4. verbal noun. - 5. cf. Unterkunft. - 6. (Anstellung) situation, post, employment, job (colloq.).

'Un·ter,kom·mis·si,on f subcommission.

'Un·ter,kör·per m 1. lower part (od. half) of the body. - 2. (Bauch) abdomen.

'un·ter,krie·chen v/i ⟨irr, sep, -ge-, sein⟩ 1. creep under(neath). - 2. bes. fig. colloq. (Schutz suchen) to find shelter (od. refuge) with s.o.: er sucht einen Platz, wo er ~ kann he is looking for shelter (od. refuge).

'un·ter,krie·gen v/t ⟨sep, -ge-, h⟩ colloq. j-n ~ to bring s.o. to heel, to make s.o. knuckle under: er läßt sich nicht ~ he holds (od. stands, keeps) his ground, he does not give in; laß dich nicht ~! a) bear up! don't let it get you (down)! (colloq.), b) keep your end up! never say die! sie ist nicht unterzukriegen a) she has endless energy, b) she's a never-say-die, she never gives in, you can't get her down (colloq.).

'un·ter,kri·tisch adj 1. electr. phys. (Temperatur, Material) subcritical. - 2. nucl. (Reaktor) subcritical: ~e Anordnung subcritical assembly. - 3. electr. ~e Kopplung loose coupling; ~e Dämpfung underdamping.

,un·ter'küh·len v/t ⟨insep, no -ge-, h⟩ undercool, supercool. - II U~ n ⟨-s⟩ verbal noun. — ,un·ter'kühlt I pp. - II adj 1. undercooled, supercooled. - 2. er schreibt einen wissenschaftlich ~en Stil fig. he writes in a scientifically cool (od. unimpassioned) style. - III adv 3. sie hat diese Rolle sehr ~ gespielt fig. (zurückhaltend) she underplayed this role, she played this role with great reserve. — ,Un·ter'küh·lung f ⟨-; -en⟩ cf. Unterkühlen.

'Un·ter,kunft f ⟨-; -künfte⟩ 1. cf. Unterkommen. - 2. (vorübergehende Wohnung) accommodation, lodging(s pl): ~ und Verpflegung board and lodging, bed and board. - 3. (Obdach) shelter, housing. - 4. mil. cantonment, quarters pl, billet.

'Un·ter,kunfts|,hüt·te f refuge. — ~,möglich·keit f accommodation: wir suchen eine ~ we are looking for accommodation(s). — ~,raum m mil. Br. quarters pl, Am. cantonment area.

'Un·ter,la·ge f ⟨-; -n⟩ 1. (beim Arbeiten, Schreiben etc) pad: eine ~ aus Gummi a rubber pad; eine ~ zum Schreiben a desk pad; für diese Arbeit brauchst du eine ~ you need something (od. a pad) for support for this work. - 2. (zum Darauflegen aus dünnem Material) sheet: eine wasserundurchlässige ~ a waterproof sheet. - 3. (zum Darauflegen aus festem Material) mattress: wegen seiner Bandscheiben braucht er eine harte ~ he needs a hard mattress because of his slipped disk. - 4. pl fig. (Dokumente) documents, papers: die ~n anfordern [prüfen, vernichten] to ask for [to examine, to destroy] the documents; die erforderlichen ~n einreichen to submit the required documents. - 5. pl fig. (Angaben) material sg, data: zu diesem Thema gibt es überhaupt keine ~n there are no data available on this subject. - 6. fig. (Basis) foundation: ich muß für den Alkohol eine gute ~ schaffen colloq. I must have a good foundation for the alcohol. - 7. tech. (Auflage, Stütze) support, supporting surface, baseplate. - 8. (in der Schweißtechnik) backing bar. - 9. civ.eng. (für Bodenbelag) underlay. - 10. geol. substratum, basement, bottom. - 11. hort. (under)stock. - 12. (fashion) foundation, lining. - 13. (sport) (beim Ringen) underneath position.

'Un·ter,lag,schei·be f tech. cf. Unterlegscheibe.

'Un·ter,land n ⟨-(e)s; no pl⟩ lowlands pl, auch lowland, low country. — 'Un·ter,län·der m ⟨-s; -⟩ lowlander.

'Un·ter,laß [-,las] m only in ohne ~ without intermission (od. cease, colloq. a letup, Br. let-up), incessantly, continuously.

,un·ter'las·sen I v/t ⟨irr, insep, no -ge-, h⟩ 1. (sich enthalten) refrain from, desist from, (bes. aus Schonung) forbear: unterlaß deine spöttischen Bemerkungen! refrain

---

from (od. stop) (making) your supercilious remarks! Zwischenrufe sind zu ~! please refrain from interrupting! no interruption(s), please! das Rauchen ~ to refrain from smoking; das Trinken ~ to refrain (od. abstain) from drinking. - 2. (bleibenlassen) stop: unterlaß das (gefälligst)! a) stop (od. quit) that! (bes. j-n zu berühren) leave (od. lay) off! b) (Bemerkung) cut that (od. it) out! (colloq.). - 3. (versäumen) omit, neglect, fail: warum wurde es ~? why was it neglected (od. omitted)? da Sie es ~ haben, die Sache zu prüfen since you neglected to look (od. neglected looking) into the matter; er hat es ~, rechtzeitig Bescheid zu geben he failed to inform us in time; wir werden nichts ~, um we shall leave nothing undone (od. shall do everything in our power) to; er unterließ es immer wieder, mit ihrem Vater zu sprechen he kept putting off speaking to her father. - 4. econ. omit: wenn es der Käufer unterläßt, die fällige Rate zu zahlen if the purchaser fails to pay (od. defaults on his payment of) an install(l)ment due. - 5. jur. (Klageerhebung) forbear. - 6. (Reise etc) cancel, call off. - II U~ n ⟨-s⟩ 7. verbal noun. - 8. cf. Unterlassung.

,un·ter'las·sen² I pp of unterlassen¹. - II adj ~e Hilfeleistung jur. denial (od. refusal) of assistance.

,un·ter'las·sung f ⟨-; -en⟩ 1. cf. Unterlassen¹. - 2. ⟨only sg⟩ (jedes Nichtstun, Versäumnis) omission, failure, neglect: ~ der Hilfeleistung in Unglücksfällen failure to give help (od. assistance) in cases of accident. - 3. ⟨only sg⟩ a) (einer Pflicht) default, neglect, nonfeasance Br. non-, b) (einer Klage im Zivilrecht) forbearance, c) (im Strafrecht) omission: bei ~ in case of default; ~ der Anzeige misprision; auf ~ klagen to apply (od. sue) for an injunction. - 4. jur. (unterlassene Handlung) omission: Handlungen und ~en acts (od. commissions) and omissions.

,Un·ter'las·sungs|de,likt n jur. omission. — ~,fall m case of default: im ~e sind empfindliche Strafen zu gewärtigen default is (od. defaults are) liable to severe penalties. — ~,kla·ge f action for an injunction, prohibitory action, bes. Am. action to cease and desist. — ~,sün·de f 1. relig. sin of omission. - 2. fig. lapse: eine ~ begehen to (have a) lapse. — ~,ur·teil n jur. injunction.

'Un·ter,lauf m (eines Flusses) lower reaches pl (od. stretches pl, course) of a river.

,un·ter'lau·fen¹ v/i ⟨irr, insep, no -ge-, sein⟩ (von Fehlern, Irrtum etc) occur, be made: dir ~ immer dieselben Fehler you always make the same mistakes; es sind einige Fehler ~ several mistakes have been made (od. have occurred); mir ist ein Fehler ~ I made a mistake; bei der Ausführung Ihres Auftrages ist uns ein bedauerlicher Irrtum ~ an unfortunate error has occurred in the execution of your order.

,un·ter'lau·fen² ⟨irr, insep, no -ge-, h⟩ j-n ~ (sport) (Gegner beim Ringkampf) to run under s.o.('s guard).

,un·ter'lau·fen³ I pp of unterlaufen¹ u. ². - II adj mit Blut ~ med. suffused with blood, ecchymotic (scient.): mit Blut ~e Stelle area suffused with blood; das Auge war mit Blut ~ the eye was bloodshot.

'Un·ter,le·der n sole leather.

'un·ter,le·gen¹ I v/t ⟨sep, -ge-, h⟩ (dat) 1. put (od. lay) (s.th.) under(neath): du mußt etwas ~ (unter Tischbein etc) you must put s.th. under(neath) it; sie legte dem Kranken ein Kissen unter she put a cushion under(neath) the patient. - 2. j-s Worten einen anderen Sinn ~ fig. to read another meaning into s.o.'s words. - 3. einem Huhn Eier (zum Brüten) ~ to set a hen (on eggs). - II U~ n ⟨-s⟩ 4. verbal noun.

,un·ter'le·gen² v/t ⟨insep, no -ge-, h⟩ (mit with) 1. (mit Filz, Gummi etc) underlay. - 2. (mit Stoff etc) line. - 3. der Melodie wurde ein Text unterlegt mus. words were put (od. set) to this tune.

,un·ter'le·gen³ I pp of unterliegen¹. - II adj 1. (nicht ebenbürtig, schwächer) inferior: sie sind dem Gegner an Zahl ~ they are inferior in number (od. numerically inferior) to the enemy; er ist ihr geistig weit ~ he is intellectually greatly inferior to her, he cannot hold a candle to her; er zeigte sich im Sport ~ he was (od. proved [to be]) inferior in sport; der ~e Feind the inferior enemy. - 2. (besiegt) losing, defeated: die bei der

Wahl ~e Partei the losing party in the election; die ~e Mannschaft the losing team; der ~e Feind the defeated enemy. ˌUn·ter'le·ge·ne m, f ⟨-n; -n⟩ **1.** (*Verlierer*[*in*]) loser. - **2.** (*Schwächere*) underdog. ˌUn·ter'le·gen·heit f ⟨-; no pl⟩ inferiority: zahlenmäßige ~ inferiority in number, numerical inferiority. 'Un·terˌleg|ˌklotz m civ.eng. wooden block, supporting wedge. — ~ˌplat·te f tech. bedplate, ground (*od.* bearing) plate, liner, spacer. — ~ˌring m supporting ring, washer. — ~ˌschei·be f **1.** washer. - **2.** (*Abstandscheibe*) spacer, shim. ˌun·ter'legt **I** pp of unterlegen². - **II** adj mit Duchesse ~e Spitze (*textile*) lace underlaid with duchesse. 'Un·terˌleib m med. abdomen, belly, (*im engeren Sinn*) lower (part of the) abdomen, lower abdominal region, hypogastrium (*scient.*). 'Un·terˌleib·chen n cf. Leibchen 2. 'Un·terˌleibsˌbeˌschwer·den pl med. (lower) abdominal trouble sg. — ~entˌzün·dung f (*bei Frauen*) adnexitis, inflammation of pelvic organs. — ~geˌgend f (lower) abdominal region; hypogastric region, hypogastrium (*scient.*). — ~ˌkrank·heit f (*bei Frauen*) abdominal trouble, disease of the pelvic organs (*scient.*). — ~ˌkrebs m cancer of the abdomen (*od. scient.* pelvic organs). — ~ˌlei·den n cf. Unterleibskrankheit. — ~opeˌra·tiˌon f gyn(a)ecologic operation. — ~ˌschmer·zen pl (lower) abdominal pain sg (*od.* pains). 'Un·terˌleut·nant m DDR mil. second lieutenant. 'Un·terˌlid n lower eyelid. 'Un·terˌlie·feˌrant m econ. subcontractor. ˌun·ter'lie·gen¹ v/i ⟨irr, insep, no -ge-, sein⟩ **1.** (*im Kampf, Wettkampf etc*) be defeated, lose, lose out (*colloq.*): j-m ~ a) (*im Sport*) to lose to s.o., to be defeated (*od.* beaten) by s.o., b) (*in kriegerischen Auseinandersetzungen*) to be overcome (*od.* defeated) by s.o., die Mannschaft unterlag mit 1:2 Toren the team lost 1—2; der Boxer unterlag nach Punkten the boxer lost on points (*od.* was outpointed); sie unterlagen der Übermacht they were overcome by superior force; sie unterlag der Versuchung fig. she yielded (*od.* succumbed) to temptation. - **2.** im Prozeß ~ jur. to lose a (*od.* fail in a) suit. - **3.** (*den Bestimmungen, dem Wechsel, der Kritik, Zensur*) (*dat*) to be subject: es unterliegt der Rechtsprechung it falls under jurisdiction; dieser Vorgang unterliegt der Schweigepflicht this procedure is subject to secrecy; die Mode unterliegt dem Wandel der Zeit fashion is subject to the changes of time. - **4.** (*einer Gebühr, Steuer etc*) (*dat*) to be liable: die eingeführte Ware unterliegt dem Zoll the imported article is dutiable (*od.* liable to duty); das Einkommen unterliegt der Steuer the income is liable to tax(ation). - **5.** (*j-s Zuständigkeit*) (*dat*) of fall (*od.* come) under the purview: die Entscheidung unterliegt dem Ministerium the decision comes under the purview of the ministry; die Verantwortung unterliegt ihm he is responsible, it is his responsibility. - **6.** es unterliegt keinem Zweifel, daß lit. it admits of no doubt that, there is no doubt that. - **7.** (*officialese*) (*in Wendungen wie*) Ihr Gesuch unterliegt der Bearbeitung your application is under consideration (*od.* attended to); der Fall unterliegt einer genauen Untersuchung the case is undergoing close investigation, the case is being closely investigated. 'un·terˌlie·gen² v/i ⟨irr, sep, -ge-, h u. sein⟩ etwas ~ haben colloq. to have s.th. under one. ˌun·ter'lie·gend **I** pres p of unterliegen¹. - **II** adj ~e Prozeßpartei jur. unsuccessful party, losing party in an action. 'Un·terˌliek n mar. (*eines Segels*) footrope. 'Un·terˌlip·pe f **1.** lower lip, underlip. - **2.** bot. zo. labium. 'Un·terˌliˌzenz f econ. sublicence, Am. sublicense. un·term ['untərm] colloq. for unter dem. ˌun·ter'ma·len **I** v/t ⟨insep, no -ge-, h⟩ **1.** (*art*) (*grundieren*) prime, ground. - **2.** etwas mit Musik ~ fig. a) (*Vortrag etc*) to provide s.th. with a musical background, to accompany s.th. with music, b) (*Film etc*) to (under)score s.th., (*mit Ton*) to add the sound effects to s.th. - **II** U~ n ⟨-s⟩ **3.** verbal

noun. — ˌUn·ter'ma·lung f ⟨-; no pl⟩ **1.** cf. Untermalen. - **2.** (*art*) background, priming (coat). - **3.** musikalische ~ fig. a) incidental (*od.* background) music, b) (*eines Films*) underscore. - **4.** (*film*) (*Tonuntermalung*) sound effects pl. 'Un·terˌmann m ⟨-(e)s; -männer⟩ **1.** (*sport*) (*beim Ringen*) competitor underneath. - **2.** (*in der Artistik*) support(er), bottom man. 'Un·terˌmarsˌse·gel n mar. lower topsail. 'Un·terˌmaß n rare tech. undersize. 'Un·terˌmast m mar. lower mast. ˌun·ter'mau·ern v/t ⟨insep, no -ge-, h⟩ **1.** civ.eng. underpin by masonry. - **2.** fig. (*stützen*) support, corroborate, substantiate, reinforce, auch reenforce, bolster, underpin: eine Behauptung mit Beispielen ~ to support a statement with examples. - **II** U~ n ⟨-s⟩ **3.** verbal noun. — ˌUn·ter'maue·rung f ⟨-; no pl⟩ **1.** cf. Untermauern. - **2.** fig. groundwork. 'Un·ter·meˌdiˌan·te f mus. submediant. 'un·ter'mee·risch [-ˌmeːrɪʃ] adj cf. unterseeisch. ˌun·ter'men·gen¹ v/t ⟨insep, no -ge-, h⟩ (*vermengen*) (mit with) intermix, intermingle, bes. gastr. mix (s.th.) up. 'un·terˌmen·gen² v/t ⟨sep, -ge-, h⟩ mix (*od.* fold) (s.th.) in. 'un·terˌmensch·lich adj subhuman. 'Un·terˌmie·te f **1.** (*Untermietverhältnis*) subtenancy, undertenancy, Br. under-tenancy: er wohnt in (*od.* zur) ~ he is a subtenant (*od.* an undertenant, Br. an under-tenant, a lodger, Am. auch a roomer), he lives in lodgings; bei j-m in (*od.* zur) ~ wohnen to lodge with s.o. - **2.** (*Untervermietung*) sublease, underlease, Br. under-lease: ein Zimmer in ~ vergeben to sublet (*od.* underlet) a room. 'Un·terˌmie·ter m, 'Un·terˌmie·te·rin f subtenant, auch undertenant, Br. under-tenant, Am. auch roomer, underlessee: Untermieter nehmen to take in lodgers (Am. auch roomers). 'Un·terˌmiet(s)·verˌhält·nis n subtenancy. ˌun·ter·mi'nie·ren **I** v/t ⟨insep, no -ge-, h⟩ **1.** bes. undermine, sap. - **2.** fig. cf. untergraben². - **II** U~ n ⟨-s⟩ **3.** verbal noun. — ˌUn·ter·mi'nie·rung f ⟨-; no pl⟩ cf. Unterminieren. ˌun·terˌmi·schen¹ v/t ⟨insep, no -ge-, h⟩ cf. untermengen¹. 'un·terˌmi·schen² v/t ⟨sep, -ge-, h⟩ cf. untermengen². un·tern ['untərn] colloq. for unter den. 'un·terˌneh·men¹ v/t ⟨irr, sep, -ge-, h⟩ j-n ~ to hold s.o. under, to support s.o. ˌun·ter'neh·men² **I** v/t ⟨irr, insep, no -ge-, h⟩ **1.** (*Reise etc*) take, undertake, go on: wir unternahmen einen Ausflug we took (*od.* made, went on) an excursion; einen Spaziergang ~ to take (*od.* go for) a walk. - **2.** (*beginnen, tun*) do: was wollen wir heute ~? what shall we do today? mit dieser Summe läßt sich (*od.* kann man) schon etwas ~ one can do quite a bit with this sum. - **3.** (*in die Wege leiten*) undertake, do: ich werde vorläufig nichts ~ I shall not undertake (*od.* do) anything (*od.* I shall not take any action) for the time being; es ist bis jetzt noch nichts unternommen worden, um nothing has been undertaken (*od.* attempted) so far to; er hat nichts gegen mich unternommen he did not do anything (*od.* he took no action) against me; man muß doch etwas dagegen ~ s.th. will have to be done about it; → Schritt 8. - **4.** (*in Gang bringen*) venture upon, undertake: eine Werbekampagne ~ to venture upon (*od.* undertake, engage in) a campaign. - **5.** es ~, etwas zu tun (*es auf sich nehmen*) to undertake (*od.* take it upon oneself) to do s.th. - **II** U~ n ⟨-s⟩ **6.** verbal noun. - **7.** cf. Unternehmung. ˌUn·ter'neh·men³ n ⟨-s; -⟩ **1.** econ. firm, enterprise, business, concern, establishment, undertaking, Am. colloq. auch outfit: gemeinnütziges ~ nonprofit (Br. non-profit-making) enterprise; gemeinsames ~ joint enterprise (*od.* venture); große [kleine] ~ big [small] business sg; ein mittleres ~ a medium-sized concern (*od.* establishment); ein privates [staatliches] ~ a private(ly owned) [public(ly owned) (*od.* government)] enterprise; die ~ der öffentlichen Hand public(ly owned) enterprises (*od.* undertakings); ~ der gewerblichen Wirtschaft trading enterprise; ein ~ errich-

ten [gründen] to establish [to found] an enterprise; ein ~ finanzieren to finance an enterprise. - **2.** (*Vorhaben*) enterprise, venture: ein fruchtloses ~ an unsuccessful enterprise, a wild-goose chase; ein gewagtes ~ a daring undertaking, a venture; das ~ gelang [scheiterte] the enterprise (*od.* venture) was successful [was unsuccessful (*od.* failed)]; der glückliche Ausgang eines ~s the success of an undertaking; wir haben ihm die Mittel zu diesem ~ zur Verfügung gestellt we provided him with the money for this undertaking (*od.* project). - **3.** mil. action, operation, auch enterprise. ˌun·ter'neh·mend **I** pres p of unternehmen². - **II** adj (*Mensch*) enterprising: er ist sehr ~ he is very enterprising. ˌUn·ter'neh·mens|beˌra·ter m econ. management consultant. — ~ˌform f econ. jur. form of business organization (Br. auch -s-), type of enterprise. — ~konˌzen·traˌtiˌon f concentration of enterprise(s). — ~ˌlei·tung f management. — ~poˌli·tik f **1.** policy of a firm. - **2.** managerial policy. — ~zuˌsam·menˌschluß m combination (*od.* amalgamation) of firms. ˌUn·ter'neh·mer m ⟨-s; -⟩ econ. **1.** entrepreneur. - **2.** (*Arbeitgeber*) employer: ~ und Arbeiter employers (*od.* management, the industry) and employees (*od.* labo[u]r). - **3.** (*Industrieller*) industrialist. — ~ˌgeist m ⟨-(e)s; no pl⟩ entrepreneurial spirit. — ~geˌwinn m (business) profit (*od.* earnings pl). — ~ˌhaf·tung f employer's liability. ˌun·ter'neh·me·risch adj entrepreneurial, businesslike: er hat ~e Fähigkeiten he has the qualities of an enterprising businessman. ˌUn·ter'neh·mer|ˌlohn m econ. cf. Unternehmergewinn. — ~orˌga·ni·saˌtiˌon f employers' organization (Br. auch -s-). — ~ˌpfandˌrecht n econ. jur. employer's (right of) lien. ˌUn·ter'neh·mer·tum n ⟨-s; no pl⟩ econ. **1.** (*Gesamtheit der Unternehmer*) employers pl, industrialists pl, business. - **2.** entrepreneurship: freies [privates] ~ free [private] enterprise. ˌUn·ter'neh·merˌver|ˌband m econ. employers' association (*od.* union, federation). — ~ˌwag·nis n allgemeines ~ business risk (*od.* hazard). — ~ˌwirt·schaft f ⟨-; no pl⟩ private enterprise (system). — ~zuˌsam·menˌschluß m employer's organization (Br. auch -s-) (*od.* association). ˌUn·ter'neh·mung f ⟨-; -en⟩ **1.** cf. Unternehmen². - **2.** (*Transaktion*) transaction: Geld in unsicheren ~en anlegen to invest money in insecure transactions; er wurde in zweifelhafte geschäftliche ~en verwickelt he became involved in dubious transactions. ˌUn·ter'neh·mungs|ˌgeist m ⟨-(e)s; no pl⟩, ~ˌlust f ⟨-; no pl⟩ (spirit of) enterprise, enterprising spirit, initiative; Am. colloq. getup, go-ahead(ativeness), go-aheaditiveness: ohne ~ unenterprising. — u~ˌlu·stig adj **1.** enterprising, go-ahead (*colloq.*) (*attrib*), full of go (*colloq.*) (*od. sl.* pep). - **2.** (*verwegen*) adventurous, venturesome. 'un·terˌnor·mal adj psych. subnormal. 'Un·ter·ofˌfi·zier m **1.** mil. noncommissioned (Br. non-commissioned) officer, NCO, Am. colloq. auch noncom: ~e und Mannschaften a) Am. enlisted personnel (*od.* men), Br. other ranks, b) (*bei der Luftwaffe*) airmen: ~ vom Dienst duty NCO, Am. NCO in charge of quarters. - **2.** mar. petty (*od.* non[-]commissioned) officer. - **3.** mil. (*als Dienstgrad*) sergeant. - **4.** aer. (*als Dienstgrad*) Am. airman 1st class, Br. corporal. 'Un·ter·ofˌfi·ziers|ˌan·wär·ter m mil. mar. candidate for noncommissioned (Br. non-commissioned) rank, NCO candidate. — ~ˌmes·se f mar. (*Speiseraum auf Schiffen*) petty officers' mess. — ~ˌschu·le f mil. non(-)commissioned officers' (*od.* NCO) school. 'un·ter·ord·nen **I** v/reflex ⟨sep, -ge-, h⟩ sich ~ **1.** subordinate oneself: sich j-m ~ to subordinate oneself to s.o.; er kann sich nicht ~ he cannot subordinate himself, he is not compliant. - **2.** (*nachgeben*) submit: sie hat sich ihm untergeordnet she has submitted to him. - **II** v/t **3.** subordinate: seine Wünsche denen eines anderen ~ to subordinate one's wishes to those of s.o. else. - **III** U~ n ⟨-s⟩ **4.** verbal noun. - **5.** subordination. - **6.** submission. - 'un·terˌord·nend **I** pres p. - **II** adj ling. (*Konjunktion*) subordinating. — '**Un·ter₁ord·nung** f ⟨-; -en⟩ 1. cf. Unterordnen. – 2. bot. zo. suborder. '**Un·ter·or·ga·ni·sa·ti₁on** f subsidiary organization (Br. auch -s-). '**Un·ter₁pacht** f jur. sublease. — '**Un·ter₁päch·ter** m sublessee. '**Un·ter₁pfand** n meist fig. pledge: ein Ring als ~ der Treue a ring as a pledge of fidelity. ₁**Un·ter'pfla·ster(₁stra·ßen)₁bahn** f underground (Am. subway) tram. '**un·ter₁pflü·gen** v/t ⟨sep, -ge-, h⟩ agr. plough (bes. Am. plow) (s.th.) under (od. in), turn (s.th.) under (od. in). '**un·ter₁phos·pho·rig** adj chem. hypophosphorous: ~e Säure hypophosphorous acid (H_3PO_2). — '**Un·ter₁phos·phor₁säu·re** f hypophosphoric acid ($H_4P_2O_6$). '**Un·ter₁pri·ma** f ped. eighth year at a German secondary school. — '**Un·ter·pri₁ma·ner** m, '**Un·ter·pri₁ma·ne·rin** f pupil of an 'Unterprima'. '**un·ter·pri·vi·le₁giert** adj underprivileged. — '**Un·ter·pri·vi·le₁gier·te** m, f ⟨-n; -n⟩ underprivileged person: die ~n pl the underprivileged classes. '**Un·ter|pro·duk·ti₁on** f econ. underproduction, Br. under-production. — ~**pro₁gramm** n (computer) subroutine: dynamisches [statisches] ~ dynamic [static] subroutine. '**Un·ter₁putz|₁lei·tung** f electr. concealed (od. buried) wire (od. wiring). — ~₁**schal·ter** m flush (od. recessed) switch. ₁**un·ter'que·ren** v/t ⟨insep, no -ge-, h⟩ (Nordpol) (von Atom-U-Boot) underrun. ₁**un·ter're·den** v/reflex ⟨insep, no -ge-, h⟩ sich (mit j-m) ~ to converse (od. confer) (with s.o.). — ₁**Un·ter're·dung** f ⟨-; -en⟩ 1. (Besprechung) talk(s pl), conversation, discussion: ihre ~ dauerte fast zwei Stunden their discussion (od. talk) lasted for nearly two hours; eine geheime ~ mit j-m haben to hold secret talks with s.o., to be closeted with s.o.; es fand eine ~ zwischen den beiden Politikern statt a discussion took place between the two politicians; die ~ ist für 10 Uhr angesetzt the conference is (od. the talks are) scheduled (od. fixed) for 10 o'clock. – 2. (bes. mit Pressevertretern) interview: er bat um eine ~ he asked for an interview; j-m eine ~ gewähren to grant s.o. an interview. – 3. mil. (mit Parlamentär) parley. '**un·ter·re·prä·sen₁tiert** adj underrepresented. '**Un·ter₁richt** [-₁rɪçt] m ⟨-(e)s; rare -e⟩ 1. (planmäßiges Lehren) instruction, teaching: ~ an Universitäten university teaching (od. instruction); programmierter ~ programmed instruction; neue Methoden im ~ new methods in teaching; was den ~ in Deutsch betrifft as regards German instruction; ~ in einer Fremdsprache foreign language teaching. – 2. (Schulunterricht) school, classes pl, lessons pl: der ~ beginnt um acht Uhr school begins at eight o'clock; wir haben täglich fünf Stunden ~ we have five hours of classes daily; den ~ schwänzen colloq. to play truant (Am. sl. hook[e]y), to cut class(es); den ~ versäumen to be absent from (od. miss) classes; er muß den ~ nachholen he has to make up for the classes he missed; den ~ in einer Klasse übernehmen to take a class; ~ im Freien outdoor classes pl; nach dem ~ after school (hours); vom ~ befreit excused (od. exempt[ed]) from classes. – 3. (Unterrichtsstunden) classes pl, lessons pl: am ~ teilnehmen to take part in classes; die Teilnahme am ~ ist obligatorisch it is compulsory to attend classes, class attendance is compulsory; heute fällt der ~ aus there are no classes (od. lessons) today, there is no school today; während des ~s during classes, during school (hours); sich für den ~ vorbereiten to prepare one's lessons, to do one's prep (colloq.); ~ geben a) (Stunden geben) to give lessons (od. instruction), to teach, b) (in einem Kurs etc) to hold classes, to teach, c) (in der Schule) to teach; sie gibt (od. erteilt) englischen ~ she gives English lessons (od. lessons in English), b) (in der Schule) she teaches English; j-m im Zeichnen ~ geben to give s.o. drawing lessons, to instruct s.o. in drawing; sie nimmt jetzt ~ beim Gesanglehrer she is taking lessons with a singing teacher. ₁**un·ter'rich·ten** I v/t ⟨insep, no -ge-, h⟩ 1. ped. (lehren) teach: er unterrichtet Ge-

schichte am Gymnasium he teaches history at a secondary school (Br. etwa grammar school); er unterrichtet uns in Mathematik he teaches us (od. instructs us in) mathematics; j-n in einer technischen Fertigkeit ~ to teach s.o. (od. train, school s.o. in) a technical skill. – 2. (Privatunterricht erteilen) give lessons. – 3. j-d unterrichtet j-n über (acc) (od. von) etwas s.o. informs (od. notifies, advises, formell apprises) s.o. of s.th., s.o. acquaints s.o. with (od. gives s.o. notice of) s.th.: er unterrichtete ihn über den Vorfall he informed (od. notified) him of (od. about) the incident, he advised him of the incident; die Kinder über die Gefahren im Verkehr ~ (im voraus warnen) to acquaint the children with (od. to warn the children of) the dangers involved in traffic; j-n laufend ~ to keep s.o. informed (od. au courant); man hat mich davon unterrichtet it came to my knowledge; ich bin davon nicht unterrichtet worden I have not heard of it, I have not been told about it. – 4. etwas unterrichtet j-n s.th. informs s.o.: die Zeitung unterrichtet ihre Leser über die Ereignisse des Tages the newspaper informs its readers about the events of the day. – II v/i 5. teach: sie unterrichtet an einer Schule she teaches at a school. – III v/reflex sich ~ 6. inform oneself: sich über (acc) etwas ~ to inform oneself on (od. about) s.th., to obtain information on (od. about) s.th., to acquaint oneself with s.th.; um sich über die Verhältnisse, die in jener Gegend herrschen, zu ~ in order to acquaint oneself with (od. obtain information about) the conditions prevailing in that region; darüber muß ich mich erst noch ~ I must first acquaint myself with the facts; er hat sich davon unterrichtet, daß alles in Ordnung ist he has satisfied himself that all is well. – IV U~ n ⟨-s⟩ 7. verbal noun: das U~ macht ihm Freude he enjoys teaching. — ₁**un·ter'rich·tet** I pp. – II adj informed: falsch ~ sein a) to be wrongly informed, to be misinformed, b) jur. to be misdirected; gut [schlecht] ~ sein [not] to be well informed; über (acc) etwas (gut) ~ sein to be (well) informed about s.th., to be conversant with s.th.; in ~en Kreisen wird angenommen, daß in (well-)informed circles (od. quarters) it is thought that. '**un·ter₁richt·lich** adj (officialese) didactic, auch didactical, pedagogic(al), auch paedagogic: ~e Belange questions concerning teaching. '**Un·ter₁richts|₁an₁stalt** f ped. educational institution, school. — ~**be₁hör·de** f education authority. — ~₁**brie·fe** pl correspondence lessons: Lehrgang in ~n correspondence course. — ~₁**fach** n subject of instruction, discipline. — ~₁**film** m educational (od. instructional) film. — ~₁**ge·gen₁stand** m Austrian for Unterrichtsfach. — ~₁**kun·de** f pedagogics pl (construed as sg), didactics pl (construed as sg or pl), pedagogy, theory of education. — u.~₁**kund·lich** [-₁kʊntlɪç] adj didactic, auch didactical, pedagogic(al), auch paedagogic(al). — ~₁**leh·re** f cf. Unterrichtskunde. — ~**me₁tho·de** f teaching (od. educational) method. — ~**mi₁ni·ster** m Minister (Am. Secretary) of Education. — ~**mi·ni·ste·ri·um** n Ministry (Am. Department) of Education. — ~₁**mit·tel** pl cf. Lehrmittel. — ~₁**plan** m course of study, curriculum. — ~**pro₁gramm** n educational program (bes. Br. programme). — ~₁**raum** m 1. classroom. – 2. (in Betrieben etc) lecture room. — ~₁**schritt** m teaching step. — ~₁**stoff** m subject of instruction (od. education), subject-matter taught, teaching subject. — ~₁**stun·de** f lesson, class, period: während der ~n during lessons (od. school [hours]). — ~**ver₁fah·ren** n, ~₁**wei·se** f cf. Unterrichtsmethode. — ~₁**ziel** n teaching objective. ₁**Un·ter'rich·tung** f ⟨-; no pl⟩ 1. cf. Unterrichten. – 2. (Belehrung) instruction. – 3. (Information) information: zu Ihrer ~ for your information. '**Un·ter₁rock** m (fashion) a) (Unterkleid) (full-length) slip, b) (Halbrock) waist slip, half-slip, petticoat, underskirt: er läuft jedem ~ nach colloq. humor. he runs (od. chases) after every petticoat. '**un·ter₁rüh·ren** v/t ⟨sep, -ge-, h⟩ gastr. stir (od. mix) (s.th.) in.

un·ters ['ʊntərs] colloq. for unter das. '**Un·ter₁saat** f agr. underseed. ₁**un·ter'sa·gen** I v/t ⟨insep, no -ge-, h⟩ 1. forbid, (von amtlicher Seite) prohibit, interdict, bes. Am. enjoin: j-m etwas ~ to forbid s.o. to do s.th., to forbid s.o. s.th., to prohibit s.o. from doing s.th., to tell s.o. not to do s.th.; der Arzt hat mir das Rauchen untersagt the doctor has forbidden me to (od. has told me not to) smoke, the doctor does not allow me to smoke; das Gesetz untersagte es einem Ausländer, dieses Amt zu bekleiden the law prohibited (od. interdicted, bes. Am. enjoined) aliens from holding that office. – 2. jur. (gerichtlich) inhibit, restrain: ihm wurde (gerichtlich) untersagt, dies zu behaupten he was inhibited by court order from making this statement. – II U~ ⟨-s⟩ 3. verbal noun. — ₁**un·ter'sagt** I pp. – II adj forbidden: das Betreten des Fabrikgeländes ist strengstens ~ trespassing (up)on the factory premises is strictly prohibited, no trespassing on the factory premises by order. — ₁**Un·ter'sa·gung** f ⟨-; no pl⟩ (officialese) 1. cf. Untersagen. – 2. (von amtlicher Seite) prohibition, interdiction, bes. Am. enjoinment. – 3. jur. (gerichtliche) inhibition. '**un·ter·sal·pet·rig** adj ~e Säure chem. hyponitrous acid (HON = NOH). '**Un·ter₁satz** m 1. (für heiße Schüsseln, Teekanne, Töpfe) stand. – 2. (aus Filz, Bast etc, bes. für Gläser) mat. – 3. (für Bügeleisen etc) stand, rest. – 4. (für Blumentöpfe etc) saucer, pan. – 5. hast du einen fahrbaren ~? colloq. humor. are you on wheels? – 6. philos. (in der Logik) minor premise (auch premiss). – 7. mus. (der Orgel) subbass. '**Un·ter₁schall|ge₁schwin·dig·keit** f aer. subsonic (od. infrasonic) speed, subsonic velocity. — ~₁**strö·mung** f subsonic flow. ₁**un·ter'schät·zen** I v/t ⟨insep, no -ge-, h⟩ 1. (Entfernung etc) underestimate. – 2. (Person, j-s Fähigkeiten, Kräfte, Leistungen etc) underrate, underestimate, undervalue: ich habe ihn unterschätzt I underestimated him. – II U~ n ⟨-s⟩ 3. verbal noun. — ₁**Un·ter'schät·zung** f ⟨-; no pl⟩ 1. cf. Unterschätzen. – 2. (einer Entfernung etc) underestimate, underestimation. – 3. (einer Person, der Fähigkeiten etc) underestimate, underestimation, undervaluation. ₁**un·ter·scheid·bar** adj distinguishable, discernible, discernible. ₁**un·ter'schei·den** I v/t ⟨irr, insep, no -ge-, h⟩ 1. distinguish, differentiate: man unterscheidet vier Typen one distinguishes (between) (od. differentiates) four types; es wird nicht deutlich genug unterschieden (zwischen) no clear distinction is made (between); diese Pflanzen sind schwer zu ~ it is difficult to differentiate these plants; sie werden nach ihrer Größe [Farbe] unterschieden they are distinguished by their size [colo(u)r]; sein Fleiß unterscheidet ihn von den anderen his industry distinguishes him from the others. – 2. (scharf trennen) discriminate, distinguish, differentiate: er kann das Wesentliche nicht vom Unwesentlichen ~ he cannot differentiate between the important and the unimportant, he cannot discriminate (od. discern) the essential from the unessential. – 3. (auseinanderhalten) tell (persons, things) apart, tell the difference between, distinguish: ich vermochte die Zwillinge nicht zu ~ I could not tell the twins apart; kannst du die beiden voneinander ~? can you tell one from the other? do you know one from the other? can you tell the difference between the two? ich kann nicht einmal Weizen von Gerste ~ I cannot even tell (od. do not even know) wheat from barley, I cannot even distinguish wheat from barley; diese beiden Dinge kann er nicht ~ he cannot tell the difference between the two things (od. which is which). – 4. (in Einzelheiten erkennen) discern, make out, distinguish: am Horizont konnte er deutlich die beiden Schiffe ~ he could clearly distinguish the two ships on the horizon; man konnte nichts ~ one could distinguish nothing, you could not see a thing (colloq.). – II v/i 5. (zwischen dat between) distinguish, make a distinction, differentiate: **man muß (dabei) zwischen fahrlässigem und vorsätzlichem Verhalten ~** one must distinguish (*stärker* discriminate) between negligence and premeditation; **er kann zwischen grün und rot nicht ~** he cannot distinguish between green and red. – **III** *v*|*reflex* **sich ~ 6.** differ, vary: **sich grundsätzlich von etwas ~** to differ basically from s.th.; **durch seine Hautfarbe unterscheidet er sich von den anderen** he differs (*od.* is distinguished) from the others by the colo(u)r of his skin; **bitte erklären Sie mir, worin sich die beiden Sorten ~** please explain to me how the two sorts differ (*od.* vary); **die Methode unterscheidet sich in nichts von der seiner Vorgänger** the method does not differ in any way from that of his predecessors. – **IV U~** *n* ⟨-s⟩ **7.** *verbal noun.* – **8.** *cf.* Unterscheidung. — **un·ter'schei·dend I** *pres p.* – **II** *adj* **1.** distinctive, distinguishing, characteristic, discriminating: **das ~e Merkmal** the distinctive mark (*od.* feature), the characteristic (*od.* distinguishing) feature, the characteristic. – **2.** (*scharfsichtig*) discerning, discriminating: **ein scharf ~er, kritischer Verstand** a keenly discerning, critical mind. — **Un·ter'schei·dung** *f* ⟨-; -en⟩ **1.** *cf.* Unterscheiden. – **2.** (*Feststellung eines Unterschieds*) distinction. – **3.** (*nach wesentlichen Merkmalen*) discrimination, differentiation, distinction. – **4.** (*Unterschied*) difference.

Un·ter'schei·dungs|,fä·hig·keit *f* **1.** *cf.* Unterscheidungsvermögen. – **2.** *cf.* Unterscheidungskraft. — **~,far·be** *f* distinctive color (*bes. Br.* colour). — **~,ga·be** *f cf.* Unterscheidungsvermögen. — **~,kraft** *f* (*eines Warenzeichens*) distinctiveness. — **u~,kräf·tig** *adj* distinctive: **nicht ~e Warenzeichen** nondistinctive (*Br.* nondistinctive) trademarks. — **~,merk,mal** *n* **1.** distinctive mark (*od.* feature), characteristic (feature), distinguishing feature. – **2.** (*nach dem man etwas einordnen kann*) criterion. — **~ver,mö·gen** *n* ⟨-s; *no pl*⟩ discernment, powers *pl* of distinction (*od.* discrimination, discernment): **ein feines ~** a keen discernment.

'Un·ter,schen·kel *m med.* shank, lower leg. — **~,ge,schwür** *n* varicose ulcer. — **~,kno·chen** *m* tibia. — **~,re,flex** *m* front tap.

'Un·ter,schicht *f* **1.** lower stratum. – **2.** *geol.* substratum. – **3.** *sociol.* lower class.

'un·ter,schie·ben¹ I *v*|*t* ⟨*irr, sep,* -ge-, h⟩ **1.** (*Kissen, Stuhl, Holz etc*) push (*od.* put) (*s.th.*) underneath. – **2.** *cf.* unterschieben². – **II U~** *n* ⟨-s⟩ **3.** *verbal noun.*

,un·ter'schie·ben² I *v*|*t* ⟨*irr, insep, no* -ge-, h⟩ **1.** (*an die Stelle setzen von*) substitute: **j-m ein Kind ~** a) (*vertauschen*) to substitute another baby for s.o.'s baby, b) (*als j-s Kind ausgeben*) to foist a child on s.o. – **2.** *jur.* (*Testament, Urkunde etc*) forge. – **3.** **j-m etwas ~** *fig.* (*Absicht, Behauptung, Tat etc*) to foist s.th. on s.o., to impute s.th. to s.o., to attribute s.th. falsely to s.o., to father s.th. (up)on s.o.: **die Äußerung habe ich nie getan, man hat sie mir untergeschoben** I never made that remark – it was merely foisted (up)on me; **warum unterschiebst du mir diese Absicht?** why do you impute this intention to me? – **4.** **Worten einen anderen Sinn ~** *fig.* to read another meaning into words, to twist (the meaning of) words. – **II U~** *n* ⟨-s⟩ **5.** *verbal noun.*

'Un·ter,schie·bung¹ *f* ⟨-; -en⟩ *cf.* Unterschieben¹.

,Un·ter'schie·bung² *f* ⟨-; -en⟩ **1.** *cf.* Unterschieben². – **2.** *jur.* (*eines Kindes*) (fraudulent) substitution. – **3.** (*einer Absicht etc*) imputation.

'Un·ter,schied [-,ʃiːt] *m* ⟨-(e)s; -e⟩ **1.** difference, distinction: **ein auffallender [bedeutender] ~** a striking [significant] difference; **zwischen beiden Begriffen besteht ein feiner ~** there is a subtle difference between the two terms; **das ist ein großer ~!** a) there is a great deal of (*od.* there is quite a) difference! b) *iron.* there's a bit of difference! **ein haushoher** (*od.* himmelweiter) **~** *colloq.* a world of difference, all the difference in the world; **ein krasser ~ zwischen arm und reich** a flagrant difference (*od.* disparity) between the rich and the poor; **ein kaum merklicher** (*od.* kein wesentlicher) **~** no

appreciable (*od.* essential) difference; **regionale ~e in der Verfassung** regional differences (*od.* dissimilarities) in the constitution; **soziale ~e** social distinctions (*od.* differences); **der ~ besteht darin, daß** the difference lies in the fact that; **~e im Preis [in der Qualität]** *econ.* differences in price [quality]; **ich kenne da keine ~e** I don't make any (*od.* I make no) difference; **der ~ fällt sofort ins Auge [kaum ins Gewicht]** the difference is quite obvious [is trivial *od.* insignificant]; **zwischen ihnen ist ein ~ wie Tag und Nacht** they are as different as chalk and cheese, they are poles apart; **die ~e verwischen sich allmählich** the distinctions (*od.* differences) are gradually disappearing; **ich sehe da keinen ~** I don't see any (*od.* fail to see the) difference; **das macht keinen ~** it makes no difference, it's all the same (thing), it amounts to the same thing; **es ist ein ~, ob du es sagst oder er** it's not the same thing whether you say it or he says it, whether you say it or he says it are two very different things; **mit dem ~, daß** with the difference that, except for the fact that; **der ~ gegen früher war nur the difference compared with several years ago was only.** – **2.** (*in der Niederschlagsmenge, Temperatur etc*) variation, difference: **hier gibt es keine ~e mehr in den Jahreszeiten** there are no longer any variations (*od.* differences) in seasons here. – **3.** (*Unterscheidung, Trennung*) distinction: **einen ~ machen (zwischen)** to make a distinction (between), to distinguish (between); **einen ~ feststellen zwischen** to discriminate (*od.* differentiate) between; **zum ~ von, im ~ zu** unlike, as opposed to, as distinguished from; **ohne ~ der Nationalität, Rasse, Religion** without distinction (*od.* irrespective, regardless) of nationality, race, religion; **die Steuererhöhung gilt ohne ~ für alle** the tax increase applies to all without exception (*od.* to all alike).

'un·ter,schied·lich [-,ʃiːtlɪç] **I** *adj* **1.** (*verschieden*) different, varying: **Betriebe ~er Größenordnung** enterprises of different size. – **2.** (*voneinander abweichend*) varying, differing, variable: **~e Bestimmungen** varying provisions; **die ~e Qualität der Waren** the varying quality of the goods; **die Leistungen des Schülers sind ~** the pupil's work varies (*od.* is uneven). – **3.** (*diskriminierend*) discriminative, discriminatory, differential: **die ~e Behandlung der Neger** the discriminatory treatment of negroes, the discrimination against negroes. – **II** *adv* **4.** **j-n ~ behandeln** to discriminate against s.o. — **'Un·ter,schied·lich·keit** *f* ⟨-; *no pl*⟩ (*der Qualität, Leistungen etc*) variability, variableness, unevenness.

'Un·ter,schieds·be,trag *m econ. cf.* Differenzbetrag 1a.

'un·ter,schieds·los I *adj* **1.** (*Anwendung von Regeln, Grundsätzen, Methoden etc*) indiscriminate, undiscriminating, random (*attrib*). – **II** *adv* **2.** indiscriminately, without distinction. – **3.** **es werden alle Personen ~ behandelt** all persons are treated equally.

'un·ter,schläch·tig [-,ʃlɛçtɪç] *adj tech.* (*Wasserrad etc*) undershot (*attrib*).

'Un·ter,schlag *m* ⟨-(e)s; -schläge⟩ *print.* foot (*od.* white, blank) line (*at the end of a page*).

,un·ter'schla·gen¹ I *v*|*t* ⟨*irr, insep, no* -ge-, h⟩ **1.** (*Gelder*) embezzle, defraud: **er hat im Laufe des letzten Jahres 1 000 Mark ~** he embezzled 1,000 marks in the course of last year. – **2.** *jur.* (*öffentliche Gelder*) misappropriate, convert (*s.th.*) to one's own use, peculate, defraud. – **3.** (*Brief*) intercept. – **4.** (*Beweisstücke, Urkunden, Testament etc*) suppress. – **5.** *fig. colloq.* (*Nachricht, Neuigkeit etc*) hold back, keep (*s.th.*) quiet, keep quiet about: **in seinem Lebenslauf hat er ~, daß** in his curriculum vitae he suppressed the fact that. – **6.** *fig. colloq.* (*Stelle im Text*) skip, leave out. – **II U~** *n* ⟨-s⟩ **7.** *verbal noun.* – **8.** *cf.* Unterschlagung.

'un·ter,schla·gen² I *v*|*t* ⟨*irr, sep,* -ge-, h⟩ **die Beine ~** to cross one's legs.

,un·ter'schla·gen³ I *pp of* unterschlagen¹. – **II** *adj* (*Betrag etc*) embezzled.

,Un·ter'schla·gung *f* ⟨-; -en⟩ **1.** *cf.* Unterschlagen¹. – **2.** (*von Geldern*) embezzlement, defraudation. – **3.** *jur.* (*öffentlicher Gelder*)

misappropriation, fraudulent conversion, peculation, defalcation, malversation. – **4.** (*eines Briefes*) interception. – **5.** (*eines Testaments etc*) suppression.

'Un·ter,schleif [-,ʃlaif] *m* ⟨-(e)s; -e⟩ **1.** *obs.* for Unterschlagung 2, 3. – **2.** **er hat ~ begangen** *Bavarian ped.* he wrote his paper with illicit aids, he cribbed.

'Un·ter,schlupf *m* ⟨-(e)s; ≈e⟩ **1.** (*Schlupfwinkel, Versteck*) hiding place; hideout, hideaway (*colloq.*). – **2.** (*Obdach*) shelter, refuge: **bei j-m ~ finden** to find shelter with s.o.; **j-m ~ gewähren** a) to give s.o. shelter, b) (*einem Verbrecher*) to give s.o. cover.

'un·ter,schlup·fen, 'un·ter,schlüp·fen *v*|*i* ⟨*sep,* -ge-, sein⟩ **1.** (*von Verbrecher etc*) (*bei j-m* with s.o.) find a hiding place, find cover. – **2.** (*von Hühnern*) (go to) roost.

'Un·ter,schlüs·sel,bein,gru·be *f med.* infraclavicular fossa.

,un·ter'schnei·den *v*|*t* ⟨*irr, insep, no* -ge-, h⟩ **1.** *arch.* (*Bauteil etc*) intersect. – **2.** *print.* a) kern, b) (*Klischee*) undercut.

,un·ter'scho·ben I *pp of* unterschieben². – **II** *adj* **mir ~e Briefe** letters foisted on me, (*bewußt, zum Lesen*) *auch* letters smuggled in.

,un·ter'schrei·ben I *v*|*t* ⟨*irr, insep, no* -ge-, h⟩ **1.** (*Brief etc*) sign, put (*od.* set) one's name (*od.* signature) to: **das kann ich nicht ~** a) I cannot sign that, b) *fig.* (*gutheißen*) I cannot subscribe to (*od.* agree to, approve of) that. – **2.** *jur.* (*Urkunde, Urteil, Vertrag, Abkommen etc*) sign, undersign, subscribe (to), affix one's signature to, set one's hand (and seal) to, execute. – **II** *v*|*i* **3.** sign: **er hat blanko unterschrieben** he signed in blank; **Sie müssen eigenhändig ~** you must sign personally.

,un·ter'schrei·ten *v*|*t* ⟨*irr, insep, no* -ge-, h⟩ **1.** (*eine festgesetzte Grenze, einen Betrag etc*) fall below (*od.* short of), remain under. – **2.** *tech.* (*von Kurven, Zeiger etc*) move (*od.* go down) below. – **3.** *meteor.* (*von Temperaturen*) fall (*od.* drop) below.

,un·ter'schrie·ben I *pp of* unterschreiben. – **II** *adj* signed: **von j-m ~** signed by s.o.; **die Karte ist ~ mit „X"** the postcard is signed "X" (*od.* bears the signature "X").

'Un·ter,schrift *f* ⟨-; -en⟩ **1.** signature: **eigenhändige ~** personal signature; **die ~ beglaubigen lassen** to have the signature certified (*od.* legalized, authenticated); **etwas durch ~ beglaubigen** to certify s.th. by one's signature; **seine ~ daruntersetzen** (*od.* unter etwas setzen) a) to put one's signature to s.th., b) *jur.* to affix one's signature to s.th.; **die ~ fälschen** (*od.* nachahmen) to forge (*od.* counterfeit) the signature; **das Schriftstück trägt seine ~** the document bears his signature; **~en sammeln** (*für eine Resolution etc*) to collect signatures; **j-m einen Brief zur ~ vorlegen** to submit a letter to s.o. for signature; **für die Richtigkeit der ~** *jur.* the above signature is certified herewith; **ein Brief mit seiner ~** a letter under (*od.* with) his signature. – **2.** *jur.* (*unter Urkunde, Vertrag etc*) signature, subscription: **~ und Siegel** hand and seal. – **3.** *print.* (*Bildunterschrift*) caption, legend, underline, cutline.

'Un·ter,schrif·ten|,map·pe *f* signature folder. — **~,samm·lung** *f* collection of signatures. — **~ver,zeich·nis** *n jur.* list of authorized (*Br. auch* -s-) signatures.

'un·ter,schrift·lich *adv rare* by signature.

'Un·ter,schrifts|be,fug·nis *f* authorization (*Br. auch* -s-) (*od.* right) to sign, signatory power. — **~be,glau·bi·gung** *f* **1.** certification (*od.* attestation, confirmation, legalization, authentication) of a signature. – **2.** *jur.* formal witnessing of a signature. — **u~be,rech·tigt** *adj* authorized (*Br. auch* -s-) to sign: **~ sein** to be authorized to sign, to have signatory power, to have power to sign. — **~be,rech·ti·gung** *f cf.* Unterschriftsbefugnis. — **~,fäl·schung** *f* forging (*od.* counterfeiting) of a signature. — **~,pro·be** *f* specimen signature.

'Un·ter,schrift,stem,pel *m* signature stamp. **'Un·ter,schrifts,voll,macht** *f cf.* Unterschriftsbefugnis.

'Un·ter,schul·ter,blatt,ge·gend *f med.* infrascapular region.

'Un·ter,schuß *m econ. cf.* Defizit.

'un·ter,schwef·lig *adj* **~e Säure** *chem.*

hydrosulfurous (auch hyposulfurous) (bes. Br. -ph-) acid ($H_2S_2O_4$).

'un·ter,schwel·lig [-,ʃvɛlɪç] adj med. psych. (Reiz) subliminal.

'Un·ter,schwung m (sport) underswing.

'Un·ter,see,boot n mar. mil. cf. U-Boot.

'Un·ter,see,boot... cf. U-Boot...

'un·ter,see·isch [-,zeːɪʃ] adj geol. submarine.

'Un·ter,see,ka·bel n tel. submarine cable.

'Un·ter‖,se·gel n mar. lower sail, course. — ~,seil n (mining) balance rope.

'Un·ter,sei·te f 1. (eines Gegenstandes etc) underside, bottom side, undersurface. – 2. bot. (eines Blattes) undersurface.

'Un·ter·se,kun·da f ped. sixth year at a German secondary school. — 'Un·ter-se-kun,da·ner m, 'Un·ter·se·kun,da·ne·rin f pupil of an 'Untersekunda'.

'un·ter,set·zen¹ v/t ⟨sep, -ge-, h⟩ (Eimer etc) set (od. place) (s.th.) underneath.

,un·ter'set·zen² v/t ⟨insep, no -ge-, h⟩ 1. etwas mit etwas ~ to mix s.th. with s.th. – 2. tech. (Getriebe) gear down, reduce.

'Un·ter,set·zer m cf. Untersatz 1—4.

,un·ter'setzt I pp of untersetzen². – II adj thickset, squat, stocky, stumpy, stubby: er ist ~ he is thickest. — ,Un·ter'setzt·heit f ⟨-; no pl⟩ (untersetzte Gestalt) thickset-ness, squatness, stockiness, stumpiness, stubbiness.

,Un·ter'set·zung f ⟨-; -en⟩ tech. (von Drehzahlen) gear (od. speed) reduction.

,Un·ter'set·zungs,ge,trie·be n tech. speed reduction gear. — ~ver,hält·nis n reduction (gear) ratio.

,un·ter'sie·geln v/t ⟨insep, no -ge-, h⟩ (Brief, Urkunde etc) affix a seal at the bottom of.

'un·ter,sin·ken v/i ⟨irr, sep, -ge-, sein⟩ cf. untergehen 2.

'Un·ter,span·nung f 1. electr. undervoltage. – 2. metall. (bei der Werkstoffprüfung) lower limit of stress.

,un·ter'spickt [-'ʃpɪkt] adj Austrian gastr. for durchwachsen² 1.

,Un·ter'spül,brücke (getr. -k·k-) f med. (in der Zahnheilkunde) hygiene (od. sanitary) bridge.

,un·ter'spü·len I v/t ⟨insep, no -ge-, h⟩ (Uferrand etc) wash (s.th.) away (od. hollow s.th. out) (from below). – II U~ n ⟨-s⟩ verbal noun. — ,Un·ter'spü·lung f 1. cf. Unterspülen. – 2. washout, Br. wash-out, underwashing, scouring. – 3. geol. sub-surface erosion.

'un·terst I sup of unter². – II adj ⟨attrib⟩ 1. (ganz unten befindlich) lowest, lowermost, bottom(most), undermost: in der ~en Etage on the bottom floor; die ~e Schublade the bottom (od. lowest) drawer. – 2. (tiefst) bottom, lowest: die ~e Stufe a) the lowest step, b) fig. the first stage. – 3. (rangmäßig) lowest. – 4. (minimal) lowest, minimum: ~e Gehaltsstufe minimum salary level. – 5. ped. (Klasse) lowest. – 6. (letzt) last, lowest, bottom(most): von den Zeitungen die ~e wegnehmen to take away the bottommost (od. last) newspaper.

Un·ter,staats·se·kre·tär [,ʊntər'ʃtaːtszekre,tɛːr; 'ʊntər-] m pol. undersecretary of state.

'Un·ter,stadt f lower (part of) town.

'Un·ter,stamm m zo. subphylum.

'Un·ter,stand m 1. (zum Schutz vor Unwettern) shelter: in einem ~ Zuflucht suchen to take cover in a shelter. – 2. mil. a) (ausgehobener) dugout, Br. dug-out, (cut-and-cover) shelter, b) (über der Erde) surface shelter: bombensicherer ~ bombproof (Br. bomb-proof) shelter. – 3. Austrian for Unterkunft.

'un·ter,stän·dig adj 1. bot. inferior, hypogynous (scient.). – 2. vet. ventral.

'un·ter,stands·los adj Austrian for obdachlos.

'Un·ter,stär·ke f (forestry) (eines Baumes) diameter under class limit, undersize.

'Un·ter·ste¹, das ⟨-n; no pl⟩ the lowest part, the bottom: das ~ zuoberst kehren to turn everything upside down (od. topsy-turvy).

'Un·ter·ste² m, f ⟨-n; -n⟩ 1. ped. (der Klasse) worst (pupil). – 2. die ~n pl sociol. the inferiors.

'un·ter,stecken (getr. -k·k-) v/t ⟨sep, -ge-, h⟩ put (s.th.) underneath.

'un·ter,ste·hen¹ v/i ⟨irr, sep, -ge-, h u. sein⟩ take shelter: er hat (od. ist) hier

---

beim Regen untergestanden he took shelter here when it rained.

,un·ter'ste·hen² v/i ⟨irr, insep, no -ge-, h⟩ 1. j-m ~ to be subordinate to s.o., to be under s.o.: j-m unmittelbar ~ to be directly responsible (od. answerable) to s.o.; von nun an ~ Sie mir from now on you are subordinate(d) to me (od. under me, to take orders from me). – 2. (j-s Aufsicht) be under s.o.('s control), be in s.o.'s charge: dem Direktor ~ sämtliche Abteilungen the manager is in charge of all departments, all departments report to the manager; der Aufsicht eines Vormunds ~ to be in (od. under) the charge of a guardian. – 3. (einem Gesetz etc) come under, be subject to: er untersteht der Gerichtsbarkeit des anderen Staates he is subject to the jurisdiction of the other state. – II v/reflex sich ~ dare: sich ~ etwas zu tun to dare (od. have the impudence, cheek, colloq. nerve) to do s.th.; untersteh dich! (als Drohung) (don't) you dare! was ~ Sie sich! how dare you! untersteh dich wegzulaufen! don't you dare (to) run away.

'un·ter,stel·len¹ v/t ⟨sep, -ge-, h⟩ 1. put: du kannst deine Skier in meinem Schuppen ~ you can put your skis in my shed. – 2. (Möbel) store. – 3. (Auto) garage. – II v/reflex sich ~ (bei Regen) (take) shelter. – III U~ n ⟨-s⟩ 5. verbal noun. – 6. storage.

,un·ter'stel·len² I v/t ⟨insep, no -ge-, h⟩ 1. j-m etwas [j-n] ~ to put s.th. [s.o.] under s.o., to put s.o. in charge of s.th. [s.o.], to subordinate s.o. to s.o.: dieser Truppenteil wird Hauptmann X unterstellt this unit is put under Captain X's command (od. assigned to Captain X). – 2. etwas ~ to assume (od. suppose, presume) s.th.: wir wollen einmal ~, daß er recht hat let us assume that he is right. – 3. j-m etwas ~ to impute s.th. to s.o.: wie kannst du mir eine solche Absicht ~ how can you impute such an intention to me. – 4. j-m ~, daß to insinuate (od. suggest) that: willst du mir ~, daß ich es getan habe? are you insinuating that I did it? – II U~ n ⟨-s⟩ 5. verbal noun. – 6. cf. Unterstellung².

,un·ter'stellt I pp of unterstellen². – II adj ihm sind 10 Leute ~ he has 10 people under him.

'Un·ter,stel·lung¹ f ⟨-; no pl⟩ cf. Unterstellen¹.

,Un·ter'stel·lung² f ⟨-; -en⟩ 1. cf. Unterstellen². – 2. ⟨only sg⟩ (Unterordnung) subordination. – 3. (vorläufige Annahme) assumption, supposition, presumption. – 4. (Anschuldigung) imputation. – 5. (Andeutung, Anspielung) insinuation, suggestion, innuendo. – 6. mil. (von Truppen) assignment.

,un·ter'strei·chen I v/t ⟨irr, insep, no -ge-, h⟩ 1. (Geschriebenes) underline, underscore, underdraw. – 2. fig. (betonen) underline, underscore, emphasize Br. auch -s-, stress, punctuate, accentuate: das kann ich nur ~ I must second that. – II U~ n ⟨-s⟩ 3. verbal noun. — ,Un·ter'strei·chung f ⟨-; -en⟩ 1. cf. Unterstreichen. – 2. fig. (Betonung) emphasis, stress, punctuation, accentuation.

'un·ter,streu·en v/t ⟨sep, -ge-, h⟩ 1. strew (od. sprinkle) (s.th.) among(st). – 2. Tieren Stroh ~ to litter animals.

'Un·ter,strö·mung f auch fig. undercurrent, underset.

'Un·ter,stu·fe f ped. lower grades pl (the first three years at a German secondary school).

,un·ter'stüt·zen I v/t ⟨insep, no -ge-, h⟩ 1. civ.eng. (abstützen) support, prop (up), (mit Balken) auch shore (up), (mit Strebepfeilern) auch buttress. – 2. fig. (mit Geld) support, maintain. – 3. fig. (mit öffentlichen Geldern) subsidize Br. auch -s-. – 4. fig. (Arme, Bedürftige etc) relieve, succor, bes. Br. succour. – 5. fig. (durch Beistand u. Hilfe) support, assist, aid, help, sustain. – 6. fig. (einen Kandidaten, Abgeordneten etc) support, back (s.o.) (up), second, bolster (up): werden Sie mich ~, wenn ich diesen Vorschlag unterbreite? will you back me up if I make this proposal? – 7. fig. (Gesetzentwurf, Gesuch etc) support, back (s.th.) (up), advocate, endorse, second, bolster (up). – 8. fig. (bestätigen, bekräftigen) corroborate, bear (s.th.) out. – 9. fig. (Eifer, Fleiß, Faulheit etc) encourage. – II U~ n ⟨-s⟩ 10. verbal noun. – 11. support. — ,Un·ter-

---

'stüt·zung f ⟨-; -en⟩ 1. cf. Unterstützen: zur ~ seines Arguments in support of his argument. – 2. (stützende Vorrichtung) support, prop. – 3. (finanzielle) support, maintenance. – 4. (für Arme, Bedürftige etc) relief, benefit, aid, allowance: staatliche ~ state aid; (eine) ~ bekommen (od. beziehen) to draw an allowance, (Fürsorgeunterstützung) to be on (public) relief; von ~ leben to live on relief, Br. to be in receipt of public relief. – 5. (Subvention) subvention, subsidy. – 6. (Hilfe, Beistand) support, assistance, aid, help: moralische ~ moral support; du kannst mit meiner ~ rechnen you can count on my support; j-m ~ gewähren to give s.o. support (od. assistance), to support (od. assist, aid), s.o.; ohne deine ~ werde ich es nicht schaffen I won't make it without your assistance.

,Un·ter'stüt·zungs‖,an,spruch m right to benefit(s) (od. relief). — ~,auf,wen·dung f relief expenditure. — u~be,dürf·tig adj in need of relief, indigent. — u~be,rech·tigt adj entitled to relief. — ~emp,fän·ger m, ~emp,fän·ge·rin f person on relief, recipient (od. beneficiary) of (public) relief. — ~fonds m relief (od. provident, benevolent) fund. — ~gel·der pl 1. (für Arme, Bedürftige etc) relief money sg. – 2. (staatliche Subventionen) subsidies. — ~kas·se f provident fund. — ~ver,ein m benevolent association.

'Un·ter,such [-,zuːx] m ⟨-s; -e⟩ Swiss for Untersuchung.

,un·ter'su·chen I v/t ⟨insep, no -ge-, h⟩ 1. (Frage, Problem etc) investigate, inquire (auch enquire, look, go) into, examine. – 2. (genau) inspect, scrutinize Br. auch -s-, survey. – 3. (nachprüfen) verify, check, confirm. – 4. (testen) test, try, examine: ein Auto auf seine Verkehrssicherheit (hin) ~ to test a car for road safety. – 5. (erforschen) explore. – 6. (durchsuchen) search, inspect, scrutinize Br. auch -s-: der Zollbeamte hat mein ganzes Gepäck untersucht the customs official searched all my luggage (bes. Am. baggage). – 7. (ärztlich) examine: sich ärztlich ~ lassen to have a medical examination (od. checkup). – 8. jur. (Fall, Tatbestand etc) investigate, try: einen Fall erneut (od. nochmals) ~ to retry a case. – 9. bes. phys. chem. tech. (durch Proben, Analysen etc) assay, analyze Br. auch -s-. – 10. med. (Wunde) a) inspect, b) (mit Sonde) probe, sound. – II U~ n ⟨-s⟩ 11. verbal noun.

,Un·ter'su·chung f ⟨-; -en⟩ 1. cf. Untersuchen. – 2. (polizeiliche, gerichtliche, amtliche) investigation, inquiry, auch enquiry, (gerichtliche) auch inquisition: eine ~ durchführen to conduct (od. hold, make, carry out) an inquiry; ~en anstellen lassen to have investigations made; eine ~ ist angeordnet (worden) an inquiry has been ordered; ~en einleiten to institute investigations. – 3. (wissenschaftliche) investigation, inquiry, auch enquiry, examination, research. – 4. (schriftliche Abhandlung) treatise, study. – 5. (genaue Prüfung) inspection, scrutiny, survey. – 6. (Überprüfung) verification, check, confirmation. – 7. (Test) test, examination, trial. – 8. (Erforschung) exploration. – 9. (Durchsuchung) search, inspection, scrutiny. – 10. med. a) (allgemeine) examination, (medical) checkup, b) (innerer Organe) exploration, c) (einer Infektionsquelle) investigation: ärztliche ~ medical examination, medical (colloq.). – 11. bes. chem. (Analyse) assay, analysis. – 12. tech. phys. civ.eng. investigation.

,Un·ter'su·chungs‖,aus,schuß m 1. jur. pol. fact-finding (od. investigating) committee (od. commission), committee (od. commission) of inquiry (auch enquiry). – 2. mil. court of inquiry (auch enquiry). — ~be,fund m med. (schriftlicher) examination report. — ~er,geb·nis n 1. findings pl, test result. – 2. med. cf. Untersuchungsbefund. — ~ge,fan·ge·ne m, f jur. prisoner awaiting trial, prisoner on remand, Br. person (od. prisoner) held on remand. — ~ge,fäng·nis n remand prison. — ~,haft f 1. (period of) remand, custody, detention (pending od. awaiting trial): die ~ anrechnen to make allowance for the time served while awaiting trial; j-n wegen etwas in ~ nehmen to commit s.o. for trial on a charge of s.th.; in ~ sein, sich in ~ befinden to be on remand; j-n in die ~ zurücksenden to remand s.o. (in custody, *Am.* into custody); aus der ~ vorgeführt werden to appear on remand. – **2.** *mil.* close arrest. — **~,häft·ling** *m jur. mil.* cf. Untersuchungsgefangene. — **~,kom·mis·si,on** *f* cf. Untersuchungsausschuß. — **~,me,tho·de** *f* examination method. — **~,rich·ter** *m jur.* investigating (*od.* examining) magistrate, inquisitor. — **~,tisch** *m* (*beim Arzt*) examination table. — **~,zim·mer** *n* examination room, surgery.

Un·ter'ta·ge|,ar·bei·ter *m* (*mining*) underground worker (*od.* workman), *auch* miner. — **~,bau** *m* ⟨-(e)s; *no pl*⟩ underground mining. — **~be,leg·schaft** *f* personnel underground. — **~be,triebs,füh·rer** *m* undermanager, chief underground official.

'Un·ter,tail·le *f* (*fashion*) camisole.

'Un·ter,tan [-,ta:n] *m* ⟨-s, *auch* -en; -en⟩ subject, vassal: „Der ~" "Little Superman" (*novel by H. Mann*).

'un·ter,tan *adj* ⟨*pred*⟩ j-m ~ sein to be subject (*od.* subordinate) to s.o., to be dependent on s.o.; sich (*dat*) j-n ~ machen to subjugate (*od.* subordinate) s.o.

'Un·ter,ta·nen|,eid *m hist.* oath of allegiance. — **~,geist** *m contempt.* submissive (*od.* servile, subservient) nature.

'un·ter,tä·nig [-,tɛ:nɪç] **I** *adj* **1.** cf. untertan. – **2.** (*ergeben, demütig*) submissive, obedient, humble: Ihr ~ster Diener *obs. od. iron.* your most humble (and obedient) servant. – **3.** (*unterwürfig*) subservient, servile, submissive. – **II** *adv* **4.** ich bitte ~st *obs. od. iron.* I beg humbly. — **'Un·ter,tä·nig·keit** *f* ⟨-; *no pl*⟩ **1.** (*Ergebenheit*) submissiveness, submission, obedience, humility, humbleness. – **2.** (*Unterwürfigkeit*) subservience, *auch* subserviency, servility, submissiveness, submission.

'un·ter,ta,rif·lich *adj econ.* (*Bezahlung*) below agreed wages.

'Un·ter|,tas·se *f* **1.** saucer. – **2.** fliegende ~ (*außerirdisches Flugobjekt*) flying saucer. — **~,ta·ste** *f mus.* (*der Klaviatur*) white (*od.* long, natural) key (*od.* note).

'un·ter,tau·chen I *v/i* ⟨*sep*, -ge-, sein⟩ **1.** (*von Taucher, Schwimmer, Vogel etc*) dive (underwater). – **2.** (*von U-Boot, sinkendem Gegenstand etc*) submerge, go below the surface, dive. – **3.** *fig.* (*verschwinden*) disappear: der Verbrecher konnte in der Großstadt leicht ~ the criminal could easily disappear in the big city. – **4.** *fig.* (*aus politischen Gründen*) go underground. – **II** *v/t* ⟨*h*⟩ **5.** (*etwas*) (in *dat*) dip (in), immerse (in), plunge (into). – **6.** j-n ~ to duck s.o., to give s.o. a ducking. – **III U~** *n* ⟨-s⟩ **7.** *verbal noun.* – **8.** (*von U-Boot etc*) submersion. – **9.** (*eines Gegenstandes in einer Flüssigkeit*) immersion. – **10.** *fig.* (*Verschwinden*) disappearance.

'Un·ter,teil *n*, *m* lower part, bottom part.

,un·ter'tei·len I *v/t* ⟨*insep*, no -ge-, h⟩ **1.** (*Fläche etc*) subdivide. – **2.** (*in Gruppen gliedern*) group, classify. – **3.** (*in Untergruppen gliedern*) subclassify, subgroup. – **II U~** *n* ⟨-s⟩ **4.** *verbal noun.* — **,Un·ter'tei·lung** *f* **1.** cf. Unterteilen. – **2.** subdivision. – **3.** classification. – **4.** subclassification.

'Un·ter|tem·pe·ra,tur *f med.* subnormal temperature, temperature below normal, (*außergewöhnlich niedrige*) *auch* hypothermia (*scient.*). — **~,ter·tia** *f ped.* fourth year at a German secondary school. — **~ter·tia·ner** [-tɛr,tsiaːnər] *m*, **~ter·tia·ne·rin** [-tɛr,tsiaːnərɪn] *f* pupil of an 'Untertertia'. — **~,ti·tel** *m* **1.** (*eines Buches, Artikels etc*) subtitle. – **2.** (*film*) subtitle, caption: ein Film in Originalfassung mit ~n a film in its original version with subtitles. — **u~'ti·teln** [,ʊntɐr-] *v/t* ⟨*insep*, no -ge-, h⟩ subtitle. — **~,ton** *m* ⟨-(e)s; ⁓e⟩ **1.** *mus.* undertone. – **2.** *fig.* undertone, *auch* undersong: er sagte das mit einem ~ von Spott he said that with an undertone of mockery.

,un·ter'trei·ben *v/i* ⟨*irr, insep*, no -ge-, h⟩ understate. — **,Un·ter'trei·bung** *f* ⟨-; -en⟩ understatement.

'un·ter,tre·ten *v/i* ⟨*irr, sep*, -ge-, sein⟩ (take) shelter.

,un·ter'tun·neln [-'tʊnəln] **I** *v/t* ⟨*insep*, no -ge-, h⟩ tunnel: den Mont Blanc ~ to tunnel (through *od.* under) Mont Blanc. – **II U~** *n* ⟨-s⟩ *verbal noun.* — **,Un·ter'tun·ne·lung** *f* ⟨-; *no pl*⟩ cf. Untertunneln.

,un·ter·ver,mie·ten *v/t* ⟨*only inf u. pp* untervermietet, h⟩ sublet, sublease, underlet. — **'Un·ter·ver,mie·ter** *m*, **'Un·ter·ver,mie·te·rin** *f* sublessor. — **'Un·ter·ver,mie·tung** *f* sublease.

'un·ter·ver,pach·ten *v/t* ⟨*only inf u. pp* unterverpachtet, h⟩ sublet, sublease, underlet. — **'Un·ter·ver,päch·ter** *m* sublessor. — **'Un·ter·ver,pach·tung** *f* sublease.

'un·ter·ver,si·chern *v/t* ⟨*only inf u. pp* unterversichert, h⟩ *econ.* (*unter dem Wert*) underinsure. — **II** ~ sein to be underinsured. — **'Un·ter·ver,si·chert I** *pp.* – **II** *v/reflex* sich ~ (*sich ergeben*) surrender, yield (in submission). – **'Un·ter·ver,si·che·rung** *f* underinsurance.

,Un·ter'völ·ke·rung [-'fœlkərʊŋ] *f* ⟨-; *no pl*⟩ underpopulation. [power.\]

'Un·ter,voll,macht *f jur.* subdelegated\/

,un·ter'wan·dern *v/t* ⟨*insep*, no -ge-, h⟩ infiltrate: Rechtsradikale haben die Partei unterwandert rightist radicals have infiltrated the party. — **,Un·ter'wan·de·rung** *f* infiltration.

'un·ter,wärts *adv colloq.* **1.** (*unten*) at the bottom. – **2.** (*unterhalb*) (down) below. – **3.** (*nach unten hin*) downward(s).

'Un·ter,wä·sche *f* underwear, underclothes *pl*, underlinen, *bes. Br. colloq.* smalls *pl*, unmentionables *pl* (*obs. colloq. humor.*), (*für Damen*) *auch* lingerie, undies *pl* (*colloq.*).

,un·ter'wa·schen *v/t* ⟨*irr, insep*, no -ge-, h⟩ cf. unterspülen.

'Un·ter,was·ser *n civ.eng.* (*einer Staustufe*) tail water.

,Un·ter'was·ser|,an,strich *m mar.* (*eines Schiffes*) coat of antifouling paint. — **~,bau** *m civ.eng.* underwater (*od.* subaqueous) work. — **~be,hand·lung** *f med.* underwater massage. — **~,bom·be** *f mil.* cf. Wasserbombe. — **~,bren·ner** *m tech.* (*in der Schweißtechnik*) underwater (cutting) torch. — **~,fahrt** *f mar. mil.* (*eines U-Boots*) dive. — **~,grün·dung** *f civ.eng.* underwater foundation. — **~gym,na·stik** *f med.* underwater exercises *pl*. — **~,horch·ge,rät** *n mar. mil.* hydrophone. — **~,jagd** *f* underwater hunting. – **~,ka·bel** *n tel.* submerged (*od.* submarine) cable. — **~,ka·me·ra** *f phot.* underwater camera, camera in underwater housing. — **~kor·ro·si,on** *f tech.* underwater (*od.* submerged) corrosion. — **~mas,sa·ge** *f med.* underwater massage. — **~,or·tungs·ge,rät** *n mar. mil.* sonar. — **~,pflan·ze** *f bot.* submersed (*od.* immersed, submarine) plant. — **~,pum·pe** *f civ.eng.* borehole pump. — **~re,ak·tor** *m nucl.* underwater reactor. — **~,schall,emp,fän·ger** *m mar.* hydrophone, submarine sound receiver. — **~,set·zen** *n* flooding, immersion. — **~,streit,kräf·te** *pl mar. mil.* submarine forces. — **~,teil** *m* (*eines Schiffes*) underwater (*od.* submerged) parts *pl*. — **~,waf·fen** *pl mil.* underwater weapons. — **~,wen·de** *f* (*im Schwimmsport*) underwater turn. — **~,ziel** *n* underwater target. — **~,zün·der** *m civ.eng.* (*zum Sprengen*) submarine detonator.

,un·ter'we·gen *adj only in* etwas ~ lassen *Swiss* cf. unterlassen 2.

,un·ter'wegs *adv* **1.** on the (*od.* one's) way: der Krankenwagen ist schon ~ the ambulance is already on its way; er ist ~ nach Berlin he is on his way to Berlin; j-n ~ absetzen to drop s.o. on the way; der Gedanke kam mir erst ~ (hierher) the thought occurred to me only on my way here; bei ihr ist etwas ~ *fig. colloq.* she is expecting (*od. colloq.* in the family way). – **2.** (*auf Reisen*) away: er ist geschäftlich viel ~ he is away a lot on business; wir waren drei Tage ~ we were away for three days; schreib mir doch von ~ eine Karte write me a card while you are away. – **3.** (*auf den Beinen*) on the go (*colloq.*), on one's feet: ich war den ganzen Tag ~ I was on my feet all day (long); die ganze Stadt war ~ the whole town was up and about (*od.* was astir). – **4.** *econ.* (nach to) in transit: ~ anhalten to stop in transit. – **5.** *mar.* under way: ~ to be under way; das Schiff ist ~ nach London the ship is bound (*od.* destined) for London.

,un·ter'wei·len *adv obs.* **1.** now and again. – **2.** in the meantime.

,un·ter'wei·sen I *v/t* ⟨*irr, insep*, no -ge-, h⟩ j-n in (*dat*) etwas ~ to instruct (*od.* school) s.o. in s.th., to teach s.o. s.th. – **II U~** *n* ⟨-s⟩ *verbal noun.* — **,Un·ter'wei·sung** *f*

⟨-; -en⟩ **1.** cf. Unterweisen. – **2.** instruction, tuition.

,un·ter'wel·len *v/t* ⟨*insep*, no -ge-, h⟩ draw a wavy line under.

'Un·ter,welt *f* ⟨-; *no pl*⟩ **1.** *myth.* underworld, Hades, netherworld, (the) shades *pl*. – **2.** (*Verbrecherwelt*) underworld, netherworld: die *Am. auch* gangland; in der ~ verkehren to frequent the underworld.

,un·ter'wer·fen I *v/t* ⟨*irr, insep, no* -ge-, h⟩ **1.** (*Volk, Land etc*) subjugate, subdue, conquer. – **2.** etwas einer Prüfung [Zensur] ~ to subject (*od.* submit) s.th. to an examination [to censorship]; j-n einer Prüfung [einem Verhör] ~ to subject s.o. to an examination [inquest]. – **II** *v/reflex* sich ~ **3.** (*sich ergeben*) surrender, yield (in submission). – **4.** sich einem Richterspruch [Schiedsspruch] ~ to submit (*od.* subject oneself) to a judicial decision [to an award]; sich j-s Bedingungen [Anordnungen] ~ to submit to s.o.'s conditions [instructions]. – **III U~** *n* ⟨-s⟩ **5.** *verbal noun.* — **,Un·ter'wer·fung** *f* ⟨-; *no pl*⟩ **1.** cf. Unterwerfen. – **2.** (*Eroberung*) subjugation, subdual, conquest. – **3.** (*freiwillige*) surrender. – **4.** (*Unterordnung*) subjection, submission, submittal, submittance.

'Un·ter,werk *n electr.* substation.

,Un·ter'werks,bau *m* ⟨-(e)s; *no pl*⟩ (*mining*) mining from a level below the lowest intake airway.

'un·ter,wer·tig *adj* below value.

,un·ter'win·den *v/reflex* ⟨*irr, insep*, no -ge-, h⟩ sich einer Sache ~ *obs.* to undertake to do s.th.

,un·ter'wor·fen I *pp of* unterwerfen. – **II** *adj* **1.** (*Volk, Land etc*) subdued. – **2.** einer Sache ~ sein to be subject to s.th.: die Preise sind starken Schwankungen ~ prices are subject to heavy fluctuation(s); Hüte sind sehr der Mode ~ hats are quite subject to the changes in fashion.

,un·ter'wüh·len *v/t* ⟨*insep*, no -ge-, h⟩ underburrow, undermine, sap.

un·ter'wür·fig [,ʊntɐr'vʏrfɪç; 'ʊntɐr-] *adj contempt.* **1.** subservient, servile, submissive. – **2.** (*kriecherisch*) servile, obsequious, cringing, grovel(l)ing, abject, toadyish, menial: ~ sein to crawl, to stoop. — **,Un·ter'wür·fig·keit** *f* ⟨-; *no pl*⟩ **1.** subservience, *auch* subserviency, servility, submissiveness, submission. – **2.** servility, obsequiousness, cringingness, abjectness, toadyism.

,un·ter'zeich·nen *v/t* ⟨*insep*, no -ge-, h⟩ **1.** (*Brief, Protokoll, Zeugnis, Vertrag etc*) sign, undersign, subscribe. – **2.** *pol.* (*Vertrag*) sign. – **3.** *econ.* (*Versicherungspolice*) underwrite. – **II U~** *n* ⟨-s⟩ **4.** *verbal noun.* — **,un·ter'zeich·nend I** *pres p.* – **II** *adj* signatory.

,Un·ter'zeich·ner *m* **1.** signer, undersigner, undersigned, subscriber: der ~ bestätigt, daß the signer (*od.* undersigned) confirms that. – **2.** (*einer Anleihe, Resolution etc*) (*gen* to) subscriber. – **3.** *pol.* (*eines Staatsvertrages*) signatory: ~ eines Vertrages signatory to a treaty. – **4.** *econ.* (*einer Versicherungspolice*) underwriter. — **~,staat** *m pol.* signatory state.

,Un·ter'zeich·ne·te *m*, *f* ⟨-n; -n⟩ undersigned, signer, undersigner, subscriber: der links [rechts] ~ the left-hand [right-hand] undersigned; ich, ~r, erkläre hiermit, daß I, the undersigned, hereby declare that.

,Un·ter'zeich·nung *f* ⟨-; *no pl*⟩ **1.** cf. Unterzeichnen. – **2.** signature, subscription: dieses Abkommen liegt bis Ende 1974 zur ~ auf the present agreement shall be open for signature until the end of 1974.

'Un·ter,zeug *n* ⟨-(e)s; *no pl*⟩ *colloq. for* Unterwäsche.

'un·ter,zie·hen¹ *v/t* ⟨*irr, sep*, -ge-, h⟩ **1.** (*Kleidungsstücke*) put (s.th.) on underneath, wear (s.th.) underneath. – **2.** *civ.eng.* (*Balken, Träger etc*) incorporate. – **3.** *gastr.* (*untermischen*) fold in.

,un·ter'zie·hen² I *v/t* ⟨*irr, insep*, no -ge-, h⟩ j-n einer Prüfung [einem Verhör] ~ to subject (*od.* submit) s.o. to an examination [inquest]; etwas einer Besichtigung ~ to subject (*od.* submit) s.th. to (an) inspection. – **II** *v/reflex* sich einer Operation ~ to undergo an operation; sich einer Kur ~ to undergo a course of treatment; sich einer Prüfung ~ to take (*od.* sit for, go in for) an examination; sich einer Aufgabe ~ to undergo a task; sich der Mühe ~ zu to take the trouble to, to go to the bother (*od.* trouble) to.

'**Un·ter,zug** *m civ.eng.* **1.** (*einer Decke*) ceiling (*od.* floor) joist, bearer, cross girder. – **2.** (*einer Feuerung*) underdraft.

'**Un·ter,zun·gen**|,**drü·se** *f med.* sublingual gland. — **~,ge·gend** *f* hypoglossal (*od.* sublingual) region, hypoglottis. — **~tem-pe·ra,tur** *f* temperature taken in the mouth.

'**un,tief** *adj mar.* shallow, shoal. — '**Un-,tie·fe** *f* **1.** shallows *pl* (*sometimes construed as sg*), shoal, flat: voller ~n shoaly. – **2.** (*Sandbank*) sandbank. – **3.** *fig.* shallowness. – **4.** *poet.* (*abgrundartige Tiefe*) abyss, bottomless depth, gulf.

'**Un,tier** *n auch fig.* monster, brute.

un·tilg·bar [,un'tılkba:r; 'un-] *adj* **1.** *econ.* (*Schulden, Obligationen etc*) irredeemable, unredeemable. – **2.** (*Spuren etc*) indelible, ineffaceable. – **3.** *fig.* (*Schuld*) irredeemable, unredeemable. – **4.** *fig.* (*Eindruck etc*) indelible, ineffaceable.

un·trag·bar [,un'tra:kba:r; 'un-] *adj* **1.** (*Benehmen, Verhalten, Person etc*) unbearable, intolerable. – **2.** (*Steuern, Preise etc*) prohibitive. *cf.* unerträglich I. — ,**Un'trag·bar·keit** *f* ⟨-; *no pl*⟩ **1.** unbearableness, intolerability. – **2.** prohibitiveness. – **3.** *cf.* Unerträglichkeit.

'**un·trai,niert** *adj* untrained.

un·trenn·bar [,un'trenba:r; 'un-] **I** *adj* inseparable: etwas ist ~ von etwas s.th. is inseparable from s.th. – **II** *adv* ~ verknüpft mit inseparably linked with. — ,**Un'trenn·bar·keit** *f* ⟨-; *no pl*⟩ inseparability, inseparableness.

'**un,treu** *adj* **1.** (*Ehemann, Liebhaber etc*) unfaithful, untrue, faithless: er ist seiner Frau ~ he is unfaithful to his wife. – **2.** einer Sache ~ werden to become unfaithful (*od.* disloyal, untrue) to s.th.: du bist deinem Versprechen ~ geworden you were not true to your word, you broke (*od.* did not keep) your word (*od.* promise); seinen Gewohnheiten ~ werden to break one's habits; er ist der gemeinsamen Sache ~ geworden he deserted the common cause; sich (*dat*) selbst ~ werden to become disloyal to oneself (*od.* to one's principles).

'**Un,treue** *f* ⟨-; *no pl*⟩ **1.** unfaithfulness, faithlessness, disloyalty, (*eheliche*) *auch* infidelity. – **2.** *jur. cf.* Veruntreuung 2.

un·trink·bar ['un,trıŋkba:r; ,un-] *adj* undrinkable.

un·tröst·lich [,un'trø:stlıç; 'un-] *adj* **1.** inconsolable, unconsolable, disconsolate: das Kind war ~ darüber, daß es nicht mitdurfte the child was inconsolable about being left behind. – **2.** ~ (*über acc etwas*) sein to be very sorry (about s.th.).

un·trüg·lich [,un'try:klıç; 'un-] *adj* **1.** (*Beweis, Zeichen etc*) unfailing, unerring, infallible. – **2.** (*unverkennbar*) unmistakable. – **3.** (*sicher*) sure.

'**un,tüch·tig** *adj* **1.** (*ungeeignet*) inapt, inept, unqualified. – **2.** (*unfähig*) incapable, unable, incompetent, inefficient. — '**Un-,tüch·tig·keit** *f* ⟨-; *no pl*⟩ **1.** inaptitude, ineptitude, lack of qualification. – **2.** incapability, incapableness, inability, incompetence, inefficiency.

'**Un,tu·gend** *f* **1.** vice, bad habit: sich (*dat*) eine ~ angewöhnen [abgewöhnen] to fall (*od.* get) into [to break] a bad habit. – **2.** (*Unzulänglichkeit*) failing, fault.

'**un,tun·lich** *adj archaic* **1.** (*nicht zweckmäßig*) impracticable, impractical. – **2.** (*unklug*) imprudent, unwise.

un·über·biet·bar [,un,?y:bər'bi:tba:r; 'un-] *adj* **1.** not to be outbid: etwas ist ~ s.th. cannot be outbid. – **2.** *fig.* unsurpassable, matchless.

un·über·brück·bar [,un,?y:bər'brykba:r; 'un-] *adj fig.* **1.** (*Kluft etc*) unbridgeable. – **2.** (*Gegensätze etc*) irreconcilable.

'**un,über,dacht** *adj* (*Terrasse, Tribüne etc*) uncovered. ~er Zuschauersitz (*bei Sportveranstaltungen*) open stand, *Am.* bleachers *pl* (*sometimes construed as sg*).

'**un,über,legt** *adj cf.* unbedacht. — '**Un-,über,legt·heit** *f* ⟨-; *no pl*⟩ *cf.* Unbedachtsamkeit.

un·über·prüf·bar [,un,?y:bər'pry:fba:r; 'un-] *adj* unverifiable, unexaminable.

un·über·seh·bar [,un,?y:bər'ze:ba:r; 'un-] **I** *adj* **1.** (*Menge, Anzahl*) indeterminable. – **2.** (*Schaden etc*) indeterminable, unascertainable, incalculable. – **3.** (*Folgen etc*) unpredictable. – **4.** (*Fehler*) obvious. – **II** *adv* **5.** ~ groß enormously big.

un·über·setz·bar [,un,?y:bər'zɛtsba:r; 'un-] *adj* untranslatable. — '**un,über,setzt** *adj* untranslated.

'**un,über,sicht·lich I** *adj* **1.** (*Skizze, Anordnung etc*) unclear, obscure. – **2.** (*Kurve, Stelle etc*) blind. – **3.** (*verwickelt*) complex, involved, intricate. – **4.** *mil.* (*Gelände*) broken. – **II** *adv* **5.** unclearly. — '**Un-,über,sicht·lich·keit** *f* **1.** unclearness. – **2.** blindness. – **3.** complexity, involvement.

un·über·steig·bar [,un,?y:bər'ʃtaıkba:r; 'un-] *adj* (*Berg, Zaun etc*) insurmountable, insuperable.

un·über·trag·bar [,un,?y:bər'tra:kba:r; 'un-] *adj* **1.** (*Ausweis, Fahrkarte etc*) nontransferable *Br.* non-, untransferable. – **2.** *econ.* (*Handelspapiere*) nonnegotiable *Br.* non-.

un·über·treff·lich [,un,?y:bər'trɛflıç; 'un-] *adj* unsurpassable, unparallel(l)ed, matchless, surpassing, peerless, superlative, top-notch (*attrib*) (*colloq.*).

un·über·trof·fen [,un,?y:bər'trɔfən; 'un-] *adj* unsurpassed, unmatched, unequal(l)ed, unexcelled.

un·über·wind·bar [,un,?y:bər'vıntba:r; 'un-] *adj cf.* unüberwindlich.

un·über·wind·lich [,un,?y:bər'vıntlıç; 'un-] *adj* **1.** (*Gegner, Heer etc*) invincible, unbeatable. – **2.** (*Festung etc*) unconquerable, impregnable, inexpugnable. – **3.** (*Schwierigkeiten etc*) insurmountable, unsurmountable, insuperable. – **4.** (*Haß etc*) inexpugnable. — ,**Un,über'wind·lich·keit** *f* ⟨-; *no pl*⟩ **1.** invincibility. – **2.** unconquerableness, impregnableness, inexpugnability. – **3.** insuperability, insurmountableness. – **4.** inexpugnability.

'**un,üb·lich** *adj* uncustomary, uncommon.

un·um·gäng·lich [,un,?um'gɛŋlıç; 'un-] *adj* **1.** unavoidable, inevitable. – **2.** (*unbedingt notwendig*) indispensable, *Am. auch* indispensible, imperative.

un·um·schränkt [,un,?um'ʃrɛŋkt; 'un-] **I** *adj* (*Gewalt, Herrschaft etc*) absolute, unlimited, sovereign. – **II** *adv* ~ herrschen to have absolute rule.

un·um·stöß·lich [,un,?um'ʃtø:slıç; 'un-] *adj* **1.** (*Tatsache etc*) irrefutable, incontestable, incontestible, absolute. – **2.** (*Entscheidung, Beschluß etc*) irrevocable: sein Entschluß war ~ his decision was irrevocable. — ,**Un,um'stöß·lich·keit** *f* ⟨-; *no pl*⟩ **1.** irrefutability, peremptoriness, incontestableness, absoluteness. – **2.** irrevocability.

un·um·strit·ten [,un,?um'ʃtrıtən; 'un-] *adj* (*Tatsache etc*) undisputed, proven.

un·um·wun·den ['un,?um,vundən; ,un-] *adv* **1.** (*ohne Umschweife*) straight out, without hesitation, candidly, straight to (*od.* in) s.o.'s face: ~ seine Meinung sagen to speak one's mind straight out. – **2.** (*klar u. deutlich*) plainly, frankly, flatly, bluntly.

un·un·ter·bro·chen ['un,?untər,brɔxən; ,un-] **I** *adj* **1.** (*Reihenfolge, Fahrt etc*) uninterrupted, unbroken. – **2.** (*fortlaufend*) continuous, continual. – **3.** (*unaufhörlich*) incessant, unceasing, unremitting. – **II** *adv* **4.** sie redet ~ she talks incessantly (*od.* without interruption); es hat drei Wochen ~ geregnet it has been raining for three weeks running, it has been raining without a letup (*Br.* let-up) for three weeks (*colloq.*).

un·un·ter·drück·bar [,un,?untər'drykba:r; 'un-] *adj* **1.** irrepressible, insuppressible. – **2.** (*unbezähmbar*) indomitable.

un·un·ter·scheid·bar [,un,?untər'ʃaıtba:r; 'un-] *adj* indistinguishable, indiscernible.

un·un·ter·zeich·net ['un,?untər,tsaıçnət; ,un-] *adj* unsigned.

'**un,vä·ter·lich** *adj* unfatherly.

un·ver·än·der·lich [,unfɛr'?ɛndərlıç; 'un-] *adj* **1.** (*unwandelbar*) unchangeable, unalterable, inalterable, immutable, incommutable. – **2.** (*beständig, gleichbleibend*) unchanging, invariable, changeless, constant, unvarying, stationary. – **3.** *math.* invariable, constant: ~e Größe constant (quantity). – **4.** *ling.* invariable. — ,**Un-ver'än·der·li·che** *f* ⟨-n; -n⟩ *math.* invariable, constant. — ,**Un·ver'än·der-lich·keit** *f* ⟨-; *no pl*⟩ **1.** (*Unwandelbarkeit*) unchangeableness, unchangeability, unalterableness, inalterability, immutability, incommutability. – **2.** (*Beständigkeit*) unchangingness, invariability, invariableness, changelessness, constancy.

un·ver·än·dert ['unfɛr,?ɛndərt; ,un-] **I** *adj* (*Aussehen, Benehmen, Zustand etc*) unchanged, unaltered: er war nach all den Jahren völlig ~ he was completely unchanged after all those years; etwas ~ lassen to leave s.th. unaltered (*od.* as it is, as it was); alles war ~ everything was as it used to be (*od.* as it was before). – **II** *adv* trotz ihrer Enttäuschung war sie ~ nett und freundlich in spite of her disappointment she was as nice and kind as she had been before (*od.* as ever).

un·ver·ant·wort·lich [,unfɛr'?ant,vɔrtlıç; 'un-] *adj* irresponsible: es war ~ von ihm, das zu tun it was irresponsible of him to do that. — ,**Un·ver'ant,wort·lich·keit** *f* ⟨-; *no pl*⟩ irresponsibility, irresponsibleness.

un·ver·ar·bei·tet ['unfɛr,?arbaıtət; ,un-] *adj* **1.** *tech.* a) unfinished, rough, b) (*roh*) raw. – **2.** *fig.* (*Eindruck etc*) undigested.

'**un·ver,aus,gabt** *adj econ.* (*Geld*) unexpended, unspent.

un·ver·äu·ßer·lich [,unfɛr'?ɔysərlıç; 'un-] *jur.* (*Besitz, Recht etc*) inalienable, unalienable, indefeasible. — ,**Un·ver'äu·ßer-lich·keit** *f* ⟨-; *no pl*⟩ inalienability, indefeasibility.

un·ver·bes·ser·lich [,unfɛr'bɛsərlıç; 'un-] *adj* incorrigible, inveterate, incurable: er ist ein ~er Optimist he is an incorrigible optimist; du bist wirklich ~ you really are incorrigible; er ist ~ he is incorrigible (*od. colloq.* a hopeless case). — ,**Un·ver-'bes·ser·li·che** *m, f* ⟨-n; -n⟩ incorrigible (person). — ,**Un·ver'bes·ser·lich·keit** *f* ⟨-; *no pl*⟩ incorrigibility, inveterateness.

'**un·ver,bil·det** *adj fig.* unsophisticated, unspoiled, unspoilt, ingenuous. — '**Un·ver-,bil·det·heit** *f* ⟨-; *no pl*⟩ ingenuousness.

un·ver·bind·lich ['unfɛr,bıntlıç; ,un-] **I** *adj* **1.** *econ.* a) (*Angebot etc*) not binding (*od.* obligatory), without obligation (*Am. auch* engagement), b) (*Preis*) not binding. – **2.** (*kühl, distanziert*) detached, impersonal, noncommittal *Br.* non-. – **II** *adv* **3.** *econ.* without obligation (*Am. auch* engagement): sich (*dat*) ~ etwas ansehen to have a look at s.th. without obligation. — '**Un·ver-,bind·lich·keit** *f* ⟨-; *no pl*⟩ **1.** *econ.* noncommitment *Br.* non-, nonengagement *Br.* non-. – **2.** (*kühle Distanz*) detachment, impersonality, *Am.* noncommittalism.

un·ver·blümt [,unfɛr'bly:mt; 'un-] **I** *adj* **1.** (*Redeweise etc*) blunt, plain, outspoken. – **2.** (*Wahrheit etc*) plain, unvarnished. – **II** *adv* **3.** bluntly, in plain terms, straight to s.o.'s face: ~ reden to be very outspoken (*od.* plain); sie hat ihm ~ ihre Meinung gesagt she gave him a good piece of her mind, she told him bluntly what she thought of him.

'**un·ver,braucht** *adj* **1.** unused. – **2.** (*Kräfte etc*) unspent. – **3.** (*frisch*) fresh.

un·ver·brenn·bar [,unfɛr'brɛnba:r; 'un-] *adj* noncombustible *Br.* non-, incombustible.

'**un·ver,brieft** *adj econ.* (*Kredit etc*) unsecured, nonbonded *Br.* non-.

un·ver·brüch·lich [,unfɛr'brʏçlıç; 'un-] **I** *adj* **1.** (*Schweigen, Verschwiegenheit etc*) absolute. – **2.** (*Treue, Glaube etc*) steadfast, *auch* stedfast, unswerving, sta(u)nch. – **II** *adv* **3.** ~ an (*dat*) etwas festhalten to stick to s.th. unswervingly.

un·ver·bürgt [,unfɛr'bʏrkt; 'un-] *adj* (*Nachricht, Meldung etc*) unconfirmed, unverified, inauthentic, unvouched, unwarranted.

un·ver·däch·tig ['unfɛr,dɛçtıç; ,un-] *adj* **1.** (*nicht verdächtig*) unsuspected. – **2.** (*harmlos*) unsuspicious.

un·ver·dau·lich ['unfɛr,daulıç; ,un-] *adj auch fig.* indigestible: ~e Lektüre *fig.* indigestible reading. — '**Un·ver·dau·lich-keit** *f* ⟨-; *no pl*⟩ indigestibility.

un·ver·daut ['unfɛr,daut; ,un-] *adj auch fig.* undigested.

un·ver·derb·lich ['unfɛr,dɛrplıç; ,un-] *adj* (*Waren*) imperishable, incorruptible.

'**un·ver,derbt** *adj cf.* unverdorben 3—5.

un·ver·dient ['unfɛr,di:nt; ,un-] *adj* **1.** (*Glück, Lob etc*) undeserved, unmerited, unearned. – **2.** (*Strafe, Unglück etc*) undeserved, unmerited. – **3.** *econ.* unearned: **∼er Wertzuwachs** (*eines Besitztums*) unearned increment.

'un·ver,dien·ter|'ma·ßen, ∼'wei·se *adv* undeservedly.

'un·ver,dor·ben *adj* **1.** (*Lebensmittel etc*) untainted: **die ∼en Äpfel heraussuchen** to pick out the apples that have not gone bad. – **2.** (*Luft, Wasser etc*) unpolluted. – **3.** *fig.* (*Landschaft, Schönheit etc*) unspoiled, unadulterated, *auch* unadulterate, unsullied, undefiled. – **4.** *fig.* (*anständig*) unspoiled, untainted, natural. – **5.** *fig.* (*unschuldig*) innocent, pure. — **'Un·ver,dor·ben·heit** *f* ⟨-; *no pl*⟩ **1.** untaintedness. – **2.** unpolluted quality. – **3.** *fig.* unspoiled (*od.* unadulurate[d]) quality (*od.* state). – **4.** *fig.* untaintedness, naturalness. – **5.** *fig.* innocence, purity.

un·ver·dros·sen ['ʊnfɛr,drɔsən; ˌʊn-] **I** *adj* **1.** (*unermüdlich*) indefatigable, unwearying, untiring, unflagging, unweariable. – **2.** (*unverzagt*) undaunted, unabashed. – **II** *adv* **3. trotz des Vorfalls arbeitete er ∼ weiter** in spite of the incident he continued his work undaunted(ly). — **'Un·ver·dros·sen·heit** *f* ⟨-; *no pl*⟩ **1.** indefatigability, indefatigableness. – **2.** undauntedness.

'un·ver,dünnt *adj* **1.** (*Saft, Öl, Säure etc*) undiluted. – **2.** (*Spirituosen*) undiluted, neat, straight.

'un·ver,ehe·licht *adj jur.* unmarried, single, unwed(ded): **die ∼e N.** the unmarried N., N., who is a single (*od.* bachelor) girl; **∼e Frau** feme sole, spinster.

'un·ver,ei·digt *adj jur.* (*Zeuge etc*) unsworn.

un·ver·ein·bar [ˌʊnfɛr'ʔaɪnbaːr; 'ʊn-] *adj* **1.** (*Anschauungen, Gegensätze etc*) incompatible, (*stärker*) irreconcilable: **so etwas ist mit meinen Prinzipien ∼** such a thing is incompatible (*od.* is at variance, *stärker* is irreconcilable) with my principles. – **2.** (*Farben, Muster etc*) incompatible. — **Un·ver·ein·bar·keit** *f* ⟨-; *no pl*⟩ **1.** incompatibility, incompatibleness, (*stärker*) irreconcilability, irreconcilableness. – **2.** incompatibility, incompatibleness, incongruity, incongruousness.

un·ver·fälscht ['ʊnfɛr,fɛlʃt; ˌʊn-] *adj* **1.** (*Wein etc*) unadulterated, *auch* unadulterate, pure. – **2.** *fig.* (*Brauch etc*) unadulterated, *auch* unadulterate: **diese Sitte hat sich dort ∼ erhalten** this custom has been preserved there in its unadulterated form. – **3.** *fig.* (*Natürlichkeit, Fröhlichkeit etc*) unaffected, unsophisticated, genuine. – **4.** (*Dialekt, Tonfall etc*) pure: **er spricht ∼es Sächsisch** he speaks pure Saxon dialect. – **5.** (*Landschaftsbild, Straßenbild etc*) unspoiled, unmarred. – **6. ∼er Wettbewerb** *econ.* competition not artificially distorted. — **'Un·ver·fälscht·heit** *f* ⟨-; *no pl*⟩ *fig.* **1.** (*der Sitten, Bräuche etc*) unadulterated (*auch* unadulterate) quality. – **2.** (*des Wesens, Charakters etc*) unaffectedness, unsophistication, genuineness. – **3.** (*des Landschaftsbildes, Straßenbildes etc*) unspoiled (*od.* unmarred) quality (*od.* state).

un·ver·fäng·lich ['ʊnfɛr,fɛŋlɪç; ˌʊn-] *adj* **1.** (*Angelegenheit*) straightforward: **die Sache erschien mir zunächst ∼** the matter seemed pretty straightforward to me at first. – **2.** (*Bemerkung, Antwort etc*) inoffensive, innocuous: **die Frage klang ganz ∼** the question sounded quite harmless. – **3.** (*Witz etc*) harmless, innocuous. – **4.** (*Unterhaltung*) noncommittal *Br.* non-. – **5.** (*Tonfall*) plausible: **etwas in ∼em Ton sagen** to say s.th. in a plausible tone. – **6.** (*Situation*) harmless. — **'Un·ver·fäng·lich·keit** *f* ⟨-; *no pl*⟩ **1.** straightforwardness. – **2.** inoffensiveness, innocuity, innocuousness. – **3.** harmlessness, innocuousness, innocuity. – **4.** noncommittal (*Br.* non-committal) character. – **5.** plausibility, plausibleness. – **6.** harmlessness.

un·ver·form·bar [ˌʊnfɛr'fɔrmbaːr; 'ʊn-] *adj tech.* unworkable, resistant to deformation.

un·ver·fro·ren ['ʊnfɛr,froːrən; ˌʊn-] *adj* **1.** (*keck, dreist*) bold, audacious. – **2.** (*vorlaut u. anmaßend*) forward, outspoken. – **3.** (*unverschämt, frech*) impudent, impertinent, cheeky, saucy, sassy, *Am. colloq.* fresh, (*stärker*) insolent, brazen(-faced): **ein ∼er Bursche** *colloq.* a cheeky brat,

(*stärker*) a brazen-face; **er war so ∼, dies zu tun** he had the impudence (*od.* impertinence, cheek, *colloq.* nerve, face) to do this. — **'Un·ver,fro·ren·heit** *f* ⟨-; *no pl*⟩ **1.** boldness, audacity. – **2.** forwardness, outspokenness. – **3.** impudence, *auch* impudency, impertinence, *auch* impertinency, cheek(iness), front, sauciness, *Am. colloq.* freshness, (*stärker*) insolence.

un·ver·gäng·lich ['ʊnfɛr,gɛŋlɪç; ˌʊn-] *adj* **1.** (*Ruhm, Erinnerungen etc*) imperishable, unfading, undying; deathless, fadeless (*lit.*). – **2.** (*Kunstwerk, Klassiker etc*) immortal, deathless. — **'Un·ver·gäng·lich·keit** *f* ⟨-; *no pl*⟩ **1.** imperishability, deathlessness. – **2.** immortality, deathlessness.

'un·ver,ges·sen *adj* unforgotten: **seine Taten waren noch ∼** his deeds were still unforgotten; **er wird uns immer ∼ bleiben** we will never forget (*od.* we will always remember) him.

un·ver·geß·lich [ˌʊnfɛr'gɛslɪç; 'ʊn-] *adj* **1.** (*Persönlichkeit, Gegenstand*) unforgettable. – **2.** (*Erlebnis, Eindruck etc*) unforgettable, indelible (*lit.*): **diese Stunden werden mir ∼ bleiben** I shall never forget (*od.* I shall always remember) those hours.

un·ver·gleich·bar [ˌʊnfɛr'glaɪçbaːr; 'ʊn-] *adj* (*mit* with, to) incomparable: **dieses Auto ist mit dem anderen ∼** this car is incomparable (*od.* cannot be compared) with (*od.* to) the other one. — **Un·ver·'gleich·bar·keit** *f* ⟨-; *no pl*⟩ incomparability, incomparableness.

un·ver·gleich·lich [ˌʊnfɛr'glaɪçlɪç; 'ʊn-] **I** *adj* **1.** (*beispiellos*) incomparable: **∼e Möglichkeiten** incomparable possibilities. – **2.** (*unübertrefflich*) incomparable, matchless, unrival(l)ed, unparallel(l)ed, unexampled, unmatched, peerless (*lit.*): **die Bucht ist von ∼er Schönheit** the bay is incomparably beautiful; **er ist ein ∼er Slalomfahrer, als Slalomfahrer ist er ∼** he is an unrival(l)ed slalom racer, he is unrival(l)ed as a slalom racer. – **3.** (*einzigartig*) unique: **eine ∼e Tat** a unique deed, a deed which is beyond comparison (*od.* which stands alone). – **II** *adv* **4.** incomparably: **∼ schön sein** to be incomparably beautiful, to be of incomparable (*od.* of matchless) beauty; **es geht ihm heute ∼ besser als gestern** he feels infinitely better today than (he did) yesterday. — **Un·ver·'gleich·lich·keit** *f* ⟨-; *no pl*⟩ **1.** incomparability. – **2.** incomparability, matchlessness, peerlessness (*lit.*). – **3.** uniqueness. – **4.** *fig.* Unvergleichbarkeit.

'un·ver,go·ren [-fɛr,goːrən] *adj* (*Traubensaft etc*) unfermented.

'un·ver,gü·tet *adj* **1.** *metall.* a) (*Stahl etc*) not quenched and tempered, b) (*Leichtmetall*) non-age-hardened. – **2.** (*optics*) not coated.

un·ver·hält·nis·mä·ßig ['ʊnfɛr,hɛltnɪs,mɛːsɪç; ˌʊnfɛr'hɛlt-] *adv* **1.** disproportionately: **er ist für sein Alter ∼ groß** he is disproportionately tall for his age. – **2.** (*überaus*) extremely: **die Wohnung ist ∼ klein** the apartment (*bes. Br.* flat) is extremely small; **∼ hohe Preise** extremely high (*od.* excessive, exorbitant) prices, prices which are out of all proportion.

'un·ver,hei·ra·tet *adj* unmarried, single, unwed(ded): **er ist noch ∼** he's still unmarried (*od.* wifeless), he is still a bachelor; **sie blieb ∼** she remained single (*od.* a bachelor girl); **meine ∼e Tante** my maiden aunt.

un·ver·hofft ['ʊnfɛr,hɔft; ˌʊn-] **I** *adj* **1.** (*Wiedersehen, Glück, Erbschaft etc*) unhoped-for (*attrib*). – **2.** (*Besuch, Ergebnis, Fund etc*) unexpected: **sein Sieg kam allen ∼** his victory came unexpected to everyone; **∼ kommt oft** (*Sprichwort*) *etwa* it is the unexpected that usually happens. – **3.** (*Schwierigkeiten, Zwischenfall, Entwicklung etc*) unexpected, unforeseen. – **II** *adv* **4. ich habe ihn gestern ganz ∼ getroffen** I met him quite unexpectedly yesterday.

un·ver·hoh·len ['ʊnfɛr,hoːlən; ˌʊn-] **I** *adj* **1.** (*Freude, Bewunderung, Haß, Drohung etc*) unconcealed, undisguised, unveiled, open: **aus seinen Augen sprach ∼e Angst** there was unconcealed fear in his looks. – **2.** (*Kritik, Redeweise, Wesensart etc*) frank, open, candid, unreserved, outspoken. – **II** *adv* **3.** openly: **er warf ihr einen ∼ feindseligen Blick zu** he gave her an openly

hostile look. – **4.** (*freimütig*) frankly, openly, candidly: **sie sagte ihm ∼ ihre Meinung** she told him her opinion frankly (*od.* point-blank), she gave him a good piece of her mind.

un·ver·hüllt ['ʊnfɛr,hʏlt; ˌʊn-] *adj* **1.** (*Gegenstand, Leichnam etc*) unveiled. – **2.** *bes. poet.* (*Körperteil*) bare, naked, unclad. – **3.** *fig.* (*Wahrheit etc*) naked, unvarnished, unveiled. – **4.** *fig. cf.* unverhohlen 1, 2.

un·ver·jähr·bar [ˌʊnfɛr'jɛːrbaːr; 'ʊn-] *adj jur.* imprescriptible: **∼e Strafen** imprescriptible sentences, sentences (which are) not subject to the statute of limitation(s).

un·ver·käuf·lich ['ʊnfɛr,kɔʏflɪç; ˌʊn-] *adj* **1.** (*nicht zum Verkauf bestimmt*) not for sale: **dieser Artikel ist ∼** this article is not for sale; **das Bild trug den Vermerk 'Unverkäuflich'** the picture was marked 'not for sale'; → Muster 8. – **2.** (*nicht absetzbar*) unsal(e)able, unmerchantable, unmarketable: **∼e Ware** unsal(e)able goods *pl*, (*Ladenhüter*) dead stock. — **'Un·ver,käuf·lich·keit** *f* ⟨-; *no pl*⟩ (*einer Ware*) unsal(e)ability, unsal(e)ableness.

'un·ver,kauft *adj* unsold: **haben sie noch ∼e Exemplare?** do you still have unsold copies on hand (*od.* available)?

un·ver·kenn·bar [ˌʊnfɛr'kɛnbaːr; 'ʊn-] **I** *adj* **1.** (*Geruch, Symptom, Tendenz etc*) unmistakable: **seine Herkunft ist ∼** his origin is unmistakable, there is no mistaking where he comes from. – **2.** (*Absicht, Interesse, Respekt etc*) obvious: **es ist ∼, daß ∼** it's obvious (*od.* it's as plain as can be) that. – **II** *adv* **3. das ist ∼ seine Schrift** that's unmistakably his hand(writing); **es hat sich ∼ gebessert** it has obviously improved.

'un·ver,kürzt *adj* **1.** uncurtailed. – **2.** (*Text*) unabridged.

'un·ver,langt *adj* (*Manuskripte etc*) unsolicited, unrequested: **die Firma schickt mir immer ∼e Reklame ins Haus** the firm always sends me unsolicited advertisements.

un·ver·läß·lich ['ʊnfɛr,lɛslɪç; ˌʊn-] *adj cf.* unzuverlässig 1, 2.

un·ver·letz·bar [ˌʊnfɛr'lɛtsbaːr; 'ʊn-] *adj* **1.** *cf.* unverwundbar 1. – **2.** *fig. cf.* unverletzlich. — **Un·ver·'letz·bar·keit** *f* ⟨-; *no pl*⟩ **1.** *cf.* Unverwundbarkeit 1. – **2.** *fig. cf.* Unverletzlichkeit.

un·ver·letz·lich [ˌʊnfɛr'lɛtslɪç; 'ʊn-] *adj fig.* **1.** (*Recht etc*) inviolable, indefeasible, infrangible. – **2.** (*Territorium, Grenze etc*) inviolable, inviolate, sacred. — **Un·ver·'letz·lich·keit** *f* ⟨-; *no pl*⟩ *fig.* **1.** inviolability, inviolableness, indefeasibility, unfrangibility. – **2.** inviolability, inviolateness, sacredness.

'un·ver,letzt *adj* **1.** uninjured, unhurt, unharmed, unscathed: **sie blieb bei dem Unfall ∼** she was unhurt in the accident. – **2.** (*nicht verwundet*) unwounded. – **3.** (*Körperteil, Organ etc*) undamaged, uninjured, unimpaired, intact. – **4.** (*Siegel etc*) unbroken. – **5.** *fig.* (*Schönheit, Selbstbewußtsein etc*) unimpaired, unmarred: **ihre Natürlichkeit war trotz allem ∼ geblieben** her naturalness had remained unimpaired despite all. – **6.** *fig.* (*Recht etc*) inviolate, *auch* inviolated.

un·ver·lier·bar [ˌʊnfɛr'liːrbaːr; 'ʊn-] *adj fig.* **1.** lasting. – **2. die ∼e Gnade Gottes** *relig.* the grace of God which never dies.

un·ver·lösch·lich [ˌʊnfɛr'lœʃlɪç; 'ʊn-] *adj lit. cf.* unauslöschlich 1.

'un·ver,mählt *adj cf.* unverheiratet.

un·ver·meid·bar [ˌʊnfɛr'maɪtbaːr; 'ʊn-] *adj cf.* unvermeidlich. — **'Un·ver'meid·bar·keit** *f* ⟨-; *no pl*⟩ *cf.* Unvermeidlichkeit.

un·ver·meid·lich [ˌʊnfɛr'maɪtlɪç; 'ʊn-] **I** *adj* **1.** unavoidable: **ein Besuch bei den Verwandten ist ∼** a visit to the relatives is unavoidable. – **2.** (*schicksalhaft bedingt*) inevitable: **schlechte Erfahrungen sind ∼** bad experiences are inevitable. – **3.** (*unabwendbar*) unpreventable, inescapable, inevasible: **eine ∼e Katastrophe** an unpreventable catastrophe. – **4.** *fig. colloq. iron.* (*stets dabei*) 'inevitable' (*colloq.*): **der ∼e Herr X** war natürlich auch da of course the inevitable Mr. X was also there. – **II U·∼e, das** ⟨-n⟩ **5.** *cf.* Unvermeidlichkeit. – **6.** (*des Schicksals*) the inevitable: **sich ins U·∼e fügen** (*od.* schicken) to resign oneself to (*od.* to submit to, to bow to, to accept) the inevitable. — **Un·ver'meid·lich·keit** *f* ⟨-; *no pl*⟩ **1.** unavoidability. – **2.** (*schicksalhafte Bedingtheit*) inevitability. – **3.** (*Unabwendbarkeit*) unpreventableness, inescapableness.

'un·ver,merkt *adj cf.* unbemerkt I.

'un·ver,mie·tet *adj* (*Wohnung, Gewerberäume etc*) unlet, vacant, untenanted, unoccupied.

'un·ver,min·dert I *adj* **1.** (*Kraft, Eifer, Leidenschaft etc*) undiminished, unabated: der Sturm dauerte mit ∼er Stärke an the storm raged with undiminished violence. – **2.** (*Geschwindigkeit, Tempo etc*) undiminished, unslackened. – **3.** (*Leistungsfähigkeit, Schärfe etc*) undiminished, unimpaired. – **II** *adv* **4.** die ∼ heftigen Angriffe auf den Politiker the attacks of undiminished violence on the politician.

'un·ver,mischt *adj* **1.** (*Rasse etc*) unmixed, pure, undiluted: ∼e Indianer sind selten geworden unmixed Indians (*od.* people of pure[ly] Indian stock) have become rare. – **2.** (*Spirituosen, Wein etc*) unblended, unmixed, unadulterate, *auch* unadulterate, pure, sheer. – **3.** (*Tee-, Kaffeesorten etc*) unblended, unadulterated, *auch* unadulterate.

'un·ver,mit·telt I *adj* **1.** (*Bewegung, Kehrtwendung, Ausscheiden etc*) sudden, abrupt. – **2.** (*Entschluß, Ankündigung etc*) sudden, unheralded. – **II** *adv* **3.** er kehrte ∼ um suddenly (*od.* all of a sudden) he turned round, he turned round abruptly. – **'Un·ver,mit·telt·heit** *f* ⟨-; *no pl*⟩ **1.** (*einer Bewegung etc*) suddenness, abruptness. – **2.** (*eines Entschlusses etc*) suddenness.

'Un·ver,mö·gen *n* ⟨-s; *no pl*⟩ **1.** (*Mangel an physischem od. geistigem Können*) inability, incapability, incapacity: sein ∼, eine einfache Gleichung zu lösen his inability to solve a simple equation. – **2.** (*Unzulänglichkeit, Untauglichkeit*) incapability, incompetence, incompetency, inability, inefficiency. – **3.** (*aus Hilflosigkeit, Ratlosigkeit*) impotence, *auch* impotency, powerlessness: das ∼ der Regierung, diese Mißstände zu beseitigen the impotence of the government to remedy these grievances. – **4.** *jur. econ.* (*Zahlungsunfähigkeit*) insolvency.

'un·ver,mö·gend *adj* **1.** ∼ sein, etwas zu tun a) (*physisch od. geistig unfähig*) to be unable to do (*od.* incapable of doing) s.th., b) (*aus Unzulänglichkeit*) to be incapable of doing (*od.* incompetent to do, unable to do) s.th., c) (*aus Hilflosigkeit, Ratlosigkeit*) to be impotent (*od.* powerless) to do s.th. – **2.** (*ohne Vermögen*) without means: nicht ∼es junges Mädchen sucht Bekanntschaft (mit) young lady not without means (*od.* of considerable means) seeks acquaintance (with); sie ist nicht ∼ she is not without means, she is quite well-to-do.

'Un·ver,mö·gen·heit *f* ⟨-; *no pl*⟩ *obs. for* Unvermögen.

'Un·ver,mö·gens,fall *m* ⟨-(e)s; *no pl*⟩ *only in* im ∼(e) *jur. econ.* in case of insolvency.

'un·ver,mu·tet I *adj* **1.** (*Erfolg, Fund, Besuch, Kontrolle etc*) unexpected. – **2.** (*Hindernis, Schwierigkeiten, Zwischenfall etc*) unexpected, unforeseen. – **3.** (*Fähigkeiten, Möglichkeiten etc*) unsuspected, unexpected. – **II** *adv* **4.** sie stießen ∼ auf Öl they struck oil unexpectedly; wir haben ∼ Besuch bekommen we had unexpected visitors.

'Un·ver,nunft *f* ⟨-; *no pl*⟩ **1.** (*Torheit, vernunftwidriges Verhalten*) nonsense, stupidity, foolishness, daftness (*colloq.*): es ist reine ∼, bei diesem Wetter eine Bergtour zu unternehmen it is sheer nonsense to start out on a mountain trek in this weather. – **2.** (*fehlende Ratio*) unreasonableness, irrationality. – **3.** (*mangelnde Bewußtheit im Denken u. Handeln*) senselessness, insensateness. – **4.** (*Uneinsichtigkeit*) unreasonableness.

'un·ver,nünf·tig *adj* **1.** (*töricht, vernunftwidrig*) senseless, nonsensical, stupid, foolish, daft (*colloq.*): es wäre sehr ∼, so etwas zu tun it would be absolutely nonsensical (*od.* it would be contrary to reason) to do a thing like that; du benimmst dich wie ein ∼es Kind you behave like a silly child. – **2.** (*ohne Ratio*) unreasonable, reasonless, irrational. – **3.** (*zu wenig bewußt im Denken u. Handeln*) senseless, insensate. – **4.** (*uneinsichtig*) unreasonable. — **'Un·ver,nünf·tig·keit** *f* ⟨-; *no pl*⟩ **1.** *cf.* Unvernunft. – **2.** (*als Hand-*

lung) nonsensical (*od.* senseless, stupid, foolish, *colloq.* daft, *stärker* insensate) act(ion) (*od.* thing): das war eine ∼ von dir that was senseless of you, that was a stupid (*od. colloq.* daft) thing for you to do.

'un·ver,öf·fent·licht *adj* (*Buch, Manuskript etc*) unpublished.

'un·ver,packt *adj* **1.** (*Ladung etc*) unpacked, loose: Güter ∼ verschiffen to ship goods unpacked. – **2.** (*nicht eingewickelt*) unwrapped: ich muß Ihnen das Buch ∼ geben I have to give you the book unwrapped.

'un·ver,putzt ['ʊnfɛrˌpʊtst; ˌʊn-] *adj* (*Wand, Haus etc*) unplastered, unrendered.

'un·ver,rich·tet *adj* **1.** (*unerledigt*) unperformed, unexecuted: ∼er Dinge *Austrian for* unverrichteterdinge; ∼er Sache *Austrian for* unverrichtetersache. – **2.** (*unfertig, unvollendet*) unfinished.

'un·ver,rich·te·ter'din·ge, 'un·ver,rich·te·ter'sa·che *adv* (*ohne Erfolg*) without success: da er nicht zu Hause war, mußte sie ∼ wieder gehen since he was not at home she had to go away without achieving anything.

'un·ver,rie·gelt *adj* (*Tür etc*) unbolted.

'un·ver,ritzt [-fɛrˌrɪtst] *adj* ∼es Feld (*mining*) virgin ground, undeveloped coalfield.

'un·ver,rück·bar [ˌʊnfɛrˈrʏkbaːr; 'ʊn-] **I** *adj* **1.** (*Möbelstück etc*) fixed, immovable, *auch* immoveable, immobile. – **2.** *fig.* (*Ziel, Vorsatz, Grundlage etc*) unchanging, immovable, *auch* immoveable: mein Ziel bleibt ∼ my goal is unchanging (*od.* is always the same). – **3.** *fig.* (*Tatsache, Wahrheit, Grundsatz, Gewißheit etc*) unalterable, unshakable: etwas mit ∼er Sicherheit sagen to say s.th. with unshakable certainty. – **II** *adv* **4.** es steht ∼ fest(, daß) it is an unshakable fact (*od.* it's a dead certainty, it's as sure as fate) (that).

'un·ver,schämt I *adj* **1.** (*Anspielung, Bemerkung etc*) impudent, impertinent, cheeky, saucy, sassy, *Am. colloq.* fresh, (*stärker*) insolent, brazen(-faced): so ein ∼er Kerl! *colloq.* what an impertinent fellow! (*colloq.*), what a cheeky brat! (*stärker*) what a brazen-face! wie kann man nur so ∼ sein, dies zu behaupten! how can one be so impudent as to claim that! how can one have the impudence (*od.* impertinence, cheek, face, *colloq.* nerve, gall) to claim that! – **2.** (*Lüge, Mißbrauch etc*) barefaced, blatant, outright. – **3.** *colloq.* (*Preise, Forderungen etc*) outrageous, exorbitant. – **4.** *colloq.* (*Glück etc*) damned (*colloq.*), darned (*sl.*): da hast du ja wieder ∼es Schwein gehabt! you were damned lucky again! – **5.** (*zudringlich*) importunate, *Am. colloq.* fresh: ist er ∼ geworden? did he get fresh? did he make advances (*od. sl.* a pass at you)? – **6.** *colloq. iron.* (*Fröhlichkeit, Munterkeit etc*) shameless. – **II** *adv* **7.** grins nicht so ∼! don't grin so impudently (*od.* impertinently, cheekily)! take that cheeky grin off your face! ∼ lügen to lie barefacedly (*od.* blatantly, outrightly). – **8.** ∼ hohe Preise *colloq.* outrageous (*od.* exorbitant) prices; er ist ∼ gut in der Schule *colloq.* he is damned good at school (*colloq.*). — **'Un·ver,schämt·heit** *f* ⟨-; -en⟩ **1.** ⟨*only sg*⟩ impudence, *auch* impudency, impertinence, *auch* impertinency, effrontery, cheek(iness), sauciness, *Am. colloq.* freshness, (*stärker*) insolence, insolency: er besaß (*od.* hatte) die ∼, mir so etwas zu sagen he had the impertinence (*od.* cheek, face, *colloq.* nerve, gall) (*od.* he was impudent enough) to tell me a thing like that. – **2.** (*unverschämte Bemerkung etc*) impertinence, *auch* impertinency, impudence, *auch* impudency: ich würde mir solche ∼en nicht gefallen lassen I wouldn't put up with such impertinences (*od.* cheek, *colloq.* sauce). – **3.** ⟨*only sg*⟩ (*Zudringlichkeit*) importunity, *Am. colloq.* freshness. – **4.** *pl* (*Annäherungsversuche*) advances, pass *sg* (*sl.*).

'un·ver,schlei·ert *adj* **1.** unveiled, veilless: sie geht ∼ she goes about unveiled. – **2.** (*Wahrheit*) naked, unvarnished.

un·ver,schließ·bar [ˌʊnfɛrˈʃliːsbaːr; 'ʊn-] *adj* (*Tür, Kästchen etc*) unlockable.

un·ver·schlos·sen ['ʊnfɛrˌʃlɔsən; ˌʊn-] *adj*

1. (*nicht abgeschlossen*) unlocked: die Tür war ∼ the door was unlocked (*od.* on the latch). – **2.** (*nicht verriegelt*) unbolted. – **3.** (*Brief, Umschlag etc*) unsealed. – **4.** (*Loch, Rohr etc*) unstopped.

'un·ver,schnit·ten *adj gastr.* (*Wein etc*) unblended, pure, sheer.

'un·ver,schont *adj* unspared.

un·ver·schul·det ['ʊnfɛrˌʃʊldət; ˌʊn-] *adj* **1.** (*ohne eigene Schuld*) incurred through no fault of one's own: er ist ∼ in Schwierigkeiten geraten he got into difficulties through no fault of his (own). – **2.** *econ.* (*schuldenfrei*) debt-free, free from debt. – **3.** (*Grundbesitz etc*) unencumbered. – **4.** (*unverdient*) undeserved.

'un·ver,schul·de·ter'ma·ßen, ∼'wei·se *adv* undeservedly, innocently.

un·ver·se·hens ['ʊnfɛrˌzeːəns; ˌʊn-] *adv* **1.** (*ohne daß man es bemerkt*) unawares: er verfiel ∼ in Dialekt he lapsed into dialect unawares. – **2.** (*unvermutet, überraschend*) unexpectedly: sie war ∼ vom Urlaub zurückgekehrt she had returned from her holiday (*Am.* vacation) unexpectedly. – **3.** (*ganz plötzlich*) all of a sudden: ∼ riß sie sich los all of a sudden she broke away.

un·ver·sehrt ['ʊnfɛrˌzeːrt; ˌʊn-] *adj* **1.** (*unbeschädigt*) undamaged, intact: bei dem Brand sind unsere Möbel ∼ geblieben our furniture was left undamaged in the fire. – **2.** (*Siegel, Schloß etc*) unbroken, intact. – **3.** (*unverletzt*) unharmed, unhurt, uninjured, unscathed. – **4.** (*unverwundet*) unwounded, unscathed. — **'Un·ver,sehrt·heit** *f* ⟨-; *no pl*⟩ **1.** (*eines Gegenstandes*) intactness. – **2.** (*körperliche*) ∼ freedom from injury (*od.* bodily harm).

un·ver·seif·bar [ˌʊnfɛrˈzaɪfbaːr; 'ʊn-] *adj chem.* (*Fettanteile etc*) unsaponifiable.

'un·ver,si·chert *adj econ.* (*Person, Sachwerte etc*) uninsured, not insured, not covered by insurance.

un·ver·sieg·bar [ˌʊnfɛrˈziːkbaːr; 'ʊn-] *adj cf.* unversieglich.

'un·ver,sie·gelt *adj* (*Brief etc*) unsealed.

un·ver·sieg·lich [ˌʊnfɛrˈziːklɪç; 'ʊn-] *adj* **1.** (*Quelle, Strom etc*) inexhaustible. – **2.** *fig.* (*Reserven etc*) inexhaustible, unfailing.

un·ver·söhn·lich ['ʊnfɛrˌzøːnlɪç; ˌʊn-] *adj* **1.** (*hart, unbeugsam*) irreconcilable, unforgiving, intransige(a)nt: er blieb ∼ trotz aller Bitten he remained intransigent despite all pleas; in ihrem Zorn blieb sie ∼ she remained irreconcilable in her anger. – **2.** (*unerbittlich*) irreconcilable, implacable, unappeasable, inappeasable: j-n mit ∼em Haß verfolgen to pursue s.o. with implacable hatred; ein ∼er Feind des Regimes an irreconcilable (*od.* a sworn) enemy of the regime. — **'Un·ver,söhn·lich·keit** *f* ⟨-; *no pl*⟩ **1.** (*harte, unbeugsame Haltung*) irreconcilability, irreconcilableness, intransige(a)nce. – **2.** (*Unerbittlichkeit*) irreconcilability, irreconcilableness, implacability, implacableness.

'un·ver,sorgt *adj* **1.** (*ohne Geldmittel, Vermögenswerte*) unprovided, without means, unprovided for: er hinterläßt eine ∼e Ehefrau he leaves his wife unprovided for. – **2.** (*ohne Vorräte, Lebensmittel, Medikamente, Munition etc*) unsupplied, without supplies. – **3.** (*Vieh*) untended. – **4.** (*ohne Strom-, Gas-, Wasseranschluß etc*) not connected to (od. not on) the mains: ∼e Haushalte households (which are) not connected to the mains. – **5.** (*ohne Wohnraum*) unaccommodated, without accommodation.

'Un·ver,stand *m* ⟨-(e)s; *no pl*⟩ **1.** (*mangelnde Bewußtheit im Denken u. Handeln*) senselessness, thoughtlessness: das haben die Kinder in ihrem ∼ kaputtgemacht children broke this in their thoughtlessness. – **2.** (*Torheit, vernunftwidriges Verhalten*) senselessness, stupidity, foolishness, daftness (*colloq.*), (*stärker*) insensateness. – **3.** (*Unkenntnis, mangelndes Fachwissen*) ignorance.

'un·ver,stan·den *adj* **1.** (*Wort, Begriff etc*) ununderstood, (*Zusammenhang*) undigested. – **2.** (*verkannt*) misunderstood: eine ∼e Frau a misunderstood woman; er fühlte sich ∼ he felt misunderstood.

'un·ver,stän·dig *adj* **1.** (*zu wenig bewußt im Denken u. Handeln*) senseless, thoughtless: Kinder sind noch zu ∼, um das zu be-

greifen children are too senseless to understand that. – **2.** (*töricht, vernunftwidrig*) senseless, nonsensical, stupid, foolish, daft (*colloq.*), (*stärker*) insensate. – **3.** (*unwissend*) ignorant. — **'Un·ver·stän·dig·keit** f ⟨-; no pl⟩ **1.** senselessness, thoughtlessness. – **2.** senselessness, nonsensicality, nonsensicalness, stupidity, foolishness, daftness (*colloq.*), (*stärker*) insensateness. – **3.** ignorance.

'un·ver·ständ·lich adj **1.** (*undeutlich*) indistinct, undistinct, unintelligible: ~e Worte murmeln to mumble indistinct words. – **2.** (*Sprache, Dialekt*) unintelligible: sie redeten in einer mir ~en Sprache they talked in a language (which was) unintelligible to me (*od.* which I did not understand). – **3.** (*Text, Gedicht, technischer Vorgang etc*) uncomprehensible, unintelligible, ununderstandable, obscure, opaque: wie eine Kernspaltung funktioniert, ist mir ganz ~ how a nuclear fission works is absolutely incomprehensible (*od.* is all Greek) to me. – **4.** (*Benehmen, Verhalten etc*) incomprehensible, inexplicable: es ist uns ~, wie sie das tun konnte it is incomprehensible to us (*od.* we cannot understand) how she could do that. — **'Un·ver·ständ·lich·keit** f ⟨-; no pl⟩ **1.** (*Undeutlichkeit*) indistinctness, undistinctness, unintelligibility. – **2.** (*einer Sprache, eines Dialekts etc*) unintelligibility. – **3.** (*eines Textes, technischen Vorgangs etc*) incomprehensibleness, incomprehensibility, unintelligibility, obscurity, opacity, opaqueness. – **4.** (*des Benehmens, Verhaltens etc*) incomprehensibleness, incomprehensibility, inexplicability, inexplicableness.

'Un·ver·ständ·nis n ⟨-ses; no pl⟩ lack of understanding: er stieß überall auf ~ he met with a lack of understanding everywhere.

un·ver·stell·bar [ˌʊnfɛrˈʃtɛlbaːr; ˈʊn-] adj (*Hebel, Maschinenteil, Sitz etc*) non-adjustable Br. non-, fixed, rigid.

un·ver·stellt [ˈʊnfɛrˌʃtɛlt; ˌʊn-] adj **1.** (*Stimme*) undisguised. – **2.** ⟨pred⟩ (*nicht geheuchelt*) unfeigned, genuine: seine Freundlichkeit war ~ his friendliness was unfeigned.

un·ver·steu·ert [ˈʊnfɛrˌʃtɔyərt; ˌʊn-] adj econ. (*Einkommen, Gelder etc*) untaxed: Löhne unter 300 Mark bleiben ~ wages under 300 marks are tax-free (*od.* are tax-exempt, are not subject[ed] to taxation).

un·ver·sucht [ˈʊnfɛrˌzuːxt; ˌʊn-] adj only in nichts ~ lassen to leave nothing undone, to leave no stone unturned: sie ließen nichts ~, um ihm das Studium zu ermöglichen they left undone nothing to enable him to study.

'un·ver·tei·digt adj **1.** mil. (*Stellung, Stadt etc*) undefended, Br. defenceless, Am. defenseless. – **2.** jur. undefended.

'un·ver·teilt adj (*Programmhefte, Zeitungen etc*) undistributed.

un·ver·tilg·bar [ˌʊnfɛrˈtɪlkbaːr; ˈʊn-] adj ineradicable, indelible.

un·ver·träg·lich [ˈʊnfɛrˌtrɛːklɪç; ˌʊn-] adj **1.** (*nicht umgänglich, zänkisch*) quarrelsome, cantankerous, bad- (*od.* ill-)tempered. – **2.** (*unvereinbar*) (*Gegensatz, Meinung*) incompatible, inconsistent. – **3.** (*Speise etc*) incompatible, indigestible. – **4.** med. (*Blutgruppe, Serum etc*) incompatible, (*Medikament*) auch intolerable. — **'Un·ver·träg·lich·keit** f ⟨-; no pl⟩ **1.** (*wenig umgängliches, zänkisches Wesen*) quarrelsomeness, cantankerousness, bad (*od.* ill) temper. – **2.** (*Unvereinbarkeit*) incompatibility, incompatibleness. – **3.** (*einer Speise etc*) incompatibility, indigestibility. – **4.** med. (*einer Blutgruppe, eines Serums etc*) incompatibility, incompatibleness, (*eines Medikaments*) auch intolerability, intolerance.

un·ver·tret·bar [ˌʊnfɛrˈtreːtbaːr; ˈʊn-] adj **1.** (*Standpunkt etc*) untenable, indefensible. – **2.** jur. (*Anspruch etc*) unjustifiable. — **'Un·ver'tret·bar·keit** f ⟨-; no pl⟩ **1.** (*eines Standpunktes etc*) untenability, untenableness, indefensibility. – **2.** jur. (*eines Anspruchs etc*) unwarrantableness, unjustifiableness.

'un·ver·wandt I adj ⟨attrib⟩ **1.** (*Blick etc*) intent: mit ~em Blick (*od.* lit. ~en Blick[e]s) sah er sie an he gazed at her with an intent look, he looked at her intently. –

2. (*Bemühungen, Versuche etc*) unremitting, unswerving. – **II** adv **3.** j-n [etwas] ~ anstarren to stare at s.o. [s.th.] intently; sie hielt ihren Blick ~ auf ihn gerichtet her eyes were riveted (*od.* fixed) on him.

un·ver·wech·sel·bar [ˌʊnfɛrˈvɛksəlbaːr; ˈʊn-] **I** adj **1.** (*Stimme, Geruch, Akzent etc*) unmistakable. – **2.** ~er Stecker electr. nonreversible (Br. non-reversible) plug. – **II** adv **4.** das ist ein Bild von Tiepolo that is unmistakably a picture by Tiepolo.

un·ver·wehrt [ˌʊnfɛrˈveːrt; ˈʊn-] adj only in es ist Ihnen ~ zu gehen lit. od. archaic you are at liberty (*od.* you are free) to go.

un·ver·welk·lich [ˌʊnfɛrˈvɛlklɪç; ˈʊn-] adj **1.** (*Strohblumen etc*) everlasting. – **2.** poet. (*Schönheit, Ruhm etc*) unfading, undying, deathless.

un·ver·wend·bar [ˌʊnfɛrˈvɛntbaːr; ˈʊn-] adj (*Material etc*) unusable.

un·ver·wert·bar [ˌʊnfɛrˈveːrtbaːr; ˈʊn-] adj **1.** (*Material, Arbeit etc*) unusable. – **2.** econ. (*Vermögenswerte, Patente etc*) unrealizable Br. auch -s-, (*Aktien, Guthaben*) auch inconvertible, unconvertible, unnegotiable Br. auch -s-.

un·ver·wes·lich [ˌʊnfɛrˈveːslɪç; ˈʊn-] adj **1.** imputrescible. – **2.** fig. rare poet. (*Seele etc*) immortal, imperishable. — **'Un·ver'wes·lich·keit** f ⟨-; no pl⟩ **1.** imputrescibility. – **2.** fig. rare poet. (*der Seele etc*) immortality, imperishability, imperishableness.

un·ver·wind·bar [ˌʊnfɛrˈvɪntbaːr; ˈʊn-] adj (*Schicksalsschlag, Verlust etc*) insurmountable, unsurmountable.

'un·ver·wirk·licht adj (*Projekt, Pläne etc*) unrealized Br. auch -s-.

un·ver·wisch·bar [ˌʊnfɛrˈvɪʃbaːr; ˈʊn-] **I** adj **1.** print. (*Tinte, Farbe etc*) indelible, ineffaceable. – **2.** fig. (*Eindrücke etc*) indelible, ineffaceable, ineradicable, uneradicable. – **II** adv **3.** die grauenhaften Szenen hatten sich ihm ~ eingeprägt fig. the horrible scenes had made an indelible impression on his mind.

un·ver·wund·bar [ˌʊnfɛrˈvʊntbaːr; ˈʊn-] adj **1.** invulnerable, unwoundable. – **2.** fig. (*Stolz, Selbstbewußtsein etc*) invulnerable, unassailable. — **'Un·ver'wund·bar·keit** f ⟨-; no pl⟩ **1.** invulnerability, invulnerableness. – **2.** fig. (*des Selbstbewußtseins etc*) invulnerability, invulnerableness, unassailableness.

'un·ver·wun·det adj unwounded, unscathed: er blieb im Krieg ~ he came through the war unwounded.

un·ver·wüst·lich [ˌʊnfɛrˈvyːstlɪç; ˈʊn-] adj colloq. **1.** (*Stoff, Gewebe, Material etc*) hard-wearing, durable, everlasting. – **2.** (*Motor, Mechanismus, Kugelschreiber etc*) everlasting. – **3.** (*Optimist, Optimismus etc*) never-say-die, die-hard (*beide attrib*). – **4.** (*Kraft, Energie, Lebenslust etc*) inexhaustible, undying: mit 60 Jahren war er noch ~ at 60 he was still bursting with energy. – **5.** (*Gesundheit*) robust, inexhaustible. – **6.** (*gute Laune, Humor etc*) irrepressible. – **7.** humor. (*Schlager, Film etc*) undying. — **'Un·ver'wüst·lich·keit** f ⟨-; no pl⟩ colloq. **1.** (*eines Stoffs, Gewebes, Materials etc*) durability, everlastingness. – **2.** (*eines Motors, Mechanismus etc*) everlastingness. – **3.** (*der Kraft, Energie etc*) inexhaustibility, inexhaustibleness, (*der Gesundheit*) auch robustness. – **4.** (*des Frohsinns, Humors etc*) irrepressibility, irrepressibleness.

'un·ver·zagt I adj **1.** (*nicht entmutigt*) undaunted, unabashed, undismayed: sei ~! never fear! don't be dismayed! never say die! – **2.** (*unerschrocken*) undaunted, unflinching, unshrinking, (*stärker*) intrepid. – **II** adv **3.** ~ setzte er seine Arbeit fort he carried on with his work undaunted(ly). — **'Un·ver'zagt·heit** f ⟨-; no pl⟩ **1.** undauntedness. – **2.** (*Unerschrockenheit*) undauntedness, (*stärker*) intrepidness, intrepidity.

un·ver·zeih·bar [ˌʊnfɛrˈtsaɪbaːr; ˈʊn-] adj rare for unverzeihlich.

un·ver·zeih·lich [ˌʊnfɛrˈtsaɪlɪç; ˈʊn-] adj (*Fehler, Irrtum, Leichtsinn etc*) inexcusable, unforgivable, unpardonable, irremissible: es ist ~, daß er sich nicht um dich gekümmert hat it is inexcusable that he should not have bothered about you.

'un·ver·zerrt adj **1.** (*Fernsehbild, Rund-*

funkübertragung etc*) undistorted. – **2.** fig. (*getreu*) undistorted, faithful, true: ein ~er Bericht über die Vorgänge in China an undistorted report on what is going on in China.

un·ver·zicht·bar [ˌʊnfɛrˈtsɪçtbaːr; ˈʊn-] adj (*Anspruch, Recht etc*) unrenouncable.

un·ver·zins·lich [ˌʊnfɛrˈtsɪnslɪç; ˈʊn-] adj econ. **1.** (*Wertpapiere etc*) non-interest-bearing. – **2.** (*Darlehen*) interest-free.

'un·ver·zollt adj **1.** (*zollfrei*) duty-free, exempt from duty. – **2.** (*noch nicht verzollt*) duty unpaid: ~e Pakete uncustomed parcels, parcels which have not yet passed through the customs; ~! (*Aufschrift auf Postsendungen*) duty unpaid. – **3.** (*unter Zollverschluß*) in bond.

un·ver·züg·lich [ˌʊnfɛrˈtsyːklɪç; ˈʊn-] **I** adj (*Abreise, Hilfe, Lieferung etc*) immediate, prompt, instant. – **II** adv immediately, without delay, at once, instantly, forthwith (*lit.*): er machte sich ~ auf den Weg he set out at once.

'un·ver·zweigt adj chem. (*Kette*) normal, straight.

'un·volks·tüm·lich adj unpopular, auch sophisticated.

un·voll·en·det [ˈʊnfɔlˌʔɛndət; ˌʊnfɔl-] adj (*Bauwerk etc*) unfinished, uncompleted, incomplete, (*Kunstwerk*) auch unaccomplished: der Bau blieb ~ the building was left unfinished; ~es Werk (*bes. Skulptur*) torso. — **'Un·voll·en·de·te** ⟨die ⟨-n; no pl⟩ mus.*) "the Unfinished Symphony" (*by Schubert*).

un·voll·kom·men [ˈʊnfɔlˌkɔmən; ˌʊnfɔl-] **I** adj **1.** imperfect: der Mensch ist ~ man is imperfect; ~e Zahl math. imperfect number. – **2.** (*zu wenig umfassend*) imperfect, incomplete, inadequate, insufficient: ich habe hierin nur ~e Kenntnisse I have only an imperfect knowledge of this matter. – **3.** (*unvollständig*) incomplete. – **4.** med. (*Hör-, Seh-, Sprechvermögen etc*) defective, impaired. – **5.** ~e Reue relig. attrition. – **II** adv **6.** sie beherrscht die Sprache nur ~ she has only an imperfect (*od.* incomplete) knowledge of the language. – **7.** ~ entwickelte Organe biol. med. incompletely developed (*od.* rudimentary) organs. — **'Un·voll·kom·men·heit** f ⟨-; no pl⟩ **1.** imperfection: der Mensch in seiner ~ man in his imperfection. – **2.** (*der Kenntnisse, Bildung etc*) imperfection, incompleteness, inadequacy, insufficiency. – **3.** (*Unvollständigkeit*) incompleteness, incompletion. – **4.** med. (*des Hör-, Seh-, Sprechvermögens etc*) defectiveness.

un·voll·stän·dig [ˈʊnfɔlˌʃtɛndɪç; ˌʊnfɔl-] adj **1.** (*Arbeit, Ausstattung, Liste etc*) incomplete: eine ~e Fontane-Ausgabe an incomplete edition of Fontane('s works). – **2.** (*Bericht etc*) incomplete, (*stärker*) fragmentary: ich habe seine Worte nur ~ in Erinnerung I can only remember part of what he said. – **3.** ling. a) (*Verb*) defective, b) (*Satz*) elliptic(al). – **4.** metr. (*Vers*) incomplete, catalectic. – **5.** bot. (*Blüte etc*) incomplete, imperfect. — **'Un·voll·stän·dig·keit** f ⟨-; no pl⟩ **1.** incompleteness, incompletion. – **2.** ling. a) (*eines Verbs*) defectiveness, b) (*eines Satzes*) elliptical quality (*od.* nature).

un·voll·zäh·lig [ˈʊnfɔlˌtsɛːlɪç; ˌʊnfɔl-] adj (*Belegschaft etc*) incomplete, incomplete in number: die Schüler hatten sich nur ~ am Bahnhof eingefunden the pupils had not come to the station in full number(s); wir sind noch ~ we are not all here yet.

'un·vor·be·rei·tet I adj **1.** (*Schüler, Redner etc*) unprepared: meine Eltern waren darauf völlig ~ my parents were quite unprepared for that; ~ sprechen to speak unprepared (*od.* extempore, impromptu, colloq. ad lib); ~ in eine Prüfung gehen to go (in)to an examination unprepared. – **2.** (*Rede etc*) extemporaneous, impromptu. – **3.** (*Text, Übersetzungsübung etc*) unseen, unprepared. – **II** adv **4.** (*überraschend, unversehens*) der Schicksalsschlag traf ihn ganz ~ the blow struck him unexpectedly (*od.* unprepared).

'un·vor·denk·lich [-ˌdɛŋklɪç] adj only in seit ~en Zeiten from time immemorial, from time out of mind; vor ~en Zeiten in time out of mind.

'un·vor·ein·ge·nom·men I adj (*Person, Studie etc*) unprejudiced, unbias(s)ed, impartial: j-m [etwas] gegenüber ~ sein to be unprejudiced (*od.* unbias[s]ed, free from prejudice, free from bias) toward(s) s.o. [s.th.]. – **II** *adv* einen Fall ~ prüfen to examine a case unprejudicedly (*od.* unbias[s]edly, without prejudice, without bias). — 'Un,vor,ein-ge,nom-men-heit *f* <-; *no pl*> unprejudicedness, freedom from prejudice (*od.* bias), impartiality, impartialness.

'un,vor,her-ge,se-hen I *adj* **1.** (*Ereignis, Schwierigkeiten, Zwischenfälle etc*) unforeseen, unexpected, unanticipated, unpredicted: falls ~e Umstände eintreten should unforeseen circumstances arise; ~e Ausgaben a) unforeseen expenses, b) *econ.* contingent expenses. – **II U~e,** das <-n> **2.** the unforeseen, the unexpected, the unpredicted: mit dem U~en rechnen to reckon with (*od.* to make allowances for) the unforeseen. – **3.** U~es (*am Schluß einer Tagesordnung*) any other business, A.O.B.

'un,vor,her,seh-bar *adj* (*Ereignis, Folgen etc*) unforeseeable, unpredictable.

'un,vor,sätz-lich *jur.* **I** *adj* **1.** (*Tat, Betrug etc*) unpremeditated, involuntary. – **2.** (*unabsichtlich*) unintentional, undesigned. – **II** *adv* **3.** der Täter handelte ~ the culprit acted unpremeditatedly.

'un,vor,schrifts,mä-ßig I *adj* (*Verhalten, Fahrweise, Handhabung etc*) not in keeping with (*od.* contrary to) (the) regulations, irregular. – **II** *adv* er fuhr ~ in der Mitte der Straße he drove in the middle of the road contrary to (the) regulations.

'un,vor,sich-tig I *adj* **1.** (*unachtsam, fahrlässig*) careless, incautious, unguarded, (*stärker*) reckless, foolhardy: ~es Überholen careless passing (*bes. Br.* overtaking). – **2.** (*unüberlegt, unbedacht*) incautious, rash, imprudent, inconsiderate, unwary: ein ~er Schritt *auch fig.* an incautious step. – **3.** (*nicht behutsam, nicht sorgsam*) careless. – **II** *adv* **4.** er ist sehr ~ damit umgegangen he handled it very carelessly.

'un,vor,sich-ti-ger'wei-se *adv* **1.** (*aus Unachtsamkeit, Fahrlässigkeit*) carelessly, incautiously, (*stärker*) recklessly. – **2.** (*aus Unüberlegtheit*) incautiously, rashly, imprudently.

'Un,vor,sich-tig-keit *f* <-; *no pl*> **1.** (*Unachtsamkeit, Fahrlässigkeit*) carelessness, incaution, incautiousness, (*stärker*) recklessness, foolhardiness: das ist aus (*od.* durch) ~ passiert this happened through carelessness. – **2.** (*Unüberlegtheit, Unbedachtsamkeit*) incautiousness, incaution, rashness, imprudence, unwariness. – **3.** (*mangelnde Behutsamkeit*) carelessness.

un-vor-stell-bar [,ʊn,foːr'ʃtɛlbaːr; 'ʊn-] **I** *adj* **1.** inconceivable, unimaginable: eine ~e Entfernung an inconceivable distance; Farben sind für einen Blinden ~ colo(u)rs are inconceivable to (*od.* unimaginable for) a blind person; Schäden von ~em Ausmaß (*od.* ~en Ausmaßes) damage *sg* of an inconceivable extent. – **2.** (*undenkbar*) unthinkable, inconceivable, unimaginable, incogitable (*lit.*): so etwas wäre in unserem Land ~ a thing like that would be unthinkable in our country. – **II** *adv* **3.** inconceivably, unimaginably: ~ groß [klein] inconceivably large [small].

'un,vor,teil-haft *adj* **1.** (*Kauf, Geschäftsabschluß etc*) unprofitable, disadvantageous, unfavourable, *bes. Br.* unfavourable: für beide Teile ~ unprofitable (*od.* disadvantageous, unfavo[u]rable) for (*od.* to) both parties (*od.* sides), mutually unprofitable. – **2.** (*Kleidungsstück*) unbecoming, unflattering. – **3.** (*Farbe, Tapete, Make-up etc*) unfavorable, *bes. Br.* unfavourable. – **4.** (*Aussehen, Figur etc*) unattractive: in diesem Kleid sieht sie ~ aus, dieses Kleid macht sie ~ she looks unattractive in this dress, this dress does nothing for her.

un-wäg-bar [,ʊn'vɛːkbaːr; 'ʊn-] *adj* (*Faktor, Element, Umstand etc*) imponderable, *auch* unweighable. — ,Un'wäg-bar-keit *f* <-; -en> **1.** <*only sg*> (*eines Faktors, Umstands etc*) imponderability. – **2.** *pl bes. philos. psych. phys.* imponderables, imponderabilia (*scient.*): die ~en des Lebens the imponderables of life.

'un,wahr *adj* **1.** (*Behauptung, Geschichte etc*) untrue, false, untruthful. – **2.** *fig.* (*nicht lebensecht*) not true (*od.* untrue) to life.

'un,wahr,haf-tig *adj* **1.** (*zum Lügen neigend*)

untruthful, dishonest: ein ~er Mensch an untruthful person. – **2.** (*unaufrichtig*) insincere: seine Gefühle sind ~ his feelings are insincere (*od.* not heartfelt). – **3.** *cf.* unwahr. — 'Un,wahr,haf-tig-keit *f* <-; *no pl*> **1.** (*Neigung zum Lügen*) untruthfulness, dishonesty. – **2.** (*Unaufrichtigkeit*) insincerity. – **3.** *cf.* Unwahrheit 1.

'Un,wahr-heit *f* <-; -en> **1.** <*only sg*> (*einer Behauptung, Geschichte etc*) untrueness, untruth(fulness), falseness, falsity. – **2.** (*unwahre Angabe, Behauptung etc*) untruth, falsehood, falsity: eine grobe ~ a gross untruth (*od.* falsehood); die ~ sagen to tell an untruth.

'un,wahr,schein-lich I *adj* **1.** (*Geschichte, Begebenheit etc*) improbable, unlikely, tall (*attrib*) (*colloq.*): das klingt recht ~ that sounds rather unlikely (*od. colloq.* like a tall story, fishy). – **2.** es ist ~ (, daß) it is improbable (*od.* unlikely) that; es ist sehr (*od.* höchst) ~, daß er kommt it's very improbable (*od.* very unlikely, highly improbable, most unlikely) that he will come. – **3.** *colloq.* (*Geschwindigkeit, Kraft etc*) incredible, fantastic: er hat ein ~es Glück! he has incredible good luck, he is incredibly lucky, he has the luck of the Irish (*colloq.*). – **II** *adv* **4.** *colloq.* (*sehr*) incredibly, fantastically: sie ist ~ groß she is incredibly tall; der Wagen fährt ~ schnell the car can go incredibly fast (*od.* at a fantastic speed). — 'Un,wahr,schein-lich-keit *f* <-; *no pl*> improbability, unlikelihood, unlikeliness.

un-wan-del-bar [,ʊn'vandəlbaːr; 'ʊn-] *adj* **1.** (*Charakter, Ablauf, Bestimmungen etc*) immutable, unchangeable, unalterable, inalterable, invariable, inconvertible. – **2.** (*Treue, Liebe etc*) steadfast, *auch* stedfast, unwavering. — ,Un'wan-del-bar-keit *f* <-; *no pl*> **1.** (*des Charakters, der Bestimmungen etc*) immutability, unchangeability, unalterableness, inalterability, invariability, invariableness, inconvertibility. – **2.** (*der Treue, Liebe etc*) steadfastness, *auch* stedfastness.

'un,weg-sam *adj* **1.** (*unbefahrbar, unpassierbar*) impassable, impracticable: ~es Gelände impassable terrain. – **2.** (*ohne Wege, Straßen etc*) roadless, pathless, wayless. — 'Un,weg-sam-keit *f* <-; *no pl*> **1.** (*Unbefahrbarkeit*) impassability, impassableness, impracticability, impracticableness. – **2.** (*das Fehlen von Wegen, Straßen etc*) absence of roads (*od.* paths).

'un,weib-lich *adj* **1.** (*Aussehen, Statur, Stimme etc*) unfeminine. – **2.** (*Wesensart, Verhalten etc*) unwomanly.

un-wei-ger-lich [,ʊn'vaigərlɪç; 'ʊn-] **I** *adj* <*attrib*> (*Folge, Konsequenz etc*) inevitable, unavoidable. – **II** *adv* **2.** inevitably: er wäre ~ gestürzt, wenn du ihn nicht gehalten hättest he would inevitably have fallen if you had not held him. – **3.** (*fraglos, unzweifelhaft*) unquestionably, undoubtedly, doubtlessly, without (any) question (*od.* doubt).

'un,weit I *prep* <*gen*> not far from, *bes. Am.* nearby: ~ der Stadt not far from the town. – **II** *adv* ~ von not far from: ich wohne ~ von hier ~ I live not far from here, I live a stone's throw from here.

'un,welt-lich *adj* unworldly.

'un,wert *adj only in* er ist es ~, daß man ihm hilft, er ist der Hilfe ~ *lit.* he is unworthy of help (*od.* being helped).

'Un,wert *m* <-(e)s; *no pl*> unworthiness, unworth.

'Un,we-sen *n* <-s; *no pl*> **1.** (*übler Zustand*) dreadful (*od.* abominable) state of affairs: dem ~ ein Ende machen to put an end to the dreadful state of affairs. – **2.** (*Untaten, schlimmes Treiben*) evil practices (*od.* deeds) *pl*: eine Rockerbande trieb hier ihr ~ the place was terrorized by a gang of rockers.

'un,we-sent-lich I *adj* **1.** (*Betrag, Summe, Fehler, Abweichung, Vorfall etc*) insignificant, unsignificant, trivial, trifling: sich über ~e Kleinigkeiten (*od.* Dinge) aufregen to get excited about trivial matters (*od.* trivialities). – **2.** (*Bestandteil, Beitrag, Unterschied, Änderung etc*) unimportant, immaterial, unessential, inessential, nonessential *Br.* non-, insignificant, unsignificant, irrelevant: es ist ~, ob er kommt it is immaterial (*od.* it is of no consequence, it makes no difference)

whether he comes or not; das ist für mich ganz ~ that's quite unessential (*od.* immaterial) to (*od.* for) me, that is neither here nor there to me (*colloq.*). – **3.** (*Schaden, Verlust, Gewinn, Verbesserung etc*) negligible, *auch* negligeable, insignificant, unsignificant. – **II** *adv* **4.** dieses Gebäude unterscheidet sich nur ~ von den anderen this building differs only negligibly from the others. – **5.** nicht ~ appreciably, considerably: ihr Gesundheitszustand hat sich nicht ~ gebessert (the state of) her health has improved appreciably.

'Un,wet-ter *n* <-s; -> **1.** (*Sturm u. Regen*) tempest, (*auf See*) *auch* rough (*od.* stormy) weather: im ganzen Land gingen schwere ~ nieder violent (*od.* raging) tempests swept the whole country. – **2.** (*schweres Gewitter*) violent (*od.* raging) thunderstorm.

'un,wich-tig *adj* **1.** (*Aufgabe, Arbeit, Posten, Persönlichkeit, Brief etc*) unimportant, insignificant, unsignificant, inconsequential. – **2.** (*Bestandteil, Beitrag, Änderung, Entscheidung etc*) unimportant, immaterial, insignificant, unsignificant, irrelevant: diese Frage ist vorläufig ~ this question is unimportant at present; es ist doch ~, ob wir mit dem Auto oder mit dem Zug fahren it is unimportant (*od.* of no consequence) whether we go by car or by train. – **3.** (*Vorfall, Begebenheit, Kleinigkeit etc*) insignificant, unsignificant, trivial, trifling. – **4.** <*pred*> (*nicht notwendig*) unnecessary: er hält ein Telephon für ~ he thinks a telephone is unnecessary. — 'Un,wich-tig-keit *f* <-; -en> **1.** <*only sg*> (*einer Aufgabe, Arbeit, Persönlichkeit etc*) unimportance, insignificance, insignificancy. – **2.** <*only sg*> (*eines Bestandteils, Beitrags, einer Entscheidung etc*) unimportance, immaterialness, insignificance, insignificancy, irrelevance, irrelevancy. – **3.** <*only sg*> (*eines Vorfalls, einer Begebenheit etc*) insignificance, insignificancy, triviality. – **4.** *pl* (*unwichtige Dinge, Kleinigkeiten*) trivialities, insignificancies.

un-wi-der-leg-bar [,ʊn,viːdər'leːkbaːr; 'ʊn-] **I** *adj* **1.** (*Beweis etc*) irrefutable, conclusive, incontrovertible, irrebuttable, incontestable: ~e Vermutung irrebuttable presumption. – **2.** (*Argument etc*) irrefutable, conclusive, incontrovertible, irrefragable, irrebuttable, unassailable. – **II** *adv* **3.** etwas ~ beweisen to prove s.th. irrefutably (*od.* conclusively), to have (*od.* provide) conclusive evidence of s.th. — ,Un'wi-der,leg-bar-keit *f* <-; *no pl*> **1.** (*eines Beweises, einer Rechtsvermutung etc*) irrefutability, conclusiveness. – **2.** (*eines Arguments etc*) irrefutability, conclusiveness, irrefragability. — **un-wi-der,leg-lich** [,ʊn,viːdər'leːklɪç; 'ʊn-] *adj u. adv cf.* unwiderlegbar. — ,Un,wi-der'leg-lich-keit *f* <-; *no pl*> *cf.* Unwiderlegbarkeit.

un-wi-der-ruf-lich [,ʊn,viːdər'ruːflɪç; 'ʊn-] **I** *adj* **1.** (*Beschluß, Anordnung etc*) irrevocable: die Entscheidung des Komitees ist ~ the decision of the committee is irrevocable (*od.* cannot be revoked, is beyond recall, is past recall). – **2.** *jur.* (*Gerichtsurteil etc*) irrevocable, irrepealable, irreversible. – **3.** *econ.* (*Akkreditiv, Vollmacht etc*) irrevocable. – **II** *adv* **4.** (*unbedingt, ganz gewiß*) definitely, positively: es ist ~ das letzte Mal it is positively the last time; es steht ~ fest, daß it is quite positive that; (am) Montag ~ letzte Vorstellung! definitely last performance on Monday! — ,Un,wi-der'ruf-lich-keit *f* <-; *no pl*> **1.** (*eines Beschlusses, einer Anordnung etc*) irrevocability, irrevocableness. – **2.** *jur.* (*eines Gerichtsurteils etc*) irrevocability, irrevocableness, irreversibility. – **3.** *econ.* (*eines Akkreditivs, einer Vollmacht etc*) irrevocability, irrevocableness.

un-wi-der-spro-chen [,ʊn,viːdər'ʃprɔxən; 'ʊn-] *adj* **1.** (*Äußerung, Meldung etc*) uncontradicted: nach einer bisher ~en Nachricht according to a report which has not yet been contradicted. – **2.** (*Meinung, Behauptung, These etc*) uncontradicted, unchallenged, undisputed: wir können dies nicht ~ lassen we can't let this pass unchallenged.

un-wi-der-steh-lich [,ʊn,viːdər'ʃteːlɪç; 'ʊn-] **I** *adj* (*Drang, Trieb, Anziehungskraft etc*) irresistible, *Am. auch* irresistable: sie hatte ein ~es Verlangen nach Wasser she had an irresistible desire for water; sein Gesichtsausdruck war von ~er Komik his facial expression was irresistibly funny; er hält sich für ~ he thinks he is irresistible. – **II** *adv* irresistibly: sie fühlte sich von ihm ~ angezogen she felt irresistibly attracted to him, he had an irresistible appeal for her. — **Un·wi·der'steh·lich·keit** *f* ⟨-; *no pl*⟩ irresistibility, irresistibleness.

un·wie·der·bring·lich [ˌʊnˌviːdərˈbrɪŋlɪç; ˈʊn-] **I** *adj* (*Verlust etc*) irretrievable, irrecoverable, irreparable. – **II** *adv* das Geld war ~ verloren (*od.* dahin) the money was irretrievably (*od.* irrecoverably) lost. — **Un·wie·der'bring·lich·keit** *f* ⟨-; *no pl*⟩ (*eines Verlusts etc*) irretrievability, irretrievableness, irrecoverableness, irreparableness.

'Un·wil·le *m* ⟨-ns; *no pl*⟩ **1.** indignation, (*stärker*) anger: sein Benehmen erregte den ~n des Lehrers his behavio(u)r aroused the indignation of the teacher; mit ~n stellte er fest (*od.* bemerkte er), daß sie nicht gekommen war he noticed with indignation (*od.* he was indignant when he noticed) that she had not come; ~n über (*acc*) etwas empfinden to feel indignation (*od.* be indignant) at (*od.* about, over) s.th., (*stärker*) to feel anger at s.th., to be angry at (*od.* about) s.th. – **2.** (*Widerwille, Lustlosigkeit*) unwillingness, reluctance, reluctancy: etwas mit ~n tun to do s.th. unwillingly (*od.* reluctantly), to do s.th. with (a) bad (*od.* with an ill) grace. — **'Un·wil·len** *m* ⟨-s; *no pl*⟩ *cf.* Unwille.

'un·wil·lig I *adj* **1.** indignant, (*stärker*) angry: du mußt deswegen nicht gleich ~ werden! you needn't get indignant at (*od.* about, over) it! you need not fly off the handle about it! (*colloq.*); über (*acc*) etwas [über j-n] ~ werden to become indignant at (*od.* about, over) s.th. [with s.o.]. – **2.** (*widerwillig, lustlos*) unwilling, reluctant. – **II** *adv* **3.** sie schüttelte ~ den Kopf she shook her head indignantly (*od.* with indignation); er tut Gartenarbeit nur sehr ~ he does gardening only very unwillingly (*od.* reluctantly, with [a] bad grace, with an ill grace).

'un·will·kom·men *adj* (*Gäste, Ereignisse*) unwelcome.

un·will·kür·lich [ˈʊnˌvɪlkyːrlɪç; ˌʊnˌvɪl-] **I** *adj* **1.** (*Bewegung, Gedanke etc*) involuntary, spontaneous, unconscious, consensual. – **2.** instinctive. – **3.** (*mechanisch*) automatic. – **II** *adv* **4.** *cf.* unabsichtlich 3. – **5.** ich tat es ganz ~ I did it quite involuntarily; ich mußte ~ an ihn denken I could not help thinking of him.

'un·wirk·lich I *adj* unreal, fictitious, phantasmal (*lit.*). – **II** U~e, das ⟨-n⟩ the unreal, the fictitious, the phantasmal (*lit.*). — **'Un·wirk·lich·keit** *f* ⟨-; *no pl*⟩ unreality, fictitiousness.

'un·wirk·sam *adj* **1.** (*Medizin, Behandlung etc*) ineffective, ineffectual, inefficient, inefficacious: etwas stellt sich als ~ heraus s.th. proves (to be) ineffective. – **2.** *jur.* (*Rechtsgeschäft etc*) a) inoperative, b) (*null und nichtig*) (null and) void: etwas ~ machen a) to render s.th. inoperative, b) to render s.th. void, to (a)void s.th. – **3.** *chem.* (*Reagens*) inactive. — **'Un·wirk·sam·keit** *f* ⟨-; *no pl*⟩ **1.** ineffectiveness, ineffectuality, ineffectualness, inefficiency, inefficac(it)y. – **2.** *jur.* a) inoperativeness, b) voidness. – **3.** *chem.* inactivity, inactiveness.

'un·wirsch *adj* (*Antwort etc*) surly, gruff.

'un·wirt·lich *adj* **1.** (*Gegend etc*) unattractive, (*stärker*) desolate, deserted. – **2.** (*Klima etc*) raw. – **3.** *cf.* ungastlich. — **'Un·wirt·lich·keit** *f* ⟨-; *no pl*⟩ **1.** unattractiveness, (*stärker*) desolation, desertedness. – **2.** rawness. – **3.** *cf.* Ungastlichkeit.

'un·wirt·schaft·lich *adj* **1.** (*unrentabel*) uneconomic, inefficient. – **2.** (*schlecht wirtschaftend*) uneconomical, unthrifty. — **'Un·wirt·schaft·lich·keit** *f* ⟨-; *no pl*⟩ **1.** uneconomicalness, inefficiency. – **2.** uneconomicalness, lack of economy, unthriftiness, unthrift.

'Un·wis·sen *n* ⟨-s; *no pl*⟩ *lit.* ignorance.

'un·wis·send *adj* **1.** (*nicht informiert*) ignorant, uninformed, nescient (*lit.*): er

---

stellt sich ~ he pretends to be ignorant, he feigns ignorance. – **2.** (*ungebildet*) ignorant, untaught, unlearned: er ist ein ~er Mensch he is an ignorant person (*od.* an ignoramus). – **3.** (*unerfahren*) innocent, guileless, ignorant: sie ist noch ein ~es Kind she is still an innocent child. — **'Un·wis·sen·de** *m, f* ⟨-n; -n⟩ **1.** (*nicht Informierte*) ignorant (*od.* uninformed) person. – **2.** (*Ungebildete*) ignoramus, know-nothing. — **'Un·wis·sen·heit** *f* ⟨-; *no pl*⟩ **1.** (*Mangel an Information*) ignorance, nescience (*lit.*): es herrscht noch allgemeine [weitverbreitete] ~ there is general [widespread] ignorance on (*od.* of) this subject; ~ vorschützen to feign ignorance. – **2.** (*Mangel an Bildung*) ignorance: j-n in ~ halten (*od.* lassen) (über *acc* of) to keep s.o. ignorant. – **3.** (*Unerfahrenheit*) innocence, guilelessness, ignorance.

'un·wis·sen·schaft·lich I *adj* unscientific, unscholarly. – **II** *adv* unscientifically. — **'Un·wis·sen·schaft·lich·keit** *f* ⟨-; *no pl*⟩ lack of scientific (*od.* scholarly) accuracy (*od.* methods).

'un·wis·sent·lich *adv* unknowingly, unwittingly: er hatte die Grenze ~ überschritten he had crossed the border unknowingly.

'un·wohl *adj* ⟨*pred*⟩ **1.** ich bin ~, ich fühle mich ~, mir ist ~ a) (*unpäßlich*) I am indisposed, I feel ~, I feel unwell, I feel (*od.* am) seedy (*od.* off colo[u]r, under the weather) (*colloq.*), b) (*übel*) I feel sick (*od.* queasy, *auch* queazy, squeamish, *stärker* ill), c) *euphem.* (*von Frauen*) I am indisposed, I feel (*od.* am) unwell. – **2.** ich fühlte mich dort sehr ~ (*unbehaglich*) I felt rather uneasy at that place. — **'Un·wohl·sein** *n* ⟨-s; *no pl*⟩ **1.** (*Unpäßlichkeit*) indisposition, unwellness, seediness (*colloq.*). – **2.** (*Übelkeit*) sickness, queasiness, squeamishness, nausea, (*stärker*) illness. – **3.** *euphem.* (*von Frauen*) indisposition, unwellness.

'un·wohn·lich *adj* **1.** (*Zimmer etc*) unhomely, cheerless. – **2.** (*Gegend*) cheerless, bleak.

'Un·wucht *f* ⟨-; -en⟩ *tech.* (*eines Reifens etc*) out-of-balance weight, unbalance: das Rad hat eine ~ the wheel is out of balance. — **~kraft** *f* out-of-balance force.

'un·wür·dig *adj* (*gen* of) **1.** (*Person*) unworthy: einer Sache ~ sein to be unworthy (*od.* undeserving) of s.th. – **2.** (*Verhalten etc*) unworthy, undignified: das ist seiner ~ that is beneath (*od.* unworthy of, below) him. — **'Un·wür·dig·keit** *f* ⟨-; *no pl*⟩ **1.** unworthiness. – **2.** lack of dignity.

'Un·zahl *f* ⟨-; *no pl*⟩ only in eine ~ von an immense (*od.* a tremendous) number of, a host (*od.* sea, *lit.* legion) of.

un·zähl·bar [ˈʊnˈtsɛːlbaːr; ˈʊn-] *adj* (*sehr groß*) innumerable, countless, numberless, uncountable.

un·zäh·lig [ˌʊnˈtsɛːlɪç; ˈʊn-] **I** *adj* (*zahllos*) innumerable, countless, numberless, unnumbered, uncounted, untold: ~e Male innumerable times, over and over again, time and again. – **II** *adv* ~ viele Autos innumerable (*od.* countless numbers of) cars. — **un'zäh·li·ge·mal** *adv* innumerable times, over and over again, time and again.

un·zähm·bar [ˌʊnˈtsɛːmbaːr; ˈʊn-] *adj* **1.** (*Tier*) untamable. – **2.** *fig.* (*Geist etc*) untamable, indomitable, tameless, ungovernable. — **Un'zähm·bar·keit** *f* ⟨-; *no pl*⟩ **1.** untamableness. – **2.** *fig.* untamableness, indomitableness, tamelessness, ungovernableness.

'un·zart *adj* ungentle, (*stärker*) rough, rude. — **'Un·zart·heit** *f* ⟨-; *no pl*⟩ ungentleness, (*stärker*) roughness, rudeness.

Un·ze[1] [ˈʊntsə] *f* ⟨-; -n⟩ (*Gewichts- u. Hohlmaß*) ounce.

'Un·ze[2] *f* ⟨-; -n⟩ *zo.* rare for Jaguar.

'Un·zeit *f* only in zur ~ *lit.* at the wrong time (*od.* moment), inopportunely, out of time (*od.* season), (*vorzeitig*) *auch* prematurely: eine Bemerkung zur ~ kann großen Schaden anrichten a remark made at the wrong time (*od.* an ill-timed [*od.* untimely, inopportune, unseasonable] remark) may cause great harm.

'un·zeit·ge·mäß *adj* **1.** (*altmodisch*) old-fashioned, out-of-date (*attrib*), outmoded, behind the times. – **2.** out of season (*nachgestellt*): „U~e Betrachtung" "Thoughts out of Season" (*by Nietzsche*).

'un·zei·tig *adj* rare **1.** (*nicht zeitig*) belated, tardy. – **2.** (*verfrüht*) premature. – **3.** unseasonable. – **4.** (*unreif*) unripe, green.

un·zer·brech·lich [ˌʊntsɛrˈbrɛçlɪç; ˈʊn-] *adj* (*Geschirr, Material etc*) unbreakable, nonbreakable *Br.* non-. — **Un·zer'brech·lich·keit** *f* ⟨-; *no pl*⟩ unbreakableness.

'un·ze·re·mo·ni·ell *adj* (*Verhalten etc*) unceremonious, informal.

'un·zer·kaut *adj* whole: „~ schlucken!" *med. pharm.* "to be swallowed whole".

un·zer·leg·bar [ˌʊntsɛrˈleːkbaːr; ˈʊn-] *adj* **1.** *tech.* undetachable. – **2.** *bes. chem.* (in *acc* into) indecomposable, irreducible. — **Un·zer'leg·bar·keit** *f* ⟨-; *no pl*⟩ *bes. chem.* indecomposableness, irreducibility.

un·zer·reiß·bar [ˌʊntsɛrˈraɪsbaːr; ˈʊn-] *adj* untearable.

'un·zer·setzt I *adj* undecomposed. – **II** *adv* ~ schmelzen *chem.* to melt without decomposition.

'un·zer·spurt *adj* (*Schnee*) untracked, unbroken.

un·zer·stör·bar [ˌʊntsɛrˈʃtøːrbaːr; ˈʊn-] *adj* **1.** indestructible. – **2.** *fig.* imperishable. — **Un·zer'stör·bar·keit** *f* ⟨-; *no pl*⟩ **1.** indestructibility, indestructibleness. – **2.** *fig.* imperishability, imperishableness.

un·zer·teil·bar [ˌʊntsɛrˈtaɪlbaːr; ˈʊn-] *adj* indivisible, indiscerptible.

un·zer·trenn·bar [ˌʊntsɛrˈtrɛnbaːr; ˈʊn-] *adj* indivisible, indiscerptible: eine ~e Einheit an indiscerptible entity. — **Un·zer'trenn·bar·keit** *f* ⟨-; *no pl*⟩ indivisibility, indivisibleness, indiscerptibility: die ~ von Körper und Geist the indiscerptibility of body and mind.

un·zer·trenn·lich [ˌʊntsɛrˈtrɛnlɪç; ˈʊn-] *adj* (*von* from) inseparable: ~e Freunde inseparable friends; die beiden sind ~ those two are inseparable.

Un·zer·trenn·li·che [ˌʊntsɛrˈtrɛnlɪçə; ˈʊn-] *pl zo.* lovebirds (*Gattg Agapornis*). — **Un·zer'trenn·lich·keit** *f* ⟨-; *no pl*⟩ inseparability, inseparableness.

Un·zi·al·buch·sta·be [ʊnˈtsiaːl-] *m print.* uncial (letter).

Un·zia·le [ʊnˈtsiaːlə] *f* ⟨-; -n⟩ *print.* **1.** *cf.* Unzialbuchstabe. – **2.** *cf.* Unzialschrift.

Un·zi·al·schrift *f print.* uncial.

'un·zie·mend *adj cf.* unziemlich.

'un·ziem·lich *adj* **1.** (*ungehörig*) indecorous, unseemly, unbecoming, indelicate. – **2.** (*unanständig*) improper, (*stärker*) indecent. — **'Un·ziem·lich·keit** *f* ⟨-; *no pl*⟩ **1.** indecorum, unseemliness, unbecomingness, indelicacy. – **2.** impropriety, improperness, (*stärker*) indecency.

'Un·zier *f lit. cf.* Unzierde 2.

'Un·zier·de *f* ⟨-; *no pl*⟩ **1.** eyesore: der ungepflegte Marktplatz ist eine ~ für die ganze Stadt the unkept market square is an eyesore for the whole town. – **2.** j-m zur ~ gereichen *fig. lit.* to ill befit s.o.

'un·zi·vi·li·siert *adj* **1.** (*barbarisch*) uncivilized *Br. auch* -s-, barbarian, barbarous. – **2.** (*grob, unhöflich*) uncivilized *Br. auch* -s-, rude. – **3.** (*primitiv*) primitive, savage.

'Un·zucht *f* ⟨-; *no pl*⟩ illicit sexual practices (*od.* relations) *pl*, sexual offence (*Am.* -fense), fornication, whoredom: widernatürliche ~ sodomy, buggery, unnatural offence; gewerbsmäßige ~ prostitution; ~ mit Abhängigen illicit sexual relations with dependents; ~ treiben to fornicate, to carry on illicit sexual relations, to whore; j-n zur ~ verleiten (*od.* verführen) to seduce s.o. — **'un·züch·tig I** *adj* **1.** (*Verhalten, Reden, Schriften etc*) obscene, lewd, bawdy: eine ~e Handlung a) an obscene act, b) an illicit sexual act. – **2.** (*ausschweifend*) licentious, debauched. – **3.** (*geil, lüstern*) lustful, lascivious, libidinous. – **4.** (*hurenhaft*) meretricious. – **II** *adv* **5.** sich j-m ~ nähern to approach s.o. indecently. — **'Un·züch·tig·keit** *f* ⟨-; -en⟩ **1.** obscenity, lewdness, bawdiness. – **2.** licentiousness, debauchery. – **3.** lustfulness, lasciviousness, libidinousness.

'un·zu·frie·den *adj* **1.** (*mißmutig*) (über *acc*) discontent(ed) (with), malcontent(ed) (with), disgruntled (at): er ist ewig ~ he is always discontented (*od.* malcontent). – **2.** mit j-m [etwas] ~ sein a) (*vorübergehend*) to be dissatisfied (*od.* unsatisfied) with s.o. [s.th.], to be displeased at (*od.* with) s.o. [s.th.], b) (*dauernd*) to be discontent(ed) with (*od.* in) s.o. [s.th.], to be disgruntled with s.o. [at s.th.]: manche Lehrer sind mit ihren Schülern immer ~ some teachers are always dissatisfied (*od.* unsatisfied) with their pupils; er ist mit Gott und der Welt ~ he is discontented with life in general. — '**Un-zu‚frie·de·ne** *m*, *f* ⟨-n; -n⟩ malcontent (person), discontent (person). — '**Un·zu-‚frie·den·heit** *f* ⟨-; *no pl*⟩ **1.** (*Mißmut*) (über *acc* with) discontent. — **2.** (mit) a) (*vorübergehende*) dissatisfaction (with), displeasure (at, with), b) (*dauernde*) discontent (with, in).

'**un‚zu‚gäng·lich** *adj* **1.** (*Gebiet, Gegend, Haus etc*) inaccessible, inapproachable, unapproachable. — **2.** *fig.* (*Mensch*) unapproachable, reserved, aloof. — **3.** (*gegenüber Bitten, Ermahnungen etc*) (*dat*, gegenüber to) deaf, impervious, unamenable: er ist jedem vernünftigen Argument ~ he is deaf to any reasonable argument. — '**Un‚zu‚gäng·lich·keit** *f* ⟨-; *no pl*⟩ **1.** inaccessibility, inaccessibleness, inapproachability, unapproachableness, unapproachability. — **2.** *fig.* unapproachibility, unapproachableness, reserve(dness), aloofness. — **3.** *fig.* (gegenüber to) deafness, imperviousness.

'**un‚zu‚kömm·lich** [-‚kœmlɪç] *adj Austrian* **1.** (*Nahrung etc*) insufficient, inadequate. — **2.** unjustified: er wurde in ~er Weise begünstigt he was given unjustified privileges. — '**Un‚zu‚kömm·lich·keit** *f* ⟨-; -en⟩ *meist pl Austrian* **1.** (*Unannehmlichkeit*) inconvenience. — **2.** (*Unstimmigkeit*) difference.

'**un‚zu‚läng·lich** *adj* **1.** insufficient, incompetent, inadequate, poor, unsatisfactory, inefficient. — **2.** *jur.* a) insufficient, b) inadequate: eine ~e Strafe an inadequate sentence. — '**Un‚zu‚läng·lich·keit** *f* ⟨-; -en⟩ **1.** ⟨*only sg*⟩ insufficiency, incompetence, *auch* incompetency, inadequacy, inadequateness, poorness, unsatisfactoriness. — **2.** ⟨*only sg*⟩ *jur.* a) insufficiency, b) inadequacy. — **3.** *meist pl* shortcomings *pl*.

'**un‚zu‚läs·sig** *adj* **1.** inadmissable, *auch* inadmissible, impermissible, unallowable. — **2.** *bes. jur.* a) unlawful, b) inadmissible, *auch* inadmissable: eine ~e Zusammenrottung an unlawful assembly; ~e Beweismittel inadmissable (*Am.* incompetent) evidence *sg*; ~e Verbindung mehrerer Parteien [Klagen] misjoinder of parties [causes of action]. — '**Un‚zu‚läs·sig·keit** *f* ⟨-; *no pl*⟩ **1.** inadmissability, *auch* inadmissibility, impermissibility. — **2.** *bes. jur.* a) unlawfulness, b) inadmissibility, *auch* inadmissability: ~ von Beweismitteln inadmissibility (*Am.* incompetence) of evidence.

'**un‚zu‚mut·bar** *adj* (*Forderung etc*) unreasonable. — '**Un‚zu‚mut·bar·keit** *f* ⟨-; *no pl*⟩ unreasonableness.

'**un‚zu‚rech·nungs‚fä·hig** *adj* irresponsible (for one's actions), not responsible for one's actions, of unsound mind, non compos mentis (*jur.*): für ~ erklärt werden to be certified insane; sich für ~ ausgeben to stultify oneself. — '**Un‚zu‚rech·nungs‚fä·hig·keit** *f* ⟨-; *no pl*⟩ irresponsibility (for one's actions), unsoundness of mind: Einrede der ~ *jur.* plea of insanity.

'**un‚zu‚rei·chend** *adj* (*Grund, Erklärung, Mittel etc*) insufficient, inadequate.

'**un·zu‚sam·men‚hän·gend** *adj* (*Rede, Worte etc*) disjointed, disconnected, incoherent, unconnected, (*vom Thema abschweifend*) rambling: ~e Gedanken disjointed thoughts.

'**un‚zu‚stän·dig** *adj bes. jur.* (für) incompetent (for), having no jurisdiction (over): ein Gericht für ~ erklären to adjudicate a court incompetent. — '**Un‚zu‚stän·dig·keit** *f* ⟨-; *no pl*⟩ incompetence, want (*od.* lack) of jurisdiction: Einrede der ~ des Gerichts plea as to jurisdiction, *Am.* foreign plea.

'**un‚zu‚stell·bar** *adj* (*postal service*) undeliverable: ~e Sendungen undeliverable and dead letter mail *sg*; falls ~, an Absender zurück if undeliverable, please return to sender.

'**un‚zu‚träg·lich** *adj* (*Alkohol, Klima etc*) unwholesome, unhealthy: das Klima hier ist meiner Gesundheit ~ the climate here is bad for my health. — '**Un‚zu‚träg·lich·keit** *f* ⟨-; -en⟩ **1.** ⟨*only sg*⟩ unwholesomeness, unhealthiness. — **2.** *pl* (zwischen *dat* between) differences.

'**un‚zu‚tref·fend I** *adj* **1.** (*unbegründet*) unfounded: das ist gänzlich ~ that is completely unfounded, nothing could be further from the truth. — **2.** (*nicht anwendbar*) inapplicable. – **II U~e**, **das** ⟨-n⟩ **3.** *only in* U~es bitte streichen (*auf Formularen*) please delete what does not apply.

'**un‚zu‚ver‚läs·sig** *adj* **1.** (*Mensch, Quelle, Gedächtnis, Wetter etc*) unreliable, undependable, independable: ~e Freunde unreliable (*od.* fair-weather) friends; manche Methoden zur Empfängnisverhütung sind sehr ~ some contraceptive methods are very unreliable (*od.* unsafe, shaky); er ist ein ~er Kunde *colloq.* he is an unreliable (*od.* a slippery, tricky, shifty) customer (*colloq.*). — **2.** (*unsicher*) uncertain. — **3.** (*unpünktlich*) unpunctual. – **4.** (*trügerisch*) treacherous. — '**Un‚zu‚ver‚läs·sig·keit** *f* ⟨-; *no pl*⟩ **1.** unreliability, undependableness, undependability: die ~ einer Methode the unreliability (*od.* shakiness) of a method; er ist überall wegen seiner ~ in finanziellen Dingen bekannt he is known everywhere for his unreliability (*od.* slipperiness, trickiness, shiftiness) in financial matters. — **2.** uncertainty. — **3.** unpunctuality. — **4.** treacherousness.

'**un‚zweck‚mä·ßig** *adj* **1.** (*ungeeignet*) unsuitable, inappropriate: ~e Kleidung [Einrichtung] unsuitable clothing [furnishings *pl*]. — **2.** (*unangebracht*) inappropriate, inexpedient: diese Bemerkung war sehr ~ this remark was very inexpedient. — '**Un‚zweck‚mä·ßig·keit** *f* ⟨-; *no pl*⟩ **1.** unsuitability, unsuitableness, inappropriateness. — **2.** inappropriateness, inexpediency, inexpedience.

'**un‚zwei‚deu·tig I** *adj* **1.** (*sehr deutlich, grob*) plain, straight, unambiguous: eine ~e Antwort a plain answer. — **2.** (*eindeutig, unmißverständlich, iron. unanständig*) unambiguous, unequivocal: ein ~er Witz an unambiguous (*od.* indecent) joke. – **II** *adv* **3.** daraus geht ~ hervor, daß from this it follows quite clearly that; er gab ihm ~ zu verstehen, daß he gave him quite unambiguously (*od.* unmistakably) to understand that, he made it quite clear to him that. — '**Un‚zwei‚deu·tig·keit** *f* ⟨-; -en⟩ **1.** ⟨*only sg*⟩ (*Deutlichkeit, Grobheit*) plainness, unambiguousness, unambiguity. — **2.** ⟨*only sg*⟩ (*Eindeutigkeit*) unambiguousness, unambiguity, unequivocalness. — **3.** (*unanständige Bemerkung*) unambiguous (*od.* indecent) remark.

un‚zwei·fel·haft [ʹʊn‚tsvaɪfəlhaft; ‚ʊn-] **I** *adj* ⟨*pred*⟩ indubitable, unquestionable: es ist ~, daß it is indubitable (*od.* unquestionable, beyond doubt, beyond controversy) that, it is a doubtless (*od.* an undoubted) fact that. – **II** *adv* ~ hat er das gesagt there is no doubt (that) he said so.

Upa·ni·schad [uʹpa(ː)nɪʃat] *f* ⟨-; -en [upa-niʹʃaːdən]⟩ *meist pl* (*altind. religiöse Schriften*) Upanishad, *auch* Upanisad.

'**Upas‚baum** [ʹuːpas-] *m bot.* upas (tree) (*Antiaris toxicaria*).

Up·per·cut [ʹapərkat; ʹapəkat] (*Engl.*) *m* ⟨-s; -s⟩ (*sport*) (*beim Boxen*) uppercut.

üp·pig [ʹʏpɪç] **I** *adj* **1.** (*überreich*) luxuriant, succulent, lush, rich, rank, luxurious, exuberant, profuse: ein ~er Pflanzenwuchs a luxuriant (*od.* rampant) vegetation. — **2.** (*dicht*) thick, exuberant: ~es blondes Haar thick blond hair. — **3.** (*reichlich*) sumptuous, elaborate, lavish, opulent, luscious: ein ~es Mahl a sumptuous meal. — **4.** (*schwelgerisch*) luxurious, sumptuous: sie führen ein ~es Leben they lead a luxurious life. — **5.** (*großzügig*) generous, lavish: ein ~es Trinkgeld a generous tip. — **6.** (*von rundlicher Körperform*) opulent, well-rounded (*attrib*): eine ~e Blondine an opulent blond(e); ein ~er Busen an opulent bosom, a full bust. — **7.** (*sinnlich*) luscious, lush, luxurious. — **8.** (*überschwenglich*) luscious, lush, lavish, (*over*)elaborate: den Stil des Barocks könnte man als ~ bezeichnen the style of the baroque era could be called luscious (*od.* lavish, extravagant). — **9.** (*überschäumend*) rich, exuberant: Kinder besitzen eine ~e Phantasie children have a rich imagination. — **10.** *fig. colloq.* (*übermütig*) presumptuous, presuming: er wird zu ~ he is getting too big for his boots (*colloq.*). – **II** *adv* **11.** ~ essen to have a sumptuous meal; ~ leben to live opulently (*od.* high, in

opulence, in clover), to live a life of luxury; ~ wachsen (*von Pflanzen*) to thrive; ~ wuchern (*od.* wachsen) to grow exuberantly (*od.* in profusion), to luxuriate; bei dieser Erzählung ist ihre Phantasie ~ ins Kraut geschossen *fig.* her imagination ran wild in this story. — '**Üp·pig·keit** *f* ⟨-; *no pl*⟩ **1.** luxuriance, succulence, succulency, lushness, richness, rankness, exuberance, profuseness. — **2.** (*von Haarwuchs*) thickness, exuberance. — **3.** (*von Mahlzeiten etc*) sumptuousness, elaborateness, lavishness, opulence, *auch* opulency, lusciousness. – **4.** (*von Lebensführung etc*) luxuriousness, luxury, sumptuousness. – **5.** (*von Geldspenden etc*) generosity, lavishness. – **6.** (*von Körperformen*) opulence, *auch* opulency, fullness. – **7.** (*von Farben, Aufmachung etc*) lusciousness, lushness, lavishness, (*over*)elaboration: die ~ des Barockstils the lusciousness (*od.* lavishness, extravagance, extravagancy) of the baroque style. – **8.** (*Sinnlichkeit*) lusciousness, lushness. – **9.** (*von Phantasie*) richness, exuberance.

up to date [ʹʌp tə ʹdeɪt] (*Engl.*) (*in Wendungen wie*) j-d [etwas] ist (nicht mehr ganz) ~ s.o. [s.th.] is (no longer quite) up-to-date.

Ur [uːr] *m* ⟨-(e)s; -e⟩ *zo. cf.* Auerochs.

'**Ur‚ab‚stim·mung** *f* **1.** *econ.* (*bei Lohnkämpfen*) strike ballot. — **2.** *Swiss* (*bei Vereinsmitgliedern*) written inquiry (*auch* enquiry).

'**Ur‚adel** *m hist.* ancienne noblesse.

'**Ur‚ahn** *m* **1.** (*Vorfahr*) ancestor, forefather, primogenitor. – **2.** *pl* (*Vorfahren*) ancestors, forefathers, for(e)bears. – **3.** *cf.* Urgroßvater.

'**Ur‚ahne¹** *m cf.* Urahn.

'**Ur‚ahne²** *f* **1.** (*Vorfahrin*) ancestress, foremother. – **2.** *cf.* Urgroßmutter.

ural·al·ta·isch [uʹraːl-] *adj ling. hist.* (*Sprachen*) Ural-Altaic, Turanian.

ura·lisch [uʹraːlɪʃ] *adj ling. hist.* (*Sprachen*) Uralian, Uralic.

'**ur‚alt** *adj* **1.** (*Baum, Haus, Mensch etc*) very old. – **2.** (*Problem, Überlieferung etc*) age-old, very old: ~e Bräuche [Lehren] age-old (*od.* ancient) customs [doctrines]; seit (*od.* aus) ~en Zeiten from time immemorial, from time out of mind. – **3.** *colloq.* (*Auffassungen, Gegenstände etc*) ancient, (as) old as the hills: ein ~er Pullover an ancient pullover; ein ~er Witz an ancient (*od.* a stale) joke.

'**Ur‚al·ter** *n* ⟨-s; *no pl*⟩ prim(a)eval age (*od.* period).

'**ur‚al·ters** *adv only in* von ~ her from time immemorial, from time out of mind.

Ur·ämie [urɛʹmiː] *f* ⟨-; -n [-ən]⟩ *med.* (*Harnvergiftung*) ur(a)emia. — **ur·ämisch** [uʹrɛːmɪʃ] *adj med.* ur(a)emic.

Uran [uʹraːn] *n* ⟨-s; *no pl*⟩ *chem.* (*Element*) uranium (U): natürliches [angereichertes] ~ natural [enriched] uranium. — ~‚berg‚werk *n* uranium mine. — ~‚blei *n chem.* lead 206, uranium lead. — ~ele‚ment *n cf.* Transuran. — ~‚erz *n* uranium ore, uranium-bearing mineral.

'**Ur‚an‚fang** *m* first beginning, prime origin. — '**ur‚an‚fäng·lich** *adj* prim(a)eval, primordial.

Uran|ge‚halt [uʹraːn-] *m chem.* uranium content. — ~‚glim·mer *m* uranyl phosphate ores *pl.*

'**Ur‚angst** *f* primitive fear.

uran‚hal·tig [uʹraːn-] *adj* (*Erze*) uraniferous, uranium-bearing, with uranium content.

Uran·he·xa·fluo·rid [uʹraːnhɛksafluoˌriːt] *n chem.* uranium hexafluoride (UF$_6$).

Ura·nia [uʹraːnia] *npr f* ⟨-; *no pl*⟩ *myth.* **1.** Urania (*Greek Muse of astronomy*). – **2.** Venus ~ Venus Urania (*a name of Aphrodite*). — ~‚fal·ter *m zo.* uraniid (*Fam. Uraniidae*).

Ura·ni·de [uraʹniːdə] *m* ⟨-n; -n⟩ **1.** *myth.* son of Uranus. – **2.** *pl chem. obs.* transuranium elements.

Ura·nin [uraʹniːn] *n* ⟨-s; *no pl*⟩ *chem.* uranin, uranine yellow, soluble fluorescein, fluorescein sodium.

Uran·in·du‚strie [uʹraːn-] *f* uranium industry.

Ura·ni·nit [uraniˈniːt; -ˈnɪt] *m* ⟨-s; *no pl*⟩ *min. cf.* Uranpechblende.

Ura·nis·mus [uraˈnɪsmʊs] *m* ⟨-; *no pl*⟩ (*männliche Homosexualität*) uranism. — **Ura·nist** [-ˈnɪst] *m* ⟨-en; -en⟩ uranist.

Ura·nit [uraˈniːt; -ˈnɪt] *m* ⟨-s; -e⟩ *min.* autunite.

Uran,kern [u'ra:n-] m nucl. uranium nucleus.

'Ur,an,la·ge f biol. cf. Anlage 17.

Ura·noi·de [urano'i:də] pl chem. uranoides.

Ura·nos ['u:ranɔs] npr m ⟨-; no pl⟩ myth. Uranus (the personification of Heaven and ruler of the world).

Uran|oxid [u'ra:nʔɔˌksi:t], **~oxyd** [-ɔˌksy:t] n chem. uranium oxide. — **~pech,blen·de** f, **~pech,erz** n min. pitchblende. — **~rei·he** f uranium series (od. family), auch uranium-radium series. — **~spal·tung** f nucl. uranium fission. — **~stab** m uranium fuel rod.

Ura·nus ['u:ranʊs] **I** m ⟨-; no pl⟩ astr. (Planet) Uranus. - **II** npr m ⟨-; no pl⟩ myth. cf. Uranos.

Uran|ver,bin·dung [u'ra:n-] f chem. uranium compound. — **~vor,kom·men** n uranium deposit.

uras·sen ['urasən] v/t ⟨uraßt, uraßte, geuraßt, h⟩ Austrian dial. for verschwenden.

Urat [u'ra:t] n ⟨-(e)s; -e⟩ chem. (Harnsäuresalz) urate. — **ura·tisch** [u'ra:tɪʃ] adj uratic.

'ur,auf,füh·ren I v/t ⟨only inf u. pp uraufgeführt, h⟩ **1.** (Theaterstück etc) premier(e), bes. Br. première, perform (s.th.) for the first time. - **2.** (Film) premier(e), bes. Br. première, show (s.th.) for the first time, give (s.th.) its first showing. - **II U~** n ⟨-s⟩ **3.** verbal noun. — **'Ur,auf,füh·rung** f **1.** cf. Uraufführen. - **2.** (von Theaterstück etc) premiere, bes. Br. première, first night (od. performance). - **3.** (eines Films) premiere, bes. Br. première, first showing.

'Ur,aus,ga·be f first (od. original) edition.

Urä·us,schlan·ge ['u:rɛʊs-] f **1.** zo. asp (Naja haje). - **2.** antiq. (in Ägypten) uraeus.

ur·ban [ʊr'ba:n] adj urbane. — **ur·ba·ni·'sie·ren** [-bani'zi:rən] **I** v/t ⟨no ge-, h⟩ urbanize. - **II U~** n ⟨-s⟩ verbal noun. — **Ur·ba·ni'sie·rung** f ⟨-; -en⟩ **1.** cf. Urbanisieren. - **2.** urbanization. — **Ur·ba·ni·'tät** [-bani'tɛ:t] f ⟨-; no pl⟩ urbanity.

ur·bar ['ʊrba:r] adj agr. (Land, Boden) arable, cultivable: den Urwald ~ machen to clear (od. reclaim, cultivate) virgin forest.

Ur·bar [ʊr'ba:r; 'ʊrba:r] n ⟨-s; -e⟩ obs. for Grundbuch.

ur·ba·ri·sie·ren [ʊrbari'zi:rən] v/t ⟨no ge-, h⟩ Swiss agr. reclaim, cultivate. — **Ur·ba·ri'sie·rung** f ⟨-; -en⟩ Swiss for Urbarmachung.

Ur·ba·ri·um [ʊr'ba:riʊm] n ⟨-s; -rien⟩ obs. for Grundbuch.

'Ur·bar,ma·chung f ⟨-; no pl⟩ (von Wald, Heide etc) cultivation, reclamation.

'Ur·be,deu·tung f original meaning.

'Ur·be,ginn m first beginning, prime origin: von ~ an from the very beginning.

'Ur·be,griff m primitive notion, original idea. - **2.** meist pl (einer Wissenschaft) rudiment, first principle.

'Ur·be,stand,teil m primitive (od. ultimate) constituent (od. element).

'Ur·be,völ·ke·rung f aboriginal population, aborigines pl.   [ines.]

'Ur·be,woh·ner pl first inhabitants, aborig-

'Ur,bild n lit. **1.** (Vorbild eines Abbildes) archetype, prototype, original, exemplar. - **2.** (Inbegriff) paragon, model. - **3.** philos. (bei Platon) idea. — **'ur,bild·lich** adj **1.** archetypal, prototypical, auch prototypic. - **2.** philos. ideal.

'Ur,bo·den m **1.** virgin soil. - **2.** geol. primary (od. primitive) rocks pl.

ur·chig ['ʊrçɪç] adj Swiss unspoiled, unspoilt, natural.

'Ur,chri·sten pl early Christians. — **'Ur,chri·sten·tum** n ⟨-s; no pl⟩ **1.** early (od. primitive) Christianity. - **2.** cf. Urkirche. — **'ur,christ·lich** adj early (od. primitive) Christian.

'Ur,darm m biol. (in der Embryologie) archenteron, c(o)elenteron.

'ur,deutsch adj thoroughly German, German to the core.

Ur·du ['ʊrdu] n ⟨-s; no pl⟩ ling. (Amtssprache Pakistans) Urdu.

Urea·se [ure'a:zə] f ⟨-; -n⟩ chem. med. (Harnstoff spaltendes Enzym) urease.

Ure·id [ure'i:t] n ⟨-(e)s; -e⟩ chem. (vom Harnstoff abgeleitete Verbindung) ureide.

'ur'ei·gen adj ⟨attrib⟩ **1.** (ganz persönlich) very own: das ist seine ~e Sache (od. Angelegenheit) this is his very own affair; es liegt in Ihrem ~sten Interesse, daß it is in your very own interest that. - **2.** (typisch) typical. - **3.** (ursprünglich) original.

'ur'ei·gen·tüm·lich adj quite peculiar.

'ur,ein·ge,ses·sen adj aboriginal, autochthonous.

'Ur,ein,woh·ner pl cf. Urbewohner.

'Ur,el·tern pl **1.** (Stammeltern) first parents. - **2.** (Vorfahren) ancestors, forefathers, for(e)bears. - **3.** cf. Urgroßeltern.

'Ur,en·kel m great-grandson, great-grandchild. — **'Ur,en·ke·lin** f great-granddaughter, great-grandchild.

'Ur·er,zeu·gung f econ. cf. Urproduktion.

Ure·ter [u're:tər] m ⟨-s; -teren [ure'te:rən], auch -⟩ med. (Harnleiter) ureter.

Ure'te·ren|ka,the·ter m med. ureteric catheter. — **~ko·lik** f ureteral colic.

Ure·ter,ko·lik [u're:tər-] f med. cf. Ureterenkolik.

Ure·te·ro·li·tho·to·mie [ureterolito'mi:] f ⟨-; -n [-ən]⟩ med. (Harnleitersteinentfernung) ureterolithotomy.

Ure·te·ro·to·mie [ureroto'mi:] f ⟨-; -n [-ən]⟩ med. (Harnleitereröffnung) ureterotomy.

Ure·ter|,pla·stik [u're:tər-] f med. ureteroplasty. — **~stein** m calculus in the ureter. — **~ver,en·ge·rung** f ureteral obstruction, ureterostenosis.

Ure·than [ure'ta:n] n ⟨-s; no pl⟩ chem. **1.** (Ester der Carbaminsäure) urethan(e). - **2.** urethan(e), ethyl carbamate ($NH_2COOC_2H_5$).

Ure·thra [u're:tra] f ⟨-; -thren⟩ med. (Harnröhre) urethra.

Ure·thri·tis [ure'tri:tɪs] f ⟨-; -tiden [-tri'ti:dən]⟩ med. (Harnröhrenentzündung) urethritis.

Ure·thro·skop [uretro'sko:p] n ⟨-s; -e⟩ med. (Harnröhrenspiegel) urethroscope.

'ur'ewig adj only in seit ~en Zeiten colloq. since the year one (Br. dot) since pussy was a cat, for donkey's years (alle colloq.).

'Ur,fas,sung f original (version).

'Ur,feh·de f hist. (im Mittelalter) oath of truce: ~ schwören to abjure all vengeance.

'Ur,fels m geol. cf. Urgestein.

'Ur,form f **1.** original (od. primitive) form, archetype, prototype. - **2.** biol. primitive form, protomorph, archetype.

'Ur,ge,bir·ge n geol. primitive mountains pl (od. rocks pl), primary rocks pl, basement complex.   [community.]

'Ur,ge,mein·de f relig. early Christian)

'ur'ge'müt·lich adj **1.** (Ort) very cozy (bes. Br. cosy), very homely (bes. Am. homey, auch homy), nice and cozy (bes. Br. cosy), nice and snug. - **2.** (Mensch) very good-natured, very genial. - **3.** sich ~ fühlen to feel as snug as a bug in a rug (colloq.).

ur·gent [ʊr'gɛnt] adj rare for dringend 1. — **Ur'genz** [-'gɛnts] f ⟨-; -en⟩ rare for Dringlichkeit 1.

'ur·ger,ma·nisch I adj **1.** Teutonic. - **2.** ling. (Form etc) Proto-Germanic, Primitive Germanic (od. Teutonic). - **II U~e** ⟨generally undeclined⟩, **das U~e** ⟨-n⟩ **3.** Proto-Germanic, Primitive Germanic (od. Teutonic).

'Ur,ge,schich·te f earliest history, prehistory. — **'ur,ge,schicht·lich** adj prehistoric(al).

'Ur,ge,schlechts,zel·le f biol. cf. Urkeimzelle.

'Ur,ge,sell·schaft f anthrop. primitive society.

'Ur,ge,stalt f original (od. primitive) form.

'Ur,ge,stein n geol. primitive (od. primary) rocks pl, basement complex.

'Ur,ge,walt f elemental power, elementariness.

'Ur,groß|,el·tern pl great-grandparents. — **~mut·ter** f great-grandmother. — **~va·ter** m great-grandfather.

'Ur,grund m first (od. original) cause, source, grass roots pl (contrued as sg or pl): der ~ alles Seins the source of all being.

'Ur,he·ber m ⟨-s; -⟩ **1.** (Initiator) author, originator, contriver: die geistigen ~ der Französischen Revolution the authors of the French Revolution; die ~ dieser gräßlichen Tat the authors of this dreadful deed. - **2.** (Verantwortlicher) agent: sie selbst sind die ~ ihres Unglücks they themselves are the agents of their misfortune. - **3.** (Verfasser) author: ~ von Werken der Tonkunst jur. composer of musical works.

'Ur,he·be·rin f ⟨-; -nen⟩ **1.** author(ess), originator, contriver. - **2.** cf. Urheber 2. - **3.** author(ess).

'Ur,he·ber,recht n econ. jur. copyright: Inhaber des ~s copyright holder (od. proprietor), owner of the (od. a) copyright; ~ an literarischen Werken literary copyright; ~ an Werken der bildenden Künste artistic copyright; ~ an Werken der Tonkunst musical copyright, copyright of musical works; ~ an einem Film film copyright; Verletzung [Verlängerung] eines ~es infringement [renewal] of a copyright; Eintragung des ~s copyright registration.

'ur,he·ber,recht·lich econ. jur. **I** adj copyright (attrib). – **II** adv ~ geschützt protected by copyright; ~ geschützte Ausgabe copyright edition; ~ schützen to copyright.

'Ur,he·ber,rechts,schutz m econ. jur. copyright protection, protection of copyright.

'Ur,he·ber,schaft f ⟨-; no pl⟩ authorship: die geistige ~ the intellectual authorship.

'Ur,he·ber,schutz m econ. jur. cf. Urheberrechtsschutz.

'Ur,hirn n biol. primitive brain, archencephalon (scient.).

Uri·an ['u:ria:n] m ⟨-s; no pl⟩ Herr (Meister) ~ (der Teufel) Old Nick, his sable Majesty, (the) Old Gentleman.

Uri·as,brief [u'ri:as-] m letter of Uriah, treacherous letter.

urig ['u:rɪç] adj colloq. for urwüchsig.

Urin [u'ri:n] m ⟨-s; -e⟩ med. urine, water. — **~ab,son·de·rung** f urination.

Uri·nal [uri'na:l] n ⟨-s; -e⟩ med. (Harnglas) urinal.

Urin|ana,ly·se [u'ri:n-] f chem. med. urinalysis, auch uranalysis. — **u.~ar,tig** adj med. urinous. — **~becken** (getr. -k·k-) n (in Toiletten) urinal. — **~be,fund** m med. urinalysis, auch uranalysis. — **~fa·den** m meist pl mucous thread. — **~fla·sche** f urinal. — **~fluß** m cf. Harnfluß.

uri·nie·ren [uri'ni:rən] v/i ⟨no ge-, h⟩ med. cf. harnen.

uri·nös [uri'nø:s] adj med. urinous.

Urin|,pro·be [u'ri:n-] f med. cf. Harnprobe. — **~stein** m cf. Harnstein.

'Ur,in,stinkt m primary (od. primitive) instinct.

urin|,trei·bend [u'ri:n-] adj med. cf. harntreibend. — **U~un·ter,su·chung** f cf. Harnuntersuchung.

'Ur,kan,ton m (in der Schweiz) original (od. founding) canton.

'Ur,keim,zel·le f biol. progamete.

'Ur,kir·che f relig. primitive (od. early) church.

'ur,ko·misch adj colloq. hilarious, hilariously (od. screamingly) funny, highly amusing.

'Ur,kraft f elemental force. — **'ur'kräf·tig** adj extremely powerful (od. strong).

'Ur,kun·de f ⟨-; -n⟩ **1.** (Schriftstück) document, record: eine ~ ausstellen [fälschen, beglaubigen] to issue (od. make out) [to forge, to verify] a document; amtliche ~n official documents; durch ~n belegt documentary. - **2.** diploma. - **3.** (Bescheinigung) certificate: alle Teilnehmer erhielten eine schön gerahmte ~ all participants received a beautifully framed certificate. - **4.** (Zeugnis) witness, evidence: zu Urkund dessen jur. obs. in witness (od. faith) whereof. - **5.** jur. a) pl muniments, b) (mit rechtlichen Folgen) instrument, c) (über einen Vertrag) indenture, d) (durch die ein Recht oder Vermögen übertragen bzw. eine Verpflichtung begründet wird) deed, e) (durch die ein Privileg verliehen wird) charter.

'Ur,kun·den|be,weis m jur. documentary (od. written) evidence. — **~dol·met·scher** m sworn interpreter for the translation of documents. — **~fäl·scher** m forger of documents. — **~fäl·schung** f falsification (od. forgery) of documents. — **~for·scher** m researcher of documents. — **~for·schung** f research on documents. — **~leh·re** f **1.** theory of diplomatics. - **2.** diplomatics pl (construed as sg). — **~ma·te·ri,al** n documentary material. — **~pro,zeß** m jur. lawsuit based entirely on documentary evidence, Am. trial by record. — **~rol·le** f document register. — **~samm·lung** f archives pl. — **~un·ter,drückung** (getr. -k·k-) f jur. suppression of documents. — **~vor,la·ge** f presentation of documents. — **~werk** n cf. Urkundensammlung.

'ur,kund·lich [-ˌkʊntlɪç] **I** adj documentary: ~er Beleg documentary evidence; ~er Nachweis, ~e Erwähnung documentation. – **II** adv etwas ~ belegen to document s.th., to support s.th. by document, to furnish (*od.* give) documentary evidence of s.th.; die Kirche wird im 12. Jh. zum ersten Mal ~ erwähnt the church is mentioned in a document for the first time in the 12th century; ~ dessen *jur.* (*officialese*) in witness (*od.* faith) whereof.

'Ur₁kunds|be₁am·te *m* **1.** certificating (*od.* notarial) official. – **2.** *jur.* a) Clerk of the Court, b) registrar. — **₌per₁son** *f* **1.** solicitor, notary public. – **2.** *cf.* Urkundsbeamte 2.

'Ur₁land·schaft *f geogr.* original (*od.* primitive, originally unspoiled [*od.* unspoilt]) landscape.

Ur·laub ['uːrˌlaup] *m* ⟨-(e)s; -e⟩ **1.** (*zustehende freie Zeit*) leave, *Am. auch* vacation: ~ nehmen to take leave; (un)bezahlter ~ (un)paid leave, leave with(out) pay; seinen ~ einreichen to apply for leave. – **2.** (*Ferien*) *Br.* holiday(s *pl*), *Am.* vacation: auf (*od.* in) ~ gehen (*od.* fahren) [sein] to go [to be (away)] on holiday (*Am.* vacation); ein vierzehntägiger ~ an der See a two week's (*bes. Br.* a fortnight's) holiday at the sea(side) (*od.* by the sea); sie machen zur Zeit im Schwarzwald ~ they are on holiday (*Am.* are vacationing) in the Black Forest at the moment. – **3.** *bes. mil.* leave of absence, furlough: ~ auf Ehrenwort leave on parole; ~ bis zum Wecken night leave; auf ~ on leave (*od.* furlough).

'ur₁lau·ben [-ˌlauban] *v/i* ⟨h⟩ *colloq.* (be on) holiday (*Am.* vacation).

'Ur₁lau·ber *m* ⟨-s; -⟩ **1.** *Br.* holidaymaker, holidayer, *Am.* vacationist, vacationer. – **2.** *bes. mil.* soldier on leave (*od.* furlough). — **₌schiff** *n* holiday (*Am.* vacation) ship. — **₌zug** *m* **1.** holiday (*Am.* vacation) train. – **2.** *mil.* leave train.

'Ur₁laubs|₁ab·gel·tung *f econ.* compensation for holidays (*Am.* vacation) not taken. — **₌an₁spruch** *m* **1.** entitlement to leave, leave claim, *Am.* vacation privilege: einen ~ von 20 Tagen haben to be entitled to (a) 20 days' leave. – **2.** *mil.* leave credit (*Br.* entitlement). — **₌an₁tritt** *m* commencement of one's leave. — **u₌be₁rech·tigt** *adj* entitled to leave. — **₌be₁stim·mun·gen** *pl* leave regulations. — **₌geld** *n* ⟨-(e)s; *no pl*⟩ holiday (*od.* leave) pay, *Am.* vacation money. — **₌ge₁such** *n* **1.** *Br.* application for leave, *Am.* vacation request. – **2.** *mil.* application for leave. — **₌grü·ße** *pl* holiday (*Am.* vacation) greetings. — **₌kar·te** *f* postcard from s.o. on holiday (*Am.* vacation), holiday (*Am.* vacation) greetings *pl* on a postcard. — **₌li·ste** *f* leave roster. — **₌mo·nat** *m* holiday (*Am.* vacation) month. — **₌ort** *m* **1.** holiday (*Am.* vacation) resort. – **2.** (*Ziel einer Urlaubsreise*) holiday (*Am.* vacation) place. — **₌plan** *m* holiday (*Am.* vacation) plan. — **₌pro₁gramm** *n Br.* holiday programme, *Am.* vacation program. — **₌rei·se** *f* holiday (*Am.* vacation) trip. — **₌rei·sen·de** *m Br.* holidaymaker, holidayer, *Am.* vacationist, vacationer. — **₌sai·son** *f* holiday (*Am.* vacation) season. — **₌schein** *m* **1.** (*für Angestellte, Arbeiter etc*) leave (*Am. auch* vacation) certificate, (*für Staatsbeamte etc*) *auch* furlough: einen ~ ausfüllen to fill in (*bes. Am.* out) a leave certificate; einen ~ einreichen to apply for leave. – **2.** *mil.* leave permit (*od.* certificate). — **₌sper·re** *f* **1.** (*in einer Firma, beim Militär etc*) ban on leave (*Am. auch* vacation). – **2.** (*für ein Land etc*) ban on holidays (*Am.* on vacation). — **₌tag** *m* **1.** day of one's holiday (*Am.* vacation). – **2.** day off, (a) day's leave (*Am. auch* vacation): ich möchte zwei ~e I would like to take two days' leave (*od.* two days off). — **₌über₁schrei·tung** *f* absence overleave, overstaying one's leave. — **₌ver₁län·ge·rung** *f* **1.** (*des Arbeitsurlaubs etc*) extension (*od.* prolongation) of leave (*Am. auch* vacation). – **2.** (*am Ferienort etc*) extension (*od.* prolongation) of one's holiday(s) (*Am.* vacation). — **₌wo·che** *f* week of one's holiday (*Am.* vacation). — **₌zeit** *f* **1.** holiday (*Am.* vacation) season (*od.* period). – **2.** *cf.* Urlaub 2.

'Ur₁laut *m* elemental (*od.* primitive) sound.

'Ur₁leh·re *f tech.* master ga(u)ge.

'Ur₁maß *n* **1.** standard measure. – **2.** (*als Lehrmaß*) standard (*od.* master) ga(u)ge.

'Ur·ma₁te·rie *f philos.* prime matter.

'Ur₁mensch *m anthrop.* **1.** (*vorgeschichtlicher Mensch*) prehistoric man. – **2.** (*primitiver Mensch*) primitive man. – **3.** (*erster Mensch*) original (*od.* first) man.

'Ur₁me·ter *n* standard meter (*bes. Br.* metre).

'Ur₁mund *m biol.* (*in der Embryologie*) protostoma, blastopore.

'Ur₁mut·ter *f* foremother, first mother.

Ur·ne ['urna] *f* ⟨-; -n⟩ **1.** (cinerary) urn. – **2.** *pol.* (*für Wahlzettel*) ballot box. – **3.** *bot.* (*der Moose*) urn, *auch* spore case; theca, pyxidium (*scient.*).

'Ur·nen|₁feld *n archeol.* urnfield, urnsite. — **₌fried₁hof** *m* urn cemetery, cinerarium. — **₌grab** *n* urn grave. — **₌hal·le** *f* columbarium. — **₌kam·mer** *f* **1.** urn chamber, columbarium. – **2.** *archeol.* columbarium.

'Ur₁nie·re *f biol.* (*in der Embryologie*) mesonephros, primordial kidney.

Ur·ning ['urnɪŋ] *m* ⟨-s; -e⟩ (*Homosexueller*) p(a)ederast. — **'Ur·nings₁lie·be** *f* ⟨-; *no pl*⟩ p(a)ederasty.

'ur₁nor·disch *adj ling.* (*Sprache*) Proto-Norse.

Uro·bi·lin [urobi'liːn] *n* ⟨-s; *no pl*⟩ *med.* [urobilin.]

Uro·bi·li·no·gen [urobilino'geːn] *n* ⟨-s; -e⟩ *med.* urobilinogen, *auch* stercobilinogen.

'Ur₁ochs *m zo. cf.* Auerochs.

uro·ge·ni·tal [urogeni'taːl] *adj med.* urogenital, *auch* urogenitary, genito-urinary. — **U₌sy₁stem** *n* urogenital system (*od.* tract). — **U₌trak·tus** *m* urogenital canal (*od.* tract).

'U-₁Rohr *n tech.* U-tube.

Uro·lith [uro'liːt; -'lɪt] *m* ⟨-s *u.* -en; -e(n)⟩ *med. cf.* Harnstein.

Uro·lo·ge [uro'loːgə] *m* ⟨-n; -n⟩ *med.* urologist.

Uro·lo·gie [urolo'giː] *f* ⟨-; *no pl*⟩ *med.* urology.

uro·lo·gisch [uro'loːgɪʃ] *adj med.* urologic, *auch* urological.

'Ur₁oma *f colloq.* great-granny (*od.* -grannie, -grandma) (*colloq.*).

Uro·me·ter [uro'meːtər] *n* ⟨-s; -⟩ *med.* ur(in)ometer.

'Ur₁opa *m colloq.* great-grandpa (*od.* -grand[d]ad) (*colloq.*).

Uro·poe·se [uropo'eːzə] *f* ⟨-; -n⟩ *med.* (*Harnproduktion*) uropoiesis.

Uro·sko·pie [urosko'piː] *f* ⟨-; -n [-ən]⟩ *med.* (*Harnuntersuchung*) ur(in)oscopy.

'Ur₁pflan·ze *f bot.* primitive plant.

'Ur₁plas·ma *n biol.* archiplasm.

'ur₁plötz·lich I *adj* **1.** (*Unterbrechung, Entscheidung, Bewegung etc*) very sudden, abrupt. – **2.** (*völlig unerwartet*) totally unexpected. – **II** *adv* **3.** all of a sudden, abruptly: es geschah ~ it happened all of a sudden.

'Ur₁pro·dukt *n econ.* primary product.

'Ur₁pro·duk·ti₁on *f econ.* primary production.

'Ur₁quell *m* ⟨-s; *no pl*⟩ *fig.* wellspring, primary source: ein ~ der Freude a wellspring of (all) joy.

'Ur₁sa·che *f* **1.** cause: aus bisher unbekannter ~ through a cause as yet unknown; die wahre ~ einer Krankheit finden to find the real cause of an illness; das scheint die eigentliche ~ zu sein that appears to be the cause (*od.* to be at the bottom) of it; keine ~ ohne Wirkung take away the cause and the effect must cease; die unmittelbare ~ seines Todes the immediate (*od.* direct) cause of his death; kleine ~n, große Wirkung (*Sprichwort*) every oak has been an acorn (*proverb*). – **2.** (*tieferer Grund*) reason: was war die ~ dafür? what was the reason for that? ich habe alle ~ zu befürchten, daß I have every reason to fear that. – **3.** (*Beweggrund*) motive. – **4.** (*Anlaß*) occasion: Sie haben keine ~, mich zu beleidigen you have no occasion to insult me. – **5.** keine ~! a) (*Erwiderung auf einen Dank*) don't mention it, not at all, *bes. Am.* you are welcome, b) (*Erwiderung auf eine Entschuldigung*) that's (quite) all right, don't mention it, never mind. – **6.** *med.* agent.

'Ur₁sa·chen₁leh·re *f bes. med.* (a)etiology, *auch* aetiology.

'ur₁säch·lich *adj* **1.** causal: es besteht ein ~er Zusammenhang zwischen A und B, A steht in ~em Zusammenhang mit B there is a causal relation (*od.* a causality) between A and B. – **2.** *ling. cf.* kausativ.

'Ur₁säch·lich·keit *f* ⟨-; *no pl*⟩ causality, causation.

'Ur₁satz *m mus.* fundamental (*od.* skeleton) structure.

'Ur₁schleim *m biol.* protoplasm, *auch* protoplasma.

'Ur₁schrift *f* **1.** original (text). – **2.** (*Originalhandschrift*) autograph. — **'ur₁schrift·lich** *adj* **1.** (*im Original*) original: ein ~es Manuskript an original manuscript; etwas ~ zurückschicken to return s.th. in the original. – **2.** (*autographisch*) autograph (*attrib*), autographic, *auch* autographical, authentic.

'Ur₁sen·dung *f* (*radio*) *telev.* first broadcast.

'Ur₁spra·che *f ling.* **1.** original (*od.* root) language. – **2.** (*einer Übersetzung*) original language.

'Ur₁sprung *m* **1.** (*Herkunft*) origin: der ~ des Wortes ist unbekannt the origin of the word is unknown; die Ware ist japanischen ~s the article is made in Japan (*od.* is a Japanese product). – **2.** (*Urbeginn, Entstehung*) commencement, beginning, origin: es gibt viele Theorien über den wahren ~ der Menschheit there are many theories about the beginning of mankind; vom ~ an *auch fig.* from its birth; seinen ~ in (*dat*) etwas haben (*od.* finden) to take its rise (*od.* to originate, to derive) from s.th. – **3.** (*Abstammung*) origin, extraction: diese Familie ist englischen ~s this family is of English extraction. – **4.** (*eines Flusses*) source. – **5.** *fig.* (*Quelle, Wurzel*) source, spring, root, headspring: der ~ allen Übels the source of all evil. – **6.** (*Grund, Ursache*) primal cause.

'ur₁sprüng·lich [-ˌʃpryŋlɪç] **I** *adj* **1.** ⟨*attrib*⟩ (*anfänglich*) initial, original, primary: sein ~es Mißtrauen his initial distrust. – **2.** ⟨*attrib*⟩ (*original*) original, first: die Oper in ihrer ~en Fassung the opera in its original version. – **3.** (*unverbildet, urwüchsig*) natural, original. – **4.** (*unverdorben*) pristine, primal: hier findet man Natur noch in ihrer ~en Schönheit here nature is found in its pristine beauty. – **5.** *biol.* primordial. – **6.** *cf.* uranfänglich. – **II** *adv* **7.** (*anfänglich*) originally, initially: ~ hatte ich das nicht die Absicht I did not intend to do that originally. – **8.** (*zuerst*) at first, at the beginning. — **'Ur₁sprüng·lich·keit** *f* ⟨-; *no pl*⟩ (*Originalzustand*) originality.

'Ur₁sprungs|₁an₁ga·be *f econ.* (*beim Zoll*) declaration (*od.* indication) of (the country of) origin. — **₌be₁schei·ni·gung** *f cf.* Ursprungszertifikat. — **₌be₁zeich·nung** *f* **1.** *cf.* Ursprungsangabe. – **2.** *ling.* indication of origin. — **₌land** *n* country of origin. — **₌nach₁weis** *m* proof of origin. — **₌ort** *m* place (*od.* point) of origin. — **₌ver₁merk** *m cf.* Ursprungsangabe. — **₌wäh·rung** *f* currency of origin. — **₌zei·chen** *n* mark of origin. — **₌zer·ti·fi₁kat, ₌zeug·nis** *n* certificate of origin.

'Ur₁stand *m obs.* primitive state.

'Ur₁ständ [-ˌʃtɛnt] *f* ⟨-; *no pl*⟩ *only in* fröhliche ~ feiern *colloq. humor.* (*von altem Brauch, Mißstand etc*) to pop up again (*colloq.*).

'Ur₁stoff *m* **1.** (*Grundstoff*) original (*od.* primary) matter (*od.* substance). – **2.** *chem.* element.

'Ur₁strom₁tal *n geogr.* glacial valley (*od.* spillway).

Ur·su·li·ne [urzu'liːnə] *f* ⟨-; -n⟩, **Ur·su'li·ne·rin** *f* ⟨-; -nen⟩ *röm.kath.* Ursuline.

Ur·teil ['urtail] *n* ⟨-s; -e⟩ **1.** judg(e)ment: ein vorschnelles [kategorisches, unvoreingenommenes] ~ a rash (*od.* snap) [categorical, an unbias(s)ed] judg(e)ment; ein ~ über (*acc*) etwas fällen to pass (*od.* pronounce) judg(e)ment (up)on s.th.; j-n in seinem ~ bestärken to support s.o. in his judg(e)ment; selbst ein ~ haben to judge for oneself; auf sein ~ kann man sich verlassen you can rely on his judg(e)ment; warte noch mit deinem ~ wait a little with (*od.* reserve) your judg(e)ment, don't judge too soon; Sie haben sich darüber kein ~ zu erlauben you are in no position to judge that. – **2.** (*Ansicht, Meinung*) opinion: meinem ~ nach in my opinion; nach allgemeinem ~ according to general opinion, in everyone's opinion; nach dem ~ von Sachverständigen according to expert opinion; sich (*dat*) ein ~ über (*acc*) etwas bilden to form an opinion about (*od.* on) s.th.; sich (*dat*) über j-n ein ~ bilden to form an opinion on s.o., to size s.o. up (*colloq.*); sein ~ über (*acc*) etwas abgeben to give one's opinion on s.th.; kein ~ haben to have no opinion; ich enthalte mich eines ~s I refrain from giving an opinion; mit seinem ~ zurückhalten a) to keep one's opinion to oneself, to hold back in one's opinion, b) to withhold one's opinion; darüber maße ich mir kein ~ an I don't presume to give an opinion on that; in seinem ~ unsicher werden to become unsure (od. uncertain) in one's opinion. – **3.** (*Beurteilung, Schlußfolgerung*) reasoning. – **4.** (*Entscheidung*) decision: ein einstimmiges ~ a unanimous decision. – **5.** (*Verdammungsurteil*) condemnation, doom. – **6.** (*Gottesurteil*) ordeal. – **7.** *jur.* a) (*eines Richters*) judg(e)ment, sentence, decision, b) (*von Schiedsrichtern*) award, c) (*Strafmaß*) sentence, d) (*über die Rechtslage*) adjudication, e) (*über die Schuldfrage*) findings *pl*, f) (*in Scheidungsangelegenheiten*) decree: ein gerechtes [salomonisches, mildes, strenges] ~ a just [Solomonic, lenient (*od.* mild), severe (*od.* harsh)] sentence; ein rechtskräftiges ~ a final (*od.* an absolute, a nonappealable, *Br.* a non-appealable) judg(e)ment; ein vollstreckbares ~ an executable (*od.* enforceable) sentence; das ~ verkünden to pronounce judg(e)ment; ein günstiges ~ erwirken to obtain a favo(u)rable sentence; ein ~ anerkennen to accept a decision (*od.* judg[e]ment); sich einem ~ unterwerfen to submit to (*od.* acquiesce in) a judicial decision; sich (*dat*) selbst sein ~ sprechen *fig.* to pronounce one's own sentence, to be condemned by one's own words; ein ~ abändern to commute (*od.* reverse) a sentence; ein ~ aufheben to quash (*od.* set aside) a sentence; das ~ wurde angefochten there was an appeal; gegen ein ~ Berufung einlegen to lodge (*od.* file) an appeal against a decision; gegen das ~ kann Berufung eingelegt werden the sentence admits of appeal; vorläufiges [endgültiges] ~ (*in einem Scheidungsprozeß*) decree nisi [absolute]. – **8.** (*Urteilskraft, Urteilsfähigkeit*) discernment, discrimination. – **9.** *philos.* proposition.

'**ur·tei·len** I *v/i* ⟨h⟩ **1.** judge: über j-n ~ to judge s.o.; über (*acc*) etwas ~ a) to judge (of) s.th., to give one's opinion on s.th. b) *jur.* to judge (of) s.th., to adjudge (*od.* adjudicate) (up)on s.th.; er hat kein Recht, darüber zu ~ he has no right to judge that (*od.* to be the judge of it); er urteilte anders darüber he took a different view of it; ~ Sie selbst! judge for yourself; wenn ich recht urteile if I am any judge (of the matter); vorschnell über (*acc*) etwas ~ to prejudge s.th. – **2.** nach etwas ~ to judge by (*od.* from) s.th.: nach seinem Reden [Benehmen] zu ~ judging (*od.* to judge) from what he says [by his behavio(u)r]; nach dem äußeren Schein ~ to judge from outward appearance(s); nach den Nachrichten zu ~ judging by the news. – II U~ n ⟨-s⟩ **3.** verbal noun.

'**Ur·teils**‚**ab‚än·de·rung** *f jur.* commutation of a sentence. — ~‚**an‚fech·tung** *f* contest of a judg(e)ment. — ~‚**auf‚he·bung** *f* reversal of judg(e)ment, rescission. — ~**be‚grün·dung** *f* **1.** opinion (of court), grounds *pl*. – **2.** declaratory part of a judg(e)ment. — ~**er‚öff·nung** *f* publication of a judg(e)ment. — **u~‚fä·hig** *adj* **1.** (*unterscheidungsfähig*) discerning, discriminating: im ~en Alter sein to be of a discerning age. – **2.** (*kompetent*) competent, in a position to judge: ein sehr ~er Mensch a man of sound judg(e)ment. — ~‚**fä·hig·keit** *f* ⟨-; *no pl*⟩ **1.** (*Unterscheidungsvermögen*) discernment, discrimination: mangelnde ~ lack of discernment. – **2.** (*Kompetenz*) competence. — ~‚**fäl·lung** *f jur.* passing (*bes. Am.* rendition) of judg(e)ment. — ~‚**for·de·rung** *f* judg(e)ment claim. — ~‚**gläu·bi·ger** *m* judg(e)ment creditor. — ~‚**kraft** *f* **1.** (*Urteilsvermögen*) power (*od.* faculty) of judg(e)ment: „Kritik der ~" "Critique of Judg(e)ment" (*by* Kant). – **2.** (*Unterscheidungsvermögen*) discernment, discrimination. — **u~·los** *adj* **1.** (*nicht urteils-, unterscheidungsfähig*) undiscerning, undiscriminating. – **2.** (*kritiklos*) uncritical. — **u~·reif** *adj* ripe for judg(e)ment. — ~‚**schuld·ner** *m jur.* judg(e)ment debtor. — ~‚**spruch** *m* **1.** *cf.* Urteilsver-

kündung. – **2.** *cf.* Urteil 5—7. — ~**ver‚kün·dung** *f* pronouncement (*bes. Am.* rendition) of judg(e)ment. — ~**ver‚mö·gen** *n* **1.** *cf.* Urteilsfähigkeit. – **2.** *cf.* Urteilskraft. — ~‚**voll‚streckung** (getr. -k·k-) *f jur.* execution of a sentence (*od.* judg[e]ment), enforcement of a judg(e)ment.

'**Ur‚text** *m* **1.** (*eines Manuskripts etc*) original (text). – **2.** *mus.* original version, urtext.

Ur·ti·ca·ria [ʊrti'kaːrɪa] *f* ⟨-; *no pl*⟩ *med. cf.* Urtikaria.

'**Ur‚tier·chen** *n biol. zo.* protozoon.

Ur·ti·ka·ria [ʊrti'kaːrɪa] *f* ⟨-; *no pl*⟩ *med.* (*Nesselsucht, -fieber*) urticaria, nettle rash, hives *pl* (construed as *sg or pl*).

'**Ur‚ti·ter‚sub‚stanz** *f chem.* (standard) titrimetric standard.

'**Ur‚ton‚schie·fer** *m min.* phyllite.

'**Ur‚trieb** *m* basic instinct.

ur·tüm·lich ['uːrtyːmlɪç] *adj* **1.** original, initial, prim(a)eval. – **2.** natural, unsophisticated. — '**Ur‚tüm·lich·keit** *f* ⟨-; *no pl*⟩ **1.** originality. – **2.** naturalness, unsophistication.

'**Ur‚typ**, '**Ur‚ty·pus** *m* primitive type (*od.* form), prototype.

Uru·bu ['uːrubu] *m* ⟨-s; -s⟩ *zo.* (*Rabengeier*) black vulture, urubu (*Coragyps atratus*).

Uru·gua·yer [uru'ɡŭaːjər; 'ʊruɡvaɪər] *m* ⟨-s; -⟩ Uruguayan. — **uru·gua·yisch** [uru'ɡŭaːjɪʃ; 'ʊruɡvaɪʃ] *adj* Uruguay(an).

'**Ur‚ur‚ahn** *m* great-great-grandfather.

'**Ur‚ur‚ah·ne**[1] *m cf.* Ururahn.

'**Ur‚ur‚ah·ne**[2] *f* great-great-grandmother.

'**Ur‚ur‚en·kel** *m* great-great-grandchild (*od.* -grandson). — ~‚**en·ke·lin** *f* great-great-grandchild (*od.* -granddaughter). — ~‚**groß‚el·tern** *pl* great-great-grandparents. — ~‚**groß‚mut·ter** *f* great-great-grandmother. — ~‚**groß‚va·ter** *m* great-great-grandfather.

'**Ur‚va·ter** *m* **1.** forefather, first parent (*od.* father). – **2.** *pl* ancestors.

'**Ur‚vä·ter‚zeit** *f* olden days (*od.* times) *pl*, days *pl* of yore: seit ~en from time immemorial, from time out of mind.

'**ur‚ver‚wandt** *adj* **1.** of kindred origin, cognate. – **2.** *ling.* (*Sprachen etc*) cognate.

'**Ur‚viech**, '**Ur‚vieh** *n* er ist ein ~ *colloq. humor.* (*lustiger Kerl*) he is a (perfect) scream (*colloq.*), *Am. colloq.* he is a riot (*od.* wow).

'**Ur‚vo·gel** *m zo. cf.* Archäopteryx.

'**Ur‚volk** *n anthrop.* **1.** (*Urstamm*) aboriginal tribe. – **2.** (*primitives Volk*) aborigines *pl*, aboriginals *pl*, primitive people.

'**Ur‚wahl** *f pol.* preliminary election. — '**Ur‚wäh·ler** *m* primary elector (*od.* voter).

'**Ur‚wald** *m geogr.* prim(a)eval (*od.* virgin) forest.

'**Ur‚weib** *n* **1.** primitive woman. – **2.** (*Urbild eines Weibes*) archetype of woman.

'**Ur‚welt** *f* prim(a)eval (*od.* primitive) world. — '**ur‚welt·lich** *adj* **1.** (*urzeitlich, uranfänglich*) prim(a)eval, primordial. – **2.** (*vorsintflutlich*) antediluvian, *auch* antediluvial.

'**Ur‚we·sen** *n* **1.** (*Lebewesen der Urwelt*) primordial being. – **2.** ⟨only *sg*⟩ *fig.* (*elementare Eigenschaft*) essence.

'**ur‚wüch·sig** [-‚vyːksɪç] *adj* **1.** (*Humor, Person, Sprache etc*) earthy. – **2.** (*natürlich*) natural, native, original. – **3.** (*urgewaltig*) elemental: mit ~er Kraft with elemental force. – **4.** (*grob, ungeschliffen*) rough, rugged. – **5.** (*derb, kräftig*) sturdy. — '**Ur‚wüch·sig·keit** *f* **1.** earthiness. – **2.** naturalness, nativeness, originality. – **3.** roughness, ruggedness. – **4.** sturdiness.

'**Ur‚zeit** *f* **1.** prim(a)eval (*od.* primitive) times *pl*, dawn of history (*lit.*): vor ~en in time out of mind. – **2.** seit ~en nicht mehr *colloq.* not for ages (and ages) (*colloq.*). — '**ur‚zeit·lich** *adj* prim(a)eval.

'**Ur‚zel·le** *f biol.* (hypothetical) first (*od.* primordial) cell.

'**Ur‚zeu·gung** *f biol.* spontaneous generation, abiogenesis (*scient.*).

'**Ur‚zu‚stand** *m* **1.** primitive (*od.* primordial) state. – **2.** (*Originalzustand*) original state (*od.* condition).

Usam·ba·ra‚veil·chen [uzam'baːra-] *n bot.* African violet (*Saintpaulia ionantha*).

US-ame·ri·ka·nisch [uː'ʔɛs-] *adj* US--American, belonging to (*od.* originating from) the United States of America.

Usance [y'zãːs] *f* ⟨-; -n [-sən]⟩ *econ.* (*Handelsbrauch*) commercial usage, practice. — **u~‚mä·ßig I** *adj* in keeping with usage. – **II** *adv* as is customary, according to usage.

Uso ['uːzo] *m* ⟨-s; *no pl*⟩ *cf.* Usus.

'**U-‚Stahl** *m metall.* channel steel.

usu·ell [u'zŭɛl] *adj* usual, customary: nicht ~ not usual, not the practice (*od.* custom).

Usur [u'zuːr] *f* ⟨-; -en⟩ *med.* (*bei Knochen*) defect, lesion.

Usur·pa·ti·on [uzurpa'tsĭoːn] *f* ⟨-; -en⟩ usurpation, assumption.

Usur·pa·tor [uzur'paːtɔr] *m* ⟨-s; -en [-pa'toːrən]⟩ usurper. — **usur·pa·to·risch** [-pa'toːrɪʃ] *adj* usurpative, usurpatory.

usur·pie·ren [uzur'piːrən] *v/t* ⟨no ge-, h⟩ usurp.

Usus ['uːzus] *m* ⟨-; *no pl*⟩ custom, practice, usage: das ist hier so ~ that is the custom (*od.* that is customary) here.

US-‚Wäh·rung [uː'ʔɛs-] *f econ.* U.S. currency.

Uten·sil [utɛn'ziːl] *n* ⟨-s; -ien [-lĭən]⟩ **1.** utensil, implement. – **2.** (*Werkzeug*) tool, implement.

ute·rin [ute'riːn] *adj med.* uterine.

Ute·ro·sal·pin·go·gra·phie [uterozalpɪŋgogra'fiː] *f* ⟨-; -n [-ən]⟩ *med.* (*in Röntgenologie*) hysterosalpingography, uterotubography, uterosalpingography.

Ute·rus ['uːterus] *m* ⟨-; Uteri [-ri]⟩ *med.* womb; uterus, metra (*scient.*). — ~‚**blu·tung** *f* uterine h(a)emorrhage, metrorrhagia. — ~**ent‚fer·nung**, ~**ex‚stir·pa·ti·on** *f* hysterectomy, uterectomy, metrectomy. — ~**ge‚wächs** *n* uterine tumor (*bes. Br.* tumour). — ~‚**miß‚bil·dung** *f* deformity of the uterus. — ~**my‚om** *n* hysteromyoma. — ~**po‚lyp** *m* uterine polypus. — ~**pro‚laps** *m* prolapse of the uterus, hysteroptosis. — ~**rup‚tur** *f* rupture of the uterus, hysterorrhexis, metrorrhexis. — ~‚**vor‚fall** *m cf.* Uterusprolaps.

Ut·gard ['uːtgart] *n* ⟨-s; *no pl*⟩ *myth.* Utgard (*abode of the Old Norse demons and giants*).

uti·li·sie·ren [utili'ziːrən] *v/t* ⟨no ge-, h⟩ utilize *Br. auch* -s-.

Uti·li·ta·ri·er [utili'taːrĭər] *m* ⟨-s; -⟩ utilitarian. — **Uti·li·ta·ris·mus** [-ta'rɪsmus] *m* ⟨-; *no pl*⟩ utilitarianism. — **Uti·li·ta·rist** [-ta'rɪst] *m* ⟨-en; -en⟩ *cf.* Utilitarier. — **uti·li·ta·ri·stisch** *adj* utilitarian.

Uto·pia [u'toːpĭa] *npr n* ⟨-s; *no pl*⟩ *cf.* Utopien.

Uto·pie [uto'piː] *f* ⟨-; -n [-ən]⟩ utopia.

Uto·pi·en [u'toːpĭən] *npr n* ⟨-s; *no pl*⟩ Utopia.

uto·pisch [u'toːpɪʃ] *adj* utopian: etwas als ~ ansehen to look (up)on s.th. as (*od.* to consider s.th.) utopian.

Uto·pis·mus [uto'pɪsmus] *m* ⟨-; *no pl*⟩ utopianism.

Uto·pist [uto'pɪst] *m* ⟨-en; -en⟩ utopian.

Utri·ku·lus [u'triːkulus] *m* ⟨-; -kuli [-li]⟩ *med.* utricle.   [(*des Auges*) uvea.\
Uvea [u've·a] *f* ⟨-; Uveae [u've·ɛ]⟩ *med.*]

Uvei·tis [uve'iːtis] *f* ⟨-; -itiden [-i'tiːdən]⟩ *med.* iridocyclochoroiditis, uveitis.

UV-|-‚Fil·ter [uː'faʊ-] *n*, *m phot.* UV (absorbing) filter. — ~-|**Lam·pe** *f* ultraviolet lamp. — ~-|**Strah·len** *pl* ultraviolet rays: mit ~ behandeln to irradiate with ultraviolet rays. — ~-|**Strah·lung** *f* ultraviolet radiation.

Uvu·la ['uːvula] *f* ⟨-; -lae [-lɛ]⟩ *med.* (*Zäpfchen*) uvula.

uvu·lar [uvu'laːr] *adj ling.* uvular.

uvu·lär [uvu'lɛːr] *adj med.* uvular.

'**Ü-‚Wa·gen** *m* (radio) *telev. cf.* Übertragungswagen.

Uz [uːts] *m* ⟨-es; -e⟩ *colloq. cf.* Uzerei.

'**Uz‚bru·der** *m colloq.* tease(r).

uzen ['uːtsən] *colloq.* **I** *v/t* ⟨h⟩ **1.** j-n ~ a) (*necken, foppen*) to tease (*od.* chaff, banter) s.o., b) (*auf den Arm nehmen*) to pull s.o.'s leg (*colloq.*), to kid s.o. (*sl.*), *bes. Br. colloq.* to have s.o. on. – **II** U~ *n* ⟨-s⟩ **2.** *verbal noun. cf.* Uzerei.

Uze'rei *f* ⟨-; -en⟩ *colloq.* **1.** *cf.* Uzen. – **2.** (*Neckerei*) chaff, banter.

V

V, v [faʊ] *n* ⟨-; -⟩ **1.** V, v (*twenty-second letter of the German alphabet*; *seventeenth consonant*): **ein großes V** a capital (*od. large*) V; **ein kleines V** a small (*od. little*) v. **- 2.** V *math.* (*Volumen*) V, v. **- 3.** V *antiq.* (*römische Zahl für 5*) V. **- 4.** V *chem.* (*Vanadium*) V. **- 5.** v *phys.* (*Geschwindigkeit*) v, vel. **- 6.** V *electr.* (*Volt*) V, v. **- 7.** V (*something having the shape of the capital letter V*) V.

va banque [va'bãːk] *only in* ⁓ **spielen** a) (*in der Spielbank*) to play vabanque, b) *fig.* to take a chance (*od. risk*) (*od. to gamble*) on it.

Va'banque‚spiel *n* ⟨-(e)s; *no pl*⟩ *fig.* hazardous venture: **was du tust, ist ein ⁓** what you are doing is a hazardous venture, you are taking an inordinate risk.

Vac·ci·na [va'ktsiːna] *f* ⟨-; -nae [-nɛ]⟩ *med.* (*Kuhpocke*) vaccinia, cowpox.

'Vache‚le·der ['vaʃ-] *n* (*leather*) sole leather.

Va'chet·ten‚le·der [va'ʃɛtən-] *n* (*leather*) *cf.* Vacheleder.

'Va·cu‚blitz ['vaːku-] *m phot.* photoflash (lamp).

Va·de·me·kum [vade'meːkʊm] *n* ⟨-s; -s⟩ *archaic* (*kurzgefaßtes Lehrbuch*) vade mecum, handbook, manual.

vag [vaːk] *adj cf.* vage.

Va·ga·bund [vaga'bʊnt] *m* ⟨-en; -en⟩ **1.** (*Landstreicher, Strolch*) vagabond, vagrant, tramp(er), bum (*sl.*), *bes. Am. sl.* hobo. **- 2.** *fig.* (*rastlos umhergetriebener Mensch*) vagabond, roamer, rover, rolling stone, *bes. Am.* hedge bird. **— va·ga'bun·den·haft** *adj* vagabond(ish), vagrant.

Va·ga'bun·den‚le·ben *n* ⟨-s; *no pl*⟩ roving life, life of a vagabond, vagabondia: **ein ⁓ führen** to lead the life of a vagabond.

Va·ga'bun·den·tum *n* ⟨-s; *no pl*⟩ vagabondage, vagrancy: **das ⁓** vagabondia.

va·ga'bun·die·ren [vagabʊn'diːrən] **I** *v/i* ⟨*no* ge-, h *u.* sein⟩ **1.** (*als Landstreicher leben*) vagabond, vagabondize, tramp. **- 2.** *fig.* (*ruhelos od. rastlos leben*) live a restless life. **- 3.** *electr.* (*von Strom, Magnetfeld*) stray. **- II V⁓** *n* ⟨-s⟩ **4.** *verbal noun.* **- 5.** *cf.* Vagabundenleben. **- 6.** *cf.* Vagabundentum. **— va·ga·bun'die·rend** *I pres p.* **- II** *adj* **1.** (*Mensch*) vagabond. **- 2.** **⁓e Ströme** *electr.* stray (*od.* vagabond) currents.

Va·gant [va'gant] *m* ⟨-en; -en⟩ *hist.* travel(l)ing scholar, (*Dichter*) goliard.

Va'gan·ten‚dich·tung *f* (*literature*) goliardic verse. **— ⁓lied** *n* goliard poem.

va·ge ['vaːgə] *adj* **1.** (*Hoffnung etc*) vague, nubilous: **eine ⁓ Vorstellung haben** to have a vague (*od.* hazy) idea; **eine ⁓ Andeutung [Handbewegung] machen** to make a vague insinuation [gesture]. **- 2.** (*zweifelhaft*) uncertain. **— 'Vag·heit** *f* ⟨-; *no pl*⟩ **1.** vagueness. **- 2.** uncertainty.

va·gie·ren [va'giːrən] *v/i* ⟨*no* ge-, h *u.* sein⟩ *cf.* vagabundieren 1, 2.

Va·gi·na [va'giːna] *f* ⟨-; -nae [-nɛ] *u.* -nen⟩ *med.* vagina. **— ⁓‚du·sche** *f* vaginal douche.

va·gi·nal [vagi'naːl] *adj med.* vaginal.

Va·gi'nal‚ab‚strich *m med.* vaginal smear

(*od.* film). **— ⁓‚blu·tung** *f* bleeding from the vagina; vaginal h(a)emorrhage, colporrhagia (*scient.*). **— ⁓‚lei·den** *n* vaginopathy. **— ⁓‚spie·gel** *m* vaginal speculum, vaginoscope. **— ⁓‚tam‚pon** *m med. pharm.* tampon, vaginal plug.

Va·gi·nis·mus [vagi'nɪsmʊs] *m* ⟨-; *no pl*⟩ *med.* (*Scheidenkrampf*) vaginism, vaginismus, vulvismus.

Va·gi·ni·tis [vagi'niːtɪs] *f* ⟨-; -tiden [-niːtiːdən]⟩ *med.* (*Scheidenentzündung*) vaginitis, colpitis, vaginal catarrh.

Va·go·to·nie [vagoto'niː] *f* ⟨-; -n [-ən]⟩ *med.* vagotonia. **— Va·go'to·ni·ker** [-'toːnikər] *m* ⟨-s; -⟩ vagotonic patient. **— va·go'to·nisch** [-'toːnɪʃ] *adj* vagotonic.

Va·gus ['vaːgʊs] *m* ⟨-; *no pl*⟩, **⁓‚nerv** *m med.* vagus (nerve).

va·kant [va'kant] *adj* vacant: **⁓e Stelle** vacancy, vacant post.

Va·kanz [va'kants] *f* ⟨-; -en⟩ **1.** (*freie Stelle*) vacancy, vacant post. **- 2.** *Southwestern G. dial. for* Ferien 1.

Va·kat ['vaːkat] *n* ⟨-(s); -s⟩ *print.* blank (*od.* white) page.

'Va·ku‚blitz ['vaːku-] *m phot. cf.* Vacublitz.

Va·kuo·le [va'kŭoːlə] *f* ⟨-; -n⟩ *bot. zo.* (*Zellhohlraum*) vacuole, sap cavity.

Va·ku·um ['vaːkuʊm] *n* ⟨-s; -kua [-kŭa] *u.* -kuen [-kŭən]⟩ **1.** *phys.* vacuum: **ein ⁓ herstellen** to produce (*od.* create) a vacuum; **absolutes ⁓** absolute vacuum; **unter ⁓ in vacuo; unter ⁓ verschließen** a) (*Lebensmittel, Dosen etc*) to seal under vacuum, b) (*bes. Flaschen*) to stopper under vacuum. **- 2.** *fig.* vacuum, vacuity: **es ist ein politisches ⁓ entstanden** a political vacuum has developed. **— ⁓‚an‚la·ge** *f tech.* vacuum installation. **— ⁓‚ap·pa·ra‚tur** *f* vacuum equipment. **— ⁓‚brem·se** *f* vacuum brake. **— ⁓de·stil·la·ti‚on** *f phys.* vacuum distillation. **— v⁓‚dicht** *adj* **1.** vacuum-tight. **- 2.** (*vakuumversiegelt*) vacuum-sealed. **- 3.** (*hermetisch*) hermetic(al). **— v⁓ge‚trock·net** *adj* vacuum-dried. **— ⁓‚glocke** (*getr.* -k·k-) *f tech.* vacuum bell jar. **— ⁓‚kam·mer** *f phys.* vacuum chamber. **— ⁓‚kes·sel** *m tech.* vacuum vessel (*od.* tank). **— ⁓‚lam·pe** *f* vacuum lamp. **— ⁓‚mes·ser** *m cf.* Vakuummeter. **— ⁓‚me·ter** *n* ⟨-s; -⟩ vacuum ga(u)ge (*od.* meter). **— ⁓‚ofen** *m tech.* vacuum furnace. **— ⁓‚öl** *n* vacuum oil. **— ⁓‚pfan·ne** *f* (*zur Evaporation*) vacuum pan. **— ⁓phy‚sik** *f* vacuum physics *pl* (*usually construed as sg*). **— ⁓‚prü·fung** *f* vacuum test. **— ⁓‚pum·pe** *f tech.* vacuum (*od.* suction) pump. **— ⁓‚raum** *m* **1.** *phys.* vacuum chamber. **- 2.** *fig.* vacuum. **— ⁓‚röh·re** *f electr.* (*radio*) vacuum (*od.* thermionic) tube (*bes. Br.* valve). **— ⁓‚schal·ter** *m electr.* vacuum switch. **— ⁓‚schlauch** *m tech.* pressure tubing. **— ⁓‚spek·tro‚graph** *m phys.* vacuum spectrograph. **— ⁓‚stahl** *m metall.* vacuum steel. **— ⁓‚tech·nik** *f* vacuum engineering (*od.* technology). **— ⁓ver‚damp·fer** *m tech.* vacuum evaporator. **— ⁓ver‚dampfung** *f* vacuum evaporation. **— ⁓ver‚fah·ren** *n* vacuum method (*od.* technique). **— ⁓ver‚packt** *adj* vacuum-packed. **— ⁓-**

⁓ver‚packung (*getr.* -k·k-) *f* vacuum package (*od.* packaging).

Vak·zin [vak'tsiːn] *n* ⟨-s; -e⟩ *med. cf.* Vakzine.

Vak·zi·na·ti·on [vaktsina'tsioːn] *f* ⟨-; -en⟩ *med.* vaccination.

Vak·zi·ne [vak'tsiːnə] *f* ⟨-; -n⟩ *med.* vaccine: **⁓ gegen Kinderlähmung** poliomyelitis vaccine.

vak·zi·nie·ren [vaktsi'niːrən] *v/t* ⟨*no* ge-, h⟩ *med.* vaccinate. **— Vak·zi'nie·rung** *f* ⟨-; -en⟩ vaccination.

Val [vaːl] *n* ⟨-; *no pl*⟩ *chem.* gram-equivalent, *bes. Br.* gramme-equivalent.

va·le ['vaːlə] *interj* farewell, vale (*lit.*).

Va'len·cia‚man·del [va'lɛntsi̯a-; va'lɛnsi̯a-] *f* (*für Konfekt*) Jordan almond.

Va·len·ci'ennes‚spit·zen [valã'sɛn-] *pl* Valenciennes *sg, auch* Valenciennes lace *sg.*

Va·len·ti·nit [valɛnti'niːt] *m* ⟨-s; *no pl*⟩ *min.* valentinite.

'Va·len·tins‚tag ['vaːlɛntiːns-] *m* (Saint) Valentine('s) Day (*February 14th*).

Va·lenz [va'lɛnts] *f* ⟨-; -en⟩ **1.** *biol. chem.* valence, *bes. Br.* valency. **- 2.** *ling.* (*eines Verbs*) valency. **— ⁓‚bin·dungs‚me‚tho·de** *f chem.* valence (*bes. Br.* valency) bond method. **— ⁓‚elek·tron** *n meist pl nucl.* valence (*bes. Br.* valency) electron. **— ⁓‚stu·fe** *f electr.* valence (*bes. Br.* valency) stage. **— ⁓‚tau·to·me‚rie** *f* ⟨-; *no pl*⟩ *chem.* valence (*bes. Br.* valency) tautomerism. **— ⁓theo‚rie** *f chem.* valence (*bes. Br.* valency) theory.

Va·le·ria·na [vale'ri̯aːna] *f* ⟨-; -rianen⟩ *bot. cf.* Baldrian 1.

Va·le·ri'an‚säu·re [vale'ri̯aːn-] *f chem.* valeric (*auch* valerianic) acid (C_4H_9COOH).

Va'let [va'lɛt; -'leːt] *n* ⟨-s; -s⟩ *obs. and Swiss* farewell: **j-m ⁓ sagen** to bid s.o. farewell; **einer Sache ⁓ geben** to renounce (*od. lit.* abjure) s.th.

Va'leurs [va'løːrs] *pl* (*paints*) (*art*) tonal values.

va·li·die·ren [vali'diːrən] *v/t* ⟨*no* ge-, h⟩ *econ.* (*rechtsgültig machen*) validate.

Va·lin [va'liːn] *n* ⟨-s; *no pl*⟩ *chem.* valine [$(CH_3)_2CHCH(NH_2)COOH$].

Va·lo·ren [va'loːrən] *pl econ.* **1.** (*Wertgegenstände*) valuables. **- 2.** (*Wertpapiere*) securities. **— ⁓ver‚si·che·rung** *f* **1.** (*für Wertsachen, Geld etc*) insurance of valuables. **- 2.** (*bes. Transportversicherung*) transport insurance of valuables.

Va·lo·ri·sa·ti·on [valoriza'tsioːn] *f* ⟨-; -en⟩ *econ.* valorization *Br. auch* -s-. **— va·lo·ri·'sie·ren** [-'ziːrən] *v/t* ⟨*no* ge-, h⟩ valorize *Br. auch* -s-, raise (*s.th.*) in value. **— Va·lo·ri'sie·rung** *f* ⟨-; -en⟩ *cf.* Valorisation.

Va·lu·ta [va'luːta] *f* ⟨-; -luten⟩ *econ.* **1.** (*Wert einer Währung*) value, valuta: **deckungsfähige** (*od.* hochwertige) **⁓** foreign currency eligible as legal cover for central bank issues. **- 2.** (*Währung*) (*foreign*) currency, foreign notes and coins *pl*: **er zahlte mit ⁓** he paid in foreign currency. **- 3.** *cf.* Valutierung. **— ⁓ak‚zept** *n* foreign currency acceptance. **— ⁓an‚lei·he** *f* foreign currency bond. **— ⁓‚dum·ping** *n* dumping through undervalued home (*od.* domestic) currency. — ~ent,wer·tung f currency depreciation. — ~,for·de·rung f claim for foreign currency, currency claim. — ~ge,schäft n currency exchange transaction. — ~ge,winn m currency exchange profit. — ~,gut,ha·ben n foreign currency balance. — ~,klau·sel f 1. (im Wechselverkehr) value received clause. – 2. (Devisenklausel) foreign currency clause. — ~kre,dit m foreign currency loan. — ~,kurs m cf. Devisenkurs. — ~no,tie·rung f foreign exchange quotation. — ~pa,pier n foreign (currency) bond (od. share), security issued in a foreign currency. — ~,ri·si·ko n exchange risk. — v~,schwach adj cf. währungsschwach. — ~spe·ku·la·ti,on f (foreign) currency speculation. — v~,stark adj cf. währungsstark. — ~ver,si·che·rung f foreign currency insurance. — ~,wech·sel m (foreign) currency bill.

Va'lu·ten,kon·to n econ. cf. Währungskonto.

va·lu·tie·ren [valu'ti:rən] I v/t ⟨no ge-, h⟩ econ. fix the date of value of. – II V~ n ⟨-s⟩ verbal noun. — **Va·lu'tie·rung** f ⟨-; -en⟩ 1. cf. Valutieren. – 2. valuation.

Val·va·ti·on [valva'tsio:n] f ⟨-; -en⟩ econ. (bes. von Münzen) valuation. — **Val·va·ti·ons·ta,bel·le** f valuation table.

Vamp [vɛmp] m ⟨-s; -s⟩ vamp.

Vam·pir ['vampi:r; -'pi:r] m ⟨-s; -e⟩ 1. zo. vampire (Fam. Desmodontidae). – 2. fig. vampire. — ~,Fle·der,maus f zo. vampire, auch vampire bat (Gattg Desmodus).

Va·na·din [vana'di:n] n ⟨-s; no pl⟩ chem. metall. cf. Vanadium. — ~,blei,erz n min. vanadinite.

Va·na·di·um [va'na:diʊm] n ⟨-s; no pl⟩ chem. metall. vanadium (V). — ~,stahl m metall. vanadium steel.

'Van-'Al·len-,Gür·tel ['væn'ælin-] (Engl.) m astr. Van Allen radiation belt.

Van·da·le [van'da:lə] m ⟨-n; -n⟩ hist. cf. Wandale. — **van'da·lisch** adj cf. wandalisch. — **Van·da'lis·mus** [-da'lismʊs] m ⟨-; no pl⟩ cf. Wandalismus.

Van-'Dyck-,Braun [fan'daɪk-; van-] n (paints) Vandyke brown.

Va'nil·le [va'nɪljə; -'nɪlə] f ⟨-; no pl⟩ 1. bot. vanilla (Vanilla planifolia). – 2. (Gewürz) vanilla.

va'nil·le adj ⟨pred⟩ (hellgelb) vanilla(-colored, bes. Br. -coloured).

Va'nil·le|,eis n vanilla ice cream. — ~ge,schmack m vanilla flavor (bes. Br. flavour), ~ge,würz n vanilla. — ~,kip·fel n bes. Austrian gastr. crescent-shaped vanilla biscuit (Am. cookie).

Va'nil·len|,eis n cf. Vanilleeis. — ~ge,schmack m cf. Vanillegeschmack.

Va'nil·le(n)|,pud·ding m vanilla pudding. — ~,scho·te f bot. vanilla bean. — ~,so·ße f vanilla sauce. — ~,stan·ge f stick of vanilla. — ~,zucker (getr. -k·k-) m vanilla sugar.

Va'nil·lin [vanɪ'li:n] n ⟨-s; no pl⟩ chem. vanillin (CH₃O(OH)C₆H₃CHO).

Va·po·ri·me·ter [vapori'me:tər] n ⟨-s; -⟩ phys. vaporimeter.

Va·po·ri·sa·ti·on [vaporiza'tsio:n] f ⟨-; no pl⟩ med. vaporization Br. auch -s-.

va·po·ri·sie·ren [vapori'zi:rən] I v/i u. v/t ⟨no ge-, h⟩ vaporize Br. auch -s-. – II V~ n ⟨-s⟩ verbal noun. — **Va·po·ri'sie·rung** f ⟨-; no pl⟩ 1. cf. Vaporisieren. – 2. cf. Vaporisation.

Va·ri ['va:ri] m ⟨-s; -s⟩ zo. ruffed lemur, vari (Lemur varius).

Va·ria ['va:ria] pl 1. (Verschiedenes) varia, miscellany sg, sundries. – 2. (Mannigfaltigkeit) manifoldness sg, diversity sg.

va·ria·bel [va'ria:bəl] adj 1. variable. – 2. econ. a) (Kosten, Kurs etc) variable, b) (Notierung) consecutive, fluctuating. – 3. variable Länge tech. (computer) length format. — **Va·ria·bi·li·tät** [-riabili'tɛ:t] f ⟨-; no pl⟩ variability.

Va·ria·ble [va'ria:blə] f ⟨-n; -n⟩ math. (veränderliche Größe) variable.

Va·ri·an·te [va'riantə] f ⟨-; -n⟩ 1. variant. – 2. (Lesart) version. – 3. biol. variation.

Va·ria·ti·on [varia'tsio:n] f ⟨-; -en⟩ 1. astr. biol. math. mus. variation. – 2. mus. (Paraphrase) paraphrase.

Va·ria·ti·ons|,brei·te f range. — v~,fä·hig adj variable. — ~,fä·hig·keit f ⟨-; no pl⟩ variability, variableness. — ~,merk,mal n biol. variational characteristic. — ~,rech·nung f math. calculus of variations.

Va·ri·cel·len [vari'tsɛlən] pl med. cf. Varizellen.

Va·rie·tät [varie'tɛ:t] f ⟨-; -en⟩ auch bot. zo. variety.

Va·rie·té [varie'te:], Swiss **Va·rié·té** [varie'te:] n ⟨-s; -s⟩ 1. variety (bes. Am. vaudeville, auch burlesque) (theater, bes. Br. theatre), bes. Br. music hall. – 2. cf. Varietéshow. — ~,akt m cf. Varieténummer. — ~,künst·ler m 1. (Sänger, Sprecher) variety (bes. Am. vaudeville, bes. Br. music-hall) artist (auch artiste) (od. entertainer). – 2. (Akrobat etc) variety (bes. Am. vaudeville, bes. Br. music--hall) artist (od. performer). — ~,num·mer f variety act (od. turn), (akrobatischer Art) auch stunt. — ~pro,gramm n bill, variety program (bes. Br. programme). — ~,sän·ger m variety (bes. Am. vaudeville, bes. Br. music-hall) singer. — ~,show f variety show, revue, auch review. — ~-thea·ter [-te,a:tər] n variety (bes. Am. vaudeville) theater (bes. Br. theatre), bes. Br. music hall. — ~,vor,stel·lung f (das gesamte Programm) variety show.

va·ri·ie·ren [vari'i:rən] I v/i ⟨no ge-, h⟩ 1. vary. – 2. (innerhalb zweier Werte) vary, range: die Zahl der Studenten variiert zwischen 1500 und 2000 the number of students ranges between 1,500 and 2,000. – 3. (schwanken) fluctuate. – 4. biol. vary. – II v/t 5. (Thema etc) vary, diversify.

va·ri·kös [vari'kø:s] adj med. varicose. — **Va·ri·ko·si'tät** [-kozi'tɛ:t] f ⟨-; no pl⟩ varicosity, varicosis. — **Va·ri·ko·ze·le** [variko'tse:lə] f ⟨-; -n⟩ med. varicocele. — **Va·ri·ko'ze·len·ope·ra·ti,on** f varicocelectomy.

Va·rio·la [va'riola] f ⟨-; -lae [-lɛ], auch Variolen [-'rio:lən]⟩ meist pl med. smallpox, variola. — v~,ähn·lich adj varioliform, varioloid.

Va·rio·le [va'rio:lə] f ⟨-; -n⟩ geol. variole.

Va·rio·me·ter [vario'me:tər] n ⟨-s;-⟩ 1. phys. variometer rotor. – 2. electr. a) variometer, b) (Spule mit Ferritkern) variable inductor. – 3. aer. vertical speed (od. rate-of-climb) indicator.

'Va·rio-Ob·jek,tiv ['va:rio-] n phot. variable focus lens, zoom lens.

Va·ri·stor [va'rɪstər] m ⟨-s; -en [-'to:rən]⟩ electr. (variabler Resistor) varistor.

'Va·rix,kno·ten ['va:rɪks-] m med. varix.

Va·ri·zel·len [vari'tsɛlən] pl med. chickenpox sg, varicella sg (scient.).

Va·ri·zen [va'ri:tsən] pl med. varices. — ~ope·ra·ti,on f varicotomy. — ~ver,ödung f phlebosclerosation, varicosclerosation.

'Va·rus,schlacht ['va:rus-] f ⟨-; no pl⟩ hist. cf. Hermannsschlacht.

Va·sall [va'zal] m ⟨-en; -en⟩ 1. contempt. (einer Großmacht etc) vassal. – 2. hist. a) retainer, vassal, b) liegeman, c) follower: die ~en pl the vassals, the vassalage sg.

Va'sal·len|,dienst m hist. vassalage, feudal service. — ~,eid m vassal's oath, (feudal) homage. — ~,pflicht f vassal's fealty.

Va'sal·len,schaft f ⟨-; no pl⟩ hist. 1. vassalage. – 2. (Gesamtheit der Vasallen) vassalry, vassals pl.

Va'sal·len|,staat m 1. contempt. (abhängiger Staat) satellite state. – 2. hist. vassal (od. tributary) state. — ~,treue f vassal (od. feudal) loyalty (od. fealty). [vassalage.]

Va'sal·len·tum n ⟨-s; no pl⟩ hist. vassalry,]

va'sal·lisch adj hist. 1. vassal, vassalic. – 2. (feudal) feudal.

Va·se ['va:zə] f ⟨-; -n⟩ vase.

Vas·ek·to·mie [vazɛkto'mi:] f ⟨-; -n [-ən]⟩ med. vasectomy.

Va·se·lin [vaze'li:n] n ⟨-s; no pl⟩, **Va·se·li·ne** f ⟨-; no pl⟩ med. pharm. (Erdölgallerte) petrolatum, auch petroleum jelly, vaseline (TM).

'va·sen|,för·mig adj vase-shaped, vasiform. — **V~,lam·pe** f vase lamp. — **V~,ma·le,rei** f vase painting.

vas·ku·lar [vasku'la:r], **vas·ku'lär** [-'lɛ:r] adj med. vascular. — **Vas·ku·la·ri·sa·ti·on** [-lariza'tsio:n] f ⟨-; no pl⟩ vascularization. — **vas·ku·lös** [vasku'lø:s] adj med. vascular.

Va·so·di·la·ta·ti·on [vazodilata'tsio:n] f med. vasodilatation. — **Va·so·di·la'ta·tor** ['ta:tər] m ⟨-s; -en [-ta'to:rən]⟩ (Nerv) vasodilator. — **va·so·di·la·ta'to·risch** ['to:rɪʃ] adj vasodilating, vasodilative.

Va·so·kon·strik·tor [vazokon'strɪktər] m ⟨-s; -en [-'to:rən]⟩ med. vasoconstrictor.

Va·so·mo·to·ren [vazomo'to:rən] pl med. vasomotor nerves. — ~,zen·trum n vasomotor center (bes. Br. centre).

va·so·mo·to·risch [vazomo'to:rɪʃ] adj med. vasomotor (attrib), vasomotorial, vasomotory: ~e Neurose [Störung] vasomotor neurosis (disturbance); ~er Reflex vasomotor reflex.

Va·ter ['fa:tər] m ⟨-s; ⸚⟩ 1. father: sein leiblicher ~ his own (od. real) father; sein vermeintlicher ~ his presumed father; er ist glücklicher ~ eines Sohnes geworden he has become the proud father of a son; er ist ~ von drei Kindern he is a father of three (children); dem Kind fehlt der ~ the child needs a father; ist er nicht ganz der ~? isn't he the very (od. spitting) image of his father? er schlägt ganz nach dem ~ he is a chip off (od. of) the old block; du wirst (einmal) wie dein ~ you will grow to be like your father one day; wie der ~, so der Sohn like father like son; etwas geht vom ~ auf den Sohn über s.th. is handed (od. passed) down from father to son; wie ein ~ an j-m handeln, an j-m ~ zu j-m sein to be like a father to s.o.; er könnte ihr ~ sein he is old enough to be her father; sie hat ihren ~ nie gekannt she never knew her father; da mußt du ~ fragen you must ask father about that; ~, hast du einen Moment Zeit? have you a minute, father? das ist was für den Sohn meines ~s colloq. that's just my cup of tea, that's just up my street (beide colloq.); ~ werden ist nicht schwer, ~ sein dagegen sehr humor. it's easier to become a father than to be one; ~ der Obdachlosen fig. father to the homeless; die Väter der Stadt fig. the city (od. town) fathers; ~ Rhein poet. Father Rhine; → Staat¹ 3. – 2. fig. (Urheber, Schöpfer) father, author, sire, originator: der geistige ~ eines Plans the father of a plan; hier ist der Wunsch der ~ des Gedankens this is wishful thinking; der Krieg ist der ~ aller Dinge war is the father of all things. – 3. relig. a) (Gott) Father, b) (Priester) father, padre, c) der Heilige ~ röm.kath. (Papst) the Holy Father: der himmlische ~ our heavenly Father, our Father in heaven; Ehrwürdiger ~ (most) reverend father; ~ unser, der du bist im Himmel our Father which art in heaven. – 4. pl (fore)fathers, ancestors, forebears: er kehrte ins Land seiner Väter zurück he returned to the land of his fathers; zu seinen Vätern versammelt werden poet. to be gathered (od. have gone) to one's fathers. – 5. (von Tieren) sire, father (colloq.).

'Va·ter|,au·ge n only in das ~ wacht a) God is omnipresent, b) colloq. humor. my father keeps his eye on me. — ~au·to·ri,tät f paternal authority. — ~,bild n father figure. — ~,bin·dung f psych. father fixation. — ~freu·den pl joys of fatherhood, paternal joys: er sieht ~ entgegen he is going to be a father. — ~,gut n paternal heritage. — ~,haus n parental home. — ~,herz n parental heart. — ~-'Kind-Be,zie·hung f father-child relationship. — ~,land n 1. one's (native od. mother) country, fatherland: ins ~ zurückkehren to go back to one's fatherland (od. to the land of one's fathers); er hat sich um das ~ verdient gemacht he deserves well of his country; → Prophet. – 2. (Heimatland) homeland.

'va·ter,län·disch I adj 1. patrial: ~e Gesinnung patriotism; ~e Lieder patriotic songs, songs of one's fatherland. – 2. (national) national. – II adv 3. ~ gesinnt patriotic.

'Va·ter,lands|,lie·be f 1. love of one's country (od. fatherland). – 2. (Patriotismus) patriotism. — v~,lie·bend adj 1. loving one's fatherland. – 2. (patriotisch) patriotic. — v~los adj 1. (nicht patriotisch) unpatriotic. – 2. (staatenlos) stateless. — ~ver,rä·ter m traitor to one's country. — ~ver,tei·di·ger m defender of one's country.

vä·ter·lich ['fɛ:tərlıç] I adj 1. fatherly, paternal: ein ~er Rat a fatherly counsel; ein ~er Freund a fatherly friend; die ~e Gewalt ausüben jur. to exercise paternal authority. – 2. ⟨attrib⟩ (vom Vater stammend etc) paternal: auf dem ~n Hof on the paternal farm; das ~ Handwerk erlernen to learn one's father's trade; ~es Erbteil patrimony; ~er Zweig einer Familie

paternal (*od.* spear) side of a family. –
II *adv* **3.** j-n ~ beraten to advise s.o. in a
fatherly way, to give s.o. fatherly (*od.*
paternal) advice.

'vä·ter·li·cher'seits *adv* on one's father's
side (of the family): mein Großvater ~
my paternal grandfather; ~ verwandt
related on one's father's side (of the
family); die Verwandten (*od.* Verwandtschaft) ~ the relatives (*od.* kinship) on the
father's side, the agnation (*jur.*).

'Vä·ter·lich·keit *f* ⟨-; *no pl*⟩ fatherliness.

'Va·ter|,lie·be *f* paternal (*od.* fatherly)
love. — **v~los** *adj* fatherless, unfathered. —
~,mord *m* patricide, parricide. — **~,mör-
der** *m* **1.** patricide, parricide. – **2.** *fig.
colloq.* (*Stehkragen*) stand-up collar. —
~,na·me *m* family name, surname. —
~,pflicht *f* paternal duty. — **~,recht** *n*
1. *anthrop.* patriarchy, patriarchate. –
2. (*in Familienordnung etc*) patriarchate.

'Va·ter·schaft *f* ⟨-; *no pl*⟩ fatherhood,
fathership, *bes. jur.* paternity: uneheliche
(*od.* außereheliche) ~ paternity out of
wedlock; Anerkennung [Nichtanerken-
nung] der ~ acknowledg(e)ment [repudi-
ation] of paternity; Ermittlung der ~
affiliation; Feststellung (*od.* Zuschrei-
bung) der ~ filiation; Vermutung der ~
presumption of paternity; die ~ durch
Blutgruppenuntersuchung bestimmen to
determine (the) paternity by means of a
blood test; die ~ leugnen to deny paternity;
j-s ~ zu einem Kinde feststellen to affiliate
a child to s.o.

'Va·ter·schafts|,an·er,kennt·nis *n* *jur.* ac-
knowledg(e)ment of paternity. — **~be,stim-
mung** *f* *med.* filiation. — **~,kla·ge** *f* *jur.*
1. (*auf Anerkennung der Vaterschaft*)
application for an affiliation order. –
2. (*auf Aberkennung der Vaterschaft*)
application for bastardy proceedings. —
~,nach,weis *m* proof of paternity. —
~,pro·be *f* paternity test. — **~pro,zeß** *m*
1. (*gerichtliche Feststellung der Vaterschaft*)
affiliation, filiation. – **2.** (*Unterhaltsklage*)
bes. Am. paternity suit (*od.* case).

'Vä·ter,sit·te *f* customs *pl* of one's (fore)-
fathers.

'Va·ters,na·me *m* cf. Vatername.

'Va·ter|,stadt *f* native town (*od.* city),
hometown. — **~,stel·le** *f* only in bei (*od.*
an) einem Kind ~ vertreten to be (*od.*
act as) a father to a child. — **~,tag** *m*
Father's Day.

,Va·ter'un·ser *n* ⟨-s; -⟩ *relig.* Lord's
Prayer, Our Father: ein ~ beten to say
the Lord's Prayer.

Va·ti ['faːti] *m* ⟨-s; -s⟩ *colloq.* daddy, dad
(*colloq.*).

Va·ti·kan [vati'kaːn], **der** ⟨-s⟩ *röm.kath.*
(*auch päpstliche Regierung*) the Vatican. —
va·ti'ka·nisch *adj* (of the) Vatican: das
V~e Konzil the Vatican Council; die V~e
Bibliothek the Vatican Library.

Va·ti'kan,stadt *f* ⟨-; *no pl*⟩ Vatican City.

Vau·de·ville [voˈdəˈviːl] *n* ⟨-s; -s⟩ (*theater*)
vaudeville.

'V-,Aus,schnitt ['fau-] *m* (*fashion*) V neck.

va·zie·ren [vaˈtsiːrən] *v/i* ⟨*no* ge-, sein⟩
Austrian move from place to place.

Ve·da ['veːda] *m* ⟨-(s); -den *u.* -s⟩ *relig.*
cf. Weda.

Ve·det·te [veˈdɛtə] *f* ⟨-; -n⟩ *mil. hist.*
vedette, vidette, mounted guard.

ve·disch ['veːdɪʃ] *adj relig.* cf. wedisch.

Ve·du·te [veˈduːtə] *f* ⟨-; -n⟩ (*art*) (*naturgetreue Landschaftsdarstellung*) veduta. —
Ve'du·ten,ma·ler *m* painter of vedutas.

ve·ge·ta·bil [vegeta'biːl] *adj bes. Austrian
rare for* vegetabilisch. — **Ve·ge·ta'bi·li·en**
[-liən] *pl* (*pflanzliche Nahrungsmittel*) vegetables. — **ve·ge·ta'bi·lisch** *adj* vegetable
(*attrib*), vegetal: ~es Elfenbein *bot.* cf.
Elfenbeinnuß.

Ve·ge·ta·ria·ner [vegeta'riaːnər] *m* ⟨-s; -⟩,
Ve·ge·ta'ria·ne·rin *f* ⟨-; -nen⟩ cf. Vege-
tarier(in).

Ve·ge·ta·ri·er [vege'taːriər] *m* ⟨-s; -⟩,
Ve·ge·ta'rie·rin *f* ⟨-; -nen⟩ vegetarian. —
ve·ge·ta·risch [vege'taːrɪʃ] *adj* ⟨*attrib*⟩
vegetarian: ~e Kost vegetarian diet; ~e
Lebensweise vegetarianism.

Ve·ge·ta'ris·mus [-ta'rɪsmʊs] *m* ⟨-; *no pl*⟩
vegetarianism.

Ve·ge·ta·ti·on [vegeta'tsioːn] *f* ⟨-; -en⟩ *bot.*
vegetation: üppige ~ lush (*od.* luxuriant)
vegetation, verdure.

Ve·ge·ta'ti·ons|ge,biet *n* vegetation zone.

— **~,kun·de** *f* ⟨-; *no pl*⟩ plant sociology,
phytosociology (*scient.*). — **~or,gan** *n biol.*
vegetative organ. — **~pe·ri,ode** *f bot.* growing season. — **~,punkt** *m* growing point,
vegetative cone (*od.* point).

ve·ge·ta·tiv [vegeta'tiːf] *adj* **1.** *bot.* (*pflanz-
lich*) vegetative. – **2.** ~e Vermehrung *biol.*
asexual propagation. – **3.** *med.* vegetative:
~es Nervensystem autonomic (*od.* vegetative) nervous system; ~er Pol autonomic
(*od.* vegetal) pole; ~e Störung vegetative
disorder, disturbance of the autonomic
nervous system; → Dystonie.

Ve·ge·ta'ti·vum [vegeta'tiːvʊm] *n* ⟨-s; *no
pl*⟩ *med.* autonomic (*od.* vegetative) nervous
system.

ve·ge·tie·ren [vege'tiːrən] *fig.* **I** *v/i* ⟨*no*
ge-, h⟩ **1.** vegetate, merely exist. – **2.** (*sich
kümmerlich durchschlagen*) eke out a
meager (*bes. Br.* meagre) (*od.* miserable,
bare) existence, scrape along. – **II V~** *n*
⟨-s⟩ **3.** *verbal noun.* – **4.** vegetation, mere
existence: man kann das Leben dieser
Menschen nur ein V~ nennen the life of
these people is a mere existence, these
people just vegetate, these people merely
exist (and no more).

ve·he·ment [vehe'mɛnt] **I** *adj* vehement,
impetuous: sein Vorgehen war ziemlich ~
he acted pretty vehemently (*od.* in a rather
impetuous manner, rather impetuously). –
II *adv* sie hat sich ~ gegen die Angriffe
verteidigt she defended herself vehemently
(*od.* with vehemence) against the accusa-
tions. — **Ve·he'menz** [-'mɛnts] *f* ⟨-; *no pl*⟩
vehemence, impetuosity: der Sturm traf
das Haus mit solcher ~, daß the storm
struck the house with such vehemence (*od.*
violence) that; seine Ansichten mit ~
vertreten to defend one's views with
vehemence (*od.* vehemently, impetuously,
with impetuosity).

Ve·hi·kel [ve'hiːkəl] *n* ⟨-s; -⟩ **1.** *colloq.
contempt.* (*altmodisches, schlechtes Fahrzeug*) rattletrap, wreck, *bes. Am. sl.* ja-
lop(p)y, *auch* jalopy. – **2.** *med. pharm.* (*u.
in der Physiologie*) vehicle. – **3.** *fig. lit.*
(*Träger, Mittel*) vehicle: die Sprache war
nur ~, diese Ideen auszudrücken language
was only the vehicle for expressing these
ideas.

Vei·gerl ['faigərl] *n* ⟨-s; -(n)⟩ *Bavarian
and Austrian colloq. for* Veilchen 1.

Veil·chen ['failçən] *n* ⟨-s; -⟩ **1.** *bot.* violet
(*Gattg Viola*): Gelbes ~ viola (*V. lutea*);
Wohlriechendes ~ sweet violet (*V. odorata*).
– **2.** er ist blau wie ein ~ *fig. colloq.* he is
as drunk as a lord; he is absolutely tight, he
is as tight as an owl (*colloq.*). – **3.** der hat
aber ein ~! *fig. colloq.* does he have a shiner!
(*sl.*), he has a black eye and a half! (*colloq.*).
— **~,al·ge** *f bot.* rock violet (*Trentepohlia
iolithus*). — **~,blau** **I** *n* violet. – **II v~** *adj*
violet. — **~,duft** *m* fragrance (*od.* scent) of
violets. — **~,ge,wäch·se** *pl bot.* violet family
sg, Violaceae (*scient.*). — **~,schnecke** (*getr.
-k·k-*) *f zo.* violet shell (*od.* snail) (*Gattg
Janthina*). — **~,stock** *m bot.* violet (plant).
— **~,strauß** *m* bunch (*od.* posy, nosegay) of
violets. — **~,wur·zel** *f bot. med. pharm.*
orrisroot (*von Iris pallida u. I. florentina*).

'Veits|,boh·ne ['faits-] *f bot.* kidney (*od.*
broad, *bes. Br.* French) bean (*Phaseolus
vulgaris*). — **~,tanz** *m* ⟨-es; *no pl*⟩ *med.*
St. Vitus's dance, chorea minor (*scient.*):
vom ~ befallen choreal, choreic, choreatic.

Vek·tor ['vɛktɔr] *m* ⟨-s; -en [-'toːrən]⟩
math. phys. vector. — **~,al·ge·bra** *f* vector
algebra. — **~ana·ly·sis** [-,ana(:)lyzɪs] *f* cf.
Vektorrechnung. — **~,feld** *n* vector(ial)
field. — **~funk·ti,on** *f* vector function. —
~grö·ße *f* vector quantity.

vek·to·ri·ell [vɛktoˈriɛl] *adj math. phys.*
(*Darstellung, Produkt etc*) vectorial.

'Vek·tor|,li·nie *f math. phys.* line of flux. —
~,rech·nung *f* vector analysis (*od.* calculus).
— **~,win·kel** *m* vectorial angle.

ve·lar [ve'laːr] *adj ling.* velar.

Ve·lar [ve'laːr] *m* ⟨-s; -e⟩ *m ling.* velar
(sound).

Ve·la·ri·sie·rung [velari'ziːrʊŋ] *f* ⟨-; *no pl*⟩
ling. (*eines Lautes*) velarization.

Ve'lar,laut *m ling.* velar (sound).

Ve·lin [ve'lɛ̃ː; ve'lɛː] *n* ⟨-s; *no pl*⟩, **~pa,pier**
n vellum (paper).

Ve·lo ['veːlo] *n* ⟨-s; -s⟩ *Swiss for* Fahrrad.

Ve·lo·drom [velo'droːm] *n* ⟨-s; -e⟩ (*sport*)
(*Radrennbahn*) cycling track, velodrome.

Ve·lours [və'luːr; ve-] *m* ⟨- [-'luːrs]; -
[-'luːrs]⟩ (*textile*) velour(s): ein Mantel aus
~ a velour(s) coat. — **~,le·der** *n* suede,
suède. — **~pa,pier** *n* velvet paper. —
~,tep·pich *m* Wilton (*od.* Axminster)
(carpet), velvet-pile carpet.

Ve·lo·zi·ped [velotsi'peːt] *n* ⟨-(e)s; -e⟩ *obs.
for* Fahrrad.

Velt·li·ner [vɛlt'liːnər; fɛlt-] **I** *m* ⟨-s; *no pl*⟩
gastr. Valtelline wine. – **II** *adj* ⟨*invariable*⟩
(of) Valtelline: ~ Wein Valtelline wine.

Ve·lum ['veːlʊm] *n* ⟨-s; -la [-la]⟩ **1.** *röm.kath.*
a) (*Schultertuch der Priester*) amice, b)
(*Kelchtuch*) chalice veil. – **2.** *med.* (*Segel*)
velum. – **3.** *zo.* (*Mantelsaum der Hydro-
medusen*) velum. — **~ pa·la·ti·num** [pala-
'tiːnʊm] *n* ⟨- -; -la [-la] -na [-na]⟩ *med. cf.*
Gaumensegel.

Vel·vet ['vɛlvət] *m, n* ⟨-s; -s⟩ (*Baumwoll-
samt*) velveteen, cotton velvet.

Ve·nae sec·tio ['veːnɛ 'zɛktsio] *f* ⟨- -; - -nes
[-'tsioːnɛs]⟩ *med.* venesection, phlebotomy,
venotomy. [Blutrache.]
Ven·det·ta [vɛn'dɛta] *f* ⟨-; -detten⟩ *cf.*⏎

Ve·ne ['veːnə] *f* ⟨-; -n⟩ *med.* vein: kleine ~
small vein, venule.

Ven·ek·ta·sie [venɛkta'ziː] *f* ⟨-; -n [-ən]⟩
med. phlebectasia, venectasia.

Ven·ek·to·mie [venɛkto'miː] *f* ⟨-; -n [-ən]⟩
med. venectomy, phlebectomy.

'Ve·nen|,blut *n med.* venous blood. —
~,blu·tung *f* venous h(a)emorrhage. —
~ent,zün·dung *f* phlebitis: ~ mit Throm-
bose (*od.* Thrombusbildung) throm-
bophlebitis. — **~er,wei·te·rung** *f* dilation
of a vein; varicosity, varicosis, phlebectasia
(*scient.*).

ve·ne·nös [vene'nøːs] *adj med. pharm.*
poisonous, toxic, venomous.

'Ve·nen|punk·ti,on *f med.* (*Aderlaß*) veni-
puncture. — **~skle,ro·se** *f* venous sclerosis.
— **~stau·ung** *f* venous stasis. — **~throm-
,bo·se** *f* phlebothrombosis, venous thrombosis.

ve·ne·ra·bel [vene'raːbəl] *adj obs. for*
verehrungswürdig 1.

Ve·ne·ra·bi·le [vene'raːbilə], **das** ⟨-(s)⟩
röm.kath. the Host.

Ve·ne·ra·ti·on [venera'tsioːn] *f* ⟨-; -en⟩
relig. obs. for Verehrung 4. — **ve·ne·rie-
ren** [-'riːrən] *v/t* ⟨*no* ge-, h⟩ *obs. for* verehren 1—4.

ve·ne·risch [ve'neːrɪʃ] *adj med.* veneral,
genitoinfectious: ~e Krankheit venereal
disease, VD (*colloq.*); nicht ~ nonvenereal
Br. non-.

Ve·ne·ter ['veːnetər] *m* ⟨-s; -⟩ *geogr. hist.*
inhabitant of Venetia: die ~ *pl* the Veneti,
auch the Venetes.

Ve·ne·zia·ner [vene'tsiaːnər] *m* ⟨-s; -⟩,
Ve·ne·zia·ne·rin [vene'tsiaːnərɪn] *f* ⟨-;
-nen⟩ Venetian. — **ve·ne·zia·nisch** [vene-
'tsiaːnɪʃ] *adj* Venetian.

Ve·ne·zia·nisch,rot [vene'tsiaːnɪʃ-] *n* ⟨-s;
no pl⟩ (*paints*) Venetian red.

Ve·ne·zo·la·ner [venetso'laːnər] **I** *m* ⟨-s; -⟩
Venezuelan: die ~ the Venezuelans, the
Venezuelan people. – **II** *adj* ⟨*invariable*⟩
Venezuelan, Venezuela (*attrib*). — **ve·ne-
zo'la·nisch** *adj* Venezuelan, Venezuela
(*attrib*).

Ve·ne·zue·ler [vene'tsueːlər] *m* ⟨-s; -⟩ cf.
Venezolaner. — **ve·ne·zue·lisch** [-'tsueː-
lɪʃ] *adj cf.* venezolanisch.

Ve·nia le·gen·di ['veːnia le'gɛndi] *f* ⟨- -; *no
pl*⟩ qualifications *pl* entitling their possessor
to teach at a university.

ve·nös [ve'nøːs] *adj med.* venous.

Ven·til [vɛn'tiːl] *n* ⟨-s; -e⟩ **1.** *tech. electr.*
valve: das ~ ist undicht the valve leaks. –
2. *mus.* stop, valve, (*an der Orgel*) *auch* pallet. – **3.** *fig.* safety valve, vent, outlet: Streiks
sind ein ~ für die Unzufriedenheit der
Arbeitnehmer strikes are a safety valve
for the discontent of the employees; er
braucht ein ~ für seinen Ärger he needs an
outlet for his anger, he needs to be
able to let off steam (*od.* to vent his anger).

Ven·ti·la·ti·on [vɛntila'tsioːn] *f* ⟨-; -en⟩
1. ⟨*only sg*⟩ (*Ventilierung*) ventilation,
aeration: eine ausreichende ~ der
Räume (an) adequate ventilation of the
rooms. – **2.** *med.* ventilation: künstliche ~
artificial ventilation. – **3.** (*Ventilations-
anlage*) (*od.* ventilating) system:
der Einbau von ~en the installation of
ventilation systems.

Ven·ti·la·ti·ons|,an,la·ge f tech. ventilation (od. ventilating) system. — **~,ap·pa,rat** m cf. Ventilator. — **~,klap·pe** f ventilation flap. — **~,lö·cher** pl ventilation (od. air) holes. — **~,schlitz** m mar. louver.

Ven·ti·la·tor [vɛnti'lɑːtɔr] m ⟨-s; -en [-la'toːrən]⟩ ventilator, fan: blasender ~ blower (od. pressure) fan; saugender ~ suction (od. exhausting) fan. — **~,flü·gel** m fan blade (od. vane). — **~,küh·lung** f auto. forced-draft (bes. Br. -draught) cooling.

Ven·til|,ein,schlei·fen n tech. seating of valves. — **~,ein,stell,schlüs·sel** m tappet wrench, valve-adjusting wrench. — **~,ein-,stel·lung** f valve adjustment (od. timing, setting). — **~,fe·der** f valve spring. — **~,füh·rung** f valve guide. — **~ge,häu·se** n valve housing (od. chamber, box). — **~,hahn** m valve cock. — **~,hub** m valve lift (od. travel, stroke).

ven·ti·lie·ren [vɛnti'liːrən] I v/t ⟨no ge-, h⟩ 1. ventilate, air: man hat die Räume nicht genügend ventiliert the rooms have not been ventilated sufficiently. – 2. (mining) ventilate, supply fresh air to. – 3. tech. (mit einer Lüftung versehen) vent. – 4. fig. (Frage, Thema, Angelegenheit, Vorschlag etc) discuss, ventilate, moot. – 5. fig. (abwartend vorschlagen) broach (the subject of), moot, suggest: sie ventilierten eine Erhöhung um 8% they broached the subject of an 8% rise (Am. raise). – II V~ n ⟨-s⟩ 6. verbal noun. – 7. cf. Ventilation 1. — **Ven·ti'lie·rung** f ⟨-; no pl⟩ 1. cf. Ventilieren. – 2. cf. Ventilation 1.

Ven'til,kam·mer f tech. valve chest, auch valve box.

Ven'til,ke·gel m tech. valve cone (od. body). — **~,schleif,ma,schi·ne** f valve refacer.

Ven'til|,kipp,he·bel m tech. valve rocker. — **~,klap·pe** f valve flap. — **~,kol·ben** m valve piston. — **~,kör·per** m valve body. — **~pneu·mo,tho·rax** m med. valvular pneumothorax. — **~,röh·re** f electr. tech. rectifier tube (bes. Br. valve). — **~,schaft** m tech. valve stem (od. rod). — **~,schleif,ma,schi·ne** f valve-seat grinder (bes. Br. grinding machine). — **~,sitz** m valve seat. — **~,spiel** n valve clearance. — **~,spin·del** f valve stem (od. rod). — **~,stel·lung** f position of a (od. the) valve. — **~,steue·rung** f 1. valve timing (od. control). – 2. (Bauelement) valve timing gear. — **~,stö·ßel** m valve tappet (od. lifter). — **~,tel·ler** m valve disc (od. disk, head).

ven·tral [vɛn'trɑːl] adj med. ventral, abdominal.

Ven·tri·kel [vɛn'triːkəl] m ⟨-s; -⟩ med. (Kammer) ventricle. — **ven·tri·ku'lar** [-triku'lɑːr] adj ventricular.

Ven·tri·ku·lo·gra·phie [vɛntrikulografiː] f ⟨-; -n [-ən]⟩ med. (in der Röntgenologie) ventriculography, cerebral pneumography.

Ven·tri·lo·quist [vɛntrilo'kvɪst] m ⟨-en; -en⟩ med. (Bauchredner) ventriloquist.

Ven'tu·ri,rohr [vɛn'tuːri-] n phys. (Regler) Venturi tube.

Ve·nus ['veːnus] npr f ⟨-; no pl⟩ 1. myth. Venus (Roman goddess of love). – 2. astr. (Planet) Venus. — **~,berg** m 1. (in der Chiromantie) mount of Venus. – 2. med. mons Veneris. — **~,durch,gang** m astr. transit of (the planet) Venus. — **~,fä·cher** m zo. (Hornkoralle) Venus's-fan, sea fan (Gorgonia flabellum). — **~,flie·gen,fal·le** f bot. Venus's-flytrap (Dionaea muscipula). — **~,gür·tel** m 1. zo. Venus girdle, Venus's-girdle, cestum (scient.) (Cestus veneris). – 2. zo. Venus's-girdle, cestum (scient.) (Cestus veneris). — **~,haar** n bot. Venushair, Venus's-hair fern (Adiantum capillus-veneris). — **~,kamm** m lady's-comb, Venus's-comb, auch Venus comb, beggar's needle, Adam's needles pl (Scandix pecten-veneris). — **~-,körb·chen** n zo. Venus's-(flower)-basket (Euplectella aspergillum). — **~,mu·schel** f Venus's-shell (Fam. Veneridae). — **~,schuh** m bot. Venus's-shoe, Venus's-slipper, lady's-slipper (Gattg Cypripedium). — **~,son·de** f (space) Venus probe.

ver'aa·sen v/t ⟨no ge-, h⟩ colloq. for verschleudern 2, vergeuden.

ver'ab,fol·gen I v/t ⟨no ge-, h⟩ med. cf. verabreichen 1. – II V~ n ⟨-s⟩ verbal noun. — **Ver'ab,fol·gung** f ⟨-; no pl⟩ 1. cf. Verabfolgen. – 2. med. cf. Verabreichung 2.

ver'ab,re·den I v/t ⟨no ge-, h⟩ 1. arrange: eine Zusammenkunft ~ to arrange (od.

fix) a meeting; wir verabredeten ein Rendezvous (od. Stelldichein) we arranged a rendezvous, we arranged to meet, we made a date (colloq.); wir haben verabredet, daß wir uns um acht Uhr treffen we arranged to meet at eight o'clock; sie haben es vorher verabredet they arranged it beforehand, they prearranged (Br. pre-arranged) it. – 2. (Zeit und Ort für ein Treffen) arrange, appoint, fix, agree upon. – II v/reflex sich (mit j-m) ~ 3. (geschäftlich) to make an appointment (with s.o.). – 4. (privat) to arrange to meet (s.o.), to arrange a rendezvous (with s.o.), to make a date (with s.o.) (colloq.): ich habe mich mit ihm um sechs Uhr vor dem Theater verabredet I have arranged to meet him at six o'clock outside the theater (bes. Br. theatre); ich habe mich für morgen mit ihm verabredet I have a rendezvous (od. colloq. date) with him tomorrow. – 5. jur. to conspire (with s.o.). – III V~ n ⟨-s⟩ 6. verbal noun. – 7. cf. Verabredung.

ver'ab,re·det I pp. – II adj 1. arranged: alles geschah wie ~, alles geschah, wie es ~ war everything went as arranged; das ist ja wie ~! you'd think we had arranged this! zur ~en Zeit at the arranged (od. appointed) time; ~e Sache contempt. (bes. sport) prearranged (Br. pre-arranged) affair, put-up job; mit j-m ~ sein a) (geschäftlich) to have an appointment (od. engagement) with s.o., b) (privat) to have a rendezvous (od. engagement, colloq. date) with s.o.; ich bin leider schon ~ a) (privat) I'm afraid I have a previous engagement, b) (geschäftlich) I'm afraid I already have an appointment, I already have s.th. on (colloq.); ich bin für morgen mit ihm ~ a) (geschäftlich) I have an appointment with him tomorrow, I am to meet him tomorrow, b) (privat) I am going out (od. colloq. I have a date) with him tomorrow; mit wem bist du ~? whom are you meeting? who(m) are you going out with? who is your date? (colloq.). – 2. jur. (heimlich abgesprochen) collusive.

ver'ab,re·de·ter'ma·ßen adv as arranged, as agreed (upon).

Ver'ab,re·dung f ⟨-; -en⟩ 1. cf. Verabreden. – 2. (Treffen) appointment, engagement: ich habe heute abend eine ~ a) (geschäftlich) I have an appointment (od. engagement) this evening, I have arranged to meet s.o. this evening, b) (privat) I have a rendezvous (od. an engagement, colloq. a date) this evening; eine geschäftliche ~ a business appointment; nach ~ by appointment. – 3. (Rendezvous) rendezvous, engagement, date (colloq.), tryst (lit.): er konnte seine ~ mit der Dame nicht einhalten he could not keep his rendezvous (od. date) with the lady. – 4. (Abmachung) arrangement: eine ~ mit j-m treffen a) to make an arrangement with s.o., b) (ein Treffen vereinbaren) to make an appointment with s.o.; das ist gegen die ~ this is not in keeping with the arrangement; du mußt dich an unsere ~ halten you must keep to our arrangement (od. agreement). – 5. jur. a) conspiracy (to commit a criminal act), b) (bes. im Ehescheidungsprozeß) collusion.

ver'ab,rei·chen v/t ⟨no ge-, h⟩ (dat) 1. give: den Tieren Futter ~ to give the animals food, to feed the animals; j-m eine Tracht Prügel [eine Ohrfeige] ~ colloq. iron. to give s.o. a good thrashing (od. colloq. hiding) [a box on the ear], to thrash s.o. well [to box s.o.'s ears]; j-m Tritte ~ to give (od. deal) s.o. kicks, to kick s.o. – 2. (Medikamente etc) give, administer. – 3. (Mahlzeit etc) serve, provide (s.o.) with, give: man verabreichte ihnen Speise und Trank they were served food and drink. – II V~ n ⟨-s⟩ 4. verbal noun. — **Ver'ab-,rei·chung** f ⟨-; no pl⟩ 1. cf. Verabreichen. – 2. (eines Medikaments) administration. – 3. (von Speise u. Trank etc) provision.

ver'ab,säu·men v/t ⟨no ge-, h⟩ (officialese) 1. fail (od. neglect, omit) to do: er hat es verabsäumt, mich zu verständigen he failed to inform me. – 2. (eine Höflichkeit etc) omit, neglect.

ver'ab,scheu·en v/t ⟨no ge-, h⟩ 1. (Person) loathe, detest, (schwächer) hate: sie verabscheut ihn they detest him. – 2. (Krieg, Gewalt, j-s Handlungsweise etc) abhor, abominate, detest, (schwächer) hate: er

verabscheut jede Art von Schmeichelei he abhors every form of flattery; etwas gründlich ~ to abominate (od. hate) s.th. intensely.

ver'ab,scheu·ens,wert, **ver'ab,scheu-ungs,wür·dig** adj (Tat, Handlung, Motiv etc) detestable, loathsome, hateful, (stärker) abominable, abhorrent, execrable (lit.): die Notlage eines anderen in ~er Weise ausnützen to exploit another person's distress in an abominable way.

ver'ab,schie·den [-,ʃiːdən] I v/t ⟨no ge-, h⟩ 1. (Gast etc) bid (s.o.) good-bye (Am. auch good-by) (od. lit. farewell, adieu), say good--bye to. – 2. (in den Ruhestand versetzen) discharge, retire, (mit Pension) pension off: Offiziere ~ mil. to discharge officers, to put officers on the retired list; der Minister wurde verabschiedet the minister was discharged (od. relieved of his office). – 3. (Truppen) disband, retire, demobilize Br. auch -s-. – 4. pol. (Botschafter etc) discharge. – 5. econ. pol. a) (Gesetz etc) pass, b) (Haushaltsplan) adopt. – II v/reflex sich ~ 6. say good-bye (Am. auch good-by), take one's leave, bid farewell (od. adieu) (lit.): er hat sich von uns verabschiedet he took (his) leave of us, he said good-bye(e) to us, he bid us good-bye(e) (od. lit. farewell); er verabschiedete sich von allen mit Handschlag he took his leave of everyone with a handshake. – III V~ n ⟨-s⟩ 7. verbal noun. – 8. cf. Verabschiedung. — **ver'ab,schie-det** I pp. – II adj mil. on the retired list. — **Ver'ab,schie·dung** f ⟨-; no pl⟩ 1. cf. Verabschieden. – 2. (eines Beamten, Botschafters, Offiziers etc) discharge. – 3. econ. pol. a) (eines Gesetzes) passing, b) (eines Haushaltsplans) adoption.

ver·ab·so·lu'tie·ren [-apzolu'tiːrən] v/t ⟨no ge-, h⟩ etwas ~ to absolutize s.th., to set s.th. up as s.th. absolute.

ver'ach·ten v/t ⟨no ge-, h⟩ 1. j-n ~ to despise s.o., to feel contempt for s.o., to hold s.o. in contempt (od. disdain), to disdain s.o., to contemn s.o. (lit.): ich verachte solche Menschen (sehr) I (greatly) despise such people, I feel (great) contempt for such people; j-n wegen seiner Feigheit ~ to despise s.o. for his cowardice. – 2. etwas ~ (verächtlich abtun) to disdain (od. despise, scorn, spurn) s.th.: sie verachtet jede Schmeichelei she scorns flattery; das ist nicht zu ~ colloq. that is not to be scoffed (at), that is not half bad (colloq.). – 3. (Gefahr, Tod etc) scorn, scoff at, pooh-pooh (colloq.).

ver'ach·tens,wert adj (Benehmen, Person, Tat etc) contemptible, despicable, abject.

Ver'äch·ter m ⟨-s; -⟩ **Ver'äch·te·rin** f ⟨-; -nen⟩ despiser, contemner, auch contemnor (lit.).

ver'acht,fa·chen [-,faxən] I v/t ⟨no ge-, h⟩ octuple, octuplicate, increase (s.th.) eight-fold. – II v/reflex sich ~ octuple, increase eightfold. – III V~ n ⟨-s⟩ verbal noun. — **Ver'acht,fa·chung** f ⟨-; no pl⟩ 1. cf. Verachtfachen. – 2. octuplication.

ver'ächt·lich [-'ʔɛçtlɪç] I adj 1. (Ton, Gebärde, Worte etc) contemptuous, disdainful, scornful: ein ~er Blick a disdainful look, a look full of contempt (od. disdain, scorn); mit einer ~en Handbewegung with a scornful gesture. – 2. (herablassend) supercilious. – 3. (Handlung, Mittel etc) despicable, contemptible, disparaging, abject, auch despisable: eine ~e Gesinnung erkennen lassen to reveal a despicable (od. vile, an abject) character; ~e Haltung abject behavio(u)r. – 4. j-n [etwas] ~ machen to disparage (od. run down, slur) s.o. [s.th.]: er hat sie vor den Leuten ~ gemacht he disparaged her (od. ran her down) in front of other people. – II adv 5. (voll Verachtung) contemptuously, disdainfully, scornfully, with contempt (od. disdain, scorn): er blickte sie ~ an he looked at her contemptuously (od. with contempt). — **Ver'ächt·lich·keit** f ⟨-; no pl⟩ contemptuousness, disdainfulness, scornfulness: mit provokativer ~ kehrte er ihm den Rücken he turned his back on him with provocative contemptuousness.

Ver'ächt·lich,ma·chung f ⟨-; no pl⟩ 1. disparagement. – 2. jur. cf. Mißachtung 4.

Ver'ach·tung f ⟨-; no pl⟩ 1. contempt, disdain, scorn: j-n mit ~ strafen to ignore s.o. disdainfully, to show one's contempt for s.o.; sie ließ ihn ihre ~ spüren she let him feel her contempt (*od.* disdain, scorn); er war der allgemeinen ~ preisgegeben he was the object of general contempt; tiefste ~ lag in ihren Worten there was profound contempt in her words; sie sah ihn voll ~ an she gave him a look full of contempt, she looked at him contemptuously (*od.* with contempt); in seinem Blick drückte sich ~ aus his look showed his disdain. – **2.** *cf.* Verächtlichkeit.

ver'ach·tungs,voll I *adj cf.* verächtlich 1. – **II** *adv cf.* verächtlich 5.

ver'al·bern I *v/t* ⟨*no* ge-, h⟩ j-n ~ *colloq.* to make fun of s.o., to poke fun at s.o., to ridicule (*od.* deride, mock) s.o. – **II V~** *n* ⟨-s⟩ verbal noun. — **Ver'al·be·rung** *f* ⟨-; -en⟩ *cf.* Veralbern.

ver·all·ge·mei·nern [-,ʔalgə'maɪnərn]; -'ʔal-gə,maɪnərn] **I** *v/t* ⟨*no* ge-, h⟩ generalize *Br. auch* -s-: das darf man doch nicht ~ one should not generalize. – **II V~** *n* ⟨-s⟩ verbal noun. — **Ver,all·ge'mei·ne·rung** *f* ⟨-; -en⟩ **1.** *cf.* Verallgemeinern. – **2.** generalization *Br. auch* -s-.

ver'al·ten [-'ʔaltən] **I** *v/i* ⟨*no* ge-, sein⟩ **1.** (*Ansichten, Anschauungen etc*) become antiquated (*od.* outmoded, out of date). – **2.** (*Kleider, Mode*) go out (of fashion *od.* of date), date. – **3.** (*Wort, Ausdruck, Brauch etc*) become obsolete (*od.* archaic). – **II V~** *n* ⟨-s⟩ **4.** verbal noun. – **5.** antiquation. – **6.** obsolescence.

ver'al·tend I *pres p.* – **II** *adj ling.* obsolescent.

ver'al·tet I *pp.* – **II** *adj* **1.** antiquated, outmoded, outdated, out-of-date (*attrib*), archaic, passé(e): ~e Arbeitsmethoden antiquated (*od.* archaic, out-of-date) working methods; die Ausgabe war völlig ~ the edition was completely outdated (*od.* out of date); ~e Anschauungen antiquated (*od.* obsolete, moth-eaten) views; ~e Gesetze archaic (*od.* antiquated, outdated) laws; eine ~e Bauart *tech.* an outmoded (*od.* old-fashioned) style; ~e Mode out--of-date (*od.* outmoded) fashion. – **2.** *ling.* (*Wort, Ausdrucksweise etc*) obsolete, archaic: ein ~er Ausdruck an archaism, *auch* an archaicism, an obsolete expression; dieses Wort ist ~ this word is obsolete (*od.* archaic, has gone out of use).

ver·alu·mi'nie·ren *v/t* ⟨*no* ge-, h⟩ *tech.* aluminize *Br. auch* -s-.

Ve·ran·da [ve'randa] *f* ⟨-; -den⟩ *arch.* veranda(h), *Am.* porch, (*bes. mit Glaswänden*) sun parlor (*bes. Br.* parlour) (*od.* porch), (*geräumige*) *Am.* piazza: offene ~ open (*od.* unroofed) veranda, *Am.* stoop.

ver'än·der·lich *adj* **1.** variable, changeable, changing: Aussichten: ~, meist wolkig *meteor.* forecast: variable, mainly cloudy; das Wetter war ~ the weather was changeable (*od.* unsettled): das Barometer steht auf ~ the barometer is at variable. – **2.** (*Charakter, Wesen etc*) unsteady, fickle. – **3.** *math. astr. tech.* variable: ~e Drehzahl *tech.* variable speed; ~e Größe *math.* variable; ~e Sterne *astr.* variable stars. – **4.** *econ.* (*schwankend*) fluctuating. – **5.** leicht ~ fluid. — **Ver'än·der·li·che** *f* ⟨-n; -n⟩ *math.* variable. — **Ver'än·der·lich·keit** *f* ⟨-; *no pl*⟩ **1.** (*des Wetters etc*) changeableness, changeability, variability, variableness, unsettledness. – **2.** unsteadiness. – **3.** *tech.* (*der Drehzahl etc*) variability, variableness. – **4.** fluidity.

ver'än·dern I *v/t* ⟨*no* ge-, h⟩ **1.** j-n [etwas] ~ to change (*od.* alter) s.o. [s.th.]: dieses Ereignis veränderte ihn sehr this event greatly changed him; sie wollen die Welt ~ they want to change the world; dadurch veränderte man das Gesicht der Stadt völlig this completely altered the appearance of the city; etwas von Grund auf ~ to change s.th. fundamentally, to revolutionize (*Br. auch* -s-) s.th.; etwas radikal ~ to change s.th. radically; die Begegnung, die mit einem Schlag alles veränderte the meeting which changed everything all at once. – **2.** etwas an (*dat*) etwas ~ to change (*od.* alter) s.th. on s.th. – **3.** (*umformen*) transform. – **4.** (*austauschen*) (ex)change, shift. – **5.** *tech.* (*Drehzahl, Vorschubgrößen etc*) vary. – **II** *v/reflex* sich ~ **6.** change, alter: du hast dich sehr verändert you have changed a lot (*colloq.*); Sie haben sich in den Jahren überhaupt nicht verändert you haven't changed a (*od.* one) bit (*od.* at all) over the

years; sie hat sich sehr zu ihrem Vorteil (*od.* zu ihren Gunsten) verändert a) (*im Aussehen*) she has got much better-looking, she has improved greatly in looks, her looks have improved greatly, b) (*dem Wesen nach*) she has changed for the better; sie hat sich zu ihrem Nachteil (*od.* zu ihren Ungunsten) verändert a) (*im Aussehen*) she is not as good-looking as she used to be, her looks are not what they used to be, b) (*dem Wesen nach*) she has changed for the worse; bei uns hat sich vieles verändert, seit there have been many changes here since, things have changed greatly since; seine Stimme veränderte sich a) his voice changed (*od.* altered), b) (*bei Stimmwechsel*) his voice broke; ihr Gesicht veränderte sich her face changed (*od.* altered). – **7.** *colloq.* (*beruflich*) change one's place of work (*od. colloq.* job): er möchte sich ~ he would like to change his job, he would like a change of job. – **III V~** *n* ⟨-s⟩ **8.** verbal noun. – **9.** *cf.* Veränderung. — **ver'än·dert I** *pp.* – **II** *adj* changed, different: ~e Umstände changed circumstances; von diesem Zeitpunkt an war sie ~ she has been a different person ever since; sie sieht ~ aus she looks different; mir war sein ~es Benehmen aufgefallen his change in (*od.* of) behavio(u)r struck me. — **Ver'än·de·rung** *f* ⟨-; -en⟩ **1.** *cf.* Verändern. – **2.** change: berufliche ~ change of job (*colloq.*); radikale ~ radical change; strukturelle ~ structural change (*od.* modification); es ist eine ~ eingetreten there has been a change; er liebt die ~ he likes a change; während der Rede ging eine auffallende ~ mit ihm vor a marked change came over him during the speech; ~ der Gesichtszüge change in one's expression; ~ der Stimme a) change of the voice, b) (*bei Stimmwechsel*) breaking of the voice; ~en in der Parteispitze changes (*od.* a reshuffle) in party leadership; er deutete bevorstehende ~en an *pol.* he hinted at imminent changes (*od.* an impending reshuffle). – **3.** (*Abänderung*) (in *dat* in; an *dat* to) alteration, modification: einige ~en in der Wohnung vornehmen to make a few alterations (*od.* changes) in the apartment (*bes. Br.* flat); eine ~ erfahren to undergo a change. – **4.** (*Umformung*) transformation. – **5.** (*Wechsel*) change, shift. – **6.** *tech.* (*der Drehzahl etc*) variation.

ver'äng·sti·gen *v/t* ⟨*no* ge-, h⟩ j-n ~ to intimidate s.o., to cow s.o., (*systematisch einschüchtern*) *auch* to browbeat s.o. — **ver'äng·stigt I** *pp.* – **II** *adj* **1.** intimidated, cowed, (*durch systematische Einschüchterung*) *auch* browbeaten: sie wirkt ganz ~ she seems (*od.* looks) absolutely intimidated; das Kind war durch häufige Schläge vollkommen ~ the child was completely cowed (*od.* intimidated) by frequent beatings; das Kind schaute ~ drein the child had a cowed look. – **2.** (*angsterfüllt*) frightened, scared: die ~en Dorfbewohner the frightened villagers.

ver'an·kern I *v/t* ⟨*no* ge-, h⟩ **1.** *mar.* (*Schiff*) anchor, moor. – **2.** *aer.* moor. – **3.** *civ.eng.* (*Mauern etc*) anchor. – **4.** *tech.* stay, guy, tie. – **5.** *jur.* (*Recht etc*) incorporate, embody. – **II** *v/reflex* **6.** dies alles hatte sich im Bewußtsein des Volkes verankert *fig.* all this had become firmly established in (*od.* impressed [up]on) the minds of the people. – **III V~** *n* ⟨-s⟩ **7.** verbal noun. – **8.** *cf.* Verankerung. — **ver'an·kert I** *pp.* – **II** *adj bes. jur.* laid down, incorporated, embodied: dieses Recht ist in der Verfassung ~ this right is laid down in the constitution; ein im Gesetz ~es Recht a right embodied in the law. — **Ver'an·ke·rung** *f* ⟨-; -en⟩ **1.** *cf.* Verankern. – **2.** (*für Sicherheitsgurte*) anchorage point. — **Ver'an·ke·rungs,recht** *n mar.* right of mooring.

ver'an,la·gen [-,la:gən] **I** *v/t* ⟨*no* ge-, h⟩ **1.** j-n [etwas] (*zur Steuer*) ~ to assess s.o. [s.th.]: man veranlagte ihn [die Firma] mit 1 Million Mark he [the company] was assessed at 1 million marks; die Steuern ~ to assess the taxes; zu hoch veranlagt werden (*von Finanzamt*) to be overrated. – **II V~** *n* ⟨-s⟩ **2.** verbal noun. – **3.** *cf.* Veranlagung 5.

ver'an,lagt I *pp.* – **II** *adj* **1.** *fig.* inclined, prone: künstlerisch ~ sein to be artistically inclined (*od.* talented, gifted), to be of (*od.* to have) artistic inclinations (*od.* an artistic turn of mind); sie ist praktisch ~ she is practical(ly inclined), she has a practical turn of mind; ein geistig gut ~er Schüler a talented (*od.* highly gifted) pupil; verbrecherisch ~ sein to have criminal tendencies (*od.* inclinations), to have a criminal disposition; zu etwas ~ sein to be predisposed to (*od.* prone to, cut out for) s.th. – **2.** *econ.* (*steuerlich*) assessed: die ~e Summe the assessed amount; gemeinsam [getrennt] ~e Ehegatten married couples who file a joint income tax return [separate income tax returns].

Ver'an,la·gung *f* ⟨-; -en⟩ **1.** *cf.* Veranlagen. – **2.** *med. psych.* (*Neigung*) (zu to) (pre)disposition, (constitutional) tendency, nature: je nach ~ according to disposition (*od.* makeup); erbliche [krankhafte] ~ hereditary [pathological] predisposition; nervöse ~ nervous disposition; eine ~ zu etwas haben (*od.* zeigen) to have the tendency (*od.* disposition) to s.th., to be predisposed (*od.* prone) to s.th.; seiner ganzen ~ nach according to one's make-up, temperamentally. – **3.** *fig.* (*Begabung*) talent: das ist ~ it's a question of inclination (*od.* talent); seine künstlerische ~ his artistic bent (*od.* strain, turn of mind, inclination). – **4.** *fig.* (*Talent*) talent, gifts *pl*: bei seiner ~ with his talent (*od.* gifts). – **5.** *econ.* (*der Steuern*) assessment: ~ zur Einkommensteuer assessment on income; ~ zur Grundsteuer assessment on landed property.

Ver'an,la·gungs|be,scheid *m econ.* (notice of) tax assessment. — **~grund,la·ge** *f* basis of assessment. — **v~pflich·tig** *adj* (*Einkommen*) tax-assessable, subject to assessment. — **~richt,li·ni·en** *pl* assessment directives. — **~satz** *m* assessment rate. — **~,steu·er** *f* assessment tax. — **~,zeit,raum** *m* assessment period.

ver'an,las·sen I *v/t* ⟨*no* ge-, h⟩ **1.** etwas ~ to arrange for s.th., to see (to it) that s.th. is done: wollen Sie bitte ~, daß dies sofort gemacht wird would you please see that this is done at once; ich werde das Nötige (*od.* alles Weitere) ~ I shall take the necessary steps, I shall arrange for the necessary steps to be taken; wer hat das veranlaßt? who was at the bottom of that? – **2.** j-n zu etwas ~ a) (*j-m Anlaß geben zu*) to cause (*od.* prompt, occasion) s.o. to do s.th., b) (*j-n bewegen, entscheidend anregen*) to induce (*stärker* prevail [up]on) s.o. to do s.th., to make s.o. do s.th.: was mag ihn zu diesem Entschluß veranlaßt haben? what could have induced (*od.* prompted) him to make this decision? j-n zu einer Erklärung ~ to cause (*od.* induce, occasion) s.o. to make a statement; was hat Sie dazu veranlaßt? what made you do it? das hat die Leute zu der Annahme [zu dem Glauben] veranlaßt, daß this made (the) people assume [think] that, this led (the) people to assume [to think] that; ich habe ihn zu diesem Schritt veranlaßt I prevailed upon (*od.* got) him to take this step; er veranlaßte ihn zurückzukehren a) he made him return, b) he was the reason for (*od.* cause of) his return. – **II V~** *n* ⟨-s⟩ **3.** verbal noun. – **4.** *cf.* Veranlassung. — **ver'an,laßt I** *pp.* – **II** *adj* sich ~ sehen (*od.* fühlen) zu to be (*od.* feel) compelled (*od.* bound) to: er fühlte sich ~, auf die Folgen aufmerksam zu machen he felt compelled to point out the consequences. — **Ver'an,las·sung** *f* ⟨-; *no pl*⟩ **1.** *cf.* Veranlassen. – **2.** auf ~ von a) (*auf Betreiben von*) at the instigation (*od.* instance, inspiration) of, (up)on the initiative of, b) (*als Vorschlag*) at the suggestion of, (up)on the recommendation of, c) (*als Ersuchen*) at the request of: auf ~ der Regierung at the instance (*od.* instigation) of the government; es ist auf seine ~ hin geschehen it was done on his initiative (*od.* at his instigation), he was at the bottom of it. – **3.** (*Anlaß*) cause, reason, occasion: er hat keine ~, Ihnen Auskunft zu geben there is no occasion for him to give you information (*od.* there is no reason why he should, he has no call to) give you your information; es besteht keine ~ (*od.* liegt keine ~ vor), ihm solche Streiche zu spielen there is no occasion to play these pranks on him; **zu etwas** ~ **geben** to give rise to s.th., to occasion s.th., to be the cause of s.th.; **ohne jede** ~ without any assignable reason, without any cause whatever, without any provocation; **aus gegebener** ~ **muß darauf hingewiesen werden, daß** for a particular reason we must point out that. – **4. zur weiteren** ~ (*officialese*) for further action, for the necessary attention. – **5.** inducement.

ver'an,schau·li·chen [-ˌʃaulıçən] **I** *v/t* ⟨*no* ge-, h⟩ **1.** *etwas (durch etwas)* ~ to illustrate s.th. (with s.th.), to make s.th. clear (by means of s.th.): **etwas an einem Beispiel** [**an Hand von Bildern**] ~ to illustrate s.th. with (*od.* to make s.th. clear by means of) an example [pictures]; **ein Bild, das den Vorgang veranschaulicht** a picture which illustrates the process, a picture illustrating (*od.* illustrative of) the process; **sich** (*dat*) **etwas** ~ to make s.th. clear to oneself. – **2.** demonstrate. – **II V**~ *n* ⟨-s⟩ **3.** *verbal noun.* — **Ver'an,schau·li·chung** *f* ⟨-; *no pl*⟩ **1.** *cf.* Veranschaulichen. – **2.** (*Erklärung*) illustration: **zur** ~ **dienen** to serve as an illustration. – **3.** demonstration.

ver'an,schla·gen I *v/t* ⟨*no* ge-, h⟩ **1.** *econ.* (*schätzen*) (auf *acc* at) estimate: **man hat die Kosten zu hoch** [**zu niedrig**] **veranschlagt** the costs were overestimated [underestimated]; **für dieses Projekt veranschlagte man eine Summe von 1000 Mark** a sum of 1,000 marks was estimated for this project. – **2.** (*bewerten*) (auf *acc* at) rate, value, evaluate, assess: **einen Besitz auf 100000 Mark** ~ to rate (*od.* value) a property at 100,000 marks; **sein Einfluß kann nicht hoch genug veranschlagt werden** *fig.* one cannot overrate his influence. – **3.** (*Zeit*[*dauer*]) plan, reckon. – **4.** *econ.* (*im Budget vorsehen*) appropriate (*s.th.*) (in the budget). – **5.** *pol.* budget, make provision for. – **II V**~ *n* ⟨-s⟩ **6.** *verbal noun.* – **7.** *cf.* Veranschlagung. — **ver'an,schlagt I** *pp.* – **II** *adj* **1.** *econ.* estimated. – **2.** rated, valued, assessed. — **Ver'an,schla·gung** *f* ⟨-; *no pl*⟩ **1.** *cf.* Veranschlagen. – **2.** *econ.* estimation, estimate. – **3.** (e)valuation, assessment. – **4.** *econ.* (*im Budget*) appropriation.

ver'an,stal·ten [-ˌʃtaltən] **I** *v/t* ⟨*no* ge-, h⟩ **1.** (*durchführen*) organize *Br. auch* -s-: **das Institut veranstaltete eine Umfrage** the institute organized an opinion poll; **eine Volkszählung** ~ to take a census. – **2.** (*Kongreß, Tagung, Aufmarsch etc*) organize *Br. auch* -s-, hold: **einen Umzug** ~ to organize (*od.* stage) a procession. – **3.** (*geben*) give: **die Heilsarmee veranstaltete dort ein Konzert** the Salvation Army gave a concert there; **ein Fest** ~ to give a party; **einen Ball** [**eine Ausstellung**] ~ to organize (*Br. auch* -s-) (*od.* give, get up) a dance [an exhibition]. – **4.** (*sport*) (*Wettkämpfe etc*) organize *Br. auch* -s-, hold, (*im Berufssport*) promote. – **5.** *colloq.* (*anstellen*) (*Br. be*) up to, do: **wer hat denn das schon wieder veranstaltet?** who got up to that? – **II V**~ *n* ⟨-s⟩ **6.** *verbal noun.* – **7.** *cf.* Veranstaltung.

Ver'an,stal·ter *m* ⟨-s; -⟩ **1.** organizer *Br. auch* -s-. – **2.** (*sport*) (*im Berufssport*) promoter.

Ver'an,stal·tung *f* ⟨-; -en⟩ **1.** *cf.* Veranstalten. – **2.** ⟨*only sg*⟩ (*Organisation*) organization *Br. auch* -s-. – **3.** (*Ereignis*) event: **gesellschaftliche** [**kulturelle**] ~en social [cultural] events. – **4.** (*Festlichkeit*) (public) function: **wir bringen Ihnen die Übertragung einer öffentlichen** ~ **aus dem Funkhaus** we are broadcasting a public function from the studio. – **5.** (*sport*) event, meeting, *Am. auch* meet: **eine große sportliche** ~ a big sport(s) meeting (*od.* sporting event).

Ver'an,stal·tungs·ka,len·der *m* calendar of events.

ver'ant,wor·ten I *v/t* ⟨*no* ge-, h⟩ **1.** (*Handlung, Maßnahme etc*) answer for, accept (*od.* assume, undertake, take) the responsibility for: **er wird sein Handeln (schon) selbst** ~ **müssen** he will have to answer for his action(s) himself; **er konnte den Verlust nicht** ~ he could not answer (*od.* he refused to accept responsibility) for the loss; **das kann ich nicht** ~ I cannot assume any responsibility for that; **wie willst du**

das ~? how can you take the responsibility for that? **ich kann es nicht** ~, **daß er noch länger bleibt** I can't answer for it (*od.* accept the responsibility for it) if he stays any longer. – **II** *v/reflex* **sich** ~ **2.** (vor *dat* before) answer for, account for, justify oneself: **er wird sich dafür** (*od.* **deswegen**) [**wegen dieses Vorfalls**] **müssen** he will have to answer for that [for that incident]; **du wirst dich wegen dieser** (*od.* **für diese**) **Tat vor den Kollegen zu** ~ **haben** you will have to justify your action before your colleagues. – **3. sich vor Gericht** ~ *jur.* to stand (*od.* be on) trial. – **III V**~ *n* ⟨-s⟩ **4.** *verbal noun.* – **5.** *cf.* Verantwortung.

ver'ant,wort·lich *adj* (für for). **1.** responsible, answerable, accountable, liable: **Sie sind mir dafür** ~! you are responsible (*od.* answerable) to me for that! **j-n** ~ **machen** a) (*j-n haftbar machen*) to hold s.o. responsible, b) (*j-m die Schuld geben*) to blame s.o., to lay the blame on s.o., to hold s.o. responsible; **ich mache Sie dafür** ~ I hold you responsible for it; **sie machten die Gegner für den Ausbruch des Krieges** ~ they blamed their opponents for the outbreak of the war; **für diesen Vorfall bin ich nicht** ~ (*od.* **kann man mich nicht** ~ **machen**) I am not responsible (*od.* to blame) for this incident; **er ist voll** ~ **für seine Tat** he is fully responsible for his deed; **ich bin nur dem Chef** ~ I am answerable (*od.* accountable) to the boss only (*colloq.*); **für j-n** ~ **sein** to be responsible for s.o., to have the responsibility of s.o.; **Herr X zeichnet dafür** ~ Mr. X makes himself responsible (*od.* signs) for it. – **2.** (*die Verantwortung tragend*) responsible (*oft nachgestellt*): **der** ~**e Redakteur** the editor responsible. – **3.** (*Verantwortung erfordernd*) responsible: **eine** ~**e Stellung** a responsible position.

Ver'ant,wort·li·che *m* ⟨-n; -n⟩ person responsible, responsible person: **die** ~**n zur Rechenschaft ziehen** to call those responsible to account.

Ver'ant,wort·lich·keit *f* ⟨-; *no pl*⟩ **1.** responsibility, liability: **strafrechtliche** ~ *jur.* criminal liability. – **2.** (*Rechenschaftspflicht*) answerability, accountability.

Ver'ant,wor·tung *f* ⟨-; *no pl*⟩ **1.** (für for) responsibility: **du kannst es auf meine** ~ **tun** you can do it on my responsibility (*od.* at my risk); **Sie können es tun — aber auf eigene** ~ you can do it, but on your own responsibility (*od. colloq.* and on your own head be it); **jede** ~ **ablehnen** to decline (*od.* reject) all responsibility; **die** ~ **auf j-n abwälzen** to palm responsibility off on s.o., to pass the buck to s.o. (*sl.*); **er ist sich seiner** ~ **bewußt** he is conscious (*od.* aware) of his responsibility; **j-n der** ~ **entheben** to relieve s.o. of (*od.* release s.o. from) his responsibility; **sich der** ~ **entziehen** to evade (*od.* shirk, dodge) responsibility; **er hat die** ~, **auf ihm liegt** (*od.* **ruht**) **die** ~ he has the responsibility, he is responsible, the responsibility lies (*od.* rests) with him; **auf ihm lastet eine schwere** ~ he is burdened with a great responsibility; **sich (in) die** ~ **teilen** to share the responsibility; **die** ~ **tragen** to bear (the) responsibility, to be responsible; **für etwas die** ~ **übernehmen** (*od.* **auf sich nehmen**) to take (*od.* accept, assume, bear) the responsibility for s.th.; **ich übernehme dafür keine** ~ I take no responsibility for it. – **2.** (*Rechtfertigung*) justification. – **3. j-n zur** ~ **ziehen** to call s.o. to account.

ver'ant,wor·tungs·be,wußt *adj* responsible. — **Ver'ant,wor·tungs·be,wußt,sein** *n* sense of responsibility.

Ver'ant,wor·tungs|,freu·de *f* readiness (*od.* willingness) to take (*od.* accept) responsibility: ~ **zeigen** to give proof of one's responsibility. — **v**~**,freu·dig** *adj* ready (*od.* willing) to take (*od.* accept) responsibility. — ~**ge,fühl** *n* sense of responsibility.

ver'ant,wor·tungs·los *adj* (*Vorgehen etc*) irresponsible. — **Ver'ant,wor·tungs·lo·sig·keit** *f* ⟨-; *no pl*⟩ irresponsibility.

ver'ant,wor·tungs·voll *adj* (*Aufgabe, Posten etc*) responsible.

ver'äp·peln [-'ʔɛpəln] *v/t* ⟨*no* ge-, h⟩ j-n ~ *colloq. cf.* veräppeln 13.

ver'ar·beit·bar *adj tech.* **1.** (*spanlos*) workable. – **2.** (*zerspanend*) machinable,

auch machineable. — **Ver'ar·beit·bar·keit** *f* ⟨-; *no pl*⟩ **1.** *tech.* a) workability, b) machinability. – **2.** (*paints*) (*eines Lackes*) working consistency.

ver'ar·bei·ten I *v/t* ⟨*no* ge-, h⟩ **1.** (zu into) make: **sie verarbeitete den Stoff zu einem Mantel** she made the material into a coat. – **2.** *tech.* a) (*aufbrauchen*) (*Werkstoff*) work (*od.* use) up, b) (*fabrikatorisch*) fabricate, c) (*verfahrenstechnisch*) process, d) (*durch spanlose Formung*) work, shape, e) (*zerspanend auf der Werkzeugmaschine*) machine, f) (*behandeln*) treat: **Eisen wird zu Stahl verarbeitet** iron is converted into steel; **Holz wird zu Zellulose verarbeitet** wood is converted into cellulose; **Tabak** ~ to rib and twist tobacco; **sie hat 500 g Wolle zu** (*od.* **in**) **diesem Pullover verarbeitet** she used up 500 gram(me)s of wool in (*od.* for) this sweater. – **3.** *med.* (*Nahrung im Körper*) digest. – **4.** *fig.* (*Eindrücke, Gedanken, Lektüre etc*) digest, assimilate. – **II V**~ *n* ⟨-s⟩ **5.** *verbal noun.* – **6.** *cf.* Verarbeitung. — **ver'ar·bei·tend I** *pres p.* – **II** *adj only in* ~**e Industrie** processing industries *pl.*

ver'ar·bei·tet I *pp.* – **II** *adj* **gut** [**schlecht**] ~ **sein** to be well [poorly] finished.

Ver'ar·bei·tung *f* ⟨-; *no pl*⟩ **1.** *cf.* Verarbeiten. – **2.** *tech.* a) working up, consumption, b) fabrication, c) processing, d) working, shaping, e) machining, f) treatment: ~ **landwirtschaftlicher Produkte** processing of agricultural products. – **3.** (*Ausführung*) workmanship: **gute** ~ good workmanship. – **4.** *med.* (*der Nahrung*) digestion. – **5.** *fig.* (*der Eindrücke, Gedanken, Lektüre etc*) digestion, assimilation.

Ver'ar·bei·tungs|be,trieb *m tech.* processing plant, manufacturing shop. — ~**,ko·sten** *pl* manufacturing (*od.* processing) costs. — ~**ma,schi·ne** *f* processing machine. — ~**,ort** *m* place of manufacture. — ~**preis** *m* manufacturing price. — ~**,stu·fe** *f tech.* **1.** (*verfahrenstechnische*) processing stage. – **2.** (*auf der Werkzeugmaschine*) machining phase.

ver'ar·gen [-'ʔargən] *v/t* ⟨*no* ge-, h⟩ **j-m etwas** ~ *lit.* to hold s.th. against s.o., to blame s.o. for s.th.: **ich kann es ihm nicht** ~, **wenn** I cannot blame him if, I won't hold it against him if.

ver'är·gern I *v/t* ⟨*no* ge-, h⟩ **1.** j-n ~ to annoy (*od.* irritate, pique, irk, vex, provoke, *bes. Am.* disgruntle, *colloq.* peeve) s.o., to rub s.o. the wrong way. – **II V**~ *n* ⟨-s⟩ **2.** *verbal noun.* – **3.** *cf.* Verärgerung. — **ver'är·gert I** *pp.* – **II** *adj* **über j-n** [**etwas**] ~ angry with s.o. [at s.th.], annoyed with s.o. [at s.th], piqued by s.o. [s.th.], vexed with s.o. [at s.th.], irritated by s.o. [s.th.], peeved about s.o. [s.th.] (*colloq.*), disgruntled with s.o. [at s.th.]: **sie ist darüber** ~ she is annoyed about it; **du siehst** ~ **aus** you look annoyed. — **Ver'är·ge·rung** *f* ⟨-; *no pl*⟩ **1.** *cf.* Verärgern. – **2.** displeasure, annoyance, irritation, vexation, provocation, *bes. Am.* disgruntlement: **aus** ~ **sagte er seinen Besuch ab** he cancel(l)ed his visit because he was annoyed.

ver'ar·men [-'ʔarmən] *v/i* ⟨*no* ge-, sein⟩ become poor (*od.* impoverished), be reduced to poverty. — **ver'armt** *pp.* – **II** *adj* impoverished, destitute: ~**er Adel** impoverished nobility. — **Ver'ar·mung** *f* ⟨-; *no pl*⟩ **1.** impoverishment, pauperization *Br. auch* -s-, pauperism. – **2.** *nucl.* depletion.

ver'ar·schen [-'ʔarʃən] *v/t* ⟨*no* ge-, h⟩ **j-n** ~ *vulg.* to make a sucker out of s.o. (*od.* *bes. Br. colloq.* to have s.o. on, *Am. sl.* to hornswoggle (*auch* hornswaggle) s.o.: **du willst mich wohl** ~! do you take me for a sucker? *bes. Br.* are you trying to have me on?

ver'arz·ten [-'ʔa:rtstən] *v/t* ⟨*no* ge-, h⟩ *colloq. humor.* **1.** (*ärztlich behandeln*) doctor, fix (*s.o.*) up (*beide colloq.*). – **2.** j-n ~ (*abfertigen*) to get s.o. fixed up, to fix s.o. up (*beide colloq.*).

ver'aschen [-'ʔaʃən] *v/t* ⟨*no* ge-, h⟩ *chem. metall.* ash, incinerate.

ver'ästeln [-'ʔɛstəln] **I** *v/reflex* ⟨*no* ge-, h⟩ **sich** ~ **1.** *auch fig.* branch off (*od.* out), ramify. – **II V**~ *n* ⟨-s⟩ **2.** *verbal noun.* – **3.** *cf.* Verästelt I. — **ver'ästelt I** *pp.* – **II** *adj auch fig.* branched, branching out, ramose. — **Ver'äste·lung, Ver'äst·lung** *f* ⟨-; -en⟩

1. cf. Verästeln. - **2.** auch fig. ramification.

Ve·ra·trin [vera'triːn] n ⟨-s; no pl⟩ chem. pharm. veratrine.

Ve·ra·trol [vera'troːl] n ⟨-s; no pl⟩ chem. veratrole (C₆H₄(OCH₃)₂).

ver'ät·zen med. **I** v/t ⟨no ge-, h⟩ **1.** (therapeutisch) cauterize Br. auch -s-. - **2.** (durch Säure) erode, burn. - **II V∼** n ⟨-s⟩ **3.** verbal noun. — **Ver'ät·zung** f ⟨-; -en⟩ **1.** cf. Verätzen. - **2.** cauterization Br. auch -s-. - **3.** erosion, acid burn.

ver·auk·tio'nie·ren v/t ⟨no ge-, h⟩ **1.** (zur Versteigerung freigeben) put (s.th.) up for auction. - **2.** (durch Versteigerung verkaufen) auction (s.th.) (off), sell (s.th.) by (od. at an) auction.

ver'aus·ga·ben [-,gaːbən] **I** v/reflex ⟨no ge-, h⟩ sich ∼ **1.** (finanziell) overspend: ich habe mich in diesem Monat völlig (od. ganz) verausgabt I have completely overspent this month. - **2.** fig. (kräftemäßig) overspend one's strength, exhaust oneself: der Läufer hatte sich völlig verausgabt the runner had gone all out (colloq.). - **II** v/t **3.** (Geld) spend. - **4.** fig. (Kräfte) (over)spend, exhaust. - **III V∼** n ⟨-s⟩ **5.** verbal noun. — **Ver'aus·ga·bung** f ⟨-; no pl⟩ **1.** cf. Verausgaben. - **2.** fig. exhaustion.

ver'aus·la·gen [-,laːgən] **I** v/t ⟨no ge-, h⟩ (Geldsumme) advance, spend, incur. - **II V∼** n ⟨-s⟩ verbal noun. — **Ver'aus·la·gung** f ⟨-; -en⟩ **1.** cf. Verauslagen. - **2.** advancement.

Ver'äu·ße·rer m ⟨-s; -⟩ econ. jur. **1.** alienor. - **2.** seller.

ver'äu·ßer·lich adj econ. jur. **1.** alienable: nicht ∼ inalienable. - **2.** (verkäuflich) a) for sale, b) sal(e)able, vendible: schwer ∼ difficult (od. hard) to sell.

ver'äu·ßer·li·chen [-'ʔəysərlɪçən] **I** v/t ⟨no ge-, h⟩ superficialize, externalize, exteriorize (alle Br. auch -s-). - **II** v/i ⟨sein⟩ become superficial (od. external, exterior). - **III V∼** n ⟨-s⟩ verbal noun.

Ver'äu·ßer·lich·keit f ⟨-; no pl⟩ econ. jur. alienability.

ver'äu·ßer·licht I pp. - **II** adj superficial, external, exterior.

Ver'äu·ßer·li·chung f ⟨-; no pl⟩ cf. Veräußerlichen.

ver'äu·ßern I v/t ⟨no ge-, h⟩ econ. jur. **1.** alienate. - **2.** (verkaufen) sell, dispose of. - **II V∼** n ⟨-s⟩ verbal noun. — **Ver'äu·ße·rung** f ⟨-; -en⟩ **1.** cf. Veräußern. - **2.** alienation. - **3.** sale, disposal.

Ver'äu·ße·rungs|ge,neh·mi·gung f econ. jur. permission to alienate. — **∼,recht** n right of alienation. — **∼,sper·re** f (period of) prohibition on sale. — **∼ver,bot** n prohibition to alienate.

Verb [vɛrp] n ⟨-s; -en⟩ ling. verb: starkes (od. unregelmäßiges) [schwaches (od. regelmäßiges), transitives, intransitives] ∼ strong (od. irregular) [weak (od. regular), transitive, intransitive] verb.

ver'backen (getr. -k·k-) v/t ⟨irr, no ge-, h⟩ **1.** use (s.th.) for baking. - **2.** use (s.th.) up in baking.

ver·bal [vɛr'baːl] adj bes. ling. verbal: ∼e Proteste genügen nicht verbal protests don't suffice; ∼er Kraftakt colloq. verbal show of power (not backed up by reality). — **V∼,ad·jek·tiv** n verbal adjective.

Ver'bal·in·ju·rie [-ɪn,juːriə] f ⟨-; -n⟩ jur. insult(ing words pl).

Ver·ba·lis·mus [vɛrba'lɪsmʊs] m ⟨-; no pl⟩ verbalism. — **Ver·ba'list** [-'lɪst] m ⟨-en; -en⟩ verbalist.

ver·ba·li·ter [vɛr'baːlitər] adv obs. for wörtlich II.

ver'ball,hor·nen [-,hɔrnən] **I** v/t ⟨no ge-, h⟩ **1.** (entstellen, verzerren) distort, warp, disimprove. - **2.** (lächerlich machen) ridicule. - **II V∼** n ⟨-s⟩ **3.** verbal noun. — **Ver'ball,hor·nung** f ⟨-; -en⟩ **1.** cf. Verballhornen. - **2.** distortion.

Ver'bal|,no·men n ling. verbal noun. — **∼,no·te** f pol. verbal note, note verbale. — **∼,sub·stan·tiv** n ling. verbal noun.

Ver'band m ⟨-(e)s; ⸚e⟩ **1.** med. dressing, bandage: einen ∼ anlegen [abnehmen] to apply [to remove] a dressing. - **2.** (Zusammenschluß) (von Körperschaften, Vereinen) association, union, federation, syndicate: sich einem ∼ anschließen, einem ∼ beitreten to join an association. - **3.** mil. (Truppenverband) unit: fliegender

∼ flying unit; gemischter ∼ combined arms unit. - **4.** aer. mar. (Formation) formation: im ∼ fliegen aer. to fly in formation. - **5.** arch. binding, assemblage. - **6.** civ.eng. (im Mauerwerk) bond: Steine in ∼ legen to bond stones. — **∼,ka·sten** m med. cf. Verbandkasten. — **∼ma·te·ri,al** n cf. Verbandsmaterial. — **∼,mull** m absorbent (od. aseptic) gauze. — **∼,platz** m mil. cf. Truppenverband(s)platz.

Ver'bands|,flug m aer. formation flight. — **∼,ga·ze** f med. cf. Verbandmull. — **∼,kas·se** f econ. fund of an association. — **∼,ka·sten** m med. first-aid box. — **∼,lei·ter** m econ. manager of an association. — **∼,lei·tung** f management of an association. — **∼ma·te·ri,al** n med. dressing (od. bandaging) material. — **∼,mit,glied** n econ. member of an association. — **∼päck·chen** n med. first-aid packet. — **∼,platz** m mil. cf. Truppenverband(s)platz. — **∼,preis** m econ. joint (od. agreed) price of an association. — **∼,sche·re** f med. bandage shears pl, dressing scissors pl (sometimes construed as sg). — **∼,stel·le** f mil. cf. Truppenverband(s)platz. — **∼,stoff** m med. cf. Verbandsmaterial. — **∼,tag** m econ. congress of an association. — **∼,ta,rif** m joint (od. agreed) charges pl, joint scale of charges (od. rates). — **∼,ta·sche** f med. first-aid bag.

Ver'band,stoff m med. cf. Verbandsmaterial.

Ver'bands|,wat·te f med. surgical (od. medicated, absorbent) cotton (wool). — **∼,wech·sel** m change of dressing (od. bandage). — **∼,zei·chen** n econ. association badge. — **∼,zeug** n ⟨-(e)s; no pl⟩ med. bandaging (od. dressing) material. — **∼,zim·mer** n med. dressing room.

Ver'band|,wat·te f med. cf. Verbandswatte. — **∼,wech·sel** m cf. Verbandswechsel.

ver'ban·nen I v/t ⟨no ge-, h⟩ **1.** banish, exile, expatriate, relegate: j-n auf eine einsame Insel ∼ to banish s.o. to a lonely island. - **2.** (ausweisen) expel. - **3.** (deportieren) deport. - **4.** hist. (ächten) outlaw. - **5.** fig. (ausschließen) banish, ostracize Br. auch -s-. - **6.** fig. (vertreiben) banish, dismiss, dispel, expel, relegate: alle trüben Gedanken aus seinem Herzen ∼ to dismiss all sad thoughts from one's heart. - **II V∼** n ⟨-s⟩ **7.** verbal noun. — **Ver'bann·te** m, f ⟨-n; -n⟩ **1.** exile, expatriate. - **2.** hist. (Geächtete) outlaw. — **Ver'ban·nung** f ⟨-; -en⟩ **1.** cf. Verbannen. - **2.** exile, banishment, expatriation, relegation: lebenslängliche ∼ banishment for life; in der ∼ leben to live in exile; j-n in die ∼ schicken to send s.o. into exile. - **3.** cf. Verbannungsort. - **4.** (Ausweisung) expulsion. - **5.** (Deportation) deportation. - **6.** hist. (Ächtung) outlawry. - **7.** fig. (Ausschließung) banishment, ostracism. - **8.** fig. (Vertreibung) banishment, dismissal, expulsion, relegation.

Ver'ban·nungs,ort m (place of) exile.

ver·bar·ri·ka'die·ren I v/t ⟨no ge-, h⟩ (Zimmer, Tür, Straße etc) barricade, blockade. - **II** v/reflex sich ∼ barricade oneself (in).

ver'bau·en I v/t ⟨no ge-, h⟩ **1.** (Aussicht, Blick etc) obstruct, block (up), shut out: j-m durch einen Neubau die Aussicht ∼ to obstruct s.o.'s view by (od. with) a new building. - **2.** Geld ∼ (für einen Bau ausgeben) to spend money on construction (od. building). - **3.** Holz [Steine] ∼ (bei einem Bau verwenden) to use (od. finish) wood [bricks] (up) (on a building). - **4.** sich (dat.) etwas ∼ fig. to make a mess of s.th., to spoil one's chances for s.th.: der Architekt hat das Haus völlig verbaut the architect built the house very badly (od. made a mess of the building). - **5.** j-m etwas ∼ fig. colloq. to spoil (od. ruin, mar) s.th. for s.o.: du hast dir alle Möglichkeiten für die Zukunft verbaut you spoiled (od. spoilt) all your opportunities for the future.

ver'bau·ern [-'bauərn] v/i ⟨no ge-, sein⟩ fig. colloq. become countrified (auch countryfied) (od. rusticated). — **ver'bauert I** pp. - **II** adj countrified, auch countryfied, rusticated: ein ∼er Mensch a rustic. — **Ver'baue·rung** f ⟨-; no pl⟩ rustification.

ver'baut I pp. - **II** adj badly planned (od. built): das Haus ist ∼ the house is badly planned.

ver·be'am·ten [-bə'ʔamtən] **I** v/t ⟨no ge-, h⟩ j-n ∼ to give s.o. the rank of a civil

servant. - **II** v/i ⟨sein⟩ contempt. become bureaucratized (Br. auch -s-).

ver'bei·ßen I v/t ⟨irr, no ge-, h⟩ **1.** fig. colloq. (unterdrücken) stifle, suppress, repress: sich (dat) das Lachen [seinen Zorn] ∼ to stifle (od. contain) one's laughter [anger]; ich konnte mir das Lachen nicht ∼ I couldn't suppress my laughter, I couldn't help laughing, I couldn't but laugh; ich konnte mir diese Antwort nicht ∼ I couldn't suppress this answer (od. keep this answer in), I couldn't resist answering that. - **II** v/reflex sich ∼ **2.** (von Hunden etc) (an dat, in dat) take a firm hold with its teeth: die Hunde haben sich ineinander verbissen the dogs locked jaws. - **3.** sich in (acc) etwas ∼ fig. colloq. (in eine Aufgabe, ein Problem etc) to become deeply involved (od. absorbed, engrossed) in s.th., to get wound up in s.th. (colloq.).

ver'bel·len v/t ⟨no ge-, h⟩ **1.** cf. anbellen 1. - **2.** hunt. (totes Wild) announce (s.th.) by giving tongue.

Ver·be·ne [vɛr'beːnə] f ⟨-; -n⟩ bot. verbena, vervain (Gattg Verbena): Nordamerikanische ∼ blue vervain (V. hastata).

ver'ber·gen I v/t ⟨irr, no ge-, h⟩ **1.** (verstecken) hide, conceal: etwas unter dem Mantel ∼ to hide s.th. under one's coat; der Angeklagte verbarg sein Gesicht vor den Reportern the accused hid his face from the reporters; seine Erregung ∼ to hide (od. veil) one's excitement. - **2.** (den Blicken entziehen) hide, bury: sie verbarg ihr Gesicht in den Händen she buried her face in her hands. - **3.** (nicht zu erkennen geben) hide, conceal, cover up, disguise: seine Unsicherheit hinter einem forschen Auftreten ∼ to hide one's lack of confidence behind a brisk manner. - **4.** (verhehlen, verschleiern) hide, obscure, mask, cloak, veil: seine wahren Absichten ∼ to obscure one's real intentions. - **5.** j-m etwas ∼ (verheimlichen) to hide (od. conceal, keep) s.th. from s.o., to dissimulate s.o. s.th.: du verbirgst mir doch etwas! you are keeping s.th. from me, after all. - **6.** jur. (Verbrecher) harbor; bes. Br. harbour. - **II** v/reflex sich ∼ **7.** hide (oneself): sich hinter einem Vorhang ∼ to hide behind a curtain; sich vor der Polizei ∼ to hide from the police. - **8.** (längere Zeit untertauchen) go into hiding. - **9.** fig. be hidden: hinter seiner barschen Art verbirgt sich ein weiches Herz a tender heart is hidden beneath his harsh manner. - **III V∼** n ⟨-s⟩ **10.** verbal noun. — **Ver'ber·gung** f ⟨-; no pl⟩ cf. Verbergen.

Ver'bes·se·rer m ⟨-s; -⟩ **1.** improver. - **2.** (Weltverbesserer) reformer. - **3.** (von Fehlern) corrector.

ver'bes·sern I v/t ⟨no ge-, h⟩ **1.** improve, better, ameliorate: die Beziehungen zu einem Land ∼ to improve relations with a country. - **2.** (vervollkommnen) improve (up)on, perfect: später wurde diese Methode noch verbessert this method was later improved upon. - **3.** (Fehler, Aufsatz, Rechtschreibung etc) correct, rectify, remedy, amend, mend. - **4.** (Text) revise, amend, emend, emendate, castigate. - **5.** j-n ∼ (berichtigen) to correct s.o. - **6.** (steigern) improve, better: er konnte den Rekord ∼ he was able to improve the record. - **7.** (umformen, umgestalten) reform: er will die ganze Welt ∼ he wants to reform the whole world. - **8.** agr. (Ackerboden) ameliorate. - **II** v/reflex sich ∼ **9.** (von Lage, Situation etc) improve, grow better, ameliorate. - **10.** (beim Sprechen) correct oneself. - **11.** (finanziell, beruflich etc) better oneself. - **III V∼** n ⟨-s⟩ **12.** verbal noun. - **13.** cf. Verbesserung. — **ver'bes·sert I** pp. - **II** adj **1.** improved. - **2.** print. revised: ∼e Auflage revised edition. — **Ver'bes·se·rung** f ⟨-; -en⟩ **1.** cf. Verbessern. - **2.** improvement, amelioration, betterment: ∼en an (dat) etwas vornehmen to improve (upon) s.th., to make improvements on s.th. - **3.** (Vervollkommnung) perfection. - **4.** (eines Rechtschreibfehlers etc) correction, rectification, amendment. - **5.** (eines Textes) revision, amendment, emendation, castigation. - **6.** (eines Sprechers) correction. - **7.** (Steigerung) improvement. - **8.** (Umgestaltung) reform(ation). - **9.** agr. (des

Bodens) amelioration. – **10.** *gastr.* (*des Weins*) improvement (by addition of sugar). – **11.** *ped.* (*Berichtigung einer Arbeit*) correction.

ver'bes·se·rungs|be,dürf·tig *adj* in need of improvement. — **~,fä·hig** *adj* **1.** improvable, capable of being improved (upon). – **2.** (*vervollkommnungsfähig*) perfectible, perfectable. — **V~,fä·hig·keit** *f* ⟨-; *no pl*⟩ **1.** improvability, improvableness. – **2.** perfectibility, perfectability. — **V~,pa,tent** *n* patent of improvement. — **V~,vor,schlag** *m* proposal for improvement.

Ver'beß·rer *m* ⟨-s; -⟩ *cf.* Verbesserer. — **Ver'beß·rung** *f* ⟨-; -en⟩ *cf.* Verbesserung.

ver'beu·gen I *v/reflex* ⟨*no* ge-, h⟩ sich ~ bow, bend: sich tief vor j-m ~ to bow (*od.* bend) low to s.o., to bow down to s.o. – **II V~** *n* ⟨-s⟩ *verbal noun.* — **Ver'beugung** *f* ⟨-; -en⟩ **1.** *cf.* Verbeugen. – **2.** bow; reverence, obeisance (*lit.*): eine ~ vor j-m machen to (make a) bow to s.o.

ver'beu·len *v/t* ⟨*no* ge-, h⟩ (*Auto, Kotflügel etc*) batter, dent.

ver'beult I *pp.* – **II** *adj* (*Auto, Kotflügel etc*) battered, dented.

ver'bie·gen I *v/t* ⟨*irr, no* ge-, h⟩ **1.** bend, deflect, buckle. – **2.** (*Holz*) warp. – **3.** (*verdrehen*) twist. – **II** *v/reflex* sich ~ **4.** become bent, buckle. – **5.** (*von Holz*) warp, become warped. – **III V~** *n* ⟨-s⟩ **6.** *verbal noun.* — **Ver'bie·gung** *f* ⟨-; -en⟩ **1.** *cf.* Verbiegen. – **2.** deflection, *Br. auch* deflexion. – **3.** (*im Holz*) warp. – **4.** (*Verdrehung*) twist.

ver'bie·stern [-'bi:stərn] *colloq.* **I** *v/t* ⟨*no* ge-, h⟩ sich ~ lassen to become confused (*od.* bewildered). – **II** *v/reflex* sich in (*acc*) etwas ~ (*sich in eine Meinung verrennen*) to be pigheaded about s.th. — **ver'bie·stert I** *pp.* – **II** *adj* **1.** (*verwirrt*) confused, bewildered. – **2.** (*verärgert*) annoyed, irritated. – **3.** (*verrannt*) pigheaded, stubborn.

ver'bie·ten *v/t* ⟨*irr, no* ge-, h⟩ **1.** forbid, *bes. Am.* enjoin: sein Vater hat es ihm verboten his father forbad(e) him (to do) that; du hast mir gar nichts zu ~! you have no right to forbid me (to do) anything! der Arzt hat ihm das Rauchen verboten the doctor ordered him to stop smoking; j-m das Haus ~ to forbid s.o. to enter the premises; j-m den Mund (*od.* das Wort) ~ to order s.o. to be quiet. – **2.** (*amtlich*) prohibit, interdict: das sollte (*od.* müßte) verboten werden that ought to be prohibited (by law). – **3.** (*Bücher, Zeitungen, Filme, Parteien etc*) ban, proscribe, suppress. – **4.** (*für unrechtmäßig erklären*) outlaw, prohibit. – **5.** *jur.* put an injunction on, *bes. Am.* enjoin. – **6.** a) *relig.* interdict, b) *röm.kath.* (*auf den Index setzen*) put (*s.th.*) on the Index, interdict. – **7.** (*nicht zulassen, unmöglich machen*) make (s.th.) impossible, debar, prohibit: das verbietet ihm seine gesellschaftliche Position his social position makes that impossible (*od.* unthinkable) for him. – **II** *v/reflex* **8.** sich (*von selbst*) ~ to be impossible (*od.* out of the question).

ver'bil·den *v/t* ⟨*no* ge-, h⟩ **1.** deform. – **2.** *fig.* sophisticate. – **II V~** *n* ⟨-s⟩ **3.** *verbal noun.* – **4.** *cf.* Verbildung. — **ver'bil·det I** *pp.* – **II** *adj* **1.** deformed. – **2.** *fig.* (*Person, Geschmack etc*) oversophisticated.

ver'bild·li·chen [-'bɪltlɪçən] *v/t* ⟨*no* ge-, h⟩ *cf.* veranschaulichen. — **Ver'bild·li·chung** *f* ⟨-; *no pl*⟩ *cf.* Veranschaulichung.

Ver'bil·dung *f* ⟨-; *no pl*⟩ **1.** *cf.* Verbilden. – **2.** (*mißgestaltete Form*) deformation, deformity.

ver'bil·li·gen *v/t* ⟨*no* ge-, h⟩ *econ.* reduce (*s.th.*) in price, cheapen (*od.* lower, bring down) the price of. — **ver'bil·ligt I** *pp.* – **II** *adj* reduced: zu ~en Preisen at reduced prices; ~er Tarif reduced tariff (*od.* rate); ~e Fahrkarte reduced-rate ticket. — **Ver'bil·li·gung** *f* ⟨-; -en⟩ reduction (*bes. Am.* diminution) in price, price reduction.

ver'bim·sen *v/t* ⟨*no* ge-, h⟩ *colloq. cf.* verbleuen.

ver'bin·den I *v/t* ⟨*irr, no* ge-, h⟩ **1.** (*Wunde etc*) dress, bandage (up), bind (up): j-n ~ to dress s.o.'s wounds. – **2.** j-m die Augen ~ to tie a scarf over s.o.'s eyes, to blindfold s.o. – **3.** (*Städte, Flüsse etc*) connect, link, join: zwei Städte durch eine Bahnlinie ~ to connect two towns by a railroad (*Br.* railway) line. – **4.** *bes. tech.* a) (*Maschinenteile*) connect, b) (*kuppeln*) (*Eisenbahn-*

wagen etc) couple, link. – **5.** (*vereinen*) unite, join: uns verbanden viele gemeinsame Interessen we were united by many common interests; die Liebe verband sie miteinander they were united by their love, love united them. – **6.** (*eine persönliche Beziehung herstellen mit*) attach, bind: schöne Erinnerungen ~ mich mit dieser Stadt I am attached to this town by happy memories, happy memories bind me to this town. – **7.** (*kombinieren*) combine: das Angenehme mit dem Nützlichen ~ a) to combine business with pleasure, b) to combine pleasure with advantage; den Urlaub mit einer Geschäftsreise ~ to combine one's holiday (*Am.* vacation) with a business trip. – **8.** (*in Zusammenhang bringen*) connect, associate: ich verbinde keine Vorstellung mit diesem Begriff I associate nothing with this conception. – **9.** (*in sich vereinigen*) unite, combine: sie verbindet Klugheit mit Schönheit in her wisdom and beauty are united. – **10.** *chem.* combine. – **11.** *tel.* put (*s.o.*) through, connect: ~ Sie mich bitte mit Berlin please put me through to (*od.* connect me with) Berlin; j-n falsch ~ to give s.o. the wrong number; einen Augenblick bitte, ich verbinde hold the line, please (, I'll put you through *od.* I'll connect you). – **12.** *electr.* connect, couple, link. – **13.** *math.* (*Punkte*) join. – **14.** zwei Klagen miteinander ~ *jur.* to join two lawsuits. – **15.** *med.* (*Gefäße*) anastomose. – **II** *v/reflex* sich ~ (mit with) **16.** (*sich verbünden, zusammentun*) join (*od.* unite) (forces), ally (oneself). – **17.** (*Zusammenhang herstellen*) be associated, be connected: damit verbindet sich mir eine schöne Erinnerung I associate pleasant memories with that; mit diesem Ausdruck verbindet sich die Vorstellung von Jugend und Lebensfreude one associates youth and joy of life with this expression, this expression evokes the idea of youth and joy of life. – **18.** (*sich vereinigen*) unite, combine: bei ihr verbindet sich Schönheit mit Intelligenz in her beauty is united with intelligence. – **19.** *chem.* combine. – **20.** *econ.* a) associate, go into partnership, b) (*fusionieren*) amalgamate. – **21.** (*space*) dock. — **ver'bindend I** *pres p.* – **II** *adj* (*Worte, Musik etc*) connecting.

ver'bind·lich [-'bɪntlɪç] *adj* **1.** (*verpflichtend*) obligatory, binding, *Am. auch* mandatory, (*zwingend*) compulsory: etwas ist ~ für j-n s.th. is binding (up)on s.o.; etwas für ~ erklären to declare s.th. obligatory. – **2.** (*Person, Benehmen etc*) obliging, civil, courteous. – **3.** (*Lächeln, Worte, Redensarten etc*) friendly. – **4.** ~(st)en Dank! many thanks! — **Ver'bind·lich·keit** *f* ⟨-; -en⟩ **1.** ⟨*only sg*⟩ (*von Verträgen, Gesetzen etc*) obligation, liability, commitment, engagement, binding character. – **2.** ⟨*only sg*⟩ (*von Benehmen etc*) obligingness, civility. – **3.** ⟨*only sg*⟩ (*des Lächelns etc*) friendliness. – **4.** *pl* (*höfliche Worte*) civilities, courtesies. – **5.** *pl econ.* (*Schulden*) liabilities, engagements: seine ~en erfüllen (*od.* einhalten) to discharge (*od.* meet) one's liabilities.

Ver'bin·dung *f* ⟨-; -en⟩ **1.** (*verbindendes Glied*) link, connection, *Br. auch* connexion: der Kanal stellt die ~ zwischen den beiden Flüssen her the canal forms the link between the two rivers (*od.* links the two rivers). – **2.** (*Kombination*) combination: er liebt die ~ von Holz und Beton he likes the combination of wood and concrete. – **3.** (*Kontakt, Fühlungnahme*) touch, contact: mit j-m in ~ treten, mit j-m ~ aufnehmen, sich mit j-m in ~ setzen to get in touch with s.o., to contact s.o.; mit j-m in ~ bleiben, ~ mit j-m halten to keep in touch with s.o.; mit j-m in ~ stehen a) to be in touch with s.o., b) (*brieflich*) to correspond with s.o.; wir haben gar keine ~ mehr miteinander we have lost touch (with each other); alle ~en mit j-m abbrechen to break off all contacts with s.o. – **4.** *pl* (*Beziehungen zu einflußreichen Personen*) connections, *Br. auch* connexions, contacts: gute ~en haben to have good connections; neue ~en anknüpfen to make new contacts; du mußt deine ~en spielen lassen try to use your influence, try to pull a few strings. – **5.** (*Vereinigung,*

Bündnis) association: eine geheime [verbotene] ~ a secret [banned] association. – **6.** *cf.* Studentenverbindung. – **7.** eheliche ~ marriage (bond), matrimony: eine eheliche ~ mit j-m eingehen to marry s.o., to enter into matrimony with s.o. – **8.** (*Zusammenhang*) connection, *Br. auch* connexion: ein Ereignis steht in ~ mit einem anderen one incident is connected with another; die Polizei bringt X in ~ mit der Entführung the police suspect X of being connected (*od.* of having something to do) with the kidnapping. – **9.** in ~ mit (*zusammen mit*) in conjunction (*od.* combination) with, combined with: die Eintrittskarte gilt nur in ~ mit einer persönlichen Einladung the ticket (of admission) is only valid in conjunction with a personal invitation. – **10.** (*Verkehrsverbindung*) connection, *Br. auch* connexion: eine direkte ~ nach Berlin a direct connection to Berlin; die ~ mit der Stadt ist sehr schlecht connections *pl* to the city are (*od.* transportation to the city is) very poor (*od.* bad). – **11.** *tel.* communication, connection, *Br. auch* connexion: eine ~ herstellen to establish a connection, to put a call through; unsere ~ wurde unterbrochen we were cut off (*od.* disconnected); ich bekomme keine ~ I can't get through, I can't get a line; die ~ ist nicht zustande gekommen I couldn't get through; die ~ war sehr schlecht the connection (*od.* line) was very bad; abgehende [ankommende] ~ outgoing [incoming] junction; falsche ~ wrong number. – **12.** *tel. tech.* (*Fernsprechverbindung etc*) communication channel. – **13.** *mil.* a) liaison, *Br. auch* connexion, b) (*taktische*) contact, communication: ~ aufnehmen to liaise. – **14.** *chem.* a) (*Vorgang*) combination, b) (*Resultat*) compound: Eisen geht mit Sauerstoff eine ~ ein iron combines with oxygen; organische [anorganische] ~ organic [inorganic] compound. – **15.** *electr.* a) (*Verbindungsleitung*) connecting cable, b) connector. – **16.** *tech.* a) (*Vorgang*) connection, *Br. auch* connexion, b) (*Verbindungsstelle*) joint, junction, c) (*Zusammenbau*) assembly. – **17.** *civ.eng.* (*von Tapete und Unterlage*) bond. – **18.** *jur.* (*mehrerer Prozesse*) joinder.

Ver'bin·dungs|,ast *m med.* communicating branch. — **~,bahn** *f* (*railway*) junction line. — **~,bol·zen** *m tech.* tie bolt. — **~,dienst** *m mil.* liaison functions *pl.* — **~,do·se** *f electr.* junction (*od.* joint) box. — **~,draht** *m* connecting wire. — **~,gang** *m* **1.** connecting passage. – **2.** *arch.* alley. – **3.** (*mining*) (*Querstollen*) drift, path. – **4.** (*railway*) (*zwischen Personenwagen*) *bes. Am.* vestibule. — **~ge,ra·de** *f math.* straight line connecting two points. — **~,gleis** *n* (*railway*) junction rail(s *pl*). — **~,glied** *n bes. ling.* (connecting) link, copula. — **~,gra·ben** *m mil.* communication trench. — **~,grup·pe** *f electr.* (*in logischen Schaltungen*) tie set. — **~,haus** *n* domicile of a fraternity (*Br. students' society*). — **~,ka·bel** *n* **1.** *electr.* junction (*od.* connection, *Br. auch* connexion) cable. – **2.** *tel.* junction cable. — **~ka,nal** *m* junction (*od.* connecting) canal. — **~,klem·me** *f* **1.** *electr.* terminal, connector. – **2.** (*im Labor*) fastener. – **3.** (*zur Wärmemessung*) couple connector block. — **~kom,man·do** *n mil.* liaison detachment. — **~,lei·tung** *f* **1.** *electr. tel.* a) junction (*od.* connecting, connection, *Br. auch* connexion) line (*od.* circuit), b) (*für Wechselverkehr*) two-way junction. – **2.** *civ.eng.* (*für Gas, Wasser*) connecting conduit (*od.* pipe). — **~,li·nie** *f* **1.** (*zwischen zwei Punkten*) connecting line. – **2.** (*in der Nachrichtentechnik*) line of communication. – **3.** *mil.* line of communication, communication line. – **4.** *cf.* Verbindungsbahn. — **v~,los** *adj* without connection (*Br. auch* connexion). — **~,mann** *m* ⟨-(e)s; ⁻er *u.* -leute⟩ **1.** (*zwischen dat* between) mediator, intermediary, go-between. – **2.** *cf.* Polizeispitzel. — **~of·fi,zier** *m mil.* liaison officer. — **~,punkt** *m* junction (point), joint. — **~,rohr** *n tech.* connecting tube (*od.* pipe). — **~,schnur** *f* **1.** *electr.* connecting (*od.* flexible) cord. – **2.** *tel.* cord circuit. — **~,schrau·be** *f tech.* clamping bolt. — **~,schwei·ßung** *f* joint weld. — **~,stab** *m mil.* liaison detachment. — **~,stan·ge** *f* **1.** *tech.* connecting (*od.* tie) rod. – **2.** (*railway*) (*einer Weiche*) tie bar. –

~**₁stecker** (*getr.* -k·k-) *m electr.* connecting plug. — ~**₁stel·le** *f* 1. junction (point), join(t), juncture, commissure. – 2. (*film*) *cf.* Schnittstelle 2. — ~**₁stra·ße** *f* connecting (*od.* connection, *Br. auch* connexion) road. — ~**₁strich** *m* connecting line. — ~**₁stück** *n* 1. connecting piece. – 2. *tech.* a) link, b) (*Paßstück*) adapter, *auch* adaptor. — ~**stu₁dent** *m* member of a fraternity (*Br.* students' society). — ~**₁trupp** *m mil. cf.* Verbindungskommando. — ~**₁tür** *f* communicating door. — ~**₁weg** *m* 1. connecting footpath. – 2. *tech.* channel of communication. – 3. *tel.* line of communication. — ~**₁we·sen** *n Am.* fraternities *pl*, *Br.* students' societies *pl.*

ver'bis·sen I *pp of* verbeißen. – II *adj* 1. (*Gegner, Kampf etc*) grim, dogged. – 2. (*Fleiß, Hartnäckigkeit etc*) grim, dogged, determined, stubborn. – 3. (*Wut*) grim. – 4. (*Gesichtsausdruck etc*) sullen, morose. – III *adv* 5. ~ arbeiten to work doggedly. — **Ver'bis·sen·heit** *f* ⟨-; *no pl*⟩ 1. grimness, doggedness. – 2. grimness, doggedness, determination, stubbornness. – 3. grimness. – 4. sullenness, moroseness, morosity.

ver'bit·ten *v/t* ⟨*irr, no* ge-, h⟩ sich (*dat*) etwas ~ to refuse to tolerate s.th.: ich verbitte mir diesen Ton! I refuse to tolerate that tone (of voice)! I will not be spoken to in that tone! das verbitte ich mir! das möchte ich mir verbeten haben! I won't have it! I won't stand for it (*od.* that)! (*colloq.*).

ver'bit·tern [-'bɪtərn] I *v/t* ⟨*no* ge-, h⟩ embitter, sour, envenom, exacerbate: j-m das Leben ~ to make life miserable for s.o. – II V~ *n* ⟨-s⟩ *verbal noun.* — **ver'bit·tert** I *pp.* – II *adj* embittered, bitter. — **Ver'bit·te·rung** *f* ⟨-; *no pl*⟩ 1. *cf.* Verbittern. – 2. embitterment, bitterness, sourness, exacerbation.

ver'bla·sen *v/t* ⟨*irr, no* ge-, h⟩ 1. *metall.* blow. – 2. *hunt.* (*erlegtes Wild*) sound death of.

ver'blas·sen *v/i* ⟨*no* ge-, sein⟩ 1. (*von Farbe*) fade, discolor, *bes. Br.* discolour, (*grow*) pale, wane. – 2. (*von Stoff, Tinte, Schrift etc*) fade, discolor, *bes. Br.* discolour. – 3. *fig.* (*von Erinnerung, Ruhm, Eindruck etc*) fade, dim: vor ihm verblaßt der Ruhm seiner Zeitgenossen his contemporaries' fame fades beside him. – 4. (*von Licht, Sternen etc*) fade, wane: sein Stern verblaßte *fig.* his fame was waning (*od.* declining, on the decline, on the wane). – 5. *fig.* (*von Schönheit*) fade, wane, dim. – 6. *fig.* (*von Wortbedeutung*) decline in (*od.* lose) intensity.

ver'blät·tern *v/t* ⟨*no* ge-, h⟩ eine Stelle im Buch ~ to lose the (*od.* one's) place in a book; eine Seite ~ to lose one's page.

Ver'ble·chung [-'blɛçuŋ] *f* ⟨-; -en⟩ *tech.* (engine) shrouding, sheet-metal paneling (*bes. Br.* panelling).

Ver'bleib [-'blaɪp] *m* ⟨-(e)s; *no pl*⟩ whereabouts *pl* (construed *as sg or pl*), *auch* whereabout: über seinen ~ ist uns nichts bekannt we don't know anything about his whereabouts, we do not know where he is.

ver'blei·ben I *v/i* ⟨*irr, no* ge-, sein⟩ 1. (*an einem Ort*) remain, stay: er wird so lange in seinem Amt ~, bis he will remain (*od.* continue) in (his) office until. – 2. bei einer Ansicht [Auffassung] ~ to persist in (*od.* stick to, abide by) an opinion [a view]. – 3. (*übrigbleiben*) be left (over), remain: es sind mir noch zehn Mark verblieben I have ten marks left (over); jetzt ~ uns nur noch drei Tage we have only three days left now. – 4. (*am Briefschluß*) remain: mit besten Grüßen verbleibe ich Ihr X with kind regards I remain, yours faithfully (*od.* sincerely) X. – 5. ~ wir dabei let's leave it at that; wie seid ihr verblieben? what did you arrange (with each other)? wir sind so verblieben, daß er mich anruft, wenn we left it at that he would ring if. – II V~ *n* ⟨-s⟩ 6. danach war ein V~ in der Stadt für ihn unmöglich after that it was impossible for him to stay in the town. – 7. es wird dabei sein V~ haben (*officialese*) there's nothing more to expect, nothing more can be expected. — **ver'blei·bend** I *pres p.* – II *adj* (*Geldbetrag, Zeitraum etc*) remaining: die ~e Summe the rest, the remainder.

ver'blei·chen *v/i* ⟨*irr, no* ge-, sein⟩ 1. *cf.*

verblassen 1, 2. – 2. *lit.* (*sterben*) pass away, expire.

ver'blei·en *v/t* ⟨*no* ge-, h⟩ 1. *cf.* plombieren 1. – 2. *metall.* lead-coat.

ver'blen·den I *v/t* ⟨*no* ge-, h⟩ 1. blind: Haß [Ehrgeiz] verblendete ihn hatred [ambition] blinded him. – 2. (*betören*) blind, dazzle, infatuate: sein Reichtum hat ihn so verblendet, daß his wealth dazzled him to such an extent that. – 3. *arch.* (*verkleiden*) face. – II V~ *n* ⟨-s⟩ 4. *verbal noun.* – 5. *cf.* Verblendung. — **ver'blen·det** I *pp.* – II *adj* 1. (*durch Haß, Ehrgeiz etc*) (durch with) blind. – 2. (*durch Reichtum, Schönheit etc*) (durch by) blinded, dazzled, infatuated. — **Ver'blend₁stein** *m arch.* face stone (*od.* brick). — **Ver'blen·dung** *f* ⟨-; -en⟩ 1. *cf.* Verblenden. – 2. (*durch Haß, Ehrgeiz etc*) blindness. – 3. (*durch Reichtum, Schönheit etc*) blindness, infatuation. — **Ver'blend₁zie·gel** *m arch.* face brick.

ver'bleu·en *v/t* ⟨*no* ge-, h⟩ j-n ~ *colloq.* to give s.o. a (good) thrashing (*od.* hiding, *colloq.* licking), to tan s.o.'s hide (*colloq.*).

ver'bli·chen [-'blɪçən] I *pp of* verbleichen. – II *adj* 1. (*Farbe, Stoff, Tinte, Schrift etc*) faded, discolored, *bes. Br.* discoloured. – 2. *fig.* (*Ruhm, Schönheit etc*) faded, passé(e). — **Ver'bli·che·ne**₁ *m, f* ⟨-n; -n⟩ der [die] ~ *lit.* the deceased, the defunct.

ver'blö·den [-'bløːdən] I *v/i* ⟨*no* ge-, sein⟩ 1. *psych.* become an idiot, become demented. – 2. *fig. colloq.* (*durch langweilige Arbeit etc*) become stupid, go dotty (*colloq.*), go gaga (*sl.*). – II V~ *n* ⟨-s⟩ 3. *verbal noun.* – 4. *cf.* Verblödung. — **ver'blö·det** I *pp.* – II *adj* 1. *psych.* idiotic, demented. – 2. *fig. colloq.* stupid, dotty (*colloq.*), gaga (*sl.*). — **Ver'blö·de·te** *m, f* ⟨-n; -n⟩ *psych.* demented person, idiot. — **Ver'blö·dung** *f* ⟨-; *no pl*⟩ 1. *cf.* Verblöden. – 2. *psych.* idiocy, dementia. – 3. *fig. colloq.* stupidity, dottiness (*colloq.*).

ver'blüf·fen [-'blYfən] *v/t* ⟨*no* ge-, h⟩ 1. (*in Erstaunen setzen*) surprise, astonish, amaze, consternate, perplex, astound, stagger, flabbergast (*colloq.*). – 2. (*aus der Fassung bringen*) nonplus, perplex, perturb, floor: laß dich nicht (von ihm) ~! don't let him perplex you! – 3. (*irremachen*) confuse, confound, (*stärker*) bewilder. – 4. (*vor ein Rätsel stellen*) puzzle, stump (*colloq.*). – 5. (*sprachlos machen, entsetzen*) dumbfound, stun, stupefy. — **ver'blüf·fend** I *pres p.* – II *adj* 1. (*erstaunlich*) astonishing, amazing, perplexing, astounding. – 2. (*außerordentlich*) amazing, staggering. – 3. (*Ähnlichkeit etc*) striking, amazing. – 4. (*Antwort etc*) stunning. — **ver'blüfft** I *pp.* – II *adj* 1. surprised, astonished, amazed, astounded. – 2. perplexed, perturbed. – 3. confused, bewildered, dazed. – 4. puzzled. – 5. dumbfounded, stupefied. — **Ver'blüf·fung** *f* ⟨-; *no pl*⟩ 1. surprise, astonishment, amazement, astoundment, consternation, perplexity: zu meiner (großen) ~ to my (great) surprise (*od.* astonishment). – 2. perplexity, perturbation. – 3. confusion, confoundedness, (*stärker*) bewilderment, bewilderedness. – 4. puzzlement. – 5. dumbfoundedness, stupefaction.

ver'blü·hen *v/i* ⟨*no* ge-, sein⟩ 1. (*von Blume, Pflanze*) wither, fade. – 2. *fig.* (*von Schönheit*) fade. – 3. *fig.* (*altern*) age. – II V~ *n* ⟨-s⟩ 4. *verbal noun:* im (*colloq. auch* am) V~ sein a) (*von Pflanze*) withering (*od.* fading), b) *fig.* (*von Schönheit*) to be withering (*od.* fading). — **ver'blüht** I *pp.* – II *adj* 1. (*Blume etc*) withered, faded. – 2. *fig.* (*Schönheit*) faded, passé(e).

ver'blümt [-'blyːmt] I *adj* (*Ausdrücke, Vorwürfe etc*) veiled, oblique, allusive. – II *adv* etwas ~ sagen (*od.* ausdrücken) to say (*od.* express) s.th. veiledly (*od.* obliquely).

ver'blu·ten I *v/i* ⟨*no* ge-, sein⟩ 1. (*von einem Verletzten*) bleed to death, exsanguinate (*scient.*). – 2. *v/reflex* ⟨h⟩ sich ~ 2. (*von einem Verletzten*) bleed to death, exsanguinate (*scient.*). – 3. *mil.* (*in nutzlosen Angriffen*) bleed away one's strength. – III V~ *n* ⟨-s⟩ 4. *verbal noun.* — **Ver'blu·tung** *f* ⟨-; *no pl*⟩ 1. *cf.* Verbluten. – 2. exsanguination.

ver'bocken (*getr.* -k·k-) *v/t* ⟨*no* ge-, h⟩ *colloq.* 1. (*eine Arbeit etc*) botch, bungle. – 2. was hast du da wieder verbockt?

what (mischief) have you been up to again? — **ver'bockt** I *pp.* – II *adj colloq.* (*starrsinnig, dickköpfig*) obstinate, stubborn, (*stärker*) mulish, pigheaded.

ver'bod·men *v/t* ⟨*no* ge-, h⟩ *mar. cf.* bodmen.

ver'bo·gen I *pp of* verbiegen. – II *adj* 1. (*Stange, Stab, Lenksäule, Einbanddeckel etc*) bent, deformed. – 2. (*Nagel etc*) bent, crooked. – 3. (*Leitplanke, Stoßstange, Spule etc*) bent, (*stärker*) distorted. – 4. *med.* bent, curved.

ver'boh·ren *v/reflex* ⟨*no* ge-, h⟩ sich ~ 1. (*fehlerhaft bohren*) drill out of center (*bes. Br.* centre): ich habe mich um 2 mm verbohrt I am 2 mm out in my drilling. – 2. sich in (*acc*) etwas ~ *fig. colloq.* (*in eine Idee etc*) to become obsessed with (*auch* bent on) s.th.: sie hat sich in den Gedanken (*od.* darin) verbohrt, Filmstar zu werden she is bent on (the idea of) becoming a film star. — **ver'bohrt** I *pp.* – II *adj fig. colloq.* 1. (*einseitig u. intolerant*) inflexible, unpliable, impliable, one-track (*attrib*). – 2. (*starrsinnig, dickköpfig etc*) pertinacious, obstinate, stubborn, (*stärker*) mulish, pigheaded. – 3. in (*acc*) etwas ~ sein (*in eine Idee etc*) to be obsessed with (*auch* bent on) s.th. — **Ver'bohrt·heit** *f* ⟨-; *no pl*⟩ *fig. colloq.* 1. (*Einseitigkeit u. Intoleranz*) inflexibility, inflexibleness, unpliableness. – 2. (*Starrsinn, Dickköpfigkeit*) pertinacity, obstinacy, stubbornness, (*stärker*) mulishness, pigheadedness.

ver'bol·zen *v/t* ⟨*no* ge-, h⟩ *tech.* 1. bolt (*s.th.*) (together). – 2. (*verstiften*) pin (*s.th.*) (together).

ver'bor·gen¹ *v/t* ⟨*no* ge-, h⟩ (*Geld, Bücher etc*) lend (out), *bes. Am.* loan (out).

ver'bor·gen² I *pp of* verbergen. – II *adj* 1. (*Schatz, Schönheit etc*) hidden, concealed: ihr Gesicht war hinter einem Schleier ~ her face was hidden behind (*od.* concealed by) a veil; sie hielten ihn vor der Polizei ~ they hid him (*od.* concealed him, kept him hidden, kept him concealed) from the police; er hält sich im Keller ~ he is hiding in the cellar; etwas (vor j-m) ~ halten a) to keep s.th. hidden (*od.* concealed) (from s.o.), b) (*Kummer, Krankheit etc*) to keep s.th. hidden (*od.* [a] secret) (from s.o.); sie hielt ihren Kummer vor allen ~ she kept her sorrow to herself; es konnte ihm nicht ~ bleiben, daß it could not be concealed from him that, it could not escape his notice that, he could not fail to notice that. – 2. (*Tür, Treppe, Gang etc*) hidden, concealed, secret: in einer ~en Falte seiner Seele (*od.* seines Herzens*) *fig. poet.* in one of the hidden (*od.* secret) recesses of his soul (*od.* heart). – 3. (*Kummer, Vorliebe, Zuneigung, Leidenschaft, Vorzüge etc*) hidden, secret. – 4. (*Groll, Haß, Feindseligkeit, Talent, Fähigkeiten, Kräfte etc*) hidden, latent, dormant, covert (*lit.*). – 5. (*Gefahr, Schwierigkeiten etc*) hidden, unapparent. – 6. (*Umtriebe, Machenschaften etc*) clandestine, surreptitious. – 7. (*Stelle, Platz, Haus, Tal etc*) secluded, hidden, sequestered (*lit.*). – 8. *med.* a) (*Krankheit etc*) cryptic, latent, hidden, occult, b) (*Blutung*) occult, c) (*Virus etc*) hidden, masked. – III V~e, das ⟨-n⟩ 9. the hidden: auch das V~e kommt ans Licht the hidden also comes to light; Gott sieht ins V~e God looks into the hidden depths of the soul; das Veilchen, das im V~en blüht *fig. poet.* a hidden gem. – 10. im V~en leben to lead a secluded (*od.* reclusive) life, to live in seclusion (*od.* reclusion). – 11. (*mit Kleinschreibung*) im ~en Gutes tun to do good in secret (*od.* in secrecy, secretly); so etwas darf nicht im ~en bleiben! a thing like that must not remain (a) secret (*od.* cannot be kept secret).

Ver'bor·gen·heit *f* ⟨-; *no pl*⟩ 1. (*Abgeschiedenheit*) seclusion, hiddenness, sequestration (*lit.*). – 2. (*Zurückgezogenheit*) seclusion, reclusion: in der ~ leben to live in seclusion, to lead a secluded (*od.* reclusive) life. – 3. (*Heimlichkeit*) secrecy.

Ver'bot [-'boːt] *m* ⟨-(e)s; -e⟩ 1. (*von seiten der Eltern etc*) forbiddance. – 2. (*von offizieller Seite*) prohibition, forbiddance: gegen ein ~ verstoßen (*od.* handeln), ein ~ mißachten to act in contempt of a prohibition. – 3. ⟨*only sg*⟩ (*einer Zeitung, Partei, Versammlung etc*) ban (on): ~ von

Atomwaffen prohibition of atomic weapons. – **4.** *jur.* a) (*bes. amtliches*) interdiction, b) (*bes. gerichtliches*) inhibition, (*auf Unterlassung*) injunction: ~ (*an Drittschuldner*), dem Schuldner Zahlung zu leisten garnishment.

ver'bo·ten I *pp of* verbieten. – **II** *adj* **1.** (*von seiten der Eltern etc*) forbidden: es war (uns) ~, in den Wald zu gehen it was forbidden (to us) (*od.* we were forbidden) to go into the forest; er wandelt auf ~en Wegen (*od.* Pfaden), er geht ~e Wege *fig.* he goes forbidden ways, he strays from the straight and narrow; → Frucht 1. – **2.** (*von offizieller Seite*) prohibited, forbidden: „Einfahrt ~!" "No Entry!" ~e Fahrtrichtung prohibited direction; „Überschreiten der Gleise ~!" "Do not cross the lines!" „Rauchen ~!" "No Smoking!" "Smoking prohibited!" „Plakate ankleben ~!" "Post no bills!" „Das Betreten des Grundstücks ist streng ~!" "It is strictly prohibited to trespass on this property!" "Trespassers will be prosecuted!" „~!" (*als Schild*) "Prohibited!" "Keep out!" "No Admittance!" → betteln 7; Durchfahrt 1. – **3.** (*Zeitung, Partei, Versammlung etc*) banned. – **4.** (*gesetzwidrig, ungesetzlich*) illegal, illicit, unlawful: ~e Transaktionen illegal transactions; Rauschgifthandel ist ~ drug traffic is outlawed. – **5.** *fig. colloq. humor.* (*Hut, Mantel, Bild etc*) 'atrocious' (*colloq.*): du siehst ja ~ aus! you look a sight (*od.* atrocious)! (*colloq.*).

ver'bo·te·ner'wei·se *adv* er hat dort ~ geparkt he parked there although it was prohibited.

Ver'bots|,recht *n jur. econ.* (*bei Pfändungen*) right of garnishment. — **~,schild** *n*, **~,ta·fel** *f* **1.** prohibition sign. – **2.** (*bei einem Durchgangs-, Durchfahrtsverbot auf Privatgrundstücken*) "No Trespassing" (*od.* "Trespassers will be prosecuted") sign (*od.* board, notice). — **~,über,tre·tung** *f Br.* offence, *Am.* offense. — **~,wid·rig** *adj* (*Fahren*) unlawful, in contravention of regulations. — **~,zei·chen** *n* (*im Verkehr*) prohibition sign.

ver'brä·men [-'brɛːmən] **I** *v/t* ⟨*no* ge-, h⟩ **1.** (*Kleidungsstücke etc*) trim, border, edge: einen Saum mit Pelz ~ to trim a hem with fur, to fur a hem; einen Ausschnitt mit Spitzen ~ to trim a neckline with lace, to lace a neckline. – **2.** *fig.* (*negative Beurteilung etc*) veil. – **II** *V~ n* ⟨-s⟩ **3.** *verbal noun.* — **Ver'brä·mung** *f* ⟨-; -en⟩ **1.** *cf.* Verbrämen. – **2.** (*fashion*) *cf.* Bräme.

ver'brannt I *pp of* verbrennen. – **II** *adj* **1.** burned, burnt: ~es Holz burnt wood; der ~e Braten [Toast] the burnt roast [toast]. – **2.** (*verbrüht*) scalded. – **3.** (*Häuser etc*) burned(-out), burnt(-out), gutted, destroyed by fire: die Strategie der ~en Erde *mil.* the strategy of scorched earth. – **4.** (*stark gebräunt*) sunburned, sunburnt: der Rücken war von der Sonne ~ his (*od.* her) back was sunburned (*od.* burned by the sun). – **5.** (*von der Sonne versengt*) scorched. – **6.** *phys. tech. chem.* (*Kraftstoff etc*) combusted, burned, burnt.

Ver'brauch *m* ⟨-(e)s; *econ. rare* ⸚e⟩ **1.** *cf.* Verbrauchen. – **2.** (*eines Materials, von Energie etc*) consumption: der jährlich steigende ~ an (*od.* von) Tabletten the annually increasing consumption of tablets; der ~ beträgt pro Kopf der Bevölkerung etwa 200 Stück the consumption is approximately 200 per head (*od.* per capita) of the population, the per capita consumption is about 200; einen großen ~ an (*od.* von) Papier haben to have a high paper consumption, to use a great deal of paper; den ~ anregen to stimulate consumption. – **3.** (*eines Geldbetrags, Etats etc*) expenditure: er hat einen enormen ~ an Geld he spends enormous sums of money. – **4.** (*der Körperkräfte etc*) exhaustion, depletion.

ver'brauch·bar *adj econ.* (*Güter*) consumable.

ver'brau·chen I *v/t* ⟨*no* ge-, h⟩ **1.** j-d verbraucht etwas a) (*Material, Seife, Stoff, Papier, Strom etc*) s.o. uses s.th., b) (*Vorrat, Reserven etc*) s.o. uses s.th. (up), c) (*Nahrungsmittel*) s.o. consumes s.th., d) (*Geld, Gehalt, Vermögen etc*) s.o. spends (*od.* expends) s.th., e) (*Körper-, Geisteskräfte etc*) s.o. exhausts (*od.* runs down) s.th.: sie verbraucht beim

---

Kochen zuviel Butter she uses (*od.* goes through) too much butter in her cooking, she wastes butter in her cooking; sie verbraucht ihr ganzes Geld für den Haushalt she spends all her money on housekeeping; er hat seine Kräfte auf den ersten 100 Metern verbraucht he exhausted his strength on the first 100 meters (*bes. Br.* metres). – **2.** etwas verbraucht etwas a) (*Material, Gas, Strom, Wasser etc*) s.th. uses (*od.* consumes) s.th., b) (*Vorrat, Etat, Rücklagen etc*) s.th. uses s.th. (up) (*od.* consumes s.th.), c) (*Körperkräfte etc*) s.th. exhausts (*od.* drains, depletes) s.th.: ein Moped verbraucht wenig (Benzin) a moped uses (*od.* consumes) little gasoline (*Br.* petrol); der Wagen verbraucht 1 Liter auf 10 km *colloq.* the car does 10 km to the (*Am.* on a) liter (*bes. Br.* litre). – **3.** j-n so ~, wie er ist *fig. colloq.* to take s.o. for what he is. – **II** *v/reflex* sich ~ **4.** (*sich verausgaben*) exhaust oneself. – **5.** (*durch jahrelange schwere Arbeit etc*) wear oneself out (*od.* down). – **6.** (*durch einen ausschweifenden Lebenswandel*) wear oneself out, ruin one's health. – **III** *V~ n* ⟨-s⟩ **7.** *verbal noun.*

Ver'brau·cher *m* ⟨-s; -⟩ *econ.* consumer. — **~·be,fra·gung** *f* consumer inquiry (*auch* enquiry, survey). — **~·for·schung** *f* consumer research. — **~·ge,nos·sen·schaft** *f cf.* Konsumgenossenschaft. — **~·grup·pe** *f* consumer group. — **~·höchst,preis** *m* consumer (retail) ceiling price. — **~·kre,dit** *m* consumer credit. — **~·land** *n* consuming country. — **~·lei·tung** *f electr.* service line. — **~·markt** *m econ.* **1.** consumer market. – **2.** (*billiger Supermarkt*) cut-rate (*od.* cut-price) supermarket. — **~·nach,fra·ge** *f* consumer demand. — **~·preis** *m* consumer price.

Ver'brau·cher·schaft *f* ⟨-; *no pl*⟩ *econ.* consumers *pl.*

Ver'brau·cher|,schutz *m econ.* protection of the consumer. — **~·strom,kreis** *m electr.* load circuit. — **~·um,fra·ge** *f econ.* consumer survey (*od.* inquiry, *auch* enquiry). — **~·ver,band** *m* consumer(s') association. — **~·wa·ren** *pl cf.* Verbrauchsgüter.

Ver'brauchs|,ab,ga·be *f econ. cf.* Verbrauchssteuer. — **v~·fer·tig** *adj* ready for consumption. — **~·ge,biet** *n* consumption area.

Ver'brauchs,gü·ter *pl econ.* consumer (*od.* consumption) goods, nondurables *Br.* non-, articles of consumption: dauerhafte (*od.* langlebige) ~ durable consumer goods, durables; kurzlebige ~ nondurable (*Br.* non-durable) goods, nondurables *Br.* non-. — **~·in·du,strie** *f* consumer-goods industry. — **~·kon,junk·tur** *f* trend (*od.* boom) in consumer goods.

Ver'brauchs|,len·kung *f econ.* consumption control. — **v~·ori·en,tiert** *adj* (*Industrie*) producing for consumption. — **~·ra·te** *f* rate of consumption, consumption rate. — **~·rück,gang** *m* decrease in (*od.* decreased) consumption. — **~·satz** *m cf.* Verbrauchsrate. — **~·schät·zung** *f* evaluation (*od.* estimate) of consumption. — **~·stand** *m* consumption level, level of consumption. — **~·stei·ge·rung** *f* increase in (*od.* increased) consumption. — **~·steu·er** *f* (*auf inländische Waren*) excise, *Am. auch* excise tax, consumption tax. — **~·um,schich·tung**, **~·ver,la·ge·rung** *f* shift in consumption. — **~·wirt·schaft** *f* ⟨-; *no pl*⟩ consumer(-goods) sector. — **~·zu,nah·me** *f cf.* Verbrauchssteigerung.

ver'braucht I *pp.* – **II** *adj* **1.** (*Material, Strom, Benzin, Gas, Wasser etc*) used, consumed (*beide nachgestellt*): das ~e Papier the paper used (*od.* consumed). – **2.** (*Vorrat, Reserven, Nahrungsmittel, Etat etc*) used-up (*attrib*), consumed: dieses Mittel bringt ~e Energien wieder zurück this remedy restores used-up energy; die Kartoffeln sind ~ the potatoes are used up (*od.* are finished). – **3.** (*Geldbetrag, Vermögen etc*) spent, expended: der nicht ~e Betrag the unspent (*od.* unexpended) amount. – **4.** (*Luft*) stale, stuffy, fuggy (*colloq.*). – **5.** (*Batterie etc*) run-down (*attrib*), done (*colloq.*): der Akkumulator ist ~ the accumulator is run down (*od.* finished). – **6.** (*Körper-, Geisteskräfte*) exhausted, run-down (*attrib*). – **7.** (*Nerven etc*) frayed. – **8.** (*Stimme*) sung-out (*attrib*). – **9.**

(*Boden*) worn-out (*attrib*), exhausted, sick. – **10.** (*Schauspieler, Sportler, Politiker etc*) passé(e), past one's prime: ~ sein to be past (*od.* to have passed) one's prime, to have had one's day. – **11.** (*durch jahrelange schwere Arbeit*) worn-out, worn-down (*beide attrib*). – **12.** (*durch einen ausschweifenden Lebenswandel*) worn-out (*attrib*).

Ver'bre·chen *n* ⟨-s; -⟩ **1.** crime, *jur. auch* felony, major offence (*Am.* offense): ein schweres ~ a serious crime; ein abscheuliches (*od.* scheußliches) ~ an atrocious crime, an atrocity; das ~ des Mordes [Raubes] the crime of murder [robbery]; ein ~ begehen (*od.* verüben) to commit (*od.* perpetrate) a crime; j-n eines ~s überführen to prove s.o. guilty of a crime. – **2.** *fig.* (*Frevel*) crime, (*stärker*) outrage: ein ~ gegen die Menschlichkeit a crime against (*stärker an* outrage against, an outrage [up]on) humanity; es ist ein ~, das Kind so zu behandeln it is a crime to treat the child like that; es ist doch kein ~ zu fragen it's not a crime to ask; sein ganzes ~ bestand darin, daß his only crime was that.

Ver'bre·chen[1] *v/t* ⟨*irr, no* ge-, h⟩ etwas ~ a) (*ein Verbrechen begehen*) to commit (*od.* perpetrate) a crime, b) *fig.* (*etwas Schlechtes, Frevelhaftes tun*) to commit a crime (*stärker an* outrage), c) *fig. colloq.* (*Dummheiten etc anstellen*) to be up to s.th., d) *fig. colloq. humor.* (*ein Buch, Gedicht, Bild etc*) to perpetrate s.th.: was hat er verbrochen? what crime has he committed? what has he done? what is his offence (*Am.* offense)? ich habe nichts verbrochen I have committed no crime, I have done nothing (*od.* no) wrong; was hat mein Sohn denn nun schon wieder verbrochen? *fig. colloq.* what (mischief) has my son been up to again? wer hat denn diesen Aufsatz verbrochen? *fig. colloq. humor.* who has perpetrated this essay?

ver'bre·chen[2] *v/t* ⟨*irr, no* ge-, h⟩ *hunt.* (*eine Fährte, Stelle, erlegtes Wild etc*) lay signs on, mark (*s.th.*) with twigs.

Ver'bre·chens|be,kämp·fung *f jur.* suppression of crime, combatting of crime: Maßnahmen zur ~ measures to combat crime. — **~·ver,hü·tung** *f* prevention of crime, crime prevention.

Ver'bre·cher *m* ⟨-s; -⟩ criminal, gangster, *jur. auch* felon: jugendlicher [politischer] ~ juvenile [political] criminal (*od.* delinquent); gemeingefährlicher ~ dangerous criminal. — **~·al·bum** *n* rogues' gallery. — **~·ban·de** *f* **1.** *contempt.* gang (*od.* band) of criminals, gang. – **2.** *colloq. contempt.* 'gang' (*colloq.*). — **~·ge,sicht** *n colloq. contempt. cf.* Verbrechervisage. — **Ver'bre·che·rin** *f* ⟨-; -nen⟩ (*female*) criminal (*jur. auch* felon).

ver'bre·che·risch I *adj* **1.** (*Tat, Handlung etc*) criminal, *jur. auch* felonious: in ~er Absicht with criminal (*od.* felonious) intent, feloniously. – **2.** *fig.* (*frevelhaft*) criminal, (*stärker*) outrageous: ~er Leichtsinn criminal recklessness; es ist ~, so zu handeln it is a crime (*stärker an* outrage) to act like that. – **II** *V~e, das* ⟨-n⟩ **3.** (*einer Tat, Handlung etc*) the criminality, *jur. auch* the feloniousness. – **4.** das V~e daran ist, daß the criminal thing about it is that.

Ver'bre·cher|,jagd *f colloq.* criminal-hunting, hunt (*od.* chase, *auch* chase) after the criminal(s *pl*). — **~·knei·pe** *f colloq. contempt.* gangster den (*od.* dive, *sl.* joint), *Am. sl.* 'scatter', 'drum'. — **~·ko·lo,nie** *f colloq.* for Strafkolonie. — **~·or·ga·ni·sa·ti,on** *f cf.* Verbrechersyndikat. — **~·phy·sio·gno,mie** *f* criminal's physiognomy. — **~·syn·di,kat** *n* (criminal) syndicate.

Ver'bre·cher·tum *n* ⟨-s; *no pl*⟩ **1.** (*Kriminalität*) criminality. – **2.** *collect.* criminality, gangsterism, gangsters *pl:* das internationale ~ international gangsterism.

Ver'bre·cher|,ty·pe *f colloq. contempt.* tough (guy), thug, toughie, *auch* toughy (*colloq.*). — **~·vier·tel** *n colloq. contempt.* tough district (*od.* quarter). — **~·vi·sa·ge** *f colloq. contempt.* tough face: er hat eine richtige ~ he has a tough look about him, he is pretty tough-looking. — **~·welt** *f* ⟨-; *no pl*⟩ world of crime, underworld: die ~ *Am. colloq.* gangland.

ver'brei·ten I *v/t* ⟨*no* ge-, h⟩ **1.** (*Nachricht, Kunde, Gerücht, Ruhm etc*) spread, circulate, disseminate, disperse, broadcast (*colloq.*): sie verbreitete die Neuigkeit im ganzen Dorf she spread (*od. colloq.* broadcast) the news around the whole village; eine Meldung über (*od.* durch) Radio ~ to circulate a piece of news by radio, to broadcast a piece of news; → Klatsch 3. – **2.** (*Krankheit, Seuche, Sucht, Virus etc*) spread. – **3.** (*Geruch, Gestank etc*) give off, emit, diffuse, spread. – **4.** (*Licht, Wärme, Glanz etc*) shed, diffuse, radiate, emit. – **5.** (*Entsetzen, Verwirrung, Unruhe etc*) spread, be the cause of: sie verbreiteten Furcht und Schrecken they spread fear and terror. – **6.** (*Lärm, Getöse etc*) make. – **7.** (*Freude, Zuversicht etc*) be the cause of: die Nachricht von seinem Sieg verbreitete Freude unter der Bevölkerung the news of his victory was the cause of joy among the population (*od.* filled the population with joy). – **8.** (*ausstrahlen*) (*Ruhe, Zuversicht, gute Laune, Kühle, Frieden etc*) radiate, effuse, shed. – **9.** (*Lehre, Glauben, Meinung, Propaganda etc*) spread, propagate, disseminate, diffuse. – **10.** (*Erzeugnisse, Praktik, Zivilisation etc*) spread, propagate, extend. – **11.** (*Schriften, Magazine, Photographien etc*) spread, circulate, put (*s.th.*) in circulation. – **II** *v/reflex* sich ~ **12.** (*von Nachricht, Gerücht, Ruhm etc*) spread, circulate, go (a)round (*od.* about): → Lauffeuer 1; Windeseile. – **13.** (*von Krankheit, Geruch, Furcht, Freude, Stille, Kälte etc*) spread: die Seuche hat sich über ein großes Gebiet verbreitet the epidemic has spread through a large area; ein unangenehmer Geruch verbreitete sich im Zimmer an unpleasant smell spread through (*od.* permeated, pervaded) the room. – **14.** (*von Licht, Wärme, Glanz etc*) diffuse, be diffused, radiate. – **15.** (*von Gas etc*) spread, diffuse, be diffused. – **16.** (*von Rasse, Sprache, Tier-, Pflanzengattung, Siedlern etc*) spread, propagate itself (*od.* oneself). – **17.** (*von Erzeugnissen, Sitte, Ideen, Kultur etc*) spread, propagate itself, diffuse, get about. – **18.** sich über ein Thema ~ (*ausführlich sprechen über*) to hold forth (*od.* enlarge, expatiate, dilate, descant) (up)on a subject; ich will mich nicht im einzelnen darüber ~ I don't want to hold forth on it in great detail (*od.* to go into detail, to particularize). – **III** V~ *n* <-s> **19.** *verbal noun.* – **20.** *cf.* Verbreitung.

Ver'brei·ter *m* <-s; -> **1.** (*einer Nachricht, eines Gerüchts etc*) circulator, disseminator. – **2.** (*einer Theorie, eines Glaubens etc*) propagator, disseminator.

ver'brei·tern [-'braɪtərn] **I** *v/t* <*no* ge-, h> (*Straße, Weg etc*) widen, broaden. – **II** *v/reflex* sich ~ (*von Bühne, Flußbett etc*) widen (*od.* broaden) (out): sich nach vorne hin ~ to widen (*od.* broaden) (out) toward(s) the front; die Straße verbreiterte sich zu einer Allee the road widened (out) into an avenue. – **III** V~ *n* <-s> *verbal noun.* — **Ver'brei·te·rung** *f* <-; -en> *cf.* Verbreitern.

ver'brei·tet I *pp.* – **II** *adj* **1.** (*Krankheit, Klage, Glaube, Meinung etc*) common: ein über die ganze Welt ~es Erzeugnis a product common throughout the world. – **2.** (*Einrichtung, Sitte, Verfahren etc*) common, current, prevalent. – **3.** (*Schrift, Zeitung, Magazin etc*) widely read, with a wide circulation: das ist kein sehr ~es Blatt that is not a widely read paper, that paper does not have a wide circulation. – **4.** (*Rasse, Sprache, Tier-, Pflanzengattung etc*) common: diese Pflanze ist von Skandinavien bis zum Mittelmeer ~ this plant is common (*od.* ranges) from Scandinavia to the Mediterranean; über alle Zonen ~e Tiere [Pflanzen] *zo. bot.* animals [plants] common in all zones, amphig(a)ean animals [plants] (*scient.*). – **5.** weit ~ sein to be widespread: Geisterglaube ist weit ~ belief in ghosts is widespread. – **III** *adv* **6.** im Osten ~ Niederschlag *meteor.* in the east rain over large (*od.* wide[spread]) areas.

Ver'brei·tung *f* <-; *no pl*> **1.** *cf.* Verbreiten. – **2.** (*einer Nachricht, eines Gerüchts etc*) circulation, dissemination, spread, dispersion. – **3.** *med.* (*einer Seuche etc*) spread, dispersion: ~ durch Berührung contact spread; ~ durch die Luft aerial spread. – **4.** (*von Ge-*

ruch, Gestank etc) diffusion, emission. – **5.** (*von Furcht, Unruhe etc*) spread. – **6.** (*einer Lehre, Meinung, eines Glaubens, von Propaganda etc*) spread, propagation, dissemination, diffusion. – **7.** (*von Erzeugnissen, Zivilisation etc*) spread, propagation, extension. – **8.** (*von Schriften, Magazinen, Photographien etc*) circulation: die ~ unzüchtiger Schriften *jur.* the circulation of obscene literature. – **9.** (*einer Rasse, Sprache, Tier-, Pflanzengattung etc*) propagation. – **10.** *cf.* Verbreitungsgebiet.

Ver'brei·tungs·ge,biet *n* **1.** (*einer Kultur, Sprache, Tiergattung, Pflanzengattung etc*) range, dispersal (area). – **2.** *med.* (*einer Seuche, eines Virus etc*) dispersion area.

ver'brenn·bar *adj bes. chem. tech.* **1.** combustible. – **2.** inflammable, *auch* flammable. — **Ver'brenn·bar·keit** *f* <-; *no pl*> **1.** combustibility. – **2.** inflammability, *auch* flammability.

ver'bren·nen I *v/t* <*irr, no* ge-, h> **1.** (*Papier, Holz, Abfall etc*) burn: → Schiff 2. – **2.** (*Haus, Dorf etc*) burn (down), gut, destroy (*s.th.*) by fire. – **3.** sich (*dat*) [j-m] die Hand [den Arm] ~ a) to burn one's [s.o.'s] hand [arm], b) (*verbrühen*) to scald one's [s.o.'s] hand [arm]; sich (*dat*) den Mund (*od.* die Zunge) ~ a) (*beim Essen*) to burn (*od.* scald) one's tongue, b) *fig. colloq.* to say too much, to make a tactless remark, → Finger *Bes. Redewendungen.* – **4.** (*Leichen*) cremate: ich lasse mich ~ *colloq.* I'll be cremated (after my death). – **5.** *hist.* (*als Todesstrafe*) burn (*s.o.*) (to death): j-n auf dem Scheiterhaufen ~ *relig.* to burn s.o. at the stake. – **6.** (*stark bräunen*) burn, (*stärker*) scorch. – **7.** (*versengen*) scorch. – **8.** *fig. colloq.* (*verbrauchen*) (*Licht, Gas etc*) burn. – **9.** *agr. hort.* a) (*Unkraut*) burn (off), b) (*Rasen, Moorboden etc*) burnbeat, *Br. auch* burnbait. – **10.** *phys. tech. chem.* a) burn, b) (*Treibstoff*) combust, c) (*veraschen*) ash, incinerate. – **II** *v/i* <*sein*> **11.** burn: die Kohle verbrennt zu Asche the coal burns to ashes; unsere ganzen Möbel sind (*od. colloq.* uns [*dat*] sind die ganzen Möbel) verbrannt all our furniture was burnt. – **12.** (*von Haus, Dorf etc*) burn down, be gutted, be destroyed (*od. lit.* consumed) by fire. – **13.** (*beim Braten, Rösten etc*) burn: das Huhn ist verbrannt the chicken is burnt; den Braten ~ lassen to burn the roast. – **14.** (*von der Sonne versengt werden*) be scorched. – **15.** *phys. tech. chem.* a) burn, b) (*von Treibstoff*) combust, c) (*veraschen*) incinerate. – **III** *v/reflex* sich ~ **16.** (*am Bügeleisen, Ofen etc*) (an *dat* on) burn oneself. – **17.** (*am kochenden Wasser etc*) (an *dat* on) scald oneself. – **18.** (*an Brennnesseln etc*) (an *dat* by) get stung. – **19.** sich an der Hand [am Arm] ~ a) to burn one's hand [arm], to burn oneself on the hand [arm], b) (*verbrühen*) to scald one's hand [arm], to scald oneself on the hand [arm], c) (*durch Brennnesselstiche etc*) to get stung on the hand [arm], to sting one's hand [arm]. – **20.** sich (selbst) ~ (*Selbstmord begehen*) to burn oneself. – **IV** V~ *n* <-s> **21.** *verbal noun.* – **22.** (*von Leichen*) cremation. – **23.** Tod durch ~ *hist.* a) death by burning, b) *relig.* death at the stake. – **24.** *cf.* Verbrennung.

Ver'bren·nung *f* <-; -en> **1.** *cf.* Verbrennen. – **2.** *med.* burn: ~ durch Röntgenstrahlen X-ray burn; kleine [schwere] ~ small-area [deep] burn; ~en ersten [zweiten, dritten] Grades erleiden to suffer first- [second-, third-]degree burns. – **3.** *phys. tech. chem.* a) burning, b) (*von Treibstoff*) combustion, c) (*Veraschen*) incineration: ~ von innen heraus spontaneous combustion; explosionsartige ~ explosive combustion, deflagration. – **4.** (*space*) combustion process. – **5.** *relig. hist.* (*Ketzerverbrennung*) auto-da-fé, auto de fé.

Ver'bren·nungs|,druck *m* <-(e)s; *no pl*> **1.** *phys.* combustion pressure. – **2.** (*space*) (*einer Rakete*) thrust. — **~,gas** *n* *phys. chem.* combustion gas. — **~,hal·le** *f cf.* Krematorium. — **~in·sta·bi·li,tät** *f phys. (space)* combustion instability. — **~in·sti,tut** *n cf.* Krematorium. — **~,kam·mer** *f tech.* **1.** (*in Verbrennungsmotor*) combustion chamber. – **2.** (*eines Strahltriebwerks*) *cf.* Brennkammer 2. — **~,kraft·ma,schi·ne** *f cf.* Verbrennungsmotor. — **~,mo·tor** *m*

(internal) combustion engine. — **~,ofen** *m* **1.** *chem.* (*für die Elementaranalyse etc*) combustion furnace. – **2.** (*für Abfälle*) incinerator, destructor. – **3.** (*für Leichen*) crematory, cremator. — **~pro,dukt** *n* combustion product. — **~pro,zeß** *m* combustion process. — **~,ra·te** *f (space)* rate of combustion. — **~,raum** *m cf.* Verbrennungskammer. — **~,reg·ler** *m* **1.** *tech.* (*eines Heizkessels etc*) combustion regulator. – **2.** *(space)* (*eines Raketentreibsatzes*) inhibitor. — **~,rohr** *n chem.* (*für die Elementaranalyse*) combustion tube. — **~,rück,stand** *m chem. tech.* **1.** combustion residue. – **2.** ash. — **~tem·pe·ra,tur** *f* combustion temperature. — **~tur,bi·ne** *f phys.* internal combustion turbine. — **~,vor,gang** *m chem. tech.* combustion process. — **~,wär·me** *f* heat of combustion. — **~,wert** *m med.* calorific value. — **~,wir·kungs,grad** *m phys.* combustion efficiency.

ver'brie·fen [-'briːfən] *v/t* <*no* ge-, h> (j-m) etwas ~ *jur. econ.* a) (*ein Recht, Privileg etc*) to confirm (*od.* vest, attest) (s.o.) s.th. by charter, to charter (s.o.) s.th., b) (*durch Schuldverschreibung sichern*) to secure (s.o.) s.th. by bond, to embody (s.o.) s.th. in a bond. — **ver'brieft I** *pp.* – **II** *adj* **1.** (*Privileg etc*) chartered: es ist mein ~es Recht, dies zu tun a) it is my chartered (*od.* vested) right to do this, b) *fig.* (*mein angestammtes Recht*) it is my ancestral right (*od.* it is my prerogative) to do this. – **2.** (*Schuld, Forderung etc*) bonded, attested, converted into security form: ~e langfristige Verschuldung long-term indebtedness in security form.

ver'brin·gen *v/t* <*irr, no* ge-, h> **1.** (*verleben, zu etwas verwenden etc*) (*Zeit*) spend: sie verbrachte zwei Stunden mit Lesen she spent two hours reading; sie ~ ihren Urlaub an der See they are spending their holiday (*Am.* vacation) at the sea; er hat den ganzen Tag damit verbracht, Bilder einzukleben he spent the whole day pasting photographs in(to) his album; das Wochenende bei Freunden ~ to spend the weekend (*od.* to weekend) with friends. – **2.** (*verschwenden, vergeuden*) (*Zeit*) pass, while away. – **3.** j-n in (*acc*) etwas ~ *archaic od. jur.* to transfer (*od.* commit, take) s.o. to s.th.: man verbrachte sie in eine Heil- und Pflegeanstalt she was committed to a mental home (*od.* hospital).

ver'brü·dern [-'bryːdərn] **I** *v/t* <*no* ge-, h> (*Völker, Nationen etc*) make brothers of. – **II** *v/reflex* sich ~ (mit j-m) ~ to fraternize (*Br. auch* -s-) (with s.o.). – **III** V~ *n* <-s> *verbal noun.* — **Ver'brü·de·rung** *f* <-; -en> **1.** *cf.* Verbrüdern. – **2.** (mit with) fraternization *Br. auch* -s-.

Ver'brü·de·rungs|,fest *n* celebration of fraternization (*Br. auch* -s-). — **~,sze·ne** *f* fraternization scene.

ver'brü·hen I *v/t* <*no* ge-, h> (sich *dat*) den Arm [die Hand] (mit etwas) ~ to scald one's arm [one's hand] (with s.th.). – **II** *v/reflex* sich (mit etwas) ~ to scald oneself (with s.th.). – **III** V~ *n* <-s> *verbal noun.* — **Ver'brü·hung** *f* <-; -en> **1.** *cf.* Verbrühen. – **2.** (*Verletzung*) scald.

ver'bu·chen *econ.* **I** *v/t* <*no* ge-, h> (*einen Betrag, Gewinn etc*) book, enter (*s.th.*) in the books: etwas auf einem [j-s] Konto ~ to book (*od.* enter) s.th. in an [s.o.'s] account; etwas im (*od. auf*) Haben ~, etwas als Einnahme ~ to credit s.th. to s.o.'s account; → Erfolg 1. – **II** V~ *n* <-s> *verbal noun.* — **Ver'bu·chung** *f* <-; -en> *econ.* **1.** *cf.* Verbuchen. – **2.** (*Eintrag*) entry, item passed to account. – **3.** *cf.* Buchung 3.

ver'bud·deln *v/t* <*no* ge-, h> *Northern G. colloq.* (in *dat* in) bury.

Ver·bum ['vɛrbʊm] *n* <-s; Verba [-ba]> *ling. cf.* Verb.

ver'bum·meln *colloq.* **I** *v/t* <*no* ge-, h> **1.** (*Zeit, Nachmittag etc*) fiddle (*od.* fritter, dawdle, idle, trifle) (*s.th.*) away, (*durch Faulheit*) *auch* laze (*od.* loaf) (*s.th.*) away. – **2.** (*Semester*) waste. – **3.** (*Verabredung, Termin etc*) forget (all) about, clean forget. – **4.** (*einen geliehenen, anvertrauten Gegenstand etc*) (go and) lose: wer hat meinen Hammer verbummelt? who has gone and lost my hammer? – **5.** (*Geld, Vermögen etc*) fritter (*od.* trifle) (*s.th.*) away. – **II** *v/i* <*sein*> **6.** (*faul u. träge werden*) get into lazy habits, get lackadaisical, fall into idle ways: **er ist in letzter Zeit völlig verbummelt** he has got into lazy habits recently, *(von Student) auch* he has got out of the way of studying recently. – **7.** *(herunterkommen)* come down in the world. – **8.** *(verwahrlosen)* get *(od.* become*)* dowdy *(od.* seedy*)*. – **9.** *(Talent od. Begabung vergeuden)* waste one's talents, let one's talents run *(od.* go*)* to waste *(od.* seed*)*. — **ver'bum·melt I** *pp.* – **II** *adj colloq.* **1.** *(Zeit, Nachmittag etc)* fiddled *(od.* frittered, dawdled, idled, trifled)* away, *(durch Faulheit) auch* lazed *(od.* loafed*)* away: **all die ~en Jahre taten ihm jetzt leid** now he regretted all the years he had idled away. – **2.** *(Leihgegenstand etc)* lost: **die von ihr ~en Bücher** the books she had gone and lost. – **3.** *(Geld, Vermögen etc)* frittered *(od.* trifled*)* away. – **4.** *(faul u. träge)* lackadaisical, indolent, faineant: **er ist ein ganz ~er Kerl geworden** *colloq.* he has got terribly lackadaisical *(colloq.)*, he has got into lazy habits, he has become an idler; **ein ~er Student** a lackadaisical student, a student who has got out of the way of studying. – **5.** *(verwahrlost)* dowdy, seedy. – **6. ein ~es Genie [~er Musiker]** a genius [a musician] gone to seed.

Ver'bund *m* ⟨-(e)s; *no pl*⟩ **1.** *econ. (mehrerer Wirtschafts-, Verkehrs-, Versorgungsbetriebe etc)* compound, combine, interlocking system: **etwas in einen ~ überführen** to change s.th. into an interlocking system, to interlock s.th. – **2.** *civ.eng.* composite construction, *(zwischen Platte u. Stahlträger)* bound. — **~‚an‚ord·nung** *f tech. electr.* compound *(od.* composite*)* arrangement. — **~‚an‚wei·sung** *f (computer)* compound statement. — **~‚bau** *m* ⟨-(e)s; *no pl*⟩ *civ.eng.* composite *(method of)* building. — **~be‚trieb** *m* **1.** *electr.* a) *(Kraftwerk innerhalb eines Verbundsystems)* compound power station, b) *(als Schaltsystem)* interconnection *(Br. auch* interconnexion*)* of power systems. – **2.** *tech. cf.* Verbundmaschine. — **~‚block** *m metall.* compound ingot. — **~‚brem·se** *f auto.* all-wheel brake. — **~dy‚na·mo** *m electr.* compound-wound generator.

ver'bun·den I *pp of* verbinden. – **II** *adj* **1.** *(mit einem Verband)* bound, bandaged: **eine frisch ~e Wunde** a freshly bandaged wound. – **2. mit ~en Augen** blindfold: **ich finde die Straße mit ~en Augen** *fig.* I could find the street blindfold. – **3. mit j-m (durch etwas) ~ sein** a) *(durch gleiche Interessen, Ansichten, gemeinsames Leid etc)* to have ties with s.o. (through s.th.), b) *(durch verwandtschaftliche Beziehungen etc)* to be connected to s.o. (by *od.* through s.th.), c) *(durch ein Gelöbnis, Versprechen etc)* to be bound with *(od.* to*)* s.o. (by s.th.): **durch die gemeinsame Arbeit sind sie eng miteinander ~** they have (very) close ties through their common work; **mit j-m freundschaftlich ~ sein** to entertain friendly relations with s.o.; **ich bin mit ihm geschäftlich ~** I have business ties with him, I entertain business relations with him; **er ist mit dieser Familie durch Einheirat ~** he is connected with *(od.* is related to*)* this family by marriage. – **4. mit etwas (durch etwas) ~ sein** a) *(durch ein Bindeglied, eine Verkehrsverbindung, Achse, Leitung etc)* to be connected *(od.* linked*)* to *(od.* with*)* s.th. (by s.th.), b) *(durch Zuneigung, Anhänglichkeit etc)* to be attached to s.th. (by s.th.): **die beiden Stadtteile sind durch eine Brücke (miteinander) ~** the two parts of the city are linked (to each other) by a bridge; **solche Bräuche sind stets mit religiösen Vorstellungen ~** customs like these are always connected with religious ideas; **Menschen, die mit ihrer Heimat eng ~ sind** people who are very much *(od.* greatly*)* attached to their native country *(od.* town*)*. – **5. mit Schwierigkeiten [Vorteilen, Nachteilen, Ausgaben] ~ sein** to entail *(od.* involve*)* difficulties [advantages, disadvantages, expense]: **ein Umzug ist immer mit viel Ärger ~** a removal always entails a lot of trouble; **die mit der Reise ~en Auslagen werden Ihnen erstattet** the expenses incurred in connection *(Br. auch* connexion*)* with *(od.* incident[al] to*)* the journey will be refunded to you. – **6. sich mit j-m ~ fühlen, j-m ~ sein** a) *(für etwas*

for s.th.) to be obliged *(stärker* indebted*)* to s.o., b) *(innerlich)* to be (very *od.* greatly) attached to s.o. – **7.** *tech. (Bauteile)* combined. – **8.** *chem. (Atome)* combined, bonded. – **9. ~e Waffen** *mil.* combined arms. – **10.** → falsch 24.

ver'bün·den [-'bʏndən] *v/reflex* ⟨*no* ge-, h⟩ **1. sich mit j-m (gegen j-n) ~** a) *(von Personen)* to ally oneself with *(od.* to*)* s.o. (against s.o.), b) to ally with s.o. (against s.o.), b) *pol. mil. (von Staaten, Völkern etc)* to ally oneself with *(od.* to*)* s.o. (against s.o.), to ally *(od.* confederate*)* with s.o. (against s.o.), to form *(od.* make, enter into*)* an alliance with s.o. (against s.o.): **Frankreich verbündete sich mit Österreich** France allied herself with *(od.* to*)* Austria. – **2.** *(ohne Präpositionalobjekt)* **sich (gegen j-n) ~** a) *(von Personen)* to ally *(oneself)* (against s.o.), b) *pol. mil. (von Staaten, Völkern etc)* to ally *(oneself) (od.* to confederate, to league [together]*)* (against s.o.), to form *(od.* make, enter into*)* an alliance (against s.o.).

Ver'bun·den·heit *f* ⟨-; *no pl*⟩ **1.** *(durch freundschaftliche, verwandtschaftliche, geschäftliche Beziehungen etc)* (mit) connection *(Br. auch* connexion*)* (with, to), *(enge)* bonds *pl* (with), ties *pl* (with). – **2.** *(durch Zuneigung, Anhänglichkeit etc)* (mit) attachment (to), *(stärker)* affection (for): **in herzlicher ~ Ihr X** *(als Briefschluß)* very affectionately Yours, X. – **3.** *(Solidarität)* (mit with) solidarity.

Ver'bund‚er‚re·gung *f electr. tech.* compound excitation.

ver'bün·det I *pp.* – **II** *adj* **1.** *(Personen)* allied. – **2.** *mil. pol. (Staaten, Völker etc)* allied, confederate(d), leagued. – **3. mit j-m (gegen j-n) ~ sein** a) *(von Personen)* to be in league *(od.* allied*)* with s.o. (against s.o.), b) *pol. mil. (von Staaten, Völkern etc)* to be allied *(od.* confederate[d], leagued, in alliance, in league*)* with s.o. (against s.o.): **die beiden Länder waren (miteinander) gegen den gemeinsamen Feind ~** the two countries were allied *(od.* united*)* against the common enemy.

Ver'bün·de·te¹ *m* ⟨-n; -n⟩ **1.** *(Bundesgenosse, Mitstreiter)* ally, confederate. – **2.** *mil. pol.* ally, confederate: **die ~n** the allies *(od.* confederates*)*, *(als Truppen) auch* the allied forces.

Ver'bün·de·te² *f* ⟨-n; -n⟩ *(Bundesgenossin, Mitstreiterin)* ally, confederate.

Ver'bund‚|fen·ster *n* double-glazed window. — **~‚fo·lie** *f chem. synth.* compound foil. — **~‚glas** *n* ⟨-es; *no pl*⟩ *tech.* laminated *(od.* compound*)* glass. — **~‚guß** *m metall. (Verfahren)* compound *(od.* composite*)* casting. — **~‚kar·te** *f (computer)* dual (purpose*)* card. — **~‚kern** *m nucl.* compound nucleus. — **~lo·ko·mo‚ti·ve** *f (railway)* compound locomotive. — **~‚ma‚schi·ne** *f tech.* compound engine. — **~‚ma·te·ri‚al** *n synth.* sandwich (material), composite structural material. — **~‚me‚tall** *n tech.* composite metal. — **~‚mo·tor** *m electr. tech.* compound(-wound) motor. — **~‚netz** *n* **1.** *(von Versorgungsbetrieben etc)* compound network. – **2.** *electr.* a) integrated power grid, grid system, b) *(Starkstromnetz)* interconnection, *Br. auch* interconnexion. — **~‚plat·te** *f synth.* sandwich panel. — **~‚röh·re** *f electr.* multiple *(od.* multi-unit*)* tube *(bes. Br.* valve*)*. — **~‚schal·tung** *f* compound connection *(Br. auch* connexion*)*. — **~‚stahl** *m metall.* compound *(od.* composite*)* steel. — **~‚stoff** *m* **1.** *tech.* compound. – **2.** *synth.* sandwich (material). — **~‚sy‚stem** *n* **1.** *econ. (von Leitungen, Wirtschafts-, Verkehrs-, Versorgungsbetrieben etc)* compound system. – **2.** *electr.* interconnected *(od.* grid*)* system. — **~‚tei·len** *n* ⟨-s⟩ *tech. (Verfahren)* compound indexing. — **~‚trieb‚werk** *n aer.* compound turbine engine. — **~‚un·ter‚neh·men** *n econ. cf.* Verbundbetrieb 1. — **~‚ver‚fah·ren** *n metall.* duplexing process. — **~‚wick·lung** *f electr.* compound winding. — **~‚wirt·schaft** *f econ.* interlinked *(economic)* system, interlinked economy, integrated industrial setup *(Br.* set-up*)*.

ver'bür·gen I *v/t* ⟨*no* ge-, h⟩ **1.** *(Erfolg, Gelingen, Echtheit etc)* guarantee (for), warrant. – **2.** *(Nachricht, Überlieferung etc)* authenticate. – **3.** *(Recht, Tatsache etc)* authenticate, establish. – **II** *v/reflex* **4. sich**

für etwas ~ *(für die Echtheit eines Dokuments, für die Richtigkeit von Aussagen etc)* to guarantee *(auch* guaranty*)* (for) s.th., to vouch *(od.* answer*)* for s.th., to avouch s.th. – **5. sich für j-n ~** to vouch for s.o.

ver'bür·ger·li·chen [-'bʏrgərlɪçən] *pol. sociol.* **I** *v/i* ⟨*no* ge-, sein⟩ *(von Gesellschaftsschicht etc)* become bourgeois. – **II** *v/t* ⟨h⟩ turn *(s.o.)* into a bourgeois. – **III** *V~* *n* ⟨-s⟩ *verbal noun.* — **Ver'bür·ger·li·chung** *f* ⟨-; *no pl*⟩ *cf.* Verbürgerlichen.

ver'bürgt I *pp.* – **II** *adj* **1.** *(Erfolg, Echtheit etc)* guaranteed. – **2.** *(Nachricht, Überlieferung etc)* authentic. – **3.** *(Recht, Anspruch etc)* authentic, established: **es ist eine ~e Tatsache, daß** it is an established fact that.

ver'bü·ßen I *v/t* ⟨*no* ge-, h⟩ *(eine Strafe)* serve, complete: **er muß seine Gefängnisstrafe ~** he has to serve *(od.* complete*)* his sentence *(od.* prison term, term of imprisonment*)*, he has to serve (his) time, he has to do his stretch *(sl.)*. – **II** *V~* *n* ⟨-s⟩ *verbal noun.* — **Ver'bü·ßung** *f* ⟨-; *no pl*⟩ **1.** *cf.* Verbüßen. – **2.** completion: **nach ~ einer dreimonatigen Haftstrafe** after the completion of *(od.* after serving, after completing*)* a three-month sentence.

ver'but·tern I *v/t* ⟨*no* ge-, h⟩ **1.** *(Milch, Sahne)* churn, make butter from. – **2.** *fig. colloq. (Geld, Vermögen etc)* go through, squander, dissipate. – **3. etwas in (acc) etwas ~** *fig. colloq. (Geld für etwas verwenden)* to put s.th. into s.th.: **er hat schon viel Geld in das Haus verbuttert** he has put a lot of money into the house *(colloq.)*. – **II** *v/i* ⟨sein⟩ **4.** *med. colloq. (von Wunden)* suppurate, fester.

ver'bü·xen [-'bʏksən] *v/t* ⟨*no* ge-, h⟩ *Northern G. colloq. for* verprügeln.

'Verb‚zu‚satz *m ling.* verbal affix.

ver'char·tern I *v/t* ⟨*no* ge-, h⟩ *(Flugzeug, Schiff etc)* charter (out). – **II** *V~* *n* ⟨-s⟩ *verbal noun.* — **Ver'char·te·rung** *f* ⟨-; -en⟩ **1.** *cf.* Verchartern. – **2.** charter.

ver'chro·men [-'kro:mən] **I** *v/t* ⟨*no* ge-, h⟩ *(Eisenteile, Zierleisten etc)* chromeplate, chromium-plate. – **II** *V~* *n* ⟨-s⟩ *verbal noun.* — **ver'chromt I** *pp.* – **II** *adj (Eisenteile, Zierleisten etc)* chromeplated, chromium-plated. — **Ver'chro·mung** *f* ⟨-; -en⟩ **1.** *cf.* Verchromen. – **2.** *auto. (Chromverzierung)* chrome trimming.

Ver'dacht [-'daxt] *m* ⟨-(e)s; *no pl*⟩ **1.** suspicion: **begründeter [unbegründeter] ~** well-founded [unfounded] suspicion; **das ist ein hinreichender ~** that is a reasonable *(od.* those are reasonable grounds for*)* suspicion; **es besteht nicht der geringste *(od.* leiseste*)* ~ gegen ihn** there is not the slightest (trace of) suspicion against him; **er wurde wegen dringendem ~s *(od.* unter dringendem ~*)* der Spionage verhaftet** he was arrested on strong suspicion of espionage; **sie steht im *(od.* in*)* ~, gestohlen zu haben, auch steht im *(od.* unter dem*)* ~ des Diebstahls** she is under suspicion *(od.* is suspected*)* of having stolen *(od.* of theft, of stealing*)*; **bei ~ auf Tuberkulose muß das Gesundheitsamt verständigt werden** the public health office must be informed in the case of suspected tuberculosis *(od.* where tuberculosis is suspected*)*; **bei diesem Patienten besteht ~ auf Krebs** this patient is suspected of having cancer, cancer is suspected in this patient; **als er so langsam fuhr, schöpfte die Polizei ~** when he drove so slowly, the police became suspicious *(od.* began to smell a rat*)*; **gegen j-n ~ schöpfen** to become suspicious of s.o.; **ich möchte mich nicht dem ~ aussetzen, ein Betrüger zu sein** I would not like to be suspected of being a swindler; **durch so ein Verhalten erregst *(od.* erweckst*)* du ~** you arouse *(od.* evoke*)* suspicion by such behavio(u)r; **er kam *(od.* geriet*)* in (den) ~, der Mörder zu sein, der ~, der Mörder zu sein, richtete sich gegen ihn *(od.* fiel auf ihn*)** he came under suspicion *(od.* he was suspected*)* of being the murderer; **den ~ auf andere lenken *(od.* [ab]wälzen*)** to cast suspicion on others, to shift the suspicion on to others; **j-n in falschen ~ bringen** to cast false suspicion on s.o.; **sie ist über jeden *(od.* allen*)* ~ erhaben** she is beyond *(od.* above*)* all suspicion. – **2.** *(Vermutung, Mutmaßung)* suspicion, surmise, hunch (*sl.*): ich habe dich im (*od.* in) ~, daß du mir das Paket geschickt hast, ich habe den ~, daß du mir das Paket geschickt hast I suspect you of having sent me the parcel, I have a suspicion (*od. sl.* I have a hunch) that you (have) sent me the parcel; einen bestimmten [leisen] ~ haben (*od. lit.* hegen) to have (*od.* entertain) a certain [a vague] suspicion; du kannst ihn nicht auf (einen) bloßen ~ hin beschuldigen you can't blame him on (a) mere suspicion.

ver'däch·tig [-'dɛçtɪç] **I** *adj* **1.** suspicious, suspect: alle politisch ~en Personen wurden überwacht all political suspects (*od.* all politically suspicious persons) were kept under surveillance; wenn wir rennen, machen wir uns ~ if we run we'll arouse suspicion. – **2.** einer Tat [illegaler Umtriebe] ~ sein to be suspect(ed) of a deed [of illegal activities]; er hat sich des Verbrechens hinreichend ~ gemacht he has made himself reasonably suspect of the crime. – **3.** (*zweifelhaft, fragwürdig*) suspicious, suspect, questionable, dubious: die Sache sieht mir ~ aus (*od.* kommt mir ~ vor) the matter seems suspicious (*od.* dubious) to me, there's s.th. fishy about that (*colloq.*); ein ~ aussehender Mann a suspicious-looking man. – **II** *adv* **4.** suspiciously: er schlich ~ um das Haus herum he prowled around the house suspiciously. – **III** V~e, das ⟨-n⟩ **5.** ich kann nichts V~es daran finden I can't find anything suspicious (*od. colloq.* fishy) in (*od.* about) that.

Ver'däch·ti·ge *m, f* ⟨-n; -n⟩ suspicious (*od.* suspected) person, suspect: die der Tat ~n the persons suspect(ed) (*od.* the suspects) of the crime; ein der Tuberkulose ~r a tuberculous suspect.

ver'däch·ti·gen [-'dɛçtɪgən] **I** *v/t* ⟨no ge-, h⟩ **1.** j-n ~ (*in Verdacht bringen*) to cast suspicion(s) on s.o.: ich möchte hier niemanden (ungerecht) ~ I don't want to cast (unjust) suspicion on anyone here. – **2.** j-n einer Tat [Äußerung] ~ to suspect s.o. of a deed [remark]: er wird des Betrugs verdächtigt he is suspected of fraud; er verdächtigt sie, das Geld gestohlen zu haben he suspects her of stealing (*od.* having stolen) the money. – **II** V~ *n* ⟨-s⟩ **3.** *verbal noun.* – **4.** *cf.* Verdächtigung.

Ver'däch·tig·keit *f* ⟨-; no pl⟩ **1.** (*des Verhaltens, Benehmens etc*) suspiciousness. – **2.** (*Zweifelhaftigkeit, Fragwürdigkeit*) suspiciousness, questionableness, dubiousness.

Ver'däch·ti·gung *f* ⟨-; -en⟩ **1.** *cf.* Verdächtigen. – **2.** (*Äußerung*) suspicion.

Ver'dachts|grund *m bes. jur.* cause of suspicion: hinreichender ~ reasonable grounds *pl* for suspicion. — ~mo₁ment *n* suspicious factor. — ~per₁son *f cf.* Verdächtige.

ver'dam·men [-'daman] **I** *v/t* ⟨no ge-, h⟩ **1.** (*verurteilen*) condemn, damn: du kannst sie doch wegen ihres Verhaltens nicht einfach ~ you can't simply condemn her because of (*od.* for) her behavio(u)r; der Kritiker verdammte das Theaterstück in Grund und Boden *fig. colloq.* the critic condemned the play utterly (*od.* tore the play to pieces). – **2.** (*schlechtmachen*) disparage, run (*s.o., s.th.*) down. – **3.** (*verfluchen*) curse, damn: (Gott) verdamm mich! *colloq.* damn it! curse it! – **4.** *relig.* (*zur Höllenqual, ewigen Pein etc*) (zu) damn, reprobate. – **II** V~ *n* ⟨-s⟩ **5.** *verbal noun.* – **6.** *cf.* Verdammung.

ver'däm·men I *v/t* ⟨no ge-, h⟩ **1.** *mil.* (*Sprengladung*) tamp, stem, confine. – **2.** *civ.eng.* (*beim Wasserbau*) *cf.* a) eindämmen 1, b) abdämmen 1. – **3.** (*forestry*) (*Forstpflanzen*) suppress. – **II** V~ *n* ⟨-s⟩ **4.** *verbal noun.* – **5.** *cf.* Verdämmung.

ver'dam·mens,wert *adj lit.* **1.** (*verwerflich, überaus tadelnswert*) damnable, condemnable, execrable (*lit.*): sein ~es Verhalten his damnable behavio(u)r. – **2.** (*abscheulich*) detestable, damnable, abominable; heinous, execrable (*lit.*): ein ~es Verbrechen a detestable crime. – **3.** *relig.* (*Sünder, Seelen etc*) damnable. – **ver'damm·lich** *adj obs. for* verdammenswert.

Ver'damm·nis *f* ⟨-; no pl⟩ meist (ewige) ~ *relig.* (eternal) damnation (*od.* perdition).

ver'dammt I *pp.* – **II** *adj* **1.** *colloq.* (*verflucht*) cursed, blasted, confounded; 'blooming', 'dashed', damn(ed), dratted (*colloq.*);

'blessed', darned, *Am.* goddamn(ed), goddam, *Br.* bally, 'ruddy' (*sl.*); 'blinking', *bes. Br.* 'bloody' (*vulg.*): ~ (noch mal)! ~ und zugenäht! oh, bother (it)! botheration! blasted! confounded! oh, hang it (all)! damn (it)! (*colloq.*), dash it! (*colloq.*), drat it! (*colloq.*); heck! darn it! blow it! *Am.* God damn it! (*sl.*); es ist seine ~e Pflicht und Schuldigkeit(, das zu tun) it's his damn(ed) duty (to do this) (*colloq.*), *bes. Br. vulg.* he will bloody well have to (do this); ich habe einen ~en Hunger I am damned hungry (*colloq.*); dieser ~e Kerl! this darned (*Am.* goddam) fellow! (*sl.*), *Br. sl.* this ruddy blighter! ~er Mist! *vulg.* ~e Scheiße! *bes. Br. vulg.* bloody shit (*od.* hell)! *Am. vulg.* for crap's sake! du ~er Idiot! you damned fool! you blithering idiot! (*beide colloq.*). – **2.** (*verurteilt, verworfen*) condemned, damned: die von der Kirche ~en Lehren the doctrines condemned (*od.* damned) by the church. – **3.** zu etwas ~ sein, dazu ~ sein, etwas zu tun to be condemned to (do) s.th.: durch die Lähmung war er zum Nichtstun ~ he was condemned to inactivity through paralysis. – **4.** *relig.* (*Sünder, Seelen etc*) damned, reprobate: ~ in alle Ewigkeit damned to eternity. – **III** *adv* **5.** *colloq.* (*ungemein*) damn(ed) (*colloq.*), *Am. sl.* goddamn(ed), goddam, *bes. Br. vulg.* bloody: es ist ~ kalt it's damned (*od.* fiendishly, devilish) cold (*colloq.*); er verdient ~ viel [wenig] he earns damn good money [precious little] (*colloq.*); ich hab's ~ eilig I must fly, I'm in a hell (*od.* heck) of a hurry (*sl.*); ich hatte ~ Lust dazu I had a damn(ed) good mind to do it (*colloq.*); das ging aber ~ schnell! that was darned quick! (*sl.*); das ist mir ~ unangenehm that is darned embarrassing for me (*sl.*).

Ver'damm·te *m, f* ⟨-n; -n⟩ *relig.* damned, reprobate, castaway: die ~n the damned, the reprobates.

Ver'dam·mung *f* ⟨-; no pl⟩ **1.** *cf.* Verdammen. – **2.** (*Verurteilung, Verwerfung*) condemnation, damnation. – **3.** (*Verfluchung*) damnation. – **4.** *relig.* a) (zu to) (*zur Höllenqual etc*) damnation, reprobation, b) *cf.* Verdammnis.

Ver'däm·mung *f* ⟨-; no pl⟩ **1.** *cf.* Verdämmen. – **2.** *civ.eng. cf.* a) Eindämmung 1, 2, b) Abdämmung 1, 2.

ver'dam·mungs,wür·dig *adj lit. cf.* verdammenswert.

ver'damp·fen (zu into) **I** *v/t* ⟨no ge-, h⟩ **1.** (*Flüssigkeit*) evaporate, vaporize *Br. auch* -s-, vapor (*bes. Br.* vapour) away. – **II** *v/i* (sein) **2.** (*von Flüssigkeit*) evaporate, vaporize *Br. auch* -s-. – **III** V~ *n* ⟨-s⟩ **3.** *verbal noun.* – **4.** *cf.* Verdampfung.

Ver'damp·fer *m* ⟨-s; -⟩ *tech. chem.* (*einer Kälteanlage etc*) evaporator, vaporizer *Br. auch* -s-.

Ver'damp·fung *f* ⟨-; no pl⟩ (zu into) **1.** *cf.* Verdampfen. – **2.** evaporation, vaporization *Br. auch* -s-.

Ver'damp·fungs|an,la·ge *f tech.* evaporation (*od.* vaporization *Br. auch* -s-) plant. — ~,küh·lung *f* cooling (*od.* refrigeration) by evaporation (*od.* vaporization). — ~,punkt *m chem.* evaporation (*od.* vaporization) point. — ~tem·pe·ra,tur *f chem. phys.* **1.** evaporation temperature. – **2.** (*Siedepunkt*) boiling point. — ~ver,lust *m* **1.** *chem. phys.* evaporation loss. – **2.** (*space*) boil-off. — ~,wär·me *f* heat of evaporation (*od.* vaporization).

ver'dan·ken *v/t* ⟨no ge-, h⟩ j-m [etwas] etwas ~ to owe s.th. to s.o. [s.th.], to have s.o. [s.th.] to thank for s.th. (*colloq.*): er verdankt ihr seine Rettung he owes his rescue to her, he has her to thank for his rescue (*colloq.*); sie verdankt es einem Zufall (*od.* sie hat es einem Zufall zu ~), daß sie noch lebt she owes it to (a) coincidence (*od.* to chance) that she is still alive; ich habe meinem Lehrer viel zu ~ I owe a great deal to my teacher, I have a lot to thank my teacher for (*colloq.*); wem hast du das alles zu ~? a) to whom do you owe all that? who do you owe all that to? (*colloq.*), b) *colloq. iron.* (wer hat dich in diese schlechte Lage gebracht) who have you to thank for that? (*colloq.*); es ist diesem Umstand [seiner Vorsicht] zu ~, daß it is due to this circumstance [to his caution] that.

ver'darb [-'darp] *1 u. 3 sg pret of* verderben.

ver'dat·tert [-'datərt] *adj colloq.* **1.** (*erschrocken u. verwirrt*) dumbfounded, flabbergasted (*colloq.*), (*stärker*) stunned, dazed, jittery (*sl.*): er war ganz ~ he was completely flabbergasted; ~ dreinschauen to stand with a flabbergasted look on one's face. – **2.** *cf.* verblüfft.

ver'dau·en [-'dauən] **I** *v/t* ⟨no ge-, h⟩ **1.** (*Nahrung*) digest: dieses Essen ist leicht (*od.* gut) [schwer *od.* schlecht] zu ~ this food is easy [hard] to digest, this food is digestible [indigestible]. – **2.** *fig. colloq.* (*Eindrücke, schlechte Nachricht, Lehrstoff, Buch etc*) digest. – **3.** *fig. colloq.* (*Boxhieb, Schläge etc*) take. – **4.** *fig. colloq.* (*Schicksalsschläge etc*) get over. – **II** *v/i* **5.** digest. – **III** *v/reflex* **6.** sich leicht (*od.* gut) [schwer *od.* schlecht] ~ to be easy [hard] to digest, to be digestible [indigestible]. – **IV** V~ *n* ⟨-s⟩ **7.** *verbal noun.* – **8.** *cf.* Verdauung.

ver'dau·lich *adj* (*Nahrung*) digestible: diese Kost ist leicht [schwer] ~ this diet is digestible [indigestible], this diet is easy [hard] to digest. — **Ver'dau·lich·keit** *f* ⟨-; no pl⟩ (*der Nahrung*) digestibility, digestibleness.

Ver'dau·ung *f* ⟨-; no pl⟩ **1.** *cf.* Verdauen. – **2.** digestion: gute (*od.* normale) ~ good (*od.* normal) digestion, eupepsia (*scient.*); eine schlechte ~ haben a) to have (*od.* suffer from) bad digestion (*od.* indigestion, *scient.* dyspepsia), b) (*Verstopfung haben*) to suffer from constipation; ein Mittel, das die ~ fördert (*od.* anregt) a remedy promoting digestion, a digestive, a digestant.

Ver'dau·ungs|ap·pa,rat *m med.* alimentary (*od.* digestive) system. — ~be,schwer·den *pl* indigestion *sg*, digestive trouble *sg*, dyspepsia *sg* (*scient.*). — ~ka,nal *m* digestive (*od.* alimentary) canal, digestive tract. — ~,mit·tel *n med. pharm.* digestive, digestant, stomachic. — ~,or,ga·ne *pl med.* digestive organs: innere ~ intestinal tract *sg*. — ~,saft *m* peptic (*od.* gastric) juice. — ~,schnaps *m gastr.* digestive, digestive alcoholic drink. — ~,spa,zier,gang *m colloq.* constitutional (*colloq.*), after-dinner walk: einen ~ machen to go for (*od.* take) one's constitutional (*od.* after-dinner walk). — ~,stö·rung *f meist pl med.* impaired (*od.* disturbed) digestion, indigestion; hypopepsia, dyspepsia (*scient.*): plötzliche ~ bout (*od.* fit) of indigestion. — ~sy,stem *n* digestive system. — ~trakt *m* digestive (*od.* alimentary) tract. — ~,vor,gang *m* digestive action (*od.* process). — ~,werk,zeu·ge *pl cf.* Verdauungsorgane.

Ver'deck *n* ⟨-(e)s; -e⟩ **1.** (*über dem Laderaum eines Lastwagens, Boots etc*) tarpaulin. – **2.** (*aufklappbares*) ~ (*eines Autos, Kinderwagens, einer Kutsche etc*) (collapsible *od.* convertible, folding) hood (*od.* top): das ~ aufklappen (*od.* aufmachen) [herunterklappen *od.* zumachen] to put the hood up [down]; ein Auto mit aufklappbarem ~ a convertible (car). – **3.** (*Wagen-, Kutschendach*) roof. – **4.** (*eines Planwagens*) awning, tilt. – **5.** (*eines doppelstöckigen Autobusses*) top (*od.* upper) deck.

ver'decken (getr. -k·k-) *v/t* ⟨no ge-, h⟩ **1.** (*unsichtbar machen*) cover (up), conceal, hide: das Bild verdeckt einen Fleck auf der Wand the picture covers up a smudge on the wall; die Wolken ~ die Sonne the clouds hide (*od.* conceal) the sun. – **2.** (*teilweise*) cover, hide: sie verdeckte ihr Gesicht mit den Händen she covered her face with her hands, she hid her face in her hands. – **3.** (*einen offenen Behälter, eine Schüssel etc*) cover. – **4.** (*mit einer Hecke, einem Gitter, Gehäuse etc*) conceal, hide, mask, (*mit einer Trennwand, einem Wandschirm etc*) *auch* screen (off): die Bäume ~ das Haus fast völlig the trees conceal the house almost completely; die elektrischen Leitungen werden von einer Zierleiste verdeckt the electric wires are concealed by decorative facing. – **5.** (*die Aussicht etc*) block, obstruct. – **6.** *fig.* (*die wahren Absichten etc*) conceal, mask, disguise. – **7.** *arch.* (*eine Tür, Treppe etc*) conceal, blind. – **8.** *mil.* (*eine Feuerstellung etc*) defilade, mask, screen.

Ver'deck,sitz *m* (*in einem doppelstöckigen Autobus*) top-(*od.* upper-)deck seat, upstairs seat.

ver'deckt I *pp.* – **II** *adj* **1.** (*nicht sichtbar*) concealed, hidden, covered(-up): **der Zettel war durch das Buch ~** the slip was concealed by the book. – **2.** *(teilweise)* covered, hidden: **mit ~en Karten spielen** a) to hide one's cards, b) *fig.* to play with one's cards down. – **3.** *(Behälter, Schüssel, Brunnen etc)* covered. – **4.** *(mit einer Hecke, einem Gitter, Gehäuse etc)* concealed, hidden, masked, *(mit einer Trennwand, einem Wandschirm etc)* auch screened(-off):: **~e Kabel** *electr.* concealed cables. – **5.** *(Aussicht etc)* blocked, obstructed. – **6.** *arch.* *(Tür, Treppe etc)* concealed, hidden, blind: **~e Nagelung** hidden *(od.* secret*)* nailing. – **7.** *mil.* *(Feuerstellung etc)* defilated, masked, screened.

Ver'deck,tür f auto. *(bei Renn-, Sportwagen)* gull-wing door.

ver'den·ken v/t ⟨irr, no ge-, h⟩ **1.** j-m etwas nicht ~ not to blame s.o. for s.th.: **ich kann es ihm nicht ~, daß** *(od.* wenn*)* **er von hier weggehen will** I cannot blame *(od.* I do not think any the worse of*)* him for wanting *(od.* if he wants*)* to go away from here. – **2.** j-m etwas ~ *obs.* to blame s.o. for s.th.

Ver'derb [-'dɛrp] m ⟨-(e)s; no pl⟩ **1.** cf. Verderben 16, 17: → Gedeih. – **2.** *(von Speisen, Lebensmitteln etc)* spoilage. – **3.** *(der Ernte, von Warensendungen etc)* ruin. – **4.** *(sittlicher u. moralischer)* corruption, debasement, *(stärker)* depravation, vitiation.

ver'der·ben [-'dɛrbən] **I** v/t ⟨verdirbt, verdarb, verdorben, h⟩ **1.** *(Lebensmittel, Preise etc)* spoil, ruin: **der viele Regen hat das Getreide verdorben** the excessive rainfall has spoiled *(od.* spoilt, ruined*)* the grain; **zu scharfe Gewürze ~ das Essen** spices which are too hot ruin the food; **die Pointe ~** *fig.* to spoil the point, to ruin the joke: → Appetit 1; Brei 1. – **2.** *(Urlaub, Geschäft, Chancen etc)* spoil, ruin, wreck: **sie hat mir den Abend verdorben** she spoiled the evening for me; **damit hat er sich** *(dat)* **sein ganzes Leben verdorben** he thus ruined his whole life. – **3.** *(Plan, Vorhaben etc)* spoil, upset, *(stärker)* ruin, wreck, thwart: **jetzt hast du mir wieder alles verdorben!** now you've wrecked everything for me again! → Konzept 4; Spiel 2. – **4.** *(Spaß, Stimmung, Aussicht, Vergnügen etc)* spoil, mar, impair: **ich möchte dir ja nicht die Freude daran ~** I don't want to spoil *(od.* mar*)* your pleasure in it; **er hat mir die Lust am Skifahren verdorben** he spoiled my pleasure in skiing, he put me off skiing; **j-m die** *(od.* j-s*)* **(gute) Laune ~** to put s.o. in a bad humo(u)r *(od.* temper*)*. – **5.** **ich habe mir gestern den Magen verdorben** I had an upset stomach yesterday, I felt sick yesterday. – **6.** **sich** *(dat)* **die Augen [die Stimme] ~** to ruin one's eyes [one's voice]. – **7.** *(Charakter, Gesinnung, sittliches u. moralisches Empfinden)* corrupt, taint, stain, *(stärker)* debase, deprave, vitiate, *(sexuell)* auch debauch: **ein Schulkamerad hat ihn völlig** *(od.* ganz und gar*)* **verdorben** a schoolmate has corrupted him completely *(od.* utterly*)*; **Geld verdirbt den Charakter** money corrupts *(od.* is bad for*)* the character; → Beispiel 1. – **8.** *(die Luft, das Grundwasser etc)* pollute. – **9.** *(schlecht ausführen)* *(eine Arbeit, eine Zeichnung etc)* spoil, ruin, botch *(up)*: **an dieser Arbeit ist nichts mehr zu ~** *fig. iron.* there is nothing left *(od.* more*)* to be spoiled in this work. – **10.** **es mit j-m ~** to fall out with s.o.: **ich will es mit ihm nicht ~** a) *(mit einem Freund, Bekannten etc)* I don't want to fall out with him, I want to avoid bad feeling(s) between him and me, b) *(mit einem Vorgesetzten etc)* I want to keep in with him; **er will es mit niemand(em) ~** he tries to please everybody. – **II** v/i ⟨sein⟩ **11.** *(von Speisen, Lebensmitteln etc)* spoil, taint, go bad, go off, *(von Eiern)* auch addle, become addled: **das Essen ~ lassen** to let the food spoil *(od.* go bad*)*. – **12.** *(von Ernte, Warensendung, Textilien etc)* be ruined: → Unkraut 2. – **13.** *(sittlich, moralisch u. geistig)* become corrupt(ed) *(stärker* debased, depraved, *sexuell* auch debauched*)*, corrupt. – **14.** cf. verfaulen 1. – **III** V~ n ⟨-s⟩ **15.** verbal noun. – **16.** *(Untergang)* undoing, ruin, doom, *auch* ruination: **der Alkohol war sein V~** alcohol was his

undoing; **j-n ins V~ stürzen** to bring ruin *(up)*on s.o., to be s.o.'s undoing; **in sein** *(od.* ins*)* **V~ rennen** to run headlong to one's ruin *(od.* doom*)*, to head straight for disaster; **seine Eskapaden brachten ihn an den Rand des V~s** his escapades brought him to the brink of ruin. – **17.** **Tod und V~** *poet.* death and destruction: **die Kanonen spie(e)n Tod und V~** the cannons belched forth death and destruction. – **18.** *(ewiges)* **V~** *relig.* (eternal) damnation *(od.* perdition*)*.

ver'der·ben,brin·gend adj lit. **1.** *(zum Untergang od. Ruin führend)* ruinous, disastrous. – **2.** *(todbringend)* deadly, fatal.

Ver'der·ber m ⟨-s; -⟩ *(des sittlichen u. moralischen Empfindens etc)* corrupter, *(stärker)* depraver, vitiator, *(im sexuellen Sinn)* auch debaucher: **ein ~ der Jugend** a corrupter of youth.

ver'derb·lich [-'dɛrplɪç] adj **1.** *(Lebensmittel etc)* perishable: **leicht ~ sein** to be highly perishable. – **2.** *(überaus schädlich)* pernicious, disastrous, ruinous: **die ~e Wirkung von Rauschgift** the pernicious effect of narcotics. – **3.** *(im sittlichen u. moralischen Sinn)* corruptive, *(stärker)* pernicious: **sein ~er Einfluß** his corruptive influence. — **Ver'derb·lich·keit** f ⟨-; no pl⟩ **1.** *(von Lebensmitteln etc)* perishability, perishableness. – **2.** *(große Schädlichkeit)* perniciousness, disastrousness, ruinousness. – **3.** *(im sittlichen u. moralischen Sinn)* perniciousness.

Ver'derb·nis [-'dɛrpnɪs] f ⟨-; -se⟩ *(sittliche u. moralische)* corruption, *(stärker)* debasement, depravity, vitiation, *(im sexuellen Sinn)* auch debauchery.

ver'derbt adj **1.** lit. for verdorben 8. – **2.** *(literature)* ling. *(Text etc)* corrupt. — **Ver'derbt·heit** f ⟨-; no pl⟩ lit. for Verdorbenheit.

ver'deut·li·chen [-'dɔytlɪçən] **I** v/t ⟨no ge-, h⟩ **1.** (j-m [sich *dat*]) etwas ~ *(einen Sachverhalt, Text etc)* to explain *(od.* elucidate, explicate*)* s.th. (to s.o. [to oneself]): **etwas durch Bilder** *(od.* anhand von Bildern*)* **~** to explain s.th. by means of pictures, to illustrate s.th. (with pictures). – **II** V~ n ⟨-s⟩ **2.** verbal noun. – **3.** cf. Verdeutlichung. — **ver'deut·li·chend** I pres p. – **II** adj *(Beispiel etc)* illustrative, explanatory, auch explanative. — **Ver'deut·li·chung** f ⟨-; no pl⟩ cf. Verdeutlichen. – **2.** explanation, elucidation, explication: **~ durch Bilder** *(od.* anhand von Bildern*)* explanation by means of pictures, illustration (with pictures).

ver'deut·schen [-'dɔytʃən] **I** v/t ⟨no ge-, h⟩ **1.** (j-m) etwas ~ to translate s.th. into German (for s.o.). – **2.** *(Fremdwörter, Namen etc)* germanize, auch Germanize Br. auch -s-, germanify, auch Germanify. – **II** V~ n ⟨-s⟩ **3.** verbal noun. – **ver'deut·schung** f ⟨-; -en⟩ **1.** cf. Verdeutschen. – **2.** translation into German. – **3.** *(eines Fremdworts, Namens etc)* germanization, auch Germanization Br. auch -s-.

ver'dich·ten I v/t ⟨no ge-, h⟩ **1.** phys. chem. a) *(Dampf)* compress, b) *(Gase)* condense, c) *(Lösungen)* concentrate, d) cf. komprimieren 1. – **2.** tech. *(plastics)* compress. – **3.** *(Holz)* densify, compregnate. – **4.** metall. *(Stahl)* densify, compact. – **5.** civ.eng. *(Beton)* compact. – **6.** mil. *(Feuer)* intensify. – **7.** nucl. *(Plasma)* constrain *(od.* constrict*)* *(plasma)* in thermonuclear reaction. – **II** v/reflex **sich ~ 8.** *(von Nebel, Rauch etc)* thicken. – **9.** fig. *(von Gerüchten etc)* increase, heighten. – **10.** fig. *(von Verdacht etc)* grow stronger: **der Eindruck verdichtete sich mehr und mehr zur Gewißheit** the impression gradually became a certainty. – **11.** fig. *(von Roman-, Filmhandlung etc)* thicken. – **III** V~ n ⟨-s⟩ **12.** verbal noun. – **13.** cf. Verdichtung.

Ver'dich·ter m ⟨-s; -⟩ **1.** tech. a) *(für Dampf)* compressor, b) *(für Gase)* condenser, c) *(für Lösungen)* concentrator, d) cf. Kompressor 1, 2. – **2.** civ.eng. *(für Beton)* compactor.

Ver'dich·tung f ⟨-; no pl⟩ **1.** cf. Verdichten. – **2.** tech. compression. – **3.** bes. phys. chem. *(der Atmosphäre, Gase etc)* condensation. – **4.** civ.eng. *(von Beton)* compaction. – **5.** metall. *(von Gießereiformsand)* compression. – **6.** mil. *(des Feuers)* intensification.

Ver'dich·tungs¦druck m tech. *(des Mo-*

tors) compression pressure. — **~ring** m gasket, gaskin, *auch* gasking. — **~ver¦hält·nis** n ⟨-ses; no pl⟩ compression ratio. — **~wär·me** f heat of compression. — **~zün·dung** f auto. aer. compression ignition.

ver'dicken (getr. -k·k-) **I** v/t ⟨no ge-, h⟩ **1.** *(verstärken)* thicken. – **2.** *(an-, eindicken)* thicken, inspissate. – **3.** *(gelieren)* jelly, jellify. – **4.** *(koagulieren)* coagulate, clot. – **5.** *(konzentrieren)* concentrate. – **6.** *(kondensieren)* condense. – **II** v/reflex **sich ~ 7.** thicken. – **8.** *(paints)* *(von Öllacken)* body *(up)*. – **9.** *(gerinnen)* coagulate, clot. – **III** V~ n ⟨-s⟩ **10.** verbal noun. – **11.** cf. Verdickung. — **ver'dickt I** pp. – **II** adj **1.** *(verstärkt)* thickened. – **2.** *(ein-, angedickt)* thickened, inspissate(d). – **3.** med. a) *(Blut)* thickened, b) *(Kanüle, Röhrchen)* bulbous, c) *(Haut)* thickened, *(geschwollen)* auch swollen. — **Ver'dickung** (getr. -k·k-) f ⟨-; -en⟩ **1.** cf. Verdicken. – **2.** *(eines Rohres etc)* bulge. – **3.** *(Eindickung)* inspissation. – **4.** *(Gerinnung)* coagulation. – **5.** *(Konzentration)* concentration. – **6.** *(Kondensierung)* condensation. – **7.** med. *(Schwellung)* swelling.

Ver'dickungs¦mit·tel (getr. -k·k-) n thickener.

ver'die·nen I v/t ⟨no ge-, h⟩ **1.** *(Lohn, Gehalt etc)* earn: **sechs Mark die Stunde ~** to earn six marks an hour; **seinen Lebensunterhalt durch Putzen ~** to earn one's living by cleaning; **sich** *(dat)* **sein Studium mit Aushilfsarbeit ~** to pay one's way through college by casual work; **das Auto hat er sich** *(dat)* **durch Schwarzarbeit verdient** he earned the money for the car by *(od.* with*)* illicit work *(od.* work not declared to the tax authorities*)*; → Sporn 1. – **2.** *(durch Einnahmen, Profit etc)* *(an dat* on*)* make: **einen Haufen Geld ~** *colloq.* to make heaps of money *(colloq.)*; **sich** *(dat)* **ein Vermögen ~** to make a fortune; **hier und da ein paar Nickels** *(Br. sl.* bob*)* **~** now and again; **sich** *(dat)* **etwas nebenbei ~** to make some money on the side; **daran ist nichts zu ~** there is no money in that. – **3.** fig. *(Lob, Strafe, Vertrauen etc)* deserve, merit: **er verdient es nicht besser** he deserves no better; **womit hat er das verdient?** what has he done to deserve that? **sein Können verdient Beachtung** his skill deserves *(od.* merits, is worthy of*)* notice; **das Buch verdient, gelesen zu werden** that book deserves to be read *(od.* is worth reading*)*; **das habe ich nicht um Sie verdient** I did not deserve that from you; **das hat er verdient!** *(bei Strafe, Unglück etc)* it *(od.* that*)* serves him right! **er hat es wohl verdient** he richly deserves it. – **II** v/i **4.** **gut [schlecht] ~** to earn a good [poor] salary, to earn good [poor] wages. – **5.** **bei** *(od.* an dat*)* **etwas ~** to make money on *(od.* by*)* s.th.: **er verdient gut daran** he makes a good profit on that.

Ver'die·ner m ⟨-s; -⟩ *(salary od. wage)* earner, breadwinner: **wir haben zwei ~ in der Familie** we have two breadwinners *(od.* wage earners*)* in the family.

Ver'dienst¹ m ⟨-(e)s; -e⟩ **1.** earnings pl: **das ist mein ganzer ~** that is all I ever *(od.* make*)*. – **2.** *(Lohn)* wage *(pl* sometimes construed as sg*)*. – **3.** *(Gehalt)* salary. – **4.** *(Einkommen)* income: **einen geringen ~ haben** to have a small *(od.* low*)* income. – **5.** *(Gewinn)* gain, profit: **ich tue es nicht um des ~es willen** I don't do it for the *(sake of)* profit *(od.* for the money*)*.

Ver'dienst² n ⟨-(e)s; -e⟩ **1.** merit: **j-n nach seinen ~en einschätzen** to rate s.o. according to his merits *(od.* deserts*)*; **das ist ganz allein sein ~** that is entirely thanks to him, he alone deserves the thanks *(od.* credit*)* for it; **dies ist das ~ von X** this goes to X; **es ist das ~ seiner Initiative, daß** it is owing *(od.* due*)* to his initiative that; **er hat sich durch seine Entdeckung große ~e um die Medizin erworben** medical science is greatly indebted to him for his discovery. – **2.** *(Dienst, Leistung)* service: **seine ~e um die Wissenschaft** his services to science. – **3.** *(Wert, Ansehen)* worth, worthiness: **ein Mann von hohem ~** a man of high worth. – **4.** *(Ehre)* credit, honor, *bes. Br.* honour: **ein zweifelhaftes ~** a dubious hono(u)r; **sich** *(dat)* **[j-m] etwas als** *(od.* zum*)* **~ an-**

rechnen to take [to give s.o.] credit for s.th.

Ver'dienst|,aus,fall m econ. **1.** (bei Selbständigen) loss of earnings. – **2.** (bei Arbeitnehmern) loss of wages and salaries (od. earnings). — **~be,schei·ni·gung** f **1.** statement of earnings. – **2.** statement of wages and salaries. — **~,ein,bu·ße** f cf. Verdienstausfall. — **~,gren·ze** f **1.** earnings limit. – **2.** wage (od. salary) limit. — **~,kreuz** n pol. mil. Distinguished Service Cross: großes ~ Grand Cross for Distinguished Service.

ver'dienst·lich adj cf. verdienstvoll.

ver'dienst·los adj fig. meritless.

Ver'dienst|me,dail·le f mil. Medal for Distinguished Service. — **~,mög·lich·keit** f opportunity of earning an income (od. making money). — **~,or·den** m Order of Merit. — **~,quel·le** f source of income. — **~,span·ne** f econ. margin of profit, profit margin.

ver'dienst,voll adj creditable, meritorious, deserving: er ist ein ~er Mann he is a man of merit; eine ~e Tat a creditable deed.

ver'dient I pp. – II adj **1.** (Geld) earned. – **2.** (Persönlichkeit etc) meritorious, creditable. – **3.** sich um etwas [j-n] ~ machen to do s.th. [s.o.] great service: er hat sich um sein Vaterland ~ gemacht he deserves well of his country. – **4.** fig. (gebührend, angemessen) (Glück, Platz etc) deserved, due, merited: seine ~e Strafe bekommen to be given one's deserved (od. condign) punishment.

ver'dien·ter|'ma·ßen, **~'wei·se** adv deservedly, as merited, duly.

Ver·dikt [vɛr'dɪkt] n ⟨-(e)s; -e⟩ jur. verdict, findings pl.

ver'din·gen I v/t ⟨verdingt, verdingte, verdungen od. verdingt, h⟩ **1.** j-n bei j-m ~ obs. a) (Diener, Magd etc) to put s.o. to service with s.o., b) (Lehrling) to apprentice s.o. to s.o. – **2.** etwas ~ to award (od. allocate) s.th. by contract: einem Architekten einen Bau ~ to allocate a building to an architect by contract, to contract an architect for a building. – II v/reflex sich ~ obs. **3.** go into service, hire (oneself) out: sich als Knecht ~ to enter service as a farmhand. – **4.** (als Lehrling) apprentice oneself, bind oneself as apprentice.

ver'ding·li·chen [-'dɪŋlɪçən] v/t ⟨no ge-, h⟩ **1.** (materialisieren) materialize Br. auch -s-. – **2.** (konkretisieren) put (s.th.) in(to) (more) concrete terms, Am. auch concretize.

ver'dirb [-'dɪrp] imp sg, **ver'dirbst** [-'dɪrpst] 2 sg pres, **ver'dirbt** [-'dɪrpt] 3 sg pres of verderben.

ver'dol·met·schen I v/t ⟨no ge-, h⟩ **1.** interpret. – **2.** fig. (erklären, auslegen) explain, elucidate. – II V~ n ⟨-s⟩ **3.** verbal noun. — **Ver'dol·met·schung** f ⟨-; no pl⟩ **1.** cf. Verdolmetschen. – **2.** interpretation. – **3.** fig. explanation, elucidation.

ver'don·nern v/t ⟨no ge-, h⟩ colloq. **1.** (zu Gefängnis, Haft etc) sentence, condemn. – **2.** j-n zu einer Geldstrafe (von zehn Mark) ~ to fine s.o. (ten marks). – **3.** j-n (dazu) ~, etwas zu tun to force s.o. to (od. to make s.o.) do s.th. — **ver'don·nert** I pp. – II adj colloq. **1.** (erschrocken u. sprachlos) flabbergasted (colloq.), thunderstruck (pred): ~ dastehen to stand and stare. – **2.** (bestürzt u. verwirrt) bewildered.

ver'dop·peln I v/t ⟨no ge-, h⟩ **1.** (Geschwindigkeit, Auflage etc) double. – **2.** ling. (Vokale, Konsonanten etc) double, (in)geminate. – **3.** (games) (Einsatz) straddle. – **4.** fig. (verstärken, intensivieren) redouble, Br. auch double, increase: seine Anstrengungen [seinen Eifer] ~ to redouble (od. increase) one's efforts [zeal]. – **5.** seine Schritte (od. seinen Schritt) ~ fig. to quicken one's pace. – **6.** (im Duplikat herstellen) duplicate. – II v/reflex sich ~ **7.** (von Geld, Ertrag etc) double. – III V~ n ⟨-s⟩ **8.** verbal noun. — **Ver'dop·pe·lung**, **Ver'dopp·lung** f ⟨-; -en⟩ **1.** cf. Verdoppeln. – **2.** ling. (von Konsonanten etc) (in)gemination. – **3.** fig. increase. – **4.** duplication.

ver'dor·ben [-'dɔrbən] I pp of verderben. – II adj **1.** (Lebensmittel etc) spoiled, spoilt, tainted, unsound, bad, off (pred), (Eier) auch addled. – **2.** (verfault) rotten, putrid. – **3.** (Wasser) polluted, foul. – **4.** (Luft) polluted, foul, vitiated. – **5.** med.

(Magen) upset, disordered. – **6.** fig. (Laune etc) marred. – **7.** fig. (Urlaub) spoiled, spoilt, marred, (stärker) ruined. – **8.** fig. (verderbt, unsittlich) corrupt(ed), rotten, (stärker) dissipated, depraved: sie ist erst 18 Jahre alt, aber schon durch und durch ~ she is only 18 years old, but already corrupt through and through (od. rotten to the core). – **9.** fig. (lasterhaft) vicious. — **Ver'dor·ben·heit** f ⟨-; no pl⟩ fig. **1.** corruptness, corruption, rottenness, (stärker) dissipation, depravity. – **2.** (Lasterhaftigkeit) viciousness.

ver'dor·ren I v/i ⟨no ge-, sein⟩ dry up, wither (up), (bes. durch Hitze) parch. – II V~ n ⟨-s⟩ verbal noun. — **ver'dorrt** I pp. – II adj (Blumen, Bäume etc) withered(-up), dried-up (attrib), (bes. durch Hitze) parched, scorched, adust. — **Ver'dor·rung** f ⟨-; no pl⟩ cf. Verdorren.

ver'dö·sen v/t ⟨no ge-, h⟩ colloq. (Zeit) doze (od. drowse) (s.th.) away.

ver'drah·ten electr. I v/t ⟨no ge-, h⟩ wire (up). – II V~ n ⟨-s⟩ verbal noun. — **Ver'drah·tung** f ⟨-; no pl⟩ **1.** cf. Verdrahten. – **2.** (Drahtwerk) wiring, wirework, wires pl. **Ver'drah·tungs,plan** m electr. wiring diagram.

ver'dral·len [-'dralən] v/t ⟨no ge-, h⟩ metall. twist.

ver'drän·gen I v/t ⟨no ge-, h⟩ **1.** mar. phys. (Wasser, Gas, Luft etc) displace. – **2.** j-n ~ to oust s.o., to drive s.o. out (od. away): j-n aus einem Amt [einer Stellung] ~ to drive (od. crowd) s.o. out of (od. oust [od. eject] s.o. from) an office [a position], to supplant s.o. supersede, Am. auch supercede s.o. in an office [a position]; j-n aus seiner Wohnung ~ to drive s.o. out of his home, (im Wege der Zwangsvollstreckung) to evict s.o. from his dwelling; j-n vom ersten Platz (od. von der ersten Stelle) ~ (bes. sport) to push s.o. out of first place, to oust s.o. from (the) first place. – **3.** fig. (ersetzen) replace, supplant: Maschinen ~ immer mehr den Menschen machines are replacing man more and more, man is gradually being replaced by machines. – **4.** fig. (beiseite schieben) put (s.th.) aside (od. out of one's mind), dismiss: einen unangenehmen Gedanken ~ to dismiss an unpleasant thought; etwas aus dem Gedächtnis ~ to put s.th. out of one's mind, to efface s.th. from one's memory. – **5.** fig. (in den Hintergrund drängen) push (s.th.) into the background, supplant: sein neues Hobby hat bei ihm alle anderen Interessen verdrängt his new hobby has pushed his other interests into the background. – **6.** psych. (Gefühle, Erlebnisse, Affekte etc) repress, suppress. – **7.** geol. heave. – II V~ n ⟨-s⟩ **8.** verbal noun. – **9.** cf. Verdrängung.

Ver'drän·ger,zu,füh·rung f (space) displacement feed.

ver'drängt I pp. – II adj ~er Komplex psych. repressed (od. suppressed) complex. — **Ver'drän·gung** f ⟨-; no pl⟩ **1.** cf. Verdrängen. – **2.** mar. phys. (von Wasser, Gas, Luft etc) displacement. – **3.** (Ersetzung) replacement. – **4.** psych. (eines Gefühls etc) repression, suppression. – **5.** (eines Feindes, Angreifers etc) displacement. – **6.** (aus einem Amt, einer Stellung etc) (aus) ejection (from), ouster (from), supplantation (in), supersession (in). – **7.** (aus einer Wohnung) (aus from) eviction. – **8.** (von einem Besitz) (von) dispossession (of), ouster (from). – **9.** geol. replacement.

Ver'drän·gungs|schwer,punkt m mar. center bes. Br. centre of buoyancy. — **~ton,na·ge** f displacement tonnage.

ver'drecken (getr. -k·k-) [-'drɛkən] colloq. I v/t ⟨no ge-, h⟩ dirty, soil, (stärker) muck up (colloq.). – II v/i ⟨sein⟩ become (od. get) dirty (stärker filthy), soil, dirty. — **ver'dreckt** I pp. – II adj **1.** (mit Schmutz bedeckt) covered with dirt (od. mud). – **2.** (unsauber, schmutzig) dirty, (stärker) filthy.

ver'dreh·bar adj twistable.

ver'dre·hen v/t ⟨no ge-, h⟩ **1.** j-m den Arm [das Handgelenk] ~ to twist (stärker wrench, contort) s.o.'s arm [wrist]; → Kopf 1. – **2.** sich (dat) ein Gelenk ~ to sprain one's joint; sich (dat) den Hals ~ um etwas zu sehen fig. colloq. to crane one's neck to see s.th. – **3.** (Augen) roll. – **4.** fig. (Tatsachen, Sinn etc) twist, distort, contort, warp, wrest: den

---

Sinn eines Wortes ~ to twist the meaning of a word. – **5.** fig. (entstellen) misrepresent. – **6.** fig. (falsch interpretieren) misinterpret. – **7.** jur. (Recht) wrest, pervert. – **8.** tech. twist, turn (s.th.) round. – II V~ n ⟨-s⟩ **9.** verbal noun. – **10.** cf. Verdrehung.

Ver'dreh,fe·stig·keit f tech. torsional strength.

ver'dreht I pp. – II adj fig. colloq. **1.** (überspannt, verschroben) warped, distorted, twisted: ganz ~e Ansichten haben to have quite warped views. – **2.** (verwirrt, konfus) turned, confused: du machst mich ganz ~ you make my head spin (od. reel). – **3.** (verrückt) crazy: 'cracked', screwy (colloq.): er ist ein ganz ~er Mensch he is quite a crazy person. — **Ver'dreht·heit** f ⟨-; no pl⟩ **1.** (Überspanntheit) warpedness, distortedness, distortion. – **2.** (Verwirrtheit) confusion. – **3.** (Verrücktheit) craziness: 'crackedness', screwiness (colloq.).

Ver'dre·hung f ⟨-; -en⟩ **1.** cf. Verdrehen. – **2.** (eines Gelenks) sprain, distortion. – **3.** fig. (von Tatsachen etc) distortion, contortion. – **4.** fig. (Entstellung) misrepresentation. – **5.** fig. (falsche Interpretation) misinterpretation. – **6.** jur. (des Rechts) perversion. – **7.** tech. torsion, twist.

Ver'dre·hungs|be,an,spru·chung f tech. **1.** (bis zur Grenze) torsional (od. twisting) stress. – **2.** (über die Grenze) torsional (od. twisting) strain. — **~,fe·stig·keit** f torsional strength (od. rigidity), twisting strength. — **~,mo·dul** m torsional modulus of elasticity. — **~,prüf,ma,schi·ne** f torsion-testing machine. — **~,schwin·gung** f cyclic torsional stress. — **~ver,such** m torsion (od. twisting) test.

Ver'dreh,win·kel m tech. angle of twist, torsion angle.

ver'drei,fa·chen [-,faxən] I v/t ⟨no ge-, h⟩ **1.** treble, triple, triplicate, increase (s.th.) threefold. – II v/reflex sich ~ treble, triple, increase threefold. – III V~ n ⟨-s⟩ verbal noun. — **Ver'drei,fa·chung** f ⟨-; no pl⟩ **1.** cf. Verdreifachen. – **2.** triplication, threefold increase.

ver'dre·schen v/t ⟨irr, no ge-, h⟩ colloq. thrash; wallop, whop (colloq.), Am. sl. shellac.

ver'drie·ßen [-'driːsən] I v/t ⟨verdrießt, verdroß, verdrossen, h⟩ annoy, irk, vex, (stärker) gall: laß dich's nicht ~ don't let it annoy you; sich durch etwas nicht ~ lassen not to (let oneself) be put out by s.th.; sich keine Mühe ~ lassen, etwas zu tun to grudge no pains (od. go to every trouble) to do s.th. – II v/impers es hat ihn sehr verdrossen, daß sie nicht kam it greatly annoyed him (od. he was really galled) that she did not come.

ver'drieß·lich adj **1.** (leicht verärgert) annoyed, vexed, (stärker) sullen, crabbed, peevish: ein ~es Gesicht machen to look annoyed, to have an annoyed (stärker a sullen, a crabbed) look on one's face. – **2.** (schlechtgelaunt) bad- (od. ill-)tempered, bad- ill.-humored (bes. Br. -humoured), crabbed, peevish, grumpy, morose. – **3.** (Verdruß bereitend) irksome, tedious, tiresome: die Arbeit ist mir zu ~ that work is too tedious (od. irksome) for me. – **4.** (gereizt) petulant, testy, pettish. — **Ver'drieß·lich·keit** f ⟨-; -en⟩ **1.** ⟨only sg⟩ annoyance, (stärker) sullenness, crabbedness, peevishness. – **2.** ⟨only sg⟩ ill humor, bes. Br. ill humour, bad (od. ill) temper, crabbedness, peevishness, grumpiness, moroseness. – **3.** ⟨only sg⟩ irksomeness, tediousness, tiresomeness. – **4.** (Unannehmlichkeit) inconvenience: ~en inconveniences, trouble sg. – **5.** ⟨only sg⟩ (Gereiztheit) petulance, testiness, pettishness.

ver'dril·len tech. I v/t ⟨no ge-, h⟩ twist. – II V~ n ⟨-s⟩ verbal noun. — **Ver'dril·lung** f ⟨-; no pl⟩ cf. Verdrillen.

ver'droß [-'drɔs] 1 u. 3 sg pret, **ver'drös·se** [-'drœsə] 1 u. 3 sg pret subj of verdrießen.

ver'dros·sen [-'drɔsən] I pp of verdrießen. – II adj **1.** annoyed, vexed. – **2.** (mürrisch) dour, sullen, morose. – **3.** (unlustig) unenthusiastic, listless. – **4.** (sehr entmutigt) discouraged, disheartened, crestfallen. – III adv **5.** unenthusiastically, listlessly: ~ vor sich hin arbeiten to plod listlessly over one's work. — **Ver'dros·sen·heit** f ⟨-; no pl⟩ **1.** (Mißmut) dourness, sullenness, moroseness. – **2.** (Unlust) lack of enthusiasm, listlessness.

ver'drucken (getr. -k·k-) v/t ⟨no ge-, h⟩ print. **1.** (falsch drucken) misprint. – **2.** (verbrauchen) (Papier) use (paper) up (for printing).

ver'drücken (getr. -k·k-) **I** v/t ⟨no ge-, h⟩ **1.** colloq. (aufessen) stow (s.th.) away, polish (s.th.) off. – **2.** cf. zerdrücken 4, 5. – **II** v/reflex sich ~ **3.** colloq. (sich [heimlich] entfernen) slip away (od. off, out), make oneself scarce (colloq.), (bes. schuldbewußt) auch slink away.

Ver'drückung (getr. -k·k-) f (mining) (eines Flözes) squeeze, pinch-out, nip-out.

Ver'druß [-'drus] m ⟨-sses; -sse⟩ **1.** ⟨only sg⟩ (Ärger) annoyance, vexation: laß es sein, es bringt dir nur ~ don't do it, it will only cause you annoyance; j-m etwas zum ~ tun, etwas zu j-s ~ tun to do s.th. to annoy (od. spite) s.o. – **2.** ⟨only sg⟩ (Verärgerung) displeasure: j-n voller ~ ansehen to look at s.o. in displeasure. – **3.** (Unannehmlichkeiten, Schwierigkeiten) trouble, bother: ihr Sohn bereitet ihnen viel ~ their son causes them a lot of trouble (colloq.).

ver'dü·beln v/t ⟨no ge-, h⟩ tech. dowel.

ver'duf·ten **I** v/i ⟨no ge-, sein⟩ **1.** (von Aroma) lose its flavor (bes. Br. flavour) (od. aroma). – **2.** fig. colloq. (verschwinden) make oneself scarce, 'evaporate', clear off (od. out) (alle colloq.), beat it (sl.), bes. Br. sl. hop it, (do a) bunk, Am. sl. vamoose: verdufte! scram! (sl.); er verduftete aus der Wohnung he vamoosed the apartment. – **II** v/reflex ⟨h⟩ sich ~ **3.** fig. colloq. cf. verduften 2.

ver'dum·men **I** v/t ⟨no ge-, h⟩ **1.** (dumm machen) dull (od. stultify, hebetate) the mind of, stupefy, make (s.o.) stupid: die Parolen haben das Volk verdummt the slogans have dulled the people's mind(s). – **2.** (unaufgeklärt od. dumm halten) keep (s.o.) stupid (od. unenlightened). – **3.** j-n ~ fig. to fool s.o.: versuch lieber nicht, mich zu ~ you'd better not try to fool me (od. to pull the wool over my eyes). – **II** v/i ⟨sein⟩ **4.** become stupid: er verdummt immer mehr he is becoming more and more stupid. – **III** V~ n ⟨-s⟩ **5.** verbal noun. – **6.** cf. Verdummung. — **ver'dummt I** pp. – **II** adj stupefied. — **Ver'dum·mung** f ⟨-; no pl⟩ **1.** cf. Verdummen. – **2.** stupefaction, stultification.

ver'dun·keln I v/t ⟨no ge-, h⟩ **1.** (Zimmer etc) darken, (völlig) black out. – **2.** (Himmel) darken. – **3.** auto. electr. (abblenden) (Licht) dim. – **4.** fig. (eine Tat, Wahrheit etc) obscure, obfuscate. – **5.** fig. (Ansehen etc) cloud, obscure. – **6.** fig. euphem. (Geist, Verstand) dull. – **7.** astr. obscure, darken. – **II** v/reflex sich ~ **8.** (von Bühne etc) darken, (völlig) black out. – **9.** (von Himmel) darken, cloud (over od. up), become overcast. – **10.** fig. euphem. (von Verstand) (become) dull. – **11.** astr. obscure, darken. – **III** V~ n ⟨-s⟩ **12.** verbal noun. — **Ver'dun·ke·lung** f ⟨-; -en⟩ **1.** cf. Verdunkeln. – **2.** ⟨only sg⟩ (eines Zimmers, der Bühne etc) blackout, Br. black-out. – **3.** (beim Luftschutz) blackout, Br. black-out: teilweise ~ dimout, Br. dim-out. – **4.** fig. (von Tatbeständen) obscuration, obfuscation. – **5.** jur. (eines Sachverhalts) collusion. – **6.** astr. obscuration, darkening. **Ver'dun·ke·lungs...** cf. Verdunklungs... **Ver'dunk·lung** f ⟨-; -en⟩ cf. Verdunkelung. **Ver'dunk·lungs·be,fehl** m (beim Luftschutz) blackout (Br. black-out) order. — **~ge,fahr** f jur. risk (od. danger) of collusion: es besteht ~ there is a danger of collusion. — **~lam·pe** f (beim Luftschutz) blackout (Br. black-out) lamp (od. light). — **~pa,pier** n blackout (Br. black-out) paper. — **~übung** f trial blackout (Br. black-out). — **~vor,rich·tung** f (an Lampen etc) dimmer. — **~vor,schrif·ten** pl blackout (Br. black-out) instructions. — **~zeit** f blackout (Br. black-out) period.

ver'dün·nen [-'dynən] **I** v/t ⟨no ge-, h⟩ **1.** (verflüssigen) dilute, thin (s.th.) (down), water (s.th.) down: einen Teig mit Milch ~ to thin (od. dilute) a batter with milk; Whisky mit Wasser ~ to dilute (od. cut, Am. auch split) whisk(e)y with water. – **2.** (schwächer machen) weaken, temper: könnten Sie den Kaffee ein wenig ~? could you weaken the coffee a little? – **3.** (Farben) thin. – **4.** cf. panschen I. – **5.** (Gase, Luft) rarefy, auch rarify. – **6.** chem. (Lösungen) dilute. – **II** v/reflex

sich ~ **7.** thin (out od. down). – **8.** (sich verjüngen) taper (off), thin (out), attenuate. – **III** V~ n ⟨-s⟩ **9.** verbal noun. – **10.** cf. Verdünnung.

ver·dün·ni'sie·ren [-dyni'ziːrən] v/reflex ⟨no ge-, h⟩ sich ~ colloq. cf. verduften 2.

ver'dünnt I pp. – **II** adj **1.** (verflüssigt) diluted, thinned(-down), watered-down (attrib). – **2.** (schwach) weak. – **3.** (Farben) thinned. – **4.** (Gase, Luft) rarefied, auch rarified. – **5.** chem. (Lösung) diluted. – **6.** pol. (Zone) thinned-out (attrib).

Ver'dün·nung f ⟨-; no pl⟩ **1.** cf. Verdünnen. – **2.** (durch Flüssigkeit) dilution. – **3.** (von Gas, Luft etc) rarefaction, auch rarefication. – **4.** chem. (einer Lösung) dilution.

Ver'dün·nungs·mit·tel n chem. **1.** (für Farben, Klebstoffe, Lack) thinner. – **2.** (zum Verschneiden von Flüssigkeiten) diluent. — **~ver,such** m med. Volhard's test, urine concentration test. — **~,wär·me** f phys. dilution heat.

ver'dun·sten I v/i ⟨no ge-, sein⟩ **1.** (von Wasser etc) evaporate, vaporize Br. auch -s-: etwas ~ lassen to evaporate (od. vaporize) s.th. – **2.** bot. transpire. – **3.** chem. a) evaporate, b) vaporize Br. auch -s-, volatilize Br. auch -s-. – **II** V~ n ⟨-s⟩ **4.** verbal noun. – **5.** cf. Verdunstung. — **Ver'dun·ster** m ⟨-s; -⟩ (zur Raumbefeuchtung) humidifier. — **Ver'dun·stung** f ⟨-; no pl⟩ **1.** cf. Verdunsten. – **2.** (von Wasser etc) evaporation, vaporization Br. auch -s-. – **3.** chem. a) evaporation, b) vaporization Br. auch -s-, volatilization Br. auch -s-. – **4.** bot. transpiration.

Ver'dun·stungs·bas·sin n (zur Salzgewinnung) saltpan. — **~eis** n evaporation ice. — **~käl·te** f phys. cold due to evaporation. — **~küh·lung** f cooling by evaporation. — **~mes·ser** m **1.** phys. (für Wasser) atmometer. – **2.** tech. evaporimeter, auch evaporometer. — **~,wär·me** f phys. evaporation heat.

ver'dür·be [-'dyrbə] 1 u. 3 sg pret subj of verderben.

ver'dur·sten v/i ⟨no ge-, sein⟩ die (od. perish) of thirst: wir sind in der Hitze fast verdurstet fig. we were parched with (od. dying of) thirst.

ver'dus·seln [-'dusəln] colloq. **I** v/t ⟨no ge-, h⟩ (vergessen) forget (all) about: das hab' ich glatt verdusselt I clean forgot about it, I never gave it a thought, I never remembered a thing about it. – **II** v/i ⟨sein⟩ cf. verdummen 4.

ver'dü·stern [-'dyːstərn] v/reflex ⟨no ge-, h⟩ sich ~ (dunkel werden) darken: der Himmel verdüsterte sich the sky darkened; sein Gesicht verdüsterte sich mehr und mehr his face grew darker and darker.

ver'dutzt [-'dutst] adj colloq. for verblüfft II. — **Ver'dutzt·heit** f ⟨-; no pl⟩ colloq. for Verblüffung.

ver'eb·ben v/i ⟨no ge-, sein⟩ **1.** (von Sturm etc) die down, subside, abate. – **2.** fig. (von Ansturm, Gelächter Beifall etc) die down, subside: allmählich verebbte die Empörung gradually the indignation subsided. – **3.** fig. (von Begeisterung etc) wane, ebb.

ver'edeln [-'ʔeːdəln] **I** v/t ⟨no ge-, h⟩ **1.** (charakterlich u. moralisch besser machen) ennoble, elevate, exalt, subtilize Br. auch -s-, sublimate (obs.). – **2.** (adeln) ennoble. – **3.** (verfeinern) refine. – **4.** (Boden etc) cultivate, improve. – **5.** hort. (Baum, Rose etc) graft. – **6.** gastr. (Geschmack einer Speise) enrich, improve. – **7.** econ. a) (Rohstoffe) process, refine, improve, b) finish. – **8.** metall. a) (Stahl) refine, (vergüten) age-harden, b) (Oberfläche) improve, treat. – **II** v/reflex sich ~ **9.** (von Dingen) improve. – **III** V~ n ⟨-s⟩ **10.** verbal noun. — **Ver'ede·lung, Ver'ed·lung** f ⟨-; no pl⟩ **1.** cf. Veredeln. – **2.** (eines Charakters, Wesens) ennoblement, elevation, exaltation, subtilization Br. auch -s-. – **3.** (Adeln) ennoblement. – **4.** (Verfeinerung) refinement. – **5.** (eines Bodens etc) cultivation, improvement. – **6.** hort. graft. – **7.** gastr. enrichment, improvement. – **8.** metall. a) improvement,

Ver'ed(e)·lungs·an·la·ge f metall. refining plant. — **~er,zeug·nis, ~,gut** n econ. processed (od. refined, finished) product. — **~in·du,strie** f processing (od. finishing) industry. — **~,lohn** m payment for processing (work). — **~pro,dukt** n cf. Ver-

ed(e)lungserzeugnis. — **~ver,fah·ren** n metall. econ. refining process. — **~ver,kehr** m econ. across-the-border processing (importation and exportation of goods to be reexported or reimported after processing). — **~vor,gang** m refining process. — **~wert** m value added by processing (od. refining, improving). — **~,wirt·schaft** f processing (od. improvement, finishing) industry.

ver'ehe·li·chen lit. **I** v/reflex ⟨no ge-, h⟩ sich ~ **1.** marry, get married. – **II** V~ n ⟨-s⟩ **2.** verbal noun. – **3.** cf. Verehelichung. — **ver'ehe·licht I** pp. – **II** adj Helga L., ~e Z. Helga L., Z. by marriage. — **Ver'ehe·li·chung** f ⟨-; no pl⟩ **1.** cf. Verehelichen. – **2.** lit. marriage. – **3.** jur. relig. matrimony.

ver'eh·ren I v/t ⟨no ge-, h⟩ **1.** (hochschätzen) honor, bes. Br. honour, (bes. ehrfurchtsvoll) venerate, revere: er verehrte seinen Onkel wie einen Vater he respected his uncle like a father. – **2.** (bewundern) admire: er verehrte sie als Künstlerin he admired her as an artist. – **3.** relig. (Heilige, Gott) a) venerate, b) (anbeten) worship, adore: sie wird in Italien als Heilige verehrt she is venerated in Italy as a saint. – **4.** (schwärmerisch lieben) worship, adore. – **5.** j-m etwas (schenken) to present s.o. with s.th., to make s.o. a present of s.th.: er verehrte ihr einen Blumenstrauß he presented her with a bouquet of flowers. – **II** V~ n ⟨-s⟩ **6.** verbal noun. – **7.** cf. Verehrung.

Ver'eh·rer m ⟨-s; -⟩, **Ver'eh·re·rin** f ⟨-; -nen⟩ **1.** honorer, bes. Br. honourer, venerator. – **2.** admirer, fan (colloq.): er ist ein großer ~ der Künstlerin he is a great admirer of (od. he greatly admires) the artist. – **3.** relig. a) venerator, b) worshipper, bes. Br. worshipper, adorer. – **4.** colloq. admirer: sie hat viele ~ she has many admirers; er ist ein ~ des schönen Geschlechts he is a great admirer of the fair sex. – **5.** cf. Anbeter(in) 2.

Ver'eh·rer,post f fan mail (colloq.).

ver'ehrt I pp. – **II** adj **1.** honored, bes. Br. honoured, dear: (unser) ~er Herr Präsident (our) hono(u)red president; ~e Zuhörer (Gäste) dear listeners (guests); ~er Herr Professor [Doktor] (Braun) (nur als Briefanrede) dear Professor [Doctor] Braun. – **2.** (geschätzt) esteemed: unser ~er Kollege our esteemed colleague.

Ver'ehr·te·ste m, f ⟨-n; -n⟩ meist iron. dearest, my dear.

Ver'eh·rung f ⟨-; no pl⟩ **1.** cf. Verehren. – **2.** veneration, reverence: j-m ~ zollen to pay reverence to s.o. – **3.** (Bewunderung) admiration. – **4.** relig. (Gottes, der Heiligen etc) a) veneration, b) (Anbetung) worship, adoration: die ~ eines (einzigen) Gottes monotheism.

ver'eh·rungs,wür·dig adj **1.** honorable, bes. Br. honourable, venerable. – **2.** cf. anbetungswürdig 2.

ver'ei·di·gen [-'ʔaɪdɪgən] jur. **I** v/t ⟨no ge-, h⟩ **1.** j-n [auf etwas od. j-n] ~ a) to put s.o. under an oath [on s.th. od. s.o.], to administer (od. tender) an oath to s.o. [on s.th. od. s.o.], b) (bes. bei Amtsantritt) to swear s.o. in [on s.th. od. s.o.]. – **II** V~ n ⟨-s⟩ **2.** verbal noun. – **3.** cf. Vereidigung. — **ver'ei·digt I** pp. – **II** adj sworn: ein ~er Übersetzer sworn translator. — **Ver'ei·di·gung** f ⟨-; no pl⟩ **1.** cf. Vereidigen. – **2.** attestation.

Ver'ein m ⟨-(e)s; -e⟩ **1.** club. – **2.** jur. econ. (Verband, Gesellschaft [mit od. ohne eigene Rechtspersönlichkeit]) society, association, union, cooperative, Br. auch co-operative: eingetragener ~ incorporated society, (nicht zu Erwerbszwecken gegründeter) Am. membership corporation; gemeinnütziger ~ nonprofit (Br. non-profit-making) society; wohltätiger ~ charitable (od. benevolent, friendly) society. – **3.** (Vereinigung, Zusammenschluß, Zollverein etc) union. – **4.** im ~ mit fig. in conjunction with, together with. – **5.** fig. colloq. bes. contempt. 'bunch', 'crowd' (beide colloq.): das ist ja ein toller ~! they are a fine bunch!

ver'ein·bar adj only in mit etwas ~ sein to be compatible (od. consistent, reconcilable) with s.th.: diese Äußerung ist schlecht mit ihrer allgemeinen Denkweise ~ this statement is hardly consistent (od. hardly compatible) with her general way of thinking; solche Methoden sind mit unseren Grundsätzen nicht ~ methods of that sort are not compatible (od. are incompatible) with our principles.

ver·ein·ba·ren I *v/t* ⟨*no* ge-, h⟩ **1.** etwas ~ to agree (up)on (od. arrange) s.th., to settle (up)on s.th.: einen Treffpunkt ~ to agree upon (od. arrange) a meeting place; einen Preis ~ to agree upon (od. stipulate) a price; falls nicht anders vereinbart unless otherwise agreed upon; das war schon vorher so vereinbart worden that had been agreed upon beforehand (od. prearranged). – **2.** (*in Wendungen wie*) etwas ist mit etwas nicht zu ~ s.th. is incompatible (od. inconsistent) with s.th.; sich [nicht] mit etwas ~ lassen to be [in]consistent (od. [in]compatible, [ir]reconcilable) with s.th.; das läßt sich mit meinem Beruf nicht ~ that is incompatible with my profession; das kann ich mit meinem Gewissen nicht ~ that is incompatible with (od. that is against) my conscience; das ist mit meiner Zeit nicht zu ~ I cannot find the time for it. – **3.** *jur. econ.* agree (up)on, stipulate, covenant. – **II** V~ *n* ⟨-s⟩ **4.** *verbal noun.*

Ver'ein·bar·keit *f* ⟨-; *no pl*⟩ compatibility, reconcilability.

ver·ein·bart I *pp.* – **II** *adj* agreed, understood, arranged, stipulated: zum ~en Zeitpunkt at the time stipulated (od. agreed [up]on); es gilt als ~, daß it has been agreed that; (vorher) ~ (previously) arranged, (pre)arranged, (pre)concerted.

Ver·ein·ba·rung *f* ⟨-; -en⟩ **1.** *cf.* Vereinbaren. – **2.** (*Übereinkommen*) agreement, understanding: schriftliche ~ agreement in writing; mündliche ~ verbal (od. oral) agreement; gegenseitige [stillschweigende] ~ mutual [tacit] agreement; nach ~ by agreement. – **3.** (*Abmachung, Regelung*) arrangement: eine finanzielle ~ a financial arrangement; eine ~ treffen to enter into (od. make) an arrangement; sich an eine ~ halten to keep (to) an arrangement; laut ~ as arranged. – **4.** (*für eine Sprechstunde*) appointment. – **5.** *pol.* (*völkerrechtliche*) convention. — **ver'ein·ba·rungs·ge,mäß** *adv* as arranged, as agreed (upon).

ver'ei·nen *v/t u.* sich ~ *v/reflex* ⟨*no* ge-, h⟩ *cf.* vereinigen.

ver'ein,fa·chen [-ˌfaxən] I *v/t* ⟨*no* ge-, h⟩ (*Verfahren etc*) simplify. – **II** V~ *n* ⟨-s⟩ *verbal noun.* — **Ver'ein,fa·chung** *f* ⟨-; -en⟩ **1.** *cf.* Vereinfachen. – **2.** simplification: zur ~ to simplify matters; starke ~ great simplification.

ver·ein·heit·li·chen [-ˈʔaɪnhaɪtlɪçən] I *v/t* ⟨*no* ge-, h⟩ **1.** unify, standardize *Br. auch* -s-. – **2.** *pol.* bring (od. whip) (s.th.) into line. – **II** V~ *n* ⟨-s⟩ **3.** *verbal noun.* — **Ver'ein·heit·li·chung** *f* ⟨-; *no pl*⟩ **1.** *cf.* Vereinheitlichen. – **2.** unification, standardization *Br. auch* -s-.

ver·ei·ni·gen *v/t* ⟨*no* ge-, h⟩ **1.** (*zusammenbringen, -schließen*) join, unite, unify: durch den Suchdienst wurde die Familie wieder vereinigt the family was reunited through the tracing (od. missing persons) service. – **2.** *bes. econ.* (*zusammenfassen*) consolidate, amalgamate: viele Unternehmen in einer Hand ~ to consolidate a great number of firms in one hand. – **3.** (*verbinden*) combine: mehrere Ämter ~ to combine several offices (in one). – **4.** (*verschmelzen*) fuse. – **5.** etwas in (*dat*) sich ~ to combine (od. unite) s.th.: sie vereinigt Schönheit mit Klugheit in sich she combines beauty and intelligence. – **6.** um sich ~ to gather (od. assemble) (*persons*) (a)round one. – **7.** (*in Übereinstimmung bringen*) diese Ansichten sind nicht (miteinander) zu ~ (od. lassen sich nicht ~) these views are not consistent (od. compatible); sein Handeln läßt sich nicht mit seinen politischen Ansichten ~ his actions are not consistent (od. cannot be squared) with his political views. – **8.** *mil.* a) (*Feuer*) combine, concentrate, b) (*Truppen*) consolidate, (*wieder sammeln*) rally. – **9.** *pol.* (*Stimmen*) collect, amass, unite: er konnte alle Stimmen auf (*acc*) sich ~ he was able to collect all the votes. – **10.** *econ.* (*Geld, Interessen, Kapital etc*) pool. – **II** *v/reflex* sich ~ **11.** (*sich zusammenschließen*) unite, join (together), associate, combine, conjoin (*lit.*): sich (miteinander) gegen j-n ~ to join (forces) against s.o.; sich (mit j-m) zu gemeinsamem Tun ~ to make a joint

effort, to join (od. unite) forces for a common goal. – **12.** (*sich verbünden*) (*gegen against*) unite, ally, combine: sich zu einer Koalition ~ *pol.* to form a coalition. – **13.** (*verschmelzen*) merge, amalgamate, consolidate: diese Firmen haben sich zu einem Trust vereinigt these firms have merged to form a trust. – **14.** (*von Tönen etc*) blend, merge, fuse: die Töne vereinigten sich zum letzten Akkord the tones blended into a final chord. – **15.** (*sich treffen*) merge, meet: wo Inn und Donau sich ~ where Inn and Danube meet; drei Straßen ~ sich an dem Punkt three streets merge at that point. – **16.** (*zusammenkommen*) assemble, gather, meet: sich zum Gottesdienst ~ to assemble for worship (od. a service). – **17.** (*sich paaren*) mate, copulate. – **18.** (*zusammenwachsen*) coalesce. – **19.** *biol.* (*von Zellen*) conjugate. – **III** V~ *n* ⟨-s⟩ **20.** *verbal noun.* – **21.** *cf.* Vereinigung.

ver'ei·nigt I *pp.* – **II** *adj* **1.** united: die V~en Staaten (von Amerika) the United States (of America); das V~e Königreich (Großbritannien und Nordirland) the United Kingdom (of Great Britain and Northern Ireland). – **2.** *cf.* vereint 1. – **3.** *econ. jur.* (*bei Gesellschaftsnamen*) consolidated.

Ver·ei·ni·gung *f* ⟨-; -en⟩ **1.** *cf.* Vereinigen. – **2.** (*Zusammenschluß*) union, consortium. – **3.** *bes. econ.* (*Zusammenfassung*) consolidation, amalgamation. – **4.** (*Verbindung*) combination, combine. – **5.** (*Treffen*) assembly, meeting. – **6.** (*von Flüssen*) confluence. – **7.** *pol.* a) (*zum Bündnis*) alliance, b) (*zur Koalition*) coalition, c) (*zur Konföderation*) confederation. – **8.** *med.* a) (*geschlechtliche*) copulation, intercourse, b) (*von Blutgefäßen etc*) anastomosis, inosculation. – **9.** *biol.* (*von Zellen*) conjugation. – **10.** *relig.* confraternity. – **11.** *math.* join, union.

Ver·ei·ni·gungs|,frei·heit *f jur. pol.* freedom of association. — **~,men·ge** *f math.* join of sets. — **~,ort** *m* meeting place, place of assembly. — **~,punkt** *m* **1.** (*Treffpunkt*) meeting (*bes. mil.* rallying) point. – **2.** (*Verbindungspunkt*) junction, juncture.

ver'ein,neh·men I *v/t* ⟨*no* ge-, h⟩ **1.** take in, collect. – **2.** (*einstecken*) pocket. – **II** V~ *n* ⟨-s⟩ **3.** *verbal noun.* — **Ver'ein,neh·mung** *f* ⟨-; -en⟩ **1.** *cf.* Vereinnahmen. – **2.** collection.

Ver'eins,abend *m* club evening (od. night).

ver'ein·sa·men [-ˈʔaɪnzaːmən] *v/i* ⟨*no* ge-, sein⟩ **1.** grow (od. become, get) lonely (od. solitary). – **2.** (*abgeschnitten werden*) become isolated. – **II** V~ *n* ⟨-s⟩ **3.** *verbal noun.* — **Ver'ein·sa·mung** *f* ⟨-; *no pl*⟩ **1.** *cf.* Vereinsamen. – **2.** increasing loneliness. – **3.** isolation.

Ver'eins|,bei·trag *m* club (od. association) dues *pl* (od. fees *pl*), membership fee(s *pl*). — **~,bru·der** *m cf.* Vereinskamerad. — **~,elf** *f* (*sport*) (*beim Fußball etc*) club eleven (od. team, side). — **~,fah·ne** *f* club banner. — **~,frei·heit** *f cf.* Vereinigungsfreiheit. — **~,geist** *m* ⟨-es; *no pl*⟩ club (od. team) spirit. — **~,ge,setz** *n jur.* law on associations. — **~,haus** *n* club(house). — **v~in,tern** (*sport*) I *adj* ~e Sperre club suspension. – **II** *adv* gesperrt werden to receive a club suspension. — **~ka·me,rad** *m* clubmate, club friend (od. colloq. pal, crony), fellow member of (one's) club, bes. Am. colloq. club buddy. — **~,kampf** *m* (*sport*) interclub competition. — **~,kas·se** *f* club (od. society) funds *pl*, treasury. — **~lo,kal** *n* club inn, club, club premises *pl*. — **~,mann·schaft** *f* (*sport*) club team. — **~,mei·er** *m* ⟨-s; -⟩ *colloq. contempt.* clubman, club fanatic, *Am. auch* joiner. — **~meie'rei** [fɛrˌʔaɪns-] *f* ⟨-; *no pl*⟩ *colloq. contempt.* club fanaticism. — **~,mit,glied** *n* club (od. society) member. — **~,raum** *m* clubroom. — **~,recht** *n jur.* right (od. freedom) of association: Vereins- und Versammlungsrecht right of association and assembly. — **~re,gi·ster** *n* official register of associations, societies and clubs, *Am.* register of membership corporations. — **~,sat·zung** *f* statutes (and articles) *pl* of a society (od. club). — **~,sper·re** *f* (*sport*) club suspension. — **~ver,mö·gen** *n* property (od. assets *pl*) of a club (od. a society, an association). — **~,vor,sit·zen·de** *m* club (od. society, association) president. — **~,vor,stand** *m* managing committee (od. board) of a club (od. a society, an

association). — **~,we·sen** *n* ⟨-s; *no pl*⟩ clubs, societies and associations *pl*. — **~,zim·mer** *n* clubroom.

ver'eint I *pp.* – **II** *adj* **1.** mit ~en Kräften in a joint (od. combined, united) effort; brüderlich ~ the best of friends (od. colloq. pals); getrennt marschieren, ~ schlagen etwa to march separately, to fight jointly. – **2.** die V~en Nationen *pol.* the United Nations.

ver'ein·zeln [-ˈʔaɪntsəln] *v/t* ⟨*no* ge-, h⟩ *hort. agr.* thin (out).

ver'ein·zelt I *pp.* – **II** *adj* ⟨*attrib*⟩ single, *auch* singular: in ~en Fällen in a few isolated (od. sporadic, rare) cases; ~e Fußgänger a few odd pedestrians, the occasional (od. the odd) pedestrian *sg*; ~e Regenschauer *meteor.* occasional (od. scattered) showers. – **III** *adv* in (a few) isolated (od. rare) cases, sporadically, very rarely, here and there: ~ auftreten (od. vorkommen) to occur in isolated cases.

Ver'ein·ze,lungs·ma,schi·ne *f agr.* thinner.

ver'ei·sen I *v/t* ⟨*no* ge-, h⟩ **1.** *med.* a) (*mit Eis*) refrigerate, freeze, b) (*mit Kohlensäureschnee*) freeze. – **II** *v/i* **2.** (*von Flüssen*) freeze (over). – **3.** (*von Straßen, Pisten etc*) become icy, ice up, become covered with ice. – **4.** (*von Scheiben etc*) frost (over od. up), ice (up). – **5.** *aer.* freeze (od. ice) up, form (od. collect) ice. – **III** V~ *n* ⟨-s⟩ **6.** *verbal noun.* – **7.** *cf.* Vereisung. — **ver'eist** I *pp.* – **II** *adj* **1.** (*Flüsse*) frozen, frozen over (*nachgestellt*). – **2.** (*Straßen etc*) icy, ice-coated. – **3.** (*Scheiben etc*) frosted, iced-up (*attrib*), frosted-up (*attrib*), frosted over (*nachgestellt*). – **4.** *aer.* iced, frozen, frozen- (od. iced-)up (*attrib*). – **5.** *geol.* glaciated. — **Ver'ei·sung** *f* ⟨-; *no pl*⟩ **1.** *cf.* Vereisen. – **2.** (*der Straßen*) icy condition. – **3.** *med.* a) (*mit Eis*) refrigeration, ice an(a)esthesia, b) (*mit Kohlensäureschnee*) freezing an(a)esthesia. – **4.** *geol.* glaciation.

Ver'ei·sungs·ge,fahr *f* **1.** *aer.* danger of icing. – **2.** (*der Straße*) danger of icy condition.

ver'ei·teln [-ˈʔaɪtəln] I *v/t* ⟨*no* ge-, h⟩ **1.** (*Absicht, Plan etc*) thwart, foil, frustrate, baffle, torpedo, upset. – **2.** (*Tat, Unternehmen etc*) hinder, prevent, obstruct, block, ba(u)lk, stymie. – **II** V~ *n* ⟨-s⟩ **3.** *verbal noun.* — **Ver'ei·te·lung, Ver'eit·lung** *f* ⟨-; *no pl*⟩ **1.** *cf.* Vereiteln. – **2.** (*von Plänen etc*) frustration, bafflement. – **3.** (*von Taten etc*) hindrance, *auch* hinderance, prevention, obstruction, blockage.

ver'ei·tern *med.* I *v/i* ⟨*no* ge-, sein⟩ **1.** suppurate, fester, become suppurative, form (od. produce) matter (od. pus). – **II** V~ *n* ⟨-s⟩ **2.** *verbal noun.* – **3.** *cf.* Vereiterung. — **Ver'ei·tert** I *pp.* – **II** *adj cf.* eitrig. — **Ver'ei·te·rung** *f* ⟨-; -en⟩ **1.** *cf.* Vereitern. – **2.** suppuration, pyosis (*scient.*).

ver'ekeln *v/t* ⟨*no* ge-, h⟩ j-m etwas ~ to spoil s.th. for s.o., to put s.o. off s.th.

ver'elen·den [-ˈʔeːlɛndən] I *v/i* ⟨*no* ge-, sein⟩ **1.** be reduced to misery, sink into poverty (od. wretchedness). – **II** V~ *n* ⟨-s⟩ **2.** *verbal noun.* – **3.** *cf.* Verelendung. — **ver'elen·det** I *pp.* – **II** *adj* impoverished, pauperized *Br. auch* -s-, submerged. — **Ver'elen·dung** *f* ⟨-; *no pl*⟩ **1.** *cf.* Verelenden. – **2.** (reduction to) misery, impoverishment, pauperization *Br. auch* -s-.

ver'en·den *v/i* ⟨*no* ge-, sein⟩ (*von Tieren*) die, perish.

ver'en·gen [-ˈʔɛŋən] I *v/reflex* ⟨*no* ge-, h⟩ sich ~ **1.** (*von Straße, Tal etc*) narrow, become narrow (od. constricted). – **2.** (*sich zusammenziehen*) contract. – **3.** *fig.* narrow. – **II** *v/t* **4.** (*Straße, Tal etc*) narrow, constrict. – **5.** (*Blutgefäß etc*) constrict, constringe. – **6.** *fig.* (*Gesichtskreis etc*) narrow. – **III** V~ *n* ⟨-s⟩ **7.** *verbal noun.* – **8.** *cf.* Verengung.

ver'en·gern [-ˈʔɛŋərn] I *v/t* ⟨*no* ge-, h⟩ **1.** (*Kleidungsstück*) take (s.th.) in: ein Kleid (in der Taille) ~ to take a dress in (at the waist). – **2.** *cf.* verengen II. – **II** *v/reflex* (*von Bedeutung etc*) narrow. – **III** V~ *n* ⟨-s⟩ **4.** *verbal noun.* — **Ver'en·ge·rung** *f* ⟨-; -en⟩ *cf.* Verengern.

ver'engt I *pp.* – **II** *adj* **1.** narrowed: → Fahrbahn 1. – **2.** *med.* a) narrowed, contracted, strictured, stenosed (*scient.*), b) (*Becken*) contracted.

Ver'en·gung *f* ⟨-; -en⟩ **1.** *cf.* Verengen. – **2.** ⟨*only sg*⟩ (*von Straße, Tal etc*) constriction. – **3.** (*Engpaß, enge Stelle*) (narrow) pass, defile. – **4.** *med.* a) (*Einschnürung*) constriction, b) (*von Öffnung, hohlem Organ*) stenosis, c) (*eines Ganges*) stricture, d) (*der Pupille*) contraction, e) (*der Aorta*) coarctation.

ver'erb·bar *adj* **1.** (*Anlagen etc*) hereditary, (in)heritable, hereditable, transmissible, transmittable: erworbene Eigenschaften sind nicht ~ acquired qualities are not inheritable. – **2.** (*Besitz, Titel etc*) (in)heritable, hereditary, hereditable, devisable. — **Ver'erb·bar·keit** *f* ⟨-; *no pl*⟩ **1.** (in)heritability, hereditability, hereditariness, transmissibility. – **2.** (in)heritability, hereditability, inheritableness, devisability.

ver'er·ben I *v/t* ⟨*no* ge-, h⟩ **1.** j-m etwas ~, etwas an j-n ~ a) to leave (*od.* will) s.o. s.th. (*od.* s.th. to s.o.), b) (*bes. Geld u. bewegliche Habe*) to bequeath s.o. s.th. (*od.* s.th. to s.o.), c) (*bes. Grund u. Boden, unbewegliche Habe*) to devise s.o. s.th. (*od.* s.th. to s.o.), d) (*testamentarisch vermachen od.* übertragen) to transmit s.th. to s.o. by will, e) *fig. colloq. humor.* (*schenken, überlassen*) to bequeath s.th. to s.o. – **2.** etwas auf j-n ~, j-m etwas ~ a) *biol. med.* (*Erbanlage, Krankheit etc*) to transmit (*od.* propagate) s.th. to s.o., b) (*bestimmte Nasenform etc*) to give (*od.* pass on) s.th. to s.o., c) (*Sitten, Bräuche etc*) to hand s.th. down (*od.* transmit s.th.) to s.o. – **II** *v/reflex* **3.** sich auf j-n ~ *biol. med.* (*von Erbanlage, Krankheit etc*) to be transmitted (*od.* propagated) to s.o. – **III V~** *n* ⟨-s⟩ **4.** *verbal noun.* – **5.** *cf.* Vererbung.

ver'erb·lich *adj cf.* vererbbar.

Ver'er·bung *f* ⟨-; *no pl*⟩ **1.** *cf.* Vererben. – **2.** *biol. med.* (*von Erbanlagen, Krankheiten etc*) (hereditary) transmission, propagation. – **3.** (*von Sitten, Bräuchen etc*) transmission.

Ver'er·bungs|,for·scher *m biol.* geneticist. — ~**,for·schung** *f* genetics *pl* (*construed as sg*). — ~**ge,set·ze** *pl* laws of heredity, Mendelian (*od.* Mendel's) laws. — ~**,leh·re** *f* genetics *pl* (*construed as sg*). — ~**,theo,rie** *f* theory of heredity.

ver'er·zen [-'ʔɛrtsən; -'ʔɛrtsən] *v/t* ⟨*no* ge-, h⟩ *min. geol.* mineralize *Br. auch* -s-.

ver'estern [-'ʔɛstərn] *v/t* ⟨*no* ge-, h⟩ *chem.* esterify.

ver'ewi·gen [-'ʔeːvɪɡən] **I** *v/t* ⟨*no* ge-, h⟩ **1.** (*Zustand etc*) perpetuate, eternize *Br. auch* -s-. – **2.** (*Namen, Ruhm etc*) immortalize *Br. auch* -s-, eternize *Br. auch* -s-, eternalize *Br. auch* -s-. – **II** *v/reflex* **3.** sich in (*dat*) [auf *dat*] etwas ~ *fig. colloq.* to carve (*od.* scratch) one's name into [on] s.th., to leave one's mark on s.th.; dort hat sich ein Hund verewigt *fig. colloq. euphem.* a dog did its business (*od.* made a pile) there. – **III V~** *n* ⟨-s⟩ **4.** *verbal noun.* – **5.** *cf.* Verewigung.

ver'ewigt I *pp.* – **II** *adj* ⟨*attrib*⟩ (*verstorben*) deceased, departed. — **Ver'ewi·gung** *f* ⟨-; *no pl*⟩ **1.** *cf.* Verewigen. – **2.** (*eines Zustands*) perpetuation, eternization *Br. auch* -s-, eternalization *Br. auch* -s-. – **3.** (*von Namen, Ruhm etc*) immortalization *Br. auch* -s-, eternization *Br. auch* -s-, eternalization *Br. auch* -s-.

ver'fah·ren[1] **I** *v/i* ⟨*irr, no* ge-, sein⟩ **1.** (*vorgehen*) proceed: wir müssen nach der vorgeschriebenen Methode ~ we must proceed in accordance with the prescribed method; unter den gleichen Bedingungen ~ (*bei einem Experiment*) to proceed under the same conditions. – **2.** (*handeln*) act, proceed: schonend [rücksichtslos] ~ to act with [without] consideration. – **3.** mit j-m [etwas] ~ (*umgehen*) to deal (*od.* manage) with s.o. [s.th.], to treat s.o. [s.th.]: er ist sehr achtlos damit ~ he treated it rather carelessly; wir müssen streng mit ihm ~ we must treat him with severity, we must deal with him severely. – **II** *v/t* ⟨h⟩ **4.** (*Geld, Zeit, Benzin etc*) spend (*s.th.*) on traveling (*bes. Br.* travelling). – **III** *v/reflex* sich ~ **5.** take the wrong road, lose one's way. – **6.** *fig.* (*nicht weiterkönnen*) get stuck. – **IV V~** *n* ⟨-s⟩ **7.** *verbal noun.*

ver'fah·ren[2] **I** *pp of* verfahren[1]. – **II** *adj fig.* (*verpfuscht*) muddled: eine ~e Geschichte a muddle; diese Sache ist (total) ~ the whole thing is in a complete tangle.

Ver'fah·ren[3] *n* ⟨-s; -⟩ **1.** *tech.* a) (*Prozeß*) process, b) (*mechanischer Arbeitsgang*) operation, c) (*Methode*) method, d) (*Verfahrensgang*) procedure, e) (*Behandlung*)

treatment, f) (*Schema, Plan*) system, g) (*Praxis, Art*) practice, h) (*fertigungstechnisches Verfahren*) technique: ein verbessertes [überholtes] ~ an improved [outmoded] process; ein ~ anwenden [einführen] to apply [to introduce] a process. – **2.** (*Methode*) method, system, scheme: mit diesem ~ kommst du nicht weiter you will not get far (*od.* any further) with this method. – **3.** ⟨*only sg*⟩ (*Vorgehen*) procedure, way of acting: sein eigenmächtiges ~ his wil(l)ful procedure. – **4.** *jur.* a) proceedings *pl*, b) ⟨*only sg*⟩ procedure, practice: gerichtliches [langwieriges, abgekürztes] ~ legal (*od.* judicial) [lengthy, summary] proceedings; ordnungsgemäßes ~ orderly procedure; ein (gerichtliches) ~ gegen j-n einleiten (*od.* eröffnen) to institute (*od.* take) (legal) proceedings against s.o., to take (legal) action against s.o.; ein ~ aussetzen [einstellen, wiederaufnehmen] to suspend [to stay *od.* stop, to resume] legal proceedings; ein ~ (wegen ...) lief gegen ihn he was on a charge (of ...), he had a charge (for ...) pending against him.

Ver'fah·rens|,ab,lauf *m jur. cf.* Verfahrensgang. — ~**,ab,schnitt** *m* stage of (the) proceedings. — ~**,an,trag** *m pol.* (*im Parlament*) procedural motion, motion of procedure. — ~**,aus,schuß** *m* procedural committee. — ~**,ein,stel·lung** *f jur.* (*im Strafprozeß*) nolle prosequi, stay of (the) proceedings. — ~**,fra·ge** *f* **1.** *jur.* question (*od.* matter) of procedure, procedural question (*od.* issue). – **2.** *pol.* (*im Parlament*) point of order. — ~**,gang** *m tech.* (course of) procedure. — ~**,ko·sten** *pl jur.* costs of the proceedings. — ~**,man·gel** *m* (legal) defect in the proceedings. — ~**,ord·nung** *f* rules *pl* of procedure (*od.* proceedings), procedural rules *pl*. — ~**,plan** *m* procedural plan. — ~**,recht** *n jur.* procedural law. — **v~,recht·lich** *adj* procedural: eine ~e Frage a procedural question, a question of procedure. — ~**,tech·nik** *f tech.* process engineering. — ~**,vor,schrift** *f jur.* procedural requirement (*od.* provision): die ~en erfüllen to comply with the procedural requirements. — ~**,wei·se** *f* method, procedure, way of acting, modus operandi.

Ver'fall ⟨-(e)s; *no pl*⟩ **1.** (*von Gebäuden etc*) dilapidation, decay, disrepair, (*stärker*) ruin: in ~ geraten a) to fall into decay, (*stärker*) to go to ruin, b) *cf.* verfallen[1] 2, 5. – **2.** *med.* (*gesundheitlicher, geistiger, körperlicher*) decline, decay. – **3.** (*des Besitzes, Vermögens, Reichtums etc*) dissolution, decay. – **4.** (*von Reichen, Kulturen, der Kunst etc*) decay, decline. – **5.** (*sittlicher, moralischer*) decay, corruption, degeneration, decay: (der) ~ der Sitten decadence, decadency. – **6.** *econ.* (*Fristablauf*) expiry, expiration, (*bes. eines Wechsels*) auch maturity: bei ~ a) upon expiry, b) (*eines Wechsels*) at (*od.* [up]on) maturity, when due. – **7.** *jur.* (*eines Rechts*) lapse.

Ver'fall|,buch *n econ. bes. Am.* maturity index, tickler. — ~**,da·tum** *n cf.* Verfalltag.

ver'fal·len[1] *v/i* ⟨*irr, no* ge-, sein⟩ **1.** (*von Gebäuden*) dilapidate, fall into decay (*od.* disrepair), (*stärker*) go to ruin. – **2.** (*von Kraft, Gesundheit etc*) decline, be failing, deteriorate, decay. – **3.** (*von Kranken*) waste (*od.* fade) away. – **4.** (*von Besitz, Vermögen, Reichtum etc*) decay. – **5.** (*von Kunst, Reichtum, Kulturen etc*) decay, decline. – **6.** (*von Sitten, Moral etc*) decay, degenerate. – **7.** (*ablaufen, ungültig werden*) expire: die Karte ist ~ the ticket has expired; eine Karte ~ lassen to let a ticket expire (*od.* go to waste). – **8.** *jur.* a) (*von Recht, Anspruch etc*) lapse, expire, b) (*von Pfand etc*) become forfeited. – **9.** j-m ~ a) (*von Dingen*) to become the property of s.o., b) (*von Personen*) to become s.o.'s slave. – **10.** einer Sache ~ a) (*einem Laster, einer Leidenschaft etc*) to become addicted to s.th., b) (*dem Gesetz, der Gerechtigkeit etc*) to be subject to s.th., c) *lit.* (*der Vernichtung, einem Tode, einem Schicksal etc*) to fall prey to s.th., d) (*dem Spott, der Lächerlichkeit etc*) to become the object of s.th., e) (*einer Strafe*) to incur s.th.: er verfällt immer mehr dem Trunk he is becoming more and more addicted to drink; einem Irrtum ~ to err; dem Wahnsinn ~ to go insane; dem Zauber der Musik ~ to be

bewitched by (the) music. – **11.** auf (*acc*) etwas ~ to hit (up)on s.th., to think of s.th.: er verfällt manchmal auf die komischsten Ideen he hits on the funniest ideas sometimes; darauf wäre ich nie ~ I should never have thought of that. – **12.** in (*acc*) etwas ~ (*in Nachdenken etc*) to fall (*od.* lapse) into s.th.: in Schweigen ~ to lapse (*od.* sink) into silence; in den alten Ton [Schlendrian] ~ to fall back into one's old ways [the old routine], to lapse into one's old ways [the old routine] again; in Krämpfe ~ to be seized by cramps. – **II V~** *n* ⟨-s⟩ **13.** *verbal noun.* – **14.** *cf.* Verfall.

ver'fal·len[2] **I** *pp of* verfallen[1]. – **II** *adj* **1.** (*Gebäude etc*) dilapidated, decayed, (*stärker*) ruined, ruinous. – **2.** (*Gesichtszüge etc*) wasted, emaciated. – **3.** (*abgelaufen*) expired: ~e Karten werden nicht zurückgenommen expired tickets are not returnable. – **4.** *jur.* (*Rechte, Ansprüche, Patent etc*) lapsed, expired: für ~ erklären a) (*Hypothek etc*) to foreclose, b) (*Pfand etc*) to declare (*s.th.*) forfeit(ed). – **5.** j-m ~ sein to be a slave to s.o., to be in bondage to s.o. – **6.** einer Sache ~ sein to be addicted to s.th.: dem Rauschgift ~ sein to be addicted to drugs, to be a drug addict.

Ver'fall|er,klä·rung *f econ.* statement of forfeiture (*od.* expiry), (*einer Hypothek wegen Verzugs des Hypothekenschuldners*) foreclosure. — ~**,klau·sel** *f* forfeiture (*od.* expiry) clause.

Ver'falls|er,klä·rung *f econ. cf.* Verfallerklärung. — ~**er,schei·nung** *f* symptom of decline (*od.* decay). — ~**,tag** *m econ. cf.* Verfalltag. — ~**,zeit** *f cf.* Verfallzeit.

Ver'fall|,tag *m econ.* date (of expiry), due (*od.* expiry, expiring) date, (*bes. eines Wechsels*) auch date of maturity. — ~**,zeit** *f* (*eines Wechsels*) tenor, term, period.

ver'fäl·schen I *v/t* ⟨*no* ge-, h⟩ **1.** (*Wein, Nahrungsmittel, Arzneien etc*) adulterate, falsify. – **2.** (*Wahrheit, Tatsachen, Text etc*) falsify, distort, misrepresent, corrupt, sophisticate. – **3.** *econ.* (*zurechtmachen, frisieren*) falsify, fake, doctor (*colloq.*): eine Bilanz [Statistik] ~ to fake (*od.* colloq. cook) a balance sheet [statistics]. – **4.** *cf.* fälschen 1. – **II V~** *n* ⟨-s⟩ **5.** *verbal noun.* – **6.** *cf.* Verfälschung. — **Ver'fäl·scher** *m* ⟨-s; -⟩ **1.** (*von Wein, Nahrungsmitteln etc*) adulterator, falsifier. – **2.** (*der Wahrheit, von Tatsachen etc*) falsifier, misrepresenter, corrupter, sophisticator. – **3.** *econ.* (*einer Bilanz, Statistik etc*) falsifier, faker. — **ver'fälscht I** *pp.* – **II** *adj* **1.** (*Wein, Nahrungsmittel etc*) adulterate(d), adulterine, falsified. – **2.** (*Tatsachen, Wahrheit, Text etc*) falsified, distorted, misrepresented, spurious, corrupt, sophisticated. – **3.** (*Bilanz, Statistik etc*) falsified, fake(d); cooked, doctored (*colloq.*). — **Ver'fäl·schung** *f* ⟨-; *no pl*⟩ **1.** *cf.* Verfälschen. – **2.** (*von Wein, Nahrungsmitteln etc*) adulteration, falsification. – **3.** (*der Wahrheit, von Tatsachen, eines Textes etc*) falsification, distortion, misrepresentation, corruption, sophistication. – **4.** *econ.* (*einer Bilanz, Statistik etc*) falsification.

ver'fan·gen[1] **I** *v/t* ⟨*irr, no* ge-, h⟩ **1.** [nicht] bei j-m ~ (*von Mahnungen, Trost, Versprechungen, Mittel etc*) to have (an) [no] effect on s.o., [not] to work with (*od.* on) s.o.: Mahnungen ~ bei ihm nicht admonitions have no effect (*od.* are lost) on him; das verfängt bei mir nicht that does not work (*od.* will not take) with me. – **2.** (*von Argument etc*) be convincing, go down. – **II** *v/reflex* **3.** sich in (*dat u. acc*) etwas ~ a) (*vom Wind*) to be (*od.* get) caught in s.th., b) (*von Menschen u. Tieren*) to get caught (up) (*od.* get entangled, get ensnared) in s.th., c) (*von Dingen*) to catch (*od.* get caught, get [en]tangled) in s.th.: das Tier hat sich im Netz ~ the animal got caught in the net; sich in Widersprüche [Lügen] ~ *fig.* to become (*od.* get) entangled in contradictions [lies].

ver'fan·gen[2] **I** *pp of* verfangen[1]. – **II** *adj* j-d ist in dem Wahn ~, Napoleon zu sein s.o. has (*od.* is obsessed with) the mad notion of being Napoleon.

ver'fäng·lich [-'fɛŋlɪç] *adj* **1.** (*tückisch*) tricky, captious, (*stärker*) insidious: eine ~e Frage a captious question; die Frage war (*od.* klang) ~ the question was (*od.* sounded) tricky. – **2.** (*peinlich, bloß-*

stellend) awkward, embarrassing: er überraschte sie in einer ~en Situation he caught her in an awkward situation. – **3.** *(belastend)* detrimental, harmful, prejudicial, *Am. auch* prejudicial: dieser Brief könnte für dich ~ werden this letter might become damaging to you. – **4.** *(schlüpfrig, gewagt)* risqué, off-color, *bes. Br.* off-colour *(attrib)*, daring, risky, blue *(colloq.)*: die Unterhaltung wurde ziemlich ~ the conversation became rather risqué. – **5.** *(riskant, gefährlich)* risky, precarious, hazardous. — **Ver'fäng·lich·keit** *f* ⟨-; *no pl*⟩ **1.** *(einer Frage etc)* trickiness, captiousness, *(stärker)* insidiousness. – **2.** *(Peinlichkeit)* awkwardness. – **3.** *(eines Briefes etc)* detrimentalness, harmfulness, prejudicialness. – **4.** *(Schlüpfrigkeit)* riskiness, daringness, blueness *(colloq.)*. – **5.** *(Gefährlichkeit)* riskiness, precariousness, hazardousness.

ver'fär·ben I *v/t* ⟨*no* ge-, h⟩ **1.** *(abfärben auf)* stain: die roten Socken haben die ganze Wäsche verfärbt the red socks have stained the whole wash(ing), the dye from the red socks has run on to the whole wash(ing). – **II** *v/i* **2.** *hunt. (vom edlen Haarwild)* shed the coat. – **III** *v/reflex* sich ~ **3.** *(von Stoff etc)* discolor, *bes. Br.* discolour, stain, become discolored *(bes. Br.* discoloured) *(od.* stained). – **4.** *(von Blättern, Laub)* turn. – **5.** *(von Gesicht, Haut, Tier etc)* change color *(bes. Br.* colour). – **6.** *med. (von Exanthem)* fade. – **7.** *metall.* decolorize, *bes. Br.* decolourize *auch* -s-. – **IV V**~ *n* ⟨-s⟩ **8.** *verbal noun.* – **9.** *cf.* Verfärbung. — **ver'färbt I** *pp.* – **II** *adj (Stoff)* discolored, *bes. Br.* discoloured, stained: ~e Stelle *cf.* Verfärbung 3. — **Ver'fär·bung** *f* ⟨-; -en⟩ **1.** *cf.* Verfärben. – **2.** discoloration, *bes. Br.* discolouration. – **3.** *(Stelle)* discoloration, *bes. Br.* discolouration, stain. – **4.** *med.* a) *(bei Gelbsucht)* tinge, b) *(durch Pigmente)* pigmentation.

ver'fas·sen I *v/t* ⟨*no* ge-, h⟩ **1.** *(Artikel, Brief, Rede etc)* *(für for)* write, pen *(lit.)*, *(Buch, Gedicht etc) auch* compose. – **2.** *(Schriftstück, Urkunde etc)* draw (up). – **3.** *(Musikstück)* compose. – **II V**~ *n* ⟨-s⟩ **4.** *verbal noun:* beim V~ des Artikels when writing the article. – **5.** *(eines Gedichtes etc)* composition. – **6.** *(eines Musikstückes)* composition.

Ver'fas·ser *m* ⟨-s; -⟩ **1.** *(eines Artikels, Briefes, einer Rede etc)* author, writer, *(eines Buches, Gedichts etc) auch* composer: ~ unbekannt *od.* ohne Angabe) author unknown, anonymous; ohne ~ no single author. – **2.** *(eines Musikstücks)* composer. — **Ver'fas·se·rin** *f* ⟨-; -nen⟩ **1.** author(ess), writer, *(eines Buches, Gedichts etc) auch* composer. – **2.** *cf.* Verfasser 2.

Ver'fas·ser·ka·ta·log *m (eines Verlags, in Bibliotheken etc)* author catalog *(bes. Br.* catalogue).

Ver'fas·ser·schaft *f* ⟨-; *no pl*⟩ authorship.

Ver'fas·sung *f* ⟨-; -en⟩ **1.** *cf.* Verfassen. – **2.** ⟨*only sg*⟩ *(körperliche)* condition: der Patient ist in guter [schlechter] ~ the patient is in good [bad *od.* poor] condition *(od.* shape); in bester ~ in fine fettle; der Boxer war *(od.* befand sich) in bester körperlicher ~ the boxer was in excellent condition *(od.* shape, trim). – **3.** ⟨*only sg*⟩ *(geistige, seelische)* state *(od.* frame) of mind, disposition, makeup, *Br.* make-up: ich bin nicht in der ~ mitzugehen I am in no state of mind *(od.* I am not disposed to) go with you. – **4.** ⟨*only sg*⟩ *(äußere)* state, condition: das Haus war in einer unbeschreiblichen ~ the house was in an indescribable state (of disrepair); die Finanzen des Unternehmens sind in keiner guten ~ *fig. colloq.* the firm's finances are not *(od.* none) too good. – **5.** *pol. (eines Staates)* constitution: die ~ ändern [aufheben] to amend [to abrogate] the constitution; einem Land eine ~ geben to give a country a constitution, to provide a country with a constitution; den Eid auf die ~ ablegen *(od.* schwören, leisten) to swear to uphold and defend the constitution; von der ~ auferlegte Pflichten constitutional duties. — **v~ge·bend** *adj pol.* constituent: ~e Versammlung constituent assembly.

Ver'fas·sungs|än·de·rung *f pol.* constitutional amendment, amendment to the constitution. — **~aus·schuß** *m* constitutional committee. — **~be·schwer·de** *f cf.* Verfassungsklage. — **~bruch** *m* breach *(od.* infringement) of the constitution. — **~eid** *m* oath of (sworn) allegiance to the constitution: den ~ leisten to swear to uphold and defend the constitution. — **~ent·wurf** *m* draft constitution. — **v~feind·lich** *adj* hostile to the constitution. — **~fra·ge** *f* constitutional question *(od.* problem). — **v~ge·mäß** *adj u. adv cf.* verfassungsmäßig. — **~ge·richt** *n jur.* constitutional court. — **~ge·schich·te** *f pol.* constitutional history. — **~kla·ge** *f jur. pol.* complaint of unconstitutionality. — **~kon·flikt** *m pol.* constitutional conflict. — **~kri·se** *f* constitutional crisis.

ver'fas·sungs·mä·ßig *pol.* **I** *adj* constitutional. – **II** *adv* die Rechte des Präsidenten sind ~ begrenzt the rights of the president are restricted *(od.* circumscribed) constitutionally *(od.* by the constitution). — **Ver'fas·sungs·mä·ßig·keit** *f* ⟨-; *no pl*⟩ constitutionality.

Ver'fas·sungs|norm *f pol.* constitutional norm. — **~recht** *n jur. pol.* constitutional law. — **~recht·ler** *m* ⟨-s; -⟩ constitutionalist. — **v~recht·lich I** *adj* constitutional. – **II** *adv* ~ nicht zulässig sein a) to be constitutionally inadmissible, b) *(verfassungswidrig)* to be unconstitutional. — **~re·form** *f pol.* constitutional reform. — **~re·vi·si·on** *f cf.* Verfassungsänderung. — **~rich·ter** *m jur.* judge of the constitutional court. — **~schutz** *m* Amt für ~ *pol.* Office for the Protection of the Constitution. — **~streit** *m* constitutional controversy. — **v~treu** *adj* loyal to the constitution. — **~treue** *f (einer Partei etc)* loyalty to the constitution. — **~ur·kun·de** *f* charter of the constitution, constitutional charter *(od.* instrument). — **v~wid·rig** *adj (Handlung etc)* unconstitutional: etwas für ~ erklären to declare s.th. (to be) unconstitutional. — **~wid·rig·keit** *f* ⟨-; *no pl*⟩ unconstitutionality. — **~wirk·lich·keit** *f* constitutional reality.

ver'fau·len I *v/i* ⟨*no* ge-, sein⟩ **1.** *(von Fleisch, Obst, Knochen etc)* rot, molder, *bes. Br.* moulder, decay, putrefy, *auch* putrify, decompose. – **2.** *(von Zähnen)* decay, rot. – **3.** *(von Holz, Getreide etc)* rot, molder, *bes. Br.* moulder, decay: die Ernte ist auf dem Halm verfault the standing crop rotted, the crop rotted before it was harvested. – **II V**~ *n* ⟨-s⟩ **4.** *verbal noun.* – **5.** *(von Fleisch, Obst, Knochen etc)* rot, decay, putrefaction, decomposition. – **6.** *(der Zähne)* decay. – **7.** *(des Holzes, Getreides etc)* rot, decay. — **ver'fau·lend I** *pres p.* – **II** *adj* **1.** *(Fleisch, Obst, Knochen etc)* rotting, moldering, *bes. Br.* mouldering, decaying, putrefying, *auch* putrifying, decomposing, putrescent. – **2.** *(Zähne)* decaying, rotting. – **3.** *(Holz, Getreide etc)* rotting, moldering, *bes. Br.* mouldering, decaying.

ver'fau·len·zen *v/t* ⟨*no* ge-, h⟩ *colloq. (die Ferien, den Sonntag etc)* laze *(od.* fiddle, fritter, idle) *(s.th.)* away.

ver'fault I *pp.* – **II** *adj* **1.** *(Fleisch, Obst, Knochen etc)* rotten, moldered, *bes. Br.* mouldered, decayed, putrefied, *auch* putrified, putrid, putrifacted. – **2.** *(Zähne)* decayed, rotten, bad. – **3.** *(Holz, Getreide etc)* rotten, moldered, *bes. Br.* mouldered, decayed.

ver'fecht·bar *adj (Argument etc)* defensible, defendable, maintainable.

ver'fech·ten I *v/t* ⟨*irr, no* ge-, h⟩ **1.** *(Standpunkt, Forderung, Idee etc)* maintain, support, contend, stand up for. – **2.** *(Anspruch etc)* assert: sein Recht auf Bildung ~ to assert one's right to education. – **3.** *(Lehre, Anliegen etc)* fight for, champion, support: die Sache des Freundes ~ to fight for the friend's cause. – **II V**~ *n* ⟨-s⟩ **4.** *verbal noun.* – **5.** *cf.* Verfechtung. — **Ver'fech·ter** *m* ⟨-s; -⟩ **1.** maintainer, supporter: ich bin ein ~ des Zweiparteiensystems I am a supporter of the two-party system. – **2.** *(eines Anspruchs)* assertor. – **3.** *(einer Lehre etc)* advocate, champion, supporter, exponent. — **Ver'fech·tung** *f* ⟨-; *no pl*⟩ **1.** *cf.* Verfechten. – **2.** *(eines Standpunkts etc)* maintainance, support. – **3.** *(eines Anspruchs etc)* assertion. – **4.** *(einer Lehre etc)* advocacy, championship, support.

ver'feh·len I *v/t* ⟨*no* ge-, h⟩ **1.** *(Person)* miss: ich wollte dich vom Büro abholen, habe dich aber verfehlt I wanted to call for you at the office but I missed you; sich (gegenseitig) ~ to miss each other *(od., bei mehr als zwei Personen)*, one another). – **2.** *(Ziel)* miss: der Ball verfehlte das Tor um wenige Zentimeter the ball missed the goal by a few inches, the ball narrowly *(od.* just) missed the goal; er hat das Ziel mit keinem Schuß verfehlt he did not miss the goal with a single shot; sein Ziel ~ *auch fig.* to miss the mark; du hast deinen Beruf verfehlt *auch fig. colloq. humor.* you have missed your vocation *(od.* calling), you are in the wrong profession; er hat das Thema völlig verfehlt *ped.* he missed the subject completely, he did not treat the proper subject. – **3.** *(den richtigen Weg, Eingang, eine Abzweigung, Tür etc)* miss, go past. – **4.** *(verpassen)* *(Zug, Anschluß etc)* miss: du hast den rechten Augenblick verfehlt you missed the right moment. – **5.** seine Wirkung ~ a) to fail to have effect, b) to have the wrong effect: diese Schelte hat ihre Wirkung verfehlt this scolding has failed to have any effect, this scolding has misfired *(colloq.)*; das Unternehmen wird seinen Zweck [nicht] ~ the enterprise will [not] fail in its object *(od.* aim). – **6.** nicht ~, etwas zu tun *lit. od. archaic* not to fail to do s.th.: ich werde nicht ~, ihn zu begrüßen I shall not fail to welcome him. – **II V**~ *n* ⟨-s⟩ **7.** *verbal noun.* — **ver'fehlt I** *pp.* – **II** *adj* **1.** *(Thema)* missed. – **2.** *(vergeudet, vertan)* misspent: ein ~es Leben a misspent life. – **3.** *(fehlgeschlagen)* abortive, unsuccessful, miscarried: das ist eine ~e Sache *(od.* Geschichte) this is a failure. – **4.** *(unangebracht, fehl am Platz)* inappropriate, unsuitable: diese Maßnahme war ~ this measure was inappropriate; eine völlig ~e Politik a completely inappropriate policy; ich halte es für (völlig) ~, das jetzt zu tun I consider it (quite) inappropriate to do this now. — **Ver'feh·lung** *f* ⟨-; -en⟩ **1.** *cf.* Verfehlen. – **2.** *(Vergehen)* misdemeanor, *bes. Br.* misdemeanour, lapse: eine schwere [leichte *od.* geringfügige] ~ a serious [slight *od.* petty] misdemeano(u)r; sexuelle ~en sexual misdemeano(u)rs; ~ im Amt *jur.* misdemeano(u)r in office, misconduct (in office); sich *(dat)* ~en [eine ~] zuschulden kommen lassen to commit misdemeano(u)rs [a misdemeano(u)r].

ver'fein·den [-'faɪndən] **I** *v/t* ⟨*no* ge-, h⟩ **1.** *(zwei Menschen, Völker etc)* make enemies of, estrange, cause enmity between: die Eifersucht hat die Freunde (miteinander) verfeindet jealousy has made enemies of the two friends, jealousy has turned one friend against the other. – **2.** j-n mit j-m ~ to set s.o. against s.o.: die Scheidungsfrage hat Heinrich VIII. mit dem Papst verfeindet the divorce question set Henry VIII against the Pope. – **3.** sich ~ *(miteinander)* ~ to become enemies *(od.* estranged). – **II** *v/reflex* **4.** sich mit j-m ~ to fall out *(od.* break, split) with s.o. – **III V**~ *n* ⟨-s⟩ **5.** *verbal noun.* – **6.** *cf.* Verfeindung. — **ver'feindet I** *pp.* – **II** *adj* **1.** *(Menschen, Völker etc)* estranged: die ~en Brüder the estranged brothers. – **2.** mit j-m ~ sein to be at daggers drawn *(od.* at enmity) with s.o. — **Ver'fein·dung** *f* ⟨-; *no pl*⟩ **1.** *cf.* Verfeinden. – **2.** *(mit with)* enmity, estrangement.

ver'fei·nern [-'faɪnərn] **I** *v/t* ⟨*no* ge-, h⟩ **1.** *(Methode, Stil etc)* refine, sophisticate, subtilize *Br. auch* -s-. – **2.** *(Geschmack, Kultur, Umgangsformen etc)* refine, cultivate, elevate, *auch* urbanize. – **3.** *(Speisen)* enrich, refine. – **II** *v/reflex* sich ~ **4.** *(von Methoden, Geschmack, Sitten, Umgangsformen etc)* refine. – **III V**~ *n* ⟨-s⟩ **5.** *verbal noun.* – **6.** *cf.* Verfeinerung. — **ver'fei·nert I** *pp.* – **II** *adj* **1.** *(Methode, Stil etc)* refined, sophisticated, subtilized *Br. auch* -s-. – **2.** *(Geschmack, Kultur, Umgangsformen etc)* refined, cultivated, elevated, *auch* urbanized. – **3.** *(Speisen)* enriched, refined. – **4.** *(Person)* refined, cultivated, polished. — **Ver'fei·ne·rung** *f* ⟨-; -en⟩ **1.** *cf.* Verfeinern. – **2.** *(von Methode, Stil etc)* refinement, sophistication, subtilization *Br. auch* -s-. – **3.** *(von Geschmack, Kultur, Umgangsformen etc)* refinement, cultivation, elevation, *auch* urbanization.

– **4.** (*von Speisen*) enrichment, refinement.

ver'fe·men [-'feːmən] I *v/t* ⟨*no* ge-, h⟩ **1.** j-n ~ a) *jur. hist. cf.* ächten 1a, b) *fig.* (*aus der Gesellschaft ausstoßen*) to ostracize (*Br. auch* -s-) s.o., *Br.* to send s.o. to Coventry. – **2.** *fig.* (*Kunstwerk, Stilrichtung etc*) proscribe, ban, condemn. – **II V~** *n* ⟨-s⟩ **3.** *verbal noun.* – **4.** *cf.* Verfemung. — **Ver'fem·te** *m, f* ⟨-n; -n⟩ **1.** *jur. hist.* outlaw. – **2.** *fig.* ostracized (*Br. auch* -s-) person. — **Ver'fe·mung** *f* ⟨-; -en⟩ **1.** *cf.* Verfemen. – **2.** *jur. hist.* outlawry, proscription. – **3.** *fig.* (*gesellschaftliche Ächtung*) ostracism, ostracization *Br. auch* -s-. – **4.** *fig.* (*einer Kunstrichtung etc*) proscription, ban, condemnation.

ver'fer·ti·gen I *v/t* ⟨*no* ge-, h⟩ **1.** (*Waren, Kleider, Geräte etc*) manufacture, fabricate, produce, make. – **2.** (*Aufstellung, Ausarbeitung, Liste etc*) draw up. – **3.** (*Brief, Essay etc*) *auch iron.* compose: ein Gedicht ~ *iron.* to compose (*od.* make up, manufacture, perpetrate) a poem. – **II V~** *n* ⟨-s⟩ **4.** *verbal noun.* — **Ver'fer·ti·gung** *f* ⟨-; *no pl*⟩ **1.** *cf.* Verfertigen. – **2.** (*von Waren etc*) manufacture, fabrication, production. – **3.** (*von Brief, Essay etc*) *auch iron.* composition.

ver'fe·sti·gen I *v/t* ⟨*no* ge-, h⟩ **1.** *bes. chem. phys.* (*flüssige, gasförmige Stoffe*) solidify. – **2.** *tech.* (*Werkstoffe etc*) a) (*verstärken*) strengthen, reinforce, b) (*versteifen*) stiffen. – **3.** *civ.eng.* a) (*Böden*) solidify, b) (*Bauwerke*) consolidate. – **4.** *synth.* (*Klebstoffe*) solidify. – **5.** *metall.* a) (*durch Aushärtung*) quench-age harden, b) (*durch Kaltarbeit*) work harden, strain-harden. – **6.** *fig.* (*Strukturen, Verhältnisse etc*) rigidify, make (*s.th.*) firm (*stärker* rigid, inflexible). – **II** *v/reflex* ~ **7.** *bes. chem. phys.* (*von flüssige, gasförmigen Stoffen*) solidify. – **8.** *fig.* (*von Strukturen etc*) rigidify, become firm (*stärker* rigid, inflexible). – **III V~** *n* ⟨-s⟩ **9.** *verbal noun.* – **10.** *cf.* Verfestigung. — **ver'fe·stigt** I *pp.* – **II** *adj fig.* (*Struktur etc*) rigidified. — **Ver'fe·sti·gung** *f* ⟨-; *no pl*⟩ **1.** *cf.* Verfestigen. – **2.** *bes. chem. phys.* solidification. – **3.** *tech.* reinforcement. – **4.** *civ.eng.* a) solidification, b) consolidation. – **5.** *synth.* solidification. – **6.** *fig.* (*von Strukturen etc*) rigidification.

ver'fet·ten *med.* I *v/i* ⟨*no* ge-, sein⟩ **1.** (*von Körperpartien, Muskelgewebe etc*) become obese. – **2.** (*von Herz, Leber etc*) become fatty (*od. scient.* adipose). – **II V~** *n* ⟨-s⟩ **3.** *verbal noun.* – **4.** *cf.* Verfettung. — **ver'fet·tet** I *pp.* – **II** *adj* **1.** (*Körper*) obese. – **2.** (*Herz, Leber etc*) fatty, adipose (*scient.*). — **Ver'fet·tung** *f* ⟨-; *no pl*⟩ **1.** *cf.* Verfetten. – **2.** (*des Körpers*) obesity. – **3.** (*von Organen*) fatty (*od. scient.* adipose) degeneration; adiposis, steatosis (*scient.*). – **4.** (*fettige Infiltration*) fatty infiltration.

ver'feu·ern I *v/t* ⟨*no* ge-, h⟩ **1.** (*Kohle, Öl etc*) burn up: sie haben das ganze Holz verfeuert they burned (*od.* burnt) up all the wood. – **2.** (*als Brennstoff nehmen*) burn (*s.th.*) as fuel. – **3.** (*Munition*) fire (away), use up: er hat seine ganze Munition verfeuert a) he has fired (away) his whole ammunition, b) *fig.* (*hat keine Argumente mehr*) he has played his last trump. – **II V~** *n* ⟨-s⟩ **4.** *verbal noun.* — **Ver'feue·rung** *f* ⟨-; *no pl*⟩ *cf.* Verfeuern.

ver'fil·men *v/t* ⟨*no* ge-, h⟩ **1.** (*einen Roman, ein Drama etc*) film, make a film of, screen. – **2.** (*Filme*) use up. – **II V~** *n* ⟨-s⟩ **3.** *verbal noun.* — **Ver'fil·mung** *f* ⟨-; -en⟩ **1.** *cf.* Verfilmen. – **2.** (*Filmbearbeitung*) film (*auch* screen) adaptation. **Ver'fil·mungs,rech·te** *pl* (*film*) *jur.* film (*auch* screen) rights.

ver'fil·zen I *v/t* ⟨*no* ge-, h⟩ **1.** (*Wolle, Pullover*) felt. – **2.** (*Haare*) mat. – **II** *v/i* ⟨sein⟩ **3.** (*von Wolle*) felt. – **4.** (*von Haaren*) mat, become matted. – **III** *v/reflex* ⟨h⟩ sich ~ **5.** (*von Haaren*) mat, become matted. – **IV V~** *n* ⟨-s⟩ **6.** *verbal noun.* — **ver'filzt** I *pp.* – **II** *adj* **1.** (*Wolle, Pullover*) felted. – **2.** (*Haare*) matted. — **Ver'fil·zung** *f* ⟨-; -en⟩ *cf.* Verfilzen.

ver'fin·stern [-'finstərn] I *v/t* ⟨*no* ge-, h⟩ **1.** (*durch Schatten, Wolke etc*) darken, obscure. – **2.** *fig.* (*Gesicht, Miene etc*) cast a gloom over. – **3.** *astr.* (*von Sonne, Mond*) eclipse, occult. – **II** *v/reflex* sich ~ **4.** (*von Himmel, Zimmer etc*) darken, darkle

(*poet.*). – **5.** *fig.* (*von Gesicht, Miene etc*) darken, become gloomy, cloud, darkle (*poet.*). – **6.** *astr.* become eclipsed (*od.* occulted), eclipse. – **III V~** *n* ⟨-s⟩ **7.** *verbal noun.* — **Ver'fin·ste·rung** *f* ⟨-; -en⟩ **1.** *cf.* Verfinstern. – **2.** *astr.* eclipse, occultation.

ver'fit·zen [-'fitsən] *collog.* I *v/t* ⟨*no* ge-, h⟩ (*Garn, Draht etc*) tangle (up), entangle, snarl. – **II** *v/reflex* sich ~ become entangled (*od.* tangled [up]), snarl.

ver'fla·chen [-'flaxən] I *v/i* ⟨*no* ge-, sein⟩ **1.** (*von Wasserstraße, See etc*) (become) shallow. – **2.** (*von Gelände*) flatten (*od.* level) (out), become flat, taper off. – **3.** *fig.* (*an Niveau verlieren*) become trivial, peter out. – **4.** *fig.* (*oberflächlich werden*) become shallow, weaken, taper off, peter out. – **II** *v/reflex* ⟨h⟩ sich ~ **5.** (*von Gelände*) flatten (*od.* level) (out), taper off. – **III V~** *n* ⟨-s⟩ **6.** *verbal noun.* – **7.** *cf.* Verflachung 2a.

ver'flach·sen *v/t* ⟨*no* ge-, h⟩ j-n ~ *collog.* to tease (*od. sl.* kid) s.o.

Ver'fla·chung *f* ⟨-; *no pl*⟩ **1.** *cf.* Verflachen. – **2.** *fig.* (*einer Kultur, eines Romans etc*) a) (*Vorgang*) (intellectual) decline, b) (*Zustand*) lack of niveau. – **3.** (*flache Stelle*) shallows *pl* (*sometimes construed as sg*).

ver'flackern (*getr.* -k·k-) *v/i* ⟨*no* ge-, sein⟩ (*von Feuer, Kerze etc*) flicker out.

ver'flech·ten I *v/t* ⟨*irr, no* ge-, h⟩ **1.** (*Stränge, Zweige etc*) interweave, interlace, entwine, *auch* intwine, intertwine: Bänder miteinander ~ to interweave ribbons; Bänder und Zweige miteinander (*od.* ineinander) ~ to interweave ribbons with branches. – **2.** *fig.* (*Themen, Motive etc*) interweave, interlace, intertwine: zwei Motive miteinander ~ to interweave two motifs; die Nebenhandlung mit der Haupthandlung ~ to interweave the subsidiary plot with the main plot. – **3.** *fig.* j-n in (*acc*) etwas ~ to entangle (*od.* involve) s.o. in s.th. – **4.** *econ.* (*Unternehmen etc*) interlock, concentrate, integrate: zwei Unternehmen miteinander ~ to interlock (*od.* interlink) two enterprises; den westeuropäischen Markt ~ to integrate the West European market. – **5.** *pol.* merge. – **II** *v/reflex* sich ~ **6.** (*sich verbinden*) interweave, interlace, entwine, *auch* intwine, intertwine: die Ranken ~ sich mit dem Geäst the runners interweave with the branches. – **7.** (*sich verwirren*) become (en)tangled (*od.* entwined, *auch* intwined, intertwined), intertwine: die Wurzeln hatten sich eng ineinander verflochten the roots had (become) closely intertwined; die Lianen hatten sich zu einem dichten Netz verflochten the lianas had become tangled in a thick net(work). – **8.** *fig.* (*Themen, Motiven etc*) interweave, interlace, intertwine. – **9.** *fig.* (*von Interessen etc*) entwine, *auch* intwine, intertwine. – **10.** *econ.* (*von Unternehmen etc*) interlock, interlink, dovetail, integrate. – **11.** *pol.* merge. – **III V~** *n* ⟨-s⟩ **12.** *verbal noun.* — **Ver'flech·tung** *f* ⟨-; -en⟩ **1.** *cf.* Verflechten. – **2.** (*von Strängen, Zweigen etc*) interweavement, interlacement, entwinement, *auch* intwinement, intertwinement. – **3.** *fig.* (*von Themen, Motiven etc*) (mit with) interweavement, interlace(ment), intertwinement. – **4.** *fig.* (*von Interessen etc*) (mit with) entwinement, *auch* intwinement, intertwinement. – **5.** *fig.* (*Verstrickung, Verwicklung*) involvement, entanglement: seine ~ in die Verschwörung his involvement in the conspiracy. – **6.** durch eine ~ von Umständen *fig.* by (a strange) coincidence. – **7.** *econ.* a) (*von Unternehmen*) concentration, integration, b) (*von Märkten*) interdependence, interpenetration, interconnection, *Br. auch* interconnexion. – **8.** *pol.* merger.

ver'flie·gen *v/i* ⟨*irr, no* ge-, sein⟩ **1.** (*von Duft, Aroma etc*) waft (*od.* fade) away. – **2.** (*von Alkohol, Äther etc*) evaporate, volatilize *Br. auch* -s-, vaporize *Br. auch* -s-. – **3.** *fig.* (*von Zeit*) fly (past), *auch* flit: die Stunden verflogen im Nu the hours flew (past) in no time. – **4.** *fig.* (*von Illusionen*) vanish. – **5.** *fig.* (*von Stimmungen*) wear off, vanish: nachdem sein Zorn verflogen war when his anger had worn off (*od.* blown over). – **II** *v/reflex* ⟨h⟩ sich ~ **6.** (*von einem Vogel*) stray: der Vogel hat sich in den Schuppen verflogen the bird

has strayed into (*od.* has got trapped) in the shed. – **7.** *aer.* a) (*von Piloten*) lose one's bearings, b) (*von Flugzeug*) lose its bearings.

ver'flie·ßen I *v/i* ⟨*irr, no* ge-, sein⟩ **1.** (*von Farben, Tinte etc*) run. – **2.** *fig.* (*von Grenzen, Begriffen etc*) blur, merge. – **3.** ineinander ~ *auch fig.* to merge (*od.* fuse, blend, mingle) (with each other), to interfuse. – **4.** *fig. lit.* (*von Zeit, Frist etc*) pass (by), slip by, (e)lapse. – **II V~** *n* ⟨-s⟩ **5.** *verbal noun.* – **6.** *fig. lit.* (*von Zeit*) passage, (e)lapse.

ver'flixt [-'flikst] I *adj* **1.** *collog. euphem. for* verdammt 1: ein ~er Kerl a devil of a fellow (*collog.*); → Jahr 1. – **2.** *collog.* (*unangenehm, peinlich*) unpleasant: das ist eine ~e Geschichte that is an unpleasant affair. – **II** *adv* **3.** *collog. euphem. for* verdammt III.

ver'floch·ten I *pp of* verflechten. – **II** *adj* **1.** (*verbunden*) interwoven, interlaced, entwined, *auch* intwined, intertwined: die Zweige sind miteinander ~ the branches are interwoven, the branches interweave; die Zweige sind mit dem Efeu ~ the branches are entwined with the ivy, the branches interweave with the ivy. – **2.** (*knäuelartig verwirrt*) (en)tangled, entwined, *auch* intwined: die Schlingpflanzen waren so ineinander ~, daß the creepers were so tangled that. – **3.** *fig.* (*verbunden*) interwoven, interlaced, intertwined: diese beiden Themen sind elegant miteinander ~ these two themes are elegantly interwoven, these two themes interweave gracefully; klassische Elemente sind mit Jazzelementen ~ classical elements are interwoven (*od.* classical elements interweave) with jazz elements. – **4.** *fig.* (*kompliziert*) involved, intricate: eine stark ~e Romanhandlung a highly involved plot. – **5.** *fig.* (*verquickt*) entwined, *auch* intwined, intertwined: das Wohlergehen des Einzelnen ist mit dem seiner Mitmenschen ~ the well-being of the individual is interwoven with that of his fellowmen. – **6.** *econ.* (*Unternehmen etc*) interlocked, interlinked, concentrated, dovetailed, integrated. – **7.** *pol.* merged. – **8.** in (*acc*) etwas ~ sein *fig.* to be entangled (*od.* involved) in s.th.: er ist da in eine äußerst unangenehme Sache ~ he is entangled in a highly disagreeable affair. — **Ver'floch·ten·heit** *f* ⟨-; *no pl*⟩ *fig.* (in *acc* in) entanglement, involvement.

ver'flos·sen I *pp of* verfließen. – **II** *adj* **1.** (*vergangen*) past: im ~en Jahr in the past year, last year; in ~en Jahren in past (*od.* former) years. – **2.** *collog.* (*ehemalig*) late, ex-: seine ~e Freundin his ex-girl(-) (-)friend. – **III V~e, das** ⟨-n⟩ **3.** the past. **Ver'flos·se·ne**[1] *m* ⟨-n; -n⟩ *collog.* **1.** ex--boyfriend, *Br.* ex-boy-friend. – **2.** ex-fiancé. – **3.** ex-husband. **Ver'flos·se·ne**[2] *f* ⟨-n; -n⟩ *collog.* **1.** ex-girl friend, *Br.* ex-girl-friend. – **2.** ex-fiancée. – **3.** ex-wife.

ver'flu·chen I *v/t* ⟨*no* ge-, h⟩ **1.** j-n ~ a) to curse (*od.* damn, execrate) s.o., b) to put s.o. under a curse. – **2.** etwas ~ a) (*über etwas schimpfen*) to curse (*od. sl.* darn, cuss) s.th., b) (*etwas bereuen*) to curse s.th. – **II V~** *n* ⟨-s⟩ **3.** *verbal noun.* – **4.** *cf.* Verfluchung. — **ver'flucht** I *pp.* – **II** *adj collog. cf.* verdammt 1: das ~e Würfelspiel the cursed game of dice. – **III** *adv collog. cf.* verdammt III.

ver'flüch·ti·gen [-'flYçtigən] I *v/reflex* ⟨*no* ge-, h⟩ **1.** *bes. chem.* volatilize *Br. auch* -s-, evaporate, vaporize *Br. auch* -s-. – **2.** *fig. collog. humor.* (*von Personen*) decamp, make oneself scarce (*collog.*). – **3.** *fig. collog. humor.* (*von Dingen*) disappear, vanish. – **II** *v/t* **4.** *bes. chem.* volatilize *Br. auch* -s-, evaporate, vaporize *Br. auch* -s-. – **III V~** *n* ⟨-s⟩ **5.** *verbal noun.* — **Ver'flüch·ti·gung** *f* ⟨-; *no pl*⟩ **1.** *cf.* Verflüchtigen. – **2.** *bes. chem.* volatilization *Br. auch* -s-, evaporation, vaporization *Br. auch* -s-.

Ver'flu·chung *f* ⟨-; -en⟩ **1.** *cf.* Verfluchen. – **2.** execration, malediction.

ver'flüs·si·gen [-'flYsigən] I *v/t* ⟨*no* ge-, h⟩ **1.** *phys. tech.* (*Gase, Metalle etc*) liquefy, *auch* liquify. – **2.** (*verdünnen*) thin, dilute. – **3.** *econ.* (*liquidisieren*) increase the liquidity of. – **II** *v/reflex* sich ~ **4.** *phys. tech.* liquefy, *auch* liquify, become liquid. – **III V~** *n* ⟨-s⟩ **5.** *verbal noun.* – **6.** *cf.* Verflüssigung. — **Ver'flüs·si·ger** m ⟨-s; -⟩ *phys. tech. (für Gase)* liquefier. — **Ver-'flüs·si·gung** f⟨-; *no pl*⟩ **1.** *cf.* Verflüssigen. - **2.** *cf.* Verdünnung. - **3.** *phys. tech.* liquefaction. - **4.** *econ. cf.* Liquiditätssteigerung. **Ver'flüs·si·gungs,mit·tel** n *chem.* liquefacient, liquid (*auch* liquifying) agent. **Ver'folg** [-'fɔlk] m ⟨-(e)s; *no pl*⟩ *(officialese) only in* im (*od.* in) ~ dieser Angelegenheit a) *(in Fortführung)* in pursuance of this matter, b) *(im Verlauf)* in the course of this matter; im ~ unseres Schreibens referring (*od.* further) to our letter.

ver'fol·gen I v/t ⟨*no* ge-, h⟩ **1.** *(Verbrecher etc)* pursue, chase, hunt: sie verfolgten ihn mit Hunden they hunted (*od.* hounded) him. - **2.** *(Spur etc)* follow, track, trail, trace: die Polizei verfolgte die falsche Fährte the police followed the wrong track; die falsche [richtige] Spur ~ *auch fig.* to be on the wrong [right] track; eine Spur ~ a) to follow a trail (*od.* track), b) *fig.* to follow (up) a clue. - **3.** *(beschatten)* shadow, dog, tail: er wird auf Schritt und Tritt verfolgt a) *(von der Polizei)* he is shadowed everywhere, b) *(von Reportern etc)* he is tailed constantly, they follow on his heels. - **4.** *(ungerecht, grausam)* persecute, pursue: politisch verfolgt werden to be persecuted for political reasons; die Christen wurden verfolgt the Christians were persecuted. - **5.** *jur.* j-n gerichtlich ~ to take legal steps (*od.* action, measures) against s.o., to sue s.o. (at law), to proceed against s.o.; j-n strafrechtlich ~ to prosecute s.o.; eine Anklage ~ to prosecute an indictment, to proceed with a charge. - **6.** j-n mit etwas ~ *fig.* to pursue (*od.* persecute) s.o. with s.th.: j-n mit Haß [Spott] ~ to pursue s.o. with hatred [contempt]; j-n mit Bitten ~ to persecute (*od.* badger) s.o. with requests. - **7.** von etwas verfolgt werden *fig.* to be pursued by s.th., (*stärker*) to be haunted by s.th.: er ist vom Pech (*od.* Unglück) verfolgt he is pursued by misfortune, he is dogged by bad luck; dieser Gedanke verfolgt mich this thought pursues (*od.* haunts) me. - **8.** *(unablässig beobachten)* follow: er verfolgte sie mit den Augen (*od.* Blicken) he follows her with his eyes, his eyes pursue her; die Ereignisse ~ *fig.* to follow (*od.* observe, keep track of) (the) events; ich habe den Prozeß genau [mit Interesse] verfolgt *fig.* I followed the trial closely [with interest]; die Rede ~ *fig.* to follow the speech. - **9.** *fig. (Politik, Laufbahn, Plan, Idee, Absicht, Ziel etc)* pursue: eine Sache weiter ~ a) *(aktiv)* to pursue a matter further, b) *(beobachtend)* to follow (*od.* pursue) a matter further; wir wollen die Sache nicht weiter ~ we will not pursue the matter further, we will let the matter rest; was für einen Zweck verfolgst du damit? what are you aiming at (with that)? what is the purpose of doing that? seinen Weg ~ to go one's way, to pursue one's course. - **10.** *hunt.* a) *(Wild)* pursue, track, *(hetzen)* hunt, chase, *(bes. Hasen)* bes. Br. course, b) *(Spur)* scent, track. - **11.** *mil. (Feind)* a) pursue, b) *(nachstoßen)* follow up, c) *(Ziel, mit Radar)* track. - **II V.~** n ⟨-s⟩ **13.** *verbal noun.* - **14.** *cf.* Verfolgung.

Ver'fol·ger m ⟨-s; -⟩ **1.** *(eines Flüchtenden)* pursuer: seine ~ abschütteln to shake off one's pursuers. - **2.** *(grausamer)* persecutor. — **~,grup·pe** f *(bes. beim Radsport)* chasing group.

Ver'folg·te m, f ⟨-n; -n⟩ *(aus politischen, rassischen, religiösen Gründen etc)* persecuted person, victim of persecution, *auch* persecutee: die ~n des Naziregimes the victims of Nazi persecution.

Ver'fol·gung f ⟨-; -en⟩ **1.** *cf.* Verfolgen. - **2.** *(eines Flüchtenden etc)* pursuit, chase, hunt: die ~ des Feindes aufnehmen *mil.* to start in pursuit of the enemy. - **3.** *(grausame, politische, rassische, religiöse)* persecution: sie waren grausamen ~en ausgesetzt they had to suffer cruel persecution. - **4.** strafrechtliche ~ *jur.* (criminal) prosecution: sich strafrechtlicher ~ aussetzen to render oneself liable to (criminal) prosecution; strafrechtlicher ~ unterliegen to be liable to (criminal) prosecution. - **5.** *fig. (von Ereignissen, Vorgängen etc)* pursuit,

observation, observance. - **6.** *fig. (einer Politik, eines Zwecks, einer Absicht, eines Ziels etc)* pursuit, pursuance. - **7.** *hunt.* chase, hunt. - **8.** *(beim Radsport)* pursuit. **Ver'fol·gungs,bahn** f *(space)* tracking course. — **~,fah·rer** m *(beim Radsport)* pursuit rider. — **~idee** [-'ʔiˌdeː] f *psych.* idea of persecution. — **~,jagd** f *(auf Verbrecher, beim Autorennen etc)* hot pursuit: es begann eine wilde ~ auf den Weltmeister the competitors started after the world champion in hot pursuit. — **~,recht** n *jur. (im Völkerrecht)* right of hot pursuit. — **~,ren·nen** n *(beim Radsport)* pursuit race. — **~,wahn** m *psych.* persecution mania (*od.* complex), delusion of persecution.

ver'form·bar adj **1.** *tech. (bearbeitbar)* workable, deformable, suitable for shaping. - **2.** *metall.* a) *(bildsam)* ductile, b) *(Temperguß)* malleable. - **3.** *synth.* plastic. — **Ver'form·bar·keit** f ⟨-; *no pl*⟩ **1.** *tech.* workability, deformability, forming (*od.* working) property, formability. - **2.** *metall.* a) ductility, b) malleability. - **3.** *synth.* plasticity.

ver'for·men I v/t ⟨*no* ge-, h⟩ **1.** deform. - **2.** *tech.* shape, form. - **II** v/reflex sich ~ **3.** deform. - **4.** *tech.* a) deform, b) *(sich verzerren)* distort, c) *(sich verwinden)* twist. - **III V.~** n ⟨-s⟩ **5.** *verbal noun.* — **Ver'for·mung** f ⟨-; -en⟩ **1.** *cf.* Verformen. - **2.** deformation. - **3.** *tech.* a) *(Profilierung)* profiling, b) *(deformierende, unbeabsichtigte)* deformation: bleibende ~ a) *(bei der Werkstoffprüfung)* permanent set, b) *(von Gummi)* compression set.

ver'frach·ten [-'fraxtən] I v/t ⟨*no* ge-, h⟩ **1.** *(Güter, Waren etc)* consign, ship, bes. Am. freight. - **2.** *mar.* ship, freight. - **3.** *(auf acc onto)* load. - **4.** *colloq. (Personen)* transport. - **5.** j-n [etwas] in *(acc)* etwas ~ *colloq.* to bundle s.o. [s.th.] into s.th.: j-n in den Zug ~ to bundle s.o. into the train; ein Kind ins Bett ~ to bundle a child off to bed; die Koffer ins Gepäcknetz ~ to bundle the suitcases into the luggage *(bes. Am. baggage)* rack. - **II V.~** n ⟨-s⟩ **6.** *verbal noun.* - **7.** *cf.* Verfrachtung. — **Ver'frach·ter** m ⟨-s; -⟩ **1.** *econ.* a) shipper, forwarding agent, carrier, *bes. Am.* freighter, b) *(Absender)* consignor, *auch* consigner. - **2.** *mar.* a) ship owner, carrier, b) *(Absender)* shipper. — **Ver'frach·tung** f ⟨-; *no pl*⟩ **1.** *cf.* Verfrachten. - **2.** *(von Waren etc)* shipment, consignment, carriage. - **3.** *mar.* shipment. - **4.** *(eines Schiffes)* charter.

ver'fran·zen [-'frantsən] v/reflex ⟨*no* ge-, h⟩ sich ~ *colloq.* **1.** *aer.* wander off course, get lost. - **2.** *(sich verirren)* get lost.

ver'frem·den [-'frɛmdən] I v/t ⟨*no* ge-, h⟩ *(in der Literatur)* alienate. - **II V.~** n ⟨-s⟩ *verbal noun.* — **Ver'frem·dung** f ⟨-; *no pl*⟩ **1.** *cf.* Verfremden. - **2.** alienation.

Ver'frem·dungs·ef,fekt m *(literature, theater)* alienation effect.

ver'fres·sen[1] v/t ⟨*irr, no* ge-, h⟩ sein ganzes Geld ~ *colloq. contempt.* to spend (*od.* waste) all one's money on food.

ver'fres·sen[2] I pp of verfressen[1]. - **II** adj *colloq. contempt.* greedy, gluttonous, voracious: ein ~er Kerl a greedy gut *(colloq.).* — **Ver'fres·sen·heit** f ⟨-; *no pl*⟩ *colloq. contempt.* greed(iness), gluttony, voracity.

ver'fri·schen v/i ⟨*no* ge-, h⟩ *(von Schwarzwild)* miscarry, give birth to dead young.

ver'fro·ren adj **1.** sie ist sehr ~ she feels cold very easily. - **2.** *(durchkältet)* chilled (through).

ver'frü·hen [-'fryːən] v/reflex ⟨*no* ge-, h⟩ sich ~ come too early, come prematurely. — **ver'früht** I pp. - **II** adj *(Absage, Lieferung etc)* premature: etwas für ~ erklären to declare s.th. premature; unser Jubel ist ~ we have rejoiced too soon. - **III** adv ~ einsetzen *(von Winter etc)* to begin too early (*od.* prematurely).

ver'füg·bar adj **1.** available, at one's disposal: alle ~en Hilfskräfte all (the) available help *sg*; diese Bücher sind leider zur Zeit nicht ~ these books are unfortunately not available at the moment; etwas ~ haben to have s.th. at one's disposal (*od.* available); etwas ~ machen to make s.th. available. - **2.** *econ. (Gelder, Mittel etc)* available, ready, in (*od.* on) hand, *(sofort)* disposable: ~es Einkommen disposable income; ~es Geld available (*od.* ready) cash, cash in hand; ~es Kapital funds *pl* available, available funds *pl*, un-

invested (*od.* unemployed) capital; frei ~e Gelder (freely) available (*od.* freely usable, disposable) funds; frei ~e Guthaben [Obligationen] free (*od.* ready) assets [bonds]. — **Ver'füg·bar·keit** f ⟨-; *no pl*⟩ availability, disposability: ~ von Kapital *econ.* availability of assets (*od.* funds).

ver'fu·gen v/t ⟨*no* ge-, h⟩ **1.** *civ.eng.* point (up). - **2.** *metall.* join.

ver'fü·gen I v/t ⟨*no* ge-, h⟩ **1.** *(amtlich anordnen)* order, decree, *(bes. durch Gesetz)* enact, provide *(s.th.)* (by law): der Minister verfügte den Bau einer neuen Schule the minister ordered a new school to be built; das Gericht verfügte, daß the court ruled that; es wird ferner verfügt, daß it is further decreed that; etwas letztwillig (*od.* testamentarisch) ~ *jur.* to decree s.th. by will (*od.* testament). - **2.** über *(acc)* etwas ~ a) to have s.th. at one's disposal (*od.* command), to dispose of s.th., b) *(besitzen)* to have (*od.* possess) s.th., *(bes. Fähigkeiten etc)* auch to be endowed with s.th., *(bes. Sprachkenntnisse etc)* to have a command of s.th., c) *tech. (ausgestattet sein mit)* to be provided (*od.* equipped) with s.th., to have s.th.; über j-n ~ to command s.o.'s services, to have s.o. at one's disposal; du kannst nicht nach Belieben über meine Zeit ~ you cannot dispose of my time as you please; er kann über seine Zeit frei ~ he is master of his time, his time is entirely at his own disposal; sie kann über ihr Taschengeld frei ~ she can use (*od.* is allowed to dispose of) her pocket money freely, she has her pocket money entirely at her disposal; über etwas letztwillig ~ *jur.* to dispose of s.th. by will (*od.* testament); man hat anderweitig darüber verfügt it has been otherwise disposed of; über Reserven ~ to have reserves (at one's disposal); über ein ansehnliches Vermögen ~ to possess (*od.* have) ample means; er verfügt über genügend Beziehungen he has enough connections (*Br. auch* connexions); über die Mehrheit der Stimmen ~ *pol.* to command (*Am. colloq. auch* to swing) the majority of the votes; er verfügt über außerordentliche Körperkräfte he has great physical strength; er verfügt über gute Kenntnisse in Französisch he has a good knowledge (*od.* command) of French; ~ Sie über mich! *(Höflichkeitsformel)* I am at your service (*od.* disposal); er kann jederzeit über die Arbeitskräfte ~ he can command (*od.* make use of) the workers' services at any time. - **III** v/reflex sich ~ **3.** *(officialese) (sich begeben)* (nach h) go, proceed, betake oneself *(lit.)*. - **IV V.~** n ⟨-s⟩ **4.** *verbal noun.* - **5.** *cf.* Verfügung.

Ver'fü·gung f ⟨-; -en⟩ **1.** *cf.* Verfügen. - **2.** *(Erlaß)* order, decree: behördliche ~ administrative order; einstweilige ~ *jur.* (mandatory *od.* provisional, interlocutory) injunction, interim order; gerichtliche ~ order of the court, court (*od.* judicial) ruling; richterliche ~ decree, ruling; laut ~ as ordered, as directed; eine ~ aufheben a) to discharge an order, b) *(einstweilige)* to cancel an injunction; eine ~ erlassen a) to issue a decree, to make an order, b) *(einstweilige)* to grant an injunction; Antrag auf Erlaß einer ~ application for an injunction. - **3.** ⟨*only sg*⟩ *(über acc of)* disposal, disposition: freie ~ free disposal; zur ~ stehen (für) to be available (for); j-m zur ~ stehen to be at s.o.'s disposal (*od.* command); ich stehe Ihnen jederzeit gern zur ~ I am at your disposal (*od.* service); ich stehe Ihnen gleich zur ~ I'll be at your service in a moment; je nach der zur ~ stehenden Zeit, soweit Zeit zur ~ steht insofar as there is time available; es steht zu Ihrer ~ it is at your disposal; zur ~ stellen to make available; er stellte ihm den Wagen zur ~ he placed (*od.* put) the car at his disposal; wenn sich nur die Hälfte der Anwesenden zur ~ stellt if only half of the people present volunteer; sich j-m zur ~ stellen to offer one's services to s.o.; der UNO Truppen zur ~ stellen *mil.* to assign troops to the UN; zur ~ besonderen ~ *mil.* at disposal *(bes. Br.* seconded) for special duty; wir haben nicht genügend Geldmittel zur ~ we do not have enough funds at our disposal (*od.* command, on *od.* in hand, available); sich zur ~ halten to stand by; Geld zu j-s ~ halten *econ.* to hold money at s.o.'s disposal. – **4.** (*Anweisung*) instruction: weitere ~en abwarten to wait for further instructions (*od.* orders). – **5.** *jur.* (*besitzrechtliche*) (*über acc od.*) disposition: ~ über unbewegliches Gut disposition of immovable property; ~ von Todes wegen, letztwillige ~ disposition by will, testamentary disposition, (*über Grund u. Boden*) devise; sie haben bereits die nötigen ~en getroffen they have already made the necessary dispositions.

Ver'fü·gungs|be,fug·nis *f* right of disposal. — **v~be,rech·tigt** *adj* authorized (*Br. auch* -s-) to dispose. — **~be,rech·ti·gung** *f* power (*od.* right) of disposal, disposal. — **~be,schrän·kung** *f* restraint on disposal. — **~,frei·heit** *f* (*Ermessen*) discretion. — **~ge,walt** *f* **1.** (power of) disposal (*od.* disposition), (*Ermessen*) discretion: die ~ haben (*über acc* of) to have the disposal. – **2.** *bes. hist.* (*über Landbesitz*) domain. — **~,recht** *n* **1.** (*über acc* of) disposal, right (*od.* power) of disposal (*od.* disposing): ~ über sein Geld bekommen to come into one's own money. – **2.** *bes. hist.* (*über Landbesitz*) domain. — **~,weg** *m* only in auf dem ~e by way of (*od.* through) decree.

ver'fü·ren I *v/t* ⟨*no* ge-, h⟩ **1.** (*Mädchen, jungen Mann*) seduce, debauch. – **2.** (*verlocken*) seduce, tempt, (al)lure, entice: er hat das Volk verführt he seduced the people; j-n zu etwas ~ to entice (*od.* tempt) s.o. into doing (*od.* to do) s.th., to (al)lure s.o. into doing s.th., to lead s.o. to do s.th.; sie hatten ihn schließlich dazu verführt after all, it was they who enticed him into doing (*od.* to do) it; j-n zu einem unsoliden Lebenswandel ~ to lead s.o. astray, to mislead s.o.; sie ließ sich durch die niedrigen Preise zum Kauf ~ she let herself be lured into buying by the low prices, the low prices tempted her into buying; darf ich Sie zu einem Glas Wein ~? *colloq. humor.* can I entice you to have a glass of wine with me? j-n zum Trinken ~ to encourage s.o. to drink. – II **V~** *n* ⟨-s⟩ **3.** *verbal noun.* – **4.** *cf.* Verführung 2.

Ver'füh·rer *m* ⟨-s; -⟩ **1.** seducer, (*Frauenheld*) Don Juan (*colloq.*). – **2.** seducer, tempter. — **Ver'füh·re·rin** *f* ⟨-; -nen⟩ seductress.

ver'füh·re·risch I *adj* **1.** (*Frau etc*) bewitching, (*stärker*) seductive: sie sieht ~ aus she looks bewitching (*od.* delightful, *stärker* seductive); eine ~e Schönheit a ravishing beauty. – **2.** (*Mund, Reize, Parfüm etc*) bewitching: ein ~es Lächeln a bewitching (*od.* captivating) smile; ein ~er Duft a) (*von Parfüm*) a bewitching (*od.* delightful) perfume, b) (*von Speisen*) an enticing aroma. – **3.** (*Angebot etc*) tempting, enticing, alluring: dein Vorschlag ist ~ your suggestion is tempting. – II **V~e,** *das* ⟨-n⟩ **4.** the bewitching (*od.* delightful, *od.* fig. feature): sie hat etwas V~es she has s.th. bewitching about her, she has a bewitching air.

Ver'führ·te *m, f* ⟨-n; -n⟩ *jur.* seduced person, *auch* seducee.

Ver'füh·rung *f* ⟨-; -en⟩ **1.** *cf.* Verführen. – **2.** seduction, debauchment: die Kunst der ~ the art of seduction; ~ Minderjähriger *jur.* seduction of minors; wegen ~ zur Unzucht *jur.* for (*od.* on account of) incitement to vice. – **3.** (*Verlockung*) lure, enticement, allurement, temptation: die ~en des Westens the enticements of the West.

Ver'füh·rungs,kün·ste *pl* charms, wiles, seductive art *sg*: sie erlag seinen ~n she yielded to (*od.* succumbed to, fell a victim to, *colloq.* fell for) his charms.

ver'fuhr,wer·ken *v/t* ⟨*no* ge-, h⟩ Swiss for verpfuschen.

ver'fünf,fa·chen [-,faxən] I *v/t* ⟨*no* ge-, h⟩ quintuple, quintuplicate, increase (*s.th.*) fivefold. – II *v/reflex* sich ~ quintuple, increase fivefold. – III **V~** *n* ⟨-s⟩ *verbal noun.* — **Ver'fünf,fa·chung** *f* ⟨-; *no pl*⟩ **1.** *cf.* Verfünffachen. – **2.** fivefold increase.

ver'fut·tern *v/t* ⟨*no* ge-, h⟩ *colloq. cf.* verfressen[1].

ver'füt·tern *v/t* ⟨*no* ge-, h⟩ *agr.* **1.** (*als Futter verbrauchen*) use (*s.th.*) up as fodder (*od.* provender). – **2.** (*als Futter geben*) feed: den Kühen Rüben ~ to feed turnips to the cows, to feed the cows on turnips.

Ver'ga·be *f* ⟨-; *rare* -n⟩ **1.** *cf.* Vergeben[1]. – **2.** ~ von Aufträgen *econ.* a) placing of orders, b) (*bei Ausschreibungen*) award of contracts; freihändige ~ direct placing (of orders) without competitive bidding; ~ zu Festpreisen [Pauschalpreisen] selling at fixed [lump *od.* flat] prices. – **3.** (*von öffentlichen Mitteln*) allocation. – **4.** *civ.eng.* (*von öffentlichen Arbeiten*) allocation: ~ nach Losen allocation by lots. – **5.** (*von Stipendien etc*) grant. – **6.** (*einer Stelle etc*) assignment.

ver'ga·ben [-'ga:bən] *Swiss* I *v/t* ⟨*no* ge-, h⟩ *cf.* a) schenken I, b) vermachen. – II **V~** *n* ⟨-s⟩ *verbal noun.* — **Ver'ga·bung** *f* ⟨-; -en⟩ *Swiss* **1.** *cf.* Vergaben. – **2.** legacy.

ver'gaf·fen *v/reflex* ⟨*no* ge-, h⟩ sich in j-n ~ *colloq.* to fall for s.o. completely (*colloq.*): er hat sich in sie vergafft he is smitten with her, he has completely fallen for her, he is gone on her (*sl.*).

ver'gäl·len [-'gɛlən] I *v/t* ⟨*no* ge-, h⟩ **1.** *chem.* (*Alkohol*) denature. – **2.** *fig.* (*in Wendungen wie*) j-m die Freude ~ to mar (*od.* sour) s.o.'s joy; j-m das Leben ~ to embitter (*od.* sour, envenom) s.o.'s life. – II **V~** *n* ⟨-s⟩ **3.** *verbal noun.* – **4.** *cf.* Vergällung. — **ver'gällt** I *pp.* – II *adj chem.* (*Alkohol*) denatured. — **Ver'gäl·lung** *f* ⟨-; *no pl*⟩ **1.** *cf.* Vergällen. – **2.** *chem.* (*von Alkohol*) denaturation. – **3.** *fig.* embitterment.

Ver'gäl·lungs,mit·tel *n chem.* denaturant.

ver·ga·lop'pie·ren *v/reflex* ⟨*no* ge-, h⟩ sich ~ *colloq.* **1.** (*sich irren*) overshoot the mark. – **2.** (*etwas Unangebrachtes sagen*) make a (bad) blunder, drop a clanger (*sl.*), *Am. sl.* pull a boner.

ver'gam·meln I *v/i* ⟨*no* ge-, sein⟩ *colloq.* **1.** (*von Personen*) go to the dogs (*od. sl.* to pot): er ist völlig vergammelt he has gone to the dogs. – **2.** (*von Lebensmitteln*) go bad (*od.* off). – II *v/t* ⟨h⟩ **3.** (*Tag, Ferien etc*) *cf.* verfaulenzen. — **ver'gam·melt** *colloq.* I *pp.* – II *adj* **1.** ~es Fleisch meat which has gone bad. – **2.** *fig.* (*Person*) gone to the dogs (*od. sl.* to pot). – **3.** *fig.* dilapidated, 'rotten' (*sl.*): ein ~er Laden (*eine Bruchbude*) a dilapidated shop.

ver'gan·gen I *pp of* vergehen. – II *adj* ⟨*attrib*⟩ **1.** bygone, past: von längst ~en Zeiten from days (*od.* times) long past (*od.* gone by), from bygone days. – **2.** (*Woche etc*) last: im ~en Jahr, ~es Jahr last year; im Laufe des ~en Jahres in (the course of) the past year, in the course of last year; am Mittwoch last Wednesday. – III **V~e,** *das* ⟨-n⟩ **3.** the past, things *pl* past: das V~e lebendig werden lassen to bring the past back to life, to make the past live again.

Ver'gan·gen·heit *f* ⟨-; *no pl*⟩ **1.** (*frühere Zeit*) past: in der jüngsten ~ in the recent past; bis in die jüngste ~ hinein until very recently; der ~ angehören to be a thing of the past, to be over and done with; lassen wir die ~ ruhen let bygones be bygones. – **2.** *fig.* (*eines Menschen*) past, antecedents *pl*: sie kann auf eine bewegte ~ zurückblicken she can look back (up)on a colo(u)rful past; sie hat eine dunkle ~ she has a dark (*od.* murky) past; eine Frau mit ~ a woman with a past; seine politische ~ his political past (*od.* background); die unbewältigte ~ the past with which one has not yet come to terms; jeder Mensch trägt seine ~ mit sich herum no one can shake off his past; sie hat mit der ~ gebrochen she has made a break (*od.* she has broken) with the past, she has made a fresh start, she has turned over a new leaf. – **3.** *fig.* (*einer Sache*) past, history: die Stadt hat eine ruhmreiche ~ the city has a glorious history. – **4.** *ling.* past (tense): die erste ~ the past tense, the preterite (tense); die zweite ~ the (present) perfect (tense); die dritte ~ the past perfect (tense), the pluperfect.

Ver'gan·gen·heits,form *f* ⟨-; -en⟩ *ling.* past (form *od.* tense).

ver'gäng·lich [-'gɛnlɪç] I *adj* **1.** (*Besitz, Leben etc*) transitory, transient, ephemeral: alles Irdische ist ~ all earthly things (*od.* all things of this world) are transitory, all (earthly) things perish (*od.* pass away). – **2.** (*Schönheit*) transient, passing, ephemeral. – **3.** (*Freuden etc*) fleeting, transitory, passing, ephemeral, fugitive, fugacious (*lit.*). – II **V~e,** *das* ⟨-n⟩ **4.** things *pl* transient:

---

alles V~e all things transient. — **Ver'gäng·lich·keit** *f* ⟨-; *no pl*⟩ **1.** (*alles Irdischen*) transitoriness, transience, ephemerality. – **2.** (*der Schönheit*) transience, transiency, passingness, ephemerality. – **3.** (*der Freuden etc*) fleetingness, transitoriness, passingness, ephemerality, fugitiveness, fugacity (*lit.*).

ver'gä·ren I *v/t* ⟨*irr, no* ge-, h⟩ **1.** *chem.* (*gären lassen*) ferment. – **2.** *brew.* attenuate. – II *v/i* ⟨*sein u.* h⟩ **3.** *chem.* cease fermenting. – III **V~** *n* ⟨-s⟩ **4.** *verbal noun.* — **Ver'gä·rung** *f* ⟨-; *no pl*⟩ **1.** *cf.* Vergären. – **2.** *chem.* fermentation. – **3.** *brew.* attenuation.

ver'ga·sen I *v/t* ⟨*no* ge-, h⟩ **1.** *chem. tech.* a) (*in Gas umwandeln*) gasify, b) (*flüssige Brennstoffe*) vaporize *Br. auch* -s-, evaporate. – **2.** *auto.* carburet. – **3.** (*durch Gas töten*) gas. – **4.** (*Ungeziefer*) fumigate. – II **V~** *n* ⟨-s⟩ **5.** *verbal noun.* – **6.** *cf.* Vergasung.

Ver'ga·ser *m* ⟨-s; -⟩ *auto.* carburetor, *auch* carbureter, *bes. Br.* carburettor, *auch* carburetter. — **~,brand** *m* fire in the carburet(t)or (*od.* carburet[t]er). — **~,dü·se** *f* carburet(t)or (*od.* carburet[t]er) jet. — **~,ein,stel·lung** *f* carburet(t)or (*od.* carburet[t]er) adjustment. — **~ge,häu·se** *n* carburet(t)or (*od.* carburet[t]er) box (*od.* case). — **~,kraft,stoff** *m Am.* motor gasoline, gasoline, *Br.* motor spirit, petrol. — **~,luft,klap·pe** *f* choke. — **~,mo·tor** *m* carburet(t)or (*od.* carburet[t]er) engine, petrol (*Am.* gasoline) engine, Otto engine. — **~,tip·per** [-,tɪpər] *m* ⟨-s; -⟩ carburet(t)or (*od.* carburet[t]er) primer (*od.* flooding device). — **~,zug** *m* carburet(t)or (*od.* carburet[t]er) control cable.

ver'gaß [-'ga:s] *1 u. 3 sg pret,* **ver'gä·ße** [-'gɛ:sə] *1 u. 3 sg pret subj of* vergessen[1].

Ver'ga·sung *f* ⟨-; *no pl*⟩ **1.** *cf.* Vergasen. – **2.** *chem. tech.* a) gasification, b) (*flüssiger Brennstoffe*) vaporization *Br. auch* -s-, evaporation. – **3.** *auto.* carburetion, *bes. Br.* carburation. – **4.** (*von Ungeziefer*) fumigation. – **5.** bis zur ~ *colloq.* until you are blue in the face.

Ver'ga·sungs,mit·tel *n chem. tech.* fumigant.

ver'gat·tern [-'gatərn] I *v/t* ⟨*no* ge-, h⟩ **1.** (*mit einem Gatter versehen*) fence in. – **2.** *fig. colloq. for* vereidigen. – **3.** die Wache ~ *mil.* to instruct the guard(s). – II **V~** *n* ⟨-s⟩ **4.** *verbal noun.* — **Ver'gat·te·rung** *f* ⟨-; -en⟩ **1.** *cf.* Vergattern. – **2.** *fig. colloq. for* Vereidigung. – **3.** *mil.* guard instruction.

ver'ge·ben[1] I *v/t* ⟨*irr, no* ge-, h⟩ **1.** j-m etwas ~ (*Schuld, Unrecht etc*) to forgive (*od.* pardon) s.o. (for doing) s.th.: j-m seine Untreue ~ to condone s.o.'s infidelity; das hat er mir nie ~ he never forgave me that (*od.* forgave me for doing it); er vergab ihnen alles, was sie ihm angetan hatten he forgave them everything they had done to him; möge Gott mir die Sünde ~ may God forgive (me) (*od.* remit) my sin; deine Sünden sind dir ~ *Bibl.* your sins are forgiven you; und vergib uns unsere Schuld, wie auch wir ~ unseren Schuldigern *relig.* (*Bitte des Vaterunsers*) and forgive us our trespasses, as we forgive them that trespass against us. – **2.** sich (*dat*) etwas ~ (*durch etwas* by doing s.th.) to compromise oneself: seiner Würde etwas ~ to compromise one's dignity; du vergibst dir nichts, wenn du das tust, damit vergibst du dir nichts you would not be compromising yourself by doing it. – **3.** einen Auftrag ~ *econ.* (an j-n) a) to place an order (with s.o.), b) (*bei Ausschreibungen*) to award a contract (to s.o.). – **4.** *civ.eng.* (*öffentliche Arbeiten*) allocate. – **5.** (*Stipendien etc*) grant. – **6.** (*Posten, Arbeit etc*) (an *acc* to) assign: j-m (*od.* an j-n) ein Amt vergeben to assign an office to s.o., to appoint s.o. to an office; wir haben eine Stelle zu ~, bei uns ist eine Stelle zu ~ we have a vacancy (*od.* vacant position, position vacant). – **7.** (*verteilen*) give away: ich habe noch einige Eintrittskarten zu ~ I have a few more tickets to give away. – **8.** (*einen Tanz, den Abend etc*) reserve: den nächsten Tanz bereits ~ haben to be engaged for (*od.* have already promised) the next dance. – **9.** (*Chance etc*) let (*s.th.*) go (*od.* slip), miss, waste. – II *v/i* **10.** j-m ~ to forgive s.o.: *Vater vergib ihnen, denn sie wissen nicht, was sie tun Bibl.* Father, forgive them, for they know not what they do. – **III** *v/reflex* sich ~ **11.** (*beim Kartenausgeben etc*) misdeal, deal wrong(ly). – **IV** V~ *n* ⟨-s⟩ **12.** *verbal noun.* – **13.** *cf.* Vergebung 1, 2. – **14.** *cf.* Vergabe.

ver'ge·ben² **I** *pp of* vergeben¹. – **II** *adj* **1.** *das ist ~ und vergessen!* (*Schuld, Unrecht etc*) that is over and done with. – **2.** (*Posten, Arbeit etc*) assigned: *schon ~ sein* a) (*von einer Stelle*) to have already been filled (*od.* taken), b) (*von einer Arbeit*) to have already been assigned (*od.* given out); *noch nicht ~ sein* a) (*von einer Stelle*) to be still vacant, b) (*von einer Arbeit*) not yet to have been assigned (*od.* given out). – **3.** (*Tanz, Abend etc*) promised: *heute abend bin ich schon ~* I have a previous engagement (*od.* I am engaged, I have s.th. on) this evening; *sie ist schon ~ humor.* she is spoken for (*od.* bespoken).

ver'ge·bens **I** *adj* ⟨*pred*⟩ in vain, of (*od.* to) no avail, to no purpose: *es ist alles ~* it is all in vain. – **II** *adv* in vain, vainly, to no avail (*od.* purpose): *ich suchte ~* I searched in vain; *ich habe gestern ~ auf dich gewartet* I waited for you in vain yesterday.

ver'geb·lich [-'ge:plɪç] **I** *adj* (*Bemühungen, Versuch, Mühe etc*) vain (*attrib*), futile, fruitless, useless, idle, unavailing: *deine Anstrengungen sind ~* your efforts are futile (*od.* in vain, wasted); *alles Bitten war ~* all pleading was in vain; *es wäre ~, sie um Hilfe zu bitten* it would be idle to ask her for help. – **II** *adv* in vain, vainly: *sich ~ bemühen* to try in vain (*od.* unsuccessfully, without success). – **Ver'geb·lich·keit** *f* ⟨-; *no pl*⟩ vainness, futility, fruitlessness, uselessness, idleness: *die ~ seiner Bemühungen einsehen* to realize (*Br. auch* -s-) the uselessness of one's efforts.

Ver'ge·bung *f* ⟨-; *no pl*⟩ **1.** (*Verzeihung*) forgiveness, pardon: *ich bitte um ~ lit.* I beg your pardon, I (do) apologize (*Br. auch* -s-); *j-n um ~ bitten* to ask s.o.'s forgiveness; *~ erlangen* to be granted forgiveness (*od.* condonation). – **2.** *relig.* (*von Sünden*) remission, forgiveness. – **3.** *cf.* Vergabe 2–6.

ver'ge·gen,ständ·li·chen [-'ʃtɛntlɪçən] *v/t* ⟨*no* ge-, h⟩ *bes. philos.* (*objektivieren*) objectify, hypostatize *Br. auch* -s-, hypostasize *Br. auch* -s-, reify.

ver'ge·gen,wär·ti·gen [-'vɛrtɪgən] **I** *v/t* ⟨*no* ge-, h⟩ **1.** (*Situation, Vergangenes*) bring (*s.th.*) to mind (*stärker* home). – **2.** *sich* (*dat*) *etwas* ~ a) (*deutlich vorstellen*) to visualize (*Br. auch* -s-) s.th., to realize (*Br. auch* -s-) s.th.: *als er sich vergegenwärtigte, welche Folgen es haben würde* when he visualized what consequences it would have. – **II** V~ *n* ⟨-s⟩ **3.** *verbal noun.* – **Ver'ge·gen,wär·ti·gung** *f* ⟨-; *no pl*⟩ **1.** *cf.* Vergegenwärtigen. – **2.** realization *Br. auch* -s-, visualization *Br. auch* -s-.

ver'ge·hen¹ **I** *v/i* ⟨*irr, no* ge-, sein⟩ **1.** (*von Zeit, Jahreszeiten etc*) go by, pass (by *od.* away): *heute vergeht die Zeit wieder gar nicht* the time simply won't pass (*od.* go round) today; *wie* (*doch*) *die Zeit vergeht!* how time flies! *die Zeit ist schnell vergangen* time went by (*od.* elapsed) very quickly; *die Jahre ~* the years go by; *es werden noch Wochen ~, ehe* it will be weeks before; *es waren noch keine zwei Stunden vergangen, als* scarcely two hours had passed when; *die Stunden vergingen wie Minuten* the hours flew past (*od.* the hours passed) in no time; *ein Abend vergeht so schnell* an evening passes (*od.* is over) so quickly; *damit die Zeit vergeht* (in order) to pass the time; *darüber verging ein voller Tag* it took a whole day; → Flug 4. – **2.** (*zu Ende gehen*) draw to a close, near its end: *der Sommer vergeht* (the) summer is drawing to a close. – **3.** (*aufhören*) pass (off), wear off, go away: *der Schmerz wird ~* a) (*körperlicher*) the pain will go away, b) (*seelischer*) the pain will pass (over); *das vergeht wieder colloq.* it will pass, it will get better; *seine Zuneigung zu ihr war schnell vergangen* his affection for her soon passed (*od.* wore off). – **4.** (*von Zorn, Ärger etc*) wear off, blow

over. – **5.** (*von Schönheit etc*) fade, vanish. – **6.** (*von Duft*) vanish, disappear, evanesce. – **7.** *lit.* (*nicht fortbestehen*) pass away, perish: *die Menschen ~, und nur ihre Werke überdauern* men pass away (*od.* on), and only their works survive; → Unkraut 2. – **8.** (*in Wendungen wie*) *er fuhr so schnell, daß mir Hören und Sehen verging* he drove so fast that it took my breath away (*od.* that my hair stood on end); *dir wird das Lachen noch ~!* (*als Drohung*) you will laugh on the other side of your face; *mir ist das Lachen vergangen, als ich das sah* I sobered up when I saw that, it was a sobering sight; *mir ist die Lust dazu vergangen* I don't care for it any longer, I have lost interest in it; → Appetit 1. – **9.** *vor* (*dat*) *etwas* ~ (*vor Neugier, Scham, Schmerz, Ungeduld, Langeweile etc*) to be dying of (*od.* with) s.th.: *vor Angst* ~ to be frightened (*od.* scared) to death, (*stärker*) to be beside oneself with fear; *vor Durst* ~ to be dying with thirst, to be parched; *ich vergehe vor Hunger* I am ravenous, I am dying with hunger, I am starving (*od.* famishing) (*colloq.*); *ich vergehe vor Kälte* I am (nearly) frozen (to death); *vor Sehnsucht* ~ to die of longing, to pine away. – **II** V~ *n* ⟨-s⟩ **10.** *verbal noun:* *das Werden und V~ in der Natur lit.* (the cycle of) growth and decay in nature, the genesis and decline in nature.

ver'ge·hen² *v/reflex* ⟨*irr, no* ge-, h⟩ **1.** *sich an j-m* ~ a) (*ein Sittlichkeitsverbrechen verüben*) to commit (an) indecent assault on s.o., (*vergewaltigen*) to rape (*od.* violate, ravish, *euphem.* assault) s.o., b) (*tätlich*) to assault s.o. – **2.** *sich gegen etwas* ~ to offend against (*od.* violate) s.th.: *sich gegen das Gesetz* ~ to offend (*od.* trespass) against (*od.* violate, infringe, break) the law; *du hast dich gröblich gegen die guten Sitten vergangen* you have violated (*stärker* outraged) (the rules of) propriety.

Ver'ge·hen³ *n* ⟨-s; -⟩ **1.** misdemeanor, *bes. Br.* misdemeanour. – **2.** *jur.* a) *Br.* offence, *Am.* offense, misdemeanor, *bes. Br.* misdemeanour, (*Gesetzesverletzung*) delict, b) *pl* (*Kriminalität*) delinquency *sg*: *geringfügiges* (*od.* leichtes) ~ minor (*od.* petty) offence; *sich eines ~s schuldig machen* to commit an offence (*od.* a misdemeano[u]r); *die ~ nehmen ständig zu* delinquency is constantly increasing.

ver'gei·len *v/i* ⟨*no* ge-, sein⟩ *hort.* (*von Pflanzen*) etiolate.

ver'gei·sti·gen [-'gaɪstɪgən] **I** *v/t* ⟨*no* ge-, h⟩ **1.** (*Person*) spiritualize *Br. auch* -s-. – **2.** (*Probleme, Fragen etc*) intellectualize *Br. auch* -s-. – **II** V~ *n* ⟨-s⟩ **3.** *verbal noun.* – **4.** *cf.* Vergeistigung. — **ver'gei·stigt I** *pp.* – **II** *adj* (*Gesicht, Mensch etc*) spiritual. — **Ver'gei·sti·gung** *f* ⟨-; *no pl*⟩ **1.** *cf.* Vergeistigen. – **2.** spiritualization *Br. auch* -s-. – **3.** intellectualization *Br. auch* -s-.

ver'gel·ten I *v/t* ⟨*irr, no* ge-, h⟩ **1.** (*aufwiegen, entgelten*) repay, requite, (*nur positiv*) *auch* reward, recompense: *j-m etwas* ~ to repay (*od.* requite) s.o. for s.th.; *eine Sache mit etwas* ~ to repay s.th. with s.th., to return s.th. for s.th.; *Gleiches mit Gleichem* ~ to give measure for measure (*od.* tit for tat), to return like for like; *Gutes mit Bösem* ~ to repay good with evil; *ich werde es Ihnen reichlich* ~ I will repay (*od.* reward, recompense) you generously; *man hat ihr ihre Dienste übel vergolten* she was given poor thanks for her services; *vergelt's Gott! Southern G. and Austrian* thank you (very much)! – **2.** (*rächen*) retaliate, repay, requite: *Böses mit Bösem* ~ to return evil for evil, to retaliate; *diese Niederlage muß blutig vergolten werden* this defeat must be avenged with blood, cruel reprisal(s) (*od.* requital) must be made for this defeat; *das werde ich dir* ~! I'll pay you back (*od.* get back at you, get my own back on you) for that! I'll get even with you for that! – **II** V~ *n* ⟨-s⟩ **3.** *verbal noun.* – **4.** *cf.* Vergeltung.

Ver'gelt's 'Gott [-'gɛlts] *n* ⟨--; *no pl*⟩ *Southern G. and Austrian* thanks *pl*: *ein herzliches „~"* hearty (*od.* heartfelt, many) thanks; *etwas für ein „~" tun fig.* (*umsonst*) to do s.th. for nothing.

Ver'gel·tung *f* ⟨-; *no pl*⟩ **1.** *cf.* Vergelten. – **2.** (*Rache*) retaliation, reprisal(s *pl*),

repayment, retribution, requital: *als ~ für* in retaliation for (*od.* of); *für etwas ~ üben* to retaliate on account of s.th., to make reprisal(s) for s.th.; *an j-m ~ üben* to retaliate (up)on s.o., to pay s.o. back, to get back at s.o., to get one's own back on s.o. – **3.** (*Belohnung*) reward, retribution, requital, return.

Ver'gel·tungs|,akt *m bes. pol.* act of retaliation, retaliatory act. — **~,an,griff** *m* **1.** *mil.* retaliation (*od.* retaliatory, reprisal) attack. – **2.** *aer. mil.* retaliation (*od.* reprisal) raid. — **~,feu·er** *n mil.* retaliatory fire. — **~,maß,nah·me** *f* retaliatory measure, (measure of) retaliation, reprisal, riposte, *auch* repost: *~n ergreifen, zu ~n greifen* to retaliate, to exercise (measures of) retaliation, to take retaliatory action, to adopt retaliatory measures. — **~,prin,zip** *n jur.* (*in Strafrechtstheorie*) principle of retaliation. — **~,schlag** *m mil.* retaliatory strike, riposte, *auch* repost. — **~,waf·fe** *f* retaliatory weapon. — **~,zöl·le** *pl econ.* retaliatory tariffs.

ver·ge·sell·schaf·ten [-gə'zɛlʃaftən] **I** *v/t* ⟨*pp* vergesellschaftet, h⟩ **1.** *econ. pol.* a) (*in Staatsbesitz überführen*) nationalize *Br. auch* -s-, b) (*in Gemeindeeigentum überführen*) municipalize *Br. auch* -s-. – **2.** *econ.* incorporate. – **II** *v/reflex* sich ~ **3.** *biol.* (*mit* with) associate. – **III** V~ *n* ⟨-s⟩ **4.** *verbal noun.* — **Ver·ge·sell·schaf·tung** *f* ⟨-; -en⟩ **1.** *cf.* Vergesellschaften. – **2.** *econ. pol.* a) nationalization *Br. auch* -s-, b) municipalization *Br. auch* -s-. – **3.** *econ.* incorporation. – **4.** *biol.* association.

ver'ges·sen¹ [-'gɛsən] **I** *v/t* ⟨vergißt, vergaß, vergessen, h⟩ **1.** (*sich nicht mehr erinnern an*) forget: *ich habe ihn längst ~* I have long forgotten him; *das werde ich mein Leben lang* (*od. colloq.* mein Lebtag) *nicht ~* I shan't (*od.* I'll never) forget that as long as I live; *das vergißt man leicht* that is easily forgotten; *jetzt habe ich ~, was ich sagen wollte* I forget (*od.* have forgotten) what I was going to say; *du mußt versuchen, das zu ~* you must try to forget that; *ich habe seinen Namen ~* I forget (*od.* have forgotten, can't think of) his name, his name has slipped my mind; *ich habe das Gelernte schon wieder ~* I have already forgotten what I (have) learned; *vergiß mich nicht!* do not forget me; *das macht* (*od.* läßt) *mich vieles ~* this makes me forget a lot of things; *wir dürfen das nie ~!* we must never forget that, we must always be mindful of that, we must always keep that in mind. – **2.** (*nicht denken an*) forget (about): *er hat völlig ~, daß er sie heute abholen sollte* he completely forgot about calling for her today, it completely slipped his mind (*od.* memory) that he was to call for her today; *das habe ich ganz ~!* I completely (*od.* clean) forgot about it; *man darf nicht ~, daß* one must not forget that, one must bear (*od.* keep) in mind that; *ach, daß ich es nicht vergesse* before I forget; *das Wichtigste ~* to forget the most important thing of all; *~ Sie nicht zu schreiben!* don't forget to write, be sure to (*od.* and) write (*colloq.*); *das werde ich dir nie ~* a) (*eine schlechte Tat*) I shall never forgive you that, I shall never forget that (you did that), b) (*eine gute Tat*) I'll always remember you for that; *darüber vergaß er, sie anzurufen* he forgot to call her over that; *er vergißt über seiner Arbeit Essen und Trinken* he forgets his meals over his work; *sie vergaß ihre guten Vorsätze* she forgot her good resolutions; *..., meine Mutter nicht zu ~* (*bei Aufzählung*) ..., not forgetting my mother; *~ Sie's nicht!* keep it in mind! don't forget (it)! – **3.** (*liegenlassen*) leave (*s.th.*) (behind), *Am. auch* forget: *der vergißt noch mal seinen Kopf colloq. humor.* he'd forget his head if it weren't screwd on; *ich habe den Schirm bei euch ~* I left the umbrella behind at your place. – **4.** (*Pflicht*) forget, neglect, omit to do, be forgetful (*od.* unmindful) of. – **II** *v/i* **5.** forget: *ich vergesse leicht* a) I am rather forgetful, I forget things, b) I soon forget; *j-s* [*einer Sache*] ~ *archaic* to forget about s.o. [s.th.]; *vergiß mein nicht poet.* do not forget me. – **6.** *auf j-n* [*etwas*] ~ *Bavarian and Austrian* to forget about s.o. [s.th.]: *ich habe darauf*

I forgot about (*od.* did not think of) it; ich hatte auf ihn ganz ~ I had forgotten all about him. – **III** *v/reflex* sich ~ **7.** forget oneself: wie konntest du dich so (weit) ~, sie zu schlagen! how could you forget yourself and hit (*od.* forget yourself to the extent of hitting) her. – **8.** (*beim Verteilen etc*) forget to take one's share, leave oneself out (of account): hast du dich (selbst) auch nicht ~? I hope you haven't forgotten to take your share. – **9.** das vergißt sich leicht that is easily forgotten. – **IV** V~ *n* ⟨-s⟩ **10.** *verbal noun.* – **11.** oblivion: dem V~ anheimfallen *lit.* to fall (*od.* sink) into oblivion. – **12.** V~ suchen to try to forget.

ver'ges·sen² **I** *pp of* vergessen¹. – **II** *adj* forgotten: ein längst ~es Lied a long-forgotten song; aller Kummer war ~ all worry was forgotten; manche Werke dieses Schriftstellers sind heute ~ some of the works of this author are forgotten (*od.* lost in obscurity) today; die Sache ist längst ~ the affair is long forgotten (*od.* is over and done with); etwas ~ sein lassen *lit.* to let bygones be bygones; → vergeben² 1.

Ver'ges·sen·heit *f* ⟨-; *no pl*⟩ oblivion, obscurity: in ~ geraten (*od.* kommen), *lit.* der ~ anheimfallen to fall (*od.* pass, sink) into oblivion (*od.* obscurity); etwas der ~ entreißen to save (*od.* rescue) s.th. from oblivion.

ver'geß·lich *adj* forgetful: er ist sehr ~ he is very forgetful, he forgets things; er wird in der letzten Zeit immer ~er he has been getting more and more forgetful lately. — **Ver'geß·lich·keit** *f* ⟨-; *no pl*⟩ forgetfulness: es geschah nur aus ~ it happened only through forgetfulness.

ver'geu·den [-'gɔydən] **I** *v/t* ⟨*no* ge-, h⟩ **1.** (*Zeit, Vermögen, Energie, Kräfte etc*) waste, squander, dissipate, misspend: du vergeudest nur deine Zeit you're just wasting your time; sein Leben ~ to misspend one's life. – **II** V~ *n* ⟨-s⟩ **2.** *verbal noun.* – **3.** *cf.* Vergeudung. – **Ver'geu·der** *m* ⟨-s; -⟩ squanderer, waster, wastrel. — **Ver'geu·dung** *f* ⟨-; *no pl*⟩ **1.** *cf.* Vergeuden. – **2.** squander, waste, dissipation.

ver·ge'wal·ti·gen [-gə'valtɪgən] **I** *v/t* ⟨*pp* vergewaltigt, h⟩ **1.** (*Frau, Mädchen*) rape, violate, assault (*euphem.*), abuse, ravish, outrage. – **2.** *fig.* (*Volk etc*) oppress, terrorize *Br. auch* -s-, outrage, rape. – **3.** *fig.* (*Recht etc*) violate, do violence to: sie ~ die deutsche Sprache they do violence to (*od.* butcher, murder) the German language. – **II** V~ *n* ⟨-s⟩ **4.** *verbal noun.* – **Ver·ge'wal·ti·gung** *f* ⟨-; -en⟩ **1.** *cf.* Vergewaltigen. – **2.** (*einer Frau, eines Mädchens*) rape, violation, assault (*euphem.*), abuse, ravishment. – **3.** *fig.* (*eines Volkes etc*) oppression, terrorization *Br. auch* -s-, rape. – **4.** *fig.* (*des Rechts, der Sprache etc*) violation.

ver·ge'wis·sern [-gə'vɪsərn] *v/reflex* ⟨*pp* vergewissert, h⟩ **1.** sich einer Sache ~ to make sure of s.th., to ascertain s.th., to satisfy oneself of s.th.: er vergewisserte sich, ob [daß] die Tür abgeschlossen war he made sure whether [that] the door was locked. – **2.** sich j-s (*od.* über j-n) ~ to make sure (*od.* certain) of s.o., to satisfy oneself about s.o.

ver·ge'wohl·tä·ti·gen *v/t* ⟨*pp* vergewohltätigt, h⟩ j-n ~ *colloq. humor.* to have it off with s.o. (*sl.*).

Ver'gieß·bar·keit *f* ⟨-; *no pl*⟩ *metall.* castability, pourability.

ver'gie·ßen *v/t* ⟨*irr, no* ge-, h⟩ **1.** (*Wasser, Milch etc*) spill, slop: ich habe etwas Kaffee vergossen I have spilled (*od.* spilt) some coffee. – **2.** shed: Tränen ~ to shed tears, to weep bitterly (*od.* bitter tears); → Blut 1; Schweiß 1. – **3.** *metall.* a) (*aus Stopfenpfanne*) teem, b) (*über Pfannenausguß*) pour, c) (*zur Herstellung von Gußstücken*) cast.

ver'gif·ten **I** *v/t* ⟨*no* ge-, h⟩ **1.** (*Person, Speisen etc*) poison: j-n mit Gas ~ to gas s.o. – **2.** (*Luft, Wasser etc*) poison, pollute, contaminate: Mißtrauen vergiftete die Atmosphäre *fig.* suspicion poisoned (*od. lit.* envenomed) the atmosphere. – **3.** *fig.* (*durch schlechten Einfluß schädigen*) poison, corrupt, pervert, contaminate: j-s Phantasie ~ to poison s.o.'s mind. – **4.** *med.* (*durch Erreger*) contaminate. – **II** *v/reflex* sich ~ **5.** poison oneself: sie hat sich vergiftet a) (*Selbstmord begangen*) she poisoned

herself, she took poison, b) (*Giftiges gegessen*) she poisoned herself; sich mit Tabletten [durch Gas] ~ to poison oneself with tablets [gas]. – **III** V~ *n* ⟨-s⟩ **6.** *verbal noun.* – **7.** *cf.* Vergiftung.

Ver'gif·tung *f* ⟨-; -en⟩ **1.** *cf.* Vergiften. – **2.** a) poisoning, intoxication, b) (*durch Erreger*) contamination, c) (*als Krankheit*) toxicopathy: ~ von außen heterointoxication; ~ von innen autointoxication; durch Schlangenbiß snake-venom poisoning; ophidism, ophidiasis, ophiodox(a)emia (*scient.*). – **3.** ⟨*only sg*⟩ (*der Luft etc*) pollution, contamination. – **4.** ⟨*only sg*⟩ *fig.* (*der Phantasie etc*) corruption, perversion, contamination.

Ver'gif·tungs|er,schei·nung *f med.* symptom (*od.* sign) of poisoning. — **~,tod** *m* death by poisoning.

ver'gil·ben *v/i* ⟨*no* ge-, sein⟩ (*von Papier etc*) turn (*od.* go, become) yellow, yellow. — **ver'gilbt I** *pp.* – **II** *adj* (*Papier, Buchseiten etc*) yellowed.

ver'gi·lisch [ver'gi:lɪʃ] *adj* Vergilian: V~e Gedichte Vergilian poems.

ver'gip·sen *v/t* ⟨*no* ge-, h⟩ *tech.* plaster.

ver'giß [-'gɪs] *imp sg of* vergessen¹.

Ver'giß,mein,nicht *n* ⟨-(e)s; -(e)⟩ *bot.* forget-me-not (*Gattg Myosotis*).

ver'gißt [-'gɪst] *2 u. 3 sg pres of* vergessen¹.

ver'git·tern [-'gɪtərn] **I** *v/t* ⟨*no* ge-, h⟩ **1.** (*Fenster etc*) fix a grating in front of, grate, lattice. – **2.** (*mit Stangen*) bar. – **II** V~ *n* ⟨-s⟩ **3.** *verbal noun.* — **Ver'git·te·rung** *f* ⟨-; -en⟩ **1.** *cf.* Vergittern. – **2.** (*Gitter*) grating, lattice(work). – **3.** (*Stangengitter*) bars *pl*, barring.

ver'glas·bar *adj* **1.** *tech.* vitrifiable. – **2.** *civ.eng.* (*Fenster*) allowing for being glazed.

ver'gla·sen I *v/t* ⟨*no* ge-, h⟩ **1.** (*Fenster etc*) glaze. – **2.** (*optics*) (*Brillen*) glaze. – **3.** (*Treibhaus etc*) glass in, glaze. – **II** *v/i* ⟨sein⟩ **4.** *chem. tech.* (*zu Glas werden*) vitrify. – **III** V~ *n* ⟨-s⟩ **5.** *verbal noun.* – **6.** *cf.* Verglasung. — **ver'glast I** *pp.* – **II** *adj* **1.** (*Fenster*) glazed. – **2.** ~er Blick *fig.* glazed look. — **Ver'gla·sung** *f* ⟨-; -en⟩ **1.** *cf.* Verglasen. – **2.** (*die Glasscheiben selbst*) glasswork. – **3.** (*Verglasungsarbeit*) glazing. – **4.** *chem.* vitrification. – **5.** *tech.* vitrification, vitrescence.

Ver'gleich *m* ⟨-(e)s; -e⟩ **1.** (*Handlung*) (*zweier od. mehrerer Gegenstände, Systeme etc*) comparison, (*im Hinblick auf Übereinstimmung etc*) *auch* collation: beim ~ der Abschrift mit dem Original entdeckte er viele Fehler when comparing (*od.* collating) the copy with the original he discovered many mistakes; ~e mit ähnlichen Vorkommnissen in der Vergangenheit comparisons with similar incidents in the past. – **2.** (*Ergebnis*) comparison: ein guter (*od.* treffender) [schlechter, schiefer] ~ a good (*od.* an appropriate) [a bad (*od.* a poor), a distorted] comparison; einen ~ zwischen zwei Personen [Dingen] ziehen (*od.* anstellen) to draw (*od.* make) a comparison between two persons [things]; du kannst bei Urlaubsreisen nicht immer ~e anstellen you cannot always draw comparisons (*od.* compare things) on a holiday (*Am. vacation*) trip; im ~ zu a) (*quantitativ*) compared (*od.* in comparison) to, b) (*qualitativ*) compared (*od.* in comparison) with; im ~ zu seiner Frau ist er sehr groß compared to his wife he is very tall; den ~ mit etwas [j-m] aushalten, dem ~ mit etwas [j-m] standhalten a) (*quantitativ*) to bear comparison to s.th. [s.o.], b) (*qualitativ*) to bear comparison (*od.* to compare) with s.th. [s.o.]; in bezug auf Schnelligkeit hält er keinen ~ mit seinem Bruder aus he bears no comparison with his brother as regards speed; dieser Winter steht in keinem ~ (*od. colloq.* ist [gar] kein ~) zu dem vor zwei Jahren there is no comparison between (*od.* no comparing) this winter and that (*od.* this winter does not compare with that) of two years ago; jeder ~ hinkt no comparison is perfect, every comparison is lame; (das ist ja) kein ~! *colloq.* there's no comparison! that is beyond (*od.* past) comparison (*od.* compare). – **3.** *econ. jur.* settlement, arrangement, compromise, (*mit seinen Gläubigern*) *auch* composition, accord:

außergerichtlicher ~ settlement out of court, private settlement; gerichtlicher ~ judicial settlement; ein gütlicher ~ a friendly (*od.* a private, an amicable) arrangement; einen ~ (mit j-m) schließen (*od.* eingehen) to enter into (*od.* make, effect, arrive at) a settlement (*od.* a compromise, an arrangement) (with s.o.), to settle (*od.* compromise, arrange, [*mit seinen Gläubigern*] *auch* to compound) (with s.o.); einen ~ aufheben to set aside an arrangement; einen Rechtsstreit durch ~ beilegen to settle a litigation by way (*od.* means) of (an) arrangement; ein magerer ~ ist besser als ein fetter Prozeß (*Sprichwort*) a lean compromise is better than a fat lawsuit (*proverb*). – **4.** (*literature*) (*als rhetorische Figur*) simile.

ver'gleich·bar I *adj* (mit with, to) comparable: zwei im Aufbau ~e Gedichte two poems which are comparable (*od.* which compare, which can be compared) with regard to structure, two structurally comparable poems; dieses System ist mit dem anderen nicht ~ this system cannot be compared (*od.* is not to be compared, does not compare) with the other. – **II** *adv* comparably: ein ~ großes Angebot von Konsumgütern a comparably large supply of consumer goods. — **Ver'gleich·bar·keit** *f* ⟨-; *no pl*⟩ (*zweier Systeme, Kategorien etc*) (mit with, to) comparability, comparableness.

ver'glei·chen I *v/t* ⟨*irr, no* ge-, h⟩ **1.** etwas mit etwas ~ a) (*Gegenstände, Gedichte, Ereignisse etc*) to compare s.th. with s.th., b) (*rang- u. wertmäßig gleichstellen*) to compare s.th. with s.th., to put s.th. on the same level (*od.* on a level, on an equal footing, on a par) with s.th., c) (*durch ein Gleichnis etc*) to compare (*od.* liken) s.th. to s.th., d) (*Abschrift mit dem Original, Beträge, Rechnungen etc*) to compare (*od.* collate, check) s.th. with s.th.: er verglich die beiden Uhren (miteinander) he compared the two watches (with each other); die Zeit (*od.* die Uhren) ~ to compare (*od.* check) the time; diese Universität ist mit unserer nicht zu ~ this university cannot be (*od.* is not to be) compared with ours, this university does not compare with ours, this university is not a patch on ours; die beiden Rechtssysteme lassen sich durchaus ~ the two legal systems compare well (*od.* may well be compared); die Kontoauszüge ~ to compare (*od.* collate, check) the bank statements. – **2.** j-n mit j-m ~ a) (*äußerlich*) to compare s.o. with s.o., b) (*rang- u. wertmäßig*) to compare s.o. with s.o., to put s.o. on the same level (*od.* on a level, on an equal footing, on a par) with s.o. – **3.** etwas mit j-m ~ a) (*durch ein Gleichnis etc*) to compare (*od.* liken) s.th. to s.o., b) *econ. jur.* (*Rechtsstreit etc*) to settle (*od.* to compromise, [*mit seinen Gläubigern*] *auch* to compound) s.th. with s.o.; j-n mit etwas ~ to compare (*od.* liken) s.o. to s.th. – **4.** vergleiche (dazu) Seite 18 confer (*od.* compare) page 18. – **II** *v/reflex* **5.** sich (mit j-m) ~ a) (*äußerlich*) to compare (oneself) (with s.o.), b) (*rang- u. wertmäßig*) to compare (oneself) with s.o., to put oneself on the same level (*od.* on an equal footing, on a par) (with s.o.), c) *econ. jur.* (*in einem Rechtsstreit*) to settle (*od.* compromise, arrange, enter into an arrangement, [*mit seinen Gläubigern*] *auch* to compound) (with s.o.): mit ihm kannst du dich nicht ~ you cannot compare yourself with him, you do not compare with him; die Parteien haben sich verglichen the parties have entered into an agreement. – **6.** sich mit etwas ~ a) (*von Orten, Anlagen, Einrichtungen, Institutionen etc*) to compare with s.th., b) (*von Personen*) to compare (oneself) with s.th.: diese Stadt kann sich mit Paris nicht ~ this city cannot compare with Paris. – **III** V~ *n* ⟨-s⟩ **7.** *verbal noun.* – **8.** *cf.* Vergleich 1. — **ver'glei·chend I** *pres p.* – **II** *adj* Sprachwissenschaft comparative linguistics *pl* (*usually construed as sg*); eine ~e Übersicht a comparative survey.

Ver'gleichs|,an·ge·bot *n econ. jur.* offer of settlement (*od.* arrangement, compromise, [*an seine Gläubiger*] *auch* composition). — ~be,din·gun·gen pl terms of settlement (od. composition). — **v~be,reit** adj ~ sein (bei einem Rechtsstreit) to be willing to settle (zur Abwendung eines Konkurses] auch to compound). — ~bi,lanz f 1. (beim Vergleichsverfahren) balance (sheet) (Am. asset and liability statement) in settlement proceedings. – 2. (zur Vermeidung eines Konkurses) balance (sheet) in composition proceedings. — ~er,öff·nung f institution of settlement (od. composition) proceedings. — ~gläu·bi·ger m creditor in a settlement (od. composition). — ~grup·pe f med. (bei Versuchen) control group. — ~jahr n (in Statistiken etc) year of comparison. — ~kör·per m phys. reference body. — ~mas·se f econ. jur. assets pl (od. estate) in settlement (od. composition) proceedings (od. in a settlement (od. composition]). — ~maß,stab m standard of comparison: dieses Land ist für uns kein ~ this country is no (standard of) comparison for us. — ~ord·nung f jur. regulations pl for settlement proceedings. — ~punkt m point of comparison. — ~schuld·ner m econ. jur. debtor in a settlement (od. composition). — ~sum·me f settlement sum. — ~ter,min m date of settlement. — ~ver,ein·ba·rung f agreement on a settlement ([mit Gläubigern] auch on a composition): schriftliche ~ settlement ([mit Gläubigern] auch composition) deed, Br. deed of arrangement. — ~ver,fah·ren n settlement ([zur Abwendung eines Konkurses] auch composition) proceedings pl: die Eröffnung des ~s beantragen to apply for the institution of settlement proceedings. — ~ver,trag m settlement ([mit Gläubigern] auch composition) contract, Br. deed of arrangement. — ~ver,wal·ter m trustee in settlement (od. composition) proceedings. — ~vor,schlag m proposal for a settlement (od. an arrangement), scheme of arrangement. — ~weg m only in auf dem ~(e) by (way of) settlement (od. compromise, [zur Abwendung eines Konkurses] auch composition): etwas auf dem ~(e) beilegen to settle s.th. by (way of) compromise.

ver'gleichs,wei·se adv 1. (verhältnismäßig) comparatively: er verdient ~ wenig he earns comparatively little. – 2. (zum Vergleich) by way of comparison, as a (means of) comparison: nehmen wir ~ an, du wärest mit dem Zug gefahren let's assume by way of comparison that you went by train. – 3. econ. jur. by way (od. means) of a settlement (od. an arrangement, a compromise, [zur Abwendung eines Konkurses] auch a composition): einen Rechtsstreit ~ beilegen to settle a litigation by (way of) compromise.

Ver'gleichs,wert m (in Statistiken etc) comparative value, value of comparison. — ~zahl f comparative figure (od. index). — ~zeit f, ~zeit,raum m comparative period, period of comparison. — ~zif·fer f cf. Vergleichszahl.

Ver'glei·chung f ⟨-; -en⟩ 1. cf. Vergleichen. – 2. cf. Vergleich 1.

ver'glet·schern [-'glɛtʃərn] geogr. I v/i ⟨no ge-, sein⟩ 1. (von Gebirgen, Polarzonen) glaciate. – II V~ n ⟨-s⟩ 2. verbal noun. – 3. cf. Vergletscherung. — **ver'glet·schert** I pp. – II adj (Gebirge etc) glaciated, glaciered: stark ~e Gebiete widely glaciated areas. — **Ver'glet·sche·rung** f ⟨-; -en⟩ 1. cf. Vergletschern. – 2. glaciation.

ver'gli·chen I pp of vergleichen. – II adj 1. (Gegenstände, Personen, Gedichte, Arbeiten etc) compared, (im Hinblick auf Übereinstimmung etc) auch collated: die mit dem Manuskript ~e Druckseite the printed page which has been compared (od. collated) with the manuscript. – 2. ~ mit a) (quantitativ) compared (od. in comparison) to, b) (qualitativ) compared (od. in comparison) with: ~ mit unserem alten Haus ist dieses hier sehr klein this house is very small compared to our old one; ~ mit ihrer Schwester ist sie sehr hübsch she is very pretty compared with her sister.

ver'glim·men v/i ⟨meist irr, no ge-, sein⟩ 1. (von Feuer, Asche etc) die down: das Streichholz verglomm the flame of the match died down. – 2. poet. (von Lichtschein etc) fade away.

ver'glü·hen v/i ⟨no ge-, sein⟩ 1. (von Feuer, Asche etc) smolder (bes. Br. smoulder) (od. die) out. – 2. (von Draht, Feuerwerkskörper, Meteor, Rakete etc) burn out. – 3. fig. poet. (von Sonne, Sternen etc) smolder (bes. Br. smoulder) out. – 4. fig. poet. (von Leidenschaft etc) die.

Ver'gnü·gen [-'gnyːgən] n ⟨-s; -⟩ 1. (Spaß, Freude) pleasure, fun, enjoyment, delight, delectation (lit.): Segeln ist ein herrliches (od. riesiges) ~ sailing is marvel(l)ous (od. colloq. terrific) fun; ein kindliches ~ a childish pleasure; es ist ein wahres ~, ihm zuzusehen it is a real pleasure to watch him; sein Hobby macht (od. bereitet) ihm viel ~, er hat viel ~ an seinem Hobby his hobby gives (od. affords) him great pleasure, he finds great pleasure in (od. he gets a lot of fun out of) his hobby; das Unterrichten macht (od. bereitet) mir viel ~, ich finde viel ~ daran zu unterrichten teaching gives (od. affords) me great pleasure, I enjoy teaching very much, I derive great pleasure from teaching; ich habe das Buch mit großem ~ gelesen a) I read the book with great pleasure, I greatly enjoyed (reading) the book, b) (habe mich sehr amüsiert) I read the book with great amusement, I had great fun reading the book; ich werde Ihnen mit ~ die Stadt zeigen it will be a pleasure (for me) (od. I will be delighted) to show you the town; wenn es dir ~ macht, dann tu(e) es! a) do it if you enjoy it, b) (meinetwegen) go ahead (od. do it) if you really want to; etwas mit großem ~ machen to do s.th. with great enjoyment (od. glee); er tut es aus (od. zum) ~ he does it for pleasure (od. for the fun of it); er macht sich ein ~ daraus, sie zu ärgern he gets great pleasure (od. colloq. he gets a kick) out of annoying her; es war mir ein ~ a) it was a pleasure, I enjoyed it very much, b) (es ist gerne geschehen) it was a pleasure, the pleasure was entirely mine; mit dem größten ~! with the greatest pleasure! viel ~! auch iron. have a good time! have fun! enjoy yourself (od. [bei mehreren Personen] yourselves)! mit wem habe ich das ~? (zu sprechen) who(m) do I have the pleasure of talking to? may I enquire (auch inquire) your name? für manche Leute ist es ein ~, am Samstag (das) Auto zu waschen some people get great fun out of washing (od. it is the favo[u]rite pastime of some people to wash) the car on Saturdays: meinst du, es ist ein ~, die Fenster zu putzen? do you think it's fun (od. a pleasure, colloq. humor. a picnic) to clean the windows? – 2. (Belustigung, Erheiterung) amusement, merriment, delight, (stärker) mirth, hilarity, merriment: seine Rede bereitete den Zuhörern großes ~ the audience was greatly amused by his speech. – 3. (Unterhaltung, Zerstreuung) pleasure, entertainment, distraction: die Jagd nach ~ the pursuit of (od. the search for) pleasure; sich ins ~ stürzen fig. colloq. a) (bei einem Maskenball, auf einem Jahrmarkt etc) to join (in) the fray, b) (in Nachtlokale gehen etc) to live it up. – 4. cf. Tanzveranstaltung. – 5. (unterhaltsame Veranstaltung) entertainment, merriment.

ver'gnü·gen I v/t ⟨no ge-, h⟩ 1. j-n ~ (amüsieren, belustigen) to amuse s.o. – II v/reflex sich ~ 2. (sich erfreuen, Spaß haben) enjoy (od. divert, lit. disport) oneself: sie vergnügten sich mit Tennisspielen (od. lit. am Tennisspiel) they enjoyed themselves playing tennis (od. in a game of tennis); wir vergnügten uns damit, Drachen steigen zu lassen we enjoyed ourselves flying kites. – 3. (sich amüsieren od. dgl.) amuse oneself.

ver'gnüg·lich [-'gnyːklɪç] adj 1. (unterhaltsam) entertaining, diverting: ein ~er Abend an entertaining evening. – 2. (amüsant, belustigend) amusing, delightful: ein ~es Buch a delightful book. – 3. lit. cf. vergnügt II.

ver'gnügt I pp. – II adj 1. (Abend, Gesellschaft etc) gay, merry, bes. Br. jolly, Am. colloq. chipper: eine Schar ~er junger Leute a group of gay young people; in ~er Stimmung sein to be in gay (od. high) spirits; er ist immer lustig und ~ he is always gay and cheerful; sich (dat) einen ~en Tag machen a) to have a merry (od. colloq. great) day of it, b) fig. colloq. (fau-

lenzen) to have a good (od. colloq. great) time of it. – 2. (Gesichtsausdruck etc) cheerful, joyful, gleeful, blithe (lit.). – III adv 3. ~ erzählte er von seiner Reise he talked gaily about his journey; sie lachte ~ she laughed cheerfully. — **Ver'gnügt·heit** f ⟨-; no pl⟩ 1. (eines Menschen, einer Tischrunde etc) gaiety, gayety, merriness, mirth, bes. Br. jolliness. – 2. (der Miene, des Gesichtsausdrucks etc) cheerfulness, joyfulness, gleefulness.

Ver'gnü·gung f meist pl 1. (Unterhaltung, Zerstreuung) pleasure, entertainment, distraction. – 2. (unterhaltsame Veranstaltung) entertainment, merriment.

Ver'gnü·gungs|,damp·fer m mar. 1. (auf Flüssen, Seen etc) pleasure (od. excursion) steamer (od. boat). – 2. (für Seereise) cruiser. — ~fahrt f cf. Vergnügungsreise.

ver'gnü·gungs,hal·ber adv for the pleasure (od. fun) of it: er ist ~ mitgefahren he came with us for the fun of it (od. colloq. for the laugh).

Ver'gnü·gungs|lo,kal n 1. (Restaurant mit Varietévorstellungen etc) cabaret. – 2. (Nachtlokal) nightclub. — ~park m amusement park. — ~rei·se f 1. pleasure trip (od. tour), bes. Am. colloq. junket: eine ~ machen (od. unternehmen) to go on (od. go for, take) a pleasure trip. – 2. mar. (Seereise) cruise. — ~rei·sen·de m, f 1. tourist, passenger. – 2. mar. (bei Seereise) (cruise) passenger. — ~stät·te f 1. place of entertainment. – 2. cf. Vergnügungslokal. — ~steu·er f econ. entertainment (od. amusement) tax, (auf Filme, Fernsehen etc) Br. auch entertainments duty. — ~sucht f hunt for pleasure. — **v~,süch·tig** adj pleasure-hunting (od. -seeking): ein ~er Mensch a pleasure-hunter (od. -seeker). — ~vier·tel n nightclub (od. night-life) district.

Ver'gol·de|,ei,weiß n, ~grund m (in der Buchbinderei) glaire, gilders' size. — **ver'gol·den** [-'gɔldən] I v/t ⟨no ge-, h⟩ 1. tech. (art) (Metall, Holz) gold, gild, gold-plate: einen Rahmen neu ~ to regild a frame. – 2. print. gold-tool, gold-finish: mit Muschelgold ~ to gild. – 3. lit. (durch einen goldenen Schimmer etc) gild: die Abendsonne vergoldete die Türme der Stadt the evening sun gilded the towers of the town. – 4. fig. poet. (verschönern, verklären) enhance, gild, brighten up. – II V~ n ⟨-s⟩ 5. verbal noun. – 6. cf. Vergoldung. — **Ver'gol·der** m ⟨-s; -⟩ print. tech. gilder. — ~mas·se f gilt, gilding. — **Ver'gol·de,pres·se** f (in der Buchbinderei) gilding press. — **Ver'gol·de,stem·pel** m (in der Buchbinderei) pallet. — **ver'gol·det** I pp. – II adj (Kette, Uhr, Besteck etc) gilt, gilded, gold-plated. — **Ver'gol·dung** f ⟨-; -en⟩ 1. cf. Vergolden. – 2. tech. (art) (Goldüberzug) gilt, gilding, gold coating, (galvanische) gold-plating: die ~ von etwas entfernen to remove the gilt from s.th., to ungild s.th.

ver'gön·nen v/t ⟨no ge-, h⟩ 1. j-m etwas ~ a) (nicht neiden) not to (be)grudge (od. envy) s.o. s.th., b) (zukommen lassen) to allow (od. grant) s.o. s.th.: j-m etwas nicht ~ a) (neiden) to (be)grudge (od. envy) s.o. s.th., b) (nicht zukommen lassen) not to allow (od. grant) s.o. s.th.; er vergönnt seiner Frau nicht einmal den kleinen Nebenverdienst he even begrudges his wife the little bit of extra money she earns; es war ihm nicht mehr vergönnt, diesen Tag zu erleben it was not granted to him to live to see this day; da es mir vergönnt ist, auf dieser Versammlung zu sprechen since it is granted to me to speak (od. since I have the privilege of speaking) at this meeting. – 2. sich (dat) etwas [nicht] ~ [not] to allow (od. permit) oneself s.th.

ver'go·ren I pp of vergären. – II adj fermented.

ver'got·ten [-'gɔtən] I v/t ⟨no ge-, h⟩ 1. deify. – II V~ n ⟨-s⟩ 2. verbal noun. – 3. cf. Vergottung.

ver'göt·tern [-'gœtərn] I v/t ⟨no ge-, h⟩ 1. (zum Gott erheben) deify. – 2. fig. (übermäßig lieben u. verehren) worship, adore, (stärker) idolize Br. auch -s-, idolatrize Br. auch -s-, deify: sie vergöttert ihren Sohn she idolizes her son. – II V~ n ⟨-s⟩ 3. verbal noun. — **Ver'göt·te·rung** f ⟨-;

no pl⟩ **1.** *cf.* Vergöttern. – **2.** deification. – **3.** *fig.* worship, adoration, (*stärker*) idolization *Br. auch* -s-, idolatry, deification.

ver'gött·li·chen [-'gœtlɪçən] *v/t* ⟨*no* ge-, h⟩ *cf.* vergöttern 1. — **Ver'gött·li·chung** *f* ⟨-; *no pl*⟩ *cf.* Vergötterung 1, 2.

Ver'got·tung *f* ⟨-; *no pl*⟩ **1.** *cf.* Vergotten. – **2.** deification.

ver'gra·ben I *v/t* ⟨*irr, no* ge-, h⟩ **1.** (*eingraben*) bury. – **2.** etwas in (*acc od. dat*) etwas ~ *fig.* a) (*verbergen*) to bury (*od.* hide) s.th. in s.th., b) (*hineinbohren*) to bury s.th. in s.th.: sie vergrub ihr Gesicht in beide Hände (*od.* in beiden Händen) she buried (*od.* hid) her face in her hands; er vergrub die Hände in den Hosentaschen he buried his hands in his trouser pockets. – **II** *v/reflex* sich ~ **3.** (*von Maulwurf, Regenwurm etc*) bury itself. – **4.** *fig. colloq.* (*sich völlig zurückziehen*) hide oneself. – **5.** sich in seine Bücher [Arbeit] (*od.* sich in seinen Büchern [in seiner Arbeit]) ~ *fig. colloq.* to bury oneself in one's books [in one's work].

ver'grä·men *v/t* ⟨*no* ge-, h⟩ **1.** j-n ~ a) (*vertreiben*) (*durch schlechtes Benehmen, schlechte Bedienung etc*) to repel s.o., to put s.o. off, b) *lit.* (*seelisch verletzen*) to worry (*od.* grieve, fret) s.o.: er hat seinen besten Freund vergrämt he repelled his best friend. – **2.** j-m [sich *dat*] etwas ~ *lit.* (*das Leben, den Tag etc*) to make s.th. unpleasant for s.o. [oneself]. – **3.** *hunt.* (*Wild*) frighten, scare. — **ver'grämt I** *pp.* – **II** *adj* **1.** (*Gesicht etc*) careworn, worried: sie sieht ganz ~ aus she looks quite careworn. – **2.** (*Mensch, Wesen*) worried, (*stärker*) woebegone, grief-stricken. – **3.** *hunt.* (*Wild*) frightened, scared.

ver'grau·len *v/t* ⟨*no* ge-, h⟩ j-n ~ *colloq.* to send s.o. off in a huff, to huff s.o.

ver'grei·fen *v/reflex* ⟨*irr, no* ge-, h⟩ sich ~ **1.** *mus.* (*beim Klavier-, Gitarrespielen etc*) play (*od.* strike) the wrong note: du hast dich um einen halben Ton vergriffen you were off the note by half a tone, you were half a tone off the note. – **2.** (*auf einer Schreib-, Rechenmaschine etc*) strike the wrong key. – **3.** (*bei einer Turnübung etc*) miss one's grip (*od.* grasp). – **4.** sich an (*dat*) etwas ~ a) (*an fremdem Eigentum*) to misappropriate s.th., (*an Geld*) *auch* to embezzle s.th., b) (*an geweihten, geheiligten Gegenständen etc*) to profane (*od.* desecrate) s.th., c) *fig. colloq. humor.* (*wegnehmen, mitnehmen*) to pinch (*od.* swipe) s.th. (*colloq.*), d) *fig. colloq.* (*sich an etwas heranwagen*) to do s.th. to s.th.: sie hat sich an der Kasse vergriffen she misappropriated (*od.* stole) money from the till; wer hat sich an meinem Bleistift vergriffen? *fig. colloq. humor.* who has pinched my pencil? – **5.** sich an j-m ~ a) (*tätlich angreifen*) to lay hands on (*od.* to go for) s.o., b) (*unsittlich mißbrauchen*) to commit indecent assault (up)on s.o. – **6.** (*in Wendungen wie*) sich im Ausdruck (*od.* Ton) ~ to use the wrong approach; Sie ~ sich im Ton that is the wrong tone to speak to me in; sich in den Mitteln ~, sich in (*od.* bei) der Wahl der Mittel ~ to adopt the wrong means.

ver'grei·sen [-'graɪzən] *v/i* ⟨*no* ge-, sein⟩ **1.** (*von Person*) become senile, senesce (*scient.*). – **2.** *sociol.* (*von Bevölkerung*) age. – **II V~** *n* ⟨-s⟩ **3.** *verbal noun.* – **4.** *cf.* Vergreisung. — **ver'greist I** *pp.* – **II** *adj* **1.** (*Person*) senile. – **2.** *sociol.* (*Bevölkerung*) overly aged, containing a high percentage of aged people. — **Ver'grei·sung** *f* ⟨-; *no pl*⟩ **1.** *cf.* Vergreisen. – **2.** (*einer Person*) senescence. – **3.** *sociol.* (*der Bevölkerung*) (growing) high percentage of aged people.

ver'grif·fen I *pp of* vergreifen. – **II** *adj* **1.** (*Buch, Broschüre*) out of (*od.* no longer in) print: dieses Buch ist seit zwei Jahren ~ this book has been out of print for two years. – **2.** (*Artikel, Ware*) unavailable, no longer in production, sold-out (*attrib*).

ver'grö·bern [-'grøːbərn] **I** *v/t* ⟨*no* ge-, h⟩ **1.** (*Sand, Verputz, Gewebe etc*) coarsen. – **2.** (*Gesichtszüge, Umgangsformen etc*) coarsen. – **II** *v/i* ⟨sein⟩ **3.** (*von Person, Umgangsformen etc*) coarsen, become rude (*od.* coarse, gross). – **III** *v/reflex* ⟨h⟩ sich ~ **4.** (*von Gesichtszügen etc*) coarsen, become coarse. – **IV V~** *n* ⟨-s⟩ **5.** *verbal noun.* —

Ver'grö·be·rung *f* ⟨-; *no pl*⟩ *cf.* Vergröbern.

ver'grö·ßern [-'grøːsərn] **I** *v/t* ⟨*no* ge-, h⟩ **1.** (*Raum etc*) enlarge, extend: etwas um das Doppelte ~ to enlarge (*od.* extend) s.th. to twice its size; den Abstand zwischen zwei Dingen ~ to extend the distance between two things; den Maßstab ~ to enlarge the scale. – **2.** (*umfang-, volumenmäßig*) increase, augment, aggrandize *Br. auch* -s- (*lit.*): die Truppenstärke ~ to augment the number of troops. – **4.** (*Betrieb, Maschinenpark, Produktionsfähigkeit, Wissen etc*) enlarge, extend, expand. – **5.** (*Not, Qual, Schwierigkeiten etc*) increase, aggravate, add to, worsen, intensify, augment. – **6.** (*Freude, Interesse, Ungeduld etc*) increase, intensify, heighten. – **7.** *econ.* (*Kapital, Schulden, Vermögen etc*) enlarge, increase, augment. – **8.** (*Bekannten-, Kundenkreis, Mitarbeiterstab etc*) enlarge, extend. – **9.** (*Vollmachten, Befugnisse etc*) extend, aggrandize *Br. auch* -s- (*lit.*). – **10.** *phot.* (*Negativ*) enlarge, blow up: ein Bild sechsfach ~ to enlarge a picture to six times its size. – **11.** (*optics*) (*durch eine Lupe etc*) magnify. – **12.** *mus.* (*Thema*) augment. – **II** *v/reflex* sich ~ **13.** (*flächen-, umfang-, volumenmäßig*) enlarge, become larger, grow: die Stadt hat sich sehr vergrößert the city has greatly enlarged; unser Bekanntenkreis vergrößerte sich rasch our circle of friends enlarged rapidly. – **14.** (*zahlen-, wert-, bedeutungsmäßig*) increase, augment. – **15.** (*von Betrieb, Wissen, Aktionsradius etc*) enlarge, become larger, expand. – **16.** (*von Mangel, Schwierigkeiten etc*) increase, worsen, become worse, intensify. – **17.** (*von Interesse, Ungeduld etc*) increase, intensify, heighten. – **18.** *econ.* (*von Kapital, Schulden, Vermögen etc*) enlarge, increase, augment. – **19.** (*von Pupillen*) dilate, become dilated. – **20.** *fig. colloq.* (*in eine größere Wohnung ziehen*) move to a bigger place. – **21.** *med.* (*von Herz, Leber, Milz etc*) become enlarged (*od. scient.* hypertrophied). – **III** *v/i* **22.** dieses Glas vergrößert stark (*optics*) this glass magnifies greatly. – **IV V~** *n* ⟨-s⟩ **23.** *verbal noun.* – **24.** *cf.* Vergrößerung. — **ver'grö·ßernd I** *pres p.* – **II** *adj* eine stark ~e Linse (*optics*) a highly powerful lens, a lens with high magnifying power. — **Ver'grö·ße·rung** *f* ⟨-; -en⟩ **1.** *cf.* Vergrößern. – **2.** ⟨*only sg*⟩ (*flächenmäßige*) enlargement, extension. – **3.** ⟨*only sg*⟩ (*umfang-, volumenmäßige*) enlargement. – **4.** ⟨*only sg*⟩ (*zahlen-, wert-, bedeutungsmäßige*) increase, augmentation, aggrandizement *Br. auch* -s- (*lit.*). – **5.** ⟨*only sg*⟩ (*des Handelsumfangs, des Betriebs, des Wissens etc*) enlargement, extension, expansion. – **6.** ⟨*only sg*⟩ (*der Not, Qualen, Schwierigkeiten, des Mangels etc*) increase, aggravation, intensification, augmentation. – **7.** ⟨*only sg*⟩ (*des Interesses etc*) increase, intensification. – **8.** ⟨*only sg*⟩ (*des Kapitals, der Schulden etc*) enlargement, increase, augmentation. – **9.** ⟨*only sg*⟩ (*des Bekannten-, Kundenkreises, Mitarbeiterstabs etc*) enlargement, extension. – **10.** ⟨*only sg*⟩ (*der Vollmachten, Befugnisse*) extension, aggrandizement *Br. auch* -s- (*lit.*). – **11.** ⟨*only sg*⟩ (*der Pupillen*) dilation. – **12.** *phot.* enlargement, blowup, *Br.* blow-up. – **13.** ⟨*only sg*⟩ (*optics*) magnification. – **14.** ⟨*only sg*⟩ *med.* (*des Herzens, der Leber etc*) enlargement, hypertrophy (*scient.*).

Ver'grö·ße·rungs|ap·pa·rat *m phot.* enlarger. — **~·fä·hig** *adj* enlargeable. — **~·glas** *n* ⟨-es; ⸚er⟩ (*optics*) magnifying glass, (*zum Lesen*) *auch* reading glass, magnifier. — **~·kraft** *f* ⟨-; *no pl*⟩ (*einer Linse etc*) magnifying power. — **~·ver·fah·ren** *n phot.* enlarging process.

ver'groß·städ·tern [-ˌʃtɛtərn] **I** *v/i* ⟨*no* ge-, sein⟩ (*von ehemals ländlichen od. kleinstädtischen Vororten u. deren Bevölkerung*) become urbanized (*Br. auch* -s-), *Am. auch* become metropolitanized. – **II V~** *n* ⟨-s⟩ *verbal noun.* — **Ver'groß·städ·te·rung** *f* ⟨-; *no pl*⟩ **1.** *cf.* Vergroßstädtern. – **2.** urbanization *Br. auch* -s-, *Am. auch* metropolitanization.

ver'gucken (getr. -k·k-) *v/reflex* ⟨*no* ge-, h⟩ sich ~ *colloq.* **1.** see wrong. – **2.** sich in j-n ~ (*verlieben*) to take a fancy to s.o., to

be smitten with s.o., to fall for s.o. (*colloq.*).

ver'gül·den [-'gyldən] *v/t* ⟨*no* ge-, h⟩ *poet. for* vergolden.

ver'gün·stigt [-'gynstɪçt] *adj* (*Eintrittskarten etc*) reduced: zu ~en Preisen at reduced prices.

Ver'gün·sti·gung [-'gynstɪguŋ] *f* ⟨-; -en⟩ **1.** (*Sonder-, Vorrecht*) privilege: j-m eine ~ gewähren to grant s.o. a privilege. – **2.** (*finanzielle, preisliche*) reduction (rate): diese Fluggesellschaft bietet besondere ~en this airline offers special reductions (*od.* rates). – **3.** (*von seiten des Staates, einer Firma etc*) allowance, benefit: soziale [steuerliche] ~en social [tax] allowances. – **4.** *econ. cf.* Rabatt 1.

Ver'guß|harz *n synth.* casting resin. — **~·mas·se** *f* pourable sealing compound.

ver'güt·bar *adj* **1.** *econ.* (*Arbeitsleistung, Auslage etc*) remunerable, recompensable. – **2.** (*Versicherungsschaden*) indemnifiable, (re)compensable. – **3.** *metall.* (*Stahl*) susceptible to quenching and tempering.

ver'gü·ten [-'gyːtən] **I** *v/t* ⟨*no* ge-, h⟩ **1.** (j-m) etwas ~ a) (*Arbeit, Leistung, Dienst etc*) to remunerate (*od.* recompense, pay, compensate) (s.o. [for]) s.th., b) (*Schaden, Verlust etc*) to compensate (*od.* reimburse, recompense, indemnify) (s.o. [for]) s.th., c) (*Auslagen, Unkosten etc*) to refund (*od.* reimburse) (s.o.) s.th.: ich würde mir die Arbeit von der Firma ~ lassen I should have the company recompense me (for) the work; die Reisekosten werden Ihnen vergütet your travel expenses will be refunded. – **2.** *econ.* (*Zinsen etc*) pay, allow. – **3.** *tech.* a) (*Werkstoffe etc*) improve, b) (*Farben*) age. – **4.** *metall.* (*Stahl*) a) (*durch Härten*) quench and temper, b) (*an der Luft*) air-quench and temper, c) (*in Öl*) oil-quench and temper. – **5.** *metall.* (*Leichtmetall*) a) (*auslagern*) age-harden, b) (*warm aushärten*) quench-age. – **6.** (*optics*) (*Linse, Objektiv etc*) coat, lumenize, *Br.* bloom. – **II V~** *n* ⟨-s⟩ **7.** *verbal noun.* – **8.** *cf.* Vergütung.

Ver'gü·te·ofen *m metall.* quenching and tempering furnace.

ver'gü·tet I *pp.* – **II** *adj* **1.** *phot.* (*Objektiv*) coated, *Br.* bloomed. – **2.** *metall.* (*Stahl*) heat-treated.

Ver'gü·tung *f* ⟨-; -en⟩ **1.** *cf.* Vergüten. – **2.** (*Lohn für eine Arbeit, Leistung etc*) (*für* for) remuneration, recompense, pay, compensation, consideration, (*für Nebenbeschäftigung*) *auch* emolument. – **3.** (*Entschädigungssumme für einen Verlust etc*) (*für* for) compensation, indemnity, indemnification, reimbursement, recompense. – **4.** (*von Auslagen, Unkosten etc*) refund(ment), reimbursement. – **5.** *metall.* a) (*des Stahls*) temper-hardening. – **6.** (*optics*) coating.

Ver'gü·tungs|stahl *m metall.* **1.** (*unvergüteter*) heat-treatable steel. – **2.** (*vergüteter*) quenched and tempered steel. — **~·zu·stand** *m* (*von Legierungen, Stahl*) temper, quenched and tempered condition.

ver'hack·stücken (getr. -k·k-) *v/t* ⟨*no* ge-, h⟩ *bes. Northern G. colloq.* **1.** *cf.* auseinandernehmen 3. – **2.** j-m etwas ~ (*im einzelnen erklären*) to spell s.th. out to s.o.

ver'haf·ten I *v/t* ⟨*no* ge-, h⟩ **1.** j-n ~ to arrest (*bes. jur.* apprehend) s.o., to take s.o. into custody, (*bes. bei Zivilprozeß*) to attach s.o., to pick s.o. up; to lift s.o., to run s.o. in, to nab s.o. (*colloq.*): er wurde wegen Mordverdacht(s) verhaftet he was arrested on suspicion of murder. – **II V~** *n* ⟨-s⟩ **2.** *verbal noun.* – **3.** *cf.* Verhaftung. — **ver'haftet I** *pp.* – **II** *adj* **1.** (*in Haft genommen*) arrested, under arrest, *bes. jur.* apprehended: Sie sind ~! you are under arrest! – **2.** (*mit*) einer Sache ~ sein (*verwurzelt sein*) to be rooted in s.th.: sie sind der Tradition zutiefst ~ they are deeply rooted in tradition. — **Ver'haf·te·te** *m, f* ⟨-n; -n⟩ arrestee, person arrested. — **Ver'haf·tung** *f* ⟨-; -en⟩ **1.** *cf.* Verhaften. – **2.** arrest, *bes. jur.* apprehension, attachment: j-s ~ anordnen to order s.o.'s arrest; eine ~ vornehmen (*od.* durchführen) to carry out an arrest.

Ver'haf·tungs|wel·le *f bes. pol.* series of arrests.

ver'ha·geln *v/i* ⟨*no* ge-, sein⟩ (*von Ernte, Getreide etc*) be destroyed by hail: → Petersilie.

ver'hal·len v/i ⟨no ge-, sein⟩ 1. (von Ton, Echo, Schritten etc) die (od. fade) away. — 2. (in Wendungen wie) sein Ruf verhallte ungehört a) his shout went unheard, b) fig. (Appell etc) his plea went unheard (od. met with no response); sein Ruf darf nicht ungehört ~! fig. his plea must not go unheard!

ver'hal·ten[1] I v/t ⟨irr, no ge-, h⟩ 1. (den Atem) hold, bate. — 2. die Schritte ~ to check one's step, to stop short. — 3. (Tränen, Urin etc) hold (od. keep) back, retain. — 4. (Lachen, Leidenschaft, Groll, Ärger etc) hold (od. keep) back, restrain, contain. — 5. (Pferd) rein back, rein (a horse) to a stop (od. halt), check. — 6. mus. (das Tempo) hold back, sustain, restrain. — II v/i lit. 7. (im Gehen innehalten) stop short. — 8. (von Reiter) rein back (od. in, up). — III v/reflex sich ~ 9. (handeln, vorgehen) behave, act: sich falsch [richtig] ~ to behave (od. act) incorrectly [correctly]; er hat sich mir gegenüber immer anständig ~ he has always behaved very decently toward(s) me, he has always been very decent to me; sie hat sich ihrer Mutter gegenüber (od. gegen ihre Mutter) gemein ~ she has behaved meanly (od. shabbily) toward(s) her mother; er verhielt sich wie ein Ehrenmann he acted like a man of hono(u)r; ich weiß nicht, wie ich mich ~ soll a) I don't know how to behave (od. act), I don't know what (I ought) to do, b) (welche Geisteshaltung ich einnehmen soll) I don't know what attitude to assume; sich passiv [skeptisch, mißtrauisch] ~ to assume (od. adopt) a passive [skeptical, distrustful] attitude; er hat sich uns gegenüber (od. zu uns) immer loyal ~ he has always assumed a loyal attitude toward(s) us; sie entschied, sich abwartend zu ~ she decided to wait and see (od. to assume a wait-and-see attitude), she decided to bide her time (od. colloq. to play a waiting game); wie verhältst du dich dazu? what is your attitude toward(s) (od. to) the matter? — 10. (sich betragen, benehmen) behave (oneself), conduct oneself: sich brav ~ to behave well (od. oneself), to be good. — 11. sich ruhig (od. still) ~ a) (nichts sagen, keinen Lärm machen) to keep (od. be) quiet, b) (sich nicht bewegen) to keep still; die Bemerkung ärgerte ihn, doch er verhielt sich still the remark angered him, but he kept quiet (od. held his peace). — 12. (in Wendungen wie) weißt du, wie sich die Sache verhält? a) (was los ist) do you know how things stand? b) (wie das gehandhabt wird) do you know how one goes about (doing) that? die Sache verhält sich anders it (od. the matter) is not as you think, the matter is different from (Am. auch than) what you think. — 13. (von Tieren, Pflanzen etc unter bestimmten Bedingungen) behave. — 14. (von Autos beim Fahren, Flugzeugen beim Fliegen, von Börse, Preisen, Markt etc) behave. — 15. sich zu etwas ~ wie bes. math. (bei Verhältnissen, Proportionen) to be s.th. as: A verhält sich zu B wie C zu D A is to B as C is to D, the ratio of A to B is equal to that of C to D. — 16. chem. phys. tech. (von Säure, Gas, Werkstoff etc) react, behave: bei Hitze verhält sich Ton anders als Wachs clay reacts differently from (Am. auch than) wax when exposed to heat. — IV v/impers 17. (in Wendungen wie) weißt du, wie es sich mit der Sache verhält? a) (was los ist) do you know how things stand? b) (wie das gehandhabt wird) do you know how one goes about (doing) that? damit verhält es sich anders it (od. the matter) is not as you think, the matter is different from (Am. auch than) what you think; mit den anderen Kindern verhält es sich genauso it's the same thing (od. colloq. story) with the other children; wie verhält es sich eigentlich mit Herbert? a) (wie denkt er darüber) what does Herbert think of (od. about) it? b) (was ist los mit ihm) what is the matter with Herbert? wenn es sich (damit) so verhält, dann if that is so (od. if that is [od. be] the case), then.

ver'hal·ten[2] I pp of verhalten[1]. — II adj 1. (Atem) bated: mit ~em Atem stand er da he stood there with bated breath, he stood there holding his breath. — 2. (Kraft, Tempo, Rhythmus, Trab etc) restrained. — 3. (Lachen, Freude, Leidenschaft, Unwille etc) restrained, contained; pent-up, bottled-up (attrib). — 4. (Trauer, Kummer etc) restrained, contained. — 5. (Stimme) subdued: mit ~er Stimme sprechen to speak in a subdued tone. — 6. mit ~en Zügeln reiten to ride on a short rein. — III adv 7. with restraint: er lief die ersten 1 000 m sehr ~ he didn't go all out on the first 1,000 meters (bes. Br. metres) (colloq.).

Ver'hal·ten[1] n ⟨-s; no pl⟩ 1. (Handlungsweise, Vorgehen) behavior, bes. Br. behaviour: sein ~ meinem Vater gegenüber (od. gegenüber meinem Vater) war korrekt his behavio(u)r toward(s) my father was correct; ich kann mir sein ~ nicht erklären I cannot explain his behavio(u)r. — 2. (Geisteshaltung) attitude: ein mißtrauisches ~ an den Tag legen to have (od. show) an attitude of distrust. — 3. (Betragen, Benehmen) behavior, bes. Br. behaviour, conduct, demeanor, bes. Br. demeanour, deportment, comportment (lit.): ungehöriges ~ bad (od. improper) behavio(u)r (od. conduct), misbehavio(u)r, misconduct; sportliches ~ sportsmanlike conduct, fairness; das ~ der Kinder war mustergültig the children's behavio(u)r was exemplary, the children were on their best behavio(u)r; ihr stilles ~ war ihm aufgefallen a) he had noticed her quietness, b) her quietness had attracted his attention. — 4. biol. sociol. behavior, bes. Br. behaviour. — 5. (von Autos beim Fahren, Flugzeugen beim Fliegen, von Börse, Preisen, Markt etc) behavior, bes. Br. behaviour. — 6. chem. phys. tech. (einer Säure, eines Gases, Werkstoffs etc) (gegen) reaction (to), behavior (bes. Br. behaviour) (toward[s]). — 7. tech. (in der Regelungstechnik) action.

Ver'hal·ten[2] n ⟨-s; no pl⟩ (des Urins, Stuhls) retention.

Ver'hal·ten·heit f ⟨-; no pl⟩ (des Tempos, Rhythmus, der Freude, Trauer etc) restraint, restrainedness.

Ver'hal·tens|ent,wick·lung f psych. behavioral (bes. Br. behavioural) development. — **~,for·scher** m behavioral (bes. Br. behavioural) (od. behaviorist[ic], bes. Br. behaviourist[ic]) scientist, behaviorist, bes. Br. behaviourist. — **~,for·schung** f ⟨-; no pl⟩ behavioral (bes. Br. behavioural) behaviorist[ic], bes. Br. behaviourist[ic]) science, science of behavior (bes. Br. behaviour), behaviorism, bes. Br. behaviourism. — **v~ge,stört** adj disturbed. — **~,maß,re·gel** f meist pl 1. (für die Handlungsweise) rule of action: j-m ~n erteilen (od. geben) to give s.o. rules of action. — 2. (in Fragen des Benehmens, der Etikette etc) rule of conduct (od. behavior, bes. Br. behaviour). — **~,mu·ster** n sociol. zo. behavior(al) (bes. Br. behaviour[al]) pattern, pattern (od. mode) of behavior (bes. Br. behaviour). — **~psy·cho,lo·ge** m behaviorist, bes. Br. behaviourist. — **~psy·cho·lo,gie** f behaviorism, bes. Br. behaviourism, behavior (bes. Br. behaviour) psychology (od. theory). — **~,steue·rung** f psych. behavior(al) (bes. Br. behaviour[al]) regulation (od. control). — **~,stö·rung** f behavior(al) (bes. Br. behaviour[al]) disorder. — **~the,ra·pie** f behavior (bes. Br. behaviour) therapy. — **~,wei·se** f ⟨-; -n⟩ 1. ⟨only sg⟩ cf. Verhalten[1] 1, 4. — 2. bes. psych. sociol. (eines Menschen innerhalb der Gesellschaft) behavior(al) (bes. Br. behaviour[al]) pattern, pattern (od. mode) of behavior (bes. Br. behaviour).

Ver'hält·nis [-'hɛltnɪs] n ⟨-ses; -se⟩ 1. (zwischen Menschen, Staaten etc) relationship, relations pl, footing, rapport (lit.): er hat mit (od. zu) seinen Eltern ein gutes [enges] ~ he has a good [close] relationship (od. lit. rapport) with his parents; in einem freundschaftlichen ~ stehen to be on an amicable footing; die beiden Länder stehen in freundschaftlichem ~ zueinander (od. miteinander) the two countries entertain a friendly relationship (to [od. with] each other), the two countries entertain friendly relations (with each other); sein ~ zu ihr ist rein dienstlich (od. dienstlicher Natur) his relationship to her is strictly professional (od. is of a strictly professional nature, is strictly confined to business [matters]); er konnte zu ihm kein (gutes) ~ finden he was unable to establish a good relationship with him, he never got off on the right foot with him (colloq.); sie hat zu ihrer Arbeit kein (inneres) ~ her heart is not in her work. — 2. (verwandtschaftliches) (family) relation(ship): in welchem ~ stehe ich zur Frau meines Bruders? what is my relation (od. how am I related) to my brother's wife? — 3. (vergleichbare Beziehung) proportion, relation: im ~ zu a) in proportion (od. relation) to, b) colloq. (im Vergleich zu) in comparison with, compared with (od. to); im ~ zur geleisteten Arbeit ist der Lohn zu gering the wages are too low in proportion (od. relation) to the work done; im ~ zu seinem Bruder ist er sehr groß colloq. he is very tall in comparison (od. compared) with his brother; das ist sehr wenig im ~ colloq. a) this is very little in proportion, this is proportionately (od. proportionally) very little, b) (vergleichsweise) this is comparatively (od. relatively) little; die Ausgaben stehen in keinem ~ zu unseren Einnahmen the expenses are in no (od. are out of all) proportion to our income; die Seitenwände stehen in völlig falschem ~ zur Vorderfront the side walls are entirely out of proportion (od. are entirely disproportionate, are entirely disproportional) to the front. — 4. pl (Bedingungen, Gegebenheiten) conditions, circumstances: sich den augenblicklichen [örtlichen] ~sen anpassen to adapt to the conditions of the moment [of one's environment]; in diesem Land herrschen geordnete politische ~se the political circumstances are orderly (od. well ordered) in this country; in ärmlichen ~sen leben to live in poor (od. necessitous) conditions (bes. financiell circumstances); → klar 10. — 5. (finanzielle) ~se a) (financial) circumstances, b) (Vermögenslage) (financial) circumstances, means: in gesicherten ~sen leben to live in secure (od. assured) circumstances; er stammt aus kleinen (od. bescheidenen, einfachen) ~sen he comes from a family of modest circumstances (od. means); er lebt über seine ~se he lives beyond his means (od. circumstances); das geht über meine ~se this is beyond my means. — 6. pl (äußere Umstände) circumstances: unter (od. bei) den derzeitigen ~sen ist die Einreise in das Land unmöglich it is impossible to enter the country under (od. in) the present circumstances; auf dem Land liegen die ~se natürlich anders als in der Stadt circumstances in the country differ of course from those in the city; (so) wie die ~se liegen, ist keine Besserung zu erwarten an improvement is not to be expected in the circumstances (od. as matters stand); unter dem Druck der ~se konnte er nicht anders handeln he was forced by circumstances (od. circumstances forced him) to act as he did, he could not act otherwise under the force (od. pressure) of the circumstances. — 7. colloq. (Liebesverhältnis) affair, auch affaire, liaison, relations pl: er hat mit der Frau des Nachbarn ein ~ he is having an affair (od. is having relations, is carrying on) with his neighbo(u)r's wife; ein ~ eingehen [lösen] to start [to break off] an affair. — 8. colloq. (Geliebte) mistress. — 9. bes. math. (Zahlenverhältnis) ratio, proportion: inneres [zusammengesetztes] ~ inner [compound] ratio; arithmetisches [geometrisches] ~ arithmetic(al) [geometric(al)] ratio; die Strecken haben das (od. stehen im) ~ 1 : 4 the lines have (od. are in) a ratio of 1 : 4; etwas im ~ 1 : 2 mischen to mix s.th. in the ratio (od. at the rate) of 1 : 2; die Seiten der Proportion stehen im umgekehrten ~ zueinander the members of the proportion are in inverse ratio to each other. **ver'hält·nis,gleich** adj math. proportional. — **V~,gleich·heit** f proportionality. — **V~,Gleich,rich·ter** m electr. ratio detector. — **V~,glei·chung** f math. cf. Proportion 2.

ver'hält·nis,mä·ßig I adj 1. (proportional) proportional, proportionate. — 2. (relativ) relative, comparative: seine ~e Unerfahrenheit auf diesem Gebiet his comparative lack of experience in this field. —

3. *bes. econ.* (*entsprechend der Geschäfts-, Kostenbeteiligung etc*) proportional, proportionate, pro rata, rat(e)able: mein ~er Beitrag (zu) my proportional contribution (to). – **II** *adv* **4.** proportionately, proportionally. – **5.** (*ziemlich, vergleichsweise*) relatively, comparatively: sie sind ~ wohlhabend they are comparatively well--to-do. – **6.** *bes. econ.* proportionately, proportionally, in proportion, rat(e)ably, pro rata: Gewinne ~ aufteilen to distribute gains proportionally (*od.* pro rata), to prorate (*od.* proportion) gains.

Ver'hält·nis|,wahl *f pol.* **1.** proportional election. – **2.** ⟨*only sg*⟩ *cf.* Verhältniswahlrecht. — **~,recht** *n* ⟨-(e)s; *no pl*⟩ proportional representation. — **~,sy,stem** *n* proportional representation system.

Ver'hält·nis|,wort *n* ⟨-(e)s; ⁼er⟩ *ling. cf.* Präposition. — **~,zahl** *f math.* (*bes. in der Statistik*) proportional (*od.* relative) number, ratio, proportional factor.

Ver'hal·tung *f* ⟨-; *no pl*⟩ *med.* (*des Urins, Stuhls*) retention.

Ver'hal·tungs,maß,re·gel *f meist pl rare* for Verhaltensmaßregel.

ver'han·del·bar *adj* **1.** *bes. pol.* negotiable: nicht ~e Streitfälle nonnegotiable (*Br.* non-negotiable) issues. – **2.** *jur.* (*Sache, Fall*) triable.

ver'han·deln **I** *v/i* ⟨*no* ge-, h⟩ **1.** (*auf Sitzungen, Konferenzen etc*) negotiate, transact: sie verhandelten über die Lieferung von Getreide they negotiated (on *od.* about, for) the supply of grain; über die Lohnerhöhungen mußte neu verhandelt werden the wage increase had to be negotiated (once) again, the wage increase had to be renegotiated. – **2.** (*bes. während bewaffneter Auseinandersetzungen*) negotiate, parley, treat: mit der Gegenseite über einen Waffenstillstand ~ to negotiate with the enemy on (*od.* about, for) an armistice, to parley with the enemy on (*od.* about) an armistice. – **3.** (*von Geschäftsleuten*) negotiate, bargain: über den Preis (*od.* wegen des Preises) ~ to negotiate (on *od.* about) the price, to bargain for (*od.* about) the price. – **4.** (*sich beraten, debattieren*) deliberate, confer, debate: der Stadtrat verhandelt seit Stunden über das Projekt (*od.* wegen des Projekts) the municipal council has been deliberating (on) (*od.* debating [on], conferring on, discussing) the project for hours. – **5.** *jur.* a) hold a hearing, hold proceedings, b) (*strafrechtlich*) hold a trial: über eine Sache (einen Fall) ~ a) to hear a case, b) (*strafrechtlich*) to try a case; gegen j-n ~ to try s.o.; unter Ausschluß der Öffentlichkeit ~ to sit in camera (*od.* behind closed doors). – **II** *v/t* **6.** *archaic* (*Ware*) barter, trade off. – **7.** *jur.* (*einen Fall*) a) hear, b) (*strafrechtlich*) try. – **III V~** *n* ⟨-s⟩ **8.** *verbal noun.* – **9.** *cf.* Verhandlung.

Ver'hand·lung *f* ⟨-; -en⟩ **1.** *cf.* Verhandeln. – **2.** ⟨*only sg*⟩ negotiation: der zur ~ stehende Vertrag the treaty under negotiation; die beiden Länder stehen miteinander in ~ the two countries are engaged in negotiation (with each other), the two countries are negotiating (with each other). – **3.** *meist pl* (*Gespräche*) negotiation, talk: ~en auf höchster Ebene negotiations at the highest (*od.* at top) level, top-level talks; mit j-m ~en aufnehmen, mit j-m in ~en (ein)treten to take up (*od.* enter into, open, initiate) negotiations with s.o.; die ~en abbrechen [wiederaufnehmen] to break off [to resume *od.* reopen] (the) negotiations; die ~en über den Bau der Straße verliefen ergebnislos the negotiations on (*od.* about, for) the building of the road failed, the talks on (*od.* concerning) the building of the road came to nothing; er führte die ~en sehr zielbewußt he carried on (*od.* conducted) the negotiations very determinedly. – **4.** *meist pl* (*bes. während bewaffneter Auseinandersetzungen*) (*über acc*) negotiation (on, about, for), parley (on, about). – **5.** (*Beratung, Debatte*) (*über acc on, about*) debate, discussion: wir ließen uns auf keine langen ~en ein *colloq.* we did not enter into long debates (*od.* discussions). – **6.** *jur.* a) hearing, proceedings *pl*, b) (*Strafverhandlung*) trial: öffentliche ~ public hearing; es kam zur ~ it came up for hearing (*od.* trial); die

Sache steht morgen zur ~ an the case will come up (*od.* will be down) for hearing tomorrow.

Ver'hand·lungs|,ba·sis *f cf.* Verhandlungsgrundlage. — **~be,ginn** *m* **1.** beginning of (the) negotiation(s). – **2.** *jur.* a) beginning of the hearing, b) (*beim Strafprozeß*) beginning of the trial. — **v~be,reit** *adj* (*Regierung, Streitpartei etc*) willing (*od.* ready) to negotiate (*od.* to enter into negotiations): sie hatten sich (für) ~ erklärt they had declared themselves willing (*od.* they had agreed) to negotiate. — **~be,reit·schaft** *f* ⟨-; *no pl*⟩ willingness (*od.* readiness) to negotiate (*od.* to enter into negotiations). — **~be,richt** *m cf.* Verhandlungsprotokoll 1. — **~be,voll,mäch·tig·te** *m, f* plenipotentiary at (the) negotiations. — **~,frie·de(n)** *m pol.* negotiated peace. — **~,füh·rung** *f* ⟨-; *no pl*⟩ **1.** (*einer Delegation etc*) conduct of negotiations. – **2.** *jur.* (*eines Richters*) conduct of (a) hearing (*beim Strafprozeß* of [a] trial). — **~,ge·gen,stand** *m* **1.** object of (*od.* matter for) negotiation. – **2.** *jur.* a) (*Punkt der Tagesordnung*) item on the agenda, b) (*Streitgegenstand*) matter at (*od.* in) issue. — **~ge,schick** *n* ⟨-(e)s; *no pl*⟩ skill in negotiation (*od.* negotiating). — **~grund,la·ge** *f* basis for negotiation. — **~,ort** *m* ⟨-(e)s; -e⟩ **1.** place of negotiation. – **2.** *jur.* venue. — **~pa,ket** *n* ⟨-(e)s; *no pl*⟩ negotiation package. — **~,part·ner** *m* negotiating partner (*bei einer Gruppe, von Staaten etc auch* party). — **~,pau·se** *f* **1.** intermission in (*bei einstweiliger Aussetzung* suspension of) negotiations: eine ~ anberaumen to fix (*od.* arrange) an intermission in negotiations. – **2.** *jur.* intermission (*bei einstweiliger Aufhebung* suspension) of a hearing. — **~pro·to,koll** *n* **1.** minutes *pl* (*od.* protocol) of (the) negotiations. – **2.** *jur.* protocol of (a) hearing (*beim Strafprozeß* of [a] trial). — **~,punkt** *m* **1.** point (*od.* item) for negotiation. — **~,raum** *m* (*in Hotels etc*) conference room. — **v~,reif** *adj* (*Streitfrage etc*) ripe for negotiation. — **~,saal** *m* **1.** (*in Kongreßhallen, Hotels etc*) conference hall. – **2.** *jur.* (*im Gerichtsgebäude*) courtroom. — **~,sa·che** *f cf.* Verhandlungsgegenstand. — **~,schluß** *m* **1.** close (*od.* termination) of negotiations: bei ~ at the close of negotiations. – **2.** *jur.* close (*od.* termination) of a hearing (*beim Strafprozeß* trial). — **~,spra·che** *f* (*auf Konferenzen*) language of negotiation. — **~,tag** *m* **1.** day of negotiations. – **2.** *jur. cf.* Verhandlungstermin 2. — **~,teil,neh·mer** *m* participant (*od.* participator) in (the) negotiations. — **~,ter,min** *m* **1.** date (*od.* day) of (the) negotiations, day for negotiation. – **2.** *jur.* date (*od.* day) for (the) hearing (*beim Strafprozeß* trial): einen neuen ~ ansetzen (*od.* anberaumen) to fix (*od.* appoint, assign) a new date (*od.* day) for the hearing. — **~,tisch** *m* conference (*od.* negotiating) table: die Einigung wurde am ~ erzielt the agreement was reached at the negotiating table (*od.* by negotiation[s], by way of negotiation); zwei Gegner an den ~ bringen to bring two adversaries together at the negotiating table. — **~,voll,macht** *f* authority to negotiate, negotiatory power. — **~,weg** *m only in* auf dem ~(e) by negotiation(s), by way of negotiation.

ver'han·gen *adj* **1.** (*Himmel*) overclouded, overcast. – **2.** *cf.* verhängt 1, 3.

ver'hän·gen **I** *v/t* ⟨*no* ge-, h⟩ **1.** (*Fenster, Möbel, Gebäudefront etc*) drape: etwas mit etwas ~ to drape (*od.* hang) s.th. with s.th.; sie verhängten den Wagen mit schwarzen Tüchern they draped (*od.* hung) the cart with black cloth, they draped the cart in black. – **2.** eine Strafe über j-n ~ to inflict punishment on s.o. – **3.** (*Arrest, Sperre, Verbot etc*) impose: man verhängte die Todesstrafe über ihn the death penalty was imposed on him; ein Embargo über einen Hafen ~ to impose (*od.* lay, put) an embargo on a port, to embargo a port. – **4.** (*Notstand, Kriegsrecht etc*) declare, proclaim: den Ausnahmezustand über ein Land ~ to declare a state of emergency in a country; → Belagerungszustand. – **5.** (*einem Pferd*) die Zügel ~ to give (a horse) the reins. – **II** *v/reflex* sich ~ **6.** (*von Kleidungsstück*)

become creased from hanging, hang (all) wrong (*colloq.*). – **III V~** *n* ⟨-s⟩ **7.** *verbal noun.* – **8.** *cf.* Verhängung.

Ver'häng·nis *n* ⟨-ses; -se⟩ **1.** (*unglücklicher Umstand*) calamity, (*stärker*) disaster: es ist ein ~, daß er uns verlassen hat it is a calamity that he should have left us. – **2.** (*Unheil, Katastrophe*) disaster, catastrophe: da brach das ~ über uns herein then disaster came upon us, then catastrophe struck us. – **3.** (*Verderben, Ruin*) undoing, doom: seine Vorliebe für schnelle Sportwagen wurde ihm zum ~ his craze for fast sports cars became his undoing; der Alkohol war sein ~ alcohol was his undoing (*od.* doom).

ver'häng·nis,voll *adj* (*Entscheidung, Tat, Irrtum etc*) fateful, calamitous, (*stärker*) disastrous, fatal: diese Politik hatte ~e Auswirkungen this policy had fateful consequences.

ver'hängt I *pp.* – **II** *adj* **1.** (*Fenster, Möbel, Gebäudefront etc*) draped: der ganz schwarz ~e Wagen the car draped all in black. – **2.** (*Strafe, Sperre, Verbot etc*) imposed. – **3.** mit ~en Zügeln reiten to ride with a loose rein.

Ver'hän·gung *f* ⟨-; *no pl*⟩ **1.** *cf.* Verhängen. – **2.** (*einer Strafe, Sperre, eines Verbots etc*) (*über acc*) imposition. – **3.** (*des Notstands, Ausnahmezustands etc*) (*über acc* in) declaration, proclamation.

ver'harm·lo·sen [-'harmloːzən] **I** *v/t* ⟨*no* ge-, h⟩ (*die Tragweite eines Geschehens, einer Maßnahme etc*) belittle, make light of, minimize *Br. auch* -s-. – **II V~** *n* ⟨-s⟩ *verbal noun.* – **Ver'harm·lo·sung** *f* ⟨-; -en⟩ **1.** *cf.* Verharmlosen. – **2.** belittlement, minimization *Br. auch* -s-.

ver'härmt *adj* (*Gesicht etc*) careworn: ~ aussehen to look careworn.

ver'har·ren *v/i* ⟨*no* ge-, h *u.* sein⟩ **1.** remain (*od.* hold still, freeze) in a certain position. – **2.** (*auf dat, bei, in dat* in) persist: im Gebet ~ to persist in one's prayer; im Schweigen ~ a) to remain silent, b) to refuse to speak; auf (*od.* bei) seiner Meinung ~ to adhere (*od.* stick) to one's opinion, (*stärker*) to persist in one's opinion; bei einem Entschluß ~ to abide by a (*od.* to stick to one's) decision.

ver'har·schen *v/i* ⟨*no* ge-, sein⟩ (*von Schnee*) crust.

ver'här·ten I *v/t* ⟨*no* ge-, h⟩ **1.** *bes. fig.* (*Widerstand, Fronten etc*) harden, indurate: j-s Herz ~ to harden s.o.'s heart; sein Herz gegen j-n [etwas] ~ to harden one's heart against s.o. [s.th.]. – **2.** den Leib ~ *med.* to constipate the bowels. – **II** *v/reflex* sich ~ **3.** *bes. fig.* (*von Widerstand, Fronten etc*) harden. – **4.** sich gegen j-n [etwas] ~ *fig.* to harden one's heart against s.o. [s.th.]. – **5.** *fig.* (*verbittert*) become embittered (*od.* bitter). – **6.** *med.* a) (*von Geweben, Organen etc*) indurate, become indurated, b) (*von Haut*) become callous, become callused, c) (*sklerosieren*) sclerose, become sclerosed, d) (*von Geschwülsten*) become scirrhous. – **III V~** *n* ⟨-s⟩ **7.** *verbal noun.* — **ver'här·tet I** *pp.* – **II** *adj* **1.** *bes. fig.* (*Herz, Fronten, Position etc*) hard(ened), indurated. – **2.** *fig.* (*verbittert*) embittered, bitter. – **3.** *med.* a) (*von Geweben, Organe etc*) indurated, b) (*Haut*) callous, c) (*sklerosiert*) sclerosed, d) (*Geschwulst*) scirrhous. — **Ver'här·tung** *f* ⟨-; -en⟩ **1.** *cf.* Verhärten. – **2.** ⟨*only sg*⟩ *bes. fig.* (*von Herz, Fronten etc*) hardening, induration. – **3.** ⟨*only sg*⟩ (*Verbitterung*) embitterment, bitterness. – **4.** ⟨*only sg*⟩ *med.* a) (*von Geweben, Organen etc*) induration, b) (*der Respirationswege*) scleroma, c) (*der Haut*) callosity, d) (*Sklerosierung*) sclerosis, e) (*von Geschwülsten*) scirrhosity: ~ des Leibes constipation. – **5.** *med.* (*verhärtete Stelle*) a) (*in Geweben, Organen etc*) induration, b) (*der Haut*) callosity, callus, c) (*bei einer Geschwulst*) scirrhosity.

ver'har·zen *v/t u. v/i* ⟨*no* ge-, h⟩ resinify. — **Ver'har·zung** *f* ⟨-; *no pl*⟩ resinification.

ver'has·peln *v/reflex* ⟨*no* ge-, h⟩ sich ~ **1.** (*von Garn etc*) tangle, become (*od.* get) (en)tangled. – **2.** *fig. colloq.* (*beim Sprechen*) stumble, get muddled.

ver'haßt *adj* **1.** (*Arbeit, Mensch etc*) hated, detested, loathed: er ist bei allen ~ he is hated by everyone; du machst dich mit deinem Verhalten bei allen (*od.* überall) ~ you make yourself unpopular with (*od. lit.* you incur the odium of) everyone (*od.* you turn everyone against you) with your behavio(u)r; er ist mir ~ I hate (*od.* detest, loathe) him; das war ihm ~ wie der Tod he hated it like poison; es ist mir ~, lügen zu müssen I hate (*od.* loathe) to be (*od.* being) forced to lie. – **2.** (*abscheulich*) hateful, odious.

ver'hät·scheln I *v/t* (*Kind etc*) coddle, pamper, cosset, pet. – **II V~** *n* ⟨-s⟩ *verbal noun*. — **ver'hät·schelt I** *pp*. – **II** *adj* pampered. — **Ver'hät·sche·lung, Ver-'hätsch·lung** *f* ⟨-; -en⟩ *cf.* Verhätscheln.

ver'hatscht [-'hatʃt] *adj Austrian colloq.* (*Schuhe*) trodden-down (*attrib*), worn.

Ver'hau *m, n* ⟨-(e)s; -e⟩ **1.** *bes. mil.* a) (*künstliches Hindernis*) entanglement, b) *cf.* Drahtverhau. – **2.** *fig. colloq.* (*heilloses Durcheinander*) mess, jumble. – **3.** *colloq.* (*Bruchbude*) hole, 'dump' (*sl.*).

ver'hau·en I *v/t* ⟨*irr, no* ge-, h⟩ *colloq.* **1.** (*verprügeln*) 'leather' (*colloq.*), wallop (*sl.*), give (*s.o.*) a hiding (*od. colloq.* licking), thrash, flog. – **2.** (*verfehlen*) miss: den Ball ~ to miss the ball. – **3.** *ped.* (*Klassenarbeit, Prüfung etc*) bungle, muff. – **II** *v/reflex* sich ~ **4.** *fig.* (*sich sehr irren*) (make a) blunder: da hast du dich bei der Berechnung aber gründlich ~ you are way off in your calculation (*colloq.*).

ver'he·ben *v/reflex* ⟨*irr, no* ge-, h⟩ sich ~ strain (*od.* hurt, injure) oneself in lifting.

ver'hed·dern [-'hɛdərn] **I** *v/t* ⟨*no* ge-, h⟩ *colloq.* (*Fäden etc*) tangle (up). – **II** *v/reflex* sich ~ **2.** (*von Fäden, Personen etc*) get tangled (up): sich im Gestrüpp ~ to get tangled in the brush(wood). – **3.** *fig.* get muddled, stumble, get mixed up: sie verheddert sich immer bei der gleichen Strophe she always gets muddled in the same stanza.

ver'hee·ren [-'heːrən] **I** *v/t* ⟨*no* ge-, h⟩ **1.** (*Land etc*) devastate, lay waste, ravage, desolate, havoc, harry. – **II V~** *n* ⟨-s⟩ **2.** *verbal noun*. – **3.** *cf.* Verheerung. — **ver'hee·rend I** *pres p.* – **II** *adj* **1.** (*Brand, Folgen, Sturm etc*) disastrous, devastating. – **2.** *fig. colloq.* (*scheußlich, unmöglich*) pretty awful, 'ghastly', 'dreadful' (*alle colloq.*): die Frisur sieht ja ~ aus the hairdo looks pretty awful (*od.* a sight) (*colloq.*). – **3.** *fig. colloq.* (*entsetzlich, schrecklich*) appalling: das ist ja ~ that's simply appalling. – **III** *adv* **4.** diese Erfindung hat sich ~ auf die Menschheit ausgewirkt *fig.* this invention had a disastrous effect (up)on mankind. — **Ver'hee·rung** *f* ⟨-; -en⟩ *cf.* Verheeren. – **2.** devastation, desolation, ravage. – **3.** *meist pl* (*Ergebnis*) devastation, havoc, desolation, ravage: das Hochwasser hat große ~en im Land angerichtet the flood caused great havoc in the country; ~en unter (*dat*) etwas [j-m] anrichten (*od.* verursachen) to play (*od.* raise) havoc with s.th. [s.o.].

ver'hef·ten *print.* **I** *v/t* ⟨*no* ge-, h⟩ (*Buch*) transpose the sheets of. – **II V~** *n* ⟨-s⟩ *verbal noun*. — **Ver'hef·tung** *f* ⟨-; -en⟩ **1.** *cf.* Verheften. – **2.** transposition of sheets.

ver'heh·len *lit.* **I** *v/t* ⟨*no* ge-, h⟩ (*verheimlichen*) hide, conceal: er konnte seine Enttäuschung über die Niederlage nicht ~ he could not hide his disappointment at the defeat; ich kann (Ihnen) nicht ~, daß I cannot hide the fact (from you) that; er verhehlte es sich nicht he was well aware of it. – **II V~** *n* ⟨-s⟩ *verbal noun*. — **Ver'heh·lung** *f* ⟨-; -en⟩ *lit.* **1.** *cf.* Verhehlen. – **2.** concealment.

ver'hei·len *med.* **I** *v/i* ⟨*no* ge-, sein⟩ **1.** (*von einer Wunde*) heal (up), close. – **2.** (*von Ausschlag etc*) heal (up). – **II V~** *n* ⟨-s⟩ **3.** *verbal noun*. — **Ver'hei·lung** *f* ⟨-; *no pl*⟩ **1.** *cf.* Verheilen. – **2.** healing process.

ver'heim·li·chen [-'haɪmlɪçən] **I** *v/t* ⟨*no* ge-, h⟩ **1.** (*verbergen*) (dat, vor dat from) hide, conceal, keep (*s.th.*) (back), withhold: du verheimlichst mir etwas you are hiding s.th. from me; ich kann es nicht länger ~, daß I can no longer conceal the fact that, I can no longer keep it secret that; j-m eine Entdeckung ~ to withhold a discovery from s.o.; ich habe nichts zu ~

I have nothing to hide (*od.* cover up). – **2.** *cf.* vertuschen. – **II V~** *n* ⟨-s⟩ **3.** *verbal noun*. — **Ver'heim·li·chung** *f* ⟨-; *no pl*⟩ **1.** *cf.* Verheimlichen. – **2.** concealment.

ver'hei·ra·ten I *v/t* ⟨*no* ge-, h⟩ j-n (mit j-m) ~ a) to marry s.o. (to s.o.), to give s.o. in marriage (to s.o.), b) *contempt.* to marry s.o. off (to s.o.): die zwei Familien haben ihre Kinder miteinander verheiratet the two families married their children to each other (*od.* joined their children in marriage). – **II** *v/reflex* sich ~ marry, get married, wed: sich mit j-m ~ to marry (*od.* get married to, wed) s.o.; sich wieder ~ to marry again, to remarry; sich gut ~ to make a good match; sie hat sich mit dem Freund ihres Bruders verheiratet she married her brother's friend. – **III V~** *n* ⟨-s⟩ *verbal noun*. — **ver'hei·ra·tet I** *pp*. – **II** *adj* (mit to) married: sie ist [un]glücklich ~ she is [un]happily married; ich bin doch nicht mit meiner Firma ~! *fig. colloq.* I am not wedded to my firm! wir sind doch nicht miteinander ~! *colloq.* we are not married to each other! er ist mit seinem Auto ~ *fig. colloq. iron.* he is wedded to his car; → Frau 1.

Ver'hei·ra·te·te¹ *m* ⟨-n; -n⟩ married man: ~ *pl* married people.

Ver'hei·ra·te·te² *f* ⟨-n; -n⟩ **1.** married woman. – **2.** *jur.* feme covert, *auch* femme couverte.

Ver'hei·ra·tung *f* ⟨-; *no pl*⟩ **1.** *cf.* Verheiraten. – **2.** marriage.

ver'hei·ßen¹ *v/t* ⟨*irr, no* ge-, h⟩ **1.** j-m etwas ~ to promise s.th. to s.o. – **II V~** *n* ⟨-s⟩ **2.** *verbal noun*. – **3.** *cf.* Verheißung.

ver'hei·ßen² *pp of* verheißen¹. – **II** *adj* **1.** (*Belohnung etc*) promised. – **2.** *relig.* promised.

ver'hei·ßend I *pres p.* – **II** *adj* nichts Gutes ~ ominous.

Ver'hei·ßung *f* ⟨-; -en⟩ **1.** *cf.* Verheißen. – **2.** promise. – **3.** *relig.* promise: das Land der ~ *Bibl.* the Land of Promise, the Promised Land.

ver'hei·ßungs·voll *adj* (*Anfang etc*) promising, auspicious: seine Worte klangen sehr ~ his words sounded very promising.

ver'hei·zen *v/t* ⟨*no* ge-, h⟩ **1.** (*Holz, Kohle etc*) burn. – **2.** j-n ~ *fig. colloq.* a) (*Sportler*) to burn s.o. out, b) (*Soldaten*) to send s.o. to the slaughter.

ver'hel·fen *v/i* ⟨*irr, no* ge-, h⟩ **1.** j-m zu etwas ~ to help s.o. to s.th.: j-m zu seinem Recht ~ to help s.o. to come into his own (*od.* to get his due), to see s.o. righted; der guten Sache zum Sieg(e) ~ to help the good cause to victory; j-m zu seinem Glück ~ to help s.o. to (achieve) happiness. – **2.** j-m zu j-m ~ (*zu einer Frau etc*) to help s.o. to s.o.

ver'herr·li·chen [-'hɛrlɪçən] **I** *v/t* ⟨*no* ge-, h⟩ **1.** (*ungebührlich rühmen*) glorify, (*stärker*) apotheosize *Br. auch* -s- (*lit.*): den Krieg ~ to glorify war; etwas (mit viel Reklame) ~ to glamorize (*Br. auch* -s-) s.th. – **2.** *relig.* (*lobpreisen*) glorify, exalt: Gott ~ to glorify God. – **3.** (*feiern*) celebrate, panegyrize *Br. auch* -s-: Dante hat Vergil verherrlicht Dante glorified Virgil. – **II** *v/reflex* **4.** sich (selbst) ~ to sing one's own praises, to blow one's own trumpet (*od.* horn). – **III V~** *n* ⟨-s⟩ **5.** *verbal noun*. – **6.** *cf.* Verherrlichung. — **Ver'herr·li·cher** *m* ⟨-s; -⟩ glorifier. — **Ver'herr·li·chung** *f* ⟨-; *no pl*⟩ **1.** *cf.* Verherrlichen. – **2.** (*ungebührliches Rühmen*) glorification, (*stärker*) apotheosis. – **3.** *relig.* (*Lobpreisung*) glorification, exaltation. – **4.** (*Feiern*) celebration.

ver'het·zen *v/t* ⟨*no* ge-, h⟩ **1.** incite, instigate. – **II V~** *n* ⟨-s⟩ **2.** *verbal noun*. – **3.** *cf.* Verhetzung. — **ver'hetzt I** *pp*. – **II** *adj* (*Jugendliche, Radikale etc*) incited, instigated. — **Ver'het·zung** *f* ⟨-; *no pl*⟩ **1.** *cf.* Verhetzen. – **2.** incitation, instigation: ~ des Volkes demagoguery, *bes. Br.* demagogy.

ver'heu·ern *v/reflex* ⟨*no* ge-, h⟩ sich ~ *mar.* sign on, *bes. Am.* sign up.

ver'heult *adj colloq.* (*Augen, Gesicht*) red (*od.* swollen) from crying: du siehst ja ganz ~ aus you look as if you had (*od.* have) been crying.

ver'he·xen I *v/t* ⟨*no* ge-, h⟩ (be)witch, bedevil, hex, put a hex on. – **II V~** *n* ⟨-s⟩ *verbal noun*. — **ver'hext I** *pp*. – **II** *adj* **1.** bewitched, bedeviled, *bes. Br.* bedevilled,

hexed: dieses Haus ist ~ this house is bewitched. – **2.** heute ist (ja) alles wie ~ *fig. colloq.* there is a jinx (*sl.*) (*bes. Am.* hoodoo) on everything today, this is an off day for me; es ist doch wie ~! *fig. colloq.* (*es will einfach nicht klappen*) it's jinxed (*sl.*). — **Ver'hexung** *f* ⟨-; -en⟩ **1.** *cf.* Verhexen. – **2.** bewitchment, bedevilment, hex.

Ver'hieb *m* ⟨-(e)s; *no pl*⟩ (*mining*) **1.** direction of advance: Abbau mit streichendem ~ working (*od.* advancing) along the strike; Abbau mit schwebendem ~ working (*od.* advancing) at the (full) rise. – **2.** advance, work. – **3.** rate of advance.

ver'him·meln *colloq.* **I** *v/t* ⟨*no* ge-, h⟩ j-n ~ to idolize (*Br. auch* -s-) s.o., to worship s.o. – **II V~** *n* ⟨-s⟩ *verbal noun*. — **Ver'him·me·lung** *f* ⟨-; *no pl*⟩ **1.** *cf.* Verhimmeln. – **2.** idolization *Br. auch* -s-.

ver'hin·dern I *v/t* ⟨*no* ge-, h⟩ **1.** (*Unglück etc*) prevent: ich konnte es nicht ~ I could not do anything about (*od.* to prevent) it; ich konnte (es) nicht ~, daß er schon wieder ausging I could not prevent (*od.* bar) him from (*od.* prevent his) going out again; es ließ sich leider nicht ~ (, daß) it could not be prevented (*od.* avoided, helped) (that); etwas durch rechtzeitiges Eingreifen ~ to forestall s.th. – **2.** (*Plan, Vorhaben etc*) thwart, foil: ich konnte die Ausführung dieses Plans nicht ~ I could not thwart (*od.* prevent) the execution of this plan. – **3.** (*unmöglich machen*) preclude, prevent. – **4.** (*durch äußere Umstände*) prevent, impede. – **II V~** *n* ⟨-s⟩ **5.** *verbal noun*. — **ver'hin·dert I** *pp*. – **II** *adj* **1.** ⟨*pred*⟩ ich bin heute leider unfortunately I am unable to come today; mein Mann ist heute abend beruflich [geschäftlich] ~ my husband cannot come tonight for professional [business] reasons; ich bin morgen dienstlich ~ I can't go tomorrow for reasons of duty; er war am Erscheinen ~ he was unable to be present. – **2.** ⟨*attrib*⟩ would-be, manqué (*nachgestellt*): ein Künstler a would-be artist; ~er Dichter poet manqué. — **Ver'hin·de·rung** *f* ⟨-; *no pl*⟩ **1.** *cf.* Verhindern. – **2.** (*von Unfällen etc*) prevention. – **3.** preclusion, prevention.

Ver'hin·de·rungs·fall *m* ⟨-; *no pl*⟩ only in im ~(e) should this be impossible, should this not be possible.

ver'hoch·deut·schen [-ˌdɔɪtʃən] *v/t* ⟨*no* ge-, h⟩ express (*s.th.*) in (*od.* render *s.th.* into) High (*od.* standard) German.

ver'hof·fen *v/i* ⟨*no* ge-, h⟩ *hunt.* (*bes. vom Schalenwild*) stand quietly and test the wind.

ver'hoh·len [-'hoːlən] **I** *adj* (*verborgen*) hidden, concealed: mit ~em Grimm with concealed anger; mit kaum ~er Neugier with almost open curiosity. – **II** *adv* ~ gähnen to yawn surreptitiously.

ver'höh·nen I *v/t* ⟨*no* ge-, h⟩ **1.** deride, ridicule, mock, flout (at), gibe (at), jibe (at), make a mock of, scoff (at). – **II V~** *n* ⟨-s⟩ **2.** *verbal noun*. – **3.** *cf.* Verhöhnung.

ver'hoh·ne·pi·peln [-'hoːnəˌpiːpəln] *v/t* ⟨*no* ge-, h⟩ *colloq. for* verspotten 1, 2. — **Ver'hoh·ne·pi·pe·lung** *f* ⟨-; -en⟩ *colloq. for* Verspottung.

Ver'höh·nung *f* ⟨-; -en⟩ **1.** *cf.* Verhöhnen. – **2.** (*only sg*) derision, ridicule, mockery. – **3.** gibe, jibe.

ver'hö·kern *v/t* ⟨*no* ge-, h⟩ *colloq.* turn (*s.th.*) into cash (*od.* money), (*bes. zu Schleuderpreisen*) *auch* sell (*s.th.*) off, barter (*s.th.*) away.

Ver'hol·bo·je *f mar.* warping (*od.* hauling-off) buoy.

ver'ho·len I *v/t* ⟨*no* ge-, h⟩ *mar.* (*Schiff*) **1.** haul (off), shift, tow. – **2.** *cf.* warpen. – **3.** (*durch Einholen einer Leine od. Trosse*) heave. – **II** *v/i* **4.** (*vom Schiff*) shift, move. – **III V~** *n* ⟨-s⟩ **5.** *verbal noun*. – **6.** haulage. – **7.** (*mit Verholtau*) warp.

Ver'hol·spill *n mar.* (gypsy *od.* gipsy, warping) capstan. – ~·tau *n* tow (*od.* warping) line, warp.

ver'hol·zen *v/t* ⟨*no* ge-, h⟩ j-n ~ *colloq. cf.* verhauen 1. – **II** *v/i* ⟨sein⟩ *bot.* turn into wood, lignify (*scient.*). – **III V~** *n* ⟨-s⟩ *verbal noun*. – **2.** *bot.* lignification.

Ver'hör *m* ⟨-(e)s; -e⟩ *jur.* interrogation, questioning, examination, (*Vernehmung*) hearing: j-n ins ~ nehmen a) to interrogate (*od.* question) s.o., b) *fig.* to

interrogate (*od.* question) s.o., to catechize (*Br. auch* -s-) s.o.; j-n einem strengen ~ unterziehen *auch fig.* to cross-examine s.o., to question s.o. closely, to grill s.o.; ein stundenlanges ~ mit j-m anstellen *auch fig.* to interrogate (*od.* question) s.o. for hours; ein nochmaliges ~ (*bes. nach dem Kreuzverhör*) a reexamination, *Br.* a re-examination, *Am.* a redirect examination; ein ~ zu Protokoll nehmen to make a protocol (*od.* record) of an interrogation, to draw up the minutes of an interrogation; beim ersten ~ ergab sich, daß the first interrogation revealed (*od.* showed) that; nach stundenlangen ~en after hours of interrogation.
ver'hö·ren I *v/t* ⟨*no* ge-, h⟩ **1.** *jur.* interrogate, question, examine, (*vor Gericht*) *auch* hear, try: den Zeugen zu einem Tatbestand ~ to interrogate the witness on the facts; während der Angeklagte verhört wurde while the defendant was being interrogated (*od.* was under examination). – II *v/reflex* sich ~ **2.** hear wrong(ly), mishear, misunderstand what was said. – III V~ *n* ⟨-s⟩ **3.** *verbal noun.* – **4.** *jur.* interrogation, examination.
Ver'hö·rer *m* ⟨-s; -⟩ interrogator, questioner, examiner.
ver'hor·nen [-'hɔrnən] *zo. med.* I *v/i* ⟨*no* ge-, sein⟩ **1.** (*von Haut etc*) become horny (*od.* cornified). – **2.** (*von Gewebe*) keratinize *Br. auch* -s-. – II V~ *n* ⟨-s⟩ **3.** *verbal noun.* – **4.** Verhornung. — **ver'hornt** I *pp.* – II *adj* **1.** (*Haut etc*) horny, cornified. – **2.** (*Gewebe*) keratinized *Br. auch* -s-. — **Ver'hor·nung** *f* ⟨-; -en⟩ **1.** *cf.* Verhornen. – **2.** (*von Haut etc*) hornification, cornification. – **3.** (*von Gewebe*) keratinization *Br. auch* -s-. – **4.** (*krankhafte*) keratosis.
Ver'hör·te *m, f* ⟨-n; -n⟩ interrogated (*od.* questioned) person.
ver'hu·deln *v/t* ⟨*no* ge-, h⟩ *colloq.* make a mess of.
ver'hül·len I *v/t* ⟨*no* ge-, h⟩ **1.** (*verbergen*) veil, (en)shroud: eine Statue ~ to veil a statue; Wolken verhüllten die Bergspitzen clouds veiled the mountain peaks; das Kreuz ~ *röm.kath.* (*am Gründonnerstag*) to veil the cross; sein Gesicht mit einem Schleier ~ to veil one's face, to cover one's face with a veil; das Gesicht ~ to veil one's face; sein Haupt ~ *obs. od. poet.* to veil one's head; verhülle dein Haupt! *fig. colloq. humor.* hang your head in shame. – **2.** *fig.* (*verschleiern*) veil, disguise, cloak, mask, cover up, mantle: es gelang der Partei, ihre verfassungsfeindlichen Ziele zu ~ the party succeeded in veiling its unconstitutional aims. – II *v/reflex* sich ~ **3.** veil oneself, (en)shroud oneself: sie verhüllte sich mit einem Schleier she veiled herself, she covered herself with a veil. – **4.** become veiled (*od.* [en]shrouded): die Berge verhüllten sich the mountains became veiled. – III V~ *n* ⟨-s⟩ **5.** *verbal noun.* – **6.** *cf.* Verhüllung. — **ver'hül·lend** I *pres p.* – II *adj ling.* euphemistic, *auch* euphemistical: ein ~er Ausdruck a euphemistic expression, a euphemism. —
ver'hüllt I *pp.* – II *adj* **1.** (*verdeckt, verborgen*) veiled, (en)shrouded: die ~e Gestalt the veiled figure. – **2.** *fig.* (*versteckt*) veiled, hidden, covert: eine [kaum] ~e Drohung a veiled [an almost hidden] threat; mit kaum ~em Haß with scarcely veiled hatred. – **3.** *fig.* (*verschleiert*) veiled, disguised, cloaked, masked, mantled: ihre geschickt ~en Ziele their cleverly veiled aims. — **Ver'hül·lung** *f* ⟨-; -en⟩ **1.** *cf.* Verhüllen. – **2.** ⟨*only sg*⟩ (*von Gesicht*) velation. – **3.** ⟨*only sg*⟩ *fig.* (*Verschleierung*) disguise(ment). – **4.** (*Hülle*) veil. – **5.** *fig.* (*Verkleidung*) veil, disguise, cloak, mask, mantle.
ver'hun·dert,fa·chen [-ˌfaxən] I *v/t* ⟨*no* ge-, h⟩ increase (*s.th.*) a hundredfold, centuplicate, centuple. – II *v/reflex* sich ~ increase a hundredfold. – III V~ *n* ⟨-s⟩ *verbal noun.* — **Ver'hun·dert,fa·chung** *f* ⟨-; *no pl*⟩ **1.** *cf.* Verhundertfachen. – **2.** hundredfold increase.
ver'hun·gern I *v/i* ⟨*no* ge-, sein⟩ **1.** die of hunger (*od.* starvation), starve (*od.* die of hunger): j-n ~ lassen to starve s.o. to death, to let s.o. die of hunger, to famish s.o.; j-n am ausgestreckten Arm ~ lassen *fig. colloq.* to make s.o. sing small (*colloq.*); (fast) to famish; hoffentlich gibt's bald etwas

zu essen, wir ~ schon *colloq. humor.* let's hope that there will be s.th. to eat soon, we are starving (*od.* famished) (*colloq.*). – II V~ *n* ⟨-s⟩ **2.** *verbal noun.* – **3.** starvation, death from hunger: die Schiffbrüchigen waren nahe am V~ (*od.* dem V~ nahe) the shipwrecked persons were on the verge of starvation; ich bin fast am V~ *fig. colloq. humor.* I am absolutely starving, I am famishing (*beide colloq.*), I am simply ravenous. — **ver'hun·gert** I *pp.* – II *adj* starved: er sieht ganz ~ aus he looks half starved, he looks emaciated; er tut ganz ~ *fig. colloq.* he acts as if he were the poorest man on earth.
ver'hun·zen I *v/t* ⟨*no* ge-, h⟩ *colloq.* **1.** (*verpfuschen*) make a mess of, muck (up) *colloq.*, muck of, muck (up) (*colloq.*), hash, botch, bungle, make a botch (*od.* bungle) of. – **2.** (*verderben*) spoil, ruin, wreck: das hat ihm sein ganzes Leben verhunzt that spoiled his whole life. – **3.** *cf.* verschandeln. – II V~ *n* ⟨-s⟩ **4.** *verbal noun.* — **ver'hunzt** I *pp.* – II *adj* **1.** (*verpfuscht*) botched, bungled, hashed: diese Arbeit ist wirklich völlig ~ this piece of work is completely botched. – **2.** (*verdorben*) spoiled, spoilt, marred, (*stärker*) ruined. – **3.** *cf.* verschandelt II. — **Ver'hun·zung** *f* ⟨-; -en⟩ **1.** *cf.* Verhunzen. – **2.** spoilage. – **3.** *cf.* Verschandelung.
ver'hurt [-'huːrt] *adj vulg. contempt.* (*Kerl*) whore-mongering.
ver'hü·ten *v/t* ⟨*no* ge-, h⟩ **1.** (*Unheil, Katastrophe, Unglück, Schwierigkeiten, Streit, Empfängnis etc*) prevent: er konnte das Schlimmste gerade noch ~ he was just able to prevent the worst from happening; wir müssen ~, daß er dorthin geht we must prevent him from (*od.* prevent his) going there; das verhüte Gott! was Gott ~ möge! God (*od.* heaven) forbid! Gott verhüte es, daß er wieder zu trinken anfängt God (*od.* heaven) forbid that he take to drink(ing) again. – II V~ *n* ⟨-s⟩ **2.** *verbal noun.* – **3.** *cf.* Verhütung. — **ver'hü·tend** I *pres p.* – II *adj med.* a) preventive, prophylactic, b) (*empfängnisverhütend*) contraceptive.
ver'hüt·ten [-'hytən] *metall.* I *v/t* ⟨*no* ge-, h⟩ (*Erze*) smelt. – II V~ *n* ⟨-s⟩ *verbal noun.* — **Ver'hüt·tung** *f* ⟨-; *no pl*⟩ *cf.* Verhütten.
Ver'hü·tung *f* ⟨-; *no pl*⟩ **1.** *cf.* Verhüten. – **2.** prevention: zur ~ von Arbeitsunfällen for the prevention of (*od.* in order to prevent) industrial accidents. – **3.** *med.* a) (*Prophylaxe*) prevention, prophylaxis, b) (*Empfängnisverhütung*) contraception. — **Ver'hü·tungs,maß,nah·me** *f* preventive (*auch* preventative) (measure). — **~,mit·tel** *n med. pharm.* a) preventive, prophylactic, b) (*gegen Schwangerschaft*) contraceptive.
ver'hut·zelt [-'hutsəlt] *adj* **1.** (*Apfel, Birne etc*) shriveled, *bes. Br.* shrivelled. – **2.** (*Mensch, Gesicht etc*) wizened, dried-up (*attrib*): ein ~es Weiblein a wizened old woman; der Alte sah ganz ~ aus the old man looked quite wizened.
Ve·ri·fi·ka·ti·on [verifika'tsioːn] *f* ⟨-; *no pl*⟩ *cf.* Verifizierung 2, 3.
ve·ri·fi'zier·bar *adj* (*nachprüfbar*) verifiable. — **Ve·ri·fi'zier·bar·keit** *f* ⟨-; *no pl*⟩ verifiability, verifiableness.
ve·ri·fi·zie·ren [verifi'tsiːrən] I *v/t* ⟨*no* ge-, h⟩ **1.** (*auf Richtigkeit überprüfen*) verify. – **2.** (*beurkunden, beglaubigen*) authenticate, certify, verify. – II V~ *n* ⟨-s⟩ **3.** *verbal noun.* – **4.** *cf.* Verifizierung. — **ve·ri·fi'ziert** I *pp.* – II *adj* **1.** verified. – **2.** (*beglaubigt*) authenticated, certified, verified. — **Ve·ri·fi'zie·rung** *f* ⟨-; *no pl*⟩ **1.** *cf.* Verifizieren. – **2.** (*Überprüfung auf Richtigkeit*) verification. – **3.** (*Beurkundung, Beglaubigung*) authentication, certification, verification.
ver'impf·bar *adj med.* (*Virus etc*) inoculable.
ver'imp·fen *v/t* ⟨*no* ge-, h⟩ *med.* (*Virus etc*) transmit (*s.th.*) by inoculation.
ver'in·ner·li·chen [-'ʔɪnərlɪçən] I *v/t* ⟨*no* ge-, h⟩ **1.** (*Person*) intensify the emotional life of. – **2.** (*Wesen etc*) deepen. – **3.** *psych.* (*in das Ich integrieren*) interiorize *Br. auch* -s-, internalize (*Br. auch* -s-). – II *v/reflex* sich ~ **4.** (*vergeistigt werden*) become spiritualized (*Br. auch* -s-). – III V~ *n* ⟨-s⟩ **5.** *verbal noun.* – **6.** *cf.* Verinnerlichung. — **ver'in·ner·licht** I *pp.* – II *adj* sein ~er Gesichtsausdruck the spir-

itualized (*Br. auch* -s-) expression of his face; er ist ein ganz ~er Mensch he is a totally spiritualized (*Br. auch* -s-) person. — **Ver'in·ner·li·chung** *f* ⟨-; *no pl*⟩ **1.** *cf.* Verinnerlichen. – **2.** (*Vergeistigung*) spiritualization *Br. auch* -s-. – **3.** *psych.* interiorization *Br. auch* -s-, internalization *Br. auch* -s-, introception.
ver'ir·ren I *v/reflex* ⟨*no* ge-, h⟩ sich ~ **1.** get lost, lose one's way (*od.* bearing[s]), go astray: wir stellten fest, daß wir uns verirrt hatten we found that we had got (*od.* that we were) lost. – **2.** (*aus Versehen irgendwohin gelangen*) stray: ein Schmetterling hatte sich in das Zimmer verirrt a butterfly had strayed into the room. – **3.** *fig.* (*gedanklich, moralisch*) stray. – II V~ *n* ⟨-s⟩ **4.** *verbal noun.* – **5.** *cf.* Verirrung. —
ver'irrt I *pp.* – II *adj* **1.** lost, stray (*attrib*): ein ~es Schaf a) a stray (*od.* lost) sheep, b) *fig. bes. relig.* a lost sheep. – **2.** *fig.* (*Kugel etc*) stray (*attrib*). — **Ver'ir·rung** *f* ⟨-; -en⟩ **1.** *cf.* Verirren. – **2.** *fig.* (*Verlassen des rechten Weges*) aberration: eine jugendliche ~ a youthful aberration (*od.* misdemeano[u]r); eine geistige ~ an aberration of the mind; eine geschmackliche ~ a lapse of taste. – **3.** *fig.* (*Irrtum*) mistake, error. – **4.** *bes. relig.* perversion.
Ve·ris·mus [ve'rɪsmus] *m* ⟨-; *no pl*⟩ (*Kunstrichtung*) verism. — **Ve'rist** [-'rɪst] *m* ⟨-en; -en⟩ verist. — **ve'ri·stisch** *adj* verist(ic).
ve·ri·ta·bel [veri'taːbəl] *adj lit. od. obs.* veritable, real, true.
ver'ja·gen *v/t* ⟨*no* ge-, h⟩ **1.** (*vertreiben*) chase (*od.* drive) (s.o., s.th.) away: die Soldaten verjagten die feindlichen Truppen the soldiers chased the enemy troops away (*od.* dispelled [*auch* dislodged] the enemy troops). – **2.** (*verscheuchen*) chase (*od.* scare, frighten) (s.o., s.th.) away (*od.* off), (*Vögel*) auch shoo (s.th.) away (*od.* off). – **3.** *fig.* (*Kummer etc*) dispel, banish, dissipate: nichts konnte seine Sorgen ~ nothing could dispel his worries.
ver'jähr·bar *adj jur.* **1.** (*Straftat, Vergehen etc*) subject to limitation (*od.* to the statute of limitation[s]). – **2.** (*Recht, Anspruch etc*) prescriptible. — **Ver'jähr·bar·keit** *f* ⟨-; *no pl*⟩ **1.** (*von Straftat, Vergehen etc*) subjection to limitation (*od.* to the statute of limitation[s]). – **2.** (*von Recht, Anspruch etc*) prescriptibility.
ver'jäh·ren *v/i* ⟨*no* ge-, sein⟩ *jur.* **1.** (*von Straftat, Vergehen etc*) come (*od.* fall) under the statute of limitation(s), *Br.* become statute-barred: Mord verjährt nach 20 Jahren murder comes under the statute of limitation(s) after 20 years. – **2.** (*von Recht, Anspruch etc*) become invalid (*od.* void) by prescription (*od.* lapse of time), prescribe: dieser Anspruch verjährt in vier Jahren this claim becomes invalid by prescription after four years; einen Anspruch ~ lassen to let a claim become invalid by prescription. – II V~ *n* ⟨-s⟩ **3.** *verbal noun.* – **4.** *cf.* Verjährung. —
ver'jährt I *pp.* – II *adj* **1.** *jur.* a) (*Straftat, Vergehen etc*) barred by limitation (*od.* by the statute of limitation[s]), *Br.* statute-barred, *Am.* time-barred, b) (*Recht, Anspruch etc*) barred by prescription: diese Straftat ist längst ~ this offence (*Am.* offense) has long come under the statute of limitation(s); dieser Anspruch ist in 12 Jahren ~ this claim is barred by prescription after 12 years. – **2.** *fig.* (*veraltet*) outdated: das ist doch längst ~ *colloq.* this is no longer important, that is (all) water under the bridge. — **Ver'jäh·rung** *f* ⟨-; *no pl*⟩ *jur.* **1.** *cf.* Verjähren. – **2.** a) (*von Straftat, Vergehen etc*) limitation (of time), statute of limitation(s), b) (*von Recht, Anspruch etc*) (*Am.* extinctive) prescription: ~ einer Klage limitation of action; ~ geltend machen, sich auf ~ berufen a) to plead the statute of limitation(s), to plead lapse of time, b) to plead prescription; Einrede der ~ a) defence (*Am.* defense) of limitation, plea of lapse of time, b) (*Am.* defense) of prescription; der ~ unterliegen a) to fall (*od.* come) under (*od.* be subject to) the statute of limitation(s), b) to fall under prescription, c) *cf.* verjähren.
Ver'jäh·rungs,ein,re·de *f jur.* **1.** (*im Strafprozeß*) defence (*Am.* defense) of limitation, plea of lapse of time. – **2.** (*im Zivilprozeß*) defence (*Am.* defense) of prescription. — **~,frist** *f* **1.** period (*od.* term) of limi-

tation, statute of limitation(s): nach **Ab-lauf** der ~ after expiration of the period of limitation. – **2.** period (*od.* term) of prescription.

ver'jau·chen [-'jauxən] *med.* **I** *v/i* ⟨*no* ge-, sein⟩ (*von einer Wunde*) putrefy, *auch* putrify, form sanies. – **II** V~ *n* ⟨-s⟩ *verbal noun.* — **ver'jaucht I** *pp.* – **II** *adj* (*Wunde*) putrefied, *auch* putrified, sanious. — **Ver-'jau·chung** *f* ⟨-; *no pl*⟩ **1.** *cf.* Verjauchen. – **2.** (*einer Wunde*) putrefaction, sanies.

ver'jaz·zen [-'dʒɛsən] *v/t* ⟨*no* ge-, h⟩ jazz, *Am. auch* jazz up.

ver'ju·beln *v/t* ⟨*no* ge-, h⟩ *colloq.* (*Geld, Vermögen etc*) 'blow', 'blue' (*beide sl.*), go through, squander.

ver'jün·gen [-'jʏŋən] **I** *v/t* ⟨*no* ge-, h⟩ **1.** (*jünger machen*) make (*s.o.*) young(er), reju-venate, rejuvenize *Br. auch* -s-: der Urlaub hat ihn richtig verjüngt the holiday (*Am.* vacation) has really rejuvenated him. – **2.** (*Gesicht, Erscheinung etc*) make (*s.o., s.th.*) look younger, rejuvenate: dieses Make-up verjüngt Ihr Gesicht um Jahre this makeup makes you look years younger. – **3.** den Personalbestand ~ *econ.* to build up a younger staff. – **4.** (*Baum-bestand etc*) regenerate, reproduce, restock. – **5.** (*Maßstab*) reduce. – **6.** *tech.* a) taper, reduce the diameter of, b) (*Rohrenden*) swage. – **7.** *civ.eng.* (*Straßenbelag*) reju-venate. – **II** *v/reflex* sich ~ **8.** (*von Kör-per, Haut etc*) become younger, rejuvenize *Br. auch* -s-. – **9.** (*von Gesicht, Erscheinung etc*) become younger-looking, rejuvenate. – **10.** (*von Personalbestand etc*) become younger. – **11.** (*von Maßstab*) be reduced: der Maßstab verjüngt sich im Verhältnis 1 : 500 the scale is reduced in a ratio of 1 : 500. – **12.** (*dünner werden*) taper (off), diminish: die Säule verjüngt sich nach oben the column tapers (off) toward(s) the top. – **13.** (*schmaler werden*) taper: diese Mauer verjüngt sich sehr stark this wall tapers sharply. – **14.** (*enger werden*) narrow: der Tunnel verjüngt sich allmählich the tunnel narrows grad-ually. – **III** V~ *n* ⟨-s⟩ **15.** *verbal noun.* – **16.** *cf.* Verjüngung. — **ver'jün·gend I** *pres p.* – **II** *adj* sich ~ tapering, tapered. — **ver'jüngt I** *pp.* – **II** *adj* **1.** (*Körper, Haut, Erscheinung etc*) rejuvenated, rejuvenized *Br. auch* -s-. – **2.** (*Maßstab*) reduced: in ~em Maßstab on a reduced scale. – **3.** *tech.* tapering, conical. — **Ver'jün·gung** *f* ⟨-; *no pl*⟩ **1.** *cf.* Verjüngen. – **2.** (*von Körper, Haut, Erscheinung etc*) rejuvenation, (re)-juvenescence. – **3.** (*von Baumbestand*) attenuation. – **4.** (*von Maßstab*) reduc-tion. – **5.** (*einer Säule etc*) taper, diminu-tion. – **6.** (*einer Mauer etc*) taper, batter. – **7.** *geol.* rejuvenation. – **8.** *tech.* (*eines Keils etc*) (amount of) taper.

Ver'jün·gungs|·kur *f* rejuvenation cure. — **~·mit·tel** *n* rejuvenation (*od.* rejuvenating, rejuvenescent) tonic.

ver'ju·xen *v/t* ⟨*no* ge-, h⟩ *colloq.* **1.** *cf.* ver-jubeln. – **2.** (*persiflieren, verspotten*) ridi-cule, deride, mock.

ver'ka·beln I *v/t* ⟨*no* ge-, h⟩ *tech. electr.* **1.** (*Drähte etc*) twist (*auch* lay) (*s.th.*) into cable, cable. – **2.** (*Apparate, Instrumente etc*) wire (up), connect up. – **II** V~ *n* ⟨-s⟩ **3.** *verbal noun.* — **Ver'ka·be·lung** *f* ⟨-; *no pl*⟩ *cf.* Verkabeln.

ver·kad'mie·ren *v/t* ⟨*no* ge-, h⟩ *metall.* cadmium-plate.

ver'kal·ben *v/i* ⟨*no* ge-, h⟩ *vet.* (*von Kühen*) slink the calf.

ver'kal·ken I *v/i* ⟨*no* ge-, sein⟩ **1.** *med.* a) (*von Knochen*) calcify, b) (*von Gefäßen, Geweben*) sclerose, calcify. – **2.** *colloq.* (*unter Arterienverkalkung leiden*) suffer from hardening of the arteries. – **3.** *fig. colloq.* begin to dote (*auch* doat): er verkalkt all-mählich *contempt.* he is beginning to dote; ich bin so vergeßlich, ich fange auch schon an zu ~ *humor.* I am so forgetful, I am beginning to dote. – **4.** *tech.* (*von Wasser-leitungen etc*) calcify, fur. – **II** V~ *n* ⟨-s⟩ **5.** *verbal noun.* – **6.** *cf.* Verkalkung. — **ver-'kalkt I** *pp.* – **II** *adj* **1.** *med.* (*Arterie etc*) sclerotic, calcified, calcific. – **2.** *fig. colloq.* doting, *auch* doating, senile: er ist völlig ~ *contempt.* he is completely doting (*od.* in his dotage). – **3.** *tech.* (*Wasserleitung, Boiler etc*) calcified, furred.

ver·kal·ku'lie·ren *v/reflex* ⟨*no* ge-, h⟩ sich ~ **1.** *bes. econ.* miscalculate: er hat

sich bei der Bestellung verkalkuliert he miscalculated when putting in his order, he made a miscalculation in his order. – **2.** *fig. colloq.* (*etwas falsch einschätzen*) miscalculate, think (*Am.* figure) wrong, be sadly (*od.* very much) mistaken: da hast du dich aber verkalkuliert! you mis-calculated there! that's exactly where you are wrong!

Ver'kal·kung *f* ⟨-; *no pl*⟩ **1.** *cf.* Verkalken. – **2.** *med.* a) (*von Knochen*) calcification, b) (*von Gefäßen*) (arterio)sclerosis, cal-careous degeneration, c) (*von Gewebe*) calcinosis, d) (*Kalkeinlagerung*) calcareous infiltration. – **3.** *colloq.* hardening of the arteries: bei ihm ist die ~ schon weit fort-geschritten *fig. contempt.* he is absolutely doting (*auch* doating) (*od.* in his dotage). – **4.** *tech.* (*von Wasserleitungen etc*) calcification.

ver'käm·men *v/t* ⟨*no* ge-, h⟩ (*Hölzer, Balken etc*) cog, cock.

ver'kannt I *pp.* – **II** *adj* (*nicht gebührend geschätzt*) unappreciated, unrec-ognized *Br. auch* -s-, underrated, undervalu-ed: ein ~es Genie an unappreciated genius.

ver'kan·ten I *v/t* ⟨*no* ge-, h⟩ **1.** (*schräg stellen*) cant, set (*s.th.*) (up) on edge, tilt, slant, incline: eine Kiste ~ to cant a box. – **2.** (*beim Zielen*) (*Gewehr*) cant. – **3.** *tech.* a) bend (*s.th.*) out of line, b) (*kippen*) tilt, tip. – **4.** (*sport*) (*Skier*) edge. – **II** *v/i* **5.** (*beim Skifahren*) catch an edge, edge over. – **III** *v/reflex* sich ~ **6.** (*sich quer stellen*) be-come wedged (*od.* lodged). – **7.** *tech.* (*von Flachdraht*) cant. – **8.** (*von Skiern*) edge in (*od.* over). – **IV** V~ *n* ⟨-s⟩ **9.** *verbal noun.* — **Ver'kan·tung** *f* ⟨-; *no pl*⟩ **1.** *cf.* Ver-kanten. – **2.** (*von Gewehr*) cant.

ver'kap·pen I *v/t* ⟨*no* ge-, h⟩ **1.** (*tarnen, ver-kleiden*) disguise, mask. – **II** *v/reflex* sich ~ **2.** disguise oneself, mask oneself. – **III** V~ *n* ⟨-s⟩ **3.** *verbal noun.* – **4.** *cf.* Ver-kappung. — **ver'kappt I** *pp.* – **II** *adj* **1.** ein ~er Spion a disguised spy, a spy in disguise. – **2.** ein ~er Nebensatz *ling.* a hidden subordinate clause. — **Ver-'kap·pung** *f* ⟨-; -en⟩ **1.** *cf.* Verkappen. – **2.** (*Tarnung, Verkleidung*) disguise, mask.

ver'kap·seln [-'kapsəln] **I** *v/t* ⟨*no* ge-, h⟩ **1.** capsule, encapsulate. – **II** *v/reflex* sich ~ **2.** *biol. med.* a) (*von Parasiten*) encyst, become encysted, b) (*von Bazillen etc*) en-capsulate. – **3.** *fig.* (*sich absondern*) cut one-self off, seclude (*od.* isolate) oneself. – **III** V~ *n* ⟨-s⟩ **4.** *verbal noun.* – **5.** *cf.* Ver-kaps(e)lung. — **ver'kap·selt I** *pp.* – **II** *adj* **1.** capsuled, capsulate(d). – **2.** *fig.* (*Mensch*) withdrawn, extremely reserved. – **3.** *biol. med.* a) (*Parasit*) encysted, b) (*Bazillus etc*) encapsulated. — **Ver'kap·se·lung, Ver-'kaps·lung** *f* ⟨-; -en⟩ **1.** *cf.* Verkapseln. – **2.** capsulation. – **3.** *fig.* extreme reserve. – **4.** *biol. med.* a) (*von Parasiten*) encystment, b) (*von Bazillen etc*) encapsulation.

ver'kar·sten [-'karstən] *geol.* **I** *v/i* ⟨*no* ge-, sein⟩ **1.** (*von Landschaft, Gebirge etc*) be-come karstic. – **II** V~ *n* ⟨-s⟩ **2.** *verbal noun.* – **3.** *cf.* Verkarstung. — **ver'kar·stet I** *pp.* – **II** *adj* (*Landschaft, Gebirge etc*) karstic: ~es Gebiet karst. — **Ver'kar·stung** *f* ⟨-; *no pl*⟩ **1.** *cf.* Verkarsten. – **2.** karstification.

ver'kar·ten *v/t* ⟨*no* ge-, h⟩ card-index, enter (*s.th.*) on index cards.

ver'kä·sen I *v/i* ⟨*no* ge-, h⟩ **1.** (*Milch*) turn (*milk*) into cheese. – **II** *v/i* ⟨sein⟩ **2.** (*von Milch*) turn into cheese. – **3.** *med.* (*von Gewebeteilen*) caseate, become caseous (*od.* cheesy). – **III** V~ *n* ⟨-s⟩ **4.** *verbal noun.* — **Ver'kä·sung** *f* ⟨-; *no pl*⟩ **1.** *cf.* Verkäsen. – **2.** *med.* caseation, cheesy (*od.* caseous) degeneration.

ver'ka·tert [-'ka:tərt] *adj colloq.* suffering from a hangover, hung over (*pred*).

Ver'kauf *m* ⟨-(e)s; ⁺e⟩ **1.** *cf.* Verkaufen. – **2.** sale: einen ~ abschließen (*od.* tä-tigen) to conclude (*od.* effect) a sale; das war ein [un]vorteilhafter ~ that was a profitable [an unprofitable] sale. – **3.** ⟨*only sg*⟩ sale: verbilligter ~ sale at reduced prices; zwangsweiser ~ forced sale; ~ netto Kasse net cash sale; ~ nur gegen bar sale for cash only; ~ nur an (den) Fachhandel sale to specialized (*Br. auch* -s-) dealers only; ~ von (*od.* in) Textilien sale of textiles; ~ in Automaten sale of goods by slot (*od.* vending) ma-chines; ~ über die Straße sale of goods for consumption off the premises; ~ an der

Abendkasse tickets (will be) on sale at the box office; ~ nach (dem) Gewicht sale by weight; ~ (der Ernte) auf dem Halm sale of standing crop; ~ unterderhand sale of goods on the quiet; ~ unter dem Wert un-derselling; ~ unter Selbstkosten sale below cost price; ~ mit Verlust sale at a loss (*od.* disadvantage, sacrifice); ~ zu [stark] herabgesetzten Preisen sale at [greatly] reduced prices; ~ zu überhöhten Preisen sale at excessive prices; ~ auf Probe sale on approval (*od.* trial); ~ nach Probe (*od.* Muster) sale by sample; ~ zur sofortigen Lieferung sale for prompt delivery; ~ mit Rückgaberecht sale on a 'sale or return' basis; ~ mit Rückkaufsrecht sale with option of repurchase; ~ zwecks Glatt-stellung (*an der Börse*) sell-off, balancing sale; ~ ab Zollager sale ex bond; zum ~ kommen to be offered for sale; zum ~ stehen to be up for sale; etwas zum ~ anbieten to offer s.th. for sale, (*bes. Haus, Grundstück etc*) to put s.th. up for sale; etwas zum ~ ausstellen to display s.th. for sale; etwas zum ~ zulassen to admit s.th. for sale; etwas zum ~ freigeben to release s.th. for sale. – **4.** ⟨*only sg*⟩ (*Ver-äußerung*) sale, disposal. – **5.** ⟨*only sg*⟩ (*Flüssigmachen*) realization *Br. auch* -s-. – **6.** ⟨*only sg*⟩ (*Verkaufsabteilung*) sales department: er ist im ~ beschäftigt he works in the sales department.

ver'kau·fen I *v/t* ⟨*no* ge-, h⟩ **1.** sell, *jur. auch* vend: zu ~ (*in Inseraten etc*) for sale; das Haus wird verkauft the house is (up) for sale; auf dem Basar wurden die verschiedensten Sachen verkauft all sorts of things were on sale at the bazaar; verkauft werden für to sell at; j-m etwas ~, etwas an j-n ~ to sell s.th. to s.o.; etwas für (*od.* um) [zum Preis von] zehn Mark ~ to sell s.th. for [at the price of] ten marks; etwas billig [teuer] ~ to sell s.th. at a low [high] price; sein Leben so teuer wie möglich ~ *fig.* to sell one's life as dearly as possible; schlechte Ware läßt sich nicht ~ poor-quality goods do not sell (*od.* find no sale *od.* market, are unsal[e]-able); etwas zwangsweise ~ to be forced to sell s.th.; etwas gegen bar (*od.* Bar-zahlung) ~ to sell s.th. for (*od.* against) cash; etwas unterderhand ~ to sell s.th. on the quiet; etwas stückweise [nach (dem) Gewicht] ~ to sell s.th. by the piece [by weight]; etwas mit Gewinn ~ to sell s.th. at a profit; etwas mit Verlust ~ to sell s.th. at a loss (*od.* disadvantage, sacrifice); etwas unter dem Preis ~ to sell s.th. under (the) price; etwas unter dem Wert ~ to undersell s.th.; etwas zu herabgesetzten [überhöhten] Preisen ~ to sell s.th. at reduced [excessive] prices; etwas zum Selbstkostenpreis [Schrottwert] ~ to sell s.th. at cost price [scrap value]; etwas auf Rechnung ~ to sell s.th. against invoice; et-was (auf dem Markt) ~ to market s.th.; et-was für fremde Rechnung ~ to sell s.th. for the account of others; etwas auf Probe ~ to sell s.th. on approval; etwas nach Probe (*od.* Muster) ~ to sell s.th. by sample; etwas auf Kredit [Termin] ~ to sell s.th. for credit [forward *od.* for future delivery]; etwas auf offener Straße ~ to sell (*od.* vend) s.th. in the streets; die großen Kaufhäuser ~ mehr als der Einzelhandel the big department stores sell more than (*od.* outsell) (the) retailers. – **2.** (*veräußern*) sell, dispose of. – **3.** (*flüssigmachen*) realize *Br. auch* -s-. – **4.** j-n für dumm ~ *fig. colloq.* to think s.o. (*od.* take s.o. for) a fool: ich laß' mich doch nicht für dumm ~ *fig. colloq.* I won't be fooled by anyone. – **II** *v/reflex* sich ~ **5.** (*von Waren*) sell: dieser Artikel ver-kauft sich gut [schlecht] this article sells well [poorly *od.* badly]. – **6.** (*von Menschen*) (für for) sell oneself. – **7.** (*schlecht kaufen*) make a bad buy (*colloq.*): mit dem Kleid hast du dich verkauft you made a bad buy with that dress, that dress was a bad buy. – **III** V~ *n* ⟨-s⟩ **8.** *verbal noun.*

Ver'käu·fer *m* ⟨-s; -⟩ **1.** (*Angestellter in Ge-schäften, Kaufhäusern etc*) salesman, shop-man, *Am. auch* salesclerk, salesperson, *Br.* shop assistant: ~ *pl auch* salespeople. – **2.** (*Angestellter in der Industrie, auf Messen etc*) salesman. – **3.** (*Straßenverkäufer*) vendor. – **4.** *econ.* (*im Gegensatz zu Käufer*) seller. – **5.** *jur.* seller, (*von Grundbesitz*) *auch* vendor. — **Ver'käu·fe·rin** *f* ⟨-;

-nen⟩ (*Angestellte in Geschäften, Kauf-häusern etc*) saleswoman, saleslady, *Am.* salesclerk, salesperson, vendeuse, *Br.* shop assistant, (*junge*) *auch* salesgirl, shopgirl. **Ver'käu·fer|₁markt** *m econ.* sellers' market. — **₁schu·lung** *f* training in salesmanship. **ver'käuf·lich** *adj* sal(e)able, marketable, vendible, vendable, for (*od.* on) sale: **₁e Waren** sal(e)able goods, goods for sale, vendibles; **diese Waren sind leicht ₁** these goods are readily sal(e)able, these goods sell readily; **nicht ₁e Ware** drug (on the market). — **Ver'käuf·lich·keit** *f* ⟨-; *no pl*⟩ (*von Waren*) sal(e)ability, marketability, vendibility.

Ver'kaufs|₁ab·rech·nung *f econ.* sales account. — **₁ab₁schluß** *m* **1.** selling trans-action. – **2.** (*Kaufvertrag*) sales contract. — **₁ab₁tei·lung** *f* sales department. — **₁ak·ti₁on** *f cf.* Verkaufskampagne. — **₁ana₁ly·se** *f* sales analysis. — **₁an₁ge₁bot** *n* sales offer, offer for sale. — **₁an₁zei·ge** *f* advertisement (*seltener* -z-) (*od.* announce-ment) of a sale, for-sale ad (*colloq.*). — **₁ap·pa₁rat** *m* sales organization (*Br. auch* -s-). — **₁ar·gu·ment** *n* selling point. — **₁auf₁trag** *m* sales (*od.* selling) order, order to sell. — **₁aus₁sich·ten** *pl* sales (*od.* selling) prospects. — **₁aus₁stel·lung** *f* sales exhibition. — **₁au·to₁mat** *m* (auto-matic) vending machine, vendor, slot machine, *Am.* automat. — **₁be₁din·gun·gen** *pl* conditions (*od.* terms) of sale. — **₁be₁ra·ter** *m* sales consultant. — **₁be₁rech·ti·gung** *f* authorization (*Br. auch* -s-) to sell, selling right. — **₁be₁schrän·kung** *f* sales (*od.* selling) restriction. — **₁bu·de** *f* booth, stall, *bes. Br.* kiosk. — **₁bü₁ro** *n* sales (*od.* selling) office. — **₁dich·te** *f* (*im Einzelhandel*) sales density. — **₁di₁rek·tor** *m cf.* Verkaufsleiter. — **₁er₁folg** *m* market success. — **₁er₁lös** *m* proceeds *pl* of sale, sales proceeds *pl.* — **₁er₁war·tung** *f* sales expectation. — **₁feld₁zug** *m cf.* Verkaufskampagne. — **v₁fer·tig** *adj* (*Waren*) ready for sale. — **₁flä·che** *f* sales space. — **v₁för·dernd** *adj* (*Maßnahmen etc*) sales-promoting. — **₁för·de·rung** *f* sales promotion. — **₁ge₁biet** *n* **1.** market, selling territory. – **2.** (*eines Vertreters*) agent's territory. — **₁ge₁mein·schaft** *f* joint sales agency. — **₁ge₁neh·mi·gung** *f* authorization (*Br. auch* -s-) to sell, selling licence (*Am.* license). — **₁ge₁nie** *n only in* **er ist ein ₁** he is a brilliant salesman; **sie ist ein ₁** she is a brilliant saleswoman. — **₁ge₁nos·sen·schaft** *f* selling (*od.* marketing) cooperative (*Br.* co-operative). — **₁ge₁spräch** *n* sales talk (*od. colloq.* chat). — **₁ge₁wandt·heit** *f* salesmanship. — **₁ge₁wohn·heit** *f* selling habit. — **₁in·ge·ni₁eur** *m* sales engineer. — **₁kal·ku·la·ti₁on** *f* sales calculation. — **₁kam₁pa·gne** *f* sales (*od.* selling) campaign. — **₁ka·no·ne** *f only in* **er ist eine ₁** *colloq.* he is a fantastic salesman; **sie ist eine ₁** *colloq.* she is a fantastic saleswoman. — **₁kar₁tell** *n* sales (*od.* selling) cartel. — **₁kom·mis·si·o₁när** *m* **1.** selling agent (on commission). – **2.** (*Konsignatar*) consignee. — **₁kon·to** *n* sales account. — **₁kon₁trol·le** *f* sales control. — **₁ko·sten** *pl* marketing (*od.* selling) expenses. — **₁kraft** *f* shop assistant. — **₁kurs** *m* (*an der Börse*) selling rate. — **₁la·ger** *n* **1.** sales store (*Br.* depot). – **2.** distributor's stock (of goods). — **₁lei·ter** *m* sales manager. — **₁lei·tung** *f* sales management. — **₁li₁zenz** *f* selling licence (*Am.* license). — **₁me·tho·de** *f* sales method. — **₁mes·se** *f* sales fair. — **₁mög·lich·keit** *f* sales possibility, possibility of selling, opening for sales. — **₁mo·no·pol** *n* sales monopoly. — **₁nei·gung** *f* inclination to sell, (*volks-wirtschaftlich*) propensity to sell. — **₁nie·der₁la·ge** *f cf.* Verkaufslager 1. — **₁ob₁jekt** *n* object of sale. — **v₁of·fen** *adj only in* **₁er Sonntag** Sunday on which shops (*bes. Am.* stores) are open by law. — **₁op·ti₁on** *f* (*bes. an der Börse*) seller's option. — **₁or·der** *f cf.* Verkaufsauftrag. — **₁or·ga·ni·sa·ti₁on** *f* sales organization (*Br. auch* -s-). — **₁per·so₁nal** *n* sales (*od.* selling) staff, salespeople *pl.* — **₁plan** *m* sales (*od.* selling) plan. — **₁po·li·tik** *f* sales approach, selling method, merchandising policy. — **₁po·ten·ti₁al** *n* sales (*od.* selling) potential. — **₁prak·ti·ken** *pl* sales (*od.* sell-ing) practices: **unlautere ₁** unfair salesman-

ship *sg.* — **₁pra·xis** *f* sales (*od.* selling) methods *pl* (*od.* activities *pl*). — **₁preis** *m* sale (*od.* selling) price. — **₁pro₁gramm** *n* **1.** selling program (*bes. Br.* programme). – **2.** (*Gesamtheit des Verkaufsangebots*) range of goods: **unser ₁ umfaßt folgende Waren** our range of goods comprises the following lines (*od.* items, articles). — **₁pro·vi·si₁on** *f* sales commission, commission on sales, selling brokerage (*od.* commission). — **₁raum** *m* **1.** salesroom, *auch* saleroom. – **2.** sales space. — **₁rech·nung** *f* invoice (of sale), *Am. auch* bill. — **₁recht** *n* right to sell, *bes. econ.* selling right. — **₁schät·zung** *f* sales forecast. — **₁schla·ger** *m* best seller, sales hit, quick-selling line. — **₁spe·sen** *pl* sales (*od.* selling) expenses (*auch* expense *sg*). — **₁stand** *m* stall, stand. — **v₁stark** *adj* **1.** (*Anzeige etc*) sales-boosting. – **2.** (*Artikel*) fast-selling (*attrib*). — **₁sta·ti·stik** *f* sales statistics *pl* (*construed as sg or pl*). — **₁stei·ge·rung** *f* increase of sales. — **₁stel·le** *f* **1.** (*für Bus-, Kinokarten etc*) ticket office. – **2.** (*für Produkte*) sales agency, (retail) shop (*bes. Am.* store). — **₁steu·er** *f* sales tax. — **₁tech·nik** *f* salesmanship, selling technique. — **₁ter₁min** *m* (*bes. bei Wertpapieren*) period set for sale. — **₁tisch** *m* counter. — **₁trai·ner** *m* sales instructor. — **₁- ₁und 'Ein₁kaufs·ge·nos·sen·schaft** *f* marketing and purchasing cooperative (*Br. auch* co--operative). — **₁un₁ko·sten** *pl cf.* Ver-kaufskosten. — **₁ur₁kun·de** *f* deed of sale. — **₁ver₁bot** *n* selling ban, ban on sales, (*staatliches*) *auch* embargo. — **₁ver₁pflich·tung** *f* commitment to sell. — **₁ver₁trag** *m* sales agreement (*od.* contract). — **₁ver₁tre·tung** *f* sales (*od.* selling) agency. — **₁wer·bung** *f* sales publicity (*od.* ad-vertising, *seltener* advertizing, propagan-da). — **₁wert** *m* sales (*od.* market) value, value at selling price. — **₁wir·kung** *f* sales effect(iveness). — **₁zeit** *f* business hours *pl.* — **₁zif·fern** *pl* sales figures. — **₁zwang** *m* obligation to sell.

ver'kauft **I** *pp.* – **II** *adj* **1.** (*Karte etc*) sold. – **2.** verraten und ₁ *fig.* → verraten II.
ver'keh·len [-'keːlən] *v/t* ⟨*no* ge-, h⟩ *tech. cf.* kehlen 2.
Ver'kehr [-'keːr] *m* ⟨-s, *rare* -es; *no pl*⟩ **1.** (*Straßenverkehr*) traffic: **starker** [schwa-cher] **₁** heavy [light *od.* little] traffic; **flüssiger** [stockender *od.* zähflüssiger] **₁** smoothly flowing [congested] traffic; **fließender** [ruhender] **₁** moving [sta-tionary] vehicles *pl*; **lebhafter** (*od.* reger) **₁** busy traffic; **regelmäßiger** [plan-mäßiger] **₁** regular [scheduled] traffic; **der ₁ flutet** [stockt] (the) traffic flows [stops *od.* comes to a halt]; **der Verkehr bricht zusammen** the traffic is completely jammed (*od.* congested); **den ₁ umleiten** [bewältigen, regeln, behindern] to detour (*od.* divert) [to cope with, to regulate, to obstruct] the traffic; **den ₁ zwischen zwei Orten aufnehmen** [einstellen] to open [to close] (the) traffic between two places; **eine Straße dem ₁ übergeben** to open a road to traffic; **eine Straße für den ₁ freigeben** [sperren] to open [to close] a road to traffic; **ein Auto zum ₁ zulassen** to license (*Br. auch* licence) a car as roadworthy; **ein Auto aus dem ₁ ziehen** to take a car off the road. – **2.** (*Ver-kehrsmittel*) transport, *bes. Am.* trans-portation: **öffentlicher ₁** public transport. – **3.** (*Umgang*) dealings *pl*, intercourse: **mit j-m ₁ haben** (*od.* pflegen) to have dealings with s.o.; **die beiden Familien stehen in engem** (*od.* vertrautem) **₁** the two families are on close terms; **er hat** (*od.* pflegt) **überhaupt keinen gesellschaft-lichen ₁** he has no social intercourse at all, he does not mix at all; **das ist kein ₁ für dich** that is no company for you; **diplomatischer** [wirtschaftlicher] **₁** dip-lomatic [economic] relations *pl*; **amtlicher ₁** a) dealings *pl* with the authorities, b) interoffice dealings *pl*; **im ₁ mit Menschen ist er sehr scheu** he is very shy in his dealings with (other) people. – **4.** (*Verbin-dung*) contact: **mit j-m in brieflichem ₁ stehen** to correspond with s.o.; **ich stehe nicht mehr mit ihnen in ₁** I am no longer in touch with them; **jeglichen ₁ abbrechen** to break off all contact(s) (*od.* connections, *Br. auch* connexions). – **5.** (*Geschlechtsver-kehr*) (sexual) intercourse: **mit j-m ₁ haben**

to have intercourse with s.o.; **außerehe-licher ₁** extramarital intercourse. – **6.** (*Ge-schäftsverkehr*) business: **in diesem Ge-schäft war der ₁ heute ziemlich schwach** there was comparatively little business in this shop (*bes. Am.* store) today. – **7.** *econ.* a) (*Umlauf*) circulation, b) (*Handels-verkehr*) trade, commerce, visible trans-actions *pl*, c) (*Zahlungsverkehr*) payments *pl*, transfers *pl*: **Banknoten in (den) ₁ bringen** to put bank notes into circulation; **Falschgeld in (den) ₁ bringen** to put counterfeit money into circulation, to pass counterfeit money; **Briefmarken aus dem ₁ ziehen** to withdraw stamps from circulation; **alte Münzen aus dem ₁ ziehen** to withdraw old coins from circulation, to immobilize (*Br. auch* -s-) old coins; **Handel und ₁** commerce and trade; **bargeldloser ₁** cashless transfers *pl* (*od.* payments *pl*). – **8.** **j-n aus dem ₁ ziehen** *fig. colloq.* a) to remove (*od.* dispose of) s.o., b) to put s.o. in (the) clink (*sl.*). **ver'keh·ren** **I** *v/i* ⟨h *u.* sein⟩ **1.** ⟨h *u.* sein⟩ (*von Fahrzeug*) run, operate, be operated, ply: **regelmäßig ₁ zwischen** (*dat*) to run regularly between, to ply between; **das Boot verkehrt auf dem Fluß bis zum Einbruch der Dunkelheit** the boat runs on the river until nightfall. – **2.** ⟨h⟩ **in** (*dat*) **etwas ₁** to frequent s.th.: **in diesem Hotel ₁ viele Geschäftsreisende** this hotel is frequented by many commercial travel(l)ers; **er verkehrt nur in den besten Kreisen** he only frequents the best circles. – **3.** ⟨h⟩ **mit j-m ₁** to associate (*od.* have dealings) with s.o.: **mit j-m auf freund-schaftlicher Basis ₁** to have friendly dealings (*od.* be on friendly terms) with s.o., to as-sociate with s.o. on friendly terms; **er ver-kehrt gern mit dem Hochadel** he likes to associate (*od.* mix) with the aristocracy; **brieflich mit j-m ₁** to correspond with s.o.; **er verkehrt mit niemandem** he does not associate with anyone. – **4.** ⟨h⟩ **bei j-m ₁** to visit (*od.* go to, frequent) s.o.'s house. – **5.** ⟨h⟩ (*geschlechtlich*) (**mit** with) have (sexual) intercourse. – **II** *v/t* ⟨h⟩ **6.** (*ver-drehen*) (**in** *acc* into) turn, (*stärker*) pervert: **den Sinn ins Gegenteil ₁** to reverse the meaning. – **III** *v/reflex* ⟨h⟩ **sich ₁ 7.** (*sich umkehren*) (**in** *acc* into) change, turn. – **IV V₁ ₁** *n* ⟨-s⟩ **8.** *verbal noun.* – **9.** *cf.* Ver-kehrung.

Ver'kehrs|₁ab·ga·be *f pol. cf.* Verkehrs-steuer. — **₁ab·tei·lung** *f* traffic depart-ment. — **₁ab₁wick·lung** *f* traffic regula-tion. — **₁ader** *f* artery, arterial road, thor-oughfare. — **₁am·pel** *f* traffic signal (*od.* light, *Br. auch* lights *pl*), stop-go light. — **₁amt** *n* **1.** Straßenverkehrsamt. – **2.** *cf.* Verkehrsbüro. — **v₁arm** *adj* (*Zeit etc*) quiet. — **₁auf₁kom·men** *n* **1.** traffic volume, volume of traffic. – **2.** total amount (*od.* traffic) carried. — **₁band** *n* ⟨-(e)s; ⁼er⟩ (*radio*) communication band. — **₁be₁darf** *m econ.* **1.** transport requirement. – **2.** (*an gesetzlichen Zahlungsmitteln*) legal tender demanded for circulation. — **₁be₁richt** *m* traffic report. — **₁be₁schrän·kung** *f* traffic restriction. — **₁be₁stim·mun·gen** *pl* traffic regulations. — **₁be₁trie·be** *pl* transport *sg*, *bes. Am.* transportation *sg*: **die städtischen ₁** city transport *sg*. — **₁bü₁ro** *n* tourist (information) office. — **₁cha·os** *n* traffic chaos, havoc. — **₁de·likt** *n* traffic offence (*Am.* offense), traffic violation. — **₁dich·te** *f* traffic density. — **₁dis·zi·plin** *f* ⟨-; *no pl*⟩ traffic discipline. — **₁durch·ein·an·der** *n* traffic mix-up. — **₁durch·sa·ge** *f* (*im Radio*) traffic announce-ment. — **₁eig·nung** *f* (*von Menschen*) apti-tude for participation in traffic. — **₁ein·rich·tun·gen** *pl* transport facilities. — **₁er₁leich·te·run·gen** *pl* better traffic fa-cilities. — **₁er₁zie·hung** *f* **1.** traffic educa-tion. – **2.** *cf.* Verkehrsunterricht. — **₁er₁zie·hungs·wo·che** *f* traffic instruction week. — **v₁fä·hig** *adj econ.* (*Wertpapier*) negotiable, marketable. — **₁fahr·zeug** *n* road vehicle. — **₁flie·ge·rei** *f aer.* com-mercial aviation. — **₁flug·ha·fen** *m* air-port. — **₁flug·zeug** *n* airliner, passenger aircraft. — **₁fluß** *m auto.* flow of traffic. — **v₁frei** *adj* traffic-free, closed to traffic: **₁e Zone** pedestrian area (*od.* zone, prec-inct). — **₁fre·quenz₁band** *n* (*radio*) *cf.* Verkehrsband. — **₁ge₁fähr·dung** *f* **1.** (*Handlung*) endangering (*od.* endangerment) of traffic. - 2. (*Gefahr*) danger to traffic, traffic hazard. —**geo·gra,phie** f geography of communications. — **v~ge,recht** adj (*Verhalten etc*) in keeping with traffic regulations. — **~ge,richt** n jur. court for traffic offences (*Am.* offenses), traffic court. — **~ge,schwin·dig·keit** f traffic speed. — **~ge,sell·schaft** f transport (*bes. Am.* transportation) company: **öffentliche ~** common carrier. — **~ge,setz** n jur. 1. traffic act (*od.* law). - 2. cf. Straßenverkehrsordnung. — **~ge,setz,ge·bung** f traffic legislation. — **~ge,wer·be** n transport (*bes. Am.* transportation) business (*od.* industry), carrying trade. — **v~,günstig I** adj (*Lage*) favorable (*bes. Br.* favourable) as regards transport facilities. - **II** adv **~ gelegen** favorably (*bes. Br.* favourably) situated as regards transport facilities. — **~,gür·tel** m traffic belt. — **~,hin·der·nis** n 1. obstacle to traffic, traffic hindrance. - 2. bottleneck. — **~,in·ge·ni,eur** m traffic engineer. — **~,in·sel** f traffic island (*od.* refuge), central refuge, channelizing (*Br.* auch -s-) island. — **~,ju·stiz** f jur. jurisdiction on traffic offences (*Am.* offenses). — **~,kin·der,gar·ten** m *traffic instruction area designed for preschool and primary school children.* — **~,kno·ten,punkt** m traffic junction. — **~kon,trol·le** f traffic control. — **~ko·or·di·na·ti,on** f coordination (*Br.* co-ordination) of traffic. — **~,la·ge** f 1. traffic situation. - 2. (*in bezug auf die Verkehrsmittel*) situation with regard to transport facilities (*od.* the transport system). — **~,lärm** m traffic noise. — **~,last** f civ.eng. (*einer Brücke etc*) live load. — **v~,leer** adj (*Straße etc*) empty of traffic. — **~,lei·stung** f transport service. — **~,len·kung** f traffic control, operation of traffic. — **~,licht** n cf. Verkehrsampel. — **~,li·nie** f (*bes. Bahn*) communication route. — **~,luft,fahrt** f aer. commercial aviation. — **~ma,schi·ne** f cf. Verkehrsflugzeug. — **~me·di,zin** f *med. the branch of medicine which is concerned with the prevention and treatment of traffic accidents.* — **~,mi,ni·ster** m pol. Minister of Transport. — **~,mi·ni,ste·ri·um** n Ministry of Transport. — **~,mit·tel** n means pl (*construed as sg or pl*) of transport (*bes. Am.* transportation), conveyance: **mit öffentlichen ~n** by public transport (*bes. Am.* transportation). — **~,mu,se·um** n traffic museum. — **~,netz** n traffic network (*od.* system). — **~,op·fer** n meist pl victim of a road accident: **~ pl** toll sg of the road. — **~,ord·nung** f traffic regulations pl (*od.* rules pl). — **~,pla·nung** f traffic planning. — **~po·li,tik** f traffic policy. — **v~po·li·tisch** adj of (*od.* related with) traffic policy: **~e Fragen** questions of traffic policy. — **~po·li,zei** f traffic police. — **~po·li,zist** m 1. (traffic) policeman, *Br.* traffic constable (*od.* warden), *bes. Am. colloq.* traffic cop, *Br.* (*auf einer Kreuzung*) policeman on point duty, pointsman. - 2. motorized policeman, member of the mobile police, *bes. Am. colloq.* speed cop. — **~po·sten** m 1. traffic control point. - 2. mil. (highway) traffic control post. — **~pro,blem** n traffic problem. — **~ra,dar** m, n road traffic radar. — **~,recht** n ⟨-(e)s; no pl⟩ jur. traffic legislation. — **~,re·gel** f traffic rule (*od.* regulation). — **~,re·ge·lung**, **~,reg·lung** f (*durch Ampeln, Polizisten etc*) traffic control, direction of traffic. — **v~,reich** adj busy: **~e Straße** busy street, street heavy with traffic; **~e Zeit** busy period (*od.* hours pl). — **~,rich·tung** f direction of traffic: **in ~ parken** to park in the direction of traffic. — **~,row·dy** m road hog. — **~,schild** n traffic (*od.* road) sign. — **~,schrift** f shorthand. — **~,schutz,mann** m cf. Verkehrspolizist. — **v~,schwach** adj only in **~e Zeit** slack period, off-peak hours pl, *Am.* light hours pl. — **v~,si·cher** adj 1. (*Auto etc*) roadworthy. - 2. **~es Verhalten** safe behavior (*bes. Br.* behaviour) on (*od.* use of) the road. — **~,si·cher·heit** f ⟨-; no pl⟩ 1. (*eines Autos etc*) road safety. - 2. safety on the road, road traffic safety. — **~,si,gnal** n traffic signal. — **~,sper·re** f 1. (*Barriere etc*) traffic barrier. - 2. cf. Verkehrsverbot. — **~,spit·ze** f traffic peak, rush hour. — **~,spra·che** f ling. 1. language of communication. - 2. (*Berufssprache*) professional language, jargon. — **v~,stark** adj

only in **~e Zeit** rush (*od.* peak) hour, *Am.* heavy hours pl. — **~,stär·ke** f cf. Verkehrsdichte. — **~,sta,ti·stik** f traffic statistics pl (*construed as sg or pl*). — **~,stau·ung** f traffic jam (*od.* congestion, stoppage, *Br.* block), traffic tie-up, congestion of traffic. — **~,steu·er** f econ. property transfer tax. — **~,stille·gung** (*getr.* -ll,l-) f suspension of traffic. — **~,still,stand** m traffic standstill (*od.* stoppage). — **~,stockung** (*getr.* -k·k-) f cf. Verkehrsstauung. — **~,stö·rung** f disturbance (*od.* dislocation, interruption) of traffic. — **~,stra·ße** f 1. thoroughfare. - 2. (*im Überlandverkehr*) highway, *bes. Br.* highroad. - 3. cf. Handelsweg. — **~,strei·fe** f traffic patrol. — **~,streik** m transport (*bes. Am.* transportation) strike. — **~,strom** m stream of traffic. — **Ver'kehrs,sün·der** m colloq. traffic offender, (*einmaliger*) offender against traffic regulations, (*regelmäßiger*) perpetual breaker of traffic regulations. — **~,kar,tei** f colloq. for Verkehrszentralkartei. — **Ver'kehrs,ta·fel** f cf. Verkehrszeichen. — **v~,tech·nisch I** adj **~e Schwierigkeiten** technical difficulties involved in traffic engineering. - **II** adv **~ gesehen** from the technical viewpoint of traffic engineering, in terms of traffic engineering; **~ erschließen** (*Gebiet*) to open (s.th.) up to traffic. — **~,teil,neh·mer** m 1. (*als Autofahrer*) road user (on wheels). - 2. (*als Fußgänger*) road user (on foot), foot passenger, pedestrian. — **~,to·te** m road casualty: **die Zahl der ~n** the toll of the road. — **~trans,port,lei·stung** f econ. volume of goods carried. — **v~,tru·bel** m bustling traffic. — **v~,tüch·tig** adj 1. (*Auto*) roadworthy. - 2. (*Person*) fit to drive. — **~,tüch·tig·keit** f ⟨-; no pl⟩ 1. (*eines Wagens etc*) roadworthiness. - 2. (*einer Person*) driving fitness. — **~,über,tre·tung** f (road) traffic offence (*Am.* offense). — **~,über,wa·chung** f traffic control (*od.* surveillance). — **v~,üb·lich** adj econ. 1. usual in commercial practice, usual in everyday (*od.* day-to-day) business (*od.* affairs): → Sorgfalt 6. - 2. usual in transport and traffic. — **~,um,fang** m traffic volume. — **~,um,lei·tung** f detour. — **~,un,fall** m 1. road accident. - 2. (*Zusammenstoß*) crash. - 3. fig. colloq. unplanned pregnancy: **sie hatte einen ~** she is going to have an unplanned baby. — **~,un·ter,neh·men** n transport (*bes. Am.* transportation) firm (*od.* company), carrier. — **~,un·ter,richt** m traffic instruction, (*in der Schule*) instruction in the highway code, *Br.* auch (*bes. für Fußgänger*) kerb drill. — **~ver,bin·dung** f 1. (*Verkehrsweg*) communication. - 2. (*Anschluß*) connection, *Br.* auch connexion. — **~ver,bot** n barring of traffic, traffic ban. — **~ver,ein** m tourist agency, tourist information agency (*od.* office). — **~ver,hält·nis·se** pl traffic situation sg. — **~,vor,schrift** f traffic regulation (*od.* rule). — **~,wacht** f BRD organization promoting safety on the road. — **~,weg** m (traffic) route, communication. — **~,wel·le** f wave of traffic. — **~,wert** m econ. market (*od.* current, commercial) value. — **~,we·sen** n ⟨-s; no pl⟩ 1. traffic (system). - 2. (*die Verkehrswege*) system of communications, communications pl. - 3. (*Transportwesen*) transport, *bes. Am.* transportation. — **v~,wid·rig** adj (*Verhalten etc*) contrary to traffic regulations: **~es Fahren** driving contrary to traffic regulations. — **~,wid·rig·keit** f violation of traffic regulations. — **~,zäh·lung** f traffic census (*od.* count). — **~,zei·chen** n 1. traffic (*od.* road) sign. - 2. (*Wegweiser für Straßen*) signpost. — **~zen,tral·kar,tei** f central index of traffic offenders. — **~,zen·trum** n traffic center (*bes. Br.* centre).

ver'kehrt I pp. - **II** adj 1. (*falsch*) wrong: **eine ~e Vorstellung von etwas haben** to have the wrong idea about s.th.; **die ~e Seite eines Stoffes** the wrong (*od.* reverse) side of a material; **das ist gar nicht so ~** that's not so wrong at all; **~ im Kopf sein** colloq. to be wrong in the head (colloq.); **das ist eine ~e Welt** fig. it's a topsy-turvy (*od.* an upside-down) world; **Kaffee ~** colloq. milk with a dash of coffee, (very) white coffee; → Adresse 1; Bein 1. - 2. (*entgegengesetzt*) opposite, reverse: **in die ~e Richtung gehen** a) to go in the reverse direction, b) to go in the wrong direction. - **III** adv

3. (*falsch*) wrong(ly): **alles ~ machen** to do everything wrong; **etwas ~ anfangen** to go the wrong way about (doing) s.th., to put the cart before the horse; **~ antworten** to answer wrong(ly), to give the wrong answer; **etwas ~ auffassen** to misunderstand s.th., to take s.th. the wrong way; **etwas ~ (herum) anziehen** a) (*vorn u. hinten vertauscht*) to put s.th. on the wrong way (a)round, to put s.th. on back to front (*auch* front to back), b) (*außen u. innen vertauscht*) to put s.th. on inside out; **ein Bild ~ aufhängen** (*oben u. unten vertauscht*) to hang a picture (up) upside down; **~ stricken** to (knit) purl. - 4. **~ herum sein** fig. colloq. (*homosexuell veranlagt*) to be queer (*od.* gay) (sl.). - **IV V~e, das** ⟨-n⟩ 5. the wrong thing: **er tut immer das V~e** he always does the wrong thing; **das ist das V~este, was du tun kannst** that is the biggest (*od.* worst) mistake you could make. **Ver'kehr·te** m, f ⟨-n; -n⟩ wrong person: **er ist der ~ für dich** he is the wrong person for you; **da bist du an den ~n gekommen** colloq. you have come to the wrong address. **Ver'kehrt·heit** f ⟨-; no pl⟩ 1. wrongness. - 2. (*Narrheit*) folly. **Ver'keh·rung** f ⟨-; -en⟩ 1. cf. Verkehren. - 2. (*der Tatsachen*) reversal: **eine ~ ins Gegenteil** a complete reversal. **ver'kei·len I** v/t ⟨no ge-, h⟩ 1. tech. a) (*mittels Spaltkeil*) wedge, b) (*zur starren Befestigung*) key, c) (*mittels Stelleiste*) gib. - 2. j-n ~ fig. colloq. cf. verprügeln. - **II** v/reflex **sich ~** 3. become wedged (*od.* lodged).

ver'ken·nen I v/t ⟨irr, no ge-, h⟩ 1. (*falsch einschätzen*) misjudge, mistake, misknow: **wir haben ihn völlig verkannt** we misjudged him completely; **ihre Absicht war nicht zu ~** her intention was not to be mistaken (*od.* was unmistakable, was quite obvious). - 2. (*unterschätzen*) undervalue, underrate, underestimate: **wir sollten die Schwierigkeit [den Ernst der Lage] nicht ~** we should not underestimate the difficulty [the seriousness of the situation]. - 3. **etwas nicht ~** (*nicht außer acht lassen*) to be (well) aware of s.th., not to fail to realize (*Br.* auch -s-) s.th.: **wir sollten nicht ~, daß er uns sehr geholfen hat** we ought not to forget the fact that he has helped us a great deal. - **II V~** n ⟨-s⟩ 4. verbal noun. — **Ver'ken·nung** f ⟨-; no pl⟩ 1. cf. Verkennen. - 2. (*Fehleinschätzung*) misjudg(e)ment. - 3. (*Unterschätzung*) undervaluation, underestimation.

ver'ket·ten I v/t ⟨no ge-, h⟩ 1. chain (s.th.) up: **eine Tür ~** to chain a door up; **zwei Gegenstände miteinander ~** to chain two objects together. - 2. fig. link (*things*) (together), interlink, concatenate. - 3. electr. tech. (inter)link. - **II V~** n ⟨-s⟩ 4. verbal noun. - 5. cf. Verkettung. **ver'ket·tet I** pp. - **II** adj 1. chained(-up). - 2. fig. linked, concatenate. — **Ver'ket·tung** f ⟨-; -en⟩ 1. cf. Verketten. - 2. fig. chain, concatenation: **eine ~ unglücklicher Zufälle** a chain of unfortunate accidents. - 3. electr. tech. linkage. **ver'ket·zern** [-'kɛtsərn] v/t ⟨no ge-, h⟩ (*schmähen*) denounce, decry. **ver'kie·seln** min. I v/t ⟨no ge-, h⟩ silicify. - **II V~** n ⟨-s⟩ verbal noun. — **Ver'kie·se·lung** f ⟨-; no pl⟩ 1. cf. Verkieseln. - 2. silicification. **ver'kit·schen** [-'kɪtʃən] v/t ⟨no ge-, h⟩ 1. make (s.th.) trashy (*od.* tawdry), make trash of. - 2. colloq. sell (s.th.) (off dirt cheap). **ver'kit·ten I** v/t ⟨no ge-, h⟩ 1. (*Glasscheiben*) putty. - 2. (*Fugen etc*) stop (s.th.) with filling cement, cement (s.th.) with putty. - **II V~** n ⟨-s⟩ 3. verbal noun. — **Ver'kit·tung** f ⟨-; no pl⟩ cf. Verkitten. **ver'klag·bar** adj jur. 1. cf. belangbar. - 2. cf. einklagbar. **ver'kla·gen** v/t ⟨no ge-, h⟩ 1. j-n ~ jur. (wegen, auf acc for) to sue s.o., to take (legal) action (*od.* legal steps, legal proceedings) against s.o., to bring (*od.* file, institute, lay) an action against s.o.: **j-n auf Schadenersatz [Erfüllung] ~** to sue s.o. for damages [performance]. - 2. j-n (bei j-m) ~ colloq. to tell (s.o.) tales about s.o., to tell (s.o.) on s.o. (colloq.). **ver'klagt I** pp. - **II** adj **~e Partei** jur. sued party, defendant (party). — **Ver'klag·te** *m*, *f* ⟨-n; -n⟩ *cf.* Beklagte.

ver'klam·men [-'klamən] *v/i* ⟨*no* ge-, sein⟩ (*von Finger, Hand*) grow numb with cold. — **ver'klammt I** *pp.* – **II** *adj cf.* klamm 2.

ver'klam·mern I *v/t* ⟨*no* ge-, h⟩ **1.** *med.* (*Wundränder etc*) apply wound clips to. – **2.** *tech.* clamp (*s.th.*) together. – **3.** sich ~ (*sich aneinander festklammern*) to cling, to clutch. – **II V~** *n* ⟨-s⟩ **4.** *verbal noun.* — **Ver'klam·me·rung** *f* ⟨-; -en⟩ **1.** *cf.* Verklammern. – **2.** clutch: sich aus der ~ lösen to free oneself from the clutch.

ver'kla·ren [-'kla:rən] **I** *v/i* ⟨*no* ge-, h⟩ *mar.* enter (*od.* make) a (sea) protest. – **II** *v/t* j-m etwas ~ *Northern G. colloq.* to explain s.th. to s.o.

ver'klä·ren I *v/t* ⟨*no* ge-, h⟩ *auch Bibl.* transfigure: **Freude verklärte ihr Gesicht** joy transfigured her face. – **II** *v/reflex* sich ~ (*von Augen, Gesicht*) become transfigured. – **III V~** *n* ⟨-s⟩ *verbal noun.* — **ver'klärt I** *pp.* – **II** *adj* (*Augen, Gesicht*) transfigured: **ein ~es Gesicht haben to`** have a transfigured face (*od.* an ecstatic expression on one's face).

Ver'kla·rung *f* ⟨-; -en⟩ *mar.* (sea *od.* ship's) protest: ~ **ablegen** to make a (sea) protest.

Ver'klä·rung *f* ⟨-; -en⟩ **1.** *cf.* Verklären. – **2.** *auch Bibl.* transfiguration.

ver'klat·schen *v/t* ⟨*no* ge-, h⟩ **1.** *colloq. cf.* verpetzen 1. – **2.** (*Zeit*) gossip away.

ver·klau·su'lie·ren [-'klauzu'li:rən] **I** *v/t* ⟨*no* ge-, h⟩ **1.** *jur.* a) (*durch Klauseln absichern*) guard (*od.* insure) (*s.th.*) by clauses, put hedges into, limit (*s.th.*) by proviso, b) (*vertraglich festsetzen*) stipulate. – **2.** *fig.* (*schwierig formulieren*) express (*od.* word) (*s.th.*) in an involved manner. – **II V~** *n* ⟨-s⟩ **3.** *verbal noun.* — **Ver·klau·su'lie·rung** *f* ⟨-; -en⟩ **1.** *cf.* Verklausulieren. – **2.** *jur.* (*vertragliche Festsetzung*) stipulation. – **3.** *fig.* involved wording.

ver'kle·ben I *v/t* ⟨*no* ge-, h⟩ **1.** (*zusammenkleben*) stick (*s.th.*) together. – **2.** (*überkleben*) stick (*s.th.*) over. – **3.** (*mit Papier*) paper (*s.th.*) over. – **4.** (*klebrig machen*) make (*s.th.*) sticky, sticky up. – **5.** (*verbrauchen*) (*Leim*) use up. – **6.** *med.* close, seal up: **eine Wunde mit Pflaster ~** to close a wound with plaster. – **7.** *tech.* bond. – **II** *v/i* ⟨sein⟩ **8.** *med.* a) (*konglutinieren*) conglutinate, b) (*vom Darm*) adhere, form adhesions. – **III V~** *n* ⟨-s⟩ **9.** *verbal noun.* – **10.** *cf.* Verklebung. — **ver'klebt I** *pp.* – **II** *adj* **1.** (*Augen*) bleary, bleared. – **2.** *med.* a) (*Wunde*) sticky, conglutinated, b) (*Eileiter*) closed. — **Ver'kle·bung** *f* ⟨-; -en⟩ **1.** *cf.* Verkleben. – **2.** *med.* a) (*Konglutination*) conglutination, b) (*des Rippenfells etc*) adhesion.

ver'kleckern (*getr.* -k·k-) *v/t* ⟨*no* ge-, h⟩ *colloq.* **1.** bekleckern 1. – **2.** sein (*ganzes*) **Geld ~** to fritter away (all) one's money.

ver'kleck·sen *v/t* ⟨*no* ge-, h⟩ **1.** (*Papier etc*) blot. – **2.** (*Tinte*) a) blot, b) (*ausschütten*) spill.

ver'klei·den I *v/reflex* ⟨*no* ge-, h⟩ sich ~ **1.** (*zum Karneval, Fasching etc*) dress (oneself) up, disguise oneself, masquerade: **sich als Harlekin ~** to dress (oneself) up as a Harlequin; **alle hatten sich verkleidet** they all were wearing fancy dresses. – **2.** (*theater*) (*für eine Rolle*) make oneself up. – **3.** (*zur Tarnung*) disguise oneself. – **II** *v/t* **4.** j-n ~ to dress s.o. up, to disguise s.o. – **5.** *tech.* a) (*ausfüttern*) line, b) (*umhüllen*) sheathe, c) (*ummanteln*) jacket, (en)case, d) (*abdecken*) cover, mask. – **6.** *civ.eng.* a) (*verschalen*) board, b) (*vertäfeln*) panel, wainscot, c) (*mit Brettern*) plank, d) (*mit Mauerwerk*) revet, e) (*mit Werksteinen*) face. – **7.** (*Heizkörper*) cover. – **8.** *auto.* (*Kühler*) cowl. – **9.** (*mining*) (*Schacht*) timber, line (*a shaft*) with timber. – **10.** *aer.* a) (*Rumpf, Tragfläche*) fair, b) (*Triebwerk*) cowl. – **III V~** *n* ⟨-s⟩ **11.** *verbal noun.* — **Ver'klei·dung** *f* ⟨-; -en⟩ **1.** *cf.* Verkleiden. – **2.** (*im Fasching*) disguise, masquerade: **in ~** in disguise. – **3.** (*theater*) (*für eine Rolle*) makeup. – **4.** (*zur Tarnung*) disguise. – **5.** *tech.* a) lining, b) sheathing, c) jacketing, (en)casing, d) mask, cover, e) (*Umhüllung*) (en)casement. – **6.** *civ.eng.* a) boarding, b) paneling, *bes. Br.* panelling, wainscot, c) planking, d) (*eines Ufers, Damms etc*) revetment. – **7.** (*eines Heiz-*

körpers) cover. – **8.** *aer.* a) fairing, b) (*am Triebwerk*) (engine) cowl.

Ver'klei·dungs|,blech *n tech.* panel. — **~,stück** *n* fillet. — **~,trieb** *m psych.* transvestism, *auch* transvestitism.

ver'klei·nern [-'klaɪnərn] **I** *v/t* ⟨*no* ge-, h⟩ **1.** (*kleiner machen*) make (*s.th.*) smaller. – **2.** (*reduzieren*) reduce: **er will sein Geschäft ~** he wants to reduce his business. – **3.** (*im Maßstab*) scale (*s.th.*) down. – **4.** (*verengen, schmaler machen*) narrow (*s.th.*) down. – **5.** (*Wert*) reduce, depreciate. – **6.** *fig.* (*Leistung, Verdienste etc*) belittle, make little of, depreciate, detract from, (*stärker*) derogate (from), disparage. – **7.** *fig.* (*Schuld, Fehler etc*) belittle, make little of, extenuate. – **8.** *phot.* reduce (*s.th.*) in size. – **II** *v/reflex* sich ~ **9.** become smaller. – **10.** (*sich verringern*) diminish, decrease. – **11.** *fig. colloq.* (*eine kleinere Wohnung nehmen*) move to a smaller place. – **12.** *fig.* (*Geschäftsumfang verringern*) reduce one's business. – **III V~** *n* ⟨-s⟩ **13.** *verbal noun.* — **Ver'klei·ne·rung** *f* ⟨-; -en⟩ **1.** *cf.* Verkleinern. – **2.** (*Reduzierung*) reduction. – **3.** (*eines Wertes*) reduction, depreciation. – **4.** *fig.* (*von Leistungen, Verdiensten etc*) belittlement, depreciation, detraction, (*stärker*) derogation, disparagement. – **5.** (*einer Schuld, eines Fehlers etc*) belittlement, extenuation. – **6.** *phot.* a) ⟨*only sg*⟩ (*Vorgang*) reduction in size, b) (*Ergebnis*) microphotograph. – **7.** *mus.* diminution.

Ver'klei·ne·rungs|,form *f ling.* diminutive. — **~,maß,stab** *m* scale (*od.* ratio) of reduction. — **~,sil·be** *f ling.* diminutive syllable (*od.* suffix). — **~,wort** *n* diminutive.

ver'klei·stern *v/t* ⟨*no* ge-, h⟩ *colloq. for* verkleben 1—5.

ver'klem·men I *v/reflex* ⟨*no* ge-, h⟩ sich ~ **1.** (*von Tür, Schlüssel etc*) jam, get stuck. – **II** *v/t tech.* **2.** lock (*s.th.*) in position. – **3.** (*blockieren*) block. – **4.** (*mit einem Spaltkeil*) wedge. — **ver'klemmt I** *pp.* – **II** *adj psych.* (*voller Komplexe*) inhibited, frustrated.

ver'klin·gen *v/i* ⟨*irr, no* ge-, sein⟩ **1.** (*von Geräusch, Lied, Musik etc*) die (*od.* fade) away: **die Schritte verklangen in der Ferne** the steps faded away in the distance. – **2.** *fig.* (*von Begeisterung etc*) wear off, ebb (away). – **3.** *fig.* (*von Sommer etc*) draw to a close.

ver'klop·pen *v/t* ⟨*no* ge-, h⟩ *colloq.* **1.** *cf.* verhauen 1. – **2.** (*verkaufen*) sell.

ver'klüf·ten [-'klʏftən] *v/reflex* ⟨*no* ge-, h⟩ sich ~ *hunt.* (*von Dachs, Fuchs*) barricade itself in its earth.

ver'knacken (*getr.* -k·k-) *v/t* ⟨*no* ge-, h⟩ j-n ~ *colloq.* to ~ to. behind bars (*od. sl.* in (the) clink, *Br. sl.* inside), to lock s.o. up: **er ist zu drei Monaten (Gefängnis) verknackt worden** he was put inside for three months, he got three months.

ver'knack·sen *v/t* ⟨*no* ge-, h⟩ sich (*dat*) **den Fuß ~** *colloq.* to sprain one's ankle.

ver'knal·len **I** *v/reflex* ⟨*no* ge-, h⟩ **1.** sich in j-n ~ to fall (desperately) in love with s.o., to fall for s.o. (*colloq.*). – **II** *v/t* **2.** (*Munition, Pulver etc*) use (*s.th.*) up, fire, expend. – **3.** (*Feuerwerkskörper*) let (*s.th.*) off. — **ver'knallt I** *pp.* – **II** *adj colloq. cf.* vernarrt 1.

ver'knap·pen I *v/reflex* ⟨*no* ge-, h⟩ sich ~ become scarce. – **II V~** *n* ⟨-s⟩ *verbal noun.* — **Ver'knap·pung** *f* ⟨-; -en⟩ **1.** *cf.* Verknappen. – **2.** (*Zustand*) (an *dat* of) scarcity, shortage. – **3.** (*Entwicklung*) process of becoming scarcer, tendency to become scarcer.

ver'knaut·schen *v/t* ⟨*no* ge-, h⟩ *colloq. for* zerknittern 1.

ver'knech·ten [-'knɛçtən] **I** *v/t* ⟨*no* ge-, h⟩ (*Volk etc*) subjugate, enslave. – **II V~** *n* ⟨-s⟩ *verbal noun.* — **Ver'knech·tung** *f* ⟨-; *no pl*⟩ **1.** *cf.* Verknechten. – **2.** subjugation, enslavement.

ver'knei·fen *v/t* ⟨*irr, no* ge-, h⟩ sich (*dat*) etwas ~ *colloq.* a) (*Lachen, Lächeln, scharfe Antwort etc*) to keep s.th. back, to stifle (*od.* contain, suppress, repress) s.th., b) (*Schmerz etc*) to hide s.th., c) (*auf etwas verzichten*) to do (*od.* go) without s.th.: **ich konnte mir das Lachen kaum ~** I could hardly help (*od.* keep from) laughing, I could hardly keep my face straight (*od.* contain myself); **ich konnte mir nicht ~,** das zu sagen I could not resist saying that; **ein neues Kleid werde ich mir diesen Monat ~**

müssen I will have to do without a new dress this month.

ver'kne·ten *v/t* ⟨*no* ge-, h⟩ knead (*s.th.*) together: **Zutaten miteinander ~** to knead ingredients together.

ver'knif·fen I *pp of* verkneifen. – **II** *adj* (*Gesicht, Miene etc*) wry.

ver'knit·tern *v/t* ⟨*no* ge-, h⟩ *cf.* zerknittern.

ver'knö·chern **I** *v/i* ⟨*no* ge-, sein⟩ **1.** *med.* ossify. – **2.** *fig.* fossilize *Br. auch* -s-, ossify. – **II V~** *n* ⟨-s⟩ **3.** *verbal noun.* – **4.** *cf.* Verknöcherung. — **ver'knö·chert I** *pp.* – **II** *adj fig.* fossilized *Br. auch* -s-, ossified, fossil (*attrib*): **ein ~er Junggeselle** a fossilized bachelor; **ein ~er Kerl** an old fossil. — **Ver'knö·che·rung** *f* ⟨-; -en⟩ **1.** *cf.* Verknöchern. – **2.** *med.* ossification. – **3.** ⟨*only sg*⟩ *fig.* fossilization *Br. auch* -s-, ossification.

ver'knor·peln [-'knɔrpəln] *med.* **I** *v/i* ⟨*no* ge-, sein⟩ **1.** become cartilaginous, chondrify. – **II** *v/t* ⟨h⟩ **2.** chondrify. – **III V~** *n* ⟨-s⟩ **3.** *verbal noun.* – **4.** *cf.* Verknorpelung. — **ver'knor·pelt I** *pp.* – **II** *adj* cartilaginous, chondrified. — **Ver'knor·pe·lung** *f* ⟨-; -en⟩ **1.** *cf.* Verknorpeln. – **2.** chondrification, cartilaginification.

ver'kno·ten *v/t* ⟨*no* ge-, h⟩ knot (*s.th.*) (together), tie (*od.* fasten) (*s.th.*) with a knot. – **II** *v/reflex* sich ~ knot (up), become (*od.* get) knotted.

ver'knüp·fen I *v/t* ⟨*no* ge-, h⟩ **1.** (*Fäden etc*) knot (*od.* bind) (*s.th.*) together, tie (*od.* fasten, bind, connect) (*s.th.*) with a knot. – **2.** *fig.* (*kombinieren*) combine: **den Urlaub mit einer Geschäftsreise ~** to combine one's holiday (*Am.* vacation) with a business trip. – **3.** *fig.* (*in Zusammenhang bringen*) connect, associate, link: **einen Gedanken mit einem anderen ~** to connect one thought with another. – **II V~** *n* ⟨-s⟩ **4.** *verbal noun.* – **5.** *cf.* Verknüpfung. — **ver'knüpft I** *pp.* – **II** *adj* **mit etwas ~ sein** *fig.* a) to be connected (*od.* associated) with s.th., b) to be involved (*od.* entailed) in s.th.: **mit dem Projekt sind erhebliche Kosten ~** considerable expense is involved (*od.* entailed) in this project, this project involves (*od.* entails, is attended with) considerable expense. — **Ver'knüp·fung** *f* ⟨-; -en⟩ **1.** *cf.* Verknüpfen. – **2.** *fig.* (*von Gedanken etc*) connection, *Br. auch* connexion, association. – **3.** *fig.* (*Ergebnis*) connection, *Br. auch* connexion, nexus.

ver'knu·sen [-'knu:zən] *v/t* ⟨*no* ge-, h⟩ j-n nicht ~ **können** *Northern G. colloq.* not to be able to stand (*Br. colloq. auch* to stick) s.o., (*stärker*) to hate the (very) sight of s.o.

ver'ko·chen I *v/i* ⟨*no* ge-, sein⟩ **1.** (*bes. von Wasser*) boil off (*od.* away). – **2.** (*zu lange kochen*) overboil. – **II** *v/t* ⟨h⟩ **3.** (*verbrauchen*) use (*s.th.*) up (in cooking). – **4.** (*zu lange kochen*) boil (*s.th.*) too long, overcook. – **5.** etwas zu einer Masse ~ to boil s.th. down to a paste (*od.* pulp).

ver'koh·len *v/t* ⟨*no* ge-, h⟩ **1.** char, chark. – **2.** *chem. tech.* carbonize *Br. auch* -s-, coke. – **3.** j-n ~ *fig. colloq.* to pull s.o.'s leg, to fool s.o. – **II** *v/i* ⟨sein⟩ **4.** char. – **5.** *chem. tech.* carbonize *Br. auch* -s-, coke. – **III V~** *n* ⟨-s⟩ **6.** *verbal noun.* — **Ver'koh·lung** *f* ⟨-; *no pl*⟩ **1.** *cf.* Verkohlen. – **2.** carbonization *Br. auch* -s-. – **3.** *fig. colloq.* leg-pulling.

ver'ko·ken [-'ko:kən] *tech.* **I** *v/t* ⟨*no* ge-, h⟩ coke, carbonize *Br. auch* -s-. – **II V~** *n* ⟨-s⟩ *verbal noun.* — **Ver'ko·kung** *f* ⟨-; *no pl*⟩ **1.** *cf.* Verkoken. – **2.** carbonization *Br. auch* -s-, (*in der Destillationskokerei*) distillation.

Ver'ko·kungs,kam·mer *f metall.* coking chamber.

ver'kom·men¹ *v/i* ⟨*irr, no* ge-, sein⟩ **1.** (*von Gebäude etc*) become dilapidated, (*stärker*) go to wrack and ruin. – **2.** (*von Garten etc*) run wild. – **3.** (*von Lebensmitteln etc*) go to waste, (*verderben*) *auch* go bad: **sie lassen viel Brot ~** they let a lot of bread go to waste, they waste a lot of bread. – **4.** (*von Kindern*) run wild: **das Kind verkam immer mehr** the child was allowed more and more to run wild. – **5.** (*moralisch*) become debased (*od.* depraved, corrupt[ed], degenerate[d], demoralized *Br. auch* -s-). – **6.** *fig.* (*von Talent, Veranlagung etc*) degenerate.

ver'kom·men² **I** *pp of* verkommen¹. – **II** *adj* **1.** (*Gebäude, Wohnung etc*) dilapidated,

- **2.** (*Garten etc*) wild, overgrown. -
3. (*Speise, Lebensmittel etc*) bad, rotten. -
4. (*Kleidung, Äußeres*) seedy, raffish,
down at (the) heel. - **5.** (*Kinder etc*) wild
and unkempt. - **6.** (*moralisch*) debased,
depraved, corrupt, degenerate, demoralized
Br. auch -s-: ein ～es Subjekt a reprobate.
Ver'kom·men·heit f ⟨-; *no pl*⟩ (*moralische*)
debasement, depravity, corruption, degeneracy, demoralization *Br. auch* -s-.
ver·kom·pli'zie·ren *v/t* ⟨*no ge-*, h⟩
complicate: du mußt auch alles ～ you
always have to (*od.* trust you to) complicate
everything, you always have to make
things complicated.
ver·kon·su'mie·ren *v/t* ⟨*no ge-*, h⟩ *colloq.*
(*verzehren*) polish (*od.* clean) (*s.th.*) off, tuck
away, consume.
ver'kop·peln I *v/t* ⟨*no ge-*, h⟩ **1.** (*Interessen
etc*) combine, couple. - **2.** (*Grundbesitz
etc*) join, couple. - **3.** (*space*) join. - **II** V～ n
⟨-s⟩ **4.** *verbal noun.* — **Ver'kop·pe·lung**,
Ver'kopp·lung f ⟨-; *no pl*⟩ *cf.* Ver-
koppeln.
ver'kor·ken [-'kɔrkən] I *v/t* ⟨*no ge-*, h⟩
1. (*Flasche etc*) cork (up). - **2.** *bot.* suberize
Br. auch -s-. - **II** V～ n ⟨-s⟩ **3.** *verbal noun.*
- **4.** *cf.* Verkorkung.
ver'kork·sen [-'kɔrksən] *v/t* ⟨*no ge-*, h⟩
colloq. **1.** (*verpfuschen*) mess (*s.th.*) up,
make a mess (*od.* hash) of, botch, bungle,
bes. Br. colloq. muck (*s.th.*) up, make a
muck of. - **2.** j-m etwas ～ (*verderben*) to
spoil (*od.* ruin, wreck) s.th. for s.o. - **3.**
sich (*dat*) den Magen ～ to upset one's
stomach. — **ver'korkst** I *pp.* - **II** *adj
colloq.* **1.** eine ～e Angelegenheit (*od.*
Sache, Geschichte) a muddle. - **2.** einen
～en Magen haben to have an upset
stomach.
Ver'kor·kung f ⟨-; *no pl*⟩ **1.** *cf.* Ver-
korken. - **2.** (*von Flaschen etc*) corkage. -
3. *bot.* suberization *Br. auch* -s-.
ver'kör·nen *v/t* ⟨*no ge-*, h⟩ *tech.* granulate.
ver'kör·pern [-'kœrpərn] I *v/t* ⟨*no ge-*, h⟩
1. (*bes. theater*) (*eine Person, Gestalt etc*)
personify, impersonate. - **2.** (*die Tugend,
Gerechtigkeit etc*) personify, embody,
incarnate. - **II** V～ n ⟨-s⟩ **3.** *verbal noun.* -
4. *cf.* Verkörperung. — **ver'kör·pert**
I *pp.* - **II** *adj* (*Tugend etc*) personified,
incarnate (*beide nachgestellt*). — **Ver-
'kör·pe·rung** f ⟨-; -en⟩ **1.** *cf.* Verkörpern.
- **2.** personification, impersonation. - **3.**
personification, embodiment, incarnation.
ver'kö·sti·gen [-'kœstigən] I *v/t* ⟨*no ge-*, h⟩
board, feed. - **II** V～ n ⟨-s⟩ *verbal noun.* —
Ver'kö·sti·gung f ⟨-; *no pl*⟩ **1.** *cf.* Verköstigen. - **2.** board, food.
ver'kra·chen *v/reflex* ⟨*no ge-*, h⟩ sich ～
(mit j-m) ～ *colloq.* to fall out (*od.* to split)
(with s.o.). — **ver'kracht** I *pp.* - **II** *adj
colloq.* **1.** (*zerstritten*) on bad terms. - **2.**
(*Unternehmen, Bank etc*) bankrupt. -
3. (*in Wendungen wie*) eine ～e Existenz
a failure; er ist ein ～er Student he failed
at the university.
ver'kraf·ten [-'krɑftən] *v/t* ⟨*no ge-*, h⟩
colloq. **1.** (*eine körperliche Anstrengung*)
manage, cope with: ich kann die Schwer-
arbeit auf die Dauer nicht ～ I cannot
manage this heavy work for very long. -
2. (*eine seelische Belastung*) take. - **3.** (*ein
Tempo*) stand. - **4.** (*eine Verantwortung etc*)
handle, cope with, tackle: die Stadt kann
den Verkehr nicht mehr ～ the city cannot
handle (*od.* cope with) the traffic anymore.
- **5.** (*Anschaffungen etc*) afford. - **6.** (*beim
Essen*) manage (*colloq.*): eine Kartoffel
müßtest du noch ～ können you ought
to be able to manage another potato.
ver'kral·len *v/reflex* ⟨*no ge-*, h⟩ sich in
(*acc*) ～ to catch its claws in s.th.
ver'kra·men *v/t* ⟨*no ge-*, h⟩ *colloq.* (*verlegen*) mislay, misplace.
ver'kramp·fen I *v/reflex* ⟨*no ge-*, h⟩ sich ～
1. (*von Muskeln, Gliedern etc*) cramp,
become cramped: meine linke Wade hat
sich verkrampft I have a cramp in the
calf of my left leg. - **2.** (*von Händen*)
clench. - **3.** *fig.* (*von Herz*) tighten. - **4.** *fig.*
(*aus Hemmungen etc*) become inhibited
(*od.* tense). - **II** V～ n ⟨-s⟩ **5.** *verbal noun.* -
6. *cf.* Verkrampfung. — **ver'krampft**
I *pp.* - **II** *adj* **1.** (*Glieder etc*) cramped. -
2. (*Hände*) clenched. - **3.** *fig.* (*Gesicht*)
tense. - **4.** *fig.* (*Lachen*) (con)strained,
tense, *auch* ghastly. - **5.** *fig.* (*Wesen etc*)
inhibited, tense. — **Ver'kramp·fung** f

⟨-; -en⟩ **1.** *cf.* Verkrampfen. - **2.** (*von
Muskeln, Gliedern etc*) cramp. - **3.** *fig.*
inhibition. - **4.** *med.* (*spasmodische*)
spasmodic state (*od.* condition), spasm,
cramp.
ver'krat·zen *v/t* ⟨*no ge-*, h⟩ scratch.
ver'krie·chen *v/reflex* ⟨*irr, no ge-*, h⟩ sich ～
1. (*von Tieren etc*) creep away: der Hund
verkroch sich unterm Sofa the dog crept
under the sofa; die Sonne verkroch sich
hinter den Wolken *fig.* the sun crept (*od.*
disappeared) behind the clouds. - **2.** (*von
Menschen*) hide (away), *Am.* hole up. -
3. (*in Wendungen wie*) sich in den hin-
tersten Winkel ～ *fig.* to crawl (*od.* creep
away) into the farthest corner; sich ins
Bett ～ *colloq.* to slip off to bed; neben
ihm kannst du dich ～ *colloq.* you cannot
hold a candle to him, you are no match
for (*od.* not a patch on) him; ich hätte mich
am liebsten verkrochen (*aus Verlegenheit
etc*) I wished the ground would open and
swallow me up. - **4.** *hunt.* kennel (*od.* hole)
up, burrow.
ver'krit·zeln *v/t* ⟨*no ge-*, h⟩ waste (*od.*
spoil) (*s.th.*) by scribbling.
ver'kröp·fen I *v/t* ⟨*no ge-*, h⟩ **1.** *arch.*
(*Gesims etc*) *cf.* kröpfen 4. - **2.** *tech.* offset,
crank. - **II** V～ n ⟨-s⟩ **3.** *verbal noun.* —
Ver'kröp·fung f ⟨-; -en⟩ **1.** *cf.* Ver-
kröpfen. - **2.** *arch.* shoulder piece.
Ver'kröp·fungs·ge,senk n *tech.* snaker.
ver'krü·meln I *v/t* ⟨*no ge-*, h⟩ **1.** (*Brot etc*)
crumble. - **II** *v/reflex* sich ～ *colloq.* **2.** (*nach
und nach fortgehen*) slip away (*od.* off)
one by one. - **3.** a) (*sich heimlich davonmachen*) steal (*od.* sneak, slip) away, b)
(*sich aus dem Staube machen*) clear off,
disappear. - **4.** (*verlorengehen*) disappear:
wohin hat sich nur mein Schlüssel ver-
krümelt? where on earth has my key
disappeared (*od.* got[ten], gone) to? -
5. (*von Geld*) melt away, disappear.
ver'krüm·men I *v/t* ⟨*no ge-*, h⟩ **1.** (*Rückgrat*) curve. - **II** *v/reflex* sich ～ **2.** (*von
Wirbelsäule*) become curved. - **3.** (*von
Baum etc*) grow crooked, become twisted.
- **4.** (*von Metall*) bend. - **5.** (*von Holz*)
warp. - **6.** (*von Papier*) curl. - **III** V～ n
⟨-s⟩ **7.** *verbal noun.* — **Ver'krüm·mung** f
⟨-; -en⟩ **1.** *cf.* Verkrümmen. - **2.** (*des
Holzes*) warp. - **3.** *med.* a) (*einwärts*)
incurvation, b) (*auswärts*) excurvation,
c) (*des Rückgrats*) curvature, d) (*von
Nägeln*) gryphosis.
ver'krüp·peln I *v/t* ⟨*no ge-*, h⟩ **1.** *med.*
cripple, deform. - **II** *v/i* ⟨sein⟩ **2.** *med.*
become crippled. - **3.** (*von Baum etc*)
become stunted. - **III** V～ n ⟨-s⟩ **4.** *verbal
noun.* - **5.** *cf.* Verkrüpp(e)lung. — **ver-
'krüp·pelt** I *pp.* - **II** *adj* **1.** *med.* (*Arm,
Person*) crippled. - **2.** (*Baum etc*) stunted,
dwarfed. — **Ver'krüp·pel·te** m, f ⟨-n; -n⟩
crippled (*od.* deformed) person, cripple:
die ～n the crippled. — **Ver'krüp·pe·lung,
Ver'krüpp·lung** f ⟨-; -en⟩ **1.** *cf.* Ver-
krüppeln. - **2.** *med.* (*Deformierung*) deformation, deformity. - **3.** ⟨*only sg*⟩ (*eines
Baumes etc*) stunted growth, atrophy.
ver'kru·sten [-'krʊstən] I *v/i* ⟨*no ge-*, sein⟩
u. sich ～ *v/reflex* ⟨h⟩ **1.** (*von Blut, Lava etc*)
(form a) crust, encrust, *auch* incrust,
become encrusted (*auch* incrusted). -
2. (*durch Schorf*) scab. - **3.** (*von Schmutz*)
cake, (*stärker*) crust. - **II** V～ n ⟨-s⟩ **4.** *verbal
noun.* — **Ver'kru·stung** f ⟨-; -en⟩ **1.** *cf.*
Verkrusten. - **2.** encrustation, *auch*
incrustation.
ver'küh·len I *v/reflex* ⟨*no ge-*, h⟩ sich ～
colloq. (*sich leicht erkälten*) catch a chill. -
II *v/t* sich (*dat*) etwas ～ (*die Nieren etc*)
catch (*od.* get) a chill in s.th. - **III** V～ n
⟨-s⟩ *verbal noun.* — **Ver'küh·lung** f ⟨-;
-en⟩ **1.** *cf.* Verkühlen. - **2.** *colloq.* chill.
ver'küm·mern I *v/i* ⟨*no ge-*, sein⟩ **1.** (*im
Wachstum*) become stunted. - **2.** (*eingehen*)
(*von Pflanze*) wither away, die off. - **3.** *med.*
(*von Muskel, Organ*) atrophy, become
atrophied. - **4.** *fig.* (*freudlos dahinleben*)
waste away. - **5.** *fig.* (*geistig*) be deprived
of intellectual incentive. - **6.** *fig.* (*von
Empfindungen, Talenten etc*) diminish. - **7.**
biol. become (*od.* remain) rudimentary,
abort. - **II** V～ n ⟨-s⟩ **8.** *verbal noun.* -
9. *cf.* Verkümmerung. — **ver'küm·mert**
I *pp.* - **II** *adj* **1.** (*Baum etc*) stunted, dwarfed,
scrubby: ～er Wuchs stunt. - **2.** *med.*
atrophied: ～es Organ rudiment, vestige. -
3. *psych.* (*Kind*) emotionally disturbed,

neglected. — **Ver'küm·me·rung** f ⟨-;
-en⟩ **1.** *cf.* Verkümmern. - **2.** (*im Wachstum*) stunted growth. - **3.** *med.* (*von
Muskeln, Organen etc*) atrophy. - **4.** *biol.*
(*von Anlagen etc*) abortion.
ver'kün·den I *v/t* ⟨*no ge-*, h⟩ **1.** (*eine
Neuigkeit, ein Ergebnis etc*) announce,
make (*s.th.*) known, (*bes. öffentlich,
feierlich*) publish, proclaim: das Ergebnis
wurde im Radio verkündet the result was
announced on the radio; er verkündete
stolz, daß he announced proudly that. -
2. *jur.* (*Urteil*) pronounce. - **3.** (*ein Gesetz*)
promulgate. - **4.** *fig.* (*den Frühling, die
Stunde etc*) herald. - **5.** (*bedeuten*)
for(e)bode, presage, portend, bode (*lit.*):
seine Miene verkündete nichts Gutes
his air for(e)boded (*od.* presaged) nothing
good. - **6.** *cf.* verkündigen 2—4. - **II** V～ n
⟨-s⟩ **7.** *verbal noun.* - **8.** *cf.* Verkündung.
Ver'kün·der m ⟨-s; -⟩ **1.** announcer,
bearer of news. - **2.** (*der öffentlich bekannt-
macht*) proclaimer, herald, promulgator.
- **3.** (*Vorbote*) harbinger, herald. - **4.** *cf.*
Verkündiger 2, 3.
ver'kün·di·gen I *v/t* ⟨*no ge-*, h⟩ **1.** *lit. for*
verkünden. - **2.** (*das Evangelium*) preach:
Gottes Wort ～ to preach the Gospel. -
3. (*die Ehre Gottes etc*) bring tidings of,
herald: siehe, ich verkündige euch große
Freude *Bibl.* behold, I bring you glad
tidings of great joy. - **4.** (*durch einen
Propheten*) prophesy, *Am. auch* prophecy.
- **II** V～ n ⟨-s⟩ **5.** *verbal noun.* - **6.** *cf.*
Verkündigung 1—4.
Ver'kün·di·ger m ⟨-s; -⟩ **1.** *lit. for* Ver-
künder. - **2.** (*Prophet*) prophet. - **3.** (*von
Gottes Wort*) preacher.
Ver'kün·di·gung f ⟨-; *no pl*⟩ **1.** *cf.* Verkündigen. - **2.** (*durch einen Propheten*)
prophecy, *Am. auch* prophecy. - **3.** Mariä ～
röm.kath. the Annunciation, Lady Day.
- **4.** *lit. for* Verkündung.
Ver'kün·dung f ⟨-; *no pl*⟩ **1.** *cf.* Verkünden. - **2.** (*von Neuigkeiten, Siegen etc*)
announcement, (*bes. öffentliche*) proclamation, publication. - **3.** *jur.* (*eines Urteils*)
pronouncement. - **4.** (*eines Gesetzes*)
promulgation. - **5.** *cf.* Verkündigung.
ver'kup·fern [-'kʊpfərn] I *v/t* ⟨*no ge-*, h⟩
1. *tech.* copper(plate). - **2.** *print.* (*Schrift
etc*) copper. - **II** V～ n ⟨-s⟩ **3.** *verbal noun.*
— **Ver'kup·fe·rung** f ⟨-; *no pl*⟩ *cf.* Ver-
kupfern.
ver'kup·peln I *v/t* ⟨*no ge-*, h⟩ **1.** *tech. cf.*
kuppeln 1. - **2.** *fig. contempt.* ein Mädchen
an j-n ～ to prostitute a girl to s.o.; zwei
Menschen (*miteinander*) ～ a) to prostitute
two persons (with each other), b)
colloq. to make a match (between two
persons). - **3.** seine Tochter ～ *fig. contempt.*
to marry one's daughter off. - **II** V～ n
⟨-s⟩ **4.** *verbal noun.* — **Ver'kup·pe·lung,
Ver'kupp·lung** f ⟨-; *no pl*⟩ **1.** *cf.* Ver-
kuppeln. - **2.** *cf.* Kuppelei.
ver'kür·zen I *v/t* ⟨*no ge-*, h⟩ **1.** (*Brett, Seil
etc*) shorten, cut (*od.* make) (*s.th.*) shorter.
- **2.** (*Mantel, Kleid etc*) shorten, take (*s.th.*)
up. - **3.** (*Weg, Arbeitszeit, Leben etc*)
shorten: etwas um ein Jahr ～ to shorten
s.th. by a year, to cut a year off s.th. -
4. (*Urlaub etc*) curtail, cut (*s.th.*) short,
abbreviate. - **5.** *ling.* (*Wort etc*) contract.
- **6.** (*Muskel etc*) contract, retract. -
7. (*beim Zeichnen*) (*perspektivisch*) foreshorten. - **8.** *fig.* (*Wartezeit*) shorten. -
9. *fig.* (*lange Abende etc*) pass, while
away: j-m die Zeit ～ to help s.o. (to)
pass (*od.* kill) the time; etwas tun, um
sich (*dat*) die Zeit zu ～ to do s.th. to
while away (*od.* to kill) the time. - **10.** *mil.*
(*Front*) reduce. - **11.** *mus.* a) abbreviate,
b) (*Notenwert*) reduce. - **II** *v/reflex* sich ～
12. become shorter, shorten. - **13.** (*von
Muskel*) contract, retract. - **III** V～ n
⟨-s⟩ **14.** *verbal noun.* — **Ver'kürzt** I *pp.*
- **II** *adj* (*Lebensdauer, Arm etc*) shortened:
→ Arbeitszeit 1. — **Ver'kür·zung** f ⟨-;
-en⟩ **1.** *cf.* Verkürzen. - **2.** (*des Urlaubs*)
curtailment. - **3.** *med.* (*eines Muskels*)
retraction, contraction. - **4.** *mil.* (*einer
Front*) reduction. - **5.** *ling.* (*eines Wortes
etc*) contraction. - **6.** *mus.* a) abbreviation,
b) (*der Notenwerte*) reduction, diminution.
ver'la·chen *v/t* ⟨*no ge-*, h⟩ **1.** laugh at,
deride, ridicule, laugh (*s.o., s.th.*) to scorn.
- **2.** (*verhöhnen*) jeer at, gibe (at), jibe (at).
Ver'la·de|,an,la·ge f loading plant. —
~,bahn,hof m (*railway*) loading (*od.*

forwarding) station. — **~be,din·gun·gen** *pl mar. econ.* shipping conditions, conditions (prevailing) at place (*od.* port) of shipment. — **~,brücke** (*getr.* -k·k-) *f cf.* Ladebrücke. — **~,büh·ne** *f cf.* Laderampe. — **~,flug,ha·fen** *m aer.* port of aerial embarkation (*auch* embarcation). — **~frist** *f econ.* loading days *pl*, period agreed (*od.* fixed) for loading. — **~ge,bühr** *f econ. cf.* Verladekosten. — **~,ha·fen** *m mar.* loading port, port of loading (*od.* shipment). — **~kai** *m* loading wharf (*od.* pier), *Br. auch* cargo jetty. — **~,ko·sten** *pl econ.* loading (*od.* shipping) charges. — **~kran** *m* material-handling crane.

ver'la·den I *v/t* ⟨*irr, no* ge-, h⟩ **1.** *econ.* load, ship: Güter **~** to ship goods; wieder **~** to reship; etwas in einen (Eisenbahn)Zug **~** to entrain s.th. – **2.** *mil.* (*Truppen*) a) (*auf ein Schiff, in ein Flugzeug*) embark, b) (*in einen Zug*) entrain, c) (*auf einen Lastwagen*) entruck. – **II V~** *n* ⟨-s⟩ **3.** *verbal noun.* – **4.** *cf.* Verladung.

Ver'la·de|pa,pie·re *pl econ.* shipping documents (*od.* papers). — **~,platz** *m* **1.** place of shipment, loading point. – **2.** (*railway*) entraining point. – **3.** *mar.* wharf.

Ver'la·der *m* ⟨-s; -⟩ **1.** (*Arbeiter*) loader. – **2.** *mar. econ.* a) *cf.* Ablader 2, b) *cf.* Befrachter.

Ver'la·de|,ram·pe *f cf.* Laderampe. — **~,schein** *m* shipping note. — **~sta·ti,on** *f* loading station, place of shipment. — **~,stel·le** *f cf.* Verladeplatz. — **~,zeit** *f* **1.** loading time. – **2.** (*railway*) entraining time.

Ver'la·dung *f* ⟨-; -en⟩ **1.** *cf.* Verladen. – **2.** *mar.* shipment. – **3.** *mil.* (*von Truppen*) embarkation, *auch* embarcation.

Ver'la·dungs|,ko·sten *pl econ.* loading (*od.* shipping) charges. — **~,schein** *m cf.* Verladeschein.

Ver'lag [-'laːk] *m* ⟨-(e)s; -e⟩ **1.** publishing house (*od.* company, firm): für einen **~** arbeiten to work for a publishing company; **~** Langenscheidt Langenscheidt publishers *pl*; das Buch erscheint im **~** L. the book is published by L.; in welchem **~** erscheint das Buch? who is publishing the book? – **2.** etwas in **~** nehmen to publish (*od.* undertake the publication of) s.th. – **3.** *econ.* a) firm putting out work (*especially to homeworkers*), b) (*von Bier etc*) distributor, sales agency.

ver'la·gern I *v/t* ⟨*no* ge-, h⟩ **1.** *auch fig.* shift, switch (*s.th.*) (over): das Gewicht von einem Bein auf das andere **~** to shift one's weight from one leg to the other; den Schwerpunkt seiner Tätigkeit auf die politische Arbeit **~** *fig.* to shift the emphasis of one's activity to politics. – **2.** (*Kunstgegenstände, Halden etc*) move: etwas aufs Land **~** to move s.th. to the country. – **3.** *med.* a) (*Organ*) displace, b) (*Hautlappen*) transpose: etwas nach außen **~** to exteriorize (*Br. auch* -s-) s.th. – **4.** *ling.* (*Betonung*) shift. – **5.** *tech.* a) (*verschieben*) displace, dislocate, b) (*Getrieberäder*) shift, move. – **II** *v/reflex* sich **~** **6.** *auch fig.* (*von Gewicht, Interessen etc*) (auf *acc* to) shift, switch. – **7.** *med.* (*von Organ*) become displaced. – **8.** *tech.* get out of alignment, misalign. – **III V~** *n* ⟨-s⟩ **9.** *verbal noun.* — **Ver'la·ge·rung** *f* ⟨-; -en⟩ **1.** *cf.* Verlagern. – **2.** *auch fig.* shift, switch. – **3.** *med.* a) displacement, dystopia, b) (*angeborene*) ectopia: **~** nach außen exteriorization *Br. auch* -s-; **~** nach hinten retroposition, backward displacement. – **4.** *tech.* a) (*in eine falsche Lage*) displacement, dislocation, b) (*ungenaue Ausrichtung*) misalignment.

Ver'lags|,ab,tei·lung *f* publishing department. — **~,an,stalt** *f cf.* Verlag 1. — **~ar,ti·kel** *m* (item for) publication. — **~,buch,han·del** *m* publishing (and bookselling). — **~,buch,händ·ler** *m* publisher and bookseller. — **~,buch,hand·lung** *f* publishing (and bookselling) house (*od.* company, firm). — **~,drucke,rei** (*getr.* -k·k-) *f* publishing and printing house. — **~,ein,band** *m* publisher's (*od.* trade) binding. — **~,er,schei·nung** *f* publication. — **~,fir·ma** *f cf.* Verlag 1. **~ge,wer·be** *n* publishing (trade *od.* business). — **~,haus** *n cf.* Verlag 1. — **~ka·ta,log** *m* publisher's catalog (*bes. Br.* catalogue) (*od.* list). — **~,ko·sten** *pl* publishing expenses. — **~,lek·tor** *m* publisher's reader. — **~,post-**

~,dienst *m* newspaper subscription and accounting service. — **~,recht** *n* right of publication. — **~,rei·he** *f* publisher's series. — **~si,gnet** *n cf.* Verlagszeichen. — **~,stück** *n* publisher's copy. — **~ver,trag** *m* author-publisher agreement (*od.* contract). — **~,ver,tre·ter** *m* book salesman. — **~,werk** *n* publication. — **~,we·sen** *n* ⟨-s; *no pl*⟩ publishing. — **~,zei·chen** *n* (publisher's) imprint, publisher's mark.

ver'lan·den I *v/i* ⟨*no* ge-, sein⟩ (*von Lagune, See etc*) fill up by sedimentation. – **II V~** *n* ⟨-s⟩ *verbal noun.* — **Ver'lan·dung** *f* ⟨-; *no pl*⟩ *cf.* Verlanden.

ver'lan·gen I *v/t* ⟨*no* ge-, h⟩ **1.** (*fordern*) demand, (*stärker*) exact: sein Recht **~** to demand one's right(s); ich verlange eine Erklärung [Entschuldigung] I demand (*od.* require) an explanation [apology]; er verlangt zu sprechen he demands to be allowed to speak (*od.* to be heard); Unmögliches von j-m **~** to demand (*od.* ask) the impossible of s.o. – **2.** (*erwarten, voraussetzen*) expect: das ist reichlich viel verlangt that's a tall order, that's asking (*od.* expecting) a bit (too) much, that's a bit (too) much to expect (*beide colloq.*); viel **~** to expect a great deal, to set a high standard; ich verlange, daß die Anweisung befolgt wird I expect you to follow the instruction; etwas mehr Rücksicht kann man wohl **~** it would not be too much to (*od.* one can) expect a little more consideration; sie verlangt einen gewissen Lebensstandard she expects a certain standard of living. – **3.** (*Erfahrung, Unterlagen, Zeugnisse etc*) require. – **4.** (*bitten um*) ask for: die Rechnung **~** to ask (*od.* call) for the bill. – **5.** (*erfordern*) require, demand, call for: die Aufgabe verlangt großes Können [viel Mut, die ganze Aufmerksamkeit] the task requires great skill [great courage, one's full attention]. – **6.** (*gebieten*) dictate, require: wir müssen tun, was die Vernunft [Situation] verlangt we must do what reason [the situation] dictates. – **7.** (*bestehen auf*) insist (up)on. – **8.** (*berechnen*) charge: er verlangte von ihm 200 Mark a) he charged him 200 marks, b) (*forderte*) he demanded 200 marks from (*od.* of) him; wieviel **~** Sie dafür? how much do you charge (for that)? what are your terms? zuviel **~** to overcharge. – **9.** j-n **~** (*nach j-m fragen*) to ask for s.o., to ask to speak to s.o.: Sie werden am Telephon verlangt you are wanted on the telephone; Sie Herrn X ask for Mr. X. – **II** *v/i* **10.** nach etwas [j-m] **~** a) (*bitten*) to ask for s.th. [s.o.], b) (*sich sehnen*) to long (*od.* stärker crave) for s.th. [s.o.], to hanker after s.th. [s.o.]: er verlangte nach dem Arzt he asked for the doctor; die Mutter verlangte nach ihrem Sohn the mother longed for her son. – **III** *v/impers* **11.** *lit.* (*in Wendungen wie*) es verlangt mich, ihn noch einmal zu sehen I long (*od.* yearn) to see him once again; es verlangt mich, mehr darüber zu erfahren I am anxious (*od.* eager) to hear (*od.* learn) more about it. – **12.** es wird von jedem verlangt, daß er seine Pflicht tut everyone is expected to do his duty.

Ver'lan·gen *n* ⟨-s; -⟩ **1.** (*Sehnsucht*) (nach for) longing, yearning, (*stärker*) craving, appetency (*lit.*): ich habe großes **~** nach Süßigkeiten I have a craving for (*od.* I am dying for some) sweets; das sehnliche **~** der Völker nach Frieden the longing of nations for peace. – **2.** (*Bedürfnis*) desire: ich habe das starke **~**, ihm mal meine Meinung zu sagen I have a strong desire to give him a (good) piece of my mind; ich habe kein **~**, mit dir zu streiten I have no desire (*od.* wish) to quarrel with you. – **3.** (*Drang*) urge, compulsion, *Am. colloq.* yen: er spürte wieder das **~**, die Welt zu sehen he felt the urge again to see the world, he began to get itchy feet again (*colloq.*); ihn überkam ein brennendes **~**, davon zu trinken he was overcome by the strong urge (*od.* he was itching) to drink some of it. – **4.** (*Gier, Lust*) lust, desire. – **5.** (*Streben*) aspiration: ein **~** nach Vollkommenheit an aspiration for (*od.* after, toward[s]) perfection. – **6.** (*Eifer, Ehrgeiz*) ambition: das **~**, die Beste zu sein her ambition to

be the best. – **7.** (*Forderung*) demand, request: auf mein **~** hin following (*od.* [up]on) my request; j-s **~** nachkommen to meet s.o.'s request; auf allgemeines (up)on (the) general demand; auf **~** vorzuzeigen to be shown (up)on (*od.* at) request; bei **~** zahlbar (*Wechsel*) payable (up)on demand (*od.* at call).

ver'län·ger·bar *adj jur. econ.* (*Vertrag, Wechsel etc*) renewable, prolongable, extensible.

ver'län·gern [-'lɛŋərn] **I** *v/t* ⟨*no* ge-, h⟩ **1.** (*Ärmel, Kleid etc*) lengthen: etwas um 10 cm **~** to lengthen s.th. by 10 cm. – **2.** (*Startbahn, Straße etc*) lengthen, extend. – **3.** (*Arbeitszeit, Frist, Urlaub etc*) (um) extend (by), prolong (for). – **4.** (*Leben*) lengthen. – **5.** (*Ausweis etc*) (um) renew (for), extend (by): seinen Paß **~** lassen to have one's passport renewed (*od.* extended). – **6.** *jur. econ.* (um) a) (*Vertrag, Mitgliedschaft etc*) extend (by), prolong (for), renew (for), b) (*Wechsel*) prolong (for), renew (for), c) (*Patent*) extend (by): einen Vertrag um zwei Jahre **~** to extend a treaty by two years. – **7.** (*Laufzeit eines Films*) (um for) hold (*a film*) over, continue, retain. – **8.** einen Ball (*od.* einen Paß) (zu j-m) **~** (*beim Fußball etc*) to touch (*od.* pass) a ball on to s.o.). – **9.** *math.* (*Linie*) prolong, produce. – **10.** *colloq.* (*Soße etc*) make (*s.th.*) go further, stretch. – **II** *v/i* **11.** (zu j-m) (*beim Fußball etc*) to touch (*od.* pass) the ball on to (to s.o.). – **III** *v/reflex* sich **~** **12.** (*von Frist etc*) (um) extend (by), prolong itself (for). – **13.** (*vom Leben*) lengthen. – **14.** *jur. econ.* (*von Abkommen etc*) (um) extend (by), be prolonged (for), be renewed (for): der Vertrag verlängert sich stillschweigend von Jahr zu Jahr the contract is implicitly (*od.* automatically) renewed (*od.* is renewed by implication) from year to year. – **IV V~** *n* ⟨-s⟩ **15.** *verbal noun.* – **16.** *cf.* Verlängerung. — **ver'län·gert I** *pp.* – **II** *adj* **1.** (*Startbahn, Straße etc*) lengthened, extended: der **~e** Arm der Regierung *fig.* the instrument of the government; er ist auf seinen **~en** Rücken gefallen *colloq. humor.* he fell on his posterior. – **2.** (*Frist, Wochenende etc*) extended, prolonged.

Ver'län·ge·rung *f* ⟨-; -en⟩ **1.** *cf.* Verlängern. – **2.** (*von Startbahn, Straße etc*) (um by) extension. – **3.** (*von Frist, Urlaub, Arbeitszeit etc*) (um) extension (by), prolongation (for). – **4.** (*eines Ausweises etc*) (um) renewal (for), extension (by). – **5.** ⟨*only sg*⟩ (*der Polizeistunde*) extension, extended hours *pl*: **~** bis (um) drei Uhr extended hours until three o'clock. – **6.** *jur. econ.* (um) a) (*von Abkommen, Vertrag, Mitgliedschaft etc*) extension (by), prolongation (for), renewal (for), b) (*von Wechseln*) *cf.* Allonge 1, c) (*von Patenten*) extension (by). – **7.** (*sport*) a) ⟨*only sg*⟩ (*des Balls*) first-time pass, b) (*der Spielzeit*) extra time, (*beim Basketball*) extra period: das Spiel ging in die **~** the game went into extra time. – **8.** ⟨*only sg*⟩ *math.* (*einer Linie*) prolongation, production. – **9.** *tech. cf.* Verlängerungsstück.

Ver'län·ge·rungs|,fak·tor *m phot.* extension (*od.* prolongation) factor. — **~ge,bühr** *f* renewal fee. — **~,ka·bel** *n electr.* extension cable. — **~,klau·sel** *f jur.* (*eines Vertrages*) renewal clause. — **~,schnur** *f electr.* extension (cord). — **~,stück** *n tech.* extension (piece), prolongation.

ver'lang·sa·men [-'laŋzaːmən] **I** *v/t* ⟨*no* ge-, h⟩ **1.** (*Tempo, Fahrt, Schritt etc*) reduce, slacken, slow down: seinen Schritt **~** to slacken one's pace, to slow down; seine Fahrt **~** to reduce (*od.* cut down) one's speed, to slow down; (*von Kraftfahrzeugen*) *auch* to decelerate. – **2.** (*verzögern*) delay, retard. – **II** *v/reflex* sich **~** **3.** (*von Tempo, Fahrt, Schritt etc*) slacken, slow down. – **4.** (*sich verzögern*) be delayed. – **III V~** *n* ⟨-s⟩ **5.** *verbal noun.* — **Ver'lang·sa·mung** *f* ⟨-; *no pl*⟩ **1.** *cf.* Verlangsamen. – **2.** (*bes. von Kraftfahrzeugen*) deceleration. – **3.** (*Verzögerung*) delay, retardation. – **4.** *mus.* retardation.

ver'lang·ter'ma·ßen *adv* as required, as stipulated.

ver'läp·pern *v/t u.* sich **~** *v/reflex* ⟨*no* ge-, h⟩ *colloq.* (*Geld*) fritter (*od.* trifle) away.

ver'la·schen *tech.* **I** *v/t* ⟨*no* ge-, h⟩ **1.** (*Schie-*

nen etc) fishplate, fish. – **2.** (*Balken etc*) fish. – **II** **V~** *n* ⟨-s⟩ **3.** verbal noun. — **Ver'la·schung** *f* ⟨-; -en⟩ **1.** *cf.* Verlaschen. – **2.** *tech.* fishplate joint.

Ver'laß [-'las] *m* ⟨-sses; *no pl*⟩ (*in Wendungen wie*) es ist kein ~ auf ihn, auf ihn ist kein ~ there is no relying (up)on him, he cannot be relied (*od.* depended) (up)on; auf ihn ist immer ~ you can always rely (up)on him, he can always be relied on, he is never found wanting, he never fails you.

ver'las·sen¹ **I** *v/t* ⟨*irr, no* ge-, h⟩ **1.** (*weggehen von*) leave, quit: er verließ das Haus [die Party] um 11 Uhr he left the house [the party] at 11 o'clock; seine Freunde für immer ~ to leave one's friends for good; das Buch hat die Presse ~ *fig.* the book has left the press. – **2.** (*Route, Weg etc*) leave, stray from. – **3.** (*im Stich lassen*) abandon, desert, leave (*s.o.*) (in the lurch), forsake (*lit.*): alle haben uns ~ everyone has abandoned us; die Familie ~ *jur.* to abandon one's family; aller Mut hatte ihn ~ *fig.* all courage had deserted (*od.* failed) him; die Besinnung verließ mich ~ *fig.* I lost consciousness; und da verließen sie ihn *fig. colloq.* that's where he gave up and no more of that; → Ratte. – **4.** *mil.* leave, evacuate. – **II** **V~** *n* ⟨-s⟩ **5.** verbal noun. – **6.** *auch jur.* desertion, abandonment.

ver'las·sen² *v/reflex* ⟨*irr, no* ge-, h⟩ sich auf j-n [etwas] ~ to rely (*od.* depend, count, lean, bank) (up)on s.o. [s.th.]: man kann sich auf ihn ~ he can be relied (up)on; du kannst dich darauf ~, daß er kommt you can rely on him to come, you can bank on his coming; ich würde mich nicht darauf ~, daß das Wetter gut bleibt I would not rely (*od.* bank) on the weather keeping up; sich auf sein Glück ~ to trust (to) one's luck; darauf kannst du dich ~ a) you can rely on that, b) *colloq.* (*verstärkend*) you can (*od.* may) be sure of that! verlaß dich drauf! *colloq.* take my word for it! take it from me! mark my words! worauf du dich ~ kannst! *colloq.* that you can (*od.* may) be sure of!

ver'las·sen³ **I** *pp* of verlassen¹ u. ². – **II** *adj* **1.** (*allein gelassen*) abandoned, deserted, forsaken (*lit.*): sie fühlte sich von Gott und der Welt (*od.* den Menschen) ~ she felt forsaken by God and man; du bist wohl ganz von Gott ~, du bist wohl von allen guten Geistern ~ *colloq.* you must be out of your mind (*od.* senses), you must be crazy. – **2.** (*allein u. hilflos*) forlorn, desolate, friendless: er fühlte sich ganz ~ he felt quite forlorn. – **3.** (*allein u. einsam*) lonely, lonesome. – **4.** *auch jur.* (*zurückgelassen, herrenlos*) abandoned, deserted, derelict: ein ~es Auto an abandoned car. – **5.** (*einsam gelegen*) deserted, solitary, lonely: ein ~es Haus a solitary house. – **6.** (*öd*) desolate, bleak, gaunt: eine ~e Gegend a desolate region.

Ver'las·sen·heit *f* ⟨-; *no pl*⟩ **1.** desertion, abandonment. – **2.** (*Vereinsamung*) forlornness, desolation, friendlessness: ein Gefühl der ~ überkam sie she was overcome with a feeling of desolation. – **3.** (*Abgeschiedenheit*) solitude, solitariness, loneliness: da stand ein Haus in tiefer ~ there was a house there absolutely deserted. – **4.** (*Alleinsein*) loneliness, lonesomeness. – **5.** (*Ödheit*) desolation, desolateness, bleakness, gauntness: die ~ der Gegend bedrückte sie the desolation of the country oppressed them.

Ver'las·sen·schaft *f* ⟨-; -en⟩ *Austrian and Swiss jur.* for Hinterlassenschaft 1.

ver'läs·sig *adj archaic for* verläßlich.

ver'läß·lich *adj* **1.** reliable, dependable: er ist ein ~er Mensch he is a reliable person, he is a person one can rely (*od.* depend) (up)on, he is to be relied (*od.* depended) (up)on. – **2.** (*Methode etc*) reliable, dependable, foolproof (*colloq.*). — **Ver'läß·lich·keit** *f* ⟨-; *no pl*⟩ reliability, reliableness, dependability, dependableness.

ver'lä·stern **I** *v/t* ⟨*no* ge-, h⟩ slander, defame, calumniate, malign. – **II** **V~** *n* ⟨-s⟩ verbal noun. — **Ver'lä·ste·rung** *f* ⟨-; -en⟩ **1.** *cf.* Verlästern. – **2.** ⟨*only sg*⟩ defamation, calumniation. – **3.** (*verleumderische Worte*) slander, calumniation, calumny.

ver'lat·schen *v/t* ⟨*no* ge-, h⟩ Schuhe ~ *colloq.* to wear out shoes.

Ver'laub [-'laup] *m only in* mit ~ (*wenn Sie gestatten*) if you will excuse me, with respect, by your leave: das ist, mit ~ zu sagen, eine Frechheit that is a darned cheek, if you will pardon the expression (*od.* if you will pardon my saying so).

Ver'lauf *m* ⟨-(e)s; ⸗e⟩ **1.** ⟨*only sg*⟩ (*einer Grenze, Straße, eines Flusses etc*) course. – **2.** (*Ablauf*) course, run: der natürliche ~ der Dinge the natural course of events; der ~ der Reise the course of the journey; der ~ der Handlung ist sehr kompliziert the course of the action is very complicated; der ~ einer Krankheit the course (*od.* progress, development) of a disease; die Ereignisse nehmen einen ungünstigen ~ the events take an unfavo(u)rable course (*od.* turn); im ~ der Diskussion in the course of the discussion; im ~ der Zeit in the course (*od.* with the passing) of time, as time passes; im ~ von mehreren Monaten in the course of several months; im ~ eines Jahrhunderts in the course (*od.* within the compass) of a century; nach ~ von drei Tagen after (a lapse of) three days; im weiteren ~ in the further course of events; im weiteren ~ des Abends in the further course (*od.* later part) of the evening; den weiteren ~ einer Sache abwarten to wait and see how things turn out (*od.* develop), to wait and see what course events take. – **3.** (*Trend*) trend. – **4.** (*Ausgang*) end, issue, denouement: der unglückliche ~ der Expedition the unfortunate end of the expedition. – **5.** *med.* a) (*von Gefäßen, Nerven etc*) course, b) (*eines Reflexes*) path. – **6.** *math.* a) (*einer Kurve etc*) course, run, b) (*von Schnittebenen*) disposition.

ver'lau·fen **I** *v/i* ⟨*irr, no* ge-, sein⟩ **1.** (*von Grenze, Straße, Fluß etc*) run: die Linien ~ parallel the lines run parallel; der Weg verläuft in vielen Windungen entlang der Grenze the path runs in many bends (*od.* winds, wends its way) along the border; der Pfad verläuft auf halber Höhe des Berges the path runs halfway up. – **2.** (*von Zeit*) pass, elapse, lapse: wie die Zeit verläuft! how (the) time passes! – **3.** (*ablaufen*) go: wie ist der Abend ~? how did the evening go (off)? alles verläuft normal everything is going as usual, everything is taking (*od.* running) its normal course; die Demonstration ist ohne Zwischenfälle ~ the demonstration went off without (an) incident; die Krankheit verlief normal the disease took its normal course; alles verlief wie geplant everything went according to plan. – **4.** (*enden*) end: die Operation ist tödlich ~ the operation ended fatally (*od.* had a fatal issue); es ist also gut ~ it all ended (up) well; seine Bemühungen sind ergebnislos ~ his efforts were of no avail (*od.* came to nothing). – **5.** (*sich verlieren*) peter out: die Spur verläuft im Sand the track peters out in the sand; die ganze Angelegenheit ist im Sande ~ *fig.* the whole affair petered out (*od.* came to nothing). – **6.** (*schmelzen*) run, melt, fuse: Butter verläuft in der Sonne butter runs in the sun. – **7.** (*auseinanderfließen*) run, bleed: Wasserfarben ~ auf nassem Papier watercolo(u)rs run on wet paper; die Farben ~ ineinander the colo(u)rs fuse (*od.* merge, blend); die Tinte verläuft leicht auf diesem Papier this paper blots easily. – **8.** *math.* (*von Kurven*) run. – **II** *v/reflex* sich ~ **9.** (*sich verirren*) get lost, lose one's way, go astray: auf diesem Weg kannst du dich nicht ~ you cannot lose your way on this path. – **10.** (*sich verlieren*) disappear: der Weg verläuft sich im Wald the path disappears in the wood. – **11.** (*abfließen*) drain away (*od.* off): das Hochwasser hat sich (wieder) ~ the floodwater has drained away. – **12.** (*sich zerstreuen*) scatter, disperse, drift off: nach der Versammlung verlief sich die Menge the crowd scattered after the meeting. – **13.** *tech.* a) (*von Sägen*) be pulled out of line, b) (*von Werkzeugen*) run untrue. – **III** **V~** *n* ⟨-s⟩ **14.** verbal noun.

Ver'laufs,form *f* ⟨-; *no pl*⟩ *ling.* progressive (*od.* continuous) form.

ver'lau·sen **I** *v/i* ⟨*no* ge-, sein⟩ (*von Haar, Körper, Kleidung etc*) become infested

with lice, become pediculous (*scient.*). – **II** **V~** *n* ⟨-s⟩ verbal noun. — **ver'laust** **I** *pp.* – **II** *adj* full of lice, lice-infested, lousy; pediculous, pedicular (*scient.*). — **Ver'lau·sung** *f* ⟨-; *no pl*⟩ **1.** *cf.* Verlausen. – **2.** (*Zustand*) infestation with lice, pediculosis (*scient.*).

ver'laut·ba·ren [-'lautba:rən] **I** *v/t* ⟨*no* ge-, h⟩ announce, make (*s.th.*) known: die Partei, so wurde verlautbart, beabsichtige keine Änderung der Statuten the party, as (*od.* it) was made known, did not intend to alter its statutes; er hatte ~ lassen, daß he had made it known that; amtlich wird verlautbart, daß it is officially announced that, there is an official statement (to the effect) that. – **II** **V~** *n* ⟨-s⟩ verbal noun. — **Ver'laut·ba·rung** *f* ⟨-; -en⟩ **1.** *cf.* Verlautbaren. – **2.** announcement, statement: amtliche ~ official statement (*od.* announcement), communiqué.

ver'lau·ten *v/i* u. *v/impers* ⟨*no* ge-, sein u. h⟩ **1.** *bes. pol.* be reported, have transpired: es verlautet, daß it is reported that; aus Regierungskreisen verlautet, daß it is reported from government circles that; wie verlautet as reported. – **2.** etwas ~ lassen (*andeuten*) to hint (at) s.th., to let s.th. be understood: er hat ~ lassen, daß he gave to understand that, he hinted that; er hat nichts (*od.* kein Wort) davon ~ lassen he did not breathe a word of (*od.* about) it.

ver'le·ben *v/t* ⟨*no* ge-, h⟩ **1.** (*Urlaub, Sommer etc*) spend: wir haben den Sommer auf dem Lande verlebt we spent the summer in the country; dort haben wir schöne Tage verlebt we had a good (*od.* very pleasant, *colloq.* great) time there. – **2.** (*Geld*) spend (*s.th.*) (on one's living).

ver·le'ben·di·gen [-le'bɛndigən] *v/t* ⟨*no* ge-, h⟩ (*Bericht, Erzählung, Worte etc*) liven up, vitalize (*Br. auch* -s-).

ver'lebt **I** *pp.* – **II** *adj contempt.* (*Mensch, Gesicht, Aussehen etc*) played-out (*attrib*): er sieht ganz ~ aus he looks ravaged by loose living.

ver'le·dern *v/t* ⟨*no* ge-, h⟩ *colloq. cf.* verprügeln 1.

ver'le·gen¹ **I** *v/t* ⟨*no* ge-, h⟩ **1.** (*Brille, Handschuhe, Schlüssel etc*) mislay, misplace. – **2.** (*Wohnsitz, Büro, Geschäftsleitung etc*) move, transfer: er hat seinen Wohnsitz nach Berlin verlegt he has moved his domicile to Berlin; der Arzt hatte ihn auf eine andere Station verlegt the doctor had him moved to another ward. – **3.** (*Straße, Eisenbahnlinie etc*) move, relocate. – **4.** (*Termin*) postpone. – **5.** (*Veranstaltung*) (auf *acc* until) put off, postpone: die Vorlesung wird auf nächsten Montag verlegt the lecture has been put off until next Monday. – **6.** (*Fliesen, Platten, Teppichboden, Rohre, Schienen etc*) lay. – **7.** *electr. tech.* (*Leitungen etc*) lay, install(l). – **8.** (*Bücher, Zeitschriften etc*) publish, print. – **9.** j-m den Weg ~ to bar (*od.* block) s.o.'s way. – **10.** (*zeitlich anders zuordnen*) (in *acc* into) place: die Entdeckung Amerikas in die Wikingerzeit ~ to place the discovery of America in the Viking era. – **11.** (*örtlich anders zuordnen*) (in *acc*, nach) to attribute: die Entstehung einer Kultur in ein anderes Land ~ to attribute the rise of a civilization to another country. – **12.** (*bes. literature*) (*stattfinden lassen*) (nach to, in *acc* [in]to) move (*od.* shift, *auch* transpose) the scene of: einen historischen Stoff ins 20. Jahrhundert ~ to shift the scene of a(n) historic event to the 20th century. – **13.** *mil.* a) (*Truppen*) move, transfer, redeploy, b) (*Feuer*) shift, switch (*s.th.*) over. – **II** *v/reflex* **14.** sich auf (*acc*) etwas ~ a) (*sich einer neuen Tätigkeit zuwenden*) to take up s.th., to take to s.th., b) (*seine Zuflucht nehmen, zu*) to resort (*od.* take) to s.th.: er hat sich neuerdings auf den Handel mit Stoffen verlegt he has taken up dealing with cloth lately; sich vom Reiten aufs Schwimmen ~ to give up riding for swimming; er hat sich aufs Trinken verlegt *humor.* he has taken to drink(ing) (*od.* to the bottle); als Drohen nichts mehr half, verlegte er sich aufs Bitten when threats no longer had any effect, he resorted to pleading. – **III** **V~** *n* ⟨-s⟩

15. *verbal noun.* – **16.** *(von Büchern, Zeitschriften etc)* publication. – **17.** *cf.* Verlegung.

ver'le·gen² **I** *adj* **1.** embarrassed, confused: **er wird in ihrer Gegenwart immer ~** he always feels embarrassed *(od.* confused*)* in her presence; **es machte sie (ganz) ~, daß er es wußte** it embarrassed *(od.* confused*)* her *(od. colloq.* she was all confused*)* to think that he knew *(it),* the fact that he knew *(it)* embarrassed her *(od.* made her feel embarrassed, made her feel ill at ease*);* **~es Schweigen** embarrassed *(od.* awkward*)* silence; **nach einer ~en Pause** after an awkward pause; **mit einer ~en Handbewegung** with an embarrassed gesture. – **2.** **um etwas ~ sein** to be short of *(od.* hard up for*)* s.th.: **er ist immer um Geld ~** he is always short of money, he is always hard up; **er ist nie um eine Antwort [Ausrede] ~** he is never lost *(od.* at a loss*)* for an answer [excuse]. – **3.** *(schüchtern)* shy. – **II** *adv* **4.** embarrassedly: **sie lächelte [errötete] ~** she smiled embarrassedly *(od. colloq.* all embarrassed, all confused*)* [she blushed *(od.* in*)* embarrassment *(od.* confusion*)*].

ver'le·gen³ *adj (zerdrückt)* crushed: **ihre Frisur war ganz ~** her hairdo *(Br.* hair-do*)* was quite crushed; **das Kleid ist ~** the dress is crushed *(od.* creased*).*

Ver'le·gen·heit *f* ⟨-; *no pl*⟩ **1.** embarrassment, confusion: **er wurde vor (lauter) ~ rot** he blushed with embarrassment *(od.* confusion*);* **aus ~ fing sie an, die Blumen zu ordnen** she began to arrange the flowers out of embarrassment; **sein zweideutiger Witz brachte sie in ~** his ambiguous joke embarrassed her; **Sie bringen mich in ~** *(bei Entgegennahme eines Geschenks etc)* you embarrass me, I am embarrassed; **er gerät leicht in ~** he is easily embarrassed *(od.* confused*).* – **2.** *(mißliche Lage)* embarrassing *(od.* awkward*)* position *(od.* situation*),* difficulty, predicament, fix: **diese Forderung bringt *(od.* versetzt*)* ihn in ~** this demand puts him in an embarrassing position; **in finanzielle ~ geraten** to get into financial difficulties *(od.* straits*);* **in die ~ werde ich wohl nie geraten** I'll never find myself in that predicament; **j-m aus der ~ helfen** to help s.o. out of difficulty *(od.* a predicament*);* **sich aus der ~ ziehen** to get oneself out of difficulty *(od.* difficulties*);* **ich bin augenblicklich etwas in ~** I am in difficulties *(od.* I am rather short of cash*)* at the moment. – **3.** *(Dilemma)* dilemma, quandary. – **4.** *(Schüchternheit)* shyness.

Ver'le·gen·heits|,lö·sung *f* emergency *(od.* makeshift*)* solution. — **~,pau·se** *f* awkward silence.

Ver'le·ger *m* ⟨-s; -⟩ *(von Büchern, Zeitschriften etc)* publisher. — **ver'le·ge·risch** *adj* **~e Tätigkeit** publishing; **vom ~en Standpunkt aus** from the *(od.* a*)* publisher's point of view.

Ver'le·ger|ver,band *m* association of publishers. — **~,zei·chen** *n cf.* Verlagszeichen.

Ver'le·gung *f* ⟨-; *no pl*⟩ **1.** *cf.* Verlegen¹. – **2.** *(von Wohnsitz, Geschäftsleitung etc)* *(in acc,* nach to*)* transfer, removal. – **3.** *(von Straße, Eisenbahnlinie etc)* relocation. – **4.** *(eines Termins, einer Veranstaltung)* *(auf acc* until*)* postponement. – **5.** *(andere örtliche Zuordnung)* *(in acc,* nach to*)* attribution. – **6.** *mil.* a) *(von Truppen)* *(in acc,* nach to*)* move(ment), transfer, redeployment, b) *(von Feuer)* shift, transfer: **~ auf dem Luftwege** air move. – **7.** *Swiss mil.* field period. – **8.** *electr. (einer Leitung etc)* installation, wiring: **~ auf Putz** surface *(od.* exposed*)* wiring.

ver'lei·den *v/t* ⟨*no* ge-, h⟩ **j-m etwas ~** to spoil s.th. for s.o.: **er hat ihr die Freude daran verleidet** he spoiled *(od.* marred*)* the pleasure she took in it.

Ver'lei·der *m* ⟨-s; *no pl*⟩ *Swiss dial. (Überdruß)* weariness: **er hat den ~ bekommen** he has grown weary of it.

ver'lei·det I *pp.* – **II** *adj* **etwas ist j-m ~** s.o. has had enough *(od.* is tired*)* of s.th.: **seither war ihr das Schwimmen verleidet** swimming was spoiled for her ever since; **mir ist alles ~** I am tired of everything, I am weary of this world *(lit.).*

Ver'leih [-'laɪ] *m* ⟨-(e)s; -e⟩ **1.** *cf.* Ver-

leihen. – **2.** *(film)* a) ⟨*only sg*⟩ *(Tätigkeit)* distribution, b) *(Gesellschaft)* distributors *pl.* – **3.** *(von Autos)* hire business. — **~agen,tur** *f (film) cf.* Verleihgesellschaft.

ver'lei·hen **I** *v/t* ⟨*irr, no* ge-, h⟩ **1.** lend (out), *bes. Am.* loan: **ich verleihe nicht gern meine Bücher (an j-n)** I don't like to lend *(od.* lending*)* my books (to s.o.); **Geld gegen Zinsen [zinsfrei, gegen Sicherheit] ~** *econ.* to lend *(od.* put out*)* money at *(od.* on*)* interest [free of interest, on security]. – **2.** *(gegen Entgelt)* hire *(bes. Am.* rent*)* out, *bes. Br.* let out *(s.th.)* (on hire): **er verleiht Boote am Königssee** he lets out boats on the Königssee. – **3.** *(leihweise überlassen)* lend *(s.th.)* on loan. – **4.** *(Orden, Preis, Auszeichnung etc)* award: **ihm wurde das Bundesverdienstkreuz verliehen** he was awarded the Federal Service Cross. – **5.** *(Titel, Würden etc)* confer, bestow, award: **die philosophische Fakultät verleiht ihr den Doktortitel** the faculty of arts confers *(od.* bestows*)* the doctorate *(up)on her *(od.* awards her the doctorate*);* **j-m die Ehrenbürgerrechte ~** to confer the freedom of the city (up)on s.o.; **j-m den Offiziersrang ~** *mil.* to commission s.o. – **6.** *(Rechte, Befugnisse etc)* (in)vest, grant: **man verlieh ihm die Venia legendi** he was (in)vested with the right to hold lectures. – **7.** *(Gabe, Fähigkeit etc)* bestow: **diese Gabe ist wenigen verliehen** this talent is bestowed upon few, few are endowed with this talent. – **8.** *lit.* *(geben, verschaffen)* give: **er verlieh der Statue die Züge seiner Geliebten** he gave the statue the features of his mistress; **diese Arbeit verlieh seinem Leben (ein wenig) Inhalt** this work gave his life (some) meaning; **einer Sache Dauer ~** to make s.th. last *(od.* endure*);* **einer Sache Wert ~** to constitute the value of s.th., to give s.th. value; **einer Sache einen Anstrich von Ernst ~** to give *(od.* lend*)* s.th. the appearance *(od.* an air*)* of seriousness; **einem Gesetz Rechtskraft ~** *jur.* to render a law effective; → Ausdruck¹ 2; Gewicht¹ 9; Kraft 1. – **9.** *(space)* *(Geschwindigkeit)* impart. – **II** *V~ n* ⟨-s⟩ **10.** *verbal noun.* – **11.** *cf.* Verleih 2a. – **12.** *cf.* Verleihung.

Ver'lei·her *m* ⟨-s; -⟩ **1.** *(von Geld etc)* lender, *bes. Am.* loaner. – **2.** *(von Booten, Fahrrädern, Autos etc)* *(gegen Entgelt)* hiring agent, *bes. Am.* renter. – **3.** *(von Filmen)* distributor, *bes. Br.* renter. – **4.** *(von Titeln etc)* bestower. – **5.** *jur. (von Lizenzen etc)* grantor.

Ver'leih|ge,sell·schaft *f (für Filme)* distributors *pl,* distribution company. — **~,ko,pie** *f* release copy *(od.* print).

Ver'lei·hung *f* ⟨-; *no pl*⟩ **1.** *cf.* Verleihen. – **2.** *(von Medaillen, Orden, eines Preises etc)* award. – **3.** *(eines akademischen Grades, eines Titels etc)* conferment, bestowal, award. – **4.** *jur. (einer Lizenz, Konzession etc)* grant.

Ver'lei·hungs,ur,kun·de *f* **1.** diploma. – **2.** *mil. (Offizierspatent)* commission.

ver'lei·men *v/t* ⟨*no* ge-, h⟩ **1.** *(Hölzer, Möbelteile etc)* glue *(things)* up *(od.* together*),* cement *(things)* (together). – **2.** *(Furnierplatten)* bond.

ver'lei·ten **I** *v/t* ⟨*no* ge-, h⟩ **1.** *(veranlassen)* *(zu* [in]to*)* lead, induce: **dies verleitete ihn dazu, in allem Unbekannten etwas Gefährliches zu sehen** this led him to see danger in everything that was unfamiliar (to him); **sich durch etwas zu einem Irrtum ~ lassen** to be induced by s.th. to commit an error; **das verleitet mich zu der Annahme, daß** that leads me to believe that, that misleads me into thinking that. – **2.** *(irreführen)* mislead. – **3.** *(verführen)* seduce, lead: **j-n zum Lügen ~** to seduce s.o. to lie *(od.* into lying); **j-n zu einer Sünde ~** to lead s.o. into sin, to lead s.o. astray. – **4.** *(verlocken)* entice, lure, tempt. – **5.** *bes. jur. (zu einem Verbrechen, bes. Meineid)* suborn: **einen Zeugen zum Meineid ~** to suborn a witness. – **II** *V~ n* ⟨-s⟩ **6.** *verbal noun.*

Ver'lei·tung *f* ⟨-; *no pl*⟩ **1.** *cf.* Verleiten. – **2.** inducement. – **3.** *(Verführung)* seduction. – **4.** *(Verlockung)* enticement, temptation.

ver'ler·nen *v/t* ⟨*no* ge-, h⟩ forget, unlearn: **was man einmal richtig gelernt hat, verlernt man nie wieder ganz** s.th. learned

properly is never completely forgotten; **ich habe mein Englisch noch nicht verlernt** I have not forgotten my English yet; **sie hat das Lachen noch nicht verlernt** she still knows how to laugh.

ver'le·sen¹ **I** *v/t* ⟨*irr, no* ge-, h⟩ **1.** *(Bekanntmachung, Erlaß etc)* read out. – **2.** *(Namen etc)* call (out): **die Namensliste ~** to call the roll. – **II** *v/reflex* **sich ~ 3.** *(falsch lesen)* make a mistake *(od.* slip*)* in reading, read wrong(ly). – **III** *V~ n* ⟨-s⟩ **4.** *verbal noun.* – **5.** *cf.* Verlesung.

ver'le·sen² *v/t* ⟨*irr, no* ge-, h⟩ *(Erbsen, Beeren, Kaffee etc)* pick.

Ver'le·sung *f* ⟨-; *no pl*⟩ **1.** *cf.* Verlesen¹. – **2.** *(von Namen) bes. mil.* roll call.

ver'letz·bar *adj* **1.** *(verwundbar)* vulnerable: **er hat ihn an der ~sten Stelle getroffen** *auch fig.* he hit his most vulnerable spot. – **2.** *fig. (leicht gekränkt)* oversensitive, hypersensitive, touchy: **er hat ein ~es Gemüt** he has an oversensitive disposition; **er ist leicht ~** he is easily hurt. — **Ver'letz·bar·keit** *f* ⟨-; *no pl*⟩ **1.** vulnerability. – **2.** *fig.* oversensitiveness, hypersensitivity, touchiness.

ver'let·zen [-'lɛtsən] **I** *v/t* ⟨*no* ge-, h⟩ **1.** hurt, injure, *med. auch* traumatize *Br. auch* -s-: **er hat sich (dat)** **das Bein verletzt** he hurt his leg. – **2.** *(mit einem Geschoß)* injure, wound: **eine Kugel verletzte ihn am Arm *(od.* ihm den Arm)** a bullet injured his arm, a bullet wounded him in the arm. – **3.** *fig. (kränken)* hurt, wound, cut, *(schwächer)* offend: **ich möchte Sie nicht ~** I do not want to hurt you, I do not want to offend you; **diese beißende Bemerkung verletzte seinen Stolz [hat ihn zutiefst verletzt]** this biting remark hurt *(od.* wounded, injured*)* his pride [cut him to the quick]. – **4.** *fig. (verstoßen gegen)* affront, offend (against): **dieser Roman verletzt den guten Geschmack** this novel offends (against) *(od.* is an affront to*)* good taste. – **5.** *fig. (Vorschrift, Regel etc)* violate, offend against: **er hat die Vorfahrt verletzt** he violated the right-of-way. – **6.** *jur.* a) *(Gesetz, Vertrag, Pflicht, Neutralität etc)* break, violate, infringe ([up]on), transgress, contravene, trespass ([up]on), *bes. Am.* infract, b) *(Recht, Grenze, Eid etc)* violate, c) *(Privatsphäre, persönliche Rechte etc)* violate, invade, trespass, infringe ([up]on), d) *(Urheberrecht, Patent, Warenzeichen etc)* infringe, *bes. Am.* infract. – **II** *v/reflex* **sich ~ 7.** *(an dat* on*)* hurt oneself, injure oneself: **hast du dich verletzt?** did you hurt yourself? did you get hurt *(od.* injured*)?* **er hat sich am Kopf verletzt** he hurt his head. – **III** *V~ n* ⟨-s⟩ **8.** *verbal noun.* – **9.** *cf.* Verletzung. — **ver'let·zend I** *pres p.* – **II** *adj fig.* **1.** *(kränkend)* hurtful, wounding, cutting, offending: **eine ~e Bemerkung** a hurtful remark. – **2.** *(beleidigend)* offensive.

Ver'let·zer *m* ⟨-s; -⟩ *jur. (eines Patents)* infringing party.

ver'letz·lich *adj fig. cf.* verletzbar 2. — **Ver'letz·lich·keit** *f* ⟨-; *no pl*⟩ *cf.* Verletzbarkeit 2.

ver'letzt I *pp.* – **II** *adj* **1.** hurt, injured: **du mußt die ~e Hand ruhig halten** you must keep your injured hand still; **der Fahrer war schwer [leicht] ~** the driver was severely [slightly] injured. – **2.** *(verwundet)* injured, wounded. – **3.** *fig. (gekränkt)* hurt, wounded, *(schwächer)* offended: **er fühlte sich zutiefst ~** he was deeply hurt, he was cut to the quick, he was very cut up *(colloq.);* **ihre ~e Eitelkeit ließ sie nicht ruhen, bis** her hurt *(od.* wounded, injured*)* vanity did not let her rest until. – **4.** *(beleidigt)* affronted, offended.

Ver'letz·te *m, f* ⟨-n; -n⟩ injured *(od.* wounded*)* person: **ein tödlich ~r** a fatally injured person; **sie versuchten, den ~n zu bergen** they tried to rescue the injured person *(od.* man*);* **überall waren Tote und ~** there were dead and injured everywhere.

Ver'let·zung *f* ⟨-; -en⟩ **1.** *med. (körperliche Beschädigung)* injury, hurt, trauma *(scient.):* **äußere [innere] ~en** external [internal] injuries; **er ist seinen schweren ~en erlegen** he died *(od.* as a result of*)* his severe injuries. – **2.** *med. (Wunde)* wound. – **3.** ⟨*only sg*⟩ *fig. (Beleidigung)* *(gen* to*)* hurt, *(schwächer) Br.* offence, *Am.* offense.

– **4.** ⟨*only sg*⟩ *fig.* (*des guten Geschmacks etc*) affront (to), *Br.* offence, *Am.* offense (against). – **5.** ⟨*only sg*⟩ *fig.* (*einer Vorschrift, Regel etc*) (*gen* against) *Br.* offence, *Am.* offense: unter ∼ der elementarsten Anstandsregeln offending (against) the most elementary rules of etiquette. – **6.** *jur.* a) (*von Gesetz, Vertrag, Pflicht, Neutralität etc*) breach, violation, infringement, transgression, contravention, trespass, *bes. Am.* infraction, b) (*von Recht, Grenze, Eid etc*) violation, c) (*von Privatsphäre, persönlichen Rechten etc*) violation, invasion, trespass, infringement, d) (*von Urheberrecht, Patent, Warenzeichen etc*) infringement, *bes. Am.* infraction: ∼ der Amtspflicht breach (*od.* neglect) of official duty; ∼ des Berufsgeheimnisses, ∼ der beruflichen Schweigepflicht violation (*od.* breach) of professional secrecy; ∼ des Briefgeheimnisses violation of the privacy (*od.* secrecy) of correspondence; ∼ der Geheimhaltungspflicht breach of confidence; ∼ der militärischen Sicherheit violation of military security; unter ∼ des Luftraums in violation of the air space.

ver'leug·nen I *v/t* ⟨*no* ge-, h⟩ **1.** (*Freund, Kind etc*) deny, disown, repudiate. – **2.** (*Herkunft etc*) deny, disavow, repudiate: sein Dialekt läßt sich nicht ∼ his dialect cannot be denied, his dialect reveals itself (*od.* becomes noticeable). – **3.** (*Glauben, Wahrheit etc*) deny, disclaim, repudiate. – **4.** (*Alter, Tatsache etc*) deny, repudiate, disavow, disclaim: es läßt sich nicht (leicht) ∼ it cannot (readily) be denied, it is not to be (easily) denied. – **5.** (*j-s Anwesenheit verheimlichen*) deny: sie verleugnete ihn am Telephon she said on the telephone that he was not there, she denied him on the telephone; er hat sich ∼ lassen he gave instructions to say that he was not there (*od.* at home). – **II** *v/reflex* **6.** sich (selbst) ∼ to betray one's principles. – **III** V∼ *n* ⟨-s⟩ **7.** *verbal noun.* — **Ver'leug·nung** *f* ⟨-; *no pl*⟩ **1.** *cf.* Verleugnen. – **2.** (*eines Freunds, Kinds etc*) denial, disownment, repudiation. – **3.** (*der Herkunft etc*) denial, disavowal, repudiation. – **4.** (*des Glaubens, der Wahrheit etc*) denial, repudiation, disavowal. – **5.** (*des Alters, einer Tatsache etc*) denial, repudiation, disavowal.

ver'leum·den [-'lɔymdən] **I** *v/t* ⟨*no* ge-, h⟩ **1.** (*in schlechten Ruf bringen*) slander, defame, calumniate, cast aspersions (up)on, malign, backbite, asperse. – **2.** *jur.* a) defame, b) (*mündlich*) slander, c) (*schriftlich*) libel. – **II** V∼ *n* ⟨-s⟩ **3.** *verbal noun.* – **4.** *cf.* Verleumdung.

Ver'leum·der *m* ⟨-s; -⟩, **Ver'leum·de·rin** *f* ⟨-; -nen⟩ slanderer, defamer, calumniator, backbiter, maligner. – **2.** *jur.* a) defamer, b) slanderer, c) libeler, bes. libeller.

ver'leum·de·risch *adj* (*Behauptung, Beschuldigung etc*) **1.** slanderous, defamatory, calumnious, backbiting. – **2.** *jur.* a) defamatory, b) (*mündlich*) slanderous, c) (*schriftlich*) libelous, *bes. Br.* libellous.

Ver'leum·dung *f* ⟨-; -en⟩ **1.** *cf.* Verleumden. – **2.** ⟨*only sg*⟩ (*Handlung*) defamation, calumniation, aspersion. – **3.** (*verleumderische Behauptung etc*) slander, defamation, calumny, calumniation, aspersion: das ist eine üble ∼ that is wicked slander. – **4.** *jur.* a) defamation, b) (*mündliche*) slander, c) (*schriftliche*) libel.

Ver'leum·dungs|feld·zug *m*, ∼**kam·pa·gne** *f* slander campaign. — ∼**kla·ge** *f jur.* a) action for defamation, b) action for slander, c) action for libel. — ∼**pro·zeß** *m* a) defamation suit, b) slander suit, c) libel suit.

ver'lie·ben *v/reflex* ⟨*no* ge-, h⟩ sich ∼ **1.** sich (in j-n) ∼ to fall in love (with s.o.): sich auf den ersten Blick ∼ to fall in love at first sight; sich ∼ bis über beide Ohren [unsterblich, *colloq.* bis über beide Ohren] in sie verliebt he has fallen hopelessly [desperately, head over heels] in love with her. – **2.** sich in (*acc*) etwas ∼ *fig. colloq.* to take a fancy to s.th., to fall in love with s.th.: ich habe mich in dieses Kleid regelrecht verliebt I have taken a regular fancy to this dress (*colloq.*). — **ver'liebt I** *pp.* – **II** *adj* **1.** (*Augen, Blicke etc*) amorous: j-m ∼e Augen machen to cast sheep's eyes (*od.* amorous glances) at s.o. – **2.** ein ∼es Paar a couple in love, an amorous (*od.*

lit. enamo[u]red) couple. – **3.** in j-n ∼ sein to be in love with s.o., to be enamo(u)red with (*od.* of) s.o. (*lit.*): sie ist hoffnungslos [unsterblich, *colloq.* über beide Ohren] in ihn ∼ she is hopelessly [desperately, head over heels] in love with him. – **4.** in (*acc*) etwas ∼ sein *fig. colloq.* a) (*in ein Auto, Haus etc*) to be mad about s.th. (*colloq.*), b) (*in einen Gedanken etc*) to be infatuated with s.th.

Ver'lieb·te¹ *m* ⟨-n; -n⟩ **1.** man (*od.* boy) in love. – **2.** *pl* people in love. – **3.** *pl* couple *sg* in love.

Ver'lieb·te² *f* ⟨-n; -n⟩ woman (*od.* girl) in love.

Ver'liebt·heit *f* ⟨-; *no pl*⟩ **1.** state of being in love: man sieht ihm die ∼ an he is so obviously in love. – **2.** (*im Benehmen*) amorousness, amorosity. – **3.** (*Vernarrtheit*) (in *acc* with) infatuation.

ver'lie·ren [-'liːrən] **I** *v/t* ⟨verliert, verlor, verloren, h⟩ **1.** (*Geldbeutel, Hab u. Gut, Arbeitsplatz etc*) lose: er hat seine Autoschlüssel verloren he lost his car keys; sei nicht traurig, du verlierst nicht viel an ihm *fig.* he is no great loss. – **2.** j-n ∼ (*nicht mehr finden*) to lose s.o.: das Kind verlor seine Eltern im Gedränge the child lost its parents in the crowd; paß auf, daß wir uns in der Dunkelheit nicht ∼ mind we don't lose each other in the dark. – **3.** j-n ∼ *fig.* to lose s.o.: durch den Unfall verlor er beide Eltern he lost both parents in the accident; in (*od.* mit) ihm verliert das Unternehmen einen seiner tüchtigsten Mitarbeiter the enterprise loses in him one of its ablest staff members; jetzt habe ich ihn für immer verloren now I have lost him for ever. – **4.** (*von Uhr*) lose, be slow: die Uhr verliert am Tag fünf Minuten the clock loses five minutes (*od.* is five minutes slow) a (*od.* per) day. – **5.** (*Zeit, Geld etc*) lose. – **6.** (*in Wendungen wie*) etwas aus den Augen ∼ to lose sight (*od.* track) of s.th.; j-n aus den Augen ∼ a) to lose sight (*od.* track) of s.o., b) *fig.* to lose touch with s.o.; Farbe ∼ a) (*von Stoffen, Laub etc*) to lose its color (*bes. Br.* colour), to fade, b) *fig.* to go (*od.* turn, grow) pale; → Augenlicht; Bewußtsein 1; Boden 2; Faden¹ 2; Fassung 2; Gedächtnis 1; Geschmack 3; Gesicht¹ 1, 6; Glaube 3; Gültigkeit 1; Herrschaft 4; Herz *Bes. Redewendungen*; Kopf 1; Lust 3; Mut 1; Sprache 1; Überblick 4; Übersicht 1, 2; Verstand 1; Weg 4; Wort 2; Zeit 1. – **7.** (*Öl, Benzin, Wasser etc*) lose, leak: der Wagen verliert Öl the car loses oil. – **8.** (*Zähne, Kopfhaare etc*) lose: er hat im Krieg einen Arm verloren he lost an arm in the war. – **9.** (*Blätter, Körperhaare etc*) lose, cast, shed: im Herbst ∼ die Bäume ihre Blätter the trees lose (*od.* shed) their leaves in autumn (*bes. Am.* fall); unser Hund verliert Haare our dog is losing hairs (*od. rare* is mo[u]lting); das Pferd hat ein Hufeisen verloren the horse lost (*od.* cast) a shoe. – **10.** (*Schlacht, Spiel, Wette, Geld im Spiel, Prozeß etc*) lose: Napoleon hat die Schlacht bei Waterloo verloren Napoleon lost the battle of Waterloo; sie haben den Prozeß gegen ihre Nachbarn verloren they lost the suit against their neighbo(u)rs; er hat nichts zu ∼ he has nothing to lose; Geld an j-n ∼ to lose money to s.o. – **11.** *jur.* (*Recht, Eigentum*) forfeit. – **12.** Zähne ∼ *zo.* to cast teeth. – **II** *v/i* **13.** (*im Spiel*) (gegen to, against) lose: sie haben 3:4 verloren they lost 3—4; er kann einfach nicht ∼ he simply can't lose, he is a bad (*od.* poor) loser. – **14.** (*weniger schön, angenehm etc wirken*) lose: das Kleid verliert, wenn du es kürzer machst the dress will lose if you shorten it. – **15.** (*in der Wertschätzung sinken*) go down: bei j-m ∼ to go down (*od.* sink) in s.o.'s estimation. – **16.** (*an Aussehen, Persönlichkeit etc*) go down: er hat in den letzten Jahren sehr verloren he has gone down a lot in the last few years. – **17.** (*in Wendungen wie*) an Boden ∼ a) *fig.* to lose ground, b) (*bes. sport*) to lose ground, to lag behind; an Farbe ∼ to fade; an Reiz ∼ a) to lose (some of its) charm, b) to become less interesting; an Wert ∼ a) to deteriorate, to lose (*od.* go down in) value, b) *fig.* to lose (*od.* go down in) value; an Wirkung ∼

to lose (some of its) effect. – **III** *v/reflex* sich ∼ **18.** (*sich verirren*) get lost, lose one's way, go astray. – **19.** (*verschwinden*) disappear, peter out: die Spur verlor sich im Gebirge the track disappeared in the mountains. – **20.** (*allmählich nachlassen*) subside: mit der Zeit verlor sich ihre Begeisterung her enthusiasm subsided in time. – **21.** (*schwinden*) disappear, vanish: inzwischen hatte sich ihre Scheu verloren her shyness had disappeared by then. – **22.** diese schlechte Angewohnheit wird sich bald ∼ (*vergehen*) he (*od.* she) will soon outgrow (*od.* grow out of) this bad habit. – **23.** (*verfliegen*) fade: der Duft verliert sich rasch the perfume fades quickly. – **24.** (*verklingen*) fade, die away: die Melodie verlor sich in der Ferne the tune faded in(to) the distance. – **25.** (*verhallen*) be lost: der Klang des Cembalos verliert sich in dem großen Saal the sound of the cembalo is lost in the large hall. – **26.** (*sich zerstreuen*) disperse, scatter. – **27.** *fig.* (*abschweifen*) (in *acc* into) digress. – **28.** *fig.* (*versinken*) (in *dat od. acc* in) become lost: sie verlor sich in die Betrachtung des Kunstwerks she became lost in the contemplation of the work of art; sich im Dunst ∼ to become lost in the haze.

Ver'lie·rer *m* ⟨-s; -⟩, **Ver'lie·re·rin** *f* ⟨-; -nen⟩ loser: er ist ein guter [schlechter] ∼ he is a good [bad] loser; der große ∼ the big loser.

Ver'lies [-'liːs] *n* ⟨-es; -e⟩ dungeon, oubliette.

ver'lit·zen [-'lɪtsən] *v/t* ⟨*no* ge-, h⟩ *electr.* strand.

ver'lo·ben I *v/reflex* ⟨*no* ge-, h⟩ sich (mit j-m) ∼ to become (*od.* get) engaged (to s.o.). – **II** *v/t* j-n (mit j-m) ∼ to engage (*od. lit.* affiance, betroth) s.o. (to s.o.), to promise s.o. in marriage (to s.o.).

Ver'löb·nis [-'løːpnɪs] *n* ⟨-ses; -se⟩ *cf.* Verlobung. — ∼**bruch** *m jur.* breach of promise (of marriage).

ver'lobt I *pp.* – **II** *adj* ∼ sein to be engaged (to be married), to be betrothed (*od.* affianced) (*lit.*).

Ver'lob·te¹ *m* ⟨-n; -n⟩ fiancé, betrothed (*lit.*), intended (*colloq.*): er ist mein ∼r he is my fiancé, I am engaged to him; die ∼n the engaged, the betrothed (*lit.*): als ∼ grüßen (*in Verlobungsanzeigen*) we wish to announce our engagement.

Ver'lob·te² *f* ⟨-n; -n⟩ fiancée, betrothed (*lit.*), intended (*colloq.*).

Ver'lo·bung *f* ⟨-; -en⟩ (mit to) engagement; betrothal, espousal (*lit.*): die ∼ (auf)lösen (*od.* aufheben) to break off one's engagement; sie gaben ihre ∼ bekannt they announced their engagement.

Ver'lo·bungs|an·zei·ge *f* announcement of an engagement, engagement announcement. — ∼**fei·er** *f* engagement party (*od.* celebration). — ∼**ge·schenk** *n* engagement present. — ∼**ring** *m* engagement ring. — ∼**zeit** *f* time of engagement.

ver'locken (*getr.* -k·k-) **I** *v/t* ⟨*no* ge-, h⟩ entice, (al)lure, tempt: j-n zu etwas ∼ to tempt s.o. to s.th., to allure s.o. into s.th.; j-n, etwas zu tun ∼ to tempt (*od.* entice) s.o. to do (*od.* into doing) s.th., to allure (*od.* rope) s.o. into doing s.th. – **II** *v/i* entice: etwas verlockt zu Spekulationen s.th. entices (*od.* encourages) speculation; das klare Wasser verlockt zum Schwimmen the clear water is very enticing, tempting, entices one to go swimming. — **ver'lockend** (*getr.* -k·k-) **I** *pres p.* – **II** *adj* **1.** (*Angebot, Aussichten etc*) enticing, tempting, alluring, attractive: nicht gerade ∼ not exactly tempting (*od.* inviting). – **2.** (*Speisen*) tempting, enticing: der Kuchen sieht ∼ aus the cake looks tempting. — **Ver'lockung** (*getr.* -k·k-) *f* ⟨-; -en⟩ **1.** (*Versuchung*) temptation: gegen eine ∼ ankämpfen müssen to have to struggle against a temptation; einer ∼ nachgeben (*od.* unterliegen) to yield to a temptation. – **2.** (*Reiz*) allurement, lure, attraction, enticement: gerade darin lag die ∼ that was just the enticement.

ver'lodern *v/i* ⟨*no* ge-, h, sein⟩ (*von Feuer, Flammen etc*) flare up and die.

ver'lo·gen *adj contempt.* **1.** (*Person*) given to lying, lying (*attrib*), mendacious: er ist ∼ he is mendacious, he is a glib liar (*od.* a lying rascal). – **2.** (*Werbung, Moral, Ge-*

schichte, *Versprechungen, Reden etc*) lying, false, mendacious. — **Ver'lo·gen·heit** f ⟨-; *no pl*⟩ **1.** (*einer Person*) mendacity, mendaciousness. — **2.** (*von Reden, Versprechungen, der Moral etc*) falseness, mendacity, mendaciousness.

ver'lo·hen v/i ⟨*no* ge-, sein⟩ *poet. for* erlöschen 1.

ver'loh·nen v/impers u. sich ~ v/reflex ⟨*no* ge-, h⟩ *lit.* be worthwhile: es verlohnt der (*od.* die) Mühe nicht it is not worth the trouble, it is not worthwhile (*od.* worth it); es verlohnt sich nicht, das zu tun it is not worth doing (*od.* worthwhile to do) that.

ver'lor [-'loːr] *1 u. 3 sg pret*, **ver'lö·re** [-'løːrə] *1 u. 3 sg pret subj of* verlieren.

ver'lo·ren [-'loːrən] **I** *pp of* verlieren. — **II** adj **1.** (*abhanden gekommen*) lost: ~e Gegenstände lost articles (*od.* property sg); der ~e Sohn the prodigal son. — **2.** (*aussichtslos*) lost, losing: auf ~em Posten stehen a) mil. to fight a losing battle, b) *fig.* to fight for a lost cause, to fight a losing battle; die Sache des Angeklagten war von vornherein ~ it was a lost cause for the defendant from the beginning. — **3.** j-n [etwas] ~ geben to give s.o. [s.th.] up for lost: das Spiel ~ geben a) to give up the game for lost, b) *fig.* to give up the game for lost, to throw in (*od.* up) the sponge, to give up (*od.* in); er gibt die Partie noch nicht ~ a) he won't give the game up, b) *fig.* he won't give up (*od.* in). — **4.** (*dem Untergang geweiht*) lost, ruined, done for (*pred*): wir sind ~ we are lost, we've had it (*sl.*); jetzt ist alles ~! the game is up; ~er Haufen *mil. etwa* doomed outfit; ~e Sache *mil.* forlorn hope. — **5.** (*verschwendet, vergeudet*) lost, wasted: die ~e Zeit the lost time; ~e Mühe (*od.* Liebesmüh) wasted (*od.* vain, lost, fruitless) effort; → Hopfen 1. — **6.** (*hilflos, verlassen*) forlorn, lost: ~ stand sie im Gedränge she stood forlorn in the middle of the crowd. — **7.** in (*acc*) etwas ~ sein to be lost in s.th.: in Gedanken ~ sein to be lost (*od.* absorbed, deep, wrapped up) in thought, to be (lost) in a brown study; in den Anblick von etwas ~ sein to be lost in contemplation of s.th. — **8.** ~e Eier *gastr.* poached eggs. — **9.** ~er Kopf *metall.* sinkhead, feedhead, feeder head. — **10.** ~ suchen *hunt.* (*vom Hund*) to seek dead, to seek without (following the) scent. — ~**ge·hen** v/i ⟨*irr, sep*, -ge-, sein⟩ **1.** (*abhanden kommen*) be (*od.* get) lost: das Original ist verlorengegangen the original (copy) has been lost; an ihm ist ein Schauspieler verlorengegangen *colloq.* he ought to be (*od.* he is cut out to be) an actor, he ought to go on the stage, he would have made a splendid actor. — **2.** (*eingebüßt werden*) be lost: die Einheit ist verlorengegangen the unity has been lost (*od.* has gone). — **3.** (*von Wechsel, Scheck etc*) be (*od.* get) lost, go astray, (*von Schreiben etc*) *auch* miscarry. — **4.** (*vergeudet werden*) be wasted (*od.* lost), go to waste. — **Ver'lo·ren·heit** f ⟨-; *no pl*⟩ (*Verlassenheit*) forlornness.

ver'lo·schen I *pp of* verlöschen[1]. — **II** adj *cf.* erloschen 1—4.

ver'lö·schen[1] v/i ⟨*irr, no* ge-, sein⟩ *lit.* **1.** (*von Kerze, Feuer etc*) go out, die (out), quench. — **2.** (*von Licht, Lampen etc*) go out. — **3.** (*von Sternen*) set. — **4.** (*von Schrift*) fade. — **5.** *fig.* die: sein Ruhm verlosch his fame died; sein Leben ist verloschen he expired, he died. — **6.** *fig.* (*von Wut, Zorn*) pass.

ver'lö·schen[2] v/t ⟨*no* ge-, h⟩ *cf.* auslöschen 1—4.

ver'lo·sen I v/t ⟨*no* ge-, h⟩ **1.** (*Gewinne, Geschenke etc*) raffle (s.th.) (off), hold a raffle (*od.* ballot, lottery) for: drei Autos wurden verlost there was a raffle for three cars, three cars were raffled. — **2.** *econ.* a) (*Staatsanleihen etc*) draw (for) redemption, distribute (s.th.) by drawing lots, release (s.th.) by lottery (*od.* ballot), b) (*Wertpapiere etc*) allot. — **II** V~ n ⟨-s⟩ **3.** *verbal noun.* — **Ver'lo·sung** f ⟨-; -en⟩ **1.** *cf.* Verlosen. — **2.** draw. — **3.** (*Lotterie*) raffle, ballot, lottery: eine ~ veranstalten to hold (*od.* run) a raffle. — **4.** ⟨*only sg*⟩ *econ.* (*von Wertpapieren etc*) allotment.

ver'lö·ten v/t ⟨*no* ge-, h⟩ **1.** *tech.* a) (*weich*) solder, b) (*hart*) braze. — **2.** einen ~ *bes. Northern G. colloq.* (*einen trinken*) to have a quick one (*od. sl.* a snifter).

ver'lot·tern v/i ⟨*no* ge-, sein⟩ *colloq.* **1.** (*von Person*) run (*od.* go) to seed. — **2.** (*moralisch*) go to the bad, (*stärker*) become dissipated. — **3.** (*von Haushalt, Betrieb etc*) go down (a lot), go (*od.* run) to seed, deteriorate (greatly). — **ver'lot·tert I** *pp.* — **II** adj **1.** (*Person*) seedy, raffish, dowdy. — **2.** (*moralisch*) dissipated. — **3.** (*Betrieb etc*) seedy, deteriorated.

ver'lu·dern *colloq.* **I** v/i ⟨*no* ge-, sein⟩ *cf.* verkommen[1] 4, 5. — **II** v/t ⟨h⟩ *cf.* verplempern I.

ver'lum·pen *colloq.* **I** v/i ⟨*no* ge-, sein⟩ *cf.* verkommen[1] 4, 5. — **II** v/t ⟨h⟩ *cf.* verplempern I.

Ver'lust [-'lʊst] m ⟨-(e)s; -e⟩ **1.** (an *dat* of) loss: der ~ der Brieftasche the loss of the wallet; ein schwerer [empfindlicher, unersetzlicher] ~ a heavy (*od.* bad) [a grievous, an irretrievable] loss; bei ~ der Personalpapiere in case of loss of the identity papers; bei ~ kann kein Ersatz geleistet werden no refund if lost; in ~ geraten (*officialese*) to be lost. — **2.** (*Todesfall*) loss, bereavement. — **3.** *pl mil.* losses, casualties: geringe ~e minor losses; hohe (*od.* schwere) ~e haben (*od.* erleiden) to have (*od.* suffer) heavy casualties, to have a high death toll; dem Gegner schwere ~e zufügen (*od.* beibringen) to inflict heavy losses on the enemy. — **4.** *econ.* a) loss (sustained), deficit, b) (*durch Schwund etc*) loss, waste: buchmäßiger ~ book loss; finanzieller ~ financial loss, sacrifice; reiner ~ clear (*od.* net) loss; mit ~ arbeiten to operate at a loss (*od.* sacrifice); etwas mit ~ verkaufen to sell s.th. at a loss (*od.* sacrifice), to sell s.th. at a (*od.* to) disadvantage; der ~ geht in die Millionen the loss runs into millions; für einen ~ aufkommen to be liable for a loss; einen ~ decken to cover (*od.* make good, make up for) a loss. — **5.** (*erlittener Schaden*) loss, damage: schwere ~e am Wildbestand heavy losses of (*od.* to) wildlife; ~e durch Feuer [Diebstahl] losses caused by fire [theft]. — **6.** *jur.* (*von Rechten, Eigentum etc*) loss, (de)privation, forfeiture: der ~ der bürgerlichen Ehrenrechte the loss of civil (*auch* civic) rights; bei ~ von (up)on (*od.* under) pain of, under penalty of losing, with forfeiture of. — **7.** *pl* (*Spielverluste*) losings, losses. — **8.** *phys.* (*an Energie*) loss, dissipation.

Ver'lust|**,ab,schluß** m Swiss econ. loss shown in annual accounts. — ~**,an,teil** m share in the loss. — ~**,an,zei·ge** f notice (*od.* report) of (a) loss. — **v~,arm** adj electr. low-loss (*attrib*). — ~**bi,lanz** f econ. debit balance (sheet), balance sheet showing a loss, deficit(ary) balance, (*bei Handelsbilanzen*) adverse balance. — **v~,brin·gend** adj (*unrentabel*) losing, involving (a) loss. — ~**,fak·tor** m electr. loss factor. — **v~,frei** adj free from losses. — ~**ge,schäft** n econ. business at a loss.

ver·lu'stie·ren [-lʊs'tiːrən] v/reflex ⟨*no* ge-, h⟩ sich ~ *colloq. humor.* amuse (*od.* divert) oneself.

ver'lu·stig adj **1.** einer Sache ~ gehen (*officialese*) to forfeit s.th., to be deprived of s.th., to lose s.th.: eines Rechtes [Vorteils] ~ gehen to lose a right [privilege]. — **2.** er wurde der bürgerlichen Rechte (für) ~ erklärt he was declared to have forfeited his civil (*auch* civic) rights.

Ver'lust|**,jahr** n econ. deficit year, year of deficit. — ~**kon,stan·te** f electr. attenuation (*od.* damping) constant. — ~**kon·to** n econ. deficit (*od.* loss) account. — ~**li·ste** f mil. list of casualties, casualty list. — ~**,mel·dung** f **1.** report of (a) loss. — **2.** mil. (*über Menschenleben*) casualty report. — ~**quo·te** f percentage of loss. — **v~,reich** adj **1.** mil. (*Schlacht, Angriff etc*) with (*od.* involving) heavy losses (*od.* casualties), bloody. — **2.** ~es Jahr econ. deficit year, year of deficit, year with heavy losses. — ~**span·ne** f econ. deficit margin. — ~**vor,trag** m (*in der Bilanz*) loss (balance) carried forward. — ~**zif·fer** f mil. casualty figure.

ver'ma·chen v/t ⟨*no* ge-, h⟩ j-m etwas ~ a) to leave s.o. s.th., to leave (*od.* will) s.th. to s.o., b) *jur.* (*bes. bewegliche Sachen od.* Geld) to bequeath (*od.* legate) s.th. to s.o., c) *jur.* (*bes. Grundbesitz*) to devise s.th. to s.o., d) *fig. colloq.* (*schenken*) to bequeath s.th. to s.o.

Ver'mächt·nis [-'mɛçtnɪs] n ⟨-ses; -se⟩ **1.** *jur.* a) (*von beweglichen Sachen od.* Geld) bequest, legacy, bequeathal, b) (*von Grundbesitz*) devise: j-m ein ~ aussetzen to bequeath (*od.* leave) a legacy to s.o. — **2.** *fig.* legacy: geistiges ~ intellectual legacy (*od.* heritage); er hinterließ ihr einen Sohn als ~ he left her a son as a legacy. — ~**,ge·ber** m jur. **1.** (*von beweglichen Sachen*) legator. — **2.** (*von Grundbesitz*) devisor. — ~**,neh·mer** m **1.** (*einer beweglichen Sache*) legatee. — **2.** (*von Grundbesitz*) devisee.

ver'mah·len v/t ⟨*irr, no* ge-, h⟩ (*Korn etc*) grind down.

ver'mäh·len [-'mɛːlən] **I** v/t ⟨*no* ge-, h⟩ *lit.* (mit to) marry, give (*s.o.*) in marriage. — **II** v/reflex sich ~ marry, wed: sich mit j-m ~ to marry (*od.* wed) s.o.

ver'mählt I *pp.* — **II** adj ~ sein (mit to) to be married (*od.* wedded). — **Ver'mähl·te** m, f ⟨-n; -n⟩ newlywed: die ~n the newlyweds, the newly married (*od.* wedded) couple sg, the bridal pair sg (*od.* couple sg).

Ver'mäh·lung f ⟨-; -en⟩ marriage, wedding: X und Y geben ihre ~ bekannt X and Y announce their marriage. — **Ver'mäh·lungs·,an,zei·ge** f wedding announcement.

ver'mah·nen *lit.* **I** v/t ⟨*no* ge-, h⟩ j-n ~ to admonish s.o.: j-n ~, etwas [nicht] zu tun to admonish (*od.* exhort) s.o. [not] to do s.th. — **II** V~ n ⟨-s⟩ *verbal noun.* — **Ver'mah·nung** f ⟨-; -en⟩ **1.** *cf.* Vermahnen. — **2.** admonition, exhortation.

ver·ma·le'deit [-male'daɪt] adj obs. colloq. *cf.* verdammt 1.

ver'männ·li·chen [-'mɛnlɪçən] v/t ⟨*no* ge-, h⟩ masculinize Br. auch -s-.

ver'man·schen v/t ⟨*no* ge-, h⟩ *colloq. contempt.* **1.** (*Speisen etc*) mess (s.th.) up. — **2.** *fig.* (*Begriffe etc*) jumble (up), mix up, make a hash (*od.* mess, muddle) of.

ver'mar·ken [-'markən] **I** v/t ⟨*no* ge-, h⟩ (*vermessen*) mark (s.th.) off, beacon. — **II** V~ n ⟨-s⟩ *verbal noun.* — **Ver'mar·kung** f ⟨-; -en⟩ **1.** *cf.* Vermarken. — **2.** survey mark.

ver'mas·seln [-'masəln] v/t ⟨*no* ge-, h⟩ *colloq.* **1.** (*Arbeit etc*) make a mess (*od.* botch, hash) of, foozle (*colloq.*). — **2.** (*Pläne, Konzept etc*) spoil, mess (s.th.) up, *bes. Br. colloq.* muck (s.th.) up, (*stärker*) ruin.

ver'mas·sen [-'masən] **I** v/i ⟨*no* ge-, sein⟩ lose one's individuality. — **II** V~ n ⟨-s⟩ *verbal noun.* — **Ver'mas·sung** f ⟨-; *no pl*⟩ **1.** *cf.* Vermassen. — **2.** loss of individuality.

ver'mau·ern v/t ⟨*no* ge-, h⟩ **1.** (*zumauern*) wall (s.th.) up (*od.* off), mason. — **2.** (*ummauern*) wall (s.th.) in.

ver'meh·ren v/t ⟨*no* ge-, h⟩ **1.** (*Kapital, Vermögen, Einkünfte etc*) (um by) increase, augment, enlarge. — **2.** (*vervielfachen*) multiply. — **3.** (*Freude, Leid, Behagen etc*) increase, add to. — **4.** *biol.* a) (*Pflanzen*) propagate, b) (*Tiere*) propagate, breed. — **II** v/reflex sich ~ **5.** (*zunehmen*) increase, augment, enlarge, grow, (*an Zahl*) *auch* multiply: die Bevölkerung hat sich stark vermehrt the population has multiplied greatly. — **6.** *biol.* a) (*von Menschen*) reproduce, b) (*von Tieren*) breed, multiply, propagate, c) (*von Pflanzen*) propagate: sie ~ sich wie die Kaninchen *colloq.* they multiply like rabbits. — **III** V~ n ⟨-s⟩ **7.** *verbal noun.* — **8.** *cf.* Vermehrung. — **ver'mehrt I** *pp.* — **II** adj **1.** increased: mit ~er Kraft with increased (*od.* greater, augmented) force. — **2.** (*erweitert*) enlarged: zweite verbesserte und ~e Auflage *print.* second edition, revised and enlarged. — **Ver'meh·rung** f ⟨-; *no pl*⟩ **1.** *cf.* Vermehren. — **2.** increase, augmentation, enlargement, growth, increment: die ~ der Bevölkerung the increase in population. — **2.** (*Vervielfachung*) multiplication. — **3.** *biol. cf.* Fortpflanzung 2.

Ver'meh·rungs|**,bau** m agr. seed production, seed-growing. — ~**,fak·tor** m math. multiplier factor.

ver'meid·bar adj avoidable: es wäre ~ gewesen it could have been avoided.

ver'mei·den I *v/t* ⟨*irr*, no ge-, h⟩ **1.** avoid: läßt sich das nicht ∼? can it not be avoided? wenn ich es hätte ∼ können if I could have avoided (*od.* helped) it; das ließ sich nicht ∼ that was unavoidable (*od.* inevitable), that could not be avoided (*od.* helped); er vermied es, sie anzusehen he avoided looking at her, he avoided her gaze. – **2.** (*geschickt umgehen*) evade, avoid, steer clear of, sidestep: eine Diskussion ∼ to evade a discussion; er hat es sorgfältig vermieden, darüber zu sprechen he was careful to avoid talking about it. – **3.** (*verhüten*) avoid, prevent: helft Unfälle ∼! help (to) prevent accidents! – **II V∼** *n* ⟨-s⟩ **4.** *verbal noun.* – **5.** *cf.* Vermeidung.

ver'meid·lich *adj cf.* vermeidbar.

Ver'mei·dung *f* ⟨-; *no pl*⟩ **1.** *cf.* Vermeiden. – **2.** avoidance: zur ∼ von Fehldispositionen *bes. econ.* (in order) to avoid misguided actions. – **3.** bei ∼ einer Strafe von *jur.* (up)on (*od.* under) pain of, at the peril of.

ver·meil [vɛr'mɛː; -'mɛi] (*Fr.*) *adj* (*hochrot*) vermeil, bright-red.

Ver'meil *n* ⟨-s; *no pl*⟩ (*vergoldetes Silber*) vermeil, gilded silver.

ver'mei·nen *v/t* ⟨*no* ge-, h⟩ think, believe, imagine: ich vermeinte, ein Licht zu sehen I imagined I saw a light; er hatte solche Schmerzen, daß er zu sterben vermeinte he had such pain that he thought (*od.* believed) he was going to die.

ver'meint·lich [-'maintliç] *adj* ⟨*attrib*⟩ **1.** supposed: die ∼e Gestalt erwies sich als Baumstumpf the supposed figure turned out to be a tree stump. – **2.** (*mutmaßlich*) alleged, reputed, putative: der ∼e Täter the alleged culprit; der ∼e Vater des Kindes *jur.* the putative father of the child. – **3.** *jur.* (*Erbe*) presumptive. – **4.** (*vorgeblich*) pretended, alleged, self-styled: der ∼e Doktor the pretended doctor.

ver'mel·den *v/t* ⟨*no* ge-, h⟩ **1.** report: er konnte große Erfolge ∼ he was able to report great success; er hat hier gar nichts zu ∼ *fig. colloq.* he has no say in this. – **2.** j-m etwas ∼ *archaic* to inform (*od.* notify) s.o. of s.th., to send s.o. word of s.th.

ver'men·gen I *v/t* ⟨*no* ge-, h⟩ **1.** *cf.* vermischen 1—3. – **2.** *fig.* (*durcheinanderbringen*) jumble (up), mix up. – **II** *v/reflex* sich ∼ **3.** *cf.* vermischen II.

ver'mensch·li·chen [-'mɛnʃliçən] **I** *v/t* ⟨*no* ge-, h⟩ **1.** humanize *Br. auch* -s-, anthropomorphize *Br. auch* -s-: Götter ∼ to humanize the gods, to represent the gods in human form (*od.* with human features). – **2.** (*personifizieren*) personify. – **II V∼** *n* ⟨-s⟩ **3.** *verbal noun.* – **Ver'mensch·li·chung** *f* ⟨-; *no pl*⟩ **1.** *cf.* Vermenschlichen. – **2.** humanization *Br. auch* -s-, anthropomorphism, anthropomorphization *Br. auch* -s-. – **3.** personification.

Ver'merk [-'mɛrk] *m* ⟨-(e)s; -e⟩ **1.** (*im Paß etc*) note, notice, notation: einen ∼ tragen to bear a note. – **2.** (*Eintrag*) entry: ∼ in den Büchern entry in the books. – **3.** (*Aktenvermerk*) memorandum, memo.

ver'mer·ken *v/t* ⟨*no* ge-, h⟩ **1.** (*sich dat*) etwas ∼ to make a note of s.th., to note s.th. down, to record s.th., to mark s.th. (down): er hat sich die genaue Stückzahl am Rande vermerkt he noted (*od.* marked) down the exact number of pieces in the margin; ich habe es mir in meinem Notizbuch vermerkt I made a note of it in my notebook; das Eingangsdatum in der Akte ∼ to mark the date of receipt (down) in the file. – **2.** (*in Dienstbüchern, Karteien etc*) enter, make an entry of: Einzelheiten sind in der Kartei vermerkt worden particulars have been entered in the card index. – **3.** etwas übel ∼ *fig.* to take s.th. amiss (*od.* badly, ill), (*stärker*) to take s.th. in bad part, to take offence (*Am.* offense) at s.th.: man hat es ihm übel vermerkt, daß er it was taken amiss that he.

ver'mes·sen¹ I *v/t* ⟨*irr*, no ge-, h⟩ **1.** (*ausmessen*) measure, take the measurement(s) of. – **2.** (*Land, Seegebiet*) survey. – **3.** *mar.* a) (*Seeschiff*) measure the tonnage of, b) (*Jacht*) rate. – **4.** (*den Rauminhalt*) cube, measure. – **5.** (*forestry*) scale. – **II** *v/reflex* sich ∼ **6.** (*falsch messen*) measure wrong(ly), make a mistake in (one's)

measurement, mismeasure. – **7.** sich ∼, etwas zu tun *lit.* to presume (*od.* dare, make bold) to do s.th., to have the audacity (*od.* temerity, impudence) to do s.th.: wie hast du dich ∼ können, so etwas zu sagen! how could you dare (to) say such a thing! – **III V∼** *n* ⟨-s⟩ **8.** *verbal noun.* – **9.** *cf.* Vermessung.

ver'mes·sen² **I** *pp of* vermessen¹. – **II** *adj* **1.** (*anmaßend, überheblich*) presumptuous, presuming, arrogant: ein ∼er Mensch a presumptuous person; er war ∼ genug, abfällig über Dinge zu reden, von denen er nichts verstand he was presumptuous enough (*od.* he presumed, he made bold) to speak disparagingly of things he knew nothing about; so etwas zu behaupten ist ∼ it is presuming to assert a thing like that. – **2.** (*tollkühn*) daring, bold, hardy, temerarious: ein ∼es Unternehmen a bold (*od.* daring) undertaking. – **3.** (*kühn, unverschämt*) audacious, forward, bold, impudent, (*stärker*) insolent.

Ver'mes·sen·heit *f* ⟨-; *no pl*⟩ **1.** (*Anmaßung, Überheblichkeit*) presumption, presumptuousness, arrogance. – **2.** (*Tollkühnheit*) daringness, boldness, hardiness, temerity, temerariousness. – **3.** (*Kühnheit, Unverschämtheit*) audacity, audaciousness, forwardness, boldness, impudence, (*stärker*) insolence.

Ver'mes·ser *m* ⟨-s; -⟩ *civ.eng.* surveyor.

Ver'mes·sung *f* ⟨-; -en⟩ **1.** *cf.* Vermessen¹. – **2.** measurement. – **3.** (*von Land, See etc*) survey: ∼ aus der Luft aerial survey(ing). – **4.** (*space*) tracking. – **5.** *mar.* (*von Schiffsraum*) tonnage measurement.

Ver'mes·sungs·amt *n* surveyor's office. — **∼ar·beit** *f meist pl* **1.** surveying. – **2.** *civ.eng.* grand (*od.* field) survey. — **∼auf·nah·me** *f* ∼ aus der Luft photographic survey, air-to-ground survey photograph. — **∼be·am·te** *m* surveying officer, surveyor. — **∼boot** *n* surveying boat. — **∼flug·zeug** *n* aerial survey (*od.* mapping) plane. – **2.** *collect.* surveying equipment. — **∼in·ge·ni·eur** *m* surveying engineer, geometer. — **∼ka·me·ra** *f* (aerial) survey camera. — **∼kun·de** *f* surveying, geodesy. — **∼punkt** *m* survey point, (*auxiliary*) fixed point: ∼ 1. Ordnung permanent station. — **∼schiff** *n mar.* (hydrographic) survey(ing) vessel. — **∼stab** *m civ.eng.* arrow. — **∼sta·ti·on** *f* (*space*) tracking station. — **∼trupp** *m civ.eng.* survey(ing) detachment (*od.* party, crew). — **∼we·sen** *n* ⟨-s; *no pl*⟩ surveying.

ver'mickert (*getr.* -k·k-) [-'mikərt], **ver'mie·kert** [-'miːkərt] *adj bes. Northern G. colloq.* contempt. for mickerig.

Ver·mi·cu·li·te [vɛrmiku'liːtə] *pl min.* vermiculites.

ver'mie·sen [-'miːzən] *v/t* ⟨*no* ge-, h⟩ j-m etwas ∼ *colloq.* to spoil (*od.* ruin) s.th. for s.o.: ich lasse mir die Reise von keinem ∼ I won't have anybody spoil the journey for me.

ver'miet·bar *adj* rentable, *bes. Br.* lettable.

ver'mie·ten I *v/t* ⟨*no* ge-, h⟩ **1.** rent, *bes. Br.* let: j-m (*od.* an j-n) etwas ∼ to rent s.th. to s.o., *bes. Br.* to let s.o. have s.th., to let s.o. s.th.; Zimmer zu ∼! (*Aufschrift*) rooms for rent (*bes. Br.* to let)! eine Wohnung möbliert ∼ to rent an apartment (*bes. Br.* a flat) furnished; die Wohnung wird für 200 Mark im Monat vermietet the apartment (*bes. Br.* flat) is rented (*od.* rents, *bes. Br.* is let, lets) for 200 marks a month. – **2.** *jur.* (*unbewegliche Sachen*) lease, *bes. Br.* let: das Haus ∼ to lease the house. – **3.** (*bewegliche Sachen*) hire (out), let (out) (s.th.) on hire, *bes. Am.* rent (out): Autos [Liegestühle] ∼ to hire (out) cars [deck chairs]; Möbel zu ∼ furniture for hire (*bes. Am.* for rent). – **II** *v/i* **4.** rent, *bes. Br.* let: sie vermietet an Urlauber she rents (*bes. Br.* lets) (rooms) to holiday-makers (*Am.* vacationists). – **III V∼** *n* ⟨-s⟩ **5.** *verbal noun.* – **6.** *cf.* Vermietung.

Ver'mie·ter *m* ⟨-s; -⟩ **1.** renter, *bes. Br.* letter. – **2.** (*Hauswirt*) landlord. – **3.** (*von beweglichen Gegenständen*) hirer, *bes. Br.* renter. – **4.** *jur.* (*Verpächter*) lessor, *Am.* locator. – **5.** *mar.* owner. — **Ver'mie·te·rin** *f* ⟨-; -nen⟩ (*Hauswirtin*) landlady.

Ver'mie·tung *f* ⟨-; -en⟩ **1.** *cf.* Vermieten. – **2.** renting, *bes. Br.* letting, *Am.* rental. –

3. *jur.* (*Verpachtung*) lease. – **4.** (*von beweglichen Sachen*) hire, *Am.* rental.

Ver'mie·tungs·bü·ro *n Am.* real estate agency, *Br.* estate agency.

ver'min·dern I *v/t* ⟨*no* ge-, h⟩ **1.** (*um by*) diminish, lessen, decrease, (*auch zahlenmäßig*) reduce: dieser Umstand würde die Gefahr eines Krieges ∼ this fact would lessen (*od.* reduce, minimize *Br. auch* -s-) the danger of war; unsere Schulden konnten bis Ende April auf 1 000 Mark vermindert werden we were able to decrease (*od.* reduce) our debts to 1,000 marks by the end of April. – **2.** (*herabsetzen*) reduce, slacken, decrease: der Zug verminderte seine Geschwindigkeit the train reduced (*od.* eased) speed, the train slowed down. – **3.** (*Achtung, Ehrfurcht etc*) diminish, lessen, detract from: diese Mängel können unsere Bewunderung für seine Leistungen nicht ∼ these faults cannot lessen (*od.* cannot detract from) our admiration for his achievements (*od.* cannot detract from his achievements in our eyes). – **4.** *mil.* (*Truppenstärke*) reduce. – **II** *v/reflex* sich ∼ **5.** decrease, diminish, lessen: seine Energie hat sich seither nicht vermindert his energy has not decreased (*od.* declined, waned) since; die roten Blutkörperchen ∼ sich mehr und mehr the red blood cells decrease (*od.* dwindle) more and more. – **6.** *econ.* decrease, be reduced, decline, lessen, drop, go down, diminish, fall (off): die Einnahmen verminderten sich um die Hälfte the receipts dropped (*od.* were reduced) by a half. – **7.** *med.* (*von Schmerzen*) decrease, subside, grow less, abate. – **III V∼** *n* ⟨-s⟩ **8.** *verbal noun.* – **9.** *cf.* Verminderung. — **ver'min·dert I** *pp.* – **II** *adj* **1.** diminished: ∼e Leistungsfähigkeit diminished (*od.* reduced) performance; ∼e Zurechnungsfähigkeit *jur.* diminished responsibility. – **2.** *econ.* (*Kapital, durch Verluste*) impaired. – **3.** *mus.* diminished: doppelt ∼ double diminished. — **Ver'min·de·rung** *f* ⟨-; *no pl*⟩ **1.** *cf.* Vermindern. – **2.** (*der Gefahr etc*) diminution, diminishment. – **3.** (*der Geschwindigkeit etc*) reduction. – **4.** *econ.* decrease, reduction, decline, drop, fall, diminution: eine ∼ der Einnahmen a decrease in receipts; ∼ des Kapitals impairment (*od.* diminution) of capital. – **5.** *mil.* (*der Truppenstärke*) (*gen* in) reduction.

ver'mi·nen [-'miːnən] *mil.* **I** *v/t* ⟨*no* ge-, h⟩ **1.** mine, lay mines in. – **II V∼** *n* ⟨-s⟩ **2.** *verbal noun.* – **3.** mine-laying. — **Ver'mi·nung** *f* ⟨-; -en⟩ *cf.* Verminen.

ver'mi·schen I *v/t* ⟨*no* ge-, h⟩ **1.** mix (s.th.) (together), blend, (*mehr als zwei Dinge*) *auch* intermix: man vermische (das) Mehl und (die) Butter (miteinander) blend flour and butter. – **2.** (*Farben, Tabak, Tee etc*) blend, mingle, (inter)mix. – **3.** (*mit Wasser*) dilute, mix, (*bes. betrügerisch*) adulterate: Wein mit Wasser ∼ to dilute wine with water, to water wine. – **4.** *biol.* (*Tierrassen*) cross(breed), interbreed. – **5.** *metall.* alloy. – **II** *v/reflex* sich ∼ (*mit with*) **6.** mix, blend, mingle, intermix. – **7.** (*von Farben etc*) blend, mix: die Chemikalien ∼ sich leicht the chemicals blend well. – **8.** *biol.* (*von Rassen*) a) interbreed, intermingle, b) (*durch Heirat*) intermarry. – **9.** (*von Rauch etc*) mingle, mix. – **III V∼** *n* ⟨-s⟩ **10.** *verbal noun.* – **11.** *cf.* Vermischung. — **ver'mischt I** *pp.* – **II** *adj* **1.** mixed. – **2.** (*Nachrichten etc*) miscellaneous: ∼e Schriften (*als Buchtitel*) miscellaneous writings, miscellany *sg.* – **III V∼e,** (*undeclined*) **3.** the miscellaneous: V∼es (*als Titel in Zeitungen*) miscellaneous, miscellany. — **Ver'mi·schung** *f* ⟨-; *no pl*⟩ **1.** *cf.* Vermischen. – **2.** mixture, blend. – **3.** *biol.* a) crossing, interbreeding, b) (*durch Heirat*) intermarriage. – **4.** *fig.* (*Wirrwarr*) medley, jumble.

ver'mis·sen *v/t* ⟨*no* ge-, h⟩ **1.** (*Brille, Schlüssel etc*) not be able to find, be missing, miss: ich vermisse meine Brieftasche I can't find (*od.* I am missing, I have lost) my wallet, my wallet is missing; vermißt du nichts? haven't you noticed that s.th. is missing? don't you miss anything? ich vermisse das Buch schon lange I have been looking for (*od.* I have missed) that book for ages (*colloq.*). – **2.** (*Abwesenheit feststellen*) see (*od.* note, notice) that (s.o., s.th.) is not there (*od.*

here): **ich vermisse heute den Nachtisch I** (regret to) see (that) there is no dessert today; **ich vermisse noch Herrn X I** see that Mr X is not here yet; **wir hatten ihn noch gar nicht vermißt** we had not (even) noticed that he was not there; **wir haben ihn noch gar nicht vermißt** we don't miss him at all (*od.* one bit); **zwei Personen werden noch vermißt** two persons are still missing (*od.* unaccounted for). – **3.** (*schmerzlich*) miss (*s.o., s.th.*) (badly), (*einen Verstorbenen*) *auch* regret the loss of: **ich vermisse es [dich] sehr I** miss it [you] very badly (*od.* very much); **er vermißt seinen verstorbenen Freund sehr** he misses his friend very much, he regrets the loss of his friend. – **4. etwas ~ lassen** (*Geschmack, Anstand etc*) to lack (*od.* be lacking in) s.th., to want (*od.* be wanting in) s.th.

ver'mißt I *pp.* – **II** *adj* **1.** (*Brief, Schlüssel etc*) missing, (*verloren*) lost. – **2.** (*verschollen*) missing, *mil.* missing in action: **als ~ gemeldet werden** to be reported missing; **als ~ gelten** to be considered missing. — **Ver'miß·te** *m, f* ⟨-n; -n⟩ missing person: **die ~n** a) the missing (persons), b) *mil.* the missing persons (*od.* personnel *sg*); **die Suche nach dem ~n mußte eingestellt werden** the search for the missing man had to be called off.

Ver'mißten|an,zei·ge *f* report (*od.* notice) of missing persons: **~ erstatten** to report a person missing. — **~,mel·dung** *f* **1.** *cf.* Vermißtenanzeige. – **2.** announcement about a missing person. — **~,such·dienst** *m* (*des Roten Kreuzes*) service for tracing missing persons.

ver'mit·teln [-'mɪtəln] **I** *v/t* ⟨*no* ge-, h⟩ **1.** **j-m etwas ~** to obtain (*od.* procure, get) s.th. for s.o., to procure (*od.* get) s.o. s.th.: **das Büro vermittelte ihr eine Stelle bei der Firma X** the agency placed her with the firm of X; **j-m einen Briefpartner im Ausland ~** to supply s.o. with (*od.* to) a pen friend abroad; **er hat uns den Auftrag vermittelt** *econ.* he procured (*od.* secured, got) us the order. – **2. j-n ~** (*mit einer Arbeitsstelle versorgen*) to place s.o.: **das Büro hat sie an die Firma X vermittelt** the agency placed her with (*od.* sent her to) the firm of X. – **3.** (*zustande bringen*) arrange, bring about: **er hat ein Zusammentreffen zwischen ihnen vermittelt** he arranged a meeting between them; **eine Heirat ~** to arrange (*od.* negotiate) a marriage, to make a match. – **4.** *econ.* (*als Mittler auftreten bei*) act as intermediary in, mediate: **der Kursmakler vermittelt Geschäfte in Wertpapieren** the stock broker mediates transactions in securities (*od.* acts as intermediary for the trading of securities). – **5.** (*Bild, Eindruck, Vorstellung, Idee, Gefühl etc*) give, convey. – **6.** (*Kenntnisse, Wissen*) impart. – **7.** (*Einigung etc*) mediate, negotiate: **einen Waffenstillstand ~** to mediate an armistice; **er vermittelte den Frieden zwischen den beiden kriegführenden Staaten** he mediated peace (*od.* negotiated for a peace) between the two belligerent nations. – **II** *v/i* **8.** *bes. pol.* (**bei, in** *dat* **in**) mediate, intercede, settle (*od.* adjust, reconcile, compose) differences, act as mediator (*od.* conciliator, go-between): **zwischen zwei Gegnern ~** to mediate between two opponents. – **9.** *bes. pol.* (*vermittelnd eingreifen*) mediate, interpose (one's authority), intervene, intercede: **in einem Streitfall ~** to mediate (*od.* intercede) in a dispute. – **III V~** *n* ⟨-s⟩ **10.** verbal noun. – **11.** *cf.* Vermittlung. — **ver'mit·telnd I** *pres p.* – **II** *adj* conciliatory: **~e Worte sprechen** to speak conciliatory words; **~e Schritte unternehmen** to mediate, to intercede. – **III** *adv* **~ eingreifen** to mediate, to intercede, to intervene, to interpose (one's authority).

ver'mit·tels(t) *prep* ⟨gen⟩ by means (*od.* dint) of, with the help of, through.

Ver'mitt·ler *m* ⟨-s; -⟩ **1.** (*in Streitfällen*) mediator, conciliator, intercessor, interceder. – **2.** *pol.* (*Mittelsmann*) intermediary, go-between. – **3.** *econ.* a) (*Zwischenhändler*) agent, middleman, intermediary, intermediate agent, b) (*von Anleihen etc*) negotiator. — **~,amt** *n* *pol.* mediatorship, office of mediator. — **~ge,bühr** *f* *econ. cf.* Vermittlerprovision.

Ver'mitt·le·rin *f* ⟨-; -nen⟩ **1.** (*in einem Streit*) mediatress, mediatrice, mediatrix. – **2.** *cf.* Vermittler.

Ver'mitt·ler|pro·vi·si,on *f* *econ.* **1.** agent's commission. – **2.** (*eines Maklers*) brokerage. — **~,rol·le** *f* role (*auch* rôle) (*od.* part) of (a) mediator. — **~,tä·tig·keit** *f cf.* Vermittlungstätigkeit.

Ver'mitt·lung *f* ⟨-; -en⟩ **1.** (*eines Auftrags, einer Stelle, Wohnung etc*) procurement: **die ~ von Arbeitsplätzen** placement. – **2.** (*einer Zusammenkunft etc*) arrangement. – **3.** *bes. econ.* (*einer Anleihe, eines Geschäfts etc*) negotiation. – **4.** (*Schlichtung*) mediation, reconciliation (*od.* adjustment, settlement, composition) of differences. – **5.** *bes. pol.* (*Einschreiten bei einem Konflikt*) intervention, intercession, interposition. – **6.** (*eines Eindrucks, Gefühls etc*) conveyance. – **7.** (*Stelle*) agency. – **8.** *tel.* a) (*Beamter*) telephone operator, b) (*Amt*) exchange. – **9.** (*Vermittlungsdienste*) mediation, good offices *pl* (*od.* services *pl*): **seine ~ anbieten** to offer mediation, to mediate; **sich der ~ von j-m bedienen** to accept the mediation of s.o. – **10. durch die ~ von j-m, durch j-s ~** a) through s.o., through the services (*od.* help) of s.o., b) *bes. pol.* by (*od.* through) the good offices of s.o., through the intermediary (*od.* mediatorship) of s.o.: **durch die freundliche ~ des Herrn X** by the good offices of Mr. X; **ohne seine ~ hätte ich die Bücher nicht erhalten** without his services (*od.* help) I would not have got the books, I would not have got the books if he had not obtained them for me.

Ver'mitt·lungs|ak·ti,on *f* *pol.* steps *pl* taken toward(s) mediation, mediatory action. — **~,amt** *n* *tel.* (telephone) exchange, *bes. Am.* central. — **~,an·ge,bot** *n* *pol.* offer of mediation, offer to intervene (*od.* mediate). — **~,aus,schuß** *m* mediation committee. — **~bü,ro** *n* **1.** (*für Stellenvermittlung*) placement (*od.* appointment) bureau. – **2.** (*für Wohnungsvermittlung*) *Am.* real estate agency, *Br.* estate agency. — **~,dien·ste** *pl* *pol. jur.* (*eines dritten Staates*) good offices (*od.* services), mediation *sg*. — **~ge,bühr** *f* *econ. cf.* Vermittlerprovision. — **~ge,schäft** *n* middlemen's (*od.* agency) business: **~e machen** to job, to engage in the intermediation of business. — **~pro·vi·si,on** *f cf.* Vermittlerprovision. — **~,schrank** *m* *tel.* (telephone) exchange switchboard. — **~,stel·le** *f* **1.** agency. – **2.** *tel. cf.* Vermittlungsamt. — **~,tä·tig·keit** *f* **1.** *econ.* (*eines Maklers etc*) intermediary function. – **2.** *pol.* function of mediator. — **~,fah·ren** *n* *pol.* conciliation proceedings *pl*. — **~,ver,such** *m* attempt at mediation (*od.* conciliation). — **~,vor,schlag** *m* proposal for mediation (*od.* settlement), conciliatory proposal.

Ver·mi·zid [vɛrmi'tsiːt] *med. pharm.* **I** *n* ⟨-s; -e⟩ (*Wurmmittel*) vermicide. – **II v~** *adj* (*wurmtötend*) vermicidal.

ver'mö·beln [-'møːbəln] *v/t* ⟨*no* ge-, h⟩ *colloq. cf.* verprügeln.

ver'mo·dern *v/i* ⟨*no* ge-, sein⟩ **1.** (*von Kleidern etc*) rot, molder, *bes. Br.* moulder. – **2.** (*von Blättern, Gebeinen etc*) rot, decompose, molder, *bes. Br.* moulder, decay.

ver'mö·ge [-'møːgə] *prep* ⟨gen⟩ *lit.* **1.** (*kraft*) by (*od.* in) virtue of, on the strength of: **~ seiner Stellung** by virtue of his position. – **2.** (*auf Grund*) owing to, due to, through: **~ seiner Beziehungen** due to his connections (*Br. auch* connexions). – **3.** (*mit Hilfe*) by means (*od.* dint) of.

ver'mö·gen¹ *lit.* **I** *v/aux* ⟨*irr, no* ge-, h⟩ **1.** (*können*) be able to, be capable of: **er vermochte ihr nicht in die Augen zu sehen** he was not able to (*od.* could not) look her in the eye (*od.* straight in the face); **nur wenige vermochten sich zu retten** only a few were able to save their lives; **ein Eildienst, der allen Ansprüchen zu genügen vermag** an express service which can meet all demands. – **2.** (*imstande sein*) be able to (*od.* in a position to): **er vermag seine Schulden nicht zu bezahlen** he is not in a position to pay his debts. – **II** *v/t* **3.** be able to: **wenig bei j-m ~** a) not to be able to get very far with s.o., b) to have little influence on (*od.* over, with) s.o.; **sie vermag alles bei ihm** a) she gets her way with him, b) she has great influence

on (*od.* over, with) him; **er vermag nichts gegen diese Entwicklung** he can do nothing about (*od.* all that lies [with]in his power) this development. – **4. ich will tun, was ich vermag** I'll do what I (possibly) can (*od.* all that lies [with]in my power); **ich vermag es nicht** I cannot do it, I am not capable of a thing like that; **er allein hat es vermocht, sie zur Vernunft zu bringen** he was the only one to succeed in bringing (*od.* who managed to bring) her to reason. – **III V~** *n* ⟨-s⟩ **5.** verbal noun. – **6.** (*Können*) ability, capacity: **das geht über mein V~** that is beyond me (*od.* my capacity); **nach (bestem) V~** to the best of one's ability, as far as one can; **nach seinem V~** according to one's ability (*od.* capacity). – **7.** (*Macht*) power: **das steht nicht in meinem V~** it is not (with)in my power. – **8.** (*Fähigkeit*) faculty, ability, capacity, talent: **sein V~, andere Menschen zu verstehen, ist nicht groß** he has a limited capacity (*od.* talent, faculty) for understanding (*od.* a limited ability to understand) other people.

Ver'mö·gen² *n* ⟨-s; -⟩ **1.** (*Geld u. Gut*) fortune, means *pl*, wealth, substance: **er hat ~** he has means; **kein ~ besitzen** to have no means, to be without means; **sein ganzes ~ verlieren** to lose all one's fortune (*od.* property); **sein ~ verschleudern** to squander one's substance; **ein ~ erben** to come into (*od.* inherit) a fortune. – **2.** *jur.* property: **bewegliches ~** movable (*od.* personal) property, movables *pl*, personal estate (*od.* assets *pl*), goods and chattels *pl*, personalty; **unbewegliches ~** immovable property, real estate (*od.* property), *Am. auch* realty; **elterliches ~** patrimony; **gemeinsames ~** joint property; **Übertragung von ~** conveyance (*od.* transfer) of property; **~ beschlagnahmen** to seize property; **~ besitzen [erwerben]** to hold (*od.* own) [to acquire *od.* take] property; **ein ~ hinterlassen** a) to leave property, b) to leave a fortune; **~ verwalten** to administer property. – **3.** *econ.* a) assets *pl*, effects *pl*, b) (*Kapital*) capital, c) (*in der Buchhaltung*) assets *pl*: **mit seinem ganzen ~ haften** (*von Gesellschaftern*) to be liable with all one's assets (*od.* to the extent of one's property); **flüssiges ~** liquid assets *pl* (*od.* capital); **sein ~ flüssigmachen** (*zu Geld machen*) to realize (*Br. auch* -s-) one's assets (*od.* property); **sein ~ in Wertpapieren anlegen** to invest one's capital (*od.* fortune) in securities. – **4.** (*große Geldsumme*) fortune: **er hat sich damit ein ~ verdient** (*od.* erworben) he earned (*od.* made) a fortune with (*od.* at) it; **das kostet mich ein ~** that will cost me a fortune.

ver'mö·gend *adj* wealthy, rich, well-to-do, well-off (*attrib*): **ein ~er Mann** a wealthy (*od.* well-to-do) man, a man of property (*od.* wealth, means, substance); **seine Familie ist ~** his family is wealthy (*od.* is in affluent circumstances).

Ver'mö·gens|,ab,ga·be *f* *econ.* property (*od.* capital) levy. — **~,ab,tre·tung** *f* *jur.* (*an den Gläubiger*) assignment of property. — **~,an,fall** *m* accession of property. — **~,an,la·ge** *f* *econ.* **1.** (*productive*) investment. – **2.** capital asset. — **~,an,mel·dung** *f* declaration of property. — **~,auf,stel·lung** *f* (*des Konkursschuldners*) statement of affairs. – **2.** *cf.* Vermögensbilanz. — **~,bal·lung** *f* concentration of wealth. — **~be,stand** *m* amount of property, assets *pl*. — **~be,steue·rung** *f* taxation of property. — **~bi,lanz** *f* statement of assets and liabilities, net asset and liability position, *Am. auch* statement of condition. — **~,bil·dung** *f* formation of wealth (*od.* of assets): **volkswirtschaftliche ~** total wealth formation. — **~,ein,zie·hung** *f* *jur.* confiscation of property. — **~er,klä·rung** *f* *econ. cf.* Vermögensanmeldung. — **~er,trag** *m* (*income, receipts pl*) from property. — **~,ge·gen,stand** *m* *jur.* property, item (*od.* piece) of property, asset. — **~kon,trol·le** *f* *econ.* property control. — **~,la·ge** *f* *econ.* financial condition (*od.* situation, position). — **~,mas·se** *f* *jur.* estate, assets *pl*. — **~,meh·rung** *f* *econ. cf.* Vermögenszuwachs. — **~,nach,weis** *m* property qualification. — **~,rech·te** *pl* *jur.* property *sg*: **Summe der ~ einer Person** personal and real property

of a person. — **v~.recht·lich** adj proprietary. — **~ₗscha·den** m (financial) loss. — **~ₗschät·zung** f valuation of property. — **~ₗschich·tung** f econ. pol. distribution of wealth. — **~ₗsper·re** f jur. blocking of property, (von Guthaben, Konto) freezing. — **~ₗstand** m econ. jur. financial (od. pecuniary) status, net asset position, net position on assets and liabilities. — **~ₗsteu·er** f jur. property tax. — **ₗtei·lung** f division of property. — **~ₗüber·ₗtra·gung** f conveyance (od. transfer) of property. — **~ₗum·schich·tung** f econ. redistribution of wealth (od. property). — **~ver·ₗfall** m jur. 1. (Einziehung) confiscation of property. — 2. disintegration of a fortune, financial collapse. — **~ver·ₗhält·nis·se** pl econ. (pecuniary od. financial) circumstances: schlechte ~ poor [easy] circumstances. — **~ver·ₗlust** m jur. loss of property. — **~ver·ₗwal·ter** m custodian, trustee, property administrator, administrator of property, property manager. — **~ver·ₗwal·tung** f property management, administration (od. custody) of property, (durch eine Bank) auch trustee work. — **~ₗwer·te** pl econ. (property) assets, property sg, property holdings, effects: körperliche [immaterielle] ~ tangible [intangible] property sg; ~ im Ausland assets (held) abroad, foreign (od. external) assets; verfügbare ~ disposable assets. — **v~ₗwirk·sam I** adj ~e Leistung (employer's) capital-forming payment under the employees' savings scheme. — **II** adv ~ sparen to save under the employees' savings scheme. — **~ₗzu·wachs** m increment of assets (od. property). — **~ₗzu·wachs·ₗsteu·er** f jur. property-increment tax, tax on the increment value of property, (Kapitalgewinnsteuer) capital gains tax.
ver'mög·lich adj Swiss for wohlhabend.
ver'mor·schen [-'mɔrʃən] v/i ⟨no ge-, sein⟩ (von Holz) rot, decay.
ver'mot·tet [-'mɔtət] adj moth-eaten, mothy.
ver'mum·men [-'mumən] **I** v/t ⟨no ge-, h⟩ **1.** (einhüllen) muffle (od. wrap) (s.o., s.th.) up. — **2.** (verkleiden) mask, disguise, dress (s.o.) up. — **II** v/reflex sich ~ muffle (od. wrap) oneself (up). — **3.** dress oneself up, masquerade. — **III V~** n ⟨-s⟩ **5.** verbal noun. — **6.** cf. Vermummung. — **ver'mummt I** pp. — **II** adj **1.** mit ~em Gesicht with one's face muffled up. — **2.** (Gestalt) masked. — **Ver'mumm·te** m, f ⟨-n; -n⟩ masked figure, mummer, mask. — **Ver'mum·mung** f ⟨-; no pl⟩ **1.** cf. Vermummen. — **2.** (Verkleidung) disguise, masquerade.
ver'mu·ren¹ [-'muːrən] v/t ⟨no ge-, h⟩ geol. (Tal etc) cover (od. fill) (s.th.) with mudflow. [moor.]
ver'mu·ren² v/t ⟨no ge-, h⟩ mar. (Schiff)
ver'murk·sen [-'murksən] v/t ⟨no ge-, h⟩ colloq. cf. verpfuschen 1.
ver'mu·ten [-'muːtən] **I** v/t ⟨no ge-, h⟩ **1.** suppose, expect, Am. colloq. guess, reckon, figure: ich vermute ihn in der Bibliothek I suppose (that) he is in the library; ich vermute, er kommt heute noch I expect he will come today. — **2.** (annehmen) presume, assume: es steht (od. ist) zu ~ (od. man vermutet), daß er sich außer Landes begeben hat it is to be presumed (od. it must be assumed) that he has gone abroad, he is presumed to have gone abroad. — **3.** (schließen) surmise, conjecture, speculate, guess: er vermutete mit Recht, daß he was right in his conjecture that. — **4.** (erwarten) expect, anticipate: er blieb dort, wo ihn niemand vermutete he stayed (in a place) where no one expected him (to be) (od. where no one expected to find him); ich hatte dich nicht in meinem Zimmer vermutet I had not expected you to be (od. anticipated that you would be) in my room. — **5.** (argwöhnen) suspect: nichts Arges ~ to suspect no harm; niemand vermutete es no one suspected it; ich hatte etwas Ähnliches vermutet I had suspected s.th. like that (od. to that effect); wer hätte das vermutet? a) (geahnt) who would have dreamt of (od. imagined, expected) that? b) (den Verdacht gehabt) who would have suspected that? es wird Brandstiftung vermutet arson is suspected. — **II V~** n ⟨-s⟩ **6.** verbal noun. — **7.** cf. Vermutung.

ver'mut·lich I adj ⟨attrib⟩ cf. mutmaßlich I, vermeintlich 1, 2. — **II** adv presumably, (stärker) probably, likely: ich habe mich ~ geirrt I presume I was wrong, I was probably wrong; ~ ist er der Täter he is presumably the culprit.
Ver'mu·tung f ⟨-; -en⟩ **1.** (Mutmaßung) supposition, supposal. — **2.** (Annahme) presumption, assumption: das führt zu der ~, daß that leads to the assumption that, that leads one (od. us) to assume that; die ~ liegt nahe, daß it can be assumed (od. it is highly probable) that. — **3.** (Spekulation) conjecture, surmise, speculation, guess(work): ~en anstellen to make conjectures; meine ~ war richtig I was right in my conjecture, my guess was right; eine reine (od. bloße) ~ a mere conjecture (od. guess). — **4.** (Argwohn, Verdacht) suspicion, hunch (colloq.): eine ~ haben (od. hegen) to have a suspicion. — **5.** (Hypothese) hypothesis, supposal.
ver'nach·läs·si·gen [-ₗlɛsɪgən] **I** v/t ⟨no ge-, h⟩ **1.** (seine Frau, Kinder, Familie, Kleidung etc) neglect. — **2.** (Arbeit, Pflichten etc) neglect, be negligent of, shirk: du darfst über dem Vergnügen die Arbeit nicht ~ you must not neglect your work over your pleasure. — **3.** (Grundstück, Haus etc) neglect, let (s.th.) go, not attend to. — **4.** fig. treat (s.o.) unkindly, be unkind to, slight: er ist zeitlebens vom Schicksal vernachlässigt worden fate has been unkind to him all his life. — **5.** (außer acht lassen) disregard, ignore: die dritte Stelle nach dem Komma können wir ~ we can ignore the third decimal (place). — **II** v/reflex sich ~ **6.** (in Kleidung, Körperpflege etc) neglect oneself, let oneself go. — **III V~** n ⟨-s⟩ **7.** verbal noun. — **Ver'nach·läs·si·gung** f ⟨-; -en⟩ **1.** cf. Vernachlässigen. — **2.** (eines Menschen, der Kleidung etc) neglect. — **3.** (seiner Arbeit, Pflichten etc) neglect, shirk, slight. — **4.** (Außerachtlassung) disregard.
ver'na·geln v/t ⟨no ge-, h⟩ **1.** (Kiste etc) nail (up). — **2.** (Tür, Fenster etc) board up: die Öffnung wurde mit Brettern vernagelt the opening was boarded up (od. over), boards were nailed over (od. across) the opening. — **ver'na·gelt I** pp. — **II** adj **1.** ~ sein fig. colloq. a) (begriffsstutzig) to be slow in (od. on) the uptake (colloq.), b) (engstirnig) to be narrow- (od. small-)minded: ich war wie ~ my mind was a blank. — **2.** → Welt 1.
ver'nä·hen v/t ⟨no ge-, h⟩ **1.** (befestigen) sew (s.th.) on. — **2.** (zu Ende nähen) finish (s.th.) off, sew (s.th.) up. — **3.** (beim Nähen verbrauchen) use (od. finish) (s.th.) up. — **4.** (Wunde) suture, sew (up), stitch.
ver'nar·ben [-'narbən] **I** v/i ⟨no ge-, sein⟩ **1.** med. a) scar (over), form a scar, cicatrize Br. auch -s- (scient.), b) (sich überhäuten) skin (over). — **2.** fig. heal. — **II V~** n ⟨-s⟩ **3.** verbal noun. — **Ver'nar·bung** f ⟨-; -en⟩ **1.** cf. Vernarben. — **2.** med. formation of a scar; cicatrization Br. auch -s-, ulosis (scient.).
ver'nar·ren v/reflex **1.** sich in j-n ~ to become infatuated with s.o., to fall for s.o. (colloq.). — **2.** sich in (acc) etwas ~ (in ein Kleid, eine Stadt etc) to fall in love with s.th. — **ver'narrt I** pp. — **II** adj **1.** in j-n ~ sein to be infatuated (od. smitten) with s.o., to be crazy (od. colloq. mad, sl. nuts) about s.o.; to be struck (auch stuck) on s.o., to have a crush on s.o. (sl.). — **2.** in (acc) etwas ~ sein to be crazy (od. colloq. mad, sl. nuts) about s.th. — **Ver'narrt·heit** f ⟨-; no pl⟩ (in acc) **1.** infatuation (with). — **2.** crazy (od. colloq. mad) notion (about).
ver'na·schen v/t ⟨no ge-, h⟩ **1.** sein Geld ~ to spend one's money on sweets. — **2.** fig. colloq. (ein Mädchen) 'make', have it off with, 'lay' (alle sl.), go to bed with: sie läßt sich leicht ~ she is an easy lay (sl.).
ver'ne·beln v/t ⟨no ge-, h⟩ **1.** mil. screen, conceal (s.th.) by smoke, cover (s.th.) with a smoke screen, lay an artificial screen over. — **2.** chem. tech. (in Nebel verwandeln) atomize Br. auch -s-, nebulize Br. auch -s-. — **3.** fig. (Tatsachen etc) obscure, befog. — **4.** colloq. humor. (Zimmer) fug up (colloq.). — **II V~** n ⟨-s⟩ **5.** verbal noun. — **Ver'ne·belung, Ver'neb·lung** f ⟨-; no pl⟩ **1.** cf. Vernebeln. — **2.** mil. concealment (by smoke), (smoke) screen. — **3.** chem. tech. atomization

Br. auch -s-, nebulization Br. auch -s-. — **4.** fig. obscuration.
ver'nehm·bar adj **1.** audible. — **2.** (wahrnehmbar) perceptible. — **3.** jur. cf. vernehmungsfähig. — **Ver'nehm·bar·keit** f ⟨-; no pl⟩ **1.** audibility, audibleness. — **2.** (Wahrnehmbarkeit) perceptibility, perceptibleness. — **3.** jur. cf. Vernehmungsfähigkeit.
ver'neh·men I v/t ⟨irr, no ge-, h⟩ **1.** lit. (hören) hear: das Geräusch war deutlich zu ~ the noise could be heard distinctly (od. was distinctly audible). — **2.** (wahrnehmen, bemerken) perceive. — **3.** (erfahren) learn, hear: wie man vernimmt rumo(u)r has it; später vernahm ich jedoch, daß but I learned later that. — **4.** ~ lassen, daß to intimate that: er hat sich unzweideutig darüber ~ lassen, daß he intimated quite clearly (od. he made it quite clear) that. — **5.** jur. hear, examine, interrogate, question: der Angeklagte wurde vernommen the accused was heard; als Zeuge vernommen werden to be heard as a witness, to be called to the witness stand (Br. [in]to the witness-box). — **II V~** n ⟨-s⟩ **6.** verbal noun. — **7.** dem V~ nach from what one hears (od. understands), according to reports; sicherem V~ nach according to reliable reports. — **8.** cf. Vernehmung.
Ver'nehm·las·sung [-ₗlasuŋ] f ⟨-; -en⟩ Swiss for a) Stellungnahme, b) Verlautbarung 2. — **Ver'nehm·las·sungs·ver·ₗfah·ren** n Swiss jur. stage in legislation when a government bill is submitted to various interested bodies for comment before being formally introduced in parliament.
ver'nehm·lich I adj **1.** (klar, deutlich) clear, distinct: mit ~er Stimme in a clear voice. — **2.** (hörbar) audible. — **II** adv **3.** clear(ly), distinctly: laut und ~ antworten to answer loud and clear. — **4.** ~ audibly: sich ~ räuspern to clear one's throat audibly.
Ver'neh·mung f ⟨-; -en⟩ **1.** cf. vernehmen 6. — **2.** jur. (Verhör, gerichtliche Befragung) examination, interrogation.
Ver'neh·mungs·be·am·te m jur. interrogator. — **v~ₗfä·hig** adj in a condition to be examined. — **~ₗfä·hig·keit** f ⟨-; no pl⟩ condition to be examined.
ver'nei·gen I v/reflex ⟨no ge-, h⟩ sich ~ (vor dat) **1.** lit. bow (to): sich ehrfurchtsvoll vor j-m ~ to bow to s.o. respectfully. — **2.** (einen Hofknicks machen) curts(e)y (to), make (od. drop, bob) a curts(e)y (to). — **3.** fig. bow down (before): die Musikwelt verneigt sich vor ihm the music world bows before him (od. pays him its respects). — **II V~** n ⟨-s⟩ **4.** verbal noun. — **Ver'neigung** f ⟨-; -en⟩ ⟨no dat⟩ **1.** cf. Verneigen. — **2.** bow (to). — **3.** (Hofknicks) curts(e)y (to).
ver'nei·nen [-'naɪnən] **I** v/t ⟨no ge-, h⟩ **1.** (eine Frage) answer (s.th.) in the negative, say no to. — **2.** (leugnen, in Abrede stellen) deny, negate: er verneint die Existenz Gottes he denies the existence of God. — **3.** (ablehnen) reject: ich muß seine Haltung entschieden ~ I must reject his attitude emphatically. — **4.** (durch Widerspruch) contradict, gainsay: diese These muß ich ~ I must contradict this thesis. — **II V~** n ⟨-s⟩ **5.** verbal noun. — **6.** cf. Verneinung.
ver'nei·nend I pres p. — **II** adj **1.** ling. a) (Wort, Satz) negative, b) (Präfix) privative: ~er Satz a) negative sentence, b) negative clause; ~e Aussage negative statement. — **2.** (ablehnend) negative, negatory. — **III** adv **3.** ~ den Kopf schütteln to shake one's head. — **Ver'nei·ner** m ⟨-s; -⟩ negator. —
Ver'nei·nung f ⟨-; -en⟩ **1.** cf. Verneinen. — **2.** (Leugnung) denial, negation. — **3.** (Ablehnung) rejection. — **4.** (Widerspruch) contradiction. — **5.** ling. philos. negation.
Ver'nei·nungs·ₗfall m only in im ~(e) in (the) case of a negative reply. — **~par·ti·kel** f ling. negative (od. privative) particle. — **~ₗsatz** m **1.** negative clause. — **2.** negative sentence. — **~ₗwort** n ⟨-(e)s; ⸚er⟩ negative.
'Ver·ner·sches Ge'setz [ˈvɛrnərʃəs] n ling. Verner's law.
ver'neun·fa·chen [-ₗfaxən] **I** v/t ⟨no ge-, h⟩ increase (s.th.) ninefold. — **II** v/reflex sich ~ increase ninefold. — **III V~** n ⟨-s⟩ verbal noun. — **Ver'neun·fa·chung** f ⟨-; no pl⟩ **1.** cf. Verneunfachen. — **2.** ninefold increase.
ver'nich·ten [-'nɪçtən] **I** v/t ⟨no ge-, h⟩ **1.** (Briefe, Papiere, Akten, Indizien, Vor-

räte etc) destroy. – **2.** (*Menschenleben, Stadt, Feind, Armee etc*) destroy, annihilate, wipe (*s.th.*) out, exterminate. – **3.** (*zerstören, verwüsten*) destroy, demolish. – **4.** *mil.* (*dem Erdboden gleichmachen*) (*Stadt*) raze (*od.* level) (*a city*) (to the ground), flatten, obliterate. – **5.** (*Pflanzen, Ungeziefer etc*) exterminate, extirpate, eradicate, kill. – **6.** (*Ernte etc*) destroy, ruin. – **7.** *fig.* (*Hoffnungen, Pläne etc*) destroy, dash, shatter. – **8.** *fig.* (*Glück, guten Ruf etc*) ruin, wreck: diese Ehe hat ihr Leben vernichtet this marriage has ruined her life. – **9.** *fig.* (*niederschmettern*) crush: j-n durch scharfe Worte [Kritik] ~ to crush s.o. with scathing remarks [criticism]. – **10.** *phys.* (*Energie, Masse etc*) annihilate. – **II** *v/reflex* **11.** sich (selbst) ~ to destroy oneself. – **III** V~ *n* ⟨-s⟩ **12.** *verbal noun.* – **13.** *cf.* Vernichtung. — **ver'nich·tend I** *pres p.* – **II** *adj* **1.** (*Wirkung etc*) destructive, devastating. – **2.** *fig.* (*Kritik, Worte etc*) scathing: sie fällte ein ~es Urteil über ihn she pronounced a scathing judg(e)ment (up)on him, she made mincemeat of him (*colloq.*). – **3.** (*Antwort, Schlag, Niederlage etc*) crushing. – **4.** (*Blick*) withering. – **III** *adv* **5.** j-n ~ schlagen *mil.* (*sport*) to beat s.o. hollow (*colloq.*). — **Ver'nich·tung** *f* ⟨-; *no pl*⟩ *cf.* Vernichten. – **2.** (*von Briefen, Papieren, Akten etc*) destruction. – **3.** (*von Menschenleben, Städten, Feinden etc*) destruction, annihilation, extermination. – **4.** (*Zerstörung, Verwüstung*) destruction, demolition. – **5.** (*völlige*) obliteration. – **6.** (*von Pflanzen, Ungeziefer etc*) extermination, extirpation, eradication. – **7.** (*der Ernte etc*) destruction, ruin(ation). – **8.** *fig.* (*von Hoffnungen, Plänen etc*) destruction. – **9.** *fig.* (*von Glück, Ruf etc*) ruin(ation), wreckage. – **10.** *phys.* annihilation.

Ver'nich·tungs|ˌfeu·er *n mil.* destruction (*od.* annihilating) fire. — **~ˌkampf** *m* internecine combat. — **~ˌkrieg** *m* internecine war. — **~ˌla·ger** *n* extermination camp. — **~ˌmit·tel** *n* **1.** destructive agent. – **2.** (*gegen Insekten*) insecticide, larvicide, *auch* larvacide, vermicide. – **3.** (*gegen Unkraut*) herbicide, weedicide, weed killer. — **~ˌschlacht** *f* battle of annihilation. — **~ˌschlag** *m* **1.** *mil.* annihilating blow. – **2.** *fig.* final blow: zum ~ ausholen to deal the final blow. — **~ˌwaf·fe** *f* weapon of destruction. — **~ˌwut** *f* destructive rage (*od.* fury).

ver'nickeln (*getr.* -k·k-) [-'nɪkəln] *metall.* **I** *v/t* ⟨*no* ge-, h⟩ **1.** (plate [*s.th.*] with) nickel. – **2.** (*galvanisch*) nickel-plate. – **II** V~ *n* ⟨-s⟩ **3.** *verbal noun.* — **Ver'nicke·lung** (*getr.* -k·k-), **Ver'nick·lung** *f* ⟨-; *no pl*⟩ *cf.* Vernickeln.

ver'nied·li·chen [-'niːtlɪçən] **I** *v/t* ⟨*no* ge-, h⟩ (*Schwierigkeiten, Probleme etc*) belittle, play (*s.th.*) down, minimize *Br. auch* -s-, make (*s.th.*) look harmless. – **II** V~ *n* ⟨-s⟩ *verbal noun.* — **Ver'nied·li·chung** *f* ⟨-; -en⟩ **1.** *cf.* Verniedlichen. – **2.** belittlement, minimization *Br. auch* -s-.

Ver·ni'er·ˌTrieb·werk [vɛr'niːɐ-] *n* (*space*) vernier engine (*od.* motor).

ver'nie·ten *tech.* **I** *v/t* ⟨*no* ge-, h⟩ rivet. – **II** V~ *n* ⟨-s⟩ *verbal noun.* — **Ver'nie·tung** *f* ⟨-; *no pl*⟩ *cf.* Vernieten.

Ver·nis·sa·ge [vɛrnɪ'saːʒə] *f* ⟨-; -n⟩ (*Eröffnung einer Kunstausstellung*) varnishing day, vernissage.

Ver·nix ca·seo·sa ['vɛrnɪks kaze'oːza] *f* ⟨- -; *no pl*⟩ *med.* vernix (caseosa), smegma embryonum.

Ver'nunft [-'nʊnft] *f* ⟨-; *no pl*⟩ **1.** (*gesunder Menschenverstand*) common sense, reason, wit: das geht wider (*od.* gegen) die ~ that goes against the laws of common sense; das sagt mir schon meine ~ my common sense (even) tells me that; ~ walten lassen to allow oneself to be governed by reason, to use common sense. – **2.** (*Einsicht, Besonnenheit*) good sense, reason, sense(s *pl*): nimm doch ~ an! have (a bit of) sense! be sensible! (will you) listen to reason! aller ~ beraubt sein to be devoid of all good sense; j-n wieder zur ~ bringen to bring s.o. back to his senses (*od.* to reason); er ist endlich wieder zur ~ gekommen he has come back to his senses again; j-m ~ predigen to talk (some *od.* a bit of) sense into s.o.; ob er wohl jemals zur ~ kommt (*od.* gelangt)? I wonder whether he will ever have (*od.* learn [to have]) sense! –

3. (*Begriffsvermögen*) understanding, intellectual capacity: die ~ und der Wille the understanding and the will; das ist zuviel für die ~ eines Kindes that is beyond a child's intellectual capacity, that is too much for a child to understand. – **4.** *philos.* intellect, nous (*scient.*). — **v~be·ˌgabt** *adj* rational, reasonable, endowed with reason. — **~ˌehe** *f* marriage of convenience. **Ver·nünf·te'lei** *f* ⟨-; -en⟩ *contempt.* sophistry, subtlety, hairsplitting, *Br.* hair-splitting. — **ver'nünf·teln** [-'nʏnftəln] *v/i* ⟨*no* ge-, h⟩ subtilize *Br. auch* -s-, split hairs. **ver'nunft·ge·ˌmäß I** *adj* reasonable, sensible, commonsense (*attrib*); commonsensible, commonsensical (*colloq.*). – **II** *adv* according to reason, sensibly; commonsensibly, commonsensically (*colloq.*). **Ver'nunft|ˌglau·be(n)** *m* rationalism. — **~ˌgläu·bi·ge** *m, f* rationalist. — **~ˌgrund** *m meist pl* rational argument: auf Vernunftgründe hören to listen to reason; aus Vernunftgründen for reasons of common sense; Vernunftgründen nicht zugänglich sein not to be willing to listen to reason, to be unamenable to reason. — **~ˌhei·rat** *f* marriage of convenience. **ver'nünf·tig** [-'nʏnftɪç] **I** *adj* **1.** (*Person, Ansicht, Antwort, Entscheidung, Frage, Vorschlag etc*) sensible: er ist für sein Alter schon sehr ~ he is very sensible for his age; er wird schon noch ~ werden he'll develop sense (*od.* he'll sober up) some day; dazu solltest du schon zu ~ sein you ought to be too sensible for that, you ought to have more sense (than [to do] that), you ought to know better (than [to do] that); das muß doch jedem ~en Menschen einleuchten anyone (*od.* any man) in his senses (*od.* in his right mind) must see that; ich kann heute keinen ~en Gedanken fassen I can't think (properly) today; sei doch ~! be sensible! have (a bit of) sense! – **2.** (*umsichtig, besonnen*) sober-minded, judicious, level-headed, considerate, sane. – **3.** *colloq.* (*annehmbar, vertretbar*) reasonable: ein Lokal mit ~en Preisen a restaurant with reasonable prices, a reasonable restaurant; ein ganz ~er Aufsatz quite a reasonable essay; das klingt ganz ~ that sounds reasonable. – **4.** *colloq.* (*ordentlich, gescheit*) 'decent' (*colloq.*): kauf dir doch endlich einmal ein ~es Auto buy yourself a decent car for once (*od.* a change). – **5.** *colloq.* (*tüchtig, gehörig*) good, 'proper' (*colloq.*): er braucht eine ~e Tracht Prügel he needs a good thrashing. – **II** *adv* **6.** sensibly: ~ urteilen [denken] to judge [to think] sensibly; ~ mit j-m reden to have a sensible (*od.* straight) talk with s.o.; man kann sich mit ihm nicht ~ unterhalten you can't talk sensibly (*od.* carry on a sensible conversation) with him. — **ver'nünf·ti·ger·ˌwei·se** *adv* sensibly: ~ sagte er nein sensibly enough he said no, he had the good sense to say no. **Ver'nünf·tig·keit** *f* ⟨-; *no pl*⟩ **1.** sensibleness. – **2.** (*Umsichtigkeit etc*) judiciousness, level-headedness, considerateness, sanity. – **3.** *colloq.* (*Vertretbarkeit*) reasonableness. **ver'nunft·los** *adj* (*Tiere etc*) irrational, unreasonable. **ver'nunft·mä·ˌßig** *adj* (*Entscheidung etc*) rational. **Ver'nunft|ˌmensch** *m* rational person. — **~ˌphi·los** *n philos.* law of reason. — **~ˌschluß** *m* syllogism. — **v~wid·rig** *adj* **1.** (*Handeln etc*) unreasonable, contrary to reason. – **2.** (*Denken etc*) irrational, illogical, unreasonable. – **3.** (*absurd*) absurd. — **~wid·rig·keit** *f* ⟨-; *no pl*⟩ **1.** (*im Handeln*) unreasonableness. – **2.** (*im Denken*) irrationality, illogicalness, unreasonableness. – **3.** (*Absurdität*) absurdity.

ver'nu·ten *v/t* ⟨*no* ge-, h⟩ *tech. cf.* nuten. **ver'öden** [-'ʔøːdən] **I** *v/i* ⟨*no* ge-, sein⟩ **1.** become desolate. – **2.** (*sich entvölkern*) become deserted (*od.* depopulated), depopulate. – **II** *v/t* ⟨h⟩ **3.** *med.* a) (*Gefäße*) sclerose, obliterate, b) (*in der Anatomie*) atrophy, obliterate. – **III** V~ *n* ⟨-s⟩ **4.** *verbal noun.* — **Ver'ödung** *f* ⟨-; *no pl*⟩ **1.** *cf.* Veröden. – **2.** desolation. – **3.** (*durch Entvölkerung*) depopulation. – **4.** *med.* a) (*von Gefäßen*) obliteration, (*mit Kauter*) electrodesiccation, b) (*in der Anatomie*) obliteration. **ver'öf·fent·li·chen** [-'ʔœfəntlɪçən] **I** *v/t* ⟨*no* ge-, h⟩ **1.** (*Buch, Bild, Roman etc*) publish,

bring out, issue. – **2.** (*Nachricht, Leserbrief, Stellungnahme etc*) publish, publicize, make (*s.th.*) public. – **3.** (*Gesetz*) promulgate. – **II** V~ *n* ⟨-s⟩ **4.** *verbal noun.* — **Ver'öf·fent·li·chung** *f* ⟨-; -en⟩ **1.** *cf.* Veröffentlichen. – **2.** (*eines Buches, Leserbriefes, einer Rede etc*) publication: amtliche ~ official publication; etwas zur ~ freigeben to release s.th. for publication; nicht zur ~ bestimmt sein not to be intended for publication, to be off the record (*colloq.*). – **3.** (*eines Gesetzes*) promulgation. **Ver'öf·fent·li·chungs|ˌrecht** *n jur.* right of publication. — **~ˌrei·he** *f* serial.

Ve·ro·ne·se [vero'neːzə] *m* ⟨-n; -n⟩, **Ve·ro·ne·ser** *m* ⟨-s; -⟩ (*Einwohner von Verona*) Veronese. — **ve·ro·ne·sisch** *adj* Veronese, (of) Verona.

Ve·ro·ni·ka [ve'roːnika] *f* ⟨-; -niken⟩ **1.** *bot.* veronica (*Gattg Veronica*). – **2.** *colloq.* girl who has affairs with soldiers of occupation troops.

ver'opern [-'ʔoːpərn] *v/t* ⟨*no* ge-, h⟩ *colloq.* (*Stoff etc*) turn (*s.th.*) into an opera. **ver'ord·nen** **I** *v/t* ⟨*no* ge-, h⟩ **1.** *med.* a) (*Kur, Bettruhe etc*) order, b) (*durch ein Rezept*) prescribe: der Arzt hat ihm Bettruhe verordnet the doctor ordered him to (stay in) bed (*od.* ordered bed rest for him); j-m Tabletten ~ to prescribe s.o. tablets, to prescribe tablets for s.o.; wenn vom Arzt nicht anders verordnet unless otherwise prescribed (*od.* advised) by your physician. – **2.** (*verfügen, anordnen*) decree, ordain: ~, daß to decree that. – **II** V~ *n* ⟨-s⟩ **3.** *verbal noun.* — **Ver'ord·nung** *f* ⟨-; -en⟩ **1.** *med.* a) (*einer Kur etc*) order, b) (*durch Rezept*) prescription: nach ärztlicher ~ einzunehmen to take as prescribed by the physician. – **2.** (*Verfügung, Verordnung*) decree, ordinance: eine ~ erlassen to issue (*od.* publish) a decree. – **3.** *jur.* (*von Exekutive erlassene Verfügung*) statutory regulation. **Ver'ord·nungs|ˌblatt** *n* official gazette. — **~ˌta·fel** *f* ordinance board. — **~weg** *m* only in auf dem ~(e) by (way of) ordinance (*od.* decree).

ver'paa·ren *v/reflex* ⟨*no* ge-, h⟩ sich ~ *biol. cf.* paaren 5.

ver'pach·ten *jur.* **I** *v/t* ⟨*no* ge-, h⟩ **1.** lease, rent, *bes. Br.* let, (*bes. Waldland*) arrent, (*zum Betrieb gegen Pachtzins überlassen*) farm out: Grundbesitz auf Zeit ~ to demise an estate; verpachtet werden to be rented (*bes. Br.* let), to rent, *bes. Br.* to let. – **II** V~ *n* ⟨-s⟩ **2.** *verbal noun.* – **3.** *cf.* Verpachtung. — **Ver'päch·ter** *m* lessor, *Am.* locator. — **Ver'pach·tung** *f* **1.** *cf.* Verpachten. – **2.** lease, (*von Grundbesitz*) demise. **ver'packen** (*getr.* -k·k-) **I** *v/t* ⟨*no* ge-, h⟩ (in *dat od. acc* in) **1.** pack (up), (*bes. Einzelverpackung*) package: etwas gut ~ to pack(age) s.th. well; etwas in Ballen ~ to bale s.th.; jedes Teil einzeln ~ to pack each item separately; Waren sachgemäß ~ to pack goods in the proper manner; handelsüblich ~ to pack as usual in trade. – **2.** (*in Papier*) wrap (*s.th.*) up: etwas als Geschenk ~ to wrap s.th. up as a gift. – **II** V~ *n* ⟨-s⟩ **3.** *verbal noun.* – **4.** *cf.* Verpackung. — **Ver'packer** (*getr.* -k·k-) *m* ⟨-s; -⟩ packer, *auch* baler. — **ver'packt I** *pp.* – **II** *adj* packed: im Karton ~ packed in a box, boxed; Ware lose oder ~ kaufen to buy bulk (*od.* loose) or packed goods. — **Ver'packung** (*getr.* -k·k-) *f* ⟨-; -en⟩ **1.** *cf.* Verpacken. – **2.** (*Behältnis*) packing, package: mangelhafte ~ defective (*od.* faulty) packing; einschließlich ~, ~ frei packing included; ~ nicht inbegriffen, ~ wird gesondert berechnet packing not included, packing extra; seemäßige ~ seaworthy (*od.* sea-tight) packing; wiederverwendbare ~ reusable packing; ~ zur einmaligen Verwendung disposable packing; zuzüglich ~ plus packing. – **3.** (*Material*) packing (material), (*Papier*) wrapping, wrapper. **Ver'packungs|ˌart** (*getr.* -k·k-) *f* **1.** manner (*od.* method) of packing. – **2.** (*Material*) type of packing. — **~band** *n* ⟨-(e)s; ⁻er⟩ *tech.* bale tie, (*für Baumwollballen*) cotton tie. — **~be·ˌtrieb** *m* (*bes. in der chemischen Industrie*) packing plant. — **~ge·ˌwicht** *n* tare (weight), weight of packing. — **~in·duˌstrie** *f* packaging industry. — **~ˌko·sten** *pl* packing cost *sg* (*od.* charges). — **~ˌlein-**

,**wand** f sackcloth, sacking. — ⁓**ma,schi·ne** f packing (od. packaging) machine, packer. — ⁓**ma·te·ri,al** n 1. packing (od. packaging) material. – 2. (Papier) wrapping, wrapper. — ⁓**sack** m aer. (von Fallschirmen) parachute pack. — ⁓**vor,schrif·ten** pl packing instructions.

ver'paf·fen v/t ⟨no ge-, h⟩ sein Geld ⁓ colloq. to waste one's money on smoking (od. tobacco).

ver'päp·peln v/t ⟨no ge-, h⟩ colloq. (Kind) mollycoddle, pamper, cosset. — **ver'päppelt I** pp. – **II** adj er ist ⁓ colloq. he is a mollycoddle.

ver'pas·sen[1] v/t ⟨no ge-, h⟩ 1. (richtigen Augenblick, Zug etc) miss: den Anschluß ⁓ a) to miss one's connection (Br. auch connexion), b) fig. to miss the bus (sl.); eine Gelegenheit ⁓ to miss (od. lose, waste) an opportunity. – 2. (bewußt nicht wahrnehmen) let (s.th.) slip (od. go).

ver'pas·sen[2] v/t ⟨no ge-, h⟩ 1. fig. colloq. (in Wendungen wie) j-m eine (Ohrfeige) ⁓ to land (od. clout, paste) s.o. one (on the ear) (colloq.); j-m eins ⁓ to get one's own back on s.o.; → Denkzettel 1. – 2. mil. colloq. (Kleidung) fit: einem Soldaten eine Uniform ⁓ to fit a soldier with a uniform.

ver'paßt I pp of verpassen[1] u. [2]. – **II** adj (Gelegenheit) lost, missed, wasted.

ver'pat·zen v/t ⟨no ge-, h⟩ colloq. 1. (Abend, Note etc) mess (s.th.) up, spoil, (stärker) ruin: dadurch habe ich mir die letzte Chance verpatzt that has messed up (od. ruined) my last chance. – 2. cf. verpfuschen 1.

ver'pen·nen colloq. **I** v/i u. sich ⁓ v/reflex ⟨no ge-, h⟩ 1. sleep in, oversleep (oneself). – **II** v/t 2. (die Zeit, Termin etc) miss (s.th.) by oversleeping, oversleep. – 3. (einen ganzen Tag etc) waste (od. spend) (s.th.) sleeping.

ver'pe·sten [-'pɛstən] **I** v/t ⟨no ge-, h⟩ 1. (Luft etc) pollute, contaminate, foul, vitiate: die Luft mit Tabakrauch ⁓ to pollute the air (od. to make the air reek) with tobacco smoke. – 2. fig. (Atmosphäre etc) contaminate, (stärker) poison. — **II V⁓** n ⟨-s⟩ 3. verbal noun. — **Ver'pe·stung** f ⟨-; no pl⟩ 1. cf. Verpesten. – 2. pollution, contamination, vitiation.

ver'pet·zen v/t ⟨no ge-, h⟩ colloq. 1. j-n ⁓ to tell (od. squeal, squeak) on s.o. (colloq.), (einen Mitschüler) auch to tell tales about s.o., to peach (od. against) s.o. (sl.), Br. sl. to sneak on s.o. – 2. etwas ⁓ to let s.th. out, to blab (s.th.).

ver'pfäh·len v/t ⟨no ge-, h⟩ civ.eng. strengthen (s.th.) with piles, pile.

ver'pfänd·bar adj 1. pledgeable. – 2. (hypothekarisch belastbar) (Grundstück) mortgageable.

ver'pfän·den I v/t ⟨no ge-, h⟩ 1. (im Pfandhaus etc) pawn, pledge, give (od. deposit) (s.th.) in pawn (od. pledge), hock (sl.), Br. sl. pop: j-m etwas ⁓ to pawn (od. pledge) s.th. to s.o.; dafür verpfände ich mein Leben I'll pledge (od. stake) my life on that. – 2. jur. (hypothekarisch) mortgage, hypothecate, (zum Pfand [od. Faustpfand] geben) pawn. – 3. mar. (Schiff) pledge (a ship) by a bottomry bond. – 4. econ. pledge, (bes. schwimmende Güter) hypothecate. – **II V⁓** n ⟨-s⟩ 5. verbal noun. — **ver'pfän·det I** pp. – **II** adj ⁓ sein to be in pledge (od. in pawn). — **Ver'pfän·dung** f ⟨-; no pl⟩ 1. cf. Verpfänden. – 2. pledge, pawn(age): aus der ⁓ lösen to take out of pawn. – 3. jur. mortgage, hypothecation. – 4. mar. a) (eines Schiffes) bottomry, b) (der Ladung) respondentia.

ver'pfei·fen v/t ⟨irr, no ge-, h⟩ colloq. 1. j-n ⁓ (einen Komplicen etc) to squeal (od. squeak) on s.o. (colloq.), to grass (od. put the finger) on s.o. (sl.), to inform against s.o. – 2. etwas ⁓ to let s.th. out, to blab (s.th.).

ver'pflanz·bar adj med. transplantable, fit for grafting.

ver'pflan·zen I v/t ⟨no ge-, h⟩ 1. hort. transplant: man sollte einen so alten Menschen wie ihn nicht mehr ⁓ fig. colloq. one should not transplant a person of his age. – 2. med. (Haut, Organ) transplant, graft. – **II V⁓** n ⟨-s⟩ 3. verbal noun. — **Ver'pflanzung** f ⟨-; -en⟩ 1. cf. Verpflanzen. – 2. hort. transplant(ation). – 3. med. transplant(ation), graft.

ver'pfle·gen I v/t ⟨no ge-, h⟩ 1. (Gäste etc) board. – 2. (arme Bevölkerung etc) feed,

supply (s.o.) with food, victual. – **3.** mil. a) ration, supply (s.o.) with rations, b) (Heer) provision, victual. – **II** v/reflex **4.** sich selbst ⁓ to cook for oneself, to cook one's own meals. – **III V⁓** n ⟨-s⟩ **5.** verbal noun. — **Ver'pfle·gung** f ⟨-; -en⟩ **1.** cf. Verpflegen. – **2.** food: wie ist die ⁓? what is the food like? – **3.** (Kost) board: freie Unterkunft und ⁓ free room and board, free board and lodging; Zimmer mit voller ⁓ room and full board; bei j-m in ⁓ sein to board (od. lodge) with s.o., Br. colloq. to be in digs with s.o. – **4.** mil. a) (Nahrungsmittel) rations pl, subsistence, b) (Ration) ration, c) (für Truppenteile) provisions pl: ⁓ in Natur rations (od. pay) in kind.

Ver'pfle·gungs|,**amt** n **1.** food office. – **2.** mil. ration depot (od. supply office), commissariat, victualing (bes. Br. victualling) office. — ⁓**aus,ga·be** f mil. distribution (od. issue) of rations. — ⁓**aus,ga·be,stel·le** f ration distribution point. — ⁓**bom·be** f **1.** mil. ration delivery unit. – **2.** (mining) (für eingeschlossene Bergleute) emergency food supply unit. — ⁓**de,pot** n mil. subsistence (od. ration) depot. — ⁓**emp,fang** m reception of rations. — ⁓**geld** n mil. **1.** (bei Selbstverpflegung) subsistence allowance. – **2.** (an Stelle von Naturalverpflegung) ration allowance. — ⁓**ko·sten** pl cost sg of supplies. — ⁓**la·ger** n mil. cf. Verpflegungsdepot. — ⁓**ma·ga,zin** n ration store. — ⁓**nach,schub** m ration supply. — ⁓**por·ti,on** f ration. — ⁓**satz** m **1.** ration scale. – **2.** (tägliche Menge) daily ration. — ⁓**stär·ke** f mil. (pro Tag) ration strength. — ⁓**stel·le** f cf. Verpflegungsausgabestelle. — ⁓**we·sen** n ⟨-s; no pl⟩ food supply system, bes. Br. food catering. — ⁓**zu,la·ge** f special ration allowance.

ver'pflich·ten I v/t ⟨no ge-, h⟩ **1.** j-n (zu etwas) ⁓ to oblige (od. obligate) s.o. (to do s.th.), to put s.o. under an obligation (to do s.th.), (bes. vertraglich) to engage s.o. (to do s.th.): sein Amt verpflichtete ihn (dazu), für die Sicherheit der Gäste zu sorgen his office obliged him to look after the guests' security; j-n (auf die Verfassung) ⁓ to swear s.o. in; j-n eidlich (od. durch Eid) ⁓ to take an oath from s.o., to bind s.o. by oath; ich muß Sie zum Schweigen ⁓ I must enjoin silence on you; es verpflichtet Sie zu nichts there is no obligation involved on your part; j-n für eine Rolle [an ein Theater, nach Hamburg] ⁓ (theater) to engage s.o. for a role [to a theater (bes. Br. theatre), to come to Hamburg]; einen neuen Spieler ⁓ (sport) to sign (on) a new player; → Dank 2. – **II** v/reflex sich ⁓ **2.** sich (zu etwas) ⁓ to oblige (od. commit) oneself (to do s.th.): sich zur Übernahme der Kosten ⁓ to bind (od. commit) oneself (od. to undertake) to pay the costs; sich ehrenwörtlich ⁓ to pledge one's word (od. hono[u]r), to pledge oneself. – **3.** (vertraglich) engage oneself, undertake an engagement, sign on: sich auf drei Jahre im Ausland ⁓ to engage oneself for three years abroad. – **4.** jur. undertake, covenant. – **5.** der Verkäufer verpflichtet sich zu etwas econ. seller undertakes (od. engages) to do s.th. – **6.** mil. enrol(l), enlist, sign up. – **III** v/i **7.** → Adel 1. – **IV** V⁓ n ⟨-s⟩ **8.** verbal noun. — **ver'pflich·tend I** pres p. – **II** adj binding, obligatory.

ver'pflich·tet I pp. – **II** adj **1.** (zu etwas) ⁓ sein a) to be obliged (od. obligated) (to do s.th.), b) (durch Versprechen etc) to be duty-bound (od. under an obligation) (to do s.th.), c) jur. to be liable (to do s.th.): ich bin ihm gegenüber ⁓ zu kommen I am obliged to him; ich bin dir sehr zu Dank ⁓ I am very (od. much) obliged (od. greatly indebted) to you; Sie sind zu nichts ⁓ you are under no obligation; zum Schweigen ⁓ sein to be bound to silence. – **2.** sich (zu etwas) ⁓ fühlen to feel obliged (od. committed, duty-bound) (to do s.th.). – **3.** sich j-m gegenüber ⁓ fühlen to feel under an obligation to s.o., to feel that one is in s.o.'s debt, to be beholden to s.o.

Ver'pflich·tung f ⟨-; -en⟩ **1.** cf. Verpflichten. – **2.** (moralische etc) obligation, commitment: einseitige ⁓ unilateral obligation; gesellschaftliche ⁓en social commitments; die ⁓ haben, etwas zu tun to be under (od. have the) obligation to do

s.th.; sich einer ⁓ entziehen to shirk an obligation; sich von einer ⁓ befreien to free oneself of an obligation; eine ⁓ nicht erfüllen not to fulfil(l) an obligation; eine ⁓ übernehmen to undertake an obligation. – **3.** (auferlegte) duty: ein Vater hat seinen Kindern gegenüber ⁓en a father has duties to (od. toward[s]) his children. – **4.** (aus Dankbarkeit) obligation, indebtedness: große ⁓en gegenüber j-m haben to be under a great obligation to s.o., to be greatly indebted to s.o. – **5.** econ. jur. a) (vertragliche) (contractual) engagement, commitment, b) (finanzielle) liability, c) (eines Anwalts) retainer: seinen ⁓en [nicht] nachkommen, seine ⁓en [nicht] einhalten to meet (od. discharge) [to default] one's liabilities (od. debts, dues). – **6.** (feierliche) ⁓ bes. mil. attestation.

Ver'pflich·tungs,schein m **1.** econ. jur. bond. – **2.** econ. mar. average bond.

ver'pfu·schen v/t ⟨no ge-, h⟩ colloq. **1.** (eine Arbeit, ein Werk etc) make a mess (od. hash, botch) of, mess (s.th.) up, hash, botch, bungle, bes. Br. colloq. muck (s.th.) up, make a muck of. – **2.** (sein Leben etc) make a mess of, wreck, ruin. — **ver'pfuscht I** pp. – **II** adj (Leben) wrecked, ruined.

ver'pi·chen v/t ⟨no ge-, h⟩ coat (od. seal) (s.th.) with pitch, pitch.

ver'pie·peln [-'piːpəln] v/t ⟨no ge-, h⟩ Northern G. colloq. cf. verpäppeln.

ver'pim·peln v/t ⟨no ge-, h⟩ colloq. cf. verpäppeln.

ver'pla·nen I v/t ⟨no ge-, h⟩ **1.** (Geld etc) budget: mein Gehalt für nächsten Monat habe ich schon völlig verplant I have already budgeted all my salary for next month. – **2.** (Urlaub, Zeit etc) bes. Br. book up, bes. Am. schedule. – **3.** (falsch planen) plan (s.th.) wrong(ly): das Haus wurde völlig verplant the house was planned all wrong. – **4.** (verschätzen) miscalculate. – **5.** (abdecken) sheet. – **II** v/reflex sich ⁓ **6.** (falsch planen) plan wrong(ly). – **7.** (sich verschätzen) miscalculate.

ver'plap·pern I v/t ⟨no ge-, h⟩ **1.** cf. verplaudern. – **II** v/reflex sich ⁓ **2.** (aus Versehen) say too much, give oneself away, open one's mouth too wide. – **3.** (Geheimnis preisgeben) blab (out a secret), let the cat out of the bag, give the (whole) show away (colloq.).

ver'plau·dern v/t ⟨no ge-, h⟩ (Zeit etc) gossip (od. chat[ter], prattle) (s.th.) away: einen Abend gemütlich ⁓ to gossip an evening away with a cozy chat.

ver'plem·pern I v/t ⟨no ge-, h⟩ colloq. (Geld, Zeit) **1.** (planlos verbrauchen) fritter (od. trifle) away, waste: die Zeit ⁓ to fritter away one's time, to mess (bes. Br. colloq. muck) (a)round (od. about), to diddle (colloq.). – **2.** (umsonst vertun) waste: ich habe sehr viel Zeit damit verplempert I wasted a lot of time on it (colloq.). – **II** v/reflex sich ⁓ **3.** waste one's abilities. – **4.** waste oneself on shallow love affairs.

ver'plom·ben [-'plɔmbən] v/t ⟨no ge-, h⟩ fix a seal to, seal. [stamp.]

ver'po·chen v/t ⟨no ge-, h⟩ metall. (Erze)

ver'pönt [-'pøːnt] adj colloq. (Ansicht etc) tabooed, tabued, disapproved(-of): es ist ⁓, so etwas zu tun it is tabooed (od. looked down [up]on, disapproved of) to do s.th. like that; das ist allgemein ⁓ that is generally disapproved of (od. looked down [up]on).

ver'poppt [-'pɔpt] adj **1.** (Musik) hotted-up (attrib). – **2.** (Stil etc) poppified.

ver'pras·sen I v/t ⟨no ge-, h⟩ **1.** (durch übermäßigen Luxus) dissipate, squander (s.th.) (away): sein Geld sinnlos ⁓ to dissipate one's money senselessly. – **2.** (durch Essen und Trinken) guzzle away (colloq.). – **II** V⁓ n ⟨-s⟩ **3.** verbal noun. — **Ver'pras·sung** f ⟨-; no pl⟩ **1.** cf. Verprassen. – **2.** dissipation, squander.

ver'prel·len v/t ⟨no ge-, h⟩ **1.** hunt. (Wild) scare (game) away. – **2.** j-n ⁓ colloq. to scare (od. intimidate) s.o.

ver·pro·le·ta·ri'sie·ren I v/t ⟨no ge-, h⟩ proletarianize Br. auch -s-. – **II** v/i ⟨sein⟩ become proletarianized (Br. auch -s-).

ver·pro·vi·an'tie·ren [-proviˈanˈtiːrən] **I** v/t ⟨no ge-, h⟩ supply (s.o.) with food (od. provisions), provision, victual. – **II** v/reflex sich ⁓ victual (od. provision) oneself, supply oneself with food (od. provisions). – **III** V⁓ n ⟨-s⟩ verbal noun. — **Ver·pro·vi-**

an'tie·rung f ⟨-; no pl⟩ **1.** cf. Verprovian-tieren. – **2.** supply with food (od. provisions).

ver'prü·geln v/t ⟨no ge-, h⟩ colloq. **1.** (als Strafe) thrash, flog, baste, give (s.o.) a thrashing; wallop, 'leather', 'lather', give (s.o.) a hiding (od. licking) (colloq.), Am. sl. 'soak': j-n nach Strich und Faden ~ to beat (od. thrash) the hide off s.o., to wallop the daylights out of s.o. (alle colloq.). – **2.** (auf der Straße etc) beat (s.o.) up, lay into: sich (gegenseitig) ~ to beat each other up.

ver'puf·fen I v/i ⟨no ge-, sein⟩ **1.** (von Gasflamme etc) blow up. – **2.** fig. (Wirkung etc) fizzle out, fall flat, go (od. end) up in smoke. – **3.** tech. explode, detonate. – **4.** chem. deflagrate. – **II V~** n ⟨-s⟩ **5.** verbal noun. — **Ver'puf·fung** f ⟨-; no pl⟩ **1.** cf. Verpuffen. – **2.** blowout, Br. blow-out. – **3.** tech. explosion, detonation. – **4.** chem. deflagration. – **5.** (mining) mild explosion. **Ver'puf·fungs|₁mo·tor** m auto. tech. explosive combustion (od. Otto cycle) engine. — **~ver₁fah·ren** n constant--pressure combustion, Otto cycle.

ver'pul·vern v/t ⟨no ge-, h⟩ fig. colloq. (Geld) squander (s.th.) (away), splurge (colloq.), 'blow' (sl.), Br. sl. 'blue'.

ver'pum·pen v/t ⟨no ge-, h⟩ colloq. lend, bes. Am. loan.

ver'pup·pen [-'pupən] zo. **I** v/reflex ⟨no ge-, h⟩ sich ~ pupate, change into a chrysalis. – **II V~** n ⟨-s⟩ verbal noun. — **Ver'pup·pung** f ⟨-; no pl⟩ **1.** cf. Verpuppen. – **2.** pupation.

ver'pu·sten v/reflex ⟨no ge-, h⟩ sich ~ Northern G. colloq. get one's breath (od. wind, colloq. puff) back, recover one's breath.

Ver'putz m ⟨-es; -e⟩ **1.** (Mauerbewurf etc) plaster work, plastering, (Rauhputz) rough-cast. – **2.** (von Ritzen etc) finishing coat, topcoat. – **3.** metall. (von Guß) dressing. — **~ar·beit** f **1.** civ.eng. plaster work, plastering. – **2.** metall. (an Oberflächen) dressing.

ver'put·zen I v/t ⟨no ge-, h⟩ **1.** (Wand etc) plaster, (mit Rauhputz) roughcast. – **2.** (Ritzen etc) finish. – **3.** metall. (Guß) dress. – **4.** fig. colloq. (verzehren) polish (s.th.) off, demolish, gobble (s.th.) up, clean up. – **5.** fig. colloq. cf. verpulvern. – **6.** j-n nicht ~ können fig. colloq. not to be able to stand (od. stomach, bes. Br. colloq. stick) s.o. – **II V~** n ⟨-s⟩ **7.** verbal noun. — **Ver·put·ze·'rei** f ⟨-; no pl⟩ **1.** cf. Verputzen. – **2.** metall. dressing room.

ver'qual·men v/t ⟨no ge-, h⟩ **1.** (Zimmer etc) fill (s.th.) with smoke. – **2.** sein Geld ~ colloq. to spend one's money on smoking (od. tobacco). — **ver'qualmt I** pp. – **II** adj (Zimmer etc) smok(e)y, filled with (od. full of, thick with) smoke.

ver'quält adj (Gesichtszüge etc) careworn, harrowed: ~ aussehen to look harrowed.

ver'qua·sen v/t ⟨no ge-, h⟩ Northern G. colloq. for vergeuden.

ver'quas·seln I v/t ⟨no ge-, h⟩ Northern G. colloq. **1.** (Zeit etc) gossip (od. chat[ter], prattle) (s.th.) away. – **II** v/reflex sich ~ **2.** cf. verplappern II. – **3.** (sich versprechen) trip (od. stumble) (over a word), make a mistake.

ver'quel·len I v/i ⟨irr, no ge-, sein⟩ (von Holz etc) warp, become warped. – **II V~** n ⟨-s⟩ verbal noun. — **Ver'quel·lung** f ⟨-; no pl⟩ **1.** cf. Verquellen. – **2.** (des Holzes) warp. – **3.** med. (der Gefäße) vascular closure due to swelling.

ver'quer adv colloq. (in Wendungen wie) mir geht alles ~ everything goes wrong for me; mir geht heute alles ~ this is an off day for me (colloq.); das geht mir ~ that goes against my grain.

ver'quicken (getr. -k·k-) [-'kvikən] **I** v/t ⟨no ge-, h⟩ **1.** chem. (Quecksilber verbinden) amalgamate (s.th.) with mercury. – **2.** fig. amalgamate, combine: Interessen miteinander ~ to combine interests. – **II V~** n ⟨-s⟩ **3.** verbal noun. — **Ver-'quickung** (getr. -k·k-) f ⟨-; -en⟩ **1.** cf. Verquicken. – **2.** chem. amalgamation. – **3.** fig. amalgamation, combination.

ver'quir·len v/t ⟨no ge-, h⟩ gastr. mix (od. beat) (s.th.) in with a whisk.

ver'quol·len I pp of verquellen. – **II** adj **1.** (Augen, Gesicht) swollen. – **2.** (aufgedunsen) puffed, bloated.

---

ver'ram·meln, ver'ram·men I v/t ⟨no ge-, h⟩ (Tür etc) barricade, bar. – **II V~** n ⟨-s⟩ verbal noun. — **Ver'ram·me·lung, Ver'ramm·lung, Ver'ram·mung** f ⟨-; -en⟩ **1.** cf. Verrammeln, Verrammen. – **2.** barricade, barrier.

ver'ram·schen v/t ⟨no ge-, h⟩ colloq. sell (s.th.) off dirt cheap.

ver'rannt I pp of verrennen. – **II** adj in (acc) etwas ~ sein (in eine Idee etc) to be set (od. colloq. stuck) on s.th.

Ver'rat m ⟨-(e)s; no pl⟩ **1.** (eines Geheimnisses etc) disclosure, divulgence, divulgement, betrayal: der ~ militärischer Geheimnisse the disclosure of military secrets. – **2.** (an einem Freund etc) (an dat of) betrayal: ~ an j-m üben (od. begehen) to betray s.o. – **3.** pol. (Landesverrat) (an dat to) treason. – **4.** (Treulosigkeit) (an dat to) treachery: ~ wittern to scent treachery.

ver'ra·ten¹ I v/t ⟨irr, no ge-, h⟩ **1.** (Geheimnis etc) disclose, divulge, betray, bes. Am. sl. spill. – **2.** (weitersagen) disclose, divulge: bitte noch nichts ~ don't breathe a word of it! mum's the word! don't spill the beans! (sl.); es sollte eine Überraschung sein, aber du hast alles ~ it was meant to be a surprise, but you gave the (whole) show away (colloq.); ich will ihnen ~, wo sie es kaufen können I'll let you into the secret of where to buy it. – **3.** (Freund, Komplizen etc) betray, inform against, rat (od. colloq. squeak, squeal, tell) on, grass on (sl.): j-n für Geld ~ to betray s.o. for money. – **4.** (Vaterland) betray. – **5.** (erkennen lassen, zeigen) reveal, betray, bespeak, show: seine Miene verriet große Bestürzung his expression revealed (his) great dismay; seine wahren Absichten ~ to reveal one's real intentions. – **6.** (verkaufen) sell. – **7.** die Stimme verriet ihn his voice gave him away (od. betrayed him). – **II** v/reflex sich ~ **8.** give oneself away, betray oneself: er hat sich (selbst) ~ he betrayed himself. – **9.** (durch Verplappern) blab, give oneself away. – **III V~** n ⟨-s⟩ **10.** verbal noun.

ver'ra·ten² I pp of verraten¹. – **II** adj ~ und verkauft sein fig. colloq. to have been sold down the river.

Ver'rä·ter [-'rɛːtər] m ⟨-s; -⟩ **1.** pol. (Hochverräter) traitor. – **2.** fig. lit. betrayer, traitor: an j-m zum ~ werden to betray s.o.; ein ~ an unserer Sache a traitor to (od. a betrayer of) our cause. — **Ver-'rä·te·rin** f ⟨-; -nen⟩ traitress, traitoress. **ver'rä·te·risch** adj **1.** pol. treasonable, treasonous: ~e Handlung treasonable act, act of treachery; in ~er Absicht with treasonable intent; in ~er Weise treasonably, in a treasonable manner. – **2.** (treulos, hinterlistig) treacherous, perfidious, traitorous. – **3.** (Blick, Worte, Spuren etc) revealing, telltale (attrib), betraying.

ver'ratzt [-'ratst] adj only in dann sind wir ~ colloq. then we are lost (od. ruined, done for), then we are goners (sl.).

ver'rau·chen v/t ⟨no ge-, h⟩ **1.** (für Tabakwaren ausgeben) spend (money) on smoking (od. tobacco), smoke (colloq.): er verraucht 50 Mark im Monat he spends 50 marks a month on smokes (od. smoking). – **II** v/i ⟨sein⟩ **2.** (in Rauch aufgehen) go up in smoke. – **3.** fig. (vergehen) cool, pass, blow over, cool off (od. down): wenn sein Zorn verraucht ist when his anger has cooled, when he has cooled down.

ver'räu·chern v/t ⟨no ge-, h⟩ (Zimmer etc) fill (s.th.) with smoke. — **ver'räu·chert I** pp. – **II** adj (Zimmer, Lokal etc) smok(e)y, thick with (od. full of, filled with) smoke.

ver'räu·men v/t ⟨no ge-, h⟩ Southern G. and Austrian put (s.th.) away.

ver'rau·schen v/i ⟨no ge-, sein⟩ **1.** (von Beifall etc) subside, die down. – **2.** (von Leidenschaft etc) cool down (od. off), abate, blow over.

ver'rech·nen I v/t ⟨no ge-, h⟩ **1.** etwas mit etwas ~ (gegeneinander aufrechnen) to set s.th. off against s.th., to (counter)balance s.th. with s.th., to offset (s.th. against) s.th. – **2.** (begleichen) balance, settle (s.th.) (up): wir ~ das später we'll settle this (up) later. – **3.** econ. a) (nicht bar auszahlen) pass (od. credit, book) (s.th.) to s.o.'s account, enter (s.th.) in s.o.'s account, b) (im Clearingverkehr) clear. – **II** v/reflex sich ~ **4.** make

---

a mistake (od. be out) (in one's calculation), miscalculate: er hat sich um zehn Mark verrechnet he is ten marks out, he is out by ten marks, he has made an error of ten marks. – **5.** fig. colloq. (sich täuschen) make a big mistake, think (Am. colloq. figure) wrong, be sadly (od. very much) mistaken: wenn du das glaubst, hast du dich verrechnet if you think that you've made a big mistake; da hast du dich gründlich (od. gewaltig) verrechnet! you are sadly mistaken there! – **III V~** n ⟨-s⟩ **6.** verbal noun. – **7.** cf. Verrechnung. **Ver'rech·nung** f ⟨-; no pl⟩ **1.** cf. Verrechnen. – **2.** (Aufrechnung) offsetting, setoff, Br. set-off. – **3.** (Begleichung) settlement. – **4.** nur zur ~ econ. (Vermerk auf Schecks) for account (od. collection) only, only for (settlement in) account. **Ver'rech·nungs|₁ab₁kom·men** n econ. clearing (od. offset) agreement. — **~₁bank** f clearing bank. — **~₁heit** f clearing unit. — **~₁fonds** m clearing (od. offset) fund. — **~₁ge₁schäft** n clearing business. — **~₁kas·se** f clearing office. — **~₁kon·to** n offset (od. settlement, clearing) account. — **~₁kurs** m settlement rate. — **~₁land** n offset-account country. — **~₁po·sten** m offset item. — **~₁scheck** m collection-only (od. uncashable) check (Br. cheque). — **~₁stel·le** f (im Bankwesen) clearinghouse, clearing office (od. center, bes. Br. centre). — **~ver₁fah·ren** n clearing procedure. — **~ver₁kehr** m clearings pl. — **~₁weg** m only in im ~ by way of offset account, through clearing channels. — **~₁we·sen** n ⟨-s; no pl⟩ clearing (od. offset) system.

ver'recken (getr. -k·k-) vulg. **I** v/i ⟨no ge-, sein⟩ **1.** (von Tieren) die. – **2.** (von Menschen) die wretchedly, die a wretched death: man ließ ihn wie einen Hund ~ they let him die in appalling conditions; meinetwegen mag er ~ fig. I don't give a damn about him, he can go to hell for all I care; ich will ~, wenn fig. I'll eat my hat if, I'll be blowed if (sl.). – **II V~** n ⟨-s⟩ **3.** verbal noun: nicht ums V~! not on your life! (colloq.).

ver'reg·nen v/impers ⟨no ge-, h⟩ es hat den ganzen Juni verregnet the whole (of) June was spoiled by rain. — **ver-'reg·net I** pp. – **II** adj rainy, wet, spoiled (od. spoilt) by rain: ein ~er Sommer a rainy (od. wet) summer; der Tag war ~ the day was spoilt by rain.

ver'rei·ben I v/t ⟨irr, no ge-, h⟩ **1.** (Salbe, Putzmittel etc) rub (s.th.) in, spread (s.th.) by rubbing: Wachs auf dem Boden ~ to rub wax into (od. on to) the floor. – **2.** (Fleck) rub (s.th.) out. – **3.** bes. med. pharm. (pulverisieren) a) grind (s.th.) small, triturate, b) (im Mörser) grind, pound, bray. – **II V~** n ⟨-s⟩ **4.** verbal noun. — **Ver'rei·bung** f ⟨-; no pl⟩ **1.** cf. Verreiben. – **2.** med. pharm. trituration.

ver'rei·sen v/i ⟨no ge-, sein⟩ **1.** (privat) go away, go on a trip (od. journey): meine Eltern ~ für (od. auf) einige Wochen my parents are going away for a few weeks. – **2.** (geschäftlich) go away (on business): er muß morgen ~ he has to go away on business tomorrow; der Chef ist verreist the chief went away on business (od. is out of town); er verreist oft he is often away (od. out of town), he travels (about) a good deal. – **3.** ~ nach to start (od. set out, leave) for. – **II** v/t ⟨h⟩ **4.** Geld ~ to spend money on travel(l)ing.

ver'rei·ßen v/t ⟨irr, no ge-, h⟩ fig. colloq. **1.** (Person, Theaterstück etc) tear (od. pull) (s.o., s.th.) to pieces (od. shreds). – **2.** auto. (Steuer) jerk (the wheel) violently.

ver'reist I pp. – **II** adj ~ sein a) (privat) to be away, to be on a trip (od. journey), b) (geschäftlich) to be away (on business).

ver'ren·ken [-'rɛŋkən] **I** v/t ⟨no ge-, h⟩ **1.** med. a) dislocate, disjoint, put (s.th.) out of joint, luxate (scient.), b) (verstauchen) sprain, c) (verzerren) contort: sich (dat) den Arm ~ to dislocate one's arm. – **2.** (verdrehen) twist, wrench. – **3.** sich (dat) den Hals ~ colloq. a) (durch Muskelzerrung etc) to crick (od. twist) one's neck, b) fig. (nach after) to crane (od. stretch) one's neck: er verrenkte sich fast den Hals, um etwas zu sehen he nearly cricked his neck to get a better view. – **4.** sich (dat) die Zunge ~ fig. colloq. to twist one's tongue. – **II** v/reflex sich ~ **5.** (um etwas zu erreichen) contort oneself, make contortions: warum **verrenkst** du dich so? why are you making such contortions? — **III V~** n ⟨-s⟩ **6.** *verbal noun.* — **7.** *cf.* Verrenkung. — **ver'renkt** I *pp.* — **II** *adj* **1.** *med.* a) dislocated, luxated (*scient.*), out of joint, b) (*verstaucht*) sprained. — **2.** *colloq.* (*Hals*) cricked, twisted: ich habe einen ~en Hals I have a crick in my neck, I have twisted my neck. — **Ver'ren·kung** f ⟨-; -en⟩ **1.** *cf.* Verrenken. — **2.** *med.* a) dislocation, luxation (*scient.*), b) (*Verstauchung*) sprain, c) (*Verzerrung*) contortion: eine ~ wieder einrichten to reset a luxation. — **3.** *colloq.* contortion: ~en machen, um etwas zu erreichen to make contortions (*od.* to contort oneself) (in order) to reach s.th. **ver'ren·nen** v/reflex ⟨irr, no ge-, h⟩ sich in (acc) etwas ~ *fig.* to get set (*od. colloq.* stuck) on s.th.: er hat sich in die Idee verrannt, daß he got stuck on the idea that. **ver'rich·ten** I v/t ⟨no ge-, h⟩ **1.** (*Dienst, Arbeit, Aufgabe etc*) do, perform, carry out, execute: sein Gebet ~ to say one's prayers; seine Andacht ~ to perform one's devotions. — **2.** seine Notdurft (*od.* ein Bedürfnis, *colloq.* sein Geschäft) ~ to relieve oneself, to do one's business. — **II V~** n ⟨-s⟩ **3.** *verbal noun.* — **Ver'rich·tung** f ⟨-; -en⟩ **1.** *cf.* Verrichten. — **2.** performance, execution. — **3.** (*Obliegenheit*) work, chore, task, duty. **ver'rie·geln** I v/t ⟨no ge-, h⟩ **1.** (*mit einem Riegel versperren*) bolt, bar. — **2.** (*mit einem Riegel festmachen*) fasten. — **3.** *mil.* (*Gewehrschloß*) lock, bar, block, bolt. — **II V~** n ⟨-s⟩ **4.** *verbal noun.* — **Ver'rie·ge·lung** f ⟨-; -en⟩ **1.** *cf.* Verriegeln. — **2.** bolting (*od.* barring) device. **ver'rin·gern** [-'rɪŋərn] I v/t ⟨no ge-, h⟩ **1.** (*Geschwindigkeit, Anzahl, Kosten, Menge etc*) reduce, decrease, diminish, cut (*od.* pare) down, lessen: die Geschwindigkeit ~ to reduce speed, to slow down, to slacken one's pace; damit verringerst du deine Chancen you reduce your chances by doing that. — **2.** (*Preis, Qualität*) reduce, lower, (*Preise*) *auch* cut down. — **II** v/reflex sich ~ **3.** (*von Anzahl, Kosten, Menge etc*) decrease, go down, diminish. — **4.** (*von Preis, Qualität etc*) go down, (*von Qualität*) *auch* deteriorate. — **5.** (*von Abstand, Vorsprung etc*) decrease, diminish, lessen. — **III V~** n ⟨-s⟩ **6.** *verbal noun.* — **Ver'rin·ge·rung** f ⟨-; -en⟩ **1.** *cf.* Verringern. — **2.** reduction, decrease, diminution, cut, cutback. — **3.** (*das Abnehmen*) decrease, diminution, diminishment. — **4.** (*der Qualität*) deterioration. **ver'rin·nen** v/i ⟨irr, no ge-, sein⟩ **1.** (*von Wasser, Sand etc*) trickle off, run off (*od.* away). — **2.** *fig.* (*von Zeit*) pass by, go by, elapse. **Ver'riß** m ⟨-sses; -sse⟩ *colloq.* (*einer Theateraufführung etc*) scathing critique (*od.* criticism), destructive (*od.* devastating) review. **ver'ro·hen** [-'roːən] I v/i ⟨no ge-, sein⟩ (*von Person, Sitten etc*) become rough (*od.* rude), coarsen, brutalize. — **II V~** n ⟨-s⟩ *verbal noun.* — **Ver'ro·hung** f ⟨-; no pl⟩ **1.** *cf.* Verrohen. — **2.** loss of finesse, brutalization. **ver'roh·ren** [-'roːrən] v/t ⟨no ge-, h⟩ **1.** *tech.* pipe. — **2.** *civ.eng.* (*Bohrloch*) case. **ver'ro·sten** v/i ⟨no ge-, sein⟩ **1.** rust (up), corrode, become (*od.* get) rusty, gather rust. — **2.** *chem.* oxidize *Br. auch* -s-. — **3.** *fig.* (*steif, ungelenkig werden*) get rusty, rust (up). — **ver'ro·stet** *pp.* — **II** *adj* **1.** rusty, rusted, corroded. — **2.** *chem.* oxidized *Br. auch* -s-. — **3.** *fig.* (*steif*) rusty. — **4.** *fig.* (*Stimme*) croaky, hoarse. **ver'rot·ten** v/i ⟨no ge-, sein⟩ **1.** (*vermodern*) rot, putrefy, *auch* putrify, decay. — **2.** (*zerbröckeln*) decay, dilapidate. — **ver'rot·tet** *pp.* — **II** *adj* **1.** (*Pflanzen, Obst, Laub etc*) rotten, putrid, decayed: gut ~ sein (*Kompost*) to be well decayed. — **2.** (*Häuser etc*) decayed, dilapidated. — **3.** *fig. colloq.* (*verderbt, verkommen*) corrupt. **Ver·ru·ca** [vɛ'ruːka] f ⟨-; -cae [-tsɛ]⟩ *med.* (*Warze*) wart, verruca (*scient.*). **ver'rucht** [-'ruːxt] *adj* (*Person, Tat*) wicked, infamous, pernicious, abominable, odious, (*Tat*) *auch* heinous, atrocious: ~e Tat atrocity, abomination. — **Ver'rucht·heit** f ⟨-; no pl⟩ wickedness, infamy,

perniciousness, odiousness, (*einer Tat*) *auch* heinousness, atrocity. **ver'rücken** (*getr.* -k·k-) I v/t ⟨no ge-, h⟩ **1.** (*Möbel etc*) move, shift, displace, remove, dislocate. — **2.** (*in Unordnung bringen*) disarrange. — **3.** *tech.* (*Kupplung*) shift. — **II V~** n ⟨-s⟩ **4.** *verbal noun.* — **5.** *cf.* Verrückung. **ver'rückt** I *pp.* — **II** *adj colloq.* **1.** (*geistesgestört*) mad, insane, lunatic, (*mentally*) deranged, maniac. — **2.** (*nicht recht bei Verstand*) mad, crazy, crackbrained; daft, 'mental', dotty, 'cracked', *Br.* 'barmy', 'screwy' (*colloq.*); 'batty', loony, 'balmy', bats (*pred*), nuts (*pred*), *Am.* w(h)acky (*sl.*): ein ~er Kerl a crazy fellow (*colloq.*); du bist ~! you must be out of your mind, you must be off your head (*od. sl.* nut, rocker, onion); er ist völlig ~ he's quite mad, he's as mad as a hatter, he's clean gone (*colloq.*); ~ werden to go mad (*od.* crazy, *sl.* off one's nut); er rannte wie ~ he ran like anything (*od.* [the] blazes, a madman, *colloq.* hell, mad); j-n ~ machen to drive s.o. wild; j-n mit etwas ~ machen to drive s.o. mad (*od.* crazy, scatty, *sl.* round the bend, up the pole, up the wall) with s.th., to dement s.o. with s.th.; ich bin vor Angst fast ~ geworden I nearly went out of my mind (*od.* I nearly died) with fear; ~ nach j-m sein to be crazy (*od. colloq.* wild, daft, *sl.* nuts) about s.o.; ~ auf (acc) etwas sein to be mad (*od. sl.* nuts) on (*od.* about) s.th.; der Chef spielt heute wieder ~ the boss is in one of his moods (*od.* tantrums) again today (*colloq.*); ich werd' ~! well, I'll be blowed (*Am.* I'll be doggone[d]) (*sl.*). — **3.** (*Idee, Einfall, Gedanke, Tat, Streich etc*) mad, crazy, lunatic, crackbrained, daft (*colloq.*), *Br. colloq.* 'barmy'; 'balmy', loony, 'nutty' (*sl.*). — **4.** (*Hut, Kleid, Mode, Auto etc*) mad, crazy. **Ver'rück·te¹** m ⟨-n; -n⟩ **1.** *colloq. auch fig.* madman, lunatic, maniac: so handelt nur ein ~r only a lunatic would do that; er fuhr wie ein ~r he drove like a madman. — **2.** *psych.* ament. **Ver'rück·te²** f ⟨-n; -n⟩ **1.** *colloq. auch fig.* madwoman, lunatic, maniac. — **2.** *psych.* ament. **Ver'rück·ten,an,stalt** f *colloq.* madhouse (*colloq.*), loony bin (*sl.*), lunatic asylum, mental home (*od.* institution). **Ver'rückt·heit** f ⟨-; -en⟩ *colloq.* **1.** ⟨*only sg*⟩ (*Geisteskrankheit*) insanity, madness, lunacy, mental derangement. — **2.** ⟨*only sg*⟩ (*Überspanntheit*) madness, lunacy, craziness, craze, daftness (*colloq.*), 'nuttiness' (*sl.*), *Am. sl.* w(h)ackiness. — **3.** (*verrückter Streich, Einfall etc*) mad thing. — **4.** (*Fimmel, Marotte*) whim, quirk, crotchet, crank. **Ver'rückt,wer·den** n *only in* es ist zum ~ *colloq.* it's enough to drive you mad (*od.* crazy, *colloq.* scatty, *sl.* round the bend, up the pole, up the wall). **Ver'rückung** (*getr.* -k·k-) f ⟨-; no pl⟩ **1.** *cf.* Verrücken. — **2.** (*von Möbeln etc*) displacement, removal. — **3.** disarrangement. **Ver'ruf** m (*in Wendungen wie*) j-n [etwas] in ~ bringen to bring s.o. [s.th.] into disrepute (*od.* discredit), to discredit (*od.* disparage) s.o. [s.th.]; in ~ kommen (*od.* geraten) to fall (*od.* get) into disrepute (*od.* discredit). **ver'ru·fen** *adj* (*Lokal, Stadtviertel etc*) disreputable, ill-famed, notorious, of ill repute, infamous, tough. **ver'rüh·ren** v/t ⟨no ge-, h⟩ *gastr.* stir (*s.th.*) (until dissolved *od.* mixed), mix: etwas in (dat) etwas ~ to stir s.th. into s.th., to mix (*od.* blend) s.th. with s.th. **ver·ru·kös** [vɛru'køːs] *adj med.* warty; verrucous, verrucose (*scient.*). **ver'ru·ßen** v/i ⟨no ge-, sein⟩ (*von Ofen, Schornstein etc*) become sooty (*od.* sooted up). — **II** v/t ⟨h⟩ soot, sooty. — **III V~** n ⟨-s⟩ *verbal noun.* — **Ver'ru·ßung** f ⟨-; no pl⟩ *cf.* Verrußen. **ver'rut·schen** v/i ⟨no ge-, sein⟩ slip (to one side). — **ver'rutscht** *pp.* — **II** *adj* (*Tischtuch, Hut etc*) crooked, askew (*pred*). **Vers** [fɛrs] m ⟨-es; -e⟩ **1.** *metr.* a) verse, b) (*Einzelzeile eines Gedichts*) verse, line, c) (*Strophe*) verse, stanza, d) *pl* (*Poesie*) verse *sg*, poetry *sg*: gereimte [reimlose, holprige] ~e rhymed [unrhymed *od.* rhymeless, rough *od.* jerky] verses; ~e machen (*od.* schmie-

den) to write (*od.* make, compose) verse (*od.* poetry), to versify; etwas in ~e setzen to put s.th. into verse, to versify s.th.; wie geht der ~? how does the verse run (*od.* go)? darauf (*od.* daraus) kann ich mir keinen ~ machen *fig. colloq.* I cannot make head or tail of that. — **2.** *Bibl.* verse: Kapitel und ~ angeben (für etwas) to give chapter and verse (for s.th.). **ver'sach·li·chen** v/t ⟨no ge-, h⟩ objectivize, objectify, present (*s.th.*) in concrete terms, elucidate (*s.th.*) in concrete form. **ver'sacken** (*getr.* -k·k-) v/i ⟨no ge-, sein⟩ **1.** *bes. mar. sl.* go down, sink. — **2.** *fig. colloq. cf.* versumpfen 3. **ver'sa·gen** I v/t ⟨no ge-, h⟩ **1.** (*Hilfe, Bitte, Gehorsam etc*) refuse, deny: j-m die Hand seiner Tochter ~ to deny s.o. one's daughter's hand; ich kann diesem Plan meine Zustimmung nicht ~ I cannot refuse (*od.* withhold) my consent to this plan; sie hat sich (dat) nichts [alles] versagt she denied herself nothing [everything]; es war ihr versagt, Kinder zu haben she was denied children (of her own). — **2.** sich (dat) nicht ~ können, etwas zu tun not to be able to refrain (*od.* contain oneself) from doing s.th.: ich konnte es mir nicht ~, diese Bemerkung zu machen I could not refrain from making this remark, I could not help but make this remark, I could not contain myself; ich kann dieser Tat meine Bewunderung nicht ~ I cannot help but admire this deed. — **II** v/i ⟨h⟩ **3.** (*von Regierung, Polizei, Schüler etc*) fail: er hat völlig versagt he failed completely, he was a complete failure; in einer Prüfung ~ to fail (*od. sl.* flunk) in an examination; die Stimme versagte mir my voice failed (me); die Knie versagten ihm his knees failed him (*od.* gave way, folded up under[neath] him); wenn alle Mittel ~ if all else fails; → Kraft 1. — **4.** *tech.* a) fail, b) (*aufhören zu funktionieren*) break down, conk (out) (*colloq.*), c) (*von Schußwaffen*) misfire, miss fire: plötzlich versagten die Bremsen the brakes suddenly failed. — **III** v/reflex **5.** sich j-m ~ (*nicht hingeben*) to deny oneself to s.o. — **IV V~** n ⟨-s⟩ **6.** *verbal noun.* — **7.** failure: menschliches [technisches] V~ human [technical] failure. **Ver'sa·ger** m ⟨-s; -⟩ **1.** (*Person*) failure, washout (*colloq.*); dud, flop (*sl.*). — **2.** *tech. mil.* a) misfire, b) (*einer automatischen Waffe*) stoppage, c) (*Blindgänger*) dud. — **3.** (*mining*) misfire. **Ver'sa·gung** f ⟨-; no pl⟩ **1.** *cf.* Versagen. — **2.** refusal, denial. **Ver·sail·ler** [vɛr'zaɪər] I m ⟨-s; -⟩ native (*od.* inhabitant) of Versailles. — **II** *adj* ⟨*attrib*⟩ of Versailles: ~ Vertrag *hist.* Treaty of Versailles (*1919*). **'Vers·ak,zent** m metric(al) accent. **Ver·sal** [vɛr'zaːl] m ⟨-s; -salien [-liən]⟩ *meist pl*, ~,buch,sta·be m **1.** *print.* capital (letter), uppercase (letter). — **2.** (*als Anfangsbuchstabe*) initial (letter). **ver'sal·zen** v/t ⟨*pp* versalzen u. versalzt, h⟩ **1.** (*Speisen*) oversalt. — **2.** ⟨*pp* versalzen⟩ *fig. colloq.* (*verderben*) spoil: → Suppe 1. **ver'sam·meln** I v/t ⟨no ge-, h⟩ **1.** gather, collect, (*förmlicher*) assemble, congregate: der Lehrer versammelte die Schüler um sich the teacher gathered the pupils (a)round him. — **2.** (*einberufen*) convene, convoke; → Vater 4. — **3.** *mil.* assemble, rally, muster. — **4.** (*beim Pferdesport*) collect. — **II** v/reflex sich ~ **5.** (*von Kindern, Schülern, Familie etc*) gather, collect. — **6.** (*von Parlamentsmitgliedern, Tagungsteilnehmern etc*) assemble, congregate, convene, for(e)gather, meet. — **7.** *mil.* assemble. — **III V~** n ⟨-s⟩ **8.** *verbal noun.* — **9.** *cf.* Versammlung. **Ver'samm·lung** f ⟨-; -en⟩ **1.** *cf.* Versammeln. — **2.** (*Veranstaltung*) assembly: beratende [gesetzgebende, verfassungsgebende, öffentliche] ~ advisory [legislative, constitutional, public] assembly; eine ~ abhalten [einberufen] to hold [to convene *od.* convoke] an assembly; an einer ~ teilnehmen, einer ~ beiwohnen to take part in an assembly; bei einer ~ den Vorsitz führen to be in the chair at an assembly. — **3.** (*zwanglosere Zusammenkunft*) gathering, meeting: der Tennisclub hat jeden Monat eine ~ the tennis club has a gathering every month. – **4.** (*versammelte Personen*) assembly: **die ~ hat den Vorschlag angenommen** the assembly accepted the proposal. – **5.** *relig.* congregation. – **6.** (*beim Pferdesport*) collection.

Ver'samm·lungs|,frei·heit *f* <-; *no pl*> *pol.* right of assembly. — **~lo,kal** *n cf.* Versammlungsraum 1. — **~,ort, ~,platz** *m* meeting place. — **~,raum** *m* **1.** assembly room. – **2.** *mil.* assembly area. — **~,recht** *n* <-(e)s; *no pl*> *pol.* right of assembly. — **~ver,bot** *n* prohibition of assembly.

Ver'sand [-'zant] *m* <-(e)s; *no pl*> **1.** *cf.* Versenden. – **2.** dispatch, despatch, shipment. – **3.** *mar.* shipment. – **4.** *cf.* Versandabteilung. — **~,ab,tei·lung** *f econ.* dispatch (*od.* despatch, forwarding, shipping) department. — **~,an,wei·sung** *f* shipping instruction. — **~,an,zei·ge** *f* advice of dispatch (*od.* despatch), dispatch (*od.* despatch) note. — **~art** *f* mode (*od.* kind, form) of dispatch (*od.* despatch, forwarding, conveyance, carriage). — **~,ar,ti·kel** *m* mail-order article. — **~,bahn,hof** *m* forwarding (*od.* loading) station, station of dispatch (*od.* despatch). — versandfertig. — **~,beu·tel** *m* mailing envelope. — **~,buch,han·del** *m* mail-order (*Am.* post-exchange) book trade. — **~,buch,händ·ler** *m* mail-order (*Am.* post--exchange) bookseller(s *pl*). — **~,buch,hand·lung** *f Br.* mail-order bookshop, *Am.* post-exchange bookstore. — **~,da·tum** *n* date of forwarding.

ver'san·den *v/i* <*no* ge-, sein> **1.** (*von Fluß, See etc*) silt (up). – **2.** *fig.* (*von Verhandlungen, Revolution etc*) peter out, come to nothing. – **II V~** *n* <-s> **3.** verbal noun. – **4.** *cf.* Versandung.

ver'sand|,fä·hig *adj* transportable. — **~,fer·tig** *adj* ready for delivery (*od.* dispatch, despatch, shipment). — **V~ge,schäft** *n* mail-order business. — **V~,gut** *n* goods *pl* for dispatch (*od.* despatch). — **V~,han·del** *m cf.* Versandgeschäft. — **V~,haus** *n* mail-order firm (*od.* house). — **V~,haus·ka·ta,log** *m* mail-order catalog (*bes. Br.* catalogue). — **V~kon,zern** *m* mail-order group. — **V~,ko·sten** *pl* carriage (*od.* transport, shipping) charges, charges for conveyance, forwarding costs (*od.* expenses). — **V~,pa,pie·re** *pl* shipping documents. — **V~,spe·sen** *pl* forwarding charges.

Ver'san·dung *f* <-; *no pl*> **1.** *cf.* Versanden. – **2.** siltation.

Ver'sand|,un·ter,neh·men *n econ.* mail--order firm (*od.* house). — **~,weg** *m* routing (for dispatch [*od.* despatch] of goods): **auf dem ~** by mail order.

'Vers,art *f metr.* kind (*od.* type) of verse, meter, *bes. Br.* metre.

Ver'satz *m* <-es; *no pl*> **1.** *cf.* Versetzen. – **2.** *tech.* offset, misalignment. – **3.** (*mining*) stowing, packing, *auch* filling: **hydraulischer ~** hydraulic stowing (*od.* filling); **~ im Alten Mann** gob stowing. — **~,amt** *n* Bavarian and Austrian for Leihhaus. — **~,draht** *m* (*mining*) stowing screen. — **~,kran** *m* (*railway*) shifting crane. — **~,nie·tung** *f tech.* zigzag (*od.* staggered) riveting. — **~,stück** *n* **1.** (*theater*) set piece. – **2.** Austrian for Pfand 1.

ver'sau,beu·teln *v/t* <*no* ge-, h> *colloq. cf.* a) verschlampen 1, b) verpfuschen 1.

ver'sau·en *v/t* <*no* ge-, h> *colloq.* mess (*od. sl.* louse, bitch) (*s.th.*) up, make a mess (*bes. Br. colloq.* muck) of, *bes. Br. colloq.* muck (*s.th.*) up.

ver'sau·ern [-'zauərn] *v/i* <*no* ge-, sein> **1.** (*von Wein*) turn sour. – **2.** *fig. colloq.* grow dull (*od.* stupid): **dort muß man ja ~** that place really dulls the brain (*od.* makes one go to seed).

ver'sau·fen I *v/t* <*irr, no* ge-, h> *colloq.* (*Geld, Vermögen, Haus etc*) drink (away), guzzle away (*colloq.*): **seinen Verstand ~** to drink oneself stupid (*od. sl.* gaga); → Fell 7. – **II** *v/i* <sein> *vulg.* (*ertrinken*) drown, be drowned.

ver'säu·men I *v/t* <*no* ge-, h> **1.** (*Pflicht, Geschäft etc*) neglect. – **2.** (*Zug, Termin, Zeitpunkt, Unterricht etc*) miss: **ich habe den Anfang des Filmes versäumt** I missed the beginning of the film; **den Unterricht ~** a) to miss lessons, b) (*absichtlich*) to shirk school, to play truant (*bes. Am.* hook[e]y), to cut class(es); **da haben Sie etwas versäumt!** you missed something there! **du hast nichts versäumt!** you didn't

miss much (*od.* anything)! it wasn't up to much! it was no great shakes! (*sl.*); **ich habe nichts zu ~** (*keine Eile*) I have plenty of time on my hands, I have all the time in the world. – **3.** (*Chance, Gelegenheit etc*) miss, lose, (*bewußt*) let (*s.th.*) slip. – **4.** (*unterlassen*) omit. – **5.** (*verlieren*) lose: **es ist keine Zeit zu ~** there is no time to lose. – **6. ~, etwas zu tun** to fail (*od.* omit, neglect) to do s.th.: **ich habe versäumt, ihm rechtzeitig zu schreiben** I failed to write to him in time. – **7. nichts ~, um** to leave nothing undone (in order) to: **wir haben nichts versäumt, um ihn zu retten** we left nothing undone to save him. – **II V~** *n* <-s> **8.** verbal noun.

Ver'säum·nis *n* <-ses; -se> **1.** (*versäumte Zeit*) loss of time. – **2.** (*Vernachlässigung*) negligence. – **3.** (*Unterlassung*) omission. – **4.** (*in der Schule*) absence. – **5.** *jur.* default. — **~,li·ste** *f* absentee list, list of absentees. — **~,ur·teil** *n jur.* default judg(e)ment, judg(e)ment in default. — **~ver,fah·ren** *n* default procedure.

ver'säumt I *pp.* – **II** *adj* **1.** (*Gelegenheit etc*) missed, lost. – **2.** (*Zeit etc*) lost: **~e Zeit einholen** to make up (for) lost time. – **III V~e, das** <-n> **3.** only in **das V~e** (*od.* **V~es**) **nachholen** to make up for what one has missed. — **Ver'säu·mung** *f* <-; *no pl*> *cf.* Versäumen.

'Vers,bau *m* <-(e)s; *no pl*> *metr.* metrical structure, versification.

ver'scha·chern *v/t* <*no* ge-, h> *colloq.* sell (*s.th.*) off, trade (*s.th.*) away (*od.* off).

ver'schach·telt *adj* **1.** (*Gegenstände*) interlocking. – **2.** (*Unternehmen etc*) interconnected. – **3.** *ling.* (*Satz*) involved.

Ver'schach·te·lung *f* <-; -en> **1.** interlocking. – **2.** interconnection, *Br. auch* interconnexion. – **3.** *ling.* involvement.

ver'schaf·fen *v/t* <*no* ge-, h> **1. j-m etwas ~** to procure (*od.* find, secure, get) s.o. s.th., to procure (*od.* provide, find, secure, get) s.th. for s.o., to provide (*od.* furnish) s.o. with s.th.: **ein einflußreicher Freund hat ihm die Stellung verschafft** an influential friend procured the position for him; **was verschafft mir das Vergnügen** (*od.* **die Ehre**)? to what do I owe the hono(u)r (*od.* what gives me the pleasure) of this visit? – **2. sich** (*dat*) **etwas ~** to obtain, procure, gain, secure, get) s.th.: **sich einen genauen Einblick in** (*acc*) **etwas ~** to gain insight into s.th.; **sich absolute Gewißheit über** (*acc*) **etwas ~** to make absolutely sure (*od.* certain) of s.th.; **sich Genugtuung ~** to gain (*od.* obtain) satisfaction; **sich selber Recht ~** to obtain justice; **sich Respekt ~** to make oneself respected, to gain respect; **sich einen Vorteil ~** to gain an advantage; **sich Zutritt zu etwas ~** to gain admission (*od.* admittance) to s.th.; → Gehör 2; Klarheit 3.

ver'scha·len [-'ʃaːlən] **I** *v/t* <*no* ge-, h> **1.** *tech.* a) board, plank, cover, b) (*ummanteln*) (en)case, jacket. – **2.** *civ.eng.* a) (*Wand*) panel, board, b) (*Fassade*) line, c) (*Beton*) form. – **II V~** *n* <-s> **3.** verbal noun. – **4.** *cf.* Verschalung.

ver'schal·ken *v/t* <*no* ge-, h> *mar. cf.* schalken.

Ver'schal·tung *f* <-; -en> *electr.* faulty connection (*Br. auch* connexion).

Ver'scha·lung *f* <-; -en> **1.** *cf.* Verschalen. – **2.** *civ.eng.* (*von Beton*) framework.

ver'schämt I *adj* **1.** bashful, shamefaced, prudish. – **2.** (*bescheiden*) humble, modest: **die ~en Armen** the humble poor. – **II** *adv* **3. ~ die Augen niederschlagen** to lower one's eyes bashfully; **~ tun** to pretend to be ashamed (*od.* shy), to simulate modesty, to assume an air of false modesty.

Ver'schämt·heit *f* <-; *no pl*> **1.** bashfulness, shamefacedness, pudency, prudishness. – **2.** (*Bescheidenheit*) humility, humbleness, modesty.

Ver'schämt,tun *n* <-s; *no pl*> prudishness, false modesty.

ver'schan·deln [-'ʃandəln] *colloq.* **I** *v/t* <*no* ge-, h> **1.** (*Landschaft, Zimmer etc*) disfigure, spoil, mar. – **2.** (*Sprache*) murder, butcher. – **II V~** *n* <-s> **3.** verbal noun. – **4.** *cf.* Verschandlung. — **ver'schan·delt I** *pp.* – **II** *adj* **1.** disfigured, spoilt, marred. – **2.** (*Sprache*) murdered, butchered. — **Ver'schan·de·lung, Ver-'schand·lung** *f* <-; *no pl*> **1.** *cf.* Verschandeln. – **2.** disfigurement. – **3.** (*der Sprache*) murder.

ver'schan·zen I *v/t* <*no* ge-, h> **1.** *mil.* (*Lager, Stellung etc*) a) fortify, b) (*Schützengräben ausheben um*) entrench, intrench. – **II** *v/reflex* **sich ~ 2.** *mil.* entrench (*od.* intrench) oneself, dig in. – **3.** *fig.* (*hinter dat* behind) (take) shelter. – **III V~** *n* <-s> **4.** verbal noun. — **Ver'schan·zung** *f* <-; -en> **1.** *cf.* Verschanzen. – **2.** *mil.* a) fortification, b) entrenchment, *auch* intrenchment.

ver'schär·fen I *v/t* <*no* ge-, h> **1.** (*Strafe*) tighten. – **2.** (*Lage, Situation etc*) aggravate, make (*s.th.*) more critical, make (*s.th.*) tenser. – **3.** (*Spannungen etc*) heighten, aggravate, increase. – **4.** (*Gegensätze etc*) aggravate, intensify. – **5.** (*Bestimmungen, Maßnahmen, Zensur etc*) tighten up (on), sharpen. – **6.** (*Kontrolle etc*) tighten (up), intensify. – **7.** (*Aufmerksamkeit etc*) sharpen. – **8. das Tempo ~** a) (*beim Autofahren etc*) to accelerate, to increase speed, to speed up, b) (*bei der Arbeit etc*) to increase the tempo, to step on it (*od.* it up) (*colloq.*), c) (*sport*) to accelerate, to hot up the pace (*colloq.*). – **II** *v/reflex* **sich ~ 9.** (*von Spannungen etc*) mount, heighten, increase. – **10.** (*von Gegensätzen etc*) intensify. – **11.** (*von Lage, Situation etc*) become more critical, become tenser. – **III V~** *n* <-s> **12.** verbal noun. — *cf.* Verschärfung.

ver'schärft I *pp.* – **II** *adj* **~er Kerker** Austrian *jur.* aggravated form of imprisonment. — **Ver'schär·fung** *f* <-; *no pl*> **1.** *cf.* Verschärfen. – **2.** (*der Spannungen etc*) increase, aggravation. – **3.** (*der Gegensätze etc*) aggravation, intensification. – **4.** (*der Kontrollen etc*) intensification. – **5.** (*der Fahrgeschwindigkeit*) acceleration, increase. – **6.** (*des Arbeitstempos*) increase. – **7.** (*sport*) (*des Tempos*) acceleration.

ver'schar·ren *v/t* <*no* ge-, h> (*Knochen, Leiche etc*) bury.

ver'schat·tet *adj med.* (*in der Röntgenologie*) shadowed, cloudy, obscured. — **Ver'schat·tung** *f* <-; -en> shadow, cloudiness, opacity.

ver'schät·zen *v/reflex* <*no* ge-, h> **sich ~** be out (in one's estimation), make a mistake: **er hat sich um 200 Kilometer verschätzt** he was 200 kilometers out (in his estimation).

ver'schau·en *v/reflex* <*no* ge-, h> **sich ~** *bes.* Austrian **1.** mistake (s.o. *od.* s.th.): **er war es nicht, da habe ich mich verschaut** it was not him, my eyes deceived me. – **2. sich in j-n ~** to fall for s.o.('s good looks) (*colloq.*), to have a crush on s.o. (*sl.*).

ver'schau·keln *v/t* <*no* ge-, h> **j-n ~** *colloq.* to diddle s.o. (*colloq.*), to deceive (*od.* disadvantage) s.o.

ver'schei·den *lit.* **I** *v/i* <*irr, no* ge-, sein> **1.** pass away, depart (this world), decease, expire. – **II V~** *n* <-s> **2.** verbal noun. – **3.** decease, expiration, departure.

ver'schei·ßen *v/t* <*irr, no* ge-, h> (*Hosen etc*) shit (*vulg.*). – **II** *v/i* **er hat bei mir verschissen** I'm through with him (*colloq.*).

ver'schen·ken I *v/t* <*no* ge-, h> **1.** give (*s.th.*) away (as a present): **ich habe nichts zu ~** I have nothing to give away; **der verschenkt nichts!** *fig.* he doesn't give anything away for nothing! **den Sieg [ein Spiel] ~** (*sport*) (*beim Fußball etc*) to give away the victory [a game]. – **2.** *fig. colloq.* (*zu billig verkaufen*) give (*s.th.*) away for nothing, sell (*s.th.*) for a song: **für tausend Mark hat er das Auto glatt verschenkt** he literally gave the car away for a thousand marks. – **3.** *fig.* give, bestow: **sein Herz ~** to give one's heart; **seine Gunst an j-n ~** to bestow one's favo(u)r on s.o. – **II** *v/reflex* **4. sich an einen Unwürdigen ~** to give one's heart to s.o. (who is) unworthy of it, to throw oneself away. — **ver'schenkt I** *pp.* – **II** *adj* **das ist ja glatt ~** *colloq.* that's a(n) absolute gift!

ver'scher·beln *v/t* <*no* ge-, h> *colloq.* (*zu Geld machen*) turn (*s.th.*) into cash, sell (*s.th.*) off.

ver'scher·zen *v/t* <*no* ge-, h> (**sich** *dat*) **etwas ~** to forfeit s.th.: **du hast dir seine Gunst [sein Wohlwollen] verscherzt** you forfeited his favo(u)r [goodwill]; **sich** (*dat*) **sein Glück ~** to forfeit (*od.* spurn) one's fortune; **eine Gelegenheit ~** to forfeit (*od.* throw away) an opportunity.

ver'scheu·chen v/t ⟨no ge-, h⟩ **1.** (durch Erschrecken) scare (od. frighten) (s.o.) away (od. off). – **2.** (durch Verfolgen) chase (s.o.) off (od. away), shoo (s.o.) away (od. off). – **3.** (auseinandertreiben) disperse, scatter, dissipate. – **4.** fig. (trübe Gedanken, Sorgen, Angst, Zweifel etc) dispel, banish.

ver'scheu·ern v/t ⟨no ge-, h⟩ colloq. cf. verschachern.

ver'schicken (getr. -k·k-) **I** v/t ⟨no ge-, h⟩ **1.** (Briefe, Prospekte, Einladungen etc) send (s.th.) off. – **2.** (Waren) consign, dispatch, despatch, forward, send, ship. – **3.** (zur Post geben) post, bes. Am. mail. – **4.** (erholungsbedürftige Kinder etc) send (s.o.) away. – **5.** (Sträflinge) deport. – **II** V~ n ⟨-s⟩ **6.** verbal noun. — **Ver'schickung** (getr. -k·k-) f ⟨-; no pl⟩ **1.** cf. Verschicken. – **2.** (von Waren) consignment, dispatch, despatch, shipment. – **3.** (von Sträflingen) deportation.

ver'schieb·bar adj **1.** mov(e)able, sliding, slidable, auch slideable. – **2.** (einstellbar) adjustable. – **3.** (zeitlich) postponable.

Ver'schie·be|₁an₁la·ge f (railway) shunting (bes. Am. switching) installation. — ~₁bahn-₁hof m shunting station (od. depot), bes. Am. switchyard. — ~₁gleis n shunting (bes. Am. switching) track. — ~lo·ko·mo₁ti·ve f shunting (bes. Am. switch[ing] engine (od. locomotive), shunter engine, bes. Am. switcher (engine).

ver'schie·ben **I** v/t ⟨irr, no ge-, h⟩ **1.** (an einen anderen Platz schieben) move, shift: der Schrank läßt sich nicht ~ the cupboard cannot be moved. – **2.** (an einen falschen Platz schieben) put (s.th.) in the wrong place, displace, dislocate: die Putzfrau hat schon wieder den Teppich verschoben the charwoman put the carpet in the wrong place again. – **3.** (durcheinanderbringen) muddle up, disarrange. – **4.** (zeitlich) postpone, defer, put (s.th.) off, remit, delay, respite: etwas um eine Woche ~ to postpone s.th. for a week; etwas von einem Tag auf den anderen ~ to put s.th. off from one day to the next; etwas auf einen späteren Zeitpunkt ~ to defer s.th. to a later date (od. until later, till later); was du heute kannst besorgen, das verschiebe nicht auf morgen! (Sprichwort) never put till tomorrow what may be done today. – **5.** (vertagen) adjourn. – **6.** (railway) shunt, bes. Am. switch. – **7.** mil. (Truppen) displace. – **8.** econ. (illegal, unter der Hand verkaufen) sell (s.th.) underhand (od. illicitly). – **9.** ling. (Laut) shift. – **10.** geol. displace, dislocate, heave. – **11.** print. (Satz) squabble. – **12.** med. a) (dislozieren) displace, dislocate, b) (Leukozyten) shift, c) (Organ) displace, d) (Phasen) shift. – **II** v/reflex sich ~ **13.** (von Teppich, Tischtuch, Krawatte etc) move, get out of place: der Teppich hat sich verschoben the carpet has got(ten) out of place (od. colloq. has walked). – **14.** (zeitlich) be postponed (od. deferred, put off): meine Reise hat sich verschoben my journey has been put off. – **15.** fig. (von Akzent, Schwerpunkt etc) shift. – **16.** med. a) (von Knochenbrüchen) become displaced (od. dislocated), b) (von Kniescheibe) slip, shift. – **17.** ling. (von Lauten) shift. – **III** V~ n ⟨-s⟩ **18.** verbal noun. – **19.** cf. Verschiebung.

Ver'schie·be|₁rad n tech. slip (od. sliding) gear. — ~₁wei·che f (railway) shunting points pl, bes. Am. switch(es pl).

Ver'schie·bung f ⟨-; -en⟩ **1.** cf. Verschieben. – **2.** (an einen anderen Platz) move, shift. – **3.** (Verlagerung) displacement, dislocation. – **4.** (zeitliche) postponement, delay, deferment, put-off, respite. – **5.** (Vertagung) adjournment. – **6.** fig. (Verlagerung) shift. – **7.** ling. shift. – **8.** geol. displacement, dislocation, heave. – **9.** med. a) (eines Organs) displacement, b) (eines Gelenks) dislocation, c) (der Kniescheibe) slip, d) (in den Leukozyten) shift, e) (Lageveränderung) displacement, dystopia (scient.).

Ver'schie·bungs|₁fak·tor m electr. power factor. — ~ge₁setz n phys. displacement law.

ver'schie·den [-'ʃiːdən] **I** adj **1.** (in Farbe, Größe, Charakter etc) different: ~ sein to be different, to differ, to vary; sehr ~ sein to differ widely (od. greatly); zwei ~e Strümpfe two different (od. odd) stockings;

~ wie Tag und Nacht (as) different as chalk and cheese, (as) like as chalk to cheese; ~e Interessen haben to have different interests; da kann man ~er Meinung sein opinions differ (od. vary) on this point; das ist ganz ~ (als Antwort auf eine Frage) it varies, it depends; das ist von Fall zu Fall ~ that differs (od. varies) from case to case; in den ~sten Farben und Formen in all sorts of colo(u)rs and shapes. – **2.** (unähnlich) un(a)like, different(-looking), dissimilar: die beiden Brüder sind völlig ~ the two brothers are completely unalike. – **3.** (sich deutlich unterscheidend) distinct. – **4.** (auseinandergehend) divergent, diverging, discrepant. – **5.** (mehrere) various, several, diverse: bei ~en Gelegenheiten on various occasions; zu ~en Malen several times; ich habe schon an den ~sten Stellen gesucht I have looked for it in various places. – **6.** (mannigfaltig, gemischt) varied, various, assorted: ~es Gebäck assorted biscuits (Am. cookies) pl. – **7.** (von unterschiedlichster Art) miscellaneous: er handelt mit alten Möbeln, Bildern und ~en anderen Sachen he deals in old furniture, pictures and miscellaneous other things. – **8.** (substantiviert mit Kleinschreibung) several (od. some) people: ~e kamen zu spät some people were late. – **II** adv **9.** ~ dick [groß, lang] varying in thickness [size, length]; etwas ~ beurteilen to judge s.th. differently. – **III** V~e, das ⟨undeclined⟩ **10.** different things pl: Gleiches und V~es similar and different things. – **11.** (als Zeitungsrubrik, Tagesordnungspunkt etc) miscellaneous, miscellany. – **12.** (mit Kleinschreibung) several (od. various) things pl: ~es ist mir noch unklar I am still not clear about several things; da hört sich doch ~es auf! colloq. that's the limit! that takes the cake! (beide colloq.), that beats all!

ver'schie·den₁ar·tig adj **1.** (andersartig) different: wirtschaftlich und kulturell sehr ~e Staaten nations that are very different (od. that differ greatly) economically and culturally. – **2.** (mannigfaltig) various, varying, diverse: er wurde mit ~en Aufgaben betraut he was assigned tasks of various descriptions, tasks of various descriptions were assigned to him (beide colloq.); eine Fülle ~ster Vorschläge a great number of proposals of various descriptions (od. of all sorts and descriptions) (colloq.). – **3.** (heterogen) heterogeneous. – **4.** (grundverschieden) disparate, distinctly different. – **5.** (gegensätzlich) opposed. – **6.** (von unterschiedlichster Art) miscellaneous. — **Ver'schie·den₁ar·tig·keit** f ⟨-; no pl⟩ **1.** difference, different nature. – **2.** (Mannigfaltigkeit) variety, diversity, variousness. – **3.** (Heterogenität) heterogeneity. – **4.** (Grundverschiedenheit) disparity, distinct difference. – **5.** (Gegensätzlichkeit) opposed nature. – **6.** (unterschiedliche Beschaffenheit) miscellaneity, miscellaneousness.

Ver'schie·de·ne m, f ⟨-n; -n⟩ lit. (the) deceased, (the) defunct.

ver'schie·de·ne₁mal adv several times.

ver'schie·de·ner₁lei adj ⟨invariable⟩ **1.** various, several different: auf ~ Art in several different ways; ich habe noch ~ Sachen einzukaufen I still have various errands to do. – **2.** different: ~ Münzen different coins.

ver'schie·den₁far·big adj **1.** different-colored (bes. Br. -coloured), unmatched, of different colors (bes. Br. colours): sie hatte ~e Strümpfe an she wore different-colo(u)red (od. odd) stockings. – **2.** (mehrfarbig) multicolor(ed), bes. Br. multicolour(ed), parti-colored, bes. Br. parti-coloured; heterochromous, heterochromatic, heterochromic (scient.).

ver'schie·den·ge₁stal·tig [-gə₁ʃtaltiç] adj of various shapes, differently shaped; heteromorphic, heteromorphous, polymorphic, polymorphous (scient.). — **Ver'schie·den·ge·stal·tig·keit** f ⟨-; no pl⟩ variety of shape: heteromorphism, polymorphism (scient.).

Ver'schie·den·heit f ⟨-; -en⟩ **1.** (in Farbe, Größe, Charakter etc) difference, different nature, inequality. – **2.** (Unähnlichkeit) unlikeness, dissimilarity. – **3.** (deutliche Unterscheidbarkeit) distinctness, distinction. – **4.** (Unvereinbarkeit) disparity. – **5.** (Dis-

krepanz) divergence, discrepancy. – **6.** (Mannigfaltigkeit) variety, diversity.

ver'schie·dent·lich adv **1.** (wiederholt) repeatedly. – **2.** (mehrmals) several times. – **3.** (gelegentlich) occasionally, now and then, at times, on occasion: ich habe ~ daran gedacht I have thought of it occasionally.

ver'schie·ßen¹ **I** v/t ⟨irr, no ge-, h⟩ **1.** (Munition etc) discharge, fire (auch off): seine letzten Kugeln ~ to fire one's last (od. use up one's, expend one's) bullets; → Pulver 2. – **2.** (Pfeil) shoot (off). – **3.** (Geld) spend (s.th.) on shooting. – **4.** (sport) (Elfmeter etc) miss. – **5.** print. (Kolumnen) impose (s.th.) wrongly. – **II** v/reflex sich ~ **6.** (mit einem Gewehr etc) miss (one's mark od. target). – **7.** sich in j-n verschossen haben fig. colloq. to be crazy (od. colloq. mad, sl. nuts) about s.o.; to be struck (auch stuck) on s.o., to have a crush on s.o. (sl.).

ver'schie·ßen² v/i ⟨irr, no ge-, sein⟩ (ausbleichen) fade, discolor, bes. Br. discolour: das Kleid ist verschossen the dress has faded.

ver'schif·fen econ. mar. **I** v/t ⟨no ge-, h⟩ **1.** ship (off), send (od. transport) (s.th.) by water: wieder ~ to reship; etwas über den Ozean ~ to ship (od. send) s.th. across the ocean. – **II** V~ n ⟨-s⟩ **2.** verbal noun. – **3.** cf. Verschiffung. — **Ver'schif·fer** m shipper. — **Ver'schif·fung** f ⟨-; no pl⟩ **1.** cf. Verschiffen. – **2.** shipment: ~ [zweimal] monatlich shipment [twice] monthly.

Ver'schif·fungs|₁auf·trag m econ. mar. shipping order. — v~be₁reit adj ready for shipment (od. shipping). — ~₁ha·fen m **1.** (für Waren) port of shipment. – **2.** (für Menschen) port of embarkation (auch embarcation). — ~₁ko·sten pl shipping sg, shipping charges. — ~pa₁pie·re pl shipping documents. — ~₁spe·sen pl shipping expenses (od. charges). — ~ter₁min m time (od. date) of shipment. — ~₁ton·ne f (Frachttonne) shipping ton.

ver'schil·fen v/i ⟨no ge-, sein⟩ (von Fluß, Teich etc) become overgrown with reeds, overgrow with reeds.

ver'schim·meln v/i ⟨no ge-, sein⟩ **1.** (von Brot etc) mold, bes. Br. mould, become (od. go, grow) moldy (bes. Br. mouldy). – **2.** (von Leder, Stoff etc) mildew, become mildewed. — **ver'schim·melt I** pp. – **II** adj **1.** (Brot etc) moldy, bes. Br. mouldy. – **2.** fig. antiquated, obsolete.

Ver'schiß m ⟨-sses; no pl⟩ vulg. (in Wendungen wie) in ~ geraten to be sent to Coventry, Br. to be considered beyond (od. outside) the pale; j-n in ~ tun to send s.o. to Coventry, to ostracize (Br. auch -s-) s.o.

ver'schlacken (getr. -k·k-) **I** v/t ⟨no ge-, h⟩ **1.** slag, flux. – **2.** geol. (Lava etc) scorify. – **II** v/i ⟨sein⟩ **3.** sinter, scale. – **III** V~ n ⟨-s⟩ **4.** verbal noun. – **5.** cf. Verschlackung. — **ver'schlackt I** pp. – **II** adj **1.** (Ofen etc) slagged. – **2.** (Lava etc) scoriaceous. — **Ver'schlackung** (getr. -k·k-) f ⟨-; -en⟩ **1.** cf. Verschlacken. – **2.** geol. scorification.

Ver'schlackungs|be₁stän·dig·keit (getr. -k·k-) f tech. resistance to slagging. — ~pe₁ri·ode f metall. slag-forming period. — ~ver₁mö·gen n fluxing power.

ver'schla·fen¹ **I** v/i u. sich ~ v/reflex ⟨irr, no ge-, h⟩ **1.** sleep in, oversleep (oneself). – **II** v/t **2.** (Zeit, Termin etc) miss (s.th.) by oversleeping, oversleep: ich habe den ersten Zug ~ I missed the first train because I overslept, I overslept the first train. – **3.** (einen Tag, Abend etc) waste (od. spend) (s.th.) sleeping. – **4.** (Kummer, Ärger etc) sleep on. – **5.** (Rausch etc) sleep (s.th.) off.

ver'schla·fen² **I** pp of verschlafen¹. – **II** adj **1.** sleepy: mit ~en Augen sleepy-eyed; ~ aussehen (od. dreinschauen) to look sleepy-eyed; ich bin noch ganz ~ I am still sleepy (od. half asleep). – **2.** fig. (Mensch) sleepy, drowsy, blear(y)-eyed. – **3.** fig. (Dorf etc) sleepy, drowsy.

Ver'schla·fen·heit f ⟨-; no pl⟩ **1.** sleepiness. – **2.** fig. sleepiness, drowsiness.

Ver'schlag m ⟨-(e)s; ⸚e⟩ **1.** (unter der Treppe etc) glory hole. – **2.** (am Haus) lean-to, shelter. – **3.** (kleine Hütte) shed. – **4.** contempt. (elende Behausung) shanty, hutch, bes. Am. shack. – **5.** mar. (verschließbarer) locker.

ver'schla·gen[1] I *v/t* ⟨*irr, no* ge-, h⟩ **1.** etwas mit Brettern ~ to board (up) s.th. – **2.** etwas mit Nägeln ~ to nail s.th. up. – **3.** die Buchseite ~ to lose the (*od.* one's) place (*od.* the page). – **4.** (*sport*) (*Tennisball etc*) misplay, mishit. – **5.** durch den Krieg wurden wir hierher ~, der Krieg verschlug uns hierher *fig.* we landed (*od.* ended up) here as a result of the war. – **6.** *mar.* (*von Sturm etc*) (*Schiff*) drive (*a ship*) off (*od.* out of) its course: ~ werden a) to be driven off (*od.* out of) one's course, b) (*von Menschen*) (*durch Schiffbruch*) to be cast away; der Sturm verschlug uns auf die Insel, wir wurden von dem Sturm auf die Insel ~ the storm cast us ashore (*od.* stranded us) on the island; der Sturm verschlug uns nach Norwegen the storm drove us to(ward[s]) Norway. – **7.** *fig.* (*in Wendungen wie*) das verschlug mir die Sprache it stunned me, I was speechless; → Atem 1. – **II** *v/i colloq.* **8.** (*von Arzneimittel etc*) nicht ~ (*nicht wirken*) (*bei j-m* on s.o.) to have no effect. – **9.** (*häufig in Verbindung mit nichts*) es verschlägt nichts a) it does not matter, it has no effect, b) it makes no difference. – **10.** kaltes Wasser ~ lassen to take the chill off cold water. – **III** *v/reflex* sich ~ **11.** *dial.* (*von Grippe etc*) settle somewhere else.

ver'schla·gen[2] I *pp of* verschlagen[1]. – **II** *adj* **1.** der Hund ist ~ the dog is cowed. – **2.** *fig.* (*Person*) sly, shrewd, cunning, tricky, crafty, wily. – **3.** *fig.* (*Blick*) sly, cunning, wily. – **4.** *colloq.* (*Wasser etc*) lukewarm, tepid. – **5.** ~er Wind *med.* trapped flatus.

Ver'schla·gen·heit *f* ⟨-; *no pl*⟩ **1.** (*einer Person etc*) slyness, shrewdness, cunning(ness), trickiness, craftiness, wiliness. – **2.** (*eines Blickes*) slyness, cunningness, wiliness.

Ver'schlag·wa·gen *m* (*railway*) crate car (*Br.* waggon).

ver'schlam·men I *v/i* ⟨*no* ge-, sein⟩ *u.* sich ~ *v/reflex* ⟨h⟩ **1.** (*von Fluß etc*) silt (up), become muddy. – **2.** (*von Rohrleitung*) become clogged, clog, get filled with mud. – **II** V~ *n* ⟨-s⟩ **3.** *verbal noun.* – **4.** *cf.* Verschlammung.

ver'schläm·men I *v/t* ⟨*no* ge-, h⟩ (*Fluß etc*) silt (s.th.) (up). – **II** V~ *n* ⟨-s⟩ *verbal noun.*

Ver'schlam·mung *f* ⟨-; -en⟩ **1.** *cf.* Verschlammen. – **2.** (*eines Beckens*) sludge accumulation. – **3.** (*Verlandung*) mudsilting, siltation.

Ver'schläm·mung *f* ⟨-; -en⟩ **1.** *cf.* Verschlämmen. – **2.** *cf.* Verschlammung 3.

ver'schlam·pen *colloq.* I *v/t* ⟨*no* ge-, h⟩ **1.** lose, lose (*od.* mislay) (*s.th.*) by carelessness: er hat schon wieder eine Akte verschlampt he has (gone and) lost another file. – **II** *v/i* ⟨sein⟩ **2.** become (*od.* get) slatternly (*od.* slovenly, *sl.* tatty). – **3.** etwas ~ lassen to let s.th. go (to ruin): sie lassen den Garten völlig ~ they neglect the garden altogether.

ver'schlech·tern [-'ʃlɛçtərn] I *v/t* ⟨*no* ge-, h⟩ **1.** (*Zustand, Sache etc*) worsen, make (*s.th.*) worse, aggravate, deteriorate: das Rauchen hat seinen Krankheitszustand noch verschlechtert smoking has aggravated his condition even more. – **2.** (*Qualität etc*) deteriorate, impair, worsen. – **3.** (*Münzen*) debase. – **4.** (*Aussichten etc*) lessen, diminish, impair, worsen. – **II** *v/reflex* sich ~ **5.** (*von Verhältnis, Qualität, Wetter etc*) deteriorate, decline, worsen, become worse: seine Leistungen ~ sich immer mehr his work is becoming worse and worse (*od.* going down); die wirtschaftliche [politische] Lage verschlechtert sich ständig the economic [political] situation is deteriorating more and more (*od.* going from bad to worse). – **6.** (*von Aussichten etc*) diminish, lessen, worsen. – **7.** (*von Laune etc*) blacken, darken, become worse (and worse). – **8.** sich beruflich ~ to change one's post (*od. colloq.* job) for the worse. – **9.** sich finanziell ~ to earn less, to be worse off financially. – **III** V~ *n* ⟨-s⟩ **10.** *verbal noun.* — **Ver'schlech·te·rung** *f* ⟨-; *no pl*⟩ **1.** *cf.* Verschlechtern. – **2.** (*einer Situation, einer Lage, eines Krankheitszustandes etc*) deterioration, depravation, aggravation, change for the worse: eine ~ im Zustand des Patienten a deterioration in the patient's condition. – **3.** (*der Qualität etc*)

deterioration, decline, impairment. – **4.** (*von Münzen*) debasement. – **5.** (*der Aussichten etc*) impairment, diminution, *auch* diminishment.

ver'schlei·ern [-'ʃlaɪərn] I *v/t* ⟨*no* ge-, h⟩ **1.** (*Gesicht etc*) veil. – **2.** *fig.* (*Tatsachen etc*) veil, obscure, disguise, cloak, mask: seine wahren Absichten ~ to veil one's true intentions. – **3.** *fig.* (*Sonne etc*) veil. – **4.** *fig.* (*Blick*) blur. – **5.** *econ.* a) (*Bilanz*) conceal, window-dress, b) (*Geschäftsbücher*) cook, doctor. – **6.** *mil.* screen, camouflage. – **7.** *phot.* (*in der Röntgenologie*) fog. – **II** *v/reflex* sich ~ **8.** (*von Frauen*) veil oneself (*od.* one's face), put on a veil. – **9.** (*von Himmel*) become hazy. – **10.** ihr Blick verschleierte sich a) (*durch Tränen*) her eyes clouded, b) (*vor Sehnsucht*) she gazed into the distance. – **11.** seine Stimme verschleierte sich his voice became husky (*od.* thick). – **III** V~ *n* ⟨-s⟩ **12.** *verbal noun.* – **13.** *cf.* Verschleierung. — **ver'schlei·ert** I *pp.* – **II** *adj* **1.** (*Frau*) veiled. – **2.** *fig.* (*Blick*) vague. – **3.** *fig.* (*Stimme*) husky, thick. – **4.** *phot.* foggy. — **Ver'schleie·rung** *f* ⟨-; -en⟩ **1.** *cf.* Verschleiern. – **2.** *fig.* (*von Tatsachen etc*) obscuration, disguise. – **3.** *mil.* screen, camouflage. – **4.** *econ.* (*einer Bilanz*) concealment, window dressing.

Ver'schleie·rungs·tak·tik *f* camouflage tactics *pl.* — **~ver·kehr** *m mil.* deception signal traffic. — **~ver·such** *m* attempt at camouflage.

ver'schlei·fen I *v/t* ⟨*no* ge-, h⟩ *ling. mus.* (*Wörter, Silben, Töne etc*) slur, let (*words etc*) run together. – **II** V~ *n* ⟨-s⟩ *verbal noun.* — **Ver'schlei·fung** *f* ⟨-; -en⟩ **1.** *cf.* Verschleifen. – **2.** slur.

ver'schlei·men I *v/t* ⟨*no* ge-, h⟩ **1.** *med.* obstruct (*s.th.*) with phlegm (*od.* mucus). – **II** *v/i* ⟨sein⟩ **2.** *med.* become filled (*od.* obstructed, congested) with phlegm (*od.* mucus). – **3.** *mil.* (*von Geschützrohr*) foul. – **III** V~ *n* ⟨-s⟩ **4.** *verbal noun.* – **5.** *cf.* Verschleimung. — **ver'schleimt** I *pp.* – **II** *adj* stark ~ sein *med.* a) to suffer from (*od.* have a lot of) phlegm (on one's chest), b) to suffer from catarrh. — **Ver'schleimung** *f* ⟨-; -en⟩ **1.** *cf.* Verschleimen. – **2.** *med.* a) (*der Brust*) congestion, secretional obstruction, b) (*als Katarrh*) mucous catarrh.

Ver'schleiß [-'ʃlaɪs] *m* ⟨-es; -e⟩ **1.** (*Abnutzung*) wear (and tear), attrition: eingeplanter ~ *econ.* built-in obsolescence (*od.* utility decline). – **2.** (*von Kräften etc*) detrition, attrition: körperlicher und nervlicher ~ attrition of nerves and body. – **3.** *tech.* a) (*Abnutzung*) wear, b) (*Abrieb*) abrasion, c) (*Auswaschung*) cavitation, d) (*Erosion*) erosion, e) (*Korrosion*) corrosion. – **4.** *Austrian econ.* retail trade. — **~be·an·spru·chung** *f* abrasive stress. — **~be·stän·dig·keit** *f* wear-resisting quality, abrasion resistance.

ver'schlei·ßen I *v/t* ⟨*irr, no* ge-, h⟩ **1.** (*Kleidung, Kräfte etc*) wear (*s.th.*) (out). – **2.** *tech.* a) (*durch Abnutzung*) wear (*s.th.*) out (*od.* down), b) (*durch Abrieb*) abrade, abrase, c) (*durch Erosion*) erode, d) (*durch Korrosion*) corrode. – **3.** *Austrian econ.* retail. – **II** *v/i* ⟨sein⟩ **4.** (*von Kleidung etc*) wear, become worn: die Wäsche verschleißt durch häufiges Waschen the linen wears thin through frequent washing. – **5.** *tech.* a) (*durch Abnutzung*) wear (out), b) (*durch Abrieb*) abrade, c) (*durch Erosion*) erode, d) (*durch Korrosion*) corrode. – **III** *v/reflex* sich ~ **6.** *cf.* verschleißen II. – **7.** (*im Beruf*) wear oneself out. – **IV** V~ *n* ⟨-s⟩ **8.** *verbal noun.* – **9.** *cf.* Verschleiß 1-3.

Ver'schleiß·er·schei·nung *f* sign (*od.* symptom) of wear. — **v~·fest** *adj* **1.** (*gegen Abnutzung*) wear-resistant, hardwearing, wearproof, *Br.* wear-proof. – **2.** (*gegen Abrieb*) abrasion-resistant, nonabrasive *Br.* non-. — **~·fe·stig·keit** *f* ⟨-; *no pl*⟩ **1.** (*gegen Abnutzung*) resistance to wear, wear-resistant property, wearability. – **2.** (*gegen Abrieb*) abrasion resistance. — **~ge·schwin·dig·keit** *f* rate of wear. — **~·här·te** *f cf.* Verschleißfestigkeit. — **~·mar·ke** *f* wear mark. — **~·mar·ken·brei·te** *f* (*eines Werkzeugs*) wear-mark width. — **~·prü·fung** *f* wear test. — **~·schicht** *f civ.eng.* (*einer Straße*) wearing course. — **~·teil** *n tech.* expendable part

(*od.* item). — **~ver·än·de·rung** *f med.* (*von Gelenken etc*) degenerative changes *pl,* wearing of the joint cartilage. — **~·wi·der·stand** *m tech.* resistance to wear, wearing resistance, (*gegen Abrieb*) abrasion resistance.

ver'schlem·men *v/t* ⟨*no* ge-, h⟩ (*Vermögen etc*) guzzle away (*colloq.*).

ver'schlep·pen I *v/t* ⟨*no* ge-, h⟩ **1.** etwas ~ a) (*von Hund etc*) to carry s.th. off, to carry s.th. away, b) (*von Feinden etc*) to take s.th. away: im Krieg wurden viele Kunstschätze verschleppt during the war many art treasures were taken away. – **2.** j-n ~ (*gewaltsam*) a) (*im Krieg*) to deport s.o., b) (*entführen*) to abduct s.o., (*mit Erpressung*) *auch* to kidnap s.o. – **3.** *fig.* (*Prozeß, Verhandlungen etc*) prolong, draw out, protract, delay. – **4.** *pol.* (*Vorlage etc*) obstruct, *bes. Am.* filibuster, *bes. Br.* stonewall. – **5.** *med.* a) (*Infektion*) spread, transmit, convey, b) (*Krankheit*) protract (*s.th.*) (through neglect), c) (*verstreuen*) disperse. – **II** V~ *n* ⟨-s⟩ **6.** *verbal noun.* – **7.** *cf.* Verschleppung. — **ver'schleppt** I *pp.* – **II** *adj* (*Grippe etc*) protracted.

Ver'schlepp·te *m, f* ⟨-n; -n⟩ deported person.

Ver'schlep·pung *f* ⟨-; -en⟩ **1.** *cf.* Verschleppen. – **2.** (*von Kriegsgefangenen etc*) deportation. – **3.** (*Entführung*) abduction. – **4.** *fig.* (*eines Prozesses etc*) prolongation, protraction. – **5.** *pol.* (*einer Vorlage etc*) obstruction. – **6.** *med.* a) (*von Bakterien etc*) conveyance, transmission, b) (*einer Krankheit*) protraction (through neglect), c) (*Verstreuung*) dispersion.

Ver'schlep·pungs·ma·nö·ver *n* **1.** delaying (*od.* dilatory) man(o)euver (*bes. Br.* manœuvre) (*od.* tactics *pl*), procrastination. – **2.** *pol.* obstruction (man[o]euver, *bes. Br.* manœuvre), *bes. Am.* filibustering, *bes. Br.* stonewalling. — **~po·li·tik** *f* policy of obstruction, obstructionism, *bes. Am.* filibusterism. — **~·tak·tik** *f* **1.** delaying (*od.* dilatory) tactics *pl,* procrastination. – **2.** *pol.* obstruction (tactics *pl*), *bes. Am.* filibustering, *bes. Br.* stonewalling.

ver'schleu·dern I *v/t* ⟨*no* ge-, h⟩ **1.** *econ.* (*Ware etc*) sell (*s.th.*) (off) dirt cheap (*od.* at a cut price), (*mit Verlust*) *auch* sell (*s.th.*) at a loss (*od.* below cost), (*im Ausland*) *auch* dump. – **2.** (*sein Geld, Vermögen etc*) squander (*s.th.*) (away), throw (*s.th.*) away, waste, dissipate. – **II** V~ *n* ⟨-s⟩ **3.** *verbal noun.* — **Ver'schleu·de·rung** *f* ⟨-; *no pl*⟩ **1.** *cf.* Verschleudern. – **2.** (*eines Vermögens etc*) squander, dissipation.

ver'schließ·bar *adj* **1.** (*mit Schlüssel*) lockable, capable of being locked. – **2.** (*Fenster etc*) clos(e)able, capable of being shut (*od.* closed): etwas ist ~ s.th. can be shut (*od.* closed). – **3.** (*verriegelbar*) capable of being bolted.

ver'schlie·ßen I *v/t* ⟨*irr, no* ge-, h⟩ **1.** (*abschließen*) lock: etwas mit einem Riegel ~ to bolt s.th.; etwas mit einem Vorhängeschloß ~ to padlock s.th. – **2.** (*in einem Schreibtisch etc*) lock (*s.th.*) up. – **3.** (*Fenster, Öffnung, Zugang etc*) close, shut. – **4.** (*Flasche*) put a stopper on, stopper: mit einem Kork ~ to cork (*a bottle*) (up). – **5.** (*Glas etc*) close. – **6.** (*Brief etc*) close, seal. – **7.** (*Spalte etc*) close (*od.* fill) (*s.th.*) (up). – **8.** *med.* a) (*Wunde*) close (*od.* sew) (*a wound*) (up), suture, b) (*Ader*) occlude, obstruct. – **9.** etwas in (*acc*) sich ~ *fig.* (*Gedanken, Gefühle etc*) to keep s.th. locked in one's heart. – **10.** sein Herz vor (*dat*) etwas ~ *fig.* to harden oneself against (*od.* to) s.th., to set one's heart against s.th.: er verschloß sein Herz ihren Bitten he hardened himself against (*od.* he turned a deaf ear to) her pleas. – **11.** die Augen vor etwas ~ *fig.* to close one's eyes to s.th. – **12.** j-m etwas ~ *fig.* to close a door on s.o. to s.th.: diese Möglichkeit bleibt Minderbemittelten verschlossen the door to this possibility is closed to (*od.* for) those (who are) less well-off. – **II** *v/reflex* sich ~ **13.** *fig.* become withdrawn (*od.* extremely reserved): sich in (*acc*) sich selbst ~ to withdraw (*od.* retire, go) into oneself; sich vor j-m ~ to be withdrawn (*od.* extremely reserved) with s.o.; warum verschließt du dich vor mir? why are you so withdrawn (*od.* on the reserve) with (*od.* toward[s]) me? – **14.** sich einer Sache ~ *fig.* to close one's eyes (*od.* turn a deaf ear) to s.th.: er kann sich dem

Fortschritt nicht ~ he cannot close his eyes to progress; er konnte sich (gegenüber) diesen Argumenten nicht ~ he could not close his mind to (*od.* turn a deaf ear to, ignore) these arguments. – **III V~** *n* ⟨-s⟩ **15.** *verbal noun.*

ver'schlimm,bes·sern I *v/t* ⟨*no* ge-, h⟩ *colloq.* (*Arbeit, Text etc*) make (*s.th.*) worse by correction, correct mistakes into, disimprove. – **II V~** *n* ⟨-s⟩ *verbal noun.* — **Ver'schlimm,bes·se·rung** *f* ⟨-; -en⟩ **1.** *cf.* Verschlimmbessern. – **2.** incorrect correction, disimprovement.

ver'schlim·mern [-'ʃlɪmərn] **I** *v/t* ⟨*no* ge-, h⟩ **1.** (*Situation, Lage etc*) aggravate, worsen, make (*s.th.*) worse, deteriorate. – **2.** *med. cf.* aggravieren 2. – **II** *v/reflex* sich ~ **3.** (*von Krankheit, Lage etc*) become (*od.* grow, get) worse, worsen, deteriorate: sein Zustand verschlimmerte sich his condition deteriorated (*od.* went from bad to worse). – **III V~** *n* ⟨-s⟩ **4.** *verbal noun.* — **Ver'schlim·me·rung** *f* ⟨-; -en⟩ **1.** *cf.* Verschlimmern. – **2.** aggravation, deterioration, change for the worse. – **3.** *med. cf.* Aggravation 2.

ver'schlin·gen[1] *v/t* ⟨*irr, no* ge-, h⟩ **1.** (*aus großem Hunger*) devour. – **2.** (*in großen Stücken, Brocken*) gulp (*s.th.*) down, wolf, bolt, swallow, demolish. – **3.** (*verputzen*) gobble (*s.th.*) up. – **4.** *fig.* (*Riesensummen etc*) swallow up, run into. – **5.** *fig.* (*mit den Augen, Ohren*) devour: ein Buch ~ to devour (*od.* swallow) a book. – **6.** *fig.* (*von Nacht, Wellen etc*) engulf, swallow up: die Dunkelheit verschlang ihn (the) darkness engulfed (*od.* absorbed) him.

ver'schlin·gen[2] **I** *v/t* ⟨*irr, no* ge-, h⟩ **1.** Dinge miteinander (*od.* ineinander) ~ to entwine (*od.* intertwine, intertwist, interlace) things. – **II** *v/reflex* sich ~ **2.** (*von Fäden, Zweigen etc*) intertwine, become entwined (*od.* intertwined, intertwisted), (*stärker*) become entangled: sich zu einem Knoten ~ to become entwined (*od.* entangled) in a knot. – **3.** *med.* (*von Darm*) become twisted, kink. – **III V~** *n* ⟨-s⟩ **4.** *verbal noun.* – **5.** *cf.* Verschlingung.

Ver'schlin·gung *f* ⟨-; -en⟩ **1.** *cf.* Verschlingen[2]. – **2.** (*von Bändern mit Zweigen etc*) entwinement, intertwinement, interlacement, *auch* intertwist, (*stärker*) entanglement.

ver'schlis·sen I *pp of* verschleißen. – **II** *adj* **1.** (*Teppiche, Bettwäsche etc*) threadbare, worn, worn thin. – **2.** (*Kleidung*) worn(-out *od.* -down), seedy.

ver'schlos·sen I *pp of* verschließen. – **II** *adj* **1.** locked. – **2.** closed: → Tür 1, 5. – **3.** (*Brief, Dose etc*) closed, sealed: luftdicht ~ sealed, (closed) airtight (*Br.* airtight); im ~en Umschlag in a sealed envelope. – **4.** *fig.* (*Mensch, Wesen*) withdrawn, extremely reserved, (*bes. wortkarg*) *auch* taciturn. — **Ver'schlos·sen·heit** *f* ⟨-; *no pl*⟩ (*eines Menschen*) withdrawnness, (extreme) reserve (*od.* reservedness), (*bes. Wortkargheit*) *auch* taciturnity.

ver'schluck·en (*getr.* -k·k-) **I** *v/t* ⟨*no* ge-, h⟩ **1.** (*Gräte etc*) swallow. – **2.** (*Wort, Silbe etc*) slur (over), swallow. – **3.** *fig.* (*eine Bemerkung etc*) suppress, contain: im letzten Moment verschluckte er die Antwort he suppressed the answer (*od.* he swallowed his tongue) at the last moment. – **4.** *fig. colloq.* (*Unsummen*) swallow up: das neue Haus hat viel Geld verschluckt the new house has swallowed up (*od.* has run into) a lot of money. – **5.** *fig.* (*von der Dunkelheit etc*) engulf, swallow up: er war wie vom Erdboden verschluckt he disappeared into thin air. – **II** *v/reflex* sich ~ **6.** choke: fast hätte ich mich verschluckt! nearly choked.

ver'schlu·dern *v/t* ⟨*no* ge-, h⟩ *u. v/i* ⟨sein⟩ *colloq. cf.* verschlampen.

ver'schlun·gen I *pp of* verschlingen[1] *u.* [2]. – **II** *adj* **1.** entwined, (en)twisted. – **2.** (*Pfad etc*) meandering, winding, tortuous. – **3.** (*Buchstabe, Linie etc*) intertwined. – **4.** *her.* tortillé. – **5.** *fig.* intricate, complex.

Ver'schluß *m* ⟨-sses; ⁼sse⟩ **1.** (*an Schmuckstücken etc*) catch, clasp. – **2.** (*an Büchern, Taschen etc*) clasp. – **3.** (*an einem Schloß od. Riegel*) lock: etwas unter ~ halten to keep s.th. under lock and key. – **4.** (*mit Haken, Ösen etc*) fastener. – **5.** (*für Flaschen*) stopper. – **6.** (*Stöpsel*) plug. – **7.** (*wasser- und luftdichter*) seal. – **8.** (*Deckel,*

cover, cap, lid. – **9.** *phot.* shutter. – **10.** *mil.* (*eines Geschützes*) breech mechanism. – **11.** *med.* a) (*von Gefäßen, Gängen, der Bronchien etc*) occlusion, blockage, b) (*Thrombus*) thrombus, embolus, c) (*des Darms*) ileus, d) (*einer Wunde*) closing by suture (*od.* by metal clips), e) fibroser ~ fibrous obstruction. – **12.** *econ. cf.* Zollverschluß. – **13.** *ling.* (*in der Phonetik*) closure. – **14.** (*sport*) (*beim Gewichtheben*) (*einer Hantel*) collar. – **15.** *aer.* (*eines Triebwerks etc*) cover. — **~,aus,lö·sung** *f phot.* shutter release. – **~,block** *m mil.* (*eines Geschützes*) breechblock, *Br.* breech-block. — **~,ein,stel·lung** *f phot.* shutter setting (*od.* scale).

ver'schlüs·seln I *v/t* ⟨*no* ge-, h⟩ **1.** (*Text etc*) (en)code, (en)cipher. – **II V~** *n* ⟨-s⟩ **2.** *verbal noun.* – **3.** *cf.* Verschlüsselung. — **ver'schlüs·selt I** *pp.* – **II** *adj* (en)coded, code (*attrib*): ~er Text (en)coded (*od.* code) text, cryptogram. — **Ver'schlüs·se·lung** *f* ⟨-; -en⟩ **1.** *cf.* Verschlüsseln. – **2.** encipherment, encodement.

Ver'schluß|ge,schwin·dig·keit *f phot.* shutter speed. — **~,hahn** *m tech.* stopcock. — **~,ik·te·rus** *m med.* obstructive icterus (*od.* jaundice). — **~,kap·pe** *f tech.* screw (*od.* end) cap. — **~,klam·mer** *f* locking clamp. — **~,knopf** *m* lock knob. — **~,la·mel·le** *f phot.* shutter blade (*od.* leaf). — **~,laut** *m ling.* stop, (ex)plosive, occlusive.

Ver'schlüß·lung *f* ⟨-; -en⟩ *cf.* Verschlüsselung.

Ver'schluß|,map·pe *f* **1.** classified file. – **2.** (*für Kurierpost*) pouch. — **~,ma,schi·ne** *f tech.* preserve locking machine. — **~,mut·ter** *f tech.* lock nut. — **~,plat·te** *f mil.* (*eines Geschützes*) obturator disc (*od.* disk). — **~,sa·che** *f* classified document. — **~,schrau·be** *f tech.* screw plug, plug screw. — **~,strei·fen** *m* sealing tape. — **~,stück** *n mil. cf.* Verschlußblock. — **~,vor,rich·tung** *f cf.* Verschluß 1—10. — **~,zeit** *f phot.* shutter speed.

ver'schmach·ten *v/i* ⟨*no* ge-, sein⟩ **1.** (*vor Durst*) ~ to be dying (*od.* parched) with thirst. – **2.** (*vor Hitze*) ~ to swelter, to suffocate with heat. – **3.** (*vor Liebeskummer etc*) (*vor dat* with) pine (*od.* waste) (away), languish: vor Gram ~ to eat one's heart out. – **4.** (*im Gefängnis*) rot.

ver'schmä·hen I *v/t* ⟨*no* ge-, h⟩ **1.** (*verachten*) despise, disdain, scorn, spurn. – **2.** (*zurückweisen*) refuse, reject: j-s Hilfe ~ to refuse s.o.'s help; er verschmäht alles, was süß ist he refuses everything sweet; ich würde einen Schluck nicht ~ I wouldn't refuse (*od.* say no to) a drop. – **II V~** *n* ⟨-s⟩ **3.** *verbal noun.* – **4.** *cf.* Verschmähung. — **ver'schmäht I** *pp.* – **II** *adj* ~e Liebe unrequited love; ~er Liebhaber a) (*Geliebter*) jilted lover, b) (*Bewerber*) spurned lover. – *cf.* Verschmähen. — **Ver'schmä·hung** *f* ⟨-; *no pl*⟩ **1.** *cf.* Verschmähen. – **2.** refusal, rejection.

ver'schmä·lern I *v/t* ⟨*no* ge-, h⟩ **1.** (*verengen*) narrow (down). – **2.** (*dünner machen*) thin. – **3.** (*verkleinern*) make (*s.th.*) smaller. – **II** *v/reflex* sich ~ **4.** (*von Weg etc*) narrow (down). – **5.** thin (out). – **6.** *biol.* attenuate. – **III V~** *n* ⟨-s⟩ **7.** *verbal noun.* — **Ver'schmä·le·rung** *f* ⟨-; *no pl*⟩ **1.** *cf.* verschmälern. – **2.** *biol.* attenuation.

ver'schmau·sen *v/t* ⟨*no* ge-, h⟩ relish, regale (oneself) with (*od.* on), feast on.

ver'schmel·zen I *v/t* ⟨*irr, no* ge-, h⟩ **1.** (*zu einem*) merge, blend, fuse, melt. – **2.** *tech.* (*Metalle etc*) weld (*od.* fuse) (*metals*) together. – **3.** (*durch Synthese*) synthetize. – **4.** *econ. pol.* (*Betriebe, Parteien etc*) merge, amalgamate, fuse. – **II** *v/i* ⟨sein⟩ **5.** (*ineinander*) ~ (*von Farben etc*) to merge, to blend, to fuse, to melt (into one another): die Farbtöne verschmolzen zu einem schmutzigen Braun several tones merged into a dirty brown. – **6.** (*zusammenwachsen*) coalesce. – **7.** *econ. pol.* (*von Betrieben, Parteien etc*) merge, amalgamate, fuse: sie verschmolzen zu einer Einheit they merged (into one); die Firmen sind zu einem großen Unternehmen verschmolzen the firms amalgamated to form (*od.* merged into) a large enterprise. – **8.** *med.* a) (*von Zellen etc*) unite, fuse, b) (*von Ausschlag*) merge, c) ~ mit to blend into (*od.* with). – **II V~** *n* ⟨-s⟩ **9.** *verbal noun.* — **Ver'schmel·zung** *f* ⟨-; -en⟩ **1.** *cf.* Verschmelzen. – **2.** ⟨*only sg*⟩ *fig.* (*Vereinigung*) fusion. – **3.** ⟨*only sg*⟩ *fig.* (*Verbindung*) union, amalgam-

ation, inosculation. – **4.** ⟨*only sg*⟩ *fig.* (*durch Zusammenwachsen*) coalescence. – **5.** *econ. pol.* merger, amalgamation, fusion. – **6.** ⟨*only sg*⟩ *tech.* fusion. – **7.** *med.* union, fusion.

Ver'schmel·zungs,kern *m biol.* fusion nucleus.

ver'schmer·zen *v/t* ⟨*no* ge-, h⟩ etwas ~ to get over s.th.: er hat den Verlust noch immer nicht verschmerzt he hasn't gotten) over the loss yet, the loss is still paining him. — **ver'schmerzt I** *pp.* – **II** *adj* längst verschmerzt long past and forgotten.

ver'schmie·ren I *v/t* ⟨*no* ge-, h⟩ **1.** (*Schrift, Tinte, Lippenstift etc*) (auf *acc* on) smear, smudge. – **2.** (*mit Farbe, Tinte etc*) smear, smudge, smutch, stain, soil, daub, *bes. Am.* smouch, *auch* smooch. – **3.** (*mit Schrift*) scribble over. – **4.** *bes. tech.* (*Fuge, Öffnung etc*) lute. – **II** *v/i* ⟨sein⟩ **5.** *tech.* a) (*von einer Schleifscheibe etc*) load, clog, dull, b) (*von einer metallischen Oberfläche*) glaze. – **ver'schmiert I** *pp.* – **II** *adj* (*mit Fett, Salbe, Öl etc*) smudged, smudgy, smeared.

ver'schmitzt [-'ʃmɪtst] **I** *adj* roguish, arch (*attrib*): ~e Augen roguish eyes, a roguish look. – **II** *adv* roguishly, archly: ~ lächeln to give an arch smile, to smile roguishly. — **Ver'schmitzt·heit** *f* ⟨-; *no pl*⟩ roguishness, archness.

ver'schmort *adj* **1.** *gastr.* (*Fleisch etc*) burned, burnt. – **2.** (*Leitung, Holz etc*) charred.

ver'schmut·zen I *v/t* ⟨*no* ge-, h⟩ **1.** (*Kleidung, Wäsche etc*) soil, (get *s.th.*) dirty. – **2.** (*Wohnung, Park etc*) dirty, (be)foul. – **3.** (*Luft, Wasser etc*) pollute, contaminate, foul. – **4.** *med.* (*Wunde*) contaminate. – **5.** *tech.* (*Gewehr, Zündkerze etc*) foul. – **II** *v/i* ⟨sein⟩ **6.** (*von Kleidung, Wäsche etc*) soil, (become) dirty, get soiled. – **7.** (*von Wohnung, Platz etc*) (get) dirty. – **8.** (*von Luft, Wasser etc*) become (*od.* get) polluted (*od.* contaminated, foul). – **9.** *tech.* (*von Gewehr, Zündkerze etc*) foul. – **III V~** *n* ⟨-s⟩ **10.** *verbal noun.* – **11.** *cf.* Verschmutzung. — **ver'schmutzt I** *pp.* – **II** *adj* **1.** (*Kleidung, Wäsche etc*) soiled, dirty. – **2.** (*Wohnung, Park etc*) dirty, foul. – **3.** (*Luft, Wasser*) polluted, contaminated. – **4.** *med.* (*Wunde*) contaminated. – **5.** *tech.* (*Gewehr, Zündkerze etc*) foul. — **Ver'schmut·zung** *f* ⟨-; *no pl*⟩ **1.** *cf.* Verschmutzen. – **2.** (*der Luft, des Wassers etc*) pollution, contamination. – **3.** *med.* (*einer Wunde*) contamination.

ver'schnap·pen *v/reflex* ⟨*no* ge-, h⟩ sich ~ *obs. colloq.* open one's mouth too wide, give oneself away, say too much.

ver'schnau·fen *v/i u.* sich ~ *v/reflex* ⟨*no* ge-, h⟩ stop (*od.* pause) for breath (*od.* to recover one's breath, to get one's breath back), have (*od.* stop for) a breather: ein Pferd ~ lassen to wind a horse.

Ver'schnauf,pau·se *f* breather.

ver'schnei·den I *v/t* ⟨*irr, no* ge-, h⟩ **1.** (*Stoff, Kleid etc*) cut (*s.th.*) badly (*od.* wrong), spoil (*s.th.*) (by faulty cutting). – **2.** (*Flügel*) clip, cut. – **3.** (*Branntwein, Tabak etc*) blend. – **4.** (*Wein*) adulterate. – **5.** *metall.* a) (*Legierungen*) mix, b) (*Pulvermetall*) blend. – **6.** *tech.* (*Gravuren*) distort. – **7.** *med. vet.* castrate, emasculate, geld. – **II V~** *n* ⟨-s⟩ **8.** *verbal noun.* – **9.** *med. vet.* castration. – **10.** (*des Weins*) adulteration.

ver'schneit *adj* **1.** snow-covered, snowed over (*nachgestellt*). – **2.** (*eingeschneit*) snowed-up (*od.* -in) (*attrib*), snowed under (*nachgestellt*).

Ver'schnitt *m* ⟨-(e)s; *no pl*⟩ **1.** (*Abfall beim Zuschneiden*) scraps *pl*, waste pieces *pl*, (*bes. in der Industrie*) waste. – **2.** **~bi·tu·men** *n chem.* cutback bitumen.

ver'schnit·ten I *pp of* verschneiden. – **II** *adj* (*Branntwein, Tabak etc*) blended.

Ver'schnit·te·ne *m* ⟨-n; -n⟩ *med.* eunuch, castrate.

ver'schnör·keln I *v/t* ⟨*no* ge-, h⟩ **1.** ornament, adorn (*s.th.*) with flourishes, flourish. – **II V~** *n* ⟨-s⟩ **2.** *verbal noun.* – **3.** *cf.* Verschnörkelung. — **ver'schnör·kelt I** *pp.* – **II** *adj* (*Buchstaben, Schrift etc*) ornate, elaborate. — **Ver'schnör·ke·lung** *f* ⟨-; -en⟩ **1.** *cf.* Verschnörkeln. – **2.** ornateness, elaborateness.

ver'schnup·fen *v/t* ⟨*no* ge-, h⟩ j-n ~ *fig.*

colloq. to peeve s.o. (*colloq.*), to offend (*od.* pique) s.o. — **ver'schnupft I** *pp.* – **II** *adj* ~ sein a) *rare* (*Schnupfen haben*) to have a cold (in one's head *od.* in the head), b) *fig. colloq.* (*verärgert sein*) to be peeved (*colloq.*), to be offended (*od.* piqued).

ver'schnü·ren I *v/t* ⟨*no* ge-, h⟩ **1.** (*Paket etc*) tie (*od.* fasten, bind) (*s.th.*) with (a) cord (*od.* with string). – **2.** (*Mieder, Schuhe etc*) lace (up). – **3.** (*zusammenschnüren*) tie up, tie (*s.th.*) together. – **II V**~ *n* ⟨-s⟩ **4.** *verbal noun.* — **Ver'schnü·rung** *f* ⟨-; -en⟩ **1.** *cf.* Verschnüren. – **2.** lace. – **3.** (*Schnürverschluß*) frog.

ver'schol·len [-'ʃɔlən] *adj* **1.** (*vermißt*) missing: er ist seit fünf Jahren ~ he has been missing for five years; das Schiff ist ~ the ship is missing, we have not heard of the ship (since). – **2.** *jur.* presumed dead: j-n für ~ erklären to declare s.o. legally dead; er gilt als ~ he is presumed (*od.* believed) to be dead.

Ver'schol·le·ne *m, f* ⟨-n; -n⟩ **1.** missing person, person considered as disappeared. – **2.** *jur.* a) person presumed to be dead, b) (*Toterklärte*) missing person declared to be legally dead.

Ver'schol·len·heit *f* ⟨-; *no pl*⟩ **1.** (*bes. eines Menschen*) disappearance. – **2.** *jur.* presumption of death.

Ver'schol·len·heits·er‚klä·rung *f jur.* legal declaration of a presumptive death, decree of presumption of death.

ver'scho·nen I *v/t* ⟨*no* ge-, h⟩ **1.** (*Gefangene, Gebäude etc*) spare. – **2.** j-n mit etwas ~ *fig.* spare s.o. s.th.: ~ Sie mich damit spare me that, don't bother me with that. – **II V**~ *n* ⟨-s⟩ **3.** *verbal noun.* – **4.** *cf.* Verschonung.

ver'schö·nen I *v/t* ⟨*no* ge-, h⟩ **1.** (*schön machen*) enhance, embellish, adorn, beautify: sich (*dat*) den Lebensabend mit etwas ~ to enhance the evening of one's life with s.th. – **2.** sie hat das Fest verschönt she enhanced the party. – **II V**~ *n* ⟨-s⟩ **3.** *verbal noun.* – **4.** *cf.* Verschönung.

ver'schö·nern [-'ʃøːnərn] **I** *v/t* ⟨*no* ge-, h⟩ **1.** (*Zimmer etc*) enhance, embellish, adorn, beautify. – **II** *v/reflex* sich ~ **2.** (*schöner werden*) become more beautiful, increase in beauty. – **3.** (*sich schöner machen*) beautify (*od.* prettify) oneself, enhance one's looks. – **III V**~ *n* ⟨-s⟩ **4.** *verbal noun.* — **Ver'schö·ne·rung** *f* ⟨-; -en⟩ *cf.* Verschönern. – **2.** ⟨*only sg*⟩ (*Handlung*) embellishment, adornment. – **3.** (*Schmuck*) embellishment, adornment, ornament.

Ver'schö·ne·rungs|ak·ti‚on *f* beauty campaign, *Br.* campaign for the improvement of local amenities. — ~‚kur *f* beauty cure (*od.* treatment). — ~‚rat *m* ⟨-(e)s; ⁺e⟩ *colloq. humor.* hairdresser. — ~ver‚ein *m* (municipal) embellishment committee, *Br.* committee (*od.* association) for the improvement of local amenities.

ver'schont I *pp.* – **II** *adj* (von etwas) ~ bleiben to be spared (from s.th.): die Stadt blieb vom Krieg ~ the town was spared from (*od.* escaped) (the) war; auch Sie bleiben nicht ~ your turn will come too.

Ver'scho·nung *f* ⟨-; *no pl*⟩ **1.** *cf.* Verschonen: die ~ der Stadt ist der Großmut des Feindes zu verdanken the sparing of the town is due to the magnanimity of the enemy. – **2.** (von from) exemption.

Ver'schö·nung *f* ⟨-; *no pl*⟩ **1.** *cf.* Verschönen. – **2.** embellishment, adornment, beautification.

ver'schor·fen [-'ʃɔrfən] *med.* **I** *v/i* ⟨*no* ge-, sein⟩ **1.** (*von Wunde*) scab (over). – **2.** (*aus abgestorbenem Gewebe*) slough. – **II V**~ *n* ⟨-s⟩ **3.** *verbal noun.* – **4.** *cf.* Verschorfung. — **ver'schorft I** *pp.* – **II** *adj* **1.** crusted, crusty, covered with scab (*od.* crust). – **2.** covered with slough. — **Ver'schor·fung** *f* ⟨-; *no pl*⟩ **1.** *cf.* Verschorfen. – **2.** formation of scab (*od.* crust). – **3.** formation of slough.

Ver'schor·fungs‚mit·tel *n med. pharm.* corrosive (*od.* caustic) agent, escharotic (*scient.*).

ver'schos·sen¹ I *pp* of verschießen¹. – **II** *adj fig. colloq. cf.* vernarrt 1.

ver'schos·sen² I *pp* of verschießen². – **II** *adj* (*Kleid, Vorhang etc*) faded, discolored, *bes. Br.* discoloured.

Ver'schramm·bar·keit *f* ⟨-; *no pl*⟩ resistance to scratching (*od.* scoring).

ver'schram·men *v/t* ⟨*no* ge-, h⟩ **1.** (*Auto etc*) scratch, graze. – **2.** (*Möbel etc*) scratch, score, scrape. — **ver'schrammt I** *pp.* – **II** *adj* ~ sein a) (*von Auto etc*) to be scratched (*od.* grazed), to have scratches (*od.* grazes), b) (*von Möbeln etc*) to be scratched (*od.* scored, scraped), to have scratches (*od.* scores, scrapes).

ver'schrän·ken I *v/t* ⟨*no* ge-, h⟩ **1.** (*Arme*) fold. – **2.** (*Hände, Finger*) clasp. – **3.** (*Beine*) cross. – **4.** *tech.* a) (*Riemen*) cross, b) (*Sägezähne*) set, c) (*Balken*) joggle, (*im Holzbau*) table-joint. – **5.** (*beim Stricken*) (*Maschen*) knit into the back of. – **II V**~ *n* ⟨-s⟩ **6.** *verbal noun.* — **ver'schränkt I** *pp.* – **II** *adj* **1.** mit ~en Armen dabeistehen *fig.* to stand there with one's arms folded, to sit back and watch (*od.* do nothing). – **2.** *metr.* (*Reim*) embracing. — **Ver'schrän·kung** *f* ⟨-; *no pl*⟩ *cf.* Verschränken.

ver'schrau·ben I *v/t tech.* **I** *v/t* ⟨*no* ge-, h⟩ **1.** screw (*s.th.*) home (*od.* tight). – **2.** (*festschrauben*) a) (*mittels einer Holzschraube*) screw (*s.th.*) (into position), b) (*mittels einer Metallschraube*) secure (*s.th.*) by bolts: zwei Teile miteinander ~ to screw (*od.* bolt) two pieces together. – **II V**~ *n* ⟨-s⟩ **3.** *verbal noun.* — **Ver'schrau·bung** *f* ⟨-; -en⟩ **1.** *cf.* Verschrauben. – **2.** (*Schraubdeckel*) screw lid. – **3.** *tech.* a) (*Verbindung*) screw joint (*od.* connection, *Br. auch* connexion), b) (*Befestigungselement*) screw union.

ver'schrecken (*getr.* -k·k-) *v/t* ⟨*no* ge-, h⟩ *rare* **1.** (*durch Verängstigung vertreiben*) frighten (*od.* scare) (*s.o.*) off (*od.* away). – **2.** (*aufschrecken*) startle. — **ver'schreckt I** *pp.* – **II** *adj* **1.** (*verängstigt*) frightened (*od.* scared) stiff. – **2.** (*aufgeschreckt*) startled.

ver'schrei·ben I *v/t* ⟨*irr, no* ge-, h⟩ **1.** *med.* (*Rezept, Arznei, Kur etc*) prescribe: der Arzt verschrieb dem Kranken ein Stärkungsmittel the doctor prescribed the patient a tonic, the doctor prescribed a tonic for the patient. – **2.** (*Leben, Arbeitskraft etc*) (*dat* to) devote, dedicate. – **3.** (*Papier etc*) use (*s.th.*) up (in writing). – **4.** *jur.* (*Besitz etc*) (*dat* to) assign, make (*s.th.*) over. – **5.** *obs.* (*Seele*) sell: seine Seele dem Teufel ~ to sell one's soul to the devil. – **6.** *rare* (*Wort, Zahl etc*) write (*s.th.*) wrong(ly), miswrite. – **II** *v/reflex* sich ~ **7.** make a mistake (in writing), make a slip of the pen: jetzt habe ich mich schon wieder verschrieben I have written the wrong thing again. – **8.** sich einer Sache (mit Leib und Seele) ~ to devote oneself to s.th. (body and soul). – **9.** sich dem Teufel ~ *obs.* to sell oneself to the devil. – **III V**~ *n* ⟨-s⟩ **10.** *verbal noun.* — **Ver'schrei·bung** *f* ⟨-; -en⟩ **1.** *cf.* Verschreiben. – **2.** *med.* (*Rezept*) prescription. – **3.** *jur.* (*Übereignung*) assignment.

ver'schrei·bungs‚pflich·tig *adj med. pharm. cf.* rezeptpflichtig.

ver'schrei·en *v/t* ⟨*irr, no* ge-, h⟩ j-n [etwas] als etwas ~ to denounce (*od.* decry) s.o. [s.th.] as s.th.: die Presse verschrie ihn als Mörder the press decried him as a murderer.

Ver'schrieb *m* ⟨-s; -e⟩ *Swiss* misspelling.

ver'schrie·en I *pp* of verschreien. – **II** *adj* (*übelbeleumundet*) ill-reputed, notorious: ~ sein to be ill-reputed, to have a bad name; er ist als Geizhals ~ he is a notorious miser.

ver'schro·ben [-'ʃroːbən] **I** *adj* (*Mensch, Ansicht etc*) eccentric, crotchety, queer, odd, cranky: ein ~er Mensch an eccentric, a crank, *Am. sl.* a screwball. – **II** *adv* er denkt recht ~ he has quite eccentric ideas. — **Ver'schro·ben·heit** *f* ⟨-; -en⟩ **1.** ⟨*only sg*⟩ (*Eigenschaft*) eccentricity, crotchetiness, queerness, oddness, crankiness. – **2.** (*Handlung*) eccentricity, kink, crank, crotchet, twist.

ver'schro·ten I *v/t* ⟨*no* ge-, h⟩ **1.** (*Getreide*) rough-grind, crush, bruise. – **2.** (*Malz*) bruise. – **II V**~ *n* ⟨-s⟩ **3.** *verbal noun.*

ver'schrot·ten *metall.* **I** *v/t* ⟨*no* ge-, h⟩ (*Autos etc*) scrap. – **II V**~ *n* ⟨-s⟩ *verbal noun.* — **Ver'schrot·tung** *f* ⟨-; *no pl*⟩ *cf.* Verschrotten.

Ver'schro·tung *f* ⟨-; *no pl*⟩ *cf.* Verschroten.

ver'schrum·peln *v/i* ⟨*no* ge-, sein⟩ *colloq.* (*von Gesicht, Haut, Apfel etc*) shrivel, shrink. — **ver'schrum·pelt I** *pp.* – **II** *adj* shrivel(l)ed, shrunk, shrunken (*attrib*): ihre Haut sah ganz ~ aus her skin looked quite shrivel(l)ed.

ver'schrump·fen *v/i* ⟨*no* ge-, sein⟩ *rare for* verschrumpeln.

ver'schüch·tern I *v/t* ⟨*no* ge-, h⟩ **1.** subdue, intimidate. – **II V**~ *n* ⟨-s⟩ **2.** *verbal noun.* – **3.** *cf.* Verschüchterung. — **ver'schüch·tert I** *pp.* – **II** *adj* subdued, intimidated, shy: sie stand ganz ~ da she stood there (looking) quite subdued. — **Ver'schüch·te·rung** *f* ⟨-; *no pl*⟩ **1.** *cf.* Verschüchtern. – **2.** intimidation.

ver'schul·den¹ I *v/t* ⟨*no* ge-, h⟩ **1.** (*schuld sein an*) be to blame for, be at fault in, be responsible for: der von links kommende Autofahrer hat den Unfall verschuldet the driver coming from the left was responsible for the accident. – **2.** (*verursachen*) cause, be the cause of, give rise to: er hat sein Unglück selbst verschuldet he brought the misfortune (up)on himself. – **3.** (*in Schulden stürzen*) involve (*s.o.*) in debt(s). – **II** *v/i* ⟨sein⟩ *econ.* **4.** (*in Schulden geraten*) become indebted (*od.* involved in debt[s]): das Unternehmen verschuldet immer mehr the enterprise is becoming more and more indebted. – **5.** (*mit Schulden belastet werden*) become encumbered with debt(s): mit der Zeit verschuldete der Besitz as time passed the property became encumbered with debt(s). – **III** *v/reflex* ⟨h⟩ sich ~ **6.** *econ.* become indebted (*od.* involved in debt[s]). – **IV V**~ *n* ⟨-s⟩ **7.** *verbal noun.* – **8.** *cf.* Verschuldung.

Ver'schul·den² *n* ⟨-s; *no pl*⟩ **1.** fault: durch eigenes ~ through one's own fault; durch fremdes ~ through fault of another; durch böswilliges ~ through malicious (*od.* wilful) fault; der Unfall geschah durch grobes ~ des Autofahrers the accident happened through the gross fault on the part of the (car) driver; durch sein (eigenes) ~ through his (own) fault; ohne mein ~ through no fault of mine (*od.* my own); das ~ liegt bei ihm the fault lies (*od.* is) with him, he is at fault; dem Käufer kann kein ~ nachgewiesen werden the buyer cannot be proved to be at fault. – **2.** (*Schuld*) guilt.

Ver'schul·dens‚haf·tung *f jur.* liability for (*od.* arising from) (damage caused by) intentional and negligent acts (only).

ver'schul·det I *pp.* – **II** *adj econ.* **1.** (*Person*) indebted: er ist schwer ~ he is heavily indebted (*od.* involved in debt[s]). – **2.** (*Haus, Grundstück etc*) encumbered (with debt[s]). — **ver'schul·de·ter'ma·ßen** *adv* through one's own fault.

Ver'schul·dung *f* ⟨-; *no pl*⟩ **1.** *cf.* Verschulden. – **2.** *econ.* indebtedness. – **3.** (*eines Grundstücks*) encumbrance.

Ver'schul·dungs|‚grad *m econ.* ratio of debts to capital resources. — ~‚gren·ze *f* borrowing limit, capacity of indebtedness. — ~‚haf·tung *f jur. cf.* Verschuldenshaftung.

ver'schu·len I *v/t* ⟨*no* ge-, h⟩ **1.** *hort.* (*Sämlinge, Jungpflanzen etc*) line (*s.th.*) out. – **2.** (*Universität, Ausbildung etc*) make (*s.th.*) too school-like in structure. – **II V**~ ⟨*sich*⟩ **3.** become too school-like in structure. – **III V**~ *n* ⟨-s⟩ **4.** *verbal noun.* — **Ver'schu·lung** *f* ⟨-; *no pl*⟩ *cf.* Verschulen: man klagt heutzutage viel über die ~ der Universität there is a great deal of complaint nowadays that universities are becoming too school-like in structure.

ver'schüt·ten I *v/t* ⟨*no* ge-, h⟩ **1.** (*Flüssigkeit*) spill, slop. – **2.** (*Brunnen, Graben, Teich etc*) fill (*s.th.*) up (with earth). – **3.** (*Stollen, Durchgang etc*) block (up). – **4.** (*Menschen*) a) bury, entomb, b) (*im Stollen etc*) trap: sie wurden von einer Lawine verschüttet they were buried in an avalanche. – **5.** er hat es bei (*od.* mit) ihr verschüttet *fig. colloq.* she is through with him (*colloq.*). – **II V**~ *n* ⟨-s⟩ **6.** *verbal noun.*

ver'schüt·tet I *pp.* – **II** *adj* **1.** (*Flüssigkeit*) spilled, *bes. Br.* spilt, slopped. – **2.** (*Stollen, Durchgang*) blocked, blocked up (*pred*). – **3.** (*Mensch*) a) buried, entombed, b) (*eingeschlossen*) trapped: die ~en Bergleute the miners buried in the accident; sie sind schon seit drei Tagen ~ they have been trapped for three days now. — **Ver'schüt·te·te** *m, f* ⟨-n; -n⟩ person buried in the (*od.* an) accident: es gelang, zu den ~n vorzudringen they succeeded in penetrating as far as the persons buried in the accident.

ver'schütt‚ge·hen [-'ʃyt-] *v/i* ⟨*irr, sep,* -ge-, sein⟩ **1.** *colloq.* (*verlorengehen*) disappear, vanish. – **2.** (*thieves' Latin*) (*verhaftet werden*) be nabbed (*colloq.*), be copped (*sl.*). **Ver'schüt·tung** f ⟨-; no pl⟩ cf. Verschütten.

ver'schwä·gern [-'ʃvɛːgərn] **I** v/reflex ⟨no ge-, h⟩ **1.** sich (mit j-m) ~ to become related by marriage (to s.o.). – **II V**~ n ⟨-s⟩ **2.** verbal noun. – **3.** cf. Verschwägerung. — **ver·'schwä·gert I** pp. – **II** adj related (od. connected) by marriage: sind Sie mit ihm verwandt oder ~? is he a relative of yours or are you related by marriage? — **Ver·'schwä·ge·rung** f ⟨-; no pl⟩ **1.** cf. Verschwägern. – **2.** relationship by marriage. – **3.** jur. affinity, alliance.

ver'schwal·ben [-'ʃvalbən] v/t ⟨no ge-, h⟩ tech. (in der Holzbearbeitung) dovetail.

ver'schwat·zen, Southern G. **ver'schwät·zen I** v/t ⟨no ge-, h⟩ (Zeit) gossip (od. chat) (s.th.) away, spend (s.th.) gossiping (od. chatting). – **II** v/reflex sich ~ cf. verplappern II.

ver'schwei·gen I v/t ⟨irr, no ge-, h⟩ **1.** (Wahrheit, Tatsachen etc) conceal, withhold, hide, suppress: er hat ihm die wichtigsten Punkte verschwiegen he concealed (od. kept) the most important points from him; ich habe nichts zu ~ I have nothing to conceal. – **2.** jur. conceal: nichts hinzuzufügen und nichts ~ to add and to withold nothing; → Wahrheit 1. – **II V**~ n ⟨-s⟩ **3.** verbal noun. – **4.** concealment, suppression. – **5.** jur. concealment: betrügerisches (od. arglistiges) V~ fraudulent concealment; V~ von Tatsachen concealment of facts; V~ eines wesentlichen (od. rechtserheblichen) Umstandes material concealment. — **Ver'schweigung** f ⟨-; no pl⟩ cf. Verschweigen.

ver'schweiß·bar adj tech. weldable. — **Ver'schweiß·bar·keit** f ⟨-; no pl⟩ weldability.

ver'schwei·ßen I v/t ⟨no ge-, h⟩ **1.** tech. weld (up), weld (things) (together): zwei Teile miteinander ~ to weld two pieces together. – **2.** (plastics) heat-seal. – **II V**~ n ⟨-s⟩ **3.** verbal noun. — **Ver'schwei·ßung** f ⟨-; no pl⟩ cf. Verschweißen.

ver'schwe·len I v/t ⟨no ge-, h⟩ **1.** metall. (Erz) roast. – **2.** tech. (Kohle) carbonize (Br. auch -s-) (od. distill, bes. Br. distil) (under vacuum od. at low temperature). – **II** v/i ⟨sein⟩ **3.** (ohne Flamme verbrennen) smolder, bes. Br. smoulder. – **III V**~ n ⟨-s⟩ **4.** verbal noun. — **Ver'schwe·lung** f ⟨-; no pl⟩ **1.** cf. Verschwelen. – **2.** tech. (von Kohle) low-temperature carbonization (Br. auch -s-), low-temperature distillation.

ver'schwen·den [-'ʃvɛndən] **I** v/t ⟨no ge-, h⟩ **1.** (für, an, auf acc on) waste, squander, throw (s.th.) away: viel Geld [Mühe] für (od. an, auf) sein Hobby ~ to waste a great deal of money [effort] on one's hobby; er verschwendet sehr viel Zeit mit Fernsehen he wastes a tremendous lot of time watching (od. on) television; du verschwendest deine Worte fig. you are wasting your breath, spare your breath; an diese Möglichkeit werde ich keinen Gedanken ~ fig. I won't waste much thought on this possibility. – **II V**~ n ⟨-s⟩ **2.** verbal noun. – **3.** cf. Verschwendung.

Ver'schwen·der m ⟨-s; -⟩, **Ver'schwen·de·rin** f ⟨-; -nen⟩ squanderer, spendthrift, waster, prodigal, wastrel, scattergood.

ver'schwen·de·risch I adj **1.** (leicht Geld ausgebend) extravagant, wasteful, unthrifty, thriftless, (stärker) prodigal, profligate: ein ~er Mensch cf. Verschwender; ein ~es Leben führen to lead an extravagant life. – **2.** (überreich, üppig) lavish, sumptuous, extravagant, opulent: in ~er Fülle in lavish profusion; eine ~e Ausstattung a lavish decor. – **II** adv **3.** ~ leben to live extravagantly, to lead an extravagant life; mit etwas ~ umgehen (od. sein) to be lavish (od. wasteful, prodigal, flush) with s.th.; Lehrer sollen mit Lob und Tadel nicht zu ~ umgehen fig. teachers should not be too lavish with (od. profuse in their) praise and reproach. – **4.** j-n ~ bewirten to entertain (od. treat) s.o. lavishly, to entertain s.o. with (bes. Br. to) a lavish meal; der Saal war ~ mit Blumen geschmückt the hall was lavishly decorated with flowers.

ver'schwen·det I pp. – **II** adj wasted, squandered: das ist ~e Zeit that is a waste of time.

Ver'schwen·dung f ⟨-; no pl⟩ **1.** cf. Ver-

schwenden. – **2.** (Handlung) waste, wastage, squander: ~ öffentlicher Mittel waste of public means (Br. funds). – **3.** (unnötiger Verbrauch) waste, extravagance, extravagancy, wastefulness, wastage, squander: das ist (reine) ~! that is (pure) waste!

Ver'schwen·dungs|,sucht f ⟨-; no pl⟩ extravagance, wastefulness, (stärker) prodigality, profligacy, squandermania. — **v~,süch·tig** adj extravagant, wasteful, (stärker) prodigal.

ver'schwie·gen I pp of verschweigen. – **II** adj **1.** (nicht mitgeteilt) withheld, suppressed, concealed: ~e Einzelheiten withheld details. – **2.** (zuverlässig, verschlossen) discreet, close, secret: er ist klug und ~ he is prudent and discreet; → Grab 4. – **3.** fig. (verborgen, ruhig) secluded, secret: sie trafen sich an einem ~en Plätzchen they met in a secluded place; einen ~en Ort aufsuchen colloq. euphem. to wash one's hands, to powder one's nose, Am. to go to the bathroom, bes. Br. colloq. to spend a penny. — **Ver'schwie·gen·heit** f ⟨-; no pl⟩ **1.** (Schweigen) reticence, secrecy: j-m etwas unter dem Siegel der ~ anvertrauen to confide s.th. to s.o. under the seal of secrecy; strenge ~ wahren to observe strict secrecy; zur ~ eidlich verpflichtet werden to be sworn to secrecy. – **2.** (Charakterzug) discretion, discreetness, closeness: du kannst dich auf seine ~ verlassen you can rely (up)on his discretion.

ver'schwie·melt [-'ʃviːməlt] adj Northern and Eastern G. for verschwollen.

ver'schwim·men v/i ⟨irr, no ge-, sein⟩ **1.** (von Horizont, Umrissen etc) become blurred: die Berge ~ im Dunst the mountains become blurred in the haze; die Zeilen ~ mir vor den Augen the lines are becoming blurred, the lines are beginning to swim. – **2.** (von Farben etc) merge, fuse, melt: die Farben ~ ineinander the colo(u)rs merge (into each other od. into one another).

ver'schwin·den v/i ⟨irr, no ge-, sein⟩ **1.** disappear: der Fleck ist mit der Zeit verschwunden the stain disappeared in time; der Hund verschwand unter dem Tisch the dog disappeared under the table; dieses Wort ist aus der deutschen Sprache allmählich verschwunden this word has gradually disappeared from the German language; in der Pause will ich versuchen zu ~ I shall try to slip off (od. away) during the intermission; ich muß mal ~ colloq. euphem. bes. Br. colloq. I must go to the loo, I must go (and) spend a penny, Am. sl. I must go to the john; verschwinde! clear off! (colloq.); scram! get lost! beat it! (sl.); man hat etliches Geheimmaterial ~ lassen various secret documents have been disposed of (od. eliminated); → Bildfläche 3; Versenkung 4. – **2.** (vollständig, endgültig) disappear, vanish, evaporate: die Sonne verschwand hinter den Bergen the sun disappeared behind the mountains; das Schiff verschwindet in der Ferne the ship disappears in(to) the distance; sie verschwand auf Nimmerwiedersehen she disappeared for good; der Taschendieb ließ etliche Uhren und Brieftaschen ~ colloq. humor. the pickpocket made various watches and wallets disappear. – **3.** (in Wendungen wie) neben j-m ~ fig. a) to look (so) tiny beside s.o., b) to be overshadowed (od. eclipsed) by s.o.; verschwinden etwas ~ fig. a) (von kleinen Gebäuden etc) to be swallowed up by s.th., b) (von Ruhm etc) to be overshadowed (od. eclipsed, swallowed up) by s.th. – **II V**~ n ⟨-s⟩ **4.** verbal noun. – **5.** disappearance: sein V~ wurde erst nach Stunden bemerkt his disappearance was not noticed until hours later. — **ver'schwin·dend I** pres p. – **II** adj (Menge, Minderheit etc) infinitely small, infinitesimal. – **III** adv der Fehlbetrag ist ~ klein (od. gering) the deficit is infinitely small (od. is infinitesimal); ~ wenig Geld an infinitely small (od. an infinitesimal) amount of money.

Ver'schwind|,fahr·ge,stell, ~,fahr,werk n aer. (der Einziehfahrwerk. — **~la,fet·te** f mil. disappearing mount(ing).

ver'schwi·stern [-'ʃvɪstərn] **I** v/reflex ⟨no ge-, h⟩ sich ~ fig. (mit with) **1.** unite (od. associate) (closely). – **2.** (von Städten etc) become twinned. – **II V**~ n ⟨-s⟩ **3.** verbal

noun. – **4.** cf. Verschwisterung. — **ver·'schwi·stert I** pp. – **II** adj **1.** ~ sein a) to be brother and sister, (von zwei Brüdern) to be brothers, (von zwei Schwestern) to be sisters, b) fig. (mit zu) to be (closely) related: ich bin mit ihr ~ she is my sister. – **2.** fig. (geistesverwandt) congenial, kindred (attrib) – **3.** fig. (Städte etc) twinned. — **Ver'schwi·ste·rung** f ⟨-; no pl⟩ **1.** cf. Verschwistern. – **2.** fig. (close) union (od. association).

ver'schwit·zen v/t ⟨no ge-, h⟩ **1.** (Kleid, Hemd etc) stain (s.th.) with perspiration. – **2.** fig. colloq. (vergessen) forget (all) about: das habe ich völlig verschwitzt I forgot all about it, I never thought for a moment about it. — **ver'schwitzt I** pp. – **II** adj **1.** (Kleid, Hemd etc) sweaty, stained with perspiration. – **2.** covered with perspiration (od. sweat): sie kamen müde und ~ von der Arbeit zurück they returned from their work tired and covered with perspiration.

ver'schwol·len adj (Augen, Gesicht) swollen.

ver'schwom·men I pp of verschwimmen. – **II** adj **1.** (Photo etc) blurred: die Aufnahme ist ganz ~ the photo is rather blurred (od. out of focus); ich kann die Buchstaben nur ~ sehen I can only see blurred letters, the letters are (od. look) blurred to me. – **2.** (Erinnerungen etc) vague, hazy, dim, foggy. – **3.** fig. (Vorstellungen etc) vague, hazy, nebulous, woolly, Am. auch wooly. – **4.** fig. (Farben) muddy. – **III** adv **5.** ich kann mich nur ~ daran erinnern I can only vaguely remember it, I have only vague recollections of it. — **Ver'schwom·men·heit** f ⟨-; no pl⟩ **1.** (von Photo etc) blurredness. – **2.** fig. (von Erinnerungen etc) vagueness, haziness, dimness, fogginess. – **3.** fig. (von Vorstellungen etc) vagueness, haziness, woolliness. – **4.** fig. (von Farben) muddiness.

ver'schwo·ren I pp of verschwören. – **II** adj **1.** eine ~e Gemeinschaft a sworn confraternity. – **2.** einer Sache ~ sein to be devoted to a cause.

ver'schwö·ren v/reflex ⟨irr, no ge-, h⟩ **1.** sich (mit j-m) gegen j-n [etwas] ~ to conspire (od. [com]plot) (with s.o.) against s.o. [s.th.]: alles hat sich gegen mich verschworen fig. everything is going against me, things are against me. – **2.** sich zu etwas ~ to plot s.th. – **3.** sich einer Sache ~ fig. to devote oneself to a cause.

Ver'schwö·re·ne m, f ⟨-n; -n⟩ cf. Verschwörer(in).

Ver'schwö·rer m ⟨-s; -⟩ conspirator, (com)plotter. — **Ver'schwö·re·rin** f ⟨-; -nen⟩ conspiratress, (com)plotter.

Ver'schwor·ne m, f ⟨-n; -n⟩ cf. Verschwörer(in).

Ver'schwö·rung f ⟨-; -en⟩ conspiracy, (com)plot: eine ~ anzetteln to hatch (od. contrive, instigate) a conspiracy; eine ~ aufdecken to unmask (od. discover, detect) a conspiracy; in eine ~ verwickelt werden to become involved in a conspiracy.

ver'schwun·den I pp of verschwinden. – **II** adj missing: das ~e Kind ist wiederaufgetaucht the missing child (od. the child who had disappeared) turned up again; das Kind ist seit gestern (spurlos) ~ the child has been missing (without trace) since yesterday.

'Vers|,dich·tung f (literature) **1.** (Lyrik) poetry, verse (collect.). – **2.** (Einzelgedicht) poem. — **~,dra·ma** n verse drama (od. play), drama (od. play) in verse, poetic drama (od. play).

ver'sechs,fa·chen [-,faxən] **I** v/t ⟨no ge-, h⟩ sextuple, sextuplicate, increase (s.th.) sixfold. – **II** v/reflex sich ~ sextuple, increase sixfold. – **III V**~ n ⟨-s⟩ verbal noun. — **Ver·'sechs,fa·chung** f ⟨-; no pl⟩ **1.** cf. Versechsfachen. – **2.** sixfold increase.

ver'se·hen¹ I v/t ⟨irr, no ge-, h⟩ **1.** (versorgen) (mit with) provide, supply, furnish (lit.): j-n mit Lebensmitteln [Kleidung] ~ to provide s.o. with food [clothing]. – **2.** (ausstatten) (mit with) fit, equip: die Tür wurde mit einem neuen Schloß ~ the door was fitted with a new lock. – **3.** (besorgen) look after, take care of: in meiner Abwesenheit versieht meine Schwester den Haushalt my sister looks after the household when I am away; Schiffe, die den Dienst auf dieser Strecke ~ boats which run the service on this route. – **4.** (ausüben) perform, discharge: er hat seinen Dienst

gewissenhaft ~ he performed his work conscientiously; **j-s Dienst** ~ to act in s.o.'s place, to relieve s.o. – **5.** (*innehaben*) perform, discharge, hold: **er versieht das Amt eines Richters** he performs the office of a judge. – **6.** (*falsch sehen, nicht richtig erkennen*) read (*s.th.*) wrong(ly), misread: **ich habe die Zahl** ~`l` I read the number wrong. – **7.** (*falsch machen*) neglect, overlook, omit: **man hat bei der Durchführung des Projekts viel** ~ many things were neglected in the execution of this project. – **8. j-n** ~ *relig.* to administer the last rites (*od.* sacraments) to s.o.; **sich** ~ **lassen** *relig.* to receive the last rites. – **9.** (*officiale*) (*in Verbindung mit Substantiven*) **j-n mit einer Vollmacht** ~ to invest s.o. with full power(s), to authorize (*Br. auch* -s-) s.o.; **ein Schriftstück mit seiner Unterschrift** ~ to affix one's signature to a document, to sign a document; **einen Wechsel mit Akzept [Indossament** *od.* **Giro]** ~ *econ.* to accept [to endorse] a bill. – **II** *v/reflex* **10.** (*versorgen*) (*mit* with) provide (*od.* supply) oneself: **ich habe mich reichlich mit Geld** ~ I provided myself amply with money (*od.* with ample funds). – **11.** (*etwas falsch sehen*) make a mistake, look wrong (*colloq.*): **bei der schlechten Beleuchtung habe ich mich** ~ I made a mistake in the bad light. – **12.** (*etwas falsch machen*) make a mistake (*od.* slip): **da hat er sich ganz einfach** ~ he simply made a mistake there. – **13.** (*in Wendungen wie*) **ehe man sich's versieht** in the twinkling of an eye, before you could say Jack Robinson; **ehe ich mich** ~ **hatte bevor ich realized** (*od.* could realize) (*beide Br. auch* -s-) what was happening. – **III V**~ *n* ⟨-s⟩ **14.** *verbal noun.*

ver'se·hen² **I** *pp of* **versehen¹**. – **II** *adj* **1. mit etwas** ~ **sein** a) to be (sufficiently) provided with s.th., b) to be fitted (*od.* equipped) with s.th.: **ich bin reichlich mit Geld** ~ I have ample (*od.* plenty of) money; **die Fenster in Gefängnissen sind mit Gittern** ~ prison windows are fitted with iron bars; **das Schriftstück ist mit Ihrer Unterschrift** ~ the document bears your signature. – **2. mit ihm bin ich gut [schlecht]** ~ *Swiss* I can[not] rely (*od.* depend) (up)on him. – **3. er starb,** ~ **mit den Gnadenmitteln der heiligen Kirche** *röm.kath.* he died after receiving the means of grace of the Holy Church. – **4. mit Wurzeln** ~ rooted; **mit Widerhaken** ~ barbed; **mit Etikett** ~ labeled, *bes. Br.* labelled.

Ver'se·hen³ *n* ⟨-s; -⟩ **1.** (*Irrtum*) mistake, error: **es war ein (reines)** ~ it was (purely) a mistake, it was (quite) unintentional; **aus** ~ *cf.* **versehentlich** 2. – **2.** oversight: **aus** ~ *cf.* **versehentlich** 3.

ver'se·hent·lich **I** *adj* ⟨*attrib*⟩ **1.** inadvertent, unintentional. – **II** *adv* **2.** (*unbeabsichtigt*) by mistake, inadvertently, unintentionally: **etwas** ~ **mitnehmen** to take s.th. by mistake; **j-m** ~ **auf den Fuß treten** to step on s.o.'s foot inadvertently. – **3.** (*durch Unachtsamkeit etc*) by (*od.* through) an oversight: **ich habe** ~ **Zucker statt Salz genommen** by an oversight I took sugar instead of salt.

Ver'seh·gang *m* ⟨-(e)s; ⁻e⟩ *röm.kath.* sick call, deathbed visit.

ver'seh·ren [-'ze:rən] *v/t* ⟨*no* ge-, h⟩ *archaic* **1.** (*verletzen*) hurt, injure, damage. – **2.** (*untauglich machen*) disable, maim.

ver'sehrt **I** *pp.* – **II** *adj* **1.** (*verletzt*) hurt, injured, damaged. – **2.** (*untauglich gemacht*) disabled, maimed. — **Ver'sehr·te** *m, f* ⟨-n; -n⟩ disabled person: **die** ~**n** disabled persons, the disabled.

Ver'sehr·ten|₁grad *m med.* degree of disability. — ~**₁hil·fe** *f sociol.* rehabilitation of the disabled. — ~**₁ren·te** *f econ.* disability pension (*od.* allowance, compensation, benefit). — ~**₁sport** *m* sport(s *pl*) for the handicapped. — ~**₁stu·fe** *f cf.* **Versehrtengrad.** [ability.]

Ver'sehrt·heit *f* ⟨-; *no pl*⟩ disablement, dis-

ver'seif·bar *adj chem.* saponifiable. — **ver'sei·fen** **I** *v/t* ⟨*no* ge-, h⟩ (*Ester, Fette, Öle etc*) saponify, hydrolyze *Br. auch* -s-. – **II** *v/i* ⟨*sein*⟩ saponify, hydrolyze *Br. auch* -s-. – **III V**~ *n* ⟨-s⟩ *verbal noun.* — **Ver'sei·fung** *f* ⟨-; *no pl*⟩ *cf.* **Verseifen.** – **2.** saponification, hydrolysis.

Ver'sei·fungs|ap·pa·rat *m chem. tech.* saponifier. — ~**₁kol·ben** *m* saponification flask. — ~**₁zahl** *f* saponification value (*od.* number).

ver'sei·len *v/t* ⟨*no* ge-, h⟩ (twist *s.th.* into a) strand.

Ver'seil·ma₁schi·ne *f tech.* twisting (*od.* stranding) machine.

'Vers₁ein₁schnitt *m metr. cf.* **Zäsur** 1.

ver'selb₁stän·di·gen [-₁ʃtɛndɪgən] **I** *v/reflex* ⟨*no* ge-, h⟩ **sich** ~ make oneself independent, become independent. – **II V**~ *n* ⟨-s⟩ *verbal noun.* — **Ver'selb₁stän·di·gung** *f* ⟨-; *no pl*⟩ *cf.* **Verselbständigen.**

'Ver·se|₁ma·chen *n contempt.* versification. — ~**₁ma·cher** *m contempt. cf.* **Verseschmied.**

ver'sen·den **I** *v/t* ⟨*meist irr, no* ge-, h⟩ **1.** (*Brief, Paket etc*) send (off), dispatch, despatch, (*mit der Post*) *bes. Am.* mail, *bes. Br.* post. – **2.** *econ.* a) (*Güter etc*) dispatch, despatch, forward, consign, ship, b) (*verschiffen*) ship: **etwas ins Ausland** ~ to ship s.th. abroad. – **II V**~ *n* ⟨-s⟩ **3.** *verbal noun.* – **4.** *cf.* **Versendung.** — **Ver'sen·der** *m* ⟨-s; -⟩ **1.** (*eines Briefes etc*) sender. – **2.** *econ.* sender, consignor, *auch* consigner. — **Ver'sen·dung** *f* ⟨-; *no pl*⟩ **1.** *cf.* **Versenden.** – **2.** (*von Briefen*) dispatch, despatch. – **3.** *econ.* a) (*von Gütern etc*) dispatch, despatch, consignment, shipment, b) (*Verschiffung*) shipment.

Ver'sen·dungs₁art *f econ. cf.* **Versandart.**

ver'sen·gen **I** *v/t* ⟨*no* ge-, h⟩ **1.** (*Stoff, Kleid, Haar etc*) scorch, singe, sear. – **2.** (*Gras, Laub etc*) scorch, parch: **die Hitze hat den Rasen versengt** the heat scorched the lawn. – **II** *v/reflex* **sich** ~ **3.** scorch oneself. – **III V**~ *n* ⟨-s⟩ **4.** *verbal noun.* — **Ver'sen·gung** *f* ⟨-; -en⟩ **1.** *cf.* **Versengen.** – **2.** (*Beschädigung od. Wunde durch Versengen*) scorch, singe.

ver'senk·bar *adj* **1.** (*Nähmaschine etc*) concealable, lowerable. – **2.** (*Panzerkuppel etc*) disappearing. – **3.** *tech.* capable of being sunk (*od.* lowered). – **4.** (*theater*) sinkable. – **5. nicht** ~ (*theater*) unsinkable.

Ver'senk₁büh·ne *f* (*theater*) elevator (*od.* sinking) stage.

ver'sen·ken **I** *v/t* ⟨*no* ge-, h⟩ **1.** (*Schatz, Leiche etc*) (*in dat* in) sink, submerge: **die Nibelungen versenkten ihren Schatz im Rhein** the Nibelungs sank their treasure in the Rhine. – **2.** (*Sarg, Behälter etc*) (*in acc* into) lower: **einen Sarg in die Erde** ~ to lower a coffin into the ground. – **3.** *mar. mil.* a) sink, send (*a ship*) to the bottom, b) (*das eigene Schiff*) scuttle. – **4.** (*Überseekabel etc*) submerge. – **5. etwas in seine Tasche** ~ to dig s.th. into one's pocket. – **6.** *fig.* (*Schraube etc*) a) (*zylindrisch*) counterbore, b) (*konisch*) countersink. – **7.** (*theater*) (*Bühnendekoration etc*) lower. – **II** *v/reflex* **8. sich** ~ **in** (*acc*) **etwas** ~ *fig.* to become absorbed (*od.* engrossed) in s.th., to bury oneself in s.th. – **9. sich** (*selbst*) ~ *mar. mil.* to sink (*od.* scuttle) oneself. – **III V**~ *n* ⟨-s⟩ **10.** *verbal noun.* – **11.** *cf.* **Versenkung.** – **12. V**~ **spielen** (*games*) to play battleships.

Ver'sen·ker *m* ⟨-s; -⟩ *tech. obs. for* **Senker** 3.

Ver'senk₁schrau·be *f tech. cf.* **Senkschraube.**

ver'senkt **I** *pp.* – **II** *adj* **1.** (*Schatz, Leiche etc*) sunken (*attrib*), sunk, submerged, submersed. – **2.** *mar. mil.* sunken (*attrib*), sunk, (*selbst*) scuttled. – **3.** *tech.* a) (*Schraube*) countersunk, b) (*Einbau*) flush. – **III** *adv* **4.** ~ **liegend** *tech.* sunk.

Ver'sen·kung *f* ⟨-; *no pl*⟩ **1.** *cf.* **Versenken.** – **2.** (*eines Kabels, einer Leiche etc*) submersion. – **3.** (*theater*) (*stage*) trap. – **4. in der** ~ **verschwinden** *fig.* a) to sink (*od.* fall) into oblivion, (*von Menschen*) *auch* to disappear from the scene, b) to disappear completely: **nach einem Jahr der Berühmtheit ist er wieder in der** ~ **verschwunden** after a year of fame he disappeared from the scene again; **meine Schlüssel sind in der** ~ **verschwunden** my keys have disappeared completely.

Ver'sen·kungs₁tisch *m* (*theater*) bridge.

'Vers₁epos *n* (*literature*) verse epic. — ~**er₁zäh·lung** *f* poetical tale.

'Ver·se₁schmied *m contempt.* versemonger, verseman, rhymester.

ver'ses·sen **I** *pp of* **versitzen.** – **II** *adj* **1.** *colloq.* (*Kleid, Rock, Hose etc*) creased, crushed, crumpled. – **2. auf** (*acc*) **etwas** ~ **sein** *fig.* to be crazy (*od. colloq.* mad, *stärker* wild) about s.th., to be very keen on s.th. (*colloq.*), *Am. sl. auch* to be hipped on s.th. (*colloq.*), *Am. sl. auch* to be hipped on s.th.: **sie ist auf Musik ganz** ~ she is absolutely mad about music. — **Ver'ses·sen·heit** *f* ⟨-; *no pl*⟩ (*auf acc*) craziness (about);

keenness (on), -'madness (about), (*stärker*) wildness (about) (*colloq.*).

ver'set·zen *v/t* ⟨*no* ge-, h⟩ **1.** (*an eine andere Stelle setzen*) move, shift: **der Lehrer versetzt eine Schülerin, weil sie ihre Nachbarin stört** the teacher moves a pupil because she is disturbing her neighbo(u)r; → **Berg** 2. – **2.** (*verpflanzen*) transplant, replant. – **3.** (*räumlich verschieben*) transpose. – **4.** *fig.* (*einen anderen Posten zuweisen*) (*nach, in, an acc, zu* to) transfer, (*bei Geistlichen*) *auch* translate: **er wurde nach Bremen [in eine andere Abteilung, an ein anderes Institut] versetzt** he was transferred to Bremen [to another department, to another institute]; → **Ruhestand.** – **5.** *colloq.* (*verpfänden*) pawn, pledge, hock (*sl.*). – **6.** *fig. colloq.* a) (*umsonst warten lassen*) stand (*s.o.*) up (*colloq.*), b) (*im Stich lassen*) let (*s.o.*) down. – **7.** (*versperren*) (*mit* with) block: **sie versetzten den Eingang mit Steinen** they blocked the entrance with stones. – **8. j-m etwas** ~ (*Tritt, Stoß, Ohrfeige etc*) to give (*s.o. dat. deal*) s.o. s.th.: **er hat ihm eins** (*od.* **eine**) **versetzt** *colloq.* he landed (*od.* socked) him one (*colloq.*); → **Todesstoß** 1. – **9. j-n in Unruhe** ~ to disturb (*od.* perturb) s.o.; **j-n in Raserei [einen Freudentaumel]** ~ to send s.o. into a frenzy [into raptures]; **in Bestürzung** ~ *cf.* **bestürzen; j-n in die Lage** ~, **etwas zu tun** to put (*od.* place) s.o. in a position to do s.th.; **eine Brücke in Schwingungen** ~ to set a bridge vibrating; **j-n in Wut** ~ to infuriate s.o.; → **Angst** 1; **Erstaunen; Furcht** 1; **Verlegenheit** 2. – **10. Bier mit Kohlensäure** ~ to add carbonic acid to beer. – **11.** *chem.* (*mit* with) a) mix, b) (*verdünnen*) dilute. – **12.** *ped.* (*Schüler*) (*in acc* to) *Br.* move (*s.o.*) up, *Am.* promote: **er wurde nicht versetzt** he was not moved up, he had to repeat the year (*Am.* grade). – **13.** *mil.* (*Soldaten*) (re)assign, transfer. – **14.** *mus.* (*Musikstück*) transpose: **ein Lied in eine andere Tonart [nach C-Dur]** ~ to transpose a song into another key [into C major]. – **15.** *print.* (*Wörter, Buchstaben etc*) transpose. – **16.** *tech.* a) (*auf Lücke setzen*) stagger, b) (*kröpfen*) offset, c) (*verschieben*) displace, shift, d) (*umsetzen*) relocate. – **17.** *geol.* dislocate. – **18.** (*mining*) stow, fill, pack. – **19.** (*antworten*) retort. – **II** *v/reflex* **sich** ~ **20.** (*sich auf einen anderen Platz setzen*) move to another place. – **21. sich in j-s Lage** (*od. in j-n*) ~ *fig.* to put (*od.* imagine) oneself in s.o.'s place. – **22.** (*in Wendungen wie*) ~ **wir uns in die Zeit der Kreuzzüge [an den Hof Barbarossas]** *fig.* imagine (that) we were in the epoch of the crusades [at the court of Barbarossa]. – **23.** *tech.* misalign. – **III V**~ *n* ⟨-s⟩ **24.** *verbal noun.* – **25.** *cf.* **Versetzung.**

Ver'setz₁kopf *m tech.* eccentric chuck.

ver'setzt **I** *pp.* – **II** *adj* ⟨*meist attrib*⟩ **1.** *fig.* (*Beamter etc*) transferred, (*Geistlicher*) *auch* translated. – **2.** *fig. colloq.* (*Freundin etc*) stood-up (*attrib*) (*colloq.*). – **3.** *ped.* (*Schüler*) *Am.* promoted, *Br.* moved-up (*attrib*). – **4.** (*Muster etc*) staggered. – **5.** ~**es Gewölbe** *arch.* vault with dentated springing lines. – **III** *adv* **6. das Muster ist** ~ **angeordnet** the pattern is staggered.

Ver'set·zung *f* ⟨-; -en⟩ **1.** *cf.* **Versetzen.** – **2.** (*Verpflanzung*) transplantation, replantation. – **3.** *fig.* (*an einen anderen Arbeitsplatz etc*) (*nach, in, an acc* to) transfer, (*von Geistlichen*) *auch* translation: **um eine** ~ **einkommen, um** ~ **einreichen** to apply for a transfer. – **4.** *ped.* (*von Schülern*) (*in acc* to) *Br.* move (to the next form), *Am.* promotion. – **5.** *mil.* reassignment, transfer, permanent change of station. – **6.** *mus.* (*eines Musikstücks*) transposition. – **7.** *print.* (*von Wörtern, Buchstaben etc*) transposition, transposal. – **8.** *tech.* (*Verschiebung*) displacement, mismatch. – **9.** *geol.* dislocation. – **10.** *aer.* drift, deviation. – **11.** *chem.* dilution.

Ver'set·zungs|kon·fe₁renz *f ped.* staff meeting at the end of each school year that decides whether pupils are moved (*Am.* promoted) from one grade (*Br.* form) to the next or have to repeat the year (*Am.* grade). — ~**prü·fung** *f* move-up (*Am.* promotion) test. — ~**₁zei·chen** *n mus.* accidental. — ~**₁zeug·nis** *n ped.* yearly certificate of move (*Am.* promotion).

ver'seu·chen [-'zɔʏçən] **I** *v/t* ⟨*no* ge-, h⟩ **1.** (*mit Krankheitserregern etc*) infect, contaminate. – **2.** (*mit Gas, Radioaktivität etc*) contaminate. – **3.** (*mit Gift*) poison. – **4.** (*mit*

Minen, Parasiten etc) infest. – **5.** (Luft, Wasser) vitiate, contaminate, pollute. – **6.** fig. (mit Spionen etc) infest. – **II V~** n ⟨-s⟩ **7.** verbal noun. – **8.** cf. Verseuchung. –
ver'seucht I pp. – **II** adj **1.** (mit Krankheitsträgern etc) infected, contaminated. – **2.** (mit Gas, Radioaktivität etc) contaminated. – **3.** (mit Gift) poisoned. – **4.** (mit Minen, Parasiten) infested. – **5.** (Luft, Wasser) vitiated, contaminated, polluted. – **6.** fig. (mit Spionen etc) infested. – **Ver'seuchung** f ⟨-; -en⟩ **1.** cf. Verseuchen. – **2.** (mit Viren etc) infection, contamination. – **3.** (mit Gas, Radioaktivität) contamination. – **4.** (mit Minen, Parasiten etc) infestation. – **5.** (der Luft, des Wassers) vitiation, contamination, pollution. – **6.** fig. contagion, infestation.
Ver'seuchungs|,meß·ge,rät n nucl. contamination monitor. — **~,stoff** m contaminant.
'Vers|,form f metr. verse form: in ~ (schreiben) (to write) in verse form. — **~,fuß** m (metrical) foot.
ver'si·cher·bar adj econ. insurable, bes. Br. (Leben) assurable: ~es Interesse insurable interest.
Ver'si·che·rer m ⟨-s; -⟩ econ. (Versicherungsträger) insurer, bes. Br. (bei Lebensversicherung) assurer, (bes. bei Seeversicherung u. Lloyd's) underwriter.
ver'si·chern I v/t ⟨no ge-, h⟩ **1.** econ. (bei with; gegen against) a) j-n ~ to insure (s.o. bes. Br. assure) s.o., b) etwas ~ to insure (auch assure) s.th., (als teilweise Haftender) to underwrite s.th.: auf Zeit ~ to insure (s.o., s.th.) for a fixed term; zu hoch [niedrig] versichert sein to be overinsured [underinsured]; ich bin gegen Diebstahl versichert I am insured against theft. – **2.** j-n einer Sache ~ lit. to assure s.o. of s.th.: ich versichere Sie meiner Verschwiegenheit you can be (od. may rest) assured of my discretion. – **3.** (bestätigen, bezeugen) affirm, assert, aver, avouch, declare: eidlich ~ to affirm under oath; ich versichere an Eides Statt, daß I solemnly affirm that; ich versichere, daß ich unschuldig bin I declare that I am innocent, I protest my innocence. – **4.** j-m etwas ~ to assure s.o. (of) s.th.: ich kann dir ~, daß I (can) assure you that. – **II** v/reflex sich ~ **5.** econ. (bei with; gegen against) insure oneself: sich mit 10000 Mark ~ to insure oneself for 10,000 marks; sich ~ lassen to buy (od. take out) an insurance (bes. Br. assurance); sich bei einer Gesellschaft für 50000 Mark ~ lassen to have one's life insured (bes. Br. assured) with a company for 50,000 marks. – **6.** sich einer Sache [Person] ~ to secure (od. make sure of) s.th. [s.o.]: versichere dich vorher seiner Zustimmung secure his consent beforehand. – **7.** (sich überzeugen) convince (od. satisfy) oneself: er versicherte sich, daß alles wahr war he convinced himself that everything was true. – **III V~** n ⟨-s⟩ **8.** verbal noun. – **9.** cf. Versicherung.
ver'si·chert I pp. – **II** adj **1.** econ. insured, bes. Br. assured: nicht ~ sein to be uninsured (bes. Br. unassured). – **2.** seien Sie ~, daß you may rest assured that. — **Ver'si·cher·te** m ⟨-n; -n⟩ econ. insured (bes. Br. assured) person (od. party), insurant, beneficiary, insuree (rare).
Ver'si·che·rung f ⟨-; -en⟩ **1.** cf. Versichern. – **2.** econ. a) (von Sachwerten) insurance, (seitens des Versicherers) underwriting, b) cf. Lebensversicherung, c) cf. Versicherungsgesellschaft: freiwillige ~ voluntary insurance (bes. Br. assurance); bestehende ~ insurance in force; abgekürzte ~ term insurance; abgelaufene ~ expired insurance; prämienfreie ~ paid-up (od. free) insurance; ~ auf festen Zeitpunkt, ~ auf Zeit fixed-term insurance; ~ für fremde Rechnung insurance for account of third parties; eine ~ abschließen to take out (od. buy, conclude) an insurance, to effect a policy of insurance; ~ auf Gegenseitigkeit mutual (benefit) insurance; wechselseitige ~ compensation insurance; ~ auf den Erlebensfall endowment insurance (bes. Br. assurance); ~ auf den Todesfall whole life insurance; ~ mit [ohne] Gewinnbeteiligung insurance with[out] participation in the profits; ~ gegen alle Gefahren all-risks (od. comprehensive) insurance; aus einer ~ ausscheiden to revoke an

insurance contract; die ~ erlischt am the insurance expires on; die ~ ersetzt den Schaden colloq. the insurance company will cover the damage. – **3.** ⟨only sg⟩ (re)assurance, guarantee: j-m die ~ geben, daß to (re)assure s.o. that; die ~ erhalten, daß to be (re)assured that. – **4.** ⟨only sg⟩ (Bestätigung) affirmation, assertion, avouchment, declaration: die feierliche ~ abgeben, daß to assert solemnly that; eidesstattliche ~ jur. affirmation (in lieu of an oath), statutory declaration.
Ver'si·che·rungs|,ab,lauf m econ. expiry (od. expiration) of an insurance contract. — **~,ab,schluß** m conclusion (od. effecting) of an insurance contract. — **~,agent** [-ʔa,gɛnt] m insurance agent, Am. colloq. (für Lebensversicherungen) auch life underwriter. — **~,ak·tie** f insurance (company) share (bes. Am. stock). — **~,an,spruch** m insurance claim. — **~,an,stalt** f insurance agency (od. office): öffentlich-rechtliche ~ corporate insurance agency. — **~,an,trag** m application for insurance, proposal form. — **~,auf,sichts-be,hör·de** f Insurance Supervision Board. — **~,auf,sichts-ge,setz** n jur. Insurance Supervision Law. — **~,auf,trag** m econ. insurance order. — **~,be,din·gun·gen** pl insurance conditions. — **~,be,ginn** m commencement of insurance (coverage). — **~,bei,trag** m **1.** (bes. bei staatlichen Versicherungen) insurance contribution. – **2.** cf. Versicherungsprämie. — **~,be,ra·ter** m insurance consultant (od. adviser). — **~,be,trag** m amount insured, insured sum. — **~,be,trug** m insurance fraud. — **~,dau·er** f time insured, validity of insurance. — **~,fach,mann** m insurance expert. — **v~,fä·hig** adj cf. versicherbar. — **~,fall** m event insured against. — **~,fonds** m insurance fund. — **~,form** f kind (od. type) of insurance. — **~,frei** adj exempt from insurance. — **~,ge·ber** m cf. Versicherer. — **~,ge,bühr** f insurance fee. — **~,ge,gen,stand** m object insured, object of the insurance. — **~,ge,schäft** n **1.** insurance transaction: ~e pl insurance transactions (od. business sg). – **2.** (Branche) insurance business (od. line). – **3.** bes. mar. underwriting business. — **~,ge,sell·schaft** f **1.** insurance company (Am. auch corporation), bes. Br. (Lebensversicherungsgesellschaft) assurance company: ~ auf Gegenseitigkeit mutual insurance company. – **2.** jur. (Versicherer) insurers pl, bes. Br. (bei Lebensversicherung) assurers pl, (bes. bei Seeversicherung) underwriter(s pl). — **~,ge,wer·be** n insurance business. — **~,ge,winn** m profit of an insurance company. — **~,gren·ze** f **1.** obere [untere] ~ maximum [minimum] insurance sum. – **2.** (in der Sozialversicherung) exemption limit. — **~,in,spek·tor** m insurance claim adjuster. — **~,in·ter,es·se** n insurable interest. — **~,jahr** n insurance year. — **~,ju,rist** m insurance lawyer. — **~,kar·te** f **1.** insurance card: → grün 1. – **2.** Br. (national) insurance card, Am. social security card. — **~,klau·sel** f insurance clause. — **~,ko·sten** pl cost sg of insurance, insurance charges. — **~,lei·stung** f insurance benefit (od. payment). — **~,mak·ler** m insurance broker. — **~,mar·ke** f Br. (national) insurance stamp, Am. social security stamp. — **~,ma·the·ma,tik** f actuarial theory. — **~,ma·the·ma·ti·ker** m actuary. — **~,neh·mer** m cf. Versicherte. — **~,ob,jekt** n cf. Versicherungsgegenstand. — **~,pflicht** f liability (od. obligation) to insure, compulsory insurance. — **~,pflicht,gren·ze** f insurance liability limit. — **v~,pflich·tig** adj **1.** (Person) liable to insurance. – **2.** (Sache) subject to obligatory (od. compulsory) insurance. — **~,pflich·ti·ge** m, f ⟨-n; -n⟩ person liable to insurance. — **~,po,li·ce** f insurance policy: ~ mit [ohne] Gewinnbeteiligung participating [nonparticipating, Br. non-participating] insurance policy. — **~,prä·mie** f (insurance) premium. — **~,ra·te** f insurance rate. — **~,recht** n insurance law. — **~,rück,kauf** m redemption of policy. — **~,rück,kauf,wert** m surrender value (of insurance). — **~,sach·ver,stän·di·ge** m insurance expert, (bes. bei der Seeversicherung) surveyor. — **~,satz** m insurance rate. — **~,schein** m cf. Versicherungspolice. — **~,schutz** m insurance cover(age). — **~,spa·ren** n saving through (life) insurance. — **~,sta·ti,stik** f actuarial statistics pl (con-

strued as sg or pl). — **~,steu·er** f insurance tax. — **~,sum·me** f **1.** insured sum (od. money), sum (od. amount) insured. – **2.** (bei Lebensversicherung) total policy value. — **v~,tech·nisch** adj actuarial. — **~,trä·ger** m insurance institution, insurer, (bes. bei der Seeversicherung u. Lloyd's) underwriter. — **~,um,fang** m scope of insurance. — **~,un·ter,neh·men** n insurance institution. — **~,ver,trag** m insurance contract (od. policy): Abschluß eines ~es conclusion (od. effecting) of an insurance contract. — **~,ver,tre·ter** m cf. Versicherungsagent. — **~,vor·schrif·ten** pl insurance instructions. — **~,wert** m insurance value, value insured. — **~,we·sen** n insurance (business). — **~,zeit** f cf. Versicherungsdauer. — **~,zer·ti·fi,kat** n insurance certificate. — **~,zwang** m liability (od. obligation) to insure, compulsory insurance. — **~,zweig** m branch (od. line) of insurance.
ver'sickern (getr. -k·k-) **I** v/i ⟨no ge-, sein⟩ **1.** (von Wasser etc) seep (od. ooze) away, percolate. – **2.** fig. (von Interesse etc) ebb, wear off, peter out. – **II V~** n ⟨-s⟩ **3.** verbal noun. – **4.** (von Wasser etc) seepage, percolation. – **Ver'sicke·rung** (getr. -k·k-) f ⟨-; -en⟩ cf. Versickern.
ver'sie·ben v/t ⟨no ge-, h⟩ colloq. **1.** cf. vermasseln. – **2.** (vergessen) forget (all) about. – **3.** es bei j-m ~ to get into s.o.'s bad books.
ver'sie·ben·fa·chen [-,faxən] **I** v/t ⟨no ge-, h⟩ septuple, septuplicate, increase (s.th.) sevenfold. – **II** v/reflex sich ~ septuple, increase sevenfold. – **III V~** n ⟨-s⟩ verbal noun. — **Ver'sie·ben·fa·chung** f ⟨-; no pl⟩ **1.** cf. Versiebenfachen. – **2.** sevenfold increase.
ver'sie·den v/i ⟨no ge-, sein⟩ boil away (od. off), evaporate during boiling.
ver'sieg·bar adj **1.** (Quellen etc) liable to run dry (od. to dry up). – **2.** fig. (Kräfte etc) exhaustible.
ver'sie·geln **I** v/t ⟨no ge-, h⟩ **1.** (Brief, Paket etc) seal (up), sigillate. – **2.** (Parkett) seal. – **3.** fig. (Mund etc) seal. – **4.** jur. a) seal, put (s.th.) under seal, b) affix a seal to: von mir unterzeichnet und versiegelt given under my hand and seal. – **II V~** n ⟨-s⟩ **5.** verbal noun. — **Ver'sie·ge·lung** f ⟨-; no pl⟩ cf. Versiegeln.
ver'sie·gen v/i ⟨no ge-, sein⟩ **1.** (von Quelle, Fluß etc) run dry, dry up. – **2.** (von Tränen etc) dry. – **3.** fig. (von Geldquelle, Gespräch etc) dwindle, ebb, peter out: etwas ~ lassen to let s.th. dwindle. – **4.** fig. (von Kräften etc) dwindle, ebb, fail. — **ver'sie·gend I** pres p. – **II** adj never-ebbing.
ver'siert [vɛr'ziːrt] adj (Händler etc) practiced, bes. Br. practised, (erfahren) experienced: in (dat) etwas ~ sein a) (auf praktischem Gebiet) to be skilled (od. practiced) in s.th., b) (auf geistigem Gebiet) to be versed in s.th., c) (durch Erfahrung) to be experienced in s.th., to be conversant with s.th. — **Ver'siert·heit** f ⟨-; no pl⟩ **1.** (auf praktischem Gebiet) skill. – **2.** (auf geistigem Gebiet) knowledge. – **3.** experience.
Ver·si·fi·ka·ti·on [vɛrzifika'tsi̯oːn] f ⟨-; -en⟩ **1.** cf. Versifizieren. – **2.** versification. — **ver·si·fi'zie·ren** [-'tsiːrən] **I** v/t ⟨no ge-, h⟩ versify. – **II V~** n ⟨-s⟩ verbal noun.
Ver·si·kel [vɛr'ziːkəl] m ⟨-s; -⟩ relig. (beim Wechselgebet) versicle.
Ver'sil·be·rer m ⟨-s; -⟩ metall. silverer. — **ver'sil·bern** [-'zılbərn] **I** v/t ⟨no ge-, h⟩ **1.** tech. a) silver, b) (feuerversilbern) silver-coat, c) (galvanisch) silver-plate. – **2.** fig. colloq. (zu Geld machen) turn (s.th.) into cash, convert (s.th.) into money, sell. – **II V~** n ⟨-s⟩ **3.** verbal noun. — **Ver'sil·be·rung** f ⟨-; no pl⟩ cf. Versilbern.
ver'sim·peln [-'zımpəln] **I** v/t ⟨no ge-, h⟩ (vereinfachen) simplify, make (s.th.) simple(r). – **II** v/i ⟨sein⟩ colloq. (verdummen, einfältig werden) become stupid (od. simple): er ist total versimpelt he has become quite stupid. – **III V~** n ⟨-s⟩ verbal noun. — **Ver'sim·pe·lung** f ⟨-; no pl⟩ cf. Versimpeln.
ver'sin·ken I v/i ⟨irr, no ge-, sein⟩ **1.** (im Wasser, Schnee etc) sink (down): bis zu den Knien ~ to sink up to one's knees. – **2.** (im Schlamm, Morast) sink, bog (od. become bogged) down. – **3.** (von Schiff) sink, go down (auch under), founder. – **4.** fig. (in Schlaf, in einem Abgrund etc): im Laster ~ to sink into vice; ich wäre vor Scham am liebsten im Boden versunken I was so

ashamed that I wished the ground would open and swallow me up; wenn er Musik hört, versinkt alles um ihn her when he listens to music everything around him sinks into oblivion. – **5.** sie versank in Trauer *fig.* she was filled with grief. – **6.** *fig.* (*in einen Anblick, in Gedanken etc*) become engrossed (*od.* absorbed): er war ganz in seine Arbeit versunken he was completely absorbed by his work. – **II V~** *n* ⟨-s⟩ **7.** *verbal noun.*

ver'sinn,bild·li·chen [-ˌbɪltlɪçən] **I** *v/t* ⟨*no* ge-, h⟩ **1.** (*durch einen Gegenstand, ein Symbol*) represent, symbolize *Br. auch* -s-. – **2.** (*anschaulich machen*) illustrate. – **3.** (*allegorisch darstellen*) allegorize *Br. auch* -s-. – **4.** (*als typisch*) typify. – **II V~** *n* ⟨-s⟩ **5.** *verbal noun.* — **Ver'sinn,bild·li·chung** *f* ⟨-; *no pl*⟩ **1.** *cf.* Versinnbildlichen. – **2.** representation, symbolization *Br. auch* -s-. – **3.** illustration. – **4.** allegorization *Br. auch* -s-. – **5.** typification.

ver'sinn·li·chen [-'zɪnlɪçən] **I** *v/t* ⟨*no* ge-, h⟩ sensualize *Br. auch* -s-. – **II V~** *n* ⟨-s⟩ *verbal noun.* — **Ver'sinn·li·chung** *f* ⟨-; *no pl*⟩ **1.** *cf.* Versinnlichen. – **2.** sensualization *Br. auch* -s-.

ver'sin·tern *v/i* ⟨*no* ge-, sein⟩ **1.** *metall. tech.* sinter. – **2.** *geol.* become incrustate.

Ver·sio ['vɛrzio] *f* ⟨-; -nes ['vɛrzio:nes]⟩ *med.* **1.** (*des Uterus*) displacement. – **2.** (*des Fetus*) version.

Ver·si·on [vɛr'zio:n] *f* ⟨-; -en⟩ (*Fassung, Lesart*) version: amtliche (*od.* offizielle) ~ official version.

ver'sippt [-'zɪpt] *adj* **1.** *cf.* verwandt² -. **2.** *cf.* verschwägert II.

ver'sit·zen *v/t* ⟨*irr, no* ge-, h⟩ *colloq.* **1.** (*Zeit*) spend (*od.* waste) (*s.th.*) sitting around. – **2.** (*Kleid etc*) crease (*od.* crush, crumple) (*s.th.*) by sitting, sit all wrong on (*colloq.*).

ver'skla·ven [-'skla:vən; -'skla:fən] **I** *v/t* ⟨*no* ge-, h⟩ *auch fig.* enslave, *auch* enthrall, enthral: sich nicht ~ lassen not to let oneself become a slave. – **II V~** *n* ⟨-s⟩ *verbal noun.* — **Ver'skla·vung** *f* ⟨-; *no pl*⟩ **1.** *cf.* Versklaven. – **2.** *auch fig.* enslavement, *auch* enthrallment, enthralment. – **3.** (*Zustand*) servitude: politische und geistige ~ political and intellectual servitude. – **4.** *zo.* (*der Ameisen*) dulosis.

'Vers|ko,mö·die *f* (*literature*) verse comedy, comedy in verse. — ~ˌkunst *f* ⟨-; *no pl*⟩ art of metrics, versification. — ~ˌkünst·ler *m* metrist, versifier. — ~ˌleh·re *f cf.* Metrik 1. — ~ˌma·cher *m contempt. cf.* Verseschmied. — ~ˌmaß *n metr.* meter, *bes. Br.* metre.

ver'snobt [-'snɔpt] *adj contempt.* snobbish, snobby: er ist ~ he is snobbish, he is a snob.

'Vers,no,vel·le *f* (*literature*) cf. Verserzählung.

Ver·so ['vɛrzo] *n* ⟨-s; -s⟩ *print.* verso.

ver'sof·fen **I** *pp of* versaufen. – **II** *adj vulg.* **1.** ein ~er Kerl a boozer (*colloq.*), a sot, a drunkard. – **2.** (*Aussehen, Gesicht etc*) boozy (*colloq.*), sodden: ~ aussehen to look boozy, to have a boozy look (about one). – **3.** ~ sein to be addicted to boozing (*colloq.*): er ist total ~ he is a slave to drink, he is an absolute drunkard. — **Ver'sof·fen·heit** *f* ⟨-; *no pl*⟩ *vulg.* booziness (*colloq.*), sottishness, drunkenness (*the turned leaf.*)

ver·so fo·lio ['vɛrzo 'fo:lio] *adv print.* on⟨*the turned leaf.*⟩

ver'soh·len *v/t* ⟨*no* ge-, h⟩ j-n ~ *colloq.* to leather s.o., to give s.o. a hiding (*od.* licking) (*alle colloq.*) (*schwächer*) to spank s.o.: j-m das Fell ~ to leather (*od.* tan) s.o.'s hide (*colloq.*); → Hintern.

ver'söh·nen [-'zø:nən] **I** *v/t* ⟨*no* ge-, h⟩ **1.** reconcile, conciliate: zwei Völker (miteinander) ~ to reconcile two nations; sich (wieder) ~ to be(come) reconciled, to make it up, to bury the hatchet. – **2.** *fig.* reconcile: die schöne Umgebung versöhnt mich mit der Stadt the lovely surroundings reconcile me with (*od.* make up for) the city. – **3.** *fig.* (*Himmel, Götter*) appease, propitiate, placate. – **II** *v/reflex* **4.** sich mit j-m ~ to make it up with s.o.: sich mit Gott ~ to make one's peace with God. – **5.** sich mit etwas ~ to reconcile (*od.* resign) oneself to s.th.: sich mit seinem Schicksal ~ to reconcile oneself to one's fate. – **III V~** *n* ⟨-s⟩ **6.** *verbal noun.* – **7.** *cf.* Versöhnung.

ver'söh·nend **I** *pres p.* – **II** *adj* (*Geste, Wort etc*) (re)conciliatory, reconciling, propitiatory, placatory.

Ver'söh·ner *m* ⟨-s; -⟩ conciliator, reconciler.

ver'söhn·lich *adj* **1.** (*Atmosphäre, Stimmung etc*) conciliatory: j-n ~ stimmen to conciliate (*od.* placate, appease) s.o. – **2.** (*Mensch*) forgiving: er zeigte sich recht ~ he was very forgiving. – **3.** (*Götter*) placable. — **Ver'söhn·lich·keit** *f* ⟨-; *no pl*⟩ **1.** conciliatoriness: j-n zur ~ ermahnen to admonish s.o. to reconciliation. – **2.** (*eines Menschen*) forgivingness. – **3.** (*der Götter etc*) placability.

ver'söhnt **I** *pp.* – **II** *adj* reconciled: er war schnell wieder ~ he soon came round.

Ver'söh·nung *f* ⟨-; -en⟩ **1.** *cf.* Versöhnen. – **2.** reconciliation, reconcilement, conciliation: ~ feiern to celebrate reconciliation; der Geist der ~ the spirit of reconciliation; eine ~ zwischen zwei Parteien herbeiführen to bring about the reconciliation of two parties; j-m die Hand zur ~ reichen to make s.o. an offer of reconciliation. – **3.** *fig.* (*des Himmels, der Götter*) appeasement, propitiation, placation.

Ver'söh·nungs|fei·er *f* celebration of reconciliation. — ~ˌfest *n relig.* (*jüdischer Feiertag*) Day of Atonement, Kippurim, Yom Kippur. — ~ˌkind *n child conceived as a result of marital reconciliation.* ~ˌkuß *m* kiss of reconciliation. — ~ˌop·fer *n relig.* expiatory sacrifice. — ~ˌpo·li,tik *f* policy of reconciliation. — ~ˌtag *m* (*jüdischer Feiertag*) *cf.* Versöhnungsfest. — ~ˌtod *m relig.* (*Christi*) redeeming (*od.* expiatory) death. — ~ˌwerk *n* work of reconciliation.

ver'son·nen **I** *adj* **1.** thoughtful, pensive, meditative, lost in thought. – **2.** (*träumerisch*) dreamy. – **II** *adv* **3.** thoughtfully, pensively, meditatively: ~ lächeln to smile pensively; ~ vor sich hinblicken to gaze into the distance pensively (*od.* lost in thought). – **4.** (*träumerisch*) dreamily, dreamingly. — **Ver'son·nen·heit** *f* ⟨-; *no pl*⟩ **1.** thoughtfulness, pensiveness, meditativeness. – **2.** (*Verträumtheit*) dreaminess.

ver'sor·gen *v/t* ⟨*no* ge-, h⟩ **1.** j-n [etwas] (mit etwas) ~ to supply (*od.* provide, *lit.* furnish) s.o. [s.th.] (with s.th.): ein Geschäft mit Vorräten ~ to stock a shop (*bes. Am.* store) with supplies. – **2.** (*Familie etc*) provide for, keep, support, maintain: er hat seine Frau und fünf Kinder zu ~ he has to support a wife and five children. – **3.** (*Kranke, Kinder, Haushalt, Tiere etc*) look after, care for, take care of (*colloq.*). – **4.** (*eine Stadt mit Wasser, Gas etc, Maschine mit Strom etc*) supply. – **5.** (*durch einen Beruf, Heirat*) take care of (*colloq.*): er hat alle seine Kinder gut versorgt he has taken good care of all his children. – **6.** etwas ~ *Swiss* to put s.th. (back) in its proper place. – **7.** j-n ~ *Swiss* to put s.o. in an asylum, to put s.o. away (*colloq.*). – **II** *v/reflex* **8.** sich mit etwas ~ to supply (*od.* provide, *lit.* furnish) oneself with s.th. – **9.** sich selbst ~ to cook for oneself, to do one's own cooking. – **III V~** *n* ⟨-s⟩ **10.** *verbal noun.* – **11.** *cf.* Versorgung. — **Ver'sor·ger** *m* ⟨-s; -⟩ **1.** (*Belieferer*) supplier. – **2.** (*Ernährer, Familienvater*) provider, supporter, breadwinner. — **ver'sorgt I** *pp.* – **II** *adj* provided (for), taken care of (*colloq.*): seine Älteste ist gut ~ a) (*durch Heirat*) his eldest daughter is well taken care of, b) (*finanziell*) his eldest daughter is well provided for; dort sind sie im Urlaub am besten ~ they are best taken care of there for their holiday (*Am.* vacation).

Ver'sor·gung *f* ⟨-; *no pl*⟩ **1.** *cf.* Versorgen. – **2.** (*mit Waren, Information etc*) (mit with) supply. – **3.** (*einer Familie*) support, upkeep, maintenance. – **4.** (*von Hinterbliebenen, Kriegsopfern etc*) provision. – **5.** *cf.* Altersversorgung. – **6.** (*mit Wasser, Elektrizität, Gas etc*) supply: der öffentlichen ~ dienen to be a public utility. – **7.** (*einer Maschine etc*) maintenance. – **8.** *mil.* a) (*mit Munition, Nachschub*) supply, support, b) (*mit Verpflegung*) provisioning: ~ aus der Luft aerial (*od.* air) supply, aerial delivery of supplies; ~ durch Seeschiffe naval mobile logistic support. – **9.** *med.* a) ärztliche ~ medical care (*od.* attendance), b) (*der Wunde*) dressing, bandaging, c) (*Wundtoilette*) wound toilet.

Ver'sor·gungs|amt *n* pension office. — ~ˌan·spruch *m* **1.** (*auf Pension*) right to a pension. – **2.** (*auf Unterhalt*) right to maintenance. — ~ˌan·stalt *f* charitable institution. — ~ˌba·sis *f bes. mil.*

---

supply base: vorgeschobene ~ advance supply base. — **v~be,rech·tigt** *adj* **1.** (*pensionsberechtigt*) entitled to a pension. – **2.** (*unterhaltsberechtigt*) entitled to maintenance. — ~be,trieb *m econ.* **1.** (*Lieferfirma*) supply factory, supplier. – **2.** (*Gas-, Wasser-, Elektrizitätswerk*) (public) utility company (*od.* plant): öffentliche ~e *pl* public utilities. — ~be,zü·ge *pl* **1.** (*Altersversorgung*) pensions (drawn). – **2.** (*Unterhalt*) maintenance *sg* (received). — ~ˌboh·rung *f* (*mining*) (small) supply shaft (to trapped miners). — ~ˌbom·be *f aer.* aerial delivery unit, supply bomb. — ~ˌdienst,al·ter *n* (length of) pensionable service. — ~ˌein·heit *f mil.* supply unit (*od.* element). — ~ˌein·rich·tung *f* **1.** supply installation (*od.* facility). – **2.** *meist pl cf.* Versorgungsbetrieb 2. – **3.** *pl* pension and welfare scheme *sg.* — ~emp,fän·ger *m* **1.** (*eines Unterhalts*) (old-age) recipient. – **2.** (*einer Pension*) (old-age) pensioner. — ~ˌeng,paß *m* **1.** *bes. mil.* shortage in supplies. – **2.** *econ.* bottleneck in supplies. — ~ˌfahr,zeug *n bes. mil.* supply vehicle, *Br. colloq.* B vehicle. — ~ˌflug,zeug *n* supply plane. — ~ge,biet *n* **1.** (*für Versorgungsgüter etc*) service (*od.* supply) area. – **2.** (*zur Instandsetzung etc*) service (*od.* maintenance) area. — ~ˌgü·ter *pl* supplies (and material): auf dem Transport befindliche ~ pipeline stocks. — ~ˌha·fen *m mar.* port of supply. — ~in·du,strie *f* public utilities industry. — ~ˌkas·se *f* pension fund. — ~ˌket·te *f econ.* supply line. — ~kom·pa,nie *f mil.* supply (*od.* service) company. — ~ˌkri·se *f econ.* supplies crisis. — ~ˌla·ge *f* **1.** *mil.* logistic situation. – **2.** *econ.* supply situation. — ~ˌla·ger *n* supply depot, (*unter freiem Himmel*) supply dump. — ~ˌlei·tung *f* supply pipe (*od.* line), utility line. — ~ˌlücke *f* (*getr. -k·k-*) *f* supply gap. — ~ˌmit·tel *pl* means of subsistence. — ~ˌnetz *n* **1.** *mil. econ.* a) (*von Waren etc*) supply network, b) (*administratives*) administrative network. – **2.** (*von Gas, Elektrizität etc*) supply grid. — ~ˌplan *m mil.* logistic support plan. — ~ˌquel·le *f* source of supply. — ~ˌren·te *f* **1.** public assistance. – **2.** (*in der Privatwirtschaft*) annuity. – **3.** *pl* (*für Kriegsopfer*) relief payments and pensions for war victims. — ~ˌsatz *m meist pl* **1.** pension rate. – **2.** maintenance rate. — ~ˌschiff *n mar.* supply vessel. — ~ˌschwie·rig·kei·ten *pl* supply difficulties. — ~ˌstaat *m* all-providing state. — ~ˌstra·ße *f* supply route. — ~ˌstütz,punkt *m bes. mil.* supply base. — ~ta,ri·fe *pl* (*für Wasser, Strom, Gas etc*) rates charged for supply. — ~ˌträ·ger *m* **1.** pension payer, pension-paying institution. – **2.** pension fund. — ~ˌtrup·pen *pl mil.* service (support) troops. — ~ˌweg *m bes. mil.* **1.** supply channel (*od.* line). – **2.** (*Verbindungslinie*) line of communication. — ~ˌwe·sen *n* ⟨-s; *no pl*⟩ **1.** public utilities *pl.* – **2.** social services *pl.* — **v~ˌwich·tig** *adj* important (*od.* essential) for supply. — ~ˌwirt·schaft *f* ⟨-; *no pl*⟩ *econ.* (*für Wasser, Strom, Gas etc*) public utilities *pl.*

ver'sot·ten [-'zɔtən] *v/t* ⟨*no* ge-, h⟩ (*Schornstein etc*) creosote.

'Vers,paar *n metr.* couplet.

ver'spach·teln *v/t* ⟨*no* ge-, h⟩ **1.** (*Risse, Sprünge*) stop, fill, (*mit Gips*) joint. – **2.** *fig. colloq.* (*aufessen*) polish (*od.* clean, finish) (*s.th.*) off. – **II V~** *n* ⟨-s⟩ **3.** *verbal noun.* — **Ver'spach·te·lung** *f* ⟨-; -en⟩ **1.** *cf.* Verspachteln. – **2.** (*mit Gips*) joint filling.

ver'spakt [-'ʃpa:kt] *adj Low G.* **1.** (*Kellerluft etc*) musty. – **2.** (*Wäsche*) mildewed, mildewy. – **3.** (*Holz*) decayed.

ver'spa·nen *tech.* **I** *v/t* ⟨*no* ge-, h⟩ **1.** machine, remove metal from. – **II V~** *n* ⟨-s⟩ **2.** *verbal noun.* – **3.** *cf.* Verspanung.

ver'span·nen **I** *v/t* ⟨*no* ge-, h⟩ **1.** (*mit Tauen, Kabeln etc*) brace, stay, guy. – **2.** *tech.* (*Werkzeug etc*) a) (*spannen*) mount, fasten, b) (*verziehen*) distort, c) (*festspannen*) secure (*s.th.*) in place, d) (*Lager*) tension faultily, e) (*Zahnräder*) offset. – **3.** *civ.eng.* (*Schüttsteine*) interlock. – **II V~** *n* ⟨-s⟩ **4.** *verbal noun.* — **Ver'span·nung** *f* ⟨-; -en⟩ **1.** *cf.* Verspannen. – **2.** (*von Tau, Kabel etc*) stays *pl*, bracing. – **3.** *tech.* a) distorsion, b) faulty gripping, c) offset.

Ver'span·nungs,ka·bel *n* stay, guy (rope).

Ver'spa·nung *f* ⟨-; *no pl*⟩ *tech.* **1.** *cf.* Verspanen. – **2.** metal removal.

ver'spä·ten [-'ʃpɛːtən] **I** *v/reflex* ⟨*no* ge-, h⟩

sich ~ 1. (*zu einer Verabredung etc*) be (*od.* come) late: ich habe mich leider verspätet I am sorry to be late. – **2.** (*Zug etc*) be late, be behind time (*od.* schedule), be overdue. – **3.** sich bei j-m ~ a) to be late leaving s.o., b) (*aufgehalten werden*) to be held up at s.o.'s (place *od.* home). – **II** V~ n ⟨-s⟩ **4.** *verbal noun.* – **5.** *cf.* Verspätung. — **ver'spä·tet I** *pp.* – **II** *adj* **1.** (*Gratulation, Ankunft, Frühling, Blüte etc*) belated, tardy: ~es Auftreten retardation. – **2.** (*spät*) late. – **3.** *aer.* (*railway*) (*Flug, Zug etc*) delayed: unbestimmt ~ *aer.* indefinitely delayed. — **Ver'spä·tung** *f* ⟨-; -en⟩ **1.** *cf.* Verspäten. – **2.** (*eines Schiffes, Zuges etc*) delay: ~ haben *cf.* verspäten 2; 20 Minuten ~ haben to be 20 minutes late (*od.* behind time, behind schedule, overdue), to have a delay of (*od.* be delayed) 20 minutes; mit ~ abfahren [eintreffen] a) (*von Schiff etc*) to leave [to arrive] late, b) (*von Person*) to leave (*od.* start [out]) [to arrive, to come] late; die ~ wieder einholen to make up (for) the delay (*od.* for [the] lost time). – **3.** (*einer Person*) lateness, being late: entschuldigen Sie bitte die ~ please excuse my being (*od.* coming) (so) late, I am sorry that I am (so) late. – **4.** (*einer Gratulation, des Sommers etc*) lateness, belatedness, tardiness. **Ver'spä·tungs₁zin·sen** *pl econ.* interest *sg* (due) on arrears.

ver'spei·sen *v/t* ⟨*no* ge-, h⟩ eat up, consume. **ver·spe·ku'lie·ren I** *v/t* ⟨*no* ge-, h⟩ **1.** (*Geld, Vermögen etc*) lose (*s.th.*) on speculation(s). – **II** *v/reflex* sich ~ **2.** (*an der Börse etc*) make a bad speculation, ruin oneself on speculation(s). – **3.** *fig.* (*falsch planen*) be wrong in one's speculations, plan wrong(ly).

ver'sper·ren I *v/t* ⟨*no* ge-, h⟩ **1.** (*Tür etc*) lock, (*mit einem Riegel*) *auch* bar, bolt. – **2.** (*Weg, Straße, fig. Ausweg etc*) bar, block, (*durch Barrikade*) *auch* barricade: j-m den Weg ~ to bar s.o.'s way. – **3.** (j-m) die Aussicht ~ to obstruct (*od.* block) s.o.'s view. – **4.** (*Hafen*) blockade. – **5.** *med.* (*Gallengang etc*) obstruct, block. – **II** V~ n ⟨-s⟩ **6.** *verbal noun.* — **Ver'sper·rung** *f* ⟨-; -en⟩ **1.** *cf.* Versperren. – **2.** (*einer Aussicht*) obstruction. – **3.** (*eines Hafens*) blockade. – **4.** *med.* (*des Gallengangs etc*) obstruction, blockage.

ver'spie·len I *v/t* ⟨*no* ge-, h⟩ **1.** (*Geld etc*) lose (*s.th.*) at cards (*od.* gambling), gamble (*od.* play) (*s.th.*) away: viel ~ to lose much; Haus und Hof ~ to lose one's property by gambling, to gamble one's last penny away. – **2.** (*Tag etc*) pass (*s.th.*) playing. – **3.** *fig.* (*Glück, Recht etc*) forfeit, gamble (*s.th.*) away. – **II** *v/i* **4.** lose (the game). – **5.** *fig.* bei j-m verspielt haben to get on the wrong side of s.o., to get into s.o.'s bad books; er hat bei mir verspielt I am through with him (*colloq.*), he is out as far as I am concerned; ihr habt verspielt the game is up for you. — **ver'spielt I** *pp.* – **II** *adj* **1.** (*Kind, Kätzchen etc*) playful, frolicsome. – **2.** *fig.* (*Löckchen, Figuren etc*) dainty: ihr Kleid ist sehr ~ her dress is very dainty (*od.* frilly). – **3.** *fig.* (*Kunst, Bauwerk*) ornate, elaborate. **ver'spil·lern** [-'ʃpɪlərn] *v/i* ⟨*no* ge-, sein⟩ *bot. cf.* vergeilen. — **Ver'spil·le·rung** *f* ⟨-; *no pl*⟩ *cf.* Etiolement.

ver'spin·nen I *v/t* ⟨*irr, no* ge-, h⟩ **1.** (*Baumwolle, Flachs etc*) spin. – **2.** (*beim Spinnen verbrauchen*) use (*s.th.*) up (in spinning). – **II** *v/reflex* sich ~ **3.** (*von Seidenraupe, Spinne etc*) *cf.* einspinnen 5. – **4.** sich in (*acc*) etwas ~ *fig.* (*in einen Gedanken etc*) to become wrapped (*od.* wrapt) up in (*od.* preoccupied with) s.th.

ver'splei·ßen *tech.* **I** *v/t* ⟨*irr, no* ge-, h⟩ (*Kabel*) splice. – **II** V~ n ⟨-s⟩ *verbal noun.* — **Ver'splei·ßung** *f* ⟨-; *no pl*⟩ *cf.* Verspleißen. **ver'splin·ten** [-'ʃplɪntən] *tech.* **I** *v/t* ⟨*no* ge-, h⟩ cotter. – **II** V~ n ⟨-s⟩ *verbal noun.* — **Ver'splin·tung** *f* ⟨-; *no pl*⟩ *cf.* Versplinten. **ver'spon·nen I** *pp* of verspinnen. – **II** *adj* (*Mensch, Ansichten etc*) unrealistic: ~ sein to be (*od.* have one's head) in the clouds.

ver'spot·ten I *v/t* ⟨*no* ge-, h⟩ **1.** deride, ridicule, mock, *auch* bemock. – **2.** (*verhöhnen*) taunt, gibe (*od.* jibe) (at), jeer (at), flout (at), jest (at). – **3.** (*durch Grinsen, Lachen*) sneer at, fleer (at). – **4.** (*nachäffen*) monkey, ape. – **II** V~ n ⟨-s⟩ **5.** *verbal noun.* — **Ver'spot·tung** *f* ⟨-; *no pl*⟩ **1.** *cf.* Verspotten. – **2.** derision, mockery, ridicule, mock. **ver'spre·chen¹ I** *v/t* ⟨*irr, no* ge-, h⟩ **1.** (*zusagen*) promise: etwas fest [hoch und hei-

lig] ~ to promise s.th. for certain [faithfully]; etwas feierlich ~ to vow s.th.; etwas auf Treu und Glauben ~ to pledge one's word (*od.* hono[u]r) for s.th.; j-m etwas in die Hand ~ to promise s.o. s.th. solemnly (by shaking hands); mehr ~, als man halten kann to promise more than one can keep; er verspricht leicht etwas he is quick at promising (*od.* making promises); du hast es versprochen you promised to, you said you would; er hält, was er verspricht he keeps his promise (*od.* word), he is as good as his word; → Berg 2; Himmel 7. – **2.** ~, schön (*od.* gut, erfolgreich) zu werden *fig.* to be (*od.* look) promising: seine Anstrengung verspricht Erfolg zu bringen his effort promises to be successful (*od.* bids fair to succeed); seine Miene verspricht nichts Gutes his expression is rather ominous. – **3.** sich (*dat*) von etwas [j-m] etwas ~ to expect s.th. of s.th. [s.o.]: ich verspreche mir nicht viel davon I don't expect too much of it, it is not (*od.* none, does not look) too promising; ich habe mir mehr davon versprochen I expected better of it; er verspricht sich viel von seinem Sohn he expects great things of his son, he places (*od.* sets) great hopes in his son. – **II** *v/reflex* sich ~ **4.** make a mistake (*od.* a slip of the tongue, trip *od.* stumble) (over a word): oh, ich habe mich versprochen oh, I made a mistake, oh, that was a slip of the tongue. – **III** V~ n ⟨-s⟩ **5.** *verbal noun:* V~ und Halten ist zweierlei (*Sprichwort*) *etwa* it is one thing to promise and another to perform. – **6.** slip of the tongue, mistake, lapsus linguae (*lit.*).

Ver'spre·chen² *n* ⟨-s; -⟩ **1.** promise: ein ~ (ab)geben to make a promise, to promise; ein ~ halten [einlösen] to keep (*od.* redeem) [to fulfill] a promise; sein ~ nicht halten to fail to keep one's promise (*od.* word), to break (*od.* go back on) one's word; sein ~ zurücknehmen to go back on one's promise; j-m ein ~ abnehmen to demand (*od.* exact) a promise from s.o., to make s.o. promise to do s.th.; er hat sein ~ gehalten he was as good as his word. – **2.** (*verbindliches*) pledge, undertaking: sich durch ein ~ binden to (take a) pledge to do s.th. – **3.** (*feierliches*) vow. [tongue.] **Ver'spre·cher** *m* ⟨-s; -⟩ *colloq.* slip of the **Ver'spre·chung** *f* ⟨-; -en⟩ promise: große ~en machen to make great promises, to promise great things; das sind doch leere ~en those are empty promises.

ver'spren·gen¹ I *v/t* ⟨*no* ge-, h⟩ **1.** (*games*) (*beim Billard*) (*Ball*) knock (*ball*) off the table. – **2.** *mil.* (*Truppenteil etc*) (cut off and) disperse. – **II** V~ n ⟨-s⟩ **3.** *verbal noun.* – **4.** *cf.* Versprengung. **ver'spren·gen² I** *v/t* ⟨*no* ge-, h⟩ (*Wasser*) sprinkle. – **II** V~ n ⟨-s⟩ *verbal noun.* **Ver'spreng·te** *m* ⟨-n; -n⟩ *mil.* straggler. **Ver'spreng·ten|-₁Auf₁fang₁li·nie** *f* *mil.* straggler line. — **~-₁Sam·mel₁stel·le** *f* straggler collecting point. **Ver'spren·gung** *f* ⟨-; *no pl*⟩ **1.** *cf.* Versprengen¹ u. ². – **2.** *mil.* dispersion, dispersal, scatter.

ver'sprit·zen *v/t* ⟨*no* ge-, h⟩ **1.** (*Wasser, Tinte etc*) spatter. – **2.** (*platschend*) splash. – **3.** (*in einem Strahl*) waste (*water*) (by squirting it around). – **4.** *metall.* (*flüssiges Metall*) spill. – **5.** (*Insektenvertilgungsmittel etc*) spray: → Gift¹ 3. – **6.** *tech.* (*beim Spritzguß*) injection-mold (*bes. Br.* -mould).

ver'spro·chen I *pp* of versprechen¹. – **II** *adj* ~ sein *archaic* (*zur Heirat*) to be spoken for (*od.* bespoken). — **ver'spro·che·ner'ma·ßen** *adv* as promised.

ver'sprö·den [-'ʃprøːdən] *tech.* **I** *v/i* ⟨*no* ge-, sein⟩ embrittle. – **II** V~ n ⟨-s⟩ *verbal noun.* — **Ver'sprö·dung** *f* ⟨-; *no pl*⟩ **1.** *cf.* Verspröden. – **2.** embrittlement.

ver'spru·deln *v/t* ⟨*no* ge-, h⟩ *Austrian gastr.* for verquirlen.

ver'sprü·hen *v/t* ⟨*no* ge-, h⟩ **1.** (*Parfüm etc*) spray. – **2.** (*Funken etc*) scintillate. – **3.** *fig.* (*Geistesblitze, Witz etc*) scintillate.

ver'spun·den, ver'spün·den [-'ʃpyndən] *v/t* ⟨*no* ge-, h⟩ bung (up).

ver'spü·ren *v/t* ⟨*no* ge-, h⟩ **1.** (*Abneigung, Durst, Hunger, Müdigkeit etc*) feel. – **2.** (*Schmerz etc*) feel, experience. – **3.** (*große*) Lust zu etwas ~ to feel (very much) like doing s.th., (*stärker*) to be strongly inclined to do s.th.: er verspürte große Lust zu baden he felt very much like going for a swim.

'Vers|₁rhyth·mus *m metr.* cadence. — **~₁ro·man** *m* metrical (*od.* verse) romance.

ver'staat·li·chen [-'ʃtaːtlɪçən] *pol.* **I** *v/t* ⟨*no* ge-, h⟩ **1.** (*Privatunternehmen etc*) nationalize *Br. auch* -s-, transfer (*s.th.*) to state ownership, turn (*s.th.*) into state property. – **2.** (*Schulen etc*) put (*s.th.*) under government control. – **3.** (*kirchliches Eigentum*) secularize *Br. auch* -s-, laicize *Br. auch* -s-. – **4.** (*in den Volksdemokratien*) socialize *Br. auch* -s-. – **5.** (*enteignen*) expropriate. – **II** V~ n ⟨-s⟩ **6.** *verbal noun.* — **Ver'staat·li·chung** *f* ⟨-; -en⟩ **1.** *cf.* Verstaatlichen. – **2.** (*von Privatunternehmen etc*) nationalization *Br. auch* -s-, transfer to state ownership, acquisition by the state. – **3.** (*von kirchlichem Eigentum*) secularization *Br. auch* -s-, laicization *Br. auch* -s-. – **4.** (*in den Volksdemokratien*) socialization *Br. auch* -s-. – **5.** (*Enteignung*) expropriation.

ver'städ·tern [-'ʃtɛːtərn] *sociol.* **I** *v/i* ⟨*no* ge-, sein⟩ become urbanized (*Br. auch* -s-). – **II** *v/t* ⟨h⟩ urbanize *Br. auch* -s-, *bes. Am.* citify. – **III** V~ n ⟨-s⟩ *verbal noun.* — **Ver'städ·te·rung** *f* ⟨-; *no pl*⟩ **1.** *cf.* Verstädtern. – **2.** urbanization *Br. auch* -s-: zu weit getriebene ~ overurbanization *Br. auch* -s-.

ver'stadt·li·chen [-'ʃtatlɪçən] **I** *v/t* ⟨*no* ge-, h⟩ municipalize *Br. auch* -s-. – **II** V~ n ⟨-s⟩ *verbal noun.* — **Ver'stadt·li·chung** *f* ⟨-; -en⟩ **1.** *cf.* Verstadtlichen. – **2.** municipalization *Br. auch* -s-.

ver'stäh·len *metall.* **I** *v/t* ⟨*no* ge-, h⟩ (*durch Auftragsschweißung*) steel-face, hard-face. – **II** V~ n ⟨-s⟩ *verbal noun.* — **Ver'stäh·lung** *f* ⟨-; *no pl*⟩ *cf.* Verstählen.

Ver'stand *m* ⟨-(e)s; *no pl*⟩ **1.** (*Denkvermögen*) mind, intellect; gray (*bes. Br.* grey) matter, little gray (*bes. Br.* grey) cells *pl* (*colloq.*): einen klaren (*od.* nüchternen) [scharfen] ~ haben to have a clear [keen] mind; bei klarem ~ kann man so nicht handeln no one in his right mind would do that; den ~ verlieren a) to go out of one's mind, to lose one's reason, b) to lose one's head (*od.* presence of mind); du hast wohl den ~ verloren! you must be out of your mind! you must have taken leave of your senses! j-n um den ~ bringen to drive s.o. out of his mind (*od. sl.* round the bend); man fürchtet um seinen ~ people fear he will lose his senses; er ist nicht recht bei ~ he is not in his right mind, he is not quite right (in the head), he isn't all there (*colloq.*). – **2.** (*Geist*) wit(s *pl*): den ~ schärfen to sharpen one's wits; seinen ~ zusammennehmen to keep (*od.* have) one's wits about one. – **3.** (*Auffassungs-, Erkenntnisgabe*) understanding, comprehension: das geht über meinen ~ that passes my understanding, that is beyond me (*od.* above my head); da steht einem der ~ still *colloq.* that really is the end (*colloq.*). – **4.** (*Vernunft*) reason, (*praktischer*) sense: mit ~ reden to talk sensibly; er sollte genug ~ haben, es nicht zu tun he should have enough sense (*od.* have the wit) not to do it; etwas ohne ~ tun to do s.th. thoughtlessly (*od.* without due consideration); das hat weder Sinn noch ~ there is neither rhyme nor reason in that; wieder zu ~ kommen (*vernünftig werden*) to come back to one's senses; j-n wieder zu ~ bringen to bring s.o. back to his senses; der ~ kommt mit den Jahren wisdom comes with age. – **5.** (*Urteilsfähigkeit*) judg(e)ment, discernment. – **6.** (*Intelligenz*) intelligence, brains *pl*: → Glück 1; Haar 3. – **7.** etwas mit ~ essen (*od.* genießen) to savor (*bes. Br.* savour) s.th. – **8.** *philos.* intellect, nous.

Ver'stan·des|₁kraft *f* intellectual faculty (*od.* power). — **v~₁mä·ßig I** *adj* **1.** intellectual. – **2.** (*Erfassung, Entscheidung*) rational, reasonable. – **II** *adv* **3.** intellectually. – **4.** rationally, reasonably. — **~₁mensch** *m* **1.** matter-of-fact (*od.* down-to-earth) person. – **2.** (*Rationalist*) rationalist. – **3.** (*Intellektueller*) intellectual, *auch* intellectualist. — **~₁schär·fe** *f* sagacity, acumen, acuteness of mind (*od.* intellect).

ver'stän·dig *adj* **1.** (*vernünftig*) sensible, reasonable, common-sense (*attrib*): das Kind ist schon sehr ~ für sein Alter the child is very sensible for its age. – **2.** (*besonnen*) deliberate, considerate, circumspect. – **3.** (*verständnisvoll*) understanding. – **4.** (*gescheit*) intelligent.

ver'stän·di·gen [-'ʃtɛndɪgən] **I** *v/t* ⟨*no* ge-,

h⟩ 1. j-n (von etwas) ~ a) (*benachrichtigen*) to notify (*od.* inform, advise) s.o. (about *od.* of s.th.), b) (*Bescheid geben*) to let s.o. know (s.th.), c) (*warnend*) to forewarn s.o. (about s.th.), to warn s.o. (about *od.* of s.th.) beforehand (*od.* in advance); ~ Sie mich im voraus a) (please) notify me beforehand, b) (please) let me know in advance; wir müssen einen Arzt ~ we must call a doctor; bitte ~ Sie uns über den Empfang der Ware please advise us about receipt of the goods. – **2.** sich (gegenseitig) ~ a) (*durch Zeichen etc*) (durch by) to communicate, b) (*sich einigen*) to come to an agreement (*od.* to an understanding, to terms). – **II** *v/reflex* **3.** sich mit j-m ~ (*durch Zeichen, sprachlich etc*) to make oneself understood by s.o., to communicate with s.o.: ich konnte mich mit ihm ~ I was able to make myself understood by him, I was able to make him understand me; wir haben uns auf Englisch [durch Zeichen] verständigt we made ourselves understood in English [by sign language]. – **4.** sich mit j-m über (*acc*) etwas ~ (*sich einigen*) to come to an agreement (*od.* understanding, to terms) with s.o. (up)on s.th., to agree with s.o. (up)on s.th.: ich konnte mich mit der Firma über alle strittigen Punkte ~ I was able to settle all (the) points at issue with the firm. – **III** V~ n ⟨-s⟩ **5.** *verbal noun.* – **6.** *cf.* Verständigung.

Ver'stän·dig·keit f ⟨-; *no pl*⟩ **1.** (*Vernünftig-keit*) reasonableness, sensibleness. – **2.** (*Besonnenheit*) deliberateness, considerateness, circumspection. – **3.** (*Verständnis*) understanding.

Ver'stän·di·gung f ⟨-; *no pl*⟩ **1.** *cf.* Verständigen. – **2.** (*Benachrichtigung*) notification, information. – **3.** (*in einer anderen Sprache etc*) communication: die ~ mit den Eingeborenen war nicht leicht communication with the natives was not easy. – **4.** (*Übereinkunft*) agreement, understanding, arrangement: zu einer ~ kommen to come to an agreement (*od.* to terms). – **5.** *pol.* a) (*feste*) entente, b) (*nicht vertraglich verankerte*) understanding. – **6.** *tel.* a) communication, b) (*Grad der Hörbarkeit*) audibility, c) (*Empfang*) (quality of) reception: eine mangelhafte ~ am Telefon a defective (*od.* faulty) telephone reception.

ver'stän·di·gungs|be,reit *adj* prepared (*od.* ready) to negotiate. — **V~be,reit·schaft** f readiness to negotiate. — **V~,frie·de(n)** m *pol.* negotiated peace. — **V~,grund,la·ge** f basis for negotiation. — **V~,mit·tel** n **1.** *pol.* means *pl* (construed as *sg* or *pl*) of negotiation. – **2.** (*Sprache, Telefon etc*) means *pl* (construed as *sg* or *pl*) of communication. — **V~po·li,tik** f *pol.* policy of rapprochement. — **V~ver,such** m attempt at coming to an agreement (*od.* to terms). — **V~,wil·le** m will to negotiate. — **V~,wunsch** m wish to negotiate.

ver'ständ·lich [-'ʃtɛntlɪç] **I** *adj* **1.** (*akustisch hörbar*) audible: kaum ~e Worte murmeln to mumble scarcely audible words; sich im Saal ~ machen to make oneself heard in the hall. – **2.** (*klar*) clear, distinct: eine ~e Aussprache haben to have a clear pronunciation. – **3.** (*erfaßbar*) intelligible, lucid, comprehensible, understandable: schwer [leicht] ~ sein to be difficult [easy] to understand (*od.* grasp); allgemein ~ sein to be intelligible to everyone, to be within everybody's grasp. – **4.** sich (j-m) ~ machen a) to make oneself heard (by s.o.), b) to explain oneself (to s.o.), to put one's ideas over (*od.* across) (to s.o.). – **5.** j-m etwas ~ machen to make s.th. clear (*od.* to explain s.th., to get s.th. across) to s.o. – **6.** (*begreiflich*) understandable: seine Reaktion ist nur allzu ~ his reaction is quite understandable; es ist mir nicht ~, wie es dazu kam I fail to understand how it happened. – **II** *adv* **7.** der Text ist ~ abgefaßt the text is written intelligibly (*od.* comprehensibly); sich ~ ausdrücken to express oneself intelligibly. — **ver'ständ·li·cher'wei·se** *adv* understandably: ~ ist sie nicht gekommen it is quite understandable that she should not have come. — **Ver'ständ·lich·keit** f ⟨-; *no pl*⟩ **1.** (*akustische Hörbarkeit*) audibility. – **2.** (*Klarheit*) clearness, distinctness. – **3.** (*Erfaßbarkeit*) intelligibility, lucidity, comprehensibility, understandability. – **4.** *tel.* a) articulation,

audibility, b) (*eines Telegramms*) readability.

Ver'ständ·nis [-'ʃtɛntnɪs] n ⟨-ses; *rare* -se⟩ **1.** (*Verstehen*) understanding: mit ~ zuhören to listen understandingly (*od.* with understanding); ein Bemühen zum gegenseitigen ~ an effort toward(s) mutual understanding; für j-n [etwas] ~ haben to understand s.o. [s.th.]; für alles ~ haben to be very understanding; für j-n viel ~ haben, j-m viel ~ entgegenbringen to have great understanding for s.o.; dafür fehlt mir jedes ~ I don't (*od.* cannot) understand that at all; er hat kein ~ für die Jugend he does not understand young people; für solche Leute habe ich kein ~ I don't (*od.* cannot) understand people like that at all, I have no patience with (*od.* time for) such people; wir hoffen auf Ihr ~ dafür, daß we hope (that) you will understand (*od.* appreciate) that; Sie haben sicher dafür ~, wenn you will, I am sure, appreciate that. – **2.** (*Begreifen*) comprehension: zum besseren ~ aller demonstriere ich es noch einmal I shall demonstrate it once more so that you will all understand (it) better; zum ~ dieses Textes braucht es comprehension of this text requires. – **3.** (*Würdigung*) appreciation: das ~ für die Dichtung kommt erst später appreciation of poetry will come later. — **v~,in·nig** *adj* (*Blick, Händedruck etc*) full of (*od.* of deep) understanding.

ver'ständ·nis·los **I** *adj* **1.** (*ohne jedes Verständnis*) uncomprehending. – **2.** (*im Nachempfinden*) unappreciative. – **3.** (*Eltern, Lehrer etc*) lacking in understanding (*od.* sympathy). – **II** *adv* **4.** er blickte mich ~ an he looked at me uncomprehendingly (*od.* blankly); moderner Kunst völlig ~ gegenüberstehen to have no appreciation of modern art. — **Ver'ständ·nis·lo·sig·keit** f ⟨-; *no pl*⟩ **1.** lack of comprehension. – **2.** lack of appreciation. – **3.** (*der Eltern, Lehrer etc*) lack of understanding (*od.* sympathy).

ver'ständ·nis,voll **I** *adj* (*Lehrer, Blick, Kopfnicken etc*) understanding, knowing, sympathetic. – **II** *adv* j-m ~ zuhören to listen to s.o. understandingly (*od.* with understanding).

Ver'stands,ka·sten m *colloq. humor.* brain-box (*colloq.*).

ver'stän·kern *v/t* ⟨*no* ge-, h⟩ *colloq.* **1.** j-m das Zimmer mit Zigarrenrauch ~ to foul s.o.'s room (*bes. Br. colloq.* to fug s.o.'s room up) with cigar smoke. – **2.** (*Luft durch Abgase etc*) foul, pollute, contaminate.

ver'stär·ken **I** *v/t* ⟨*no* ge-, h⟩ **1.** (*Mauer etc, Gewebe mit Nylon etc*) reinforce, strengthen, fortify. – **2.** (*mit Verstärkungsring etc*) stiffen. – **3.** (*Druck etc*) increase. – **4.** (*zahlenmäßig*) increase, augment. – **5.** *fig.* (*Zweifel, Anstrengung etc*) increase. – **6.** *fig.* (*Eindruck etc*) add to, emphasize *Br. auch* -s-, intensify. – **7.** *electr.* (*radio*) a) intensify, b) (*Signale*) amplify, c) (*Batterie*) boost. – **8.** *mil.* a) (*Truppen, Wache*) reinforce, b) (*Feuer*) intensify, c) (*Widerstand etc*) increase. – **9.** *civ.eng.* (*beim Brückenbau, durch Träger etc*) truss, stiffen. – **10.** *phot.* (*Negativ*) intensify. – **11.** (*paints*) intensify. – **12.** *mus.* (*Chor, Orchester*) reinforce. – **13.** (*Schrift, Kurzschriftzeichen*) thicken. – **14.** (*Lösung, Säure etc*) concentrate. – **II** *v/reflex* sich ~ **15.** (*von Zweifel etc*) increase, grow. – **16.** (*von Eindruck*) intensify. – **III** V~ n ⟨-s⟩ **17.** *verbal noun.* – **18.** *cf.* Verstärkung.

Ver'stär·ker m ⟨-s; -⟩ **1.** (*radio*) amplifier. – **2.** *tel.* repeater. – **3.** *phot.* (chromium *od.* mercury, silver, toning) intensifier. – **4.** *chem.* intensifier. — **~,ab,schnitt** m *tel.* repeater section. — **~,ab,stand** m repeater spacing. — **~,amt** n repeater station. — **~,an,la·ge** f *electr.* (*radio*) (als Anlage) amplifying equipment. — **~,an,schluß** m amplifier connection (*Br. auch* connexion) (*od.* connector). — **~,ein·heit** f *tel.* repeater unit. — **~,röh·re** f (*radio*) amplifying tube (*bes. Br. valve*). — **~,schal·tung** f **1.** *electr.* amplifier circuit. – **2.** *tel.* repeater circuit. — **~,stel·le** f *tel.* repeater section. — **~,stu·fe** f (*radio*) amplifier stage.

Ver'stär·kung f ⟨-; *no pl*⟩ **1.** *cf.* Verstärken. – **2.** (*einer Mauer, von Gewebe mit Nylon etc*) reinforcement, fortification. – **3.** (*zahlenmäßige*) increase, augmentation. – **4.** *fig.* (*von Zweifeln, Anstrengungen etc*) increase. – **5.** *fig.* (*eines Eindrucks etc*) emphasis, intensification. – **6.** *electr.* a) (*des Stroms*) ampli-

fication, b) (*des Tones*) amplification, gain. – **7.** *tel.* (*von Signalen etc*) gain, booster. – **8.** *mil.* a) (*von Truppen, der Wache*) reinforcement, b) *cf.* Verstärkungstruppen, c) (*des Feuers*) intensification, d) (*des Widerstands*) increase. – **9.** *civ.eng.* (*im Brückenbau etc*) stiffening, reinforcement. – **10.** *phot.* (*des Negativs*) intensification. – **11.** (*paints*) intensification. – **12.** *mus.* (*eines Chors od. Orchesters*) reinforcement. – **13.** (*textile*) lisle (thread). – **14.** *chem.* concentration.

Ver'stär·kungs|,bal·ken,trä·ger m *civ.eng.* reinforcing beam. — **~,bat·te,rie** f *electr.* booster battery. — **~,be,reich** m *electr.* (*radio*) amplification range. — **~,fak·tor** m a) amplification factor, b) (*bei Verstärkern*) gain. — **~,feu·er** n *mil.* reinforcing artillery fire. — **~,grad** m *electr.* (*radio*) degree of amplification, gain. — **~,kon,stan·te** f amplification constant. — **~,pfei·ler** m *civ.eng.* counterfort. — **~,reg·ler** m *tel.* gain control. — **~,reg·lung** f gain control. — **~,ring** m **1.** (*aus Papier*) strengthening ring, stiffener. – **2.** *tech. mar.* reinforcing ring. — **~,rip·pe** f *tech.* reinforcing (*od.* stiffening) rib. — **~,strei·fen** m stiffener. — **~,trup·pen** *pl mil.* reinforcements. — **~,wa·gen** m (*railway*) extra vehicle.

ver'stä·ten [-'ʃtɛːtən] *v/t* ⟨*no* ge-, h⟩ *Swiss* (*Fadenende*) sew in.

ver'stäu·ben *v/i* ⟨*no* ge-, sein⟩ become (*od.* get) dusty (*od.* covered with dust).

ver'stäu·ben **I** *v/i* ⟨*no* ge-, sein⟩ form (*od.* rise up in) a cloud of dust. – **II** *v/t* ⟨h⟩ scatter, dust.

ver'staubt **I** *pp.* – **II** *adj* **1.** dusty. – **2.** *fig.* stuffy, fuddy-duddy, musty, fusty, moth-eaten.

ver'stau·chen **I** *v/t* ⟨*no* ge-, h⟩ **1.** sich (*dat*) den Arm ~ to sprain (*od.* wrench) one's arm. – **II** V~ n ⟨-s⟩ **2.** *verbal noun.* – **3.** *cf.* Verstauchung. — **ver'staucht** **I** *pp.* – **II** *adj* (*Arm, Fuß etc*) sprained, wrenched. — **Ver'stau·chung** f ⟨-; -en⟩ **1.** *cf.* Verstauchen. – **2.** sprain, wrench.

ver'stau·en **I** *v/t* ⟨*no* ge-, h⟩ stow (s.th.) (away): ich muß noch das Gepäck im Auto ~ I have to stow the luggage in the car. – **II** V~ n ⟨-s⟩ *verbal noun.* — **Ver'stau·ung** f ⟨-; *no pl*⟩ *cf.* Verstauen.

Ver'steck [-'ʃtɛk] n, *rare* m ⟨-(e)s; -e⟩ **1.** hiding place, concealment, *auch* lair, (*für Sachen*) *auch* cache, *Am. colloq.* hideout, hideaway, *Br. colloq.* hide-out, hide-away: der Junge kam aus seinem ~ nicht heraus the boy did not come out of his hiding place; der Hund sucht ein ~ für seinen Knochen the dog is looking for a hiding place for its bone, the dog is looking for a place to hide its bone. – **2.** ⟨*only sg*⟩ (mit j-m) ~ spielen a) to play (at) hide-and-seek (*Am. auch* hide-and-go-seek, hide-and-coop) (with s.o.), *Am.* to hide-and-seek (with s.o.), b) *fig.* to play (at) hide-and-seek (with s.o.), *Am.* to hide-and-seek (with s.o.). – **3.** *hunt.* (*von Tieren*) lair, couch, lie, cover.

ver'stecken (*getr.* -k·k-) **I** *v/t* ⟨*no* ge-, h⟩ **1.** hide, conceal, (*Sachen*) *auch* cache: er hat mir die Brille [Schuhe] versteckt he hid my glasses [shoes], *Am. colloq.* he hid my glasses [shoes] on me; etwas vor j-m ~ to hide s.th. from s.o.; sie hat das Geld unter der Matratze versteckt she hid (*od.* tucked) the money away under the mattress. – **II** *v/reflex* sich ~ **2.** hide, conceal oneself, abscond: sich hinter j-m [etwas] ~ *auch fig.* to hide behind s.o. [s.th.]; sich hinter einem falschen Namen ~ *fig.* to masquerade under a false name; sich vor j-m ~ to hide from s.o.; vor (*od.* neben) ihm kannst (*od.* mußt) du dich ~ *fig.* you are no match for him, you cannot hold a candle to him; wir brauchen uns mit unseren Erfolgen nicht zu ~ *fig.* our successes are not to be scoffed at. – **III** V~ n ⟨-s⟩ **3.** *verbal noun.* – **4.** V~ spielen a) to play (at) hide-and-seek (*Am. auch* hide-and-go-seek, hide-and-coop), b) *fig.* to play at hide-and-seek, *Am.* to hide-and-seek.

Ver'steckerl,spiel (*getr.* -k·k-) [-'ʃtɛkərl-] n *Austrian for* Versteckspiel.

Ver'steck,spiel n (mit with) **1.** hide-and-seek, *Am. auch* hide-and-go-seek, hide-and-coop. – **2.** *fig.* hide-and-seek.

ver'steckt **I** *pp.* – **II** *adj* **1.** hidden: ~e Vorräte hidden supplies, cache *sg.* – **2.** (*verborgen*) hidden, concealed: sich ~ halten to stay in hiding; etwas ~ halten to keep s.th.

hidden. – **3.** *hunt.* under cover, couched. – **4.** (*abgelegen*) secret, secluded: sie trafen sich an einem ~en Ort they met in a secret place. – **5.** *fig.* (*Vorwurf etc*) hidden, veiled, covert. – **6.** *fig. obs.* (*hinterhältig, unehrlich*) sly, cunning, crafty. – **III** *adv* **7.** das Haus liegt ganz ~ the house is hidden from view; das Dorf liegt ganz ~ in einer Mulde the village is hidden (*od.* tucked) away in a hollow.

ver'ste·hen[1] **I** *v/t* ⟨*irr, no* ge-, h⟩ **1.** (*deutlich hören*) hear, (be able to) make (*s.o., s.th.*) out, catch: ich habe nicht verstanden, was er gesagt hat I did not hear (*od.* catch) what he said; bei dem Lärm kann man sein eigenes Wort nicht ~ you can hardly hear yourself speak (*od.* hear your own voice) in the noise; ich hatte „X‘ verstanden I thought you said 'X'. – **2.** (*geistig aufnehmen*) understand, get (*colloq.*): wenn ich recht verstanden habe, gibt es heute kein Mittagessen if I have understood correctly (*od.* I gather [that]) there will be no lunch today; Sie haben mich falsch verstanden you understood me wrongly, you misunderstood me, *bes. Br.* you took me up (*od. colloq.* you got me) wrong; Sie ~ mich nicht (*richtig*) you do not (quite) understand me (*Br.* take my meaning); ~ Sie mich recht! do not misunderstand (*od.* misapprehend) me! don't get me wrong! (*colloq.*); j-m etwas zu ~ geben, daß to give s.o. to understand that, to intimate (*od.* hint, suggest) to s.o. that; man hat mir ausdrücklich zu ~ gegeben, daß I have been expressly given to understand (*od.* explicitly told) that; du mußt das bildlich, nicht wörtlich ~ you must take (*od.* understand) this figuratively (*od.* metaphorically), not literally; → Spaß 2. – **3.** (*geistig verarbeiten*) understand, comprehend, grasp, apprehend: er hat die Erklärung nicht verstanden he did not understand the explanation; dieses Buch ist schwer [leicht] zu ~ this book is difficult [easy] to understand. – **4.** (*Verständnis haben für*) understand, fathom: ein solches Vorgehen kann man nicht ~ one really cannot understand such an action; man kann es ~ (*es ist menschlich*) it is understandable. – **5.** (*interpretieren*) understand, take, interpret, read: wie ~ Sie diesen Satz? how do you understand this sentence? – **6.** (*können, gelernt haben*) have a knowledge of, know: sie versteht Englisch sehr gut she has a very good knowledge of English, she knows English very well; er versteht kein Französisch he does not know any French, he has no knowledge of French; dieser Ausländer versteht kein Deutsch this foreigner does not know any (*od.* does not understand) German. – **7.** (*bewandert sein in*) know: er versteht seine Sache [sein Handwerk] he knows what he is doing (*od.* his job) [his trade *od.* business]. – **8.** es ~, etwas zu tun to know how (*od.* to be able) to do s.th.: er versteht es, sich zu produzieren he knows how to make a lot out of himself (*colloq.*); er versteht (es), mit Kindern umzugehen he knows how to manage (*od.* handle) children, he has a way with children. – **9.** (*auffassen*) (als) see: ich verstehe dies als einen Beitrag zur Freundschaft unserer Völker I see this as (*od.* I see in this) a contribution to the friendship of our nations. – **10.** (*meinen*) (unter *dat* by) understand, mean: was versteht man unter „Gleichgewicht der Kräfte"? what is understood by "balance of power"? – **11.** (*Ahnung haben*) (von about) know: er versteht überhaupt nichts von Musik he knows absolutely nothing about music; er versteht etwas von Frauen he knows a great deal (*od. colloq.* a thing or two) about women. – **12.** sich ~ (*einander*) to get along (*od.* on) (with each other *od.* one another): die beiden ~ sich ausgezeichnet the two get on very well (with each other *od.* together), the two (of them) get on like a house on fire; sie ~ sich nicht so gut they do not get along so well, they do not (quite) see eye to eye, they don't hit it off so well. – **II** *v/reflex* sich ~ **13.** (*auskommen*) (mit with) get along (*od.* on): ich verstehe mich überhaupt nicht mit ihr I do not get along at all with her. – **14.** (*auffassen*) (als as) see (*od.* regard) oneself: ich verstehe mich als typischen Vertreter dieser Gruppe I see myself as a typical representative of

this group. – **15.** sich auf (*acc*) etwas ~ to be very good (*od.* an expert) at s.th., to be at home in s.th.: er versteht sich aufs Kochen he is very good at cooking. – **16.** sich dazu ~, etwas zu tun to agree (*od.* bring oneself) to do s.th.: ich kann mich nur schwer dazu ~, dieses Vorhaben auszuführen I can only agree with great reluctance to carry out this project. – **17.** (*in Wendungen wie*) das versteht sich (*von selbst*) that is understood, that goes without saying; es versteht sich (*von selbst*), daß zusätzliche Urlaubstage nicht bezahlt werden it is (accepted as) a matter of course that additional holidays (*Am.* vacation days) are not paid; es versteht sich, daß er nicht beides zugleich tun kann it stands to reason (*od.* it goes without saying) that he cannot do both jobs at the same time; ich möchte ein Zimmer mit Bad, versteht sich! I would like a room with a bath, of course. – **18.** die Preise ~ sich frei Haus [einschließlich Mehrwertsteuer] *econ.* the prices are understood (*od.* reckoned) ex works [include value-added tax]; der Kurs versteht sich für the rate applies to. – **III** *v/i* **19.** verstehst du? you see? get it? (*colloq.*), get me? (*colloq.*); ah, ich verstehe! oh, I understand (*od.* see). – **IV** V~ n ⟨-s⟩ **20.** *verbal noun.* – **21.** grasp, comprehension.

ver'ste·hen[2] *v/t* ⟨*irr, no* ge-, h⟩ *colloq.* (*in Wendungen wie*) ich habe keine Lust, meine Zeit mit langem Warten zu ~ I don't feel like wasting my time standing around (and) waiting.

ver'ste·hend I *pres p.* – **II** *adj* knowing: er warf ihr einen ~en Blick zu he gave her a knowing look. – **III** *adv* understandingly: sie nickte ~ she nodded to say that she had understood, she gave a knowing nod.

ver'stei·fen *v/t* ⟨*no* ge-, h⟩ **1.** *tech.* stiffen, strengthen, reinforce. – **2.** *tech.* (*stützen*) strut, prop, brace. – **3.** (*fashion*) stiffen. – **II** *v/reflex* sich ~ **4.** *fig.* (*von Haltung, Meinung etc*) harden, stiffen: sich auf (*acc*) etwas ~ to be(come) set (*od.* bent) (up)on (doing) s.th., to insist (up)on (doing) s.th.; er versteift sich darauf, Anglistik zu studieren he is set on studying English; die Fronten haben sich versteift the fronts have stiffened. – **5.** *med.* a) stiffen, (*bes. von Gelenk*) ankylose, b) (*hart werden*) harden. – **6.** *econ.* a) (*von Kreditmarkt*) tighten, b) (*von Märkten*) harden. — **Ver'stei·fung** f ⟨-; -en⟩ **1.** *cf.* Versteifen. – **2.** *tech.* a) (*Verstärkung*) reinforcement, b) strut, prop, brace. – **3.** ⟨*only sg*⟩ *med.* (*eines Gelenks etc*) ankylosis.

Ver'stei·fungs|,bal·ken m *civ.eng.* stiffening (*od.* reinforcing) beam. — **~,draht** m *tech.* guy wire. — **~,trä·ger** m *civ.eng.* **1.** *cf.* Versteifungsbalken. – **2.** (*einer Brücke*) stiffening girder.

ver'stei·gen *v/reflex* ⟨*irr, no* ge-, h⟩ sich ~ **1.** (*von Bergsteiger*) lose one's way (in the mountains). – **2.** sich dazu ~, etwas zu sagen [wollen] *fig.* to presume (*od.* have the presumption, go so far as) to say [want (to do)] s.th.: er hat sich zu der Behauptung verstiegen, daß he presumed to declare that.

Ver'stei·ge·rer m *econ.* auctioneer. — **ver'stei·gern I** *v/t* ⟨*no* ge-, h⟩ auction (off), sell (*s.th.*) at (*Br.* by) auction, auctioneer, bring (*s.th.*) up for public sale: etwas meistbietend ~ to auction s.th. (off) to the highest bidder; etwas ~ lassen to put s.th. up for auction; versteigert werden to be put up for (*Br. auch* to) auction, to come under the hammer. – **II** V~ n ⟨-s⟩ *verbal noun.* — **Ver'stei·ge·rung** f ⟨-; -en⟩ **1.** *cf.* Versteigern. – **2.** (sale at, *Br.* sale by) auction, auction sale: eine amerikanische ~ an American auction, a sale by American auction; eine ~ abhalten [besuchen] to hold [to attend] an auction; zur ~ kommen to be put up for (*Br. auch* to) auction; etwas zur ~ bringen to put s.th. up for (*Br. auch* to) auction.

Ver'stei·ge·rungs|er,lös m *econ.* auction profits *pl.* — **~ge,büh·ren, ~,ko·sten** *pl* auction (*od.* auctioneer's) fees. — **~,li·ste** f auction bill (*od.* list). — **~lo,kal** n auction room. — **~,preis** m auction price. — **~ter·min** m auction day, date fixed for the auction.

ver'stei·nern [-'ʃtaɪnərn] **I** *v/t* ⟨*no* ge-, h⟩ **1.** *geol.* petrify, fossilize *Br. auch* -s-. – **II** *v/i* ⟨*sein*⟩ **2.** *geol.* petrify, fossilize *Br. auch* -s-. – **3.** *fig.* (*von Miene*) petrify. – **III** *v/reflex*

⟨h⟩ sich ~ **4.** *geol.* petrify, fossilize *Br. auch* -s-. – **5.** *fig.* petrify. – **IV** V~ n ⟨-s⟩ **6.** *verbal noun.* – **7.** *cf.* Versteinerung 1, 2. — **ver'stei·nert I** *pp.* – **II** *adj* **1.** *geol.* petrified, fossilized *Br. auch* -s-. – **2.** sie stand wie ~ da *fig.* she stood there petrified; vor Schreck wie ~ petrified with terror. — **Ver'stei·ne·rung** f ⟨-; -en⟩ **1.** *cf.* Versteinern. – **2.** ⟨*only sg*⟩ *geol.* (*Vorgang*) petrification, petrifaction, fossilization *Br. auch* -s-. – **3.** *geol.* (*versteinertes Lebewesen*) fossil.

Ver'stei·ne·rungs,kun·de f *geol.* pal(a)eontology.

ver'stell·bar *adj bes. tech.* adjustable: ~er Schraubenschlüssel monkey wrench. — **Ver'stell·bar·keit** f ⟨-; *no pl*⟩ adjustability.

ver'stel·len I *v/t* ⟨*no* ge-, h⟩ **1.** (*versperren*) (mit with) block, obstruct: den Eingang mit Stühlen ~ to block (*od.* bar) the entrance with chairs; [j-m] den Blick ~ to obstruct the [s.o.'s] view; → Weg 4. – **2.** (*umstellen*) move (*od.* shift) (*s.th.*) (a)round, rearrange. – **3.** (*falsch stellen*) put (*s.th.*) in the wrong place, misplace. – **4.** (*nach Wunsch einstellen*) adjust: den Stuhl kann man ~ the chair is adjustable. – **5.** *tech.* a) adjust, set, b) (*neu einstellen*) readjust, reset, c) (*Hebel*) move, shift, d) (*Pumpe*) regulate, e) (*gegeneinander versetzen*) offset, f) (*Schieber*) reposition. – **6.** (*vollstellen*) (mit with) clutter up, bung up (*colloq.*): sie hat das ganze Zimmer mit Möbeln verstellt she cluttered up the whole room with furniture. – **7.** *fig.* (*unkenntlich machen*) disguise, dissimulate, dissemble, change: sie verstellte ihre Stimme [Handschrift], um nicht erkannt zu werden she disguised her voice [handwriting] so as not to be recognized (*Br. auch* -s-). – **II** *v/reflex* sich ~ **8.** *fig.* dissimulate, dissemble, pose, play a part. – **9.** *fig.* (*seine Gefühle verbergen*) hide one's feelings: er kann sich gut [schlecht *od.* nicht] ~ he can[not] hide his feelings. – **10.** *med.* malinger, simulate. – **III** V~ n ⟨-s⟩ **11.** *verbal noun.* – **12.** *cf.* Verstellung.

Ver'stell|,flos·se f *aer.* adjustable stabilizer (*Br. auch* -s-). — **~,flü·gel** m variable incidence wing. — **~,he·bel** m *tech.* adjusting lever. — **~,mo·tor** m *electr.* servomotor, brush-shifting motor. — **~pro,pel·ler** m *aer.* variable-pitch propeller. — **~,schrau·be** f *tech. cf.* Stellschraube.

ver'stellt I *pp.* – **II** *adj* **1.** (*versperrt*) (mit with) blocked, obstructed: der Blick ist durch einen Baum ~ the view is blocked (*od.* obstructed) by a tree; der Weg ist durch einen Felsbrocken ~ the way is blocked (*od.* obstructed, barred) by a boulder. – **2.** *fig.* (*unkenntlich gemacht*) disguised, changed, dissembled: sie sprach mit ~er Stimme she spoke in a disguised voice.

Ver'stel·lung f ⟨-; *no pl*⟩ **1.** *cf.* Verstellen. – **2.** (*Versperren*) (mit with) blockage, obstruction. – **3.** (*Umstellen*) rearrangement. – **4.** (*Falschstellen*) misplacement. – **5.** (*der Höhe eines Liegestuhls etc*) adjustment. – **6.** *tech.* a) adjustment, b) (*neue Einstellung*) readjustment, c) (*eines Hebels*) move, shift, d) (*der Motordrehzahl*) variation, e) (*einer Pumpe*) regulation, f) (*Versetzung gegeneinander*) offset, g) (*eines Schiebers*) reposition. – **7.** *fig.* (*Täuschung, Heuchelei*) dissimulation, dissemblance, disguise, (*stärker*) hypocrisy: ihm ist jede ~ fremd any form of dissimulation is alien to his nature. – **8.** *med.* dissimulation, *Br.* pretence, *Am.* pretense.

Ver'stel·lungs|kunst f art of dissimulation (*od.* posing). — **~,künst·ler** m poseur. — **~,künst·le·rin** f poseuse.

Ver'stell,vor,rich·tung f *tech.* adjusting device (*od.* mechanism).

ver'stem·men *v/t* ⟨*no* ge-, h⟩ *tech.* calk, *bes. Br.* caulk.

ver'step·pen *geogr.* **I** *v/i* ⟨*no* ge-, sein⟩ turn (*od.* be transformed, degenerate) into steppe. – **II** V~ n ⟨-s⟩ *verbal noun.* — **Ver'step·pung** f ⟨-; *no pl*⟩ **1.** *cf.* Versteppen. – **2.** transformation (*od.* degeneration) into steppe.

ver'ster·ben *v/i* ⟨*only pret* verstarb *u. pp* verstorben, sein⟩ pass away, die: gestern verstarb unsere liebe Mutter, Maria Braun (*in Todesanzeigen*) Maria Braun, our beloved mother, passed away yesterday; am 4. März verstarb NN the death occured, on March 4th, of NN; mein Vater ist vor einem Jahr verstorben my father died (*Br. auch* went) a year ago.

ver'steu·er·bar *adj econ.* dutiable.

ver'steu·ern *econ.* **I** *v/t* ⟨*no* ge-, h⟩ **1.** (*Einkommen, Vermögen, Ware etc*) pay duty (*od.* tax) on: **voll zu ~** subject to full taxation. – **II V~** *n* ⟨-s⟩ **2.** *verbal noun.* – **3.** *cf.* Versteuerung. — **ver'steu·ert** *pp.* – **II** *adj* (*Ware etc*) tax-paid, duty-paid: **~er Gewinn** taxed profit, profit after tax. — **Ver'steue·rung** *f* ⟨-; *no pl*⟩ **1.** *cf.* Versteuern. – **2.** (*von od. gen on*) payment of taxes (*od.* duty).

Ver'steue·rungs,wert *m econ. cf.* Steuerwert.

ver'stie·gen I *pp of* versteigen. – **II** *adj fig.* (*Idee, Plan etc*) extravagant, high-flown, fantastic, eccentric. — **Ver'stie·gen·heit** *f* ⟨-; -en⟩ **1.** ⟨*only sg*⟩ (*Eigenschaft*) extravagance, extravagancy, eccentricity. – **2.** (*verstiegene Idee, Meinung, Vorstellung etc*) extravagance, extravagancy, eccentricity.

ver'stif·ten *v/t* ⟨*no* ge-, h⟩ *tech.* pin (*things*) (together).

ver'stim·men I *v/t* ⟨*no* ge-, h⟩ **1.** (*Instrument*) put (*s.th.*) out of tune. – **2.** *fig.* (*in schlechte Laune versetzen*) annoy, put (*s.o.*) in bad humor (*bes. Br.* humour), disgruntle, put (*s.o.*) out of sorts (*colloq.*). – **3.** (*radio*) mistune, detune. – **II V~** *n* ⟨-s⟩ **4.** *verbal noun.* – **5.** *cf.* Verstimmung. — **ver'stimmt I** *pp.* – **II** *adj* **1.** (*Instrument*) out of tune. – **2.** *fig.* (*Magen*) upset. – **3.** *fig.* (*in schlechter Laune*) annoyed, disgruntled, out of sorts (*colloq.*): **dein Vater ist über dein Verhalten sehr ~** your father is very annoyed at your behavio(u)r. – **4.** *psych.* depressed. – **III** *adv* **5.** **die Börse reagierte ~** *econ.* there was a temporary drop in prices on the stock exchange. — **Ver'stimmt·heit** *f* ⟨-; *no pl*⟩ annoyance, disgruntlement. — **Ver'stim·mung** *f* ⟨-; *no pl*⟩ **1.** *cf.* Verstimmen. – **2.** *fig.* (*des Magens*) upset. – **3.** *fig.* (*Gemütszustand*) annoyance, disgruntlement. – **4.** *psych.* depression, depressive psychosis. – **5.** *fig.* (*Mißstimmung etc*) hard (*od.* ill) feeling: **zwischen ihnen gab es nie eine ~** there never was any ill feeling between them, there was never a shadow in their relationship.

ver'stockt *adj* **1.** *fig. contempt.* (*halsstarrig*) obdurate, obstinate, unrepentant. – **2.** *relig.* (*Sünder*) impenitent, unrepentant. – **3.** *rare for* stockfleckig. — **Ver'stockt·heit** *f* ⟨-; *no pl*⟩ **1.** *fig. contempt.* obduracy, obdurateness, obstinacy, obstinateness. – **2.** *relig.* impenitence, *auch* impenitency.

ver'stoff·li·chen [-'ʃtɔflɪçən] **I** *v/t u.* **sich ~** *v/reflex* ⟨*no* ge-, h⟩ materialize *Br. auch* -s-. – **II V~** *n* ⟨-s⟩ *verbal noun.* — **Ver'stoff·li·chung** *f* ⟨-; *no pl*⟩ **1.** *cf.* Verstofflichen. – **2.** materialization *Br. auch* -s-.

ver'stoh·len *adj* surreptitious, furtive, stealthy, sly: **er warf ihr einen ~en Blick zu** he gave her a surreptitious look. – **II** *adv* **er blickte sie ~ an** he looked at her surreptitiously, he stole a glance at her; **sich ~ umschauen** to look (a)round furtively; **~ den Raum verlassen** to leave the room stealthily. — **ver'stoh·le·ner'wei·se** *adv* surreptitiously, furtively, stealthily, on the sly. — **Ver'stoh·len·heit** *f* ⟨-; *no pl*⟩ surreptitiousness, furtiveness, stealth(iness), slyness.

'Vers,ton *m metr.* ictus.

ver'stop·fen I *v/t* ⟨*no* ge-, h⟩ **1.** (*Abfluß, Kanal etc*) block (up), clog (up), choke (up), obstruct. – **2.** (*Tür, Ausgang etc*) block (up), obstruct. – **3.** (*Straße*) congest, clutter (up), jam, *auch* jamb. – **4.** (*Loch, Öffnung etc*) stop (up), plug (up), stuff (up), bung (up), ram. – **5.** (*Ritze*) fill up (*od.* in), calk, *bes. Br.* caulk. – **6.** *med.* a) (*zustopfen*) plug, tampon, stop up, b) (*Gang, Gefäß*) block, plug, occlude, obstruct, obturate, c) (*Hohlnadel, Katheter*) clog, d) (*Darm*) constipate. – **II** *v/reflex* **sich ~ 7.** become clogged (*od.* choked) (up), clog. – **III V~** *n* ⟨-s⟩ **8.** *verbal noun.* – **9.** *cf.* Verstopfung. – **10.** *med.* (*Zustopfen*) tamponage, tamponade. — **ver'stop·fend I** *pres p.* – **II** *adj med.* constipating, costive, obstruent. – **III** *adv* **Schokolade wirkt ~** chocolate is constipating, chocolate constipates. — **ver'stopft I** *pp.* – **II** *adj* **1.** (*Abfluß, Kanal etc*) blocked, clogged, choked, obstructed. – **2.** (*Tür, Ausgang etc*) blocked, obstructed. – **3.** (*Straße*) congested, jammed, cluttered. – **4.** (*Loch, Öffnung etc*) stopped, plugged. – **5.** *med.* a) (*Darm*) constipated, costive, b) (*Nase*) stuffed-up (*attrib*), block(ed), stuffy (*colloq.*), c) (*Gang*) impatent, d) (*Hohlnadel etc*)

clogged. — **Ver'stop·fung** *f* ⟨-; *no pl*⟩ **1.** *cf.* Verstopfen. – **2.** (*von Abfluß, Kanal, Tür, Ausgang etc*) blockage, obstruction. – **3.** (*einer Straße*) congestion. – **4.** *med.* a) (*von Gang, Gefäß etc*) blockage, occlusion, obstruction, obturation, b) (*durch Blutgerinnsel*) thrombosis, c) (*des Darms*) constipation, costiveness: **chronische ~** intestinal stasis; **an ~ leiden** to be constipated; **im ~ leidend** costive. [cork, stopper.]

ver'stöp·seln *v/t* ⟨*no* ge-, h⟩ (*Flasche etc*)

ver'stor·ben I *pp of* versterben. – **II** *adj* late (*attrib*), deceased, defunct, dead: **meine ~e Mutter** my late (*od.* deceased) mother. — **Ver'stor·be·ne** *m, f* ⟨-n; -n⟩ (the) deceased, (the) defunct: **die ~n** *collect.* the deceased, the dead, *bes. relig.* the departed.

ver'stö·ren *v/t* ⟨*no* ge-, h⟩ upset (*s.o.*) (badly), distress, (*stärker*) distract: **dieses Ereignis hat ihn völlig verstört** this event upset him badly. — **ver'stört I** *pp.* – **II** *adj* **1.** (*Blick, Gesicht*) haggard, stricken: **sie sah ganz ~ aus** she looked absolutely haggard. – **2.** (*Person*) (badly) upset, distressed, (*stärker*) distracted, distraught. – **3.** (*durch Schock, vor Schreck*) dazed: **vor Angst ~** dazed with fear. — **Ver'stört·heit, Ver'stö·rung** *f* ⟨-; *no pl*⟩ **1.** distress, (*stärker*) distraction. – **2.** daze.

Ver'stoß *m* ⟨-es; ⸚e⟩ **1.** (gegen against) *Br.* offence, *Am.* offense: **ein ~ gegen den guten Geschmack** an offence against good taste; **ein ~ gegen die Etikette** an offence against (*od.* a breach of) etiquette, a faux pas. – **2.** *bes. jur.* (gegen) *Br.* offence, *Am.* offense (against); violation, infringement, breach, contravention, infraction (of): **ein ~ gegen die Verkehrsregeln** a violation of the traffic rules (*od.* regulations). – **3.** (*Schnitzer*) slip.

ver'sto·ßen¹ I *v/t* ⟨*irr, no* ge-, h⟩ **1.** j-n ~ to repudiate s.o.: **seine Frau ~** to repudiate (*od.* dismiss) one's wife. – **2.** j-n aus etwas ~ to expel s.o. from s.th., to cast s.o. out of s.th.: **wir haben ihn aus unserer Gruppe ~** we cast him out of our group. – **II** *v/i* **3.** **gegen etwas ~** a) to offend against s.th., b) *bes. jur.* to commit a breach of s.th., to offend against s.th., to violate (*od.* infringe, contravene, infract) s.th.: **damit verstößt du gegen den guten Ton** you offend against good form by doing that; **er hat gegen die Bestimmungen [das Gesetz] ~** he offended against (*od.* contravened) the regulations [law], he acted in violation (*od.* contravention) of the regulations [law]. – **III V~** *n* ⟨-s⟩ **4.** *verbal noun.* – **5.** *cf.* Verstoßung.

ver'sto·ßen² I *pp of* verstoßen¹. – **II** *adj* **1.** (*Sohn, Tochter etc*) repudiated, (*Ehefrau*) *auch* dismissed. – **2.** (*aus der Gesellschaft etc*) outcast.

Ver'sto·ße·ne *m, f* ⟨-n; -n⟩ outcast, castaway, discard.

Ver'sto·ßung *f* ⟨-; *no pl*⟩ **1.** *cf.* Verstoßen¹. – **2.** (*von Sohn, Tochter etc*) repudiation, (*von Ehefrau*) *auch* dismissal. – **3.** (*Vertreibung*) (aus from) expulsion.

Ver'strah·lung *f* ⟨-; -en⟩ *nucl.* radioactive contamination.

ver'stre·ben *tech.* **I** *v/t* ⟨*no* ge-, h⟩ strut, brace, stay. – **II V~** *n* ⟨-s⟩ *verbal noun.* — **Ver'stre·bung** *f* ⟨-; -en⟩ **1.** *cf.* Verstreben. – **2.** strut, brace, stay: **die ~en** *collect.* the strutting.

ver'strei·chen I *v/t* ⟨*irr, no* ge-, h⟩ **1.** (*Ritzen, Fugen etc*) stop (*od.* fill) (*s.th.*) up, (re)joint. – **2.** (*Putz*) spread. – **3.** (*Mörtel*) point. – **4.** (*Butter, Farbe etc*) spread: **Butter (auf dem Brot) ~** to spread butter on the bread, to spread the bread with butter. – **5.** (*Salbe etc*) spread (*s.th.*) (by rubbing). – **6.** (*durch Streichen aufbrauchen*) use (*od.* finish) up: **ich habe die ganze Farbe verstrichen** I used up the whole paint. – **II** *v/i* ⟨sein⟩ **7.** *fig.* (*von Zeit*) pass, (e)lapse, slip by: **zwei Jahre verstrichen, bevor zwei years passed before. – 8.** *fig.* (*von Frist*) expire: **er hat die gesetzte Frist ~ lassen** he let the fixed term expire. – **III V~** *n* ⟨-s⟩ **9.** *verbal noun.* – **10.** (*von Zeit*) lapse. – **11.** (*einer Frist*) expiry, expiration.

ver'streu·en *v/t* ⟨*no* ge-, h⟩ **1.** (*streuend verteilen*) scatter: **er hat seine Kleidung über das ganze Zimmer verstreut** he scattered (*od.* deposited) his clothes all over the room, he littered the room with his clothes. – **2.** (*Salz, Zucker etc, aus Versehen*) spill. — **ver'streut I** *pp.* – **II** *adj* **1.** (*Gegenstände, auch Personen, Häuser, Ortschaften etc*)

scattered: **weit ~ sein** to be widely scattered; → Wind 2. – **2.** (*verschüttet*) spilled, *auch* spilt. – **III** *adv* **3.** **~ liegende Häuser** scattered houses.

ver'stri·chen I *pp of* verstreichen. – **II** *adj* **1.** (*Zeit*) passed, (e)lapsed. – **2.** (*Frist*) expired.

ver'stricken (*getr.* -k·k-) **I** *v/t* ⟨*no* ge-, h⟩ **1.** use (*od.* finish) up (*wool*) (on knitting). – **2.** j-n in (*acc*) etwas ~ *fig.* to entangle (*od.* involve) s.o. in s.th. – **II** *v/reflex* **3.** **sich in** (*acc*) **etwas ~** *fig.* to get (en)tangled (*od.* entrapped, caught) in s.th.; → Lüge 1; Widerspruch 3. – **III V~** *n* ⟨-s⟩ **4.** *verbal noun.* – **5.** *cf.* Verstrickung. — **ver'strickt I** *pp.* – **II** *adj* **in** (*acc*) **etwas ~ sein** *fig.* to be entangled (*od.* involved) in s.th. — **Ver'strickung** (*getr.* -k·k-) *f* ⟨-; -en⟩ **1.** *cf.* Verstricken. – **2.** *fig.* (in *acc* in) (en)tanglement, involvement.

ver'strö·men *v/t* ⟨*no* ge-, h⟩ **1.** (*Duft, Wärme etc*) exude, effuse, emanate. – **2.** (*Wasser etc*) exude, effuse. – **3.** *lit.* (*Blut*) shed.

ver'stüm·meln [-'ʃtʏməln] **I** *v/t* ⟨*no* ge-, h⟩ **1.** (*Körper, Opfer etc*) mutilate, maim, dismember. – **2.** (*Baum, Pflanze etc*) mutilate, mangle. – **3.** *fig.* (*Text, Bericht etc*) mutilate, mangle, garble, dismember, distort. – **4.** (*radio*) (*Funkspruch, Nachricht*) garble. – **II** *v/reflex* **5.** **sich selbst ~** to mutilate (*od.* maim) oneself. – **III V~** *n* ⟨-s⟩ **6.** *verbal noun.* — **Ver'stüm·me·lung** *f* ⟨-; -en⟩ **1.** *cf.* Verstümmeln. – **2.** ⟨*only sg*⟩ (*eines Körpers, Opfers etc*) mutilation, dismemberment, mayhem, *auch* maihem (*jur.*). – **3.** ⟨*only sg*⟩ (*eines Baums, einer Pflanze etc*) mutilation. – **4.** (*verstümmelte Stelle*) mutilation. – **5.** *fig.* ⟨*only sg*⟩ (*von Text, Bericht etc*) mutilation, garble, dismemberment. – **6.** *fig.* (*verstümmelte Stelle*) garble. – **7.** (*radio*) (*von Funkspruch, Nachricht*) garble.

ver'stum·men [-'ʃtʊmən] **I** *v/i* ⟨*no* ge-, sein⟩ **1.** (*von Personen*) grow silent: **j-n ~ lassen** to silence s.o., *Br.* quiet [down] s.o.; **vor Schreck ~** to be dumb (*od.* speechless) with fright. – **2.** (*von Beifall, Wind etc*) subside, stop, cease. – **3.** (*verklingen*) die (*od.* fade) away. – **4.** *fig.* (*von Gerüchten etc*) stop, cease: **solche Kritiken sind verstummt** such criticisms are no longer heard. – **5.** *ling.* (*von Lauten*) become mute. – **II V~** *n* ⟨-s⟩ **6.** *verbal noun:* **j-n zum V~ bringen** to silence (*od.* quiet [down], *bes. Br.* quieten) s.o.; **etwas zum V~ bringen** to silence (*od.* still) s.th.

Ver'stümm·lung *f* ⟨-; -en⟩ *cf.* Verstümmelung.

Ver'such [-'zuːx] *m* ⟨-(e)s; -e⟩ **1.** attempt, try, essay: **ein verzweifelter [vergeblicher, aussichtsloser] ~** a desperate [vain, hopeless] attempt; **die ersten tastenden (*od.* zögernden) ~e** the first groping (*od.* hesitant, tentative) attempts; **in einem letzten angestrengten ~** in a last strenuous effort (*od.* endeavo[u]r); **ich will noch einen ~ machen** I will make one more attempt, I will have one more try; **es auf einen ~ ankommen lassen** to have a try (*Br. sl.* bash), to make a stab (*colloq.*); **den ~ machen**, **über eine Mauer zu klettern** to make an attempt (*od.* to attempt *od.* try) to climb over a wall; **das käme auf den (*od.* einen) ~ an** we ought to try it (*od.* to have a try) (first); **das ist ein ~ am falschen (*od.* untauglichen) Objekt** that is a (pure) waste of effort. – **2.** (*zur Prüfung einer Sache od. Person*) try, trial, tryout, test: **wir können es auf einen ~ ankommen lassen** we can have a try; **mit j-m [etwas] einen ~ machen** to have a try with s.o. [s.th.], to try s.o. [s.th.] out. – **3.** *med. psych.* (an *dat* on; mit with) experiment, trial: **~ am lebenden Objekt** human experiment. – **4.** *tech. phys.* a) (mit with) test, experiment, trial, b) (*Analyse*) analysis: **ein chemischer ~** a chemical analysis; **ein physikalischer ~** a physical test. – **5.** *jur.* attempt: **~ einer strafbaren Handlung [eines Verbrechens]** attempt to commit an offence (*Am.* offense) [a crime]; **Rücktritt vom ~** abandonment of an attempt; **jeder ~ ist strafbar** any (*od.* the mere) attempt is punishable. – **6.** (*sport*) a) (*in Leichtathletik*) trial, attempt, b) (*beim Gewichtheben*) lift, attempt, c) (*beim Rugby*) try: **gültiger ~** a valid trial, b) good lift; **ungültiger ~** a) failure, b) no lift; **einen ~ auslassen** to pass a trial; **einen ~ legen** (*beim Rugby*) to make a try.

ver'su·chen I v/t ⟨no ge-, h⟩ **1.** (sich bemühen) try, attempt: er versuchte, über den Zaun zu klettern he tried (od. made an attempt) to climb over the fence; ich will ~ zu kommen I will try to come; ich versuche es I'll have a try (od. colloq. stab, Br. sl. bash). - **2.** (probieren) try: ich habe alles mögliche versucht I tried everything (possible); versuch's doch mal! try it, have a try (od. shot, fling, colloq. go, sl. crack, Br. sl. bash) (at it)! versuch's noch einmal! try again! have another try! ich möchte, daß du es versuchst I want you to try (it); wir können es ja ~ we can try (it), we might (od. may) as well try (it); sie müssen einen anderen Weg ~ they must try another way (od. something else); ich versuche es doch! I'll try it anyway! I'll chance it! ich habe es mit Güte und mit Strenge versucht I tried both leniency and severity; wir können es ja mit ihm ~ we can try him (out); willst du es noch einmal mit mir ~? will you take me back again? → Glück 1; Heil 3. - **3.** (kosten) taste, try. - **4.** (in Versuchung führen) tempt. - **II** v/reflex sich ~ **5.** sich an (dat) etwas ~ to try (one's skill at) s.th. - **6.** sich in (dat) etwas ~ to try one's hand at s.th. - **7.** sich auf allen Gebieten ~ to try one's hand at everything.
Ver'su·cher m ⟨-s; -⟩ tempter: der ~ Bibl. (der Teufel) the Tempter.
Ver'su·che·rin f ⟨-; -nen⟩ temptress.
Ver'suchs|,ab,tei·lung f experimental department. — ~,an,la·ge f tech. **1.** experimental (od. testing) plant. - **2.** trial installation. - **3.** (für Modelle) pilot plant. — ~,an,ord·nung f experimental setup. — ~,an,stalt f **1.** experimental plant, laboratory. - **2.** research institute. — ~,auf,bau m cf. Versuchsanordnung. — ~,auf,trag m econ. cf. Probeauftrag. — ~,aus,füh·rung f trial procedure. — ~,aus,wer·tung f evaluation (of test[s]). — ~bal,lon m **1.** trial (od. sounding) balloon. - **2.** fig. kite: einen ~ steigen lassen to fly a kite. — ~be,din·gun·gen pl test conditions. — ~be,schrei·bung f test description. — ~be,trieb m (einer Maschine etc) trial run (od. operation). — ~,boh·rung f (mining) test (od. experimental) drilling. — ~,büh·ne f experimental theater (bes. Br. theatre). — ~,da·ten pl (test) data. — ~,dau·er f duration of the test. — ~,ein·heit f mil. experimental unit. — ~er,geb·nis n test result, outcome of the test. — ~ex·plo·si,on f nucl. test (od. trial) explosion. — ~,fahrt f trial run. — ~,feh·ler m experimental error. — ~,feld n proving ground. — ~ge,län·de n cf. Versuchsfeld. — ~,gru·be f (mining) test (od. trial) pit. — ~,grup·pe f test group. — ~,gut n agr. experimental farm (od. station). — ~in·ge,ni,eur m **1.** research engineer. - **2.** test engineer. — ~,ka,nin·chen n **1.** biol. med. rabbit used in laboratory tests. - **2.** fig. colloq. 'guinea pig' (colloq.). — ~,ket·te f cf. Versuchsreihe. — ~,kü·che f test kitchen. — ~la·bo,ra,to·ri·um n research laboratory. — ~,la·dung f mil. test(ing) charge. — ~,me,tho·de f experimental method. — ~,mo,dell n tech. test (od. pilot) model. — ~,mu·ster n econ. trial sample. — ~,ob,jekt n test object. — ~,per,son f test subject. — ~,prä·pa,rat n med. pharm. test preparation. — ~,raum m test room, laboratory. — ~re,ak·tor m nucl. research (od. material test) reactor. — ~,rei·he f series of experiments (od. tests). — ~,schacht m (mining) prospecting shaft, test pit. — ~,schiff n mar. experimental ship (od. vessel). — ~,schu·le f ped. experimental school. — ~,se·rie f cf. Versuchsreihe. — ~,sta·di·um n experimental stage. — ~,stand m tech. test(ing) stand, test bay (od. bed, bench). — ~,sta·ti,on f experimental station. — ~,stopp m pol. suspension of atomic tests. — ~,streb m (mining) experimental face. — ~,strecke (getr. -k·k-) f **1.** tech. test track. - **2.** (mining) test gallery. - **3.** auto. test course (od. route). — ~,tier n med. pharm. laboratory (od. test) animal.
v~,wei·se adv **1.** (zum Ausprobieren) by way of trial, as a trial. - **2.** (auf Probe) on trial: j-n ~ anstellen to employ s.o. on trial. — ~,wer·te pl (test) data. — ~,zweck m only in zu ~en for experimental purposes.
ver'sucht I pp. - **II** adj **1.** bes. jur. (Diebstahl, Betrug etc) attempted: j-n wegen ~en Mordes verurteilen to convict s.o. of attempted

murder (od. attempt at murder). - **2.** sich (stark) ~ fühlen (od. [stark] ~ sein), etwas zu tun to be (od. feel) (sorely) tempted to do s.th.
Ver'su·chung f ⟨-; -en⟩ temptation: j-n in ~ führen to lead s.o. into temptation, to tempt s.o.; und führe uns nicht in ~ Bibl. and lead us not into temptation; in (die) ~ kommen (od. geraten), etwas zu tun to be tempted to do s.th.; der ~ widerstehen [nachgeben, erliegen] to resist (od. withstand) [to yield to, to succumb to] temptation; ich konnte der ~ nicht widerstehen und habe mir das Kleid gekauft I could not resist the temptation to buy the dress; die ~en der Großstadt the temptations of the city.
ver'sü·deln v/t ⟨no ge-, h⟩ **1.** etwas ~ to make a mess of s.th., to mess s.th. up. - **2.** Southwestern G. colloq. (Papier, Heft etc) spoil (s.th.) by scribbling.
ver'sump·fen v/i ⟨no ge-, sein⟩ **1.** (zu Sumpf werden) become marshy (od. boggy, swampy). - **2.** fig. colloq. (im Lebenswandel) go to the bad. - **3.** ich bin gestern abend versumpft fig. colloq. I got caught up in a drinking spree last night. - **II** V~ n ⟨-s⟩ **4.** verbal noun. - **5.** cf. Versumpfung.
ver'sumpft I pp. - **II** adj (Gebiet) marshy, boggy, swampy. — **Ver'sump·fung** f ⟨-; no pl⟩ **1.** cf. Versumpfen. - **2.** ~ einer Gegend encroachment of swamps (up)on a region.
ver'sum·sen v/t ⟨no ge-, h⟩ colloq. (Geld) spend (money) foolishly, let go through.
ver'sün·di·gen v/reflex ⟨no ge-, h⟩ sich an j-m [etwas] ~ to sin against s.o. [s.th.]; versündige dich nicht! don't blaspheme. — **Ver'sün·di·gung** f ⟨-; no pl⟩ (an dat against) sin.
ver'sun·ken I pp of versinken. - **II** adj **1.** (untergegangen) sunken, (Schiff) auch foundered (beide attrib). - **2.** fig. (vergessen) lost (in oblivion). - **3.** in (acc) etwas ~ fig. engrossed (od. absorbed, wrapped up) in s.th.: er ist ganz in sich selbst ~ fig. he is quite lost to the world, he is quite absorbed in his own thoughts; → Gedanke 1. — **Ver'sun·ken·heit** f ⟨-; no pl⟩ fig. (in acc in) engrossment, absorption: in tiefer ~ in deep (od. profound) engrossment, deeply engrossed (od. absorbed); in träumerischer ~ in a reverie.
ver'sü·ßen v/t ⟨no ge-, h⟩ **1.** cf. süßen. - **2.** fig. (angenehmer machen) sweeten, sugar-(coat), Am. candy: sich (dat) das Leben ~ to sweeten one's life; → Pille 1. - **II** V~ n ⟨-s⟩ **3.** verbal noun. — **Ver'sü·ßung** f ⟨-; no pl⟩ cf. Versüßen.
'vers|,wei·se adv metr. verse by verse. — **V~,zei·le** f verse, line.
ver'tä·feln v/t ⟨no ge-, h⟩ cf. täfeln. — **ver'tä·felt I** pp. - **II** adj cf. getäfelt II. — **Ver'tä·fe·lung, Ver'täf·lung** f ⟨-; -en⟩ cf. Täfelung.
ver'ta·gen I v/t ⟨no ge-, h⟩ **1.** (verschieben) postpone, defer, put (s.th.) off, adjourn. - **2.** (etwas Begonnenes unterbrechen) adjourn, prorogue: die Sitzung ~ to adjourn the meeting, to declare the meeting adjourned. - **3.** jur. a) (Termin, Verhandlung etc) adjourn, respite, continue, b) (Parlament etc) prorogue: die Verhandlung wird auf nächsten Montag [auf unbestimmte Zeit, bis auf weiteres] vertagt the hearing is adjourned (od. will adjourn) to next Monday [sine die od. indefinitely, until further notice]. - **4.** Swiss (anberaumen) (auf acc for) fix, appoint, bes. Am. schedule. - **II** v/reflex sich ~ **5.** (von Versammlung, Konferenz etc) adjourn, prorogue: die Konferenz [das Gericht] vertagt sich auf 16 Uhr the conference [the court] adjourns (od. stands adjourned) to 4 p.m. - **III** V~ n ⟨-s⟩ **6.** verbal noun. — **Ver'ta·gung** f ⟨-; no pl⟩ **1.** cf. Vertagen. - **2.** (Verschiebung) postponement, deferment, adjournment, adjournal. - **3.** (Unterbrechung) adjournment, prorogation. - **4.** jur. a) (von Termin, Verhandlung etc) adjournment, respite, continuance, b) (eines Gerichtsentscheids im Zivilprozeß) ampliation.
ver'tan I pp of vertun. - **II** adj wasted, futile: alle Bemühungen sind ~ all efforts are wasted.
ver'tän·deln I v/t ⟨no ge-, h⟩ **1.** (Geld) fritter (od. trifle, fribble) away. - **2.** (Zeit) fiddle (od. fritter, trifle, fribble) away. - **II** V~ n ⟨-s⟩ **3.** verbal noun. — **Ver'tän·de·lung,**

Ver'tänd·lung f ⟨-; no pl⟩ cf. Vertändeln.
ver'tau·ben [-'taubən] **I** v/i ⟨no ge-, sein⟩ (mining) (von Erzgang) deteriorate (from valuable to valueless). - **II** V~ n ⟨-s⟩ verbal noun. — **Ver'tau·bung** f ⟨-; no pl⟩ **1.** cf. Vertauben. - **2.** deterioration, impoverishment.
Ver'täu,bo·je f mar. **1.** cf. Ankerboje. - **2.** mooring buoy.
ver'täu·en [-'toyən] **I** v/t ⟨no ge-, h⟩ mar. **1.** (Schiff) moor, make (a ship) fast. - **II** V~ n ⟨-s⟩ **2.** verbal noun. - **3.** cf. Vertäuung.
Ver'täu|,lei·ne f mar. mooring line. — ~,pfahl m mooring post, dolphin. — ~,schä·kel m mooring (od. joggle) shackle.
ver'tausch·bar adj **1.** math. interchangeable, commutable: die Glieder einer Summe sind (mit- od. untereinander) ~ the terms of a sum are commutable. - **2.** tech. (austauschbar) exchangeable, replaceable. — **Ver'tausch·bar·keit** f ⟨-; no pl⟩ **1.** math. interchangeability, commutability. - **2.** tech. (Austauschbarkeit) interchangeability, replaceability.
ver'tau·schen I v/t ⟨no ge-, h⟩ **1.** (irrtümlich nehmen) confuse, mix up, get (things) mixed up (colloq.): ich habe unsere Mäntel vertauscht I confused our coats; ich habe deinen Schirm mit meinem vertauscht I (mis)took your umbrella for mine. - **2.** (austauschen) change (s.th.) (a)round: ich habe unsere Plätze vertauscht I changed our places (a)round; ich habe meinen Platz mit deinem vertauscht I changed places with you; die Räder untereinander ~ auto. to change the wheels (a)round, to reposition the wheels. - **3.** (Rollen etc) exchange. - **4.** (untereinander) interchange. - **5.** Berlin mit München ~ (umziehen) to move (od. change one's domicile) from Berlin to Munich. - **6.** math. commute. - **7.** tech. a) exchange, b) (Paßteile) interchange, c) (Werkstoffe) substitute. - **8.** electr. (Leitungen) transpose. - **II** V~ n ⟨-s⟩ **9.** verbal noun. - **10.** cf. Vertauschung. — **ver'tauscht I** pp. - **II** adj **1.** (irrtümlich genommen) taken by mistake. - **2.** (Rolle etc) exchanged: mit ~en Rollen spielen to exchange roles; mit ~en Rollen fig. with reversed roles. — **Ver'tau·schung** f ⟨-; no pl⟩ **1.** cf. Vertauschen. - **2.** (Irrtum) confusion. - **3.** (von Rollen etc) exchange. - **4.** interchange. - **5.** math. commutation. - **6.** tech. a) exchange, b) (von Paßteilen) interchange, c) (von Werkstoffen) substitution.
ver'tau·send,fa·chen [-',fax(ə)n] **I** v/t ⟨no ge-, h⟩ increase (s.th.) a thousandfold. - **II** v/reflex sich ~ increase a thousandfold. - **III** V~ n ⟨-s⟩ verbal noun. — **Ver'tau·send-,fa·chung** f ⟨-; no pl⟩ **1.** cf. Vertausendfachen. - **2.** thousandfold increase.
Ver'täu·ung f ⟨-; -en⟩ mar. **1.** cf. Vertäuen. - **2.** moorings pl.
Ver·te·bra ['vɛrtebra] f ⟨-; -brae [-brɛ]⟩ zo. med. (Wirbelsäule) vertebra. — **ver·te'bral** [-'braːl] adj vertebral.
Ver·te·bra·ten [vɛrteˈbraːtən] pl zo. (Wirbeltiere) vertebrates (Unterstamm Vertebrata).
ver'tei·di·gen [-'taidɪgən] **I** v/t ⟨no ge-, h⟩ **1.** (Festung, Stadt, Stellung, Leben, Ehre etc) (gegen from, against) defend. - **2.** (Auffassung, Meinung, Standpunkt etc) (gegen against) defend, uphold, maintain. - **3.** (Sache etc) defend, plead, advocate. - **4.** (Recht etc) defend, vindicate. - **5.** j-n gegen etwas ~ to defend (od. support) s.o. against s.th., to shield (od. protect) s.o. from s.th. - **6.** jur. defend: j-n vor Gericht ~ to defend s.o. in (od. at) court, to plead for s.o. - **7.** (sport) (Titel, Tor etc) (gegen against) defend. - **II** v/i **8.** (sport) (beim Fußball etc) defend. - **III** v/reflex sich ~ **9.** (gegen against) defend oneself: er hat sich gegen ihre Vorwürfe kaum verteidigt he scarcely defended (od. vindicated) himself against their reproaches; er hat sich vor Gericht selbst verteidigt jur. he conducted his own defence (Am. defense) in court; er hat sich geschickt verteidigt jur. he put up a clever defence (Am. defense). - **IV** V~ n ⟨-s⟩ **10.** verbal noun. - **11.** cf. Verteidigung.
Ver'tei·di·ger m ⟨-s; -⟩ **1.** (einer Stadt, Festung, Stellung etc) defender. - **2.** (einer Sache etc) defender, pleader, advocate. - **3.** (von Recht etc) defender, vindicator. - **4.** jur.

(im Strafprozeß) Br. counsel for the defence, defence *(od.* defending) counsel, *Am.* attorney *(od.* counsel) for the defendant *(od.* defense), defense *(od.* defending) attorney: j-n als ~ vertreten to conduct s.o.'s defence *(Am.* defense). – **5.** *(sport)* a) defender, b) *(beim Fußball etc)* (full)back, c) *(beim Eishockey) Br.* defenceman, *Am.* defenseman: linker [rechter] ~ left [right] back.

Ver'tei·di·gung *f* ⟨-; *no pl*⟩ **1.** *cf.* Verteidigen. – **2.** *(von Stadt, Festung, Stellung, Leben, Ehre, Sache etc)* (gegen from, against) *Br.* defence, *Am.* defense: in der ~ on the defensive; in die ~ gehen to take up a defensive position; j-n in die ~ drängen to force s.o. into a defensive position, to force s.o. to take up the defence; etwas zu seiner eigenen ~ vorbringen to state s.th. in one's own defence. – **3.** *(von Meinung, Standpunkt etc)* (gegen against) *Br.* defence, *Am.* defense, maintenance, advocacy. – **4.** *(von Recht etc) Br.* defence, *Am.* defense, vindication. – **5.** etwas zu j-s ~ vorbringen to state s.th. in s.o.'s defence *(Am.* defense) *(od.* support). – **6.** *jur.* a) *(Handlung) Br.* defence, *Am.* defense, plea, b) *(Verteidiger) Br.* defence, *Am.* defense: die ~ übernehmen [niederlegen] to undertake *(od.* assume) [to abandon] the defence; was hat die ~ dazu zu sagen? what has the defence to say to this? – **7.** *(sport) Br.* defence, *Am.* defense: die ~ auseinanderziehen [aufreißen] to spread [to rip open] the defence. – **8.** *mil. (taktische)* defensive.

Ver'tei·di·gungs|ab·kom·men *n pol.* defence *(Am.* defense) agreement. — ~**ab·schnitt** *m mil.* defensive sector. — ~**an·la·gen** *pl Br.* defences, *Am.* defenses, defensive installations. — ~**aus·ga·ben** *pl econ.* defence *(Am.* defense) expenditure *sg.* — ~**aus·schuß** *m pol.* committee for national defence *(Am.* defense), defence committee. — ~**bei·trag** *m* defence *(Am.* defense) contribution. — ~**be·reit·schaft** *f* defence *(Am.* defense) readiness, defensive preparedness. — ~**be·zirk** *m mil.* military region. — ~**bünd·nis** *n pol.* defensive alliance. — ~**drit·tel** *n (sport) (beim Eishockey)* defending zone. — ~**fä·hig** *adj* capable of defending, in a position to defend. — ~**fä·hig·keit** *f* ⟨-; *no pl*⟩ capability of defending. — ~**fall** *m* case of defence *(Am.* defense): im ~ in the case of defence. — ~**fol·ge·ko·sten** *pl econ.* defence *(Am.* defense-)induced) costs. — ~**for·schung** *f* defence *(Am.* defense) research. — ~**ge·mein·schaft** *f (Am.* defense) community: Europäische ~ *hist.* European Defence Community. — ~**gür·tel** *m mil.* defence *(Am.* defense) belt. — ~**hil·fe** *f pol.* defence *(Am.* defense) assistance: Abkommen über gegenseitige ~ mutual defence assistance agreement, defence agreement on mutual assistance. — ~**krieg** *m* defensive war. — ~**li·nie** *f mil.* line of defence *(Am.* defense). — ~**maß·nah·men** *pl* defensive measures. — ~**mi·ni·ster** *m pol.* Minister of Defence, *Am.* Secretary of Defense. — ~**mi·ni·ste·ri·um** *n* Ministry of Defence, *Am.* Department of Defense, (the) Pentagon. — ~**mit·tel** *pl jur.* means of defence *(Am.* defense). — ~**or·ga·ne** *pl zo.* defensive *(od.* protective) organs, arms. — ~**pakt** *m pol. cf.* Verteidigungsbündnis. — ~**plan** *m mil.* defence *(Am.* defense) plan: ~ für den Alarmfall Emergency Defence Plan. — ~**po·li·tik** *f pol.* defence *(Am.* defense) policy. — ~**re·ak·ti·on** *f biol. (bei Tieren u. Menschen)* defence *(Am.* defense) *(od.* defensive) reaction. — ~**re·de** *f* **1.** *jur.* (speech for the) defence *(Am.* defense). – **2.** *fig.* apology. — ~**schlacht** *f mil.* defensive battle. — ~**schrift** *f* **1.** *jur.* (statement of) defence *(Am.* defense). – **2.** *fig.* apology. — ~**spie·ler** *m (sport)* defender. — ~**stel·lung** *f mil. auch fig.* defensive position. — ~**streit·kräf·te** *pl mil.* defence *(Am.* defense) forces. — ~**sy·stem** *n* **1.** *Br.* defences *pl, Am.* defenses *pl.* – **2.** *(Befestigungen)* system of defences *(Am.* defenses). — ~**tak·tik** *f* defensive tactics *pl (usually construed as sg).* — ~**un·fä·hig** *adj (sport) (Boxer)* incapable of defending oneself. — ~**vor·brin·gen** *n jur. (im Zivilprozeß)* plea, *Br.* defence, *Am.* defense. — ~**waf·fe** *f mil.* defensive weapon. — ~**werk·zeu·ge** *pl zo. cf.* Verteidigungsorgane. — ~**wil·le** *m* will to defend (one's

country). — ~**zo·ne** *f* **1.** *mil.* defence *(Am.* defense) zone. – **2.** *(sport) (beim Eishockey) cf.* Verteidigungsdrittel. — ~**zu·stand** *m* state of defence *(Am.* defense). — ~**zweck** *m* only in zu ~en, für ~e for defence *(Am.* defense) purposes.

ver'teil·bar *adj* distributable: ~er Gewinn *econ.* distributable profit, profit available for distribution.

ver'tei·len I *v/t* ⟨*no* ge-, h⟩ **1.** *(Aufstrich, Farbe etc)* (auf *dat* on; über, auf *acc* over) distribute, spread: Farbe über die ganze Wand ~ to spread paint over the whole wall. – **2.** *(Zucker, Puder, Staub etc)* (auf *dat* on; über, auf *acc* over) sprinkle, scatter, distribute. – **3.** *(Einzelgegenstände)* (auf *dat* on; über *acc* over) distribute: die Blumen auf den Tischen ~ to distribute the flowers on *(od.* at the tables); Licht und Schatten gleichmäßig ~ *(in Malerei)* to distribute light and shade evenly. – **4.** *(Notenblätter, Hefte, Essen, Geld etc)* (an, unter *acc* among[st]) distribute, dispense, deal *(s.th.)* out: sein Geld unter die Armen ~ to distribute one's money among the poor; etwas gerecht ~ to distribute s.th. fairly *(od.* equitably), to divide *(od.* share, portion) s.th. out, to apportion s.th. – **5.** *(Preise, Belohnungen etc)* distribute, give out, award. – **6.** *auch fig. (Rollen)* distribute, cast. – **7.** *fig. (über einen Zeitraum)* spread, distribute: Vorträge über eine längere Zeit ~ to spread lectures (out) over a longer period. – **8.** *econ.* a) *(Waren)* dispense, deal *(s.th.)* out, *(auf dem Markt)* distribute, b) *(Steuern)* distribute. – **9.** *print. (Typenmaterial)* take *(s.th.)* down. – **10.** *mar. (Ladung)* distribute. – **II** *v/reflex* sich ~ **11.** *(von Farbe etc)* (auf, über *acc* over) spread. – **12.** *(von Menschen etc)* disperse, scatter, distribute themselves: die Gäste verteilten sich über das ganze Haus the guests spread over the whole house. – **13.** *fig. (über einen Zeitraum)* spread. – **14.** *(von Leitungen, Linien etc)* diverge, disperse. – **15.** *med. (von einer Geschwulst)* dissolve, disappear. – **16.** *mil. (im Gelände)* spread out, deploy. – **III** *V~ n* ⟨-s⟩ **17.** *verbal noun.* – **18.** *cf.* Verteilung.

Ver'tei·ler *m* ⟨-s; -⟩ **1.** *(Händler, Person)* distributor, *auch* distributer. – **2.** *electr. tech.* distributor, *auch* distributer. – **3.** *auto.* ignition distributor *(auch* distributer) *(od.* timer). – **4.** *tel.* distribution frame. – **5.** *(im Bürowesen)* distribution list. – **6.** *(für Briefe)* sorter. – **7.** *econ. cf.* Verteilerschlüssel. — ~**an·la·ge** *f electr.* distribution substation. — ~**bahn·hof** *m* distributing station. — ~**do·se** *f electr.* distribution *(od.* junction) box. — ~**draht** *m tel.* jumper wire. — ~**dü·se** *f synth.* **1.** *(für Spritzguß)* spreader. – **2.** *(beim Strangpressen)* separator head. — ~**feld** *n electr. tech.* distribution panel. — ~**fin·ger** *m auto.* distributor *(auch* distributer) *(od.* rotor) arm. — ~**ge·trie·be** *n* transfer box *(Am.* case). — ~**ka·sten** *m electr. tech.* distribution box. — ~**klem·me** *f* terminal. — ~**kopf** *m* distributor *(auch* distributer) head. — ~**netz** *n* **1.** *electr.* distribution system. – **2.** *econ.* distributing network. — ~**or·ga·ni·sa·ti·on** *(Br. auch* -s-). — ~**pro·gramm** *n (computer)* task dispatcher. — ~**schei·be** *f tel.* distributor *(auch* distributer) plate *(od.* disc, disk). — ~**schlüs·sel** *m econ.* distribution *(od.* distributive) code. — ~**schrank** *m electr.* distributing switchboard. — ~**seg·ment** *n auto.* distributor *(auch* distributer) cap segment. — ~**stel·le** *f* **1.** *electr.* distributing point. – **2.** *econ.* retail shop *(bes. Am.* store). — ~**ta·fel** *f electr.* distribution board. — ~**wel·le** *f auto.* distributor *(auch* distributer) shaft, timer *(od.* timing) shaft. — ~**zen·tra·le** *f electr.* central distributing station, distribution center *(bes. Br.* centre).

Ver'teil·ma·schi·ne *f (postal service)* sorting machine.

ver'teilt I *pp.* – **II** *adj* ein Stück mit ~en Rollen lesen to read a play with the allotted roles.

Ver'tei·lung *f* ⟨-; *no pl*⟩ **1.** *cf.* Verteilen. – **2.** *(über acc over)* distribution: richtige ~ von Licht und Schatten *(beim Malen)* accord *(od.* apportionment) of light and shade, proper distribution of light and shade. – **3.** *(von Notenblättern, Heften, Essen, Geld etc)* (an, unter *acc* among[st]) distribution, dispensation: gerechte ~ fair *(od.* equitable) distribution. – **4.** *(von Preisen, Beloh-*

nungen, Rollen etc) distribution. – **5.** *fig. (über einen Zeitraum)* distribution. – **6.** *econ.* a) *(von Waren)* dispensation, *(auf dem Markt)* distribution, b) *(von Steuern)* distribution: gleichmäßige ~ der Steuern equalization *(Br. auch* -s-) of taxes. – **7.** *mil. (im Gelände)* deployment. – **8.** *math.* dispersion, spread. – **9.** *phys. (von Massenkräften)* disposition. – **10.** *mar. (von der Ladung)* trim.

Ver'tei·lungs|funk·ti·on *f (in der Statistik)* distributive *(od.* distribution) function. — ~**ge·setz** *n math.* law of distribution. — ~**ka·sten** *m electr. cf.* Verteilerkasten. — ~**krüm·mer** *m auto.* manifold. — ~**kur·ve** *f math.* distribution curve. — ~**mo·dus** *m* mode of distribution. — ~**net** *n electr.* distribution system. — ~**plan** *m* plan of distribution. — ~**quo·te** *f* distribution quota. — ~**schalt·ta·fel** *f electr. cf.* Verteilertafel. — ~**schlüs·sel** *m econ. cf.* Verteilerschlüssel. — ~**stan·ge** *f electr.* distributing pole. — ~**stel·le** *f cf.* Verteilerstelle. — ~**ta·fel** *f* **1.** *electr. cf.* Verteilertafel. – **2.** primäre ~ *math.* array of data.

ver'teu·ern [-'tɔyɐn] **I** *v/t* ⟨*no* ge-, h⟩ raise *(od.* increase) the price of, make *(s.th.)* dearer. – **II** *v/reflex* sich ~ become dearer, go up (in price). – **III** *V~ n* ⟨-s⟩ *verbal noun.* — **Ver'teue·rung** *f* ⟨-; *no pl*⟩ **1.** *cf.* Verteuern. – **2.** rise *(od.* increase) in price.

ver'teu·feln [-'tɔyfəln] **I** *v/t* ⟨*no* ge-, h⟩ **1.** *(schlechtmachen)* decry, disparage. – **II** *V~ n* ⟨-s⟩ **2.** *verbal noun.* – **3.** *cf.* Verteufelung. — **ver'teu·felt I** *pp.* – **II** *adj* **1.** *(schlechtgemacht)* decried, disparaged. – **2.** *colloq.* verdammt 1: er hat ~es Glück gehabt he has been damned lucky *(colloq.);* er ist ein ganz ~er Kerl he is a devil of a fellow *(colloq.).* – **3.** *colloq. (unangenehm, heikel)* tricky: das ist eine ~e Geschichte this is a tricky affair *(od.* a nuisance). – **III** *adv* **4.** das ist ~ schwer *colloq.* this is damned difficult *(colloq.).* – **IV** *V~e, das* ⟨-n⟩ **5.** das V~e daran ist, daß *colloq.* the darned thing (about it) is that *(sl.).* — **Ver'teu·fe·lung** *f* ⟨-; -en⟩ **1.** *cf.* Verteufeln. – **2.** disparagement.

Ver·tex ['vɛrtɛks] *m* ⟨-; -tices [-titsɛs]⟩ *astr. zo. med.* vertex.

ver'tie·fen [-'ti:fən] **I** *v/t* ⟨*no* ge-, h⟩ **1.** *(Graben, Loch etc)* deepen: dieser Vorfall vertiefte die Kluft zwischen ihnen *fig.* this incident deepened the gulf between them. – **2.** *(Eindruck etc)* deepen, heighten. – **3.** *fig. (Wissen, Verständnis etc)* deepen: er sucht seine Kenntnisse zu ~ he strives to deepen his knowledge. – **4.** *fig. (Probleme, Gedanken etc)* deal more extensively *(od.* in greater detail) with, follow up. – **5.** *ped. (Stoff)* reinforce. – **II** *v/reflex* sich ~ **6.** *(tiefer werden)* deepen: mit den Jahren haben sich die Falten in ihrem Gesicht vertieft the wrinkles on her face have deepened over the years; die Kluft zwischen den beiden hat sich vertieft *fig.* the gulf between the two has deepened. – **7.** *fig. (von Eindruck etc)* deepen, heighten: mein Eindruck von diesem Buch hat sich beim zweiten Lesen noch vertieft my impression of this book deepened the second time I read it. – **8.** *fig. (von Wissen, Verständnis etc)* deepen. – **9.** sich in *(acc)* etwas ~ *fig.* to engross *(od.* immerse) oneself in s.th., to become engrossed *(od.* absorbed, immersed) in s.th., to settle down to s.th.: sich in die Unterlagen ~ to settle down to work on the documents. – **III** *V~ n* ⟨-s⟩ **10.** *verbal noun.* – **11.** *cf.* Vertiefung.

ver'tieft I *pp.* – **II** *adj* **1.** *fig. (Wissen, Verständnis etc)* deepened. – **2.** in *(acc)* etwas (ganz) ~ sein *fig.* a) to be (quite) absorbed *(od.* engrossed, immersed) in s.th., b) *(beschäftigt mit)* to be preoccupied with *(od.* wrapped up in) s.th.: sie ist ganz in die Lektüre ~ she is quite absorbed in her reading; er ist ganz in die Arbeit ~ he is completely wrapped up in his work; in Gedanken ~ sein to be lost *(od.* rapt, deep) in thought; er war ganz in seine Briefmarken ~ he was poring over his stamps. – **3.** ~ sein *fig.* to be absorbed *(od.* engrossed): er war zu ~, um etwas von dem zu bemerken, was um ihn herum vorging he was too absorbed to notice what was going on around him. – **III** *adv* **4.** ein ~ gearbeitetes Bild *(art)* an engraved picture, an engraving.

Ver'tieft·sein *n fig.* **1.** *(in acc in)* absorption, engrossment, immersion. – **2.** *(Beschäftigtsein)* (in *acc* with) preoccupation.

Ver'tie·fung f ⟨-; -en⟩ **1.** cf. Vertiefen. – **2.** ⟨only sg⟩ fig. (Versunkenheit) absorption, engrossment. – **3.** (Mulde) depression, hollow, dip. – **4.** (Nische) recess, alcove. – **5.** (Einkerbung) indentation, dent, indent(ure): eine ~ ausmeißeln to chisel out an indentation. – **6.** med. a) (Einbuchtung) crypt, b) (beim Röntgen) depression, niche. – **7.** arch. (blinde Nische) break. – **8.** civ.eng. a) (Bodensenke) depression, b) (Austiefung) deepening. – **9.** metall. (Oberflächenfehler) cavity, impression. – **10.** (einer graphischen Kurve) dip. – **11.** ped. (des Stoffs) reinforcement.

ver'tie·ren [-'tiːrən] v/i ⟨no ge-, sein⟩ imbrute, auch embrute, become brutalized (Br. auch -s-), grow brutal. — **ver'tiert I** pp. – **II** adj brutish, bestial.

Ver·ti·go [vɛr'tiːgo] m ⟨-s; no pl⟩ med. (Schwindel) vertigo, dizziness.

ver·ti·kal [vɛrti'kaːl] adj vertical, (lotrecht) perpendicular. — **V~,ab,len·kung** f phys. (optics) astr. vertical deflection (Br. auch deflexion). — **V~,an,ten·ne** f (radio) vertical antenna (bes. Br. aerial). — **V~,auf,stieg** m (einer Rakete etc) vertical ascent.

Ver·ti·ka·le f ⟨-; -n⟩ vertical (line), (Lotrechte) perpendicular.

Ver·ti·kal|,ebe·ne f math. astr. vertical plane. — **~,frä·se** f tech. (in der Holzbearbeitung) router. — **~,fräs,ma,schi·ne** f (in der Metallbearbeitung) vertical miller (bes. Br. milling machine), vertical-spindle milling machine. — **~fre,quenz** f telev. vertical frequency.

Ver·ti·ka·lis·mus [vɛrtika'lɪsmʊs] m ⟨-; no pl⟩ arch. perpendicular style.

Ver·ti·ka·li·tät [vɛrtikali'tɛːt] f ⟨-; no pl⟩ verticality.

Ver·ti·kal|,kreis m astr. vertical circle. — **~,li·nie** f vertical line, (lotrechte) perpendicular line. — **~,prüf,stand** m (space) vertical test bed. — **~,schnitt** m math. tech. vertical section. — **~,star·ter** m aer. cf. Senkrechtstarter 1. — **~,strah·ler** m (radio) vertical radiator. — **~,win·kel** m math. tech. vertical angle.

Ver·ti·ko ['vɛrtiko] n, rare m ⟨-s; -s⟩ obs. display cabinet.

ver'til·gen I v/t ⟨no ge-, h⟩ **1.** (Ungeziefer, Unkraut etc) exterminate, extirpate, eradicate, kill (s.th.) off, destroy. – **2.** colloq. (restlos aufessen) 'demolish' (colloq.), devour, finish (Am. auch polish) (s.th.) off. – **II V~** n ⟨-s⟩ **3.** verbal noun. — **ver'til·gung** f ⟨-; no pl⟩ **1.** cf. Vertilgen. – **2.** (von Unkraut, Ungeziefer) extermination, extirpation, eradication, destruction.

Ver'til·gungs,mit·tel n **1.** (gegen Ungeziefer) vermin killer, (gegen Insekten) insecticide. – **2.** (gegen Unkraut) weed killer.

ver'tip·pen I v/t ⟨no ge-, h⟩ colloq. (Buchstaben etc) type (s.th.) wrong(ly), mistype. – **II** v/reflex sich ~ make a typing error: ich habe mich schon wieder vertippt I have made another typing error.

ver'to·backen (getr. -k·k-) [-'toːbakən] v/t ⟨no ge-, h⟩ colloq. cf. verprügeln 1.

ver'to·nen¹ [-'toːnən] **I** v/t ⟨no ge-, h⟩ **1.** (Gedicht, Libretto etc) set (s.th.) to music, musicalize Br. auch -s-, (Film) score. – **2.** (Schmalfilm, Diareihe) add sound to. – **II V~** n ⟨-s⟩ **3.** verbal noun. – **4.** cf. Vertonung¹.

ver'to·nen² mar. **I** v/t ⟨no ge-, h⟩ (Küste in der Seekarte) depict. – **II V~** n ⟨-s⟩ **2.** verbal noun. – **3.** cf. Vertonung².

Ver'to·nung¹ f ⟨-; -en⟩ **1.** cf. Vertonen¹. – **2.** (von Gedicht, Libretto etc) setting: von diesem Gedicht gibt es verschiedene ~en there are several settings of this poem, this poem has been set to music more than once. – **3.** (eines Films) sound recording.

Ver'to·nung² f ⟨-; -en⟩ mar. **1.** cf. Vertonen². – **2.** depicture (of the coast in the chart).

ver'tor·fen [-'tɔrfən] **I** v/i ⟨no ge-, sein⟩ become peaty. – **II V~** n ⟨-s⟩ verbal noun. — **ver'torft I** pp. – **II** adj peaty. — **Ver'tor·fung** f ⟨-; no pl⟩ cf. Vertorfen.

ver'trackt ['trakt] adj colloq. tricky: eine ~e Geschichte a tricky affair, a nuisance. — **Ver'trackt·heit** f ⟨-; rare -en⟩ colloq. **1.** ⟨only sg⟩ trickiness. – **2.** tricky affair, nuisance.

Ver'trag [-'traːk] m ⟨-(e)s; ⁓e⟩ **1.** auch econ. contract: mündlicher [dinglicher] ~ verbal [real] contract; schriftlicher ~ written contract, article; förmlicher ~ formal contract, jur. auch indenture, deed, covenant; form-

loser (od. formfreier) ~ informal (od. parol[e]) contract; langfristiger [kurzfristiger] ~ long-term [short-term] contract; nichtiger ~ void contract; gesiegelter ~, ~ unter Siegel contract under seal (od. by specialty), specialty (contract od. deed); auf Lebenszeit(Lebensversicherungsvertrag) life contract; einen ~ schließen [unterzeichnen, brechen, verletzen] to make [to sign, to break, to violate] a contract; einen ~ aufsetzen to draw up (od. prepare) a contract; einen ~ abschließen to conclude (od. enter into) a contract; einen ~ erfüllen to fulfil(l) (od. complete, perform) a contract; einen ~ kündigen to terminate a contract; einen ~ annullieren to annul (od. [a]void) a contract; von einem ~ zurücktreten to cancel (od. rescind, withdraw from) a contract; unter einen ~ fallen to come under a contract; j-n unter ~ nehmen to contract s.o., to sign s.o. on; durch ~ gebunden to be bound by contract; Anspruch aus einem ~ claim under a contract; Rücktritt von einem ~ rescission of (od. withdrawal from) a contract; er hat einen ~ mit einem Verleger he has a contract with a publisher; → klagen 3. – **2.** (Übereinkunft) compact. – **3.** (Abkommen, bes. im Völkerrecht) agreement, convention: zweiseitiger [mehrseitiger] ~ bilateral [multilateral] agreement; einen ~ schließen to make (od. enter into) an agreement. – **4.** pol. treaty: recht(s)setzender (od. normativer) ~ lawmaking treaty; rechtsgeschäftlicher ~ non-lawmaking (od. ordinary) treaty; einem ~ beitreten to join a treaty, to accede to an agreement; einen ~ kündigen to denounce a treaty; Verträge von Rom, Römische Verträge (Gründungsvertrag der EWG) Rome Treaties (1957).

ver'tra·gen I v/t ⟨irr, no ge-, h⟩ **1.** (aushalten) stand, endure, Br. colloq. stick: diese Pflanzen ~ keine Sonne these plants cannot stand the sun; ich kann Kälte gut ~ I can stand the cold well; er kann einen Stiefel ~ fig. colloq. he can hold his liquor (well), he can hold a lot (colloq.); du verträgst auch gar nichts you can't hold your liquor. – **2.** (zu sich nehmen, verarbeiten können) take: er verträgt keinen Alkohol he cannot take alcohol, alcohol does not agree with him; sie kann [keinen] Spaß ~ she can[not] take a joke; er kann einen Puff ~ fig. colloq. he can take a lot (colloq.). – **3.** (ertragen) stand, bear, tolerate, Br. colloq. stick: ich kann ihn nicht ~ I cannot stand (the sight of) him; diesen beleidigenden Ton verträgt er nicht he cannot stand this insulting tone; ich kann alles ~, nur kein frommes Gerede I can bear anything but cant. – **4.** sich ~ (miteinander) a) (von Personen) to get on (od. along) together, b) (von Dingen) to go (well) together, to harmonize Br. auch -s-, to be compatible: wir vertrugen uns blendend we got along splendid(ly) (od. like a house on fire, colloq. capitally); sie ~ sich nicht they don't get along so (od. too) well, they don't (quite) see eye to eye, they don't (quite) hit it off; könnt ihr euch denn nicht eine Stunde lang ~? can't you get along peaceably for one hour? wollen wir uns wieder ~ let us be friends again, let us make it up; sie ~ sich wie Hund und Katze they lead a cat-and-dog life, they live like cat and dog. – **5.** (Medizin etc) tolerate. – **6.** Swiss for austragen 1. – **II** v/reflex **7.** sich mit j-m ~ to get on (od. along) with s.o.: ich kann mich mit ihr nicht ~ I cannot get along with her; er verträgt sich wieder mit ihr he made it up with her. – **8.** sich mit etwas ~ a) (zu etwas passen) to go (well) with s.th., to harmonize (Br. auch -s-) with s.th., to be compatible with s.th., b) (mit etwas vereinbar sein) to comply (od. be compatible) with s.th.: das Grün der Tasche verträgt sich nicht mit dem des Kleides the green of the handbag does not go (od. clashes) with that of the dress; diese Behauptung verträgt sich nicht mit seinen sonstigen Ansichten this statement does not comply (od. tally) with his other opinions.

Ver'trä·ger m ⟨-s; -⟩ Swiss for Austräger.

ver'trag·lich [-'traːklɪç] **I** adj (Verpflichtung etc) contractual. – **II** adv by contract: zu einer Leistung ~ verpflichtet sein to be bound by contract (od. to be under contract) to perform s.th.; sich ~ verpflichten to enter into a covenant; sich zu etwas ~ verpflichten to contract to do s.th.; wie ~

vereinbart as stipulated by (od. as per) contract; innerhalb der ~ vereinbarten Zeit within the period stipulated by contract; ein ~ zustehendes Recht a contractual right.

ver'träg·lich [-'trɛːklɪç] **I** adj **1.** (friedfertig) peaceable, agreeable: er ist ein ~er Mensch he is a peaceable person, he is easy to get on with. – **2.** (verdaulich) digestible: diese Speise ist schwer [leicht] ~ this food is hard to digest [very digestible, very easily digested]. – **3.** (Medikament) well-tolerated (attrib). – **4.** med. pharm. (mit with) miscible, compatible. – **II** adv **5.** ~ miteinander leben to live together peaceably. — **Ver'träg·lich·keit** f ⟨-; no pl⟩ **1.** (Friedfertigkeit) peaceableness, peaceability, agreeableness, agreeableness. – **2.** (Verdaulichkeit) digestibility, digestibleness. – **3.** med. (eines Medikaments) tolerance: akute [chronische] ~ short-term [long-term] tolerance. – **4.** med. pharm. (mit with) compatibility, miscibility.

ver'trag·los adj without a contract (od. treaty).

Ver'trags|,ab,lauf m jur. expiry (od. expiration) of an agreement (od. a contract). — **~,ab,schluß** m conclusion of an agreement (od. a contract): bei ~ (up)on entering into the contract; Ort des Vertragsabschlusses place of (the) contract. — **~,ab,schrift** f copy of a contract. — **v~,ähn·lich** adj quasi-contractual: ein ~es Verhältnis a quasi contract; ein ~es Rechtsverhältnis a quasi-contractual relationship. — **~,än·de·rung** f alteration of a contract. — **~,an,spruch** m contractual claim. — **~,ar,ti·kel** m cf. Vertragspunkt. — **~,auf,he·bung** f rescission (od. cancellation, Am. auch cancelation) of a contract. — **~,aus,fer·ti·gung** f cf. Vertragsabschrift. — **~be,am·te** m jur. hist. covenanted civil servant. — **~be,din·gun·gen** pl jur. conditions (od. terms) of a contract. — **~be,ginn** m beginning of a contract: bei ~ at the beginning of a contract. — **~be,stim·mun·gen** pl terms (od. stipulations, articles, provisions) of an agreement (od. a contract): die ~ einhalten to observe the terms of a contract. — **~,bruch** m breach of contract (od. covenant), infringement of contract. — **v~,brü·chig** adj covenant-breaking: ~ werden to commit a breach of contract (od. covenant). — **~,brü·chi·ge** m, f ⟨-n; -n⟩ person (od. party) breaking a contract, party in breach.

ver'trag,schlie·ßend adj jur. (Partei etc) contracting, contrahent (nachgestellt). — **Ver'trag,schlie·ßen·de** m, f ⟨-n; -n⟩ contractor, contrahent, contracting party.

Ver'trags|,dau·er f jur. life (od. term) of a contract. — **~ent,wurf** m **1.** draft (Br. auch draught) agreement (od. contract, treaty). – **2.** (im Völkerrecht) project. — **~er,fül·lung** f performance (od. completion, fulfil[l]ment) of a contract: Garantie für die ~ contract guarantee. — **~er,neue·rung** f renewal of a contract. — **v~,fä·hig** adj **1.** ⟨attrib⟩ with contractual capacity. – **2.** ~ sein to have contractual capacity. — **~,fä·hig·keit** f ⟨-; no pl⟩ contractual capacity. — **~,for·schung** f research conducted under contract. — **~,frei·heit** f freedom of contract. — **~,gast,stät·te** f (einer Brauerei) tied house. — **~,ge·gen,stand** m object of a contract. — **v~,ge,mäß I** adj ~e Waren goods of the contract description. – **II** adv as agreed (upon), as stipulated, as per agreement. — **~,grund,la·ge** f basis of a contract. — **~,ha·fen** m mar. hist. (in China ab 1842) treaty port. — **~,händ·ler** m econ. authorized (Br. auch -s-) (od. appointed, contracted) dealer. — **~,ho,tel** n (eines Touristikunternehmens etc) contract hotel. — **~,in,halt** m **1.** subject matter of a contract. – **2.** cf. Vertragsgegenstand. — **~,jahr** n agreement (od. contract) year. — **~,kla·ge** f jur. contractual suit. — **~,klau·sel** f contract(ual) clause, covenant. — **~,land** n cf. Vertragsstaat.

ver'trags·los adj cf. vertraglos.

ver'trags,mä·ßig adj jur. contractual, conventional, covenanted.

Ver'trags|par,tei f, **~,part·ner** m **1.** party to an agreement (od. a contract), contracting party, stipulator. – **2.** bes. pol. (Unterzeichner) signatory. — **~,pflicht** f duty (od. liability) under a contract: Verletzung der ~ breach of contract. — **~,preis** m contract price, price as per contract. — **~,punkt** m article of an agreement (od. a contract). —

~,recht n 1. law of contract. – 2. (aus bestehendem Vertrag) contractual right. — **v~,schlie·ßend** adj cf. vertragschließend. — **~,schlie·ßen·de** m, f ⟨-n; -n⟩ cf. Vertragschließende. — **~,spie·ler** m (sport) player under contract. — **~,staat** m jur. contracting state. — **~,stra·fe** f cf. Konventionalstrafe. — **~,strei·tig·keit** f contractual disagreement. — **~sy,stem** n system of agreements: → zweiseitig. — **~,ta,rif** m (railway) conventional tariff. — **~,teil** m (contracting) party. — **~,text** m text of a contract (od. treaty). — **~,treue** f 1. loyal observance of contractual undertakings. – 2. contractual fidelity, loyalty to (the terms of) a treaty. — **~,un·ter,zeich·nung** f signing (od. execution) of a contract (od. treaty). — **~,ur·kun·de** f contract, indenture, deed. — **~ver,bind·lich·keit** f ⟨-; -en⟩ 1. ⟨only sg⟩ binding capacity (od. force) of a contract (od. a treaty, an agreement). – 2. pl econ. a) contractual liabilities, b) contractual obligations. — **~ver,hält·nis** n contractual relationship. — **~ver,let·zung** f violation of a contract (od. treaty). — **~,werk** n 1. contract, set of agreements. – 2. pol. treaty, system of treaties. — **~,werk,stät·te** f econ. appointed workshop, authorized (Br. auch -s-) repairer. — **v~,wid·rig** adj jur. contrary to the terms of (a) contract (od. to a contract). — **~,wid·rig·keit** f ⟨-; -en⟩ contravention of contractual obligations. — **~,zeit** f contractual period.

ver'trau·en v/i ⟨no ge-, h⟩ 1. j-m [etwas] ~ to trust s.o. [s.th.]: sie vertraut ihm blind she trusts him blindly; du kannst seiner Ehrlichkeit unbedingt ~ you can trust his honesty implicitly, you can have absolute trust in his honesty. – 2. auf j-n [etwas] ~ to trust (od. confide, have confidence, place confidence) in s.o. [s.th.], to rely (od. depend, build) (up)on s.o. [s.th.]: auf Gott ~ to trust in God; er vertraute zu sehr auf seine eigene Kraft he had too much confidence in his own strength; ich vertraue darauf, daß du Wort hältst I trust you to keep your word, I trust (that) you will keep your word.

Ver'trau·en n ⟨-s; no pl⟩ 1. confidence, trust, faith: das ~ zu j-m [etwas] verlieren to lose confidence in s.o. [s.th.]; zu j-m ~ haben to have confidence in s.o., to trust s.o.; sein ~ in (od. auf) seinen Bruder war unerschütterlich his confidence in his brother was unshak(e)able; j-s ~ gewinnen [mißbrauchen, verlieren] to win [to abuse, to lose] s.o.'s confidence; j-s ~ genießen a) to be in s.o.'s confidence, b) to enjoy s.o.'s confidence (od. support); j-s (od. bei j-m) ~ erwecken to gain s.o.'s confidence; (j-m) ~ einflößen to inspire (s.o. with) confidence; j-m sein ~ schenken to place one's confidence in s.o., to put one's trust in s.o.; j-m sein ~ entziehen to withdraw one's confidence (od. trust) from s.o.; j-n ins ~ ziehen to take (od. draw) s.o. into one's confidence; in j-n sein ~ setzen to place one's confidence in s.o., to confide in s.o.; sich in j-s ~ schleichen to steal into s.o.'s confidence; (ganz) im ~ (gesagt) (strictly) confidentially, in (strict) confidence, between you and me (od. ourselves); j-m etwas (ganz) im ~ sagen to tell s.o. s.th. in (strict) confidence; ein Wort im ~ a word in your ear; im ~ auf j-n [etwas] trusting (od. confiding) in s.o. [s.th.], relying on s.o. [s.th.]; im ~ auf sein Glück trusting (in) his luck; der Regierung das ~ aussprechen to express one's confidence in the government. – 2. (Zuversicht, Hoffnung) (zu, auf acc, in acc [up]on) reliance, dependence.

ver'trau·en·er,weckend (getr. -k·k-) adj 1. (Mensch) inspiring confidence (od. trust): er scheint wenig ~ he seems to inspire little confidence. – 2. fig. (Sache) promising: es sieht ja ganz ~ aus it looks rather promising.

Ver'trau·ens|,amt n position of trust. — **~,an,trag** m pol. cf. Vertrauensvotum. — **~,arzt** m medical examiner (appointed by insurance companies, state and welfare organizations etc). — **~be,weis** m mark (od. sign) of confidence. — **~,bruch** m breach of confidence (od. trust, faith). — **~,fra·ge** f pol. question of confidence: die ~ stellen to ask for a vote (od. put the question) of confidence. — **~,gren·ze** f confidence limit. — **~,kri·se** f confidence crisis. — **~,kund,ge·bung** f demonstration of confidence. — **~-**

,leh·rer m, **~,leh·re·rin** f ped. teacher who acts as liaison officer between staff (Am. faculty) and pupils. — **~,mann** m ⟨-(e)s; ¨er u. -leute⟩ 1. man of confidence. – 2. jur. confidential agent, trustee. – 3. pol. (im Betrieb) shop steward. — **~,miß,brauch** m abuse of confidence. — **~per,son** f 1. (männlichen Geschlechts) confidant, auch confident. – 2. (weiblichen Geschlechts) confidante. — **~,po·sten** m cf. Vertrauensstellung. — **~,rat** m econ. confidential consultative council. — **~,sa·che** f 1. (Sache, die vertraulich behandelt werden muß) confidential matter. – 2. (Sache des Vertrauens) matter of confidence: ob du ihr das erzählst oder nicht, ist ~ it is a matter of confidence whether you tell her this or not. — **~,schü·ler** m ped. class spokesman. — **~,schü·le·rin** f class spokeswoman. — **v~,se·lig** adj overtrustful, (over)credulous, confiding. — **~,se·lig·keit** f ⟨-; no pl⟩ overtrustfulness, (over)credulity, blind confidence, confidingness. — **~,stel·lung** f position of trust, confidential post. — **~ver,hält·nis** n confidential relationship, bond of trust: persönliches ~ relationship of personal trust (od. confidence). — **v~,voll I** adj (Blick etc) trusting, trustful. – **II** adv sich ~ an j-n wenden to turn to s.o. trustingly (od. hopefully). — **~,vo·tum** n bes. pol. vote of confidence. — **v~,wür·dig** adj trustworthy, trusty. — **v~,wür·dig·keit** f trustworthiness, trustiness.

ver'trau·ern v/t ⟨no ge-, h⟩ (Zeit) spend (time) in mourning.

ver'trau·lich I adj 1. confidential: in ~em Ton in a confidential tone; das ist eine (streng) ~e Mitteilung this is said (strictly) confidentially (od. in [strict] confidence); j-m eine ~e Mitteilung machen to confide s.th. to s.o.; ich sah ihn in einem ~en Gespräch mit einem Freund I saw him having a confidential talk with a friend; streng ~! strictly confidential! – 2. (allzu persönlich) familiar, chummy: er wird immer schnell ~ he tends to become familiar very quickly; einen (plump) ~en Ton anschlagen to adopt a(n outspokenly) familiar tone. – **II** adv 3. (diskret) confidentially: etwas streng ~ behandeln to treat s.th. strictly confidentially; j-m etwas ~ mitteilen to tell s.o. s.th. confidentially (od. in confidence); Anfragen [Mitteilungen] werden auf Wunsch ~ behandelt inquiries are [information is] treated confidentially on request. – 4. (allzu persönlich) familiarly, chummily: er begegnet seinen Kollegen zu ~ he tends too familiar (od. chummy) with his colleagues, he tends to chum up with his colleagues. — **Ver'trau·lich·keit** f ⟨-; -en⟩ 1. ⟨only sg⟩ confidentiality, confidentialness. – 2. ⟨only sg⟩ (Diskretion) confidence: Mitteilungen mit aller ~ behandeln to treat information in due confidence. – 3. (Aufdringlichkeit) familiarity, chumminess: seine ~ geht mir auf die Nerven his familiarity gets on my nerves; ich verbitte mir jede ~ I will tolerate no familiarity; sich (dat) j-m gegenüber ~en herausnehmen to take liberties with s.o., to be too familiar with s.o., to chum up with s.o.

ver'träu·men v/t ⟨no ge-, h⟩ (Leben, Zeit, Tag etc) dream (od. moon) s.th. ~ away. — **ver'träumt I** pp. – **II** adj 1. dreamy, moony, auch mooney: er ist ~ he is a dreamy person, he is a (day)dreamer, he indulges in daydreaming. – 2. fig. (Dorf, Tal etc) dreamy, sleepy. — **Ver'träumt·heit** f ⟨-; rare -en⟩ 1. dreaminess, mooniness. – 2. fig. (von Dorf, Tal etc) dreaminess, sleepiness.

ver'traut I pp. – **II** adj 1. (eng, innig) intimate, close: sie sind ~e Freunde they are intimate friends; mit j-m ~en Umgang haben (od. pflegen) to be close friends (od. on intimate terms) with s.o.; mit j-m auf ~em Fuße stehen to be very friendly with s.o.; sie sind (sehr) ~ miteinander they are (very) close friends, they are on (very) intimate terms; mit j-m ~ werden to make friends (od. become friendly) with s.o. – 2. (gutbekannt) familiar, well-known (attrib): in ~er Umgebung in familiar surroundings; nicht ~, unfamiliar, strange; diese Dinge sind mir von meiner Kindheit her ~ these things have been familiar me from childhood; er sah kein ~es Gesicht he did not see a single familiar face; mit etwas ~ sein to be familiar (od. well acquainted, [con]ver-

sant) with s.th., to be versed (od. at home) in s.th.; sich [j-n] mit etwas ~ machen to familiarize (Br. auch -s-) (od. acquaint) oneself [s.o.] with s.th.; du mußt dich mit dem Gedanken ~ machen, daß you must get used to the idea of; das kommt mir ~ vor that seems (od. sounds) familiar to me, that rings a bell (with me) (colloq.). – 3. hunt. (Wild) tame, quiet.

Ver'trau·te¹ m ⟨-n; -n⟩ intimate (od. close) friend, confidant, auch confident. **Ver'trau·te²** f ⟨-n; -n⟩ intimate (od. close) friend, confidante. **Ver'traut·heit** f ⟨-; no pl⟩ 1. (enge Verbundenheit) intimacy, nearness. – 2. (gute Kenntnis) (mit with) familiarity, acquaintance, conversance, conversancy.

ver'trei·ben¹ I v/t ⟨irr, no ge-, h⟩ 1. drive (od. chase) (s.o., s.th.) away: der Wind vertrieb die Wolken the wind drove the clouds away, the wind dispersed (od. dispelled) the clouds; bitte lassen Sie sich nicht durch mich ~ (Höflichkeitsformel) please don't feel that you have to go because of me; habe ich Sie von Ihrem Platz vertrieben? have I taken your seat? – 2. j-n (aus etwas) ~ to drive s.o. out (of s.th.), to expel s.o. (from s.th.), to oust s.o. (from s.th.): j-n aus seinem Besitz ~ to drive s.o. out of his estate; j-n aus seinem Heimatland ~ to drive s.o. out of his home country, to expatriate (od. displace) s.o.; j-n von Haus und Hof ~ to drive s.o. (away) from (od. to turn s.o. out of) house and home; j-n aus seinem Haus ~ to turn s.o. out of his home; den Feind aus einer Stellung ~ mil. to dislodge the enemy from a position. – 3. fig. (Krankheit, Beschwerde etc) cure: dieses Mittel vertreibt den Husten schnell this medicine quickly cures a cough. – 4. fig. (Ärger, Sorge, Langeweile etc) banish, dispel. – 5. sich (dat) [j-m] die Zeit mit etwas ~ fig. to pass (od. while away) one's [s.o.'s] time with s.th.: ich vertreibe mir gern die Zeit mit Lesen I like to pass the time with reading. – 6. Farben ~ (art) to scumble (od. blend) colo(u)rs. – **II V~** n ⟨-s⟩ 7. verbal noun. – 8. cf. Vertreibung¹.

ver'trei·ben² econ. I v/t ⟨irr, no ge-, h⟩ 1. distribute, market, sell. – 2. (durch Hausieren) peddle. – **II V~** n ⟨-s⟩ 3. verbal noun. – 4. cf. Vertrieb 2.

Ver'treib,pin·sel m (art) blender, softener, (aus Kamelhaar) mop.

Ver'trei·bung¹ f ⟨-; no pl⟩ 1. cf. Vertreiben¹. – 2. (von Menschen) expulsion (from one's home): die ~ aus dem Paradies the expulsion from Paradise; ~ aus dem Heimatland expatriation. – 3. mil. (des Feindes) dislodg(e)ment.

Ver'trei·bung² f ⟨-; no pl⟩ econ. 1. cf. Vertreiben². – 2. cf. Vertrieb 2.

ver'tret·bar adj 1. justifiable, warrantable: eine ~e Maßnahme a justifiable arrangement; das ist ein durchaus ~es Argument that is quite a justifiable (od. valid) argument, that argument will hold water; ~er Ausgabe warrantable outlay; ein ~er Standpunkt a justifiable (od. defensible, supportable) point of view; etwas für ~ halten to consider s.th. justifiable. – 2. jur. (Sachen, Waren) fungible: ~e Waren fungibles. — **Ver'tret·bar·keit** f ⟨-; no pl⟩ 1. justifiability, justifiableness, warrantableness: die ~ eines Arguments überprüfen to examine the justifiability (od. defensibility, validity) of an argument. – 2. jur. (von Waren) fungibility.

ver'tre·ten¹ I v/t ⟨irr, no ge-, h⟩ 1. (Kollegen, Chef etc) replace, take (s.o.'s) place: er läßt sich durch seinen Sekretär ~ he has his secretary replace him (od. take his place); j-n dienstlich ~ to act (od. substitute, deputize Br. auch -s-) for s.o.; sich ~ lassen bes. jur. to appoint a proxy; sich bei einer Wahl ~ lassen pol. to vote by proxy; → Vaterstelle. – 2. (Institution, Unternehmen, Firma etc) represent: er vertritt Deutschland bei diesem Wettkampf he represents Germany in this competition; einen Wahlkreis im Parlament ~ pol. to represent (od. sit for) a constituency in parliament. – 3. (Sache, Interesse etc) attend to, safeguard, look after. – 4. (verantworten) justify, warrant: eine solche Politik ist nicht mehr zu ~ such a policy can no longer be justified. – 5. (einstehen für) answer for: ich kann diese Handlungsweise nicht vor meinem Gewissen ~ I cannot answer for this action with my conscience; kannst du das vor deinen Kollegen ~? can you answer to your colleagues for that? – **6.** eine Ansicht [Meinung, einen Standpunkt] ~ a) (*allgemein*) to hold (*od.* be of) a view [an opinion, a viewpoint], b) (*in Worten*) to support (*od.* advocate) a view [an opinion, a viewpoint]: er hat immer schon die Ansicht ~, daß he has always held (*od.* taken) the view that, he has always professed that; ich vertrete nicht Ihre Meinung I am not of (*od.* I do not share) your opinion; bei dem Treffen vertrat er die Meinung, daß at the meeting he supported the opinion that. – **7.** j-m den Weg ~ to bar (*od.* block) s.o.'s way. – **8.** sich (*dat*) den Fuß ~ to strain (*od.* twist, go over on) one's ankle. – **9.** sich (*dat*) die Füße (*od.* Beine) ~ *colloq.* to stretch one's legs. – **10.** (*Schuhe*) wear (*s.th.*) out of shape. – **11.** *jur.* appear (*od.* plead) for: j-n vor Gericht ~ to hold (a) brief for s.o., to plead s.o.'s cause (*od.* case) (in [*od.* before a] court): sie wird durch ihren Anwalt ~ her cause is pleaded by her barrister (*Am.* attorney). – **12.** (*theater*) understudy. – **II V~** n ⟨-s⟩ **13.** *verbal noun.* – **14.** *cf.* Vertretung.

ver'tre·ten² I *pp of* vertreten¹. – **II** *adj* **1.** (*repräsentiert*) represented: die im Parlament ~en Parteien the parties represented in parliament. – **2.** (*anwesend, vorhanden*) present: von der Gruppe sind nur zwei Mitglieder ~ only two members of the group are present; in diesem Sammelwerk sind von der jüngeren Generation nur zwei Schriftsteller ~ only two writers of the younger generation feature (*od.* are to be found) in this collection. – **3.** *med.* (*Fuß etc*) twisted, strained.

Ver'tre·ter m ⟨-s; -⟩ **1.** (*eines Kollegen, Chefs etc*) substitute, deputy, (*eines Arztes od. Geistlichen*) *bes. Br. auch* locum tenens, locum. – **2.** (*einer Institution, eines Unternehmens, einer Firma etc*) (bei to) representative: ~ von Presse, Funk und Fernsehen representatives of (*od.* from) the press, radio and television; gewählter ~ des Volkes *pol. cf.* Abgeordnete 2; Donne ist ein typischer ~ der Metaphysical Poets Donne is a typical representative (*od.* an exponent) of the Metaphysical Poets; das ist vielleicht ein komischer ~ *fig. colloq.* he really is a funny (*od.* an odd) fellow (*colloq.*). – **3.** (*Befürworter*) advocate, supporter: er ist ein ~ der direkten Methode im Sprachunterricht he is an advocate of the direct method in language teaching. – **4.** *econ.* a) (*reisender*) commercial traveler (*bes. Br.* traveller), traveling (*bes. Br.* travelling) salesman, (*selbständiger*) (sales) agent, b) (*als Angehöriger einer Firma*) representative, c) (*Repräsentant*) representative: Waren über einen ~ bestellen to order goods through an agent (*od.* intermediary); er ist ~ für (*od.* in) Textilien he is an agent (*od.* a representative) for textiles, he is a textile representative. – **5.** *jur. cf.* Bevollmächtigte 2a. – **6.** *pol.* (bei to) representative: diplomatischer [ständiger] ~ diplomatic [permanent] representative.

Ver'tre·te·rin f ⟨-; -nen⟩ **1.** *cf.* Vertreter 1–3, 6. – **2.** *econ.* a) (*reisende*) commercial traveler (*bes. Br.* traveller), traveling (*bes. Br.* travelling) saleswoman, (*selbständige*) (sales) agent, b) (*als Angehörige einer Firma*) representative, c) (*Repräsentantin*) representative. – **3.** *jur. cf.* Bevollmächtigte 2a.

Ver'tre·ter|or·ga·ni·sa·ti,on f *econ.* agency system (*od.* organization *Br. auch* -s-). — ~**pro·vi·si,on** f agent's commission. — ~**ver,trag** m agency (*od.* representative's) agreement.

Ver'tre·tung f ⟨-; -en⟩ **1.** *cf.* Vertreten. – **2.** ⟨*only sg*⟩ (*von Kollegen, Chef etc*) substitution, (*von Ärzten und Geistlichen*) *Br. auch* locum-tenency: er hat die ~ von Herrn X übernommen he has undertaken to (act as) substitute for Mr. X; in ~ des Direktors [von Frau Y] acting as deputy for the director [for Mrs. Y]; der Direktor, in ~ N.N. (*bei Unterschriften*) for the director, N.N. – **3.** (*Vertreter*) substitute: ich bin die ~ für Frl. X I am the substitute for Miss X, I am Miss X's substitute. – **4.** *ped. cf.* Vertretungsstunde. – **5.** ⟨*only sg*⟩ (*von Institutionen, Unternehmen, Firmen etc*) representation: er hat die ~ der Firma X he represents the firm of (*od.* Messrs.) X, he is an (*od.* the) agent of Messrs. X. – **6.** *econ.* (*Agentur*) agency: j-m eine ~ übertragen to entrust

s.o. with an agency, to confer an agency (up)on s.o.; in dieser Stadt haben wir keine ~ we have no agency in this town. – **7.** *pol.* a) representation, b) (*Mission*) mission: diplomatische [militärische] ~ diplomatic [military] mission. – **8.** *jur.* (*auf Grund einer Vollmacht*) proxy, procuration: in ~ by proxy.

Ver'tre·tungs|be,fug·nis f *jur.* authority: Umfang der ~ scope of authority. — ~**be,rech·tigt** *adj* entitled to act as substitute (*od.* agent, representative, deputy). — ~**ge,biet** n *econ.* (*eines Handelsreisenden etc*) territory. — ~**macht** f **1.** *econ.* authority. – **2.** *jur. cf.* Vertretungsbefugnis. — ~**stun·de** f *only in* ich habe jetzt eine ~ *ped.* I have to substitute (*od.* take a class, stand in) for s.o. now. — ~**voll,macht** f *econ. jur.* power of attorney, authority to act as representative. — ~**wei·se** *adv* as a substitute, in deputizing (*Br. auch* -s-) capacity.

Ver'trieb m ⟨-(e)s; -e⟩ *econ.* **1.** *cf.* Vertreiben². – **2.** ⟨*only sg*⟩ (*Absatz*) sale. – **3.** sales department.

ver'trie·ben I *pp of* vertreiben¹ *u.* ². – **II** *adj* expelled. — **Ver'trie·be·ne** m, f ⟨-n; -n⟩ expellee, refugee.

Ver'trie·be·nen·ver,band m association of expellees.

Ver'triebs|,ab,kom·men n *econ.* sales agreement. — ~**ap,pa,rat** m sales organization (*Br. auch* -s-). — ~**ge,mein·schaft** f sales organization (*Br. auch* -s-), sales combine. — ~**ge,sell·schaft** f marketing company. — ~**ko·sten** pl sales expenses. — ~**lei·ter** m sales manager. — ~**or·ga·ni·sa·ti,on** f *cf.* Vertriebsapparat. — ~**recht** n selling right. — ~**stel·le** f sales office (*od.* agency). — ~**weg** m channel of distribution.

ver'trim·men v/t ⟨*no* ge-, h⟩ *colloq. cf.* verhauen 1.

ver'trin·ken v/t ⟨*irr, no* ge-, h⟩ (*Geld, Vermögen, Haus etc*) drink (away), guzzle away (*colloq.*): er hat seinen ganzen Wochenlohn vertrunken he spent his whole week's wages on drink (*od. colloq.* booze, *auch* booze).

ver'trock·nen v/i ⟨*no* ge-, sein⟩ **1.** dry up. – **2.** (*von Brot*) go stale. – **3.** *cf.* verwelken 1. — **ver'trock·net** I *pp.* – **II** *adj* **1.** dried-up (*attrib*). – **2.** (*Brot etc*) stale. – **3.** (*Feld etc*) parched. – **4.** *fig.* (*Mensch*) inflexible.

ver'trö·deln v/t ⟨*no* ge-, h⟩ (*Zeit, Tag, Nachmittag etc*) dawdle (*od.* trifle, fiddle, fritter) away: die Zeit ~ to dawdle the time away, to fool around (*od.* about).

ver'trö·len [-'trøːlən] v/t ⟨*no* ge-, h⟩ *Swiss for* vertrödeln.

ver'trö·sten I v/t ⟨*no* ge-, h⟩ j-n ~ to put s.o. off: man vertröstete ihn auf später [von einem Tag auf den andern] he was put off until later [from one day to the next]; die Mutter vertröstete ihr Kind auf ein anderes Mal the mother consoled her child with a promise of next time. – **II** v/reflex sich ~ be patient, have patience: du wirst dich auf morgen ~ müssen you will have to be patient until tomorrow. – **III V~** n ⟨-s⟩ *verbal noun.* — **Ver'trö·stung** f ⟨-; -en⟩ **1.** *cf.* Vertrösten. – **2.** delaying tactic.

ver'trot·teln v/i ⟨*no* ge-, sein⟩ *auch fig.* to dote (*auch* doat): er vertrottelt allmählich he is beginning to dote. — **ver'trot·telt I** *pp.* – **II** *adj auch* doating.

ver'tru·sten [-'trustən; -'trastən] *econ.* I v/t ⟨*no* ge-, h⟩ form (*s.th.*) into a trust, trustify. – **II V~** n ⟨-s⟩ *verbal noun.* — **Ver'tru·stung** f ⟨-; no pl⟩ **1.** *cf.* Vertrusten. – **2.** trustification.

ver'tü·dern [-'tyːdərn] v/t ⟨*no* ge-, h⟩ *Low G.* **1.** (*Seile, Fäden etc*) tangle up. – **2.** *fig.* (*Begriffe etc*) mix (*od.* muddle) up, get (*s.th.*) mixed (*od.* muddled) up.

Ver·tum·na·li·en [vɛrtumˈnaːliən] pl *antiq.* (*in Rom*) Vertumnalia, Vertumna festival *sg.*

ver'tun I v/t ⟨*irr, no* ge-, h⟩ (*Zeit, Geld etc*) waste, squander (*s.th.*) (away): ich habe die ganze Zeit mit Reden vertan I wasted my whole time talking. – **II** v/reflex sich ~ *colloq.* slip up (*colloq.*), make a mistake.

ver'tu·schen I v/t ⟨*no* ge-, h⟩ hush (*od.* cover) up, suppress, burke: sie versuchten, diesen unangenehmen Vorfall zu ~ they tried to hush up this embarrassing incident. – **II V~** n ⟨-s⟩ *verbal noun.* — **Ver'tu·schung** f ⟨-; no pl⟩ **1.** *cf.* Vertuschen. – **2.** suppression.

ver'übeln [-'ʔyːbəln] v/t ⟨*no* ge-, h⟩ **1.** j-m etwas ~ to be annoyed at s.o. for (doing)

s.th., to resent s.o.'s doing s.th.: sie verübelten es ihm sehr, daß er ohne Abschied wegfuhr they were very annoyed at him for leaving without saying good-by(e), they took it very amiss that he left without saying good-by(e). – **2.** das kann ich dir nicht ~ I cannot blame you for that; ich würde es ihm nicht ~, wenn er heute schon führe I should not blame him for leaving today already; ich hoffe, Sie ~ mir diese Frage nicht I hope you do not mind my question (*od.* asking).

ver'üben I v/t ⟨*no* ge-, h⟩ **1.** (*Verbrechen etc*) commit, perpetrate: einen Einbruch ~ *cf.* einbrechen 3, 4; → Attentat. – **2.** (*Streich*) play. – **II V~** n ⟨-s⟩ **3.** *verbal noun.* — **Ver'übung** f ⟨-; no pl⟩ **1.** *cf.* Verüben. – **2.** commission, perpetration.

ver'ul·ken v/t ⟨*no* ge-, h⟩ *colloq.* **1.** j-n ~ a) (*aufziehen*) to pull s.o.'s leg, to cod s.o. (*colloq.*); to take the mickey out of s.o., to kid s.o. (*sl.*), b) (*sich lustig machen über*) to make fun of s.o., to guy s.o. – **2.** etwas ~ to make fun of s.th.

ver'un,eh·ren v/t ⟨*no* ge-, h⟩ *obs.* dishonor, *bes. Br.* dishonour, discredit, disparage.

ver'un,ei·ni·gen I v/t ⟨*no* ge-, h⟩ disunite, divide, set (*persons*) at variance. – **II** v/reflex sich ~ (mit with) fall out, break, split (up). – **III V~** n ⟨-s⟩ *verbal noun.* — **Ver'un,ei·ni·gung** f ⟨-; no pl⟩ **1.** *cf.* Veruneinigen. – **2.** (*Ergebnis*) disunion, division.

ver'un,fal·len v/i ⟨*no* ge-, sein⟩ *Swiss* (mit with) have an accident.

ver'un,glimp·fen [-,glɪmpfən] I v/t ⟨*no* ge-, h⟩ (*Person, Ruf, Ehre, Beruf etc*) disparage, blacken, defile, decry, denigrate, smear. – **II V~** n ⟨-s⟩ *verbal noun.* — **Ver'un,glimp·fung** f ⟨-; -en⟩ **1.** *cf.* Verunglimpfen. – **2.** disparagement, defilement, denigration, smear.

ver'un,glücken (getr. -k·k-) v/i ⟨*no* ge-, sein⟩ **1.** have (*od.* meet with) an accident: mit dem Auto ~ to have a car accident; mit dem Flugzeug ~ to be involved in a plane crash; tödlich ~ to be killed in an accident. – **2.** *fig. colloq.* (*mißglücken*) be a failure, not be a success: der Kuchen ist (mir) verunglückt the cake is not a success (*od.* has turned out badly). — **ver'un,glückt I** *pp.* – **II** *adj fig. colloq.* (*Kuchen, Rede, Party etc*) unsuccessful. — **Ver'un,glück·te** m, f ⟨-n; -n⟩ casualty.

ver'un,krau·tet [-,krautət] *adj* weedy, overgrown with weeds. — **Ver'un,krau·tung** f ⟨-; no pl⟩ weed growth.

ver'un,rei·ni·gen I v/t ⟨*no* ge-, h⟩ **1.** (*schmutzig machen*) dirty, soil, foul. – **2.** (*Luft, Wasser etc*) contaminate, pollute, (*Luft*) *auch* vitiate. – **3.** *relig.* (*Tempel*) contaminate, defile, pollute. – **II V~** n ⟨-s⟩ *verbal noun.* — **Ver'un,rei·ni·gung** f ⟨-; -en⟩ **1.** *cf.* Verunreinigen. – **2.** ⟨*only sg*⟩ (*der Luft, des Wassers etc*) contamination, pollution, (*der Luft*) *auch* vitiation. – **3.** ⟨*only sg*⟩ (*eines Tempels*) contamination, defilement, pollution. – **4.** (*Fremdstoff*) impurity.

ver'un,si·chern v/t ⟨*no* ge-, h⟩ **1.** j-n ~ to make s.o. unsure, to disconcert s.o., *bes. Am.* to rattle s.o. – **II V~** n ⟨-s⟩ **2.** *verbal noun.* – **3.** *cf.* Verunsicherung. — **ver'un,si·chert I** *pp.* – **II** *adj* sich ~ fühlen to be disconcerted. — **Ver'un,si·che·rung** f ⟨-; no pl⟩ **1.** *cf.* Verunsichern. – **2.** disconcertion, disconcertedness. – **3.** *pol.* (*bes. durch Radikale*) creation of insecurity within the establishment.

ver'un,stal·ten [-,ʃtaltən] I v/t ⟨*no* ge-, h⟩ **1.** j-n ~ a) to disfigure s.o., b) (*j-s Gesicht*) to mar (*od.* blemish) s.o.'s looks, (*stärker*) to disfigure s.o.'s face, c) (*durch Brandwunden etc*) to scar s.o.'s face, d) (*deformieren*) to deform s.o. – **2.** (*Landschaft, Gebäude etc*) disfigure, spoil, mar. – **II V~** n ⟨-s⟩ *verbal noun.* – **4.** *cf.* Verunstaltung. — **ver'un,stal·tet I** *pp.* – **II** *adj* **1.** disfigured. – **2.** (*Gesicht*) blemished, (*stärker*) disfigured. – **3.** (*deformiert*) deformed, misshapen. – **4.** (*Landschaft etc*) disfigured, spoiled, marred. — **Ver'un,stal·tung** f ⟨-; -en⟩ **1.** *cf.* Verunstalten. – **2.** disfigurement. – **3.** (*im Gesicht*) blemish, (*stärker*) disfigurement. – **4.** (*Deformation*) deformation, deformity. – **5.** (*der Landschaft etc*) disfigurement.

ver'un,treu·en [-,trɔyən] I v/t ⟨*no* ge-, h⟩ **1.** (*Geld, Wertpapiere etc*) embezzle, defalcate, misappropriate, (*bes. öffentliche Gelder*) peculate. – **II V~** n ⟨-s⟩ **2.** *verbal*

noun. – **3.** *cf.* Veruntreuung. — **Ver'un-
,treu·er** *m* ⟨-s; -⟩ embezzler, defalcator,
(*bes. öffentlicher Gelder*) peculator. — **Ver-
'un,treu·ung** *f* ⟨-; -en⟩ **1.** *cf.* Veruntreuen.
– **2.** embezzlement, defalcation, misappropriation, (*bes. öffentlicher Gelder*) peculation: ~ durch Beamte *jur.* malversation.
ver'un,zie·ren **I** *v/t* ⟨no ge-, h⟩ disfigure,
spoil, mar. – **II V~** *n* ⟨-s⟩ *verbal noun.* —
Ver'un,zie·rung *f* ⟨-; -en⟩ **1.** *cf.* Verunzieren. – **2.** disfigurement.
ver'ur,sa·chen [-,zaxən] **I** *v/t* ⟨no ge-, h⟩
1. (*die Ursache sein für*) cause, be the cause
of: technisches Versagen hat den Unfall
verursacht technical failure was the cause
of the accident. – **2.** (*bewirken, hervorrufen*)
cause, bring on, generate: Ärger [Schaden]
~ to cause (*od.* create) trouble [damage];
Aufregung ~ to cause (*od.* occasion, produce) excitement; Arbeit [Schwierigkei-
ten] ~ to cause (*od.* create, involve, entail)
work [difficulties]; einen Skandal ~ to cause
(*od.* create, give rise to) a scandal; viele
Umstände ~ to cause (*od.* make for) much
trouble; j-m Umstände ~ to cause s.o. (*od.*
put s.o.) to trouble; das verursacht (ihm)
ein Gefühl der Genugtuung that causes
(*od.* provokes) a feeling of satisfaction (in
him). – **3.** Kosten ~ to involve (*od.* entail)
expense: j-m große Kosten ~ to put s.o. to
great expense. – **II V~** *n* ⟨-s⟩ **4.** *verbal noun.*
– **5.** *cf.* Verursachung. — **Ver'ur,sa-
cher** *m* ⟨-s; -⟩ causer. — **Ver'ur,sa·chung**
f ⟨-; *no pl*⟩ **1.** *cf.* Verursachen. – **2.** causation.
ver'ur,tei·len **I** *v/t* ⟨no ge-, h⟩ **1.** j-n ~ *jur.*
a) (*zu einer Strafe, zur Zahlung der Kosten
etc*) to condemn (*od.* convict) s.o., b) (*zu
einer Geldstrafe*) to fine s.o., to impose (*od.*
levy) a fine (up)on s.o., c) (*zu einer Gefängnisstrafe, zum Tod*) to sentence s.o.: zu einer
Geld- oder Gefängnisstrafe verurteilt
werden to be fined *od.* imprisoned; zu einem Monat Gefängnis verurteilt werden
to be sentenced to one month (of) imprisonment; den Kläger zur Zahlung der Prozeßkosten ~ to condemn the plaintiff to costs. –
2. etwas ~ *fig.* (*ablehnen, verdammen*) to
condemn (*od.* disapprove [of]) s.th.: er hat
ihre Handlungsweise aufs schärfste verurteilt he thoroughly condemned her action.
– **II V~** *n* ⟨-s⟩ **3.** *verbal noun.* – **4.** *cf.* Verurteilung. — **ver'ur·teilt** **I** *pp.* – **II** *adj*
zu etwas verurteilt sein *fig.* to be condemned to s.th.: das Unternehmen war
zum Scheitern verurteilt the enterprise
was doomed to failure; wir waren zum
Nichtstun verurteilt we were condemned
to idleness. — **Ver'ur·teil·te** *m, f* ⟨-n; -n⟩
condemned person, convict. — **Ver'ur·tei·
lung** *f* ⟨-; -en⟩ **1.** *cf.* Verurteilen. – **2.** *jur.*
condemnation, conviction. – **3.** *fig.* (*Ablehnung*) condemnation, disapproval.
ver'uzen *v/t* ⟨no ge-, h⟩ *colloq. cf.* verulken.
Ver·ve ['vɛrvə] *f* ⟨-; *no pl*⟩ *lit.* (*Schwung, Begeisterung*) verve, vivacity, dash.
ver'viel,fa·chen **I** *v/t u.* sich ~
v/reflex ⟨no ge-, h⟩. – **II V~** *n* ⟨-s⟩ *verbal
noun.* — **Ver'viel,fa·chung** *f* ⟨-; -en⟩
1. *cf.* Vervielfachen. – **2.** multiplication.
Ver'viel,fa·chungs·ge,trie·be *n tech.* multi-
plying gears *pl.*
ver'viel,fäl·ti·gen [-,fɛltɪgən] **I** *v/t* ⟨no ge-,
h⟩ **1.** multiply. – **2.** (*Schriftstück, Zeichnung
etc*) duplicate, copy, ditto (*colloq.*): einen
Brief ~ lassen to have a letter duplicated
(*auch* mimeographed). – **3.** *phot.* copy. –
II *v/reflex* sich ~ **4.** multiply. – **III V~** *n*
⟨-s⟩ **5.** *verbal noun.* – **6.** *cf.* Vervielfältigung. — **Ver'viel,fäl·ti·ger** *m* ⟨-s; -⟩
tech. cf. Vervielfältigungsapparat. —
Ver'viel,fäl·ti·gung *f* ⟨-; -en⟩ **1.** *cf.*
Vervielfältigen. – **2.** multiplication. – **3.**
(*von Schriftstück, Zeichnung etc*) duplication, copy, *auch* mimeograph. – **4.** *phot.*
copy.
Ver'viel,fäl·ti·gungs|ap·pa,rat *m* **1.** dupli-
cating (*od.* copying) machine (*od.* apparatus), duplicator, *auch* mimeograph. – **2.**
phot. copying apparatus. — **~pa,pier** *n*
print. duplicating paper. — **~,recht** *n* copyright, right of reproduction. — **~ver,fah-
ren** *n* **1.** *print.* duplicating process. – **2.** *phot.*
reproduction process.
ver'vier,fa·chen [-,faxən] **I** *v/t* ⟨no ge-, h⟩
quadruple, quadruplicate, increase (*s.th.*)
fourfold. – **II** *v/reflex* sich ~ quadruple,
increase fourfold. – **III V~** *n* ⟨-s⟩ *verbal
noun.* — **Ver'vier,fa·chung** *f* ⟨-; *no pl*⟩

1. *cf.* Vervierfachen. – **2.** quadruplication,
fourfold increase.
ver'voll,komm·nen [-,kɔmnən] **I** *v/t* ⟨no
ge-, h⟩ **1.** (*verbessern*) improve: seine
Kenntnisse in einer Sprache ~ to improve
one's knowledge of a language; ein technisches Verfahren ~ to improve ([up]on) a
technical process. – **2.** (*zur Vollendung bringen*) perfect, perfection, round off. – **3.** (*verfeinern*) refine. – **II** *v/reflex* sich ~ (*in dat in*)
4. (*verbessern*) improve. – **5.** (*perfekt werden*)
perfect oneself. – **III V~** *n* ⟨-s⟩ **6.** *verbal
noun.* — **Ver'voll,komm·nung** *f* ⟨-; *no pl*⟩
1. *cf.* Vervollkommnen. – **2.** improvement.
– **3.** perfection. – **4.** refinement.
ver'voll,komm·nungs,fä·hig *adj* **1.** improvable. – **2.** perfectible. — **Ver'voll,komm-
nungs,fä·hig·keit** *f* ⟨-; *no pl*⟩ **1.** improv-
ability. – **2.** perfectibility.
ver'voll,stän·di·gen [-,ʃtɛndɪgən] **I** *v/t* ⟨no
ge-, h⟩ **1.** (*vollständig machen*) complete:
einen Text durch Nachträge ~ to complete
a text by addenda. – **2.** (*ergänzen*) supplement: eine Ausstellung durch Leihbilder
~ to supplement an exhibition with borrowed paintings. – **3.** (*abrunden*) complement, round off. – **4.** (*wieder auffüllen*)
replenish: das Lager ~ *econ.* to replenish
one's stock. – **5.** (*Kenntnisse, Wissen*) improve. – **II V~** *n* ⟨-s⟩ **6.** *verbal noun.* — **Ver-
'voll,stän·di·gung** *f* ⟨-; *no pl*⟩ **1.** *cf.* Ver-
vollständigen. – **2.** completion. – **3.** (*Ergänzung*) supplementation. – **4.** (*Auffüllung*)
replenishment. – **5.** (*der Kenntnisse*) improvement.
ver'wach·sen¹ **I** *v/i* ⟨*irr, no ge-, sein*⟩
1. (miteinander) ~ (*zusammenwachsen*) to
grow together, to grow into one. – **2.** (*zu-
wachsen*) close. – **3.** (*überwachsen*) become
overgrown, overgrow. – **4.** *med.* a) (*von Wunden*) heal (up), close, b) (*von Knochen*) unite,
c) (*von doppelt angelegten Organen*) fuse,
d) (*verkleben*) adhere. – **5.** *hort.* (*beim Veredeln*) intergraft. – **II** *v/reflex* ⟨h⟩ sich ~
6. (*mit dem Wachsen verschwinden*) disappear (*od.* clear up) with (*od.* in the course
of) time. – **III** *v/t* ⟨h⟩ **7.** (*Kleidungsstück*)
outgrow. – **IV V~** *n* ⟨-s⟩ **8.** *verbal noun.* –
9. *cf.* Verwachsung.
ver'wach·sen² **I** *pp of* verwachsen¹. – **II** *adj*
1. (*verkrüppelt*) crippled, deformed. – **2.**
(*bucklig*) hunchbacked, humpbacked. – **3.**
(*Baum etc*) crooked, stunted. – **4.** (*über-
wuchert*) overgrown: der Weg ist völlig ~
the path is completely overgrown. – **5.** *bot.*
adnate, adherent, connate. – **6.** *zo.* a) (*ursprünglich*) adnate, connate, b) (*später*) adherent, c) (*durch Bindegewebe*) accrete, d)
(*verschmolzen*) coadunate. – **7.** *med.* (*Rip-
pen- u. Lungenfell*) adherent. – **8.** mit etwas
~ sein *fig.* to have become deeply rooted
in s.th.; mit j-m ~ sein *fig.* to have become very close to s.o., to have developed
very close ties to s.o.
ver'wach·sen³ *v/i,* auch sich ~ *v/reflex* ⟨no
ge-, h⟩ (*beim Skisport*) wax wrongly, use
the wrong wax.
Ver'wach·se·ne *m, f* ⟨-n; -n⟩ **1.** (*Krüppel*)
cripple. – **2.** (*Bucklige*) hunchback, hump-
back.
Ver'wach·sen,sein *n fig.* (mit to) attachment.
ver'wachst **I** *pp of* verwachsen³. – **II** *adj*
(*Ski*) wrongly waxed.
Ver'wach·sung *f* ⟨-; -en⟩ **1.** *cf.* Verwachsen¹. – **2.** (*Mißbildung*) deformity. – **3.** *med.*
a) (*Verschmelzen*) fusion, b) (*von Pleura,
Darm*) adhesion, c) (*einer Symphyse*) symphysis, d) (*des Lides*) synechia. – **4.** *bot.*
adnascence, adhesion, connation. – **5.** *zo.*
a) adnascence, adhesion, b) adhesion,
c) accretion, d) coadunation.
ver'wackeln (*getr.* -k·k-) *v/t* ⟨no ge-, h⟩
eine Aufnahme ~ a) to spoil (*od.* blur) a
picture by a camera shake, b) to have a
photo spoiled (*od.* spoilt) by a subject movement. — **ver'wackelt** (*getr.* -k·k-) **I** *pp.* –
II *adj* ein ~es Photo a blurred photo caused
by a camera shake or by a subject movement.
ver'wäh·len *v/reflex* ⟨no ge-, h⟩ sich ~
(*beim Telefonieren*) dial wrongly, choose
(*od.* dial) the wrong number: „Entschuldigung, ich habe mich verwählt" "Sorry,
wrong number".
Ver'wahr [-'va:r] *m only in* etwas in ~ geben [nehmen, haben] to give (*od.* deposit)
[to take, to hold *od.* keep] s.th. in custody.
ver'wah·ren **I** *v/t* ⟨no ge-, h⟩ **1.** (*aufbewah-*

ren) keep, preserve: etwas sicher (*od.* sorgsam*) ~ a) to keep s.th. in a safe place, to
have s.th. in safekeeping, b) *jur.* to keep (*od.*
hold) s.th. in custody; j-m etwas zu ~ geben
to entrust s.th. to s.o.'s care. – **2.** (*für später
aufheben*) save (*s.th.*) up, keep. – **3.** (*weg-
schließen*) lock (*s.th.*) up. – **II** *v/reflex* **4.** sich
gegen etwas ~ to protest against s.th.:
gegen diese Verdächtigungen muß ich
mich ~ I must protest against such suspicions. – **III V~** *n* ⟨-s⟩ **5.** *verbal noun.* –
6. *cf.* Verwahrung. — **Ver'wah·rer** *m* ⟨-s;
-⟩ **1.** keeper. – **2.** *jur.* (*von Vermögen etc*)
custodian, depositary, bailee, trustee.
ver'wahr·lo·sen [-'va:rlo:zən] **I** *v/i* ⟨no ge-,
sein⟩ **1.** (*von Kindern, Garten, Wohnung etc*)
become neglected (*stärker* squalid): j-n [et-
was] ~ lassen to neglect s.o. [s.th.]. – **2.** (*von
Person*) become seedy. – **3.** (*sittlich*) become
dissipated, go to the bad. – **4.** (*von Haus etc*)
become dilapidated. – **II V~** *n* ⟨-s⟩ **5.** *verbal
noun.* – **6.** *cf.* Verwahrlosung. — **ver-
'wahr·lost** **I** *pp.* – **II** *adj* **1.** (*Kinder, Garten, Wohnung etc*) neglected, (*stärker*) squalid: in völlig ~em Zustand in a state of complete neglect (*od.* of squalor). – **2.** (*Person*)
seedy. – **3.** (*sittlich*) dissipated. – **4.** (*Haus
etc*) dilapidated. — **Ver'wahr·lo·ste** *m, f*
⟨-n; -n⟩ **1.** neglected person. – **2.** seedy
person. – **3.** dissipated person. — **Ver-
'wahr·lo·sung** *f* ⟨-; *no pl*⟩ **1.** *cf.* Verwahrlosen. – **2.** (*von Kindern, Garten, Wohnung
etc*) neglect, (*stärker*) squalor, squalidness.
– **3.** (*von Personen*) seediness. – **4.** (*sittliche*)
dissipation. – **5.** (*von Häusern etc*) dilapidation.
Ver'wahr·sam *m* ⟨-s; *no pl*⟩ *only in* etwas
in ~ geben [nehmen, haben] to give (*od.*
deposit) [to take, to hold *od.* keep] s.th. in
custody.
Ver'wah·rung *f* ⟨-; -en⟩ **1.** *cf.* Verwahren.
– **2.** ⟨*only sg*⟩ (*für später*) preservation. –
3. ⟨*only sg*⟩ (*von Geld, Papieren etc*) custody,
Am. safe custody, safekeeping, deposit, bail-
ment: etwas in ~ geben [nehmen, haben]
to give (*od.* deposit) [to take, to hold *od.*
keep] s.th. in custody; etwas in gerichtliche
(*od.* behördliche) ~ nehmen to impound
s.th. – **4.** ⟨*only sg*⟩ *jur.* (*eines Menschen*)
detention: j-s ~ in einer Erziehungsanstalt
anordnen to order s.o.'s detention in an
approved (*Am.* a reform) school. – **5.** (*Einspruch, Protest*) protest: gegen etwas ~ einlegen to lodge (*od.* enter, make) a protest
against s.th.
Ver'wah·rungs|,kon·to *n econ. cf.* Depo-
sitenkonto. — **~,ort** *m* depository. — **~-
ver,trag** *m* contract of deposit.
ver'wai·sen [-'vaizən] *v/i* ⟨no ge-, sein⟩
1. become an orphan. – **2.** *fig.* become deserted. — **ver'waist** **I** *pp.* – **II** *adj* **1.** (*Kinder*)
orphan(ed). – **2.** *fig.* (*menschenleer*) de-
serted, abandoned. – **3.** *fig.* (*herrenlos*)
derelict.
ver'wal·ken *v/t* ⟨no ge-, h⟩ *colloq. cf.* verprügeln 1.
ver'wal·ten **I** *v/t* ⟨no ge-, h⟩ **1.** (*j-s Geschäfte, Angelegenheiten etc*) manage, conduct. –
2. (*Unternehmen, Firma, Abteilung etc*) manage, run, operate, keep. – **3.** (*innehaben*)
(*Amt*) hold. – **4.** (*Vermögen, Gelder, Besitz,
Nachlaß etc*) administer, manage. – **5.**
(*Treuhandgut*) hold (*s.th.*) in trust, act as a
trustee for. – **6.** (*beaufsichtigen*) (*Geschäft etc*)
administer, supervise. – **7.** ein Haus ~ a)
to manage a house, b) (*als Hausmeister*)
to be caretaker (*bes. Am.* janitor) for a
house. – **II V~** *n* ⟨-s⟩ **8.** *verbal noun.* – **9.** *cf.*
Verwaltung. — **Ver'wal·ter** *m* ⟨-s; -⟩ **1.**
manager. – **2.** (*von Vermögen, Geldern, Besitz, Nachlaß etc*) administrator, curator,
manager. – **3.** (*Gutsverwalter*) estate manager, *Br. auch* bailiff. – **4.** (*Grundstücksver-
walter*) property manager. – **5.** (*Treuhänder*)
trustee, custodian. – **6.** (*Hausverwalter*)
a) property manager, b) (*Hausmeister*) caretaker, *bes. Am.* janitor.
Ver'wal·tung *f* ⟨-; -en⟩ **1.** *cf.* Verwalten. –
2. ⟨*only sg*⟩ (*von j-s Geschäften, Angelegenheiten etc*) management. – **3.** ⟨*only sg*⟩ (*von
j-s Vermögen, Geld, Besitz, Nachlaß etc*) administration, management, custody. – **4.**
⟨*only sg*⟩ (*Treuhandverwaltung*) trusteeship.
– **5.** ⟨*only sg*⟩ (*Beaufsichtigung*) administration, supervision. – **6.** *cf.* Hausverwaltung.
– **7.** ⟨*only sg*⟩ (*von Staat etc*) a) (*öffentliche*)
(public) administration, b) (*Beamtenschaft*)
civil service: städtische ~ municipal administration (*od.* authorities *pl*). – **8.** (*eines*

Betriebes etc) administration. – **9.** (*Verwaltungsbehörde*) administrative authority (*od.* board).
Ver'wal·tungs|**ab**|**kom·men** *n pol.* administrative agreement. — **~**|**ab**|**tei·lung** *f* administrative department (*od.* service). — **~**|**akt** *m jur.* administrative action, act of administrative authorities. — **~**|**an·ge**|**stell·te** *m, f* employee in the administration. — **~**|**ap·pa**|**rat** *m* administrative apparatus (*od.* machinery). — **~**|**aus·ga·ben** *pl* administrative expenditure *sg* (*od.* expenses, expense *sg*). — **~**|**aus**|**schuß** *m* administrative (*od.* managing) committee. — **~be·am·te** *m* **1.** administrative officer (*od.* official), civil servant: leitender **~r** chief administrative officer, administrator. – **2.** *cf.* Ministerialbeamte. — **~be**|**hör·de** *f* administrative authority (*od.* board), administration. — **~be**|**reich** *m* (*Ressort*) administrative province (*od.* purview). — **~be**|**zirk** *m* administrative district. — **~**|**dienst** *m* administrative (*od.* civil) service. — **~ge**|**bäu·de** *n* administration building. — **~ge**|**bühr** *f* administrative fee, (*im engeren Sinne*) management charge. — **~ge**|**richt** *n* Administrative Court. — **~ge**|**richts·bar·keit** *f* administrative jurisdiction. — **~ge**|**richts**|**hof** *m* Higher Administrative Court. — **~**|**gre·mi·um** *n* administrative body. — **~**|**ko·sten** *pl* administrative (*od.* administration) expenses. – **v~**|**mä·ßig** *adv* j-m [einer Sache] **~** unterstehen to fall in the administrative province of s.o. [s.th.]. — **~of·fi**|**zier** *m mil.* administrative officer. — **~or**|**gan** *n* administrative body. — **~rat** *m* ⟨-(e)s; **~e**⟩ **1.** administrative (*od.* governing) board, executive committee. – **2.** (*einer Aktiengesellschaft*) board of directors (*od.* management). – **3.** member of an administration (*od.* a governing) board. — **~**|**recht** *n jur.* administrative law. — **v~**|**recht·lich** *adj* pertaining to administrative law. — **~re**|**form** *f* administrative reform. — **~schi**|**ka·ne** *f* administrative chicane(ry). — **~**|**sitz** *m* seat of administration. — **~spra·che** *f* officialese, official parlance, (*abwertend*) civil service jargon. — **~**|**stel·le** *f* administration office. — **v~**|**tech·nisch I** *adj* administrative. – **II** *adv* from an administrative point of view, administratively. — **~ver**|**ein·ba·rung** *f cf.* Verwaltungsabkommen. — **~ver**|**fah·ren** *n* administrative procedure. — **~**|**vor**|**schrift** *f* administrative regulation. — **~**|**weg** *m* (*in Wendungen wie*) auf dem **~** through (the) administrative channels, administratively; den **~** einhalten to act through (the) administrative channels. — **~**|**we·sen** *n* ⟨-s; *no pl*⟩ (public) administration. — **~zen·trum** *n* (*einer Stadt*) center (*bes. Br.* centre) of administration. — **~**|**zweig** *m* branch of administration.
ver'wam·sen *v/t* ⟨*no* ge-, h⟩ *colloq. cf.* verprügeln 1.
ver'wan·del·bar *adj* convertible, transformable, transmutable. — **Ver'wan·del·bar·keit** *f* ⟨-; *no pl*⟩ convertibility, transformability, transmutability.
ver'wan·deln I *v/t* ⟨*no* ge-, h⟩ **1.** (*umwandeln*) (in *acc* into) convert, turn, change, transform, alter: den Sessel in eine Couch **~** to convert the armchair into a couch. – **2.** (*verändern*) change, transform, alter, metamorphose: das Erlebnis hat ihn völlig verwandelt the experience changed him completely; das Mondlicht hat den Raum völlig verwandelt the moonlight transformed the room completely. – **3.** (*verzaubern*) (in *acc* into) turn, transform, metamorphose: die Hexe hat den Prinzen in einen Frosch verwandelt the witch turned the prince into a frog; der Zauberkünstler hat das Ei in eine Ente verwandelt the magician transformed (*od. humor.* transmogrified) the egg into a duck. – **4.** (*machen zu*) (in *acc*) turn (into), transform (into), reduce (to): die Bomben haben die Stadt in einen Trümmerhaufen [Aschenhaufen] verwandelt the bombs turned the town into a heap of ruins [ashes]; etwas in Staub **~** to turn s.th. to dust. – **5.** (*chem. phys. tech.* (in *acc* into) convert, change, transform, transmute: Energie in Bewegung **~** to convert energy into motion. – **6.** *math.* (*Bruch*) reduce, convert. – **7.** einen Freistoß [Strafstoß] **~** (*sport*) (*beim Fußball*) to convert a free kick [penalty kick]. – **8.** (*Szene, Schauplatz etc*) change. – **9.** *relig.* (*Brot u. Wein*) transubstantiate. – **II** *v/re-*

flex **sich ~ 10.** (in *acc* into) turn (*od.* transform, metamorphose) (oneself): Zeus verwandelte sich in einen Schwan Zeus turned himself into a swan. – **11.** *fig.* (*völlig anders werden*) change completely, alter radically. – **12.** *fig.* turn: seine Liebe hat sich in Haß verwandelt his love turned (in)to hate. – **13.** (*theater*) (*von Schauplatz, Szene etc*) shift, change. – **14.** *zo.* (in *acc* into) metamorphose. — **III V~** *n* ⟨-s⟩ **15.** *verbal noun.* – **16.** *cf.* Verwandlung.
ver'wan·delt I *pp.* – **II** *adj* changed: sie ist seit gestern wie **~** she has completely changed (*od.* she has been a completely different person) since yesterday. — **Ver'wand·lung** *f* ⟨-; -en⟩ **1.** *cf.* Verwandeln. – **2.** (*Umwandlung*) conversion, change, transformation, alteration. – **3.** (*Veränderung*) change, transformation, alteration, metamorphosis: mit ihr ist eine **~** vorgegangen there has been a change in her. – **4.** (*Verzauberung*) transformation, metamorphosis, transmogrification (*humor.*). – **5.** *chem. phys. tech.* conversion, change, transformation, transmutation. – **6.** *math.* reduction, conversion. – **7.** (*sport*) conversion. – **8.** (*theater*) change (of scenery). – **9.** *relig.* transubstantiation. – **10.** *zo.* metamorphosis.
Ver'wand·lungs|**künst·ler** *m* quick-change artist. — **~sze·ne** *f* (*theater*) set change, transformation (scene).
ver'wandt[1] **I** *pp* of verwenden. – **II** *adj* used: das **~e** Material the material used.
ver'wandt[2] *adj* **1.** (mit) related (to), sib (to), connected (with), akin (to), cognate (with): er ist mit mir **~** he is related to me, he is a relative of mine, he is of my kin; wir sind miteinander **~** we are related to one another (*od.* each other); nahe [weitläufig] mit j-m **~** sein to be closely [distantly] related to s.o., to be a close [distant] relative of s.o.'s; wie ist er mit dir **~**? how is he related to you? what relation is he to you? mütterlicherseits [väterlicherseits] **~** sein to be related on the mother's (*od.* maternal) [father's *od.* paternal] side; → Ecke 2. – **2.** *fig.* (*in der Denk-, Empfindungsart etc*) kindred, congenial, cognate, connate, connatural: sie sind sich (geistig) **~** they are kindred souls, they are two of a kind. – **3.** *fig.* (*Gebiete, Begriffe, Gesinnungen, Anschauungen, Vorstellungen, Erscheinungen, Gefühle etc*) related, allied, kindred, cognate, connate: Malerei und Dichtkunst sind miteinander **~** painting and poetry are related to one another. – **4.** *fig.* (*chemische Stoffe, Pflanzen etc*) related, allied, congenerous. – **5.** *ling.* (*Sprachen, Wörter etc*) cognate.
Ver'wand·te[1] *m* ⟨-n; -n⟩ **1.** relative, relation, kin(sman): die **~n** collect. the relatives, the kin, the kinfolk (*auch* kinsfolk), the kindred; ein naher [entfernter] **~r** a close (*od.* near) [distant] relative; ein angeheirateter **~r** a relative by marriage; die angeheirateten **~n** the in-laws (*colloq.*); er ist ein **~r** von mir he is a relative of mine; → mütterlicherseits; nächst 5; väterlicherseits. – **2.** (*Blutsverwandte*) blood relative (*od.* relation).
Ver'wand·te[2] *f* ⟨-n; -n⟩ **1.** relative, relation, kin(swoman). – **2.** *cf.* Verwandte[1] 2.
Ver'wand·ten|**be**|**such** *m* **1.** visit from relatives. – **2.** visit to relatives. — **~ehe** *f* marriage between relatives, inmarriage, intermarriage.
Ver'wandt·schaft *f* ⟨-; *no pl*⟩ **1.** (*Verwandtsein*) relation(ship), connection, *Br. auch* connexion, kinship, propinquity, (*Blutsverwandtschaft*) *auch* consanguinity: **~** durch Heirat affinity. – **2.** *collect.* (*die Verwandten*) relatives *pl*, relations *pl*, kin *pl*, kinfolk *pl*, *auch* kinsfolk *pl*, kindred *pl*: eine große **~** haben to have numerous relatives (*od.* a large connection). – **3.** *fig.* (*in der Denk-, Empfindungsart etc*) kinship, congeniality, cognation, affinity, connation, connaturality. – **4.** *fig.* (*von Begriffen, Erscheinungen, Vorstellungen, Anschauungen etc*) relation, alliance, kinship, cognation, connation. – **5.** *fig.* (*zwischen chemischen Stoffen, Pflanzen etc*) relation, alliance. – **6.** *ling.* (*zwischen Sprachen, Wörtern etc*) relationship.
ver'wandt·schaft·lich *adj* relational: in **~em** Verhältnis zu j-m stehen to be related to s.o.; welches **~e** Verhältnis besteht zwischen ihnen? how are they related? what

is their relationship? **~e** Bande relational ties.
Ver'wandt·schafts|**grad** *m* degree of relationship, (*bei Vettern*) *auch* remove. — **~ver**|**hält·nis** *n* relationship, kinship.
ver'wanzt [-'vantst] *adj* bug-ridden, full of bugs, buggy.
ver'war·nen I *v/t* ⟨*no* ge-, h⟩ **1.** admonish, warn. – **2.** (*polizeilich*) caution. – **3.** (*sport*) caution. — **II V~** *n* ⟨-s⟩ **4.** *verbal noun.* — **Ver'war·nung** *f* ⟨-; -en⟩ **1.** *cf.* Verwarnen. – **2.** admonition, admonishment. – **3.** (*polizeiliche*) caution: → gebührenpflichtig 1. – **4.** (*sport*) caution.
ver'wa·schen *adj* **1.** (*Kleidungsstück*) washed-out (*attrib*). – **2.** (*Farbe*) washed-out (*attrib*), (wishy-)washy, watery, nondescript. – **3.** *fig.* (*unbestimmt, verschwommen*) wishy-washy, vague, watery.
ver'wäs·sern *v/t* ⟨*no* ge-, h⟩ **1.** (*Wein, Suppe, Milch etc*) water (down), dilute. – **2.** *fig.* (*abschwächen, entschärft darstellen*) water down. – **2.** *econ.* (*Aktien*) water. — **ver'wäs·sert I** *pp.* – **II** *adj* **1.** (*Wein, Milch etc*) watered(-down), watery, dilute(d). – **2.** *fig.* (*Darstellung, Wiedergabe etc*) watered-down (*attrib*), watery, dilute(d). – **3.** *econ.* (*Aktien*) watered.
ver'we·ben *v/t* ⟨*fig. meist irr, no* ge-, h⟩ **1.** (*beim Weben verbrauchen*) use up (*s.th.*) for weaving. – **2.** etwas in (*acc*) (*od.* mit) etwas **~** *auch fig.* to weave s.th. into s.th., to interweave (*od.* interlace) s.th. with s.th.: einen Goldfaden in den Stoff **~** to weave a gold thread into the material; er hat das Schicksal einiger Zeitgenossen in seinen Roman verwoben *fig.* he interwove his novel with the life of some of his contemporaries.
ver'wech·seln I *v/t* ⟨*no* ge-, h⟩ **1.** (*irrtümlich vertauschen*) confuse, get (*things*) mixed up: sie haben ihre Mäntel verwechselt they confused their coats. – **2.** (*durcheinanderbringen*) confuse, mix up, muddle up, confound, get (*things*) mixed (*od.* muddled) up: zwei Begriffe **~** to confuse two concepts; ich verwechsle (*auch* verwechsele) die beiden Schwestern immer I always confuse the two sisters, I always get the two sisters mixed up; Zwillinge sind leicht zu **~** twins are easily confused (with each other); sie verwechselt manchmal mir und mich her grammar is none too good; → mein 2. – **3.** j-n mit j-m [etwas mit etwas] **~** to mistake s.o. for s.o. [s.th. for s.th.], to confuse s.o. and s.o. [s.th. and s.th.]; ich habe seine Freundin mit seiner Schwester verwechselt I mistook his girl friend for his sister; Sie müssen mich (mit j-m) **~**, Sie **~** mich wohl (I think) you are mistaking me for someone else. — **II V~** *n* ⟨-s⟩ **4.** *verbal noun:* sie sehen sich zum V~ ähnlich they are the spit (and) image (*od.* spitting image) of each other. — **Ver'wech·se·lung, Ver'wechs·lung** *f* ⟨-; -en⟩ **1.** *cf.* Verwechseln. – **2.** confusion: eine Posse mit vielen **~en** a farce with numerous confusions. – **3.** (*Irrtum*) mistake: es kann sich nur um eine **~** handeln it must be a mistake.
ver'we·gen I *adj* **1.** daring, bold, audacious: ein **~er** Bursche *colloq.* a daring fellow (*colloq.*). – **2.** (*waghalsig*) daredevil (*attrib*), reckless, foolhardy, temerarious, (ad)venturesome. – **3.** (*Aussehen etc*) jaunty, rakish, dashing, raffish, cocky (*colloq.*). – **II** *adv* **4.** (*keck, forsch*) jauntily, rakishly, raffishly, cockily (*colloq.*): die Mütze saß ihm **~** auf einem Ohr he wore his cap cocked jauntily over one ear. — **Ver'we·gen·heit** *f* ⟨-; *no pl*⟩ **1.** daringness, boldness, audacity. – **2.** (*Waghalsigkeit*) daredevil(t)ry, recklessness, foolhardiness, temerity, venturesomeness.
ver'we·hen I *v/i* ⟨*no* ge-, sein⟩ **1.** (*zuwehen*) be blown over (*od.* away): die Spuren wurden verweht the tracks were blown over. – **2.** (*von Worten, Stimme*) trail away (*od.* off), drift away: seine Stimme verwehte im Wind his voice trailed away in the wind. — **II** *v/t* ⟨h⟩ **3.** (*zuwehen*) blow over (*od.* away): der Schneesturm hat die Spur verweht the snowstorm blew the track over. – **4.** (*auseinandertreiben*) blow (*s.th.*) away, scatter: der Wind hat die Blätter verweht the wind blew the leaves away. – **5.** (*zerteilen*) blow (*s.th.*) away, disperse. — **III V~** *n* ⟨-s⟩ **6.** *verbal noun.* – **7.** *cf.* Verwehung.

ver'weh·ren I v/t ⟨no ge-, h⟩ j-m etwas ~ a) (verweigern) to refuse (od. debar) s.o. s.th., b) (verhindern) to keep (od. hinder, debar) s.o. from doing s.th.: j-m den Eintritt ~ to refuse s.o. admission; j-m die Teilnahme an (dat) etwas ~ to refuse s.o. participation in s.th., to refuse to let s.o. take part in s.th. - II V~ n ⟨-s⟩ verbal noun. — **Ver'weh·rung** f ⟨-; no pl⟩ 1. cf. Verwehren. - 2. (Verweigerung) refusal, debarment. - 3. (Verhinderung) hindrance, debarment.

ver'weht I pp. - II adj vom Winde ~ gone with the wind.

Ver'we·hung f ⟨-; -en⟩ 1. cf. Verwehen. - 2. (Schneeverwehung) snowdrift. - 3. (Sandverwehung) sand drift.

ver'weich·li·chen [-'vaɪçlɪçən] I v/t ⟨no ge-, h⟩ 1. soften, make (s.o.) soft (od. effeminate), emasculate, mollycoddle, Br. molly-coddle, make a sissy (Br. cissy) of (colloq.). - II v/i ⟨sein⟩ 2. become (od. get) soft (od. effeminate), mollycoddle, Br. molly-coddle, become a sissy (Br. cissy) (colloq.). - III V~ n ⟨-s⟩ 3. verbal noun. - 4. cf. Verweichlichung. — **ver'weich·licht** I pp. - II adj (Mensch) soft, effeminate; sissy, Br. cissy (colloq.). — **Ver-'weich·li·chung** f ⟨-; no pl⟩ 1. cf. Verweichlichen. - 2. effemination, emasculation. - 3. (Zustand) effeminacy, effeminateness, softness.

ver'wei·gern I v/t ⟨no ge-, h⟩ 1. (ablehnen) refuse: die Zahlung ~ to refuse to pay, to refuse payment; die Annahme eines Briefes ~ to refuse (to accept) a letter; die Annahme (od. Einlösung) eines Wechsels ~ econ. to dishono(u)r a bill; die Aussage ~ a) (vor Gericht) to refuse to give evidence, b) (bei der Polizei etc) to refuse to make a statement; den Kriegsdienst ~ to refuse to do military service; die Nahrung ~ to refuse to eat, to refuse (od. reject) food; j-m die Ausreise ~ to refuse s.o.'s exit. - 2. (nicht geben) refuse, deny: die Antwort ~ to refuse to answer, to deny an answer; j-m die Auskunft ~ to refuse to give s.o. information, to deny s.o. information; j-m den Gehorsam ~ to refuse to obey s.o., to deny s.o. obedience; j-m die Hilfe ~ to refuse to help s.o., to deny s.o. help. - 3. ein Hindernis ~ (beim Reitsport) (vom Pferd) to refuse. - II v/i 4. (beim Reitsport) (vom Pferd) refuse. - III v/reflex 5. sich j-m ~ to deny oneself to s.o. - IV V~ n ⟨-s⟩ 6. verbal noun. — **Ver'wei·ge·rung** f ⟨-; no pl⟩ 1. cf. Verweigern. - 2. (der Zahlung, der Annahme, der Aussage, eines Dienstes etc) refusal: ~ der Annahme econ. a) refusal to accept, nonacceptance Br. non-, b) (eines Wechsels) dishono(u)r (by nonacceptance, Br. non--acceptance). - 3. (der Antwort, der Auskunft, des Gehorsams, der Hilfe etc) refusal, denial. - 4. (beim Reitsport) refusal.

Ver'wei·ge·rungs‚fall m only in im ~(e) jur. in case of refusal.

ver'wei·len lit. I v/i ⟨no ge-, h⟩ 1. (längere Zeit bleiben) stay, stop, sojourn (lit.): ich ließ mich überreden, noch länger bei ihnen zu ~ I let myself be persuaded to stay with them longer; ihr Blick verweilte lange auf ihm fig. her glance (od. her eyes) rested on him for a long time. - 2. (kurze Zeit bleiben) stay, stop: laß uns hier noch ein wenig ~ let us stay here a little longer. - 3. (pausieren) pause. - 4. bei etwas ~ fig. to dwell on (od. pause at, stay on) s.th.: bei diesem Gedanken [Thema] wollen wir noch etwas ~ let us dwell on this idea [topic] a little longer. - II v/reflex sich ~ 5. stay, stop, linger, tarry (lit.): ich darf mich nicht zu lange ~ I must not stay too long. - III V~ n ⟨-s⟩ 6. verbal noun: die Bank lud zum V~ ein the bench invited us to stay a while.

Ver'weil‚ka‚the·ter m med. indwelling (od. self-retaining) catheter. — **~‚zeit** f 1. lit. time of stay. - 2. metall. (eines Ofens) holding time. - 3. nucl. holdup time, lingering period.

ver'weint adj 1. (Augen) red from crying. - 2. (Gesicht) tear-stained: ~ und verschwollen blubbered.

Ver'weis¹ ['vaɪs] m ⟨-es; -e⟩ 1. (Tadel, Rüge) reproof, rebuke, reprimand, admonition, reprehension, censure, rating: j-m einen ~ geben (od. erteilen) to reprove (od. rebuke, reprimand, admonish,

reprehend, censure) s.o., to give s.o. a rating (od. a rap on od. over the knuckles); einen ~ bekommen (od. erhalten, colloq. kriegen, einstecken müssen) to be given (od. to receive, to get) a reproof, to get a rap on (od. over) the knuckles. - 2. ped. written notice to parents of a pupil's misconduct at school.

Ver'weis² m ⟨-es; -e⟩ print. (in einem Buch, Text etc) (auf acc to) reference: einen ~ geben (od. anbringen) to make a reference.

ver'wei·sen¹ I v/t ⟨irr, no ge-, h⟩ 1. (hinweisen) refer, auch remit: von Seite 20 wird (der Leser) auf Seite 34 verwiesen on page 20 the reader is referred to page 34, page 20 refers the reader to page 34; j-n auf die gesetzlichen Bestimmungen ~ to refer s.o. to the provisions of the law. - 2. j-n an j-n ~ to refer (od. direct, auch remit) s.o. to s.o.: die Dame im Sekretariat hat mich an Herrn X verwiesen the lady in the secretariat referred me to Mr. X. - 3. (hinauswerfen, verbannen) expel: j-n von der Schule ~ to expel s.o. from school; j-n des Landes ~ a) to expel s.o. (from the country), b) (seines Vaterlandes) to exile s.o. - 4. j-n in seine Schranken ~ to put s.o. in his place (Am. colloq. box). - 5. (sport) Platz 15, 14. - 6. jur. (Rechtssache an unteres bes. erstinstanzliches Gericht) remit. - II V~ n ⟨-s⟩ 7. verbal noun. - 8. cf. Verweisung¹.

ver'wei·sen² I v/t ⟨irr, no ge-, h⟩ j-n ~ (tadeln) lit. to reprove (od. rebuke, reprimand, admonish, reprehend, censure) s.o., to give s.o. a rating (od. a rap on od. over the knuckles); j-m etwas ~ to reprove (od. rebuke, reprimand, admonish, reprehend) s.o. for s.th. - II V~ n ⟨-s⟩ verbal noun.

Ver'weis‚stel·le f reference.

Ver'wei·sung¹ f ⟨-; -en⟩ 1. cf. Verweisen¹. - 2. (Hinweis) reference. - 3. (Ausweisung) expulsion. - 4. jur. (einer Rechtssache an ein unteres Gericht) remission.

Ver'wei·sung² f ⟨-; no pl⟩ cf. Verweisen². — **Ver'wei·sungs‚zei·chen, Ver'weis‚zei·chen** n print. reference mark.

ver'wel·ken v/i ⟨no ge-, sein⟩ 1. (verdorren, vertrocknen) wither. - 2. (schlaff werden, die Köpfe hängen lassen) (bes. von Pflanzen) wilt, droop. - 3. (verblassen) fade. - 4. (zusammenschrumpfen) shrivel (up). — **ver'welkt** I pp. - II adj auch fig. (Gesicht) withered.

ver'welt·li·chen [-'vɛltlɪçən] I v/t ⟨no ge-, h⟩ 1. (Kirchen, Klöster etc) secularize Br. auch -s-. - 2. (Unterricht, Schulen etc) laicize Br. auch -s-. - II v/i ⟨sein⟩ 3. become secularized (Br. auch -s-). - 4. become laicized (Br. auch -s-). - III V~ n ⟨-s⟩ 5. verbal noun. — **Ver'welt·li·chung** f ⟨-; no pl⟩ 1. cf. Verweltlichen. - 2. secularization Br. auch -s-. - 3. laicization Br. auch -s-.

ver'wend·bar adj 1. usable, employable. - 2. (zweckmäßig nutzbar) usable, utilizable Br. auch -s-. - 3. (gebrauchsfähig) serviceable, suitable. - 4. (anwendbar) applicable. - 5. tech. usable, applicable: erneut ~ reusable; → vielseitig 8. — **Ver'wend·bar·keit** f ⟨-; no pl⟩ 1. usability, employability. - 2. (zweckmäßige Nutzbarkeit) usability. - 3. serviceability, serviceableness, suitability. - 4. (Anwendbarkeit) applicability. - 5. tech. usability, applicability: praktische ~ practicability; vielseitige ~ versatility.

ver'wen·den I v/t ⟨auch irr, no ge-, h⟩ 1. (benutzen) use, employ: welches Lehrbuch verwendet ihr? which textbook do you use? sie verwendet nur Butter zum Kuchenbacken she uses only butter for baking cakes. - 2. (zweckmäßig nutzen) use, utilize Br. auch -s-, make (good) use of, put (s.th.) to (good) use: den alten Stoff können wir nicht mehr ~ we cannot use the old material anymore; davon ist nichts mehr zu ~ none of that is (of) any use anymore; dort kannst du deine Englischkenntnisse gut ~ you can make good use of your knowledge of English there. - 3. viel Mühe (od. Sorgfalt) auf (acc) etwas ~ to spend a great deal of effort on s.th., to put a great deal of effort (od. care) into s.th.; viel Zeit auf (acc) (od. zu, für) etwas ~ to spend a great deal of time (up)on s.th., to devote a great deal of time to s.th.; viel Arbeit (od. Fleiß) auf (acc) etwas ~ to put a great deal of hard

work into s.th.; viel Energie auf (acc) etwas ~ to spend a great deal of energy (up)on s.th. - 4. (Geld, Mittel etc) use, spend, appropriate, expend: sie haben das Geld gut verwendet (od. verwandt) they used the money well, they put the money to good use. - 5. (anwenden) apply. - 6. tech. use, apply. - 7. etwas unrechtmäßig ~ jur. a) (Gelder) to misappropriate s.th., b) (bewegliche Sachen) to convert s.th. - 8. er verwandte keinen Blick von ihr obs. od. lit. his eyes (od. glance) never left her. - II v/reflex 9. sich (bei j-m) für j-n ~ a) to use one's influence (with s.o.) for s.o. (od. on s.o.'s behalf), b) (empfehlend) to recommend s.o. (to s.o.). - III V~ n ⟨-s⟩ 10. verbal noun. - 11. cf. Verwendung.

Ver'wen·dung f ⟨-; no pl⟩ 1. cf. Verwenden. - 2. use, employment: die ~ des Genitivs im Englischen the use of the genitive in English (od. the English language); es kommt nur beste Qualität zur ~ only first(-class) quality is used. - 3. (zweckmäßige Nutzung) use, utilization Br. auch -s-: ich habe dafür keine ~ I have no use for it; sie hat für alles ~ colloq. she can use everything; für j-n ~ finden to find a use for s.o. - 4. (von Geld etc) use, appropriation. - 5. (Fürsprache) influence, intercession: auf seine ~ hin habe ich die Stellung bekommen I obtained the post through his influence. - 6. tech. use, application. - 7. unrechtmäßige ~ jur. a) (von Geldern) misappropriation, b) (von beweglichen Sachen) (fraudulent) conversion. - 8. zur besonderen ~ mil. (attached) for special duty.

Ver'wen·dungs|be‚reich m range of use. — **v~‚fä·hig** adj 1. cf. verwendbar. - 2. mil. a) (Person) fit for duty, b) (Material) serviceable. — **~‚mög·lich·keit** f use, usability: vielseitige ~en a wide range of use. — **~‚ort** m place (od. location) of use. — **~‚zweck** m use, (intended) purpose: für alle ~e for all purposes, all-purpose (attrib).

ver'wer·fen I v/t ⟨irr, no ge-, h⟩ 1. (Meinung, Idee, Ansicht, Gedanken etc) give up, reject, discard. - 2. (Vorschlag, Entwurf etc) reject, turn down. - 3. (Plan etc) give up, cancel. - 4. (Bedenken etc) dismiss, set (od. cast) aside. - 5. (verächtlich zurückweisen, verschmähen) spurn, condemn. - 6. jur. a) (Berufung) dismiss, b) (Antrag, Vorschlag, Entscheidung) overrule, c) (Anklage) dismiss, Am. ignore. - 7. j-n ~ Bibl. (von Gott) to reject s.o. - II v/reflex sich ~ 8. (von Holz) warp. - 9. geol. fault. - III v/i 10. vet. (von Kühen etc) abort. - IV V~ n ⟨-s⟩ 11. verbal noun. - 12. cf. Verwerfung.

ver'werf·lich adj 1. (verdammungswürdig) condemnable, damnable. - 2. (abscheulich, ruchlos) abominable, obnoxious, atrocious, infamous. - 3. (tadelnswert) reprehensible. — **Ver'werf·lich·keit** f ⟨-; no pl⟩ 1. condemnable nature, damnability, damnableness. - 2. abominable nature, obnoxiousness, atrocity, atrociousness, infamy. - 3. reprehensibility.

Ver'wer·fung f ⟨-; -en⟩ 1. cf. Verwerfen. - 2. (einer Idee, eines Gedankens etc) rejection. - 3. (eines Vorschlags, Entwurfs etc) rejection. - 4. (eines Plans etc) cancellation, Am. auch cancelation. - 5. (von Bedenken etc) dismissal. - 6. jur. (der Berufung, der Anklage) dismissal. - 7. geol. fault. - 8. metall. distortion.

Ver'wer·fungs|‚ebe·ne f geol. fault plane. — **~‚spal·te** f fault fissure.

ver'wert·bar adj 1. usable, utilizable Br. auch -s-, (nutzbar) exploitable. - 2. econ. a) realizable Br. auch -s-, b) (begebbar) negotiable, c) (einlösbar) convertible, redeemable. — **Ver'wert·bar·keit** f ⟨-; no pl⟩ 1. usability, (Nutzbarkeit) exploitability. - 2. econ. a) realizability Br. auch -s-, b) (Begebbarkeit) negotiability, c) (Einlösbarkeit) convertibility, redeemability.

ver'wer·ten I v/t ⟨no ge-, h⟩ 1. (Stoff-, Speisereste, Altmetall etc) use, make use of, utilize Br. auch -s-: einen Stoffrest für ein Puppenkleid ~ to use (up) a remnant for a doll's dress; er wird diese Anregungen in seinem Roman ~ fig. he will use these suggestions in his novel. - 2. (Kenntnisse, Fähigkeiten etc) use, turn (s.th.) to account, make use of. - 3. (Patent, Erfindung) exploit. - 4. (zu Geld machen) realize Br. auch -s-. - 5. etwas kaufmännisch (od. geschäftlich) ~ to commercialize (*Br. auch* -s-) s.th. – **6.** sich gut ~ lassen *econ.* a) to find a ready sale (*od.* market), b) to fetch a good price. – **II** V~ *n* ⟨-s⟩ **7.** *verbal noun.* – **8.** *cf.* Verwertung. — **Ver-'wer-ter** *m* ⟨-s; -⟩ utilizer *Br. auch* -s-. — **Ver'wer-tung** *f* ⟨-; *no pl*⟩ **1.** *cf.* Verwerten. – **2.** utilization *Br. auch* -s-. – **3.** (*eines Patents, einer Erfindung*) exploitation. – **4.** (*finanzielle*) realization *Br. auch* -s-. – **5.** (*kaufmännische, geschäftliche*) commercialization *Br. auch* -s-.

Ver'wer-tungs|ge,nos-sen-schaft *f* *agr.* processing cooperative (*Br. auch* co-operative). — **~ge,sell-schaft** *f* exploitation corporation.

ver'we-sen[1] *v/i* ⟨*no* ge-, sein⟩ **1.** rot, putrefy, *auch* putrify, fester, corrupt. – **2.** (*sich zersetzen*) decay, decompose. – **II** V~ *n* ⟨-s⟩ **3.** *verbal noun.* – **4.** *cf.* Verwesung[1].

ver'we-sen[2] *v/t* ⟨*no* ge-, h⟩ **1.** *obs.* (*verwalten*) administer. – **II** V~ *n* ⟨-s⟩ **2.** *verbal noun.* – **3.** *cf.* Verwesung[2].

ver'we-send *I pres p of* verwesen[1] *u.* [2]. – **II** *adj* putrescent, putrid.

Ver'we-ser *m* ⟨-s; -⟩ *obs.* **1.** administrator, (*eines Geistlichen*) *bes. Br.* locum tenens, locum. – **2.** (*Statthalter*) vice-regent.

ver'wes-lich [-'veːslɪç] *adj* **1.** putrescible, putrefiable. – **2.** *poet.* (*Seele etc*) perishable, mortal. — **Ver'wes-lich-keit** *f* ⟨-; *no pl*⟩ **1.** putrescibility. – **2.** *poet.* (*der Seele etc*) perishableness, perishableness, mortality.

ver'west *I pp of* verwesen[1] *u.* [2]. – **II** *adj* **1.** putrefied, putrid, rotten, festered. – **2.** (*zersetzt*) decayed, decomposed.

ver'west-li-chen [-'vɛstlɪçən] *I v/t* ⟨*no* ge-, h⟩ occidentalize *Br. auch* -s-, westernize *Br. auch* -s-. – **II** *v/i* ⟨sein⟩ become occidentalized (*Br. auch* -s-) (*od.* westernized *Br. auch* -s-).

Ver'we-sung[1] *f* ⟨-; *no pl*⟩ **1.** *cf.* Verwesen[1]. – **2.** putrefaction, corruption, (*Zustand*) *auch* putrescence, rottenness: in ~ übergehen to begin to putrefy. – **3.** (*Zersetzung*) decay, decomposition.

Ver'we-sung[2] *f* ⟨-; *no pl*⟩ *obs.* **1.** *cf.* Verwesen[2]. – **2.** administration.

Ver'we-sungs|ge,ruch *m* (*bes. Br.* odour) of putrefaction. — **~pro,zeß** *m* **1.** (process of) putrefaction (*od.* corruption). – **2.** (process of) decay (*od.* decomposition).

ver'wet-ten *v/t* ⟨*no* ge-, h⟩ **1.** (*als Wette einsetzen*) bet, wager, stake: er verwettet jede Woche 100 Mark he bets 100 marks (*od.* he spends 100 marks on betting) every week. – **2.** (*beim Wetten verlieren*) lose (*s.th.*) on betting, gamble (*s.th.*) away.

ver'wet-tert [-'vɛtərt] *adj obs. for* verwittert II.

ver'wi-chen [-'vɪçən] *adj obs. for* vergangen II.

ver'wich-sen *v/t* ⟨*no* ge-, h⟩ *colloq.* **1.** *cf.* verprügeln 1. – **2.** *cf.* verjubeln.

ver'wickeln (*getr.* -k·k-) *I v/t* ⟨*no* ge-, h⟩ **1.** (*Garn, Fäden etc*) tangle, entangle, snarl. – **2.** j-n in (*acc*) etwas ~ *fig.* a) (*in ein Gespräch, eine Diskussion etc*) to involve (*od.* engage) s.o. in s.th., b) (*in einen Prozeß, Skandal, Streit etc*) to involve (*od.* embroil) s.o. in s.th., c) (*in einen Kampf*) to engage s.o. in s.th., d) (*mit hineinziehen*) to implicate (*od.* involve, embroil) s.o. in s.th. – **II** *v/reflex* sich ~ **3.** (*von Garn, Fäden etc*) tangle, become (en)tangled, snarl. – **4.** sich in (*acc*) etwas ~ (*in Leitungs-, Gardinenschnüre etc*) to become entangled in s.th.: → Widerspruch 3. – **III** V~ *n* ⟨-s⟩ **5.** *verbal noun.* – **6.** *cf.* Verwick(e)lung. — **ver-'wickelt** (*getr.* -k·k-) *I pp.* – **II** *adj* **1.** (*verzwickt, kompliziert*) involved, complicated, complex: etwas ~ machen to complicate s.th.; das ist eine sehr ~e Angelegenheit that's a very complicated affair. – **2.** (*kniff-lig, schwierig*) intricate, complex, knotty. – **3.** in (*acc*) etwas ~ sein *fig.* to be involved (*od.* mixed up) in s.th. — **Ver'wickelung** (*getr.* -k·k-) **Ver'wick-lung** *f* ⟨-; -en⟩ **1.** *cf.* Verwickeln. – **2.** ⟨*only sg*⟩ (*von Fäden, Garn etc*) entanglement. – **3.** ⟨*only sg*⟩ *fig.* (*in eine Diskussion etc*) involvement, engagement. – **4.** ⟨*only sg*⟩ *fig.* (*in einen Prozeß, Skandal, Streit etc*) involvement, embroilment. – **5.** ⟨*only sg*⟩ *fig.* (*in einen Kampf*) engagement. – **6.** ⟨*only sg*⟩ *fig.* (*das Hineinziehen*) implication, involvement, embroilment. – **7.** *fig.* (*Verwirrung, Schwierigkeit*) complication, entanglement. – **8.** *fig.* (*literature*) intrigue, imbroglio, embroglio.

ver'wie-gen *I v/t* ⟨*irr, no* ge-, h⟩ weigh (out). – **II** *v/reflex* sich ~ make a mistake in weighing.

ver'wil-dern *I v/i* ⟨*no* ge-, sein⟩ **1.** (*von Garten, Park etc*) grow wild, become overgrown, overgrow: einen Garten ~ lassen to let a garden grow wild. – **2.** (*sich äußerlich vernachlässigen*) go (*od.* run) to seed. – **3.** (*moralisch verkommen*) become dissipated, go to the bad, (*stärker*) degenerate. – **4.** (*von Kindern*) run wild. – **5.** (*von Sitten*) degenerate. – **6.** *zo.* (*von Haustieren*) become wild. – **II** V~ *n* ⟨-s⟩ **7.** *verbal noun.* – **8.** *cf.* Verwilderung. — **ver'wil-dert** *I pp.* – **II** *adj* **1.** (*Garten, Park etc*) wild, overgrown. – **2.** (*äußerlich vernachlässigt*) seedy. – **3.** (*Haare*) wild, unruly. – **4.** (*moralisch verkommen*) dissipated, (*stärker*) degenerate. – **5.** (*Kinder*) run wild (*nachgestellt*). – **6.** (*Sitten*) degenerate. — **Ver'wil-de-rung** *f* ⟨-; *no pl*⟩ **1.** *cf.* Verwildern. – **2.** (*äußerliche*) seediness. – **3.** (*moralische*) dissipation, (*stärker*) degeneration. – **4.** (*von Sitten*) degeneration.

ver'win-den *I v/t* ⟨*irr, no* ge-, h⟩ **1.** (*hinwegkommen über*) get over, reconcile oneself to: das wird er so leicht nicht ~ he won't get over that so easily. – **2.** *tech.* a) twist, b) (*verzerren*) distort. – **II** V~ *n* ⟨-s⟩ **3.** *verbal noun.* — **Ver'win-dung** *f* ⟨-; -en⟩ **1.** *cf.* Verwinden. – **2.** *tech.* a) torsion, twist, b) (*Verzerrung*) distortion. – **3.** *aer.* (*aerodynamic*) twist: negative ~ wash-in; positive ~ wash-out.

ver'win-dungs,steif *adj tech.* torsion-resistant.

ver'win-kelt *adj cf.* winkelig 1, 2.

ver'wir-ken *I v/t* ⟨*no* ge-, h⟩ **1.** (*keinen Anspruch mehr haben auf*) forfeit: er hat sein Leben verwirkt he has forfeited his life. – **2.** *jur.* (*sich zuziehen*) incur: eine Strafe ~ to incur a penalty (*od.* punishment). – **II** V~ *n* ⟨-s⟩ **3.** *verbal noun.* – **4.** *cf.* Verwirkung.

ver'wirk-li-chen [-'vɪrklɪçən] *I v/t* ⟨*no* ge-, h⟩ (*Idee, Plan, Absicht etc*) realize *Br. auch* -s-, put (*s.th.*) into effect. – **II** *v/reflex* sich ~ be realized (*Br. auch* -s-), materialize *Br. auch* -s-, come true. – **III** V~ *n* ⟨-s⟩ *verbal noun.* — **Ver'wirk-li-chung** *f* ⟨-; *no pl*⟩ **1.** *cf.* Verwirklichen. – **2.** realization *Br. auch* -s-, materialization *Br. auch* -s-.

Ver'wir-kung *f* ⟨-; *no pl*⟩ **1.** *cf.* Verwirken. – **2.** (*des Lebens, eines Rechts etc*) forfeit(ure).

ver'wir-ren [-'vɪrən] *I v/t* ⟨*no* ge-, h⟩ **1.** (*Fäden, Garn etc*) tangle, entangle, snarl. – **2.** (*Haare*) dishevel, tousle, disarrange, disarray. – **3.** *fig.* (*irremachen*) confuse, confound, muddle, fluster: diese Nachricht hat mich völlig verwirrt this news has confused me completely. – **4.** *fig.* (*Begriffe etc*) confuse, confound, obfuscate. – **5.** *fig.* (*verlegen machen*) embarrass, confuse, discompose, discomfit. – **6.** *fig.* (*ratlos machen*) bewilder, perplex, baffle, maze. – **7.** *fig.* (*verdutzt machen*) puzzle. – **8.** *fig.* (*Sinne, Verstand etc*) confuse, befog, befuddle, obfuscate: j-m die Sinne ~ (*von Alkohol, Drogen etc*) to set s.o.'s mind in (a state of) confusion, to obfuscate s.o., to befog (*od.* befuddle) s.o.'s mind. – **II** *v/reflex* sich ~ **9.** (*von Fäden, Garn etc*) become (en)tangled, tangle, snarl. – **10.** (*von Haaren*) become disheveled (*bes. Br.* dishevelled) (*od.* tousled, disarranged, disarrayed). – **11.** *fig.* (*von Gedanken, Sinnen etc*) become confused: seine Sinne verwirrten sich his mind became confused, he became quite distracted. – **III** V~ *n* ⟨-s⟩ **12.** *verbal noun.* – **13.** *cf.* Verwirrung. — **ver'wir-rend** *I pres p.* – **II** *adj* confusing: eine ~e Fülle von neuen Eindrücken a confusing multitude of new impressions.

ver'wirrt *I pp.* – **II** *adj* **1.** (*Fäden etc*) entangled. – **2.** (*Haare*) disheveled, *bes. Br.* dishevelled, tousled, disarranged, disarrayed. – **3.** *fig.* (*konfus, wirr*) confused, muddled: ~ sein to be confused (*od.* in a state of confusion); du machst mich ganz ~ you are confusing me completely. – **4.** *fig.* (*verlegen*) embarrassed, confused, discomposed, discomfited. – **5.** *fig.* (*ratlos*) bewildered, perplexed, mazed. – **6.** *fig.* (*verdutzt, erstaunt*) puzzled. – **7.** *fig.* (*Sinne etc*) confused, distracted, muddled. — **Ver'wirrt-heit** *f* ⟨-; *no pl*⟩ *cf.* Verwirrung.

Ver'wir-rung *f* ⟨-; -en⟩ **1.** *cf.* Verwirren. – **2.** (*von Fäden etc*) tangle, snarl. – **3.** (*von Haaren*) dishevelment, disarray, disarrangement, tousle. – **4.** *fig.* confusion, muddle, mix-up: es entstand eine allgemeine ~ there was general confusion (*od.* a general muddle, a general mix-up); diese Meldung hat einige ~ angerichtet (*od.* gestiftet, hervorgerufen) this news has caused some confusion; ein System in ~ bringen to cause confusion in a system; j-n in ~ bringen to confuse (*od.* confound, muddle) s.o.; sie ist völlig in ~ geraten she became completely confused; damit hat er die allgemeine ~ nur noch größer gemacht he only added to the general confusion (*od.* muddle, mix-up) with that. – **5.** *fig.* (*der Begriffe etc*) confusion, obfuscation. – **6.** *fig.* (*Verlegenheit*) embarrassment, confusion, discomposure, discomfiture. – **7.** *fig.* (*Ratlosigkeit*) bewilderment, perplexity, mazedness. – **8.** *fig.* (*Verdutztheit, Erstaunen*) puzzle(ment). – **9.** *fig.* (*der Sinne durch Alkohol, Drogen etc*) confusion, befuddlement, obfuscation. – **10.** *fig.* (*des Geistes*) confusion, distraction.

ver'wirt-schaf-ten *v/t* ⟨*no* ge-, h⟩ **1.** squander (*s.th.*) (away). – **2.** *econ.* waste (*s.th.*) (as a result of uneconomic[al] management).

ver'wi-schen *I v/t* ⟨*no* ge-, h⟩ **1.** (*Geschriebenes*) smudge, smear, blur. – **2.** *fig.* (*unkenntlich machen*) blur, obscure: die Spuren eines Verbrechens ~ to blur (*od.* cover) the traces of a crime. – **3.** *fig.* (*aus dem Gedächtnis tilgen*) blot out, efface, obliterate. – **4.** (*art*) (*in der Pastellmalerei*) stump. – **5.** *print.* slur. – **6.** *hunt.* (*Spur*) spoil (*a trail*) (by crossing and retracing). – **II** *v/reflex* sich ~ **7.** (*von Unterschieden, Gegensätzen etc*) become blurred (*od.* indistinct, obscure). – **8.** (*von Erinnerungen*) become blurred (*od.* dim, hazy, faint). — **ver'wischt** *I pp.* – **II** *adj* **1.** (*Schrift etc*) smudged, smeared, blurred. – **2.** *fig.* (*Unterschiede, Gegensätze etc*) blurred, indistinct. – **3.** *fig.* (*Erinnerungen*) blurred, dim, hazy, faint.

ver'wit-tern *I v/i* ⟨*no* ge-, sein⟩ **1.** *geol.* weather. – **2.** (*von Gestein, Mauer etc*) decay, weather, disintegrate. – **3.** *chem. min.* effloresce. – **II** V~ *n* ⟨-s⟩ **4.** *verbal noun.* – **5.** *cf.* Verwitterung. — **ver'wit-tert** *I pp.* – **II** *adj* **1.** *geol.* weathered. – **2.** weathered, weather-beaten (*auch* -beat), weatherworn, decayed, disintegrated. – **3.** *fig.* (*Gesicht*) weather-beaten (*auch* -beat). — **Ver'wit-te-rung** *f* ⟨-; *no pl*⟩ **1.** *cf.* Verwittern. – **2.** decay, disintegration. – **3.** *chem. min.* efflorescence.

Ver'wit-te-rungs|,aus,le-se *f geol.* selective weathering. — **~,bo-den** *m*, **~,kru-me** *f* residual soil. — **~,kru-ste** *f* weathering crust (*od.* rind). — **~pro,dukt** *n* weathering residue. — **~,schutt** *m* detritus.

ver'wit-wet [-'vɪtvət] *adj* widowed: eine ~e Frau a) a widowed woman, a widow, b) *jur.* a discovert woman; Frau X, ~e R Mrs. H, the widow of the late Mr. X; Frau H, ~e R Mrs. H, the former widow R; sie [er] ist seit zwei Jahren ~ she has been a widow [he has been a widower] for two years.

ver'wo-ben *I pp of* verweben. – **II** *adj* eng miteinander ~ sein *fig.* to be closely interwoven (with each other *od.* one another).

ver'woh-nen *v/t* ⟨*no* ge-, h⟩ eine Wohnung [ein Haus, Möbel] ~ to let an apartment (*bes. Br.* a flat) [a house, furniture] go down (through careless use or lack of repairs).

ver'wöh-nen [-'vøːnən] *I v/t* ⟨*no* ge-, h⟩ **1.** spoil: die Großeltern ~ das Kind zu sehr the grandparents spoil the child too much; er verwöhnt seine Frau mit Blumen und Geschenken he spoils his wife with flowers and presents; sich ~ lassen to let oneself be spoiled (*od.* spoilt). – **2.** (*verhätscheln*) coddle, mollycoddle, *Br.* molly-coddle, pamper. – **3.** *fig.* make things easy for: das Schicksal hat uns nicht verwöhnt fate has not made things easy for us. – **II** *v/reflex* sich ~ **4.** (*verweichlichen*) soften oneself: mit der Wärmflasche verwöhnst du dich zu sehr you spoil yourself too much with the hot-water bottle. – **III** V~ *n* ⟨-s⟩ **5.** *verbal noun.*

ver'wöhnt *I pp.* – **II** *adj* **1.** spoiled, spoilt: ein ~es Kind [eine ~e Frau] a spoiled child [woman]; er hat einen ~en Geschmack [Gaumen] *fig.* he has a spoiled (*od.* an extravagant) taste [a delicate palate]; ein Wein für den ~en Geschmack a wine for the more demanding customer; ~en Ansprüchen gerecht werden to satisfy the highest demands. – **2.** (*wählerisch*) fastidious, fussy. — **Ver'wöhnt·heit** *f* ⟨-; *no pl*⟩ **1.** (*eines Kindes etc*) spoiledness, spoiltness. – **2.** *fig.* (*des Geschmacks etc*) spoiledness, spoiltness, extravagance. – **3.** fastidiousness, fussiness.

Ver'wöh·nung *f* ⟨-; *no pl*⟩ *cf.* Verwöhnen.

ver'wor·fen *pp of* verwerfen. – **II** *adj lit.* **1.** (*moralisch verkommen*) depraved, abject, profligate, reprobate, corrupt, vicious. – **2.** (*gemein, niederträchtig*) base, vile. — **Ver'wor·fe·ne** *m*, *f* ⟨-n; -n⟩ *Bibl.* profligate, reprobate. — **Ver'wor·fen·heit** *f* ⟨-; *no pl*⟩ *lit.* **1.** depravity, abjection, profligacy, profligateness, reprobacy, corruption, viciousness. – **2.** (*Gemeinheit, Niederträchtigkeit*) baseness, vileness.

ver'wor·ren [-'vɔrən] *adj* **1.** (*unklar, wirr*) confused, undigested, muddled, jumbled, woolly, *Am. auch* wooly: er hat nur ~es Zeug geredet *colloq.* he just talked a lot of muddled rubbish (*colloq.*); ich bin aus dem ~en Zeug nicht klug geworden *colloq.* I couldn't make head or tail (*od.* I could make neither head nor tail) of that rigmarole; er ist ein furchtbar ~er Kopf *colloq.* he is a terrible scatterbrain (*colloq.*). – **2.** (*verwickelt, kompliziert*) complicated, intricate, involved: ich war in einer sehr ~en Lage I was in a very complicated situation. — **Ver'wor·ren·heit** *f* ⟨-; *no pl*⟩ **1.** (*der Rede, Gedanken etc*) confusion, muddledness, muddlement, jumbledness, wool(l)iness. – **2.** (*einer Situation etc*) complication, intricacy, intricateness, involvement.

ver'wund·bar *adj* **1.** (*Körperteil*) vulnerable. – **2.** *fig.* (*gegnerische Truppen etc*) vulnerable. – **3.** *fig.* (*leicht zu kränken*) vulnerable, sore: das ist seine ~e Stelle that is his sore point. — **Ver'wund·bar·keit** *f* ⟨-; *no pl*⟩ *auch fig.* vulnerability.

ver'wun·den[1] [-'vʊndən] *I v/t* ⟨*no* ge-, h⟩ **1.** (*bes. mit Waffen*) wound: j-n leicht [schwer, tödlich] ~ to wound s.o. slightly [seriously, fatally]; er wurde im Krieg verwundet he was wounded in the war. – **2.** (*verletzen*) hurt, injure. – **3.** *fig.* (*kränken*) wound, hurt: er hat sie mit diesen Worten tief verwundet he wounded her deeply with these words. – **II V~** *n* ⟨-s⟩ **4.** *verbal noun.* – **5.** *cf.* Verwundung.

ver'wun·den[2] *I pp of* verwinden. – **II** *adj tech.* **1.** twisted. – **2.** (*verzerrt*) distorted.

ver'wun·der·lich *adj* **1.** (*erstaunlich*) surprising, (*stärker*) astonishing, amazing: es ist nicht (weiter) ~, wenn (*od.* daß) sie nicht kommt it is not (in the least) surprising that she doesn't come; bei dem Gehalt ist es nicht verwunderlich, daß er immer Schulden macht with that salary it is small wonder that he is always in debt. – **2.** (*merkwürdig, sonderbar*) strange, odd: die Sache schien ihm höchst ~ the whole affair seemed most odd to him.

ver'wun·dern *I v/t* ⟨*no* ge-, h⟩ **1.** surprise, (*stärker*) astonish, amaze: das verwundert mich gar nicht that does not surprise me at all; das ist nicht zu ~ that is not surprising; es wäre nicht zu ~, wenn it would not be (at all) surprising if. – **II** *v/reflex* sich ~ **2.** be surprised, (*stärker*) wonder, be astonished, be amazed: ich verwundere mich gar nicht darüber I'm not at all surprised at it (*od.* that), I wonder at it (*od.* that) at all. – **III V~** *n* ⟨-s⟩ **3.** *verbal noun.* – **4.** *cf.* Verwunderung. — **ver'wun·dert** *I pp.* – **II** *adj* surprised, (*stärker*) astonished, amazed: mit ~en Blicken with wondering looks, wonderingly. – **III** *adv* ~ blickte er mich an he looked at me in surprise (*stärker* in astonishment, in amazement); sich ~ über (*acc*) etwas aussprechen to express one's amazement over s.th. — **Ver'wun·de·rung** *f* ⟨-; *no pl*⟩ **1.** *cf.* Verwundern. – **2.** surprise, wonderment, (*stärker*) astonishment, amazement: j-n in ~ setzen to surprise (*stärker* amaze) s.o.; zu meiner größten ~ ist er doch noch gekommen to my great surprise he came after all.

Ver'wun·de·te *m*, *f* ⟨-n; -n⟩ wounded (person), casualty.

Ver'wun·de·ten|**,ab·trans,port** *m* evacuation of the wounded (*od.* of casualties). — **~,ab,zei·chen** *n mil.* badge awarded to a wounded soldier, (*in USA*) Purple Heart, (*in Großbritannien*) Gold Stripe(s *pl*). — **~,sam·mel,stel·le** *f* medical collecting point. — **~,trans,port** *m* transport (*bes. Am.* transportation) of the wounded (*od.* of casualties).

Ver'wun·dung *f* ⟨-; -en⟩ **1.** *cf.* Verwunden[1]. – **2.** (*bes. durch Waffe*) wound: tödliche ~ fatal (*od.* deadly, mortal) wound; er ist an den Folgen der ~ gestorben *mil.* he died of his wounds received in action. – **3.** (*Verletzung*) injury, hurt: eine leichte ~ davontragen to be slightly injured. – **4.** *fig. Br.* offence, *Am.* offense, hurt.

ver'wun·schen [-'vʊnʃən] *adj* **1.** (*verzaubert*) enchanted. – **2.** (*verhext*) (be)witched, bedeviled, *bes. Br.* bedevilled, hexed.

ver'wün·schen *I v/t* ⟨*no* ge-, h⟩ **1.** (*verzaubern*) cast a spell over, put a spell on, enchant. – **2.** (*verhext*) bewitch, bedevil, hex, put a hex on. – **3.** (*verfluchen*) a) curse, darn, cuss (*sl.*), b) curse: der Schüler verwünschte seinen Lehrer the pupil cursed (*od. sl.* darned, cussed) his teacher; später verwünschte er seine Voreiligkeit later he cursed his rashness. – **II V~** *n* ⟨-s⟩ **4.** *verbal noun.* – **5.** *cf.* Verwünschung.

ver'wün·schens,wert *adj* cursed, damnable.

ver'wünscht *I pp.* – **II** *adj cf.* verdammt 1.

Ver'wün·schung *f* ⟨-; -en⟩ **1.** *cf.* Verwünschen. – **2.** (*Verzauberung*) spell, enchantment. – **3.** (*Verhexung*) bewitchment, bedevilment, hex. – **4.** (*Fluch*) curse, imprecation, oath, expletive, malediction: ~en gegen j-n ausstoßen to hurl curses at (*od.* shower curses [up]on) s.o.

Ver'wurf *m geol.* fault.

ver'wur·steln *v/t* ⟨*no* ge-, h⟩ *colloq.* mess (*od.* muddle) (*s.th.*) up. — **ver'wur·stelt** *I pp.* – **II** *adj* lost (*od.* not to be found) in the general disorder.

ver'wur·zeln *v/i* ⟨*no* ge-, sein⟩ **1.** (*von Bäumen etc*) take (*od.* strike) root, root. – **2.** *fig.* (*sich heimisch fühlen*) settle. – **II V~** *n* ⟨-s⟩ **3.** *verbal noun.* – **4.** *cf.* Verwurzelung. — **ver'wur·zelt** *I pp.* – **II** *adj fig.* rooted: fest mit der Heimat ~ sein to be deeply rooted in one's homeland; tief im christlichen Glauben ~ sein to be deeply rooted in Christianity. — **Ver'wur·ze·lung** *f* ⟨-; *no pl*⟩ **1.** *cf.* Verwurzeln. – **2.** *fig.* (*mit der Heimat etc*) rootage.

ver'wür·zen *v/t* ⟨*no* ge-, h⟩ (*Speisen*) overspice, spice (*s.th.*) too highly.

Ver'würz·lung *f* ⟨-; *no pl*⟩ *cf.* Verwürzelung.

ver'wü·sten *I v/t* ⟨*no* ge-, h⟩ **1.** devastate, ravage, desolate, make havoc of, havoc: der Gegner hat das ganze Land verwüstet (*od.* laid waste) the enemy devastated (*od.* laid waste) the whole country; der Wirbelsturm hat weite Landstriche verwüstet the tornado devastated (*od.* played havoc with) large areas of the country. – **2.** (*zerstören*) destroy. – **3.** *fig.* ravage: das Laster hatte ihr Gesicht verwüstet vice had ravaged his face. – **II V~** *n* ⟨-s⟩ **4.** *verbal noun.* – **5.** *cf.* Verwüstung. — **Ver'wü·ster** *m* ⟨-s; -⟩ **1.** devastator. – **2.** destroyer. — **Ver'wü·stung** *f* ⟨-; -en⟩ **1.** *cf.* Verwüsten. – **2.** devastation, ravage, desolation, havoc: starke ~en anrichten to cause absolute havoc; eine Stätte der ~ a place of devastation.

ver'za·gen *v/i* ⟨*no* ge-, h⟩ **1.** (*die Zuversicht verlieren*) despond, lose heart (*od.* courage), give up hope: nur nicht ~! a) don't lose heart, don't give up hope, b) (*gib die Versuche nicht auf*) don't give up, never say die. – **2.** (*verzweifeln*) despair.

ver'zagt *I pp.* – **II** *adj* **1.** despondent. – **2.** (*verzweifelt*) desperate: ich bin völlig ~, weil I am in despair because. – **3.** (*kleinmütig*) fainthearted, *Br.* faint-hearted, pusillanimous. – **4.** (*deprimiert*) downhearted, *Br.* down-hearted, low-spirited, down-in-the-mouth (*attrib*) (*colloq.*): ~ sein to be down(-)hearted (*od.* in low spirits); j-n ~ machen to dishearten s.o. — **Ver'zagt·heit** *f* ⟨-; *no pl*⟩ **1.** despondency, despondence. – **2.** (*Verzweiflung*) despair. – **3.** (*Kleinmut*) faintheartedness, *Br.* faint-heartedness, pusillanimity. – **4.** (*Deprimiertheit*) downheartedness, *Br.*

down-heartedness, low spirits *pl*, low-spiritedness.

ver'zäh·len *v/reflex* ⟨*no* ge-, h⟩ sich ~ make a mistake (in one's count[ing]), count wrong, miscount: du hast dich um zwei verzählt you are two out in your count.

ver'zah·nen *I v/t* ⟨*no* ge-, h⟩ **1.** *tech.* a) (*Zahnräder etc*) cut teeth (*od.* gears) in, b) (*Bretter, Balken etc*) tooth, indent, (*verschränken*) joggle. – **2.** *fig.* (*Artikel, Texte etc*) link (*things*) (together), interlink, interlock, dovetail. – **II V~** *n* ⟨-s⟩ **3.** *fig.* interlock, dovetail. – **III V~** *n* ⟨-s⟩ **4.** *verbal noun.* – **5.** *cf.* Verzahnung.

Ver'zahn·ma,schi·ne *f tech.* gear-cutting machine.

Ver'zah·nung *f* ⟨-; -en⟩ **1.** *cf.* Verzahnen. – **2.** *tech.* (*von Zahnrädern etc*) a) gearing, b) gear design, (gear-)tooth system, gear cutting. – **3.** (*von Brettern, Balken etc*) indentation.

ver'zan·ken *v/reflex* ⟨*no* ge-, h⟩ sich mit j-m ~ *colloq.* to fall out with s.o.: sie haben sich verzankt they are at loggerheads.

ver'zap·fen *I v/t* ⟨*no* ge-, h⟩ **1.** (*Getränke*) have (*s.th.*) on tap (*od.* draft, *bes. Br.* draught). – **2.** *tech.* (*Holzteile*) tenon-joint, mortise, *auch* mortice, mortise and tenon. – **3.** Unsinn ~ *colloq. contempt.* a) (*mündlich*) to come out with (*od.* dish up) a lot of rubbish (*colloq.*), b) (*schriftlich*) to concoct (*od.* think up) a lot of rubbish (*colloq.*); wer hat denn dieses Pamphlet verzapft? *colloq. contempt.* who concocted this pamphlet? – **II V~** *n* ⟨-s⟩ **4.** *verbal noun.* — **Ver'zapf·ung** *f* ⟨-; *no pl*⟩ **1.** *cf.* Verzapfen. – **2.** *tech.* mortise joint.

ver'zär·teln *I v/t* ⟨*no* ge-, h⟩ **1.** coddle, mollycoddle, *Br.* molly-coddle, pamper, soften, indulge: sie verzärtelt ihr kleines Kind furchtbar *colloq.* she coddles her little child terribly, she makes an awful baby of her child (*beide colloq.*). – **II V~** *n* ⟨-s⟩ **2.** *verbal noun.* – **3.** *cf.* Verzärtelung. — **ver'zär·telt** *I pp.* – **II** *adj* ~e Person (molly)coddle, *Br.* (molly-)coddle. — **Ver'zär·te·lung** *f* ⟨-; *no pl*⟩ **1.** *cf.* Verzärteln. – **2.** indulgence.

ver'zau·bern *I v/t* ⟨*no* ge-, h⟩ **1.** cast a spell over, put a spell on, enchant: die Hexe hat den Prinzen verzaubert the witch cast a spell over the prince. – **2.** j-n [etwas] in j-n [etwas] ~ to turn (*od.* change, metamorphose) s.o. [s.th.] into s.o. [s.th.]. – **3.** *fig.* (*tief beeindrucken, beglücken*) enchant, (be)witch, charm: die Musik hatte uns alle verzaubert the music had enchanted us all. – **II V~** *n* ⟨-s⟩ **4.** *verbal noun.* – **5.** *cf.* Verzauberung. — **ver'zau·bert** *I pp.* – **II** *adj* **1.** enchanted. – **2.** *fig.* enchanted, (be)witched, spellbound. — **Ver'zau·be·rung** *f* ⟨-; *no pl*⟩ **1.** *cf.* Verzaubern. – **2.** (*Zauber*) spell, enchantment. – **3.** *fig.* (*tiefer Eindruck, Beglückung*) enchantment, bewitchment, charm.

ver'zäu·nen *I v/t* ⟨*no* ge-, h⟩ (*Garten, Grundstück etc*) fence (in), surround (*od.* enclose) (*s.th.*) with a fence. – **II V~** *n* ⟨-s⟩ *verbal noun.* — **Ver'zäu·nung** *f* ⟨-; -en⟩ **1.** *cf.* Verzäunen. – **2.** collect. fencing.

ver'ze·chen *v/t* ⟨*no* ge-, h⟩ *cf.* vertrinken.

ver'zehn,fa·chen [-,faxən] *I v/t* ⟨*no* ge-, h⟩ decuple, increase (*s.th.*) tenfold. – **II** *v/reflex* sich ~ decuple, increase tenfold. – **III V~** *n* ⟨-s⟩ *verbal noun.* — **Ver'zehn,fa·chung** *f* ⟨-; *no pl*⟩ **1.** *cf.* Verzehnfachen. – **2.** tenfold increase.

Ver'zehr [-'tseːr] *m* ⟨-(e)s; *no pl*⟩ consumption.

ver'zeh·ren *I v/t* ⟨*no* ge-, h⟩ **1.** (*zu sich nehmen*) eat, have: eine Mahlzeit im Freien ~ to eat a meal out of doors. – **2.** (*aufessen*) eat (up), consume, devour, demolish: ich bin so hungrig, daß ich ein ganzes Brot ~ könnte I'm so hungry that I could eat a whole loaf (of bread). – **3.** (*im Lokal*) consume. – **4.** (*verbrauchen*) spend, expend, consume: er hat sein ganzes Vermögen verzehrt he has spent his whole fortune; er hat im Monat 1 000 Mark zu ~ he has 1,000 marks a month to spend (*od.* for spending). – **5.** *fig.* eat up, consume, use up: die Krankheit [das Fieber] hat seine Kräfte verzehrt the disease [fever] consumed his strength; Kummer [Leidenschaft] verzehrte ihn he was eaten up (*od.* consumed) with grief [passion]. – **II** *v/reflex* sich ~

6. *fig.* (vor *dat* with) pine (*od.* waste) (away), languish: sich vor Gram ~ to eat one's heart out; sich vor Sehnsucht nach j-m ~ to pine (*od.* hanker) for s.o. – **III V~** *n* ⟨-s⟩ **7.** *verbal noun.* – **8.** *cf.* Verzehrung. — **ver'zeh-rend I** *pres p.* – **II** *adj* **1.** *fig.* (Fieber, Krankheit etc) consuming. – **2.** *fig.* (Leidenschaft, Feuer etc) burning. — **Ver'zeh-rer** *m* ⟨-s; -⟩ consumer. — **Ver'zeh-rung** *f* ⟨-; *no pl*⟩ **1.** *cf.* Verzehren. – **2.** consumption.

Ver'zehr,zwang *m* ⟨-(e)s; *no pl*⟩ (in einer Gaststätte etc) obligation to order.

ver'zeich-nen I *v/t* ⟨*no* ge-, h⟩ **1.** (falsch zeichnen) draw (*s.th.*) wrong: du hast die Figur etwas verzeichnet you have drawn the figure a little wrong. – **2.** *fig.* (verzerren, verfälschen) distort, misrepresent, draw a distorted picture of: die politische Situation ist in dem Buch bewußt verzeichnet worden the political situation has been deliberately distorted in the book. – **3.** *phot.* (optics) distort. – **4.** (schriftlich erfassen, notieren) enter, note, write (*s.th.*) down: etwas in einer Liste ~ to enter s.th. in a list, to list s.th.; etwas in einem Register ~ to enter s.th. in a register, to register s.th. – **5.** (wichtige Daten etc) record. – **6.** (registrieren) register, record: das Gerät verzeichnet auch die geringsten Erderschütterungen the device registers even the minutest earth tremors. – **7.** (spezifizieren) specify. – **8.** *econ.* (Kurse) quote. – **9.** (in Verbindung mit bestimmten Substantiven) einen Erfolg ~ können (*od.* zu ~ haben) to score a success; Gewinne [Siege] ~ to score wins [victories]; Niederlagen ~ to take (*od.* suffer) defeats; Fortschritte konnten noch nicht verzeichnet werden no progress has been recorded as yet; es waren drei Todesfälle zu ~ three deaths were recorded; sie haben beachtliche Ergebnisse zu ~ they have achieved considerable results. – **II** *v/reflex* sich ~ **10.** make a mistake in [one's] drawing, draw wrong. – **III V~** *n* ⟨-s⟩ **11.** *verbal noun.* – **12.** *cf.* Verzeichnung. — **ver'zeichnet I** *pp.* – **II** *adj* **1.** (falsch gezeichnet) out of drawing, wrongly drawn. – **2.** *fig.* (verzerrt, verfälscht) distorted, misrepresented. – **3.** ~ sein (aufgeführt sein) to be entered: in einer Liste ~ sein to be entered in a list, to be listed; in einem Register ~ sein to be entered in a register, to be registered. – **4.** *phot.* (optics) distorted.

Ver'zeich-nis [-'tsaiçnis] *n* ⟨-ses; -se⟩ **1.** list, catalog, *bes. Br.* catalogue, enumeration: ein ~ von (*acc*) etwas anlegen to make up a list of s.th. – **2.** (amtliches) record, register. – **3.** (Namensliste) list, roll, register, scroll. – **4.** (Tabelle, Aufstellung) table, schedule. – **5.** (Inhaltsverzeichnis) index. – **6.** (Vorlesungsverzeichnis etc) calendar, curriculum, *Am.* catalog. – **7.** (Inventar) inventory. – **8.** (detaillierte Aufzählung) specification.

Ver'zeich-nung *f* ⟨-; -en⟩ **1.** *cf.* Verzeichnen. – **2.** *fig.* (Entstellung, Verfälschung) distortion, misrepresentation. – **3.** *phot.* (optics) distortion. – **4.** *econ.* (von Kursen) quotation.

ver'zeich-nungs,frei *adj phot.* (optics) orthoscopic, distortionless.

ver'zei-gen *v/t* ⟨*no* ge-, h⟩ j-n ~ *Swiss jur.* to denounce s.o., to inform against s.o.: j-n bei der Polizei ~ to report s.o. to the police.

ver'zei-hen I *v/t* ⟨*irr, no* ge-, h⟩ **1.** (entschuldigen) excuse, pardon: verzeih meine Ungeduld excuse my impatience; so etwas ist nicht zu ~ a thing like that is unpardonable (*od.* inexcusable); ~ Sie die Störung excuse my interrupting; das sei dir noch einmal verziehen *iron.* you'll be excused this once, we'll let it go this time. – **2.** (vergeben) forgive, condone: das wird er mir nie ~ he'll never forgive me that (*od.* for doing that); ich kann es mir nicht ~, daß ich nicht geholfen habe I shall never forgive myself for not helping; j-m seine Untreue ~ to condone s.o.'s infidelity. – **3.** *relig.* (Sünden) remit, forgive, pardon. – **II** *v/i* **4.** (entschuldigen) ~ Sie, wo ist hier der Bahnhof? excuse me, where is the (railroad, *Br.* railway) station? ~ Sie! (wenn man j-n getreten hat etc) I beg your pardon! (I'm) sorry! *bes. Am.* excuse me! – **5.** j-m ~ to forgive s.o.: kannst du mir noch einmal ~? can you forgive me this once? ich habe

ihm längst verziehen I forgave him long ago. – **III V~** *n* ⟨-s⟩ **6.** *verbal noun.* – **7.** *cf.* Verzeihung. — **ver'zeih-lich** *adj* **1.** (entschuldbar) excusable, pardonable. – **2.** (zu vergeben) forgivable, condonable. – **3.** *relig.* (Sünde) remissible, venial. — **Ver'zei-hung** *f* ⟨-; *no pl*⟩ **1.** *cf.* Verzeihen. – **2.** (Entschuldigung) pardon: j-n um ~ bitten to beg s.o.'s pardon; ~! (wenn man j-n getreten hat etc) I beg your pardon! (I'm) sorry! *bes. Am.* excuse me! ich bitte tausendmal um ~ a thousand apologies. – **3.** (Vergebung) forgiveness, condonation: j-s ~ erbitten to ask s.o.'s forgiveness. – **4.** *relig.* (der Sünden) remission.

ver'zer-ren I *v/t* ⟨*no* ge-, h⟩ **1.** (Gesicht, Mund etc) distort, contort, twist, (krampfhaft) convulse: Angst verzerrte ihre Züge fear distorted her features. – **2.** *fig.* (Ton, Stimme etc) distort. – **3.** *fig.* (verfälschen, entstellen) distort, warp, misrepresent, give a distorted picture of: bei dieser Berichterstattung werden die wahren Verhältnisse völlig verzerrt this report completely distorts the true circumstances. – **4.** *fig.* (ins Lächerliche ziehen) caricature, parody, travesty. – **5.** (optics) electr. tech. distort. – **6.** *med.* (Muskel, Sehne) contort. – **II** *v/reflex* sich ~ **7.** (von Gesicht, Mund etc) become distorted, contort, (krampfhaft) become convulsed: sein Gesicht verzerrte sich zu einer Grimasse his face became distorted in a grimace. – **III V~** *n* ⟨-s⟩ **8.** *verbal noun.* — **Ver'zer-rung** *f* ⟨-; -en⟩ **1.** *cf.* Verzerren. – **2.** (des Gesichts, des Mundes etc) distortion, contortion, (krampfhafte) convulsion. – **3.** *fig.* (des Tons, der Stimme etc) distortion. – **4.** *fig.* (Verfälschung, Entstellung) distortion, misrepresentation. – **5.** *fig.* (Zerrbild, Karikierung) caricature, parody, travesty. – **6.** (optics) electr. tech. distortion. – **7.** *med.* contortion.

ver'zet-teln[1] **I** *v/t* ⟨*no* ge-, h⟩ **1.** (Zeit, Kräfte etc) fritter away, dissipate: er verzettelt sein Geld mit unnützen Dingen he fritters away his money on useless things; → Kraft 3. – **II** *v/reflex* sich ~ **2.** dissipate one's energies: sich in Einzelaktionen ~ to waste one's time and energy on various unco(-)ordinated efforts. – **III V~** *n* ⟨-s⟩ **3.** *verbal noun.* – **4.** *cf.* Verzett(e)lung[1].

ver'zet-teln[2] **I** *v/t* ⟨*no* ge-, h⟩ (in einer Zettelkartei erfassen) catalog, *bes. Br.* catalogue. – **II V~** *n* ⟨-s⟩ *verbal noun.*

Ver'zet-te-lung[1], **Ver'zett-lung**[1] *f* ⟨-; *no pl*⟩ **1.** *cf.* Verzetteln[1]. – **2.** dissipation. **Ver'zet-te-lung**[2], **Ver'zett-lung**[2] *f* ⟨-; *no pl*⟩ *cf.* Verzetteln[2].

Ver'zicht [-'tsiçt] *m* ⟨-(e)s; -e⟩ **1.** renouncement, renunciation: der ~ auf jeden Alkoholgenuß fällt ihm sehr schwer he finds it very hard to do (*od.* go) without alcohol; ~ leisten (*od.* üben) *cf.* verzichten 1. – **2.** (Opfer) sacrifice. – **3.** *jur.* (auf *acc* of) a) (auf ein Recht, einen Anspruch etc) renunciation, waiver, disclaimer, release, b) (Preisgabe, Verzichtleistung) abandonment, surrender, c) (auf ein Amt etc) resignation, relinquishment, abdication, d) (auf den Thron etc) abdication, renunciation: ~ leisten *cf.* verzichten 3.

ver'zich-ten [-'tsiçtən] *v/i* ⟨*no* ge-, h⟩ **1.** auf (*acc*) etwas [j-n] ~ to do (*od.* go) without s.th. [s.o.]: ich verzichte zu deinen Gunsten I'll do without (*od.* stand aside) for your benefit; er muß auf Alkohol und Zigaretten ~ he must do without (*od.* deny himself, forgo, *auch* forego) cigarettes and alcohol; auf dieses Vergnügen wirst du ~ müssen you'll have to go without (*od.* to forgo, *auch* forego) this pleasure; danke, ich verzichte (*Antwort auf ein Angebot*) I'd rather not, thanks. – **2.** auf (*acc*) etwas [j-n] ~ (nicht unbedingt brauchen) to do without s.th. [s.o.], to dispense with s.th. [s.o.]: auf diese Formalitäten können wir wohl ~ I think we can dispense with these formalities; auf deine Hilfe kann ich ~ I can do without your help. – **3.** *jur.* auf (*acc*) etwas ~ a) (auf ein Recht, einen Anspruch etc) to renounce (*od.* waive, disclaim, release) s.th., b) (preisgeben) to abandon (*od.* surrender) s.th., c) (auf ein Amt etc) to resign (*od.* relinquish, abdicate) s.th., d) (auf den Thron etc) to renounce (*od.* abdicate) s.th.: er hat verzichtet a) he resigned, b) he abdicated.

Ver'zich-ten-de *m, f* ⟨-n; -n⟩ *jur.* disclaimer, resigner.

Ver'zicht|er,klä-rung *f jur.* renunciation, disclaimer, waiver. — **~,lei-stung** *f cf.* Verzicht 3.

ver'zie-hen I *v/i* ⟨*irr, no* ge-, sein⟩ **1.** (umziehen) move, remove: sie sind nach Berlin verzogen they moved to Berlin; unbekannt verzogen (Postvermerk) moved to an unknown address; falls verzogen, bitte zurück an den Absender in case of change of address please return to sender. – **II** *v/t* ⟨h⟩ **2.** das Gesicht ~ to pull (*od.* make) a (wry) face, to (make a) grimace; den Mund ~ to screw up one's mouth; den Mund zu einem Grinsen [sarkastischen Lächeln] ~ to pull one's mouth into a grin [sarcastic smile]; ohne eine Miene zu ~ ließ er alles über sich ergehen he took everything without moving a muscle (*od. sl.* without batting an eyelid). – **3.** (verzerren) distort, twist, contort, (krampfhaft) convulse. – **4.** (falsch erziehen, verwöhnen) spoil, (stärker) ruin: die Großeltern haben das Kind völlig verzogen the grandparents have absolutely spoiled (*od.* spoilt) the child. – **5.** *hort.* (junge Pflanzen) thin out. – **III** *v/reflex* ⟨h⟩ sich ~ **6.** (von Gesicht, Mund etc) twist: sein Mund verzog sich zu einem hämischen Lächeln his mouth twisted into a sarcastic smile; sein Mund verzog sich zu einem breiten Grinsen his mouth widened into a broad grin. – **7.** (sich verzerren) become distorted (krampfhaft convulsed), contort. – **8.** *tech.* (aus der Fluchtebene) misalign. – **9.** (von Holz etc) warp: die Türen haben sich in dem feuchten Klima verzogen the doors have warped in the damp climate. – **10.** (von Rock, Teppich etc) pull (*od.* go) out of shape. – **11.** *fig. colloq.* (verschwinden) disappear, vanish. – **12.** *fig. colloq.* (fortgehen) go, leave, be off, make tracks (*colloq.*): einige Gäste haben sich schon um neun Uhr verzogen some of the guests left as early as nine o'clock; ich verziehe mich jetzt (ins Bett) I'm going (*od.* I'm off) to bed now; verzieh dich! be off with you! – **13.** *fig. colloq.* (sich davonmachen) make off: er hat sich verzogen, bevor die Polizei kam he made off before the police came. – **14.** (von Wolken, Rauch, Dampf, Nebel etc) disperse, dissolve. – **15.** (von Menschenmenge etc) disperse, scatter, break up. – **16.** (von Sturm, Gewitter etc) pass (over), blow over. – **17.** (von Schmerzen) pass (over). – **18.** *med.* (von Schwellung) subside.

ver'zie-ren I *v/t* ⟨*no* ge-, h⟩ **1.** decorate, adorn: ein Kleid mit Stickerei ~ to decorate a dress with embroidery. – **2.** (mit Besatz) trim. – **3.** (verschönern) embellish, dress (up), beautify. – **4.** (mit viel Blumen u. Ornamenten) ornament, flourish. – **5.** *gastr.* (Torte, belegte Brote etc) garnish, decorate, dress. – **6.** *mus.* (Ton, Motiv, Melodie etc) decorate, ornate, embellish, ornament, grace. – **II V~** *n* ⟨-s⟩ **7.** *verbal noun.* – **8.** *cf.* Verzierung. – **9.** decoration, adornment. – **10.** (Verschönern) embellishment, beautification. – **11.** (mit viel Blumen etc) ornamentation. – **12.** *gastr.* ornamentation, decoration. — **Ver'zie-rer** *m* ⟨-s; -⟩ decorator, ornamenter. — **Ver'zie-rung** *f* ⟨-; -en⟩ **1.** *cf.* Verzieren. – **2.** decoration, adornment: brich dir bloß keine ~en ab! *fig. colloq.* get off (*od.* come down from) your high horse! – **3.** (verschönerndes Element) embellishment. – **4.** (in Form von Blumen, Ornamenten etc) ornament(ation). – **5.** *gastr.* garnish(ment), decoration. – **6.** *mus.* embellishment, ornament, grace.

Ver'zie-rungs,zei-chen *n mus.* ornament.

ver'zim-mern (mining) **I** *v/t* ⟨*no* ge-, h⟩ crib, timber. – **II V~** *n* ⟨-s⟩ *verbal noun.* — **Ver'zim-me-rung** *f* ⟨-; -en⟩ **1.** *cf.* Verzimmern. – **2.** *collect.* (Balken, Bohlen u. Bretter) timbering, timberwork, *auch* cribbing.

ver'zin-ken[1] *metall.* **I** *v/t* ⟨*no* ge-, h⟩ **1.** galvanize *Br. auch* -s-. – **2.** (feuerverzinken) hot-galvanize *Br. auch* -s-, pot-galvanize *Br. auch* -s-. – **3.** (galvanisch) cold-galvanize *Br. auch* -s-, electroplate. – **II V~** *n* ⟨-s⟩ **4.** *verbal noun.* – **5.** *cf.* Verzinkung[1].

ver'zin-ken[2] *tech.* **I** *v/t* ⟨*no* ge-, h⟩ **1.** (verzapfen) mortise (*auch* mortice) and tenon. – **2.** (verschwalben) dovetail. – **II V~** *n* ⟨-s⟩ **3.** *verbal noun.* – **4.** *cf.* Verzinkung[2].

ver'zin·ken³ v/t ⟨no ge-, h⟩ j-n ~ colloq. to squeal (od. squeak) on s.o. (colloq.).

Ver·zin·ke'rei f ⟨-; -en⟩ metall. galvanizing (Br. auch -s-) plant (od. shop).

Ver'zin·kung¹ f ⟨-; no pl⟩ metall. 1. cf. Verzinken¹. – 2. galvanization Br. auch -s-.

Ver'zin·kung² f ⟨-; -en⟩ tech. 1. cf. Verzinken². – 2. (Resultat) mortise (auch mortice) joint, tenon joint.

Ver'zin·kungs,an,la·ge f metall. galvanizing (Br. auch -s-) plant.

ver'zin·nen [-'tsɪnən] metall. I v/t ⟨no ge-, h⟩ 1. tin. – 2. (feuerverzinnen) tin-coat. – 3. (galvanisch) tin-plate. – II V~ n ⟨-s⟩ 4. verbal noun. — **Ver'zin·ner** m ⟨-s; -⟩ tinner, tin-plater, tin-coater. — **Ver'zin·nung** f ⟨-; no pl⟩ cf. Verzinnen.

ver'zins·bar adj cf. verzinslich.

ver'zin·sen econ. I v/t ⟨no ge-, h⟩ 1. pay interest on: eine Summe mit 3% verzinsen to pay 3 percent (Br. per cent) interest on a sum; die Summe wird mit 3% verzinst the sum bears (od. yields) 3 percent (interest). – II v/reflex sich ~ 2. yield (od. bear, carry) interest, yield (od. bring) a return: sich zu (od. mit) 3% ~ to yield 3 percent (Br. per cent) (interest), to yield at 3 percent; sich nicht ~ not to yield interest, to lie dormant. – III V~ n ⟨-s⟩ 3. verbal noun. – 4. cf. Verzinsung. — **ver'zins·lich** [-'tsɪnslɪç] adj (Papiere etc) interest-bearing, yielding (od. bearing) interest: ~ mit 3% bearing interest at the rate of 3 percent (Br. per cent); ~es Darlehen loan on interest; Geld ~ anlegen to put out money at interest; ~ vom 1. Januar interest payable from January 1st. — **Ver'zin·sung** f ⟨-; no pl⟩ 1. cf. Verzinsen. – 2. (Zinszahlung) interest payment, payment of interest. – 3. (Zinsertrag) interest yield (od. return). – 4. (Zinssatz) interest rate, rate (of interest).

ver'zo·gen I pp of verziehen. – II adj (Kind) spoiled, spoilt, (stärker) ruined.

Ver'zö·ge·rer m ⟨-s; -⟩ 1. delayer. – 2. synth. inhibitor.

ver'zö·gern I v/t ⟨no ge-, h⟩ 1. delay, retard: das schlechte Wetter hat die Bauarbeiten verzögert the bad weather has delayed the construction work. – 2. (verlangsamen) slow down. – 3. (in die Länge ziehen) protract. – II v/reflex sich ~ 4. be delayed: leider hat sich meine Abreise verzögert my departure has unfortunately been delayed. – 5. (auf sich warten lassen) be long in coming. – III V~ n ⟨-s⟩ 6. verbal noun. – 7. cf. Verzögerung. — **ver'zö·gernd** I pres p. – II adj (Moment, Maßnahmen etc) dilatory, retarding, retardative, retardatory, retardant, auch retardent. — **Ver'zö·ge·rung** f ⟨-; -en⟩ 1. cf. Verzögern. – 2. delay, retardation, procrastination: diese Angelegenheit duldet keine ~ this matter allows of (od. brooks) no delay. – 3. (In-die-Länge-Ziehen) protraction. – 4. phys. deceleration. – 5. tech. a) delay, retardation, b) (einer Geschwindigkeit) deceleration, slowing down. – 6. electr. (time) lag. – 7. auto. (bei der Zündung) lag.

Ver'zö·ge·rungs|ge,fecht n mil. delaying action. — **~im,puls** m phys. deceleration impulse. — **~,lin·se** f (optics) cutoff (Br. cut-off) lens. — **~po·li,tik** f dilatory policy. — **~re,lais** n electr. time-delay relay. — **~,span·nung** f telev. threshold voltage. — **~,tak·tik** f delaying tactics pl. — **~,zün·der** m mil. delay(ed-action) fuse (Am. fuze).

ver'zoll·bar adj cf. zollpflichtig.

ver'zol·len econ. I v/t ⟨no ge-, h⟩ 1. pay duty on, clear (s.th.) (through [the] customs): haben Sie etwas zu ~? have you anything to declare? – II V~ n ⟨-s⟩ 2. verbal noun. – 3. cf. Verzollung.

ver'zollt I pp. – II adj duty-paid: ~e Waren duty-paid goods; die Waren sind ~ bes. mar. the goods have cleared (the) customs. — **Ver'zol·lung** f ⟨-; no pl⟩ 1. cf. Verzollen. – 2. payment of duty, (customs) clearance: Verkauf nach erfolgter ~ duty-paid sale.

ver'zücken (getr. -k·k-) I v/t ⟨no ge-, h⟩ enrapture, ecstasize Br. auch -s-. – II V~ n ⟨-s⟩ verbal noun: (über acc etwas) in V~ geraten to go into ecstasy (od. ecstasies) (over od. about s.th.), to go (off) in(to) raptures (over od. about s.th.).

ver'zuckern (getr. -k·k-) I v/t ⟨no ge-, h⟩ 1. (mit Zucker bestreuen) (dust s.th. with)

---

sugar. – 2. (mit Zuckerguß überziehen) ice, frost. – 3. (kandieren) candy. – 4. brew. saccharify. – 5. fig. cf. versüßen 2. – II v/i ⟨sein⟩ 6. (von Honig, Marmelade etc) crystallize Br. auch -s-, Am. auch crystalize, sugar. – III V~ n ⟨-s⟩ 7. verbal noun. — **Ver'zucke·rung** (getr. -k·k-) f ⟨-; no pl⟩ 1. cf. Verzuckern. – 2. (von Honig etc) crystallization Br. auch -s-, Am. auch crystalization. – 3. brew. saccharification.

ver'zückt I pp. – II adj ecstatic, enraptured, (en)rapt: ~ sein (über acc over, about) to be enraptured (od. in raptures). — **Ver'zückt·heit** f ⟨-; no pl⟩ ecstasy, rapture.

Ver'zückung (getr. -k·k-) f ⟨-; no pl⟩ 1. ecstasy, rapture, ravishment: (über acc etwas) in ~ geraten to go into ecstasy (od. ecstasies) (over od. about s.th.), to go (off) in(to) raptures (over od. about s.th.). – 2. trance, exaltation.

Ver'zug m ⟨-(e)s; no pl⟩ 1. delay: etwas ohne ~ ausführen to carry s.th. out without delay. – 2. econ. default, delay, arrear(s pl): im Falle des ~s (in case of) default; im ~ sein, sich im ~ befinden to be in default (od. in arrear[s]); j-n in ~ setzen to put s.o. in default; in ~ geraten to (come in) default, to get into arrears; mit der Zinszahlung im ~ sein to make default with the payment of interest. – 3. es ist Gefahr im ~ there is danger ahead. – 4. fig. colloq. (bevorzugtes Kind, Liebling) darling, pet: sie ist der ~ der ganzen Familie she is the pet of the whole family. – 5. tech. (in Mechanik) distortion, warpage. – 6. electr. delay, lag. – 7. (mining) lagging.

Ver'zugs|,ak·tie f econ. cf. Nachzugsaktie. — **~,stra·fe** f penalty for delay (od. default). — **~,ta·ge** pl days of grace. — **~,zin·sen** pl interest sg for default (od. on arrears), default (od. past-due) interest sg. — **~,zu,schlag** m extra (charge) for delay (od. default).

ver'zun·dern [-'tsʊndərn] v/t ⟨no ge-, h⟩ metall. scale.

ver'zwat·zeln [-'tsvatsəln] v/i ⟨no ge-, sein⟩ Southern G. colloq. go round the bend, go up the wall (beide sl.): da kann man ja ~ it would drive you round the bend (sl.).

ver'zwei·feln I v/i ⟨no ge-, sein⟩ 1. (an dat of) despair, (stärker) despond: er ist am Leben verzweifelt he despaired of life; an j-m ~ to despair of s.o.; nur nicht ~! (Aufforderung zum Weitermachen) never say die! – II V~ n ⟨-s⟩ 2. verbal noun: es ist zum V~ it's enough to drive one to despair (od. sl. round the bend). – 3. cf. Verzweiflung. — **ver'zwei·felt** I pp. – II adj 1. (Person) desperate, despairing, (stärker) despondent: er war völlig ~ he was in the depths of despair. – 2. ⟨attrib⟩ (Anstrengungen, Kampf, Versuch etc) desperate. – III adv 3. colloq. (sehr) precious (colloq.), desperately, extremely: das ist ~ wenig that is precious little; es war ihm ~ ernst he was dead serious about it; er hatte das Geld ~ nötig he desperately needed the money. — **Ver'zweif·lung** f ⟨-; no pl⟩ despair, desperation, (stärker) despondence, despondency: ein Akt der ~ an act of despair, a desperate act; er hat es aus ~ getan he did it out of despair; j-n zur ~ bringen (od. treiben) a) to drive s.o. to despair, b) colloq. to drive s.o. mad (od. sl. round the bend); du bringst mich mit deiner Fragerei (noch) zur ~ you drive me mad with your questions; in ~ geraten to despair; → Mut 1.   [desperate act.]

Ver'zweif·lungs,tat f act of despair,∫

ver'zwei·gen [-'tsvaigən] v/reflex ⟨no ge-, h⟩ sich ~ 1. auch fig. branch out, ramify. – II V~ n ⟨-s⟩ 2. verbal noun. – 3. cf. Verzweigung.

Ver'zwei·ger m ⟨-s; -⟩ tel. branch point.

ver'zweigt I pp. – II adj 1. fig. (Familie, Verwandtschaft, Unternehmen, Straßennetz etc) branching, branched: etwas ist weit ~ s.th. branches (out) widely. – 2. med. branched, ramose, ramous, ramified.

Ver'zwei·gung f ⟨-; -en⟩ 1. cf. Verzweigen. – 2. ramification, embranchment. – 3. med. a) ramification, arborization, b) (in zwei Teile) bifurcation.

ver'zwickt [-'tsvɪkt] adj colloq. (verwickelt, kompliziert) intricate, complicated: die Sache ist ganz ~ it is a rather intricate affair. — **Ver'zwickt·heit** f ⟨-; no pl⟩ intricacy, complication.

Ve·si·ca [ve'zi:ka] f ⟨-; -cae [-tsɛ]⟩ med. 1. bladder, vesica (scient.). – 2. (Harnblase) (urinary) bladder, vesica urinalis (scient.). — **ve·si'kal** [-zi'ka:l] adj vesical.

Ve·si·kans [ve'zi:kans] n ⟨-; -kanzien [-zi'kantsiən] u. -kantia [-zi'kantsia]⟩ med. pharm. blistering agent, vesicant (scient.).

ve·si·ku·lär [veziku'lɛːr] adj med. vesicular. — **V~at·men** n vesicular respiration.

ve·si·ku·lös [veziku'løːs] adj med. vesicular.

Ves·per¹ ['fɛspər] f ⟨-; -n⟩ 1. röm.kath. vespers pl, auch Vespers pl, vesper service. – 2. relig. cf. Vespergottesdienst.

'Ves·per² n ⟨-s; -⟩ Southern G. cf. Brotzeit.

'Ves·per,bild n relig. (art) Pietà. — **~,brot** n Southern G. ~,glocke (getr. -k·k-) f vesper (bell). — **~,got·tes,dienst** m relig. evening service. — **~,läu·ten** n vesper (bell).

ves·pern ['fɛspərn] v/i ⟨h⟩ Southern G. pause (od. take a break) for a snack.

'Ves·per|,stun·de, ~,zeit f 1. röm.kath. vespers pl, auch Vespers pl, vespertide. – 2. Southern G. a) late afternoon, b) late afternoon break.

Ve·sta ['vesta] I npr f ⟨-; no pl⟩ myth. Vesta (Roman goddess of the hearth and hearth fire). – II f ⟨-; no pl⟩ astr. Vesta. — **Ve·sta·lin** [vɛs'ta:lɪn] f ⟨-; -nen⟩ antiq. vestal, auch vestal virgin.

Ve·ste ['fɛstə] f ⟨-; -n⟩ obs. for Feste 1.

Ve·sti·bül [vɛsti'byːl] n ⟨-s; -e⟩ lit. vestibule.

Ve·sti·bu'lar·ap,pa,rat [vɛstibu'laːr-] m med. (im Ohr) vestibular organ (od. apparatus).

Ve·sti·bu·lum [vɛs'tiːbulum] n ⟨-s; -bula [-la]⟩ med. od. antiq. (Vorhof) vestibule, vestibulum.

Ve·sti·tur [vɛsti'tuːr] f ⟨-; -en⟩ hist. cf. Investitur.

Ve·su·vi·an [vezu'viaːn] m ⟨-s; -e⟩ min. vesuvianite, idocrase.

ve·su·visch [ve'zuːvɪʃ] adj geogr. Vesuvian.

Ve·te·ran [vete'raːn] m ⟨-en; -en⟩ 1. mil. veteran, bes. Br. ex-serviceman. – 2. fig. (altgedienter, bewährter Mensch) veteran, old hand, old-timer. – 3. auto. vintage car, old-timer.

Ve·te'ra·nen|,tref·fen n 1. meeting of veterans (bes. Br. ex-servicemen). – 2. auto. assembly of vintage cars (od. old-timers).

ve·te·ri·när [veteri'nɛːr] adj (tierärztlich) veterinary.

Ve·te·ri·när m ⟨-s; -e⟩ (Tierarzt) veterinarian, Br. veterinary surgeon, vet (colloq.). — **~,arzt** m cf. Veterinär. — **v~,ärzt·lich** adj veterinary. — **~kli·nik** f veterinary hospital. — **~me·di,zin** f veterinary medicine. — **~of·fi,zier** m mil. veterinary officer.

Ve·to ['veːto] n ⟨-s; -s⟩ bes. pol. veto: aufschiebendes ~ suspensive veto; ein (od. sein) ~ (gegen etwas) einlegen to veto (s.th.), to put a (od. one's) veto (on s.th.); sich über ein ~ hinwegsetzen to override a veto. — **~,recht** n right of veto, Am. veto power: sein ~ ausüben to exercise one's right of veto.

Vet·tel ['fɛtəl] f ⟨-; -n⟩ alte ~ archaic contempt. old hag (od. sl. bitch, bag).

Vet·ter ['fɛtər] m ⟨-s; -n⟩ (male first) cousin, bes. Am. colloq. coz. — **'Vet·te·rin** f ⟨-; -nen⟩ obs. for Base¹ 1, 2.

'Vet·ter·les,wirt·schaft ['fɛtərləs-] f ⟨-; no pl⟩ Southern G. for Vetternwirtschaft.

'vet·ter·lich adj cousinly.

'Vet·ter·li,wirt·schaft ['fɛtərli-] f ⟨-; no pl⟩ Swiss for Vetternwirtschaft.

'Vet·tern,hei·rat f marriage between cousins.

'Vet·tern·schaft f ⟨-; no pl⟩ cousinship, cousinhood.

'Vet·tern,wirt·schaft f ⟨-; no pl⟩ colloq. contempt. favoritism, bes. Br. favouritism, nepotism, bes. Am. colloq. cronyism: in dem Betrieb herrscht eine furchtbare ~ there is an awful lot of nepotism in that firm (colloq.).

'Vet·ter·schaft f ⟨-; no pl⟩ cf. Vetternschaft.

Ve'xier,bild n picture puzzle.

ve·xie·ren [vɛ'ksiːrən] v/t ⟨no ge-, h⟩ 1. (necken) tease. – 2. (irreführen) mislead.

Ve'xier|,schloß n tech. combination (od. puzzle, permutation) lock. — **~,spie·gel** m distorting (od. magic) mirror.

Ve·xil·lum [vɛ'ksɪlum] n ⟨-s; -xilla [-la] u. -xillen⟩ 1. antiq. (altrömische Fahne) vexillum. – 2. zo. (der Vogelfeder) vexillum.

Ve·zier [ve'ziːr] m ⟨-s; -e⟩ hist. cf. Wesir.
V-,Form ['fau-] f V-shape. — **V-,för·mig** ['fau-] adj V-shaped, in the shape of a V. — **V-Ge,spräch** ['fau-] n tel. (booked) personal (od. person-to-person) call.
via ['viːa] prep via: nach Hamburg ~ Hannover fahren to go to Hamburg via Hanover.
Via·dukt [vĭa'dukt] m ⟨-(e)s; -e⟩ viaduct.
Via·ti·kum ['viːatikum] n ⟨-s; -tika [-ka] od. -tiken⟩ röm.kath. (letzte Kommunion) viaticum.
Vi·brant [vi'brant] m ⟨-en; -en⟩ ling. mus. vibrant.
Vi·bra·phon [vibra'foːn] n ⟨-s; -e⟩ mus. vibraphone, vibraharp.
Vi·bra·ti·on [vibra'tsi̯oːn] f ⟨-; -en⟩ 1. cf. Vibrieren. - 2. vibration. - 3. phys. vibration.
Vi·bra·ti·ons|ap·pa,rat m (bes. für Massage) vibrator, vibratory apparatus. — **~,auf,neh·mer** m electr. vibration recorder. — **~gal·va·no,me·ter** n phys. vibration galvanometer. — **~mas,sa·ge** f med. (electro)vibratory massage. — **~,schwei·ßung** f metall. pulsation welding. — **~,sinn** m biol. vibrational sense. — **~,spu·le** f electr. vibration coil.
vi·bra·to [vi'braːto] mus. I adv u. adj vibrato. - II V~ n ⟨-s; -s u. -brati [-ti]⟩ vibrato.
Vi·bra·tor [vi'braːtɔr] m ⟨-s; -en [-bra'toːrən]⟩ (Gerät) vibrator.
vi·brie·ren [vi'briːrən] I v/i ⟨no ge-, h⟩ 1. (von Saiten, Stimme, Stimmgabel, Ton etc) vibrate. - 2. (zittern, beben) vibrate, tremble, quiver. - 3. phys. vibrate: etwas ~ lassen to vibrate s.th. - II V~ n ⟨-s⟩ 4. verbal noun. - 5. cf. Vibration. — **vi·'brie·rend** I pres p. - II adj vibrating, vibrant.
Vi·brier,tisch m tech. vibrating table.
Vi·brio ['viːbrio] m ⟨-; -nen [vibri'oːnən]⟩ med. (Bakterie) vibrio.
Vi·bro·gramm [vibro'gram] n ⟨-s; -e⟩ phys. vibrogram.
Vi·bro·graph [vibro'graːf] m ⟨-en; -en⟩ phys. vibrograph, vibrometer.
'Vi·bro·mas,sa·ge ['viːbro-] f med. short for Vibrationsmassage.
Vi·bro·re·zep·to·ren [vibroretsɛp'toːrən] pl biol. vibroreceptors.
Vi·bur·num [vi'burnum] n ⟨-s; no pl⟩ bot. cf. Schneeball 2.
vi·ce ver·sa ['viːtse 'vɛrza] adv (umgekehrt) vice versa.
Vi·com·te [vi'kõːt] m ⟨-s; -s⟩ viscount. — **Vi·com'tesse** [-kõ'tɛs] f ⟨-; -n [-sən]⟩ viscountess.
vi·de ['viːde] obs. see, vide.
'Vi·deo|,auf,zeich·nung ['viːdeo-] f telev. video recording. — **~fre,quenz** f video frequency. — **~ma,gnet,band** n video tape. — **~,plat·te** f video disc (od. disk). — **~re,cor·der** m video recorder (od. reproducer). — **~si,gnal** n video signal. — **~,spur** f video track.
vi·die·ren [vi'diːrən] v/t ⟨no ge-, h⟩ Austrian for a) beglaubigen 1, b) unterschreiben 2.
Vi·di·ma·ti·on [vidima'tsi̯oːn] f ⟨-; -en⟩ jur. vidimus.
Vi·di·ma·tum [vidi'maːtum] n ⟨-s; -s u. -mata [-ta]⟩ jur. obs. for Vidimation.
Viech [fiːç] n ⟨-(e)s; -er⟩ colloq. 1. (Tier) animal, monster: ich habe Angst vor dem ~ I'm afraid of that animal. - 2. contempt. beast, brute, 'swine' (vulg.). - 3. (lästiges Insekt) creepy-crawly, bes. Am. bug.
Vie·che·rei [fiːçə'rai] f ⟨-; -en⟩ Southern G. colloq. 1. (Gemeinheit) dirty low, sl. rotten) trick: das war eine ~ that was a dirty trick (od. a rotten thing to do). - 2. (derber Spaß) lark, prank. - 3. (Schufterei) hard grind (colloq.), bes. Br. fag.
Vieh [fiː] n ⟨-(e)s; no pl⟩ 1. collect. cattle (usually construed as pl), livestock: 20 Stück ~ 20 head (od. piece) of cattle; ~ halten to have (od. keep) cattle; ~ züchten to breed (od. raise, rear) cattle; das ~ auf die Weide treiben to drive the cattle to (the) pasture; das ~ grast the cattle are (auch is) grazing; sie hausen wie das liebe ~ they live like animals (od. pigs). - 2. colloq. (Tier) animal: das arme ~ ist fast verhungert the poor animal (od. thing) is nearly starved. - 3. contempt. beast, brute, swine (vulg.): er ist ein richtiges ~ he's an absolute beast. — **~,auf-**

~,trieb m 1. cf. Almauftrieb. - 2. cf. Auftrieb 6. — **~aus,stel·lung** f cattle show, livestock exhibition. — **~be,stand** m (live)stock. — **~dieb** m cattle thief, Br. cattle lifter, Am. colloq. (cattle) rustler. — **~,dieb,stahl** m cattle-stealing, Br. cattle-lifting, Am. colloq. (cattle-)rustling. — **~flie·ge** f zo. cf. Rinderbremse 1. — **~fut·ter** n agr. fodder, forage, feed, provender. — **~füt·te·rung** f livestock feeding. — **~hal·ter** m keeper of cattle. — **~hal·tung** f keeping of cattle. — **~han·del** m cattle trade, trade in livestock. — **~händ·ler** m cattle (od. livestock) dealer. — **~her·de** f herd of cattle. — **~hirt**, **~,hir·te** m herdsman. — **~,hir·tin** f herdswoman. — **~hof** m stockyard, bes. Am. corral.
vie·hisch ['fiːɪʃ] contempt. I adj (roh, grausam) bestial, brutal, beastly. - II adv j-n ~ behandeln to treat s.o. brutally.
'Vieh|,knecht m herdsman, stockman, cattleman. — **~magd** f herdswoman. — **~,markt** m cattle (od. livestock) market. — **~,mast** f cattle fattening. — **~,pacht** f lease of livestock. — **~,päch·ter** m leaseholder of livestock. — **~,salz** n ⟨-es; no pl⟩ cattle salt. — **~,scha·den** m damage caused by cattle.
'Vieh,seu·che f vet. 1. cattle plague, rinderpest. - 2. infectious disease of animals.
'Vieh,seu·chen|be,kämp·fung f vet. combat(t)ing of infectious diseases of animals. — **~ge,setz** n jur. vet. law concerning epizootic diseases. — **~ge,setz,ge·bung** f legislation on epizootic diseases.
'Vieh|,stall m agr. cowshed, (cow) stable, Am. barn, Br. byre. — **~,stand** m stock of cattle, livestock. — **~,ster·ben** n cattle deaths pl, loss of animal lives. — **~,trän·ke** f cattle watering tank. — **~trans,port** m cattle transport. — **~trans,port,an,hän·ger** m cattle trailer. — **~trans,por·ter** m cattle truck, livestock transporter. — **~,trei·ben** n cattle droving (od. driving, whacking). — **~,trei·ber** m cattle drover (od. driver, whacker). — **~,trift** f cattle range. — **~ver,si·che·rung** f econ. cattle (od. livestock) insurance. — **~,wa·gen** m (railway) cattle waggon (bes. Am. wagon), Am. stockcar. — **~,wei·de** f agr. pasture, pasturage. — **~,wirt·schaft** f cattle industry, animal husbandry. — **~,zäh·lung** f livestock census. — **~,zeug** n colloq. 1. animals pl. - 2. (im Haus gehaltene Tiere) menagerie, pets pl. - 3. (Insekten) insects pl, bes. Am. bugs pl. — **~,zucht** f cattle breeding, livestock production. — **~,züch·ter** m cattle breeder (od. farmer), stockbreeder, stock raiser (od. farmer), Am. auch rancher. — **~,züch·ter·ver,band** m cattle breeders' association.
viel [fiːl] indef pron I (adjektivisch) ⟨mehr; meist⟩ 1. ⟨attrib⟩ (vor Substantiven im sg) a great (od. good) deal of, much, plenty of; a lot of, lots of (colloq.): ~ Geld verdienen to earn a great deal of money; schade um das ~e Geld! it's a shame to waste all that money! trotz seines ~en Geldes ist er nicht glücklich despite all his money he is not happy; das kommt vom ~en Rauchen that comes from all that smoking; sich (dat) durch ~ Fleiß etwas erarbeiten to achieve s.th. through a great deal of hard work; ~ Glück! good luck (to you)! ~en Dank! thank you very much! many thanks! thanks a lot! ~ Spaß (od. Vergnügen)! a) have (a lot of) fun! have a good time! enjoy yourself! b) iron. have fun! nicht ~ Wesens (od. Aufhebens) von etwas machen not to make much fuss about s.th.; ~ Wesens (od. Aufhebens) von j-m machen to make a great (deal of) fuss (od. over) s.o.; ~ Volk(s) war zusammengeströmt a great many people had gathered; in ~er Beziehung (od. Hinsicht) hat er recht he is right in many respects; ~ Milch trinken to drink a great deal of milk; das hat mich ~ Mühe gekostet (od. mir ~ Mühe gemacht) it cost me a lot of trouble, I went to a great deal of trouble (to do that); ~ Zeit auf (acc) etwas verwenden to spend a great deal of time on (od. at) s.th.; sie haben gleich ~ Geld they have the same amount of money; sie haben gleich ~ Talent they are equally talented; dazu gehört ~ Übung that takes a lot of practice; man braucht dafür unendlich ~ Geduld one needs a tremendous lot of patience (od. tremendous patience) for that; das hat ziemlich ~ Geld ge-

kostet that cost quite a bit (of money), that cost quite a lot (od. a good deal) of money; er hat furchtbar (od. unheimlich) ~ Geld colloq. he has an awful lot of money (colloq.); jeder bekam soundso ~ (Geld) colloq. everyone was given so-and-so much (money); es hat ~, fast zu ~, Mühe gemacht it caused a great deal of trouble, indeed almost too much; er hat sehr ~ Zeit dafür gebraucht he took a lot of time at it (od. to do it); der hat so ~ Geld! colloq. he has so much (od. plenty of) money! so ~ Zeit haben wir nicht mehr we don't have so much time (od. such a lot of time) left; → Federlesen. - 2. ⟨attrib⟩ (vor Substantiven im pl) many, a great number of, lots of (colloq.): er hat ~e Freunde he has many friends; denk doch an die ~en Menschen, die es schlechter haben just think of the great number of people who are worse off; überall die ~en Menschen! the crowds of people everywhere! ... und ~e andere ... and many more; in ~en Fällen in many cases; sie hat ~e Jahre auf ihn gewartet she waited many years for him; ~e Briefe schreiben to write a great number of letters; die beiden Firmen haben gleich ~(e) Angestellte the two firms have the same number of employees; sehr ~e Urlauber fahren in den Süden a great many holidaymakers (Am. vacationists) travel south; so ~e Male ist es gutgegangen it worked so many times before; er hat so ~e Gelegenheiten versäumt he missed so many opportunities. - 3. ⟨attrib⟩ (vor Zahlen) ~e tausend Mark thousands and thousands of marks; ~e tausend Menschen thousands and thousands (od. many thousands) of people. - 4. ⟨pred⟩ much, a great deal, a lot (colloq.): das ist nicht ~ that is not much; das ist ziemlich ~ that is quite a lot (od. bit, good deal). - 5. ein bißchen ~ (od. etwas) ~ (zuviel) a bit too much: er hat gestern ein bißchen ~ Wein getrunken he had a bit too much wine yesterday; das war ein bißchen ~! colloq. that was a bit much (od. colloq. thick, off)! - II (substantivisch) 6. much, a great deal, a lot (colloq.): hat es ~ gekostet? did it cost much? ~es könnte noch verbessert werden there is (still) much room for improvement; das will ~ heißen (od. besagen) that is saying a great deal (od. a lot); das will nicht ~ sagen that's not saying much, that doesn't say much; sich (dat) ~ auf (acc) etwas einbilden to think a great deal of s.th., to be terribly conceited about s.th. (colloq.); darüber wäre noch ~(es) zu sagen there's still quite a lot to be said (od. to say) about that; mit meinem Auto ist nicht mehr ~ los my car is not worth much (od. sl. is no great shakes) anymore; es hätte nicht ~ gefehlt, und wir wären zusammengestoßen another inch and we would have crashed, it was a close shave, it was a near thing; er macht sich nicht ~ aus Musik he doesn't care much for (od. he isn't greatly interested in) music; sie haben nicht ~ they don't have much, they haven't a great deal; ich habe dir ~(es) zu erzählen I have a great deal do tell you; so ~ ist sicher (od. gewiß) one thing (od. this much) is certain. - 7. pl (viele Menschen) many (people): ~e sind der Meinung, daß many people think that; es kamen ihrer ~e lit. many (people) came; es gibt nicht mehr ~e, die das können there are not many people left who are able to do that. - 8. um ~es (vor comp) much, a great deal, far, by far (nachgestellt): er ist um ~es reicher als du he is much richer than you (are). - 9. in ~em in many respects: in ~em muß ich ihm beipflichten I must agree with him in many respects. - III (adverbial) 10. a great deal, a lot (colloq.): er muß zur Zeit ~ arbeiten he has to work a great deal at the moment; er hat ~ gelesen he has read a great deal; ich habe so ~ gelesen, daß mir die Augen wehtun I read so much that my eyes are sore. - 11. (oft) a great deal, much, Am. aplenty (colloq.): er ist ~ auf Reisen he is away a great deal; seid ihr ~ ausgegangen? did you go out much? - 12. (sehr) much, very: hier ist es auch nicht ~ anders it's not so very different here, there's not much difference here. - 13. (bei weitem) much, far: ~ zuviel [zuwenig] much too much [little]; ~ besser [schlimmer, grö-ßer] much better [worse, bigger]; ich würde ~ lieber zu Hause bleiben I would much rather stay at home.

'viel‚ad(e)·rig adj electr. (Kabel) multicore, multicable (beide attrib): ~es Kabel multi-conductor cable. — ~‚ar·mig [-‚ʔarmɪç] adj 1. (Tintenfisch, Krake, Ungeheuer) many--armed. - 2. ~er Leuchter candelabra with many branches. — ~ato·mig [-ʔa‚to:mɪç] adj chem. polyatomic. — ~‚bän·dig [-‚bɛn-dɪç] adj (Lexikon etc) multivolume(d). — ~be‚fah·ren adj ⟨attrib⟩ (Straße etc) much-used (od. -traveled, bes. Br. -trav-elled). — ~be‚gan·gen adj ⟨attrib⟩ (Weg etc) much-used (od. -frequented, -trodden). — ~be‚gehrt adj ⟨attrib⟩ much-sought--after. — ~be‚schäf·tigt adj ⟨attrib⟩ very busy. — ~be‚spro·chen adj ⟨attrib⟩ much-discussed, much-talked-of. — ~be‚sucht adj ⟨attrib⟩ (Lokal, Kino etc) much-frequented. — ~be‚wun·dert adj ⟨attrib⟩ much-admired. — V~‚blatt n arch. (als Ornament) multifoil, polyfoil. — ~‚blät·te·rig, ~‚blätt·rig adj 1. bot. multifoliate. - 2. arch. multifoil (attrib). — 'Viel‚bor·ster [-‚bɔrstər] pl zo. cf. Borsten-würmer.

'viel‚deu·tig [-‚dɔytɪç] adj (Wort, Begriff, Aussage etc) ambiguous, equivocal, mul-tivocal. — 'Viel‚deu·tig·keit f ⟨-; no pl⟩ ambiguity, ambiguousness, equivocality, equivocalness.

'Viel‚eck n ⟨-(e)s; -e⟩ math. polygon. — v~‚eckig (getr. -k·k-) adj polygonal, multiangular.

'Viel‚ehe f polygamy. — v~‚ehig adj polygamous, polygamic, auch polygamical.

'vie·len‚orts adv in many places.

'vie·ler‚lei adj ⟨undeclined⟩ 1. various, manifold: es gingen ~ Beschwerden ein various complaints (od. complaints of various descriptions) came in; das kann man auf ~ Arten machen one can do that in many different ways. - 2. (substantivisch) all sorts of things: ich habe noch ~ zu er-ledigen I still have all sorts of things to do.

'viel·er‚ör·tert adj ⟨attrib⟩ much-discussed.

'vie·ler‚orts adv in many places.

'viel‚fach I adj 1. multiple, manifold, multifold: er ist ~er Millionär he is a multimillionaire; auf ~en Wunsch unserer Hörer upon the request of many of our listeners. - II adv 2. (in vielen Fällen) in many cases, many times: diese Methode hat sich ~ bewährt this method has proved its worth many times. - 3. colloq. (oft) very often, many times: ich habe schon ~ gehört, daß I have often heard that. — III V~e, das ⟨-n⟩ 4. math. the multiple: ganzes V~es integral (od. whole) multiple; das kleinste gemeinsame V~e the least common multiple; eine Zahl um ihr V~es vermehren to increase a number by its multiple. - 5. um ein V~es many times over, manifold: er konnte sein Geld um ein V~es vermehren he was able to in-crease his wealth many times over; dieser Weg ist um ein V~es kürzer this way is shorter by far.

'viel‚fä·che·rig adj 1. with many compart-ments (od. partitions). - 2. bot. multilocu-lar.

'Viel‚fach·heit f ⟨-; no pl⟩ math. multi-plicity.

'Viel‚fach‚ka·bel n electr. tel. multiple (od. bank) cable. — ~‚schal·ter m multiple switch. — ~‚schal·tung f multiple con-nection (Br. auch connexion). — ~‚stecker (getr. -k·k-) m manifold (od. multiple) plug. — ~‚ver·kehr m (radio) multiplex transmission. — ~zer‚le·gung f nucl. multiple decay (of an atomic nucleus).

'Viel‚falt f [-‚falt] f ⟨-; no pl⟩ 1. (der Farben, Töne, des Angebots etc) variety, diversity. - 2. (menschlicher Charaktereigenschaften etc) multiplicity, multifariousness, multi-tudinousness, manifoldness.

'viel‚fäl·tig [-‚fɛltɪç] adj 1. manifold, varied, various, diverse. - 2. manifold, multi-farious, multitudinous. — 'Viel‚fäl·tig-keit f ⟨-; no pl⟩ cf. Vielfalt.

'viel‚far·big adj multicolored, bes. Br. multi-coloured, varicoloured, bes. Br. vari-coloured, variegated; polychromatic, poly-chrome (scient.). — 'Viel‚far·big·keit f ⟨-; no pl⟩ variegation; polychrome, auch polychromy (scient.).

'Viel‚flach n ⟨-(e)s; -e⟩ math. polyhedron.

— v~‚flä·chig adj polyhedral, polyhedric, auch polyhedrical.

'Viel‚fläch·ner [-‚flɛçnər] m ⟨-s; -⟩ math. cf. Vielflach.

'Viel‚fraß m ⟨-es; -e⟩ 1. zo. (Marderart) glutton (Gulo gulo): Amerikanischer ~ wolverine, auch wolverene, quickhatch (G. luscus). - 2. fig. colloq. glutton, greedy person.

'Viel‚fü·ßer m ⟨-s; -⟩ zo. polypod, multiped. — v~‚fü·ßig adj polypod(ous), multiped (attrib).

'viel‚ge‚braucht adj ⟨attrib⟩ much-used. — ~ge‚kauft adj ⟨attrib⟩ much-bought, fre-quently bought. — ~ge‚liebt adj ⟨attrib⟩ dearly beloved, much-beloved. — ~ge‚nannt adj ⟨attrib⟩ much-mentioned, frequently mentioned. — ~ge‚prie·sen adj ⟨attrib⟩ 1. much-praised. - 2. iron. great. — ~ge‚prüft adj ⟨attrib⟩ much-tried. — ~ge‚reist adj ⟨attrib⟩ much- (od. well)--traveled (bes. Br. -travelled). — ~ge‚rühmt adj ⟨attrib⟩ cf. vielgepriesen. — ~ge‚schmäht adj ⟨attrib⟩ much-abused.

'viel‚ge‚stal·tig [-gə‚ʃtaltɪç] adj 1. multi-form, diversiform, variform; polymorphic, auch polymorph, polymorphous (scient.). - 2. fig. (mannigfaltig) multifarious, manifold. — 'Viel‚ge‚stal·tig·keit f ⟨-; no pl⟩ 1. multiformity, diversity, polymorphism (scient.). - 2. fig. multifariousness, mani-foldness.

'viel‚glie·de·rig, ~‚glied·rig adj math. polynomial.

'Viel‚göt·te‚rei [-gœtə‚raɪ] f ⟨-; no pl⟩ polytheism.

'viel‚grif·fe·lig [-‚grɪfəlɪç], 'viel‚griff·lig [-‚grɪflɪç] adj bot. polystylous.

'Viel‚här·tungs‚riß m tech. heat (od. hot thermal) crack.

'Viel‚heit f ⟨-; no pl⟩ cf. Vielzahl.

'viel‚hun·dert‚mal adv hundreds (and hundreds) of times.

'viel‚jäh·rig adj cf. langjährig.

'Viel‚kant [-‚kant] n, m ⟨-(e)s; -e⟩ math. polyhedron.

'Viel‚keil‚ver‚zah·nung f tech. multiple splining. — ~‚wel·le f multiple spline shaft.

'viel‚ker·nig adj 1. bot. having many pips (od. seeds, stones). - 2. med. (in Histologie) polynuclear, multinuclear, multinucleate.

'Viel‚klang m mus. chord (composed of more than four tones).

'viel‚köp·fig [-‚kœpfɪç] adj 1. (Ungeheuer) many-headed. - 2. (Familie etc) large. - 3. (Menge) multitudinous, large. - 4. zo. (Bandwurm) polycephalous.

'Viel‚kör·per·pro‚blem n phys. many-body problem.

'viel‚lap·pig adj bot. many-lobed; multi-lobate, multilobed, multilobular (scient.).

'viel‚leicht [fi‚laɪçt] adv 1. perhaps, maybe, possibly, (in Fragen) auch by any chance, perchance (poet.): Sie haben ~ recht perhaps you are right, you may be right; hast du ihm das ~ erzählt? did you perhaps tell him that? ~ bist du so nett, mir zu helfen would you mind (very much) helping me? können Sie mir ~ sagen, wie ich zum Bahnhof komme? could you by any chance tell me how to get to the station? hast du ~ eine Zigarette für mich? could you spare me a cigarette by any chance? weißt du ~ eine bessere Lösung? auch iron. perhaps you could suggest a better solution? bist du ~ krank? a) are you sick perhaps? b) colloq. humor. is there something wrong with you? hast du hier ~ etwas zu sagen? colloq. are you giving the orders here? - 2. (wirklich, im Ernst) really, honestly: glauben Sie ~, daß ich das tun würde? do you really think (that) I would do such a thing? - 3. colloq. 'awfully', 'terribly' (beide colloq.): das war ~ peinlich! that was awfully embarrass-ing! that was pretty embarrassing, I can tell you (Am. I'll say)! das war ~ eine Unord-nung! it was an awful mess (od. a mess and a half)! das ist ~ ein (od. 'n) Kaffer he is an awful duffer. - 4. (vor Zahlenangaben) perhaps, about, approximately: es waren ~ 20 Leute dort there were about 20 people there.

'Viel‚lieb·chen n ⟨-s; no pl⟩ (alter Brauch) etwa philopena, philippina, philippine, auch fillipeen.

'viel‚ma·lig adj ⟨attrib⟩ 1. (often-)repeated, reiterated. - 2. (häufig) frequent.

'viel‚mals adv (in Wendungen wie) ich bitte ~ um Entschuldigung (od. verzeihen Sie bitte ~), daß ich zu spät komme I am very sorry that I am late, I do apologize (Br. auch -s-) for being late; (ich) danke (Ihnen) ~ thank you very much, many thanks; er läßt (dich) ~ grüßen he sends you his best (od. kind) regards.

'Viel‚män·ne‚rei [-mɛna‚raɪ] f ⟨-; no pl⟩ polyandry, polygamy.

'viel‚mehr [‚fi:l'me:r; 'fi:l‚me:r] I adv 1. (eher, besser, richtiger) rather: ich bin ~ der Meinung, daß I'm rather of the opinion that. — II conj 2. (im Gegenteil) on the contrary. - 3. (bei einer Steigerung in der Aussage) what is more: er ist nicht nur Initiator des Plans, ~ finanziert er ihn auch he is not only the initiator of the plan, what is more, he finances it.

'viel‚mo·to·rig [-mo‚to:rɪç] adj aer. multi-engined, Br. multi-engined. — ~‚pha·sig [-‚fa:zɪç] adj electr. multiphase (attrib). — ~‚po·lig [-‚po:lɪç] adj electr. multipolar. — ~‚sa·gend I adj (Blick, Bemerkung etc) meaning-ful, significant, suggestive. - II adv j-n ~ an-sehen to give s.o. a meaningful look. — ~‚sa·mig [-‚za:mɪç] adj bot. polyspermic. — ~‚schich·tig [-‚ʃɪçtɪç] adj fig. involved, com-plex, intricate, many-sided: dieses Pro-blem ist sehr ~ there are many sides (od. aspects) to this problem. — V~‚schnitt-‚werk‚zeug n tech. multiple cutting tool. — V~‚schrei·ber m contempt. scribbler (col-loq.).

'viel‚sei·tig I adj 1. (Person) versatile, many-sided, all-(a)round (attrib): er ist sehr ~ he is very versatile; ein ~er Ge-lehrter a versatile scholar, a scholar of many (od. varied) parts. - 2. (Interessen) varied, versatile, manifold. - 3. (Ver-wendung) versatile, manifold: ~e Ver-wendung finden to have many (od. manifold) uses, to have a versatile field of application; ein Werkzeug mit ~er Ver-wendung a multipurpose tool; ~es Gerät versatile set. - 4. (Werkzeug etc) multi-purpose, all-(a)round (beide attrib), versa-tile. - 5. auf ~en Wunsch by popular re-quest; einem ~en Wunsch nachkommen to comply with the wish of many (people). - 6. jur. (Vertrag) multilateral. - 7. math. many-sided, polygonal (scient.). - II adv 8. ein ~ gebildeter Mensch a versatile person, a person with a broad education; ~ verwendbar sein to have many (od. a variety of) uses. — 'Viel‚sei·tig·keit f ⟨-; no pl⟩ 1. (einer Person) versatility, manysidedness. - 2. (der Interessen, eines Werkzeugs etc) versatility. - 3. (der Ver-wendung) versatility, manifoldness.

'Viel‚sei·tig·keits‚prü·fung f (sport) (beim Reiten) cf. Military.

'viel‚sil·big [-‚zɪlbɪç] adj ling. polysyllabic, auch polysyllabical: ein ~es Wort a poly-syllable. — 'Viel‚sil·big·keit f ⟨-; no pl⟩ polysyllabism.

'viel‚spra·chig [-‚ʃpra:xɪç] adj multilingual, polyglot: ~e Gesellschaft multilingual society; ein ~er Mensch a polyglot.

'Viel‚stahl‚au·to‚mat m tech. automatic multi-tool (od. multi-cut) lathe.

'viel‚stel·lig [-‚ʃtɛlɪç] adj a) (ganze Zahl) of many digits, b) (Dezimalzahl) of many places.

'viel‚stim·mig [-‚ʃtɪmɪç] adj mus. many--voiced, multivoiced. — 'Viel‚stim·mig-keit f ⟨-; no pl⟩ multivoiced texture.

'Viel‚stoff‚mo·tor m auto. multifuel engine.

'viel‚stu·fig adj electr. multistage (attrib): ~er Schalter multipoint (od. multiway) switch.

'viel‚tau·send‚mal adv thousands (and thousands) of times.

'viel‚tei·lig adj 1. having (od. divided into) many parts, multipartite (scient.). - 2. bot. (Blätter) polytomous, multifid.

'viel‚um‚strit·ten adj ⟨attrib⟩ (Frage, Problem, Entscheidung etc) controversial, much-debated. — ~‚um‚wor·ben adj ⟨attrib⟩ much-sought-after. — ~‚ver-‚hei·ßend adj cf. vielversprechend. — ~‚ver‚mö·gend adj powerful, influential. — ~‚ver‚spre·chend adj 1. (Anfang etc) promising, encouraging: das klingt ja recht ~ that sounds quite promising; ~ sein a) to be promising, b) (sich gut ent-wickeln) to be shaping (up) well. - 2. (Per-son, Unternehmen, Blick, Lächeln etc) promis-ing. - 3. (Zukunft, Aussichten etc) promising, hopeful, rosy, roseate.

,Viel·wei·be'rei [-vaɪbə'raɪ] f ⟨-; no pl⟩ polygyny, polygamy.

'viel,wer·tig adj 1. chem. polyvalent, multivalent. - 2. math. many-valued. — **'Viel,wer·tig·keit** f ⟨-; no pl⟩ 1. chem. polyvalence, polyvalency, multivalence, multivalency. - 2. math. many-valuedness, multiplicity.

'viel|,win·ke·lig, **~,wink·lig** adj many-angled; polygonal, multangular (scient.).

'Viel|,wis·ser [-,vɪsər] m ⟨-s; -⟩ contempt. pundit, smatterer, would-be polymath, sciolist. — **~,zahl** f ⟨-; no pl⟩ (von of) multitude, multiplicity, plurality, great number.

'Viel,zel·ler [-,tsɛlər] m ⟨-s; -⟩ biol. metazoan. — **'viel,zel·lig** adj 1. multicellular, polycellular. - 2. biol. metazoan, metazoic, metazoal.

'Viel,zweck... combining form denoting multipurpose.

vier [fiːr] adj ⟨cardinal number⟩ 1. four: wir waren ~ (od. zu ~en, unser ~) there were four of us, we were four (in number); ~ und drei macht (od. ist) sieben four and three is (od. are, make[s]) seven; es ist ~ (Uhr) it is four (o'clock); ein Viertel vor [nach] ~ a quarter to (Am. auch of) [past, Am. auch after] four; halb ~ half past three; Punkt ~ four o'clock sharp; Schlag ~ on the stroke of four; die Uhr schlug ~ the clock struck four; die nächsten ~ the next four; diese ~ these four; alle ~ all four of them; zu (od. je) ~ und ~ by (od. in) fours, four by four; Mutter ~er Kinder (od. von ~ Kindern) mother of four (children); ein Kind von ~ Jahren a four-year-old child; das Kind ist ~ (Jahre alt) the child is four (years old); bis ~ zählen to count up to four; es steht ~ zu drei the score is four to three; die ~ Elemente [Jahreszeiten, Himmelsrichtungen] the four elements [seasons, cardinal points]; die ~ Farben im Kartenspiel the four suits in a card game; ein Gespräch unter ~ Augen a confidential (od. private) conversation, a tête-à-tête, a conversation in private; das kann ich dir nur unter ~ Augen erzählen I can only tell you that in private (od. privately); sich auf seine ~ Buchstaben setzen colloq. humor. to sit down on one's bottom; in seinen ~ Wänden bleiben colloq. to stay within one's own four walls, to stay at home; das ist so klar, wie zweimal zwei ~ ist that is as clear as day; auf allen ~en gehen [kriechen] to go [to crawl] on all fours; etwas in alle ~ Winde verstreuen to scatter s.th. to the four winds; → streken 1. - 2. die großen V~ pol. the Big Four.

Vier f ⟨-; -en⟩ 1. (number od. figure) four: eine arabische [römische] ~ an Arabic [a Roman] four. - 2. (auf Würfel etc) four: zwei ~en würfeln to throw two fours. - 3. ped. (als Zensur) fair: eine ~ bekommen to be given the mark (of) fair. - 4. colloq. (streetcar, Br. tram) number four: in die ~ umsteigen to change (od. transfer) to number four.

'Vier,ach·ser [-,ʔaksər] m ⟨-s; -⟩ auto. four-axle vehicle. — **'vier,ach·sig** [-,ʔaksɪç] adj with (od. having) four axles, four-axle (attrib).

,Vier·adres·sen·be,fehl [-ʔa'drɛsən-] m (computer) four-address instruction.

'vier|,ar·mig [-,ʔarmɪç] adj 1. bes. zo. four-armed. - 2. (Leuchter) with four branches, four-branched. — **~,ato·mig** [-ʔa,toːmɪç] adj chem. tetratomic.

'Vier,au·ge n zo. four-eyed fish, four-eyes pl (construed as sg) (Gattg Anableps).

'vier,ba·sisch adj chem. tetrabasic.

'Vier,bei·ner [-,baɪnər] m ⟨-s; -⟩ 1. four-legged animal (od. creature). - 2. zo. cf. Vierfüßer. — **'vier,bei·nig** adj 1. four-legged. - 2. zo. cf. vierfüßig 1.

'Vier,blatt n 1. arch. (Ornament) quatrefoil. - 2. bot. four-leaf (bes. Br. four-leaved) clover.

'vier|,blät·te·rig, **~,blätt·rig** adj bot. four-leaf (attrib), bes. Br. four-leaved, quadrifoliate (scient.).

'Vier,bund m ⟨-(e)s; ~e⟩ pol. hist. quadruple alliance.

'vier·di·men·sio,nal adj four-dimensional.

'Vier,draht,ka·bel n electr. four-wire cable.

'vier,dü·sig [-,dyːzɪç] adj aer. cf. vierstrahlig 1.

'Vier,eck n ⟨-(e)s; -e⟩ 1. bes. math. quadrangle, math. auch quadrilateral, (Rechteck)

rectangle, (Quadrat) square. - 2. tech. square. — **'vier,eckig** (getr. -k·k-) adj 1. bes. math. quadrangular, math. auch quadrilateral, tetragonal, (rechteckig) rectangular, (quadratisch) square. - 2. tech. square.

'Vier,eck,tuch n shawl.

'vier,ein'halb adj four and a half.

vie·ren ['fiːrən] v/t ⟨h⟩ her. quarter.

'Vie·rer m ⟨-s; -⟩ 1. colloq. for Vier. - 2. (bus) number four. - 3. (im Lotto etc) four (numbers) right. - 4. (sport) (Ruderboot) four(-oar): ~ mit Steuermann four oars pl with coxswain; ~ ohne Steuermann coxswainless four oars pl. - 5. (sport) a) (beim Golf) foursome, (mit zwei Bällen) auch fourball, b) (beim Radsport) (auf der Bahn) track team, (auf der Straße) road team. - 6. electr. cf. Viererkabel. — **~,ab,kom·men** n pol. cf. Viermächteabkommen. — **~,aus,schuß** m committee of four. — **~,bob** m (sport) four-man bob. — **~,grup·pe** f 1. group of four: in ~n in groups of four, in fours. - 2. (beim Kunstkraftsport) quadruplet. - 3. cf. Viererseilschaft. — **~,ka·bel** n electr. cable in quadruples. — **~,ka·jak** m (sport) cf. Kajakvierer. — **~kon·fe,renz** f pol. four-power conference.

'vie·rer'lei adj ⟨invariable⟩ of four kinds (od. sorts): es gibt ~ Möglichkeiten there are four possibilities; ~ Wein four (different) kinds of wine; auf ~ Art in four different ways; ich wünsche mir ~ I'd like to have four things.

'Vie·rer,lei·tung f electr. phantom (od. quadded) circuit, quad.

'Vie·rer|,mann·schaft f (sport) (team of) four. — **~,pakt** m pol. four-power pact. — **~,rei·he** f row of four: in ~n in rows of four. — **~,seil·schaft** f (beim Bergsteigen) party of four. — **~,spiel** n (beim Golf) cf. Vierer 5a. — **~,takt** m mus. quadruple time (od. meter, bes. Br. metre), four-four time (od. meter, bes. Br. metre), common time. — **~,zug** m cf. Viergespann.

'vier·eta,gig [-ʔe,taːʒɪç] adj cf. vierstöckig.

'vier,fach I adj fourfold, quadruple: in ~er Ausfertigung (od. Ausführung) in quadruplicate, in four copies; die ~e Menge four times the quantity. – **II** adv fourfold, four times: etwas ~ nehmen (od. zusammenlegen) to fold s.th. in four. – **III** V~e, das ⟨-n⟩ four times the amount, the fourfold amount, the quadruple: acht ist das V~e von zwei eight is four times two; sich um das V~e vermehren to quadruple, to increase fourfold; das V~e nehmen to take four times as much, to take four times the amount.

'Vier,fach|be,trieb m tel. quadruplex (system). — **~te·le·gra,phie** f quadruplex telegraphy.

'vier,fäl·tig [-,fɛltɪç] adj u. adv cf. vierfach.

,Vier'far·ben|,druck m ⟨-(e)s; -e⟩ print. 1. ⟨only sg⟩ (Verfahren) four-color (bes. Br. -colour) printing. - 2. (Produkt) four-color (bes. Br. -colour) print. — **~,stift** m four-color (bes. Br. -colour) pen.

,Vier'fel·der,wirt·schaft f agr. four-course (rotation).

'Vier,flach n ⟨-(e)s; -e⟩ math. tetrahedron. — **'vier,flä·chig** adj tetrahedral. — **'Vier,flä·cher** [-,flɛçnər] m ⟨-s; -⟩ tetrahedron.

'vier|,flü·ge·lig, **~,flüg·lig** [-,flyːgəlɪç], [-,flyːglɪç] adj 1. zo. (Insekt) four-winged; tetrapteran, tetrapterous (scient.). - 2. aer. (Propeller) four-blade (attrib).

'Vier,frucht|kon·fi,tü·re, **~mar·me,la·de** f gastr. four-fruit jam.

'Vier,fürst m Bibl. tetrarch.

'Vier,fü·ßer m ⟨-s; -⟩ zo. quadruped (animal), tetrapod. — **'vier,fü·ßig** adj 1. zo. four-footed, four-legged; quadruped(al), tetrapod, auch tetrapodous (scient.). - 2. metr. (Vers) tetrameter (attrib). — **'Vier,füß·ler** [-,fyːslər] m ⟨-s; -⟩ zo. cf. Vierfüßer.

'Vier,fuß,ton m mus. four-foot tone.

'Vier,gang·ge,trie·be n tech. four-speed drive.

'vier,gän·gig adj tech. 1. (Schraube) quadruple-threaded. - 2. (Schnecke) four-start (attrib).

'Vier,gang,schal·tung f tech. four-speed gear change (bes. Am. gearshift).

'Vier,ge,spann n 1. team of four horses, four-in-hand. - 2. four-horse carriage, four-in-hand. - 3. hist. (mit nebeneinander-

gespannten Pferden) quadriga. – 4. fig. colloq. foursome, quartet.

'vier|ge,stri·chen adj mus. four-accented, four-line (attrib). — **~,glie·de·rig**, **~,glied·rig** adj math. a) (Ausdruck) four-termed, quadrinomial, b) (Operation) quadratic.

'Vier,hän·der [-,hɛndər] pl zo. quadrumana. — **'vier,hän·dig I** adj 1. zo. four-handed, quadrumanous (scient.). - 2. mus. four-handed, for four hands, for piano duet. – **II** adv 3. ~ spielen to play a four-handed piece (od. a duet).

'Vier,horn·an·ti,lo·pe f zo. four-horned antelope, ravine deer (od. buck) (Tetracerus quadricornis).

'vier'hun·dert adj ⟨cardinal number⟩ four hundred. — **V~'jahr,fei·er** [,fiːr,hundərt-] f quadricentennial, quatercentenary. — **'vier'hun·dertst** adj ⟨ordinal number⟩ four hundredth. — **'Vier'hun·dert,stel** n, Swiss meist m four hundredth (part).

,Vier'jah·res,plan m econ. pol. four-year plan.

'vier,jäh·rig adj 1. (vier Jahre alt) four-year-old (attrib), of four (years). - 2. (vier Jahre dauernd) four-year (attrib), of (od. lasting) four years, quadrennial. — **'Vier,jäh·ri·ge** m, f ⟨-n; -n⟩ four-year-old (child).

'Vier,kampf m (sport) (beim Turnen u. Eisschnellauf) combined test of four (disciplines), four-discipline competition.

'vier,kant [-,kant] adj u. adv mar. square: ~ brassen to square the yards; ~ toppen to top up square.

'Vier,kant n, m ⟨-(e)s; -e⟩ 1. tech. square. - 2. math. tetrahedron. — **~,block** m metall. square ingot. — **~,fei·le** f tech. square file. — **~,holz** n squared timber.

'vier,kan·tig adj tech. square(-headed), tetragonal (scient.).

'Vier,kant|,kopf m tech. (einer Schraube) square head. — **~,mei·ßel** m square insert tool. — **~,mut·ter** f square nut. — **~re,vol·ver,kopf** m four-faced turret head. — **~,schlüs·sel** m cf. Vierkantschraubenschlüssel. — **~,schrau·be** f square bolt. — **~,schrau·ben,schlüs·sel** m square box wrench (bes. Br. spanner). — **~,stab** m square bar. — **~,stahl** m square steel: ~e pl squares. — **~,stan·ge** f square bar. — **~,steck,schlüs·sel** m square box wrench (bes. Br. spanner), tubular box spanner.

'vier,köp·fig [-,kœpfɪç] adj 1. (Familie etc) (consisting) of four (persons). - 2. (Ungeheuer) four-headed.

'Vier,kurs,funk,feu·er n electr. radio range.

'Vier,lei·ter,ka·bel n electr. four-conductor cable.

'Vier,ling m ⟨-s; -e⟩ 1. quadruplet, one of quadruplets, quad (colloq.): ~e bekommen to give birth to quadruplets. - 2. (Jagdgewehr) four-barrel(ed) (bes. Br. -barrel[led]) gun.

'Vier,lings,flak f mil. four-barreled (bes. Br. -barrelled) AA gun.

,Vier'mäch·te|,ab,kom·men n pol. four-power (od. quadripartite) agreement. — **~kon·fe,renz** f four-power (od. quadripartite) conference. — **~sta,tut** n four-power (od. quadripartite) statute.

'vier,mal adv four times: ~ so viel four times as much, four times the amount. — **'vier,ma·lig** adj ⟨attrib⟩ done (od. repeated) four times: nach ~em Versuch after the fourth attempt, after four attempts.

'Vier,mast,bark f mar. four-masted bark, Am. obs. shipentine.

'Vier,ma·ster [-,mastər] m ⟨-s; -⟩ mar. four-master, four-masted ship.

'Vier,mast|,gaf·fel,scho·ner m mar. four-masted fore-and-aft schooner. — **~,zelt** n four-mast tent, giant (circus) tent.

'vier,mo·na·tig [-,moːnatɪç] adj 1. four-month (attrib), lasting (od. of) four months, four months' (attrib). - 2. (Baby etc) four-month-old (attrib). — **~,mo·nat·lich I** adj four-monthly. – **II** adv every four months.

'vier,mo·to·rig [-mo,toːrɪç] adj bes. aer. four-engine(d).

'Vier,paß m ⟨-sses; -sse⟩ arch. quatrefoil.

'vier,pha·sig [-,faːzɪç] adj electr. four-(quarter-)phase (attrib).

'Vier,plät·zer [-,plɛtsər] m ⟨-s; -⟩ Swiss for Viersitzer. — **'vier,plät·zig** adj Swiss for viersitzig.

'Vier,pol m electr. quadripole, four-terminal network: ~ in T-Schaltung T-network. — **'vier,po·lig** adj four-pole (attrib), quadripolar, tetrapolar.

'**Vier**|**pol**|**röh·re** f (radio) tetrode, four-electrode tube (bes. Br. valve). — v**~pro·zen·tig** [-pro₁tsɛntɪç] adj econ. four-percent, Br. four-per-cent (attrib). — **~punkt**|**auf**|**hän·gung** f auto. four-point suspension.

'**Vier**|**rad** n quadricycle. — **~an**|**trieb** m tech. four-wheel drive. — **~brem·se** f four-wheel brake. — **'vier**|**rä·de·rig** [-₁rɛːdərɪç], **~räd·rig** [-₁rɛːdrɪç] adj four-wheel(ed).

'**Vier**|**ru·de·rer** m antiq. quadrireme.

'**vier**|**sai·tig** [-₁zaɪtɪç] adj mus. (Instrument) four-string(ed).

'**vier**|**schäf·tig** [-₁ʃɛftɪç] adj mar. (Tauwerk) four-strand(ed).

'**vier**|**schrö·tig** [-₁ʃrøːtɪç] adj (breitgebaut, stämmig) burly, square-built, husky (colloq.).

'**vier**|**sei·tig** adj 1. four-sided, tetragonal. — 2. cf. viereckig. — 3. pol. (Abkommen etc) quadripartite. — 4. (Brief etc) of four pages, four-page(d).

'**Vier**|**sil·ber** [-₁zɪlbər] m ⟨-s; -⟩ metr. quadrisyllable, tetrasyllable. — '**vier**|**sil·big** adj four-syllable (attrib), quadrisyllabic, tetrasyllabic(al). — **Vier**|**silb·ler** [-₁zɪlplər] m ⟨-s; -⟩ cf. Viersilber.

'**Vier**|**sit·zer** [-₁zɪtsər] m ⟨-s; -⟩ auto. four-seater, four-passenger car. — '**vier**|**sit·zig** adj with four seats.

'**vier**|**spal·tig** [-₁ʃpaltɪç] adj (Zeitungsartikel etc) four-column(ed).

'**Vier**|**spän·ner** [-₁ʃpɛnər] m ⟨-s; -⟩ cf. Viergespann 2. — '**vier**|**spän·nig** I adj (Wagen) four-horse (attrib). – II adv — fahren to drive with four horses.

'**vier**|**spra·chig** [-₁ʃpraːxɪç] adj (Wörterbuch) four-language (attrib), quadrilingual. — **~spu·rig** [-₁ʃpuːrɪç] adj (Straße) four-lane(d). — **~stel·lig** [-₁ʃtɛlɪç] adj 1. (ganze Zahl) of four digits; four-digit, four-figure (attrib). – 2. (Dezimalzahl) having four places, four-place (attrib). – 3. (Logarithmus) four-place (attrib), tetradic. — **~stim·mig** [-₁ʃtɪmɪç] I adj mus. 1. (Lied, Gesang etc) for (od. in) four voices, in four parts, four-part (attrib). – 2. (Fuge etc) in four parts, four-part (attrib). – II adv 3. — singen to sing in four voices. — **~stöckig** (getr. -k·k-) [-₁ʃtœkɪç] adj four-storey (bes. Am. -story) (attrib), four-storeyed (bes. Am. -storied), Am. auch four-story (attrib), five-storied. — **~strah·lig** [-₁ʃtraːlɪç] adj 1. aer. (Strahltriebwerk) four-jet (attrib). – 2. zo. (Schwämme) tetract. — **~stro·phig** [-₁ʃtroːfɪç] adj (Gedicht, Lied etc) four-verse, four-stanza (beide attrib).

'**Vier**|**stu·fen·ra·ke·te** f (space) four-stage rocket.

'**vier**|**stu·fig** adj 1. of (od. with) four steps. – 2. tech. a) (Schaltgetriebe) four-speed (attrib), b) four-stage (attrib): **~er** Kompressor four-stage compressor. – 3. (space) (Rakete) four-stage (attrib).

'**vier**|**stün·dig** [-₁ʃtʏndɪç] adj four-hour (attrib), lasting (od. of) four hours: das Ergebnis einer **~en** Unterredung the result of a four-hour conference (od. of four hours' conference); der Zug kam mit **~er** Verspätung the train arrived with a four-hour delay, the train was four hours late; mit **~er** Unterbrechung with a four-hour interruption, with an interruption of four hours.

'**vier**|**stünd·lich** I adj occurring every four hours. – II adv every four hours.

viert [fiːrt] adj 1. ⟨ordinal number⟩ fourth: das **~e** Kapitel the fourth chapter; im **~en** Kapitel in chapter four; der **~e** Satz einer Sinfonie the fourth movement of a symphony; die **~e** Dimension the fourth dimension; an **~er** Stelle in fourth place; er steht an **~er** Stelle he holds (od. is in) fourth place; die **~e** Wand (theater) the fourth wall; am **~en** Mai on May (the) fourth, on the fourth of May; heute haben wir den **~en** April today is the fourth of April (od. the fourth); der **~e** Stand hist. the fourth estate. – 2. zu **~** sein to be four in number; wir waren zu **~** there were four of us, we were four (in number); sie kamen zu **~** the four of them came; wir durften immer zu **~** eintreten we were allowed in in fours, we were allowed in four at a time.

'**Vier**|**ta·ge·fie·ber** n med. quartan ague (od. malaria), quartana.

'**vier**|**tä·gig** adj 1. four-day (attrib), lasting (od. of) four days: eine **~e** Ausstellung

a four-day exhibition; eine Fahrkarte mit **~er** Gültigkeit a ticket with four days' validity. – 2. four-day-old (attrib). – 3. med. (Fieber) four-day (attrib), quartan.

'**Vier**|**takt** m auto. four-stroke cycle.

'**Vier**|**tak·ter** m ⟨-s; -⟩, '**Vier**|**takt**|**mo·tor** m auto. four-stroke engine.

'**vier**|**tau·send** adj ⟨cardinal number⟩ four thousand.

'**Vier**|**tau·sen·der** m ⟨-s; -⟩ colloq. (Berg) four-thousand-meter (bes. Br. four-thousand-metre) mountain, fourthousander (colloq.).

'**Vier·te** m, f ⟨-n; -n⟩, n ⟨-n; no pl⟩ 1. fourth: er ist der **~** he is the fourth; heute haben wir den **~n** today is the fourth today, it is the fourth today; bis zum **~n** des Monats by the fourth of this month, (in Geschäftsbriefen) auch by the fourth instant. – 2. (mit Kleinschreibung) du bist der v**~**, der mich danach fragt you are the fourth (person) to ask me that. – 3. Heinrich IV. (od. der **~**) hist. Henry IV (od. the Fourth).

'**vier**|**tei·len** I v/t ⟨h⟩ 1. obs. for vierteln. – 2. hist. (als Folter) quarter. – II v/reflex sich **~** 3. divide into four parts. – III V**~** n ⟨-s⟩ 4. verbal noun. – 5. cf. Vierteilung.

'**vier**|**tei·lig** adj 1. having (od. consisting of) four parts, four-part (attrib), (Besteck etc) four-piece (attrib). – 2. quadripartite. – 3. her. quartered. – 4. math. quadrinominal.

'**Vier**|**tei·lung** f ⟨-; no pl⟩ 1. cf. Vierteilen. – 2. quadripartition.

Vier·tel[1] ['fɪrtəl] I n, Swiss meist m ⟨-s; -⟩ 1. bes. math. fourth (part). – 2. (als Maßangabe) quarter: ein **~** der Summe a quarter of the sum; gib mir ein **~** (des Apfels) give me a quarter (of the apple), please; das erste [letzte] **~** (des Mondes) astr. the first [last] quarter (of the moon). – 3. (einer Stunde) quarter: es ist (ein) **~** vor eins (od. drei **~** eins) it is a quarter (od. 15 minutes) to (Am. auch of) one; um (ein) **~** nach eins (od. [ein] **~** zwei) at a quarter (od. 15 minutes) past (Am. auch after) one; es hat **~** geschlagen it has struck the (first) quarter; → akademisch 1. – 4. colloq. for Viertelliter, Viertelpfund. – 5. mus. cf. Viertelnote. – 6. (sport) (beim Wasserball) period. – II v**~** adj ⟨attrib⟩ 7. fourth (part) of, quarter: in drei v**~** Stunden in three quarters of an hour.

'**Vier·tel**[2] n ⟨-s; -⟩ (Stadtteil) quarter, district, sector, ward.

'**Vier·tel**|**bo·gen** m print. quarter of a sheet. — **~dre·hung** f quarter turn. — **~fe·der** f auto. quarter elliptic spring, cantilever spring. — **~fi·na·le** n (sport) quarterfinals pl, quarterfinal round. — **~fi·nal**|**spiel** n quarterfinal (match od. game).

'**Vier·tel**|**jahr** n quarter, three months pl.
'**Vier·tel**|**jah·res**|**be·richt** m quarterly report (od. return). — **~ge·halt** n quarterage. — **~ra·te** f quarterly payment. — **~schrift** f quarterly (review od. journal).

Vierteljahrs... cf. Vierteljahres...

'**Vier·tel**|**kreis** m math. quadrant, quarter of a circle. — **~li·nie** f (sport) (beim Feldhockey) 25-yard line. — **~li·ter** m, n quarter of a liter (bes. Br. litre). — **~mei·le** f quarter of a mile, quartermile. — **~me·ter** n, m quarter of a meter (bes. Br. metre). — **~mor·gen** m agr. rood.

vier·teln ['fɪrtəln] v/t ⟨h⟩ quarter, divide (s.th.) into four (equal) parts.

'**Vier·tel**|**no·te** f mus. crotchet, Am. quarter note. — **~pau·se** f 1. mus. crotchet rest, Am. quarter-note rest, quarter-beat rest. – 2. (beim Wasserball) interval. — **~pe·tit** f print. six to pica, two point. — **~pfund** n quarter of a (German) pound, quarter. — **~stab** m arch. quarter round, Roman ovolo molding (bes. Br. moulding). — **~stun·de** f quarter of an hour, Am. colloq. quarter hour. — v**~stün·dig** [-₁ʃtʏndɪç] adj of a quarter of an hour, lasting 15 minutes. — v**~stünd·lich** I adj occurring every 15 minutes (od. every

quarter of an hour): in **~en** Abständen in intervals of 15 minutes (od. of a quarter of an hour); **~e** Einnahme von Tropfen intake of drops every 15 minutes. – II adv every 15 minutes (od. quarter of an hour). — **~ton** m mus. quarter tone. — **~ton·mu·sik** f microtonic music, **~trio·len** [-tri₁oːlən] pl crotchet (Am. quarter-note) triplets. — **~zent·ner** m quarter of a hundredweight, quarter.

vier·tens adv fourthly, in the fourth place.

'**viert**|**letzt** I adj ⟨attrib⟩ fourth last, last but three. – II V**~e**, der ⟨-n; -n⟩ the last but three.

'**vier**|**tü·rig** [-₁tyːrɪç] adj (Auto) four-door (attrib).

'**vier**|**und**|**ein'halb** adj cf. viereinhalb.

'**Vier**|**und'sech·zig**|**stel**|**for·mat** n print. sixty-fourmo, 64mo. — **~no·te** f mus. hemidemisemiquaver, Am. sixty-fourth note. — **~pau·se** f hemidemisemiquaver rest, Am. sixty-fourth-note rest, sixty-fourth-beat rest.

'**vier**|**und'zwan·zig** adj ⟨cardinal number⟩ twenty-four.

'**Vier**|**und'zwan·zig**|**flach** n ⟨-(e)s; -e⟩, **~fläch·ner** [-₁flɛçnər] m ⟨-s; -⟩ math. min. twenty-four-sided solid, icositetrahedron (scient.).

'**Vie·rung** f ⟨-; -en⟩ 1. (Quadratur) quadrature. – 2. arch. (Schnittfläche von Mittel- u. Querschiff einer Kirche) crossing, intersection. – 3. civ.eng. (bei der Natursteinbearbeitung) intersection.

'**Vie·rungs**|**kup·pel** f arch. (einer Basilika) crossing cupola (od. dome). — **~pfei·ler** m crossing pier. — **~turm** m crossing tower.

'**Vier'vier·tel**|**takt** m mus. four-four time, common time (od. meter, bes. Br. metre).

'**Vier'wal·zen**|**ge·rüst** n metall. four-high rolling stand. — **~ka·lan·der** m synth. tech. four-roll calender.

'**Vier**|**we·ge**|**hahn** m tech. four-way cock.

'**vier**|**wer·tig** adj 1. chem. quadrivalent, tetravalent. – 2. math. four-valued. — '**Vier**|**wer·tig·keit** f ⟨-; no pl⟩ 1. chem. quadrivalence. – 2. math. four-valuedness.

'**Vier**|**ze·hen**|**land·schild·krö·te** f Horsefield's tortoise (Testudo horsefieldii). — **~rüs·sel·rat·te** f zo. elephant shrew (Petrodromus tetradactylus). — **~sa·la·man·der** m four-toed salamander (Hemidactylium scutatum).

'**vier**|**ze·hig** [-₁tseːɪç] adj four-toed, tetradactyl(ous) (scient.).

'**vier·zehn** ['fɪr-] I adj ⟨cardinal number⟩ fourteen: **~** Uhr two p.m.; er ist **~** (Jahre alt) he is fourteen (years old); **~** Tage two weeks, bes. Br. a fortnight sg; heute in **~** Tagen this day two weeks, two weeks (from) today, bes. Br. this day fortnight, a fortnight (from) today. – II V**~** f ⟨-; -en⟩ (number) fourteen.

'**Vier·zehn·en·der** [-₁ʔɛndər] m ⟨-s; -⟩ hunt. stag of fourteen points (od. branches).

'**vier·zehn**|**jäh·rig** adj 1. fourteen-year (attrib), of (od. lasting) fourteen years. – 2. fourteen-year-old (attrib), of fourteen (years): ein **~es** Mädchen a fourteen-year-old girl.

'**vier·zehnt** adj ⟨ordinal number⟩ fourteenth: am **~en** Juli (on) the fourteenth of July, on July the fourteenth.

'**vier·zehn**|**tä·gig** adj fourteen-day (attrib), of fourteen days (od. two weeks, bes. Br. a fortnight): von **~er** Dauer sein to last fourteen days; ein **~er** Urlaub a fourteen-day holiday, two weeks (bes. Br. a fortnight's) holiday. — **~täg·lich** I adj two-weekly, biweekly, bes. Br. fortnightly. – II adv every fourteen days (od. two weeks, bes. Br. fortnight): eine **~** erscheinende Zeitung a biweekly (paper), bes. Br. a fortnightly (paper).

'**Vier·zehn·te** m, f ⟨-n; -n⟩, n ⟨-n; no pl⟩ 1. (in Randordnung) fourteenth. – 2. (zeitlich) fourteenth: heute ist der **~** today (od. this) is the fourteenth. – 3. Ludwig der **~**, Ludwig XIV. hist. Louis the Fourteenth, Louis XIV, Louis Quatorze.

'**vier**|**zehn·tel** I adj ⟨attrib⟩ fourteenth (part) of. – II V**~** n, Swiss meist m ⟨-s; -⟩ fourteenth (part). — **~zehn·tens** adv in the fourteenth place.

'**Vier**|**zei·ler** [-₁tsaɪlər] m ⟨-s; -⟩ metr. stanza of four lines, quatrain. — v**~zei·lig** adj four-line (attrib), of four lines: eine **~e** Strophe a stanza of four lines, a four-line stanza, a quatrain.

vier·zig ['fɪrtsɪç] **I** adj ⟨cardinal number⟩ **1.** forty: rund ~ Personen about (od. around) forty persons; etwa ~ (Jahre alt) sein to be about forty, bes. Br. colloq. to be fortyish; er ist bald ~ he is almost (od. getting on to) forty; über ~ sein to be over (od. past) forty, to be on the wrong (od. shady) side of forty (colloq.); in den ~er Jahren in the forties; ~ (Kilometer in der Stunde) fahren to go at a speed of forty kilometers (bes. Br. kilometres), to do forty (colloq.). – **II V~** f ⟨-; -en⟩ **2.** (number) forty. – **3.** ⟨only sg⟩ forties pl: sie ist Mitte (der) V~ she is in her mid-forties; der Mensch über V~ people pl over forty.

'vier·zi·ger adj ⟨invariable⟩ forty: in den ~ Jahren des 20. Jahrhunderts in the forties of the 20th century.

'Vier·zi·ger m ⟨-s; -⟩ **1.** man in his forties. – **2.** man of forty, quadragenarian. – **3.** die ~ pl the forties: in den ~n sein to be in one's forties; in die ~ kommen to enter one's forties. – **4.** wine of the vintage '40.

'Vier·zi·ge·rin f ⟨-; -nen⟩ **1.** woman in her forties. – **2.** woman of forty, quadragenarian.

'Vier·zi·ger,jah·re, die pl the forties.

'vier·zig|,fach adj fortyfold. — **~,jäh·rig I** adj **1.** forty-year-old (attrib), quadragenarian. – **2.** forty-year (attrib), lasting (od. of) forty years. – **II V~e** m, f ⟨-n; -n⟩ **3.** quadragenarian. — **~mal** adv forty times.

'vier·zigst I adj ⟨ordinal number⟩ fortieth. – **II V~e** m, f ⟨-n; -n⟩, n ⟨-n; no pl⟩ (the) fortieth.

'vier·zig·stel I adj ⟨attrib⟩ fortieth (part) of. – **II V~** n, Swiss meist m ⟨-s; -⟩ fortieth (part).

,Vier·zig|'stun·den,wo·che f forty-hour week. — **v~,tä·gig** ['fɪrtsɪç-] adj of (od. lasting) forty days: ein ~er Aufenthalt a forty-day stay.

,Vier'zim·mer,woh·nung f four-room apartment (bes. Br. flat).

'Vier·zy,lin·der m auto. **1.** cf. Vierzylindermotor. – **2.** colloq. four-cylinder (car). — **~,Bo·xer,mo·tor** m flat-four engine. — **~,mo·tor** m four-cylinder engine. — **~,Rei·hen,mo·tor** m four-in-line engine.

'vier·zy,lin·drig [-tsi,lɪndrɪç; -tsy-] adj four-cylinder (attrib), of four cylinders.

Vi·et·cong [vĭɛt'kɔŋ] m ⟨-; -(s)⟩ pol. **1.** ⟨only sg⟩ Vietcong. – **2.** (Mitglied) Vietcong.

Vi·et·na·me·se [vĭɛtna'me:zə] m ⟨-n; -n⟩ Vietnamese.

Vi·et·na'me·sin f ⟨-; -nen⟩ Vietnamese (woman od. girl).

vi·et·na'me·sisch I adj Vietnamese. – **II** ling. **V~** ⟨generally undeclined⟩, das **V~e** ⟨-n⟩ Vietnamese, the Vietnamese language.

vi·et·na·mi·sie·ren [vĭɛtnami'zi:rən] v/t ⟨no ge-, h⟩ pol. vietnamize. — **Vi·et·na·mi'sie·rung** f ⟨-; no pl⟩ Vietnamization.

vif [vi:f] adj colloq. bright, alert, quick(-witted).

Vi·gil [vi'gi:l] f ⟨-; -ien [-lĭən]⟩ röm.kath. vigil.

vi·gi·lant [vigi'lant] adj dial. vigilant, watchful. — **Vi·gi'lanz** [-'lants] f ⟨-; no pl⟩ vigilance, watchfulness.

Vi·gnet·te [vɪn'jɛtə] f ⟨-; -n⟩ **1.** print. ornament, stock block, vignette. – **2.** phot. vignette, mask. – **3.** philat. label, sticker.

Vi·gnet'tier·ap·pa,rat [vɪnjɛ'ti:r-] m phot. vignetter, vignetting unit.

vi·gnet·tie·ren [vɪnjɛ'ti:rən] I v/t ⟨no ge-, h⟩ phot. vignette. – **II V~** n ⟨-s⟩ verbal noun. — **Vi·gnet'tie·rung** f ⟨-; no pl⟩ cf. Vignettieren.

Vi'gnoles,schie·ne [vɪn'jo:l-] f metall. flat-bottom rail, Vignoles rail.

Vi·go·gne [vi'gɔnjə] f ⟨-; -n⟩ (textile) vigogne yarn.

Vi·gor ['vi:gɔr] m ⟨-s; no pl⟩ ⟨Lebenskraft, Frische⟩ vigor, bes. Br. vigour. — **vi·go·rös** [vigo'rø:s] adj vigorous.

vi·go·ro·so [vigo'ro:zo] adv u. adj mus. vigoroso.

Vi·kar [vi'ka:r] m ⟨-s; -e⟩ relig. **1.** röm.kath. a) substitute, locum tenens (of a prelate), b) chaplain. – **2.** (in evangelischer Kirche) curate. – **3.** Swiss ped. substitute teacher.

Vi·ka·ri·at [vika'rĭa:t] n ⟨-(e)s; -e⟩ relig. **1.** röm.kath. vicariate. – **2.** (in evangelischer Kirche) curacy.

vi·ka·ri·ie·ren [vikari'i:rən] v/i ⟨no ge-, h⟩ **1.** relig. a) act vicariously, b) (in evangeli-

---

scher Kirche) act as a curate. – **2.** obs. act (od. substitute) for s.o. — **vi·ka·ri'ie·rend I** pres p. – **II** adj med. vicarious.

Vi'ka·rin f ⟨-; -nen⟩ relig. (in evangelischer Kirche) (woman) curate.

Vik·to·ria [vɪk'to:rĭa] f ⟨-; -s⟩ obs. victory: ~ rufen to cry (od. shout) victory; ~ schießen to give the victory salute.

Vik·to·ria·nisch [vɪkto'rĭa:nɪʃ] adj hist. Victorian: die ~e Zeit the Victorian era (od. age, period).

Vik·tua·li·en [vɪk'tŭa:lĭən] pl Bavarian and Austrian archaic victuals, provisions, eatables. — **~,hand·lung** f Bavarian and Austrian archaic for Lebensmittelgeschäft.

Vi·kun·ja [vi'kunja] n ⟨-s; -s⟩ u. f ⟨-; -jen⟩ zo. (Wildform des Alpakas) vicuña, vicuna, auch vicugna (Lama vicugna). — **~,wol·le** f vicuña (wool).

Vil·la ['vɪla] f ⟨-; Villen⟩ **1.** villa. – **2.** (Landhaus) country house. – **3.** (Herrenhaus) mansion, Br. auch manor house.

Vil·la·nel·la [vɪla'nɛla] f ⟨-; -nellen⟩ mus. (mehrstimmiges Tanzlied im 16. Jh.) villanella.

'vil·len,ar·tig adj like a villa.

'Vil·len|be,sit·zer m owner (od. proprietor) of a villa. — **~be,sit·ze·rin** f owner (od. proprietress) of a villa. — **~ko·lo,nie** f (fashionable) residential suburb. — **~,stra·ße** f (fashionable) residential road (with privately owned houses). — **~,vier·tel** n (fashionable) residential district. — **~,vor,ort** m (fashionable) residential suburb.

Vin·ai·gret·te [vinɛ'grɛtə] f ⟨-; -n⟩ gastr. (mit Essig bereitete Soße) vinaigrette (sauce).

Vin·di·ka·ti·on [vɪndika'tsĭo:n] f ⟨-; -en⟩ jur. (Anspruch auf Herausgabe einer beweglichen u. entzogenen Sache) replevin. — **Vin·di·ka·ti'ons,kla·ge** f action of detinue, replevin (action).

vin·di·zie·ren [vɪndi'tsi:rən] I v/i ⟨no ge-, h⟩ replevy, Am. auch replevin. – **II V~** n ⟨-s⟩ verbal noun. — **Vin·di'zie·rung** f ⟨-; no pl⟩ **1.** cf. Vindizieren. – **2.** cf. Vindikation.

Vin·ku·la·ti·ons·ge,schäft [vɪŋkula'tsĭo:ns-] n econ. foreign trade transaction based on bank advances against goods in transit by rail.

vin·ku·lie·ren [vɪŋku'li:rən] I v/t ⟨no ge-, h⟩ econ. (Wertpapiere) restrict the transferability of. – **II V~** n ⟨-s⟩ verbal noun. — **Vin·ku'lie·rung** f ⟨-; no pl⟩ **1.** cf. Vinkulieren. – **2.** restriction of the transferability (od. endorsability) of securities.

Vi'nyl|ace·tat [vi'ny:l-] n chem. vinyl acetate (CH₃COOCH = CH₂). — **~,chlo,rid** n vinyl chloride (CH₂ = CHCl). — **~,kunst,harz** n synth. vinyl resin.

Vio·la¹ ['vĭo:la] f ⟨-; Violen⟩ mus. (Bratsche) viola.

Vio·la² ['vi:ola] f ⟨-; Violen ['vĭo:lən]⟩ bot. cf. Veilchen 1.

Vio·la da gam·ba ['vĭo:la da 'gamba] f ⟨- - -; -le - -[-le]⟩ mus. viola da gamba.

Vio·la d'amo·re ['vĭo:la da'mo:re] f ⟨- - -; -le - [-le]⟩ mus. viola d'amore.

Vio·le¹ [vĭo'le:] f ⟨-; -n⟩ mus. hist. viol.

Vio·le² ['vĭo:lə] f ⟨-; -n⟩ bot. cf. Veilchen 1.

vio·lett [vĭo'lɛt] adj violet, (dunkler) auch purple.

Vio'lett n ⟨-s; -, colloq. -s⟩ violet, (dunkler) auch purple. — **~,farb,band** n (einer Schreibmaschine) purple ribbon. — **v~,sti·chig** [-,ʃtɪçɪç] adj purplish- (od. purply)-blue.

Vio'lin,bo·gen m mus. cf. Geigenbogen.

Vio·li·ne [vĭo'li:nə] f ⟨-; -n⟩ mus. violin: die erste ~ spielen (im Orchester) to play first violin.

Vio·li·nist [vĭoli'nɪst] m ⟨-en; -en⟩, **Vio·li'ni·stin** f ⟨-; -nen⟩ mus. violinist.

Vio'lin|kon,zert n mus. **1.** violin concerto. – **2.** violin recital. — **~,leh·re·rin** f violin teacher. — **~,sai·te** f violin string. — **~,schlüs·sel** m violin (od. treble, G) clef. — **~,schu·le** f violin school (od. tutor). — **~,so·lo** n violin solo. — **~,so,na·te** f violin sonata. — **~,stun·de** f violin lesson: **~(n) haben** (od. nehmen) to take violin lessons. — **~,un·ter,richt** m violin lessons pl (od. instruction). — **~,vir·tuo·se** [-vɪr,tŭo:zə] m, **~vir·tuo·sin** [-vɪr,tŭo:zɪn] f mus. violinist.

Vio·lon|cel·list [vĭolɔntʃɛ'lɪst] m ⟨-en; -en⟩, **~cel'li·stin** f mus. violoncellist.

Vio·lon·cel·lo [vĭolɔn'tʃɛlo] n ⟨-s; -s od. -celli [-li]⟩ mus. violoncello.

Vio·lo·ne [vĭo'lo:nə] m ⟨-(s); -s od. -loni [-ni]⟩ mus. hist. violone.

Vi·per ['vi:pər] f ⟨-; -n⟩ zo. viper, adder (Fam. Viperidae). — **~,fisch** m viperfish (Fam. Chauliodontidae).

'Vi·pern|,biß m viper (od. adder) bite. — **~,nat·ter** f zo. **1.** (Europäische) ~ viperine snake (Natrix maura). – **2.** (Nordamerikanische) ~ garter (od. grass) snake (Gattg Thamnophis).

'Vi·per,quei·se [-,kvaɪzə] f ⟨-; -n⟩ zo. cf. Drachenfisch.

Vi·ra·gi·ni·tät [viragini'tɛ:t] f ⟨-; no pl⟩ med. viraginity.

Vi·ra·go [vi'ra:go] f ⟨-; -s u. -ragines [-gines]⟩ virago.

Vi·re·ment [virə'mã:] n ⟨-s; -s⟩ econ. pol. virement.

Vir·gi·nal [vɪrgi'na:l] n ⟨-s; -e⟩ mus. hist. virginal.

Vir·gi·nia [vɪr'gi:nĭa; vɪr'dʒi:nĭa] f ⟨-; -s⟩ (Zigarrensorte) Virginia cigar. — **~,hirsch** m zo. cf. Trughirsch. — **~,ta·bak** m Virginia tobacco.

vir·gi·nisch [vɪr'gi:nɪʃ] adj Virginian.

Vir·gi·ni·tät [vɪrgini'tɛ:t] f ⟨-; no pl⟩ (Jungfräulichkeit) virginity.

vi·ril [vi'ri:l] adj med. (männlich) virile. — **Vi·ri'lis·mus** [-ri'lɪsmus] m ⟨-; no pl⟩ virilism. — **Vi·ri·li'tät** [-rili'tɛ:t] f ⟨-; no pl⟩ (Mannbarkeit) virility.

Vi·ro·lo·ge [viro'lo:gə] m ⟨-n; -n⟩ med. virologist. — **Vi·ro·lo'gie** [-lo'gi:] f ⟨-; no pl⟩ virology. — **vi·ro'lo·gisch** adj virological.

vir·tu·ell [vɪr'tŭɛl] adj virtual: **~es Bild** (optics) virtual image.

vir·tu·os [vɪr'tŭo:s] I adj virtuoso, auch masterly, virtuosic, virtuose. – **II** adv masterly, in a virtuoso (od. masterly) way. — **Vir·tuo·se** [-'tŭo:zə] m ⟨-n; -n⟩ bes. mus. (auf dat on) virtuoso. — **vir·tuo·sen·haft** [-'tŭo:zən-] adj u. adv cf. virtuos. — **Vir·tuo·sen·tum** [-'tŭo:zən-] n ⟨-s; no pl⟩ virtuosity. — **Vir·tuo·si'tät** [-tŭozi'tɛ:t] f ⟨-; no pl⟩ virtuosity, masterly skill, artistic perfection.

vi·ru·lent [viru'lɛnt] adj med. (ansteckend, giftig) virulent. — **Vi·ru'lenz** [-'lɛnts] f ⟨-; no pl⟩ virulence, virulency.

Vi·rus ['vi:rus] n, auch m ⟨-; Viren⟩ med. virus. — **~,for·schung** f virology, virus research. — **~,grip·pe** f virus influenza. — **~in·fek·ti,on** f virus infection, virosis. — **~,krank·heit** f virus disease, virosis. — **v~,tö·tend** adj virucidal, virulicidal.

Vi·sa·ge [vi'za:ʒə] f ⟨-; -n⟩ colloq. contempt. 'dial', 'map', 'mug', phiz, Br. physog (alle sl.): ich hau' dir eine in die ~ I'll clout you one in the physog; du mit deiner dreckigen ~ you with your filthy dial (od. dirty physog).

vis-à-vis [viza'vi:] adv u. prep ⟨dat⟩ vis-à-vis, opposite.

Vi·sa·vis [viza'vi:] n ⟨- [-'vi:(s)]; - [-'vi:s]⟩ vis-à-vis.

Vis·ca·cha [vɪs'katʃa] f ⟨-; -cachen⟩ zo. vizcacha, viscacha, viscache (Lagostomus maximus).

Vis'co·se-,Zell,wol·le [vɪs'ko:zə-] f tech. viscose staple.

Vis·count ['vaɪkaunt] (Engl.) m ⟨-s; -s⟩ viscount. — **'Vis·coun·tess** [-tɪs] (Engl.) f ⟨-; -es [-sɪz]⟩ viscountess.

Vi·sier [vi'zi:r] n ⟨-s; -e⟩ **1.** hist. (am Helm) visor, auch vizor: mit offenem ~ kämpfen a) hist. to fight with an open visor, b) fig. to be open about one's dealings. – **2.** a) (am Gewehr) sight, b) mil. (für Scharfschützen) sniperscope: offenes ~ open sight; das ~ stellen to set the sight; der Jäger bekam einen Bock ins ~ hunt. the hunter trained his sights on a buck. – **3.** tech. sight. — **~be,reich** m mil. range of sight. — **~,ebe·ne** f mil. **1.** plane of sighting. – **2.** (in der Flugabwehr) (vertical) plane of present position. — **~ein,rich·tung** f sight(ing) device).

vi·sie·ren [vi'zi:rən] I v/t ⟨no ge-, h⟩ **1.** cf. anvisieren. – **2.** (eichen) ga(u)ge. – **3.** (Paß) visa, visé, endorse (s.th.) with a visa. – **II** v/i **4.** (zielen) take aim (od. sight).

Vi'sier|,fern,rohr n sighting telescope. — **~,kim·me** f cf. Kimme 1. — **~,korn** n cf. Korn³. — **~,li·nie** f mil. line of sight. — **~,stab** m **1.** (bei der Landvermessung) ranging rod (od. pole), range pole. –

2. (*Eichstab*) ga(u)ging rod. — ~ˌwin·kel *m mil.* angle of sight.

Vi·si·on [vi'zĭoːn] *f* ⟨-; -en⟩ vision: sie hat ~en she has visions; die ~ von einer friedlichen Welt *fig.* the vision of a peaceful world.

vi·sio·när [vizĭo'nɛːr] *adj* visionary, Utopian, *auch* utopian.

Vi·sio'när *m* ⟨-s; -e⟩ *archaic* visionary.

Vi·si'ons,ach·se *f* (*optics*) visual (*od.* optical) axis.

Vi·si·ta·ti·on [vizita'tsĭoːn] *f* ⟨-; -en⟩ **1.** (*offizielle Besichtigung*) visitation, inspection. – **2.** (*Durchsuchung*) search. – **3.** *relig.* visitation.

Vi·si·te [vi'ziːtə] *f* ⟨-; -n⟩ **1.** *med.* a) (*im Hause*) visit, house call, b) (*im Krankenhaus*) round: der Arzt kommt zur ~ the doctor is coming on his round. – **2.** *colloq.* (*kurzer Besuch*) visit, call.

Vi'si·ten,kar·te *f* visiting (*Am. auch* calling) card.

Vi'si·ten,kar·ten|etui [-ʔɛtˌviː], ~ˌtäsch·chen *n* card case.

vi·si·tie·ren [vizi'tiːrən] *v/t* ⟨no ge-, h⟩ **1.** (*offiziell besichtigen*) visit, inspect. – **2.** (*durchsuchen*) search. – **3.** *relig.* visit.

Vi'sit,kar·te *f Austrian for* Visitenkarte.

vis·kos [vɪs'koːs], **vis'kös** [-'køːs] *adj* **1.** (*leimartig, zähflüssig*) viscous, viscose. – **2.** *bes. phys.* viscid.

Vis·ko·se [vɪs'koːzə] *f* ⟨-; no pl⟩ (*Zelluloseverbindung*) viscose.

Vis·ko·si'me·ter [-kozi'meːtər] *n* ⟨-s; -⟩ (*Zähigkeitsmesser*) visco(si)meter.

Vis·ko·si'tät [vɪskozi'tɛːt] *f* ⟨-; no pl⟩ (*Zähflüssigkeit, bes. von Öl*) viscosity.

Vis ma·jor ['vɪs 'maːjər] *f* ⟨- -; no pl⟩ *jur.* (*höhere Gewalt*) act of God, vis major, force majeure.

Vi·sta ['vɪsta] *f* ⟨-; no pl⟩ *econ.* sight. — ~ˌwech·sel *m cf.* Sichtwechsel.

vi·su·ell [vi'zŭɛl] *adj* (*Eindruck, Typ*) visual.

Vi·sum ['viːzum] *n* ⟨-s; Visa [-za] *od.* Visen⟩ visa, visé: j-m ein ~ erteilen to issue s.o. a visa; ein ~ in einen Paß eintragen to endorse (*od.* mark) a passport with a visa, to visa (*od.* visé) a passport. — ~ˌzwang *m* obligation to hold a visa: in allen Ostblockländern herrscht ~ it is compulsory to hold (*od.* obtain) a visa in all states of the Eastern Bloc.

vis·ze·ral [vɪstse'raːl] *adj med.* (*die Eingeweide betreffend*) visceral.

Vi·ta ['viːta] *f* ⟨-; -tae [-tɛ] *od.* Viten⟩ (*Leben, Lebenslauf*) vita.

vi·tal [vi'taːl] *adj* **1.** (*munter, lebensvoll*) lively, energetic, vigorous, vital, full of life, alive and kicking (*pred*): er ist für sein Alter noch sehr ~ he is still very lively (*od.* sprightly) for his age. – **2.** ⟨*attrib*⟩ (*lebenswichtig*) vital: die ~en Interessen eines Volkes the vital interests of a nation. – **3.** (*das Leben betreffend*) vital. — V~ˌfär·bung *f med.* (intra)vital staining. — V~ˌin·di·ka·ti̯on *f* vital indication.

Vi·ta·lis·mus [vita'lɪsmus] *m* ⟨-; no pl⟩ *philos.* vitalism. — **Vi·ta'list** [-'lɪst] *m* ⟨-en; -en⟩ vitalist. — **vi·ta'li·stisch** *adj* vitalist(ic).

Vi·ta·li·tät [vitali'tɛːt] *f* ⟨-; no pl⟩ (*Lebenskraft, Lebendigkeit*) vitality, vigor, *bes. Br.* vigour, energy, stamina.

Vi'tal·ka·pa·zi̯tät *f* (*der Lunge*) vital capacity.

Vi·ta·min [vita'miːn] *n* ⟨-s; -e⟩ vitamin, *auch* vitamine: ~ C vitamin C, ascorbic (*od.* cevitamic) acid (*scient.*); mit ~en angereichert vitaminized *Br. auch* -s-, enriched with vitamins. — **v~ˌarm** *adj* (*Kost*) vitamin-poor, poor in vitamins. — ~be,darf *m* vitamin requirement. — ~ˌein·heit *f* vitamin unit. — ~ge,halt *m* vitamin content. — **v~ˌhal·tig**, *Austrian* **v~ˌhäl·tig** [-ˌhɛltɪç] *adj* vitamin-containing, with vitamin content.

vi·ta·mi·nie·ren [vitami'niːrən], **vi·ta·mi·ni'sie·ren** [-ni'ziːrən] *v/t* ⟨no ge-, h⟩ vitaminize *Br. auch* -s-, add vitamins to.

Vi·ta'min|,kap·sel *f med. pharm.* multivitamin capsule. — ~ˌman·gel *m* vitamin deficiency. — ~ˌman·gel·er,schei·nung *f* vitamin deficiency symptom. — ~ˌman·gel,krank·heit *f* a) (*durch Mangel eines Vitamins*) vitamin deficiency disease; avitaminosis, hypovitaminosis (*scient.*), b) (*durch Mangel mehrerer Vitamine*) polyavitaminosis. — **v~ˌreich** *adj* vitamin-rich, rich in vitamins. — ~ˌstoß *m med.* massive

dose of vitamins, stoss of vitamins. — ~ˌta,blet·te *f med. pharm.* vitamin tablet. — ~ˌüber,schuß *m med.* hypervitaminosis.

vite [viːt; vɪt] *adj mus.* vite, brisk, lively. — **vi·te·ment** [vitə'mã:] *adv* vite, briskly, lively.

Vi·ti·li·go [viti'liːgo] *f* ⟨-; no pl⟩ *med.* (*Hautflechte*) vitiligo, piebald skin.

Vi·ti·um ['viːtsĭum] *n* ⟨-s; -tia [-tsĭa]⟩ *med.* (*Fehler*) vitium.

Vi·tri·ne [vi'triːnə] *f* ⟨-; -n⟩ **1.** (*Glasschrank*) glass (*od.* china) cabinet. – **2.** (*Schaukasten*) glass case, showcase, vitrine.

Vi·tri·ol [vi'trĭoːl] *n* ⟨-s; -e⟩ *chem.* vitriol. — **v~ˌar·tig**, **v~ˌhal·tig** *adj* vitriolic.

vi·tri'olisch *adj chem.* vitriolic.

Vi·tri'ol,öl *n chem.* sulfuric (*bes. Br.* -ph-) acid, *auch* oil of vitriol (H₂SO₄).

Vitz·li·putz·li [fɪtsli'pʊtsli; vɪts-] *m* ⟨-(s); no pl⟩ **1.** *cf.* Kinderschreck. – **2.** der ~ *colloq.* (*Teufel*) the devil (*auch* Devil), Satan.

vi·va·ce [vi'vaːtʃe] *adv u. adj mus.* (*lebhaft*) vivace. — **vi·va'cis·si·mo** [-va'tʃɪsimo] *adv u. adj* (*sehr lebhaft*) vivacissimo.

Vi·va·ri·um [vi'vaːrĭum] *n* ⟨-s; -rien⟩ (*Aquarium, Terrarium*) vivarium.

vi·vat ['viːvat] **I** *interj* ~ der Kaiser long live the Emperor; ~ die Gäste three cheers for the guests. – **II V~** *n* ⟨-s; -s⟩ cheer: ein V~ auf j-n ausbringen to give three cheers for s.o.

vi·vi·par [vivi'paːr] *adj biol.* (*lebendgebärend*) viviparous.

Vi·vi·sek·ti·on [vivizɛk'tsĭoːn] *f* ⟨-; -en⟩ *med.* (*Eingriff am lebenden Tier*) vivisection, biotomy. — **vi·vi·se'zie·ren** [-ze'tsiːrən] *v/t* ⟨no ge-, h⟩ vivisect.

'Vi·ze|ad·mi,ral ['fiːtsə-; 'viːtsə-] *m mar. mil.* vice-admiral. — ~ˌgou·ver,neur *m pol.* vice-governor, *Am.* lieutenant governor. — ~ˌkanz·ler *m* vice-chancellor. — ~ˌkö·nig *m* viceroy, vice-king. — ~ˌkö·ni·gin *f* vicereine, vice-queen. — ~ˌkon·sul *m* vice-consul. — ~ˌmei·ster *m* (*sport*) (hinter *dat* to) runner-up. — ~ˌprä·si,dent *m* **1.** (*eines Landes*) vice-president. – **2.** (*einer Gesellschaft etc*) vice-president, deputy (*od.* vice-)chairman.

'Viz·tum ['fɪts-; 'viːts-] *m* ⟨-s; -e⟩ *hist.* vidame.

Vlies [fliːs] *n* ⟨-es; -e⟩ **1.** (*eines Schafs*) fleece. – **2.** (*textile*) fleece. – **3.** das Goldene ~ *myth.* the golden fleece; Orden vom Goldenen ~ *hist.* Order of the Golden Fleece.

V-,Mann ['faʊ-] *m* ⟨-(e)s; ʺer *u.* -leute⟩ **1.** *cf.* Verbindungsmann 1. – **2.** *cf.* Polizeispitzel.

V-,Mo·tor ['faʊ-] *m auto.* V-type engine.

V-,Naht ['faʊ-] *f tech.* single-V-butt weld.

Vo·gel ['foːgəl] *m* ⟨-s; ʺ⟩ **1.** *zo.* bird: weiblicher ~ hen (bird); männlicher ~ cock(bird); ~ Strauß ostrich; Vögeln nachstellen to trap birds; Vögel fangen to catch birds; einen ~ beringen to band (*od.* ring) a bird; die Vögel unterm Himmel the birds of the air; wie ein gerupfter ~ aussehen to look half scalped; damit hast du den ~ abgeschossen *fig.* you have stolen the show (with that); der ~ ist ausgeflogen *fig. colloq.* the bird has (*od.* is) flown; der ~ ist ins Garn (*od.* auf den Leim) gegangen *fig.* the bird has been caught; friß, ~, oder stirb! *fig.* do or die! sink or swim! ein schlechter ~, der sein eigenes Nest beschmutzt it is an ill bird that fouls its own nest. – **2.** *fig. colloq.* 'bird', 'fellow', 'fish', 'cuckoo' (*alle colloq.*): ein komischer ~ a funny (*od.* an odd) bird; ein lustiger ~ a gay spark; er ist ein seltener ~ he is a queer bird (*od.* fish); ein loser (*od.* lockerer) ~ a loose fellow. – **3.** einen ~ haben *fig. colloq.* to have bats in the belfry, to be cuckoo (*beide sl.*), *Am. colloq.* to be plumb crazy; j-m den ~ zeigen *fig. colloq.* to tap one's forehead at s.o. (*as a rude sign that he is stupid*). – **4.** *fig. colloq. for* Flugzeug. — **v~ˌar·tig** *adj zo.* birdlike, ornithoid (*scient.*). — ~ˌbau·er *n, auch m* birdcage. — ~ˌbeer,baum *m bot.* rowan tree, *auch* European mountain ash (*Sorbus aucuparia*). — ~ˌbee·re *f* rowanberry.

Vö·gel·chen ['føːgəlçən] *n* ⟨-s; -⟩ **1.** *zo. dim. of* Vogel 1. – **2.** birdie: paß auf, da kommt gleich ein ~ raus *colloq. humor.* (*beim Photographieren*) watch the birdie (*od.* dick[e]ybird).

'Vo·gel|,dreck *m* bird droppings *pl*, mute. — ~ˌdunst *m* ⟨-es; no pl⟩ *hunt.* (small) bird shot. — ~ˌei *n* bird's egg.

'Vo·ge·ler *m* ⟨-s; -⟩ *obs. for* Vogelfänger.

'Vo·gel|,fang *m* bird-catching, fowling. — ~ˌfän·ger *m* bird catcher, fowler. — ~ˌflin·te *f hunt.* fowling piece, *Am. auch* bird gun. — ~ˌflug *m* flight of birds. — ~ˌfraß *m agr.* damage caused by birds. — **v~ˌfrei** *adj jur. hist.* outlawed, proscribed: j-n für ~ erklären to outlaw (*od.* proscribe) s.o. — ~ˌfreund *m* bird fancier. — ~ˌfut·ter *n* bird food (*nur aus Samen*) *auch* birdseed. — ~geˌsang *m* song (*od.* singing) of birds. — ~geˌzwit·scher *n* warbling (*od.* warble, twitter[ing], chirp[ing]) of birds. — ~ˌhänd·ler *m* birdseller. — ~ˌhand·lung *f* bird shop (*bes. Am.* store). — ~ˌhaus *n* birdhouse, aviary, *auch* volary. — ~ˌhecke (*getr.* -k·k-) *f* breeding cage. — ~ˌherd *m hunt. hist.* fowling floor. — ~ˌjun·ge *n* young bird, (*flügges*) fledgling, *auch* fledgeling. — ~ˌkä·fig *m* birdcage. — ~ˌken·ner *m* bird expert, ornithologist (*scient.*). — ~ˌkir·sche *f bot.* **1.** (*Süßkirschenart*) bird (*od.* wild) cherry (*Prunus avium*). – **2.** (*Frucht der Eberesche*) rowanberry. — ~ˌknö·te·rich *m* (*bird*) knotgrass, bird grass (*Polygonum aviculare*). — ~ˌkopf *m* bird's head. — ~ˌkraut *n bot. cf.* Kreuzkraut. — ~ˌkun·de *f* ⟨-; no pl⟩ *zo.* ornithology. — ~ˌkun·di·ge *m, f* ⟨-n; -n⟩ *cf.* Vogelkenner. — ~ˌleim *m* birdlime. — ~ˌmänn·chen *n* cock(bird). — ~ˌmie·re *f bot.* chickweed (*Stellaria media*). — ~ˌmil·be *f zo.* chicken mite (*Dermanyssus gallinae*). — ~ˌmilch *f bot.* star-of-Bethlehem (*Gattg Ornithogalum*). — ~ˌmist *m* **1.** *cf.* Vogeldreck. – **2.** (*Guano*) guano. — ~ˌmu·schel *f zo.* wing shell (*Avicula hirundo*).

vö·geln ['føːgəln] *vulg.* **I** *v/t* ⟨h⟩ have sex with; 'lay', have it off with, 'make' (*sl.*); fuck, 'screw', *Am.* knock (*s.o.*) up (*vulg.*). – **II** *v/i* have sex, have it off (*sl.*); fuck, 'screw' (*vulg.*).

'Vo·gel|,napf *m* **1.** (*für Körner*) seed box (*od.* trough). – **2.** (*für Wasser*) water trough. — ~ˌnest *n* **1.** bird's nest: ~er ausnehmen to go bird's-nesting, to bird's-nest. – **2.** *gastr.* (edible) bird's nest. – **3.** (*Haarknoten*) bun. – **4.** (*sport*) (*an den Ringen*) bird's nest. – **5.** *mar.* crow's nest. – **6.** *bot.* bird's-nest orchid (*Neottia nidus-avis*). — ~ˌnetz *n hunt.* bird (*bes. Br.* fowler's) net. — ~per,spek,ti·ve *f* ⟨-; no pl⟩ bird's-eye view: ein Bild aus der ~ a bird's-eye view; Berlin aus der ~ a bird's-eye view of Berlin. — ~ˌpest *f vet.* fowl plague. — ~ˌpfef·fer *m bot.* bird pepper (*Capsicum frutescens baccatum*). — ~ˌpfei·fe *f hunt.* birdcall. — ~ˌsa·me *m bot. cf.* Wegerich. — ~ˌschar *f* flight (*od.* flock) of birds. — ~ˌschau *f* ⟨-; no pl⟩ **1.** *cf.* Vogelperspektive. – **2.** *antiq.* augury from the flight of birds, ornithoscopy (*scient.*). — ~ˌscheu·che *f* **1.** scarecrow. – **2.** *colloq. contempt.* scarecrow: wie eine ~ aussehen to look a(n absolute) sight (*colloq.*), to look like a scarecrow, to look fit to frighten the birds. — ~ˌschie·ßen *n* shooting at the popinjay. — ~ˌschnäp·per *m zo.* tyrant flycatcher (*auch* bird) (*Gattg Tyrannus*).

'Vo·gel,schutz *m* ⟨-es; no pl⟩ protection of birds. — ~ˌwart *m* bird warden. — ~ˌwar·te *f* bird protection station.

'Vo·gel|,spin·ne *f* bird spider, hairy mygalomorph (*Fam. Theraphosidae*). — ~ˌstan·ge *f* perch, roost. — ~ˌstel·len *n hunt.* fowling, bird-catching (with snares). — ~ˌstel·ler *m* ⟨-s; -⟩ *cf.* Vogelfänger. — ~ˌstim·me *f* birdcall: ~n nachahmen to imitate birdcalls.

'Vo·gel-'Strauß-Po·li·tik *f* ⟨-; no pl⟩ *pol.* ostrich policy, ostrichlike behavior (*bes. Br.* behaviour): ~ treiben to pursue an ostrich policy, ~ to bury one's head in the sand.

'Vo·gel|,strich *m* leapfrog (*Br.* leap-frog) migration, partial bird migration. — ~ˌvolk *n* flock of birds. — ~ˌwar·te *f* ornithological station, bird-watching haunt. — ~ˌweib·chen *n* hen (bird). — ~ˌwelt *f* ⟨-; no pl⟩ bird (*od. lit.* feathered) world: in der ~ in the bird world, in the world of birds. — ~ˌwicke (*getr.* -k·k-) *f bot.* tufted (*od.* coy) vetch (*Vicia cracca*). — ~ˌzucht *f zo.* bird breeding, aviculture (*scient.*). — ~ˌzüch·ter *m* bird breeder, aviculturist (*scient.*). — ~ˌzug *m* bird migration.

'**Vo·gerl·sa,lat** ['fo:gərl-], '**Vö·gerl·sa,lat** ['fø:gərl-] *m Austrian for* Feldsalat.

Vög·lein ['fø:glaɪn] *n* ‹-s; -› little bird, birdie.

Vog·ler ['fo:glər] *m* ‹-s; -› **1.** *obs. for* Vogelfänger. – **2.** Heinrich der ∼ *hist.* Henry the Fowler.

Vogt [fo:kt] *m* ‹-(e)s; ⸚e› *hist.* **1.** (*Aufseher*) overseer. – **2.** landvogt. – **3.** (*Schirmherr*) protector, patron. – **4.** (*einer Provinz*) governor. – **5.** (*Amtmann*) bailiff, justiciary, warden. – **6.** (*Vorsteher eines Kirchspiels*) (village) mayor. – **7.** (*Verwalter*) administrator, (*eines Gutes*) steward. – **8.** *Swiss* (*Vormund*) guardian.

Vog·tei [fo:k'taɪ] *f* ‹-; -en› *hist.* **1.** office (*od.* residence, jurisdiction) of a landvogt (*od.* governor, bailiff). – **2.** (*Amtsbezirk*) bailiwick.

voi·là [vwa'la] (*Fr.*) *interj* voilà! there it is! look!

Voi·le [vŏaːl] *m* ‹-; -s› (*textile*) voile. — ∼,**kleid** *n* voile dress.

Vo·ka·bel [vo'ka:bəl] *f* ‹-; -n›, *Austrian auch n* ‹-s; -› word, vocable: die ∼n the vocabulary *sg*: ∼n lernen to learn vocabulary; j-m die ∼n abhören to hear (*od.* ask) s.o. his vocabulary. — ∼,**heft** *n* vocabulary book. — ∼,**schatz** *m* ‹-es; *no pl*› vocabulary.

Vo·ka·bu·lar [vokabu'la:r] *n* ‹-s; -e›, **Vo·ka·bu'la·ri·um** [-rɪum] *n* ‹-s; -rien› **1.** vocabulary. – **2.** (*Wörterverzeichnis*) list of words, vocabulary.

vo·kal [vo'ka:l] *adj mus.* vocal.

Vo'kal *m* ‹-s; -e› *ling.* vowel: nach einem ∼ (stehend) postvocalic. — ∼,**ab,laut** *m* (vowel) gradation. — ∼,**an,laut** *m* initial vowel. — ∼,**aus,laut** *m* final vowel: mit ∼ ending in a vowel. — ∼,**har·mo,nie** *f* vowel harmony. — ∼,**in,laut** *m* medial vowel.

Vo·ka·li·sa·ti·on [vokaliza'tsĭoːn] *f* ‹-; -en› *ling. mus.* vocalization *Br. auch* -s-.

vo'ka·lisch *adj ling.* vocalic, vocal: ∼er Auslaut vocalic (*od.* vowel) ending.

Vo·ka·li·se [voka'li:zə] *f* ‹-; -n› *mus.* vocalization *Br. auch* -s-.

vo·ka·li·sie·ren [vokali'zi:rən] **I** *v/t* ‹*no* ge-, h› *ling.* (*Konsonanten*) vocalize *Br. auch* -s-. – **II** *v/i mus.* vocalize *Br. auch* -s-, sol-fa. – **III** V∼ *n* ‹-s› *verbal noun.* — **Vo·ka·li'sie·rung** *f* ‹-; -en› **1.** *cf.* Vokalisieren. – **2.** vocalization *Br. auch* -s-.

Vo·ka·lis·mus [voka'lɪsmus] *m* ‹-; *no pl*› *ling.* vocalism.

Vo·ka·list [voka'lɪst] *m* ‹-en; -en›, **Vo·ka·'li·stin** *f* ‹-; -nen› *mus.* vocalist.

Vo'kal|kom·po·si·ti,on *f mus.* vocal composition. — ∼,**kon,zert** *n* vocal concert. — ∼**mu,sik** *f* vocal music. — ∼**par,tie** *f* vocal part. — **v**∼**,reich** *adj ling.* vocalic. — ∼,**satz** *m mus.* vocal setting. — ∼**sy,stem** *n ling.* vowel system, vocalism.

Vo·ka·tiv ['vo:kati:f; voka'ti:f] *m* ‹-s; -e› *ling.* vocative.

Vo·land ['fo:lant] *m* ‹-(e)s; *no pl*› *obs.* devil: Junker ∼ Squire Satan, the cloven-hoof.

Vo·lant¹ [vo'lã:] *m* ‹-s; -s› **1.** (*an Kleidern, Gardinen etc*) frill. – **2.** (*am Rock*) flounce. – **3.** (*am Bett, Sims etc*) frill, valance, *auch* vallance.

Vo'lant² *m*, *Austrian and Swiss auch n* ‹-s; -s› (*des Autos*) steering wheel.

Vo·lie·re [vo'liːɛro] *f* ‹-; -n› (*Vogelhaus*) volary, *auch* volery.

Volk [fɔlk] *n* ‹-(e)s; ⸚er› **1.** (*Nation, Land*) people, nation: das deutsche ∼ the German people, the Germans *pl*; die Völker Europas the peoples of Europe; friedliebende Völker peace-loving peoples; das auserwählte ∼ the Chosen People; ein ∼ in Waffen a nation in arms. – **2.** ‹*only sg*› (*Bevölkerung*) people: ein Mann aus dem ∼e a man of the people; ein Vertreter des ∼es *pol.* a representative of the people; im ganzen ∼(e) Widerhall finden to find a nation-wide response; beim ∼ beliebt sein to be popular with (*od.* liked by) the people; zum ∼ sprechen *pol.* to speak to the people; das ∼ befragen *pol.* to ask (*od.* put it to) the people; die Entscheidung ins ∼ einholen *pol.* to go to the country (*Am.* to the people); dem ∼ aufs Maul schauen *colloq.* to speak like the man in the street. – **3.** ‹*only sg*› (*Menschen*) people *pl*: das einfache ∼ the common people; das junge ∼ the young

people; das kleine ∼ the little folk(s) *pl*, the small fry *pl*; das fahrende ∼ the wayfaring people, *Br. auch* the itinerants *pl*; diese Künstler sind ein lustiges ∼ these artists are jolly people, these artists are a jolly (*od.* merry) lot (*od.* crowd) (*colloq.*); etwas unters ∼ bringen to popularize (*Br. auch* -s-) s.th. – **4.** (*Klasse*) class: das arbeitende ∼ the working class; das gemeine ∼ the lower class(es *pl*) (*od.* orders *pl*); the populace, the plebs (*contempt.*); das bessere ∼ the upper class, the upper (*od.* smart) set. – **5.** ‹*only sg*› (*Masse, Menge*) mass(es *pl*) of people, crowds *pl*: viel ∼(s) hatte sich versammelt large crowds (*od.* a mass of people) had gathered; das ∼ strömte herbei the crowds streamed in. – **6.** ‹*only sg*› *contempt.* mob; lot, crowd (*colloq.*): ich kann dieses ∼ nicht ausstehen I cannot stand that lot; dieses gemeine ∼! that low crowd! that rabble! – **7.** *zo.* a) (*von Bienen*) swarm, b) (*von Rebhühnern*) covey, c) (*von Wachteln*) bevy. — ∼,**arm** thinly populated (*od.* peopled).

Völk·chen ['fœlkçən] *n* ‹-s; -› **1.** *dim. of* Volk 1. – **2.** ein lustiges [ausgelassenes] ∼ *fig.* a merry [boisterous crowd (*colloq.*).

'**Völ·ker|,ball** *m* ‹-(e)s; *no pl*› (*games*) a game played by two opposing teams in which the players try to reduce the number of opponents by hitting them with a ball. — ∼**be,schrei·bung** *f* ethnography.

'**Völ·ker,bund** *m* ‹-(e)s; *no pl*› *hist.* League of Nations.

'**Völ·ker,bunds|,pakt** *m hist.* Covenant of the League of Nations. — ∼**rat** *m* Council of the League of Nations. — ∼**ver,sammlung** *f* Assembly of the League of Nations.

'**Völ·ker|fa,mi·lie** *f* family of nations. — ∼**freund·schaft** *f* friendship among(st) nations, international friendship. — ∼**frie·de(n)** *m* peace among(st) nations, international peace. — ∼**ge,mein·schaft** *f* international community. — ∼**ge,misch** *n* mixture of nations (*od.* peoples). — ∼**haß** *m* hatred among(st) nations. — ∼,**krieg** *m* international war.

'**Völ·ker|,kun·de** *f* ‹-; *no pl*› ethnology: beschreibende ∼ ethnography. — ∼,**kund·ler** [-,kuntlər] *m* ‹-s; -› ethnologist. — **v**∼,**kund·lich** [-,kuntlıç] *adj* ethnologic(al).

'**Völ·ker|,mord** *m* genocide. — ∼**psy·cho·lo,gie** *f* folk psychology, ethnopsychology (*scient.*).

'**Völ·ker|,recht** *n* ‹-(e)s; *no pl*› *jur. pol.* international (public) law, *auch* law of nations, jus gentium (*scient.*): Delikte gegen das ∼ (*von Einzelpersonen*) delicta juris gentium. — ∼,**recht·ler** *m* ‹-s; -› specialist in international law. — **v**∼,**recht·lich I** *adj* **1.** (*Entscheidung etc*) bound by international law (*auch* by the law of nations). – **2.** (*Fragen etc*) relating to international law (*auch* to the law of nations). – **II** *adv* **3.** according to (*od.* under) international law (*auch* the law of nations): ∼ verbindlich binding under international law.

'**Völ·ker,rechts|,bruch** *m jur. pol. cf.* Völkerrechtsverletzung. — ∼,**grund,satz** *m meist pl* generally accepted principle of international law. — ∼,**kund·ler** [-,kuntlər] *m* ‹-s; -› *cf.* Völkerrechtler. — ∼,**miß-,brauch** *m* abuse of international law. — ∼**per,sön·lich·keit** *f* only in ∼ haben to be a subject of international law. — ∼**sub,jekt** *n* subject of international law. — ∼**ver,let·zung** *f* (*durch Staaten u. sonstige Völkerrechtssubjekte*) breach (*od.* violation) of international (public) law. — **v**∼,**wid·rig** *adj* contrary to (*od.* against) international law. — ∼,**wis·sen·schaft** *f* science of international law. — ∼,**wis·sen·schaft·ler** *m cf.* Völkerrechtler.

'**Völ·ker|schaft** *f* ‹-; -en› **1.** (group of) people. – **2.** (*Stamm*) tribe. — ∼,**schlacht**, **die** *hist.* the Battle of the Nations (*near Leipzig, 1813*). — ∼,**stamm** *m cf.* Volksstamm. — **v**∼**ver,bin·dend** *adj* uniting (the) nations. — ∼**ver,söh·nung** *f* reconciliation of nations (*od.* peoples). — ∼**ver,stän·di·gung** *f* international understanding. — ∼,**wan·de·rung** *f* **1.** *hist.* migration of (the) peoples (*od.* nations), völkerwanderung. - **2.** *fig.* exodus.

völ·kisch ['fœlkɪʃ] *adj* **1.** (*national*) national. – **2.** (*rassisch*) racial.

Völk·lein ['fœlklaɪn] *n* ‹-s; -› *cf.* Völkchen.

'**volk,reich** *adj* populous, densely populated.

'**Volks|,ab,stim·mung** *f pol.* plebiscite, referendum: eine ∼ abhalten to hold a plebiscite. — ∼**ak·tie** *f BRD econ.* people's share (*bes. Am.* stock). — ∼**ar,mee** *f DDR* People's Army. — ∼**ar,mist** [-?ar,mɪst] *m* ‹-en; -en› member of the People's Army. — ∼**auf,klä·rung** *f pol. sociol.* **1.** public information campaign, campaign to inform (*od.* enlighten) the people. – **2.** public enlightenment. — ∼**auf,lauf** *m colloq.* (*beim Unfall etc*) gathering of people (*od.* onlookers). — ∼**auf,ruhr** *m* popular unrest, (general) commotion, (*mit Tumult*) *auch* tumult, riot. — ∼**auf,stand** *m* popular (*od.* national) (up)rising, revolt: der Ungarische ∼ the Hungarian revolution (*1956*). — ∼**auf,wieg·ler** *m* **1.** political agitator. – **2.** (*Demagoge*) demagogue, *Am. auch* demagog, rabble-rouser. — ∼**aus,druck** *m ling.* nonstandard (*Br.* non-standard) (*od.* common, popular) expression. — ∼**aus,ga·be** *f print.* popular edition. — ∼**aus,rot·tung** *f* genocide. — ∼,**bad** *n* public bath(s *pl*). — ∼**bal,la·de** *f* popular ballad. — ∼,**bank** *f BRD econ.* industrial credit cooperative (*Br. auch* co-operative). — ∼**be,fra·gung** *f* (public) opinion poll, Gallup poll. — ∼**be,geh·ren** *n* **1.** petition for a referendum. – **2.** (*Ergebnis*) referendum, plebiscite. — ∼**be·lu·sti,gung** *f* popular entertainment. — ∼**be,schluß** *m pol.* resolution (*od.* decision) of the people, national decision. — ∼**be,waff·nung** *f* arming of the people. — ∼**be,we·gung** *f* popular (*od.* national) movement. — ∼**be,wußt,sein** *n* national consciousness (*od.* spirit). — ∼**bi·blio,thek** *f cf.* Volksbücherei. — ∼**bil·dung** *f* **1.** popular (*od.* national) education. – **2.** (*im engeren Sinne*) adult education. — ∼**bil·dungs,werk** *n* adult education institution (*od.* organization *Br. auch* -s-). — ∼,**blatt** *n* popular newspaper. — ∼,**brauch** *m* popular (*auch* national) custom, folkway. — ∼,**buch** *n* **1.** popular book. - **2.** *hist.* (*literature*) chapbook. — ∼**bü·che,rei** *f* public library. — ∼,**büh·ne** *f* (*theater*) people's theater (*bes. Br.* theatre) organization (*Br auch* -s-). — ∼**cha,rak·ter** *m* national character. — ∼**de·mo·kra,tie** *f* people's democracy. — **v**∼**de·mo·kra·tisch** *adj* pertaining to a people's democracy. — ∼,**deut·sche** *m*, *f hist.* ethnic German, Volksdeutscher, German of foreign nationality. — ∼,**dich·ter** *m* **1.** (*volkstümlicher*) poet of the people, popular poet. – **2.** (*nationaler*) national poet. — ∼,**dich·tung** *f* **1.** (*volkstümliche*) popular poetry. – **2.** (*nationale*) national poetry. — **v**∼**ei·gen** *adj DDR econ.* a) state-owned, nationally owned, b) (*verstaatlicht*) nationalized *Br. auch* -s-: ∼er Verlag state-owned publishing house; ∼er Betrieb state-owned firm (*od.* company). — ∼**ei·gen·tum** *n* national property: ∼ sein to be state-owned; etwas in ∼ überführen to nationalize (*Br. auch* -s-) s.th. — ∼**ein,kom·men** *n econ.* national income. — ∼**emp,fin·den** *n* ‹-s; *no pl*› national feeling: ein gesundes ∼ haben to have a positive attitude toward(s) national problems, to be a sound patriot. — ∼**ent,scheid** *m pol. cf.* Volksabstimmung. — ∼**,epos** *n* (*literature*) national epic. — ∼**er,he·bung** *f cf.* Volksaufstand. — ∼**er,zäh·lung** *f* (*literature*) folktale. — ∼**er,zie·hung** *f* national education. — ∼**ety·mo·lo,gie** *f ling.* popular (*od.* folk) etymology. — ∼**feind** *m pol.* enemy of the people (*od.* nation). — **v**∼**feind·lich** *adj* hostile to the people (*od.* nation). — ∼,**fest** *n* public festival. — ∼,**fremd** *adj* alien to the people (*od.* race). — ∼,**freund** *m* friend of the people. — ∼,**front** *f hist.* popular (*auch* people's) front. — ∼,**füh·rer** *m* popular leader, leader of the people. — ∼,**gan·ze**, **das** the nation as a whole, the whole nation. — ∼,**gar·ten** *m* public gardens *pl*. — ∼,**geist** *m* ‹-(e)s; *no pl*› spirit of the people, national spirit. — ∼**ge,mein·schaft** *f* community of the people, national community (*od.* entity), nation. — ∼**ge,nos·se** *m*, ∼**ge,nos·sin** *f hist.* (*in NS-Zeit*) national comrade. — ∼**ge,richts,hof** *m jur. hist.* (*in NS-Zeit*) People's Court. — ∼**ge,sang** *m* folk singing. — ∼**ge,sund·heit** *f* public (*od.* national)

health, health of the nation. — ~ge-
,sund·heits,pfle·ge f national health care
(od. service). — ~,glau·be(n) m popular
belief. — ~,grup·pe f 1. ethnic(al) group. —
2. (Minderheit) minority. — ~,gunst f
favor (bes. Br. favour) of the people,
popularity: nach ~ streben to play to the
gallery. — ~,hau·fe(n) m 1. crowd(s pl) of
people. - 2. contempt. mob. — ~,heer n
mil. etwa militia. — ~,held m national
hero. — ~,herr·schaft f pol. rule of the
people, democracy. — ~,hoch,schu·le f
ped. adult evening classes pl. — ~,hoch-
,schü·ler m, ~,hoch,schü·le·rin f person
attending adult evening classes cf.
Lynchjustiz. — ~,kam·mer f pol. 1.
popular chamber, lower house. - 2. bes.
DDR People's Chamber. — ~kon,greß m
People's Congress. — ~kon,trol·le f DDR
econ. economic and industrial control by
the employees. — ~,kü·che f (public) soup
kitchen.
'Volks|,kun·de f folklore. — ~,kund·ler
[-,kʊntlər] m ⟨-s; -⟩ folklorist. — v~,
kund·lich [-,kʊntlɪç] adj folkloric, folk-
loristic.
'Volks|,kunst f ⟨-; no pl⟩ folk art, (hand-
werkliche) folkcraft. — ~,lauf m open cross-
-country race. — ~,le·ben n ⟨-s; no pl⟩ life
of the people. — ~,lied n mus. folk song
(od. tune), Am. auch volkslied. — ~,mär-
chen n folktale, folk story. — ~,mas·se
f 1. (gesamte Bevölkerung) masses pl. - 2.
(in einem Stadion etc) mass of people. —
v~,mä·ßig adj popular. — ~,me·di,zin f
folk medicine. — ~,mei·nung f public
opinion. — ~,men·ge f crowd (of people).
— ~,mis·si,on f relig. lay mission. — ~,
mund m ⟨-(e)s; no pl⟩ vernacular: im ~
in the vernacular, in common parlance, as
popularly expressed. — ~,mu,sik f mus. folk
music. — v~,nah adj close to the people. —
~,par,tei f pol. people's (od. national)
party. — ~po·li,zei f DDR people's police,
national police force. — ~po·li,zist m member of the people's (od. the national) police.
— ~,rat m pol. (in sozialistischen Ländern)
People's Council. — ~,re·de f public speech:
halte keine ~n! colloq. humor. stop speech-
ifying! — ~,red·ner m 1. popular speaker,
orator of the people. - 2. (propagandisti-
scher) mob (od. stump) orator (od. speaker).
— ~re,gie·rung f pol. democracy. — ~
re·pu,blik f people's republic. — ~,sa·ge f
folk legend. — ~,schau,spiel n (theater)
cf. Volksstück. — ~,schau,spie·ler m folk-
-play actor. — ~,schicht f social class (od.
stratum). — ~,schlag m stock. — ~,schrift-
,stel·ler m popular writer.
'Volks,schul,bil·dung f ped. education
provided by the 'Volksschule'.
'Volks|,schu·le f ped. German school com-
prising 'Grundschule' and 'Hauptschule'.
— ~,schü·ler m, ~,schü·le·rin f pupil at a
'Volksschule'.
'Volks,schul|,leh·rer m, ~,leh·re·rin f
ped. teacher at a 'Volksschule'. — ~,
un·ter,richt m instruction (od. teaching)
at a 'Volksschule'. — ~,we·sen n ⟨-s; no pl⟩
organization (Br. auch -s-) (od. system) of
the 'Volksschule'.
'Volks|,see·le f ⟨-; no pl⟩ soul of the
people: die empörte (od. kochende) ~
colloq. the infuriated (od. seething) populace. — ~,sit·te f folkway, popular (auch
national) custom. — ~sou·ve·rä·ni,tät f
pol. sovereignty of the people. — ~,sport m
popular sport. — ~,spra·che f 1. vernacular (language), popular speech. - 2. ordinary
(od. everyday) parlance, familiar speech. —
v~,sprach·lich adj 1. vernacular, popular:
~e Dichtung (literature) vernacular poetry;
~e Bezeichnung (für of) vernacular (od.
popular) name. - 2. ordinary, familiar. —
~,staat m pol. republic. — ~,stamm m
tribe. — ~,stim·me f voice of the people.
— ~,stim·mung f feeling (od. sentiment) of
the people. — ~,stück n (theater) folk play.
— ~,sturm m hist. Volkssturm (a territorial
army formed by the Germans in the latter
part of World War II, consisting of men and
boys unfit for regular military service). —
~,tanz m folk dance. — ~,thea·ter [-,te,a:-
tər] n 1. (als Einrichtung) people's theater
(bes. Br. theatre) organization (Br. auch
-s-). - 2. (als Stoff) folk drama. — ~,tracht
f national (od. traditional, folk, regional)
costume (od. dress). — ~,trau·er,tag
m day of national mourning. — ~tri-

,bun m antiq. tribune (chosen from the
people).
'Volks,tum n ⟨-s; no pl⟩ 1. national
characteristics pl. - 2. folklore: deutsches ~
German folklore.
'volks,tüm·lich [-,ty:mlɪç] I adj 1. (Theaterstück etc) folksy, auch folksey (oft iron.).
- 2. (beliebt, populär) popular. - 3. (dem
Volkstum gemäß) in keeping with national
traditions (od. aspirations). - II adv 4. er
schreibt sehr ~ his writings have the common touch. — 'Volks,tüm·lich·keit f ⟨-;
no pl⟩ 1. folksiness. - 2. popularity.
'Volks|,über,lie·fe·rung f popular tradi-
tion. — ~,un·ter,hal·tung f popular entertainment. — v~ver,bun·den adj ~ sein
to have close ties with the people. — ~ver-
,bun·den·heit f ⟨-; no pl⟩ (eines
Monarchen, Ministers etc) close ties (od.
affection for) the people. — ~ver-
,füh·rer m contempt. seducer of the people
(od. the nation), demagogue, Am. auch
demagog. — ~ver,het·zung f incitement
(od. instigation) of the people. — ~ver-
,mö·gen n national wealth, wealth of the
people. — ~ver,rat m betrayal of the
people. — ~ver,rä·ter m betrayer of the
people. — ~ver,samm·lung f 1. pol.
people's assembly. - 2. (Kundgebung etc)
public meeting (od. gathering). — ~ver-
,tre·ter m pol. representative of the people.
— ~ver,tre·tung f 1. representation of
the people. - 2. (Parlament) parliament. —
~,wahl f pol. national (od. nationwide)
elections pl. — ~,wei·se f mus. folk tune
(od. melody).
'Volks|,wirt m econ. (political) economist.
— ~,wirt·schaft f 1. (political od. national)
economy. - 2. cf. Volkswirtschaftslehre. —
~,wirt·schaft·ler m cf. Volkswirt. — v~,
wirt·schaft·lich adj (Lehre, Fächer etc)
relating to economics.
'Volks,wirt·schafts,leh·re f econ. (allgemeine) ~ economics pl (usually construed
as sg); angewandte ~ applied economics pl
(usually construed as sg).
'Volks|,wohl n welfare of the people,
public weal. — ~,wohl,fahrt f sociol.
public welfare. — ~,wohl,stand m national
wealth (od. prosperity), wealth (od. prosperity) of the people. — ~,wut f anger of
the people. — ~,zäh·lung f (population)
census. — ~,zei·tung f popular newspaper.
— ~zu·ge,hö·rig·keit f (population)
ethnic(al) origin.
voll [fɔl] I adj ⟨-er; -st⟩ 1. (gefüllt) full: ein
~es Glas (Wein) a full glass (of wine);
das Glas ist halb [dreiviertel] ~ the glass
is half [three-quarters] full; ein Becher ~
Milch a beaker full of milk; ein ~er Geldbeutel a full purse; eine ~e Ähre a full ear
of grain; ein ~es Haus haben a) (Theater)
to have a full house, to be booked out,
b) (Hotel) to be booked up, to be full up;
vor ~em Hause spielen (theater) to play
to a full (od. packed) house (od. to a
capacity audience); brechend ~ colloq.
cram-full, crammed full; zum Bersten ~,
full to (the) bursting point; zum Überlaufen (od. colloq. gestrichen) ~ brimful,
auch brimfull, full to the brim; zum Überlaufen ~ sein mit to be brimful (auch
brimfull) of, to brim (od. be brimming)
with; der Saal war ~(er) (od. ~ von)
Menschen, colloq. der Saal war ge-
rammelt (od. gerappelt, gesteckt) ~
the room was packed (to the doors) (od.
crammed); war es sehr ~? a) (im
Theater, Bus etc) was it very full? b) (auf
dem Platz) was it very crowded? c) (auf
der Autobahn etc) was there much traffic?
~ sein a) to be full, b) fig. colloq. (satt
sein) to be full (od. stuffed, crammed,
colloq. full up), c) fig. colloq. (betrunken
sein) to be full (od. colloq. tight, plastered).
~ des süßen Weines sein humor. to have
had a drop too much; ~ wie eine Strand-
haubitze fig. colloq. (as) drunk as a lord
(od. fiddler); ~er Wasser full of water;
der Koffer war ~er Geschenke (od. ~ mit
Geschenken) the suitcase was full of (od. ~
filled with) presents; ein Garten ~(er)
Blumen a garden full of flowers; diese
Arbeit ist ~er Fehler this work is full
of mistakes, (stärker) this work is teeming
with (od. abounds with) mistakes; eine Rede ~er Sentimentalität a speech full of (od.
lit. replete with) sentimentality; ein Leben
~er Sorgen a life full of (od. fraught with)
worries; eine Expedition ~er Gefahr an

expedition fraught with danger; den
Kopf ~er Pläne haben fig. to be full of
plans; ~er Lob, ~ des Lobes full of
praise; → Bauch 2; Brust 4; Hand¹ Verbindungen mit Präpositionen u. Adjektiven;
Herz Bes. Redewendungen; Maß¹ 7, 8;
Mund 1; Nase 2. - 2. (ganz) full: die ~e
Adresse the full address; die ~e Summe
the full (od. whole, entire) sum; den ~en
Fahrpreis zahlen to pay the full fare;
in ~er Höhe zahlen to pay the full price,
to pay the price in full; etwas in seinem
~en Umfang erfassen to understand s.th.
fully; j-n in ~er Größe malen to paint
s.o. life-size; in ~er Größe stand er vor
mir there he was (in front of me) (as) large
as life (colloq.); in ~er Rüstung in full garb;
in ~em Maße verantwortlich sein to be
fully responsible, to carry full responsibility;
die ~e Wahrheit the full (od. whole) truth;
~e Unterstützung finden to find full
support; ~es Einverständnis full consent;
~e Gewißheit haben (über acc about) to
be quite certain; bei ~er Besinnung sein
to be fully conscious; im ~en Sinne des
Wortes in the full sense of the word; mit
~ster Lautstärke at full volume; mit ~er
Besetzung (theater) with a full cast; etwas
um ein ~es Drittel herabsetzen to reduce
s.th. by a full (od. whole) third; ~e acht
Tage fully eight days, eight full days, fully
a week, a full (od. whole) week; ~e zwei Wochen two full (od. whole) weeks; ein ~es
Jahr a full (od. whole) year; die Uhr schlägt
nur die ~en Stunden the clock strikes
only the full hour; der Mond ist ~ the
moon is full, it is full moon; → Hals¹ 4;
Kehle 1. - 3. (Zahl, Dutzend etc) whole:
es ist jetzt ~e 40 Jahre her, daß it is no
less than 40 years since, it is 40 whole
years since. - 4. (vollkommen, komplett)
complete: ~es Vertrauen zu j-m haben
to have complete confidence in s.o.; ein
~er Erfolg a complete success; → Zug³ 5.
- 5. philat. complete, full. - 6. (all)
all, full: j-n mit ~er Wucht schlagen to
strike s.o. full force (od. with all one's
might); mit ~er Kraft a) by (od. with)
might and main, b) mar. full speed; mit ~er
Kraft voraus mar. full speed ahead; mit ~en
Kräften with all one's strength; ~e Einzelheiten full details; in ~em Ernst in
all seriousness, in dead earnest; er sagte
es mit ~em Recht he had every right to
say it, he was perfectly right in saying it.
- 7. (erfüllt von) ~er Leben [Begeiste-
rung, Bewunderung, Freude, Angst]
full of life [enthusiasm, admiration, joy,
fear]; ~er Dummheiten stecken to be
full of mischief; ~er Schwung (od. Elan)
an (acc) etwas herangehen to go about
s.th. with drive, to attack s.th. with elan;
~er Arbeitseifer sein to be full of zeal,
to be extremely assiduous. - 8. (bedeckt,
übersät) (mit with) covered: ~er Flecken
[Staub, Schnee] covered with stains [dust,
snow]; ~er Papier covered (od. littered) with
paper; eine Wiese ~er Blumen a meadow
covered with flowers, a flowery meadow;
die Pflanze ist ~er Knospen the plant is
covered with buds (od. is in full bud). -
9. (Fahrt, Galopp etc) full: in ~em Lauf
at full speed; in ~er Tätigkeit in full
activity; → Gang¹ 10; Tour 4. - 10. (rundlich) full: er hat ein ~es Gesicht he is full
in the face; er ist etwas ~er geworden
he has got a little fuller, he has filled out
a bit; ein Kind mit ~en Wangen a child
with chubby (od. pudgy, podgy) cheeks. -
11. (Busen) full, ample. - 12. (Arme) well-
-rounded (attrib). - 13. (Haar) thick. - 14.
(Stimme) rich, full, sonorous, fruity (colloq.). - 15. mus. (Ton) full, rich, sonorous. -
16. (Farbton) rich. - 17. (Wein) full(-bodied).
- 18. in ~er Blüte stehen a) to be in full
blossom (od. bloom), b) fig. to be at its
height. - 19. auto. (Batterie) fully charged.
- 20. ~er Flieder bot. rank lilac. - 21. (substantiviert mit Kleinschreibung) aus dem
~en schöpfen (od. wirtschaften) to draw
on abundant (od. lavish) resources; im ~en
leben to live on the fat of the land (od. in
the lap of luxury); er greift ins ~e he
draws on ample resources; in die ~en gehen a) (beim Kegeln) to bowl for a strike,
b) fig. colloq. (etwas mit viel Energie beginnen) to go all out (colloq.), to go hard at
it. - II adv 22. (ganz) fully: ~ verantwortlich
sein to be fully responsible; etwas ~ würdi-

gen [begreifen] to appreciate [grasp] s.th. fully; ~ für etwas einstehen to answer fully for s.th.; ~ beschäftigt sein to be fully occupied; etwas ~ ausnützen to take full advantage of s.th.; sich ~ entfalten to develop fully; ~ zur Geltung kommen to be shown to full advantage, to have its full effect; die Uhr schlägt ~ the clock strikes the hour; das Hotel ist ~ besetzt (*od.* belegt) the hotel is booked up, the hotel is full (*od.* full up). - **23.** (*vollständig*) in full: ~ zahlen to pay in full; ein ~ ausgeschriebener Name a name written in full; ~ eingezahltes Kapital capital paid in full, (fully) paid-up capital; ~ eingezahlte Aktie *cf.* Vollaktie. - **24.** (*in Wendungen wie*) ~ und ganz completely, totally, wholly, *auch* wholely; ~ dasein *colloq.* to be with it (*colloq.*); j-n [nicht] für ~ nehmen *fig.* [not] to take s.o. seriously; j-n ~ ansehen to look s.o. straight in the face (*od.* eye); → Hucke 1; Jacke 1; Mund 2. - **25.** ich mußte ~ bremsen I had to jam on the brakes.

'Voll₁ach·se f tech. solid axle.
'voll·la·den (getr. -ll₁l-) v/t ⟨irr, sep, -ge-, h⟩ load (s.th.) up, load (s.th.) to capacity.
'Voll₁ak·tie f econ. fully paid-up share (bes. Am. stock). — **~₁amt** n tel. cf. Vollvermittlungsstelle. — **~ana₁ly·se** f full (od. complete) analysis. — **~₁an₁schluß** m **1.** (radio) electr. mains supply. - **2.** tel. standard subscriber connection (Br. auch connexion).
'Voll₁last (getr. -ll₁l-) f ⟨-; no pl⟩ auto. electr. mar. full load: unter ~ at full load.
'Voll₁an₁lauf m auto. full-load start(ing). — **~₁lei·stung** f (eines Motors) full-load rating. — **~₁span·nung** f electr. full-load voltage. — **~₁strom** m full-load current.
voll·auf ['fɔl; ₁fɔl'²ɔuf] adv **1.** (ganz) quite: das genügt ~ that is quite enough; ich bin ~ zufrieden I am quite satisfied; ich bin mit meinem Wagen ~ zufrieden I am quite (od. perfectly) satisfied with my car. - **2.** ~ [mit etwas] beschäftigt sein to be fully occupied [with s.th.]; ~ zu tun haben (mit etwas) to have quite enough (od. plenty) to do (with s.th.).
'voll·lau·fen (getr. -ll₁l-) v/i ⟨irr, sep, -ge-, sein⟩ **1.** fill: die Wanne ~ lassen to fill the bathtub. - **2.** sich ~ lassen *fig. colloq.* to get tanked up, to tank up (beide sl.), to get drunk. - **3.** mar. (von Schiff, Boot etc) swamp.
'Voll₁aus₁steue·rung f electr. **1.** (des Tons) maximum level (od. volume). - **2.** (eines Senders) full modulation (od. drive). — **~au·to₁mat** m tech. full-automatic screw machine. — **~au·to₁ma·tik** f auto. fully automatic system. — **v~au·to-₁ma·tisch** adj fully automatic. — **v~au·to·ma·ti·siert** adj fully automated. — **~au·to·ma·ti₁sie·rung** f full automation (od. automatization Br. auch -s-). — **~₁bad** m full (od. complete) bath. — **~₁bart** m full beard: einen ~ tragen to wear a full beard. — **v~be₁la·den** adj ⟨attrib⟩ loaded to capacity. — **v~be₁la·stet** adj ⟨attrib⟩ auto. electr. fully loaded. — **~be₁la·stung** f full load. — **v~be₁legt** adj ⟨attrib⟩ (Hotel etc) full, booked-up. — **v~be₁rech·tigt** adj ⟨attrib⟩ **1.** (auf Grund eines Anspruchs, Rechts) fully entitled. - **2.** (auf Grund einer Vollmacht) fully authorized (Br. auch -s-). — **v~be₁schäf·tigt** adj econ. (Arbeiter etc) employed full-time. — **~be₁schäf·ti·gung** f full employment. — **v~be₁setzt** adj ⟨attrib⟩ **1.** (Zug, Wagen etc) full, packed, crowded. - **2.** (Hotel etc) cf. vollbelegt. — **~be₁sitz** m only in im ~ seiner körperlichen und geistigen Kräfte sein to be in full possession of one's mental powers and physical strength. — **~₁bier** n brew. beer with a high original wort.
'Voll₁bild n **1.** telev. picture, frame. - **2.** print. full-page illustration. - **3.** med. (einer Krankheit) full-blown case. — **~fre₁quenz** f telev. picture (od. frame) frequency.
'Voll₁blut n ⟨-(e)s; no pl⟩, **'Voll₁blü·ter** [-₁blyːtər] m ⟨-s; -⟩ zo. thoroughbred (od. full-blooded, whole-blooded) horse.
'Voll₁blut₁hengst m zo. thoroughbred (od. full-blooded, whole-blooded) stallion.
'voll₁blü·tig [-₁blyːtɪç] adj **1.** (rasserein)

---

full-blooded, thoroughbred. - **2.** med. plethoric. - **3.** fig. vivacious. — **'Voll-₁blü·tig·keit** f ⟨-; no pl⟩ **1.** (durch Zucht) full-bloodedness, thoroughbredness. - **2.** med. plethora. - **3.** fig. vivaciousness, vivacity.
'Voll₁blut₁pferd n zo. cf. Vollblut.
'Voll₁boh·ren n tech. drilling.
₁voll'bracht I pp of vollbringen. - II adj nach ~er Tat a) after finishing, b) after committing the crime: „es ist ~" Bibl. "it is finished".
'Voll₁brem·sung f full braking: eine ~ machen to jam on the brakes.
₁voll'brin·gen I v/t ⟨irr, insep, no -ge-, h⟩ **1.** (eine große Tat etc) accomplish, achieve: eine ungewöhnliche Leistung ~ to achieve s.th. outstanding; er hat es vollbracht he did (od. made, managed) it. - **2.** (Wunder) work, perform. — II V~ n ⟨-s⟩ **3.** verbal noun. — **₁Voll'brin·gung** f ⟨-; no pl⟩ **1.** cf. Vollbringen. - **2.** accomplishment, achievement. - **3.** performance.
'Voll₁brot n gastr. whole-meal bread.
'voll₁bür·tig [-₁byrtɪç] adj jur. (Kind) of the same parents, of whole blood: ~e Geschwister full brothers and sisters. — **~₁bu·sig** adj buxom, full-bosomed, bosomy (colloq.).
'Voll₁dampf m ⟨-(e)s; no pl⟩ mar. full steam (od. power): mit ~ fahren a) (von Dampfer, Schlepper etc) to sail (od. travel) at full steam, b) fig. colloq. (von Auto-, Motorradfahrer etc) to go (od. drive) (at) full tilt; (mit) ~ voraus! (Kommando) full speed ahead! — **~₁draht** m tech. solid wire. — **~₁dün·ger** m agr. compound fertilizer(s pl).
Völ·le ['fœlə] f ⟨-; no pl⟩, **~ge₁fühl** n ⟨-(e)s; no pl⟩ (im Magen) sensation of repletion (od. fullness).
'vollei·big (getr. -ll₁l-) [-₁laibɪç] adj cf. beleibt.
'Voll₁ein₁zah·lung f econ. payment in full. — **v~elek·trisch** [-²e₁lɛktrɪʃ] adj (Anlage etc) all-electric (attrib).
voll·en·den [₁fɔl'²ɛndən; fɔ'lɛndən] I v/t ⟨insep, no -ge-, h⟩ **1.** (eine Arbeit, ein Werk etc) complete, finish, bring (s.th.) to completion; round off, consummate (lit.): er konnte das Bild vor seinem Tod nicht mehr ~ he could not complete the picture before his death; einen Satz ~ to complete (od. finish) a sentence; er hat sein Leben vollendet poet. he has completed his life, he has rounded off his years. - **2.** (erfüllen) accomplish, perform. - **3.** (Lebensjahr, Dienstzeit etc) complete. — II V~ n ⟨-s⟩ **5.** verbal noun. - **6.** cf. Vollendung.
Voll'en·der m ⟨-s; -⟩ completer, finisher.
voll'en·det I pp. - II adj **1.** completed: mit (od. nach) ~em 21. Lebensjahr (up)on completion of the 21st year of one's life; → Tatsache. - **2.** (Schönheit etc) perfect. - **3.** ⟨meist attrib⟩ (Tänzer, Künstler, Gastgeberin etc) perfect, accomplished, consummate. - **4.** ⟨attrib⟩ fig. colloq. (Blödsinn, Unsinn etc) perfect, absolute, utter, downright. - III adv **5.** er hat das Konzert ~ gespielt he played the concerto with perfection.
voll·ends ['fɔlɛnts] adv **1.** completely, totally, altogether: das wird ihn ~ zugrunde richten that will ruin him completely (od. altogether); das hat ihn ~ aus der Fassung gebracht that has disconcerted him completely; du bist wohl ~ verrückt geworden colloq. you must have gone completely mad; und wenn ich ~ bedenke, was alles hätte passieren können nen and I shudder to think of all (the things) that could have happened. - **2.** (vollständig) fully: inzwischen war es ~ Tag geworden meanwhile the day had fully dawned.
Voll'en·dung f ⟨-; no pl⟩ **1.** cf. Vollenden. - **2.** (einer Arbeit, eines Werkes, einer Lehrzeit etc) completion: mit (od. nach) ~ des 65. Lebensjahrs (up)on completion of the 65th year of one's life; vor der ~ stehen to be just before (od. to be on the verge of) completion; der ~ entgegengehen to be nearing completion. - **3.** (Erfüllung) accomplishment, performance. - **4.** (Vollkommenheit) perfection. - **5.** jur. (eines Versuchs) completion.
'voll·ent₁wickelt (getr. -k·k-) adj ⟨attrib⟩ fully developed, mature.

'vol·ler I comp of voll. - II adj → voll 1, 7, 8.
Völ·le·rei [fœlə'rai] f ⟨-; -en⟩ gluttony.
'voll₁es·sen v/reflex ⟨irr, sep, pp vollgegessen, h⟩ sich ~ colloq. eat one's fill.
Vol·ley ['vɔli] (sport) I m ⟨-s; -s⟩ (bes. beim Tennis) volley. — II v~ adv einen Ball v~ nehmen a) (bes. beim Tennis) to (play on the) volley, b) (bes. beim Fußball) to take a ball first time.
'Vol·ley₁ball m (sport) **1.** ⟨only sg⟩ (Spiel) volleyball. - **2.** (Ball) volleyball. — **~₁spiel** n **1.** volleyball game (od. match). - **2.** ⟨only sg⟩ cf. Volleyball 1. — **~₁spie·ler** m, **~₁spie·le·rin** f volleyball player.
'Vol·ley₁schuß m (sport) (bes. beim Fußball) first-time shot.
'voll₁fett adj gastr. (Käse von mindestens 45% Fett in der Trockenmasse) full-cream (attrib). — **V~₁kä·se** m full-cream cheese.
'voll₁fres·sen v/reflex ⟨irr, sep, -ge-, h⟩ sich ~ colloq. stuff (od. cram, gorge) oneself, eat oneself silly, Br. eat rings (a)round one, Am. colloq. stoke oneself.
₁voll'füh·ren I v/t ⟨insep, no -ge-, h⟩ **1.** (Kunststück, Luftsprung etc) perform, execute. - **2.** (Heidenspektakel, ohrenbetäubenden Lärm etc) create, make. — II V~ n ⟨-s⟩ **3.** verbal noun. — **₁Voll-'füh·rung** f ⟨-; no pl⟩ **1.** cf. Vollführen. - **2.** performance. - **3.** creation.
'voll₁fül·len v/t ⟨sep, -ge-, h⟩ fill (up).
'Voll₁gas n ⟨-es; no pl⟩ **1.** auto. full speed (od. throttle): ~ geben to put one's foot down, to open the throttle (od. engine full out), to step on the gas (colloq.); mit ~ fahren to drive at full throttle; mit ~ in die Kurve gehen to take a bend at full speed (od. throttle). - **2.** ich muß jetzt mit ~ arbeiten fig. colloq. I must work as hard as I can now, I must go all out at my work now (colloq.). — **~₁stel·lung** f auto. full acceleration position.
'Voll₁gat·ter n tech. (eines Sägewerks) vertical log (od. multiple blade) frame saw. — **v~ge₁fres·sen** adj ⟨attrib⟩ vollgefressen. — II adj colloq. **1.** ein ~er Kerl contempt. an overfed fellow (colloq.). - **2.** ~ sein to be stuffed (to the gills), to be gorged. — **~ge-₁fühl** n only in im ~ seiner Überlegenheit [Würde] fig. in full awareness (od. fully aware, fully conscious) of one's superiority [dignity]. — **~ge₁halt** m (von Münzen) full weight and value. — **v~ge₁la·den** I pp of vollladen. - II adj mit ~ loaded (up) with. — **v~ge₁lau·fen** I pp of vollaufen. - II adj mar. (Schiff) waterlogged, swamped. — **~ge₁nuß** m full enjoyment (od. fruition): im ~ seiner Rechte sein to be in full enjoyment of one's rights. — **v~ge₁packt** I pp. - II adj **1.** (Auto, Koffer etc) absolutely crammed. - **2.** ~ sein (mit) a) (von Koffer) to be packed full (of), to be absolutely packed (with), b) (von Person) to be absolutely laden (od. burdened) (with). — **v~ge-₁pfropft** I pp. - II adj cf. vollgestopft II. — **v~ge₁schla·gen** I pp of vollschlagen. - II adj **1.** fig. colloq. (Bauch) full. - **2.** mar. (Boot) swamped, waterlogged. — **v~-ge₁so·gen** I pp of vollsaugen. - II adj **1.** (Schwamm, Stoff etc) saturated, (Boden) auch waterlogged. - **2.** mar. logged, soaked. — **v~ge₁stopft** I pp. - II adj (mit) **1.** (Mund, Tasche etc) stuffed (with), crammed (with), cram-full (of). - **2.** (Dachboden etc) crammed (with), cluttered (with), cram-full (of), chock-full (of), jammed (with). - **3.** (Abteil etc) packed (with), crowded (with). - **4.** fig. (mit Wissen) stuffed (with), soaked (in), replete (with) (lit.). — **v~ge₁ta·kelt** adj mar. full-(od. square-)rigged. — **~ge₁wicht** n full weight. — **v~₁gie·ßen** v/t ⟨irr, sep, -ge-, h⟩ fill (up), pour (s.th.) full. — **~₁gi·ro** n econ. (eines Wechsels) full (od. general) endorsement.
'voll₁gül·tig adj **1.** (Bedingung, Antwort, Aussage etc) fully valid. - **2.** (Beweis) conclusive. — **'Voll₁gül·tig·keit** f **1.** full validity. - **2.** conclusiveness.
'Voll₁gum·mi n, auch m solid rubber. — **~₁rei·fen** m solid (rubber) tire (bes. Br. tyre).
'Voll₁guß m metall. solid casting. — **~₁haf·ter** [-₁haftər] m ⟨-s; -⟩ econ. general partner.
'Voll₁heit f ⟨-; no pl⟩ **1.** cf. Völle(gefühl). - **2.** (eines Geschmacks etc) fullness, auch fulness.
'Voll₁huf m vet. pumiced foot (od. sole), pumice hoof. — **~₁idi·ot** m colloq. contempt.

complete and utter idiot (*colloq.*), blank idiot (*sl.*).

völ·lig [ˈfœliç] **I** *adj* ⟨*attrib*⟩ **1.** (*Ruhe, Ungewißheit etc*) complete: in ⁓er Unkenntnis der Sachlage in complete ignorance of the facts. – **2.** (*absolut, vollständig*) absolute: das ist ⁓er Unsinn that is absolute (*od.* complete and utter, perfect, sheer) nonsense; ein ⁓er Versager an absolute (*od.* a complete [and utter]) failure; das ist mein ⁓er Ernst I am absolutely (*od.* quite, dead) serious; bis zur ⁓en Erschöpfung to the point of absolute (*od.* utter) exhaustion, to prostration; ein ⁓es Durcheinander a) (*Unordnung*) an absolute mess, b) (*Verwirrung*) absolute (*od.* complete and utter) confusion; mit ⁓er Gewißheit with absolute certainty. – **3.** (*voll*) full: ⁓e Gleichheit (*od.* Gleichberechtigung) full equality; j-m ⁓e Freiheit lassen to give s.o. full (*od.* complete) liberty. – **II** *adv* **4.** completely: ⁓ anders completely (*od.* radically) different; ⁓ mißverstanden [ungerechtfertigt, eingeschneit] sein to be completely misunderstood [unjustified, snowed up (in)]; ⁓ zufrieden sein to be quite (*od.* perfectly) satisfied; j-n ⁓ zufriedenstellen [übersehen] to satisfy [to overlook] s.o. completely; das genügt ⁓ that is quite enough; ⁓ erstaunt sein to be completely taken by surprise, to be very surprised; mit seinen Kräften ⁓ am Ende sein to be completely (*od.* utterly) run down. – **5.** (*vollständig, ganz*) absolutely, thoroughly, completely: ⁓ sprachlos sein to be absolutely (*od.* altogether, utterly) speechless; ⁓ erschöpft sein to be absolutely (*od.* utterly) exhausted; ⁓ durchnäßt sein to be absolutely drenched (*od.* soaked), to be soaked through (*od.* soaking wet, soaked to the skin); ⁓ wach sein to be wide (*od.* fully) awake; das ist ⁓ irrsinnig that is absolutely (*od.* quite) mad, that is absolute (*od.* utter) madness; das ist mir ⁓ gleichgültig I don't care (*od.* give) a damn; das ist ⁓ überflüssig [lächerlich] that is absolutely ⁓ (*od.* altogether, utterly) superfluous [ridiculous]; er hat ⁓ recht he is absolutely (*od.* quite, perfectly) right.

'**Voll‖in·dos·sa·ment** *n econ.* (*beim Wechsel*) full (*od.* special) endorsement. — **v~‚in‚halt·lich I** *adj* (*Wiedergabe etc*) full. – **II** *adv* in full (detail). — **⁓in·va·li·de** *m med.* total invalid. — **⁓in·va·li·di·tät** *f* ⟨-; *no pl*⟩ total disability (*od.* disablement).

'**voll‚jäh·rig** *adj* of (full legal) age, major: ⁓ sein to be of age, to be a major; ⁓ werden to come of age, to attain one's majority; noch nicht ⁓ sein to be under age, to be a minor. — '**Voll‚jäh·rig·keit** *f*⟨-; *no pl*⟩ full legal age, majority.

'**Voll‚jäh·rig·keits·er‚klä·rung** *f* declaration of majority.

'**Voll‚ju‚rist** *m jur.* qualified lawyer.

'**voll‚kas·ko‚ver‚si·chert** *adj* ⟨*meist pred*⟩ *econ.* covered by full comprehensive insurance. — **V~‚ver‚si·che·rung** *f cf.* Kaskoversicherung 2.

'**Voll‖kauf‚mann** *m econ.* qualified merchant, full trader. — **⁓‚kerf** *m zo.* imago. — **⁓‚ket·ten‚fahr‚zeug** *n* full-track vehicle. — **v~‚klang** *m mus.* harmoniousness, harmony. — **v~‚kleckern** (*getr.* -k·k-) *colloq.* **I** *v/t* ⟨*sep*, -ge-, h⟩ (*Tischtuch etc*) stain, (be)spatter. – **II** *v/reflex* sich ⁓ (be)spatter oneself. — **v~‚kli·ma·ti‚siert** *adj* fully air-conditioned. — **v~‚klin·gend** *adj* resonant.

voll·kom·men [ˌfɔlˈkɔmən; ˈfɔlˌkɔmən] **I** *adj* **1.** (*Dame, Wesen etc*) perfect: in allen Dingen ⁓ sein to be perfect in all things. – **2.** (*Kunstwerk etc*) perfect, consummate. – **3.** (*Macht, Recht etc*) absolute. – **4.** *colloq.* for völlig II. – **II** *adv* **5.** *colloq.* for völlig II. — ˌ**Voll'kom·men·heit** *f* ⟨-; *no pl*⟩ **1.** (*eines Wesens etc*) perfection. – **2.** (*eines Kunstwerks*) perfection, consummateness.

'**Voll‖korn** *n* ⟨-(e)s; *no pl*⟩ *mil.* (*beim Zielen*) full sight. — **⁓‚brot** *n gastr.* coarse-grained whole-meal (*Am.* whole-wheat) bread.

'**voll‖kör·nig** *adj* full-grained. — **V~‚kör·per** *m phys.* solid body. — **V~‚kraft** *f* ⟨-; *no pl*⟩ full vigor (*bes. Br.* vigour): in der ⁓ seiner Jahre in his prime. — **V~‚kreis** *m* full circle. — **V~‚ku·gel** *f phys.* (*od.* solid) sphere. — **V~‚küh·ler** *m*, **V~‚kühl‚schiff** *n mar.* fully refrigerated vessel.

'**voll‚ma·chen I** *v/t* ⟨*sep*, -ge-, h⟩ **1.** (*Be-*

---

hälter) fill (up). – **2.** (*Zahl etc*) round (*s.th.*) off (*od.* up): um das Dutzend vollzumachen to round off the dozen. – **3.** *colloq.* (*Hose, Windel etc*) soil, dirty: mach dir nur nicht die Hose(n) voll *fig.* a) don't get in a funk (*colloq.*), b) keep your hair (*od.* shirt) on! (*sl.*). – **4.** *fig.* (*in Wendungen wie*) um das Maß vollzumachen to crown (it) all; um das Unglück vollzumachen to make matters worse. – **II** *v/reflex* sich ⁓ **5.** *colloq.* (*beschmutzen*) soil (*od.* dirty) oneself. – **6.** mach dich nur nicht voll *fig. colloq.* don't make such a fuss, don't be so silly.

'**Voll‚macht** *f* ⟨-; -en⟩ *jur. econ.* a) (*Erlaubnis, Ermächtigung*) full power(s) *pl*), authority, procuration, *bes. Am.* procuratory, b) (*in Form einer Urkunde, eines Schriftstücks*) power of attorney, proxy, c) (*zur Stellvertretung u. Stimmausübung*) proxy, d) (*bes. im Wechselrecht*) procuration: unbeschränkte [gesetzliche] ⁓ plenary (*od.* discretionary) [legal] power(s *pl*); unwiderrufliche ⁓ irrevocable proxy; ausdrückliche (*od.* ausdrücklich erteilte) ⁓ express authority (*od.* power); stillschweigende (*od.* stillschweigend erteilte) ⁓ implied authority; notariell beglaubigte ⁓ power of attorney drawn up before (*od.* legalized by) a notary; in ⁓ by proxy, in procuration; außerhalb [innerhalb] der ⁓ ultra [intra] vires; kraft ⁓ by virtue of authority (*od.* power); ⁓ haben to have authority, to be authorized (*Br. auch* -s-); j-m (eine) ⁓ erteilen to confer power(s) on s.o., to confer power of attorney (up)on s.o., to give s.o. power of attorney, to authorize (*Br. auch* -s-) (*od.* empower) s.o., to delegate authority to s.o.; j-n mit ⁓ ausstatten to invest (*od.* furnish) s.o. with (full) power(s); eine ⁓ ausstellen [unterzeichnen] to draw up (*od.* execute) [to sign] a power of attorney; seine ⁓ vorlegen to produce (*od.* present) one's power of attorney; seine ⁓en überschreiten to exceed one's authority; Abgrenzung der ⁓en delimitation of authority (*od.* power). – **2.** (*Mandant*) mandator. — **⁓‚ge·ber** *m* **1.** principal, constituent. – **2.** (*Mandant*) mandatary. — **⁓‚ha·ber** [-ˌhaːbər] *m* ⟨-s; -⟩ **1.** holder of a power of attorney, proxy, mandatary, mandatory, *bes. pol.* (*bevollmächtigter Vertreter*) delegate. – **2.** (*im Wechselrecht*) proxy holder.

'**Voll‚machts‖er‚tei·lung** *f* delegation of authority (*od.* power), authorization *Br. auch* -s-. — **⁓‚for·mu‚lar** *n* form of proxy, proxy form. — **⁓‚in‚ha·ber** *m cf.* Vollmachthaber. — **⁓‚ur‚kun·de** *f* **1.** power of attorney, proxy. – **2.** (*im Aktienrecht*) proxy. – **3.** (*im Wechselrecht*) procuration. '**Voll‚macht‖trä·ger** *m cf.* Vollmachthaber. — **⁓‚über‚tra·gung** *f* delegation of authority (*od.* power). — **⁓‚wi·der‚ruf** *m* revocation of power of attorney.

'**voll‖mast** *adv mar.* (at) full mast: ⁓ flaggen to hoist a flag (to) full mast; auf ⁓ stehen to be at full mast. — **V~‚ma‚tro·se** *m* able(-bodied) seaman.

'**Voll‖mehl** *n gastr.* whole meal, *Am. auch* whole-wheat flour.

'**Voll‚milch** *f gastr.* full-cream milk. — **⁓‚pul·ver** *n* full-cream milk powder. — **⁓‚scho·ko‚la·de** *f* milk chocolate.

'**Voll‖mit‚glied** *n* (*einer Organisation etc*) full member. — **⁓‚mit‚glied·schaft** *f* full membership.

'**Voll‚mond** *m* full moon: wir haben (*od.* es ist) ⁓ there is a (*od.* it is) full moon. — **⁓‚ge‚sicht** *n* ⟨-(e)s; -er⟩ *colloq. humor.* pudding face, moon-shaped face.

'**voll‖mo·to·ri‚siert** *adj* fully (*od.* completely) motorized (*Br. auch* -s-): ⁓e Einheit *mil.* motorized (*od.* mobile) unit. — **⁓‚mun·dig** [-ˌmʊndɪç] *adj* (*Wein*) full-bodied. — **V~‚nar‚ko·se** *f med.* general an(a)esthesia. — **V~‚netz‚an‚schluß‚ge‚rät** *n* (*radio*) *electr.* all-electric set. — **V~‚ope·ra·ti‚on** *f* (*computer*) complete operation.

'**voll‚packen** (*getr.* -k·k-) *v/t* ⟨*sep*, -ge-, h⟩ **1.** (*Koffer, Wagen etc*) (mit of) pack (*s.th.*) full. – **2.** (*Person*) load up.

'**Voll‚pe‚gel** *m* (*radio*) *telev.* maximum level, full modulation. — **⁓‚pen·si‚on** *f* room and (full) board, *Am. auch* full pension. — **⁓‚pen·sio‚när** *m* boarder, lodger, *Am. auch* full pensioner. — **v~‚pfrop·fen** *v/t* ⟨*sep*, -ge-, h⟩ *cf.* vollstopfen I. — **⁓‚pla‚stik** *f* ⟨-; -en⟩ (*art*) (piece

---

of) sculpture in the round. — **⁓‚por‚tal‚kran** *m mar.* full (arch) gantry crane. — **⁓‚por‚trät** *n* full- (*od.* whole-)length portrait. — **⁓‚pro·fi** *m* (*sport*) full-time professional. — **v~‚pum·pen** *v/t* ⟨*sep*, -ge-, h⟩ pump (*s.th.*) full. — **⁓‚rad** *n tech.* solid wheel. — **⁓‚rausch** *m* total intoxication: sich (*dat*) einen ⁓ holen to get dead (*od. sl.* blind) drunk. — **v~‚reif** *adj* (*Getreide, Camembert etc*) fully ripe (*od.* mature). — **⁓‚rei·fe** *f* full maturity. — **⁓‚rei·fen** *m tech.* solid (rubber) tire (*bes. Br.* tyre). — **⁓‚ren·te** *f sociol.* full pension. — **⁓‚rohr** *n mil.* monobloc tube. — **v~‚rot·zen** *v/t* ⟨*sep*, -ge-, h⟩ *vulg.* fill (*s.th.*) with snot (*vulg.*). — **v~‚saf·tig** **1.** (*Obst etc*) very juicy, succulent. – **2.** (*Wiese, Gras etc*) succulent, lush. — **⁓‚salz** *n chem.* iodized salt, iodine-enriched salt. — **v~‚salz** *vulg.* **I** *v/t* ⟨*sep*, -ge-, h⟩ muck (*s.th.*) up (*colloq.*). – **II** *v/reflex* sich ⁓ muck oneself up (*colloq.*). — **v~‚sau·fen** *v/reflex* ⟨*irr*, *sep*, -ge-, h⟩ sich ⁓ *vulg.* soak (oneself), drink oneself silly (*beide colloq.*), tank up (*sl.*). — **v~‚sau·gen** *v/reflex* ⟨*auch irr*, *sep*, -ge-, h⟩ sich ⁓ **1.** (*von Schwamm, Löschblatt, Pflanze*) become saturated, sponge, *auch* spunge: sich mit Wasser ⁓ to become saturated with water. – **2.** (*von Insekt*) suck itself full. — **⁓‚schei·ben‚rad** *n tech.* center (*bes. Br.* centre) disc (*od.* disk, web) wheel. — **v~‚schen·ken** *v/t* ⟨*sep*, -ge-, h⟩ fill (up). — **⁓‚schiff** *n mar.* (*Segelschiff*) full-rig(ged) ship: als ⁓ getakelt ship-rigged. — **v~‚schla·gen I** *v/i* ⟨*irr*, *sep*, -ge-, sein⟩ *mar.* swamp, become waterlogged. – **II** *v/t* ⟨h⟩ sich (*dat*) den Bauch ⁓ *colloq.* to fill one's belly, to eat oneself silly (*colloq.*). — **v~‚schlank** *adj* (*Person*) rather plump: ⁓ sein to be rather plump, to have a fairly full (*od.* well-rounded) figure, to be (rather) on the plump side (*colloq.*). — **⁓‚schma‚rot·zer** *m biol.* obligate parasite. — **v~‚schmie·ren** *colloq.* **I** *v/t* ⟨*sep*, -ge-, h⟩ **1.** make (*s.th.*) sticky, mess up. – **2.** (*Heft etc*) scribble (*s.th.*) full. – **II** *v/reflex* sich ⁓ **3.** make oneself sticky, mess oneself up. — **v~‚schrei·ben** *v/t* ⟨*irr*, *sep*, -ge-, h⟩ **1.** (*Heft etc*) fill (*s.th.*) with writing. – **2.** (*Tafel etc*) cover (*s.th.*) with writing, write all over. — **⁓‚schwin·gung** *f phys.* full oscillation.

'**Voll‚sicht** *f auto.* full vision. — **⁓‚kan·zel** *f aer.* clear vision (*od.* full-view) cockpit. — **⁓‚rück‚fen·ster** *n auto.* wraparound rear window. — **⁓‚schei·be** *f* wraparound (*od.* panorama) windscreen (*Am.* windshield). — **⁓‚ver‚gla·sung** *f* wraparound (*od.* panoramic) view windows *pl.*

'**Voll‖sinn** *m only in* im ⁓ des Wortes in the fullest sense of the word, literally. — **⁓‚sit·zung** *f* (*der UNO*) plenary session. — **v~‚sprit·zen I** *v/t* ⟨*sep*, -ge-, h⟩ (be)spatter, splash. – **II** *v/reflex* sich ⁓ (be)spatter (*od.* splash) oneself.

'**Voll‚spur** *f* **1.** (*railway*) standard-ga(u)ge track. – **2.** (*im Tonband*) full track. — **⁓‚bahn** *f* (*railway*) standard- (*od.* broad-) ga(u)ge train.

'**voll‚spu·rig** *adj* (*railway*) standard- (*od.* broad-)ga(u)ge(d). — **V~‚stab** *m tech.* solid bar.

'**voll‚stän·dig I** *adj* **1.** (*komplett*) complete: eine ⁓e Serie [Sammlung] a complete series [collection]; eine ⁓e Arbeit abliefern to deliver a complete work; etwas ⁓ machen to complete s.th. – **2.** (*voll, ganz*) full: ⁓e Adresse [Angaben *pl*] full address [information *sg*]; ⁓er Text [Wortlaut] full (*od.* unabridged) text [wording], text [wording] in full. – **3.** (*völlig*) complete: ⁓e Finsternis complete (*od.* total, utter) darkness; ⁓e Kenntnis von etwas haben to have complete (*od.* full) knowledge of s.th.; ⁓e Freiheit haben to have complete (*od.* full) liberty. – **4.** *math.* (*Zahl etc*) integral, whole. – **II** *adv* **5.** completely: etwas ⁓ fertigmachen to complete (*od.* finish) s.th. down to the last detail; die Stadt hat sich ⁓ verändert the town has changed completely. – **6.** (*voll, ganz*) fully, totally: ⁓ besetzt sein to be full (up); damit wurde der Zweck ⁓ erreicht that served the purpose fully (*od.* perfectly, beautifully). – **7.** (*voll u. ganz, völlig*) absolutely, downright, quite: ⁓ recht haben to be absolutely (*od.* quite, perfectly) right; mit etwas ⁓ einverstanden sein to be utterly (*od.* entirely) in agreement with

s.th.; ~ verrückt sein to be downright mad.
— 'Voll‚stän·dig·keit f ‹-; no pl› completion, completeness, integrity: ~ anstreben to aim at (od. strive for) completeness; der ~ halber for the sake of completeness, to complete things (od. the whole); keinen Anspruch auf ~ erheben not to lay claim to (od. to claim) completeness.

'voll‚stim·mig [-‚ʃtɪmɪç] adj mus. 1. (Stimme) full-voiced. – 2. (Instrument) full-toned.
— ~stock adv mar. cf. vollmast. — ~stopfen I v/t ‹sep, -ge-, h› 1. (Mund, Taschen) stuff, cram. – 2. (mit Menschen) jam, crowd. – II v/reflex sich ~ 3. (mit Essen) stuff (od. gorge) oneself. – 4. fig. (mit Wissen etc) stuff (od. soak) oneself.

‚voll'streck·bar adj jur. capable of being executed, enforceable: ~er Titel enforceable judg(e)ment; vorläufig ~ provisionally enforceable; ~ machen to render enforceable. — ‚Voll'streck·bar·keit f ‹-; no pl› enforceability.

‚voll'strecken (getr. -k·k-) jur. I v/t ‹insep, no -ge-, h› 1. enforce, execute: ein Todesurteil an j-m [einem Verbrecher] ~ to execute s.o. [a criminal]. – 2. ein Testament ~ to execute a will. – II V~ n ‹-s› 3. verbal noun. – 4. cf. Vollstreckung.

‚Voll'strecker (getr. -k·k-) m ‹-s; -› jur. 1. executor. – 2. (Scharfrichter) executioner. — ‚Voll'streckung (getr. -k·k-) f ‹-; -en› jur. 1. cf. Vollstrecken. – 2. enforcement, execution: ~ einer gerichtlichen Entscheidung execution of an order.

‚Voll'streckungs‚auf·schub (getr. -k·k-) m jur. (im Strafrecht) suspension (od. stay) of execution. — ~be‚am·te m enforcement (od. execution) officer. — ~be‚fehl m writ (od. levy) of execution, enforcement order. — ~ge‚richt n court of execution (od. enforcement). — ~gläu·bi·ger m execution creditor. — ~klau·sel f enforcement clause. — ~ko·sten pl enforcement (od. execution) costs. — ~maß‚nah·me f measure of execution. — ~schuld·ner m execution debtor. — ~schutz m 1. (Aussetzung der Zwangsvollstreckung) order suspending execution. – 2. (Unpfändbarkeit) exemption from seizure (od. judicial enforcement). — ~ti·tel m writ of execution. — ~ur·teil n enforceable judg(e)ment. — ~ver‚fah·ren n execution proceedings pl.

'Voll‚syn·chro·ni·sa·ti‚on f 1. tech. (eines Getriebes etc) full synchronization (Br. auch -s-). – 2. telev. (film) full synchronization (Br. auch -s-), total dubbing. — v~syn·chro·ni‚siert adj 1. tech. (Getriebe etc) fully synchronized (Br. auch -s-). – 2. telev. (film) fully synchronized (Br. auch -s-) (od. dubbed). — v~‚tak·tig [-‚taktɪç] adj mus. downbeat. — v~‚tan·ken v/t u. v/i ‹sep, -ge-, h› refuel: ~, bitte fill up (the tank), please. — v~‚tö·nend adj resonant, sonorous, orotund, (Stimme) auch orotund. — v~‚tran·si·sto·ri‚siert adj electr. all-transistorized (attrib), fully transistorized (beide Br. auch -s-). — ~‚tran‚si·stor‚ra·dio n fully transistorized (Br. auch -s-) radio. — ~‚tref·fer m 1. direct hit. – 2. (beim Scheibenschießen) bull's-eye. – 3. fig. bull's-eye: einen ~ landen to hit the bull's-eye. — ~‚trin·ken v/reflex ‹irr, sep, -ge-, h› sich ~ drink one's fill, fill oneself with drink.

'voll‚trun·ken adj completely drunk, intoxicated, inebriated: ~ sein to be completely drunk (od. in a drunken stupor). — 'Voll‚trun·ken·heit f ‹-; no pl› total intoxication (od. inebriation): im Zustand der ~ in a state of total intoxication.

'Voll|‚verb n ling. full verb. — ~ver‚mitt·lungs‚stel·le f tel. main exchange. — ~ver‚samm·lung f plenary (od. general) assembly, (bes. eines Parlaments) plenum. — ~ver‚satz m (mining) solid stowing. — ~ver‚sor·gung f (mittels einer Rente) full superannuation. — ~wai·se f orphan. — ~wasch‚mit·tel n heavy-duty detergent. — ~weg‚gleich‚rich·ter m electr. full-wave rectifier. — ~wei·zen‚mehl n gastr. whole meal, Am. whole-wheat flour, Br. whole-wheat meal.

'voll‚wer·tig I adj 1. (Ersatz, Arbeitskraft etc) full, adequate: er ist ein ~er Nachfolger he is an adequate successor; j-n als nicht ~en Menschen betrachten to regard s.o. as inferior. – 2. (Nahrung etc) highly nutritious. – 3. (neuwertig) practically new: ein ~es Auto zu einem niedrigen Preis kaufen to buy a practically new car at

a low price. – II adv 4. j-n behandeln to treat s.o. with due esteem (od. regard). — 'Voll‚wer·tig·keit f ‹-; no pl› 1. (eines Ersatzes, Menschen etc) adequacy. – 2. (einer Kost) high nutritious value. – 3. (einer Ware etc) full value.

'Voll‚wert‚ver‚si·che·rung f econ. full-value insurance.

'voll‚wich·tig adj (Münze) of full weight.

'Voll‚wort n ling. full word, semanteme.

'voll‚zäh·lig [-‚tsɛːlɪç] I adj 1. ‹pred› present in full number: die Versammlung ist ~ the assembly is present in full number. – 2. full, complete: ein ~er Satz Briefmarken a full set of stamps; etwas ~ machen to complete s.th. – II adv 3. in full strength (od. force): sich ~ versammeln to assemble in full strength; ~ erscheinen to turn out in full strength. — 'Voll‚zäh·lig·keit f ‹-; no pl› 1. full number. – 2. (der Vorgeladenen, Anwesenden) full attendance.

'voll‚zeich·nen v/t ‹sep, -ge-, h› cover (s.th.) with drawings, draw all over.

'Voll‚zeit‚schu·le f ped. full-time school.

'Voll‚zie·gel m civ.eng. solid brick.

'voll'zieh·bar adj jur. enforceable. — ‚Voll'zieh·bar·keit f ‹-; no pl› enforceability.

‚voll'zie·hen I v/t ‹irr, insep, no -ge-, h› 1. (Strafe, Befehl etc) execute, carry out, (Urteil) enforce. – 2. (Willen) carry out, perform. – 3. (Trauung) perform, solemnize Br. auch -s-. – 4. bes. jur. (Ehe) (durch ehelichen Beischlaf) consummate. – 5. (Handlung) complete, consummate. – 6. (unterfertigen) sign. – II v/reflex sich ~ 7. come about, take place: eine Wandlung hat sich in ihm vollzogen a change has come about in him (od. has come over him), there has been a change in him. – III V~ n ‹-s› 8. verbal noun. – 9. cf. Vollziehung. — ‚voll'zie·hend I pres p. – II adj ~e Gewalt jur. executive (power od. authority).

‚Voll'zie·her m ‹-s; -› executor.

‚Voll'zie·hung f ‹-; no pl› 1. cf. Vollziehen. – 2. (einer Strafe etc) execution, (eines Urteils) enforcement. – 3. (eines Willens) performance. – 4. (einer Trauung etc) performance, solemnization Br. auch -s-. – 5. bes. jur. (der Ehe) consummation. – 6. (einer Handlung) completion, consummation. – 7. signing.

‚Voll'zie·hungs‚be‚am·te m jur. cf. Vollstreckungsbeamte. — ~be‚fehl m cf. Vollstreckungsbefehl.

‚Voll'zug m ‹-(e)s; no pl› cf. Vollziehung: eine Strafe außer ~ setzen to stay the execution of a sentence.

‚Voll'zugs|‚an‚ord·nung f jur. cf. Durchführungsverordnung. — ~‚an‚stalt f penal establishment (od. institution), house of correction, Am. correctional institution. — ~‚aus‚schuß m executive committee. — ~be‚am·te m jailer, auch jailor, Br. auch gaoler, warder. — ~be‚hör·de f executive authority, (the) executive. — ~be‚richt m (des Gerichtsvollziehers etc) return. — ~be‚stim·mung f regulation (od. rule) governing execution. — ~ge‚walt f executive (powers pl). — ~klau·sel f executive clause. — ~mel·dung f report of execution. — ~ord·nung f regulations pl (od. rules pl) governing execution.

Vo·lon·tär [volõ'tɛːr] m ‹-s; -e› practical trainee. — Vo·lon'tärs‚zeit f (period of) practical training.

vo·lon·tie·ren [volõ'tiːrən] v/i ‹no ge-, h› 1. (sich freiwillig melden) volunteer. – 2. bei to undergo practical training with.

Vols·ker ['vɔlskər] m ‹-s; -› antiq. Volscian: die ~ pl the Volsci. — 'vols·kisch adj Volscian.

Volt [vɔlt] n ‹- u. -(e)s; -› electr. volt.

Vol·ta ['vɔlta] f ‹-; -ten› (Tanz, 16. u. 17. Jhdt.) (la)volta, volte.

'Vol·ta‚ele‚ment n electr. voltaic cell.

Vol·tai·ria·ner [vɔltɛ'ria:nər] m ‹-s; -› Voltairean, Voltairian. — vol'tai·risch [-'trɪʃ] adj Voltairean, Voltairian.

vol·ta·isch [vɔl'ta-ɪʃ] adj electr. voltaic, galvanic.

Vol·ta·me·ter [vɔlta'me:tər] n ‹-s; -› electr. voltameter.

'Volt‚am'pere n electr. volt-ampere.

'Vol·ta·sche 'Säu·le ['vɔltaʃə] f electr. voltaic cell, Volta's pile.

Vol·te ['vɔltə] f ‹-; -n› 1. (beim Reitsport) volt: eine ~ reiten to ride a volt. – 2. (beim

Fechten) turn. – 3. (games) (Kartentrick beim Mischen) sleight of hand, pass.

vol·tie·ren [vɔl'tiːrən] v/i ‹no ge-, h› (sport) cf. voltigieren.

Vol·ti·geur [vɔlti'ʒøːr] m ‹-s; -e› 1. (sport) vaulter. – 2. mil. hist. (in Frankreich) voltigeur.

vol·ti·gie·ren [-ti'ʒiːrən] v/i ‹no ge-, h› (sport) perform vaulting exercises on horseback.

'Volt|‚me·ter n ‹-s; -› electr. voltmeter. — ~se‚kun·de f volt-second.

vo·lu·bel [vo'luːbəl] adj obs. (beweglich, schnell) voluble. — Vo·lu·bi·li'tät [-lubili'tɛːt] f ‹-; no pl› obs. volubility.

Vo'lum‚ein·heit [vo'luːm-] f unit of volume.

Vo·lu·men [vo'luːmən] n ‹-s; - u. -lumina [-mina]› 1. phys. math. (Rauminhalt) volume. – 2. (Fassungsvermögen) capacity, volume. – 3. electr. volume. – 4. fig. (Umfang, Ausmaß) volume, (total) amount, quantity. – 5. archaic (Band, Schriftrolle) volume. — ~an‚zei·ger m volume indicator. — ~ge‚wicht n phys. cf. Volumgewicht. — ~pro‚zent n cf. Volumprozent.

Vo·lu·me·ter [volu'me:tər] n ‹-s; -› phys. volumeter. — Vo·lu·me'trie [-me'triː] f ‹-; no pl› volumetry. — vo·lu'me·trisch [-'me:trɪʃ] adj phys. math. volumetric, auch volumetrical.

Vo'lum‚ge‚wicht n phys. weight by volume.

vo·lu·mi·nös [volumi'nøːs] adj (umfangreich, massig) voluminous.

Vo'lum|pro‚zent n phys. percent (Br. per cent) by volume. — ~teil m part by volume. — ~ver‚hält·nis n volume proportion (od. ratio).

Vo·lun·ta·ris·mus [volunta'rɪsmus] m ‹-; no pl› philos. voluntarism. — Vo·lun·ta'rist [-'rɪst] m ‹-en; -en›, Vo·lun·ta'ri·stin f ‹-; -nen› voluntarist. — vo·lun·ta'ri·stisch adj voluntaristic, auch voluntary.

Vo·lu·te [vo'luːtə] f ‹-; -n› arch. 1. volute, scroll. – 2. antiq. (am ionischen Kapitell) roll.

Vol·vu·lus ['vɔlvulus] m ‹-; -vuli [-li]› med. (Darmverschlingung) volvulus.

vom [fɔm] short for von dem.

Vo·mer ['voːmər] m ‹-s; -es [-meres]› med. (Pflugscharbein) vomer, ploughshare (bes. Am. plowshare) bone.

Vom'hun·dert‚satz m cf. Prozentsatz 2.

vo·mie·ren [vo'miːrən] v/i ‹no ge-, h› med. vomit.

vo·mi·tiv [vomi'tiːf] med. pharm. I adj vomitive, emetic. – II V~ n ‹-s; -e› (Brechmittel) emetic.

Vo·mi·ti·vum [vomi'tiːvum] n ‹-s; -va [-va]› med. pharm. cf. Vomitiv.

Vo·mi·tus ['voːmitus] m ‹-; no pl› med. vomiting, vomitus (scient.).

von [fɔn] I prep ‹dat› 1. (aus einer bestimmten Richtung) from: der Wind kommt ~ Norden the wind comes from the north (od. from a northerly direction); der Zug ~ München nach Berlin the train from Munich to Berlin, the Munich-Berlin train; ich komme gerade ~ meiner Tante I have just come from my aunt('s); vom Turm hat man eine herrliche Aussicht there is a marvel(l)ous view from the tower; er hat das Buch ~ seinem Freund (bekommen) he got the book from his friend; der Brief ist ~ deiner Mutter the letter is from your mother; bekommst du noch Geld ~ mir? have you still any money to get from me? do I still owe you any money? ~ wo (od. colloq. ~ woher) kam der Stein geflogen? where (od. what direction) did the stone come (flying) from? ich komme vom Land(e) I'm from the country; er ist ~ Stuttgart colloq. he is (od. comes) from Stuttgart; er ist nicht vom Bau colloq. he's not from the building trade; sie sah ihn ~ der Seite an she looked at him sideways (od. from the side); viele Grüße ~ meinem Bruder kind regards from my brother; wir haben ~ ihm gehört a) (bekamen eine Nachricht) we have heard from him, we have (had) word from him, b) (vom Hörensagen) we have heard of him; ich habe es ~ ihm selbst gehört I heard it straight from him, he told me that himself; was wollen Sie ~ mir? what do you want from (od. of) me? ich kenne ihn ~ der Schule I know him from school; j-n (nur) vom Sehen kennen to know s.o. (only) by sight, *Am. colloq.* to know s.o. (only) to see; → **Blatt** 2. – **2.** *(getrennt von einem soeben noch innegehabten Platz)* from, off: **das Geschirr vom Tisch nehmen** to take (*od.* clear) the dishes from (*od.* off) the table; **die Katze sprang vom Stuhl** the cat jumped off the chair; **einen Zweig vom Baum reißen** to pull a branch off the tree; **dann essen wir eben ~ einem Teller** we'll eat from (*od.* off) one plate, then; **die Briten vertrieben die Spanier ~ den Weltmeeren** the British drove the Spaniards off the seas; **5% vom Preis abziehen** to take 5 per cent off the price. – **3.** *(bei einer Entfernung, Trennung)* (away) from: **der Ort liegt 10 km ~ Salzburg** the town is 10 km (away) from Salzburg; **er ist ~ zu Hause fortgegangen** he went away from home; → **Leib** 1. – **4.** *(zur Bildung des Genitivus partitivus)* of: **der König ~ Schweden** the king of Sweden; **die Einfuhr ~ Weizen** the import of wheat; **der Bau ~ Schulen hat Vorrang** the building of schools takes precedence; **die Umgebung ~ Frankfurt** the surroundings *pl* of Frankfort, Frankfort's surroundings *pl*; **das Rathaus ~ Berlin** the city hall of Berlin, the Berlin city hall; **ich behalte fünf Mark ~ der Summe** I'll keep five marks of the sum; **er begreift nichts ~ dem, was Sie da sagen** he understands nothing of what you are saying; **ich habe nichts ~ der Suppe gegessen** I didn't take any (of the) soup, I ate none of the soup; **sie trank ~ dem Wein** she drank some of the wine, she drank of the wine; **Tausende ~ Menschen** thousands of people; **ein Freund ~ mir** a friend of mine, one of my friends; **einer ~ uns** one of us; **er ist der größte ~ allen** he is the tallest of all; **~ den Mädchen war nur X da** only X was there of the girls, of the girls only X was there; **kannst du mir ein Bild ~ dir geben?** can you give me a picture of yourself? **man bekommt nicht viel ~ ihm zu sehen** you don't see much of him; **was sind Sie ~ Beruf?** what is your occupation? what do you do (professionally)? **das ist nichts ~ Dauer** that won't last long, that will be of short duration, that will last no time (*colloq.*). – **5.** *colloq.* *(als präpositionaler Genitiv)* **der neue Freund ~ meiner Schwester** my sister's new boyfriend. – **6.** *(beim Passiv)* by: **er wurde ~ ihm im Tischtennis geschlagen** he was defeated by him at table tennis; **sie wird ~ allen Mitarbeitern sehr geschätzt** she is highly esteemed by all her colleagues. – **7.** *(bei Abkunft, Urheberschaft)* by: **ein Gedicht ~ Goethe** a poem by Goethe; **ein König ~ Gottes Gnaden** a king by the grace of God; **das Bild über dem Sofa stammt ~ mir** the picture above the sofa is (*od.* was painted) by me; **sie hat ein Kind ~ ihm** she has a child by him. – **8.** *(eine Eigenschaft, das Ausmaß, die Größe, einen Zeitpunkt etc betreffend)* of: **ein Ring ~ Gold** a ring of gold; **Leute ~ Rang und Namen** people of rank and position (*od.* station); **sie ist ein Bild ~ einem Mädchen** she is a (perfect) picture of a girl; **er ist klein ~ Gestalt** (*od.* **Statur**) he is of short build (*od.* stature), he has a short build; **ein Kind ~ drei Jahren** a child of three, a three-year-old (child); **eine Stadt ~ 100000 Einwohnern** a city of 100,000 inhabitants; **ein Betrag ~ 50 Mark** an amount of 50 marks; **nach einem Aufenthalt ~ drei Wochen** after a stay of three weeks, after a three-week stay; **Ihr Schreiben vom 1. dieses Monats** your letter of the first of this (*od.* the current) month, your letter of the first instant; **die Frau ~ heute** the woman of today; **dieser Idiot ~ Briefträger!** *colloq.* that idiot of a postman! (*colloq.*); → **Format** 4; **Mann** 2. – **9.** *(den Gegenstand eines Gesprächs, Artikels, Erlebnisses, einer Untersuchung etc betreffend)* about, (*genauer*) on: **~ wem [was] sprechen Sie?** who(m) [what] are you talking about? **der Roman handelt ~ einer alten Adelsfamilie** the novel is about (*od.* deals with, treats [of]) an ancient noble family; **er weiß ~ der Sache** he knows about the affair; **man hat viel ~ dieser neuen Methode gesprochen** there was a great deal of talk (*od.* people talked a great deal)

about this new method. – **10.** *(Annahmen, Gerüchte, Unterstellungen etc betreffend)* of: **man sagt ~ ihm, er sei geizig** they say of him that he is (*od.* he is said to be) miserly; **ich habe dies ~ meinem Vater sagen hören** lit. I have heard it said of my father. – **11.** *(eine bestimmte Verhaltensweise betreffend)* of, on one's part: **das ist sehr nett ~ dir** that's very kind of you (*od.* on your part); **das ist nicht schön ~ Ihnen** that's not (very) nice of you; **das war aber auch zu dumm ~ dir!** that was very stupid of you (*od.* on your part)! – **12.** *(Gewinn, Genuß, Nutzen, Vorteil etc betreffend)* out of: **du hast mehr ~ deinen Ferien, wenn** you'll get more out of your holidays (*Am.* vacation) if. – **13.** *(aus einer bestimmten Anzahl)* (out) of, in: **zwei ~ drei Amerikanern** two (*od.* of two in) three Americans; **~ 40 möglichen Punkten erreichte er 38** he achieved 38 of a possible 40. – **14.** *(infolge von)* from: **ich bin müde ~ dem weiten Weg** I am tired from the long walk; **die Schwäche kommt ~ der Krankheit** the weakness comes from (*od.* is a result of) the illness; **das kommt vom vielen Trinken!** that comes from (*od.* through) drinking so much! that's what comes of drinking so much! – **15.** *(vor Namen als Adelsbezeichnung)* of: **Rudolf ~ Habsburg** Rudolf of Habsburg; **der Herzog ~ Edinburgh** the Duke of Edinburgh; **er schreibt sich ,von'** he has a 'von' in his name; **du kannst dich ,von' schreiben, wenn dir das gelingt** *fig. colloq.* you can chalk one up to your account if you manage that (*colloq.*). – **16.** *(in Verbindung mit Personalpronomen u. im Satz betont)* away from: **er ist ~ ihr gegangen** he went away from (*od.* he left) her; **ich warf das Messer ~ mir** I threw the knife away (from me); **sie ist für immer ~ uns gegangen** she has gone from us forever; **das Essen (wieder) ~ sich geben** to bring (*od.* throw) up one's food. – **17.** *(in Verbindung mit Adverbien)* **~ jetzt** (*od.* **nun**) **ab** (*od.* **an**) from now on, henceforth (*lit.*); **vom 1. März ab** (*od.* **an**) (as) from March 1, beginning (*od.* starting) March 1; **~ morgen ab** (*od.* **an**) (as) from tomorrow, from tomorrow on, beginning (*od.* starting) tomorrow; **~ der 100-Meter-Marke ab** (*od.* **an**) **mußt du Tempo zulegen** you must speed up from the 100-meter (*bes. Br.* -metre) mark on(ward[s]); **wir sind vom Weg(e) ab** we have come off the track (*od.* path), we have lost our way; **hier gibt es Kleider ~ 20 Mark ab** (*od.* **an**) **aufwärts** *od. colloq.* **~ 20 Mark [und] aufwärts** clothes are to be had here from 20 marks upward(s) (*od. colloq.* from 20 marks up); **~ Jugend** (*od.* **~ klein**) **auf** (*od.* **an**) **beschäftigte er sich mit Musik** he took an interest in music from his youth (*od.* from his earliest years); **~ da an** (*zeitlich*) since then (*od.* that time); **etwas ~ Grund auf modernisieren** to modernize (*Br. auch* -s-) s.th. completely (*od.* from top to bottom); **~ diesem Fenster aus** from this window; **er hätte eigentlich ~ sich aus darauf kommen müssen** he should have thought of that himself (*od.* of his own accord); **~ 3 bis 4 (Uhr)** from 3 to 4 (o'clock); **~ Montag bis Freitag** (from) Monday to (*Am. auch* through) Friday; **wie weit ist es ~ hier bis zum Schwimmbad?** how far is it from here to the swimming pool? **das ist ~ alters her so gewesen** this has always been the case, this has been the case for generations; **er begann mit der Arbeit ~ neuem** he began the work anew (*od.* afresh); **~ seiten meiner Mutter sind keine Einwände zu erwarten** there won't be any objections from (*od.* on the part of) my mother; **ihr Brief ~ vor drei Wochen** her letter dated three weeks ago; **er schwamm ~ einem Ufer zum anderen** he swam from one bank to the other; **~ Zeit zu Zeit** from time to time, occasionally, now and then, now and again; **das ist ~ Fall zu Fall verschieden** that differs (*od.* varies) from case to case (*od.* from one case to the next). – **18.** *(mit folgendem Relativpronomen)* **der Mann, ~ dem man behauptet, daß er alles weiß** the man who is said to know everything. – **II** *prep* ⟨*gen*⟩ **19.** **~ Rechts wegen** by right(s); **~ Amts wegen** ex officio, officially. – **III** *adv* **20.** **~ wegen!**

colloq. a) (*ich denke nicht daran, es zu tun*) catch me! not on your life! (*beide colloq.*), b) (*über einen anderen*) catch him! (*colloq.*), not at all! not a bit of it! – **21.** *Northern G. colloq.* **da weiß ich nichts ~** I don't know anything about it (*od.* that).

,von,ein'an·der *adv* of (*od.* from) each other: **wir haben lange nichts mehr ~ gehört** we have not heard from each other for a long time; **sie können sich nicht ~ trennen** they cannot part (from each other); **sie haben etwas ~** a) they have s.th. to give each other, they complement each other, they get s.th. out of each other, b) (*im Aussehen*) they are rather alike (in looks *od.* appearance), c) (*im Wesen*) they are alike in some ways; **~ scheiden** to part, to sever (*lit.*); **der Tod hat uns ~ geschieden** death has parted us. — **~ge·hen** *v/i* ⟨*irr, sep,* -ge-, *sein*⟩ part (company), separate: **wir gingen voneinander** we parted (company), we went our separate ways.

,von'nö·ten [-'nøːtən] *adj only in* **~ sein** to be necessary (*od.* needful).

,von'stat·ten *adv only in* **~ gehen** to take place, to proceed, to come (*od.* pass) off: **gut ~ gehen** to go well, to prove a success.

vor [foːr] **I** *prep* ⟨*dat*⟩ **1.** *(als Ausdruck einer festen räumlichen Beziehung)* in front of, before: **~ dem Haus steht eine Eiche** there is an oak in front of the house; **meine Schwester hat genau ~ mir gesessen** my sister was sitting right (*od.* bang, *bes. Am.* smack) in front of (*od.* directly before) me; **~ der Kasse wartete eine lange Schlange von Menschen** a long queue was waiting in front of (*od.* at) the box office; **der Brief lag ~ ihm auf dem Schreibtisch** the letter lay in front of him on the desk; **ich warte ~ dem colloq.* **vorm**) **Haus auf dich** I'll wait for you in front of (*od.* outside) the house; **als ich ~ ihm stand, ließ ich den Mut sinken** when I stood in front of (*od.* when I faced) him my heart sank; **die Bushaltestelle ist direkt ~ dem** (*od. colloq.* **vorm**) **Haus** (*od.* **der [Haus]Tür**) the bus stop is right in front of the house (*od.* right at the door, right on the doorstep); **ein Fremder stand ~ der Tür** there was a stranger at (*od.* outside) the door; **wen glauben Sie denn ~ sich zu haben?** who(m) do you think you are talking to? who do you think I am? who(m) (*od.* what) do you take me for? **da sei Gott ~!** *fig.* heaven (*od.* God) forbid! → **Anker**[1]; **Auge** 1; **Brett** 1; **Gericht**[2] 1; **Ort**[2]; **Rätsel** 3; **Wind** 1. – **2.** *(weiter vorn)* ahead (*od.* in front) of, before: **als er sein Heimatdorf ~ sich liegen sah** when he saw his native village lying ahead (of him); **auf einmal hatten wir den See ~ uns** suddenly the lake appeared in front of us (*od.* ahead [of us]); **sie fuhr ~ den anderen her** she drove ahead of the others; **er ist noch weit ~ uns!** he is still far ahead (of us)! – **3.** *(nicht ganz so weit wie)* before: **kurz ~ dem Rathaus biegen Sie nach links ab** (you) turn (to the) left just before the town hall; **von hier aus liegt das Dorf noch ~ dem Paß** (from here) the village lies before (*od.* on this side of) the pass. – **4.** *(außerhalb)* outside, (*bei Entfernungsangaben*) *auch* from: **sie haben ein Haus ~ der Stadt** they have a house outside the town; **der herrliche Zoo ~ den Toren der Stadt** the wonderful zoo just outside (the gates of) the city; **2 km ~ Bamberg** 2 km outside (*od.* from) Bamberg. – **5.** *(bei einer Reihenfolge in horizontaler Anordnung)* before: **das Adjektiv steht stets ~ dem Substantiv** the adjective is always placed before the noun; **im Alphabet kommt K ~ L** K comes before L in the alphabet. – **6.** *(bei einer Reihenfolge in vertikaler Anordnung)* before, ahead of: **auf der Liste erscheint dein Name ~ meinem** your name is before (*od.* is ahead of, precedes) mine on the list. – **7.** *(in Gegenwart von)* before, in front of, in the presence of: **etwas ~ Zeugen erklären** to declare s.th. before witnesses; **du kannst es ~ allen sagen** you can say it in front of everyone; **Feigheit ~ dem Feind** cowardice in the face of the enemy; **ich kann mich nicht mehr ~ ihr sehen lassen** I dare not go near her again; **seine Sünden ~ Gott bekennen** *fig.* to confess one's sins before God. – **8.** (*im Hinblick auf*) before: ich dachte, ~ dem Gesetz sind alle gleich I thought all people were equal before the law; kannst du das ~ deinem Gewissen (*od.* dir selbst) verantworten? does your conscience allow you to do that? – **9.** (*in bezug auf einen zukünftigen Zeitpunkt*) before, ahead (*od.* in front) of: ein langer Sommertag lag ~ ihnen a long summer day lay before them; du hast ja dein ganzes Leben noch ~ dir! you still have your whole life before (*od.* ahead of) you! ich glaube, ich komme ~ Ihnen dran I think I am before (*od.* in front of) you. – **10.** (*in bezug auf einen Zeitpunkt in der Vergangenheit*) a) (*von heute aus gesehen*) ago (*nachgestellt*), b) (*von vergangenem Zeitpunkt aus gesehen*) earlier (*nachgestellt*): ~ vier Wochen four weeks ago; heute ~ 14 Tagen a fortnight ago today; ~ kurzem a short time (*od.* while) ago, not long ago, recently; ich habe ihn ~ einigen (*od.* ein paar) Tagen getroffen I met him some (*od.* a few) days ago, I met him the other day; er ist ~ zwei Tagen gestorben he died two days ago. – **11.** (*in bezug auf zeitliche Festpunkte*) before: er wird nicht ~ Anbruch der Dunkelheit hier sein he won't be here before dusk (*od.* nightfall); ~ Sonnenaufgang [~ Tagesanbruch *od.* Tag(e)] standen sie auf they rose before sunrise [before dawn *od.* daybreak]; am Tag ~ der Hochzeit wurde sie krank she fell ill (on) the day before (*od.* on the eve of) the wedding; kurz ~ Weihnachten shortly (*od.* just) before Christmas; 200 Jahre ~ Christi Geburt (*od.* ~ Christus) 200 years before Christ, 200 years B.C.; er wurde noch ~ den anderen hereingelassen he was admitted before the others; ich war ~ Ihnen da! I was here before you! ~ jener Zeit before (*od.* prior to, previous to) that time; ~ ihrer Krankheit war sie sehr lebhaft she was a very lively person before (*od.* previous to, prior to) her illness; das Römische Reich stand kurz ~ seinem Untergang the Roman Empire was on the verge of its fall; ~ dem Essen (*od.* ~ Tisch) trinkt er immer einen Aperitif he usually has an aperitif before his meal (*od.* before table); ~ ihrem Tod geschahen seltsame Dinge odd things happened before she died, odd things preceded her death; in der Zeit ~ dem Krieg in the time before the war, in prewar (*Br.* pre-war) days; das war noch ~ meiner Zeit that was before my time; sie ist ~ der Zeit alt geworden she has grown old before her time (*od.* prematurely). – **12.** (*in einem bestimmten zeitlichen Abstand*) before, ahead of: wir kamen zehn Minuten ~ euch an we arrived ten minutes before (*od.* ahead of, earlier than) you; er hatte lange ~ den anderen das Ziel erreicht he had crossed the finish line long before (*od.* far ahead of, *colloq.* [a]way ahead of) the others. – **13.** (*bei Uhrzeiten*) to, *Am. auch* of: es ist 20 Minuten ~ 8 (Uhr), es ist 20 ~ 8 it is 20 minutes to (*Am. auch* of) 8 (o'clock), it is 20 to (*Am. auch* of) 8. – **14.** (*vor Zugriff, Einflußnahme etc*) from: sie suchte Schutz ~ dem Sturm she sought shelter from the storm; sicher ~ j-m [etwas] sein, ~ j-m [etwas] in Sicherheit sein to be safe from s.o. [s.th.]; ~ dem Hochwasser fliehen to flee from (*od.* before) the flood; sie hat ~ ihrer Mutter keine Geheimnisse she has no secrets (*od.* she keeps nothing, she conceals nothing) from her mother; etwas [j-n] ~ j-m verstecken to hide (*od.* conceal) s.th. [s.o.] from s.o. – **15.** (*infolge von*) with: sie zitterte ~ Angst [Kälte] she trembled with fear [cold]; er weinte ~ Wut [Zorn, Freude] he wept with rage [anger, joy]; ~ Neid erblassen to go green with envy; er wurde ganz rot ~ Anstrengung he turned red in the face with the strain. – **16.** (*angesichts*) for: ich weiß ~ lauter Arbeit nicht mehr, wo mir der Kopf steht I don't know where to turn for work. – **17.** (*rang- u. wertmäßig*) above, before: er hat sich ~ allen anderen ausgezeichnet he excelled (above) all others, he was outstanding; ~ allem, ~ allen Dingen above all (things); ~ ihm kommt das Auto noch ~ seiner Frau *colloq.* his car ranges before (*od.* is more

important than) his wife. – **18.** (*gegen*) against: ~ diesem Hintergrund sieht die Vase sehr gut aus the vase looks very nice against this background; die Handlung des Films spielt ~ dem Hintergrund des Bürgerkriegs *fig.* the civil war forms the background of the action of the film. – **19.** sich her before (*od.* in front of) one: sie trieben die Gefangenen ~ sich her they drove the prisoners before (*od.* in front of) them. – **20.** (*in Verbindung mit bestimmten Verben u. Substantiven*) sich ~ j-m [etwas] fürchten, ~ j-m Angst [Furcht] haben to be afraid of s.o. [s.th.]; sich ~ j-m [etwas] hüten to be on one's guard against s.o. [s.th.], to beware of (*od.* colloq. watch out for) s.o. [s.th.]; sie log aus Furcht ~ Strafe she lied for fear of punishment (*od.* of being punished); Achtung (*od.* Respekt) ~ j-m [etwas] haben to have respect for (*od.* to respect) s.o. [s.th.]; j-n ~ j-m [etwas] warnen to warn s.o. against (*od.* of, about) s.o. [s.th.]; → Gnade 1. – **II** *prep* ⟨*acc*⟩ **21.** in front of, before: das Brautpaar trat ~ den Altar the bridal couple went and stood in front of (*od.* before) the altar, the bridal couple walked up to the altar; er setzte sich ~ mich he sat down in front of me; wir stellen den Schreibtisch ~ das (*od.* vors) Fenster we will move the desk in front of the window; ~ den Richter treten to appear before the judge (*od.* in court); j-n ~ eine schwierige Entscheidung stellen *fig.* to confront (*od.* face) s.o. with a difficult decision. – **22.** (*weiter nach vorne als*) ahead (*od.* in front) of, before: nach einer Runde hatte er sich ~ die übrigen Läufer gesetzt after one lap he had got ahead of the other runners; sie hat sich ~ mich gedrängt she pushed in front of me. – **23.** (*bis*) ~ a) (*bis zu einer Begrenzung*) up to, b) (*bis außerhalb einer Begrenzung*) outside, c) (*bis zu einer bestimmten Institution, Instanz etc*) as far as: fahren Sie (bis) ~ die Mauer drive up to the wall; sie hat mich (bis) ~ die Stadt begleitet she accompanied me as far as the outskirts of the town; er brachte seinen Gast noch (bis) ~ die Tür he saw (*od.* brought) his guest to the door, he saw his guest out; sie wollen mit der Sache bis ~ das (*od.* vors) Bundesverfassungsgericht gehen they want to bring the matter as far as the Federal Constitutional Court. – **24.** (*gegen*) on: einen Schlag ~ die Stirn bekommen to receive a blow on one's forehead; er trat ihm ~ das (*od.* vors) Schienbein he kicked him on the (*od.* kicked his) shin; → Kopf Verbindungen mit Präpositionen; Latz 1. – **25.** (*zur Behandlung durch eine Institution, Instanz etc*) before, to: der Abgeordnete brachte die Frage ~ den Bundestag the representative brought the matter before (*od.* took the matter to) the Bundestag; ein solcher Fall gehört ~ ein höheres Gericht such a cause should be brought before (*od.* taken to) a higher court. – **26.** (*bei einer Reihenfolge in horizontaler Anordnung*) before, in front of: man muß den Titel ~ den Namen setzen one must put the title before the name. – **27.** (*bei einer Reihenfolge in vertikaler Anordnung*) before, ahead of: in der Tabelle rückte München ~ Berlin Munich got ahead of Berlin in the table. – **28.** (*rang- u. wertmäßig*) before, above: er hat die Pflicht immer ~ das Vergnügen gestellt he has always put duty before pleasure. – **29.** ~ sich hin (away) to oneself: etwas ~ sich hin brummen [murmeln, singen] to growl [to mumble (*od.* mutter), to sing] s.th. (away) to oneself; sie lächelte ~ sich hin she smiled (away) to herself; ~ sich hin starren to stare in front of one, to stare at nothing. – **30.** ~ sich gehen a) (*geschehen*) to happen, to go on, b) (*gehandhabt werden*) to be carried out: niemand wußte, was ~ sich ging nobody knew what was happening (*od.* going on); weißt du, wie so eine Prüfung ~ sich geht? do you know what procedure is followed in such an examination? – **III** *adv* **31.** (*nach vorn*) forward(s): er konnte weder ~ noch zurück he could move neither forward(s) nor backward(s), he could neither go on nor go back; ~! a) forward(s)! go on!

b) (*als Anfeuerungsruf*) come on! up! – **32.** → nach 21.

,vor'ab *adv* **1.** (*zunächst*) first, to begin with: ein paar Worte ~ sagen to say a few words (by way) of introduction. – **2.** (*vor allem*) especially, above all. — ~auf,neh-men *v/t* ⟨*irr, sep, -ge-, h*⟩ **1.** (*radio*) *telev.* prerecord. – **2.** (*film*) prefilm.

'Vor,ab,druck *m* ⟨-(e)s; -e⟩ print. (*eines Romans etc*) preprint. — 'vor,ab,drucken (*getr.* -k·k-) *v/t* ⟨*sep, -ge-, h*⟩ (*Roman etc*) preprint.

'Vor,abend *m* evening (*od.* night) before, eve: am ~ fand ein großes Fest statt there was a big party the evening before, *Am. auch* there was an overnight party; am ~ hatten sie ein Konzert besucht they had gone to a concert the evening before (*od.* the previous evening [*od.* night]); am ~ der Prüfung the evening before (*od.* on the eve of) the examination.

'Vor,ab,schei-der *m tech.* preseparator.

,Vor'ab,text *m* (*radio*) *telev.* advance script.

'Vor,ah-nung *f* ⟨-; -en⟩ presentiment, foreboding, premonition, hunch (*sl.*): ich hatte eine ~, daß es so kommen würde I had a presentiment that this would happen.

'Vor-alarm [-ʔa,larm] *m mil.* pre-alert: ~ geben to pre-alert.

'Vor,al-pen,land *n geogr.* Alpine foothills *pl.*

vor-'an [fo'ran] *adv* **1.** (*an erster Stelle*) at the head, out in front, to the fore, before: da kam der Festzug, ihm ~ die Musikkapelle along came the procession with the band at the (*od.* its) head. – **2.** mit dem Kopf ~ (*nach vorn*) head first (*od.* foremost). – **3.** nur ~! (*vorwärts*) *colloq.* on you go! go on! immer langsam ~! *colloq.* take it easy, take your time. – **4.** ~! (*Befehl*) forward(s)! – **5.** *cf.* voraus[1]. — ~,brin-gen *v/t* ⟨*irr, sep, -ge-, h*⟩ etwas ~ to get s.th. going (*od.* started): wir müssen das Projekt endlich ~ we really must soon get the project going. — ~,ei-len *v/i* ⟨*sep, -ge-, sein*⟩ (*dat* of) **1.** hurry (*od.* hasten) ahead, run in front: er eilte (ihnen) voran he hurried ahead (of them). – **2.** hurry (*od.* hasten) on ahead: er eilte voran, um ihre Ankunft anzukündigen he hurried on ahead to announce their arrival. — ~,fah-ren *v/i* ⟨*irr, sep, -ge-, sein*⟩ *cf.* vorausfahren. — ~,flat-tern *v/i* ⟨*sep, -ge-, sein*⟩ *cf.* voranwehen. — ~,ge-ben *v/t* ⟨*irr, sep, -ge-, h*⟩ *cf.* voranstellen 2. — ~,ge,gan-gen I *pp* of vorangehen. – **II** *adj fig.* previous, foregone: die Folgen ~er Beschlüsse the consequences of previous decisions; am ~en Tag (on) the previous (*od.* preceding) day, the day before. – **III** *V~e, das* ⟨-n⟩ nach dem V~en wundert es mich nicht, daß *fig.* after what has happened I am not surprised that. — ~,ge-hen I *v/i* ⟨*irr, sep, -ge-, sein*⟩ **1.** (*als erster gehen*) (*dat* of) go in front: bei unseren Bergwanderungen ging er immer voran he always went in front (*od.* went first, led the way) on our mountain hikes; j-m ~ a) to go in front of s.o., b) (*um den Weg zu zeigen*) to show s.o. the way; er ließ sie ~ he let her go in front (*od.* go first). – **2.** (*früher, vor den anderen gehen*) (*dat* of) go on ahead: geh du schon voran you go on ahead; er war ihr (in die Ewigkeit) vorangegangen *fig.* he had passed on before her; ihm ging der Ruf voran, ein großer Künstler zu sein *fig.* he was heralded by the reputation of being a great artist. – **3.** *fig.* (*ein Beispiel setzen*) lead (the way), set an example: wenn ihr vorangeht, werden die anderen folgen if you lead the way, the others will follow; → Beispiel 1. – **4.** *fig.* (*zuerst geschehen*) precede, antecede: dem Vulkanausbruch ging ein Erdbeben voran an earthquake preceded the eruption of the volcano, the eruption of the volcano was preceded by an earthquake; der Direktor ließ seiner Ansprache eine Ermahnung ~ the headmaster preceded his speech with an admonition. – **5.** *fig.* (*zeitlich*) precede, antedate, predate. – **6.** *fig.* (*vonstatten gehen, sich entwickeln*) come on, progress, make headway: die Arbeit geht (gut) voran (the) work is coming on (well), (the) work is making (good) headway (*od.* progress). – **II** *v/impers* **7.** es geht mit der Arbeit (gut) voran (the) work is coming on

(well), (the) work is making (good) headway (*od.* progress); es geht mit ihm voran a) he is coming on, b) (*gesundheitlich*) he is recovering. – **III V~** *n* ⟨-s⟩ **8.** *verbal noun.* – **9.** *fig.* precedence, *auch* precedency, antecedence. — **~ge·hend I** *pres p.* – **II** *adj* **1.** (*als erster gehend*) in front: die ~en Wanderer the hikers in front. – **2.** *fig.* (*früher*) preceding, precedent, previous, antecedent, anterior: die ~en Veranstaltungen the preceding events. – **III V~e,** das ⟨-n⟩ **3.** aus dem V~en ergibt sich, daß *fig.* from the aforementioned (*od.* aforesaid, *bei Geschriebenem auch* above) it follows that. – **4.** (*mit Kleinschreibung*) im ~en *fig.* earlier, before this. – **V~ge·hen·de** *m, f* ⟨-n; -n⟩ person (going) in front. — **~ge·stellt I** *pp.* – **II** *adj ling.* (*Adjektiv etc*) preceding. — **~kom·men** *v/i* ⟨*irr, sep, -ge-, sein*⟩ **1.** get on (*od.* along), make headway: wir sind heute ein gutes Stück vorangekommen we got on quite well (*od.* made good headway) today. – **2.** get on (*od.* along), advance: im Beruf gut ~ to get on well in one's profession, to be going places (*colloq.*).

'Vor·an·kün·di·gung *f* ⟨-; -en⟩ **1.** ⟨*only sg*⟩ advance (*od.* previous) notice: das Programm wurde ohne ~ geändert the program(me) was changed without previous notice. – **2.** *cf.* Voranzeige 1.

vor·an·lau·fen *v/i* ⟨*irr, sep, -ge-, sein*⟩ (*dat* of) **1.** run in front: sie lief (ihnen) voran she ran in front (of them). – **2.** run on ahead: er war (ihnen) vorangelaufen, um zu sehen, ob der Weg passierbar war he had run on ahead (of them) to see if the path was passable. — **~ma·chen** *v/i* ⟨*sep, -ge-,* h⟩ *colloq.* come on, hurry up: könnte ihr nicht etwas ~? can't you come on a bit?

'Vor·an·mel·dung *f* ⟨-; -en⟩ Gespräch mit ~ *tel.* (booked) personal (*od.* person-to-person) call, *auch* préavis call.

vor·an·rei·ten *v/i* ⟨*irr, sep, -ge-, sein*⟩ (*dat* of) **1.** ride in front. – **2.** ride on ahead. — **~schicken** (*getr.* -k·k-) *v/t* ⟨*sep, -ge-,* h⟩ j-n ~ (*dat* of) to send s.o. on ahead.

'Vor·an·schlag *m* (pre)estimate, rough calculation, (*bei Baukosten*) *auch* specifications *pl:* ~ über die (*auch* der) Ausgaben estimate of expenditure; einen ~ aufstellen (*od.* machen) to make a cost estimate.

vor·an·schrei·ten *v/i* ⟨*irr, sep, -ge-, sein*⟩ **1.** (*dat* of) stride in front (*od.* ahead). – **2.** *fig.* progress: die Arbeit schreitet rüstig voran (the) work is progressing well. — **~stel·len I** *v/t* ⟨*sep, -ge-,* h⟩ (*dat* of) **1.** put (*od.* place) (*s.th.*) in front: im Englischen wird das Adverb (dem Verb) vorangestellt *ling.* the adverb is put in front (of the verb) in English. – **2.** put (*s.th.*) at the beginning: einem Buch eine Einleitung ~ to put an introduction at the beginning of a book. – **3.** j-n j-m ~ to put s.o. above (*od.* over) s.o. – **II V~** *n* ⟨-s⟩ **4.** *verbal noun.* — **V~stel·lung** *f* ⟨-; *no pl*⟩ **1.** *cf.* Voranstellen. – **2.** *ling.* (*eines Personalpronomens etc*) anteposition.

'Vor·an·strich *m* (*paints*) first coat.

vor·an·stür·men *v/i* ⟨*sep, -ge-, sein*⟩ rush forward (*od.* ahead). — **~tra·gen** *v/t* ⟨*irr, sep, -ge-,* h⟩ etwas ~ (*dat* of) to carry s.th. in front. — **~trei·ben** *v/t* ⟨*irr, sep, -ge-,* h⟩ *fig.* **1.** (*Angelegenheit etc*) speed (*s.th.*) up, accelerate (*od.* stimulate) the progress of, advance: um die Sache etwas voranzutreiben to speed things up a bit. – **2.** (*mit Energie etc*) press. — **~we·hen** *v/i* ⟨*sep, -ge-, sein*⟩ (*dat* of) flutter (*od.* wave) in front.

'Vor·an·zei·ge *f* ⟨-; -n⟩ **1.** preannouncement, *Br.* pre-announcement, preliminary announcement: die ~ für ein Gastspiel (*od.* eines Gastspiels) the preliminary announcement of a guest performance. – **2.** (*eines Filmes, der demnächst auf dem Programm steht*) trailer, preview, *auch* prevue.

'Vor·ar·beit *f* ⟨-; -en⟩ preliminary (*od.* preparatory) work: er hat gute ~ geleistet he did excellent preliminary work, he prepared the ground well; die ~en zu dem Film [Buch] sind abgeschlossen (the) preliminary work for the film [book] has been terminated. — **'vor·ar·bei·ten I** *v/t* ⟨*sep, -ge-,* h⟩ **1.** (*im voraus arbeiten*) work in advance: wir haben für Weihnachten zwei Tage vorgearbeitet we

have worked two days in advance for Christmas. – **II** *v/i* **2.** (*Arbeit im voraus erledigen*) (do) work in advance: ich habe heute für morgen vorgearbeitet I worked (*od.* did work) today in advance for tomorrow. – **3.** j-m a) to do some of the work for s.o., b) *fig.* to pave the way (*od.* prepare the ground) for s.o.: heute beschweren sich viele darüber, daß die Schule der Universität nicht vorarbeitet today many people complain that schools do not pave the way for the university. – **III** *v/reflex* sich ~ **4.** work one's way forward, forge ahead: die Rettungsmannschaft konnte sich bis zu den Verletzten ~ the rescue party was able to work their way forward to the wounded. – **5.** *fig.* work one's way up: es gelang ihm, sich auf den zweiten Platz vorzuarbeiten he managed to work his way up to (the) second place.

'Vor·ar·bei·ter *m* **1.** foreman, overseer, headman, boss (*sl.*), *bes. Br.* gangman, ganger, *Br.* chargehand, *bes. Am.* overman, *Br. colloq.* gaffer. – **2.** (*mining*) butty collier, chargeman, man in charge of a group of miners. — **'Vor·ar·bei·te·rin** *f* forewoman, forelady, *auch* floorlady, floorwoman.

vor·auf [fo'rauf] *adv cf.* voran 1, voraus[1].
vor·auf·ge·hen *v/i* ⟨*irr, sep, -ge-, sein*⟩ *cf.* vorangehen 4.

vor·aus[1] [fo'raus] *adv* (*dat* of) ahead: er ist ihnen (weit) ~ *auch fig.* he is (far *od.* well) ahead of them; recht ~! *mar.* right (*od.* dead) ahead; er ist seiner Zeit (um Jahre) ~ *fig.* he is (years) ahead of his time; er ist ihm um einen Punkt ~ (*sport*) he leads him by one point, he is one up (on him).

vor·aus[2] [fo'raus; 'fo:raus] *adv only in* im ~ a) (*für etwas Kommendes*) in advance, b) (*vorher*) beforehand, in advance: vielen Dank im ~ many thanks in advance; die Miete ist (für zwei Monate) im ~ zu zahlen (*od.* zahlbar) the rent must be paid (two months) in advance, the rent is prepayable (by two months); das kann man nie im ~ wissen you can never know that beforehand.

Vor·aus [fo'raus] *m* ⟨-; *no pl*⟩ *jur.* preferential benefit (*od.* portion).

Vor·aus·ab·tei·lung *f mil.* **1.** *cf.* Vorhut. – **2.** *cf.* Vortrupp. – **3.** (*Spitzengruppe*) advance detachment, vanguard.

vor·aus·ah·nen *v/t* ⟨*sep, -ge-,* h⟩ anticipate: ich habe das vorausgeahnt I anticipated that, I had a presentiment (*od. sl.* hunch) that this would happen; er hatte vorausgeahnt, daß an diesem Tag ein Unglück geschehen würde he had anticipated (*od.* had a premonition [*od.* a foreboding, a presentiment]) that a disaster would happen (on) that day. — **~be·den·ken** *v/t* ⟨*irr, sep, no -ge-,* h⟩ etwas ~ to consider (*od.* think about) s.th. beforehand (*od.* in advance), to think s.th. over beforehand (*od.* in advance), to anticipate s.th. — **~be·din·gen I** *v/t* ⟨*irr, sep, no -ge-,* h⟩ etwas ~ to stipulate s.th. beforehand (*od.* in advance). – **II V~** *n* ⟨-s⟩ *verbal noun.* — **V~be·din·gung** *f* **1.** *cf.* Vorausbedingen. – **2.** advance stipulation. — **~be·re·chen·bar** *adj* (*Ergebnis etc*) precalculable. — **~be·rech·nen I** *v/t* ⟨*sep, no -ge-,* h⟩ precalculate, calculate (*s.th.*) beforehand (*od.* in advance). – **II V~** *n* ⟨-s⟩ *verbal noun.* — **V~be·rech·nung** *f* ⟨-; -en⟩ **1.** *cf.* Vorausberechnen. – **2.** precalculation, advance calculation, forecast: nach unseren ~en according to our precalculations. — **~be·stel·len** *v/t* ⟨*sep, no -ge-,* h⟩ *cf.* vorbestellen. — **V~be·stel·lung** *f* ⟨-; -en⟩ *cf.* Vorbestellung. — **~be·stim·men I** *v/t* ⟨*sep, no -ge-,* h⟩ **1.** foretell, predict. – **2.** determine (*s.th.*) beforehand (*od.* in advance). – **II V~** *n* ⟨-s⟩ **3.** *verbal noun.* — **V~be·stim·mung** *f* ⟨-; *no pl*⟩ **1.** *cf.* Vorausbestimmen. – **2.** prediction. – **3.** advance determination. — **~be·zah·len** *v/t* ⟨*sep, no -ge-,* h⟩ *cf.* vorauszahlen. — **~be·zahlt I** *pp.* – **II** *adj cf.* vorausgezahlt II. — **V~be·zah·lung** *f* ⟨-; *no pl*⟩ *cf.* Vorauszahlung.

'Vor·aus·bil·dung *f* ⟨-; *no pl*⟩ preparatory training.

Vor·aus·blick *m* ⟨-(e)s; *no pl*⟩ *fig.* foresight. — **v~blicken** (*getr.* -k·k-) *v/i* ⟨*sep, -ge-,* h⟩ *fig.* look (further) ahead. — **v~blickend** (*getr.* -k·k-) **I** *pres p:* ~ können

wir sagen with regard to the future we can say. – **II** *adj fig.* foresighted: dank der ~en Planung thanks to the foresighted planning. — **~bu·chung** *f* (*einer Reise etc*) advance (*od.* forward) booking. — **v~da·tie·ren I** *v/t* ⟨*sep, no -ge-,* h⟩ (*Brief, Dokument etc*) postdate, date (*s.th.*) ahead. – **II V~** *n* ⟨-s⟩ *verbal noun.* — **~da·tie·rung** *f* ⟨-; -en⟩ **1.** *cf.* Vorausdatieren. – **2.** postdate. — **v~den·kend** *adj* (*Mensch*) foresighted. — **v~deu·ten** *v/i* ⟨*sep, -ge-,* h⟩ *fig.* (auf *acc* to) point. — **v~deu·tend I** *pres p.* – **II** *adj fig.* anticipatory. — **v~ei·len** *v/i* ⟨*sep, -ge-, sein*⟩ *cf.* voraneilen 2. — **v~fah·ren** *v/i* ⟨*irr, sep, -ge-, sein*⟩ (*dat* of) **1.** (*im Auto*) drive in front. – **2.** go (*mit dem Auto auch* drive) on ahead: er ist ihr nach Berlin vorausgefahren he went on ahead of her to Berlin. — **v~fah·rend I** *pres p.* – **II ~es** Fahrzeug vehicle in front. — **v~fah·ren·de** *m, f* ⟨-n; -n⟩ driver in front. — **v~ge·gan·gen** *pp* of vorausgehen. – **II** *adj cf.* vorangegangen. – **III V~e,** das ⟨-n⟩ *cf.* Vorangegangene. — **v~ge·hen** *v/i* ⟨*irr, sep, -ge-, sein*⟩ *cf.* vorangehen 1, 2, 4, 5. – **v~ge·hend I** *pres p.* – **II** *adj cf.* vorangehend 2. – **III V~e,** das ⟨-n⟩ *cf.* Vorangehende. — **v~ge·setzt I** *pp.* – **II** *conj* ~, daß a) provided (that), so (*od.* as) long as, b) (*angenommen*) assuming that: ~, daß der Zug pünktlich ankommt, ~, der Zug kommt pünktlich an provided the train arrives on time. — **v~ge·zahlt I** *pp.* – **II** *adj* prepaid, paid in advance, (*Geld*) *auch* advanced. — **v~ha·ben** *v/t* ⟨*irr, sep, -ge-,* h⟩ j-m etwas ~ to have the advantage of s.th. over s.o.: er hat seinen Kollegen einige Erfahrung voraus he has the advantage of greater experience over his colleagues; sie hat ihm voraus, daß sie reiche Eltern hat she has the advantage of rich parents over him. — **~kla·ge** *f jur.* **1.** previous action: Einrede der ~ beneficium excussionis. – **2.** preliminary proceedings *pl.* — **~kor·rek·tur** *f print.* pre-press correction. — **v~lau·fen** *v/i* ⟨*sep, -ge-, sein*⟩ run on ahead. — **~lei·stung** *f cf.* Vorleistung.

Vor·aus·nah·me *f* ⟨-; *no pl*⟩ **1.** *cf.* Vorausnehmen. – **2.** anticipation. — **vor·aus·neh·men I** *v/t* ⟨*irr, sep, -ge-,* h⟩ (*Problem, Entwicklung etc*) anticipate. – **II V~** *n* ⟨-s⟩ *verbal noun.*

vor·aus·pla·nen I *v/t* ⟨*sep, -ge-,* h⟩ etwas ~ to plan s.th. in advance. – **II** *v/i* plan in advance. – **III V~** *n* ⟨-s⟩ *verbal noun.* — **V~pla·nung** *f* ⟨-; *no pl*⟩ **1.** *cf.* Vorausplanen. – **2.** advance planning. — **~rei·sen** *v/i* ⟨*sep, -ge-, sein*⟩ (*dat* of) go on (*od.* travel) ahead. — **~rei·ten** *v/i* ⟨*irr, sep, -ge-, sein*⟩ *cf.* voranreiten 2.

vor·aus·sag·bar *adj* predictable. — **Vor·aus·sag·bar·keit** *f* predictability.

Vor·aus·sa·ge *f* ⟨-; -n⟩ **1.** prediction, forecast, prognostication: darüber kann man keine ~n machen it is impossible to make predictions about the matter. – **2.** (*Prophezeiung*) prediction, prophecy, *auch* prophesy, prognostic. – **3.** *med.* prognosis: eine ~ machen to make a prognosis, to prognosticate. — **vor·aus·sa·gen I** *v/t* ⟨*sep, -ge-,* h⟩ **1.** (*auf Grund von Unterlagen*) predict, forecast, foretell, prognosticate: den Verlauf der Wirtschaftsentwicklung ~ to predict the course of economic development. – **2.** (*auf Grund von Mutmaßungen*) predict, prophesy, *auch* prophesy, foretell: der Hellseher sagte einen dritten Weltkrieg voraus the clairvoyant predicted a third world war; die Zukunft ~ to foretell the future. – **3.** (*im voraus sagen*) say: zu diesem Zeitpunkt konnte er noch nicht ~, ob er kommen würde at that time he could not say whether he would come. – **4.** *med.* prognosticate, make a prognosis of: den Krankheitsverlauf ~ to prognosticate the course of an illness. – **II V~** *n* ⟨-s⟩ **5.** *verbal noun.* — **Vor·aus·sa·gung** *f* ⟨-; -en⟩ **1.** *cf.* Voraussagen. – **2.** *cf.* Voraussage 1, 2.

Vor·aus·schau *f* ⟨-; *no pl*⟩ *cf.* Vorausblick. — **v~schau·en** *v/i* ⟨*sep, -ge-,* h⟩ *cf.* vorausblicken. — **v~schau·end I** *pres p.* – **II** *adj cf.* vorausblickend II. — **v~schicken** (*getr.* -k·k-) *v/t* ⟨*sep, -ge-,* h⟩ **1.** send (*s.o., s.th.*) on ahead: sie schickten ihn voraus they sent him on ahead; ich habe meine Koffer schon vorausgeschickt I sent my suitcases on ahead. - **2.** *fig.* mention first, premise: ich muß hier ~, daß at this point I must first mention that; es muß dabei vorausgeschickt werden, daß this must be prefaced by the remark that; ich muß noch eine Bemerkung ~ I must first mention the following (*od.* premise a remark); einer Rede ein paar historische Anmerkungen ~ to premise a speech with a few historical remarks. — **v~,seh-bar** *adj* foreseeable: dieser Ausgang des Unternehmens war nicht ~ this outcome of the enterprise was not foreseeable. — **v~,se·hen** *v/t* ⟨*irr, sep, -ge-, h*⟩ **1.** (*ahnen*) foresee. - **2.** (*erwarten*) foresee, anticipate, expect: das habe ich vorausgesehen I anticipated that, I saw that coming (*colloq.*); niemand hat (es) ~ können, daß nobody could foresee that; das war [nicht] vorauszusehen that was [not] to be expected.

vor'aus,set·zen I *v/t* ⟨*sep, -ge-, h*⟩ **1.** (*annehmen*) assume, presume, presuppose, premise: wenn wir ~, daß if we assume that; ich kann doch ~, daß ihr alle mithelft I can assume (*od.* take it for granted) that you will all help; ich setze diese Tatsachen als bekannt voraus I assume (*od.* take [it] for granted) that these facts are known; ich habe seine Zustimmung stillschweigend vorausgesetzt, ich habe stillschweigend vorausgesetzt, daß er zustimmt I took his consent quite (*od.* completely) for granted. - **2.** (*erfordern*) require, demand, presuppose: dieser Posten setzt hervorragende Kenntnisse der Materie voraus this post requires excellent knowledge of the subject; modernes Theater setzt kritische Zuschauer voraus modern theater presupposes a critical audience. - **3.** (*als Vorbedingung haben*) presuppose: das vorausgesetzt that being presupposed. - **4.** (*als sicher annehmen*) take (*s.th.*) for granted, postulate. - **5.** hypothesize *Br. auch* -s-. - **II V~** *n* ⟨-s⟩ **6.** *verbal noun.* — **Vor'aus,set·zung** *f* ⟨-; -en⟩ **1.** *cf.* Voraussetzen. - **2.** (*Annahme*) assumption, presumption, presupposition, premise: du gehst von falschen ~en aus you base your argument on incorrect assumptions. - **3.** (*Vorbedingung*) (für for) prerequisite, (pre)condition: das ist eine wesentliche ~ für this is an essential prerequisite for; die Entstehung einer Kultur ist an bestimmte ~en gebunden (*od.* geknüpft) the development of a civilization presupposes (*od.* depends on) certain (pre)conditions; ich gestatte dies nur unter der ~, daß I allow this only on condition that, I allow this only provided that; zur ~ haben to presuppose. - **4.** (*Qualifikation*) requirement, prerequisite, qualification: er hat zu dieser Arbeit nicht die nötigen ~en he does not have the necessary requirements for this job. - **5.** (*Vorarbeit, Vorleistung*) prerequisite: dafür fehlen noch die ~en the prerequisites are lacking for this project. - **6.** (*Erfordernis*) requirement: dieses Instrument erfüllt die (*od.* entspricht den) ~en für die genaue Messung this instrument meets (*od.* satisfies) the requirements for exact measurement. - **7.** *philos.* premise, condition, assumption, presupposition.

vor'aus,set·zungs·los *adj philos.* (*Annahme etc*) unconditional.

Vor'aus,sicht *f* ⟨-; *no pl*⟩ foresight: ihm fehlt die ~ he lacks foresight; in weiser ~ with wise foresight; in der ~, daß foreseeing (*od.* anticipating) that; aller ~ nach in all probability; menschlicher ~ nach, nach menschlicher ~ as far as can be anticipated, as far as human prevision (*od.* prescience) goes. — **vor'aus,sicht·lich I** *adj* ⟨*attrib*⟩ prospective, presumable, (*bei größerer Sicherheit*) *auch* expected: der ~e Termin ist der 15. Dezember the prospective date is December 15th; die ~e Krankheitsdauer the prospective duration of the illness; ~e Ankunft(szeit) expected time of arrival. - **II** *adv* presumably: er kommt ~ mit dem ersten Zug he will presumably arrive with the first train, (*bei größerer Sicherheit*) *auch* he is expected to arrive with the first train.

Vor'aus|,trup·pen *pl mil.* advance units. — **~ver,mächt·nis** *n jur.* preferential legacy.

— **v~,wer·fen** *v/t* ⟨*irr, sep, -ge-, h*⟩ *fig.* cast (*s.th.*) before: → Ereignis 1. — **v~,wis·sen** *v/t* ⟨*irr, sep, -ge-, h*⟩ foresee, foreknow, anticipate: wie konnte ich ~, daß how could I foresee that. — **v~,zahl-bar** *adj* prepayable, payable in advance. — **v~,zah·len I** *v/t* ⟨*sep, -ge-, h*⟩ prepay, pay (*s.th.*) in advance, (*Geld*) *auch* advance. - **II V~** *n* ⟨-s⟩ *verbal noun.* — **~,zah·lung** *f* ⟨-; -en⟩ **1.** *cf.* Vorauszahlen. - **2.** advance payment, prepayment: eine ~ leisten to make (*od.* effect) a prepayment; als ~ überweise ich 1000 DM I am remitting 1,000 DM as an advance payment (*od.* in advance).

Vo·ra·zi·tät [voratsi'tɛːt] *f* ⟨-; *no pl*⟩ (*Gefräßigkeit*) voracity.

'Vor,backen,zahn (*getr.* -k·k-) *m zo. med.* premolar (tooth).

'Vor,bau *m* ⟨-(e)s; -ten⟩ **1.** *arch.* a) (*vorderer Bauteil*) front (section) of the building, b) (*Vorhalle, überdachter Eingang*) porch, c) projecting section (*od.* structure). - **2.** *telev.* preassembly, *Br.* pre-assembly. - **3.** sie hat einen ganz schönen ~ *fig. colloq. humor.* she has quite a bust line; she is quite bosomy, she is top-heavy (*colloq.*). - **4.** ⟨*only sg*⟩ (*mining*) advancing working (*od.* system of mining). — **~,büh·ne** *f telev.* pre(-)assembly shop.

'vor,bau·en I *v/t* ⟨*sep, -ge-, h*⟩ **1.** *arch.* a) (*davor*) build (*s.th.*) in front, b) (*vorspringend*) build (*od.* throw) out. - **2.** *telev.* preassembly, *Br.* pre-assemble. - **II** *v/i* **3.** einer Sache ~ *fig. colloq.* to counteract (*od.* prevent, provide against) *s.th.*: wir müssen der Möglichkeit ~, daß man uns in eine entlegene Gegend schickt we must counteract the possibility of being sent to a remote part of the country; wir müssen rechtzeitig ~, daß dies nicht geschieht we must take precautions in time to ensure that this does not take place; → klug 2.

'vor·be,ar·bei·ten *tech.* **I** *v/t* ⟨*sep, no -ge-, h*⟩ **1.** rough(-work). - **2.** (*fabrikmäßig*) prefabricate. - **3.** (*maschinell durch Spanung*) rough-machine. - **II V~** *n* ⟨-s⟩ **4.** *verbal noun.* — **'Vor·be,ar·bei·tung** *f* ⟨-; *no pl*⟩ **1.** *cf.* Vorbearbeiten. - **2.** prefabrication.

'Vor,becken (*getr.* -k·k-) *n civ.eng.* **1.** (*einer Rohrleitung*) forebay. - **2.** (*beim Talsperrenbau*) forebay.

'vor·be,dacht *pp of* vorbedenken. — **II** *adj* **1.** premeditated, deliberate: eine ~e Gemeinheit a premeditated meanness. - **2.** *jur.* premeditated; aforethought, prepense (*meist nachgestellt*): ~e böse Absicht malice aforethought.

'Vor·be,dacht *m* ⟨-(e)s; *no pl*⟩ premeditation, (a)forethought, advisedness: er hat es mit ~ getan he did it with premeditation (*od.* deliberately, on purpose, with intent, premeditatedly).

'vor·be,den·ken *v/t* ⟨*irr, sep, no -ge-, h*⟩ premeditate: er hatte diese Tat schon lange vorbedacht he had premeditated this act long beforehand.

'Vor·be,deu·tung *f* ⟨-; -en⟩ omen, portent, presage: der Vorfall hatte eine gute [böse] ~ the incident was a good [bad] omen.

'Vor·be,din·gung *f* ⟨-; -en⟩ (pre)condition, prerequisite, stipulation: etwas zur ~ machen to make s.th. a (pre)condition, to stipulate s.th.; er machte es zur ~, daß die Büroräume völlig neu gestaltet würden he made it a (pre)condition (*od.* he stipulated) that the offices (should) be completely renovated; er stellte solche ~en, daß he made such stipulations that; die ~en erfüllen to meet (*od.* fulfill) the prerequisites.

'Vor·be,griff *m* ⟨-(e)s; -e⟩ *philos.* preliminary notion.

'Vor·be,halt *m* ⟨-(e)s; -e⟩ **1.** reservation: er hatte viele ~e gegen diesen Plan he had many reservations against this plan; mit [ohne] ~ zusagen to accept with[out] reservation; nur unter dem ~ zustimmen, daß to agree only with the reservation that; das ist mit ~ aufzufassen that is to be taken with reservation (*od.* a pinch [*od.* grain] of salt). - **2.** *jur.* a) reservation, reserve, exception, (*einschränkende Bedingung*) proviso, b) *jur.* Rechtsvorbehalt: geheimer (*od.* innerer) ~ mental reservation; mit ausdrücklichem ~ with all

reservations; einen ~ machen to make a reserve; unter diesem ~ subject to this; unter dem üblichen ~ under (the) usual reserve, with the usual proviso; unter ~ aller Rechte all rights reserved; unter ~ meiner Rechte without prejudice to my rights.

'vor·be,hal·ten¹ I *v/t* ⟨*irr, sep, no -ge-, h*⟩ **1.** sich (*dat*) etwas ~ a) to reserve (oneself) s.th., b) *jur.* to reserve (oneself) s.th., to retain s.th., to make s.th. a proviso: er behielt sich das Recht vor, seine Meinung frei äußern zu können he reserved himself the right of freely expressing his opinion; er behält sich das Rückkaufsrecht vor he makes the right of repurchase a proviso. - **II V~** *n* ⟨-s⟩ **2.** *verbal noun.* - **3.** *bes. jur.* reservation.

'vor·be,hal·ten² I *pp of* vorbehalten¹. - **II** *adj* **1.** reserved: die endgültige Entscheidung bleibt ihm ~ the final decision is reserved for him; es bleibt der Zukunft ~, ob it remains for the future to show whether, it remains to be seen whether. - **2.** *jur.* a) reserved, b) subject: alle Rechte ~ all rights reserved; Änderungen [Zwischenverkauf] ~ subject to alteration(s) (*od.* modification[s]) [prior sale]; Irrtümer (und Auslassungen) ~ errors (and omissions) excepted.

'vor·be,halt·lich *prep* ⟨*gen*⟩ *jur.* **1.** reserving, under reserve of, with reservation as to: ~ der Rechte Dritter reserving the rights of a third party. - **2.** subject to: ~ anderslautender Bestimmung subject to provision to the contrary, except as otherwise provided; ~ der Bestimmungen des Vertrages subject to the terms of the contract; ~ (der Bestimmung) des Art. 1 except as provided in Art. 1; ~ eines Vertragsabschlusses subject to contract.

'vor·be,halt·los I *adj* unconditional, outright, unreserved: ~es Angebot *econ.* unconditional offer. - **II** *adv* without reservation: ich stimme dem Vorschlag zu I agree to the suggestion without reservation.

'Vor·be,halts|,gut *n jur.* separate estate (*od.* property). — **~,klau·sel** *f* saving (*od.* proviso) clause, exception, reservation. — **~,ur·teil** *n jur.* reserved judg(e)ment.

'vor·be,han·deln I *v/t* ⟨*sep, no -ge-, h*⟩ **1.** pretreat. - **2.** *synth.* condition. - **3.** *med.* a) give (*s.o.*) preoperative (*Br.* pre-operative) treatment, b) (*vor Narkose*) premedicate. — **II V~** *n* ⟨-s⟩ **4.** *verbal noun.* - **'Vor·be,hand·lung** *f* ⟨-; -en⟩ **1.** *cf.* Vorbehandeln. - **2.** preliminary treatment, pretreatment. - **3.** *med.* a) preoperative (*Br.* pre-operative) treatment, b) premedication.

vor·bei [for'baɪ; foːr'baɪ] *adv* **1.** (*zeitlich*) a) over, b) (*für immer*) gone, c) (*mit Uhrzeit*) past: die Ferien sind ~ the holidays are (*Am.* the vacation is) over; als er kam, war alles ~ when he arrived everything was over; ~ ist ~ it's all over and that's that; die Schmerzen sind ~ (the) pain has stopped (*od.* gone [away]); die Chance ist ~ the chance is gone for ever; es ist 8 Uhr ~ it is past (*bes. Am.* after) eight; es ist mit ihm ~ it is all up (*od.* over) with him; → Zeit 1. - **2.** (*örtlich*) past, by: ich kann nicht ~ I cannot get past (*od.* by); ich möchte gerne ~, bitte may I get past (*od.* by), please; dann mußt du am Bäcker ~ then you have to pass the baker's; ich muß noch beim Bäcker ~ I have to call at the baker's. - **3.** ~! (*gefehlt*) missed! — **~·be,neh·men** *v/reflex* ⟨*irr, sep, no -ge-, h*⟩ sich ~ *colloq. cf.* danebenbenehmen. — **~·de·fi,lie·ren** *v/i* ⟨*sep, no -ge-, sein*⟩ (an j-m) ~ to march past (s.o.). — **~,drän·gen** *v/i u.* sich ~ *v/reflex* ⟨*sep, -ge-, h*⟩ **1.** push (one's way), (*od.* jostle, *auch* justle, *colloq.* shove) past (*od.* by). - **2.** (sich) an j-m [etwas] ~ to push (one's way) (*od.* jostle, *auch* justle, *colloq.* shove) past s.o. [s.th.]. — **~,drücken** (*getr.* -k·k-) *v/reflex* ⟨*sep, -ge-, h*⟩ **1.** sich an j-m ~ to squeeze (oneself) past (*od.* by) s.o. - **2.** sich an (*dat*) etwas ~ *fig.* to get out of (*od.* [a]round) s.th.: du hast dich wieder einmal daran vorbeigedrückt you got out of doing it again. — **~,ei·len** *v/i* ⟨*sep, -ge-, sein*⟩ **1.** hurry (*od.* hasten) past (*od.* by). - **2.** an j-m [etwas] ~ to hurry (*od.* hasten) past s.o. [s.th.]. — **~,fah·ren I** *v/i* ⟨*irr, sep, -ge-, sein*⟩ **1.** pass (by), (*mit dem Auto*) *auch* drive past (*od.* by): sie fuhren vorbei, ohne anzuhalten they drove past without stopping. – **2.** (*überholen*) pass, *bes. Br.* overtake: außen [innen] ~ to pass on the outside [inside]. – **3.** an j-m ~ to go (*od.* run, *mit dem Auto auch* drive) past s.o. – **4.** an (*dat*) etwas ~ a) to go (*od.* run, *mit dem Auto auch* drive) past s.th., b) (*mit dem Schiff*) to sail (*od.* go) past s.th. – **II** *v/t* ⟨h⟩ **5.** j-n an j-m [etwas] ~ (*mit dem Auto*) to drive s.o. past. – **III V~** *n* ⟨-s⟩ **6.** *verbal noun:* im V~ on one's way past (*od.* by), as one passes (*od.* passed). — **~fe·gen** *v/i* ⟨*sep*, -ge-, *sein*⟩ **1.** *cf.* vorbeistreifen. – **2.** *colloq. cf.* vorbeiflitzen. — **~flat·tern** *v/i* ⟨*sep*, -ge-, *sein*⟩ **1.** flutter (*od.* flit) past (*od.* by). – **2.** an j-m [etwas] ~ to flutter (*od.* flit) past s.o. [s.th.]. — **~flie·gen I** *v/i* ⟨*irr, sep*, -ge-, *sein*⟩ **1.** fly past (*od.* by). – **2.** an j-m [etwas] ~ to fly past s.o. [s.th.]. — **II V~** *n* ⟨-s⟩ **3.** *verbal noun:* im (*od.* beim) V~ streifte das Flugzeug einen Turm the aircraft grazed a tower as it flew by (*od.* on its flight past). – **4.** *cf.* Vorbeiflug. — **~flie·ßen** *v/i* ⟨*irr, sep*, -ge-, *sein*⟩ **1.** flow past (*od.* by). – **2.** an (*dat*) etwas ~ to flow past s.th. — **~flit·zen** *v/i* ⟨*sep*, -ge-, *sein*⟩ *colloq.* **1.** shoot (*von Menschen auch* dart) past (*od.* by), streak past (*colloq.*). – **2.** an j-m [etwas] ~ to shoot (*von Menschen auch* dart) past s.o. [s.th.]. — **V~flug** *m* **1.** *cf.* Vorbeifliegen. – **2.** *aer. mil.* (*Parade*) flyby, *Br.* fly-past. — **~füh·ren** *v/t* ⟨*sep*, -ge-, h⟩ **1.** to lead s.o. past (*od.* by). – **2.** j-n an j-m [etwas] ~ to lead s.o. past s.o. [s.th.]. – **II** *v/i* **3.** go past, pass. – **4.** der Weg führt an einer Baumgruppe vorbei the path goes past a group of trees. — **~ge·hen I** *v/i* ⟨*irr, sep*, -ge-, *sein*⟩ **1.** go past (*od.* by): er ging vorbei, ohne sie anzusehen he went past without looking at her; eine Gelegenheit ungenutzt ~ lassen *fig.* to let an opportunity pass (*od.* slip), to pass up an opportunity (*colloq.*). – **2.** an j-m ~ to pass s.o., to pass by s.o.: er ging an einer Gruppe Touristen vorbei he went past a group of tourists. – **3.** an (*dat*) etwas ~ a) to go past s.th., to pass s.th., b) *fig.* (*an Schönem, Interessantem etc*) to miss s.th., to have no eye for s.th., c) *fig.* (*an der Wirklichkeit etc*) to be nowhere near s.th., to do not so much as to touch s.th., d) *fig.* (*übergehen*) to pass s.th. by: sie gingen an vielen Geschäften vorbei they went past many shops. – **4.** *cf.* vorbeiführen 3, 4. – **5.** bei j-m ~ *fig. colloq.* to call on s.o., to drop in on s.o.: kannst du bei ihm ~ und nach meinem Buch fragen? can you call on him and ask for my book? – **6.** (*vergehen*) pass, go by: diese Woche ist schnell vorbeigegangen this week passed quickly (*od.* has simply flown); drei Jahre waren vorbeigegangen three years had passed. – **7.** (*vorübergehen, nachlassen*) pass: das geht alles wieder vorbei that will all pass; der Schmerz wird bald ~ (the) pain will soon pass (*od.* go away). – **8.** (*danebentreffen*) miss (the mark): dieser Schuß ist vorbeigegangen a) that shot missed, b) (*sport*) that shot went wide. – **II V~** *n* ⟨-s⟩ **9.** *verbal noun:* er hat es im V~ vom Tisch genommen he took it from the table as he went by on his way past); ich habe es nur im V~ gesehen *fig.* I just noticed it in passing (*od.* incidentally). – **V~ge·hen·de** *m, f* ⟨-n; -n⟩ passerby, *Br.* passer-by, passer: die ~n the passers(-)by. — **~ge·lin·gen** *v/i* ⟨*irr, sep, pp* vorbeigelungen, *sein*⟩ das ist dir wohl vorbeigelungen *colloq. humor.* you didn't quite manage it(, did you?). — **~kom·men** *v/i* ⟨*irr, sep*, -ge-, *sein*⟩ **1.** an (*dat*) etwas ~ to pass s.th.: wenn du an einer Bäckerei vorbeikommst if you pass (*od.* go past) a baker's (*bes. Am.* bakery); ich bin auf dem Weg hierher an zwei Kirchen vorbeigekommen I passed (*od.* came past) two churches on my way here. – **2.** an j-m [etwas] ~ *fig.* to avoid s.o. [s.th.]: an ihm kommst du nicht vorbei you won't be able to avoid him; daran wirst du wohl kaum ~ you probably won't be able to get out of it. – **3.** *fig.* come round (*od.* over, *bes. Am.* by), stop by: komm doch mal vorbei won't you come round and see me some time? – **4.** bei j-m ~ *fig.* to call on s.o., to drop in on s.o.: ich komme heute abend bei euch auf einen Sprung vorbei I'll

drop in on you tonight for a minute. – **5.** (*passieren*) get past: ich komme hier nicht vorbei I can't get past here. — **~las·sen** *v/t* ⟨*irr, sep*, -ge-, h⟩ j-n ~ to let s.o. pass (*od.* past, by), (*im Verkehr*) *auch* to give way to s.o. — **~lau·fen** *v/i* ⟨*irr, sep*, -ge-, *sein*⟩ **1.** run past (*od.* by). – **2.** an j-m [etwas] ~ a) to run past s.o. [s.th.], b) *fig. colloq.* (*nicht bemerken*) to go (*od.* walk) past s.o. [s.th.]. — **~lei·ten** *v/t* ⟨*sep*, -ge-, h⟩ **1.** etwas [j-n] to direct s.th. [s.o.] past (*od.* by). – **2.** etwas [j-n] an (*dat*) etwas ~ to direct s.th. [s.o.] past s.th.: der Verkehr wird an der Unfallstelle vorbeigeleitet the traffic is being directed past the scene of the accident. – **3.** *tech.* (*Gas*) lead past. — **V~marsch** *m* **1.** *cf.* Vorbeimarschieren. – **2.** ⟨*only sg*⟩ march past: beim ~ sangen die Soldaten the soldiers sang on their march (*od.* as they marched) past. – **3.** (*Parade*) march-past, march in review, parade. — **~mar‚schie·ren I** *v/i* ⟨*sep, no* -ge-, *sein*⟩ **1.** march past (*od.* by), (*parademäßig*) defile. – **2.** an j-m [etwas] ~ to march past s.o. [s.th.]. – **II V~** *n* ⟨-s⟩ **3.** *verbal noun.* – **4.** *cf.* Vorbeimarsch. — **~pla·nen** *v/i* ⟨*sep*, -ge-, h⟩ (an *dat* etwas) ~ to go astray in planning, to draw up plans which neglect the main issue(s), to miss the main point(s) in planning, to perpetrate a planning mistake. — **~rat·tern** *v/i* ⟨*sep*, -ge-, *sein*⟩ **1.** (*von Zug etc*) rumble past (*od.* by). – **2.** (*von klapprigem Fahrzeug etc*) rattle past (*od.* by). – **3.** an j-m [etwas] ~ a) to rumble past s.o. [s.th.], b) to rattle past s.o. [s.th.]. — **~re·den** *v/i* ⟨*sep*, -ge-, h⟩ **1.** aneinander ~ to talk at cross-purposes. – **2.** an einer Sache ~ to fail to speak (*od.* keep) to the point, to fail to deal with the topic. — **~rei·ten** *v/i* ⟨*irr, sep*, -ge-, *sein*⟩ **1.** ride past (*od.* by). – **2.** an j-m [etwas] ~ to ride past s.o. [s.th.]. — **~ren·nen** *v/i* ⟨*irr, sep*, -ge-, *sein*⟩ **1.** run past (*od.* by). – **2.** an j-m [etwas] ~ to run past s.o. [s.th.]. — **~rol·len** *v/i* ⟨*sep*, -ge-, *sein*⟩ **1.** roll past (*od.* by). – **2.** an j-m [etwas] ~ to roll past s.o. [s.th.]. — **~sau·sen** *v/i* ⟨*sep*, -ge-, *sein*⟩ *colloq. cf.* vorbeiflitzen. — **~schau·en** *v/i* ⟨*sep*, -ge-, h⟩ *cf.* vorbeikommen 3, 4. — **~schie·ben I** *v/t* ⟨*irr, sep*, -ge-, h⟩ j-n [etwas] an j-m [etwas] ~ to push s.o. [s.th.] past s.o. [s.th.]. – **II** *v/reflex* sich an j-m [etwas] ~ to push (*od. colloq.* shove) past s.o. [s.th.]. — **~schie·ßen** *v/i* ⟨*irr, sep*, -ge-, h *u.* sein⟩ **1.** ⟨h⟩ miss (the mark). – **2.** ⟨h⟩ (*sport*) shoot wide. – **3.** ⟨h⟩ (*absichtlich*) miss (on purpose), aim past the mark. – **4.** ⟨h⟩ an (*dat*) etwas ~ to miss s.th.: er schoß am Tor vorbei (*sport*) shot wide. – **5.** ⟨sein⟩ *fig. colloq.* to vorbeiflitzen. — **~schla·gen** *v/i* ⟨*irr, sep*, -ge-, h⟩ miss (one's stroke, *bei Spielen auch* shot). — **~schlei·chen** *v/i* ⟨*irr, sep*, -ge-, *sein*⟩ **1.** creep past (*od.* by). – **2.** an j-m [etwas] ~ to creep past s.o. [s.th.]. — **~schlüp·fen** *v/i* ⟨*sep*, -ge-, *sein*⟩ **1.** slip (*od.* steal) past (*od.* by). – **2.** an j-m [etwas] ~ to slip (*od.* steal) past s.o. [s.th.]. — **~schlur·fen** *v/i* ⟨*sep*, -ge-, *sein*⟩ **1.** shuffle past (*od.* by). – **2.** an j-m [etwas] ~ to shuffle past s.o. [s.th.]. — **~se·geln** *v/i* ⟨*sep*, -ge-, *sein*⟩ **1.** sail past (*od.* by). – **2.** an j-m [etwas] ~ to sail past s.o. [s.th.]. — **~se·hen** *v/i* ⟨*irr, sep*, -ge-, h⟩ an j-m ~ to look through s.o., to cut s.o. (dead), to slight s.o. — **~strei·fen** *v/i* ⟨*sep*, -ge-, *sein*⟩ an j-m [etwas] ~ to brush past s.o. [s.th.]. — **~tra·gen** *v/t* ⟨*irr, sep*, -ge-, h⟩ **1.** j-n [etwas] ~ to carry s.o. [s.th.] past (*od.* by). – **2.** j-n [etwas] an j-m [etwas] ~ to carry s.o. [s.th.] past s.o. [s.th.]. — **~tref·fen** *v/i* ⟨*irr, sep*, -ge-, h⟩ *cf.* a) vorbeischießen 1, 2, b) vorbeiwerfen 1, 2. — **~wer·fen** *v/i* ⟨*irr, sep*, -ge-, h⟩ **1.** miss (the mark). – **2.** (*sport*) a) (*beim Basketball*) miss the basket, b) (*beim Handball etc*) throw (*od.* shoot) wide. – **3.** an (*dat*) etwas ~ to miss s.th.: er warf am Tor vorbei (*sport*) (*beim Handball etc*) he threw (*od.* shot) past.

vor‚bei·zen *v/t* ⟨*sep*, -ge-, h⟩ *metall.* (*Weißbleche*) black-pickle.

vor'bei·zie·hen I *v/t* ⟨*irr, sep*, -ge-, h⟩ **1.** j-n [etwas] an j-m [etwas] ~ to pull s.o. [s.th.] past s.o. [s.th.]. – **II** *v/i* ⟨*sein*⟩ **2.** (*von Soldaten etc*) march past (*od.* by), (*parademäßig*) defile. – **3.** (*von Wolken etc*)

move past (*od.* by). – **4.** *fig.* (*von Zeit*) pass (*od.* go) by. – **5.** an j-m [etwas] ~ a) (*von Soldaten etc*) to march past s.o. [s.th.], b) (*von Ereignissen, Erinnerungen etc*) to go through one's mind: die Musikkapelle zog an der Tribüne vorbei the band marched past the grandstand; die vergangenen Jahre zogen (im Geiste) an ihm vorbei *fig.* the past years went through his mind; er ließ die Erinnerungen noch einmal an sich ~ *fig.* (in his mind) he went over the memories again.

'vor·be‚la·stet *adj fig.* handicapped: er ist erblich ~ a) he has a hereditary handicap, he is handicapped by heredity, b) *colloq. humor.* he has inherited talent; er ist durch seine politische Vergangenheit ~ he is handicapped by his political past; er ist durch zwei Vorstrafen ~ he is handicapped (*od.* incriminated) by two previous convictions; dein Vater und dein Großvater waren berühmte Männer; da bist du ja ziemlich ~ *colloq. iron.* your father and your grandfather were famous men, so you are striving against odds then. — **'Vor·be‚la·stung** *f* ⟨-; -en⟩ **1.** *fig.* handicap: erbliche ~ hereditary handicap. – **2.** *tech.* preloading.

'vor·be‚lich·ten *phot.* **I** *v/t* ⟨*sep, no* -ge-, h⟩ preexpose, *Br.* pre-expose. – **II V~** *n* ⟨-s⟩ *verbal noun.* — **'Vor·be‚lich·tung** *f* **1.** *cf.* Vorbelichten. – **2.** preexposure, *Br.* pre-exposure.

'Vor·be‚mer·kung *f* ⟨-; -en⟩ **1.** (*vorausgehende Bemerkung*) preliminary remark: nach diesen ~en wollen wir zum eigentlichen Thema übergehen after these preliminary remarks we shall turn to the main topic. – **2.** (*kurzes Vorwort*) (short) preface. – **3.** *jur.* (*im Vertragsrecht*) representation.

'vor·be‚nannt *adj* ⟨*attrib*⟩ *archaic* (afore)said, aforementioned. — **'Vor·be‚nann·te** *m, f* ⟨-n; -n⟩ (afore)said (*od.* aforementioned) person.

'Vor·be‚nut·zung *f* ⟨-; *no pl*⟩ *jur.* (*im Patentrecht*) prior use.

'Vor·be‚ra·tung *f* ⟨-; -en⟩ (über *acc* on, of) preliminary (*od.* preparatory) discussion (*od.* debate, deliberation).

'vor·be‚rei·ten I *v/t* ⟨*sep, no* -ge-, h⟩ **1.** (*Arbeit, Vortrag, Unterrichtsstunde, Überfall etc*) prepare: sie bereiteten das Attentat planmäßig vor they prepared the assault according to plan. – **2.** j-n auf (*acc*) etwas ~ to prepare s.o. for s.th.: er hat ihn (*sorgfältig*) auf die Prüfung vorbereitet he prepared him (carefully) for the examination; j-n (schonend) auf eine schlimme Botschaft ~ to prepare s.o. (gently) for bad news. – **II** *v/reflex* sich ~ **3.** (*für Examen, Unterricht etc*) prepare: ich habe mich für heute nicht vorbereitet I did not prepare for today; er bereitet sich (gründlich) auf (*od.* für) die Prüfung vor he is preparing (thoroughly) for the examination. – **4.** (*innerlich*) prepare (oneself): bereite dich auf einen Schock vor prepare (yourself) (*od.* be prepared) for a shock. – **5.** große Dinge bereiten sich vor *fig.* great events are in the offing (*od.* under way, imminent, in the air). – **III V~** *n* ⟨-s⟩ **6.** *verbal noun.* – **7.** *cf.* Vorbereitung. — **'vor·be‚rei·tend I** *pres p.* – **II** *adj* preparatory, preparative, preliminary: ~e Gespräche führen to have preparatory talks.

'vor·be‚rei·tet I *pp.* – **II** *adj* (*Rede, Person etc*) prepared: er ist gut [schlecht] ~ he is well [badly *od.* ill] prepared; auf (*acc*) etwas ~ sein to be prepared for s.th.; ich war auf alles ~, nur darauf (*od.* auf das) nicht I was prepared for everything (*od.* all eventualities) but not for that.

'Vor·be‚rei·tung *f* ⟨-; -en⟩ **1.** *cf.* Vorbereiten. – **2.** preparation, preliminary, arrangement: sie trafen die letzten ~en für die Einladung they made the last preparations (*od.* they got ready) for the party; das neue Wörterbuch ist in ~ the new dictionary is in preparation; als ~ auf die Reise in (*od.* as a) preparation for the journey; ~en machen to prepare (one's work), *Br. colloq.* to do one's prep.

'Vor·be‚rei·tungs‚dienst *m* (*auf die zweite Staatsprüfung*) postgraduate professional preservice training. — **~feu·er** *n mil.* preparatory (*od.* softening[-up]) fire (*od.* bombardment), preparation. — **~hand-**

lung f jur. preparation. — ~**klas·se** f preparatory class. — ~**kurs**, ~**kur·sus**, ~**lehr·gang** m ped. preparatory (od. preparative) course. — ~**sta·di·um** n preparatory stage: die ganze Angelegenheit ist noch im ~ the whole matter is still in (od. at) the preparatory stage. — ~**zeit** f 1. time of preparation. – 2. (vor Aufnahme etc) line-up (od. preparation) time. – 3. cf. Vorbereitungsdienst.

'Vor·ber·ge pl geogr. cf. Vorgebirge.

'Vor·be·richt m <-(e)s; -e> preliminary report.

'vor·be·sagt adj <attrib> archaic cf. vorbenannt. — **'Vor·be·sag·te** m, f <-n; -n> cf. Vorbenannte.

'Vor·be·scheid m <-(e)s; -e> 1. (Benachrichtigung) preliminary reply (od. information). – 2. jur. (im Patentrecht) interim action.

'Vor·be·sit·zer m jur. previous (od. prior) holder (od. owner), (Vorgänger) auch ancestor.

'Vor·be·spre·chung f <-; -en> 1. (Gespräch) preliminary (od. preparatory) discussion (od. debate): das Ergebnis der ~ wird später bekanntgegeben the result of the preliminary discussion will be made known later on. – 2. (Sitzung) preparatory conference (od. meeting): ~en fanden letzte Woche statt during the past week there were preparatory meetings. – 3. (eines Buches) preview.

'vor·be·stel·len I v/t <sep, no -ge-, h> (für for) 1. (Theaterkarten, Zimmer etc) book (od. reserve) (s.th.) in advance. – 2. (Waren, Bücher in der Bibliothek etc) order (s.th.) in advance. – II V~ n <-s> 3. verbal noun. — **'Vor·be·stel·lung** f <-; -en> 1. cf. Vorbestellen. – 2. (von Theaterkarten, Zimmern etc) advance booking (od. reservation). – 3. (von Waren etc) advance order.

'vor·be·straft adj jur. previously convicted: er ist zweimal wegen Diebstahl ~ he has two previous (od. prior) convictions for theft; er ist nicht ~ a) he has had no previous (od. prior) conviction(s), b) he is a first offender; ~ sein to have a police record. — **'Vor·be·straf·te** m, f <-n; -n> previously convicted person: alle nicht ~n all first offenders.

'vor·be·ten I v/i <sep, -ge-, h> relig. lead the prayer: er betet in der Kirche vor he leads the prayer at church. – II v/t j-m etwas ~ fig. to tell s.o. s.th. over and over again. — **'Vor·be·ter** m <-s; -> relig. 1. prayer leader. – 2. (in der jüdischen Gemeinde) cantor.

'Vor·beu·ge·haft f jur. preventive arrest (od. custody).

'vor·beu·gen I v/i <sep, -ge-, h> (dat) 1. prevent, preclude, forestall, obviate (alle acc): wir müssen dem ~ we must prevent this; um Fehlern bei der Auswertung vorzubeugen (in order) to preclude mistakes in the evaluation. – 2. med. prevent (acc), guard against: einer Krankheit ~ to prevent (od. guard against) a disease. – II v/t 3. den Kopf ~ to crane (forward). – 4. den Körper ~ to bend (od. lean) forward. – III v/reflex sich ~ 5. bend (od. lean) forward: er beugte sich vor, um besser sehen zu können he bent forward (in order) to see better. – IV V~ n <-s> 6. verbal noun: V~ ist besser als Heilen prevention is better than cure. — **'vor·beu·gend** I pres p. – II adj 1. preventive, precautionary: ~e Maßnahmen preventive measures; ~e Verwahrung jur. Br. preventive detention. – 2. med. preventive, prophylactic (scient.): ein ~es Mittel a preventive, a prophylactic. — **'Vor·beu·gung** f <-; no pl> 1. cf. Vorbeugen. – 2. (gegen, von of) prevention, preclusion, obviation, forestallment, bes. Br. forestalment: zur ~ gegen Unfälle for the prevention of accidents, (in order) to prevent accidents; zur ~ as a precaution. – 3. med. (gegen, von of) prevention, prophylaxis (scient.). – 4. cf. Vorbeugungsmaßnahme.

'Vor·beu·gungs|·maß·nah·me, ~**maß·re·gel** f (gegen against) 1. preventive measure. – 2. med. preventive (od. prophylactic) measure. — ~**me·di·zin** f med. pharm. preventive medicine. — ~**mit·tel** n 1. (Arznei) preventive, preventer, prophylactic (scient.). – 2. (zur Empfängnisverhütung) contraceptive.

'vor·be·wußt adj psych. preconscious.

'vor·be·zeich·net adj <attrib> archaic cf. vorbenannt. — **'Vor·be·zeich·ne·te** m, f <-n; -n> cf. Vorbenannte.

'Vor·bi·lanz f econ. cf. Probebilanz.

'Vor·bild n <-(e)s; -er> 1. (Modell) model, auch pattern: j-m als ~ dienen (für for) to serve s.o. as a model; er hat diese Gestalt nach dem ~ seiner Mutter geschaffen he model(l)ed this figure on (od. after) his mother. – 2. (Beispiel) example, model, paragon: nach dem ~ seines Vorgängers after the example of his predecessor; er ist für alle ein ~ he is an example for everyone; er ist mein ~ I model myself on (od. after) him; ein ~ von Fleiß und Treue a model (od. paragon) of industry and loyalty; j-n j-m als ~ hinstellen to set (od. hold) s.o. up as an example to s.o.; sich (dat) j-n zum ~ nehmen to take s.o. as an example; ein leuchtendes ~ a shining example. – 3. (Urbild) archetype, prototype, antetype: diese Gestalt ist das ~ für alle späteren tragischen Helden this figure is the archetype of all subsequent tragic heroes. – 4. relig. prototype, prefiguration.

'vor·bil·den I v/t <sep, -ge-, h> 1. j-n ~ to give s.o. preparatory training (od. instruction), (im schulischen Bereich) auch to give s.o. a preparatory education. – II V~ n <-s> 2. verbal noun. – 3. cf. Vorbildung.

'vor·bild·lich I adj exemplary, model (attrib): er ist ein ~er Schüler he is an exemplary pupil. – II adv er hat sich ~ verhalten he behaved in an exemplary manner. — **'Vor·bild·lich·keit** f <-; no pl> exemplariness: die ~ seines Verhaltens verdient besonderes Lob the exemplariness of his behavio(u)r deserves special commendation.

'Vor·bil·dung f <-; no pl> 1. cf. Vorbilden. – 2. educational background. – 3. (auf einem bestimmten Gebiet) preparatory training (od. instruction, im schulischen Bereich auch education): die ~ dieser Schulgänger im Französischen ist äußerst schlecht the preparatory (od. basic) instruction of these school leavers (Am. high school graduates) in French has been extremely poor.

'vor·bin·den v/t <irr, sep, -ge-, h> j-m etwas ~ to put (od. tie) s.th. on s.o.; sich (dat) etwas ~ to put (od. tie) s.th. on; kannst du mir die Schürze ~? can you tie my apron on me?

'Vor·biß m <-sses; no pl> med. (in der Zahnheilkunde) protrusive occlusion.

'vor·bla·sen v/t <irr, sep, -ge-, h> metall. (Konverter) preblow, preblow.

'Vor·blatt n bot. bracteole, auch bractlet.

'Vor·blick m <-(e)s; no pl> 1. (auf acc of) preview. – 2. im ~ auf (acc) etwas in view of s.th.

'Vor·block m metall. (in Walztechnik) Am. bloom, Br. cogged ingot. — **'vor·blocken** (getr. -k·k-) v/t <sep, -ge-, h> Am. bloom, Br. cog.

'vor·boh·ren I v/t <sep, -ge-, h> tech. 1. (mit Spiralbohrer) predrill, rough-drill. – 2. (mit Bohrstahl) rough-bore. – II v/i 3. fig. colloq. cf. vorfühlen 2. – III V~ n <-s> 4. verbal noun. – 5. cf. Vorbohrung. — **'Vor·boh·rer** m 1. tech. (Nagelbohrer) gimlet. – 2. med. (in der Chirurgie) rough drill.

'Vor·bohr·loch n (mining) pilot hole.

'Vor·boh·rung f <-; -en> cf. Vorbohren. – 2. tech. (bei der Erdölsuche etc) trial bore.

'Vor·bör·se f <-; no pl> econ. 1. (Börsenversammlung) market (od. unofficial dealings pl) before official hours. – 2. (vorbörsliche Kurse od. Abschlüsse) quotations (od. dealings) pl prior to official hours. — **'vor·börs·lich** I adj before official hours. – II adv ~ notiert quoted (od. listed) before official hours.

'Vor·bo·te m 1. hist. herald: der ~ des Königs the royal (od. king's) herald. – 2. fig. lit. herald, harbinger: Schneeglöckchen sind die ~n des Frühlings snowdrops are the heralds of spring. – 3. med. preliminary (od. early) sign (od. symptom).

'Vor·bram|·se·gel n mar. fore-topgallant sail. — ~**sten·ge** f fore-topgallant topmast.

'vor·brin·gen I v/t <irr, sep, -ge-, h> 1. (äußern) say: hat noch jemand etwas vorzubringen? has anyone else s.th. to say? er brachte dagegen vor, daß he objected that; er brachte zu seiner (eigenen) Verteidigung vor, daß he said (od. stated) in his (own) defence (Am. defense) that. – 2. (behaupten) allege, claim: er brachte vor, daß er das Geld auf der Straße gefunden habe (od. er habe das Geld auf der Straße gefunden) he alleged that he had found the money in the street. – 3. (Meinung, Ansicht etc) express. – 4. (Wunsch, Bitte, Klage, Beschwerde, Forderung etc) present, express: hier können Sie Ihre Wünsche ~ you can present your wishes here. – 5. (Argument, Grund etc) bring (od. put) forward, present, advance: ein Argument mit Nachdruck ~ to advance an argument emphatically, to urge an argument. – 6. (Grund, Frage etc) put (forward): er brachte dafür folgende Gründe vor he put forward the following reasons for it. – 7. (Einwand) raise, make. – 8. (Entschuldigung) offer, make. – 9. (Beweise) produce, bring. – 10. (Plan) propose, present, put forward. – 11. (Angelegenheit) bring (s.th.) up. – 12. jur. a) (geltend machen) plead, allege, b) (Beweise, Beweismaterial) bring forward, produce, tender, c) (Gründe etc) show, d) (Beschwerde etc) prefer, e) (Meinung) advance, set up, f) (Tatsachen) state: der Anwalt brachte vor, daß sein Mandant eine unglückliche Jugend gehabt habe the counsel for the defence (Am. defense) alleged that his client had had an unhappy youth; eine Einrede ~ to plead in (od. as a) defence (Am. defense). – 13. mil. colloq. (nach vorn bringen) bring (s.th.) up to the front. – II V~ n <-s> 14. verbal noun. – 15. (von Meinung, Ansicht etc) expression. – 16. (von Wunsch, Bitte, Klage, Beschwerde, Forderung etc) presentation, expression. – 17. (von Argument, Grund etc) presentation. – 18. (von Beweisen) production. – 19. (eines Plans) proposal, presentation. – 20. jur. a) (einer Partei) pleading, b) (von Beweisen, Beweismaterial) production.

'vor·buch·sta·bie·ren v/t <sep, no -ge-, h> j-m etwas ~ to spell s.th. out to s.o.

'Vor·büh·ne f (theater) proscenium, forestage.

'vor·christ·lich adj pre-Christian: das erste ~e Jahrhundert the first pre-Christian century, the first century before Christ (od. B.C.); in ~er Zeit in the pre-Christian era.

'Vor·dach n arch. canopy.

'Vor·damm m mar. advanced dam, outer dike.

'Vor·darm m med. (in Embryologie) foregut, protogaster (scient.).

'vor·da·tie·ren I v/t <sep, no -ge-, h> (Brief, Dokument etc) antedate, auch foredate. – II V~ n <-s> verbal noun. — **'Vor·da·tie·rung** f <-; no pl> cf. Vordatieren.

'Vor·deck n mar. foredeck.

vor·dem [,vo:r'de:m; 'vo:r,de:m] adv archaic 1. in days of yore: von ~ of yore. – 2. heretofore.

'Vor·der·achs|·an·trieb ['fɔrdər-] m auto. front-axle (od. front-wheel) drive. — ~**auf·hän·gung** f front-axle suspension.

'Vor·der|·ach·se f 1. auto. front axle. – 2. (railway) leading axle. — ~**an·sicht** f <-; no pl> 1. front view: unser Bild zeigt die ~ des Schlosses our picture shows the front view of the castle. – 2. math. arch. (Aufriß) elevation. — ~**an·ten·ne** f zo. (bei Insekten) antennule. — ~**an·trieb** m auto. front(-wheel) drive. — ~**arm** m med. forearm, antebrachium (scient.).

'vor·der·asia·tisch [-ʔa,zia:tɪʃ] adj Near Eastern: der ~e Raum the Near East.

'Vor·der|·baum m (am Webstuhl) cloth beam, forebeam. — ~**bein** n 1. zo. foreleg, forelimb, (bei Affen, Bären etc) auch arm. – 2. her. gamb. — ~**brust** f zo. (bei Insekten) prothorax. — ~**büh·ne** f (theater) apron (stage). — ~**darm** m med. cf. Vordarm. — ~**deck** n mar. foredeck, (Aufbau am Vordeck) forecastle.

'vor·de·re adj <no comp; vorderst> <attrib> 1. (Ansicht, Reihe etc) front: im ~n Zimmer in the front room; die ~n Räder des Wagens the front wheels of the car. – 2. (am Vorderteil befindlich) fore: die ~n Beine eines Tieres the forelegs of an animal; der ~ Teil the forepart, the forward part. – 3. med. anterior. – 4. mar. mil. (Bereich, Linie etc) forward. – 5. ~ Rand der Verteidigung mil. forward edge of the battle area.

'**Vor·de·re** *m*, *f* ⟨-n; -n⟩ person in (*od.* at the) front: die ⁓n versperrten den Hinteren die Sicht the people (*od.* those) in front obstructed the view of people (*od.* those) at the back (*od.* rear).

'**Vor·der|,flü·gel** *m* *zo.* (*bei Insekten*) forewing. — ⁓,**front** *f* (*eines Gebäudes*) frontage. — ⁓,**füh·ler** *m* *zo.* *cf.* Vorderantenne. — ⁓,**fuß** *m* **1.** *zo.* forefoot, thoracic limb (*scient.*). - **2.** *med.* metatarsus.

'**Vor·der,gau·men** *m* *med.* hard (*od.* bony) palate. — ⁓,**laut** *m* *ling.* (*in der Phonetik*) palatal (sound).

'**vor·der,gau·mig** [-,gaʊmɪç] *adj* palatal.

'**Vor·der,ge,bäu·de** *n* front building. — ⁓**ge,stell** *n* (*eines Wagens*) forecarriage. — ⁓,**glied** *n* **1.** *zo.* (*bei Wirbeltieren*) arm. - **2.** *math.* antecedent.

'**Vor·der,grund** *m* ⟨-(e)s; *no pl*⟩ **1.** foreground: im ⁓ des Gemäldes in the foreground of the painting. - **2.** ⁓ einer Bühne (*theater*) front of a stage, downstage; im ⁓ downstage. - **3.** *fig.* fore: im ⁓ stehen to be to the fore; diese Überlegung stand im ⁓ der Diskussion this consideration was the center (*bes. Br.* centre) of the discussion; im ⁓ der Tagung stand das Thema the main theme of the conference was; in den ⁓ treten (*od.* rücken) to come to the fore; etwas in den ⁓ rücken (*od.* stellen) to emphasize s.th. greatly; j-n in den ⁓ stellen to make s.o. the center (*bes. Br.* centre) of attention, to put s.o. in the limelight; → drängen 9.

'**vor·der,grün·dig** [-,gryndɪç] *adj* **1.** (*wichtig*) very (*od.* most) important. - **2.** (*oberflächlich*) superficial. - **3.** (*leichtverständlich*) easily understandable (*od.* understood). - **4.** (*offensichtlich*) apparent.

'**Vor·der,grund·pro,gramm** *n* (*computer*) foreground program (*bes. Br.* programme).

vor·der·hand ['fɔrdər,hant; 'fɔrdər'hant] *adv* **1.** (*vorläufig*) for the time being, for the present. - **2.** (*einstweilen*) meanwhile, in the meantime.

'**Vor·der,hand** *f* ⟨-; *no pl*⟩ **1.** (*im Reitsport*) forehand. - **2.** (*games*) (*beim Kartenspiel*) forehand.

'**Vor·der,haupt,la·ge** *f* *med.* (*des Fetus*) **1.** (*Gesichtslage*) face presentation. - **2.** (*Scheitellage*) vertex presentation.

'**Vor·der,haus** *n* front building, house (*od.* building) in front.

'**Vor·der,horn,zel·le** *f* *med.* anterior horn cell.

'**Vor·der|,kam·mer** *f* *med.* (*des Auges*) anterior chamber. — ⁓,**kan·te** *f* **1.** front edge. - **2.** *aer.* (*eines Tragflügels*) leading edge. — ⁓,**kie·fer** *m* *zo.* (*bei Vögeln*) mandible.

'**Vor·der,kie·mer** [-,kiːmər] *m* ⟨-s; -⟩, ⁓**schnecke** (*getr.* -k·k-) *f* *zo.* prosobranch(iate) (*Unterklasse Prosobranchia*).

'**Vor·der,kip·per** *m* *auto.* front dump truck, front tipper.

'**Vor·der,la·der** [-,laːdər] *m* ⟨-s; -⟩ *hist.* (*Gewehr*) muzzle-loader.

'**Vor·der,lap·pen·hor,mon** *n* *med.* anterior pituitary hormone.

'**vor·der,la·stig** [-,lastɪç] *adj* **1.** *aer.* nose-heavy. - **2.** *mar.* front-heavy.

'**Vor·der|,lauf** *m* *hunt.* foreleg. — ⁓,**licht** *n* **1.** *auto.* front light. - **2.** *phot.* front light. — ⁓,**mann** *m* ⟨-(e)s; ⁓er⟩ **1.** *bes. mil.* man in front: mein ⁓ the man in front of me; ⁓ nehmen to cover off (*od.* in file); auf ⁓ stehen to be covered in file; ⁓! cover off! j-n auf ⁓ bringen *fig. colloq.* a) (*machen, daß er spurt*) to make s.o. toe the line, b) (*machen, daß er sich anstrengt*) to make s.o. pull his socks up, to make s.o. knuckle down; etwas auf ⁓ bringen *fig. colloq.* to brush (*od.* polish) up s.th. - **2.** *econ.* a) *cf.* Vorgirant, b) (*bei Wertpapieren*) preceding (*od.* prior, previous) holder. - **3.** (*sport*) player in front of one. — ⁓,**mast** *m* *mar. cf.* Fockmast. — ⁓,**pfo·te** *f* (*eines Tieres*) forepaw, front paw.

'**Vor·der,rad** *n* front wheel. — ⁓,**an,trieb** *m* *auto.* front(-wheel) drive. — ⁓,**auf,hän·gung** *f* front-wheel suspension. — ⁓,**brem·se** *f* front-wheel brake. — ⁓,**ga·bel** *f* (*eines Motorrads etc*) front-wheel fork. — ⁓,**na·be** *f* front hub.

'**Vor·der,rei·he** *f* front row. — ⁓,**satz** *m* **1.** *philos.* antecedent, premise, protasis. - **2.** *ling.* protasis, antecedent (clause). - **3.** *mus.* antecedent (phrase). — ⁓,**säu·le** *f* *med.* anterior column. — ⁓,**schaft** *m* (*eines Gewehrs etc*) fore-end. — ⁓,**schiff** *n* *mar.*

cf. Vorschiff. — ⁓,**schin·ken** *m* *gastr.* shoulder ham. — ⁓,**schwing,ach·se** *f* *auto.* front-wheel swing axle. — ⁓,**sei·te** *f* **1.** front (side), foreside. - **2.** (*einer Münze, Medaille*) head, obverse. - **3.** *print.* (*eines Blattes, Bogens*) recto. - **4.** *arch. tech.* front (side), front end, face. — **v·,sei·tig** *adj* front (*attrib*). — ⁓,**sitz** *m* front seat. — ⁓**spie·ler** *m* (*sport*) a) *cf.* Vordermann 3, b) (*beim Basketball*) forward.

'**vor·derst I** *sup of* vordere. – **II** *adj* ⟨*attrib*⟩ front, foremost, first: ⁓e Linie *mil.* front line; in der ⁓en Reihe sitzen to sit in the front row.

'**Vor·der|,ste·ven** *m* *mar. cf.* Vorsteven. — ⁓,**teil** *m*, *n* front (part), forepart, foreside. — ⁓,**tür**, ⁓,**tü·re** *f* front door. — ⁓,**zahn** *m* *med.* front tooth, fore-tooth. — ⁓,**zim·mer** *n* front room. — ⁓,**zun·gen·vo,kal** *m* *ling.* front vowel.

'**Vor·di,plom** *n* *ped.* **1.** (*Prüfung*) examination conferring an intermediate diploma. - **2.** (*Urkunde*) intermediate diploma.

'**vor,drän·geln** *v/reflex* ⟨*sep*, -ge-, h⟩ sich ⁓ *cf.* vordrängen 1.

'**vor,drän·gen** *v/reflex* ⟨*sep*, -ge-, h⟩ sich ⁓ **1.** (*rücksichtslos nach vorn drängen*) push to the front, push (*od.* press) forward, push past people, (*in einer Schlange*) *auch* jump the queue. - **2.** *fig.* (*sich in den Vordergrund drängen*) push to the fore.

'**vor,dre·hen** *v/t* ⟨*sep*, -ge-, h⟩ *tech.* rough-turn.

'**vor,drin·gen I** *v/i* ⟨*irr*, *sep*, -ge-, sein⟩ **1.** advance, forge ahead, press forward, penetrate: in unbekanntes Gebiet ⁓ to penetrate into unknown territory. - **2.** (*gegen feindlichen Widerstand*) gain ground. - **3.** (*bis*) zu j-m ⁓ to work one's way through to s.o.: er drang mit seiner Beschwerde bis zum Geschäftsführer vor he worked his way through to the manager with his complaint. - **4.** *fig.* penetrate: in ein Wissensgebiet ⁓ to penetrate into a field of knowledge. – **II V⁓** *n* ⟨-s⟩ **5.** *verbal noun.* - **6.** advance.

'**vor,dring·lich I** *adj* (*Aufgabe, Angelegenheit etc*) urgent, most important. – **II** *adv* etwas ⁓ behandeln to give s.th. priority (*od.* precedence); ⁓ behandelt werden to be given priority, to be treated as a matter of urgency. — '**Vor,dring·lich·keit** *f* ⟨-; *no pl*⟩ urgency, priority.

'**Vor,dring·lich·keits,li·ste** *f* priority list.

'**Vor,druck** *m* ⟨-(e)s; -e⟩ **1.** (*Formular*) (printed) form, *Am. auch* blank. - **2.** *print.* first impression.

'**vor,ehe·lich** *adj* premarital, prenuptial: ⁓e Beziehungen dinner *sg* without grace (*colloq.*).

'**vor,ei·len I** *v/i* ⟨*sep*, -ge-, sein⟩ **1.** *cf.* voraneilen 2. - **2.** *electr.* (*von Phase*) advance, lead. - **3.** *metall.* (*von Walzgut*) slip forward. – **II V⁓** *n* ⟨-s⟩ **4.** *verbal noun.* - **5.** *cf.* Voreilung.

'**vor,ei·lig** *adj* (*überstürzt, unüberlegt*) rash, hasty, precipitate, precipitant, previous: ⁓e Schlüsse ziehen to jump to conclusions; nicht so ⁓! take your time! take it easy! – **II** *adv* ⁓ urteilen a) to jump to conclusions, b) to be rash in one's judg(e)ment (of others); sich ⁓ entscheiden to make hasty (*od.* rash) decisions. — '**Vor,ei·lig·keit** *f* ⟨-; *no pl*⟩ rashness, overhaste, hastiness, precipitancy, precipitateness, previousness.

'**Vor,ei·lung** *f* ⟨-; *no pl*⟩ **1.** *cf.* Voreilen. - **2.** *electr.* (phase) lead, advance. - **3.** *metall.* (*von Walzgut*) forward slip.

'**Vor,eil,win·kel** *m* *electr.* lead angle, angle of advance.

,**vor,ein'an·der** *adv* **1.** one in front of (*od.* behind, after) the other: sie gingen ⁓ her they walked one in front of the other. - **2.** (*einander gegenüber*) face to face: sie standen ⁓ they stood face to face. - **3.** sie haben keine Geheimnisse ⁓ they have no secrets from each other; sie haben Angst ⁓ they are afraid of each other; sie schämten sich ⁓ a) they were ashamed to face each other, b) (*sie genierten sich*) they were embarrassed with each other.

'**vor,ein·ge,nom·men** *adj* bias(s)ed, prejudiced, preconceived, partial: gegen [für] etwas [j-n] ⁓ sein to be prejudiced against [in favo(u)r of] s.th. [s.o.]; j-n ⁓ machen to bias (*od.* prejudice, prepossess, jaundice) s.o. — '**Vor,ein·ge,nom·men·heit** *f* ⟨-; *no pl*⟩ bias, prejudice, prepossession, partiality.

'**Vor,ein,sprit·zung** *f* *auto.* pilot injection.

'**vor,ein,stel·len** *v/t* ⟨*only inf u. pp* voreingestellt, h⟩ *phot.* preset, set up.

vor,eis,zeit·lich *adj* *geol.* preglacial.

'**Vor,el·tern** *pl cf.* Vorväter.

'**Vor,emp,fan·ge·ne** *n* ⟨-n; *no pl*⟩ *jur. cf.* Vorerbe².

'**vor,ent,hal·ten I** *v/t* ⟨*irr*, *sep*, *no* -ge-, h⟩ j-m etwas ⁓ to withhold (*od.* keep) s.th. from s.o.: j-m sein Erbe ⁓ to withhold the inheritance from s.o.; wir wollen unseren Lesern diese Neuigkeit nicht ⁓ we do not want to withhold this news from our readers (*od.* deny our readers) this news. – **II V⁓** *n* ⟨-s⟩ *verbal noun.* — '**Vor,ent,hal·tung** *f* ⟨-; *no pl*⟩ **1.** *cf.* Vorenthalten. - **2.** *jur.* detention, detinue: rechtswidrige ⁓ (*einer beweglichen Sache*) unlawful detainer.

'**Vor,ent,schei·dung** *f* **1.** preliminary decision. - **2.** (*sport*) a) preliminary round, b) *cf.* Vorschlußrunde.

'**Vor,ent,wurf** *m* preliminary draft.

'**vor,ent,zer·ren** *v/t* ⟨*only inf u. pp* vorentzerrt, h⟩ *telev.* preemphasize, *Br.* pre-emphasize *auch* -s-, precorrect. — '**Vor,ent,zer·rung** *f* preemphasis, *Br.* pre-emphasis.

'**Vor,er·be¹** *m* *jur.* heir in tail.

'**Vor,er·be²** *n* *jur.* estate (in) (fee) tail.

'**Vor,erb,schaft** *f* *jur.* estate (in) (fee) tail.

vor·erst ['foːr,ʔeːrst; ,foːr'ʔeːrst] *adv* (*einstweilen, fürs erste*) for the present, for the time being.

'**vor,er,wähnt** *adj* ⟨*attrib*⟩ (*officialese*) aforementioned, aforesaid, above-mentioned, said, above.

'**vor,er,zäh·len** *v/t* ⟨*sep*, *no* -ge-, h⟩ j-m etwas ⁓ *colloq.* to tell s.o. a great story: du kannst mir doch nichts ⁓! don't (*od.* you needn't) try that one on me! (*colloq.*), don't (*od.* you needn't) tell me that story!

'**Vor,er,zeug·nis** *n* *econ.* primary product.

'**vor,es·sen** *v/t* ⟨*irr*, *sep*, *no* -ge-, vorgegessen, h⟩ j-m etwas ⁓ *colloq.* to eat in front of s.o.

'**Vor,es·sen** *n* *Swiss for* Ragout.

'**Vor,ex,amen** *n* *ped.* preliminary examination.

'**vor·fa,bri,ziert** *adj* *tech.* prefabricated.

'**Vor,fahr** [-,faːr] *m* ⟨-en; -en⟩ ancestor, forefather, primogenitor, progenitor, forerunner: die ⁓en the ancestors, the for(e)bears, the fathers; unsere ⁓en our ancestors (*od.* ancestry *sg*).

'**vor,fah·ren I** *v/i* ⟨*irr*, *sep*, -ge-, sein⟩ **1.** (*weiter nach vorn fahren*) move forward (*od.* up): du kannst noch ein Stückchen ⁓ you can move (*od.* go) forward a bit. - **2.** (*vors Haus fahren*) drive up: ich habe das Auto ⁓ lassen I had the car drive (*od.* driven) up; das Auto ist vorgefahren the car drove (*od.* drew) up; ein riesiges weißes Kabriolett fuhr vor a huge white convertible drove (*od.* rolled, bowled) up. - **3.** (*vorausfahren*) go on ahead: du kannst schon ⁓, ich komme später nach you can go on ahead, I'll come later. - **4.** (*in einer Kolonne*) drive in front. - **5.** (*vorbeifahren*) pass: ein schnelleres Auto ⁓ lassen to let a faster car pass (*od.* past, by). - **6.** bei j-m ⁓ (*um ihn zu besuchen*) to call on s.o. in the car. - **7.** *telev.* (*film*) (*von Kamera*) track in. – **II** *v/t* ⟨h⟩ **8.** (*Auto etc*) move (*s.th.*) forward (*od.* up).

'**Vor,fahrt** *f* ⟨-; *no pl*⟩ **1.** right of way, *Am.* right-of-way, priority: auf die ⁓ achten, die ⁓ beachten to watch the right of way; „⁓ gewähren" (*Verkehrszeichen*) "give way"; ich habe ⁓ I have the right of way, it's my right of way. - **2.** *telev.* (*film*) (*der Kamera*) track-in.

'**vor,fahrt(s)|be,rech·tigt** *adj* having the right of way (*Am.* right-of-way). — **V⁓,recht** *n* ⟨-(e)s; *no pl*⟩ right of way, *Am.* right-of-way. — **V⁓,re·gel** *f* rule on right of way (*Am.* right-of-way), priority rule. — **V⁓,schild** *n* right-of-way sign. — **V⁓,stra·ße** *f* main (*od.* major) road. — **V⁓,zei·chen** *n cf.* Vorfahrt(s)schild.

'**Vor,fall** *m* **1.** incident, occurrence, happening: es wäre das beste, wenn wir den ganzen ⁓ vergäßen it would be best to forget the whole incident; es gab auf der Reise allerlei Vorfälle quite a few things happened during the journey. - **2.** (*Begebenheit*) event. - **3.** *med.* prolapse, dropping, prolapsus (*scient.*).

'**vor,fal·len** *v/i* ⟨*irr*, *sep*, -ge-, sein⟩ **1.** (*geschehen, sich ereignen*) happen, occur: ist etwas Besonderes vorgefallen? has anything special happened? **wir taten so, als wäre nichts vorgefallen** we acted as if nothing had happened. – **2.** *colloq.* (*nach vorn fallen*) fall (over) forward(s). – **3.** *colloq.* (*von Türriegel etc*) snap over (*od.* across). – **4.** *med.* (*von Organ*) drop, prolapse.

'vor,fa·seln *v/t* ⟨*sep*, -ge-, *h*⟩ *colloq. cf.* vorerzählen.

'Vor,fei·er *f* precelebration.

'Vor,feld *n* **1.** *mil.* approaches *pl*, (*strategisches*) glacis. – **2.** *aer.* apron. – **3.** (*sport*) (*beim Basketball*) front court.

'Vor,fern,trän·kung *f* (*mining*) advance long-haul infusion.

'Vor,film *m cf.* Beifilm.

'vor·fi·nan,zie·ren **I** *v/t* ⟨*sep*, *no* -ge-, *h*⟩ *econ.* provide anticipatory (*od.* short-term, interim) finance for, (*bes. Importe*) auch prefinance. – **II** V~ *n* ⟨-s⟩ *verbal noun.* —
'Vor·fi·nan,zie·rung *f* **1.** *cf.* Vorfinanzieren. – **2.** provision of anticipatory (*od.* short-term, interim) finance.

'vor,fin·den *v/t* ⟨*irr*, *sep*, -ge-, *h*⟩ find: **ich fand eine furchtbare Unordnung vor** *colloq.* I found (*od.* was met with) a terrible mess (*colloq.*).

'vor,flun·kern *v/t* ⟨*sep*, -ge-, *h*⟩ **j-m etwas ~** *colloq.* to fib to s.o. (*colloq.*): **ich glaube, du hast mir etwas vorgeflunkert** I think you were fibbing (*od.* you told me a fib) (*colloq.*); **j-m eine Geschichte ~** to spin s.o. a yarn (*colloq.*); **er hat mir vorgeflunkert, daß** he fibbed to me about, he told me a great story about.

'Vor,flu·ter [-,flu:tər] *m* ⟨-s; -⟩ *civ.eng.* receiving water, recipient, outfall.

'Vor,form·ling [-,fɔrmlɪŋ] *m* ⟨-s; -e⟩ *synth.* preform.

'Vor,fra·ge *f pol.* (*im Parlament*) previous question: **die ~ stellen** to move (*od.* put) the previous question.

'Vor,freu·de *f* anticipation (of pleasure *od.* joy): **die ~ auf Weihnachten** anticipation of (the joy of) Christmas; **(die) ~ ist die schönste Freude** (*Sprichwort*) *etwa* anticipation is the greatest pleasure.

'vor,fri·stig [-,frɪstɪç] **I** *adj* made (*od.* completed) before set date. – **II** *adv* before set date, prior to agreed time (*od.* deadline, closing date).

'Vor,früh·ling *m* early spring.

'vor,füh·len *v/i* ⟨*sep*, -ge-, *h*⟩ **1.** *mil.* seek contact. – **2.** *fig. colloq.* (*bei* with, of) make (a few) tentative inquiries (*auch* enquiries).

'Vor,führ|,da·me *f* **1.** (*für Kleider*) model, mannequin. – **2.** (*für Geräte etc*) demonstrator. — **~,dau·er** *f* (*film*) running (*od.* screen) time.

'vor,füh·ren *v/t* ⟨*sep*, -ge-, *h*⟩ **1.** **j-n j-m ~** to bring s.o. to (*od.* before) s.o.: **der Patient wurde dem Arzt vorgeführt** the patient was brought before the doctor. – **2.** *jur.* (*vor den Richter bringen*) produce: **einen Zeugen ~** to produce a witness. – **3.** (*zeigen*) show: **du hast mir noch gar nicht dein neues Kleid vorgeführt** you haven't shown me your new dress yet. – **4.** (*auf einer Modenschau*) parade, model. – **5.** (*zur Schau stellen, protzen mit*) show off, display, parade: **er kann es gar nicht erwarten, seinen Freunden sein tolles Auto vorzuführen** *colloq.* he can hardly wait to show off his great car to his friends. – **6.** (*Tiere*) show. – **7.** (*technische Geräte etc*) demonstrate: **die Hausfrau bat den Vertreter, ihr den Staubsauger einmal vorzuführen** the housewife asked the salesman to demonstrate the vacuum cleaner to her. – **8.** (*Film*) screen, project, show. – **9.** (*Theaterstück*) present, show. – **10.** (*Trick, Kunststück etc*) perform. – **11.** *fig.* (*darlegen, vor Augen führen*) demonstrate. – **II** V~ *n* ⟨-s⟩ **12.** *verbal noun.* – **13.** *cf.* Vorführung.

'Vor,füh·rer *m* **1.** (*für Geräte etc*) demonstrator. – **2.** (*film*) projectionist, operator.

'Vor,führ|ge,neh·mi·gung *f telev.* projection (*od.* exhibition) permit. — **~ge,rät** *n* **1.** (*film*) projector, projection machine. – **2.** demonstration apparatus, demonstrator. — **~ka,bi·ne** *f* (*film*) projection booth (*od.* room). — **~,raum** *m* projection (*od.* screening) room. — **~,ter,min** *m telev.* viewing (*od.* preview) date.

'Vor,füh·rung *f* ⟨-; -en⟩ **1.** *cf.* Vorführen. – **2.** ⟨*only sg*⟩ *jur.* (*von Gefangenen, Zeugen etc*) production. – **3.** (*von Kleidern auf einer Modenschau*) show, parade. – **4.** ⟨*only sg*⟩ (*Zurschaustellung*) show, display, exhibi-

tion. – **5.** (*von technischen Geräten etc*) demonstration. – **6.** ⟨*only sg*⟩ (*eines Theaterstücks etc*) presentation. – **7.** ⟨*only sg*⟩ (*eines Films*) projection, presentation: **geschlossene ~** private showing. – **8.** (*Aufführung, Vorstellung*) performance.

'Vor,füh·rungs|ap·pa,rat *m* (*film*) *cf.* Vorführgerät 1. — **~be,fehl** *m jur.* warrant to appear. — **~,raum** *m* (*film*) *cf.* Vorführraum.

'Vor,führ,wa·gen *m auto.* demonstration car.

'Vor,ga·be *f* (*sport, games*) a) handicap, allowance, start, b) (*beim Golf*) handicap, c) (*bei Feldspielen*) points *pl* (*od.* odds *pl*) given: **Wettkampf ohne ~** scratch competition. — **~,zeit** *f* advance time.

'Vor,gang *m* **1.** (*Hergang, Ablauf*) proceedings *pl*, course of events: **j-m einen ~ genau schildern** to relate the exact proceedings to s.o., to tell s.o. exactly how it happened. – **2.** (*Ereignis*) event, occurrence, happening: **man kann sich diese merkwürdigen Vorgänge nicht erklären** one cannot explain these strange occurrences (*od. colloq.* goings-on). – **3.** (*technischer, chemischer, biologischer etc*) process. – **4.** (*Akte*) record, file. – **5.** (*Geschäftskorrespondenz*) previous correspondence. – **6.** (*computer*) process.

'Vor,gän·ger *m* ⟨-s; -⟩ (*im Amt etc*) predecessor, precursor, antecessor.

'vor,gang·li,ar [-gaŋgli,aːr] *adj med.* preganglionic.

'Vor,gar·ten *m* front garden, *Am.* front yard, (*direkt vor der Haustür*) *Am. auch* dooryard.

'vor,gau·keln *v/t* ⟨*sep*, -ge-, *h*⟩ **1.** **j-m etwas ~** (*vormachen*) to pull the wool over s.o.'s eyes. – **2.** **j-m ~, daß** to lead s.o. to believe that. – **3.** **etwas gaukelt etwas vor** s.th. gives the illusion of s.th.

'vor,ge·ben *v/t* ⟨*irr*, *sep*, -ge-, *h*⟩ **1.** *colloq.* (*nach vorn geben*) pass (*s.th.*) up to the front. – **2.** (*sport, games*) (*Meter etc*) give (*s.o.*) a start of. – **3.** (*vorschützen*) use (*s.th.*) as a pretext: **er gab dringende Geschäfte vor** he used urgent business as a pretext. – **4.** (*fälschlich behaupten*) pretend: **sie gab vor, eine Gräfin zu sein** she pretended to be a countess. – **5.** (*Unerwiesenes versichern*) allege, claim: **sie gab vor, von ihm angegriffen worden zu sein** she alleged that she had attacked her. – **6.** (*nur scheinbar etwas tun*) profess, pretend, purport: **sie geben vor, im Interesse der Allgemeinheit zu handeln** they profess to act in the interest of the general public. – **7.** *cf.* vortäuschen.

'vor·ge,beugt **I** *pp.* – **II** *adj* (*Schultern*) bent, rounded, dropping, droopy: **in ~er Haltung** with a bent posture, with bent shoulders.

'vor·ge,bil·det **I** *pp.* – **II** *adj* **1.** **in** (*dat*) **etwas ~ sein** a) to have a basic knowledge of s.th., b) to have had previous trainings in s.th.: **technisch ~ sein** to have had previous technical training; **gut [schlecht] ~ sein** to have had good [bad] preparatory training, (*von der Schule her*) auch to have had a good [bad] education. – **2.** *fig.* prefigured.

'Vor·ge,bir·ge *n geogr.* **1.** foothills *pl*. – **2.** *cf.* Kap 2.

'vor,geb·lich [-,geːplɪç] *adj u. adv cf.* angeblich.

'vor·ge,burt·lich [-gə,buːrtlɪç] *adj med.* prenatal, antenatal, antepartum (*attrib*).

'vor·ge,faßt *adj* ⟨*attrib*⟩ **eine ~e Meinung** a preconceived opinion, a prejudice: **eine ~e Meinung über** (*acc*) **etwas [j-n] haben** to be prejudiced about s.th. [s.o.].

'vor·ge,fer·tigt *adj tech.* (*Teil etc*) prefabricated.

'Vor·ge,fühl *n* **1.** (*Ahnung*) presentiment: **im ~ von etwas Unangenehmem** with a presentiment of s.th. unpleasant. – **2.** (*sichere Erwartung*) anticipation.

'Vor,ge·gen,wart *f ling. cf.* Perfekt.

'vor·ge,hal·ten **I** *pp cf.* vorhalten. – **II** *adj* **hinter der ~en Hand** with one's hand in front of one's mouth; **mit ~er** (*Schuß*)**-Waffe** at gunpoint.

'vor,ge·hen *v/i* ⟨*irr*, *sep*, -ge-, *sein*⟩ **1.** (*vor j-m hergehen*) go first, go in front: **der Hausherr ging vor** the host went first (*od.* led the way); **j-n ~ lassen** to let s.o. go in front. – **2.** (*eher gehen als j-d anders*) go on ahead (*od.* first): **geh du schon vor, ich komme später nach** you go on ahead, I'll come later. – **3.** (*nach vorn gehen*) go (up) to the front: **der Schüler ging zur Tafel vor** the pupil went up to the blackboard.

– **4.** (*von Uhr*) gain (time), be (*od.* go) fast: **meine Uhr geht fünf Minuten vor** my watch is five minutes fast (*od.* has gained five minutes). – **5.** (*den Vorrang haben*) come first, have priority: **die Gesundheit geht** (*allem anderen*) **vor** health comes first (*od.* is more important than anything else). – **6.** (*handeln*) act, proceed: **er ist sehr rücksichtslos vorgegangen** he acted very ruthlessly. – **7.** (*verfahren*) proceed: **schrittweise ~** to proceed by stages; **nach bestimmten Grundsätzen ~** to proceed according to certain principles. – **8. gegen j-n [etwas] ~** to take action against s.o. [s.th.]: **gerichtlich gegen j-n ~** to take (legal) action against s.o., to proceed against s.o., to sue s.o. – **9.** (*passieren, stattfinden*) go on, take place: **was geht hier vor?** what's going on here? **wissen, was in der Welt vorgeht** to know what is going on (*od.* happening) in the world; **was mochte in ihm vorgegangen sein?** what must have been going on in his mind? **große Veränderungen gehen vor** great changes are taking place (*od.* coming about); **es ist eine Veränderung mit ihm vorgegangen** a change has taken place (*od.* come about) in him, there has been a change in him. – **10.** *mil.* advance. – **11.** (*bes. sport*) take the lead.

'Vor,ge·hen *n* ⟨-s; *no pl*⟩ **1.** (*Handlungsweise*) (course of) action, procedure, proceeding: **ich kann dein ~ nicht billigen** I cannot approve of your action; **das ~ der Polizei wurde scharf kritisiert** the action of the police was severely criticized; **gemeinschaftliches ~** concerted action. – **2.** (*Verfahrensweise*) procedure, proceeding. – **3.** *mil.* advance.

'vor·ge,la·gert *adj* **etwas** (*dat*) **~ sein** to be situated (immediately) in front of s.th.: **dem Festland ~e Inseln** offshore (*Br.* off-shore) islands.

'Vor·ge,län·de *n mil. cf.* Vorfeld 1.

'Vor·ge,le·ge *n* ⟨-s; -⟩ *tech.* **1.** (*des Riementriebs*) countershaft. – **2.** (*Rädervorgelege*) back gears *pl*, back gear mechanism. – **3.** (*als Reduziergetriebe*) reduction gearing (*od.* gears *pl*).

'vor·ge,nannt *adj* ⟨*attrib*⟩ (*officialese*) *cf.* vorerwähnt.

'Vor·ge,richt *n gastr. cf.* Vorspeise.

'vor·ger,ma·nisch *adj hist.* pre-Germanic.

'vor·ge,rückt **I** *pp.* – **II** *adj* (*in Wendungen wie*) **zu ~er Stunde** at a late hour; **ein Mann in ~em Alter** a man well advanced in years; **in ~er Stimmung sein** to be in quite high spirits; **in ~er Stimmung sprangen einige Gäste ins Schwimmbecken** as spirits rose some of the guests jumped into the swimming pool.

'Vor·ge,rüst *n metall.* (*im Walzwerk*) roughing stand, leader.

'vor·ge,schal·tet **I** *pp.* – **II** *adj* **~er Widerstand** *electr.* series resistor.

'Vor·ge,schich·te *f* ⟨-; *no pl*⟩ **1.** (*eines Ereignisses etc*) case history. – **2.** (*einer Person*) life history. – **3.** *hist.* prehistory, early history. – **4.** *jur. sociol.* case history. – **5.** *med.* (*einer Krankheit*) case history, anamnesis (*scient.*). — **'Vor·ge,schicht·ler** *m* ⟨-s; -⟩ prehistorian. — **'vor·ge,schicht·lich** *adj hist.* prehistoric(al).

'Vor·ge,schichts|,for·scher *m* prehistorian, researcher in prehistory. — **~,for·schung** *f* prehistoric research.

'Vor·ge,schirr *n mar.* (*des Schiffes*) foregear.

'Vor·ge,schmack *m* ⟨-(e)s; *no pl*⟩ foretaste: **j-m einen ~ auf** (*acc*) (*od.* von) **etwas geben** to give s.o. a foretaste of s.th.

'vor·ge,scho·ben **I** *pp cf.* vorschieben. – **II** *adj* **1.** *mil.* (*Posten etc*) advanced, forward. – **2.** **~e Person** *fig.* straw man, man of straw.

'vor·ge,schrit·ten *adj* **1.** *cf.* vorgerückt II. – **2.** *med.* (*Krankheit, Leiden etc*) advanced.

'vor·ge,se·hen **I** *pp cf.* vorsehen. – **II** *adj* **1.** designated. – **2.** **nicht anderweitig ~** *econ.* (*im Tarif etc*) not otherwise provided for.

'vor·ge,setzt **I** *pp.* – **II** *adj* (*Behörde etc*) superior.

'Vor·ge,setz·te *m, f* ⟨-n; -n⟩ superior, senior, chief, boss (*sl.*). — **'Vor·ge,setz·ten·ver,hält·nis** *n* relation between superior and subordinate(s).

'vor·ge,spannt **I** *pp.* – **II** *adj civ.eng.* (*Beton*) prestressed.

'vor·ge,steckt **I** *pp.* – **II** *adj* **ein ~es Ziel** a set goal.

'vor,ge·stern *adv* **1.** the day before yesterday: ～ **abend** [**morgen**] the day before yesterday in the evening [morning], the evening [morning] before last. – **2.** von ～ *fig. colloq.* (*veraltet*) fuddy-duddy (*colloq.*), outdated, outmoded, old-fashioned: **das sind Ansichten von** ～ those are completely outmoded views.

'**vor**｜**ge**‚**strig** *adj* 〈*attrib*〉 **1.** (*Zeitung etc*) from (*od.* of) the day before yesterday. – **2.** *fig. colloq.* (*veraltet*) fuddy-duddy (*colloq.*), outdated, outmoded, old-fashioned. –

'**vor**｜**ge**‚**täuscht** I *pp.* – II *adj* **1.** pretended. – **2.** (*nicht echt*) sham, fake (*beide attrib*), counterfeit.

'**vor**｜**ge**‚**wölbt** I *pp.* – II *adj* **1.** *bes. arch.* rounded, curved(-out). – **2.** (*Stirn etc*) protruding.

'**Vor**｜**gi**‚**rant** *m econ.* preceding (*od.* prior, previous) endorser (*od.* indorser).

'**vor**｜**glü**‚**hen** *v/i* 〈*sep*, -ge-, h〉 *auto.* (*beim Glühkopfmotor*) preheat, *Br.* pre-heat.

'**Vor**｜**glüh**|‚**ker**｜**ze** *f auto.* electric heater plug. – ～‚**zeit** *f metall.* (*bei der Wärmebehandlung*) preheating (*Br.* pre-heating) time (*od.* period).

'**vor**｜**grei**｜**fen** I *v/i* 〈*irr, sep*, -ge-, h〉 **1.** j-m [einer Sache] ～ (*zuvorkommen*) to anticipate s.o. [s.th.]: **ich möchte Ihrer Entscheidung nicht** ～, **aber** I don't want to anticipate your decision but. – **2.** (*verfrüht etwas tun*) do things prematurely. – **3.** (*in einer Erzählung etc*) jump ahead: **ich habe damit schon weit vorgegriffen** with this I have jumped far ahead. – **4. auf Geld** ～ to anticipate money, to draw on money in advance: **ich habe schon auf mein nächstes Monatsgehalt vorgegriffen** I have drawn on my next month's salary. – II V～ *n* 〈-s〉 **5.** *verbal noun.* – **6.** *cf.* Vorgriff. — '**vor**｜**grei**｜**fend** I *pres p.* – II *adj* (*Maßnahme etc*) anticipatory.

'**Vor**｜**griff** *m* **1.** *cf.* Vorgreifen. – **2.** anticipation. – **3.** (*auf Geld*) anticipation: **in** ～ **auf** (*acc*) in anticipation of.

'**vor**｜**ha**｜**ben** *v/t* 〈*irr, sep*, -ge-, h〉 **1.** (*vorgebunden haben*) have (*s.th.*) on: **eine Schürze** ～ to have an apron on. – **2.** (*planen, beabsichtigen*) plan, propose, contemplate: **ich habe vor, nach Italien zu fahren** I plan to go to Italy; **du hast es ja gut vor** *colloq.* you seem to have big (*od.* quite some) plans. – **3.** (*fest, ernsthaft*) mean, intend: **ich habe (fest) vor, es ihm heute zu sagen** I intend to tell him today. – **4. hast du heute abend schon etwas vor?** have you anything on (*od.* have you any plans, *colloq.* are you doing anything) this evening? **ich habe heute abend nichts vor** I have nothing on (*od. colloq.* I am not doing anything) this evening; **wenn du nichts Besseres vorhast, können wir vielleicht ins Kino gehen** if you have nothing else to do we could perhaps go to the pictures (*bes. Am. colloq.* movies). – **5.** etwas mit etwas [j-m] ～ to be going to do s.th. with s.th. [s.o.]: **was hast du mit dem Stoff vor?** what are you going to do (*od.* what have you in mind) with the material? – **6.** (*im Schilde führen*) be up to: **was hat er jetzt wieder vor?** what is he up to now? – **7.** (*beschäftigt sein mit*) be busy with, be at: **er hat gerade seine Briefmarkensammlung vor** he is just at his stamp collection. – **8.** j-n ～ *colloq.* a) (*ausfragen*) to catechize (*Br. auch* -s-) s.o., b) (*schelten*) to haul (*od.* drag, rake) s.o. over the coals, to give s.o. a dressing down.

'**Vor**｜**ha**｜**ben** *n* 〈-s; -〉 **1.** plan: **ein löbliches** ～ a praiseworthy plan; **ein** ～ **ausführen** (*od.* durchführen) to carry out a plan; **j-n von seinem** ～ **abbringen** to dissuade (*od.* keep) s.o. from carrying out his plan. – **2.** (*fester Vorsatz*) intention, intent, purport, design, (*stärker*) purpose. – **3.** (*Projekt*) project.

'**Vor**｜**ha**｜**fen** *m mar.* outport, outer port.

'**Vor**｜**hal**｜**le** *f* **1.** (entrance) hall, vestibule. – **2.** (*im Theater etc*) foyer, lobby, lounge. – **3.** (*im Parlament*) lobby. – **4.** (*bes. einer Kirche*) porch.

'**Vor**｜**halt** *m* 〈-(e)s; -e〉 **1.** *mus.* suspension: **freier** ～ unprepared suspension. – **2.** *mil.* (*in der Ballistik*) lead, (*als Winkel*) deflection, *Br. auch* deflexion. – **3.** *Swiss for* Vorhaltung.

'**Vor**｜**hal**｜**te** *f* 〈-; *no pl*〉 (*sport*) (*beim Turnen*) a) **Arme in** ～ arms at front horizontal, b) **Hang mit den Beinen in** ～ *cf.* Vorhebhalte.

'**vor**｜**hal**｜**ten** I *v/t* 〈*irr, sep*, -ge-, h〉 **1.** (*Decke etc*) hold (*od.* put) (*s.th.*) in front: **j-m einen Spiegel** ～ to hold a mirror in front of s.o.;

---

beim Gähnen die Hand ～ to put one's hand in front of one's mouth when one yawns. – **2.** j-m eine Pistole ～ to point a revolver at s.o. – **3.** j-m etwas ～ *fig.* (*vorwerfen*) to remonstrate with s.o. about s.th., (*stärker*) to rebuke (*od.* reproach) s.o. for s.th.: **j-m seine Unzuverlässigkeit** ～ to rebuke s.o. for his unreliability; **ihm wurde vorgehalten, daß er immer zu spät käme** he was rebuked for always being late. – **4.** j-n j-m als Muster (*od.* Vorbild) ～ to hold up s.o. as an example to s.o. – II *v/i* **5.** (*ausreichen, andauern*) last: **der Vorrat wird noch einige Zeit** ～ the supply will last for another while; **das Mittagessen hat nicht lange vorgehalten** the lunch did not last long; **seine guten Vorsätze werden nicht lange** ～ *fig.* his good resolutions will not last long. – **6.** *mil.* take (*od.* supply) a lead.

'**Vor**｜**hal**｜**te**‚**punkt** *m mil.* (*in der Ballistik*) predicted position of target.

'**Vor**｜**hal**｜**ter** *m tech.* (*Nietwerkzeug*) holder(-on), dolly.

'**Vor**｜**hal**｜**te**‚**win**｜**kel** *m mil.* (*in der Ballistik*) **1.** deflection (*Br. auch* deflexion) (angle), lead angle. – **2.** (*zur Seite*) lateral deflection (*Br. auch* deflexion). – **3.** (*nach oben*) vertical deflection (*Br. auch* deflexion). – **4.** (*beim Bombenwurf*) dropping (*od.* bombing) angle.

'**Vor**｜**halts**‚**no**｜**te** *f mus.* suspended note.

'**Vor**｜**hal**｜**tung** *f* 〈-; -en〉 *meist pl* remonstrance, remonstration, (*stärker*) rebuke, reproach: **j-m** ～**en machen** (wegen about) to remonstrate with s.o.

'**Vor**｜**hand** *f* 〈-; *no pl*〉 **1.** (*beim Kartenspiel*) lead: **die** ～ **haben** to have the lead, to lead. – **2.** (*sport*) (*beim Tennis etc*) a) forehand, b) *cf.* Vorhandschlag 1. – **3.** *econ. cf.* a) Vorkaufsrecht, b) Option 2. – **4.** (*beim Reitsport*) forehand: **auf der rechten** ～ **lahmen** to be lame on the right forehand.

'**vor**｜**han**｜**den** [-'handən] *adj* **1.** (*existierend, existent*) existing, existent, in existence, extant: **die noch** ～**en mittelalterlichen Gebäude** the medi(a)eval buildings still existing; **die Urschrift ist nicht mehr** ～ the original manuscript is no longer in existence (*od.* no longer exists); **von den Vorräten ist nichts mehr** ～ nothing is left of the supplies; **dort sind reiche Bodenschätze** ～ rich mineral deposits are to be found there. – **2.** (*verfügbar*) available: **die Bluse ist in Ihrer Größe leider nicht** ～ unfortunately the blouse is not available in your size. – **3.** (*anwesend*) existing, present: **er benahm sich, als sei ich gar nicht** ～ he behaved as if I didn't exist (*od.* as if I wasn't there). – **4.** *econ.* (*vorrätig, auf Lager*) on hand, in stock. — ‚**Vor**'**han**｜**den**‚**sein** *n* 〈-s; *no pl*〉 **1.** existence. – **2.** (*Anwesenheit*) existence, presence.

'**Vor**｜**hand**|‚**schlag** *m* (*sport*) **1.** (*beim Tennis etc*) forehand (stroke). – **2.** (*beim Hockey*) forehand stroke (*od.* hit). — ～‚**stop**‚**pen** *n* (*beim Hockey*) forehand stopping.

'**Vor**｜**hang** *m* **1.** (*vor Fenster*) curtain: **die Vorhänge vorziehen** (*od.* zuziehen, schließen) to draw (*od.* pull) the curtains (across); **die Vorhänge zurückziehen** to draw back (*od.* pull back, open) the curtains. – **2.** *pl collect.* (*Vorhangmaterial*) curtaining *sg*, *bes. Am.* drapes, hangings: **sie haben über 500 Mark für Vorhänge ausgegeben** they spent more than 500 marks on (the) curtaining. – **3.** (*vor Türen*) portiere, *bes. Br.* portière, (door) curtain. – **4.** (*theater*) a) curtain, b) (*zum Herunterlassen*) drop (curtain), c) *fig. colloq.* (*Applaus nach der Vorstellung*) curtain (call): **der eiserne** ～ the fireproof curtain, the asbestos (curtain); **der** ～ **geht auf** (*od.* hoch, öffnet sich, hebt sich) the curtain rises; **der** ～ **fällt** (*od.* senkt sich, geht nieder) the curtain falls; **vor den** ～ **treten** to come out in front of the curtain; **die Schauspieler hatten zehn Vorhänge** the actors had ten curtains. – **5. der Eiserne** ～ *pol.* the Iron Curtain, the iron curtain. — ～‚**blen**｜**de** *f phot.* curtain (fading) shutter, curtain wipe.

'**vor**｜**hän**｜**gen**[1] *v/i* 〈*irr, sep*, -ge-, h〉 (*von Unterkleid etc*) be showing.

'**vor**｜**hän**｜**gen**[2] *v/t* 〈*sep*, -ge-, h〉 (*Schloß, Kette etc*) hang in front of: **hast du die Kette vorgehängt?** have you put the chain on?

'**Vor**｜**hän**｜**ge**‚**schloß** *n* padlock: **etwas mit einem** ～ **verschließen** to padlock s.th.

'**Vor**｜**hang**|‚**schie**｜**ne** *f* curtain rail. — ～‚**stan**｜**ge** *f* **1.** (*zum Befestigen der Vorhänge*) curtain rail. – **2.** (*zum Zuziehen*) curtain rod.

— ～‚**stoff** *m* curtain (*od.* drapery) material (*od.* fabric), curtaining, casement (cloth).

'**Vor**｜**haus** *n bes. Austrian for* Hausflur 1, 2.

'**Vor**｜**haut** *f med.* foreskin, prepuce. — ～**ent**‚**zün**｜**dung** *f* posthitis. — ～**ver**｜**en**‚**gung** *f* phimosis.

'**Vor**｜**heb**｜**hal**｜**te** [-‚haltə] *f* 〈-; *no pl*〉 (*sport*) (*beim Geräteturnen*) half lever hang, "L" support.

'**Vor**｜**hel**｜**ling** *f mar.* ways-end.

'**Vor**｜**hemd** *n* shirtfront, *Br.* shirt-front, dickey, *auch* dicky (*colloq.*).

vor'**her** [‚fo:r'he:r; 'fo:r‚he:r] *adv* **1.** (*unmittelbar vor einem bestimmten Zeitpunkt*) beforehand, *bes. Am.* before: **kurz** ～ **habe ich noch mit ihm gesprochen** I talked to him shortly beforehand; **du hättest das Buch** ～ **lesen sollen, nicht hinterher** you should have read the book beforehand, not afterward(s); **am Abend** ～ (on) the previous evening, the evening before. – **2.** (*irgendwann vor einem bestimmten Zeitpunkt*) before, previously: **wie schon** ～ **erwähnt** as has been mentioned before; **ich muß ihm** ～ **schon einmal begegnet sein** (*vor unserer gestrigen Begegnung*) I must have met him before; **das** ～ **Gesagte** the aforesaid. – **3.** (*in einem früheren Stadium*) before, *bes. Br.* earlier on: **warum hast du das nicht** ～ **gesagt?** why didn't you say that before? **er wurde noch wütender als** ～ he became even angrier than before. – **4.** (*im voraus*) in advance, beforehand: ～ **bezahlen** to pay in advance, beforehand; **ich will es** ～ **wissen** I want to know beforehand; **ich habe die Karten lange** ～ **bestellt** I ordered the tickets long beforehand. – **5.** (*räumlich*) earlier, back: **drei Seiten** ～ three pages earlier.

‚**vor**'**her**｜**be**‚**stim**｜**men** I *v/t* 〈*sep*, *no* -ge-, h〉 **1.** predetermine, predestine, foreordain, preordain. – **2.** *relig.* predestine. – II V～ *n* 〈-s〉 **3.** *verbal noun.* – **4.** *cf.* Vorherbestimmung. — ～**be**‚**stimmt** I *pp.* – II *adj* **1.** predetermined, predeterminate, predestined, predestinate, foreordained, preordained: **der** ～**e Lauf der Dinge** the predetermined course of events; **die Menschheit ist zum Untergang** ～ mankind is predetermined (*od.* fated) to destruction. – **2.** *relig.* predestined, predestinate. — V～**be**‚**stim**｜**mung** *f* 〈-; *no pl*〉 **1.** *cf.* Vorherbestimmen. – **2.** predetermination, predestination, foreordination, preordination. – **3.** *relig.* predestination.

'**Vor**｜**herbst** *m* early autumn.

'**Vor**｜**herd** *m metall.* (*eines Hochofens*) forehearth.

‚**vor**'**her**|‚**ge**‚**gan**｜**gen** I *pp of* vorhergehen. – II *adj fig. cf.* vorangegangen II. — ～‚**ge**｜**hen** *v/i* 〈*irr, sep*, -ge-, sein〉 *cf.* vorangehen 4. — ～‚**ge**｜**hend** I *pres p.* – II *adj* previous, preceding: **am** ～**en Tag** (on) the previous (*od.* preceding) day, the day before; **auf der** ～**en Seite** on the previous page. – III V～**e, das** 〈-n〉 *cf.* vorangehend III.

vor｜**he**‚**rig** [‚fo:r'he:rɪç; 'fo:r‚he:rɪç] *adj* 〈*attrib*〉 **1.** previous, preceding, foregoing, former: **ohne** ～**e Ankündigung** without previous (*od.* prior) notice. – **2.** (*ehemalig*) former.

'**Vor**｜**herr**｜**schaft** *f* 〈-; *no pl*〉 **1.** (*über acc* over) predominance, *auch* predominancy, (pre)domination, prepotency, supremacy: **ihre** ～ **über dieses Gebiet blieb unumstritten** their predominance over (*od.* in) this territory remained uncontested. – **2.** (*Hegemonie*) hegemony.

'**vor**｜**herr**｜**schen** I *v/i* 〈*sep*, -ge-, h〉 **1.** predominate, be predominant, preponderate, prevail, dominate, obtain: **diese Meinung herrscht allgemein vor** this is the predominant opinion; **in diesem Glasfenster herrscht Blau vor** blue is predominant in this stained-glass window. – II V～ *n* 〈-s〉 **2.** *verbal noun.* – **3.** predominance, *auch* predomination, predomination, prevalence, dominance. — '**vor**｜**herr**｜**schend** I *pres p.* – II *adj* predominant, preponderant, prevailing, prevalent, dominant, current, paramount: **die** ～**e Meinung ist, daß** the predominant opinion is that; **die damals** ～**e Mode** the fashion prevalent at the time.

‚**vor**'**her**‚**sag**｜**bar** *adj* predictable. — ‚**Vor**'**her**‚**sag**｜**bar**｜**keit** *f* 〈-; *no pl*〉 predictability.

‚**Vor**'**her**｜**sa**｜**ge** *f* 〈-; -n〉 **1.** *cf.* Voraussage. – **2.** *meteor.* forecast: **die** ～ **bis morgen abend** the forecast until tomorrow evening. —

‚**vor**'**her**｜**sa**｜**gen** *v/t* 〈*sep*, -ge-, h〉 **1.** *cf.* voraussagen. – **2.** *meteor.* (*Wetter*) forecast.

,vor'her|,seh-bar *adj cf.* voraussehbar. — ~,se-hen *v/t ⟨irr, sep, -ge-, h⟩ cf.* voraussehen. — ~,wis-sen *v/t ⟨irr, sep, -ge-, h⟩ cf.* vorauswissen.

'vor,heu-cheln *v/t ⟨sep, -ge-, h⟩* feign, pretend, simulate: j-m etwas ~ to put on an act to s.o. (*colloq.*); er heuchelte ihr vor, krank zu sein he pretended to her to be ill, he put on an act to her of being ill; mir kannst du nichts ~ you cannot deceive me by putting on an act.

'vor,heu-len *v/t ⟨sep, -ge-, h⟩* j-m etwas ~ *colloq.* to go to s.o. with a (big) sob story (*colloq.*).

'Vor,hieb *m (beim Fechtsport)* stop cut.

'Vor,him-mel *m relig.* first heaven.

vor-hin [,fo:r'hin; 'fo:r,hin] *adv* a while ago: rate mal, wen ich ~ getroffen habe guess whom I met a while ago (*od.* just now).

'vor-hin,ein *adv* only in im ~ *bes. Austrian* in advance.

'Vor,hirn *n med. zo.* forebrain.

vor-hi,sto-risch *adj* prehistoric(al).

'vor,ho-beln *v/t ⟨sep, -ge-, h⟩ tech.* rough--plane.

'vor,hoch,zeit-lich *adj* before the wedding, antenuptial, prenuptial.

'Vor,hof *m* 1. forecourt, *Am. auch* dooryard. – 2. *med.* a) *(des Herzens)* vestibule, auricle, atrium, b) *(des Innenohres)* vestibule. — ~,flat-tern *n med. (des Herzens)* atrial (*od.* auricular) flutter. — ~,flim-mern *n* atrial (*od.* auricular) fibrillation.

'vor,ho-len *v/t ⟨sep, -ge-, h⟩* die Schoten ~ *(beim Segeln)* to sheet home, to tally the sheets flat aft.

'Vor,ho-ler *m ⟨-s; -⟩* 1. *(beim Segelsport)* (Leine) fore haul. – 2. *mil.* recuperator, counterrecoil mechanism. — ~,kol-ben *m mil.* counterrecoil piston.

'Vor,hol,fe-der *f mil.* recuperator spring.

'Vor,höl-le *f ⟨-; no pl⟩ relig.* limbo, *auch* Limbo.

'Vor,huf,tier *n zo.* subungulate (*Überordng Subungulata*).

'Vor,hut *f ⟨-; -en⟩ mil.* vanguard, van, advance guard. — ~ge,fecht *n* vanguard action (*od.* engagement).

'vo-rig I *adj* 1. ⟨*attrib*⟩ *(früher)* former, previous: der ~e Besitzer des Autos the former owner of the car. – 2. ⟨*attrib*⟩ *(letzt, vergangen)* last: ~e Woche last week; in der ~en Woche last week, in the past week; das ~e Mal last time. – 3. ⟨*pred*⟩ *Swiss* left over: er hat es ~ gelassen he left it (over); ich bin hier ~ I am superfluous here. – II V~e, das ⟨*-n*⟩ 4. *(mit Kleinschreibung)* im ~en earlier, *(bei Geschriebenem) auch* above. – 5. *(theater)* (the) previous performances *pl.* – 6. the past.

'Vo-ri-ge *m, f ⟨-n; -n⟩* 1. *(mit Kleinschreibung)* above(-mentioned) person. – 2. die ~n *(theater)* the same.

'vor-in-do-ger,ma-nisch *adj* pre-Indo--European.

'Vor-in,stanz *f jur.* lower instance.

'Vor,jahr *n* previous (*od.* preceding) year, year before: das Laub vom ~ the foliage from the preceding year. — 'vor,jäh-rig *adj* of the year before, of the previous (*od.* preceding) year: die ~e Mode the fashion of the year before.

'vor,jam-mern *v/t ⟨sep, -ge-, h⟩* j-m etwas ~ *colloq.* to pour forth a tale of woe to s.o.: sie jammerte ihm vor, ihr Mann sei krank (*od.* daß ihr Mann krank sei) she poured forth a tale of woe to him about her husband being ill.

'Vor,ka,li-ber *n metall. (beim Walzen)* preceding pass.

'Vor-kal-ku-la-ti,on *f econ.* preliminary calculation.

'Vor,kam-mer *f* 1. *med. (des Herzens)* auricle, atrium, vestibule. – 2. *auto. (des Motors)* antechamber, precombustion chamber. — ~,mo-tor *m auto.* precombustion-chamber engine.

'Vor,kampf *m (sport) (beim Boxen) cf.* Rahmenkampf.

'Vor,kämp-fer *m* 1. pioneer, champion, protagonist. – 2. *(sport) (beim Boxen) cf.* Rahmenkämpfer.

'Vor,kämp-fe-rin *f ⟨-; -nen⟩ cf.* Vorkämpfer 1: sie war eine ~ der Emanzipation she was a pioneer of emancipation.

'Vor,kar-de *f (textile)* breaker card.

'Vor,kas-se *f ⟨-; no pl⟩ econ.* advance payment: nur gegen ~ only on (*od.* against) advance payment.

---

vor,kau-en *v/t ⟨sep, -ge-, h⟩* 1. *(Nahrung)* chew: j-m das Essen ~ *(bei Naturvölkern)* to chew food for s.o. – 2. j-m etwas ~ *fig. colloq.* to spoon-feed s.th. to s.o.: ich mußte ihm die Regeln in allen Einzelheiten ~ I had to spoon-feed every single rule to him.

'Vor,kauf *m jur.* preemption, *Br.* pre--emption. — 'Vor,käu-fer *m* preemptor, *Br.* pre-emptor.

'Vor,kaufs|be,rech-tig-te *m, f econ. jur.* preemptor, *Br.* pre-emptor. — ~,recht *n* 1. preemptive (*Br.* pre-emptive) right, (right of) preemption (*Br.* pre-emption), right of first refusal, buying option: j-m das ~ einräumen to give s.o. the right of first refusal, to give s.o. pre(-)emptive right. – 2. *(Kaufoption an der Börse)* call.

'Vor,kehr [-,ke:r] *f ⟨-; -en⟩ Swiss for* Vorkehrung. — 'vor,keh-ren *v/t ⟨sep, -ge-, h⟩* 1. *cf.* herauskehren. – 2. *Swiss* take precautions (*od.* precautionary measures).

'Vor,kehr,maß,nah-me *f cf.* Vorkehrung.

'Vor,keh-rung *f ⟨-; -en⟩* 1. precaution, precautionary measure: ~en treffen a) to take precautions (*od.* precautionary measures), b) to make arrangements; wir müssen ~en gegen eine weitere Verbreitung der Epidemie treffen we must take precautions against a further spreading of the epidemic; sie trafen ~en, damit ihnen so etwas nicht wieder passierte they took precautions to prevent such a thing (from) happening (*od.* to ensure that such a thing would not happen) to them again. – 2. *(Anordnung)* arrangements *pl*, provision, dispositions *pl*.

'Vor,keim *m bot.* 1. *(bei Farnen u. Schachtelhalmen)* prothallium. – 2. *(bei Moosen)* protonema.

vor,kei-men *v/t ⟨sep, -ge-, h⟩ (Samen)* pregerminate.

'Vor,kennt-nis *f ⟨-; -se⟩ meist pl* 1. *(theoretische Kenntnisse)* previous knowledge: er hat gute ~se im Englischen he has a good previous knowledge of English. – 2. *(Erfahrung)* previous experience: ~se erwünscht, aber nicht Voraussetzung previous experience is desired but not obligatory (*od.* required).

'Vor,kern *m biol.* pronucleus.

'Vor,kief-rig-keit [-,ki:fric-] *f ⟨-; no pl⟩ med.* prognathy, prognathism.

vor,klap-pen *v/t ⟨sep, -ge-, h⟩ (Sitzlehne etc)* fold *(s.th.)* forward (*od.* down).

'Vor,klas-se *f ped.* preliminary (*od.* preparatory) class.

'Vor,klas-sik *f* preclassicism. — 'Vor,klas-si-ker *m* preclassic. — 'vor,klas-sisch *adj* preclassic(al).

'Vor,kli-ni-ker *m med.* preclinical student. — 'vor,kli-nisch *adj* preclinical.

'Vor,knecht *m* foreman.

vor,knöp-fen *v/t ⟨sep, -ge-, h⟩* sich *(dat)* j-n ~ *colloq.* to put (*od.* call) s.o. on the carpet (*colloq.*), to take s.o. to task.

vor,ko-chen I *v/t ⟨sep, -ge-, h⟩* etwas ~ to cook s.th. in advance, to precook s.th. – II *v/i* cook in advance.

vor,koh-len *v/t ⟨sep, -ge-, h⟩* j-m etwas ~ *colloq.* to tell s.o. a cock-and-bull story.

'Vor,kom,man-do *n mil.* advance party (*od.* detachment, unit).

vor,kom-men[1] I *v/i ⟨irr, sep, -ge-, sein⟩* 1. *(sich finden)* be (to be) found, occur, be met with: in diesem Satz kommen mehrere Adjektive vor several adjectives are found (*od.* there are several adjectives) in this sentence; diese Pflanzen kommen nur in den Tropen vor these plants are (to be) found only in the tropics; dieses Wort kommt bei Thomas Mann vor this word occurs in Thomas Mann('s work). – 2. *(geschehen, passieren)* happen, occur: das kommt alle Tage vor this happens every day; so etwas ist mir noch nicht vorgekommen a thing like that has never happened to me, I have never experienced anything like that, b) I have never seen the like of that; so etwas kommt in den besten Familien vor *colloq. humor.* things like that can happen in the best of families; so etwas soll schon vorgekommen sein s.th. like this has been known to happen; daß mir so etwas nicht wieder vorkommt! don't let that happen again! – 3. *(scheinen, erscheinen)* seem: diese Melodie kommt mir bekannt vor this tune seems familiar to me; es kommt mir etwas merkwürdig vor it seems rather strange to me, I find it rather strange, it strikes me as being rather strange; das

---

kommt dir nur so vor it just seems like that to you, you just think (*od.* imagine) that; er kommt sich sehr [wunder wie] gescheit vor he thinks (*od.* fancies) he is very [*colloq.* ever so] clever; ich komme mir sehr dumm vor I feel very silly; ich komme mir vor wie ein Dummkopf you would think I was a fool; wie kommst du mir denn vor! *colloq.* who do you think you are! → spanisch I. – 4. *(nach vorn kommen)* come forward (*od.* [up] to the front): komm vor und schreib es an die Tafel come to the front and write it on the blackboard. – 5. *(hervorkommen)* come out: ihre Hand kam unter dem Umhang vor her hand came out from under the wrap; das Kaninchen kam aus dem Bau vor the rabbit came out (*od.* emerged) from the burrow. – 6. *math.* appear, be found. – II *v/impers* 7. es kommt immer wieder vor, daß it happens again and again that; es kann ~, daß it may happen that; es ist schon vorgekommen, daß sie das getan hat she has been known to do that. – 8. es kommt mir so vor, als ob it seems to me as if. – III V~ *n ⟨-s⟩* 9. *verbal noun.* – 10. *(Auftreten)* occurrence, incidence, appearance: das V~ von Elchen ist in Mitteleuropa äußerst selten the occurrence of elk(s) in Central Europe is extremely rare.

'Vor,kom-men[2] *n ⟨-s; -⟩ (Lagerstätte)* deposit(s *pl*), bed: in Südafrika gibt es immer noch reiche ~ an Gold rich gold deposits still exist in South Africa.

'vor,kom-men-den'falls *adv (officialese)* should the case arise.

'Vor,komm-nis *n ⟨-ses; -se⟩* occurrence, happening, incident, event: keine besonderen ~se no unusual occurrence(s).

'Vor-kon-fe,renz *f bes. pol.* preliminary conference.

'Vor-kor-rek,tur *f print. cf.* Vorauskorrektur.

'Vor,kost *f gastr. cf.* Vorspeise.

'vor,kra-gen [-,kra:gǝn] *civ.eng.* I *v/i ⟨sep, -ge-, h⟩* jut out, project, corbel. – II V~ *n ⟨-s⟩ verbal noun.* — 'Vor,kra-gung *f ⟨-; -en⟩* 1. *cf.* Vorkragen. – 2. corbel, projection.

'vor,krie-chen *v/i ⟨irr, sep, -ge-, sein⟩* creep (*od.* crawl) forward.

'Vor,kriegs|er,schei-nung *f* prewar (*Br.* pre-war) phenomenon. — ~,preis *m* prewar price. — ~,stand *m* prewar level (*od.* figure). — ~ver,hält-nis-se *pl* prewar conditions. — ~,wa-re *f* prewar product (*od.* goods *pl*). — ~,zeit *f* prewar period (*od.* days *pl*).

'Vor,kröpf-ge,senk *n metall.* snaker.

vor,küh-len *v/t ⟨sep, -ge-, h⟩* precool. — 'Vor,küh-ler *m tech.* precooler. — 'Vor,küh-lung *f ⟨-; no pl⟩* preliminary cooling, precooling.

'Vor,kurs *m ped.* preliminary (*od.* preparatory) course.

'vor,la-den *jur.* I *v/t ⟨irr, sep, -ge-, h⟩* 1. summon, cite, *(unter Strafandrohung) auch* subp(o)ena: er wurde wegen (*od.* in) einer Mordsache vorgeladen he was summoned (*od.* cited to appear) in a murder case. – II V~ *n ⟨-s⟩* 2. *verbal noun.* – 3. *cf.* Vorladung.

'Vor,la-de,schein *m jur. cf.* Vorladung 2.

'Vor,la-dung *f ⟨-; -en⟩ jur.* 1. *cf.* Vorladen. – 2. *(writ of)* summons, citation, monition, precept, *Br.* writ, *(unter Strafandrohung) auch* subp(o)ena: nochmalige (*od.* erneute) ~ resummons; schriftliche ~ letters *pl* citatory; j-m eine ~ zustellen to serve s.o. with a summons, to serve a summons (up)on s.o.

'Vor,la-dungs|be,fehl *m jur.* precept, *(unter Strafandrohung)* subp(o)ena. — ~,schrei-ben *n*, ~,zet-tel *m cf.* Vorladung 2.

'Vor,la-ge *f ⟨-; -n⟩* 1. *cf.* Vorlegen. – 2. ⟨*only sg*⟩ *bes. jur.* a) *(von Urkunden etc)* presentation, production, exhibition, b) *(von Beweisen etc)* submission: Aushändigung der Post nur gegen ~ des Personalausweises mail will only be handed out on presentation of the identity card; ~ von Beweisen submission of evidence. – 3. ⟨*only sg*⟩ *bes. econ. (von Wechsel, Scheck etc)* presentation: zahlbar bei ~ payable on presentation. – 4. ⟨*only sg*⟩ *(beim Skifahren)* forward lean, vorlage. – 5. *(beim Fußball etc)* (forward) pass, *bes. Am.* assist. – 6. *(Modell)* model: du mußt dir die ~ genau ansehen you must have a close look at the model; Zeichnen nach ~ *bes. tech.*

object drawing. – **7.** (*Muster*) pattern: eine ~ zum Stricken a knitting pattern. – **8.** *pol.* (*Entwurf*) bill: eine ~ für ein neues Alkoholgesetz a bill for a new law on alcohol. – **9.** (*bes. literature*) subject. – **10.** *chem.* (*Auffanggefäß bei der Destillation*) receiver. – **11.** *tech.* a) (*für Gas*) collector main, b) (*beim Schweißen*) water seal. – **12.** *metall.* (*bei der Gasreinigung*) off-take (*od.* collecting) main. – **13.** *mil.* (*zur Mündungsfeuerdämpfung*) antiflash additive, flash-reducing wad. – **14.** *gastr.* (*einer Speise*) helping, portion.

'**Vor,land** *n* ⟨-(e)s; *no pl*⟩ *geogr.* **1.** (*eines Gebirges etc*) foreland. – **2.** (*vor einem Deich*) foreshore.

'**vor,längst** *adv archaic* long ago (*od.* since).

'**vor,las·sen** *v/t* ⟨*irr, sep,* -ge-, h⟩ **1.** (*Zutritt gewähren*) admit: er wurde beim Präsidenten vorgelassen he was admitted to the president('s presence). – **2.** (*den Vortritt lassen*) let (*s.o.*) go first (*od.* in front): würden Sie mich bitte ~ would you let me go first, please? – **3.** (*vorbeifahren od. -gehen lassen*) let (*s.o., s.th.*) past (*od.* pass, by), allow (*s.o., s.th.*) to pass: er ließ drei Autos vor he allowed three cars to pass.

'**vor,la·stig** [-,lastıç] *adj cf.* vorderlastig.

'**Vor,lauf** *m* **1.** (*sport*) preliminary heat. – **2.** *chem.* a) (*bei der Destillation*) first fraction (*od.* running), forerun, heads *pl*, b) (*bei der Benzolgewinnung*) forerunning. – **3.** *tech.* a) (*Anlauf*) start, b) (*von Schlitten, Spindel etc*) advance, forward travel, approach, c) (*eines Stößels*) forward stroke, d) (*bei einem Rad*) offset, *Br.* off-set. – **4.** *mil.* (*eines Geschützes*) counterrecoil.

'**vor,lau·fen** *v/i* ⟨*irr, sep,* -ge-, sein⟩ **1.** (*nach vorn laufen*) run (up) to the front. – **2.** (*vorauslaufen*) run on ahead. – **3.** (*von Uhren*) *cf.* vorgehen 4.

'**Vor,läu·fer** *m* **1.** (*Person*) precursor, forerunner: die Empiristen sind die ~ der modernen Wissenschaft the empiricists are the precursors of modern science. – **2.** (*Vorbote*) herald, harbinger. – **3.** (*beim Skirennen*) forerunner. – **4.** (*Sache*) forerunner: diese Erfindung ist ein ~ des heutigen Autos this invention is a forerunner of the present-day automobile. – **5.** (*railway*) Swiss for Vorzug². – **6.** (*textile*) forerunner, end cloth. – **7.** *mar.* (*einer Harpune*) foregoer, foreline, foreganger.

'**vor,läu·fig I** *adj* **1.** (*vorübergehend*) temporary, provisional, interim (*attrib*), provisory: das ist nur ein ~er Zustand this is only a temporary state of affairs; diese Unterkunft ist nur ~ this accommodation is only temporary. – **2.** (*noch nicht endgültig*) provisional, preliminary: zur ~en Orientierung for provisional orientation (*od.* guidance); ~en Informationen zufolge according to provisional information; der Arzt konnte nur eine ~e Diagnose stellen the doctor could only make a provisional (*od.* tentative) diagnosis. – **3.** *jur.* interlocutory, interim (*attrib*): eine ~e Anordnung an interim order. – **4.** ~es Programm (*computer*) preliminary program (*bes. Br.* programme). – **II** *adv* **5.** (*bis auf weiteres*) temporarily, provisionally, for the present (*od.* moment, time being), provisorily: das können wir ~ so lassen we can leave it like this provisionally. – **6.** (*fürs erste*) for the present (*od.* moment, time being): ~ kann ich noch nichts Genaues sagen I cannot say anything exact for the moment.

'**vor,laut I** *adj* **1.** forward: sein ~es Wesen regt alle auf his forward manner (*od.* his forwardness) annoys everyone. – **2.** (*keck*) pert, cheeky, saucy, flippant, cocky (*colloq.*). – **3.** *hunt.* (*Hund*) overloud, too noisy. – **II** *adv* **4.** er benimmt sich sehr ~ he behaves most forwardly (*od.* in a very forward manner).

'**vor,le·ben** *v/t* ⟨*sep,* -ge-, h⟩ j-m etwas ~ to exemplify s.th. to s.o. through one's own life: er lebte ihnen vor, wie man mit wenig glücklich sein kann he exemplified to them through his own life how to be happy with little; er führte ein Leben, wie sein Vater es ihm vorgelebt hatte he led the life exemplified by his father.

'**Vor,le·ben** *n* ⟨-s; *no pl*⟩ (*bisheriger Lebenslauf*) former (*od.* past) life, past, antecedents *pl*: über sein ~ ist wenig bekannt little is known about his former life.

'**Vor,le·ge|be,steck** *n* **1.** (*zum Bratenschneiden*) carving knife and fork, carving set. –

2. (*zum Servieren*) serving cutlery, servers *pl*. — ~**,ga·bel** *f* serving fork. — ~**,löf·fel** *m* tablespoon, serving spoon. — ~**,mes·ser** *n* carving knife.

'**vor,le·gen I** *v/t* ⟨*sep,* -ge-, h⟩ **1.** (*Riegel etc*) put (*s.th.*) across. – **2.** (*Schloß, Kette etc*) put (*s.th.*) on. – **3.** (*davorlegen*) put (*od.* lay) (*s.th.*) in front: leg noch einen Stein vor, damit das Auto nicht wegrollt put another stone in front to prevent the car from rolling away. – **4.** (*Speisen*) serve: sie legten ihm nur die besten Sachen vor they served him only the best things (*od.* food). – **5.** (*zeigen*) present: hiermit legt der Verlag ein völlig neues Wörterbuch vor the publishing house presents with this publication a completely new dictionary; das Zeugnis muß den Eltern vorgelegt werden the report must be presented (*od.* shown) to the parents. – **6.** (*einreichen, unterbreiten*) present, submit: das Schreiben wurde ihm zur Unterschrift vorgelegt the letter was presented to him for signature; den Haushalt ~ *pol.* to present the budget; er legte dem Richter die Liste der Geschworenen vor he presented (*od.* returned) the list of the jury to the judge; der Architekt legte der Kommission mehrere Entwürfe vor the architect presented several plans to the commission. – **7.** *bes. jur.* a) (*Dokumente etc*) produce, present, exhibit, b) (*Beweise etc*) submit, produce, tender: können Sie keinen Ausweis ~? can't you produce any identification (card)? der Anwalt legte neue Beweise vor the attorney submitted (*od.* produced) new evidence. – **8.** *bes. econ.* (*Scheck, Wechsel etc*) present: einen Wechsel [erneut] zur Annahme ~ to [re-]present a bill for acceptance. – **9.** (*in Wendungen wie*) j-m eine Frage ~ to put (*od.* address, pose) a question to s.o.; ein schnelles [rasendes od. tolles] Tempo ~ to go at a fast [breakneck] pace (*od.* speed); sie legten ein schnelleres Tempo vor they went at a faster pace, they quickened their pace, they speeded up; j-m den Ball ~ (*sport*) to pass the ball to s.o. – **II** *v/i* **10.** (*von Kellner*) serve. – **III** *v/reflex* sich ~ **11.** lean forward. – **IV V~** *n* ⟨-s⟩ **12.** *verbal noun.* – **13.** *cf.* Vorlegung.

'**Vor,le·ger** *m* ⟨-s; -⟩ **1.** (*vor dem Bett etc*) rug, mat. – **2.** (*vor der Badewanne*) bath mat.

'**Vor,le·ge,schloß** *n* padlock.

'**Vor,le·gung** *f* ⟨-; *no pl*⟩ **1.** *cf.* Vorlegen. – **2.** presentation: ~ der Unterlagen presentation of the material. – **3.** (*Unterbreitung*) presentation, submission: die ~ eines neuen Gesuchs the presentation of a new petition. – **4.** *cf.* Vorlage 2, 3.

'**Vor,le·gungs,frist** *f econ.* time (allowed) for presentation: die ~ für diesen Wechsel beträgt sechs Wochen the time (allowed) for the presentation of (*od.* the time for presenting) this bill is six weeks.

'**vor,leh·nen** *v/reflex* ⟨*sep,* -ge-, h⟩ sich ~ lean (*od.* bend) forward.

'**Vor,lei·ne** *f mar.* fore line, bow fast (*od.* line): ~ ein (*od.* los)! let go forward!

'**Vor,lei·stung** *f* **1.** *econ.* a) advance (payment), b) previous work. – **2.** *pol.* advance concession.

'**Vor,lei·stungs,pflicht** *f econ.* **1.** obligation to pay in advance. – **2.** obligation to render previous services (*od.* provide interim products, carry out previous work).

'**Vor,le·se** *f* (*von Trauben*) early vintage.

'**vor,le·sen** *v/t* ⟨*irr, sep,* -ge-, h⟩ **1.** j-m etwas ~ to read s.o. (out) s.th., to read s.th. (out) to s.o.: sie las ihm den Brief [die Zeitung] vor she read the letter [newspaper] (out) to him; vorgelesen und bestätigt *jur.* read and confirmed. – **2.** (*bekanntgeben*) read out: die Namen der Teilnehmer ~ to read out the names of the participants. – **II** *v/i* **3.** j-m (aus etwas) ~ to read to s.o. (from [*od.* out of] s.th.): sie las den Kindern aus einem Märchenbuch vor she read to the children from a book of fairy tales. – **III V~** *n* ⟨-s⟩ **4.** *verbal noun.*

'**Vor,le·ser** *m* **1.** reader. – **2.** *relig.* reader, lector. [petition.]

'**Vor,le·se,wett·be,werb** *m* reading com-

'**Vor,le·sung** *f* **1.** (*Vorlesungsreihe*) lectures *pl*, course of lectures, *Am. auch* course, lectureship: eine ~ über das elisabethanische Theater halten to give (*od.* deliver) (a course of) lectures (*od.* to lecture) on Elizabethan theater (*bes. Br.* theatre); eine ~ belegen to enrol(l) for (*Am.* in) (a course

of) lectures; ich habe dieses Semester keine ~en gehört (*od.* besucht) I did not go to any lectures this half year (*bes. Am.* semester). – **2.** (*Einzelveranstaltung*) lecture: die ~ wird auf nächsten Montag verschoben the lecture has been postponed to next Monday.

'**Vor,le·sungs|be,ginn** *m* commencement of lectures. — ~**ge,bühr** *f* lecture fee, attendance fee at lectures. — ~**,plan** *m* lecture timetable, *bes. Am.* schedule of lectures. — ~**,rei·he** *f* course of lectures. — ~**,saal** *m* lecture room (*od.* hall). — ~**ver,zeich·nis** *n* (university) calendar (*Am.* catalog[ue]).

'**vor,letzt** *adj* ⟨*attrib*⟩ **1.** (*örtlich u. zeitlich*) last but one, last, penultimate, *auch* penult: der ~e Wagen der Kolonne the last car but one (*Am.* the next to the last car) in the queue; das unsere ~e Zusammenkunft this is our last meeting but one; das ~e Kapitel des Buches the last chapter but one (*od.* the penultimate chapter, the chapter before the last) of the book; die ~e Silbe the last syllable but one, the penult (*auch* penultima[te]). – **2.** (*zeitlich rückblickend*) before last: ~e Woche the week before last; das ~e Mal, ~es Mal the time before last. — '**Vor,letz·te** *m, f* ⟨-n; -n⟩ **1.** last but one, *Am.* next to the last: er ist der ~ in seiner Klasse he is the last but one in his class. – **2.** (*mit Kleinschreibung*) last but one, *Am.* next to the last: er war der v~ in der Reihe he was the last but one in the row; er kam als v~ he was the last but one to come.

'**Vor,lie·be** *f* ⟨-; -n⟩ (*für for*) preference, predilection, partiality, relish, great fondness, *auch* penchant: er hat eine besondere ~ für neue Musik he has a special predilection (*od.* liking) for (*od.* is particularly partial to) modern music; er geht mit ~ auf einsamen Pfaden spazieren he prefers to go for a walk on lonesome paths; er tut das mit ~ he is always (*od.* persistently, for ever) doing that.

,**vor'lieb,neh·men** *v/i* ⟨*irr, sep,* -ge-, h⟩ **1.** mit etwas ~ to make do (*od.* put up) with s.th.: ihr müßt mit dem ~, was da ist you will have to make do with what there is. – **2.** mit j-m ~ to put up with s.o.: wenn die andern nicht kommen, mußt du mit mir ~ if the others do not come you will just have to put up with me.

'**Vor,lie·fe,rant** *m econ.* **1.** supplier (of primary and interim products). – **2.** previous seller (*od.* supplier).

'**vor,lie·gen I** *v/i* ⟨*irr, sep,* -ge-, h u. sein⟩ **1.** (*von Kette etc*) be on: wir können die Tür nicht öffnen, weil ein Schloß vorliegt we cannot open the door because there is a padlock on it. – **2.** (*von Akten etc*) have come in: hier liegen zwei Anfragen eines Reisebüros vor two inquiries have come in from a tourist office; die Anträge liegen noch nicht vor the applications have not yet come in; die Unterlagen müssen bis spätestens Montag beim Sekretariat ~ documents must reach the secretariat no later than Monday (*od.* by Monday at the latest); mir liegt eine Beschwerde der Eltern vor I have here a complaint from the parents; die Akten lagen ihm zur Einsicht [Prüfung] vor the documents were at his disposal for inspection [examination]. – **3.** (*bekannt sein*) be known: das Urteil [Resultat] liegt noch nicht vor the sentence [result] is not yet known. – **4.** (*dasein, existieren*) be: da muß ein Irrtum ~ there must have been a mistake. – **5.** etwas liegt gegen j-n vor s.o. is charged with s.th.: was liegt gegen ihn vor? what is the charge against him? – **6.** (*vorhanden sein*) be present: wenn gewisse Symptome [nicht] ~ should certain symptoms be present [absent]. – **7.** *med.* (*von einem Organ*) be prolapsed. – **II** *v/impers* **8.** es liegt kein Grund zur Besorgnis vor there is no cause for worry; es liegt keine Wortmeldung mehr vor there are no more names on the list of speakers. – **9.** es liegt nichts gegen ihn vor there is no charge against him. – **III V~** *n* ⟨-s⟩ **10.** *verbal noun.* – **11.** bei V~ besonderer Gründe in the event of special reasons. – **12.** (*Vorhandensein*) presence: das V~ dieser Symptome spricht dafür, daß the presence of these symptoms indicates that. — '**vor,lie·gend I** *pres p.* – **II** *adj* **1.** (*zur Verfügung stehend*) on hand: die ~en Auflagen *print.* the editions on hand. – **2.** (*vorhanden*) existing: die ‿en Exemplare the existing specimens. – **3.** (*gegenwärtig*) present, in (*od.* on) hand: im ‿en Falle in the present case, in the case in hand. – **4.** (*zu behandelnd*) in question, at issue: die ‿en Probleme the problems in question. – **III V‿e, das** ⟨-n⟩ **5.** aus dem V‿en geht hervor, daß from the material on hand it follows that. – **6.** (*mit Kleinschreibung*) im ‿en wird erwähnt, daß it is mentioned here that.

'Vor,liek *n mar.* (*beim Segeln*) luff.

'vor·lings *adv* (*sport*) **1.** (*beim Turmspringen etc*) facing the water. – **2.** (*beim Turnen*) frontways.

'Vor·li,zenz *f econ.* provisional (*od.* preliminary) licence (*Am.* license).

'vor,lo·chen *v/t* ⟨*sep*, -ge-, h⟩ (*Karte, Streifen*) prepunch.

'vor,lü·gen *v/t* ⟨*irr, sep*, -ge-, h⟩ j-m etwas ‿ to lie to s.o.: lüg mir doch nichts vor! don't try to lie to me (*od.* to tell me stories, to pull that one on me); er log seinem Vater vor, daß er im Kino gewesen sei (*od.* er sei im Kino gewesen) he lied to his father that he had been to the cinema (*bes. Am. colloq.* movies).

vorm [fo:rm] *colloq. for* vor dem.

'vor,ma·chen *v/t* ⟨*sep*, -ge-, h⟩ **1.** j-m etwas ‿ a) (*zeigen*) to show (*od.* demonstrate) s.th. to s.o., b) *fig.* (*vorspiegeln*) to fool s.o.: ich werde dir ‿, wie das Muster geht I'll show you how the pattern is done; laß es dir von ihm ‿ let him show (it to) you; darin kann ihm niemand etwas ‿ *fig.* no one can teach him anything there; sie können euch noch etwas ‿ *fig.* (*ein Beispiel geben*) they can show you (how to do things), they can show you a thing or two (*colloq.*); ihm kannst du nichts ‿ *fig.* you cannot fool him; er läßt sich nichts [von niemandem etwas] ‿ *fig.* he is no [nobody's] fool, there are no flies on him (*sl.*); du kannst mir doch nichts ‿ *fig.* you can't fool me, you can't pull that one on me; wenn du das glaubst, machst du dir nur selbst etwas vor *fig.* you are fooling yourself if you believe that; wir wollen uns doch nichts ‿! *fig.* don't let's fool (*od. sl.* kid) ourselves; → Dunst 8; X 2. – **2.** *colloq.* (*Brett etc*) put (*s.th.*) on (*od.* across). – **3.** *cf.* vorschieben 1.

'Vor,macht(,stel·lung) *f* ⟨-; *no pl*⟩ **1.** dominating position, preponderance: er fürchtete um seine ‿ innerhalb der Gruppe he feared for his dominating position within the group; die atomare ‿ eines einzigen Staates the atomic preponderance of a single state. – **2.** (*Hegemonie*) hegemony.

'Vor,ma·gen *m zo.* **1.** (*bei Wiederkäuern*) omasum. – **2.** (*bei Vögeln*) crop, gizzard. – **3.** (*bei Insekten*) gizzard; proventriculus, *auch* proventricule (*scient.*).

'vor·ma·gne·ti,sie·ren *v/t* ⟨*insep, no* -ge-, h⟩ (*computer*) premagnetize *Br. auch* -s-.

'Vor,mahd *f agr.* first mowing.

'vor,mai·schen *v/t* ⟨*sep*, -ge-, h⟩ *brew.* digest, premash. — **'Vor,mai·scher** *m* ⟨-s; -⟩ premasher, converter.

'vor,ma·len *v/t* ⟨*sep*, -ge-, h⟩ j-m etwas ‿ to draw s.th. for s.o. to copy.

'vor,ma·lig *adj* ⟨*attrib*⟩ former, erstwhile (*lit.*): der ‿e Besitzer the former owner.

'vor,mals *adv* formerly, in former times.

'Vor,mann *m* ⟨-(e)s; -männer⟩ **1.** *cf.* Vorarbeiter. – **2.** person in front of (*od.* before) s.o. – **3.** *econ. cf.* Vorgirant.

'Vor,mars *m mar.* foretop.

'Vor,marsch *m mil.* advance: die Truppen sind im ‿ auf die Stadt the troops are advancing (*od.* on the advance) toward(s) the town; auf dem ‿ erlitten sie viele Verluste they suffered great losses during (*od.* on) the advance. – ‿,li·nie *f* (*od.* axis) of advance. — ‿,stra·ße *f* road (*od.* route) of advance.

'Vor,mars|,fall *n mar.* fore-topsail halyard (*od.* halliard). — ‿,se·gel *n* fore-topsail.

'Vor,märz *m* ⟨-(es); *no pl*⟩ *hist. period from 1815 to the March revolution of 1848 in Germany.*

'Vor,mast *m mar.* foremast.

'Vor,mau·er *f* **1.** *civ.eng.* (*frostbeständige*) frost-resistant wall. – **2.** *med.* claustrum.

'Vor,mensch *m anthrop.* pithecanthropus. — **'vor,mensch·lich** *adj* prehuman.

'Vor,merk,buch *n cf.* Notizbuch.

'vor,mer·ken I *v/t* ⟨*sep*, -ge-, h⟩ **1.** (*Termin, Bestellung etc*) make a note of, note

(*s.th.*) (down), put (*s.th.*) down: ich werde das Treffen in meinem Kalender ‿ I'll note the meeting in my appointment book. – **2.** (*Zimmer, Platz etc*) reserve: wir werden das Zimmer für Sie ‿ we'll reserve you the room (*od.* the room for you); können Sie den Platz für mich ‿ lassen? can you reserve (*bes. Br.* book) the seat for me? – **3.** j-n ‿ to put s.o. (*od.* s.o.'s name) down: ich werde Sie für den Ausflug nächste Woche ‿ I'll put your name down for the excursion next week; ich habe mich für den Lehrgang ‿ lassen I put my name down (*od.* I had my name put down) for the course. – **II V‿ n** ⟨-s⟩ **4.** *verbal noun.* – **5.** *cf.* Vormerkung.

'Vor,merk|ge,bühr *f* registration (*od.* booking) fee. — ‿ka,len·der *m* **1.** *cf.* Notizbuch. – **2.** *cf.* Terminkalender. — ‿,li·ste *f* waiting list.

'Vor,mer·kung *f* ⟨-; -en⟩ **1.** *cf.* Vormerken. – **2.** ⟨*only sg*⟩ (*von Zimmer, Platz etc*) reservation. – **3.** (*Notiz*) note, entry. – **4.** *jur.* (*vorläufige Eintragung in das Grundbuch*) notice in the land register.

'Vor,milch *f med. zo.* foremilk, colostrum (*scient.*).

'vor·mi·li,tä·risch *adj* (*Ausbildung etc*) premilitary.

'Vor,mit·tag I *m* morning, forenoon (*lit.*): am (*späten*) ‿ in the (late) morning; im Laufe des ‿s in the course of the morning; wir waren den ganzen ‿ über zu Hause we were at home all (*od.* the whole) morning; an einem regnerischen ‿ one rainy morning; eines ‿s ereignete sich folgendes one morning the following happened; des ‿s machte er lange Spaziergänge he went for a long walk every (*od.* in the) morning. – **II v‿** *adv* heute [gestern, morgen] v‿ this [yesterday, tomorrow] morning.

'vor,mit·tä·gig [-,mitɛ:gıç] *adj* ⟨*attrib*⟩ (*happening in the*) morning.

'vor,mit·täg·lich *adj* ⟨*attrib*⟩ (*happening every*) morning: unsere ‿en Besprechungen our morning conferences.

'vor,mit·tags *adv* **1.** (*an einem bestimmten Vormittag*) in the morning, in the forenoon (*lit.*): neulich ‿ the other morning; ich bin ‿ verabredet I have an engagement in (*od.* for) the morning. – **2.** (*jeden Vormittag*) every morning, *bes. Am.* mornings: in dieser Gegend regnet es (*immer*) ‿ it rains every morning (*od.* in the morning[s]) in this region; Sonntag (*od.* sonntags) ‿ every Sunday morning, on Sunday mornings. – **3.** (*bei genauen Zeitangaben*) in the morning, ante meridiem, a.m.: (um) 8 (Uhr) ‿, ‿ (um) 8 (Uhr) (at) 8 o'clock in the morning, (at) 8 a.m.

'Vor,mit·tags|,stun·de *f* morning hour: in den ‿n fing es an zu regnen it started to rain during the morning (hours). — ‿,un·ter,richt *m ped.* morning instruction (*od.* classes *pl*). — ‿,wa·che *f mar.* forenoon watch.

'vor,mit·tel,al·ter·lich *adj hist.* premedi(a)eval.

'Vor,mo·nat *m* previous (*od.* preceding) month, month before.

'vor,mon,tie·ren *v/t* ⟨*sep, no* -ge-, h⟩ *tech.* preassemble, *Br.* pre-assemble.

'Vor,mund *m* ⟨-(e)s; -e "er⟩ *jur.* guardian, (*für Entmündigte u. Geistesschwache*) *Am. auch* conservator: j-n zum ‿ bestellen to appoint s.o. (as) guardian; testamentarisch bestellter ‿ testamentary guardian.

'Vor,munds·be,stel·lung *f jur.* appointment of a guardian (*Am. auch* conservator).

'Vor,mund·schaft *f* ⟨-; *no pl*⟩ *jur.* guardianship, wardship, tutelage: j-n unter ‿ stellen to place (*od.* put) s.o. under guardianship (*od.* the care of a guardian); unter ‿ stehen to be under guardianship (*od.* the care of a guardian), to be in ward; sie steht unter der ‿ ihres Onkels she is in ward to (*od.* under the guardianship of) her uncle; die ‿ für (*od.* über) j-n übernehmen to take over s.o.'s guardianship (*od.* the guardianship of s.o.).

'vor,mund·schaft·lich *adj* tutelary, *auch* tutelar, of a guardian: unter ‿en Aufgaben ist folgendes zu verstehen by tutelary tasks (*od.* the tasks of a guardian) we understand the following.

'Vor,mund·schafts|ge,richt *n jur.* court dealing with guardianship matters. — ‿-

‿,rich·ter *m* judge at a 'Vormundschaftsgericht'. — ‿,sa·che *f* matter of guardianship.

vorn¹ [forn] *adv* **1.** (*an der Vorderseite, an der Spitze*) at the front, in front: das Buch liegt links ‿(e) the book is on the left at the front; wir sitzen ganz ‿(e) we are sitting right up at the front; sie stehen ganz weit ‿(e) in der Schlange they are standing right (*od. colloq.* right away) at the front of the queue; ich sitze weiter ‿(e) I am sitting further up at the front (*od.* nearer the front); links ‿(e) ein Tisch und zwei Stühle (*in Bühnenanweisungen*) a table and two chairs downstage left; sie wartet ‿(e) am Eingang she is waiting outside the door; das Zimmer liegt nach ‿(e) hinaus the room is at the front (of the house); wir wohnen nach ‿(e) heraus we live at the front; nachts muß ein Auto ‿(e) und hinten beleuchtet sein at night a car must have lights at the front and back (*od.* rear); wenn es etwas zu ergattern gibt, ist er immer ganz ‿(e) *fig. colloq.* he is always first in the queue when there is something to be had; ich kann nicht ‿(e) und hinten gleichzeitig sein *fig. colloq.* I cannot be in two places at the same time; er fehlt mir hinten und ‿(e) *fig. colloq.* I miss him in everything; → hinten 1, 6. – **2.** (*vom Sprechenden aus gesehen*) in front, ahead: sie gehen ganz ‿(e) they are walking a long way in front; weiter ‿(e) steht noch eine Telephonzelle there is another telephone booth (*Br.* box) further on ahead. – **3.** (*im Vordergrund*) in the foreground, in front, at the front: ‿(e) sehen Sie zwei schlafende Hirten in the foreground you can see two shepherds asleep. – **4.** (*am Anfang*) at the beginning: das Buch ist ‿(e) kein bißchen spannend there is no excitement at all at the beginning of the book; weiter ‿(e) (im Buch) wurde das Gegenteil behauptet there was a statement to the contrary nearer the beginning (of the book). – **5.** da ‿(e) a) (*weiter in der eigenen Richtung*) (on [there]) ahead, b) (*in einer nicht näher bestimmten Richtung in Sichtweite*) over (*od.* up) there: da ‿(e) ist ein Wegweiser there is a signpost ahead; mein Freund wartet da ‿(e) auf mich my friend is waiting for me over there. – **6.** nach ‿(e) a) (*in Bewegung auf die Vorderseite od. Spitze zu*) up to the front, b) (*vorwärts*) in front, ahead, c) (*vornüber*) forward(s): nach ‿(e) gehen [kommen] to go [to come] up to the front; die Hintenstehenden drängten rücksichtslos nach ‿(e) the people standing behind pushed up to the front (*od.* pushed forward[s]) inconsiderately; nach ‿(e) schauen to look in front; nach ‿(e) geneigt bent forward; der Stuhl kippte nach ‿(e) um the chair fell over forward. – **7.** von ‿(e) a) (*aus der entgegengesetzten Richtung*) from the front, b) (*von der Vorderseite od. Spitze aus*) from the front, from in front, c) (*vom Anfang*) from the beginning: der Feind griff von ‿(e) an the enemy attacked from the front; der Wind kommt von ‿(e) the wind blows from the front; er erhielt einen Schlag von ‿(e) he received a blow from the front; er sah sich den Wagen von ‿(e) an he looked at the car from the front; sie sah ihn von ‿(e) she saw his face; das dritte Haus von ‿(e) the third house from the beginning (*od.* end); noch einmal von ‿(e) once again from the beginning. – **8.** von ‿(e) anfangen a) (*am Anfang*) to begin at the beginning, b) (*ein neues Leben beginnen*) to make a fresh start, to turn over a new leaf, to start afresh, c) (*von neuem*) to start (*od.* begin) all over again, to start (*od.* begin) again from scratch: nach dem Krieg mußte die gesamte Bevölkerung (wieder) von ‿(e) anfangen after the war the whole population had to make a fresh start; danach fing er mit dem Stehlen wieder von ‿(e) an after that he started stealing all over again. – **9.** von ‿(e) bis hinten a) from front to back, b) from beginning to end, c) *fig. colloq.* (*gründlich*) from beginning to end, from front to back, d) *mar.* from stem to stern: sie haben das Zimmer von ‿(e) bis hinten durchsucht they searched the room from front to back (*od.* from top to bottom); er kann das Gedicht von ‿(e) bis hinten

auswendig he knows the poem by heart from beginning to end; **er beherrscht die Materie von ~(e) bis hinten** *fig. colloq.* he knows his subject from beginning to end; **er hat dich von ~(e) bis hinten belogen** *fig. colloq.* he told you a pack of lies. – **10.** ~(e) **und hinten** (*od.* **achtern**) *mar.* fore\

vorn² *colloq. for* vor den.   [and aft.∫

'Vor,nah·me f ⟨-; -n⟩ **1.** *cf.* Vornehmen. – **2.** ~ **von Geschäften** entering into transactions.

'Vor,na·me *m* Christian (*od.* first, given) name, forename.

vorn·an [,fərn'?an; 'fərn,?an] *adv* in (*od.* at the) front: ~ **sitzen** to sit in front, to sit in the front row.

vor·ne ['fərnə] *adv cf.* vorn¹.

'vor,nehm [-,ne:m] I *adj* ⟨-er; -st⟩ **1.** distinguished, refined, polite, genteel: **eine ~e Dame** a distinguished lady; **der ~e Ton** the tone prevailing in polite society; **in ~en Kreisen** in distinguished circles; **sie stammt aus einem ~en Haus** she comes from a distinguished (*od.* very good) family; **die ~e Gesellschaft** polite society; **die ~en Leute** a) the upper class *sg*, the top set *sg*, b) *colloq. iron.* posh people, the swells (*beide colloq.*), *bes. Br. sl.* the nobs; **an so etwas denkt er bestimmt nicht; dazu ist er zu ~** *colloq. iron.* he would not think of such a thing; he is too high-minded for that. – **2.** (*von adeliger Herkunft*) of noble birth, noble, aristocratic, gentle. – **3.** (*von gesellschaftlicher Bedeutung*) of (high) rank: **die ~e Welt** the world of rank and fashion, fashionable (*od.* high) society; ~ **und gering** (*jedermann*) all and sundry, everyone, everybody. – **4.** (*Kleidung, Häuser, Stadtviertel etc*) fashionable, elegant, stylish; posh, swell (*colloq.*), nobby, *auch* knobby (*sl.*), *bes. Am. colloq.* silk-stocking (*attrib*). – **5.** (*großzügig*) noble(-minded), high-minded: **~e Gesinnung** noble-mindedness, noble (*od.* high) mind; **ein Mann von ~er Gesinnung** a noble-minded person, a person with a high mind. – **6.** (*Publikum*) select, distinguished, distingué. – **7.** ⟨*attrib*⟩ *lit.* (*in Wendungen wie*) **meine ~ste Pflicht** [Aufgabe] my most important (*od.* my first) duty [task]. – **II** *adv* **8.** ~ **gekleidet** [eingerichtet] elegantly dressed [furnished]. – **9.** ~ **tun** to put on (*od.* give oneself) airs, to play the gentleman [lady].

'vor,neh·men I *v/t* ⟨*irr, sep,* -ge-, h⟩ **1.** (*Schürze, Serviette etc*) put (*s.th.*) on. – **2.** (*Schulter etc*) lean (*s.th.*) forward. – **3.** (*Handarbeit, Buch etc*) get busy on, get down to. – **4.** (*Messung, Zählung etc*) take. – **5.** (*Änderung, Umgruppierung etc*) make, undertake. – **6.** (*Untersuchung, Prüfung etc*) conduct, carry out, make. – **7.** (*Überweisung etc*) send, make. – **8.** (*Patienten, Kunden*) take (*s.o.*) before (the) others. – **9.** (*zur Prüfung*) test. – **10.** sich (*dat*) **j-n** (wegen etwas) ~ to drag (*od.* haul) s.o. over the coals (about s.th.). – **11.** sich (*dat*) **etwas** ~ a) to resolve (*od.* propose, purpose, make up one's mind) to do s.th., b) to make plans: **ich habe mir fest vorgenommen, pünktlicher zu sein** I have made up my mind to be more punctual; **sich zuviel** ~ to take on too much (*od.* too many things); **hast du dir für morgen schon etwas vorgenommen?** have you any plans for tomorrow? do you have anything on tomorrow? – **II V~** *n* ⟨-s⟩ **12.** *verbal noun.*

'Vor,nehm·heit f ⟨-; *no pl*⟩ **1.** distinction, refinement, politeness, genteelness, gentility, nobility. – **2.** (high) rank. – **3.** (*der Kleidung, des Stadtviertels etc*) fashionableness, elegance, stylishness, poshness (*colloq.*). – **4.** (*der Gesinnung*) nobleness, nobility, noble-mindedness, high-mindedness.

'vor,nehm·lich *lit.* **I** *adv* **1.** (*im besonderen*) in particular, especially: **der Autor hat viele, ~ aber historische Aspekte berücksichtigt** the author has treated many aspects, in particular the historical ones. – **2.** (*in erster Linie*) first and foremost: **nehmen Sie sich ~ des Herrn X an** take care of Mr. X first and foremost (*colloq.*). – **3.** (*hauptsächlich*) primarily, mainly, chiefly, principally: ~, **weil Sie die Sprache nicht sprechen** mainly because you do not speak the language. – **II** *adj* ⟨*attrib*⟩ **4.** prime, main, chief: **ihre ~ste Sorge gilt den Kindern** the children are her main (*od.* chief) concern.

Vor,nehm·tue'rei [-tu:ə'raɪ] f ⟨-; *no pl*⟩ *colloq. contempt.* **1.** affectation, airs and graces *pl.* – **2.** (*Snobismus*) snobbism, snobbery.

vor,nei·gen I *v/t* ⟨*sep,* -ge-, h⟩ **1.** (*Kopf, Körper etc*) lean (*od.* incline) (*s.th.*) forward. – **II** *v/reflex* **sich** ~ **2.** lean (*od.* bend) forward. – **3.** (*zum Gruß*) (give a slight) bow.

vor,ne'über *adv colloq. for* vornüber. — **~ge,beugt** *adj colloq. for* vornübergebeugt.

vor·ne·weg ['fərnə,vɛk; ,fərnə'vɛk] *adv colloq. for* vornweg.

vorn·he·rein ['fərnhɛ,raɪn; ,fərnhɛ'raɪn] *adv* **1. von** ~ a) (*von Anfang an*) from the start (*od.* beginning, outset), b) (*gleich, sofort*) at the start (*od.* beginning, outset): **das wußte ich von** ~ I knew that (right) from the beginning (*od.* from the very beginning); **das hätte von** ~ **geschehen sollen** that should have been done (right) at the outset. – **2.** ~ *philos.* a priori.

'Vor,nie·re f *med.* primitive (*od.* primordial, head) kidney, pronephros (*scient.*).

'vor,norm f *tech.* tentative (*od.* preliminary) standard.

'vor,no,tie·ren *v/t* ⟨*sep, no* -ge-, h⟩ *cf.* vormerken.

vorn'über *adv* forward: ~ **fallen** to fall (over) forward. — **~ge,beugt** *adj* leaned (*Br. auch* leant) (*od.* bent) forward. — **~ge,neigt** I *adj* leaned (*Br. auch* leant) forward. – **II** *adv* ~ **gehen** to (walk with a) stoop.

vorn·weg ['fərn,vɛk; ,fərn'vɛk] *adv* in front: ~ **gehen** to go in front, to go first; **mit dem Kopf** ~ **ins Wasser springen** to jump into the water head first, to jump headlong into the water.

'Vor,ord·ner *m* preliminary file.

'Vor,ort *m* ⟨-(e)s; -e⟩ suburb: **in einem** ~ **leben** to live in a suburb (*od.* the suburbs). — **~,bahn** f **1.** suburban railroad (*Br.* railway). – **2.** suburban (*od.* commuter) train. – **3.** suburban (*bes. Br.* district) line. — **~be,woh·ner** *m* suburbanite, suburban. — **~strecke** (*getr.* -k·k-) f (*railway*) suburban (*bes. Br.* district) line.

'Vor,ort(s),ver,kehr *m* **1.** (*Straßenverkehr*) suburban traffic. – **2.** (*Linienverkehr*) suburban service. – **3.** *cf.* Vorort(s)zugverkehr. — **~,zug** *m* suburban (*od.* local) train, (*bes. Pendelzug*) commuter train. — **~,zug·ver,kehr** *m* suburban train service.

'vor,öster·lich *adj relig.* (*Zeit*) before Easter, pre-Easter (*attrib*).

'Vor,pfän·den n (*mining*) forepoling.

'vor'pfei·fen *v/t* ⟨*irr, sep,* -ge-, h⟩ **j-m eine Melodie** ~ to whistle a tune to s.o.

'Vor,phy·si·kum n *med.* preliminary examination before the 'Physikum'.

'Vor,piek f *mar.* forepeak.

'vor,pla·nen *v/t* ⟨*sep,* -ge-, h⟩ preplan.

'vor,plap·pern *colloq.* I *v/t* ⟨*sep,* -ge-, h⟩ **j-m etwas** ~ (*Gedicht etc*) to prompt s.th. to s.o. – **II** *v/i* **j-m** ~ to prompt s.o.

'Vor,platz *m* **1.** (*vor größeren Gebäuden*) square, (*vor einer Kirche*) *auch* parvis. – **2.** (*eingesäumter*) forecourt. – **3.** (*im Treppenhaus*) landing. – **4.** *aer.* (*Hallenvorfeld*) apron.

'Vor,po·sten *m mil.* outpost, *auch* forepost, outguard: **auf** ~ **sein** (*od.* **stehen**) to be on outpost duty. — **~,auf,stel·lung** f outpost disposition. — **~,boot** n *mar.* coastal defence (*Am.* defense) (*od.* patrol, picket) boat. — **~ge,fecht** n *mil.* outpost action (*od.* engagement). — **~,ket·te, ~,li·nie** f screen (*od.* line) of outposts.

'vor,pral·len *v/i* ⟨*sep,* -ge-, sein⟩ (*von Auto etc*) bounce forward.

'Vor,prä·mie f *econ.* (*an der Börse*) call premium.

'vor,pre·di·gen *v/t* ⟨*sep,* -ge-, h⟩ **j-m** (dauernd) **etwas** ~ *colloq.* to preach s.th. to (*od.* at) s.o. (constantly).

'vor,prel·len *v/i* ⟨*sep,* -ge-, sein⟩ (make a) lunge.

'Vor,pre·mie·re [-prə,mĭɛ:rə] f **1.** (*film*) advance showing, preview. – **2.** (*theater*) tryout, *Br.* try-out.

'vor,pre·schen *v/i* ⟨*sep,* -ge-, sein⟩ **1.** shoot forward. – **2.** hurry (on) ahead.

'Vor,pres·se f (*bei der Papierverarbeitung*) baby press.

'Vor,preß,werk,zeug n *tech.* (*für Plastik*) preforming tool.

'Vor,pro·be f *metall.* preliminary test.

'Vor,pro,dukt n *econ. cf.* Vorerzeugnis.

'vor,pro·du,zie·ren *v/t* ⟨*sep, no* -ge-, h⟩ preproduce.

'Vor,pro,gramm n (*einer Veranstaltung etc*) introductory (*od.* preliminary) program (*bes. Br.* programme).

'vor,pro·gram,mie·ren *v/t* ⟨*sep, no* -ge-, h⟩ **1.** preprogram, *bes. Br.* preprogramme. – **2.** **j-n für** (*od.* **auf** *acc*) **etwas** ~ to precondition (*od.* program) s.o for s.th.

'Vor,prü·fung f ⟨-; -en⟩ *ped.* preliminary examination.

'vor,pum·pen *v/t* ⟨*sep,* -ge-, h⟩ *auto.* (*Brennstoff*) prime.

'vor,quas·seln *v/t* ⟨*sep,* -ge-, h⟩ **j-m was** ~ *Northern G. colloq.* to blather (*od.* blether, twaddle) to s.o.: **er hat mir vorgequasselt, wie wichtig er sei** he blathered to me about how important he was; **er hat mir vorgequasselt, daß** ... he told me a great story about ...

'vor,quel·len I *v/i* ⟨*irr, sep,* -ge-, sein⟩ *cf.* hervorquellen. – **II** *v/t* ⟨h⟩ **etwas** ~ *gastr.* (*Gerste, Erbsen, Reis etc*) to steep (*od.* soak) s.th. beforehand.

'vor,raf·fi,nie·ren *v/t* ⟨*sep, no* -ge-, h⟩ *metall.* (*Werkblei*) *Br.* improve, *Am.* soften.

'vor,ra·gen *v/i* ⟨*sep,* -ge-, h⟩ **1.** *cf.* hervorragen 1, 2. – **2.** *arch. cf.* vorkragen.

'Vor,rang *m* ⟨-(e)s; *no pl*⟩ **1.** precedence, precedency, priority, *auch* antecedence: **den** ~ **vor j-m haben,** ~ **über j-n genießen** to have (*od.* take) precedence over s.o.; **j-m den** ~ **lassen** [streitig machen] to let s.o. have [to contend s.o.'s] priority; **j-m** ~ **einräumen** to concede priority to s.o.; **j-n mit** ~ **abfertigen** to deal with (*od. colloq.* to take care of) s.o. with priority; **vor** (*dat*) **etwas den** ~ **haben** to have priority over (*od.* to precede) s.th.; **Fußgängern den** ~ **geben** to give way (*od.* yield) to pedestrians. – **2.** *bes. Austrian for* Vorfahrt 1.

'vor,ran·gig [-,raŋɪç] I *adj* of prime (*od.* first) importance. – **II** *adv* with precedence (*od.* priority): **eine Angelegenheit** ~ **erledigen** to give a matter priority (treatment).

'Vor,rang|,mel·dung f (*radio*) *telev.* priority item, flash, snap. — **~,stel·lung** f **1.** (*einer Person*) priority position. – **2.** (*einer Nation etc*) superior rank (*od.* position), superiority. – **3.** (*auf einem Fachgebiet*) preeminence, *Br.* pre-eminence.

'Vor,rat *m* ⟨-(e)s; ⁓e⟩ **1.** (*an Ware, Rohmaterial etc*) stock, store, supply, (*bes. an Lebensmitteln*) *auch* provisions *pl*: **auf** ~ **arbeiten** to work up a stock; **auf** ~ **kaufen** to lay in a stock (*od.* buy) in stocks (*od.* supplies); **etwas auf** ~ **haben** to have a (good) stock of s.th., to have s.th. in stock (*od.* on hand); **sich** (*dat*) **einen** ~ **von etwas anlegen** to lay in a stock of s.th.; **einen zu großen** ~ **haben** to be overstocked (*od.* oversupplied); **einen** ~ **angreifen** to draw on (*od.* to break into) a stock; **solange der** ~ **reicht** till stocks are exhausted; **unser** ~ **war ausgegangen** (*od.* **aufgebraucht**) our supplies had run out (*od.* were exhausted). – **2.** (*an Bodenschätzen*) reserve: **große Vorräte an** (*dat*) **Kohle** a) great (*od.* substantial) reserves (*od.* stocks) of coal, b) (*als Halden*) great coal stocks. – **3.** *econ.* (*Lagerbestände*) stocks *pl*, inventory holdings *pl*, (*bes. in Bilanz*) stock-in-trade. – **4.** *econ.* (*an Geld, Devisen*) reserve. – **5.** (*an Blutkonserven etc*) supply. – **6.** (*an Liedern, Witzen etc*) repertoire, repertory, stock.

'vor,rä·tig [-,rɛ:tɪç] *adj* available, in stock (*od.* reserve), on (*od.* in) hand: **das sind unsere ~en Exemplare** those are the copies (which) we have available; **ich habe das Ersatzteil nicht** ~ I don't have the spare part available (*od.* on hand), the spare part is out of stock, I am out of the spare part; **wir halten diesen Artikel stets** ~ we always keep (*od.* have) this article in stock; **das Buch ist noch** ~ the book is still available (*od.* in print); **es sind noch drei Stück** ~ there are still three available (*od.* left, on hand).

'Vor,rats|,an,samm·lung f *cf.* Vorratsbildung 1. — **~be,häl·ter** *m* storage bin. — **~,bil·dung** f **1.** stocking of supplies. – **2.** *econ. pol.* stockpiling, accumulation (*od.* building up) of stocks. — **~,bun·ker** *m* storage bunker. — **~,fach** n (*computer*) **1.** (*des Lesegerätes*) read hopper. – **2.**

(der Stanzeinheit) punch hopper. — **~,haus** *n* warehouse, storehouse, magazine. — **~,kam·mer** *f* pantry, larder, *Br. auch* stillroom. — **~,kauf** *m* **1.** purchase of provisions *(od.* food supplies): Vorratskäufe tätigen to buy (in) provisions. – **2.** *econ. pol.* stockpiling purchases *pl,* buying for stock. — **~,kel·ler** *m* cellar storeroom. — **~kre,dit** *m econ.* credit for financing business stocks, stockpiling loan. — **~,la·ger** *n* **1.** store(room), storehouse. – **2.** *(für Getreide)* granary, garner. — **~,raum** *m* storeroom, stockroom. — **~,schäd·ling** *m meist pl zo.* pest of stored food. — **~,schiff** *n* storeship, depot ship. — **~,schrank** *m* **1.** store cupboard *(od.* press, *bes. Am.* closet). – **2.** *(für Lebensmittel)* pantry *(od.* food) cupboard. — **~,spei·cher** *m* **1.** attic storeroom. – **2.** *(für Getreide)* granary, *Br.* corn loft. — **~,tank** *m* storage *(od.* reserve) tank. — **~,wirtschaft** *f* stockpiling.

'Vor,raum *m* **1.** anteroom. – **2.** *(des Gerichts, Parlaments)* lobby. – **3.** *(im Kino etc)* foyer, lobby, lounge.

'vor,rech·nen *v/t ⟨sep, -ge-, h⟩* j-m etwas ~ a) *(eine Rechenaufgabe)* to show s.o. how to work out s.th., b) *(Kosten etc)* to calculate *(od.* work out, figure out) s.th. for s.o., c) *fig. (Fehler, Untaten etc)* to enumerate s.th. to s.o.

'Vor,recht *n* **1.** privilege: von seinem ~ Gebrauch machen to *(od.* make use of) one's privilege; ~e genießen to enjoy privileges; j-m ein ~ gewähren *(od.* einräumen) to grant *(od.* concede) s.o. a privilege. – **2.** *(verankertes, ausschließliches)* prerogative (right). – **3.** *jur. econ.* a) privilege, priority, preference, b) *(eines Gläubigers etc)* preferential claim *(od.* right).

'vor,recken *(getr.* -k·k-) *v/t ⟨sep, -ge-, h⟩* **1.** den Kopf ~ to stick one's head out. – **2.** den Hals ~ to crane one's neck.

'Vor,re·de *f* **1.** *(eines Buches)* preface, foreword, proem *(lit.)*: eine ~ zu etwas schreiben to preface s.th. – **2.** *(einleitende Worte)* opening *(od.* introductory) remarks *pl,* word(s *pl)* of introduction, proem *(lit.)*. – **3.** *(theater)* prologue, *auch* prolog.

'vor,re·den *v/t ⟨sep, -ge-, h⟩* j-m etwas ~ *colloq.* to tell s.o. s.th.: ich lasse mir doch von Ihnen nichts ~ don't try to tell me that story *(Am.* to hand me that line), tell that to the marines.

'Vor,red·ner *m* **1.** *(vorheriger)* previous speaker: einer der ~ meinte one of the previous speakers suggested. – **2.** *(unmittelbarer)* speaker before one: wie mein ~ ganz richtig bemerkte as the speaker before me remarked quite correctly.

'Vor,reib,ah·le *f tech.* roughing reamer. — **'vor,rei·ben** *v/t ⟨irr, sep, -ge-, h⟩* rough-ream.

'Vor,rei·ni·gung *f tech.* **1.** preliminary cleaning. – **2.** *(von Kohle)* preliminary washing. – **3.** *(von Gas)* primary cleaning.

'vor,rei·ten I *v/i ⟨irr, sep, -ge-, sein⟩* *(vorausreiten)* ride (on) ahead. – **II** *v/t ⟨h⟩* demonstrate, show: ich werde Ihnen die Piaffe ~ I shall demonstrate for you (how to perform) the piaffe. — **'Vor,rei·ter** *m* outrider.

'vor,ren·nen *v/i ⟨irr, sep, -ge-, sein⟩* **1.** *(von Person)* run (on) ahead. – **2.** *colloq. for* vorgehen 4.

'vor,rich·ten *v/t ⟨sep, -ge-, h⟩* *(beim Kochen etc)* prepare, get *(s.th.)* ready.

'Vor,rich·tung *f ⟨-; -en⟩ tech.* **1.** *(mechanisches Hilfsmittel zur Erleichterung einer Arbeit)* device. – **2.** *(Gerät)* appliance. – **3.** *(Betriebseinrichtung)* equipment, facility. – **4.** *(zum Halten, Befestigen, Spannen)* fixture. – **5.** *(Ausrüstung einer Werkzeugmaschine)* attachment. – **6.** *(Schaltvorrichtung)* mechanism. – **7.** *(Gerätschaften)* outfit. – **8.** *(Apparatur)* apparatus. – **9.** *(zum Messen, Anzeigen)* instrument. – **10.** *(Bohrlehre)* jig.

'Vor,rich·tungs|,bau *m ⟨-(e)s; no pl⟩ tech.* jigmaking. — **~,strecke** *(getr.* -k·k-) *f (mining)* development heading.

'vor,rücken *(getr.* -k·k-) **I** *v/t ⟨sep, -ge-, h⟩* **1.** *(Möbelstück etc)* move *(s.th.)* forward. – **2.** *(Schachfigur etc)* advance, move *(s.th.)* forward *(od.* on). – **II** *v/i ⟨sein⟩* **3.** *(von Uhrzeiger)* move on *(od.* round). – **4.** *(um ein paar Plätze, Bänke)* move forward *(od.* up). – **5.** *fig. (im Beruf)* move up, be

promoted, advance (in rank). – **6.** *mil. (von Truppen)* advance.

'vor,ru·fen *v/t ⟨irr, sep, -ge-, h⟩* j-n ~ to call s.o. (up) to the front.

'Vor,run·de *f (sport)* **1.** preliminary round. – **2.** first half of the season.

vors [fo:rs] *colloq. for* vor das.

'Vor,saal *m cf.* Vorraum 2, 3.

'vor,sa·gen I *v/t ⟨sep, -ge-, h⟩* j-m etwas ~ a) to speak s.th. for s.o. to repeat, b) *(einem Mitschüler)* to prompt s.th. to s.o., c) *(soufflieren)* to prompt s.th. to s.o. – **II** *v/i* j-m ~ to prompt s.o., to give s.o. a prompt *(od.* cue). — **'Vor,sa·ger** *m ⟨-s; -⟩* prompter.

'Vor,sam·mel,lin·se *f (optics)* field lens.

'Vor,sän·ger *m* **1.** *(eines Chors)* precentor, principal singer, leading soloist. – **2.** *(in der Kirche)* cantor, precentor, chanter.

'Vor,satz *m ⟨-es; ⸚e⟩* **1.** *(Entschluß)* resolution, resolve: den festen ~ fassen, öfter zu schreiben to make a firm resolution to write more frequently; seinen Vorsätzen treu bleiben to keep to one's resolutions. – **2.** *(Absicht)* intention, design: gute Vorsätze good intentions; mit den besten Vorsätzen zu schweigen with the best intentions of keeping silent; den festen ~ haben, nicht mehr zu rauchen to have the firm intention not to smoke any more; j-n in seinen Vorsätzen bestärken to encourage s.o. in his intentions; → Weg 1. – **3.** *jur.* (criminal) intent, premeditation, malice aforethought *(od.* prepense): mit ~ a) with intent, intentionally, deliberately, on purpose, b) with intent, wil(l)fully, with malice aforethought; mit strafrechtlichem ~ with criminal intent; mit dem ~ zu töten with intent to kill. – **4.** *auch n print.* endpaper: äußerer ~ board paper, outer endpaper; fliegender ~ inner endpaper, flyleaf. — **~,blatt** *n print.* flyleaf, prefixed folio. — **~ge,rät** *n* **1.** *tech.* adapter, auxiliary device. – **2.** *(radio)* converter (set).

'vor,sätz·lich [-,zɛtslɪç] **I** *adj* **1.** *(Lüge, Irreführung etc)* intentional, deliberate, wil(l)ful, designed: → Körperverletzung. – **2.** *jur. (Mord etc)* premeditated, wil(l)ful. – **II** *adv* **3.** with intent, premeditatedly, purposely: j-n ~ töten to kill s.o. with intent *(od.* premeditation).

'Vor,satz|,lin·se *f phot. (optics)* supplementary *(od.* additional, attachment) lens, front lens attachment: ~ für Nahaufnahmen (supplementary) close-up lens. — **~,lin·sen·sy,stem** *n* ancillary lens system. — **~pa,pier** *n print.* endpaper. — **~,pris·ma** *n (optics)* slip-on *(od.* objective) prism. — **~,tu·bus** *m ⟨-; -ben u. -se⟩ phot.* lens tube.

'Vor,schä·ler [-,ʃɛːlər] *m ⟨-s; -⟩ agr. (am Pflug)* skimmer, skim colter *(bes. Br.* coulter). [plant.]

'Vor,schalt,an,la·ge *f tech.* superposed]

'vor,schal·ten *v/t ⟨sep, -ge-, h⟩* **1.** *electr.* connect *(s.th.)* in series. – **2.** *tech.* add, superpose.

'Vor,schalt|ge,setz *n jur.* preliminary law which prepares for a later law by means of steps or phases. — **~,wi·der,stand** *m electr.* series resistor.

'Vor,schau *f* **1.** *(auf ein Radio-, Fernseh-, Filmprogramm)* preview, *(für Film) auch* trailer, prevue: eine ~ auf die Sendungen des Abends a summary of the evening program(me). – **2.** *(auf das Wetter)* forecast. — **~,bild** *n telev.* monitor picture. — **~,mo·ni·tor** *m* preview monitor.

'Vor,schein *m ⟨-s; no pl⟩ (in Wendungen wie)* etwas kommt zum ~ a) *(von Verdecktem, Vermißtem etc)* s.th. appears, b) *(von Tatsachen etc)* s.th. comes out *(od.* to light), c) *(von Krankheit etc)* s.th. becomes apparent, d) *(von Gesinnung etc)* s.th. comes out *(od.* is revealed); wieder zum ~ kommen to reappear; es kam nicht wieder zum ~ it disappeared; etwas zum ~ bringen a) *(Eingeschlossenes, Verborgenes etc)* to produce s.th., b) *(Tatsachen etc)* to bring s.th. to light; er griff in die Schublade und brachte das Schriftstück zum ~ he delved into the drawer and produced the document.

'vor,schicken *(getr.* -k·k-) *v/t ⟨sep, -ge-, h⟩* **1.** send *(s.o.)* (up) to the front. – **2.** *fig.* send *(s.o.)* to find out: j-n ~, um etwas zu erfahren to send s.o. to find s.th. out. – **3.** *mil. (Truppen etc)* send *(s.o.)* to the front.

'vor,schie·ben I *v/t ⟨irr, sep, -ge-, h⟩* **1.** *(Riegel etc)* put *(od.* slip) *(s.th.)* across, *(schnell) auch* shoot *(s.th.)* across: → Riegel 1. – **2.** *(Gardine, Vorhang etc)* pull *(s.th.)* (across *od.* over), draw *(s.th.)* (across *od.* over). – **3.** *(nach vorn schieben)* push *(s.th.)* forward. – **4.** *(Kopf, Unterlippe etc)* stick *(s.th.)* out, *(Lippen) auch* pout. – **5.** *(Schulter)* put *(s.th.)* forward. – **6.** *fig. (eine Krankheit, Verabredung etc)* use *(s.th.)* as a pretext *(od.* an excuse). – **7.** j-n ~ *fig.* to use s.o. as a dummy. – **8.** *tech.* a) *(Meißel, Revolverkopf)* advance, b) *(Werkstück)* feed. – **9.** *mil. (Front, Linie, Truppen)* move *(s.th.)* forward. – **II** *v/reflex* sich ~ **10.** *(von Wolke, Eisberg etc)* move on *(od.* across). – **11.** *(von Person)* push forward.

'vor,schie·ßen I *v/t ⟨irr, sep, -ge-, h⟩* **1.** *colloq. (Geld)* advance: j-m Geld ~ to advance money to s.o., to advance s.o. money. – **II** *v/i ⟨sein⟩* **2.** *(von Sportler, Schlange etc)* dart *(od.* shoot) forward. – **3.** *(von Auto)* shoot *(mit einem Ruck* lurch) forward.

'Vor,schiff *n mar.* foreship.

'Vor,schlag *m* **1.** suggestion, proposal, proposition, offer: einen ~ machen *(od.* unterbreiten) to make *(od.* offer) a suggestion; etwas in ~ bringen to propose s.th.; einen ~ annehmen [ablehnen] to accept [to reject] a proposal; auf ~ von *(od.* des) Herrn X at the suggestion *(od.* [up]on the proposal) of Mr. X, (up)on Mr. X's proposal; ich kann Ihrem ~ nicht zustimmen I cannot approve your proposal; ist das ein ~? *colloq.* how about that for a suggestion? hast du einen besseren ~? can you make a better suggestion *(od.* suggest anything better)? have you anything better to suggest? → Güte 1. – **2.** *(Empfehlung)* recommendation. – **3.** *(für einen Kandidaten)* proposal. – **4.** *pol. cf.* Wahlvorschlag. – **5.** *mus.* appoggiatura: kurzer [langer] ~ short [long] appoggiatura; einfacher [zweifacher, dreifacher] ~ *(bei Schlaginstrumenten)* flam [drag, ruff]. – **6.** *print.* a) *(bei der Kolumne)* white line, b) *(kleine Note beim Notensatz)* grace note. – **7.** *ling. (in der Phonetik)* epenthesis: durch ~ eines ‚e' by prefixing an epenthetic *(od.* a weak) ‚e'. – **8.** *Swiss econ.* surplus. — **~,ei·sen** *n (des Bildhauers)* carving tool *(od.* chisel).

'vor,schla·gen *v/t ⟨irr, sep, -ge-, h⟩* **1.** *(Mittel, Methode etc)* suggest, propose: j-m eine andere Lösung ~ to propose a different solution to s.o.; ich schlage vor, (daß) wir bleiben I suggest that we stay. – **2.** *(Person) (für ein Amt)* propose, nominate. – **3.** *(Hotel etc)* recommend. – **4.** *(anbieten)* offer: er schlug ihr vor, mit ihm zu kommen he offered to take her with him.

'Vor,schlä·ger *m print.* marking tool.

'Vor,schlag|,ham·mer *m tech.* blacksmiths' sledge (hammer), cross-pane sledge. — **~,sil·be** *f metr.* anacrusis.

'Vor,schlags|,li·ste *f pol.* list of candidates, *Am. auch* slate. — **~,recht** *n ⟨-(e)s; no pl⟩* **1.** *(für einen Posten)* right of proposal *(od.* nomination). – **2.** *relig.* presentation. — **~we·sen** *n ⟨-s; no pl⟩ (betriebliches) ~ econ.* suggestion-book system.

'vor,schlei·fen *tech.* **I** *v/t ⟨irr, sep, -ge-, h⟩* **1.** rough-grind, pre-grind. – **2.** *(Gußstücke mit Grobschliff)* snag. – **II** V,~ *n ⟨-s⟩* **3.** *verbal noun.*

'Vor,schleif,schei·be *f tech.* rough-grinding wheel.

'vor,schlich·ten *v/t ⟨sep, -ge-, h⟩ tech.* **1.** rough-finish. – **2.** *(bei Räum- u. Feinbohrarbeiten)* semi-finish.

'Vor,schliff *m tech.* **1.** *cf.* Vorschleifen. – **2.** rough grind.

'Vor,schluß,run·de *f (sport)* semifinal *(Br.* semi-final) (round).

'vor,schmecken *(getr.* -k·k-) *v/i ⟨sep, -ge-, h⟩ (von Gewürz)* be too strong: der Knoblauch schmeckt zu stark vor there is too strong a taste of garlic, it tastes too strongly of garlic.

'Vor,schmelz,ofen *m metall.* premelting furnace.

'Vor,schmie·de,ge,senk *n metall.* rougher, blanker, blocker.

'vor,schmie·den *v/t ⟨sep, -ge-, h⟩ metall.* rough-forge.

'Vor,schnei·de|,brett *n* **1.** *(für Brot)* breadboard. – **2.** *(für Braten etc)* carving board. — **~,mes·ser** *n* **1.** *gastr.* carving knife. - **2.** *tech.* a) roughing cutter, b) (*eines Messerkopfes*) roughing blade.

'vor,schnei·den *v/t* ⟨*irr, sep*, -ge-, h⟩ **1.** (*mundgerecht kleinschneiden*) cut (*s.th.*) up. - **2.** (*Braten etc*) carve. - **3.** (*Brot, Kuchen etc*) cut, slice. - **4.** *tech.* a) rough-cut, b) (*ein Innengewinde*) rough-out.

'Vor,schnei·der *m* **1.** *tech.* a) (*für Gewindebohrer*) taper tap, b) (*für Draht*) (end) cutting nippers *pl*, wire cutter, c) (*einer Säge*) cutter (*od.* scoring) tooth, d) (*eines Schlangenbohrers*) extension (*od.* cutting) lip, head. - **2.** *agr.* (*eines Pfluges*) colter, *bes. Br.* coulter.

'Vor,schneid,frä·ser *m tech.* roughing (*od.* stocking) cutter.

'vor,schnell **I** *adj* (*Antwort, Handlung, Urteil etc*) rash, hasty, precipitous, precipitate. - **II** *adv* ~ handeln to act rashly; ~ urteilen a) to judge rashly, to make rash judg(e)ments, b) to jump to conclusions.

'vor,schnel·len *v/i* ⟨*sep*, -ge-, sein⟩ *cf.* vorschießen 2, 3.

'Vor,schot,mann *m* (*beim Segeln*) foredeck hand.

'vor,schrei·ben *v/t* ⟨*irr, sep*, -ge-, h⟩ **1.** (*Aufsatz etc*) write (*s.th.*) (out) in rough. - **2.** (j-m etwas ~) (*an der Tafel etc*) to write s.th. for s.o. to copy. - **3.** (*zum Ausmalen, Aussticken*) draw the outlines of. - **4.** (*durch Gesetz, Vertrag etc*) provide, prescribe, stipulate: **das Gesetz schreibt vor, daß** the law provides that. - **5.** (*durch Befehle, Anordnungen*) tell, dictate, prescribe, lay (*s.th.*) down: **er schreibt mir dauernd vor, was ich tun soll** he is constantly telling me what to do; **ich lasse mir nichts ~** I won't have people dictate to me (what I am to do). - **6.** *fig.* (*durch genaue Angaben*) specify.

'Vor,schrift *f* **1.** (*Bestimmung*) rule, regulation, provision, prescription, *auch* prescript, stipulation: **den geltenden ~en entsprechend** according to the rules in force; **laut polizeilicher ~** according to police regulations; **laut gesetzlicher ~** according to the law, as prescribed by law; **es ist ~, daß man abends die Haustür abschließt** it is the rule to lock the front door in the evening; **an keinerlei ~(en) gebunden sein** not to be bound by any regulations; **einer ~ zuwiderhandeln** to act against (*od.* to break) a rule; → **Dienst** 3. - **2.** (*Anweisung*) instruction, direction, regulation, prescription, *auch* prescript: **laut ärztlicher ~** according to doctor's instructions (*od.* orders); **ein Medikament nach ~ einnehmen** to take (a) medicine according to the instructions (*od.* as instructed, as directed); **die ~en genau beachten, sich genau an die ~en halten** to follow (the) instructions carefully; **ich lasse mir keine ~en machen** I won't have people tell me what to do (*od.* dictate to me). - **3.** *tech.* specification.

'vor,schrifts·ge,mäß *adj u. adv cf.* vorschriftsmäßig.

'vor,schrifts,mä·ßig **I** *adj* **1.** (*Verhalten, Haltung etc*) correct. - **2.** (*Kleidung, Größe, Abkürzung etc*) proper, (as) prescribed, regulation (*attrib*): **haben Sie die ~e Uniform?** do you have the regulation uniform? - **II** *adv* **3.** **sich ~ verhalten** to behave correctly, to go by the book; **sich ~ kleiden** to dress properly (*od.* as prescribed), to wear regulation dress; ~ **fahren** a) to drive according to the regulations (*od.* rules), b) (*nach Angaben*) to drive according to instructions (*od.* directions).

'vor,schrifts,wid·rig *adj u. adv* contrary to (the) regulations, against the rules.

'Vor,schub¹ *m* ⟨-s; *no pl*⟩ (*in Wendungen wie*) **j-m ~ leisten** a) to encourage (*od.* foster) s.o., b) *pol.* (*dem Feind*) to aid and comfort s.o.; **einer Sache ~ leisten** a) to foster (*od.* further, encourage, promote) s.th., (*begünstigen*) *auch* to favor (*bes. Br.* favour) s.th., b) *jur.* to aid and abet s.th.

'Vor,schub² *m* ⟨-(e)s; ⸚e⟩ **1.** *tech.* (*der Drehmaschine*) feed (motion). - **2.** *telev.* feed.

'Vor,schub|ge,schwin·dig·keit *f tech.* rate of feed. — **~ge,trie·be** *n* feed gear mechanism. — **~,lei·stung** *f jur. cf.* Begünstigung 4. — **~,rä·der,werk** *n tech.* feed gearing. — **~,reg·ler** *m* feed adjuster. — **~,sper·re** *f* (*computer*) carriage interlock. — **~,spin·del** *f tech.* feed screw. — **~,wäh·ler** *m* feed selector.

'Vor,schuh *m* toecap. — **'vor,schu·hen** *v/t* ⟨*sep*, -ge-, h⟩ renew the toecap.

'Vor,schu·le *f ped.* preschool.

'Vor,schul,er,zie·hung *f ped.* preschool education.

'vor,schu·lisch *adj ped.* (*Erziehung etc*) preschool (*attrib*).

'Vor,schul·pro,gramm *n* (*radio*) *telev.* preschool broadcast(ing).

'Vor,schu·lung *f* ⟨-; -en⟩ **1.** (*abstrakte*) preliminary training. - **2.** (*konkrete*) preparatory course.

'Vor,schuß *m* **1.** *econ.* advance (payment), advanced money, *Am. auch* advancement: **zinsloser ~** non-interest-bearing advance; **um ~ bitten** to ask for an advance (payment); **einen ~ gewähren [zahlen]** to grant [to make] an advance (payment); **einen ~ leisten** to advance money; ~ **auf den Lohn bekommen** to receive advance payment on (*od.* of) one's wages. - **2.** *jur.* (*an einen Anwalt*) retaining fee, retainer. - **3.** **etwas auf ~ bekommen** *fig.* (*Prügel etc*) to get s.th. in advance. — **~be,wil·li·gung** *f* granting of an advance (payment). — **~,höchst,gren·ze** *f* maximum advance (payment). — **~,kon·to** *n* advance account. — **~,lei·stung** *f* advance payment, *Am. auch* advancement. — **~,lor·bee·ren** *pl* premature praise *sg*: **mit ~ bedacht werden** to get premature praise, to be praised prematurely. — **v~,wei·se** *adv* as an advance (payment), by way of an advance (*Am. auch* advancement). — **~,zah·lung** *f* advance (payment), payment of an advance, *Am. auch* advancement. — **~,zin·sen** *pl* advance interest *sg*, interest *sg* on an advance.

'vor,schüt·zen **I** *v/t* ⟨*sep*, -ge-, h⟩ pretend, use (*s.th.*) as a pretext: **er schützt Krankheit vor** he pretends to be ill; **er schützte vor, kein Geld zu haben** he pretended that he had no money. - **II V~** *n* ⟨-s⟩ *verbal noun*. - **'Vor,schüt·zung** *f* ⟨-; *no pl*⟩ **1.** *cf.* Vorschützen. - **2.** pretence, *Am.* pretense.

'vor,schwär·men **I** *v/i* ⟨*sep*, -ge-, h⟩ **j-m von j-m [etwas] ~** *colloq.* to rave to s.o. (*od.* to tell s.o. great things) about s.o. [s.th.]. - **II** *v/t* **sie schwärmte ihm vor, wie herrlich ihre Reise gewesen sei** *colloq.* they raved (*od.* went into raptures) about how wonderful their trip had been.

'vor,schwat·zen *v/t* ⟨*sep*, -ge-, h⟩ **j-m etwas ~** *colloq.* to tell s.o. a long rig(a)-marole.

'vor,schwe·ben *v/i* ⟨*sep*, -ge-, h⟩ **j-m schwebt etwas vor** s.o. has s.th. in mind: **mir schwebt etwas (ganz) anderes vor** I have s.th. (quite) different in mind; **mir schwebt eine andere Lösung vor** I have a different solution in mind; **was mir vorgeschwebt hat, war** what I had in mind was; **ihm schwebte vor, eine Gemeinschaft von Gleichgesinnten zu gründen** he had a notion of founding a community of like-minded persons; **so wie es mir vorschwebt** the way I see it.

'vor,schwin·deln *v/t* ⟨*sep*, -ge-, h⟩ **j-m etwas ~** to tell s.o. a lie, to lie to s.o.: **sie versuchte, ihm etwas vorzuschwindeln** she tried to lie to him; **er schwindelte ihr vor, er habe das Geld im Lotto gewonnen** he lied to her that he had won the money in the pools.

'Vor,se·gel *n mar.* headsail: **die ~ pl** the headsails, the head canvas *sg* (*collect.*).

'vor,se·hen **I** *v/t* ⟨*irr, sep*, -ge-, h⟩ **1.** (*planen*) plan, (*zeitlich*) *auch* schedule: **wir haben neue Maßnahmen vorgesehen** we have planned new measures; **das ist nicht vorgesehen** that is not planned (*od.* in the plans); **das war in meinem Plan nicht vorgesehen** that was not included in my plan; **was ist für heute vorgesehen?** what is the program (*bes. Br.* programme) (for) today? **für das Wohnzimmer haben wir rote Vorhänge vorgesehen** we have planned red curtains for the living room; **die Vorführung ist für den späten Nachmittag vorgesehen** the performance is planned (*od.* scheduled) for the late afternoon. - **2.** (*bestimmen*) design(ate), destine, (*für einen bestimmten Zweck*) *auch* earmark: **dieses Geld ist für die Grundlagenforschung vorgesehen** this money has been designated (*od.* earmarked) for basic research; **für dich haben wir diesen Platz vorgesehen** a) we have reserved this place for you, b) we had thought that this

was the right place for you. - **3.** **j-n für etwas ~** to have s.o. in mind (*od.* to think of s.o.) for s.th. - **4.** *jur.* provide: **der Vertrag sieht vor, daß** the contract provides that; **dieser Fall ist im Gesetz nicht vorgesehen** this case is not provided for by statute. - **II** *v/reflex* **sich ~ 5.** be careful, take care: **sieh dich vor, daß (*od.* damit) du nicht hinfällst** be careful that you don't fall (*od.* not to fall), mind (*od.* watch) you don't fall; **sieh dich vor!** a) be careful! take care! b) (*bei unmittelbarer Gefahr*) watch (out)! look out! mind! careful! watch your step! **bei (*od.* mit, vor) ihm muß man sich ~** one has to be careful with him; **sich vor (*dat*) etwas ~** to be careful of s.th., to mind (*od.* watch) s.th., to be on one's guard against s.th.; **sieh dich vor dem Hund vor** mind the dog. - **III** *v/i* **6.** *cf.* hervorsehen. - **7.** *cf.* herausschauen 3.

'Vor,se·hung *f* ⟨-; *no pl*⟩ (*göttliche Lenkung der Geschicke, Schicksal*) Providence: **die ~ hat es so gewollt** Providence would have it so; **in einer Sache ~ spielen** to play Providence in a matter.

'Vor,se·lek·ti,on *f electr.* preselection.

'Vor,se·lek·tor *m tel.* preselector.

'Vor,se,me·ster *n ped.* (*an Fachhochschulen*) preliminary semester.

'Vor,se·mi,nar *n ped.* preparatory seminar.

'Vor,sen·ke *f geol.* foredeep, foretrough.

'vor,set·zen **I** *v/t* ⟨*sep*, -ge-, h⟩ **1.** (*nach vorn setzen*) put (*s.th.*) forward: **den rechten Fuß ~** to put one's right foot forward; **wir haben die Bank drei Meter weiter vorgesetzt** we put (*od.* moved) the bench three meters (*bes. Br.* metres) forward. - **2.** (*Schüler*) move (s.o.) up to the front. - **3.** (*davorsetzen*) put (*s.o.*) in front of (*od.* before) it (*od.* that, them): **wenn man eine Note um einen halben Ton erhöhen will, muß man ein Kreuz ~** to raise a note by half a tone one must put a sharp in front of it (*od.* mark it with a sharp); **um ein Wort im Deutschen zu verneinen, kann man die Silbe ‚un' ~** to put a word into the negative in German one can put the syllable 'un' before it (*od.* prefix [it with] the syllable 'un'). - **4.** (*auftischen*) serve: **j-m ein gutes Essen ~** to serve s.o. a good meal. - **5.** (*anbieten*) offer: **was darf ich Ihnen ~?** what can I offer you? **das kannst du niemandem mehr ~** you cannot offer that to anyone any more. - **6.** *fig. colloq.* dish up: **j-m eine Lügengeschichte ~** to dish up a pack of lies to s.o.; **Zeitungen setzen ihren Lesern oft Sensationen vor** newspapers often dish up sensations to their readers. - **II** *v/reflex* **sich ~ 7.** move forward (*od.* up): **ich habe mich zwei Reihen vorgesetzt** I moved forward two rows.

'Vor,set·zer *m obs.* fender, fire screen.

'Vor,sicht *f* ⟨-; *no pl*⟩ **1.** (*Achtsamkeit, Zurückhaltung*) caution, care, precaution: ~! (*Ausruf*) watch (out)! look out! mind! careful! *bes. hunt.* ware! „~, Glas!" "glass, (handle) with care"; „~, zerbrechlich!" "fragile, (handle) with care"; „~, nicht stürzen!" "this side up"; „~, Stufe!" "mind the step"; „~, frisch gestrichen!" "wet (*Am. auch* fresh) paint"; „~, bissiger Hund!" "beware of the dog"; ~ **am Zug!** stand back (, please)! **die ~ gebietet es** caution requires it; ~ **üben** (*od.* walten lassen) to practice (*bes. Br.* practise) (*od.* apply) caution; **hier ist größte** (*od.* **äußerste**) ~ **geboten** (*od.* **am Platze**) the utmost caution is advised (*od.* advisable); **alle ~ außer acht lassen** to cast all precaution to the winds; **die gefährliche Situation erforderte erhöhte ~** the dangerous situation requires heightened caution; **j-n zur ~ (er)mahnen** to admonish s.o. to be careful; **j-m zur ~ raten** to advise s.o. to be careful; **mit aller ~** with great caution; **mit aller gebotenen ~** with all due caution; **mit (äußerster) ~ zu Werke gehen** to proceed with (the utmost) caution (*od.* [very] cautiously); **dieser Schnaps ist mit ~ zu genießen** *colloq.* these spirits must be drunk with care; **was er sagt, ist mit ~ zu genießen** *colloq.* what he says must be taken with a pinch (*od.* grain) of salt; **er ist mit ~ zu genießen** *colloq.* one has to be very careful with him; **aus (*od.* vor) lauter ~** in (*od.* through) overcaution; **zur ~** a) as a precaution, b) to be on the safe side, to play safe, to be sure; zur ~ wird der Platz durch einen Zaun gesichert as a precaution the site is safeguarded by a fence; ich nehme zur ~ einen Schirm mit I'll take an umbrella to be on the safe side; ~ ist die Mutter der Weisheit (od. colloq. der Porzellankiste, Glasfabrik) (Sprichwort) etwa caution is the mother of wisdom; ~ ist besser als Nachsicht colloq. it's better to be sure than (to be) sorry. – 2. (Wachsamkeit) caution, wariness, vigilance, watchfulness: j-s ~ einschläfern to allay s.o.'s caution. – 3. (Umsicht) circumspection, discretion.

'vor,sich-tig I adj 1. (bedachtsam, besonnen) (pre)cautious, careful, (stärker) guarded, wary, chary: er ist ein ~er Fahrer he is a cautious driver; er ist sehr ~ mit politischen Äußerungen he is very cautious with political comments; bitte sei ~ please be careful; seien Sie ~, daß Sie nicht fallen mind you don't fall, be careful not to fall; ~! watch (out)! look out! mind! careful! – 2. (zurückhaltend, nicht übereilt) (pre)cautious, guarded: nach einer ~en Anfrage after a cautious inquiry; bei ~er Schätzung at a cautious (od. conservative) estimate; eine ~e Formulierung a cautious wording (od. formulation). – 3. (wachsam) watchful, vigilant. – 4. (umsichtig) circumspect. – II adv 5. carefully: etwas ~ anfassen auch fig. to handle s.th. carefully; j-n ~ anfassen fig. to handle s.o. carefully; ~ fahren to drive carefully; ~ zu Werke gehen to go about it (od. things) carefully; du mußt dich ~er ausdrücken you must be more careful (od. prudent) in (od. about) your choice of words. – 6. cautiously, guardedly, warily, charily, (zaghaft) auch gingerly: er kroch ~ an der Tür vorbei he crept past the door cautiously. – 7. (wachsam) watchfully, vigilantly. – 8. (umsichtig) circumspectly. — 'Vor,sich-tig-keit f ⟨-; no pl⟩ 1. caution, cautiousness, care(fulness), (stärker) guardedness, wariness, chariness. – 2. (Wachsamkeit) watchfulness, vigilance. – 3. (Umsichtigkeit) circumspection.

'vor,sichts,hal-ber adv 1. as a precaution: ~ lassen wir ein Schloß in die Tür einbauen we are having a lock built into the door as a precaution. – 2. to be on the safe side, to play safe, to be sure: ~ nehme ich einen Regenschirm mit I'll take an umbrella with me to be on the safe side.

'Vor,sichts|,maß,nah-me, ~,maß,re-gel f precaution(ary measure), cautionary measure, preventive (measure): gegen etwas ~n treffen to take precautions against s.th.

'Vor·si,gnal n (railway) distant (od. warning, advance) signal.

'Vor,sil·be f ling. prefix.

'vor,sin·gen I v/t ⟨irr, sep, -ge-, h⟩ 1. (singend darbieten) sing: sie sangen ihnen ein Lied vor they sang them a song. – 2. (zuerst singen) sing (s.th.) first: ich singe (euch) das Lied vor, ihr singt es dann nach I shall sing the song first, then you sing it after me. – II v/i 3. (Text eines Liedes singen) sing the verses: er singt vor, ihr singt dann den Refrain he will sing the verses, and you sing the refrain. – 4. j-m ~ (bes. am Theater) (um sich prüfen zu lassen) to have an audition with s.o.: j-n ~ lassen to audition s.o., to have s.o. sing. – III V~ n ⟨-s⟩ 5. verbal noun. – 6. (theater) audition.

'vor,sint,flut-lich adj 1. geol. antediluvian. – 2. fig. colloq. (völlig veraltet) antediluvian, prehistoric: ein ~es Auto an antediluvian car; ~e politische Ansichten haben to hold antediluvian (od. antiquated) political views.

'Vor,sitz m ⟨-es; no pl⟩ 1. (Amt) presidency, chairmanship: den ~ übernehmen [niederlegen] to take over [to resign] the presidency; j-m den ~ übertragen to hand over the presidency to s.o.; den ~ an j-n abgeben to resign the presidency to s.o. – 2. (bei einer Sitzung etc) chairmanship: unter dem ~ von Herrn X under the chairmanship of Mr. X, with Mr. X in the chair; bei einer Versammlung den ~ haben (od. führen) to be in (od. hold) the chair at (od. during) a meeting; er übernahm den ~ he took the chair at (od. during) a meeting; er übernahm den ~ he took over the chairmanship, he took the chair.

'vor,sit·zen v/i ⟨irr, sep, -ge-, h u. sein⟩ einer Versammlung ~ to preside over (od. at)

a meeting, to be in (od. to hold) the chair at a meeting.

'Vor,sit·zen·de¹ m ⟨-n; -n⟩ 1. president, chairman, (bei einer Versammlung) auch presider: der zweite (od. stellvertretende) ~ the vice-president, the deputy chairman, the vice-chairman; sich an den ~n wenden to address the president (od. chair). – 2. jur. Am. chief judge, Br. presiding judge.

'Vor,sit·zen·de² f ⟨-n; -n⟩ 1. (lady) president, chairwoman, (bei einer Versammlung) auch presider: die zweite (od. stellvertretende) ~ the vice-president, the deputy chairwoman. – 2. jur. Am. chief judge, Br. presiding judge.

'Vor,sit·zer m ⟨-s; -⟩ cf. Vorsitzende¹.

'Vor,sit·ze·rin f ⟨-; -nen⟩ cf. Vorsitzende².

'Vor·so,kra·ti·ker m ⟨-s; -⟩ philos. pre-Socratic, auch Pre-Socratic. — 'vor·so,kra·tisch adj pre-Socratic, auch Pre-Socratic.

'Vor,som·mer m early summer.

'Vor,sor·ge f ⟨-; no pl⟩ 1. (Vorsichtsmaßnahme) precaution: ~ tragen (od. treffen), daß (od. damit) to take precautions (od. care) that; gegen eine neue Infektion ~ treffen to take precautions (od. to provide) against reinfection; zur ~ (gegen against) as a precaution(ary measure) (od. guard). – 2. (Vorbereitungen) provisions pl: für den Notfall ~ treffen to make provisions for an emergency. — ~me·di,zin f med. preventive medicine.

'vor,sor·gen v/i ⟨sep, -ge-, h⟩ 1. ~, daß (od. damit) to take precautions (od. care) that. – 2. für etwas ~ to make provisions for: für den Winter ~ to make provisions for the winter.

'Vor,sor·ge,un·ter,su·chung f med. medical checkup (Br. check-up).

'vor,sorg·lich I adj (pre)cautionary. – II adv as a precaution: sie hat dem Kind ~ ein paar warme Sachen mitgegeben she gave the child some warm clothing to take with him as a precaution. — 'Vor,sorg·lich·keit f ⟨-; no pl⟩ precaution.

'vor,sor,tie·ren v/t ⟨sep, no -ge-, h⟩ 1. sort (s.th.) (out) roughly. – 2. (Briefe) cull.

'Vor,spann m ⟨-(e)s; -e⟩ 1. (zum Einfädeln eines Films, Tonbands etc) leader. – 2. (eines Spielfilms etc) opening titles pl, credits pl, credit lines pl. – 3. (Vorschau eines Films) preview, auch prevue, trailer. – 4. (vor einem Presseartikel) introductory lines pl. – 5. (zusätzlich vorgespannte Pferde etc) extra team. — ~,band n ⟨-(e)s; ⸚er⟩ (für Tonband) leader tape.

'vor,span·nen I v/t ⟨sep, -ge-, h⟩ 1. (Pferde etc) put (horses etc) to, harness. – 2. eine Lokomotive ~ to link (up) an engine to a train. – 3. (Tuch etc) hang (s.th.) across. – 4. electr. (Relais etc) bias. – 5. civ.eng. (Beton) prestress. – 6. tech. (Lager etc) preload. – II V~ n ⟨-s⟩ 7. verbal noun.

'Vor,spann|lo·ko,mo,ti·ve f (railway) pilot engine. — ~,pferd n trace horse, extra horse.

'Vor,span·nung f ⟨-; no pl⟩ 1. cf. Vorspannen. – 2. electr. bias potential. – 3. metall. initial tension.

'Vor,spei·se f gastr. hors d'oeuvres pl, bes. Br. hors d'œuvres pl, entrée, Am. auch entree.

'Vor,spel·ze f bot. (bei Grasblüten) palea.

'vor,spie·geln I v/t ⟨sep, -ge-, h⟩ 1. j-m etwas ~ to pull the wool over s.o.'s eyes: er versuchte, ihm etwas vorzuspiegeln he tried to pull the wool over his eyes. – 2. (Krankheit, Absichten etc) feign, sham, simulate: er spiegelte ihm eine Krankheit vor he feigned illness to him, he pretended to him to be (od. that he was) ill. – 3. j-m ~, daß to delude s.o. into believing that, to raise the false hope in s.o. that: er spiegelte ihm vor, daß er auf diese Art und Weise viel Geld machen könne he deluded him into believing that he could make plenty of money this way. – II V~ n ⟨-s⟩ 4. verbal noun. — 'Vor,spie·ge·lung, 'Vor,spieg·lung f ⟨-; -en⟩ 1. cf. Vorspiegeln. – 2. ⟨only sg⟩ unter [wegen] ~ falscher Tatsachen under [for] false pretences (Am. pretenses); das ist alles nur ~ falscher Tatsachen it is all pretence (Am. pretense). – 3. (einer Krankheit etc) simulation. – 4. (Irreführung) pretence, Am. pretense, delusion.

'Vor,spiel n ⟨-(e)s; -e⟩ 1. ⟨only sg⟩ (Vorspielen für eine Prüfung etc) audition. – 2. mus. a) prelude, b) overture, auch prelude, c) (zu

einer Veranstaltung, bes. einem Gottesdienst) voluntary: das ~ zu Händels „Xerxes" the overture (od. prelude) to Handel's "Xerxes". – 3. (theater) curtain raiser (auch lifter): das ~ zu einem Drama the prologue to a drama. – 4. (sport) preliminary (od. supporting) match (od. game). – 5. ⟨only sg⟩ fig. (Anfang) prelude, prologue, Am. auch prolog, preface: das war erst das ~ that was only the prelude. – 6. (vor dem Geschlechtsverkehr) foreplay.

'vor,spie·len I v/t ⟨sep, -ge-, h⟩ 1. (auf einem Instrument darbieten) play: ich spiele euch eine Sonate vor I shall play a sonata for you; er ließ sich von ihr ein Präludium ~ he had her play him a prelude. – 2. (zum Nachsingen etc) play (s.th.) first: ich spiele (euch) das Lied vor, ihr singt es anschließend I shall play the song (for you) first, then you sing it. – 3. (schauspielerisch darbieten) play, act, enact: er spielte ihm die Szene vor he played the scene for him. – 4. (zur Instruktion) play, act (s.th.) (first): der Regisseur spielte dem Schauspieler die Szene vor the producer played the scene for the actor. – 5. j-m etwas ~ fig. to delude s.o., to put on an act to s.o. (colloq.): j-m Theater ~ colloq. to put on an act to s.o. (colloq.). – II v/i 6. (etwas auf einem Instrument darbieten) play: ich muß heute in der Musikstunde ~ I have to play today in music class. – 7. (für eine Prüfung, Anstellung etc) have an audition: er spielte dem Leiter der Agentur vor he had an audition with the director of the agency; er ließ den Kandidaten ~ he auditioned the candidate, he had the candidate play (bei dramatischen Stücken auch act).

'vor,spin·nen v/t ⟨irr, sep, -ge-, h⟩ 1. (textile) rove. – 2. j-m etwas ~ fig. colloq. to fib to s.o. (colloq.).

'Vor,spinn|,krem·pel m tech. (textile) rover, condenser card. — ~ma,schi·ne f rover, roving (od. drawing, flyer) frame.

'Vor,spra·che f ⟨-; -n⟩ call, visit: nach einer ~ beim Minister after a call on (od. visit to) the minister; nach etlichen ~n auf dem Sozialamt after several visits to (od. at) the (social) welfare office.

'vor,sprach·lich adj prelinguistic.

'vor,spre·chen I v/t ⟨irr, sep, -ge-, h⟩ 1. (zum Nachsprechen vorsagen) (dat for) pronounce: einem Kind ein Wort ~ to pronounce a word for a child. – 2. (vortragen) recite: bei der Prüfung sprach er den Monolog aus „Hamlet" vor he recited the monologue from "Hamlet" in the examination; j-n etwas ~ lassen to have s.o. recite s.th. – II v/i 3. (j-n od. etwas besuchen) call: bei j-m ~ to call on s.o.; auf einem Amt ~ to call at an office. – 4. (theater) have an audition: sie sprach bei dem Intendanten vor she had an audition with the manager; der Intendant ließ ihn ~ the manager auditioned him (od. had him recite). – III V~ n ⟨-s⟩ 5. verbal noun. – 6. (theater) audition.

'vor,sprin·gen v/i ⟨irr, sep, -ge-, sein⟩ 1. (herausspringen) (aus out of, from) jump (od. leap, spring) forward. – 2. (von Felsen, Bauteilen etc) project, jut out, protrude. – 3. (von Uhrzeiger) jump on. —

'vor,sprin·gend I pres p. – II adj 1. (Felsen, Bauteil etc) projecting, protruding, jutting. – 2. (Kinn, Nase etc) prominent, protruding. – 3. (Backenknochen) prominent, high. – 4. math. (Winkel) salient.

'Vor,spruch m 1. prologue, Am. auch prolog. – 2. jur. pol. cf. Präambel.

'Vor,sprung m ⟨-(e)s; ⸚e⟩ 1. a) (vorspringender Teil) projection, b) (Überhang) overhang. – 2. (ins Meer ragender Felsen, Küstenstrich etc) promontory, headland: die Küste bildet hier einen ~ the coast forms a promontory here. – 3. (auch sport) (Vorgabe) start, advantage: ich gebe dir einen ~ von fünf Minuten I'll give you a start of five minutes, I'll give you five minutes' start. – 4. (auch sport) (Abstand) lead: sein ~ vor seinem Gegner beträgt 50 Sekunden he has a lead of 50 seconds on (od. he is 50 seconds ahead of) his opponent, he leads his opponent by 50 seconds; j-s ~ aufholen to make up s.o.'s lead; einen ~ gewinnen (od. herausholen) to gain a lead; er hat einen ~ von drei Runden [Punkten] he is leading by three laps [points]; mit großem ~ by a wide margin; mit einem ~ von zwei Sekunden by a margin of two seconds; dieses Land hat auf technischem Gebiet einen ~ von mehreren Jahren this country is several years in the lead (*od.* several years ahead) in the field of technology; dadurch, daß er früh zur Schule gekommen ist, hat er einen großen ~ vor den anderen he is well ahead of the others due to the fact that he started school very young. – **5.** *med.* a) process, projection, prominence, eminence, tuberosity, protuberance, b) (*Auswuchs*) boss.

'Vor,spur *f* ⟨-; *no pl*⟩ *auto.* a) (*positive*) toe-in, b) (*negative*) toe-out. — **~,win·kel** *m* toe-in.

'Vor,sta·di·um *n* preliminary stage.

'Vor,stadt *f* **1.** suburb: in der ~ wohnen to live in a suburb (*od.* in the suburbs). – **2.** ⟨*only sg*⟩ *contempt.* suburbia: beiden sah man die ~ schon von weitem an they both had suburbia written all over them. — **~be,woh·ner** *m* suburbanite, suburban: die ~ a) the suburbanites, suburban: die ~ a) the suburbanites, b) *contempt.* suburbia *sg*.

'Vor,städ·ter *m cf.* Vorstadtbewohner.

'vor,städ·tisch *adj* suburban, suburb (*attrib*).

'Vor,stadt|,ki·no *n* suburban cinema (*bes. Am.* motion-picture theater, *colloq.* movie). — **~,neu,ro·se** *f psych.* suburban neurosis. — **~,thea·ter** [-,te,a:tər] *n* suburban theater (*bes. Br.* theatre).

'Vor,stag *n mar.* forestay.

'Vor,stand *m* ⟨-(e)s; -e⟩ **1.** (*von Vereinen, Gesellschaften etc*) managing committee (*od.* board). – **2.** (*von Parteien, Gewerkschaften etc*) executive (*od.* managing) committee (*od.* board), governing body. – **3.** *econ.* board (of management), managing committee, directorate, managing board of directors, inside board (of directors), management. – **4.** *ped.* (*einer Akademie etc*) principal, head. – **5.** *bes. Austrian and Swiss* a) *cf.* Vorsitzende¹ 1, Vorsitzende² 1, b) *cf.* Vorsteher.

'Vor,stands|ge,häl·ter *pl econ.* directors' fees. — **~,mit,glied** *n* **1.** *econ.* member of the board (*od.* managing committee), board member, director. – **2.** *pol.* member of the (party) executive. — **~,sit·zung** *f* **1.** *econ.* board meeting, meeting of the managing committee. – **2.** *pol.* meeting of the (party) executive. — **~,wahl** *f* **1.** *econ.* election of the board. – **2.** *pol.* executive elections *pl*.

'vor,ste·chen *v/t* ⟨*irr, sep,* -ge-, h⟩ *tech.* (*Löcher etc*) bradawl.

'Vor,steck,är·mel *m* sleeve cover (*od.* protector), oversleeve.

'vor,stecken (*getr.* -k·k-) *v/t* ⟨*sep,* -ge-, h⟩ **1.** den Kopf ~ to poke (*od.* stick) one's head out (*od.* forward). – **2.** (*Markierung etc*) move (*s.th.*) forward. – **3.** sich (*dat*) etwas ~ to pin s.th. on.

'Vor,stecker (*getr.* -k·k-) *m* **1.** *tech.* cotter (pin). – **2.** *auto.* linchpin, joggle.

'Vor,steck|,keil *m* cotter. — **~,na·del** *f* **1.** (breast)pin, brooch. – **2.** *obs. for* Krawattennadel. — **~,splint** *m tech.* cotter pin. — **~,stift** *m* locking (*od.* stop) pin.

'vor,ste·hen *v/i* ⟨*irr, sep,* -ge-, h *u.* sein⟩ **1.** (*von Gebäuden, Bauteilen etc*) project, jut (*od.* stick) out, protrude: das Haus steht zu weit vor the house projects too far. – **2.** (*von Zähnen, Augen etc*) protrude, stick out. – **3.** (*in Wendungen wie*) einem Amt ~ to administer an office; einem Geschäft ~ to manage a business; einem Haushalt ~ to administer (*od.* preside over) a household; einer Partei ~ to preside over a party; einer Schule ~ to superintend a school. – **4.** der Hund steht vor *hunt.* the dog points (*od.* sets). — **'vor,ste·hend** *I pres p.* – **II** *adj* **1.** (*Gebäude, Bauteile etc*) projecting, protruding, jutting. – **2.** (*Zähne, Augen etc*) protruding, prominent: ~e Zähne protruding teeth, buckteeth; → Kinn. – **3.** (*Backenknochen*) prominent, high. – **4.** ⟨*attrib*⟩ *fig.* (*vorangehend*) preceding, above: aus den ~en Überlegungen geht hervor, daß from the preceding considerations it follows that. – **III** *adv* **5.** above, (*in Dokumenten*) hereinabove, hereinbefore: wie ~ erwähnt as mentioned above. – **IV V~e,** das ⟨-n⟩ **6.** the above: aus dem V~en from the above. – **7.** (*mit Kleinschreibung*) im ~en (in the) above, (*in Dokumenten*) *auch* hereinabove, hereinbefore.

'Vor,ste·her *m* ⟨-s; -⟩ *archaic* **1.** (*eines Bahnhofs*) stationmaster, *Am. auch* station agent. – **2.** (*eines Büros*) chief (*od.* head, senior) clerk. – **3.** (*einer Kirchengemeinde*) chairman. – **4.** (*einer Gemeinde*) mayor. – **5.** *cf.* Schulvorsteher.

'Vor,ste·her,drü·se *f med.* prostate (gland).

'Vor,ste·her,drü·sen|ent,zün·dung *f med.* prostatitis. — **~ver,grö·ße·rung** *f* hypertrophy (*od.* enlargement) of the prostate, prostatomegaly (*scient.*).

'Vor,ste·he·rin *f* ⟨-; -nen⟩ *archaic* (*eines Mädchenpensionats etc*) headmistress, principal.

'Vor,steh,hund *m zo.* (*Jagdhundrasse*) pointer, setter, ranger.

'vor,stell·bar *adj* conceivable, imaginable: so etwas ist einfach nicht ~ such a thing simply is not conceivable (*od.* is simply inconceivable, cannot possibly be conceived); es ist durchaus ~, daß it is quite conceivable that. — **'Vor,stell·bar·keit** *f* ⟨-; *no pl*⟩ conceivability, conceivableness, imaginableness.

'vor,stel·len I *v/t* ⟨*sep,* -ge-, h⟩ **1.** (*nach vorn stellen*) put (*od.* move) forward (*od.* move) (*s.th.*) forward: können wir den Tisch nicht weiter ~? can't we put the table farther forward? – **2.** (*in den Weg stellen*) put out: er stellte ein Bein vor, so daß ich hinfiel he put out his leg so that I fell. – **3.** (*Uhr, Uhrzeiger*) put (*s.th.*) forward (*od.* on), set (*s.th.*) ahead: er stellte die Uhr (um) zehn Minuten vor he put the clock forward (*od.* on, *Am. auch* ahead by) ten minutes. – **4.** (*davorstellen*) put (*s.th.*) in front (of it *od.* them): wir stellen den Schrank vor, damit sie nicht hereinkönnen we'll put the cupboard in front (of the door) so that they can't get in(to) the room. – **5.** j-n j-m ~ to introduce (*bes. bei Hofe* present) s.o. to s.o.: darf ich Ihnen Herrn X ~? may I introduce Mr. X to you? sich j-m ~ lassen to have oneself introduced to s.o. – **6.** (*einen neuen Artikel, einen neuen Star etc*) present: die Firma X stellte auf der Messe eine neue Waschmaschine vor the firm of X presented (*od.* introduced) a new washing machine at the fair. – **7.** (*darstellen*) represent: was soll diese Gestalt auf dem Bild ~? what is this figure in the picture supposed to represent (*od.* be)? diese Schauspieler stellen das Volk vor these actors represent the people. – **8.** (*bedeuten*) mean, signify: was soll dieses Gemälde ~? what is this painting supposed to mean? was soll denn das ~? what is that supposed to be? what is the meaning of that? – **9.** etwas (*Großes*) ~ *colloq.* to impress, to make an impression: er stellt etwas vor he is quite impressive. – **10.** sich (*dat*) etwas ~ a) (*denken*) to imagine s.th., b) (*ausmalen*) to imagine (*od.* picture [to oneself], visualize *Br. auch* -s-) s.th., to envisage s.th.: stell dir vor, wie gräßlich! imagine how awful! stell dir vor! *colloq.* imagine! fancy that! stell dir meine Überraschung vor imagine (*od.* picture) my surprise; stell dir das nicht so leicht vor don't (*od.* you needn't) think (*od.* imagine) (that) it is all that easy, it's not as easy as you think (*od.* imagine); ich kann mir nichts Besseres ~ I cannot imagine anything better, I can think of nothing better; ich kann mir nicht ~, daß I cannot imagine (that); ich kann sie mir gut als Hausfrau ~ I can just imagine her as (*od.* see her [as]) a housewife; so stelle ich mir einen schönen Urlaub vor that is my idea of a nice holiday (*Am.* vacation); ich hatte mir die Reise anders vorgestellt this wasn't exactly my idea of a trip, I had pictured the trip very differently; das hätte ich mir nicht vorgestellt I wouldn't have thought it would be like that, I didn't expect it to be like that; was stellst du dir (eigentlich) vor! *colloq.* who do you think you are! in ihren Träumen stellte sie sich ein großes Haus in einem schönen Park vor in her dreams she imagined (*od.* pictured) a big house in a beautiful park. – **11.** sich (*dat*) etwas unter (*dat*) etwas ~ a) (*etwas Abstraktes*) to understand s.th. by s.th., b) (*etwas Konkretes*) to imagine s.th. to be s.th.: was stellst du dir unter diesem Begriff [darunter] vor? what do you understand by this concept [by that]? unter dem Tivoli stelle ich mir einen großen Vergnü-

gungspark vor I imagine Tivoli to be a large amusement park; ich kann mir darunter nichts ~ it does not mean anything (*od.* a thing) to me, it does not convey any meaning to me. – **12.** j-m etwas ~ to point out s.th. to s.o.: er stellte ihm die Folgen seines Leichtsinns vor he pointed out to him the consequences of his carelessness; er stellte ihm vor, wie gefährlich dies sei he pointed out to him how dangerous this was. – **13.** *auto.* (*Zündung*) advance. – **II** *v/reflex* sich ~ **14.** jump the queue. – **15.** sich j-m ~ to introduce oneself to s.o., to make oneself known to s.o.: darf ich mich ~: Hans X may I introduce myself? Hans X; er stellte sich den Damen des Hauses vor he introduced himself (*od.* made himself known) to the ladies of the house. – **16.** (*als Antrittsbesuch*) present oneself: er stellte sich bei dem Direktor [in der neuen Schule] vor he presented himself to the director [at the new school]. – **17.** (*für eine Anstellung*) have an interview: ich stelle mich heute bei der Firma X vor I have (*od.* I am going for) an interview with the firm of X today; heute stellt sich bei unserer Firma ein neuer Kandidat vor a new applicant is having (*od.* is coming for) an interview with our firm today. – **III V~** *n* ⟨-s⟩ **18.** *verbal noun.*

'vor,stel·lig *adj only in* bei einer Behörde [auf einem Amt] ~ werden a) to apply to an authority [to an office], b) (*protestierend*) to lodge a complaint with an authority [with an office].

'Vor,stel·lung *f* ⟨-; -en⟩ **1.** *cf.* Vorstellen. – **2.** ⟨*only sg*⟩ (*Bekanntmachen*) introduction, (*bes. bei Hofe*) presentation: die ~ der Gäste (untereinander) nahm viel Zeit in Anspruch the introduction of the guests (to each other) took a great deal of time; ich habe Ihren Namen bei der ~ nicht verstanden I did not quite catch your name when we were introduced. – **3.** ⟨*only sg*⟩ (*eines neuen Artikels, eines Stars etc*) presentation, introduction. –. **4.** (*zwecks einer Anstellung*) interview: wir laden Sie zu einer persönlichen ~ ein we invite you to come for an (*od.* a personal) interview. – **5.** (*im Theater, im Konzertsaal, im Kino etc*) performance: eine öffentliche [geschlossene] ~ a public [closed *od.* private] performance; eine ~ geben to give a performance; die ~ beginnt [endet] um 20 Uhr the performance begins (*od.* commences) [ends] at 8 p.m.; die ~ war gut [schwach] besucht the performance was well [poorly] attended; heute abend keine ~ no performance tonight. – **6.** (*Begriff, Gedanke, Bild*) idea, conception, notion: sich (*dat*) eine [falsche] ~ von etwas machen to have (*od.* form) an idea [a wrong idea *od.* a misconception] of s.th.; du machst dir keine ~ davon! you have no idea! you wouldn't believe it! er macht sich keine ~ davon, wie schwer sie es hat he has no idea (of) how difficult things are for her; eine falsche ~ von etwas geben to misrepresent s.th.; eine klare [deutliche] [verschwommene] ~ von etwas haben to have a clear [hazy *od.* vague] idea of s.th.; ich habe davon keine ~ I have no idea of that; ich kann damit keine ~ verbinden it does not mean anything to me; der Bericht gab ihm eine ~ davon, wie report gave him an idea of how; du mußt dich langsam an die ~ gewöhnen, daß du für andere zu sorgen hast you must gradually get used to the idea of having to look after others; düsteren ~en Raum geben to give way to gloomy ideas; ich kann diese ~ nicht loswerden I cannot get this idea out of my mind; das unterscheidet sich von den üblichen ~en that is different from the conventional idea; das entspricht ganz meiner ~ that is exactly the way I see it. – **7.** ⟨*only sg*⟩ (*Bewußtsein*) mind: in meiner ~ sieht das anders aus things are different to my mind. – **8.** ⟨*only sg*⟩ (*Phantasie, Vorstellungskraft*) imagination: diese Dinge existieren nur in deiner ~ these things only exist in your imagination; das geht über alle ~ that surpasses all imagination; sie ist über alle ~ schön she is beautiful beyond all imagination. – **9.** *pl* (*Vorhaltungen*) remonstrances, representations: er ist keinen ~en zugänglich he is impervious to all remonstrances; alle ~en waren fruchtlos all remonstrances were futile; j-m wegen etwas ~en machen to remonstrate with (od. make remonstrances with) s.o. about s.th. – 10. (vor einem Boxkampf) presentation.

'Vor,stel·lungs|,kraft f ⟨-; no pl⟩, ~ver-,mö·gen n ⟨-s; no pl⟩ imaginative faculty, imagination, faculty of imagination (od. visualization Br. auch -s-), ideality. — ~,welt f mind.

'Vor,sten·ge,stag n mar. (eines Schoners etc) fore-topmast stay.

'Vor,ste·ven m mar. stem(post).

'Vor,stich m metall. 1. (für Bleche) roughing (od. breaking-down) pass. – 2. (für Blöcke) blooming (Br. cogging) pass.

'Vor,stop·per m (sport) (beim Fußball) center (bes. Br. centre) half(back).

'Vor,stoß m ⟨-es; ⁼e⟩ 1. (Versuch) attempt, try: einen ~ machen to make an attempt. – 2. (kühnes Unternehmen) venture, sally: ein kühner ~ in die Antarktis a bold venture into the Antarctic; einen neuen ~ wagen to dare a new venture; der ~ in den Weltraum ist gelungen the venture into space has succeeded. – 3. mil. thrust, drive, raid, push, advance: einen ~ abwehren to ward off a thrust. – 4. (sport) a) (beim Fußball etc) rush, b) (beim Fechten) (development and) lunge, straight thrust. – 5. (textile) (Besatz von Kanten) piping, edging, lap, furbelow. – 6. chem. (bei Destillationsgefäßen) adapter, auch adaptor. – 7. tech. (vorspringender Rand an Rädern) edging strip.

'vor,sto·ßen I v/t ⟨irr, sep, -ge-, h⟩ 1. j-n [etwas] ~ to push (etwas colloq. shove) s.o. [s.th.] forward. – II v/i ⟨sein⟩ 2. venture: in unerforschte Gebiete ~ to venture into unexplored territory; bis an die Grenzen des Weltalls ~ to venture to the borders of space. – 3. mil. thrust (od. push) forward, advance: gegen die feindlichen Stellungen ~ to advance rapidly toward(s) the enemy positions. – 4. (sport) rush forward.

'Vor,stra·fe f jur. previous (od. prior) conviction: er hat keine ~n a) he has no previous convictions, he has no criminal (od. police) record, b) he is a first offender. — 'Vor,stra·fen·re,gi·ster n register of previous (od. prior) convictions, criminal (od. police) record.

'Vor,stra·ße f metall. 1. (für Bleche) breaking-down train. – 2. (für Blöcke) blooming (Br. cogging) train.

'vor,strecken (getr. -k·k-) v/t ⟨sep, -ge-, h⟩ 1. (Hand, Arm etc) thrust out, stretch (s.th.) forward. – 2. (Kopf) put (one's head) forward, poke (od. stick) out. – 3. (Krallen) stretch (s.th.) forward, protract. – 4. colloq. (Geld) advance. – 5. metall. a) (Bleche) rough, break down, b) (Blöcke) Am. bloom, Br. cog.

'Vor,streck·ge,rüst n metall. pony rougher.

'Vor,strom m mar. wake.

'Vor,stu·die f (zu 1. preliminary study (on). – 2. (art) preliminary sketch (for).

'Vor,stu·di·um n ⟨-s; no pl⟩ (in dat in) preliminary studies pl.

'Vor,stu·fe f 1. (zu before, of) preliminary stage. – 2. tech. preliminary stage, pre-stage. – 3. electr. pre-stage. – 4. (radio) a) (eines Empfängers) preselector stage, b) (eines Senders) penultimate stage.

'vor,stül·pen v/t ⟨sep, -ge-, h⟩ (Lippen) pout. – II v/reflex sich ~ med. (von Falten, Tumoren etc) project, protrude. – III V~ n ⟨-s⟩ verbal noun. — 'Vor,stül·pung f ⟨-; -en⟩ 1. cf. Vorstülpen. – 2. (vorgestülpter Teil) protrusion.

'vor,stür·men v/i ⟨sep, -ge-, sein⟩ rush (od. charge) forward.

'vor,stür·zen v/i ⟨sep, -ge-, sein⟩ dash (od. shoot) forward.

'Vor,sturz,walz,werk n metall. mill for rolling breakdowns.

'vor,sünd,flut·lich adj colloq. cf. vorsintflutlich 2.

'Vor·syn·chro·ni·sa·ti,on f (film) prescoring. — 'vor·syn·chro·ni,sie·ren v/t ⟨insep, no -ge-, h⟩ prescore.

'Vor,tag m previous day, day before: am ~ the day before; am ~ dieses Ereignisses the day before; am ~ on the eve of this event, the day previous to this event.

'vor,tan·zen I v/t ⟨sep, -ge-, h⟩ 1. (dar-

bieten) dance: j-m etwas ~ to dance s.th. for s.o. – 2. (demonstrieren) show (s.o.) how to dance: der Tanzlehrer tanzte ihnen einen Walzer vor the dancing teacher showed them how to (dance a) waltz. – II v/i 3. choreogr. dance (in front of examiners).

'Vor,tän·zer m, 'Vor,tän·ze·rin f leading dancer, leader of the dance.

'vor,täu·schen I v/t ⟨sep, -ge-, h⟩ 1. sham, feign, fake, pretend, put on: Krankheit ~ to feign (od. simulate) illness; Betroffenheit ~ to put on an air of perplexity. – 2. sie täuschte einen Überfall [eine Vergewaltigung] vor she pretended to have been assaulted [raped]. – II V~ n ⟨-s⟩ 3. verbal noun. — 'Vor,täu·schung f ⟨-; no pl⟩ 1. cf. Vortäuschen. – 2. unter [wegen] ~ falscher Tatsachen under [for] false pretences (Am. pretenses). – 3. (einer Krankheit) simulation.

'Vor,teig m gastr. leaven.

'Vor,teil ['fɔr-] m ⟨-s; -e⟩ 1. advantage: dieses Verfahren hat (od. bietet) mehrere ~e this procedure has (od. offers) several advantages; die Sache hat den ~, daß the matter has the advantage that; diese Stelle bietet gewisse materielle ~e this position has certain material advantages; die Vor- und Nachteile einer Sache gegeneinander abwägen to weigh (up) the advantages and disadvantages (od. the pros and cons) of a matter; wo ist denn da der ~? what is the advantage of (doing) that? das ist für dich von (großem) ~ that is of (great) advantage (od. is [very] advantageous) to you; er ist ihm gegenüber im ~ he has the (od. an) advantage over (od. the draw on) him, the odds are on his side, he has the edge on (od. over) him (colloq.); einen ~ gegenüber j-m haben to have the draw on s.o.; sich (dat) einen ~ gegenüber j-m verschaffen to gain an advantage over s.o., to get the weather ga(u)ge on s.o.; seinen ~ verstehen, seinen ~ wahrzunehmen wissen to know where one's advantage is (od. lies), to know which side one's bread is buttered; seinen eigenen ~ suchen, auf seinen eigenen ~ bedacht sein (od. colloq. aussein) to have an eye to one's own advantage (od. interests), to be out for one's own advantage; etwas zu seinem ~ ausnützen to turn s.th. to one's own advantage; etwas zu seinem ~ verändern to change for the better, to improve (greatly). – 2. (Nutzen) advantage, benefit: er hat davon große ~e he has great advantages from it, he benefits greatly from it; aus etwas ~ ziehen to benefit from s.th., to derive benefit (od. advantage) from s.th.; er zog ~ daraus, daß seine Geschwister in derselben Branche tätig waren he benefited from the fact that his brothers and sisters worked in the same trade; aus etwas ~ schlagen (od. capitalize) on s.th., to take advantage of s.th. – 3. (Gewinn) advantage, profit: etwas mit ~ verkaufen to sell s.th. to advantage (od. at a profit); sich zu seinem ~ verrechnen to miscalculate to one's (own) advantage. – 4. (Interesse) interest: j-s ~ im Auge haben to have an eye to s.o.'s interests; den eigenen ~ hintansetzen to put one's own interests last; zu deinem eigenen ~ in your own interest, for your own good. – 5. (sport) advantage: ~ Aufschläger (beim Tennis) advantage server (od. in), van in (colloq.); ~ Rückschläger (beim Tennis) advantage receiver (od. out), van out (colloq.); (den) ~ gelten lassen (vom Schiedsrichter) to allow an advantage. – 6. jur. benefit.

'vor,teil·haft I adj 1. (günstig) favorable, bes. Br. favourable, advantageous: ein ~er Kauf a favo(u)rable (od. good) buy, a bargain, a good deal (colloq.); breite Streifen sind bei schmalen Schultern sehr ~ broad stripes are advantageous (od. are an advantage, are of advantage) with narrow shoulders; das ist für ihn ~ that is advantageous (od. an advantage) for him, that is to his advantage. – 2. (gewinnbringend) advantageous, profitable: ein ~es Geschäft an advantageous transaction. – 3. (förderlich, zuträglich) beneficial. – II adv 4. etwas ~ einkaufen to buy s.th. at a favo(u)rable (od. an advan-

tageous) price; etwas ~ verkaufen to sell s.th. at a profit (od. at an advantageous price); sie kleidet sich sehr ~ she wears clothes which are very advantageous for her; sie sieht sehr ~ in diesem Kleid aus she looks her best in this dress, this dress suits her a lot (colloq.); diese Farbe wirkt ~ this colo(u)r has a favo(u)rable effect. – III V~e, das ⟨-n⟩ 5. the advantage, the advantageous thing: das V~e daran ist, daß the advantage about it is that. – 6. (mit Kleinschreibung) etwas auf das (od. aufs) ~este verwenden to use s.th. to (the) best advantage.

'Vor,teils,re·gel f (sport) advantage rule (od. law).

Vor·tex ['vɔrtɛks] m ⟨-; -tices [-titsɛs]⟩ med. vortex, whorl.

'Vor,tie·fe f geol. cf. Vorsenke.

'Vor,tier n (einer Herde) leader.

'vor,to·nig [-,toːnɪç] adj ling. (Silbe, Vokal etc) pretonic.

'Vor,ton|,sil·be f ling. pretonic syllable, pretone. — ~vo,kal m pretonic vowel, pretone.

'Vor,topp m mar. foremast.

'Vor,trab m ⟨-(e)s; -e⟩ obs. (einer Reiterabteilung) vanguard.

'Vor,trag [-,traːk] m ⟨-(e)s; ⁼e⟩ 1. (bes. wissenschaftlicher) lecture: einen ~ über (acc) etwas halten to hold (od. give, deliver) a lecture on s.th., to lecture on s.th.; in einen (od. zu einem) ~ gehen to go to a lecture; j-m einen langen ~ über (acc) etwas halten fig. colloq. to give s.o. a long lecture about (od. on) s.th. – 2. (nicht wissenschaftlicher) talk, discourse: er hielt einen interessanten ~ über seine Reiseerlebnisse he gave an interesting talk on his trip. – 3. (im Radio, Fernsehen) talk. – 4. ⟨only sg⟩ (von Gedichten etc) recitation, recital. – 5. ⟨only sg⟩ (musikalische Solodarbietung) recital. – 6. ⟨only sg⟩ bes. mus. (Vortragsweise) performance, presentation, interpretation, rendering. – 7. ⟨only sg⟩ (im Hinblick auf die Sprechweise) diction, delivery, enunciation, elocution. – 8. (Bericht) report. – 9. econ. a) (Übertrag) carry-over (od. -forward), transfer, b) (Saldo) balance, c) (Umbuchung) transfer: ~ auf neue Rechnung carry-over to fresh account.

'vor,tra·gen v/t ⟨irr, sep, -ge-, h⟩ 1. (nach vorn tragen) carry (s.th.) (up) to the front. – 2. (einen Vortrag halten über) lecture on: er trug das Thema allgemeinverständlich vor he lectured lucidly on the subject. – 3. (reden über) give a talk on, talk about. – 4. (Gedicht, Geschichte etc) recite: ein Gedicht ~ to recite (od. render, auch declaim) a poem, (ablesen) auch to read a poem. – 5. (Musikstück) perform, play, execute. – 6. etwas gut [schlecht] ~ a) to perform (od. present) s.th. well [badly], b) (im Hinblick auf die Sprechweise) to deliver (od. enunciate) s.th. well [badly]. – 7. (Bericht erstatten über) report on. – 8. (darlegen, mitteilen) state, express: j-m seine Meinung [einen Wunsch] ~ to express one's opinion [a wish] to s.o.; ich habe dem Geschäftsführer meine Beschwerde vorgetragen I expressed my complaint to (od. I lodged my complaint with) the manager; tragen Sie die Sache schriftlich vor state the matter in writing; → Klage 4. – 9. (bei einer Sitzung) present: die Angelegenheit ist dem Ausschuß vorgetragen worden the matter was presented to (od. put before) the committee. – 10. econ. (auf neues Konto) carry (s.th.) (forward od. over), transfer. – 11. mil. (sport) (Angriff) make, launch: einen Angriff ~ to attack.

'Vor,tra·gen·de m, f ⟨-n; -n⟩ 1. (Redner) lecturer. – 2. (Künstler) performer.

'Vor,trags|,abend m recital: zu einem ~ gehen to go to a recital. — ~,art f cf. Vortrag 6, 7. — ~be,zeich·nung f mus. expression mark. — ~,fol·ge f 1. cf. Vortragsreihe. – 2. program, bes. Br. programme. — ~,kunst f ⟨-; no pl⟩ elocution. — ~,künst·ler m, ~,künst·le·rin f elocutionist, reciter. — ~,kurs m (course od. series) of lectures. — ~,rei·se f lecture tour. — ~,saal m lecture room (od. hall). — ~,tech·nik f presentation. — ~,wei·se f cf. Vortrag 6, 7. — ~,zei·chen n mus. expression mark. — ~,zy·klus m cf. Vortragsreihe.

,vor'treff·lich I adj (Mann, Gemälde, Essen,

Geschichte etc) excellent, splendid, superb, capital (*colloq.*): ∼! splendid! – **II** *adv* das Essen ist dir ∼ gelungen your meal turned out excellently. — **'Vor,treff·lich·keit** *f* ⟨-; *no pl*⟩ excellence, splendidness.

'vor,trei·ben *v/t* ⟨*irr, sep,* -ge-, h⟩ **1.** (*Tiere*) drive (*animal*) on. – **2.** (*Stollen etc*) drive.

'Vor,trep·pe *f* perron, flight of steps (*od.* stairs).

'vor,tre·ten *v/i* ⟨*irr, sep,* -ge-, sein⟩ **1.** (*aus einer Reihe*) step (*od.* come) forward. – **2.** (*von Augen*) protrude, bulge.

'Vor,trieb *m* ⟨-(e)s; *no pl*⟩ **1.** (*mining*) a) (*Tätigkeit*) road heading, drifting, b) (*Leistungseinheit*) rate of advance. – **2.** *aer.* propulsive thrust.

'Vor,triebs⎸,kraft *f aer. cf.* Schub 4. — ∼,lei·stung *f* propulsive output.

'Vor,tritt *m* ⟨-(e)s; *no pl*⟩ **1.** precedence, priority: j-m den ∼ lassen a) to let s.o. go in front, b) *fig.* (*j-n etwas zuerst tun lassen*) to let s.o. go ahead; den ∼ vor j-m haben to have precedence over s.o., to precede s.o. – **2.** *Swiss for* Vorfahrt 1.

'vor,trock·nen *v/t* ⟨*sep,* -ge-, h⟩ predry.

'Vor,trupp *m mil.* advance party.

'vor,tun *v/t* ⟨*irr, sep,* -ge-, h⟩ *colloq.* **1.** (*Schürze etc*) put (s.th.) on. – **2.** (*Riegel, Kette etc*) put (s.th.) on (*od.* across).

'vor,tur·nen I *v/t* ⟨*sep,* -ge-, h⟩ (*sport*) (*Übung*) demonstrate: eine Übung am Barren ∼ to demonstrate an exercise on the parallel bars. — **II** *v/i* demonstrate gymnastic exercises. — **'Vor,tur·ner** *m* gymnastic demonstrator.

vor·über [fo'ryːbər] *adv* ∼ sein a) (*zeitlich*) to be over, to be past, to have gone by, to be gone (*poet.*), b) (*räumlich*) to have gone past (*od.* by), to have passed, c) (*von Wut, Trauer etc*) to be over: der Winter ist ∼ (the) winter is over. — ∼,ge·hen *v/i* ⟨*irr, sep,* -ge-, sein⟩ **1.** vorbeigehen 1, 2, 3, 6, 7. – **2.** die Schicksalsschläge sind nicht spurlos an ihr vorübergegangen *fig.* the reverses of fate have left their mark (*od.* have told) on her; → Kelch 4. — ∼,ge·hend I *pres p.* – **II** *adj* **1.** (*nur kurze Zeit dauernd*) temporary, transitory, momentary. – **2.** (*kurzlebig, flüchtig*) passing, transitory, transient. – **3.** (*vorläufig*) temporary, preliminary. – **III** *adv* **4.** ∼ geschlossen closed temporarily. — ∼,zie·hen *v/i* ⟨*irr, sep,* -ge-, sein⟩ *cf.* vorbeiziehen 2, 3.

'Vor,übung *f* preliminary (*od.* preparatory) exercise.

'Vor,un·ter,su·chung *f* **1.** *jur.* preliminary examination (*bes. Am.* hearing). – **2.** *med.* preliminary examination.

'Vor,ur·teil *n* prejudice, bias, prepossession, preconception, preopinion, *Br.* pre-opinion, preconceived idea: ∼ gegen j-n [etwas] haben (*od.* hegen) to have (*od.* hold) a prejudice (*od.* be prejudiced, be bias[s]ed) against s.o. [s.th.]; kein ∼ haben to hold no prejudice; sich über ∼ hinwegsetzen to overcome prejudices; in ∼en befangen sein to be inhibited by prejudice(s).

'vor,ur·teils,frei *adj cf.* vorurteilslos.

'vor,ur·teils·los *adj* unprejudiced, unbias(s)ed, free from prejudice (*od.* bias). — **'Vor,ur·teils·lo·sig·keit** *f* ⟨-; *no pl*⟩ freedom from prejudice (*od.* bias), candor, *bes. Br.* candour.

'Vor,vä·ter *pl* forefathers, for(e)bears, ancestors, primogenitors, progenitors (*lit.*).

'Vor,ver,bren·nung *f auto.* precombustion.

'vor,ver,dau·en *v/t* ⟨*sep, no* -ge-, h⟩ predigest. — **'Vor,ver,dau·ung** *f* ⟨-; *no pl*⟩ predigestion.

'vor,ver,dich·ten *v/t* ⟨*sep, no* -ge-, h⟩ *auto.* supercharge, boost, precompress. — **'Vor,ver,dich·ter** *m* supercharger, booster.

'Vor,ver,ein·ba·rung *f* preliminary agreement.

'Vor,ver,fah·ren *n jur.* preliminary proceedings *pl.*

'Vor,ver,gan·gen·heit *f* ⟨-; *no pl*⟩ *ling. cf.* Plusquamperfekt.

'Vor,ver,hand·lun·gen *pl* preliminary negotiations, preliminaries.

'Vor,ver,kauf *m* ⟨-(e)s; *no pl*⟩ **1.** (*für Theaterkarten etc*) advance booking (*od.* sale): der ∼ hat begonnen advance booking has commenced; sich (*dat*) Karten im ∼ besorgen to reserve (*bes. Br.* book) tickets (in advance). – **2.** *econ.* advance sale.

'Vor,ver,kaufs⎸,kas·se, ∼,stel·le *f* booking (*od.* box) office.

'vor,ver,le·gen *v/t* ⟨*sep, no* -ge-, h⟩ **1.** (*Termin, Feier etc*) arrange an earlier date for, advance. – **2.** (*weiter nach vorn legen*) advance. – **3.** das Feuer ∼ *mil.* to lift fire.

'Vor,ver,stär·ker *m electr.* (*radio*) preamplifier, *Br.* pre-amplifier. — **'Vor,ver,stär·kung** *f* preamplification, *Br.* pre-amplification.

'Vor,ver,such *m* **1.** pilot test. – **2.** preliminary experiment (*od.* trial).

'vor,ver,tei·len *v/t* ⟨*sep, no* -ge-, h⟩ (*postal service*) cull. — **'Vor,ver,teil,platz** *m* culling position.

'Vor,ver,trag *m jur.* precontract, binder, preliminary contract.

'Vor,ver,zer·rung *f* (*radio*) preemphasis, *Br.* pre-emphasis.

'vor,vor,ge·stern *adv* three days ago.

'vor,vo·rig *adj* ⟨*attrib*⟩ before last: ∼e Woche the week before last.

'vor,vor,letzt *adj* ⟨*attrib*⟩ **1.** last but two. – **2.** *ling.* (*Silbe*) antepenultimate, antepenult.

'vor,wa·gen *v/reflex* ⟨*sep,* -ge-, h⟩ sich ∼ venture forward.

'Vor,wahl *f* **1.** *pol.* preliminary election, preelection, *Br.* pre-election, *Am.* primary (election). – **2.** *electr.* (*computer*) preselection. – **3.** *tel.* a) preselection, b) *cf.* Ortsnetz-Kennzahl. – **4.** ∼ der Blende *phot.* preselection of the aperture.

'Vor,wähl,au·to,ma·tik *f* ⟨-; *no pl*⟩ *tel.* automatic preselector.

'Vor,wahl,blen·de *f phot.* preselective diaphragm.

'vor,wäh·len I *v/t* ⟨*sep,* -ge-, h⟩ **1.** *tel.* preselect. – **II** V∼ *n* ⟨-s⟩ **2.** *verbal noun.* – **3.** *cf.* Vorwählung.

'Vor,wäh·ler *m electr.* (*computer*) *tel.* preselector.

'Vor,wähl⎸ge,trie·be *n auto.* preselection gear, preselector gearbox. — ∼,num·mer *f tel.* **1.** code number. – **2.** *cf.* Ortsnetz-Kennzahl. — ∼,schal·ter *m* preselector gear control. — ∼,stu·fe *f tel.* preselection stage.

'Vor,wäh·lung *f* ⟨-; *no pl*⟩ **1.** *cf.* Vorwählen. – **2.** *electr. tel.* preselection.

'vor,wal·ten *v/i* ⟨*sep,* -ge-, h⟩ *cf.* a) vorherrschen, b) überwiegen¹ 2.

'Vor,wal·ze *f metall.* **1.** (*für Bleche*) break-down roll. – **2.** (*für Blöcke*) blooming (*Br.* cogging) roll. – **3.** (*für Walzdraht*) roughing roll.

'vor,wal·zen *v/t* ⟨*sep,* -ge-, h⟩ *metall.* **1.** (*Blechstütze*) break down. – **2.** (*Blöcke*) *Am.* bloom, *Br.* cog (down). – **3.** (*Walzdraht*) rough (down).

'Vor,walz⎸ge,rüst *n metall.* **1.** (*für Bleche*) breaking-down stand. – **2.** (*für Blöcke*) blooming (*Br.* cogging) stand. – **3.** (*für Walzdraht*) rougher, roughing stand. — ∼,werk *n* **1.** breaking-down mill. – **2.** blooming (*Br.* cogging) mill. – **3.** roughing mill.

'Vor,wand *m* ⟨-(e)s; ∼e⟩ **1.** pretext, pretence, *Am.* pretense, pretension, *auch* pretention, disguise: einen ∼ suchen to look for a pretext; etwas zum ∼ nehmen, etwas als ∼ benutzen to use s.th. as a pretext (*od.* blind, subterfuge); etwas dient als ∼ s.th. serves as a pretext; eine Einladung unter einem ∼ absagen to decline an invitation on a pretext; unter dem ∼, Kopfschmerzen zu haben (*od.* daß sie Kopfschmerzen habe) under (*od.* on) the pretext of (having) a headache. – **2.** (*Entschuldigung*) excuse, pretext, plea.

'vor,wär·men I *v/t* ⟨*sep,* -ge-, h⟩ **1.** (*Teller etc*) warm (s.th.) (up) beforehand. – **2.** *tech.* preheat. – **II** V∼ *n* ⟨-s⟩ **3.** *verbal noun.* – **4.** *cf.* Vorwarmung.

'Vor,wär·mer *m* ⟨-s; -⟩ *tech.* **1.** (*beim Schweißen*) preheater. – **2.** (*für Kessel*) economizer *Br. auch* -s-.

'Vor,wärm⎸,ofen *m metall.* preheating furnace. — ∼,tisch *m electr.* preheating bench.

'Vor,wär·mung *f* ⟨-; *no pl*⟩ **1.** *cf.* Vorwärmen. – **2.** *metall.* preliminary heating.

'Vor,war·nung *f auch mil.* early warning.

'vor,wärts ['foːr-; 'foɐ-] *adv* **1.** forward(s): sich ∼ bewegen to move forward(s); drei Schritte ∼ machen (*od.* tun) to go three steps forward(s); ein Schritt ∼ *auch fig.* a step forward; etwas ∼ schieben to push s.th. forward(s); nur langsam ∼ kommen (*im Schneesturm etc*) to make little (*od.* slow) headway; → auf 1 *od.* 10 *od.* ahead) to! step on it! (*colloq.*), forward! (*humor.*), b) *mil.* forward! etwas ∼ und rückwärts

---

(*aufsagen*) können *fig. colloq.* to know s.th. (off) backward(s) (and forward[s], *Br.* and frontward[s]), to know s.th. inside out (*Br. auch* [off] back to front) (*alle colloq.*). – **2.** (*vorn*) on (ahead), ahead, onward(s): weiter ∼ further on (ahead), further ahead; der Drang nach ∼ *fig.* the urge onward(s) (*od.* to get ahead). – **3.** (*sport*) forward: Grätsche ∼ forward straddle; Rumpf ∼ beugt body forward bend. — V∼be,we·gung *f* **1.** forward movement. – **2.** forward motion. — ∼,brin·gen *v/t* ⟨*irr, sep,* -ge-, h⟩ j-n [etwas] ∼ *fig.* to further (*od.* advance, promote) s.o. [s.th.], to help s.o. [s.th.] on (*od.* further), to bring s.o. [s.th.] on. — V∼,gang *m* **1.** *auto.* forward gear (*od.* speed). – **2.** (*film*) (*eines Projektors*) forward motion. — ∼,ge·hen *fig.* **I** *v/i* ⟨*irr, sep,* -ge-, sein⟩ progress, improve, come on, advance, proceed: die Sache will nicht ∼ the affair is not progressing. – **II** *v/impers* es geht wieder vorwärts things are improving (*od.* looking up): mit seiner Genesung geht es jetzt vorwärts his recovery is progressing now, he is coming on well now. — V∼ka,nal *m* (*computer*) forward channel. — ∼,kom·men *fig.* **I** *v/i* ⟨*irr, sep,* -ge-, sein⟩ **1.** (*im Leben, beruflich, gesellschaftlich etc*) get along (*od.* on), progress, make progress, do well, advance, make one's way, (*beruflich*) *auch* improve one's position: er wird im Leben ∼ he will get along (well) (*od.* go far, *colloq.* go places) in life; er ist im Leben nie recht vorwärtsgekommen he never got very far in life; (*in der Welt*) ∼ to rise (*od.* come up) in the world; mit diesem Vertrag sind wir einen großen Schritt vorwärtsgekommen we have moved a great step forward(s) with this treaty. – **2.** (*mit der Arbeit etc*) make headway: ich komme mit meiner Arbeit nicht recht vorwärts I'm not making much (*od.* I'm not making any great, I'm making little) headway with my work. — **II** V∼ *n* ⟨-s⟩ **3.** *verbal noun:* du mußt an dein V∼ denken you must concentrate on getting ahead in life; es ist kein V∼ mit ihm you can make no headway with him. — V∼,schwei·ßung *f tech.* backhand (*od.* progressive) welding. — V∼,stra·te·gie *f mil.* forward strategy. — V∼,ver·tei·di·gung *f* forward defence (*Am.* defense).

'Vor,wä·sche *f* soak, first wash.

'Vor,wasch,gang *m* (*einer Waschmaschine*) soak, first wash.

'vor'weg [-'vɛk] *adv* **1.** (*voran*) (out) in front, (out) ahead: der kleine Junge immer drei Schritte ∼ the little boy always three steps out in front. – **2.** (*an der Spitze*) in front, at the head (*od.* fore): ∼ die Fahnenträger, dahinter die Kapelle the flag bearers in front, followed by the band. – **3.** (*vorher*) beforehand: ∼ kann man das schlecht beurteilen it is very hard to judge (that) beforehand; ∼ gab es einen Hummercocktail there was lobster cocktail beforehand (*od.* to begin with, to start with). – **4.** (*von Anfang an*) from the beginning (*od.* outset).

'Vor'weg,nah·me *f* ⟨-; *no pl*⟩ anticipation.

'vor'weg,neh·men *v/t* ⟨*irr, sep,* -ge-, h⟩ **1.** anticipate: diese Philosophie nimmt die meisten heutigen Erkenntnisse schon vorweg this philosophy anticipates most of our present-day cognitions. – **2.** um es gleich vorwegzunehmen (*in order*) to come to the point; um das Wichtigste gleich vorwegzunehmen, möchte ich dir sagen, daß (*in order*) to come to the most important item first I'd like to tell you that. – **3.** er hat bei dem Witz die Pointe vorweggenommen he anticipated the point when telling the joke.

'Vor'weg,wei·ser *m* (*Verkehrszeichen*) sign on the approach to a junction.

'Vor,we·hen *pl med.* false (*od.* premonitory) pains.

'vor,wei·nen *v/t* ⟨*sep,* -ge-, h⟩ j-m etwas ∼ *fig. colloq.* a) to tell s.o. a long sob story (*colloq.*), b) to shed a few crocodile tears.

'vor,wei·sen I *v/t* ⟨*irr, sep,* -ge-, h⟩ **1.** (*Paß, Ausweis, Eintrittskarte, Fahrkarte etc*) produce, show, present. – **2.** (*Zeugnisse, Urkunden etc*) present. – **3.** etwas [nichts] ∼ können (*od.* vorzuweisen haben) *fig.* to have s.th. [nothing] to show for oneself: ausreichende Kenntnisse ∼ können to have adequate qualifications. – **II** V∼

n ⟨-s⟩ **4.** *verbal noun.* — **'Vor,wei·sung** *f* ⟨-; *no pl*⟩ **1.** *cf.* Vorweisen. - **2.** *cf.* Vorzeigung 2, 3.

'Vor,welt *f* ⟨-; *no pl*⟩ **1.** former ages *pl.* - **2.** prehistoric world. — **'vor,welt·lich** *adj* **1.** prehistoric(al). - **2.** *fig. colloq. (Ansichten etc)* antediluvian, prehistoric, antiquated.

'vor,wer·fen *v/t* ⟨*irr, sep,* -ge-, h⟩ **1.** Tieren etwas ~ *(als Futter)* to throw s.th. to animals. - **2.** j-m etwas ~ *fig.* a) to reproach *(od. rebuke)* s.o. for s.th., to cast *(od. throw)* s.th. into s.o.'s teeth, *(schwächer)* to remonstrate with s.o. about s.th., b) *(beschuldigen)* to accuse s.o. of s.th., to blame s.o. for s.th.; j-m Unzuverlässigkeit ~ to reproach s.o. for being unreliable; ich habe mir nichts vorzuwerfen I need not *(od.* I have no need to) reproach myself, I have nothing to blame myself for; man kann mir nichts ~ I can't be reproached for anything; sie haben sich gegenseitig *(od.* haben einander) nichts vorzuwerfen *colloq.* they have no need to reproach each other, (the) one is as bad as the other. - **3.** *mil. (ins Kampfgebiet schicken)* move up *(troops)* rapidly, bring *(troops)* rapidly into action.

'Vor,werk *n mil.* outwork.

'Vor,wickel,rol·le *(getr.* -k·k-) *f (film) (eines Projektors)* feed sprocket, supply reel.

'Vor,wi·der,stand *m electr.* **1.** series resistance. - **2.** *(einer Röhre)* dropping resistor. - **3.** *(eines Spannungsmessers)* multiplier.

'vor,wie·gen I *v/t* ⟨*irr, sep,* -ge-, h⟩ j-m etwas ~ to weigh s.th. in front of s.o. - **II** *v/i fig. cf.* überwiegen[1] 2. - **'vor,wie·gend I** *pres p.* - **II** *adj* ⟨*attrib*⟩ predominant, main, preponderant: die ~en Farben sind Gelb und Blau the predominant colo(u)rs are yellow and blue. - **III** *adv* predominantly, mainly, chiefly, mostly, largely: wir hatten ~ schönes Wetter the weather was predominantly fine.

'Vor,wis·sen *n* foreknowledge, prescience: ohne mein ~ without my knowledge, unknown to me.

'Vor,witz *m* ⟨-es; *no pl*⟩ **1.** forwardness, pertness, sauciness, cheek(iness). - **2.** *(Neugier)* inquisitiveness, curiosity, nosiness *(colloq.).* — **'vor,wit·zig** *adj* **1.** forward, pert, saucy, cheeky. - **2.** *(neugierig)* inquisitive, curious, pyring, nos(e)y *(colloq.).*

'Vor,wo·che *f* previous week, week before.

'vor,wöl·ben *v/reflex* ⟨*sep,* -ge-, h⟩ sich ~ arch *(od.* vault) forward.

'Vor,wort[1] *n* ⟨-(e)s; -e⟩ **1.** *(bes. des Autors)* preface, *(bes. von einem anderen als dem Autor)* foreword: das ~ zu einem Buch schreiben to preface a book. - **2.** *(Einleitung)* introduction, *auch* preamble. - **3.** *(Prolog)* prologue, *auch* prolog.

'Vor,wort[2] *n* ⟨-(e)s; ⸗er⟩ *bes. Austrian ling.* preposition.

'Vor,wurf *m* **1.** reproach, rebuke: j-m Vorwürfe wegen etwas machen, j-m etwas zum ~ machen, Vorwürfe gegen j-n wegen etwas erheben to reproach *(od.* rebuke, blame, upbraid) s.o. for s.th., *(schwächer)* to remonstrate with s.o. for s.th.; j-n mit Vorwürfen überhäufen *(od.* überschütten) to shower *(od.* heap) reproaches (up)on s.o.; man kann ihm keinen ~ machen you can't blame him (for it); ein stiller ~ lag in ihrem Blick there was silent reproach in her eyes; ich mache mir jetzt bittere Vorwürfe, daß ich nichts gesagt habe I reproach myself bitterly now for not saying anything; diesen ~ lasse ich nicht auf mir sitzen I won't take this reproach lying down; sich dem ~ aussetzen, nachlässig gewesen zu sein to lay oneself open to the reproach of negligence *(od.* of having been negligent). - **2.** *(Tadel)* blame. - **3.** *(bes. literature) (Vorlage)* subject.

'vor,wurfs,frei *adj* free from reproach. — **~,voll I** *adj* **1.** *(Blick)* reproachful, rebukeful. - **2.** *(Ton, Worte etc)* reproachful, rebukeful, upbraiding, *(schwächer)* remonstrative. - **II** *adv* **3.** j-n ~ anschauen to look at s.o. reproachfully, to give s.o. a reproachful look *(od.* glance).

'vor,zäh·len *v/t* ⟨*sep,* -ge-, h⟩ j-m etwas ~ to count s.th. out to s.o. *(od.* s.o. out s.th.), to count s.th. in front of s.o.

'vor,zau·bern *v/t* ⟨*sep,* -ge-, h⟩ j-m etwas ~ to do *(od.* perform) conjuring tricks for s.o.

'Vor,zei·chen *n* **1.** *(Omen)* omen, foretoken, sign, portent, prognostic(ation), presage, auspice: ein untrügliches ~ an unmistakable portent; es gibt viele ~, die darauf hindeuten, daß there are many signs which indicate that. - **2.** *math.* (algebraic) sign: positives [negatives] ~ positive [negative] sign; die ~ auflösen to cancel the signs; die gleiche Situation, nur mit umgekehrtem ~ the same situation, only the other way round. - **3.** *(computer)* polarity symbol *(od.* sign). - **4.** *mus.* a) (key) signature, b) *cf.* Versetzungszeichen. - **5.** *med.* antecedent *(od.* preliminary, prodromal) sign. — **~,re·gel** *f math. (bei Logarithmenrechnung)* law *(od.* rule) of sign. — **~,steue·rung** *f (computer)* sign control.

'vor,zeich·nen I *v/t* ⟨*sep,* -ge-, h⟩ **1.** j-m etwas ~ a) to draw *(od.* sketch) s.th. for s.o., to show s.o. how to draw s.th., b) *fig. (vorherbestimmen)* to trace *(od.* mark) out s.th. for s.o.: das Schicksal hatte ihm seinen Lebensweg vorgezeichnet *fig.* fate had traced out the course of his life. - **2.** *(Stickmuster etc)* mark (out). - **3.** *tech. (Anreißlinien)* scribe, mark (out). - **II V~** *n* ⟨-s⟩ **4.** *verbal noun.* — **'Vor,zeich·nung** *f* ⟨-; -en⟩ **1.** *cf.* Vorzeichnen. - **2.** *(Muster, Vorlage)* pattern, (drawing) copy. - **3.** *(Entwurf)* draft, design. - **4.** *mus.* (key) signature.

'vor,zei·gen I *v/t* ⟨*sep,* -ge-, h⟩ **1.** *(Paß, Ausweis, Eintrittskarte, Fahrkarte etc)* produce, show, present. - **2.** *(Zeugnisse, Urkunden etc)* present. - **II V~** *n* ⟨-s⟩ **3.** *verbal noun.* — **'Vor,zei·ger** *m econ. (eines Wechsels)* bearer, presenter. — **'Vor,zei·gung** *f* ⟨-; *no pl*⟩ *(officialese)* **1.** *cf.* Vorzeigen. - **2.** *(von Paß, Ausweis etc)* production, presentation. - **3.** *(von Zeugnissen etc)* presentation.

'Vor,zeit *f* ⟨-; *no pl*⟩ prehistoric times *pl:* in grauer ~ *fig.* ages and ages ago.

,vor'zei·ten *adv poet.* in times past, in olden times *(lit.),* long ago.

'vor,zei·tig I *adj* ⟨*attrib*⟩ **1.** *(Ankunft, Abreise, Bekanntgabe etc)* premature, untimely. - **2.** *med. (Geburt)* premature, before term. - **II** *adv* **3.** prematurely, untimely, too early: sie haben ihren Urlaub ~ abgebrochen they broke off their holidays *(Am.* vacation) prematurely; ~ geboren werden to be born prematurely; er ist ~ gealtert he has aged prematurely.

'Vor,zei·tig·keit *f* ⟨-; *no pl*⟩ *ling.* anteriority.

'vor,zeit·lich *adj* prehistoric(al).

'Vor,zeit,mensch *m anthrop.* prehistoric man.

'Vor,zen,sur *f* ⟨-; -en⟩ **1.** ⟨*only sg*⟩ preliminary censorship. - **2.** *ped.* preliminary mark *(Am. auch* grade).

'vor,zie·hen I *v/t* ⟨*irr, sep,* -ge-, h⟩ **1.** *(nach vorn ziehen)* pull *(od.* draw) up. - **2.** etwas unter *(dat)* etwas ~ to pull s.th. out from underneath s.th. - **3.** *(Taschentuch etc)* take *(od.* pull) out, produce. - **4.** *(Gardinen etc)* draw, pull. - **5.** *(zeitlich vorverlegen)* handle *(od.* do, deal with) *(s.th.)* first. - **6.** *mil. (Truppen, Verstärkung etc)* move up. - **7.** *(lieber mögen)* prefer: ich ziehe Hunde Katzen vor I prefer dogs to cats, I like dogs better than cats; ziehen Sie Wein oder Bier vor? do you prefer *(od.* would you rather have) wine or beer? ich ziehe es vor, zu Hause zu bleiben I prefer to stay at home, I would rather stay at home; welchen der drei Bewerber ziehen Sie vor? which of the three candidates do you prefer? diese Lösung ist vorzuziehen this solution is preferable. - **8.** *(bevorzugen, begünstigen)* favor, *bes. Br.* favour, give preferential treatment to: ein Lehrer sollte keinen seiner Schüler ~ a teacher should not favo(u)r any of his pupils. - **9.** *iron.* decide: als der Fernseher eingeschaltet wurde, zog ich es vor zu gehen when television *(od.* the television set) was switched on I decided to *(od.* that I would rather) go. - **II** *v/i* ⟨sein⟩ **10.** *mil.* move up.

'Vor,zim·mer *n* **1.** anteroom, waiting room, antechamber, outer room: j-n im ~ warten lassen a) to have s.o. wait in the anteroom, b) *(unhöflich lange)* to keep s.o. waiting in the anteroom. - **2.** *Austrian for* Diele 1. — **~,da·me** *f* receptionist. — **~,wand** *f Austrian for* Flurgarderobe, Kleiderablage 2.

'Vor,zin·sen *pl econ. cf.* Diskont.

'Vor,zug[1] *m* **1.** *(Vorrang)* preference, priority, precedence: j-m [etwas] den ~ geben a) to give preference to s.o. *[s.th.],* b) *(lieber mögen)* to prefer s.o. *[s.th.];* j-m den ~ vor den anderen geben to give preference to s.o. over the others. - **2.** *(Vorteil)* advantage: es hat schon seine Vorzüge, auf dem Lande zu leben living in the country has its advantages; die Vorzüge und Nachteile einer Sache gegeneinander abwägen to weigh (up) the advantages and disadvantages *(od.* the pros and cons) of a matter; dieses Auto hat den ~, daß es sicherer ist *(od.* den ~ größerer Sicherheit) this car has the advantage of being safer *(od.* of greater safety). - **3.** *(gute Eigenschaft, gute Seite)* merit, virtue, asset: sie hat viele Vorzüge she has many merits; einer seiner Vorzüge ist seine Zuverlässigkeit one of his merits is his reliability. - **4.** *(Überlegenheit)* superiority: der ~ dieser Methode ist unbestritten the superiority of this method is uncontested; vor *(dat)* etwas den ~ haben *(od.* genießen) to be superior to s.th. - **5.** *(Vorrecht)* privilege: ich habe nicht den ~, ihn zu kennen I do not have the privilege of knowing him. - **6.** *Austrian ped. for* Auszeichnung 2.

'Vor,zug[2] *m (railway)* extra train.

vor'züg·lich [,fo:r'tsy:kliç; 'fo:r,tsy:kliç] **I** *adj* **1.** *(Wein, Essen, Geschmack, Übersetzung, Qualität etc)* excellent, exquisite, superb, capital *(colloq.):* — Hochachtung 3. - **2.** *(Redner, Schauspieler, Pianist etc)* outstanding, excellent, superb, preeminent, *Br.* pre-eminent, capital *(colloq.).* - **3.** *(erstklassig)* first-class *(od.* -rate). - **II** *adv* **4.** excellently, superbly: es hat mir ~ geschmeckt it was an excellent *(od.* a superb) meal; sie spricht ~ Englisch she speaks excellent English. - **5.** *(vornehmlich, vor allem)* especially, primarily, above all. — **Vor'züg·lich·keit** *f* ⟨-; *no pl*⟩ **1.** excellence, exquisiteness, superbness. - **2.** outstanding quality, excellence, superbness, preeminence, *Br.* pre-eminence.

'Vor,zugs,ak·tie *f econ.* preference *(od.* preferred, preferential) share *(bes. Am.* stock). — **~,an·ge·bot** *n* preferential offer. — **~be,hand·lung** *f* preferential treatment. — **~,but·ter** *f gastr.* top-quality butter. — **~di·vi,den·de** *f econ.* preferential dividend. — **~,gläu·bi·ger** *m* preferential *(od.* privileged) creditor *(od.* claimant). — **~,klau·sel** *f* preference clause. — **~,kurs** *m (an der Börse)* preferential quotation *(od.* price). — **~,milch** *f* grade A milk. — **~,pfand,recht** *n econ.* prior lien. — **~,preis** *m* preferential *(od.* special) price. — **~,recht** *n cf.* Vorrecht 3b. — **~,schü·ler** *m Austrian pupil (bes. Am.* student) with a first-class report, *Am.* honor-roll pupil *(od.* student). — **~,stel·lung** *f* preferential position. — **~ta,rif** *m econ.* preferential rate.

'vor,zugs,wei·se *adv* **1.** preferably, by preference. - **2.** *(hauptsächlich)* chiefly, mostly.

'Vor,zugs,zoll *m econ.* preferential tariff *(od.* duty).

'Vor,zu,kunft *f* ⟨-; *no pl*⟩ *ling.* future perfect (tense).

'Vor,zün·dung *f auto.* preignition, *Br.* pre-ignition, premature *(od.* advance) ignition, spark advance.

Vo·tant [vo'tant] *m* ⟨-en; -en⟩ voter.

vo·tie·ren [vo'ti:rən] *v/i* ⟨*no* ge-, h⟩ *(für* for; *gegen* against) vote.

Vo'tiv,bild [vo'ti:f-] *n relig.* votive picture. — **~,ga·be** *f* votive gift. — **~,ka,pel·le** *f* votive chapel, chantry. — **~,kir·che** *f* votive church. — **~,mes·se** *f röm.kath.* votive mass. — **~,ta·fel** *f* votive tablet.

Vo·tum ['vo:tum] *n* ⟨-s; Voten *u.* Vota [-ta]⟩ **1.** *(Stimme)* vote, suffrage: sein ~ abgeben (für) to give one's vote (for). - **2.** *(Urteil, Gutachten)* vote, verdict. - **3.** *relig. (Gelübde)* vow.

Vou·te ['vu:tə] *f* ⟨-; -n⟩ *arch.* haunch.

Voya·geur [vŏaja'ʒø:r] *m* ⟨-s; -s *u.* -e⟩ *obs. for* Reisende 1.

Voy·eur [vŏa'jø:r] *m* ⟨-s; -e⟩ voyeur.

Vril·le ['vrɪlə] *f* ⟨-; -n⟩ *aer.* spin.

V-,Stoß ['fau-] *m tech.* single Vee butt

joint. — **V-ˌTeil·chen** [ˈfaʊ-] *n nucl.* V-particle.

vul·gär [vʊlˈgɛːr] *adj* ⟨-er; -st⟩ (*Mensch, Gesicht, Wort, Ausdruck etc*) vulgar, gross: ein ~er Mensch a vulgar person. — **V~ˌaus·druck** *m ling.* **1.** vulgarism. – **2.** (*für Tiere, Pflanzen etc*) common name. — **~la·tein** *n* Vulgar Latin. — **~ˌspra·che** *f* **1.** uneducated language. – **2.** *any language spoken by the people generally, for example* Vulgar Arabic, Vulgar Latin etc.

Vul·ga·ta, die [vʊlˈgaːta] ⟨-; no pl⟩ *relig.* the Vulgate (*the Latin version of the Bible, prepared chiefly by St. Jerome*).

vul·go [ˈvʊlgo] *adv* **1.** (*gemeinhin*) commonly. – **2.** (*vor Namen*) known as, named.

Vul·kan [vʊlˈkaːn] *m* ⟨-s; -e⟩ *geol.* volcano: ein tätiger [erloschener] ~ an active [an extinct, a spent, a burned-out *od.* a burnt-out] volcano; auf einem ~ tanzen *fig.* to be dancing on the edge of a volcano; ein Tanz auf dem ~ *fig.* a dance on the edge of

a volcano. — **~ˌaus·bruch** *m* volcanic eruption.

Vul·kan·fi·ber *f* (*rubber*) vulcanized (*Br. auch* -s-) fiber (*bes. Br.* fibre).

Vul·ka·ni·sat [vʊlkaniˈzaːt] *n* ⟨-(e)s; -e⟩ (*rubber*) vulcanized (*Br. auch* -s-) rubber.

Vul·ka·ni·sa·ti·on [vʊlkanizaˈtsi̯oːn] *f* ⟨-; no pl⟩ (*rubber*) vulcanization *Br. auch* -s-.

vul·ka·nisch *adj geol.* (*Gestein, Ursprung etc*) volcanic: ~es Glas volcanic glass (*od.* jasper); die Insel ist ~ this is a volcanic island.

Vul·ka·ni·sier|ˌan·la·ge *f tech.* vulcanizing (*Br. auch* -s-) apparatus, vulcanizer (*Br. auch* -s-). — **~ˌan·stalt** *f* vulcanization (*Br. auch* -s-) works *pl* (*construed as sg or pl*). — **~ap·pa·rat** *m* vulcanizer *Br. auch* -s-.

vul·ka·ni·sie·ren [vʊlkaniˈziːrən] (*rubber*) **I** *v/t* ⟨no ge-, h⟩ **1.** vulcanize *Br. auch* -s-: kalt ~ to cold-cure. – **II V~** *n* ⟨-s⟩ **2.** *verbal noun.* – **3.** vulcanization *Br. auch* -s-.

Vul·ka·ni·sier|ˌofen *m tech.* vulcanizing

(*Br. auch* -s-) (*od.* curing) oven. — **~ˌpres·se** *f* vulcanizing (*Br. auch* -s-) (*od.* curing) press.

Vul·ka·ni·sie·rung *f* ⟨-; no pl⟩ **1.** *cf.* Vulkanisieren. – **2.** *cf.* Vulkanisation.

Vul·ka·nis·mus [vʊlkaˈnɪsmʊs] *m* ⟨-; no pl⟩ *geol.* volcanism.

Vul·kan·kun·de, **Vul·ka·no·lo·gie** [vʊlkanoloˈgiː] *f* ⟨-; no pl⟩ volcanology, *auch* vulcanology.

Vul·kan·schlot *m geol.* volcanic vent, chimney, conduit, funnel.

Vul·va [ˈvʊlva] *f* ⟨-; Vulvae [-vɛ] *u.* Vulven⟩ *med.* vulva, cunnus (*scient.*).

Vul·vis·mus [vʊlˈvɪsmʊs] *m* ⟨-; no pl⟩ *med.* vulvismus, vaginismus.

Vul·vi·tis [vʊlˈviːtɪs] *f* ⟨-; -tiden [-viˈtiːdən]⟩ *med.* vulvitis.

vul·vo|va·gi·nal [vʊlvovagiˈnaːl] *adj med.* vaginovulvar, vulvovaginal. — **V~va·gi·ni·tis** [-ˈniːtɪs] *f* ⟨-; -tiden [-niˈtiːdən]⟩ vulvovaginitis.

W

W, w [veː] n ⟨-; -⟩ **1.** W, w (*twenty-third letter of the German alphabet; eighteenth consonant*): ein großes W a capital (*od. large*) W; ein kleines W a small (*od. little*) w. – **2.** W *chem.* (*Wolfram*) W. – **3.** W *electr.* (*Watt*) w. – **4.** W *geogr.* (*Westen*) W, w. – **5.** w *ling.* (*weiblich*) f, fem.

¹Waadt,län·der ['vaːt-; 'vaːt-] m ⟨-s; -⟩ *geogr.* Vaudois. — **'waadt,län·disch I** *adj* Vaudois. – **II** *ling.* **W~** ⟨*generally undeclined*⟩, **das W~e** ⟨-n⟩ Vaudois.

Waa·ge ['vaːɡə] f ⟨-; -n⟩ **1.** (weigh[ing]) scales pl (*sometimes construed as sg*), scale, balance: die ~ schlägt aus the scales tip (up); etwas auf die ~ legen to put (*od. lay*) s.th. on the scales; etwas auf einer ~ wiegen to weigh s.th. on the scales; sich auf die ~ stellen to step on to the scales; die ~ der Gerechtigkeit *fig.* the scales of justice; die dritte Partei bildet das Zünglein an der ~ *fig.* the third party tips the scales. – **2.** (*Haushaltswaage*) domestic scale(s pl *sometimes construed as sg*). – **3.** cf. Personenwaage 1, 3. – **4.** (*mit Laufgewicht*) steelyard, lever scales pl (*sometimes construed as sg*), (*große*) weighbeam. – **5.** (*Brückenwaage*) weighing machine, weighbridge. – **6.** (*Tafelwaage*) platform balance. – **7.** (*Wasserwaage*) level. – **8.** *fig.* (*Gleichgewicht*) balance, equilibrium: Einnahmen und Ausgaben halten sich die ~ income and expenditure balance each other; zwei Dinge in der ~ halten to keep two things in equilibrium; etwas hält etwas die ~ s.th. counterbalances s.th. – **9.** *astr.* Libra, Scales pl: sie ist unter dem Sternzeichen der ~ geboren she was born under Libra; sie ist (eine) ~ *colloq.* she is a Libra (*colloq.*). – **10.** (*sport*) (*beim Turnen*) scale: ~ im Hang hanging scale. – **11.** (*Querholz am Wagen*) swingletree, *Am. auch* whiffletree. — **~,arm** m balance arm. — **~,bal·ken** m (balance) beam, scale beam. — **~,geld** n *hist.* metage. — **~,haus** n weighhouse, *Br.* weigh-house. — **~,mei·ster** m weigher, weighmaster.

'waa·ge,recht *adj* (*Fläche, Linie etc*) level, horizontal, even, flat. — **W~-,Bohr- und ,Fräs·ma,schi·ne** f *tech.* horizontal boring, drilling and milling machine.

'Waa·ge,rech·te f ⟨-n; -n⟩ *math.* level, horizontal.

'Waa·ge,recht,stoß·ma,schi·ne f *tech.* shaping machine, shaper: ~ mit Kurbelschleifenantrieb crank shaper.

'waag,recht *adj* cf. waagerecht. — **'Waag,rech·te** f ⟨-n; -n⟩ *math.* cf. Waagerechte.

'Waag,scha·le f (scale)pan, scale, tray, basin: dieses Argument fällt schwer in die ~ *fig.* this argument carries weight, this is a weighty argument; seine ganze Autorität in die ~ werfen *fig.* to bring all one's authority to bear; du darfst seine Worte nicht so sehr auf die ~ legen *fig.* you must not take him (*od. every word he says*) too literally.

'wab·be·lig *adj colloq.* **1.** (*Pudding etc*) wobbly, *auch* wabbly. – **2.** (*Quallen, fette Menschen etc*) flabby, flaccid. — **wab·beln** ['vabəln] v/i ⟨h⟩ wobble, *auch* wabble.

'wabb·lig *adj colloq.* cf. wabbelig.

Wa·be ['vaːbə] f ⟨-; -n⟩ (*im Bienenstock*) honeycomb.

'wa·ben,ar·tig *adj* honeycombed; alveolate, faveolate (*scient.*).

'Wa·ben,ho·nig m comb honey, honeycomb. — **~,krö·te** f zo. Surinam toad (*Pipa pipa*). — **~,küh·ler** m auto. honeycomb radiator. — **~,lin·se** f phot. (*des Belichtungsmessers*) multicellular lens. — **~,spu·le** f electr. honeycomb (*od. duo-lateral*) coil.

'Wa·ber,lo·he ['vaːbər-] f myth. (*um Brünhildes Schlafstätte*) flickering flame.

wa·bern ['vaːbərn] v/i ⟨h⟩ obs. od. dial. for flackern 1.

wach [vax] *adj* ⟨-er; -st⟩ **1.** awake (*pred*): (ganz) ~ sein to be (wide) awake; ~ werden a) to wake(n) (up), to rouse (*lit.*), b) *fig.* to wake(n) up; sich mühsam ~ halten to struggle to stay awake; er war nicht ~ zu kriegen *colloq.* he wouldn't wake(n) up; j-n ~ rütteln to shake s.o. awake (*od.* until he wake[n]s); j-n ~ küssen to wake(n) s.o. with a kiss; in ~em Zustand a) when (*od. being*) awake, b) *fig.* in the presence of one's senses. – **2.** ⟨*pred*⟩ (*aufgestanden*) astir: die Stadt war schon ~ *fig.* the city was already astir. – **3.** ⟨*pred*⟩ (*schlaflos*) wakeful, awake: die ganze Nacht ~ liegen to lie awake (*od. lit.* to wake) all night, to pass a wakeful night. – **4.** *fig.* (*aufgeschlossen, rege*) alert, wide-awake (*attrib*), observant: mit ~en Sinnen with one's senses alert. – **5.** *fig.* (*munter*) lively, alive (*pred*).

'Wach,ab,lö·sung f mil. **1.** (*Zeitpunkt*) relief. – **2.** (*Person[en]*) relieving sentry (*od. guard*), relief. – **3.** (*Vorgang*) changing of the guard(s). — **~,auf,zug** m guard mount, mounting of the guard. — **~,ba·tail,lon** n guards battalion. — **~,boot** n mar. mil. picketboat, watchboat, guard boat. — **~,dienst** m **1.** mil. guard (duty): ~ haben to be on guard (duty), to stand guard. – **2.** mar. watch: ~ haben to have the watch, to be on watch.

Wa·che ['vaxə] f ⟨-; -n⟩ **1.** guard: X stand ~, während Y in die Bank einbrach X was keeping a look(-)out while Y was breaking into the bank; bei j-m [etwas] ~ halten to keep guard (*od. watch*) over s.o. [s.th.], to guard (*od. watch*) s.o. [s.th.]. – **2.** (*bei Kranken etc*) watch, vigil, (*Totenwache*) *auch* wake: bei einem Kranken ~ halten to watch by a sick person's side, to keep vigil beside (*od. sit up with*) a sick person. – **3.** (*Polizeiwache*) police station (*Br. auch* office), *Am. auch* station house: j-n mit auf die ~ nehmen to take s.o. to the police station. – **4.** mil. a) (*Wachdienst*) guard (duty), b) (*Posten*) guard, sentry, sentinel, c) (*Wachlokal*) guardroom, d) (*Wachgebäude*) guardhouse, e) (*bewaffnetes Begleitkommando*) escort: auf ~ sein, ~ haben, ~ stehen, *colloq.* ~ schieben to be on guard (duty), to stand guard; die ~ ablösen to relieve the guard; auf ~ ziehen, (die) ~ beziehen to mount guard; die ~ aufziehen lassen to mount the guard; ~ raus! turn out, guard! – **5.** mar.

---

watch: ~ haben to have the watch, to be on watch. — **~be,am·te** m Austrian (*officialese*) for Polizist.

wa·chen ['vaxən] **I** v/i ⟨h⟩ **1.** (*wach sein*) be awake, wake (*lit.*): die ganze Nacht (hindurch) ~ to be (*od. lie*) awake all night, to pass a wakeful night. – **2.** (*Wache halten*) watch, keep (*od. hold*) vigil, sit up: die ganze Nacht über ~ to watch all night; bei einem Kranken ~ to watch by a sick person's side, to keep vigil beside (*od. sit up with*) a sick person. – **3.** darüber ~, daß to watch that: darüber ~, daß die Vorschriften befolgt werden to watch that the directions are observed. – **4.** über (*acc*) etwas ~ to supervise s.th.: die Polizei wacht über den Verkehr the police supervise the traffic. – **5.** über j-n ~ to watch over s.o. [s.th.]. – **II W~** n ⟨-s⟩ **6.** *verbal noun*: im W~ und im Schlafen in one's thoughts and in one's dreams. – **7.** vigil: das lange W~ am Krankenbett the long vigils pl at the sickbed (*Br.* sick-bed).

'wa·chend I pres p. – **II** adj awake (*pred*): halb ~, halb träumend half awake, half asleep.

'Wach,fahr,zeug n mar. mil. patrol vessel (*od. boat*), guard ship. — **~,feu·er** n watch fire. — **w~,frei** adj only in er ist ~ mar. he is off watch. — **~ge,bäu·de** n mil. guardhouse.

'wach,ha·bend adj only in ~er Offizier mar. cf. Wachoffizier. — **'Wach,ha·ben·de** m ⟨-n; -n⟩ mil. commander of the guard.

'wach,hal·ten v/t ⟨irr, sep, -ge-, h⟩ *fig.* **1.** (*Interesse etc*) hold, keep (up), sustain: bei einem Vortrag ist es schwierig, das Interesse der Zuhörer wachzuhalten when you are giving a lecture it is difficult to hold the interest of the audience. – **2.** (*Erinnerung etc*) keep (s.th.) alive.

'Wach·heit f ⟨-; no pl⟩ *fig.* (*geistige Regsamkeit*) alertness, wide-awakeness.

'Wach,hund m auch fig. watchdog. — **~kom·pa,nie** f mil. guard company. — **~lo,kal** n bes. mil. cf. Wachstube. — **~,mann** m ⟨-[e]s; -leute u. -männer⟩ **1.** guard, watchman. – **2.** Austrian for Polizist. — **~,mann·schaft** f mil. guard (detail), sentry squad, watch. — **~,man·tel** m mar. watch coat (*auch* cloak). — **~of,fi,zier** m mar. watch officer, officer of the watch (*od.* on duty).

Wa·chol·der [va'xɔldər] m ⟨-s; -⟩ **1.** bot. a) (*Baum*) juniper (tree) (*Juniperus communis*), b) (*Frucht*) juniper berry: Kriechender ~ (*in Nordamerika*) creeping juniper, savin(e) (*J. horizontalis*); Steinfrüchtiger ~ Syrian (*od. plum*) juniper (*J. drupacea*). – **2.** cf. Wacholderbranntwein. — **~,baum** m bot. cf. Wacholder 1a. — **~,bee·re** f juniper berry. — **~,brannt,wein** m gin. — **~,busch** m bot. cf. Wacholder 1a. — **~,dros·sel** f zo. fieldfare, *auch* fellfare (*Turdos pilaris*). — **~,geist** m ⟨-[e]s; no pl⟩ gin. — **~,haar,moos** n bot. robin's-rye, *Am.* robin wheat (*Polytrichum juniperinum*). — **~,harz** n gum juniper. — **~,öl** n ⟨-[e]s; no pl⟩ juniper(-berry) oil.

— ~,**schnaps** m gin. — ~,**strauch** m bot. cf. Wacholder 1a.

'**Wach**|,**po·sten** m mil. sentry, sentinel, guard. — ~,**rol·le** f mar. watch bill, crew duty list.

'**wach,ru·fen** v/t ⟨irr, sep, -ge-, h⟩ fig. (Gefühle, Erinnerungen etc) (a)rouse, evoke, stir (up).

'**wach,rüt·teln** v/t ⟨sep, -ge-, h⟩ fig. (a)rouse, awaken, awake: j-n aus seiner Lethargie ~ to rouse s.o. from his lethargy.

Wachs [vaks] n ⟨-es; -e⟩ **1.** wax: etwas mit ~ einreiben to wax s.th.; eine Kerze aus echtem ~ a pure-wax candle; sie wurde bleich (od. weiß) wie ~ she went (as) pale as death, she went (as) white as a sheet (od. ghost); als ich das sagte, wurde er weich wie ~ when I said that he became (as) soft as wax (od. he softened, he mellowed); er ist (weich wie) ~ in ihren Händen fig. he is wax (od. putty) in her hands. – **2.** cf. Skiwachs. — ~,**ab,druck** m wax impression. — ~,**ab,guß** m wax cast(ing). — **w~,ähn·lich** adj waxy, waxlike, ceraceous: ein Stoff von ~er Beschaffenheit a material with a waxy consistency.

'**wach·sam** adj watchful, vigilant, wakeful: ein ~er Hund a watchful dog; bei diesen Gaunern muß man ~ sein colloq. one has to be on the alert (od. on one's guard) with these tricksters; → Auge 1. — '**Wach·sam·keit** f ⟨-; no pl⟩ watchfulness, vigilance, vigilantness, wakefulness.

'**wachs,ar·tig** adj cf. wachsähnlich.

'**Wachs**|,**auf,nah·me** f (radio) wax recording. — ~,**baum** m, ~,**bee·re** f bot. cf. Wachsmyrte. — ~,**bild** n wax painting, encaustic (painting). — ~,**bild·ne,rei** f ceroplastics pl (construed as sg), encaustic. — **w~**'**bleich** adj (as) pale as wax, waxy: mit ~em Gesicht with a face as pale as wax, with a waxy face. — ~,**blei·che** f tech. wax bleachery. — ~,**blu·me** f **1.** wax flower. – **2.** bot. waxflower (Gattg Hoya, bes. H. carnosa). — ~,**boh·ne** f bot. wax (od. white haricot) bean. — ~,**bot·tich** m tech. (in der Alaunfabrikation) roching cask.

'**Wach,schiff** n mar. mil. guard ship.

wach·seln ['vaksəln] v/t ⟨h⟩ Southern G. and Austrian for wachsen[2] 2.

wach·sen[1] ['vaksən] **I** v/i ⟨wächst, wuchs, gewachsen, sein⟩ **1.** grow: der Junge ist im letzten Jahr sehr gewachsen the boy has grown a great deal during the last year; er ist aus den Kleidern gewachsen he has grown out of his clothes, he has outgrown his clothes; gerade [schief] ~ to grow straight [crooked]; in die Höhe ~ to grow tall, to shoot up; in die Breite ~ to grow broad, to broaden (out); Wurzeln ~ nach unten roots grow downward(s); sich (dat) einen Bart ~ lassen to grow a beard; sich (dat) das Haar ~ lassen to grow one's hair, to let one's hair grow (long); auf diesem Boden wächst die Pflanze nicht the plant does not grow on this ground; plötzlich stand, wie aus dem Boden gewachsen, ein Mann vor ihm suddenly a man appeared from nowhere; → Baum 2; Gras 2; Haar 3; Herz Bes. Redewendungen; Holz[1] 6; Kopf Verbindungen mit Präpositionen; Kraut 3; Mist[1] 1; Pfeffer 1; Schnabel 2. – **2.** (angebaut werden) be grown: in dieser Gegend wächst viel Weizen plenty of wheat is grown in this region. – **3.** fig. (sich erheben) rise (up): wo früher blühende Gärten waren, ~ nun Fabriken aus der Erde factories now rise up out of the ground where flowering gardens used to be. – **4.** fig. (sich ausdehnen) grow, expand: die Stadt ist seit dem Krieg stark gewachsen the town has grown a great deal since the war. – **5.** fig. (zunehmen) increase, grow, (bei zählbaren Begriffen) auch mount: sein Ansehen bei der Bevölkerung ist gewachsen his reputation with the population has grown; die Einwohnerzahl ist gewachsen the population has increased (od. mounted). – **6.** fig. (sich steigern) increase, heighten, mount: mit der Zeit wuchs die Spannung [Aufregung] (the) tension [excitement] mounted as time went on. – **7.** an (dat) etwas ~ fig. to grow with s.th.; er ist an dieser Aufgabe gewachsen he has grown with this task. – **II W~** n ⟨-s⟩ **8.** verbal noun. – **9.** growth. – **10.** fig. (Ausdehnung) growth,

---

expansion. – **11.** fig. (Zunahme) increase, growth.

'**wach·sen[2]** v/t ⟨h⟩ **1.** (mit Wachs behandeln) wax, spread wax polish on: den Fußboden [das Auto] ~ to wax the floor [the car]. – **2.** (sport) (Skier) wax.

'**wach·send I** pres p of wachsen[1] u. [2]. – **II** adj **1.** fig. (zunehmend) increasing, growing: mit ~em Wohlstand with increasing prosperity; mit ~er Aufmerksamkeit [Sorge] with growing attention [uneasiness]. – **2.** fig. (sich steigernd) increasing, heightening, mounting: mit ~er Spannung with mounting suspense.

wäch·sern ['vɛksərn] adj **1.** (aus Wachs) waxen. – **2.** (wie Wachs) waxen, waxy: ihre ~e Gesichtsfarbe her waxen complexion.

'**Wachs,far·be** f (paints) turpentine paint.

'**Wachs·fi,gur** f wax figure, waxwork. — '**Wachs·fi,gu·ren·ka·bi,nett** n waxworks pl (construed as sg or pl), ceroplastics pl (sometimes construed as sg).

'**wachs,gelb** adj wax-colored (bes. Br. -coloured).

'**Wachs**|**gra,vie·rung** f **1.** cerograph. – **2.** (Kunst) cerography. — ~,**haut** f zo. (am Schnabelgrund der Greifvögel) cere.

'**wachs,ig** adj **1.** waxy. – **2.** med. (Leber) amyloid.

'**Wachs**|,**ker·ze** f (wax) candle, wax light. — ~,**ker·zen,zie·her** m ⟨-s; -⟩ (wax-)chandler. — ~,**kür·bis** m bot. wax gourd (Benincasa hispida). — ~,**lein,wand** f Austrian colloq. for Wachstuch. — ~,**licht** n cf. Wachskerze. — ~,**li·lie** f bot. trillium (Gattg Trillium): Weiße ~ great white trillium (T. grandiflorum). — ~,**ma·le,rei** f (art) **1.** (Arbeitsmethode) encaustic (od. wax) painting. – **2.** (Kunstwerk) wax painting, encaustic (painting). — ~,**mal,krei·de** f crayon. — ~,**ma,tri·ze** f **1.** (beim Maschinenschreiben) stencil. – **2.** (einer Schallplatte) wax record(ing). — ~,**mo,dell** n **1.** wax pattern. – **2.** tech. (in der Gießerei) wax mold (bes. Br. mould). — ~,**mot·te** f zo. **1.** Große ~ bee (auch wax) moth (Galleria mellonella): Larve der ~ wax worm. – **2.** Kleine ~ wax moth, auch lesser wax moth (Achroia grisella). — ~,**myr·te** f bot. wax myrtle, candleberry, auch candleberry tree (Myrica cerifera). — ~,**pal·me** f **1.** wax palm (Gattg Ceroxylon): Gemeine ~ wax palm (C. andicolum). – **2.** carnauba, wax palm (Copernicia cerifera). — ~,**pa,pier** n wax(ed) paper. — ~,**per·le** f wax bead (od. pearl). — ~,**pfla·ster** n med. pharm. cerate. — ~,**pflau·me** f bot. cf. Mirabelle. — ~,**plat·te** f (radio) wax disc (od. disk), wax record. — ~,**pup·pe** f wax doll. — ~,**ro·se** f zo. (eine Seeanemone) cerianthid (Anemonia sulcata). — ~,**sal·be** f med. pharm. cerate. — ~,**schild,laus** f zo. **1.** wax scale (Ceroplastes ceriferus). – **2.** wax insect (Ericerus pela). — ~,**stock** m wax (od. taper) jack. — ~,**streich,holz** n vesta, wax match. wächst [vɛkst] 2 u. 3 sg pres of wachsen[1].

'**Wachs**|,**ta·fel** f hist. wax tablet. — ~,**ta·sche** f zo. (der Bienen) wax pocket.

'**Wach,stu·be** f mil. guardroom.

'**Wachs,tuch** n oilcloth, wax cloth, Br. waxcloth, Br. auch American cloth.

'**Wachs·tum** n ⟨-s; no pl⟩ **1.** growth: rasches [wirtschaftliches] ~ rapid [economic] growth; das üppige ~ der Pflanzen the rank growth of plants; das ~ beschleunigen [hindern] to accelerate [to hinder od. stunt] growth; im ~ begriffen sein auch fig. to be still growing; im ~ zurückgeblieben sein to be stunted (in growth). – **2.** fig. (Entwicklung) development: sein geistiges ~ ist gestört his mental development has been disturbed. – **3.** fig. (Ausdehnung) growth, expansion: das ~ dieser Stadt the growth of this town. – **4.** fig. (Zunahme) increase, growth. – **5.** eigenes ~ gastr. from the firm's own vineyard(s). — **w~,hem·mend** adj cf. wachstumshemmend.

'**wachs·tums**|,**fä·hig** adj auch fig. (Industrie, Wirtschaft etc) viable. — **W~,fä·hig·keit** f ⟨-; no pl⟩ viability.

'**Wachs·tums**|,**fak·tor** m growth factor. — **w~,för·dernd** adj **1.** growth-stimulating (od. -promoting). – **2.** med. (in der Histologie) auxetic. — **w~,hemmt** adj bes. med. impaired (od. stunted) in growth, hypogenetic (scient.). — **w~,hem·mend** adj growth-retarding (od. -inhibiting). —

,**hem·mung** f growth retardation, impaired (od. defective) development (od. growth), hypogenesis (scient.). — ~,**hor·mon** n med. growth (od. scient. somatotrophic) hormone. — ~**in·du,strie** f econ. growth industry. — ~,**kri·se** f **1.** med. growth (od. development) crisis. – **2.** econ. expansion (od. growth, expansive development) crisis. — ~**pe·ri·ode** f period of growth. — ~**phä·no,men** n fig. growth (od. expansive) phenomenon. — ~**pro,zeß** m process of growth. — ~,**ra·te** f econ. growth rate. — ~,**reiz** m biol. growth stimulus. — ~,**schmer·zen** pl med. growing pains. — ~,**spit·ze** f biol. cf. Vegetationspunkt. — ~,**still,stand** m arrest of growth. — ~,**stoff** m biol. cf. Wuchsstoff. — ~,**stö·rung** f med. disturbance of growth (od. development). — ~,**tem·po** n growth rate. — ~**ver,zö·ge·rung** f biol. retardation of growth. — ~,**zif·fer** f growth rate. — ~,**zu,stand** m growth stage.

'**wachs**|'**weich** adj auch fig. (as) soft as wax (od. putty). — **W~,zel·le** f (der Bienenwabe) cell of a honeycomb, alveolus (scient.). — **W~,zie·her** m ⟨-s; -⟩ (wax)-chandler. — **W~,zie·he'rei** f [,vaks-] f ⟨-; no pl⟩ manufactory of (wax) candles. — **W~,zünd,holz** n cf. Wachsstreichholz. — **W~,züns·ler** m zo. cf. Wachsmotte.

Wacht [vaxt] f ⟨-; rare -en⟩ obs. od. poet. for Wache 1, 2: gute ~ halten to keep (a) good watch. — ~,**boot** n mar. mil. cf. Wachboot. — ~,**dienst** m obs. for Wache 4a.

Wäch·te ['vɛçtə] f ⟨-; -n⟩ **1.** cf. Schneewächte. – **2.** Swiss for Schneewehe.

Wach·tel ['vaxtəl] f ⟨-; -n⟩ zo. **1.** quail (Coturnix coturnix): die ~ schlägt the quail calls. – **2.** Virginische ~ cf. Baumwachtel.

'**Wach·tel**|,**hund** m zo. (Jagdhund) spaniel. — ~,**kö·nig** m corncrake, auch land rail (Crex crex). — ~,**locke** f (getr. -k·k-), ~,**pfei·fe** f hunt. quail call (od. pipe). — ~,**ruf** m, ~,**schlag** m call of the quail. — ~,**strich** m hunt. flight of quail. — ~,**wei·zen** m bot. cowwheat (Gattg Melampyrum). — ~,**zug** m hunt. cf. Wachtelstrich.

Wäch·ter ['vɛçtər] m ⟨-s; -⟩ **1.** guard: der ~ auf dem Turm the guard on (top of) the tower; der Hund ist ein guter ~ the dog is a good guard. – **2.** (bes. Nachtwächter) watchman, warder, keeper. – **3.** (in Museen, auf Parkplätzen etc) attendant. – **4.** fig. custodian, guardian: ein ~ der öffentlichen Moral a custodian of public morality. – **5.** electr. (Hilfsschalter) automatic controller. — ~,**lied** n (literature) cf. Tagelied.

'**Wacht**|,**feu·er** n obs. for Wachfeuer. — ~,**hund** m obs. for Wachhund. — ~,**mei·ster** m **1.** (bei der Polizei) a) Br. (police) constable, Am. patrolman, b) (Anrede für einen Polizisten) officer. – **2.** mar. master-at-arms. – **3.** mil. obs. for Feldwebel 1a. — ~**pa,ra·de** f guard mounting. — ~,**po·sten** m bes. mil. cf. Wachposten.

'**Wacht,traum** m daydream, waking dream.

'**Wacht**|,**schiff** n mar. mil. obs. for Wachschiff. — ~,**stu·be** f mil. obs. for Wachstube.

'**Wach(t),turm** m watchtower, Br. watch-tower.

'**Wach- ,und 'Schließ·ge,sell·schaft** f Am. Protection (od. Security) Service, Br. Security Corps.

'**Wach|ver,ge·hen** n bes. mil. neglect of duty while on guard. — ~,**vor·ge,setz·te** m officer authorized (Br. auch -s-) to give orders to the guard. — ~,**vor,schrif·ten** pl guard regulations. — ~,**zei·ten** pl guard duty hours. — ~,**zu,stand** m only in im ~ a) when (od. being) awake, b) fig. in the presence of one's senses.

Wacke (getr. -k·k-) ['vakə] f ⟨-; -n⟩ geol. graywacke, bes. Br. greywacke.

Wacke'lei (getr. -k·k-) f ⟨-; no pl⟩ colloq. **1.** cf. Wackeln. – **2.** (Zappelei) fidgeting: hör endlich auf mit deiner ~! will you stop (your) fidgeting!

'**Wackel,ge,lenk** (getr. -k·k-) n med. loose joint, amphiarthrosis (scient.).

'**wacke·lig** (getr. -k·k-) **I** adj **1.** (Stuhl, Tisch etc) wobbly, auch wabbly, rickety, shaky, unsteady. – **2.** (Auto etc) ramshackle, rattly, rattletrap (attrib). – **3.** (Zaun, Stift etc) loose. – **4.** fig. colloq. (Unternehmen *etc*) shaky, financially insecure. – **5.** *fig. colloq.* (*altersschwach*) doddery, tottery, teetery: der alte Mann ist schon recht ~ the old man is quite tottery. – **6.** *fig. colloq.* (*geschwächt*) wobbly, *auch* wabbly, shaky: er ist nach der langen Krankheit noch etwas ~ (auf den Beinen *od.* in den Knien) he is still a bit wobbly (on his legs) after his long illness. – **II** *adv* **7.** ~ stehen a) (*von Stuhl, Tisch etc*) to wobble (*auch* wabbly), to wobble, to be unsteady, b) *fig. colloq.* (*von einem Menschen*) to be shaky, c) *fig. colloq.* (*von einem Unternehmen*) to be shaky (*od.* financially insecure), d) *fig. colloq.* (*von einer Regierung*) to be shaky (*od.* tottering): dieser Schüler steht ziemlich ~ this pupil is rather shaky. – **8.** ~ auf den Beinen stehen *fig. colloq.* to be wobbly (*auch* wabbly, shaky) on one's legs.

'Wackel·kon,takt (*getr.* -k·k-) *m electr.* loose contact (*od.* connection, *Br. auch* connexion), defective contact.

wackeln (*getr.* -k·k-) ['vakəln] **I** *v/i* ⟨h⟩ **1.** (*von Stuhl, Tisch etc*) wobble, *auch* wabble. – **2.** (*von Zahn, Stift etc*) be loose. – **3.** *auto.* (*von Rädern*) shimmy. – **4.** (*erschüttert werden*) shake: wenn ein Lastwagen an unserem Haus vorbeifährt, wackelt alles when a lorry (*bes. Am.* truck) drives past our house everything shakes; → Wand 1. – **5.** (*sich plötzlich bewegen*) move: weil du gewackelt hast, ist das Bild unscharf the picture is blurred because you moved. – **6.** (*sich wackelnd fortbewegen*) toddle: das Kind wackelte auf seine Mutter zu the child toddled toward(s) its mother. – **7.** *fig. colloq.* (*von beruflicher Position etc*) be shaky: sein Thron wackelt his throne totters. – **8.** (*in Wendungen wie*) mit den Hüften ~ to wiggle (*od.* wag[gle]) (one's hips); mit dem Kopf ~ a) to wag(gle) one's head, b) *fig.* to begin to dote; mit den Ohren ~ to wag(gle) one's ears; mit dem Schwanz ~ to wag(gle) its tail; mit dem Stuhl ~ to rock (on) one's chair; mit den Flügeln ~ *aer.* to rock wings. – **II W~** *n* ⟨-s⟩ **9.** *verbal noun.*

'Wackel‖,pe·ter (*getr.* -k·k-) *m* ⟨-s; -⟩ *colloq.* (*Süßspeise*) jelly. — **~,stein** *m geol.* balanced rock, rocking stone.

wacker (*getr.* -k·k-) ['vakər] **I** *adj* **1.** *archaic* (*rechtschaffen, redlich*) upright, good, honest. – **2.** *lit.* (*tapfer, mutig*) brave, valiant, stout: ~e Krieger brave warriors. – **II** *adv* **3.** sich ~ durchs Leben schlagen *archaic* to lead an upright life. – **4.** (*tapfer*) bravely: sich ~ schlagen *auch fig.* to fight bravely, to put up a brave fight; sich ~ halten *fig.* (*in einer Diskussion etc*) to hold one's ground (*od.* own). – **5.** j-n ~ verhauen (*od.* verprügeln) *colloq.* to give s.o. a sound thrashing (*od. colloq.* a good licking).

'Wacker,stein (*getr.* -k·k-) *m dial.* boulder.

'wack·lig *adj u. adv cf.* wackelig.

Wad [va:t] *n* ⟨-s; *no pl*⟩ *min.* wad, bog manganese.

Wad·di·ke ['vadɪkə] *f* ⟨-; *no pl*⟩ *Low G. for* Molke.

Wa·de¹ ['va:də] *f* ⟨-; -n⟩ **1.** *med.* calf, sura (*scient.*): einen Krampf in den ~n haben to have a cramp in the calves (of one's legs); stramme ~n haben to have sturdy calves. – **2.** *gastr.* shin, hind shank.

'Wa·de² *f* ⟨-; -n⟩ *mar.* (*Schleppnetz*) seine.

'Wa·den‖,bein *n med. zo.* calf bone, fibula (*scient.*). — **~,bei·ßer** [-,baɪsər] *m* ⟨-s; -⟩ *zo.* stable fly (*Stomoxys calcitrans*). — **~,fi·sche,rei** *f mar.* seining. — **~,krampf** *m med.* cramp in the calf (of one's leg), systremma (*scient.*). — **~,mus·kel** *m* peroneal muscle, gastrocnemius (*scient.*). — **~,mus·ku·la,tur** *f* muscles *pl* of the calf. — **~,nerv** *m* sural (*od.* peroneal) nerve. — **~,ste·cher** *m zo. cf.* Wadenbeißer. — **~,strumpf** *m* (*fashion*) **1.** (*für Männer*) half hose. – **2.** (*für Kinder*) half stocking. — **~,wickel** (*getr.* -k·k-) *m med.* wet compress (a)round the lower legs.

Wa·di ['va:di] *n* ⟨-s; -s⟩ *geogr.* (*trockenes Flußbett*) wadi.

Wäd·li ['vɛːtli] *n* ⟨-s; -⟩ *Swiss gastr. for* Eisbein 1.

Waf·fe ['vafə] *f* ⟨-; -n⟩ **1.** *bes. mil.* (*Angriffs- u. Verteidigungsmittel*) weapon: ferngelenkte ~n guided weapons; konventionelle [atomare] ~n conventional

[nuclear] weapons; automatische ~n automatic weapons; bewegliche [starre] ~ *aer.* flexible [fixed] gun; Tragen von ~n carrying (of) weapons; seine ~ ist das Wort [die Feder] *fig.* language [his pen] is his weapon; sein Mut ist seine stärkste ~ *fig.* his courage is his best weapon; seine ~n aus der Hand geben *fig.* to give away one's weapons; dem Gegner selbst die ~n liefern *fig.* to give one's opponent weapons against oneself; j-s (eigene) Worte als ~ gegen ihn benutzen *fig.* to use s.o.'s (own) words as a weapon against him; mit geistigen [ungleichen] ~n kämpfen *fig.* to fight with intellectual [unequal] weapons; j-n mit seinen eigenen ~n schlagen *fig.* to beat s.o. at his own game, to give s.o. some of his own medicine, to hoist s.o. with his own petard; → klassisch 3. – **2.** (*Schußwaffe*) firearm, *Br.* fire-arm: die ~ auf j-n richten to point a weapon (*od.* gun) at s.o.; → vorgehalten II. – **3.** *pl mil.* arms: einem Land ~n liefern to supply a country with arms; [keine] ~n tragen (*od.* bei sich führen) to carry (*od.* bear) [no] arms; zu den ~n greifen [eilen] to take up [to hasten to] arms; ein Volk zu den ~n rufen to call a people to arms; in (*od.* unter den) ~n stehen to be under arms, to stand to arms; von den ~n Gebrauch machen to use arms; die ~n sprechen lassen to let arms decide; j-m die ~n abnehmen to strip s.o. of his arms; die ~n wegwerfen to abandon (one's) arms; die ~n strecken (*od.* niederlegen) a) to lay down (one's) arms, to ground arms, b) *fig.* to give up the fight, to admit defeat. – **4.** *mil.* (*Waffengattung*) branch (of service), arm, service: verbundene ~n combined arm *sg*; bei welcher ~ haben Sie gedient? which branch of service did you serve in (*od.* with)? – **5.** (*sport*) a) (*beim Fechten*) weapon, b) (*beim Schießen*) firearm, *Br.* fire-arm, weapon. – **6.** *meist pl hunt.* a) (*des Keilers*) fang, tusk, b) (*eines Raubvogels*) talon, c) (*von Luchs, Wildkatze*) claw. – **7.** *pl zo.* arms.

Waf·fel ['vafəl] *f* ⟨-; -n⟩ **1.** *gastr.* a) (*aus Pfannkuchenteig*) waffle, b) (*süßes, knuspriges Gebäck*) wafer, waffle, c) *cf.* Eiswaffel 2. – **2.** *pl philat.* meshes. — **~,ei·sen** *n* (*housekeeping*) waffle iron. — **~,pi,kee** *m*, *Austrian auch n*, **~,stoff** *m* (*textile*) honeycomb, waffle cloth.

'Waf·fen‖,amt *n mil.* ordnance office. — **~,ap,pell** *m* arms inspection. — **~,bil·dung** *f* weapons training. — **~,be,sitz** *m* possession of (fire)arms (*Br.* [fire-]arms): unerlaubter (*Br.* verbotener) (*od.* unauthorized (*Br. auch* -s-) (*od.* illegal, unlawful) possession of fire(-)arms. — **~,bru·der** *m* brother (*od.* comrade) in arms, comrade. — **~,bru·der·schaft**, **~,brü·der·schaft** *f* brotherhood in arms. — **~,de,pot** *n mil.* arms depot. — **~,dienst** *m* military service. — **~,dreh,stand** *m aer. mil.* gun turret. — **~,em,bar·go** *n pol.* arms embargo. — **~,ent,gif·tungs,mit·tel** *n mil.* weapon decontaminating agent. — **~,fa,brik** *f* arms factory, *Am. auch* armory. — **~,fa,bri,kant** *m* arms manufacturer. — **~,fa·bri·ka·ti,on** *f* arms manufacture. — **w~,fä·hig** *adj* capable of bearing arms. — **~,feh·ler** *m* **1.** malfunction of a weapon. – **2.** (*sport*) (*beim Fechten*) faulty weapon. — **~,fett** *n* gun (*od.* rifle) grease. — **~,flie·ge** *f zo.* soldier fly (*Gattg Stratiomya*). — **~,fund** *m* discovery of weapons. — **~,gang** *m mil.* passage at arms. — **~,gat·tung** *f cf.* Waffe 4. — **~,ge,brauch** *m* use of arms: bei ~ when (*od.* if) arms are used. — **~,ge,fähr·te** *m cf.* Waffenbruder. — **~,ge,klirr** *n* clash (*od.* clang) of arms. — **~,ge,setz** *n jur.* law on (fire)arms (*Br.* [fire-]arms). — **~,ge,walt** *f* ⟨-; *no pl*⟩ force of arms, armed force: sich (*dat*) mit ~ Einlaß erzwingen to force an entry by force of arms. — **~,glück** *n* fortune at arms. — **~,han·del** *m* **1.** arms trade (*od.* traffic). – **2.** (*illegaler*) gunrunning, *Br.* gun-running. — **~,händ·ler** *m* **1.** arms (*od.* gun) dealer, (*im Großhandel*) munitions dealer. – **2.** (*illegaler*) gunrunner, *Br.* gun-runner. — **~,hand·lung** *f* weapon (*od.* gun) shop (*bes. Am.* store). — **~,hand,werk** *n lit.* warcraft, craft of war: das ~ erlernen to learn the craft of war. — **~,her,stel·lung** *f cf.* Waffenfabrikation. — **~,hil·fe** *f*

military assistance: j-m ~ leisten to give (*od.* lend) s.o. military assistance. — **~,kam·mer** *f* armory, *bes. Br.* armoury. — **~,kon,trol·le** *f* inspection of weapons. — **~,la·ger** *n* ordnance depot: geheimes ~ cache. — **~,lehr,gang** *m mil.* weapons training course. — **~,lie·fe·rung** *f* supply of arms. — **w~,los** *adj* weaponless, unarmed. — **~,mei·ster** *m* **1.** *mil.* armorer, *bes. Br.* armourer. – **2.** *cf.* Waffenschmied. — **~,mei·ste,rei** *f* ⟨-; -en⟩ armory, *bes. Br.* armoury, ordnance shop (*bes. Am.* store). — **~,of·fi,zier** *m* **1.** *mil.* ordnance staff officer. – **2.** *aer. mil.* armament (*od.* weapons) officer. — **~,per·so,nal** *n mil.* ordnance personnel. — **~,pfle·ge** *f* care of weapons, gun maintenance. — **~,pro·duk·ti,on** *f* **1.** (*Herstellung*) production of arms, arms production. – **2.** (*Ausstoß*) arms production (*od.* output). — **~,prüf·ge,län·de** *n mil.* (ordnance) proving ground. — **~,prü·fung** *f* **1.** a) (*Testen*) ordnance testing, b) (*Inspektion*) inspection of arms. – **2.** (*sport*) (*beim Fechten*) control of weapons. — **~,recht** *n jur.* law of arms. — **~,rock** *m mil.* service coat, tunic. — **~,ru·he** *f* suspension of hostilities, truce, (*Feuereinstellung*) cease-fire. — **~,ruhm** *m* fame as a warrier. — **~,sack** *m* (*sport*) (*für Fechtwaffen*) fencing bag. — **~,samm·lung** *f* collection of arms, armory, *bes. Br.* armoury. — **~,schein** *m jur.* firearms (*Br.* fire-arms) certificate (*od.* licence, *Am.* license), gun licence (*Am.* license). — **~,schlos·ser** *m* **1.** *mil.* artillery mechanic. – **2.** *tech.* weapon locksmith. — **~,schmied** *m* ordnance blacksmith. — **~,schmie·de** *f* armorer's (*bes. Br.* armourer's) (work)shop, *Am. auch* armory. — **~,schmuck** *m only in* im vollen (*od.* in vollem) ~ in full armor (*bes. Br.* armour). — **~,schmug·gel** *m jur.* gunrunning, *Br.* gun-running, traffic in arms. — **~,schmug·gler** *m* gunrunner, *Br.* gun-runner, arms trafficker.

'Waf·fen,still,stand *m mil. pol.* armistice: zeitweiliger ~ truce; mit j-m ~ schließen *auch fig.* to make a truce with s.o.

'Waf·fen,still,stands‖,ab,kom·men *n mil. pol.* armistice agreement. — **~,be,din·gun·gen** *pl* armistice terms. — **~,kom·mis·si,on** *f* armistice commission. — **~,li·nie** *f* armistice line. — **~,ver,hand·lun·gen** *pl* negotiations for (an) armistice. — **~,ver,trag** *m* armistice agreement.

'Waf·fen,streckung (*getr.* -k·k-) *f* ⟨-; *no pl*⟩ surrender, capitulation. — **~,stu,dent** *m* member of a fraternity (*Br.* students' society) in which duels are fought. — **~,sy,stem** *n* weapon system. — **~,trä·ger** *m mil.* **1.** armed man. – **2.** (*Fahrzeug*) weapons carrier. — **~,übung** *f* military exercise. — **~,un·ter·of·fi,zier** *m* ordnance noncommissioned (*Br.* non-commissioned) officer. — **~,ver,ge·hen** *n jur.* **1.** offence (*Am.* offense) against (*od.* violation of) the law on arms. – **2.** (*unerlaubter Waffenbesitz*) unauthorized (*Br. auch* -s-) (*od.* illegal, unlawful) possession of (fire)arms (*Br.* [fire-]arms). — **~,vor,füh·rung** *f* demonstration of weapons. — **~,wart** *m mil.* armorer, *bes. Br.* armourer. — **~,werk,statt** *f* armory, *bes. Br.* armoury, ordnance shop, arms workshop. — **~,wir·kung** *f* effect(iveness) of a weapon.

waff·nen ['vafnən] *obs.* **I** *v/t* ⟨h⟩ arm. — **II** *v/reflex* sich gegen etwas ~ *fig. cf.* wappnen II.

'wäg·bar *adj auch fig.* ponderable. — **'Wäg·bar·keit** *f* ⟨-; *no pl*⟩ ponderability.

'Wä·ge,büh·ne *f* (*railway*) *Am.* freight car scale(s *pl sometimes construed as sg*), *Br.* waggon weighing machine, rail (*od.* waggon) weighbridge, weighing platform.

'Wa·ge,hals *m cf.* Waghals. — **'wa·ge,hal·sig** *adj cf.* waghalsig.

'Wa·ge,mut *m* daring, daringness, boldness. — **'wa·ge,mu·tig** *adj* daring, bold.

wa·gen ['va:gən] **I** *v/t* ⟨h⟩ **1.** (*auf ein Risiko hin unternehmen*) venture, *auch* adventure, (*bei gefährlichen Dingen*) *auch* risk, hazard: ein Experiment [eine Bemerkung] ~ to venture an experiment [a remark]; ich will ~ I'll take a chance, I'll take the plunge; soll ich es ~? should I risk it? es mit etwas [j-m] ~ to risk s.th. [s.o.]. – **2.** (*aufs Spiel setzen*) risk, stake: alles ~ (*od.* um alles zu gewinnen*) to risk everything (to gain everything); → Hals¹ 1; Kopf 2; Leben 1. – **3.** (*sich getrauen, sich erdreisten*) dare: **er wagte kein Wort zu sagen** he did not dare (to) say a word; **wie können Sie es ~, das zu sagen?** how dare you say that? how can you dare to say that? **er wagte keinen Widerstand** he did not dare (to) resist; **ich wage es nicht zu tun** I do not dare (to) do it; **soll ich es ~, ihn darum zu bitten?** shall I dare (to) ask him for it? – **II** v/i **4. wer wagt, gewinnt** (Sprichwort), **wer nicht wagt, der nicht gewinnt** (Sprichwort) nothing ventured, nothing gained (proverb), nothing venture, nothing have (od. win) (proverb); **frisch gewagt ist halb gewonnen** (Sprichwort) well begun is half done (od. ended) (proverb); → **wägen 4.** – **III** v/reflex **sich ~ 5.** (sich etwas zu tun getrauen) venture, auch adventure: **sich aus dem Haus ~** to venture out of doors; **sich nicht auf die Straße ~** not to venture out into (Am. auch onto) the street; **sich an eine schwere Aufgabe ~** to venture on a difficult task; → **Höhle 5.**

'Wa·gen m ⟨-s; -, Austrian and Southern G. auch ⸗⟩ **1.** (Auto) car, bes. Am. automobile, bes. Am. motorcar, bes. Am. colloq. auto: **~ mit Frontantrieb** front-wheel drive car; **~ mit Heckmotor** rear-engine car; **ein ~ der gehobenen Mittelklasse** a car of the upper middle price range; **einen eigenen ~ fahren** to drive one's own car; **er fährt einen ~ der Firma** he drives a firm's car; **im offenen [geschlossenen] ~ fahren** to drive in an open [a closed] car; **den ~ überholen [waschen] lassen** to have one's car overhauled [washed]; **wir sind mit dem ~ gekommen** we have come by (od. colloq. in the) car. – **2.** (Pferdefuhrwerk etc) waggon, bes. Am. wagon: **ein zweirad(e)riger ~** a two-wheeled waggon, a cart; **sich vor j-s ~ spannen lassen** fig. to let oneself be made use of; **j-m** (wegen etwas) **an den ~ fahren** fig. a) to foil (od. thwart, frustrate) s.o.'s plan(s), b) (j-n beleidigen) to offend (od. abuse, hurt) s.o.; → **Rad 1.** – **3.** (Kutsche etc) carriage, cab, (geschlossener) coach: **aus einem ~ aussteigen** to alight from (od. get out of) a carriage. – **4.** cf. Taxi. – **5.** (railway) cf. Eisenbahnwagen. – **6.** (Straßenbahnwagen) car: **ein ~ der Linie 8** a route 8 car (Br. auch tram), a number 8. – **7.** (Omnibus) bus: **bitte in den nächsten ~ einsteigen** please take (od. get on) the next bus. – **8.** astr. **der Große ~** the Great Bear, the (Big) Dipper, Ursa Major; **der Kleine ~** the Little Bear (Am. Dipper), Ursa Minor. – **9.** tech. (bei Schreib- u. Druckmaschinen) carriage. – **10.** (mining) cf. Hund 9.

wä·gen ['vɛːgən] **I** v/t ⟨wägt, wog, gewogen, rare wägte, gewägt, h⟩ **1.** bes. für **wiegen**[1] 1. – **2.** weigh: **er wog den Stein in der Hand** he weighed the stone (in his hand). – **3.** fig. lit. (bedenken) weigh, ponder, balance: **er wog jedes ihrer Worte** he weighed each of her words. – **II** v/i **4. erst ~, dann wagen** (Sprichwort) look before you leap (proverb).

'Wa·gen,ab,teil n (railway) compartment. — **~,ach·se** f **1.** auto. car axle. – **2.** (railway) car axle. — **~,achs·ki·lo,me·ter** pl (railway) mileage (auch milage) sg covered. — **~an,ten·ne** f auto. car antenna (bes. Br. aerial). — **~,auf,bau** m car body, coachwork. — **~,auf,satz** m (bei Lastwagen) lorry (bes. Am. truck) superstructure. — **~,bau·er** m ⟨-s; -⟩ tech. cartwright, wheelwright, coachmaker, carriage maker. — **~be,sit·zer** m car owner. — **~be,stand** m cf. Fahrzeugpark. — **~,brem·se** f **1.** auto. car brake. – **2.** (railway) car lock. — **~,burg** f hist. barricade of waggons (bes. Am. wagons), corral. — **~,decke** (getr. -k·k-) f **1.** cf. Wagenplane. – **2.** car rug. — **~,deich·sel** f cf. Deichsel 1, 2. — **~,de,pot** n car pool. — **~,fäh·re** f car (od. drive-on) ferry. — **~,fe·der** f tech. carriage spring. — **~,fen·ster** n **1.** (railway) car (Br. carriage) window. – **2.** auto. car window. — **~,füh·rer** m (einer Straßenbahn) driver, motorman. — **~ge,stell** n **1.** auto. chassis. – **2.** (railway) frame(work). — **~,hal·le** f **1.** auto. garage. – **2.** (für Straßenbahnen) car shed, Br. tram shed. — **~,hal·tung** f upkeep of a car. — **~,he·be,büh·ne** f lifting platform, car (od. vehicle, bes. Am. colloq. auto) hoist (od. lift). — **~,he·ber** m **1.** auto. a) (car od. lifting) jack, floor jack, b) (fahrbarer) garage trolley jack. – **2.** tech. (an der Schreibmaschine) carriage lever. — **~-**

~,hei·zung f auto. **1.** car heating. – **2.** (Anlage) car heater. — **~,ka·sten** m **1.** (einer Kutsche etc) coach body. — **~,kes·sel** m (railway) (einer Lokomotive) engine boiler. — **~,ki·lo,me·ter** m auto. car kilometer (bes. Br. kilometre). — **~,klas·se** f class. — **~,ko,lon·ne** f queue (od. column, line, string) of cars. — **~,kupp·lung** f (railway) coupling. — **~,la·dung** f **1.** (von Lastwagen) Br. lorry-load, bes. Am. truckload. – **2.** (railway) Am. (freight) carload, Br. waggon-load, truckload. – **3.** cf. Fuhre 1. — **~,lei·ter** f (eines Leiterwagens) cart rack. — **~,len·ker** m **1.** (car) driver. – **2.** antiq. charioteer. — **~,lö·ser** [-,løːzər] m ⟨-s; -⟩ tech. (einer Schreibmaschine) carriage release lever. — **~,man·gel** m (railway) shortage of rolling stock. — **~,ma·te·ri,al** n rolling stock. — **~pa,pie·re** pl auto. driving (Br. car) papers (od. documents). — **~,park** m ⟨-(e)s; no pl⟩ cf. Fahrzeugpark. — **~,pferd** n **1.** (Zugpferd) cart (od. draft, bes. Br. draught) horse, Am. drafter. – **2.** (vor einer Kutsche etc) carriage horse. — **~,pfle·ge** f auto. **1.** car maintenance. – **2.** (an Tankstellen, in Autowerkstätten) (car) servicing. — **~,pla·che** f Austrian for Wagenplane. — **~,pla·ne** f awning, tarpaulin, tilt. — **~,rad** n **1.** (an einem Karren etc) cartwheel, Br. cart-wheel. – **2.** (am Auto) car wheel. – **3.** fig. humor. broad-brimmed lady's hat. — **~,rei·he** f cf. Wagenkolonne. — **~,ren·nen** n antiq. chariot race. — **~,rück,lauf** m tech. (einer Schreibmaschine etc) carriage return. — **~,rück,lauf,ta·ste** f carriage return key. — **~,run·ge** f (railway) car (Br. waggon) stake (od. stanchion). — **~,schlag** m **1.** (eines Autos) car door. – **2.** (einer Kutsche etc) carriage (od. coach) door. — **~,schlan·ge** f cf. Wagenkolonne. — **~,schlos·ser** m millwright. — **~,schmie·re** f cart grease (od. lubricant). — **~,schup·pen** m **1.** (für Straßenbahnen etc) coach house. – **2.** (für Straßenbahnen) car (Br. tram) shed. – **3.** (für Omnibusse) garage. — **~,spur** f (wheel) track, (bes. tiefe) rut. — **~,stand,geld** n, **~,still,stands,ge,bühr** f (railway) demurrage. — **~,tür** f cf. Wagenschlag. — **~,typ** m car type. — **~,um,lauf** m **1.** (railway) freight car (Br. waggon) turn-round. – **2.** (mining) mine-car circulation. — **~ver,deck** n **1.** auto. (folding) top (Br. auch hood). – **2.** (eines Planwagens etc) cart tilt (od. awning). – **3.** (einer Kutsche etc) coach (od. carriage) top (od. hood). — **~ver,mie·tung** f car hire, Am. renting of cars. — **~,wasch,an,la·ge** f auto. car washing installation, vehicle washer, washing pit. — **~,wä·sche** f **1.** car wash. – **2.** car-washing: **bei der ~** when washing the car. — **~,wech·sel** m **1.** (railway) change of cars. – **2.** (bes. sport) change of cars. — **~,win·de** f cf. Wagenheber 1. — **~,zäh·ler** m (mining) axle counter. — **~,zu·be,hör** n, auch m car accessories pl. — **~,zu·be,hör,teil** m **1.** auto. car fitting (od. attachment). – **2.** (railway) car equipment (od. accessory).

'Wa·ge,stück n daring deed.

Wag·gon [va'gõː; va'gɔŋ; bes. Austrian va'goːn] m ⟨-s; -s, bes. Austrian auch -e [-'goːnə]⟩ (railway) **1.** Am. freight car, Br. (goods) truck (od. waggon): **einen ~ ausladen [beladen]** to unload [to load] a freight car (Br. a waggon); **frei ~** econ. free on rail; **ein ~ mit Gemüse** a car (Br. waggon) of vegetables. – **2.** cf. Personenwagen 2. — **~,bau** m car building. — **~,boh·le** f meist pl railroad (Br. railway) car plank. — **~,fa,brik** f **1.** car factory. – **2.** (als Firmenbezeichnung) car builders pl (od. manufacturers pl). — **~,fäh·re** f railroad (Br. railway) car ferry. — **~,fracht** f carload (Br. truck od. waggon) freight. — **~,kip·per** m car tipper. — **~,la·dung** f cf. Wagenladung 2. — **~,sen·dung** f **1.** cf. Wagenladung 2. – **2.** shipment (od. delivery) by rail. — **~,stand,geld** n (railway) cf. Wagenstandgeld. — **~,wa·ge** f cf. Wägebühne. — **w~,wei·se** adv Am. by the carload, Br. by the truckload (od. waggon-load). — **~,zu·lauf** m return of (freight) cars (Br. of waggons).

'Wag,hals m daredevil.

'wag,hal·sig [-,halzɪç] adj (Fahrer etc) daring, daredevil (attrib): **~ sein** to be a daredevil. — **'Wag,hal·sig·keit** f ⟨-; no pl⟩ daring(ness), daredeviltry, auch daredevilry.

Wag·ner ['vaːgnər] m ⟨-s; -⟩ Southern G., Austrian and Swiss for Wagenbauer.

Wag·ne·ria·ner [vaːgnə'riːanər] m ⟨-s; -⟩, **Wag·ne·ria·ne·rin** [-'riːanərɪn] f ⟨-; -nen⟩ (Anhänger R. Wagners) Wagnerian, auch Wagnerite. — **'wag·ne·risch** adj Wagnerian.

Wag·ne·rit [vaːgnə'riːt; -'rɪt] m ⟨-s; -e⟩ min. wagnerite.

'Wag·ner,sän·ger m, **~,sän·ge·rin** f Wagner singer. — **~,stil** m Wagnerism.

Wag·nis ['vaːknɪs] n ⟨-ses; -se⟩ **1.** venture, adventure, gamble, throw. – **2.** (Risiko) risk: **sich auf kein ~ einlassen** to take no risks; **kein ~ eingehen wollen** to be unwilling to take any risks. — **~,zu,schlag** m econ. allowance (od. compensation) for risk involved, extra premium for extraordinary risks, premium loading (for unusual risks).

'Wah·ha·bit [vaha'biːt] m ⟨-en; -en⟩ relig. (im Islam) Wah(h)abi, auch Wah(h)abite, Wah(h)aben.

Wahl [vaːl] f ⟨-; -en⟩ **1.** ⟨only sg⟩ (Entscheidung) choice: **das Mädchen seiner ~** the girl of his choice; **aus freier ~** of one's own (free) choice; **eine ~ treffen** to make a choice; **seine ~ treffen** to make one's choice; **nach getroffener ~** when the choice has been made; **eine gute [schlechte] ~ treffen** to make a good [bad] choice; **in der ~ seiner Mittel vorsichtig sein** to be cautious in the choice of one's means; **da fällt mir die ~ schwer** I find it hard to choose; **seine ~ fiel auf sie** his choice fell on her, he chose her, she was his choice; **j-s ~ billigen** to agree to s.o.'s choice; **diese Kleider kommen in die engere ~** these dresses come into consideration (od. are a possibility); **drei Themen stehen zur ~** there is a choice of three topics. – **2.** ⟨only sg⟩ (Wahlmöglichkeit) choice, option: **die ~ haben** to have the choice; **die freie ~ haben** to have the liberty to choose, to be free to choose; **Sie haben die ~** choose as you please (colloq.); **keine andere ~ haben, als zu** to have no (other) choice (od. alternative) than (od. but) to; **es bleibt mir keine andere ~** I have no choice, it's Hobson's choice for me; **j-m die ~ lassen** to leave s.o. the choice; **j-n vor die ~ stellen** to confront s.o. with the choice (od. alternative); **vor die ~ gestellt, was ich vorziehen würde** confronted with the choice of deciding (od. when it came to choosing) what I would prefer; **mehrere Bücher zur ~ stellen** to give (od. offer) a choice of several books; **wer die ~ hat, hat die Qual** (Sprichwort) etwa the wider the choice, the greater the trouble. – **3.** ⟨only sg⟩ (zwischen zwei Möglichkeiten) alternative. – **4.** econ. (Güteklasse) quality, grade: **Strümpfe erster [zweiter] ~** first-quality (od. -grade) [second-grade] stockings. – **5. nach ~ des Käufers** econ. at buyer's option. – **6.** auch pol. a) (eines Abgeordneten etc) election, b) (bes. geheime) ballot, c) (Entscheidung, Abstimmung) vote, d) (Wahlvorgang) voting, poll: **freie ~en** pol. free elections; **geheime ~** (vote by secret) ballot; **allgemeine ~en** pol. general elections; **allgemeine, unmittelbare ~** pol. election by direct universal suffrage; **[in]direkte ~** pol. **[in]direct voting** (od. vote), election by **[in]direct suffrage; in freier und geheimer ~** pol. in a free election by secret ballot; **~ durch Zuruf** oral vote, vote by acclamation; **~ mit Namensaufruf** vote by roll call; **~ durch Handheben** vote by (a) show(ing) of hands; **hartumstrittene ~** closely contested election; **~ ohne Gegenkandidat** uncontested election; **~en abhalten** pol. to hold elections; **~en ausschreiben** pol. to order elections, Br. to go (od. appeal) to the country; **sich zur ~ stellen** to stand as a candidate, pol. auch to stand for a constituency, bes. Am. to run; **j-n zur ~ vorschlagen** to propose s.o. as a candidate, to put s.o. up for election; **seine ~ in den Aufsichtsrat** his election to the board; **seine ~ zum Bürgermeister** pol. his election as mayor (od. to the mayoralty); **in die engere ~ kommen** to be on the short list; **die ~ annehmen** to accept one's election; **Kandidat X hat die ~ gewonnen** the vote went to candidate X, candidate X has won (od. carried) the election; **die ~ fand unter Ausschluß der Öffentlichkeit statt** the voting took place in camera (od. behind closed doors).

'**Wahl**|ab,ma·chun·gen *pl* *pol.* electoral arrangements. — ~agent [-'ʔa,ɡɛnt] *m* election agent. — ~agi·ta·ti,on *f* election-eering. — ~,akt *m* voting, poll(ing). — ~,al·ter *n* voting age.

'**Wähl**|amt *n* *tel.* automatic telephone exchange. — ~ap·pa,rat *m* dial telephone set.

'**Wahl**|auf,for·de·rungs,zei·chen *n* *tel.* (*in der Vermittlung von Fernschreiben*) proceed-to-dial signal. — ~,auf,ruf *m* *pol.* proclamation of an election, *Br.* issue of a writ for an election. — ~,aus,gang *m* outcome of the election. — ~,aus,schrei·ben *n* *pol.* writ of an election, electoral writ. — ~,aus,schuß *m* (*od.* electoral) committee. — ~,aus,sich·ten *pl* chances in the election, electoral chances. — ~,aus,weis *m* *pol.* voter's identification card, voting card.

'**wähl**|bar *adj* eligible, qualified for election, votable: nicht ~ ineligible. — '**Wähl·bar·keit** *f* ⟨-; *no pl*⟩ eligibility.

'**Wahl**|be,ein,flus·sung *f* *pol.* undue influencing of the voters. — ~,bei,sit·zer *m* polling clerk. — w~be,rech·tigt *adj* entitled to vote. — ~be,rech·tig·te *m, f* person entitled to vote, voter: die Anzahl der ~n the number of qualified voters, the voting strength. — ~be,rech·ti·gung *f* right to vote (*od.* of voting, of election), vote, *pol. auch* franchise, suffrage. — ~be,richt *m* *pol.* 1. (*offizieller*) election return. – 2. (*Kommentar*) report on the election(s). — ~be,ste·chung *f* electoral corruption. — ~be,tei·li·gung *f* voting (attendance), attendance at the polls, percentage of electorate which voted, turnout (*Br.* turn-out) at the election: eine starke [geringe *od.* schwache] ~ high [low] voting, heavy [light] poll, high [low] attendance at the polls.

'**Wähl·be·trieb** *m* *tel.* automatic telephone (*od.* dial working) system.

'**Wahl**|be,trug *m* electoral fraud. — ~be,we·gung *f* election campaign. — ~be,zirk *m* (*einer Stadt*) ward. — ~bro,schü·re *f* election (*od.* electoral) brochure (*od.* pamphlet). — ~bünd·nis *n* electoral alliance: ein ~ eingehen to enter into an electoral alliance. — ~bü,ro *n* 1. election (*od.* electoral) bureau. – 2. (*einer Partei*) election offices *pl.*

'**Wahl**|el,tern *pl* *Austrian jur.* for Adoptiveltern.

'**wäh·len** ['vɛːlən] **I** *v/t* ⟨h⟩ 1. (*sich entscheiden für*) choose: einen Beruf ~ to choose a profession; die Freiheit [den Tod] ~ to choose liberty [to die]; sich (*dat*) j-n zum Vorbild ~ to choose (*od.* take) s.o. as an example; sich (*dat*) seinen Wohnsitz ~ to choose one's place of residence. – 2. (*auswählen*) choose: das kleinere Übel ~ to choose the lesser evil; seine Worte vorsichtig ~ to choose (*od.* select) one's words carefully, to pick one's words; die richtige Zeit ~ to choose the right time, to time it well; ich hatte zwei Möglichkeiten und wählte diese I had two alternatives and I chose (*od.* opted for) this one. – 3. (*aussuchen*) choose, select, pick (out). – 4. *tel.* (*Nummer*) dial. – 5. *auch pol.* elect: j-n zum König [Präsidenten] ~ to elect s.o. king [president]; j-n einstimmig ~ to elect (*od.* vote for) s.o. unanimously; ins Parlament gewählt werden *pol.* to be elected into (*od.* returned to) parliament. – **II** *v/i* 6. choose, make one's choice: klug ~ to choose wisely, to make a wise choice; haben Sie schon gewählt? have you made your choice (yet)? have you made up your mind (yet)? ~ Sie selbst choose yourself, take your choice; du darfst ~ you can choose (*od.* take your pick). – 7. *auch pol.* vote: er darf schon ~ he is allowed (*od.* entitled) to vote; durch Handzeichen ~ to vote by (a) show(ing) of hands; ~ gehen *pol.* to go to the polls. – **III** *W*~ *n* ⟨-s⟩ 8. *verbal noun.*

'**Wäh·ler** *m* ⟨-s; -⟩ 1. *pol.* voter, elector, constituent: die (Gesamtheit der) ~ the electorate *sg.* – 2. *tech. electr.* selector.

'**Wahl**|er,folg *m* *pol.* (*od.* electoral) success. — ~er,geb·nis *n* election result (*od.* returns *pl*), result (*od.* outcome) of the election (*od.* poll).

'**Wäh·ler·in·i·tia,ti·ve** *f* *pol.* (*zur Unterstützung einer Partei vor der Wahl*) electors' initiative.

'**wäh·le·risch** *adj* 1. (*in dat* with, about) particular, fussy, finicky, *auch* finnicky, finical, finicky(g), choos(e)y (*colloq.*): er ist im Essen sehr ~ he is very choos(e)y with (*od.* about) his food; ~ sein to be choos(e)y (*od.* hard to please), to pick and choose. – 2. (*anspruchsvoll*) particular, selective. – 3. (*verwöhnt, mäkelig*) fastidious: er ist in der Wahl seiner Freunde nicht gerade ~ he is not overfastidious in his choice of friends; er ist in seinen Mitteln nicht gerade ~ he is not exactly scrupulous about his methods.

'**Wäh·ler**|kar,tei *f* *pol.* electoral list. — ~,li·ste *f* cf. Wählerverzeichnis.

'**Wäh·ler·schaft** *f* ⟨-; *no pl*⟩ *pol.* 1. (*eines Wahlkreises etc*) voters *pl*, constituency, body of electors. – 2. (*alle Wahlberechtigten*) electorate, voting population.

'**Wäh·ler**|,schei·be *f* *tel.* dial. — ~,stim·me *f* vote. — ~ver,samm·lung *f* *pol.* election meeting. — ~ver,zeich·nis *n* register of voters, voters' list, pollbook.

'**Wahl**|,fach *n* *ped.* optional (*od.* facultative, *Am.* elective) subject, *Am.* elective. — w~,fä·hig *adj* 1. (*wahlberechtigt*) entitled to vote. – 2. (*wählbar*) eligible, qualified for election, votable. — ~,fäl·schung *f* electoral fraud. — ~,feld,zug *m* *pol.* cf. Wahlkampagne. — ~,fonds *m* campaign (*od.* election) fund. — w~,frei *adj* *ped.* (*Unterricht etc*) optional, facultative, *Am.* elective: welche Fächer sind ~? which subjects are optional (*od.* open to choice)? what options are allowed? — ~,frei·heit *f* 1. freedom of choice. – 2. *pol.* electoral freedom, freedom as a voter. — ~,gang *m* ballot: erster [zweiter] ~ first [second] ballot. — ~,ge,heim·nis *n* secrecy of the ballot (*od.* vote, voting), electoral privacy. — ~,ge,schenk *n* *pol.* election bait, vote-catching concession by the (outgoing) government. — ~,ge,setz *n* *pol. jur.* electoral law. — ~,hand·lung *f* cf. Wahlakt. — ~,hei,mat *f* adopted (*od.* adoptive) country, country of one's choice. — ~,hel·fer *m*, ~,hel·fe·rin *f* *pol.* electoral assistant. — ~ka,bi·ne *f* cf. Wahlzelle. — ~,kam,pa·gne *f* *pol.* election(eering) campaign. — ~,kampf *m* election (*od.* electoral) campaign: in einem ~ unterliegen to be defeated in an election. — ~,kan·di,dat *m* electoral candidate. — ~,kind *n* *Austrian jur.* for Adoptivkind. — ~,ko·ali·ti,on *f* *pol.* electoral coalition. — ~,ko·mi,tee *n* cf. Wahlausschuß. — ~,kon,sul *m* honorary consul, consul electus. — ~,kreis *m* constituency, electoral area (*Br.* division), *Am.* election (*od.* electoral, polling) district (*od.* precinct). — ~,kreis,lei·ter *m* (*einer Partei*) *Br.* constituency party agent (for the elections), *Am.* precinct captain. — ~,ku·gel *f* ballot. — ~,lei·ter *m* *pol. Am.* chief election official, *Br.* returning officer. — ~,li·ste *f* *bes. pol.* list (*od.* register) of candidates, *Am. auch* slate: auf der ~ stehen to be on the list of candidates, to be up for election. — ~,lo,kal *n* *pol.* polling place (*bes. Br.* station). — ~,lo·ko·mo,ti·ve *f* *fig. colloq.* popular draw in an election, personality that pulls in the voters.

'**wahl·los** **I** *adj* 1. indiscriminate, undiscriminating. – **II** *adv* 2. (*aufs Geratewohl*) at random: etwas ~ verteilen [herausgreifen] to distribute [to choose] s.th. at random. – 3. (*blind, kritiklos*) indiscriminately: seine Partner ~ aussuchen to choose one's partners indiscriminately, to be promiscuous in one's choice of partners. – 4. (*planlos, wie zufällig*) haphazardly: die Inseln waren ~ im Meer verstreut the islands were scattered haphazardly over the sea.

'**Wahl**|,ma·che *f* ⟨-; *no pl*⟩ *pol. colloq. contempt.* phon(e)y election propaganda (*sl.*), electoral humbug (*sl.*), claptrap). — ~,mann *m* ⟨-(e)s; ⁼er⟩ delegate, *Am.* elector. — ~ma,nö·ver *n* electoral man(o)euver (*bes. Br.* manœuvre). — ~ma,schi·ne *f* voting machine. — ~,mo·dus *m* cf. Wahlverfahren. — ~,mög·lich·keit *f* choice, option, alternative. — w~,mü·de *adj* *pol.* election-weary. — ~,mü·dig·keit *f* election weariness, electoral lassitude. — ~,nie·der,la·ge *f* electoral defeat, defeat at the election(s) (*od.* polls). — ~,ord·nung *f* election regulations *pl*. — ~,ort *m* cf. Wahllokal. — ~pa,ro·le *f* *pol.* electoral slogan (*od.* catchword, catchphrase). — ~pe-

ri,ode *f* cf. Legislaturperiode. — ~,pflicht *f* 1. electoral duty: seiner ~ genügen (*od.* Genüge tun) to vote, to do one's duty as a voter. – 2. cf. Wahlzwang. — ~,pla·kat *n* election poster. — ~,prak·ti·ken *pl* 1. electoral practices. – 2. *contempt.* electoral machinations. — ~,pro,gramm *n* election program (*bes. Br.* programme) (*od.* manifesto, platform). — ~,pro·pa,gan·da *f* election propaganda, electioneering, canvassing: ~ betreiben to electioneer, to go canvassing, *Am. colloq.* to stump. — ~pro,test *m* protest (*od.* petition) concerning the conduct of an election. — ~,prü·fer *m* *pol. Am.* (poll) canvasser, *Br.* scrutineer. — ~,prü·fung *f* *Am.* canvass(ing), *Br.* scrutiny (of votes). — ~quo·ti,ent *m* electoral ratio. — ~,recht *n* ⟨-(e)s; *no pl*⟩ (*Recht zu wählen*) right to vote (*od.* of voting, of election), vote, franchise, suffrage: allgemeines ~ universal suffrage; das ~ erhalten to have the vote, to be enfranchised; sein ~ ausüben to exercise one's right to vote. – 2. (*passives*) ~ (*Recht, gewählt zu werden*) eligibility. – 3. (*objektives*) ~ electoral law. — ~,re·de *f* election speech, electoral address, *Am. colloq.* stump speech: ~n halten to give electoral addresses, to electioneer, *Am. colloq.* to stump. — ~,red·ner *m* election speaker, electioneer, *Am. colloq.* stumper, stump orator. — ~,re·form *f* electoral reform. — ~,schal·ter *m* *tech.* selector switch.

'**Wahl**|,schei·be *f* 1. *tel.* cf. Wählerscheibe. – 2. *tech.* preselection dial.

'**Wahl**|,schlacht *f* *pol.* electoral battle. — ~,schwin·del *m* electoral fraud. — ~,sieg *m* electoral victory, victory at the election(s). — ~,spren·gel *m* *Austrian pol.* for Wahlkreis. — ~,spruch *m* 1. motto, device, slogan. – 2. *pol.* cf. Wahlparole. — ~,sta·ti·stik *f* election statistics *pl* (*construed as sg or pl*). — ~,stim·me *f* vote: um ~n werben to canvass (votes), to electioneer. — ~,sy·stem *n* electoral system. — ~,tag *m* election (*od.* polling) day. — ~,um,trie·be *pl* electioneering practices (*od.* machinations). — ~,ur·ne *f* ballot (*od.* voting) box: zur ~ schreiten to go to the polls.

'**Wähl·ver,bin·dung** *f* *tel.* (*bei Telex*) automatic call.

'**Wahl**|ver,fah·ren *n* *pol.* electoral procedure. — ~ver,lauf *m* course of the election: ein ruhiger ~ an election without incident.

'**Wähl·ver,mitt·lungs,stel·le** *f* *tel.* automatic exchange.

'**Wahl**|ver,samm·lung *f* *pol.* election meeting (*od.* rally). — ~ver,spre·chen *n* election promise. — w~ver,wandt *adj* congenial. — ~ver,wandt·schaft *f* affinity: „Die ~en" "The Elective Affinities" (*novel by Goethe*). — ~,vor,gang *m* 1. voting, poll. – 2. (*Verfahren*) electoral procedure. — ~,vor,schlag *m* election proposal. — ~,vor,stand *m* *pol.* 1. (*Ausschuß*) election (*od.* electoral) board (*od.* committee). – 2. (*Einzelperson*) district election official. — ~,vor,ste·her *m* cf. Wahlleiter. — w~,wei·se *adv* alternatively: Sie können ~ einen Fernseher oder eine Reise gewinnen you can win a television set or a trip alternatively, you have the alternative of winning either a television set or a trip; es gab ~ Fisch oder Fleisch there was a choice of either meat or fish. — ~,wer·ber *m* *Austrian pol.* for Wahlkandidat.

'**Wähl**|,zei·chen *n* *tel.* dial signal (*od.* tone). — ~be,wer·ter *m* ⟨-s; -⟩ electronic coder.

'**Wahl**|,zel·le *f* *pol.* polling (*od.* voting) booth. — ~,zet·tel *m* ballot (paper), voting paper (*od.* slip). — ~,zuckerl (*getr.* -k·k-) *n* ⟨-s; -(n)⟩ *Austrian pol. colloq.* for Wahlgeschenk. — ~,zwang *m* obligation to vote, compulsory voting.

'**Wahn** [vaːn] *m* ⟨-(e)s; *no pl*⟩ 1. illusion, delusion: ein leerer (*od. lit.* eitler) ~ a delusion, a vain hope; in einem ~ befangen sein to labo(u)r (*od.* be) under a delusion; der ~ verflog the delusion passed; j-s ~ zerstören to shatter s.o.'s illusion; er lebt in dem ~, daß he lives under the illusion that. – 2. (*Manie, Besessenheit*) mania: religiöser ~ religious mania, theomania. – 3. (*Halluzination*) hallucination. – 4. *psych.* delusion, madness. — ~,bild *n* hallucination, mirage, phantom, *auch* fantom, chim(a)era.

'**wäh·nen** ['vɛːnən] *lit.* **I** *v/t* ⟨h⟩ imagine,

believe: **ich wähnte ihn schon tot, ich wähnte, er sei schon tot** I imagined (*od.* thought) that he was dead, I imagined him to be dead. – **II** *v/reflex* **sich** ~ imagine (*od.* fancy) oneself: **er wähnt sich in Sicherheit** he imagines himself to be in safety.

'**Wahn|ge,bil·de** *n cf.* Wahnbild. — ~**idee** [-ˀi,deː] *f* **1.** delusional (*od.* delusive) idea, delusion. – **2.** fixed idea, idée fixe.

'**Wahn,sinn** *m* ⟨-(e)s; *no pl*⟩ **1.** *med. psych.* a) madness, insanity, lunacy, b) (*Tobsucht*) raving madness, c) (*Delirium*) delirium, d) (*Raserei*) frenzy, e) (*Demenz*) dementia: **in** ~ **verfallen** to go insane (*od.* mad); **an der Grenze des** ~**s** on the verge (*od.* border) of madness. – **2. religiöser** ~ religious mania, theomania. – **3.** *fig. colloq.* 'madness' (*colloq.*), insanity, lunacy: **das ist doch heller** (*od.* **reiner, völliger**) ~ that is sheer (*od.* pure, absolute, utter) madness; **es wäre** ~, **so zu handeln** it would be madness (*od.* mad) to act like that.

'**wahn,sin·nig I** *adj* **1.** (*geisteskrank*) mad, insane, demented, lunatic (*attrib*). – **2.** *fig. colloq.* (*verrückt, toll*) 'mad' (*colloq.*), crazy: **du bist ja** ~ you are mad (*od. sl.* nuts), you must be out of your mind; **ich werde** ~! a) **vor Überarbeitung** *etc*) I am going crazy (*Br. sl.* round the bend), b) (**vor Kummer, Schmerz** *etc*) I am going out of my mind (*Br. sl.* up the walls), c) (**vor Begeisterung** *etc*) I can't believe it! this is fantastic! – **3.** *colloq.* (*Plan, Idee* etc) 'mad' (*colloq.*), foolish, lunatic (*attrib*). – **4.** *colloq.* (*furchtbar*) 'awful', 'terrible', 'horrible', 'dreadful' (*alle colloq.*): ~**e Kopfschmerzen haben** to have an awful (*od.* a splitting) headache; ~**e Angst haben** to be terribly afraid, (*stärker*) to be absolutely terrified. – **II** *adv colloq.* **5.** (*ungemein, sehr*) 'madly', 'terribly' (*beide colloq.*): ~ **verliebt** madly in love; ~ **begeistert** terribly enthusiastic; ~ **schick** tremendously chic (*colloq.*). – **6.** 'awfully', 'terribly', 'dreadfully', 'horribly' (*alle colloq.*): ~ **beschäftigt** awfully busy; ~ **schmerzhaft [teuer]** terribly (*od.* horribly) painful [expensive]; ~ **schnell fahren** to drive terribly fast, to drive like a maniac (*od.* madman).

'**Wahn,sin·ni·ge**¹ *m* ⟨-n; -n⟩ lunatic, madman: **sich wie ein** ~**r gebärden** *fig. colloq.* to behave like a lunatic.

'**Wahn,sin·ni·ge**² *f* ⟨-n; -n⟩ lunatic, madwoman.

'**Wahn,sin·nig,wer·den** *n only in* **es ist (rein) zum** ~**fig.** *colloq.* it's enough to (*od.* it would) drive you mad (*od. sl.* nuts, bats, batty, *Br. sl.* round the bend), it would give you the pip (*sl.*).

'**Wahn,sinns,idee** [-ˀi,deː] *f colloq.* crazy (*od.* lunatic) idea.

'**Wahn|ver,bre·chen** *n* insane crime. — ~**vor,stel·lung** *f* **1.** delusional (*od.* delusive) idea, delusion. – **2.** (*Halluzination*) hallucination.

'**Wahn,witz** *m* ⟨-es; *no pl*⟩ absolute (*od.* complete, utter) madness, lunacy. — '**wahn,wit·zig** *adj cf.* wahnsinnig 2—6.

wahr [vaːr] **I** *adj* ⟨-er; -st⟩ **1.** (*nicht erlogen*) true: **eine** ~**e Geschichte** a true story; **an** (*dat*) **etwas ist kein** ~**es Wort** (*od.* **ist kein Wort** ~) there is not a word of truth in s.th.; **es ist kein** ~**es Wort daran** there is not a word of truth in it; **das ist nur zu** ~ that is only too true; **das ist ein** ~**es Wort** that is very true; **etwas für** ~ **halten** to believe s.th.; ~ **sprechen** to speak (*od.* tell) the truth; **sich als** ~ **herausstellen** to turn out to be true; **seine Behauptung erwies sich als** ~ his assertion proved (to be) true; **es ist** ~, **daß** it is true (*od.* a fact) that; **so** ~ **mir Gott helfe** (*in der religiösen Eidesformel*) so help me God; **so** ~ **Gott lebt** as true as God; **so** ~ **ich hier stehe** as sure as I am standing here; **so** ~ **ich lebe** as sure as I am alive; **was** ~ **ist, muß** ~ **bleiben** there is no altering the truth; **das ist schon (gar) nicht mehr** ~ *colloq.* that was (*od.* happened) ages ago (*colloq.*); → **nicht** 5. – **2.** ⟨*attrib*⟩ (*echt, tatsächlich*) true, real: **ein** ~**er Freund** a true (*od.* sincere, genuine) friend; **das ist** ~**e Kunst** that is true art; **ein** ~**er Künstler** a true artist; **das nenne ich** ~**e Liebe** that is what I call true love; **der** ~**e Grund [Sachverhalt]** the true reason [facts *pl*]; **im** ~**sten Sinne des Wortes** in the true sense of the word; → **Gesicht**¹ 1, 5; **Natur** 4;

Wert 3, 8. – **3.** ⟨*attrib*⟩ (*wirklich, ausgesprochen*) real, veritable: **das ist eine** ~**e Wohltat** that is a real relief, that is absolute bliss; **es ist ein** ~**es Wunder, daß** it is a veritable (*od.* an absolute) wonder that; **es ist ein** ~**es Glück, daß** it is really most fortunate that; **ein** ~**er Hagel von Fragen** *colloq.* a veritable (*od.* literal) hail of questions; → **Pracht** 6; **Vergnügen** 1. – **4.** ⟨*attrib*⟩ (*richtig*) right, proper, correct: → **Jakob.** – **5.** ~ **werden** (*von Vermutung* etc) to come true. – **6. etwas** ~ **machen** (*eine Drohung* etc) to carry out s.th. – **7.** ~**es Lot** (*space*) true vertical. – **8.** ~**er Kurs** *mar.* true course. – **II W**~**e, das** ⟨-n⟩ **9.** (*das Richtige*) the right thing: **das ist nicht das W**~**e** that is not quite the right thing; **das ist das einzig W**~**e** that is the only (*sensible*) thing to do, that's just the thing. – **10.** (*Wahrheit*) the truth: **etwas W**~**es wird schon dran sein** there is bound to be some truth in it.

wah·ren [ˈvaːrən] **I** *v/t* ⟨h⟩ **1.** (*sicherstellen*) look after, protect, uphold, (safe)guard: **seine Interessen** ~ to protect one's interests; **ein Geheimnis** ~ to guard a secret. – **2.** (*beibehalten*) adhere to. – **3.** (*respektieren*) respect. – **4.** (*bewahren*) keep (up): **den Schein** ~ to keep up appearances. – **5.** (*in Wendungen wie*) **sein Gesicht** ~ to save face; **den Anstand** (*od.* **die Form**) ~ to observe the proprieties (*od.* rules of convention), to conform to convention (*od.* to propriety). – **II W**~ *n* ⟨-s⟩ **6.** *verbal noun.* – **7.** *cf.* Wahrung.

wäh·ren [ˈvɛːrən] *v/i* ⟨h⟩ *lit.* (*dauern*) last: **es kann noch lange** ~, **bis er kommt** it may be (*od.* last) a long while before (*od.* until) he comes, he may be a long time (in) coming; **es währte nicht lange, so brach der Krieg aus** it was not long before (the) war broke out; **es wird ewig** ~ it will last for ever, it will never die (*od.* perish); **was lange währt, wird endlich gut** (*Sprichwort*) etwa good work takes (a long) time; **ehrlich währt am längsten** (*Sprichwort*) honesty is the best policy (*proverb*).

'**wäh·rend**¹ *prep* ⟨*gen*⟩ **1.** during, over: ~ **der Nacht** during (*od.* in) the night; ~ **eines beträchtlichen Zeitraums** over a considerable period of time; ~ **der Regierung Königin Viktorias** during (*od.* in) the reign of Queen Victoria; ~ **seines ganzen Lebens** during his whole life, throughout his life, his whole life long. – **2.** (*im Verlauf von*) in the course of: ~ **mehrerer Jahre** in the course of several years. – **3.** *jur.* pending: ~ **der Dauer des Prozesses** pending the action. – **II** *prep* ⟨*dat*⟩ **4.** ~ **zehn Monaten** in the course of ten months; ~ **dem Schießen** *obs. od. colloq.* during the shooting. – **III** *conj* **5.** (*als, zur gleichen Zeit wie*) while, *bes. Br.* whilst. – **6.** (*wohingegen*) whereas, while.

'**wäh·rend**² **I** *pres p of* währen. – **II** *adj* **ewig** ~ (*Friede* etc) eternal, everlasting, never-ending.

,**wäh·rend'dem**, ,**wäh·rend'des**, ,**wäh·rend'des·sen** *adv* meanwhile, in the meantime.

'**wahr,ha·ben** *v/t only in* **etwas nicht** ~ **wollen** not to admit s.th. (to oneself).

'**wahr,haft** *adj* (*wirklich, tatsächlich*) true, real, *auch* genuine: **er ist ein** ~**er Freund** he is a real friend. – **II** *adv* really, truly, veritably: **das ist ein** ~**licher Preis** that is really (*od.* indeed) a ridiculous price, that price is truly ridiculous; **eine** ~ **kühne Behauptung** a really bold statement.

wahr,haf·tig [,vaːrˈhaftɪç; ˈvaːrhaftɪç] **I** *adj* **1.** (*wahrheitsliebend, aufrichtig*) truthful, veracious, honest. – **2.** *relig.* (*Gott*) true. – **3.** ~**er Gott!** *colloq.* good heavens! good gracious! (*stärker*) good God! – **II** *adv* **4.** (*wirklich*) really, truly: **er ist** ~ **ein ehrlicher Mensch** he really is an honest person, he is an honest person and no mistake (*colloq.*); **das hätte ich** ~ **nicht vermutet** I really wouldn't have expected that; ~? is that true? do you really mean (to say) that? ~! I declare! ~ **nicht!** certainly not! by no means! **das geht ihn doch** ~ **nichts an** that really is none of his business. – **5.** (*tatsächlich*) indeed: ~, **du hast recht** you are right, indeed. – **6.** (*allen Ernstes*) honestly: **er hat es doch** ~ **gewagt, ihn zu fragen** he honestly had the audacity to ask me; **ich habe ihn wirklich und** ~ **gesehen** I (really)

honestly saw him. — ,**Wahr'haf·tig·keit** *f* ⟨-; *no pl*⟩ truthfulness, veracity, honesty.

'**Wahr·heit** *f* ⟨-; -en⟩ **1.** ⟨*only sg*⟩ truth: **die nackte [ungeschminkte]** ~ the plain [unvarnished] truth; **die (volle)** ~ **sagen** to tell (*od.* speak) the (whole) truth; **das ist nur die halbe** ~ that is only half the truth; **er sagt die** ~ he is telling the truth; **der** ~ **gemäß** *cf.* wahrheitsgemäß II; **um die** ~ **zu sagen** to tell the truth; **um der** ~ **die Ehre zu geben, muß ich aber hinzufügen** but to be absolutely honest (about it) I must add; **von der** ~ **abweichen** to swerve from the truth; **bei der** ~ **bleiben** to stick to the truth; **es mit der** ~ **nicht so genau nehmen** to stretch the truth; **ohne Umschweife die** ~ **sagen** to tell the truth quite frankly (*od.* quite bluntly, without beating about the bush); **ich muß Ihnen die** ~ **sagen** I must tell you the truth; **ich will die ganze** ~ **wissen** I want to know the whole truth, *Am.* I want the straight of it; **die** ~ **liegt in der Mitte** the truth is somewhere in between; **die** ~ **sieht anders aus** the true situation is (quite) different; **j-m gehörig** (*od.* **ordentlich**) **die** ~ **sagen** *colloq.* to tell s.o. exactly what one thinks of him, to tell s.o. a few home truths; **ich schwöre, daß ich die reine** ~ **sage, nichts hinzufüge und nichts verschweige** (*Eidesformel vor Gericht*) I swear to say the truth, the whole truth and nothing but the truth. – **2. in** ~ in reality, in actual fact: **in** ~ **ist er ein ganz anderer Mensch** in reality he is a very different person; **in** ~ **sieht es ganz anders aus** things are (*od.* look) quite (*od.* very) different in reality. – **3.** (*Grundwahrheit*) truth, verity: **es ist eine alte** ~, **daß** it is an old truth that. – **4. ich hab' ihm ein paar** ~**en gesagt** (*od.* **an den Kopf geworfen**) I told him a few home truths.

'**Wahr·heits|be,weis** *m only in* **den** ~ **antreten** (*od.* **erbringen**) to prove the truth of one's statement. — ~**,dro·ge** *f psych.* truth serum (*auch* drug). — ~**funk·ti,on** *f* (*in der mathematischen Logik*) truth-function. — **w**~**ge,mäß**, **w**~**ge,treu I** *adj* truthful, faithful, true, factual. – **II** *adv* truthfully, faithfully, in accordance with the truth (*od.* facts): **etwas** ~ **berichten** to report s.th. truthfully. — ~**,lie·be** *f* love of truth, veracity. — **w**~**lie·bend** *adj* truthful, veracious. — ~**,su·cher** *m* seeker of (*od.* after) truth. — ~**,wert** *m* (*in der mathematischen Logik*) truth-value.

'**wahr·lich** *adv* **1.** really, indeed: **das ist kein Vergnügen** that is really no pleasure, indeed that is no pleasure; ~, **das geht zu weit** that is really going too far. – **2.** (*sicherlich*) certainly: **das passiert mir** ~ **nicht wieder** that certainly will not happen to me again. – **3.** *Bibl.* verily: ~, **ich sage euch verily**, I say unto you.

'**wahr,nehm·bar** *adj* **1.** perceptible, noticeable, perceivable, observable: **nicht** ~ imperceptible, imperceivable, not noticeable. – **2.** (*sichtbar*) visible, discernible, discernable, distinguishable: **mit dem bloßen Auge** ~ visible to the naked eye. – **3.** (*hörbar*) audible, hearable, distinguishable. – **4.** (*fühlbar*) tangible, palpable.

'**Wahr,nehm·bar·keit** *f* ⟨-; *no pl*⟩ **1.** perceptibility, noticeability, observability. – **2.** (*optische*) visibility, discernibility, discernability, distinguishability. – **3.** (*akustische*) audibility, distinguishability. – **4.** (*durch Berührung*) tangibility, palpability.

'**wahr,neh·men I** *v/t* ⟨*irr, sep*, -ge-, h⟩ **1.** *bes. psych.* (*mit den Sinnen*) perceive, notice, observe. – **2.** (*optisch*) distinguish, discern, perceive, see. – **3.** (*akustisch*) hear, distinguish. – **4.** (*Rechte*) assert, make use of. – **5.** (*Gelegenheit, Vorteil* etc) seize, take, avail oneself of. – **6.** **j-s Interessen [Rechte]** ~ (*vertreten*) to look after (*od.* protect, [safe]guard) s.o.'s interests [rights]. – **7.** *jur.* (*Frist, Termin*) observe. – **II W**~ *n* ⟨-s⟩ **8.** *verbal noun.* – **9.** *cf.* Wahrnehmung. — '**wahr,neh·mend I** *pres p.* – **II** *adj psych.* perceptive. — '**Wahr,neh·mung** *f* ⟨-; -en⟩ **1.** *cf.* Wahrnehmen. – **2.** *bes. psych.* perception: **bewußte** ~ apperception; **sinnliche [außersinnliche]** ~ sense [extrasensory] perception. – **3.** (*optische*) discernment, perception. – **4.** (*fühlbare*) sensation. – **5.** (*seiner Rechte*) assertion. – **6. j-n mit der** ~ **seiner Geschäfte beauftragen** to entrust s.o. with the care of one's business. – **7.** *jur.* (*einer Frist etc*) observation.

'Wahr,neh·mungs|be,wußt,sein *n psych.* perceptual consciousness. — **~,bild** *n* perceptual image. — **~,gren·ze** *f* limit of perception. — **~,in,halt** *m* perceptual content. — **~psy·cho·lo,gie** *f* perceptual psychology. — **~,stö·rung** *f* perceptual disorder. — **~ver,mö·gen** *n* ⟨-s; *no pl*⟩ (faculty of) perception, perceptivity.

'Wahr,sa·ge,kunst *f* ⟨-; *no pl*⟩ *cf.* Wahrsagerei.

'wahr,sa·gen I *v/i* ⟨*sep u. insep, pp* wahrgesagt *u.* gewahrsagt, h⟩ **1.** tell fortunes: die Frau hat aus den Karten wahrgesagt the woman read the cards; aus der Hand ~ to read (s.o.'s) hand; aus dem Kaffeesatz ~ to read the (*od.* s.o.'s) cups; sich (*dat*) ~ lassen to have one's fortune told. – **II** *v/t* **2.** j-m die Zukunft ~ to tell s.o.'s (*od.* s.o. his) fortune. – **3.** *cf.* prophezeien 1. – **III W.~** *n* ⟨-s⟩ **4.** *verbal noun.* – **5.** fortune-telling.

'Wahr,sa·ger *m* ⟨-s; -⟩ **1.** fortune-teller. – **2.** (*Handleser*) palmist, palm reader, chiromancer, *auch* chiromancist. – **3.** (*Prophet*) prophet, soothsayer, augur.

,Wahr·sa·ge'rei *f* ⟨-; *no pl*⟩ fortune-telling, divination, (*aus der Hand*) palmistry, chiromancy.

'Wahr,sa·gung *f* ⟨-; *no pl*⟩ **1.** *cf.* Wahrsagen. – **2.** *cf.* Prophezeiung 2.

'währ·schaft *adj Swiss for* dauerhaft 2.

'Wahr,schau *f* ⟨-; *no pl*⟩ *mar.* **1.** lookout. – **2.** ~! (*Vorsicht*) attention! — **'wahr,schauen** *v/i u. v/t* ⟨*insep,* ge-, h⟩ warn.

wahr·schein·lich [,va:r'ʃaɪnlɪç; 'va:r,ʃaɪnlɪç] **I** *adj* **1.** probable, likely: es ist sehr ~, daß it is most (*od.* highly, more than) probable (*od.* likely) that, the odds (*od.* chances) are that. – **2.** (*glaubhaft*) plausible: die Geschichte ist nicht sehr ~ the story is not very plausible. – **3.** (*in der Statistik*) (*Fehler*) probable. – **II** *adv* **4.** probably, likely: ~ wird er siegen he will probably win, the chances (*od.* the odds) are that he will win, he is likely to win; er wird ~ nicht kommen he probably won't come, he is not likely to come; ja, sehr ~! yes, quite (*od.* most) probably (*od.* likely). —

,Wahr'schein·lich·keit *f* ⟨-; -en⟩ **1.** probability, likelihood: aller ~ nach in all probability, most probably: mit größter ~ most probably. – **2.** (*Glaubhaftigkeit*) plausibility. – **3.** (*in der Statistik*) probability, chance.

,Wahr'schein·lich·keits|,fak·tor *m* probability factor. — **~ge,setz** *n* probability law. — **~,grad** *m* degree of probability. — **~,kur·ve** *f* probability curve. — **~,rechnung** *f* probability calculus. — **~theo,rie** *f* theory of probabilities.

'Wahr,spruch *m jur.* judg(e)ment.

'Wah·rung *f* ⟨-; *no pl*⟩ **1.** *cf.* Wahren. – **2.** (*Verteidigung*) protection: die ~ seiner Interessen the protection of one's interests. – **3.** (*Beibehaltung*) adherence: unter ~ der Grundsätze under adherence to the principles; ~ eines Standpunktes adherence to a (point of) view. – **4.** (*Respektierung*) respect: unter ausdrücklicher ~ unserer Rechte in strict respect of our rights. – **5.** (*Beachtung*) observance: ~ der Form (*od.* des Anstandes) observance of the proprieties, conformity to convention (*od.* propriety).

'Wäh·rung *f* ⟨-; -en⟩ *econ.* currency: inländische [ausländische] ~ domestic [foreign] currency; harte [stabile, weiche] ~ hard [stable, soft] currency; elastische [manipulierte, entwertete *od.* notleidende] ~ adjustable [managed, depreciated] currency; in deutscher ~ in German currency; Sicherung der ~ safeguarding of the currency.

'Wäh·rungs|,ab,kom·men *n econ.* monetary agreement. — **~,ab,wer·tung** *f* devaluation (of currency). — **~,an,gleichung** *f cf.* Kursangleichung. — **~,aus,gleich** *m* currency conversion compensation. — **~,aus,gleich,fonds** *m* exchange equalization (*Br. auch* -s-) fund. — **~,bank** *f* ⟨-; -en⟩ *cf.* Emissionsbank. — **~be,reich** *m* currency area. — **~,block** *m* ⟨-(e)s; -e *u.* -s⟩ monetary bloc. — **~,ein·heit** *f* monetary unit. — **~,fonds, In·ter·na·tio'na·ler** *m* International Monetary Fund. — **~ge,biet** *n* currency (*od.* monetary) area. — **~,klau·sel** *f* (*in einem Vertrag*) currency clause. — **~kon·fe,renz** *f* monetary conference. — **~,kon·to** *n* (foreign) currency account. — **~,kri·se** *f* monetary crisis. — **~ma·ni·pu·la·ti,on** *f* management of currency. — **~pa·ri,tät** *f* par of exchange, monetary parity. — **~po·li,tik** *f* monetary policy: gesunde ~ sound monetary policy. — **w~po,li·tisch** *adj* in the field of (*od.* regarding, in respect of) monetary policy, monetary: ~e Befugnisse monetary powers. – **II** *adv* ~ gesehen in terms of (*od.* with regard to) monetary policy. — **~re,form** *f* monetary (*od.* currency) reform. — **~re,ser·ve** *f* monetary (*od.* currency, gold and foreign exchange) reserve: Abnahme der ~ decline in (the) monetary reserve. — **~sa,nie·rung** *f* monetary rehabilitation. — **~,schnitt** *m* monetary reform, cut in the currency. — **~schuld·ner** *m* (*als Bilanzposten*) debtors *pl* in foreign currency. — **~,schwach** *adj* with a soft currency: ein ~es Land a soft-currency country. — **~spe·ku·la·ti,on** *f* speculation in currency, monetary speculation. — **~sta·bi·li,sie·rung** *f* stabilization (*Br. auch* -s-) of currency. — **~sta·bi·li,tät** *f* monetary stability, stability of currency. — **w~,stark** *adj* with a hard currency: ein ~es Land a hard-currency country. — **~sy,stem** *n* monetary (*od.* currency) system. — **~um,rech·nungs·ta,bel·le** *f* currency conversion table. — **~um,stel·lung** *f* monetary (*od.* currency) reform. — **~uni,on** *f* monetary union. — **~ver,fall** *m* currency erosion. — **~ver,hältnis** *n cf.* Wechselkurs. — **~zer,fall** *m cf.* Währungsverfall. — **~zu,sam·men,bruch** *m* collapse of currency (*od.* of a monetary system).

'Wahr,zei·chen *n* **1.** (*einer Stadt*) landmark. – **2.** (*einer Veranstaltung etc*) symbol. – **3.** (*Emblem*) emblem.

Waid [vaɪt] *m* ⟨-(e)s; -e⟩ *bot.* (dyer's) woad, pastel (*Isatis tinctoria*). — **~,fär·ber** *m* woader, woadman.

'Waid|ge,nos·se *m hunt.* fellow huntsman, hunting companion. — **w~ge,recht** *adj* **1.** huntsmanlike, sportsmanlike. – **2.** skilled (*od.* trained) in hunting. — **~,loch** *n* anus (*od.* vent) of wild beasts. — **~,mann** *m* ⟨-(e)s; ⸚er⟩ hunter, huntsman, sportsman.

'waid,män·nisch [-,mɛnɪʃ] *hunt.* **I** *adj* (*Ausbildung, Brauch*) hunting (*attrib*), huntsmanlike of a hunter. – **II** *adv* in (a) huntsmanlike manner.

,Waid,manns'dank *m only in* ~! (*Antwort auf Waidmannsheil*) good hunting! good sport! — **~'heil** *n only in* ~! good hunting! good sport! — **~,spra·che** ['vaɪt-] *f* hunter's language, language of the chase.

'Waid|,mes·ser *n hunt.* hunting knife. — **~,sack** *m* **1.** *cf.* Waidtasche. – **2.** (*Pansen*) paunch, (*nur bei Schalenwild*) rumen. — **~,spruch** *m* **1.** hunter's saying (*od.* maxim). – **2.** (*Wahlspruch*) hunter's motto. — **~,ta·sche** *f* hunting (*od.* game) bag. — **~,werk** *n* ⟨-(e)s; *no pl*⟩ hunting, (the) chase, *auch* (the) chace, venery. — **w~,wund** *adj adj* (*Wild*) wounded (*od.* injured) in the belly, *Am. sl.* gutshot.

Wai·se ['vaɪzə] *f* ⟨-; -n⟩ orphan: ~ werden to be orphaned; zur ~ machen to orphan(ize *Br. auch* -s-).

'Wai·sen|,geld *n* orphan's allowance. — **~,haus** *n* orphanage, orphans' home. — **~,kind** *n* orphan. — **~,kna·be** *m* **1.** orphan (boy). – **2.** *fig. colloq.* novice, tyro, *auch* tiro: er ist ein ~ he is a mere novice; gegen ihn ist er der reinste ~ he is no match for him, he can't hold a candle to him, he is not a patch on him. — **~,ren·te** *f* orphan's annuity.

Wal [va:l] *m* ⟨-(e)s; -e⟩ *zo.* whale (*Ordng Cetacea*): junger ~ whale calf, calf whale.

Wa·la·che [va'laxə] *m* ⟨-n; -n⟩ *geogr.* Wal(l)achian. — **wa'la·chisch I** *adj* Wal(l)achian. – **II** *ling.* **W~** ⟨*generally undeclined*⟩, **das W~e** ⟨-n⟩ Wal(l)achian, the Wal(l)achian language.

'Wal,bul·le *m zo.* bull whale.

Wald [valt] *m* ⟨-(e)s; ⸚er⟩ **1.** (*baumbestandene Fläche*) wood(s *pl* construed as *sg od pl*), (*bei größerer Ausdehnung*) *auch* forest, *Am. auch* timber: dichter [lichter] ~ thick [open *od.* clear] forest; im Felde ~, tief im ~ deep in the woods; durch ~ und Feld streifen *poet.* to roam through woods and fields; in Wiesen und Wäldern in meadows and woods; die Tiere des ~es the animals of the woods; wie man in den ~ hineinruft, so schallt es wieder heraus (*Sprichwort*) as the question, so the answer (*proverb*); → Baum 2. – **2.** *geogr.* woodland, forest land: Irland hat sehr wenig ~ Ireland has very little woodland. – **3.** *fig.* forest: ein ~ von Stangen [Masten, Fahnen] a forest of poles [masts, flags]. — **~,amei·se** *f zo.* (Rote) ~ forest (*od.* red) ant (*Formica rufa*). — **~,am·mer** *f* rustic bunting (*Emberiza rustica*). — **~ane·mo·ne** *f bot.* wood anemone (*Anemone nemorosa*). — **~,an·ti,lo·pe** *f zo.* **1.** *cf.* Buschbock. – **2.** *cf.* Kudu. — **~,ar·bei·ter** *m* (*forestry*) lumberjack, lumberman, *Am. auch* woodsman. — **w~,arm** *adj* sparsely wooded, destitute of forests: eine ~e Gegend a sparsely wooded region. — **w~'aus** [,valt-] *adv* out of the wood(s) (*od.* forest). — **~,bach,schild,krö·te** *f zo.* wood tortoise (*od.* terrapin, turtle) (*Clemmys insculpta*). — **~,bau** *m* ⟨-(e)s; *no pl*⟩ (*forestry*) silviculture (*science and art of cultivating forest crops*). — **~,baum** *m bot.* forest (*od.* wood) tree. — **~,baum,läu·fer** *m zo.* tree creeper (*Certhia familiaris*). — **w~be,deckt** *adj* wooded, woody. — **~,bee·re** *f bot.* **1.** *cf.* Heidelbeere. – **2.** *pl* wood(land) berries. — **~be,stand** *m* (*forestry*) forest stand (*od.* crop). — **~be,woh·ner** *m* **1.** (*Mensch*) woodlander, *Am. auch* wood(s)man, sylvan, *auch* silvan (*lit.*). – **2.** *zo.* sylvan, silvan, forester. — **~,bin·gel,kraut** *n bot.* mercury (*Mercurialis perennis*). — **~,blö·ße** *f cf.* Waldlichtung. — **~,blu·me** *f bot.* wood(land) (*od.* forest) flower. — **~,bock** *m zo.* **1.** *cf.* Buschbock. – **2.** *cf.* Kudu. — **~,bo·den** *m* forest soil. — **~,brand** *m* forest fire. — **~,büf·fel** *m zo.* forest buffalo (*Bubalus od.* Syncerus nanus).

Wäld·chen ['vɛltçən] *n* ⟨-s; -⟩ **1.** *dim. of* Wald. – **2.** grove.

'Wald|,dros·sel *f zo.* wood thrush (*Hylocichla mustelina*). — **~,ducker** (*getr.* -k·k-) *m* duiker(bok), *auch* duyker, duikerbuck (*Gattg Cephalophus*). — **~,ei·dech·se** *f* common (*od.* viviparous) lizard (*Lacerta vivipara*). — **w~'ein** [,valt-] *adv* into the wood(s) (*od.* forest). — **~,ein·sam·keit** *f poet.* sylvan (*auch* silvan) solitude. — **~,ele·fant** *m zo.* African bush elephant (*Loxodonta cyclotis*).

Wal·densch ['valdənʃ] *adj* ⟨*attrib*⟩ ~e Umkehrung *chem.* Walden inversion.

Wal·den·ser [val'dɛnzər] *m* ⟨-s; -⟩ *relig. hist.* Waldensian: die ~ the Waldensians, the Waldenses (*od.* Valdenses), the Vaudois. — **wal'den·sisch** *adj* Waldensian.

'Wald|,erd,bee·re *f bot.* wood (*od.* wild) strawberry (*Fragaria vesca*). — **~er,ho·lungs,heim** *n* woodland convalescent home.

'Wal·des|,dun·kel *n poet.* forest shade (*od.* gloom). — **~,rand** *m cf.* Waldrand. — **~,rau·schen** *n poet.* whisper of the woods. — **~,saum** *m poet.* edge (*od.* fringe) of the wood(s) (*od.* forest), woodside: am ~ at the edge of the wood(s).

'Wald|,eu·le *f zo.* **1.** wood owl (*Gattg Strix*). – **2.** *cf.* Waldohreule 1. — **~,farn** *m bot.* wood fern (*Gattg Dryopteris*). — **~,feld,bau** *m*, **~,feld,wirt,schaft** *f agr.* woodland-field economy. — **~,flä·che** *f* wooded area. — **~,flat·ter,gras** *n bot. cf.* Flattergras. — **~,flo·ra** *f* sylvan (*auch* silvan) flora, forest plants *pl.* — **~,föh·re** *f bot. cf.* Waldkiefer. — **~,fre·vel** *m jur.* offence (*Am.* offense) against the forest laws. — **~,frosch** *m zo.* wood frog (*Rana sylvatica*). — **~,gärt·ner** *m* pith borer (*Blastophagus piniperda*): Großer ~ larger pith borer (*B. piniperda*); Kleiner ~ lesser pith borer (*B. minor*). — **~ge,biet** *n* wooded (*od.* woodland) area (*od.* region), woodland. — **~ge,bir·ge** *n* wooded mountains *pl*, wood-studded hills *pl.* — **~ge,gend** *f* wooded region. — **~,geiß,bart** *m bot.* goat's-beard, *Am.* goatsbeard (*Aruncus sylvester*). — **~,geist** *m* ⟨-(e)s; -er⟩ sylvan, silvan. — **~ge,län·de** *n* wooded area. — **~,ger·ste** *f bot.* wild rye (*Gattg Elymus*). — **~,glöck·chen** *n* **1.** bluebell (*Campanula rotundifolia*). – **2.** purple foxglove (*Digitalis purpurea*). — **~,gott** *m myth.* sylvan (*auch* silvan) (deity). — **~,göt·tin** *f* sylvan (*auch* silvan) (deity). — **~,gren·ze** *f* ⟨-; *no pl*⟩ *geogr.* line beyond which no forest can grow. — **~,haar** *n* ⟨-(e)s; *no pl*⟩ *bot.* sedge, grass weed (*Carex brisoides*). — **~,hain,sim·se** *f* wood rush, glowworm (*Br.* glow-worm) grass (*Luzula sylva-*

tica). — ~**ho·nig** m wild honey. — ~**horn** n ⟨-(e)s; ⸗er⟩ mus. 1. French horn. - 2. (Orgelregister) waldhorn. — ~**hü·gel** m wooded hill. — ~**hund** m zo. bush dog (Speothos venaticus). — ~**hü·ter** m forest guard (od. keeper, warden). ~**hya·zin·the** f bot. wood hyacinth (Platanthera bifolia). — ~**ibis** m zo. wood ibis, flinthead (Mycteria americana).

wal·dig ['valdɪç] adj wooded, woody, Am. colloq. auch woodsy, sylvan, auch silvan (lit.): ~e Gegend wooded region, woodland.

'Wald|**kampf** m mil. combat in woods. — ~**ka,nin·chen** n zo. cottontail (rabbit), wood rabbit (Gattg Sylvilagus). — ~**kan·te** f (wood) dull edge. — **w~,kan·tig** adj dull-edged. — ~**ka,pel·le** f forest chapel. — ~**kar·de** f bot. Venus's-basin (Dipsacus sylvestris). — ~**ka·ri·bu** m zo. woodland caribou (Rangifer arcticus). — ~**kauz** m tawny (od. brown) owl (Strix aluco). — ~**ker·bel** m bot. wild chervil (od. cicely) (Anthriscus sylvestris). — ~**kie·fer** f Scotch (od. wild) pine, Swedish fir (Pinus sylvestris). — ~**klap·per,schlan·ge** f zo. timber rattlesnake (Crotalus horridus horridus). — ~**kul,tur** f 1. forest planting, forestation. - 2. young plantation, afforestation area. — ~**land** n woodland, wooded country, Am. auch timberland. — ~**land·schaft** f woodland (od. forest, lit. sylvan, auch silvan) landscape. — ~**laub,sän·ger** m zo. wood warbler (Phylloscopus sibilatrix). — ~**lauf** m (sport) 1. (Disziplin) cross-country (running). - 2. (Einzellauf) cross-country run (od. race). — ~**lemming** m zo. wood lemming (Myopus schisticolor). — ~**lich·tung** f opening, clearing, glade. — ~**man·gold** m bot. false wintergreen (Pirola rotundifolia). — ~**man·tel** m (forestry) border trees pl (od. wind mantle, windbreak) of a forest. — ~**maus** f zo. a) wood mouse, long-tailed field mouse (Apodemus sylvaticus), b) yellow-necked field mouse (A. flavicollis).

'Wald,mei·ster m ⟨-s; no pl⟩ bot. 1. (Echter od. Wohlriechender) ~ (sweet) woodruff, waldmeister (Asperula odorata). - 2. Falscher ~ cf. Knoblauchhederich. - 3. Goldener ~ cf. Kreuzlabkraut. — ~**bow·le** f gastr. woodruff (white wine od. claret) cup (Am. auch bowl).

'Wald|**mensch** m wild man; sylvan, silvan (lit.). — ~**min·ze** f bot. horsemint (Mentha sylvestris). — ~**mur·mel,tier** n zo. woodchuck, groundhog (Marmota monax). — ~**nym·phe** f 1. myth. wood nymph, dryad. - 2. zo. (Kolibri) wood nymph (Gattg Thalurania). — ~**ohr,eu·le** f zo. 1. long-eared owl (Asio otus). - 2. (Spinner) processionary moth (Thaumatopoea processionea).

'Wal,dorf|**sa,lat** ['val-] m gastr. Waldorf salad. — ~**schu·le** f ped. Rudolf Steiner School.

'Wald|**pfad** m path through (the) wood(s), forest (od. woodland) path. — ~**pferd** n zo. (ausgestorbene westeuropäische Wildpferdart) European wood horse (Equus robustus). — ~**pflan·ze** f bot. forest plant, herb of the woods, woodland herb. — ~**pfle·ge** f forest tending. — ~**pfört·ner** m zo. cf. Waldportier. — ~**platt,erb·se** f bot. everlasting pea (Lathyrus sylvestris). — ~**por·ti,er** m zo. oak velvet (butterfly) (Brintesia circe). — ~**rand** m edge (od. [out]skirts pl) of the wood(s) (od. forest). — ~**rapp** [-,rap] m ⟨-(e)s; -e⟩ zo. hermit ibis (Geronticus eremita). — ~**rat·te** f wood (od. pack) rat (Gattg Neotoma). — ~**re·be** f bot. clematis (Gattg Clematis): Gemeine (od. Weiße) ~ travel(l)er's-joy, old man's beard, lady's (od. virgin's) bower, (die europäische Form) auch love, hedge vine (C. vitalba); Italienische ~ vine bower (C. viticella). — **w~,reich** adj abounding in woods, well-wooded (attrib), Am. colloq. auch woodsy. — ~**reich·tum** m richness in forests (od. woodland). — ~**sä·ge** f cross-cut saw. — ~**sala,man·der** m zo. cf. Alligatorsalamander. — ~**sän·ger** m warbler, auch wood warbler (Fam. Parulidae). — ~**sau·er,klee** m bot. wood sorrel (Oxalis acetosella). — ~**scha·den** m damage done to a forest. — ~**schild,krö·te** f zo. South American land tortoise (Testudo denticulata). — ~**schlie·fer** m cf. Baum-

schliefer. — ~**schnep·fe** f woodcock (Scolopax rusticola). — ~**schrat(t)** m myth. wood sprite. — ~**schu·le** f ped. open-air school. — ~**schutz,ge,biet** n (forestry) forest reserve. — ~**schwein** n zo. forest hog (od. pig) (Hylochoerus meinertzhageni). — ~**schwirr,vo·gel** m cf. Waldlaubsänger. — ~**spitz,maus** f common shrew (Sorex araneus). — ~**städ·te** pl hist. four towns on the Upper Rhine formerly belonging to Austria: Rheinfelden, Säckingen, Laufenburg, Waldshut. — ~**stät·te** pl the four forest cantons (in Switzerland): Uri, Schwyz, Unterwalden, Lucerne. — ~**stei·ger,frosch** m zo. jerking frog (Leptopelis natalensis). — ~**stern,mie·re** f bot. satinflower (Stellaria holostea). — ~**streu** f agr. (forest) litter. — ~**strich** m stretch of forest (od. woodland). — ~**stück** n 1. woodland (od. forest, lit. sylvan, auch silvan) scene. - 2. (art) woodland (od. forest, lit. sylvan, auch silvan) scene. cf. Ringeltaube. — ~**tier** n beast of the forest, forester, sylvan, silvan. — ~**torf** m forest peat.

Wal·dung ['valduŋ] f ⟨-; -en⟩ woodland, wood(ed area).

'Wald|**veil·chen** n bot. hedge violet (Viola sylvatica). — ~**ver,der·ber** m (forestry) forest pest. — ~**vo·gel** m zo. woodland bird, sylvan, silvan. — ~**vö·ge·lein**, **'Ro·tes** n bot. cephalanthera (Cephalanthera rubra). — **w~,wärts** adv toward(s) the wood(s) (od. forest). — ~**was·ser,läu·fer** m zo. green sandpiper (Tringa ochropus). — ~**weg** m 1. cf. Waldpfad. - 2. woodland lane. — ~**wei·de** f agr. forest pasture. — ~**wei·den,rös·chen** n bot. rosebay (Epilobium angustifolium). — ~**wicke** (getr. -k·k-) f wood vetch, auch wood vetchling (Vicia sylvatica). — ~**wie·se** f forest glade. — ~**wild,pferd** n zo. cf. Waldpferd. — ~**wirt·schaft** f cf. Forstwirtschaft. — ~**wühl,maus** f zo. cf. Rötelmaus. — ~**wurz** f bot. wild angelica (Angelica sylvestris). — ~**zecke** (getr. -k·k-) f zo. cf. Holzbock 3. — ~**zei·sig** m cf. Goldhähnchen 1. — ~**zie·ge** f serow (Gattg Capricornis). — ~**ziest** m bot. hedge nettle (Stachys sylvatica). — ~**zo·ne** f forest zone. — ~**zwei,blatt** n bot. twayblade (Listera ovata).

'Wal,fang m ⟨-(e)s; no pl⟩ mar. whale fishing (od. fishery), whaling. — ~**boot** n whale boat. — ~**fän·ger** m 1. mar. cf. Walfangboot. - 2. (Mann) whaler. — ~**fang**|**flot·te** f mar. whaling fleet. — ~**ge,biet** n whale fishery. — ~**mut·ter,schiff** n whale factory ship, whaling factory ship (od. vessel).

'Wal,fisch ['val-] m 1. zo. colloq. for Wal. - 2. cf. Walkopf. - 3. astr. Cetus. — ~**laus** f zo. whale louse (Cyamus ceti).

wal·gen ['valgən] v/t ⟨h⟩ Bavarian and Austrian gastr. (Teig) roll out.

'Wäl·ger,holz n ⟨-(e)s; -hölzer⟩ dial. (für Teig) rolling pin. — **wäl·gern** ['vɛlgərn] v/t ⟨h⟩ dial. (Teig) roll (out).

'Walg,vo·gel m zo. cf. Dronte.

'Wal,hai m zo. whale shark (Rhincodon typus).

Wal·hall ['valhal; val'hal], **Wal·hal·la** [val'hala] f ⟨-; no pl⟩ myth. Valhalla, auch Walhalla.

'Wal,her·de f zo. school (od. herd, kleine pod) of whales, gam.

Wa·li·ser [va'li:zər] m ⟨-s; -⟩ Welshman, Cambrian: die ~ pl the Welsh. — **Wa·li·se·rin** f ⟨-; -nen⟩ Welshwoman, Cambrian.

wa·li·sisch I adj Welsh, Cymric, auch Kymric, Cambrian. - II ling. W~ ⟨generally undeclined⟩, das W~e ⟨-n⟩ Welsh, the Welsh language.

'Walk,ar·beit f 1. (leather) drumming (od. stocking, milling) work. - 2. (textile) fulling work.

'Wal·ke f ⟨-; -n⟩ (textile) 1. ⟨only sg⟩ (Vorgang) fulling. - 2. (Maschine) fulling machine. - 3. (Anlage) fulling mill.

wal·ken ['valkən] I v/t ⟨h⟩ 1. (leather) drum, mill, tumble. - 2. (textile) full, mill, felt. - 3. (Reifen) flex. - II W~ n ⟨-s⟩ 4. verbal noun. - 5. (textile) cf. Walke 1.

'Wal·ker m ⟨-s; -⟩ 1. (textile) fuller, felter. - 2. zo. (Maikäferart) June beetle (od. bug) (Polyphylla fullo).

'Walk,er·de f min. smectite.

Wal·ke'rei f ⟨-; -en⟩ 1. (leather) drumming shop. - 2. (textile) fulling mill.

'Walk|**ham·mer** m tech. woolstock. — ~**hand,schuh** m milled glove. — ~**ma,schi·ne** f (textile) fulling machine. — ~**müh·le** f fulling mill.

'Wal,kopf m zo. (Tiefseefisch) whale-headed fish (Fam. Cetomimidae).

'Walk,stampf m tech. thwacker.

'Wal,kuh f zo. cow whale.

Wal·kü·re [val'ky:rə; 'val-] f ⟨-; -n⟩ 1. myth. Valkyrie, auch Walkyrie. - 2. „Die ~" "The Valkyrie" (opera by Wagner). - 3. sie ist eine (richtige) ~ colloq. she is a regular Juno (colloq.).

Wall[1] [val] m ⟨-(e)s; ⸗e⟩ 1. civ.eng. a) (Erdaufschüttung) earth fill(ing), b) (Erddamm) earth bank (od. embankment): einen ~ aufschütten to fill an earth ridge. - 2. (Befestigung) rampart, bulwark: eine Burg mit ~ und Graben umgeben to surround a castle with a rampart and moat. - 3. fig. (Schutz) rampart, bulwark, wall: ein ~ gegen schädliche Einflüsse a rampart against harmful influences. - 4. med. (bei Geschwüren) margin, border. - 5. (sport) (beim Springreiten) bank: Irischer ~ Irish bank.

Wall[2] m ⟨-(e)s; -e, nach Zahlangaben -⟩ (Zählmaß) fourscore: zwei ~ Fische twice fourscore fish.

Wal·la·by ['valabi; 'wɔləbɪ] (Engl.) n ⟨-s; -s⟩ 1. zo. (Känguruhart) wallaby (bes. Gattg Macropus). - 2. (Fell) wallaby.

Wal·lach ['valax] m ⟨-(e)s; -e⟩ (kastrierter Hengst) gelding.

'Wall,an,la·ge f 1. embankment. - 2. mil. rampart.

Wal·la·roo [valə'ru:; wələ'ru:] (Engl.), **Wal·la·ruh** ['-ru:] m ⟨-s; -s⟩ zo. euro, wallaroo (Macropus robustus).

'Wall,laus f zo. cf. Walfischlaus.

wal·len[1] ['valən] I v/i ⟨h⟩ 1. (von Wasser etc) bubble, popple, auch pople. - 2. (von Meer etc) boil, surge: der Zorn ließ sein Blut ~ fig. anger made his blood boil, he was seething with anger. - 3. poet. (von Haar, Gewand etc) flow, wave, undulate: die Locken wallten über ihre Schultern the curls flowed over her shoulders. - 4. poet. (von Nebel etc) float. - II W~ n ⟨-s⟩ 5. verbal noun. - 6. (von Wasser etc) ebullition. - 7. (von Meer etc) surge, boil.

'wal·len[2] v/i ⟨sein⟩ obs. for wallfahren.

wäl·len ['vɛlən] v/t ⟨h⟩ Southwestern G. dial. boil.

'wal·lend I pres p of wallen[1] u. [2]. - II adj poet. 1. (Bart, Haar, Gewand etc) flowing. - 2. (Nebel etc) floating.

'Wal·ler[1] m ⟨-s; -⟩ 1. obs. for Wallfahrer. - 2. obs. od. poet. for Wanderer 1.

'Wal·ler[2] m ⟨-s; -⟩ zo. sheat(h)fish (Silurus glanis).

'wall,fah·ren v/i ⟨insep, ge-, sein⟩ (go on a) pilgrimage, pilgrim: nach Rom ~ to go on a pilgrimage (od. to pilgrimage) to Rome. — **'Wall,fah·rer** m ⟨-s; -⟩, **'Wall,fah·re·rin** f ⟨-; -nen⟩ pilgrim. — **'Wall,fahrt** f ⟨-; -en⟩ pilgrimage. — **'wall,fahr·ten** v/i ⟨insep, ge-, sein⟩ cf. wallfahren.

'Wall,fahrts|**kir·che** f pilgrimage church. — ~**ort** m ⟨-(e)s; -e⟩, ~**stät·te** f place of pilgrimage.

'Wall|**gang** m civ.eng. (beim Festungsbau) terreplein. — ~**gra·ben** m moat.

'Wall,holz n Swiss (für Teig) rolling pin.

'Wall·ni·ster [-,nɪstər] m ⟨-s; -⟩ zo. cf. Großfußhuhn.

Wal·lo·ne [va'lo:nə] m ⟨-n; -n⟩, **Wal·lo·nin** f ⟨-; -nen⟩ Walloon. — **wal·lo·nisch** I adj Walloon. - II ling. W~ ⟨generally undeclined⟩, das W~e ⟨-n⟩ the Walloon dialect, Walloon.

'Wall,riff n geogr. barrier reef.

Wall·street ['wɔ:l'stri:t] (Engl.) f ⟨-; no pl⟩ econ. (Geld- u. Kapitalmarkt der USA) Wall Street.

'Wal·lung f ⟨-; -en⟩ 1. cf. Wallen[1]: das Wasser in ~ versetzen to make the water bubble. - 2. fig. surge, boil: j-n in ~ bringen to make s.o.'s blood boil, to enrage s.o.; in ~ geraten to boil (with rage), to fly into a rage; sein Blut geriet in ~ he boiled with rage. - 3. med. a) (des Blutes) rush, congestion, b) (*Wärmestau*) flush, c) (*fliegende Hitze*) hot flushes *pl*, menopausal flush, d) (*aktive Hyperämie*) active hyper(a)emia.

'**Wall,wurz** f <-; *no pl*> *bot.* comfrey, *auch* cumfrey (*Symphytum officinale*).

Walm [valm] m <-(e)s; -e> *arch.* hip. — **～dach** n hip(ped) roof (*a roof pitched at one or both ends*). — **～,kap·pe** f hip cap. — **～,zie·gel** m hip tile.

'**Wal,nuß** ['val-] f *bot.* 1. (*Frucht*) walnut. - 2. *cf.* Walnußbaum 1: Graue **～** *cf.* Butternuß; Gemeine **～** walnut (*Juglans regia*). — **～,baum** m 1. walnut (tree) (*Gattg Juglans*): Schwarzer **～** black walnut (*J. nigra*). — 2. Nordamerikanischer **～** hickory (*Gattg Carya*). — **～,but·ter** f *gastr.* walnut butter. — **～,öl** n (wal)nut oil. — **～scha·le** f walnut shell.

'**Wal,öl** n *cf.* Walratöl.

Wa·lo·ne [va'lo:nə] f <-; -n> *chem.* (*Gerbstoff der Eiche*) valonia.

Wal'pur·gis|**,kraut** n *bot. cf.* Mondraute. — **～,nacht** f Walpurgis Night, Walpurgisnacht (*the evening preceding the feast of St. Walpurgis, on which witches held a sabbat on Brocken peak*).

'**Wal,rat** ['val-] m, n <-(e)s; *no pl*> spermaceti, cetaceum. — **～,fett** n *chem.* cetin. — **～,öl** n sperm (*od.* spermaceti) oil.

'**Wal,roß** ['val-] n <-sses; -sse> *zo.* walrus (*Fam. Odobenidae*): Atlantisches **～** (Atlantic) walrus (*Odobenus rosmarus rosmarus*); Pazifisches **～** (Pacific) walrus (*Odobenus rosmarus divergens*).

'**Wal**|**,sau·ger** m *zo.* whale sucker (*Remilegia australis*). — **～,speck** m blubber.

'**Wal,statt** ['va:l-; 'val-] f <-; -stätten> *obs. od. poet.* battlefield.

wal·ten ['valtən] I *v/i* <h> 1. (*gebieten*) preside: im Hause **～** to preside in the home; → Amt 4; schalten 5. - 2. (*wirken*) be at work: hier **～** gute Kräfte good forces are at work here; in all seinen Entscheidungen hat Vernunft gewaltet reason prevailed in all his decisions; Gnade [Milde, Gerechtigkeit, Vorsicht] **～** lassen to show mercy [leniency, justice, (pre)caution]. - 3. (*herrschen*) rule: in den großen Geschehnissen waltet ein Prinzip great events are governed by a principle; über ihn waltet das Schicksal he is governed by destiny. - 4. (*dasein*) be: in dieser Angelegenheit waltet ein Mißverständnis there is a misunderstanding on this matter. - II *v/t* 5. das walte Gott *archaic* God grant it. - III **W～** n <-s> 6. *verbal noun*: das stille **W～** eines Menschen a person's activity behind the scenes; das **W～** der Natur the workings *pl* of nature; das **W～** Gottes the hand of God; das **W～** einer höheren Macht the presence of supernatural powers.

'**Wal**|**,tier** n *meist pl zo. cf.* Wal. — **～,tran** m *cf.* Walratöl.

Walz [valts] f <-; *no pl*> *colloq. cf.* Walze[2].

'**walz·bar** *adj metall.* rollable. — '**Walz·bar·keit** f <-; *no pl*> rolling property, rollability.

'**Walz**|**,bar·ren** m *metall.* rolling slab (*od.* ingot). — **～,bart** m fin, sliver. — **～,blech** n 1. (*Erzeugnis*) rolled metal sheet. - 2. (*Werkstoff*) rolled sheet metal. — **～,blei** n sheet-lead. — **～,block** m *Am.* bloom, *Br.* cog.

'**Walz,bru·der** m *colloq.* tramp.

'**Walz**|**,dorn** m *metall.* roll mandrel. — **～,draht** m wire rod. — **～,druck** m <-(e)s; *no pl*> rolling pressure.

Wal·ze[1] ['valtsə] f <-; -n> 1. (*aus Stein, Holz etc*) roller. - 2. *metall.* roll. - 3. (*textile*) cylinder, roller. - 4. (*einer Schreibmaschine*) platen. - 5. *math.* cylinder. - 6. *print.* a) roller, b) (*Zylinder*) cylinder. - 7. (*computer*) drum. - 8. *mus.* (*an mechanischen Musikinstrumenten*) cylinder, player roll. - 9. *agr.* (*field*) roller. - 10. (*sport*) (*beim Kunstspringen*) movable falcrum. - 11. immer wieder dieselbe **～**! *fig. colloq.* (it's) the same old stuff (*od.* story) (all the time).

'**Wal·ze[2]** f <-; *no pl*> *colloq.* (*in Wendungen wie*) auf die **～** gehen to set out on one's travels, to take to the road; auf der **～** sein to be on the tramp.

'**Walz,ei·sen** n *metall. cf.* Walzstahl.

wal·zen[1] ['valtsən] I *v/t* <h> 1. (*Straße, Tennisplatz etc*) roll. - 2. *metall.* roll. - 3. *tech.* (*Papier etc*) mill. - 4. *agr.* roll. — II **W～** n <-s> 5. *verbal noun*.

'**wal·zen[2]** *v/i* <sein> *colloq.* hike (*colloq.*), tramp.

'**wal·zen[3]** *v/i* <h> *obs. humor.* (*Walzer tanzen*) (dance a) waltz: mit j-m **～** to waltz with s.o.

wäl·zen ['vɛltsən] I *v/t* <h> 1. (*rollend bewegen*) roll: einen Stein vor eine Öffnung **～** to roll a stone in front of a hole; Klößchen in Mehl **～** to roll dumplings in flour; der Strom wälzt seine Fluten zum Meer the river rolls its floods to(ward[s]) the sea; die Schuld auf j-d anders **～** *fig.* to lay the blame (up)on (*od.* to shift the blame [on] to) s.o. else; die Verantwortung von sich **～** *fig.* to shake off responsibility; sich (*dat*) eine Last von der Seele **～** *fig. lit.* to take a load (*od.* weight) off one's mind. - 2. *fig. colloq.* (*Bücher etc*) pore over. - 3. *fig. colloq.* (*Probleme etc*) turn (*s.th.*) over (*od.* revolve *s.th.*) in one's mind. - 4. *tech.* a) (*Zahnräder*) generate, b) (*mittels Wälzfräser*) hob. – II *v/reflex* sich **～** 5. (*sich rollen*) roll: sich (vor Schmerzen) auf dem Boden **～** to roll (*od.* writhe) on the ground (with pain); sich im Gras **～** to roll on the grass; sich im Schmutz **～** to wallow (*od.* welter) in the dirt; sich in seinem Blut(e) **～** to welter in one's blood; sich (schlaflos) im Bett **～** to toss and turn (sleeplessly) in one's bed; sich von einer Seite auf die andere **～** to toss from side to side (*od.* from one side to the other); sich vor Lachen **～** *fig. colloq.* to rock (*od.* be convulsed, split one's sides) with laughter. - 6. (*sich rollend fortbewegen*) surge, roll: die Wassermassen wälzten sich durch das Tal the waters surged through the valley; die Menschenmenge wälzte sich zum Ausgang *fig.* the masses surged along to the exit. - 7. *tech.* (*von Zahnrädern*) roll upon each other. - III **W～** n <-s> 8. *verbal noun*. - 9. das ist ja zum **W～** *fig. colloq.* that's a(n absolute) scream (*colloq.*), that's hilarious, *bes. Am.* that's hysterical.

'**Wal·zen**|**,an,stel·lung** f *metall.* adjustment of rolls. — **～,auf,zieh,pres·se** f roller press. — **～,bal·len** m roll body, barrel of a roll. — **～,bre·cher** m *tech.* gyratory crusher. — **～,bruch** m *metall.* breakdown of a roll. — **～,dreh·ma,schi·ne** f roll (turning) lathe. — **～,druck** m <-(e)s; -e> *print.* cylinder printing. — **～,druck·ma,schi·ne** f cylinder printing machine. — **～egre,nier·ma,schi·ne** f *tech.* (*in der Spinnerei*) roller gin. — **w～,för·mig** *adj* cylindrical, cylindric. — **～,frä·ser** m plain milling cutter. — **～,frei,lauf** m (*an der Schreibmaschine*) platen release mechanism. — **～,gat·ter** n roller sawmill. — **～,ka·li,brier·ma,schi·ne** f roll drafting machine. — **～,la·ger** n *metall.* bearing of a roll. — **～,mahl,werk** n roll(-jaw) crusher. — **～,man·tel** m roll shell. — **～,mes·ser** n (*der Lumpenschneidemaschine*) roller bar. — **～,müh·le** f roll crushing mill. — **～pa,pier** n bowl paper. — **～,pres·se** f roll press. — **～pro,fil** n profile of a roll. — **～,quetsch,werk** n roller press. — **～,rand** m collar (of a roll). — **～scha,blo·ne** f pass templet. — **～,schal·ter** m *electr.* drum switch, barrel controller. — **～,schlan·ge** f *zo.* cylinder snake (*Gattg Cylindrophis*). — **～,schräm,la·der** m (*mining*) shearer-loader, drum cutter-loader. — **～,skink, Ge'fleck·ter～** *zo.* ocellated skink (*Chalcides ocellatus*). — **～,spin·ne** f wind (*od.* sun) scorpion (*Ordng Solifugae*). — **～,stän·der** m *metall.* roll housing, roll standard. — **～,stem·pel** m roller stamp. — **～,stirn,frä·ser** m shell end mill. — **～,stra·ße** f *cf.* Walzstraße. — **～,zap·fen** m neck of a roll, journal of a roll.

'**Wal·zer[1]** m <-s; -> (*Tanz*) waltz: langsamer [Wiener] **～** English [Viennese] waltz; **～** tanzen to (dance a) waltz.

'**Wal·zer[2]** m <-s; -> *metall.* roller.

'**Wäl·zer** m <-s; -> 1. *colloq.* (*dickes Buch*) fat volume, huge tome. - 2. (*sport*) (*beim Hochsprung*) straddle jump.

'**Wal·zer**|**,schritt** m waltz step. — **～,takt** m waltz time (*od.* measure). — **～,tän·zer** m waltzer.

'**Walz·er,zeug·nis** n *metall.* rolled product.

'**Wälz**|**,fei·le** f *tech.* cabinet file. — **～,flä·che** f (*eines Zahnradzahns*) pitch (*od.* contact rolling) surface. — **～,fräs·au·to,mat** m automatic hobbing machine.

'**walz,frä·sen** *tech.* I *v/t* <insep, -ge-, h>

slab-mill, plane-mill. – II **W～** n <-s> *verbal noun.*

'**wälz,frä·sen** *tech.* I *v/t* <insep, -ge-, h> hob. – II **W～** n <-s> *verbal noun.*

'**Walz,frä·ser** m *tech.* slab milling cutter.

'**Wälz,frä·ser** m *tech.* hob.

'**Wälz,fräs·ma,schi·ne** f *tech.* 1. (*in Getriebetechnik*) (gear) hobbing machine, gear generator. - 2. (*für Gewindeherstellung*) hob thread milling machine.

'**Walz**|**ge,rüst** n *tech.* roll stand. — **～,glas** n plate glass. — **～,gold** n *metall.* rolled gold. — **～,grat** m sliver. — **～,gut** n rolling stock. — **～,haut** f rolling skin.

'**Wälz,ho·bel·ma,schi·ne** f *tech.* gear generator.

'**Walz**|**,hüt·te** f *tech. obs. for* Walzwerk. — **～,ka·li·ber** n roll groove (*od.* pass). — **～,kan·te** f rolling edge. — **～,kes·sel** m (*in Weißblechfabrikation*) grease pot.

'**Wälz**|**,kreis** m *tech.* (*einer Verzahnung*) pitch circle. — **～,la·ger** n *tech.* anti-friction (*Br.* rolling) bearing. — **～,la·ger,fett** n anti-friction grease.

'**Walz**|**ma,te·ri,al** n *metall.* rolling stock. — **～,mes·sing** n rolled brass. — **～pro,fil** n rolled steel section.

'**Wälz,punkt** m *tech.* pitch point.

'**Walz,schlacke** (*getr.* -k·k-) f *metall.* roll (*od.* mill) scale.

'**Wälz,schleif·ma,schi·ne** f *tech.* generating grinder.

'**Walz**|**,schweiß·ver,fah·ren** n *metall.* sealed assembly rolling process. — **～,split·ter** m *meist pl* sliver. — **～,stahl** m rolled steel.

'**Wälz**|**,sto·ßen** n *metall.* generating shaping. — **～,stoß·ma,schi·ne** f gear shaper.

'**Walz**|**,stra·ße** f *metall.* (rolling) mill train. — **～,teil** n rolled part.

'**Wälz**|**ver,fah·ren** n *tech.* hobbing (*od.* generating) process. — **～ver,zah·nung** f gear generation.

'**Walz,werk** n *metall.* rolling mill.

'**Walz,wer·ker** m <-s; -> *metall.* rolling-mill engineer.

'**Walz**|**,werks·be,trieb** m *metall.* rolling-mill practice. — **～,zap·fen** m neck of a roll. — **～,zink** n sheet zinc. — **～,zinn** n laminated tin. — **～,zun·der** m mill (*od.* roll) scale.

Wam·me ['vamə] f <-; -n> 1. *zo.* (*Kehlfalte*) dewlap, jowl. – 2. (*in Kürschnerei*) (*eines Felles*) belly part. – 3. *colloq. cf.* Wampe.

Wam·merl ['vamərl] n <-s; -(n)> *Bavarian and Austrian gastr.* (*vom Schwein*) (smoked) belly.

Wam·pe ['vampə] f <-; -n> *Southern G. colloq.* paunch, potbelly.

Wam·pum ['vampum; -'pu:m] m <-s; -e> (*Zahlungsmittel der nordamer. Indianer*) wampum, *auch* peag(e), peak, sewan, *auch* seawan(t).

Wams [vams] n <-(e)s; ̈er> 1. *obs. od. dial.* (waisted) jacket. - 2. *hist.* a) (*unter der Rüstung getragener Männerrock*) doublet, acton, gambeson, b) (*im 14. bis 17. Jh.*) doublet, jerkin, pourpoint.

wam·sen ['vamzən] *v/t* <h> *colloq. obs. for* prügeln 1.

Wa·nar ['va:nar] m <-s; -e> *zo. cf.* Hulman.

wand [vant] *1 u. 3 sg pret of* winden[1].

Wand f <-; ̈e> 1. (*Mauer*) wall: eine schräge **～** a slanting wall; eine nackte (*od.* leere) **～** a bare wall; die Wände tünchen (*od.* weißen) [tapezieren] to whitewash (*od.* whiten) [to paper] the walls; eine einziehen to build in a wall; ein Loch in die **～** bohren to bore a hole in the wall; sich an die **～** lehnen to lean against the wall; sich eng an die **～** drücken to press up close to the wall; ein Bild an die **～** hängen to hang a picture on the wall; etwas an die (*od.* gegen) die **～** werfen to throw s.th. at (*od.* against) the wall; Bilder an die **～** werfen *colloq.* to project pictures on the wall; **～** an **～** mit j-m wohnen to live on the other side of the wall from s.o.; wenn die Wände reden könnten if (the) walls could speak; sie wurde weiß wie die (*od.* eine) **～** she went as white as a sheet (*od.* ghost); bei ihm redet man wie gegen eine **～** talking to him is like talking to the wall, you may as well talk to the wall as to him; zu leeren Wänden reden, leeren Wänden predigen *fig.* to preach to deaf ears; in seinen vier Wänden *fig.* within one's own four walls, within one's own realm; vor Schmerzen die Wände hochgehen *fig.* to be going out of one's mind (*od. sl.* up the walls) with (the) pain; ich könnte die Wände hochgehen! *fig. colloq.* I'm going up the walls! (*sl.*), it's driving me mad (*Br. sl.* round the bend)! es ist, um die Wände (*od.* an den Wänden) hochzugehen *colloq.* it's enough to drive you mad, it would drive you up the walls (*Br.* up the pole, round the bend) (*sl.*); j-n an die ~ stellen *fig.* to shoot s.o., to execute s.o.; j-n an die ~ drängen (*od.* drücken) a) to press s.o. (up) against the wall, b) *fig.* to push (*od.* drive) s.o. to the wall; an die ~ gedrückt werden a) to be pressed (up) against the wall, b) *fig.* to go to the wall; j-n an die ~ spielen *fig.* a) (*theater*) (*Schauspieler*) to steal s.o. the show (*sl.*), b) to outdo s.o.; hier haben die Wände Ohren *fig.* the walls have ears here; er lachte [brüllte] so laut, daß die Wände wackelten (*od.* zitterten) *fig. colloq.* he nearly raised the roof (*colloq.*); da wackelt die ~ *fig. colloq.* a) (*im positiven Sinne*) things fairly swing, b) (*im negativen Sinne*) there are feathers flying; → Fliege 2; Horcher; Kopf *Verbindungen mit Präpositionen*; Narrenhände; Rücken 1; Teufel 1. – **2.** (*Trennwand*) partition, dividing wall: die Balkone sind durch Wände voneinander getrennt the balconies are separated by partitions; spanische ~ (folding) screen. – **3.** *fig.* (*Barriere*) barrier, wall: dies hat eine ~ zwischen uns errichtet this created a barrier between us; die Wände zwischen den sozialen Schichten niederreißen to remove the barriers between the social classes; gegen eine ~ von Vorurteilen anrennen to run up against a wall of prejudice. – **4.** (*Seitenfläche*) side: diese Kiste hat stabile Wände this box has solid sides. – **5.** (*Felswand*) (rock) face, cliff: eine ~ bezwingen to climb a face. – **6.** (*Wolkenbank*) cloud bank, bank of clouds: das Flugzeug verschwand in einer ~ the aircraft disappeared in(to) a bank of clouds. – **7.** *med.* a) (*Trennungswand*) partition, b) (*von Darm, Zyste etc*) wall. – **8.** *bot. med. zo.* (*Scheidewand*) septum. – **9.** (*mining*) a) pack wall, b) large lump of ore.

Wan·da·le [van'da:lə] *m* ⟨-n; -n⟩ **1.** *hist.* Vandal: sie haben wie die ~n gehaust they behaved like Vandals. – **2.** *fig.* (*zerstörungswütiger Mensch*) vandal. — **wan·'da·lisch** *adj* **1.** Vandal(ic). – **2.** (*zerstörungswütig*) vandalistic, vandal(ic), vandalish. — **Wan·da·'lis·mus** [-da'lismus] *m* ⟨-; *no pl*⟩ (*Zerstörungswut*) vandalism.

'Wand|,an,schluß,do·se *f electr.* wall socket. — ~,an,strich *m* wall paint. — ~,ap·pa,rat *m tel.* wall telephone, wall-type telephone set.

'Wand,arm *m* (wall) bracket. — ~,la·ger *n* wall-bracket bearing.

'Wand|be,hang *m* wall hanging(s *pl*). — ~·be,klei·dung *f* **1.** *cf.* Wandverkleidung 1. – **2.** *med.* (*in der Anatomie*) lining. — ~be,leuch·tung *f* wall lighting (*od.* illumination). — ~be,span·nung *f* wall covering. — ~,bett *n* bed in an alcove (*od.* a recess). — ~be,wurf *m civ.eng.* wall plastering. — ~,bild *n* (*art*) *cf.* Wandgemälde. — ~,brett *n* **1.** (*für Halten von Tellern*) plate rail. – **2.** (*für Bücher etc*) wall shelf. — ~,däm·mung *f phys.* (*in der Akustik*) sound transmission loss of walls. — ~de,fekt *m med.* mural defect (*od.* injury). — ~de·ko·ra·ti,on *f* wall decoration. — ~,dü·bel *m tech.* dowel.

wän·de ['vɛndə] *1 u. 3 sg pret subj of* winden¹.

Wan·del¹ ['vandəl] *m* ⟨-s; *no pl*⟩ (*Änderung*) change: ein allmählicher [plötzlicher] ~ a gradual [sudden] change; einen grundlegenden ~ erfahren to undergo a fundamental change; alles ist dem ~ unterworfen everything is subject to change; im ~ der Zeit hat sich vieles geändert many things have altered in the course of time (*od.* as times changed); für viele ältere Leute ist es schwierig, sich dem ~ der Zeit anzupassen many older people find it difficult to adapt (themselves) to the changing times; hier muß ~ geschaffen werden things can't go on like this (any longer).

'Wan·del² *m* ⟨-s; *no pl*⟩ **1.** *lit. for* Lebenswandel: unser ~ ist im Himmel *Bibl.* our

conversation is in heaven. – **2.** *only in* Handel und ~ *lit.* trade and traffic.

'Wan·del|,tar *m* (*art*) polyptych. — ~,an,lei·he *f econ.* convertible loan.

'wan·del·bar *adj* **1.** changeable, alterable, variable. – **2.** (*Mensch, Charakter etc*) changeable, inconstant, variable, versatile. — **'Wan·del·bar·keit** *f* ⟨-; *no pl*⟩ **1.** changeability, alterability, variability. – **2.** changeability, inconstancy, variability, versatility.

'Wan·del|,flug,zeug *n aer.* convertiplane, convertaplane. — ~,gang *m* covered walk. — ~ge,schäft *n econ. cf.* Termingeschäft. — ~,hal·le *f* **1.** (*im Parlament*) lobby. – **2.** (*im Theater etc*) lobby, foyer. – **3.** (*Trinkhalle in Kurorten*) pump room. — ~,klee *m bot.* telegraph plant (*Desmodium gyrans*).

wan·deln¹ ['vandəln] **I** *v/t* ⟨h⟩ **1.** (*ändern*) change: die Zeit hat den Geschmack gewandelt time has changed tastes. – **II** *v/reflex* sich ~ **2.** change: die Zeiten haben sich gewandelt times have changed; seine Ansichten haben sich grundlegend gewandelt his opinions have changed fundamentally; du hast dich nicht gewandelt you have not changed. – **3.** *lit. cf.* verwandeln 12. – **III W~** *n* ⟨-s⟩ **4.** verbal noun. – **5.** *cf.* Wandlung.

wan·deln² *lit.* **I** *v/i* ⟨sein⟩ **1.** (*langsam gehen*) stroll: im Park [unter Bäumen] ~ to stroll in the park [under trees]; auf und ab ~ to stroll (*od.* walk) up and down, to promenade. – **2.** nach dem Fleisch ~ *Bibl.* to walk after the flesh. – **II** *v/t* **3.** *only in* die Sterne ~ ihre Bahn *fig.* the stars trace their course.

'wan·delnd I *pres p of* wandeln¹ *u.* ². – **II** *adj* walking: ich bin doch kein ~es Lexikon *colloq. humor.* I am not a walking encyclop(a)edia; er sieht aus wie eine ~e Leiche (*od.* ein ~es Gespenst) *colloq.* he looks like death warmed up (*colloq.*).

'Wan·del|ob·li·ga·ti,on, ~,schuld·ver-,stern *m astr.* planet.

'Wan·de·lung *f* ⟨-; -en⟩ *jur. cf.* Wandlung 4.

'Wan·der|,amei·se *f zo.* **1.** foraging (*od.* army, migratory) ant (*Unterfam. Dorylinae*). – **2.** a) (*der Alten Welt*) driver ant, *auch* driver (*Gattg Dorylus*), b) (*der Neuen Welt*) legionary ant (*Gattg Eciton*). — ~,arbei·ter *m* itinerant (*od.* migratory) worker, *Am. auch* hobo. — ~,aus,rü·stung *f* hiking outfit (*colloq.*). — ~,aus,stel·lung *f* touring exhibition. — ~,bi·blio,thek *f cf.* Wanderbücherei. — ~,block *m geol.* wandering (*od.* erratic) block. — ~,bü·che,rei *f* traveling (*bes. Br.* travelling) library, *Am. auch* bookmobile. — ~,büh·ne *f* (*theater*) touring (*bes. Br.* road) company, strolling players *pl* (*od.* actors *pl*). — ~,bursche *m* traveling (*bes. Br.* travelling) journeyman. — ~,dros·sel *f zo.* robin, migratory thrush (*Turdus migratorius*). — ~,dü·ne *f geogr.* drifting sand dune.

'Wan·de·rer *m* ⟨-s; -⟩ **1.** wanderer, tramper, *auch* wayfarer, (*bes. sportlicher*) hiker (*colloq.*): er ist ein guter ~ he is a good hiker. – **2.** *cf.* Wanderbursche.

'Wan·der|,fahrt *f* hiking excursion (*colloq.*). — ~,fal·ke *m zo.* peregrine falcon, peregrine, rock falcon, *Br. auch* game hawk (*Falco peregrinus*). — ~,fal·ter *m* migratory butterfly. — ~,feld,röh·re *f* (*radio*) traveling- (*bes. Br.* travelling-)wave tube (*bes. Br.* valve). — ~,fisch *m zo.* migratory fish. — ~,flan·ke *f* (*sport*) (*beim Turnen*) tramelot. — ~ge,schwin·dig·keit *f* speed of travel. — ~ge,wer·be *n econ.* itinerant trade. — ~ge,wer·be,schein *m* peddler's (*bes. Br.* pedlar's) licence (*Am.* license). — ~,heu,schrecke (*getr.* -k·k-) *f* zo. migratory locust (*Locusta migratoria*). — ~,hir·ten·tum *n* ⟨-s; *no pl*⟩ (*Nomadentum*) nomadism.

'Wan·de·rin *f* ⟨-; -nen⟩ *cf.* Wanderer 1.

'Wan·der|,jah·re *pl* **1.** *hist.* (journeyman's) years of travel. – **2.** *fig. obs.* years of apprenticeship. — ~,kar·te *f* **1.** trail map. – **2.** (*bes. in Kurorten*) map of walks. — ~,ka·sten *m* (*mining*) chock. — ~,keh·re *f* (*sport*) (*beim Turnen*) Stöckli. – ~,ki·no *n* touring (*od.* road) cinema (*bes. Am. colloq.* movie). — ~,le·ben *n* ⟨-s; *no pl*⟩ vagrant (*od.* wandering, migratory) life: ein ~ führen to lead a vagrant life. — ~,le·ber *f med.* floating (*od.* wandering) liver. — ~,lied *n* hiking song. — ~,lust *f* ⟨-; *no pl*⟩ passion

for traveling (*bes. Br.* travelling), wanderlust: ihn hat die ~ gepackt he was seized by (the) wanderlust (*od.* with the urge to roam), he got itchy feet. — ~,lu·stig *adj* fond of traveling (*bes. Br.* travelling), wanderlustful: ~ sein to have itching (*od.* itchy) feet. — ~,milz *f med.* floating (*od.* wandering) spleen. — ~,mu·schel *f zo. cf.* Dreiecksmuschel.

wan·dern ['vandərn] **I** *v/i* ⟨sein⟩ **1.** (*zu Fuß gehen*) walk, go (*od.* travel, journey) on foot, tramp, peregrinate (*lit.*): wir sind fünf Stunden [durch den Wald] gewandert we walked for five hours [through the wood(s)]. – **2.** (*mit einem Ziel, bes. sportlich*) hike (*colloq.*): morgen wollen wir ~ (gehen) we want to go hiking tomorrow; mit j-m durchs Leben ~ *fig.* to go (*od.* journey) through life with s.o.; wer ~ will, muß den Weg kennen (*Sprichwort*) *etwa* a traveler (*bes. Br.* traveller) must know the road (*od.* his way). – **3.** (*ziellos gehen*) wander, roam, rove, ramble: er wanderte durch die Stadt [über die Felder] he wandered through the town [through the fields]. – **4.** (*von Völkern, Tieren*) migrate. – **5.** die Flüsse aufwärts ~ (*von Fischen zur Laichzeit*) to run upstream, to ascend the stream (*od.* river). – **6.** *geogr.* (*von Dünen*) shift, move. – **7.** *fig.* (*von Wolken*) drift (*od.* float, sail) along. – **8.** *fig.* (*weitergegeben werden*) pass, be passed: der Zettel wanderte durch die ganze Klasse the note (was) passed through the whole classroom; der Ball wanderte von Mann zu Mann (*sport*) the ball (was) passed (*od.* was touched on) from player to player. – **9.** *fig.* (*von Blicken, Gedanken etc*) roam, wander: sie ließ ihre Blicke über die Bilder ~ she let her eyes roam over the pictures; seine Gedanken wanderten in die Vergangenheit his thoughts roamed into the past. – **10.** *colloq.* (*gelangen*) end up, land (up) (*colloq.*): er ist ins Gefängnis gewandert he was put in (*od.* went to) clink (*sl.*); der Brief ist ins Feuer gewandert the letter landed in the fire; die Uhr ist ins Leihhaus gewandert the watch has ended up in the pawnshop. – **11.** ihr wandert jetzt ins Bett! *colloq.* (*zu Kindern*) off to bed with you (now)! off you go to bed (now)! die Kleinen sind erst einmal in die Badewanne gewandert *colloq.* the children had to be bathed first. – **12.** a) (*von Bakterien, Parasiten, Fremdkörpern etc*) migrate, b) (*von Niere etc*) wander, float. – **13.** *phys. chem.* diffuse, migrate, (*von Schwingungen*) propagate. – **14.** *tech.* a) move, travel, b) (*von Lagerring*) creep. – **15.** *electr.* a) (*von Funkenentladungen*) wander, b) (*von Ionen*) migrate. – **16.** (*mining*) move, shift. – **17.** *synth.* (*von Weichmachern*) migrate. – **18.** *mus.* (*des Cantus firmus von Stimme zu Stimme*) migrate. — **II W~** *n* ⟨-s⟩ **19.** verbal noun. – **20.** (*von Völkern, Tieren etc*) migration. – **21.** *med.* (*von Bakterien, Parasiten, Fremdkörpern etc*) migration. – **22.** *phys. chem.* diffusion, migration, (*von Schwingungen*) propagation. – **23.** *synth.* migration. – **24.** *mus.* migration.

'wan·dernd I *pres p.* – **II** *adj* **1.** (*auf Wanderschaft befindlich*) wayfaring, itinerant, traveling, *bes. Br.* travelling: zwei ~e Gesellen two wayfaring journeymen. – **2.** (*umherziehend*) strolling, vagrant. – **3.** *cf.* nomadenhaft. – **4.** ~e Düne *geogr. cf.* Wanderdüne. – **5.** *zo.* wandering, migratory. – **6.** *med.* a) (*Bakterien, Parasiten, Fremdkörper etc*) migratory, b) (*Geschwür*) nomadic. – **7.** *phys. electr.* (*Ionen*) migratory, migrating.

'Wan·der|,nie·re *f med.* floating (*od.* mobile, wandering) kidney. — ~,po,kal *m* (*sport*) challenge cup. — ~,pre·di·ger *m relig.* itinerant preacher, evangelist. — ~,preis *m* (*bes. sport*) challenge trophy. — ~,rat·te *f zo.* Norway rat, brown (*od.* sewer, wharf) rat (*Rattus norvegicus*). — ~,re·chen *m civ.eng.* (*am Wasserwehr*) band screen.

'Wan·der,rost *m tech.* traveling (*bes. Br.* travelling) grate, (*bei der Ölfeuerung*) chain grate. — ~,feue·rung *f* traveling- (*bes. Br.* travelling-)grate firing.

'Wan·der,sand *m geogr.* drift sand.

'Wan·der,schaft *f* ⟨-; *no pl*⟩ journey: auf ~ gehen [sein] to go [to be] journeying, to take to [to be on] the road.

'Wan·der|,schau *f cf.* Wanderausstellung. — ~,schau,spie·ler *m* (*theater*) strolling actor (*od.* player), *Am.* barnstormer, member of a touring company. — ~**,schrift** *f* (illuminated) moving writing.

'Wan·ders,mann *m* ⟨-(e)s; -leute⟩ *poet.* for Wanderbursche, Wanderer.

'Wan·der|,sport *m* hiking (*colloq.*). — ~**,stab** *m* (walking) staff: den ~ ergreifen *fig.* to set out on one's travels, to take to the road. — ~**,tag** *m ped.* **1.** excursion day. – **2.** hike (*od.* hiking) day (*colloq.*). — ~**,tau·be** *f zo.* passenger pigeon (*Ectopistes migratorius*). — **,tek,to·nik** *f geol. phys.* mobilism. — ~**,tisch** *m tech.* conveyor table. — ~**,trieb** *m* **1.** urge (*od.* desire) to roam, wanderlust: er ist vom ~ gepackt he has been seized by the urge to roam. – **2.** *zo.* migratory instinct. – **3.** *med. psych.* a) dromomania, b) (*bei Geisteskranken*) drapetomania, poriomania, c) (*mit Amnesie*) wandering impulsion, hysterical fugue. — ~**,trup·pe** *f* (*theater*) strolling players *pl* (*od.* actors *pl*), *Am.* barnstormers *pl*, touring (*Am.* road) company.

Wan·de·ru ['vanderu] *m* ⟨-s; -s⟩ *zo.* cf. Bartaffe.

Wan·de·rung *f* ⟨-; -en⟩ **1.** cf. Wandern. – **2.** (*Ausflug zu Fuß*) walking tour, walk, tramp, ramble, hike (*colloq.*): eine ~ machen to go on a hike. – **3.** *fig.* journey: auf der mühseligen ~ durchs Leben on one's wearisome journey (*od.* one's toil) through life. – **4.** (*von Völkern, Stämmen etc*) migration, peregrination (*lit.*): die ~ der Germanen durch Europa the migration of the Germanic tribes through Europe. – **5.** *sociol.* migration. – **6.** *zo.* a) (*von Vögeln etc*) migration, b) (*der Fische zu ihren Laichplätzen*) run, ascent. – **7.** *med.* (*von Bakterien, Parasiten, Fremdkörpern etc*) migration. – **8.** *phys. electr.* (*von Ionen*) migration: zwischenmolekulare ~ intermolecular migration. – **9.** *electr.* (*von Frequenzen*) drift.

'Wan·de·rungs|be,we·gung *f* (*in der Bevölkerungsstatistik*) migration movement. — ~**po·li,tik** *f* migration policy.

'Wan·der|,vo·gel *m* **1.** *fig.* (*Mensch, der ein unstetes Leben führt*) rolling stone, bird of passage: er war sein Leben lang ein ~ he was a rolling stone all his life. – **2.** ,,~`` a German youth movement. – **3.** member of the 'Wandervogel'. – **4.** *pl zo.* cf. Strichvögel. — ~**,weg** *m* **1.** hiking trail (*colloq.*). – **2.** (*bes. in Kurorten*) walk, footpath, *Br.* foot-path. — ~**,wel·le** *f electr.* transient (*od.* traveling, *bes. Br.* travelling) wave. — ~**,zel·le** *f med. zo.* wandering cell. — ~**,zir·kus** *m* (*bes. Br.* travelling) circus. — ~**,zwei·er** *m* (*Faltboot*) double touring canoe.

'Wand|,fach *n arch.* bay of wall. — ~**,fahr,plan** *m* wall timetable. — **w~,fest** *adj* attached to the wall. — ~**,feu·er** *n* (*in der Schmiede*) wall forge.

'Wand,flä·che *f* wall space.

'Wand,flä·chen·re,kla·me *f econ.* **1.** mural advertisement (*seltener* -z-). – **2.** mural advertising (*seltener* -z-).

'Wand|,flech·te *f bot.* shield (*od.* stone, ring) lichen (*Gattg Parmelia*). — ~**,flie·se** *f* wall tile. — ~**,ge,mäl·de** *n* (*art*) **1.** mural (painting), wall painting. – **2.** fresco. — ~**ge,stell** *n* wall rack. — ~**,ha·ken** *m* wall hook. — ~**,hal·te·rung** *f* wall bracket. — ~**,heiz,kör·per** *m* wall radiator. — ~**,ka·len·der** *m* wall calendar. — ~**,kar·te** *f* wall map. — ~**,kon,so·le** *f* wall bracket. — ~**,lam·pe** *f electr.* cf. Wandleuchte. — ~**,lei·ter** *f* wall ladder.

'Wand·ler *m* ⟨-s; -⟩ **1.** *electr.* instrument transformer. – **2.** *telev.* converter, transducer.

'Wand|,leuch·te *f* wall lamp. — ~**,lüf·ter** *m* wall ventilator.

'Wand·lung *f* ⟨-; -en⟩ **1.** cf. Wandeln[1]. – **2.** (*Wandel, Änderung*) change: eine äußere [innere] ~ an outer (*od.* inward) [inner] change; mit ihm ist eine tiefgreifende ~ vor sich gegangen a profound change (*od.* a transformation) has come over him; er hat mehrfach ~en durchgemacht he has gone through several changes; es ist noch keine ~ eingetreten no change has occurred as yet; etwas ist in einer ~ begriffen s.th. is in the process of change (*od.* changing). – **3.** *röm.kath.* a) (*Teil der Messe*) consecration, b) (*Verwandlung*) transubstantiation, *auch* transsubstantiation. – **4.** *jur.* cancelation (*bes. Br.* cancella-

tion) of (the) sale, *bes. Am.* redhibition: auf ~ klagen to sue for (the) cancel(l)ation of (the) sale (*bes. Am.* for redhibition).

'wand·lungs,fä·hig *adj* **1.** (*fähig, sich auf verschiedene Situationen einzustellen*) versatile, adaptable: ein ~er Schauspieler a versatile actor. – **2.** (*fähig, sich zu wandeln*) changeable, capable of change: in der frühen Jugend ist der Mensch besonders ~ man is particularly capable of change in early youth. — **'Wand·lungs,fä·hig·keit** *f* ⟨-; *no pl*⟩ **1.** versatility, versatileness, adaptability. – **2.** changeability, capability of change.

'Wand·lungs,kla·ge *f jur.* action for (the) cancelation (*bes. Br.* cancellation) of (the) sale, *bes. Br.* redhibitory action.

,Wand·ma·le'rei *f* (*art*) **1.** mural (*od.* wall) painting. – **2.** fresco (painting).

'Wand,netz *n* (*zum Fischfang*) gill net. — ~**,fi·scher** *m* gill-netter.

'Wand|,ni·sche *f arch.* wall niche. — ~**,pfei·ler** *m* pilaster. — ~**,plat·te** *f* **1.** *arch.* wall slab. – **2.** (*in der Schmiede*) boss. — ~**,putz** *m* wall plaster.

'Wand·rer *m* ⟨-s; -⟩ cf. Wanderer. — **'Wand·re·rin** *f* ⟨-; -nen⟩ hiker (*colloq.*).

'Wand|,schal·ter *m electr.* wall-mounted switch. — ~**,schicht** *f* **1.** *arch.* wall layer. – **2.** *med.* parietal layer. — ~**,schirm** *m* (folding) screen. — ~**,schmuck** *m* wall decoration. — ~**,scho·ner** *m* (*hinter dem Waschbecken etc*) splasher. — ~**,schrank** *m* **1.** wall cupboard (*od.* press, *Am.* closet). – **2.** (*eingebauter*) built-in cupboard (*od.* press, *Am.* closet). — ~**,spie·gel** *m* **1.** (wall) mirror. – **2.** (*großer, dekorativer*) pier glass.

'wand,stän·dig *adj* **1.** *bot.* parietal. – **2.** *med.* a) parietal, mural, b) (*randständig*) marginal.

'Wand|,steck,do·se *f electr.* wall socket. — ~**,stecker** (*getr.* -k·k-) *m* wall plug. — ~**,ta·fel** *f* blackboard, *Am. auch* chalkboard. — ~**,tä·fe·lung** *f arch.* wainscot, wainscoting, *bes. Br.* wainscotting, wall paneling (*bes. Br.* panelling).

wand·te ['vantə] **1** *u.* **3** *sg pret of* wenden[1].

'Wand|,tel·ler *m* decorative plate. — ~**,tep·pich** *m* tapestry (carpet), arras, (wall) hanging. — ~**,tisch** *m* console table. — ~**,uhr** *f* wall clock.

'Wan·dung *f* ⟨-; -en⟩ **1.** (*innere Wandfläche*) side, inner wall. – **2.** *med.* (*von Gefäßen etc*) wall. – **3.** *zo.* (*in Körperhohlräumen*) paries.

'Wand|,va·se *f* wall vase. — ~**ver,gla·sung** *f* wall glazing. — ~**ver,klei·dung** *f tech.* **1.** wall lining (*od.* facing): schalldämpfende ~ acoustic lining. – **2.** cf. Wandtäfelung. — ~**,zei·tung** *f* wall newspaper (*od.* news-sheet). — ~**,zel·le** *f biol.* parietal cell.

Wa·nen ['va:nən] *pl myth.* Vanir (*an early race of Scandinavian gods*).

Wan·ge ['vaŋə] *f* ⟨-; -n⟩ **1.** *lit.* cheek: ~ an ~ cheek to cheek; eingefallene ~n hollow (*od.* sunken) cheeks; mit glühenden ~n with glowing cheeks; das Blut (*od.* die Röte) stieg ihr in die ~n *poet.* (the) blood rushed to her cheeks, she flushed; einem Kind über die ~n streicheln to stroke a child's cheeks; → Salz 1. – **2.** *zo.* (*bei Gliederfüßern*) cheek, gena (*scient.*). – **3.** *tech.* a) (*eines Maschinenbettes*) shear, b) (*einer Kurbelwelle*) cheek, c) (*eines Maschinenständers*) front wall, face. – **4.** *arch.* (*Treppenwange*) stringboard. – **5.** *meist pl* (*am Chorgestühl*) end.

'Wan·gen|,bein *n med.* cheekbone; zygomatic (*od.* malar, jugal) bone, zygoma (*scient.*). — ~**,bo·gen** *m* zygomatic (*od.* malar) arch. — ~**,brand** *m* ⟨-(e)s; *no pl*⟩ gangrenous stomatitis, noma (*scient.*). — ~**de,fekt** *m* cheek defect. — ~**,ho·bel** *m tech.* cartwright's (*od.* carriage maker's) rabbet plane. — ~**,mus·kel** *m med.* buccinator (*od.* zygomatic) muscle. — ~**,rot** *n* (*cosmetics*) rouge.

Wank *m* ⟨-(e)s; *no pl*⟩ only in keinen ~ tun *Swiss dial.* not to lift (*od.* stir) a finger.

'Wan·kel,mo·tor ['vaŋkəl-] *m auto.* Wankel engine, rotary piston engine.

'Wan·kel,mut *m* (*unbeständiger Sinn*) inconstancy, fickleness, volatility.

'wan·kel,mü·tig *adj* inconstant, fickle, volatile. — **'Wan·kel,mü·tig·keit** *f* ⟨-; *no pl*⟩ cf. Wankelmut.

wan·ken ['vaŋkən] **I** *v/i* ⟨h *u.* sein⟩ **1.** ⟨sein⟩ (*taumeln*) stagger, reel, totter, pees, ~ teeter: zur Tür [durch die Straßen] ~ to stagger to the door [through the streets]. –

2. ⟨h⟩ (*unsicher stehen*) stagger, reel, sway, totter, waver: er wankte und stürzte zu Boden he staggered and fell to the ground. – **3.** ⟨h⟩ nicht ~ und nicht weichen a) (*sich nicht von der Stelle rühren*) not to budge (an inch), b) *fig.* (*entschlossen seinen Standpunkt vertreten*) to be as firm as rock. – **4.** ⟨h⟩ (*von Knien*) wobble, *auch* wabble, shake: vor Ermattung wankten ihm die Knie exhaustion made his knees wobble (*od.* shake). – **5.** ⟨h⟩ (*von Gebäuden etc*) rock, sway, shake: bei dem Erdbeben wankten die Häuser the houses rocked in the earthquake; der Staat wankte in seinen Grundfesten *fig.* the state rocked (*od.* reeled) to its foundations; Throne wankten *fig.* thrones rocked. – **6.** ⟨h⟩ (*vom Boden*) rock, shake, totter: der Boden wankte ihm unter den Füßen *fig.* the ground rocked beneath him. – **7.** ⟨h⟩ *fig.* (*unsicher werden*) falter, waver, vacillate: er begann in seinem Entschluß zu ~ he began to falter in his decision; sein Mut [sein Glaube, seine Entschlossenheit] wankte his courage [faith, decisiveness] faltered. – **II** W~ *n* ⟨-s⟩ **8.** *verbal noun.* — ins W~ geraten (*od.* kommen) a) (*von Personen*) to begin to stagger (*od.* reel, sway, waver), b) (*von Gebäuden etc*) to begin to rock (*od.* sway, totter), to shake, c) *fig.* (*von Staaten, Institutionen etc*) to begin to rock (*od.* sway), d) (*vom Boden*) to begin to rock (*od.* shake), e) *fig.* (*von Personen*) to become unsure of oneself, to begin to waver, f) *fig.* (*von Glaube, Mut, Treue etc*) to begin to falter (*od.* waver); etwas ins W~ bringen a) (*Gebäude etc*) to make s.th. rock (*od.* sway, shake), b) *fig.* (*Staat, Gesellschaftsordnung etc*) to make s.th. rock to its foundations, c) *fig.* (*Glaube, Mut, Treue etc*) to make s.th. falter (*od.* waver); j-n ins W~ bringen a) to make s.o. stagger (*od.* reel, sway, waver), b) *fig.* to make s.o. unsure of himself, to make s.o. falter (*od.* waver); j-s Entschluß [Treue] ins W~ bringen *fig.* to make s.o. unsure of (*od.* falter in, waver in) his decision [loyalty]. — **'wan·kend I** *pres p.* – **II** *adj* **1.** (*Gebäude etc*) rocking, swaying, shaking. – **2.** *fig.* (*Regime, Institution etc*) shaky, tottering, *bes. Am.* teetering. – **3.** *fig.* (*Autorität, Reputation etc*) shaky. – **4.** *fig.* (*Mut, Entschlossenheit, Glaube etc*) faltering, wavering. – **5.** in seinen Entschlüssen [Vorsätzen] ~ wavering (*od.* faltering) in one's decisions [resolutions]; j-n ~ machen *fig.* to make s.o. falter (*od.* waver, unsure of himself); j-n in seinem Entschluß ~ machen to make s.o. falter (*od.* waver) in his decision.

'Wank,sä·ge *f tech.* wobbling saw.

wann [van] **I** *interrog adv* **1.** when: ~ kommst du? when are you coming? ~ ist Mozart geboren? when was Mozart born? seit ~ kennst du ihn? since when do you know him? how long have you known him? bis ~ kannst du bleiben? till when can you stay? bis ~ ist das Referat fertig? when will the paper be finished? ich weiß noch nicht, ~ ich komme I still do not know when I'll be coming; sie weiß nicht, ~ sie zu schweigen hat she does not know when to keep quiet; → dann 2. – **2.** (*um welche Uhrzeit*) when, (at) what time: ~ kommst du heute abend? when are you coming tonight? laß mich wissen, ~ du mit der Arbeit fertig bist let me know when (*od.* at what time) you finish work. – **II** W~, das ⟨-s⟩ **3.** the time: über das W~ konnten wir uns noch nicht einig werden we could not agree on the time; ~ wie III.

Wan·ne ['vanə] *f* ⟨-; -n⟩ **1.** tub. – **2.** (*zum Baden*) bath(tub), tub (*colloq.*): in die ~ steigen (*colloq.*) to take a bath. – **3.** *tech.* a) (*einer Maschine*) pan, tray, b) (*eines Kurbelgehäuses*) sump, c) (*einer Einspritzpumpe*) cradle. – **4.** *civ.eng.* (*eines Bauwerks zur Grundwasserisolierung*) tanking. – **5.** *auto.* cf. Ölwanne. – **6.** *aer.* ventral gondola. – **7.** *agr.* cf. Getreideschwinge. – **8.** *phot.* (*langgestreckte Leuchte*) lighting trough. – **9.** *mil.* (*eines Panzers*) hull.

wan·nen ['vanən] *adv obs.* von ~ (from) whence.

'Wan·nen|,bad *n* (tub) bath, tub (*colloq.*). — ~**,ofen** *m tech.* (*in der Glasherstellung*) tank furnace.

Wanst[1] [vanst] *m* ⟨-es; -e⟩ **1.** *zo.* cf. Pansen. – **2.** *colloq. contempt.* belly, paunch: sich (*dat*) den ~ vollschlagen to fill one's belly, to eat oneself silly (*colloq.*).

Wanst² *n* ⟨-es; ⸬er⟩ *contempt. od. colloq. humor.* brat (*contempt.*), *bes. Br. colloq.* little beggar.

Want [vant] *f* ⟨-; -en⟩ *meist pl mar.* shroud.

Wan·ze ['vantsə] *f* ⟨-; -n⟩ **1.** *zo.* a) bug (*Ordng Heteroptera*), b) (*Bettwanze*) (bed)-bug (*Cimex lectularius*): er ist dreist (*od.* frech) wie eine ~ *colloq.* he is (as) cheeky as a cock sparrow, he is (as) saucy as a fishwife; platt wie eine ~ *fig.* (as) flat as a pancake. – **2.** *colloq. for* Heftzwecke. – **3.** *colloq.* (*Abhörgerät*) bug: in einem Raum ~n anbringen (*od.* verstecken) to bug a room (*colloq.*).

'Wan·zen|jä·ger *m zo.* bedbug hunter (*Reduvius personatus*). — ~**kraut** *n bot.* bugbane, *Am.* auch black cohosh (*Cimicifuga racemosa*). — ~**nest** *n* **1.** nest of bugs. – **2.** *fig. colloq.* (*wanzenverseuchter Ort*) bugs' nest. — ~**sa·me** *m bot.* bugseed, bugweed (*Corispermum hyssopifolium*). — ~**stich** *m* bugbite. — **w~ver·seucht** *adj* buggy, infested with bugs.

Wa·pi·ti [va'piːti] *m* ⟨-(s); -s⟩, ~**hirsch** *m zo.* wapiti, elk (*Cervus canadensis*).

Wap·pen ['vapən] *n* ⟨-s; -⟩ *her.* coat of arms, arms *pl*, armorial bearings *pl*, escu(t)cheon, blazon: ein ~ führen (dürfen) to (be allowed) to bear a coat of arms; die königliche Familie führt ein Einhorn im ~ the royal family bears (*od.* has) a unicorn in its coat of arms; → Kopf 12. — ~**bild** *n* heraldic figure, charge, bearing(s *pl*). — ~**blu·me** *f* floral emblem. — ~**buch** *n* book of armory (*bes. Br.* armoury) (*od.* heraldry), armorial. — ~**er·klä·rung** *f* blazon(ing), blazonry. — ~**feld** *n* field, (*Quartier*) quarter. — ~**fi·gur** *f cf.* Wappenbild. — ~**hal·ter** *m* supporter. — ~**he·rold** *m hist.* king of arms, *auch* King of Arms, herald, blazoner. — ~**ken·ner** *m* armorist, blazoner. — ~**kö·nig** *m hist. cf.* Wappenherold. — ~**kun·de** *f* her. *cf.* Heraldik. — ~**ma·ler** *m* (em)blazoner. ~**ma·le·rei** *f* **1.** (*Kunst*) emblazonry. – **2.** (*Bild*) emblazonment. — ~**man·tel** *m* mantling. — ~**schild** *m* blazon, escu(t)cheon, shield. — ~**schmuck** *m* emblazonment, emblazonry. — ~**spruch** *m* heraldic motto. (*od.* device). — ~**tier** *n* heraldic animal. — ~**zelt** *n* pavilion.

Wap·perl ['vapərl] *n* ⟨-s; -(n)⟩ *Bavarian and Austrian colloq. for* Etikett.

wapp·nen ['vapnən] **I** *v/t* ⟨h⟩ *obs. for* bewaffnen 1. – **II** *v/reflex* sich gegen etwas ~ *fig.* to arm (*od.* steel, fortify) oneself against s.th.: sich mit Geduld ~ *fig.* to muster (*od.* summon) (up) one's patience, to possess oneself in patience.

war [vaːr] *1 u. 3 sg pret of* sein¹.

Wa·rä·ger [va'rɛːɡər] *m* ⟨-s; -⟩ *hist.* (*Wikinger*) Varangian.

Wa·ran [va'raːn] *m* ⟨-s; -e⟩ *zo.* monitor (lizard), varan (*Gattg Varanus*). — ~**te·ju** *m* monitor teju (*Tejovaranus flavipunctatus*).

warb [varp] *1 u. 3 sg pret of* werben.

ward [vart] *poet. 1 u. 3 sg pret of* werden.

War·dein [var'daɪn] *m* ⟨-(e)s; -e⟩ *hist.* (*Münzprüfer*) assayer, mint warden.

war·die·ren [var'diːrən] *v/t* ⟨no ge-, h⟩ (*prüfen, bewerten*) assay.

Wa·re ['vaːrə] *f* ⟨-; -n⟩ **1.** (*Artikel, Warenart*) article (of merchandise), *bes. pl* goods: die ~n auszeichnen to mark the goods; diese ~n führen wir nicht we do not stock (*od.* carry) these goods; diese ~ haben wir nicht auf Lager we don't have this article in stock, this article is out of stock; ich kann ihnen diese ~ nur empfehlen I can really recommend this article to you; diese ~ verkauft sich gut this article sells well. – **2.** *collect.* goods *pl*: erstklassige [gute, einheimische, leicht-verderbliche] ~ first-class [quality, domestic, perishable] goods; heiße ~ *colloq.* hot goods (*sl.*); fehlerhafte ~ defective (*od.* objectionable) goods (*od.* articles); gute ~ lobt sich selbst (*od.* selber) (*Sprichwort*) good wine needs no bush (*proverb*), good ware makes quick market (*proverb*); gute ~ hält sich *humor.* I'm not bad for my age (*humor.*); → Krämer 1. – **3.** *od.* gängige [eingegangene, bewirtschaftete] ~n sal(e)able (*od.* marketable) [delivered, rationed] goods; ~n des täglichen Bedarfs

essential consumer goods; ~n im Wert von 10 000 Mark goods to the value of 10,000 marks; sich mit ~n eindecken to build up stocks, to stock up; in ~n bezahlen to pay in kind. – **4.** *pl* (*für Hausierhandel etc*) ware *sg*, wares: seine ~n feilbieten to offer one's ware(s) (*od.* goods, merchandise) for sale. – **5.** (*Fertigprodukt, Fabrikat*) product, article, manufacture: die ~n der Firma X the products of the firm of X; beste deutsche ~ a high-quality German product. – **6.** (*bes. im Handel*) a) merchandise (*od.* commodity), b) *collect. u. pl* merchandise *sg*, goods *pl*: unverzollte ~(n) a) (*unter Zollverschluß*) bonded (*od.* in-bond) goods, b) (*noch nicht verzollte*) goods with duty unpaid, undeclared goods.

wä·re ['vɛːrə] *1 u. 3 sg pret subj of* sein¹.

'Wa·ren|ab·kom·men *n econ.* trade agreement. — ~**ab·satz** *m* sale of goods (*od.* commodities). — ~**adreß·zet·tel** [-'?a,drɛs-] *m cf.* Adreßzettel. — ~**ak·kre·di·tiv** *n cf.* Dokumentenakkreditiv. — ~**ak·zept** *n* trade acceptance. — ~**an·ge·bot** *n* **1.** (*verfügbares, lieferbares*) range of goods. – **2.** (*Gesamtangebot*) supply of goods. — ~**an·nah·me** *f* (*im Lagerhaus etc*) receiving room. — ~**auf·zug** *m tech. Am.* freight elevator, *bes. Br.* hoist. — ~**aus·fuhr** *f econ.* export(ation) (of goods). — **'Wa·ren|aus·gang** *m econ.* **1.** ⟨*only sg*⟩ (*bei der Buchung*) sale of goods. – **2.** *pl* outgoing goods. — **'Wa·ren|aus·gangs·buch** *n* sales book (*od.* journal). — **'Wa·ren|aus·tausch** *m econ.* exchange (*od.* barter) of goods. — ~**ab·kom·men** *n cf.* Warenabkommen. — **'Wa·ren|au·to·mat** *m econ. cf.* Verkaufsautomat. — ~**bal·len** *m* bale. — ~**be·darf** *m econ.* demand (for goods). — ~**be·gleit·schein** *m cf.* Begleitschein. — ~**be·lei·hung** *f* **1.** advance (loan) on goods. – **2.** granting of loans on goods. — ~**be·schrei·bung** *f* description of goods. — ~**be·stand** *m* stock in trade, merchandise on hand (*od.* in stock), *bes. Am.* merchandise inventory, stock in (*od.* on) hand. — ~**be·stell·buch** *n* order book. — ~**be·stel·lung** *f* **1.** order for goods. – **2.** (*aus dem Ausland*) foreign purchase order, *bes. Br.* indent. — ~**be·wirt·schaf·tung** *f* rationing of goods. — ~**be·zeich·nung** *f* trade description. — ~**bör·se** *f* commodity (*od.* produce) exchange (*od.* market). — ~**dol·lar** *m* commodity dollar. — ~**ein·fuhr** *f* import(ation) (of goods). — **'Wa·ren|ein·gang** *m econ.* **1.** ⟨*only sg*⟩ arrival of goods. – **2.** *pl* goods received, incoming goods (*od.* stocks). — **'Wa·ren|ein·gangs|ab·tei·lung** *f econ.* receiving department. — ~**buch** *n* book of arrivals, purchase(s) journal (*od.* book), purchases daybook. — ~**kon·to** *n* purchase(s) account. — ~**schein** *m* receiving slip. — **'Wa·ren|ein·heit** *f econ.* unit of goods. — ~**ein·la·ge·rung** *f* storage (*od.* warehousing) of goods. — ~**ein·sen·der** *m cf.* Warenversender. — ~**ein-** *u.* **aus·gang** *m* **1.** purchase and sale of goods. – **2.** incoming and outgoing goods *pl*. — ~**emp·fän·ger** *m* consignee. — ~**er·trag** *m* income from sales. — ~**ex·port** *m cf.* Warenausfuhr. — ~**for·de·run·gen** *pl* (*in der Bilanz*) trade debtors. — ~**gat·tung** *f* kind (*od.* type, class) of goods. — ~**han·del** *m* trade in goods, goods (*od.* merchandise) trade.

'Wa·ren|haus *n* department store, *Br. auch* stores *pl* (*construed as sg or pl*). — ~**dieb** *m*, ~**die·bin** *f* shoplifter. — ~**dieb·stahl** *m* shoplifting: einen ~ begehen to shoplift. — ~**ket·te** *f econ.* chain of department stores. — ~**kon·zern** *m* department store combine. — **'Wa·ren|im·port** *m econ. cf.* Wareneinfuhr. — ~**kennt·nis** *f* knowledge of goods (*od.* merchandise), merchandise knowledge. — ~**knapp·heit** *f* shortage of goods. — ~**kon·tin·gent** *n* goods quota. — ~**kon·tin·gen·tie·rung** *f* **1.** imposition (*od.* fixing, allocation) of goods quotas. – **2.** goods quota restriction, subjecting of goods to quotas (*od.* quota allocation). – **3.** goods quota system. — ~**kon·to** *n* goods (*od.* stock) account. — ~**kon·trol·le** *f* goods control (*od.* inspection), checking of goods. — ~**kon·troll·stel·le** *f* goods control (*od.*

inspection) office. — ~**korb** *m* (*in der Preisstatistik*) shopping basket (*od.* bag).

'Wa·ren·kre·dit *m econ.* commercial credit (*od.* loan), credit on goods. — ~**ab·tei·lung** *f* credit department. — ~**brief** *m cf.* Dokumentenakkreditiv. — ~**Sach·be·ar·bei·ter** *m* commercial credit expert.

'Wa·ren|kun·de *f* ⟨-; *no pl*⟩ knowledge of goods (*od.* merchandise), merchandise knowledge. — ~**la·ger** *n* **1.** *cf.* Warenbestand. – **2.** (*Raum*) warehouse, storehouse, depot. — ~**lie·fe·rung** *f* goods delivery. — ~**mak·ler** *m* merchandise broker. — ~**markt** *m* commodity market. — ~**mu·ster** *n cf.* Warenprobe 1. — ~**nie·der·la·ge** *f* warehouse, storehouse, depot. — ~**pa·pier** *n* commodity document of title. — ~**par·tie** *f* lot (*od.* installment, *bes. Br.* instalment, parcel) of goods. — ~**po·sten** *m* lot, parcel, (*bei der Buchung*) item. — ~**prei·se** *pl* commodity prices. — ~**pro·be** *f* **1.** *econ.* a) sample (of goods), commercial sample, b) (*bei Stoffen*) pattern, swatch. – **2.** (*postal service*) *cf.* Warensendung 2. — ~**prü·fer** *m* goods controller (*od.* examiner, inspector). — ~**rech·nung** *f econ.* invoice. — ~**rück·ver·gü·tung** *f* (*an Genossenschaftsmitglieder*) refund (in kind). — ~**schein** *m* (*Quittung*) goods receipt. — ~**schuld** *f* merchandise debt. — ~**sen·dung** *f* **1.** *econ.* consignment (*od.* shipment) (of goods). – **2.** (*postal service*) (*im Inlandsdienst*) sample of merchandise. — ~**skon·to** *m*, *n econ.* merchandise allowance. — ~**sor·te** *f* commodity grade. — ~**sor·ti·ment** *n* assortment of goods. — ~**spei·cher** *m* **1.** *cf.* Warenlager 2. – **2.** storage shed (*od.* building). – **3.** (*für Getreide*) silo, granary. — ~**ter·min·ge·schäft** *n* (*an der Börse*) commodity futures trading (*od.* dealings *pl*), forward merchandise dealings *pl*. — ~**test** *m* goods test. — ~**tran·sit** *m* transit of goods. — ~**um·satz** *m* goods (*od.* merchandise) turnover. — ~**um·satz·steu·er** *f* sales (*od.* purchase, *Br. auch* turnover) tax. — ~**um·schlag** *m* **1.** transshipment (*od.* transloading) of goods. – **2.** movement of goods. — ~**um·schlie·ßung** *f* **1.** packing. – **2.** (*Steuerbegriff*) deductable value of packing returned to supplier. — ~**ver·kauf** *m* sale (of goods), commodity sales *pl*: die Erträge aus Warenverkäufen proceeds from goods sales. — ~**ver·kehr** *m* **1.** movement of goods, merchandise traffic. – **2.** trade (*od.* exchange of) goods. — ~**ver·knap·pung** *f cf.* Warenknappheit. — ~**ver·sand** *m* transmission (*od.* consignment) of goods. — ~**ver·sen·der** *m* consignor, *auch* consigner. — ~**ver·zeich·nis** *n* commodity index, list of goods, (*der Ladung*) *auch* manifest. — ~**wech·sel** *m* trade (*od.* commodity) bill. — ~**wert** *m* commodity value, value of goods.

'Wa·ren·zei·chen *n econ. jur.* (trade)mark, *Br. auch* merchandise mark: eingetragenes ~ registered trademark; ein ~ eintragen (lassen) [verletzen] to register [to infringe] a trademark; Inhaber eines ~s trademark owner. — ~**recht** *n* trademark law, law of trademarks. — ~**schutz** *m* trademark protection.

'Wa·ren|zoll *m econ. cf.* Zoll¹ 1. — ~**zu·stel·lung** *f* delivery of goods.

warf [varf] *1 u. 3 sg pret of* werfen.

Warf¹ *m*, *n* ⟨-(e)s; -e⟩ (*in der Weberei*) warp, chain.

Warf² *f* ⟨-; -en⟩ *Low G. geogr.* mound (*od.* knoll) (*protecting dwellers from flood on offshore islets or holms in North Friesland*).

Warft [varft] *f* ⟨-; -en⟩ **1.** *cf.* Warf². – **2.** *Low G.* wharf.

warm [varm] **I** *adj* ⟨⸬er; ⸬st⟩ **1.** (*Speisen, Getränke*) hot, warm: ein ~es Essen a hot meal; ~e Getränke hot drinks; ~e Würstchen hot sausages; ~ essen to have a hot meal; das Essen ~ halten (*od.* stellen) to keep the meal warm; die Suppe ~ machen to warm (*od.* heat) (up) the soup; → Semmel. – **2.** (*Kleidung, Zimmer, Wetter, Jahreszeit, Land etc*) warm: ein ~er Wind [Herbst] a warm wind [autumn]; ein ~er Umschlag *med.* a fomentation, a stupe; hier ist es (herrlich) ~ it's (nice and) warm here; mir ist ~ I am warm; das Wasser wird ~ the water is warming (*od.* heating) up (*od.* is getting warm [*od.* hot]); er wird nur langsam ~ *fig. colloq.* it takes him a while to lose his reserve (*od.* to come out of his shell); ich kann mit ihm nicht ~ werden *fig. colloq.* I cannot warm to him; sich ~ anziehen to put on warm clothes, to dress warmly; sich ~ waschen to wash in warm (*od.* hot) water; ~ baden to take a hot bath; sich ~ halten to keep warm; sich ~ laufen to warm up; diese Kleider halten schön ~ *colloq.* these clothes are nice and warm; Alkohol macht ~ alcohol warms you up; die Sonne scheint heute ~ the sun is warm today; j-n ~ zudecken to put a warm cover over s.o.; ~ sitzen to be nice and warm; ~e Miete *colloq. cf.* Warmmiete; → kalt 6; Herz *Besondere Redewendungen;* Nest 6. – **3.** *fig. (Anteilnahme, Gefühl etc)* warm: eine ~e Begrüßung a warm (*od.* cordial, hearty) welcome; ~e Worte des Dankes warm (*od.* cordial) words of thanks; j-m mit ~en Worten danken to thank s.o. warmly. – **4.** *fig. (Farbe, Ton)* warm: ein ~es Rot a warm red. – **5.** *hunt. (Fährte)* warm, fresh. – **6.** *tech.* hot, warm. – **7.** *colloq.* homosexual, 'queer' (*sl.*): → Bruder 5. – **II** *adv* **8.** *fig.* warmly: j-m j-n [etwas] ~ empfehlen to recommend s.o. [s.th.] warmly (*od.* highly) to s.o.; j-m ~ die Hand drücken to shake hands with s.o. warmly. – **9.** ~ satiniert *tech. (paper)* hot-rolled. – **III** W~e, das ⟨-n⟩ **10.** ich habe seit Tagen nichts W~es mehr gegessen I have not had a hot meal (*od.* anything warm to eat) for days; im W~en sitzen to sit in the warmth. – **IV** W~ *n ⟨undeclined⟩* **11.** *only in* die Heizung auf W~ stellen to turn the heat(ing) up.

'**warm,ab,bin·den** *v/t ⟨irr, sep, -ge-, h⟩* synth. (*Klebstoff*) hot-set.

'**Warm|,ab,grat,werk,zeug** *n tech.* hot trimming die. — ~,**ar·beits·ge,senk** *n* hot forging die. — ~,**ar·beits,stahl** *m* hot working steel. — ~,**aus,här·tung** *f* artificial aging, quench-age hardening.

'**Warm,bad** *n* **1.** hot (*od.* warm) bath. – **2.** (*Quelle*) thermal springs *pl.* — ~,**här·ten** *n metall.* martempering.

'**Warm,band** *n ⟨-(e)s; ~er⟩ metall.* hot-rolled strip. — ~,**stra·ße** *f* hot strip mill.

'**Warm|be,ar·beit·bar·keit** *f tech.* hot-working quality. — **w~be,ar·bei·ten I** *v/t ⟨sep, no -ge-, h⟩* hot-work. – **II** W~ *n ⟨-s⟩ verbal noun.* — ~be,ar·bei·tung *f* **1.** Warmbearbeiten. – **2.** hot work. — ~,**beet** *n hort.* **1.** hotbed, warm bed. – **2.** *cf.* Frühbeet 1. — **w~be,han·deln I** *v/t ⟨sep, no -ge-, h⟩ tech.* hot-work. – **II** W~ *n ⟨-s⟩ verbal noun.* — ~be,hand·lung *f* **1.** *cf.* Warmbehandeln. – **2.** hot work. — ~,**bett** *n metall.* hotbed.

'**Warm,beu·tel** *m cf.* Wärmflasche.

'**Warm|,bier** *n ⟨-(e)s; no pl⟩* mulled beer (*od.* ale). — ~,**bla·sen** *n metall.* silicon-blow.

'**Warm,blut** *n ⟨-(e)s; -e⟩ zo. (Pferderasse)* warm blood. — '**Warm,blü·ter** [-,bly:tər] *m ⟨-s; -⟩ zo.* warm-blooded animal, homothermal (*scient.*). — '**warm,blü·tig** [-,bly:tɪç] *adj* warm-blooded; homoiothermic, homeothermic, *auch* homoiothermal (*scient.*).

'**warm,brü·chig** *adj metall.* hot-short. — '**Warm,brü·chig·keit** *f* hot-shortness.

'**Warm,dehn·bar·keit** *f tech.* hot-ductility.

'**Wär·me** *m ⟨-n; -n⟩ colloq.* homosexual, 'pansy' (*colloq.*): queer, 'fairy', 'fag(got)', *Am. auch* 'fagot' (*sl.*).

'**Wär·me** ['vɛrmə] *f ⟨-; rare -n⟩* **1.** *(von Innenräumen)* warmth, warmness: eine wohlige ~ a cozy (*od.* cosy) warmth; diese ~ tut einem wohl this warmth does you good; komm herein in die ~ *colloq.* come (on) in to the warmth. – **2.** *(von Luft, Klima etc)* heat: eine milde [trockene, feuchte] ~ a mild [dry, humid] heat; tierische ~ animal heat; zehn Grad ~ ten degrees above zero. – **3.** *(Hitze)* heat: ist das eine ~! this heat is terrible! it's terribly hot! (*beide colloq.*). – **4.** *fig.* warmth: sie strahlt ~ aus she radiates warmth; j-n mit ~ empfangen to welcome s.o. warmly (*od.* cordially), to give s.o. a warm (*od.* cordial) welcome; von j-m mit ~ sprechen to speak warmly (*od.* fondly) of s.o. – **5.** *phys. chem. tech.* heat: abgegebene ~ heat conducted away; gebundene [freie, spezifische] ~ latent [uncombined, specific] heat; ~ aufnehmen [abgeben] to absorb [to emit *od.* give off] heat; bei diesem Vorgang wird ~ frei heat is liberated in this process.

'**Wär·me|,ab,fall** *m* heat drop. — ~,**ab,ga·be** *f* **1.** heat emission. – **2.** *cf.* Wärmeverlust. — ~,**ab,lei·ter** *m tech.* (*eines Kühlsystems*) heat dissipating unit, heat sink. — ~,**ab,lei·tung** *f* heat dissipation. — ~**äqui·va,lent** *n phys.* thermal equivalent: mechanisches ~ mechanical equivalent of heat.

'**Wär·me|,auf,nah·me** *f phys.* absorption of heat, heat abstraction. — ~,**fä·hig·keit** *f ⟨-; no pl⟩* heat-absorption capacity.

'**Wär·me|,aus,deh·nung** *f phys.* heat (*od.* thermal) expansion, dilatation. — ~,**aus,deh·nungs·ko·ef·fi·zi,ent** *m* coefficient of thermal expansion.

'**Wär·me|,aus,gleich** *m* **1.** *phys.* temperature compensation. – **2.** *metall.* soaking. — ~,**gru·be** *f metall.* soaking pit.

'**Wär·me|,aus,nut·zung** *f phys.* heat utilization (*Br. auch* -s-) (*od.* efficiency). — ~,**aus,strah·lung** *f* heat radiation. — ~,**aus,tausch** *m* heat exchange. — ~,**aus,tau·scher** *m* heat exchanger. — ~,**aus,tausch·ge,setz** *n phys.* law of heat exchange. — ~be,**darf** *m* heat requirement. — **w~be,han·deln** *v/t ⟨insep, no -ge-, h⟩ tech.* heat-treat. — ~be,**hand·lung** *f* **1.** *tech.* heat treatment. – **2.** *med.* thermotherapy. — **w~be,stän·dig** *adj tech.* heatproof, heat-resisting (*od.* -resistant), thermostable. — ~be,**stän·dig·keit** *f* heat resistance, heatproof quality, high-temperature (*od.* thermal) stability. — ~be,**we·gung** *f phys.* thermal movement. — ~**bi,lanz** *f phys. (space)* heat balance. — ~,**bild** *n phys.* temperature entropy diagram. — ~,**bin·dung** *f* heat absorption. — ~,**däm·mung** *f tech. cf.* Wärmeisolierung. — ~,**deh·nung** *f* heat expansion, dilatation. — ~,**deh·nungs,mes·ser** *m* dilatometer. — **w~,durch,läs·sig** *adj* **1.** *phys.* transcalent, diathermanous, diathermal, diathermic. – **2.** *tech.* transparent to heat. — ~,**durch,läs·sig·keit** *f* diatherma(n)cy. — ~**dy,na·mik** *f* thermodynamics *pl (construed as sg or pl)*. — ~,**ein·heit** *f* heat (*od.* thermal, caloric) unit. — ~**elek·tri·zi,tät** *f* thermoelectricity, *Br.* thermo-electricity. — **w~emp,find·lich** *adj* sensitive to heat. — ~**emp,find·lich·keit** *f* sensitivity to heat, therm(a)esthesia (*scient.*). — ~**ener,gie** *f phys.* heat energy. — ~**ent,bin·dung** *f* disengagement of heat. — ~**ent,wick·lung** *f* development (*od.* evolution) of heat. — ~**ent,zug** *m* withdrawal of heat. — **w~er,zeu·gend** *adj phys. biol.* heat-producing, heat-generating, thermogenic (*scient.*). — ~**er,zeu·ger** *m tech.* heat producer. — ~**er,zeu·gung** *f phys. biol.* generation of heat; thermogenesis, (*von hohen Temperaturen*) pyrogenesis (*scient.*). — ~,**fach** *n tech.* hot closet (*od.* compartment, chamber). — ~,**fil·ter** *n, m phot. (des Projektors)* heat filter (*od.* absorber). — ~,**fluß** *m* heat flow. — ~**ge,fäl·le** *n* **1.** *meteor.* heat gradient. – **2.** *metall.* temperature gradient, heat drop. — ~**ge·ne,ra·tor** *m tech. cf.* Wärmeerzeuger. — ~**geo·gra,phie** *f geogr.* thermogeography. — ~**ge,wit·ter** *n meteor.* heat thunderstorm. — ~,**grad** *m* degree above freezing point: bei diesen ~en at these temperatures. — ~,**gru·be** *f metall.* soaking pit. — ~,**hal·le** *f* shelter. — ~,**haus,halt** *m phys. med.* heat balance. — ~,**ion** [-²i,o:n] *n phys.* thermion. — **w~iso,liert** *adj tech.* thermally insulated. — ~**iso,lie·rung** *f* heat (*od.* thermal) insulation. — ~,**kam·mer** *f cf.* Wärmefach. — ~**ka·pa·zi,tät** *f phys.* heat(-absorbing) capacity. — ~**ko,pie** *f* thermograph. — ~,**kraft,leh·re** *f* thermodynamics *pl (construed as sg or pl)*. — ~,**kraft·ma,schi·ne** *f tech.* heat engine. — ~,**kraft,werk** *n* thermal power station (*od.* plant). — ~,**leh·re** *f ⟨-; no pl⟩ phys.* Wärmekraftlehre. — ~,**lei·stung** *f* **1.** *tech.* heat output. – **2.** *nucl. (eines Reaktors)* thermal power. — ~,**lei·ter** *m* heat conductor. — **w~,leit,fä·hig** *adj* heat-conducting. — ~,**leit,fä·hig·keit** *f* heat (*od.* thermal) conductivity. — ~,**lei·tung** *f* heat conduction. — ~,**leit,wert** *m* thermal conductivity. — ~,**leit,zahl** *f* coefficient of thermal conductivity. — ~,**mau·er** *f aer.* thermal barrier. — ~**me,cha·nik** *f phys.* thermodynamics *pl (construed as sg or pl)*. — ~,**men·ge** *f* quantity of heat. — ~,**(men)**,**mes·ser** *m* thermometer, calorimeter, (*für hohe Temperaturen*) pyrometer. —

~,**mes·sung** *f* thermometry, calorimetry, (*für hohe Temperaturen*) pyrometry.

wär·men ['vɛrmən] **I** *v/t ⟨h⟩* **1.** (*Essen etc*) warm (up), heat (up). – **2.** (*Hände, Füße, Raum etc*) warm (up): sich (*dat*) die Hände ~ to warm one's hands; der Ofen wärmt die Stube the stove warms the room; die Tiere ~ sich gegenseitig the animals warm each other (*od.* one another) (up). – **II** *v/i* **3.** Alkohol wärmt alcohol warms you up. – **4.** (*von Wolle, Kleidung, Ofen etc*) be warm: dieser Pullover wärmt schön *colloq.* this pullover is nice and warm. – **III** *v/reflex* sich ~ **5.** warm oneself (up): komm herein und wärm dich come in and warm yourself (up).

'**Wär·me|,ofen** *m metall.* reheating furnace. — ~,**plat·te** *f gastr.* food warmer. — ~,**pol** *m geogr.* pole of heat. — ~,**pum·pe** *f tech.* heat pump. — ~,**punkt** *m med. (der Haut)* heat point. — ~,**quel·le** *f* source of heat. — ~,**rau·schen** *n telev.* shot noise. — ~,**re·ge·lung** *f tech.* thermoregulation, heat control. — ~,**reg·ler** *m phys.* thermostat, thermoregulator. — ~**re·gu·la·ti,on** *f* **1.** *tech. cf.* Wärmeregelung. – **2.** *zo. med.* thermoregulation. — ~,**riß** *m tech.* heat (*od.* hot) crack. — ~,**schild** *m* **1.** (*space*) *cf.* Hitzeschild. – **2.** *nucl.* thermal shield. — ~,**schrank** *m* **1.** *med.* incubator, thermostat. – **2.** *tech.* hot cabinet. — ~,**schutz** *m tech.* **1.** (*Maßnahme*) thermic protection. – **2.** (*Vorrichtung*) jacket. — ~,**schutz,fil·ter** *n, m* heat (protection) filter. — ~,**sen·ke** *f (space)* heat sink. — ~,**sinn** *m zo. med.* temperature sense, therm(a)esthesia (*scient.*). — ~,**span·nung** *f civ.eng.* thermal stress. — ~,**spei·cher** *m tech.* heat accumulator, regenerator. — ~,**spei·che·rung** *f* heat storage. — ~,**star·re** *f zo. med.* heat rigor (*bes. Br.* rigour). — ~,**stau·ung** *f* accumulation of heat, hyperthermia (*scient.*). — ~,**strah·len** *pl phys.* heat (*od.* thermic) rays. — ~,**strah·lung** *f* thermal (*od.* heat) radiation. — ~,**strö·mung** *f* flow of heat. — ~,**stu·be** *f heated room (e.g. in a café)* set aside by local authorities for the elderly who have no heating facilities at home. — ~,**sum·me** *f meteor.* accumulated temperature. — ~,**tau·scher** [-,tauʃər] *m ⟨-s; -⟩ tech. cf.* Wärmeaustauscher. — ~,**tech·nik** *f ⟨-; no pl⟩* thermodynamics *pl (construed as sg or pl)*, heat engineering. — ~,**tech·ni·ker** *m* **1.** fuel combustion engineer. – **2.** industrial heating engineer. — **w~,tech·nisch** *adj* **1.** thermodynamic, thermal. – **2.** pyrometric, *auch* pyrometrical. — ~**theo,rie** *f phys.* theory of heat. — ~**the·ra,pie** *f med.* thermotherapy. — ~,**tod** *m (des Weltalls)* heat death. — ~,**tö·nung** *f metall.* evolution of heat, heat effect (*od.* tone). — ~,**über,gang** *m phys. (space)* heat transfer. — ~,**über,gangs,zahl** *f* heat-transfer coefficient. — ~,**über,tra·gung** *f phys.* heat transmission. — ~,**ver,brauch** *m* heat consumption. — ~,**ver,lust** *m* **1.** loss of heat. – **2.** *med. (des Körpers)* thermolysis. — ~,**wert** *m* **1.** heat (*od.* thermal) value, heat equivalent. – **2.** (*der Nahrung*) calorific (*od.* fuel) value. — ~,**wir·kung** *f* thermal effect. — ~,**wir·kungs,grad** *m phys. tech.* thermal efficiency. — ~,**wirt·schaft** *f* heating (*od.* thermal) technique. — ~,**zäh·ler** *m tech.* heat meter. — ~,**zen·trum** *n med.* heat (*od.* caloric) center (*bes. Br.* centre). — ~,**zu,fuhr** *f* heat input.

'**warm,fest** *adj tech.* (*Stahl, Legierungen*) high-temperature (*attrib*), resistant to elevated temperatures. — '**Warm,fe·stig·keit** *f ⟨-; no pl⟩ (des Stahles)* high-temperature strength (*od.* stability).

'**Wärm,fla·sche** *f* hot-water bottle, (*Gummiwärmflasche*) hot-water bag.

'**Warm|,form,ge·bung** *f metall.* hot forming (*od.* shaping, working). — ~,**front** *f meteor.* warm front. — **w~ge,lau·fen** *adj ⟨attrib⟩ tech. (Lager etc)* hot, heated. — **w~ge,walzt** *I pp.* — **II** *adj metall.* hot-rolled.

'**Warm,hal·te,kan·ne** *f* **1.** coffeepot with fitted (metal) cozy (*od.* cosy). – **2.** thermos jug (*Am.* pitcher).

'**warm,hal·ten** *v/t ⟨irr, sep, -ge-, h⟩* sich (*dat*) j-n ~ *fig. colloq.* to keep in with s.o., to keep in s.o.'s good books.

'**Warm,hal·te,plat·te** *f* hot plate.

'**Warm,här·te** *f tech.* red-hardness.

'**Warm,haus** *n hort.* hothouse, warm house.

'warm,her·zig *adj* warmhearted, *Br.* warm-hearted. — 'Warm,her·zig·keit *f* ⟨-; *no pl*⟩ warmheartedness, *Br.* warm-heartedness, warmth.

'warm,kle·ben *v/t* ⟨sep, -ge-, h⟩ synth. heat-bond. — 'Warm,kle·ber *m* hot-setting adhesive.

'Warm,la·ger *n* metall. hotbed.

'Warm,lauf,au·to,ma·tik *f* auto. automatic warming-up unit. — 'warm,lau·fen *v/i* ⟨irr, sep, -ge-, sein⟩ tech. 1. einen Motor ~ lassen to run an engine warm (*od.* hot). – 2. (von Lager, Maschine) overheat, run hot.

'Warm,luft *f* ⟨-; *no pl*⟩ meteor. warm (*od.* hot) air. — ~,bal,lon *m* aer. montgolfier. — ~,front *f* meteor. cf. Warmfront. — ~ge,blä·se *n* 1. tech. hot- (*od.* warm-)air blower (*od.* heater). – 2. auto. defroster. — ~,hei·zung *f* hot-air heating. — ~,klap·pe *f* warm-air heater valve. — ~,strö·mung *f* aer. phys. warm- (*od.* hot-)air flow (*od.* circulation). — ~,trock·nung *f* hot-air drying.

'Warm,mie·te *f* colloq. rent inclusive of heating charges.

'Wärm,ofen *m* metall. (re)heating furnace. — ~,plat·te *f* cf. Warmhalteplatte.

'Warm,pres·se *f* 1. tech. hot-press. – 2. synth. hot-molding (*bes. Br.* -moulding) press. — w~,pres·sen *v/t* ⟨sep, -ge-, h⟩ 1. tech. hot-press, press (*s.th.*) hot. – 2. synth. heat-mold (*bes. Br.* -mould). — ~,preß,form *f* tech. hot-pressing die. — ~,preß,stahl *m* hot-pressing (tool) steel. — ~,preß,teil *n*, auch *m* hot-pressed part. — w~,recken (getr. -k·k-) *v/t* ⟨sep, -ge-, h⟩ hot-strain. — ~,riß *m* heat (*od.* hot, thermal) crack. — ~,sä·ge *f* hot saw. — ~,schmie·de·ge,senk *n* drop-hammer die. — w~,schmie·den *v/t* ⟨sep, -ge-, h⟩ hot-forge. — ~,schrot,mei·ßel *m* hot chisel. — ~,sek·tor *m* meteor. warm sector. — ~,sprö·dig·keit *f* metall. hot brittleness. — ~,start *m* auto. warm start. — ~,stauchma,tri·ze *f* metall. hot-upsetting (*od.* -pressing) die. — ~,streck,gren·ze *f* tech. yield point at elevated temperatures. — w~,ver,form·bar *adj* metall. hot-workable. — ~,ver,form·bar·keit *f* ⟨-; *no pl*⟩ hot-forming property. — w~,ver,for·men *v/t* ⟨sep, no -ge-, h⟩ hot-work. — ~,ver,for·mung *f* hot-working, hot-forming. — w~,wal·zen *v/t* ⟨sep, -ge-, h⟩ hot-roll. — ~,walz,werk *n* hot-rolling mill.

'Warm,was·ser|aqua·ri·um [-ʔa,kva:rɪʊm] *n* tropical aquarium. — ~be,rei·ter *m* ⟨-s; -⟩ electr. water heater. — ~,hei·zung *f* tech. hot-water heating. — ~,lei·tung *f* hot-water pipeline. — ~,pum·pe *f* hot-water pump. — ~,spei·cher *m* hot-water storage tank (*od.* reservoir). — ~,spen·der *m* instantaneous water heater. — ~ver,sor·gung *f* hot-water supply.

'Warm|,zeit *f* geol. interglacial period. — w~,zie·hen *v/t* ⟨irr, sep, -ge-, h⟩ tech. hot-draw. — ~,zug,fe·stig·keit *f* hot strength, high-temperature tensile strength.

'Warn|,an,la·ge *f* warning device. — ~,blink,an,la·ge *f* 1. auto. warning flasher device. – 2. (an Bahnübergängen) light signals *pl*. — ~,blin·ker *m* anti-collision light. — ~,dienst *m* warning service. — ~,drei,eck *n* (für Autofahrer) warning triangle. — ~,ei·dech·se *f* zo. cf. Waran.

war·nen ['varnən] I *v/t* ⟨h⟩ 1. warn: wir müssen ihn ~ we must warn him (*od.* put him on his guard); ich warnte ihn, von dieser Information Gebrauch zu machen I warned him not to make use of this information; laß das, ich warne dich! don't do that, I am warning you; I'm warning you not to do that; ich habe ihn öfter gewarnt (vor) I gave him fair warning (of). – 2. j-n vor j-m ~ to warn (*od.* alarm) s.o. about (*od.* against) s.o.: er warnte mich vor Taschendieben he warned me against pickpockets. – 3. j-n vor etwas ~ a) (vor etwas Kommendem) to warn s.o. of (*od.* about) s.th., to put s.o. on his guard against s.th., to caution s.o. about s.th., b) (vor etwas Bestehendem) to warn (*od.* caution) s.o. about (*od.* against) s.th.: die Bevölkerung wurde nicht rechtzeitig vor der Flut gewarnt the population was not warned of the flood in time; ich warne euch vor dieser Bergstrecke I warn you about this mountain route. – II *v/i* 4. man kann

davor nur ~ it is (definitely) not to be recommended; „vor Taschendieben wird gewarnt" "beware of pickpockets". – III W~ *n* ⟨-s⟩ 5. verbal noun. — 'war·nend I pres p. – II adj warning: in ~em Ton in a warning tone. – III adv den Finger ~ erheben to raise a warning finger; seine Stimme ~ erheben fig. to raise one's voice in warning.

'War·ner *m* ⟨-s; -⟩ warner.

'Warn|,far·be *f* zo. warning (*od.* scient. aposematic) color (*bes. Br.* colour). — ~,fär·bung *f* warning coloration (*bes. Br.* colouration). — ~,feu·er *n* mar. warning light. — ~,flag·ge *f* danger flag. — ~ge,biet *n* 1. declared area, danger zone. – 2. (eines Leuchtfeuers) warning (*od.* red) sector. — ~ge,rät *n* (gegen Gas, Strahlung etc) predictor, warning device. — ~,klei·dung *f* luminous clothing worn for traffic safety. — ~,kreuz *n* (an Bahnübergängen) warning cross. — ~,leuch·te *f* 1. tech. alarm (*od.* warning, telltale) lamp. – 2. (bei Autounfall etc) amber flash lamp. – 3. (an Überwegen) lighted beacon. — ~,licht *n* ⟨-(e)s; -er⟩ tech. mar. warning light. — ~,licht,schal·ter *m* auto. emergency blinker signal. — ~,li·nie *f* (sport) (beim Fechten) warning line. — ~,mel·dung *f* meteor. warnings *pl*. — ~,pfeil *m* warning arrow. — ~ra,dar *m*, *n* warning radar. — ~,ruf *m* alarm, warning shout. — ~,schild *n* warning (notice). — ~,schuß *m* warning shot. — ~si,gnal *n* warning (signal): ein ~ geben to give a warning. — ~,streik *m* token strike. — ~,sum·mer *m* auto. warning buzzer. — ~,ta·fel *f* cf. Warnschild. — ~,tracht *f* zo. warning coloration (*bes. Br.* colouration), aposematic appearance (of an animal) (*scient.*).

'War·nung *f* ⟨-; -en⟩ 1. cf. Warnen. – 2. warning, caution, admonition: eine wohlgemeinte ~ a well-meant warning; das ist meine letzte ~ that's the last time I warn you, I am warning you for the last time; das soll dir eine ~ sein, laß es dir als (*od.* zur) ~ dienen let that be a warning to you; eine ~ beherzigen to take a warning to heart; j-m eine ~ zukommen lassen to have s.o. warned; allen ~en zum Trotz in spite of (*od.* despite) all warnings; ohne ~ schießen to shoot without warning. – 3. warning, alarm.

'Warn|,vor,rich·tung *f* tech. alarm device, warner, warning system. — ~,zei·chen *n* 1. warning sign. – 2. cf. Warnsignal.

Warp[1] [varp] *m*, *n* ⟨-s; -e⟩ (textile) (Kettgarn) warp (line).

Warp[2] *m* ⟨-(e)s; -e⟩ mar. warp.

'Warp,an·ker *m* mar. cf. Wurfanker.

war·pen ['varpən] *v/t* ⟨h⟩ mar. warp, kedge.

'Warp|,ha·ken *m* (in der Seilerei) warping hook. — ~,lei·ne *f* mar. warp (line). — ~,tau *n*, ~,tros·se *f* cf. Warpleine.

War·rant ['va:rant; 'wɔrənt] (Engl.) *m* ⟨-s; -s⟩ econ. warrant.

War·schau·er ['var,ʃaʊər] I *m* ⟨-s; -⟩ Varsovian, native (*od.* inhabitant) of Warsaw. – II adj ⟨attrib⟩ Varsovian. — 'War·schau·erin *f* ⟨-; -nen⟩ Varsovian (girl *od.* woman).

'War·schau·er 'Pakt *m* pol. Warsaw Pact (1955). — 'War·schau·er-'Pakt-,Staa·ten *pl* pol. (the) Warsaw-Pact States.

'war·schau·isch *adj* Varsovian, (of) Warsaw.

Wart [vart] *m* ⟨-(e)s; -e⟩ obs. for Hüter 1.

'Wart,burg, die (Schloß bei Eisenach) the Wartburg. — ~,fest *n* ⟨-(e)s; *no pl*⟩ hist. (the) fête on the Wartburg (October 18, 1817).

War·te ['vartə] *f* ⟨-; -n⟩ 1. cf. Sternwarte. – 2. cf. Wetterwarte. – 3. cf. Vogelwarte. – 4. cf. Wach(t)turm. – 5. archaic observation point. – 6. fig. point of view, viewpoint, standpoint: von hoher [geistiger] ~ aus from a lofty [an intellectual] standpoint; von meiner ~ aus from my point of view. – 7. er steht auf einer höheren ~ fig. he is on a higher level (*od.* plane).

'War·te|,bahn *f* (space) cf. Wartekreisbahn. — ~,flug,hö·he *f* aer. holding altitude. — ~,frau *f* 1. cf. Putzfrau. – 2. cf. Toilettenfrau. — ~,frist *f* econ. cf. Wartezeit 2. — ~,funk,feu·er *n* aer. holding radio beacon. — ~,geld *n* (eines Beamten) allowance, half (*od.* standby, *Br.* stand-by) pay. — ~,hal·le *f*, ~,häus·chen *n* (an Autobus-, Straßenbahnhaltestellen) (bus *od.* tram, *Am.* streetcar)

shelter. — ~,kreis,bahn *f* (space) parking orbit. — ~,li·nie *f* (sport) (beim Bogenschießen) waiting line. — ~,li·ste *f* waiting list: auf der ~ stehen to be on the waiting list. — ~,mar·ke *f* (im Wartezimmer) number ticket (*od.* slip).

war·ten[1] ['vartən] I *v/i* ⟨h⟩ 1. wait: stundenlang [sehnsüchtig] ~ to wait for hours [longingly]; warte einen Augenblick wait a moment; beeil dich, ich warte so lange hurry up, I'll wait (for you); wir haben bis (um) drei Uhr gewartet we waited until three o'clock; der Zug wartet nicht the train will not wait; j-n ~ lassen a) to let s.o. wait, b) (unhöflich lange) to keep s.o. waiting; j-n vergeblich ~ lassen to let s.o. wait in vain, to let s.o. down, not to turn up; wie lange soll ich noch ~? how long am I supposed (*od.* do you expect me) to wait; ich kann ~ auch iron. I can wait, I have plenty of time; ich kann nicht länger ~ I cannot wait any longer; da kannst du lange ~, da kannst du ~, bis du schwarz bist colloq. you can wait for it as long as you like; das kann (bis morgen) ~ that can wait (until tomorrow); warte mal a) wait a minute (*od.* moment), hold on, b) (beim Überlegen) let me see; na, warte! (als Drohung) you just (*od.* just you) wait! you wait! you'll see! warte, wenn ich dich erwische! just let me catch you! – 2. bitte ~ tel. hold on, please. – 3. auf j-n [etwas] ~ to wait for (*od.* to await) s.o. [s.th.]: warte auf mich wait for me; auf den Zug [den Tod, ein Zeichen] ~ to wait for the train [for death, for a sign]; der Reiseleiter [die Antwort] ließ nicht lange auf sich ~ the courier [answer] was not long in coming; er läßt gerne auf sich ~ he is inclined to keep people waiting, he is not very punctual; daheim wartet eine Überraschung auf ihn a) (positiv) there is a surprise waiting (*od.* in store) for him (*od.* awaiting him) at home, b) (negativ) he is in for a surprise at home; niemand weiß, was in der Zukunft auf einen wartet nobody knows what is in store for (*od.* lies ahead of, is awaiting) one in the future, no one knows what the future will bring; worauf ~ wir noch? what are we waiting for? auf den habe ich gerade noch gewartet colloq. iron. he is all I want (*od.* need); darauf habe ich (nur) gewartet colloq. iron. I was just waiting for that (to happen). – 4. mit etwas (auf j-n) ~ (od. to wait for s.o.) with s.th.: wir wollen mit dem Essen auf ihn ~ we'll wait for him with the meal, we'll wait with the meal until he comes. – II W~ *n* ⟨-s⟩ 5. verbal noun: ich bin des W~s müde I am tired of waiting. – 6. wait: nach langem W~ after a long wait.

'war·ten[2] I *v/t* ⟨h⟩ 1. tech. (Auto, Maschine etc) service, maintain, keep up, look after the maintenance of: ich lasse mein Auto regelmäßig ~ I have my car serviced regularly. – 2. archaic *od.* lit. (Kranke, Kinder etc) tend, nurse, look after. – 3. (Pferde) groom. – II W~ *n* ⟨-s⟩ 4. verbal noun. – 5. cf. Wartung.

Wär·ter ['vɛrtər] *m* ⟨-s; -⟩ 1. (für Tiere) keeper. – 2. attendant. – 3. (in einer Heilanstalt) warden. – 4. (im Gefängnis) guard, jailer, jailor, *Br. auch* gaoler, *Am.* warden, *Br.* warder. – 5. cf. Badewärter. – 6. cf. Bahnwärter. – 7. cf. Leuchtturmwärter.

'War·te,raum *m* 1. waiting room. – 2. (auf Flughäfen) departure hall (*od.* lounge). – 3. aer. holding (*od.* circling) area.

War·te'rei *f* ⟨-; *no pl*⟩ colloq. constant waiting: diese ewige ~ this endless waiting around.

'Wär·ter,häus·chen *n* cf. Bahnwärterhäuschen.

'Wär·te·rin *f* ⟨-; -nen⟩ 1. (für Tiere) (woman) keeper. – 2. (woman) attendant. – 3. (in einer Heilanstalt) nurse, keeper. – 4. (im Gefängnis) matron, (woman) guard, *bes. Br.* wardress.

'War·te,saal *m* (auf Bahnhöfen) waiting room. — ~,schal·tung *f* tel. 1. (der Nebenstellenanlage) holding circuit. – 2. (bei elektronisch gesteuerter Speichervermittlung) camp-on-busy circuit. — ~,schlei·fe *f* aer. parking orbit. — ~,stand *m* ⟨-(e)s; *no pl*⟩ temporary (*od.* provisional) retirement: Beamter im ~ civil servant in temporary (*od.* provisional) retirement; j-n in den ~

versetzen a) (*Beamten*) to retire s.o. temporarily (*od.* provisionally), to put s.o. on standby (*Br.* stand-by) pay pending temporary (*od.* provisional) retirement, b) *mil.* to suspend s.o. temporarily from duty. — ~**stel·lung** *f* **1.** wait-and-see attitude: Devisenmarkt weiter in ~ *econ.* continued wait-and-see attitude of the exchange market. – **2.** *mil.* (*in der Taktik*) standby (*Br.* stand-by) (*od.* waiting) position. – **3.** (*space*) holding position. — ~**zeit** *f* **1.** delay, waiting time. – **2.** (*im Versicherungswesen*) waiting period. — ~**zim·mer** *n* (*einer Arztpraxis etc*) waiting room.

'Wart|,saal *m Swiss rare for* Wartesaal. — ~**turm** *m cf.* Wach(t)turm.

'War·tung *f* ⟨-; *no pl*⟩ **1.** *cf.* Warten². – **2.** *tech.* maintenance, servicing, upkeep: laufende ~ routine maintenance.

'war·tungs|,arm *adj tech.* low-maintenance (*attrib*). — **W~,dienst** *m* (*für Auto, Maschine etc*) (general) maintenance service. — ~**frei** *adj* maintenance-free, service-free. — **W~,ko·sten** *pl* maintenance costs. — **W~pa,ket** *n auto.* maintenance package. — **W~per·so,nal** *n* maintenance (*od.* servicing) staff (*od.* personnel). — **W~,raum** *m* servicing area. — **W~ver,trag** *m econ.* maintenance contract. — **W~,vor·schrift** *f* maintenance instructions *pl.*

war·um [va'rʊm] **I** *interrog adv* why: ~? a) (*kausal*) why? b) (*final*) why? what for? ~ (*eigentlich*) nicht? why not? ~ das? why so? ~ so nachdenklich? why so pensive? ~ kommt er nicht? why doesn't he come? sag mir, ~ du das getan hast tell me why you did that; ~ er das getan hat, ist bis heute noch nicht klar it is not yet clear to this day why he did that, (the reason) why he did that is still not clear to this day; ich fühle mich nicht wohl, und ich weiß nicht ~ I don't feel well and I don't know why; ~ bin ich nicht 20 Jahre alt! if only I were 20! ~ nicht gleich (so)! why didn't you do that at the start! ~ nicht gleich ein großes Auto! why not buy a big car while you are at it? – **II W~** *n* ⟨-s; *no pl*⟩ (*in Wendungen wie*) nach dem W~ fragen to ask why (*od.* the reason); das W~ und Weshalb the whys and wherefores *pl.*

War·ve ['varvə] *f* ⟨-; -n⟩ *geol.* (*im Bänderton*) varve.

Wärz·chen ['vɛrtsçən] *n* ⟨-s; -⟩ small wart, torulus (*scient.*).

War·ze ['vartsə] *f* ⟨-; -n⟩ **1.** *med.* a) wart, verruca (*scient.*), b) *cf.* Brustwarze: voller ~n *cf.* warzig. – **2.** *zo.* a) wart, pustule, b) *cf.* Warze 1. – **3.** *bot.* wart, pustule, tubercle. – **4.** *tech.* lug, stud, pin, (*auf Blechen*) wart. – **5.** (*in der Schweißtechnik*) projection, embossment. – **6.** *mil.* (*eines Geschosses*) stud.

'war·zen|,ähn·lich, ~**ar·tig** *adj* wartlike, warty; verruciform, verrucous, verrucoid (*scient.*).

'War·zen|,bei·ßer [-,baɪsər] *m* ⟨-s; -⟩ *zo.* hay horse (*Decticus verrucivorus*). — ~**blech** *n tech.* warted (*od.* nipple, studded) plate. — ~**en·te** *f zo. cf.* Moschusente. — **w~,för·mig** *adj* wart-shaped; verrucous, verruciform (*scient.*). — ~**fort,satz** *m med.* (*des Schläfenbeins*) mastoid (process). — ~**ge,schwulst** *f* papilloma. — ~**hof** *m* (*der Brust*) areola. — ~**hüt·chen** *n* nipple shield (*od.* cap). — ~**kak·tus** *m bot.* nipple cactus (*Gattg Mammillaria*). — ~**kür·bis** *m* squash gourd (*od.* melon) (*Cucurbita verrucosa*). — **w~los** *adj* without warts, wartless. — ~**mit·tel** *n med. pharm.* cure for warts, wart remedy. — ~**punkt,schweiß,naht** *f tech.* projection weld. — ~**ring** *m med.* **1.** (*aus Glas*) nipple shield. – **2.** areola. — ~**schlan·ge** *f zo.* wart snake (*Unterfam. Acrochordinae*). — ~**schwamm** *m bot.* coniophora (*Coniophora cerebella*). — ~**schwein** *n zo.* warthog (*Phacochoerus aethiopicus*). — ~**stift** *m med. pharm.* wart pencil.

'war·zig *adj med.* warty, covered with warts; verrucous, verrucose (*scient.*).

was [vas] **I** *interrog pron* **1.** what: ~ ist das? what is that? ~ ist (los)? ~ gibt's? *colloq.* what's up? (*colloq.*), what is the matter (*od.* wrong)? ~ ist hier los? *colloq.* what's up? (*colloq.*), what's going on here? what is happening? ~ ist? ~ fehlt dir? what's wrong (*od.* the matter, *colloq.* up) with you? ~ will er? what does he want? ~ hat er gesagt? what did he say? ~ soll man dazu sagen? what is one to say to that? ~ soll das heißen? what's that (supposed) to mean? ~ ist schon dabei? ~ tut's? what does it matter? what of it? what odds? ~ soll's? so what? ~ geschah? *colloq.* ~ ist passiert? what happened? ~ (soll ich) tun? what am I to do? ~ geht das mich an? what has that (got) to do with me? ~ gibt es Neues? what's new? any news? ~ stört dich daran? what's wrong with it? ~ führt Sie her? what brings you here? ~ hast du getan? what have you done? ~ kann ich für Sie tun? what can I do for you? ~ ist dein Vater (von Beruf)? what is your father (by profession *od.* by trade)? what does your father do? ~ soll aus ihm werden? what is to become of him? ~ hast du dir dabei gedacht? what did you think you were doing? ~ gibt es Schöneres als einen klaren Herbstmorgen! what is more lovely than a clear autumn morning! ~? *colloq.* (*unhöfliche Form des Nachfragens*) what? (*colloq.*), (I beg your) pardon? ~ denn? a) what do you want? what is it? b) what do you suggest? hier ist das Buch. — (Bitte) ~? *colloq.* here is the book.—The what? (*colloq.*); ~ nun? what now? ach ~! a) rubbish! nonsense! b) what of it! what odds! what the heck! (*sl.*); das ist eine Hitze, ~! *colloq.* the (*od.* this) heat is terrible, isn't it? ~, er will nicht kommen? what? he won't (*od.* refuses to) come? ~, schon wieder! what, again? not again! mit ~ soll ich schreiben? *colloq.* what shall I write with? von ~ soll ich das bezahlen? *colloq.* what shall I pay it with? what shall I use for money? (*colloq.*); an ~ denkst du? *colloq.* what are you thinking about? um ~ handelt es sich? *colloq.* a) what is your business? b) what is it (all) about? c) what is the point in question (*od.* at issue)? auf ~ wartest du noch? *colloq.* what are you waiting for? er hat (mir) Gott weiß ~ erzählt he told me goodness (*od.* heaven, *stärker* God) knows what not all; ~ weiß ich! I have no (*od.* not the slightest) idea, goodness knows, search me (*colloq.*); er hat ~ weiß ich alles erzählt he talked a lot of windy nonsense (*colloq.*); alle hielten ihn für wer weiß ~ they all thought he was goodness knows what. – **2.** (*wieviel*) how much, what: ~ kostet das Buch? how much is the book? what does the book cost? ~ verlangst er? how much does he charge? ~ schulde ich Ihnen? ~ bekommen Sie (von mir)? what do I owe you? ~ ist die Uhr? *colloq.* what's the time? what time is it? – **3.** *colloq.* (*warum*) why: ~ lachst du? what are you laughing at? why do you laugh? – **4.** *colloq.* (*zu welchem Zweck*) what for: braucht er auch so ein schnelles Auto! what does he need such a fast car for! ~ für *colloq.* a) (*in der Frage*) what sort (*od.* kind) of, b) (*im Ausruf*) what: ~ für ein Mensch ist er? what sort of (a) person is he? ~ für Aussichten hat er? ~ hat er für Aussichten? what are his prospects? what (sort of) prospects does he have? ~ für ein Auto hat er? what kind of car does he have (*od.* has he)? ~ für eine herrliche Aussicht! what a beautiful view! ~ für ein Unsinn! what (*od.* such) nonsense! – **6.** *colloq.* (*in Ausrufen*) ~ du nicht sagst! a) you don't say! b) (*das glaube ich nicht*) go on! (*colloq.*); ~ haben wir gelacht! did we laugh! how we laughed! ~ ist das doch schwierig! difficult, isn't it? – **II** *relative pron* **7.** what: ich weiß nicht, ~ ich sagen soll I don't know what to say; ich weiß, ~ du willst I know what you want; das ist doch das Schönste, ~ es gibt there is nothing better (*od.* nicer) (than that); du kannst machen (*od.* tun), ~ du willst a) you can do what(ever) you like, b) (*resignierend*) you can do what you like (*od.* as you please, what you may); ~ ich noch sagen [fragen] wollte what I meant to say [ask]; zeig, ~ du kannst! show what you can do! do your stuff! (*sl.*); er lief, ~ er konnte *colloq.* he ran as fast (*od.* hard) as he could; und ~ noch schlimmer ist and what is worse (*od.* more); ~ immer auch (*od.* auch immer) geschehen mag whatever may happen, whatever happens, no matter what happens; ~ mich betrifft as far as I am concerned, as for me (*od.* myself); es koste, ~ es wolle cost what it may; das Wenige, ~ sie hat the little she has; alles, ~ sie besitzt everything she possesses, all her possessions; das Beste, ~ du tun kannst the best thing you can do; das einzige, ~ ich nicht verstehe the only (*od.* one) thing I don't understand. – **8.** (*sich auf einen ganzen Satz beziehend*) which: er ist tatsächlich gekommen, ~ ich nicht erwartet habe he actually came, which I didn't expect; er hatte sich nicht vorbereitet, ~ er auch zugab he hadn't prepared, (a fact) which he also admitted; ~ zu beweisen war *math.* which had to be proved; → Häkchen 2; Meister 3. – **III** *indef pron* **9.** *colloq.* something: ich muß dir ~ sagen I must tell you something; ich will dir mal ~ sagen let me tell you something, b) (*drohend*) I'll tell you what; das ist ~ anderes that's different, that's a different matter; ich hab ~ für dich I have something for you; habe ich ~ Falsches gesagt? have I said something (*od.* anything) wrong? ich glaube, irgendwo brennt ~ I think there is something burning (somewhere); hat man so ~ schon gesehen! did you ever see the like of it! das ist doch wenigstens ~ that's something worth talking about; ich möchte doch zu ~ kommen I would like to get on; du solltest dich ~ schämen you should be ashamed of yourself; (gibt es) ~ Neues? any news? anything new? sonst noch ~? anything else (you would like)? ist ~? is anything (*od.* something) wrong (*od.* the matter)? so ~ von Geiz [Dummheit]! such miserliness [stupidity]! na, so ~! well, honestly! (*stärker*) well, I never (did)! – **IV W~** *n* ⟨-; *no pl*⟩ **10.** what: das W~ interessiert mich mehr als das Wie what is done interests me more than how it is done.

'wasch,ak,tiv *adj chem.* (*Substanzen*) active.

'Wasch|,an,la·ge *f tech.* **1.** (*für Autos*) washing installation (*od.* plant). – **2.** *cf.* Scheibenwaschanlage. – **3.** (*für Gase*) scrubbing plant. – **4.** (*film*) (*im Kopierwerk*) washing tank (*od.* plant). — ~**,an,lei·tung** *f* washing instructions *pl.* — ~**,an,stalt** *f* laundry. — ~**,an,wei·sung** *f* washing instructions *pl.* — ~**,au·to,mat** *m* automatic washing machine. — ~**bank** *f* ⟨-; *ue*e⟩ washing bench.

'wasch·bar *adj* **1.** washable. – **2.** (*Farben*) fast.

'Wasch|,bär *m* **1.** *zo.* raccoon, *auch* racoon, *Am. colloq.* coon (*Procyon lotor*). – **2.** (*Fell*) raccoon, *auch* racoon. — ~**,becken** (*getr.* -k·k-) *n* washbowl, washbasin, *Br. auch* wash-hand-basin. — ~**ben,zin** *n chem.* benzine, *auch* benzin. — ~**,ber·ge** *pl* (*mining*) washery rubbish *sg*, washery refuse *sg*. — ~**,blau** *n* laundry blue. — ~**bock** *m* washing stool. — ~**bord** *m mar.* washboard, *Br.* wash-board, washstrake, *Br.* wash-strake, wasteboard, *Br.* waste-board, weatherboard, *Br.* weather-board. — ~**,bot·tich** *m* washtub, *Br.* wash-tub. — ~**brett** *n* **1.** washboard, *Br.* wash-board. – **2.** *zo.* skiffleboard, *Br.* skiffle-board. — ~**,bür·ste** *f* scrubbing brush. — ~**,büt·te** *f* washtub, *Br.* wash-tub.

Wä·sche ['vɛʃə] *f* ⟨-; *no pl*⟩ **1.** washing, laundry, clothes *pl*, linen, wash: bunte [weiße] ~ colo(u)red [white] washing; saubere [schmutzige] ~ clean (*od.* fresh) [dirty *od.* soiled] linen; (die) ~ waschen to do the washing, to wash the clothes; ~ waschen, seine schmutzige ~ (in der Öffentlichkeit) waschen *fig.* to wash one's dirty linen in public; die ~ aufhängen to hang out (*od.* up) the clothes; die ~ einweichen [kochen, spülen, schleudern, bügeln] to soak [to boil, to rinse, to spin(-dry), to iron] the washing; die ~ in die Wäscherei bringen to bring the washing to the laundry; die ~ außer Haus geben to send the washing out. – **2.** (*Waschen*) wash(ing): die Farbe ist bei (*od.* in) der ~ ausgegangen the colo(u)r has faded in the wash; Handtücher in die ~ geben a) to put towels in the wash, b) to send towels to the laundry; das Hemd ist in der ~ a) the shirt is in the wash, b) the shirt is at the laundry. – **3.** (*Waschtag*) washday, *Br.* wash-day, washing day: große ~ haben to have one's washday; ich habe diese Woche nur kleine ~ I only have a small wash (*od.* small amount

of washing) this week. - **4.** (*Bett-, Tisch-wäsche*) linen: **frische ~ aufziehen** *bes. Northern G.* to put on fresh linen (*od.* sheets). - **5.** (*Unterwäsche*) underwear, underclothes *pl,* (*für Damen*) *auch* lingerie; undies *pl, bes. Br.* smalls *pl* (*colloq.*): **seidene [warme] ~** silk [warm] underwear; **wollene ~** wool(l)en underwear, wool(l)ies *pl* (*colloq.*); **regelmäßig die ~ wechseln** to change one's underwear regularly; **da hat er vielleicht dumm aus der ~ geguckt** (*od.* **geschaut**) *fig. colloq.* you should have seen his face, his jaw (simply) dropped. - **6.** (*mining*) a) (*Vorgang*) washing, wet cleaning, b) (*Anlage*) washer. - **7.** *tech.* (*Anlage*) washery, washing plant. - **8.** *metall.* (*Prozeß*) scrubbing, washing, cleaning.
'Wä·sche|be·schlie·ße·rin *f* ⟨-; -nen⟩ (*eines Heimes, Hotels etc*) linen maid. — **~|beu·tel** *m* (*laundry*) bag. — **~|bo·den** *m cf.* Trockenboden. — **~|boy** *m* linen (*od.* laundry) box.
'wasch|echt *adj* **1.** (*farbecht*) fast. - **2.** (*nicht einlaufend*) (*Stoff*) nonshrink(ing) *Br.* non-washable. - **3.** *fig. colloq.* (*unverfälscht*) true-blue, dyed-in-the-wool (*attrib*). —
'Wasch|echt·heit *f* ⟨-; *no pl*⟩ (*von Farbstoffen*) washing fastness (*od.* resistance).
'Wä·sche|fa,brik *f* underwear factory. — **~|fa·bri,kant** *m* underwear manufacturer. — **~|fach** *n* (*im Schrank*) linen shelf (*od.* compartment). — **~ge,schäft** *n* lingerie shop (*bes. Am.* store). — **~|han·del** *m* underwear trade. — **~|in·du,strie** *f* underwear manufacturers *pl.* — **~|kam·mer** *f* linen room. — **~|ka·sten** *m Southern G., Austrian and Swiss for* Wäscheschrank. — **~|klam·mer** *f bes. Br.* clothes-peg, *bes. Am.* clothespin. — **~|knopf** *m* pillowcase button. — **~|korb** *m* **1.** linen basket, hamper. - **2.** *cf.* Waschkorb. — **~|le·gen** *n* folding. — **~|lei·ne** *f* (clothes)line. — **~|man·gel** *f* mangle.
wa·schen ['vaʃən] **I** *v/t* ⟨wäscht, wusch, gewaschen, h⟩ **1.** (*Kleid, Pullover etc*) wash, *auch* launder: **etwas mit Wasser und Seife ~** to wash s.th. with soap and water; **dieses Material läßt sich gut ~** this material washes (*od.* launders) well; **sich** (*dat*) **die Hände [das Gesicht] ~** to wash one's hands [one's face]; → Hand[1] *Verbindungen mit Verben;* Kopf 1; Wäsche 1; Wasser 4. - **2.** wash, (*mit Shampoo*) *auch* shampoo: **sich** (*dat*) **die Haare ~** to wash one's hair; **sein Auto ~** to wash one's car, to give one's car a wash. - **3.** (*textile*) (*Wolle, Stückware*) scour. - **4.** *tech.* a) (*Gase*) scrub, b) (*Kohle, Erz etc*) wash, clean, c) (*Gold*) pan (off *od.* out). - **II** *v/i* **5.** (*Wäsche haben*) wash, do a (*od.* the) washing, launder: **ich wasche einmal in der Woche** I wash once a week. - **III** *v/reflex* **sich ~ 6.** (*von Personen*) wash (oneself), have a wash: **ich wasche mich jeden Morgen und Abend** I wash every morning and evening. - **7.** (*von Tieren*) wash itself. - **8.** *fig. colloq.* (*in Wendungen wie*) **eine Ohrfeige [Standpauke, Klassenarbeit], die sich gewaschen hat** quite a box on the ears [lecture, test], a box on the ears [lecture, test] and a half (*sl.*). - **9.** (*von Dingen*) wash: **dieser Stoff wäscht sich gut** this material washes (*od.* launders) well. - **IV W~** *n* ⟨-s⟩ **10.** *verbal noun.* - **11.** wash(ing): **das Handtuch ist beim W~ eingelaufen [verblichen]** the towel has shrunk [faded] in the wash; **die Wäsche zum W~ geben** to bring the washing to the laundry, to send the laundry out to have the washing laundered. - **12.** **W~ und Legen** (*beim Friseur*) shampoo and set.
'Wä·sche|pfahl *m* clothespole. — **~|puff** *m cf.* Puff[2] 1.
'Wä·scher ['vɛʃər] *m* ⟨-s; -⟩ *metall.* **1.** washer. - **2.** (*Berieselungsturm*) scrubber, scrubbing tower, disintegrator.
'Wä·sche·rei *f* ⟨-; -en⟩ laundry.
'Wä·sche·rei,an·ge,stell·te[1] *m* laundryman.
'Wä·sche·rei,an·ge,stell·te[2] *f* laundrywoman.
'Wä·sche·rin *f* ⟨-; -nen⟩ *cf.* Waschfrau.
'Wä·scher,lohn *m* washerwoman's pay.
'Wä·sche,rol·le *f Austrian for* Wäschemangel.
'Wasch,erz *n tech.* pulp.
'Wä·sche|sack *m* laundry (*od.* linen) bag. — **~|schirm** *m* rotary clothes drier (*auch* dryer). — **~|schleu·der** *f* spin drier (*auch* dryer). — **~|schrank** *m* linen press (*auch*

---

cupboard, *Am. auch* closet), clothespress. — **~|spin·ne** *f* (*zum Trocknen*) spoked clothes drier (*auch* dryer). — **~|stamp·fer** *m* dolly. — **~|stän·der** *m cf.* Wäschetrockner 1. — **~|stan·ge** *f cf.* Wäschepfahl. — **~|sta·pel** *m* pile of linen. — **~|stär·ke** *f* starch. — **~|stüt·ze** *f* prop. — **~|ta·sche** *f cf.* Wäschebeutel. — **~|tin·te** *f* marking ink. — **~|topf** *m* washboiler, *Br. auch* boiler, *Br.* copper. — **~|trock·ner** *m* **1.** (*Gestell*) drier, *auch* dryer, clotheshorse. - **2.** (*Haushaltsgerät*) (electric) drier (*auch* dryer). — **~|trom·mel** *f* (*in der Waschmaschine*) washing drum. — **~|tru·he** *f* linen chest. — **~|weich,spül,mit·tel** *n* fabric softener. — **~zen·tri,fu·ge** *f cf.* Wäscheschleuder.
'Wasch|faß *n* washtub, *Br.* wash-tub. — **~|fest** *m humor. for* Waschtag. — **~|fla·sche** *f chem.* wash bottle. — **~|fleck** *m Bavarian dial. for* Waschlappen 1. — **~|flot·te** *f* washing liquor (*od.* bath).
'Wasch|frau *f* washerwoman, laundrywoman, laundress.
'Wasch|frau·en,haut *f* ⟨-; *no pl*⟩ *med.* washerwoman's itch.
'Wasch|gang *m* (*der Waschmaschine*) wash. — **~ge,le·gen,heit** *f* washing facility. — **~|gold** *n min. cf.* Seifengold. — **~|gut** *n cf.* Wäsche 1. — **~|hand,schuh** *m* faceflannel (*Am.* washcloth) glove. — **~|haus** *n* washhouse, *Br.* wash-house. — **~|hilfs,mit·tel** *pl chem.* detergent auxiliaries. — **~|hol·län·der** *m* (*paper*) washer, washing engine. — **~|kaue** *f meist pl* (*mining*) pithead bath(s *pl*). — **~|kes·sel** *m* **1.** (*im Waschhaus*) washboiler, *Br.* wash-boiler. - **2.** *cf.* Wäschetopf. — **~|kleid** *n* washable dress. — **~kom,mo·de** *f* washstand, *Br.* wash-stand, commode. — **~|korb** *m* laundry (*od.* clothes) basket. — **~|kraft** *f* (*eines Waschmittels*) cleaning power. — **~|kü·che** *f* **1.** washhouse, *Br.* wash-house, *Am. auch* laundry. - **2.** *fig.* (*dichter Nebel*) (pea) soup, pea-souper (*beide colloq.*). - **3. eine ~ machen** *fig. colloq.* to make the cigarette tip soggy, *Am. colloq.* to nigger-lip. - **~|lap·pen** *m* **1.** facecloth, *Br. auch* face flannel; *Am.* washcloth, washrag. - **2.** *fig. colloq. contempt.* (*Weichling*) sissy (*sl.*), *Br. sl.* cissy, milksop. - **~|lau·ge** *f* suds *pl.* — **~|le·der** *n* washleather, *Br.* wash-leather, chamois, *auch* chammy, shammy, shamoy. — **w~|le·dern** *adj* (of) washleather (*Br.* wash-leather), (of) chamois (*auch* chammy, shammy, shamoy). — **~ma,schi·ne** *f* washing machine, washer. — **~|mit·tel** *n* detergent, washing powder (*od.* agent). — **~|öl** *n metall.* wash oil. — **~|pa·ste** *f* detergent paste. — **~|platz** *m* **1.** (public) washhouse (*Br.* wash-house). - **2.** (*am Fluß*) wash(ing) place. — **~pro,zeß** *m* **1.** washing process. - **2.** *metall.* washing (*od.* cleaning, scrubbing) process. — **~|pul·ver** *n* washing powder (*od.* agent). — **~|raum** *m* washroom, *Am. auch* lavatory. — **~|rum·pel** *f* ⟨-; -n⟩ *bes. Bavarian and Austrian for* Waschbrett. — **~sa,lon** *m* launderette, *Am. auch* Laundromat (*TM*). — **~|samt** *m* washable velvet. — **~|schüs·sel** *f* washbowl, washbasin. — **~|schwamm** *m* sponge, *auch* spunge. — **~|sei·de** *f* washable silk. — **~|sei·fe** *f* washing (*od.* laundry) soap.
wäschst [vɛʃst] *2 sg pres of* waschen.
'Wasch,stra·ße *f tech. cf.* Waschanlage 1.
wäscht [vɛʃt] *3 sg pres of* waschen.
'Wasch|tag *m* washday, *Br.* wash-day. — **~|tisch** *m,* **~toi,let·te** *f* washstand, *Br.* wash-stand, commode. — **~|topf** *m cf.* Wäschetopf. — **~|trog** *m* washing trough. — **~|trom·mel** *f tech.* **1.** drum (*Am.* cylinder) washer. - **2.** (*für Häute*) tub wheel.
'Wasch- und 'Rei·ni·gungs,sym,bo·le *pl* symbols for washing and dry-cleaning directions.
'Wa·schung *f* ⟨-; -en⟩ **1.** *cf.* Waschen. - **2.** *med.* a) (*Spülung*) lavage, b) (*Abwaschung*) ablution. - **3.** *relig.* ablution.
'Wasch|voll·au·to,mat *m* (fully) automatic washing machine. — **~wan·ne** *f* washtub, *Br.* wash-tub, bath. — **~|was·ser** *n* washings *pl,* wash. — **~|weib** *n colloq. contempt.* (old) gossip, chatterbox. — **~|zet·tel** *m print.* (*eines Buches*) blurb. — **~|zeug** *n* wash things *pl,* toilet things *pl.* — **~|zu·ber** *m* washtub, *Br.* wash-tub. — **~|zwang** *m psych.* obsessional washing, ablutomania (*scient.*).

Wa·sen[1] ['vaːzən] *m* ⟨-s; -⟩ **1.** *Southern G. for* a) Rasen[2] 1, b) Schindanger. - **2.** *dial. cf.* Dampf 2.
'Wa·sen[2] *pl Northern G. for* Reisigbündel 1.
'Wa·sen,mei·ster *m Southern G. for* Abdecker.
Was·ser ['vasər] *n* ⟨-s; -⟩ **1.** ⟨*only sg*⟩ water: **Zimmer mit fließendem ~** rooms with running water; **ein Glas [Eimer] ~** a glass [bucket] of water; **voll(er) ~** full of water, *mar.* waterlogged; **mit ~ gekühlt** *tech. cf.* wassergekühlt; **aus** (*od.* **mit**) **~ gemacht** aqueous; **~ holen** [schöpfen, kochen, trinken] to fetch [to scoop, to boil, to drink] water; **~ schlucken** (*beim Schwimmen*) to swallow water; **~ treten** (*beim Schwimmen u. bei Kneippkuren*) to tread water; **~ fassen** a) (*von Lokomotive, Schiff*) to water, to take in water, b) (*beim Rudern*) to catch water; **mit ~ waschen** to wash with water; **dieser Wein trinkt sich wie ~** *colloq.* this is a very pleasant wine; **der Vorwurf läuft an ihm ab wie ~** *colloq.* the reproach runs off him like water off a duck's back; **bei ~ und Brot sitzen** *fig. colloq.* to be in prison (*od. sl.* in clink); **zu ~ und Brot verurteilt werden** a) to be put on (*od.* sentenced to) bread and water, b) *fig. colloq.* to be put in prison, *Br. sl.* to be put inside; **ein Edelstein reinsten ~s** *fig.* a stone of the first water; **ein Berliner reinsten ~s** *fig.* a typical Berliner, a Berliner through and through; **ihre Strümpfe ziehen ~** *fig. colloq.* her stockings sag. - **2.** ⟨*only sg*⟩ (*im Gegensatz zu Land*) water: **fließendes [stehendes] ~** running [stagnant *od.* dead] water; **offenes ~** open water; **auflaufendes ~** rising (*od.* incoming) tide; **ablaufendes ~** a) (*bei Ebbe*) ebbing (*od.* falling, receding) tide, b) (*nach Hochwasser*) subsiding water; **bei auflaufendem [ablaufendem] ~** when the tide rises (*od.* flows, comes in) [ebbs *od.* recedes, goes out]; **er sieht aus wie aus dem ~ gezogen** *colloq.* he is (*od.* looks) like a drowned rat; **ins ~ fallen** a) to fall into the water, b) *fig. colloq.* to fall flat (*od.* through) (*colloq.*), to fail to (*od.* not to) come off, to be called off; **ins ~ gleiten** [springen, stürzen] to glide [to jump, to plunge] into the water; **ins ~ gehen** a) to go into the water, b) to drown oneself; **am ~ liegen** to lie at the river (*od.* lake); **am ~ liegen und sich sonnen** to lie in the sun at the river (*od.* lake); **unter ~ schwimmen** to swim underwater; **etwas unter ~ setzen** to flood (*od.* submerge) s.th.; **unter ~ stehen** to be under water, to be flooded; **ein Boot zu ~ bringen** (*od.* lassen) to launch a boat; **Beförderung zu ~ und zu Land** carriage by water (*od.* sea) and land; **sich zu ~ und zu Land(e) fortbewegen** to move on water and on land; **einen Ort zu ~ und zu Land(e) erreichen** to reach a place by sea and land (*od.* by land and by water); **das ~ geht** (*od.* reicht, steht) **ihm bis zum** (*od.* **an den**) **Hals** (*od.* **bis an die Kehle**) a) the water comes up to his neck, b) *fig. colloq.* he is in deep (*od.* hot) water (*od.* up to his neck in difficulties); **sich über ~ halten** a) to stay above water, b) *fig.* to keep above water, to keep going, c) *fig.* (*finanziell*) to make (both) ends meet; **j-n über ~ halten** a) to keep s.o. above water, b) *fig.* to keep s.o. above water, to help s.o. (to) manage; → Balken 1; Fisch 1. - **3.** *fig.* (*in Wendungen wie*) **das ~ läuft mir im Mund zusammen** *colloq.* my mouth waters; **er kann ihm nicht das ~ reichen** *colloq.* he can't hold a candle to him, he isn't a patch on him; **~ mit einem Sieb schöpfen** (*od.* **tragen**) to waste one's efforts; **~ in die Elbe** (*od.* in den Rhein, ins Meer) **tragen** to carry coals to Newcastle; **~ in den Wein gießen** to dampen s.o.'s spirits; **auf beiden Schultern ~ tragen** to serve two masters, to favo(u)r both sides, *Am. colloq.* to straddle; **das ist ~ auf seine Mühle** that is grist to his mill; **bis dahin läuft noch viel ~ den Berg hinunter** (*od.* **fließt noch viel ~ den Rhein** [*od.* die Elbe, die Donau] **hinunter**) plenty of water will flow under the bridge until then; **nahe am** (*od.* ans) **~ gebaut haben** to cry easily; **hier wird auch nur mit ~ gekocht** it is not different here from (*Am. auch* than, *Br. auch* to) anywhere else; → abgraben 4; Blut 1; Kopf 1; Krug 1; Schlag 3. - **4.** *pl* (*Wasserarten, Wassermassen*) waters: **die trägen ~ des Flusses** the

sluggish waters of the river; **er ist mit allen** ⹁**n gewaschen** *fig. colloq.* he knows (*od.* is up to) all the tricks of the trade, there are no flies on him (*sl.*). – **5.** (*Gewässer*) water: **übers große ~ fahren** *colloq.* to cross the sea (*od.* ocean, water); **stille ~ sind** (*od.* **gründen**) **tief** (*Sprichwort*) still waters run deep (*proverb*); **er ist ein stilles ~** *fig.* he is a deep one. – **6.** ⟨*pl* **Wässer**⟩ *chem.* water (H₂O): **destilliertes ~** distilled water, aqua destillata (*scient.*); → **schwer** 23. – **7.** ⟨*pl* **Wässer**⟩ spirits *pl*, liquor. – **8.** ⟨*pl* **Wässer**⟩ mineral water: **eine Flasche ~ bestellen** to order a bottle of mineral water. – **9.** ⟨*only sg*⟩ (*Tränen*) tears *pl*, water: **das ~ schoß ihm in die Augen** tears rushed to his eyes; **ihre Augen standen voll ~** her eyes watered; **die Erzählung trieb ihr das ~ in die Augen** the tale brought tears (*od.* water) to her eyes; → **Rotz** 1. – **10.** ⟨*only sg*⟩ (*Schweiß*) perspiration, sweat: **ihm floß das ~ von der Stirn** sweat ran down his forehead. – **11. geweihtes ~** *relig. cf.* **Weihwasser.** – **12.** ⟨*only sg*⟩ *med.* a) (o)edema, b) (*Urin*) water: **~ in den Beinen haben** to have a(n) (o)edema in the legs; **~ lassen** to pass (*od.* make) water; **er kann das** (*od.* **sein**) **~ nicht halten** he cannot hold (*od.* retain) his water (*od.* urine). – **13. wohlriechende Wässer** *pl* perfumes, *bes. Br.* scents; **Kölnisch(es) ~** *cf.* **Kölnischwasser.**

'**Was·ser**⹁**ab**⹁**fluß** *m* drain hole, water outlet. — ⹁**ab**⹁**ga·be** *f* (*des Körpers*) output of water. — ⹁**ab**⹁**laß** *m* (water) drain. — ⹁**ab**⹁**schei·der** *m* *civ.eng.* water separator. — ⹁**ab**⹁**spal·tung** *f* *chem.* dehydration. — **w~**⹁**ab**⹁**sto·ßend, w~**⹁**ab**⹁**wei·send** *adj* water-repellent, hydrophobic. — ⹁**ab**⹁**zugs**⹁**gra·ben** *m* *civ.eng.* field ditch. — ⹁**ader** *f* *geol.* water vein. — ⹁**aga·me** [-ˀa⹁gaːmə] *f* *zo.* water agama (*Physignathus lesueurii*). — **w~**⹁**ähn·lich** *adj* **1.** watery, like water, aqueous (*scient.*). – **2.** *chem.* (*Lösungsmittel etc*) nonaqueous *Br.* non-. — ⹁**aloe** *f* *bot.* water aloe (*od.* soldier) (*Stratiotes aloides*). — ⹁**amp·fer** *m* water dock (*Rumex aquaticus*). — ⹁**am·sel** *f* *zo.* water ouzel, dipper (*Cinclus cinclus*). — ⹁**an**⹁**schluß** *m* **1.** (*an das öffentliche Wassernetz*) connection (*Br. auch* connexion) to the water line network: **sie haben keinen ~** they are not on the (water) mains; **sie lassen einen ~ legen** they are having water installed (*Br.* laid on). – **2.** fire hydrant. — **w~**⹁**an**⹁**zie·hend** *adj* hygroscopic. — ⹁**ar·beit** *f* ⟨-; *no pl*⟩ (*beim Rudern*) work in water. — ⹁**arm** *m* *geogr.* arm of a river, *auch* inlet. — **w~**⹁**arm** *adj* (*Land etc*) dry, arid, *auch* poorly irrigated. — ⹁**ar·mut** *f* **1.** dryness, aridity. – **2.** *cf.* **Wassermangel** 1. — ⹁**as·sel** *f* *zo.* water hog louse (*Asellus aquaticus*). — ⹁**auf·be**⹁**rei·tung** *f* *civ.eng.* water purification (*od.* conditioning). — ⹁**auf**⹁**nah·me** *f* **1.** *tech. phys.* water absorption. – **2.** (*des Körpers etc*) water intake. — **w~**⹁**auf**⹁**sau·gend** *adj* hydrophilic, *auch* hydrophile. — ⹁**aus**⹁**laß, ~**⹁**aus**⹁**tritt** *m* water outlet. — ⹁**aus**⹁**schei·dung** *f* (*des Körpers*) elimination of water. — ⹁**bad** *n* **1.** *chem. phot.* water bath. – **2.** *gastr.* water bath, *auch* bain-marie: **etwas im ~ kochen** to steam s.th.

'**Was·ser**⹁**ball** *m* **1.** (*aufblasbarer Gummiod. Plastikball*) ball. – **2.** (*sport*) a) ⟨*only sg*⟩ (*Spiel*) water polo, b) (*Ball*) water-polo ball. '**Was·ser**⹁**bal·last** *m* *mar.* water ballast. '**Was·ser**⹁**ball**⹁**spiel** *n* (*sport*) **1.** water-polo game (*od.* match). – **2.** ⟨*only sg*⟩ *cf.* **Wasserball** 2a. — ⹁**spie·ler** *m* water-polo player. '**Was·ser·bas**⹁**sin** *n cf.* **Wasserbecken.** '**Was·ser**⹁**bau** *m* ⟨-(e)s; -ten⟩ *civ.eng.* **1.** ⟨*only sg*⟩ hydraulic engineering. – **2.** (*Anlage*) hydraulic construction. — ⹁**holz** *n* timber for hydraulic structures. — ⹁**in·ge·ni**⹁**eur, ~**⹁**tech·ni·ker** *m* hydraulics engineer. '**Was·ser**⹁**becken** (*getr.* -k·k-) *n* **1.** (water) basin, (*größeres*) reservoir. – **2.** (*im Garten*) (water) pond. — ⹁**be**⹁**darf** *m* water requirement(s *pl*) (*od.* demand), amount of water required. — ⹁**be**⹁**häl·ter** *m* water reservoir (*od.* tank), basin, storage cistern. — ⹁**be**⹁**hand·lung** *f* *med.* hydrotherapy, hydrotherapeutics *pl* (*usually construed as sg*). — ⹁**be**⹁**schaf·fen·heit** *f* *mar.* water condition. — **w~**⹁**be**⹁**stän·dig** *adj* water-resistant, waterproof. — ⹁**bett** *n* *med.*

water (*od. scient.* hydrostatic) bed. — ⹁**be**⹁**woh·ner** *m* *zo.* aquatic animal. — **w~**⹁**bin·dend** *adj* *civ.eng.* water-absorbent. — ⹁**bla·se** *f* **1.** bubble. – **2.** *med.* a) (*auf der Haut*) blister, vesicle (*scient.*), b) (*Harnblase*) bladder. — ⹁**blatt** *n* *bot.* waterleaf (*Gattg Hydrophyllum*). — ⹁**blat·tern** *pl med. cf.* **Wasserpocken.** — ⹁**blau** *n* **1.** sea blue. – **2.** *chem.* water (*od.* soluble, pure, China) blue. — **w~**⹁**blau** *adj* (*Augen*) clear-blue. — ⹁**blü·te** *f* (*zeitweilige Algendecke der Wasseroberfläche*) blooming-of-the-lakes. — ⹁**bock** *m* *zo.* **1.** waterbuck (*Gattg Kobus*). – **2.** puku, kob, *auch* koba (*Gattg Adenota*). – **3.** lechwe, *auch* lichi (*Gattg Onotragus*). — ⹁**bom·be** *f* *mil.* depth charge. — ⹁**boot** *n* *mar.* (*Versorgungsboot*) watering boat, waterboat, water carrier. — ⹁**brei** *m* *gastr.* gruel. — ⹁**bren·ner** *m* *nucl.* water-moderated reactor. — ⹁**bruch** *m* *med.* hydrocele. — ⹁**büf·fel** *m* *zo.* **1.** *cf.* **Arni-Büffel.** – **2.** *cf.* **Hausbüffel.** – **3.** *cf.* **Kerabau.** — ⹁**burg** *f* *hist.* water-surrounded castle. '**Wäs·ser·chen** ['vɛsərçən] *n* ⟨-s; -⟩ **1.** streamlet, rill, little brook. – **2.** *cf.* **Duftwasser.** – **3. er sieht aus, als ob er kein ~ trüben könnte** *fig.* he looks as if butter would not melt in his mouth. '**Was·ser**⹁**damm** *m* (*mining*) water dam. — ⹁**dampf** *m* steam, water vapor (*bes. Br.* vapour). — ⹁**darm** *m* *bot.* water chickweed (*Myosoton aquaticum*). — **w~**⹁**dicht** *adj* **1.** watertight: **~ sein** (*nicht lecken*) to hold water; **etwas ~ machen** to make s.th. waterproof, to waterproof s.th. – **2.** (*Stoffe etc*) waterproof, impermeable, impervious to water. — ⹁**dost** *m* *bot.* hemp agrimony (*Eupatorium cannabinum*). '**Was·ser**⹁**druck** *m* ⟨-(e)s; ᵉe⟩ water (*od.* hydraulic) pressure. — ⹁**pro·be** *f* hydrostatic test. — ⹁**ver**⹁**such** *m* hydraulic pressure test. '**Was·ser**⹁**dunst** *m* **1.** (*auf Flüssen, Seen etc*) mist, vapor, *bes. Br.* vapour, water smoke. – **2.** (*in einer Waschküche etc*) steam, water vapor (*bes. Br.* vapour). — ⹁**durch**⹁**fluß**⹁**öff·nung** *f* *civ.eng.* water discharge opening. — **w~**⹁**durch**⹁**laß** *m* *civ.eng.* culvert. — **w~**⹁**durch**⹁**läs·sig** *adj* **1.** (*Stoff, Leder etc*) permeable. – **2.** *geol.* (*Schicht, Felsen etc*) permeable (to water), pervious (to water). — ⹁**durch**⹁**läs·sig·keit** *f* ⟨-; *no pl*⟩ **1.** permeability. – **2.** *geol.* a) (*durch Porosität*) primary permeability, b) (*durch Fugen u. Spalten*) secondary permeability. — ⹁**durch**⹁**lauf** *m* water passage. — ⹁**efeu** *n* *bot.* duckweed (*Lemna trisulca*). — ⹁**eh·ren**⹁**preis** *m* water speedwell (*Veronica anagallis-aquatica*). — ⹁**ei·che** *f* punk oak (*Quercus nigra*). — ⹁**ei·mer** *m* bucket, pail. — ⹁**ein**⹁**bruch** *m* (*mining*) inrush of water. — ⹁**eis** *n* *gastr.* water ice. — ⹁**ent**⹁**här·ter** *m* ⟨-s; -⟩ *chem.* water softener. — ⹁**ent**⹁**här·tung** *f* water softening. — ⹁**ent**⹁**här·tungs**⹁**an**⹁**la·ge** *f* **1.** water-softening plant. – **2.** (*eines Geschirrspülers*) water-softening device. — ⹁**ent**⹁**här·tungs**⹁**mit·tel** *n* *chem. cf.* **Wasserenthärter.** — ⹁**ent**⹁**nah·me** *f* **1.** (*Handlung*) drawing off of water. – **2.** (*Menge*) amount of water drawn off. — ⹁**ent**⹁**nah·me**⹁**recht** *n* *jur. cf.* **Wassernutzungsrecht.** — **w~**⹁**ent**⹁**zie·hend** *adj* dehydrating. — ⹁**ent**⹁**zie·hung** *f* dehydration, (*bes. von Eßwaren*) anhydration. — ⹁**ent**⹁**zug** *m* *med.* dehydration. — ⹁**er**⹁**guß** *m* *med.* watery (*od.* serous) effusion (*od.* [o]edema). — ⹁**er·hit·zer** *m* ⟨-s; -⟩ (*rapid*) water heater, *Br. auch* geyser. — ⹁**er**⹁**trag** *m* *geol.* discharge. — ⹁**fa·den** *m* *bot.* hairweed, riverweed (*Conferva bombycina*). — ⹁**fahrt** *f* boat(ing) trip, trip on the water. — ⹁**fahr**⹁**zeug** *n* *mar.* watercraft. — ⹁**fall** *m* **1.** waterfall, fall(s *pl often construed as sg*): **sie redet wie ein ~** *fig. colloq.* she talks nineteen to the dozen, *Am. colloq.* she talks a blue streak, *Br.* she would talk the hind leg off a donkey. – **2.** (*sehr großer*) fall(s *pl often construed as sg*), cataract. – **3.** (*Kaskade*) cascade. '**Was·ser·far·be** *f* **1.** (*für Gemälde*) watercolor, *bes. Br.* water-colour: **in ~n malen** to paint in water(-)colo(u)rs. – **2.** (*für Wände u. Kulissen*) aqueous color (*bes. Br.* colour), *Am.* calcimine, *Br.* distemper. – **3.** (*in der Buchdruckerei*) hydrotone ink. — '**Was·ser·far·ben·ma·le·rei** *f* water(-)col-

o(u)r painting, painting in water(-)colo(u)r(s). '**Was·ser**⹁**farn** *m* *bot.* water (*od.* aquatic) fern (*Gattg Osmunda*). *cf.* **Blatthühnchen.** — ⹁**fas·sung** *f* *civ.eng.* water inlets *pl.* — ⹁**fe·der** *f* *bot.* water gillyflower (*auch* violet), featherfoil (*Hottonia inflata*). — ⹁**fen·chel** *m* water fennel, horsebane (*Oenanthe aquatica*). — **w~**⹁**fest** **1.** (*Kleidung, Zelt etc*) waterproof, water-resistant: **~ machen** to waterproof. – **2.** (*Tinte, Tusche etc*) indelible. – **3.** (*Papier*) wet-strength (*attrib*). — ⹁**flä·che** *f* **1.** expanse (*od.* sheet, body) of water. – **2.** *cf.* **Wasserspiegel** 1. — ⹁**fla·sche** *f* water bottle. — ⹁**fleck** *m* water stain. — ⹁**fle·der·maus** *f* *zo.* Daubenton's bat (*Myotis daubentoni*). — ⹁**floh** *m* water flea (*Ordng Cladocera*). — ⹁**flo·ra** *f* *bot.* aquatic vegetation (*od.* flora). — ⹁**flug·ha·fen** *m* *aer.* marine (*od.* seaplane) airport, *Br. auch* water aerodrome (*Am. auch* airdrome). — ⹁**flug**⹁**zeug** *n* seaplane, hydroplane. — ⹁**flut** *f* flood of water, (water)flood, (*Überschwemmung*) *auch* deluge. — ⹁**fracht** *f* water carriage, carriage by water. — **w~**⹁**frei** *adj* **1.** free from water, anhydrous (*scient.*): **~ machen** to dehydrate. – **2.** (*Alkohol*) pure. — ⹁**front** *f* *mar.* waterfront. — ⹁**frosch** *m* *zo.* water (*od.* edible) frog (*Rana esculenta*). — **w~**⹁**füh·rend** *adj* *geol.* (*mining*) water-bearing, aquiferous (*scient.*): **~e** (*Gesteins*)**Schicht** aquifer. — ⹁**füh·rung** *f* discharge. — ⹁**gang** *m* *mar.* waterway. — ⹁**gar·be** *f* **1.** *mil.* (*Fontäne beim Auftreffen eines Geschosses*) (shell) splash. – **2.** *bot.* water milfoil (*Achillea ptarmica*). — ⹁**gas** *n* *chem.* water gas. — ⹁**ge**⹁**fäß** *n* water container. — ⹁**ge**⹁**fäß·sy·stem** *n* *zo.* (*von Stachelhäutern*) water tube system, ambulacrum (*scient.*). — ⹁**ge**⹁**halt** *m* **1.** (*von Bier etc*) water content, percentage of water: **zulässiger ~** water tolerance. – **2.** (*der Luft*) (specific) humidity. — ⹁**geist** *m* ⟨-(e)s; -er⟩ *myth.* water sprite. — **w~**⹁**ge**⹁**kühlt** *adj* *tech.* (*Motor, Reaktor etc*) water-cooled, water-jacketed. — ⹁**geld** *n* ⟨-(e)s; *no pl*⟩ water charges *pl* (*Br.* rate). — ⹁**geu·sen** *pl hist.* Gueux of the Sea, Sea Beggars. — ⹁**ge**⹁**win·nung** *f* procurement of water. '**Was·ser**⹁**glas** *n* ⟨-es; ᵉer⟩ **1.** water glass, (*ohne Fuß*) *auch* tumbler: **Sturm im ~** *fig.* storm in a teacup. – **2.** ⟨*only sg*⟩ *chem.* water glass, liquid glass, sodium tetrasilicate (Na₂O · 3—4 SiO₂). — ⹁**far·ben** *pl chem.* water-glass colors (*bes. Br.* colours). — ⹁**leim** *m* water-glass glue. '**Was·ser**⹁**gra·ben** *m* **1.** ditch, drain. – **2.** (*um Wasserburgen*) moat. – **3.** (*sport*) water jump. — ⹁**gru·be** *f* water pit (*od.* hole), cistern. — ⹁**guß** *m* **1.** jet of water. – **2.** (*aus geplatzten Rohren etc*) gush of water. – **3.** *med.* (*beim Kneippen*) gush (*od.* jet) of water. — ⹁**hahn** *m* **1.** (water) tap, (water) faucet. – **2.** *tech.* water cock. — ⹁**hah·nen·fuß** *m* *bot.* water crowfoot (*Ranunculus aquatilis*). — **w~**⹁**hal·tig** *adj* **1.** containing water, with water content, aqueous (*scient.*). – **2.** (*Wolken etc*) watery. – **3.** *bes. chem.* a) (*wasserenthaltend*) hydrous, b) (*wässerig*) aqueous. — ⹁**hal·tung** *f* ⟨-; *no pl*⟩ (*mining*) water drainage. — ⹁**hanf** *m* *bot.* **1.** water hemp (*Gattg Acnida*). – **2.** hemp agrimony (*Eupatorium cannabinum*). — ⹁**harn**⹁**ruhr** *f* *med.* diabetes insipidus. — ⹁**här·te** *f* water hardness. — ⹁**här·tung** *f* *metall.* water hardening. — ⹁**här·tungs**⹁**stahl** *m* water hardening steel. — ⹁**haus**⹁**halt** *m* ⟨-(e)s; *no pl*⟩ *biol. med.* water balance (*od.* equilibrium). – **2.** *geol.* water supply and pumping station. — ⹁**heil·kun·de** *f med.* hydrotherapy, hydrotherapeutics *pl* (*usually construed as sg*), hydropathy. — ⹁**heil·ver**⹁**fah·ren** *n* hydropathic therapy (*od.* treatment). — ⹁**heiz**⹁**man·tel** *m* *tech.* water jacket. — ⹁**hei·zung** *f cf.* **Warmwasserheizung.** — **w~**⹁**hell** *adj* **1.** *cf.* **wasserklar.** – **2.** (*Augen etc*) light-colored (*bes. Br.* coloured). — ⹁**helm** *m* *bot. cf.* **Wasserschlauch** 2. — ⹁**hoch·be**⹁**häl·ter** *m* *tech.* water header tank. — ⹁**hö·he** *f* *phys.* (*einer Wassersäule*) head (of water), hydrostatic head. — ⹁**horn**⹁**blatt** *n* *bot.* hornwort (*Gattg Ceratophyllum*). — ⹁**ho·se** *f* *meteor.* waterspout. — ⹁**huhn** *n* *zo. cf.* **Bläßhuhn.** — ⹁**hül·le** *f* *astr. geol.* (*der*

Erde) hydrosphere. — ~**hund** *m zo.* tiger fish (*Hydrocyanus goliath*).

wäs·se·rig ['vɛsərɪç] *adj* 1. (*Suppe, Wein, Augen etc*) watery: der Tee ist ziemlich ~ the tea is rather watery (*od.* weak). – 2. (*Flüssigkeit, Lösung*) aqueous. – 3. *med.* (*serös*) serous. — '**Wäs·se·rig·keit** *f* ⟨-; *no pl*⟩ aqueousness.

'**Was·ser|in,sekt** *n zo.* aquatic insect. — ~**jung·fer** *f* 1. *myth. cf.* Wasserjungfrau. – 2. *zo.* dragonfly (*Ordng Odonata*). — ~**jung,frau** *f myth.* naiad, nix(ie). — ~**kä·fer** *m zo.* water beetle (*Fam. Hydrophilidae*). — ~**kalb** *n* horsehair snake (*od.* worm) (*Gordius aquaticus*). — ~**kalk** *m chem.* weakly hydraulic lime. — ~**ka,nin·chen** *n zo.* swamp (*od.* water) rabbit (*Sylvilagus aquaticus*). — ~**ka,ni·ster** *m* water canister. — ~**kan·ne** *f* water pitcher (*auch* jug), ewer. — ~**kan·te** *f* ⟨-; *no pl*⟩ *geogr. cf.* Waterkant. — ~**ka,raf·fe** *f* water carafe. — ~**kar·te** *f geogr.* hydrographic chart. — ~**ka,sta·nie** *f bot.* water chestnut (*Cyperus esculentus*). — ~**ka·sten** *m* 1. (*eines Spülklosetts*) cistern, flush box. – 2. water tank (*od.* compartment). – 3. *auto.* (*des Kühlers*) header (*od.* radiator) tank. — ~**kes·sel** *m* 1. (*für Kaffee-, Teewasser*) (water) kettle, (*für Tee*) *auch* teakettle, *Br.* tea-kettle. – 2. *cf.* Wäschetopf. – 3. *tech.* (*von Dampfmaschinen etc*) boiler. — ~**kis·sen** *n* (*für Kranke*) water cushion (*od.* bed). — ~**kitt** *m synth.* hydraulic cement. — ~**klap·pe** *f mus.* (*an Trompeten*) water key. — **w~klar** *adj* (*Flüssigkeit*) water-white, (*as*) clear as water. — ~**klo,sett** *n* (water) closet, W.C., *auch* toilet. — ~**knö·te·rich** *m bot.* amphibious knotgrass (*od.* knotweed) (*Polygonum aviculare*). — ~**ko·bra** *f zo.* ringed water snake (*Boulengerina annulata*). — ~**kopf** *m med.* water on the brain; hydrocephalus, hydrocephaly (*scient.*). — **w~köp·fig** [-,kœpfɪç] *adj* hydrocephalic.

'**Was·ser,kraft** *f econ. tech.* waterpower, hydraulic power. — ~**an,la·ge** *f* hydropower plant, hydroplant, waterpower station. — ~**an,trieb** *m* hydropropulsion, hydraulic drive. — ~**elek·tri·zi,tät** *f* hydroelectricity. — ~**leh·re** *f* hydrodynamics *pl* (*usually construed as sg*). — ~**ma,schi·ne** *f* hydraulic (*od.* waterpower) engine. — ~**strom** *m* hydroelectric current. — ~**werk** *n* hydroelectric power (*od.* hydropower) station (*od.* plant), hydroelectric generating station.

'**Was·ser|kran** *m* (*railway*) water(-feeding) crane. — ~**kreuz,kraut** *n bot.* aquatic chickweed (*Senecio aquaticus*). — ~**krug** *m* 1. *bes. Br.* water jug, *Am.* waterpitcher, pitcher. – 2. *bot.* waterpitcher (*Gattg Sarracenia*). — ~**küh·lung** *f tech.* water cooling: mit ~ *cf.* wassergekühlt. — ~**kul,tur** *f hort.* hydroponics *pl* (*usually construed as sg*). — ~**kun·de** *f* hydrology. — ~**kunst** *f* 1. art of designing fountains and waterworks. – 2. (*Wasserspiele*) waterworks *pl*, *auch* waterwork. — ~**kur** *f med.* 1. water cure; hydropathic treatment, hydropathy (*scient.*). – 2. *cf.* Kneippkur. – ~**kür·bis** *m bot. cf.* Wassermelone. — ~**la·che** *f* puddle, pool. — '~**land,flug,zeug** *n aer.* amphibian (plane). — ~**lan·dung** *f cf.* Wasserung. — ~**las·sen** *n* ⟨-s; *no pl*⟩ *med.* urination, voiding, micturition. — ~**lauf** *m geogr.* watercourse, flow (*od.* stream, current) of water: zeitweilig trockener ~ creek. — ~**läu·fer** *m zo.* 1. (*Insekt*) water measurer, water skipper (*od.* skater) (*Fam. Gerridae*). – 2. Dunkler ~ spotted redshank (*Tringa erythropus*). — **w~leer** *adj* 1. waterless, devoid of water. – 2. (*trocken*) dry. — ~**lei·che** *f* corpse found in water.

Wäs·ser·lein ['vɛsərlaɪn] *n* ⟨-s; -⟩ *cf.* Wässerchen.

'**Was·ser|,lei·tung** *f* 1. (*Wasseranlage im Haus*) waterline, *Br.* water-line: eine ~ verlegen to instal(l) (*od.* lay) water pipes. – 2. (*Wasserrohr*) water pipe. – 3. (*Wasserhahn*) (water) tap, (water) faucet. – 4. (*einer Stadt*) waterworks *pl*. – 5. (*Aquädukt*) aqueduct. — ~**lei·tungs,rohr** *n*, ~**lei·tungs,röh·re** *f cf.* Wasserrohr 1. — ~**liesch** *n bot.* flowering rush (*Butomus umbellatus*). — ~**li·lie** *f* (*Seerose*) water lily (*Nymphaea alba*). — ~**li·nie** *f mar.* waterline, *Br.* water-line, water level.

~**lin·se** *f bot.* duckweed, water flaxseed (*Br.* flax-seed) (*Lemna polyrhiza*). — ~**lo,be·lie** *f* water lobelia (*Lobelia dortmanna*). — ~**loch** *n* water hole. — **w~lös·lich** *adj* water-soluble. — ~**lös·lich·keit** *f* ⟨-; *no pl*⟩ water-solubility. — ~**man·gel** *m* 1. water shortage, shortage (*od.* scarcity) of water. – 2. (*Dürre*) drought. – 3. *med.* water deficiency, hydropenia, dehydration. — ~**mann** *m* ⟨-(e)s; -männer⟩ 1. ⟨*only sg*⟩ *astr. astrol.* (*Sternbild*) Aquarius, Water Bearer (*od.* Carrier): er ist ein ~ *astrol.* he is a Water Bearer, he was born under the sign of) Aquarius. – 2. *myth.* water sprite.

'**Was·ser,mann·sche Re·ak·ti·on** *f med.* Wassermann reaction (*od.* test).

'**Was·ser|,man·tel** *m tech.* water jacket. — ~**mar·der** *m zo. cf.* Otter[1]. — ~**mar·ke** *f cf.* Wasserstandsmarke. — ~**mas·se** *f* 1. volume (*od.* body) of water. – 2. *pl* mass *sg* (*od.* deluge *sg*) of water. — ~**maul,wurf** *m zo.* Am. prairie mole, eastern mole (*Scalopus aquaticus*). — ~**maus** *f* beaver rat (*Unterfam. Hydromyinae*). — ~**me·lo·ne** *f bot.* 1. watermelon, *Br.* water-melon (*Citrullus vulgaris*). – 2. anguria (*Cucumis anguria*). — ~**men·ge** *f* quantity (*od.* amount) of water. — ~**mes·ser** *m* 1. water ga(u)ge, water meter. – 2. (*Hydrometer*) hydrometer. – 3. *mar. cf.* Wasserstandsmesser. — ~**mil·be** *f zo.* water mite (*Fam. Hydrachnellae*). — ~**mi·ne** *f mil. cf.* Seemine. — ~**min·ze** *f bot.* water mint (*Mentha aquatica*). — ~**mo·kas,sin,schlan·ge** *f zo.* water viper (*od.* moccasin) (*Agkistrodon piscivorus*). — ~**molch** *m* eft, water newt (*Gattg Triturus*). — ~**mör·tel** *m tech.* hydraulic (lime) mortar. — ~**mo·schus,tier** *n* water chevrotain (*Hyemoschus aquaticus*). — ~**mo·tor** *m tech.* hydraulic engine. — ~**müh·le** *f* water mill.

was·sern ['vasərn] **I** *v/i* ⟨h *u.* sein⟩ 1. *aer.* alight (up)on (*od.* touch down on) water. – 2. (*von Raumkapsel*) splash down. – **II W~** *n* ⟨-s⟩ 3. *verbal noun.* – 4. *cf.* Wasserung.

wäs·sern ['vɛsərn] **I** *v/t* ⟨h⟩ 1. *gastr.* (*Erbsen, Heringe etc*) steep (*od.* soak) (*s.th.*) in water. – 2. (*Feld, Pflanzen etc*) submerge. – 3. *phot.* rinse. – 4. *chem.* soak (*s.th.*) in (*od.* treat *s.th.*) with) water. – **II** *v/i* 5. (*Augen etc*) water: mir wässert der Mund danach *fig.* it makes my mouth water. – **III W~** *n* ⟨-s⟩ 6. *verbal noun.*

'**Was·ser|,na·bel** *m bot.* marsh pennywort (*Gattg Hydrocotyle*). — ~**na·del** *f zo. cf.* Wasserskorpion. — ~**nat·ter** *f* water adder (*Fam. Natricinae*). — ~**ni·xe** *f* 1. *myth.* (water) nix(ie), mermaid, nereid, undine. – 2. *fig. colloq. cf.* Badenixe. — ~**not** *f cf.* Wassermangel 1, 2. — ~**nuß** *f bot.* water (*od.* horn) nut (*Trapa natans*). — ~**nut·zungs,recht** *n jur.* water right. — ~**nym·phe** *f myth.* nymph. — ~**ober,flä·che** *f* surface of the water, water surface. — ~**opos·sum** [-ʔo,posʊm] *n zo.* water opossum (*Chironectes minimus*). — ~**or·gel** *f mus.* hydraulic organ, hydraulus. — ~**par,füm**, *auch* ~**par,fum** *n chem.* aqueous perfume. — ~**par,tie** *f cf.* Wasserfahrt. — ~**paß** *m mar.* boot-top line. — ~**pest** *f bot.* (Canadian) waterweed, anacharis (*Elodea canadensis*). — ~**pfahl** *m* pile, stilt. — ~**pfef·fer** *m bot.* water pepper (*Polygonum hydropiper*). — ~**pfei·fe** *f* (*Tabakspfeife der Orientalen*) water pipe, hookah, *auch* hooka, nargileh, *auch* narghile. — ~**pfei·fer** *m zo.* Pickering's tree frog, spring peeper (*Hyla crucifer*). — ~**pflan·ze** *f bot.* water plant, aquatic (plant). — ~**pfüt·ze** *f* puddle, pool. — ~**pie·per** *m zo.* water pipit (*od.* lark) (*Anthus spinoletta*). — ~**pi,sto·le** *f* water pistol (*Am. auch* gun), squirt gun. — ~**pocken** (*getr.* -k·k-) *pl med.* chickenpox *sg*, varicella *sg* (*scient.*). — ~**po·li,zei** *f civ. eng.* cushioning pool, water cushion. — ~**pol·ster** *n civ. eng.* cushioning pool, water cushion. — ~**pri,mel** *f bot. cf.* Wasserfeder. — ~**pro·be** *f* 1. water sample. – 2. *hist.* (*Gottesurteil*) water ordeal. — ~**pum·pe** *f tech.* water pump. — ~**pum·pen,küh·lung** *f* forced-circulation cooling. — ~**pum·pen,schlüs·sel** *m* water pump nut wrench (*bes. Br.* spanner). — ~**pum·pen,zan·ge** *f* water pump pliers *pl* (*construed as sg od pl*). — ~**rad** *n* waterwheel, *Br.* water-wheel: oberschlächtiges [unterschlächtiges] ~ overshot [undershot] water(-)wheel. — ~**ral·le**

f zo. water (*od.* common) rail (*Rallus aquaticus*). — ~**rat·te** *f* 1. *zo. cf.* Schermaus. – 2. *fig. colloq. humor.* (*alter Seebär*) old salt, sea dog, shellback. – 3. *colloq. humor.* (*begeisterter Schwimmer etc*) enthusiastic swimmer: eine ~ sein to love the water. — ~**recht** *n* ⟨-(e)s; *no pl*⟩ *jur.* 1. laws *pl* (*od.* rules *pl*) relating to (the use of) water. – 2. water right. — ~**reh** *n zo.* Chinese water deer (*Hydropotes inermis*). — **w~reich** *adj* 1. (*Landstrich*) abounding in water (*od.* watercourses). – 2. *chem.* of high water content. — ~**rei·ni·ger** *m* (*Gerät*) purifier. — ~**rei·ni·gung** *f* water purification (*od.* conditioning). — ~**rei·ni·gungs,an,la·ge** *f* water purification plant. — ~**reis** *n* 1. *gastr.* boiled rice. – 2. *bot.* wild rice (*Zizania aquatica*). — ~**rei·ter** *m zo. cf.* Teichläufer. — ~**re·ser,voir** *n* (water) reservoir. — ~**re·ser,voir,frosch** *m zo.* water-reservoir frog (*Cyclorana platycephala*). — ~**rie·men** *m bot. cf.* Seegras 1. — ~**rin·ne** *f civ. eng.* 1. (*einer Straße*) gutter. – 2. (*einer Kläranlage*) trough, drain. – 3. (*halbiertes Rohr*) channel.

'**Was·ser,rohr** *n* 1. water pipe, (*Hauptrohr*) *auch* main, (*Nebenrohr*) *auch* service pipe. – 2. (*eines Kessels*) water tube. — ~**bruch** *m* burst in a water pipe (*od.* main). — ~**kes·sel** *m* watertube (*Br.* water-tube) boiler.

'**Was·ser|,ro·se** *f bot. cf.* Seerose 1, 2. — ~**rü·be** *f* turnip (*Brassica rapa*). — ~**rutsch,bahn** *f* chute, *auch* shute, shoot. — ~**sack** *m* 1. canvas (*auch* canvass) bucket. – 2. *tech.* (*einer Heizung*) water pocket. — ~**sa·la,man·der** *m zo.* water newt (*Gattg Eurycea*). — ~**sam·mel·ge,biet** *n civ. eng.* water catchment area. — ~**säu·ge,tier** *n zo.* aquatic mammal. — ~**säu·le** *f phys.* water column, head of water. — ~**scha·den** *m* damage caused by water. — ~**schau·fel** *f* 1. (*für Bootwasser*) water scoop, bailer. – 2. (*eines Wasserrades*) paddle (float). — ~**schei·de** *f geogr.* watershed, *auch* water parting, divide. — ~**sche·re** *f bot.* water soldier (*Stratiotes aloides*). — ~**scheu** *f* 1. fear of water, water funk (*colloq.*), hydrophobia (*scient.*). – **II w~** *adj* afraid of (the) water, hydrophobic (*scient.*): er ist w~ he is afraid of water, he is a water funk (*colloq.*). — ~**schi** *m* (*sport*) *cf.* Wasserski. — ~**schicht** *f* layer (*od.* stratum) of water. — ~**schier·ling** *m bot.* cowbane, water hemlock (*Cicuta virosa*). — ~**schild,krö·te** *f zo.* water tortoise (*Gattg Clemmys*). — ~**schlamm·ling** [-,ʃlamlɪŋ] *m* ⟨-s; -e⟩ *bot.* Cornish moneywort (*Limosella aquatica*). — ~**schlan·ge** *f* 1. *zo.* water snake. – 2. *astr.* Hydra. — ~**schlauch** *m* 1. water hose. – 2. *bot.* bladderwort, bladder snout (*Gattg Utricularia*). — ~**schloß** *n* 1. *hist.* moated castle. – 2. *civ. eng.* (*einer Talsperre*) surge tank. — ~**schmät·zer** [-,ʃmɛtsər] *m zo. cf.* Wasseramsel. — ~**schnecke** (*getr.* -k·k-) *f civ. eng.* Archimedian water screw (*od.* pump), spiral pump. — ~**schnei·der** *m zo. cf.* Wasserläufer 1. — ~**schöp·fer** *m* bailer. — ~**schutz·po·li,zei** *f* 1. (*auf Flüssen, Strömen*) river police, water guard. – 2. *cf.* Hafenpolizei. — ~**schwa·den** *m bot.* reed glyceria (*Glyceria aquatica*). — ~**schwein** *n zo.* water hog (*od.* pig) (*Hydrochoerus capybara*). — ~**schwert,li·lie** *f bot.* water flag (*Iris pseudacorus*). — ~**sei·te** *f* 1. waterside. – 2. *mar.* (*eines Wellenbrechers*) seaward side. — ~**ski** *m* (*sport*) water ski: ~ fahren to water-ski. — ~**ski,fah·rer** *m* water-skier. — ~**skor·pi,on** *m zo.* water scorpion (*od.* bug) (*Fam. Nepidae*).

'**Was·sers,not** *f* distress caused by flood, flood disaster.

'**Was·ser|,spei·cher** *m tech.* (*im Haus, Schiff etc*) water (storage) tank, (*im Freien*) water reservoir. — ~**spei·er** *m arch.* gargoyle, *auch* gurgoyle. — ~**sper·re** *f* (*mining*) water (trough) barrier. — ~**spie·gel** *m* 1. (*Wasseroberfläche*) water level (*od.* surface), surface of the water. – 2. *cf.* Wasserstand. — ~**spie·le** *pl* 1. (*von Fontänen*) waterworks. – 2. (*sport*) water games. — ~**spin·ne** *f zo.* water spider (*od.* spinner) (*Argyroneta aquatica*). — ~**spitz,maus** *f* water shrew (*Neomys fodiens*). — ~**sport** *m* water (*od.* aquatic) sports *pl*, aquatics *pl* (*sometimes construed as sg*). — ~**sprin·gen** *n* (*sport*) diving. —

~¡**sprin·ger** m, ~¡**sprin·ge·rin** f diver. — ~¡**sprit·ze** f 1. (water) hose. – 2. (der Feuerwehr) fire (od. water) engine. — ~¡**spü·lung** f 1. tech. a) (Vorgang) water flushing, b) (Anlage) flushing cistern: Toilette mit ~ water closet, W.C. – 2. (mining) water injection. — ~¡**stag** n mar. bobstay.

'**Was·ser¡stand** m 1. (von Flüssen etc) water level: höchster [mittlerer, niedrigster] ~ highest [mean, lowest] (water) level. – 2. (der See) sea (od. tide) level, height of level. – 3. tech. (im Kessel) water level. '**Was·ser¡stands|¡an¡zei·ger** m mar. 1. water ga(u)ge, water-level indicator. – 2. (Tiefenzeiger) depth indicator. — ~¡**glas** n water ga(u)ge glass. — ~¡**mar·ke** f watermark, (in Tidengewässern) tidemark. — ~¡**mel·dun·gen** pl water-level bulletin sg. — ~¡**mes·ser** m tide ga(u)ge (od. register). — ~¡**zei·chen** n watermark. '**Was·ser|¡start** m aer. water takeoff (Br. take-off). — ~¡**stein** m Kesselstein. — ~¡**stel·le** f watering place. — ~¡**stern** m bot. (water) starwort (Gattg Callitriche). — ~¡**stie·fel** pl 1. waterproof boots. – 2. (über die Knie gehende) jackboots. – 3. (bis an die Hüfte gehende) waders, wading (od. hip) boots. — ~¡**stieg·litz** m zo. (Aquarienfisch) pristella (Pristella riddlei).

'**Was·ser¡stoff** m ⟨-(e)s; no pl⟩ chem. hydrogen (H): schwerer ~ heavy hydrogen, deuterium (D od. ²H); mit ~ verbinden to hydrogenize. — ~¡**ak¡zep·tor** [-'ʔak¡tsɛptər] m ⟨-s; -en [-¡to:rən]⟩ hydrogen acceptor. — ~¡**atom** [-'ʔa¡to:m] n hydrogen atom. — ~¡**auf¡nah·me** f hydrogen absorption. — ~¡**bin·dung** f cf. Wasserstoffbrücke. — ~¡**blon·di·ne** colloq. platinum (od. peroxide) blond(e) (colloq.). — ~¡**bom·be** f nucl. mil. hydrogen (od. thermonuclear) bomb, H-bomb. — ~¡**brücke** (getr. -k·k-) f chem. hydrogen bond. — ~¡**do¡na·tor** [-do¡na:-tər] m ⟨-s; -en [-na¡to:rən]⟩ hydrogen donor. — ~¡**flam·me** f hydrogen flame. — ~¡**fla·sche** f hydrogen cylinder. — ~¡**gas** n hydrogen gas. — w~¡**hal·tig** adj hydrogenous, containing hydrogen. — ~¡**ion** [-'ʔi¡o:n] n hydrogen ion, hydrion. — ~¡**kern** m hydrogen nucleus. — ~¡**mo·le¡kül** n hydrogen molecule. — ~¡**per·oxid** [¡vasər¡ʃtɔf'pɛrʔo¡ksi:t], ~'**per·oxyd** [-¡ksy:t] n hydrogen peroxide (H₂O₂). — ~-'**Sau·er¡stoff¡schwei·ßung** f metall. oxyhydrogen welding. — ~¡**su·per·oxid** [¡vasər¡ʃtɔf'zu:pərʔo¡ksi:t], ~'**su·per·oxyd** [-¡ksy:t] n obs. for Wasserstoffperoxid. — ~¡**ver¡bin·dung** f hydrogen compound. — ~¡**zahl** f hydrogen ion concentration.

'**Was·ser¡strahl** m 1. jet of water, spout, (dünner) squirt of water. – 2. tech. water jet. — ~¡**an¡trieb** m mar. hydrojet propulsion. — ~¡**ge¡blä·se** n tech. water-jet blower. — ~¡**pum·pe** f chem. filter (od. Geissler) pump, water-jet vacuum pump. — ~¡**reg·ler** m civ.eng. built-in antisplash tap. '**Was·ser¡stra·ße** f 1. waterway, (künstliche) canal: künstliche ~ auch artificial watercourse. – 2. (festgelegte) water lane (od. route). '**Was·ser¡stra·ßen|¡netz** n (inland) waterways system. — ~¡**ver¡kehr** m (inland) waterborne (Br. water-borne) transport. '**Was·ser|¡strei·fen** m (im Brot) streak of sodden dough. — ~¡**stru·del** m eddy, (größerer) whirlpool. — ~¡**sucht** f ⟨-; no pl⟩ med. dropsy; hydrops(y), anasarca (scient.). — w~¡**süch·tig** adj retaining water, (o)edematous (scient.). — ~¡**sup·pe** f gastr. watery (od. thin) soup, (aus Haferflocken, Gries etc) auch (watery od. thin) gruel. '**Was·ser¡tank** m 1. water tank. – 2. (railway) (einer Dampflokomotive) water-feed tank (od. trough). — ~¡**an¡hän·ger** m water-tank trailer. — ~¡**wa·gen** m water-tank carrier. '**Was·ser|¡tau·fe** f relig. baptism (od. christening) with water. — ~¡**te·le¡skop** n (optics) water telescope. — ~¡**tem·pe·ra¡tur** f water temperature. — ~¡**ten·der** m mar. water tender. — ~¡**ther·mo¡me·ter** n water thermometer. — ~¡**tie·fe** f depth of water: lotbare ~ soundings pl. — ~¡**tier** n zo. aquatic animal. — ~¡**ton·ne** f water butt (od. barrel). — ~¡**topf** m (housekeeping) waterpot, Br. water-pot. — ~¡**trä·ger** m water carrier, water-bearer. —

~¡**trag¡flü·gel** m mar. hydrofoil. — ~¡**trans¡port** m transport (bes. Am. transportation) (od. carriage) by water(ways). — w~¡**trei·bend** adj med. pharm. (Mittel) diuretic, hydragogue (scient.). — ~¡**tre·ten** n ⟨-s; no pl⟩ (beim Kneippen) water-treading. — ~¡**tre·ter** m ⟨-s; -⟩ zo. gray (bes. Br. grey) phalarope (Phalaropus fulicarius). — ~¡**tret¡rad** n water bicycle. — ~¡**trog** m water trough. — ~¡**trop·fen** m waterdrop, Br. water-drop, drop of water. — ~¡**trug¡nat·ter** f zo. homalopsine colubrid snake (Unterfam. Homalopsinae). — ~¡**tur¡bi·ne** f water (od. hydraulic) turbine. — ~¡**turm** m water tower (od. house). — ~¡**uhr** f 1. (Wasserzähler) water meter. – 2. obs. water clock, clepsydra (lit.). — ~¡**um¡lauf** m circulation of water. — w~¡**un¡durch¡läs·sig** adj 1. cf. wasserdicht. – 2. geol. (Schicht, Felsen etc) impermeable (to water).

'**Was·se¡run·gen** pl ⟨-; -en⟩ 1. aer. cf. Wassern. – 2. (space) (einer Raumkapsel) splashdown. '**Wäs·se·rung** f ⟨-; -en⟩ cf. Wässern. '**Wäs·se·rungs|¡schlei·er** m phot. rinse fog. — ~¡**tank** m 1. (für Abzüge) print washer. – 2. (für Filme) film washer. '**was·ser¡un¡lös·lich** adj insoluble in water, water-insoluble. '**Was·ser¡ve·lo** n cf. Wassertretrad. '**Was·ser¡ver¡brauch** m 1. consumption of water, water consumption. – 2. (Wassermenge) water consumption. — ~¡**ver¡drän·gung** f mar. 1. displacement (of water). – 2. (eines Kriegsschiffes) tonnage. — w~¡**ver¡dünn·bar** adj chem. (Lacke etc) water-thinnable. — ~¡**ver¡gol·dung** f water-gilding. — ~¡**ver¡schluß** m 1. tech. water seal. – 2. civ.eng. (Geruchsverschluß) air (od. water-sealed) trap. — ~¡**ver¡schmut·zung** f water pollution. — ~¡**ver¡sor·gung** f water supply. — ~¡**ver¡tei·lung** f distribution of water. — ~¡**ver¡un¡rei·ni·gung** f water pollution. — ~¡**vo·gel** m zo. 1. aquatic (od. water) bird. – 2. pl water fowl, aquatic birds. — ~¡**vor¡la·ge** f tech. (in Schweißtechnik) water seal. — ~¡**vor¡rat** m meist pl 1. water resource. – 2. water supply. — ~¡**waa·ge** f tech. spirit level. — ~¡**wan·ze** f zo. water bug (Unterordng Hydrocorisae). — ~¡**weg** m 1. waterway: auf dem ~(e) by water; Handel auf dem ~(e) waterborne (Br. water-borne) (od. seaborne, Br. sea-borne, riverborne, Br. river-borne) trade. – 2. cf. Wasserstraße. — ~¡**we·ge·rich** m bot. water plantain (Alisma plantago). — ~¡**wel·le** f meist pl (Frisur) water wave. — ~¡**wer·fer** m (der Polizei) water cannon. — ~¡**werk** n waterworks pl: städtische ~e municipal waterworks. — ~¡**wi·der¡stand** m water resistance. — ~¡**wir·bel** m eddy, (größerer) whirlpool. — ~¡**wirt·schaft** f ⟨-; no pl⟩ econ. economics pl (usually construed as sg) of water supply and distribution. — w~¡**wirt·schaft·lich** adj of (od. relating to) water supply and distribution. — ~¡**wirt·schafts¡amt** n water resources office. — ~¡**wü·ste** f waste(s pl) of water, watery waste. — ~¡**zäh·ler** m water meter. '**Was·ser¡zei·chen** n (im Papier) watermark: geprägtes ~ press (od. impressed) watermark. — ~¡**ab¡art** f philat. watermark variety. '**was·ser|¡zie·hend** adj hygroscopic. — **W~¡zi¡ka·de** f zo. cf. Ruderwanze. — **W~¡zins** m water rate (od. rent). — **W~¡zir·ku·la·ti·on** f circulation of water. — **W~¡zi¡ster·ne** f 1. water cistern. – 2. brew. water back. — **W~¡zi¡vet·te** f zo. water civet (Osbornictis piscivora). — **W~¡zu·ber** m water tub. — **W~¡zu¡füh·rung** f 1. water supply. – 2. (Zuflußrohr) water feed pipe. — **W~¡zu¡lei·tung** f cf. Wasserzuführung. '**wäß·rig** adj cf. wässerig: → Mund 2. '**Wäß·rig·keit** f ⟨-; no pl⟩ cf. Wässerigkeit. **wa·ten** ['va:tən] v/i ⟨sein⟩ (durch through; in dat | in acc into) wade. **Wa·ter·kant** ['va:tər¡kant] f ⟨-; no pl⟩ Low G. geogr. coast: er ist von der ~ he is from the coast. '**Wat¡fä·hig·keit** f auto. fordability. **Wat·sche** ['va:tʃə] f ⟨-; -n⟩ Bavarian and Austrian colloq. for Ohrfeige 1. '**Wat·schel¡gang** m waddling gait, waddle. '**wat·sche·lig** adj waddling, waddly. **wat·scheln** ['va:tʃəln] v/i ⟨sein⟩ waddle, toddle: er watschelt wie eine Ente contempt. he waddles (along) like a duck.

wat·schen ['va:tʃən] v/t ⟨h⟩ j-n ~ Bavarian and Austrian colloq. to paste (od. sock) s.o. a few (colloq.). '**Wat·schen** f ⟨-; -⟩ Bavarian and Austrian colloq. for Ohrfeige 1. '**watsch·lig** adj cf. watschelig. **Watt¹** [vat] n ⟨-(e)s; -⟩ electr. watt, W. **Watt²** n ⟨-(e)s; -en⟩ geogr. mud flats pl, tideland. **Wat·te** ['vatə] f ⟨-; -n⟩ 1. Am. absorbent cotton, Br. cotton wool: sich (dat) ~ in die Ohren stopfen to plug one's ears with cotton (Br. cotton wool); j-n in ~ packen fig. to mollycoddle (Br. molly-coddle) (od. pamper) s.o. – 2. med. cotton, Br. auch cotton wool, absorbent (od. plain) cotton: medizinische [blutstillende] ~ medicated [styptic] cotton. – 3. (zum Auspolstern) wadding, padding: etwas mit ~ füttern to wad (od. pad) s.th. — ~¡**bausch** m cotton pad (od. swab), Br. auch cotton-wool pad (od. swab), auch tampon. — ~¡**fut·ter¡stoff** m wadding. — ~¡**ku·gel** f cotton ball, Br. auch cotton-wool ball. '**Wat·ten|¡fi·sche¡rei** f mud-flat fishery (od. fishing). — ~¡**lau·fen** n wading (od. sauntering) in the mud flats. — ~¡**meer** n cf. Watt². '**Wat·te|¡pfrop·fen** m cotton (Br. auch cotton-wool) plug. — ~¡**stäb·chen** n med. (cosmetics) stick with an absorbent-cotton (Br. a cotton-wool) tip. — w~¡**weich** adj (as) soft as cotton (Br. cotton wool). '**Wat¡tie·fe** f auto. fording depth. **wat·tie·ren** [va'ti:rən] I v/t ⟨no ge-, h⟩ wad, pad, line (s.th.) with wadding (od. padding). – II W~ n ⟨-s⟩ verbal noun. **wat'tiert** I pp. – II adj wadded, padded: ~er Umschlag wadded (od. padded) envelope. — **Wat'tie·rung** f ⟨-; -en⟩ cf. Wattieren. '**Watt|¡lei·stung** f electr. real power, wattage. — ~¡**me·ter** n ⟨-s; -⟩ wattmeter. — ~¡**se¡kun·de** f watt-second, WS. — ~¡**stun·de** f watt-hour, wh. — ~¡**stun·den¡zäh·ler** m watt-hour meter. — ~¡**ver¡brauch** m watt consumption, wattage. '**Watt¡wan·de·rung** f walk across the mud flats at low tide (e.g. to an outpost holm). '**Watt¡zahl** f electr. wattage. **Wa'tus·si¡Rind** [va'tusi-] n zo. Watusi, auch Watussi, Watutsi. '**Wat¡vo·gel** m zo. (Stelzvogel) wader, wading bird. **Wau** [vau] m ⟨-(e)s; -e⟩ bot. weld, auch wo(a)ld, would (Reseda luteola). **wau, wau** ['vau 'vau] interj (lautmalend für Hundegebell) woof, woof! bowwow! Br. bow-wow! **Wau·wau** ['vauvau; vau'vau] m ⟨-s; -s⟩ (child's language) bowwow, Br. bow-wow, doggy, doggie. '**Web|¡ar·beit** f (textile) weaving. — ~¡**art** f weave. **We·be** ['ve:bə] f ⟨-; -n⟩ Austrian (textile) fabric (for bed linen). '**We·be|¡blatt** n (textile) (weaving) reed. — ~¡**lei·ne** f mar. ratline, auch ratlin. '**We·be¡lein¡stek** m ⟨-s; -s⟩ mar. waterman's knot, clove (od. ratline) hitch. **we·ben¹** ['ve:bən] v/t ⟨webt, webte, lit. u. fig. wob, gewebt, lit. u. fig. gewoben, h⟩ 1. (Stoff etc) weave: der Mond wob einen Schleier durch die Bäume poet. the moon wove a veil through the trees; was die Parzen ~ fig. myth. what is woven by the Fates. – 2. (Teppich) work. – 3. (Spinnennetz) spin, weave: die Spinne webt ihr Netz the spider spins its web. '**we·ben²** v/i u. v/impers ⟨h⟩ auf den Wiesen und im Wald lebt und webt es lit. u. poet. there is life and movement in the woods and meadows; ~ und wirken poet. to be full of life and energy. '**We·ber¹** m ⟨-s; -⟩ weaver. '**We·ber²** m ⟨-s; -⟩ phys. (Einheit des magnetischen Flusses) weber. '**We·ber¡amei·se** f zo. tree ant (Gattg Oecophylla). — ~¡**baum** m (textile) (warp) beam. — ~¡**di·stel** f bot. fuller's teasel (od. thistle) (Dipsacus fullonum). **We·be·rei** f ⟨-; -en⟩ (textile) 1. ⟨only sg⟩ (Weben) weaving. – 2. (Betrieb, Fabrik) weaving mill. – 3. (Gewebe) woven material. — ~¡**er¡zeug·nis** n woven product. '**We·ber|¡ein·schlag**, ~¡**ein¡trag** m (textile) weft, woof, filling, pick. — ~¡**hand¡werk** n weaver's (od. weaving) trade. — ~¡**kamm** m cf. Webeblatt. — ~¡**kar·de** f *bot. cf.* Weberdistel. — ~**knecht** *m zo.* daddy longlegs *pl* (*construed as sg or pl*), harvestman (*Ordng Opiliones*). — ¡**kno·ten** *m* weaver's knot. — ~¡**schiffchen** *n* (weaver's) shuttle. — ~**vo·gel** *m zo.* **1.** weaverbird (*Fam. Ploceidae*). – **2.** astrild (*Gattg Estrilda*). – **3.** *cf.* Witwenvogel.

'**Web**|**feh·ler** *m* **1.** (*textile*) flaw (in the weave), weaving fault. – **2.** *der hat einen ~ fig. colloq.* he is cracked (*colloq.*), he is nuts (*od.* batty) (*sl.*). — ~**garn** *n* yarn for weaving purposes. — ~**kan·te** *f* selvage, selvedge, *bes. Br. auch* list. — ~**la·de** *f* sley. — ~**ma**¡**schi·ne** *f* weaving machine. — ~¡**mu·ster** *n* woven design (*od.* pattern). — ~**pelz**) *m* woven imitation fur, (*Langhaar*) woven imitation shag. — ~**schiffchen** *n cf.* Weberschiffchen. — ~**schu·le** *f* weavers' school. — ~**stoff** *m* woven material (*od.* fabric). — ~**stuhl** *m* (weaver's *od.* weaving) loom: ~ mit feststehendem [fliegendem] Blatt fast-reed [loose-reed] loom. — ~**vo·gel** *m tech.* (*am Webstuhl*) picker. — ~**wa·ren** *pl* woven goods, textiles.

Wech·sel ['vɛksəl] *m* ⟨-s; -⟩ **1.** ⟨*only sg*⟩ change: ein ~ in der Leitung einer Firma a change in the management of a firm; ein ~ in der Regierung [Politik] a change in government [politics]; ~ der Wohnung [des Arbeitsplatzes, der Pferde] change of address [employment, horses]; ein ~ tritt ein a change takes place (*od.* occurs); er liebt den ~ he likes (a) change; im ~ der Zeiten in the changing times. – **2.** ⟨*only sg*⟩ (*regelmäßige Wiederkehr zweier Dinge*) alternation, vicissitude (*archaic*): ~ von Tag und Nacht [Hitze und Kälte] alternation of day and night [heat and cold]; in ewigem ~ in constant alternation. – **3.** ⟨*only sg*⟩ (*regelmäßige Wiederkehr mehrerer Dinge*) rotation: der ~ der Jahreszeiten the rotation of the seasons. – **4.** (*Aufeinanderfolge*) succession: in buntem ~ in motley succession. – **5.** (*Verlagerung*) shift: ~ in den politischen Ansichten [in der Mode] shift in political opinion [in fashion]. – **6.** (*Schwankung*) fluctuation. – **7.** (*grundlegende Änderung*) mutation. – **8.** (*Abweichung, Veränderung*) variation. – **9.** (*Umkehr, Umschwung*) reversal. – **10.** (*Austausch*) exchange. – **11.** (*Geldwechsel*) exchange. – **12.** (*monatliche Zuwendung*) allowance: der Student hat einen (monatlichen) ~ von 300 Mark the student has a monthly allowance of 300 marks. – **13.** *econ.* a) bill (of exchange), b) (*Tratte*) draft: akzeptierter (*od.* angenommener) ~ acceptance, accepted bill; bankfähiger [börsenfähiger, diskontfähiger, begebbarer] ~ bankable [marketable, discountable, negotiable] bill; begebener ~ negotiated bill; eigener (*od.* trockener) ~ promissory note; zu Protest gegangener (*od. colloq.* geplatzter) a) (*Auslandswechsel*) protested bill, b) (*Inlandswechsel*) noted bill; gezogener ~ draft; kurzfristiger [langfristiger] ~ short(-dated) [long(-dated)] bill; nicht eingelöster (*od.* notleidender) ~ dishono(u)red bill; überfälliger ~ bill overdue; an die Order des Ausstellers (*od.* an eigene Order) lautender ~ bill to drawer's (*od.* to one's own) order; ~ zum Inkasso bill for collection; einen ~ ausstellen to draw (*od.* issue, make out) a bill; einen ~ auf j-n ausstellen to draw a bill on s.o.; einen ~ akzeptieren (*od.* anerkennen) to accept a bill; einen ~ begleichen (*od.* einlösen, honorieren, bezahlen) to hono(u)r (*od.* meet, take up, cash) a bill; für einen ~ bürgen to guarantee a bill; einen ~ diskontieren to discount a bill; einen ~ prolongieren (*od.* verlängern) to renew a bill; einen ~ sperren to stop (payment of) a bill; einen ~ zu Protest gehen lassen a) (*einen Auslandswechsel*) to protest a bill, to have a bill protested, b) (*einen Inlandswechsel*) to note a bill, to have a bill noted; einen ~ zur Annahme vorlegen to present a bill for acceptance; der ~ wird fällig am the bill will mature (*od.* fall due) on. – **14.** *hunt.* (*Wildwechsel*) track, *bes. Am.* runway, game trail. – **15.** (*sport*) a) *cf.* Seitenwechsel, b) (*bei der Leichtathletik*) (baton) exchange, take-over, c) (*Austausch von Spielern*) replacement, substitution: fliegender ~ (*beim Eishockey*) flying change; ~ verlangen (*beim Basketball*) to request substitution. –

16. *agr.* (*Fruchtwechsel*) rotation. – **17.** *mus.* a) (*Zylinderventil*) rotary valve, b) (*Pumpventil*) piston valve.

'**Wech·sel**|**ab**¡**tei·lung** *f econ.* (*einer Bank*) bill(s) department. — ~**agent** [-ˀagɛnt] *m cf.* Wechselmakler. — ~**agio** *n cf.* Wechseldiskont. — ~**ak**¡**zept** *n* acceptance of a bill. — ~**ak·zep**¡**tant** *m* acceptor (*auch* accepter) (of a bill). — ~**an**¡**nahme** *f cf.* Wechselakzept. — ~**aus·stel·ler** *m* (*Trassant*) drawer. — ~**aus·stellung** *f* drawing (*od.* making out, issue) of a bill. — ~**au·to**¡**mat** *m* change giver. — ~**bad** *n med.* alternating hot and cold bath. — ~**balg** *m* (*im Volksglauben*) changeling, elf child. — ~**bank** *f* ⟨-; -en⟩ *econ.* **1.** discount house. – **2.** *cf.* Wechselstube. — ~**be**¡**stand** *m* holding of bills. — ~**be**¡**trag** *m* amount of (the) draft (*od.* bill). — ~**be·we·gung** *f phys.* alternating motion. — ~**be·zie·hung** *f* correlation, interrelation, reciprocity, reciprocal relationship: zwei Dinge stehen in ~ miteinander (*od.* zueinander) two things are in correlation to each other. — **w~be·züg·lich** *adj ling.* (*Fürwort*) reciprocal. — ~**blan**¡**kett** *n econ. cf.* Blankowechsel. — ~**bren·ner** *m tech.* (*in der Schweißtechnik*) variable head torch. — ~**buch** *n econ.* **1.** (*für Besitzwechsel*) bills receivable book. – **2.** (*für Schuldwechsel*) (*Trattenbuch*) bills payable book. — ~**bür·ge** *m* guarantor (*od.* surety) (of a bill). — ~**bürg·schaft** *f* guarantee (*od.* suretyship) (on a bill). — ~**dis**¡**kont** *m econ.* bill discount. — ~**dis·kon·tie·rung** *f* discounting of bills. — ~**dis·kont**¡**satz** *m* bill rate, rate of discount. — ~**do·mi**¡**nan·te** *f mus.* dominant of the dominant. — ~**do·mi**¡**zil** *n econ.* domicile of a bill. — ~**ein·lö·sung** *f* payment (*od.* honoring, *bes. Br.* honouring) of a bill. — **w~fä·hig** *adj* authorized (*Br. auch* -s-) to draw bills (and to be drawn upon). — ~**fäl·le** *pl* vicissitudes, ups and downs: in allen ~n des Lebens in all the vicissitudes of life, in all weathers. — ~**fäl·scher** *m econ.* bill forger. — ~**fäl·schung** *f* forgery of bills. — ~**feld** *n electr.* alternating field. — ~**fe·stig·keit** *f tech.* fatigue strength. — ~**feu·er** *n mar.* (*im Leuchtturm*) alternating fire. — ~**fie·ber** *n med.* **1.** intermittent fever. – **2.** (*Malaria*) malaria, paludism. — ~**fol·ge** *f* **1.** (*von zwei Dingen*) alternation. – **2.** (*von mehreren Dingen*) rotation. — ~**for·de·run·gen** *pl econ.* **1.** bill-based claims. – **2.** (*Buchungsposten*) bills receivable. — ~**for·mu**¡**lar** *n* (*unausgefülltes*) skeleton bill, B/E form. — ~**ge·ber** *m cf.* Wechselaussteller. — ~¡**geld** *n* (small) change, small money. — ~**ge**¡**sang** *m mus.* alternative (*od.* antiphonal) singing, antiphony. — ~**ge·schäft** *n econ.* **1.** ⟨*only sg*⟩ (*Sparte*) bill business. – **2.** (*einzelne Transaktion*) B/E transaction. — ~**ge**¡**setz** *n* Bills of Exchange Law, (*in Großbritannien*) Bills of Exchange Act, (*in den Vereinigten Staaten*) Uniform Negotiable Instruments Law. — ~**ge**¡**spräch** *n* dialogue, *Am. auch* dialog. — ~**ge·trie·be** *n* **1.** *tech.* change gear mechanism, variable(-speed) gears *pl*. – **2.** *auto.* (change) gearbox, (change-speed) gearbox, *Am.* transmission. — ~**gi·ro** *n econ.* endorsement (on a bill). — ~**gläu·bi·ger** *m* bill creditor.

'**wech·sel·haft** *adj* **1.** (*Wetter etc*) variable, unsettled, changeable. – **2.** (*Stimmungen etc*) changeable, capricious, fickle, volatile, inconstant, mercurial.

'**Wech·sel**|**in·ha·ber** *m econ.* holder of a bill, billholder. — ~**in·kas·so** *n* collection of a bill. — ~**jah·re** *pl med.* (*der Frau*) change *sg* of life; menopause *sg*, climacterium *sg*, climacteric *sg* (*scient.*). — ~**kas·se** *f econ.* **1.** (*Wechselstelle*) foreign currency exchange office. – **2.** (*Schalter einer Bank*) exchange counter (*od.* position). – **3.** (*od.* cash) box for changing. — ~**kas·set·te** *f phot.* (*film*) interchangeable film cassette. — ~**kla·ge** *f jur.* action on (*od.* arising out of) a bill: ~ erheben to sue on a bill of exchange. — ~**kon**¡**takt** *m electr.* alternating contact. — ~**ko·pie** *f econ.* copy (*od.* duplicate) of a bill. — ~**kre·dit** *m* **1.** (*Akzeptkredit*) acceptance credit. – **2.** (*Diskontkredit*) discount credit, discounts *pl.* — ~**krö·te** *f zo.* green (*od.* changeable) toad (*Bufo viridis*). — ~**ku·gel·la·ger** *n tech.* double-thrust ball bearing. — ¡**kupp·lung** *f* coupling, clutch. — ~**kurs** *m*

econ. rate of exchange, (foreign) exchange rate: feste [flexible] ~e pegged [floating] exchange rates. — ~**lauf**¡**zeit** *f* currency (*od.* life) of a bill. — ~**mak·ler** *m* bill exchange, discount, *Am. auch* note) broker. — ~**mar·ke** *f* (*sport*) (*bei der Leichtathletik*) exchange (*od.* take-over) mark: die ~ überlaufen to overrun the exchange mark.

wech·seln ['vɛksəln] **I** *v/t* ⟨h⟩ **1.** (*Kleider, Wäsche, Schuhe, Pferde, Teller, Reifen, Öl, Beruf, Ansichten, Namen, Partei, Glauben etc*) change: die Plätze ~ to change places; den Besitzer ~ to change hands; er mußte mehrmals die Schule ~ he had to change schools several times; laß uns das Thema ~ let us change the subject; dem Baby die Windeln ~ to change a baby's diaper, *bes. Br.* napkin); sie wechselte die Farbe she changed colo(u)r; kannst du mir zehn Mark ~? (*in Kleingeld*) can you change (me) ten marks? Mark in (*od.* gegen) Dollars ~ to change marks into dollars. – **2.** (*austauschen*) exchange: Ringe ~ (*bei der Trauung*) to exchange rings; ein paar Worte mit j-m ~ to exchange a few words with s.o.; Blicke ~ to exchange glances; Briefe mit j-m ~ to correspond with s.o. – **3.** (*Wohnort, Wohnung etc*) move, *bes. Am.* shift: das Zimmer ~ to move rooms (*od.* to another room); die Wohnung ~ to move (house), to move to another house; den Wohnort ~ to move (away *od.* to another place). – **4.** (*Szene, Schauplatz etc*) move, shift. – **5.** (*abwechseln lassen*) alternate. – **6.** (*turnusmäßig*) rotate. – **7.** (*variieren*) vary. – **8.** die Zähne ~ (*von Kindern*) to get one's second teeth. – **II** *v/i* **9.** (*von Wetter, Mond etc*) change: ihre Stimmungen ~ rasch her moods change quickly (*od.* are capricious). – **10.** (*variieren, unterschiedlich sein*) vary. – **11.** (*miteinander abwechseln*) alternate. – **12.** (*turnusmäßig*) rotate. – **13.** *hunt.* (*von Wild*) cross. – **14.** über die Grenze ~ to cross the border. – **III** *v/impers* ⟨-s⟩ **15.** *verbal noun:* Wäsche [Schuhe] zum W~ a change of underwear [shoes]. — '**wech·selnd I** *pres p.* – **II** *adj* changing, varied: mit ~em Erfolg with varied success; mit einem ~en Grade von Erfolg with a varying degree of success. – **III** *adv* ~ bewölkt *meteor.* cloudy with bright intervals.

'**Wech·sel**|**neh·mer** *m econ.* payee (of a bill). — ~**no·te** *f mus.* auxiliary (*od.* returning, changing, alternating) note. — ~**ob·jek**¡**tiv** *n phot.* interchangeable lens. — ~**ob·li·go** *n econ.* liability on bills. — ~¡**pa·ri** *n* gold parity. — **w~po·lig** [-¡poːliç] *adj electr.* heteropolar. — ~**pro·lon·ga·ti·on** *f econ.* prolongation of a bill. — ~**pro**¡**test** *m* protest (of a bill): ~ einlegen to have a bill protested, to protest a B/E. — ~**pro·vi·si·on** *f* bill (*od.* exchange) brokerage. — ~**pro**¡**zeß** *m jur.* action on (*od.* arising out of) a bill.

'**Wech·sel**¡**rad** *n tech.* loose-change gear.

'**Wech·sel**¡**rä·der**|**ge**¡**trie·be** *n tech.* quick-change gearing, (quick-)change gear drive. — ~**ka·sten** *m* change gearbox. — ~**sche·re** *f* change gear quadrant.

'**Wech·sel**|**rah·men** *m* quick-change picture frame. — ~**raum** *m* (*sport*) (*bei der Leichtathletik*) exchange (*od.* take-over) area (*od.* zone). — ~**rech·nung** *f* **1.** *math.* computation of B/E discount value. – **2.** *econ.* bill account. — ~**recht** *n* ⟨-(e)s; *no pl*⟩ *jur.* law on (*od.* relating to) bills of exchange, bill of exchange law. — ~**re·de** *f* dialogue, *Am. auch* dialog. — ~**re·greß** *m econ.* recourse on a bill. — ~**reim** *m metr.* alternating rhyme. — ~**rei·ter** *m econ.* kiteflier. — ~**rei·te**¡**rei** [¡vɛksəl-] *f* kiteflying. — ~**rich·ter** *m electr.* inverter. — ~**sack** *m phot.* changing bag. — ~**schal·ter** *m electr.* changeover (*Br.* change-over) switch. — ~**schnee** *m* changing (*od.* changeable, patchy) snow. — ~**schuld** *f econ.* **1.** bill debt. – **2.** *pl* (*in der Bilanz*) liabilities on bills. — ~**schuld·ner** *m* bill debtor.

'**wech·sel·sei·tig** *adj* **1.** (*Abhängigkeit, Verhältnis etc*) mutual, reciprocal. – **2.** (*reziprok*) reciprocal, cross (*attrib*). — '**Wech·sel·sei·tig·keit** *f* ⟨-; *no pl*⟩ **1.** mutuality, reciprocity. – **2.** reciprocity.

'**Wech·sel**|**span·nung** *f electr.* alternating(-current) voltage. — ~**spe·sen** *pl econ. cf.* Wechselprovision. — ~**spiel** *n* interplay. — ~**sprech·an·la·ge** *f tel.* two-way telephone system. — ~¡**sprech·be·trieb** *m* intercommunication system, intercom (colloq.). — **w~,stän·dig** adj bot. alternate. — **~,stem·pel** m econ. bill stamp. — **~,steu·er** f bill tax, stamp duty on bills.

'Wech·sel,strom m electr. alternating current: gleichgerichteter ~ rectified alternating current. — **w~be,trie·ben** adj A.C.-operated. — **~,emp,fän·ger** m alternating-current (od. A.C.) receiver. — **~er,zeu·ger**, **~ge·ne,ra·tor** m alternating-current (od. A.C.) generator, alternator. — **~ge,rät** n A.C.-operated set. — **~,gleich,rich·ter** m alternating-current (od. A.C.) converter (od. rectifier). — **~,ma,schi·ne** f alternating-current (od. A.C.) machine. — **~,mo·tor** m alternating-current (od. A.C.) motor. — **~,netz** n A.C. mains pl (od. power supply, power line). — **~,span·nung** f alternating-current (od. A.C.) voltage. — **~,tech·nik** f alternating-current (od. A.C.) engineering. — **~,te·le·gra,phie** f voice frequency telegraphy. — **~,trans·for,ma·tor** m (alternating od. A.C.) transformer.

'Wech·sel,stu·be f econ. exchange office. — **~,tier·chen** n zo. cf. Amöbe. — **~,tras,sie·rung** f econ. drawing of a bill. — **~,über,tra·gung** f endorsement (od. negotiation, transfer) of a bill. — **~,um,lauf** m circulation of bills. — **~,um,satz** m (einer Bank) turnover of bills.

'Wech·se·lung f ⟨-; -en⟩ cf. Wechslung.

'Wech·sel|ver,bind·lich·keit f econ. cf. Wechselobligo. — **~,ver,kehr** m 1. econ. circulation of bills. – 2. tel. semi-duplex operation. — **~ver,län·ge·rung** f econ. prolongation of a bill.

wech·sel,voll adj 1. (Leben) eventful, varied, vicissitudinous. – 2. (Landschaft etc) varied. – 3. cf. wechselhaft 2.

'wech·sel,warm adj zo. poikilothermic, auch poikilothermal, poikilothermous: ~e Tiere poikilotherms.

'wech·sel,wei·se I adv 1. reciprocally. – 2. (abwechselnd) alternately, in turn. – II adj 3. alternate: ~ Reihenübermittlung tel. alternate transmission by series.

'Wech·sel|,win·kel pl math. alternate angles. — **~,wir·kung** f 1. (zwischen dat between) correlation, interaction, interplay, reciprocal action, reciprocity. – 2. med. reciprocity, sympathy. — **~,zah·lung** f econ. 1. payment of a bill. – 2. payment by bill. — **~,zie·hung** f cf. Wechseltrassierung.

'Wechs·ler m ⟨-s; -⟩ 1. cf. Geldwechsler. – 2. cf. Wechselautomat, Münzwechsler. – 3. electr. a) (Plattenwechsler) record changer, b) (einer Leitung) changeover (Br. change-over) contact.

'Wechs·lung f ⟨-; -en⟩ 1. cf. Wechseln. – 2. change. – 3. exchange.

Weck [vɛk] m ⟨-(e)s; -e⟩ dial. cf. Wecken².

'Weck·amin [-ʔaˌmiːn] n ⟨-s; -e⟩ med. pharm. cerebral stimulant of the amine group.

'Weck·ap·pa·rat (TM) m cf. Einweckapparat.

'Weck,auf,trag m (beim Fernsprechauftragsdienst) wake-up order.

Wecke (getr. -k·k-) ['vɛkə] f ⟨-; -n⟩ dial. cf. Wecken².

wecken¹ (getr. -k·k-) ['vɛkən] I v/t ⟨h⟩ 1. wake(n), call: bitte ~ Sie mich um acht Uhr please wake(n) (od. call) me at eight o'clock. – 2. (aus dem Schlaf reißen) wake (s.o.) up, rouse, waken: der Lärm hat mich geweckt the noise woke me up. – 3. fig. (Neugier, Mißtrauen, Befürchtungen, Gefühle etc) (a)rouse: sein Lehrer hat das Interesse für Musik in ihm geweckt his teacher roused an interest for music in him. – 4. fig. (Erinnerungen) bring back. – 5. fig. (Bedarf) create. – II v/i 6. (vom Wecker) ring, go off. – III W~ n ⟨-s⟩ 7. verbal noun: um acht Uhr ist W~ one has to get up at eight o'clock. – 8. mil. reveille: Urlaub bis zum W~ night leave.

'Wecken² (getr. -k·k-) m ⟨-s; -⟩ dial. 1. bes. Bavarian and Austrian (längliches Brot) long loaf. – 2. bes. Southern G. and Austrian (Brötchen) roll.

'Wecker (getr. -k·k-) m ⟨-s; -⟩ 1. (Uhr) alarm (clock): den ~ auf acht (Uhr) stellen to set the alarm for eight (o'clock); den ~ aufziehen to wind up the alarm; der ~ hat mich geweckt the alarm woke me; j-m auf den ~ gehen (od. fallen) colloq. to get on s.o.'s nerves; to get s.o.'s goat, to drive s.o. up the wall (sl.). – 2. (am Telephon) bell, ringer. – 3. (Person)

wak(en)er. — **~,uhr** f 1. cf. Wecker 1. – 2. (Armbanduhr mit Weckvorrichtung) alarm watch.

'Weck,glas (TM) n ⟨-es; ⁻er⟩ preserving jar. **'Weck|,mit·tel** n med. pharm. (cerebral) stimulant. — **~,ruf** m 1. (telephonischer) waking call. – 2. mil. reveille. — **~,uhr** f cf. Wecker 1. — **~,vor,rich·tung** f alarm.

We·da ['veːda] m ⟨-(s); Weden u. -s⟩ relig. (heilige Schrift der alten Inder) Veda.

'Wed·dell,rob·be ['vɛdəl-] f zo. Weddell seal (Leptonychotes weddelli).

We·del ['veːdəl] m ⟨-s; -⟩ 1. (Staubwedel) feather duster, whisk. – 2. (Fliegenwedel) flybrush, fly whisk. – 3. relig. cf. Weihwedel. – 4. (Fächer) fan. – 5. bot. frond. – 6. hunt. (des Rehwilds) single.

we·deln ['veːdəln] I v/i ⟨h⟩ 1. (mit dem Schwanz) ~ (vom Hund) to wag its tail. – 2. mit dem Fächer ~ to fan oneself. – 3. (winken mit, schwenken) wave: mit dem Taschentuch ~ to wave one's handkerchief. – 4. (sport) (beim Skifahren) wedeln. – II v/t 5. whisk: den Staub von den Büchern [die Fliegen vom Kuchen] ~ to whisk the dust off the books [the flies off the cake]. – III W~ n ⟨-s⟩ 6. verbal noun. – 7. (sport) (beim Skifahren) wedeln.

we·der ['veːdər] conj only in ~ ... noch ... neither ... nor ..., not either ... or ...: es gab ~ Wein noch Bier there was neither wine nor beer, there wasn't either wine or beer; ~ er noch sie hatte(n) recht neither he nor she was right; sie ist ~ reich noch schön, noch (auch) intelligent she is neither rich nor beautiful nor (even) intelligent; er hat ~ geschrieben noch angerufen he neither wrote nor called (od. nor did he call), he didn't either write or call, he didn't write nor did he call; das ist ~ Fisch noch Fleisch fig. that's neither fish nor flesh (od. fowl), that's neither fish, flesh, nor good red herring; sie wußte ~ ein noch aus she was at her wit's end, she didn't know what to do; which way) to turn.

'Wedg·wood,wa·re ['wɛdʒwʊd-] (Engl.) f (verziertes Steingut) Wedgwood (ware).

we·disch ['veːdɪʃ] adj relig. Ved(a)ic, Vedantic.

Week·end ['viːkˌʔɛnt; 'wiːkˌɛnd] (Engl.) n ⟨-(s); -s⟩ weekend. — **~,haus** n weekend house.

Weft [vɛft] n ⟨-(e)s; -e⟩ (textile) weft, woof.

weg [vɛk] adv 1. (fort) gone: sie war schon ~, als ich anrief she had already gone (od. left) (od. was already away) when I rang; das Buch ist ~ the book is (od. has) gone; meine gute Laune war ~ my good humo(u)r was gone; ein leises Geräusch, und ~ war die Maus (there was) a rustle and the mouse was gone; der Zug war gerade ~ the train had just gone (od. left); ich muß ~ I must be off, I must (od. have to) go, I must make a move (od. colloq. tracks); ich muß hier ~ I have to go away from (od. to leave) here; in einem ~, hintereinander ~ colloq. a) (immerfort) nonstop Br. non-, b) (ohne Unterbrechung) in one go (colloq.), without interruption (od. pause); nur (od. colloq. nichts wie) ~ von hier! let's go! ~ da! get out of the way! stand back! ~ mit euch! (be) off with you! away with you! off you go! Br. colloq. skedaddle! scram! (sl.), scat! (sl.); Finger ~! Hände ~! a) hands off! b) fig. keep well out of it; ~ damit! out! nur immer ~ damit! throw (od. colloq. chuck) everything (od. colloq. the whole lot) out! sie war einfach (od. ganz) ~ fig. colloq. a) (begeistert) she was in raptures, b) (verwirrt, erstaunt) she was quite dumbfounded (od. thunderstruck, colloq. flabbergasted); → Leber 1. – 2. (abwesend, außer Hause) away: er ist jetzt schon drei Tage ~ he has been away for three days now. – 3. (entfernt) away, off: weit ~ vom Trubel der Großstadt far (away) from the bustle of the city; er ist weit ~ he is far away (od. afield); das Meer ist weit ~ the sea is far away (od. off). – 4. über (acc) etwas ~ sein colloq. (etwas überwunden haben) to have got (od. to be) over s.th.: er ist längst über seinen Kummer ~ he got over his grief long ago. – 5. über (acc) etwas ~ (hinweg) over s.th.: das Flugzeug flog sehr niedrig über uns ~ the aircraft passed over us very low; etwas über j-s Kopf ~ entscheiden fig. to decide s.th. over s.o.'s head.

Weg [veːk] m ⟨-(e)s; -e⟩ 1. path, (breiter) lane: ein ebener [steiler, steiniger, ab-

schüssiger] ~ a level [steep, stony, precipitous] path; öffentlicher ~ public path; „verbotener ~" (Aufschrift auf Schildern) "no through way"; ein gangbarer ~ a) a passable (od. negotiable) path, b) fig. a possibility; ein gerader ~ a) a straight path, b) fig. a straight way; krumme ~e a) winding (od. crooked) paths, b) fig. crooked (od. devious) ways (od. methods); ein guter [schlechter] ~ a good [bad] path, b) fig. a good way; wo endet dieser ~? where does this path end? wohin führt (od. geht) dieser ~? where does this path go (od. lead to)? der ~ nimmt kein Ende the path is never-ending; wohin des ~(e)s? where are you going (od. off to)? es kam ein Wanderer des ~(e)s a hiker came along the path; der ~ steigt an the path climbs; im Schnee einen ~ treten (out) a path in the snow; einen anderen ~ einschlagen a) to take a different (od. another) path, b) fig. to try a different way (od. approach, track); hier scheiden (od. trennen) sich unsere ~e a) this is where we (od. our paths) part, b) fig. this is where our roads part; er kennt hier ~ und Steg he knows this region like the back of his hand; neue ~e gehen (od. einschlagen, beschreiten) fig. to open up new paths (od. ways); ausgetretene ~e gehen fig. to keep to the beaten track; unsere ~e haben sich mehrere Male gekreuzt fig. our paths (od. roads) have crossed several times; der gerade ~ ist der beste (Sprichwort) honesty is the best policy (proverb); alle (od. viele) ~e führen nach Rom (Sprichwort) all roads lead to Rome (proverb); der breite ~ zur Hölle the broad road to hell; der ~ zur Hölle ist mit guten Vorsätzen gepflastert (Sprichwort) the road to hell is paved with good intentions (proverb); → Widerstand 1. – 2. (Wanderweg) trail, track, path: der ~ war gut beschildert the trail was well signposted; jetzt muß ich aber den ~ unter die Füße (od. zwischen die Beine) nehmen fig. colloq. I'll have to get a move on (colloq.), I'll have to hurry up (now). – 3. (Spaziergang) walk: ein ~ von zwanzig Minuten a twenty-minute walk, twenty minutes' walk; es ist noch eine halbe Stunde ~(es) it's still half an hour's walk. – 4. (Wegstrecke) way: der direkte [kürzeste] ~ nach X the direct [shortest] way to X; den kürzesten ~ einschlagen to take the shortest way; mein ~ führte mich bei Ihnen vorbei I was (just) on my way past your house; wir haben schon ein großes Stück ~(es) zurückgelegt we've come a good way, we've covered a good (od. quite a) distance; j-m den ~ abschneiden (od. verstellen) to block s.o.'s way; j-m den ~ zeigen (od. weisen) auch fig. to show s.o. the way; ich habe den weiten ~ nicht gescheut I was not deterred by the long way (od. distance), the long way did not deter me; ich suchte mir meinen ~ durch die Stadt I sought my way through the town; ich bahnte mir einen ~ durch die Menschenmenge I made my way, [gewaltsam] elbowed my way through the crowd (of people); Tausende säumten seinen ~ thousands of people were standing at the roadside when he was passing; den ~ freigeben (od. frei machen) auch fig. to make way; wir haben denselben ~ we are going the same way; den ~ verfehlen (od. verlieren) (sich verlaufen) to lose one's way; mein erster ~ nach meiner Rückkehr war zu dir the first place I went to after my return was to you; enttäuscht ging er seiner ~e disappointed he went on his way; der ~ des Lasters [der Tugend] fig. the way of vice [virtue]; Gottes ~e fig. the ways of God; der ~ zum Erfolg fig. the way to success; sein letzter ~ fig. his last journey; der ~, den wir alle gehen müssen fig. the way (od. road) we all must go; den ~ allen (auch alles) Fleisches (od. alles Irdischen) gehen fig. to go the way of all flesh; es ist noch ein weiter ~ bis zur Verwirklichung dieser Ideen fig. it is a long way to the realization (Br. auch -s-) of these ideas, the realization (Br. auch -s-) of these ideas is still a long way off; damit hat es noch gute ~e fig. colloq. that's a long way off; j-m [einer Sache] den ~ ebnen (od. bereiten) fig.

to pave the way for s.o. [s.th.]; dieser Vertrag verbaut den ~ zu einer späteren Einigung *fig.* this contract bars the way to a later agreement; ich lasse mir meinen ~ nicht von ihm vorschreiben *fig.* I won't have him dictate to me (*od.* tell me what to do); der junge Mann wird seinen ~ (schon) machen *fig.* the young man will make his way to the top (*od. colloq.* will go places); dunkle ~e gehen *fig.* to go dark ways; unbeirrt seinen ~ gehen *fig.* to go one's own way unswervingly (*od.* undaunted[ly]); seine eigenen ~e gehen *fig.* to go one's own way; j-n seiner ~e schicken *fig.* to send s.o. packing; da führt kein ~ dran vorbei *fig. colloq.* there's no way (of getting) (a)round it, there's no getting out of it. – 5. (*vorgezeichnete Bahn, Verlauf*) course: den ~ der Sterne verfolgen to follow the course (*od.* path) of the stars; der Prozeß nimmt seinen ~ the trial is running its course. – 6. (*Route, Reiseweg*) route: der ~ von Hamburg nach München geht über Hannover the route from Hamburg to Munich goes (*od.* is) via Hanover. – 7. *colloq.* (*Besorgung*) errand, message: ich habe einige ~e zu gehen I have to do some errands; für j-n ~e gehen (*od.* machen) to do errands for s.o.; j-m einen ~ abnehmen to do an errand for s.o. – 8. *fig.* (*Mittel, Möglichkeit*) way: den ~ (auf)zeigen (*od.* weisen), der zum Erfolg führt to show the way to success; für ihn gab es nur diesen (einen) ~ this was the only way for him; ich sehe keinen anderen [besseren] ~ I see no other [better] way; es bleibt mir kein anderer ~ (offen) there is no other way (*od.* course) for (*od.* open to) me, there is no alternative left to me; sich (*dat*) noch einen ~ offenhalten to keep a possibility open; wir werden schon einen ~ finden, ihm zu helfen we'll find a way of helping him; Mittel und ~e finden, das Projekt zu finanzieren to find ways and means of financing the project; neue ~e eröffneten sich uns new ways were opened to us; einen anderen ~ probieren (*od.* try another (*od.* a different) way; wo ein Wille ist, da ist auch ein ~ (*Sprichwort*) where there's a will there's a way (*proverb*). – 9. *fig.* (*Methode*) method: neue ~e in der Kindererziehung new methods in child education; neue ~e beschreiten to apply new methods. – 10. *tech.* (*eines Maschinenteils*) journey. –

Verbindungen mit Präpositionen:
die Blumen am ~e the flowers along the way(side); am ~(e) sitzen to sit at the side of the path (*od.* by the wayside); er ist schon auf dem ~(e) (zu Ihnen) he is on his way (to you); sich auf dem ~ nach X befinden to be on one's way to X; sich auf den ~ nach X begeben (*od.* machen) to set out (*od.* off) for X, to start (out *od.* off) for X; ich traf sie auf dem ~ zum Bahnhof I met her on my (*od.* the) way to the station; das liegt [nicht] auf meinem ~ that is [not] on my way; j-n auf seinem letzten ~ begleiten *fig.* (*an seinem Begräbnis teilnehmen*) to accompany s.o. on his last journey; j-m einen Ratschlag mit auf den ~ geben *fig.* to give s.o. a piece of advice to take with him; der Kranke ist auf dem ~(e) der Besserung *fig.* the patient is on the road to recovery (*od.* on the mend); auf dem ~ eines Kompromisses wurde beschlossen, daß *fig.* it was decided by way of compromise that; ein wichtiger Schritt auf dem ~(e) zur europäischen Einigung *fig.* an important step toward(s) (*od.* on the way to) European unity; man war bereits auf dem besten ~(e) zu einer Aussöhnung, als *fig.* they were well on the way to reconciliation when; er ist auf dem besten ~(e), sich finanziell zu ruinieren *fig.* he is heading (straight) for financial disaster; er ist auf dem besten ~(e), ein Trinker zu werden *fig.* he is on his way to becoming a drunkard; auf chemischem ~(e) *fig.* by chemical means, chemically; auf diesem ~(e) wirst du nichts erreichen *fig.* you will not achieve anything this way; auf direktem ~(e) a) direct, b) *fig.* directly; auf diplomatischem ~(e) a) diplomatically, through diplomatic channels, b) *fig.* diplomatically; auf friedlichem ~(e) *fig.* by peaceful

means, peaceably; auf dem falschen [richtigen] ~ sein a) to be on the right [wrong] path, b) *fig.* to be on the right [wrong] track; auf geradem ~(e) zum Ziel kommen *fig.* to be heading straight for one's goal; auf gesetzlichem (*od.* legalem) ~(e) *fig.* by legal means, legally; auf gerichtlichem ~(e) *fig.* by legal steps, legally; sich auf gütlichem ~(e) einigen *fig.* to come to an agreement peaceably (*od.* by peaceful means, amicably, *auch* to settle the matter out of court; auf halbem ~(e) stehenbleiben [umkehren] *auch fig.* to stop [to turn back] halfway; j-m auf halbem ~(e) entgegenkommen *auch fig.* to meet s.o. halfway; sich auf halbem ~(e) treffen a) to meet halfway, b) *fig.* to come to a compromise; auf halbem ~(e) zwischen X und Y midway (*od.* halfway) between X and Y; er wollte auf irgendeinem ~(e) zu Geld kommen *fig.* he wanted to make money somehow (*od.* some way) or other; wie kommen wir auf dem kürzesten (*od.* schnellsten) ~(e) nach X? what is the shortest (*od.* quickest) way to X? j-m auf dem kürzesten (*od.* schnellsten) ~(e) helfen *fig.* to help s.o. the quickest way; j-n wieder auf den richtigen ~ bringen *fig.* to bring s.o. back to the straight and narrow; sie ist auf schlimme ~e geraten *fig.* she has left the straight and narrow, she has fallen into bad ways; auf schriftlichem ~(e) *fig.* in writing; j-m aus dem ~(e) gehen a) to step out of s.o.'s way, b) *fig.* to keep out of s.o.'s way, to avoid (*od.* steer clear of) s.o., to give s.o. a wide berth; einer Frage [einer Entscheidung] aus dem ~(e) gehen *fig.* to evade a question [a decision]; der Arbeit aus dem ~(e) gehen *fig. colloq.* to avoid (*od.* shirk) work; j-n aus dem ~(e) räumen (*od.* schaffen) *fig.* a) to get s.o. out of the way, b) (*töten*) to dispose of s.o., to do away with s.o., to bump s.o. off (*sl.*), (*stärker*) to liquidate s.o.; Hindernisse [Schwierigkeiten] aus dem ~(e) räumen (*od.* schaffen) to remove obstacles [difficulties]; er ist mir in den ~ gelaufen I ran into him; j-m Hindernisse in den ~ legen *fig.* to put stumbling blocks in s.o.'s way; etwas in die ~e leiten *fig.* to initiate s.th., to get s.th. on foot; die Sache in die ~e leiten *fig.* to start (*od.* set) the ball rolling; j-m im ~(e) stehen a) to be (*od.* stand) in s.o.'s way, b) *fig.* to be a hindrance to s.o., to be in s.o.'s way; dem steht nichts im ~(e) *fig.* there's nothing to prevent it, there's no reason why that should not be (done); er steht mir bei diesem Vorhaben im ~(e) *fig.* he is a hindrance to me in my plans; sich j-m in den ~ stellen, j-m in den ~ treten a) to bar s.o.'s way, b) *fig.* to hinder (*od.* obstruct) s.o.; sich selbst im ~(e) stehen *fig.* to hinder oneself; ein Eichhörnchen lief [mir] über den ~ a squirrel ran across the [my] path; j-m nicht über den ~ trauen *fig.* not to trust s.o. an inch (*od.* out of [one's] sight); sich nicht von seinem ~(e) abbringen lassen *fig.* to go one's way undaunted (*od.* unperturbed); ein paar Schritte vom ~(e) blühten die herrlichsten Blumen there were the loveliest flowers not far from the path; vom ~(e) abkommen a) to leave the path, b) *fig.* (*sich verlaufen*) to lose one's way; vom ~(e) abweichen to leave the path; vom rechten ~(e) weichen *fig.* to stray from the straight and narrow; → abseits 2.
'Weg,ab,kür·zung ['ve:k-] *f* shortcut, *Br.* short cut, cutoff, *Br.* cut-off.
'weg,ar·bei·ten ['vɛk-] *v/t ⟨sep, -ge-, h⟩* alles ~ to work one's way through (*od.* finish) all one's work; nicht viel ~ not to make much headway with one's work.
'weg,ät·zen ['vɛk-] *v/t ⟨sep, -ge-, h⟩* **1.** *med.* (*Warzen etc*) remove (*s.th.*) by cautery, cauterize *Br. auch* -s-. – **2.** *metall.* etch (*s.th.*) away.
'weg·be,ge·ben ['vɛk-] *v/reflex ⟨irr, sep, no -ge-, h⟩* sich ~ go away, leave.
'weg·be,kom·men ['vɛk-] *v/t ⟨irr, sep, no -ge-, h⟩* **1.** (*Fleck etc*) get (*s.th.*) off. – **2.** j-n von etwas ~ to get s.o. away from s.th. – **3.** *colloq.* (*begreifen, kapieren*) get the knack (*od.* hang) of. – **4.** einen Schlag ~ *colloq.* to get (*od.* be given) a blow.
'Weg|be,nut·zer ['vɛk-] *m* road user. — **~be,rei·ter** *m ⟨-s; -⟩* pioneer: der ~ für etwas sein to pave the way for s.th. —

~be,schaf·fen·heit *f cf.* Wegebeschaffenheit. — **~,bie·gung** *f* bend, turn, curve.
'weg,bla·sen ['vɛk-] *v/t ⟨irr, sep, -ge-, h⟩* (*Staub, Zigarettenasche etc*) blow (*od.* whiff) (*s.th.*) away (*od.* off): etwas von etwas ~ to blow (*od.* whiff) s.th. off s.th.
'weg,blei·ben ['vɛk-] *v/i ⟨irr, sep, -ge-, sein⟩ colloq.* **1.** stay away: bleib nicht so lange weg don't stay away too long; von einer Versammlung [Feier] ~ to stay away from a meeting [party]. – **2.** stop coming: nach einem Jahr regelmäßiger Besuche blieb sie auf einmal weg after a year of regular visits she suddenly stopped coming. – **3.** be left out, be omitted: dieser Satz kann ~ this sentence can be left out. – **4.** (*in Wendungen wie*) j-m bleibt die Luft weg s.o. cannot get his breath, s.o. cannot breathe; → Luft 3; Spucke. – **5.** (*ohnmächtig werden*) faint, swoon, pass out (*colloq.*).
'weg,blic·ken (*getr.* -k·k-) ['vɛk-] *v/i ⟨sep, -ge-, h⟩* (*von* from) look away, avert one's eyes.
'Weg,breit ['ve:k-] *m ⟨-(e)s; -e⟩ bot. cf.* Wegerich.
'weg,bren·nen ['vɛk-] **I** *v/t ⟨irr, sep, -ge-, h⟩* **1.** *med. cf.* wegätzen 1. – **2.** burn (*s.th.*) away. – **II** *v/i ⟨sein⟩* **3.** burn down.
'weg,brin·gen ['vɛk-] *v/t ⟨irr, sep, -ge-, h⟩* **1.** j-n [etwas] ~ (*wegtragen*) to take s.o. [s.th.] away. – **2.** etwas ~ (*weiterbewegen*) to move s.th. on (*od.* away). – **3.** j-n von etwas ~ to get s.o. away from s.th.: der kleine Junge ist nicht wegzubringen von seinen neuen Spielsachen it is impossible to get the little boy away from his new toys. – **4.** j-n ~ (*fortbegleiten*) to see s.o. off. – **5.** einen Fleck ~ a) (*aus Kleidungsstück etc*) to get a stain out, b) (*von Möbeloberfläche etc*) to get a stain off, c) (*entfernen*) to remove (*od.* take out) a stain: dieser Fleckentferner bringt alle Flecke weg this stain remover takes out (*od.* off) all stains.
'weg,den·ken ['vɛk-] *v/t ⟨irr, sep, -ge-, h⟩* ich kann mir den Baum hier gar nicht mehr ~ I cannot imagine (*od.* picture) this place without the tree; er ist aus meinem Leben nicht mehr wegzudenken I cannot imagine my life without him.
'Weg,dorn ['ve:k-] *m bot.* buckthorn (*Gattg Rhamnus*): Immergrüner ~ alatern(us) (*R. alaternus*).
'weg,drän·gen ['vɛk-] *v/t ⟨sep, -ge-, h⟩* j-n ~ to push (*od.* force, *colloq.* shove) s.o. away (*od.* aside).
'weg,drüc·ken (*getr.* -k·k-) ['vɛk-] *v/t ⟨sep, -ge-, h⟩* etwas ~ to push s.th. away.
'weg,dür·fen ['vɛk-] *v/i ⟨irr, sep, -ge-, h⟩* be allowed (*od.* permitted) to go (away) (*od.* leave): darf ich weg? may I go (*od.* leave)?
'We·ge|,bau *m ⟨-(e)s; -ten⟩* **1.** road building (*od.* construction). – **2.** *only sg* construction of unclassified roads. — **~be,schaf·fen·heit** *f* state of the road(s). — **~,dienst·bar·keit** *f ⟨-; no pl⟩ jur. cf.* Wegerecht 1. — **~,drei·eck** *n* triangular road junction. — **~,ein,mün·dung** *f* road junction. — **~,en·ge** *f* defile. — **~,ga·bel** *f* road fork. — **~,geld** *n* (road) toll. — **~,ho·bel** *m civ.eng.* (*Straßenhobel*) road grader.
'weg,ei·len ['vɛk-] *v/i ⟨sep, -ge-, sein⟩* **1.** hurry (*od.* hasten) away. – **2.** über (*acc*) etwas ~ *fig.* to hurry (*od.* skim) through s.th.
'Weg,ein,fas·sung ['ve:k-] *f* (*eines Gartenwegs etc*) border.
'We·ge,kar·te *f cf.* Wegkarte.
'weg,ekeln ['vɛk-] *v/t ⟨sep, -ge-, h⟩* j-n ~ *colloq.* to make s.o. go away by being objectionable.
'We·ge,la·ge·rer *m ⟨-s; -⟩ archaic* highwayman, highway robber, footpad, brigand, *auch* waylayer. — **'we·ge,la·gern** *v/i ⟨insep, ge-, h⟩* waylay travelers (*bes. Br.* travellers).
'We·ge|,mar,kie·rung *f* **1.** path (*od.* trail) mark(ing). – **2.** *only sg* path (*od.* trail) markings *pl.* — **~,mei·ster** *m* road overseer.
we·gen ['ve:gən] *prep* **I** *⟨gen⟩* **1.** because of, on account of: ~ des gestrigen Vorfall(e)s because of the incident yesterday; ~ Mangels an Beweisen *jur.* because of lack of evidence; ~ der Nachbarn because of the neighbo(u)rs, for fear of what the neighbo(u)rs might say (*od.* think); ~ der Leute for fear of what people might say (*od.* think);

sie sind ~ ihrer Kinder nicht gekommen they did (*od.* could) not come because of the(ir) children. – **2.** (*auf Grund*) by reason of, on account of: er wurde ~ seiner lang-jährigen Erfahrung um Rat gebeten he was asked for advice by reason of his long experience. – **3.** (*um j-s od. einer Sache willen*) for (*s.o.'s, s.th.'s*) sake, for the sake of, on account of: er hat es ~ seiner Kinder getan he did it for his children's sake (*od.* for the benefit of his children); der Freundschaft ~ for friendship's sake; sie fährt dorthin ihrer Gesundheit ~ she is going there on account of (*od.* for reasons of, for the benefit of) her health; der Kürze ~ for the sake of brevity, for reasons of brevity. – **4.** for: ~ Unpünktlich-keit entlassen werden to be dismissed for unpunctuality. – **5.** (*infolge*) due to, owing to, in consequence of: ~ eines Feh-lers in der Rechnung habe ich zuviel be-zahlt I overpaid due to a mistake in the bill. – **6.** → von II. – II ⟨*dat*⟩ **7.** ~ Geschäften verhindert sein to be prevented by busi-ness; ~ dem Hund *colloq. od. dial.* because of the dog; ~ mir *colloq.* for meinetwegen. – III ⟨*nom*⟩ **8.** ~ Umbau [Todesfall] ge-schlossen closed for renovations [because of (a) death (*bes. Br.* bereavement)]; er wurde ~ Diebstahl verurteilt he was sentenced for larceny.

'**We·ge·netz** *n* network (*od.* system) of roads.

'**weg·en·ga·gie·ren** ['vɛk-] *v/t* ⟨*sep, no -ge-, h*⟩ j-n ~ to lure (*od.* entice) s.o. away from his job.

'**We·ge·ord·nung** *f jur. cf.* Wegerecht 1.

'**We·ger** ['veːɡər] *m* ⟨-s; -⟩ *mar.* (*bei Holz-schiffen*) ceiling.

'**We·ge·recht** *n* **1.** *jur.* right of way, *Am.* right-of-way, wayleave, *Br.* way-leave. – **2.** *mar.* right of way, *Am.* right-of-way. — ~**schiff** *n mar.* right-of-way ship, privileged vessel. — ~**si·gnal** *n* right-of-way signal.

'**We·ge·rich** ['veːɡərɪç] *m* ⟨-s; -e⟩ *bot.* plantain (*Gattg Plantago*): Großer ~ broad-leaved plantain (*P. major*).

'**Weg·er·kun·dung** ['veːk-] *f mil.* road (*od.* route) reconnaissance.

'**we·gern** ['veːɡərn] *mar.* I *v/t* ⟨*h*⟩ (*Schiff*) ceil. – II W~ *n* ⟨-s⟩ *verbal noun.* — '**We·ge·rung** *f* ⟨-; -en⟩ **1.** *cf.* Wegern. – **2.** (*innere Beplankung*) ceiling.

'**weg·es·sen** ['vɛk-] *v/t* ⟨*irr, sep, pp* wegge-gessen, h⟩ **1.** j-m etwas ~ to eat (up) s.th. intended for s.o. else: j-m den Kuchen ~ to eat (up) s.o.'s cake. – **2.** *cf.* aufessen.

'**We·ge·strecke** (*getr.* -k·k-) *f* (*sport*) (*bei der Military*) road and tracks *pl.* — ~**ton·ne** *f mar.* channel(-marking) buoy.

'**weg·fah·ren** ['vɛk-] I *v/i* ⟨*irr, sep, -ge-, sein*⟩ **1.** (*von Bahn*) leave: der Zug fuhr mir vor der Nase weg *colloq.* the train left just as I got there, I just missed the train. – **2.** (*von Auto, Bus etc*) drive away (*od.* off). – **3.** (*von Schiff*) leave, sail. – **4.** (*mit Bahn, Bus, Schiff etc*) leave, go away (*od.* off). – **5.** (*mit Fahrrad*) ride (*od.* cycle) away (*od.* off). – **6.** *colloq.* (*verreisen*) go away: mit dem Auto ~ to go away by car; bleibt ihr im Urlaub zu Hause oder fahrt ihr weg? are you staying at home for your holidays (*Am.* vacation) or are you going away? – II *v/t* ⟨*h*⟩ **7.** j-n [etwas] im Wagen ~ to drive s.o. [s.th.] away, to take s.o. [s.th.] away in a car. – **8.** (*Auto etc*) drive (*s.th.*) away (*od.* off). – **9.** (*Fahrrad etc*) a) (*wegschieben*) wheel (*od.* push) (*s.th.*) away, b) ride (*s.th.*) away.

'**Weg·fall** ['vɛk-] *m* ⟨-(e)s; *no pl*⟩ (*in Wen-dungen wie*) nach ~ der Bedingungen when the conditions no longer exist (*od.* apply), when the conditions cease to exist (*od.* apply); bei ~ dieser Bestimmung should this regulation no longer exist (*od.* apply), should this regulation cease to exist (*od.* apply); etwas in ~ bringen, etwas zum ~ kommen lassen (*officialese*) to abolish s.th.; in ~ kommen (*officialese*) to cease to exist (*od.* apply).

'**weg·fal·len** ['vɛk-] *v/i* ⟨*irr, sep, -ge-, sein*⟩ **1.** (*ausgelassen werden*) be omitted (*od.* left out): etwas ~ lassen to omit s.th., to leave s.th. out; die beiden Sätze können ~ the two sentences can be omitted. – **2.** (*be-seitigt werden*) be cleared up: sobald diese Schwierigkeiten ~, fahren wir fort I shall continue as soon as these difficulties have been cleared up. – **3.** (*aufhören*) stop,

be stopped (*od.* canceled, *bes. Br.* cancelled), cease: in Zukunft werden diese Zu-schüsse ~ these allowances will be stopped in (the) future. – **4.** (*überflüssig werden*) be unnecessary: im Sommer fällt diese Ar-beit weg this work is not necessary in (the) summer. – **5.** (*abgeschafft werden*) be abolished.

'**weg·fan·gen** ['vɛk-] *v/t* ⟨*irr, sep, -ge-, h*⟩ *colloq.* snatch (*s.th.*) away: j-m etwas ~ to snatch s.th. (away) from s.o.

'**weg·fe·gen** ['vɛk-] *v/t* ⟨*sep, -ge-, h*⟩ **1.** sweep (*od.* brush, whisk) (*s.th.*) away (*od.* up). – **2.** *fig.* (*Einwand etc*) brush (*s.th.*) aside (*od.* away).

'**weg·fei·len** ['vɛk-] *v/t* ⟨*sep -ge-, h*⟩ file (*s.th.*) away (*od.* off).

'**weg·fie·ren** ['vɛk-] *v/t* ⟨*sep, -ge-, h*⟩ *mar.* (*Tau etc*) veer (*s.th.*) away, slack (*s.th.*) away (*od.* off), lower.

'**weg·fi·schen** ['vɛk-] *v/t* ⟨*sep, -ge-, h*⟩ *fig. colloq. cf.* wegschnappen 2.

'**weg·flie·gen** ['vɛk-] *v/i* ⟨*irr, sep, -ge-, sein*⟩ **1.** (*von Vogel*) fly away (*od.* off). – **2.** (*von Flugzeug*) leave, take off. – **3.** (*mit Flugzeug*) leave by plane. – **4.** (*von Hut, Papier etc*) blow off (*od.* away), be blown off (*od.* away): mein Hut ist mir weggeflogen my hat has blown away, my hat has been blown off.

'**weg·flie·ßen** ['vɛk-] *v/i* ⟨*irr, sep, -ge-, sein*⟩ flow away (*od.* off).

'**weg·fres·sen** ['vɛk-] *v/t* ⟨*irr, sep, -ge-, h*⟩ **1.** j-m etwas ~ *vulg.* to eat (up) s.th. in-tended for s.o. else: sie hat uns die gan-zen Leckerbissen weggefressen she ate (up) all the titbits which we were meant to have, she ate (up) all of our titbits. – **2.** alles ~ *vulg.* to polish everything off, to eat (*od.* finish) everything up: schon nach zehn Minuten hatten sie alles weggefres-sen everything was polished off in ten minutes. – **3.** *cf.* abfressen 1. – **4.** *chem. tech. cf.* zerfressen¹ 3. – **5.** *geol.* (*erodieren*) erode.

'**weg·füh·ren** ['vɛk-] I *v/t* ⟨*sep, -ge-, h*⟩ lead (*od.* take, carry) (*s.o., an animal*) away (*od.* off). – II *v/i* (*von Straße etc*) lead away.

'**Weg·ga·be·lung** ['vɛk-] *f* road fork, fork in the road, parting of the ways, (bi)furcation.

'**Weg·gang** ['vɛk-] *m* ⟨-(e)s; *no pl*⟩ **1.** *cf.* Weggehen: bei seinem ~ winkte er he waved as he left; bei(m) ~ bekommen Sie das Geld zurück the money will be refunded when you leave; sein ~ ist ein großer Verlust his leaving is a great loss. – **2.** departure.

'**weg·ge·ben** ['vɛk-] *v/t* ⟨*irr, sep, -ge-, h*⟩ **1.** give (*s.th.*) away. – **2.** (*sich entledigen*) rid oneself of. – **3.** (*Kind, Tier*) give (*s.o., an animal*) away. – **4.** *econ.* sell.

'**weg·ge·bla·sen** ['vɛk-] I *pp of* wegblasen. – II *adj* meine Schmerzen waren wie ~ *colloq.* my pains had completely dis-appeared.

'**weg·ge·hen** ['vɛk-] I *v/i* ⟨*irr, sep, -ge-, sein*⟩ **1.** go away, leave, go off, depart, (*langsam*) *auch* walk away (*od.* off): sie ist gerade weggegangen she has just gone (away); sie drehte sich um und ging weg she turned (a)round and went off (*od.* walked away, walked off); geh weg! go away! leave me alone! gehen Sie mir weg damit *fig. colloq.* give me peace about that, don't bother me with that; geh mir weg mit ihm *fig. colloq.* don't bother me with that dread-ful fellow, don't mention that dreadful fellow to me (*beide colloq.*). – **2.** *fig.* (*aus-scheiden*) leave: er ist von der Firma weg-gegangen he left the firm. – **3.** *fig. colloq.* (*von Ware*) sell: es geht weg wie warme Semmeln it sells like hot cakes. – **4.** über (*acc*) etwas ~ *fig. cf.* hinweggehen 1. – II W~ *n* ⟨-s⟩ **5.** *verbal noun:* ich war gerade beim W~, als I was just leaving when. – **6.** departure: vor seinem W~ before his departure.

'**Weg·geld** ['veːk-] *n cf.* Wegegeld. — ~**ge·nos·se** *m,* ~**ge·nos·sin** *f* road companion.

'**weg·ge·tre·ten** ['vɛk-] I *pp of* wegtreten. – II *adj* only in geistig ~ sein *fig.* to have one's thoughts elsewhere, not to be listen-ing: er scheint im Moment geistig ~ zu sein he doesn't seem to be with us at the moment.

'**weg·ge·wor·fen** ['vɛk-] I *pp of* wegwerfen. – II *adj* das ist ~es Geld that is a waste of money.

'**weg·gie·ßen** ['vɛk-] *v/t* ⟨*irr, sep, -ge-, h*⟩ pour (*s.th.*) out (*od.* away).

'**weg·glei·ten** ['vɛk-] *v/i* ⟨*irr, sep, -ge-, sein*⟩ glide away (*od.* off): über (*acc*) etwas ~ to glide over s.th.

'**weg·grau·len** ['vɛk-] *v/t* ⟨*sep, -ge-, h*⟩ *colloq. cf.* vergraulen.

'**weg·ha·ben** ['vɛk-] *v/t* ⟨*irr, sep, -ge-, h*⟩ **1.** etwas [j-n] ~ wollen to want to get (*od.* be) rid of s.th. [s.o.]: ich will den Tisch hier ~ I want the table taken away from here. – **2.** etwas ~ *colloq.* a) (*beherrschen, gut können*) to be good (*od. colloq.* great) at s.th., to have (got) the hang (*od.* knack) of s.th., b) (*bekommen haben*) to have had s.th.: der hat was weg he is very brainy (*od. clever*), he is an absolute genius; darin hat er (et)was weg he is very good at that; schnell (et)was ~ to catch (*od. sl.* cotton on to) s.th. quickly; die Ruhe ~ not to let anything excite (*od.* bother, perturb) one; du hast deine Strafe weg you have had your punishment; Fett 1; Teil 5. – **3.** einen ~ *colloq.* a) (*betrunken sein*) to be tight (*colloq.*), b) (*verrückt sein*) to have a screw loose, to have bats in the belfry (*sl.*).

'**weg·hal·ten** ['vɛk-] *v/t* ⟨*irr, sep, -ge-, h*⟩ **1.** hold (*s.th.*) away: halte es etwas weiter von dir weg a) (*um es zu betrachten*) hold it farther away from you, b) (*um dich nicht zu beschmutzen*) hold (*od.* keep) it farther away from you. – **2.** halte deinen Kopf weg! hold your head away! mind your head!

'**weg·hän·gen** ['vɛk-] *v/t* ⟨*sep, -ge-, h*⟩ (*Kleidung etc*) hang (*s.th.*) away, (*an einen anderen Platz*) *auch* hang (*s.th.*) elsewhere.

'**weg·har·ken** ['vɛk-] *v/t* ⟨*sep, -ge-, h*⟩ rake (*s.th.*) away (*od.* off).

'**weg·ha·schen** ['vɛk-] *v/t* ⟨*sep, -ge-, h*⟩ (j-m) etwas ~ to snatch s.th. (away) (from s.o.).

'**weg·hau·en** ['vɛk-] *v/t* ⟨*irr, sep, -ge-, h*⟩ **1.** (*mit der Axt etc*) hew (*od.* hack, cut) (*s.th.*) away (*od.* off). – **2.** *colloq.* (*mit der Hand etc*) hit (*od. colloq.* swipe) (*s.th.*) away (*od.* off), knock (*s.th.*) off. – **3.** (*mining*) (*Pfeiler*) rob.

'**weg·he·ben** ['vɛk-] I *v/t* ⟨*irr, sep, -ge-, h*⟩ lift (*s.th.*) away (*od.* off). – II *v/reflex* sich ~ *obs. cf.* hinwegheben.

'**weg·hel·fen** ['vɛk-] *v/i* ⟨*irr, sep, -ge-, h*⟩ **1.** j-m ~ to help s.o. ([to] get) away. – **2.** *cf.* hinweghelfen.

'**weg·hin·ken** ['vɛk-] *v/i* ⟨*sep, -ge-, sein*⟩ **1.** limp away (*od.* off). – **2.** (*humpeln*) hobble away (*od.* off).

'**weg·ho·len** ['vɛk-] *v/t* ⟨*sep, -ge-, h*⟩ **1.** take (*s.th.*) away: sie haben ihm alles weg-geholt they took everything away from him. – **2.** j-n von etwas ~ to call s.o. away from s.th. – **3.** sich (*dat*) etwas ~ *fig. colloq.* (*Erkältung, Infektion etc*) to catch s.th.

'**weg·hop·sen** ['vɛk-] *v/i* ⟨*sep, -ge-, sein*⟩ hop away (*od.* off).

'**weg·hum·peln** ['vɛk-] *v/i* ⟨*sep, -ge-, sein*⟩ hobble away (*od.* off).

'**weg·hüp·fen** ['vɛk-] *v/i* ⟨*sep, -ge-, sein*⟩ **1.** skip away (*od.* off). – **2.** (*weghopsen*) hop away (*od.* off).

'**weg·hu·schen** ['vɛk-] *v/i* ⟨*sep, -ge-, sein*⟩ scurry (*od.* scuttle) away (*od.* off).

'**weg·ja·gen** ['vɛk-] I *v/t* ⟨*sep, -ge-, h*⟩ **1.** drive (*od.* chase) (*s.o., an animal*) away. – **2.** *colloq.* send (*s.o.*) packing. – **3.** (*aus einem Land*) expel, drive (*s.o.*) out. – II *v/i* ⟨*sein*⟩ **4.** rush (*od.* dash, race) away (*od.* off), tear off.

'**weg·kar·ren** ['vɛk-] *v/t* ⟨*sep, -ge-, h*⟩ cart (*s.th.*) away (*od.* off).

'**Weg·kar·te** ['veːk-] *f* **1.** map of trails (*od.* paths). – **2.** (*bes. in einem Kurort etc*) map of walks (*od.* footpaths).

'**weg·keh·ren¹** ['vɛk-] *v/t* ⟨*sep, -ge-, h*⟩ (*Schmutz, Staub etc*) sweep (*s.th.*) away.

'**weg·keh·ren²** ['vɛk-] I *v/t* ⟨*sep, -ge-, h*⟩ das Gesicht ~ to turn one's face away (*od.* aside). – II *v/reflex* sich ~ (von) to turn away (from).

'**weg·kom·men** ['vɛk-] *v/i* ⟨*irr, sep, -ge-, sein*⟩ *colloq.* **1.** get away: so komme ich von hier nie weg I shall never get away from (*od.* get out of) here like this; man kommt kaum einmal weg you can hardly get away; sehen Sie zu, daß Sie durch die Krankenkasse ~ try to get away through your health insurance; machen Sie, daß Sie ~! get out of here! get away! clear off *(od. colloq.* out)! get lost! *(sl.);* ich mache, daß ich hier wegkomme I must get away from *(od.* get out of) here. – **2.** von etwas ~ to go off (doing) s.th.: ich komme von dem Buch nicht weg *fig.* I can't put the book down; sie kommt nicht vom Spiegel weg *fig.* she is always at the mirror, she never leaves the mirror. – **3.** *(abhanden kommen)* get lost. – **4.** *(gestohlen werden)* be stolen *(od.* lifted, *colloq.* pinched). – **5.** bei etwas gut [schlecht] ~ to come off *(od.* do) well [badly] at s.th. – **6.** *colloq. for* hinwegkommen.

'weg,krat·zen ['vɛk-] *v/t ⟨sep, -ge-, h⟩* scratch *(s.th.)* off *(od.* out).

'Weg,kreu·zung ['veːk-] *f* crossroad(s *pl construed as sg or pl),* crossway(s *pl),* intersection.

'weg,krie·chen ['vɛk-] *v/i ⟨irr, sep, -ge-, sein⟩* creep *(od.* crawl) away *(od.* off).

'weg,krie·gen ['vɛk-] *v/t ⟨sep, -ge-, h⟩ colloq.* **1.** *cf.* a) wegbekommen 1, b) wegbringen 2, 3. – **2.** *(Verletzung etc)* get: die Wunde hat er bei einer Schlägerei weggekriegt he got the wound *(od.* injury) in a fight. – **3.** etwas ~ *fig. (kapieren)* to catch *(od. sl.* cotton on to) s.th.

'Weg,krüm·mung ['veːk-] *f* bend *(od.* curve) in the path *(od.* road).

'weg,kun·dig ['veːk-] *adj* acquainted *(od.* familiar) with the paths *(od.* trails): ~ sein to know (one's way around) the paths *(od.* trails).

'weg,küs·sen ['vɛk-] *v/t ⟨sep, -ge-, h⟩* j-m die Tränen ~ to kiss s.o.'s tears away.

'weg,las·sen ['vɛk-] **I** *v/t ⟨irr, sep, -ge-, h⟩* **1.** etwas ~ *(nicht berücksichtigen, auslassen)* to leave s.th. out, to omit *(od.* eliminate) s.th. – **2.** j-n ~ *cf.* fortlassen 1. – **II** W~ *n ⟨-s⟩* **3.** *verbal noun.* — 'Weg,las·sung *f ⟨-; -en⟩* **1.** *cf.* Weglassen. – **2.** omission, elimination.

'weg,lau·fen ['vɛk-] *v/i ⟨irr, sep, -ge-, sein⟩* **1.** run away: er ist Hals über Kopf weggelaufen *colloq.* he ran away as fast as he could *(od.* as fast as his legs could carry him). – **2.** *fig. (verlassen)* run away: ihm ist die Frau weggelaufen his wife has run away from *(od.* has left, has deserted) him. – **3.** etwas läuft nicht weg *fig. colloq. (von Arbeit etc)* s.th. won't run away. – **4.** *(von Flüssigkeit)* run off, flow off.

'weg,lecken *(getr.* -k·k-) ['vɛk-] *v/t ⟨sep, -ge-, h⟩* lick *(s.th.)* away *(od.* up): die Sonne hat den Schnee überall weggeleckt *fig.* the sun has melted the snow (away) everywhere.

'weg,le·gen ['vɛk-] *v/t ⟨sep, -ge-, h⟩* **1.** lay *(od.* put) *(s.th.)* away. – **2.** *(beiseite legen)* lay *(od.* put) *(s.th.)* aside. – **3.** *(aufbewahren)* put *(s.th.)* aside *(od.* away).

'weg,leug·nen ['vɛk-] *v/t ⟨sep, -ge-, h⟩* deny *(s.th.)* flatly, disavow.

'weg,lo·ben ['vɛk-] *v/t ⟨sep, -ge-, h⟩* j-n ~ *colloq. cf.* fortloben.

'weg,locken *(getr.* -k·k-) ['vɛk-] *v/t ⟨sep, -ge-, h⟩* j-n ~ to entice *(od.* lure) s.o. away.

'weg·los ['veːk-] *adj* **1.** *(Gelände, Wald etc)* pathless. – **2.** *(Dschungel, Dickicht)* unpassable, impracticable.

'weg,ma·chen ['vɛk-] *colloq.* **I** *v/t ⟨sep, -ge-, h⟩* **1.** *(Flecken etc)* remove, get *(s.th.)* off *(od.* out). – **2.** *(Schmutz)* clean up. – **3.** sie hat das Kind weggemacht *(od.* weggemachen lassen) she had an abortion. – **II** *v/reflex* sich ~ **4.** *cf.* davonmachen 1.

'Weg,mar·ke ['vɛk-] *f* path *(od.* trail) mark. – ~mar,kie·rung *f* path *(od.* trail) mark(ing).

'weg,mei·ßeln ['vɛk-] *v/t ⟨sep, -ge-, h⟩* etwas ~ to chisel s.th. away *(od.* off).

'Weg,mes·ser ['veːk-] *m* (h)odometer. — w~,mü·de *adj lit.* footsore, weary.

'weg,müs·sen ['vɛk-] *v/i ⟨irr, sep, -ge-, sein⟩ colloq.* **1.** have to go *(od.* leave): ich muß jetzt weg I must go now, I'll be off now. – **2.** der Kuchen muß weg the cake has to be eaten *(od.* finished) up. – **3.** das Plakat muß weg the poster must be taken down *(od.* removed).

'Weg,nah·me ['vɛk-] *f ⟨-; -n⟩* **1.** *cf.* Wegnehmen. – **2.** removal. – **3.** *(Entwendung)* taking, *auch* abstraction: widerrechtliche ~ unlawful taking. – **4.** *(Beschlagnahme)* seizure, requisition, *(Konfiszierung) auch* confiscation.

'weg,neh·men ['vɛk-] **I** *v/t ⟨irr, sep, -ge-, h⟩* **1.** take *(s.th.)* away, remove: ein Gedeck vom Tisch ~ to take one place away from

the table; nimm die Sachen dort weg take those things away. – **2.** *(fortnehmen)* take *(s.th.)* off: der Staubsauger nimmt jedes Stäubchen weg the vacuum cleaner takes every speck of dust off; nehmen Sie bitte ihre Hand weg please take your hand off. – **3.** *(an sich nehmen)* take: er nahm ihm den Bleistift weg he took the pencil from him; paß auf, daß dir nichts weggenommen wird be careful that nothing is taken from *(od.* stolen from) you; heimlich etwas ~ to take s.th. secretly; j-m die Frau ~ to take s.o.'s wife; j-m den Parkplatz ~ to take *(od. colloq.* nab) s.o.'s parking space. – **4.** *(als Strafe)* take *(s.th.)* away, confiscate: der Lehrer nahm ihm das Messer weg the teacher took the knife away from him, the teacher confiscated his knife. – **5.** *(beschlagnahmen)* seize, requisition, *(konfiszieren) auch* confiscate. – **6.** *fig. (beanspruchen)* take (up): viel Platz [Zeit] ~ to take a lot of space [time] *(colloq.).* – **7.** der Vorhang nimmt viel Licht weg *fig.* the curtain makes the room rather dark. – **8.** *mar.* a) *(Schiff)* capture, seize, b) *(Segel)* shorten. – **9.** *med. (in der Chirurgie)* remove, resect. – **10.** → Gas 5. – **II** W~ *n ⟨-s⟩* **11.** *verbal noun.*

'weg,packen *(getr.* -k·k-) ['vɛk-] **I** *v/t ⟨sep, -ge-, h⟩* etwas ~ to pack *(od.* stow, tuck) s.th. away. – **II** *v/reflex* sich ~ *colloq. cf.* fortschieben.

'weg,pu·sten ['vɛk-] *v/t ⟨sep, -ge-, h⟩* etwas ~ *colloq.* to blow *(od.* whiff) s.th. away *(od.* off): etwas von etwas ~ to blow *(od.* whiff) s.th. off s.th.

'weg,put·zen ['vɛk-] *v/t ⟨sep, -ge-, h⟩* **1.** clean *(s.th.)* up. – **2.** *(wegwischen)* wipe *(s.th.)* off *(od.* away). – **3.** *colloq. (aufessen)* polish *(od.* clean) *(s.th.)* off. – **4.** *colloq. cf.* abknallen 1.

'weg,ra,die·ren ['vɛk-] *v/t ⟨sep, no -ge-, h⟩* rub *(s.th.)* out, erase.

'weg,raf·fen ['vɛk-] *v/t ⟨sep, -ge-, h⟩* **1.** snatch *(s.th.)* up, grab. – **2.** *fig. (von Krankheit, Tod)* carry *(s.o.)* off.

'Weg,rand ['veːk-] *m* wayside, roadside, edge of the path: am ~ at *(od.* along) the wayside *(od.* the edge of the path).

'weg,ra,sie·ren ['vɛk-] *v/t ⟨sep, -ge-, h⟩* **1.** shave *(s.th.)* off: sich *(dat)* den Bart ~ to shave one's beard off. – **2.** *fig.* raze *(s.th.)* to the ground.

'Weg,rau·ke ['veːk-] *f bot.* hedge mustard (Sisymbrium officinale).

'weg,räu·men ['vɛk-] **I** *v/t ⟨sep, -ge-, h⟩* **1.** *(Schutt, Schnee, Hindernis etc)* clear *(s.th.)* away, remove. – **2.** *(Geschirr etc)* put *(s.th.)* away: das Geschirr ~ to clear the table. – **II** W~ *n ⟨-s⟩* **3.** *verbal noun.* – **4.** removal, clearance.

'weg,rau·schen ['vɛk-] *v/i ⟨sep, -ge-, sein⟩ colloq.* flounce off, sweep off.

'weg,rei·ben ['vɛk-] *v/t ⟨irr, sep, -ge-, h⟩* etwas ~ to rub s.th. off: es läßt sich nicht ~ it won't rub *(od.* come) off, it can't be rubbed off.

'weg,rei·sen ['vɛk-] *v/i ⟨sep, -ge-, sein⟩ cf.* a) abreisen, b) verreisen I.

'weg,rei·ßen ['vɛk-] *v/t ⟨irr, sep, -ge-, h⟩* **1.** *(niederreißen)* pull *(od.* tear) *(s.th.)* down: alte Gebäude ~ to pull old buildings down, to demolish old buildings. – **2.** *(wegspülen)* sweep *(s.th.)* away: das Wasser hat die Brücke weggerissen the water swept *(od.* washed) the bridge away. – **3.** tear *(s.th., s.o.)* away *(od.* off), pull *(s.th., s.o.)* off. – **4.** j-n von etwas [j-m] ~ to pull *(od.* tear) s.o. away from s.th. [s.o.]. – **5.** j-m etwas ~ a) to snatch s.th. *(away)* from s.o., b) *(mit einem Ruck)* to jerk s.th. *(away)* from s.o.

'weg,rei·ten ['vɛk-] *v/i ⟨irr, sep, -ge-, sein⟩* ride off *(od.* away).

'weg,ren·nen ['vɛk-] *v/i ⟨irr, sep, -ge-, sein⟩* **1.** *(ausreißen)* run away: er ist schon dreimal von zu Hause weggerannt he has already run away from home three times. – **2.** *(mit einem Ziel)* run away *(od.* off), dash off: er rannte weg, um sie noch zu treffen he ran off to catch her before she left.

'weg,rol·len ['vɛk-] **I** *v/t ⟨sep, -ge-, h⟩ (Faß etc)* roll *(s.th.)* away. – **II** *v/i ⟨sein⟩ (von Ball, Kugel etc)* roll away.

'weg,rücken *(getr.* -k·k-) ['vɛk-] **I** *v/t ⟨sep, -ge-, h⟩ (Tisch, Schrank etc)* push *(s.th.)* move) *(s.th.)* away. – **II** *v/i ⟨sein⟩* move away *(od.* off), *(langsam u. unauffällig) auch* edge away *(od.* off).

'weg,ru·dern ['vɛk-] **I** *v/t ⟨sep, -ge-, h⟩ (Kahn etc)* row *(s.th.)* away. – **II** *v/i ⟨sein⟩* row away *(od.* off).

'weg,ru·fen ['vɛk-] *v/t ⟨irr, sep, -ge-, h⟩* j-n ~ *(von* from) to call s.o. away.

'weg,sacken *(getr.* -k·k-) ['vɛk-] *v/i ⟨sep, -ge-, sein⟩ bes. mar.* sag away.

'weg,sä·gen ['vɛk-] *v/t ⟨sep, -ge-, h⟩* saw *(od.* cut) off.

'weg,sau·fen ['vɛk-] *v/t ⟨irr, sep, -ge-, h⟩* j-m etwas ~ *colloq.* to drink (up) s.th. intended for s.o. else: er hat uns das ganze Bier weggesoffen he drank all our beer.

'weg,scha·ben ['vɛk-] *v/t ⟨sep, -ge-, h⟩* shave *(od.* scrape) *(s.th.)* off.

'weg,schaf·fen ['vɛk-] **I** *v/t ⟨sep, -ge-, h⟩ colloq.* **1.** clear away, get rid of, do away with: wir müssen den Müll ~ we must clear away the rubbish. – **2.** *(wegtragen)* carry *(s.th., s.o.)* away *(od.* off), transport *(s.th., s.o.)* off *(od.* away). – **3.** *(entfernen)* get rid of, get *(s.o., s.th.)* out *(od.* away), clear *(s.o., s.th.)* away: schaff mir die Leute weg get the people out of *(od.* away from) here. – **4.** *fig. (erledigen)* get through: ich habe schon viel Arbeit weggeschafft I got through a lot of work *(colloq.).* – **5.** *math. (Unbekannte)* eliminate. – **II** W~ *n ⟨-s⟩* **6.** *verbal noun.* — 'Weg,schaf·fung *f* **1.** *cf.* Wegschaffen. – **2.** removal.

'weg,schar·ren ['vɛk-] *v/t ⟨sep, -ge-, h⟩* rake *(od.* scrape) *(s.th.)* away.

'weg,schau·en ['vɛk-] *v/i ⟨sep, -ge-, h⟩ cf.* wegsehen.

'weg,schau·feln ['vɛk-] *v/t ⟨sep, -ge-, h⟩* etwas ~ to shovel s.th. away.

'Weg,scheid ['veːk,ʃait] *m ⟨-(e)s; -e⟩, Austrian f ⟨-; -en⟩ cf.* Wegscheide.

'Weg,schei·de ['veːk-] *f ⟨-; -n⟩* **1.** *(Kreuzung)* crossing, crossroad(s *pl construed as sg or pl).* – **2.** *(Gabelung)* road fork, (bi)furcation.

'weg,schen·ken ['vɛk-] *v/t ⟨sep, -ge-, h⟩* etwas ~ to give s.th. away.

'weg,sche·ren¹ ['vɛk-] *v/t ⟨meist irr, sep, -ge-, h⟩ cf.* abrasieren 1.

'weg,sche·ren² *v/reflex ⟨sep, -ge-, h⟩* sich ~ *colloq.* clear off *(od. colloq.* out): scher dich weg! go to hell *(od.* blazes)! scram! *(sl.),* beat it! *(sl.),* buzz off! *(sl.),* bes. Br. sl. hop it!

'weg,scheu·chen ['vɛk-] *v/t ⟨sep, -ge-, h⟩* **1.** *(Fliegen, Hühner etc)* shoo *(s.th.)* away *(od.* off). – **2.** *cf.* wegjagen 1.

'weg,schicken *(getr.* -k·k-) ['vɛk-] *v/t ⟨sep, -ge-, h⟩* **1.** *(Brief etc)* send *(s.th.)* off *(od.* away), dispatch, despatch, *Br. post,* bes. Am. mail. – **2.** send: ich habe ihn zum Einkaufen weggeschickt I have sent him to do some shopping. – **3.** *(abweisen)* send *(od.* turn) *(s.o.)* away, *(fortjagen)* send *(s.o.)* packing: du kannst ihn doch nicht so einfach ~ you can't simply send him away like that. – **4.** *(entlassen)* dismiss.

'weg,schie·ben ['vɛk-] *v/t ⟨irr, sep, -ge-, h⟩* **1.** push *(od. colloq.* shove) *(s.th.)* away. – **2.** *(Vorhang, Gardine etc)* pull *(od.* draw) *(s.th.)* back.

'weg,schie·ßen ['vɛk-] *v/t ⟨irr, sep, -ge-, h⟩* etwas ~ a) to shoot s.th. away *(od.* off), b) *(mit dem Fuß)* to kick s.th. away.

'Weg,schild ['veːk-] *n* (trail *od.* road) sign.

'weg,schla·gen ['vɛk-] *v/t ⟨irr, sep, -ge-, h⟩* **1.** *cf.* weghauen 1, 2. – **2.** *(Ball etc)* hit *(s.th.)* away, *(mit dem Fuß)* kick *(s.th.)* away.

'weg,schlei·chen ['vɛk-] *v/i ⟨irr, sep, -ge-, sein⟩ u.* sich ~ *v/reflex ⟨h⟩* steal *(od.* creep, sneak) away, *(bes. schuldbewußt) auch* slink away: (sich) aus einer Gesellschaft ~ to slip away from a party.

'weg,schlei·fen¹ ['vɛk-] *v/t ⟨sep, -ge-, h⟩* j-n [etwas] ~ to drag *(od.* haul) s.o. [s.th.] off *(od.* away).

'weg,schlei·fen² *v/t ⟨irr, sep, -ge-, h⟩* **1.** file *(s.th.)* off *(od.* away), *(feiner)* smooth *(od.* polish) *(s.th.)* off *(od.* away). – **2.** *(mit Sandpapier)* sand *(s.th.)* off *(od.* away).

'weg,schlep·pen ['vɛk-] *v/t ⟨sep, -ge-, h⟩* j-n [etwas] ~ to drag *(od.* haul, lug) s.o. [s.th.] away *(od.* off). – **II** *v/reflex* sich ~ drag oneself off, trudge away.

'weg,schleu·dern ['vɛk-] *v/t ⟨sep, -ge-, h⟩* etwas ~ to fling *(od.* hurl) s.th. away.

'weg,schlie·ßen ['vɛk-] *v/t ⟨irr, sep, -ge-, h⟩* etwas ~ to lock s.th. away, to put s.th. under lock and key.

'weg,schlüp·fen ['vɛk-] *v/i ⟨sep, -ge-, sein⟩* slip away.

'weg,schmei·ßen ['vɛk-] v/t ⟨irr, sep, -ge-, h⟩ colloq. for **wegwerfen** I.

'weg,schmel·zen ['vɛk-] I v/i ⟨von Schnee etc⟩ melt away, deliquesce. – II v/t ⟨h⟩ melt (s.th.) away.

'weg,schnap·pen ['vɛk-] v/t ⟨sep, -ge-, h⟩ 1. etwas ~ to snatch s.th. away: der Hund hat ihm die Wurst weggeschnappt the dog snatched the sausage (away) from him. – 2. j-m etwas ~ fig. colloq. to take s.th. from s.o.: er hat mir den Preis vor der Nase weggeschnappt he took the prize from under my (very) nose, he snatched the prize (away) from me; er hat ihm sein Mädchen weggeschnappt he has pinched his girl (colloq.); j-m den Parkplatz ~ to nab s.o.'s parking space (colloq.).

'Weg,schnecke (getr. -k·k-) ['ve:k-] f zo. slug (Fam. Arionidae): Rote ~ red (od. orange) slug (Arion rufus); Schwarze ~ black (od. brown) slug (A. ater).

'weg,schnei·den ['vɛk-] v/t ⟨irr, sep, -ge-, h⟩ 1. cut (s.th.) away (od. off), retrench. – 2. hort. (Ast, Zweig etc) prune (od. lop, snip, pare) (s.th.) off. – 3. med. a) excise, cut (s.th.) off, extirpate, resect, b) (amputieren) amputate.

'weg,schnel·len ['vɛk-] v/i ⟨sep, -ge-, sein⟩ spring (od. shoot) away.

'weg,schüt·ten ['vɛk-] v/t ⟨sep, -ge-, h⟩ 1. (Abfall etc) dump (s.th.) (away). – 2. (Flüssigkeit) pour (s.th.) out (od. away).

'weg,schwem·men ['vɛk-] v/t ⟨sep, -ge-, h⟩ etwas ~ to wash (od. sweep) s.th. away.

'weg,schwim·men ['vɛk-] v/i ⟨irr, sep, -ge-, sein⟩ 1. (von Personen) swim away (od. off). – 2. (von Dingen) float (od. drift) away (od. off): → Fell 7.

'weg,se·geln ['vɛk-] v/i ⟨sep, -ge-, sein⟩ sail away: ~ nach to set sail for.

'weg,se·hen ['vɛk-] v/i ⟨irr, sep, -ge-, h⟩ 1. (von from) look away, avert one's eyes. – 2. über (acc) etwas [j-n] ~ cf. hinwegsehen.

'weg,seh·nen ['vɛk-] v/reflex ⟨sep, -ge-, h⟩ sich ~ long (od. yearn) to go away.

'weg,set·zen ['vɛk-] I v/t ⟨sep, -ge-, h⟩ 1. j-n ~ to move s.o. (away): wenn du abschreibst, muß ich dich ~ if you copy I shall have to move you. – 2. (Stuhl, Vase etc) set (od. put) (s.th.) away. – II v/i ⟨h u. sein⟩ 3. über einen Graben ~ to jump (od. leap) over a ditch, to clear a ditch. – III v/reflex ⟨h⟩ sich ~ 4. (auf einen anderen Platz) move (to another seat). – 5. sich über (acc) etwas [j-n] ~ fig. cf. hinwegsetzen 1.

'Weg,skiz·ze ['ve:k-] f sketched map of trails. — **~,sper·re** f barrier.

'weg,spren·gen¹ ['vɛk-] v/t ⟨sep, -ge-, h⟩ etwas ~ (mit Dynamit etc) to blast s.th. away, to blow s.th. up.

'weg,spren·gen² ['vɛk-] v/i ⟨sep, -ge-, sein⟩ (von Reiter) gallop off.

'weg,sprin·gen ['vɛk-] v/i ⟨irr, sep, -ge-, sein⟩ 1. (von Tieren) jump (od. leap) away (od. off). – 2. (von Personen) jump (od. leap) aside (od. back).

'weg,spü·len ['vɛk-] v/t ⟨sep, -ge-, h⟩ 1. (Uferrand etc) sweep (od. wash) (s.th.) away. – 2. colloq. (Geschirr) wash up. – 3. etwas mit Wasser ~ to wash s.th. off (od. away). – 4. (in der Toilette) flush (s.th.) away.

'weg,stecken (getr. -k·k-) ['vɛk-] v/t ⟨sep, -ge-, h⟩ 1. put (s.th.) away: steck das Geld gut weg put the money somewhere safe. – 2. (verbergen) hide (od. tuck) (s.th.) away. – 3. cf. einstecken 4, 5.

'weg,steh·len ['vɛk-] v/reflex ⟨irr, sep, -ge-, h⟩ sich ~ cf. wegschleichen.

'weg,stel·len ['vɛk-] v/t ⟨sep, -ge-, h⟩ etwas ~ to put (od. set) s.th. away. [die off.]

'weg,ster·ben ['vɛk-] v/i ⟨irr, sep, -ge-, sein⟩

'weg,sti,bit·zen ['vɛk-] v/t ⟨sep, no -ge-, h⟩ j-m etwas ~ colloq. humor. to pinch (od. swipe, snitch) s.th. from s.o. (colloq.).

'weg,sto·ßen ['vɛk-] v/t ⟨irr, sep, -ge-, h⟩ 1. push (od. colloq. shove) (s.th., s.o.) away. – 2. (mit dem Fuß) kick (s.th.) away.

'weg,stre·ben ['vɛk-] v/i ⟨sep, -ge-, sein u. h⟩ von to tend from, to attempt to get away from.

'Weg,strecke (getr. -k·k-) ['ve:k-] f 1. stretch of road: schlechte ~ bad stretch (of road); die zurückgelegte ~ beträgt the stretch of road (od. the distance) covered is. – 2. (Entfernung) distance. – 3. (optics) (Lichtweite) light range.

'Weg,strecken,mes·ser (getr. -k·k-) ['ve:k-] m mileage recorder (od. indicator).

'weg,strei·chen ['vɛk-] v/t ⟨irr, sep, -ge-, h⟩ (Satz, Zahl etc) cross (od. stroke, strike) (s.th.) out, delete, cancel.

'Weg,stun·de ['ve:k-] f hour's walk: die Hütte liegt drei ~n von hier the lodge is three hours' walk (od. a three-hour walk, a walk of three hours) from here.

'weg,stür·zen ['vɛk-] v/i ⟨sep, -ge-, sein⟩ rush (od. dash, dart) off (od. away).

'weg,tra·gen ['vɛk-] v/t ⟨irr, sep, -ge-, h⟩ etwas [j-n] ~ to carry (od. take) s.th. [s.o.] away (od. off).

'weg,trei·ben ['vɛk-] I v/t ⟨irr, sep, -ge-, h⟩ j-n [ein Tier] ~ to drive s.o. [an animal] away. – II v/i ⟨sein⟩ (von Boot, Strandgut) drift (od. float) away (od. off): mit dem Strom ~ to drift away with the current.

'weg,tre·ten ['vɛk-] v/i ⟨irr, sep, -ge-, sein⟩ 1. step aside. – 2. mil. break (the) ranks, fall out: ~ lassen to dismiss; weggetreten! a) Br. dismiss! Am. dismissed! b) (zur Durchführung eines Auftrages) move out!

'weg,trin·ken ['vɛk-] v/t ⟨irr, sep, -ge-, h⟩ j-m etwas ~ to drink (up) s.th. that is intended for s.o. else: der Hund trank der Katze die Milch weg the dog drank the cat's milk.

'weg,tun ['vɛk-] v/t ⟨irr, sep, -ge-, h⟩ colloq. 1. (wegräumen) put (s.th.) away. – 2. (wegwerfen) throw (s.th.) out (od. away). – 3. (verstecken, verbergen) hide (s.th.) away. – 4. (aufheben, sparen) put (s.th.) away (od. by). – 5. (wegnehmen) take (s.th.) off: tu die Hände weg! take your hands off!

'Weg|,über,füh·rung ['ve:k-] f 1. overpass. – 2. (Viadukt) viaduct. — **~,über,gang** m (portable) line crossing. — **~,un·ter,füh·rung** f underpass, subway. — **~,ver,hält·nis·se** pl road conditions.

'weg,wa·gen ['vɛk-] v/reflex ⟨sep, -ge-, h⟩ sich [nicht] ~ [not] to dare (od. venture) to go away (od. leave): wage dich ja nicht weg! colloq. don't (you) dare go away!

'weg,wäl·zen ['vɛk-] v/t ⟨sep, -ge-, h⟩ (Stein etc) roll (s.th.) away.

'weg,wan·dern ['vɛk-] v/i ⟨sep, -ge-, sein⟩ 1. leave, set out. – 2. cf. abwandern 1.

'Weg,war·te ['ve:k-] f ⟨-; -n⟩ bot. (wild) succory, chicory, auch chiccory, chickory (Cichorium intybus).

'weg,wa·schen ['vɛk-] v/t ⟨irr, sep, -ge-, h⟩ 1. (Flecken etc) wash (s.th.) off. – 2. (vom Regen) wash (s.th.) off (od. away).

'weg,we·hen ['vɛk-] I v/t ⟨sep, -ge-, h⟩ blow off (od. away). – II v/impers mir hat es den Hut weggeweht my hat was blown off (od. away).

weg·wei·send ['vɛk,vaɪzənt] adj fig. (bahnbrechend) trailblazing, pathbreaking.

'Weg·wei·ser ['ve:k,vaɪzər] m ⟨-s; -⟩ 1. (für Wanderwege etc) fingerpost, guidepost, waypost. – 2. (für Straßen) signpost, road sign. – 3. fig. (Leitfaden, Stadtführer etc) guide. – 4. fig. (für einen Gebäudekomplex) directory.

'weg,wen·den ['vɛk-] I v/t ⟨bes. irr, sep, -ge-, h⟩ (Gesicht etc) (von from) turn (one's face) away: er wandte den Blick weg he averted his eyes. – II v/reflex sich ~ (von from) turn away.

'weg,werf·bar ['vɛk-] adj (Packung etc) disposable, throw-away (attrib).

'weg,wer·fen ['vɛk-] I v/t ⟨irr, sep, -ge-, h⟩ 1. (verdorbene Ware, wertlose Gegenstände etc) throw (s.th.) out (od. away), cast (s.th.) away (od. aside), chuck (s.th.) away (colloq.). – 2. (von sich werfen) throw (s.th.) away. – 3. fig. (Geld) throw (s.th.) away (od. down the drain), squander (s.th.) (away); → Leben 1. – II v/reflex 4. sich (an j-n) ~ to waste oneself (on s.o.). – **'weg,wer·fend** I pres p. – II adj derogatory, disparaging, slighting: eine ~e Handbewegung machen to make a disparaging gesture. – III adv derogatively, disparagingly: ~ über j-n urteilen to speak derogatorily (od. slightingly) of s.o.

'Weg,werf|,packung (getr. -k·k-) ['ve:k-] f disposable (od. throw-away) package (od. wrapping, wrapper). — **~,win·del** f disposable diaper (bes. Br. napkin, bes. Br. colloq. nappy).

'Weg,wes·pe ['ve:k-] f zo. sand wasp (Pompilus viaticus).

'weg,wi·schen ['vɛk-] v/t ⟨sep, -ge-, h⟩ 1. (Fleck etc) wipe (s.th.) off (od. away), (mit einem Schwamm) auch sponge (s.th.) off (od. away). – 2. (Geschriebenes, Gemaltes) wipe (s.th.) out (od. off), efface. – 3. fig. (Erinnerung) wipe (s.th.) out, blot (s.th.) out, efface. – 4. fig. (Einwand) brush (s.th.) aside (od. away).

'weg,wün·schen ['vɛk-] v/t ⟨sep, -ge-, h⟩ j-n [etwas] ~ to wish that s.o. [s.th.] were (od. was) not there: da hätte ich ihn ~ können I could have wished him far away, I could have wished him far enough, I wished him far away. – II v/reflex sich ~ long (od. wish) to go (od. be) away: in dem Moment hätte ich mich am liebsten weggewünscht at that moment I wished the ground would open and swallow me up.

'weg,zäh·len ['vɛk-] v/t ⟨sep, -ge-, h⟩ Austrian for **abziehen** 13.

'weg,zau·bern ['vɛk-] v/t ⟨sep, -ge-, h⟩ etwas ~ to conjure s.th. away, to make s.th. disappear (by magic).

'Weg|,zeh·rung ['ve:k-] f 1. food and drink (od. provisions pl) for the road (od. journey). – 2. letzte ~ röm.kath. viaticum. — **~,zei·chen** n cf. Wegmarkierung.

'weg,zer·ren ['vɛk-] v/t ⟨sep, -ge-, h⟩ j-n [etwas] ~ a) to wrench (s.o. [s.th.] away, b) (wegschleppen) to drag (od. haul) s.o. [s.th.] away.

'weg,zie·hen ['vɛk-] I v/t ⟨irr, sep, -ge-, h⟩ 1. (Decke etc) pull (s.th.) off (od. away). – 2. (Vorhang etc) pull (od. draw) (s.th.) back. – 3. j-n (von etwas) ~ to pull s.o. away (from s.th.), (sehr behutsam) auch to draw s.o. away (from s.th.). – 4. j-m etwas ~ to pull s.th. away from s.o.: er zog ihm den Stuhl weg he pulled the chair away from under him; das hat ihm den Boden unter den Füßen weggezogen fig. that has cut the ground from under his feet. – II v/i ⟨sein⟩ 5. (aus einer Wohnung, von einer Stadt etc) move away, leave. – 6. (von Vögeln etc) migrate, leave. – III W~ n ⟨-s⟩ 7. verbal noun.

'Weg,zoll ['ve:k-] m cf. Weggeld.

'Weg,zug ['ve:k-] m ⟨-(e)s; no pl⟩ 1. cf. Wegziehen. – 2. (Umzug) move, removal: nach ihrem ~ von München after their move (od. after moving) from Munich. – 3. (der Vögel) migration.

weh [ve:] I adj 1. ⟨attrib⟩ (wund, verletzt) sore, bad: einen ~en Finger haben to have a sore finger. – 2. fig. (schmerzend) aching: mit ~em Herzen with an aching heart; mir ist ~ ums Herz I am sore (od. sick) at heart, my heart aches (od. is aching, is sore); mir wird ~ ums Herz(, wenn ich daran denke) it grieves my heart (to think of it). – 3. ⟨attrib⟩ fig. (schmerzlich) painful: ein ~er Abschied a painful farewell; ein ~es Gefühl a pang. – II adv 4. ~ tun a) (allgemein) to be sore, to ache, b) (bei einer Berührung, Bewegung etc) to hurt, c) fig. to hurt: mein Bein tut mir ~ my leg is sore; mein Kopf tut mir ~ my head is aching; mir tut der Hals ~ my throat is sore, I have a sore throat; au, das tut ~! ow, that hurts! solch eine Beleidigung tut ~ fig. such an insult hurts; → Seele 3. – 5. j-m ~ tun a) to hurt s.o., b) fig. to hurt (od. pain, stärker grieve) s.o., to cause s.o. pain. – 6. sich (dat) ~ tun to hurt oneself: er hat sich bei dem Sturz am Kopf ~ getan he hurt his head when he fell. – III interj 7. o ~! a) (als Befürchtung) oh goodness (od. sl. gosh!) b) (als Bedauern) oh dear! – 8. ~ (dir), wenn du das tust! don't (you) dare do that! watch out if you do that! – 9. lit. woe: ~ (mir)! woe (is me)! ~ dem, der das tut! woe betide whoever does that! – 10. ach und ~ über j-n rufen fig. to lament s.o.; → ach 1.

Weh n ⟨-(e)s; -e⟩ 1. fig. lament(ation): das ewige Ach und ~ the continual lamentations pl; mit (od. unter) vielen Ach und ~ colloq. with much complaining; da half kein Ach und ~ there was no woe (in) complaining. – 2. lit. grief, pain, affliction, ailment, ache, woe: sie konnte sich vor lauter ~ nicht fassen she could not compose herself, such was her grief.

we·he ['ve:ə] interj 1. cf. weh 8, 9: → Besiegte 1. – 2. ~! don't (you) dare do that! watch out if you do that! [Wohl 1.]

'We·he¹ n ⟨-s; no pl⟩ lit. cf. Weh 2: →⟩

'We·he² f ⟨-; -n⟩ (aus Schnee od. Sand) drift.

'We·he³ f ⟨-; -n⟩ 1. meist pl med. uterine contraction: ~n haben to be in labo(u)r; in den ~n liegen to be in labo(u)r, to labo(u)r; die ~n hatten eingesetzt her pains (od.

throes) had begun. – **2.** *pl fig.* (*Anfangs-schwierigkeiten*) initial difficulties, teething troubles.

we·hen ['veːən] **I** *v/i* ⟨h *u.* sein⟩ **1.** ⟨h⟩ (*vom Wind*) blow: der Wind weht vom Meer the wind is blowing from the sea; der Wind weht eisig [scharf] there is an icy [a sharp] wind (blowing); kein Lüftchen wehte there was not a breath of air (stirring); → Wind 1. – **2.** ⟨sein⟩ (*von Duft, Tönen etc*) waft, drift, float: ein Ruf wehte übers Wasser zu uns a call wafted over the water to us. – **3.** ⟨h⟩ (*von Fahnen, Tüchern, Haar, Schleier etc*) wave, ripple: die Fahnen ~ im Wind the flags wave (*od.* flap) in the wind; eine Fahne ~ lassen to fly a flag; sein Kopftuch ~ lassen to let one's scarf wave (*od.* flap) in the breeze. – **II** *v/impers* ⟨h⟩ **4.** blow: es weht ein starker Wind there is a strong wind (blowing); draußen weht es tüchtig *colloq.* there's quite a storm blowing outside, it's blowing great guns outside. – **III** *v/t* ⟨h⟩ **5.** (*Blätter, Sand, Schnee etc*) blow: der Wind hat die Blätter von den Bäumen geweht the wind has blown the leaves from the trees.

'we·hend I *pres p.* – **II** *adj* **1.** (*von Fahnen, Haaren etc*) waving, rippling: er sah sie mit ~en Haaren vorbeieilen he saw her hurry past, her hair waving. – **3.** (*von Kleidung, Gewändern etc*) flowing: mit ~en Rockschößen with tails flowing.

'we·hen|för·dernd *adj med. pharm.* oxytocic: ~es Mittel oxytocic (drug *od.* agent). – **W~,mit·tel** *n* oxytocic (drug *od.* agent). – **W~,schwä·che** *f med.* poor contractions *pl*, uterine insufficiency (*od.* inertia), inertia uteri (*scient.*). – **~,trei·bend** *adj med. pharm. cf.* wehenfördernd.

'Weh|,frau *f obs. for* Hebamme. – **~ge,fühl** *n* **1.** feeling of pain. – **2.** (*seelisches*) feeling of grief (*od.* pain, woe). – **~ge-,schrei** *n* woeful (*od.* wailful) cries *pl*, wailing. – **~,kla·ge** *f* lament(ation), wail, *auch* jeremiad: eine laute ~ anstimmen to break into loud lamentation(s). – **w~-,kla·gen I** *v/i* ⟨insep, ge-, h⟩ **1.** wail, lament, moan: um j-n ~ to wail for s.o., to bewail (*od.* lament) s.o.; über (*acc*) etwas ~ to wail over s.th. – **II W~** *n* ⟨-s⟩ **2.** *verbal noun.* – **3.** lament(ation), wail: in lautes W~ ausbrechen to break into loud lamentation(s). – **w~,kla·gend I** *pres p.* – **II** *adv* ,,ach'', rief sie ~ aus ''oh,'' she exclaimed wailfully (*od.* woefully).

Wehl [veːl] *n* ⟨-(e)s; -e⟩, **'Weh·le** *f* ⟨-; -n⟩ *Low G. cf.* Kolk 2.

'weh,lei·dig *adj* **1.** (*Person*) whin(e)y, whining: ~ sein to be a whiner; sei nicht so ~ don't be such a whiner, stop whining, (*zu einem Kind*) *auch* don't be such a crybaby. – **2.** (*Stimme*) whining, complaining, plaintive. — **'Weh,lei·dig·keit** *f* ⟨-; *no pl*⟩ whininess, (*der Stimme*) *auch* plaintiveness.

'Weh,mut *f* ⟨-; *no pl*⟩ **1.** (*Stimmung*) wistfulness, ruefulness, (*stärker*) nostalgia: eine leise ~ bemächtigte sich ihrer she was overcome by a touch of nostalgia. – **2.** (*in einem Lächeln, Blick etc*) wistfulness. – **3.** (*in einer Musik, Stimme etc*) plaintiveness, (*stärker*) melancholy.

'weh,mü·tig I *adj* **1.** (*Stimmung, Gedanken etc*) wistful, rueful, (*stärker*) nostalgic. – **2.** (*Lächeln, Blick etc*) wistful. – **3.** (*Musik, Stimme etc*) plaintive, (*stärker*) melancholy. – **II** *adv* **4.** ~ lächeln to smile wistfully; sich ~ an (*acc*) etwas erinnern to think back wistfully (*stärker* nostalgically) to s.th., to remember s.th. with nostalgia. — **'Weh,mü·tig·keit** *f* ⟨-; *no pl*⟩ *cf.* Wehmut.
'weh,muts,voll *adj u. adv cf.* wehmütig.
'Weh,mut·ter *f obs. for* Hebamme.
Weh·ne ['veːnə] *f* ⟨-; -n⟩ *Low G.* **1.** *cf.* Beule 3a. – **2.** *cf.* Geschwulst 1.

Wehr[1] [veːr] *f* ⟨-; -en⟩ **1.** ⟨*only sg*⟩ sich (gegen j-n [etwas]) zur ~ setzen a) *auch fig.* to defend oneself (against s.o. [s.th.]), b) (*Widerstand leisten*) to resist (s.o. [s.th.]), to offer resistance to s.o. [s.th.]. – **2.** *only in* ~ und Waffen *poet.* arms *pl*. – **3.** *Southern G. dial.* (*Feuerwehr*) *Br.* fire-brigade, *Am.* fire department. – **4.** *hunt.* a) line of beaters, b) line of huntsmen.

Wehr[2] *n* ⟨-(e)s; -e⟩ *civ.eng.* (*beim Wasserbau*) weir, dam, pound-lock: bewegliches ~ movable dam; das ~ staut das Wasser the weir dams up the water.

'Wehr|,auf,trag *m* defence (*Am.* defense)

mission. — **w~bar** *adj cf.* wehrhaft. — **~be,auf,trag·te** *m* ⟨-n; -n⟩ *BRD mil.* Defence (*Am.* Defense) Commissioner (of the Bundestag). — **~,bei,trag** *m* defence (*Am.* defense) contribution.

'Wehr·be,reich *m BRD mil.* military district.

'Wehr·be,reichs|kom,man·do *n BRD mil.* military district command. — **~ver,wal·tung** *f* (*zivile*) military district administration.

'Wehr·be,zirk *m mil. hist.* (*der Wehrmacht*) military district. — **'Wehr·be,zirks·kom-,man·do** *n* military district headquarters *pl* (*often construed as sg*) (*od.* command).

'Wehr,dienst *m* ⟨-(e)s; *no pl*⟩ (*military od.* color, *bes. Br.* colour) service, service with the armed forces, national service: zum ~ einberufen werden to be conscripted (*od.* called up, *Am.* drafted) (for military service); seinen ~ ableisten to do one's military service, to serve (on active duty); aus dem ~ entlassen werden to be discharged (*Am. auch* separated) from the service, to be demobilized (*Br. auch* -s-) (*Am. auch* mustered out). — **~,aus-,nah·me** *f* exemption from military service. — **~be,schä·di·gung** *f* disability (incurred) in line of duty. — **~,pflicht** *f* ⟨-; *no pl*⟩ *cf.* Wehrpflicht. — **w~,pflich·tig** *adj cf.* wehrpflichtig. — **~,pflich·ti·ge** *m* ⟨-n; -n⟩ *cf.* Wehrpflichtige. — **~ver,hält·nis** *n* service status. — **~ver,wei·ge·rer** [-,vaigərər] *m* ⟨-s; -⟩ *cf.* Kriegsdienstverweigerer. — **~ver,wei·ge·rung** *f cf.* Kriegsdienstverweigerung. — **~,zeit** *f* national service period, *Am.* enlistment period.

'Wehr|dis·zi·pli,nar,ord·nung *f mil.* military disciplinary code. — **~,dorf** *n* defended (*od.* strategic) hamlet.

weh·ren ['veːrən] **I** *v/reflex* ⟨h⟩ sich ~ **1.** resist: sich verzweifelt ~ to resist desperately, to put up a desperate resistance; sich gegen die Eindringlinge ~ to resist the intruders; der Körper wehrt sich gegen eine Krankheit the body resists a disease; → Hand[1] *Verbindungen mit Präpositionen*; Haut 2. – **2.** sich gegen etwas ~ *fig.* a) (*etwas zurückweisen*) to refuse to accept s.th., b) (*etwas ablehnen*) to reject s.th.: er wehrt sich gegen diesen Gedanken he refuses to accept this idea; sich gegen eine Einsicht ~ to refuse to accept (*od.* see) reason; ich wehre mich gegen jeden Radikalismus I reject all forms of radicalism. – **II** *v/t* **3.** j-m etwas ~ *lit.* to prevent (*od.* hinder, stop, keep) s.o. from doing s.th.: das kann ich dir nicht ~ I cannot prevent you (from doing it); wer will's mir ~ who is to prevent (*od.* stop) me? – **III** *v/i* **4.** einer Sache ~ *lit.* a) to resist a thing, b) to prevent a thing from spreading, to prevent the spread of a thing, to arrest a thing: sie wehrte seinen Worten she resisted his words; er wehrte ihrem Dank he declined her thanks; einer Epidemie ~ to prevent an epidemic from spreading; um diesem Übel zu ~ (*in order*) to arrest (*od.* eliminate) this evil; den Anfängen ~ to nip things in the bud.

'Wehr·er,satz *m mil.* recruiting and replacement. — **~,amt** *n* selective service board. — **~be,hör·de** *f* recruiting agency. — **~,dienst** *m cf.* Ersatzdienst. — **~,dienst,stel·le** *f* selective service board. — **~,or·ga·ni·sa·ti,on** *f* personnel production system. — **~,we·sen** *n* ⟨-s; *no pl*⟩ selective service.

'Wehr|er,tüch·ti·gung *f mil.* premilitary training. — **~,etat** [-?e,taː] *m pol.* defence (*Am.* defense) budget. — **~ex,per·te** *m pol.* defence (*Am.* defense) expert, expert in defence (*Am.* defense) matters. — **w~,fä·hig** *adj mil.* **1.** (*Person*) fit for military service, able-bodied. – **2.** (*Alter*) recruitable. — **~,fä·hig·keit** *f* ⟨-; *no pl*⟩ (*einer Person*) fitness for military service, able-bodiedness. — **~,for·schung** *f* defence (*Am.* defense) research. — **w~,freu·dig** *adj* military-minded. — **~,gang** *m* ⟨-(e)s; ~e⟩ *arch. hist.* sentry walk of the battlements, battlements *pl*. — **~ge,hän·ge** *n* **1.** *mil. hist. cf.* Wehrgehenk. – **2.** *hunt.* (*Koppel für den Hirschfänger*) leather belt.

— **~ge,henk** *n mil. hist.* baldric, sword belt. — **~,geist** *m* ⟨-(e)s; *no pl*⟩ spirit of defence (*Am.* defense). — **~ge,rech·tig-keit** *f mil.* equity in conscription (*Am.* drafting). — **~ge,setz** *n jur.* Military Service Act. — **~ge,setz,ge·bung** *f* national defence (*Am.* defense) legislation.

'wehr,haft *adj* **1.** (*Person*) fit to fight. – **2.** (*Burg*) well-fortified (*attrib*). — **'Wehr,haf·tig·keit** *f* ⟨-; *no pl*⟩ **1.** (*einer Person*) fitness to fight. – **2.** (*einer Burg*) good (*od.* strong) fortification.

'Wehr|,ho·heit *f* ⟨-; *no pl*⟩ (*eines Staates, Monarchen etc*) military sovereignty (*auch* sovranty). — **~,kir·che** *f arch. hist.* fortified church.

'Wehr,kraft *f* military power. — **~zer-,set·zung** *f* demoralization (*Br. auch* -s-) of the troops (*od.* armed forces).

'Wehr,kro·ne *f civ.eng.* weir crest.

'Wehr,la·ge *f mil.* defence (*Am.* defense) posture.

'wehr,los *adj* **1.** (*ohne Schutz*) defenceless, *Am.* defenseless, unarmed, helpless: dem Feind ~ ausgeliefert sein to be defenceless against the enemy; ~ machen to disarm. – **2.** *fig.* (*hilflos*) helpless: ein ~es Kind a helpless child; sie stand seinen Drohungen ~ gegenüber she was helpless against his threats. — **'Wehr,lo·sig·keit** *f* ⟨-; *no pl*⟩ **1.** defencelessness, *Am.* defenselessness, helplessness. – **2.** *fig.* helplessness.

'Wehr,macht *f* ⟨-; *no pl*⟩ *mil. hist.* Wehrmacht (*the German armed forces in the years prior to and during World War II*). — **~,machts|an·ge,hö·ri·ge** *m, f* ⟨-n; -n⟩ *mil. hist.* member of the Wehrmacht. — **~be,richt** *m* communiqué of the High Command, news bulletin. — **~,teil** *m* **1.** service. – **2.** component force.

'Wehr|,mann *m* ⟨-(e)s; -männer⟩ Swiss soldier. — **~ma·te·ri,al** *n mil.* (*military*) material, military hardware. — **~,mel·de-,amt** *n* (local) recruiting station. — **~,num·mer** *f cf.* Wehrstammnummer. — **~,paß** *m* service record (book).

'Wehr,pflicht *f* ⟨-; *no pl*⟩ *mil.* compulsory military service, conscription: die allgemeine ~ einführen [abschaffen] to introduce [to abolish] universal compulsory military service; seiner ~ genügen to do one's military service. — **~ge,setz** *n jur.* Compulsory Military Service Law, Conscription Law.

'wehr,pflich·tig *adj mil.* subject to (*od.* liable for, eligible for) military service: ~er Jahrgang (draft-)age class (*od.* bracket). — **'Wehr,pflich·ti·ge** *m* ⟨-n; -n⟩ **1.** person liable to military service. – **2.** (*der seinen Wehrdienst ableistet*) conscript, *Am.* draftee.

'Wehr|po·li,tik *f* military policy. — **w~-po·li·tisch** *adj* politico-military. — **~,recht** *n jur.* military law. — **~,schna·bel** *m zo.* (*Knochenfisch*) snake eel (*Mastocembelus armatus*).

'Wehr,soh·le *f civ.eng.* weir floor (*od.* bottom).

'Wehr|,sold *m mil.* (*military*) pay, soldier's pay. — **~,sta·chel** *m zo.* (*der Hautflügler*) sting.

'Wehr,stamm|,blatt *n mil.* military registration record. — **~,buch** *n* basic military record book. — **~,kar·te** *f* military registration card. — **~,num·mer** *f* service number. — **~,rol·le** *f* personnel (*od.* service) roster.

'Wehr|,stand *m mil. hist.* military profession. — **~,steu·er** *f* military service exemption tax, defence (*Am.* defense) tax. — **~,straf·ge,setz** *n jur.* military code. — **~,straf,recht** *n* military law. — **~struk,tur** *f* force structure. — **w~,taug·lich** *adj mil.* fit for military service, able-bodied. — **~,taug·lich·keit** *f* ⟨-; *no pl*⟩ fitness for military service, able-bodiedness. — **~,tech·nik** *f* defence (*Am.* defense) engineering. — **w~,tüch·tig** *adj cf.* wehrtauglich. — **~,tüch·tig·keit** *f* ⟨-; *no pl*⟩ *cf.* Wehrtauglichkeit. — **~,turm** *m arch. hist.* peal, *auch* peel tower, *Am.* peel tower. — **~,über,wa·chung** *f mil.* control (under the National Military Service Act). — **~,übung** *f* reserve duty training, retraining.

'Weh,ruf *m* wail.

'wehr|,un,fä·hig, ~un,taug·lich *adj mil.* unfit for military service. — **~un,wür·dig** *adj mil. hist.* unworthy to bear arms.

'Wehr|,vo·gel *m zo.* screamer (*Fam.*

Anhimidae). — ~,vor,la·ge f pol. (im Parlament) defence (Am. defense) bill. — ~,we·sen n ⟨-s; no pl⟩ mil. (matters pl pertaining to the) armed forces pl. — ~,wirt·schaft f econ. defence (Am. defense) economy, war industry. — ~,wis·sen·schaft f mil. military science. — ~,zeug n (mining) final measurement.

Weh·weh [ve'veː] n ⟨-s; -s⟩ (child's language) pain. — **Weh'weh·chen** n ⟨-s; -⟩ **1.** dim. of Wehweh. — **2.** fig. colloq. humor. complaint: er hat immer irgendein ~ he always has some complaint, he is always complaining about his pains and aches.

Weib [vaip] n ⟨-(e)s; -er⟩ **1.** obs. woman: das ~ (als Vertreterin ihres Geschlechts) woman; ein altes ~ an old woman; Mann und ~ man and woman; „Die lustigen ~er von Windsor" "The Merry Wives of Windsor" (comedy by Shakespeare; comic opera by Nicolai). – **2.** obs. wife: sie sind jetzt Mann und ~ they are now husband and wife; er hat ~ und Kind(er) he has a wife and family; ein ~ nehmen to take a wife; ein Mädchen zum ~(e) nehmen to take a young girl to wife. – **3.** colloq. humor. spouse: mein ~ hat mich heute Abend allein gelassen my spouse has left me on my own tonight. – **4.** colloq. contempt. woman, (piece of) skirt (sl.): schon wieder ein ~ am Steuer! another woman at the wheel! dieses ~ da that woman; so ein blödes ~! what a silly goose! ein klatschsüchtiges ~ a gossipy (od. a gossip of a) woman; böses (od. zänkisches) ~ 'bitch' (colloq.), vixen, scold, virago, termagant, shrew; du bist ein altes ~ fig. you are an (od. colloq. an awful) old woman; er ist hinter jedem ~ her he chases after every skirt. – **5.** ein tolles ~ colloq. quite a woman, quite something (beide colloq.); a fantastic woman, a bit of hot stuff (od. of alright), a luscious doll (sl.).

Weib·chen ['vaipçən] n ⟨-s; -⟩ **1.** dim. of Weib. – **2.** colloq. wee wife, wee wifey (od. wifie) (alle colloq.): mein ~ my wee wife. – **3.** zo. female, (bei Vögeln) hen. – **4.** contempt. (bit of a) tart (sl.).

Wei·bel ['vaibəl] m ⟨-s; -⟩ **1.** hist. for Feldwebel 1. – **2.** Swiss od. obs. usher of the court.

'Wei·ber|,art f colloq. contempt. od. humor. woman's ways pl. — ~,feind m woman hater, misogynist (scient.). — ~,feind·schaft f hatred of women, misogyny (scient.). — ~ge,schich·te f colloq. affair with a woman: ~n affairs with women. — ~ge,schwätz, ~ge,wäsch n contempt. (women's) gossip (od. cackle). — ~,haß m cf. Weiberfeindschaft. — ~,held m contempt. ladykiller, ladies' (auch lady's) man. — ~,herr·schaft f contempt. cf. Weiberregiment. — ~,klatsch m contempt. cf. Weibergeschwätz. — ~,knecht m contempt. slave to women. — ~,kram m colloq. contempt. od. humor. women's stuff. — ~,lau·ne f woman's caprice (od. whim). — ~,leu·te pl contempt. cf. Weibervolk 2. — ~,list f wiles pl of women. — ~,narr m contempt. philanderer. — ~re·gi,ment n contempt. petticoat government (od. rule). — w~,toll adj crazy (od. colloq. mad) about women. — ~,volk n colloq. **1.** humor. women(folk) pl. – **2.** contempt. women pl, females pl.

wei·bisch ['vaibiʃ] adj contempt. (Mann, Verhalten etc) womanish, effeminate, unmanly, auch feminine, epicene: ~es Wesen effeminacy, effeminateness, femininity.

Weib·lein ['vaiplain] n ⟨-s; -⟩ **1.** dim. of Weib: → Männlein 2. – **2.** lit. little old woman: ein verhutzeltes altes ~ a shrivel(l)ed little old woman.

weib·lich ['vaiplıç] I adj **1.** (weiblichen Geschlechts) female: ~e Arbeitskräfte female staff sg; das ~e Geschlecht auch collect. the female sex, womankind; eine ~e Stimme a woman's voice; (das ist) typisch ~! (that is) typically womanlike (od. female). – **2.** bot. zo. (Blüte, Tier) female. – **3.** (in der Genealogie) female: die ~e Linie der Familie the female line (od. the distaff side) of the family. – **4.** (der Frau zugehörig) feminine: ~e Haartracht [Kleidung] feminine hairdress [dress]; ~e Arbeiten feminine (od. women's) work; die ~e Psyche the feminine psyche; ~e Gefühle feminine emotions; ~e Körper-

formen a feminine figure sg. – **5.** (Anmut etc) feminine: sie hat ein sehr ~es Wesen she is very feminine, she is a very feminine person. – **6.** (fraulich) womanly. – **7.** ling. metr. (Substantiv, Reim etc) feminine. – II W~e, das ⟨-n⟩ **8.** das ewig W~e the Eternally Feminine, the Eternal Woman. – **9.** sie hat nichts W~es an (dat) sich she is not at all feminine, she lacks femininity; there is nothing feminine about her.

'weib·li·cher'seits adv in the female line, on the distaff side.

'Weib·lich·keit f ⟨-; no pl⟩ **1.** (weibliches Wesen) femininity, auch feminity. – **2.** (Fraulichkeit) womanliness. – **3.** collect. womanhood, womankind, femininity, auch feminity: die holde ~ humor. the fair (od. gentle) sex. – **4.** (Frauentum) womanhood: unerfüllte ~ unfulfilled womanhood.

'Weibs|,bild n ⟨-(e)s; -er⟩ colloq. **1.** humor. female. – **2.** contempt. female (contempt.): typisch ~! typical(ly) female! dieses ~! that female (od. stärker hussy)!

Weib·sen ['vaipsən] n ⟨-s; -⟩ colloq. **1.** pl humor. womenfolk pl, auch womenfolks pl. – **2.** contempt. cf. Weibsbild 2.

'Weibs|,leu·te pl colloq. women(folk). — ~,per,son f, ~,stück n colloq. contempt. cf. Weibsbild 2. — ~,teu·fel m colloq. she-devil. — ~,volk n colloq. cf. Weibervolk.

weich [vaiç] I adj **1.** (Unterlage etc) soft: ein ~es Kissen a soft pillow; ~es Gras soft grass. – **2.** (bei der Berührung) soft: ~e Haut soft skin; ~es Wasser soft water; ~e Luft soft (od. balmy) air; ~ wie Samt [Seide, Flaum] (as) soft as velvet [silk, down]; dieses Material fühlt sich ~ an this material is soft to the touch; Wasser ~ machen to soften water. – **3.** (in der Konsistenz) soft, mellow: ein ~er Bleistift a soft pencil; ~er Käse soft cheese; in der Sonne wird die Butter ~ (the) butter goes soft (od. softens) in the sun; ~ wie Butter (as) soft as butter; er wird ~ wie Butter fig. he becomes (as) mellow); → Birne 6; Knie 1; Wachs 1. – **4.** (gar) done: die Kartoffeln sind ~ (gekocht) the potatoes are done. – **5.** (zart) tender: Fleisch ~ klopfen to beat (od. pound) meat tender; Fleisch ~ kochen to boil meat until tender. – **6.** (Kragen, Manschette, Hut etc) soft. – **7.** fig. (Ton, Stimme, Laut etc) soft, mellow. – **8.** fig. (Farbe, Licht etc) soft, mellow. – **9.** fig. (Herz, Gemüt etc) soft: er hat ein ~es Herz he is softhearted (Br. soft-hearted) (od. tenderhearted, Br. tender-hearted); er ist ein ~er Mensch he is a soft person; das ist ihn ~ gestimmt that softened (od. mellowed) him; er ist allmählich ~ geworden colloq. he gradually softened (od. yielded, relented, gave in); nur nicht ~ werden! colloq. don't give in, stand your ground; → Welle 10. – **10.** fig. (Gesichtsausdruck) gentle. – **11.** ~er Gaumen med. soft palate. – **12.** econ. (Währung) soft, unstable. – **13.** aer. (space) (Landung) soft. – **14.** phot. a) (Bild) blurred, soft, b) (Negativ) weak, soft. – **15.** phys. (Strahlung) soft, low-energy (attrib). – **16.** mus. (Anschlag, Bogenstrich) soft, mellow. – **17.** metall. (Stahl) soft, mild. – **18.** ~er Stil (art) (in dt. Gotik) soft style. – **19.** ~e Überblendung phot. telev. lap dissolve, transition. – II adv **20.** ~ sitzen to sit comfortably; sich ~ betten a) to make oneself a soft bed, b) fig. to feather one's nest; ~ landen (space) to soft-land.

'Weich,bild n **1.** hist. municipal borough, self-governed commune. – **2.** urban (od. municipal) area, (the) city. – **3.** jur. (Stadtgerichtsbezirk) municipal juridical district.

'Weich|,blei n metall. soft (od. refined) lead. — ~,bot·tich m brew. steeping tank. — ~,brand,zie·gel m civ.eng. soft-burnt brick.

'Wei·che¹ f ⟨-; -n⟩ **1.** ⟨only sg⟩ cf. Weichheit. – **2.** side: j-m einen Stoß in die ~ geben to give s.o. a punch in the side. – **3.** zo. med. flank: einem Pferd die Sporen in die ~n drücken to drive the spurs into a horse's flanks.

'Wei·che² f ⟨-; -n⟩ **1.** (railway) a) switch, b) (Weichenzunge) point, switchblade, Br. switch-blade: die ~n stellen [umstellen] to work [to throw over od. reverse] the switches (od. points); die ~n stellen für eine Entwicklung fig. to initiate a development. – **2.** (postal service) gate: ~ für vor-

derseitige [rückseitige] Briefe lead [trail] gate. – **4.** (für Rohrpost) guide. – **5.** electr. a) bandpass filter, b) transmitter combining filter, c) (beim Radar) duplexer, d) (bei Schallaufzeichnung) separating filter, e) (in Hohlleitertechnik) wave-guide transceiver filter. – **6.** tel. preselector.

'Wei·che³ f ⟨-; -n⟩ brew. steep.

'Weich,ei·sen n metall. soft iron. — ~am,pere,me·ter n phys. moving-iron ammeter. — ~,meß,ge,rät n soft-iron (od. moving-iron) instrument.

'weich·ela·stisch [-ʔe,lastıʃ] adj flexible.

wei·chen¹ ['vaiçən] I v/i ⟨weicht, wich, gewichen, sein⟩ **1.** (nachgeben, Platz machen) yield: die Mauer wich unter dem Druck des Wassers the wall yielded (od. gave [way]) under the pressure of the water; keinen Schritt ~, nicht von der Stelle ~ not to budge an inch; zur Seite ~ to step aside; wir ~ nur der Gewalt we yield to force only; vor der Übermacht der Feinde ~ to yield to the superior forces of the enemies; der Gegner begann zu ~ the enemy began to yield (od. fall back, recede); der Boden wich unter seinen Füßen the ground gave (way) under his feet; → wanken 3. – **2.** fig. (den Platz räumen) give way: der Bandenführer mußte seinem Rivalen ~ the gang leader had to give way (od. yield his place) to his rival; das alte Haus mußte einem Bürogebäude ~ the old house had to give way to an office building; sein anfänglicher Pessimismus wich der Hoffnung his initial pessimism gave way to hope. – **3.** (verschwinden) go: der Schmerz war über Nacht gewichen the pain had gone overnight; das Blut wich aus ihren Wangen the blood drained from her cheeks. – **4.** von j-m [etwas] ~ to leave s.o. [s.th.], to depart from s.o. [s.th.]: der Hund wich nicht vom Grabe seines Herrn the dog did not leave his master's tomb; nicht von j-s Seite ~, j-m nicht von der Seite ~ not to leave s.o.'s side; die Angst wich von ihm fig. his fear left him. – II W~ n ⟨-s⟩ **5.** verbal noun: j-n zum W~ bringen to make s.o. yield (od. give way).

'wei·chen² I v/t ⟨h⟩ soak, steep: Brot in (dat) Milch ~ to soak bread in milk. – II v/i ⟨h u. sein⟩ soak, steep: die Bohnen im Wasser ~ lassen to soak (od. steep) the beans in (the) water.

'Wei·chen|,ge·gend f med. groin, inguinal region (scient.). — ~,hand,schloß n (Riegel) point lock. — ~,he·bel m (railway) switch lever. — ~,herz,stück n crossing, frog. — ~,kreuz n double crossover (Br. cross-over). — ~,la·ter·ne f switch (Br. points) lamp, signal-point indicator lamp. — ~si,gnal n point indicator. — ~,stel·ler m Br. pointsman, Am. switchman. — ~,stel·lung f **1.** position of points (Am. switches). – **2.** fig. (für of) initiation. — ~,wär·ter m cf. Weichensteller. — ~,zun·ge f point switchblade (Br. switch-blade).

'Weich|,flüg·ler [-,flyːglər] m ⟨-s; -⟩ zo. cf. Weichkäfer. — ~,fut·ter n agr. soft fodder. — w~ge,dün·stet adj ⟨attrib⟩ gastr. (Fleisch, Gemüse etc) steamed until soft (od. tender). — w~ge,glüht I pp. – II adj metall. spheroidized, soft-annealed. — w~ge,klopft adj only in ~es Fleisch gastr. meat beaten (od. pounded) (until) tender. — w~ge,kocht, w~ge,sot·ten adj ⟨attrib⟩ gastr. **1.** (Kartoffeln, Fleisch etc) boiled. – **2.** (Ei) soft-boiled, Br. auch running. — ~ge,stein n geol. soft rock. — w~ge,stimmt adj ⟨attrib⟩ lenient. — ~,glas n soft glass. — w~glü·hen v/t ⟨insep, -ge-, h⟩ metall. soft-anneal, soften, spheroidize. — ~,gum·mi n, auch m soft rubber. — ~,gür·tel,tier n zo. armadillo (Fam. Dasypodidae). — w~,här·ten v/t ⟨insep, -ge-, h⟩ metall. soft-quench. — ~,harz n meist pl soft resin. — ~,haut f metall. (des Gusses) soft skin.

'Weich·heit f ⟨-; no pl⟩ **1.** softness. – **2.** fig. (von Stimme, Laut, Farbe, Herz etc) softness, mellowness. – **3.** fig. (von Gesichtsausdruck) gentleness. – **4.** gastr. (des Fleisches etc) tenderness: die ~ des Fleisches feststellen a) to see how tender the meat is, b) (feststellen, ob es gar ist) to see if the meat is done (od. cooked), to see how far done (od. cooked) the meat is. – **5.** phot. a) (eines Bildes) softness, b) (eines Negativs) weakness, c) (der photographi-

schen Wiedergabe) soft-focus image. – **6.** *mus.* (*von Anschlag, Bogenstrich*) softness, mellowness.

'weich,her·zig *adj* softhearted, *Br.* soft-hearted, tenderhearted, *Br.* tender-hearted. — **'Weich·her·zig·keit** *f* <-; *no pl*> softheartedness, *Br.* soft-heartedness, tenderheartedness, *Br.* tender-heartedness.

'Weich|,holz *n* (*wood*) light wood, (*Nadelholz*) soft wood. — **~,fer** *m* zo. soldier beetle (*Fam. Cantharidae*). — **~,kä·se** *m gastr.* **1.** (*Streichkäse*) cream cheese. – **2.** (*Camembert etc*) soft cheese. — **~,koh·le** *f* (*mining*) soft coal. — **~,kraut** *n bot.* **1.** malaxis (*Gattg Malaxis*). – **2.** *cf.* Wasserdarm. — **~,lan·de,fahr,zeug** *n* (*space*) soft-lander.

'weich·lich I *adj* **1.** (*Speisen, Stoffe etc*) flabby. – **2.** *fig.* (*Mensch, Erziehung, Leben, Haltung etc*) soft. – **3.** *cf.* weibisch. – **II** *adv* **4.** seine Kinder zu ~ erziehen to be too soft with one's children. — **'Weich·lich·keit** *f* <-; *no pl*> **1.** flabbiness. – **2.** *fig.* softness.

'Weich·ling *m* <-s; -e> *contempt.* milksop, mollycoddle, *Br.* molly-coddle, softie.

'Weich|,lot *n tech.* soft solder. — **w~,lö·ten** *v/t* <insep, -ge-, h> (soft-)solder. — **w~,ma·chen** *v/t* <sep, -ge-, h> j-n ~ *fig. colloq.* a) to soften s.o. up, b) (*auf die Nerven fallen*) to drive s.o. silly.

'Weich,ma·cher *m* <-s; -> **1.** *synth.* plasticizer *Br. auch* -s-. – **2.** (*in Waschmitteln*) softener, softening agent. – **3.** (*paints*) softener.

'Weich|,man,gan,erz *n min. cf.* Braunstein. — **w~,mäu·lig** [-,mɔʏlɪç] *adj* (*Pferd*) tender-mouthed, with a good mouth. — **~me,tall** *n metall.* soft metal.

'weich,mü·tig *adj cf.* weichherzig. — **'Weich,mü·tig·keit** *f* <-; *no pl*> *cf.* Weichherzigkeit.

'Weich|por,zel,lan *n* soft(-paste) porcelain, bone china. — **w~,scha·lig** [-,ʃaːlɪç] *adj* **1.** *bot.* (*Frucht*) soft-skinned, with a soft skin. – **2.** (*Tier*) soft, soft-shell(ed), with a soft shell: **~es** Krustentier malacostracan. — **~,schild,krö·te** *f zo.* soft-shelled turtle, soft-shell (*Fam. Trionychidae*): Indische ~ Indian soft-shell (*Chitra indica*).

Weich·sel ['vaɪksəl] *f* <-; -n> *bot. cf.* Weichselkirsche. — **~,kir·sche** *f bot.* (*Baum u. Frucht*) mahaleb, *auch* mahaleb (*od.* St. Lucie) cherry (*Prunus mahaleb*). — **~,rohr** *n* cherry-stick tube. — **~,zopf** *m med.* plica (polonica), trichoma.

'Weich|,spü·ler *m cf.* Weichmacher 2. — **~,strah·ler** *m phot.* (*Lampe*) diffuser, diffusion attachment.

'Weich,tei·le *pl med.* soft parts.

'Weich,teil,lap,pen *m med.* soft-tissue flap.

'Weich,tier *n meist pl zo.* mollusk, mollusc (*Stamm Mollusca*).

'Weich,zeich·ner *m phot.* **1.** soft-focus lens, soft-focus attachment (to a lens). – **2.** (*beim Vergrößern*) diffusion screen (*od.* attachment). — **~,zeich·nung** *f* diffusion, soft focus.

Wei·de¹ ['vaɪdə] *f* <-; -n> *bot.* willow (tree) (*Gattg Salix*).

'Wei·de² *f* <-; -n> **1.** pasture: eine fette [saftige] ~ a rich [lush] pasture; Tiere auf die ~ treiben to drive animals to pasture; die Kühe sind auf der ~ the cows are at pasture (*od.* grass); das Vieh bleibt den Sommer über auf der ~ the cattle stays on the pasture (*od.* grazes) all summer. – **2.** *hunt. cf.* äsen II.

'Wei·de|,flä·che *f agr.* pasture (area). — **~,gang** *m* (*des Viehs*) pasturing. — **~,geld** *n jur.* agistment, fee for grazing livestock. — **~,kop·pel** *f agr.* grazing paddock, enclosed pasture. — **~,land** *n* <-(e)s; ⸚er> pasture, pasturage, grassland.

'Wei·del,gras ['vaɪdəl-] *n* <-es; *no pl*> *bot. cf.* Lolch.

wei·den ['vaɪdən] **I** *v/t* <h> **1.** (*Schafe, Kühe, Gänse, Vieh etc*) put (*s.th.*) out to pasture (*od.* grass), graze, pasture. – **2.** seine Augen (*od.* Blicke) an (*dat*) etwas ~ *fig.* to feast one's eyes on s.th. – **II** *v/i* **3.** (*von Schafen, Kühen etc*) graze, pasture, feed, be at grass. – **III** *v/reflex* **4.** sich an (*dat*) etwas ~ *fig.* a) (*an etwas Schönem*) to feast on s.th., b) (*schadenfroh*) to revel in s.th., (*stärker*) to gloat over s.th.: sein Auge weidete sich am Anblick der untergehenden Sonne his eye feasted on the sight of the setting sun; sich an j-s

---

Verlegenheit ~ to revel in s.o.'s embarrassment.

'Wei·den|,baum *m bot.* willow (tree) (*Gattg Salix*). — **~,blatt,lar·ve** *f zo. cf.* Aallarve. — **~,boh·rer** *m* goat moth (*Cossus cossus*). — **~,busch** *m* willow bush.

'wei·dend I *pres p.* – **II** *adj* (*Tier*) grazing.

'Wei·den|ge,büsch *n* willow bushes *pl*, (*dichtes*) willow thicket. — **~ge,flecht** *n* wickerwork. — **~ge,hölz** *n cf.* Weidengebüsch. — **~,ger·te** *f cf.* Weidenrute. — **~ge,wäch·se** *pl bot.* willow family *sg*, salicaceae (*scient.*) (*Fam. Salicaceae*). — **~,kätz·chen** *n* (*willow*) catkin, pussy. — **~,korb** *m* wicker(work) basket. — **~,laub** *n* willow leaves *pl*. — **~,laub,sän·ger** *m zo. cf.* Zilpzalp. — **~,mei·se** *f* black-capped chickadee, willow tit (*Parus atricapillus*). — **~,pilz** *m bot.* agaric of the oak, male agaric (*Polyporus igniarius*). — **~,rau·pe** *f zo.* willow caterpillar (*Gonimbrasia tyrrhea*). — **~,rös·chen** *n* <-s; -> *bot.* willow herb (*Gattg Epilobium*): Schmalblättriges ~ fireweed, great willow herb, blooming sally (*auch* willow) (*E. angustifolium*). — **~,ru·te** *f* **1.** (*zum Schlagen etc*) willow rod. – **2.** (*zum Korbflechten etc*) wicker, osier. – **3.** *cf.* Weidenzweig. — **~,sper·ling** *m zo.* Spanish sparrow (*Passer hispaniolensis*). — **~,zweig** *m* willow twig, sallow, osier, withe.

'Wei·de|,platz *m agr.* pasture. — **~,recht** *n* right (*od.* common) of pasture, *Br. auch* herbage.

Wei·de·rich ['vaɪdərɪç] *m* <-s; *no pl*> *bot.* **1.** willow herb (*Gattg Lythrum*): Gemeiner ~ spiked willow herb (*L. salicaria*). – **2.** Gelber ~ willowweed (*Lysimachia vulgaris*). — **~ge,wäch·se** *pl* Lythraceae (*Ordng Myrtales*).

'Wei·de,wirt·schaft *f* <-; *no pl*> *agr.* pasture farming.

'Weid|ge,nos·se *m hunt. cf.* Waidgenosse. — **w~ge,recht** *adj cf.* waidgerecht.

Weid·gdebüsch ['vaɪdɪçt] *n* <-s; -e> *obs. for* Weidengebüsch.

weid·lich ['vaɪtlɪç] *adv* (*in Wendungen wie*) er hat seine Freiheit ~ ausgenutzt he made (full) use of his freedom; j-n ~ auslachen to have a good laugh at s.o., to laugh one's head off at s.o., to laugh s.o. to scorn; j-n ~ ausschimpfen to give s.o. a good scolding (*od.* piece of one's mind).

'Weid|,loch *n hunt. cf.* Waidloch. — **~,mann** *m* <-(e)s; ⸚er> *cf.* Waidmann.

'weid,män·nisch [-,mɛnɪʃ] *adj u. adv cf.* waidmännisch.

'Weid,manns|,dank *m hunt. cf.* Waidmannsdank. — **~,heil** *n cf.* Waidmannsheil. — **~,spra·che** ['vaɪt-] *f cf.* Waidmannssprache.

'Weid|,mes·ser *n hunt. cf.* Waidmesser. — **~,sack** *m cf.* Waidsack. — **~,spruch** *m cf.* Waidspruch. — **~,ta·sche** *f cf.* Waidtasche. — **~,werk** *n* <-(e)s; *no pl*> *cf.* Waidwerk. — **~,wund** *adj cf.* waidwund.

Wei·fe ['vaɪfə] *f* <-; -n> (*textile*) (*Garnwinde*) reel. — **'wei·fen** *v/t* <h> reel.

wei·gern ['vaɪgərn] **I** *v/reflex* <h> sich ~ to refuse: er weigerte sich, den Brief zu unterschreiben he refused to sign the letter; er weigerte sich mitzukommen he refused to come with us (*od.* us); er hat sich hartnäckig [standhaft] geweigert, es anzunehmen he refused obstinately [firmly] to accept it. – **II** W~ *n* <-s> *verbal noun*. — **'Wei·ge·rung** *f* <-; -en> **1.** *cf.* Weigern. – **2.** refusal. – **3.** *jur.* recusation.

'Wei·ge·rungs|,fall *m only in* im ~(e) in (the) case of refusal. — **~,grund** *m* reason to refuse (*od.* for refusing).

Weih [vaɪ] *m* <-(e)s; -e> *zo. cf.* Weihe².

'Weih|al,tar *m röm.kath.* holy (*od.* consecrated) altar. — **~,becken** (*getr.* -k·k-) *n cf.* Weihwasserbecken. — **~,bild** *n* sacred (*od.* votive) picture. — **~,bi·schof** *m* auxiliary bishop.

'Weih,brunn *m* <-s; *no pl*> *röm.kath.* Bavarian and Austrian dial. for Weihwasser. — **~,kes·sel** *m dial. for* Weihwasserkessel.

Wei·he¹ ['vaɪə] *f* <-; -n> **1.** *röm.kath.* a) (*einer Kerze etc*) consecration, blessing, b) (*Priesterweihe*) ordination, c) (*eines Bischofs*) consecration, d) order(s *pl*), e) (*eines Altars, einer Kirche*) dedication, consecration: die vier unteren ~n (*zum Ostiarius, Akoluthen etc*) the four minor orders; die höheren ~n (*zum Diakon, Priester*)

---

the higher orders; die (heiligen) ~n empfangen to take (holy) orders; j-m die ~ erteilen a) (*einem Bischof*) to consecrate s.o. in holy orders, b) (*einem Priester*) to ordain s.o. in holy orders. – **2.** (*eines Freimaurers*) initiation. – **3.** (*Einweihung*) inauguration. – **4.** <*only sg*> *fig. lit.* solemnity: wir waren uns der ~ dieser Stunde bewußt we were aware of the solemnity of the hour; einer Sache die ~ verleihen to lend s.th. the appropriate solemnity. – **5.** *DDR pol. cf.* Jugendweihe.

'Wei·he² *f* <-; -n> *zo.* harrier (*Gattg Circus*).

'Wei·he,akt *m* **1.** *röm.kath.* consecration. – **2.** initiation ceremony.

wei·hen ['vaɪən] **I** *v/t* <h> **1.** *röm.kath.* a) (*Hostie, Kerze, Ring etc*) consecrate, bless, b) (*Altar, Kirche*) dedicate, consecrate: j-n zum Priester ~ to ordain s.o. (as) a priest; j-n zum Bischof ~ to consecrate s.o. (as) a bishop; die Kirche wurde der Heiligen Jungfrau geweiht the church was dedicated (*od.* consecrated) to the Blessed Virgin. – **2.** *relig.* (*einer Gottheit*) dedicate, consecrate: den Göttern einen Tempel ~ to dedicate a temple to the gods. – **3.** j-n zum Freimaurer ~ to initiate s.o. as a Freemason. – **4.** *fig. lit.* (*widmen*) dedicate, devote, give up, (*stärker*) consecrate: sein Leben der Wissenschaft ~ to dedicate one's life to scientific pursuits, to devote one's life to scientific research. – **5.** j-m etwas ~ *fig.* to dedicate s.th. to s.o. – **II** *v/reflex* **6.** sich einer Sache ~ *lit.* to dedicate (*od.* devote) oneself to s.th.; sich den Musen ~ *poet.* to serve the muses. – **III** W~ *n* <-s> **7.** *verbal noun.*

Wei·her ['vaɪər] *m* <-s; -> pond.

'Wei·he|,re·de *f* inauguration speech (*od.* address). — **~,stät·te** *f* shrine, holy (*od.* hallowed) place. — **~,stun·de** *f cf.* Gedenkstunde. — **w~,voll** *adj* (*Anblick, Stimmung etc*) solemn.

'Weih|,ga·be *f*, **~ge,schenk** *n relig.* oblation, votive offering. — **~,kes·sel** *m röm.kath. cf.* Weihwasserbecken.

'Weih·ling *m* <-s; -e> **1.** *röm.kath.* person taking holy orders. – **2.** *DDR pol.* recipient of the 'Jugendweihe'.

'Weih·nacht *f* <-; *no pl*> *cf.* Weihnachten: j-m etwas zur ~ schenken to give s.o. s.th. as a Christmas present.

'weih,nach·ten *v/impers* <h> es weihnachtet Christmas is coming; es weihnachtet sehr everything is very Christmas(s)y.

'Weih,nach·ten *n* <-s; *dial.* (*in Wunschformeln od. Austrian and Swiss only*) -> Christmas: [frohe] fröhliche ~! [happy] merry Christmas; weiße ~ a white Christmas *sg*; grüne ~ Christmas *sg* without snow; wir hatten letztes Jahr grüne ~ we had no snow last Christmas; ~ feiern to celebrate Christmas; j-m etwas zu ~ schenken to give s.o. s.th. as a Christmas present; er will uns zu (*Southern G. an*) ~ besuchen he wants to visit us at Christmas; über ~ in die Berge fahren to go to the mountains for Christmas; ~ zu Hause verbringen to spend Christmas at home, to stay at home over (*od.* for) Christmas; es war ein Gefühl wie (zu) ~ *colloq.* it was like Christmas in July.

'weih,nacht·lich *adj* Christmas(s)y: ~e Stimmung Christmas(s)y atmosphere; ~ aussehen to look Christmas(s)y (*od.* like Christmas); etwas ~ schmücken to decorate s.th. for Christmas.

'Weih,nachts|,abend *m* (*Heiligabend*) Christmas Eve. — **~,bäcke,rei** (*getr.* -k·k-) *f* **1.** Christmas biscuits *pl* (*Am.* cookies *pl*). – **2.** (*das Backen*) Christmas baking. — **~,baum** *m* Christmas tree. — **~,baum,schnee** *m* (*künstlicher*) Christmas tree snow. — **~be,sche·rung** *f* distribution (*od.* exchange) of Christmas presents. — **~,brauch** *m* Christmas custom (*od.* tradition). — **~,ein,kauf** *m meist pl* Christmas shopping: hast du deine Weihnachtseinkäufe schon gemacht (*od.* getätigt)? have you done your Christmas shopping yet? — **~,es·sen** *n* Christmas dinner (*lit. od. humor.* repast). — **~,fei·er** *f* Christmas celebration (*od.* party): eine ~ veranstalten to hold (*od.* have) a Christmas celebration. — **~,fei·er,tag** *m* **1.** Christmas Day: zweiter ~ (*26. Dezember*) day after Christmas, *bes. Br.* Boxing Day. – **2.** *pl* Christmas holidays. — **~,fe·ri·en** *pl* Christmas holidays (*Am.* vacation *sg*), (*an der Universität*) *Am.* Christmas recess. — ~₁**fest** *n* 1. Christmas festival. – 2. Christmas: **wir wünschen Ihnen ein frohes ~** we wish you a happy Christmas. — ~₁**gans** *f gastr.* Christmas goose. — ~**ge**₁**bäck** *n* Christmas biscuits *pl* (*Am.* cookies *pl*). — ~₁**geld** *n econ.* Christmas money, (*bes. für Briefträger etc*) *Br. auch* Christmas box. — ~**ge**₁**schenk** *n* Christmas present (*od.* gift). — ~**gra·ti·fi·ka·ti**₁**on** *f econ.* Christmas bonus. — ~₁**kak·tus** *m bot.* crab (*auch* Christmas) cactus (*Zygocactus truncatus*). — ~₁**kar·te** *f* Christmas card. — ~₁**ker·ze** *f* Christmas candle. — ~₁**krip·pe** *f* (Christmas) crib (*od.* crèche). — ~₁**lied** *n* Christmas carol. — ~₁**mann** *m* ⟨-(e)s; ⸚er⟩ 1. Santa Claus, Santa (*colloq.*), *bes. Br.* Father Christmas. – 2. **so ein ~!** *colloq. contempt.* what a fathead! — ~₁**markt** *m* Christmas fair. — ~**ora₁to·ri·um**'', ''**das** *mus.* "Christmas Oratorio" (*by Bach*). — ~**py·ra**₁**mi·de** *f* pyramid-shaped Christmas decoration which revolves when its candles are lit. — ~**re·mu·ne·ra·ti**₁**on** [-remunera₁tsĭoːn] *f* ⟨-; -en⟩ *Austrian for* Weihnachtsgratifikation. — ~₁**ro·se** *f bot. cf.* Christrose. — ~₁**spiel** *n* Nativity play. — ~₁**stern** *m* 1. Christmas star. – 2. *bot.* Christmas flower, poinsettia (*Euphorbia pulcherrima*). — ~₁**stol·len** *m gastr.* Christmas stollen (*sweet yeast loaf with fruits and nuts*). — ~₁**tag** *m cf.* Weihnachtsfeiertag. — ~₁**tisch** *m* Christmas gift (*od.* present) table: **j-m etwas auf den ~ legen** *fig.* to give s.o. s.th. as a Christmas present. — ~₁**ver₁kehr** *m* Christmas traffic. — ~₁**wo·che** *f* Christmas week. — ~₁**zeit** *f* ⟨-; *no pl*⟩ Christmastime, *Br.* Christmas-time, Christmas season; Christmastide, *Br.* Christmas-tide, Yule(tide), Noel (*alle poet.*): **in der ~** at Christmastime, in the Christmas season.

'**Weih**₁**rauch** *m* ⟨-(e)s; *no pl*⟩ 1. (*Art Harz*) incense, frankincense, thus (*scient.*): **echter ~** gugal; **~ abbrennen** to burn incense. – 2. (smoke of) incense: **mit ~ räuchern** to (in)cense. – 3. **j-m ~ streuen** *fig. lit.* to praise (*od.* laud) s.o. to the skies, to sing s.o.'s praises. — ~₁**baum** *m bot.* incense tree, thuriferous tree (*scient.*) (*Boswellia carteri*). — ~₁**büch·se** *f* incense box. — ~₁**duft** *m* incense.

'**weih₁räu·chern** *v/i* ⟨h⟩ **j-m ~** *fig.* to laud (*od.* praise) s.o. to the skies, to sing s.o.'s praises.

'**Weih₁rauch**|₁**faß** *n* censer, incensory, thurible. — ~₁**kie·fer** *f bot.* loblolly (*od.* rosemary, *auch* frankincense) pine (*Pinus taeda*). — ~₁**kör·ner** *pl* grains of incense. — ~₁**op·fer** *n* incense offering. — ~₁**schiff·chen** *n* incense boat. — ~₁**strauch** *m bot.* thuriferous shrub. — ~₁**ze·der** *f* incense (*od.* post) cedar (*Libocedrus decurrens*).

'**Weih·hung** *f* ⟨-; -en⟩ 1. *cf.* Weihen. - 2. *cf.* Weihe[1] 1—3.

'**Weih₁was·ser** *n* ⟨-s; *no pl*⟩ *relig.* 1. holy water. – 2. (*zum Versprengen*) hyssop. — ~₁**becken** (*getr.* -k·k-) *n* holy-water font, stoup, *auch* stoop, aspersorium (*scient.*). — ~₁**kes·sel** *n* baptismal bowl.

'**Weih₁we·del** *m relig.* aspergillum, aspergil(l), aspersorium.

weil [vaɪl] *conj* 1. because: **nicht ~ not because; er ist krank, ~ er zuviel gegessen hat** he is ill because he has eaten too much; **sie sorgen sich, ~ er nicht schreibt** they are worried because he does not write; **er kann so handeln, ~ er das Recht dazu hat** he can act like that because he has the right to (do so) (*od.* by virtue of his right); **warum schweigst du? ~ ich meine Gründe habe** why are you silent? because I have reason to be (*od.* [because] I have my reasons). - 2. (*da*) since, as: **~ wir nun einmal davon sprechen** since we are talking about that.

wei·land ['vaɪlant] *adv archaic od. humor.* 1. (*ehemals*) formerly, erstwhile: **Prof. X, ~ Chefarzt im Krankenhaus S.** Prof. X, formerly head physician at the hospital S. - 2. (*einst*[*mals*]) in the olden days, in (the) days of yore (*od.* old): **wie ~ Kaiser Friedrich** as Emperor Frederic in the days of yore.

'**Weil·chen** *n* ⟨-s; *no pl*⟩ 1. *dim. of* Weile. - 2. **ein ~ a little while: warten Sie ein ~** please wait a little while (*od.* a bit); **warten Sie noch ein ~** please wait just a little while (*od.* bit) longer, please wait another while.

Wei·le ['vaɪlə] *f* ⟨-; *no pl*⟩ **eine ~ a while**: **seit einer geraumen** (*od.* ganzen) **~ for a long** (*od.* good) **while, for quite some time; vor einer kurzen** (*od.* kleinen) **~ a short** (*od.* little) **while ago; nach einer ~ des Wartens** after a while of waiting, after waiting (for) a while; **es ist schon eine ganze ~ her, daß** it is a good while (*od.* quite some time) since; **das hat eine ~ Zeit** that can wait (a while); **damit hat es gute ~** there is no hurry (*od.* rush) (about it), there is plenty of time; **ich habe mich dort nur eine ~ aufgehalten** I only (*od.* just) stayed there for a while (*od.* short spell); **eile mit ~** (*Sprichwort*) more haste, less speed (*proverb*); → Ding[1] 1.

wei·len ['vaɪlən] *v/i* ⟨h⟩ 1. *lit.* stay, be, (*vorübergehend*) *auch* sojourn: **er weilt zur Zeit im Ausland** he is (staying) abroad at the moment; **er weilt nicht mehr unter uns** *euphem.* he is no longer in our midst. – 2. *poet.* tarry, linger.

Wei·ler ['vaɪlər] *m* ⟨-s; -⟩ hamlet, small village.

'**Wei·ma·rer Re·pu'blik** ['vaɪmarər] *f* ⟨-; *no pl*⟩ *pol. hist.* Weimar Republic (*in Germany 1918—1933*).

'**Wei·muts₁kie·fer** ['vaɪmuːts-] *f bot. cf.* Weymouthskiefer.

Wein [vaɪn] *m* ⟨-(e)s; -e⟩ 1. wine: **billiger [edler, junger] ~** cheap [noble, new] wine; **naturreiner [verschnittener] ~** unadulterated [blended] wine; **leichter [schwerer, herber, milder, feuriger, süffiger, vollmundiger] ~** light [heavy, dry, mild, heady (*od.* rich and warm), tasty, full-bodied] wine; **beim ~ sitzen** to sit over a glass of wine; **ein Glas** (*od.* Schoppen) **~ a glass of wine; vom Faß ~ wine** from the cask (*od.* wood); **~ reift durch langes Lagern** wine matures with age; **der Gott des ~es** the god of wine, Dionysus, Bacchus; **~, Weib und Gesang** wine, woman and song; **ein ~, der leicht zu Kopf steigt** a wine that goes to one's head easily, a heady wine; **j-m reinen** (*od.* klaren) **~ einschenken** *fig.* to tell s.o. the plain truth; **im ~ ist Wahrheit** (*Sprichwort*) in wine is truth; **~ auf Bier, das rat' ich dir, Bier auf ~, das laß sein** wine on beer gives good cheer, beer on wine you'll repine; → offen 14; Wasser 3. – 2. (*eines bestimmten Jahrgangs*) vintage: **der vorjährige ~ ist besonders gut** last year's vintage is especially good. – 3. ⟨*only sg*⟩ (*Weinrebe*) vine: **~ (an)bauen** to grow wine, to cultivate the vine, to plant vineyards. – 4. ⟨*only sg*⟩ (*Trauben*) **~ lesen** to pick (*od.* harvest, gather) the grapes, to gather in the vintage; **~ keltern** to press the grapes. – 5. *bot.* Wild **~** Virginia creeper (*Parthenocissus quinquefolia*).

'**Wein**|₁**an₁bau** *m* ⟨-(e)s; *no pl*⟩ *cf.* Weinbau. — **w~₁arm** *adj* (*Gebiet etc*) with low wine yield. — ~₁**art** *f* kind (*od.* sort, type) of wine. — ~₁**bau** *m* ⟨-(e)s; *no pl*⟩ wine (*od.* grape) growing, cultivation of (grape)vine; viticulture, viniculture (*scient.*): **~ treiben** to grow (grape)vine. — **w~₁bau·end** *adj* wine-growing. — ~₁**bau·er** *m* ⟨-s *u.* -n; -n⟩ winegrower, vintner; viticulturist, viniculturalist (*scient.*). — ~₁**bau·ge₁biet** *n* (grape)vine-growing region. — ~₁**bau₁kun·de** *f* ⟨-; *no pl*⟩ (o)enology. — ~₁**be·cher** *m* wine cup, (*größerer*) goblet. — ~₁**bee·re** *f* 1. grape, (*kleinere*) grapelet. – 2. Bavarian, Austrian and Swiss for Rosine, Korinthe. — ~₁**bei·ßer** [-₁baɪsər] *m* ⟨-s; -⟩ 1. Austrian (small) sugar-coated ginger biscuit. – 2. wine schmecker. — ~₁**schmecker**. — **w~be₁kränzt** *adj* wreathed (*od.* garlanded) with vine. — ~**be₁rei·tung** *f* wine making (*od.* production).

'**Wein·berg** *m* vineyard.

'**Wein₁berg(s)**|₁**auf₁se·her** *m* vineyard overseer (*od.* keeper). — ~**be₁sit·zer** *m* vineyard owner, *auch* vineyardist.

'**Wein₁berg₁schnecke** (*getr.* -k·k-) *f zo.* edible (*od.* Roman) snail (*Helix pomatia*).

'**Wein₁berg**|₁**lauch** *m zo.* crow (*auch* field, wild) garlic (*Allium vineale*). — ~₁**wär·ter** *m cf.* Weinberg(s)aufseher.

'**wein·be₁wach·sen** *adj* overgrown with vine(s), vine-clad (*lit.*).

'**Wein**|₁**blatt** *n* vine (*od.* grape) leaf. — ~₁**blatt₁laus** *f zo.* vine fretter (*od.* pest, *auch* louse) (*Phylloxera vitifoliae*). — ~₁**blatt₁wes·pe** *f* vine sawfly (*Plenocampa pygmaea*). — ~₁**blu·me** *f* bouquet (of wine).

~₁**blü·te** *f* 1. vine blossom. – 2. **während** (*od.* zur Zeit) **der ~** during the vine blossom season. — ~₁**boh·rer** *m zo.* vine borer, (broad-necked) root borer (*Prionus laticollis*).

'**Wein₁brand** *m* ⟨-s; ⸚e⟩ *gastr.* 1. brandy. – 2. (*Kognak*) cognac. — ~**ver₁schnitt** *m* blended brandy.

'**Wein**|**bren·ne₁rei** *f* distillery. — ~₁**creme** *f gastr.* wine pudding. — ~₁**dros·sel** *f zo. cf.* Rotdrossel. — ~₁**duft** *m* fragrance of wine.

wei·nen ['vaɪnən] **I** *v/i* ⟨h⟩ 1. cry, weep: **aus Liebeskummer ~** to cry from (*od.* out of) lovesickness, to cry because one is lovesick; **um j-n ~** (*um einen Verstorbenen*) to weep for s.o.; **nach j-m ~** (*von einem Baby, Kleinkind etc*) to cry for s.o.; **über j-n ~** to cry about s.o.; **über** (*acc*) **etwas ~** to cry about (*od.* over) s.th., to shed tears over s.th.; **sie weint über ihren Sohn [die schlechte Note]** she is crying about her son [the bad mark]; **über sein Schicksal ~** to bewail one's fate; **vor Freude ~** to weep for joy; **wegen eines Verlustes ~** to cry over (*od.* about, because of) a loss; **bitterlich [heftig] ~** to cry bitterly [violently]; **er wußte nicht, ob er lachen oder ~ sollte** he didn't know whether to laugh or cry; **weine** (*doch*) **nicht gleich wieder!** don't start to cry (*od.* start crying) again, let's not have the waterworks again (*colloq.*). – **II** *v/t* 2. (*Tränen*) weep, shed: **das Kind weinte bittere Tränen** the child cried (*od.* wept) bitterly; **Krokodilstränen ~** *fig. colloq.* to shed crocodile tears. – 3. cry: **sich** (*dat*) **die Augen aus dem Kopf ~** to cry one's eyes (*od.* heart) out. – 4. **etwas naß ~** to soak s.th. with one's tears: **sie hat das Kissen naß geweint** she soaked the cushion with her tears, she cried (*od.* wept) so much that the cushion was wet. – **III** *v/reflex* 5. **sich in den Schlaf ~** to cry oneself to sleep. – **IV W~** *n* ⟨-s⟩ 6. *verbal noun*: **in W~ ausbrechen** to burst into tears; **dem W~ nahe sein** to be near to (*od.* on the verge of) tears; **j-n zum W~ bringen** a) (*durch Ungerechtigkeit, Strafe etc*) to make s.o. cry, to have s.o. in tears, b) (*durch eine traurige Geschichte etc*) to move s.o. to tears; **ihr war das W~ näher als das Lachen** she felt more like crying than laughing; **das ist zum W~** it's a (crying) shame; **es ist zum W~, wie sie alles verkommen lassen** it is a shame (*od.* it would make you weep to see) how they let everything go to wreck and ruin.

'**wei·nend I** *pres p*: **j-m ~ in die Arme fallen** to fall into s.o.'s arms weeping (*od.* crying); **~ in tears; sich leise ~ davonschleichen** *fig.* to creep away with one's tail between one's legs. – **II** *adj* **etwas mit ~er Stimme sagen** to say s.th. in a sobbing voice, to sob s.th. out; → lachend 1. —

'**Wei·nen·de** *m, f* ⟨-n; -n⟩ weeper.

Wei·ne'rei *f* ⟨-; *no pl*⟩ *colloq. contempt. cf.* Geweine.

wei·ner·lich ['vaɪnərlɪç] **I** *adj* 1. whining, whin(e)y: **mit ~er Stimme** in a whining voice, with (*od.* in) a whine; **~ tun** to whine; **mir war ganz ~ zumute** I was near to (*od.* on the verge of) tears. – 2. *colloq.* (*quengelig*) fretful, querulous. – **II** *adv* 3. **~ sprechen** to speak in a whining voice, to speak with (*od.* in) a whine. — '**Wei·ner·lich·keit** *f* ⟨-; *no pl*⟩ *colloq.* fretfulness, querulousness.

'**Wein|₁ern·te** *f* grape harvest, vintage. — ~**er₁trag** *m* wine produce (*od.* yield), vintage. — **w~er₁zeu·gend** *adj* wine-producing. — ~**es₁sig** *m gastr.* wine vinegar. — ~₁**fäl·scher** *m cf.* Weinpan(t)scher. — ~₁**far·be** *f* wine (color, *bes. Br.* colour). — ~₁**faß** *n* 1. wine cask (*od.* barrel, butt, vat). – 2. *colloq. humor.* (*starker Trinker*) toper, winebibber. — ~₁**fla·sche** *f* wine bottle. — ~₁**fleck** *m* wine stain, (*kleiner*) *auch* wine spot. — ~₁**flie·ge** *f zo.* wine fly (*Gattg Piophila*). — ~₁**freund** *m* wine lover: **ich bin kein ~** I am no wine lover, I don't care for wine. — ~₁**gall₁ap·fel** *m bot. agr.* vine gall. — ~₁**gar·ten** *m* vineyard. — ~₁**gärt·ner** *m cf.* Weinbauer. — ~₁**gä·rung** *f* 1. fermentation of wine. – 2. *chem.* alcoholic (*od.* vinous) fermentation. — ~₁**ge·gend** *f* wine(-growing) region. — ~₁**ge₁halt** *m* ⟨-(e)s; -e⟩ vinosity, body of the wine.

'**Wein₁geist** *m* ⟨-(e)s; -e⟩ *chem.* spirit of wine, ethyl alcohol (C_2H_5OH). —

~₁**fir·nis** m (*paints*) *cf.* Spritlack. — ~₁**mes·ser** m *chem.* alcoholometer, *auch* alcohol(i)ometer.

'**Wein|ge₁län·der** n trellis for vines. — ~**ge₁lee** n *gastr.* wine jelly. — ~**ge₁ruch** m smell of wine, (*Weinduft*) *auch* fragrance of wine. — ~₁**glas** n wine glass, (*für schwere Weine*) *auch* goblet. — ~₁**gott** m *myth.* god of wine, Dionysus, Bacchus. — ~**groß₁hand·lung** f wine wholesale business. — ~**gut** n *agr.* (grape)vine-growing estate. — **w~₁hal·tig** *adj* (*Getränk*) containing wine. — ~**han·del** m *econ.* wine trade. — ~₁**händ·ler** m wine merchant (*od.* dealer), vintner, *Br. auch* cooper. — ~₁**hand·lung** f **1.** wine shop (*bes. Am.* store), bodega. — **2.** *cf.* Weingroßhandlung. — ~₁**hau·er** m Austrian for Weinbauer. — ~₁**haus** n wine tavern. — ~**he·ber** m wine siphon (*od.* syphon). — ~**he·fe** f **1.** wine yeast (*od.* ferment). – **2.** (*abgelagerte*) wine dregs *pl* (*od.* lees *pl*). — ~**he·fen₁öl** n oil from wine lees, oil of cognac, grapeseed oil. — ~₁**hü·gel** m vine-covered hill.

'**wei·nig** *adj* (*Geschmack etc*) win(e)y, vinous.

'**Wein|₁jahr** n vintage, wine year: ein gutes [schlechtes] ~ a good [bad] wine year, a good [bad] year for wine. — ~₁**kalt·scha·le** f *gastr.* cold wine soup. — ~₁**kan·ne** f wine pitcher (*auch* jug). — ~₁**ka₁raf·fe** f decanter, wine carafe. — ~₁**kar·te** f wine list. — ~₁**kel·ler** m **1.** wine cellar, (*gewölbter*) *auch* wine vault: eine Flasche aus dem ~ holen to fetch a bottle from the wine cellar. — **2.** (*Ausschank*) wine cellar (*od.* tavern), bodega. — ~**kel·le₁rei** f winery. — ~₁**kell·ner** m wine waiter, sommelier. — ~**kel·ter** f winepress. — ~**kel·te₁rei** f winepress house. — ~**kel·te·rung** f winepressing. — ~₁**ken·ner** m wine connoisseur, judge of wine. — ~**kö·ni·gin** f wine queen (of the year).

'**Wein|krampf** m **1.** crying fit, fit of crying. – **2.** *med.* paroxysm of weeping, weeping spasm.

'**Wein|₁krug** m wine pitcher (*auch* jug). — ~**ku·fe** f wine vat. — ~**kü·fer** m **1.** cellarman. – **2.** *cf.* Küfer 2. — ~₁**küh·ler** m wine cooler. — ~**kun·de** f (o)enology. — ~₁**la·ge** f location of a vineyard. — ~₁**la·ger** n **1.** wine store. – **2.** (*Weinvorrat*) stock of wine(s), cellar. — ~₁**land** n wine--producing country: Frankreich ist das erste ~ der Welt France is the greatest wine-producing country in the world. — ~₁**laub** n leaves *pl* (*od.* foliage) of the (grape)vine. — ~**lau·be** f vine arbor (*bes. Br.* arbour). — ~**lau·ne** f (*in Wendungen wie*) in ~ sein to be merry (*od.* happy) from wine; etwas in einer ~ versprechen to promise s.th. after several glasses of wine (*od.* while in one's cups). — ~**le·se** f vintage, grape harvest: zur Zeit der ~ at the grape harvest, in the vintage season; ~ halten to harvest (*od.* gather [in], pick) the grapes. — ~**le·ser** m vintager, grape harvester (*od.* gatherer, picker). — ~**le·se₁zeit** f vintage (*od.* grape harvest) season. — ~₁**lied** n wine song. — ~**lo·kal** n wine restaurant. — ~₁**markt** m wine market. — ~**mol·ke** f wine whey. — ~₁**mo·nat** m *obs.* October. — ~₁**most** m wine must. — ~₁**mot·te** f *zo.* wine moth (*Conchylis ambiguella*). — ~**nie·der₁la·ge** f *econ.* wine depot (*od.* store). — ~₁**pal·me** f toddy palm (*auch* tree) (*Raphia vinifera*). — ~**pan(t)·scher** m *colloq. contempt.* wine adulterator. — ~**pan(t)·sche₁rei** f *colloq. contempt.* adulteration (*od.* doctoring) of wine. — ~₁**pfahl** m vine prop, prop (*od.* stake) for vines. — ~₁**pres·se** f winepress. – **2.** (*das Probieren*) wine tasting (*od.* sampling): eine ~ veranstalten to have a wine-tasting session. — ~**prü·fer** m *cf.* Weinschmecker. — ~₁**ran·ke** f *bot.* **1.** vine tendril. – **2.** *arch.* pampre. — ~₁**rausch** m intoxication from wine. — ~**re·be** f vine, grape(vine) (*Vitis vinifera*). — **w~₁reich** *adj* (*Gebiet etc*) abounding (*od.* rich) in wine. — ~₁**reis** n *bot.* vine shoot. — ~**rei·sen·de** m salesman traveling (*bes. Br.* travelling) for a wine firm, representative of (*od.* traveler [*bes. Br.* traveller]) for a wine firm. — ~**re·stau₁rant** n *cf.* Weinlokal. — ~₁**ro·se** f *bot.* eglantine, sweetbrier, *auch* sweetbriar (*Rosa eglanteria*). — ~₁**rot I** n wine red (*od.* color, *bes. Br.*

---

colour), wine, Bordeaux (red), claret (red *od.* brown). – **II w~** *adj* wine-red, vinaceous, Bordeaux (red), claret(-red). — ~₁**sau·ce** f *gastr.* wine sauce. — **w~₁sau·er** *adj* tartaric: weinsaures Salz tartrate. — ~₁**sau·er₁kraut** n *gastr.* wine-flavored (*bes. Br.* -flavoured) sauerkraut. — ~₁**säu·fer** m *colloq.* wine tippler, winebibber. — ~₁**säu·re** f **1.** *chem.* tartaric acid (HOOC(CHOH)₂COOH). — **2.** *chem.* acidity of wine. – **2.** *chem.* tartaric acid (HOOC(CHOH)₂COOH). — ~₁**schäd·ling** m *meist pl* grape (*od.* vine) pest. — ~₁**schaum₁creme** f *gastr.* zabaglione, *auch* zabaione, zabajone, sabayon. — ~₁**schenk** m *hist.* (*an Fürstenhöfen*) cupbearer. — ~₁**schen·ke** f wine tavern, wineshop, winehouse. — ~₁**schlauch** m wineskin, wine bottle. — ~₁**schmecker** (*getr.* -k·k-) m ⟨-s; -⟩ wine taster (*od.* sampler), *Br. auch* cooper. — ~₁**schö·nungs₁mit·tel** n *chem.* wine-fining agent. — ~₁**schwär·mer** m *zo.* (*Schmetterling*) **1.** Kleiner ~ lesser vine hawk moth (*Deilephila porcellus*). – **2.** Großer ~ large vine hawk moth (*Hippotion celerio*). — **w~₁se·lig** *adj* happy (*od.* merry, *colloq.* tipsy) from wine. — ~₁**se·lig·keit** f ⟨-; *no pl*⟩ (state of) happiness (*od. colloq.* tipsiness) from wine. — ~₁**sieb** n wine strainer. — ~₁**sor·te** f **1.** kind (*od.* sort, type) of wine. – **2.** (*Qualität*) wine quality, class of wine. – **3.** (*Marke*) brand of wine. — ~**spa₁lier** n trellis of vine(s).

'**Wein₁stein** m ⟨-(e)s; *no pl*⟩ *chem.* **1.** *cf.* Kaliumbitartrat. – **2.** roher ~ argol, wine lees *pl*, tartar. — ~₁**bil·dung** f formation of tartar, tartarization *Br. auch* -s- (*scient.*). — ~₁**säu·re** f *cf.* Weinsäure 2.

'**Wein|₁steu·er** f *econ.* wine tax. — ~₁**stock** m ⟨-(e)s; ⸚e⟩ vinestock, (grape)vine. — ~₁**stu·be** f wine tavern, wineshop.

'**Wein₁trau·be** f **1.** bunch (*od.* cluster) of grapes. – **2.** *pl* (*Obst*) grapes: grüne [blaue] ~n green [black *od.* purple] grapes; ein Pfund ~n, bitte a pound of grapes, please.

'**Wein₁trau·ben₁kern** m grape seed (*od.* pip). — ~₁**kur** f grape cure.

'**Wein|₁tre·ster** *pl* pomace (*od.* pumace) *sg* (of wine grapes), skins and husks of pressed grapes. — ~₁**trin·ker** m wine drinker. — **w~₁trun·ken** *adj* **1.** *lit.* intoxicated with wine. – **2.** *antiq.* bacchic. — **w~₁um₁rankt** *adj* (*Haus etc*) covered with vine(s). — ~**ver₁ede·lung**, ~**ver₁ed·lung** f **1.** improvement of (the quality of) wine. – **2.** improvement of wine cultivation. – **3.** grafting of (grape)vines. — ~₁**vor₁rat** m wine stock (*od.* supply), stock of wine, cellar: einen guten ~ haben to have a good stock of wine. — ~₁**waa·ge** f vinometer, (o)enometer. — ~₁**zie·her** m siphon, *auch* syphon, sampling tube.

'**Wein₁zierl** [-₁tsi:rl] m ⟨-s; -(n)⟩ Austrian *dial.* for Weinbauer.

'**Wein|₁zoll** m *econ.* wine duty, duty on wine. — ~₁**zwang** m obligation to order wine: in diesem Lokal herrscht ~ you are obliged to order wine in this restaurant.

'**wei·se** [ˈvaɪzə] **I** *adj* ⟨-r; -st⟩ **1.** wise, sage (*lit.*): das war ein ~s Wort that was a word of wisdom; er dünkt sich sehr ~ *iron.* he considers himself to be very wise; j-m ~ Ratschläge erteilen *auch iron.* to give s.o. wise advice. – **2.** (*klug u. einsichtig*) wise, prudent, judicious: ein ~s Urteil fällen to make a wise judg(e)ment. – **II** *adv* **3.** er hat sehr ~ gehandelt he acted very wisely.

'**Wei·se¹** m ⟨-n; -n⟩ (*allgemein*) wise man, sage (*lit.*): die ~n *pl* the wise *pl*; die drei ~n aus dem Morgenland the three wise men from the East, the three Magi; die sieben ~n Griechenlands the seven sages of ancient Greece; der Stein der ~n the philosophers' (*auch* philosopher's) stone.

'**Wei·se²** f ⟨-; -n⟩ way, manner, fashion: auf alle mögliche ~ in every possible way; auf alte ~ the old way, in the old manner (*od.* fashion), by the old method; auf eine besondere ~ in a special way; auf diese ~ a) (in) this way (*od. obs.* wise), in this manner, b) thus; auf die eine oder andere ~ in one way or another; auf gleiche ~ the same way; auf jede ~ in every way; auf meine ~ my way, after my fashion; auf seine ~ sein Glück versuchen to try one's luck one's own way; auf solche ~ in such a way; er ist auf geheimnisvolle ~ verschwunden he vanished in a mysterious way; auf welche ~? (in) what way? how? in alter ~ the traditional way, in the

---

traditional fashion; in der ~, daß in such a way that, so that; in gewohnter ~ the usual way; er hat in keiner ~ recht he is by no means right; A unterscheidet sich in keiner ~ von B A differs in no way from B; nein, in keiner ~, no, definitely not; in keinster ~! *colloq. humor.* not in the least (*od.* slightest)! er gab uns in liebenswürdiger ~ Auskunft he informed us in a friendly (*od.* kindly) way; jeder nach seiner ~ everyone in his own way, everyone after his own fashion; die Art und ~, wie er das macht the way he does it; das ist keine Art und ~ that is really no way to behave.

'**Wei·se³** f ⟨-; -n⟩ *mus.* (*Melodie*) air, melody, tune, strain: beschwingte [lustige, volkstümliche] ~ lively [merry, popular] tune.

Wei·sel [ˈvaɪzəl] m ⟨-s; -⟩ *zo.* (*Bienenkönigin*) queen bee.

wei·sen [ˈvaɪzən] **I** *v/t* ⟨weist, wies, gewiesen, h⟩ **1.** a) to show (*od.* point out) s.th. to s.o., b) *fig.* to point out s.th. to s.o.: er wies ihm den Weg zum Rathaus he showed him the way to the town hall; j-m die Anfangsgründe einer Wissenschaft ~ *fig.* to point out the fundamentals of a science to s.o.; → Tür 5. – **2.** (*mit Richtungsangabe*) j-n aus der Stadt [dem Land] ~ to expel s.o. from the city [country]; j-n in sein Quartier ~ to direct s.o. to his quarters; j-n in sein Zimmer ~ a) to show s.o. to his room, b) to order s.o. to his room; j-n von der Schule ~ to expel s.o. (from school). – **3.** j-n zur Ruhe ~ *fig.* to tell s.o. to be quiet; → Schranke 9. – **4.** etwas von sich ~ *fig.* to repudiate (*od.* repel, reject) s.th.: er wies diesen Verdacht weit von sich he repudiated this suspicion emphatically; → Hand¹ *Verbindungen mit Präpositionen.* – *v/i* **5.** *point:* in die Ferne [entgegengesetzte Richtung] ~ to point into the distance [in the opposite direction]; er wies auf die verschlossene Schublade he pointed at the locked drawer; der Zeiger wies auf zwölf Uhr the hand pointed to twelve o'clock; die Magnetnadel weist immer nach Norden the compass always points north; mit dem Finger auf j-n ~ *auch fig.* to point a finger at s.o.

'**Weis·heit** f ⟨-; -en⟩ **1.** ⟨*only sg*⟩ wisdom: die ~ des Alters the wisdom of age; höhere ~ superior wisdom; mit seiner ~ am Ende sein *colloq.* to be at one's wit's end; er hat die ~ nicht mit Löffeln gegessen (*od.* gefressen) *colloq.* he is not so very brilliant; er tut, als hätte er die ~ mit Löffeln gegessen (*od.* gefressen) *colloq.* he acts as if he knew all the answers (*od.* were [*auch* was] a pillar of wisdom), he makes a great pretence (*Am.* pretense) of wisdom; → Schluß 5; Vorsicht 1. – **2.** (*weise Einsicht, Äußerung etc*) wisdom, sagacity: das ist eine alte ~ that is an old wisdom, that is a wise old saying; eine alte ~ besagt, daß an old wisdom says that, it is a wise old saying that; behalte deine ~(en) für dich *colloq.* keep your remarks to yourself, mind your own business.

'**Weis·heits|₁krä·mer** m *colloq. contempt. bes. Br.* know-all, *bes. Am.* know-it-all, smart aleck, *auch* smart-alec, wiseacre, *bes. Am. colloq.* wise guy. — **w~₁voll** *adv* oft *iron.* wisely, with great wisdom: sagte er ~ he said wisely. — ~₁**zahn** m *med.* wisdom tooth.

weis·lich [ˈvaɪslɪç] *adv* wisely, prudently, sensibly.

'**weis₁ma·chen** *v/t* ⟨*sep*, -ge-, h⟩ *colloq.* **1.** j-m etwas ~ to fool s.o., to hoodwink s.o., to tell s.o. a yarn (*colloq.*): laß dir nichts ~ don't (let yourself) be fooled (*od.* hoodwinked); versuch bloß nicht, mir etwas weiszumachen don't try to fool me; mach das einem anderen weis try that (one) on s.o. else (*colloq.*), tell that to the marines. – **2.** j-m ~, daß to fool s.o. into believing (*od.* thinking) that: er machte ihm weis, daß er nichts davon wisse he fooled him into believing that he knew nothing about it; du willst mir doch nicht ~, daß you don't want (*od.* you're not trying) to make me believe that; sie versuchten, ihm weiszumachen, daß they tried to make him believe that.

weiß¹ *1 u. 3 sg pres of* wissen.

weiß² [vaɪs] **I** *adj* ⟨-er; -est⟩ **1.** (*Hemd,*

Papier, Tuch, Schnee, Zähne etc) white: strahlend (od. blendend) ~ sparkling (od. dazzling) white; ~ wie Schnee (as) white as snow; sich ~ kleiden to dress in white; ~ gekleidet sein to be dressed in white; sich ~ machen colloq. to rub against something white, to get one's clothes white; sich (dat) das Gesicht ~ schminken to put on white makeup (Br. make-up), to paint one's face white; eine Wand ~ anstreichen to paint a wall white; eine Wand ~ tünchen to whitewash a wall; die Wäsche ist sehr schön ~ geworden the washing has turned out (od. come up) nice and white; die Flüssigkeit wird ~ the liquid becomes (od. goes, turns) white; sie ist (od. ihre Haare sind) über Nacht ~ geworden she went (od. her hair turned) white overnight; es ist über Nacht ~ geworden it has snowed overnight; ~es Mehl white (od. plain) flour; ~e Felder [Figuren] (bei Schach, Dame etc) white squares [pieces od. men]; ~e Weihnachten pl a white Christmas sg; der ~e Sport a) tennis, b) skiing; die ~e Substanz med. (im Gehirn) the white matter; ~e Bohnen hort. gastr. kidney (od. haricot) beans; ~e Kohle fig. white coal, waterpower; ~er Kreis fig. area without rent control; ~e Magie fig. white magic; ein ~er Rabe fig. a rare bird, a rarity, a rara avis (lit.); die W~e Frau (Spukgestalt) the lady in white; das W~e Haus pol. the White House; die W~e Rose hist. a) (in den Rosenkriegen) the White Rose, b) (in NS-Zeit) a resistance movement (1941—1943); der W~e Sonntag Low Sunday; der W~e Tod death in the snow; die W~e Woche econ. (Sonderverkauf für Weißwaren) etwa white sale; → Fahne 1; Jahrgang 1; Maus 1; schwarz 1; Weste 1. – 2. (Gesichtsfarbe) white, pale: er ist (ganz) ~ im Gesicht he is white in the face; sie wurde ~ she went white (in the face); → Kreide 2; Wand 1. – 3. (Haut[farbe]) white, fair, blond, auch blonde. – 4. (Rasse, Bevölkerung etc) white. – 5. gastr. (Fleisch) white, pale: ~er Käse bes. Northern G. for Quark 1, 2. – 6. fig. (leer) blank: sie starrte auf das ~e Blatt Papier she stared at the blank sheet of paper; ein ~er Fleck auf der Landkarte a blank space on the map. – II W~e, das ⟨-n⟩ 7. the white: das W~e im Ei the white of egg; das W~e im Auge the white of the eye.

Weiß n ⟨-(es); no pl⟩ **1.** white: ein mattes [strahlendes od. blendendes] ~ a mat [sparkling od. dazzling] white; ~ ist die Farbe der Unschuld white is the colo(u)r of innocence; in ~ gekleidet sein to be dressed in white; sie trägt gern ~ she likes to wear white, she likes white clothes; etwas mit ~ bemalen to paint s.th. white (od. with white paint); auf ~ zeichnen to draw on white. – **2.** (games) (bei Schach, Dame etc) white: ~ ist am Zug, ~ zieht white is to move, it's white's move.

'weis,sa·gen v/t ⟨insep, ge-, h⟩ **1.** (von Personen) prophesy, auch prophecy: er weissagte den Untergang der Stadt he prophesied the destruction of the town. – **2.** (von Dingen) forebode, Am. auch forbode, presage, portent: ihre Miene weissagte nichts Gutes her expression foreboded ill. — **'Weis,sa·ger** m ⟨-s; -⟩ prophet. — **'Weis,sa·ge·rin** f ⟨-; -nen⟩ prophetess. — **'Weis,sa·gung** f ⟨-; -en⟩ prophecy, auch prophesy: seine ~ hat sich [nicht] erfüllt his prophecy has [not] come true.

'Weiß,äh·rig·keit f [-,ʔɛːrɪçkaɪt] ⟨-; no pl⟩ agr. (bei Getreide u. Wiesengräsern) silver-top.

'weiß,ar·mig [-,ʔarmɪç] adj white-armed.

'Weiß,backen,ta·pir (getr. -k·k-) m zo. white-cheeked (od. Roulin's) tapir (Tapirus pinchaque).

'Weiß,barsch m zo. white perch (Marone americana).

'Weiß,bart,gnu n zo. white-bearded gnu (Connochaetus albojubatus).

'weiß,bär·tig adj white-bearded.

'Weiß,bart|pe,ka·ri m zo. white-lipped peccary, warree (Tayassu pecari). — **~,ru·der,frosch** m bamboo frog (Rhacophorus leucomystax). — **~,see,schwal·be** f whiskered tern (Chlidonias hybrida).

'Weiß,bauch-,Schup·pen,tier n zo. tricuspid pangolin (Manis tricuspis).

'Weiß|,bier n brew. weiss beer. — **~,bin·der** m dial. **1.** cooper. – **2.** white-

washer, interior decorator. — **~,bir·ke** f bot. white birch (Betula pendula).

'Weiß,blätt·rig·keit f ⟨-; no pl⟩ bot. albinism.

'weiß,blau[1] adj blue-and-white.

'weiß'blau[2] adj fig. colloq. Bavarian.

'Weiß,blech n metall. tinplate, tin sheet: ~ erster Güte prime; ~ zweiter Güte mender. — **~fa·bri·ka·ti,on** f tinplate manufacture. — **~,walz,werk** n tinplate mill. — **~,wa·ren** pl tinplate articles.

'Weiß,blei,erz n min. white lead ore, cerussite, auch cerusite.

'weiß,blond adj silver-blond, auch silver-blonde.

'Weiß,blu·ten n rare (in Wendungen wie) j-n zum ~ bringen to bleed s.o. white; die Bevölkerung wurde bis zum ~ ausgepreßt the population was bled white.

'weiß,blü·tig [-,blyːtɪç] adj med. leuk(a)emic, leuc(a)emic, leucocyth(a)emic. — **'Weiß,blü·tig·keit** f ⟨-; no pl⟩ leuk(a)emia, leuc(a)emia, leucocyth(a)emia.

'Weiß,bor·sten,gür·tel,tier n zo. cf. Sechsbindengürteltier.

'Weiß,brot n ⟨-(e)s; -e⟩ gastr. **1.** ⟨only sg⟩ white bread. – **2.** (Laib) white loaf, loaf of white bread. — **~,buch** n pol. (bes. in der BRD) white book. — **~,bu·che** f bot. cf. Hainbuche.

'Weiß,bür·zel,strand,läu·fer m zo. white-rumped (od. Bonaparte's) sandpiper (Erolia fuscicollis).

'Weiß,dorn m ⟨-(e)s; -e⟩ bot. hawthorn, thorn (Gattg Crataegus): Gemeiner ~ whitethorn, quickthorn (C. oxyacantha). — **~,hecke** (getr. -k·k-) f hawthorn (od. thorn) hedge, bes. quickset hedge.

'Wei·ße[1] m ⟨-n; -n⟩ colloq. **1.** white (man): ein ~r a white (man), auch a White; die ~n pl the whites, the white man sg. – **2.** (Weißhaariger) white-haired man (od. boy). – **3.** ⟨only sg⟩ gastr. white wine, white.

'Wei·ße[2] f ⟨-n; -n⟩ colloq. **1.** white (woman): eine ~ a white (woman), auch a White. – **2.** (Weißhaarige) white-haired woman (od. girl).

'Wei·ße[3] f ⟨-; no pl⟩ **1.** whiteness, white color (bes. Br. colour). – **2.** (der Haut etc) whiteness, fairness, blondness, auch blondeness.

'Wei·ße[4] f ⟨-n; -n⟩ eine ~ (Glas Weißbier) a weiss beer; → Berliner I.

'Weiß,ei·che f bot. white oak (Quercus alba).

wei·ßeln ['vaɪsəln] v/t ⟨h⟩ Southern G., Austrian and Swiss for weißen.

'wei·ßen v/t ⟨h⟩ (Haus, Wand etc) whitewash, limewash.

'Weiß,esche f bot. American (od. white) ash (Fraxinus americana). — **~,fäu·le** f white rot. — **~,fich·te** f white spruce (Picea glauca). — **~,fisch** m zo. **1.** whitefish (Fam. Cyprinidae). – **2.** cf. Seehering. — **w~,fleckig** (getr. -k·k-) adj white-spotted. — **~,fle·der,maus** f zo. white bat (Gattg Diclidurus).

'Weiß,flü·gel|,ler·che f zo. white-winged lark (Melanocorypha leucoptera). — **~,see,schwal·be** f white-winged black tern (Chlidonias leucopterus).

'Weiß,fluß m ⟨-sses; no pl⟩ med. leukorrh(o)ea, auch leucorrh(o)ea, (the) whites pl (colloq.). — **~,fuchs** m zo. **1.** cf. Polarfuchs. – **2.** light sorrel horse.

'Weiß,fuß,maus f zo. deer (od. white-footed) mouse (Gattg Peromyscus).

'weiß|ge,glüht adj metall. bright-annealed. — **~ge,klei·det** adj ⟨attrib⟩ dressed in white. — **~,gelb** adj **1.** pale-yellow. – **2.** white-and-yellow. — **W~,ger·ber** m tech. tawer, chamois-dresser. — **W~ger·be·rei** [,vaɪs-] f ⟨-; -en⟩ **1.** ⟨only sg⟩ tawing, alum tanning. – **2.** (Arbeitsstätte) tawery. — **~ge,schält**, **~ge,schnitzt** adj ⟨attrib⟩ (Holz) clean-barked, completely barked, white-peeled. — **~ge,streift** adj ⟨attrib⟩ (Kleid etc) with white stripes. — **~,glü·hend** adj white-hot, incandescent. — **W~,glut** f **1.** metall. white heat, incandescence. – **2.** fig. (in Wendungen wie) j-n zur (od. in, bis zur) ~ bringen to make s.o. livid; j-n bis zur ~ reizen to anger s.o. to the point of rage. — **W~,gold** n metall. white gold. — **~,grau** adj whitish-(od. pale-)gray (bes. Br. -grey). — **W~,gül·den,erz**, **W~,gül·dig,erz** [-,gyldɪç-] n min. white silver ore. — **W~,guß** m metall. white (malleable) cast iron.

'Weiß,haar-,Fei·gen,kak·tus m bot. Aaron's-beard (cactus) (Opuntia leucotricha).

'weiß,haa·rig adj white-haired, white-headed, (von Alter) auch hoary.

'Weiß,hand,gib·bon m zo. lar, auch lar gibbon (Hylobates lar).

'Weiß,heit f ⟨-; no pl⟩ cf. Weiße[3].

'Weiß|,herbst m gastr. white wine made from black grapes of a single variety, the must being separated immediately from the skins. — **~,holz** n whitewood. — **~,kalk** m tech. white lime. — **~,kä·se** m bes. Northern G. gastr. for Quark 1, 2.

'Weiß,kehl-,Meer,kat·ze f zo. Samango guenon (od. monkey) (Cercopithecus labiatus).

'Weiß,kern,guß m metall. white-heart malleable iron.

'Weiß|,klee m bot. white (Dutch) clover, auch white Dutch (Trifolium repens). — **~,kohl** m white cabbage (Brassica oleracea var. capitata).

'Weiß,kopf,af·fe m zo. white-headed saki (Pithecia pithecia).

'Weiß|ko,ral·le f zo. white coral (Amphihelia oculata). — **~,kraut** n bot. cf. Weißkohl. — **~,kup·fer** n metall. white copper. — **~,lack** m white enamel. — **~,le·der** n white leather.

'weiß,lich adj (Färbung etc) whitish, whit(e)y.

'Weiß,lie·gen·de n ⟨-n; no pl⟩ geol. weissliegend sandstone.

'Weiß,ling m ⟨-s; -e⟩ zo. **1.** (Tagfalter) white (Fam. Pieridae). – **2.** cf. Weißfisch.

'Weiß,lings,wes·pe f zo. cf. Schlupfwespe.

'Weiß,lip·pen,hirsch m zo. Thorold's deer (Cervus elaphus albirostris).

'Weiß|,lot n tech. tin solder. — **~,mehl** n gastr. white (od. plain) flour. — **~,mes·sing** n metall. white brass. — **~me,tall** n white (od. Babbit) metal, Babbit. — **~nä·he,rei** f plain (needle)work. — **~,nä·he·rin** f plain seamstress.

'Weiß,na·se f zo. white-nosed guenon (od. monkey), puttynosed monkey (Cercopithecus nictitans).

'Weiß,na·sen|,af·fe m zo. white-nosed saki (Pithecia albinasa). — **~,Meer,kat·ze** f guenon (Gattg Cercopithecus).

'Weiß,nas,horn n zo. white rhino(cerus) (Ceratotherium simum).

'Weiß,nickel|,erz (getr. -k·k-) n, **~,kies** m min. white (arsenical) nickel, chloanthite.

'Weiß|,pap·pel f bot. white (od. silver) poplar, silverleaf (Populus alba). — **~,pin·sel,äff·chen** n zo. jacchus, sagoin (Callithrix jacchus).

'Weiß,rücken|,skunk (getr. -k·k-) m zo. hog-nosed (auch white-backed) skunk, conepate, auch conepatl (Conepatus mesoleucas). — **~,specht** m white-backed woodpecker (Dendrocopos leucotos).

'Weiß,ruß m synth. white fillers pl.

'Weiß,rus·se m ⟨-n; -n⟩ **1.** anthrop. Belorussian, auch White Russian. – **2.** hist. (in der russ. Revolution) White Russian.

'Weiß,rüs·sel,na·sen,bär m zo. coati (Nasua narica).

'weiß,rus·sisch I adj **1.** geogr. ling. Belorussian, auch White Russian. – **2.** hist. White Russian. – II ling. W~ ⟨generally undeclined⟩, das W~e ⟨-n⟩ **3.** Belorussian, auch White Russian.

'Weiß,schul·ter,ka·pu,zi·ner m zo. white-throated capuchin (Cebus albifrons hypoleucus).

'Weiß,schwanz m zo. cf. Steinschmätzer. — **~,gnu** n black wildebeest, white-tailed gnu (Connochaetes gnu). — **~,hirsch** m cf. Weißwedelhirsch.

'Weiß,schwie·len,krank·heit f med. leukoplakia.

'weiß|,sei·den adj (Bluse etc) of white silk: eine ~e Bluse a white silk blouse. — **~,sie·den** v/t ⟨sep, -ge-, h⟩ tech. (Silber) blanch. — **W~,sil·ber** n metall. white silver. — **W~,spieß,glanz** m chem. cf. Antimonblüte.

'Weiß,spit·zen,hai m zo. white shark (Triaenodon obesus).

'Weiß|,stein m min. cf. Granulit. — **~sticke,rei** (getr. -k·k-) f ⟨-; no pl⟩ (textile) linen embroidery, broderie anglaise. — **~,stör** m white sturgeon (Acipenser transmontanus). — **~,storch** m white stork (Ciconia ciconia). — **~,sucht** f ⟨-; no pl⟩ biol. med. cf. Albinismus.

weißt [vaɪst] *2 sg pres of* **wissen**.

'**Weiß**|**,tan·ne** *f bot.* silver fir (*Abies alba*). — **~,ul·me** *f* American (*od.* water, white) elm (*Ulmus americana*). — **~,wal** *m zo.* beluga white whale, sea canary (*Delphinapterus leucas*).

'**Weiß,wand,rei·fen** *m auto.* white-wall tire (*bes. Br.* tyre).

'**Weiß,wan·gen,gans** *f zo.* barnacle (goose) (*Branta leucopsis*).

'**weiß,wan·gig** [-,vaŋɪç] *adj* white-cheeked, with white cheeks.

'**Weiß,wa·ren** *pl* (*textile*) white goods, *bes. Am.* dry (*auch* soft) goods *pl* (*sometimes construed as sg*), *Br.* drapery *sg*, linen goods.

'**Weiß,wä·sche** *f* ⟨-; *no pl*⟩ (*beim Waschen*) white clothes *pl*, whites *pl* (*colloq.*).

'**weiß,wa·schen** **I** *v/t* ⟨*usually inf u. pp* weißgewaschen, h⟩ j-n ~ *fig.* to clear s.o. (*od.* s.o.'s name). — **II** *v/reflex* sich ~ *fig.* to clear oneself (*od.* one's name).

'**Weiß,we·del,hirsch** *m zo.* Virginian (*od.* white-tailed) deer (*Odocoileus virginianus*).

'**Weiß,wein** *m gastr.* white wine, white: ein Glas ~ a glass of white wine. — **~,sau·ce** *f gastr.* white wine sauce.

'**Weiß**|**,wert** *m telev.* white level. — **~,wurm** *m zo. cf.* Uferaas. — **~,wurst** *f gastr.* whitish sausage consisting chiefly of veal seasoned with parsley. — **~,wurz** *f* ⟨-; *no pl*⟩ Solomon's seal (*Gattg Polygonatum*): Vielblütige ~ common Solomon's seal, David's-harp, Lady's seal (*P. multiflorum*). — **~,zeug** *n* ⟨-(e)s; *no pl*⟩ (*textile*) (household) linen.

'**Weis·tum** *n* ⟨-s; ⸚er⟩ *jur. hist.* collection of judicial sentences serving as precedents in German law.

'**Wei·sung** *f* ⟨-; -en⟩ **1.** instruction, direction, directive: ~en erlassen to give instructions (*od.* orders); j-m (die) ~ geben, etwas zu tun to give s.o. the instruction (*od.* to instruct s.o., to direct s.o.) to do s.th.; (bei j-m) ~en einholen to ask (s.o.) for instructions; (j-m) ~ erteilen to give (s.o.) instructions; ich habe ~, niemanden einzulassen I have been instructed (*od.* been given instructions) not to let anyone in; er hatte ~ bekommen (*od.* erhalten), an einem bestimmten Ort zu sein he had been given instructions (*od.* instructed, directed) to be at a certain place; sich an die ~en halten to follow (*od.* keep to) (the) instructions. – **2.** *jur.* precept.

'**Wei·sungs**|**be,fug·nis** *f* authority to issue directives. — **w~ge,bun·den** *adj* ~ sein to be subject to instructions (*od.* directions). — **w~ge,mäß** *adv* according to instructions (*od.* directions), as instructed (*od.* directed). — **~,recht** *n* right to give instructions (*od.* directions).

'**weit** [vaɪt] **I** *adj* ⟨-er; -est⟩ **1.** (*Rock, Jacke etc*) wide, full, loose, *auch* loose-fitting: dieses Kleid hat ~e Ärmel this dress has wide sleeves; das Kleid ist mir zu ~ the dress is too wide (*od.* big) for me; der Rock ist in der Taille zu ~ the skirt is too wide at the waist; ich muß das Kleid ~er machen I must let the dress out; der Rock wird zum Saum hin ~er the skirt becomes wider (*od.* widens) toward(s) the hem. – **2.** (*Öffnung etc*) wide: das Rohr wird nach der einen Seite hin ~er the tube grows wider (*od.* widens) toward(s) one side. – **3.** (*Fläche, Tal, Platz, Straße etc*) wide, broad, (*stärker*) vast: eine ~e Ebene a wide plain; ~e Zwischenräume wide spaces; ein ~er Blick über das Land a commanding view over (*od.* of) (*od.* a panorama of) the country; in die ~e Welt ziehen to set out into the (big) wide world; in der ganzen ~en Welt in the whole wide world; das ist ein ~es Feld *fig.* that is a wide field; einen ~en Horizont haben *fig.* to have a broad outlook (*od.* horizon); → Kreis 2, 4. – **4.** (*Raum, Saal*) wide, spacious, roomy, ample (*lit.*): eine ~e Halle a wide hall; ein ~es Gewissen haben *fig.* to have an easy (*od.* a lax) conscience; → Herz Besondere Redewendungen. – **5.** *fig.* (*Bedeutung, Interpretation etc*) broad, wide: eine ~e Auslegung a broad interpretation; im ~eren Sinne in the broader sense; im ~esten Sinne (des Wortes) in the broadest (*od.* most comprehensive) sense (of the word); das ist ein ~er Begriff *auch iron.* that is a broad term (*od.* concept). – **6.** ein ~er Unterschied *fig.* a big (*od.* vast, world

of) difference. – **7.** (*groß*) great: auf ~e [aus ~er] Entfernung at a [from a] great distance, a long way off; das liegt in ~er Ferne *fig.* that is in the distant (*od.* remote) future, that is still a long way off. – **8.** (*ausgedehnt, lang*) long: ein ~er Weg a long way; eine ~e Reise a long (*od.* an extensive) journey; in ~en Abständen (*räumlich u. zeitlich*) at long intervals; das war der ~este Sprung bisher that was the longest jump so far. – **9.** *med.* (*Pupille*) dilated. – **10.** *mus.* (*Stimmverteilung*) open, extended, dispersed: ~e Lage open position. – **11.** das ~e Meer, die ~e See *mar.* the open sea. – **II** *adv* **12.** wide: die Tür ~ öffnen to open the door wide; das Fenster stand ~ offen the window was wide open; den Mund ~ aufmachen to open one's mouth wide; er reißt das Maul (*od.* die Klappe) zu ~ auf *fig. colloq.* he is a big-mouth (*Br.* big-mouth), he is too big-mouthed (*Br.* big-mouthed). – **13.** *fig.* wide: diese Ansicht ist ~ verbreitet this opinion is widespread; er holte in seinen Darlegungen ~ aus he gave a very broad account of the matter; die Familie ist ~ verzweigt the family has a wide (*od.* big) connection (*Br. auch* connexion), *Am.* the family has wide connections (*od.* ramifications). – **14.** widely: ~ vom Thema abkommen (*od.* abschweifen) to wander (*od.* digress) widely from the subject; die Meinungen gingen ~ auseinander opinions differed widely (*od.* vastly); er ist ~ gereist he is widely (*od.* extensively) travel(l)ed; er ist ~ herumgekommen he has been all over the place, he has got around a great deal. – **15.** (*räumlich entfernt*) far: ~ oben [unten] far (*stärker* away) (up) at the top [(down) below]; ~er oben [unten, links, rechts] farther (*od.* further) up [down, to the left, to the right]; das Haus liegt ~ (*entfernt*) von hier the house is situated a long (*od.* great) distance (*od.* a long way) from here; das ist nicht ~ von hier that is not far (*od.* no distance) from here; unsere Verwandten wohnen ~ entfernt our relatives live far away; das Dorf liegt fünf Minuten ~ entfernt the village is five minutes away (*od.* off); der Bahnhof ist 100 Meter ~ (entfernt) von hier the station is 100 metres (*bes. Br.* meters) (away [*od.* distant]) from here; ~ in der Ferne sah er die Stadt he saw the town far (*stärker* away) in the distance, he saw the town afar off (*od.* from afar) (*poet.*); nur ~ weg (*od.* fort) von hier! let's get out (of here)! er war ~ weg mit seinen Gedanken *fig.* he was miles away (with [*od.* in] his thoughts); er war den anderen Wanderern ~ voraus he was far (*stärker* away) ahead of the other hikers; er kommt von ~ her he comes from far away (*od. poet.* from afar), he comes from a long way from here; er muß ~ fahren, um zur Schule zu kommen he has to go (*od.* travel) far (*od.* a long way) to get to school, he has a long way (to go) to school; so ~ kann ich nicht laufen [springen, sehen] I cannot run [jump, see] as far as that (*od. colloq.* that far); es war ~ und breit niemand zu sehen there was nobody to be seen far and wide, there was not a soul for miles around; er ist der beste Läufer ~ und breit he is the best runner for miles around; zu Fuß wirst du heute abend nicht mehr ~ kommen you won't get far on foot tonight; wir wollen heute so ~ wie möglich kommen we want to get as far as possible (*od.* as we can) today; ist es noch ~ (bis zum nächsten Dorf)? is it far (*od.* have we [still] far to go) to the next village)? haben Sie es noch ~? *colloq.* have you far to go? bis hierher und nicht ~er as far as (*od.* up to) here and no farther (*od.* further); sie wohnen ein paar Häuser ~er they live a few houses farther on; ich kann ~er springen als du I can jump farther (*od.* further) than you; er kann am ~esten werfen he can throw (the) farthest (*od.* furthest); → Schuß 1. – **16.** *fig.* (*in Wendungen wie*) ~ hergeholt that is farfetched (*Br.* far-fetched) (*od.* contrived); es ist nicht ~ mit ihm her he is not up to much, he is no great shakes (*colloq.*); mit deinen Leistungen ist es nicht ~ her your achievements are not up to much (*od.* not worth much, *colloq.* no great shakes, nothing to write home about, *bes. Am.* rather picayunish); ich bin ~ davon entfernt, das zu tun I have no (*od.* not the slightest) intention of

doing that; er hat es im Leben [Beruf] ~ gebracht he got on well in life [in his profession]; er wird es im Leben nicht ~ bringen he won't achieve much (*od.* get very far) in life; er wird es noch ~ bringen he will go far (*od. colloq.* places); in dieser Branche kannst du es nicht ~ bringen you can't get far in this line of business; das geht (*od.* führt) zu ~ that's going too far; das geht mir (wirklich) zu ~ that's (really) going too far to my mind; er ist zu ~ gegangen, er hat es zu ~ getrieben he went too far, he overshot the mark; er ist mit seinen Behauptungen zu ~ gegangen he went too far in (*od.* he overshot the mark with) his statements; er ist sehr ~ gegangen he went quite far; er ging noch (viel) ~er he went (much) further; es würde zu ~ führen, wenn ich das alles erklären wollte it would be too much to explain all this; mit deinen Forderungen wirst du nicht ~ kommen you won't get far with your claims; mit Höflichkeit kommt man am ~esten one gets along (*od.* on) best when one is polite; etwas ~ von sich weisen to reject s.th. emphatically; er ist seinen Klassenkameraden in seinen Leistungen ~ voraus he is far (*stärker* away, *colloq.* way) ahead of his classmates in his achievements; wir werden die Erfordernisse so ~ wie möglich berücksichtigen we will take the prerequisites (*od.* exigencies) into consideration as far as possible (*od.* as far as we can). – **17.** *fig.* (*in einem Ablauf, einer Entwicklung etc*) far: die Krankheit ist schon ~ fortgeschritten the illness is far advanced; wie ~ bist du (mit deiner Arbeit)? how far have you got (with your work?); wir sind schon ~er (im Stoff) als die Parallelklasse we are further on (in the syllabus *od.* subject) than the other section of the class (*Br.* than the parallel form); ich bin noch nicht so ~, daß ich alles durcheinanderwerfe I have not got to the stage where I confuse (*od.* of confusing) everything; es ist noch nicht so ~, daß things have not yet come to the point where; so ~ ist es noch nicht it has not come to that yet; so ~ ist es noch nicht, daß it has not come to the point (*od.* stage) yet where; so ~ wollen wir es nicht kommen lassen we do not want to let it come to that; so ~ ist es schon mit dir gekommen? has it come to that? so ~ ist es schon mit uns gekommen, daß it has come to the point (*od.* stage) where we; er ist so ~ genesen, daß er kleine Spaziergänge machen kann he has improved to the stage of being able to go for short walks; so ~ die Nachrichten that is (all) the news so far; so ~, so gut so far, so good. – **18.** *fig.* (*bei Zeitangaben*) es war ~ nach Mitternacht it was long past midnight; ~ (bis) in den Tag hinein schlafen to sleep until late in the day; er ist ~ über 60 [Jahre alt] he is well over 60, he is well on in his sixties; das liegt ~ zurück that's a long way back, that was a long time ago. – **19.** *fig.* (*sehr*) by far: j-n ~ übertreffen to outdo s.o. by far; ~ gefehlt (*od.* entfernt)! far from it! – **20.** *fig.* (*viel*) far: er ist ~ größer als du he is far (*od.* much) taller than you; dieses Bild gefällt mir ~ besser I like this picture far better, I much prefer this picture; das ist mir ~ lieber I prefer this by far, I much prefer this. – **III** W~e, das ⟨-n⟩ **21.** das W~e suchen *fig.* to take to one's heels, to make off. – **22.** (*mit Kleinschreibung*) bei ~em besser [schöner] better [more beautiful] by far; dies gefällt mir bei ~em am besten I like this by far (the) best; er ist bei ~em der Beste he is by far (*od.* by a long shot) the best; dieser Berg ist bei ~em nicht so hoch wie der andere this mountain is not nearly as high as the other one; er hat ihr bei ~em nicht alles erzählt he did not tell her half the story (*od.* anything like the whole story); bei ~em nicht! not nearly! not by a long way (*od.* shot)! ich habe ihn von ~em erkannt I recognized him a long way off (*od.* from a distance, *colloq.* a mile away); von ~em hörte man Menschenstimmen (people's) voices could be heard in the distance.

Weit *n* ⟨-(e)s; -e⟩ *mar.* (*eines Schiffes*) (greatest) width.

'**weit,ab** *adv* far away: ~ von aller Zivilisation far away from all civilization (*Br. auch* -s-).

'**weit'aus** *adv* **1.** (*bei Komparativen*) far, by

a long shot, by far: das ist ~ besser (als) that is far better (than), that is better by far (than). - **2.** (*bei Superlativen*) by far: das ~ Wichtigste the most important thing by far, by far the most important thing.

'weit,aus,ho·lend I *adj* **1.** (*Geste, Gebärde*) wide. - **2.** (*Schilderung, Erklärung etc*) lengthy, voluminous, rambling, long-wind-ed, long-drawn-out (*attrib*), *auch* long-drawn. - **II** *adv* **3.** at (great) length.

'weit·be,kannt *adj* ⟨attrib⟩ widely known.

'weit·be,rühmt *adj* ⟨attrib⟩ far-famed.

'Weit,blick *m* ⟨-(e)s; *no pl*⟩ farsighted-ness, *Br.* far-sigthedness, longsightedness, *Br.* long-sightedness. — **'weit,blickend** (*getr.* -k·k-) *adj* farsighted, *Br.* far-sighted, longsighted, *Br.* long-sighted, farseeing, *Br.* far-seeing.

'Wei·te *f* ⟨-; -n⟩ **1.** ⟨*only sg*⟩ (*von Kleidungs-stücken*) width, ful(l)ness: die ~ der Jacke wird im Rücken durch einen Gürtel zu-sammengehalten the width of the jacket is drawn together by a belt at the back. - **2.** ⟨*only sg*⟩ (*von Ebene, Platz, Landschaft, Meer etc*) vastness, expanse, immensity, spread: die unbegrenzte ~ des Himmels the infinite vastness of the heavens; das Meer lag in unendlicher ~ vor uns the sea stretched before us in its immensity. - **3.** (*endlose Fläche, endloser Raum*) expanse: die ~n des Weltalls the expanses of the universe. - **4.** ⟨*only sg*⟩ (*einer Öffnung*) width, breadth. - **5.** ⟨*only sg*⟩ (*von Raum, Saal etc*) spaciousness. - **6.** ⟨*only sg*⟩ *fig.* (*eines Begriffs etc*) broadness, wideness, scope. - **7.** ⟨*only sg*⟩ (*bes. sport*) (*von Wurf, Sprung etc*) distance: er erreichte eine ~ von 5 m he achieved a distance of 5 m. - **8.** ⟨*only sg*⟩ *tech.* (*Durchmesser*) diameter: lichte ~ a) inside width, b) (*eines Hohl-körpers*) inside diameter, c) (*einer Brücke*) clear span.

wei·ten ['vaɪtən] **I** *v/t* ⟨h⟩ **1.** (*Schuhe, Hand-schuhe etc*) stretch, widen. - **2.** *med.* a) widen, b) (*Gang, Cervix*) dilate. - **3.** *tech.* (*Rohre*) flare, expand. - **II** *v/reflex* sich ~ **4.** (*von Schuhen, Handschuhen, Hosen etc*) stretch, widen. - **5.** (*von Gummizug etc*) stretch. - **6.** (*von Tal, Fluß etc*) open (*od.* broaden) (out): der Strom weitet sich zum Meer the stream opens (out) into the sea. - **7.** *fig.* be broadened (*od.* widened): durch Lesen weitet sich der Blick one's outlook is broadened by reading, reading broadens one's outlook (*od.* mind). - **8.** das Herz wei-tet sich bei diesem schönen Anblick *fig.* the heart swells at this beautiful sight. - **9.** *med.* a) widen, b) (*von Pupille, Gefäß, Herz etc*) dilate. - **III** *W~ n* ⟨-s⟩ **10.** *verbal noun.* - **11.** *cf.* Weitung.

'wei·ter I *comp* of **weit.** - **II** *adj* ⟨attrib⟩ **1.** (*zusätzlich*) further, additional: ein ~es Problem a further problem; jede ~e Frage ist unnötig further questions are unnecessary; ein ~er Begriff der Linguistik ist „Syntax" a further linguistic concept is "syntax". - **2.** (*hinzukommend*) further: nach einer ~en Stunde after a further (*od.* another) hour; ohne ~e Umstände without further ado (*od.* ceremony); im ~en Verlauf in the further course of events; bis auf ~e Anweisung until further notice; mit ~en Schneefällen muß gerechnet werden further snowfalls are to be expected. - **3.** (*ander*) other: nach Ansicht ~er berühm-ter Gelehrter according to the opinion of other famous scholars. - **III** *adv* **4.** ~! a) go on! continue! b) move on (*od.* along)! halt, nicht ~! stop, no further! ~ im Text *colloq.* let's go on; und so ~ and so on (*od.* forth), et cetera; und ~? and then? - **5.** was ~? (*was sonst noch?*) what else? was soll ~ geschehen? a) what else has to be done? b) what will happen now? es war ~ niemand da (als) no one else was there (except for *od.* apart from); ~ sagte er nichts he said nothing further; das hat ~ nichts zu sagen that has no further signifi-cance, that doesn't mean a thing; kein Wort ~ (darüber) not another word; wenn es ~ nichts ist if that is all that's wrong (*od.* all the trouble); ~ wollte ich nichts that was all I wanted; es fiel mir ~ nicht auf it did not strike me particularly. - **6.** (*weiterhin*) etwas ~ tun to continue to do s.th.; es wird ~ so bleiben it will remain like that. - **IV** *conj* **7.** *cf.* weiterhin **3.** - **V** *W~e, das* ⟨-n⟩ **8.** alles W~e everything else, the rest; W~es darüber more about

that; das W~e weißt du you know the rest; ich war damit des W~en enthoben I had nothing further to do with it. - **9.** (*mit Kleinschreibung*) bis auf ~es a) until further notice, b) *jur.* till further provision (is made); des ~en in addition; im ~en furthermore; ohne ~es a) without hesita-tion, without more ado, b) (*als Antwort*) of course.

'Wei·ter|,ar·beit *f* ⟨-; *no pl*⟩ **1.** (*der Fabrik*) continued production. - **2.** (*der Belegschaft*) continued employment. — **w~,ar·bei·ten** *v/i* ⟨sep, -ge-, h⟩ **1.** (*ohne Unterbrechung*) go (*od.* keep) on working, work on. - **2.** (*nach einer Unterbrechung*) continue (*od.* proceed with) one's work. - **3.** an (*dat*) etwas ~ to continue (to) work on s.th. — **w~be·för·dern I** *v/t* ⟨sep, no -ge-, h⟩ **1.** (*Waren*) transport (*od.* carry, convey, dispatch, despatch) further. - **2.** (*Personen*) transport (*od.* carry, convey) (*s.o.*) further. - **3.** (*postal service*) *cf.* weiterleiten **3.** - **II** *W~ n* ⟨-s⟩ **4.** *verbal noun.* — **~be·för·de·rung** *f* ⟨-; *no pl*⟩ **1.** *cf.* Weiterbefördern. - **2.** (*von Waren*) further transport (*bes. Am.* transportation) (*od.* carriage, conveyance, dispatch, despatch). - **3.** (*von Personen*) further transport (*bes. Am.* transporta-tion) (*od.* carriage, conveyance). - **4.** (*postal service*) *cf.* Weiterleitung **2.** — **w~be,ge·ben I** *v/t* ⟨irr, sep, no -ge-, h⟩ *econ.* (*Wechsel*) negotiate (*a bill*) further, renegotiate. - **II** *v/reflex* sich ~ (zu, nach to) proceed. - **III** *W~ n* ⟨-s⟩ *verbal noun.* — **~be,ge·bung** *f* ⟨-; *no pl*⟩ **1.** *cf.* Wei-terbegeben. - **2.** *econ.* (*eines Wechsels*) nego-tiation, renegotiation. — **w~be,han·deln I** *v/t* ⟨sep, no -ge-, h⟩ **1.** (*Thema, Frage etc*) discuss (*od.* treat, deal with, handle) (*s.th.*) further. - **2.** *med.* (*mit with*) give (*s.o., s.th.*) further treatment (*mit Arzneien auch* med-ication), carry on the treatment (*mit Arz-neien auch* medication) of. - **3.** *chem. tech.* (*mit with*) treat (*s.th.*) subsequently. - **II** *W~ n* ⟨-s⟩ **4.** *verbal noun.* — **~be,hand·lung** *f* ⟨-; *no pl*⟩ **1.** *cf.* Weiterbehandeln. - **2.** *med.* (*mit with*) further treatment (*mit Arzneien auch* medication). - **3.** *chem. tech.* (*mit with*) subsequent treatment. — **~be-,stand** *m* ⟨-(e)s; *no pl*⟩ *cf.* Fortbestand. — **w~be,ste·hen** *v/i* ⟨irr, sep, no -ge-, h⟩ *cf.* fortbestehen. — **w~be,we·gen** ⟨sep, no -ge-, h⟩ sich ~ *cf.* fortbewegen **5.** — **w~,bil·den I** *v/t* ⟨sep, -ge-, h⟩ **1.** (*Person*) *cf.* fortbilden **1.** - **2.** (*Fähigkeit*) promote, further. - **II** *v/reflex* sich ~ **3.** *cf.* fortbilden **2, 3.** - **III** *W~ n* ⟨-s⟩ **4.** *verbal noun.* — **~,bil·dung** *f* ⟨-; *no pl*⟩ **1.** *cf.* Weiterbilden. - **2.** (*von Personen*) *cf.* Fortbildung. - **3.** (*von Fähigkeiten*) promotion, furtherance. — **w~,brin·gen** *v/t* ⟨irr, sep, -ge-, h⟩ **1.** (*hel-fen*) help (*s.o.*) on, promote, further: das bringt mich nicht weiter that is no (*od.* not much) help to me. - **2.** (*vorwärtsbringen*) bring (*s.th.*) further, advance: die Erfin-dung der Buchdruckerkunst hat die Menschheit ein gutes Stück weiterge-bracht the invention of printing has brought mankind a great deal further (*od.* advanced mankind enormously). — **w~,den·ken I** *v/i* ⟨irr, sep, -ge-, h⟩ **1.** (*einen Gedanken wei-terverfolgen*) follow up a thought (*od.* thoughts), think further. - **2.** (*an die Zu-kunft denken*) think ahead. - **II** *v/t* **3.** (*Ge-danken etc*) follow up. — **w~,drän·gen** *v/i* ⟨sep, -ge-, h⟩ push (*od.* press) on. — **w~,dre·hen I** *v/t* ⟨sep, -ge-, h⟩ **1.** (*Filmstreifen etc*) wind (*s.th.*) on: nach jeder Aufnahme muß ich den Film ~ I have to wind the film on after each picture. - **2.** (*Rad etc*) turn (*s.th.*) on (*od.* round). - **3.** (*film*) continue (making *od.* shooting): sie können den Film nicht ~ they cannot continue the film. - **II** *v/i* **4.** (*film*) continue (making *od.* shoot-ing) the film, continue filming. - **III** *v/reflex* sich ~ **5.** continue to turn: die Welt dreht sich weiter *fig.* the world goes on, life continues. .

'weiter|,ei·len *v/i* ⟨sep, -ge-, sein⟩ hurry (*od.* rush) on. — **~emp,feh·len** *v/t* ⟨irr, sep, no -ge-, h⟩ recommend: bitte empfehlen Sie mich weiter please recommend (*od.* mention) me to your friends. — **~ent,wickeln** (*getr.* -k·k-) **I** *v/t* ⟨sep, no -ge-, h⟩ **1.** (*Modell, Verfahren etc*) develop (*s.th.*) further, advance. - **II** *v/reflex* sich ~ **2.** (*von Technik etc*) progress, advance. - **3.** *med.* (*von Geschwulst etc*) progress. - **III** *W~ n* ⟨-s⟩ **4.** *verbal noun.* — **W~ent,wicke·lung**

(*getr.* -k·k-), **W~ent,wick·lung** *f* ⟨-; *no pl*⟩ **1.** *cf.* Weiterentwickeln. - **2.** (*von Modell, Verfahren*) further development, advance-ment. - **3.** (*von Technik*) progress, advance-ment. - **4.** *med.* (*einer Geschwulst etc*) pro-gression. — **~er,zäh·len I** *v/t* ⟨sep, no -ge-, h⟩ **1.** pass (*s.th.*) on: erzähl das bloß nicht weiter don't tell anyone; sie hat es ihrer Freundin weitererzählt she passed it on (*od.* told it) to her girl friend. - **2.** (*Geschich-te, Erzählung etc*) continue. - **II** *v/i* **3.** con-tinue one's story.

'wei·ter,fah·ren[1] *v/i* ⟨irr, sep, -ge-, sein⟩ **1.** (*von einem Fahrzeug*) go on, (*förmlich*) *auch* proceed, continue: das Auto fuhr ohne Fahrer weiter the car went (*od.* drove) on without its driver; nach einem kurzen Aufenthalt fuhr der Zug weiter (nach Hamburg) after a short stop the train went on (*od.* continued) (to Hamburg); die Wa-genkolonne fuhr zum Sitz des Präsidenten weiter the column proceeded to the presi-dent's residence. - **2.** (*von Personen, bei kurzem Aufenthalt*) go on: ich habe nicht viel Zeit, ich fahre gleich weiter I have not much time, I must go on immediately. - **3.** (*eine Reise fortsetzen*) go on, continue: morgen fahren wir weiter nach Paris we are going on to Paris tomorrow. - **4.** (*nicht anhalten*) drive on: nach dem Unfall ist er einfach weitergefahren he simply drove on after the accident. - **II** *v/t* ⟨h⟩ **5.** ich werde den Wagen noch ein Jahr ~ müssen I'll have to run (*od.* keep) the car another year.

'wei·ter,fah·ren[2] *v/i* ⟨irr, sep, -ge-, h *u.* sein⟩ *cf.* fortfahren[2].

'Wei·ter,fahrt *f* ⟨-; *no pl*⟩ (*in Wendungen wie*) während der ~ erzählte er mir seine Geschichte as we continued our journey (*od.* drove on) he told me his story; zur ~ (nach Bremen) kannst du auch einen an-deren Zug nehmen you can also take an-other train to continue (to Bremen), you can continue (to Bremen) in another train; zur ~ nach Berlin bitte einsteigen all passengers continuing to Berlin aboard, please.

'wei·ter|,flie·gen *v/i* ⟨irr, sep, -ge-, sein⟩ fly on, continue one's flight: die Maschine fliegt nach München weiter the aircraft flies on (*od.* continues its flight) to Munich. — **W~,flug** *m* ⟨-; *no pl*⟩ auf dem ~ geriet das Flugzeug in ein Gewitter as the air-craft continued its flight it ran into a thun-derstorm. — **~,füh·ren I** *v/t* ⟨sep, -ge-, h⟩ **1.** (*Gespräch, Verhandlung, Tradition etc*) continue, carry on, go on with. - **2.** (*Ge-schäft, Krieg etc*) carry on. - **3.** (*nach einer Unterbrechung*) resume, take up. - **4.** das führt uns nicht weiter that will not get us anywhere. - **II** *W~ n* ⟨-s⟩ **5.** *verbal noun.* - **6.** *cf.* Weiterführung. — **~,füh·rend I** *pres p.* - **II** *adj* ~e Schulen *ped.* schools that take their pupils to higher levels than the minimum requirements of compulsory school atten-dance. - **W~,füh·rung** *f* ⟨-; *no pl*⟩ **1.** *cf.* Wei-terführen. - **2.** (*von Gespräch, Verhandlung etc*) continuation. - **3.** (*Wiederaufnahme*) re-sumption. — **W~,ga·be** *f* ⟨-; *no pl*⟩ **1.** *cf.* Weitergeben. - **2.** Herr X wird die ~ des Gesuchs veranlassen Mr. X will have the petition passed on. - **3.** (*von Veranlagung, Erbfaktor etc*) (an *acc* to) transmission. — **W~,gang** *m* ⟨-(e)s; *no pl*⟩ further course. — **~,ge·ben I** *v/t* ⟨irr, sep, -ge-, h⟩ **1.** (*Gegen-stand, Information, Gesuch, Liste etc*) pass (*s.th.*) on: er gibt das Buch seinem (*od.* an seinen*) Nachbarn weiter he passes the book on to his neighbo(u)r. - **2.** (*Veranla-gung, Erbfaktor etc*) (an *acc* to) pass on, transmit. - **3.** Nachrichten ~ a) to pass on news, b) *tel.* to relay (*od.* retell) news. - **4.** *econ.* (*Wechsel*) negotiate. - **II** *W~ n* ⟨-s⟩ **5.** *verbal noun.* — **~,ge·hen I** *v/t* ⟨irr, sep, -ge-, sein⟩ **1.** (*ohne Unterbrechung*) go on: sie sind schon weitergegangen they have gone on. - **2.** (*nach einer Unterbrechung*) go (*od.* move) on, go (on) one's way (*lit.*): dann gingen sie weiter zum nächsten Bild then they went on to the next picture; bitte ~! move on (*od.* along), please! - **3.** der Weg geht nicht mehr weiter the path (*od.* road) ends here. - **4.** *fig.* (*sich fort-setzen*) continue, go on: die Streitigkeiten gingen noch lange weiter the controversies went on for quite a long time; wie geht die Geschichte weiter? how does the story go on? - **II** *v/impers* **5.** so kann es nicht

~ it cannot go on like this; wie geht es jetzt weiter? how am I (*od.* are we) to go on? - III *v/t* 6. seinen Weg ~ *fig.* to continue as (*od.* the way) one has started. - IV W~ *n* ⟨-s⟩ 7. *verbal noun:* im W~ erzählte er mir, daß as we went (*od.* walked) on he told me that. — **~ge-hend I** *pres p.* - **II** *Austrian comp of* weitgehend. — **~hel-fen** *v/i* ⟨*irr, sep,* -ge-, h⟩ 1. j-m ~ to help s.o. on: dieses Gespräch hat mir sehr weitergeholfen this talk was a great help to me. - 2. sich (*dat*) ~ to get along (*od.* on): er weiß sich weiterzuhelfen he knows how to get along, he knows what he is doing. — **~hin I** *adv* 1. etwas ~ tun to continue to do s.th.: er wird ihn auch ~ besuchen he will continue to visit him. - 2. er wird ~ ungeschlagen bleiben he will remain undefeated (in [the] future); er wird auch ~ an der Spitze der Partei stehen he will remain (*od.* stay) at the head of the party (in future); das wird auch ~ so sein (and) it will remain (*od.* continue) like that, (and) that won't change. - **II** *conj* 3. (*ferner*) further(more), moreover: ~ müssen wir von folgenden Problemen sprechen further we must talk of the following problems; ~ waren anwesend Herr X, der Präsident des Verbandes, ... also present were (*od.* besides these were present) Mr. X, the president of the association, ... — **~kämp-fen** *v/i* ⟨*sep,* -ge-, h⟩ 1. (*ohne Unterbrechung*) go (*od.* keep) on fighting, fight on. - 2. (*nach einer Unterbrechung*) continue the fight. — **~klin-gen** *v/i* ⟨*irr, sep,* -ge-, h⟩ resound: der Ton eines Gongs klingt noch lange weiter the sound of a gong resounds long after; die Musik klang noch lange weiter in ihm the music rang in his ears long after. — **~kom-men I** *v/i* ⟨*irr, sep,* -ge-, sein⟩ 1. get on: wir sind heute nur fünf Kilometer weitergekommen we only got on (*od.* covered) five kilometers today; mach, daß du weiterkommst *colloq.* clear off. - 2. *fig.* get on: wir sind heute ein gutes Stück weitergekommen we got on (*od.* progressed) quite a bit today; im Leben ~ to get on in life; ich bin mit meiner Arbeit nicht weitergekommen I have made no headway (*od.* I have not progressed) with my work; ich komme einfach nicht weiter I am stuck; so kommen wir nicht weiter this will not get us anywhere; sie kam mit ihren Überlegungen nicht weiter she got no further in her thoughts. - **II** W~ *n* ⟨-s⟩ 3. *verbal noun:* an ein W~ ist heute nicht mehr zu denken it is out of the question to go any farther today; er ist um sein W~ besorgt *fig.* he is very much concerned about getting on (*od.* about his advancement). — **~kön-nen** *v/i* ⟨*irr, sep,* -ge-, h⟩ *colloq.* be able to go on (*od.* further): ich kann nicht (mehr) weiter a) I cannot go any farther, I cannot go on anymore, b) (*in einem Text*) I am stuck, I cannot go on. — **~la-chen** *v/i* ⟨*sep,* -ge-, h⟩ go (*od.* keep) on laughing. — **~lau-fen** *v/i* ⟨*irr, sep,* -ge-, sein⟩ 1. (*ohne Unterbrechung*) run on, keep on running. - 2. (*nach einer Unterbrechung*) run on. - 3. *fig.* (*Gehalt*) be continued, continue to be paid. - 4. *tech.* (*von Motoren, Maschinen etc*) continue to run, keep running: damit die Maschinen ~ können so that the machines can be kept running. — **~le-ben** *v/i* ⟨*sep,* -ge-, h⟩ *cf.* fortleben. — **~lei-ten** *v/t* ⟨*sep,* -ge-, h⟩ 1. (*Gesuch, Anfrage*) (an *acc* to) refer, pass (*s.th.*) on. - 2. (*Nachricht, Information etc*) (an *acc* to) pass (*s.th.*) on. - 3. (*postal service*) a) (re)forward, (re)dispatch, (re)despatch, b) (*Telegramm*) (re)transmit, redirect. — W~lei-tung *f* ⟨-; *no pl*⟩ 1. *cf.* Weiterleiten. - 2. (*postal service*) a) (re)dispatch, (re)despatch, b) (re)transmission, redirection. — **~le-sen** *v/i* ⟨*irr, sep,* -ge-, h⟩ 1. (*ohne Unterbrechung*) go (*od.* keep) on reading, read on. - 2. (*nach einer Unterbrechung*) continue one's reading. - **II** *v/t* 3. (*Roman etc*) continue (to read). — **~ma-chen** *v/i* ⟨*sep,* -ge-, h⟩ 1. go (*od.* carry) on, continue: mach nur so weiter! *iron.* just carry on like that! - 2. ~! *mil.* a) carry on! continue! b) as you were! — W~marsch *m* ⟨-(e)s; *no pl*⟩ auf dem ~ kamen wir an einem Dorf vorbei as we continued our march we came past a village. — **~mar-schie-ren** *v/i* ⟨*sep, no* -ge-, sein⟩ 1. (*ohne*

Unterbrechung) march on, keep on marching. - 2. (*nach einer Unterbrechung*) continue one's march, march on. — **wei-tern** ['vaɪtərn] *v/t* ⟨h⟩ *rare for* erweitern I. — **~re-den** *v/i* ⟨*sep,* -ge-, h⟩ 1. (*ohne Unterbrechung*) go (*od.* keep) on talking, talk on. - 2. (*nach einer Unterbrechung*) continue one's talk, proceed. — **~rei-chen** *v/t* ⟨*sep,* -ge-, h⟩ 1. (*Brot, Liste etc*) (an *acc* to) hand (*od.* pass) (*s.th.*) on. - 2. *fig. colloq.* (*Mädchen*) (an *acc* to) hand (*od.* pass) (*s.o.*) on. - 3. (*Gesuch etc*) (an *acc* to) pass (*s.th.*) on, refer. — **~rei-chend I** *pres p.* - **II** *Austrian comp of* weitreichend. — **W~rei-se** *f* ⟨-; *no pl*⟩ während der ~ fiel ihr ein, daß as she continued her journey (*od.* travel[l]ed on) she remembered that. — **~rei-sen** *v/i* ⟨*sep,* -ge-, sein⟩ travel (*od.* go) on, continue (*od. lit.* proceed on) one's journey: am Abend reiste sie nach Frankfurt weiter she travel(l)ed on to Frankfurt that evening. — **W~reiß-ver-such** *m tech.* tongue-tearing. — **~rücken** *getr.* -k-k-⟩ *v/i* ⟨*sep,* -ge-, sein⟩ move (*od. colloq.* shove) up: bitte ~ (*im Bus etc*) move along, please. — **wei-ters** *conj Austrian for* weiterhin II. — **wei-ter|sa-gen** *v/t* ⟨*sep,* -ge-, h⟩ pass (*s.th.*) on: sag das bloß nicht weiter don't tell anyone. - II *v/i* ~! pass it on! — **~schicken** (*getr.* -k-k-⟩ *v/i* ⟨*sep,* -ge-, h⟩ 1. (*Paket, Brief etc*) send (*s.th.*) on, forward. - 2. j-n (zu j-m) ~ a) (*verweisen*) to refer s.o. (to s.o.), b) (*wegschicken*) to send s.o. on (to s.o.). — **~schla-fen** *v/i* ⟨*irr, sep,* -ge-, h⟩ sleep on. — **~schlep-pen I** *v/t* ⟨*sep,* -ge-, h⟩ etwas ~ to drag (*od.* haul) s.th. on (*od.* further). - **II** *v/reflex* sich ~ drag oneself on, trudge (*od.* plod) on. — **~schrei-ben** *v/i* ⟨*irr, sep,* -ge-, h⟩ continue to write, write on. - **II** *v/t* (*Brief etc*) continue (to write). — **~schrei-ten** *v/i* ⟨*irr, sep,* -ge-, sein⟩ 1. stride on. - 2. *fig.* (*von Zeit etc*) move on, pass. — **wei-ter-sen-den¹** *v/t* ⟨*bes. irr, sep,* -ge-, h⟩ (*Brief, Paket, Waren etc*) send (*s.th.*) on, forward. — **wei-ter-sen-den²** *v/i* ⟨*sep,* -ge-, h⟩ (*radio telev.*) 1. (*ohne Unterbrechung*) continue to broadcast. - 2. (*nach einer Unterbrechung*) continue the (*od.* one's) broadcast. — **wei-ter|sin-gen** *v/i* ⟨*irr, sep,* -ge-, h⟩ 1. (*ohne Unterbrechung*) go (*od.* keep) on singing, sing on. - 2. (*nach einer Unterbrechung*) continue one's singing. - **II** *v/t* 3. (*Lied etc*) continue (to sing). — **~spie-len I** *v/i* ⟨*sep,* -ge-, h⟩ 1. (*ohne Unterbrechung*) play on, go (*od.* keep) on playing: der Schiedsrichter ließ ~ (*sport*) the referee waved ''play on''. - 2. (*nach einer Unterbrechung*) a) (*von Kindern*) play on, b) (*ein bestimmtes Spiel*) continue the (*od.* one's) game, c) (*sport*) continue play, d) (*auf einem Instrument*) continue, proceed. - **II** *v/t* 3. continue (to play). — **~spin-nen** *fig.* **I** *v/t* ⟨*irr, sep,* -ge-, h⟩ 1. den Faden einer Erzählung ~ to pick up the thread of a story (again). - 2. (*Gedanken etc*) develop. - **II** *v/reflex* sich ~ 3. (*von Idee etc*) develop. — **~spre-chen** *v/i* ⟨*irr, sep,* -ge-, h⟩ 1. (*ohne Unterbrechung*) go (*od.* keep) on talking, talk on. - 2. (*nach einer Unterbrechung*) proceed, continue (one's talk [*von einem Redner auch* speech]). — **~tö-nen** *v/i* ⟨*sep,* -ge-, h⟩ *cf.* weiterklingen. — **~tra-gend** *Austrian comp of* weittragend. — **Wei-te-rung** *f* ⟨-; -en⟩ *meist pl* (*officialese*) 1. (*Schwierigkeit, Unannehmlichkeit*) complication, difficulty, inconvenience: sollten sich daraus irgendwelche ~en ergeben should any complications arise from this. - 2. (*Folge*) (unpleasant) consequence. — **wei-ter|ver-ar-bei-ten** *v/t* ⟨*sep, no* -ge-, h⟩ 1. (*in der Substanz verändern*) process. - 2. (*in der Form verändern*) treat (*s.th.*) subsequently. - **II** W~ *n* ⟨-s⟩ 3. *verbal noun.* - 4. *cf.* Weiterverarbeitung. — **~ver-ar-bei-tend** *pres p.* - **II** *adj* die ~e Industrie the manufacturing (*od.* finishing) industry. — **W~ver-ar-bei-tung** *f* ⟨-; *no pl*⟩ 1. *cf.* Weiterverarbeiten. - 2. (*Veränderung der Substanz*) processing. - 3. (*Veränderung der Form*) subsequent treatment. — **~ver-brei-ten I** *v/t* ⟨*sep, no* -ge-, h⟩ 1. (*Nachricht etc*) propagate. - **II** W~ *n* ⟨-s⟩ 2. *verbal noun.* - 3. *cf.* Weiterverbreitung. — **~ver-brei-tet I** *pp.* - **II** *Austrian comp of* weitverbreitet. — **W~ver-brei-tung** *f* ⟨-; *no pl*⟩ 1. *cf.*

Weiterverbreiten. - 2. propagation. — **~ver-fol-gen** *v/t* ⟨*sep, no* -ge-, h⟩ (*Nachricht etc*) follow up. — **W~ver-kauf** *m* ⟨-(e)s; *no pl*⟩ 1. *cf.* Weiterverkaufen. - 2. resale: diese Ware ist nicht zum ~ bestimmt this article is not for resale (*od.* is not resal[e]able). — **~ver-kau-fen I** *v/t* ⟨*sep, no* -ge-, h⟩ resell. - **II** W~ *n* ⟨-s⟩ *verbal noun.* — **~ver-mie-ten I** *v/t* ⟨*sep, no* -ge-, h⟩ sublease, *bes. Br.* sublet. - **II** W~ *n* ⟨-s⟩ *verbal noun.* — **W~ver-mie-tung** *f* ⟨-; *no pl*⟩ 1. *cf.* Weitervermieten. - 2. sublease. — **~ver-pach-ten I** *v/t* ⟨*sep, no* -ge-, h⟩ sublease, *bes. Br.* sublet. - **II** W~ *n* ⟨-s⟩ *verbal noun.* — **W~ver-pach-tung** *f* ⟨-; *no pl*⟩ 1. *cf.* Weiterverpachten. - 2. sublease. — **W~ver-sand** *m* 1. *cf.* Weiterversenden. - 2. (re)dispatch, (re)despatch. — **~ver-sen-den I** *v/t* ⟨*bes. irr, sep, no* -ge-, h⟩ (re)forward, (re)dispatch, (re)despatch. - **II** W~ *n* ⟨-s⟩ *verbal noun.* — **W~ver-sen-dung** *f* ⟨-; *no pl*⟩ 1. *cf.* Weiterversenden. - 2. *cf.* Weiterversand. — **~ver-si-chern I** *v/t* ⟨*sep, no* -ge-, h⟩ j-n ~ to continue s.o.'s insurance. - **II** *v/reflex* sich ~ continue one's insurance. - **II** W~ *n* ⟨-s⟩ *verbal noun.* — **W~ver-si-che-rung** *f* ⟨-; *no pl*⟩ 1. *cf.* Weiterversichern. - 2. further insurance: freiwillige ~ voluntary further insurance, voluntary continuation of insurance. — **~ver-zweigt** *Austrian comp of* weitverzweigt. — **~wan-dern** *v/i* ⟨*sep,* -ge-, sein⟩ 1. (*ohne Unterbrechung*) walk (*od.* move) on. - 2. (*nach einer Unterbrechung*) continue one's walking tour (*od. colloq.* one's hike). — **~wis-sen** *v/i* ⟨*irr, sep,* -ge-, h⟩ ich weiß nicht mehr weiter a) I do not know which way to turn, I am at my wit's end, b) (*in einer Prüfung, in einem Text etc*) I am stuck, I cannot go on. — **~wol-len** *v/i* ⟨*irr, sep,* -ge-, h⟩ *colloq.* komm, wir wollen weiter come on, let's go on; sie wollen nicht mehr weiter they don't want to go on (any farther). — **~wur-steln** *v/i* ⟨*sep,* -ge-, h⟩ *colloq.* muddle on (*od.* along). — **~zah-len I** *v/i* ⟨*sep,* -ge-, h⟩ go on paying, continue to pay (*od.* payment of). - **II** *v/i* go on paying, continue to pay (*od.* payment). - **II** W~ *n* ⟨-s⟩ *verbal noun.* — **~zer-ren** *v/t* ⟨*sep,* -ge-, h⟩ j-n ~ to drag (*od.* haul) s.o. on. — **~zie-hen** *v/i* ⟨*irr, sep,* -ge-, sein⟩ 1. *cf.* weitermarschieren. - 2. (*von Zugvögeln*) continue their passage (*od.* migration). — **wei-test|ge-hend** *sup of* weitgehend. — **~rei-chend** *sup of* weitreichend. — **~tra-gend** *sup of* weittragend. — **~ver-brei-tet** *sup of* weitverbreitet. — **~ver-zweigt** *sup of* weitverzweigt. — **weit-ge-hend I** *adj* ⟨weiter gehend *u.* ~er; weitestgehend *u.* ~st⟩ 1. (*Entgegenkommen, Verständnis etc*) wide: ~e Unterstützung wide (*od.* large) support; er fand weitestgehendes (*od.* ~stes) Verständnis he found very general understanding. - 2. (*Bewegungsfreiheit, Vollmacht, Anspruch etc*) extensive, far-reaching: ~e Vollmachten besitzen to have extensive powers; er hat ~ere Vollmachten als sein Kollege he has more extensive powers than his colleague. - **II** *adv* 3. to a large (*od.* wide) extent: wir konnten ihre Wünsche ~ berücksichtigen we were able to take their wishes into account to a large extent; wir werden ihn weitestgehend (*od.* ~st) unterstützen we shall support him to a very large extent. — **weit-ge-reist** *adj* ⟨attrib⟩ widely traveled (*bes. Br.* travelled), far-travel(l)ed. — **weit-ge-steckt** *adj* ⟨attrib⟩ (*Ziele*) long-range. — **weit-grei-fend** *adj* (*Pläne*) far-reaching. — **weit-her** *adv* from the distance, from a long way off, from afar (*lit.*): ein ~ Gereister a travel(l)er from far away. — **weit-her-ge-holt** *adj* ⟨attrib⟩ (*Argument, Ausdruck etc*) farfetched, *Br.* far-fetched, contrived. — **weit-her-zig** *adj* liberal, broad-minded. — **Weit-her-zig-keit** *f* ⟨-; *no pl*⟩ liberality, liberalness, broad-mindedness. — **weit-hin** *adv* 1. far away, over a long distance: ihr Schrei war ~ zu hören her cry could be heard far away. - 2. to a large (*od.* wide) extent: in dieser Gegend hat sich das Brauchtum noch ~ erhalten in this region customs have been preserved to a large extent.

'weit·hin'aus *adv* far away, over a long distance.

'weit,läu·fig **I** *adj* **1.** (*Garten, Haus etc*) spacious, ample: das Haus ist sehr ~ (gebaut) the house is very spacious; ein ~ angelegter Garten a spaciously laid-out garden. – **2.** (*weitausholend*) lengthy, voluminous, rambling, long-winded, long-drawn-out (*attrib*), *auch* long-drawn: eine ~e Schilderung a lengthy description. – **3.** (*Verwandter, Verwandtschaft*) distant, remote, removed. – **II** *adv* **4.** (*weitausholend*) at (great) length: einen Vorfall ~ schildern to describe an incident at great length (*od.* long-windedly); sich ~ über ein Thema auslassen to expatiate (*od.* enlarge, hold forth, dilate) (up)on a subject. – **5.** distantly, remotely: wir sind ~ miteinander verwandt we are distantly related, we are distant relatives. — 'Weit,läu·fig·keit *f* ⟨-; *no pl*⟩ **1.** spaciousness, ampleness, amplitude. – **2.** lengthiness, voluminousness, voluminosity, long-windedness.

'weit,ma·schig *adj* (*Netz, Drahtzaun etc*) coarse- (*od.* wide-)meshed.

'Weit,maul,flie·ge *f* zo. rice-field fly (*Ephydra macellaria*).

'weit,räu·mig [-,rɔymɪç] *adj* (*Haus etc*) spacious, roomy, ample. — 'Weit,räu·mig·keit *f* ⟨-; *no pl*⟩ spaciousness, roominess, ampleness, amplitude.

'weit,rei·chend *adj* ⟨weiter reichend *u.* ~er; weitestreichend *u.* ~st⟩ **1.** (*Konsequenzen, Vollmachten etc*) far-reaching, sweeping. – **2.** mil. (*Artillerie*) long-range (*attrib*). – **3.** (*Verbindungen, Beziehungen, Einfluß etc*) wide, extensive.

'weit,schau·end *adj* cf. weitblickend.

'weit,schich·tig [-,ʃɪçtɪç] *adv* only in ~ verwandt distantly related.

'Weit,schuß *m* **1.** (*sport*) (*beim Fußball, Eishockey*) long(-range) shot. – **2.** mil. over.

'weit,schwei·fig [-,ʃvaɪfɪç] **I** *adj* **1.** cf. weitläufig 2. – **2.** (*wortreich*) wordy, verbose, prolix (*lit.*). – **3.** (*umständlich*) roundabout, circuitous, circular, circumlocutory. – **II** *adv* **4.** etwas ~ erzählen to narrate s.th. long-windedly (*od.* at [great] length). — 'Weit,schwei·fig·keit *f* ⟨-; *no pl*⟩ **1.** cf. Weitläufigkeit 2. – **2.** wordiness, verbosity; prolixity, prolixness (*lit.*). – **3.** roundaboutness, circuitousness, circuity, circularity, circumlocution.

'Weit,sicht *f* ⟨-; *no pl*⟩ **1.** cf. Fernsicht. – **2.** cf. Weitsichtigkeit.

'weit,sich·tig *adj* **1.** med. longsighted, *Br.* long-sighted, farsighted, *Br.* far-sighted; hyperopic, presbyopic (*scient.*). – **2.** fig. (*weit vorausschauend*) farsighted, *Br.* far-sighted, longsighted, *Br.* long-sighted, farseeing, *Br.* far-seeing. — 'Weit,sich·ti·ge *m, f* ⟨-n; -n⟩ med. farsighted (*Br.* far-sighted) (*od.* longsighted, *Br.* long-sighted) person; hyperope, presbyope (*scient.*). — 'Weit,sich·tig·keit *f* ⟨-; *no pl*⟩ med. farsightedness, *Br.* far-sightedness, longsightedness, *Br.* long-sightedness; hyperopia, presbyopia (*scient.*).

'Weit,sprin·ger *m*, 'Weit,sprin·ge·rin *f* (*sport*) (*in der Leichtathletik*) broad (*Br.* long) jumper.

'Weit,sprung *m* (*sport*) **1.** ⟨*only sg*⟩ (*in der Leichtathletik*) *Am.* broad jump, *Br.* long jump. – **2.** (*im Pferdesport*) spread fence (*od.* obstacle). — ~,gru·be *f* broad- (*Br.* long-)jump pit (*od.* landing area).

'weit,spu·rig [-,ʃpuːrɪç] *adj* (*railway*) broad-ga(u)ge(d), wide-track(ed).

'Weit,strah·ler *m* auto. distance (*od.* high-beam) headlamp.

'weit,tra·gend *adj* ⟨weiter tragend *u.* ~er; weitesttragend *u.* ~st⟩ **1.** mil. (*Artillerie*) long-range. – **2.** fig. (*Folgen, Konsequenzen etc*) far-reaching.

'Wei·tung *f* ⟨-; *no pl*⟩ **1.** cf. Weiten. – **2.** stretch. – **3.** med. dilatation. – **4.** tech. expansion.

'weit·ver,brei·tet *adj* ⟨*attrib*⟩ ⟨weiter verbreitet *u.* ~er; weitestverbreitet *u.* ~st⟩ **1.** (*Ansicht, Meinung etc*) widespread, common, widely held. – **2.** (*Irrtum, Unsitte etc*) common, widespread. – **3.** (*Pflanze etc*) common. – **4.** (*Zeitung*) with a wide circulation.

'Weit·ver,kehr *m* (*im Funkwesen*) long-range communication.

'weit·ver,zweigt *adj* ⟨*attrib*⟩ ⟨weiter verzweigt *u.* ~er; weitest verzweigt *u.* ~est⟩ **1.** (*Eisenbahnnetz etc*) widely branching (*od.* ramified), extensive. – **2.** (*Unternehmen etc*) widely branching (*od.* ramified). – **3.** eine ~e Familie (*od.* Verwandtschaft) haben to have wide family connections (*Br. auch* connexions).

'Weit,win·kel *n* ⟨-s; -⟩ phot. (*film*) wide-angle lens. — ~be,reich *m* wide-angle range. — ~ob·jek,tiv *n* cf. Weitwinkel.

'Weit,wurf *m* (*sport*) (*beim Handball etc*) long(-range) throw (*od.* shot).

Wei·zen ['vaɪtsən] *m* ⟨-s; -⟩ agr. -⟩ bot. agr. wheat, *Br. auch* corn (*Gattg Triticum*): aus ~ wheaten, (of) wheat; Gemeiner ~ soft wheat (*T. vulgare*); Polnischer ~ Polish wheat (*T. polonicum*); Türkischer ~ (*Mais*) Indian corn (*Zea mays*); sein ~ blüht fig. colloq. he is sitting pretty (*colloq.*), he is in clover; → Spreu. — ~,äl·chen *n* zo. wheatworm, *auch* wheat eel (*Anguillula tritici*). — ~,an,bau,flä·che *f* agr. area for cultivation of wheat. — ~,bier *n* brew. white (*od.* wheat) beer. — ~,brand *m* bot. cf. Weizensteinbrand. — ~,brot *n* gastr. **1.** white bread. – **2.** (*Laib*) white loaf, loaf of white bread. — ~,ern·te *f* agr. wheat crop (*od.* harvest). — ~,feld *n* wheat field. — ~,flocken (*getr.* -k·k-) *pl* gastr. rolled (*od.* crushed, *Am.* flaked) wheat *sg*, wheat flakes. — ~,grieß *n* semolina. — ~,kei·me, ~,keim·lin·ge *pl* wheat germs. — ~,keim,öl *n* wheat-germ oil. — ~,kleie *f* pollard. — ~,korn *n* ⟨-(e)s; ⁻er⟩ grain of wheat. — ~,mehl *n* wheat(en) flour: aus ~ wheaten; feines ~ fine white flour. — ~,schrot *m, n* graham (*od.* whole wheat) flour, bes. *Br.* wheatmeal, wheat groats *pl* (*construed as sg or pl*). — ~,stein,brand *m* bot. bunt, stinking smut (*Tilletia tritici*).

'We·ka,ral·le ['veːka-] *f* zo. weka, *auch* Maori (*od.* wood) hen (*Gattg Gallirallus*).

welch [vɛlç] **I** *interrog pron* **1.** (*Frage nach einem oder mehreren aus einer unbegrenzten Gruppe*) what: ~e Mutter würde das tun? what mother would do that? ~es sind die entscheidenden Kriterien what are the decisive criteria? aus ~em Grund sollte ich das tun? for what reason (*od.* why) should I do that? mit ~em Recht behauptest du das? what right have you to maintain that? um ~e Zeit kommst du? (at) what time will you come? man sieht daran, ~en Einfluß er hat this just shows what (great) influence (*od.* the influence) he has; ~es auch immer deine Gründe gewesen sein mögen whatever your reasons may have been. – **2.** (*Frage nach einem oder mehreren aus einer begrenzten Gruppe*) which: ~es Auto gefällt dir besser? which car do you like better? ~er Monat ist der günstigste? which month is the best? ~em Verein gehörst du an? which club do you belong to? die Arbeit ~en (*od.* ~es) Schülers ist die beste? which pupil's work is the best? an ~em Tag ist er gekommen? (on) which day did he come? in ~er Firma bist du tätig? in which firm are you employed? von ~em Komponisten ist diese Oper? by which composer is this opera? für ~es Kleid hast du dich entschieden? which dress did you decide on? ich weiß nicht, ~e Partei er gewählt hat I don't know which party he voted for; ~er Bewerber auch (immer) den Preis erhält, wird ihn gut gebrauchen können no matter which competitor wins the prize, it will come in handy; ~er von deinen Brüdern (*od.* ~er deiner Brüder) ist Arzt? which of your brothers is a doctor? ~er von euch beiden hat gelogen? which of (the two of) you lied? es gibt zwei Möglichkeiten; für ~e entscheidest du dich? there are two possibilities; which will you decide on? ich habe Herrn X getroffen — W~en, den alten oder den jungen? I met Mr. X — Senior or junior? – **3.** (*in emphatischen Ausrufen*) what: ~ ein Glück, daß du dabeiwarst! what a blessing that you were there! ~ ein Mann! what a man! ~e (*od.* ~ eine) Wohltat! what a relief! ~ schöner Anblick! what a lovely sight! – **II** *relative pron* **4.** (*bei Personen*) who, that: der Mann, ~ mir begegnete the man (whom) I met; die Personen, ~e Zeugen des Unfalls waren the persons (who were) witness to (*od.* of) (*od.* who witnessed) the accident; derjenige, ~er es wagen sollte, mich zu belügen anyone who dares (to) lie to me; das ist der Nachbar, von ~em ich dir erzählt habe that is the neighbo(u)r (whom *od.* that, colloq. who) I told you

about; Eltern, Geschwister, Tanten und zwanzig Enkelkinder, ~ letztere einen unbeschreiblichen Lärm machten parents, brothers and sisters, aunts, and twenty grandchildren, the latter of whom made a terrific din (*colloq.*). – **5.** (*bei Sachen*) which, that: der Zug, mit ~em er kommen wird the train which he will come on; die Zeitschrift, in ~er ich das gelesen habe the magazine in which I read that; das ist der Film, ~en ich schon immer sehen wollte that is the film (that) I always wanted to see. – **III** *indef pron* colloq. **6.** (*etwas*) some, (*bei vager Vermutung*) *auch* any: wenn du kein Geld hast, mußt du dir ~es besorgen if you don't have any money you must (go and) get some; ich habe mein Geld vergessen; kannst du mir ~es leihen? [hast du ~es dabei?] I left my money behind; can you lend me some? [have you some on you?]. – **7.** *pl* some: da gibt es ~e, die behaupten, daß there are some (*od.* there are people) who maintain that; hier sind ~e, die noch keine Karten haben here are some who have no tickets yet; ~e wollten es gar nicht glauben some would not believe it; ich habe keine Zigaretten mehr; kannst du mir ~e mitbringen? I have no more cigarettes; can you bring me some?

'wel·cher'art, 'wel·cher·ge'stalt *adj* ⟨*pred*⟩ of what kind: ~ sie auch seien of whatever kind they may be, whatever kind they may be like.

'wel·cher'lei *adj* ⟨*attrib*⟩ whatever: in ~ Form es auch sei whatever the form may be.

Welf [vɛlf] *m* ⟨-(e)s; -e⟩, *n* ⟨-(e)s; -er⟩ cf. Welpe.

Wel·fe ['vɛlfə] *m* ⟨-n; -n⟩, 'Wel·fin *f* ⟨-; -nen⟩ hist. Guelf, Guelph. — 'wel·fisch *adj* Guelfic, Guelphic.

welk [vɛlk] *adj* ⟨-er; -st⟩ **1.** (*Blumen, Blätter, Pflanzen etc*) withered, faded: ~ machen to wilt; ~ werden cf. welken 1. – **2.** fig. (*Haut, Gesicht, Wangen, Hände, Leib etc*) withered. – **3.** fig. (*Schönheit*) faded. – **4.** (*schrumpelig*) shriveled, bes. *Br.* shrivelled, wizened. – **5.** (*schlaff*) flabby, flaccid.

wel·ken ['vɛlkən] *v/i* ⟨sein⟩ **1.** (*von Blumen, Blättern etc*) wither, fade. – **2.** fig. (*von Haut, Gesicht etc*) wither. – **3.** fig. (*von Schönheit*) fade. – **4.** (*schrumpelig werden*) shrivel (up), become shriveled (bes. *Br.* shrivelled) (*od.* wizened), wizen. – **5.** (*schlaff werden*) become flabby (*od.* flaccid).

'Welk·heit *f* ⟨-; *no pl*⟩ **1.** (*von Blumen, Blättern etc*) witheredness, fadedness. – **2.** fig. (*der Haut, des Gesichts etc*) witheredness. – **3.** (*Schlaffheit*) flabbiness, flaccidness, flaccidity.

'Well,baum *m* civ.eng. (*Bockwinde*) hand crank.

'Well,blech *n* tech. corrugated iron (*od.* metal sheet). — ~ba,racke (*getr.* -k·k-) *f* **1.** corrugated-iron hut. – **2.** (*Nissenhütte*) Nissen hut, *Am. auch* Quonset (hut). — ~,walz·werk *n* corrugating rolling mill.

Wel·le ['vɛlə] *f* ⟨-; -n⟩ **1.** wave: hohe [schäumende] ~n high [foaming] waves; sich von den ~n tragen lassen to (let oneself) drift with the waves; die ~n spülten ans Ufer the waves washed up on the shore; die ~n brechen sich an der Mole the waves break on the mole; in den ~n umkommen (*od.* ertrinken) to be drowned at sea; er fand sein Grab in den ~n he found a watery grave (*poet.*); von den ~n fortgerissen werden to be swept away by the waves; das kleine Boot trieb hilflos auf den ~n the little boat was tossed about by the waves. – **2.** (*große, starke*) billow, surge. – **3.** (*kleine*) ripple, ruffle, wavelet: der Stein fiel ins Wasser und schlug winzige ~n the stone fell into the water and made it ripple. – **4.** (*Sturzwelle, Brecher*) breaker. – **5.** (*Flutwelle, bes. bei Erdbeben*) tidal wave. – **6.** fig. wave, (*stärker*) surge: die Sache hat (hohe) ~n geschlagen the affair caused (quite) a stir; die Stimmung schlug hohe ~n spirits were high; die ~n der Begeisterung [Empörung] schlugen höher und höher the wave of enthusiasm [indignation] rose higher and higher; die ~n der ersten Begeisterung haben sich wieder gelegt the first wave of enthusiasm has subsided. – **7.** (*im Haar*) wave: sich (*dat*) das Haar in ~n legen lassen to have one's hair waved; sich in ~n legen to wave. – **8.** cf.

Bodenwelle. – **9.** (*von Duft, Geräusch etc*) waft. – **10.** *fig.* die neue ~ (*film*) the new trend; **weiche** ~ soft line. – **11.** grüne ~ *fig.* (*im Straßenverkehr*) traffic pacer, linked (*Am.* synchronized) traffic lights *pl*: grüne ~ (*bei*) 60 linked signals (*Am.* signals set) at 60 km p.h. – **12.** (*radio*) a) wave, b) (*Wellenlänge*) wavelength, *Br.* wave-length: auf welcher ~ sendet Berlin? which wavelength does Berlin broadcast on? – **13.** *phys.* (*optics*) *electr.* (*des Schalls, der Wärme etc*) wave: kurze [lange, elektromagnetische, stehende] ~ short [long, electromagnetic, stationary] wave. – **14.** *tech.* shaft: abgesetzte ~ shouldered shaft. – **15.** (*sport*) (*beim Reckturnen*) circle. – **16.** *mil.* (*eines Angriffs*) wave, echelon. – **17.** *agr.* (*Walze*) belly roll. – **18.** *dial.* (*Reisigbündel*) fag(g)ot.

wel·len ['vɛlən] **I** *v/t* ⟨h⟩ (*Haare*) wave: sich (*dat*) die Haare ~ lassen to have one's hair waved. – **II** *v/reflex* sich ~ go wavy, wave.

'**Wel·len**|**,an,zei·ger** *m* (*radio*) wave detector. — **w~,ar·tig** *adj* undulating, undulatory, wavy, wavelike. — **~,aus,brei·tung** *f* (*radio*) *phys.* wave propagation. — **~,bad** *n* (*mit künstlich bewegtem Wasser*) swimming pool with wave movement. — **~,band** *n* (*radio*) wave band, frequency band. — **~,bauch** *m* wave loop, antinode. — **~,be,reich** *m* wave range, wave band. — **~,berg** *m* **1.** (*radio*) wave crest. – **2.** *mar.* crest of a wave. — **~,be,we·gung** *f* wave (*od.* undulatory) motion, undulation. — **~,bre·cher** *m* *mar.* **1.** breakwater, (*im Hafenbau*) *auch* permanent jetty. – **2.** (*eines Schiffes*) breakwater. — **~,ein,stell,knopf** *m* (*radio*) tuning knob. — **~,er,zeu·ger** *m* *phys.* wave generator. — **~,fil·ter** *n, m* wave filter. — **~,form** *f* wave form (*od.* shape). — **w~,för·mig** *adj* wavy, wavelike, undulating, undulate(d), waved. — **~,gang** *m* ⟨-(e)s; *no pl*⟩ *mar.* *cf.* Seegang. — **~,ge,schwin·dig·keit** *f* wave velocity. — **~,ge,stalt** *f* *cf.* Wellenform. — **~,kamm** *m* (*radio*) *mar.* *cf.* Wellenberg. — **~,kupp·lung** *f* *tech.* **1.** shaft coupling. – **2.** (*schaltbare*) shaft clutch. — **~,la·ger** *n* *tech.* bearing.

'**Wel·len,län·ge** *f* (*radio*) wavelength, *Br.* wave-length.

'**Wel·len,län·gen**|**,mes·ser** *m* (*radio*) wavemeter, *Br.* wave-meter. — **~,ska·la** *f* wavelength (*Br.* wave-length) scale.

'**Wel·len**|**,läu·fer** *m* *zo.* Leach('s) petrel (*Oceanodroma leucorhoa*). — **~,leh·re** *f* *phys.* wave (*od.* undulatory) theory. — **~,lei·stung** *f* *aer.* thrust horsepower. — **~,li·nie** *f* **1.** wavy (*od.* wave) line. – **2.** (*als Unterstreichung*) wavy line, squiggle. — **~,me,cha·nik** *f* *phys.* wave mechanics *pl* (*construed as sg od pl*). — **~,mes·ser** *m* (*radio*) *cf.* Wellenlängenmesser. — **~,mu·ster** *n* wave pattern. — **~,na,tur** *f* *phys.* **1.** wave (*od.* undulatory) characteristics *pl.* – **2.** (*des Lichtes*) wave nature. — **~,nut** *f* *tech.* shaft keyseat. — **~,plan** *m* (*radio*) frequency (allocation) plan. — **~,rei·ten** *n* **1.** surf-riding. – **2.** (*hinter einem Boot*) surf-riding. — **~,rei·ter** *m* **1.** surf-rider. – **2.** (*hinter einem Boot*) aquaplaner. — **~,schal·ter** *m* (*radio*) (wave) band switch, wave changer. — **~,schlag** *m* **1.** washing of the waves. – **2.** (*leiser, plätschernder*) lapping of the waves. – **3.** (*Brandung*) surf, breakers *pl.* — **~,schrei·ber** *m* *phys.* ondograph, vibrograph, oscillograph. — **~,schwund** *m* (*radio*) fading. — **~,sit·tich** *m* *zo.* budgerigar, *auch* budgereegah, budgerygah, zebra (*od.* Australian grass) parrakeet (*Melopsittacus undulatus*). — **~,ska·la** *f* (*radio*) tuning scale (*od.* dial). — **~,stoß** *m* *phys.* wave impulse. — **~,strah·lung** *f* wave radiation. — **~,strang** *m* *tech.* transmission line, lineshaft. — **~,strom** *m* *electr.* surge (*od.* ripple) current. — **~,tal** *n* **1.** *mar.* trough of the sea. – **2.** (*radio*) wave trough. — **~,theo,rie** *f* *phys.* *cf.* Wellenlehre. — **~,ver,tei·lung** *f* (*radio*) frequency allocation. — **~,wi·der,stand** *m* *aer.* wave drag. — **~,zap·fen** *m* **1.** *tech.* (shaft) journal. – **2.** *auto.* axle end (*od.* stub).

'**Well**|**,fleisch** *n* *gastr.* boiled pork. — **~,holz** *n Southwestern G.* rolling pin.

'**Well,horn,schnecke** (*getr.* -k·k-) *f zo.* whelk (*Buccinum undatum*).

'**wel·lig** *adj* **1.** (*Haar*) wavy. – **2.** (*Landschaft, Gelände*) wavy, rolling, undulating, *auch* undulant. – **3.** (*Strand*) rippled, ripply.

'**Well**|**,pap·pe** *f* corrugated board (*od.* paper), cellular board. — **~,rad** *n tech.* (*Winde*) wheel and axle. — **~,zap·fen** *m* pivot, toe.

Wel·pe ['vɛlpə] *m* ⟨-n; -n⟩ (*junger Hund*) puppy, pup, (*bei Wolf u. Fuchs*) cub.

Wels [vɛls] *m* ⟨-es; -e⟩ *zo.* silurid, *auch* siluroid (*Unterordng Siluroidea*): Europäischer ~ (*Waller*) sheat(h)fish (*Silurus glanis*).

welsch [vɛlʃ] *adj* **1.** *hist.* (*fremdländisch*) foreign, outlandish. – **2.** a) (*italienisch*) Italian, b) (*französisch*) French: die ~e Schweiz French Switzerland. – **3.** *hist.* (*walisisch*) Welsh, of Wales. – **4.** *cf.* welschschweizerisch. – **5.** (*in Verbindungen wie*) ~er Hahn turkey; ~e Nuß walnut.

'**Wel·sche**[1] *m* ⟨-n; -n⟩ **1.** *hist.* foreigner. – **2.** a) Italian, b) Frenchman.

'**Wel·sche**[2] *f* ⟨-n; -n⟩ **1.** *hist.* *cf.* Welsche[1] **1.** – **2.** a) Italian (woman *od.* girl), b) Frenchwoman.

'**wel·schen** *v/i* ⟨h⟩ **1.** talk gibberish. – **2.** use an inordinate amount of foreign (*od.* specialized *Br. auch* -s-, unusual) terms in one's conversation.

'**Welsch**|**,kohl** *m bot.* savoy, *auch* savoy cabbage (*Brassica oleracea*). — **~,korn** *n cf.* Mais. — **~,kraut** *n* ⟨-(e)s; *no pl*⟩ *cf.* Welschkohl. — **~,land** *n* ⟨-(e)s; *no pl*⟩ **1.** *hist.* (*bes. im Mittelalter*) Italy. – **2.** *Swiss for* Westschweiz.

'**Welsch**|**,schwei·zer** *m* French Swiss. — **~,schwei·ze·rin** *f* French Swiss (woman *od.* girl). — **w~,schwei·ze·risch** *adj* French-Swiss. — **~,ti,rol** *n hist.* Southern (*od.* Italian) Tyrol (*auch* Tirol).

Welt [vɛlt] *f* ⟨-; -en⟩ **1.** ⟨*only sg*⟩ (*Erde*) world, globe: eine Reise um die ~ a journey (a)round the world; er ist viel in der ~ herumgekommen, er hat viel von der ~ gesehen he has seen a lot of the world (*colloq.*); solange die ~ besteht as long as the world exists; in die weite ~ ziehen to set out into the (big) wide world; die Familie ist in alle ~ zerstreut the family is scattered all over the globe; die Karte zeigt die ganze damals bekannte ~ the map shows the world as it was known at the time; der neue Tanz hat die ~ erobert the new dance has taken the world by storm; es gibt noch mehr Männer auf der ~ there's as good fish in the sea as ever came out of it (*proverb*); ich würde mit ihm bis ans Ende der ~ gehen I would go with him to the end of the world (*od.* lit. to the ends of the earth); ihr wohnt ja hier am Ende der ~ *fig.* you live at the back of beyond (*od.* in the middle of nowhere, *colloq.* off the map, *Am. colloq.* [out] in the sticks) here; ich würde bis ans Ende der ~ dafür laufen *colloq.* I'd give the world for it; der Ort liegt gar nicht so aus der ~ *colloq.* the place isn't so far from everywhere (*od.* isn't so cut off); er ist der beste Mensch von der ~ he is the nicest person in the world; dort ist die ~ mit Brettern vernagelt *fig.* it's a long way (*od.* a far cry) from the big wide world there; das ist doch nicht die ~! *fig. colloq.* it's not as bad as all that! das wird nicht die ~ kosten *colloq.* it won't cost the earth (*od.* a fortune); wer in aller ~ hat das behauptet? *colloq.* who on earth (*od.* in the world) said that? wo in aller ~ bekommt man das? *colloq.* where on earth does one get that? ich möchte um alles in der ~ nicht (*od.* um nichts in der ~) mit ihm tauschen *colloq.* I wouldn't change with him for the world (*od.* for love or money); dem Mutigen gehört die ~ (*Sprichwort*) fortune favo(u)rs the bold (*od.* brave) (*proverb*); Geld regiert die ~ (*Sprichwort*) money makes the world go round (*proverb*); → Arsch. – **2.** (*Weltall, Universum*) universe, world, cosmos: die Entstehung der ~ the evolution of the universe; die ~ im Kleinen [Großen] the microcosm [macrocosm]. – **3.** ⟨*only sg*⟩ (*Dasein, Leben*) life, world: das Licht der ~ erblicken *lit.* to see the light (*lit.*); ein Kind zur ~ bringen *lit.* to give birth to (*od.* to produce) a child; zur (*od.* auf die) ~ kommen to be born, to come into the world; er hat dieses Talent mit auf die ~ gebracht he inherited this talent; freiwillig aus der ~ gehen (*od.* scheiden) *lit.* to take one's (own) life, to commit suicide; sich in der ~ nicht zurechtfinden not to be able to cope with life; ich verstehe die ~ nicht mehr I don't understand this (*od.* the) world anymore; das ist (die) verkehrte ~ it's a topsy-turvy world; die ~ steht Kopf *fig.* it's a crazy world; das ist der Lauf der ~, so geht es in der ~ that is the way of the world, such is life, that is life; das ist das

Schönste auf der ~ there's nothing better (than that) under the sun; du bist die ~ für mich you mean the world (*od.* everything) to me, you are all the world to me; Gerüchte in die ~ setzen *colloq.* to start rumo(u)rs; Schwierigkeiten [Streitigkeiten] aus der ~ schaffen (*od.* räumen) to settle difficulties [disputes]; → Kind 2. – **4.** alle ~, die ganze ~ (*Gesamtheit der Menschen*) (absolutely) everyone, the whole world: alle ~ wußte bereits davon the whole world knew about it already; von aller ~ abgeschnitten sein to be absolutely cut off; von aller ~ verlassen alone (*od.* lonely) and forlorn; er ist von aller ~ verkannt worden no one appreciated him (*od.* his genius); die ganze ~ feiert ihn als den größten Tenor aller Zeiten the whole world celebrates him as the greatest tenor of all times; er hat es vor aller ~ zugegeben he admitted it in front of everyone; ich könnte die ganze ~ umarmen (*vor Glück, Freude*) I could hug everybody; er kennt Gott und die ~ he knows all the world and his wife. – **5.** ⟨*only sg*⟩ (*Lebensbereich, Kreis von Menschen*) world: die Alte [Neue, freie, westliche] ~ the Old [New, Free, Western] World; die abendländische ~ the Western (*od.* Occidental) World, the West; die dritte ~ *pol.* the Third World, the developing (*od.* developing) countries *pl* (*od.* nations *pl*); die gelehrte [künstlerische] ~ the world of scholars [art], the learned [artistic] world; die ~ der Wissenschaft the world (*od.* realm) of science, the scientific world; die ~ des Kindes the world of the child, the child's world; die junge ~ (the) young people *pl*, the rising generation; in der ~ des Theaters zu Hause sein to be at home in the world of the theater (*bes. Br.* theatre); einen Blick in die große [vornehme] ~ tun to catch a glimpse of the big wide world [of high society]; ihre Familie ist ihre ganze ~ her family is her life; er lebt in einer völlig anderen ~ he lives in a world of his own; in einer ~ der Träume [Phantasie] leben to live in a world of dreams [fantasy]; er konnte in dieser ~ nicht heimisch werden he didn't succeed in feeling at home in this world; damit brach für sie eine ganze ~ zusammen this made the bottom fall (*od.* with this the bottom fell) out of her world; es liegen ~en zwischen den beiden, ~en trennen die beiden the two are poles (*od.* miles) apart. – **6.** eine ~ von a) a tremendous amount of, b) a great deal of, c) a multitude of: einer ~ von Vorurteilen gegenüberstehen to be confronted with a multitude (*od.* world) of prejudices; eine ~ von Arbeit a tremendous amount of work; eine ~ von Ärger [Aufregung] a great deal of trouble [excitement]. – **7.** ein Mann von ~ a man of the world. – **8.** *lit.* (*das Irdische*) world: der ~ entsagen (*od.* forsake) this world; die Versuchungen der ~ fliehen to flee from the temptations of the world; sich von der ~ zurückziehen to withdraw from the world.

'**welt**|**,ab·ge,schie·den** *adj* remote, secluded (from the world), isolated, solitary. — **W~,ab·ge,schie·den·heit** *f* remoteness, seclusion (from the world), isolation, solitariness. — **~,ab·ge,wandt** *adj* withdrawn. — **W~agrar,markt** [-ʔa,graːr-] *m econ.* international agricultural market, agricultural world market. — **W~,all** *n astr.* universe, cosmos: Lehre vom ~ cosmology. — **W~,al·ter** *n* age, (a)eon. — **~,an,schau·lich** *adj* ideological. — **W~,an,schau·ung** *f* **1.** world view, philosophy of life, Weltanschauung, *auch* weltanschauung. – **2.** (*Ideologie*) ideology. — **W~,aus,fuhr** *f econ.* world export. — **W~,aus,stel·lung** *f* world's fair, world (*od.* international) exhibition. — **W~,aus,wahl** *f* (*sport*) (the) rest of the world. — **W~,bank** *f* ⟨-; *no pl*⟩ *econ.* World Bank. — **~,be,kannt** *adj* known all over the world, (throughout) the world. — **~,be,rühmt** *adj* world-famous (*od.* -famed), of world renown, of world(wide) (*Br.* world[-wide]) fame. — **W~,be,rühmt·heit** *f* ⟨-; -en⟩ **1.** ⟨*only sg*⟩ world(wide) (*Br.* world[-wide]) fame: ~ erlangen to acquire world fame, to become world-famous. – **2.** (*Person*) world-famous person: eine ~ sein to be world-famous. — **W~,be·ste** *m, f* (*sport*) **1.** top athlete in the world. – **2.** world (*Am.* world's) record holder. — **W~,best,lei·stung** *f* **1.** world (*Am.* world's) best (performance). – **2.** world

(*Am.* world's) record. — **W~,best,zeit** *f* 1. world (*Am.* world's) best (time). – 2. world (*Am.* world's) record (time). — **W~be,völ·ke·rung** *f* world population. — **W~be,we·gend I** *adj* 1. (*Nachricht etc*) world-shaking, earthshaking, *Br.* earth-shaking. – 2. das ist keine ~e Sache a) it's not a matter of life and death, b) it's nothing to write home about, it's nothing to make a song (and dance) about (*beide colloq.*). – **II W~e, das** ⟨-n⟩ 3. *only in* das ist nichts W~es a) it's not a matter of life and death, b) it's nothing to write home about, it's nothing to make a song (and dance) about (*beide colloq.*). — **W~be,we·gung** *f* (*Organisation*) international (*od.* worldwide, *Br.* world-wide) movement. — **W~,bild** *n* 1. conception of the world. – 2. conception (*od.* view) of life. — **W~,blatt** *n* international (news)paper. — **W~,brand** *m poet. for* Weltkrieg. — **W~,büh·ne** *f* world scene (*od.* stage). — **W~,bumm·ler** *m cf.* Weltenbummler. — **W~,bund** *m* world (*od.* international) alliance. — **W~,bür·ger** *m*, **W~,bür·ge·rin** *f* citizen of the world, cosmopolite. — **~,bür·ger·lich** *adj* cosmopolitan. — **W~,bür·ger·tum** *n* cosmopolitanism, cosmopolitism. — **W~,chro·nik** *f* world chronicle. — **W~,da·me** *f* woman of the world, lady of fashion.

'Wel·ten|,bil·dung *f cf.* Weltentstehung. — **~,bumm·ler** *m* globe-trotter.
'Welt,en·de *n* end of the world, world's end.
'Wel·ten,raum *m* ⟨-(e)s; *no pl*⟩ *lit. for* Weltraum.
'welt|ent,rückt *adj* detached from the world. — **W~ent,ste·hung** *f* cosmogony.
'wel·ten|,um,span·nend *adj cf.* weltumfassend. — **W~,wen·de** *f* world change.
'Welt|er,eig·nis *n* event of worldwide (*Br.* world-wide) importance, international sensation. — **w~er,fah·ren** *adj* worldly- (*od.* world-)wise. — **~er,fah·ren·heit**, **~er,fah·rung** *f* experience in the ways of the world, worldly wisdom. — **~er,folg** *m* world success.
'Wel·ter,ge,wicht ['vɛltər-] *n* (*sport*) (*beim Boxen, Ringen, Judo*) welterweight. — **'Wel·ter·ge,wicht·ler** *m* ⟨-s; -⟩ welterweight.
'Welt|er,lö·ser *m relig.* (*bes. Christus*) Redeemer (*od.* Savior, *bes. Br.* Saviour) (of the world). — **~er,obe·rer** *m* world conqueror. — **~er,obe·rung** *f* world conquest, conquest of the world. — **w~er,schüt·ternd** *adj cf.* weltbewegend. — **~er,zeu·gung** *f econ.* world production. — **w~,fern** *adj* unrealistic, out of touch with real life, impractical. — **~,fir·ma** *f* firm of worldwide (*Br.* world-wide) reputation. — **~,flucht** *f* ⟨-; *no pl*⟩ withdrawal from the world (*od.* life), escapism. — **~,flücht·lings,jahr** *n* world refugee year. — **w~,fremd** *adj* inexperienced in the ways of the world, unworldly. — **~,fremd·heit** *f* inexperience in the ways of the world, unworldliness. — **~,frie·de(n)** *m* world peace. — **~,frie·dens,rat** *m pol.* World Council of Peace. — **~,front,kämp·fer·ver,band** *m mil.* World Veterans' Federation. — **~ge,bäu·de** *n fig.* universe, cosmos. — **~ge,fü·ge** *n* universe, cosmos, cosmic system; (the) world. — **~,geist** *m* ⟨-(e)s; *no pl*⟩ 1. mundane outlook. – 2. (*prevailing*) spirit of the age (*od.* times). — **~,geist·li·che** *m röm.kath.* secular (priest). — **~,geist·lich·keit** *f* secular clergy. — **~,gel·tung** *f* ⟨-; *no pl*⟩ worldwide (*Br.* world-wide) reputation. — **~ge,richt** *n* ⟨-(e)s; *no pl*⟩ Last Judg(e)ment, doomsday, *auch* Doomsday. — **~ge,sche·hen** *n* world affairs *pl*. — **~ge,schich·te** *f* ⟨-; *no pl*⟩ 1. world history. – 2. in der ~ herumreisen *fig. colloq. humor.* to travel around all over the place. — **w~ge,schicht·lich I** *adj* 1. of (*od.* pertaining to) world history. – 2. (*Ereignis etc*) of (great) impact on world history. – **II** *adv* 3. ~ gesehen with regard to world history, in terms of world history. — **~ge,sund·heits·or·ga·ni·sa·ti,on** *f* ⟨-; *no pl*⟩ World Health Organization (*Br. auch* -s-). — **w~ge,wandt** *adj* versed in (*od.* acquainted with) the ways of the world, urbane. — **~ge,wandt·heit** *f* acquaintance with the ways of the world, urbanity. — **~ge,werk·schafts,bund** *m* ⟨-(e)s; *no pl*⟩ World Federation of Trade Unions. — **~,ha·fen** *m mar.* world (*od.* international) port.
'Welt,han·del *m econ.* world (*od.* international) trade.

'Welt,han·dels|,flot·te *f mar.* world merchant fleet. — **~,stra·ße** *f econ.* world trade channel (*od.* route). — **~,vo,lu·men** *n* volume of world trade. — **~,wa·ren** *pl* world market commodities (*od.* goods).
'Welt|,hei·land *m relig. cf.* Welterlöser. — **~,herr·schaft** *f* ⟨-; *no pl*⟩ *pol.* world supremacy. — **~,hilfs,spra·che** *f ling.* international auxiliary language. — **w~hi,sto·risch** *adj* of world-historical importance. — **~,höchst,lei·stung** *f* (*sport*) *cf.* Weltbestleistung. — **~,ju·gend,fest** *n* international youth festival. — **~,kar·te** *f* map of the world. — **~,kennt·nis** *f* knowledge of the world. — **~,kind** *n* 1. child of this world. – 2. worldling, earthling. — **~,kin·der,hilfs,werk** *n* ⟨-(e)s; *no pl*⟩ United Nations Children's Fund. — **~,kir·chen,rat** *m* ⟨-(e)s; *no pl*⟩ World Council of Churches. — **w~,klug** *adj* 1. politic, judicious. – 2. *cf.* welterfahren. — **~,klug·heit** *f* 1. politicness, judiciousness. – 2. *cf.* Welterfahrenheit. — **~,kon·fe,renz** *f* world (*auch* international) conference. — **~kon,greß** *m* world (*auch* international) congress. — **~kon·junk,tur** *f* world (*od.* international) economic trend. — **~,kör·per** *m astr.* heavenly (*od.* celestial) body. — **~,krieg** *m* world war: der erste (*od.* Erste) ~ World War I, the First World War; der zweite (*od.* Zweite) ~ World War II, the Second World War. — **~,ku·gel** *f* globe. — **~,la·ge** *f pol.* international (*od.* world) situation. — **~,lauf** *m* way of the world. — **w~,läu·fig** *adj* usual, everyday (*attrib*).
'welt,lich *adj* 1. (*Freuden, Gesinnung etc*) worldly, mundane, earthly, secular, terrestrial: ~e Gesinnung wordly-mindedness. – 2. (*Macht, Gericht, Gerichtsbarkeit etc*) temporal, terrestrial. – 3. (*Schule etc*) secular, lay (*attrib*). – 4. (*Geistlicher*) secular, profane. – 5. (*Fürst*) temporal. – 6. (*art*) (*Kunst, Musik etc*) secular, profane.
'Welt·li·te·ra,tur *f* world literature.
'Welt,macht *f pol.* world power. — **~po·li,tik** *f* imperialism, imperialist(ic) policy.
'Welt|,mann *m* ⟨-(e)s; ⁓er⟩ man of the world. — **w~,män·nisch** [-,mɛnɪʃ] *adj* urbane, sophisticated, cosmopolitan. — **~,mar·ke** *f econ.* a) (*von Tabak etc*) world (*od.* international) brand, b) (*von Fahrzeugen, Radios etc*) world (*od.* international) make.
'Welt,markt *m econ.* world (*od.* international) market. — **~,preis** *m* world market price.
'Welt|,meer *n* ocean, sea: die ~e the seven seas. — **~,mei·nung** *f* world opinion.
'Welt|,mei·ster *m*, **~,mei·ste·rin** *f* (*bes. sport*) world champion.
'Welt,mei·ster·schaft *f* (*bes. sport*) world championship.
'Welt,mei·ster,ti·tel *m* (*bes. sport*) world title: er gewann zwei ~ im Schwimmen he won two world swimming titles.
'Welt|,mensch *m cf.* Weltkind. — **~mo·no,pol** *n econ.* world (*od.* international) monopoly. — **w~,mü·de** *adj* world-weary. — **~,mü·dig·keit** *f* world-weariness. — **w~,of·fen** *adj* cosmopolitan. — **~,öf·fent·lich·keit** *f* world public. — **~,ord·nung** *f* system of the world. — **~or·ga·ni·sa·ti,on** *f* world (*od.* international) organization (*Br. auch* -s-). — **~po,kal** *m* (*sport*) world cup. — **~po·li,tik** *f* world (*od.* international) politics *pl* (*construed as sg or pl*), *Am. auch* weltpolitik. — **w~po·li,tisch I** *adj* concerning world politics. – **II** *adv* ~ gesehen with regard to (*od.* in terms of) world politics. — **~post·ver,ein** *m* ⟨-(e)s; *no pl*⟩ Universal Postal Union. — **~,pres·se** *f* ⟨-; *no pl*⟩ world press, international newspaper world. — **~,prie·ster** *m röm.kath.* secular (priest). — **~pro·duk·ti,on** *f econ.* world production. — **~,rang,li·ste** *f* (*sport*) world ranking list: er steht an dritter Stelle der ~ he is ranked third in the world. — **~,rat** *m pol.* world council. — **~,rät·sel** *n* mystery of the universe.
'Welt,raum *m* ⟨-(e)s; *no pl*⟩ (*outer od.* cosmic, universal) space: ferner ~ deep space. — **~,bahn·ver,fol·gung** *f* space tracking. — **~,bun·dun·gen** *pl* space conditions. — **~,fäh·re** *f* space shuttle. — **~,fah·rer** *m* astronaut, (*in Ostblockländern*) cosmonaut. — **~,fahrt** *f* 1. (*Wissenschaft*) astronautics *pl*, (*in Ostblockländern*) cosmonautics *pl* (*beide usually construed as sg*). – 2. space travel (*od.* navigation), inter-

planetary aviation: bemannte ~ manned space travel. — **~,fahr,zeug** *n* spacecraft, spaceship. — **~,fern,mes·sung** *f* space telemetering. — **~,fern,steue·rung** *f* space telecommand. — **~,flug** *m* space flight. — **~,flug,ha·fen** *m* spaceport. — **~,for·scher** *m* space research expert. — **~,for·schung** *f* space research. — **~,for·schungs,funk,dienst** *m* space research service. — **~,funk** *m* space radio. — **~,funk,sta·ti·on** *m* space service. — **~,funk,stel·le** *f* space station. — **~,funk·ver,kehr** *m* space radiocommunication: Funkdienste für ~ space radiocommunication services. — **~,kap·sel** *f* space capsule. — **w~,krank** *adj* spacesick. — **~,la,bor** *n* space laboratory, skylab, space station. — **~,ra,ke·te** *f* space rocket. — **~,recht** *n* (*cosmic*) space law, law of outer space. — **~,schiff** *n cf.* Weltraumfahrzeug. — **~,schiffahrt** (*getr.* -ff,f-) *f cf.* Weltraumfahrt. — **~,son·de** *f* space probe. — **~spa,zier,gang** *m* spacewalk. — **~sta·ti,on** *f* space station (*od.* platform). — **~,strah·lung** *f* space radiation. — **~sy,stem** *n* space system. — **~,um,ge·bung** *f* space environment. — **~ver,such** *m* space shot. — **~ver,trag** *m pol.* space treaty.
'Welt|re,gie·rung *f* world government. — **~,reich** *n* empire. — **~,rei·se** *f* world tour (*od.* trip), tour of the world, journey (a)round the world, (a)round-the-world tour: eine ~ machen to go on a world tour, to do a tour of the world, to tour the world (*od.* globe). — **~,rei·sen·de** *m, f* globe-trotter.
'Welt·re,kord *m* (*bes. sport*) world (*Am.* world's) record. — **~,in,ha·ber** *m*, **~,in,ha·be·rin** *f* ⟨-; -nen⟩ world (*Am.* world's) record holder.
'Welt·re,kord·ler [-re,kɔrtlər] *m* ⟨-s; -⟩, **~re,kord·le·rin** *f* ⟨-; -nen⟩ (*bes. sport*) *cf.* Weltrekordinhaber(in).
'Welt·re,kord,mann *m* ⟨-(e)s; ⁓er *u.* -leute⟩ (*bes. sport*) *cf.* Weltrekordinhaber.
'Welt|re·li·gi,on *f* world religion. — **~re·vo·lu·ti,on** *f* world revolution. — **~,ruf** *m* ⟨-(e)s; *no pl*⟩ (*Berühmtheit*) world(wide) (*Br.* word[-wide]) reputation. — **~,ruhm** *m* world(wide) (*Br.* world[-wide]) fame (*od.* glory). — **~,schmerz** *m* ⟨-es; *no pl*⟩ weltschmerz, *auch* Weltschmerz. — **~,schöp·fer** *m* 1. Creator (of the world). – 2. *philos.* Demiurge. — **~,see·le** *f philos.* world soul. — **~,si·cher·heits,rat** *m* ⟨-(e)s; *no pl*⟩ *pol.* (*der Vereinten Nationen*) Security Council. — **~,spar,tag** *m econ.* World Savings Day. — **~,spra·che** *f ling.* world language. — **~,staat** *m pol.* world state.
'Welt,stadt *f* metropolis, cosmopolis. — **'welt,städ·tisch** *adj* metropolitan.
'Welt,stadt·ver,kehr *m* metropolitan traffic.
'Welt|,stel·lung *f* position in the world. — **~sy,stem** *n* 1. *astr.* cosmological model. – 2. *philos.* astronomical system. — **~,teil** *m* 1. continent. – 2. part of the world. — **~,tier,schutz·ver,ein** *m* ⟨-(e)s; *no pl*⟩ International Society for the Prevention of Cruelty to Animals. — **~,ton,na·ge** *f mar.* world tonnage. — **w~,um,fas·send** *adj* worldwide, *Br.* world-wide, global, universal, ecumenic(al), *auch* oecumenic(al). — **~,um,se·ge·lung**, **~,um,seg·lung** *f mar.* circumnavigation of the earth (*od.* globe). — **~,um,seg·ler** *m* circumnavigator of the earth (*od.* globe). — **w~,um,span·nend** *adj cf.* weltumfassend. — **~,un·ter,gang** *m* end of the world. — **~,ur,auf,füh·rung** *f* (*theater, film*) world premiere (*bes. Br.* première). — **~ver,band** *m* world (*od.* international) association (*od.* federation, union). — **~ver,bes·se·rer** *m* ⟨-s; -⟩ utopian, *auch* Utopian, do-gooder (*colloq.*). — **~ver,ein** *m* international union. — **~ver,kehr** *m econ. cf.* Welthandel. — **~ver,trieb** *m* (*für Filme etc*) world distribution. — **~,wäh·rungs,fonds** *m* ⟨-; *no pl*⟩ *econ. cf.* Währungsfonds, Internationaler. — **~,wäh·rungs·kon·fe,renz** *f* international monetary conference. — **~,wei·se** *m* philosopher. — **~,weis·heit** *f* philosophy. — **w~,weit** *adj* worldwide, *Br.* world-wide, universal, mondial. — **~,wet·ter,dienst** *m* ⟨-(e)s; *no pl*⟩ World Meteorological Organization (*Br. auch* -s-). — **~,wirt·schaft** *f* ⟨-; *no pl*⟩ *econ.* world (*od.* international) economy (*od.* economic system). — **~,wirt·schafts,kri·se** *f* world(wide) (*Br.* world[-wide]) economic crisis, world(wide) (*Br.* world[-wide]) de-

pression. — ~**wun·der** n wonder of the world. — ~**zeit**‚**uhr** time chart.

wem [veːm] ⟨dat of wer⟩ **I** interrog pron to whom, whom (od. colloq. who) ... to: ~ hast du das Buch gegeben? who(m) did you give the book to? ~ gehört dieses Haus? who(m) does this house belong to? ~ sagst du das? colloq. you're telling me! we are (both) in the same boat! bei ~ bist du gewesen? who(m) were you with? mit ~ hast du gesprochen? who(m) did you speak to? von ~ ist dieser Roman? by whom is this novel? von ~ weißt du das? who(m) do you know that from? – **II** relative pron whom, who (colloq.): ich weiß nicht, ~ ich das zu verdanken habe I don't know who(m) I owe it to; ~ auch immer whomever, whoever (colloq.), whomsoever (lit.); ~ auch immer ich weh getan habe, es tut mir leid who(m)ever I hurt, I am sorry.

'**Wem**‚**fall** m ling. dative (case).

wen [veːn] ⟨acc of wer⟩ **I** interrog pron whom, who (colloq.): ~ hast du eingeladen? who(m) did you invite? an ~ schreibst du? who(m) are you writing to? für ~ hast du das gekauft? who(m) did you buy that for? – **II** relative pron whom, who (colloq.): ich weiß genau, ~ du meinst I know exactly who(m) you mean; erzähl mir, ~ du getroffen hast tell me who(m) you met; ~ auch immer whomever, whoever (colloq.), whomsoever (lit.); ~ auch immer du vorschlägst, ich werde einverstanden sein who(m)ever (od. no matter who[m]) you propose, I shall agree.

Wen·de[1] ['vɛndə] f ⟨-; -n⟩ **1.** (Anfang, Beginn) turn: an der (od. um die) ~ des 19. Jahrhunderts at the turn of the 19th century; wir stehen an der ~ einer neuen Zeit we are at the turn of a new era. – **2.** (bedeutende Änderung) turn of events: es ist eine ~ eingetreten there has been a turn of events. – **3.** (Wendepunkt, Entscheidung) turning point. – **4.** (sport) a) (beim Schwimmen etc) turn, b) (beim Turnen) front vault.

'**Wen·de**[2] m ⟨-n; -n⟩ geogr. (Westslave) Wend, Sorb.

'**Wen·de**‚**becken** (getr. -k·k-) n mar. (im Hafen) turning (od. man[o]euvering, bes. Br. man œuvring) basin. — ~‚**bo·je** f (sport) (bes. beim Segeln) turning buoy. — ~‚**bril·le** f (optics) reversible spectacles pl. — ~‚**form·ma**‚**schi·ne** f metall. turnover molding (bes. Br. moulding) machine. — ~**ge**‚**trie·be** n auto. **1.** reversing gear mechanism. – **2.** reversing gearbox (Br. gear-box). — ~‚**halb**‚**mes·ser** m auto. turning radius.

'**Wen·de**‚**hals** m zo. (Vogel) wryneck (Jynx torquilla). — ~‚**frosch** m phrynomerid (Phrynomerus bifasciatus).

'**Wen·de**‚**herz**‚**ge**‚**trie·be** n tech. reverse plate (od. mechanism).

'**Wen·de**‚**kreis** m **1.** auto. turning circle: das Auto hat einen großen [kleinen] ~ the car has a big (od. wide) [small od. narrow] turning circle. – **2.** geogr. astr. tropic: ~ des Krebses [Steinbocks] Tropic of Cancer [Capricorn]. — ~‚**mit·te** f auto. turning center (bes. Br. centre).

Wen·del ['vɛndəl] f ⟨-; -n⟩ **1.** tech. (Schraubenlinie) helix, spiral. – **2.** electr. (der Glühbirne) coil. — ~**an**‚**ten·ne** f helical antenna (bes. Br. aerial). — ~‚**boh·rer** m tech. cf. Spiralbohrer. — ~‚**fe·der** f helical spring. — ~**rut·sche** f (mining) spiral chute.

'**Wen·del**‚**trep·pe** f **1.** spiral (od. winding) staircase. – **2.** zo. (Muschel) wentletrap, auch staircase shell (Scala scalaris). —

'**Wen·del**‚**trep·pen**‚**schnecke** (getr. -k·k-) f zo. cf. Wendeltreppe 2.

'**Wen·de**‚**man·tel** m (fashion) reversible coat, bes. Am. reversible. — ~‚**mar·ke** f (sport) **1.** (in der Leichtathletik) half-way mark. – **2.** (bes. beim Segeln) cf. Wendeboje. — ~**ma**‚**schi·ne** f agr. (für Heu) tedder.

wen·den[1] ['vɛndən] **I** v/t ⟨wendet, wandte, rare wendete, gewandt, gewendet, h⟩ **1.** (drehen) turn: das Gesicht (od. den Kopf) zur Wand ~ to turn one's face to the wall; j-m den Rücken ~ auch fig. to turn one's back on s.o. – **2.** (lenken, richten) turn: seine Schritte nach der Stadt ~ to turn (one's steps) toward(s) the city; seine Blicke zum Himmel ~ to turn (od. roll) one's eyes (od. to look) up to heaven; den Blick zur Seite ~, a) (wegblicken) to look away, to avert one's eyes, b) (wegblicken aside) to look aside; kein Auge von j-m ~ not to take one's eyes off

s.o.; die Waffe gegen sich selbst ~ to take one's own life, to commit suicide. – **3.** viel Mühe (od. Sorgfalt, Fleiß) an (od. auf) (acc) etwas ~ to go to (od. take) a lot of trouble over s.th., to put a lot of effort into s.th. (beide colloq.); Zeit an (od. auf) (acc) etwas ~ to spend time on (od. devote time to) s.th.; keinen Pfennig an (od. auf) (acc) etwas ~ not to spend a halfpenny on s.th. – **II** v/reflex sich ~ **4.** turn, veer: sich zur Tür ~ to turn to the door; sich nach links [rechts, Süden, Norden] ~ to turn to the left [right, south, north]; sich zur Flucht [zum Gehen] ~ to turn to flee [to go]; sich von j-m ~ auch fig. to turn (away) from s.o.; Gott hat sich von uns gewandt (od. gewendet) God has turned (away) from us; sich zu j-m ~ to turn to (od. toward[s]) s.o.; sich gegen j-n ~ fig. to turn against (od. on) s.o.; sich gegen etwas ~ to object (strongly) to s.th.; er weiß sich zu drehen und zu ~ fig. he can worm his way out of anything. – **5.** sich an j-n ~ to turn to s.o.: sich um Rat an j-n ~ to turn to s.o. for advice; sich vertrauensvoll an j-n ~ to confide in s.o., to take s.o. into one's confidence; darf ich mich mit einer Bitte an Sie ~? may I ask a favo(u)r of you? sich an eine höhere Instanz ~ to turn (od. have recourse) to a higher court; sich an das Gericht ~ to go to court; das Buch wendet sich vorwiegend an den Fachmann the book is intended mainly for the expert. – **III** W~ n ⟨-s⟩ **6.** verbal noun. – **7.** cf. Wendung[1].

'**wen·den**[2] **I** v/t ⟨h⟩ **1.** (umdrehen, drehen) turn: den Braten [das Getreide, das Heu] ~ to turn the roast [corn (Am. grain), hay]; einen Kragen [Anzug, die Manschetten] ~ to turn a collar [suit, the cuffs]; die Buchseite ~ to turn (over) the page; das Auto ~ a) to turn the car, b) (um 180 Grad) to swing the car round; den Fuß ~ fig. (umkehren) to turn back, to retrace one's steps; du kannst (od. magst) es ~, wie du willst fig. you can look at it from whatever angle you like. – **2.** med. (Fötus) turn. – **II** v/reflex sich ~ **3.** (sich ändern) change: der Wind [das Wetter] hat sich gewendet the wind [weather] has changed; es wird sich alles noch zum Guten ~ it will all turn out for the better (od. best). – **4.** das Blatt (od. Blättchen) hat sich gewendet fig. colloq. the tide has turned, the tables are turned. – **III** v/i **5.** turn: ich kann in dieser engen Straße nicht ~ I can't turn (round) in this narrow road; der Schwimmer hat gewendet the swimmer turned; bitte ~ please turn over. – **6.** mar. (von Segelschiffen) tack (about), go about, put about, go on another tack, turn (rare). – **IV** W~ n ⟨-s⟩ **7.** verbal noun. – **8.** cf. Wendung[1].

'**Wen·de**‚**pflug** m agr. moldboard plow, bes. Br. mouldboard plough. — ~‚**plat·te** f tech. (einer Formmaschine) turnover plate. — ~‚**platz** m turning area (od. space), (bes. für Autobusse, Straßenbahnen etc) loop. — ~‚**pol** m electr. interpole, commutating (od. reversing) pole. — ~‚**punkt** m **1.** astr. solstice, solstitial point. – **2.** math. turning point, inflection (Br. auch inflexion) (point). – **3.** fig. turning point: das bedeutete einen ~ in der Geschichte des 19. Jahrhunderts that marked a turning point (od. an epoch) in the history of the 19th century; an einem ~ angelangt sein to have reached (od. come to) a turning point. – **4.** fig. (Höhepunkt, Krise) crisis. – **5.** (sport) turn.

'**Wen·der** m ⟨-s; -⟩ **1.** agr. tedder. – **2.** metall. (für Walzgut) manipulator.

'**Wen·de**‚**ra·di·us** m auto. turning radius. — ~‚**rich·ter** m (sport) (beim Schwimmen) inspector of turns. — ~‚**schal·ter** m electr. reversing (od. commutator) switch, reverser, commutator. — ~‚**schwung** m (sport) (beim Turnen) high front face vault. — ~‚**trich·ter** m (einer automatischen Briefaufstellanlage) revolving funnel. — ~‚**zap·fen** m metall. (eines Konverters) trunnion. — ~‚**zei·ger** m aer. turn (and bank) indicator.

'**wen·dig** adj **1.** (Auto, Schiff etc) man(o)euverable, bes. Br. man œuvrable. – **2.** (flink, beweglich) nimble, agile. – **3.** fig. (geistig beweglich) agile, nimble-minded, flexible: einen ~en Geist haben, geistig ~ sein to be agile, to have a nimble (od. limber) mind. — '**Wen·dig·keit** f ⟨-; no pl⟩ **1.** man(o)euverability, bes. Br. manœuvra-

bility. – **2.** fig. nimbleness, agility. – **3.** fig. agility, nimble-mindedness, flexibility, flexibleness, limberness.

'**wen·disch I** adj Wendish, Sorb(ian). – **II** ling. W~ ⟨generally undeclined⟩, das W~e ⟨-n⟩ Wendish, Sorb(ian).

'**Wen·dung**[1] f ⟨-; -en⟩ **1.** cf. Wenden[1] u. [2]. – **2.** turn: eine ~ nach rechts [links] vornehmen to make a turn to the right [left]; eine ganze [halbe] ~ a full [half] turn; eine halbe ~ nach rechts [links] (beim Reiten) a caracole; eine rasche ~ des Autos a quick turn of the car. – **3.** mil. turn, (bei Ausbildung) Am. facing. – **4.** mar. turn. – **5.** med. a) (des Fötus) version, b) (Krisis) crisis. – **6.** fig. turn of events: eine glückliche [überraschende, entscheidende] ~ trat ein (od. vollzog sich) there was a fortunate [surprising, decisive] turn of events, events took a fortunate [surprising, decisive] turn; die Sache nahm eine unerwartete ~ the affair took an unexpected turn. – **7.** fig. (Änderung) change, turn: dem Gespräch eine andere ~ geben to change the subject; eine gute [schlechte] ~, eine ~ zum Besseren [Schlechteren] a change for the better [worse].

'**Wen·dung**[2] f ⟨-; -en⟩ ling. a) (Redewendung) phrase, expression, locution, b) (bildliche) figure of speech, c) (idiomatische) idiom(atic expression): eine stehende ~ a) a standard expression, b) (beliebte Redensart von j-m) turn of phrase.

'**Wen**‚**fall** m ling. accusative (case).

we·nig ['veːnɪç] indef pron **I** ⟨adjektivisch⟩ **1.** ⟨attrib⟩ (vor Substantiven im sg) little: sie haben sehr ~ Geld they have very little money; ~ Änderung meteor. little change; das bringt ~ Gewinn a) that brings little profit, b) fig. one gains little by that; ich habe heute sehr ~ Zeit I have very little (od. I am pressed for) time today; es gibt ~ Neues there is little news; etwas mit ~ Mühe erreichen to achieve s.th. with little trouble (od. quite easily); ich habe ~ Lust hinzugehen I don't really feel like going, I'm not greatly inclined to go; ~ Aussicht auf Erfolg haben to have little (od. small) hope of success; ein ~ Wahrheit a modicum of truth; du mußt ein ~ (od. some) patience; mit ein ~ gutem Willen wird es schon gehen it will work out with a little bit of good will; die Tablette in ein ~ Wasser auflösen to dissolve the tablet in a little (od. a small quantity of) water; er kann nur ~ Englisch he speaks only (a) little English; das hat ~ Zweck there is little point (od. use) in doing that; ein klein ~ [ein ganz klein ~] Milch a little drop (a tiny [little] drop, colloq. a teeny-weeny drop) of milk. – **2.** ⟨attrib⟩ (vor Substantiven im pl) a) (ein paar) a few, b) (vereinzelte) few: es sind nur noch ~ Meter it's only a few (more) yards to go; in ~en Tagen bin ich zurück I'll be back in a few days' time; etwas mit ~en Worten erklären to explain s.th. in (a) few words; in ~en Augenblicken beginnt es it will begin in a few moments; ich habe ihn nur ~e Male gesehen I have seen him a few times; das geht nur in ~en Fällen gut it only works out in a few (od. in the minority of) cases; es dauerte nur ~e Sekunden it only took a few seconds; es gibt nur ~e Menschen, die das erlebt haben (only) few people have experienced that; er ist ein Freund, wie man nur ~e gibt there are few friends like him, he is the type of friend that one seldom finds, he is one (od. a) friend in a thousand. – **3.** ⟨pred⟩ das ist ~ that's not much; und sei es auch noch so ~, und wenn es auch noch so ~ ist no matter how little, however little, ~, aber mit Liebe (od. von Herzen) it's not much but it is meant sincerely. – **II** ⟨substantivisch⟩ **4.** little: sie besitzt nur sehr ~ she possesses very little, she has very few possessions, she has very little to her name; sie ist zufrieden mit dem ~en, was sie hat she is content with the little she has; mit ~(em) zufrieden sein [auskommen] to be content with [to manage on] little; sie ißt sehr ~ she eats very little; es fehlte ~, und ich hätte ihm geglaubt it would not have taken much and I would have believed him, I very nearly believed him; es gehört ~ dazu, das zu begreifen it doesn't take much (intelligence) to understand that; dafür habe ich nur ~ übrig I have little time for that, that interests me little; ich verstehe davon nur sehr ~ I know very little about that; er ist um (ein) ~es älter als ich he is a little (*od.* slightly) older than I (am). – **5.** *pl* a) (*ein paar Leute*) a few (people), b) (*vereinzelte Leute*) few (people): da wir nur ~e sind, ist der Anteil jedes einzelnen größer since there are only a few of us each will have a bigger share; einige ~e blieben bis Mitternacht a few stayed on until midnight; nur sehr ~e haben den Vortrag verstanden only very few (people) understood the lecture; er ist einer von den ~en, die he is one of the few who. – **III** (*adverbial*) **6.** little: das interessiert mich ~ that interests me little, that does not interest me greatly; es kümmert mich ~, ob I care little whether; das hilft mir ~ that is (of) little help to me; dieses Buch wird ~ gelesen this book is not widely read (*od.* does not have [*od.* appeal to] a wide public); das stört mich ~ it doesn't disturb me greatly; daran liegt mir ~ I'm not greatly interested in that; er liebt es ~, gestört zu werden he does not take kindly to being disturbed; das war eine ~ glückliche Wahl that was a rather unfortunate choice; das ist ~ erfreulich a) that is not so (*od.* not at all) pleasant, b) that is rather disappointing; er ist ~ beliebt he is not very popular, he is rather unpopular; das ist ~ nett von dir that is not very nice of you; ich habe mich nicht ~ geärgert *colloq.* I was quite (*od.* pretty) annoyed; danach fragt er ~ that is of little interest to him; das kostet, ~ gerechnet, tausend Mark it will cost a thousand marks and that's a low estimate. – **7.** ein ~ a little, somewhat, a bit: ein ~ schneller [besser, größer] a little faster [better, bigger]; ich habe ein ~ gearbeitet I worked a bit; das ist ein ~ übertrieben that is a little (*od.* slightly) exaggerated, that is a slight (*od.* a bit of an) exaggeration; ein klein ~ bezweifle ich seine Angaben I doubt his statements somewhat, I rather doubt his statements. – **8.** (*selten*) very little, seldom: wir haben uns in der letzten Zeit ~ gesehen we have seen very little of each other lately, we have seen each other very little recently; ich bin ~ ausgegangen I went out very little.

'**We·nig** *n* ⟨-s; -⟩ *only in* viele ~ machen ein Viel (*Sprichwort*) many small make a great, many a little makes a mickle.

'**We·nig,bor·ster** [-ˌbɔrstər] *m* ⟨-s; -⟩ *zo.* oligochaete, *auch* oligochaet, oligochete (*Klasse* Oligochaeta).

'**we·ni·ger I** *comp of* wenig. – **II** *indef pron* (*adjektivisch*) **1.** less: sie haben ~ Geld als wir they have less money than we (have); das hätte man auch mit ~ Aufwand erreichen können that could have been achieved at less expense; mit mehr oder ~ Erfolg more or less sucessfully; das ist ja ~ als nichts *colloq.* that's next to nothing; die Arbeit wird nicht ~ I'm making no headway with this work; du wirst ja immer ~! *colloq.* (*dünner*) you're wasting away (to a shadow). – **2.** fewer: heute haben wir ~ Zuschauer als gestern we have fewer spectators today than yesterday; viel ~ Bücher much (*od.* far) fewer books. – **III** *indef pron* (*substantivisch*) **3.** less: ich habe etwas ~ bekommen als er I was given a little less than he; er verlangt hundert Mark, nicht mehr und nicht ~ he charges no more and no less than a hundred marks; ~ wäre hier mehr less would be better in this case. – **4.** less (people): je ~ kommen, um so lieber ist es mir the less (people) come the better. – **IV** *indef pron* (*adverbial*) **5.** less: es gefällt mir immer ~ I like it less and less; sie ist ~ klug als schön she is more beautiful than clever; in ~ als fünf Minuten in less than five minutes; ~ als hundert Gäste less than a hundred guests; ~ als hundert Gäste no less than a hundred guests, a hundred guests, no less; ich war nichts ~ als erfreut I was far from (*od.* anything but) pleased; sie haben mir mehr oder ~ deutlich zu verstehen gegeben, daß they gave me more or less to understand that; das hängt mehr oder ~ vom Zufall ab that's more or less a matter of chance; es kommt ~ auf die Quantität als auf die Qualität an it is the quality more than the quantity that matters; je mehr ich darüber nachdenke, desto (*od.* um so) ~ verstehe ich es the

more I think about it the less I understand it; ich glaube ihm um so ~, als ich seinen Charakter kenne I believe him all the less since I know his character; jeder hat seine Sorgen, der eine mehr, der andere ~ everyone has his worries, the one more, the other less; das ist ~ angenehm *colloq.* that's not so (very) pleasant (*od.* nice); das war ~ nett von dir *colloq.* that wasn't very nice of you. – **6.** *math.* less, minus: zehn ~ vier ist sechs ten less four is (*od.* leaves) six.

'**We·nig·keit** *f* ⟨-; *no pl*⟩ **1.** small quantity. – **2.** (*Kleinigkeit*) trifle. – **3.** meine ~ *colloq.* humor. little me (*colloq.*): für meine ~ for little me, for my humble self; meine ~ mußte zu Hause bleiben yours truly had to stay (at) home (*colloq.*).

'**we·nigst I** *sup of* wenig. – **II** *indef pron* (*adjektivisch*) **1.** least: sie hat von uns allen das ~e Geld she has the least money of all of us; das hat die ~e Mühe gemacht that was the least trouble; er ist die ~e Zeit im Jahr zu Hause he is at the home the least time of the year. – **2.** fewest, extremely few: die ~en Menschen wissen das extremely few people know that; das trifft in den ~en Fällen zu that applies in the fewest cases. – **III** *indef pron* (*substantivisch*) **3.** least: das ist das ~e, was du tun kannst that is the least you can do; er hat am ~en geboten he bid (the) least (of all). – **4.** fewest, extremely few: das ist nur den ~en bekannt extremely few people know that. – **IV** *indef pron* (*adverbial*) **5.** least: wir sind davon am ~en betroffen we are least concerned, it concerns us least; das hätte ich am ~en erwartet that is what I should have expected least of all; zum ~en sollte man es versuchen one should at least try (it).

'**we·nig·stens** *adv* at least: wenn sie ~ geschrieben hätte if she had at least written; es dauerte ~ drei Stunden it took at least three hours; ist sie ~ reich? is she rich at least? hast du ~ vorher gefragt? did you at least ask first?

wenn [vɛn] **I** *conj* **1.** (*zur Einleitung eines Temporalsatzes*) when: ~ ich von ihm höre, gebe ich dir Bescheid when I hear from him I'll let you know; ~ man das Fenster öffnet, wird es zu kalt when one opens the window it gets too cold; ~ ich einmal groß bin, werde ich Straßenbahnschaffner when I grow up I'll (*od.* I want to) be a tram (*Am.* streetcar) conductor; jedesmal, ~ wir uns treffen, regnet es it rains every time we meet (*od.* whenever we meet); ~ du erst einmal dort bist, wird es dir bestimmt gefallen I'm sure you'll like it once you are there; ~ man ihn hört, sollte man glauben, daß when you listen to him, you would think that; ~ man bedenkt, daß to think that, considering that, when one considers that; ~ man von Politik spricht, speaking of politics. – **2.** (*zur Einleitung eines Konditionalsatzes*) if: ich würde mich sehr freuen, ~ du kämst I would be very pleased if you came; ~ du angerufen hättest, hätten wir uns treffen können if you had phoned we could have met; ~ du es sagst. wird es wohl stimmen *iron.* coming from you it must be right; ~ das wahr ist, fresse ich einen Besen *colloq.* I'll eat my hat if that's true; ~ möglich(,) komme ich heute abend I'll come tonight if possible; ~ du mich fragst, ich bin dagegen if you ask me, I'm against it; ~ ich du wäre, würde ich nein sagen if I were (*od. colloq.* was) you I would say no; ~ es schon sein muß, dann lieber gleich if it has to be (done) (then) let's get it over at once; ~ ich ehrlich bin to be honest; ~ ich dir die Wahrheit sagen soll, ich habe das Geld verloren to tell you the truth (*od.* to be quite honest about it, if I am to be honest), I lost the money; ~ ich das wüßte! if I knew that myself! I wish I knew! selbst ~ ich es wüßte, würde ich es dir nicht sagen even if I knew I wouldn't tell you; wehe, ~ ich dich erwische! *colloq.* you'll catch it if I catch you, if I catch you you'll catch it; ~ das der Fall ist, ~ es (*od.* dem) so ist, ~ es an dem ist a) (*wenn es so ist*) if that is so, b) (*wenn es so steht*) if that is the case, if that is the way it is (*od.* the way things are); ~ nichts dazwischenkommt unless something (*od.* if nothing) happens (*od.* intervenes); ~ er nicht gewesen wäre, wäre sie tot had it

not been for him (*od.* if it had not been for him, but for him) she would be dead; ~ nicht heute, dann morgen if not today then tomorrow; ~ ich nichts mehr von mir hören lasse, bleibt es dabei if I don't send (any) word we'll leave it as it is, we'll leave it as it is unless I send word; er kommt heute, ~ nicht, ruft er an he is coming today; if not, he'll phone; ~ nicht, denn nicht! *colloq.* if you don't want to, that's all right! ~, und nur ~ if, and only if; außer ~ except if, unless; ~ anders *obs.* otherwise; ~ das Wörtchen ~ nicht wär', wär' mein Vater Millionär (*Sprichwort*) if ifs and an's were pots and pans, there'd be no trade for tinkers (*proverb*). – **3.** (*zur Einleitung eines Konzessivsatzes*) ~ auch, ~ schon, und ~ even though: ~ er auch mein Vorgesetzter ist, das hätte er nicht sagen dürfen he ought not to have said that even though he is my superior; ~ sie auch noch sehr jung ist, so sollte man das doch von ihr verlangen können that could be expected of her despite the fact that she is (still) very young; das ist ein sehr gutes Restaurant, ~ auch nicht ganz billig that is a very good restaurant if (*od.* though, albeit) not altogether cheap; wir sind dankbar für alles, ~ es auch noch so wenig ist we are grateful for everything however little (it may be); ich werde es schaffen, und ~ ich Tag und Nacht arbeiten muß I shall manage it even if I have to; should I have to) work day and night; ~ er auch noch so reich ist, ich möchte nicht mit ihm tauschen I would not change with him no matter how rich he is (*od.* may he be ever so rich); ich tue es nicht, und ~ er sich auf den Kopf stellt *colloq.* I won't do it, I don't care if he stands on his head (*colloq.*); ~ ich gleich Fehler gemacht habe, so habe ich mich doch redlich bemüht *lit.* although I did make mistakes I tried my best (*od.* I did my utmost); ~ auch! *colloq.* even so! all the same! (*od.* bes. colloq.). – **4.** (*zur Einleitung eines Wunschsatzes*) ~ doch, ~ ... nur, ~ ... bloß if only: ~ er doch käme! if only he would come! *bes. Am.* if he would only come! if only he came! *bes. Am.* if he only came! ~ ich nur geschwiegen hätte! if only I had kept quiet (*od.* had held my tongue)! ~ doch schon Feierabend wäre! if only it were (*od. colloq.* was) time to go home! – **5.** (*zur Einleitung eines irrealen Vergleichssatzes*) wie ~, als ~ as though, as if: er tut (so), als ~ nichts gewesen wäre he behaves as if nothing had happened; es war so, wie ~ j-d gerufen hätte it was as though s.o. had called (*od.* as though there had been a call). – **6.** aber ~ nun einer allein ist, was (macht er) dann? but suppose (*od.* supposing) one is alone, what would one do? what if one is left alone? – **II W~** *n* ⟨-s; -⟩ **7.** if: ein großes W~ a big if; das ewige W~ und Aber the endless ifs and buts; nach vielen W~ und Aber after many ifs and buts.

'**wenn'gleich** *conj* (al)though.

'**wenn,schon** *adv colloq.* na ~! so what? what of it? ~, dennschon! a) I may (*od.* might) as well while I'm at it! b) a job worth doing is worth doing well!

Wen·zel ['vɛntsəl] *m* ⟨-s; -⟩ (*im dt. Kartenspiel*) jack, knave.

wer [veːr] **I** *interrog pron* **1.** who: ~ ist da? who is there? ~ da? *mil.* who goes there? ~ hat das gesagt? a) who said that (*od.* so?) b) (*aufbegehrend*) who says? (*colloq.*); ~ kommt denn alles? who (*Am.* who all) is coming? ~ noch? who else? ~ anders als du? who (else) but you? ~ ist größer, X oder Y? who is taller, X or Y? ~ weiß? who knows? ~ weiß, vielleicht kommt er doch noch who knows, he may still come; ~ habe ich es ihm schon ~ weiß wie oft gesagt I told him I don't know how often (*colloq.*); er treibt sich wieder ~ weiß wo herum he is roaming around again heaven (*od.* goodness) knows where; ich habe ihn ~ weiß wo gesucht I looked for him I don't know where not all (*colloq.*). – **2.** (*auswählend*) which: ~ von euch beiden? which of the two of you? which of you two? ~ von euch hat es getan? which of you did it? – **II** *relative pron* **3.** who: ich weiß nicht, ~ das ist I don't know who that is; ~ es auch immer war, er wird dafür büßen who(so)ever it was will have to suffer for it; es mag kommen,

~ (da) will come who may, no matter who comes; ~ wagt, gewinnt (*Sprichwort*) nothing ventured nothing gained (*proverb*); → Grube 5; hören 3. – **4.** (*auswählen*) which: ich weiß nicht, ~ von ihnen gekommen ist I don't know which of them has come. – **III** *indef pron* **5.** *colloq.* someone: ist ~ gekommen? a) (*gerade jetzt*) did someone come? b) (*während des Tages, des Urlaubs etc*) did anyone come? ist da ~? someone there? er ist jetzt ~ he really is someone now.

'**Wer·be**|**ab·tei·lung** *f econ.* advertising (*seltener* -z-) (*od.* publicity) department: Leiter der ~ *cf.* Werbeleiter. — **~agent** [-'ʔa‚gent] *m* advertising (*od.* publicity) agent. — **~agen‚tur** *f* advertising (*od.* publicity) agency. — **~ak‚ti‚on** *f* **1.** *cf.* Werbefeldzug. – **2.** (*für Arbeitskräfte*) recruiting drive. — **~an‚teil** *m cf.* Provision. — **~ant‚wort** *f meist pl* (*postal service*) business-reply item (*od.* card). — **~an‚zei·ge** *f econ.* advertisement (*seltener* -z-), ad (*colloq.*), *bes. Br. colloq.* advert. — **~ar‚ti·kel** *m* publicity (*bes. Am.* promotion) article (*od.* item). — **~auf‚wand** *m cf.* Werbekosten. — **~aus‚ga·be** *f* **1.** *philat.* propaganda issue. – **2.** *pl econ.* advertising (*od.* introductory) issue *sg.* — **~be‚ra·ter** *m* advertising (*od.* publicity) consultant. — **~be‚ra·tung** *f* advice on advertising. — **~be‚ru·fe** *pl* advertising professions. — **~blatt** *n* (*Flugblatt*) (advertisement) leaflet, (*als Beilage*) inset. — **~block** *m telev.* advertising block. — **~brief** *m* publicity circular. — **~bü‚ro** *n* advertising (*od.* publicity) agency. — **~chef** *m cf.* Werbeleiter. — **~dienst** *m* advertising (*od.* publicity) service. — **~druck‚sa·che** *f* advertising circular. — **~ein‚blen·dung** *f* (*radio*) *telev.* advertising break, commercial. — **~ein‚nah·men** *pl* advertising revenue *sg.* — **~er‚folg** *m* result of advertising (*od.* publicity), publicity success. — **~etat** [-ʔe‚taː] *m* advertising (*od.* publicity) budget. — **~ex·em‚plar** *n* **1.** publicity (*od.* introductory) sample (*od.* article). – **2.** (*Buch*) publicity copy (*od.* issue). — **~‚fach‚mann** *m* advertising (*od.* publicity) expert (*od.* man, specialist), adman (*colloq.*), *bes. Am.* promotion expert (*od.* man). — **~falt‚blatt** *n* (advertisement) folder (*od.* leaflet), handbill. — **~feld‚zug** *m* advertising (*od.* promotion) campaign, (*publicity*) drive. — **~fern‚se·hen** *n telev.* **1.** (*als Einrichtung*) commercial television. – **2.** (*Programm*) television advertisements *pl* (*od.* commercials *pl*). — **~fern‚seh‚ge‚sell·schaft** *f* television program (*bes. Br.* programme) company, *Br.* commercial television company. — **~film** *m* publicity (*od.* promotion) film. — **~flä·che** *f econ.* advertising space, space for advertisements. — **~fonds** *m* advertising (*od.* publicity) fund. — **~frit·ze** *m colloq. contempt.* publicity chap (*colloq.*). — **~funk** *m* (*radio*) **1.** (*als Einrichtung*) commercial radio. – **2.** (*Programm*) commercial broadcast. — **~gag** *m* (publicity) gag (*od. colloq.* gimmick). — **~ge‚schenk** *n* advertising (*od.* publicity) gift. — **~ge‚spräch** *n* sales talk (*od. colloq.* chat). — **~gra·phik** *f* **1.** commercial (*od.* advertising) art. – **2.** (*Werbeplakat*) commercial poster. — **~gra·phi·ker** *m* commercial (*od.* advertising) artist. — **~kam‚pa·gne** *f cf.* Werbefeldzug. — **~ko·sten** *pl* advertising (*od.* publicity) cost *sg* (*od.* expenses). — **~kraft** *f* publicity value, publicity (*od.* advertising) appeal, (*optische*) *auch* visual appeal, appeal to the eye. — **w~kräf·tig** *adj* with (*od.* having) publicity appeal, effective. — **~lei·ter** *m* publicity (*od.* advertising, *bes. Am.* promotion) manager. — **~ma·te·ri‚al** *n* (*noch nicht ausgestreute Werbemittel*) advertising (*bes. Am.* promotion) material (*od.* matter). — **~mit·tel** *n* (*ausgestreutes Werbematerial*) **1.** means *pl* (*construed as sg or pl*) of publicity (*od.* advertising), publicity medium (*od.* aid). – **2.** *pl* publicity (*od.* advertising) funds. — **~mu·ster** *n* publicity sample.

wer·ben ['vɛrbən] **I** *v/t* ⟨wirbt, warb, geworben, h⟩ **1.** (*Mitglieder, Arbeitskräfte, Nachwuchs etc*) recruit, enlist. – **2.** (*Abonnenten, Kunden, Leser etc*) solicit, win. – **3.** (*Wähler, Stimmen etc*) canvass, *auch* canvas. – **4.** j-n für etwas ~ to win s.o. over to s.th. – **5.** *mil.* (*Rekruten, Soldaten, Freiwil-*

lige etc) enlist, recruit, enrol(l). – **II** *v/i* **6.** für etwas ~ a) (*für Handelsartikel*) to advertise (*seltener* -z-) (for) s.th., to promote s.th., to publicize s.th., (*aufdringlich*) *auch* to push (*od.* boost, *sl.* plug) s.th., b) (*für eine Partei etc*) to spread propaganda for s.th., to canvass (*auch* canvas) for s.th. – **7.** um j-n ~ a) (*um Frau, Mädchen*) to court (*od. lit.* woo) s.o., b) *fig.* (*um einflußreichen Mann etc*) to court (*od. lit.* woo) s.o. – **8.** um etwas ~ *fig.* (*um Freundschaft, Liebe, Vertrauen etc*) to court (*od. lit.* woo) s.th.: um j-s Gunst ~ to court s.o.'s favo(u)r. – **III** W~ *n* ⟨-s⟩ **9.** *verbal noun.* – **10.** *cf.* Werbung. — '**wer·bend I** *pres p.* – **II** *adj econ.* (*Kapital*) earning, productive: ~e Ausgaben *pol.* productive expenditure *sg.*

'**Wer·be**|**‚num·mer** *f* (*einer Zeitschrift*) complimentary (*od.* publicity) issue (*od.* edition). — **~pla‚kat** *n econ.* (advertisement *seltener* -z-) placard (*od.* bill, poster). — **~preis** *m* publicity (*od.* introductory) price. — **~pro‚spekt** *m* publicity leaflet. — **~psy·cho·lo‚gie** *f* psychology of advertising (*seltener* -z-).

'**Wer·ber** *m* ⟨-s; -⟩ **1.** (*Freier*) suitor. – **2.** *mil. hist.* recruiting officer, recruiter. – **3.** *colloq.* publicity man.

'**wer·be·risch** *adj econ.* **1.** promotional. – **2.** advertising (*seltener* -z-) (*attrib*).

'**Wer·be**|**‚schild** *n econ.* advertisement (*seltener* -z-) board, (*als Rundschreiben*) sales letter, (*als Rundschreiben*) sales circular. — **~schrift** *f* prospectus, (advertisement) pamphlet. — **~sen·dung** *f* (*radio*) television *cf.* Sponsorsendung. — **~spot** *m* commercial (spot), spot. — **~spruch** *m* (advertisement) slogan. — **~stel·le** *f cf.* Werbeagentur. — **~tä·tig‚keit** *f* activity in publicity (*od.* advertising *seltener* -z-). — **~tech·nik** *f* advertising technique. — **~text** *m* **1.** copy, advertising (*od.* publicity) text. – **2.** (*eines Inserats*) advertisement text (*od.* copy). — **~tex·ter** *m* copywriter. — **~trä·ger** *m* advertising facilities *pl* (*od.* vehicles *pl*): Plakatflächen und Adreßbücher sind unverzichtbare ~ hoardings and directories are indispensable advertising vehicles. — **~trom·mel** *f only in* die ~ (für j-n [etwas]) rühren (*od.* schlagen) *fig.* a) (*für Handelsartikel, Film, Schauspieler etc*) to advertise (*seltener* -z-) (*od.* make publicity) (for s.o. [s.th.]), b) (*für Partei, Politiker etc*) to spread propaganda (*od.* to canvass, *auch* canvas) (for s.o. [s.th.]). — **~ver·kauf** *m* publicity sales *pl*, promotional sale. — **~we·sen** *n* ⟨-s; *no pl*⟩ publicity, advertising. — **w~wirk·sam** *adj cf.* werbekräftig. — **~wirk·sam·keit** *f cf.* Werbekraft. — **~wo·che** *f econ.* propaganda (*od.* publicity) week. — **~zweck** *m* publicity purpose.

werb·lich ['vɛrplɪç] *adj* advertising (*seltener* -z-) (*attrib*): ~e Mittel means *pl* of advertising; für ~e Zwecke for publicity purposes.

'**Wer·bung** *f* ⟨-; -en⟩ **1.** *cf.* Werben. – **2.** (*von Abonnenten etc*) solicitation. – **3.** (*von Mitgliedern, Arbeitskräften, Nachwuchs etc*) recruitment, enlistment. – **4.** *mil.* recruitment, enrol(l)ment. – **5.** *econ.* a) (*Tätigkeit*) advertising (*seltener* -z-), (*zur Verkaufssteigerung*) sales promotion, publicity, b) (*Reklame*) advertisement (*seltener* -z-), publicity, propaganda, c) (*werbendes Inserat etc*) advertisement, d) *cf.* Werbefeldzug: er arbeitet in der ~ he (*od.* works) in advertising; gezielte [ungezielte] ~ selective [nonselective, *Br.* non-selective] advertising; redaktionelle ~ editorial publicity; ~ in der Presse press advertising; das ist eine gute ~ für die Firma that is (a) good advertisement (*od.* that is good publicity) for the firm. – **6.** *pol.* propaganda. – **7.** (*um ein Mädchen*) courtship, suit.

'**Wer·bungs‚ko·sten** *pl econ.* (*in Einkommensteuer*) professional outlay *sg* (*od.* expenses).

'**Wer·da** *n* ⟨-(s); -s⟩, **~ruf** *m mil.* call of "who goes there?".

'**Wer·de·gang** *m* ⟨-(e)s; *no pl*⟩ **1.** (*Entwicklung*) development, history. – **2.** (*beruflicher*) career, background: er beschreibt seinen ~ in seinem Lebenslauf he describes his career in his curriculum vitae. – **3.** *tech.* (*eines Industrieprodukts*) course of manufacture.

wer·den ['veːrdən] **I** *v/i* ⟨wird, wurde, *poet.* ward, geworden, sein⟩ **1.** (*anfangen, etwas*

zu sein) become, get: reich ~ to become rich; krank ~ to become (*od.* fall) ill, *bes. Am.* to get sick; du mußt schnell gesund ~ you must get well soon; blind ~ to go blind; katholisch ~ to become a Catholic, to turn Catholic; selten ~ to become rare; anderen Sinnes ~ to change one's mind; es muß jetzt alles anders ~ everything must change; es wird Tag day is dawning (*od.* breaking); es wird Nacht night is falling, it is getting dark; es wird Herbst [Winter] autumn [winter] is coming; das Wetter ist wieder schön geworden the weather has become beautiful (*od.* turned out nice) again; es wird höchste Zeit, daß it's high time that; morgen wird es ein Jahr, daß it's (*od.* it will be) a year tomorrow that; es ist Mode geworden, sein Auto zu bemalen it has become the fashion to paint pictures on one's car; die Röcke ~ wieder länger skirts are getting longer again; er wird immer gleich persönlich he is always getting personal; sich (*dat*) einer Sache bewußt ~ to become conscious of s.th., to realize s.th.; mir wurde angst und bange I was terrified, I was getting scared; mir wird schlecht (*od.* übel) I feel sick; mir wird kalt I'm getting cold, I'm beginning to feel cold; das Herz wurde (*od. poet.* ward) ihr schwer she became heavyhearted (*Br.* heavy-hearted); sie wurde (*od. poet.* ward) melancholisch bei dem Gedanken an (*acc*) she became (*od. lit.* waxed) sorrowful (*od.* tearful) at the thought of; bist du verrückt geworden? *colloq.* are you (*od.* have you gone) mad? (*colloq.*). – **2.** (*eine allmähliche Entwicklung bezeichnend*) grow, get: der Junge ist größer geworden the boy has grown taller (*od.* got [*Am.* gotten] bigger); älter ~ to grow older, to get on in years; er ist aber alt geworden! how old he has got, he has aged terribly (*colloq.*); böse ~ to grow angry, to anger; müde ~ to grow tired, to tire; er wurde es müde, ihn dauernd zu rügen *fig.* he grew tired of reprimanding him all the time; einer Sache überdrüssig ~ to grow weary (*od.* tired) of s.th.; es ist gestern abend spät geworden we had a late night (*od.* it went on quite late) last night; es wird jetzt schon früh dunkel it grows dark very early now; der Nebel wird immer dichter the fog is getting thicker and thicker, the fog is thickening more and more; die Zeit wird mir lang I am getting bored; die Vorräte ~ immer geringer the supplies are diminishing (*od.* dwindling) more and more. – **3.** (*in Verbindung mit Präpositionen*) was ist aus ihm geworden? what has become of him? aus dem Geschäft ist nichts geworden nothing came of the deal; was soll aus dem Jungen ~? what is to become of the boy? daraus wird nichts a) nothing will come of that, b) (*als Verbot*) nothing doing, that's out, no go (*alle colloq.*); aus Kindern ~ Leute (*Sprichwort*) *etwa* children (will) grow up; aus nichts wird nichts (*Sprichwort*) *etwa* nothing will come of nothing; was ist mit dem Auto geworden? what became of the car? what happened to the car? zu Staub ~ to turn to dust; zu nichts ~ to come to nothing; der Schnee ist zu Wasser geworden the snow has turned to water (*od.* melted); j-m zur Last ~ to become a burden to s.o.; zum Gespött der Leute ~ to become the general laughingstock (*Br.* laughing-stock); zum Mann ~ to become a man; er ist zum Verräter geworden he turned traitor; etwas wird zum Sprichwort s.th. becomes a proverb (*od.* proverbial); die Ausnahme wird zur Regel the exception becomes the rule; das ist bei ihm zur fixen Idee geworden it is (*od.* has become) a fixed idea with him. – **4.** (*Beruf od. Funktion ausüben, Stelle einnehmen*) become: was willst du einmal ~? what are you going to be? Arzt [Zimmermann] ~ to become a doctor [carpenter]; Soldat ~ to go (in)to (*od.* to join, to enter) the army; Schauspieler ~ to become an actor, to go on the stage; Geistlicher ~ to become a clergyman, to go into the Church, to take holy orders; sie lassen ihren Sohn Lehrer ~ they are having their son study to be a teacher, they are having their son go into teaching; er ist Erster [Letzter] geworden he was first [last]; →

Mutter¹ 1; Vater 1. — **5.** (*geschehen*) happen: man weiß nicht, was noch ~ mag one does not know what may happen; was soll nun ~? what are we going to do now? und was wurde dann? and what happened then? wird's bald? *colloq.* get a move on! (*sl.*); was nicht ist, kann (ja) noch ~ *colloq.* there is room for improvement. — **6.** (*ausfallen*) turn out: wie sind die Photos geworden? how did the photographs turn (*od.* come) out? wie soll das Kleid ~? what will the dress be like? wie wird die Ernte? how will the harvest turn out? what will the harvest be like? es wird noch alles gut ~ everything will turn (*od.* work) out all right. — **7.** *colloq.* (*Fortschritte machen*) come along, improve: die Sache wird things are (*od.* it's) coming along; es wird schon wieder ~ it will be all right, it's not so bad; der Kranke wird wieder ~ the patient is getting better (*od.* improving, perking up). — **8.** (*entstehen*) come into existence, arise: jeder Tag, den Gott ~ läßt every day (which) God grants us; da ward aus Abend und Morgen der erste Tag *Bibl.* and the evening and the morning were the first day. — **9.** *archaic* (*zuteil werden*) be given: ihm ist ein großes Glück geworden he has been blessed with fortune; sein Lohn [Recht] soll ihm ~ he shall have his reward [right]; mir wurde keine Antwort I was given no answer; ihm wurde Befehl, die Stadt zu verlassen he was ordered to leave the town. — **II** *v/aux* ⟨*pp* **worden**⟩ **10.** (*zur Bildung des Futurs*) ich werde kommen I shall (*od.* will) come; du wirst es ja sehen you will (*od.* you'll) see; es wird gleich regnen it is going to rain; wir ~ nichts verraten we shall (*od.* will) not breathe a word of it; ihr werdet sehr überrascht sein you will be much surprised; sie ~ nächste Woche verreisen they are going (to go) (*od.* they will be going) away next week; ich werd' dir helfen! *colloq.* so help you! (don't) you dare! I'll give you what-for (*colloq.*). — **11.** (*zur Bildung des Passivs*) geliebt ~ to be loved; ich bin versetzt worden I have been transferred; du bist nicht gefragt worden you have not been asked; das Haus wird umgebaut the house is being altered, alterations are being done to the house; es ist uns gesagt worden, daß we have been told that; es wird viel gebaut there are plenty of buildings going up, there is much building going on; es wurde getanzt there was dancing; er wurde reichlich belohnt he was richly rewarded; wir sind schnell bedient worden we were given (*od.* we got) quick service; ihr wurdet bestraft you were punished; sie sind nie gelobt worden they were never praised. — **12.** (*zur Bildung des Konjunktivs u. des Konditionals*) er sagte, er werde (*od.* würde) kommen he said he would come; ich würde kommen, wenn ich Zeit hätte I would come if I had time; ich würde es [nicht] tun I would [not] do it; würden Sie so nett sein und ihm den Brief geben? would you (please) be so kind as to (*od.* and) give him the letter? would you mind giving him the letter? das würden wir nicht dulden we would not allow that; sie sagten, sie ~ (*od.* würden) uns besuchen they would come and see us. — **13.** (*in Sätzen der Ungewißheit, des Wunsches etc*) ich werde es (wohl) verloren haben I will have lost it, I expect I have lost it; es wird ihm doch nichts passiert sein? I hope nothing has happened to him; du wirst es nicht wissen you won't (*od.* wouldn't) know; es wird schon so sein, wie er sagt it will be as he says, what he says will be right; wir ~ es wohl übersehen haben we will have overlooked it; ihr werdet doch nicht schon gehen wollen? you don't want to go already, do you? you are not going to leave already, are you? sie ~ es vergessen haben they will have forgotten (it). — **III** W~ n ⟨-s⟩ **14.** *verbal noun*: im W~ sein a) to be in the making (*od.* in the process of development), b) (*im Anfangsstadium*) to be in embryo. — **15.** growth, development: das W~ und Wachsen (in) der Natur the growth and evolution of (*od.* in) nature.

'wer·dend I *pres p.* — **II** *adj* **1.** (*im Entstehen begriffen*) developing, nascent (*lit.*): der ~e Tag the breaking day; mit dem ~en Tag

---

with the sun; die ~e Republik the nascent republic. — **2.** (*zukünftig*) to-be (*nachgestellt*): eine ~e Mutter a mother-to-be, an expectant mother.

Wer·der ['vɛrdər] *m, rare n* ⟨-s; -⟩ *geogr.* river island (*od.* islet), piece of land surrounded by water.

'Wer,fall *m ling.* nominative (case).

wer·fen ['vɛrfən] **I** *v/t* ⟨**wirft, warf, geworfen**, h⟩ **1.** (*Ball, Stein, Handgranaten, Würfel etc*) throw, chuck (*colloq.*): „nicht ~!" (*Aufschrift auf Kisten, Paketen etc*) "handle with care!" eine Sechs ~, sechs Augen ~ (*würfeln*) to throw (*od.* cast) a six; wieviel hast du geworfen? how many did you throw (*od.* score)? — **2.** (*in Verbindung mit bestimmten Substantiven*) Blasen ~ a) (*von Wasser*) to bubble, to form bubbles, b) (*von Tapeten*) to form bubbles (*od.* air pockets); Bomben ~ a) *mil.* (*von Flugzeug*) to drop bombs, b) (*von Attentäter*) to throw bombs; Falten ~ (*von Rock, Kleid etc*) to pucker, to wrinkle; helles Licht [einen milden Schein] ~ (*von Lampe*) to cast (*od.* give off) very bright light [a soft glow]; das Los ~ *lit.* (*über acc for*) to cast lots; Schatten ~ to cast shadows; Strahlen ~ (*von der Sonne*) to emit rays; hohe Wellen ~ to billow and surge; ~ (*von Tieren*) cf. jungen. — **3.** Junge ~ (*von Tieren*) cf. jungen. — **3.** Junge ~ (*von Tieren*) cf. jungen. — **4.** (*sport*) a) (*Ball, Speer, Hammer*) throw, b) (*Diskus*) throw, auch toss, hurl, c) (*Baseball*) throw, pitch: ein Tor ~ to throw (*od.* shoot, score) a goal; seinen Gegner ~ a) (*beim Ringen*) to throw (*od.* floor) one's opponent, b) *hist.* (*im Turnierkampf*) to unhorse one's opponent; → Handtuch. — **5.** (*in Verbindung mit Präpositionen*) j-m Grobheiten [Beleidigungen] an den Kopf ~ *fig.* to hurl curses [insults] at s.o.; er warf ihr an den Kopf, daß sie gelogen habe he accused her (*od.* reproached her for) lying; Bilder an die Wand ~ *colloq.* to project pictures (on the wall); alles auf einen Haufen ~ to throw everything in a pile (*od.* heap); etwas auf den Boden ~ to throw s.th. on the floor; ein Auge auf j-n [etwas] ~ *fig.* to have one's eye on s.o. [s.th.]; einen Blick auf j-n [etwas] ~ to cast (*od.* throw) a glance at s.o. [s.th.], to glance (*od.* look) at s.o. [s.th.]; das hat kein gutes Licht auf ihn geworfen that cast an unfavo(u)rable light (up)on him, that put (*od.* showed) him in an unfavo(u)rable light; j-n auf die Straße ~ to throw s.o. out (on the street); Ware auf den Markt ~ *econ.* to throw goods on the market; eine Skizze aufs Papier ~ to sketch a drawing; einige Zeilen aufs Papier ~ to jot down a few lines; eine schwere Krankheit warf sie aufs Krankenlager a severe illness confined her to a sickbed; wir wollen keinen Stein auf ihn ~ *fig.* let us not condemn him; etwas aus dem Fenster ~ to throw s.th. out of the window; das Geld aus dem Fenster ~ *fig.* to throw one's money down the drain, to spend money right and left; j-n aus dem Haus ~ *fig.* to throw s.o. out; j-n aus der Schule ~ *fig.* to throw (*od.* kick, boot) s.o. out of school; dieses Erlebnis hat ihn völlig aus der Bahn geworfen *fig.* this experience has thrown him completely off balance; den Feind aus einer Stellung ~ *mil.* to dislodge the enemy, to drive the enemy from a position; etwas durchs Fenster ~ to throw s.th. (out) through the window; alle Bedenken hinter sich ~ *fig.* to cast aside all one's doubts (*od.* misgivings); den Ball in die Höhe ~ to throw (*od.* toss, pitch) the ball up in the air; den Ball ins Tor ~ to throw the ball into the goal; etwas ins Feuer [in den Papierkorb] ~ to throw s.th. in(to) the fire [wastepaper basket, *bes. Am.* wastebasket]; das Buch in die Ecke ~ to throw (*stärker* fling, pitch, *colloq.* chuck) the book in(to) the corner; j-n ins Gefängnis ~ to throw (*od.* thrust) s.o. in(to) prison; einen Blick ins Zimmer [in den Spiegel] ~ to cast a glance into the room [at the mirror]; die Tür ins Schloß ~ to slam the door (shut); alles in einen Topf ~ *fig.* to lump everything together; den Kopf stolz in den Nacken ~ to toss one's head (back) (proudly); ein Argument in die Waagschale ~ *fig.* to bring an argument to bear; etwas ins Gespräch (*od.* in die Debatte, Diskussion) ~ *fig.* to introduce (*od.* come up with) s.th. in a debate; j-n mit Steinen ~, Steine nach

---

j-m ~ to throw stones at s.o., to pelt s.o. with stones; eine Decke über j-n ~ to throw a blanket over s.o.; das hat all meine Pläne über den Haufen geworfen that upset (*od.* spoilt, spoiled) all my plans; sich (*dat*) einen Mantel um die Schultern ~ to throw a coat (a)round one's shoulders; etwas von sich ~ to throw s.th. away; die Kleider von sich ~ to throw one's clothes off; alle Sorgen [Bedenken] von sich ~ *fig.* to cast aside all one's worries [misgivings]; am liebsten würde ich ihm den ganzen Kram vor die Füße ~ *fig. colloq.* I'd like to chuck the whole business (*colloq.*); den Ball zu j-m ~ to throw the ball to s.o.; wirf den Ball zu mir! throw me the ball (over) to me; j-m (einen) Knüppel zwischen die Beine ~ *fig.* to put a spoke in s.o.'s wheel; → Bord¹ 1; Perle 1. — **II** *v/reflex* sich ~ **6.** (*von Holz*) warp. — **7.** (*von Straßenbelag etc*) buckle. — **8.** (*in Verbindung mit Präpositionen*) sich j-m an die Brust ~ to throw oneself into s.o.'s arms; sich j-m (förmlich) an den Hals ~ *fig.* simply to throw oneself at s.o.; sich auf j-n ~ to throw oneself on (top of) s.o.; sich auf einen Stuhl ~ to throw oneself on a chair; sich (mit Macht) auf (*acc*) etwas ~ *fig.* to throw oneself into s.th., to launch oneself upon s.th.; sich auf den Boden ~ to throw oneself to (*od.* on) the floor; sich vor j-m auf die Knie ~ to throw oneself on one's knees before s.o.; sich aufs Bett ~ to throw oneself on the bed; sich aufs Pferd ~ to leap (*od.* vault) into the saddle; sich im Bett hin und her ~ to twist and turn (*od.* to toss about) in one's bed; sich j-m in die Arme ~ to throw oneself into s.o.'s arms; sich in seine Kleider ~ to throw on one's clothes; sich in Schale (*od.* Gala) ~ *colloq.* a) to dress (*od.* spruce) up, b) *iron.* to dress up to the hilt; sich vor den Zug ~ to throw oneself in front of a train; sich j-m zu Füßen ~ to throw oneself at s.o.'s feet; → Brust 1. — **9.** (*sport*) (*vom Tormann*) dive: sich nach dem Ball ~ to dive for the ball; sich j-m vor die Füße ~ to dive at s.o.'s feet. — **III** *v/i* **10.** throw: wie weit kannst du ~? how far can you throw? ich werfe 40 Meter (weit) I (can) throw (a distance of) 40 meters (*bes. Br.* metres); mit einem Stein nach j-m ~ to throw a stone at s.o.; wer wirft zuerst? who throws first? who is first to throw? who has the first throw? er wirft mit Geld nur so um sich *fig. colloq.* he throws his money around, he spends money left and right; mit Fremdwörtern [seinen Kenntnissen] (nur so) um sich ~ *fig. colloq.* to bandy foreign words [one's knowledge] about, to air (*od.* flaunt, show off with) foreign words [one's knowledge]; mit Lobesworten um sich ~ *fig. colloq.* to lavish praise. — **11.** (*Junge bekommen*) cf. jungen. — **12.** *verbal noun.*

'Wer·fer *m* ⟨-s; -⟩ **1.** (*sport*) a) thrower, b) (*beim Baseball*) pitcher. — **2.** *mil.* a) (*Mörser*) mortar, b) (*Raketenwerfer*) (rocket) launcher, c) (*Wasserbombenwerfer*) hedgehog, Y-gun, depth-charge thrower.

Werft [vɛrft] *f* ⟨-; -en⟩ **1.** *mar.* a) shipyard, dockyard, b) (*für Jachten*) yacht yard. — **2.** *aer.* (repair) hangar, dock. — ~₁an·la·ge *f mar.* shipyard installations *pl.* — ~₁ar·bei·ter *m* shipyard worker.

'Werft₁garn *n* (*textile*) cheviot warp yarn.

'Werft₁hal·le *f aer.* overhaul hangar. — ~₁lie·ge₁zeit *f mar.* shipyard period. — ~repa·ra₁tur *f* shipyard repair. — ~schiff *n* shipyard vessel. — ~schlep·per *m* shipyard tug.

Werg [vɛrk] *n* ⟨-(e)s; *no pl*⟩ **1.** (*Flachs-, Hanfabfall*) tow, waste. — **2.** *mar.* (*gezupftes Tauwerk*) oakum. — ~dich·tung *f tech.* hemp packing.

'Wer₁geld ['vɛr-] *n* ⟨-(e)s; *no pl*⟩ *jur. hist.* manbote, *auch* manbot, wergild, wergeld, *auch* weregild.

'Werg₁garn *n* (*textile*) tow. — ~kratzma₁schi·ne *f* tow card. — ~spinn·ma₁schi·ne *f* tow spinning machine.

Werk [vɛrk] *n* ⟨-(e)s; -e⟩ **1.** (*Handlung, Tat*) work, deed, act(ion): gute ~e tun to do good works (*od.* deeds); ein gutes ~ (an j-m) tun to do a good work (*od.* deed) (on s.o.); ~e der Nächstenliebe (*od.* Barmherzigkeit) works of charity; in Worten und ~en sündigen to sin in word and deed; es war das ~ eines Augenblicks it was a matter of a moment; das ist dein ~ that's your doing (*od.* handiwork). **– 2.** (*Schöpfung, Erzeugnis*) work: das ~ seiner Hände the work of his hands, his handiwork; das ~ seines Fleißes the work of his industry; die ~e Gottes the works of God, God's handiwork *sg*; das ~ nähert sich der Vollendung the work is nearing completion; sein ~ krönen *fig.* to crown one's work. **– 3.** (*Produkt, Frucht*) product(ion), work: das ~ vieler Jahre war vernichtet the work of many years was destroyed. **– 4.** (*Errungenschaft, Leistung*) achievement: die Aussöhnung der beiden Staaten war das ~ jahrelanger Arbeit the reconciliation of the two states was the achievement of many years of work. **– 5.** (*Tätigkeit, Arbeit, Aufgabe*) work: ein ~ beginnen [fördern] to begin [to sponsor] a work; sich ans ~ machen, ans ~ gehen, Hand ans ~ legen to set (*od.* get down, go) to work, to set to; (frisch) ans ~! let's set to work! eine Sache ins ~ setzen to start (*od.* initiate) work on s.th.; behutsam (*od.* vorsichtig) [geschickt] zu ~e gehen to go about it (*od.* to go to work) cautiously [skil(l)fully]; ein begonnenes ~ zu Ende führen to complete a (piece of) work one has started; es ist etwas im ~ *lit.* (*es geht etwas vor*) there is something in the air (*od.* in the wind, on foot). **– 6.** (*literarisches, künstlerisches, historisches etc*) work, opus: ein umfangreiches ~ über die Geschichte des 19. Jahrhunderts a voluminous work on the history of the 19th century; dieses ~ wurde nie aufgeführt this work was never performed; Schillers sämtliche ~e in 20 Bänden the complete works of Schiller in 20 volumes; ausgewählte ~e selected works; ein unvollendetes ~ an unfinished work. **– 7.** (*Betrieb, Fabrik*) works *pl* (*construed as sg or pl*), factory, plant: der Leiter eines ~es the works manager; ein ~ besichtigen to visit (*od.* view) a works; in einem großen ~ beschäftigt sein to be employed in a large plant; etwas ab ~ liefern *econ.* to deliver s.th. ex works (*od.* ex factory). **– 8.** *tech.* (*Mechanismus, Triebwerk*) mechanism, works *pl:* das ~ der Uhr [der Orgel, einer Maschine] the works of the watch (*od.* clock) [the organ, a machine]. **– 9.** *mil.* (*Festungswerk*) fortification(s *pl*), works *pl.*

'Werk|,an·ge,hö·ri·ge *m, f* factory (*od.* works) employee. **— ~,an,la·ge** *f* **1.** plant layout. **– 2.** *pl* industrial plants. **— ~,ar·beit** *f ped.* hand(i)craft work, woodwork, metalwork. **— ~,arzt** *m* factory (*od.* works) doctor. **— ~,auf,nah·me** *f phot.* industrial photo. **— ~,bahn** *f tech. cf.* Fabrikbahn. **— ~,bank** *f* ⟨-; ⁼e⟩ *tech.* (work)bench. **— ~,blei** *n* crude lead bullion. **— ~,bü·che,rei** *f* factory (*od.* works) library.

'Werk·chen *n* ⟨-s; -⟩ **1.** *dim. of* Werk. **– 2.** *print.* small (*od.* miniature) work, opusculum.

'Werk,druck *m* ⟨-(e)s; -e⟩ *print.* bookwork, jobbing. **— ~pa,pier** *n* book(printing) (*od.* antique) paper.

'werk|,ei·gen *adj* (*Wohnung etc*) factory- (*od.* company-)owned. **— W~,ein,rich·tung** *f* soziale ~en social facilities of a works (*od.* factory).

'Wer·kel ['vɛrkəl] *n* ⟨-s; -(n)⟩ *Austrian colloq.* rare *for* Leierkasten 1, Drehorgel. **— ~,mann** *m* ⟨-(e)s; ⁼er⟩ *Austrian colloq.* organ grinder.

'wer·keln ['vɛrkəln] *v/i* ⟨h⟩ (*herumhantieren*) potter (about *od.* around), be busy.

'Wer·kel,tag *m obs. for* Werktag.

'wer·ken ['vɛrkən] *v/i* ⟨h⟩ **1.** (*arbeiten*) work. **– 2.** (*sich eifrig zu schaffen machen*) bustle around (*od.* about), busy about.

'Werk|,fah·rer *m econ.* factory (*od.* works) driver. **— ~,film** *m* documentary (film) on the factory (*od.* works). **— ~,fo·to** *n cf.* Werkaufnahme. **— ~,fo·to,graf** *m cf.* Werkphotograph.

'werk,fremd *adj* **1.** *cf.* betriebsfremd. **– 2.** (*Maschinenteile etc*) originating outside one's own works, external.

'Werk|,füh·rer *m econ.* rare *for* Betriebsleiter 1. **— ~,für,sor·ge** *f* factory welfare (*od.* social) service(s *pl*). **— ~,für,sor·ger** *m,* **~,für,sor·ge·rin** *f* factory welfare (*od.* social) worker. **— ~ge,mein·schaft** *f* factory (*od.* works) community. **— ~ge,recht·ig·keit** *f* ⟨-; *no pl*⟩ *relig.* legality. **— w~ge,treu** *adj bes. mus.* (*Aufführung, Wiedergabe etc*) true (*od.* faithful) to

the original. **— ~,hal·le** *f econ.* workshop (hall), shop floor. **— ~,ka·me,rad** *m cf.* Arbeitskollege 1. **— ~,kan,ti·ne** *f* factory (*od.* works) canteen. **— ~,kin·der,gar·ten** *m* factory (*od.* works) kindergarten. **— ~,kü·che** *f* **1.** factory (*od.* works) canteen. **– 2.** factory (*od.* works) kitchen(s *pl*). **— ~,la·den** *m* company shop (*bes. Am.* store). **— ~,lei·stung** *f* service. **— ~,lei·ter** *m* factory (*od.* works, plant) manager. **— ~,lei·tung** *f* factory (*od.* works, plant) management. **— ~,leu·te** *pl obs.* workmen. **— ~,lie·fe·rungs·ver,trag** *m* contract for work and materials. **— ~,lohn** *m* wage(s *pl sometimes construed as sg*). **— ~,mei·ster** *m* foreman, master mechanic. **— ~,norm** *f* works standard specification. **— ~,num·mer** *f* factory (*od.* serial) number. **— ~,pho·to** *n cf.* Werkaufnahme. **— ~,pho·to,graph** *m* industrial photographer. **— ~,raum·thea·ter** [-te,a:tər] *n* theater (*bes. Br.* theatre) workshop.

Werks... *bes. Austrian for* Werk...

'Werk|,schrift *f print.* body type. **— ~,schu·le** *f* factory (*od.* works) school. **— ~,schutz** *m* works (*od.* factory, plant) protection force (*od.* squad).

'Werks·di,rek·tor *m* factory (*od.* works, plant) manager.

'Werk,sei·de *f* (*textile*) floss silk.

'werks,ei·gen *adj cf.* werkeigen.

'Werks|,ein,rich·tun·gen *pl* works facilities. **— ~er,pro·bung** *f* factory (*od.* inspection) test. **— ~,feu·er,wehr** *f* factory (*od.* works) fire brigade. **— ~ge,län·de** *n* works area (*od.* site).

'Werk,spio·na·ge *f* industrial espionage.

'Werks|,prü·fung *f* factory inspection test. **— ~,ren·te** *f econ.* company-paid annuity.

'Werk,statt *f* ⟨-; ⁼en⟩ **1.** (*eines Handwerkers*) workshop, shop. **– 2.** (*eines Industriebetriebs*) machine shop. **– 3.** (*eines bildenden Künstlers*) studio, atelier. **— ~,auf,trag** *m* shop order. **— ~,be,darf** *m* workshop supply. **— ~be,trieb** *m* (work)shop practice, (*bei der zerspanenden Bearbeitung*) machine-shop practice.

'Werk,stät·te *f* ⟨-; -n⟩ *cf.* Werkstatt.

'Werk,statt|ge,rät *n tech.* workshop equipment. **— ~,hand,buch** *n* workshop manual. **— ~,leh·re** *f* inspection ga(u)ge. **— ~,lei·ter** *m* foreman (of a workshop). **— ~,mon,ta·ge** *f* shop assembly. **— ~,pra·xis** *f* shop practice. **— ~,schiff** *n mar.* **1.** workshop vessel. **– 2.** repair ship. **— ~,wa·gen** *m* **1.** *tech.* traveling (*bes. Br.* travelling) repair shop, repair (*od.* workshop) truck. **– 2.** (*railway*) workshop (*od.* repair) waggon (*Am.* car). **— ~,wa·gen,he·ber** *m auto.* garage jack, workshop lifting jack. **— ~,zeich·nung** *f* working drawing.

'Werk|,stein *m civ.eng.* (*Haustein*) ashlar, *auch* ashler. **— ~,stel·le** *f* **1.** workshop, shop. **– 2.** (*Fabrik*) works *pl* (*construed as sg or pl*), factory, plant. **– 3.** place of work. **— ~,stoff** *m tech.* material. **— ~er,mü·dung** *f* fatigue of material. **— w~ge,recht** *adj* appropriate to the material. **— ~,kun·de** *f* materials technology. **— ~,stoff·or·schung** (*getr.* -ff,f-) *f tech.* material research. **— ~,stoff,prü·fung** *f tech.* material test(ing), testing of materials. **— ~,stan·ge** *f* (*für Drehautomaten*) bar stock. **— ~,stück** *n tech.* workpiece, working (*od.* production) part, component, (*gefertigtes Teil*) work. **— ~,auf,la·ge** *f* work rest. **— ~,auf,span·nung** *f* work loading (*od.* mounting). **— ~,zeich·nung** *f* component drawing. **— ~|stu,dent** *m,* **~stu,den·tin** *f* working student: als ~ arbeiten, ~ sein to be working one's way through college (*od.* the university).

'Werks|ver,tre·ter *m* factory salesman. **— ~,vor,schrift** *f* works specification. **— ~,woh·nung** *f cf.* Werkwohnung. **— ~,zeich·nung** *f cf.* Werkstattzeichnung. **— ~,zeug·nis** *n* works test report (*od.* certificate).

'Werk,tag *m* **1.** (*Wochentag*) weekday, work-day, working day. **– 2.** (*Arbeitstag*) weekday, business day. **– 3.** (*tägliche Arbeitszeit*) workday, working day.

'werk,täg·lich *adj* (*Kleidung etc*) work-(a)day (*attrib*).

'werk,tags *adv* (on) weekdays. **— W~,klei·dung** *f* work(a)day clothes *pl.*

'werk,tä·tig I *adj* (*Bevölkerung etc*) working. **– II W~e** *m, f* ⟨-n; -n⟩ working person: die W~en the working population *sg.*

'Werk|,tisch *m* **1.** worktable, *Br.* work-table. **– 2.** (*Werkbank*) (work)bench. **— ~,ti·tel** *m* (*film*) working title. **— ~,treue** *f* faithfulness to the original. **— ~,un·ter,richt** *m ped.* **1.** (*Schulfach*) hand(i)craft(s *pl*), *Am. auch* manual training. **– 2.** (*Stunde*) hand(i)craft class (*Br. auch* lesson). **– 3.** (*das Unterrichten*) instruction in (*od.* teaching of) hand(i)craft(s), *Am. auch* manual training. **— ~,ver,kehr** *m econ.* works transport (*bes. Am.* transportation) system (*od.* traffic): „Achtung ~!" (*Warnschild*) "caution: factory vehicles!" **— ~,ver,trag** *m* work contract, contract of manufacture, contract between manufacturers and orderers. **— ~,woh·nung** *f* factory-owned (*od.* company-owned) apartment (*bes. Br.* flat). **— ~,zei·tung,** *auch* **~,zeit,schrift** *f* house organ, company journal.

'Werk,zeug *n* ⟨-(e)s; -e⟩ **1.** *tech.* tool, implement, utensil. **– 2.** (*feinmechanisches*) instrument. **– 3.** *collect.* tools *pl,* tool kit. **– 4.** *biol. zo.* organ. **– 5.** *fig.* tool, instrument, puppet, creature, cat's paw: sie ist ein willenloses (*od.* gefügiges) ~ in seiner Hand she is a pliant (*od.* pliable) tool in his hands; Gottes ~ God's passive agent. **— ~,auf,la·ge** *f tech.* tool rest. **— ~,aus,ga·be** *f* **1.** tool-issuing department. **– 2.** distribution of tools. **— ~,aus,rü·stung** *f* tool equipment (*od.* outfit). **— ~,bau** *m* ⟨-(e)s; *no pl*⟩ toolmaking. **— ~,bau·er** *m* tool engineer. **— ~be,häl·ter** *m cf.* Werkzeugkasten. **— ~,ein,rich·ter** *m* ⟨-s; -⟩ tool setter. **— ~,ein,stel·lung** *f* tool setting. **— ~,fa,brik** *f* tool manufacturing plant, tool manufacturers *pl,* toolmakers *pl.* **— ~,fräs·ma,schi·ne** *f* cutter (*od.* tool, toolroom) milling machine. **— ~,hal·ter** *m* **1.** toolholder, toolbox. **– 2.** (*an der Hobel-, Fräsmaschine*) toolhead. **— ~,här·te,rei** *f* tool-hardening shop. **— ~,in,stand,hal·tung** *f* tool upkeep (*od.* maintenance). **— ~,ka·sten** *m* toolbox, tool kit (*od.* crib). **— ~,ki·ste** *f* tool chest. **— ~,la·ger** *n* tool storeroom (*Br.* storeroom). **— ~,leh·re** *f* tool ga(u)ge.

'Werk,zeug,ma·cher *m* ⟨-s; -⟩ toolmaker. **'Werk,zeug,ma·che'rei** *f* ⟨-; -en⟩ toolroom, tool shop.

'Werk,zeug,ma·cher,schraub,stock *m tech.* toolmaker's vise (*auch* vice).

'Werk,zeug,ma·schi·ne *f tech.* machine tool.

'Werk,zeug,ma·schi·nen|,aus,stel·lung *f* machine-tool exhibition. **— ~,bau** *m* ⟨-(e)s; *no pl*⟩ machine-tool building. **— ~,ein,rich·ter** *m* machine-tool setter. **— ~,her,stel·ler** *m* machine-tool builder. **— ~,in·du,strie** *f* machine-tool industry. **— ~,park** *m* complete line of machine tools.

'Werk,zeug|,pfle·ge *f* tool maintenance. **— ~,satz** *m* tool set. **— ~,scharf,schleif·ma,schi·ne** *f* tool and cutter grinder. **— ~,schlit·ten** *m* **1.** top (*od.* tool-holding) slide. **– 2.** (*der Drehmaschine*) compound slide rest. **– 3.** (*der Hobelmaschine*) toolhead slide. **— ~,schlos·ser** *m* toolmaker. **— ~,schlüs·sel** *m* tool spanner (*Am.* wrench). **— ~,schnei·de** *f* tool nose, cutting edge. **— ~,schrank** *m* tool cabinet. **— ~,stahl** *m* tool steel. **— ~,ta·sche** *f* (*am Fahrrad etc*) tool bag (*od.* kit).

'Wer·mut ['ve:rmu:t] *m* ⟨-(e)s; *no pl*⟩ **1.** (*Wein*) vermouth, *auch* vermuth, (*italienischer*) auch vermut (*colloq.*). **– 2.** *bot.* wormwood, absinth(e) (*Artemisia absinthium*). **– 3.** *fig.* (*Bitterkeit*) bitterness, sorrow, wormwood: das war ein Tropfen ~ in dem Becher ihrer Freude that was a drop of bitterness in their cup of joy.

'Wer·mut(s)|,be·cher *m fig.* cup of bitterness. **— ~,trop·fen** *m fig.* drop of bitterness.

'Wer·mut,wein *m gastr.* vermouth, *auch* vermuth.

'We·re ['ve:rə] *f* ⟨-; -n⟩ **1.** *dial. for* Maulwurfsgrille. **– 2.** *dial. for* Gerstenkorn 2.

wert [ve:rt] *adj* ⟨-er; -est⟩ **1.** *archaic* (*lieb, teuer*) dear: ~er Herr [Freund] (my) dear Sir [friend]; er ist mir lieb und ~ he is very dear to me; wie ist Ihr ~er Name? may I ask your name? **– 2.** (*geschätzt*) esteemed: Ihr ~es Schreiben vom your (esteemed) letter of. **– 3.** etwas ~ sein

a) (*einen Kaufpreis haben*) to be worth s.th., b) (*etwas verdienen*) to be worth s.th., to deserve s.th., c) (*einer Sache würdig sein*) to be worthy of s.th.: **das Auto ist nicht mehr viel ~** the car isn't worth much now; **der Ring ist nichts ~** the ring is worth nothing (*od.* is worthless, is of no value, is no good); **die Briefmarke ist über tausend Mark ~** the stamp is worth more than a thousand marks; **was** (*od.* **wieviel**) **ist das Grundstück ~?** what (*od.* how much) is the piece of land worth? **diese Auskunft ist Gold ~** *fig.* this information is invaluable; **das wäre einen Versuch ~** it would be worth (*od.* it deserves) a try; **das Buch ist ~, gelesen zu werden** the book is worth reading; **Berlin ist eine Reise ~** Berlin is worth a visit (*od.* journey); **das ist nicht der Rede ~** it's not worth mentioning (*od.* talking about), it's nothing to speak of; **das ist nicht der Mühe ~** it's not worth it (*od.* the trouble, the bother), it's not worthwhile (*od.* worth one's while); **das ist aller Achtung ~** that deserves great admiration; **er ist unseres Vertrauens ~** he is worthy of our confidence; **er ist es nicht ~, daß man sich um ihn sorgt** he does not deserve to be worried about; **er hat es nicht für ~ gefunden** (*od.* **erachtet**), **mich davon zu unterrichten** he did not consider it important enough (*od.* necessary) to inform me about it; **das ist schon viel ~** *colloq.* that's a considerable step forward; **mehr war ich ihm offenbar nicht ~** I obviously wasn't worth (*od.* didn't mean) any more to him; **der ist nicht viel ~** *colloq.* he is not worth much, he isn't up to much, he is no (*od.* not much) good, he is no great shakes (*sl.*); → Herd 2; Pulver 2.

Wert *m* ⟨-(e)s; -e⟩ **1.** value: **Muster ohne ~** sample — no commercial value; **ein Grundstück im ~(e) von 20 000 Mark** a piece of land worth (*od.* with a value of) 20,000 marks; **die Ware hat einen großen** (*od.* **hohen**) [**geringen**] **~** the goods have a (*od.* are of) high [low] value; **der Schmuck hat keinen ~** the jewelry (*od. Br.* jewellery) has no value (*od.* is worthless, is worth nothing); **den ~ eines Schmuckstückes schätzen** to estimate the value of (*od.* to value) a piece of jewel(le)ry; **die Grundstücke fallen** (*od.* **sinken**) [**steigen**] **im ~** land is decreasing [increasing] in value, the price of land is going down [up]; **etwas über** [**unter**] (**seinem**) **~ verkaufen** to sell s.th. over [under *od.* below] (its) value; **das Haus hat an ~ gewonnen** [**verloren**] the house has gone up [down] in value, the house has increased in value [has depreciated]. – **2.** a) (*Wertsache, Wertgegenstand*) object (*od.* item) of value, b) *pl* valuables: **bei dem Brand gingen große ~e verloren** many valuables were lost in the fire; **~e schaffen** to produce valuables. – **3.** (*Bedeutung, Geltung, Gewicht*) value: **ideeller** [**persönlicher**] **~** sentimental [personal] value; **der wahre ~ der Dichtung** the true value of poetry; **der wahre ~ eines Freundes erweist sich, wenn** the true value of a friend becomes evident when; **j-n nach seinem wahren ~ beurteilen** to judge s.o. by his true merits; **diese Entdeckung ist von großem** (*od.* **hohem**) **~** this discovery is of high value; **dieser Brief hat dokumentarischen ~** this letter is of documentary value; **die Umwertung aller ~e** *philos.* the transvaluation of all values. – **4.** (*Wichtigkeit*) importance: **er ist sich seines ~es wohl bewußt** he is very conscious of his importance; **einer Sache** [**keinen**] **großen ~ beimessen** to attribute [no] great importance to s.th., to attach much [little] importance to s.th.; **großen** [**wenig**] **~ auf** (*acc*) **etwas legen** to set [no] great store by s.th.; **ich lege ~ darauf festzustellen, daß** it is most important to me to state that. – **5.** (*Nutzen, Zweck*) use: **das hat keinen praktischen ~** that is of no practical use; **es hat keinen ~, ihn zu fragen** *colloq.* there's no use (*od.* point) in asking him. – **6.** (*Vorzug*) merit. – **7.** *fig.* (*Qualität*) quality: **sie hat innere ~e** she has human (*od.* personal) qualities; **geistige ~e** intellectual qualities. – **8.** *econ.* a) value, b) (*Vermögenswert*) asset, c) *pl* (*Wertpapiere*) securities, issues, bonds,

stocks: **der wahre ~ einer Münze** the true value of a coin. – **9.** *math.* value, quantity: **fester** [**veränderlicher**] **~** fixed [variable] value; **die errechneten ~e stimmten mit den gemessenen überein** there was agreement between the calculated and the measured values. – **10.** *pl electr.* data: **elektrische ~e** electrical data.

'wert,**ach·ten** *v/t* ⟨*sep*, -ge-, h⟩ *obs.* esteem.

'Wert|,**an·ga·be** *f econ.* **1.** declaration of value. – **2.** declared value. — **~,ar·beit** *f* ⟨-; *no pl*⟩ high-class (*od.* superior) workmanship (*od.* craftsmanship). — **~,auf-**|**stockung** (*getr.* -k·k-) *f econ.* appreciation in value.

'Wert·be,**rich·ti·gung** *f* (*in der Buchhaltung*) adjustment of value: **Rückstellung für ~** revaluation reserves *pl.*

'Wert·be,**rich·ti·gungs**|,**bu·chung** *f econ.* (*adjustment*) reversing entry. — **~,po·sten** *m* adjustment item.

'wert·be,**stän·dig** *adj* **1.** *econ.* a) (*Ware, Gegenstand*) of stable value, b) (*Währung*) stable. – **2.** (*von zeitlosem Wert*) of lasting value. — **'Wert·be**,**stän·dig·keit** *f* ⟨-; *no pl*⟩ **1.** *econ.* a) stability of value, b) (*der Währung*) monetary (*od.* currency) stability. – **2.** (*zeitloser Wert*) lasting value.

'Wert|**be**,**stim·mung** *f econ.* **1.** (*e*)valuation. – **2.** (*Schätzung*) appraisal, estimate, assessment. – **3.** (*Berechnung*) computation. – **4.** (*steuerliche*) assessment. — **~,brief** *m* (*postal service*) insured letter, (*im Inlandsdienst in Großbritannien*) registered letter. — **~,ein**,**bu·ße** *f* depreciation, loss of value, decline in value. — **~,ein·heit** *f* **1.** unit of value. – **2.** denomination.

wer·ten ['ve:rtən] **I** *v/t* ⟨h⟩ **1.** (*schätzen, würdigen*) appreciate: **man wertete seine Leistung in keiner Weise** his work was not duly appreciated (*od.* was not given due appreciation); **etwas gering ~** not to appreciate s.th. duly. – **2.** (*dem Wert nach beurteilen*) rate, judge: **etwas zu hoch ~** to overrate s.th.; **etwas als besondere Leistung ~** to rate s.th. as a special achievement. – **3.** (*sport*) a) classify, b) (*mit Punkten*) award points to, c) judge, d) allow: **ein Tor nicht ~** to disallow a goal. – **4.** *cf.* bewerten 2, 3. – **II W~** *n* ⟨-s⟩ **5.** *verbal noun.* – **6.** *cf.* Wertung.

'Wert·er,**mitt·lung** *f econ.* assessment of value.

'Wer·te·ta,**bel·le** *f* (*computer*) truth table, Boolean operation table.

'Wert|,**fest**,**set·zung** *f econ.* fixation of value. — **~,fracht**,**zu**,**schlag** *m aer.* valuable-cargo surcharge. — **w~,ge·bend** *adj math.* (*in der Logarithmenrechnung*) significant. — **~,ge·bühr** *f* (*postal service*) registration and insurance fee, (*im Inlandsdienst in Großbritannien*) registration fee. — **~,ge·gen**,**stand** *m* **1.** object (*od.* item) of value. – **2.** *pl* valuables.

'wert,**hal·ten** *v/t* ⟨*irr, sep*, -ge-, h⟩ *obs.* for wertschätzen.

'Wert·her,**ab**,**set·zung** *f econ. cf.* Wertminderung.

...,wer·tig [...,ve:rtɪç] **1.** *combining form denoting chem.* valent: **zweiwertig** bivalent. – **2.** *cf.* a) hochwertig, b) minderwertig, c) neuwertig.

'Wer·tig·keit *f* ⟨-; *no pl*⟩ *chem.* **1.** valence, *auch* valency. – **2.** atomicity.

'Wert|,**klau·sel** *f econ.* (*im Versicherungswesen*) valuation clause. — **~,leh·re** *f philos. cf.* Wertphilosophie.

'wert·los *adj* **1.** (*Banknoten, Briefmarken, Nachahmung etc*) worthless, valueless, of no value: **~er Plunder**, **~es Zeug** *colloq.* worthless stuff, trash, junk; **ohne Photo ist der Ausweis ~** the identification card is worthless without a photograph. – **2.** *fig.* (*Person*) worthless, of little worth. – **3.** ⟨*pred*⟩ (*nutzlos*) useless, pointless, senseless, futile. – **4.** (*unbrauchbar*) unus(e)able, no good (*pred*). – **5.** *telev.* unfit for transmission. — **'Wert·lo·sig·keit** *f* ⟨-; *no pl*⟩ **1.** uselessness, valuelessness. – **2.** (*Nutzlosigkeit*) uselessness, pointlessness, senselessness, futility.

'Wert,**mar·ke** *f* (*Quittung über amtliche Gebühr*) stamp.

'wert,**mä·ßig** *adj u. adv* **1.** according to (*od.* in terms of) value. – **2.** (*bes. Zoll*) ad valorem.

'Wert|,**maß**,**stab**, **~,mes·ser** *m* standard of value. — **~,min·de·rung** *f* depreciation,

deterioration, debasement, decrease in value. — **~,pa**,**ket** *n* (*postal service*) insured parcel, parcel with value declared.

'Wert·pa,**pier** *n econ.* security, bond, stock: **festverzinsliche ~e** fixed-interest-bearing securities (*od.* bonds): **~e als Sicherheit verpfänden** to pledge securities. — **~,ab**,**tei·lung** *f* (*einer Bank*) stock (*od.* securities) department. — **~,an**,**la·ge** *f* investment in stock (*od.* securities). — **~,ar·ten** *pl* stock (*od.* security) category. — **~,bör·se** *f* stock exchange. — **~de**,**pot** *n* security deposit. — **~,han·del** *m* dealing (*od.* trading) in stocks, securities trade. — **~,händ·ler** *m* dealer in stocks (*od.* securities). — **~,kon·to** *n* securities account. — **~,markt** *m* stock (*od.* securities) market. — **~,steu·er** *f* securities tax, tax on securities.

'Wert·phi·lo·so,**phie** *f philos.* axiology. — **~po**,**li·ce** *f econ.* (*im Versicherungswesen*) valued policy.

'Wert·sa·che *f cf.* Wertgegenstand. — **'Wert·sa·chen·ver·si·che·rung** *f econ.* insurance of valuables.

'wert,**schaf·fend** *adj econ.* productive.

'wert,**schät·zen** *v/t* ⟨*sep*, -ge-, h⟩ **j-n ~** *archaic* to hold s.o. in high esteem (*od.* regard), to have great (*od.* high) esteem (*od.* a high regard) for s.o., to think highly of s.o., to esteem s.o. — **'Wert·schät·zung** *f* esteem, respect, appreciation: **j-s ~ genießen** to enjoy s.o.'s great (*od.* high) esteem; **er erfreut sich ihrer besonderen ~** he enjoys their particular esteem.

'Wert|,**schöp·fung** *f econ.* net product (*output less cost of materials used*). — **~,schrift** *f Swiss for* Wertpapier. — **~,schwan·kung** *f* fluctuation in value. — **~,sen·dung** *f* (*postal service*) consignment with value declared. — **~,ska·la** *f* frame of reference. — **~,stei·ge·rung** *f* increase (*od.* rise) in value, appreciation, betterment. — **~,stel·le** *f math.* (*in der Logarithmenrechnung*) significant figure. — **~,stück** *n cf.* Wertgegenstand.

'Wer·tung *f* ⟨-; -en⟩ **1.** *cf.* Werten. – **2.** (*Beurteilung*) judg(e)ment. – **3.** (*sport*) a) classification, b) (*Punkte*) points *pl*, score: **der Eisläufer erhielt eine hohe ~** the skater was awarded a high score; **der Werfer ist nicht mehr in der ~** the thrower is out; **gestrichene** [**verbleibende**] **~en** nonadded (*Br.* non-added) [remaining] points. – **4.** *cf.* Bewertung 2, 3.

'Wer·tungs|,**fak**,**to·ren** *pl* evaluation factors. — **~,sy**,**stem** *n* system of classification. — **~,ta**,**bel·le** *f* scoring table.

'Wert|,**ur·teil** *n* **1.** evaluation. – **2.** (*subjektives*) value judg(e)ment. — **~,ver**,**lust** *m* loss of value. — **~,ver**,**min·de·rung**, **~,ver**,**rin·ge·rung** *f cf.* Wertminderung.

'wert,**voll** *adj* **1.** (*Schmuck, Gemälde, Möbel, Kunstwerk, Sammlung etc*) valuable, (*stärker*) precious. – **2.** (*Person, Eigenschaften, Rat, Beitrag, Information etc*) valuable. – **3.** *fig.* precious: **~e Stunden vergingen** precious hours went by.

'Wert,**zei·chen** *n* (*postal service*) (*postage*) stamp. — **~,ge·ber** *m* ⟨-s; -⟩ stamp (selling) (*bes. Am.* stamp vending) machine. — **~pa**,**pier** *n* (*paper*) laid paper.

'Wert|,**zif·fer** *f philat.* numeral of value. — **~,zoll** *m econ.* ad valorem duty. — **~,zo·ne** *f* (*sport*) (*beim Bogenschießen*) scoring zone.

'Wert,**zu**,**wachs** *m econ.* accretion, increment value, unearned increment, appreciation (in value). — **~,steu·er** *f* increment duty (*od.* tax).

'Wer·wolf ['ve:r-] *m* **1.** *myth.* werewolf, *auch* werwolf, lycanthrope. – **2.** *pol. hist.* Werwolf (*organization of Nazi guerillas who were supposed to continue resistance after the end of the war*).

wes [ves] *relative pron archaic* whose: **daran erkennt man gleich, ~ Geistes Kind ist** one can tell from that what sort of person he is; → Brot 1; Mund 2.

We·sen ['ve:zən] *n* ⟨-s; -⟩ **1.** ⟨*only sg*⟩ (*Art, Charakter, Eigenschaften*) manner, way, bearing: **sie hat ein freundliches** [**angenehmes** (*od.* **ansprechendes**), **mürrisches**] **~** she has a friendly [pleasant, sullen] manner; **ihr gekünsteltes ~** her affected manner (*od.* air); **er hat ein einnehmendes ~** a) he has an engaging manner, b) *colloq. humor.* he takes all he can get. – **2.** ⟨*only sg*⟩ (*Natur*) nature: **das**

entspricht gar nicht seinem ~ it is not his nature, it's not at all like him; das gehört zu ihrem ~ it is (part of) her nature. – **3.** *⟨only sg⟩ (Sosein, innere Natur der Dinge)* nature: das ~ Gottes the nature of God; das ~ der Dinge zu ergründen suchen to try to discover the nature of things; seinem innersten ~ nach ist er sehr zurückhaltend he is basically (*od.* in his innermost nature) very reserved; das liegt im (*od.* gehört zum) ~ der Demokratie that is an intrinsic feature of democracy. – **4.** *⟨only sg⟩ (das Wesentliche, der Kern)* essence: am ~ der Sache wird nichts geändert the essence of the matter will not be altered. – **5.** *⟨only sg⟩ philos.* essence, entity. – **6.** *(Lebewesen)* being, creature: menschliche [übernatürliche] ~ human [supernatural] beings; alle lebenden ~ all living beings; das höchste ~ the Supreme Being, the Most High. – **7.** *(Person, Mensch)* creature, soul, thing: sie ist ein sehr gütiges [stilles, ängstliches] ~ she is a very good-natured [quiet, timid] creature (*od.* body); das arme ~ war ganz hilflos the poor creature was quite helpless; das kleine ~ schrie wie am Spieß *colloq.* the little thing (*od.* mite) screamed its head off; ich wußte nicht, ob es ein weibliches oder ein männliches ~ war *colloq.* I didn't know if it was a female or a male; es war kein lebendes ~ zu sehen there wasn't a living soul to be seen. – **8.** sein ~ treiben a) *(von Personen)* to be in action, b) *(von Geistern etc)* to be going around: wo treibt er wohl jetzt sein ~? I wonder where he is in action now; die Poltergeister treiben wieder ihr ~ the poltergeists are going around (*od.* are at it) again. – **9.** (viel) ~(s) von einer (*od.* um eine) Sache machen to make a (great) fuss (*od.* to-do) about s.th.

we·sen ['veːzən] *v/i ⟨h⟩ obs. od. poet.* **1.** *(tätig od. wirksam sein)* be active. – **2.** *philos.* exist.

'we·sen·haft I *adj* **1.** *(charakteristisch)* characteristic. – **2.** real(ly existing), substantial. – **3.** intrinsic, *auch* intrinsical. – **4.** *(artbestimmend)* determinant, determinative. – **II** *adv* **5.** Geist und Seele gehören ~ zum Menschen spirit and soul belong intrinsically to man.

'We·sen·heit *f ⟨-; no pl⟩* **1.** *(das wahre, innere Sein)* real nature, essence, *philos.* entity. – **2.** *(Wesentlichkeit)* intrinsicalness. – **3.** *(Wirklichkeit)* reality, substantiality. – **4.** *(Sein)* existence, being.

'we·sen·los *adj* **1.** *(nicht stofflich)* insubstantial, unsubstantial, incorporeal, immaterial. – **2.** *(nicht existierend)* nonexistent *Br.* non-, inexistent, unreal: ohne Vergangenheit wären Gegenwart und Zukunft ~ present and future would be nonexistent without the past. – **3.** uncharacteristic. – **4.** shadowy. — **'We·sen·lo·sig·keit** *f ⟨-; no pl⟩* **1.** insubstantiality, incorporeality, incorporeity, immateriality. – **2.** nonexistence *Br.* non-, inexistence, unreality. – **3.** lack of substance.

'we·sens·ähn·lich *adj* **1.** essentially alike (*od.* similar). – **2.** *relig.* homoiousian. — **'We·sens·ähn·lich·keit** *f* **1.** essential likeness (*od.* similarity). – **2.** *relig.* homoiousia.

'We·sens·art *f* **1.** nature: das ist englische ~ that is the nature of the English. – **2.** *(Charakterzug)* trait, characteristic: das ist eine typisch weibliche ~ that is a typical feminine trait. — **w~ei·gen** *adj* peculiar, characteristic: etwas ist j-m ~ s.th. is characteristic of s.o. — **~ein·heit** *f* **1.** (essential) identity. – **2.** *relig. (Gottes des Vaters u. des Sohnes)* consubstantiality, consubstantial unity. — **w~fremd** *adj* foreign to one's nature.

'we·sens·gleich *adj* **1.** identical (in nature *od.* character). – **2.** *relig.* homoousian. – **3.** *cf.* wesensähnlich 1. — **'We·sens·gleich·heit** *f* **1.** identity (in nature *od.* of character). – **2.** *relig.* homoousia. – **3.** *cf.* Wesensähnlichkeit 1.

'We·sens·leh·re *f philos.* ontology. — **~zug** *m* **1.** characteristic feature (*od.* trait). – **2.** *(Anlage, Ader)* vein.

we·sent·lich I *adj* **1.** essential, intrinsic, *auch* intrinsical: in ~en Dingen in essential matters; ~e Eigenschaften besitzen to possess essential qualities; ~e Punkte anführen to mention essential (*od.* the main, the most important) points; einen ~en

Bestandteil von etwas bilden a) *(qualitativ)* to be an essential (*od.* integral) component of s.th., b) *(quantitativ)* to be a substantial component of s.th. – **2.** *(wichtig)* essential, important, material: ein ~es Merkmal an important element; etwas als ~ betrachten to consider s.th. essential; ja, das ist (sehr) ~ yes, that is (most) important. – **3.** *(beträchtlich)* considerable, appreciable, substantial: das ist schon ein ~er Vorteil that is a considerable (*od.* definite, positive, real) advantage; das ist ein ~er Schritt vorwärts that is a considerable (*od.* an important) step forward(s); keine ~e Änderung zu erwarten *meteor.* no great (*od.* appreciable) change (is to be) expected. – **4.** *(grundlegend)* fundamental: eine ~e Änderung a fundamental change; kein ~er Unterschied no fundamental (*od.* appreciable) difference. – **5.** *(unerläßlich, lebensnotwendig)* vital, indispensable. – **II** *adv* **6.** considerably, appreciably, substantially: ~ größer [billiger] considerably larger [cheaper]; sich ~ in [von] etwas unterscheiden to differ considerably in [from] s.th.; ich fühle mich ~ besser I feel considerably better. – **7.** *(sehr viel)* a great deal, much: wir müssen noch ~ mehr tun we must do a great deal more. – **III W~e, das ⟨-n⟩ 8.** the essential: das W~e vom Unwesentlichen unterscheiden to distinguish the essential from the unessential. – **9.** *(das Wichtige)* the important: er sagte nichts W~es he said nothing very important (*od.* of [great] importance). – **10.** *(Hauptinhalt, Kern)* the essence, the substance, the gist: das W~e erkennen to grasp the essence. – **11.** *(mit Kleinschreibung)* im ~en basically, fundamentally, essentially, in the main, for the most part.

'Wes·fall *m ling.* genitive (case).

wes·halb [ˌvɛs'halp; 'vɛsˌhalp] **I** *adv* **1.** *(interrogativ)* why: ~ eigentlich [nicht]? why [not]? ~ schreist du? why are you shouting? what are you shouting for (*od.* about)? – **2.** *(relativ)* why: frag ~ er nicht gekommen ist ask why he has not come; es gibt bestimmte Gründe, ~ er nicht teilnimmt there are certain reasons why he is not participating. – **II** *conj* **3.** and thus, and ... therefore, so that, for which reason, on account of which, wherefore (*lit.*): der Sänger war krank, ~ die Vorstellung ausfiel the singer was ill, and the performance was therefore cancel(l)ed. – **III W~** *n ⟨-s; no pl⟩* **4.** das Warum und W~ the whys and the wherefores.

We·sir [ve'ziːr] *m ⟨-s; -e⟩* vizier, *auch* vizir. — **We·si·rat** [-zi'raːt] *n ⟨-(e)s; -e⟩* vizierate, viziership.

Wes·leya·ner [vɛsli'aːnər, vɛslə'jaːnər] *m ⟨-s; -⟩ relig. (Anhänger von Wesley)* Wesleyan, Methodist.

Wes·pe ['vɛspə] *f ⟨-; -n⟩ zo.* wasp, *Am. auch* yellow jacket (*od.* hornet) (*Fam.* Vespidae). — **'Wes·pen|,bie·ne** *f zo.* cuckoo (*od.* wasp) bee (*Fam.* Nomadidae). — **~bock** *m* wasp cerambyx (*Necydalis major; beetle*). — **~bus·sard** *m* honey buzzard (*od.* kite) (*Pernis apivorus*). — **~kö·ni·gin** *f* queen wasp. — **~nest** *n* wasp's nest, vespiary: in ein ~ stechen (*od.* greifen) *fig. colloq.* to stir up a hornet's nest; sich in ein ~ setzen *fig. colloq.* to bring a hornets' nest about one's ears. — **~stich** *m* wasp('s) sting. — **~,tail·le** *f humor.* wasp waist. — **~,tail·len,rumpf** *m aer.* coke-bottle fuselage.

wes·sen ['vɛsən] *interrog pron* **1.** *⟨gen of wer⟩* whose: ~ Sohn ist er? whose son is he? ~ Mantel ist das? whose coat is that? ~ Schuld ist es? whose fault is it? in ~ Haus wohnst du? whose house do you live in? – **2.** *⟨gen of was⟩* what ... of: ~ klagt man ihn an? what are you accused of? – **3.** *(relativisch)* ich weiß nicht, ~ er angeklagt ist I don't know the offence (*Am.* offense) (which) he is accused of (*od.* he is charged with).

West¹ [vɛst] *⟨invariable⟩* **1.** *(Himmelsrichtung)* west: der Wind kommt von ~ *lit.* the wind comes from the west; ~ zu Nord *mar.* west by north. – **2.** Ost und ~ arbeiten eng zusammen *pol.* East and West co(-)operate closely.

West² *m ⟨-(e)s; rare -e⟩ meteor.* west wind, *auch* west, westerly: es weht ein milder ~ a mild west wind is blowing.

'West|afri·ka·ner *m,* **~afri·ka·ne·rin** *f* West African. — **w~afri·ka·nisch** *adj* West African. — **~ber,li·ner** *m* West Berliner.

'West·chen *n ⟨-s; -⟩* **1.** *dim. of* Weste 1. – **2.** baby's undershirt (*Br.* vest).

'west|deutsch *adj* **1.** *geogr.* Western German. – **2.** *pol.* West German. — **W~deut·sche** *m, f geogr.* inhabitant of Western Germany.

We·ste ['vɛstə] *f ⟨-; -n⟩* **1.** a) *(in der Herrenmode) bes. Am.* vest, *bes. Br.* waistcoat, *Br. econ. auch* vest, b) *(in der Damenmode) cf.* Wollweste 1 b: eine weiße (*od.* reine, saubere) ~ haben *fig. colloq.* to have a clean slate (*od.* a clear record); sich (*dat*) eine weiße ~ bewahren *fig. colloq.* to keep one's nose clean (*colloq.*), to keep a clean slate; immer feste auf die ~! *colloq.* give him what for! (*colloq.*), let him have it! (*sl.*); → Fleck 5; jubeln 2. – **2.** *Southern G.* for Strickjacke. – **3.** *mar. cf.* Schwimmweste.

We·sten ['vɛstən] *m ⟨-s; no pl⟩* **1.** *(Himmelsrichtung)* west: im ~ in the west, out west; im ~ der Stadt in the west(ern part) of the city; nach (*od. poet.* gen) ~ zeigen [fliegen] to point [to fly] west(ward[s]); ein Wind von (*od.* aus) ~ a wind from the west, a west(erly) wind; das Schiff fährt nach ~ the ship travels westward(s), the ship is westbound (*od.* westward bound); ein Flug in Richtung ~ a westbound (*od.* westward-bound, westward) flight; das Fenster geht nach ~ the window is on the west side (*od.* faces west). – **2.** *(Landstrich, Gegend)* West, *auch* west: der ~ des Landes the western region of the country; der ~ Amerikas the west of America; der Wilde ~ the Wild West. – **3.** *pol.* West: in den ~ fliehen [gehen] to flee [to go] to the West; die Annäherung des ~s an den Osten the rapprochement of East and West. – **4.** *(Abendland)* Occident, West. – **5.** *mil. hist.* "Im ~ nichts Neues" "All Quiet on the Western Front" (*novel by Remarque*).

'West,end [-,?ɛnt] *n ⟨-s; -s⟩ (einer Großstadt, bes. Londons)* West End.

'We·sten|,fut·ter *n (fashion)* vest (*bes. Br.* waistcoat) lining. — **~,ta·sche** *f* **1.** vest (*bes. Br.* waistcoat) pocket: eine Gegend [ein Haus] wie seine ~ kennen *colloq.* to know an area [a house] like the back of one's hand. – **2.** *(Uhrtasche)* watch pocket. — **~,ta·schen·for,mat** *n* pocket size: Auto im ~ *fig. colloq.* pocket-size(d) car; 'matchbox', 'dinky' (*colloq.*).

We·stern ['vɛstərn] *m ⟨-(s); -⟩ (film)* western, *auch* Western, cowboy film, *bes. Am. colloq.* horse opera.

'West|euro·pä·er *m* West European. — **w~euro·pä·isch** *adj* West (*od.* Western) European: ~e Zeit Western European Time; W~e Union *pol.* Western European Union; W~e Gemeinschaft *pol. econ.* Western European Community.

West·fa·le [-'faːlə] *m ⟨-n; -n⟩,* **West·fä·lin** [-'fɛːlɪn] *f ⟨-; -nen⟩* Westphalian. — **west·fä·lisch** [-'fɛːlɪʃ] *adj* Westphalian: ~er Schinken *gastr.* Westphalian ham; der W~e Friede *hist.* the Peace of Westphalia (1648).

'West,front *f mil. hist.* west(ern) front.

'West·ger,ma·nen *pl hist.* West Germanic peoples (*od.* tribes).

'west·ger,ma·nisch I *adj* West Germanic. – **II** *ling.* W~ *⟨generally undeclined⟩,* das W~e *⟨-n⟩* West Germanic.

'West,go·te *m hist.* West Goth, Visigoth. — **~,go·ten,reich** *n* Visigothic kingdom. — **w~go·tisch** *adj* Visigothic.

'West,in·dien,fah·rer *m mar. hist. (großes Kauffahrteischiff)* West Indiaman.

'west·in·disch *adj* West Indian.

'We·sting·house,brem·se ['vɛstɪŋ,haus-] *f tech.* Westinghouse brake.

'we·stisch *adj anthrop. (Rasse etc)* Mediterranean.

'West,kü·ste *f* west(ern) coast.

'west·lich I *adj* **1.** *(Landesteil etc)* western, westerly, *auch* west (*attrib*): ~st westernmost; die ~e Halbkugel the western hemisphere; die ~e Welt *pol.* the Western World, the West; ~e Länge *geogr.* west(ern) longitude; im ~en Teil (von *od.* im) in the west(ern part) (of). – **2.** *(Wind, Richtung)* wester(n)ly, westwardly, *auch* west (*attrib*): Wind aus ~en Richtungen *meteor.* westerly wind. – **3.** (*abendländisch*) Occidental, *auch* occidental, Hesperian (*poet.*). – **II** *adv* **4.** (to the) west, westward(s), wester(n)ly: ~ von München to (the) west of Munich. – **III** *prep* ⟨*gen*⟩ **5.** ~ des Waldes (to the) west of the forest; ~ Münchens (to the) west of Munich.

'**West**|**mäch·te** *pl pol.* Western Powers. — ~**mark** *f econ.* West German mark. — ~**mit·tel·deutsch** *ling.* ⟨*generally un·declined*⟩, das ~e ⟨-n⟩ West Middle German.

,**West**,**nord'west**[1] ⟨*invariable*⟩ (*Himmels·richtung*) west-northwest. — ,**West**,**nord'west**[2] *m* ⟨-(e)s; -e⟩ (*Wind*) west-northwest wind. — ,**West**,**nord'we·sten** *m cf.* Westnordwest[1]. — **w·**'**öst·lich** *adj* west-east (*attrib*): → Diwan 2. — **·**-'**Ost-Ver**,**kehr** *m pol.* traffic between East and West.

West·over [,vɛst'?ᵒoʋər] *m* ⟨-s; -⟩ sleeveless (V-necked) jersey (*od.* pullover).

'**West**|**preu·ße** *m*, ~**preu·ßin** *f* West Prussian. — ~**punkt** *m astr.* west point, due west.

'**West**,**rom** *n* ⟨-s; *no pl*⟩ *hist.* the Western Roman (*od.* Occidental) Empire, the Empire of the West. — '**West**,**rö·mer** *m* Western Roman. — '**west**,**rö·misch** *adj* Western Roman: das W·e Reich *cf.* Westrom. — '**West**|**schweiz** *f* French Switzerland. — ~**sei·te** *f* west side. — ~**sek·tor** *m pol.* (*von Berlin*) West Sector.

,**West**,**süd'west**[1] ⟨*invariable*⟩ (*Himmels·richtung*) west-southwest. — ,**West**,**süd'west**[2] *m* ⟨-(e)s; -e⟩ (*Wind*) west-southwest wind. — ,**West**,**süd'we·sten** *m cf.* Westsüdwest[1]. — '**West**|**wall** *m mil. hist.* Siegfried Line. — **w·**~**wärts** *adv* (to the) west, westward(s), wester(n)ly. — ~**wind** *m* west wind, *auch* west, westerly: die (braven) ~e the (prevailing) westerlies.

,**wes'we·gen** *adv u. conj cf.* weshalb.

wett [vɛt] *adj* ⟨*pred*⟩ *cf.* quitt 1.

'**Wett**|**an**,**nah·me** *f* **1.** betting office, *Am. auch* poolroom. – **2.** (*bei Pferderennen*) bookmaker's (*od. colloq.* bookie's, *Br. auch* turf accountant's) office, *Br.* betting shop. — ~**be**,**ra·ter** *m* tipster.

'**Wett**|**be**,**werb** *m* ⟨-(e)s; -e⟩ **1.** ⟨*only sg*⟩ *bes. econ.* competition, *auch* rivalry: freier ~ free competition; funktionsfähiger ~ workable competition; redlicher ~ fair competition; unlauteren ~ betreiben to engage in unfair competition (*od.* unfair competitive practices); (mit j-m) in ~ stehen to be in competition (with s.o.), to compete (*od.* vie) (with s.o.); (mit j-m) in ~ treten to enter into competition (with s.o.); dem ~ standhalten to withstand competition; den ~ verfälschen to falsify competition. – **2.** competition, contest: an einem ~ teilnehmen to take part (*od.* participate) in a competition. — ~**be**,**wer·ber** *m cf.* Wettbewerbsteilnehmer.

'**Wett·be**,**werbs**|**be**,**din·gung** *f meist pl* condition (*od.* term) of (a. the) competition. — ~**be**,**schrän·kung** *f* restraint of competition. — **w·**~**fä·hig** *adj* competitive. — ~**fä·hig·keit** *f* ⟨-; *no pl*⟩ competitive capacity (*od.* strength). — ~**frei·heit** *f* ⟨-; *no pl*⟩ freedom of competition. — ~**klau·sel** *f* competition clause. — ~**la·ge** *f* ⟨-; *no pl*⟩ competitive position. — **w·**~**neu**,**tral** *adv* sich ~ verhalten to be neutral regarding competition. — ~**ord·nung** *f* competition regulations *pl.* — ~**re·geln** *pl* competition rules. — ~**sen·dung** *f* (*radio*) *telev.* contest (*od.* competition) program (*bes. Br.* programme). — ~**teil**,**neh·mer** *m* competitor, contestant, *auch* ~**ver**,**bot** *n econ.* ban on competitions. — ~**ver**,**zer·rung** *f* competitive distortion(s *pl*). — ~**wirt·schaft** *f* competitive economy.

'**Wett·bü**,**ro** *n cf.* Wettannahme.

Wet·te ['vɛtə] *f* ⟨-; -n⟩ **1.** bet, wager: eine ~ abschließen [eingehen] to make [to take] a bet; die ~ annehmen to accept (*od.* take up) the bet; eine ~ gewinnen [verlieren] to win [to lose] a bet; was gilt die ~? what's your bet? name your wager; die ~ gilt! die ~ soll gelten! done! it's a deal! ich gehe jede ~ ein, daß I'll bet you anything (you like) that. – **2.** um die ~ laufen to race (each other), to run a race; um die ~ schwimmen to swim a race, to race (each other) (at swimming), to compete

at swimming; ich schwimme [laufe] mit dir um die ~! I'll swim [run] you a race! I'll race you! mit j-m um die ~ arbeiten to compete with s.o. at work; um die ~ arbeiten a) to compete (with each other) at work, b) to work as fast as one can, to work hammer and tongs.

'**Wett**|**ei·fer** *m* rivalry, competition, contention, emulation. — **w·**~**ei·fern** *v/i* ⟨*insep*, ge-, h⟩ compete, contend, vie, emulate, contest: mit j-m um den ersten Platz [um j-s Gunst] ~ to contend with s.o. for first place [for s.o.'s favo(u)r]; sie wetteiferten viele Jahre miteinander they vied many years with each other, they rival(l)ed (*od.* emulated, tried to outdo) each other for many years. — ~**ein**,**satz** *m* stake, bet, wager.

wet·ten ['vɛtən] **I** *v/i* ⟨h⟩ bet, wager: wollen wir ~? shall we bet? ich wette darauf I bet you that; ~, daß! *colloq.* you may bet your sweet life on that (*colloq.*); ~, daß ich recht habe? I'll eat my hat if I'm wrong (*colloq.*); ich wette, daß Sie das nicht können I bet (*od.* I'll wager) you cannot do it (*colloq.*); ich könnte (*od.* möchte) ~, daß das stimmt I'll (I could) bet (that) that is so (*colloq.*); auf ein Pferd ~ to bet (*od.* wager) on (*od.* to back) a horse; ich wette (mit dir) um zehn Mark I (*od.* I'll) bet (*od.* wager) (you) ten marks, I'll lay (*od.* make) a bet (*od.* wager) of ten marks (against you); so haben wir nicht gewettet *fig. colloq.* we did not bargain for (*od.* reckon on) that, you'd like that, wouldn't you? – **II** *v/t* bet, wager: ich gegen eins ~ to bet ten to one; ich wette hundert zu eins, daß I bet a hundred to one that, I bet you anything that; darauf wette ich meinen Kopf! *fig. colloq.* I'd stake my life on it, I bet you anything (that) it is so.

'**Wet·ten·de** *m*, *f* ⟨-n; -n⟩ bettor, better, wagerer.

'**Wet·ter**[1] *m* ⟨-s; -⟩ bettor, better, wagerer.

'**Wet·ter**[2] *n* ⟨-s; -⟩ **1.** weather: beständiges [veränderliches] ~ settled [unsettled *od.* variable] weather; es herrscht schönes [schlechtes, stürmisches, trübes, frühlingshaftes] ~ the weather is fine [bad, stormy, dull, springlike]; das schönste ~ haben to have the loveliest weather; bei günstigem ~ fliegen to fly in fine weather; wenn das ~ schön ist, gehen wir baden we shall go for a swim if the weather is fine; bei jedem ~ in all weathers, rain or shine, rain, hail, or snow; bei Wind und ~ in wind and weather; falls das ~ es zuläßt weather permitting; etwas dem ~ aussetzen to weather s.th.; infolge schlechten ~s because of bad weather; wie ist bei euch das ~? what is the weather like with you? was haben wir heute für ~? what is the weather like today? bringen Sie gutes ~ mit! bring good weather with you! wir bekommen anderes ~ the weather is going to change; das ~ hält sich the weather is keeping up (*od.* staying fine); das ~ wird wieder schön the weather is clearing up; das ~ verspricht besser zu werden the weather looks promising (*od.* looks as if it might clear up); nach dem ~ sehen to see what the weather is like; vom ~ sprechen to talk about the weather; bei j-m um gut ~ bitten *fig. colloq.* to try to make it up with (*od.* to make amends to) s.o. – **2.** (*Unwetter*) (thunder)storm: ein ~ zieht herauf there is a thunderstorm approaching; ein ~ braut sich zusammen *colloq.* there is a storm brewing; gleich bricht das ~ los the thunderstorm will break any minute. – **3.** alle ~! *colloq.* (*erstaunt, bewundernd*) golly! (*colloq.*), *Am. colloq.* gee! gosh! (*sl.*). – **4.** (*mining*) air, ventilation: matte ~ *pl* irrespirable air *sg*; böses ~ damp; schlagende ~ *pl* firedamp *sg*.

'**Wet·ter**|**ab**,**tei·lung** *f* (*mining*) ventilating district. — ~**ab**,**zug** *m* air flue (*od.* escape). — ~**amt** *n meteor.* meteorological office, weather bureau. — ~**än·de·rung** *f* change in the weather. — ~**an**,**sa·ge** *f cf.* Wetterbericht. — ~**an**,**zei·ger** *m* (*mining*) air ga(u)ge, *auch* ventilation monitor. — ~**aus**,**sich·ten** *pl meteor.* **1.** weather outlook *sg*. – **2.** (*als Zeitungs·rubrik etc*) tomorrow's weather *sg*. — ~**aus**,**zieh**,**schacht** *m* (*mining*) upcast shaft. — ~**aus**,**zieh**,**strecke** (*getr.* -k·k-) *f* return airway. — ~**bal**,**lon** *m meteor.*

meteorological balloon. — ~**be**,**din·gun·gen** *pl* weather conditions. — ~**be**,**klei·dung** *f* rainwear. — ~**be**,**ob**,**ach·ter** *m* **1.** weather observer. – **2.** (*Meteorologe*) meteorologist. — ~**be**,**ob**,**ach·tung** *f* meteorological observation. — ~**be**,**ob**,**ach·tungs·sa·tel**,**lit** *m cf.* Wettersatellit. — ~**be**,**ob·ach·tungs**,**schiff** *n cf.* Wetterschiff. — ~**be**,**richt** *m* weather (*od.* meteorological) report. — ~**be**,**spre·chung** *f aer.* weather briefing. — ~**bes·se·rung** *f meteor.* improvement in the weather. — **w·**~**be**,**stän·dig** *adj* weatherproof, *Br.* weather-proof. — ~**be**,**stän·dig·keit** *f* weatherproofness, *Br.* weather-proofness. — **w·**~**be**,**stim·mend** *adj* ~ sein to influence the weather; das ~e Hoch the high-pressure area influencing our weather. — ~**bohr**,**loch** *n* (*mining*) borehole for ventilation.

'**Wet·ter·chen** *n* ⟨-s; *no pl*⟩ *colloq.* lovely (*od. colloq.* super, *sl.* fantastic) weather: das ist ein ~ heute! what super weather! isn't the weather super (*od.* fantastic) today?

'**Wet·ter**|**dach** *n* **1.** (*Vordach*) canopy. – **2.** (*als Traufe*) eaves *pl* (*construed as sg or pl*). – **3.** (*Schutzdach*) penthouse, shelter. – **4.** *civ.eng.* all-weather roof. — ~**damm** *m* (*mining*) stopping. — ~**deck** *n mar.* weather deck. — ~**dienst** *m meteor.* weather (*od.* meteorological) service. — ~**di·stel** *f bot.* carline thistle (*Carlina acaulis*). — ~**dros·sel** *f* (*mining*) air regulator. — ~**ecke** (*getr.* -k·k-) *f colloq.* bad-weather area. — ~**ein**,**fluß** *m* weather influence, effect of weather conditions. — ~**ein**,**zieh**,**schacht** *m* (*mining*) downcast shaft. — ~**ein**,**zieh**,**strecke** (*getr.* -k·k-) *f* intake airway. — ~**er**,**kun·dung** *f aer.* weather (*od.* meteorological) reconnaissance. — **w·**~**er**,**lau·bend** *adj* ~e Arbeitstage *econ. mar.* weather-permitting days. — ~**er**,**schei·nung** *f meist pl meteor.* meteorological phenomenon. — **2.** *fig.* (*launischer Mensch*) weathercock. – **3.** *aer.* a) (*Angabe in Wetterkarte*) wind tee, b) *cf.* Windsack 1. — **w·**~**fest** *adj* weatherproof, weathertight: etwas ~ machen to weatherize (*Br. auch* -s-) (*od.* weatherproof) s.th.; sich ~ anziehen to dress for the weather; ~es Tau *mar.* weatherproof rope. — ~**fisch** *m zo. cf.* Schlammpeitzger. — ~**fleck** *m Austrian* (*fashion*) waterproof wool(l)en cape. — ~**front** *f meteor.* (weather) front. — ~**frosch** *m* **1.** *colloq.* for Laubfrosch. – **2.** *fig. colloq.* humor. weatherman (*colloq.*). — **w·**~**füh·lig** [-,fyːlɪç] *adj med.* sensitive to changes in the weather (*od.* in atmospheric conditions), meteorosensitive (*scient.*). — ~**füh·lig·keit** *f* ⟨-; *no pl*⟩ sensitivity to changes in the weather (*od.* in atmospheric conditions), meteorosensitivity (*scient.*). — ~**füh·rung** *f* (*mining*) ventilation (of the mine): steigende ~ ascensional ventilation. — **w·**~**ge**,**bräunt** *adj* (*Gesicht, Hände etc*) weather-burned. — ~**ge**,**sche·hen** *n meteor.* weather (events *pl*). — **w·**~**ge**,**schützt** *adj* weathertight. — ~**ge**,**schwin·dig·keit** *f* (*mining*) air velocity (*od.* speed). — ~**glas** *n* ⟨-es; ⁼er⟩ *meteor. obs.* for Barometer 1. — ~**gott** *m myth.* weathergod. — ~**hahn** *m* weathercock. — **w·**~**hart** *adj* (*Gesicht*) weather-beaten, *auch* weather-beat. — ~**häus·chen** *n* weather house (*auch* box). — ~**ka·nal** *m* (*mining*) (*zum Lüften*) fan drift. — ~**kar·te** *f meteor.* weather (*od.* meteorological) chart (*od.* map). — ~**kun·de** *f* ⟨-; *no pl*⟩ meteorology. — **w·**~**kun·dig** *adj* weather-wise. — **w·**~**kund·lich** [-,kʊntlɪç] *adj* meteorological, *auch* meteorologic. — ~**la·ge** *f* weather situation: allgemeine ~ general weather situation; voraussichtliche Weiterentwicklung der ~ further outlook. — ~**lam·pe** *f* (*mining*) safety lamp. — ~**leuch·ten** **I** *n* ⟨-s; *no pl*⟩ **1.** *meteor.* sheet (*od.* heat, summer) lightning. – **2.** ~ am politischen Horizont *fig.* clouds *pl* (*od.* a storm brewing) on the political horizon. – **II** **w·**~ *v/impers* ⟨*insep*, ge-, h⟩ **3.** es wetterleuchtet *meteor.* there is sheet (*od.* heat, summer) lightning. — ~**loch** *n colloq.* bad-weather area. — ~**lut·te** *f* (*mining*) air pipe, ventilation duct. — ~**männ·chen** *n colloq.* figure in a weather house (*auch* box). — ~**man·tel** *m* (*fashion*) raincoat, (*Trenchcoat*) *auch* trench coat. — ~**mel·dung** *f* **1.** *meteor.* weather (*od.* meteorological) report (*od.* forecast). - **2.** *mil. mar.* a) (*über Funk*) meteorological (*od.* weather) message, b) (*durch Radar ermittelte*) (radar-plotted) weather information. — ~**mo,dell** *n* (*mining*) (*Abrufmodell aus Computerspeicherung*) (electronic) ventilation simulator.

wet·tern ['vɛtərn] **I** *v/impers* ⟨h⟩ es wettert there is a thunderstorm (raging), there is thunder and lightning, it thunders. — **II** *v/i* gegen (*od.* auf *acc*) etwas [j-n] ~ *colloq.* (*schimpfen*) to rant (and rave) about s.th. [s.o.], to thunder (*od.* fulminate) against s.th. [s.o.].

'Wet·ter|**,pro·be** *f* (*mining*) air sample. — ~**pro,gno·se** *f meteor. cf.* Wettervorhersage. — ~**pro,phet** *m* **1.** weather prophet. - **2.** *colloq. humor.* (*Wetterfrosch*) weatherman (*colloq.*). — ~**pro·phe,zei·ung** *f* prophecy (*auch* prophesy) on the weather. — ~**prü·fung** *f tech.* weather exposure test. — ~**ra,ke·te** *f* meteorological rocket. — ~**re·gel** *f* weather rule (*od.* maxim). — ~**riß** *m* (*mining*) ventilation plan. — ~**sa·tel,lit** *m meteor.* weather (*od.* meteorological) satellite. — ~**schacht** *m* (*mining*) ventilation shaft. — ~**scha·den** *m* damage caused by weather. — ~**schei·de** *f* weather (*od.* meteorological) divide. — ~**schen·kel** *m arch.* water bar. — ~**schiff** *n mar. meteor.* (ocean) weather ship. — ~**,schleu·se** *f* (*mining*) air lock. — ~**schlüssel** *m mar.* (international) meteorological code. — ~**schutz** *m* protection against bad weather. — ~**sei·te** *f* **1.** weather (*od.* windward) side. - **2.** *mar. cf.* Luvseite. — ~**,soh·le** *f* (*mining*) ventilation road, level of main airway. — ~**spreng,stoff** *m* permitted (*Am.* permissible) explosive. — ~**spruch** *m cf.* Wetterregel. — ~**sta·ti,on** *f* weather station. — ~**stei·ger** *m* (*mining*) deputy in charge of ventilation. — ~**stein** *m* (*Versteinerung*) belemnite. — ~**stö·rung** *f meteor.* weather (*od.* meteorological) disturbance. — ~**strom** *m* (*mining*) air current. — ~**sturm** *m meteor.* tempest. — ~**sturz** *m* sudden (*od.* abrupt) fall in temperature (and atmospheric pressure). — ~**tuch** *n* (*mining*) (screen of) brattice cloth. — **w~,tüch·tig** *adj mar.* (*Schiff*) weatherly. — ~**,tüch·tig·keit** *f* weatherliness. — ~**,tür** *f* **1.** (*mining*) air door. - **2.** *mar.* weathertight door. — ~**ty·pus** *m meteor.* weather type. — ~**,über,sicht** *f* weather survey (*od.* review). — ~**,um,kehr** *f* (*mining*) reversal of ventilation. — ~**,um,schlag** *m meteor.* break in the weather, change of weather. — ~**ver,hält·nis·se** *pl* weather (*od.* atmospheric) conditions: schlechte (*od.* ungünstige) ~ adverse (*od.* unfavo[u]rable) weather conditions. — ~**ver,schlech·te·rung** *f* deterioration in the weather. — ~**ver,si·che·rung** *f* (*für Reisen*) bad-weather insurance. — ~**,vor,her,sa·ge** *f* weather forecast: langfristige ~ long-range weather forecast. — ~**,war·nung** *f* meteorological warning, warning of bad weather. — ~**,wart** *m* meteorological observer. — ~**,war·te** *f* weather-(reporting) station, meteorological observatory. — ~**,wech·sel** *m* change of (*od.* in the) weather. — **w~,wen·disch** [-,vɛndiʃ] *adj fig.* **1.** capricious, fickle, volatile: ~er Mensch, ~e Person weathercock; ~ sein to be capricious (*od.* a weathercock). - **2.** (*launenhaft*) moody. — ~**,win·kel** *m colloq.* bad-weather area. — ~**,wol·ke** *f colloq.* storm cloud. — ~**,zei·chen** *n* **1.** weather sign. - **2.** (*für schlechtes Wetter*) sign of bad weather (*od.* an approaching storm). - **3.** *mar.* weather symbol. — ~**,zo·ne** *f meteor.* weather zone: Flug über der ~ *aer.* overweather flight.

'Wett,fahrt *f* (*sport*) race. — ~**,lei·tung** *f* race committee.

wett|**,flie·gen I** *v/i* ⟨only *inf*⟩ **1.** have an air race. - **II W~** *n* ⟨-s⟩ **2.** *verbal noun.* - **3.** *cf.* Wettflug. — **W~,flug** *m* air race. — ~**,ge·hen** (*sport*) (*in der Leichtathletik*) **I** *v/i* ⟨only *inf*⟩ **1.** (walk a) race. - **II W~** *n* ⟨-s⟩ **2.** *verbal noun.* - **3.** walking race. — **W~,ge,sang** *m cf.* Wettsingen.

'Wett,ge,schäft *n* betting (business).

Wet·ti·ner [vɛ'ti:nər] *m* ⟨-s; -⟩ *hist.* (member of the house of) Wettin.

'Wett,kampf *m* **1.** (*sport*) competition, contest: sportlicher ~ sporting com-

petition; sportliche Wettkämpfe a) (*Oberbegriff*) competitive sports, b) (*als Disziplinen*) sport(s) (*od.* sporting) events. - **2.** (*sport*) (*Spiel zwischen Mannschaften*) game, match. - **3.** *fig.* competition, rivalry: im friedlichen ~ stehen (*von Nationen etc*) to compete peaceably. - **4.** *cf.* Turnier. — ~**be,stim·mun·gen** *pl* (*sport*) competition rules. — ~**bü,ro** *n* competition office.

'Wett,kämp·fer *m* (*sport*) competitor, contestant.

'Wett,kampf|**,lei·ter** *m* (*sport*) competition organizer (*Br. auch* -s-). — ~**,li·ste** *f* **1.** list of competitors. - **2.** result card, list of competition results. — ~**pro,gramm** *n* competition program (*bes. Br.* programme). — ~**,stät·ten** *pl* competition sites.

'Wett|**,lauf** *m auch fig.* race: ich mache mit dir einen ~ I'll race you; der ~ zum Mond *fig.* the race to the moon; ein ~ mit dem Tode [mit der Zeit] *fig.* a race against death [time]. — **w~,lau·fen I** *v/i* ⟨only *inf*⟩ **1.** (run a) race. - **II W~** *n* ⟨-s⟩ **2.** *verbal noun.* - **3.** *cf.* Wettlauf. — ~**,läu·fer** *m*, ~**,läu·fe·rin** *f* ⟨-; -nen⟩ runner, racer.

'wett,ma·chen *v/t* ⟨*sep*, -ge-, h⟩ **1.** (*ausgleichen*) make up for, compensate (for): eine schlechte Note durch mehrere gute Leistungen ~ to make up for (*od.* to compensate [for]) a bad mark with good work. - **2.** (*wiedergutmachen*) make up for, make (s.th.) good, retrieve: den Verlust kannst du nie (wieder) ~ you will never (be able to) make up for that loss.

'Wett,nach,rich·ten *pl* betting news *pl* (*construed as sg or pl*).

'wett,ren·nen¹ I *v/i* ⟨only *inf*⟩ **1.** (run a) race: mit j-m a) to race s.o., to run a race with s.o., to run s.o. a race, b) (*mit Autos*) to race s.o. - **2.** (*mit Autos*) race. - **II W~** *n* ⟨-s⟩ **3.** *verbal noun.* - **4.** *auch fig.* race: ein W~ um die Gunst der Wähler *fig.* a race for the favo(u)r of the voters.

'Wett,ren·nen² *n* race: die Kinder machen ein ~ the children are running (*od.* having) a race, the children are racing (each other); es wird noch ein weiteres ~ stattfinden another race will be run.

'wett,ru·dern I *v/i* ⟨only *inf*⟩ **1.** (row a) race. - **II W~** *n* ⟨-s⟩ **2.** *verbal noun.* - **3.** boat race: an einem W~ teilnehmen to take part (*od.* compete) in a boat race.

'wett,rü·sten I *v/i* ⟨only *inf*⟩ **1.** compete in the (*od.* an) armament(s) (*od.* arms) race. - **II W~** *n* ⟨-s⟩ **2.** *verbal noun.* - **3.** armament(s) (*od.* arms) race: atomares ~ atomic armament(s) race.

'wett,schie·ßen I *v/i* ⟨only *inf*⟩ **1.** have a shooting competition (*od.* contest, match). - **II W~** *n* ⟨-s⟩ **2.** *verbal noun.* - **3.** shooting competition (*od.* contest, match).

'Wett,schuld *f* betting debt.

'wett,schwim·men I *v/i* ⟨only *inf*⟩ **1.** swim a race: laß uns ~ let's swim a race, let's see who can swim fastest, let's race each other. - **II W~** *n* ⟨-s⟩ **2.** *verbal noun.* - **3.** swimming competition (*od.* contest).

'wett,se·geln I *v/i* ⟨only *inf*⟩ **1.** sail a race. - **II W~** *n* ⟨-s⟩ **2.** *verbal noun.* - **3.** yacht race.

'wett,sin·gen I *v/i* ⟨only *inf*⟩ **1.** have a singing competition (*od.* contest). - **II W~** *n* ⟨-s⟩ **2.** *verbal noun.* - **3.** singing competition (*od.* contest).

'Wett,spiel *n* game, match.

'wett,sprin·gen I *v/i* ⟨only *inf*⟩ **1.** have a jumping competition (*od.* contest). - **II W~** *n* ⟨-s⟩ **2.** *verbal noun.* - **3.** jumping competition (*od.* contest).

'Wett,steu·er *f econ.* betting tax.

'Wett|**,streit** *m* ⟨-(e)s; -e⟩ **1.** contest: j-n zum ~ herausfordern to challenge s.o. (to a contest); zwischen ihnen entspann sich ein edler ~, wer zuerst eintreten sollte they gallantly argued about who should enter first. - **2.** (*Wettbewerb*) competition, rivalry: sich mit j-m in einen ~ einlassen to agree to compete with s.o.; im friedlichen ~ nebeneinander leben (*von Völkern*) to live together in peaceable competition; sich im ~ messen to compete (with [*od.* against] one another); sich mit j-m im ~ messen to compete with (*od.* against) s.o. - **3.** (*Wettspiel*) game, match. — **w~,strei·ten I** *v/i* ⟨only *inf*⟩ **1.** contest. - **2.** (*in Wettbewerb*) compete, rival. - **II W~** *n* ⟨-s⟩ **3.** *verbal noun.* - **4.** *cf.* Wettstreit 1.

'wettur·nen (*getr.* -tt,t-) **I** *v/i* ⟨only *inf*⟩ **1.** have a gymnastic(s) competition (*od.*

contest). - **II W~** *n* ⟨-s⟩ **2.** *verbal noun.* - **3.** gymnastic(s) competition (*od.* contest).

'Wett,zet·tel *m* betting slip (*od.* ticket).

wet·zen ['vɛtsən] **I** *v/t* ⟨h⟩ **1.** (*Messer, Sense etc*) sharpen, whet. - **2.** *hunt.* (*Fänge, Hörner etc*) sharpen. - **3.** den Schnabel (an einem Zweig) ~ *zo.* to rub its beak (on a branch); → Schnabel 2. - **II** *v/i* ⟨sein⟩ **4.** *colloq.* (*rennen*) hare, dash, scoot (*colloq.*), *bes. Br. colloq.* 'nip'.

'Wetz|**,stahl** *m* (*in Fleischerei*) butcher's steel, whetsteel, sharpener. — ~**,stein** *m* **1.** whetstone, hone. - **2.** (*zum Schärfen einer Sense*) scythestone.

'Wey·mouths,kie·fer ['vaɪmuːts-] *f bot.* Weymouth (*od.* white) pine (*Pinus strobus*).

Whig [vɪk; wɪg] (*Engl.*) *m* ⟨-s; -s⟩ *pol. hist.* Whig.

'Whip,cord ['vɪp-] *m* ⟨-s; -s⟩ (*textile*) whipcord.

Whip·pet ['vɪpət] *m* ⟨-s; -s⟩ *zo.* (*engl. Windhund*) whippet.

Whis·ky ['vɪski] *m* ⟨-s; -s⟩ whisk(e)y, *bes. Br.* Scotch: billiger ~ cheap whisk(e)y, *Am. sl.* tanglefoot; ~ pur neat (*od.* straight) whisk(e)y; ~ (und) Soda whisk(e)y and soda, *Am.* (whisk[e]y) highball; ~ mit Soda trinken to drink whisk(e)y and soda; ~ mit Eis whisk(e)y and ice, *Am.* whisk(e)y on the rocks.

Whist [vɪst] *n* ⟨-(e)s; *no pl*⟩ (*games*) whist: mit j-m ~ spielen to play whist with s.o. — ~**,kar·te** *f* whist card. — ~**,mar·ke** *f* (whist) counter. — ~**par,tie** *f* game of whist. — ~**spie·ler** *m*, ~**spie·le·rin** *f* whist player. — ~**tur,nier** *n Br.* whist drive.

wich [vɪç] *I u. 3 sg pret of* weichen¹.

Wichs [vɪks] *m* ⟨-es; -e⟩, *Austrian f* ⟨-; -en⟩ *colloq.* (*Festkleidung der Verbindungsstudenten*) regalia *pl*, gala (dress), dress: in vollem ~ a) (*Verbindungsstudent*) in full regalia, b) (*gala*) dress, c) *fig.* in full array; sich in ~ werfen a) (*von Verbindungsstudenten*) to dress up, to dress in full regalia, b) *fig.* (*sich aufdonnern*) to dress up (to the hilt), to deck oneself out. — ~**,bür·ste** *f* polishing (*für schwarze Schuhe auch* blacking) brush.

Wich·se ['vɪksə] *f* ⟨-; -n⟩ **1.** (*Schuhcreme*) shoe polish (*schwarze*) blacking. - **2.** ⟨*only sg*⟩ *fig. colloq.* (*Prügel*) hiding, 'licking' (*colloq.*). - **3.** das ist alles dieselbe ~ *fig. colloq.* that is all the same (thing), it's six of one and half a dozen of the other.

'wich·sen I *v/t* ⟨h⟩ **1.** (*Schuhe, Stiefel*) polish, shine, (*mit schwarzer Schuhcreme*) black. - **2.** (*Parkettboden etc*) polish. - **3.** (*Faden*) wax. - **4.** j-n *fig. colloq.* (*prügeln*) to give s.o. a hiding (*od. colloq.* licking). - **II** *v/i* **5.** *vulg.* for onanieren. - **6.** *vulg. cf.* vögeln II.

'Wichs,lein,wand *f Austrian colloq. for* Wachstuch.

Wicht [vɪçt] *m* ⟨-(e)s; -e⟩ **1.** (*Kobold*) elf, sprite, goblin, (*bösartiger*) *auch* imp. - **2.** (*Zwerg*) dwarf, gnome. - **3.** *contempt.* (*Kerl*) creature (*colloq.*), creature: elender [erbärmlicher] ~ vile [wretched] creature (*od. colloq.* fellow, *Br. sl.* blighter); ein feiger ~ a cowardly creature (*od. colloq.* fellow), a coward; ein armer ~ a poor creature (*od.* devil, *colloq.* fellow); ein junger ~ a green horn (*od.* fellow). - **4.** *colloq.* (*kleiner Kerl, bes. kleines Kind*) mite, midge, shrimp, manikin, little chap (*colloq.*), *bes. Br. colloq.* 'nipper': was willst du denn, du kleiner ~? what do you want, little fellow (*bes. Br. colloq.* tiny)? (*colloq.*). - **5.** ein frecher ~ *colloq.* a cheeky (little) imp (*od.* urchin, *stärker* brat, *Br. sl.* blighter).

Wich·te ['vɪçtə] *f* ⟨-; -n⟩ *phys. cf.* Dichte 7.

'Wich·tel *m* ⟨-s; -⟩, ~**,männ·chen** *n* ⟨-s; -⟩ **1.** *cf.* Heinzelmännchen. - **2.** (*Kobold*) elf, sprite, goblin. - **3.** (*Zwerg*) dwarf, gnome. - **4.** *colloq. cf.* Wicht 4.

'wich·tig *I adj* **1.** important: gleich ~ equally important; höchst ~ most important; ~ sein to be important, to be of importance; diese Arbeit ist nicht sehr ~ this work is not very important (*od.* is not of great importance); etwas ist ~ für etwas [j-n] s.th. is important for s.th. [for *od.* to s.o.]; ich halte die Sache für sehr ~ I consider the matter very important; das ist mir sehr ~ that is very important to (*od.* for) me; ~ tun, sich ~ machen to be full of one's own importance, to be self-important; er tut immer so

schrecklich ~ colloq. he is (always) so self-important (od. full of his own importance); sich für sehr ~ halten contempt. to consider oneself (od. think one is) very important, to think no small beer of oneself; mit ~er Miene with an important air (od. look [on one's face]), with a look of importance (on one's face), looking very important; eine ~e Miene annehmen (od. aufsetzen) to put on (od. assume) an air (od. a look) of importance; ~e Geschäfte [Gründe] important business sg [reasons]. – 2. (folgenschwer, von großer Tragweite) momentous, grave, weighty. – 3. (wesentlich) important, essential, vital: ein ~er Punkt an essential (od. important) point. – 4. (entscheidend) significant, decisive. – 5. (ernsthaft) serious, grave. – 6. (einflußreich) important, influential: ein ~er Mann an important man, a man of influence. – II adv 7. etwas [sich] sehr ~ nehmen to take s.th. [oneself] very seriously. – III W~e, das ⟨-n⟩ 8. the important thing: das W~e dabei ist, daß the important thing about it (od. the important thing to remember) is that; W~es zu tun haben to have important things to do; ich habe W~eres zu tun I have more important (od. other, better) things to do, I have other fish to fry; das W~ste zuerst erledigen to do the most important thing(s) first. —
'Wich·tig·keit f ⟨-; no pl⟩ 1. importance: von großer ~ sein to be of great importance, to be very important; nicht von ~ sein to be of no importance, to be unimportant (od. insignificant); das ist für mich von großer ~ that is of great importance to me; einer Sache ~ beimessen to consider a matter important, to attach importance to a matter. – 2. (Gewichtigkeit, Tragweite) consequence, import, moment(ousness), weight: eine Sache von großer ~ a matter of great consequence (od. importance). – 3. (Bedeutung) (für to) significance, relevance.
'Wich·tig·ma·cher m Bavarian and Austrian for Wichtigtuer.
'Wich·tig·tu·er [-ˌtuːər] m ⟨-s; -⟩ contempt. officious (od. pompous) ass, Pooh-bah, auch Poo-bah. — ˌWich·tig·tue'rei f ⟨-; no pl⟩ officiousness, pompousness, pomposity. — 'wich·tig·tue·risch adj officious, pompous.
Wicke (getr. -k·k-) ['vɪkə] f ⟨-; -n⟩ bot. 1. vetch (Gattg Vicia): in die ~n gehen fig. colloq. to get lost. – 2. cf. Gartenwicke.
Wickel (getr. -k·k-) ['vɪkəl] m ⟨-s; -⟩ 1. med. (Packung, Umschlag) pack, wrap, auch hot (od. warm, cold) compress: j-m einen kalten ~ machen to put a cold pack on s.o.; feuchter ~ water (od. wet) compress; heißer (od. warmer) ~ fomentation, stupe. – 2. fig. colloq. (in Wendungen wie) j-n am (od. beim) ~ packen to take (od. grab) s.o. by the scruff of the neck, to collar s.o., b) to give s.o. a good dressing down (od. colloq. talking-to), to give s.o. what for (colloq.); j-n am (od. beim) ~ halten to hold s.o. by the scruff of the neck. – 3. tech. reel, spool. – 4. (textile) (Garnknäuel) ball of yarn. – 5. (Bündel) bundle. – 6. cf. Lockenwickel. — ~ˌband n ⟨-(e)s; ⸚er⟩ meist pl swaddling (od. swathing) (band). — ~ˌbär m zo. kinkajou, honey bear (Cercoleptes caudivolvulus). — ~ˌblu·se f (fashion) crossover (Br. cross-over) (od. wraparound, Br. wrap-around, wrapover, Br. wrap-over) blouse. — ~ˌdurch·mes·ser m tech. coiling diameter. — ~ˌfe·der f coil spring. — ~ga·ma·sche f puttee. — ~ˌkind n infant (in swaddling clothes): sie wird wie ein ~ behandelt fig. she is (molly)coddled (od. pampered), (von einem Kind) auch she is treated like a baby. — ~ˌkleid n (fashion) crossover (Br. cross-over) (od. wraparound, Br. wrap-around, wrapover, Br. wrap-over) dress. — ~ˌkom·mo·de f (soft-top) nursery chest (on which a baby is laid to be changed). — ~ˌkon·den·sa·tor m electr. roll-type capacitor, wound-(paper) capacitor. — ~ˌma·schi·ne f 1. tech. coiler, coiling machine, reel. – 2. (textile) (in der Spinnerei) winding frame (od. machine), lap machine.
wickeln (getr. -k·k-) ['vɪkəln] I v/t ⟨h⟩ 1. (Wolle, Garn etc) wind: Wolle zu einem

Knäuel ~ to wind wool into a ball; Garn auf eine Spule ~ to wind yarn on (to) a reel (od. spool). – 2. (Seile, Kabel etc) coil. – 3. (Haare) curl: sich (dat) die Haare (zu Locken) ~ to curl (up) one's hair, to set one's hair on rollers. – 4. (mit Wickelband) (Säugling) swaddle, swathe. – 5. (Baby) change (the diapers, bes. Br. napkins, bes. Br. colloq. nappies of), Am. diaper. – 6. (Beine, vertauschtes Glied etc) bandage, dress, bind. – 7. (Zigarren) roll, make. – 8. (Paket etc) wrap: etwas in (acc) etwas ~ to wrap s.th. (up) in s.th.; etwas aus etwas ~ to take away the wrapping(s) of s.th. – 9. etwas um etwas ~ a) (binden) to tie s.th. (a)round s.th., b) (aufwickeln) to wind s.th. (a)round s.th., c) (Decke, Schal etc) to wrap (od. lap) s.th. (a)round s.th., d) (Verband etc) to wind (od. bind, lap) s.th. (a)round s.th.: eine Schnur um ein Paket ~ to tie a string (a)round a parcel; sich (dat) eine Decke um die Beine ~ to wrap a blanket (a)round one's legs; einen Verband um die Hand ~ to bandage the hand; j-n um den (kleinen) Finger ~ fig. colloq. to twist s.o. (a)round one's (little) finger. – 10. electr. wind. – II v/reflex 11. sich um etwas ~ (von Schlangen, Schlingpflanzen etc) to wind (od. entwine, auch intwine) itself (a)round s.th. – III W~ n ⟨-s⟩ 12. verbal noun. – 13. cf. Wicklung.
'Wickel|ˌrock (getr. -k·k-) m (fashion) crossover (Br. cross-over) (od. wraparound, Br. wrap-around, wrapover, Br. wrap-over) skirt. — ~ˌschlan·ge f zo. coral snake, shorttail (Gattg Micrurus). — ~ˌschritt m electr. winding pitch. — ~ˌschür·ze f (fashion) crossover (Br. cross-over) (od. wraparound, Br. wrap-around, wrapover, Br. wrap-over) apron. — ~ˌschwanz m zo. prehensile tail. — ~ˌtisch m (soft-top) nursery table (on which a baby is laid to be changed). — ~ˌtrom·mel f tech. winding (od. coiler) drum. — ~ˌtuch n ⟨-(e)s; ⸚er⟩ pilch, Am. diaper, bes. Br. (baby's) napkin, bes. Br. colloq. nappy, nappie.
'Wicke·lung (getr. -k·k-) f ⟨-; -en⟩ cf. Wicklung.
'Wicken|ˌblü·te (getr. -k·k-) f bot. vetch blossom, (einer Gartenwicke) auch sweet-pea blossom. — ~ˌduft m fragrance of sweet pea(s).
'Wick·ler m ⟨-s; -⟩ 1. (Lockenwickel) curler, roller. – 2. tech. (Arbeiter) drummer. – 3. zo. bell moth, tortrix (scient.) (Fam. Tortricidae).
'Wick·lung f ⟨-; -en⟩ 1. cf. Wickeln. – 2. electr. winding.
'Wick·lungs|ka·pa·zi·tät f electr. 1. (Eigenkapazität der Wicklung) winding capacity. – 2. (Wicklung gegen Wicklung) interwinding capacity. → auch Wickelschritt. — ~ˌschritt m cf. Wickelschritt. — ~ˌsinn m sense of winding.
'Wi·dah|ˌfink ['viːdaː-] m zo. whydah, whidah, vida finch, veuve (Unterfam. Euplectinae).
Wid·der ['vɪdər] m ⟨-s; -⟩ 1. zo. ram, bes. Br. tup. – 2. hydraulischer ~ tech. (hydraulic) ram. – 3. mil. hist. battering ram. – 4. ⟨only sg⟩ astr. Ram, Aries: er ist unter den Sternzeichen des ~s geboren he was born under Aries; er ist (ein) ~ colloq. he is an Aries (colloq.).
'Wid·der·chen n ⟨-s; -⟩ 1. dim. of Widder. – 2. zo. burnet (moth), forester (Gattg Zygaena).
'Wid·der|ˌkopf m ram's head. — ~ˌpunkt m astr. Vernal Equinox.
wi·der ['viːdər] I prep ⟨acc⟩ 1. archaic for gegen 2, 4: → Stachel 7. – 2. lit. against: ~ Willen against one's will; j-s Willen against s.o.'s will; ~ bessere Einsicht against one's better judg(e)ment. – 3. lit. contrary to: ~ Erwarten contrary to expectation(s); ~ alles Erwarten (od. alle Erwartung) contrary to all expectation(s). – II W~, das ⟨-s⟩ 4. only in das Für und (das) W~ the reasons pl for and against, the pros and cons pl.
Wi·der..., wi·der... cf. auch Gegen..., gegen..., Zurück..., zurück...
'wi·der|ˌbor·stig adj colloq. for widerspenstig 1. — 'Wi·der|ˌbor·stig·keit f ⟨-; no pl⟩ colloq. for Widerspenstigkeit 1.
'Wi·der|ˌchrist m ⟨-(e)s u. -en; -e(n)⟩ Bibl. Antichrist.

'Wi·der|ˌdruck[1] m ⟨-(e)s; ⸚e⟩ cf. Gegendruck.
'Wi·der|ˌdruck[2] m ⟨-(e)s; -e⟩ print. reiteration.
ˌwi·der|ˌein'an·der adv obs. od. lit. for gegeneinander 1.
ˌwi·der'fah·ren v/i u. v/impers ⟨irr, insep, no -ge-, sein⟩ lit. 1. (geschehen) es widerfährt mir oft, daß, mir widerfährt oft, daß it often happens to me that. – 2. (zustoßen) ihm ist großes Unglück ~, es ist ihm großes Unglück ~ great misfortune has befallen him, he has met with great misfortune. – 3. (zuteil werden) ihm ist viel Ehre [großes Unrecht] ~, es ist ihm viel Ehre [großes Unrecht] ~ he has been done great honor (bes. Br. honour) [a grave wrong]; mir ist viel Gutes von ihm ~, es ist mir viel Gutes von ihm ~ he has done me many a good turn; ihm ist Gerechtigkeit ~, es ist ihm Gerechtigkeit ~ a) (er hat seinen gerechten Lohn od. seine gerechte Strafe gefunden) he has been given his due, b) (er hat sein Recht gefunden) he has been done (od. given) justice.
'wi·der|ˌhaa·rig adj colloq. for widerspenstig 1. — W~ˌha·ken m barb, beard, fluke: mit ~ (versehen) barbed. — ~ˌhall m ⟨-(e)s; -e⟩ 1. echo, reverberation, rebound (lit.). – 2. fig. response: seine Worte fanden begeisterten [keinen] ~ his words met with enthusiastic [no] response. — ~ˌhal·len v/i ⟨meist sep, -ge-, h⟩ (re)echo, Br. (re-)echo, reverberate, resound: der Schuß hallte von den Bergen wider (rare widerhallte von den Bergen) the shot re(-)echoed from the mountains; der Saal hallte von Gelächter wider (rare widerhallte von Gelächter) the hall echoed with laughter. — W~ˌhalt m ⟨-(e)s; no pl⟩ support, resisting force. — ~ˌhal·ten v/t ⟨only inf u. pp widergehalten, h⟩ cf. gegenhalten I. — W~ˌhand·lung f Swiss for Zuwiderhandlung. — W~ˌkla·ge f jur. cf. Gegenklage. — ~ˌkla·gen v/i ⟨only inf u. pp widergeklagt, h⟩ cf. gegenklagen. — W~ˌklä·ger m cf. Gegenkläger. — ~ˌklin·gen v/i ⟨irr, sep, -ge-, h⟩ resound. — W~ˌkreuz n her. cross-crosslet. — W~ˌla·ger n civ.eng. abutment.
ˌwi·der|ˌleg·bar adj auch jur. refutable, disprovable, confutable, rebuttable: dieses Argument ist nicht ~ this argument is irrefutable (od. cannot be refuted); ~e Vermutung jur. rebuttable (od. refutable, auch inconclusive) presumption. — ˌWi·der'leg·bar·keit f ⟨-; no pl⟩ refutability. — ˌwi·der'le·gen I v/t ⟨insep, no -ge-, h⟩ 1. auch jur. (Ansicht, Einwand etc) refute, disprove, confute, rebut: er konnte alle Anklagepunkte ~ he was able to disprove all the points of the charge; das läßt sich nicht ~ that cannot be disproved, that is irrefutable. – 2. (Theorie etc) refute, disprove, confute, defeat: diese Entdeckung widerlegt die ganze Theorie this discovery disproves the whole theory. – II W~ n ⟨-s⟩ 3. verbal noun. – 4. cf. Widerlegung. — ˌwi·der'leg·lich adj obs. for widerlegbar. — ˌWi·der'le·gung f ⟨-; -en⟩ 1. cf. Widerlegen. – 2. auch jur. refutation, disproof, refutal, confutation, rebuttal, rebutment.
'wi·der·lich I adj 1. (Geruch, Geschmack etc) revolting, repulsive, nauseating, nauseous, repugnant, offensive, fulsome: das ist ein ~er Anblick this is a revolting (od. repellent) sight. – 2. (Tier) revolting, repulsive, repugnant. – 3. (Person, Benehmen, Handlungsweise etc) repulsive, repugnant, hateful: sie ist mir ~ I can't stand her; er ist ein ~er Kriecher he is a repugnant toady; sein ~es Gerede [Getue] his repugnant (od. nauseating, nauseous) talk [affectation]. – II adv 4. das riecht [schmeckt] ~ that smells [tastes] revolting; das ist ~ süß that is revoltingly (od. nauseatingly, cloyingly) sweet.
'Wi·der·lich·keit f ⟨-; -en⟩ 1. (von Geruch, Geschmack etc) repulsiveness, nauseatingness, nauseousness, repugnance, repugnancy, offensiveness, fulsomeness. – 2. (eines Tieres) repulsiveness, repugnance, repugnancy. – 3. (von Benehmen, Handlungsweise etc) repulsiveness, repugnance, repugnancy, hatefulness.
wi·dern ['viːdərn] v/t ⟨h⟩ cf. anekeln.
'wi·der|na·tür·lich adj unnatural, per-

verse, perverted: → Unzucht. — **W~na-
,tür·lich·keit** f ⟨-; no pl⟩ unnaturalness,
perversity, pervertedness.
'Wi·der,part m ⟨-(e)s; -e⟩ archaic od. lit.
1. ⟨Gegner⟩ opponent, adversary, antagonist. – **2.** ⟨only sg⟩ ⟨Gegnerschaft⟩ opposition: j-m ~ geben (od. bieten) to oppose
s.o.
,wi·der'ra·ten v/t ⟨irr, insep, no -ge-, h⟩
ich widerrate dir, das zu tun, ich widerrate es dir lit. I advise you against doing
(od. not to do) that.
'wi·der|,recht·lich jur. **I** adj illegal, un-
lawful, wrongful, illegitimate: ~er Gebrauch wird bestraft illegal use is liable
to penalty. – **II** adv illegally, unlawfully,
wrongfully, illegitimately: sich (dat) etwas
~ aneignen to appropriate s.th. unlawfully,
to misappropriate (od. arrogate, usurp)
s.th., to convert s.th. to one's own use;
etwas ~ betreten to trespass (up)on s.th.
— **W~,recht·lich·keit** f ⟨-; no pl⟩ illegality,
unlawfulness, wrongfulness, illegitimacy.
'Wi·der|,re·de f ⟨-; -n⟩ contradiction, back-
chat ⟨colloq.⟩, Am. colloq. back talk: keine
~! don't contradict (od. answer back, talk
back)! none of your backchat! don't
argue with the boss! ⟨sl.⟩; ich dulde keine
~ I will not tolerate (any) contradiction;
etwas ohne ~ hinnehmen [tun] to accept
[to do] s.th. without contradiction. —
~,rist m zo. (bei Vierfüßern) withers pl,
auch wither.
'Wi·der|,ruf m ⟨-(e)s; -e⟩ bes. jur. **1.** ⟨von
Erklärung, Behauptung, Geständnis etc⟩
withdrawal, recall, recantation, retraction,
retractation, disavowal, palinode: ~ einer
Zeugenaussage retraction of a deposition.
– **2.** ⟨von Erlaubnis, Befehl, Vollmacht etc⟩
revocation, cancellation, Am. auch cancelation, withdrawal, countermand, ⟨bes.
von Gesetzen⟩ repeal: ~ einer Vollmacht
[kraft Gesetzes] revocation of a power
of attorney (od. of an authority) [in law];
(bis) auf ~ until (od. unless) revoked (od.
canceled, bes. Br. cancelled). – **3.** ⟨einer
Warenbestellung⟩ countermand, cancellation (Am. auch cancelation) of an order.
— **w~'ru·fen** [,vi:dər-] **I** v/t ⟨irr, insep,
no -ge-, h⟩ **1.** ⟨Erklärung, Behauptung,
Geständnis etc⟩ withdraw, recall, recant,
revoke, retract, disavow. – **2.** ⟨Erlaub-
nis, Befehl, Vollmacht etc⟩ revoke, cancel,
withdraw, countermand, ⟨bes. Gesetze⟩
repeal. – **3.** ⟨Warenbestellung⟩ countermand,
cancel. – **II** v/i **4.** ⟨von Angeklagtem⟩
a) ⟨Aussage zurücknehmen⟩ withdraw one's
statement, b) ⟨Geständnis⟩ retract one's
confession. – **III W~** n ⟨-s⟩ **5.** verbal noun.
'wi·der,ruf·lich I adj bes. jur. ⟨Erlaubnis,
Befehl, Vollmacht etc⟩ revocable, revokable,
precarious ⟨archaic⟩, ⟨bes. Gesetz⟩ repeal-
able. – **II** adv until (od. unless) revoked (od.
canceled, bes. Br. cancelled): j-m ~ das
Wegerecht geben to give s.o. the right
of way until revoked. — **'Wi·der,ruf-
lich·keit** f ⟨-; no pl⟩ ⟨von Erlaubnis, Befehl, Vollmacht etc⟩ revocability, rev-
ocableness, precariousness ⟨archaic⟩.
,Wi·der'ru·fung f ⟨-; no pl⟩ **1.** cf. Widerrufen. – **2.** obs. for Widerruf.
'Wi·der,sa·cher [-,zaxər] m ⟨-s; -⟩ **1.** lit.
adversary, antagonist, opponent. – **2.** der ~
Bibl. the Fiend, Satan.
'Wi·der|,schall m obs. for Widerhall 1. —
w~,schal·len v/i ⟨auch irr, sep, -ge-, h⟩ obs.
for widerhallen. — **~,schein** m ⟨-(e)s; no
pl⟩ **1.** ⟨von Licht, Feuer etc⟩ reflection, Br.
auch reflexion, reflex: der ~ des Feuers
leuchtete an der Wand the reflection of the
fire was seen on the wall. – **2.** fig. ⟨Abglanz⟩
reflection, Br. auch reflexion. — **w~-
,schei·nen** v/i ⟨irr, sep, -ge-, h⟩ be reflected. — **~,schlag** m **1.** obs. for Gegen-
schlag 1. – **2.** obs. for Rückprall.
,wi·der'set·zen v/reflex ⟨insep, no -ge-, h⟩
sich ~ offer (od. put up) resistance: sich
j-m ~ to oppose (od. resist) s.o.; sich einer
Sache ~ to oppose (od. resist) s.th., to set
one's face against s.th.; er hat sich meinem
Willen [Befehl] widersetzt he opposed my
will [order].
,wi·der'setz·lich adj **1.** refractory, contrary
⟨colloq.⟩. – **2.** ⟨gegenüber Vorgesetzten⟩
insubordinate. — **,Wi·der'setz·lich·keit** f
⟨-; no pl⟩ **1.** refractoriness, contrariness
⟨colloq.⟩. – **2.** ⟨gegenüber Vorgesetzten⟩
insubordination, insubordinate conduct.
'Wi·der,sinn m ⟨-(e)s; no pl⟩ **1.** cf. Gegen-

sinn. – **2.** ⟨Unsinn⟩ absurdity, absurdness,
preposterousness, nonsense, nonsensicalness.
'wi·der,sin·nig adj absurd, preposterous,
nonsensical. — **'Wi·der,sin·nig·keit** f ⟨-;
no pl⟩ cf. Widersinn 2.
'wi·der,spen·stig [-,ʃpɛnstɪç] adj **1.** ⟨Mensch,
Verhalten etc⟩ refractory, intractable, recalcitrant, unruly, obstreperous, unmanageable. – **2.** fig. ⟨von Haar, Material etc⟩
unruly. — **'Wi·der,spen·sti·ge** m, f ⟨-n;
-n⟩ refractory person. — **'Wi·der,spen-
stig·keit** f ⟨-; no pl⟩ **1.** ⟨von Mensch,
Verhalten etc⟩ refractoriness, intractability,
intractableness, recalcitrance, recalcitrancy,
unruliness, obstreperousness, unmanageableness. – **2.** fig. ⟨von Haar, Material etc⟩
unruliness.
'wi·der,spie·geln I v/t ⟨sep, -ge-, h⟩
auch fig. reflect, mirror: das Wasser
spiegelt die Bäume wider the water
reflects the trees; der Roman spiegelt
die Sitten jener Zeit wider fig. the
novel reflects the manners of the time;
sein Gesicht spiegelt seinen Zorn wider
his face reflects his anger. – **II** v/reflex
sich ~ auch fig. be reflected, be mirrored:
die Lichter spiegelten sich im See wider
the lights were reflected in the lake; dieses
Erlebnis spiegelt sich in seinen Dichtungen wider fig. this experience is
reflected in his writings. – **III W~** n ⟨-s⟩
verbal noun. — **W~,spie·ge·lung, W~-
,spieg·lung** f ⟨-; -en⟩ **1.** cf. Wider-
spiegeln. – **2.** auch fig. reflection, Br. auch
reflexion.
'Wi·der,spiel n ⟨-(e)s; no pl⟩ **1.** cf. Gegenstück 1. – **2.** counteraction: das ~ der
Kräfte action and reaction.
,wi·der|'spre·chen v/i ⟨irr, insep, no -ge-,
h⟩ (dat) **1.** ⟨das Gegenteil behaupten⟩
contradict, controvert, gainsay ⟨lit.⟩: wider-
sprich mir nicht! do not contradict (me);
ich muß dieser Behauptung auf das ent-
schiedenste ~ I must most emphatically
contradict this statement; dem wurde
allgemein widersprochen this raised
general opposition. – **2.** auch jur. (im Widerspruch stehen) contradict, be inconsistent
with: die Tatsachen ~ seiner Behauptung
the facts contradict his statement; das
widerspricht der Wahrheit [dem gesunden Menschenverstand] that contradicts the truth [common sense]; er hat
sich (dat) selbst widersprochen he
contradicted himself; die Aussagen ~
sich (od. einander) the statements contradict each other. — **~'spre·chend I** pres p.
– **II** adj auch jur. contradictory, conflicting, inconsistent: sich (od. einander)
~e Meldungen contradictory reports; ~e
Aussagen inconsistent statements; einander ~e Gesetze conflicting laws; die
~sten Nachrichten trafen ein the most
contradictory reports came in.
'Wi·der,spruch m ⟨-(e)s; ⸚e⟩ **1.** ⟨only sg⟩
contradiction: keinen ~! don't contradict
(me), don't argue with me; keinen ~ dulden
not to tolerate (any) contradiction; jeden
~ zurückweisen to reject all contradiction; etwas ohne ~ hinnehmen to accept
s.th. without contradiction; j-n zum ~
reizen to provoke s.o. to contradict. –
2. ⟨only sg⟩ ⟨Protest⟩ protest: empörter
[heftiger] ~ indignant [vehement] protest;
gegen etwas ~ erheben to (raise a) protest
against s.th.; heftigen ~ bei j-m hervorrufen to provoke vehement protest from
s.o.; bei j-m mit etwas auf ~ stoßen to
meet with protest from s.o. with s.th. –
3. ⟨Gegensatz⟩ contradiction, inconsistency:
ein innerer [krasser, seltsamer] ~ an
intrinsic [a flagrant, a strange] contradiction; etwas ist ein ~ in sich selbst s.th. is a
contradiction in terms, s.th. is self-con-
tradictory; er steckt voller Widersprüche he is full of contradictions; sich
in Widersprüche verwickeln (od. verstricken) to get (en)tangled (od. caught,
[en]trapped) in one's own contradictions;
in ~ zu etwas geraten to contradict s.th.;
im ~ zu etwas stehen to be contradictory
(od. to present a contradiction) to s.th.,
to be in contradiction with s.th.; seine
Handlungsweise steht in krassem ~
zu seinen Worten the way he acts is
grossly contradictory to (od. grossly
contradicts) what he says; im ~ zu seiner
vorherigen Behauptung in contradiction

(od. contrary) to his previous statement;
zwischen Theorie und Praxis sollte kein
~ bestehen theory and practice should not
contradict each other (od. be contradictory); auf immer neue Widersprüche
stoßen to detect more and more contradictions. – **4.** ⟨only sg⟩ jur. a) ⟨Abweichung,
widersprüchlicher Vortrag⟩ variance, discrepancy, b) ⟨fehlende Übereinstimmung⟩
repugnancy, c) ⟨gegen Warenzeichenein-
tragung⟩ opposition. – **5.** ⟨only sg⟩ philos.
contradiction, inconsistency, antilogy: Gesetz vom ~ law of contradiction.
'wi·der,sprüch·lich [-,ʃprʏçlɪç] adj **1.** ⟨Aus-
sage, Nachricht etc⟩ contradictory, con-
tradictive. – **2.** ⟨Verhalten, Auftreten etc⟩
inconsistent, incompatible, antinomic(al).
— **'Wi·der,sprüch·lich·keit** f ⟨-; no pl⟩
1. ⟨von Aussage, Nachricht etc⟩ contradiction, contradictoriness, contradictiveness.
– **2.** ⟨von Verhalten, Auftreten etc⟩ inconsistency, auch inconsistence, incompatibility.
'wi·der,spruchs|,frei adj philos. consistent,
compatible, assertible. — **W~,geist** m
⟨-(e)s; -er⟩ **1.** ⟨only sg⟩ contradictoriness,
contradictiousness, spirit of contradiction,
nonconformity Br. non-. – **2.** fig. colloq.
⟨Person⟩ contradictory (od. contradictious)
person, nonconformist Br. non-: er ist ein
richtiger ~ he really is a contradictious
person, he is always contradicting. —
W~,kla·ge f jur. cf. Interventionsklage. —
~,los adj u. adv without contradiction. —
~,voll adj cf. widersprüchlich.
'Wi·der,stand m ⟨-(e)s; ⸚e⟩ **1.** ⟨only sg⟩
⟨Gegenwehr, Abwehr⟩ resistance: aktiver
[passiver, erbitterter, heldenhafter] ~
active [passive, fierce, heroic] resistance;
hinhaltender ~ mil. delaying action; ~
gegen die Besatzungsmacht resistance to
the occupation forces; (j-m [einer Sache])
~ leisten to offer (od. put up) resistance (to
s.o. [to s.th.]), to resist (od. oppose, withstand) (s.o. [s.th.]); bewaffneten ~ leisten
to offer (od. put up [an]) armed resistance;
den ~ aufgeben to give up resistance, to
give in; j-s ~ brechen [überwinden] to
break [to overcome] s.o.'s resistance; j-n
zum ~ aufrufen to call (up)on s.o. to
resist; den ~ organisieren to organize
(Br. auch -s-) resistance; ~ gegen die
Staatsgewalt jur. resistance to public
authority; den Weg des geringsten
~es gehen to take the way (od. line)
of least resistance. – **2.** ⟨Ablehnung⟩
opposition, resistance, antagonism: gegen den ~ der Eltern against the parents'
opposition; etwas gegen alle Wider-
stände durchsetzen to go through with
s.th. despite all opposition; bei j-m mit
etwas auf ~ stoßen (od. treffen) to meet
with opposition from s.o. with s.th.; ohne
~ von seiten seines Vaters unopposed by
his father; er mußte bei ihr innere Wider-
stände überwinden he had to overcome
her inhibitions. – **3.** ⟨Hindernis⟩ obstacle:
beim Graben stieß er auf einen ~ when
(he was) digging he struck an obstacle. –
4. ⟨only sg⟩ pol. ⟨Untergrundbewegung⟩
resistance (auch Resistance) (movement),
underground movement: während des
Krieges gehörte er dem ~ an during the
war he belonged to the resistance. –
5. electr. a) ⟨only sg⟩ ⟨physikalische
Größe⟩ resistance, b) ⟨Bauteil⟩ resistor,
rheostat: spezifischer ~ specific resistance,
(volume) resistivity; Ohmscher ~ Ohmic
(od. true, active) resistance; komplexer ~
impedance; magnetischer ~ reluctance;
einen ~ in eine Schaltung einbauen to
install a resistor in a circuit arrangement.
– **6.** ⟨only sg⟩ ⟨Festigkeit⟩ resistance. –
7. ⟨only sg⟩ aer. drag. – **8.** ⟨computer⟩
impedance. — **~Ge,wicht-Ver,hält·nis** n
⟨space⟩ drag-weight ratio.
'Wi·der,stands|,bei,wert m aer. ⟨space⟩
drag coefficient. — **~be,we·gung** f pol.
resistance (auch Resistance) (movement),
underground movement. — **~,draht** m
electr. resistance wire. — **~ele,ment** n
resistance element. — **w~,fä·hig** adj **1.** tech.
⟨Material⟩ resistant, auch resistent, robust,
sturdy, ⟨Gerät⟩ durable: Beton ist sehr ~
gegen Witterungseinflüsse concrete is
very resistant to weather influence. – **2.** med.
⟨Körper, Konstitution etc⟩ robust, resistant,
auch resistent: er ist nicht sehr ~ gegen
Ansteckungen he does not have much

resistance to infection(s). — ~,**fä·hig·keit** f ⟨-; no pl⟩ **1.** tech. a) resistivity, robustness, b) (Festigkeit) strength, ability to resist: ~ gegen Kälte resistance to cold. – **2.** med. (gegen to) (power of) resistance. — ~,**grup·pe** f pol. resistance (auch Resistance) group. — ~,**kämp·fer** m member of the resistance (auch Resistance). — ~,**kern** m mil. center (bes. Br. centre) of resistance, strongpoint. — ~,**kom·po,nen·te** f aer. (space) drag component. — ~,**kopp·lung** f electr. resistance (od. resistive) coupling. — ~,**kraft** f ⟨-; no pl⟩ **1.** med. (power of) resistance, stamina (scient.): herabgesetzte ~ lowered resistance. – **2.** fig. power(s pl) of resistance (od. endurance), staying power. – **3.** tech. strength, stability. – **4.** aer. drag force. – **5.** mil. power of resistance, defensive power. — ~,**lam·pe** f electr. resistance (od. ballast) lamp. — ~,**li·nie** f mil. line of defence (Am. defense). — 'wi·der,**stands·los** adv without resistance, passively, unresistingly, resistlessly. — 'Wi·der,**stands·lo·sig·keit** f ⟨-; no pl⟩ nonresistance Br. non-, passivity, passiveness, resistlessness. — 'Wi·der,**stands|,meß,brücke** (getr. -k·k-) f electr. resistance (od. Wheatstone's) bridge. — ~,**mes·ser** m ohmmeter. — ~,**mit·tel,punkt** m phys. center (bes. Br. centre) of pressure. — ~,**mo,ment** n phys. electr. momentum of resistance. — ~,**nest** n mil. pocket (od. point) of resistance. — ~,**nor,mal** n tech. (beim Meßwesen) standard resistance. — ~,**ofen** m tech. resistance furnace. — ~,**preß-,schwei·ßen** n resistance welding. — ~,**rau·schen** n **1.** electr. a) resistance noise, b) (Wärmerauschen) thermal noise. – **2.** tel. (im Mikrophon) contact-resistance noise. — ~,**recht** n jur. right to resist. — ~,**re·ge·lung** f electr. resistance control. — ~,**reg·ler** m rheostat. — ~,**röh·re** f ballast tube (bes. Br. valve). — ~,**schwei·ßung** f tech. resistance welding. — ~,**spu·le** f electr. resistance coil. — ~,**stumpf-,schwei·ßen** n tech. resistance butt welding. — ~,**ther·mo,me·ter** n phys. resistance thermometer. — ~,**trans·for,ma·tor** m electr. impedance-matching transformer. — ~,**ver,lust** m resistance loss. — ~,**ver,mö·gen** n cf. Widerstandskraft. — ~,**ver,stär·ker** m electr. resistance(-coupled) amplifier. — ~,**wert** m phys. electr. value (od. amount) of resistance. — ~,**zel·le** f photo-conductive cell.

,wi·der'**ste·hen** v/i ⟨irr, insep, no -ge-, h⟩ (dat) **1.** (einem Angriff, Feind etc) resist, withstand, oppose. – **2.** (einem Druck, einer Belastung etc) withstand, resist, stand up to: die Häuser widerstanden dem Sturm the houses withstood the storm; das Material widersteht allen Belastungen the material withstands any load. – **3.** (einer Versuchung, Verlockung etc) resist, withstand. – **4.** colloq. (einer Speise etc) resist: ich kann dem Alkohol nicht ~ I cannot resist alcohol. – **5.** etwas widersteht j-m a) (von Arbeit etc) s.o. loathes s.th., b) (von Fett, Speise etc) s.th. revolts s.o.

'wi·der,**strah·len I** v/t ⟨sep, -ge-, h⟩ reflect. – **II** v/i be reflected.

,wi·der'**stre·ben** v/i ⟨insep, no -ge-, h⟩ (dat) **1.** (Absichten, Plänen etc) oppose. – **2.** (dem Gefühl, Empfinden etc) go against: diese Wendung widerstrebt meinem Sprachgefühl this expression goes against my feeling for language; so etwas widerstrebt seinem Gefühl (od. Charakter) a thing like that goes against his grain. – **II** v/impers **3.** es widerstrebt mir, darüber zu sprechen I am reluctant to speak about this.

,Wi·der'**stre·ben** n ⟨-s; no pl⟩ **1.** reluctance: mit ~ with reluctance, reluctantly; mit deutlichem [innerem] ~ stimmten sie zu they agreed with obvious [inward] reluctance; nach einigem ~ after some reluctance; trotz seines [anfänglichen] ~s despite his [initial] reluctance. – **2.** (gegen, gegenüber against, to) antagonism, antipathy.

,wi·der'**stre·bend I** pres p. – **II** adj **1.** (sich sträubend) reluctant, (stärker) resisting. – **2.** (gegensätzlich) contrary, opposing: in der Politik gibt es viele ~e Elemente there are many contrary (od. conflicting) elements in politics. – **3.** mit ~en Gefühlen

---

with reluctance. – **III** adv **4.** etwas (nur) ~ tun to do s.th. reluctantly (od. with reluctance).

'Wi·der|,**streit** m (zwischen dat between) **1.** (Feindschaft) antagonism, hostility. – **2.** (Konflikt) conflict, clash: im ~ der Gefühle [Meinungen] in the conflict of feelings [opinions]; mit etwas im ~ stehen to conflict (od. clash) with s.th. — w.~'**strei·ten** [,vi·dər-] v/i ⟨irr, insep, no -ge-, h⟩ **1.** (dat with) conflict, clash, jar. – **2.** (dat against) militate. — w.~'**strei·tend** [,vi·dər-] **I** pres p. – **II** adj (Gefühle, Ansichten, Meinungen etc) conflicting, clashing, jarring, contradictory, antagonistic. — 'Wi·der|,**ton** m ⟨-(e)s; no pl⟩ bot. cf. Haarmoos 1. — w.~'**tö·nen** v/i ⟨sep, -ge-, h⟩ **1.** (von Lauten, Klängen etc) resound. – **2.** fig. (von Worten, Musik etc) reecho, Br. re-echo: seine Worte tönten in ihr wider his words re(-)echoed in her ears. — ~,**ton,moos** n bot. cf. Haarmoos 1.

'wi·der,**wär·tig** [-,vɛrtıç] **I** adj **1.** (Mensch) objectionable, nasty, horrid (colloq.): er ist ein ~er Kerl colloq. he is a nasty fellow (colloq.). – **2.** (Sinneseindruck) objectionable, disgusting, offensive, sickening, repulsive: ein ~er Geruch [Anblick] an objectionable smell [sight]. – **3.** (Benehmen, Verhalten etc) objectionable, disgusting, disagreeable: so etwas ist ~ a thing like that is disgusting; es ist mir ~, dies zu tun it goes against my grain to do this. – **4.** (Arbeit, Angelegenheit etc) objectionable, disagreeable. – **II** adv **5.** sich ~ benehmen (od. aufführen) to behave objectionably (od. disgustingly), to behave in an objectionable (od. a disgusting) manner. — 'Wi·der,**wär·tig·keit** f ⟨-; -en⟩ **1.** ⟨only sg⟩ (eines Menschen) objectionableness, nastiness, horridness (colloq.). – **2.** ⟨only sg⟩ (eines Sinneseindrucks) objectionableness, disgustingness, offensiveness, repulsiveness. – **3.** ⟨only sg⟩ (von Benehmen, Verhalten, Arbeit, Angelegenheit etc) objectionableness, disagreeableness. – **4.** cf. Widrigkeit 4.

'Wi·der,**wil·le** m **1.** (gegen) aversion (to, auch for, from), loathing (for), repugnance (to, toward[s], auch against), (schwächer) distaste (for), dislike (of, for), disrelish (of) (lit.): einen starken [heimlichen] ~n gegen j-n [etwas] empfinden (od. haben) to have a strong (od. an intense) [a secret] aversion to s.o. [s.th.]; sein ~ gegen diese Arbeit wuchs his aversion to this work grew; ich habe einen ~n gegen fette Speisen I have an aversion to (od. I loathe) greasy food; etwas nur mit ~n essen to eat s.th. with intense distaste; mit ~n an eine Arbeit herangehen to go about a task with intense distaste (od. with loathing, loathingly, schwächer reluctantly, with reluctance). – **2.** (Abscheu) (gegen) disgust (at, for, toward[s], against), revulsion (toward[s], to, against), repulsion (toward[s], to, against): j-m ~n einflößen to fill s.o. with disgust (od. revulsion), to revolt s.o.; j-s ~n erregen to arouse revulsion in s.o., to revolt s.o.; seine Freude verwandelte sich in ~n his delight turned (in)to disgust. – **3.** (Unwilligkeit, Widerstreben) reluctance, reluctancy.

'wi·der,**wil·lig** adv **1.** with great (od. intense) distaste, loathingly: etwas (nur) ~ tun to do s.th. loathingly. – **2.** (unwillig) reluctantly, with reluctance, unwillingly: einem Befehl nur sehr ~ nachkommen to comply with an order very reluctantly (od. with great reluctance), to be very reluctant to comply with an order. — 'Wi·der,**wil·lig·keit** f ⟨-; no pl⟩ cf. Widerwille 3.

wid·men ['vɪtmən] **I** v/t ⟨h⟩ **1.** (Buch, Gedicht etc) dedicate: er widmete seine Dissertation seinen Eltern he dedicated his doctoral thesis to his parents. – **2.** (Zeit, Sorgfalt, Leben etc) devote, give: er hat sein Leben der Kunst gewidmet he devoted his life to art; er widmete seine freie Zeit der Malerei he devoted his free time to painting. – **3.** (Aufmerksamkeit, Zeitungsartikel, Besprechung etc) give, devote: man hat dem Ereignis einen langen Artikel in der Zeitung gewidmet the event was given a long article (od. a long article was devoted to the event) in the newspaper; j-m [einer Sache] seine Auf-

---

merksamkeit ~ to give (od. devote) one's attention to s.o. [s.th.]. – **4.** (officialese) (der Bestimmung übergeben) (Straße etc) inaugurate, Am. auch dedicate. – **II** v/reflex sich ~ **5.** (einer Aufgabe, einem Menschen etc) devote (od. apply) oneself: er kann sich nun ganz der Politik ~ he can now devote himself (od. give himself up) entirely to politics; sie widmet sich ganz ihren Kindern she devotes herself entirely to her children. – **6.** (einem Besuch etc) give (s.o.) one's attention: nun kann ich mich ganz Ihnen ~ now I can give you my undivided attention. – **7.** (einem Hobby) (dat to) give one's time. – **III** W.~ n ⟨-s⟩ **8.** verbal noun. — 'Wid·mung f ⟨-; -en⟩ **1.** cf. Widmen. – **2.** (Zueignung) (an acc to) dedication: eine handschriftliche ~ a handwritten dedication; j-m eine ~ in ein Buch schreiben to inscribe a book to (od. for) s.o. – **3.** (officialese) (einer Straße etc) inauguration, Am. auch dedication. — 'Wid·mungs|ex·em,plar n complimentary (od. presentation) copy. — w.~ge,mäß adv according to the dedication. — ~,ta·fel f commemorative plaque (auch plaque).

wid·rig ['viːdrıç] adj **1.** (Umstand, Geschick etc) adverse, untoward. – **2.** (Wetter) adverse, contrary, foul, unfavorable, bes. Br. unfavourable: ~e Winde erschwerten die Fahrt adverse (od. contrary) winds made the voyage difficult. – **3.** cf. widerwärtig 1, 4.

'wid·ri·gen|falls adv **1.** (officialese) failing which. – **2.** jur. in default whereof (od. of which).

'Wid·rig·keit f ⟨-; -en⟩ **1.** ⟨only sg⟩ (von Umstand, Geschick etc) adversity, untowardness. – **2.** ⟨only sg⟩ (des Wetters) adversity, unfavorableness, bes. Br. unfavourableness. – **3.** ⟨only sg⟩ cf. Widerwärtigkeit 2. – **4.** (widriger Zufall) adversity, untoward event, contrariety: allen ~en zum Trotz in the face of all adversities.

wie [viː] **I** interrog adv **1.** (auf welche Art und Weise) how: ~ macht man das? how is that done? er zeigte mir, ~ man es macht he showed me how to do it; ~ geht's? colloq. a) how are you? b) how are things? (colloq.); ~ geht es dir? how are you? er hat es geschafft, aber frage mich nicht ~ he made it, but don't ask me how; er weiß nicht so recht ~ he does not quite know how; das mußt du anders machen! ~ denn? you can't do that like that! how then? er erzählte ihm, ~ es geschehen war he told him how it had happened; → gewußt. – **2.** (wieso) how: ~ konnte so etwas geschehen? how could such a thing happen? es ist mir unbegreiflich, ~ das geschehen konnte I cannot understand how this could happen; ~ das? how so? – **3.** (in welchem Grade od. Ausmaß) how: ~ alt ist er? how old is he? what age is he? what is his age? ~ hoch ist dieser Berg? how high is this mountain? what is the height of this mountain? ~ tief ist der See? how deep is the lake? what is the depth of the lake? ~ spät ist es? what time is it? what is the time? ~ weit ist es bis zum Museum? how far is it to the museum? ~ lang(e) willst du noch warten? how much longer are you going to wait? ~ lang(e) ist das her? how long (ago) is it? ~ oft bist du dort gewesen? how often have you been there? ~ gefällt dir das Buch? how do you like the book? du weißt, ~ wenig man zum Leben braucht you know how little one needs to live; ~ oft habe ich dir das schon gesagt! how often have I told you that! ~ sehr habe ich mir das gewünscht! how badly I wanted that! ~ schön ist der Abend! od. ~ schön der Abend ist! what a lovely evening! ~ habe ich mich gefreut, als ich ihn sah! how delighted I was when I saw him (od. to see him)! ~ merkwürdig! how strange! ~ schade! what a pity! und ~! colloq. and how! (colloq.). – **4.** (welcher Art) what: ~? (unhöflich) what? ~ bitte? (I beg your) pardon? ~ war es im Kino? what was the film (bes. Am. colloq. like)? how was the film (bes. Am. colloq. movie)? er erzählte ihr, ~ es gewesen war he told her what it had been like; ~ ist er? what is he like? ~ ist das eigentlich, wenn? what is it actually like when? ich weiß, ~ es ist, wenn I know what it is like when; ~ ist es mit dem Auto? what about the car? ~ war das mit dem Auto? what was that about the car? ~ war das noch mit diesem Unfall? what exactly happened in the accident? ~ wäre es, wenn wir spazierengingen? ~ wäre es mit einem Spaziergang? how (od. what) about (going for) a walk? – 5. (zur Erfragung eines Namens, einer Bezeichnung etc) what: ~ ist Ihr Name? what is your name? ~ heißt ‚Hund' auf englisch? what is (the word for) ‚Hund' in English? ~ nennt man j-n, der viel raucht? what do you call (od. what is the word for) s.o. who smokes a great deal (od. colloq. a lot)? ~ ich weiß nicht, ~ diese Blume heißt I do not know what this flower is called (od. what the name of this flower is), I do not know the name of this flower. – 6. (nicht wahr) der Witz war doch herrlich, ~? that was a great joke, wasn't it? du bist doch hingegangen, ~? you did go (there), didn't you? – 7. (als Ausdruck des Erstaunens, Unglaubens etc) what: ~, hat er das wirklich gesagt? what, did he really say so? – II conj 8. (so) ... wie (as) ... as: er ist stark ~ ein Bär he is (as) strong as an ox (od. a horse); schnell ~ der Blitz colloq. like lightning, with lightning speed; sie ist (eben)so groß ~ ihre Schwester she is as tall as her sister, she is her sister's height; sie ist (eben)so schön, ~ ihre Mutter es früher war she is as beautiful as her mother used to be; diese Aufgabe ist nicht so leicht ~ die vorherige this problem is not as easy as the previous one; Wolkenkratzer sind zehnmal so hoch ~ normale Häuser skyscrapers are ten times as high as normal houses; das kannst du (genau)so gut ~ ich you can do that as well as I can; er ist so gut ~ verlobt he is virtually (od. more or less, as good as) engaged; der Prozeß ist so gut ~ gewonnen the trial is virtually (od. as good as) won; das ist so gut ~ sicher that is practically certain; er hat mir den Wagen so gut ~ versprochen he has more or less (od. as good as) promised me the car; die Musik war so laut ~ falsch the music was as loud as it was out of tune; es war so schön ~ noch nie it was more beautiful than ever before. – 9. (beim Vergleich) like: du benimmst dich ~ ein kleines Kind you behave like a small child; er behandelt ihn ~ seinen Sohn he treats him like a son; der Schrank sieht wieder ~ neu aus the cupboard looks like new; er sah aus ~ aus dem Bach gezogen he looked like a drowned rat. – 10. (Apposition als Beispiel anschließend) such as ... (for example): Edelmetalle ~ (zum Beispiel) Gold und Silber precious metals such as gold and silver (for example); große Dramatiker ~ Shakespeare great dramatists such as Shakespeare; B ~ Berta (beim Buchstabieren) B as in Benjamin (Am. Baker). – 11. (Apposition zur Erläuterung anschließend) like, such as: ein Mann ~ er a man like him (od. such as he); in einem Fall ~ diesem in a case like this (one); Firmen ~ diese zahlen schlecht firms like this one pay low salaries. – 12. colloq. (beim Komparativ) than: sie ist größer ~ ihre Schwester she is taller than her sister; er läuft schneller ~ sein Gegner he runs faster than his opponent. – 13. (und) both ... and: auf dem Land ~ in den kleinen und großen Städten both in the country and in the small and big towns. – 14. (in Vergleichssätzen) as: sie bäckt den Kuchen ~ ihre Mutter she bakes the cake just as (od. like, the way) her mother did (od. does); die Deutschen stehen nicht geduldig Schlange, ~ es (zum Beispiel) die Engländer tun the Germans do not queue up patiently as the English do (for example); ~ sich's (nicht anders) gehört as is the accepted procedure, as is only fitting (od. proper); ~ nicht anders zu erwarten (war) as was to be expected; ~ man sieht as can be seen, as is obvious; ~ man sagt, ist sie bereits verlobt people (od. they) say that she is already engaged, she is said to be already engaged; ~ man sagt, ist es schwer, dorthin zu gelangen it is said to be difficult to get there; ~ (schon) gesagt, habe ich as I said before, I have; ~ es scheint as it seems, seemingly; ~ ich es immer tue as I always do; ~ so oft als is

often the case; dumm ~ er ist foolish as he is, fool that he is; (so) ~ er nun einmal ist being as (od. the person) he is; alles bleibt, ~ es war everything remains (od. stays) as it was before (od. the way it was); (so) ~ die Dinge jetzt liegen as (od. the way) things are now, as it is; ~ oben as above; ~ gehabt as usual; ~ du mir, so ich dir (Sprichwort) tit for tat (proverb); → Geschrei; gewinnen 2; Vater 1; Wald 1. – 15. (in verallgemeinernden Nebensätzen) however, no matter how: ~ reich er auch sein mag no matter how rich he is (od. may be); ~ sehr ich mich auch bemühte however hard I tried; ~ diese Sache auch immer ausgehen mag however it may turn out; und ~ sie alle heißen mögen and whatever their names may be; ~ dem auch sei, sei es, ~ es sei (that) as it may. – 16. ~ wenn colloq. (als ob) as if, as though: mir war, ~ wenn ich Schritte auf dem Flur gehört hätte it seemed to me as if I had heard steps in the hall. – 17. (nach Verben der Sinneswahrnehmung) ich sah, ~ er fiel I saw him fall(ing); ich hörte, ~ er es sagte I heard him say(ing) that. – 18. (zeitlich) (mit Verb in der Vergangenheit meist colloq.) (just) as: ~ ich an dem Haus vorbeigehe, stürzt ein Mann heraus as I go past the house a man rushes out; ~ er aus dem Fenster schaute, sah er eine Gestalt vorbeihuschen as he looked out of the window he saw a figure slip past. – 19. (relativisch) (im Englischen oft unübersetzt) in der Art, ~ mich diese Firma behandelt (in) the way this firm treats me; in eben dem Maße, ~ die Entwicklung weitergeht to the same degree (od. in the same measure) as development progresses; nach der Form, ~ dies alles geschah (in) the way all this (od. this all) happened; er schildert es in der Weise (od. so), ~ es sich zugetragen hat he describes it the way it happened; er sah Schätze, ~ er sie noch nie gesehen hatte he saw treasures he had never seen before; gesetzestreuer Bürger, ~ er war law-abiding citizen that he was. – III W~ n ⟨-s; no pl⟩ 20. es kommt nicht nur auf das Was an, sondern auch auf das W~ it is not only important what is done (od. said) but also how it is done (od. said); das W~ Wann und Wo ist noch völlig unklar how, when and where is still not clear at all.

Wie·de·hopf ['viːdəˌhɔpf] m ⟨-(e)s; -e⟩ zo. hoopoe, auch hoopoo (Upupa epops).

wie·der ['viːdər] adv 1. again, anew: wie, schon ~? what, again? not again! da bin ich ~ here I am again; ich bin gleich ~ da I'll be back in a minute (od. moment, colloq. jiffy), I shan't be a minute (od. moment); (einmal und) nie ~! (once, and) never again! immer ~, ~ und ~ again and again, time and again, over and over again, every little while; hin und ~ now and then (od. again), on and off, off and on; ~ einmal once again (od. more); einerseits ja, andererseits ~ nicht on the one hand yes, (but) on the other (hand) no; da sieht man's mal ~! colloq. there you are (od. there you have it) again; das Wetter wird ~ schön the weather will clear up (again); ~ ist ein Tag vergangen another day has passed; habt ihr ~ einmal (od. colloq. mal ~) von ihm gehört? have you heard from him again (od. since)? → nichts 2. – 2. (in Verbindung mit Verben) ~ auftauchen mar. (von U-Boot) to resurface; ~ aufsuchen cf. wiederaufsuchen; das Lager ~ auffüllen econ. to replenish the stock, to restock (the store); sich ~ setzen [hinlegen] to sit [to lie] down again; ~ einfallen a) (von Mauer etc) to collapse again, b) mil. (in acc into) to make another raid; ~ gesund werden to recover, to get well again; werde bald ~ gesund! (I wish you a) speedy recovery; ~ zu sich kommen to come round (od. to), to revive, to recover one's senses; ein Schiff ~ in Dienst stellen mar. to recommission a ship; ~ machen (od. tun) cf. wiedertun; ~ vereinigen (Familie etc) to reunite. – 3. ~ ganz von vorn anfangen (noch einmal) to start afresh (od. anew), to make a fresh start.

Wie·der|'ab·druck m print. (eines Artikels etc) reprint. — w~'an·fang m cf. Wiederbeginn. — w~'an·knüp·fen fig. I v/t ⟨sep, -ge-, h⟩ (Beziehungen etc) renew, re-establish, Br. re-establish. – II W~ n ⟨-s⟩

verbal noun. — ~'an·knüp·fung f ⟨-; no pl⟩ 1. cf. Wiederanknüpfen. – 2. renewal, reestablishment, Br. re-establishment. — ~'an·nä·he·rung f reconciliation, bes. pol. rapprochement: eine ~ der Standpunkte a reconciliation of (conflicting) points of view. — ~'an·pfiff m ⟨-(e)s; no pl⟩ (sport) a) (nach Unterbrechung) restarting whistle (od. signal), b) (nach Halbzeitpause) starting whistle for the second half. — ~'an·stel·lung f reemployment, Br. re-employment, reengagement, Br. re-engagement, (bes. von Beamten) reappointment. — ~'an·stieg m 1. (der Temperatur etc) reincrease. – 2. econ. (von Preisen etc) reincrease.

Wie·der'auf·bau m ⟨-(e)s; no pl⟩ 1. (eines Gebäudes etc) reconstruction, rebuilding. – 2. fig. recovery, restoration: der deutsche ~ Germany's recovery; der wirtschaftliche ~ des Landes the economic recovery of the country; der ~ einer Partei the reorganization (Br. auch -s-) of a party. — ~ar·beit f meist pl reconstruction work. — ~dar·le·hen n econ. reconstruction loan.

wie·der'auf·bau·en I v/t ⟨sep, -ge-, h⟩ 1. fig. (Wirtschaft etc) restore. – 2. fig. (Partei etc) reorganize Br. auch -s-. – II W~ n ⟨-s⟩ 3. verbal noun. – 4. cf. Wiederaufbau 1.

Wie·der'auf·bau|kre·dit m econ. reconstruction credit. — ~la·sten pl reconstruction burdens. — ~plan m 1. (für ein Gebäude etc) reconstruction (od. rebuilding) plan. – 2. fig. (für ein Land etc) recovery (od. restoration) plan. — ~pro·gramm n recovery (od. restoration) program (bes. Br. programme).

wie·der|'auf·be·rei·ten nucl. I v/t ⟨sep, no -ge-, h⟩ (Kernbrennstoffe) reconvert. – II W~ n ⟨-s⟩ verbal noun. — W~'auf·be·rei·tung f 1. cf. Wiederaufbereiten. – 2. reconversion. — ~'auf·blü·hen I v/i ⟨sep, -ge-, sein⟩ 1. fig. (von Wirtschaft, Kultur etc) flourish again (od. anew), reflourish, revive. – II W~ n ⟨-s⟩ 2. verbal noun. – 3. (von Blüten etc) reopening. – 4. fig. reflourish, revival. — ~'auf·er·ste·hen I v/i ⟨irr, sep, no -ge-, sein⟩ fig. cf. wiedererstehen[2]. – II W~ n ⟨-s⟩ verbal noun. — W~'auf·er·ste·hung f ⟨-; no pl⟩ 1. cf. Wiederauferstehen. – 2. relig. cf. Auferstehung 1. – 3. fig. cf. Wiedererstehung[2] 2, 3. — ~'auf·flackern (getr. -k·k-) I v/i ⟨sep, -ge-, sein⟩ 1. fig. (von Unruhen etc) flare up again. – 2. med. (von Krankheit etc) recrudesce. – II W~ n ⟨-s⟩ 3. verbal noun. – 4. (eines Feuers etc) flare-up. – 5. fig. flare-up. – 6. med. recrudescence. — ~'auf·flam·men I v/i ⟨sep, -ge-, sein⟩ 1. fig. (von Haß etc) flare up again, recrudesce. – II W~ n ⟨-s⟩ 2. verbal noun. – 3. (von Holzstoß etc) flaming (od. blazing) up again. – 4. fig. flare-up, recrudescence. — W~'auf·for·stung f ⟨-; no pl⟩ (forestry) reforestation, bes. Br. reafforestation. — ~'auf·fri·schen I v/t ⟨sep, -ge-, h⟩ 1. fig. (Kenntnisse etc) refresh, brush up (s.th.) (again). – 2. fig. (Erinnerungen etc) refresh, revive. – II W~ n ⟨-s⟩ 3. verbal noun. — W~'auf·fri·schung f 1. cf. Wiederauffrischen. – 2. (von Farben etc) refreshment, touch-up. – 3. fig. (von Kenntnissen etc) refreshment, brushup. – 4. fig. (von Erinnerungen etc) refreshment, revival. — ~'auf·füh·ren v/t ⟨sep, -ge-, h⟩ 1. (theater) revive. – 2. (film) a) rerun, b) (alten Film) revive, re-release. – 3. mus. (Oper, Symphonie etc) reperform. – II W~ n ⟨-s⟩ 4. verbal noun. — W~'auf·füh·rung f 1. cf. Wiederaufführen. – 2. (einer Mauer etc) reerection, Br. re-erection. – 3. (theater) revival. – 4. (film) a) rerun, b) revival, re-release. – 5. mus. reperformance. — ~'auf·he·ben jur. I v/t ⟨irr, sep, -ge-, h⟩ 1. (Verordnung etc) abrogate, abolish. – 2. (Gesetz etc) repeal, rescind. – II W~ n ⟨-s⟩ 3. verbal noun. — W~'auf·he·bung f ⟨-; no pl⟩ 1. cf. Wiederaufheben. – 2. abrogation, abolishment, abolition. – 3. repeal, rescission. — ~'auf·koh·len metall. I v/t ⟨sep, -ge-, h⟩ recarburize Br. auch -s-. – II W~ n ⟨-s⟩ verbal noun. — W~'auf·koh·lung f ⟨-; -en⟩ 1. cf. Wiederaufkohlen. – 2. recarburization Br. auch -s-. — ~'auf·la·den electr. I v/t ⟨irr, sep, -ge-, h⟩ (Batterie etc) recharge. – II W~ n ⟨-s⟩ verbal noun. — W~'auf·la·dung f 1. cf. Wiederaufladen. – 2. recharge. —

W~'auf₁la·ge f print. **1.** cf. Wiederauflegen. **- 2.** (eines Buches etc) republication.

₁wie·der'auf₁le·ben I v/i ⟨sep, -ge-, sein⟩ **1.** (von Handel, Kunst etc) revive. **- 2.** (von Politik, Idee etc) revive, resurge. **- 3.** (von Streit etc) recrudesce, flare up again. **- 4.** eine Versicherung ~ lassen econ. to reinstate an insurance. **- II W~** n ⟨-s⟩ **5.** verbal noun. **- 6.** (von Handel, Kunst etc) revival. **- 7.** (einer Politik, Idee etc) revival, resurgence. **- 8.** (eines Streits etc) recrudescence. **- 9.** econ. (einer Versicherung) reinstatement. — **₁wie·der'auf₁le·bend I** pres p. **- II** adj **1.** (Interesse, Gesinnung etc) renascent. **- 2.** (Idee etc) resurgent. **- 3.** (Streit etc) recrudescent. **-**

₁wie·der'auf₁le·gen print. **I** v/t ⟨sep, -ge-, h⟩ **1.** (Buch etc) republish, re-edit. **- II W~** n ⟨-s⟩ **2.** verbal noun. **- 3.** cf. Wiederauflage 2.

₁Wie·der'auf₁nah·me f ⟨-; no pl⟩ **1.** cf. Wiederaufnehmen. **- 2.** (einer Tätigkeit, von Verhandlungen etc) resumption: ~ diplomatischer Beziehungen pol. re-establishment (Br. re-establishment) of diplomatic relations. **- 3.** (eines Themas, Gedankens etc) (gen to) reversion. **- 4.** (in eine Klinik, Organisation etc) readmission. **- 5.** (theater) (eines Stücks) revival. **- 6.** mus. cf. Reprise 3. **- 7.** jur. a) (eines unterbrochenen Prozesses) revival, b) (Revision) revision. — **~ver₁fah·ren** n jur. **1.** (im Zivilrecht) new hearing. **- 2.** (im Strafrecht) retrial, trial de novo.

₁wie·der'auf₁neh·men I v/t ⟨irr, sep, -ge-, h⟩ **1.** (Tätigkeit, Verhandlungen etc) resume, take up (s.th.) again: die diplomatischen Beziehungen ~ to reestablish (Br. re-establish) (od. resume) diplomatic relations. **- 2.** (Thema, Gedanken etc) revert to, come back to, take up (s.th.) again. **- 3.** (in eine Klinik, Organisation etc) readmit. **- 4.** (theater) (Stück) revive. **- 5.** jur. (unterbrochenen Prozeß) reopen, revive. **- II W~** n ⟨-s⟩ **6.** verbal noun. **- 7.** cf. Wiederaufnahme 2—7. — **~'auf₁rich·ten I** v/t ⟨sep, -ge-, h⟩ fig. (verzweifelten Menschen etc) give (s.o.) new courage (od. fresh heart), hearten. **- II W~** n ⟨-s⟩ verbal noun. — **W~'auf₁rich·tung** f ⟨-; no pl⟩ **1.** cf. Wiederaufrichten. **- 2.** (eines Masts etc) re-erection. — **W~'auf₁rü·stung** f ⟨-; no pl⟩ mil. pol. rearmament. — **~'auf₁su·chen I** v/t ⟨sep, -ge-, h⟩ **1.** go and see (od. visit) (s.o.) again, revisit. **- II W~** n ⟨-s⟩ **2.** verbal noun. **- 3.** revisit. — **~'auf₁tau·chen I** v/i ⟨sep, -ge-, sein⟩ **1.** fig. (von Person, verlorenem Gegenstand etc) turn up again, reappear. **- 2.** fig. (von Gefahr, Problem etc) crop up again, reoccur, recur. **- 3.** fig. (von Zweifeln etc) come back (again), return. **- II W~** n ⟨-s⟩ **4.** verbal noun. **- 5.** reappearance on the surface, (von U-Boot) auch surfacing. **- 6.** fig. (einer Person, eines verlorenen Gegenstands etc) reappearance. **- 7.** fig. (einer Gefahr, eines Problems etc) reoccurrence, recurrence. **- 8.** fig. (von Zweifeln etc) return. — **~'aus₁bre·chen I** v/i ⟨irr, sep, -ge-, sein⟩ **1.** fig. (von Feuer etc) break out (od. flare up) again. **- 2.** fig. (von Krieg etc) break out again. **- 3.** fig. (von Gewalt etc) break out again, recrudesce. **- 4.** med. (von Seuche etc) break out again, recrudesce. **- II W~** n ⟨-s⟩ **5.** verbal noun. — **W~'aus₁bruch** m **1.** cf. Wiederausbrechen. **- 2.** (eines Häftlings, Raubtiers etc) reescapement. **- 3.** fig. (eines Feuers etc) flare-up, new outbreak. **- 4.** fig. (eines Kriegs etc) new outbreak. **- 5.** fig. (von Gewalt etc) new outbreak, recrudescence. **- 6.** med. (einer Seuche etc) new outbreak, recrudescence. — **W~'aus₁fuhr** f econ. reexport(ation), Br. re-export(ation). — **~'aus₁füh·ren I** v/t ⟨sep, -ge-, h⟩ **1.** re-export, Br. re-export. **- II W~** n ⟨-s⟩ **2.** verbal noun. **- 3.** cf. Wiederausfuhr.

'Wie·der·be₁ginn m ⟨-(e)s; no pl⟩ **1.** (des Unterrichts, von Verhandlungen etc) recommencement, restart. **- 2.** (der Schule) reopening.

₁wie·der'bei₁brin·gen I v/t ⟨irr, sep, -ge-, h⟩ (gestohlenes Fahrzeug etc) recover. **- II W~** n ⟨-s⟩ verbal noun. — **₁Wie·der'bei₁brin·gung** f ⟨-; no pl⟩ **1.** cf. Wiederbeibringen. **- 2.**

'wie·der|be₁kom·men v/t ⟨irr, sep, no -ge-, h⟩ **1.** (Ausgeliehenes etc) get (s.th.) back, (Verlorenes) auch retrieve, recover.

- 2. (Auslagen, Eigentum etc) recover. — **~be₁le·ben** I v/t ⟨sep, no -ge-, h⟩ **1.** med. (klinisch Toten etc) bring (s.o.) back (od. restore s.o.) to life, revive, resuscitate. **- 2.** fig. (Wirtschaft etc) revive, revitalize, reanimate. **- 3.** fig. (Partei etc) resuscitate. **- 4.** fig. (Kunstrichtung, Brauch etc) revive, resurrect. **- II W~** n ⟨-s⟩ **5.** verbal noun. — **W~be₁le·bung** f ⟨-; no pl⟩ **1.** cf. Wiederbeleben. **- 2.** med. (eines klinisch Toten etc) restoration to life, revival, resuscitation. **- 3.** fig. (der Wirtschaft etc) revitalization, reanimation. **- 4.** fig. (einer Partei etc) resuscitation. **- 5.** fig. (einer Kunstrichtung, eines Brauches etc) revival, resurrection.

'Wie·der·be₁le·bungs·ver₁such m meist pl med. life-restoring attempt, attempt at revival (od. resuscitation): bei j-m ~e machen to attempt to restore s.o. to life; ~e blieben erfolglos attempts at revival were in vain.

'wie·der|₁brin·gen I v/t ⟨irr, sep, -ge-, h⟩ **1.** (Ball etc) bring (s.th.) back. **- 2.** (Geborgtes) bring (s.th.) back, return. **- 3.** fig. (Frieden etc) restore, bring (s.th.) back. **- II W~** n ⟨-s⟩ **4.** verbal noun. — **W~₁brin·gung** f ⟨-; no pl⟩ **1.** cf. Wiederbringen. **- 2.** fig. restoration. **- 3.** ~ (aller Dinge) relig. apocatastasis, apokatastasis. — **W~₁druck** m print. **1.** second impression (od. print). **- 2.** (Neudruck) reprint.

'Wie·der|'ein₁bau m ⟨-(e)s; no pl⟩ tech. **1.** cf. Wiedereinbauen. **- 2.** reinstallment, Am. auch reinstalment, reinstallation. **- 3.** reassembly, reassemblage. — **w~'ein₁bau·en** v/t ⟨sep, -ge-, h⟩ **1.** (Maschinen etc) reinstall, Am. auch reinstal. **- 2.** (Motor etc) remount. **- 3.** (Bauelemente etc) reassemble. **- II W~** n ⟨-s⟩ **4.** verbal noun. **5.** cf. Wiedereinbau 2, 3. — **w~'ein₁brin·gen I** v/t ⟨irr, sep, -ge-, h⟩ **1.** (Auslagen, Verlust etc) recover, retrieve, recoup. **- 2.** (Zeitverlust etc) make up (for), make good. **- II W~** n ⟨-s⟩ **3.** verbal noun. — **~'ein₁brin·gung** f ⟨-; no pl⟩ **1.** cf. Wiedereinbringen. **- 2.** recovery, retrieval, recoupment. — **w~'ein₁bür·gern I** v/t ⟨sep, -ge-, h⟩ repatriate. **- II W~** n ⟨-s⟩ verbal noun. — **~'ein₁bür·ge·rung** f **1.** cf. Wiedereinbürgern. **- 2.** repatriation. — **w~'ein₁fal·len I** v/i ⟨irr, sep, -ge-, sein⟩ **1.** j-m ~ fig. (ins Gedächtnis zurückkommen) to come back to s.o. **- II W~** n ⟨-s⟩ **2.** verbal noun. **- 3.** (einer Mauer etc) recollapse. **- 4.** mil. new invasion. — **w~'ein₁fan·gen I** v/t ⟨irr, sep, -ge-, h⟩ **1.** (Vogel, entflohenen Gefangenen etc) catch (s.o., s.th.) again, recapture. **- II W~** n ⟨-s⟩ **2.** verbal noun. **- 3.** recapture. — **w~'ein₁fin·den** v/reflex ⟨irr, sep, -ge-, h⟩ sich ~ **1.** (von Person) present oneself again. **- 2.** fig. (von verlorenem Gegenstand) turn up again, reappear. — **~'ein₁fuhr** f ⟨-; no pl⟩ econ. reimport(ation). — **w~'ein₁füh·ren I** v/t ⟨sep, -ge-, h⟩ **1.** econ. (Ware etc) reimport. **- 2.** (Steuern etc) reintroduce. **- 3.** fig. (Brauch etc) reintroduce, reestablish, Br. re-establish. **- II W~** n ⟨-s⟩ **4.** verbal noun. — **~'ein₁füh·rung** f ⟨-; no pl⟩ **1.** cf. Wiedereinführen. **- 2.** econ. cf. Wiedereinfuhr. **- 3.** (von Steuern etc) reintroduction. **- 4.** fig. (eines Brauches etc) reintroduction, reestablishment, Br. re-establishment. — **w~'ein₁glie·dern I** v/t ⟨sep, -ge-, h⟩ **1.** (Flüchtlinge etc) reintegrate. **- 2.** (beruflich) rehabilitate. **- 3.** (nach einer Freiheitsstrafe) rehabilitate, resocialize Br. auch -s-. **- II** v/reflex sich ~ **4.** (von Flüchtlingen etc) reintegrate oneself. **- 5.** (beruflich) rehabilitate oneself, readjust (oneself). **- 6.** (nach einer Freiheitsstrafe) rehabilitate oneself. **- III W~** n ⟨-s⟩ **7.** verbal noun. — **~'ein₁glie·de·rung** f **1.** cf. Wiedereingliedern. **- 2.** (von Flüchtlingen etc) reintegration. **- 3.** (beruflich) rehabilitation, readjustment. **- 4.** (nach einer Freiheitsstrafe) rehabilitation, resocialization Br. auch -s-. — **w~'ein₁lie·fern I** v/t ⟨sep, -ge-, h⟩ **1.** (ins Krankenhaus) rehospitalize Br. auch -s-. **- 2.** (ins Gefängnis) reimprison, put (s.o.) back in prison. **- II W~** n ⟨-s⟩ **3.** verbal noun. — **~'ein₁lie·fe·rung** f **1.** cf. Wiedereinliefern. **- 2.** rehospitalization. **- 3.** reimprisonment. — **w~'ein₁lö·sen I** v/t ⟨sep, -ge-, h⟩ (Pfand etc) redeem. **- II W~** n ⟨-s⟩ verbal noun. — **~'ein₁lö·sung** f **1.** cf. Wiedereinlösen. **- 2.** redemption. — **~'ein₁nah·me** f ⟨-; no

pl⟩ **1.** cf. Wiedereinnehmen. **- 2.** mil. recapture. — **w~'ein₁neh·men** mil. **I** v/t ⟨irr, sep, -ge-, h⟩ **1.** (Stadt, Festung etc) recapture. **- II W~** n ⟨-s⟩ **2.** verbal noun. **- 3.** cf. Wiedereinnahme 2. — **w~'ein₁ren·ken I** v/t ⟨sep, -ge-, h⟩ (verfahrene Angelegenheit etc) straighten (s.th.) out, fix (s.th.) up, settle (s.th.) (up). **- II** v/reflex sich ~ straighten (itself) out, work out (all right). — **w~'ein₁schif·fen** mar. **I** v/reflex ⟨sep, -ge-, h⟩ sich ~ re-embark, Br. re-embark. **- II W~** n ⟨-s⟩ verbal noun. — **~'ein₁schif·fung** f ⟨-; no pl⟩ **1.** cf. Wiedereinschiffen. **- 2.** reembarkation, Br. re-embarkation, reembarkment, Br. re-embarkment. — **w~'ein₁schla·fen I** v/i ⟨irr, sep, -ge-, sein⟩ **1.** fig. (von Briefwechsel, Kontakten etc) peter (od. fizzle) out again. **- II W~** n ⟨-s⟩ verbal noun. **- 3.** falling asleep again. — **w~'ein₁set·zen I** v/t ⟨sep, -ge-, h⟩ **1.** (in ein Amt etc) (in acc) reinstate (in), reappoint (to), reinstall (Am. auch reinstal) (in), restitute (in), restore (to). **- 2.** (in Rechte etc) (in acc) reinvest (with), reestablish (Br. re-establish) (in), restore (to). **- 3.** (in Besitz) (in acc in) reinstate. **- 4.** (König) restore (s.o.) to the throne. **- II** v/i **5.** med. (von Fieber etc) recur. **- 6.** (von Regen etc) set in (od. start) again. **- III W~** n ⟨-s⟩ **7.** verbal noun. **- 8.** med. (von Fieber etc) recurrence. **- 9.** nach W~ des Regens after rain had started again. — **~'ein₁set·zung** f ⟨-; no pl⟩ **1.** cf. wiedereinsetzen 7. **- 2.** (in ein Amt etc) (in acc) reinstatement (in), reappointment (to), reinstallment (Am. auch reinstalment) (in), restitution (in), restoration (to). **- 3.** (in Rechte etc) (in acc) reinvestiture (with), reestablishment (Br. re-establishment) (in), restoration (to). **- 4.** (in Besitz) (in acc in) reinstatement. **- 5.** (eines Königs) restoration. — **w~'ein₁stel·len** v/reflex ⟨sep, -ge-, h⟩ sich ~ fig. **1.** (von Schmerzen etc) come back again, return. **- 2.** (von verlorenem Gegenstand etc) turn up again, reappear. — **~'ein₁stel·lung** f (von Angestellten etc) reemployment, Br. re-employment, reengagement, Br. re-engagement, reinstatement. — **w~'ein₁tre·ten I** v/i ⟨irr, sep, -ge-, sein⟩ fig. (von Ereignissen etc) reoccur, recur, happen again. **- II W~** n ⟨-s⟩ verbal noun. — **~'ein₁tritt** m ⟨-(e)s; no pl⟩ **1.** cf. Wiedereintreten. **- 2.** (space) (in die Erdatmosphäre etc) (in acc into) reentry. **- 3.** fig. (ins Berufsleben etc) (in acc into) reentry, Br. re-entry, reentrance, Br. re-entrance. **- 4.** fig. (von Ereignissen etc) reoccurrence, recurrence.

'Wie·der·ein₁tritts|₁bahn f (space) reentry (Br. re-entry) trajectory. — **~ge₁schwin·dig·keit** f re(-)entry velocity. — **~₁kör·per** m re(-)entry vehicle. — **~₁kor·ri·dor** m re(-)entry corridor.

'Wie·der|ent₁deckung (getr. -k·k-) f ⟨-; no pl⟩ rediscovery. — **~er₁grei·fung** f ⟨-; no pl⟩ (eines Entflohenen) recapture. — **w~er₁hal·ten** v/t ⟨irr, sep, no -ge-, h⟩ cf. wiederbekommen. — **w~er₁ken·nen I** v/t ⟨irr, sep, no -ge-, h⟩ recognize (Br. auch -s-) (s.o., s.th.) again, know (s.o., s.th.) again: sich (od. einander) ~ to recognize each other (one od. one another) again; er war nicht wiederzuerkennen a) he was unrecognizable (Br. auch -s-) (od. beyond recognition), b) fig. he had changed beyond (od. out of [all]) recognition. **- II W~** n ⟨-s⟩ verbal noun. — **~er₁ken·nung** f ⟨-; no pl⟩ **1.** cf. Wiedererkennen. **- 2.** recognition. — **w~er₁lan·gen I** v/t ⟨sep, no -ge-, h⟩ **1.** med. (Bewußtsein) regain, recover: → Bewußtsein 1. **- 2.** (Freiheit etc) regain. **- 3.** (Gesundheit) recover. **- 4.** jur. a) (Vermögen etc) recover, retrieve, b) (Rechte) redeem. **- II W~** n ⟨-s⟩ **5.** verbal noun. — **~er₁lan·gung** f ⟨-; no pl⟩ **1.** cf. Wiedererlangen. **- 2.** med. (des Bewußtseins) recovery. **- 3.** (der Gesundheit) recovery. **- 4.** jur. a) (des Vermögens etc) recovery, retrieval, b) (von Rechten) redemption. — **~er₁nen·nung** f reappointment. — **w~er₁obern I** v/t ⟨sep, no -ge-, h⟩ **1.** recapture, reseize. **- 2.** mil. (Festung etc) reconquer. **- 3.** econ. (Markt etc) recapture. **- II W~** n ⟨-s⟩ **4.** verbal noun. — **~er₁obe·rung** f **1.** cf. Wiedererobern. **- 2.** recapture, reseizure. **- 3.** mil. (einer Festung etc) reconquest. **- 4.** econ. (des Markts etc) recapture. — **w~er₁öff·nen**

I v/t ⟨sep, no -ge-, h⟩ **1.** (Geschäft, Theater etc) reopen. - **2.** mil. (Feuer, Feindseligkeiten) reopen. - **II W**~ n ⟨-s⟩ **4.** verbal noun. — ~er,öff·nung f cf. Wiedereröffnen. —

w~**er,schei·nen I** v/i ⟨irr, sep, no -ge-, sein⟩ **1.** fig. (von Zeitung etc) be republished: eine Zeitschrift ~ lassen to republish (od. resume the publication of) a journal. - **II W**~ n ⟨-s⟩ **2.** verbal noun. - **3.** reappearance. - **4.** fig. (einer Zeitung etc) republication. — **w**~**er,stat·ten I** v/t ⟨sep, no -ge-, h⟩ **1.** (Auslagen etc) refund, reimburse. - **2.** (geliehene Summe) pay back, repay. - **II W**~ n ⟨-s⟩ **3.** verbal noun. — ~er,stat·tung f ⟨-; no pl⟩ **1.** cf. Wiedererstatten. - **2.** (von Auslagen etc) refund, reimbursement. - **3.** (einer geliehenen Summe) repayment.

'wie·der,er,ste·hen¹ I v/t ⟨irr, sep, no -ge-, h⟩ **1.** rebuy, repurchase. - **II W**~ n ⟨-s⟩ **2.** verbal noun. - **3.** cf. Wiedererstehung¹. — **'wie·der,er,ste·hen²** I v/i ⟨irr, sep, no -ge-, sein⟩ **1.** (von Vergangenem) revive: den Glanz vergangener Epochen ~ lassen to revive the splendo(u)r of bygone eras. - **2.** (von Stadt etc) rise (od. spring up) again. - **II W**~ n ⟨-s⟩ **3.** verbal noun. - **4.** cf. Wiedererstehung².

'Wie·der·er,ste·hung¹ f ⟨-; no pl⟩ **1.** cf. Wiedererstehen¹. - **2.** repurchase. — **'Wie·der·er,ste·hung²** f ⟨-; no pl⟩ **1.** cf. Wiedererstehen². - **2.** (von Vergangenem) revival. - **3.** (von Stadt etc) new rise.

'wie·der|er,wa·chen I v/i ⟨sep, no -ge-, sein⟩ **1.** fig. (von Natur, Liebe etc) reawake, reawaken. - **2.** fig. (von Interesse etc) be aroused (od. awakened) again. - **II W**~ n ⟨-s⟩ **3.** verbal noun: beim W~ aus der Narkose med. (on) coming out of an(a)esthesia. — ~er,wecken (getr. -k·k-) I v/t ⟨sep, no -ge-, h⟩ **1.** j-n ~ med. to bring s.o. back to life, to resuscitate (od. revive) s.o. - **2.** fig. (Natur, Liebe etc) reawaken, reawake. - **3.** fig. (von Interesse etc) arouse (od. awaken) again. - **II W**~ n ⟨-s⟩ **4.** verbal noun. — **W**~**er,weckung** (getr. -k·k-) f ⟨-; no pl⟩ **1.** cf. Wiedererwecken. - **2.** med. resuscitation, revival. — ~er,zäh·len v/t ⟨sep, no -ge-, h⟩ cf. weitererzählen 1. — ~,fin·den I v/t ⟨irr, sep, -ge-, h⟩ **1.** (Person, verlorenen Gegenstand, Weg etc) find (s.o., s.th.) again: sie haben sich (od. einander) endlich wiedergefunden they have found each other again at last. - **2.** fig. regain, recover: er hat sein Selbstvertrauen wiedergefunden he has regained his self-confidence. - **II** v/reflex sich ~ **3.** (von verlorenem Gegenstand etc) turn up again, reappear. — ~,for·dern v/t ⟨sep, -ge-, h⟩ etwas ~ to ask for (od. demand) s.th. back.

'Wie·der,ga·be f ⟨-; no pl⟩ **1.** cf. Wiedergeben. - **2.** (Bericht, Schilderung) account, report, description: es wurde eine exakte ~ der Vorgänge verlangt an exact account of the events was requested. - **3.** (Gestaltung, Vortrag) interpretation, rendition: die künstlerische ~ des Liedes the artistic interpretation of the lied; der Künstler bot eine vollendete ~ des Klavierkonzertes the artist gave a perfect rendering of the piano concerto. - **4.** (Zitieren) quotation: die ~ einer Stelle aus Homer the quotation of a passage from Homer. - **5.** (Wiederholung) repetition: die wörtliche ~ der Rede the literal (od. word-for-word, verbatim) repetition of the speech. - **6.** (Reproduktion) reproduction: eine gute ~ eines Gemäldes von Dürer a good reproduction of a painting by Dürer. - **7.** (von Eindrücken etc) conveyance. - **8.** (Übersetzung) translation: eine wörtliche ~ a literal (od. word-for-word, verbatim) translation. - **9.** electr. a) (von Schallaufzeichnung) playback, b) (von Frequenzen) response: ~ einer Aufzeichnung (radio) telev. recorded broadcast. - **10.** (radio) telev. a) (Bild- u. Tonqualität) reproduction, b) (Bild- u. Trennschärfe) definition: naturgetreue (od. tongetreue) ~ faithful (od. true) reproduction, high-fidelity (od. colloq. hi-fi) reproduction. - **11.** (computer) (von Daten) playback. — ~ent,zer·rer m electr. (am Tonbandgerät) reproduction equalizer (Br. auch -s-). — ~ge,rät n (für Bild- u. Tonaufnahmen) playback (od. replay) unit (od. set). — ~ge,schwin·dig·keit f (am

---

Plattenspieler etc) reproduction speed. — ~,gü·te f quality of reproduction. — ~,kopf m (am Tonbandgerät etc) playback head. — ~,pe·gel m playback (od. reproduction) level. — ~,qua·li,tät f quality of reproduction. — ~,recht n jur. right to reproduce. — ~,röh·re f telev. cathode-ray tube (bes. Br. valve), picture (od. display) tube (bes. Br. valve), Am. kinescope. — ~,ta·ste f electr. (am Tonbandgerät etc) playback button (od. key). — ~,treue f fidelity of reproduction, reproduction fidelity: hohe ~ high fidelity, hi-fi (colloq.). — ~ver,stär·ker m playback (od. reproducing) amplifier.

'wie·der,ge·ben I v/t ⟨irr, sep, -ge-, h⟩ **1.** (zurückgeben) give (s.th.) back, return: j-m etwas ~ to give s.th. back to s.o., to give s.o. s.th. back, to return s.th. to s.o., to return s.o. s.th.; du kannst mir das Geld bei Gelegenheit (od. gelegentlich) ~ you can give me the money back whenever it suits you (od. sometime). - **2.** fig. (Ehre, Freiheit, Gesundheit etc) (dat to) restore. - **3.** (schildern) describe, give a report (od. an account) of: einen Vorgang genau ~ to describe a course of events precisely. - **4.** (vortragen) recite, render, interpret, mus. auch perform: eine Sonate brillant ~ to give a brilliant performance (od. interpretation) of a sonata; ein Gedicht vollendet ~ to recite a poem perfectly. - **5.** (zitieren) quote. - **6.** (wiederholen) repeat, retell: etwas falsch [wörtlich] ~ to repeat s.th. wrong(ly) [literally od. word for word, verbatim]. - **7.** (reproduzieren) (Gemälde etc) reproduce. - **8.** (vermitteln) (Eindrücke, Erlebnisse etc) convey. - **9.** (übersetzen) (auf acc, in dat into) translate, render. - **10.** electr. (Schallaufzeichnung) play back: der Lautsprecher gab die Musik verzerrt wieder the loudspeaker gave a distorted reproduction of the music. - **II** v/i **11.** können Sie mir auf 10 Mark ~? colloq. can you give me change for a 10-mark note (Am. bill)? - **III W**~ n ⟨-s⟩ **12.** verbal noun. - **13.** cf. Wiedergabe. — ~ge,bo·ren adj **1.** relig. reborn. - **2.** ich fühle mich wie ~ fig. I feel like a new person. — **W**~**ge,burt** f **1.** relig. a) (Reinkarnation) reincarnation, rebirth, b) ⟨only sg⟩ (geistige) regeneration, c) ⟨only sg⟩ (durch die Taufe, nach einer Seelenwanderung) palingenesis. - **2.** fig. rebirth, renaissance: die ~ der Antike the renaissance of classical antiquity. — **W**~**ge,ne·sung** f ⟨-; no pl⟩ med. recovery, convalescence, recuperation. — ~ge,win·nen I v/t ⟨irr, sep, -ge-, h⟩ **1.** (Geld etc) win back, redeem, retrieve. - **2.** (Kunden, Stimmen etc) win back. - **3.** fig. (Selbstvertrauen etc) regain, recover: seine Fassung ~ to regain one's composure; seinen Ruf ~ to regain (od. redeem, win back) one's reputation, to redeem oneself. - **II W**~ n ⟨-s⟩ **4.** verbal noun. — **W**~**ge,win·nung** f ⟨-; no pl⟩ **1.** cf. Wiedergewinnen. - **2.** (von Geld etc) redemption, retrieval. - **3.** fig. (von Selbstvertrauen etc) recovery, redemption. — ~,grü·ßen I v/t ⟨sep, -ge-, h⟩ **1.** j-n ~ to return s.o.'s greeting(s): bitte grüßen Sie ihn wieder please return his wishes. - **2.** mil. return a salute. - **II** v/i **3.** return a greeting, return greetings. - **4.** mil. return a salute. — ~gut,ma·chen I v/t ⟨sep, -ge-, h⟩ **1.** (Fehler, Schaden etc) make amends (od. make up) for, make good, redeem, repair, (Verlust) auch recoup: der Schaden ist nicht wiedergutzumachen the damage is irreparable; ein Unrecht ~ to make good an injustice; j-s Verlust ~ to restitute s.o.'s loss(es). - **2.** (sühnen) atone (for), expiate. - **3.** pol. make reparations for. - **4.** jur. (angerichteten Schaden etc) redress. - **II W**~ n ⟨-s⟩ **5.** verbal noun. — **'Wie·der,gut,ma·chung** f ⟨-; -en⟩ **1.** cf. Wiedergutmachen. - **2.** ⟨only sg⟩ (eines Fehlers, eines Schadens etc) (gen) amends pl (usually construed as sg) (for), reparation (of), redemption (of), (eines Verlustes) auch recoupment (of): die ~ seines Verlusts the restitution of his loss(es). - **3.** ⟨only sg⟩ (durch Sühne) (gen) atonement (for, of), expiation (of). - **4.** pol. reparation. - **5.** ⟨only sg⟩ jur. (eines angerichteten Schadens) (gen) redress.

'Wie·der,gut,ma·chungs|,ab,kom·men n pol. agreement on reparations. — ~,amt

---

n reparations office. — ~,an,spruch m claim to reparations. — ~ge,setz n reparations law. — ~kom·mis,si,on f reparations commission. — ~,lei·stun,gen pl reparation payments. — ~ver,hand·lun,gen pl negotiations on reparations. — ~,zah·lung f payment of reparations: ~en leisten to pay reparations.

'wie·der,ha·ben v/t ⟨irr, sep, -ge-, h⟩ colloq. have (s.th.) back (again): du kannst dein Bild ~ you may have your picture back (again); ich möchte mein Buch ~ I'd like (to have) my book back (again).

'Wie·der|her'aus,ga·be f ⟨-; no pl⟩ **1.** cf. Wiederherausgeben. - **2.** return. — **w**~**her'aus,ge·ben** v/t ⟨irr, sep, -ge-, h⟩ **1.** etwas ~ to give s.th. back (again), to return s.th. - **II W**~ n ⟨-s⟩ **2.** verbal noun. - **3.** cf. Wiederherausgabe. — **w**~**her'aus,rücken** (getr. -k·k-) v/t ⟨sep, -ge-, h⟩ colloq. for wiederherausgeben. — **w**~**'her,rich·ten I** v/t ⟨sep, -ge-, h⟩ **1.** (Zimmer, Gebäude etc) redecorate, do up. - **2.** (Straße etc) repair, mend, Am. colloq. fix. - **II W**~ n ⟨-s⟩ **3.** verbal noun. — ~'her,rich·tung f ⟨-; no pl⟩ **1.** cf. Wiederherrichten. - **2.** redecoration. - **3.** repair. — ,wie·der'her,stel·len I v/t ⟨sep, -ge-, h⟩ **1.** (Beziehungen, Ruhe etc) reestablish, Br. re-establish: Recht und Ordnung ~ to restore law and order. - **2.** (Gebäude) renovate, do up, rehabilitate, (restaurieren) auch restore. - **3.** med. a) (Gesundheit etc) restore, b) (Patienten) restore (s.o.) to health, cure. - **4.** etwas aus dem Gedächtnis ~ (Liste etc) to reproduce s.th. from memory. - **II W**~ n ⟨-s⟩ **5.** verbal noun. — ,Wie·der'her,stel·lung f **1.** cf. Wiederherstellen. - **2.** a) (von Beziehungen, Ruhe etc) reestablishment, Br. re-establishment, b) (von Recht und Ordnung) restoration. - **3.** (eines Gebäudes) renovation, rehabilitation, instauration, (Restaurierung) auch restoration. - **4.** med. a) (der Gesundheit etc) restoration, b) (von Patienten) restoration to health, cure. - **5.** ~ aus dem Gedächtnis reproduction from memory. — ,Wie·der'her,stel·lungs|chir,ur,gie f med. plastic (od. reconstruction) surgery. — ~,kla·ge f jur. (im Eherecht) suit for the restitution of conjugal rights. — ~ko·sten pl cost sg of renovation (od. rehabilitation, instauration), renovation (od. rehabilitation, instauration) costs, (Restaurierungskosten) auch cost sg of restoration, restoration costs.

,wie·der'hol·bar adj repeatable: sein Kommentar ist nicht ~ I cannot possibly repeat his comment.

,Wie·der'hol·be,fehl m (computer) repetition instruction.

'wie·der,ho·len¹ v/t ⟨sep, -ge-, h⟩ **1.** (zurückholen) (go and) get (s.o., s.th.) back, fetch (s.o., s.th.) back: j-m etwas ~ to fetch s.o. s.th. back, to fetch s.th. back for s.o. - **2.** (Geliehenes) (go and) get (s.th.) back. - **3.** colloq. (Angestellten etc) get (s.o.) to come back.

,wie·der'ho·len² I v/t ⟨insep, no -ge-, h⟩ **1.** (Angebot, Befehl, Forderung, Gedicht etc) repeat: eine Lektion ~ to repeat a lesson, to go over (od. through) a lesson again; etwas wörtlich ~ to repeat s.th. literally (od. word for word, verbatim, Am. auch to reword s.th.; ~ Sie das noch einmal! repeat that (again); das läßt sich nicht ~ that cannot be repeated, that is unrepeatable; → Klasse 1. - **2.** (Text) repeat, reread. - **3.** (Prüfungsstoff etc) revise. - **4.** (mehrmals) reiterate. - **5.** (zusammenfassend) recapitulate, sum up, summarize Br. auch -s-. - **6.** (film) (Aufnahme) retake. - **7.** (radio) telev. (Sendung) repeat, rebroadcast, rerun. - **8.** (sport) a) (Spiel) replay, b) (Einwurf etc) retake: der Schiedsrichter ließ den Freistoß ~ (beim Fußball) the referee ordered the free kick to be retaken. - **II** v/reflex sich ~ **9.** (von Person) repeat oneself: er wiederholt sich ständig he is constantly repeating himself. - **10.** (von Ereignis etc) happen again, (periodisch) auch recur. - **11.** (von Motiv etc) be repeated, repeat itself. - **12.** math. (von Dezimalstelle) recur. - **III W**~ n ⟨-s⟩ **13.** verbal noun. - **14.** cf. Wiederholung.

,wie·der'ho·lend I pres p of wiederholen². - **II** adj sich ~ **1.** repetitive, reiterative: ein sich häufig ~es Motiv a repetitive motif, a motif (that is) frequently repeated.

– **2.** (*bes. unerwünscht*) repetitious, repetitive, reiterative.

wie·der'holt I *pp of* wiederholen². – **II** *adj* ⟨*attrib*⟩ (*Anfrage, Vorwürfe etc*) repeated: zu ⁓en Malen repeatedly, again (*od.* time) and again. – **III** *adv* ⁓ auf (*acc*) etwas hinweisen to point s.th. out repeatedly; ich habe es dir ⁓ gesagt I have told you again (*od.* time) and again.

Wie·der'ho·lung *f* ⟨-; -en⟩ **1.** *cf.* Wiederholen². – **2.** (*eines Angebots, Befehls, Gedichts, Texts, einer Forderung etc*) repetition. – **3.** (*von Prüfungsstoff etc*) revision, revisal. – **4.** (*mehrmalige*) reiteration. – **5.** (*zusammenfassende*) recapitulation, summary, sum-up, summarization *Br. auch* -s-. – **6.** (*film*) (*einer Aufnahme*) retake. – **7.** (*radio*) *telev.* (*einer Sendung*) repeat, rebroadcast, rerun: ⁓ in Zeitlupe *telev. cf.* Zeitlupenwiederholung. – **8.** (*sport*) (*eines Einwurfs etc*) retake: der Schiedsrichter ordnete eine ⁓ des Freistoßes an (*beim Fußball*) the referee ordered the free kick to be retaken. – **9.** *mus.* a) (*eines Musikstücks*) repeat, replay, (*als Zugabe*) encore, b) (*eines Themas etc*) repeat, repetition, c) *cf.* Refrain 1. – **10.** *ling.* (*in der Rhetorik*) repetition. – **11.** (*art*) (*Replik*) replica, facsimile. – **12.** (*textile*) (*eines Musters*) repeat.

Wie·der'ho·lungs|,fall *m only in* im ⁓(e) if it should (*od.* should it) occur (*od.* happen) again, in case of recurrence. – ⁓**form** *f mus.* repetition form. – ⁓**ge,fahr** *f* danger of recurrence. – ⁓**ho·no,rar** *n* (*radio*) *telev.* repeat fee. – ⁓**imp,fung** *f med.* a) repeated inoculation, b) (*gegen Pocken*) repeated vaccination. – ⁓**kurs** *m* **1.** *ped.* refresher course. – **2.** *Swiss mil. cf.* Wiederholungslehrgang. – ⁓**lehr,gang** *m mil.* refresher course. – ⁓**schal·ter** *m* (*am Plattenspieler*) repeat switch. – ⁓**spiel** *n* (*sport*) replay. – ⁓**ta·ste** *f* (*computer*) repeat key. – ⁓**traum** *m psych.* recurrent dream. – ⁓**zei·chen** *n mus.* repeat (mark). – ⁓**zwang** *m psych.* **1.** repetition compulsion. – **2.** (*beim Sprechen*) paliphrasia, palilalia.

'Wie·der|,hö·ren *n only in* auf ⁓! a) (*am Telephon*) good-by(e)! b) (*im Radio*) till next time! (*zum Sendeschluß*) till tomorrow! – ⁓**imp,fung** *f med.* a) reinoculation, b) (*gegen Pocken*) revaccination.

Wie·der|in·be'sitz,nah·me *f* ⟨-; no pl⟩ **1.** (*eines Grundstücks etc*) repossession, eviction. – **2.** *mil.* (*einer Stadt etc*) recapture, reseizure. — ⁓**in·be'trieb,nah·me** *f* ⟨-; no pl⟩ **1.** (*einer Maschine*) restarting (operation): nach ⁓ der Maschine after putting the machine into operation again. – **2.** (*einer Bahnlinie, Straße etc*) reopening. — ⁓**in'dienst,nah·me** *f* ⟨-; no pl⟩ **1.** *mar.* (*eines Schiffes*) recommission(ing). – **2.** *mil. cf.* Reaktivierung 3. — ⁓**in'gang,set·zung** *f* ⟨-; no pl⟩ (*einer Maschine etc*) restarting. — ⁓**in'kraft,set·zung** *f* ⟨-; no pl⟩ *jur.* **1.** (*eines Testaments, Vertrags etc*) revival. – **2.** (*eines Gesetzes*) reenactment, *Br.* re-enactment. – **3.** (*einer Versicherung*) reinstatement. — ⁓**in'stand,set·zung** *f* ⟨-; no pl⟩ **1.** *cf.* Wiederherstellung 3. – **2.** (*eines Autos, einer Maschine etc*) repair. – **3.** (*von Werkzeugen*) reconditioning. — ⁓**in'stand,set·zungs,ko·sten** *pl* **1.** *cf.* Wiederherstellungskosten. – **2.** repair costs. – **3.** reconditioning costs.

'wie·der,käu·en [-,kɔyən] **I** *v/i* ⟨*sep*, -ge-, h⟩ **1.** *zo.* chew the cud, ruminate. – **2.** *fig. colloq.* harp on the same things. – **II** *v/t* **3.** *zo.* ruminate. – **4.** *fig. colloq.* go on and on about, harp on. – **III W**⁓ *n* ⟨-s⟩ **5.** *verbal noun.* – **6.** *zo.* rumination. — **'Wie·der-,käu·er** *m* ⟨-s; -⟩ *zo.* ruminant.

'Wie·der|,kauf *m econ.* **1.** *cf.* Wiederkaufen. – **2.** repurchase, redemption: auf ⁓ verkaufen to sell with option of repurchase. — ⁓**w,kau·fen** *v/t* ⟨*sep*, -ge-, h⟩ **1.** buy (*s.th.*) back, repurchase, redeem. – **2.** *cf.* wiedereinlösen. – **II W**⁓ *n* ⟨-s⟩ **3.** *verbal noun.* – **4.** *cf.* Wiederkauf 2. — ⁓**,käu·fer** *m* repurchaser.

'Wie·der,kaufs|,preis *m econ.* repurchase (*od.* redemption) price. — ⁓**,recht** *n* right of repurchase (*od.* redemption). — ⁓**,vor·be,halt** *m* proviso of repurchase (*od.* redemption).

'Wie·der,kehr *f* ⟨-; no pl⟩ **1.** *cf.* Wiederkehren. – **2.** (*Heimkehr*) (aus, von from) return. – **3.** (*einmalige*) return: man glaubt

an die ⁓ Christi Christ is believed to return to earth. – **4.** (*mehrmalige*) recurrence. – **5.** (*Wiederholung*) repetition, (*periodische*) *auch* recurrence. – **6.** (*eines Jahrestages etc*) anniversary: die hundertjährige ⁓ seines Geburtstages the centenary (*od.* hundredth anniversary) of his birthday. – **7.** *med.* (*eines Anfalls etc*) recurrence: ⁓ einer Krankheit recurrence of an illness, relapse. — **'wie·der,keh·ren I** *v/i* ⟨*sep*, -ge-, sein⟩ **1.** (*heimkehren*) (aus, von from) return, come back. – **2.** (*einmal*) return, come again: was vergangen ist, kehrt nie wieder the (*od.* what is) past will never return. – **3.** (*mehrmals*) recur. – **4.** (*wiederholt*) repeat itself, be repeated, (*periodisch*) *auch* recur: dieses Thema kehrt mehrmals wieder this theme recurs (*od.* is repeated) several times. – **5.** morgen kehrt sein Todestag zum 25. Mal(e) wieder tomorrow will be the 25th anniversary of his death. – **6.** *med.* (*von Anfall etc*) recur. – **II W**⁓ *n* ⟨-s⟩ **7.** *verbal noun.* – **8.** *cf.* Wiederkehr 2–7. — **'wie·der-,keh·rend I** *pres p.* – **II** *adj* recurrent, recurring: ein jährlich ⁓es Fest an annual celebration, an anniversary.

'wie·der|,ken·nen *v/t* ⟨*irr, sep*, -ge-, h⟩ *cf.* wiedererkennen. — ⁓**,kom·men I** *v/i* ⟨*irr, sep*, -ge-, sein⟩ **1.** (*zurückkommen*) come back, return: ich komme gleich wieder I'll be back in a minute (*od.* moment, *colloq.* jiffy), I shan't be a minute (*od.* moment); können Sie nicht ⁓? (*es paßt mir jetzt nicht*) can't you come again later (*od.* some other time)? der soll nur ⁓! *colloq.* (just) let me catch him! (just) wait till I catch (*od.* lay hands on) him! – **2.** (*wiederkehren*) return, come again: so eine Gelegenheit kommt so bald nicht wieder such an opportunity will not come again for a long time. – **II W**⁓ *n* ⟨-s⟩ **3.** *verbal noun.* – **4.** *cf.* Wiederkunft 2. — **'Wie·der,kunft** *f* ⟨-; no pl⟩ **1.** *cf.* Wiederkommen. – **2.** return. – **3.** die ⁓ Christi *relig.* the second advent (of Christ).

'wie·der|,lie·ben *v/t* ⟨*sep*, -ge-, h⟩ j-n ⁓ to return s.o.'s love. — ⁓**,ma·chen** *v/t* ⟨*sep*, -ge-, h⟩ *cf.* wiedertun. — ⁓**,nah·me** *f* ⟨-; no pl⟩ **1.** *cf.* Wiedernehmen. – **2.** *mil.* recapture, reseizure. — ⁓**,neh·men I** *v/t* ⟨*irr, sep*, -ge-, h⟩ **1.** etwas ⁓ to take s.th. back. – **2.** *mil.* recapture, reseize. – **II W**⁓ *n* ⟨-s⟩ **3.** *verbal noun.* – **4.** *cf.* Wiedernahme 2. — ⁓**,schau·en** *n only in* auf W⁓! *cf.* Wiedersehen 3. — ⁓**,schen·ken** *v/t* ⟨*sep*, -ge-, h⟩ **1.** j-m etwas ⁓ to give s.o. s.th. as a present in return. – **2.** er wurde dem Leben wiedergeschenkt *fig. lit.* he was restored to life. — ⁓**,se·hen I** *v/t* ⟨*irr, sep*, -ge-, h⟩ **1.** (*Person, Stadt etc*) see (*s.o., s.th.*) again: ich habe ihn nie wiedergesehen I never saw him again (*od.* since); wann sehen wir uns wieder? when will we meet (*od.* see each other) again? er sollte seine Heimatstadt nicht ⁓ he was not to see his home town again. – **II W**⁓ *n* ⟨-s⟩ **2.** *verbal noun.* – **3.** auf W⁓! good-by(e)! see you (again *od.* later)! (*colloq.*), so long! (*colloq.*), (I'll be) seeing you! (*colloq.*), *bes. Br. colloq.* cheerio! – **4.** es wird ein W⁓ geben we will see each other (*od.* meet) again; er glaubte an kein (*od.* nicht an ein) W⁓ mit der Heimat he did not think he would ever (*od.* he never thought he would) see his home country again; W⁓ macht Freude *humor.* I would like (*od.* be glad) to have (*od.* see) it back.

'Wie·der|,tau·fe *f* ⟨-; no pl⟩ *relig.* rebaptism, (*der Anabaptisten*) *auch* Anabaptism. — ⁓**,täu·fer** *m* rebaptizer *Br. auch* -s-, (*Anabaptist*) *auch* Anabaptist.

'wie·der,tun *v/t* ⟨*irr, sep*, -ge-, h⟩ etwas ⁓ to do s.th. again: tu das nie wieder! don't you ever do that again! ich verspreche, es nicht wiederzutun I promise not to do it again.

wie·der·um ['vi:dərʊm] *adv* **1.** (*hingegen, andererseits*) on the other hand: ich glaube ⁓ nicht, daß er so weit gehen würde on the other hand, I don't believe (that) he would go as far as that; ⁓ stimmt es, wenn er sagt, daß on the other hand, he is right in saying that. – **2.** (*erneut*) (yet) again: er hat ihm ⁓ Schwierigkeiten gemacht he has given him trouble (yet) again. – **3.** in turn: wir ändern A, dies ⁓ ändert B we change A, and this in turn changes B.

'wie·der·ver,ei·ni·gen I *v/t* ⟨*sep, no* -ge-, h⟩

pol. (*Land etc*) reunite, reunify. – **II** *v/reflex* sich ⁓ reunite, be reunited, be reunified. – **III W**⁓ *n* ⟨-s⟩ *verbal noun.* — **'Wie·der·ver,ei·ni·gung** *f* ⟨-; no pl⟩ **1.** *cf.* Wiedervereinigen. – **2.** (*einer Familie etc*) reunion. – **3.** *pol.* (*eines Landes etc*) reunion, reunification.

'Wie·der·ver,ei·ni·gungs·be·stre·bun·gen *pl pol.* efforts at reunion (*od.* reunification).

'Wie·der·ver,fil·mung *f* (*eines Stoffes etc*) remake.

'wie·der·ver,gel·ten I *v/t* ⟨*irr, sep, no* -ge-, h⟩ j-m etwas ⁓ to repay (*od.* requite) s.o. for s.th., (*nur negativ*) to retaliate s.th. (up)on s.o.: ich habe es ihm wiedervergolten I have paid him back (*od.* out) (for it). – **II W**⁓ *n* ⟨-s⟩ *verbal noun.* — **'Wie·der·ver,gel·tung** *f* ⟨-; no pl⟩ **1.** *cf.* Wiedervergelten. – **2.** requital, (*nur negativ*) retaliation, reprisal. — **'Wie·der·ver,gel·tungs,maß,nah·men** *pl* retaliatory measures, reprisals.

'Wie·der·ver,hei·ra·tung *f* ⟨-; no pl⟩ remarriage.

'Wie·der·ver,kauf *m econ.* **1.** *cf.* Wiederverkaufen. – **2.** resale, (*durch den Einzelhandel*) retail. — **'wie·der·ver,kau·fen I** *v/t* ⟨*sep, no* -ge-, h⟩ **1.** resell, (*durch den Einzelhandel*) retail. – **II W**⁓ *n* ⟨-s⟩ **2.** *verbal noun.* – **3.** *cf.* Wiederverkauf 2. — **'Wie·der·ver,käu·fer** *m* reseller, (*Einzelhändler*) retailer, retail dealer: Verkauf nur an ⁓ supplied to (the) trade only.

'Wie·der·ver,kaufs|,preis *m econ.* resale price, (*Einzelhandelspreis*) retail price. — ⁓**ra,batt** *m* trade (*od.* resale) discount. — ⁓**,recht** *n* right of resale. — ⁓**,wert** *m* resale value.

'wie·der·ver,pflich·ten I *v/t u.* sich ⁓ *v/reflex* ⟨*sep, no* -ge-, h⟩ reenlist, *Br.* re-enlist. – **II W**⁓ *n* ⟨-s⟩ *verbal noun.* — **W**⁓**·ver,pflich·tung** *f* **1.** *cf.* Wiederverpflichten. – **2.** reenlistment, *Br.* re-enlistment. — **W**⁓**·vor,la·ge** *f* ⟨-; no pl⟩ (*officialese*) resubmission: zur ⁓ for resubmission. — **W**⁓**·wahl** *f* ⟨-; no pl⟩ **1.** *cf.* Wiederwählen. – **2.** reelection, *Br.* re-election: sich zur ⁓ stellen to stand up for re(-)election; nach seiner ⁓ *pol.* after being returned to parliament for another term. — ⁓**,wäh·len I** *v/t* ⟨*sep*, -ge-, h⟩ **1.** reelect, *Br.* re-elect: er wurde wiedergewählt *pol.* he was returned to parliament for another term. – **II W**⁓ *n* ⟨-s⟩ **2.** *verbal noun.* – **3.** *cf.* Wiederwahl 2. — **W**⁓**,zu·las·sung** *f* **1.** readmission. – **2.** (*eines Autos etc*) relicensing, *Br. auch* relicencing, reregistration.

wie'fern [vi-] *adv u. conj cf.* inwiefern.

Wie·ge ['vi:gə] *f* ⟨-; -n⟩ **1.** cradle: er lag damals noch in der ⁓ he was still in his cradle (at that time), he was still a baby (at that time). – **2.** *fig.* (*in Wendungen wie*) von der ⁓ an from the day he was born; von der ⁓ bis zur Bahre from the cradle to the grave; das ist ihm auch nicht an der ⁓ gesungen worden he never dreamed (*od.* dreamt) that it would come to this; das ist ihm in die ⁓ gelegt worden he inherited it (*od.* that); seine ⁓ stand in München he was born in Munich; Mainz ist die ⁓ der Buchdruckerkunst Mainz is the cradle (*od.* birthplace) of printing. – **3.** *metall.* (*für Walzblöcke*) cradle. – **4.** *mil.* (*eines Geschützrohres*) cradle. – **5.** *tech.* (*Wippe*) rocker. — ⁓**,brett** *n* (*housekeeping*) chopping board (*od.* block). — ⁓**,brücke** (*getr.* -k·k-) *f tech.* weighbridge. — ⁓**,geld** *n econ.* weighage, weighing charges *pl.* — ⁓**,kar·te** *f* weight ticket. — ⁓**,mei·ster** *m* weigher. — ⁓**,mes·ser** *n* (*housekeeping*) chopping knife, chopper.

wie·gen¹ ['vi:gən] **I** *v/t* ⟨wiegt, wog, gewogen, h⟩ **1.** weigh: etwas knapp [ungenau] ⁓ to weigh s.th. (too) short [inaccurately]; etwas in der Hand ⁓ to weigh s.th. in one's hand. – **II** *v/i* **2.** weigh: ich wiege 70 kg *(od. colloq.* I am) 70 kilogram(me)s; wieviel wiegst du? what do you weigh? what weight are you? what is your weight? weniger [mehr] ⁓ als to weigh less [more] than, to be lighter [heavier] than; er wiegt fast doppelt soviel wie ich he is almost twice my weight. – **3.** *fig.* carry weight, weigh: sein Urteil wiegt schwerer als ihres his judg(e)ment carries more weight than (*od.* weighs heavier than, outweighs) hers; seine Worte ⁓ [nicht] schwer what he says carries [little] weight. – **III** v/reflex sich ~ **4.** weigh oneself. – **IV** W~ n ⟨-s⟩ **5.** verbal noun. – **6.** (sport) (beim Boxen etc) weigh-in.

'**wie·gen²** **I** v/t ⟨h⟩ **1.** (Kind etc) rock: ein Kind in den Schlaf ~ to rock a child to sleep; eine Puppe in den Armen ~ to rock (od. cradle) a doll in one's arms. – **2.** fig. (hin und her bewegen) rock: die Wellen wiegten das Boot the waves rocked the boat. – **3.** (Kopf) shake: er wiegte nachdenklich seinen Kopf he shook his head pensively. – **4.** fig. (Hüften) sway. – **5.** j-n in Sicherheit ~ fig. to lull s.o. into a false sense of security. – **II** v/reflex sich ~ **6.** fig. (sich hin und her bewegen) rock (oneself): sich auf einem Ast ~ to rock on a branch; das Boot wiegt sich auf den Wellen the boat rocks on (od. is rocked by) the waves; sich im Tanz ~ to rock (od. sway) to the rhythm of a dance. – **7.** sich in den Hüften ~ fig. to sway one's hips. – **8.** sich in Sicherheit ~ fig. to lull oneself into a false sense of security; sich in falschen Hoffnungen ~ to lull oneself into (od. delude oneself with) false hopes.

'**wie·gen³** v/t ⟨h⟩ gastr. (Petersilie, Zwiebeln etc) chop, mince.

'**wie·gend** **I** pres p of wiegen¹, ² u. ³. – **II** adj fig. swaying: mit ~en Hüften with swaying hips; einen ~en Gang haben to have a rolling gait, to sway one's hips (when walking); mit ~en Schritten gehen to walk with a sway (od. rolling gait).

'**Wie·gen|,druck** m ⟨-(e)s; -e⟩ print. incunabulum. — ~,fest n humor. birthday. — ~,kind n infant in the cradle, baby. — ~la,fet·te f mil. cradle carriage. — ~,lied n lullaby, cradlesong, berceuse (lit.).

'**Wie·ge|,platz** m (beim Pferderennen) weighing-in room.

'**Wie·ger** m ⟨-s; -⟩ weigher: vereidigter ~ sworn weigher.

'**Wie·ge|,schein**, ~,zet·tel m econ. weight note (od. certificate).

wie·hern ['viːərn] **I** v/i ⟨h⟩ **1.** (vom Pferd) neigh, whinny, auch whicker. – **2.** fig. colloq. guffaw, hee-haw, Am. horselaugh: er wieherte vor Lachen he guffawed (od. brayed) with laughter. – **II** W~ n ⟨-s⟩ **3.** verbal noun. – **4.** (eines Pferdes) neigh, whinny, auch whicker. – **5.** fig. colloq. guffaw, hee-haw, horselaugh. – '**wie·hernd** **I** pres p. – **II** adj ~es Gelächter fig. colloq. guffaw, horselaugh, hee-haw, bray of laughter. – **III** adv ~ lachen fig. colloq. to guffaw, to hee-haw, Am. to horselaugh.

Wiek [viːk] f ⟨-; -en⟩ geogr. (an dt. Küsten) cove, small bay.

'**Wie·lands,lied, das** ⟨-(e)s; no pl⟩ (literature) the Lay of Wieland.

'**Wie·ling** ['viːlɪŋ] f ⟨-; -e⟩ mar. pudding fender, fender of old ropes.

'**Wie·men** ['viːmən] m ⟨-s; -⟩ Low G. and Western G. **1.** lath stand. – **2.** (hen)roost, perch.

'**Wie·ner¹** ['viːnər] **I** m ⟨-s; -⟩ Viennese: die ~ the Viennese. – **II** adj ⟨invariable⟩ Viennese, of Vienna: → Kongreß 2; Schnitzel¹; Sezession; Walzer¹; Würstchen 1.

'**Wie·ner²** n ⟨-s; -⟩ meist pl colloq. wiener, Am. auch weiner, Am. sl. wienie, weenie.

'**Wie·ne·rin** f ⟨-; -nen⟩ Viennese (woman od. girl).

'**wie·ne·risch** **I** adj Viennese, of Vienna. – **II** ling. W~ ⟨generally undeclined⟩, das W~e ⟨-n⟩ Viennese, the Viennese dialect.

'**Wie·ner·le** [-lə] n ⟨-s; -⟩ dial. for Wiener².

'**wie·nern** v/t ⟨h⟩ colloq. (Auto, Fußboden etc) polish.

'**Wie·ner,stadt, die** f⟨-; no pl⟩ colloq. Vienna.

Wie·pe ['viːpə] f ⟨-; -n⟩ Low G. for Strohwisch.

wies [viːs] 1 u. 3 sg pret of weisen.

'**Wies,baum** m agr. cf. Heubaum.

Wie·se ['viːzə] f ⟨-; -n⟩ agr. meadow: grüne [saftige] ~n green [succulent] meadows; einschürige [zweischürige] ~ meadow of one cut [two cuts]; Kühe weideten auf der ~ cows grazed in the meadow.

'**Wie·se,baum** m agr. cf. Heubaum.

wie'sehr [viˈ-] conj Austrian however, no matter how: ~ er sich auch bemühte however hard he tried.

Wie·sel ['viːzəl] n ⟨-s; -⟩ **1.** zo. weasel (Gattg Mustela): Großes ~ cf. Hermelin¹ 1; Kleines ~ cf. Mauswiesel; er rannte wie ein ~ fig. he ran like a hare, he hared along; flink wie ein ~ fig. a) (beim Laufen)

(as) fast as a hare, b) (bei einer Tätigkeit) (as) quick as a flash. – **2.** tech. (für Skipisten) snowcat. — ~,af·fe m zo. cf. Flattermaki. — ~,kat·ze f cf. Jaguarundi. — ~,le,mur, ~,ma·ki m sportive lemur (Gattg Lepilemur): Großer ~ weasel lemur, auch nattock (L. mustelinus).

'**wie·seln** v/i ⟨sein⟩ scuttle, scurry.

'**Wie·sen|,bach** m brook, rill. — ~,bau m ⟨-(e)s; no pl⟩ agr. grassland (od. grass) farming. — ~,blu·me f bot. meadow flower. — ~,bocks,bart m yellow goatsbeard (Tragopogon pratensis). — ~,cham·pi·gnon m meadow mushroom, champignon (Agaricus campestris). — ~,eg·ge f agr. chain harrow. — ~,erz n min. cf. Raseneisenerz. — ~,eu·le f zo. cf. Sumpfohreule. — ~,flocken,blu·me f (getr. -k·k-) f bot. brown-rayed knapweed (Centaurea jacea). — ~,fuchs,schwanz m, ~,fuchs,schwanz,gras n meadow foxtail (Alopecurus pratensis). — ~,gras n cf. Glatthafer. — ~,grund m **1.** low-lying meadowland. – **2.** meadowed valley. — ~,ha·fer m bot. **1.** meadow oat grass, auch meadow oat (Avena pratensis). – **2.** Hoher ~ tall oat grass, tall meadow oat (Arrhenatherum elatius). – **3.** cf. Goldhafer. — ~,hum·mel f zo. meadow bumblebee (Bombus pratorum). — ~,ker·bel m bot. wild chervil (od. cicely) (Anthriscus silvestris). — ~,klee m (red od. purple) clover (Trifolium pratense). — ~,knar·re f, ~,knar·rer m ⟨-s; -⟩ m zo. cf. Wachtelkönig. — ~,knopf m bot. burnet (Gattg Sanguisorba): Großer ~ greater burnet (S. officinalis); Kleiner ~ lesser (od. salad) burnet (S. minor). — ~,knö·te·rich m cf. Schlangenwurz. — ~,kohl m cf. Kohl(kratz)distel. — ~,kö·ni·gin f cf. Mädesüß. — ~,kres·se f cf. Wiesenschaumkraut. — ~,lab,kraut n common bedstraw (Galium mollugo). — ~,ler·che f zo. cf. Wiesenpieper. — ~,liesch,gras n bot. timothy (grass), cat's-tail, auch cat's-tail grass (Phleum pratense). — ~,ot·ter f zo. field otter (Vipera ursinii). — ~,pflan·ze f bot. herbage (od. pasture) plant. — ~,pie·per m zo. meadow pipit, Br. auch cheeper (Anthus pratensis). — ~,pip·pau m bot. rough hawk's-beard (Crepis biennis). — ~,platt,erb·se f meadow pea (Lathyrus pratensis). — ~,ral·le f zo. cf. Wachtelkönig. — ~,rau·te f bot. meadow rue (Gattg Thalictrum): Akeleiblätt(e)rige ~ columbine-leaved meadow rue (T. aquilegifolium); Glänzende (od. Schmalblätt[e]rige) ~ glossy meadow rue (T. lucidum); Gelbe ~ meadow rue (T. flavum). — ~,ris·pen,gras n smooth-stalked meadow grass, Kentucky bluegrass (Poa pratensis). — ~,schaum,kraut n lady's-smock, auch lady smock, meadow cress (Cardamine pratensis). — ~,schmät·zer [-,ʃmɛtsər] m zo. cf. Braunkehlchen. — ~,schna·ke f tipula (Gattg Tipula). — ~,schnar·cher m, ~,schnar·re f, ~,schnärz [-,ʃnɛrts] m ⟨-es; -e⟩ cf. Wachtelkönig. — ~,schwin·gel m bot. meadow fescue (Festuca pratensis). — ~,sieg,wurz f meadow gladiolus (Gladiolus segetum u. palustris). — ~,sil·ge f meadow pepper (Silaum silaus). — ~,tal n meadowed valley. — ~,wachs m ⟨-es; no pl⟩ obs. od. dial. meadow yield, grass crop. — ~,wal·ze f agr. meadow roller. — ~,wei·he f zo. Montagu's harrier (Circus pygargus). — ~,wirt·schaft f agr. cf. Wiesenbau. — ~,wu·cher,blu·me f bot. (oxeye) daisy, auch ox-eyed daisy, white daisy (Chrysanthemum leucanthemum).

'**Wies,land** n ⟨-(e)s; no pl⟩ Swiss for Wiese.

wie'so [viˈ-] interrog adv **1.** why: ~ kommst du (eigentlich) jetzt erst? why are you only coming now? how is it (od. how does it happen) that (od. colloq. how come) you are coming now? warst du oben im Zimmer? — W~? were you in the room upstairs?—Why (do you ask)? das kannst du doch nicht tun. — W~ nicht? you can't do that.—Why not? – **2.** how: ~ ist die Sicherung durchgebrannt? how did the fuse (Am. auch fuze) blow? how come the fuse blew? (colloq.); ~ weißt du das? how do you know (that)? how is it that (od. colloq. how come) you know that? das hast du falsch gemacht. — W~? you did that wrong. — How (so)? (od. Why so? colloq.

How come?); Peter kommt heute abend. — W~? Ich denke, er ist in Paris Peter is coming tonight. — How is it (od. how's) that (od. how so, colloq. how come)? I thought he was in Paris.

'**Wies,wachs** m ⟨-es; no pl⟩ obs. od. dial. cf. Wiesenwachs.

wie·ten ['viːtən] v/t u. v/i ⟨h⟩ Low G. dial. weed.

wie·viel [vi'fiːl; 'viː,fiːl] interrog adv **1.** (allgemein od. vor sg) how much: ~ kostet das? how much is that? ~ hast du dafür bezahlt? how much (od. what) did you pay for that? ~ ist drei mal vier? how much (od. what) is three times four? ich weiß nicht ~ I do not know how much; ~ Uhr ist es? what time is it? what is the time? ~ Schönes habe ich auf dieser Reise gesehen! how many beautiful things I saw on this journey! – **2.** (vor pl) how many: ~ Einwohner hat München? how many inhabitants has Munich? ~ Schüler sind in deiner Klasse? how many pupils are there in your class? – **3.** (betont) ~ einfacher wäre es, wenn how much simpler it would be if; (um) ~ mehr müßte er dafür dankbar sein how much more ought he to be thankful for it.

wie·vie·ler'lei indef pron of how many different kinds.

wie'viel,mal interrog adv how often, how many times.

wie·vielt [vi'fiːlt; 'viː,fiːlt] adj das ~e Mal hat er heute gefehlt? how many times has he been absent so far (od. up to now)? der ~e Band ist es? which volume is it? als ~er (Läufer) ist er durchs Ziel gegangen? what place did he come (in)? am ~en August ist er Geburtstag? what date (od. when) in August is his birthday?

Wie·viel·te [vi'fiːltə; 'viː,fiːltə] m ⟨-n; no pl⟩ (in Wendungen wie) den ~n haben wir heute? der ~ ist heute? what date (od. what day of the month) is it (today)? what's the date (today)?

wie'weit [vi-] adv u. conj cf. inwieweit.

wie'wohl [vi-] conj cf. obwohl.

Wig·wam ['vikvam] m ⟨-s; -s⟩ wigwam, Red Indian hut, (indianisch) tepee.

Wi·king ['viːkɪŋ] m ⟨-s; -er⟩, '**Wi·kin·ger** m ⟨-s; -⟩ hist. Viking.

'**Wi·kin·ger|,schiff** n hist. Viking ship. — ~,zeit f age of the Vikings, Viking age.

'**wi·kin·gisch** adj of the Vikings.

Wi·kli·fit [vikli'fiːt] m ⟨-en; -en⟩ relig. (Anhänger Wyclifs) lollard, Wycliffite, auch Wyclifite, Wyclif(f)ist.

Wi·la·jet ['vila'jet] n ⟨-(e)s; -s⟩ (türk. Verwaltungsbezirk) vilayet.

wild [vɪlt] **I** adj ⟨-er; -est⟩ **1.** (nicht domestiziert) wild, savage: ~e Schwäne wild swans; ~e Tiere (Raubtiere) wild animals (od. beasts); ~ werden to go (od. become, run) wild. – **2.** (Blume etc) wild: ~er Wald natural forest; ~ vorkommen to occur in the wild state; ~ wachsen to grow wild. – **3.** (unzivilisiert, im Naturzustand lebend) savage, wild: ein ~er Stamm a savage tribe; die ~en Sitten dieses Volkes the savage customs of this people; ~er Mann (Schreckgespenst) bugbear, bugaboo, bo(o)g(e)yman; die Menschen in dieser Gegend leben noch völlig ~ the people in this region are still quite savage. – **4.** (unkultiviert, noch nicht von Menschenhand berührt) wild, rugged, savage: ein ~es Gebirgstal a wild mountain valley; ~er Boden agr. virgin soil. – **5.** fig. (sehr lebhaft und laut) wild, boisterous, obstreperous, (von Mädchen) auch tomboyish, hoydenish: ein ~es Kind an unruly child; ~e Spiele wild games; seid nicht so ~! stop that horseplay! – **6.** colloq. (wütend) 'mad' (colloq.), raging, furious: j-n ~ machen to make s.o. mad (colloq.), to get s.o.'s goat (sl.), to exasperate (od. infuriate, madden) s.o.; mach mich nicht ~! don't exasperate me! als er das hörte, wurde er gleich ~ when he heard that he saw red (od. he went off the deep end, colloq. he flew off the handle, he hit the ceiling [od. roof], he got mad); wenn man das sieht, könnte man ~ werden it is maddening (od. infuriating) to see that. – **7.** (ganz) ~ auf (acc) etwas [j-n] sein fig. colloq. to be (quite) crazy (od. colloq. wild, mad, daft) about s.th. [s.o.]. – **8.** fig. (ungezügelt) wild: eine ~e Horde [Bande] a wild horde

[lot]; ~e Musik wild music; ~es Treiben [Geschrei] wild activity (od. colloq. goings-on pl) [screaming]; → Heer 5; Jagd 2; Jäger 1; Mann 2. - **9.** fig. (ungebändigt) wild: ~e Leidenschaft [Blicke, Verwünschungen] wild passion [looks, curses]; ~e See wild (od. tempestuous) sea; ein ~er Sturm der Entrüstung a wild (od. fierce) storm of indignation. - **10.** fig. (zügellos) wild: ein ~es Leben führen to lead a wild life; er hat eine ~e Phantasie he has a wild imagination; hier herrschen ja ~e Sitten it is pretty wild here; → Westen 2. - **11.** fig. (wahnsinnig) wild: ~es Lachen wild laughter; er rannte wie ~ he ran like mad (colloq.). - **12.** fig. (abenteuerlich) wild, fantastic: ~e Vermutungen [Geschichten] wild guesses [stories]. - **13.** fig. (äußerst heftig) wild, frenzied, frantic, fierce: ein ~er Kampf entbrannte a wild fight broke out. - **14.** fig. (ungeordnet) wild: ein ~es Durcheinander a wild mess (od. disorder); in ~er Flucht in wild (od. [a] headlong) flight, in a rout. - **15.** fig. (ungepflegt, wirr) wild: ein ~er Bart a wild beard; das Haar hing ihm ~ in die Stirn his hair hung wild on his forehead. - **16.** fig. (nicht ordnungsgemäß) unauthorized Br. auch -s-: ~es Parken [Zelten] unauthorized parking [camping]; ~er Handel econ. illicit (od. uncontrolled, under-the-counter) trade; → Ehe 2. - **17.** das ist (ja nur) halb so ~ fig. colloq. it is not as bad as all that. - **18.** nucl. phys. (Strahlen) spurious. - **19.** bot. fig.: ~e Triebe hort. rank branches; W~er Reis wild rice; W~er Wein Virginia creeper, auch American ivy, woodbine (Parthenocissus quinquefolia); → Indigo 2. - **20.** ~es Fleisch med. proud flesh, granulations pl (scient.). - **21.** ~es Gestein (mining) dead rock, barren ground. - **II** adv **22.** fig. (außer sich) wildly: er blickte ~ um sich he looked (a)round him wildly; ~ um sich schlagen to lash out wildly; ~ auflachen to give a wild laugh. - **23.** ~ drauflosreden fig. colloq. to talk without thinking; ~ drauflosschreiben fig. colloq. to write furiously (od. colloq. madly) without thinking. - **24.** fig. (ungeordnet) wildly: seine Haare waren ~ zerzaust his hair was wildly tousled; es ging alles ~ durcheinander there was a wild free-for-all; alles ~ durcheinanderwerfen to make a complete muddle of everything.

Wild n ⟨-(e)s; no pl⟩ **1.** hunt. game: ein Stück ~ a) a head of game, b) (Rotwild) a deer; verfolgtes ~ quarry; wie ein gehetztes ~ like an animal at bay. - **2.** gastr. (Wildfleisch) a) game, b) (vom Hochwild) venison. — **w~arm** adj with a low game population, poor in game. — **~,ar·mut** f lack of game. — **~,art** f zo. (einer Zuchtrasse) original.

'**Wild,bach** m (mountain) torrent. — **~ver,bau·ung** f (im Gebirge) regulation of a (mountain) torrent.

'**Wild,bad** n thermal spa.

'**Wild,bahn** f ⟨-; no pl⟩ hunt. hunting ground (od. preserve): in freier ~ a) in an unenclosed hunting ground, b) in the wild. — **~,bann** m hist. **1.** right(s pl) of shooting (od. hunting), right to keep a preserve. - **2.** cf. Jagdgebiet. — **~be,stand** m game population, stock of game.

'**Wild,beu·ter** [-ˌbɔytər] pl anthrop. game hunters.

'**Wild,bra·ten** m gastr. **1.** (als Gericht auf der Speisekarte) roast venison. - **2.** (Bratenstück) roast of venison.

'**Wild,bret** [-ˌbrɛt] n ⟨-s; no pl⟩ gastr. hunt. cf. Wild 2.

'**Wild,dieb** m jur. cf. Wilderer. — **w~,dieben** [-ˌdiːbən] v/i ⟨insep, ge-, h⟩ poach. — **~die·be'rei** [vɪlt-] f ⟨-; -en⟩, **~,dieb,stahl** m ⟨-(e)s; ≈e⟩ **1.** ⟨only sg⟩ poaching. - **2.** poaching offence (Am. offense).

'**Wil·de**[1] ['vɪldə] m, f ⟨-n; -n⟩ **1.** savage: unter ~n leben to live with savages; der edle ~ (literature) the noble savage; hausen wie die ~n colloq. a) (wohnen) to live like savages, b) (Verwüstungen anrichten) to behave like savages; angeben wie zehn nackte ~ colloq. to show off like nobody's business (colloq.). - **2.** wie ein ~r colloq. like mad (colloq.): die Kinder tobten wie die ~n colloq. the children carried on (od. tore around) like mad

(colloq.); sich wie ein ~r gebärden colloq. to act like a wild man. - **3.** Swiss colloq. (parteiloser Abgeordneter) nonparty (Br. non-party, cross-bench) politician, politician without party affiliation.

'**Wil·de**[2] f ⟨-; no pl⟩ obs. for Wildnis.

'**Wil·de,beest** [-ˌbeːst] n ⟨-(e)s; -e⟩ zo. cf. Weißschwanzgnu.

wil·deln ['vɪldəln] v/i ⟨h⟩ gastr. (vom Wildbret) (have a) taste of venison, taste gamy (auch gamey), have a gamy (auch gamey) taste (od. flavor, bes. Br. flavour).

'**Wild,en·te** f zo. wild duck.

wil·den·zen ['vɪldɛntsən] v/i ⟨h⟩ dial. for wildeln.

Wil·de'rei f ⟨-; -en⟩ jur. cf. Wilddieberei. — '**Wil·de·rer** m ⟨-s; -⟩ poacher. — **wildern** ['vɪldərn] **I** v/i ⟨h⟩ **1.** jur. (von Menschen) poach. - **2.** die Hunde begannen zu ~ the dogs began to hunt the game. - **3.** (von Tieren) revert to a wild (od. savage) state. - **II** W~ n ⟨-s⟩ **4.** verbal noun. - **5.** cf. Wilddieberei 2. — '**wil·dernd I** pres p. - **II** adj (Hund, Katze etc) hunting.

'**Wild,esel** m zo. African wild ass (Equus asinus): Nubischer ~ Nubian ass (Equus asinus africanus).

'**Wild,fang** m **1.** hunt. a) trapping of game, b) contrivance for trapping deer, c) animal such as hawk, horse, born in the wild state, but afterwards captured and tamed. - **2.** fig. colloq. imp, little rascal (od. monkey), romp, (ausgelassenes Mädchen) tomboy, hoyden, minx.

'**Wild,feu·er** n bot. (des Tabaks) tobacco wildfire. — **~,fleisch** n gastr. cf. Wild 2. — **~,flo·ra** f bot. cf. Wildpflanzen. — **~,form** f (einer Kulturpflanze) original (form), typical (od. wild) form. — **~,fraß** m hunt. cf. Wildschaden. — **w~'fremd** adj colloq. completely strange: ein ~er Mann a complete (od. an absolute) stranger. — **~,füt·te·rung** f hunt. feeding of game. — **~,gans** f zo. wild goose. — **~,gar·ten** m hunt. small game park in which deer are kept. — **~,gat·ter** n **1.** game fence. - **2.** hunt. game preserve. — **~ge,he·ge** n hunt. game enclosure, game preserve. — **~,ger·ste** f bot. wild rye (Gattg Elymus). — **~ge,ruch** m gamy (auch gamey) smell, smell (od. odor, bes. Br. odour) of venison. — **~ge,schmack** m taste of venison, gamy (auch gamey) taste (od. flavor, bes. Br. flavour). — **~,gru·be** f pit for trapping game, pitfall. — **~,ha·fer** m bot. cf. Flughafer. — **~,händ·ler** m dealer in game. — **~,haut** f overseas (od. exotic) hide. — **~,he·ge** f hunt. care and protection of game. — **~,he·ger** m gamekeeper.

'**Wild,heit** f ⟨-; no pl⟩ **1.** (eines Tieres) wildness. - **2.** (eines Volkes, von Sitten etc) savagery, savageness. - **3.** (einer Gegend, Landschaft etc) wildness, ruggedness, savagery. - **4.** fig. (von Spielen, Kindern etc) wildness, boisterousness: ihre ~ bereitete der Mutter große Sorgen her wildness (od. unruliness, tomboyishness) caused her mother great trouble. - **5.** fig. (Charakterzug eines Menschen) wildness. - **6.** fig. (großer Zorn) exasperation. - **7.** fig. (von Musik, Blicken, Leidenschaft etc) wildness. - **8.** fig. (von Kampf, Streit etc) wildness, frenzy, fierceness, ferocity, ferociousness.

'**Wild,hüh·ner** pl zo. wildfowl (Gattg Gallus). — **~,hü·ter** m hunt. gamekeeper. — **~,kalb** n fawn. — **~ka,nin·chen** n zo. (wild) rabbit (Oryctolagus cuniculus). — **~,kan·zel** f hunt. cf. Hochsitz. — **~,kat·ze** f zo. wildcat. — **~,kau·tschuk** m (rubber) wild rubber. — **w~,le·bend** adj zo. (Tier) wild, feral, undomesticated.

'**Wild,le·der** n a) doeskin, b) buckskin, c) (Ziegenleder, aber auch allgemein) suede, suède: sie trug einen Rock aus ~ she wore a suede skirt. — **~,hand,schuh** m suede (od. suède) glove. — **~imi·ta·ti,on** f (imitation) suede (od. suède), suede cloth.

'**wild,le·dern** adj a) (wenn wirklich vom Wild) (made) of doeskin (od. buckskin), b) (made) of suede (od. suède).

'**Wild,le·der,schuh** m meist pl suede (od. suède) shoe.

Wild·ling ['vɪltlɪŋ] m ⟨-s; -e⟩ **1.** hort. (zur Veredlung) (under)stock, wilding. - **2.** zo. animal in its wild state. - **3.** fig. cf. Wildfang 2.

'**Wild·nis** f ⟨-; -se⟩ **1.** wilderness, wild, waste. - **2.** fig. wilderness: der Garten

war die reinste ~ the garden was an absolute wilderness.

'**Wild,park** m hunt. game preserve, deer park. — **~,pfad** m deer path, run(way), trail. — **~,pferd** n zo. wild horse. — **~,pflan·zen** pl bot. wild plants (od. vegetation sg), wild flora sg. — **~,re·be** f hort. (des Weinstocks) wild tendril (od. shoot).

'**wild,reich** adj abounding in game, with a high game population. — '**Wild,reich·tum** m ⟨-s; no pl⟩ abundance of game. — '**Wild,rind** n zo. wild cattle. — '**Wild**|**ro'man·tisch** adj colloq. **1.** (Landschaft, Tal etc) wild and romantic, romantically wild. - **2.** (Verhältnis, Liebesgeschichte, Bühnenbild etc) highly romantic. — **~,ruf** m hunt. huntsman's call (od. decoy). — **~,sau** f **1.** hunt. wild sow. - **2.** er fährt wie eine ~ fig. colloq. a) (mit dem Auto) he drives like a madman (od. maniac), b) (mit dem Motorrad) he rides like a madman (od. maniac), c) (mit den Skiern) he skis like a madman (od. maniac). — **~,scha·den** m damage caused by game. — **~,schaf** n **1.** zo. cf. Mufflon. - **2.** hunt. (weibliches Muffelwild) female wild sheep.

Wil·dschur ['vɪltʃuːr] f ⟨-; -en⟩ fur wrap. '**Wild**|**schütz** m **1.** poacher. - **2.** „Der ~" mus. "The Poacher" (opera by Lortzing). - **3.** obs. for Jäger 1. — **~,schüt·ze** m cf. Wildschütz 1. — **~,schutz·ge,biet** n game preserve.

'**Wild,schwein** n zo. hunt. wild boar (Sus scrofa): junges ~ cf. Frischling. — **~,jagd** f hunt. boar hunting.

'**Wild**|**spur** f hunt. track (od. scent, trail, spoor) of game. — **~,stand** m cf. Wildbestand. — **~,tau·be** f zo. wild pigeon. — **~,vö·gel** pl wildfowl. — **w~,wach·send** adj bot. (Pflanze) wild.

'**Wild,was·ser** n (mountain) torrent. — **~,fah·ren** n (beim Kanusport) rapid-river canoeing. — **~,fah·rer** m, **~,fah·re·rin** f rapid-river canoeist. — **~,strecke** (getr. -k·k-) f rapid-river course.

'**Wild,wech·sel** m **1.** hunt. deer path, trail, run(way). - **2.** (Verkehrsschild) Wild animals.

'**Wild'west** ⟨invariable⟩ the Wild (auch wild) West: in [aus] ~ in [from] the Wild West. — **~,film** m Western, auch western, Wild (auch wild) West film, bes. Am. colloq. horse opera. — **~ro,man** m Wild (auch wild) West novel, Western, auch western.

'**Wild,zaun** m hunt. cf. Wildgatter 1.

Wil·helm ['vɪlˌhɛlm] npr m ⟨-s; no pl⟩ fig. colloq. (in Wendungen wie) den dicken ~ markieren to play (od. act) the big white chief (od. sl. big shot), to act big (colloq.); den feinen ~ spielen to act the nob (od. swell) (sl.); seinen (Friedrich) ~ druntersetzen (etwas unterschreiben) to put one's John Henry (bes. Am. John Hancock) on it; ein falscher ~ (Haarteil) a switch.

Wil·hel·mi·nisch [vɪlhɛl'miːnɪʃ] adj ~e Zeit, ~es Zeitalter hist. era (od. period) of the Emperor William II (1888—1918).

will [vɪl] 1 u. 3 sg pres of wollen[2].

Wil·le ['vɪlə] m ⟨-ns; rare -n⟩ **1.** (Entschlossenheit, Wollen) will: ein unbändiger [starker, schwacher] ~ an unbending [a strong, a weak] will; etwas durch eisernen ~n erreichen to achieve s.th. through (od. with) an iron will; keinen eigenen ~n haben to have no will of one's own; es ist mein fester ~, es nicht so weit kommen zu lassen I am quite (od. absolutely) determined not to let it come to that; es ist sein freier ~ it is his own free will (od. choice); etwas aus freiem ~n tun to do s.th. of one's own (free) will (od. of one's own accord [od. volition]); der ~ zur Macht the will to power; seinen ~n durchsetzen to have (od. get) one's (own) way (od. one's will); er soll seinen ~n haben, laß ihm doch seinen ~n let him have his way (od. will); j-m seinen ~n tun to give s.o. (od. let s.o. have) his way (od. will); auf seinem ~n bestehen to insist (up)on having one's way (od. will); jeder nach seinem ~n each (man) in his own way; wenn es nach seinem ~n ginge if he had (it) his way, if he had his will; j-s ~n brechen to break s.o.'s will; sich j-s ~n beugen to bend (od. yield) to s.o.'s will; etwas gegen j-s ~n durchsetzen to have s.th. carried out against s.o.'s will; gegen j-s ~n handeln to act against s.o.'s will; es geschah gegen meinen ~n it was done against my will; des Menschen ~ ist sein Himmelreich (*Sprichwort*) *etwa* a man's mind is his kingdom; wo ein ~ ist, ist auch ein Weg (*Sprichwort*) where there's a will, there's a way (*proverb*). – **2.** (*Wunsch, Befehl*) will: der ~ Gottes the will of God, God's will; dein ~ geschehe *Bibl.* Thy will be done; ganz nach Ihrem ~n (just) as you wish (*od.* please); j-m zu ~n sein to comply with s.o.'s wishes, (*stärker*) to submit (*od.* yield) to s.o., b) (*sich j-m hingeben*) to give oneself (*od.* to yield) to s.o.; sich (*dat*) j-n zu ~n machen a) to bend s.o. to one's will, b) (*eine Frau*) to force s.o. to yield to one; → Wunsch 1. – **3.** (*Absicht, Vorsatz*) will, intention: das geschah ohne bösen ~n this was done without ill will; (den) guten ~n zeigen to show one's good intention, to show that there is no ill feeling; es fehlt ihm nur an gutem ~n he just lacks (the) good will; mit einigem guten ~n with a certain amount of good will; er ist guten ~ns he is willing; den guten ~n für die Tat nehmen to take the (good) will (*od.* intention) for the deed; er hat den redlichen ~n, seine Sache gut zu machen he does his best (*od.* genuinely endeavo[u]rs) to do good work; beim besten ~ with the best will in the world, with the best of wills; ich kann Ihnen in dieser Angelegenheit beim besten ~n nicht helfen I cannot help you in this affair much as I should like to; ich konnte gestern beim besten ~n keine Hausaufgaben machen I simply could not do my homework yesterday, try as I might; ich kann mich beim besten ~ nicht an seinen Namen erinnern I can't remember his name for the life of me, I can't for the life of me remember his name; wann ich zurück sein werde, kann ich beim besten ~n noch nicht sagen I cannot say when I shall be back, much as I regret it (*od.* much to my regret); trotz besten ~ns despite all one's will (and effort); es ist mein fester ~ it is my firm intention; er hat den festen ~n, das zu tun he is (firmly) intent (*od.* bent) (up)on doing that; er mußte wider ~n lachen he couldn't help laughing, he couldn't but laugh; etwas mit ~n tun ′to do s.th. on purpose (*od.* deliberately, purposely, intentionally); nach dem ~n des Architekten sollte hier eine Tür sein it was the architect's intention to have a door here. – **4.** (*Einwilligung*) consent, assent, permission: es geschah ohne seinen ~n it happened without his consent; → Wissen 2. – **5.** *philos.* will, volition: der freie ~ free will. – **6.** letzter *jur.* will: mein letzter ~ this is my last will and testament.

Wil·lem ['vɪləm] *npr m* ⟨-s; *no pl*⟩ *Northern G. fig. colloq. cf.* Wilhelm.
Wil·le·mit [vɪle'miːt; -'mɪt] *m* ⟨-s; *no pl*⟩ *min.* willemite.
Wil·len ['vɪlən] *m* ⟨-s; *rare* -⟩ *cf.* Wille.
'**wil·len** → um 10.
'**wil·len·los** *adj* **1.** will-less, lacking will(-power) (*Br.* will[-power]): ein ~er Mensch a will-less person; er ist völlig ~ he has no will of his own, he completely lacks will-power; j-m ~ die Führung überlassen to submit meekly to s.o.'s leadership; sich ~ einer Leidenschaft hingeben to yield (*od.* submit) to a passion; → Werkzeug 5. – **2.** *psych.* abulic, *auch* aboulic. — '**Wil·len·lo·sig·keit** *f* ⟨-; *no pl*⟩ **1.** will-lessness, lack of will(power) (*Br.* will[-power]). – **2.** *psych.* ab(o)ulia.
'**wil·lens** *adj* ⟨*pred*⟩ ~ sein to be willing, to be prepared, to be ready: er war ~, die Verantwortung zu übernehmen he was willing to take the responsibility.
'**Wil·lens·akt** *m* act of volition, voluntary action. — ~**än·de·rung** *f* ⟨-; *no pl*⟩ change of mind. — ~**an·span·nung**, ~**an·stren·gung** *f* ⟨-; *no pl*⟩ effort of will(power) (*Br.* will[-power]): durch äußerste ~ by an extreme effort of will(power). — ~**äu·ße·rung** *f* expression of one's will. — ~**be·stim·mung** *f* **1.** *bes. psych.* (free) determination of one's intent. – **2.** *jur.* testamentary disposition, disposition by will. — ~**bil·dung** development (*od.* formulation) of objectives: die Parteien dienen der politischen ~ the political parties serve to develop (the) political objectives. —

~**ent·schei·dung** *f* voluntary decision, volition: freie ~ freewill (*Br.* free-will) decision. — ~**er·klä·rung** *f* *jur.* declaration of intention, declaratory act. — ~**fra·ge** *f* question of will(power) (*Br.* will[-power]). — ~**frei·heit** *f* ⟨-; *no pl*⟩ *bes. philos.* freedom of (the) will, free will. — ~**kraft** *f* ⟨-; *no pl*⟩ will(power), *Br.* will(-power), volition, strength of will (*od.* mind): er hat überhaupt keine ~ he has no will at all, he is so weak-willed; verringerte [übersteigerte] ~ *psych.* hypobulia [hyperbulia]. — ~**kund·ge·bung** *f cf.* Willensäußerung. — ~**läh·mung** *f* ⟨-; *no pl*⟩ paralysis of the will. — ~**len·kung** *f* ⟨-; *no pl*⟩ influence (*od.* influencing) of the will. — **w·~mä·ßig** I *adj* volitional. – II *adv* einer Sache ~ zustimmen to agree to a thing volitionally. — ~**sa·che** *f* matter of will(power) (*Br.* will[-power]). — **w·~schwach** *adj* (*Mensch*) weak-willed, dysbulic (*scient.*). — ~**schwä·che** *f* ⟨-; *no pl*⟩ weak will, dysbulia (*scient.*). — **w·~stark** *adj* (*Mensch*) strong-willed, strong-minded, purposeful. — ~**stär·ke** *f* ⟨-; *no pl*⟩ strong will, strong-mindedness, purposefulness.
'**wil·lent·lich** I *adj* deliberate, intentional. – II *adv* on purpose, deliberately, purposely, intentionally.
will·fah·ren [,vɪl'faːrən; 'vɪl,faːrən] *v/i* ⟨willfahrt [,vɪl'faːrt; 'vɪl,faːrt], willfahrte [,vɪl'faːrtə], willfahrt [,vɪl'faːrt] *u.* gewillfahrt [gə'vɪl,faːrt], h⟩ **1.** j-m (in *dat* etwas) ~ a) to comply with s.o.('s wishes) (in s.th.), b) (*um ihn bei Laune zu halten*) to please (*od.* humor, *bes. Br.* humour) s.o. (with s.th.). – **2.** j-s Bitte ~ to comply with (*od.* accede to) s.o.'s wish; j-s Laune ~ to gratify s.o.'s whim.
will·fäh·rig ['vɪl,feːrɪç; ,vɪl'feːrɪç] I *adj* compliant, willing, complaisant, (*stärker*) submissive, obsequious (*contempt.*): ein ~er Diener a compliant servant; j-m ~ sein to comply with s.o.('s wishes), to be obsequious to(ward[s]) s.o. – II *adv* sich ~ verhalten to behave compliantly; er ließ sich ~ zu allem benutzen *contempt.* he obsequiously allowed himself to be used for everything. — **Will·fäh·rig·keit** ['vɪl,feːrɪçkaɪt; ,vɪl'feːrɪç-] *f* ⟨-; *no pl*⟩ compliance, compliancy, complaisance, (*stärker*) submissiveness, obsequiousness (*contempt.*).
'**wil·lig** I *adj* (*Kind, Schüler etc*) willing: er zeigte sich sehr ~ he was very willing; sie ist sehr ~ she is very willing; → Geist¹ 1; Ohr 3. – II *adv* etwas ~ tun to do s.th. willingly.
'**wil·li·gen** ['vɪlɪgən] *v/i* ⟨h⟩ in (*acc*) etwas ~ *lit.* to consent (*od.* agree, assent, accede) to s.th., to approve (of) s.th.
'**Wil·lig·keit** *f* ⟨-; *no pl*⟩ willingness.
'**Will·komm** [-,kɔm] *m* ⟨-s; -e⟩ **1.** *cf.* Willkommen. – **2.** *cf.* Willkommbecher. — ~**be·cher** *m hist.* cup of welcome, loving cup.
,**will'kom·men** *adj* (*Gast, Gelegenheit, Nachricht etc*) welcome: du bist mir jederzeit (*od.* immer) ~ you are always welcome (in my home); j-n (herzlich) ~ heißen to welcome s.o. (cordially), to bid s.o. (a cordial) welcome; ~ zu Hause! welcome home (*od.* back)! herzlich ~! welcome! dein Angebot ist mir sehr ~ your offer is very welcome (*od.* acceptable); eine ~e Abwechslung a welcome change.
,**Will'kom·men** *n*, *auch m*, *Austrian only n* ⟨-s; -⟩ welcome: j-m ein (herzliches) ~ bieten (*od.* zurufen) to bid s.o. (a cordial) welcome.
,**Will'kom·mens·gruß** *m* welcome: j-m einen ~ zurufen to bid s.o. welcome; j-m einen Blumenstrauß als ~ überreichen to present s.o. with a bouquet as a (token of) welcome. — ~**trunk** *m* cup of welcome.
'**Will·kür** *f* ⟨-; *no pl*⟩ **1.** despotism: Kampf gegen ~ und Ungerechtigkeit struggle against despotism and injustice; j-s ~ preisgegeben (*od.* ausgesetzt) sein to be at s.o.'s mercy; j-n der ~ seiner Feinde preisgeben to leave (*od.* abandon) s.o. to the mercy of his enemies. – **2.** (*Selbstherrlichkeit*) *Br.* licence, *Am.* license, arbitrariness: wenn ich Freiheit sage, dann meine ich nicht ~ when I say liberty I do not mean licence. – **3.** *cf.* Willkürlichkeit 1, 2. — ~**akt** *m* arbitrary act. — ~**be·we·gung** *f bes. med. psych.* voluntary

movement. — ~**hand·lung** *f* idiosyncratic act. — ~**herr·schaft** *f* arbitrary rule, despotism, tyranny.
'**will·kür·lich** I *adj* **1.** (*unbegründet, ungerechtfertigt*) arbitrary: ~e Eingriffe der Staatsgewalt arbitrary acts of intervention on the part of the state. – **2.** (*beliebig*) random (*attrib*), arbitrary: eine ~e Auswahl treffen to make an arbitrary choice, to choose at random. – **3.** (*unbegründet*) ungrounded, unfounded, gratuitous: dies ist eine völlig ~e Annahme this is a completely ungrounded assumption. – **4.** *bes. med. psych.* (*vom Willen her bestimmt*) voluntary: man unterscheidet ~e und unwillkürliche Bewegungen one differentiates between voluntary and involuntary movements. – II *adv* **5.** arbitrarily: etwas ~ festsetzen to settle s.th. arbitrarily; er handelt immer sehr ~ he always acts quite arbitrarily, he always does exactly as he pleases (*od.* likes). – **6.** at random, arbitrarily: die Kandidaten wurden ganz ~ ausgewählt the candidates were chosen completely at random. – **7.** without ground. – **8.** *bes. med.* voluntarily: seine Muskeln ~ entspannen to relax one's muscles voluntarily. — '**Will·kür·lich·keit** *f* ⟨-; -en⟩ **1.** ⟨*only sg*⟩ (*Unbegründetsein*) arbitrariness. – **2.** ⟨*only sg*⟩ (*Beliebigkeit*) arbitrariness. – **3.** ⟨*only sg*⟩ (*Ungegründetheit*) gratuitousness. – **4.** ⟨*only sg*⟩ *bes. med.* (*Gelenktsein vom Willen*) voluntariness. – **5.** *cf.* Willkürakt.
'**Will·kür·maß·nah·me** *f meist pl* arbitrary measure.
willst [vɪlst] *2 sg pres of* wollen².
'**Wil·son·kam·mer** ['wɪlsn-] (*Engl.*) *f phys.* Wilson (*od.* cloud, *auch* expansion) chamber.
'**Wilt·shire·schaf** ['wɪltʃɪə-] (*Engl.*) *n agr.* Wiltshire (Horn).
wim·meln ['vɪmln] *v/i u. v/impers* ⟨h⟩ (von with) **1.** (*von Ameisen etc*) swarm, be alive (*od.* crawling, crawl, pullulate): der Wald wimmelt von Ameisen, im Wald wimmelt es von Ameisen the wood is swarming with ants. – **2.** (*von Menschen*) swarm, seethe, teem: im Kaufhaus hat es nur so von Menschen gewimmelt the department store was teeming with people; die Straße wimmelt von Menschen the street is swarming with people. – **3.** *fig.* (*von Dingen*) teem: in dem Wörterbuch wimmelt es von Fehlern the dictionary is teeming with mistakes.
wim·men ['vɪmən] *Swiss* I *v/i* ⟨h⟩ harvest the grapes, vintage. – II *v/t* (*Trauben*) harvest, vintage.
Wim·mer¹ ['vɪmər] *m* ⟨-s; -⟩ **1.** (*wood*) cross grain. – **2.** *bes. Southern G.* (*kleine Warze*) small wart.
'**Wim·mer²** *m* ⟨-s; -⟩ *Swiss* winegrower.
'**Wim·mer³** *f* ⟨-; -n⟩ *Swiss* grape harvest, vintage.
'**Wim·me·rer** *m* ⟨-s; -⟩ whimperer.
'**wim·me·rig** *adj* (*oft wimmernd*) whimpering.
'**Wim·mer·ka·sten** *m fig. colloq.* tinny (old) piano, *Br. auch* joanna.
Wim·merl *n* ⟨-s; -(n)⟩ *Bavarian and Austrian colloq.* **1.** (*Bläschen, Pickel*) pimple, spot. – **2.** (*Tasche am Gürtel der Skifahrer*) pouch, (hunch) bag. – **3.** *humor.* potbelly, paunch.
wim·mern ['vɪmərn] I *v/i* ⟨h⟩ **1.** whimper: er wimmerte leise vor sich hin he whimpered softly to himself; vor Schmerzen ~ to whimper with pain. – II W~ *n* ⟨-s⟩ **2.** *verbal noun*. – **3.** whimper. — '**wim·mernd** I *pres p*. – II *adj* (*Laut, Ton, Kind etc*) whimpering.
Wim·met ['vɪmət] *m* ⟨-s; *no pl*⟩ *Swiss* grape harvest, vintage.
Wim·pel ['vɪmpəl] *m* ⟨-s; -⟩ **1.** pennon, *auch* penon. – **2.** *mar.* a) (*dreieckig*) pennant, pennon, *auch* penon, *Br. auch* pennant, pendant, b) (*bandartig*) pennant, pennon, *auch* penon, *Br. auch* pendant, streamer. – **3.** (*sport*) flag. — ~**aus·tausch** *m* (*sport*) (*vor einem Spiel*) exchange of flags. — ~**fisch** *m zo.* flagfish (*Gattg Heniochus*). — ~**stan·ge** *f* pennant staff. — ~**trä·ger** *m* guidon.
Wim·per ['vɪmpər] *f* ⟨-; -n⟩ **1.** eyelash, lash, *Am. auch* eyewinker: sich (*dat*) die ~n tuschen to mascara (*od.* do up) one's eyelashes; die ~n senken to cast one's eyes down; ohne mit der ~ zu zucken *fig.*

colloq. without (as much as) batting an eyelid (*sl.*), without turning a hair; → **klimpern** 2. – 2. *zo.* cirrus, *auch* cirrhus. — **ˌepiˌthel** *n zo.* ciliated epithelium. — **ˌinˌfuˌsoˌriˌen** *pl cf.* Wimpertierchen.
'**Wimˌpernˌhaar** *n cf.* Wimper. — **ˌtuˌsche** *f* (*cosmetics*) mascara.
'**Wimˌperˌtierˌchen** *n zo.* ciliate, infusorian (*Klasse Ciliata*).
Wind [vɪnt] *m* ⟨-(e)s; -e⟩ **1.** wind: frischer [kalter, eisiger, böiger, schneidender, scharfer, starker, warmer] ～ fresh [cold, icy, gusty, biting, sharp, strong, warm] wind; ein lauer (*od.* sanfter, linder) ～ a gentle wind (*od.* breeze); widriger ～ *mar.* adverse (*od.* foul) wind; der ～ weht (*od.* bläst) [tobt, kommt (*od.* frischt) auf, legt sich, springt um] the wind blows [rages, rises, subsides *od.* dies down, changes]; günstiger ～ favo(u)rable (*bes. mar.* fair) wind; ～ von vorn head wind; schwache bis mäßige ～e aus Südwest light to moderate southwesterly winds; gegen den ～ ankämpfen to struggle against the wind; in ～ und Wetter spazierengehen to go out for a walk in all weathers, to go out for a walk in rain, hail or snow; er macht bei ～ und Wetter seinen täglichen Spaziergang he goes out for a walk in all weathers; ～ und Wetter ausgesetzt sein to be exposed to the weather; ～ und Wellen preisgegeben sein to be tossed by the wind and the waves; der ～ pfiff durch die Straßen the wind whistled through the streets; die Fahnen wehten im ～ the flags waved in the wind; am (*od.* beim, dicht am) ～e segeln *mar.* to sail close (*od.* near) to the wind, to sail close-hauled; mit dem ～e *mar.* before (*od.* down) the wind; vor dem ～e *mar.* downwind; vor dem ～e segeln *mar.* to sail before the wind, to run (before the wind); (schnell) wie der ～ (as) fast as the wind; die Nachricht verbreitete sich wie der ～ the news spread like wildfire; der ～ hat sich gedreht *auch fig.* the wind has changed; ein guter ～ hat ihn hierher geweht *fig. colloq.* a lucky chance brought him here; seitdem weht hier ein anderer [schärferer] ～ *fig. colloq.* since then things have (fairly) changed [have been tightened up] here; der junge Lehrer hat ein bißchen frischen ～ in die Schule gebracht *fig.* the young teacher has livened things up a bit in the school; neuen ～ in (*acc*) etwas bringen *fig.* to smarten s.th. up a bit; ein neuer ～ weht durch die Politik *fig.* a new spirit is making itself felt (*od.* is stirring) in politics, the wind of change is blowing through politics; wissen, woher der ～ weht *fig. colloq.* to know how the land lies (*od.* what way the wind is blowing); j-m den ～ aus den Segeln nehmen *fig. colloq.* to take the wind out of s.o.'s sails; das ist ～ in seine Segel *fig. colloq.* that's grist to his mill; in den ～ reden *fig. colloq.* to waste one's breath; das ist alles in den ～ geredet *fig. colloq.* that's (*od.* it's) a (complete) waste of breath; j-m ～ vormachen *fig. colloq.* to pull the wool over s.o.'s eyes; den Mantel nach dem ～ hängen (*od.* drehen), mit dem ～ segeln *fig. colloq.* to trim one's sails to the wind; in den ～ schlagen (*Warnung, Ratschlag etc*) to fling (*od.* throw) (*s.th.*) to the winds; ～ ernten 1; Nase 2. – **2.** (*Himmelsrichtung*) direction, wind: die Familie ist in alle ～e verstreut the family is scattered to the four winds. – **3.** *hunt.* (*Witterung*) wind, scent: das Wild hat den Jäger im ～ the deer has wind of the hunter; sie haben ～ davon bekommen *fig. colloq.* they have got wind of it. – **4.** *mus.* (*Luft der Orgel*) wind: ～ machen to make wind; mach nicht so viel ～ *fig. colloq.* a) (*mach nicht so ein Theater*) don't make such a fuss (*od.* to-do), b) (*gib nicht so an*) don't talk so big, stop bragging (*od. colloq.* gassing, *Am. colloq.* blowing). – **5.** *med.* (*Darmblähung*) wind; flatus, flatulence (*scient.*): er ließ einen ～ fahren (*od.* streichen) *colloq.*, ihm ist ein ～ abgegangen he broke wind, he let one go. – **6.** *metall.* (*im Schmelzbetrieb*) (air) blast. – **7.** *mar.* leichter [schwacher, mäßiger] ～ light [gentle, moderate] breeze; frischer [starker] ～ fresh [strong] breeze; steifer [stürmischer] ～ moderate [fresh] gale.

'**Windˌabˌdrift** *f aer. mar.* drift. — **ˌabˌlaˌgeˌrung** *f geol.* wind-laid (*od. scient.* eolian, *auch* aeolian) deposit. — '**ˌabˌweiˌser** *m auto.* draft (*bes. Br.* draught) deflector. — **ˌänˌdeˌrung** *f* change of wind. — **ˌanˌzeiˌger** *m* (*beim Segeln*) wind vane. — **ˌbäckeˌrei** *f Austrian gastr.* (*Schaumgebäck*) meringue. — **ˌbeˌstäuˌbung** *f bot.* wind pollination, anemogamy (*scient.*).
'**Windˌbeuˌtel** *m* **1.** *gastr.* (*Gebäck*) cream bun (*od.* puff). – **2.** *fig. colloq.* (*leichtsinniger Mensch*) loose fellow (*colloq.*), *Am. colloq.* freewheeler. – **3.** *fig. colloq.* (*Großsprecher*) 'windbag', 'gasbag' (*beide colloq.*), brag(gart), boaster, blusterer, swaggerer. — **ˌWindˌbeuˌteˌlei** *f* ⟨-; -en⟩ *colloq.* (*Prahlerei*) bragging, swaggering.
'**Windˌblatˌtern** *pl med. cf.* Blattern. — **ˌblüˌter** [-ˌblyːtər] *m* ⟨-s; -⟩ *bot.* anemogamous plant. — **ˌbruch** *m* (*forestry*) windbreak, *Br.* wind-break, windslash, *Br.* wind-slash. — **ˌbüchˌse** *f cf.* Luftgewehr. — **ˌdreˌhung** *f* veering of the wind. — **ˌdruck** *m* ⟨-(e)s; -e⟩ **1.** *metall.* blast pressure. – **2.** *auto.* wind pressure. — **ˌdruckˌmesˌser** *m metall.* blast pressure meter, blast ga(u)ge. — **ˌdüˌse** *f metall.* blast tuyere (*bes. Br.* tuyère).
Winˌde [ˈvɪndə] *f* ⟨-; -n⟩ **1.** *tech.* a) winch, b) (*Seilwinde*) rope (*od.* cable) winch, c) (*Schraubenwinde*) (screw) jack, d) (*Heber*) lifting jack, hoist. – **2.** *mar.* a) (*Ankerwinde*) windlass, b) (*Gangspill*) capstan, (*tragbare*) crab. – **3.** (*Garnrolle*) reel. – **4.** *bot.* a) bindweed (*Gattg Convolvulus*), b) small bearbind, combine (*C. arvensis sepium*), c) bellbind, hedge bindweed (*Calystegia sepium*).
'**Windˌei** *n* **1.** *zo. cf.* Fließei. – **2.** *med. cf.* Mole². – **3.** *fig. colloq. cf.* Niete 2.
'**Windˌeiˌsen** *n tech.* tap wrench.
Winˌdel [ˈvɪndəl] *f* ⟨-; -n⟩ *Am.* diaper, *bes. Br.* (baby's) napkin, *bes. Br. colloq.* nappy, nappie: die ～n wechseln to change the baby('s nappy); damals lagst du noch in ～n you were still in nappies at the time; die Sache ist (*od.* liegt) noch in den ～n *fig. colloq.* the matter is still in swaddling clothes (*od.* in its infancy). — **ˌekˌzem** *n med.* diaper (*bes. Br.* napkin) rash.
winˌdeln [ˈvɪndəln] *v/t* ⟨h⟩ *cf.* wickeln 4, 5.
'**winˌdelˌweich** *adj only in* j-n ～ schlagen *colloq.* to beat s.o. to pulp (*colloq.*), to beat s.o. black and blue.
winˌden¹ [ˈvɪndən] **I** *v/t* ⟨windet, wand, gewunden, h⟩ **1.** etwas um etwas [j-n] ～ to wind s.th. (a)round s.th. [s.o.]: eine Schärpe als Dekoration um etwas ～ to wind a sash (a)round s.th. as a decoration; j-m Lorbeer um die Stirn ～ to wreathe s.o.'s temples with laurels; die Arme um j-n ～ to clasp one's arms (a)round s.o. – **2.** (*Kränze*) bind: Blumen zu einem Kranz ～, aus Blumen einen Kranz ～ to bind flowers into a wreath, to make a wreath out of flowers. – **3.** j-m etwas aus den Händen ～ to wrench (*od.* wrest) s.th. out of s.o.'s hands. – **4.** (*mit einer Winde befördern*) hoist (*s.th.*) (up), (*Segel, Kabel etc*) heave: Steine in den ersten Stock ～ to hoist stones (up) to the first floor; Wasser aus dem Brunnen ～ to hoist (*od.* draw) water out of the well. – **5.** (*wickeln*) wind: Garn um eine Spule ～ to wind yarn (a)round a reel (*od.* spool), to reel (*od.* spool) yarn. – **II** *v/reflex* sich ～ **6.** (*von Aalen*) wriggle, squirm: er wand sich wie ein Aal he wriggled like an eel; er mochte sich drehen und ～ (wie er wollte), er mußte es schließlich doch zugeben no matter how he tried to squirm (*od.* worm) (his way) (*od.* to shuffle) out of it, he had to admit it in the end. – **7.** (*von Schlangen*) writhe, wind itself. – **8.** sich vor Schmerzen ～ to writhe with pain; → Krampf 1. – **9.** sich um etwas ～ (*von Pflanzen, Schlangen etc*) to wind (*od.* [en]twine) (itself) (a)round s.th.: eine Schlange wand sich um den Baumstamm a snake wound itself (a)round the tree trunk; Efeu windet sich um die Laube ivy winds (itself) (*od.* entwines itself) (a)round the arbo(u)r, ivy entwines the arbo(u)r. – **10.** sich durch etwas ～ (*von Flüssen, Straßen, Wegen etc*) to wind (*od.* wend) one's way through s.th., to meander through s.th.: der Bach [die Straße] windet sich durch das Tal the brook [road] winds its way through the valley;

sich durch eine Menschenmenge ～ *fig.* to wind (*od.* worm) one's way through a crowd.
'**winˌden²** **I** *v/impers* ⟨h⟩ es windet it is windy, there is a wind blowing. – **II** *v/i hunt.* (*Witterung aufnehmen*) wind, (catch the) scent.
'**Winˌdenˌbremˌse** *f tech.* winch brake. — **ˌdeck** *n mar.* winch deck. — **ˌgeˌwächˌse** *pl bot.* bindweed family *sg*, convolvulaceae (*scient.*) (*Fam. Convolvulaceae*). — **ˌknöˌteˌrich** *m* black bindweed (*Polygonum convolvulus*). — **ˌschwärˌmer** *m zo.* (*Falter*) sweet-potato hawkmoth (*Herse convolvuli*).
'**Windˌerˌhitˌzer** *m metall.* hot-blast stove. — **ˌeroˌsiˌon** *f geol.* wind (*od. scient.* eolian, *auch* aeolian) erosion, deflation.
'**Winˌdesˌeiˌle** *f* (*in Wendungen wie*) in ～ hatte ich meinen Koffer gepackt I had packed my suitcase in (next to) no time (*od. colloq.* in a jiffy); das Gerücht verbreitete sich mit ～ the rumo(u)r spread like wildfire; in ～ war sie oben, um zu sehen, was los war she was upstairs like a shot to see what was wrong.
'**Windˌfahˌne** *f* (wind) vane, anemoscope (*scient.*). — **ˌfall** *m* (*forestry*) *cf.* Windwurf.
'**Windˌfang** *m* **1.** (*Raum vor der Haustür*) porch. – **2.** (*am Schornstein*) chimney pot, *Am. auch* windscreen. – **3.** *tech.* (*des Hochofens*) venthole. – **4.** *hunt.* (*Nase beim Schalenwild*) muffle, muzzle. — **ˌtür** *f* porch door.
'**Windˌfeˌge** *f agr.* winnower, winnowing machine. — **wˌfest** *adj* windproof, wind-tight. — **ˌflüˌgel** *m tech.* **1.** (*eines Ventilators*) impeller blade. – **2.** (*einer Windmühle*) skeleton windmill. — **ˌform** *f metall.* tuyere, *bes. Br.* tuyère. — **ˌfriˌschen** *n metall.* air blowing (*od.* refining). — **ˌfrischˌstahl** *m* air-refined steel. — **wˌgeˌpreßt** *adj only in* ～er Schnee wind-packed snow, wind crust. — **wˌgeˌschützt** *adj* sheltered (from the wind), protected from the wind. — **ˌgeˌschwinˌdigˌkeit** *f* wind speed. — **ˌgeˌschwinˌdigˌkeitsˌmesˌser** *m* wind ga(u)ge, anemometer (*scient.*). — **ˌgürˌtel** *m only in* planetarischer ～ *astr.* planetary winds *pl*. — **ˌhaˌfer** *m bot.* wild oat (*Avena fatua*). — **ˌhalm** *m bot.* corn grass (*Apera spica-venti*). — **ˌharˌfe** *f mus.* aeolian (*auch* Aeolian) harp (*od.* lyre), wind harp. — **ˌhauch** *m* **1.** gentle breeze: ein leiser ～ streichelte ihre Wangen a gentle breeze caressed her cheeks. – **2.** (*Luftbewegung*) breath of air: kein ～ war zu spüren there was not a breath of air. — **ˌhoˌse** *f meteor.* wind spout, vortex (*scient.*). — **ˌhund** *m* **1.** *zo.* greyhound, *Am. auch* grayhound. – **2.** *fig. colloq. cf.* Windbeutel 2. — **ˌhutˌze** *f mar.* (*des Schiffes*) cowl.
winˌdig [ˈvɪndɪç] *adj* **1.** windy, breezy, blowy, drafty, *bes. Br.* draughty: ～e Ecke drafty corner. – **2.** *fig. colloq.* (*Angelegenheit etc*) shaky, unreliable. – **3.** *fig. colloq.* (*Person*) unreliable, independable, undependable: ein windiger Bursche an unreliable fellow (*colloq.*). – **4.** *fig. colloq.* (*Ausrede*) lame, flimsy thin.
'**Windˌjacke** *f* (*getr.* -k·k-) *f* (*fashion*) *Am.* Windbreaker (*TM*), *bes. Br.* windcheater. — **ˌjamˌmer** *m* ⟨-s; -⟩ *mar.* windjammer, *Br.* wind-jammer (*colloq.*). — **ˌkaˌnal** *m* **1.** *aer. phys.* wind tunnel: Versuche im ～ tests (run) in the wind tunnel. – **2.** *mus.* (*der Orgel*) wind trunk, windpipe. — **ˌkarˌte** *f* wind chart. — **ˌkaˌsten** *m* **1.** *mus.* (*der Orgel*) wind chest, air chamber. – **2.** *metall.* a) (*des Kupolofens*) wind box, b) (*eines Konverters*) blast box. — **ˌkesˌsel** *m tech.* (*eines Sandstrahlgebläses*) blast pressure tank. — **ˌklapˌpe** *f tech.* (*eines Blasebalgs*) air flap. — **ˌkraftˌanˌlaˌge** *f tech.* wind power plant. — **ˌlaˌde** *f mus. cf.* Windkasten 1. — **ˌleitˌblech** *n* (*railway*) deflector (plate). — **ˌleiˌtung** *f metall.* blast main (*od.* pipe). — **ˌlicht** *n* hurricane (*Br. auch* storm) lamp (*od.* lantern). — **ˌmaˌcher** *m fig. colloq.* (*Wichtigtuer*) brag(gart), vaporer, *bes. Br.* vapourer, *Am. sl.* 'blow'. — **ˌmaˌcheˌrei** [ˌvɪnt-] *f* ⟨-; *no pl*⟩ *fig. colloq.* bragging, *Am. colloq.* 'blowing'. — **ˌmaˌschiˌne** *f* (*film, theater*) wind machine. — **ˌmesˌser** *m*, **ˌmeßˌgeˌrät** *n meteor.* (*sport*) *cf.*

Windgeschwindigkeitsmesser. — ~,**mes·sung** f anemometry. — ~,**mo·tor** m tech. windmill pump.

'**Wind,müh·le** f 1. tech. windmill: gegen ~n kämpfen to fight (od. tilt at) windmills; das ist ein Kampf gegen ~n it's like fighting windmills. – 2. (Kinderspielzeug) pinwheel, windmill. — '**Wind,müh·len,flü·gel** m vane of a windmill.

'**Wind,pocken** (getr. -k·k-) pl med. chicken pox sg, varicella sg (scient.): er ist an ~ erkrankt he has contracted chicken pox. — ~,**rad** n tech. windwheel. — ~,**räd·chen** n (Kinderspielzeug) pinwheel, windmill.

'**Wind,rich·tung** f direction of the wind, wind('s) direction: gegen die ~ mar. up the wind, windward, in the wind's eye; mit der ~ mar. down the wind. — '**Wind,rich·tungs,an,zei·ger** m 1. cf. Windmesser. – 2. cf. Windsack.

'**Wind,rös·chen** n ⟨-s; -⟩ bot. anemone (Gattg Anemone). — ~,**ro·se** f phys. (eines Kompasses) compass rose (od. card). — ~,**sack** m 1. (auf Flugplätzen, Brücken etc) wind (auch air) sock, wind cone (od. sleeve). – 2. mar. (zur Belüftung) windsail.

'**Winds,braut** f ⟨-; no pl⟩ poet. gale, hurricane, squall.

'**Wind,scha·den** m damage (caused by wind. — ~,**schat·ten** m 1. lee: im ~ eines Busses fahren to drive leeward of a bus. – 2. mar. lee: im ~ liegen to be under the lee. — **w~,schief** adj 1. colloq. (Dach, Haus, Zeichnung etc) cock-eyed (colloq.), (a)skew. – 2. ~e Fläche (wood) surface out of wind. — ~,**schirm** m windscreen, Br. wind-screen, draft (bes. Br. draught) screen. — ~,**schliff** m geol. corrasion by wind-borne sand (od. rubble). — **w~,schlüp·fig** [-,ʃlypfɪç], **w~,schnit·tig** adj tech. streamlined, aerodynamic.

'**Wind,schutz** m 1. windscreen, Br. wind-screen, windbreak(er). – 2. (für Mikrophone) windshield. – 3. mar. a) (aus Holz) weather boards pl, b) (Schutzkleidung aus Segeltuch) canvas dodger, c) im ~ (von Schiff) under the lee. — ~,**schei·be** f auto. Br. wind-screen, Am. windshield: gegen die ~ prallen to pelt against the wind-screen.

'**Wind,sei·te** f 1. weather (od. windward) side. – 2. mar. cf. Luv. — ~,**ska·la** f meteor. Beaufort scale.

'**Wind,spiel** n zo. cf. Windhund 1. — ~an·ti,lo·pe f dik-dik, dig-dig (Gattg Madoqua).

'**Wind,stär·ke** f meteor. wind speed: ~ 5 Beaufort 5; bei ~ 9 with wind speed Beaufort 9. — ~,**stär·ke,mes·ser** m wind ga(u)ge, anemometer (scient.). — **w~,still** adj 1. windless, calm: ~ werden mar. to fall calm. – 2. sheltered: ein ~es Plätzchen a sheltered place. — ~,**stil·le** f calm, windlessness, (kurze, vorübergehende) auch lull: äquatoriale ~ equatorial belt of calms; völlige ~ dead calm.

'**Wind,stoß** m gust, blast (of wind), bluster, flurry, flaw. — ~,**fri,sur** f windswept (Br. wind-swept) look: sie hat eine ~ she wears her hair in the windswept look.

'**Wind,streich,holz** n fusee, fuzee, vesuvian. — ~,**tun·nel** m aer. phys. wind tunnel.

'**Win·dung** f ⟨-; -en⟩ 1. (eines Weges, Flusses etc) bend, turn, meander, winding, curve. – 2. (weit ausladende) sweep. – 3. (Schleife) loop. – 4. (einer Spirale, Spule etc) coil, turning, spire, spiral, convolution, contortion, ring, whorl, wreath. – 5. (einer Taurolle, Feder etc) coil. – 6. (Schlangenbewegung) writhe. – 7. tech. a) (einer Schraube) turn, winding. – 8. med. a) (des Darms etc) convolution, b) (des Gehirns) gyrus, convolution, c) (des Wirbels) whorl.

'**Win·dungs,zahl** f tech. (einer Schraube) number of turns.

'**wind,wärts** adv mar. windward, to the wind.

'**Wind,we·he** f snowdrift. — ~,**wurf** m (forestry) blowdowns pl, Br. blow-downs pl, windthrow, rolled timber, windfalls pl. — ~,**zug** m Luftzug 1.

Win·gert [ˈvɪŋərt] m ⟨-s; -e⟩ Southwestern G. for Weinberg. — '**Win·ger·ter** m ⟨-s; -⟩ Southwestern G. for Weinbauer.

Wink [vɪŋk] m ⟨-(e)s; -e⟩ 1. (Zeichen) sign. – 2. (mit der Hand) wave. – 3. (zu einem her) beckon: auf j-s (leisesten) ~ zur Verfügung stehen to be at s.o.'s beck and call. – 4. (mit den Augen) wink. – 5. (mit dem Kopf) nod. – 6. fig. (Hinweis,

---

Tip) hint, tip, pointer, intimation, wrinkle (colloq.): j-m einen ~ geben to give s.o. a tip; to tip s.o. off, to give s.o. (od. put s.o. up to) a wrinkle (colloq.). – 7. fig. (Ratschlag) tip: praktische ~e für die Hausfrau practical tips for the housewife. – 8. fig. (Anspielung) hint: einen ~ verstehen to take a hint; ein ~ mit dem Zaunpfahl a broad hint; j-m einen ~ mit dem Zaunpfahl geben to give (od. drop) s.o. a broad hint. – 9. fig. (Hinweis, Warnung) warning: ein ~ von oben a warning from Providence.

Win·kel [ˈvɪŋkəl] m ⟨-s; -⟩ 1. bes. math. angle: ein ~ von 45 Grad an angle of 45 degrees; ein rechter [spitzer, stumpfer, gestreckter, überstumpfer] ~ a right [an acute, an obtuse, a straight, a reflex] angle; einen ~ messen to measure an angle; die Linien schneiden sich in einem spitzen ~ the lines intersect at an acute angle; der Weg biegt dort im rechten ~ nach links ab the path branches off there to the left at right angles. – 2. (Gebiet zwischen zwei Flüssen, Gebirgszügen etc) district jutting into another: Berchtesgaden liegt in dem ~ zwischen Österreich und Deutschland Berchtesgaden is situated in a German district jutting into Austria. – 3. (Ecke) corner: eine Wohnung mit vielen ~n an apartment (bes. a flat) with many corners (od. nooks and crannies); sich in einen ~ verkriechen to creep into a corner. – 4. (heimliches Plätzchen) nook, recess, corner: ein malerischer [stiller, versteckter] ~ a picturesque [quiet, secluded] nook. – 5. (kleinste Ritze) nook, cranny: alle Ecken und ~ durchsuchen to search every nook and cranny. – 6. (abgelegener, kleiner Ort) outpost: im entlegensten ~ Deutschlands in the remotest outpost of Germany. – 7. ~ des Herzens corner (od. recesses pl) of one's heart. – 8. (Ärmelabzeichen) chevron. – 9. tech. a) (Meßgerät) angle ga(u)ge, b) (Anschlagwinkel) (try od. back) square: einen ~ anlegen to set a square. – 10. tech. (Kniestück) knee, elbow. – 11. toter ~ a) blind (od. dead) area, b) mil. dead angle (od. space). – 12. electr. phase angle. — ~ab,len·kung f phys. angular deflection (Br. auch deflexion). — ~,**ab,stand** m math. angular distance. — ~,**ab,wei·chung** f angular deviation. — ~ad·vo,kat m contempt. pettifogger, hedge lawyer, bes. Am. colloq. shyster. — ~,**auf,spann,tisch** m tech. angle plate table. — ~,**bank** f contempt. bucket shop. — ~**ban·ki,er** m contempt. keeper of a bucket shop. — ~be,**schleu·ni·gung** f phys. angular acceleration. — ~,**bil·dung** f (eines Organs) angulation. — ~,**blatt** n colloq. contempt. local rag. — ~,**bohr,kopf** m tech. angular drill head. — ~,**bör·se** f econ. contempt. bucket shop. — ~,**ei·sen** n tech. angle bar (od. iron, steel). — **w~,för·mig** adj angular. — ~**frä·ser** m tech. angle milling cutter. — ~**funk·ti,on** f math. goniometric (auch goniometrical) function. — ~,**gas·se** f 1. narrow crooked street, crooked alley. – 2. contempt. back alley (od. street). — ~**ge,schwin·dig·keit** f (in der Ballistik) angular velocity. — ~**ge,trie·be** n tech. miter (bes. Br. mitre) gear. — ~,**glei·chung** f math. angle equation. — ~,**grad** m angular degree. — ~,**hahn** m tech. angle cock. — ~,**ha·ken** m print. composing (od. setting) stick. – 2. arch. tech. cf. Winkeleisen. — ~**hal,bie·ren·de** f ⟨-n; -n⟩ math. bisector (od. bisectrix) of an angle. — ~,**he·bel** m bell crank, lever.

'**win·ke·lig** adj 1. (Haus, Wohnung etc) full of nooks and crannies. – 2. (Straße) crooked. – 3. math. tech. angular, angled, (bei 90°) square. — '**Win·ke·lig·keit** f ⟨-; no pl⟩ math. tech. angularity, (bei 90°) squareness.

'**Win·kel,kon,so·le** f tech. (einer Fräsmaschine) knee. — ~,**mak·ler** m contempt. street (od. outside) broker. — ~,**maß** n math. tech. 1. angular measure. – 2. square. — ~,**mes·ser** m 1. tech. (bevel) protractor. – 2. (bei Holzbearbeitung) bevel steel square. – 3. (im Vermessungswesen) graphometer, goniometer, angle meter. – 4. mil. (Libellenquadrant) clinometer. — ~,**mes·sung** f goniometry. — ~**mi,nu·te** f math. angular minute. — ~**mo·du·la·ti,on** f electr. angle modulation.

---

win·keln [ˈvɪŋkəln] v/t ⟨h⟩ den Arm ~ to bend one's arm.

'**Win·kel,naht** f tech. (in der Schweißtechnik) corner joint. — ~-**Pla,nier,schild** m civ.eng. angle dozer blade, angledozer. — ~**pres·se** f synth. angle molding (bes. Br. moulding) press. — ~,**pris·ma** n (optics) rectangular (od. angle) prism, prismatic square. — ~**pro,fil** n tech. angle section. — ~,**rah·men** m (einer Lokomotive) box angle. — **w~,recht** obs. I adj right-angled, auch right-angle (attrib), rectangular, square: nicht ~ out of square. – II adv at right angles. — ~**re,flek·tor** m electr. (beim Radar) corner reflector. — ~,**sä·ge** f tech. dovetail frame saw. — ~,**sche·re** f blade tinners' snips pl (construed as sg or pl). — **w~,schlei·fen** v/t ⟨irr, insep, -ge-, h⟩ (wood) angle. — ~,**schrau·ben,zie·her** m tech. offset screwdriver. — ~,**schu·le** f colloq. contempt. backwoods school (colloq.): in welche ~ bist du gegangen? where did you go to school? — ~**se,kun·de** f math. angular second. — ~,**spie·gel** m (optics) optical (od. reflecting) square. — ~**stahl** m tech. cf. Winkeleisen. — ~,**stel·lung** f math. tech. angularity, angular position. — ~,**stoß** m (in der Schweißtechnik) corner joint. — ~,**streich,maß** n tech. square-marking ga(u)ge. — ~,**stück** n elbow. — ~,**stüt·ze** f supporting angle. — ~**su·cher** m phot. angle viewfinder. — ~,**tisch** m angle plate. — ~,**treue** f geogr. (in der Kartographie) conformity. — ~**ver,schie·bung** f math. angular displacement. — ~**ver,stel·lung** f angle setting. — ~,**zug** m meist pl 1. (Ausflucht, Vorwand) evasion, shuffle, equivocation: mach keine Winkelzüge! don't evade the issue! stop dodging! don't shuffle! no evasions! – 2. (Trick, Kniff) trick, shift, dodge (colloq.): durch einen geschickten ~ by a clever dodge.

win·ken [ˈvɪŋkən] I v/i ⟨pp gewinkt, dial. gewunken, h⟩ 1. wave: mit der Hand [einem Tuch, einer Zeitung] ~ to wave one's hand [a kerchief, a newspaper]; mit Fähnchen ~ to wave flags; sie stand am Fenster und winkte she stood at the window and waved. – 2. (make a) sign, signal, beckon: dem Kellner ~ to signal to the waiter (to come); einem Taxi ~ to hail a taxi; → Zaunpfahl. – 3. j-m mit den Augen ~ to give s.o. a look. – 4. j-m winkt etwas fig. a) s.o. can expect s.th., s.th. is in store for (od. awaits) s.o., b) s.o. is on the way to s.th.: dem Gewinner winkt ein hoher Geldpreis the winner can expect a large cash prize; ihm winkt das Glück he is on the way to happiness; dir ~ große Ziele you are on the way to achieving great goals; ihm winkt eine Tracht Prügel he is in for a good hiding. – 5. mar. mil. semaphore. – II v/t 6. j-n zu sich ~ a) (durch deutliches Winken) to beckon (od. motion) s.o. over to one, to beckon to s.o. (to come), b) (durch leichte Andeutung) to sign to s.o. to come: den Kellner an den Tisch ~ to sign to the waiter (to come to the table); der Lehrer winkte Ruhe the teacher signed to the pupils to be quiet. – 7. der Linienrichter winkte Abseits (sport) the linesman flagged offside.

'**Win·ker** m ⟨-s; -⟩ 1. auto. obs. direction indicator. – 2. mil. flagman, (flag) signaller (Am. auch signaler), signalman. — ~,**flag·ge** f 1. mil. semaphore (od. signal) flag. – 2. mar. semaphore (od. Morse) flag, handflag. — ~**kon,trolleuch·te** (getr. -ll,l-) f auto. obs. direction indicator (od. turn signal) control lamp. — ~,**krab·be** f zo. fiddler crab, auch fiddle (Gattg Uca).

win·kern [ˈvɪŋkərn] v/i ⟨h⟩ mar. cf. winken 5.

'**wink,lig** adj cf. winkelig.

'**Wink,si,gnal** n mar. cf. Winkzeichen. — ~,**spruch** m semaphore message. — ~,**zei·chen** n semaphore signal.

Winsch [vɪnʃ] f ⟨-; -en⟩ mar. winch.

'**Win·sel,af·fe** m zo. cf. Kapuzineraffe.

Win·se'lei f ⟨-; no pl⟩ colloq. for Winseln.

win·seln [ˈvɪnzəln] I v/i ⟨h⟩ 1. (bes. von Hunden) whimper, whine: der Hund winselte vor Schmerzen the dog whimpered with pain. – 2. fig. contempt. (kriecherisch bitten) cringe: um Gnade ~ to cringe for mercy. – II W~ n ⟨-s⟩ 3. verbal noun.

Win·ter ['vɪntər] m ⟨-s; -⟩ 1. winter: ein harter (od. strenger) [kalter, milder, langer] ~ a hard (od. severe) [cold, mild, long] winter; die Freuden [Schrecken] des ~s the joys [horrors] of winter; im ~ in (the) winter; im tiefsten ~ in the dead of winter; Sommer wie ~ summer and winter; gut über den ~ kommen colloq. to get through the winter well, to weather the winter; ich bin schon den dritten ~ hier this is my third winter here; sich den ~ über (od. über den ~, während des ~s, im ~) im Süden aufhalten to spend the winter in the south, to go south for the winter, to stay in the south for the winter; es wird ~ it is getting wint(e)ry, winter is coming. – 2. cf. Winterszeit. — ~,abend m winter('s) evening. — ~,an,fang m beginning of winter. — ~,an,zug m winter suit. — ~,ap·fel m (Lagerobst) winter apple. — ~,ar·beits·lo·sig·keit f econ. winter unemployment. — ~,aster f bot. chrysanthemum (Gattg Chrysanthemum). — ,auf·ent,halt m 1. winter sojourn (od. stay). – 2. (Wintersportort) winter resort. — ~,auf,schlag m econ. winter surcharge. — ~,aus,rü·stung f 1. winter clothing (od. clothes pl). – 2. mil. auto. winter equipment. — ~,bau m winter construction. — ~,be,darf m winter demand. — ~be,stel·lung f agr. winter tillage (od. cultivation). — ~be,trieb m 1. winter (od. cold-weather) operation. – 2. (Wintersaison) winter season. — ~,bir·ne f (Lagerobst) winter pear. — ~,blatt n bot. shortia (Gattg Shortia, bes. S. galacifolia). — ~,ei·che f white (od. chestnut) oak, durmast (Quercus petraea). — ~,en,di·vie f endive (Cichorium endivia). — ~,fahr,plan m winter timetable. — ~,feld,zug m mil. winter campaign. — ~,fell n zo. winter coat. — ~,fen·ster n winter (od. double) window. — w~,fest adj 1. winterproof: ein Auto ~ machen to winterize (Br. auch -s-) a car. – 2. bot. (Pflanze) (winter-)hardy. — ~,fe·stig·keit f 1. winterproof quality. – 2. (von Pflanzen) winterhardiness. — ~,flun·der f zo. (winter) flounder (Pseudopleuronectes americanus). — ~,fri·sche f ⟨-; -n⟩ 1. winter holiday(s pl) (Am. vacation). – 2. (Wintersportort) winter resort. — ~,frucht f 1. winter fruit. – 2. agr. winter crop. — ~,fut·ter n agr. winterfeed, Br. winter-feed. — ~,füt·te·rung f winter feeding. — ~,gar·ten m arch. conservatory, winter garden. — ~,gast m winter visitor (od. tourist). — ~,ger·ste f agr. winter barley. — ~ge,trei·de n winter grain (od. cereal). — ~,gold,hähn·chen n zo. goldcrest (Regulus regulus). — ~,grün n bot. 1. spicy wintergreen, checkerberry (Gaultheria procumbens). – 2. wintergreen, pyrola (scient.) (Gattg Pyrola). — ~,haar n (der Tiere) winter hair. — ~,haar,kleid n winter coat. — ~,ha·fen m mar. winter(ing) harbor (bes. Br. harbour). — ~,ha·fer m agr. winter oats pl (construed as sg od. pl). — ~,halb,jahr n ped. 1. (an Schule) winter half year (od. term). – 2. (an Universität) cf. Wintersemester. — w~,hart adj bot. (Pflanze) (winter-)hardy. — ~,käl·te f winter cold. — ~,kar,tof·fel f (zur Lagerung) winter potato. — ~,kleid n 1. (fashion) winter dress. – 2. fig. (einer Landschaft) winter gown (od. robe). – 3. zo. a) winter hair (od. coat), b) (der Vögel) winter plumage. — ~,klei·dung f (fashion) winter clothing (od. clothes pl, garments pl, wear, things pl). — ~,kohl m bot. winter cabbage. — ~,kol·lek·ti,on f (fashion) winter collection. — ~,korn n ⟨-(e)s; -e⟩ agr. winter corn. — ~,kres·se f bot. poor man's cabbage (Barbarea verna). — ~,kur,gast m cf. Wintergast. — ~,kur,ort m winter (health) resort. — ~,land·schaft f winter landscape. — 'win·ter·lich I adj 1. (Wetter, Landschaft, Temperaturen etc) winter (attrib), wint(e)ry, hibernal (lit.): ~e Fahrverhältnisse winter conditions on the roads, ~es Wetter (attrib). – II adv 3. ~ gekleidet sein to be dressed for (the) winter (od. in winter clothes). — 'Win·ter·ling m ⟨-s; -e⟩ bot. Christmas flower (Eranthis hiemalis). — 'Win·ter,man·tel m (fashion) winter coat, (für Herren) auch winter overcoat. — ~,mär·chen n 1. winter fairy tale (od. story): „Deutschland, ein ~" "Germany,

A Winter's Tale" (epic poem by Heine). – 2. fig. fairy-tale winter landscape. — ~,me,lo·ne f bot. cas(s)aba, auch cas(s)aba melon. — ~,mo·de f (fashion) winter fashion. — ~,mo·nat n winter month. — ~,mon,sun m meteor. winter monsoon. — **win·tern** ['vɪntərn] v/impers ⟨h⟩ es wintert it is getting wint(e)ry, winter is coming. — 'Win·ter|,nacht f winter('s) night. — ~,obst n (Lagerobst) winter fruit. — ~,öl n auto. winter oil. — ~olym,pia·de [-ʔolym,pia:də] f (sport) cf. Winterspiele. — ~,pau·se f civ.eng. (in der Bauindustrie) layoff in winter. — ~,pelz m zo. winter fur. — ~,quar,tier n (eines Zirkus, von Truppen) winter quarters pl. — ~,rei·fen m auto. snow tire (bes. Br. tyre). — ~,rei·se f winter journey: „Die ~" mus. "The Winter Journey" (by Schubert). — ~,ro·se f bot. cf. Christrose. — ~,ru·he f zo. (der Dachse, Bären u. Eichhörnchen) winter rest (od. scient. hibernation) period. — 'win·ters adv in (the) winter: → sommers. — 'Win·ter,saat f agr. 1. winter corn. – 2. sowing of winter corn. — ~,eu·le f zo. (Insekt) white-line dart moth (Agrotis segetum). — 'Win·ter|,sa·chen pl cf. Winterkleidung. — ~,sai,son f winter season. — 'Win·ters,an,fang m beginning of winter. — 'Win·ter|,schach·tel,halm m bot. scouring rush, pewter wort, Dutch rush (Equisetum hyemale). — ~,schlaf m zo. winter sleep, hibernation (scient.): ~ halten to hibernate; künstlicher ~ med. artificial hibernation. — ~,schlä·fer m winter sleeper; hibernating animal, hibernator (scient.). — ~,schluß·ver,kauf m econ. winter (clearance) sale. — ~,schuh m meist pl winter shoe. — ~,schutz,ha·fen m mar. cf. Winterhafen. — ~se,me·ster n ped. winter semester (od. term, half year). — ~,son·ne f winter sun. — ~,son·nen,wen·de f (winter) solstice. — ~,spie·le pl Olympische ~ (sport) Winter Olympic Games, auch Winter Olympics. — ~,spo·re f bot. (der Rostpilze) teliospore. — 'Win·ter,sport m winter sport(s pl). — ~,ort n,platz m winter (od. ski) resort, ski center (bes. Br. centre). — 'Win·ter|,star·re f zo. (wechselwarmer Tiere) torpor. — ~,stern m bot. cf. Winterling. — ~,sturm m meteor. winter storm. — 'win·ters,über adv during (the) winter. — 'Win·ters,zeit f ⟨-; no pl⟩ wintertime, winter season, wintertide (poet.): zur ~ in (the) wintertime. — 'Win·ter|,tag m winter day, day in winter. — w~,taug·lich adj good (od. fit) for (the) wintertime. — 'Win·te·rung f ⟨-; no pl⟩ agr. cf. Wintersaat. — 'Win·ter|uni,form f mil. winter uniform. — ~,ur,laub m winter holiday(s pl) (Am. vacation). — ~,vor,rat m winter stock. — ~,wei·de f agr. winter pasture. — ~,wei·zen m winter wheat. — ~,wet·ter n meteor. winter weather. — ~,wic·ke (getr. -k·k-) f bot. everlasting pea (Lathyrus latifolius). — ~,wit·te·rung f meteor. cf. Winterwetter. — ~,zeit f 1. cf. Winterszeit. – 2. winter time: England hat gegenwärtig ~ England has winter time at present. — ~,zeug n colloq. for Winterkleidung. — ~,zu,schlag m econ. (für kaltes Wetter) winter bonus (od. allowance). — ~,zwie·bel f bot. cf. Jakobszwiebel. — **Win·ze** ['vɪntsə] f ⟨-; -n⟩ zo. cf. Rotdrossel. — **Win·zer** ['vɪntsər] m ⟨-s; -⟩ cf. Weinbauer. — ~,fest n vintage festival. — ~ge,nos·sen·schaft f winegrowers' cooperative (Br. auch co-operative) (society). — ~,mes·ser m vine knife. — **win·zig** ['vɪntsɪç] I adj 1. (Mensch) tiny, wee: ein ~es Kerlchen a tiny little fellow (colloq.). – 2. (Gegenstand) tiny, diminutive, minuscule, minuscule, minikin, wee, teeny, miniature (attrib): Sterne sind oft nur ~e Punkte am Himmel stars are often just tiny points (od. dots) in the sky. – 3. (Bruchteil, Prozentsatz etc) minute, tiny, (stärker) infinitesimal: ein ~er Unterschied a minute (od. fine, very slight) difference. – II adv 4. ~ klein a) tiny little, teeny-weeny (colloq.), b) cf. winzig 2. — 'Win·zig·keit f ⟨-; -en⟩ 1. ⟨only sg⟩ (von Zimmer, Buchstabe etc) tininess, diminutiveness. – 2. ⟨only sg⟩ (von Bruchteil, Prozentsatz etc) minuteness, tininess, (stärker) in-

finitesimality. – 3. colloq. for Kleinigkeit 1, 2.

Winz·ling ['vɪntslɪŋ] m ⟨-s; -e⟩ colloq. humor. 1. (sehr kleines Kind) tiny tot, wee mite. – 2. (Erwachsener von kleiner Statur) mite, 'half-pint' (sl.).

Wip·fel ['vɪpfəl] m ⟨-s; -⟩ treetop, top of a tree, crown, (bei schlanken Bäumen) auch spire: in den ~n der Bäume rauscht der Wind the wind stirs in the treetops. — ~,dür·re f bot. stag-headedness. — ~,krank·heit f ⟨-; no pl⟩ (durch Forstschädlinge) wilt, auch wilt disease. — 'Wipp|,arm m tech. rocker arm. — ~,baum m (eines Ziehbrunnens) sweep. — ~,brücke (getr. -k·k-) f civ.eng. bascule bridge. — **Wipp·chen** ['vɪpçən] pl Western G. colloq. 1. (Dummheiten) tricks, dodges (colloq.): er hat schon wieder ~ gemacht he has been up to his tricks again. – 2. (Blödsinn) carryings-on, nonsense sg: hört doch endlich auf mit den ~ will you stop that (od. your) carrying-on. — **Wip·pe** ['vɪpə] f ⟨-; -n⟩ 1. (für Kinder) seesaw, teeterboard, auch teeter-totter. – 2. tech. rocker (od. hinged) plate. – 3. metall. cf. Wipptisch. – 4. (sport) balancing board. – 5. mus. (der Orgel) backfall. – 6. (theater) trampoline, auch trampolin, Am. auch safety net. – 7. hist. cf. Wippgalgen. — **wip·pen** ['vɪpən] v/i ⟨h⟩ 1. (schaukeln) seesaw, teeter: auf einem Balken ~ to seesaw on a plank. – 2. auf den Zehenspitzen ~ to rock up and down. – 3. mit der Fußspitze ~ to jig(gle) one's foot. – 4. mit dem Schwanz ~ (von Vögeln) to wag(gle) its tail. – 5. (von Rocksaum, Frisur etc) bob: die Federn auf ihrem Hut wippten the feathers on her hat bobbed (od. nodded). – 6. (sport) bounce. – 7. mar. whip. — 'Wip·pen,sterz m zo. cf. Bachstelze. — 'Wip·per m ⟨-s; -⟩ tech. tipper, tippler, dumper. — **wip·pern** ['vɪpərn] v/i ⟨h⟩ dial. for wakkeln 1—5. — 'Wipp|,fe·der f electr. whip. — ~,gal·gen m hist. (Foltergerät) strappado. — ~,kran m tech. luffing (od. whip) crane. — ~,mot·te f zo. crocksfoot moth (Fam. Glyphipterygidae). — ~,sä·ge f tech. jigsaw. — ~,sterz m zo. cf. Bachstelze. — ~,tisch m metall. (im Walzwerk) tilting table.

wir [viːr] personal pron 1. (die Person des Sprechenden einschließende Personengruppe) we: ~ kommen we are coming; ~ sind es it is we, it's us (colloq.); ~ sind es, die it is we who; ~, die ~ alles getan haben we who have done everything; ~ Deutsche(n) we Germans; ~ Studenten [Arbeiter] we students [workers]; ~ Armen! poor us! we wretched creatures! (lit.); ~ Armen müssen arbeiten we poor things have to work; ~ alle all of us, we all; ~ beide bleiben zu Hause both of us will (od. will both) stay at home; ~ selbst we ourselves; wer kommt mit? — W~ beide who is coming with us?—The two of us (od. Both of us, colloq. Us two); ~ drei [vier] we three [four], the three [four] of us. – 2. (Pluralis modestiae) we: ~ legen hiermit ein völlig neues Werk vor we present a completely new work with this book; ~ kommen zum Hauptpunkt unseres Themas we come to the main point of our subject. – 3. colloq. (väterlich od. herablassend, nur den od. die Angeredeten meinend) we: na, wo haben ~ uns denn weh getan? well, where did we hurt ourselves? ~ haben wohl nicht aufgepaßt? we weren't paying attention, were we? – 4. W~ (Pluralis majestatis) (von Monarchen, röm.kath. vom Papst) We: W~, Friedrich, König von Preußen, verordnen hiermit, daß We, Frederick, King of Prussia, herewith decree that.

wirb [vɪrp] imp sg of werben.

Wir·bel ['vɪrbəl] m ⟨-s; -⟩ 1. (schnelle, kreisende Bewegung) whirl, twirl: einen Tanz mit einem ~ beenden to finish a dance with a whirl (od. pirouette). – 2. auch geogr. (im Wasser) eddy, whirlpool, backset, vortex (scient.). – 3. bes. aer. meteor. a) (der Luft) eddy, b) (einer Strömung) vortex. – 4. fig. whirl, vortex, merry-go-round, stärker turmoil, whirlwind: im ~ der Ereignisse in the whirl of events. – **5.** *fig. colloq.* fuss, to-do, ado: **mach nicht solch einen ~** don't make such a fuss. – **6.** *fig.* (*Aufsehen, Aufregung*) stir, (*stärker*) sensation: **es gab damals wegen dieser Affäre einen großen ~** this affair caused a great stir then. – **7.** (*im Haar*) cowlick: **sein Haar bildet am Scheitel einen ~** he has a cowlick at the crown of his head (*Br.* at his parting). – **8.** (*beim Fingerabdruck*) whirl. – **9.** *bot. zo.* (*von Blättern, Haaren*) whorl, whirl, verticil (*scient.*). – **10.** *med.* a) (*Knochen*) vertebra, b) (*Halswirbel*) cervical vertebra, c) (*Rückenwirbel*) dorsal vertebra: **sich** (*dat*) **einen ~ brechen** [**verletzen**] to break [to injure] a vertebra. – **11.** *zo.* (*der Weichtiere*) summit. – **12.** *mus.* a) (*an einem Streich- od. Zupfinstrument*) (tuning) peg, tuning pin, (wrest) pin, b) (*auf einem Schlaginstrument*) roll: **einen ~ auf der Trommel schlagen** to give (*od.* play) a roll on the drum, to roll the drum. – **13.** (*Drehgriff an Fenster, Tür etc*) catch. – **14.** *tech.* a) (*einer Kette*) swivel, b) (*in der Sattlerei*) bolt. – **15.** (*in der Hydraulik*) vortex. — **~,ab,schnitt** *m med.* vertebral segment. — **~be,reich** *m phys.* periptery. — **~be,we·gung** *f* **1.** whirling motion. – **2.** *phys.* turbulence. — **~,bil·dung** *f tech.* turbulence. — **~,block** *m* swivel block. — '**Wir·bel,bo·gen** *m med. zo.* vertebral arch. — **~re·sek·ti,on** *f med.* laminectomy. — '**Wir·bel,bruch** *m med.* vertebral fracture. — **~,dost** *m bot.* field (*od.* wild) basil, basilweed, hedge calaminth (*Satureja vulgaris*). — **~ent,zün·dung** *f med.* spondylitis. — **~er,kran·kung** *f* spondylopathy. — **~,fa·den** *m aer.* vortex filament. — **~feld** *n electr.* rotational field. — **w~,för·mig** *adj* **1.** (*Bewegung etc*) whirling. – **2.** *med.* vertebral, vertebrate. — **~,fort,satz** *m med.* spinous process. — **w~,frei** *adj phys.* irrotational, nonvortical *Br.* non-. — **~ge,lenk** *n* **1.** *med.* vertebral joint. – **2.** *tech.* swivel joint. — **~,ha·ken** *m mar.* swivel hook.

'**wir·be·lig** *adj fig.* **1.** (*Kind, Mädchen etc*) wild. – **2.** dizzy, giddy: **mir wird ganz ~** (**im Kopf**) I am getting quite dizzy, my head swims. '**Wir·bel,kam·mer** *f auto.* turbulence (*od.* combustion) chamber, swirl chamber. — **~,ka,nal** *m med.* vertebral (*od.* spinal, mural) canal. — **~,ka·sten** *m mus.* (*an einem Streich- od. Zupfinstrument*) pegbox. — **~,kern** *m phys.* vortex core. — **~,kno·chen** *m med.* vertebra: **zwischen den ~ befindlich** intervertebral. — **~,kör·per** *m* **1.** *med.* vertebral body. – **2.** *zo.* centrum. — **~,loch** *n med.* vertebral (*od.* spinal) foramen. '**wir·bel·los** *adj* **1.** *zo.* invertebrate, invertebral. – **2.** *electr.* free from vortices. — '**Wir·bel·lo·se** *pl zo.* invertebrates. **wir·beln** ['vɪrbəln] **I** *v/t* 〈*h*〉 **1.** (*Blätter, Sand, Schneeflocken etc*) whirl, swirl: **der Wind wirbelt den Staub in die Höhe** the wind swirls the dust into the air; **der Sturm wirbelte Ziegel durch die Luft** the storm whirled tiles through the air. – **2.** (*Stock, Gerte etc*) twirl: **seinen Spazierstock durch die Luft ~** to twirl one's walking stick through the air. – **3.** *tech.* (*Gewinde*) whirl, spin. – **II** *v/i* 〈*h u. sein*〉 **4.** 〈*h u. sein*〉 (*von Staub, Schneeflocken*) whirl, swirl. – **5.** 〈*h*〉 (*von Wasser*) whirl, swirl, eddy. – **6.** 〈*sein*〉 (*sich rasch u. stürmisch fortbewegen*) whirl: **das Mädchen wirbelte durch das Zimmer** the girl whirled through the room. – **7.** 〈*sein*〉 (*von Tänzern etc*) whirl, twirl: **die Paare ~ durch den Saal** the couples whirl through the hall. – **8.** 〈*h*〉 **mir wirbelt der Kopf** *fig. colloq.* my head is spinning (*od.* in a whirl). – **9.** 〈*h*〉 *mus.* roll: **die Trommel wirbelt** the drum rolls. – **10.** 〈*h*〉 *phys.* whirl, spin. – **III W~** *n* 〈*-s*〉 **11.** *verbal noun.* – **12.** (*von Staub, Blättern, Schneeflocken etc*) whirl, swirl. – **13.** *mus.* (*der Trommel*) roll. — '**wir·belnd I** *pres p.* – **II** *adj* **1.** (*Blätter, Schneeflocken etc*) whirling, swirling. – **2.** (*Tanz*) whirling, twirling. – **3.** (*Bewegung*) whirling, vertiginous. '**Wir·bel,säu·le** *f med.* vertebral (*od.* spinal) column, spine, backbone. '**Wir·bel,säu·len|an·ky,lo·se** *f med.* ankylosis of the spine. — **~,glei·ten** *n* spondylolisthesis. — **~,ka,nal** *m* spinal canal. — **~,lei·den** *n* back (*od.* spinal)

---

trouble (*od.* problem). — **~tu·ber·ku,lo·se** *f* tuberculosis of the spine, Pott's disease; spondylarthrocace, spondylocace (*scient.*). — **~,krüm·mung** *f cf.* Rückgrat(s)-verkrümmung. — **~ver,stei·fung** *f* poker spine; ankylosing spondylitis, spondylitis ankylopoietica (*scient.*). '**Wir·bel,schicht|,ofen** *m tech.* fluidized bed furnace. — **~trock·ner** *m* fluidized bed dryer. — **~ver,fah·ren** *n* fluid(ized) bed process, fluidized solids operation, fluidization. '**Wir·bel,schnecke** (*getr.* -k·k-) *f zo.* papboat (*Turbinella rapa*). — **~,sin·ter·ver,fah·ren** *n metall.* fluidized bed sintering process. — **~,spalt** *m med.* cleft spine, spina bifida (*scient.*). '**Wir·bel,strom** *m electr.* eddy (*od.* parasitic) current. — **~,brem·se** *f tech.* eddy--current brake. — **~,kreis** *m electr.* eddy--current circuit. — **~,läu·fer** *m* eddy--current rotor. — **~,ring** *m* vortex ring. '**Wir·bel,strö·mung** *f phys.* turbulence. '**Wir·bel,strom|ver,lust** *m electr.* eddy--current (*od.* parasitic) loss. — **~,wär·me** *f* eddy-current heat. '**Wir·bel,sturm** *m meteor.* whirlwind, whirlblast, (*Zyklon*) cyclone, (*Tornado*) tornado, *Am. auch* twister. — **~,tier** *n meist pl zo.* vertebrate (animal), animal with a backbone (*Unterstamm Vertebrata*). — **~,trom·mel** *f mus.* snare (*od.* side) drum, tenor drum. — **~tu·ber·ku,lo·se** *f med. cf.* Wirbelsäulentuberkulose. '**Wir·be·lung** *f* 〈*-; -en*〉 *tech.* (engine) turbulence, swirling motion, whirling. '**Wir·bel|,wi·der,stand** *m* (*in der Aerodynamik*) wake resistance. — **~,wind** *m* **1.** *meteor.* whirlwind, (*Zyklon*) cyclone, (*Tornado*) tornado: **sie fegte herein wie ein ~** *fig.* she rushed in like a whirlwind. – **2.** *fig.* live wire: **als Kind war sie ein richtiger ~** as a child she was a real live wire. — **~,zen·trum** *n meteor.* center (*bes. Br.* centre) of low (*od.* cyclone). '**wirb·lig** *adj cf.* wirbelig. **wirbst** [vɪrpst] *2 sg pres,* **wirbt** [vɪrpt] *3 sg pres of* werben. **wird** [vɪrt] *3 sg pres of* werden. **wirf** [vɪrf] *imp sg,* **wirfst** [vɪrfst] *2 sg pres,* **wirft** [vɪrft] *3 sg pres of* werfen. **wir·ken**[1] ['vɪrkən] **I** *v/t* 〈*h*〉 **1.** *lit.* (*tun, schaffen*) do: **Gutes ~** to do good (works); **Großes ~** to do great things (*od.* deeds); → Wunder 2, 4. – **II** *v/i* **2.** (*Erfolg haben*) work: **so etwas wirkt** (**bei ihm**) **immer** that always works (with him); **wenn das nicht wirkt** if that does not work; **das hat gewirkt** a) that did the trick (*sl.*), b) that worked, that hit (*od.* struck) home with him (*od.* her, them). – **3.** (*wirksam sein*) take (*od.* have) effect, operate: **die Arznei beginnt zu ~** the medicine begins to take effect (*od.* to work); **die Tabletten ~ schnell** the tablets have a prompt effect; **das Mittel wirkt gut gegen Husten** this medicine is good (*od.* a good remedy) for a cough. – **4.** (*Auswirkungen haben*) have effect: **hier ~ die Ideen der Französischen Revolution** the ideas of the French Revolution have effect here. – **5.** (*Wirkung erzielen*) (*auf acc* [*up*]*on*) act, have an effect: **Alkohol wirkt berauschend** alcohol has an intoxicating effect; **Kaffee wirkt** [**anregend**] **auf den Kreislauf** coffee acts on [acts as a stimulus to] the circulation, coffee has an [a stimulating] effect on the circulation; **ein gutes Beispiel wirkt anspornend** a good example is encouraging (*od.* an incentive); **eine solche Maßnahme wirkt erzieherisch** such a measure has an educational (*od.* a didactic) effect (*od.* influence); **dieser Raum wirkt bedrückend auf mich** this room has a depressing effect on me; **sein Anblick wirkt auf sie wie ein rotes Tuch** the sight of him makes her see red. – **6.** (*einwirken*) (*auf acc* [*up*]*on*) act, operate: **der Bremsdruck wirkt zuerst auf die Bremsflüssigkeit** the brake pressure first acts on the brake fluid. – **7.** (*Eindruck machen*) (*auf acc* [*up*]*on*) make an impression, have an effect: **das Theaterstück hat** (**auf mich**) **stark gewirkt** the play made a strong impression (on me); **dieses Erlebnis hat nachhaltig auf ihn gewirkt** this event made a lasting impression on him; **er wirkt** [**sehr stark**] **auf Frauen** he impresses women [greatly], he [greatly] appeals to women, he has an

---

[a great] appeal (*od.* attraction) for women; **seine Werke ~ vor allem auf junge Leute** his works appeal mainly to young people. – **8.** **etwas auf sich ~ lassen** *cf.* einwirken 4. – **9.** **er wirkt gehemmt** [**ängstlich**] he gives the impression of being inhibited [anxious], he makes an inhibited [anxious] impression; **er wirkt noch immer sehr jugendlich** a) he still makes a youthful impression, b) he is still youthful in his manner, b) (*im Aussehen*) he still has a very youthful appearance. – **10.** (*aussehen*) look: **ein solches Verhalten wirkt lächerlich** such behavio(u)r looks ridiculous; **in diesem Kleid wirkst du sehr jung** you look very young in this dress, this dress makes you look very young; **die Stadt wirkt, als sei sie ausgestorben** the town looks as if it were dead. – **11.** (*gut aussehen*) look well, be effective: **diese Tapete wirkt** [**nicht**] **sehr gut in einem hohen Raum** this wallpaper looks very well (*od.* is most effective) [does not look well *od.* is not very effective, loses] in a high room; **das Bild wirkt erst auf die Entfernung** the picture only has (full) effect when viewed at (*od.* from) a distance. – **12.** (*als as*) act, serve: **beim Bergabfahren wirkt der zweite Gang als Bremse** the second gear serves as brake when a car is going downhill. – **13.** (*tätig sein*) work, be active, (*von Dichtern*) *auch* flourish: **für eine Idee ~** to work for an idea; **als Lehrer** (*od.* erzieherisch) **~** to work as a teacher, to teach; **er wirkt als Missionar in Afrika** he works as a missionary in Africa. – **13.** dahin ~, **daß** to see (to it) that: **er wirkte dahin, daß die Arbeitszeit verkürzt wurde** he saw to it that working hours were shortened, he used his influence to bring about a reduction of working hours. – **III W~** *n* 〈*-s*〉 **15.** *verbal noun.* – **16.** work: **sein segensreiches W~ wird uns unvergessen bleiben** we shall never forget his fruitful work; **während seines W~s als Leiter der Schule** during his work (*od.* activity) as head of the school; **das W~ einer übernatürlichen Macht** the work of a supernatural power; **das W~ Gottes in der Natur** the work (*od.* hand) of God in nature. '**wir·ken**[2] *v/t* 〈*h*〉 (*textile*) **1.** (*Strümpfe etc*) knit. – **2.** (*Teppiche etc*) weave. '**wir·kend I** *pres p.* – **II** *adj* **1.** **ein rasch ~es Mittel** a) a quick means, a means with a prompt effect, b) *med.* a quick remedy, a quick-acting medicine, a medicine with (a) prompt effect; **ein zuverlässig ~es Mittel** a) a reliable means, b) *med.* a reliable drug (*od.* medicine); **ein stark ~es Mittel** a) a drastic means, b) *med.* a powerful (*bes. Abführmittel* drastic) medicine, a potent drug (*od.* medicine). – **2.** **~e Ursache** *philos.* efficient cause. '**Wir·ker** *m* 〈*-s; -*〉 (*textile*) (*Person*) **1.** knitter, *bes. Br.* hosier. – **2.** weaver. — '**Wir·ke,rei** *f* 〈*-; -en*〉 (*Fabrik*) **1.** knitting factory. – **2.** weaving mill. — '**Wir·ke·rin** *f* 〈*-; -nen*〉 *cf.* Wirker. '**Wirk|,fak·tor** *m electr.* power factor. — **~,flä·che** *f* (*einer Antenne*) effective area. — **~,grup·pen** *pl biol. chem.* active groups. — **~,lei·stung** *f* 〈*-; no pl*〉 *electr.* true (*od.* active, real, wattful) power. — **~,leit,wert** *m* conductance. '**wirk·lich I** *adj* **1.** (*wahr*) real, true, genuine, veritable; positive, proper (*colloq.*): **er ist ein ~er Künstler** he is a real artist. – **2.** (*tatsächlich*) real, true: **diese Geschichte beruht auf ~en Ereignissen** this story is based on real events. – **3.** (*eigentlich*) real, actual: **das ~e Leben ist ganz anders als das in Romanen** real life is quite different from that in novels; **im ~en Leben** in real life. – **4.** **W~er Geheimer Rat** *hist.* (*Titel*) *etwa* Working Privy Councillor. – **5.** *philos.* real, objective. – **6.** *tech.* (*im Gegensatz zu scheinbar*) true. – **II** *adv* **7.** (*der Wirklichkeit entsprechend*) really, in reality, actually: **wir müssen die Dinge so sehen, wie sie ~ sind** we must see things as they really are (*od.* as they are in reality). – **8.** (*zur Bestätigung*) really, honestly, positively: **~?** *auch iron.* really? indeed? is that so? **~!** really! honestly! **bist du ~ dort gewesen?** have you really been there? **bist du es ~?** it can't be you, it is not you. – **9.** (*zur Verstärkung*) really, indeed: **es ist**

~ wahr it is really true, indeed it is true; es ist ~ kaum zu fassen (*od.* glauben) it is really incredible; das ist ~ sehr reizend von dir that is that is really very sweet of you, that is very sweet of you indeed; er ist ~ ein anständiger Kerl *colloq.* he really is a decent fellow (*colloq.*), he sure is a fine guy (*sl.*); du bist ~ ein Künstler *colloq. iron.* you are a proper artist (*colloq.*); ~ und wahrhaftig would you (*od.* who would) believe it? willst du ~ nicht kommen? you really don't want to come? are you sure you won't come?

'Wirk·lich·keit f ⟨-; no pl⟩ **1.** reality: die rauhe ~ harsh reality, the hard facts *pl*; Ideal und ~ ideal and reality; ~ werden to become reality, to come true, to materialize, to be realized; die ~ ist ganz anders reality is quite different; in der Kunst die ~ darstellen to represent reality in art; auf den Boden der ~ zurück-kehren to come back to reality (*od.* earth). – **2.** in ~ a) in reality, in actual fact, as a matter of fact, b) (*eigentlich*) in fact, really, in effect: in ~ ist er nie dort gewesen in reality he has never been there; in ~ meint er etwas ganz anderes in fact he means s.th. quite different. – **3.** *philos.* reality.

'wirk·lich·keits|,**fern** adj unrealistic. — **W~,form** f ⟨-; no pl⟩ *ling. cf.* Indikativ. — **~,fremd** adj **1.** (*Person, Einstellung etc*) unrealistic, starry-eyed (*colloq.*). – **2.** (*Roman etc*) unrealistic. — **~ge,treu** adj **1.** true, veracious, veridical: eine ~e Abbildung a true picture. – **2.** realistic. — **W~,mensch** m realist. — **~,nah** adj (*Schilderung etc*) realistic. — **W~,nä·he** f realism. — **W~,sinn** m ⟨-(e)s; no pl⟩ realism, realistic outlook. — **W~,treue** f realism.

'Wirk·ma,schi·ne f (*textile*) *tech.* knitting (*bes. Br.* hosiery) machine, knitter.

'wirk·sam I adj **1.** (*Mittel, Methode, Behandlung, Schutz etc*) effective, efficient, efficacious, effectual: er fand ~e Unterstützung he was given effective support, he was supported effectively; dieses Mittel ist gegen Erkältung ~ this medicine is effective against (*od.* good for) a cold; ~e Schritte unternehmen to take effectual steps. – **2.** (*Argument, Worte etc*) effective, forcible. – **3.** (*Dosis etc*) operative. – **4.** (*tätig*) active: er ist in der Sozialarbeit ~ he is active (*od.* engaged) in social work. – **5.** *chem.* (*Chlor*) active. – **6.** *mil.* effective: ~er Treffbereich effective pattern (*od.* beaten zone); ~e Schußweite effective range. – **7.** ~e Zeile *telev.* active line. – **8.** valid. – **9.** *bes. jur.* (*in Wendungen wie*) ~ sein to be in force, to be operative, to inure; ~ werden to take effect, to come (*od.* enter) into force, to become operative, to inure; ~ bleiben to remain in effect (*od.* force), to remain operative. – **II** adv **10.** effectively, efficiently, efficaciously, effectually: ~ gegen den Rauschgifthandel vorgehen to act effectively (*od.* to take effective action) against drug traffic(king); Forderungen ~ geltend machen to enforce one's claims; politisch ~ handeln to be politically effective, to act with political effect. — **'Wirk·sam·keit** f ⟨-; no pl⟩ **1.** (*von Mittel, Methode, Behandlung etc*) effectiveness, efficiency, efficaciousness, efficacy, effectualness, effectuality. – **2.** (*von Argument, Worten etc*) effectiveness, forcibility, forcibleness. – **3.** (*Tätigkeit*) activity. – **4.** *bes. jur.* a) (*Geltung*) operation, b) (*Rechtswirksamkeit*) validity.

'Wirk|,**span·nung** f *electr.* effective (*od.* active) voltage (*od.* potential). — **~,stoff** m ⟨-(e)s; -e⟩ *chem.* active substance (*od.* ingredient), biocatalyst (*scient.*). — **~,strom** m *electr.* active (*od.* true, wattful) current. — **~,stuhl** m (*textile*) stocking frame.

'Wir·kung f ⟨-; -en⟩ **1.** effect: nachteilige [heilsame] ~ disadvantageous [wholesome] effect; die erhoffte [beabsichtigte] ~ blieb aus the expected [intended] effect was not achieved; aufschiebende ~ *jur.* delaying effect; hemmende ~ *bes. med. pharm.* inhibitory effect; [keinerlei] ~ zeigen a) to have [no] effect, b) (*beim Boxen*) [not] to wilt, [not] to be groggy; ~ erzielen to produce an effect; seine ~ tun to have the desired effect; seine ~ verfehlen, ohne ~ bleiben to have (*od.* produce) no effect, to prove ineffectual; nicht ohne ~ bleiben not to be without effect; etwas zur ~ brin-

gen to put s.th. into effect; eine Maßnahme um ihre ~ bringen to rob a measure of its effect; an ~ verlieren to lose its effect; mit ~ vom 20. März effective (as from) (*od.* with effect from) 20th March, as from (*od.* as of) March 20th; mit sofortiger ~ effective immediately, as from (*od.* as of) now; auf (*acc*) etwas [j-n] ~ ausüben to have an effect (up)on s.th. [s.o.]; das Gesetz von Ursache und ~ *philos.* the law of cause and effect; keine ~ ohne Ursache no effect without cause; kleine Ursache, große ~ (*Sprichwort*) little strokes fell great oaks (*proverb*), every oak has been an acorn (*proverb*). – **2.** (*Eindruck*) impression: er ist sehr auf ~ bedacht he wants to make an impression, he wants to impress; der Film übte eine starke ~ auf die Zuschauer aus the film made a strong impression (*od.* had a strong impact) (up)on the audience. – **3.** (*Ausstrahlung*) effect: der Dichter hat seine faszinierende ~ über Jahrhunderte hinweg behalten the poet has retained his fascination (*od.* fascinating effect) over centuries. – **4.** (*Einfluß*) influence: unter der ~ einer Droge stehen to be under the influence of a drug. – **5.** (*Ergebnis*) result: die ~ seiner Worte war, daß das Kind zu weinen anfing the result of his words was that the child began to cry. – **6.** *cf.* Wirkungsweise 2. – **7.** *phys.* effect, action: ~ und Gegenwirkung action and reaction.

'Wir·kungs|,**be·reich** m **1.** sphere of activity. – **2.** *mil.* range of action, (*der Artillerie*) coverage, (*einer Einheit*) unit effects pattern. – **3.** *electr.* range of effectiveness. — **w~be·zo·gen** adj *ling.* effect-orientated. — **~,dau·er** f **1.** duration of effect. – **2.** *chem.* persistency. — **~,fak·tor** m *chem.* (*bei Düngemittel*) plant-growth efficiency factor. — **~,feld** n field of activity. — **~,feu·er** n *mil.* maximum damage fire. — **~,grad** m **1.** *tech.* a) effect, b) efficiency: mechanischer ~ mechanical efficiency. – **2.** (*computer*) operating ratio. – **3.** *med. pharm.* degree of efficiency, potency. – **4.** *aer.* figure of merit. – **5.** (*eines Sprengstoffs*) effectiveness. — **~,kraft** f ⟨-; no pl⟩ efficacy. — **~,kreis** m **1.** sphere of activity, purview, scope. – **2.** *cf.* Wirkungsfeld.

'wir·kungs·los I adj inefficient, ineffective, ineffectual, inefficacious, noneffective *Br.* non-: eine ~e Maßnahme an inefficient measure; ~ bleiben a) to have no effect, b) to be in vain: seine Worte blieben ~ his words had no effect; alle Bemühungen blieben ~ all efforts were in vain. – **II** adv alle Vorwürfe prallten ~ an ihm ab none of the reproaches had the slightest effect (up)on him; es verpuffte ~ it fell flat. — **'Wir·kungs·lo·sig·keit** f ⟨-; no pl⟩ inefficiency, ineffectiveness, ineffectualness, inefficaciousness, inefficacy, inefficacity: er sah die ~ dieser Strafe nicht ein he did not see the inefficiency of this punishment.

'Wir·kungs|,**me·cha,nis·mus** m *tech.* working (*od.* operating) mechanism. — **~,mu·ster** n (*in der Genetik*) pattern of manifestation. — **~,ort** m *cf.* Wirkungsstätte. — **~,quan·tum** n *phys.* Planck constant, quantum of action. — **~,quer·schnitt** m *nucl.* effective cross section: totaler ~ bulk cross section. — **~ra·di·us** m *nucl. mil.* (*einer Atombombe*) effective range. — **~,spek·trum** n *med.* (*von Antibiotika*) range of action, spectrum. — **~,stät·te** f place of activity. — **~,ver,mö·gen** n potency. — **w~,voll I** adj **1.** (*Bild etc*) impressive. – **2.** (*gutaussehend*) effective: dieses Schmuckstück ist sehr ~ auf schwarzem Samt this piece of jewelry (*bes. Br.* jewellery) is very effective on black velvet. – **3.** *cf.* wirksam 1, 2. – **II** adv **4.** etwas ~ dekorieren to decorate s.th. effectively. — **~,wei·se** f ⟨-; no pl⟩ **1.** *bes. tech.* a) operating method, b) mode of operation, mechanism, c) (*eines Reglers*) control action. – **2.** (*eines Mittels etc*) (mode of) action, effect: die ~ dieses Medikaments ist sehr spezifisch the action of this medicine is very specific. — **~,zeit** f action time.

'Wirk,**wa·ren** pl (*textile*) knitwear sg, knit goods, *bes. Br.* hosiery sg. — **~in·du,strie** f knitwear (*bes. Br.* hosiery) industry.

'Wirk,wi·der,stand m *electr.* effective (*od.* active, true) resistance.

wirr [vɪr] **I** adj ⟨-er; -st⟩ **1.** (*Haar*) tousled, disheveled, *bes. Br.* dishevelled: die Haare hingen ihm ~ ins Gesicht his tousled hair hair hung over his face. – **2.** (*Durcheinander*) wild, scattered: ein ~es Durcheinander von Büchern und Zeitschriften a wild mess of books and magazines; es herrschte ein ~es Durcheinander a) everything was in a wild mess (*od.* a state of chaos), b) *fig.* there was complete (*od.* utter) confusion. – **3.** (*verschlungen*) tangled: ein ~es Gestrüpp a tangled thicket; ein ~es Gestrüpp von Farnen und Schlingpflanzen a tangled thicket of ferns and creepers; in einem ~en Knäuel in a chaotic tangle. – **4.** *fig.* (*verworren*) confused: ~es Zeug reden to talk confused nonsense; er erzählte uns eine ~e Geschichte he told us a confused (*od.* jumbled, muddled, rigmarole, *auch* rigmarolish) story, he told us a rig(a)marole; ~e Gerüchte liefen um confused rumo(u)rs were going around. – **5.** *fig.* (*verwirrt*) confused: mach mich nicht ~ don't confuse (*od.* muddle) me; ich bin ganz ~ (im Kopf) I am completely confused; von dem Lärm ist mir ganz ~ im Kopf my head is in a whirl with the noise. – **6.** *fig.* (*wirrköpfig*) scatterbrained, *Br.* scatter-brained, muddleheaded, *Br.* muddle-headed, confused. – **7.** (*geistesgestört*) confused: im hohen Alter wurde er etwas ~ im Kopf in his old age he became rather confused in his mind. – **8.** *fig.* (*Blick etc*) bewildered: mit ~em Blick, mit ~en Blicken with a bewildered look. – **9.** ein ~er Kopf *fig. cf.* Wirrkopf. – **II** adv **10.** im Zimmer lag alles ~ durcheinander everything was scattered chaotically about the room, the room was in chaos (*od.* in a wild mess); ~ daherreden *fig.* to relate a (confused) rig(a)marole.

Wir·ren ['vɪrən] pl **1.** (*politische*) troubles, disturbances, disturbance sg, disorders, commotion sg. – **2.** (*des Krieges etc*) confusion sg: in den ~ der Nachkriegszeit in the confusion of postwar (*Br.* post-war) days, in the postwar confusion.

'wir·rig adj dial. for a) verworren, b) zornig I.

'Wirr,kopf m contempt. scatterbrain, *Br.* scatter-brain, muddlehead, *Br.* muddle--head: er ist ein politischer ~ he is a political scatter(-)brain. — **'wirr,köp·fig** [-,kœpfɪç] adj scatterbrained, *Br.* scatter--brained, muddleheaded, *Br.* muddle-headed, fuzzy-headed, confused.

'Wirr·nis f ⟨-; -se⟩, **'Wirr·sal** n ⟨-(e)s; -e⟩ **1.** tangle, entanglement. – **2.** *fig.* chaos, confusion: in den Wirrnissen des Lebens in the chaos of life.

'Wir·rung f ⟨-; -en⟩ chaos, confusion: Irrungen und ~en aberrations and confusions; „Irrungen, ~en" "Trials and Tribulations" (*novel by Fontane*).

'Wirr,warr [-,var] m ⟨-s; no pl⟩ **1.** mess, jumble: ein ~ von Töpfen, Schüsseln und Lebensmitteln a mess of pots, dishes and groceries. – **2.** *fig.* confusion, chaos, muddle, mix-up: es herrschte ein heilloser ~ there was absolute chaos, everything was in a hopeless muddle. – **3.** *fig.* (*Lärm*) din, babel, hubbub, hurly-burly, confusion: in dem ~ von Stimmen war kaum etwas zu verstehen hardly anything could be heard in the babel of voices.

wirsch [vɪrʃ] adj Southwestern G. and Swiss dial. for a) aufgeregt II, b) ärgerlich 1.

Wir·sing ['vɪrzɪŋ] m ⟨-s; no pl⟩, **~,kohl** m ⟨-(e)s; no pl⟩ **1.** gastr. savoy, auch savoy cabbage. – **2.** bot. borecole, kale, kail (*Brassica oleracea var. bullata*).

wirst [vɪrst] 2 sg pres of werden.

Wirt [vɪrt] m ⟨-(e)s; -e⟩ **1.** (*Gastwirt*) innkeeper, landlord, host, *Am.* saloonkeeper, *Br. auch* publican: → Magen 1; Rechnung 3. – **2.** (*Hauswirt*) landlord. – **3.** obs. (*Gastgeber*) host: den ~ machen *fig.* to act as host, to do the honors (*bes. Br.* honours). – **4.** biol. host. – **5.** bot. cf. Wirtspflanze. – **6.** zo. cf. Wirtstier.

Wir·tel ['vɪrtəl] m ⟨-s; -⟩ **1.** bot. cf. Quirl 2. – **2.** tech. (*in der Spinnerei*) whorl, *auch* wharl, whirl, wharve. — **~,ech·se** f zo. cf. Gürtelechse.

'wir·te·lig adj bot. whorled, cyclic.

wir·ten ['vɪrtən] v/i ⟨h⟩ Swiss dial. be an innkeeper.

'Wir·tin f ⟨-; -nen⟩ **1.** (*Inhaberin einer Gast-*

wirtschaft) landlady. – **2.** (*Frau des Gastwirts*) landlady, innkeeper's wife. – **3.** (*Hauswirtin*) landlady. – **4.** *obs.* (*Gastgeberin*) hostess.

'wirt·lich *adj* **1.** (*gastlich*) hospitable. – **2.** (*Wetter*) pleasant. – **3.** (*Gegend*) pleasant: **wenig ~** *cf.* unwirtlich. — **'Wirt·lich·keit** *f* ⟨-; *no pl*⟩ **1.** (*eines Hauses etc*) hospitableness, inviting atmosphere. – **2.** (*einer Gegend*) pleasantness.

'wirt·lig *adj bot. cf.* wirtelig.

'Wirt·schaft[1] *f* ⟨-; *no pl*⟩ **1.** *econ.* (*Wirtschaftssystem*) economy: **freie ~** a) (*Marktwirtschaft*) free market economy, b) (*Privatwirtschaft*) private enterprise, free competitive economy; **gelenkte ~** controlled economy; **dirigisme**; **zentral gelenkte ~** centrally managed economy; **kapitalistische [sozialistische] ~** capitalist(ic) [socialist(ic)] economy; **einheimische ~** domestic economy; **wettbewerbsfähige ~** competitive economy; **Störungen in der ~** disturbances of the economy, economic disturbances; **Umstellung der ~** reorganization of the economy; **Wiederaufbau der ~** recovery of the economy. – **2.** *econ.* (*Wirtschaftsleben*) economy, economic activity: **die ~ ankurbeln [lahmlegen]** to stimulate (*od.* boost) [to paralyze *Br. auch* -s-] the economy; **Wiederbelebung der ~** revival of the economy (*od.* of economic activity). – **3.** *econ.* (*Zusammenfassung aller an Herstellung u. Verteilung Beteiligten*) trade and industry, commerce: **gewerbliche ~** trade and industry; **er geht nach seinem Examen in die ~** he will work in trade and industry after his examination; **er hat einen hohen Posten in der ~** he has a high post in trade and industry; **die ~ reagierte gelassen auf die Ankündigungen des Ministers** industry was unperturbed by the minister's announcements; **aus (Kreisen) der ~ verlautete, daß** it was reported from economic circles that. – **4.** (*Landwirtschaftsbetrieb*) farm: **während des Kriegs mußten viele Bauersfrauen ihre ~ allein führen** during the war many countrywomen had to run their farms alone. – **5.** (*Haushaltung*) housekeeping: **j-m die ~ führen** (*od.* besorgen) to keep house (*od.* to do the housekeeping, to run the house) for s.o.; **sie führt die ~ allein** she keeps house herself, she does her own housekeeping; **sie führen getrennte ~** each pays for his (*od.* her) own keep. – **6. schlechte ~ kann ein Unternehmen ruinieren** *colloq.* bad management can ruin an enterprise; **→ Pomp[1]**. – **7.** *fig.* (*Art u. Weise, Dinge zu tun*) way of doing things: **mir paßt diese ~ nicht** I do not like this way of doing things. – **8.** *fig. colloq.* state of affairs: **das ist ja eine schöne** (*od.* saubere) **~** *iron.* that is a fine state of affairs; **was ist denn das für eine ~?** what kind of a mess is this? – **9.** *fig. colloq.* (*Umstände, Mühe*) trouble, bother: **das macht mir zuviel ~** that is too much trouble to me, I won't be bothered. – **10.** *fig. colloq.* (*Aufheben*) fuss: **mach nicht solche ~** don't make such a fuss.

'Wirt·schaft[2] *f* ⟨-; -en⟩ **1.** *cf.* Gastwirtschaft: **die ~ an der [um die] Ecke** the pub at [round] the corner; **in einer ~ einkehren** to stop at a pub. – **2. ~!** *colloq.* a) waiter! b) waitress!

'wirt·schaf·ten I *v/i* ⟨h⟩ **1.** (*eine Wirtschaft führen*) keep house, run the house: **sie versteht zu ~** she knows how to keep house. – **2.** (*im Haushalt*) manage one's money: **sie kann gut ~** she knows how to manage her money, she is a good manager; **sie hat diesen Monat schlecht gewirtschaftet** she has mismanaged (her money) this month; **sparsam ~** to manage things economically; **aus dem vollen ~** to manage on ample resources; **→ Tasche[3]**. – **3.** (*in Wirtschaft, Industrie etc*) manage one's affairs: **das Unternehmen hat dieses Jahr schlecht gewirtschaftet** the enterprise has mismanaged (its affairs) this year. – **4.** *colloq.* (*beschäftigt sein*) be busy: **sie wirtschaftet noch in der Küche** she is still busy in the kitchen. – **II** *v/t* **5. etwas zugrunde ~** to bring s.th. to ruin (*od.* ruin s.th., wreck s.th.) by management. – **III W~** *n* ⟨-s⟩ **6.** *verbal noun.* – **7.** management.

'Wirt·schaf·ter *m* ⟨-s; -⟩ **1.** (*Verwalter*) manager, (*bes. auf einem Landgut*) steward. – **2.** *Austrian and Swiss for* Wirtschaftler.

'Wirt·schaf·te·rin *f* ⟨-; -nen⟩ **1.** (*Haushälterin*) housekeeper. – **2.** (*Verwalterin*) housekeeper. – **3. sie ist eine gute ~** she is a good manager.

'Wirt·schäf·te·rin [-ˌʃɛftərɪn] *f* ⟨-; -nen⟩ *Austrian* housekeeper.

'Wirt·schaft·ler *m* ⟨-s; -⟩ economist.

'wirt·schaft·lich I *adj* **1.** (*die Volkswirtschaft betreffend*) economic: **~er Fortschritt** economic progress; **auf ~em und auf sozialem Gebiet** in the economic and social fields; **in dem Land herrschen gesunde ~e Verhältnisse** the economic conditions are sound in this country. – **2.** (*die persönliche Wirtschaftslage betreffend*) financial: **er steht vor großen ~en Problemen** he is faced with great financial problems. – **3.** (*den Gewinn od. Profit betreffend*) financial: **sich von ~en Erwägungen leiten lassen** to let oneself be guided by financial considerations (*od.* by considerations of profitability). – **4.** (*rentabel*) profitable, economically efficient: **eine ~e Geldanlage** a profitable investment. – **5.** (*haushälterisch*) economical, thrifty: **~e Haushaltsführung** economical housekeeping; **eine ~e Hausfrau** an economical housewife; **sie ist nicht sehr ~** she is not very economical. – **6.** (*Kosten, Energie etc sparend*) economical: **Kühlschränke sind ~e Einrichtungen** refrigerators are economical appliances; **ein ~es Auto** an economical car; **diese Seife ist sehr ~ im Verbrauch** this soap is very economical (in use). – **II** *adv* **7.** (*die Volkswirtschaft betreffend*) economically: **die beiden Länder können ~ nicht miteinander konkurrieren** the two countries cannot compete economically; **uns Deutschen geht es heute ~ gut** we Germans are at present in a good economic position. – **8.** (*die persönliche Wirtschaftslage betreffend*) financially: **ihm geht es ~ nicht gut** he is not in a good financial position. – **9.** (*rentabel*) profitably: **sein Geld ~ anlegen** to invest one's money profitably. – **10.** (*haushälterisch*) economically, thriftily: **den Haushalt ~ führen** to run the house economically. – **11.** (*Geld, Energie sparend*) economically: **die Maschine arbeitet ~** the machine works economically. — **'Wirt·schaft·lich·keit** *f* ⟨-; *no pl*⟩ **1.** (*Rentabilität*) profitability, economic efficiency, earning power. – **2.** (*kostensparende Eigenschaft*) economy, thrift(iness): **die ~ eines Wagens** the economy of a car. – **3.** (*Sparsamkeit*) economy.

'Wirt·schafts|**ab·kom·men** *n econ.* (*zwischen Staaten*) economic agreement: **Wirtschafts- und Handelsabkommen** economic and trade agreement. — **~ab·lauf** *m* economic process. — **~ab·ord·nung** *f* economic delegation. — **~ab·tei·lung** *f* economic department (*od.* section, branch). — **~aka·de·mie** *f ped.* commercial college. — **~amt** *n hist.* provisioning office. — **~at·las** *m* economic atlas. — **~at·ta·ché** *m pol.* economic attaché. — **~auf·schwung** *m econ.* economic upswing (*stärker* boom). — **~aus·schuß** *m pol.* economic committee: **der ~ des Deutschen Bundestages** the Economic Committee of the German Bundestag. — **~aus·wei·tung** *f econ.* economic expansion. — **~ba·ro·me·ter** *n* economic barometer. — **~be·le·bung** *f econ.* economic revival (*od.* recovery, upturn). — **~be·ra·ter** *m* economic adviser (*Am. auch* advisor), business consultant, efficiency expert. — **~be·reich** *m* sector of the economy, economic sector. — **~be·trieb** *m* (*business*) enterprise, operating (*od.* industrial) unit. — **~be·zie·hun·gen** *pl* economic relations: **enge ~ herstellen** to establish close economic relations. — **~block** *m* ⟨-(e)s; ~e *od.* -s⟩ economic bloc. — **~blocka·de** *f* economic blockade. — **~blü·te** *f* prosperity. — **~boy·kott** *m* economic boycott. — **~buch** *n* housekeeping (account) book. — **~bud·get** *n* national economic budget. — **~bünd·nis** *n* economic (*od.* business) alliance. — **~de·le·ga·ti·on** *f* economic delegation. — **~de·mo·kra·tie** *f* **1.** liberal economy. – **2.** economic democracy. — **~den·ken** *n* economic thinking. — **~de·pres·si·on** *f* (*economic*) depression, depression of business. — **~ein·heit** *f* **1.** economic unity. – **2.** economic unit (*od.* entity). — **~ent·wick·lung** *f* **1.** economic trend (*od.* tendency). – **2.** economic development. — **~ex·per·te** *m* economic expert,

---

economist. — **~fach·schu·le** *f ped.* school of economics. — **~för·de·rung** *f* promotion of trade and industry, promotion of economic development. — **~form** *f* economic system. — **~for·schung** *f* economic research. — **~fra·gen** *pl* economic questions. — **~frei·heit** *f* economic freedom. — **~füh·rer** *m* economic leader. — **~füh·rung** *f* **1.** (*im Haushalt*) housekeeping. – **2.** *econ.* running (*od.* management) of the economy. — **~funk·tio·när** *m econ.* (*bes. in sozialistischen Ländern*) industrial official (*od.* functionary), functionary concerned with economic matters. — **~ge·bäu·de** *n* **1.** *pl* (*eines Gutes etc*) farm buildings. – **2.** (*wirtschaftlich genutztes Gebäude*) industrial building. – **3.** *pl mil.* mess and kitchen accommodation *sg*, domestic offices. — **~ge·biet** *n econ.* economic area. — **~ge·fäl·le** *n* economic disparity, variation in the level of economic activity. — **~ge·fü·ge** *n* economic structure. — **~geld** *n* housekeeping money: **sie kommt mit ihrem ~ gut aus** she manages well on her housekeeping money. — **~ge·mein·schaft** *f* economic community: **Europäische ~** *econ.* European Economic Community. — **~geo·graph** *m* economic geographer. — **~geo·gra·phie** *f* economic geography. — **w~geo·gra·phisch** *adj* of (*od.* pertaining to) economic geography: **vom ~en Standpunkt aus** from the point of view (*od.* in terms of) economic geography. — **~ge·schich·te** *f* ⟨-; *no pl*⟩ economic history. — **~ge·setz** *n jur.* economic law. — **~ge·sprä·che** *pl econ.* economic talks. — **~gü·ter** *pl* **1.** economic goods: **langlebige ~** consumer durables. – **2.** (*in der Bilanz*) assets. — **~gym·na·si·um** *n ped.* secondary school emphasizing economic science. — **~hil·fe** *f econ.* economic aid: (*einem Land*) **~ leisten** to furnish (*od.* give, grant) economic aid (*od.* assistance) (to a country). — **~hoch·schu·le** *f ped.* school of economics. — **~in·for·ma·tio·nen** [-ʔɪnfɔrmaˌtsɪoːnən] *pl econ.* economic information *sg*. — **~in·ter·es·sen** *pl* economic interests. — **~jahr** *n* **1.** *econ.* business year. – **2.** *agr.* farm year. — **~jour·na·list** *m* financial journalist. — **~ka·bi·nett** *n pol.* economic cabinet. — **~kampf** *m econ.* economic struggle. — **~ka·pa·zi·tät** *f* (*Wirtschaftskraft*) economic capacity (*od.* power, strength, resources *pl*). — **~ka·pi·tän** *m colloq.* business leader, captain of industry, tycoon (*colloq.*). — **~kar·te** *f geogr.* economic map. — **~kom·mis·si·on** *f pol.* economic commission. — **~kon·fe·renz** *f* economic conference. — **~kon·trol·le** *f* industrial (*od.* business) control. — **~kor·re·spon·dent** *m* (*einer Zeitung*) financial (*od.* economic) correspondent. — **~kor·re·spon·den·tin** *f* **1.** *econ.* commercial correspondent. – **2.** *cf.* Wirtschaftskorrespondent. — **~kraft** *f* economic power: **die ~ eines Landes** the economic power of a country. — **~kre·dit** *m* business credit. — **~krei·se** *pl* business (*od.* economic) circles. — **~kreis·lauf** *m* **1.** economic process. – **2.** (*economic*) circulation: **Geld in den ~ einschleusen** to put money into circulation. — **~krieg** *m* economic war(fare). — **~kri·mi·na·li·tät** *f jur.* economic (*od.* business, bes. Am. white-collar) criminality. — **~kri·se** *f econ.* economic crisis. — **~la·ge** *f* economic situation. — **~le·ben** *n* ⟨-s; *no pl*⟩ economic life. — **~leh·re** *f cf.* Wirtschaftswissenschaft. — **~lei·stung** *f* **1.** (*Anstrengung*) economic effort. – **2.** (*Fähigkeit*) economic performance. – **3.** (*Ergebnis*) output. — **~len·kung** *f* economic control, planned economy, dirigisme. — **~macht** *f* economic power: **Japan ist eine bedeutende ~** Japan is an important economic power. — **~mi·ni·ster** *m* Minister for the Economy (*od.* for Economic Affairs), (*in Großbritannien*) Minister (*od.* Secretary of State) for the Department of Trade and Industry, (*in USA*) Secretary of Commerce. — **~mi·ni·ste·ri·um** *n* Ministry for the Economy, (*in Großbritannien*) Department of Trade and Industry, (*in USA*) Department of Commerce. — **~mo·no·pol** *n econ.* economic monopoly. — **~ni·veau** *n* economic level. — **~ober·schu·le** *f ped. obs. for* Wirtschaftsgymnasium. — **~ord·nung** *f econ. pol.* economic system: **die Wirtschafts- und Sozialordnung eines Landes** the economic and social systems of a country. — ~or·ga·ni·sa·ti‚on f econ. industrial organization (Br. auch -s-). — ~pe·ri‚ode f economic period. — ~plan m economic plan. — ~‚pla·nung f economic planning. — ~po·li‚tik f economic policy. — ~po‚li·ti·ker m person concerned with economic policy. — w~po‚li·tisch adj politico-economic, in terms of (od. with a view to, in respect of) economic policy: ~er Ausschuß des Bundestags Economic Policy Committee of the Bundestag; ~er Sprecher (einer Partei) spokesman on matters of economic policy. — ~po·ten·ti‚al n economic potential. — ~‚pres·se f financial (od. economic) press. — ~pro‚blem n economic problem. — ~pro‚zeß m econ. economic process. — ~‚prü·fer m chartered accountant, Am. auch certified public accountant, (certified) auditor. — ~‚prü·fung f auditing. — ~psy·cho·lo‚gie f psych. industrial psychology. — ~‚rat m pol. econ. economic council: Europäischer ~ (Vorläufer der OECD) Organization (Br. auch -s-) for European Economic Cooperation (OEEC). — ~‚raum m 1. econ. market (area). — 2. (im Haushalt, Hotel etc) utility room. — ~‚recht n econ. business law. — ~re·dak‚teur m financial editor. — ~re·dak·ti‚on f (einer Zeitung) 1. (Abteilung) editorial department for economics and finance, finance and business department. — 2. (Personal) financial editorial staff. — ~re‚form f economic reform. — ~re·strik·ti‚on f meist pl restraint on the economy. — ~‚rück‚gang m (economic) recession. — ~sa·bo·ta‚ge f business sabotage. — ~‚sach·ver‚stän·di·ge m economic expert (od. consultant). — ~sank·ti‚on f meist pl economic sanction. — ~‚schrift·tum n trade (od. industrial, economic) literature. — ~‚schu·le f ped. business (od. commercial) school. — ~‚sek·tor m econ. economic sector, sector of the economy: der primäre ~ ist unterbesetzt the primary economic sector is undermanned. — ~‚spi‚on m business spy. — ~spio‚na·ge f industrial (od. business) espionage. — ~sta·bi·li‚tät f economic stability. — ~sta‚ti·stik f economic statistics pl (construed as sg or pl). — ~‚straf‚ge‚setz n jur. law on penalties for economic offences (Am. offenses). — ~struk‚tur f econ. economic structure. — ~sy‚stem n economic system. — ~‚ta·gung f economic conference. — ~‚tä·tig·keit f economic activity: Rückgang der ~ recession. — ~‚teil m (einer Zeitung) business (od. financial) section, commercial and financial columns pl. — ~theo‚rie f economic theory. — ~‚trei·ben·de m ⟨-n; -n⟩ Austrian for Gewerbetreibende. — ~‚und Fi'nanz‚aus‚schuß m pol. economic and financial committee. — ~- ‚und So·zi'al‚aus‚schuß m (der EWG u. der Euratom) Economic and Social Committee. — ~- ‚und So·zi'al‚rat m (der UN) Economic and Social Council. — ~uni‚on f economic union. — ~‚un·ter‚neh·men n business enterprise. — ~ver‚band m trade (od. business) association. — ~ver‚bin·dun·gen pl economic connections (Br. auch connexions). — ~ver‚bre·chen n jur. economic (od. business) offence (Am. offense), bes. Am. white-collar crime. — ~ver‚ein·ba·rung f econ. economic arrangement. — ~ver‚fall m economic decline. — ~ver‚fas·sung f (eines Landes) economic constitution (od. system). — ~ver‚flech·tung f economic interlocking, integration. — ~ver‚hält·nis·se pl economic conditions. — ~ver‚hand·lun·gen pl economic (od. trade) negotiations. — ~ver‚kehr m economic exchange: zwischenstaatlicher ~ international economic exchange. — ~ver‚trag m commercial treaty. — ~vo‚lu·men n volume of economic activity, overall economic activity. — ~‚vor·ha·ben n economic project. — ~‚vor·schau f economic forecast. — ~‚wachs·tum n economic growth: das ~ auf fünf Prozent beschränken to limit economic growth to five percent. — ~‚welt f economic (od. industrial) world, world of trade and industry. — ~‚wer·bung f commercial advertising (seltener -z-). — ~‚wis·sen·schaft f meist pl economics pl (usually construed as sg), Am. auch economic science: ~(en) studieren to study economics. — ~‚wis·sen·schaf·ter m Austrian and

Swiss for Wirtschaftswissenschaftler. — ~‚wis·sen·schaft·ler m economist. — w~‚wis·sen·schaft·lich adj economic: ~es Gymnasium ped. secondary school emphasizing economic science. — ~‚wun·der n economic miracle: das deutsche ~ the German economic miracle. — ~‚zei·tung f financial (od. business, economic) (news)paper. — ~‚zen·trum n economic center (bes. Br. centre). — ~‚zu‚sam·men‚schluß m pol. a) (statischer) economic union, b) (dynamischer) unification. — ~‚zweig m branch of industry (od. trade).

'Wirts‚haus n 1. cf. Wirtschaft² 1: immer (od. ständig) im ~ sitzen fig. to spend one's time at the pub. — 2. inn, tavern. — ~‚le·ben n ⟨-s; no pl⟩ pub-crawling. — ~‚schild n inn (od. tavern) sign.

'Wirts‚leu·te pl 1. landlord (od. innkeeper) and his wife. — 2. landlord and landlady. — ~or·ga‚nis·mus m biol. host (organism), suscept. — ~‚pflan·ze f bot. host. — ~‚stu·be f bar, Br. bar-parlour, auch public bar. — ~‚tier n zo. host. — ~‚wech·sel m biol. change of host, heteroecism (scient.). — ~‚zel·le f host cell.

Wirz [vɪrts] m ⟨-es; -e⟩ Swiss bot. for Wirsing 2.

Wisch [vɪʃ] m ⟨-(e)s; -e⟩ 1. contempt. rubbishy leaflet, Br. sl. bumf: ich habe den ~ weggeworfen I threw the rubbish (od. stuff) away. — 2. (Bündel) wisp, whisk. — 'Wisch‚blen·de f phot. soft-edged wipe.

wi·schen ['vɪʃən] I v/t ⟨h⟩ 1. wipe, mop: sich (dat) die Stirn ~ to wipe (od. mop) one's brow; sich (dat) [j-m] den Schweiß von der Stirn ~ to wipe the perspiration from (od. off) one's [s.o.'s] forehead; sich (dat) den Schlaf aus den Augen ~ to rub the sleep out of one's eyes; sich den Mund (mit der Serviette) ~ to wipe one's mouth (with one's napkin); und ich konnte mir den Mund ~ fig. and I was left empty-handed; (mit einem Tuch) die Krümel vom Tisch ~ to wipe the crumbs off the table (with a cloth); Staub ~ to dust; ich habe im ganzen Zimmer Staub gewischt I dusted the whole room. — 2. (reinigen) wipe, mop, swab: den Boden (feucht) ~ to wipe the floor (with a damp cloth). — 3. j-m eine ~ fig. colloq. a) (einem Kind) to give s.o. a smack (od. slap, cuff), b) to cuff s.o., to clout s.o. one (colloq.), to land s.o. one (sl.): er bekam eine (von seiner Mutter) gewischt he was given a smack (by his mother). — II v/i ⟨h u. sein⟩ 4. ⟨h⟩ wipe: mit einem Lappen über den Tisch ~ to wipe the table with a cloth, to wipe a cloth over the table; der Wischer wischt schlecht the wind-screen (Am. windshield) wiper wipes badly. — 5. ⟨h u. sein⟩ (mit etwas) über (acc) etwas ~ (streifen) to brush s.th. with s.th.: er ist mit dem Ärmel über die nasse Farbe gewischt he brushed the wet paint with his sleeve. — 6. ⟨sein⟩ (schlüpfen) whisk: er wischte aus der Stube he whisked out of the room.

'Wi·scher m ⟨-s; -⟩ 1. auto. (wind-screen, Am. windshield) wiper. — 2. mus. (für Holzblasinstrumente) mop, swab. — 3. mil. (für Geschütze) sponge, slush brush. — 4. (Werkzeug eines Zeichners) stump. — ~‚blatt n wind-screen- (Am. windshield-)wiper blade. — ~‚gum·mi n rubber strip for wiper blade, wiper squeegee (od. rubber).

'wisch‚fest adj wiping-proof.

'wi·schig adj Northern G. for zerstreut 2, kopflos 3, 4.

Wi·schi·wa·schi [ˌvɪʃiˈvaʃi] n ⟨-s; no pl⟩ colloq. wish-wash (colloq.), twaddle.

'Wisch|kon‚takt m electr. self-cleaning contact. — ~kon‚takt‚un·ter‚bre·cher m wipe-contact break(er). — ~‚lap·pen m 1. (für Geschirr) dishcloth, Br. dish-cloth. — 2. (für den Boden) floorcloth, Br. floor-cloth. — 3. (trockenes Tuch, Staubtuch) duster, (dust)cloth, Br. (dust-)cloth.

Wisch·nu ['vɪʃnu] npr m ⟨-s; no pl⟩ relig. Vishnu (deity in Hinduism).

'Wisch|stock m mil. cleaning rod. — ~‚tuch n ⟨-(e)s; ⸚er⟩ cf. Wischlappen.

'Wisch‚wasch [-‚vaʃ] m ⟨-(e)s; no pl⟩ colloq. cf. Wischiwaschi.

Wi·sent ['viːzənt] m ⟨-s; -e⟩ zo. wisent, European bison (Bison bonasus).

Wis·mut ['vɪsmuːt] n, Austrian auch m ⟨-(e)s; no pl⟩ chem. bismuth (Bi). — ~ace‚tat, ~aze‚tat n bismuth acetate (Bi(CH₃COO)₃). — ~‚blen·de f min. eulytite,

auch eulytine. — ~‚bron·ze f chem. bismuth bronze. — ~chlo‚rid n bismuth chloride (BiCl₃).

'wis·mu·ten adj chem. bismuthic.

'Wis·mut|‚erz n min. bismuthic ore. — ~‚glanz m bismuthinite, bismuth glance. — ~oxid [-ʔɔˌksiːt], ~oxyd [-ʔɔˌksyːt] n chem. bismuth trioxide (od. yellow), bismuthous oxide (Bi₂O₃). — ~sub·sa·li·cy‚lat [-zupzalitsyˌlaːt] n ⟨-(e)s; -e⟩ bismuth subsalicylate, (basic) bismuth salicylate (C₆H₄(OH)COOBiO). — ~sul‚fid n bismuth sulfide (Br. -ph-) (Bi₂S₃). — ~tri‚oxid [-triʔɔˌksiːt] n cf. Wismutoxid.

wis·peln ['vɪspəln] v/t u. v/i ⟨h⟩ dial. for wispern.

wis·pern ['vɪspərn] I v/t ⟨h⟩ 1. whisper: j-m etwas ins Ohr ~ to whisper s.th. in(to) s.o.'s ear. — II v/i 2. whisper, speak in a low voice. — III W~ n ⟨-s⟩ 3. verbal noun. — 4. whisper.

'Wiß·be‚gier(·de) f ⟨-; no pl⟩ 1. thirst for knowledge, (intellectual) curiosity, inquisitiveness. — 2. (Neugier) curiosity, inquisitiveness, nosiness (colloq.). — 'wiß·be‚gie·rig I adj 1. eager for knowledge, curious, inquisitive, investigative: ~ sein to be eager (stärker to thirst) for knowledge. — 2. (neugierig) curious, inquisitive, nos(e)y (colloq.). — II adv 3. ~ blätterte er im Buch he thumbed the leaves of the book inquisitively (od. eager for knowledge).

wis·sen ['vɪsən] I v/t ⟨weiß, wußte, gewußt, h⟩ 1. know: er weiß immer einen Rat he always knows a solution; dagegen weiß ich ein gutes Mittel auch fig. I know a good remedy for that; sie wußte keinen Ausweg mehr she didn't know where to turn; ein Gedicht auswendig ~ to know a poem by heart; ich weiß seinen Namen nicht I don't know his name; weißt du schon das Neueste? have you heard the latest? etwas nicht ~ a) not to know s.th., b) (in Unkenntnis von etwas sein) to be ignorant of s.th.; j-n in Gefahr [in Sicherheit] ~ to know that s.o. is in danger [in safety]; dort weiß ich den Jungen gut aufgehoben I know the boy is in good hands there; er will immer alles besser ~ he always knows better; ich wußte gar nichts von deinem Unfall I did not know you had an accident; j-m für etwas Dank ~ to be grateful to s.o. for s.th.; ich weiß mir kein größeres Vergnügen als I can't think of anything (od. I know of nothing) nicer (od. better) than; ich wußte mir keine Hilfe mehr I didn't know what else to do; sie wußte weder ein noch aus she didn't know where to turn, she was at her wit's end; das weiß doch alle Welt! colloq. (surely, Am. sure) everyone knows that; weißt du vielleicht eine bessere Lösung? auch iron. perhaps you could suggest something better; etwas von j-m (od. durch j-n) ~ to know s.th. from (od. through) s.o.; ich weiß niemand(en), der es besser machen könnte I know (of) no one who could do it (any) better; ich weiß es aus seinem eigenen Mund I have it straight from him, he told me so himself; ich weiß es aus sicherer Quelle I have it from a reliable source (od. [straight] from the horse's mouth); etwas aus eigener Erfahrung ~ to know s.th. from (personal od. one's own) experience; sie ist sehr hübsch, aber sie weiß es auch she is very pretty but (od. and) she knows it; woher weißt du das? how do you know (that)? woher (od. wie) soll ich das ~? how should I know? how am I (supposed) to know that? das hättest du doch ~ müssen you ought to have known that; soviel ich weiß, ist er gestern angekommen he arrived yesterday as far as I know; was weißt du denn davon? what do you know about it (od. that)? das hätte ich ~ sollen, dann wäre ich zu Hause geblieben if I had known (od. had I known) that I would have stayed at home; wie kann er das ~? how can he know (that)? was ich alles ~ soll! I'm supposed to know everything! das weiß ich schon, aber I know that (od. I am aware of that) but; daß (od. damit) du es nur weißt! just (so) that you know! was ich nicht weiß, macht mich nicht heiß (Sprichwort) what the eye doesn't see, the heart doesn't grieve over (proverb); → Bescheid 2; Kind 4; was 1. — 2. etwas nicht mehr ~ to have forgotten (*od.* to forget) s.th.: ich weiß seinen Namen nicht mehr I have forgotten (*od.* I forget) his name. – **3.** von etwas nichts ~ wollen not to want s.th.: davon wollte sie nichts ~ she didn't want that, she wouldn't hear of it, she would have none of it; von Geld wollte er nichts ~ he wouldn't hear of taking money. – **4.** sie will nichts von ihm ~ she won't have anything to do with him: sie will nichts mehr von ihm ~ she won't have anymore to do with him. – **5.** er weiß, wer der Täter ist he knows who did it (*od.* who the culprit is); weißt du, wer den Roman geschrieben hat? do you know who wrote the novel? du mußt selbst ~, was das beste ist you must know (for) yourself what is best; wenn ich nur wüßte, ob er kommt if I only knew whether (*od.* if) he comes; du mußtest doch ~ (*od.* du hättest doch ~ müssen), daß you ought to have known that; sie weiß, was sie will she knows what she wants, she knows her (own) mind; er weiß nicht, was er sagt a) (*er weiß nicht, was für Folgen das haben könnte*) he doesn't know what he is saying, b) (*er kennt sich nicht aus*) he doesn't know what he is talking about; sie lassen uns vorher ~, wann sie kommen they will let us know beforehand when they are coming; Sie ~ doch wohl, daß das verboten ist you know perfectly well that that is prohibited; du weißt sehr wohl, daß das unklug wäre you know very (*od.* full) well that that would be unwise; ich weiß nicht recht, wie ich ihm das erklären soll I don't quite know how to explain it to him; ich weiß nur, daß er einen Bart hat all I know is that he has a beard; man will ~, daß er sein ganzes Geld verspielt hat it is said (*od.* rumo[u]red) that he gambled all his money away; er wollte von mir ~, warum ich das getan habe he wanted to know why I had done that; ich wüßte nicht, daß ich jemals meine Pflicht versäumt hätte I have never neglected my duty as far as I know (*od.* to my knowledge); ich möchte ~, wer recht behält I wonder who is (*od.* will be) right; ich möchte ~, wie er sich das vorstellt I would like to know (*od.* I wonder) how he thinks that would work out; man weiß ja, wie schwierig das heutzutage ist it is a well-known fact that that is very difficult nowadays; wer weiß, ob er überhaupt kommt who knows if he is coming at all; er weiß, woher der Wind weht (*od.* wie der Hase läuft) *colloq.* he knows how the land lies (*od.* the wind blows); ich weiß, was ich weiß I know a thing or two; ich möchte nicht ~, was das gekostet hat I bet that cost a fortune; weiß Gott (*od.* der Himmel, der Teufel, der Kuckuck), was er sich dabei gedacht hat *colloq.* God (*od.* heaven, goodness [only]) knows what he thought he was doing; weißt du was, wir gehen ins Kino (do) you know what, let's go to the pictures (*bes. Am. colloq.* movies); weißt du, das ist leichter gesagt als getan that's easier said than done, you know; wer weiß, was alles noch kommt there's no knowing (*od.* who knows) what is in store (*od.* what is still to come); → Kopf 1. – **6.** (*sich vergegenwärtigen*) remember: weißt du noch, wie es damals gegossen hat? do you remember how it poured then? man muß ~, daß das Geld damals viel mehr wert war one must remember that money was worth much more then (*od.* in those days). – **7.** (*einsehen*) appreciate: Sie müssen ~, daß wir zur Zeit sehr viel zu tun haben you will appreciate that we have much to do at the moment. – **8.** *philos.* know, cognize *Br. auch* -s-: ich weiß, daß ich nichts weiß I know that I know nothing. – **9.** (*mit zu u. Infinitiv*) know: er weiß zu leben he knows how to live; sich [nicht] zu benehmen ~ [not] to know how to behave; er weiß sich seinen Vorteil zu verschaffen he knows how to feather his nest; er weiß zu schweigen he can keep a secret, he can keep his mouth shut; j-n etwas ~ lassen to let s.o. know s.th., to send s.o. word of s.th.; ich werde ihn schon zu finden ~ I'll find him all right; er weiß immer das Neueste zu berichten he can always relate the latest (news); sie weiß gut mit Kindern umzugehen she has a way with children, she knows how to handle children; davon weiß ich auch ein Lied zu singen

fig. colloq. you don't need to tell me that, don't tell me; ich wußte mir nicht mehr zu helfen I was at my wit's end, I didn't know where to turn; man muß sich nur zu helfen ~ it's all a question of improvisation. – **10.** etwas zu schätzen (*od.* würdigen) ~ to appreciate s.th.: ich weiß ihre Zuverlässigkeit zu schätzen I appreciate her reliability. – **11.** (*in eingeschobenem Nebensatz*) er hält sich für wer weiß wie klug he thinks he is goodness knows how clever; sie ist wieder wer weiß wo heaven (*od.* goodness) knows where she is; er tut, als ob er wer weiß wie reich wäre he acts as if he were goodness knows how rich; wir kamen auf die Schule, die Universität und was weiß ich noch alles zu sprechen we talked about school, (the) university, and I don't know what not (*Am.* whatnot) all (*od.* and what not, and what have you, *Am.* and whatnot); das war weiß Gott keine Kleinigkeit! and heaven knows that's no mean achievement! er hat noch weiß Gott was (*od.* Gott weiß was) erzählt he told us heaven (*od.* goodness) knows what not (*Am.* whatnot). – **II** *v/i* **12.** um (*od.* von) etwas ~ to know about (*od.* of) s.th., to be cognizant(*Br. auch* -s-) of s.th. (*lit.*): sie weiß um das Leid der Menschen she knows of (*od.* about) man's suffering; ich weiß von nichts I know nothing about it. – **13.** ich weiß nicht recht I'm not so sure; ja, ich weiß yes, I know; nicht, daß ich wüßte not that I know (*od.* am aware) of, not to my knowledge; ich weiß schon I know what you mean; wer weiß! who knows; man kann nie wissen you never know, you never can tell, who is to know.

'Wis·sen *n* ⟨-s; *no pl*⟩ **1.** (*Kenntnisse*) knowledge: sicheres ~ sound knowledge; er hat ein großes (*od.* umfangreiches) ~ he has wide (*od.* extensive) knowledge, he is very knowledgeable; unverdautes ~ undigested knowledge; aus dem Schatz (*od.* Reichtum) seines ~s schöpfen to draw on one's rich store of knowledge; die Grenzen des ~s erkennen to recognize (*Br. auch* -s-) the limits of knowledge; ~ ist Macht (*Sprichwort*) knowledge is power (*proverb*). – **2.** (*Kenntnis*) knowledge: meines ~s ist er verreist as far as I know (*od.* to my knowledge) he is away; das geschah ohne mein ~ [mit meinem ~] that happened without my knowledge (*od.* without my knowing, unknown to me) [with my knowledge]; etwas mit ~ und Willen tun to do s.th. with intent (*od.* intentionally, deliberately); nach bestem ~ und Gewissen to the best of one's knowledge and belief. – **3.** (*Einsicht, Verstand*) judg(e)ment: wider (*od.* gegen) besseres ~ against one's better judg(e)ment. – **4.** ~ um etwas awareness (*od.* knowledge) of s.th.: das ~ um die Gefährlichkeit der Angelegenheit the awareness of the danger of the affair. – **5.** (*praktisches, technisches*) technical knowledge, know-how.

'wis·send I *pres p* knowing, aware, cognizant *Br. auch* -s- (*lit.*): er tat es, ~, daß er sie damit kränken würde he did it knowing that he would hurt her; nicht ~, daß not knowing that, ignorant (*od.* unaware, *lit.* incognizant *Br. auch* -s-) of the fact that. – **II** *adj* ein ~er Blick a knowing look.

'Wis·sen·de *m, f* ⟨-n; -n⟩ initiate, initiated (*od.* knowing, informed) person, insider.

'Wis·sens·be·reich *m cf.* Wissensgebiet.

'Wis·sen·schaft *f* ⟨-; -en⟩ **1.** science: die freie ~ free science; die exakten [angewandten, zweckfreien] ~en the exact [applied, pure] sciences; die mathematische ~ mathematical science, mathematics *pl* (*usually construed as sg*); die medizinische ~ medical science, medicine; die theologische ~ theological science, theology; Kunst und ~ florieren art and science are flourishing; Männer aus ~ und Forschung men of science and research; sich einer ~ verschreiben (*od.* widmen) to devote oneself to a science; die ~ fördern (*od.* advance) science; das ist eine ~ für sich *fig. colloq.* that is a science in itself. – **2.** (*Gesamtheit wissenschaftlicher Forschungen*) world of science, scientific world: diese Auffassung wird von der ~ verworfen (*od.* abgelehnt) this interpretation is rejected by the scientific world.

'Wis·sen·schaf·ter *m* ⟨-s; -⟩ *Austrian and Swiss for* Wissenschaftler.

'Wis·sen·schaft·ler *m* ⟨-s; -⟩ **1.** man of science, scientist. – **2.** (*Naturwissenschaftler*) (natural) scientist. – **3.** (*Forscher*) researcher, research scientist.

'wis·sen·schaft·lich I *adj* **1.** (*Werk, Methode, Untersuchung, Zeitschrift etc*) scientific. – **2.** (*Bildung*) academic. – **3.** W~er Rat (*Titel*) lecturer at German universities ranking between a 'Privatdozent' and an extracurricular professor with the status of a civil servant. – **II** *adv* **4.** scientifically: ~ arbeiten to work scientifically. – **5.** academically. — **'Wis·sen·schaft·lich·keit** *f* ⟨-; *no pl*⟩ scientific character.

'Wis·sen·schafts|at·ta,ché *m pol.* scientific attaché. – **~,frei·heit** *f* freedom of science. — **~,leh·re** *f philos.* theory of science. — **~mi,ni·ster** *m pol.* minister of science. — **~rat** *m* ⟨-(e)s; -e⟩ *BRD pol.* Scientific Council (*of the German Federal Government*). — **~theo,rie** *f philos. cf.* Wissenschaftslehre.

'Wis·sens|drang, ~durst *m* ⟨-(e)s; *no pl*⟩ *cf.* Wißbegier(de). – **w~dur·stig** *adj cf.* wißbegierig 1. — **~ge,biet** *n* field (*od.* area) of knowledge, discipline, domain, province, science. — **~lücke** (*getr.* -k·k-) *f* gap (*od.* lacuna) in one's knowledge: seine ~n (auf)füllen to fill up the gaps in one's knowledge. — **~schatz** *m* store of knowledge. — **~stoff** *m* ⟨-(e)s; *no pl*⟩ **1.** (*zu bewältigender*) (body of) knowledge to be acquired. – **2.** (*bewältigter*) acquired knowledge. — **~trieb** *m cf.* Wißbegier(de).

'wis·sens·wert I *adj* **1.** worth knowing. – **2.** (*interessant*) interesting. – **II** W~e, das ⟨-n⟩ **3.** the interesting facts *pl* (*od.* information).

'Wis·sens·zweig *m cf.* Wissensgebiet.

'wis·sent·lich I *adj* **1.** (*Entstellung, Irreführung etc*) knowing, conscious, witting, (*vorsätzlich*) deliberate, intentional, wil(l)ful. – **II** *adv* **2.** knowingly, consciously, wittingly, (*vorsätzlich*) deliberately, intentionally, wil(l)fully: ~ eine falsche Aussage machen to give false evidence deliberately. – **3.** *jur.* scienter.

wist [vɪst] *interj* (*Fuhrmannsruf*) (*nach links*) (to the) left.

Wi·ste·rie [vɪsˈteːriə] *f* ⟨-; -n⟩ *bot.* wisteria, wistaria (*Gattg Wisteria*).

'Wit,frau ['vɪt-] *f*, **Wi·tib** ['viːtɪp] *f* ⟨-; -e⟩ *archaic for* Witwe 1.

'Wit,mann *m* ⟨-(e)s; -er⟩ *archaic for* Witwer.

Wit·tels·ba·cher ['vɪtəls,baxər] *m* ⟨-s; -⟩ *hist.* (member of the House of) Wittelsbach.

wit·tern ['vɪtərn] **I** *v/t* ⟨h⟩ **1.** *hunt.* (*Wild etc*) scent, smell (out), nose (out), sniff, get wind of. – **2.** *fig.* (*Gefahr, Unheil, Verrat, eine Falle, böse Absicht etc*) sense, suspect: → Morgenluft; Unrat 3. – **II** *v/i* **3.** *hunt.* scent, smell, nose.

'Wit·te·rung¹ *f* ⟨-; *no pl*⟩ weather: warme [milde, angenehme, kühle, feuchte, rauhe, wechselnde] ~ warm [mild, pleasant, cool, damp, bleak, changeable] weather; das hängt von der ~ ab that depends on the weather; allen Unbilden der ~ trotzen to resist all inclemencies of the weather; den Unbilden der ~ ausgesetzt sein to be exposed to the inclemency of the weather; bei günstiger ~ findet das Fest im Freien statt the party will be held out of doors, weather permitting; bei ungünstiger ~ should the weather be unfavo(u)rable; bei jeder ~ in all weathers.

'Wit·te·rung² *f* ⟨-; *no pl*⟩ **1.** *hunt.* a) (*Geruchssinn*) scent, b) (*von Lebewesen ausgehender Geruch*) scent, trail, wind, drag: der Hund hat eine feine ~ the dog has a keen sense of smell (*od.* a good nose); ~ bekommen to take scent; ~ aufnehmen to follow the scent. – **2.** *fig.* (*Gespür*) nose: eine feine ~ für etwas haben to have a good nose for s.th.; ~ von etwas bekommen *fig.* to get wind of s.th.

'wit·te·rungs|be,stän·dig *adj* weatherproof, *Br.* weather-proof; ~er Stahl *tech.* corrosion-resistant (*od.* stainless) steel. — **W~be,stän·dig·keit** *f tech.* resistance to atmospheric conditions. — **W~,ein,flüs·se** *pl meteor.* influence *sg* of the weather, atmospheric effects, weather factors. — **W~,kun·de** *f* meteorology. — **W~,schä·den** *pl* damage *sg* caused by the weather. — **W~,um,schlag, W~,um,schwung** *m* (sudden) change of weather. — **W~,un-**

,bil·den *pl* inclemencies of the weather. — **W~ver,hält·nis·se** *pl* weather (*od.* atmospheric, meteorological) conditions.

Wit·tib ['vɪtɪp] *f* ⟨-; -e⟩ *Austrian, archaic, auch dial.* for Witwe 1.

Wit·ti·ber ['vɪtibər] *m* ⟨-s; -⟩ *Austrian, archaic, auch dial.* for Witwer.

Witt·ling ['vɪtlɪŋ] *m* ⟨-s; -e⟩ *zo.* (*Dorschart*) whiting (*Merlangus merlangus*).

'Witt·rung *f* ⟨-; *no pl*⟩ *hunt. cf.* Witterung² 1.

'Witt·scher 'Topf ['vɪtʃər] *m chem.* Witt jar.

Wit·tum ['vɪttuːm] *n* ⟨-(e)s; ⁻er⟩ *jur. obs.* **1.** (*Leibgedinge einer Witwe*) jointure: seiner Frau ein ~ aussetzen to settle a jointure upon one's wife, to provide a jointure for one's wife. — **2.** (*Nießbrauch der Witwe am Grundbesitz des Ehemannes*) dower.

Wit·we ['vɪtvə] *f* ⟨-; -n⟩ **1.** widow, (*bes. aus vornehmem Stand*) *Br.* dowager: (zur) ~ werden to be widowed; sie ist eine lustige ~ she enjoys (her) life although she is a widow; grüne ~ suburban wife left alone on workdays and considered easy prey for other men during her husband's absence; „Die Lustige ~" *mus.* "The Merry Widow" (*operetta by Lehár*). — **2.** Schwarze ~ *zo.* black widow (spider) (*Latrodectus mactans*).

'Wit·wen|,af·fe *m zo.* widow monkey (*Callicebus torquatus*). — **~,blu·me** *f bot.* mournful widow (*Gattg Scabiosa*). — **~·en·te** *f zo. cf.* Witwenpfeifgans. — **~,geld** *n* widow's allowance (*od.* benefit). — **~,kas·se** *f* widows' fund. — **~,pen·si,on** *f cf.* Witwenrente. — **~,pfeif,gans** *f zo.* white-faced whistling duck (*Dendrocygna viduata*). — **~,ren·te** *f* widow's pension (*od.* annuity).

'Wit·wen·schaft *f* ⟨-; *na pl*⟩ widowhood.

'Wit·wen,schlei·er *m* widow's veil, weepers *pl*, weeds *pl*.

'Wit·wen,stand *m* ⟨-(e)s; *no pl*⟩, **'Wit·wen·tum** *n* ⟨-s; *no pl*⟩ widowhood.

'Wit·wen,vo·gel *m zo.* whydah, whidah, widow bird (*od.* finch) (*Fam. Viduinae*).

Wit·wer ['vɪtvər] *m* ⟨-s; -⟩ widower.

'Wit·wer·schaft *f* ⟨-; *no pl*⟩, **'Wit·wer·,stand** *m* ⟨-(e)s; *no pl*⟩, **'Wit·wer·tum** *n* ⟨-s; *no pl*⟩ widowerhood.

Witz [vɪts] *m* ⟨-es; -e⟩ **1.** joke: ein guter [geistreicher, schlechter, zweideutiger, politischer, unanständiger, derber, *colloq.* dreckiger] ~ a good [a witty, a bad, an ambiguous, a political, an indecent, a coarse, a dirty] joke; ein alter ~ a stale joke, a chestnut (*colloq.*); einen ~ erzählen to tell a joke; über einen ~ [seine eigenen ~e] lachen to laugh at a joke [one's own jokes]; über j-n [etwas] ~e machen (*od. colloq.* reißen) to make (*od. colloq.* crack) jokes about s.o. [s.th.], to joke about s.o. [s.th.]; ich wollte doch nur einen ~ machen I just wanted to make a joke; → Bart 1; faul 13. — **2.** (*witzige Bemerkung*) witticism, quip, jest, wisecrack (*sl.*). — **3.** (*Scherz, Streich*) prank, practical joke, lark, jest, *bes. Am.* gag: laß doch deine ~e! stop your pranks! — **4.** *fig. colloq.* (*in Wendungen wie*) mach keine ~e! (*das ist doch nicht dein Ernst*) you're joking! no kidding! (*sl.*); das ist der ganze ~ daran (*alles, worauf es ankommt*) that's all there is to it, that's the whole thing (*od.* knack of it); der ~ der Sache ist der, daß the joke (*od.* the funny thing) about it is that; das ist doch gerade der ~ (an) der Sache (*das, was bezweckt war*) but that's the whole point; das ist doch (wohl nur) ein ~? you must be joking! you are joking, of course! ist das nicht ein ~? (*ist das nicht komisch*) isn't that a laugh (*od.* a lark, a good one)? du bist ein ~! you are a good one! in dem Aufzug bist du der reinste ~! you look an absolute (*od.* a perfect) sight in that attire (*colloq.*). — **5.** ⟨*only sg*⟩ *archaic* (*Geist, Verstand*) wit: etwas mit ~ und Laune erzählen to tell s.th. with wit and humo(u)r; seine Rede sprühte vor Geist und ~ his speech scintillated with wit and humo(u)r; sein sprühender [feiner] ~ his sparkling [subtle] wit; mit beißendem [sarkastischem] ~ with biting (*od.* caustic) [sarcastic] wit.

'Witz,blatt *n* joke magazine, (*bes. mit Zeichnungen*) comic (magazine *od.* paper): das gehört in ein ~ *fig. colloq.* that ought to be printed in a jokebook. — **~fi,gur** *f cf.* Witzfigur.

'Witz|,bold [-,bɔlt] *m* ⟨-(e)s; -e⟩ *colloq.* joker, wit, wag, wisecracker (*sl.*): du (bist

ein) ~! *colloq. iron.* you're a good one! you're very funny! big joke! — **~,buch** *n* jestbook, jokebook.

'Wit·ze'lei *f* ⟨-; -en⟩ *contempt.* **1.** (*endless*) wisecracking (*sl.*). — **2.** (*Hänseln*) chaffing, leg-pulling.

wit·zeln ['vɪtsəln] *v/i* ⟨h⟩ joke, make (*od. colloq.* crack) jokes: über j-n [etwas] ~ a) to joke about s.o. [s.th.], b) *contempt.* to make silly jokes (*od.* to quip) about s.o. [s.th.].

'Wit·ze,ma·cher *m*, **'Wit·ze,rei·ßer** *m colloq. cf.* Witzbold.

'Witz·fi,gur *f contempt.* funny sight (*colloq.*): in dem Kleid bist du die reinste ~ you look an absolute (*od.* a perfect) sight in that dress (*colloq.*).

'wit·zig I *adj* **1.** (*geistreich*) witty: eine ~e Person [Rede, Formulierung] a witty person [speech, formulation]. — **2.** (*komisch, zum Lachen*) funny, comic(al), jocular: ein ~er Einfall a funny idea; die Geschichte war sehr ~ the story was very funny; deine Bemerkung war alles andere als ~ your remark was anything but funny; sehr ~! *colloq. iron.* very funny! du bist ja (vielleicht) ~! *colloq. iron.* you're a good one! you're very funny! ~ aussehen to look very comical. — **II** *adv* **3.** wittily, with wit: etwas ~ erzählen to tell s.th. wittily. — **4.** comically. — **'Wit·zig·keit** *f* ⟨-; *no pl*⟩ **1.** wittiness. — **2.** funniness, comicalness, comicality.

'witz·los *adj* **1.** (*Geschichte, Anekdote etc*) unwitty: ~ sein to lack (*od.* have no) wit. — **2.** *colloq.* (*sinnlos, uninteressant*) pointless: wenn du nicht kommst, ist die Party für mich ~ if you don't come there is no point in my going to the party. — **3.** *colloq.* (*zwecklos*) useless: ein Auto zu haben ist ~, wenn man nicht fahren kann it is pointless to have a car if one cannot drive.

'Witz,sei·te *f* (*einer Zeitung, Zeitschrift etc*) joke page, (*bes. mit Zeichnungen*) comic(s) page (*od.* sheet), comics *pl*, funnies *pl* (*colloq.*).

'witz,sprü·hend *adj* (*Rede etc*) sparkling with wit.

'Witz|,wort *n* ⟨-(e)s; -e⟩ witty remark, witticism, sally, bon mot. — **~,zeich·nung** *f* cartoon.

wo [voː] **I** *interrog adv* **1.** where: ~ bist du gewesen? where have you been? ~ hast du gesteckt? *colloq.* where have you been hiding? ~ wohnt er? where does he live? ~ gibt es das zu kaufen? where can one buy that? von ~ kommt der Zug? *colloq.* where does the train come from? ich weiß nicht, ~ ich meine Brille gelassen habe I don't know where I have left my glasses; er fragte mich, ~ ich gewesen sei he asked me where I had been; ~ anders als bei dir sollte ich ihn suchen? where else should I look for him but at your place? ~ steht das (geschrieben)? where does it say so? ~ werd' ich (das tun)? *colloq.* I wouldn't dream of (doing) it! ach ~! i ~! *colloq.* nonsense! not at all! not a bit of it! — **2.** ~ bist du gerade bei? *Northern G. colloq.* what are you at (*od.* doing) at the moment? — **II** *relative adv* **3.** (*örtlich*) where: überall, ~ wir haltmachten, wurden wir freundlich empfangen we were kindly received everywhere (*od.* wherever) we stopped; sie sehnt sich dorthin, ~ die Sonne immer scheint she longs to be where the sun always shines; ~ immer du auch bist, ich werde an dich denken I shall think of you wherever you are; bleib, ~ du bist stay where you are; die Stadt, ~ ich geboren wurde *colloq.* the town where I was born; ich habe gesehen, ~ er hingegangen [hergekommen] ist I saw where he went [came from]; → Pfeffer 1. — **4.** *colloq.* (*zeitlich*) when: das Jahr, ~ wir uns kennengelernt haben the year (when) we met; das war zu einer Zeit, ~ es mir finanziell sehr schlecht ging that was at a time when I was financially in a bad way. — **5.** der Hund, ~ mich gebissen hat *dial.* the dog which (*od. colloq.* what) bit me. — **III** *indef adv* **6.** *colloq.* (*irgendwo*) somewhere: die Brille muß doch ~ sein the glasses must be somewhere. — **IV** *conj* **7.** if: ich werde, ~ irgend möglich, kommen I shall come if at all possible; wir werden verreisen, ~ nicht für sehr lange, so doch jedenfalls einige Tage we are going away, if not for very long, at least for a few days; ich werde euch besuchen, ~ nicht, rufe

ich an I shall come and see you, if not I shall phone. — **8.** ~ ... (doch) when: warum hast du es getan, ~ du doch wußtest, daß why did you do it when you knew that. — **V W~** *n* ⟨-s; *no pl*⟩ **9.** where: das W~ spielt keine Rolle, das Wann ist entscheidend where is not important, when is decisive; das W~ und Wann the wheres and whens.

wo'an·ders [vo-] *adv* **1.** (*in bejahten Sätzen*) elsewhere, somewhere else: er war mit seinen Gedanken ganz ~ his thoughts were elsewhere, his mind was on other things; du mußt ~ suchen you must look elsewhere. — **2.** (*in verneinten Sätzen*) anywhere else: ~ möchte ich nicht leben I would not like to live anywhere else.

wo'an·ders·hin [vo-] *adv* to a different place, elsewhere: sie sind ~ gefahren als ursprünglich geplant they went to a different place from (*Am. auch* than) what (*od.* where, the one) they had originally planned; etwas ~ legen to put s.th. in a different place (*od.* somewhere else, elsewhere).

wob [voːp] *1 u. 3 sg pret of* weben¹.

'Wob·bel|be,reich *m* **1.** (*radio*) frequency deviation range. — **2.** (*beim Radar*) sweep range. — **~fre,quenz** *f* (*radio*) sweep (*od.* wobble) frequency. — **~ge·ne,ra·tor**, **~,meß,sen·der** *m* wobbulator, sweep-frequency signal generator.

wob·beln ['vɔbəln] *v/i* ⟨h⟩ (*radio*) sweep, wobble, wobbulate.

'Wob·bel|si,gnal *n* (*radio*) sweep (*od.* wobble) signal. — **~,span·nung** *f* sweep (*od.* wobble) voltage. — **~,ton** *m* tone frequency run.

'Wob·bler *m* ⟨-s; -⟩ (*radio*) *cf.* Wobbelgenerator.

wö·be ['vøːbə] *1 u. 3 sg pret subj of* weben¹.

wo'bei [vo-] **I** *interrog adv* **1.** ~ ist das passiert? how did it happen? ~ bist du gerade? what are you at (*od.* doing) at the moment? — **II** *relative adv* **2.** (*mit Bezug auf einen ganzen Satz*) ich verglich die Eintragungen, ~ mir auffiel, daß I compared the entries and whilst doing so I noticed that; ..., ~ mir einfällt, daß ... which reminds me that; ..., ~ noch zu bemerken wäre, daß ... and it must be added that; ..., and that was it. — **3.** *rare* der Unfall, ~ er schwer verletzt wurde *rare* the accident in which he was badly injured.

Wo·che ['vɔxə] *f* ⟨-; -n⟩ **1.** week: diese [nächste *od.* kommende] ~ habe ich keine Zeit I have no time this [next *od.* in the coming] week; letzte (*od.* vergangene) ~ war ich verreist I was away last week; die vergangene ~ erschien mir sehr lang last (*od.* the past) week seemed very long to me; in zwei ~n in two weeks, in two weeks' time, *bes. Br.* in a fortnight('s time); vor [nach] drei ~n three weeks ago [after three weeks]; vier ~n vorher a) four weeks before (*od.* previously), b) (*im voraus*) four weeks beforehand; ~ für (*od.* um) ~ a) (*regelmäßig jede Woche*) week after (*od.* for) week, week in, week out, b) (*jede Woche mehr*) week by week, c) (*viele Wochen lang*) for weeks (on end); die Arbeit muß noch in dieser ~ (*od.* noch diese ~) fertig werden the work must be finished this week; heute in (*od.* über) drei ~n three weeks from today, *bes. Br.* three weeks today, this day three weeks; nach Verlauf von sechs ~n after (a period of) six weeks; ~n und Monate verflossen weeks and months passed (*od.* went by); viele ~n lang for many weeks; dreimal die (*od.* in der) ~, jede ~ dreimal three times a week; alle drei ~n every three weeks; etwas von ~ zu ~ verschieben to postpone s.th. from week to week (*od.* from one week to the next); → grün 4; Kieler II; weiß² 1. — **2.** (*Wochentage ohne Sonntag, Arbeitswoche*) week: während (*od.* in, *colloq.* unter) der ~, die ~ über during the week, (on) weekdays. — **3.** *archaic* in die ~n kommen to reach (*od.* be near[ing]) one's time, to be brought to bed; in den ~n sein (*od.* liegen) to be (*od.* lie) in childbed, to be confined (*od.* lying in).

'Wo·chen|,ab,schluß *m econ.* weekly results *pl* (*od.* closing of accounts), weekly accounting (settlement). — **~,ar·beit** *f* weekly work. — **~,ar·beits,stun·den** *pl* weekly working hours. — **~,aus,ga·be** *f print.* weekly edition. — **~,aus,weis** *m econ.* (*einer Zentralbank*) weekly return.

— ~bei‚hil·fe f cf. Wochengeld. — ~be‚richt m weekly report.

'Wo·chen‚bett n med. childbed, lying-in, puerperium (scient.). — ~‚fie·ber n puerperal fever. — ~‚fluß m lochia. — ~psy‚cho·se f puerperal psychosis (od. mania), tocomania.

'Wo·chen|bi‚lanz f econ. weekly balance. — ~‚blatt n print. weekly ([news]paper). — ~‚do·sis f med. pharm. dose rate per week. — ~‚ein‚nah·me f econ. weekly (od. week's) receipts pl. — ~‚en·de n weekend: übers ~ for (od. over) the weekend; ein verlängertes ~ a long weekend; das ~ auf dem Lande verbringen to (spend the) weekend in the country.

'Wo·chen‚end|‚gast m weekend guest, weekender. — ~‚haus n weekend house.

'Wo·chen‚end·ler [-‚ˀɛntlər] m ⟨-s; -⟩ colloq. weekender.

'Wo·chen‚end|pro‚gramm n weekend program (bes. Br. programme). — ~‚ur‚laub m mil. weekend leave. — ~‚ur‚lau·ber m weekend holidaymaker (Am. vacationist), weekender.

'Wo·chen|fluß m med. lochia: übermäßiger ~ lochiorrhagia, lochiorrh(o)ea; versagender ~ lochiostasis. — ~‚geld n, ~‚hil·fe f (für Wöchnerinnen) maternity allowance (od. benefit, relief). — ~‚kar·te f (für Bus, Bahn) weekly season ticket, Am. (weekly) commuter's (od. commutation) ticket, weekly season (colloq.). — w~‚lang I adj ⟨attrib⟩ 1. lasting for weeks. – 2. of many weeks: nach ~em Warten after (many) weeks of waiting. – II adv 3. for weeks (on end), for weeks and weeks: das geht jetzt schon ~ so that has been going on for (many) weeks.

'Wo·chen‚lohn m econ. weekly pay (od. wage[s pl sometimes construed as sg]). — ~emp‚fän·ger m (weekly) wage earner.

'Wo·chen|‚markt m weekly market. — ~‚pfle·ge·rin f (für Wöchnerinnen) visiting (obstetric) nurse. — ~pro‚duk·ti‚on f weekly production. — ~‚quer‚schnitt m (radio) telev. weekly summary (od. roundup). — ~‚ra·te f econ. weekly installment (bes. Br. instalment). — ~‚rück‚blick m (Nachrichten) survey of the news of the week, weekly news summary. — ~‚schau f ⟨-; -en⟩ (film) newsreel. — ~‚schrift f weekly (magazine od. publication). — ~‚spiel‚plan m (theater, film) weekly program (bes. Br. programme).

'Wo·chen‚tag m weekday, working day, workday: des ~s (on) weekdays. — 'wo·chen‚tags adv (on) weekdays.

wö·chent·lich ['vœçəntlɪç] I adj ⟨attrib⟩ 1. (Raten, Bezahlung, Erscheinen etc) weekly; hebdomadal, hebdomadary (scient.). – II adv 2. (jede Woche) weekly, every week: sie treffen sich zweimal ~ they meet twice weekly (od. a week); ~ abrechnen to settle accounts once a week; ~ wechseln to change every week. – 3. (wochenweise) by the week, every week.

'Wo·chen|‚über‚sicht f weekly review: gedrängte ~ colloq. humor. dish made up from last week's leftovers. — ~ver‚dienst m weekly earnings pl. — w~‚wei·se adv by the week, every week. — ~‚zeit‚schrift f weekly (magazine). — ~‚zei·tung f weekly ([news]paper).

Wöch·ne·rin ['vœçnərɪn] f ⟨-; -nen⟩ med. woman in childbed, puerpera (scient.).

'Wöch·ne·rin·nen|‚ab‚tei·lung f med. maternity ward. — ~‚heim n maternity home.

Wocken (getr. -k·k-) ['vɔkən] m ⟨-s; -⟩ Low G. for Rocken.

Wo·dan ['voːdan] npr m ⟨-s; no pl⟩ myth. Wodan, Odin.

Wod·ka ['vɔtka] m ⟨-s; -s⟩ vodka.

wo'durch [vo-] I interrog adv 1. how, by what means: ~ ist er so reich geworden? how did he become so rich? ~ bist du verhindert gewesen? what kept you from coming? – 2. (örtlich) what ... through: ~ soll ich die Schnur führen? what am I to thread the string through? ~ sind wir gerade gefahren? what village (od. colloq. where) have we just come through? – II relative adv 3. through which: alles, ~ das Unternehmen gefährdet werden kann, aus dem Wege räumen to remove everything through which the undertaking might be endangered. – 4. (mit Bezug auf einen ganzen Satz) und dann haben sich die Verwandten eingemischt, ~ alles noch komplizierter wurde

and then the relatives interfered, which greatly complicated matters. – 5. der Unfall, ~ er gelähmt wurde rare the accident through which he was paralyzed (Br. auch -s-).

wo'fern [vo-] conj obs. if, provided that.

wo'für [vo-] I interrog adv 1. ~ soll das gut sein? a) (wozu dient das) what is that (supposed to be) for? b) (welchen Sinn hat das) what is the point of that? – ~ halten Sie mich? who (od. what) do you take me for? who do you think I am? ~ brauchst du das? what do you need that for? ~ hast du dich entschieden? what (od. which) have you decided on? ~ helfen diese Tabletten? colloq. what are these tablets for? – II relative adv 2. etwas, ~ ich nichts kann s.th. I cannot help, s.th. that is not my fault. – 3. (mit Bezug auf einen ganzen Satz) for which: er hat mir sehr geholfen, ~ ich ihm immer dankbar sein werde he was a great help to me, for which I shall always be grateful to him (od. and I shall always be grateful to him for it); der Zug hatte Verspätung, ~ ich nichts konnte the train was late, something that was not my fault. – 4. (das) ~ what ... for: ~ ich plädieren möchte, ist what I would like to plead for (od. to advocate, to see) is; er ist nicht das, ~ er sich ausgegeben hat he is not what he pretended to be. – 5. die Reise, ~ er soviel ausgegeben hat rare the trip he spent so much on.

wog [voːk] 1 u. 3 sg pret, wö·ge ['vøːgə] 1 u. 3 sg pret subj of wägen u. wiegen¹.

Wo·ge ['voːgə] f ⟨-; -n⟩ 1. wave, breaker, billow, (sehr große) surge: brausende [haushohe, stürmische, wilde] ~n soaring [towering, surging, wild] breakers; die ~n schlugen übers Schiff the waves broke over the ship. – 2. fig. wave, (stärker) surge: die ~n der Erregung [Begeisterung] gingen hoch there was a great surge of excitement [enthusiasm]; Öl auf die ~n gießen to pour oil on troubled waters.

wo'ge·gen [vo-] I interrog adv 1. ~ ist diese Medizin gut? what is this medicine for? ~ wehrst du dich? what are you struggling against? – II relative adv 2. which ... against: etwas, ~ ich kämpfe s.th. (which) I fight against. – 3. (das,) ~ what ... against: das ist es, ~ ich protestiere that is what I am protesting about (od. against). – 4. (im Austausch) in exchange (od. return) for which: er gab mir das Buch, ~ ich ihm die Schallplatte überließ he gave me the book in exchange for which I let him have the record. – 5. (mit Bezug auf einen ganzen Satz) die Kinder wollten ins Kino gehen, ~ die Eltern nichts einzuwenden hatten the children wanted to go to the cinema (bes. Am. colloq. movies), (something) to which the parents did not object. – 6. die Entwicklung, ~ er gekämpft hat rare the development (which) he fought against. – III conj 7. cf. wohingegen.

wo·gen ['voːgən] I v/i ⟨h⟩ 1. (vom Meer) surge, heave, billow, boil: das Meer wogte mächtig the sea surged wildly. – 2. fig. (von Ähren, Getreidefeld etc) ripple, wave, sway, undulate. – 3. fig. (von Menschenmenge) surge: der Marktplatz wogte von Menschen the marketplace (Br. market-place) surged with people. – 4. fig. (von Brust, Busen) heave. – 5. hin und her ~ fig. (von Kampf, Streitgespräch etc) fluctuate. – II V~ n ⟨-s⟩ 6. verbal noun. – 7. surge, heave, boil. – 8. fig. ripple, sway, undulation. – 9. fig. surge. – 10. fig. heave. — 'wo·gend I pres p. – II adj 1. (Meer) surging, heaving, billowing, boiling. – 2. fig. (Kornfeld etc) rippling, waving, swaying, undulating. – 3. fig. (Menschenmenge) surging. – 4. fig. (Brust, Busen) heaving.

wo'her [vo-] I interrog adv where ... from, (from) whence (lit.): ~ kommst du? a) where are you coming from? b) (woher stammst du) where do you come from? ~ des Wegs? lit. od. humor. where are you coming from? ~ weißt du das? how do you (come to) know (that)? ~ kommt das? how is that? how come? (colloq.); ich weiß nicht, ~ er stammt I don't know where he comes from; ~ mag er das nur haben? (auch Eigenschaft, Angewohnheit etc) I wonder where he has (got) that from; ~ nehmen und nicht stehlen? colloq. where do you think I'd get that? ach, ~ (denn)! colloq. nonsense! not at all! not a bit of it!

– II relative adv where ... from: geh dahin, ~ du gekommen bist go back to where you came from.

wo'hin [vo-] I interrog adv where, whither (lit.): ~ gehst du? lit. od. humor. ~ des Wegs? where are you going (to)? where are you off to? ~ hast du die Brille gelegt? where did you put the glasses? ich weiß nicht, ~ damit colloq. I don't know where to put it; ~ soll das noch führen? I don't know where that will end (od. what will be the end of that). – II relative adv ~ er sich auch wandte, er stieß überall auf Ablehnung he met with rejection wherever he turned.

wo,hin'ge·gen [vo-] conj whereas, while, whilst: er war sehr freundlich, ~ seine Frau sich sehr abweisend verhielt he was very friendly, whereas his wife was rather reserved.

wo'hin·ter [vo-] I interrog adv 1. what ... behind: ~ hat er sich versteckt? what did he hide behind? – II relative adv 2. er verabscheut alles, ~ er Heuchelei vermutet he abhors everything in which he suspects hypocrisy. – 3. der Schrank, ~ er sich versteckt hatte rare the cupboard (which) he had hidden behind.

wohl [voːl] I adv 1. ⟨er; am ~sten⟩ (gesund) well: fühlst du dich nicht ~? aren't you well? don't you feel well? sich ~ fühlen to (od. feel) well, to be in good health; sie fühlt sich (od. befindet sich, ist) nicht ~ she is not well, she is unwell, she is (od. feels) off colo(u)r (od. out of sorts, under the weather) (colloq.); ich habe mich nie ~er gefühlt (als jetzt) I never felt better (than I do at the moment), I have never felt as (od. so) well; sie sieht sehr ~ aus she is looking (od. she looks) well. – 2. ⟨er; am ~sten⟩ (behaglich, glücklich) happy: mir war dabei nicht recht ~ zumute I didn't feel happy about it; sie fühlt sich in Hamburg recht ~ she is quite happy in Hamburg. – 3. ⟨er; am ~sten⟩ (ungezwungen, wie zu Hause) at ease, at home: bei euch fühle ich mich sehr ~ I feel quite at home at your place; sich in seiner Haut nicht ~ fühlen to feel ill at ease (od. rather uneasy, uncomfortable). – 4. ⟨besser; am besten⟩ (gut) well: sie ließen sich's ~ sein they lived well, they had a good time (of it); laß dir's weiterhin ~ ergehen I hope things will go well for you; du tätest ~ daran, dich vorher zu erkundigen you would do well to inquire first; (ich) wünsche, ~ geruht [gespeist] zu haben humor. I hope you have had a pleasant rest [you enjoyed your meal]; leb ~! gehab dich ~! farewell! fare you (od. humor. thee) well! schlaf ~! sleep well; ~ oder übel mußte ich hingehen I had to go whether I liked it or not (od. willy-nilly); nun ~, wir wollen es versuchen well, we'll try; → bekommen 15. – 5. (anscheinend, vermutlich) no doubt, I'm sure: das wird ~ das beste sein that will be the best, no doubt; es wird ~ Regen geben I'm sure it's going to rain; er hat uns ~ für Schwestern gehalten he must (od. will) have taken us for sisters; ob sie ~ noch kommen? I wonder if (od. whether) they will still come; das wird ~ so sein that will (no doubt od. probably) be the way it is; das wird ~ seine Richtigkeit haben I'm sure it's right; er hat mich ~ gar nicht bemerkt he mustn't (od. won't) have seen me; das wird ~ endlich der letzte sein I hope that will be the last one; es ist ~ anzunehmen, daß it is to be expected that; er wird ~ noch auf Reisen sein he will still be away; ich habe ~ nicht recht gehört! I can't have heard right! das ist doch ~ ein Witz! colloq. you must be joking! you can't be serious! du bist ~ verrückt geworden! colloq. you must be mad! – 6. das kannst du ~ nicht tun you can't very well do that. – 7. (etwa, ungefähr) about: es wird ~ zwei Jahre her sein it must have been about two years ago; ich habe es ihm ~ schon zwanzigmal gesagt I have told him at least twenty times. – 8. (sorgfältig, genau) well, carefully: der Plan war sehr ~ überlegt the plan was thought out very well. – 9. (bekräftigend) very (od. perfectly) well: er weiß sehr ~, was das bedeutet he knows very well (od. well enough, colloq. right well, rightly) what that means; ich habe ~ bemerkt, daß da etwas nicht stimmt I did not fail to notice that there is s.th. wrong there; **ich verstehe dich** ~ I understand you perfectly well (*od.* all right); **ich bin mir dessen** ~ **bewußt** I'm quite (*od.* fully) aware (*od.* conscious) of that; **er könnte noch kommen** he might come yet; **das kann man** ~ **sagen!** *colloq.* you're telling me! I should say so! **siehst du** ~, **wie leicht das ist** *colloq.* (you) see how easy it is; **willst du** ~ **damit aufhören!** will you stop that! – **10.** (*zwar, allerdings*) well: **das mag** ~ **sein, aber** that may well be, but; **so etwas kann** ~ **einmal vorkommen, aber es darf nicht zur Regel werden** a thing like that may happen occasionally but it must not become the rule; **er ist** ~ **gesund, aber** he is healthy enough (*od.* all right), but – **11.** *archaic* (*gut, vorteilhaft*) well: **ein bißchen mehr Höflichkeit würde dir** ~ **anstehen** a little more politeness would befit you well; **sehr** ~(, **mein Herr**)! very well(, sir)! – **II** *conj* **12.** (*zwar*) it is true, all right: ~ **habe ich zugesagt, aber nicht zu einem bestimmten Zeitpunkt** I did accept (*od.* I accepted, it is true *od.* I accepted all right) but I didn't mention (*od.* but not for) a particular time. – **III** *interj* **13.** well: ~ **dem, der keine finanziellen Sorgen hat!** happy are those who have no financial problems! – ~ **ihm, daß er bei diesem Wetter zu Hause bleiben kann** he's to be envied because he can stay at home in this awful weather (*colloq.*).

Wohl *n* ⟨-(e)s; *no pl*⟩ **1.** (*Wohlergehen*) well--being, welfare: **das leibliche [seelische]** ~ **eines Menschen** the physical [spiritual] well-being of a person; **das öffentliche** ~ **im Auge haben** to have an eye to the public well-being (*od.* the common weal); **das** ~ **der Menschheit [unserer Stadt] hängt davon ab** the welfare of mankind [of our city] depends on it; **für das** ~ **der Familie sorgen, auf das** ~ **der Familie bedacht sein** to look after (*od.* concern oneself with) the welfare of the family; **um das eigene** ~ **besorgt sein** to be concerned about one's own welfare, to take care of number one (*colloq.*); **sein** ~ **liegt ihr sehr am Herzen** she is deeply concerned about his welfare; **unser** ~ **und Wehe liegt in seinen Händen** our weal and woe are (*od.* lie) in his hands; **auf das** ~ **des Gastgebers trinken** to toast (*od.* drink) to the host's health; **auf dein** ~! **zum** ~! your (very good) health! here's to you! cheers! (*colloq.*), *bes. Br. colloq.* cheerio! – **2.** (*Vorteil, Nutzen*) good, benefit, advantage: **das geschah nur zu deinem** ~ it happened only for your good.

'wohl,ab·ge,wo·gen *adj* ⟨besserabgewogen *attrib*; bestabgewogen *attrib*⟩ *fig.* well-weighed (*od.* -measured) (*attrib*).

'wohl,acht·bar *adj lit. cf.* achtbar.

wohl·an [vo'lan; vo:l'ʔan] *interj poet.* well! all right! ~, **es sei!** well, here goes! ~, **laßt uns aufbrechen!** all right (*od.* come on), let's go!

wohl,an·ge,bracht *adj* ⟨besserangebracht *attrib*; bestangebracht *attrib*⟩ apt, appropriate.

'wohl,an,stän·dig *adj* **1.** (*Mädchen etc*) respectable. – **2.** (*Benehmen etc*) proper, decent, seemly, correct, decorous. – **'Wohl,an,stän·dig·keit** *f* ⟨-; *no pl*⟩ **1.** respectability. – **2.** propriety, decency, seemliness, correctness, decorum.

wohl·auf [vo'lauf; vo:l'ʔauf] **I** *adj* ⟨*pred*⟩ (*gesund*) well: **alle sind** ~ all are well. – **II** *interj poet. cf.* wohlan.

'wohl,aus·ge,wo·gen *adj* ⟨besserausgewogen *attrib*; bestausgewogen *attrib*⟩ well-balanced (*attrib*).

'wohl·be,dacht *adj* ⟨besserbedacht *attrib*; bestbedacht *attrib*⟩ (*Plan, Rede etc*) well--thought-out, well-contrived (*beide attrib*).

'Wohl·be,fin·den *n* welfare, well-being: **für j-s** ~ **sorgen** to look after s.o.'s welfare.

'wohl·be,grün·det *adj* ⟨besserbegründet *attrib*; bestbegründet *attrib*⟩ well-founded (*attrib*), valid.

'Wohl·be,ha·gen *n* relish: **sich voller** ~ **räkeln** to stretch (oneself) with relish (*od.* luxuriously).

'wohl·be,hal·ten *adj* ⟨*no comp*; *no sup*⟩ **1.** (*Person*) safe (and sound): **ich bin** ~ **wieder angekommen** I arrived safely (*od.* safe and sound). – **2.** (*Sachen*) in good condition.

'wohl·be,kannt *adj* ⟨besserbekannt *attrib*; bestbekannt *attrib*⟩ **1.** well-known (*attrib*),

familiar: **er ist mir** ~ he is well known to me, I know him well. – **2.** (*berühmt*) well--known (*attrib*), renowned.

'wohl·be,leibt *adj* corpulent, portly, stout. – **'Wohl·be,leibt·heit** *f* ⟨-; *no pl*⟩ corpulence, portliness, stoutness.

'wohl·be,ra·ten *adj* ⟨besserberaten *attrib*; bestberaten *attrib*⟩ well-advised (*attrib*).

'wohl·be,schaf·fen *adj* ⟨besserbeschaffen *attrib*; bestbeschaffen *attrib*⟩ in good condition.

'wohl·be,stallt *adj* ⟨*no comp*; *no sup*⟩ (*Beamter*) well-established (*attrib*).

'wohl·be,stellt *adj* ⟨besserbestellt *attrib*; bestbestellt *attrib*⟩ (*Felder etc*) well-cultivated, well-tilled (*beide attrib*).

'wohl·be,wan·dert *adj* ⟨besserbewandert *attrib*; bestbewandert *attrib*⟩ well-versed (*attrib*).

'wohl,durch,dacht *adj* ⟨besserdurchdacht *attrib*; bestdurchdacht *attrib*⟩ (*Plan etc*) well-thought-out, well-contrived, well--devised (*alle attrib*).

'wohl·er,fah·ren *adj* ⟨*no comp*; *no sup*⟩ (*Mann etc*) well-experienced (*attrib*).

'Wohl·er,ge·hen *n* ⟨-s; *no pl*⟩ well-being, welfare, prosperity.

'wohl·er,hal·ten *adj* ⟨bessererhalten *attrib*; besterhalten *attrib*⟩ in good condition, well-preserved (*attrib*).

'wohl·er,probt *adj* ⟨bessererprobt *attrib*; besterprobt *attrib*⟩ well-tried (*attrib*).

'wohl·er,wo·gen *adj* ⟨bessererwogen *attrib*; besterwogen *attrib*⟩ (*Plan etc*) well-thought-out (*attrib*), deliberate.

'wohl·er,wor·ben *adj* ⟨*no comp*; *no sup*⟩ (*Rechte etc*) rightfully acquired.

'wohl·er,zo·gen *adj* ⟨bessererzogen *attrib*; besterzogen *attrib*⟩ **1.** (*Kind*) well-mannered (*od.* -behaved) (*attrib*). – **2.** (*fein, kultiviert*) well-bred (*attrib*), cultured, refined, polished. – **'Wohl·er,zo·gen·heit** *f* ⟨-; *no pl*⟩ **1.** good behavior (*bes. Br.* behaviour). – **2.** good breeding, culture, refinedness, polish.

'Wohl,fahrt *f* ⟨-; *no pl*⟩ **1.** *lit.* (*Wohlergehen eines Volkes*) welfare, well-being. – **2.** (*öffentliche Fürsorge*) (public) welfare, (public) relief, *bes. Br. obs.* national assistance. – **3.** *colloq. cf.* Fürsorge 3.

'Wohl,fahrts|,amt *n sociol. obs.* for Fürsorgeamt. – ~**,aus,schuß** *m hist.* Committee of Public Safety. – ~**be,am·te** *m sociol. obs.* welfare officer (*od.* worker, visitor). – ~**,ein,rich·tung** *f* welfare institution. – ~**emp,fän·ger** *m*, ~**emp,fän·ge·rin** *f obs.* welfare recipient. – ~**,fonds** *m* relief (*od.* benefit) fund. – ~**,mar·ke** *f philat.* charity stamp. – ~**or·ga·ni·sa,ti,on** *f sociol.* charitable institution (*od.* organization *Br. auch* -s-). – ~**,pfle·ge** *f sociol. obs.* welfare work. – ~**,pfle·ger** *m*, ~**,pfle·ge·rin** *f* welfare worker (*od.* officer, visitor). – ~**,ren·te** *f* welfare pension. – ~**,staat** *m* welfare state. – **w~,staat·lich** *adj* welfarist. – ~**,un·ter,stüt·zung** *f sociol. obs.* for Fürsorgeunterstützung.

'wohl,feil *adj obs.* (*Ware*) inexpensive, cheap. – **'Wohl,feil·heit** *f* ⟨-; *no pl*⟩ inexpensiveness, cheapness.

'wohl·ge,baut *adj* ⟨bessergebaut *attrib*; bestgebaut *attrib*⟩ **1.** well-built (*attrib*). – **2.** *colloq.* (*Frau*) well-proportioned (*attrib*).

'wohl·ge,bo·ren *adj* only in **Euer** (*od.* **Seiner**) **W~ Herrn Heinrich Schmidt** *archaic* (*in der Briefanschrift*) Heinrich Schmidt Esq.

'Wohl·ge,fal·len *n* ⟨-s; *no pl*⟩ (*Gefallen, Freude*) pleasure, (*stärker*) delight: **sein** ~ **an** (*dat*) **etwas haben** to take pleasure in s.th., to delight in s.th.; **sich in** ~ **auflösen** a) (*zur allgemeinen Zufriedenheit enden*) to be settled to everyone's satisfaction, b) *colloq. humor.* (*zunichte werden*) to come to nothing, to go up (*od.* end) in smoke, c) *colloq. humor.* (*von Club, Verein etc*) to disintegrate, d) *colloq. humor.* (*von Buch etc*) to come apart (*od.* asunder), to disintegrate.

'wohl·ge,fäl·lig **I** *adj* **1.** pleasant, agreeable: **Gott** ~**e Werke** works well pleasing to God. – **2.** (*selbstzufrieden*) complacent. – **3.** (*Blick etc*) satisfied, pleased: **mit** ~**em Blick** with a look of satisfaction. – **II** *adv* **4.** with pleasure (*od.* delight): **etwas** ~ **betrachten** to look at s.th. with pleasure.

'wohl·ge,formt *adj* ⟨bessergeformt *attrib*; bestgeformt *attrib*⟩ shapely, beautifully shaped.

'Wohl·ge,fühl *n* ⟨-(e)s; *no pl*⟩ **1.** pleasant feeling. – **2.** sense of well-being.

'wohl·ge,lit·ten *adj* ⟨-er; -st⟩ (*gerngesehen, willkommen*) well- (*od.* much-)liked (*attrib*), popular, welcome.

'wohl·ge,meint *adj* ⟨bessergemeint *attrib*; bestgemeint *attrib*⟩ (*Rat etc*) well-meant, well-intentioned (*beide attrib*).

'wohl·ge,merkt *interj* mind (you)! mark (you)! nota bene!

'wohl·ge,mut [-gə,mu:t] *adj* ⟨-er; -est⟩ cheerful.

'wohl·ge,nährt *adj* ⟨bessergenährt *attrib*; bestgenährt *attrib*⟩ well-fed (*attrib*).

'wohl·ge,ord·net *adj* ⟨bessergeordnet *attrib*; bestgeordnet *attrib*⟩ (*Regale, Schränke etc*) well-ordered (*attrib*), orderly.

'wohl·ge,ra·ten *adj* ⟨-er; -st⟩ **1.** (*Werk, Arbeit etc*) well-wrought, well-turned (*beide attrib*). – **2.** (*Kind*) well-bred (*attrib*).

'Wohl·ge,ruch *m* (sweet) scent, fragrance, perfume.

'Wohl·ge,schmack *m* flavor, *bes. Br.* flavour, savor, *bes. Br.* savour, relish.

'wohl·ge,setzt *adj* ⟨*no comp*; *no sup*⟩ **1.** (*Rede*) well-worded (*od.* -formulated) (*attrib*). – **2.** (*Worte*) well-chosen (*attrib*).

'wohl·ge,sinnt *adj* ⟨-er; -est⟩ well-meaning (*attrib*): **j-m** ~ **sein** to be well disposed toward(s) s.o.

'wohl·ge,stalt *adj* ⟨*no comp*; *no sup*⟩ **1.** (*Person*) shapely, well-built (*attrib*). – **2.** (*Sache*) shapely, beautifully shaped, well--shaped (*attrib*).

'wohl·ge,stal·tet *adj* ⟨-er; -st⟩ well-turned, well-shaped, well-proportioned (*alle attrib*), aesthetically pleasing.

'wohl·ge,tan **I** *pp of* wohltun. – **II** *adj* ⟨*pred*⟩ **1.** well done. – **2.** **das war** ~ *archaic* that was a good deed.

'wohl·ge,zielt *adj* ⟨bessergezielt *attrib*; bestgezielt *attrib*⟩ (*Schuß etc*) well-aimed (*od.* -directed) (*attrib*).

'wohl,ha·bend *adj* well-off (*attrib*), well-to--do, wealthy, moneyed, *auch* monied, opulent, prosperous, *Am. colloq.* well-fixed (*attrib*): ~ **sein** to be well off, to live in easy circumstances. – **'Wohl,ha·ben·heit** [-,ha:bənhaɪt] *f* ⟨-; *no pl*⟩ wealth(iness), prosperity, opulence, easy circumstances *pl*.

'wohl·lig **I** *adj* **1.** (*Gefühl, Wärme etc*) pleasant, pleasurable, cozy, *bes. Br.* cosy, snug. – **2.** (*Ruhe etc*) blissful. – **II** *adv* **3.** **sich** ~ **rekken** to stretch (oneself) with relish (*od.* luxuriously).

'Wohl,klang *m* ⟨-(e)s; *no pl*⟩ **1.** (*eines Instruments, einer Stimme etc*) melodiousness, mellowness, melodious sound, sonority. – **2.** (*eines musikalischen Werks etc*) melodiousness, melody, harmony. – **3.** (*eines Gedichts, einer Sprache etc*) melodiousness, melody, euphony.

'wohl,klin·gend *adj* **1.** (*Instrument, Stimme etc*) melodious, mellow. – **2.** (*Musikstück etc*) melodious, harmonious. – **3.** (*Gedicht, Sprache etc*) melodious, euphonious.

'Wohl,laut *m* ⟨-(e)s; *no pl*⟩ *cf.* Wohlklang 1.

'wohl,lau·tend *adj cf.* wohlklingend 1.

'Wohl,le·ben *n* ⟨-s; *no pl*⟩ life of luxury, good (*od.* high) living.

'wohl,löb·lich *adj archaic od. iron.* (*Absicht, Vorsatz etc*) laudable, praiseworthy.

'wohl,mei·nend *adj* **1.** *cf.* wohlgemeint. – **2.** (*wohlwollend, freundlich*) well-meaning (*attrib*), friendly.

'wohl·pro·por·tio,niert *adj* ⟨besserproportioniert *attrib*; bestproportioniert *attrib*⟩ well-proportioned (*attrib*).

'wohl,rie·chend *adj* (*Blume etc*) fragrant, sweet-smelling (*od.* -scented), perfumy, odorant, odor(ifer)ous.

'wohl,schmeckend (*getr.* -k·k-) *adj* (*Speise*) tasty, savory, *bes. Br.* savoury, palatable, (*stärker*) delicious, delectable.

'Wohl,sein *n* ⟨-s; *no pl*⟩ **1.** well-being, welfare. – **2.** (*Gesundheit*) (good) health: (**zum**) ~! a) (*beim Zutrinken*) your (very good) health! here's to you! cheers! (*colloq.*), *bes. Br. colloq.* cheerio! b) *colloq.* (*wenn j-d niest*) (God) bless you! *Am. auch* gesundheit!

'wohl·si·tu,iert *adj* ⟨bessersituiert *attrib*; bestsituiert *attrib*⟩ well-to-do.

'Wohl,stand *m* ⟨-(e)s; *no pl*⟩ wealth, prosperity: **im** ~ **leben** to live in prosperity, to live on easy street (*colloq.*).

'Wohl,stands|ge,sell·schaft *f* affluent (*od.* prosperous) society. – ~**,müll** *m* refuse of the affluent society.

'Wohl,tat *f* **1.** good deed, act of charity,

charitable act: j-m eine ~ erweisen to do s.o. a good deed. – **2.** relief, blessing, benefit, boon: etwas als eine ~ empfinden to feel s.th. to be a relief; eine wahre ~ a real benefit; das kühle Bier war eine wahre ~ the cool beer was absolute bliss (*od. colloq.* hit the spot); welch eine ~! what a relief! what bliss!

'**Wohl,tä·ter** *m* benefactor, patron. — '**Wohl,tä·te·rin** *f* benefactress, patroness. — '**wohl,tä·tig I** *adj* charitable, benevolent, beneficent: für ~e Zwecke for charitable purposes (*od.* causes). – **II** *adv* ~ wirken to work for charity. — '**Wohl,tä·tig·keit** *f* ⟨-; *no pl*⟩ charity, benevolence, beneficence: der ~ sind keine Schranken gesetzt charity knows no bounds. — '**Wohl,tä·tig·keits**|,**ball** *m* charity (*od.* benefit) ball, benefit. — ~**ba,sar** *m* charity (*od.* benefit) bazaar (*auch* bazar), benefit. — ~**ein,rich·tung** *f* charitable institution. — ~**fest** *n* charity (*od.* benefit) party, benefit. — ~**kon,zert** *n* charity (*od.* benefit) concert, benefit. — ~**spiel** *n* (*sport*) charity (*od.* game) match (*od.* game), benefit. — ~**ver,an,stal·tung** *f* charity (*od.* benefit) performance, benefit. — ~**ver,ein** *m* charitable (*od.* benevolent) society, eleemosynary corporation. — ~**vor,stel·lung** *f* charity (*od.* benefit) performance, benefit. — ~**zweck** *m* charitable purpose (*od.* cause), charity.

'**wohl,tem·pe,riert** *adj* ⟨bessertemperiert *attrib*; besttemperiert *attrib*⟩ **1.** (*Wein*) served at the right temperature. – **2.** „Das W~e Klavier" *mus.* "The Well-Tempered Clavier" (*by* J. S. Bach).

'**wohl,tö·nend** *adj cf.* wohlklingend 1.

'**wohl,tu·end I** *pres p.* – **II** *adj* **1.** (*Wärme, Kühle, Stille etc*) pleasant, agreeable: etwas (als) ~ empfinden to find s.th. agreeable. – **2.** (*lindernd*) soothing, relieving: die ~e Wirkung einer Salbe the soothing effect of an ointment. – **3.** (*beruhigend*) restful. – **III** *adv* **4.** ~ warm [kühl] pleasantly warm [cool].

'**wohl,tun** *v/i* ⟨*irr, sep, -ge-, h*⟩ **1.** do good: die Ruhe wird dir ~ the quiet will do you good; seine Worte haben mir wohlgetan his words did me good. – **2.** *archaic* do good (deeds).

'**wohl,über,legt** *adj* ⟨besserüberlegt *attrib*; bestüberlegt *attrib*⟩ (*Plan etc*) well-conceived (*od.* -considered), well-thought-out (*alle attrib*), circumspect, judicious.

'**wohl,un·ter,rich·tet** *adj* ⟨besserunterrichtet *attrib*; bestunterrichtet *attrib*⟩ well-informed (*attrib*): aus ~er Quelle verlautet, daß it is reported from a well-informed source that.

'**wohl,ver,dient** *adj* ⟨*no comp*; *no sup*⟩ **1.** (*Lohn etc*) well-earned (*attrib*), (well)-deserved, just, merited. – **2.** (*Strafe etc*) deserved, just, merited. – **3.** (*Ruhe, Ruhestand etc*) well-earned (*attrib*), (well)-deserved.

'**Wohl,ver,hal·ten** *n jur.* good conduct: bei ~ in the case of good conduct.

'**Wohl,ver,leih** *m* ⟨-(e)s; -(e)⟩ *bot. cf.* Berg-Wohlverleih.

'**wohl,ver,sorgt** *adj* ⟨besserversorgt *attrib*; bestversorgt *attrib*⟩ **1.** (*finanziell*) well-provided (*attrib*). – **2.** (*mit Proviant, Ausrüstung etc*) well-supplied (*attrib*).

'**wohl,ver,stan·den** *adj* ⟨*no comp*; *no sup*⟩ (*Wort etc*) well-understood (*attrib*).

'**wohl,ver,wahrt** *adj* ⟨besserverwahrt *attrib*; bestverwahrt *attrib*⟩ safe, in safe keeping.

'**wohl,wei·se** *adj archaic* (*Plan etc*) most wise.

'**wohl,weis·lich** [-ˈvaɪslɪç] *adv* very wisely, prudently: ich habe ~ meinen Schirm mitgenommen I very wisely took (*od.* I was wise enough to take) my umbrella with me.

'**Wohl,wol·len** *n* ⟨-s; *no pl*⟩ **1.** goodwill, benevolence, benignity, friendliness, kindliness: j-m ~ entgegenbringen (*od.* bekunden) to show s.o. goodwill; j-n mit ~ betrachten to look at s.o. benevolently; auf j-s ~ angewiesen sein to be dependent on s.o.'s goodwill. – **2.** (*Gunst*) favor, *bes. Br.* favour, kindness: sich j-s ~ erwerben to win s.o.'s favo(u)r.

'**wohl,wol·len** *v/i* ⟨*irr, sep, -ge-, h*⟩ j-m ~ to be well disposed toward(s) s.o., to be friendly to(ward[s]) s.o.

'**wohl,wol·lend I** *pres p.* – **II** *adj* (*Gesinnung, Beurteilung etc*) benevolent, kind(ly), be-

nign: ~e Neutralität benevolent (*od.* friendly) neutrality. – **III** *adv* j-m ~ auf die Schulter klopfen to pat s.o. on the shoulder benevolently, to give s.o. a kindly pat on the shoulder.

'**Wohn**|,**an,la·ge** *f cf.* Siedlung 2, 3. — ~**ba,racke** (*getr.* -k·k-) *f* hut, barrack. — ~**bau** *m* ⟨-(e)s; -ten⟩ residential building. — **w~be,rech·tigt** *adj* entitled to accommodation. — ~**be,rech·ti·gung** *f* right (*od.* entitlement) to accommodation, residence right. — ~**be,völ·ke·rung** *f* resident population. — ~**be,zirk** *m* 1. residential district. – **2.** (*nach Le Corbusier*) neighborhood (*bes. Br.* neighbourhood) unit. — ~**ele,ment** *n* **1.** housing unit. – **2.** (*in der Einrichtung*) décor (*Am. auch* decor) element, element of décor (*Am. auch* decor).

woh·nen ['voːnən] *v/i* ⟨h⟩ **1.** live, dwell: in der Stadt [auf dem Lande] ~ to live in town [in the country]; bei den Eltern ~ to live with one's parents; wo wohnst du? where do you live? sie ~ im dritten Stock they live on the third (*Am.* fourth) floor; ich wohne seit drei Jahren in Berlin I have been living in Berlin for three years; so wahr ein Gott im Himmel wohnt! as true as (there is a) God! – **2.** (*offiziell*) reside, be domiciled. – **3.** (*vorübergehend*) stay, lodge: sie hat übers Wochenende bei Bekannten gewohnt she stayed with friends over the weekend; in welchem Hotel haben Sie gewohnt? which hotel did you stay at? – **4.** (*als Mieter*) lodge, *bes. Am.* room: bei j-m in (*od.* zur) Miete (*od.* in Untermiete) ~ to lodge with s.o., to have (*od.* live in) lodgings (*od.* a room, rooms, *Br. colloq.* digs, diggings) with s.o.; sie ~ zusammen they live in lodgings (*bes. Am.* they room) together; möbliert ~ to live in lodgings (*od.* furnished rooms, a furnished room). – **5.** *fig. poet.* dwell, live: eine große Hoffnung wohnt in ihrem Herzen a great hope dwells (*od.* she nurtures a great hope) in her heart.

'**Wohn**|,**far·ben** *pl* décor (*Am. auch* decor) colors (*bes. Br.* colours) (*Am. auch* decor). — ~**flä·che** *f* floor space. — ~**ge,bäu·de** *n cf.* Wohnhaus. — ~**ge,biet** *n* **1.** residential district. – **2.** *zo.* habitat. — ~**ge,gend** *f* residential area. — ~**geld** *n*, ~**geld,zu,schuß** *m* public housing allowance. — ~**ge,le·gen·heit** *f* accommodation. — ~**ge,mein·schaft** *f sociol.* commune. — ~**grund,stück** *n* residential plot.

'**wohn·haft** *adj* ~ sein in (*dat*) (*officialese*) to be resident (*od.* domiciled) in, to be living in.

'**Wohn**|,**haus** *n* residential (*od.* domestic, residence, multiple dwelling) building, dwelling. – **2.** (*für Arbeiter etc*) *bes. Br.* hostel, *Am.* lodging (*od.* rooming) house. – **2.** *cf.* Studentenhaus. — ~**kom,fort** *m* home comfort. — ~**kü·che** *f* combined (*od.* combination) kitchen and living room, kitchen-cum-livingroom. — ~**kul,tur** *f* ⟨-; *no pl*⟩ cultivation of (and taste in) home décor (*Am. auch* decor): keine ~ haben to have no interest or taste in home décor. — ~**la·ge** *f* residential location: Haus in guter (*od.* günstiger) ~ house in a good (*od.* convenient) residential location. — ~**la·ger** *n* residential camp. — ~**land·schaft** *f* landscaped interior. — ~**lau·be** *f* summerhouse.

'**wohn·lich** *adj* **1.** (*Zimmer etc*) comfortable, livable, *auch* liveable, gracious. – **2.** (*Atmosphäre*) pleasant, *bes. Br.* homely, *Am.* homey, *auch* homy. — '**Wohn·lich·keit** *f* ⟨-; *no pl*⟩ comfort(ableness), livableness.

'**Wohn**|,**mö·bel** *pl* home furniture *sg.* — ~**mög·lich·keit** *f* housing accommodation.

'**Wohn,ort** *m* ⟨-(e)s; -e⟩ **1.** (place of) residence. – **2.** *jur. cf.* Wohnsitz 1. — ~**wech·sel** *m* change of residence.

'**Wohn,par,tei** *f* tenant, party (of tenants), occupant.

'**Wohn,raum** *m* **1.** (*Zimmer*) living room. – **2.** *cf.* Wohnzimmer 1. – **3.** ⟨*only sg*⟩ (*Fläche*) living space. – **4.** ⟨*only sg*⟩ *cf.* Wohnfläche. — ~**be,schaf·fung** *f* procurement of housing. — ~**be,wirt·schaf·tung** *f* state

administration of living (*od.* housing) space, housing control. — ~**dich·te** *f* housing density. — ~**hil·fe** *f* housing subsidy (*od.* allowance, assistance).

'**Wohn**|,**recht** *n jur.* right of residence. — ~**schiff** *n* houseboat. — ~**'Schlaf,zim·mer** *n* combined (*od.* combination) bedroom and sitting room, *Br.* bed-sitting-room, *Br. colloq.* bed-sitter. — ~**sie·de·lung**, ~**sied·lung** *f cf.* Siedlung 2, 3.

'**Wohn,sitz** *m* **1.** *jur.* a) (*Hauptwohnsitz*) domicile, *auch* domicil, b) (*weiterer Wohnsitz*) residence, abode: gesetzlicher ~ legal domicile, domicile by operation of law; ehelicher ~ marital (*od.* matrimonial) domicile; fester (*od.* ständiger) ~ permanent (*od.* fixed) abode (*od.* residence); zweiter ~ residence; seinen ~ begründen [aufgeben, wechseln *od.* verlegen] to establish [to abandon, to change] one's domicile; seinen ~ im Ausland haben to be domiciled abroad; ohne festen ~ without fixed abode. – **2.** *cf.* Wohnort 1. — ~**wech·sel** *m*, ~**ver,le·gung** *f* change (*od.* transfer) of residence (*od.* domicile).

'**Wohn**|,**stät·te** *f* abode, dwelling, habitation. — ~**stra·ße** *f* residential road (*bes. Am.* street). — ~**stu·be** *f cf.* Wohnzimmer 1. — ~**tex,ti·li·en** *pl* décor (*Am. auch* decor) fabrics.

'**Woh·nung** *f* ⟨-; -en⟩ **1.** dwelling, *Am.* dwelling unit (*od.* Etagenwohnung), *bes. Am.* apartment, *bes. Br.* flat: eine möblierte ~ a furnished apartment; eine ~ mit allem Komfort an apartment with all modern conveniences (*od.* amenities, comforts); eine ~ mieten [vermieten] to rent [to rent, *bes. Br.* to let] an apartment; aus einer ~ (aus)ziehen, eine ~ aufgeben to move out of (*od.* vacate) an apartment; eine ~ beziehen, in eine ~ (ein)ziehen to move into an apartment; eine ~ einrichten to furnish an apartment; sich (*dat*) eine ~ suchen to look for an apartment. – **2.** (*Heim*) home: die elterliche ~ verlassen to leave one's parental home. – **3.** (*Wohnstätte*) abode, dwelling, habitation. – **4.** (*Unterkunft*) lodging(s *pl*): ~ und Verpflegung board and lodging (*od.* residence); in einem Hotel ~ nehmen to take (up) lodgings at a hotel. – **5.** (*Unterbringung*) accommodation.

'**Woh·nungs**|,**amt** *n* housing office. — ~**än·de·rung** *f cf.* Wohnungswechsel. — ~**an,ga·be** *f* (details of one's) address: wir haben von Ihnen noch keine ~ we do not have your address yet, you have not yet sent us your address; bei der ~ when stating your address.

'**Woh·nungs,bau** *m* ⟨-(e)s; *no pl*⟩ *arch.* housing (construction), domestic construction: → sozial 1. — ~**dar,le·hen** *n econ.* loan for house-building. — ~**fi·nan,zie·rung** *f* financing of a housing project (*od.* of housing projects). — ~**ge,neh·mi·gung** *f* house-building permit. — ~**ge,nos·sen·schaft** *f* cooperative (*Br. auch* co-operative) building society. — ~**ge,sell·schaft** *f* house-building association. — ~**ge,setz** *n* housing law. — ~**hil·fe** *f* assistance for house-building. — ~**prä·mie** *f* housing (*od.* house-building) premium. — ~**pro,gramm** *n* housing development plan (*od.* scheme).

'**Woh·nungs**|,**be,darf** *m* housing requirement. — ~**ein·heit** *f* dwelling (*od.* living) unit. — ~**ein,rich·tung** *f* furniture, furnishings *pl*, appointments *pl*. — ~**flä·che** *f cf.* Wohnfläche. — ~**fra·ge** *f* housing problem. — ~**in,ha·ber** *m* **1.** (*Mieter*) tenant, *Am.* renter. – **2.** (*Haushaltungsvorstand*) householder, occupant (*od.* occupier) of an apartment (*bes. Br.* of a flat). — **w~los** *adj* **1.** homeless. – **2.** *jur.* without fixed abode. — ~**mak·ler** *m Br.* house (*od.* estate) agent, *Am.* real estate broker (*od.* agent), *auch* realtor. — ~**man·gel** *m* shortage of housing. — ~**markt** *m* housing market. — ~**nach,weis** *m* housing office. — ~**po·li,tik** *f* housing policy. — ~**recht** *n jur.* law of habitation, housing law. — ~**su·che** *f* search for accommodation: auf ~ sein to be looking for an apartment (*bes. Br.* a flat) (*od.* a house). — **w~,su·chend** *adj* looking for accommodation. — ~**su·chen·de** *m, f* ⟨-n; -n⟩ person looking for accommodation, home seeker. — ~**tausch** *m* exchange of apartments (*bes. Br.* flats) (*od.* houses).

'**woh·nung**|**su·chend** adj cf. wohnungssuchend. — **W~su·chen·de** m, f ⟨-n; -n⟩ cf. Wohnungssuchende.

'**Woh·nungs**|**wech·sel** m change of residence (od. abode). — **~we·sen** n ⟨-s; no pl⟩ housing. — **~zwangs,wirt·schaft** f cf. Wohnraumbewirtschaftung.

'**Wohn**|**ver,hält·nis·se** pl living (od. housing) conditions. — **~vier·tel** n residential district (od. area, quarter).

'**Wohn,wa·gen** m 1. (im Zirkus etc) Br. (motor) caravan, Am. living van. — 2. cf. Wohnwagenanhänger. — **~an,hän·ger** m (camping od. house) trailer, Br. caravan, Am. auch trailer coach.

'**Wohn**|**zim·mer** n 1. living (od. sitting) room, lounge, Br. auch parlour. – 2. (Möbel) living- (od. sitting-)room furniture (od. suite). — **~zwecke** (getr. -k·k-) pl residential purposes: zu **~**n for residential purposes.

Wöhr·de ['vø:rdə] f ⟨-; -n⟩ Low G. field adjoining the cultivator's dwelling (od. home).

Woi·lach ['voylax] m ⟨-s; -e⟩ cf. a) Pferdedecke, b) Satteldecke.

Woi·wod [vɔy'vo:t] m ⟨-en; -en⟩, **Woi·wo·de** [-də] m ⟨-n; -n⟩ hist. vaivode, voivode. — **Woi'wod·schaft** f ⟨-; -en⟩ vaivodeship, voivodeship.

wöl·ben ['vœlbən] I v/t ⟨h⟩ 1. arch. (Decke etc) vault. – 2. tech. curve. – II v/reflex sich **~** 3. (von Brücke, Decke etc) arch, vault: über uns wölbte sich der Sternenhimmel fig. the starry sky overarched (od. formed a dome over) us. – 4. (von Straße etc) camber, bulge.

'**Wölb,stein** m arch. 1. (Gewölbestein) vault block, wedge(-shaped) block. – 2. (aus Naturstein) arch stone, wedge(-shaped) stone, voussoir.

'**Wöl·bung** f ⟨-; -en⟩ 1. (gewölbte Form) curvature: **~** nach innen concavity; **~** nach außen convexity. – 2. (Ausbuchtung) bulge. – 3. arch. (Gewölbe) vault. – 4. (kuppelförmige) dome. – 5. (bogenförmige) arch. – 6. (einer Straße) camber. – 7. med. (des Gaumens) vault.

Wolf [vɔlf] m ⟨-(e)s; "e⟩ 1. zo. wolf (Canis lupus): junger **~** wolf cub, whelp; ein Rudel Wölfe a pack of wolves; die Wölfe heulen the wolves howl; er ist ein **~** im Schafspelz fig. he is a wolf in sheep's clothing; mit den Wölfen heulen fig. to cry (od. howl) with the pack; hungrig wie ein **~** (as) hungry as a bear (od. wolf). – 2. med. (Intertrigo) chafing, intertrigo (scient.): sich (dat) einen **~** laufen to get sore. – 3. cf. Fleischwolf: ich bin wie durch den **~** gedreht colloq. humor. I am aching all over (od. from head to foot). – 4. (textile) cf. Reißwolf 1. – 5. metall. (Luppe) ball. – 6. tech. cf. Reißwolf 2.

Wölf·chen ['vœlfçən] n ⟨-s; -⟩ 1. dim. of Wolf 1. – 2. wolfling.

wöl·fen ['vœlfən] v/i ⟨h⟩ (werfen) cub, whelp.

Wöl·fin ['vœlfɪn] f ⟨-; -nen⟩ zo. she-wolf, bitch (wolf).

wöl·fisch ['vœlfɪʃ] adj fig. (Gier, Grausamkeit etc) wolfish, wolflike.

Wolf·ram ['vɔlfram] n ⟨-s; no pl⟩ chem. tungsten, auch wolfram (W).

Wolf·ra·ma·te [vɔlfra'ma:tə] pl chem. tungstates, auch wolframates.

'**Wolf·ram**|**blau** n chem. tungsten blue (W$_4$O$_{11}$). — **~bro,mi·de** pl tungsten bromides. — **~erz** n min. tungsten ore.

'**wolf·ram,hal·tig** adj chem. tungstic, wolframic.

Wolf·ra·mit [vɔlfra'mi:t; -'mɪt] n ⟨-s; no pl⟩ min. wolframite, auch wolfram.

'**Wolf·ram**|**kar,bid** n chem. tech. tungsten carbide (W$_2$C). — **~lam·pe** f electr. tungsten (od. wolfram) lamp.

'**Wolf·ram**|**ocker** (getr. -k·k-) n chem. tungstite, wolfram ocher (WO$_3$ · H$_2$O). — **~säu·re** f tungstic (od. wolframic) acid (H$_2$WO$_4$). — **~stahl** m metall. tungsten steel.

'**Wolfs**|**au·ge** n bot. cf. Krummhals 2. — **~barsch** m zo. cf. Seebarsch. — **~boh·ne** f bot. lupine (Gattg Lupinus). — **~ei·sen** n hunt. wolf trap. — **~ei·sen,hut** m bot. foxbane (Aconitum lycoctonum). — **~fal·le** f hunt. wolf trap. — **~fisch** m zo. cf. Seewolf. — **~gru·be** f 1. hunt. pitfall. – 2. mil. obstacle pit. — **~he·ring** m zo. wolf herring (Chirocentrus dorab). — **~hund** m 1. Alsatian (dog), German shepherd (dog),

German police dog. – 2. wolfhound: Irischer **~** Irish wolfhound. — **~hun·ger** m fig. colloq. cf. Bärenhunger. — **~jagd** f wolf hunt. — **~meer,kat·ze** f zo. wolf's monkey (Cercopithecus mona wolfi).

'**Wolfs,milch** f bot. wolf's-milk, spurge, euphorbia (scient.) (Gattg Euphorbia). — **~schwär·mer** m zo. Euphorbia sphinx (Deilephila euphorbiae).

'**Wolfs,nat·ter** f zo. cf. Wolfszahnnatter.

'**Wolfs**|**ra·chen** m med. cleft palate; uranoschisis, palatoschisis (scient.): mit einem **~** (behaftet) palatognathous. — **~ru·del** n pack of wolves. — **~scha,kal** m zo. wolf jackal (Canis aureus). — **~spin·ne** f wolf (od. wandering) spider (Fam. Lycosidae). — **~trapp** m ⟨-(e)s; no pl⟩ bot. gypsyweed, gipsyweed (Gattg Lycopus). — **~zahn,nat·ter** f zo. wolf snake (Gattg Lycodon).

Wölk·chen ['vœlkçən] n ⟨-s; -⟩ 1. dim. of Wolke 1. – 2. cloudlet.

Wol·ke ['vɔlkə] f ⟨-; -n⟩ 1. cloud: der Himmel ist mit **~**n bedeckt the sky is clouded (od. clouded, stärker overcast); dunkle **~**n am Horizont auch fig. dark clouds on the horizon; die **~**n hängen tief the clouds are low; die **~**n ballen (od. türmen) sich am Himmel the clouds gather (od. loom up) in the sky; die **~**n ziehen (jagen) über den Himmel the clouds drift (od. move) [fleet od. scud] across the sky; die Sonne brach durch die **~**n the sun broke through the clouds; die Spitze des Berges war in **~**n gehüllt the mountain peak was wreathed in clouds; eine **~** von Staub [Heuschrecken, Mücken] fig. a cloud of dust [locusts, midges]; eine **~** von Rauch schlug mir entgegen fig. a cloud of smoke came surging at me; eine **~** des Unmuts legte sich auf seine Stirn fig. anger clouded his brow; in den **~**n schweben (od. wandeln) fig. to have one's head in the clouds; er war (wie) aus allen **~**n gefallen fig. colloq. he was (absolutely) flabbergasted (colloq.). – 2. chem. (flockige Trübung in Flüssigkeiten) floc(cule), flocculus. – 3. med. cloud. – 4. min. (in Edelsteinen) flaw. – 5. das ist 'ne **~**! colloq. that's great (od. fantastic, terrific)! (colloq.).

wöl·ken ['vœlkən] v/reflex ⟨h⟩ sich **~** cf. bewölken.

'**Wol·ken**|**ap·pa,rat** m (theater) innebach (projector). — **~bank** f meteor. cloud bank, bank of clouds. — **~bil·dung** f cloud formation.

'**Wol·ken,bruch** m cloudburst, torrential rain. — **w~ar·tig** adj torrential.

'**Wol·ken,decke** (getr. -k·k-) f ⟨-; no pl⟩ cloud cover: geschlossene **~** overcast (sky). — **~echo** n (beim Radar) cloud return. — **~fah·ne** f cloud banner. — **~fet·zen** pl wisps (od. bits) of clouds, scud sg; fracto-clouds, fractocumuli (scient.). — **~him·mel** m cloudy (od. clouded, stärker overcast) sky. — **~hö·he** f aer. meteor. height of cloud, cloud height. — **~hö·hen,mes·ser** m ceilometer. — **~krat·zer** m arch. skyscraper. — '**~kuckucks,heim** (getr. -k·k-) [,vɔlkən-] n ⟨-(e)s; no pl⟩ (Traumland) cloud-cuckoo-land, auch Cloud-Cuckoo-Land, cloudland. — **~kun·de** f ⟨-; no pl⟩ meteor. nephology. — **~land·schaft** f cloudscape. — **w~los** adj 1. cloudless, clear, unclouded. – 2. meteor. (heiter) fair. — **~lücke** (getr. -k·k-) f break in the clouds. — **~mas·se** f cloud mass. — **~meer** n sea of clouds. — **~ober,gren·ze** f cloud top. — **~schicht** f layer of clouds, cloud layer. — **~schlei·er** m veil of clouds, haze. — **~strei·fen** m strip (od. streak) of clouds. — **w~um,hüllt** adj wreathed in clouds, covered with (od. hidden under) clouds. — **~un·ter,gren·ze** f cloud base. — **~wand** f ⟨-; no pl⟩ cloud bank, bank of clouds. — **~zug** m ⟨-(e)s; no pl⟩ passage (od. drift) of clouds, cloud drift (od. movement).

wol·kig ['vɔlkɪç] adj 1. cloudy, clouded, nebulous. – 2. (bedeckt) overcast. – 3. chem. (Niederschlag) flocculent. – 4. min. (Edelstein) milky. – 5. phot. cloudy.

Wölk·lein ['vœlklaın] n ⟨-s; -⟩ cf. Wölkchen.

'**Woll**|**ab,fall** m (textile) wool waste, flock. — **~af·fe**, '**Grau·er** m zo. woolly (Am. auch wooly) monkey, barrigudo, auch barragudo (Gattg Lagothrix). — **~af·ter** m (Schmetterling) small eggar (auch egger) (Eriogaster lanestris). — **w~ähn·lich** adj woollike, woolly, Am. auch wooly.

'**Wollap·pen** (getr. -ll,l-) m woolen (bes. Br. woollen) (od. flannel) rag.

'**Woll**|**ar·bei·ter** m, **~ar·bei·te·rin** f wool worker (od. dresser). — **~ar·ten** pl wool types. — **w~ar·tig** adj woolly, Am. auch wooly.

'**Wollaus** (getr. -ll,l-) f zo. root aphid, poplar leaf-stalk aphid (Fam. Pemphiginae).

'**Woll**|**bal·len** m econ. wool bale. — **~baum** m bot. cf. Kapokbaum. — **~bie·ne** f zo. anthidium (Gattg Anthidium). — **~blu·me** f bot. cf. Wollgras. — **~bör·se** f econ. 1. wool hall (od. exchange). – 2. hist. wool hall. — **~decke** (getr. -k·k-) f 1. woolen (bes. Br. woollen) rug. – 2. (Bettdecke) woolen (bes. Br. woollen) blanket.

Wol·le ['vɔlə] f ⟨-; für Wollarten -n⟩ 1. wool: weiche [harte, rauhe, gefärbte, ungefärbte, gebleichte, ungebleichte] **~** soft [hard, rough, dyed, undyed od. natural, bleached, unbleached] wool; reine **~** pure wool; **~** von Schafen sheep's wool; das Kleid ist aus reiner **~** the dress is all (od. pure) wool; ein Mantel aus **~** a woolen (bes. Br. woollen) coat; **~** verarbeiten [färben, verspinnen] to manufacture [to dye, to spin] wool; in der **~** gefärbt dyed-in-the-wool (attrib), ingrain. – 2. fig. colloq. (langes, ungepflegtes Haar) mop, fuzz: du mußt dir mal deine **~** abschneiden lassen! you should have your mop cut off! – 3. fig. colloq. (kurzes, krauses Haar) wool, friz(z). – 4. fig. colloq. (in Wendungen wie) j-n in die **~** bringen to enrage (od. infuriate) s.o., to make s.o. furious; in der **~** sitzen to be in clover (od. colloq. in the pink); sie geraten sich ständig in die **~** they are constantly quarrel(l)ing, they are always at loggerheads, Am. colloq. they are always getting in each other's hair; ich habe mich mit ihm ständig in der **~**, ich kriege mich ständig in die **~** I'm always quarrel(l)ing (od. at loggerheads) with him, Am. colloq. I'm always getting in his hair. – 5. hunt. (eines Hasen etc) hair, coat. – 6. bot. a) (von Pflanzen etc) down, fur, pappus (scient.), b) (der Baumwolle) cotton. – 7. metall. (Stahlspäne) shavings pl, wool.

wol·len[1] ['vɔlən] adj ⟨attrib⟩ (aus Wolle) woolen, bes. Br. woollen: **~**e Sachen wool(l)en things, wool(l)ens; woollies, Am. auch woolies (colloq.).

'**wol·len**[2] I v/aux ⟨will, wollte, wollen, h⟩ 1. (zur Bezeichnung einer Absicht) want: er will von der Sache nichts wissen he doesn't want to know (od. hear) anything about it; ich will nur schnell ein paar Besorgungen machen I just want to do a few quick errands; was willst du damit sagen? a) what do you mean by that? b) (worauf willst du hinaus) what are you driving at? was ich sagen wollte ist what I meant to say is; ich habe vergessen, was ich sagen wollte I have forgotten (od. I forget) what I wanted (od. was going) to say; ich will dir eins sagen let me tell you one thing; was ich noch sagen wollte by the way; das will ich nicht (od. ich will nichts) gehört [gesehen] haben I didn't see [hear] that; sie wollte mich nicht kennen she pretended not to know me; ich habe doch nur helfen **~** I just wanted to help; ich will gern glauben, daß I can well believe that; wir **~** gehen let's go. – 2. (zur Bezeichnung eines Wunsches od. Anliegens) want: ich will davon nichts mehr hören I don't want to hear anymore (od. another thing) about it; ich will nichts gesagt haben! I haven't said (od. I didn't say) anything! ich will wissen, was los ist I want to know what is going on; er will immer alles wissen he always wants to know everything; er hat nicht teilnehmen **~**, weil he did not want to take part because; das will ich hoffen! I should hope so! das will ich meinen! I'll say so! das will ich dir auch geraten haben! I should think so indeed! – 3. (zur Bezeichnung einer unmittelbar bevorstehenden Handlung) etwas tun **~** to be going to do s.th., to be about to do s.th., to be on the point of doing s.th.: ich wollte gerade gehen, als es klingelte I was just about to go when the doorbell rang; ich wollte gerade sagen, daß I was going to say that. – 4. (zur Bezeichnung einer Behauptung Dritter) claim: er will es selbst gesehen haben he claims (that) he saw it with his own eyes; er will Architekt sein he claims he is (od.

he claims to be) an architect; **er will es nicht gewesen sein** he claims he did not do it, he denies having done it; **und dann will es niemand gewesen sein** and then nobody will have done it. – **5.** (*Bezeichnung eines Vorsatzes, Versprechens etc*) **ich will sehen, was sich tun läßt** I will see what can be done; **ich will es mir überlegen** I will think about (*od.* consider) it; **wir ~ sehen** we'll see; **ich will euch lehren, einen alten Mann zu verspotten** I'll teach you to make fun of an old man; **willst du wohl still sein!** will you be quiet! – **6.** (*in Wunschsätzen*) **~ Sie mir bitte den Zucker reichen?** would you pass me the sugar, please? **alle Kandidaten ~ sich bitte im Büro melden** all candidates are requested to report at the office; **das wolle Gott verhüten!** God forbid! – **7.** (*in irrealen Konditionalsätzen*) **wenn mir doch j-d helfen wollte!** if only s.o. would help me! – **8.** (*in Wendungen wie*) **es will mir scheinen, daß** I have the impression (*od.* it seems to me) that; **das will etwas [nichts] heißen** (*od.* sagen, bedeuten) that is saying something (*od. colloq.* a lot) [that doesn't mean anything (*od.* a thing)]; **das will nicht viel sagen** that doesn't mean much; **die Wunde will nicht heilen** the wound will not heal; **die Arbeit will mir heute nicht schmecken** *colloq.* I don't feel like work today; **das will mir nicht gefallen** I don't like (the look of) it (*od.* that); **das will vorsichtig gemacht sein** that needs (*od.* wants) to be done carefully; **es will einfach nicht schneien** there's no hope of snow, it simply won't snow; **es sieht aus, als ob es jeden Moment regnen wollte** it looks as if it were (*od. colloq.* was) about to rain any minute. – **II** *v/i* ⟨*pp* **gewollt**⟩ **9.** want: **du wirst es schon können, wenn du nur richtig willst** you can do it if you (really) want (to); **ich will nicht** I don't want to; **er will einfach** (*od. colloq.* nun mal) **nicht** he just doesn't want to: (ganz) **wie du willst** just as you like. – **10.** (*mögen*) want, like: **wenn du willst, kannst du mitkommen** you can come with me (*od.* us) if you like; **du mußt kommen, ob du willst oder nicht** you must come whether you like it (*od.* want to) or not; **es war Zufall oder, wenn du so willst, Schicksal** it was pure chance, or fate, if you like; **du kannst kommen, wann du willst** you can come when(ever) you like (*od.* please). – **11.** (*gewillt sein*) be willing: **er will, aber er kann nicht** he is willing but he can't (do it); **so Gott will, sehen wir uns nächstes Jahr wieder** we'll meet again next year, God willing. – **12.** (*mit weggelassenem inf der Bewegung*) **wohin willst du?** where are you going (to)? where are you off to? **~ Sie zu mir?** do you want to see me? were you on your way to see me? **ich will heute ins Kino** I want to go to the cinema (*bes. Am. colloq.* movie) today; **ich will nach Hause** a) (*ich bin auf dem Heimweg*) I'm going (*od.* on my way) home, b) (*ich wäre gern zu Hause*) I want to go home; **sie will zum Film** [Fernsehen, Theater] she wants to be a film actress [go into television, go on the stage]; **er will ins Ausland** he wants to go abroad; **meine Beine ~ nicht mehr** my legs won't carry me any further. – **13.** (*in Wendungen wie*) **das will mir nicht in den Sinn** (*od.* Kopf) it is hard for me to believe that; **das Lied will mir nicht aus dem Sinn** (*od.* Kopf) I can't get the song out of my mind (*od.* head); **wart(e), dir will ich!** *colloq.* wait till I get (*od.* catch) you! **da ist nichts mehr zu ~** *colloq.* there's nothing that can be done about it. – **III** *v/impers* ⟨*pp* **gewollt**⟩ **14.** (*in Wendungen wie*) **es will mir nicht in den Sinn** (*od.* Kopf), **daß** it is hard for me to believe that. – **IV** *v/t* ⟨*pp* **gewollt**⟩ **15.** want: **er weiß, was er will** he knows what he wants, he knows his own mind; **was willst du von mir?** what do you want from (*od.* of) me? **will sie ihn zur Frau** he wants to marry her; **sie will kein Kind** she does not want (to have) a child; **ich will mein Recht** I want to have my right; **er wollte seine Ruhe haben** he wanted (to have) a bit of peace (and quiet); **sie will nur sein Geld** she only wants (*od.* she is only out for) his money; **ich wollte nur dein Bestes** I meant it for your good; **das wollte sie um keinen Preis** she

would not have it at all, she would have none of it; **er will, daß ich mitkomme** he wants me to go with him; **was willst du mehr?** what more do you want? **so gern ich es auch wollte**, es ging nicht however much I would have liked to, I couldn't; **was willst du eigentlich?** what do you want? what is it you really want? **du hast gar nichts zu ~** *colloq.* a) you have no claim (*od.* right) to anything, b) you have no say; **du hast es so gewollt** a) that's the way you wanted (to have) it, you wanted (to have) it that way, b) (*du hast es herausgefordert*) you asked for it; **ohne es zu ~** without wanting to, unintentionally; **er will** (et)was von ihr *colloq.* he's hot on her (*sl.*); **was willst du, es ist doch alles ganz gut verlaufen** *colloq.* what are you complaining about, everything went quite well; **was du nicht willst, daß man dir tu'**, **das füg auch keinem andern zu** (*Sprichwort*) do (by others) as you would be done by (*proverb*). – **16.** (*mögen*) like: **tu** (*od.* mach), **was du willst** a) do as you like (*od.* please), do what(ever) you like (*od.* please), b) (*trotzig*) do your worst. – **17.** (*wünschen*) wish: **j-m Böses ~** to wish s.o. ill; **ich wollte, es wäre schon Wochenende!** I wish the weekend were here. – **18.** etwas lieber ~ to prefer s.th., to like s.th. better: **ich will lieber den Apfel als die Birne** I prefer the apple to the pear. – **19.** etwas unbedingt ~ to be set (*od.* bent) (up)on s.th.: **sein Vater will unbedingt, daß er Arzt wird** his father is set on his (*od.* on him) becoming a doctor, (*stärker*) his father is determined that he should become a doctor; **sie will unbedingt ein grünes Auto** she is bent on having (*stärker*) is determined to have) a green car, she has set her mind on (having) a green car. – **20.** (*brauchen, benötigen*) need, want: **diese Blumen ~ viel Licht** these flowers need a lot of light (*colloq.*). – **21.** (*fügen*) **wollte Gott, es wäre schon alles vorüber!** I wish to goodness (*od.* God) it were (*od. colloq.* was) all over; **will's Gott!** let's hope so. – **V W.** *n* ⟨-s⟩ **22.** verbal noun. – **23.** will, volition: **gegen mein W.~** against my will. – **24.** (*Wunsch*) wish. – **25.** (*Absicht*) intention(s *pl*). – **26.** (*Bestreben, Ehrgeiz*) ambition, aspiration.

'wol·len³ *pp* von **wollen²** I.

'Woll|,trag *m econ.* (wool) clip, crop (*od.* yield) of wool. — **~,fa·bri·ka·ti,on** *f* wool manufacture. — **~,fa·den** *m* 1. woolen (*bes. Br.* woollen) thread. – **2.** (*zum Stricken etc*) piece of wool. — **~,fär·ber** *m* wool dyer. — **~,fär·be,rei** *f* 1. wool dyeing. – **2.** wool-dyeing plant. — **~,fa·ser** *f* wool fiber (*bes. Br.* fibre). — **~,fein·heit** *f* fineness of the wool. — **~,fett** *n chem.* (*textile*) wool fat, (*gereinigtes*) lanolin, *auch* lanoline. — **~,filz** *m* (*textile*) wool felt. — **~,flocke** (getr. -k·k-) *f* (wool) flock. — **~,gall,ap·fel** *m zo.* woolsower (*of the gallfly Andricus seminator*). — **~,garn** *n* woolen (*bes. Br.* woollen) yarn, (*Kammgarn*) worsted (yarn). — **~ge,we·be** *n* woolen (*bes. Br.* woollen) fabric, (*aus Kammgarn*) worsted fabric. — **~,gras** *n bot.* cotton grass (*od.* rush) (*Gattg Eriophorum*).

'Woll,haar *n* 1. (*textile*) wool fiber (*bes. Br.* fibre). – **2.** (*wolliges Haar*) fuzzy hair. – **3.** *med.* lanugo. – **4.** *zo.* underfur. — **~,beu·tel,rat·te** *f zo.* cf. Krabbenbeutler. — **'woll,haa·rig** *adj* woolly- (*Am. auch* wooly)-haired.

'Woll|,han·del *m econ.* wool trade. — **~,hand,krab·be** *f zo.* Chinese crab (*Eriocheir sinensis*). — **~,händ·ler** *m econ.* wool merchant, (*Großhändler*) *auch* wool stapler. — **~,hand,schuh** *m* woolen (*bes. Br.* woollen) glove. — **~,hemd** *n* woolen (*bes. Br.* woollen) shirt.

'woll·ig *adj* 1. (*Decke, Fell, Gewebe, Schaf etc*) woolly, *Am. auch* wooly, (*sehr weich*) *auch* fleecy. – **2.** (*Haar*) woolly, *Am. auch* wooly, fuzzy, frizzy. – **3.** *bot. zo.* wool-bearing; laniferous, lanate(d) (*scient.*): **~e Pflanzen** lanuginous plants.

'Woll|in·du,strie *f econ.* woolen (*bes. Br.* woollen) (*od.* wool) industry. — **~,jacke** (getr. -k·k-) *f* 1. woolen (*bes. Br.* woollen) jacket. – **2.** (*Strickjacke*) cardigan, knitted jacket. — **~,kamm** *m* wool comb. — **~,kämma,schi·ne** (getr. -mm·m-) *f* combing machine. — **~,käm·me,rei** *f* wool-combing

plant. — **~,kamm,garn** *n* worsted yarn. — **~,kämm·lin·ge** *pl* (wool) noil *sg*, comber waste *sg*. — **~,kamm,zug** *m* slubbing, botany, woolen (*bes. Br.* woollen) top. — **~,kar·de** *f* (wool) card. — **~,klas,sie·rung** *f* wool grading. — **~,kleid** *n* woolen (*bes. Br.* woollen) dress. — **~,klei·dung** *f* woolen (*bes. Br.* woollen) clothing. — **~,knäu·el** *m, n* ball (*od.* clew) of wool. — **~,korb** *m* wool basket. — **~,krab·be** *f zo.* sponge (*od.* woolly, *Am. auch* wooly) crab (*Dromia vulgaris*). — **~,krat·ze** *f tech.* cf. Wollkrempel. — **~,kraut** *n bot.* mullein, *auch* mullen (*Gattg Verbascum*). — **~,krem·pel** *f tech.* wool card(er). — **~,ma·ki** *m zo.* woolly (*Am. auch* wooly) lemur (*od.* avahi) (*Lichanotus laniger*). — **~,markt** *m econ.* wool market. — **~,ma·te·ri,al** *n* wool material. — **~,maus** *f zo.* cf. Kleinchinchilla. — **~,mol·ton** *m* (*textile*) molleton. — **~,mus·se,lin** *m* wool muslin. — **~,müt·ze** *f* woolen (*bes. Br.* woollen) cap. — **~,na·del** *f* wool needle. — **~,nop·pe** *f* (*textile*) burl, wool knop. — **~,pack·ma,schi·ne**, **~,pack,pres·se** *f tech.* wool packer. — **~,plüsch** *m* (*textile*) woolen (*bes. Br.* woollen) plush. — **~,po·pe,lin** *m*, **~,po·pe,li·ne** *f* worsted poplin. — **~,preis** *m econ.* wool price. — **~,pro·duk·ti,on** *f* wool-growing, growing (*od.* production) of wool. — **~,pro·du,zent** *m* woolgrower. — **~,rei·ni·ger** *m* ⟨-s; -⟩ wool picker. — **~,rei·ßer** *m tech.* wool card(er). — **~,reiß·ma,schi·ne** *f* devil. — **~,re·ste** *pl* wool remnants. — **~,sa·chen** *pl* (*textile*) woolen (*bes. Br.* woollen) things, wool(l)ens; woollies, *Am. auch* woolies (*colloq.*). — **~,sack** *m econ.* woolsack. — **~,sack,schild,laus** *f zo.* cottony-cushion scale (*Icerya purchasi*). — **~,sa·men,baum** *m bot.* cf. Kapokbaum. — **~,samt** *m* (*textile*) wool velour(s) (*od.* velvet). — **~,schäd·lin·ge** *pl zo.* wool vermin *sg*. — **~,schaf** *n* wool sheep. — **~,schal** *m* woolen (*bes. Br.* woollen) scarf, comforter. — **~,sche·re** *f* wool shears *pl*. — **~,schle·gel** *m mus.* wool stick. — **~,schur** *f* cf. Schafschur. — **~,schwanz·ka,nin·chen** *n zo.* swamp rabbit, sage(brush) rabbit (*Gattg Sylvilagus*). — **~,schwe·ber** [-,ʃveːbər] *m* ⟨-s; -⟩ bee fly (*Fam. Bombyliidae*). — **~,schweiß** *m chem.* (*textile*) wool grease, *auch* degras, wool fat (*od.* wax). — **~,sie·gel** *n* (*textile*) wool seal. — **~,socke** (getr. -k·k-) *f*, Southern G. and Austrian **~,socken** (getr. -k·k-) *m* woolen (*bes. Br.* woollen) sock. — **~,sor,tie·rer** *m* woolsorter. — **~,spin·ne,rei** *f* 1. wool spinning. – **2.** wool-spinning mill. — **~,sten·gel** *m bot.* pipewort (*Gattg Eriocaulon*). — **~,stoff** *m* (*textile*) 1. wool fabric, woolen (*bes. Br.* woollen) fabric (*od.* material). – **2.** *pl* woolens, *bes. Br.* woollens. — **~,strumpf** *m* woolen (*bes. Br.* woollen) stocking. — **~,tier** *n* 1. (*Schaf etc*) wool-bearing animal, wooler. – **2.** (*Spieltier*) woolly (*Am. auch* wooly) animal, soft toy (*animal*).

'Woll,tuch¹ *n* ⟨-(e)s; ⸚er⟩ (*fashion*) woolen (*bes. Br.* woollen) scarf.
'Woll,tuch² *n* ⟨-(e)s; -e⟩ (*textile*) wool (*od.* woolen, *bes. Br.* woollen) cloth, (*aus Kammgarn*) worsted (cloth).

'Wol·lust [ˈvɔlʊst] *f* ⟨-; ⸚e⟩ 1. lust. – **2.** (*sinnliches Vergnügen*) sensual (*od.* voluptuous) pleasure. – **3.** (*Sinnlichkeit*) sensuality, voluptuousness. – **4.** (*Geilheit*) lecherousness, lewdness, wantonness, lasciviousness; salacity, salaciousness (*lit.*). – **5.** *fig.* marked (*od.* great) relish, gratification: **sich mit ~ recken** to stretch oneself luxuriously (*od.* with great relish). — **wol·lü·stig** [ˈvɔlʏstɪç] *adj* 1. lustful. – **2.** (*sinnlich*) sensual, voluptuous. – **3.** (*geil*) lecherous, lewd, wanton, lascivious, libidinous, licentious, salacious (*lit.*). — **'Wol·lü·stig·keit** *f* ⟨-; no *pl*⟩ cf. Wollust 1–4.

Wol·lüst·ling [ˈvɔlʏstlɪŋ] *m contempt.* sensualist, debauchee, lecher, libertine, voluptuary.

'Woll,wa·ren *pl* (*textile*) woolen (*bes. Br.* woollen) articles (*od.* goods), woolens, *bes. Br.* woollens. — **~,händ·ler** *m* wool dealer, *Br. auch* woolen draper. — **~,hand·lung** *f* wool shop (*bes. Am.* store), *Br. auch* drapery.

'Woll,wä·sche *f* 1. washing of wool (*od.* woolens, *bes. Br.* woollens). – **2.** *tech.* wool scouring. – **3.** woolen (*bes. Br.* woollen) underwear (*od.* undergarments *pl*); woollies *pl*, *Am.* auch woolies *pl* (*colloq.*). — **~,wä·scher** *m tech.* wool scourer. — **~·wä·sche,rei** *f* wool-scouring plant. — **~,wasch,mit·tel** *n* wool detergent. — **~,we·be,rei** *f* 1. wool weaving. – 2. wool-weaving mill. — **~,we·ste** *f* 1. (*ärmellose*) a) (*in der Herrenmode*) *bes. Am.* woolen vest, *bes. Br.* woollen waistcoat (*econ.* auch vest), b) (*in der Damenmode*) woolen (*bes. Br.* woollen) waistcoat. – 2. *Southern G. for* Strickjacke. — **~,zeug** *n cf.* a) Wollsachen, b) Wollstoff. — **~,ziest** *m bot.* lamb's ears *pl* (usually construed as *sg*), auch hedge nettle (*Stachys olympica*).

Wom·bat ['vɔmbat] *m* ⟨-s; -s⟩ *zo.* (*Beuteltier*) wombat (*Fam. Vombatidae*).

wo'mit [vo-] **I** *interrog adv* 1. what ... with: ~ soll ich die Fenster putzen? what shall I clean the windows with? ~ beschäftigt ihr euch? what do you occupy yourselves with? – 2. (*wie*) how: ~ habe ich das verdient? how have I deserved this? ~ kann ich Ihnen dienen? what can I do for you? how can I help you? – **II** *relative adv* 3. with which: etwas, ~ ich nicht zufrieden bin s.th. (which) I am dissatisfied with (*od.* about), s.th. with which I am dissatisfied. – 4. (*mit Bezug auf einen ganzen Satz*) by which: ..., ~ ich nicht sagen will, daß ..., by which I do not mean (to say) that; ~ sich unser Konto ausgleicht *econ.* which settles our account, thus settling our account. – 5. (*das,*) ~ what ... with: mit das ist es (*od.* ist's), ~ ich nicht zufrieden bin that is what I am dissatisfied with (*od.* about). – 6. das Seil, ~ er gefesselt war *rare* the rope with which he was bound, the rope (which) he was bound with.

wo'mög·lich [vo-] *adv* 1. possibly, perhaps: er ist ~ schon fort he has possibly gone already. – 2. if possible: ich möchte ~ schon heute fliegen I would like to fly today if possible.

wo'nach [vo-] **I** *interrog adv* 1. ~ suchst du? what are you looking for? ~ fragte er? what was he asking about? ~ sollen wir uns richten? what should we take as a guideline? what should we be guided by? ~ schmeckt es? what does it taste of? – **II** *relative adv* 2. etwas, ~ du dich richten sollst s.th. you should take as a guideline (*od.* be guided by); etwas, ~ ich schon immer fragen wollte s.th. (which) I always meant to ask about. – 3. (*das,*) ~ what ... for: ~ ich mich sehne, ist what I long for is. – 4. according to which: die Meldung, ~ er verunglückt ist, trifft nicht zu the report that (*od.* according to which) he was killed is not true. – 5. das Bild, ~ er arbeitet *rare* the picture he uses as a model.

'Won·ga,tau·be ['vɔŋa-] *f zo.* wonga-(-wonga) (*Leucosarcia picata*).

Won·ne ['vɔnə] *f* ⟨-; -n⟩ 1. bliss: die ~ der Liebe love's (sweet) bliss; in eitel ~ schwimmen to be blissfully happy; sich mit ~ in die Fluten stürzen to plunge into the water blissfully (*od.* in absolute bliss); es ist eine ~, hier zu faulenzen! what bliss to luxuriate here in idleness! – 2. (*Freude, Vergnügen*) delight, joy: es ist eine wahre ~, ihr zuzusehen it is a veritable delight to watch her; das Kind ist ihre ganze ~ the child is all her joy; es ist ihm eine wahre ~, andere zu ärgern he delights (*od.* takes great delight) in annoying others. – 3. würden Sie das für mich erledigen? Mit ~! *colloq.* would you see to that for me? With the greatest pleasure! — **~,ge,fühl** *n* blissful feeling, feeling of bliss (*od.* delight). — **~,mo·nat**, **~,mond** *m poet.* month of delight, May: im ~ des Mai in the merry month of May. — **~,prop·pen** [-,prɔpən] *m* ⟨-s; -⟩ *colloq. humor.* (*niedliches, pausbäckiges Kind*) delightful roly-poly, little lump of sweetness (*beide colloq.*). — **w~sam** *adj obs. od. poet. for* wonnevoll. — **~,schau·er** *m* thrill of delight, shiver of pleasure. — **~,schrei** *m* cry of delight. — **w~,trun·ken** *adj lit.* drunk with joy, overjoyed, enraptured, riding on air. — **w~,voll** *adj* blissful, delightful, delicious.

'won·nig *adj* 1. (*kleines Kind, kleiner Hund etc*) delightful, sweet, darling (*attrib*) (*colloq.*), *Am. colloq.* cute. – 2. (*Gefühl etc*) blissful, delightful, delicious. — **'won·nig·lich** *adj obs.* blissful.

wor·an [vo'ran] **I** *interrog adv* 1. ~ denkst du? what are you thinking about? ~ erkennst du es? what do you know it by?

how do you know it? ~ liegt es, daß sie keiner leiden kann? how (*od.* why) is it (that) no one likes her? what is the reason for her being disliked by everyone? ~ ist er gestorben? what did he die of? ich weiß nicht, ~ er glaubt I don't know what he believes in; ich weiß nicht, ~ ich bin I don't know where I stand (*od.* am); bei ihm weiß man nie, ~ man ist you don't know where you are with him (*od.* what to make of him). – 2. (*örtlich*) ~ soll ich die Hängematte festbinden? what shall I tie the hammock to? – **II** *relative adv* 3. etwas, ~ man wirklich Freude hat something (that) one really enjoys; das ist alles, ~ ich mich erinnern kann that is all I can remember; etwas, ~ du dich erinnern solltest s.th. (which) you should remember. – 4. (*mit Bezug auf einen ganzen Satz*) er reagierte sauer, ~ man merkte, daß he was most disgruntled, which showed that. – 5. (*das,*) ~ er festhält, ist what he clings to is; (*das,*) ~ ich gedacht hatte, war what I had in mind (*od.* what I thought of) was. – 6. das Bild, ~ er arbeitet *rare* the picture (which) he is working on.

wor·auf [vo'rauf] **I** *interrog adv* 1. ~ wartest du (noch)? what are you (still) waiting for? ~ sparst du? what are you saving for? ~ sinnst du? what are you thinking of doing? ~ freust du dich am meisten? what are you looking forward to most? – 2. (*örtlich*) ~ liegst du? what are you lying on? ~ soll ich die Vase stellen? what shall I set the vase on? – **II** *relative adv* 3. etwas, ~ ich überhaupt keinen Wert lege s.th. to which I attach no importance at all; etwas, ~ er besteht s.th. (which) he insists (up)on. – 4. (*mit Bezug auf einen ganzen Satz*) Urlaub muß man im voraus beantragen, ~ der Chef auch besteht one must apply for leave in advance, something which the boss insists (up)on: ..., ~ der junge Mann erwiderte, daß ..., to which (*od.* whereupon) the young man replied that; ~ alle fortgingen whereupon everyone left; ~ du dich verlassen kannst and you can take my word for it. – 5. (*das,*) ~ ich mich am meisten freue, ist what I am looking forward to most is. – 6. der Stuhl, ~ er sitzt *rare* the chair (which) he is sitting on (*od.* on which he is sitting); das Geld, ~ ich warte *rare* the money (which) I am waiting for. — **~'hin** [-,rauf-] *relative adv* (*mit Bezug auf einen ganzen Satz*) whereupon: das Baby weinte, ~ die Mutter es tröstete the baby was crying, whereupon it was comforted by its mother.

wor·aus [vo'raus] **I** *interrog adv* 1. ~ schließt du das? what do you conclude that from? what makes you think that? ~ ist das gemacht? what is that made of (*auch* from, out of). – **II** *relative adv* 2. etwas, ~ man lernen kann s.th. (which) one can learn from (*od.* by), s.th. from which one can learn a lesson. – 3. (*mit Bezug auf einen ganzen Satz*) ..., ~ man schließen kann, daß ..., from which one can conclude that; ~ zu entnehmen war from which we gathered (*od.* understood) that. – 4. (*das,*) ~ ich am meisten gelernt habe, war what I learned most from was. – 5. das Glas, ~ er trinkt *rare* the glass out of which he is drinking; ein Material, ~ man Haushaltsgeräte herstellt *rare* a material from (*od.* out of) which household appliances are made.

'Worce·ster,so·ße ['vustə-] *f gastr.* Worcester(shire) sauce.

wor·ein [vo'rain] **I** *interrog adv* 1. ~ soll ich die Lebensmittel geben? what shall I put the groceries in(to)? – **II** *relative adv* 2. etwas, ~ er sich nie schicken würde s.th. to which he would never resign himself, s.th. (which) he would never accept, s.th. in which he would never acquiesce. – 3. eine Ecke, ~ der Schrank leicht passen würde *rare* a corner where (*od.* into which) the cupboard would fit easily, a corner (which) the cupboard would fit into easily.

wor·feln ['vɔrfəln] *v/t* ⟨h⟩ (*Getreide*) winnow, fan.

wor·in [vo'rin] **I** *interrog adv* 1. where: ~ besteht der Unterschied? where (*od.* what) is the difference? where does the difference lie? ~ liegt der Grund dafür? what is the reason for it? where does the reason lie? – **II** *relative adv* 2. in which, where: etwas, ~ wir verschiedener Meinung sind s.th. in which our opinions differ. – 3. er las den

Brief, ~ die Mitteilung stand, daß *rare* he read the letter in which (it) was stated that.

Wort [vɔrt] *n* ⟨-(e)s; ¨er *u.* -e⟩ 1. ⟨*pl* ¨er⟩ word: ein anderes ~ für Reise another word (*od.* a synonym) for journey; ein grobes [unanständiges] ~ a coarse [bad *od.* four-letter] word; ein neues ~ a new word, a neologism, a neology; das passende ~ the right word, the mot juste; ein veraltetes ~ an archaic word, an archa(ic)ism; ein zusammengesetztes ~ a compound (word); die Bedeutung [der Klang] eines ~es the meaning [the sound] of a word; im wahrsten Sinne des ~es in the true sense of the word; Wörter verschlucken *fig.* to swallow (*od.* slur) (one's) words. – 2. ⟨*pl* -e⟩ (*Bemerkung, Ausspruch, Versprechen etc*) word: ~ für ~ word for word; das gedruckte [geschriebene, gesprochene] ~ the printed [written, spoken] word; aufmunternde [fromme, kluge] ~e encouraging [pious, wise] words; ein geistreiches ~ a witty remark, a witticism; das sind große ~e those are high-sounding phrases, that is great talk; das sind nur schöne ~e those are just idle words, that is just idle talk; das ist mein letztes ~ that's my last word (*od.* final decision); das letzte ~ haben to have the final say; er muß (*od.* will) immer das letzte ~ haben he always has to have the last word; in dieser Angelegenheit ist das letzte ~ noch nicht gesprochen (*od.* gefallen) that is not the end of the matter; j-m ein gutes ~ geben to give s.o. a friendly word; ein (gutes) ~ für j-n einlegen to put in a good word for s.o.; j-m [etwas] das ~ reden to back (up) (*od.* support) s.o. [s.th.]; ein ernstes (*od.* vernünftiges) ~ mit j-m reden to have a good talk with s.o.; ein offenes ~ mit j-m reden to speak frankly with s.o.; das rechte ~ zur rechten Zeit the right word at the right time; du sprichst ein großes ~ gelassen aus *humor.* it's all right for you to talk like that, but it's not so easy; das ist ein ~! that is the very thing! das soll ein ~ sein! that's (*od.* it's) a deal!; ein ~ über j-n [etwas] fallenlassen to mention s.o. [s.th.], to (drop a) hint about s.o. [s.th.]; bei der Unterredung ist das ~ Gehalt überhaupt nicht gefallen the word salary was not mentioned at all in the talk; kein ~ darüber! not a word of it! keep it dark! kein ~ über (*acc*) etwas verlieren not to mention a word about s.th.; ich habe kein ~ davon gewußt I didn't know a word (*od.* thing) about it; ich verstehe kein ~ davon I don't understand a word of it; kein ~ hervorbringen not to be able to say a word, to be tongue-tied; sie sprachen kein ~ miteinander they did not speak a word to each other; sie sprechen kein ~ mehr miteinander they don't speak (*od.* aren't speaking) to each other anymore, they are no longer on speaking terms (with each other); glaube ihm kein ~! don't believe one (*od.* a) word he says; kein ~ mehr! not another word! kein ~ weiter davon! not another word about it! genug der ~e! say no more! no more of that! enough has been said; spare dir deine ~e! save your breath; ein ~ gab das andere one remark provoked the next (*od.* led to another); ohne ein ~ zu sagen without a word; ohne viele ~e zu machen without further ado; um nicht viele ~e zu machen to put it briefly (*od.* in a few words); er macht nicht viel ~e a) he is a taciturn person, b) he is a man of few words; viele ~e machen to be long-winded; seine ~e abwägen to weigh one's words; sein ~ geben [brechen, halten] to give (*od.* pledge) [to break, to keep] one's word; sein ~ zurücknehmen a) to take back what one has said, b) (*Versprechen*) to go back on one's word; j-s ~ haben to have s.o.'s word on it; seinen ~en die Tat folgen lassen to suit one's action to one's words; Sie haben das ~ you may now speak, go ahead, it is your turn to speak; das ~ hat Herr X Mr. X will now speak (to you); kein ~ anbringen können not to be able to get a word in (edgewise); nur ein paar ~e! just a few words, just a word or two; das ist mit wenigen ~en gesagt that can be summed up in a few words; j-m das ~ erteilen to give s.o. leave to speak, to allow s.o. to speak; j-m das ~ entziehen to stop s.o. speaking, to rule s.o. out of order; das ~ ergreifen a) to (begin to) speak, b) *pol.* to take the floor, to address the house; ein ~ in die Unterhaltung (ein)werfen to throw in a word; das ~ an j-n richten to address s.o.; das ~ führen to do the talking, to be the spokesman; das große ~ führen a) to monopolize (*Br. auch* -s-) the conversation, to do all the talking, b) (*sich aufspielen*) to brag, to talk big; ein ~ mitzureden haben to have a say in it (*od.* in the matter); des ~es mächtig sein to have mastery of one's words; die Magie des ~es the magic of the word (*od.* of words); das ~ ist mir entfallen [entschlüpft] the word has slipped my memory [slipped out of me]; bei diesem Lärm kann man sein eigenes ~ nicht verstehen you cannot hear yourself speak in this noise; ein paar ~e mit j-m wechseln to have a few words with s.o., to speak to s.o. briefly; nicht die passenden ~e finden not to find the right words; mir fehlen die ~e! it leaves me speechless; hast du (*od.* haste) (da noch) ~e! hat der Mensch ~e! colloq. well, I never (did)! did you ever! I never heard the like of it (*od.* that)! → dritt 1; Geld 1; Goldwaage 2; Gott 4; Hals¹ 4; Kehle 1; leer 8; Mann 3; Mund 3; Nase 2; wahr 1. — **3.** (*in Verbindung mit Präpositionen*) auf ein ~! can I have a word with you? auf mein ~! on my word of hono(u)r; auf Ihre ~e hin on the strength of what you said; j-m aufs ~ gehorchen a) to obey s.o. implicitly (*od.* to the letter), to obey s.o. at a word, b) (*von Hund*) to obey s.o. at a word; j-m aufs ~ glauben to believe s.o.'s every word, to believe s.o. implicitly; [nicht] viel auf j-s ~e geben [not] to trust (*od.* rely on) s.o.'s statements (*od.* what s.o. says); auf j-s ~e hören to listen to s.o., to take s.o.'s advice; höre auf meine ~e mark my word(s); auf j-s ~e schwören to swear by what s.o. says; bei diesen ~en at these words; bei seinem ~ bleiben to keep (*od.* stick to) one's word; j-n beim ~ nehmen to take s.o. at his word; 30 Mark (in ~en: dreißig) 30 marks (in writing [*od.* words]: thirty); in ~ und Bild with text and illustrations; in ~ und Tat in word and deed; in (*od.* mit) wenigen ~en in a few words, in brief; in angemessenen [gewählten] ~en in appropriate [well-chosen] words; das kann man nicht in ~e fassen (*od.* kleiden) it is difficult to put it into words, it is difficult to express it (in words); eine Sprache in ~ und Schrift beherrschen to be able to write and speak a language, to have both writing and speaking knowledge of a language; er brach in die ~e aus: „..." *lit.* he burst out with: "..."; j-m ins ~ fallen to interrupt s.o., to cut s.o. short, to butt (*od.* chip) in (on s.o.) (*colloq.*); mit anderen ~en in other words; mit packenden ~en etwas beschreiben to describe s.th. vividly; mit einem ~ in a word; mit einem ~, es bleibt dabei that's settled once and for all; mit (*od.* in) kurzen ~en briefly, in a few words; j-n mit schönen ~en abspeisen to put s.o. off with empty words; mit den ~en schließen: ... to wind up with the remark (*od.* by saying) that ...; mit ~en spielen to play with (*od.* on) words; j-m mit herzlichen [warmen] ~en danken to thank s.o. cordially [warmly]; etwas mit keinem ~ berühren [erwähnen] to make no reference to [no mention of] s.th.; es war mit keinem ~ davon die Rede that was not mentioned at all; j-n mit seinen eigenen ~en schlagen to beat s.o. at his own game, to give s.o. a bit of his own medicine; nach ~en ringen to struggle for words (*od.* to speak); nach ~en suchen (*od.* to be at a loss) for words; nach seinen eigenen ~en from (*od.* according to) what he (has) said himself, according to his own words; sich nach j-s ~en richten to take (*od.* be guided by) s.o.'s advice; ohne ~e without a word; „Lied ohne ~e" "Song without Words" (*by Mendelssohn*); ums ~ bitten to request (*od.* ask) leave to speak, to beg permission to speak; ich möchte ums ~ bitten I would like to ask leave to speak; nicht zu ~(e) kommen not to get a hearing, not to get a word in (edgewise); j-n nicht zu ~(e) kommen lassen not to let s.o. get a word in (edgewise); sich zu(m) ~ melden a) to ask leave (*od.* permission) to speak, b) *pol.* to ask for

the floor, *Br. auch* to catch the Speaker's eye; zu seinem ~ (*od.* seinen ~en) stehen to stand by one's word. – **4.** ⟨*pl* -e⟩ (*Ausspruch, Zitat*) saying: das ~ des Dichters the saying (*od.* words *pl*) of the poet; ein ~ von Goethe a saying of Goethe; → geflügelt 4. – **5.** ⟨*only sg*⟩ das ~ *relig.* the Word: das ~ Gottes the Word of God; und das ~ ward Fleisch *Bibl.* and the Word was made flesh; am Anfang war das ~ *Bibl.* in the beginning was the Word. – **6.** ⟨*pl* -e⟩ *mus.* (*zu einer Melodie etc*) text, words *pl*: ~ und Musik words *pl* and music.

'Wort|ab·lei·tung *f* **1.** derivation of a word. – **2.** (*etymologische*) etymology of a word. — **~,ähn·lich·keit** *f* similarity of (*od.* between) words. — **~,ak·zent** *m* word stress (*od.* accent). — **~,an·fang** *m* beginning of a word. — **~,an·laut** *m ling.* initial sound (of a word), *auch* word-initial sound. — **~ar,chiv** *n* lexical archives *pl*. — **w~arm** *adj* lacking (in) vocabulary: ~ sein to lack vocabulary. — **~,ar·mut** *f* lack of vocabulary, lexical dearth (*od.* poverty). — **~art** *f* **1.** kind of word. – **2.** (*in der Grammatik*) part of speech. — **~art·be,zeich·nung** *f* part-of-speech label. — **~,at·las** *m* word atlas. — **~,auf,wand** *m* verbosity, wordiness: mit großem ~ with great verbosity. — **~,aus,laut** *m ling.* final sound (of a word), *auch* word-final sound. — **~,aus·wahl** *f* word (*od.* lexical) selection. — **~be,deu·tung** *f* meaning of a word. — **~be,deu·tungs,leh·re** *f* ⟨*-; no pl*⟩ semantics *pl* (*usually construed as sg*), semasiology. — **~,beu·gung** *f* inflection, *Br. auch* inflexion. — **~,bild** *n* **1.** structure (*od.* appearance) of a word. – **2.** (*Bild in Worten*) metaphor. — **~,bil·dung** *f* word formation. — **~,bil·dungs,leh·re** *f* (study of) word formation, *auch* morphology. — **~,blind·heit** *f psych.* word blindness: alexia, logagnosia (*scient.*). — **~,bruch** *m* breach of promise. — **w~,brü·chig** *adj* not true to one's word: (an j-m) ~ werden to break one's word (to s.o.).

Wört·chen ['vœrtçən] *n* ⟨*-s; -*⟩ *dim. of* Wort: ich habe noch ein ~ mit dir zu reden I want to have a word with you, I have a thing or two to tell you; dabei hab' ich auch noch ein ~ mitzureden I have a say in this matter too; davon ist kein ~ wahr there is not a word (*od.* not an iota) of truth in it.

'Wor·te,ma·cher *m contempt.* **1.** big talker. – **2.** (*Schwätzer*) wordmonger. — **,Wor·te·ma·che'rei** *f* ⟨*-; -en*⟩ *contempt.* **1.** big talk. – **2.** word-mongering, word-mongery, *auch* word-spinning.

wor·ten ['vɔrtən] *v/t* ⟨*h*⟩ *philos.* (*in Worte umsetzen*) verbalize *Br. auch* -s-.

'Wort|en·dung *f ling.* ending of a word, *auch* word ending. — **~ent,spre·chung** *f* verbal equivalent. — **~ent,stel·lung** *f* distortion of a word.

'Wör·ter,buch *n* dictionary, *auch* lexicon, (*bes. für Spezialgebiet*) glossary.

'Wort|er,guß *m* harangue. — **~er,klä·rung** *f ling.* definition of a word.

'Wör·ter·ver,zeich·nis *n* **1.** (*in einem Lehrbuch etc*) vocabulary, list of words. – **2.** *cf.* Stichwortverzeichnis.

'Wort|fa,mi·lie *f ling.* word family, group of related words. — **~fech·te'rei** [,vɔrtfɛçtə'raɪ] *f* ⟨*-; -en*⟩ *cf.* Wortklauberei. — **~,feld** *n ling.* semantic field. — **~,fet·zen** *pl* snatches (of conversation). — **~,fol·ge** *f ling.* word order. — **~,form** *f* word form. — **~,for·scher** *m* **1.** lexicologist. – **2.** (*Etymologe*) etymologist. — **~,for·schung** *f* **1.** lexicology. – **2.** (*Etymologie*) etymology. — **~,füh·rer** *m* spokesman, mouthpiece, prolocutor: sie machten ihn zu ihrem ~ they made him their spokesman. — **~,fül·le** *f* richness of vocabulary. — **~ge,bühr** *f* (*postal service*) (*bei Telegrammen*) rate per word. — **~ge,dächt·nis** *n* verbal memory. — **~ge,fecht** *n* **1.** battle of words: sie trugen ein ~ aus they engaged in a battle of words. – **2.** (*Polemik*) polemic. — **~ge,fü·ge** *n ling.* construction. — **~ge,klin·gel** *n contempt.* empty talk. — **~geo,gra·phie** *f ling.* word geography, (*study of*) the geographical distribution of words. — **~ge,plän·kel** *n* banter, playful argument: mit j-m ein ~ haben to banter with s.o., to argue with s.o. in fun (*od.* jokingly). — **~ge,prän·ge** *n lit.* bombast. — **~ge,schich·te** *f ling.* history (*od.* etymology)

of a word. — **w~ge,schicht·lich I** *adj* etymological. – **II** *adv* etymologically. — **w~ge,treu I** *adj* **1.** (*Wiedergabe etc*) word-for-word (*attrib*), literal, verbatim, verbal. – **2.** (*Übersetzung*) close. – **II** *adv* **3.** etwas ~ wiedergeben to repeat s.th. word for word (*od.* to the letter, verbatim). – **4.** etwas ~ übersetzen to translate s.th. literally, to give a close (*od.* faithful) translation of s.th. — **w~ge,wandt** *adj* **1.** eloquent, well-spoken: er ist sehr ~ he is very eloquent, he speaks very eloquently. – **2.** *contempt.* glib. — **~,got·tes,dienst** *m röm.kath.* prayers *pl* and Scripture readings *pl* preceding the Eucharist proper. — **~,grup·pe** *f ling.* group of words, word group. — **~,gut** *n* vocabulary. — **w~,ha·bend** *adj* **1.** leading the discussion. – **2.** (*vorsitzend*) presiding. — **w~,karg** *adj* **1.** taciturn, tight-lipped: er ist sehr ~ he is rather taciturn. – **2.** laconic. — **~,karg·heit** *f* **1.** taciturnity. – **2.** laconism. — **~,klas·se** *f ling.* **1.** (*in der Wortkunde*) word class. – **2.** (*in der Grammatik*) part of speech, word class.

'Wort,klau·ber [-,klaubər] *m* ⟨*-s; -*⟩ *contempt.* hairsplitter, *Br.* hair-splitter, word-splitter, niggler, quibbler, word-catcher. — **,Wort·klau·be'rei** *f* ⟨*-; -en*⟩ *contempt.* **1.** ⟨*only sg*⟩ hairsplitting, *Br.* hair-splitting, word-splitting, niggling, quibbling, word-catching. – **2.** quibble.

'Wort|,kreu·zung *f ling.* contamination, blend. — **~,kun·de** *f ling.* lexicology. — **~,kunst** *f* linguistic artistry, style. — **~,län·ge** *f* word length. — **~,laut** *m* ⟨*-(e)s; no pl*⟩ **1.** amtlicher ~ official text. – **2.** wording: der ~ des Urteils the wording of the sentence; nach dem ~ des Vertrages according to the wording of (*od.* as [is] stated in) the contract; im vollen ~ zitieren to quote the exact wording; der Brief hat folgenden ~ the letter reads as follows; eine Note folgenden ~s a note with the following wording (*od.* worded as follows). – **3.** *jur.* (*einer Urkunde*) tenor. — **~,leh·re** *f ling.* lexicology.

Wort·lein ['vɔrtlaɪn] *n* ⟨*-s; -*⟩ *cf.* Wörtchen.

wört·lich ['vœrtlɪç] **I** *adj* **1.** (*Sinn, Bedeutung etc*) literal: im ~en Sinne (des Wortes) in the literal sense (of the word). – **2.** (*Zitat, Wiedergabe etc*) literal, word-for-word (*attrib*), verbatim. – **3.** (*mündlich*) verbal: eine ~e Beleidigung a verbal insult. – **4.** ~e Rede *ling.* direct speech. – **II** *adv* **5.** (*im wörtlichen Sinne*) literally: etwas zu ~ nehmen to take s.th. too literally (*od.* in a too literal sense). – **6.** (*Wort für Wort*) literally, word for word, verbatim: ich wiederhole [zitiere] ~ I repeat [quote] literally; so hat er ~ gesagt that is literally what he said, those were his exact words; etwas ~ übersetzen to translate s.th. literally (*od.* word for word); das hast du ~ abgeschrieben you have copied that word for word.

'Wort|,li·ste *f* list of words. — **w~los** *adv* **1.** (*ohne Sprache*) without words, nonverbally *Br.* non-: etwas ~ darstellen to depict s.th. without words. – **2.** (*ohne ein Wort*) without a word: er reichte mir ~ die Hand he held out his hand to me without a word; ~ drehte er sich um he turned (a)round without a word. — **~ma·le'rei** [,vɔrt-] *f* ⟨*-; no pl*⟩ **1.** word-painting, (use of) imagery. – **2.** *cf.* Lautmalerei. — **~,mel·dung** *f* (*im Parlament, in Versammlungen etc*) request for leave to speak: ~en liegen nicht vor no one has requested leave to speak. – **2.** *telev.* item with newsreader on camera (*od.* in vision). — **~,mi·schung** *f ling.* hybrid (word *od.* derivation). — **~,neu,bil·dung** *f* neologism. — **~,prä·gung** *f* **1.** ⟨*only sg*⟩ (*Vorgang*) coining of a word. – **2.** (*Resultat*) (word) coinage: neue ~ new coining, neologism. — **~pro,gramm** *n* (*radio*) *telev.* spoken word program (*bes. Br.* programme). — **~,rät·sel** *n* enigma, logogriph. — **~re,gi·ster** *n cf.* Wörterverzeichnis.

'wort,reich I *adj* **1.** (*mit großem Wortschatz*) rich in words (*od.* vocabulary): eine ~e Sprache a language rich in words. – **2.** (*mit großem Wortaufwand*) wordy, verbose: eine ~e Erklärung a wordy explanation; ~er Stil a rich style, b) *contempt.* wordy style. – **II** *adv* **3.** wordily, verbosely: sich ~ bedanken to express one's thanks wordily; etwas ~ erklären to explain s.th. wordily. —

'**Wort,reich·tum** m ⟨-s; no pl⟩ ling. **1.** wealth (od. richness, abundance) of words (od. vocabulary). – **2.** wordiness, verbosity, verbiage. 'Wort|sa,lat m colloq. **1.** jumble of words. – **2.** psych. word salad, schizophasia (scient.). — ~,samm·lung f collection of words, thesaurus (lit.). — ~,schatz m ⟨-es; no pl⟩ **1.** vocabulary: sein ~ ist nicht sehr groß his vocabulary is not very large (od. wide) (od. is rather limited). – **2.** cf. Wortsammlung. — ~,schatz,test m psych. verbal comprehension test. — ~,schöpfung f **1.** ⟨only sg⟩ (Vorgang) word coining. – **2.** (Resultat) (word) coinage. — ~,schrift f ideographic writing. — ~,schwall m ⟨-(e)s; no pl⟩ **1.** flood (od. torrent, avalanche, stream, spate) of words: er überschüttete uns mit einem wahren ~ he showered us with an absolute torrent of words. – **2.** (Tirade) tirade. — ~,sen·dung f (radio) telev. spoken word broadcast. — ~,sinn m ling. lexical meaning. — ~,spiel n **1.** play on words, pun, wordplay, Br. word-play. – **2.** ⟨only sg⟩ (abstrakt) wordplay, Br. word-play, playing on words. — ~,stamm m radical, root, auch (word) stem. — ~,stel·lung f word order. — ~,streit m **1.** (Streit mit Worten) argument, quarrel, altercation, (lauter) squabble. – **2.** (Kontroverse) controversy. – **3.** (Disput) dispute. — ~,treue f literal rendition (od. rendering), faithfulness to the original. — ~ver,dre·her m ⟨-s; -⟩ contempt. word twister, verbicide. — ~ver,dre·hung f twisting of words, verbicide. — ~ver,kür·zung f ling. **1.** abbreviation. – **2.** a) (durch Weglassen eines Vokals) syncope, b) (durch Weglassen von Buchstaben od. Wortteilen) contraction, ellipsis. — ~ver,stüm·me·lung f **1.** mutilation of a word. – **2.** tel. clipping. — ~ver,wechslung f confusion of terms. — ~,wahl f choice of word(s). — ~,wech·sel m argument, (stärker) dispute: es kam zu einem heftigen [lauten] ~ (zwischen ihnen) a violent [loud] argument ensued (between them); in einen ~ geraten to become involved in an argument; sie hatten einen kleinen ~ they had a slight (od. a bit of an) argument, they had words. — ~,witz m cf. Wortspiel 1. — w~'wört·lich I adj (Übersetzung) word-for-word (attrib), literal, verbatim, verbal. – II adv literally, word for word, verbatim: ja, das hat er ~ gesagt yes, that is what he said word for word, yes, those were his exact words. — ~,zei·chen n **1.** (Zeichen für Dollar, und etc) logogram, logograph. – **2.** (ein als Warenzeichen schützbares Emblem) trademark symbol. – **3.** (in alten Handschriften, auf Münzen etc) word sign, siglum (scient.). — ~zu,sam·men,set·zung f **1.** ⟨only sg⟩ (Vorgang) compounding. – **2.** (zusammengesetztes Wort) compound (word). — ~,zwi·schen,raum m space between words. **wor·über** [vo'ry:bər] I interrog adv **1.** what ... about: ~ redet [lacht] er? what is he talking [laughing] about? ~ denkst du nach? what are you pondering about? ~ klagt Ihr Kind? what is your child's complaint (od. your child complaining of)? – II relative adv **2.** etwas, ~ ich sehr verärgert war s.th. I was very angry about (od. at); etwas, ~ es keinen Zweifel gibt s.th. about which there is no doubt, s.th. there is no doubt about; das ist etwas, ~ man nicht gerne spricht that is s.th. one does not like to talk about. – **3.** (mit Bezug auf einen ganzen Satz) er ist Direktor geworden, ~ man nur lachen kann he has become director, which is an absolute farce. – **4.** (das,) ~ what ... about: ~ er sich maßlos aufregt, ist what he gets so annoyed (od. worked up) about is. – **5.** das Thema, ~ er sprechen wird rare the topic (which) he will talk about (od. speak on). **wor·um** [vo'rum] I interrog adv **1.** what ... about: ~ handelt es sich? what is it about? ich weiß nicht, ~ es hier geht I don't know what it is all about. – **2.** (örtlich) what ... (a)round: ~ soll ich die Schnur binden? what shall I tie the cord (a)round? – II relative adv **3.** da ist noch etwas, ~ ich dich bitten möchte s.th. (which) I want to ask you for. – **4.** (mit Bezug auf einen ganzen Satz) er bot mir an, mich im Notfall dorthin zu fahren, ~ ich ihn auch

später bat he offered to drive me there in an emergency, something (which) I later asked him to do. – **5.** (das,) ~ what ... about: ~ er besorgt ist, ist what he is concerned about is. – **6.** die Stelle, ~ er sich bemüht hat rare the post (which) he applied for. **wor·un·ter** [vo'rʊntər] I interrog adv **1.** what ... under: ~ muß ich das Wort suchen? what do I have to look the word up under? ~ habt ihr am meisten gelitten? what did you suffer under most? – **2.** (örtlich) what ... under: ~ hat er sich versteckt? what did he hide under? – II relative adv **3.** etwas, ~ ich mir wenig vorstellen kann s.th. which means (od. says) nothing to me; etwas, ~ er sehr litt s.th. which made him suffer greatly, s.th. under which he suffered greatly. – **4.** (das,) ~ what ... under: ~ er besonders leidet, ist die Hitze what he particularly suffers under is the heat. – **5.** die Tyrannei, ~ das Volk litt rare the tyranny under which the people suffered. **wo'selbst** [vo-] adv obs. where. **wo'von** [vo-] I interrog adv **1.** ~ leben sie? what do they live on? ~ sprecht ihr? what are you talking about? ~ hast du geträumt? what did you dream about (od. of)? – **2.** (aus einer bestimmten Anzahl) which ... of: ~ produzieren Sie am meisten? which do you produce most of? – II relative adv **3.** which ... about: etwas, ~ ich nur träumen wage s.th. I can only dream about (od. of); etwas, ~ du nichts verstehst s.th. (which) you know nothing about; er erwähnte etwas, ~ ich schon wußte he mentioned s.th. (that) I already knew about. – **4.** (mit Bezug auf einen ganzen Satz) er wollte Rennfahrer werden, ~ er auch nicht abzubringen war he wanted to be(come) a racing driver, and there was no dissuading him. – **5.** (das,) ~ what ... of: ~ ich träume, ist what I dream of (doing) is. – **6.** die Stelle, ~ er die Adresse hat rare the place (where) he got the address. **wo'vor** [vo-] I interrog adv **1.** what ... of: ~ fürchtest du dich? what are you afraid of? – **2.** (örtlich) what ... in front of: ~ soll ich die spanische Wand stellen? what shall I set the screen in front of? – II relative adv **3.** etwas, ~ sie Angst hat s.th. she is afraid of; etwas, ~ er großen Respekt hat s.th. (which) he has great respect for, s.th. for which he has great respect. – **4.** (mit Bezug auf einen ganzen Satz) jetzt ist er in der Klemme, ~ ich ihn immer gewarnt hatte now he is in difficulties, which I had always warned him about. – **5.** (das,) ~ what ... of: ~ ihr euch hüten müßt, ist what you must be careful of is. – **6.** das Fenster, ~ der Schreibtisch stand rare the window in front of which the desk stood. **wo'zu** [vo-] I interrog adv **1.** ~ (denn) das? what for? ~ dient das? what is that (supposed to be) for? ~ hast du dich entschlossen? what did you decide (up)on? ich frage mich, ~ das gut sein soll I wonder what the use (od. point) of that is. – **2.** colloq. (warum) why. – **3.** (örtlich) what ... to: ~ soll ich es tun? what shall I tie it to? – II relative adv **4.** etwas, ~ ich nur raten kann s.th. (which) I can (highly) recommend; etwas, ~ ich nichts kann s.th. (which) I cannot help, s.th. that is not my fault; er ist äußerst unzuverlässig, ~ noch kommt, daß er auch trinkt he is extremely unreliable, and what is more, he drinks (too much), too. – **5.** (mit Bezug auf einen ganzen Satz) wir wollten seine Tante besuchen, ~ es dann aber zu spät wurde we were going to visit his aunt but then it was too late. – **6.** (das,) ~ ich Lust hätte, wäre what I would like (to do) is; ~ ich euch rate, ist what I advise you to do is. – **7.** die Party, ~ er mich einlud rare the party he invited me to. **wrack** [vrak] adj **1.** (nicht mehr ausbesserungsfähig) beyond repair. – **2.** mar. wrecked. – **3.** econ. (Ware) inferior. **Wrack** n ⟨-(e)s; -s, rare -e⟩ **1.** (eines Flugzeuges, Autos etc) wreck(age). – **2.** mar. a) wreck, b) (treibende Schiffsteile) wreckage: treibendes [verlassenes] ~ drifting [derelict] wreck. – **3.** fig. (heruntergekommener Mensch) wreck: er ist nur noch ein ~ he is just a wreck (of his former self). — ~,barsch m zo. wreckfish (Polyprion cernicum). — ~,bo·je f mar. wreck(-marking) buoy. — ~,feu·er n wreck

light. — ~,gut n **1.** wrecked goods pl, wreckage. – **2.** (Treibgut) flotsam. — ~,ton·ne f cf. Wrackboje. — ~,trüm·mer pl wreckage sg. **wrang** [vraŋ] 1 u. 3 sg pret, **wrän·ge** ['vrɛŋə] 1 u. 3 sg pret subj of wringen. **Wra·sen** ['vra:zən] m ⟨-s; -⟩ Low G. (exhaust od. waste) steam. 'Wrat·ten,fil·ter ['vratən-] n, m phot. Wratten filter. **wrig·gen** ['vrɪgən] v/t ⟨h⟩ mar. (Boot) scull. **wrin·gen** ['vrɪŋən] v/t ⟨wringt, wrang, gewrungen, h⟩ (Wäsche) wring. 'Wring·ma,schi·ne f wringer. **Wrucke** (getr. -k·k-) ['vrʊkə], **Wru·ke** ['vru:kə] f ⟨-; -n⟩ Northeastern G. for Kohlrübe. **Wu·cher** ['vu:xər] m ⟨-s; no pl⟩ **1.** usury: ~ treiben to practice (bes. Br. practise) usury. – **2.** (Preistreiberei) profiteering: das ist ja ~! colloq. (der Preis ist viel zu hoch) that's an exorbitant price! — ~be,din·gun·gen pl usurious conditions: Darlehen unter ~ loan on usurious terms (od. conditions). 'Wu·cher,blu·me f bot. oxeye (auch ox-eyed) daisy (Chrysanthemum leucanthemum). **Wu·che'rei** f ⟨-; no pl⟩ usury. 'Wu·che·rer m ⟨-s; -⟩ **1.** usurer. – **2.** (Preistreiber) profiteer. 'Wu·cher|,ger·ste f bot. cf. Bartgerste. — ~ge,schäft n usurious deal: ~e a) usurious dealings (od. business sg), usury sg, b) (Schieberei, Preistreiberei) profiteering sg; ~e machen a) to engage in usurious dealings, b) to profiteer. — ~ge,setz n law against usury (od. profiteering). — ~ge,winn m usurious (od. inordinate, exorbitant, excessive) profit. — ~,han·del m **1.** usurious trade. – **2.** profiteering. 'Wu·che·rin f ⟨-; -nen⟩ cf. Wucherer. **wu·che·risch** adj **1.** usurious. – **2.** (preistreiberisch) profiteering. 'Wu·cher|kre,dit m econ. usurious loan (od. credit). — ~,mie·te f rack rent, usurious rent. **wu·chern** ['vu:xərn] I v/i ⟨h u. sein⟩ **1.** ⟨u. sein⟩ (von Pflanzen) grow rampant (od. rank[ly]), proliferate, spread rankly, run wild (od. riot): üppig ~ to proliferate profusely; das Unkraut ist über den Weg gewuchert the weeds have spread over the path. – **2.** ⟨h u. sein⟩ (von Bart etc) grow profusely, proliferate. – **3.** ⟨h⟩ fig. (sich rasch ausbreiten) be rampant, run riot: eine Zeit, in der Schwarzmarkt und Korruption wucherten a time when black market and corruption were rampant. – **4.** ⟨h⟩ mit etwas ~ a) (mit Geld) to practice (bes. Br. practise) usury with s.th., b) (mit Waren) to profiteer with s.th.: → Pfund 3. – **5.** ⟨h u. sein⟩ med. (von wildem Fleisch) proliferate. – II W~ n ⟨-s⟩ **6.** verbal noun. – **7.** (von Pflanzen) proliferation, rampancy. – **8.** (von Bart etc) proliferation. – **9.** (mit Geld) usury. – **10.** (mit Waren) profiteering. — 'wu·chernd I pres p. – II adj **1.** (Pflanzen) proliferous, rampant, rank: üppig ~ luxuriant, growing in wild (od. rank) profusion. – **2.** (Bart etc) proliferous. – **3.** med. a) proliferative, proliferous, b) (Kultur) eugonic. 'Wu·cher|pa·ra,gra·phen pl econ. jur. sections in criminal code dealing with usurious practices. — ~,pflan·ze f bot. rank weed (od. growth). — ~,preis m exorbitant (od. usurious) price. 'Wu·che·rung f ⟨-; -en⟩ **1.** cf. Wuchern. – **2.** bot. a) rank growth, proliferation, b) (Auswuchs) excrescence. – **3.** med. a) (gutartiger Auswuchs) excrescence, b) (Tumor) tumor, bes. Br. tumour, c) (in Nase, Rachen) adenoids pl, adenoid vegetation, d) (von Zellen) proliferation, e) (Granulation) granulation, f) (wildes Fleisch) proud flesh. 'Wu·cher,zins m usurious (od. excessive) interest: zu ~en leihen to lend at usurious interest. **wuchs** [vu:ks] 1 u. 3 sg pret of wachsen[1]. **Wuchs** m ⟨-es; no pl⟩ **1.** (Wachstum) growth. – **2.** (Figur, Gestalt) build, physique, stature: von hohem [edlem, schlankem] ~ of a tall [noble, slender od. slim] build. – **3.** (Entwicklung) development. **wüch·se** ['vy:ksə] 1 u. 3 sg pret subj of wachsen[1]. **wüch·sig** ['vy:ksɪç] adj bot. (Pflanze) vigorous.

'Wuchs,stoff *m biol.* growth hormone, growth(-promoting) substance (*od.* factor), phytohormone (*scient.*). — ~her·bi,zid, ~mit·tel *n agr.* hormone weed killer.

Wucht [vuxt] *f* ⟨-; *no pl*⟩ **1.** weight: er fiel mit voller ~ auf den Rücken he fell with his full weight (*od.* slap-bang) on his back. – **2.** (*Gewalt, Kraft*) force: der Schlag traf ihn mit voller ~ the blow hit him (with) full force; er rannte mit voller ~ gegen die Mauer he ran into the wall full tilt (*od.* [with] full force); er schlug mit voller ~ zu he struck with full force. – **3.** (*Druck*) pressure. – **4.** (*Anprall*) brunt, impact: der ~ eines Angriffs widerstehen to bear the brunt of an attack. – **5.** (*Schwung*) impetus. – **6.** *phys.* a) kinetic energy, b) (*Stoßkraft*) impact (load), momentum, c) (*Schlagkraft*) striking force. – **7.** eine (*ganze*) ~ *fig. colloq.* quite a bit: eine ganze ~ Hausarbeit quite a bit (*od. colloq.* a whole pile, a whole load) of homework; er kann schon eine ~ vertragen he can take quite a bit (*od.* plenty, *colloq.* quite a lot). – **8.** *colloq.* (*Prügel*) spanking, thrashing, hiding: gleich kriegst du 'ne ~! you'll catch it! – **9.** das ist eine (*od.* 'ne) ~! *fig. colloq.* that's marvel[l]ous (*od. sl.* smashing, fantastic)! it's a wow! (*sl.*).

'Wucht,brum·me [-,brumə] *f* ⟨-; -n⟩ *colloq.* (*tolles Mädchen*) knockout, bit of hot stuff (*sl.*).

wuch·ten ['vuxtən] **I** *v/t* ⟨h⟩ **1.** (*heben*) heave. – **2.** (*mit Hebel etc*) raise (*s.th.*) (by lever), lever (*s.th.*) up. – **3.** *tech. cf.* auswuchten 1. – **II** *v/i* **4.** *fig. colloq.* (*schwer arbeiten*) work like a Trojan (*od.* horse).

'wuch·tig **I** *adj* **1.** (*Mauer, Stein etc*) massive, weighty: die Möbel sind für den Raum zu ~ the furniture are too massive for this room. – **2.** (*Figur, Gestalt*) heavily built, *bes. Am.* heavy-built, weighty. – **3.** (*Hieb, Schlag*) weighty, heavy. – **4.** *fig.* (*Stil*) heavy, ponderous. – **II** *adv* **5.** ~ zuschlagen to deal a heavy blow. — 'Wuch·tig·keit *f* ⟨-; *no pl*⟩ **1.** massiveness, weightiness. – **2.** heaviness, weightiness. – **3.** *fig.* heaviness, ponderosity.

'Wühl|,ar·beit *f pol.* subversive (*od.* underground) activity, destructive (*od.* undermining) agitation. — ~ech·se *f zo. cf.* Skink.

wüh·len ['vy:lən] **I** *v/i* ⟨h⟩ **1.** (*von Maulwurf, Wühlmaus etc*) burrow. – **2.** (*von Schweinen etc*) root, grub, (*mit den Hauern*) *auch* tusk: das Schwein wühlt im Schlamm the pig grubs in the mud; der Vogel wühlt nach Würmern the bird roots for worms; im Geld ~ *fig.* to be rolling (*od. colloq.* wallowing) in money; im Schmutz ~ *fig.* to wallow in filth (*od.* dirt). – **3.** (*von Kindern im Sand etc*) wallow. – **4.** (*von Wasser*) excavate (*od.* wash) holes, undermine the ground. – **5.** (*suchen*) (in *dat* in) root, rummage, grub: er wühlte in sämtlichen Schubladen (nach dem Brief) he rooted (for the letter) in all the drawers. – **6.** sich (*dat*) in den Haaren ~ to tousle one's hair. – **7.** (*im Bett*) ~ to twist and turn (in [one's] bed). – **8.** *fig.* (*von Hunger, Schmerz etc*) gnaw: der Hunger wühlte ihm im Leibe hunger gnawed at his body. – **9.** in alten Wunden ~ *fig.* to open old sores. – **10.** *fig.* (*angestrengt arbeiten*) slave: er wühlt und schuftet für zwei he slaves and drudges for two. – **11.** *fig.* (*hetzen*) agitate: gegen j-n ~ to agitate against s.o., to spread ill feeling toward(s) s.o. – **II** *v/t* **12.** (*einen Gang, ein Loch etc*) burrow. – **13.** seinen Kopf in die Kissen ~ to bury one's face in the (*od.* one's) pillow(s). – **14.** das Wasser wühlte sich (*dat*) ein neues Bett the water channeled (*bes. Br.* channelled) a new course (*od.* bed). – **III** *v/reflex* **15.** sich in (*acc*) etwas ~ (*in die Erde etc*) to burrow (oneself) into s.th. – **16.** sich durch etwas ~ (*durch eine Menge etc*) to burrow one's way through s.th.

'Wüh·ler *m* ⟨-s; -⟩ *fig.* (*Aufwiegler, Hetzer*) (political) agitator, rabble-rouser, fomenter of trouble (*od.* sedition). – **2.** *fig.* (*eifrig Arbeitender, Schaffender*) slaver. – **3.** *pl zo.* burrowing (*od. scient.* fossorial) animals (*Fam. Cricetidae*).

Wüh·le'rei *f* ⟨-; -en⟩ *colloq.* **1.** *fig.* (political) agitation. – **2.** (*im Ausverkauf etc*) rummage, rummaging. – **3.** *fig.* (*übermäßiges Arbeiten*) slavery.

'wüh·le·risch *adj pol.* agitating, incendiary, subversive, rabble-rousing, seditious.

'Wühl|,grub·ber *m agr.* (*Gerät*) rigid-tine (*od.* stiff-tooth) cultivator. — ~maus *f zo.* vole (*Unterfam. Microtinae*). — ~schlan-ge *f* burrowing snake (*Ordng Henophidia*). — ~tisch *m colloq.* (*im Kaufhaus etc*) rummage counter.

Wuh·ne ['vu:nə] *f* ⟨-; -n⟩ *cf.* Wune.

Wul·fe·nit [vulfə'ni:t; -'nɪt] *n* ⟨-s; *no pl*⟩ *min.* wulfenite, *auch* yellow lead ore.

Wulst [vulst] *m* ⟨-es; ⸚e⟩, *f* ⟨-; ⸚e⟩ **1.** ([*längliche*] *Ausbuchtung, Verdickung*) bulge. – **2.** (*an Polstermöbeln etc*) bolster roll. – **3.** (*aus Haaren*) chignon, puff. – **4.** *tech.* a) (*eines Stahlträgers*) bulb, b) (*eines Blechrandes*) bead, c) (*Schweißwulst*) reinforcement. – **5.** *auto.* (*am Reifen*) bead. – **6.** *civ.eng.* (*einer Dachrinne*) roll. – **7.** *mar.* (*eines Schiffsbugs*) bulb. – **8.** *med.* bulge, bulging, projection, protuberance, (*Knochenwulst*) torus (*scient.*). — ~bug *m mar.* bulb bow. — ~fel·ge *f* (*für Reifen*) clincher (*od.* beaded) edge rim. — ~flach,stahl *m metall.* flat bulb steel, beaded flats *pl.* — ~heck *n mar.* bulbous stern.

'wul·stig *adj* **1.** (*bauchig*) bulging, bulgy. – **2.** (*Lippen*) thick, pouting, protruding, blubbery (*contempt.*). – **3.** (*Arme, Nacken etc*) fleshy, tumid. – **4.** (*Kissen, Matratze etc*) bulging, bulgy. – **5.** *bot. zo.* torose.

'Wulst,kiel *m mar.* bulb(ous) keel.

'Wulst·ling *m* ⟨-s; -e⟩ *bot.* **1.** *cf.* Fliegenpilz. – **2.** *cf.* Knollenblätterpilz.

'Wulst|,lip·pen *pl* **1.** thick (*od.* pouting, protruding) lips. – **2.** *contempt.* blubber(y) lips. — ~naht *f tech.* (*beim Schweißen*) reinforced seam, upset butt (*od.* bead) weld. — ~rand *m* beaded edge. — ~rei·fen *m* clincher (*od.* beaded edge) tire (*bes. Br.* tyre). — ~schne·cke (*getr.* -k·k-) *f zo.* woodcock's head (*od.* shell), murex (*Fam. Muricidae*). — ~schutz,strei·fen *m auto.* chafing strip. — ~stahl *m tech.* bulb angle steel.

wum·mern ['vumərn] *v/i* ⟨h⟩ *colloq.* **1.** (*dumpf dröhnen*) boom, thrum, drum, thud. – **2.** (*pochen*) drum, thump, *Am. auch* whump.

wund [vunt] *adj* **1.** (*durch Reibung*) sore, chafed, galled, (*stärker*) raw: sich (*dat*) die Füße ~ laufen a) to get sore feet (*od.* become footsore) from walking, b) *fig. colloq.* to run from pillar to post; er hatte ganz ~e (*od.* ~ gelaufene) Füße his feet were quite sore (*od.* chafed), he was quite footsore; sich (*dat*) die Ferse ~ reiben to rub one's heel sore, to chafe (*od.* gall) one's heel; sich (*zwischen den Beinen*) ~ reiben to rub oneself sore (*between the legs*), to chafe (*od.* gall) oneself (*between the legs*); ~ geriebene Stelle sore; das Baby ist ganz ~ the baby is all sore (*od.* chafed); sich ~ reiten to chafe oneself from riding, to become saddlesore; eine ~e Stelle a) (*wund geriebene*) a sore, a sore (*od.* chafed) spot, (*stärker*) a raw, b) *fig.* a sore point; den Finger auf eine ~e Stelle legen *fig.* to touch (on) a sore point; j-n an einer ~en Stelle treffen to touch (on) a sore point with s.o., to touch on s.o.'s sore spot, to touch s.o. on the raw; sich (*dat*) den Mund ~ reden *fig.* to talk until one is blue in the face; → Punkt 10. – **2.** (*offen, noch nicht geheilt*) sore, (*stärker*) raw. – **3.** (*verwundet*) wounded: ein Tier ~ schießen to wound an animal. – **4.** *lit.* (*Herz etc*) stricken.

'Wund|,arzt *m hist.* **1.** surgeon. – **2.** (*chirurgischer Assistent*) surgeon's assistant. – **3.** barber surgeon. — w~ärzt·lich *adj* surgical. — ~bal·sam *m med.* pharm. balm, balsam. — ~be,hand·lung *f med.* treatment of wounds: keimfreie ~ *cf.* Aseptik; offene ~ open-air treatment of wounds. — ~ben,zin *n med. pharm.* surgical spirits *pl.* — ~blu·me *f bot. cf.* Wundklee. — ~brand *m med.* **1.** gangrene. – **2.** *cf.* Wundrose. — ~diph·the,rie *f* surgical (*od.* wound) diphtheria.

Wun·de ['vundə] *f* ⟨-; -n⟩ **1.** wound: leichte [schwere, tödliche] ~ slight [severe, fatal] wound; eiternde [offene] ~ festering (*od.* suppurating) [open] wound; klaffende ~ gaping wound, gash; eine ~ behandeln [verbinden, versorgen] to treat [to bandage, to dress] a wound; die ~ heilt [vernarbt] schlecht the wound heals (*od.* closes) [cicatrizes *Br. auch* -s-] slowly (*od.* poorly); aus einer ~ bluten to bleed from a wound; j-m eine ~ schlagen to wound s.o.; j-m eine ~ beibringen to inflict a wound (up)on s.o., to wound s.o.; in einer (*alten*) ~ wühlen *fig.* to open an old sore, to turn a knife in a wound; der Krieg hat tiefe ~n geschlagen *fig.* war has caused great destruction, disaster and suffering; → Balsam; Zeit 9. – **2.** (*Verletzung*) injury, lesion: an seinen ~n sterben to die from one's injuries; seinen ~n erliegen to succumb to one's injuries. – **3.** (*wunde Stelle*) sore: seinen Finger auf eine offene ~ legen *fig.* to put one's finger on (*od.* to touch) an open sore; eine alte ~ wieder aufreißen *fig.* to open an old sore. – **4.** (*Abschürfung*) abrasion, excoriation (*scient.*). – **5.** (*Schnittwunde*) cut. – **6.** (*Stichwunde*) stab (wound).

Wun·der ['vundər] *n* ⟨-s; -⟩ **1.** (*etwas Übernatürliches*) miracle, wonder: an ~ glauben to believe in miracles; das grenzt an ein ~ it borders on the miraculous (*od.* supernatural), it is almost a miracle; wie durch ein ~ blieb er am Leben he miraculously survived. – **2.** (*etwas Außergewöhnliches, Staunenswertes*) wonder, miracle, marvel: die ~ der Welt [Natur] the wonders of the world [of nature]; ein ~ der Technik a wonder (*od.* prodigy) of technology; ein ~ an Schönheit [Perfektion] a wonder of beauty [perfection]; die Medizin tut (*od.* wirkt) ~ the medicine works wonders; ein gutes Wort wirkt oft ~ a good word often works wonders; es ist ein ~, daß [wie] it is a wonder (*od.* miracle) that [how]; das ist ein wahres ~ that is really a wonder (*od.* miracle); (das ist) kein ~ (it is) no (*od.* little, small) wonder; ist es ein ~, wenn er müde ist? is it any wonder that he is tired? das ist bei seiner Gesundheit kein ~ it's no wonder with his health as it is; was ~ (*od.* wenn) small wonder that; du wirst noch dein blaues ~ erleben *colloq.* a) (*du wirst dich wundern*) you are in for a surprise (*od.* a shock) (or two) (*colloq.*), you'll get the surprise of your life, b) (*du wirst eine Tracht Prügel bekommen*) you are in for it, you'll catch it; → Zeichen 8. – **3.** (*außergewöhnlicher Mensch*) marvel, prodigy, phenomenon: er ist ein ~ an Ausdauer, Mut und Tapferkeit he is a marvel of perseverance, courage and valo(u)r. – **4.** *relig.* miracle: die ~ Jesu the miracles of Jesus; ~ tun (*od.* wirken, verrichten) to work (*od.* perform) miracles. – **5.** (*mit Kleinschreibung*) (*in Wendungen wie*) w~(s) was von j-m [etwas] denken (*od.* glauben, meinen, halten) to think (that) s.o. [s.th.] is goodness knows how wonderful, to think that s.o. [s.th.] is absolutely marvel(l)ous; ich dachte, w~(s) was es wäre I was expecting goodness knows what, I thought it would be s.th. wonderful; er denkt, w~(s) was er tut he thinks he does s.th. wonderful (*od.* out of the ordinary); er bildet sich w~ was ein he thinks he is marvel(l)ous (*od.* wonderful, *colloq.* it, *sl.* the bee's knees, the cat's whiskers, the cat's pyjamas), he thinks no small beer of himself; er denkt, er sei w~ wer he thinks he is goodness knows who; er bildet sich w~ was auf sein Auto ein he thinks he is wonderful just because he has a car, he prides himself ever so much on his car (*colloq.*); man hat mir w~ was darüber erzählt I have been told great things about it.

'wun·der·bar **I** *adj* **1.** wonderful, marvelous, *bes. Br.* marvellous: ein ~er Abend [Mensch] a wonderful evening [person]; es hat ~ geschmeckt it tasted wonderful, it was excellent (*od.* delicious); eine ~e Stimme a wonderful (*od.* glorious) voice. – **2.** (*wundersam*) wondrous: die Wege Gottes sind ~ God has many wondrous ways. – **3.** *rare* (*wie ein Wunder*) miraculous: eine ~e Fügung wollte es, daß strange (*od.* unfathomable) fate would have it that. – **II** *adv* **4.** sie hat ~ gesungen she sang wonderfully (*od.* beautifully); ich habe ~ geschlafen I slept wonderfully well; das hast du ~ gelöst you solved that admirably; das Kissen ist ~ weich *colloq.* the cushion is nice and soft. – **III** W~e, das ⟨-n⟩ **5.** the wonderful (*od.* marvelous, *bes. Br.* marvellous) thing: das ist etwas W~es that is s.th. wonderful. – **6.** (*Übernatürliche*) the miraculous: das grenzt ans W~e that borders on the miraculous.

'wun·der·ba·rer'wei·se *adv* miraculously.

'**Wun·der|,baum** *m bot.* castor-oil plant, palma Christi (*Ricinus communis*). — **~,bild** *n röm.kath. cf.* Gnadenbild. — **~,blu·me** *f bot.* four-o'clock (*Gattg Mirabilis*): Gemeine ~ marvel-of-Peru (*Mirabilis jalapa*). — **~,buch** *n* book of legends. — **~,ding** *n* **1.** wonder, marvel, prodigy. - **2.** ~e von j-m [etwas] erzählen *fig.* to tell wonderful (*od.* great) things (*od.* stories) about s.th. [s.th.], to build s.o. [s.th.] up no end (*colloq.*); von ihm hört man ~e one hears wonderful (*od.* great) things about him. — **~,dok·tor** *m* wonder doctor, quack (doctor) (*contempt.*). — **~,dro·ge** *f med. pharm.* miracle drug. — **~ge,schich·te** *f* miraculous story. — **~,glau·be** *m* belief in miracles. — **w~'gläu·big** *adj* **~er** Mensch person who believes in miracles; ~ sein to believe in miracles. — **~,hei·ler** [-,haɪlər] *m* <-s; -> **1.** *cf.* Wunderdoktor. - **2.** faith healer. — **~,hei·lung** *f* miracle (*od.* wonder) cure. — **~,horn** *n myth.* magic horn. — **w~'hübsch** *adj* **1.** (*Kleid, Lied etc*) very lovely, very beautiful. - **2.** (*Mädchen etc*) exceedingly pretty, amazingly attractive. — **~,ker·ze** *f* sparkler. — **~,kind** *n* infant (*od.* child) prodigy, wunderkind. — **~,kna·be** *m* boy wonder. — **~,knol·le** *f bot.* sauromatum (*Sauromatum guttatum*). — **~,kraft** *f* miraculous power. — **~,kur** *f* miraculous (*od.* miracle) cure. — **~,lam·pe** *f* magic lamp (*od.* lantern). — **~,land** *n* wonderland.

'**wun·der·lich** *adj* **1.** queer, odd, strange, peculiar: ein **~er** Heiliger (*od.* Kauz) *colloq.* a queer fellow (*od.* fish) (*colloq.*), an oddity; er wird mit dem Alter etwas ~ he is becoming a bit queer in his old age. - **2.** (*schrullig*) eccentric. - **II** *adv* **3.** sich ~ benehmen (aufführen) to behave oddly (*od.* strangely), to behave in a queer (*od.* an odd, a strange) manner. - **III** W~e, das <-n> **4.** das W~e daran ist, daß the odd thing about it is that. — '**Wun·der·lich·keit** *f* <-; -en> **1.** <*only sg*> queerness, oddness, oddity, strangeness, peculiarity. - **2.** <*only sg*> eccentricity. - **3.** (*wunderliche Handlung*) oddity, oddness, peculiarity. - **4.** (*Schrulle*) eccentricity.

'**Wun·der|,mann** *m* <-(e)s; -männer> *cf.* Wundertäter. — **~,mit·tel** *n* **1.** wonder (*od.* miracle) drug. - **2.** *cf.* Allheilmittel.

wun·dern ['vʊndərn] **I** *v/t* <h> surprise, (*stärker*) astonish: das wundert mich that surprises me, I am surprised (*stärker* astonished) at that; seine Unpünktlichkeit wunderte sie his unpunctuality surprised her; mich wundert gar nichts (mehr) I am not in the least (*od.* not a bit) surprised, that does not surprise me in the least (*od.* one bit), I don't wonder at all; es wundert mich (zu hören), daß I am surprised (*od.* it surprises me) (to hear) that; es sollte mich nicht ~, wenn er doch noch käme I should not be surprised (*od.* I should not wonder) if he came in the end. - **II** *v/reflex* sich ~ (über *acc* at) be surprised, wonder, marvel: ich wunderte mich über sie [ihre Worte] I was surprised (*stärker* astonished) at her [her words]; ich wunderte mich sehr (darüber), daß er das getan hat I really wondered (*od.* I was very [*od.* most] surprised, *stärker* I was quite astonished) at his (*od.* at him) doing that, I was very surprised (*od.* I wondered) that he did that; ich wundere mich über gar nichts (mehr) I am not in the least (*od.* not a bit) surprised, that does not surprise me in the least (*od.* one bit), I don't wonder at all; sie konnte sich nicht genug darüber ~ she could not get over it; du wirst dich ~, wenn you will be surprised when; da wirst du dich aber ~! du wirst dich ~! *colloq.* there are a few surprises (*od.* shocks) in store for you; ich muß mich doch sehr ~! I am (very *od.* most) surprised at you; → ärgern I. - **III** *v/i Swiss* wonder: er wunderte, ob he wondered if.

'**wun·der,neh·men** **I** *v/t* <*irr, sep*, -ge-, h> **1.** surprise, (*stärker*) astonish: das nimmt mich nicht wunder that does not surprise me. - **II** *v/impers* **2.** es nimmt mich wunder, daß er so lange zögert it surprises me (*od.* I am surprised), I wonder (*od.* I am astonished) that he hesitates so long, I am surprised at his hesitating so long; es braucht dich nicht wunderzunehmen, daß it need not surprise you that, you need not be surprised (*od.* wonder) that. - **3.** es

nimmt mich wunder, ob *Swiss* I wonder if (*od.* whether).

'**Wun·der,quel·le** *f* miraculous spring, spring with miraculous power.

'**wun·ders** → Wunder 5.

'**wun·der·sam** *adj poet.* wondrous: plötzlich hörte sie eine ~e Musik all of a sudden she heard wondrous (*od.* strangely moving) music; ihm wurde ganz ~ zumute he was overcome by a wondrous feeling.

'**Wun·der|,schei·be** *f* (*optics*) thaumatrope. — **w~'schön I** *adj* **1.** (*Garten, Haus, Tag etc*) absolutely (*od.* very, exceedingly) beautiful. - **2.** *poet.* (*Mädchen, Fee etc*) most beautiful, very lovely. - **II** *adv* **3.** er konnte ~ singen he could sing (very *od.* absolutely) beautifully. — **~,stab** *m* (*Feuerwerkskörper*) magic wand. — **~,tat** *f* miracle, wonder(work), miraculous deed: ~en vollbringen to work (*od.* perform) miracles. — **~,tä·ter** *m* wonder-worker, miracle man, worker of miracles, thaumaturge, *auch* thaumaturgist. — **w~,tä·tig** *adj* miraculous, wonder-working; thaumaturgic, *auch* thaumaturgical (*scient.*). — **~,tä·tig·keit** *f* <-; *no pl*> working of miracles, thaumaturgy. — **~,tier** *n* monster: j-n anstarren wie ein ~ to stare at s.o. as if he were a monster (*od.* freak). — **~,tü·te** *f* (*Scherzartikel*) surprise packet. — **w~,voll I** *adj* **1.** (*Anblick, Mensch, Tag, Wetter etc*) absolutely wonderful (*od.* marvelous, *bes. Br.* marvellous). - **2.** (*Blumen etc*) absolutely wonderful (*od.* beautiful). - **II** *adv* **3.** sie kann ~ singen she can sing absolutely wonderfully (*od.* beautifully). — **~,waf·fe** *f bes. mil.* miracle weapon. — **~,welt** *f* <-; *no pl*> world of wonders. — **~,werk** *n* wonder(work), miracle, marvel, prodigy: ein ~ der Natur [Technik] a wonder(work) of nature [technology]. — **~,zei·chen** *n bes. relig.* miraculous sign, miracle.

'**Wund|,fie·ber** *n med.* wound (*od.* surgical, *scient.* traumatic) fever, traumatopyra (*scient.*). — **~,flä·che** *f* wound area (*od.* surface). — **w~ge,le·gen I** *pp of* wundliegen. - **II** *adj* sore (*od.* chafed, galled, *stärker* raw) (from lying): ~e Stelle bedsore, pressure sore; decubitus (ulcer), decubital ulcer (*scient.*); ~ sein a) (*von Mensch*) to have (*od.* suffer from) bedsores, b) (*von Stelle*) to be sore (*od.* chafed) (from lying). — **~ge,we·be** *n med.* tissue of a wound. — **~,ha·ken** *m* (*in der Chirurgie*) (wound) retractor, surgical hook, tenaculum (*scient.*). — **~,heft,na·del** *f* surgical needle. — **~,hei·lung** *f* healing (*od.* closing) of a wound. — '**Wund·heit** *f* <-; *no pl*> soreness, (*auf Abschürfung beruhende*) excoriation (*scient.*). — '**Wund|,holz** *n biol. bot.* woundwood. — **~in·fek·ti,on** *f med.* wound infection. — **~,klam·mer** *f* (wound) clip, surgical clip. — **~,klee** *m bot.* lady's-finger, kidney vetch (*Anthyllis vulneraria*). — **~,kraut** *n* **1.** (*zur Wundheilung*) vulnerary herb. - **2.** *bot. cf.* Wundklee. — **w~,lie·gen I** *v/t* <*irr, sep*, -ge-, h> **1.** sich (*dat*) den Rücken [das Gesäß] ~ to develop (*od.* get) bedsores (*od.* get) bedsores (*od.* pressure sores, *scient.* decubital ulcers, decubiti) on the back [buttocks]. - **II** *v/reflex* sich ~ **2.** develop (*od.* get) bedsores (*od.* pressure sores, *scient.* decubital ulcers, decubiti). - **III** W~ *n* <-s> **3.** *verbal noun.* - **4.** development of bedsores (*od.* pressure sores, *scient.* decubital ulcers, decubiti). — **~,mal** *n* <-(e)s; -e> **1.** *lit.* scar. - **2.** *relig.* stigma: die fünf ~e Christi the five stigmata of Christ. — **~,mit·tel** *n med. pharm.* remedy for wounds. — **~,naht** *f med.* (wound) suture, surgical suture. — **~,öff·nung** *f* **1.** (*chirurgische*) (re)opening of a wound. - **2.** (*topographische*) orifice of a wound (on a body surface). — **~,pfla·ster** *n med. pharm.* adhesive plaster (*od.* tape). — **~,pul·ver** *n* vulnerary powder. — **~,rand** *m* lip (*od.* edge, margin, border) (of a wound). — **~,rei·ni·gung** *f* cleansing of a wound. — **~,ro·se** *f* (traumatic *od.* surgical) erysipelas. — **~,sal·be** *f med. pharm.* (healing) ointment, salve. — **~,säu·be·rung** *f med.* wound toilet. — **~,sche·re** *f* surgical scissors *pl* (sometimes construed as *sg*). — **~,schmerz** *m* traumatic pain. — **~,schock** *m med. od. scient.* traumatic) shock. — **~,schorf** *m* scab, crust. — **~,sein** *n* **1.** soreness, excoriation (*scient.*). - **2.** (*Wolf*) intertrigo. - **3.** (*bei Säuglingen*) diaper (*bes. Br.* napkin, *bes. Br. colloq.* nappy) rash. — **~se,kret** *n*

secretion (*od.* discharge) of a wound, ichor (*scient.*): eitriges ~ sanies. — **~,sep·sis** *f* wound sepsis. — **~,star** *m* traumatic cataract. — **~,starr,krampf** *m* lockjaw, tetanus (*scient.*). — **~,toi,let·te** *f* (wound) toilet, debridement. — **~ver,sor·gung** *f* (wound) toilet. — **~,wat·te** *f med. pharm.* surgical cotton, vulnerary wadding.

Wu·ne ['vuːnə] *f* <-; -n> hole in the ice.

Wunsch [vʊnʃ] *m* <-(e)s; ⁼e> ein törichter [unerfüllbarer, unbescheidener] ~ a foolish [an unrealizable, an immodest] wish; ein frommer ~ *iron.* wishful thinking; er hegt den (sehnlichen) ~, daß he (ardently) wishes (*od.* he wishes [very much]) that; es ist sein heimlicher [größter] ~, (einmal) nach China zu reisen his secret [greatest] wish is to travel to China; einen ~ äußern (*od.* aussprechen) to express a wish; einen ~ tun to have (*od.* make) a wish, to wish; ein ~ geht in Erfüllung a wish comes true (*od.* is fulfilled); j-m jeden ~ von den Augen ablesen to anticipate s.o.'s every wish; j-m einen ~ erfüllen [versagen] to fulfill [to deny] s.o. a wish; j-s Wünschen entgegenkommen to meet (*od.* comply with) s.o.'s wishes; haben Sie sonst noch Wünsche? a) (*im Geschäft*) is there anything else (that) you want (*od.* would like)? will there be anything else? b) (*im Hotel, Restaurant etc*) is there anything else (that) you want (*od.* [that] I can do for you? sonst hast du keine Wünsche? *colloq. iron.* are you feeling all right? ich habe nur den einen ~, so bald wie möglich nach Hause zu fahren my one and only wish is to go home as soon as possible; ein eigenes Haus war schon immer mein ~ I always wished for (*od.* wanted to have) a house of my own; es war schon immer mein ~, segeln zu lernen I always wanted to learn to sail; dein ~ ist mir Befehl *humor.* your wish is my command; es ist mein ~ und Wille, daß it is my will that; hier ist der ~ der Vater des Gedankens here the wish is father to the thought; er ist von dem ~ beseelt, Pianist zu werden *lit.* he is filled with the desire to be(come) a pianist; sich nach j-s Wünschen richten to comply with s.o.'s wishes, to do whatever s.o. wishes; es geht alles nach ~ (und Willen) everything is going smoothly (*od.* well); ihr geht alles nach ~ everything goes just as she wants it; → Ziel 3. - **2.** (*Bitte, Verlangen*) request: es erreichten uns wieder viele Wünsche von unseren Hörern we have had many requests again from our listeners; auf ~ a) by (*od.* [up]on) request, b) if desired; auf allgemeinen ~ by popular request; auf vielfachen ~ by (*od.* at, [up]on) the request of many people; auf meinen besonderen ~ hin at my special request; er scheidet auf eigenen ~ (hin) aus he is leaving at his own request; auf ~ seiner Mutter at his mother's request; nach ~ a) as desired, as requested, according to requirements, b) if desired; die Couch kann nach ~ in eine Liege verwandelt werden the couch can be turned into a bed if desired; je nach ~ as desired (*od.* required). - **3.** (*Glück, Segenswunsch*) wish: meine besten Wünsche begleiten dich you have my best wishes, I wish you well; mit den besten Wünschen für eine baldige Genesung with best wishes for (*od.* wishing you) a speedy recovery; mit allen guten Wünschen für das neue Jahr with all good wishes for the New Year; mit den besten Wünschen Ihr(e) X (*in Briefen*) (with the) best wishes, Yours, X.

'**wünsch·bar** *adj Swiss for* wünschenswert. — '**Wunsch|,bild** *n* ideal. — **~,den·ken** *n* <-s; *no pl*> wishful thinking.

'**Wün·schel,ru·te** ['vʏnʃəl-] *f* divining (*od.* dowsing, dipping) rod. — '**Wün·schel,ru·ten,gän·ger** *m* <-s; -> diviner, dowser, rhabdomancer (*lit.*).

wün·schen ['vʏnʃən] **I** *v/t* <h> **1.** (*erhoffen, ersehnen*) wish: ich wünschte, ich könnte bei euch sein I wish I could be with you; er wünschte, er wäre aus der Sache heraus he wished himself out of the affair; ich wünschte mir einige Tausend Mark mehr I wish I had several thousand marks more; sie wünscht sich (*dat*) zu Weihnachten einen Teddybär she wants a teddy bear for Christmas; sie wünscht sich (*dat*) sehnlichst eine Puppe she longs for (*od.* to have) a doll, she wishes for a doll; sie haben

alles, was man sich (*dat*) nur ~ **kann** they have everything one could wish for; **ich könnte mir nichts Besseres** ~ I could wish for nothing better, I could not wish for anything better; **ich hätte mir den Artikel noch besser gewünscht** I (should have) expected a better article, I (should have) expected this article to be better; **es ist (sehr) zu** ~, **daß bald eine Lösung gefunden wird** it is (very much) to be hoped that a solution is soon found, it is (highly) desirable that a solution (should) soon be found; **es wäre sehr zu** ~, **daß er sofort kommt** it would be desirable if he came immediately, it would be desirable for him to come immediately. – **2.** (*wollen, verlangen*) wish, want, desire: **etwas** ~ to wish (*od.* want) s.th., to be desirous of s.th.; **ich wünsche, daß meine Anordnungen befolgt werden** I wish my orders to be obeyed; **ich wünsche nicht, gestört zu werden** I do not wish to be disturbed; **was** ~ **Sie?** what can I do for you? **can I help you? was** ~ **Sie von mir?** what do you want from (*od.* of) me? **es wird gewünscht, daß die Angestellten pünktlich sind** the staff are requested to be punctual. – **3.** (*für einen anderen erbitten*) wish: **ich wünsche dir baldige Genesung** [**eine gute Reise, viel Erfolg**] I wish you a speedy recovery [a good journey, success]; **er wünschte ihm ein frohes Weihnachtsfest und ein gutes neues Jahr** he wished him a merry Christmas and a happy New Year; **das wünsche ich meinem ärgsten Feind nicht** I would not wish that (up)on my worst enemy, *Am. colloq.* I would not wish that to happen to a dog; **j-m einen guten Morgen** ~ to bid (*od.* wish) s.o. good morning; **zum Geburtstag wünsche ich Dir alles Gute** (*in Briefen*) I wish you all the best for (*od.* on) your birthday; **j-m für etwas Glück** ~ to wish s.o. luck for (*od.* in, with) s.th.; **(ich) wünsche, wohl geruht zu haben** *humor.* I hope you had a pleasant night's rest; → Pest 1; Pfeffer 1; Teufel 1. – **II** *v/i* **4. Sie** ~, **bitte?** what can I do for you? can I help you? **(ganz) wie Sie** ~ a) (just) as you wish, very well, b) *auch iron.* (just) as you wish (*od.* please), suit yourself. – **5. etwas läßt (sehr) zu** ~ **übrig** s.th. leaves much (*od.* a great deal, *colloq.* a lot) to be desired. – **III** *v/reflex* **6. sich an einen Ort** ~ to wish (that) one were (*od. colloq.* was) somewhere: **ich wünsche mich weit weg** I wished I were (*od. colloq.* was) far away; **mit dem Zauberring wünschte er sich auf einen hohen Berg** with the magic ring he wished himself on a high mountain. –

'**wün·schens,wert** *adj* desirable: **es wäre** ~, **daß alle kommen** (*od.* alle kämen) it would be desirable if everyone came (*od.* for everyone to come); **etwas ist nicht** ~ s.th. is not desirable, s.th. is undesirable.

'**Wunsch**|**form** *f ling.* optative (form). — **w~ge,mäß** *adv* as requested, as desired, according to one's (*od.* s.o.'s) wishes. — ~**kind** *n* eagerly awaited child: „**Das** ~" "The Wish Child" (*novel by I. Seidel*). — ~**kon,zert** *n* (*radio*) (musical) request program (*bes. Br.* programme). — **w~los** **I** *adj* **1.** ~**es Glück** perfect happiness. – **2.** (*pred*) content, happy: **ich bin augenblicklich ganz** ~ I am perfectly happy (*od.* quite content) at the moment. – **II** *adv* **3.** ~ **glücklich sein** to be quite (*od.* perfectly) happy. — ~**satz** *m ling.* optative clause. — ~**traum** *m* **1.** *psych.* wish dream. – **2.** *fig.* (*sehnlicher Wunsch*) dream (of one's dreams [*od.* life]): **ein eigenes Haus war schon immer mein** ~ it has always been the dream of my dreams to have a house of my own. — ~**vor,stel·lung** *f* wishful thinking. — **w~,wei·se** *adv* **1.** as required, as desired, according to requirements. – **2.** if desired. — ~**zet·tel** *m* list of wishes, (*bes. zu Weihnachten*) *auch* letter to Santa Claus.

wupp [vup], ~**dich** *interj* pop: **und** ~ **war er fort** and he was gone (*like*) a flash. '**Wupp,dich** *m* ⟨-s; -s⟩ **in** (*od.* mit) **einem** ~ *colloq.* a) in a flash, in two shakes (*colloq.*), b) (*mit einem Sprung*) in one bound.

wupps [vups] *interj cf.* wupp(dich).

wür·be ['vyrbə] *1 u. 3 sg pret subj of* werben.

wur·de ['vʊrdə] *1 u. 3 sg pret, wür·de* ['vyrdə] *1 u. 3 sg pret subj of* werden.

'**Wür·de** *f* ⟨-; -n⟩ **1.** ⟨*only sg*⟩ dignity, stateliness: **die** ~ **des Alters** the dignity of age;

---

die ~ **des Menschen ist unantastbar** the dignity of man shall be inviolable; ~ **bewahren** to keep (*od.* retain) one's dignity; **mit** ~ with dignity, dignified; **ich werde es mit** ~ **tragen** *colloq. humor.* I'll get over it; **das ist unter aller** ~ that is beneath contempt; **er hält es für unter seiner** ~, **er findet es unter seiner** ~ he deems (*od.* considers) it beneath his dignity, he considers it below him. – **2.** rank, dignity: **zu hohen** ~**n kommen** (*od. lit.* emporsteigen) to advance to high rank; **j-n zu den höchsten** ~**n erheben** (*od.* daß promote) s.o. to the highest positions (*od.* rank); **j-n seiner** ~ **entkleiden** to strip (*od.* divest) s.o. of his rank; **j-m die** ~ **eines Doktors verleihen** to confer a doctorate (up)on s.o.; **der Doktortitel ist eine akademische** ~ the title of doctor is an academic degree; **in Amt und** ~**n sein** a) to be in high rank and hono(u)r, b) to be well established; ~ **bringt Bürde** (*Sprichwort*) etwa hono(u)rs bring burdens with them; → **Mann 2.** – **3. sich der** ~ **eines Gebäudes entsprechend verhalten** to behave in a dignified manner in keeping with the function of a building.

'**wür·de·los** **I** *adj* (*Person, Verhalten etc*) undignified. – **II** *adv* ~ **handeln** to act in an undignified manner. — '**Wür·de·lo·sig·keit** *f* ⟨-; *no pl*⟩ lack of dignity.

'**Wür·den,trä·ger** *m* ⟨-s; -⟩ dignitary: **ein hoher** ~ a high dignitary; **ein geistlicher** ~ an ecclesiastical dignitary.

'**wür·de,voll** **I** *adj* **1.** (*Aussehen, Haltung, Person etc*) dignified, stately. – **2.** (*Feier, Worte etc*) dignified, solemn. – **II** *adv* **3.** with dignity: **sich** ~ **bewegen** to move (*od.* carry oneself) with dignity; ~ **auftreten** to act with dignity.

'**wür·dig** **I** *adj* **1.** dignified: **ein** ~**er alter Herr** a dignified old gentleman. – **2.** *cf.* würdevoll 2. – **3.** (*der Würde des Menschen etc angemessen*) worthy: **ein** ~**es Begräbnis** a worthy funeral. – **4.** (*wert*) worthy: **ein** ~**er Nachfolger des Direktors** a worthy successor to the director; **sich einer Sache** ~ **erweisen** to prove worthy of s.th.; **j-n für** ~ **befinden, einen Preis zu erhalten** to find s.o. worthy of a prize; **er fühlt sich ihrer nicht** ~ he does not feel worthy of her; **er ist es (nicht)** ~, **bevorzugt zu werden** he is (not) worthy of precedence (*od.* preference); **er ist dessen nicht** ~ he is not worthy of it; **er war meines Vertrauens nicht** ~ *lit.* he was not worthy of my confidence. – **5.** (*verdient*) deserving, worthy: **das Stipendium ist nur für** ~**e Bewerber gedacht** the scholarship is intended for deserving applicants only. – **II** *adv* **6.** with dignity: **sich** ~ **verhalten** to behave with dignity (*od.* dignified). – **7. j-n** ~ **vertreten** to be s.o.'s adequate substitute.

'**wür·di·gen** *v/t* ⟨h⟩ **1.** (*schätzen*) appreciate: **er weiß einen guten Wein zu** ~ he appreciates a good wine; **ich weiß seine Güte zu** ~ I appreciate his kindness. – **2.** (*einschätzen*) appreciate, comprehend: **um einen Roman recht** ~ **zu können** in order to appreciate a novel properly, in order to be able to do justice to a novel. – **3.** (*beachten*) appreciate: **diesen Punkt hat die Forschung bisher noch nicht genügend gewürdigt** research has not yet appreciated this point sufficiently, up to now research has not given this point its due. – **4.** (*anerkennen*) acknowledge: **ihre Leistungen wurden durch eine Prämie gewürdigt** their work was recognized by a prize. – **5.** (*durch Worte anerkennen*) pay tribute to: **j-s Verdienste** ~ to pay tribute to s.o.'s merits; **in seiner Ansprache würdigte er das Werk des scheidenden Präsidenten** in his address he paid tribute to the work of the retiring president. – **6. j-n keiner Antwort** [**keines Blickes, keines Wortes**] ~ not to do so much as (*od.* answer) [to look at, to speak to] s.o., not to condescend (*od.* deign) to answer (*od.* reply) [to look at, to speak to] s.o., not to vouchsafe s.o. an answer (*od.* a reply) [a glance, a word]. — '**wür·di·gend** **I** *pres p.* – **II** *adj* (*Worte, Sätze*) appreciative, appreciatory.

'**Wür·dig·keit** *f* ⟨-; *no pl*⟩ **1.** worthiness. – **2.** deservingness, worthiness: **die** ~ **eines Kandidaten** the deservingness of a candidate. – **3.** (*im Hüttenwesen*) values *pl*, *auch* value.

'**Wür·di·gung** *f* ⟨-; -en⟩ **1.** ⟨*only sg*⟩ ap-

---

preciation: **in** ~ **seiner Leistungen** in appreciation of his accomplishments; **bei aller** ~ **seiner Verdienste** with due respect to (*od.* in all appreciation of) his merits. – **2.** ⟨*only sg*⟩ consideration, appraisal: **nach eingehender** ~ **aller Gründe** after close consideration of all reasons. – **3.** (*würdigender Artikel etc*) appreciation: **die Zeitung brachte eine** ~ **seines Werkes** the newspaper published an appreciation of his work. – **4.** (*Ehrenerweisung*) honor, *bes. Br.* honour: **ihm wurden viele** ~**en zuteil** he was granted (*od.* awarded) many hono(u)rs, many hono(u)rs were bestowed (up)on him.

Wurf [vʊrf] *m* ⟨-(e)s; ⸚e⟩ **1.** ⟨*only sg*⟩ throwing: **beim** ~ when one throws, when throwing. – **2.** (*mit Ball, Stein etc*) throw, heave: **jeder Teilnehmer hat drei Würfe** each competitor has three throws; **zum** ~ **ausholen** to draw (*od.* swing) back to throw (*od.* for a throw); **ein** ~ **aus dem Stand** a standing throw; **drei** ~ **die Würfe** eine Mark three throws one mark; **ein gelungener** ~ *fig.* a great success; **ein glücklicher** ~ *fig.* a lucky hit, *Am. colloq. auch* a ten-strike. – **3.** (*mit Kugel etc*) bowl: **mit einem** ~ **alle neune treffen** (*beim Kegeln*) to knock down all of the pins with the first bowl; **ein** ~ **in die vollen** (*beim Kegeln*) first bowl. – **4.** (*mit Würfel*) throw, cast: **ein guter** ~ a good throw; **er hat den ersten** ~ he has the first throw, he is first to throw; **alles auf einen** ~ **setzen** a) to stake all on a single throw, b) *fig.* to put all one's eggs in one basket; **auf einen** ~ *fig.* at one go; **da hast du einen guten** ~ **getan** *fig.* you made a good move there, you were very lucky there; **einen großen** ~ **tun** *fig.* to score a great hit; **dieser Roman war sein großer** ~ *fig.* this novel was his big success (*Am. colloq. auch* ten-strike). – **5.** (*sport*) a) (*beim Judo, Ringen*) throw, b) (*beim Basketball, Handball*) throw, shot, c) (*in der Leichtathletik*) throw, d) (*beim Baseball*) pitch, throw: **Würfe aus dem Stand** (*beim Judo*) standing throws; **Würfe durch Eigenfall** (*beim Judo*) throws by sacrifice falls; **ein** ~ **aus der zweiten Reihe** (*beim Handball*) a shot from the second line. – **6.** *zo.* litter, (*von Schweinen*) *auch* farrow: **ein** ~ **junger Hunde** a litter of puppies. – **7.** (*von Gewand, Vorhang*) fall, folds *pl.* – **8.** *mil.* a) cast, throw, b) (*bomb*) release. – **9.** (*art*) sketch, outline: **das ist der erste** ~ that is the first sketch (*od.* rough outline).

'**Wurf**|**an·gel** *f* (*zum Fischen*) spinning rod. — ~**an·ker** *m mar.* kedge (anchor), *auch* kedger. — ~**an·la·ge** *f* (*auf Sportplätzen*) throwing facility (*od.* range). — ~**an·satz** *m* (*sport*) (*beim Judo*) taking hold for throwing. — ~**ap·pa,rat** *m* (*beim Tontaubenschießen*) trap. — ~**arm** *m* (*sport*) **1.** (*in der Leichtathletik, beim Handball etc*) throwing arm. – **2.** (*beim Bogenschießen*) bow limb. — ~**aus,füh·rung** *f* (*beim Judo*) execution of the throw. — ~**bahn** *f* **1.** *phys.* trajectory. – **2.** *mil.* (ballistic) trajectory, flight path. — ~**be,we·gung** *f* throwing motion (*od.* action). — ~**dis·zi,plin** *f* (*sport*) (*in der Leichtathletik*) throwing event, throw.

wür·fe ['vyrfə] *1 u. 3 sg pret subj of* werfen. **Wür·fel** ['vyrfəl] *m* ⟨-s; -⟩ **1.** (*Spielstein*) die, bones *pl, bes. Am. sl.* cube: **falsche** ~ loaded (*od.* cogged) dice; **mit** ~**n spielen,** ~ **spielen** to play (at) dice, *auch* to dice; **mit falschen** ~**n spielen** to cog, to play with loaded dice, to use cogged dice; **der** ~ **ist** (*od.* die ~ **sind**) **gefallen** *fig.* the die is cast. – **2.** (*würfelförmiges Stück*) cube, die: **etwas in** ~ **schneiden** *bes. gastr.* to cut (*auch* cube) s.th. – **3.** (*Eis*) cube. – **4.** (*Zucker*) cube, lump. – **5.** *math.* cube, hexahedron (*scient.*). — **w~ähn·lich** *adj* cubelike, cuboid. — ~**an,ten·ne** *f electr.* cubical antenna (*bes. Br.* aerial). — ~**be·cher** *m* dice cup, shaker, dicebox. — ~**bein** *n med.* (*am Fuß*) cuboid (bone), cuboid. — ~**brett** *n* dice board. — ~**erz** *n min.* cube ore, pharmacosiderite (*scient.*). — ~**form** *f* (*only sg*) cubic shape, shape of a cube: ~ **haben** to be cube-shaped; **Margarine wird in** ~ **hergestellt** margarine is produced in cubes. — **w~,för·mig** *adj* cube-shaped, cubic(al), cubiform. — ~**fries** *m* (*bes. in romanischer Baukunst*) cubed frieze.

'wür·fe·lig adj etwas ~ schneiden bes. gastr. to dice (auch cube) s.th.

'Wür·fel|,in,halt m math. cubic contents pl (od. volume): den ~ berechnen to calculate the cubic contents. — **~ka·pi,tell**, auch **~ka·pi,täl** n arch. cushion (od. block, cubiform) capital. — **~,mu·ster** n (auf Stoffen) check(s pl), checked (od. checkered, Br. chequered) design (od. pattern).

'wür·feln I v/t ⟨h⟩ **1.** throw: sechs Augen (od. eine Sechs) ~ to throw a six. – **2.** gastr. (Speck, Zwiebel etc) dice, auch cube. – **II** v/i **3.** play (at) dice, auch dice. – **4.** cast (od. throw) dice: um Geld ~ to throw dice for money; um den ersten Einsatz ~ to cast dice for the first throw. – **III W~** n ⟨-s⟩ **5.** verbal noun: du bist mit (dem) W~ an der Reihe it is your (turn to) throw. – **6.** (Glücksspiel) dicing.

'Wür·fel|,nat·ter f zo. dice (od. tesselated) snake (Natrix tessellata). — **~,schrau·be** f tech. cube-headed screw. — **~,spiel** n **1.** dice pl: beim ~ sein Geld verlieren to lose one's money at dice. – **2.** (Partie) game of dice. — **~,spie·ler** m dice player, (bes. um Geld) dicer. — **~,stecker** (getr. -k·k-) m electr. multi-point connector. — **~,zucker** (getr. -k·k-) m gastr. lump (od. cube) sugar.

'Wurf|ge,blä·se n tech. pneumatic conveyor (od. ejector), blower ejector. — **~ge,rät** n mar. mil. throwing (od. projecting) device, projector. — **~ge,schoß** n missile, projectile. — **~,häcks·ler** m ⟨-s; -⟩ agr. ensilage harvester. — **~,ham·mer** m (sport) (in der Leichtathletik) hammer. — **~,hand,schuh** m (beim Hammerwerfen) (throwing) glove. — **~,hö·he** f height of throw. — **~,holz** n **1.** throwing stick (od. board). – **2.** cf. Wurfbrett. — **~,keu·le** f (sport) club. — **~,kom·bi·na·ti,on** f (beim Judo etc) combined throws pl. — **~,kör·per** m cf. Wurfgeschoß. — **~,kraft** f throwing force. — **~,kreis** m (sport) (in der Leichtathletik, beim Handball) throwing circle. — **~,lei·ne** f mar. heaving line.

'Würf·ler m ⟨-s; -⟩ cf. Würfelspieler.

'würf·lig adj cf. würfelig.

'Wurf|,li·nie f **1.** phys. trajectory. – **2.** (sport) throwing line. — **~,mal** n (sport) (beim Baseball) pitching crease (od. mark). — **~ma,schi·ne** f **1.** mil. hist. catapult. – **2.** (sport) (zum Tontaubenschießen) trap. — **~,mes·ser** n throwing knife (od. iron). — **~,netz** n mar. cast(ing) net. — **~pa,ra·bel** f phys. trajectory parabola. — **~,pfeil** m dart. — **~,rich·ter** m (sport) (in der Leichtathletik) judge at throwing (competitions).

'Wurf,ring m quoit. — **~,spiel** n **1.** quoits pl (construed as sg or pl). – **2.** (Partie) game of quoits.

'Wurf|,sal·to m (beim Turnen) throwing somersault. — **~,schau·fel** f **1.** agr. winnow(ing) shovel. – **2.** tech. (hand) scoop. — **~,schei·be** f (sport) (in der Leichtathletik) discus. — **~,schleu·der** f cf. Wurfbrett. — **~,schlin·ge** f lasso, lariat, riata. — **~,schnur** f (beim Angeln) **1.** stretcher. – **2.** tail fly. — **~,sek·tor** m (sport) (in der Leichtathletik) throwing sector. — **~,sen·dung** f (postal service) unaddressed printed papers pl (posted in bulk). — **~,speer** m **1.** (sport) (in der Leichtathletik) javelin. – **2.** (als Waffe) throwing spear, javelin. — **~,spieß** m cf. Wurfspeer 2. — **~,stoß** m (beim Fechten) counter.

'Wurf,tau·be f (beim Schießsport) clay pigeon.

'Wurf,tau·ben|,flin·te f (beim Schießsport) a) (beim Trapschießen) trap(shooting) gun, b) (beim Skeetschießen) skeet gun. — **~,gra·ben** m trench. — **~,schie·ßen** n clay-pigeon shooting, (Trapschießen) trap-shooting, (Skeetschießen) skeet (shooting).

'Wurf|,tech·nik f (sport) throwing technique. — **~,waf·fe** f (Steine etc) weapon (od. missile) for throwing. — **~,wei·te** f **1.** throw(ing range). – **2.** mil. a) (eines Granatwerfers) mortar range, b) (von Handgranaten) throwing range, c) (von Bomben) forward travel, actual range. — **~,zeit** f zo. (bei Säugetieren) birth, parturition (scient.).

'Würg|,ad·ler m zo. eagle-hawk (Morphnus guianensis). — **~be,we·gung** f med. (beim Essen) regurgitation.

'Wür·ge|,boh·rung f tech. (bei Gewehren) chokebore. — **~,griff** m **1.** (sport) (beim Judo) stranglehold. – **2.** fig. stranglehold. **Wür·gel** ['vʏrgəl] n ⟨-s; -⟩ Middle G. ([un-gezogenes] kleines Kind) brat.

'Wür·ge|,mal n meist pl mark of strangulation.

wür·gen ['vʏrgən] **I** v/t **1.** choke: j-n ~ to choke (od. throttle) s.o.; der Kragen würgt mich (am Hals) the collar chokes me (at the throat); der Bissen würgte ihn the morsel choked him, he choked on the morsel; Angst würgte ihn fig. fear choked him, he choked with fear. – **II** v/i **2.** med. (bei Brechreiz) gag, retch, have dry heaves, heave. – **3.** an einem Bissen ~ to choke a morsel; an einer Arbeit ~ fig. colloq. to struggle at (od. sweat over) a piece of work. – **III W~** n ⟨-s⟩ **4.** verbal noun: ~ hängen 15. – **5.** ein W~ in der Kehle spüren to feel a lump in one's throat.

'Würg,en·gel m Bibl. destroying angel.

'Wür·ger m ⟨-s; -⟩ **1.** strangler. – **2.** der ~ poet. (Tod) Death. – **3.** zo. shrike (Fam. Laniidae): a) Grauer ~ great gray (bes. Br. grey) shrike (Lanius excubitor), b) Rotrückiger ~ redbacked shrike, Br. auch pope (Lanius collurio). – **4.** bot. chokeweed (Orobanche rapumgenistae).

'Wür·ge|,spu·ren pl traces of strangulation. — **~,tech·nik** f (sport) (beim Judo) strangulation technique.

'Würg|,fal·ke m zo. saker (Falco cherrug). — **~,re,flex** m med. gag (od. retching) reflex. — **~,schrau·be** f hist. cf. Garrotte. — **~,spin·ne** f meist pl zo. cf. Vogelspinne.

Wurm¹ [vurm] m ⟨-(e)s; ⁼er⟩ **1.** worm: das Holz ist von Würmern zerfressen the wood is eaten by worm(s) (od. is worm-eaten); voller Würmer full of worms, vermiculous, vermiculose (scient.); zu den Würmern gehörig zo. helminthic; sich krümmen wie ein ~ fig. to try to worm one's way out of it, to squirm; da ist (od. sitzt) der ~ drin fig. colloq. a) there is s.th. fishy there (od. about that) (colloq.), there is s.th. funny (od. some funny business) going on there, b) (im Motor etc) there is s.th. wrong with it, there's a bug in it somewhere (sl.); j-m die Würmer aus der Nase ziehen fig. colloq. to worm (durch Schmeichelei auch wheedle) secrets out of s.o.; der nagende ~ des Gewissens fig. gnawing pangs pl of conscience. – **2.** (Made) maggot, mite: im Apfel ist ein ~ the apple is worm-eaten. – **3.** pl med. Würmer haben to have (od. suffer from) worms; Mittel gegen Würmer pharm. cf. Wurmmittel. – **4.** med. (Nagelgeschwür) whitlow. – **5.** med. a) (Wurmfortsatz), b) (Mittelteil des Kleinhirns) vermis. – **6.** fig. colloq. (Kind) mite (of a child): der arme ~! poor little mite (od. thing). – **7.** poet. a) (kriechendes Tier) reptile, (Schlange) serpent, b) (Drache) dragon.

Wurm² n ⟨-(e)s; ⁼er⟩ bes. Northern G. fig. colloq. for Wurm¹ 6.

'wurm|,ab,trei·bend adj med. pharm. anthelmintic, vermifuge, vermicidal: ~es Mittel cf. Wurmmittel. — **~,ähn·lich** adj wormlike, vermicular (scient.). — **~,ar·tig** adj **1.** wormy, vermicular (scient.). – **2.** zo. helminthoid, lumbriciform, vermiform. **W~arz,nei** f med. pharm. cf. Wurmmittel. **Würm·chen** ['vʏrmçən] n ⟨-s; -⟩ **1.** dim. of Wurm¹ u. ². – **2.** med. vermicule, vermiculus. – **3.** fig. colloq. little mite: so ein armes ~ (what a) poor little mite.

'Würm-,Eis,zeit ['vʏrm-] f geol. Würm. **wur·men** ['vurmən] v/t ⟨h⟩ colloq. rile (colloq.), nettle, gall, rankle: es wurmt ihn, daß it riles him that; die Zurücksetzung wurmt ihn the slight nettles him; das wurmt ihn sehr that really riles him. **'Wur·mer,kun·de** f zo. helminthology.

'Wurm|,farn m bot. male fern (Dryopteris filix-mas). — **~,fie·ber** n med. worm fever. — **w~,för·mig** adj wormlike; vermiculous, vermiculose, vermiform (scient.). — **~,fort,satz** m med. vermiform appendix (od. appendage, process), appendix. — **~,fraß** m (forestry) damage caused by wood worms. — **~ge,schwür** n med. ulceration caused by parasitic worms.

'wur·mig adj **1.** worm-eaten, wormy, full of worms, (Holz) auch full of worm. – **2.** (madig) maggoty, full of maggots.

'Wurm|,ko·lik f med. vet. verminous (od. worm) colic. — **~,krank·heit** f worms pl; helminthiasis, vermination (scient.). — **~,kraut** n bot. colloq. for a) Wurmfarn, b) Rainfarn. — **~,kun·de** f helminthology, scolecology. — **~,kur** f deworming.

(course of) anthelmintic treatment. — **~,lar·ve** f zo. worm larva.

'Würm·lein ['vʏrmlain] n ⟨-s; -⟩ poet. cf. Würmchen.

'Wurm|,loch n wormhole. — **~,mehl** n worm(hole) dust, boring dust, bore meal. — **~,mit·tel** n med. pharm. vermicide, vermifuge, helminthicide. — **~,pul·ver** n worm powder. — **~,rin·den,baum** m bot. cabbage bark, cabbage-bark tree (Andira inermis). — **~,sa,lat** m bristly oxtongue (Picris echioides). — **~,sa·me(n)** m med. pharm. (American) wormseed, santonica (scient.). — **~,sa·men,öl** n wormseed (od. scient. chenopodium) oil, oil of American wormseed. — **~,schlan·ge** f zo. worm snake (Gattg Typhlops). — **~,schnecke** (getr. -k·k-) f worm shell, old-maid's curl (Fam. Vermicularia). — **~,stich** m (in Früchten, Holz) wormhole. — **w~,sti·chig** adj (Holz, Obst etc) worm-eaten, wormy, full of worms, (Holz) auch full of worm: das Holz ist ~ geworden the wood is worm-eaten, the worm has got(ten) into the wood. — **w~,trei·bend** adj med. pharm. anthelmintic, vermifuge, vermicidal. — **~,wüh·le** f ⟨-, -vy:lə⟩ f ⟨-; -n⟩ zo. caecilian, coecilian (Caecilia tentaculata).

Wurscht [vurʃt] f only in das ist mir ganz (od. völlig) ~ colloq. I don't care a rap (od. fig), I don't give a damn colloq. hang, sl. hoot). — **w~,egal** [-ˀeˈgaːl] adj colloq. cf. wurstegal. **Wursch·te'lei** f ⟨-; -en⟩ colloq. cf. Wurste-lei.

wursch·teln ['vurʃtəln] v/i u. v/reflex ⟨h⟩ colloq. cf. wursteln. **'wursch·tig** adj colloq. cf. wurstig. **'Wursch·tig·keit** f ⟨-; no pl⟩ colloq. cf. Wurstigkeit.

Wurst [vurst] f ⟨-; ⁼e⟩ **1.** gastr. sausage: frische [gebratene, geräucherte] ~ fresh [fried, smoked] sausage; ~ herstellen (od. machen) to make sausages; ~ zum (od. für) Aufschnitt sausage for slicing; ein Brot mit ~ belegen to put sausage on a slice of bread; wollen Sie die ~ im Stück? do you want the sausage unsliced? – **2.** fig. (etwas Wurstförmiges) roll, sausage: den Teig zu einer ~ rollen to roll dough into a roll. – **3.** fig. colloq. (in Wendungen wie) jetzt geht es um die ~! now or never! it's do or die! das ist mir (ganz od. völlig) ~ I don't care a rap (od. fig), I don't give a damn (od. colloq. hang, sl. hoot), I don't give a hoot (od. care) two hoots (sl.); ~ wider ~ tit for tat; → Speckseite. — **~,blatt** n **1.** cf. Wurstscheibe. – **2.** fig. colloq. cf. Käseblatt. — **~,brot** n slice of bread and (od. with) sausage. — **~,brü·he** f sausage broth.

'Würst·chen ['vʏrstçən] n ⟨-s; -⟩ **1.** gastr. small sausage: heiße ~! (als Ausruf) hot sausages! Frankfurter ~ frankfurt(er), frankfort(er), frank; Wiener ~ wiener-wurst, wiener, Am. auch weiner, Am. sl. wienie, weenie. – **2.** er ist ein ~ fig. contempt. he is a nobody. – **3.** armes ~ fig. colloq. poor thing (od. soul). — **~,bu·de** f, **~,stand** m sausage stand.

'Wurst|,darm m sausage casing (od. skin). — **w~,egal** [vurstˀeˈgaːl] adj das ist mir ~ colloq. I don't care a rap (od. fig), I don't give a damn (od. colloq. hang, sl. hoot), I don't give a hoot (od. care) two hoots (sl.).

Wur·stel ['vurstəl] m ⟨-s; -⟩ Bavarian and Austrian for Hanswurst, Kasperle. **Wür·stel** ['vʏrstəl] n ⟨-s; -⟩ Bavarian and Austrian gastr. for Würstlein 1.

Wur·ste'lei f ⟨-; -en⟩ colloq. muddling, muddle. — **wur·steln** ['vurstəln] colloq. **I** v/i ⟨h⟩ **1.** muddle (od. fiddle, blunder) along. – **2.** cf. schludern. – **II** v/reflex **3.** sich durchs Leben ~ to muddle along (through life).

'Wür·stel,stand m Bavarian and Austrian for Würstchenstand. **wur·sten** ['vurstən] v/i ⟨h⟩ make sausages. **'Wurst,en·de** n sausage end. **Wur·ste'rei** f ⟨-; -en⟩ dial. **1.** ⟨only sg⟩ sausage-making. – **2.** cf. Wurstküche.

'Wurst|fa,brik f sausage factory. — **~fa·bri·ka·ti,on** f sausage-making, sausage manufacture. — **~,fin·ger** m meist pl contempt. fat (od. bulbous) finger. — **~,fleisch** n gastr. sausage meat. — **w~,för·mig** adj sausage-shaped. — **~,fül·ler** m sausage filler. — **~,fül·lung** f sausage filling. — **~,händ·ler** m cf. Wurstwarenhändler. — **~,haut** f sausage skin.

wur·stig ['vurstɪç] *colloq.* **I** *adj* devil-may--care (*attrib*). — **II** *adv* sich ~ benehmen to have a devil-may-care attitude. — '**Wur·stig·keit** *f* ⟨-; *no pl*⟩ *colloq.* devil-may-care attitude.

'**Wurst**|**,kes·sel** *m* sausage boiler. — **~kon,ser·ve** *f* **1.** *pl* preserved (*od.* canned, *bes. Br.* tinned) sausages. — **2.** can (*bes. Br.* tin) of sausages. — **~,kraut** *n bot. cf.* Majoran. — **~,kü·che** *f* special kitchen where sausages are prepared. — **~,la·den** *m* charcuterie, (shop selling) delicatessen. — **~,mas·se** *f* sausage mixture (*od.* meat). — **~,pel·le** *f bes. Northern G.* for Wursthaut. — **~,ring** *m* sausage ring. — **~,schei·be** *f* slice of sausage. — **~,sup·pe** *f* sausage broth, (*von Blutwurst*) *auch* blood sausage (*od.* black pudding) broth. — **~ver,gif·tung** *f med.* sausage poisoning; allantiasis, botulism (*scient.*).

'**Wurst,wa·ren** *pl gastr.* sausages. — **~,händ·ler** *m* **1.** charcutier, dealer in delicatessen. - **2.** *cf.* Wurstladen.

'**Wurst,zip·fel** *m* sausage tip (*od.* end).

Wurt [vurt] *f* ⟨-; -en⟩, '**Wur·te** *f* ⟨-; -n⟩ *cf.* Warf². — '**Wur·ten,sied·lung** *f* (an der Nordsee) dwellings *pl* on a flood-resistant mound (*od.* knoll).

Wurt·zit [vur'tsiːt; -'tsɪt] *m* ⟨-s; -e⟩ *min.* wurtzite.

Wurz [vurts] *f* ⟨-; -en⟩ *obs. od. dial.* for Wurzel 1.

Wür·ze ['vyrtsə] *f* ⟨-; -n⟩ **1.** (*Gewürz*) spice, relish, condiment: die ~ des Lebens *fig.* the spice of life. – **2.** (*Aroma*) seasoning, flavoring, *bes. Br.* flavouring: der Soße fehlt die ~ the sauce lacks seasoning. – **3.** *brew.* wort, malt liquor: die ~ abziehen to drain (*od.* draw) off the wort. – **4.** *fig.* (*Witz, Reiz*) zest, relish: dem Ganzen fehlt die (rechte) ~ the whole thing lacks zest; → Kürze 3.

Wur·zel ['vurtsəl] *f* ⟨-; -n⟩ **1.** *auch fig.* root: ~(n) schlagen (*od.* fassen) a) (*von Pflanzen etc*) to take (*od.* strike) root, to root, b) *fig.* to take root, to root; ~n treiben to grow (*od.* send out, develop) roots; tiefe ~n schlagen to grow deep roots; etwas mit der ~ ausreißen a) to uproot s.th., to pull s.th. out (*od.* up) by the root, to root s.th. out (*od.* up), b) *fig.* to uproot (*od.* eradicate) s.th.: ein Übel mit der ~ ausrotten *fig.* to eradicate an ill (*od.* a trouble); das Übel an (*od.* bei) der ~ packen *fig.* to get down to the root of the trouble; die ~ allen Übels sein *fig.* to be the root of all evil. – **2.** Gelbe ~ *Northern G. agr.* carrot. – **3.** (*Haarwurzel*) (hair) root. – **4.** (*Nagelwurzel*) nail root (*od.* matrix). – **5.** (*Zahnwurzel*) root (of a tooth), (*ohne Krone*) *auch* stump. – **6.** *med.* a) (*der Hand*) wrist, carpus (*scient.*), b) (*des Fußes*) tarsal bones *pl*, tarsus. – **7.** *math.* root, radical: zweite [dritte, vierte] ~ square [cubic, biquadratic] root; die ~ (aus) einer Zahl ziehen to extract (*od.* calculate) the (square) root of a number. – **8.** *ling.* radical, root. — **~,ab,le·ger** *m hort.* root cutting. — **~äl·chen** *n zo.* root eelworm (*Heterodera radicicola*). — **w~,ar·tig** *adj* rootlike, rhizoid (*scient.*). — **~,aus,läu·fer** *m bot.* runner, sucker. — **~,aus,zie·her** *m* ⟨-s; -⟩ *med.* (*in der Zahnmedizin*) dental stump forceps. — **~,bal·len** *m bot.* root bale. — **~,baum** *m bot.* mangrove, mangle, rhizophora (*scient.*) (*Rhizophora mangle*). — **~be,hand·lung** *f med.* (*in der Zahnmedizin*) root(-canal) treatment. — **~be,reich** *m* apical zone. — **~,bil·dung** *f bot.* rooting. — **~,blatt** *n* **1.** radical leaf. – **2.** Gekelchtes ~ air (*auch* life) plant (*Bryophyllum calycinum*). — **~,boh·rer** *m* **1.** *zo.* root borer (*Fam. Hepialidae*). - **2.** *med.* (*in der Zahnmedizin*) reamer. — **~,brand** *m bot.* root rot, pythium root necrosis. — **~,bür·ste** *f* coarse scrubbing brush.

Wür·zel·chen ['vyrtsəlçən] *n* ⟨-s; -⟩ **1.** *dim.* of Wurzel 1. - **2.** rootlet. - **3.** *Northern G. agr.* (*kleine Mohrrübe*) small carrot.

'**wur·zel,echt** *adj hort.* own-root(ed).

'**Wur·zel**|**ex,po,nent** *m math.* radical index. — **~ex,trak·tor** *m* [-ɛks,traktor] *m* ⟨-s; -en⟩ [-'toːrən] *agr.* (*Gerät*) root rake. — **~,fa·ser** *f bot.* root fiber (*bes. Br.* fibre). — **~,fäu·le** *f bot.* soft rot. — **w~,fest** *adj* root-bound. — **~,flie·ge** *f zo.* turnip fly (*Anthomyia radium*). — **w~,fres·send** *adj* rhizophagous. — **~,fül·lung** *f med.* (*in der Zahnmedizin*) root-canal filling. — **~,füßer**, **~,füß·ler** *m* [-,fyːslər] *m*

⟨-s; -⟩ *zo.* rhizopod (*Klasse Rhizopoda*). — **~ge,flecht** *n bot.* wickerwork of roots. — **w~ge,füllt** *adj med.* (*Zahn*) root-canal-filled. — **~ge,mü·se** *n gastr.* root vegetables *pl*. — **~ge,wächs** *n meist pl bot.* root plant. — **~gra·nu,lom** *n med.* (*in Zahndizin*) root (*od.* apical) granuloma. — **~grö·ße** *f math.* radical quantity. — **~,haar** *n bot.* root (*od.* radical) hair.

'**wur·zel,haft** *adj* rooted.

'**Wur·zel**|**,hals** *m med.* (*eines Zahnes*) neck of a tooth. — **~,hau·be** *f bot.* root cap, calyptra (*scient.*).

'**Wur·zel,haut** *f med.* (*in der Zahnmedizin*) dental (*od.* alveolar) periosteum, periodontal membrane. — **~ent,zün·dung** *f* periodontitis, dental periostitis.

'**Wur·zel,he·ber** *m* (*in der Zahnmedizin*) **1.** exolever. – **2.** *cf.* Wurzelzange. — **~,holz** *n* (*forestry*) root wood.

'**wur·ze·lig** *adj* rooty, full of roots.

'**Wur·zel**|**ka,nal** *m med.* (*eines Zahns*) root (*od.* pulp) canal. — **~,keim** *m bot.* radicle. — **~,knöll·chen** *n* root tubercle. — **~,knol·le** *f* root tuber. — **~,krebs** *m zo.* root(-headed) barnacle (*Gattg Sacculina*). — **~,laus** *f* root louse (*Gattg Rhizobius*).

'**wur·zel,los** *adj* **1.** rootless. – **2.** *fig.* (*Mensch*) rootless, without roots. — '**Wur·zel·lo·sig·keit** *f* ⟨-; *no pl*⟩ *auch fig.* rootlessness.

'**Wur·zel**|**,mann** *m* ⟨-(e)s; -männer⟩, **~,männ·chen** *n bot. cf.* Alraun(e) 1. — **~,maß** *n civ.engin.* ga(u)ge distance. — **~,maus** *f zo.* root (*od.* Northern) vole, ratkop (*Microtus oeconomus ratticeps*). — **~,mund,qual·le** *f* rhizostomid, rhizostoma (*Ordng Rhizostomae*).

wur·zeln ['vurtsəln] *v/i* ⟨h⟩ **1.** be rooted: tief [fest] in der Erde ~ to be rooted deep [firmly] in the ground. – **2.** *fig.* (*in dat*) be rooted (in), root (in), stem (from): diese Abneigung wurzelt in seiner Kindheit this dislike is rooted (*od.* has its roots) in his childhood. – **3.** *fig.* (*tief verankert sein*) be rooted, root: das Mißtrauen wurzelt fest in ihm his mistrust is deeply rooted in him, his mistrust is deep-rooted. – **4.** *fig.* (*tief verbunden sein*) have deep roots, have deep-rooted ties, be rooted: j-d wurzelt in der Heimat s.o. has deep roots in his home country (*od.* native land).

'**Wur·zel**|**re,sek·ti,on** *f med.* (*in der Zahnmedizin*) root resection, radiectomy. — **~,schoß**, **~,schöß·ling** *m bot.* (root) sucker (*od.* runner). — **~seg,ment** *n* (*computer*) root (segment). — **~,sil·be** *f ling.* root (*od.* radical) syllable. — **~,spit·ze** *f* **1.** *bot.* root tip. - **2.** *med.* (*eines Zahnes*) root apex. — **~spit·zen·re,sek·ti,on** *f med.* (*in der Zahnmedizin*) apicectomy, radiectomy. — **~,spros·se** *f bot. cf.* Wurzelschoß. — **w~,spros·send** *adj* sucker-producing, soboliferous (*scient.*). — **~,stand** *m* radication. — **w~,stän·dig** *adj* growing from the root, radical. — **~,stock** *m* ⟨-(e)s; -e⟩ rootstock, rhizome (*scient.*). — **~,werk** *n* ⟨-(e)s; *no pl*⟩ **1.** *bot.* root system, roots *pl*. - **2.** *gastr. cf.* Grünzeug 1. — **~,wort** *n ling.* root (*od.* radical) word. — **~,zahl** *f math.* root (number). — **~,zan·ge** *f med.* (*in der Zahnmedizin*) dental stump forceps. — **~,zei·chen** *n math.* radical sign. — **~,zie·hen** *n math.* root extraction. — **~,zy·ste** *f med.* (*in der Zahnmedizin*) root (*od.* radicular) cyst.

wur·zen ['vurtsən] *v/t* ⟨h⟩ j-n ~ *Austrian dial.* to exploit s.o., to take (undue) advantage of s.o.

wür·zen ['vyrtsən] **I** *v/t* ⟨h⟩ **1.** *bes. gastr.* season, spice, flavor, *bes. Br.* flavour: schwach [stark, scharf] ~ to season mildly [highly *od.* strongly, hotly *od.* pungently]. – **2.** *fig.* (*Rede*) pepper, season: er würzte seinen Vortrag mit Humor he peppered his lecture with humo(u)r. – **3.** *fig.* (*Programm etc*) give zest to. – **II W~** *n* ⟨-s⟩ **4.** *verbal noun*.

'**Würz**|**,fleisch** *n gastr. cf.* Ragout. — **~,happen** *m* tidbit, titbit, canapé, *Br. auch* small savoury.

'**wür·zig** *adj* **1.** (*Speisen, Getränke*) spicy, *auch* spicey. – **2.** (*Wein*) fruity. – **3.** (*Luft*) fragrant. – **4.** (*aromatisch*) aromatic. – **5.** (*pikant*) piquant.

'**Würz,kräu·ter** *pl bot. cf.* Gewürzkräuter.

'**wurz·lig** *adj cf.* wurzelig.

'**würz·los** *adj* **1.** (*Speisen, Getränke etc*) insipid, flavorless, *bes. Br.* flavourless, spiceless. – **2.** *fig.* (*Rede etc*) flat, insipid.

'**Würz**|**,mit·tel** *n gastr. cf.* Gewürz. — **~-**

~,pfan·ne *f brew.* wort kettle, *Br. auch* hop copper. — **~,stoff** *m* condiment.

'**Würz·ung** *f* ⟨-; *no pl*⟩ *cf.* Würzen.

'**Würz,wein** *m* spiced (*od.* mulled) wine.

wusch [vuːʃ] *1 u. 3 sg pret* of waschen.

Wu·sche ['vuːʃə] *f* ⟨-; -n⟩ *meist pl Eastern G.* for Filzschuh, Pantoffel. [schen.]

wü·sche ['vyːʃə] *1 u. 3 sg pret subj* of wa-

'**Wu·schel,haar** ['vuʃəl-] *n colloq.* tousled curly (*od.* fuzzy) hair.

'**wu·sche·lig** *adj colloq.* **1.** fuzzy, curly. – **2.** (*unordentlich*) tousled. – **3.** (*Pelz*) fuzzy.

'**Wu·schel,kopf** *m colloq.* mop (*od.* bush, fuzz) of curly hair, mop of fuzzy hair.

'**wu·se·lig** *adj Southern G. colloq.* busy, bustling. — **wu·seln** ['vuːzəln] *v/i* ⟨h⟩ *Southern G. colloq.* **1.** busy (*od.* bustle) about. – **2.** be teeming.

wuß·te ['vustə] *1 u. 3 sg pret*, **wüß·te** ['vystə] *1 u. 3 sg pret subj* of wissen.

Wust [vuːst] *m* ⟨-(e)s; *no pl*⟩ *colloq.* **1.** (*ungeordnete Menge*) tangled mass. – **2.** (*wüstes Durcheinander*) mess, jumble. – **3.** (*große Menge*) mass: ein ~ von Arbeit a mass of work. – **4.** (*von Haaren*) mass, bush. – **5.** (*Kram*) rubbish, trash.

wüst [vyːst] *adj* ⟨-er; -est⟩ **1.** (*öde*) desert, waste, desolate: eine ~e Gegend a desert region; die Erde war ~ und leer *Bibl.* the earth was without form, and void. – **2.** (*unbebaut*) uncultivated. – **3.** (*unordentlich, verwahrlost*) wild: ein ~es Durcheinander a wild (*od.* chaotic) mess; ~es Haar wild (*od.* dishevel[l]ed) hair; hier sieht es ja ~ aus this place is (in) a wild mess (*od.* is in absolute chaos). – **4.** (*ausschweifend, liederlich*) dissolute, wild: ein ~es Leben führen to lead a dissolute life. – **5.** (*grob, roh, wild*) wild: ~er Kerl *colloq.* wild fellow (*colloq.*); ~es Gelage wild carousal.

Wü·ste ['vyːstə] *f* ⟨-; -n⟩ **1.** *geogr.* desert: die ~ Gobi the Gobi desert; j-n in die ~ schicken *fig. colloq.* to drop s.o.; → Prediger 1; Rufer 1; Schiff 3. – **2.** (*ödes Land*) waste(land), desert, wilderness: ein Land zur ~ machen to devastate (*od.* ravage, lay waste) a country. – **3.** *fig.* waste, wilderness, desert: die ~ des Meeres *poet.* the waste of waters (*od.* the ocean), the watery waste(s *pl*); eine ~ von Eis und Schnee a waste of ice and snow.

wü·sten ['vyːstən] *v/i* ⟨h⟩ mit etwas ~ *colloq.* (*mit Geld, Kraft etc*) to squander (*od.* dissipate, waste) s.th., to use s.th. wastefully.

'**Wü·sten**|**aga·me** [-'ʔa,gaːmə] *f zo.* desert agama (*Agama mutabilis*). — **~be,woh·ner** *m* inhabitant of the desert. — **~,dachs** *m zo.* desert badger (*Meles arenarius*).

Wü·ste·nei [vyːstə'nai] *f* ⟨-; -en⟩ **1.** *obs. od. lit.* (*wüste, öde Gegend*) desert, waste(land), wilderness. – **2.** *colloq.* wild mess.

'**Wü·sten**|**,fuchs** *m zo. cf.* Fennek. — **~ge,biet** *n* desert region. — **~gim·pel** *m zo.* stonebird, moro (*Bucanetes githageneus*). — **~heu,schrecke** (*getr.* -k·k-) *f* desert locust (*Schistocerca gregaria*). — **~,huhn** *n* grouse pigeon, sandgrouse (*Fam. Pteroclidae*). — **~,kö·nig** *m poet.* lion. — **~,kli·ma** *n* desert climate. — **~,lack** *m geol.* desert varnish (*od.* polish). — **~,land·schaft** *f* desert landscape, desertscape. — **~,läu·fer** *m zo.* swiftfoot (*Cursorius cursor*). — **~le,gu,an** *m* desert legua(a)n (*od.* iguana) (*Dipsosaurus dorsalis*). — **~,luchs** *m* desert lynx, caracal (*Caracal caracal*). — **~,maus** *f* desert mouse (*Pseudomys hermannsburgensis*). — **~,pflan·ze** *f bot.* desert plant. — **~,ren·ner** *m zo.* desert runner, race runner (*Gattg Eremias*). — **~,sand** *m* desert sand. — **~,schiff** *n fig.* (*Kamel*) ship of the desert. — **~,schlie·fer** *m zo. cf.* Klippschliefer. — **~,sohn** *m* son of the desert. — **~,spring,maus** *f zo.* jerboa (*Jaculus jaculus*). — **~,sturm** *m* desert storm. — **~,tier** *n zo.* desert animal. — **~wa,ran** *m zo.* desert (*od.* yellow) monitor (*Varanus griseus*). — **~,wind** *m* desert wind. — **~,zo·ne** *f* desert belt (*od.* zone).

'**Wüst·heit** *f* ⟨-; *no pl*⟩ **1.** desolation, desolateness, wasteness. – **2.** wildness. – **3.** dissoluteness, wildness.

'**Wüst·ling** *m* ⟨-s; -e⟩ libertine, (*stärker*) debauchee, lecher, rake, roué, Lothario.

'**Wü·stung** *f* ⟨-; -en⟩ **1.** (*verlassene Siedlung, Flur*) deserted village (*od.* settlement). – **2.** deserted plain.

Wut [vuːt] *f* ⟨-; *no pl*⟩ **1.** rage, fury, furor: eine fürchterliche ~ haben *colloq.* to be absolutely furious (*od. colloq.* mad), *Am. colloq.* to be really burnt up; ihn packte die

~ he flew into a rage; **mich packt die ~, wenn ich daran denke**[, **daß**] it makes me furious (*od. colloq.* mad) to think of it [to think that, to think of how]; **seine ~ an j-m auslassen** to vent one's rage (*od.* passion) on s.o.; **eine ~ auf j-n haben** to be furious (*od. colloq.* raging, mad, *Am. colloq.* burnt up) at s.o.; **eine ~ im Bauch haben** *colloq.* to be hopping mad (*colloq.*); **in blinder ~** in a blind fury (*od.* passion); **in ~ geraten** (*od.* kommen) to become furious, (*stärker*) to fly into a rage (*od.* passion); **leicht in ~ geraten** to lose one's temper (*Am. colloq.* to burn up) easily, to be (very) hot-tempered (*od.* hotheaded); **sie gerät immer gleich in ~** she loses her temper (*od.* she flares up, *Am. colloq.* she burns up) at the slightest provocation; **sich in ~ steigern** to work oneself into a fury; **j-n in ~ bringen** to infuriate (*od.* enrage, *stärker* incense) s.o., *Am. colloq.* to burn s.o. up; **vor ~ beben** [**kochen, schäumen, schnauben**] to tremble [to boil, to fume *od.* foam, to snort] with rage; **vor ~ platzen** *colloq.* to hit the ceiling (*od.* roof), to blow one's top, to fly off the handle (*alle colloq.*); **vor ~ toben** to be raging. — **2.** (*heftiger Zorn*) violent anger, wrath. – **3.** (*unwiderstehliche Neigung*) mania, passion, craze. – **4.** (*momentane Begeisterung*) frenzy: **mit einer wahren ~ tanzen** to dance in a frenzy. – **5.** *fig. lit.* (*der Elemente, des Sturmes etc*) fury. – **6.** *med. vet. cf.* Tollwut. — **~,an,fall** *m* **1.** fit (*od.* flare-up) of rage (*od.* fury, passion), flare-up, wax (*sl.*): **einen ~ bekommen** (*od. colloq.* kriegen)

to have (*od.* fly into) a fit of rage, to fly off the handle (*colloq.*). – **2.** (*launischer*) tantrum: **einen ~ bekommen** (*od. colloq.* kriegen) to fly into a tantrum. — **~,ausbruch** *m* **1.** outburst of fury (*od.* rage), wax (*sl.*). – **2.** (*launischer*) tantrum.

wü·ten ['vy:tən] **I** *v/i* ⟨h⟩ **1.** (*toben, rasen*) rage, fume, foam: **er wütet vor Zorn** he is fuming with rage; **er wütet in seinem Zimmer** a) he is raging in his room, b) (*zerstörerisch*) he is storming around the room. – **2.** *fig.* (*von Unwetter, Flut, Krieg etc*) rage: **draußen wütete der Sturm** the storm was raging outside; **die Seuche wütete in der Stadt** the plague raged through the city. – **3.** (*schwere Zerstörungen anrichten*) cause (*od.* create, work) havoc, havoc: **das Feuer hat schrecklich gewütet** the fire wrought tremendous havoc. – **4.** (*von aufgebrachten Menschenmenge*) riot. – **5.** (*krankhaft*) rave. – **6.** (*wütend reden*) storm: **er wütete gegen seine Feinde** he stormed at his adversaries. – **II W~** *n* ⟨-s⟩ **7.** *verbal noun.* – **8.** rage, rampage, rave. – **9.** (*der Elemente*) rage. — **'wü·tend I** *pres p.* – **II** *adj* **1.** (*Person, Menge*) furious, enraged, raging, *Am. colloq.* **~ werden** to become furious, (*stärker*) to fly into a rage (*od.* passion); **j-n ~ machen** to infuriate s.o., *Am. colloq.* to burn s.o. up; **auf j-n ~ sein** to be furious (*Am. colloq.* burnt up) at s.o.; **j-n ~ anblicken** to glare (*od.* glower) at s.o., to give s.o. a furious look; **j-n ~ anschreien** to fume (*od.* storm) at s.o., to scream at s.o. furiously; **~ aufspringen** to jump

up in a fury; **~ über die** (*od.* **wegen der**) **Bemerkung** furious at the remark. – **2.** (*Tier*) enraged, furious, (*Elefantenbulle*) *auch* on (*od.* in) must(h): **der Hund bellte ihn ~ an** the dog barked at him furiously. – **3.** *fig.* (*Kampf etc*) furious, fierce. – **4.** *fig.* (*Orkan etc*) raging. – **5.** *fig.* (*Schmerz*) raging, rabid.
'wut|ent,brannt *adj* incensed, wild with rage. — **~er,füllt** *adj* enraged.
Wü·te·rich ['vy:tərɪç] *m* ⟨-s; -e⟩ **1.** hothead, hotheaded (*od.* hot-tempered) person. – **2.** (*grausamer Mensch*) cruel (*od.* ruthless) person, tartar, Tartar. – **3.** (*grausamer Tyrann*) truculent (*od.* ruthless) tyrant.
'Wut|ge,heul *n* howl of fury (*od.* frenzy). — **~ge,schrei** *n* cries *pl* (*od.* shouts *pl*, yells *pl*, whoops *pl*) of fury (*od.* frenzy). — **~,krankheit** *f med.* lyssa, rabies.
wutsch [vutʃ] *interj colloq.* (*lautmalend*) whoosh: **~, war er draußen** he was outside with a whoosh (*od. colloq.* in a jiffy).
'wut,schäu·mend *adj* fuming (*od.* foaming) with rage, in a towering rage.
wut·schen ['vutʃən] *v/i* ⟨sein⟩ *colloq.* whoosh.
'wut|,schnau·bend *adj* snorting with (*od.* breathing) rage, in a towering rage. — **~ver,zerrt** *adj* (*Gesicht*) distorted with rage.
wu·zeln ['vu:tsəln] *Bavarian and Austrian colloq.* **I** *v/t* ⟨h⟩ (*Zigarette etc*) roll, make (*s.th.*) by rolling. – **II** *v/reflex* **sich durch die Menge ~** to worm one's way through the crowd.
Wy·chu·chol ['vyçuxəl] *m* ⟨-(s); -s⟩ *zo. cf.* Desman.

X

X, x [ɪks] *n* ⟨-; -⟩ **1.** X, x (*twenty-fourth letter of the German alphabet; nineteenth consonant*): **ein großes X** a capital (*od.* large) X; **ein kleines X** a small (*od.* little) x. – **2.** **j-m ein X für ein U vormachen** *fig. colloq.* to hoodwink s.o., to dupe s.o. – **3.** **x** *colloq.* (*unbestimmte Anzahl*) umpteen, *auch* umteen (*sl.*): **x Leute habe ich gefragt** I've asked umpteen people. – **4. x** *math.* (*erste Unbekannte*) x. – **5.** X (*röm. Zahl für 10*) X. – **6.** X *electr.* (*Blindwiderstand*) X. – **7.** X (*something having the shape of the capital letter X*) X.

X-,Ach·se ['ɪks-] *f math.* x-axis, axis of the abscissas.

Xan·that [ksan'taːt] *n* ⟨-(e)s; -e⟩ *chem. cf.* Xanthogenat.

Xan·then [ksan'teːn] *n* ⟨-s; *no pl*⟩ *chem.* xanthene ($C_{13}H_{10}O$). — **~,farb,stoff** *m* xanthene dye.

Xan·thin [ksan'tiːn] *n* ⟨-s; *no pl*⟩ *chem.* xanthine ($C_5H_4N_4O_2$).

Xan·thip·pe [ksan'tɪpə] **I** *npr f* ⟨-; *no pl*⟩ Xant(h)ippe (*wife of Socrates*). – **II** *f* ⟨-; -n⟩ *fig. colloq.* xant(h)ippe, vixen, termagant, 'battle-ax(e)' (*colloq.*).

xan·tho..., Xan·tho... *combining form denoting* xantho...

xan·tho·chrom [ksanto'kroːm] *adj med.* (*gelbgefärbt*) xanthochromic. — **Xan·tho·chro'mie** [-kro'miː] *f* ⟨-; *no pl*⟩ (*des Blutserums*) xanthochromia.

xan·tho·derm [ksanto'dɛrm] *adj med.* (*gelbhäutig*) xanthodermatic. — **Xan·tho·der'mie** [-'miː] *f* ⟨-; *no pl*⟩ (*Gelbfärbung der Haut*) xanthoderm(i)a.

Xan·tho·ge·nat [ksantoge'naːt] *n* ⟨-(e)s; -e⟩ *chem.* xanthate, xanthogenate (C_4H_9-OCSSK).

Xan·tho'gen,säu·re [ksanto'geːn-] *f chem.* xanthogenic (*od.* xanthic) acid (C_2H_5-OCSSH).

Xan·tho'gen,sau·res 'Ka·li·um *n chem.* potassium xanthogenate [$CS(OC_2H_5)(SK)$].

Xan·thom [ksan'toːm] *n* ⟨-s; -e⟩ *med.* (*Gelbknoten der Haut*) xanthoma.

Xan·tho·ma·to·se [ksantoma'toːzə] *f* ⟨-; -n⟩ *med.* xanthomatosis.

Xan·tho·phyll [ksanto'fyl] *n* ⟨-s; *no pl*⟩ *bot. chem.* xanthophyll.

Xan·tho·pro·te'in·re·ak·ti,on [ksantoprote'iːn-] *f chem.* xanthoprotein reaction (*od.* test), Mulder's test.

Xan·tho·xy·lum [ksan'tɔksylum] *n* ⟨-s; *no pl*⟩ *bot.* (*asiatischer u. nordamer. Baum*) zanthoxylum (*Gattg Zanthoxylum*).

Xan'thy·li·um,sal·ze [ksan'tyːliʊm-] *pl chem.* xanthylium salts.

X-,Bein ['ɪks-] *n med.* knock-knee, genu valgum (*scient.*): **~e haben** to have knock-knees, to be knock-kneed. — **x-,bei·nig** ['ɪks-] *adj* knock-kneed.

x-be,lie·big ['ɪks-] **I** *adj* any (*... you please od. ... you like*): **jeder ~e** any person, anybody, any Tom, Dick or Harry; **nenne**

mir eine **~e** Zahl name me any number (you please). – **II X~e,** das ⟨-n⟩ etwas X~es anything at all (*od.* you like, you please).

X-Chro·mo,som ['ɪks-] *n biol.* X chromosome.

Xe·nat [kse'naːt] *n* ⟨-(e)s; -e⟩ *chem.* xenate (*salt of* H_6XeO_6).

Xe·nie ['kseːnɪə] *f* ⟨-; -n⟩ **1.** (*literature*) epigram. – **2.** *biol.* xenia.

'Xe·ni·en|,dich·ter *m* epigrammatist. — **~,streit** *m* (*in der deutschen Literatur*) controversy raised by the 'Xenien' of Goethe and Schiller.

Xe·ni·on ['kseːnɪɔn] *n* ⟨-s; Xenien⟩ **1.** *antiq.* (*Gastgeschenk*) xenium. – **2.** (*literature*) *cf.* Xenie 1.

xe·no..., Xe·no... *combining form denoting* xeno...

xe·no·bla·stisch [kseno'blastɪʃ] *adj min.* xenoblastic.

Xe·no·ga·mie [ksenoga'miː] *f* ⟨-; *no pl*⟩ *bot. cf.* Fremdbestäubung.

Xe·no·kra·tie [ksenokra'tiː] *f* ⟨-; -n [-ən]⟩ *rare for* Fremdherrschaft.

Xe·no·lith [kseno'liːt; -'lɪt] *m* ⟨-s *u.* -en; -e(n)⟩ *geol.* xenolith.

Xe·no·lo·gie [ksenolo'giː] *f* ⟨-; *no pl*⟩ *rare for* Okkultismus.

xe·no·morph [kseno'mɔrf] *adj geol.* xenomorphic.

Xe·non ['kseːnɔn] *n* ⟨-s; *no pl*⟩ *chem.* xenon (Xe). — **~fluo,ri·de** *pl* xenon fluorides. — **~,lam·pe** *f phot.* xenon lamp. — **~,oxi·de** [-'ʔɔ,ksiːdə], **~oxy·de** [-'ʔɔ,ksyːdə] *pl chem.* xenon oxides (*auch* oxydes) (XeO_3 *and* XeO_4). — **~,säu·re** *f* xenon acid (H_6XeO_6).

xe·no·phob [kseno'foːp] *adj psych.* xenophobic, hating foreigners. — **Xe·no·pho'bie** [-fo'biː] *f* ⟨-; *no pl*⟩ xenophobia, hatred of foreigners.

Xe·no·tim [kseno'tiːm] *m* ⟨-s; *no pl*⟩ *min.* xenotime.

Xe·res ['çɛrɛs] *m* ⟨-; *no pl*⟩ sherry.

Xe·ro·der·ma [ksero'dɛrma] *n* ⟨-s; -ta [-ta] *u.* -dermen⟩ *med.* dermatoxerasia, xeroderma.

Xe·ro·der·mie [kseroder'miː] *f* ⟨-; *no pl*⟩ *med.* xeroderm(i)a, dryness of the skin.

Xe·ro·gra·phie [kserogra'fiː] *f* ⟨-; *no pl*⟩ *print.* xerography. — **xe·ro'gra·phisch** [-'graːfɪʃ] *adj* xerographic.

Xe·ro·ko·pie [kseroko'piː] *f print.* xerographic print.

xe·ro·morph [ksero'mɔrf] *adj bot.* xeromorphic, *auch* xeromorphal, xeromorphous.

xe·ro·phil [ksero'fiːl] *adj bot.* (*Pflanze*) xerophilous, xerophile, xerophil(ic). — **Xe·ro·phi'lie** [-fi'liː] *f* ⟨-; *no pl*⟩ xerophily.

Xer·oph·thal·mie [kseroftal'miː] *f* ⟨-; -n [-ən]⟩ *f med.* (*Trockenheit der Bindehaut*) xeroma, xerophthalmia.

Xero·phyt [ksero'fyːt] *m* ⟨-en; -en⟩ *bot.* xerophyte.

Xe·ro·se [kse'roːzə] *f* ⟨-; -n⟩ *med.* (*Austrocknung*) xerosis.

Xe·ro·sto·mie [kserosto'miː] *f* ⟨-; -n [-ən]⟩ *med.* (*Speichelmangel*) xerostomia.

xe·ro·therm [ksero'tɛrm] *adj geogr.* xerothermic.

xe·ro·tisch [kse'roːtɪʃ] *adj med.* (*krankhaft trocken*) xerotic.

x-,fach ['ɪks-] **I** *adv* (*in Wendungen wie*) **das läßt sich ~ wiederholen** *colloq.* that can be repeated as many times as one likes (*od. sl.* umpteen [*auch* umteen] times). – **II X~e, das** ⟨-n⟩ *colloq.* umpteen (*auch* umteen) times as much (*sl.*): **ich habe das X~e bezahlt** I paid umpteen times as much (*as that*), I paid umpteen times that amount (*beide sl.*), I paid that many times over.

x-,för·mig ['ɪks-] *adj* x-shaped, decussate.

Xi [ksiː] *n* ⟨-(s); -s⟩ xi (*14th letter of the Greek alphabet*).

x-,mal ['ɪks-] *adv colloq.* umpteen (*auch* umteen) times (*sl.*), a hundred times, ever so many times, time and (time) again: **ich habe es ihm schon ~ gesagt** I have told him that umpteen times.

X-,Naht ['ɪks-] *f tech.* double-V butt weld.

Xo·anon ['ksoːanɔn] *n* ⟨-s; Xoana [-na]⟩ *antiq.* (*art*) (*griech. Götterbild*) xoanon.

X-,Stoß ['ɪks-] *m tech.* double-V joint.

X-,Strah·len ['ɪks-] *pl phys. cf.* Röntgenstrahlen.

x-te ['ɪkstə] *adj* **1.** *colloq.* umpteenth, *auch* umteenth, umptieth (*alle sl.*): **ich sage dir das zum ~n Male** (*od.* **~nmal**) I have told you that umpteen (*od.* a hundred, a thousand) times, I am telling you that for the umpteenth (*od.* hundredth) time. – **2. ~ Potenz** *math.* nth power.

Xy·lan [ksy'laːn] *n* ⟨-s; *no pl*⟩ *chem.* xylan.

Xy·lem [ksy'leːm] *n* ⟨-s; -e⟩ *bot.* xylem.

Xy·le·nol [ksyle'noːl] *n* ⟨-s; -e⟩ *chem.* xylenol, dimethyl phenol [$(CH_3)_2C_6H_3OH$].

Xy·li·din [ksyli'diːn] *n* ⟨-s; -e⟩ *chem.* xylidine [$(CH_3)_2C_6H_3NH_2$].

Xy·lit [ksy'liːt; -'lɪt] *n* ⟨-s; -e⟩ *chem.* xylitol ($C_5H_7(OH)_5$).

Xy·lo·graph [ksylo'graːf] *m* ⟨-en; -en⟩ *print.* xylographer, wood engraver. — **Xy·lo·gra·phie** [-gra'fiː] *f* ⟨-; -n [-ən]⟩ **1.** (*only sg*) xylography, wood engraving, woodcutting. – **2.** (*Holzschnitt*) xylograph(y), woodcut, wood engraving. — **xy·lo'gra·phisch** *adj* xylographic, *auch* xylographical.

Xy·lol [ksy'loːl] *n* ⟨-s; -e⟩ *chem.* xylene, xylol ($C_6H_4(CH_3)_2$).

Xy·lo·me·ter [ksylo'meːtər] *n* ⟨-s; -⟩ (*wood*) xylometer.

Xy·lo·phon [ksylo'foːn] *n* ⟨-s; -e⟩ *mus.* xylophone. — **~,schle·gel** *m* xylophone belt (*od.* beater).

Xy·lo·se [ksy'loːzə] *f* ⟨-; *no pl*⟩ (*Holzzucker*) xylose ($C_5H_{10}O_5$).

Xy·stos ['ksystəs] *m* ⟨-; Xysten⟩ *antiq.* (*Säulengang*) xystus, xystum.

Y

Y, y ['ʏpsilən] *n* ⟨-; -⟩ **1.** Y, y (*twenty-fifth letter of the German alphabet; twentieth consonant*): ein großes Y a capital (*od.* large) Y; ein kleines Y a small (*od.* little) y. – **2. y** *math.* (*zweite Unbekannte*) y. – **3.** Y *chem.* (*symbol of Yttrium*) Y. – **4.** Y (*something having the shape of the capital letter Y*) Y.

'Yac·ca,baum ['jaka-] *m bot.* yacca (*Pedocarpus coriacea*).

Y-,Ach·se ['ʏpsilən-] *f math.* y-axis, axis of the ordinates.

Yacht [jaxt] *f* ⟨-; -en⟩ *cf.* Jacht.

'Ya·gi·an,ten·ne ['ja:gi-] *f* (*radio*) *telev.* yagi (antenna, *bes. Br.* aerial).

Yak [jak] *m* ⟨-s; -s⟩ *zo. cf.* Jak.

'Yal·ta-Kon·fe,renz ['jalta-] *f pol. cf.* Jalta-Konferenz.

'Yams,wur·zel ['jams-] *f bot. cf.* Jamswurzel.

Yang [jaŋ] *n* ⟨-; *no pl*⟩ *philos.* yang (*the masculine principle in Chinese cosmology*).

Yan·kee ['jɛŋki] *m* ⟨-s; -s⟩ *colloq.* (*Spottname für US-Amerikaner*) Yankee.

Yan·kee-doo·dle ['jæŋkɪduːdl] *m* ⟨-(s); *no pl*⟩ Yankee-Doodle.

'Yan·kee·tum *n* ⟨-s; *no pl*⟩ *colloq.* **1.** Yankeedom. – **2.** Yankee manner (*od.* ways *pl*).

'Ya·pok-,Schwimm,beut·ler ['ja:pək-] *m zo. cf.* Wasseropossum.

Yard [ja:rt] *n* ⟨-s; -s, *nach Zahlangabe* -⟩ yard.

Yawl [jo:l] *f* ⟨-; -e *u.* -s⟩ *mar.* (*Hochseejacht*) yawl.

Y-Chro·mo,som ['ʏpsilən-] *n biol.* Y chromosome.

Yen [jɛn] *m* ⟨-(s); -(s)⟩ *econ.* (*jap. Währungseinheit*) yen.

Yer·ba ['jɛrba] *f* ⟨-; *no pl*⟩ *bot. cf.* Matestrauch.

Ye·ti ['je:ti] *m* ⟨-s; -s⟩ (*im Himalajagebiet*) Abominable Snowman, yeti.

Ygg·dra·sil ['ʏkdrazɪl] *npr m* ⟨-s; *no pl*⟩ *myth.* Yggdrasil (*ash tree holding together the universe*).

Yin [jɪn] *n* ⟨-; *no pl*⟩ *philos.* yin (*the feminine principle in Chinese cosmology*).

Ylang-Ylang ['iːlaŋˈʔiːlaŋ] *n* ⟨-(e)s; *no pl*⟩ *bot.* ylang-ylang, ilang-ilang (*Cananga odoratum*). — ~-,**Öl** *n* ⟨-(e)s; *no pl*⟩ ylang--ylang oil, cananga (*od.* an[n]ona) oil, mosoi flower oil.

Yli·de [y'liːdə] *pl chem.* ylides.

Ymir ['y:mɪr] *npr m* ⟨-s; *no pl*⟩ *myth.* Ymir (*giant from whose body the gods created the world*).

Yo·ga ['jo:ga] *m* ⟨-(s); *no pl*⟩ *philos. cf.* Joga.

Yo·ghurt ['jo:gʊrt] *m, n* ⟨-s; *no pl*⟩ *cf.* Joghurt.

Yo·gi ['jo:gi] *m* ⟨-s; -s⟩ *philos. cf.* Jogi.

Yo·him·bin [johɪm'bi:n], **Yo·him'bi·num** [-nʊm] *n* ⟨-s; *no pl*⟩ *chem.* yohimbine, aphrodine, corynine, quebrachine ($C_{21}H_{26}N_2O_3$).

Yo·ko'ha·ma,huhn [joko'ha:ma-] *n zo.* (*Haushuhnrasse*) Japanese (*od.* Yokohama) fowl.

Yo·ni ['jo:ni] *n* ⟨-; -⟩ (*im Hinduismus*) yoni.

'York·shire-,Ter·ri·er ['jo:kʃə-] (*Engl.*) *m zo.* Yorkshire terrier.

Yo-Yo [jo'jo:; 'jo:'jo:] *n* ⟨-s; -s⟩ (*games*) *cf.* Jo-Jo.

Ypa·ca·ha [ipa'ka:ha] *f* ⟨-; -s⟩ *zo.* (*Ralle*) Chaco wood-rail, ypecaha (*scient.*) (*Aramides ypecaha*).

Ype·rit [ype'ri:t; ipe-; -'rɪt] *n* ⟨-s; *no pl*⟩ *chem.* yperite, mustard gas [($ClCH_2CH_2)_2S$].

Yp·si·lon[1] ['ʏpsilən] *n* ⟨-(s); -s⟩ y (*twenty--fifth letter of the German alphabet*).

'Yp·si·lon[2] *n* ⟨-s; -s⟩ upsilon (*twentieth letter of the Greek alphabet*).

'Yp·si·lon[3] *n* ⟨-s; -s⟩ *zo. cf.* Ypsiloneule.

'Yp·si·lon,eu·le *f zo.* (silver) Y moth, dark sword grass moth (*Agrotis ypsilon*).

Y-Si,gnal ['ʏpsilən-] *n* (*radio*) luminance signal, y-signal.

Ysop ['i:zɔp] *m* ⟨-s; -e⟩ *bot.* hyssop (*Hyssopus officinalis*). — ~,**öl** *n* hyssop oil.

Yt·ter'bin,er·den [ʏtɛr'bi:n-] *pl chem.* ytterbium earths.

Yt·ter·bi·um [ʏ'tɛrbĭʊm] *n* ⟨-s; *no pl*⟩ *chem.* ytterbium (Yb).

'Yt·ter,er·den ['ʏtər-] *pl chem.* yttrium earths.

Yt·tri·um ['ʏtriʊm] *n* ⟨-s; *no pl*⟩ *chem.* yttrium (Y). — ~-Ver,**bin·dun·gen** *pl* yttrium compounds.

Yt·tro·tan·ta·lit [ʏtrotanta'li:t; -'lɪt] *m* ⟨-s; -e⟩ *min.* yttrotantalite.

Yu·an ['ju:an] *m* ⟨-(s); -(s)⟩ *econ.* (*chines. Währungseinheit*) yuan, *auch* yuan dollar.

Yuc·ca ['jʊka], **Yuk·ka** ['jʊka] *f* ⟨-; -s⟩ *bot.* yuca, *auch* yucca (*Gattg Yucca*). — ~,**motte** *f zo.* yucca moth (*Tegeticula alba*).

Yu·ru·mi [ju'ru:mi] *m* ⟨-(s); -(s)⟩ *zo.* ant bear, *auch* great anteater (*Br.* ant-eater) (*Myrmecophaga jubata*).

Z

Z, z [tsɛt] *n* ⟨-; -⟩ **1.** Z, z (*twenty-sixth letter of the German alphabet; twenty-first consonant*): **ein großes Z** a capital (*od.* large) Z; **ein kleines Z** a small (*od.* little) z. – **2.** Z *electr.* (*Impedanz*) Z.

zack [tsak] *interj* snap: ~, ~! get a move on! get cracking! (*beide sl.*).

Zack *m colloq.* (*in Wendungen wie*) **auf ~ sein** to keep on one's toes, to be on the ball; **j-n [etwas] auf ~ bringen** to smarten s.o. [s.th.] up.

Zäck·chen ['tsɛkçən] *n* ⟨-s; -⟩ **1.** *dim. of* **Zacke(n)**. – **2.** (*an Blatt etc*) denticle. – **3.** (*an Spitzengewebe*) point.

Zacke (*getr.* -k·k-) ['tsakə] *f* ⟨-; -n⟩ **1.** (*spitz hervorragender Teil*) (sharp) point. – **2.** (*eines Berges, Felsens etc*) jag, sharp (*od.* jagged) peak. – **3.** (*einer Krone, eines Sterns etc*) point. – **4.** (*eines Kamms*) tooth. – **5.** (*auf Zäunen etc*) spike. – **6.** (*an Mauerkronen*) merlon. – **7.** (*an Webspitze*) point. – **8.** (*Kerbe*) notch, indent(ation). – **9.** *hunt.* (*an Geweihen*) tine, prong. – **10.** *philat.* serration, (perforation) tooth. – **11.** *bot.* crenation, crenature. – **12.** *electr.* (*beim Radar*) pip.

zackeln (*getr.* -k·k-) ['tsakəln] *v/t* ⟨h⟩ **den Stoffrand ~** to whip the (raw) edge with a zigzag stitch.

'Zackel|schaf (*getr.* -k·k-) *n zo.* (*Hausschafrasse*) Balkan sheep. — **~,wol·le** *f* (*textile*) refuse wool.

Zacken (*getr.* -k·k-) ['tsakən] *m* ⟨-s; -⟩ *bes. Southern G. and Austrian for* **Zacke**: **du wirst dir schon keinen ~ aus der Krone brechen** *fig. colloq.* it won't do you any (*od.* it will do you no) harm, it won't hurt (*od.* kill) you; **einen ~ haben** *fig. colloq.* to be tipsy (*od.* happy, merry) (*colloq.*).

'zacken (*getr.* -k·k-) *v/t* ⟨h⟩ **1.** (*kerben*) indent, notch. – **2.** (*zähnen*) serrate, tooth, (*ungleichmäßig*) jag. – **3.** (*Papier, Stoffrand*) pink.

'zacken,ar·tig (*getr.* -k·k-) *adj* (*Vorsprung, Felsen etc*) jagged.

'Zacken|,barsch (*getr.* -k·k-) *m zo.* sea bass (*Fam. Serranidae*). — **~,blatt** *n bot.* dentate (*od.* serrate) leaf. — **~,bor·ste** *f* purl edging. — **~,bor·te** *f* (*fashion*) pointy edging. — **~,fal·ter** *m zo. cf.* Eckflügler. — **~,fels** *m geol.* crag, craggy (*auch* cragged) rock. — **~,firn** *m geogr. cf.* Büßerschnee. — **z~,för·mig** *adj cf.* zackig 1–9. — **~,hirsch** *m zo.* deer of the genus Rucervus, now usually made a subgenus of Cervus. — **~,kreuz** *n her.* Maltese cross. — **~,kro·ne** *f* antique crown. — **~,li·nie** *f* jagged (*od.* zigzag) line, zigzag. — **~,lit·ze** *f* (*fashion*) zigzag braid (*od.* binding). — **~or·na,ment** *n* serrated (*od.* indented) ornament. — **~,rand** *m* (*einer Säge etc*) serrated edge, serration.

zackern (*getr.* -k·k-) ['tsakərn] *v/i* ⟨h⟩ *Western G. dial. for* pflügen II.

'zackig (*getr.* -k·k-) **I** *adj* **1.** (*Bergspitzen, Felsen etc*) jagged, jaggy, craggy, cragged, serrate(d). – **2.** (*Blitz, Linie etc*) jagged, zigzag (*attrib*). – **3.** (*Krone, Stern etc*) pointed. – **4.** (*gezinkt*) pronged. – **5.** (*gezahnt*)

---

serrate(d), toothed. – **6.** (*kerbig*) notched, indented. – **7.** (*spitz*) (sharply) pointed, pointy. – **8.** *bot.* dentate(d), serrate(d), (*von Blättern*) *auch* crenate(d). – **9.** *her.* indented. – **10.** *fig. colloq.* (*Soldat, Gruß, Marsch etc*) smart, snappy, brisk. – **II** *adv* **11.** ~ **grüßen** to salute smartly (*od.* briskly), to give a snappy salute. — **'Zackig·keit** (*getr.* -k·k-) *f* ⟨-; *no pl*⟩ **1.** jaggedness. – **2.** *fig. colloq.* smartness, snappiness, briskness.

zag [tsaːk] *adj poet. for* zaghaft 1.

za·gen ['tsaːgən] **I** *v/i* ⟨h⟩ *lit.* fear, lose heart, quail: **zage nicht!** do not fear! never fear! do not lose heart! **vor** (*dat*) **etwas ~** to fear (*od.* be afraid of) s.th. – **II Z~** *n* ⟨-s⟩ *verbal noun:* → Zaudern 5. — **'za·gend I** *pres p.* – **II** *adv* ~ **an eine Aufgabe herangehen** to go about a task timidly (*od.* nervously).

'zag·haft I *adj* **1.** (*Mensch etc*) shy, timid, timorous, mous(e)y, *auch* fearsome: **nur nicht so ~!** a) don't be so timid! come on in! b) *iron.* (*bei der Arbeit*) get on with it! get going! – **2.** (*Stimme, Antwort, Lächeln*) timid, timorous. – **3.** (*furchtsam*) fearful, fainthearted, *Br.* faint-hearted. – **II** *adv* **4.** timidly: **...**, **sagte das Mädchen ~ ...**, said the girl timidly; **sich ~ vortasten** to edge forward gingerly (*od.* timidly). — **'Zag·haf·tig·keit** *f* ⟨-; *no pl*⟩ **1.** shyness, timidity, timidness, timorousness. – **2.** fearfulness, faintheartedness, *Br.* faint-heartedness.

'Zag·heit *f* ⟨-; *no pl*⟩ *lit. for* Zaghaftigkeit.

zäh [tsɛː] **I** *adj* ⟨-er; -(e)st⟩ **1.** tough, tenacious: ~ **wie Leder** (as) tough as leather. – **2.** *gastr.* (*Fleisch*) tough, (*faserig*) stringy. – **3.** (*Teig, Masse etc*) viscous, glutinous, (*stärker*) tenacious, ropy, *auch* ropy. – **4.** (*Öl*) *cf.* zähflüssig 1. – **5.** (*Boden, Morast etc*) cloggy, tenacious, sticky. – **6.** *metall.* a) tenacious, b) (*bildsam*) ductile. – **7.** *fig.* (*Person etc*) tough, wiry: **er ist klein aber sehr ~** he is small but very tough; **er ist ein ~er Bursche** *colloq.* he is a tough fellow (*colloq.*). – **8.** **ein ~es Leben haben** *fig.* to be tenacious of life; **Katzen haben ein ~es Leben** *fig.* cats have nine lives. – **9.** *fig.* (*Fleiß, Ausdauer etc*) dogged, tenacious, grim: **er ist ein Mensch von ~em Fleiß** he is a dogged (*od.* very hard) worker, he is tremendously industrious. – **II** *adv* **10.** *fig.* (*hartnäckig*) tenaciously, doggedly, stubbornly: ~ **an einer Ansicht festhalten** to stick doggedly to an opinion; **etwas ~ verteidigen** to defend s.th. stubbornly. – **11.** *fig.* (*schleppend*) sluggishly: **die Verhandlungen gingen nur ~ voran** the negotiations progressed sluggishly.

'Zä·heit *f* ⟨-; *no pl*⟩ **1.** *gastr.* (*des Fleisches etc*) toughness, stringiness. – **2.** (*von Masse, Teig etc*) viscousness, glutinousness, (*stärker*) tenacity, ropiness.

'zäh,flüs·sig *adj* **1.** (*Öl etc*) viscous. – **2.** (*Honig etc*) viscous, gluey, sticky. – **3.** (*Schlacke*) sticky, semipasty. – **4.** (*Klinker*) soft. – **5.** *fig.* (*Verkehr*) a) slow-moving (*attrib*), crawling, b) (*mit Stockungen*)

---

stop-and-go (*attrib*). — **'Zäh,flüs·sig·keit** *f* ⟨-; *no pl*⟩ **1.** viscosity. – **2.** glueyness, stickiness.

'Zä·hig·keit *f* ⟨-; *no pl*⟩ **1.** *fig.* (*körperliche Ausdauer*) toughness, stamina, wiriness. – **2.** *fig.* (*Hartnäckigkeit*) tenacity, toughness. – **3.** *fig.* (*Verbissenheit*) doggedness. – **4.** *cf.* Zäheit.

Zahl [tsaːl] *f* ⟨-; -en⟩ **1.** *math.* number: **gerade ~** even number; **ungerade ~** odd number; **ganze ~** whole (*od.* integer) number; **gemischte ~** mixed number; **gebrochene ~** fraction; **teilbare [unteilbare] ~** divisible [irreducible] number; **zusammengesetzte ~** composite (*od.* compound) number; **runde ~** round number (*od.* figure); **zweistellige [mehrstellige] ~** two-figure (*od.* two-digit) [multi-digit, multi-place] number; **natürliche [imaginäre, irrationale] ~** natural [imaginary, irrational] number; **zwei ~en addieren** (*od.* zusammenzählen) to add up two numbers; **eine ~ von einer anderen subtrahieren** (*od.* abziehen) to subtract one number from another; **eine ~ mit einer anderen multiplizieren** (*od.* malnehmen) to multiply one number by another; **eine ~ durch eine andere dividieren** (*od.* teilen) to divide one number by another; **eine ~ abrunden** to round off a number (*od.* figure); **eine ~ aufrunden** to round up a number, to bring a number up to a round figure; **in runden ~en ausgedrückt** expressed in round numbers (*od.* figures). – **2.** (*Ziffer*) cipher, numeral, figure: **arabische [römische] ~** Arabic [Roman] numerals. – **3.** (*Ziffernstelle*) digit. – **4.** ⟨*only sg*⟩ (*Anzahl*) number, *bes. mil.* strength: **eine große** (*von*) **Menschen** a great number of people; **die ~ der Zuschauer betrug mehr als 10000** there were more than 10,000 spectators; **5000 an der ~** 5,000 in number; **in großer ~** in large numbers; **in voller ~** in full number; **Menschen ohne** (*od. lit.* sonder) ~ innumerable (*od.* unnumbered) people; **j-n [etwas] an ~ übertreffen, j-m [etwas] an ~ überlegen sein** to outnumber s.o. [s.th.]; **seine Sammlung übertrifft deine an ~, nicht an Wert** his collection is greater than yours in quantity, but not in quality. – **5.** *ling.* number: **das Eigenschaftswort richtet sich in Geschlecht und ~ nach dem zugehörigen Hauptwort** the adjective agrees with its noun in gender and number.

'Zähl,ap·pa,rat *m* **1.** *tech. cf.* Zähler 3. – **2.** *med. cf.* Zählkammer.

'zahl·bar *adj econ.* payable: ~ **an den Überbringer** payable to bearer; ~ **auf Anforderung** (*bei einem Wechsel*) payable on demand; ~ **bei Lieferung** cash (*bes. Am.* collect) on delivery; ~ **bei Vorlage** (*bei einem Wechsel*) payable on presentation; ~ **bei [nach] Sicht** (*bei einem Wechsel*) payable at [after] sight; ~ **30 Tage nach Sicht** payable at 30 days' sight; ~ **nach** (*od.* bei) **Erhalt der Ware** payable (up)on receipt of goods; **bei**

Fälligkeit ~ payable when due (*od.* at maturity); im voraus ~ payable in advance; in bar ~ payable in cash; etwas ~ stellen to make s.th. payable.

'**zähl·bar** *adj* countable, numerable.

'**Zahl·bar·keit** *f* ⟨-; *no pl*⟩ payability, payableness.

'**Zähl·bar·keit** *f* ⟨-; *no pl*⟩ countability, numerableness.

'**Zahl·be,reich** *m* (*computer*) capacity.

'**Zähl,blatt** *n* tally sheet (*od.* card).

'**Zahl,brett**, '**Zähl,brett** *n cf.* Zahlteller.

'**zäh,le·big** [-,le:bɪç] *adj* tenacious of life, tough. — '**Zäh,le·big·keit** *f* ⟨-; *no pl*⟩ toughness.

zah·len ['tsa:lən] **I** *v/t* ⟨h⟩ **1.** (*Rechnung, Steuer etc*) pay: ich habe 100 Mark dafür gezahlt I paid 100 marks for it; dafür zahlt er jeden Preis *auch fig.* he will pay any price (*od.* anything) for that; eine Rate ~ to pay an instal(l)ment; Kinder ~ die Hälfte children (pay) half-price; → Lehrgeld 2; Zeche[1]. – **2.** (*Schulden etc*) pay, settle. – **3.** *fig.* (*Tribut etc*) pay. – **II** *v/i* **4.** pay: bar [in Raten] ~ to pay (in) cash [by instal(l)ment(s)]; er zahlt immer pünktlich he always pays promptly; nicht ~ können to be unable to pay; (Herr Ober,) ~ bitte (*im Gasthaus, Restaurant etc*) (waiter,) the bill (*Am. auch* the check), please; sie hat teuer dafür ~ müssen *fig.* she had to pay dear(ly) for that; ich hoffe, daß er heute endlich zahlt I hope he pays up today. – **III Z~** *n* ⟨-s⟩ **5.** *verbal noun:* wenn's ans Z~ geht when it comes to paying. – **6.** *cf.* Zahlung.

zäh·len ['tsɛːlən] **I** *v/t* ⟨h⟩ **1.** (*Geld, Personen, Stunden etc*) count: die Kinder ~ die Tage bis Weihnachten the children are counting the days until Christmas; ich zähle die Tage bis zum Urlaub *fig.* I am (just) counting the days until my holidays (*Am.* vacation); → Bissen 1; Rippe 1. – **2.** (*Stück für Stück*) count, tell, enumerate: nach einem Wahlgang die Stimmen ~ to count the votes after a ballot. – **3.** j-n zu seinen Kunden [Freunden] ~ *fig.* to count s.o. as one of (*od.* number s.o. among) one's clients [friends]; er wird zu den größten Geistern seines Jahrhunderts gezählt he numbers (*od.* ranks) among the greatest minds of his century. – **4.** number: der Ort zählt 20 000 Einwohner the town numbers (*od.* has) 20,000 inhabitants; → Lenz 3. – **II** *v/i* **5.** count: von 1 bis 10 ~ to count from 1 to 10; ich zähle bis drei(, dann) (*als Drohung*) I'll count up to three(, and then); → drei 1. – **6.** number: sein Vermögen zählt nach Millionen his fortune runs into millions (*od.* seven figures), he owns millions. – **7.** zu j-s Freunden ~ *fig.* to number (*od.* be numbered, be reckoned, rank, be classed) among s.o.'s friends, to be considered one of s.o.'s friends; er zählt zu den größten Philosophen seiner Zeit he numbers among the greatest philosophers of his time. – **8.** auf j-n ~ *fig.* to count (*od.* rely, depend, bank) (up)on s.o.; auf (*acc*) etwas ~ to count (*od.* reckon, rely, depend) (up)on s.th.; du kannst darauf ~ you can count on it. – **9.** *fig.* (*gelten*) count: das zählt nicht that does not count. – **III Z~** *n* ⟨-s⟩ **10.** *verbal noun.* – **11.** *cf.* Zählung.

'**Zah·len|,ach·se** *f math.* number axis. — **~akro,ba·tik** *f* juggling with figures. — **~,an·ga·ben** *pl* numerical data, figures. — **~,bei,spiel** *n* numerical example. — **~be,reich** *m* range of numbers: im ~ 100 bis 1 000 within the range of 100 to 1,000. — **~,bild** *n* figures *pl.* — **~,bruch** *m math.* numerical fraction.

'**zah·lend I** *pres p.* – **II** *adj* paying: **~e** Stelle paying agent; **~er** Gast paying guest.

'**Zah·len|,ein,ga·be** *f* (*computer*) numerical entry. — **~,fol·ge** *f* numerical order. — **~,ge·ber** *m tel.* automatic sender, impulse machine. — **~ge,dächt·nis** *n* memory (*od. colloq.* head) for figures (*od.* numbers): ich habe kein ~ I have no head for figures, I can't remember numbers. — **~geo-me,trie** *f math.* numerical geometry. — **~ge,ra·de** *f math.* straight-line numerical representation. — **~,glei·chung** *f* numerical equation. — **~,grö·ße** *f* numerical quantity. — **~lot·te,rie** *f*, **~,lot·to** *n cf.* Lotto 1.

'**zah·len,mä·ßig I** *adj* numerical: **~e** Über-legenheit numerical superiority, superiority in number. – **II** *adv* numerically, in terms of figures: etwas ~ ausdrücken to express s.th. numerically; j-m ~ überlegen sein to outnumber s.o.

'**Zah·len|ma·te·ri,al** *n cf.* Zahlenangaben. — **~,my·stik** *f relig. philos.* numerology. — **~po·ly,gon** *n math.* number polygon. — **~qua,drat** *n* number square. — **~,rät·sel** *n* numerical puzzle. **1.** number series. – **2.** (*Zahlenfolge*) number sequence. — **~,schloß** *n* combination lock. — **~sym,bo·lik** *f* number symbolism. — **~sy,stem** *n math.* numerical system. — **~,ta·fel** *f* numerical table. — **~theo,rie** *f* number theory, theory of numbers. — **~ver,hält·nis** *n* numerical proportion. — **~,wert** *m* numerical value.

'**Zäh·ler** *m* ⟨-s; -⟩ payer: guter [schlechter] ~ good [bad] payer; pünktlicher ~ prompt (*od.* punctual) payer; säumiger ~ slow (*od.* dilatory, tardy) payer, defaulter.

'**Zäh·ler** *m* ⟨-s; -⟩ **1.** (*Person*) counter. – **2.** *bes. pol.* (*im Parlament, auf einer Versammlung etc*) teller, (*bei einer Volkszählung*) *auch* enumerator. – **3.** *tech.* (*für Gas, Strom etc*) (integrating) meter. – **4.** *math.* numerator. — **~,ab,le·sun·gen** *pl* meter readings. — **~ge,häu·se** *n* meter case. — **~,ta·fel** *f electr.* meter board. — **~,ta·ste** *f cf.* Zähltaste.

'**Zähl,glas** *n tech.* counting glass.

'**Zahl,gren·ze** *f* (*im Stadtverkehr*) fare stage.

'**Zähl|,kam·mer** *f med.* a) counting cell (*od.* chamber), b) *cf.* Blutkörperchenzähl-kammer. — **~kan·di,dat** *m pol.* test candidate.

'**Zahl,kar·te** *f* (*postal service*) *Br.* Giro inpayment form, order for payment (into postal Giro account), *Am.* (postal) money order.

'**Zähl|,kar·te** *f* **1.** (*sport*) scorecard, scoring card. – **2.** (*bei einer Volkszählung*) census form. — **~,kas·se** *f cf.* Registrierkasse.

'**Zahl,kell·ner** *m* headwaiter (*waiter who makes out bills and collects the money*).

'**zahl·los** *adj* countless, innumerable, numberless.

'**Zähl|,lu·pe** *f tech.* counting glass. — **~,maß** *n* numerical measure.

'**Zahl,mei·ster** *m* **1.** *mil.* disbursing officer, paymaster. – **2.** (*bei der Handelsmarine*) purser. — **,Zahl·mei·ste'rei** *f* ⟨-; -en⟩ **1.** *mil.* disbursing officer's office, pay(master's) office. – **2.** (*bei der Handelsmarine*) purser's office.

'**Zähl,mu·ster** *n* (*beim Stricken*) knitting pattern.

'**Zahl,pfen·nig** *m* (*games*) counter, jetton, *Am. auch* jeton.

'**Zähl|,rah·men** *m* abacus, counting frame (*auch rail*). — **~,ra·te** *f nucl.* (*eines Zähl-rohres*) counting rate.

'**zahl,reich I** *adj* **1.** (*Anrufe, Briefe, Beschwerden etc*) numerous, a great many (*attrib*). – **2.** (*Familie, Versammlung etc*) large. – **II** *adv* **3.** ~ kommen to come in large numbers (*od.* in great number, numerously); die Mitglieder erschienen ~ a great many members attended, members attended well, there was high attendance (*od.* a good turnout [*Br.* turn-out]).

'**Zähl|,reim** *m* (*games*) *cf.* Abzählreim. — **~,rohr** *n nucl.* counter (tube).

'**Zahl,schein** *m econ.* cash inpayment form.

'**Zähl,spiel** *n* (*sport*) (*beim Golf*) medal (*od.* stroke) play.

'**Zahl,stel·le** *f econ.* **1.** cashier's (*od.* paying, disbursing) office. – **2.** (*kleine Zweigstelle einer Bank*) subbranch, *Br.* sub-branch.

'**Zähl,strich** *m* tally.

'**Zahl,tag** *m econ.* payday, *Br.* pay-day.

'**Zähl,ta·ste** *f tech.* meter(ing) key.

'**Zahl,tel·ler** *m* plate.

'**Zah·lung** *f* ⟨-; -en⟩ **1.** *cf.* Zahlen. – **2.** ⟨*only sg*⟩ payment, settlement: ~ im voraus payment in advance; ~ in Raten payment by instal(l)ments; monatliche ~ verein-baren to arrange payment (*od.* settlement) by the month (*od.* monthly payment); bei sofortiger ~ on immediate payment, if paid immediately; gegen ~ (up)on (*od.* against) payment; ~ gegen Nachnahme cash (*bes. Am.* collect) on delivery; man-gels ~ in default of payment; an ~s Statt in lieu of payment, instead of payment; ~ bei Erhalt der Ware payment on receipt of goods; ~ bei Lieferung payment (*od.*

cash, *bes. Am.* collect) on delivery; ~ fordern [verweigern] to request [to refuse] payment; die ~ aufschieben to postpone payment; einen Zeitpunkt für die ~ vereinbaren to agree (up)on a date for payment; die ~ stunden to defer (*od.* postpone) payment, to extend the term of payment; die ~ erfolgt in Dollar payment will be made in dollars; etwas in ~ geben to offer s.th. as a trade-in, to trade s.th. in; etwas in ~ nehmen to accept (*od.* take) s.th. as a trade-in, to trade s.th. in; auf ~ klagen, ~ einklagen to sue for payment. – **3.** payment: regelmäßige [verspätete, zusätzliche] ~ periodical [late, additional] payment; fällige [rückständige, einge-gangene] ~en payments due [in arrear, received]; eine ~ leisten to make (*od.* effect) a payment; ~en entgegennehmen [einstellen, wiederaufnehmen] to receive [to stop *od.* suspend, to resume] payments; mit seinen ~en in Verzug sein to be in arrears (*od.* to be behind) with one's payments.

'**Zäh·lung** *f* ⟨-; -en⟩ **1.** *cf.* Zählen. – **2.** count: die offizielle ~ the official count; j-n bei der ~ übergehen to leave s.o. out in the count; eine ~ durchführen to take a count; nach dieser ~ by this count. – **3.** (*der Bevölkerung*) census, numeration, enumeration.

'**Zah·lungs|,ab,kom·men** *n econ.* pay-ment(s) agreement. — **~,an·ge,bot** *n* offer of payment. — **~,an,wei·sung** *f econ.* **1.** (*postal service*) order for payment. – **2.** *cf.* Bankanweisung. — **~,an,zei·ge** *f econ.* advice of payment. — **~,auf,for·de·rung** *f* request (*stärker* demand) for payment. — **~,auf,schub** *m* extension of credit, (*bes. des geschuldeten Zolles*) postponement: ~ gewähren [erlangen] to grant [to obtain] a delay in payment (of duties). — **~,auf,trag** *m* payment order. — **~,aus,gang** *m* outpayment. — **~,aus,gleich** *m* settlement of payments: der internationale ~ international settlements *pl.* — **~be,din·gun·gen** *pl* terms (*od.* conditions) of payment. — **~be,fehl** *m jur.* judicial order to pay: einen ~ gegen j-n erwirken to obtain (*od.* procure) an order to pay against s.o. — **~be,leg** *m econ.* **1.** *cf.* Quittung 1. – **2.** (*bei Schecks, Überweisungen*) counterfoil. — **~be,rech·tig·te** *m* payee. — **~be,reit·schaft** *f* willingness to pay. — **~be,stä·ti·gung** *f* confirmation of payment.

'**Zah·lungs·bi,lanz** *f econ.* balance of payments. — **~,ak,ti·vum** *n* balance of payments surplus. — **~,de·fi·zit** *n* **1.** (bal-ance of) payments deficit. – **2.** trade deficit. — **~,kre,dit** *m* balance of payments credit.

'**Zah·lungs|,de·fi·zit** *n econ.* payments deficit. — **~,ein,gang** *m* **1.** inpayment: der ~ ist recht schleppend the customers are rather slow in paying their bills. – **2.** (*gezahlte Beträge*) payments *pl* received. — **~,ein,stel·lung** *f* suspension (*od.* cessation, stoppage) of payment: (offiziell) erklärte ~ formal indication of suspension of payments. — **~emp,fän·ger** *m* payee, recipient of payment. — **~er,in·ne·rung** *f* reminder. — **~er,leich·te·run·gen** *pl* easy terms for payment: mit ~ on easy (*od.* deferred, convenient) terms; ~ vor-handen credit terms available. — **~er,mäch·ti·gung** *f* authorization (*Br. auch* -s-) to pay (*od.* to make payments). — **z~,fä·hig** *adj* (*Kunde etc*) able to pay, solvent. — **~,fä·hig·keit** *f* ⟨-; *no pl*⟩ ability (*od.* capacity) to pay, solvency. — **~,frei,gren·ze** *f* (*für Devisenbeschaffung*) free quota, quota allowed. — **~,frist** *f* term of (*od.* time for, period [allowed] for) payment: die Angabe einer ~ gilt als nicht geschrieben (*auf Scheckformularen*) indications of payment times to be (*od.* are) considered nonexistent; Verlängerung der ~ extension of time for payment. — **~ge,schäf·te** *pl* payment transactions. — **~,klau·sel** *f* payment (*od.* settlement) clause. — **z~,kräf·tig** *adj* substantial, fully solvent. — **~,mit·tel** *n* **1.** instrument (*od.* means *pl* [construed as sg or pl], medium) of payment: bargeldloses ~ cashless means of payment. – **2.** money, currency, notes and coin *pl*: gesetzliches ~ legal tender, *Am. auch* lawful money. — **~,mit·tel,um,lauf** *m* note and coin circulation. — **~,mo-**

dus *m* form (*od.* mode, method) of payment. — **~ort** *m* 1. place of payment. – 2. (*eines Wechsels*) domicile, *auch* domicil. — **z~pflich·tig** *adj* liable to pay. — **~pflich·ti·ge** *m, f* ⟨-n; -n⟩ payer, *auch* payor, person liable to make payment. — **~plan** *m* settlement (*od.* payments) plan. — **~re·ge·lung, ~reg·lung** *f* payments arrangement. — **~rück,stand** *m* 1. *meist pl* (payment) arrear. – 2. *cf.* Zahlungsverzug. — **~schwie·rig·kei·ten** *pl* financial difficulties, pecuniary embarrassment *sg.* — **~sper·re** *f,* **~stopp** *m* stoppage of payment(s). — **~sy,stem** *n* payments system, system of payments. — **z~tech·nisch I** *adj* relating to (methods of) payments. – **II** *adv* **~** bedingt due to payment factors. — **~ter,min** *m* date (*od.* term) of (*od.* for) payment, time (fixed) for payment. — **~über,schuß** *m* payments surplus. — **z~un,fä·hig** *adj* unable to pay, insolvent. — **~un,fä·hig·keit** *f* ⟨-; *no pl*⟩ inability to pay, insolvency. — **~uni,on** *f* Europäische **~** *econ. pol.* European Payments Union. — **~ver,bind·lich·keit** *f econ. cf.* Zahlungsverpflichtung. — **~ver,bot** *n jur.* (*an Drittschuldner*) garnishment. — **~ver,ein·ba·rung** *f econ.* payments agreement. — **~ver,kehr** *m* payments *pl,* payment transactions *pl:* allgemeiner **~** general payments (system); bargeldloser **~** clearance (*od.* cashless transfer) system, cashless transfers *pl;* internationaler **~** international payments (system), payments to and from foreign countries. — **~ver,pflich·tung** *f* engagements *pl,* payments obligation, liability to pay: seine **~**en einhalten to keep up (*od.* meet) one's payments obligations; seinen **~**en pünktlich nachkommen to be punctual in one's payments, to pay on time. — **~ver,spre·chen** *n* promise to pay. — **~ver,wei·ge·rung** *f* refusal of payment (*od.* to pay), nonpayment *Br.* non-. — **~ver,zug** *m* default of (*od.* delay in) payment: in **~** geraten to make default of payment, to get into arrears. — **~weg** *m* method (*od.* channel) of payment. — **~wei·se** *f* form (*od.* mode, method) of payment. — **~wi·der,ruf** *m* countermand of payment. — **~ziel** *n* credit, date of payment: wir verlängern das **~** um drei Wochen we allow you another three weeks' credit, we postpone the date of payment by three weeks. — **~zu,sa·ge** *f* promise to pay.

'Zähl|,vor,rich·tung *f tech.* (*einer Registrierkasse, eines Schrittzählers etc*) counting mechanism. — **~werk** *n* 1. (*zum mechanischen Zählen*) counter (*od.* counting) mechanism. – 2. *electr.* hour-meter register mechanism. — **~wett,spiel** *n* (*sport*) (*beim Golf*) *cf.* Zählspiel.

'Zahl|,wort *n* ⟨-(e)s; -wörter⟩ *ling.* numeral. — **~,zei·chen** *n* figure, cipher, numeral, number.

'Zähl,zeit *f mus.* beat, time.

zahm [tsaːm] **I** *adj* ⟨-er; -st⟩ 1. (*Tier*) tame. – 2. *fig.* (*gefügig*) docile, tractable, tame: den werde ich schon **~** kriegen *colloq.* I'll quieten him, I'll bring him to heel; er ist nach der Ermahnung recht **~** geworden he tamed (down) after being reprimanded. – 3. *fig.* (*gemäßigt, mild*) mild: eine **~**e Kritik a mild criticism. – 4. *fig. colloq.* (*nicht so aufregend wie erwartet*) tame: der Film war recht **~** the film was pretty tame. – **II** *adv* 5. mit j-m **~** verfahren to deal mildly (*od.* leniently, clemently) with s.o.

'zähm·bar *adj* 1. tam(e)able. – 2. (*als Haustier geeignet*) domesticable. — **'Zähm·bar·keit** *f* ⟨-; *no pl*⟩ 1. tam(e)ability, tam(e)ableness. – 2. domesticability.

zäh·men ['tsɛːmən] **I** *v/t* ⟨h⟩ 1. (*zahm machen*) tame. – 2. (*domestizieren*) domesticate, domesticize. – 3. (*abrichten*) break in. – 4. *fig.* (*gefügig machen*) tame. – 5. *fig.* (*im Zaum halten*) contain, restrain, control, curb, hold (*s.th.*) in check, subdue: die Ungeduld **~** to contain one's impatience; seine Zunge **~** a) (*eine Bemerkung unterdrücken*) to check (*od.* stop) oneself, b) (*allgemein*) to hold one's tongue. – **II** *v/reflex* sich **~** 6. *fig.* (*sich beherrschen*) contain (*od.* restrain) oneself, hold back: er konnte sich nicht **~** he could not contain himself. – **III** *Z~ n* ⟨-s⟩ 7. *verbal noun.* – 8. *cf.* Zähmung.

'Zahm·heit *f* ⟨-; *no pl*⟩ 1. (*eines Tieres*)

---

tameness. – 2. *fig.* (*Gefügigkeit*) docility, tractability, tameness.

'Zäh·mung *f* ⟨-; *no pl*⟩ 1. *cf.* Zähmen. – 2. domestication. – 3. *fig.* restraint, control.

Zahn [tsaːn] *m* ⟨-(e)s; ˙e⟩ 1. tooth: falsche (*od.* künstliche) Zähne (a set of) false (*od.* artificial) teeth, a denture; gute [schlechte] Zähne haben to have good [bad] teeth; die dritten Zähne *colloq. humor.* false teeth, a denture; Zähne bekommen (*von Kind*) to cut teeth, to teethe; man meint, du bekämst Zähne *fig. colloq.* you can't be quite right in your head, don't be so silly (*od.* childish); die Zähne verlieren to lose one's teeth; einen **~** füllen (*od.* plombieren) *med.* to fill (*od.* stop) a tooth; die Zähne zusammenbeißen a) to clench one's teeth, b) *fig. colloq.* to clench (*od.* set) one's teeth (*od.* jaws); ihm fallen die Zähne aus his teeth are falling (*od.* dropping) out; bei mir wackelt ein Zahn one of my teeth is loose; sich (*dat*) die Zähne putzen to brush (*od.* clean) one's teeth; sich (*dat*) einen **~** ziehen lassen to have a tooth pulled (out) (*od.* extracted); sich (*dat*) die Zähne in Ordnung bringen lassen to have one's teeth seen to (*od.* looked after); sich (*dat*) einen **~** ausbrechen to lose a tooth; sich (*dat*) einen **~** (*an dat etwas*) ausbeißen to break (off) a tooth (on s.th.); sich (*dat*) die Zähne an (*dat*) etwas ausbeißen *fig. colloq.* to find s.th. a hard (*od.* tough) nut to crack; j-m die Zähne einschlagen to knock (*od.* punch) s.o.'s teeth in; j-m einen **~** ausbrechen [ziehen] to break [to pull] s.o. a tooth; den **~** habe ich ihm gezogen *fig. colloq.* I put that (idea) out of his head; durch die Zähne pfeifen to whistle through one's teeth; durch die Zähne sprechen to speak in an undertone; mit den Zähnen knirschen to grind (*od.* grit, gnash) one's teeth; er klapperte (*vor Kälte*) mit den Zähnen his teeth were chattering (with cold); etwas zwischen den Zähnen murmeln [hervorstoßen] to mumble [to mutter] s.th.; der **~** der Zeit *fig.* the ravages *pl* of time; das ist (*od.* reicht) gerade für den hohlen **~** *fig. colloq.* that would not keep a sparrow alive; mit langen Zähnen essen *fig. colloq.* to pick at one's food; wenn ich Saures esse, bekomme ich lange Zähne *fig. colloq.* eating sour things makes me cringe; j-m die Zähne lang machen *fig. colloq.* to make s.o. envious (*od.* jealous); j-m auf den **~** fühlen *fig. colloq.* to sound s.o. (out); j-m die Zähne zeigen *fig. colloq.* to show one's teeth to s.o.; er kriegt die Zähne nicht auseinander *fig. colloq.* he won't open his mouth; bis an die Zähne bewaffnet sein *fig. colloq.* to be armed to the teeth; ihm tut kein **~** mehr weh *fig. colloq. humor.* he has gone to a better place; → Auge 1; fletschen; Haar 3. – **2.** *zo.* a) tooth (*bes. Reiß-, Giftzahn*) fang, b) (*Stoßzahn*) tusk. – 3. (*eines Kammes, Reißverschlusses etc*) tooth. – **4.** (*einer Briefmarke*) perforation. – 5. *fig. colloq.* terrific speed (*colloq.*), 'lick' (*sl.*): einen **~** draufhaben a) to be riding hell for leather (*colloq.*), to be doing (*od.* going at) an awful lick (*sl.*), to be going at a breakneck pace (*od.* speed), b) to work away like mad (*colloq.*); mit einem tollen **~** at an awful pace (*colloq.*) (*od. sl.* lick), at a roaring pace, at (a) breakneck speed; noch einen **~** zulegen to put the boot down, to step on it (*od.* on the gas). – 6. ein steiler **~** *colloq.* a pretty girl; a peach (of a girl), a nice bit of stuff, a bit of hot stuff, a smasher, a nice bird, a slick chick (*sl.*). – **7.** *agr.* (*einer Egge*) tusk. – 8. *tech.* a) (*einer Säge etc*) tooth, b) (*eines Zahnrads*) cog. – **9.** *arch. antiq.* dentil.

'Zahn|,ab,druck *m* ⟨-(e)s; -drücke⟩ *med.* (dental) impression. — **~,an,trieb** *m tech.* gear drive.

'Zahn,ar·me *pl zo.* edentates (*Ordng Edentata*).

'Zahn|,arzt *m,* **~,ärz·tin** *f* 1. dentist. – 2. (*Zahnchirurg*) dental surgeon. — **z~,ärzt·lich** *adj* dental.

'Zahn|,arzt|,pra·xis *f med.* dental practice (*Am. auch* practise). — **~,stuhl** *m* dentist's chair.

'Zahn|,auf,nah·me *f med.* X-ray of a tooth, odontoradiograph (*scient.*). — **~,aus,fall** *m* losing one's teeth, dedentition (*scient.*). — **~,aus,mei·ße·lung** *f* odontectomy. — **~-**

,aus,schlag *m* (*beim Kleinkind*) gum (*od.* tooth) rash. — **~be,hand·lung** *f* dental treatment (*od.* care, therapy), odontotherapy (*scient.*). — **~bein** *n* 1. *med.* dentin(e). – 2. *zo.* dentary. — **~be,lag** *m* 1. film (on the teeth). – **2.** (*Zahnstein*) tartar.

'Zahn,bett *n med.* tooth socket. — **~,schwund** *m* alveolar resorption.

'Zahn|,bil·dung *f med.* formation (*od.* growing) of teeth, odontogeny (*scient.*). — **~,boh·rer** *m* dental drill (*od.* bur[r]). — **~,bras·se** *f zo.* dentex (*Dentex vulgaris*). — **~,brücke** *f* (*getr.* -k·k-) *med.* dental bridge, (*mehrgliedrige*) bridgework. — **~,bür·ste** *f* toothbrush.

'Zähn·chen *n* ⟨-s; -⟩ 1. *dim. of* Zahn. – 2. *bes. bot. zo.* denticle.

'Zahn|chir,urg *m med.* dental surgeon. — **~chir·ur,gie** *f* dental surgery. — **~,creme** *f cf.* Zahnpasta. — **~de,fekt** *m* dental defect. — **~,durch,bruch** *m* cutting (*od. scient.* eruption) of the teeth.

'zäh·ne,flet·schend *adj* (*Hund etc*) with teeth bared.

'Zahn,ein,griff *m tech.* (*eines Getriebes*) tooth engagement.

'Zäh·ne|,klap·pern *n* chattering of teeth: mit **~** with chattering teeth, with teeth chattering; → heulen 7. — **z~,klap·pernd** *adj* with chattering teeth, with teeth chattering. — **~,knir·schen** *n* grinding (*od.* gnashing) of teeth, bruxism (*scient.*): mit **~** *fig.* very (*od.* most) reluctantly. — **z~,knir·schend** *adv fig.* very (*od.* most) reluctantly.

zäh·neln ['tsɛːnəln] *v/t* ⟨h⟩ *cf.* zahnen 2.

zah·nen ['tsaːnən] **I** *v/i* ⟨h⟩ 1. *med.* teethe, cut (one's) teeth. – **II** *v/t* 2. (*Zahnrad*) cut teeth into, tooth, b) (*eine Kerbverzahnung*) serrate. – **III** *Z~ n* ⟨-s⟩ 3. *verbal noun.* – 4. *cf.* Zahnung.

'Zahn,ent,wick·lung *f med.* odontogeny, (*im weiteren Sinne*) *auch* dentition. — **~er,satz** *m* (artificial) denture, dental prosthesis. — **~er,satz,kun·de** *f cf.* Zahnprothetik. — **~ex,trak·ti,on** *f* tooth extraction, drawing (*od.* pulling) of a tooth. — **'Zäh·ne,zie·hen** *n med. cf.* Zahnextraktion.

'Zahn|,fäu·le, ~,fäul·nis *f med.* dental caries, tooth decay, saprodontia (*scient.*). — **~,fie·ber** *n* dentition fever. — **~,fi·stel** *f* alveolar (*od.* dental) fistula. — **~,flan·ke** *f tech.* 1. tooth surface. – 2. (*Zahnfußflanke*) tooth flank.

'Zahn,fleisch *n med.* gum(s *pl*), gingiva (*scient.*): auf dem **~** gehen (*od.* laufen) *fig. colloq.* to be on one's last legs. — **~,blu·ten** *n,* **~,blu·tung** *f* bleeding from the gums, ulorrh(o)ea (*scient.*). — **~ent,zün·dung** *f* inflammation of the gums, gingivitis (*scient.*). — **~,schwel·lung** *f* swelling of the gums, gingival swelling (*scient.*). — **~,schwund** *m* shrinking of the gums, gum recession, ulatrophy (*scient.*). — **~,ta·sche** *f* periodontal (*od.* gingival) pocket. — **~,wu·che·rung** *f* 1. epulis. – 2. (*Proliferation*) gum proliferation.

'Zahn,for·mel *f med.* dental formula.

'zahn,för·mig *adj med.* dentiform, dentoid, odontoid (*scient.*).

'Zahn,form,schleif,ma,schi·ne *f tech.* tooth profile grinder.

'Zahn|,fül·lung *f med.* filling, stopping. — **~,fuß** *m tech.* (*bei einem Zahnrad*) dedendum, root. — **~,fuß,flan·ke** *f* tooth flank. — **~ge,schwür** *n med.* abscess in the gums, gumboil, parulis (*scient.*). — **~,gra·nu,lom** *n* apical (*od.* dental) granuloma. — **~,hals** *m* neck of a tooth, dental neck, cervix dentis (*scient.*). — **~,heil,kun·de** *f cf.* Zahnmedizin. — **~,he·ring** *m zo.* mooneye (*Hiodon tergisus*). — **~,ho·bel** *m tech.* (*in der Zimmerei*) toother plane. — **~,höh·le** *f med.* 1. (*Alveole*) socket, alveolus (*scient.*). – 2. (*bei einem Zahndefekt*) (dental) cavity. – 3. (*Pulpenhöhle*) pulp cavity. — **~in,fek·ti,on** *f* dental infection. — **~ka,nal** *m* 1. (*Dentinkanälchen*) dentinal tubule. – 2. (*Wurzelkanal*) root canal, pulp canal. — **~ka·ri·es** *f* (dental) caries, tooth decay. — **~,karp·fen** *m meist pl zo.* 1. Eierlegender **~** cyprinodont (*Fam. Cyprinodontidae*). – 2. Lebendgebärender **~** live-bearer (*Fam. Poeciliidae*). — **~,keim** *m med.* tooth bud.

'Zahn,ket·te *f tech.* silent chain. – **'Zahn,ket·ten,rad** *n* silent-chain sprocket.

'Zahn|,klam·mer *f med.* brace. — **~,klemp·ner** *m colloq. humor. for* Zahnarzt. — ~**kli·nik** f dental clinic. — ~**kon·ser·vie·rung** f dental conservation. — ~**kopf** m tech. gear tooth top, tip of (the) tooth. — ~**krank·heit** f med. dental disease, disease of the teeth, odontopathy (scient.).

'**Zahn·kranz** m tech. a) (eines Bohrfutters) gear rim, b) (einer Planscheibe) rim gear. — ~**rol·le** f tech. toothed wheel rim, gear rim (od. ring).

'**Zahn·krem** f, colloq. auch m cf. Zahnpasta. — ~**kro·ne** f med. crown (of a tooth), corona (scient.). — ~**kupp·lung** f tech. jaw clutch (auch coupling). — ~**laut** m ling. (in der Phonetik) dental (sound). — ~**li·lie** f bot. cf. Hundszahn. — ~**locke·rung** (getr. -k·k-) f med. loosening of teeth, gomphiasis (scient.).

'**zahn·los** adj 1. toothless. – 2. zo. edentate, mutic. — '**Zahn·lo·sig·keit** f ⟨-; no pl⟩ toothlessness.

'**Zahn·lücke** (getr. -k·k-) f 1. med. gap between the teeth. – 2. (eines Kammes etc) tooth gap. – 3. tech. a) (bei Fräser, Zahnrad) tooth gap (od. space), gash, b) (bei Räumnadel, Säge) gullet, gash, throat, chip pocket. — '**zahn·lückig** (getr. -k·k-) [-ˌlʏkɪç] adj med. with wide-set (od. widely spaced) teeth.

'**Zahn·mark** n med. (dental) pulp; odontic nerve, pulpa (scient.). — ~**me·di·zin** f med. dentistry, dental medicine: ~ studieren to study dentistry. — ~**me·di·zi·ner** m 1. cf. Zahnarzt. – 2. dental (od. dentistry) student. — ~**meß·schieb·leh·re** f tech. gear tooth caliper (bes. Br. calliper). — ~**miß·bil·dung** f med. dental malformation. — ~**nerv** m cf. Zahnmark. — ~**or·tho·pä·die** f orthodontics pl (construed as sg or pl), orthodontia. — ~**pa·sta**, ~**pa·ste** f toothpaste, auch dentifrice. — ~**pa·ti·ent** m med. dental patient. '**Zahn·pfle·ge** f care of one's teeth, dental care (od. hygiene), oral hygiene. — ~**mit·tel** n dentifrice.

'**Zahn·plom·be** f med. filling, stopping, plug. — ~**pro·the·se** f 1. (Gebiß) (artificial) denture, dental plate (od. prosthesis), artificial teeth pl. – 2. (festsitzende) bridge(work). — ~**pro·the·tik** f dental prosthetics pl (construed as sg or pl), prosthetic dentistry. — ~**pul·pa** f cf. Zahnmark. — ~**pul·ver** n (zur Zahnpflege) tooth powder. — ~**putz·glas** n toothbrush glass (od. tumbler). — ~**putz·mit·tel** n cf. Zahnreinigungsmittel.

'**Zahn·rad** n tech. gear (wheel), cogwheel. — ~**an·trieb** m gear drive. — ~**bahn** f cog (od. rack) railroad (Br. railway). — ~**fräs·ma·schi·ne** f tech. 1. gear-milling (od. -cutting) machine. – 2. (beim Wälzverfahren) gear generator, gear-generating machine. — ~**ge·trie·be** n 1. gear transmission (od. drive). – 2. gear mechanism. — ~**ho·bel·ma·schi·ne** f 1. gear-planing machine, bes. Am. gear planer. – 2. (beim Wälzverfahren) gear generator. — ~**pum·pe** f gear(ed) pump. — ~**roh·ling** m gear blank. — ~**schleif·ma·schi·ne** f gear-grinding machine, bes. Am. gear grinder. — ~**stoß·ma·schi·ne** f 1. gear-slotting machine, bes. Am. gear slotter. – 2. (Waagerechtstoßmaschine) gear-shaping machine, gear shaper. — ~**über·set·zung** f gear transmission ratio. — ~**un·ter·set·zung** f gear reduction. — ~**wälz·fräs·ma·schi·ne** f gear-hobbing machine, bes. Am. gear hobber.

'**Zahn·rei·he** f med. row of teeth: obere [untere] ~ upper [lower] row of teeth. — **z~rei·ni·gend** adj cleaning teeth: ~e Wirkung dental cleansing action. — ~**rei·ni·gungs·mit·tel** n dentifrice. — ~**rit·zel** n tech. pinion. — ~**scha·den** m med. dental defect. — ~**schmelz** m (dental od. tooth) enamel.

'**Zahn·schmerz** m meist pl toothache; dentalgia, odontalgia (scient.): (heftige) ~en haben to have (a) (severe) toothache; (gut) gegen (od. für) ~ good for toothache. — ~**mit·tel** n med. pharm. toothache remedy, antiodontalgic (scient.).

'**Zahn·schnecke** (getr. -k·k-) f zo. cf. Kahnfüßer. — ~**schnitt** m arch. denticulation(s pl). — ~**schutz** m (sport) (der Boxer) gum shield. — ~**sei·fe** f (Zahnreinigungsmittel) tooth soap. — ~**span·ge** f med. cf. Zahnklammer. — ~**spie·gel** m dental mirror, odontoscope (scient.). — ~**spin·ner**

m meist pl zo. prominent (Fam. Notodontidae).

'**Zahn·stan·ge** f tech. (gear) rack, tooth rack.

'**Zahn·stan·gen·an·trieb** m tech. rack and pinion drive. — ~**ge·trie·be** n rack gearing (od. transmission).

'**Zahn·stein** m med. tartar, dental calculus, odontolith (scient.): den ~ entfernen to scale ([the] tartar from) the teeth. — ~**bil·dung** f tartar formation, odontolithiasis (scient.). — ~**ent·fer·nung** f ⟨-; no pl⟩ scaling. — **z~lö·send** adj tartar dissolving: ~es Mittel tartar dissolvent.

'**Zahn·sto·cher** m toothpick. — ~**stum·mel**, ~**stumpf** m med. stump of a tooth, (dental) stump. — ~**tau·be** f zo. tooth-billed pigeon, toothbill (Didunculus strigirostris). — ~**tech·nik** f med. dental technology. — ~**tech·ni·ker** m dental technician (od. mechanic). — ~**trost** m bot. red eyebright (od. bartsia) (Odontites rubra). — **~tür·kis** m min. bone turquois(e), odontolite (scient.).

'**Zahn- und Kie·fer·chir·ur·gie** f med. oral surgery.

'**Zah·nung** f ⟨-; -en⟩ 1. cf. Zahnen. – 2. ⟨only sg⟩ med. dentition. – 3. tech. a) (einer Stirnverzahnung) tooth system, teeth pl, b) ⟨only sg⟩ (einer Kerbverzahnung) serration.

Zäh·nung ['tsɛːnʊŋ] f ⟨-; -en⟩ philat. (einer Briefmarke) perforation.

'**Zahn·vö·gel** pl zo. (fossile Vögel der Kreidezeit) odontornithes. — ~**wach·tel** f meist pl partridge (Unterfam. Odontophorinae). — ~**wal** m meist pl toothed whale, odontocete (scient.). — ~**was·ser** n (zur Zahnpflege) tooth wash, dental lotion. — ~**wech·sel** m med. second dentition, diphyodontia (scient.). — ~**weh** n toothache; dentalgia, odontalgia (scient.): ~ haben to have (a) toothache. — ~**wurz** f bot. toothwort (Gattg Dentaria).

'**Zahn·wur·zel** f med. root (of a tooth), dental root. — ~**ka·nal** m pulp (od. root) canal. — ~**re·sek·ti·on** f apicoectomy. — ~**spit·ze** f root apex. — ~**zy·ste** f root (od. scient. radicular, radiculodental) cyst.

'**Zahn·zan·ge** f med. extractor, dental forceps. — ~**ze·ment** m (dental od. tooth) cement. — ~**zie·hen** n cf. Zahnextraktion. — ~**zwi·schen·räu·me** pl interdental spaces. — ~**zy·ste** f dental (od. scient. alveolodental) cyst, odontocele (scient.).

Zäh·re ['tsɛːrə] f ⟨-; -n⟩ obs. poet. od. dial. for Träne 1.

Zähr·te ['tsɛːrtə] f ⟨-; -n⟩ zo. (Karpfenfisch) bluenose (Vimba vimba).

Zain [tsaɪn] m ⟨-(e)s; -e⟩ 1. Southwestern and Swiss dial. for Weidenzweig. – 2. metall. bar, pig, ingot. – 3. hunt. a) (Schwanz eines Dachses) tail, b) rare (Brunftrute des Hirsches) penis of stag.

Zai·ne ['tsaɪnə] f ⟨-; -n⟩ Southwestern G. and Swiss wicker basket.

zai·nen ['tsaɪnən] v/i ⟨h⟩ Southwestern G. and Swiss prepare wicker for baskets.

Zai·rer [za'iːrər] m ⟨-s; -⟩ Zairean. — **zai·risch** [za'iːrɪʃ] adj Zairean.

Zä·kum ['tsɛːkʊm] n ⟨-s; Zäka [-ka]⟩ med. c(a)ecum.

Zam·ba ['tsamba] f ⟨-; -s⟩, **Zam·bo** [-bo] m ⟨-s; -s⟩ zambo, sambo (a Latin American of mixed Indian and Negro ancestry).

Zan·der ['tsandər] m ⟨-s; -⟩ zo. zander (Lucioperca lucioperca).

Za·nel·la [tsa'nɛla] m ⟨-s; -s⟩ (textile) (Gewebe) zanella cloth.

Zan·ge ['tsaŋə] f ⟨-; -n⟩ 1. tech. a) pliers pl, Am. auch plyers pl (construed as sg or pl), b) cf. Draht-, Flach-, Kneif-, Kombi(nations)-, Rohr-, Rundzange: eine ~ (a pair of) pliers. – 2. (Schmiedezange) tongs pl (sometimes construed as sg): eine ~ (a pair of) tongs. – 3. med. a) (des Zahnarztes etc) forceps, b) cf. Geburtszange: das Kind mußte mit der ~ geholt werden the child had to be delivered by forceps. – 4. (für Fingernägel) clippers pl. – 5. zo. (Greifwerkzeug) nippers pl, pincers pl (sometimes construed as sg); forceps, maxilla (scient.). – 6. fig. colloq. (in Wendungen wie) j-n in die ~ nehmen a) to press s.o. hard, to put the screw(s) on s.o., to give s.o. another turn of the screw, b) (bes. beim Fußball etc) to sandwich

s.o.; j-n in der ~ haben to have s.o. cornered; das ist nicht einmal mit der ~ anzufassen I would not touch that with a barge pole (Am. a five-foot pole), that's filthy dirty. – 7. fig. contempt. (böses, zänkisches Weib) termagant, bes. Am. nag, (stärker) battle-ax(e) (colloq.). – 8. civ.eng. a) (für Holzkonstruktion) wale, waling, b) (Dachverband) tie. – 9. mil. a) pincer, b) cf. Zangenbewegung: j-n in die ~ nehmen to envelop (auch envelope) s.o.

'**Zan·gen·an·griff** m mil. pincer attack, double envelopment. — ~**be·we·gung** f pincer movement. — ~**ent·bin·dung** f med. cf. Zangengeburt 1. — **z~ent·bun·den** adj delivered by forceps. — **z~för·mig** adj forcipate, auch forcipated, cheliform. — ~**ge·burt** f 1. med. forceps delivery. – 2. das war die reinste ~ fig. colloq. (z. B. schwierige Promotion) that was a tough job. — ~**griff** m (sport) (beim Ringen) double grip. — ~**vor·schub** m tech. 1. (eines Drehautomaten) gripper feed. – 2. (als Vorrichtung) gripper feed mechanism.

Zank [tsaŋk] m ⟨-(e)s; no pl⟩ quarrel, squabble, wrangle, dispute, broil, altercation, row: einen ~ schlichten to settle a quarrel; mit j-m in ~ geraten to get involved in a quarrel with s.o.; bei ihnen gibt es immer ~ und Streit, zwischen ihnen herrscht immer viel ~ they are always quarrel(l)ing (od. bickering). — ~**ap·fel** m ⟨-s; no pl⟩ bone of contention, apple of discord: das Geld ist ein ewiger (od. ständiger) ~ zwischen ihnen money is always a bone of contention with them.

zan·ken ['tsaŋkən] I v/i ⟨h⟩ 1. (mit j-m) ~ to scold (s.o.): ich muß schon wieder ~, weil I have to scold (you) again because; (laut) ~ to wrangle. – II v/t 2. sich (untereinander) ~ (über acc etwas) to (have a) quarrel (od. squabble, colloq. scrap) (about s.th., over s.th.), to bicker (about s.th., over s.th.): zankt euch nicht, prügelt euch lieber colloq. iron. stop (your) bickering. – 3. sich (untereinander) um etwas ~ to quarrel (od. squabble) over s.th.: die Kinder zankten sich um den Ball the children quarrel(l)ed over the ball. – III v/reflex 4. sich mit j-m (über acc etwas) ~ to have words (od. a quarrel, a tiff, colloq. a scrap) with s.o. (about s.th., over s.th.), to quarrel with s.o. (about s.th., over s.th.). – 5. sich mit j-m um etwas ~ to quarrel (od. squabble) with s.o. over s.th.

Zän·ker ['tsɛŋkər] m ⟨-s; -⟩ quarreler, bes. Br. quarreller, squabbler, bickerer.

Zän·ke'rei f ⟨-; no pl⟩ colloq. quarreling, bes. Br. quarrelling, squabbling, bickering.

Zän·ke'rei f ⟨-; -en⟩ meist pl colloq. quarrel, squabble, haggle.

Zän·ke·rin f ⟨-; -nen⟩ cf. Zänker.

zän·kisch ['tsɛŋkɪʃ] adj 1. cantankerous, quarrelsome, contentious: sie ist alt und ~ geworden she has got old and cantankerous. – 2. (nörglig) nagging, naggy.

'**Zank·sucht** f ⟨-; no pl⟩ cantankerousness, quarrelsomeness, contentiousness. — '**zank·süch·tig** adj cf. zänkisch.

'**Zank·teu·fel** m contempt. a) scold(er), b) (Frau) termagant, shrew, vixen, virago.

Zä·no·ge·ne·se [tsɛnoge'neːzə] f ⟨-; -n⟩, ~**ge·ne·sis** [-ge'neːzɪs] f ⟨-; -genesen [-ge'neːzən]⟩ biol. c(o)enogenesis, auch caenogenesis. — **z~ge·ne·tisch** [-ge'neːtɪʃ] adj c(o)enogenetic, auch caenogenetic.

Zä·no·zoi·kum [tsɛno'tsoːɪkʊm] n ⟨-s; no pl⟩ geol. hist. cf. Känozoikum. — **zä·no·zo·isch** [-ɪʃ] adj cf. känozoisch.

Zapf [tsapf] m ⟨-(e)s; ⁼e⟩ 1. rare for Zapfen[3]. – 2. Southern G. rare for Ausschank[1] 2, 3.

Zapf [tsapf] m ⟨-(e)s; -e⟩ Austrian ped. colloq. oral (exam) (colloq.).

'**Zapf·be·trieb** m auto. pump service.

Zäpf·chen ['tsɛpfçən] n ⟨-s; -⟩ 1. dim. of Zapfen[3]. – 2. med. (am Gaumensegel) uvula: gespaltenes ~ bifid uvula. – 3. med. pharm. suppository. — ~**ent·zün·dung** f med. uvulitis, staphylitis. — ~**laut** m ling. (in der Phonetik) uvular (sound). — ~**-R** [-ˌʔɛr] n uvular r.

zap·fen ['tsapfən] I v/t ⟨h⟩ 1. (bes. Bier) tap. – 2. tech. (Bretter etc) join (s.th.) with (mortise and) tenon, relish, tenon. – II v/i 3. auto. (an Zapfsäule) fill. – III Z~ n ⟨-s⟩ 4. verbal noun.

'**zap·fen**[2] v/t ⟨h⟩ Austrian ped. colloq. examine (s.o.) viva voce.

'**Zap·fen**[3] *m* ⟨-s; -⟩ **1.** *bot.* (*der Nadel-bäume*) cone, (*des Hopfens*) *auch* strobile (*scient.*). – **2.** (*Faßhahn*) tap. – **3.** (*eines Fasses*) cf. Spund[1] 1. – **4.** cf. Pfropfen 2. – **5.** (*Pflock*) peg, pin. – **6.** *tech.* a) (*Holz-verbindung*) tenon, b) (*Stift*) pin, c) (*Lager-zapfen, Zapfen einer Welle*) journal, d) (*eines Zirkels*) fulcrum stud, e) (*Führungszapfen*) pilot, f) (*Heftzapfen eines Werkzeugs*) tang, g) (*Kurbelzapfen*) crankpin. – **7.** *med.* (*in der Netzhaut des Auges*) (retinal) cone. – **8.** einen ~ haben *colloq.* (*Rausch*) to be tight (*colloq.*), to have had one over the eight. — ~**,aus,schnei·den** *n tech.* (*in der Zimmerei*) relishing, tenoning. — ~**,aus,schnitt** *m* cf. Zapfenloch 2. — ~**,blu·me** *f bot.* conehead (*Gattg Strobilanthes*). — ~**,blü·te** *f bot.* cf. Zapfen[3] 1. — **z~,blü·tig** [-,bly:tɪç] *adj* with cone-shaped infloru cences. — ~**,boh·rer** *m tech.* (*in der Zimme-rei*) tenon auger. — **z~,för·mig** *adj* **1.** cone-shaped. – **2.** *bot.* cone-shaped; pineal, strobilaceous (*scient.*). – **3.** peg-shaped. — ~**,frä·ser** *m tech.* shank cutter, pilot counterbore. — ~**,frucht** *f bot.* cf. Zapfen[3] 1. — ~**,ge,trie·be** *n tech.* pin tooth (*od.* lantern) gearing. — ~**,ku·gel-,la·ger** *n* ball and socket bearing. — ~**,la·ger** *n* **1.** (*eines Drehzapfens*) pivot bearing. – **2.** (*einer Walze*) neck bearing. — ~**,loch** *n* **1.** a) pivot hole, b) (*eines Pressen-stößels*) tool shank hole. – **2.** (*in der Holz-bearbeitung*) mortise. — ~**,plat·te** *f* plate with tenon. — ~**,rad** *n* pin gear. — ~**,sä·ge** *f* dovetail saw. — ~**,schicht** *f med.* (*in der Netzhaut*) layer of rods and cones. — ~**,schlüs·sel** *m tech.* pin spanner. — ~**,schneid,sä·ge** *f tech.* tenon saw. — ~**,streich** *m* **1.** *mil.* a) (*Signal*) tattoo, *auch* tatoo, *Br. auch* last post, *bes. Am. auch* taps *pl* (*usually construed as sg*), b) (*Zeremoniell*) retreat, military tattoo: den ~ blasen to sound the tattoo; der Große ~ retirement ceremony, *Am.* the Tattoo. – **2.** *jetzt ist* ~ *colloq.* a) (it's) bedtime! (it's) time for bed! b) (*im Lokal*) time's up! *Br.* time, gentle-men, please! — **z~,tra·gend** *adj bot.* cone-bearing; coniferous, strobilaceous (*scient.*). — ~**ver,bin·dung** *f tech.* (*in der Zimmerei*) mortise (and tenon) joint. — ~**,zie·her** *m* Southwestern *G.* and Swiss for Korken-zieher.

'**Zap·fer** *m* ⟨-s; -⟩ Southern *G. dial.* tapster, tapper.

'**Zapf|,hahn** *m* **1.** tap, *Am.* faucet. – **2.** *auto.* hose nozzle. — ~**,holz** *n agr.* toppings *pl.* — ~**,loch** *n* (*des Fasses*) bunghole, *Br.* bung-hole. — ~**,säu·le** *f* (*für Benzin*) filling (*Am.* gasoline, *Br.* petrol) pump. — ~**,stel·le** *f* **1.** (*für Benzin*) filling (*Am.* gasoline, *Br.* petrol) station. – **2.** (*für Wasser*) tap connection (*Br. auch* connexion), filling station. – **3.** *electr.* tap.

'**Zapf·fung** *f* ⟨-; -en⟩ *auto. tech.* cf. Zapfen[1].
'**Zapf,wel·le** *f auto.* power takeoff (shaft), pto shaft.

'**Zap·r,Klap·pe** ['tsap-] *f aer.* (*an der Trag-fläche*) zap flap.

za·po·nie·ren [tsapo'ni:rən] *v/t* ⟨*no* ge-, h⟩ (*paints*) coat s.th.) with cellulose lacquer.
Za'pon,lack [tsa'pɔ:n-] *m* (*paints*) cellulose lacquer.

Zap·pe'lei *f* ⟨-; *no pl*⟩ *colloq.* fidgeting.
'**Zap·pe·ler** *m* ⟨-s; -⟩, '**Zap·pel,frit·ze** *m* *colloq.* fidget(er).
'**zap·pe·lig** *adj colloq.* **1.** (*unruhig*) fidgety, restless, restive: sie war ganz ~ vor Auf-regung she was quite (*od.* all) fidgety with excitement, she was in a dither with excitement (*colloq.*). – **2.** (*aufgeregt*) excited. – **3.** (*vor Prüfung etc*) nervous, jittery (*sl.*): ~ sein to be nervous, to have the jitters (*sl.*). — '**Zap·pe·lig·keit** *f* ⟨-; *no pl*⟩ *colloq.* **1.** fidgetiness, restlessness, res-tiveness. – **2.** excitement. – **3.** nervousness, (the) jitters *pl* (*construed as sg or pl*) (*sl.*).
'**Zap·pel,lie·se** *f* ⟨-; -n⟩ *colloq.* fidget(er).
zap·peln ['tsapəln] *I v/i* ⟨h⟩ **1.** (*unruhig sein*) fidget: vor Ungeduld ~ to fidget with excitement. – **2.** (*strampeln*) struggle, kick. – **3.** (*von einem gefangenen Tier*) wriggle, struggle: der Fisch zappelt an der Angel [im Netz] the fish wriggles on the hook [in the net]. – **4.** j-n ~ lassen *fig. colloq.* to keep s.o. in suspense (*od.* on tenterhooks), to tantalize (*Br. auch* -s-) s.o. – **II Z~** *n* ⟨-s⟩ **5.** *verbal noun.*
'**Zap·pel,phil·ipp** *m* ⟨-s; -e *u.* -s⟩ *colloq.* (*bes. Kind*) fidget(er).

zap·pen'du·ster ['tsapən-] *adj colloq.* (*in Wendungen wie*) es war ~ it was pitch-dark (*od.* pitch-black); dann ist('s) ~ *fig.* you're in for it (*colloq.*), you've had it (*sl.*).
'**Zapp·ler** *m* ⟨-s; -⟩, '**Zapp·le·rin** *f* ⟨-; -nen⟩ *colloq.* fidget(er).
'**zapp·lig** *adj colloq.* cf. zappelig.

Zar [tsaːr] *m* ⟨-en; -en⟩ *hist.* czar, tsar, *auch* tzar: Weißer ~ White Czar; „~ und Zimmermann“ *mus.* “Tsar and Carpenter” (*opera by Lortzing*).

za·ra·thu·strisch [tsara'tustrɪʃ] *adj relig.* cf. zoroastrisch.

'**Za·ren,reich** *n hist.* **1.** czarist (*auch* tsarist) realm, czardom, *auch* tsardom. – **2.** (*Epoche*) czar rule: im ~ during czar rule.
'**Za·ren·tum** *n* ⟨-s; *no pl*⟩ *hist.* czarism, *auch* tsarism.
Za·re·witsch [tsa'reːvɪtʃ] *m* ⟨-(e)s; -e⟩ *hist.* czarevitch, *auch* tsarevitch.
Za·rew·na [tsa'rɛvna] *f* ⟨-; -s⟩ *hist.* czarevna, *auch* tsarevna.
Zar·ge ['tsargə] *f* ⟨-; -n⟩ **1.** *civ.eng.* (bricked-in) frame, (*Türzarge*) bricked-in door frame. – **2.** (*in der Böttcherei*) chime. – **3.** *mus.* a) (*einer Violine etc*) rib, side, b) (*einer Trommel*) shell, body, c) (*eines Flügels*) rim.
zar·gen ['tsargən] *v/t* ⟨h⟩ *civ.eng.* (*Türen etc*) frame.

Za·rin *f* ⟨-; -nen⟩ *hist.* czarina, *auch* tsarina, czaritza, *auch* tsaritza.
Za·ris·mus [tsa'rɪsmus] *m* ⟨-; *no pl*⟩ *hist.* czarism, *auch* tsarism.
za·ri·stisch [tsa'rɪstɪʃ] *adj hist.* czarist(ic), czarish, *auch* tsarist(ic), tsarish: das ~e Rußland czarist Russia.

zart [tsaːrt] *I adj* ⟨-er; -est⟩ **1.** (*Fleisch, Gemüse, Blätter etc*) tender. – **2.** (*Stoff, Gewebe etc*) delicate, filmy, gauzy. – **3.** (*Haut, Teint etc*) delicate. – **4.** (*Hand-gelenk, Knochenbau etc*) dainty, delicate. – **5.** (*Gesundheit, Verfassung etc*) delicate, (*stärker*) frail, fragile. – **6.** (*Person, Kind*) delicate, slight: er ist sehr ~ für sein Alter he is very delicate for his age. – **7.** (*Alter*) tender: im ~en Alter von fünf Jahren at the tender age of five; vom ~esten Kindes-alter an from one's most tender years. – **8.** das ~e Geschlecht *colloq. humor.* (*die Frauen*) the weaker (*od.* gentle) sex. – **9.** (*Gemüt*) delicate, sensitive, tender. – **10.** (*Rücksichtnahme, Aufmerksamkeit etc*) delicate. – **11.** (*Berührung, Hauch, Behandlung etc*) gentle: j-m einen ~en Wink geben to give s.o. a gentle (*od.* subtle) hint; ~e Bande knüpfen to form a sentimental attachment. – **12.** (*Ton, Klang*) soft. – **13.** (*Stimme*) deli-cate. – **14.** (*Farbe*) delicate, soft, tender, subdued: ein ~es Grün a delicate green. – **15.** *poet.* ethereal. – **II adv 16.** gently: fragte er ~ he asked gently; j-m ~ übers Haar streichen to stroke s.o.'s hair gently; j-n ~ behandeln to treat (*od.* deal with) s.o. gently.
'**zart|be,sai·tet** *adj* ⟨-er, zarter besaitet; -st, zartest besaitet⟩ *fig.* high-strung, *bes. Br.* highly strung, sensitive: sie ist ~ she is high-strung, she is sensitive, she has a thin skin; sie ist ~er als ihre Schwester she is more highly strung than her sister. — ~**,blau** *adj* pale-blue.
Zär·te'lei ['tse:rtə-] *f* ⟨-; *no pl*⟩ *lit.* for Zartheit.
'**Zär·te**[2] *f* ⟨-; -n⟩ *zo.* cf. Zährte.
Zär·te·lei [tse:rtə'laɪ] *f* ⟨-; *no pl*⟩ *lit.* for Gekose.
'**zart|,füh·lend** *adj* ⟨-er; -st⟩ delicate, discreet, tactful, considerate. — **Z~ge,fühl** *n* ⟨-(e)s; *no pl*⟩ delicacy (of feeling), dis-cretion, tact(fulness), consideration: mit sehr viel ~ vorgehen to go about things with great delicacy (*od.* most delicately, most tactfully). — ~**,glie·de·rig**, ~**,glied-rig** *adj* dainty, delicate, gracile, (*Mädchen, Frau*) *auch* petite. — ~**,grün** *adj* pale-green.
'**Zart·heit** *f* ⟨-; *no pl*⟩ **1.** (*von Fleisch, Ge-müse, Blättern etc*) tenderness. – **2.** (*von Stoff, Gewebe etc*) delicacy, delicateness, filminess. – **3.** (*von Haut, Teint etc*) delicacy, delicateness. – **4.** (*zartes Verhalten*) gentle-ness, subtlety, subtleness. – **5.** (*von Ton, Klang*) softness. – **6.** (*einer Stimme*) deli-cacy, delicateness. – **7.** (*von Farben*) deli-cacy, delicateness, softness, tenderness.
zärt·lich ['tse:rtlɪç] *I adj* **1.** (*Blick, Gefühl etc*) tender, loving, fond: ein ~er Brief a tender (*od.* an affectionate) letter; ~e Worte tender (*od.* fond) words, words of love; j-m in ~er Liebe zugetan sein *lit.* to love s.o.

tenderly, to be tenderly fond of s.o. – **2.** (*Gebärde etc*) affectionate: zu j-m ~ sein to be affectionate with s.o. – **3.** (*liebevoll*) loving, fond: sie ist ihren Kindern eine ~e Mutter she is a loving (*od.* fond) mother to her children. – **II adv 4.** tenderly: j-n ~ lieben to love s.o. tenderly. – **5.** affection-ately. – **6.** tenderly, fondly, lovingly: j-n ~ umarmen [liebkosen, ansehen] to embrace [to caress, to look at] s.o. tenderly; j-m ~ übers Haar streichen to stroke s.o.'s hair tenderly. — '**Zärt·lich·keit** *f* ⟨-; -en⟩ **1.** ⟨*only sg*⟩ tenderness, fondness, loving-ness. – **2.** (*zärtliches Wort*) endearment: er flüsterte ihr ~en ins Ohr he whispered endearments (*od.* sweet nothings) in her ear. – **3.** (*Liebkosung*) endearment, caress, embrace: sie ist für ~en [nicht] emp-fänglich she is [not] susceptible (*od.* re-sponsive) to endearments. – **4.** (*sexuelle*) embrace: bei diesem Zusammensein kam es zu ~en they embraced at this meeting.
'**Zärt·lich·keits·be,dürf·nis** *n* ⟨-ses; *no pl*⟩ need of affection.
'**zart,ro·sa** *adj* pale-pink.
'**Zart·sinn** *m* ⟨-(e)s; *no pl*⟩ cf. Zartgefühl. — '**zart,sin·nig** *adj* cf. zartfühlend.
Zä·si·um ['tse:zium] *n* ⟨-s; *no pl*⟩ *chem.* cesium, *auch* caesium (Cs).
Za·ster ['tsastər] *m* ⟨-s; *no pl*⟩ *colloq.* (*Geld*) 'dough', 'sugar' (*beide sl.*), *bes. Br. sl.* 'tin', *Br. sl.* 'brass', *Am. sl.* 'jack'.
Zä·sur [tsɛ'zu:r] *f* ⟨-; -en⟩ **1.** *metr.* caesura, *auch* cesura, comma, rest. – **2.** *mus.* caesura, *auch* cesura. – **3.** *fig.* (*wichtiger Einschnitt*) turning point.
Zau·ber ['tsaubər] *m* ⟨-s; -⟩ **1.** ⟨*only sg*⟩ magic, witchcraft: etwas durch ~ be-wirken to do s.th. by magic; wie durch ~ as if by magic; fauler ~ *fig. colloq.* humbug, hogwash, 'eyewash' (*colloq.*); 'rot', ba-loney, *auch* boloney (*sl.*). – **2.** (*Bann*) spell, charm: ein ~ hielt die Prinzessin gefangen a spell held the princess captive; einen ~ lösen to break a spell. – **3.** *fig.* magic, spell, charm, enchantment, fascina-tion: der ~ ihrer Stimme [der Land-schaft] the magic of her voice [of the landscape]; dem ~ der Musik erliegen to be spellbound (*od.* captivated) by the magic of the music; er ist ihrem ~ erlegen he fell a victim (*od.* succumbed) to her charms. – **4.** ⟨*only sg*⟩ *fig. colloq.* (*Zirkus, Theater*) hullaballoo, fuss, song and dance (*colloq.*): es hat einen riesigen ~ gegeben there was an awful hullaballoo (*colloq.*); mach doch keinen ~ don't make such a fuss. – **5.** *fig. colloq.* (*in Wendungen wie*) ich bin den ganzen ~ satt I am fed up with the whole business (*sl.*); den ~ kenne ich a) I've been through all that (*colloq.*), b) that's nothing new; ich traue dem ~ nicht it looks a bit fishy to me (*colloq.*), there is some monkey business going on somewhere; was kostet der ganze ~? what is the whole lot going to cost? (*colloq.*). — ~**,bann** *m* spell, charm: unter einem ~ stehen to be under a spell; einen ~ brechen to break the spell. — ~**,berg**, „Der“ The Magic Mountain” (*novel by Th. Mann*). — ~**,brun·nen** *m* magic fountain. — ~**,buch** *n* book of spells (*od.* charms).
Zau·be'rei *f* ⟨-; -en⟩ **1.** cf. Zaubern. – **2.** ⟨*only sg*⟩ magic, wizardry, (*bes. Hexerei*) witchcraft, sorcery: das grenzt an ~ that borders on magic. – **3.** ⟨*only sg*⟩ (*Zauber-kunst*) magic art, art of magic: durch ~ by magic. – **4.** cf. Zauberkunststück.
'**Zau·be·rer** *m* ⟨-s; -⟩ **1.** wizard, magician, sorcerer. – **2.** *fig.* wizard: er ist der reinste ~ he is an absolute wizard. – **3.** cf. Zauber-künstler.
'**Zau·ber|,fla·sche** *f* magic bottle. — ~**,flö·te** *f* magic flute: „Die ~“ *mus.* “The Magic Flute” (*opera by Mozart*). — ~**for·mel** *f* spell, charm, magic formula. — ~**,gar·ten** *m* enchanted garden. — ~**ge,schich·te** *f* tale of magic (*od.* the supernatural).
'**zau·ber·haft** *adj* (*Kleid, Anblick etc*) charming, delightful, captivating, en-chanting, magic.
'**Zau·be·rin** *f* ⟨-; -nen⟩ **1.** (*Hexe*) sorceress, witch. – **2.** (*female*) magician (*od.* conjurer).
'**Zau·ber|,in·sel** *f* enchanted island. — ~**,ka·sten** *m* trick box. — ~**,klang** *m* magic (*od.* enchanting) sound. — ~**,kraft** *f* **1.** magic power, witchcraft. – **2.** *fig.* (*der*

Worte etc) magic (power). – **3.** *pl* magic properties. — **z~kräf·tig** *adj* magic(al). — **~kreis** *m* magic circle. — **~kunst** *f* ⟨-; -künste⟩ **1.** ⟨*only sg*⟩ magic art, art of magic. – **2.** *pl* magic art *sg.* – **3.** ⟨*only sg*⟩ conjuring, conjury, sleight of hand. – **4.** *cf.* Zauberkunststück. — **~künst·ler** *m* magician, conjurer, illusionist. — **~kunst·stück** *n* conjuring trick, sleight of hand: **~e** *pl* conjuring tricks, *auch* magic *sg.* — **~land** *n* land of magic, fairyland. — **~la·ter·ne** *f* magic lantern. — **~lehr·ling** *m* sorcerer's (*od.* wizard's) apprentice. — **~macht** *f cf.* Zauberkraft. — **~man·tel** *m* magic cloak. — **~mär·chen** *n* fairy tale (*od.* story) about magic. — **~mit·tel** *n* charm, sigil.

zau·bern ['tsaubərn] **I** *v/t* ⟨h⟩ **1.** j-n irgendwohin **~** to charm s.o. somewhere: die Hexe zauberte ihn in eine Flasche the witch confined him in a bottle by sorcery. – **2.** (*durch Taschenspielerei*) conjure: j-m die Uhr aus der Tasche **~** to conjure s.o.'s watch out of his pocket. – **3.** *fig.* conjure up: sie hat ein phantastisches Essen aus nichts gezaubert she conjured up a fantastic meal out of nothing. – **4.** *fig.* bring: diese Worte zauberten ein Lächeln auf ihr Gesicht these words, as if by magic, produced a smile on her face. – **II** *v/i* **5.** do (*od.* perform, practice, *bes. Br.* practise) magic, charm: ab und zu zauberte die Fee ein bißchen the fairy did a bit of magic now and then. – **6.** (*Zauberkunststücke vorführen*) do conjuring tricks, conjure, do conjury. – **7.** *fig. colloq.* (*in Wendungen wie*) ich kann doch nicht **~**! I can't work miracles! I am no magician! du bist schon wieder da, du kannst wohl **~** what? back so soon? where is your magic carpet? – **III** **Z~** *n* ⟨-s⟩ **8.** *verbal noun.* – **9.** *cf.* Zauberei 2.

'Zau·ber|nuß *f bot.* witch hazel (*Hamamelis virginiana*). — **~pos·se** *f* (*theater*) fairy-tale extravaganza. — **~prie·ster** *m* shaman. — **~reich** *n* **1.** realm of magic. – **2.** *fig.* magic realm: im **~** der Musik in the magic realm of music. — **~ring** *m* magic ring. — **~ri·ten** *pl* magic rites. — **~ru·te** *f cf.* Zauberstab. — **~schlag** *m only in* wie mit einem **~(e)** *fig.* as if by magic. — **~schloß** *n* enchanted castle. — **~schrift** *f* magic writing. — **~se·gen** *m cf.* Zauberspruch. — **~spie·gel** *m* magic mirror. — **~spruch** *m* spell, charm, incantation, sigil, conjuration. — **~stab** *m* (magic) wand. — **~stein** *m* magic stone. — **~stück** *n* **1.** *cf.* Zaubertrick. – **2.** (*theater*) *cf.* Zauberposse. — **~trank** *m* magic potion, (*bes. Liebestrank*) philter, *bes. Br.* philtre. — **~trick** *m* conjuring trick. — **~wald** *m* magic wood, enchanted forest. — **~welt** *f cf.* Zauberreich 2. — **~werk** *n* ⟨-(e)s; *no pl*⟩ *cf.* Zauberei 2. — **~we·sen** *n* magic being. — **~wort** *n* ⟨-(e)s; -e⟩ magic word, spell, charm, sigil. — **~wur·zel** *f cf.* Alraun(e) 1.

'Zau·brer *m* ⟨-s; -⟩ *cf.* Zauberer. — **'Zau·bre·rin** *f* ⟨-; -nen⟩ *cf.* Zauberin.

Zau·che ['tsauxə] *f* ⟨-; -n⟩ *obs. od. dial.* bitch.

Zau·de'rei *f* ⟨-; *no pl*⟩ *colloq. cf.* Zaudern.

'Zau·de·rer *m* ⟨-s; -⟩ **1.** hesitater, *auch* hesitator. – **2.** (*j-d, der hinausschiebt*) procrastinator, temporizer *Br. auch* -s-. – **3.** (*j-d, der schwankt*) waverer, vacillator, ditherer (*colloq.*). – **4.** Fabius der **~** *antiq.* Fabius Cunctator. – **'Zau·de·rin** *f* ⟨-; -nen⟩ *cf.* Zauderer 1–3.

zau·dern ['tsaudərn] **I** *v/i* ⟨h⟩ **1.** hesitate, hang back: er zauderte, den Befehl auszuführen he hesitated to execute (*od.* hung back from executing) the order; nur nicht **~** (*od.* gezaudert)! don't be afraid! go on! – **2.** (*zögernd*) procrastinate, temporize *Br. auch* -s-. – **3.** (*schwankend*) waver, vacillate, shilly-shally, dither (*colloq.*). – **II** **Z~** *n* ⟨-s⟩ **4.** *verbal noun.* – **5.** hesitation, hesitance, hesitancy: ohne **~** without hesitation, unhesitatingly, unhesitantly; nur mit **Z~** und (mit) Zagen only very hesitatingly (*od.* hesitantly); da hilft kein **Z~** there is no use hesitating. – **6.** procrastination, temporization *Br. auch* -s-. – **7.** vacillation. — **'zau·dernd I** *pres p.* – **II** *adj* hesitating, hesitant: sein **~es** Verhalten his hesitation (*od.* hesitance, hesitancy). – **III** *adv* **~** innehalten to pause hesitatingly, to hesitate.

'Zau·drer *m* ⟨-s; -⟩ *cf.* Zauderer. — **'Zaud·re·rin** *f* ⟨-; -nen⟩ *cf.* Zauderer 1–3.

Zäu·ke ['tsaukə] *f* ⟨-; -n⟩ *bot. cf.* Maiglöckchen.

Zaum [tsaum] *m* ⟨-(e)s; Zäume⟩ **1.** bridle: einem Pferd den **~** anlegen to put the bridle on (*od.* to bridle) a horse; ein Pferd gut im **~** halten to keep a tight hand over a horse, to keep a horse well in hand. – **2.** *fig.* (*in Wendungen wie*) sich (selbst) im **~** halten to control oneself; seine Leidenschaften im **~** halten to keep one's passions in check, to curb (*od.* bridle, restrain, control) one's passions; j-n im **~** halten to keep s.o. in check, to keep a tight rein on s.o.; → Zunge 1.

zäu·men ['tsoymən] **I** *v/t* ⟨h⟩ **1.** (*Pferd, Reittier*) bridle. – **2.** *rare fig.* restrain, bridle. – **II** **Z~** *n* ⟨-s⟩ **3.** *verbal noun.*

'Zaum·pfad *m* bridle path.

'Zäu·mung *f* ⟨-; *no pl*⟩ **1.** *cf.* Zäumen. – **2.** *collect.* bridle.

'Zaum·zeug *n* headgear, head harness, bridle.

Zaun [tsaun] *m* ⟨-(e)s; Zäune⟩ **1.** fence, (*bes. aus Sträuchern etc*) hedge: **~** aus Draht *cf.* Drahtzaun; elektrischer **~** electric fence; geflochtener **~** wicker fence; lebender **~** hedge, *bes. Br.* quickset hedge, quickset; ein Grundstück mit einem **~** umgeben to fence in a piece of land; über einen **~** klettern to climb over a fence; durch den **~** schlüpfen to slip through the fence; ein paar Worte über den **~** wechseln *fig.* to exchange a few words over the fence (*od.* hedge); → Krieg 1; Streit 1. – **2.** (*Umzäunung*) fencing. – **3.** *cf.* Bauzaun. – **4.** (*beim Hindernisrennen*) timber. — **~am·mer** *f zo.* cirl bunting (*Emberiza cirlus*). — **~bil·let** *n only in* ein **~** nehmen *obs. colloq.* to watch from outside. — **~ei·dech·se** *f zo.* sand lizard (*Lacerta agilis*).

zäu·nen ['tsoynən] *v/t* ⟨h⟩ *cf.* einzäunen. — **'Zaun|flicker** (*getr.* -k·k-) *m* fence-mender, fencer. — **~gast** *m* ⟨-(e)s; -gäste⟩ **1.** outside spectator. – **2.** *fig.* looker-on, onlooker. — **~gras·mücke** (*getr.* -k·k-) *f zo. cf.* Klappergrasmücke. — **'Zaun·kö·nig** *m zo.* (kitty) wren (*Troglodytes troglodytes*). — **'Zaun·kö·nigs|mei·se** *f meist pl zo.* wren-tit (*Chamaea fasciata*). — **'Zaun|lat·te** *f* picket. — **~le·gu·an** *m zo.* pine lizard, swift (*Sceloporus undulatus*). — **~lücke** (*getr.* -k·k-) *f* gap in a (*od.* the) fence. — **~pfahl** *m* pale: j-m mit dem **~** winken, j-m einen Wink mit dem **~** geben *fig. colloq.* to give (*od.* drop) s.o. a broad hint. — **~re·be** *f bot.* Virginia creeper (*Gattg Ampelopsis*). — **~rü·be** *f bot.* bryony, *auch* briony (*Gattg Bryonia*): Weißblütige (*od.* Schwarzbeerige) **~** white bryony, wood vine (*B. alba*). — **~wei·de** *f* privet (*Ligustrum vulgare*). — **~wicke** (*getr.* -k·k-) *f* bush (*od.* wild) vetch (*Vicia sepium*). — **~win·de** *f* hedge (*od.* great) bindweed, lady's-nigthcap, bellbind(er), bellbine, *auch* wild morning glory (*Calystegia sepium*).

Zau·pe ['tsaupə] *f* ⟨-; -n⟩ *Middle G. colloq.* bitch.

zau·sen ['tsauzən] *v/t* ⟨h⟩ **1.** (*Haar*) tousle, *auch* touzle, ruffle: j-n bei den Haaren **~**, j-m die Haare **~** to tousle s.o.'s hair. – **2.** (*Baumkronen etc*) ruffle, buffet: der Sturm zauste die Kronen der Bäume the storm ruffled the tops of the trees. – **3.** sich (*gegenseitig*) **~** to (have a) tussle (*od.* scuffle). – **4.** *j-n fig.* to pitch into s.o. (*about*): er ist vom Leben arg gezaust worden he has been badly buffeted by life.

zau·sig *adj Austrian for* zerzaust II.

Zea·xan·thin [tseaksan'ti:n] *n* ⟨-s; *no pl*⟩ *chem.* zeaxanthin(e) ($C_{40}H_{54}(OH)_2$).

Ze·bra ['tse:bra] *n* ⟨-s; -s⟩ *zo. cf.* Bergzebra. — **z~ar·tig** *adj* zebrine, zebraic, zebralike: **~** (gestreift) zebra (*attrib*). — **~bärb·ling** [-,bɛrplɪŋ] *m* ⟨-s; -e⟩ zebra fish (*Brachydanio rerio*). — **~fink** *m* zebra (*od.* chestnut-eared) finch (*Taeniopygia castanotis*). — **~fisch** *m cf.* Zebrabärbling. — **~hai** *m* zo. leopard (*od.* zebra) shark (*Stegostoma fasciatum*). — **~holz** *n* (*wood*) zebrawood, zebrano, zebrana. — **~hund** *m zo. cf.* Beutelwolf. — **~man·gu·ste** *f* banded mongoose (*Mungos mungo*). — **~ma·ran·te** *f bot.* zebra plant (*Calathea zebrina*). — **~**

---

mu·rä·ne *f zo.* zebra mur(a)eana (*Echidna zebra*).

Ze·bra·no [tse'bra:no] *n* ⟨-s; *no pl*⟩ (*wood*) *cf.* Zebraholz.

'Ze·bra|schnecke (*getr.* -k·k-) *f zo.* zebra shell (*Bulla zebra*). — **~Schwal·ben,schwanz** *m* zebra swallowtail (*Papilio marcellus*; *butterfly*). — **~spin·ne** *f* zebra spider (*Salticus scenius*). — **~strei·fen** *m* (*Fußgängerüberweg*) zebra crossing: über den **~** gehen to go across the zebra crossing.

Ze·bro·id [tsebro'i:t] *n* ⟨-(e)s; -e⟩ *zo.* zebroid.

Ze·bu ['tse:bu] *m, n* ⟨-s; -s⟩ *zo.* zebu, Indian bull (*Bos indicus*).

'Zech,bru·der *m colloq.* **1.** *cf.* Zechkumpan. – **2.** toper, tippler, boozer (*colloq.*).

Ze·che¹ ['tsɛçə] *f* ⟨-; -n⟩ bill, *bes. Am.* check: eine große **~** machen to run up a big bill; die **~** prellen *colloq.* to dodge (*od.* abscond without) paying the bill, *bes. Am. colloq.* to duck paying the bill; seine **~** (be)zahlen to pay one's bill; (für j-d anders) die **~** (be)zahlen *fig. colloq.* to pay up (*od.* pay the piper, *colloq.* foot the bill) (for s.o. else).

'Ze·che² *f* ⟨-; -n⟩ (*mining*) **1.** (coal) mine, colliery, pit: eine **~** stillegen to shut down (*od.* close) a mine. – **2.** (*Bergwerksgesellschaft*) mining company.

ze·chen ['tsɛçən] *v/i* ⟨h⟩ carouse, quaff; guzzle, booze, *auch* boose (*colloq.*): bis tief in die Nacht hinein [zum frühen Morgen] **~** to carouse until late in the night [until the small hours].

'Ze·chen|be·sit·zer *m* mineowner, *Br.* mine-owner. — **~hal·de** *f* mine dump. — **~koh·le** *f* mine coal. — **~koks** *m* furnace (*od.* coke-oven, colliery) coke. — **~kraft,werk** *n* colliery power station. — **~platz** *m* pit yard. — **~stille·gung** (*getr.* -ll,l-) *f* shutdown (*od.* closure) of a mine. — **~teer** *m* coke tar. — **~ver,wal·tung** *f* management of a mine.

'Ze·cher *m* ⟨-s; -⟩ **1.** carouser, reveler, *bes. Br.* reveller, boozer (*colloq.*). – **2.** (*gewohnheitsmäßiger*) toper, tippler, boozer (*colloq.*).

Ze·che'rei *f* ⟨-; -en⟩ *colloq.* booze, *auch* boose (*colloq.*), drinking spree (*od.* bout), carousal, carouse.

'Zech|ge,la·ge *n cf.* Zecherei. — **~ge,nos·se** *m colloq. cf.* Zechkumpan.

Ze·chi·ne [tse'çi:nə] *f* ⟨-; -n⟩ **1.** *hist.* (*alte venezianische Goldmünze*) sequin. – **2.** *pl colloq. cf.* Moneten.

'Zech|kum,pan *m colloq.* boozing (*auch* boosing) pal (*od.* mate, chum) (*colloq.*), drinking companion. — **~prel·ler** *m* bilk. — **~prel·le'rei** [,tsɛç-] *f* ⟨-; -en⟩ bilking: auf **~** ausgehen to be out to dodge (*bes. Am. colloq.* duck) paying the bill. — **~schuld** *f* drinking debt: **~en** haben to have drinking debts.

'Zech,stein *m* ⟨-(e)s; *no pl*⟩ *min.* Upper Permian. — **~for·ma·ti,on** *f geol.* Upper Permian formation.

'Zech,tour *f* pub crawl: eine **~** machen to pub-crawl.

Zeck¹ [tsɛk] *m, n* ⟨-(e)s; *no pl*⟩ *dial.* (*Kinderspiel*) tag, tig: **~** spielen to play tag (*od.* tig).

Zeck² *m* ⟨-(e)s; -e⟩ *Southern G. and Austrian dial. for* Zecke.

Zecke (*getr.* -k·k-) ['tsɛkə] *f* ⟨-; -n⟩ *meist pl zo.* tick (*Fam. Ixodidae*).

zecken (*getr.* -k·k-) ['tsɛkən] **I** *v/i* ⟨h⟩ *dial.* play tag (*od.* tig). – **II** *v/t dial. od. colloq. for* necken I.

'Zecken,fie·ber (*getr.* -k·k-) *n med.* tick fever, ixodiasis (*scient.*).

'Zeck,spiel *n dial. cf.* Zeck¹.

Ze·dent [tse'dɛnt] *m* ⟨-en; -en⟩ *jur.* conveyer, conveyor, assignor, transferor, *Am. auch* transferror, transfer(r)er.

Ze·der ['tse:dər] *f* ⟨-; -n⟩ *bot.* **1.** cedar (*Gattg Cedrus*): Echte **~** cedar of Lebanon, true cedar (*C. libani*). – **2.** Japanische **~** Japanese (*auch* Japan) cedar (*Cryptomeria japonica*).

ze·dern ['tse:dərn] *adj* made of cedar(wood) (*Br.* cedar[-wood]), cedarn.

'Ze·dern,holz *n* cedar(wood), *Br.* cedar(-wood). — **~öl** *n* cedar(-)wood oil.

'Ze·dern|öl *n* cedar oil. — **~wa,chol·der** *m bot.* cade, prickly cedar (*Juniperus oxycedrus*). — **~wald** *m* forest of cedars.

'Ze·der·zy,pres·se *f bot.* juniper, southern white cedar, swamp cedar (*Chamaecyparis thyoides*).

ze'dier·bar adj jur. conveyable, assignable, transferable, Am. auch transferrable. — **ze·die·ren** [tseˈdiːrən] v/t ⟨no ge-, h⟩ (dat to) cede, convey, assign, transfer.

Ze·drach [ˈtseːdrax] m ⟨-s; no pl⟩ ⁓baum m bot. chinaberry, auch chinaberry tree, pride-of-India, China tree, false sycamore (Melia azedarach): Indischer ⁓ margosa (Melia azadirachta).

Ze'drat,baum m bot. cedrat, cedrate, citron (Citrus medica).

Ze·dre·la [tseˈdreːla] f ⟨-; -drelen⟩ bot. cedrela (Cedrela odorata). — ⁓baum m cf. Zedrela. — ⁓holz n cedrela wood.

'Zee,man·ef,fekt [ˈzeː-] m phys. Zeeman effect.

Zee·se [ˈtseːzə] f ⟨-; -n⟩ drag net. — **'Zee·sen·fi·sche,rei** f drag-net fishing.

Zeh [tseː] m ⟨-s; -en⟩ cf. Zehe 1, 2.

Ze·he [ˈtseːə] f ⟨-; -n⟩ **1.** toe: große ⁓ big toe, hallux (scient.); kleine ⁓ little toe, minimus (scient.); über die große ⁓ gehen (od. laufen) fig. colloq. to walk pigeon-toed; auf den ⁓n gehen to walk on tiptoe (od. on one's tiptoes, on the tips of one's toes, Am. colloq. on one's tippy-toes); sich auf die ⁓n stellen to stand on tiptoe (od. on one's tiptoes, on the tips of one's toes, Am. colloq. on one's tippy-toes); j-m auf die ⁓n treten a) to stand (od. step, walk, tread) on s.o.'s toes, b) fig. colloq. to step (od. tread) on s.o.'s toes; die ⁓n strecken (bei der Gymnastik etc) to point the toes. – **2.** zo. toe; dactyl, digit (scient.). – **3.** (Knoblauchzehe) clove (of garlic).

'ze·hen,ar·tig adj toelike.

'Ze·hen|,bal·len m med. zo. ball of a toe. — ⁓,gän·ger m ⟨-s; -⟩ meist pl zo. digitigrade. — ⁓,glied n med. phalanx (of a toe), pediphalanx (scient.). — ⁓,na·gel m toenail. — ⁓re,flex m med. **1.** Babinski's reflex. – **2.** Rossolimo's reflex (of. sign). — ⁓,rie·men m (an Skibindung etc) toe strap. — ⁓,spit·ze f tip (od. end) of the toe: auf ⁓n gehen fig. to walk on tiptoe (od. on one's tiptoes, on the tips of one's toes, Am. colloq. on one's tippy-toes); sich auf die ⁓n stellen to stand on tiptoe (od. on one's tiptoes, on the tips of one's toes, Am. colloq. on one's tippy-toes). — ⁓,stand m (sport) (beim Turnen) toe stand: im ⁓ standing on one's toes.

Ze·hent [ˈtseːənt] m ⟨-en; -en⟩ hist. cf. Zehnt.

zehn [tseːn] adj ⟨cardinal number⟩ ten: wir sind ⁓, (od. zu ⁓en, unser ⁓) there are ten of us, we are ten; sie wurden je ⁓ und ⁓ vorgelassen they were admitted in tens (od. in groups of ten); ⁓ und drei macht (od. ist) dreizehn ten and three is (od. are, make[s]) thirteen; es ist ⁓ (Uhr) it is ten (o'clock); um ⁓ at ten (o'clock); ein Viertel vor [nach] ⁓ a quarter to (Am. auch of) [past, Am. auch after] ten; halb ⁓ half past (Am. auch after) nine; Punkt ⁓ at ten o'clock sharp (od. colloq. on the dot); Schlag ⁓ on the stroke (od. colloq. dot) of ten; alle ⁓ Jahre every ten years, decennially (lit.); ich wette ⁓ zu eins, daß fig. I bet you anything (you like) that; sie haben ⁓ zu acht gewonnen they won ten to eight; → Finger Bes. Redewendungen; Gebot 1; Pferd 2.

Zehn f ⟨-; -en⟩ **1.** (number) ten: eine arabische [römische] ⁓ an Arabic [a Roman] ten. – **2.** (auf Spielkarten etc) ten. – **3.** colloq. (streetcar, Br. tram) number ten: in die ⁓ umsteigen to change (in)to (Am. to transfer to) the number ten.

'zehn|,bän·dig [-,bɛndɪç] adj ten-volume(d): ein ⁓es Lexikon a ten-volume(d) encyclop(a)edia, an encyclop(a)edia in ten volumes. — ⁓,blät·te·rig, ⁓,blätt·rig adj bot. ten-leaved, decaphyllous (scient.).

,Zehn'cent,stück n ten-cent piece, Am. dime.

,Zehn'dol·lar|,no·te f, ⁓,schein m ten-dollar bill, tenner (colloq.), Am. sl. ten-spot.

'Zehn,eck n ⟨-(e)s; -e⟩ math. decagon. — **z⁓,eckig** (getr. -k·k-) adj decagonal. — **z⁓,ein'halb** adj ten and a half.

'Zehn,en·der [-,ʔɛndər] m ⟨-s; -⟩ hunt. stag (od. deer) with ten tines, ten-pointer, hart of ten.

'Zeh·ner¹ m ⟨-s; -⟩ **1.** colloq. for Zehn. – **2.** colloq. ten-pfennig piece. – **3.** colloq. (Geldschein im Wert von zehn Währungseinheiten) tenner (colloq.): den letzten ⁓ anbrechen [ausgeben] to break (into) [to spend] one's last tenner. – **4.** math. ten: erst die Einer, dann die ⁓ zusammen-

zählen to add up first the units, then the tens. – **5.** (beim Kartenspiel) ten, Am. sl. ten-spot. – **6.** (beim Fußballtoto) ten (numbers) right: einen ⁓ haben to have ten right. – **7.** hunt. cf. Zehnender.

'Zeh·ner² f ⟨-; -⟩ colloq. ten-pfennig (postage) stamp.

'Zeh·ner|al·pha,bet n tel. ten-unit code. — ⁓,an,zei·ge f (beim Bowling) (tenpins) score. — ⁓,bruch m math. decimal fraction.

Zeh·nerl [ˈtseːnərl] n ⟨-s; -(n)⟩ Bavarian and Austrian colloq. for Zehnpfennigstück.

'zeh·ner,lei adj ⟨invariable⟩ of ten (different) kinds (od. sorts, varieties): ⁓ Arten ten different types; auf ⁓ Art in ten different ways.

'Zeh·ner|log·arith·men [-loga,rɪtmən] pl math. common (od. Briggsian) logarithms. — ⁓,packung (getr. -k·k-) f packet (bes. Am. pack) of ten: eine ⁓ Zigaretten a pack(et) of ten cigarettes. — ⁓po,tenz f math. decimal exponent (od. power), power of ten. — ⁓,rei·he f **1.** math. decade. – **2.** bes. mil. row of ten: in ⁓n marschieren to march in rows of ten. — ⁓,stel·le f math. ten's (od. tens) place, (the) tens pl. — ⁓sy,stem n decimal system.

'zehn·eta·gig [-ʔe,taːʒɪç] adj cf. zehnstöckig.

'zehn,fach I adj tenfold, decuple, denary: die ⁓e Größe von etwas haben to be ten times bigger than s.th.; ⁓ so be ten times the size of s.th.; eine ⁓e Vergrößerung an enlargement ten times the size. – **II** adv tenfold, ten times: sich ⁓ vermehren to increase tenfold; ⁓ vergrößert magnified ten times. – **III Z⁓·e, das** ⟨-n⟩ the decuple, the tenfold (amount), ten times the amount: das Z⁓e von drei ist dreißig ten times three is (od. are) thirty; die Kosten sind um das Z⁓e gestiegen the costs have gone up to ten times as high; etwas um das Z⁓e vermehren to decuple s.th.

,Zehn'fin·ger|-,Blind,schrei·be·me,tho·de f ⟨-; no pl⟩ ⁓sy,stem n ⟨-s; no pl⟩ (beim Maschinenschreiben) touch system.

'Zehn,flach n ⟨-(e)s; -e⟩ math. decahedron. — **'zehn,flä·chig** adj decahedral. — **'Zehn,fläch·ner** [-,flɛçnər] m ⟨-s; -⟩ cf. Zehnflach.

'Zehn,fü·ßer, 'Zehn,fuß,kreb·se pl zo. decapoda (Ordng Decapoda).

,Zehn'jah·res,fei·er f tenth anniversary. — ⁓,plan m econ. pol. ten-year plan.

'Zehn'jahr,fei·er f cf. Zehnjahresfeier.

'zehn,jäh·rig adj **1.** ten-year-old (attrib), of ten (years): ein ⁓es Kind a ten-year-old (child), a child of ten. – **2.** ten-year (attrib), lasting (od. of) ten years. – **3.** ten-year (attrib), decennial: ⁓es Jubiläum ten-year anniversary; zum ⁓en Bestehen der Firma for the tenth anniversary of the (establishment of the) firm; nach ⁓er Pause after an interval of ten years, after a ten-year interval; nach ⁓er Amtszeit after ten years in office.

'Zehn,jäh·ri·ge¹ m ⟨-n; -n⟩ ten-year-old (boy): die ⁓n the ten-year-olds.

'Zehn,jäh·ri·ge² f ⟨-n; -n⟩ ten-year-old (girl).

'zehn,jähr·lich I adj ten-yearly (attrib), (occurring) every (od. once in) ten years, decennial (lit.). – **II** adv every (od. once in) ten years, decennially (lit.).

'Zehn|kampf m (sport) (in der Leichtathletik) decathlon. — ⁓,kämp·fer m decathlete.

,Zehn'klas·sen,schu·le f DDR ped. ten-year general and polytechnical school.

'zehn,klas·sig [-,klasɪç] adj ped. with ten classes (Br. forms, Am. grades). — ⁓,köp·fig [-,kœpfɪç] adj eine ⁓e Familie a family of ten. — ⁓,mal adv ten times: ⁓ so groß ten times as large (od. big); ⁓ soviel Leute ten times the number of people. — ⁓,ma·lig adj ⟨attrib⟩ done (od. repeated) ten times: ⁓e Wiederholung repetition for the tenth time; nach ⁓em Versuch after the tenth attempt, after ten attempts.

,Zehn'mark|,schein m ten-mark note (bes. Am. bill), tenner (colloq.). — ⁓,stück n ten-mark piece.

'zehn|,mo·na·tig [-,moːnatɪç] adj **1.** ten-month-old (attrib), of ten months. – **2.** ten-month (attrib), lasting (od. of) ten months: ein ⁓er Aufenthalt a stay of ten months, a ten-month stay. — ⁓,mo·nat·lich I adj ten-monthly (attrib), (occurring) every (od.

once in) ten months. – **II** adv every (od. once in) ten months.

,Zehn'mo·nats,kind n med. ten-month baby.

,Zehn'pfen·nig|(,brief),mar·ke f ten-pfennig (postage) stamp. — ⁓,stück n ten-pfennig piece.

'Zehn|,pfün·der [-,pfʏndər] m ⟨-s; -⟩ mil. hist. tenpounder. — **z⁓,pfün·dig** [-,pfʏndɪç] adj ten-pound (attrib), of ten pounds.

,Zehn'pfund,no·te f ten-pound note (bes. Am. bill), tenner (colloq.).

,zehn·pro,zen·tig [-pro,tsɛntɪç] adj **1.** (Lösung, Lohnerhöhung etc) ten-percent, Br. ten-per-cent (attrib), of ten percent (Br. per cent). – **2.** (Darlehen etc) at ten percent (Br. per cent). – **3.** (Anlage etc) bearing ten percent (Br. per cent) (interest).

,Zehn·pro,zent,klau·sel f pol. ten-percent (Br. ten-per-cent) clause.

'zehn,sei·tig adj **1.** ten-page (attrib), of (od. covering) ten pages: eine ⁓e Broschüre a ten-page brochure. – **2.** math. ten-sided, decagonal (scient.).

'Zehn|,sil·ber [-,zɪlbər] m ⟨-s; -⟩ ling. decasyllable, decasyllabic. — **z⁓,sil·big** [-,zɪlbɪç] adj decasyllabic, decasyllable (attrib). — **z⁓,stel·lig** [-,stɛlɪç] adj math. **1.** (ganze Zahl) ten-digit (od. -figure) (attrib). – **2.** (Dezimalzahl) ten-figure (od. -place) (attrib). — **z⁓,stöckig** (getr. -k·k-) [-,stœkɪç] adj ten-storeyed (bes. Am. -storied), ten-storey (bes. Am. -story) (attrib). — **z⁓,stro·phig** [-,stroːfɪç] adj (Gedicht) ten-stanza (attrib), of ten stanzas. — **z⁓,stün·dig** [-,stʏndɪç] adj ten-hour (attrib), lasting (od. of) ten hours. — **z⁓,stünd·lich I** adj ten-hourly (attrib), (occurring) every (od. once in) ten hours. – **II** adv every (od. once in) ten hours.

'zehnt adj **1.** ⟨ordinal number⟩ tenth: der ⁓e Teil the tenth part; ⁓es Kapitel tenth chapter; das ⁓e Kind the tenth child; am ⁓en August on the tenth of August; den ⁓en August on the tenth of August, (on) August (the) tenth; das habe ich dir schon zum ⁓en Mal gesagt fig. colloq. I have told you that umpteen times (already) (sl.), I have told you that I don't know how often. – **2.** zu ⁓ sein to be ten in number: wir waren zu ⁓ there were ten of us, we were ten.

Zehnt [tseːnt] m ⟨-en; -en⟩ hist. tithe, tithing: den ⁓en geben [erheben, fordern] to pay [to levy, to exact] the tithe.

'zehn,tä·gig adj ten-day (attrib), lasting (od. of) ten days. — **'zehn,täg·lich I** adj (occurring) every (od. once in) ten days. – **II** adv every (od. once in) ten days.

'zehn,tau·send I adj ⟨cardinal number⟩ ten thousand. – **II Z⁓** pl in die oberen Z⁓ fig. the upper ten (thousand).

'Zehn'tau·send¹ n ⟨-s; -e⟩ (als Maßeinheit) ten thousand: das ⁓ vollmachen to make a full ten thousand; ⁓e von Menschen tens of thousands of people; zu ⁓en by the ten thousand; die Kosten gehen in die ⁓e the costs run into the ten thousands (od. five figures).

'Zehn'tau·send² m ⟨-; -en⟩ (figure) ten thousand: ⁓ in Ziffern schreiben to write ten thousand in figures (od. numbers).

'Zehn·te¹ m ⟨-n; -n⟩ hist. cf. Zehnt.

'Zehn·te² m,f ⟨-n; -n⟩, n ⟨-n; no pl⟩ **1.** tenth: heute ist der ⁓ this (od. today) is the tenth, it's the tenth today; bis zum ⁓n des Monats a) by the tenth of the month, b) (des laufenden Monats) by the tenth of this month, econ. auch by the tenth instant (od. inst.). – **2.** (mit Kleinschreibung) der z⁓ von links the tenth from the left. – **3.** (mit Kleinschreibung) das kann der z⁓ nicht fig. colloq. not everyone (or it's not everyone that) can do that; das weiß der z⁓ nicht fig. colloq. many (od. colloq. a lot of people) don't know it. – **4.** Karl der z⁓ (von Frankreich) hist. Charles the Tenth (od. Charles X) (of France).

'Zehn·tel I n ⟨-s; -⟩ tenth (part): fünf ⁓ machen ein Halbes five tenths make (od. are equal to) one half; ein ⁓ der Summe a (od. one) tenth of the sum; ein ⁓ der Bevölkerung a (od. one) tenth of the population. – **II z⁓** adj ⟨attrib⟩ tenth: ein z⁓ Zentner a (od. one) tenth of a centner.

'Zehn·tel|,gramm n decigram(me), bes. Br. decigramme. — ⁓se,kun·de f tenth of a second: fünf ⁓n five tenths of a second.

'zehn·tens adv tenth(ly), in the tenth place.

'zehnt'größt adj tenth largest: es ist die

~e Stadt it is the tenth largest city. — ~**pflich·tig** *adj hist.* tithable. — **Z~recht** *n* ⟨-(e)s; *no pl*⟩ *jur. hist.* right to levy tithe. **'zehn|,und,ein'halb** *adj cf.* zehneinhalb. — ~**wer·tig** *adj math.* ten-valued. — ~**wö·chent·lich I** *adj* ten-weekly (*attrib*), (occurring) every (*od.* once in) ten weeks. — **II** *adv* every (*od.* once in) ten weeks. — ~**wö·chig** [-,vœçɪç] *adj* **1.** of ten weeks, ten-week-old (*attrib*), lasting (*od.* of) ten weeks: eine ~e Reise a ten-week journey. — **Z~,zei·ler** [-,tsaɪlər] *m* ⟨-s; -⟩ *metr.* ten-line poem, decastich (*scient.*). — ~**zei·lig** [-,tsaɪlɪç] *adj* (*Strophe, Gedicht*) of ten lines, ten-line (*attrib*).

zeh·ren ['tseːrən] *v/i* ⟨h⟩ **1.** live: von seinen Vorräten ~ to live on one's reserves; von seinen Zinsen ~ to live off (*od.* on) one's interest. — **2.** draw: der Körper zehrt von seinem Fett the body draws on its fat. — **3.** *fig.* (*lange Zeit Freude an etwas haben*) derive (lasting) pleasure: von diesem Urlaub zehre ich noch lange I shall derive lasting pleasure from this holiday (*Am.* vacation), this holiday will give me pleasure for months to come; von seinen Erinnerungen ~ to think fondly of bygone days, to reminisce. — **4.** *fig.* (*von Baden, Seeluft, Weißwein etc*) take weight off, be slimming. — **5.** etwas zehrt an (*dat*) etwas *fig.* s.th. undermines (*od.* weakens) s.th.: die Sorge zehrt an seiner Gesundheit worry(ing) undermines his health; die große Verantwortung zehrt an seiner Kraft the great responsibility undermines (*od.* consumes, saps, eats away, wastes away) his strength; der Kummer zehrt an ihrem Herzen sorrow gnaws at her heart. — **'zeh·rend I** *pres p.* — **II** *adj med.* (*Krankheit*) wasting, consumptive.

'Zehr|,fie·ber *n* ⟨-s; *no pl*⟩ *med. obs.* hectic fever. — ~**geld** *n* traveling (*bes. Br.* travelling) money (*od.* allowance). — ~**kraut** *n bot.* **1.** *cf.* Betonie. — **2.** *cf.* Jakobs(kreuz)kraut. — ~**pfen·nig** *m cf.* Zehrgeld.

'Zehr|,wes·pe *f zo.* proctotrupid (*Fam. Proctotrupidae*). — ~**wurz** *f bot.* **1.** cuckoopint, lords-and-ladies *pl* (*construed as sg or pl*), *Br.* wake-robin (*Arum maculatum*). — **2.** *cf.* Kalmus.

Zei·chen ['tsaɪçən] *n* ⟨-s; -⟩ **1.** sign: akustische [mathematische, magische] ~ acoustic [mathematic(al), magic] signs; das ~ des Kreuzes the sign of the cross; j-m ein ~ geben (*od.* machen) to give s.o. a sign (*od.* signal), to sign (*od.* signal) to s.o.; er gab das ~ zum Aufbruch he gave the sign to leave; ein ~ mit dem Kopf a nod; sich durch ~ miteinander verständigen to communicate by signs. — **2.** (*Signal*) signal, sign: ~ geben, wenn man nach rechts oder links abbiegt to give a signal (*od.* to signal, to indicate) when turning (to the) right or left; wenn einer spinnt, gibt er ein ~ *fig. colloq.* anyone can see that he is daft (*od.* cracked) (*colloq.*). — **3.** (*Merkzeichen, Kennzeichen*) mark, sign: sich (*dat*) an einer Stelle im Buch ein ~ machen to mark (*od.* make oneself a mark in) a place in the book; der Bettler machte sich ein ~ an die Haustür the beggar marked the door. — **4.** (*Symbol*) symbol: chemisches ~ chemical symbol. — **5.** (*Anzeichen*) sign, indication (mark), evidence, index: ein ~ von Gesundheit a sign of good health; das ist ein ~ von Unsicherheit [Schwäche] that is a sign of lack of confidence [weakness]; das ist ein sicheres [untrügliches] ~, daß er hier war that is a sure [an unmistakable] sign that he was here; wenn nicht alle ~ trügen, gibt es heute Schnee if I'm not (*od.* unless I am) greatly mistaken there will be snow today; er empfing mich mit allen ~ der Hochachtung he received me with every mark (*od.* gesture) of respect; das starke Fieber war das erste ~ für seine Krankheit his high fever was the first sign of his illness. — **6.** (*Symptom*) symptom: die ~ einer Krankheit the symptoms of a disease; das ist ein ~ der Zeit that is a symptom of our times. — **7.** *fig.* (*Beweis, Zeugnis*) token, sign: als (*od.* zum) ~ meiner Dankbarkeit as a token of my gratitude; zum ~, daß ich dich liebe as a token of my love for you. — **8.** (*Kennzeichen*)

characteristic, sign. — **9.** (*Vorzeichen, Omen*) sign, omen, augury: ein ~ des Himmels a sign from heaven; ich betrachte das als ein günstiges ~ I regard that as a favo(u)rable omen; es geschehen noch ~ und Wunder *colloq. humor.* (*Ausruf des Erstaunens*) wonders never cease. — **10.** er ist seines ~s Bäcker he is a baker by trade. — **11.** (*Satzzeichen*) punctuation mark: die ~ setzen to put in (*od.* insert) the punctuation marks. — **12.** (*Sternzeichen*) sign: aufsteigendes [absteigendes] ~ *astrol.* ascendant [descending] sign; er ist im ~ des Löwen geboren *astrol.* he was born under the sign of Leo; unser Jahrhundert steht im (*od.* unter dem) ~ der Technisierung *fig.* our century is marked by technological progress; die Stadt steht im ~ der (bevorstehenden) Olympischen Spiele *fig.* the city revolves (a)round (*od.* is preoccupied with) the (coming) Olympic Games; die Reise stand unter einem glücklichen ~ *fig.* the journey was under a lucky star. — **13.** (*computer*) a) (*Schriftzeichen*) character, b) (*Markierzeichen*) mark, c) (*Zahl*) figure. — **14.** *aer. mar.* beacon. — **15.** *econ.* (*in der Korrespondenz, auch Diktatzeichen*) reference: Ihr(e) [unser(e)] ~ your [our] reference. — **16.** *econ.* (*Warenzeichen*) trademark. — **17.** *mus.* mark, sign. — **18.** (*radio*) a) (*Kennmelodie*) signature tune, b) (*Zeitzeichen*) time signal, pips *pl.* — **19.** (*Einsatzsignal, für Sprecher*) cue. — **20.** *cf.* Verkehrszeichen. — **21.** *print.* a) (*Buchstabe*) character, b) (*Handzeichen*) signature, c) *Sinnbild*) symbol.

'Zei·chen|,ab,füh·lung *f* ⟨-; *no pl*⟩ (*computer*) mark sensing. — ~**block** *m* ⟨-(e)s; -s, *auch* ⸚e⟩ **1.** drawing block. — **2.** *cf.* Skizzenblock. — ~**brett** *n* drawing (*od.* drafting) board. — ~**bü,ro** *n* drawing office, drafting room. — ~**deu·ter** *m* augur, diviner. — ~**deu·tung** *f* augury, divination. — ~**dich·te** *f* (*computer*) bit density. — ~**drei,eck** *n* **1.** *math.* triangle, set square. — **2.** *tech.* set square. — ~**er,klä·rung** *f* **1.** (*auf Fahrplänen etc*) key. — **2.** (*auf Landkarten*) legend. — **3.** (*in Wörter-, Lehrbüchern*) signs and symbols *pl*, explanation of symbols. — ~**fe·der** *f* drawing pen. — ~**film** *m cf.* Zeichentrickfilm. **'Zei·chen,ge·ber** *m tel.* signal transmitter. **'Zei·chen,ge·bung** *f* ⟨-; *no pl*⟩ indication, signaling, *bes. Br.* signalling. **'Zei·chen|,geld** *n econ.* representative money, marked and stamped money. — ~**ge,rät** *n* **1.** drawing instrument. — **2.** *collect.* drawing instruments *pl* (*od.* equipment, apparatus). — ~**heft** *n* drawing book. — ~**kar,ton** *m* drawing (*od.* art, fashion) board. — ~**koh·le** *f* charcoal. — ~**krei·de** *f* chalk, crayon. — ~**kunst** *f* **1.** (*only sg*) (art of) drawing. — **2.** mit seinen Zeichenkünsten ist es nicht weit her *colloq.* he's no great shakes at drawing (*sl.*). — ~**leh·rer** *m* art teacher (*Br. auch* master). — ~**leh·re·rin** *f* art teacher (*Br. auch* mistress). — ~**lo·chung** *f* (*computer*) mark-sensed punching. — ~**map·pe** *f* portfolio, loose-leaf binder, folder. — ~**ma,schi·ne** *f* drafting machine. — ~**maß,stab** *m* plotting scale. — ~**ma·te·ri,al** *n* drawing material. — ~**pa,pier** *n* drawing paper: rauhes ~ mill-finished drawing paper. — ~**pult** *n* drawing (*od.* drafting) desk. — ~**rol·le** *f econ.* (*Register für Warenzeichen*) register of trademarks. — ~**saal** *m* **1.** art room. — **2.** *tech. cf.* Zeichenbüro. — ~**schrift** *f* hieroglyphics *pl* (*construed as sg or pl*). — ~**schu·le** *f* **1.** school of drawing and design. — **2.** school for engineering drawing. — ~**schutz** *m econ. jur.* protection of trademarks. — ~**set·zung** *f* ⟨-; *no pl*⟩ punctuation, *auch* interpunction. — ~**spra·che** *f* ⟨-; *no pl*⟩ sign language, *auch* pantomime. — ~**stift** *m* (drawing) pencil, (*bunter*) crayon. — ~**stun·de** *f* drawing (*od.* art) lesson. — ~**sy,stem** *n* code. — ~**ta,lent** *n* talent (*od.* gift) for drawing: er ist ein großes ~ he is a great drawing talent. — ~**tin·te** *f* (*für Wäsche*) marking (*od.* indelible) ink. — ~**tisch** *m* drawing (*od.* drafting) table. — ~**trick** *m* animation, animated diagram (*od.* cartoon). — ~**trick,film** *m* (animated) cartoon film. — ~**un·ter,richt** *m* **1.** (*Stunde*) drawing (*od.* art) lesson. — **2.** (*als Schulfach*) art. — **3.** teaching of art, art instruction. — ~**uten,si-**

li·en *pl* drawing utensils (*od.* instruments, equipment *sg*). — ~**vor,la·ge** *f* drawing copy (*od.* model). — ~**wurz** *f bot.* green dragon (*Arisaema dracontium*).

zeich·nen ['tsaɪçnən] **I** *v/t* ⟨h⟩ **1.** draw: eine Landschaft [ein Pferd] ~ to draw a landscape [a horse]; etwas in verkleinertem Maßstab ~ to draw s.th. on a reduced scale. — **2.** (*skizzieren*) sketch (out), outline, delineate. — **3.** (*bildlich wiedergeben*) depict. — **4.** (*entwerfen*) draw up, draft, design. — **5.** (*einen Plan anfertigen von*) plot. — **6.** (*kennzeichnen, markieren*) mark: Wäsche ~, damit sie nicht verwechselt wird to mark linen so that it will not be mixed up. — **7.** *econ.* a) (*Geldsumme*) (für to, toward[s]) subscribe, b) (*Anleihen*) subscribe for, c) (*Aktien*) subscribe for, take up, d) (*Versicherung*) underwrite: 1000 Mark für einen Fonds ~ to subscribe 1,000 marks to a fund. — **8.** *fig.* (*Charaktere, Atmosphäre etc*) depict, draw, delineate: der Autor hat die Charaktere sehr genau gezeichnet the author has depicted the characters very accurately. — **9.** *fig.* (*prägen*) leave its mark on, tell on: die Jahre des Leids haben ihr Gesicht gezeichnet the years of sorrow have left their mark on her face. — **II** *v/i* **10.** draw: er kann gut ~ he can draw well, he is a good drawer; mit Bleistift [Kreide] ~ to draw in pencil [chalk]; mit der Feder ~ to draw with a pen; nach der Natur [dem Leben] ~ to draw from nature [life]. — **11.** (*unterschreiben*) sign: einzeln [kollektiv] ~ *econ.* to sign individually [collectively]; für die Firma ~ *econ.* to sign for the firm; ich zeichne hochachtungsvoll X I remain, most respectfully, X; respectfully (yours), X; für etwas verantwortlich ~ *fig.* to take (the) responsibility for s.th. — **12.** *hunt.* (*von verwundetem Hirsch*) leave a trail. — **III Z~** *n* ⟨-s⟩ **13.** *verbal noun*: Z~ aus freier Hand, freihändiges Z~ freehand (*Br.* free-hand) drawing; technisches Z~ technical drawing. — **14.** (*Skizzieren*) delineation. — **15.** (*bildliche Wiedergabe*) depiction. — **16.** *fig.* (*von Charakteren etc*) depiction, delineation. — **17.** (*als Schulfach*) art, drawing. — **18.** *econ. cf.* Zeichnung 9.

'Zeich·ner *m* ⟨-s; -⟩ **1.** drawer, draftsman, *Br. auch* draughtsman. — **2.** graphischer (*od.* grafischer) ~ graphic artist. — **3.** technischer ~ draftsman, *Br. auch* draughtsman, technical drawer. — **4.** *econ.* (*einer Anleihe, Aktie*) (*gen* for) subscriber. — **5.** *cf.* Trickzeichner.

Zeich·ne'rei *f* ⟨-; -en⟩ *colloq.* bad (*od.* poor) drawing.

'Zeich·ne·rin *f* ⟨-; -nen⟩ **1.** drawer, draftswoman, *Br. auch* draughtswoman. — **2.** graphische (*od.* grafische) ~ graphic artist. — **3.** technische ~ draftswoman, *Br. auch* draughtswoman, technical drawer. — **4.** *cf.* Zeichner 4, 5.

'zeich·ne·risch I *adj* ~es Talent talent for drawing; ~e Darstellung drawing, graphic representation. — **II** *adv* ~ begabt sein to have (a) talent (*od.* a gift) for drawing, to be a talented (*od.* gifted) drawer; etwas ~ darstellen to make a drawing of s.th.

'Zeich·nung *f* ⟨-; -en⟩ **1.** *cf.* Zeichnen. — **2.** drawing: technische ~ technical drawing; eine ~ von etwas anfertigen to make a drawing of s.th.; graphische (*od.* grafische) ~ graphic drawing (*od.* representation), graph; etwas durch eine ~ veranschaulichen to illustrate s.th. by (*od.* with) a drawing. — **3.** (*Skizze*) sketch. — **4.** (*Entwurf*) draft, outline. — **5.** (*Illustration*) illustration, diagram, figure. — **6.** (*Grundrißzeichnung*) plan. — **7.** *bot. zo.* (*Musterung*) marking(s *pl*), patterning. — **8.** (*im Holz*) grain. — **9.** ⟨*only sg*⟩ *econ.* (*von Anleihen, Aktien*) subscription: zur ~ aufliegen to be offered for subscription; eine Anleihe zur ~ auflegen to invite subscriptions for a loan. — **10.** *phot.* (*Bildeindruck*) contour impression: ~ in den Schatten shadow details *pl.*

'Zeich·nungs|,an·ge·bot *n econ.* (offer of) subscription, subscription offer, offer to subscribe. — ~**auf,for·de·rung** *f* invitation for subscription(s). — ~**auf,le·gung** *f* offering (to the public) for subscription(s). — ~**be,din·gun·gen** *pl* terms of subscription. — ~**be,fug·nis** *f cf.* Zeichnungsvollmacht. — **z~be,rech·tigt** *adj* (*unterschriftsberechtigt*) authorized (*Br.*

auch -s-) to sign: ~ sein (für for) a) to be authorized to sign, b) (*für Anleihen, Aktien*) to be authorized to subscribe. — **~be,rech·ti·gung** *f* 1. right (*od.* authorization *Br. auch* -s-) to sign. – 2. (*für Anleihen, Aktien*) right (*od.* authorization *Br. auch* -s-) to subscribe. — **~be,trag** *m* 1. subscription amount. – 2. amount subscribed. — **~for·mu,lar** *n cf.* Zeichnungsschein. — **~frist** *f* subscription period. — **~gren·ze** *f* (*bei der Rückversicherung*) (under)writing limit. — **~jahr** *n* 1. (*im Versicherungswesen*) year of acceptance. – 2. (*für Wertpapiere*) year of subscription. — **~li·ste** *f* subscription list. — **~preis** *m* price of subscription. — **~schein** *m* (*für Wertpapiere*) subscription form (*od.* blank). — **~voll,macht** *f* 1. signing power, authority (*od.* power) to sign. – 2. (*für Wertpapiere*) authority (*od.* authorization *Br. auch* -s-) to subscribe.

'Zei·del,mei·ster *m obs.* for Bienenzüchter. — **zei·deln** ['tsaɪdəln] *v/i* ⟨h⟩ cut the honeycombs. — **'Zeid·ler** *m* ⟨-s; -⟩ *obs.* for Bienenzüchter. — **Zeid·le'rei** *f* ⟨-; *no pl*⟩ *obs.* for Bienenzucht.

'Zei·ge,fin·ger, *Swiss auch* **'Zeig,fin·ger** *m* index finger, forefinger, index.

zei·gen ['tsaɪgən] **I** *v/t* ⟨h⟩ 1. show: j-m einen Brief [ein Buch, den Weg] ~ to show s.o. a letter [a book, the way]; j-m die Stadt ~ to show s.o. ([a]round) the town; j-m etwas schwarz auf weiß ~ to show s.o. s.th. in black and white; er ließ sich das Zimmer ~ he asked to be shown (*od.* to see) the room; ich zeige dir, wie man es macht I'll show you how to do it. – 2. (*anzeigen*) show, indicate, mark: das Thermometer zeigt 23° the thermometer shows (*od.* is at) 23°, it is 23° by (*od.* according to) the thermometer; was zeigt die Waage? what weight do the scales indicate? die Uhr zeigt halb vier the clock says half past three, it is half past three by the clock. – 3. (*Film etc*) show, present. – 4. (*zur Schau stellen*) exhibit, display, show, produce. – 5. (*darlegen*) show, demonstrate, point out. – 6. *fig.* show, manifest: ich wollte meine Angst nicht ~ I didn't want to show that I was afraid; seinen Ärger (*od.* Unmut) [seine Ungeduld] ~ to show one's annoyance [impatience], to let one's annoyance [impatience] be felt; er hat bei seiner Arbeit viel Fleiß gezeigt he showed great industry in his work, he applied himself to his work with great industry; er kann seine Gefühle nicht ~ he cannot show (*od.* reveal) his feelings; er zeigte nicht das geringste Interesse he did not show the slightest interest; er will nur seine Macht ~ he just wants to show (*od.* demonstrate) his power; er zeigte keine Reue he showed no compunction (*stärker* regret); j-m die kalte Schulter ~ *colloq.* to give s.o. the cold shoulder (*od. colloq.* the brush-off); sie zeigte ihm ihre ganze Verachtung she showed him (*od.* she let him feel) her intense contempt; Verständnis für etwas ~ to be very understanding about s.th.; du solltest jedenfalls deinen guten Willen ~ you ought at least to show your good will; j-m die Zähne ~ *colloq.* to show s.o. one's teeth; dir werd' ich's ~! *colloq.* (*drohend*) I'll show you! I'll fix you! I'll pay you back for that! denen werd' ich's ~! *colloq.* I'll show them a thing or two! I'll startle them! deine Frage zeigt, daß du keine Ahnung davon hast your question shows that you know nothing about it; jetzt zeig mal, was du kannst come on, show what you can do; → Harke; Kralle 1. – **II** *v/i* 7. (*deuten*) point: auf j-n [etwas] ~ to point at s.o. [s.th.]; er zeigte in die Richtung, aus der er den Schrei gehört hatte he pointed in the direction he had heard the shout (come) from; mit dem Finger auf j-n ~ to point (one's finger) at s.o.; die ganze Stadt wird mit Fingern auf dich ~ *fig.* the whole town will point a finger at you, you will lay yourself open to (*od.* you will invite) the criticism of the whole town; die Magnetnadel zeigt nach Norden the compass needle points north. – **III** *v/reflex* sich ~ 8. (*sich sehen lassen*) sich öffentlich ~ to appear in public, to make a public appearance; sich auf einem Fest ~ (*bes. von Prominenten*) to make an

appearance at a party; so kann ich mich niemand(em) ~ I can't appear (*od.* let myself be seen) like this; der Papst zeigte sich auf dem Balkon der Peterskirche the Pope appeared on the balcony of St. Peter's; mit ihm kann ich mich überall ~ I can take (*od.* be seen with) him anywhere; sich von seiner besten Seite (*od.* im besten Licht) ~ *fig.* to put one's best foot forward, to present oneself to best advantage. – 9. (*zum Vorschein kommen*) appear, come out: am Himmel zeigten sich die ersten Sterne the first stars appeared in the sky. – 10. (*angeben*) show off: er wollte sich nur ~ he was just showing off. – 11. sich dankbar ~ to be grateful (*od.* appreciative), to show one's appreciation; sich erstaunt ~ to be much surprised; sich tapfer ~ to be brave, to show bravery; sich j-m erkenntlich ~ to show s.o. one's gratitude (*od.* appreciation); sie hat sich nicht besonders erfreut gezeigt she was not particularly pleased, she was not exactly overjoyed. – **III** *v/impers* 12. (*sich erweisen*) turn out, become apparent: es zeigte sich, daß er uns alle getäuscht hatte it turned out that he had deceived us all; es wird sich ja ~, wer recht hat we'll see who is right in the end.

Zei·ger ['tsaɪgər] *m* ⟨-s; -⟩ 1. (*der Uhr*) hand, pointer, finger: kleiner [großer] ~ small (*od.* short) [large *od.* big, long] hand; den ~ vorstellen [zurückstellen] to put the hand on (*od.* forward) [back]. – 2. (*einer Waage*) pointer, needle, tongue. – 3. *tech. phys.* (*von Meßinstrumenten*) pointer, hand, needle, indicator hand, index, stylus. – 4. (*der Sonnenuhr*) gnomon, style, cock, needle. – 5. *Swiss* (*Person, die im Schießstand die Treffer anzeigt*) firing point recorder. — **~an,zei·ge** *f* pointer reading. — **~aus,schlag** *m* 1. *tech. phys.* pointer deflection (*Br. auch* deflexion). – 2. (*im Radarwesen*) needle deflection (*Br. auch* deflexion). — **~in·stru,ment** *n* dial indicator, indicating instrument. — **~stel·lung** *f* pointer setting. — **~te·le,graph** *m tech.* pointer (*od.* needle) telegraph. — **~waa·ge** *f* dial (*od.* indicator) balance.

'Zei·ge,stab *m*, **~stock** *m* ⟨-(e)s; ⁻e⟩ (*in der Schule, beim Lichtbildervortrag etc*) pointer.

'Zeig,stock *m* ⟨-(e)s; ⁻e⟩ *Swiss for* Zeigestock.

zei·hen ['tsaɪən] *v/t* ⟨zeiht, zieh, geziehen, h⟩ j-n einer Sache ~ *lit.* to accuse s.o. of s.th.: er hat mich einer Lüge [der Grausamkeit] geziehen he accused me of lying [of cruelty].

Zei·le ['tsaɪlə] *f* ⟨-; -n⟩ 1. line: neue [eingerückte] ~ new [indented] line; dritte ~ von oben third line from the top; eine neue ~ anfangen to start a new line; ~ halten to keep to the line; die ~n eng [weit] halten to space the lines closely [widely]; einen Text ~ für ~ durchgehen to go through (*od.* over) a text line by line; dieser Aufsatz ist ~ für ~ abgeschrieben this essay has been copied word for word; er hat nicht eine einzige ~ des Buches gelesen he hasn't read one (*od.* a single) line (*od.* word) of the book; j-m ein paar ~n schreiben to drop s.o. a line (*colloq.*); j-m ein paar ~n hinterlassen to leave s.o. a note; einen Übersetzer nach ~n bezahlen to pay a translator by the line; ~n schinden *contempt.* to pad out the lines; zwischen den ~n lesen *fig.* to read between the lines. – 2. (*von Häusern, Sitzen etc*) row: in ~n in rows. – 3. *metr.* (*eines Gedichts*) line, verse, stich. – 4. *telev.* (scanning) line. – 5. *gastr.* (*von Brötchen*) row. – 6. *agr. cf.* Furche 1.

'Zei·len,ab,lenk·trans·for,ma·tor *m telev.* line output transformer. — **~ab,len·kung** *f* horizontal deflection (*Br. auch* deflexion) (*od.* sweep), line scanning. — **~ab,stand** *m* 1. (*bei der Schreibmaschine*) line space, spacing: einfacher [doppelter] ~ single [double] (line) space. – 2. *telev.* distance between the lines. – 3. (*computer*) line-to--line spacing. — **~ab,ta·stung** *f telev.* line scanning (*od.* blanking). — **~an,zei·ger** *m* (*an der Schreibmaschine*) line scale. — **~aus,ta·stung** *f telev.* line blanking. — **~brei·te** *f* width of a line. — **~druck** *m* ⟨-(e)s; -e⟩ (*computer*) line(-at-a-time) printing. — **~drucker** (*getr.* -k·k-) *m*

line(-at-a-time) printer. — **~durch,lauf** *m telev.* line traversal. — **~durch,schuß** *m print.* reglet, *auch* riglet. — **~ein,stel·ler** *m* (*an der Schreibmaschine*) line space lever, line spacer. — **~fang** *m telev.* horizontal hold. — **~fang,reg·ler** *m* horizontal hold control. — **~flim,mern** *n* line crawl. — **z~frei** *adj* (*Bild*) line-free, spot-wobbled. — **~fre,quenz** *f* line frequency. — **~gieß·ma,schi·ne** *f print.* line-casting (*od.* slug-casting) machine. — **~guß** *m* slug. — **~guß·ma,schi·ne** *f cf.* Zeilengießmaschine. — **~ho·no,rar** *n* lineage, *auch* lineage: ~ bekommen to be paid by the line. — **~län·ge** *f print.* length of a line. — **~maß** *n* line (*od.* type) ga(u)ge, type rule (*od.* scale). — **~norm** *f telev.* line standard. — **~ra·ster** *m* line-scanning pattern. — **~rück,lauf** *m* line (*od.* horizontal) flyback. — **~schal·ter**, **~schalt,he·bel** *m* (*an der Schreibmaschine*) line space and carriage return lever. — **~schalt,ta·ste** *f* line space and carriage return key. — **~schin·der** *m contempt.* 1. line padder. – 2. penny-a-liner. — **~setz·ma,schi·ne** *f print.* line-composing (*od.* slug-composing) machine. — **~sprung** *m* 1. *telev.* interlaced scanning, line interlace. – 2. *metr. cf.* Enjambement. — **~sprung·ver,fah·ren** *n telev.* interlaced scanning, interlacing. — **~stel·lungs·re,gi·ster** *n* (*computer*) line position register. — **~steue·rung** *f telev.* line control. — **~su·cher** *m* (*computer*) line feed mechanism. — **~trans·for,ma·tor** *m telev.* line transformer. — **~vor,schub** *m* (*computer*) line feed.

'zei·len,wei·se *adv* 1. by the line: ~ bezahlen to pay by the line. – 2. (*computer*) line by line.

'Zei·len,zahl *f* 1. *print.* number of lines, linage, *auch* lineage. – 2. *telev.* number of lines. — **~zäh·ler** *m print.* (*an der Setzmaschine*) line counter. — **~zwi·schen,raum** *m* line space, spacing.

Ze·in [tse'iːn] *n* ⟨-s; *no pl*⟩ *chem.* (*Protein des Maiskorns*) zein.

Zei·ne ['tsaɪnə] *f* ⟨-; -n⟩ *Southwestern G. and Swiss cf.* Zaine.

'Zei·sel,bär ['tsaɪzəl-] *m dial. for* Tanzbär. — **~wa·gen** *m dial. for* Leiterwagen 1.

'Zei·serl,wa·gen ['tsaɪzərl-] *m Bavarian and Austrian colloq.* Black Maria, *Am.* patrol wagon, *Am. sl.* paddy wagon.

'Zei·se·sches 'Salz ['tsaɪzəʃəs] *n chem.* Zeise's salt (KCl · PtCl₂ · C₂H₄ · H₂O).

Zei·sig ['tsaɪzɪç] *m* ⟨-s; -e⟩ 1. *zo.* siskin (*Carduelis spinus*). – 2. ein lockerer ~ *colloq.* a gay spark (*od.* blade, lad), (*stärker*) a fast liver.

Zei·sing ['tsaɪzɪŋ] *n* ⟨-s; -e⟩ *mar. cf.* Seising.

zeit [tsaɪt] *prep* ⟨gen⟩ only in ~ meines [seines, deines] Lebens all my [his, your] life.

Zeit *f* ⟨-; -en⟩ 1. (*Zeitraum, Zeitspanne*) time: lange [kurze, einige, geraume, endlose] ~ auf (*acc*) etwas warten to wait (for) a long time [(for) a short time, (for) some time, (for) a considerable length of time, for ages *colloq.*] for s.th.; das wird einige ~ dauern that will take (some) time (*od.* a while); die ganze ~ whole time, all the while; viel freie ~ haben to have a great deal (*od. colloq.* a lot) of spare time, to have a lot of time on one's hands (*colloq.*); viel [wenig] ~ für etwas haben to have ample (*od.* plenty of) [little] time for s.th.; ich habe keine ~ I have no time; wir haben noch eine Stunde ~ we have another hour; das hat ~ bis morgen that can wait until tomorrow, tomorrow will be time enough; das hat (*od.* damit hat es) (noch) ~ there is no hurry (*od.* rush); das erfordert (*od.* braucht, kostet) viel ~ that takes (*od.* requires) much (*od. colloq.* a lot of) time; wenn Sie ~ haben at your leisure; die ~ drängt time is pressing (*od.* running short, running out); das dauerte (*od.* währte) eine lange ~ that took a long time; die längste ~ seines Lebens hat er im Gefängnis verbracht he has spent the greater part of his life in prison; ich war die längste ~ in dieser Firma *iron.* I have been (quite) long enough in this firm; mir wird die ~ nie lang I am never lost (*od.* at a loss) for something to do, I always have plenty to keep me occupied; die versäumte ~ einholen to make up for lost time; sich (*dat*) die ~ gut einteilen to organize (*Br. auch* -s-) one's time well; j-m ~ lassen (*od.* gewähren) to give (*od.* allow) s.o. time; laß dir ~ take your time (over it); dazu fehlt mir leider die ~ I'm afraid I just don't have the time for it; ich habe einfach nicht die ~ gefunden, dir zu schreiben I simply couldn't find the time to write to you; er gönnt sich kaum (die) ~ zum Essen he hardly takes the time for his meals; sich (*dat*) ~ für etwas nehmen to take (the) time for (*od.* to do) s.th.; er hat die ~ gut genutzt he used the time well; meine ~ ist sehr knapp bemessen my time is very short, I am rather pressed for time; ich bin Herr meiner ~ I'm master of my own time; es ist noch ~ genug there is (*od.* it is) time enough (yet); es ist nur eine Frage der ~, wann sie ihn erwischen it is (*od.* will be) just a matter of time until they catch him; seine ~ ist vorbei a) (*abgelaufen*) his time is up (*od.* over), b) *fig.* (*seine Blütezeit*) he has had his day, he is past (*od.* has seen) his prime; die ~en sind vorbei, wo there was a time when, time was when (*colloq.*); der Wagen hat seine beste ~ hinter sich the car has had its day (*od.* has seen better days); ~ sparen [gewinnen] to save [to gain] time; j-m die ~ rauben to waste s.o.'s time; dem lieben Gott die ~ stehlen *fig.* to laze away the day; die ~ totschlagen *colloq.* to kill time; wie hast du deine ~ verbracht? how did you spend your time? er kann (frei) über seine ~ verfügen he can dispose of his time as he likes; die ~ vergeht (*od.* verrinnt, verstreicht) (the) time passes (*od.* goes by, slips by); die ~ vergeht heute überhaupt nicht (the) time is simply dragging today; es verging einige ~, bevor ich Antwort erhielt some time passed before I received an answer; die ~ ist nur so verflogen (the) time just flew; es ist keine ~ zu verlieren there is no time to lose (*od.* to waste); ich habe keine ~ zu verlieren I have no time to lose; ich habe durch die Zugverspätung viel ~ verloren I lost a lot of time through the train being late (*colloq.*); wir wollen einige ~ verstreichen lassen, bevor wir etwas entscheiden let's wait a while (*od.* awhile) before we decide; die ~ vertrödeln *colloq.* to dawdle away one's time; sich (*dat*) die ~ vertreiben to pass the time; j-m die ~ vertreiben to help s.o. (to) pass the time; auf einige ~ verreisen to go away for some time (*od.* for a while); etwas auf unbestimmte ~ verschieben a) to postpone s.th. to a later date, b) to postpone s.th. indefinitely; in ihrer freien ~ liest sie viel she reads a lot in her spare time (*od.* in her leisure hours) (*colloq.*); in all der ~ (*od.* in der ganzen ~, die ganze ~ hindurch) habe ich nichts von ihm gehört I never heard from him in all that time (*od.* the whole time, all this while); in der ~ von zwei bis vier between two and four o'clock; in ganz kurzer ~ war er damit fertig he had finished it in no time; in letzter ~ ist er immer so bedrückt he has been very depressed lately (*od.* recently, this past while); in nächster ~ gibt es hier einige gute Filme several good films are coming here soon (*od.* shortly, presently); das war in der ~, als (*od. colloq.* wo) ich in Berlin war that was during the time (when) I was in Berlin (*od.* during my time in Berlin, while I was in Berlin); mit der ~ (*od.* im Laufe der ~) habe ich mich daran gewöhnt I got used to it in (*od.* with, in the course of) time; er weiß nicht, was er mit seiner ~ anfangen soll he does not know what to do with his time, he has time on his hands; nach kurzer ~ war alles fertig everything was finished in a short time (*od.* while); wir haben uns seit ewigen ~en nicht gesehen we haven't seen each other for ages (*colloq.*); seit einiger ~ grüßt er mich nicht mehr he has not been speaking to me for some time; das war vor langer, langer ~ that was a long, long time ago; vor kurzer ~ habe ich ihn noch gesehen I saw him a short time (*od.* while) ago; während dieser ~ habe ich ihn oft besucht I visited him often during that time; ~ ist Geld (*Sprichwort*) time is money (*proverb*); → sparen 7. – 2. (*Zeitpunkt*) time: eine ~ festsetzen (*od.* bestimmen) to fix a

time; du mußt die ~ genau einhalten you must keep exactly to the time; es ist (*od.* wird) (höchste) ~, daß wir aufbrechen it is (high) time that we were going; ich habe heute die ~ verschlafen I overslept (the time) today; der ~ nach kann es stimmen, was er gesagt hat as far as (the) time is concerned what he said could be true; alles hat seine ~ there is a time for everything; er kann die ~ nicht erwarten; abwarten, bis he can hardly wait until; warte deine ~ ab wait your time, wait for the right moment; ihre ~ ist gekommen (*Niederkunft*) her time has come; deine ~ ist gekommen (*Todesstunde*) your time has come; um welche ~, in denen (*od.* da, *colloq.* wo) ich gern Briefe schreibe there are times when I enjoy (*od.* feel like) writing letters, at times I enjoy letter-writing; wir sind an keine ~ gebunden we are not tied to any particular time; es ist an der ~ zu handeln it is time to act; seit der ~ since then; um diese ~ bin ich meistens schon im Bett I am generally in bed by that time; morgen um diese ~ this time tomorrow, tomorrow at this time; von ~ zu ~ besuchen sie mich they visit me from time to time (*od.* now and again, every now and then); von der ~ an war unser Verhältnis viel herzlicher from that time on our relationship was much more cordial; das Kind kam vor der ~ the child was born prematurely (*od.* before term); wir kamen zur gleichen ~ an we arrived at the same time; du kannst mich zu jeder ~ anrufen you can call me up (at) any time; zu der ~ war ich nicht zu Hause I was not at home at that (*od.* the) time (*od.* then); er kam zu sehr ungelegener ~ he came at a most inconvenient time; zu nachtschlafender ~ *colloq.* in the middle (*od. colloq.* at an ungodly hour) of the night; alles zu seiner ~ one thing at a time; wer nicht kommt zur rechten ~, der muß essen (*od.* nehmen, sehen), was übrigbleibt (*Sprichwort*) first come, first served (*proverb*). – 3. (*Datum*) date: Ort und ~ der Konferenz sind noch nicht bekannt the date and place of the conference are not yet known. – 4. (*Moment*) moment: du kommst gerade zur rechten ~ you have just come at the right moment; zur ~ regnet es it is raining at the moment (*od.* at present). – 5. (*Zeitabschnitt mit den entsprechenden Lebensumständen*) time(s *pl*): unsere ~, die heutige ~ our time, the present day; ich verstehe die ~ nicht mehr I don't understand the times anymore; das waren harte (*od.* schwere) [herrliche] ~en those were hard [great] times; die gute alte ~ the good old days *pl*; sie hat bessere ~en gesehen she has seen better days; diese ~en sind vorbei [kommen nicht wieder] those times (*od.* days) are over [will never return]; er war seiner ~ weit voraus he was far ahead of his time (*od.* day); der Roman spiegelt die Sitten jener ~ wider the novel reflects the manners of the time (*od.* day); die ~ war noch nicht reif für diese Ideen the time was not yet ripe for these ideas; die ~ wird kommen, in der the time will come when; für kommende ~en ist gesorgt the future is provided for; die ~en ändern sich (the) times are changing; Erinnerungen an vergangene ~en austauschen to exchange memories of old times; auf bessere ~en hoffen to hope for better times; er hat genug für alle ~en *colloq.* he has (had) enough to do him for the rest of his life; wir wollen auch in ~en der Not zusammenhalten we will stay together also in times of distress; Geld für schlechte ~en zurücklegen to put money aside for a rainy day; man muß mit der ~ gehen one must keep up with the times; das muß vor meiner ~ gewesen sein that must have been before my time (*od.* day); zur ~ Goethes in Goethe's time (*od.* day); zur ~ der Reformation at the time of the Reformation; zu meiner ~ wäre das nicht möglich gewesen that would not have been possible in our day; (ach,) du liebe ~! *colloq.* for goodness' (*od.* heaven's) sake! andere ~en, andere Sitten (*Sprichwort*) other times, other manners (*proverb*); in alten ~en, *poet.* vor ~en in olden days. – 6. (*geschichtliche od.*

kulturelle Epoche) period: die ~ des Barock the baroque period; die ~ vor dem zweiten Weltkrieg the period before the Second World War. – 7. (*Ära*) era, age: das war der Geschmack der damaligen ~ that was the taste of that era; im Jahre 500 vor unserer ~ in the year 500 B.C. – 8. (*Epoche*) epoch. – 9. (*als unendliche Größe*) time: ~ und Raum time and space; die ~ heilt (alle) Wunden (*od.* ist der beste Arzt) (*Sprichwort*) time is a great healer; die ~ arbeitet für uns we have time on our side; die ~ wird es lehren time will tell (*od.* show); darüber verging die ~ months and years passed; den Gang der ~ aufhalten wollen to try to stop the progress of time; → kommen 1; Zeichen 6. – 10. (*Uhrzeit*) time: hast du (die) genaue ~? have you the right (*od.* exact) time? die genaue ~: beim Gongschlag ist es 20 Uhr (*im Radio*) the exact time is eight p.m. with the gong, at the stroke of the gong it will be exactly eight p.m.; bitte vergleichen Sie die ~ please check the time (*od.* your watch); er möchte die ~ zurückdrehen *fig.* he would like to turn the clock back; ich habe gar nicht auf die ~ geachtet I forgot the time; ich habe mich in der ~ geirrt I made a mistake in the time; ich werde mich in der ~ nach Ihnen richten I will comply (*od.* fit in) with whatever time suits you; um welche ~ wollen wir uns treffen? (at) what time (*od.* when) shall we meet? morgen um dieselbe ~ the same time tomorrow, tomorrow at the same time. – 11. (*Zonenzeit*) time: es ist zehn Uhr mitteleuropäischer ~ it is ten a.m. Central European Time. – 12. (*Frist, vorgeschriebene Zeitspanne*) time: er hat seine ~ abgesessen he has served his time (in jail, *Br. auch* in gaol); er muß seine ~ noch abdienen he still has to serve (his time), he still has to do military service; ich gebe dir 14 Tage ~ I'll give you a fortnight's time; innerhalb der vorgeschriebenen ~ within the appointed time; er arbeitet an der Übersetzung schon drei Tage über die ~ he is already three days behind with his translation. – 13. (*Saison, Jahreszeit*) season: die stille ~ a) the off-season, b) Advent, the Advent (season); die ~ der Weinlese the season of the grape harvest, the vintage season; die ~ der Bälle the ball (*od.* dance) season. – 14. (*sport*) time: offizielle ~ official time; er ist eine gute ~ gelaufen he clocked a good time; j-s ~ stoppen (*od.* nehmen) to time s.o.; auf ~ spielen to play for time, to freeze the ball. – 15. *ling.* tense: einfache [zusammengesetzte] ~en simple [compound] tenses. – 16. auf ~ (*bes. econ. auf Termin od. Ziel*) forward: Kauf auf ~ forward buying (*od.* purchase). – 17. Beamter auf ~ etwa temporary civil servant.

'Zeit|,ab,lauf *m auch jur.* lapse of time. — ~,ab,schnitt *m* period, epoch, time. — ~,ab,stand *m* (time) interval: in regelmäßigen Zeitabständen at regular intervals (of time), periodically. — ~ach·se *f* (*im Radarwesen*) time axis. — ~,al·ter *n* 1. age, era, epoch: das Goldene ~ the Golden Age; das ~ der Technik [der Entdeckungen] the age of technology [discovery]; in unserem ~ in our age (*od.* time[s]); ein neues ~ a new era. – 2. *geol.* period. — ~,an,ga·be *f* 1. (*auf einer Einladung etc*) exact date and time. – 2. (*Datum*) date: ohne ~ undated. – 3. *ling. cf.* Zeitbestimmung 2. — ~,an,sa·ge *f* 1. (*im Radio*) announcement of the time, *Br.* time-check. – 2. *tel.* speaking-clock announcement. — ~,ar·beit *f econ.* work for which additional staff is employed for a certain period. — ~,auf,nah·me *f phot.* time exposure. — ~,auf,stel·lung *f* time sheet. — ~,auf,wand *m* expenditure of time: etwas ist mit großem ~ verbunden s.th. takes (up) (*od.* costs) a great deal of time, s.th. is very time-consuming. — ~,aus,schluß *m* (*sport*) (*beim Eishockey*) temporary exclusion. — ~,ball *m mar.* time ball. — ~,ba·sis *f telev.* time base. — z~be,dingt *adj* 1. caused by the time(s) (*od.* prevailing circumstances). – 2. (*saisonbedingt*) seasonal. — ~be,dürf·nis *n* requirement (*od.* needs *pl*) of the time(s). — z~be,grenzt *adj* limited in time. — ~be,griff *m* 1. conception (*od.* idea) of time. – 2. *cf.* Zeitsinn. — ~be,lich·tung *f phot.* time exposure. —

~be,rech·nung f timing, scheduling. — z~be,stän·dig adj ageless, timeless. — ~be,stim·mung f 1. dating. – 2. ling. a) (Umstandswort) adverb of time, b) (Satz) time clause. — ~be,wußt,sein n sense of time, time sense. — z~be,zo·gen adj 1. (zeit-orientiert) time-oriented. – 2. (aktuell) topical. — ~bild n (Darstellung einer Epoche) portrayal (od. depiction) of the times. — ~-'Blen·den-,Paa·rung f phot. aperture-speed combination, stop-speed values pl. — ~bom·be f time bomb. — ~char·ter f mar. time charter. — ~dau·er f length of time, period, duration, term.
'Zeit,deh·ner m <-s; -> (film) cf. Zeitlupe. — ~auf,nah·me f slow-motion picture.
'Zeit|,deh·nung f (film) cf. Zeitlupe. — ~dif·fe,renz f difference in time, time difference. — ~di·la·ta·ti,on f phys. time dilatation (effect). — ~do·ku,ment n document of the times. — ~druck m <-(e)s; no pl> pressure (of time): unter ~ stehen [arbeiten] to be [to work] under pressure. — ~ei·chung f time calibration. — ~ein·heit f unit of time. — ~ein-,tei·lung f 1. division of time. – 2. organization (Br. auch -s-) of (one's) time.
'Zei·ten|,fol·ge f <-; no pl> ling. sequence of tenses. — ~,wen·de f turn of an era.
'Zeit|er,eig·nis n event. — z~er,spa·rend adj cf. zeitsparend. — ~er,spar·nis f saving of time: etwas ist eine ~ this saves time. — ~fah·ren n (beim Radsport) a) (Disziplin) time trials pl, b) (Einzelwettbewerb) time trial. — ~fah·rer m time trialist (bes. Br. triallist). — ~fak·tor m time factor. — ~feh·ler m (sport) (beim Springreiten) time fault. — ~fest,set·zung f arrangement (od. fixing) of the (exact) time. — ~fol·ge f chronological order, chronology. — ~form f ling. tense. — ~fra·ge f 1. question of time. – 2. topic of the day. — z~fremd adj out-of-date (attrib), behind the times. — ~funk m (radio) topics pl of the day. — ~ge·bun·den adj 1. tied to specific (od. definite) times. – 2. (Modewort etc) passing, trendy. — ~geist m <-(e)s; no pl> spirit of the time(s), zeitgeist, auch Zeitgeist. — z~ge-,mäß adj 1. (modern) modern, up-to-date (attrib), abreast of the times: nicht mehr ~ outmoded, out-of-date (attrib). – 2. (in eine Zeit passend) seasonable. – 3. cf. zeitgerecht I.
'Zeit|ge,nos·se m 1. contemporary, coeval. – 2. colloq. contempt. 'customer' (colloq.): ein übler ~ a nasty customer. — ~ge,nos·sin f cf. Zeitgenosse 2.
'zeit·ge,nös·sisch [-gə,nœsɪʃ] adj contemporary, coeval.
'zeit·ge,recht I adj punctual. – II adv on (od. in) time, on (od. according to) schedule, punctually.
'Zeit|ge,schäft n econ. cf. Termingeschäft. — ~ge,sche·hen n 1. current affairs pl. – 2. telev. topics pl of the day. — ~ge,schich-te f <-; no pl> contemporary history. — ~ge,schmack m fashion of the day, taste of the time(s), prevailing taste. — ~ge,winn m gain (od. saving) of time: das bedeutet einen ~ von drei Stunden that saves three hours. — z~gleich I adj 1. synchronous. – 2. (sport) (Läufer etc) with the same time. – II adv 3. synchronously: ~ laufen to be synchronized (Br. auch -s-). – 4. beide kamen ~ ins Ziel both were clocked at the same time. — ~glei·chung f astr. equation of time. — ~gren·ze f time limit. — ~gut-,schrift f (beim Radsport) time bonus.
'zei·tig I adj 1. (früh) early. – II adv 2. early: ~ aufstehen to rise (od. get up) early, to be an early riser. – 3. cf. pünktlich 3.
zei·ti·gen ['tsaɪtɪgən] v/t <h> einen Erfolg ~ to prove successful; ein Ergebnis ~ to produce a result; Früchte ~ fig. (von Fleiß, Bemühungen etc) to bear fruit, to be fruitful.
'Zeit,im·puls m electr. timing (od. clock) pulse.
'Zeit,kar·te f (Wochen-, Monats-, Jahreskarte) season ticket. — 'Zeit,kar·ten·in,ha·ber m season-ticket holder.
'Zeit|kon,stan·te f electr. time constant. — ~kon,trol·le f, ~kon,troll,we·sen n <-s; no pl> tech. time study. — ~kri·tik f 1. criticism of contemporary issues. – 2. (radio) telev. current affairs commentary, topical comment. — z~kri·tisch adj critical of contemporary issues.
'Zeit,lang f only in eine ~ for a while (od.

time), awhile: eine ~ kann man das ertragen one can bear that for a while; er war eine ~ Lehrer he taught for a while (od. for some time, at one stage).
'Zeit,lauf m <-(e)s; -e [-,lɔʏftə], auch -e> meist pl conjuncture, trend of the times.
,zeit'le·bens adv all one's life.
'zeit·lich I adj 1. (die Zeit betreffend) temporal: ~e Abstimmung timing; ~er Faktor time factor. – 2. (chronologisch) chronological: in ~er Reihenfolge in chronological order; ~es Nebeneinander simultaneity, simultaneousness. – 3. bes. relig. (irdisch, vergänglich) temporal, transitory, transient, passing. – II adv 4. ~ zusammenfallen to coincide; ~ begrenzt limited in time; das kann ich ~ nicht einrichten, das paßt mir ~ nicht I can't fit it in(to) my timetable, the time does not suit me; Uhren ~ aufeinander abstimmen to time (od. synchronize Br. auch -s-) watches (od. clocks). – 5. Austrian colloq. for zeitig 2. – III Z~e, das <-n> cf. segnen 1. — 'Zeit·lich·keit f <-; no pl> 1. philos. temporality, temporalness, extension (od. duration) in time. – 2. bes. relig. (irdische Vergänglichkeit) earthly life (od. existence), temporality.
'Zeit|,li·mit n time limit. — ~lohn m econ. time wage(s pl sometimes construed as sg).
'zeit·los adj 1. (Kleidung) not subject to the changes (od. whims) of fashion: etwas ist ~ s.th. does not date; ein ~es Kleid a dress that will not date. – 2. (Kunstwerk etc) timeless, ageless, dateless. – 3. philos. timeless.
'Zeit·lo·se f <-; -n> bot. cf. Herbstzeitlose.
'Zeit·lo·sig·keit f <-; no pl> timelessness.
'Zeit,lu·pe f <-; no pl> (film) slow motion, slow-motion technique.
'Zeit,lu·pen|,auf,nah·me f (film) slow-motion picture. — ~fuß,ball m (sport) slow-motion (od. walking-pace) football. — ~ka·me·ra f (film) slow-motion camera. — ~tem·po n slow motion: im ~ auch fig. in slow motion; im ~ arbeiten fig. colloq. to work at a leisurely pace. — ~ver,fah·ren n slow-motion method (od. technique). — ~wie·der,ho·lung f telev. (sport) (einer Spielszene) action replay.
'Zeit|,man·gel m <-s; no pl> lack of time: aus ~ for lack of time, since (one's) time is (od. was) so short. — ~mar·ke f phys. time marker. — ~maß n mus. tempo. — ~mes·ser m chronometer, timer, timing instrument. — ~mes·sung f 1. (sport) cf. Zeitnahme. – 2. chronometry, horology. — z~,nah, z~na·he adj (Problem etc) topical, of current interest.
'Zeit,nah·me f <-; no pl> (sport) timekeeping: elektrische ~ electrical timekeeping.
'Zeit,neh·mer m 1. (sport) timekeeper, timer. – 2. tech. time-study man. — ~ob,mann m <-(e)s; -männer> (sport) chief timekeeper. — ~trep·pe f timekeepers' stand.
'Zeit|,not f <-; no pl> in ~ sein to be pressed for time. — ~ord·nung f chronological order. — z~ori·en,tiert adj time-oriented. — ~pacht f jur. lease for a certain time (od. a term of years). — ~per·so,nal n econ. additional staff employed for a certain period. — ~plan m (time) schedule, timetable, Br. time-table. — ~pro,blem m 1. problem of the time(s). – 2. question of time. — ~punkt m 1. time: zu diesem ~ bin ich schon nicht mehr hier by that time I shall not be here anymore; zu diesem ~ wußte ich noch nicht, daß at that (particular) time I did not know yet that. – 2. (Moment, Augenblick) moment, time: der entscheidende ~ war gekommen the decisive moment had come; den richtigen ~ verpassen to miss the right moment (od. sl. the bus); der ~ war gut [schlecht] gewählt the time was well [badly] chosen, it was well [badly] timed; du bist zum richtigen ~ gekommen you have just come at the right time; zu genau dem ~ explodierte die Bombe at that very moment (od. instant) the bomb exploded. – 3. (beim Zusammentreffen mehrerer entscheidender Ereignisse) juncture. – 4. (Datum) date: zu einem früheren [späteren] ~ at an earlier [a later] date; den ~ für eine Konferenz festlegen to fix the date for a conference.
'Zeit,raf·fer [-,rafər] m <-s; -> (film) 1. quick motion, quick-motion technique. –

2. (bes. beim Zeichentrickfilm) stop motion, stop-motion technique. – 3. time-lapse photography (od. technique). – 4. (Gerät) quick-motion camera, time-lapse motion camera. — ~auf,nah·me f single-picture taking, stop motion, time-lapse shooting.
'Zeit,raf·fung f (film) quick- (od. stop)-motion effect.
'zeit,rau·bend adj time-consuming.
'Zeit|,raum m period, stretch: etwas erstreckt sich über einen ~ von drei Monaten s.th. extends over a period of three months. — ~re·ak·ti,on f meist pl chem. clock reaction. — ~rech·nung f 1. chronology. – 2. time, era: die christliche ~ the Christian era; nach unserer ~ (according to) our time. — ~rei·hen-dia,gramm n time-series diagram. — ~re,lais n electr. time-delay (od. -lag, -limit) relay. — ~ren·te f 1. fixed-interval returns pl on (land annuity) bonds. – 2. ~ mit jährlichen Zahlungen terminable annuity. — ~schal·ter m electr. time (od. timing) switch, time-lag (od. -limit) switch. — ~schalt,ge,rät n 1. electr. time switch. – 2. (in Schmiertechnik) timer. — ~schrei·ber m tech. chronograph.
'Zeit,schrift f (bes. Fachzeitschrift) periodical, (bes. kritische) review, journal, magazine: illustrierte ~ cf. Illustrierte.
'Zeit,schrif·ten|ka·ta,log m journal catalog, bes. Br. periodical catalogue. — ~le·se-,saal m newsroom, periodical room. — ~stän·der m newspaper (od. magazine) rack, Br. auch canterbury. — ~ver,sand m distributor(s pl) of magazines and periodicals. — ~ver,si·che·rung f cf. Abonnentenversicherung. — ~wer·ber m periodicals salesman (od. canvasser). — ~we·sen n <-s; no pl> periodical literature (od. journalism).
'Zeit|,schuß m (sport) (beim Segeln) five-minute gun. — ~sicht,wech·sel m econ. cf. Nachsichtwechsel. — ~sinn m <-(e)s; no pl> sense of time. — ~span·ne f space (od. stretch) of time: kurze ~ (short) spell. — z~spa·rend adj timesaving. — ~spie·gel m fig. mirror of the period. — ~sprin·gen n (sport) (beim Springreiten) speed competition. — ~sprung m (in Erzählung etc) leap in time. — ~stem·pel m (automatic) time stamp. — ~stil m style of the period: Möbel im ~ period furniture. — ~stra·fe f (sport) temporary exclusion. — ~strö·mung f tendency of the period, trend. — ~stück n (theater) topical drama.
'Zeit,stu·di·en pl tech. time study sg.
'Zeit,stu·di·en,mann m <-(e)s; -er u. -leute> tech. cf. Zeitnehmer 2. — ~we·sen n <-s; no pl> time study.
'Zeit|,ta·fel f 1. (chronologische) chronological table, chronology. – 2. (synoptische) synoptic table. — ~über,schrei·tung f overrun: er wurde wegen ~ disqualifiziert (sport) he was disqualified for exceeding (od. overrunning) the time allowed. — ~um-,stän·de pl circumstances (od. conjuncture sg) of the time(s) (od. period).
'Zei·tung ['tsaɪtʊŋ] f <-; -en> 1. (news)paper, journal: eine ~ abonnieren to subscribe to a newspaper; eine ~ abonniert haben (od. beziehen) to have a subscription to (od. be a subscriber to, take in) a newspaper; eine ~ abbestellen to cancel (od. discontinue) (one's) subscription to a newspaper, to stop a newspaper; ~en austragen to deliver newspapers; die ~ hat ihr Erscheinen eingestellt the newspaper has stopped publication (od. is no longer published); in der ~ steht, daß it says in the paper that, the paper says that; eine Anzeige in die ~ setzen a) (für Familiennachrichten etc) to put an announcement in the newspaper, b) (zu Werbezwecken etc) to put an advertisement in the newspaper; welche ~ lesen Sie? which newspaper do you read? diese Nachricht habe ich aus der ~ colloq. I read that in the newspaper; durch die ~, durch Veröffentlichung in der ~ through (an article in) the newspaper; die ~en waren voll davon colloq. the papers were full of it; etwas in eine ~ einwickeln to wrap s.th. (up) in a newspaper. – 2. (amtliche) gazette. – 3. (Presse) press: dieser Vorfall ging durch alle ~en this incident went through the whole press; er arbeitet (od. colloq. ist) bei der ~ he works for (od. is with) a newspaper, he is a newspaper man,

Am. he newspapers, *Br.* he works in Fleet Street; er ist (*od.* kommt) von der ~ *colloq.* he is from the press (*od.* from a newspaper). – **4.** *colloq.* (*Zeitungsgeld*) subscription (charges *pl*): die ~ kassieren to collect the subscription. – **5.** *archaic* (*Boischaft, Nachricht*) tiding(s *pl*).

'**Zei·tung,le·sen** *n* newspaper reading: er möchte beim ~ nicht gestört werden he does not wish to be disturbed when reading the (news)paper.

'**Zei·tungs|,ab,la·ge** *f* newspaper shelf (*od.* storage place). — ~**abon·ne,ment** *n* subscription to a newspaper. — ~**abon-,nent** *m* subscriber to a newspaper. — ~**an,non·ce**, ~**an,zei·ge** *f* newspaper (*od.* press) advertisement (*seltener -z-*), ad (*colloq.*), *bes. Br. colloq.* advert. — ~**ar-,chiv** *n* newspaper archives *pl.* — ~**ar,ti·kel** *m* newspaper article.

'**Zei·tungs,aus,schnitt** *m* press (*od.* newspaper) clipping, newsclip, *bes. Br.* press (*od.* newspaper) cutting. — ~**bü,ro** *n* clipping bureau (*od.* service), *bes. Br.* (press *od.* newspaper) cuttings agency.

'**Zei·tungs|,aus,trä·ger** *m* newspaper carrier, (*Junge*) *auch* news(paper)boy. — ~**,aus,trä·ge·rin** *f* newspaper carrier, (*Mädchen*) *auch* news(paper)girl. — ~**,bei,la·ge** *f* newspaper supplement. — ~**be,richt** *m* newspaper report. — ~**be-,richt·er,stat·ter** *m* press (*od.* newspaper) reporter. — ~**be,zug** *m* ⟨-(e)s; *no pl*⟩ subscription to a newspaper. — ~**be-,zugs,geld** *n* subscription (charges *pl*). — ~**,blatt** *n* sheet of a newspaper. — ~**,bu·de** *f* *cf.* Zeitungskiosk. — ~**,deutsch** *n* journalese. — ~**,dienst** *m* (*postal service*) newspaper service. — ~**,druck** *m* ⟨-(e)s; *no pl*⟩ news(paper) printing. — ~**drucke,rei** (*getr.* -k·k-) *f* newspaper printers *pl* (*od.* printing office). — ~**en·te** *f* (newspaper) hoax, canard, false press report. — ~**,frau** *f* **1.** newspaper carrier. – **2.** *cf.* Zeitungs-händlerin. – **3.** *cf.* Zeitungsverkäuferin. — ~**,frit·ze** *m colloq. contempt.* newspaper chap (*colloq.*). — ~**,hal·ter** *m* newspaper holder. — ~**händ·ler** *m*, ~**händ·le·rin** *f* newsagent, *bes. Am.* news dealer. — ~**,in·se-,rat** *n cf.* Zeitungsannonce. — ~**,jun·ge** *m* news(paper)boy, newspaper carrier, *Am. colloq.* newsy, newsie. — ~**ki,osk** *m* newspaper stand (*od.* kiosk), *bes. Am.* newsstand, *Br. auch* news stall. — ~**kor·re,spon,dent** *m* press (*od.* newspaper) correspondent. — ~**,le·ser** *m* newspaper reader. — ~**,le·se-,raum** *m* newsroom. — ~**,le·se·rin** *f cf.* Zeitungsleser. — ~**,mann** *m* ⟨-(e)s; ⸗er *u.* -leute⟩ **1.** ⟨*pl meist* Zeitungsleute⟩ pressman, newspaperman, journalist. – **2.** newspaper carrier. – **3.** *cf.* Zeitungshändler. – **4.** *cf.* Zeitungsverkäufer. — ~**,no,tiz** *f* press item (*od.* notice). — ~**,num·mer** *f* copy: alte ~ back number. — ~**pa,pier** *n* **1.** newspaper: etwas in ~ einwickeln to wrap s.th. (up) in newspaper. – **2.** (*paper*) (*Papier-qualität, bes. für Zeitungen*) newsprint, print, newspaper. — ~**re,dak,teur** *m* newspaper editor. — ~**re·dak·ti,on** *f* press editorial department. — ~**re,kla·me** *f* press advertising (*seltener -z-*). ~**ro,man** *m* novel serialised in a newspaper. — ~**,satz** *m* ⟨-es; *no pl*⟩ *print.* news(paper) work. — ~**,schrei·ber** *m contempt.* newspaperman, journalist. — ~**,spal·te** *f* column. — ~**,span-ner** *m* newspaper holder. — ~**,stand** *m cf.* Zeitungskiosk. — ~**,stel·le** *f* (*postal service*) newspaper service. — ~**,stil** *m* journalese. — ~**,trä·ger** *m*, ~**,trä·ge·rin** *f* ⟨-; -nen⟩ *cf.* Zeitungsausträger(in). — ~**ver,käu·fer** *m*, ~**ver,käu·fe·rin** *f* news vendor, newspaper seller. — ~**ver,lag** *m* newspaper publishers *pl* (*od.* publishing company). — ~**ver,le·ger** *m* newspaper publisher, newspaperman. — ~**ver,schlei-ßer** [-,ʃlaɪsər] *m* ⟨-s; -⟩ *Austrian for* Zeitungshändler. — ~**,wer·bung** *f cf.* Zeitungsreklame. — ~**we·sen** *n* ⟨-s; *no pl*⟩ journalism, (the) press. — ~**,wis·sen·schaft** *f obs.* (science of) journalism.

'**Zeit|,un·ter,schied** *m* difference in time. — ~**,un·ter,schrei·tung** *f* underrun. — ~**ver,geu·dend** *adj* time-wasting. — ~**ver-,geu·dung** *f* waste of time. — ~**ver-,gü·tung** *f* (*beim Radsport*) cf. Zeitgut-schrift. — ~**ver,hält·nis·se** *pl cf.* Zeit-umstände. — ~**ver,lust** *m* loss of time, delay: ohne ~ without delay. — ~**ver,säum-**

---

nis *n, obs. f* loss of time. — ~**ver,schie-bung** *f* time shift. — ~**ver,schwen·dung** *f cf.* Zeitvergeudung. — **z~ver,setzt** *adj telev.* (*Sportübertragung etc*) deferred. — ~**ver,si·che·rung** *f econ.* term insurance. — ~**ver,treib** *m* ⟨-(e)s; -e⟩ pastime, amusement, diversion, kill-time: nur zum ~ just as a pastime, just to pass the time; sie malt zum ~ she paints as a pastime. — ~**,vor-,sprung** *m* start: j-m gegenüber einen ~ haben to have a start over s.o. — ~**,waa·ge** *f tech.* watch timer. — ~**,wahl** *f med.* (*in der Geburtenkontrolle*) rhythm method. — ~**,weg,schrei·ber** *m auto.* tachograph, time mileage recorder.

'**zeit,wei·lig** [-,vaɪlɪç] **I** *adj* **1.** (*eine Zeitlang dauernd*) temporary, provisional. – **2.** (*gelegentlich*) intermittent, occasional. – **II** *adv* **3.** for a time, temporarily.

'**zeit,wei·se** *adv* **1.** (*von Zeit zu Zeit*) from time to time, occasionally, at times, intermittently. – **2.** (*zeitweilig*) for a time, temporarily.

'**Zeit|,wen·de** *f* new era, (new) epoch: vor der ~ before Christ, B.C.; nach der ~ after Christ, A.D. — ~**,wert** *m econ.* time value, present (market) value (at a given time). — **z~,wid·rig** *adj* anachronistic, *auch* anach-ronistical, anachronic(al), anachronous. — ~**,wort** *n* ⟨-(e)s; ⸗er⟩ *ling.* verb. — ~**,zäh-ler** *m* time recorder. — ~**zei·chen** *n* time signal, pips *pl*: beim letzten Ton des ~s war es acht Uhr it was eight o'clock at the last pip.

'**Zeit,zo·ne** *f geogr.* time zone.

'**Zeit,zo·nen|ta,rif** *m tel.* time and zone rate. — ~**,zäh·ler** *m* time and zone meter. — ~**,zäh·lung** *f* time and zone metering.

'**Zeit,zün·der** *m mil.* **1.** time (delay) fuse (*Am. fuze*). – **2.** (*mechanischer*) ~ (mechanical) time fuse (*Am. fuze*): Bombe mit ~ time(-fuse) bomb. – **3.** (*mit Sprengpunkt über einem Ziel*) aerial-burst fuse (*Am. fuze*).

Ze·le·brant [tsele'brant] *m* ⟨-en; -en⟩ *röm.kath.* celebrant.

Ze·le·bra·ti·on [tselebra'tsĭoːn] *f* ⟨-; -en⟩ *röm.kath.* celebration.

ze·le·brie·ren [tsele'briːrən] *v/t* ⟨*no ge-*, h⟩ *röm.kath.* (*Messe*) celebrate, officiate at.

Ze·le·bri·tät [tselebri'tɛːt] *f* ⟨-; -en⟩ *rare* (*berühmte Person*) celebrity.

'**Zell|,af·ter** *m zo.* (*der Urtierchen*) anal aperture, cytopyge (*scient.*). — ~**,at·mung** *f biol.* vesicular breathing. — ~**bau** *m* ⟨-(e)s; *no pl*⟩ cell structure. — ~**be,fund** *m med.* cytologic(al) findings *pl*: quantitativer ~ cerebrospinal fluid cell count. — **z~,bil-dend** *adj biol.* cytogenous. — ~**,bil·dung** *f* cell formation, cytogenesis, cytopoiesis (*scient.*). — ~**dia,gno·stik** *f med.* cytodiag-nosis, cytoscopy.

Zel·le ['tsɛlə] *f* ⟨-; -n⟩ **1.** (*eines Gefäng-nisses, Klosters etc*) cell. – **2.** *cf.* Fern-sprechzelle. – **3.** (*Einheit, Teil eines Ganzen*) unit. – **4.** *biol.* cell: die ~n teilen sich the cells divide. – **5.** (*der Bienenwabe*) cell. – **6.** *aer.* (*im Flugzeugbau*) airframe. – **7.** *electr.* (*einer Batterie*) cell, element: photoelektrische ~ photoelectric cell, photocell. – **8.** *pol.* (*einer politischen Organisation*) cell: in den Universitäten wurden ~n gebildet cells were formed in the universities. – **9.** *mar.* (*Tank*) tank.

'**Zelleib** (*getr.* -ll,l-) *m biol. cf.* Zellkörper.

'**Zell|,ein,la·ge·rung** *f*, ~**,ein,schluß** *m biol.* cell inclusion.

'**Zel·len|,at·mung** *f biol.* vesicular breathing. — ~**be,ton** *m civ.eng.* cellular(-expanded) concrete. — ~**,bil·dung** *f* **1.** *biol. cf.* Zell-bildung. – **2.** *pol.* formation of cells.

'**zel·len,för·mig** *adj biol.* **1.** cellular, cell-shaped. – **2.** *cf.* zellig.

'**Zel·len|ge,fan·ge·ne** *m jur.* prisoner in cellular confinement. — ~**ge,fäng·nis** *n* cellular prison, cell house. — ~**ge,nos·se** *m* cellmate. — ~**ge,we·be** *n biol. cf.* Zell-gewebe. — ~**ge,wöl·be** *n arch.* cell vault. — ~**,haft** *f jur.* cellular confinement. — ~**,kalk** *m geol.* cellular lime. — ~**,küh·ler** *m auto.* cellular (*od.* honeycomb) radiator. — ~**,leh·re** *f* ⟨-; *no pl*⟩ *biol.* cytology. — ~**,plan** *m* (*computer*) allocation plan. — ~**,schmelz** *m* (*art*) *cf.* Cloisonné. — ~**,span-nung** *f electr.* cell voltage. — ~**,theo,rie** *f biol. cf.* Zellulartheorie.

'**Zell|ent,ste·hung** *f biol.* development of cells, cytogenesis (*scient.*).

'**Zel·len,wa·gen** *m jur. cf.* Gefangenenwa-gen.

Zel·ler ['tsɛlər] *m* ⟨-s; -⟩ *bot. Austrian dial. for* Sellerie.

'**Zell|,fa·ser** *f chem.* cellulose fiber (*bes. Br.* fibre). — ~**,flüs·sig·keit** *f biol.* cell sap, enchylema (*scient.*). — ~**fu·si,on** *f* cell fusion. — ~**ge,we·be** *n* cellular tissue. — ~**ge,webs·ent,zün·dung** *f med.* cellulitis, phlegmon (*scient.*). — ~**,gift** *n biol.* cellular poison, cytotoxin (*scient.*). — ~**,glas** *n* ⟨-es; *no pl*⟩ *synth.* (*Folie*) cellophane. — ~**hor,mon** *n meist pl biol.* cell hormone, cytohormone (*scient.*).

'**Zell,horn** *n* ⟨-(e)s; *no pl*⟩ *chem. tech. cf.* Zelluloid.

'**zel·lig** *adj biol.* cellular, celled.

'**Zell|,kern** *m biol.* (cell) nucleus. — ~**,kör·per** *m* cell body. — ~**mem,bran** *f* cell membrane. — ~**mund** *m* cytostome. — ~**,plas·ma** *n* protoplasm, cell plasm, cyto-plasm (*scient.*). — ~**pro·li·fe·ra·ti,on** *f* proliferation of cells. — ~**,saft** *m* cell sap. — **z~,schä·di·gend** *adj* cytolotoxic. — ~**,schä·di·gung** *f* cell (*od.* cellular) damage, damage to cells. — ~**,schrump·fung** *f* cellular shrinkage.

'**Zell,stoff** *m chem. tech.* cellulose. — ~**,brei** *m* pulp.

'**Zell,stoffa,brik** (*getr.* -ff·f-) *f tech.* cellulose factory.

'**Zell,stoff|in·du,strie** *f econ.* cellulose industry. — ~**,tuch** *n* (*paper*) cellulose tissue. — ~**,wat·te** *f* Cellucotton (*TM*).

'**Zell|struk,tur** *f biol.* cell structure. — ~**sub,stanz** *f* cell substance. — ~**,tä·tig-keit** *f* cell activity. — ~**,tei·lung** *f* cell division: direkte ~ direct cell division, amitosis (*scient.*); indirekte ~ indirect cell division, mitosis (*scient.*). — ~**,tod** *m* cell death; cytolysis, necrocytosis (*scient.*). — **z~,tö·tend** *adj* cytocidal.

zel·lu·lar [tsɛlu'laːr] *adj biol.* cellular, cellulous. — **Z~pa·tho·lo,gie** *f med.* cellular pathology. — **Z~theo,rie** *f biol.* cell theory. — **Z~the·ra,pie** *f med.* treatment with cells.

Zel·lu·li·tis [tsɛlu'liːtɪs] *f* ⟨-; -lititen [-li'tiː-dən]⟩ *med.* (*Zellgewebsentzündung*) cellulitis, phlegmon (*scient.*).

Zel·lu·lo·id [tsɛlu'lɔyt; -'loːɪt] *n* ⟨-(e)s; *no pl*⟩ *chem. tech.* celluloid.

Zel·lu·lo·se [tsɛlu'loːzə] *f* ⟨-; *no pl*⟩ *biol. chem.* cellulose.

'**Zell|ver,ei·ni·gung** *f biol.* **1.** (*bei der Befruchtung*) syngamy. – **2.** (*zweier somatischer Zellen*) cell fusion. — ~**ver-,meh·rung** *f biol. med.* **1.** (*im Blut*) polycytosis. – **2.** (*im Liquor*) pleocytosis. — ~**ver,schmel·zung** *f biol. cf.* Zellfusion. — ~**,wand** *f biol.* cell wall. — ~**,wol·le** *f* (*textile*) rayon staple, spun rayon. — ~**,zäh·lung** *f biol.* **1.** cytometry. – **2.** (*Ergebnis*) cell count. — ~**zer,fall** *m* cytolysis.

Ze·lot [tse'loːt] *m* ⟨-en; -en⟩ **1.** *antiq.* Zealot. – **2.** *fig.* zealot, fanatic.

Ze·lo·ten·tum *n* ⟨-s; *no pl*⟩ zealotry, fanaticism. [zealotic, fanatic.\]

ze·lo·tisch *adj* **1.** *antiq.* zealotic. – **2.** *fig.*\

Zelt[1] [tsɛlt] *n* ⟨-(e)s; -e⟩ **1.** tent: ein ~ auf-bauen (*od.* aufschlagen) [abbrechen] to pitch (*od.* put up) [to strike] a tent; in ~en wohnen (*od.* leben) to live in tents; im ~ schlafen to sleep in a tent (*od.* under canvas); es regnete ins ~ it rained into the tent; nach drei Jahren brach er seine ~e in Berlin ab *fig. colloq.* after three years he struck his tent (*bes. Br. colloq.* he packed up) in Berlin; ich werde meine ~e in Hamburg aufschlagen *fig. colloq.* I shall pitch my tent in Hamburg again. – **2.** (*Fest-zelt*) marquee, pavillon. – **3.** (*Zirkuszelt*) circus tent, big top. – **4.** *poet.* (*Himmels-, Sternenzelt*) vault, canopy. – **5.** *Bibl.* tabernacle.

Zelt[2] *m* ⟨-(e)s; *no pl*⟩ *cf.* Zeltgang.

'**Zelt|,aus,rü·stung** *f* camping (*od.* tent) equipment, tentage. — ~**,bahn** *f* **1.** tent square. – **2.** (*tent*) fly, tent awning (*od.* canopy), *Am.* shelter half. — ~**,bau** *m* ⟨-(e)s; *no pl*⟩ pitching of a tent. — ~**,blatt** *n Austrian for* Zeltbahn. — ~**,bo·den** *m* tent floor. — ~**,dach** *n* **1.** tent roof. – **2.** *arch.* tented roof, tent-shaped roof. — ~**,ein,gang** *m* opening (*od.* entrance) flap.

zel·ten ['tsɛltən] **I** *v/i* ⟨h⟩ camp (out), tent. – **II Z~** *n* ⟨-s⟩ *verbal noun.*

'**Zel·ten** *m* ⟨-s; -⟩ *Bavarian and Austrian for* Lebkuchen.

Zel·ter[1] ['tsɛltər] *m* ⟨-s; -⟩ (*Reitpferd*) palfrey.

'Zel·ter² m ⟨-s; -⟩ rare for Zeltler.
'Zelt,fahrt f camping trip.
'Zelt,gang m (beim Reiten) (Paßgang) amble.
'Zelt│,la·ger n (tent) camp: im ~ under canvas. — ~,le·ben n ⟨-s; no pl⟩ camping. — ~,lei·ne f guy (rope), tent rope. — ~,lein,wand f canvas, auch canvass.
Zelt·ler ['tsɛltlər] m ⟨-s; -⟩ camper.
Zelt·li ['tsɛltli] n ⟨-s; -⟩ Swiss dial. for Bonbon 1.
'Zelt│,lie·ge f camp bed. — ~-Man,sar·den-,dach n arch. mansard (roof). — ~,mast m (circus) tent mast (od. pole). — ~,pflock m tent peg (od. pin), picket, auch piquet. — ~,pla·ne f tarpaulin, awning. — ~,platz m camp(ing) ground, camp(ing) site. — ~,rau·pe f zo. tent caterpillar. — ~,sack m tent bag. — ~,stadt f city of tents. — ~,stan·ge f tent pole. — ~,stock m ⟨-(e)s; ⸰e⟩ center (bes. Br. centre) pole, mast. — ~,stoff m canvas, auch canvass. — ~,stüt·ze f cf. Zeltstock. — ~,tür f cf. Zelteingang. — ~,wand f tent wall.
Ze·ment [tse'mɛnt] m ⟨-(e)s; -e⟩ 1. (Baustoff) cement: schnellbindender ~ quick--setting cement: ~ anrühren to mix (od. temper) cement. – 2. med. a) (des Zahnes) cement(um), b) (für Füllungen) (dental) cement. — ~,an,teil m civ.eng. (des Mörtels etc) cement content (od. factor). — ~,ar·bei·ter m cementer, cement finisher.
Ze·men·ta·ti·on [tsementa'tsĭoːn] f ⟨-; pl⟩ chem. cementation.
Ze·men·ta·ti│ons,zo·ne f (unterhalb des Grundwasserspiegels) reduction zone.
Ze'ment│,bahn f (sport) concrete (running od. racing) track. — ~be,ton m civ.eng. cement concrete. — ~be,wurf m cement facing. — z~,blau adj (paints) 1. manganese-black. – 2. ultramarine-green. — ~,bo·den m civ.eng. concrete floor. — ~-,brei m wet cement. — ~,brü·he f cement grout. — ~fa,brik f tech. cement works pl (construed as sg or pl), cement factory (od. mill). — ~,far·be f cement paint, bes. Am. cement color. — ~,flie·se f cement tile. — ~,fül·lung f med. (im Zahn) cement filling. — ~,fuß,bo·den m civ.eng. concrete floor.
ze·men·tie·ren [tsemɛn'tiːrən] I v/t ⟨no ge-, h⟩ 1. civ.eng. (mit Zement verputzen od. füllen) cement. – 2. metall. carburize Br. auch -s-. – 3. fig. (festigen) cement, consolidate, solidify. – 4. fig. (endgültig machen) seal. – II Z~ n ⟨-s⟩ 5. verbal noun. – 6. cf. Zementierung.
Ze·men'tie·rer m ⟨-s; -⟩ cf. Zement-arbeiter.
Ze·men'tier│,mit·tel n metall. cementing (od. case-hardening) agent. — ~,ofen m metall. cementation furnace.
Ze·men'tie·rung f ⟨-; no pl⟩ 1. cf. Zementieren. – 2. cementation. – 3. metall. carburization Br. auch -s-. – 4. fig. cementation, consolidation, solidification.
Ze·men·tit [tsemɛn'tiːt; -'tɪt] m ⟨-s; no pl⟩ chem. cf. Eisenkarbid.
Ze'ment│,kalk m chem. tech. lime cement, hydraulic lime. — ~,klin·ker m cement clinker. — ~,kup·fer n cement (od. precipitated) copper. — ~,mör·tel m civ.eng. cement mortar. — ~,müh·le f tech. cement grinding mill. — ~,ofen m cement kiln. — ~,plat·te f cf. Zementfliese. — ~,putz m civ.eng. cement plaster. — ~,rohr n cement pipe. — ~,sack m cement bag. — ~,si·lo m, auch n cement silo. — ~,spritz,ver,fah·ren n cement-grout spraying method. — ~,stahl m metall. converted steel. — ~,tie·gel m cement crucible. — z~ver,klei·det adj cement-lined. — ~,werk n tech. cement works pl (construed as sg or pl), cement plant.
Zen [zɛn; tsɛn] n ⟨-(s); no pl⟩ relig. Zen (Buddhism) (a Japanese school of Mahayana Buddhism).
Zend-awe·sta [tsɛnda'vɛsta] n ⟨-; no pl⟩ obs. for Awesta.
'Ze·ner│di,ode ['tseːnər-] f electr. Zener (od. breakdown) diode. — ~ef,fekt m Zener effect.
Ze·nit [tse'niːt] m ⟨-(e)s; no pl⟩ 1. astr. zenith, vertex: die Sonne steht im ~ the sun is in (od. at) the zenith. – 2. fig. (Höhepunkt) zenith, peak, height: er stand im ~ seiner Laufbahn he was at the zenith of his career. — ~di,stanz f astr. zenith distance, coaltitude.
Ze·no·taph [tseno'taːf] n ⟨-s; -e⟩ (leeres Grabmal) cenotaph.

Ze·no·ta·phi·on [tseno'taːfĭon], **Ze·no'ta-phi·um** [-fĭum] n ⟨-s; -phien⟩ obs. for Zenotaph.
zen·sie·ren [tsɛn'ziːrən] I v/t ⟨no ge-, h⟩ 1. (Bücher, Briefe etc) censor. – 2. ped. (Schularbeit, Aufsatz etc) mark, grade, score: ein Diktat mit „Gut" ~ to give a dictation the mark of "good". – II v/i 3. sehr streng ~ to mark very strictly, to be a hard marker. – III Z~ n ⟨-s⟩ 4. verbal noun. — **Zen'sie·rung** f ⟨-; -en⟩ 1. cf. Zensieren. – 2. cf. Zensur 2.
Zen·sor ['tsɛnzɔr] m ⟨-s; -en [-'zoːrən]⟩ jur. hist. censor.
Zen·sur [tsɛn'zuːr] f ⟨-; -en⟩ 1. ⟨only sg⟩ (staatliche Aufsicht od. Prüfstelle) censorship, censure: der Film ist von der ~ verboten the film has been censored; einer strengen ~ unterliegen to be subject to severe censorship; die Briefe gehen durch die ~ the letters are censored. – 2. ⟨only sg⟩ psych. censorship. – 3. (Note) mark, grade, score: sie hat in allen Fächern gute ~en she has obtained (od. got) good marks in all subjects. – 4. pl (Zeugnis) (term's) report sg: Ostern gibt es ~en reports are written at Easter. — ~,bo·gen m ped. record card.
Zen'su·ren│,buch n ped. obs. mark (od. grade) book. — ~kon·fe,renz f reports conference. — ~,li·ste f list of marks (od. grades).
zen·su·rie·ren [tsɛnzu'riːrən] v/t u. v/i ⟨no ge-, h⟩ Austrian and Swiss for zensieren.
Zen'sur│,stel·le f censor's (od. censorship) office. — ~ver,merk m censorship remark, censor's comment.
Zen·sus ['tsɛnzus] m ⟨-; -⟩ 1. (Volkszählung) census. – 2. antiq. (Steuerquote) census, property qualification. – 3. (im Bibliothekswesen) inventory of incunabula. — ~,wahl,recht n pol. property qualification (in elections).
Zent [tsɛnt] f ⟨-; -en⟩ hist. 1. (Gau, Hundertschaft) hundred. – 2. (im fränkischen Reich) criminal jurisdiction (od. court).
Zen·taur [tsɛn'taʊər] m ⟨-en; -en⟩ 1. myth. centaur. – 2. astr. Centaurus. — ~'tau·ren,schlacht f myth. centauromachia.
Zen·te·nar [tsɛnte'naːr] m ⟨-s; -e⟩ (Hundertjähriger) centenarian. — ~,fei·er f centenary (od. centennial) (celebration).
Zen·te·na·ri·um [tsɛnte'naːrĭum] n ⟨-s; -rien⟩ centenary.
zen·te·si·mal [tsɛntezi'maːl] adj centesimal. — Z~,tei·lung f centesimal division. – 2. (für Thermometer) centigrade scale. — Z~,waa·ge f centesimal balance.
'Zent│ge,richt n hist. cf. Zentding. — ~,graf m criminal judge.
Zen·ti·fo·lie [tsɛnti'foːlĭə] f ⟨-; -n⟩ bot. cabbage rose (Rosa centifolia).
Zen·ti│grad [tsɛnti'graːt] m centigrade, hundredth of a degree. — ~'gramm [-'gram] n centigram, bes. Br. centigramme. — ~,li·ter [-'liːtər] m, n centiliter, bes. Br. centilitre.
Zen·ti·me·ter [tsɛnti'meːtər] m, n centimeter, bes. Br. centimetre. — ~'Gramm--Se'kun·den,sy,stem n cf. CGS-Maß-system. — ~,maß n tape measure. — ~-,wel·le f electr. centimeter (bes. Br. centimetre) wave, (in Frequenzen ausgedrückt) auch superhigh frequency.
Zent·ner ['tsɛntnər] m ⟨-s; -⟩ 1. metric hundredweight, centner (50 kilograms). – 2. Austrian and Swiss metric (od. double) centner, quintal (100 kilograms). — ~ge,wicht n (the) weight of a metric hundredweight. — ~,last f fig. heavy burden (od. load): mir fällt eine ~ vom Herzen that is a great load (od. weight) off my mind. — z~,schwer I adj fig. excessively (od. very) heavy: eine ~e Last a heavy burden (od. load). – II adv es liegt mir ~ auf der Seele, daß it weighs very heavily on my mind that; es lastet ~ auf ihr it preys on her mind. — z~,wei·se adv by the (metric) hundredweight.
zen·tral [tsɛn'traːl] adj 1. central: eine ~e Lage a central location; es liegt sehr ~ it is very central (od. centrally situated); ~e Regelstelle (radio) central control position. – 2. fig. (Problem etc) central, crucial, pivotal: das ist das ~e Problem that is the crucial problem, that is the crux of the matter.
Zen'tral│,ab,la·ge f econ. (einer Firma etc) central filing department.

zen'tral│,afri,ka·nisch adj Central African. — ~ame·ri,ka·nisch adj Central American.
Zen'tral│,amt n central office. — ~-an,ten·ne f communal (od. common, block) antenna (bes. Br. aerial). — ~-ar,chiv n main reference library. — z~asia·tisch [-ʔa,zĭaːtɪʃ] adj Central Asian. — ~,aus,schuß m central committee. — ~-,bahn,hof m central (railroad, Br. railway) station, Am. (für verschiedene Bahngesellschaften) auch union station. — ~,bank f econ. central bank. — ~,bank,rat m BRD Central Bank Council. — ~,bau m arch. centralized (Br. auch -s-) building (od. block), centrally planned building, building with central space. — ~be,dien,platz m tech. central operation position. — ~be-,hör·de f central authority. — ~dis·po·si-ti,on f telev. production planning department.
Zen'tra·le f ⟨-; -n⟩ 1. (von Banken, Organisationen etc) central (od. main, head) office, headquarters pl (often construed as sg). – 2. (von Firmen, Geschäften etc) headquarters pl (often construed as sg), main business (od. firm). – 3. (für Taxis) headquarters pl (often construed as sg). – 4. (für Busse) a) bus depot, b) central bus station. – 5. tel. telephone exchange. – 6. (radio) telev. studio: wir schalten zurück zur ~ and now back to the studio. – 7. electr. central power station (od. plant). – 8. mil. a) (Hauptstelle) head (od. main) office, b) (Artilleriestand) fire control center (bes. Br. centre), transmitting station. – 9. mar. a) (auf einem Kriegsschiff) control station, b) (eines Docks) dock control house (od. room). – 10. (Zentrum) center, bes. Br. centre: die ~ aller sinnlichen Wahrnehmungen ist das Gehirn the brain is the center of all sensory perception.
Zen'tral│,ein·heit f (computer) central processing unit, CPU. — z~er,re·gend adj zo. (Mechanismus) central excitational. — ~,fak·tor m med. psych. general factor, g--factor. — ~,flug,ha·fen m aer. central airport. — ~ge,nos·sen·schaft f econ. central cooperative (Br. auch co-operative) (society). — ~ge,walt f pol. central power.
Zen'tral│,hei·zung f tech. central heating.
Zen'tral│,hei·zungs│,an,la·ge f central heating system. — ~,kes·sel m central heating boiler. — ~,rohr n central heating pipe, radiator pipe.
Zen'tral·in·sti,tut n central institute.
Zen·tra·li·sa·ti·on [tsɛntraliza'tsĭoːn] f ⟨-; no pl⟩ centralization Br. auch -s-.
zen·tra·li·sie·ren [tsɛntrali'ziːrən] I v/t ⟨no ge-, h⟩ centralize Br. auch -s-. – II Z~ n ⟨-s⟩ verbal noun. — **Zen·tra·li-'sie·rung** f ⟨-; no pl⟩ 1. cf. Zentralisieren. – 2. cf. Zentralisation.
Zen·tra·lis·mus [tsɛntra'lɪsmus] m ⟨-; no pl⟩ pol. centralism, unitarianism, auch Unitarianism. — **zen·tra'li·stisch** [-tɪʃ] adj centralist(ic), unitarian.
Zen·tra·li·tät [tsɛntrali'tɛːt] f ⟨-; no pl⟩ centrality, centeredness, bes. Br. centredness.
Zen'tral│,ka,nal m med. (des Rückenmarks) central canal. — ~,kap·sel f zo. (der Strahlentierchen) central capsule. — ~,kar,tei f 1. central card index, central (index) file. – 2. (in Bibliotheken etc) central catalog (bes. Br. catalogue). — ~,ko·mi,tee n pol. (Führungsgremium) central committee. — ~-,kör·per·chen n biol. central body; centriole, centrosome (scient.): doppeltes ~ diplosome. — ~,kraft f phys. 1. cf. Zentrifugalkraft. – 2. cf. Zentripetalkraft. — ~,ner·ven,sy·stem n med. central nervous system. — ~,or,gan n 1. med. zo. central organ. – 2. (in der Publizistik) official party organ. — ~pro·jek·ti,on f (in der Kartographie) central projection. — ~re,gie·rung f pol. central government. — ~,richt,ge,rät n mil. full-chain director. — ~,schmier,ein-,rich·tung f tech. central (od. centralized Br. auch -s-) lubrication system. — ~-,schmier,pum·pe f one-shot pump. — ~-,schmie·rung f 1. centralized (Br. auch -s-) lubrication (od. oiling). – 2. (als Einrichtung) central (od. centralized Br. auch -s-) lubrication system. — ~,se,kun·den,zei·ger m (watchmaking) center (bes. Br. centre) second hand. — ~,stel·le f 1. center, bes. Br. centre. – 2. (space) tracking center (bes. Br. centre). — ~,uh·ren,an,la·ge f tech. electrical time distribution system. — ~ver,band m central association. — ~ver-

‚mitt·lungs‚stel·le f tel. central exchange. — **‚ver‚schluß** m phot. diaphragm shutter, between-the-lens shutter. — **‚ver‚wal·tung** f central administration. — **‚wert** m (in der Statistik) median.

Zen'trier|‚an‚satz m tech. 1. (eines Spindelendes) centering (bes. Br. centring) register. – 2. (einer Arbeitsspindel) centering (bes. Br. centring) shoulder. — **‚blen·de** f phot. centering (bes. Br. centring) diaphragm. — **‚boh·rer** m tech. centering (bes. Br. centring) od. center, bes. Br. centre) drill. — **‚boh·rung** f center (bes. Br. centre) bore (od. drill hole).

zen·trie·ren [tsɛn'triːrən] I v/t ⟨no ge-, h⟩ 1. tech. center, bes. Br. centre, center- (bes. Br. centre-)drill (od. bore). – 2. (optics) center, bes. Br. centre. – II v/reflex sich ~ 3. concentrate, center, bes. Br. centre. – III Z~ n ⟨-s⟩ 4. verbal noun. – 5. cf. Zentrierung.

Zen'trier|‚flä·che f centering (bes. Br. centring) surface. — **‚glas** n centering lens. — **‚ma‚schi·ne** f tech. centering machine. — **‚plan‚schei·be** f self-centering table. — **‚punkt** m (optics) optical center (bes. Br. centre).

Zen'trie·rung f ⟨-; no pl⟩ 1. cf. Zentrieren. – 2. concentration. – 3. bes. tech. centration.

Zen'trier|‚vor‚rich·tung f tech. centering (bes. Br. centring) device. — **‚win·kel** m center (bes. Br. centre) square. — **‚wulst** m mil. (in der Artillerie) bourrelet.

zen·tri·fu·gal [tsɛntrifu'gaːl] adj 1. phys. centrifugal. – 2. med. (Nerven) centrifugal, efferent.

Zen·tri·fu'gal|be‚we·gung f centrifugal motion. — **‚ge‚blä·se** n centrifugal blower. — **‚kraft** f phys. centrifugal force. — **‚pum·pe** f centrifugal pump. — **‚reg·ler** m centrifugal governor (od. regulator). — **‚wir·kung** f centrifugal effect.

Zen·tri·fu·ge [tsɛntri'fuːgə] f ⟨-; -n⟩ tech. 1. centrifuge. – 2. cf. Milchzentrifuge. – 3. (als Trockner) hydroextractor.

zen·tri·fu·gie·ren [tsɛntrifu'giːrən] I v/t ⟨no ge-, h⟩ 1. centrifuge, centrifugalize Br. auch -s-. – 2. (Milch) centrifuge, separate. – II Z~ n ⟨-s⟩ 3. verbal noun. — **Zen·tri·fu'gie·rung** f ⟨-; no pl⟩ 1. cf. Zentrifugieren. – 2. centrifugation, centrifugalization Br. auch -s-.

zen·tri·pe·tal [tsɛntripe'taːl] adj 1. phys. centripetal. – 2. med. (Nerven) centripetal, afferent. — **Z~‚kraft** f phys. centripetal force.

zen·trisch ['tsɛntrɪʃ] adj 1. central, centric: ~ verlaufen to run true. – 2. (konzentrisch) concentric.

'Zen·tri‚win·kel ['tsɛntri-] m math. center (bes. Br. centre) angle.

Zen·tro·mer [tsɛntro'meːr] n ⟨-s; -e⟩ biol. centromere.

Zen·tro·som [tsɛntro'zoːm] n ⟨-s; -e⟩ biol. centriole, central body, centrosome.

Zen·trum ['tsɛntrum] n ⟨-s; -tren⟩ 1. center, bes. Br. centre: das absolute ~ the dead center; im absoluten ~ sein to be dead in the center; im ~ des Interesses stehen fig. to be the center (od. focus) of interest. – 2. (einer Stadt) (city) center (bes. Br. centre), Am. auch downtown: im ~ New Yorks in the center of New York, in the New York city center, Am. auch (in) downtown New York. – 3. (von Unruhestiftern, Verschwörern etc) center, bes. Br. centre, focal point. – 4. (einer Schießscheibe) bull's-eye. – 5. meteor. (eines tropischen Sturms) center, bes. Br. centre, eye. – 6. pol. hist. cf. Zentrumspartei. — **~‚boh·rer** m tech. center (bes. Br. centre) bit.

'Zen·trums·par‚tei, die pol. hist. the Center (bes. Br. Centre) Party. [century.]

Zen·tu·rie [tsɛn'tuːrĭə] f ⟨-; -n⟩ antiq.

Zen·tu·rio [tsɛn'tuːrĭo] m ⟨-s; -nen [-tu'rĭoːnən]⟩ antiq. centurion.

Zeo·lith [tseo'liːt; -'lɪt] m ⟨-s od. -en; -e(n)⟩ min. zeolite.

Ze·phal|al·gie [tsefalal'giː] f ⟨-; -n [-ən]⟩ med. (Kopfschmerz) cephalalgia, cephalgia, headache. — **‚hä·ma'tom** [-hɛma'toːm] n cephal(h)aematoma.

ze·pha·lo…, Ze·pha·lo… combining form denoting cephalo…

Ze·pha·lo·hy·dro·ze·le [tsefalohydro'tseːlə] f med. cephalocele.

Ze·pha·lo·me·trie [tsefalome'triː] f ⟨-; -n [-ən]⟩ med. cephalometry.

Ze·pha·lon ['tseːfalən] n ⟨-s; no pl⟩ med. macrocephalus.

Ze·pha·lo·po·de [tsefalo'poːdə] m ⟨-n; -n⟩ zo. (Kopffüßer) cephalopod (Klasse Cephalopoda).

Ze·pha·lo·to·mie [tsefaloto'miː] f ⟨-; -n [-ən]⟩ med. cephalotomy.

Ze·pha·lo·trip·sie [tsefalotrɪ'psiː] f ⟨-; -n [-ən]⟩ med. cephalotripsy.

Ze·pha·lo·ze·le [tsefalo'tseːlə] f ⟨-; -n⟩ med. cephalocele.

Ze·phan·ja [tse'fanja] npr m ⟨-; no pl⟩ Bibl. (Prophet) Zephaniah.

Ze·phir ['tseːfɪr] m ⟨-s; -e [-fiːrə]⟩ Austrian for Zephyr II. — **ze·phi·risch** [tse'fiːrɪʃ] adj Austrian for zephyrisch.

'Ze·phir‚wol·le f Austrian for Zephyrwolle.

Ze·phyr ['tseːfyr] I npr m ⟨-s; no pl⟩ 1. myth. Zephyr (Greek god of the west wind). – II m ⟨-s; -e [-fyːrə]⟩ 2. ⟨only sg⟩ (milder Südwestwind) zephir. – 3. (textile) (Baumwollgewebe) zephyr. — **ze·phy·risch** [tse'fyːrɪʃ] adj poet. zephyrean, zephyrian, zephyrous.

Ze·phy·rus ['tseːfyrus] npr m ⟨-s; no pl⟩ myth. cf. Zephyr I.

'Ze·phyr‚wol·le f zephyr.

Zep·pe·lin ['tsɛpəliːn; tsɛpə'liːn] m ⟨-s; -e⟩ aer. (Luftschiff) zeppelin, Zeppelin, rigid airship.

Zep·ter ['tsɛptər] n, rare m ⟨-s; -⟩ 1. scepter, bes. Br. sceptre: das ~ führen (od. schwingen), das ~ in der Hand haben fig. to rule the roost. – 2. mar. oarlock, rowlock.

Zer [tseːr] n ⟨-s; no pl⟩ chem. cf. Cerium.

Ze·rat [tse'raːt] n ⟨-(e)s; -e⟩ med. pharm. cerate.

zer·bei·ßen v/t ⟨irr, no ge-, h⟩ 1. (Bonbon, Tablette, Knochen etc) crunch. – 2. (Leine etc) bite (s.th.) to pieces. – 3. (durchbeißen) bite through.

zer·ber·sten v/i ⟨irr, no ge-, sein⟩ burst (apart od. in pieces, lit. asunder).

Zer·be·rus ['tsɛrberus] I npr m ⟨-; no pl⟩ myth. Cerberus. – II m ⟨-; -se⟩ fig. humor. cerberus, watchdog.

zer·beu·len v/t ⟨no ge-, h⟩ 1. (Auto, Hut etc) dent, batter. – 2. (Hose etc) make (s.th.) baggy, wear (s.th.) out of shape.

zer·bla·sen v/t ⟨irr, no ge-, h⟩ blow (s.th.) apart.

zer·blät·tern v/t ⟨no ge-, h⟩ strip (s.th.) of its leaves.

zer·bom·ben [-'bɔmbən] v/t ⟨no ge-, h⟩ mil. shatter (s.th.) with bombs, destroy (s.th.) by bombing, bomb (s.th.) to smithereens (od. bits). — **zer·bombt** I pp. – II adj bomb-shattered.

zer·bre·chen I v/t ⟨irr, no ge-, h⟩ 1. break: → Kopf 1. – 2. (in viele kleine Stücke) break (s.th.) to pieces (od. to bits, to smithereens), smash, shatter. – II v/i ⟨sein⟩ 3. (von Glas, Porzellan etc) break in(to) pieces (od. bits, smithereens), shatter, smash: alle seine Hoffnungen zerbrachen fig. all his hopes were dashed (od. shattered). – 4. (von Ring, Stock etc) break. – 5. an (dat) etwas ~ fig. to be broken by s.th.

zer·brech·lich adj 1. (Porzellan etc) fragile, frail, breakable, delicate: Vorsicht, ~! (Aufschrift) fragile, handle with care. – 2. fig. (Person, Gesundheit) delicate, (stärker) frail, fragile. – 3. fig. (zart gebaut) delicate, dainty: von ~er Gestalt sein to have a delicate build, to be delicate (od. dainty). – 4. (spröde) brittle. — **Zer·brech·lich·keit** f ⟨-; no pl⟩ 1. (eines Gegenstandes) fragility, frailness, delicateness, delicacy. – 2. (einer Person, der Gesundheit) delicacy, delicateness, (stärker) frailty, frailness, fragility. – 3. (des Körperbaus) delicacy, delicateness, daintiness. – 4. (Sprödheit) brittleness.

zer·bröckeln (getr. -k·k-) I v/t ⟨no ge-, h⟩ crumble, break up. – II v/i ⟨sein⟩ crumble, break up. – III Z~ n ⟨-s⟩ verbal noun. — **Zer·bröcke·lung** (getr. -k·k-), **Zer·bröck·lung** f ⟨-; no pl⟩ cf. Zerbröckeln.

zer·dät·schen (getr. -k·k-) v/t ⟨no ge-, h⟩ colloq. 1. (Hut, Frisur etc) squash, crush. – 2. (Auto etc) smash, bash.

zer·dep·pern v/t ⟨no ge-, h⟩ colloq. for zerbrechen 2.

zer·drücken (getr. -k·k-) v/t ⟨no ge-, h⟩ 1. crush, squash, (von oben) squelch: ein Ei in der Hand ~ to squash an egg in one's hand. – 2. (Kartoffeln, Obst etc) mash, crush: eine Knoblauchzehe ~ to crush (od.

squeeze out) a clove of garlic. – 3. (Tabletten) crush, powder. – 4. (Kleid etc) crush, crease, crumple. – 5. (Hut etc) squash, crush.

Ze·rea·li·en [tsere'aːlĭən] pl 1. cereals, breadstuff sg. – 2. antiq. cerealia.

ze·re·bel·lar [tserebɛ'laːr] adj med. cf. cerebellar. — **Ze·re'bel·lum** [-lum] n ⟨-s; -bella [-la]⟩ med. cf. Cerebellum.

ze·re·bral [tsere'braːl] I adj med. cerebral. – II Z~ m ⟨-s; -e⟩ ling. cerebral.

Ze·re·bro·sid [tserebro'ziːt] n ⟨-(e)s; -e⟩ med. cerebroside.

ze·re·bro·spi·nal [tserebrospi'naːl] adj med. cerebrospinal.

Ze·re·brum ['tseːrebrum] n ⟨-s; Zerebra [-bra]⟩ med. cf. Cerebrum.

Ze·re·mo·nie [tseremo'niː; -'moːnĭə] f ⟨-; -ien [-'niːən; -'moːnĭən]⟩ ceremony.

ze·re·mo·ni·ell [tseremo'nĭɛl] I adj (Handlung etc) ceremonial. – II Z~ n ⟨-s; -e⟩ ceremonial: diplomatisches ~ pol. diplomatic ceremonial, protocol.

Ze·re'mo·ni·en‚mei·ster m archaic master of ceremonies, M.C., emcee.

ze·re·mo·ni·ös [tseremo'nĭøːs] adj ceremonious, formal.

Ze·re·sin [tsere'ziːn] n ⟨-s; no pl⟩ chem. ceresin, auch ceresine.

Ze·re·vis [tsere'viːs] n ⟨-; -⟩ (students' sl.) obs. 1. beer. – 2. cap worn by members of fraternities (Br. students' societies).

zer'fah·ren¹ v/t ⟨irr, no ge-, h⟩ 1. crush (od. break, smash) (s.th.) by driving over it. – 2. (Straße, Weg etc) rut, cut ruts in.

zer'fah·ren² I pp of zerfahren¹. – II adj (Straße etc) rutted, rutty.

zer'fah·ren³ adj fig. 1. (zerstreut) absent-minded, Br. absent-minded. – 2. (wirr, unkonzentriert) muddleheaded, Br. muddle-headed, scatterbrained, Br. scatter-brained: ein ~er Mensch a scatterbrain, Br. a scatter-brain.

Zer'fah·ren·heit f ⟨-; no pl⟩ fig. 1. absent-mindedness, Br. absent-mindedness. – 2. muddleheadedness, Br. muddle-headedness.

Zer'fall m ⟨-(e)s; no pl⟩ 1. (eines Gebäudes, Reiches etc) decay, ruin. – 2. fig. (von Kultur, Moral etc) decay, decline, decadence. – 3. nucl. phys. disintegration, decay: radioaktiver ~ radioactive disintegration. – 4. chem. (durch Einwirkung von Hitze, Licht od. Chemikalien) decomposition. – 5. biol. (von Zellen) disintegration. – 6. (einer Leiche) decomposition.

zer'fal·len¹ v/i ⟨irr, no ge-, sein⟩ 1. (von Gebäude, Mauer etc) decay, fall apart (od. into ruin): (in Stücke) ~ to go to pieces (od. bits), to disintegrate; in seine Bestandteile ~ auch chem. phys. to disintegrate; → Staub 1. – 2. fig. (von Reich) decay. – 3. fig. (von Kultur, Moral etc) decay, decline. – 4. (von Leib) decompose: der Leib zerfällt nach dem Tode the body decomposes after death. – 5. nucl. phys. disintegrate, decay. – 6. chem. decompose: (im Wasser) ~ to hydrolyze. – 7. biol. (von Zellen) disintegrate. – 8. fig. (geteilt werden) (in acc into) be divided: das Buch zerfällt in vier Kapitel the book has four chapters, the book is divided into four chapters. – 9. cf. verwittern.

zer'fal·len² I pp of zerfallen¹. – II adj 1. (Burg etc) in ruins. – 2. fig. (in Wendungen wie) mit j-m ~ sein to have fallen out with s.o., (stärker) to have broken with s.o.; mit sich selbst ~ sein to be at odds (od. dissatisfied, discontented) with oneself; mit sich und der Welt ~ sein to be discontented (od. dissatisfied) with life.

Zer'falls|‚elek·tron n nucl. disintegration electron. — **‚ener·gie** f disintegration energy. — **‚er‚schei·nung** f sign of decay. — **‚ge‚schwin·dig·keit** f 1. nucl. rate of decay per unit of time. – 2. chem. rate (od. velocity) of decomposition. — **‚gift** n pharm. endotoxin. — **‚ket·te** f nucl. cf. Zerfallsreihe. — **‚kon‚stan·te** f 1. chem. phys. a) specific rate of decomposition, b) decay constant. – 2. astr. disintegration (od. decay) constant. — **‚pro‚dukt** n disintegration (od. decay) product, (bei der Kernspaltung) daughter (product). — **‚pro‚zeß** m decomposition process. — **‚ra·te** f decay rate. — **‚re·ak‚ti·on** f nucl. phys. cf. Zerfall 3. — **‚rei·he** f disintegration (od. decay) series: radioaktive ~ radioactive series (od. family), decay

chain. — ~**wär·me** f heat of decomposition. — ~**zeit** f decay period (*od.* time), expected life(time) of a radioactive nucleus.
Zer'fa·se·rer m ⟨-s; -⟩ tech. **1.** (*für Holz*) disintegrator, (chip) crusher. — **2.** (*für Papier*) pulper, kneader, (*für Altpapier*) perfecting engine, perfect pulper. — **3.** (*für Lumpen*) unravel(l)ing machine.
zer'fa·sern I v/t ⟨no ge-, h⟩ **1.** (*durch Reibung*) (*Stoff, Tau etc*) fray, fret, ravel, frazzle. — **2.** (*paper*) break (up *od.* in). — **3.** (*textile*) reduce (*s.th.*) to fibers (*bes. Br.* fibres), tear (*s.th.*) into fibers (*bes. Br.* fibres), devil. — **II** v/i ⟨sein⟩ **4.** (*von Tauende, Stoffrand etc*) fray, (un)ravel, fret, frazzle.
zer'fet·zen [-'fɛtsən] v/t ⟨no ge-, h⟩ **1.** (*Hose, Fahne, Zeitung etc*) tear (*s.th.*) to pieces (*od.* shreds, bits): ich habe mir die Hose zerfetzt I have torn my trousers (to pieces); der Wind hat die Fahne zerfetzt the wind has torn the flag to shreds, the wind has tattered (*od.* frayed) the flag. — **2.** etwas (in kleine Stücke) ~ (*Papier, Brief etc*) to tear s.th. to shreds. — **3.** (*durch Schnitte zerstören*) slash. — **4.** j-n ~ cf. zerreißen 1, 5, 6. — **5.** fig. colloq. (*Buch, Theaterstück etc*) tear (*s.th.*) to pieces (*od.* shreds), maul: den zerfetze ich in der Luft I'll tear him apart limb by limb. — **6.** hunt. tailor, shoot (*game*) so as to mangle it. — **zer'fetzt I** pp. — **II** adj **1.** (*Hose, Mantel etc*) tattered, ragged, torn (to pieces). — **2.** (*Arm, Fuß etc*) mangled, lacerated, mauled, Am. auch malled. — **3.** (*Wundrand*) ragged, lacerated.
zer'fled·dern v/t ⟨no ge-, h⟩ colloq. (*Buch, Zeitung etc*) tatter. — **zer'fled·dert I** pp. — **II** adj colloq. (*Buch, Zeitung etc*) tattered. — **zer'fle·dern** [-'fleːdərn] v/t ⟨no ge-, h⟩ colloq. cf. zerfleddern. — **zer'fle·dert I** pp. — **II** adj colloq. cf. zerfleddert II.
zer'flei·schen [-'flaɪʃən] v/t ⟨no ge-, h⟩ **1.** (*Beute*) maul, Am. auch mall, mangle, lacerate, (*in Stücke*) tear (*s.th.*) to pieces, rend: sich gegenseitig (*od.* einander) ~ to tear each other to pieces. — **2.** einander im Krieg ~ fig. lit. to slaughter each other in war. — **II** v/reflex sich ~ **3.** fig. (*nervlich, seelisch*) torment (*od.* torture) oneself: er zerfleischt sich in Vorwürfen gegen sich selbst he torments himself with self-reproach. — **III** Z~ n ⟨-s⟩ **4.** verbal noun. — **Zer'flei·schung** f ⟨-; no pl⟩ **1.** cf. Zerfleischen. — **2.** laceration.
zer'flie·ßen v/i ⟨irr, no ge-, sein⟩ **1.** (*von Butter, Eis etc*) melt, dissolve. — **2.** (*von Tinte, Farbe etc*) run. — **3.** fig. (*schmelzen*) melt: vor Mitleid ~ to melt with pity. — **4.** (*sich auflösen*) dissolve: in Tränen ~ fig. to dissolve (*od.* melt) into tears. — **5.** fig. (*zunichte werden*) melt (away), dwindle away (*od.* to nothing): das Geld zerfließt einem nur so unter den Händen money just melts away, money just goes like that (*colloq.*); der Reichtum ist ihm unter den Händen zerflossen his fortune simply melted away; alle seine Hoffnungen zerflossen in nichts all his hopes melted away, his hopes died. — **6.** chem. deliquesce.
zer'fres·sen[1] v/t ⟨irr, no ge-, h⟩ **1.** (*Stoff, Holz etc*) eat (holes in): Motten haben den Stoff zerfressen moths have eaten holes in the material. — **2.** (*zernagen*) gnaw (*s.th.*) to pieces, gnaw holes in. — **3.** chem. corrode: der Rost hat das Eisen ~ the rust has corroded the iron. — **4.** geol. erode. — **5.** med. (*von Geschwür*) (*Organ etc*) corrode, erode. — **II** Z~ n ⟨-s⟩ **6.** verbal noun. — **7.** chem. med. corrosion. — **8.** geol. erosion.
zer'fres·sen[2] **I** pp of zerfressen[1]. — **II** adj **1.** (*von Motten*) ~ moth-eaten; (*von Würmern*) ~ worm-eaten. — **2.** chem. (*vom Rost*) ~ corroded. — **3.** bot. erose.
zer'fres·send I pres p of zerfressen[1]. — **II** adj chem. (*ätzend*) corrosive, caustic.
zer'fur·chen v/t ⟨no ge-, h⟩ (*Weg etc*) rut, furrow. — **zer'furcht I** pp. — **II** adj **1.** (*Gesicht, Stirn*) furrowed. — **2.** (*Weg etc*) rutted, rutty, furrowed.
zer'ge·hen v/i ⟨irr, no ge-, sein⟩ **1.** (*schmelzen*) (in dat) melt, dissolve: etwas im Munde ~ lassen to let s.th. melt in one's mouth; das Fett in der Pfanne ~ lassen to melt (*od.* dissolve) the fat in the pan. — **2.** fig. melt: das Fleisch ist so zart, daß es einem auf der Zunge zergeht the meat is so tender that it melts in your mouth. — **3.** (*sich auflösen*) dissolve: etwas im Wasser ~ lassen to dissolve s.th. in water. — **4.** in

nichts ~ fig. (*von Plänen etc*) to come to nothing.
zer'gen ['tsɛrgən] v/t ⟨h⟩ Middle and Northeastern G. for necken I, ärgern II.
Zer'glie·de·rer m ⟨-s; -⟩ **1.** med. anatomist, dissector. — **2.** fig. analyst.
zer'glie·dern I v/t ⟨no ge-, h⟩ **1.** (*Land etc*) dismember. — **2.** fig. (*analysieren*) analyze Br. auch -s-. — **3.** med. a) (*abtrennen, sezernieren*) (*Glied*) dismember, disarticulate, b) (*sezieren*) dissect. — **4.** ling. cf. zerlegen 6. — **5.** math. analyze Br. auch -s-. — **II** Z~ n ⟨-s⟩ **6.** verbal noun. — **Zer'glie·de·rung** f ⟨-; no pl⟩ **1.** cf. Zergliedern. — **2.** (*eines Landes etc*) dismemberment. — **3.** ling. u. fig. (*Analyse*) analysis. — **4.** med. a) dismemberment, disarticulation, b) dissection.
zer'hacken (getr. -k·k-) v/t ⟨no ge-, h⟩ **1.** hack (*s.th.*) to pieces (*od.* bits), cut (*od.* chop) (*s.th.*) (in)to pieces (*od.* bits), (*kleinmachen*) chop (*s.th.*) small (*od.* fine). — **2.** (*Fleisch, Knochen etc*) chop, (*ganz fein*) mince.
Zer'hacker (getr. -k·k-) m ⟨-s; -⟩ **1.** electr. a) (*eines Gleichspannungswandlers*) inverter, b) (*für Gleichstromunterbrechung od. -umpolung*) vibrator. — **2.** (*radio*) ticker, chopper. — ~**schei·be** f tel. (*radio*) ticker (*od.* chopper) disc (*od.* disk). — ~**umfor·mer** m vibrator-convertor (*auch* -converter).
zer'häm·mern v/t ⟨no ge-, h⟩ hammer (*od.* pound) (*s.th.*) to pieces (*od.* bits).
zer'hau·en v/t ⟨irr, no ge-, h⟩ **1.** cf. zerhacken 1. — **2.** (*Kohle, Steine etc*) crush. — **3.** (*beim Schlachten*) cut up. — **4.** fig. (*Knoten*) cut. — **5.** colloq. (*Teller etc*) break, smash.
Ze·ri·um ['tseːrǐum] n ⟨-s; no pl⟩ chem. cf. Cerium.
Zer'ka·rung [-'kaːrʊŋ] f ⟨-; no pl⟩ geol. cirque cutting (*od.* excavation).
zer'kau·en I v/t ⟨no ge-, h⟩ **1.** chew (up), masticate (*scient.*). — **II** Z~ n ⟨-s⟩ **2.** verbal noun. — **zer'kleinerer** m ⟨-s; -⟩ tech. cf. Zerkleinerungsmaschine.
zer'klei·nern [-'klaɪnərn] **I** v/t ⟨no ge-, h⟩ **1.** (*Gemüse, Kartoffeln etc*) cut (*s.th.*) up, (*Fleisch*) auch mince. — **2.** (*Holz*) cut (*s.th.*) down, (*Bäume*) auch buck. — **3.** (*Steine etc*) crush, break (*s.th.*) up, buck. — **4.** (*pulverisieren*) pulverize Br. auch -s-, comminute (*scient.*). — **5.** pharm. pulverize Br. auch -s-, pound, triturate, comminute (*scient.*). — **6.** agr. (*Scholle*) break up. — **II** Z~ n ⟨-s⟩ **7.** verbal noun. — **Zer'klei·ne·rung** f ⟨-; no pl⟩ **1.** cf. Zerkleinern. — **2.** (*Pulverisierung*) pulverization Br. auch -s-, comminution (*scient.*). — **3.** pharm. pulverization Br. auch -s-, trituration, comminution (*scient.*).
Zer'klei·ne·rungs|an,la·ge f tech. crushing installation (*od.* plant). — ~**ma,schi·ne** f **1.** crusher, crushing mill, breaker. — **2.** pulverizer Br. auch -s-, comminutor (*scient.*).
zer'klop·fen v/t ⟨no ge-, h⟩ beat (*od.* pound) (*s.th.*) to pieces, break up (*od.* down), smash: Schotter ~ tech. to crush ballast.
zer'klüf·tet [-'klʏftət] adj **1.** geol. (*Küste, Landschaft etc*) fractured, fissured. — **2.** (*Felsen, Gebirge, Gestein etc*) rugged, jagged. — **3.** med. (*Mandeln*) fissured, rugged. — **Zer'klüf·tung** f ⟨-; -en⟩ geol. fracturing, jointing.
zer'knacken (getr. -k·k-) v/t ⟨no ge-, h⟩ **1.** (*mit Nußknacker etc*) crush, crack (*od.* break) (*s.th.*) to pieces. — **2.** (*Knochen etc*) crunch.
zer'knal·len I v/i ⟨no ge-, sein⟩ (*von Luftballon etc*) burst: eine aufgeblasene Tüte ~ lassen colloq. to blow up a paper bag and burst it. — **II** v/t ⟨h⟩ colloq. (*Tasse, Vase etc*) smash, break.
zer'knaut·schen v/t ⟨no ge-, h⟩ **1.** cf. zerknittern 1. — **2.** cf. zerknüllen 1. — **zer'knautscht I** pp. — **II** adj **1.** cf. zerknittert 1. — **2.** cf. zerknüllt 1. — **3.** colloq. (*Gesicht*) crinkled, crinkly: er sieht ~ aus a) he has a crinkled face, b) colloq. humor. (*nach einer durchzechten Nacht etc*) he is looking rather the worse for wear (*od.* rather sorry for himself). — **4.** colloq. (*Greisengesicht*) wizened.
zer'knirscht adj **1.** crestfallen, shamefaced, remorseful, repentant: ~ sein to be (*od.* look) crestfallen, to be full of remorse; ~ hörte er die Vorwürfe an he listened

shamefacedly to the reproaches. — **2.** relig. contrite. — **Zer'knirscht·heit** f ⟨-; no pl⟩ **1.** crestfallen look, crestfallenness, shamefacedness, remorse(fulness), repentance. — **2.** relig. contrition.
Zer'knir·schung f ⟨-; no pl⟩ cf. Zerknirschtheit.
zer'knit·tern v/t ⟨no ge-, h⟩ **1.** (*Kleid etc*) crush, crumple, crease. — **2.** cf. zerknüllen 1. — **zer'knit·tert I** pp. — **II** adj **1.** (*Kleid etc*) crushed, crumpled, creased. — **2.** cf. zerknüllt 1. — **3.** colloq. for zerknirscht 1.
zer'knül·len v/t ⟨no ge-, h⟩ **1.** crumple up, (s)crunch up: etwas in der Hand ~ to crumple s.th. up in one's hand. — **2.** cf. zerknittern 1. — **zer'knüllt I** pp. — **II** adj **1.** crumpled, (s)crunched. — **2.** cf. zerknittert 1.
zer'ko·chen gastr. **I** v/i ⟨no ge-, sein⟩ cook (*od.* boil) too long, overcook, overboil. — **II** v/t ⟨h⟩ overcook, overboil, overdo, cook (*od.* boil) (*s.th.*) too long: etwas zu Brei ~ to cook s.th. to pulp. — **zer'kocht I** pp. — **II** adj overcooked, overboiled: das Fleisch ist ganz zerkocht the meat has cooked too long (*od.* is overdone).
zer'kör·nen v/t ⟨no ge-, h⟩ tech. granulate, grain.
zer'krat·zen I v/t ⟨no ge-, h⟩ **1.** (*Tischplatte etc*) score, scratch, scrape. — **2.** (*Gesicht, Haut etc*) scratch, scrape. — **II** v/reflex sich ~ **3.** (*beim Rosenschneiden etc*) scratch oneself. — **zer'kratzt I** pp. — **II** adj die Oberfläche war ganz ~ the surface was all scored (*od.* covered with scratches).
zer'krü·meln I v/t ⟨no ge-, h⟩ u. v/i ⟨sein⟩ (s)crumble, crumb.
zer'las·sen[1] v/t ⟨irr, no ge-, h⟩ gastr. (*Butter etc*) melt, dissolve.
zer'las·sen[2] **I** pp of zerlassen[1]. — **II** adj (*Butter etc*) melted.
zer'lau·fen v/i ⟨irr, no ge-, sein⟩ **1.** (*von Fett etc*) melt, dissolve: etwas ~ lassen to melt (*od.* dissolve) s.th. — **2.** cf. verlaufen 2.
zer'leg·bar adj **1.** (*Maschine, Möbel*) detachable, separable, easily disassembled: ~e Antenne (*radio*) sectioned antenna (*bes. Br.* aerial); ~e Küvette tech. take-down cell. — **2.** (*abtrennbar*) detachable. — **3.** (*Spielzeug etc*) dismountable. — **4.** math. divisible, resolvable, reducible, decomposable: in Faktoren ~ factorable. — **5.** chem. decomposable. — **Zer'leg·bar·keit** f ⟨-; no pl⟩ **1.** detachability, separability, separableness. — **2.** detachability. — **3.** dismountability. — **4.** math. a) divisibility, resolvability, reducibility, decomposability, b) (*in Faktoren*) factorability. — **5.** chem. decomposability.
zer'le·gen I v/t ⟨no ge-, h⟩ **1.** (*Maschine etc*) dismantle, dismount, disassemble, detach, take (*s.th.*) apart (*od.* to pieces): etwas in seine Bestandteile ~ to dismantle s.th. into its component parts. — **2.** gastr. (*Braten etc*) carve (up). — **3.** (*Schlachtvieh, Wild*) cut (*s.th.*) up. — **4.** (*teilen*) divide: etwas in zwei Teile ~ to divide s.th. in two (*od.* into two parts). — **5.** fig. (*Idee, Plan etc*) analyze Br. auch -s-, dissect. — **6.** ling. (*grammatisch zergliedern*) parse, analyze Br. auch -s-: einen Satz grammatisch ~ to analyze (*od.* parse) a sentence. — **7.** math. a) reduce, decompose, b) (*in Faktoren*) factorize, c) (*Kräfte*) resolve. — **8.** chem. phys. decompose. — **9.** (*railway*) (*Zug etc*) split up, divide. — **10.** (*optics*) disperse. — **11.** med. (*in der Anatomie*) dissect. — **12.** mil. (*Waffe*) strip, dismantle. — **13.** mus. segment, dissect. — **II** Z~ n ⟨-s⟩ **14.** verbal noun. — **15.** cf. Zerlegung.
Zer'le·ger m ⟨-s; -⟩ mil. (*von Geschossen, Geschoßteilen*) destructor: Granate mit ~ self-destroying shell. — ~**zün·der** m self-destroying (*od.* destruction) fuse (*Am.* fuze).
Zer'le·gung f ⟨-; no pl⟩ **1.** cf. Zerlegen. — **2.** (*einer Maschine etc*) dismantlement, disassembly. — **3.** (*Teilung*) division. — **4.** fig. analysis, dissection. — **5.** ling. (*eines Satzes*) analysis. — **6.** math. a) reduction, decomposition, b) (*in Faktoren*) factorization, c) (*von Kräften*) resolution. — **7.** chem. phys. decomposition, resolution. — **8.** chem. phys. decomposition. — **9.** (*optics*) dispersion. — **10.** med. (*in der Anatomie*) dissection.
zer'le·sen adj (*Buch*) (*Buch*) well-thumbed (*attrib*); (*stärker*) shabby, battered.
zer'lö·chern v/t ⟨no ge-, h⟩ **1.** make holes

in. – **2.** (*zerstechen*) prick holes in, (*mit einem Dolch, Säbel etc*) *auch* pierce holes in. – **3.** (*zerschießen*) riddle (*s.th.*) (with bullets). – **4.** (*perforieren*) perforate. — **zer'lö·chert I** *pp.* – **II** *adj* seine Socken sind ganz ~ his socks are full of holes (*od.* are in holes).

zer'lumpt *adj* ragged, tattered (and torn), tatterdemalion, in rags, in tatters: ein ~er Mensch a ragamuffin, a tatterdemalion.

zer'mah·len *v/t* ⟨*irr, no ge-, h*⟩ grind (*s.th.*) (fine *od.* down, up): zu Staub (*od.* Pulver) ~ to pulverize *Br. auch* -s-, to powder, to triturate.

zer'mal·men [-'malmən] *v/t* ⟨*no ge-, h*⟩ crush: sein Körper wurde von den Rädern zermalmt his body was crushed by the wheels; die Häuser wurden von der Lawine zermalmt the houses were crushed by the avalanche; sein Zorn wird euch alle ~ *fig.* he will crush you all in his anger.

zer'man·schen *v/t* ⟨*no ge-, h*⟩ *colloq.* crush, mash.

zer'mar·tern I *v/reflex* ⟨*no ge-, h*⟩ sich ~ *fig.* torment (*od.* torture) oneself. – **II** *v/t* sich (*dat*) das Hirn (*od.* den Kopf) ~ *fig.* to rack (*od.* cudgel) one's brains.

zer'mür·ben [-'myrbən] **I** *v/t* ⟨*no ge-, h*⟩ **1.** (*körperlich*) wear (*s.o.*) out, jade, finish (*s.o.*) (off) (*sl.*), *bes. Am. colloq.* frazzle (*s.o.*) (out). – **2.** (*seelisch*) wear (*od.* get) (*s.o.*) down, fray (*s.o.'s*) nerves: die Sorgen haben ihn allmählich zermürbt worry has worn him down. – **3.** (*Feind etc*) wear (*od.* break) down the resistance of: den Feind durch eine Blockade ~ to wear down the enemy's resistance by a blockade. – **4.** *lit.* (*Mauern etc*) crumble, dilapidate. – **5.** *lit.* (*brüchig machen*) make (*s.th.*) brittle. – **II Z~** *n* ⟨-s⟩ **6.** *verbal noun.* – **7.** (*des Feindes etc*) attrition. — **zer'mür·bend I** *pres p.* – **II** *adj* wearing, trying, killing (*colloq.*), (*stärker*) nerve-(w)racking: das lange Warten ist ~ the long wait is (very) wearing. — **Zer'mür·bung** *f* ⟨-; *no pl*⟩ *cf.* Zermürben.

Zer'mür·bungs|,krieg *m mil.* war of attrition. — **~,tak·tik** *f* tactics *pl* (*usually construed as sg*) of attrition.

zer'na·gen *v/t* ⟨*no ge-, h*⟩ **1.** gnaw (*s.th.*) to pieces, gnaw holes in. – **2.** *chem. med.* corrode, erode.

Ze·ro ['ze:ro] *f* ⟨-; -s⟩, *n* ⟨-s; -s⟩ (*beim Roulett*) zero.

Ze·ro·graph [tsero'graːf] *m* ⟨-en; -en⟩ (*Wachsgravierer*) cerographist.

Ze·ro·gra·phie [tserogra'fiː] *f* ⟨-; -n [-ən]⟩ **1.** ⟨*only sg*⟩ (*Handwerk*) cerography. – **2.** (*Produkt*) cerograph.

Ze·ro·pla·stik [tsero'plastɪk] *f* ⟨-; -en⟩ **1.** ⟨*only sg*⟩ (*Handwerk*) ceroplastics *pl* (*construed as sg*). – **2.** (*Produkt*) waxwork.

Ze·ro·tin,säu·re [tsero'tiːn-] *f chem.* cerotic acid ($C_{25}H_{51}COOH$).

zer'pflü·cken (*getr.* -k·k-) *v/t* ⟨*no ge-, h*⟩ **1.** (*Blume etc*) pick (*od.* pull) (*s.th.*) to pieces, fritter. – **2.** *fig.* (*Argument, Roman etc*) pull (*s.th.*) to pieces, pick holes in, make mincemeat of (*colloq.*).

zer'plat·zen *v/i* ⟨*no ge-, sein*⟩ **1.** (*von Flasche, Ballon, Seifenblase etc*) burst, bust (*sl.*): seine Träume zerplatzten wie Seifenblasen *fig.* his dreams were shattered. – **2.** (*von Granaten etc*) burst, explode.

zer'pul·vern *v/t* ⟨*no ge-, h*⟩ *cf.* pulverisieren.

zer'quält *adj* (*Gesicht, Züge etc*) haggard, drawn.

zer'quet·schen *v/t* ⟨*no ge-, h*⟩ **1.** crush, squash: der Mann wurde von den Gesteinsmassen zerquetscht the man was crushed by the masses of rock; ich habe mir den Finger in der Tür zerquetscht I crushed my finger in the door. – **2.** (*zu einer breiigen Masse*) crush, squash, squelch, bruise, mash. – **3.** eine Träne ~ *fig. colloq.* to squeeze a tear. — **Zer'quetsch·te** *pl colloq. only in* drei Mark und ein paar ~ three marks odd (*od.* and something or other); unser Flugzeug startet um 5 (Uhr) und ein paar ~ our plane starts at five (o'clock) and something or other.

zer'rau·fen *v/t* ⟨*no ge-, h*⟩ sich (*dat*) das Haar ~ to ruffle (*od.* rumple) one's hair. — **zer'rauft I** *pp.* – **II** *adj* (*Haar*) ruffled, rumpled.

'Zerr,bild *n* **1.** caricature, distorted image (*od.* picture). – **2.** *fig.* caricature, distortion,

distorted picture, travesty: dieser Roman gibt ein ~ der Gesellschaft this novel presents a caricature of society.

zer're·den *v/t* ⟨*no ge-, h*⟩ (*Thema etc*) flog (*s.th.*) to death.

zer'rei·ben I *v/t* ⟨*irr, no ge-, h*⟩ **1.** grind (*s.th.*) (down), pound: zu Pulver ~ to pulverize *Br. auch* -s-, to rub (*s.th.*) to powder, to triturate; to levigate, to comminute (*scient.*). – **2.** (*Getreide etc*) grind. – **3.** etwas zwischen [mit] den Fingern ~ to rub (*od.* crush) s.th. between [with] one's fingers. – **4.** *fig.* (*Truppen etc*) wear (*s.o.*) down. – **II Z~** *n* ⟨-s⟩ **5.** *verbal noun.* – **6.** pulverization *Br. auch* -s-, trituration; comminution, levigation (*scient.*).

Zer'rei·ber *m* ⟨-s; -⟩ *chem.* triturator.

Zer'rei·bungs,mehl *n geol.* rock flour.

'Zerr,ei·che *f bot.* Turkey (*od.* wainscot) oak, *auch* Adriatic oak, cerris (*Quercus cerris*).

zer'reiß·bar *adj* tearable: leicht ~ sein to tear easily. — **Zer'reiß·bar·keit** *f* ⟨-; *no pl*⟩ tearableness.

Zer'reiß|be,la·stung *f tech.* ultimate tensile stress, breaking load. — **~,bol·zen** *m* breaker pin.

zer'rei·ßen I *v/t* ⟨*irr, no ge-, h*⟩ **1.** (*Brief, Rechnung, Blatt Papier etc*) tear (*od.* lit. rend) (*s.th.*) to pieces, tear (*s.th.*) up: einen Brief in kleine Stücke ~ to tear a letter (in)to shreds; ich könnte ihn (in der Luft) ~ *fig. colloq.* I could tear him apart limb by limb. – **2.** (*Faden etc*) break, tear. – **3.** sich (*dat*) etwas ~ to tear (*od.* rip) s.th.: ich habe mir das Kleid zerrissen I have torn my dress. – **4.** *lit.* (*als Ausdruck der Trauer etc*) rend: der König zerriß sein Gewand the king rent his raiment. – **5.** (*von wilden Tieren*) maul, *Am. auch* mall, mangle, lacerate: er wurde von einem Löwen zerrissen he was mauled by a lion. – **6.** (*von einem Geschoß*) lacerate: er wurde von einer Handgranate zerrissen he was torn to pieces by a grenade. – **7.** (*Ketten, Fesseln etc*) break, burst. – **8.** *fig.* (*Bindungen etc*) sever, break off, rupture, disrupt. – **9.** *med.* tear, rupture, lacerate, disrupt. – **10.** *fig.* (*in Wendungen wie*) der Sturm zerreißt die Wolkendecke the storm rends (*od.* rives) the clouds; ein Blitz zerriß das Dunkel a flash of lightning rent the darkness; ein Schuß zerriß die Stille a shot broke (*od.* pierced) the silence; → Herz *Besondere Redewendungen*; Maul 2. – **II** *v/i* ⟨*sein*⟩ **11.** (*von Kleidungsstücken*) tear, rip, split: als ich mich bückte, zerriß (mir) die Hose when I bent down my trousers ripped. – **12.** (*von Schnur etc*) break, snap, tear. – **13.** *med.* burst, rupture, tear. – **14.** *tech.* tear, break, rupture. – **III** *v/reflex* ⟨h⟩ sich ~ **15.** *fig. colloq.* (*in Wendungen wie*) ich könnte mich vor Wut ~ I am bursting with rage; ich kann mich doch nicht ~ I can't be in two places at once; sie zerreißt sich förmlich, um sie goes to no end of trouble (*in order*) to, she goes out of her way to, she bends (*od.* leans, falls) over backwards to (*colloq.*). – **IV Z~** *n* ⟨-s⟩ **16.** *verbal noun.* – **17.** *fig.* severance, rupture, disruption. – **18.** *cf.* Zerreißung.

zer'reiß,fest *adj tech.* resistant to tension. — **Z~,fe·stig·keit** *f* tensile (*od.* ultimate, breaking) strength.

Zer'reiß|,gren·ze *f tech.* point of fracture, breaking limit (*od.* point). — **~,pro·be** *f* **1.** *tech.* a) (*Vorgang*) tension (*od.* pull) test, b) (*Probestück*) tension (*od.* tensile) test specimen. – **2.** *fig.* endurance test, ordeal: das war eine ~ für meine Nerven that was quite an ordeal for me, my nerves were tried to (the) breaking point; das war eine ~ für unsere Freundschaft our friendship was tried to (the) breaking point (*od.* to its limits); darüber kam es innerhalb der Koalition zu einer ~ on this issue it came to a locking of horns within the coalition; beim Rennen wurde der Motor einer echten ~ unterworfen the race was a real stress test for the engine. — **~ma,schi·ne** *f tech.* tensile-test(ing) (*od.* pull-test) machine. — **~,span·nung** *f* tensile (*od.* ultimate) stress. — **~,stab** *m* (tensile) test bar.

Zer'rei·ßung *f* ⟨-; *no pl*⟩ **1.** *cf.* Zerreißen. – **2.** *med.* tear, rupture, laceration, disruption.

Zer'reiß·ver,such *m tech.* tension (*od.* tensile, pull) test.

zer'ren ['tsɛrən] **I** *v/t* ⟨h⟩ **1.** drag, haul: einen Sack in ein Auto ~ to drag a sack into a car; j-n aus dem Bett ~ to drag s.o. out of bed; er zerrte seinen kleinen Bruder hinter sich her he dragged his little brother behind him; etwas an die Öffentlichkeit ~ *fig.* to drag s.th. into the limelight; j-n vor Gericht ~ *fig.* to drag s.o. to court, to haul s.o. before a court; → Schmutz 7. – **2.** j-m die Kleider vom Leibe ~ to tear (*od.* rip) the clothes off s.o., to tear (*od.* rip) s.o.'s clothes off. – **3.** *med.* a) strain, stretch, b) (*überdehnen*) (over)strain, pull, overstretch: sich (*dat*) eine Sehne [einen Muskel] ~ to strain (*od.* pull) a sinew [a muscle]. – **II** *v/i* **4.** (*an Leine, Fessel etc*) tug, pull, strain: der Hund zerrt an der Leine the dog pulls (*od.* strains) at its lead. – **5.** (*an Ärmel, Rockschoß etc*) tug, pull, twitch: das Kind zerrte an ihrem Saum the child tugged at her hem. – **6.** der Lärm zerrt an meinen Nerven *fig.* the noise jars on my nerves.

zer'rin·nen *v/i* ⟨*irr, no ge-, sein*⟩ **1.** (*von Schnee, Eis etc*) melt (away). – **2.** *fig.* (*von Geld, Vermögen etc*) melt away, dwindle (away): das Geld zerrinnt ihm unter den Händen (*od.* zwischen den Fingern) money runs through his fingers like water; das ganze Geld ist (in nichts) zerronnen all the money has dwindled away to nothing, the money has all been frittered away; → gewinnen 2. – **3.** *fig.* (*von Hoffnung etc*) fade, vanish. – **4.** *fig.* (*von Plänen etc*) dissolve: unsere Pläne sind zerronnen our plans came to nothing.

zer'ris·sen *pp of* zerreißen. – **II** *adj* **1.** torn, tattered, ripped: die Hose ist ~ the trousers are torn; ein ~es Bettuch flicken to mend a tear (*od.* rip) in a sheet, to mend a torn sheet. – **2.** (*Schuhwerk*) battered. – **3.** ~e Nebelschwaden *fig.* wisps of mist. – **4.** *fig.* (*Küstenlinie*) rugged. – **5.** *fig.* (*uneins*) disrupted, torn apart: das Land ist politisch ~ the country is disrupted politically. – **6.** das Band der Freundschaft ist ~ *fig.* the bond of friendship has been severed. — **Zer'ris·sen·heit** *f* ⟨-; *no pl*⟩ *fig.* disintegration: innere ~ inner disintegration.

'Zerr|,kluft *f geol.* tension joint. — **~,spie·gel** *m* distorting mirror.

'Zer·rung *f* ⟨-; -en⟩ *med.* **1.** (*von Sehne, Muskel*) strain. – **2.** (*Überdehnung*) strain, (over)straining, pulling, overstretching.

zer'rup·fen *v/t* ⟨*no ge-, h*⟩ **1.** eine Blume ~ to pull (*od.* pick) a flower to pieces. – **2.** sich (*gegenseitig*) ~ (*von Hühnern etc*) to peck at each other. – **3.** *fig. colloq. for* zerpflücken 2. — **zer'rupft I** *pp.* – **II** *adj* du siehst ja ganz ~ aus *fig. colloq.* you look rather the worse for wear, you look like the wreck of the Hesperus.

zer'rüt·ten *v/t* ⟨*no ge-, h*⟩ **1.** (*Ordnung, Staat, Moral, Ehe, Finanzen*) ruin, destroy, disrupt: eine Karriere hat ihre Ehe zerrüttet her career ruined (*od.* wrecked) her marriage. – **2.** (*Geist, Verstand*) derange, unhinge. – **3.** (*Nerven, Gesundheit*) shatter, ruin. – **II Z~** *n* ⟨-s⟩ **4.** *verbal noun.* – **5.** *cf.* Zerrüttung. — **zer'rüt·tet I** *pp.* – **II** *adj* **1.** broken, disrupted: eine ~ Ehe a disrupted marriage; ~e Familienverhältnisse a broken home *sg*; in ~en Verhältnissen leben to live in a broken home. – **2.** (*Geist, Verstand*) deranged, unhinged. – **3.** (*Nerven etc*) shattered, ruined. — **Zer'rüt·tung** *f* ⟨-; *no pl*⟩ **1.** *cf.* Zerrütten. – **2.** (*von Ordnung etc*) disruption: die ~ der Ehe *jur.* breakup (*Br.* break-up) of a marriage, disruption of marital relations. – **2.** (*des Geistes*) derangement. – **3.** (*der Gesundheit*) ruin.

zer'sä·gen *v/t* ⟨*no ge-, h*⟩ saw (*s.th.*) up (*od.* to pieces).

zer'schel·len *v/i* ⟨*no ge-, sein*⟩ **1.** (*von Gegenstand etc*) smash, shatter, be smashed (*od.* break) (in)to smithereens, be smashed (*od.* shattered, dashed), shiver: die Vase zerschellte am Boden the vase smashed on the floor. – **2.** (*von Schiff*) be wrecked (*od.* dashed), smash: das Schiff ist an den Klippen zerschellt the ship was wrecked on the rocks. – **3.** (*von Flugzeug*) crash: das Flugzeug zerschellte an einem Berg the aircraft crashed into a mountain.

zer'schie·ßen *v/t* ⟨*irr, no ge-, h*⟩ **1.** (*Gebäude etc*) shoot (*s.th.*) to pieces, riddle (*s.th.*) with bullets, batter. – **2.** (*Arm etc*) riddle (*s.th.*) with bullets, maim (*s.th.*) by shooting.

zer'schla·gen[1] **I** *v/t* ⟨*irr, no* ge-, h⟩ **1.** (*absichtlich, mit einem Gegenstand*) beat (*od.* hammer, smash) (*s.th.*) to pieces (*od.* to bits, [in]to smithereens): **ich zerschlage dir alle Knochen im Leib** (*als Drohung*) I'll break every bone in your body. – **2.** (*von Stein, Fels etc*) smash, shatter: **ein Stein zerschlug die Fensterscheibe** a stone shattered the windowpane. – **3.** (*von Wind, Sturm etc*) batter: **der Hagel hat die Ernte zerschlagen** the hail battered (*od.* beat down) the crops. – **4.** (*zerbrechen*) break: **einen Teller ~** to break a plate; **etwas in kleine Stücke ~** to break s.th. to pieces (*od.* bits, [in]to smithereens), to smash (*od.* shatter) s.th.; → **Porzellan.** – **5.** *fig.* (*Staat, Besitz etc*) disintegrate, split up. – **6.** *fig.* (*Organisation, Spionagering*) smash. – **II** *v/reflex* **sich ~ 7.** *fig.* (*von Plan, Projekt etc*) fall through, come to nothing (*od. lit.* naught): **die Verlobung hat sich ~** nothing came of the engagement, they did not get engaged after all. – **8.** *fig.* (*von Hoffnung*) be dashed (*od.* shattered). – **III Z~** *n* ⟨-s⟩ **9.** *verbal noun.* – **10.** *cf.* **Zerschlagung.**

zer'schla·gen[2] **I** *pp of* **zerschlagen**[1]. – **II** *adj* **1.** broken: → **Porzellan.** – **2.** (*in viele kleine Stücke*) smashed, shattered. – **3.** (*Getreide*) battered. – **4. ich bin wie ~ ganz** ~ *fig. colloq.* I am (absolutely) fagged out (*od.* exhausted, dead beat, *colloq.* whacked); **sie kamen ganz ~ zu Hause an** *fig. colloq.* a) they arrived home absolutely fagged out (*od.* dead beat, *colloq.* whacked), they arrived home quite exhausted (*od.* worn out), b) they arrived home quite crestfallen (*od.* down in the mouth).

Zer'schla·gen·heit *f* ⟨-; *no pl*⟩ exhaustion.

Zer'schla·gung *f* ⟨-; *no pl*⟩ **1.** *cf.* **Zerschlagen**[1]. – **2.** *fig.* (*von Staat, Besitz etc*) disintegration.

zer'schlei·ßen *v/t* ⟨*irr, no* ge-, h⟩ (*Kleidung etc*) wear out.

zer'schlis·sen I *pp of* **zerschleißen.** – **II** *adj* tattered, worn to shreds.

zer'schmei·ßen *v/t* ⟨*irr, no* ge-, h⟩ *colloq.* (*Fensterscheibe etc*) break, smash.

zer'schmel·zen I *v/i* ⟨*irr, no* ge-, sein⟩ *auch fig.* melt: **Butter zerschmilzt in der Sonne** butter melts in the sun; **sie zerschmolz vor Rührung** *fig.* she melted with emotion. – **II** *v/t* ⟨h⟩ melt: **Butter in der Pfanne ~** to melt butter in the pan; **Metall in einem Tiegel ~** to melt metal in a crucible.

zer'schmol·zen I *pp of* **zerschmelzen.** – **II** *adj* (*Butter etc*) melted.

zer'schnei·den *v/t* ⟨*irr, no* ge-, h⟩ **1.** (*Band, Film etc*) cut. – **2.** (*in Stücke*) cut (up): **etwas in kleine Stücke ~** to cut s.th. into small pieces, to shred s.th. – **3.** (*in zwei Hälften*) cut (*s.th.*) in two (*od.* in half), bisect. – **4.** (*tranchieren*) carve, cut up. – **5.** *cf.* **zerhacken.** – **6.** *fig.* break: **ein Schrei zerschnitt die Stille** a cry pierced (*od.* broke) the silence; **das zerschneidet mir das Herz** that breaks my heart, (*stärker*) that pierces me to the core; **der Bug des Schiffes zerschneidet die Wellen** the ship's bow cuts (*od.* parts) the waves; → **Tischtuch.** – **7.** *geogr.* dissect: **die Cañons ~ die Hochebene** the canyons dissect the plateau. – **8.** (*verletzen*) cut: **die Glasscherben zerschnitten ihnen die Füße** the broken glass cut their feet; **ich habe mir die Hand an einer Glasscherbe zerschnitten** I cut my hand on a piece of broken glass. – **9.** *fig.* (*durchschneiden*)

intersect. – **10.** (*unterbrechen*) interrupt. – **11.** *med.* dissect.

zer'schnip·peln, zer'schnip·seln *v/t* ⟨*no* ge-, h⟩ *colloq.* (*Papier, Stoff etc*) snip (*s.th.*) into pieces, fritter.

zer'schos·sen I *pp of* **zerschießen.** – **II** *adj* **1.** (*Gebäude etc*) destroyed by shots, riddled with bullets, battered. – **2.** (*Körperglied*) riddled with bullets, battered, maimed by shooting.

zer'schram·men *v/t* ⟨*no* ge-, h⟩ *cf.* **zerkratzen I.**

zer'schrün·det [-'ʃryndət] *adj geol.* (*Gletscherfeld*) dissected, cracked.

zer'schun·den *adj* (*Knöchel, Knie etc*) grazed, cut, (*Haut*) barked.

zer'set·zen I *v/t* ⟨*no* ge-, h⟩ **1.** *bes. chem.* decompose, disintegrate. – **2.** *chem.* (*durch Säure*) corrode, erode. – **3.** *fig.* (*Moral, politische Ordnung etc*) corrupt, undermine, corrode: **eine Gemeinschaft (moralisch) ~** to corrupt (the morals of) a community, to demoralize (*Br. auch* -s-) (*od.* subvert) a community. – **II** *v/reflex* **sich ~ 4.** *bes. chem.* decompose. – **5.** *chem.* (*durch Säure*) corrode. – **6.** (*faulen*) putrefy, *auch* putrify, decay. – **7.** (*sich auflösen*) dissolve. – **III Z~** *n* ⟨-s⟩ **8.** *verbal noun.* – **9.** *cf.* **Zersetzung.** — **zer'set·zend** *pres p.* – **II** *adj* **1.** *bes. chem.* decomposing: **~e Destillation** dry (*od.* destructive) distillation, carbonization *Br. auch* -s- (*scient.*). – **2.** *chem.* corrosive, caustic. – **3.** (*Äußerung, Schriften etc*) corruptive, corrosive. – **4.** (*Kritik etc*) destructive, corrosive.

zer'setzt *pp.* – **II** *adj* **1.** *bes. chem.* decomposed. – **2.** *chem.* corroded. – **3.** (*faulig, verfault*) putrid. – **4.** (*aufgelöst*) dissolved.

Zer'set·zung *f* ⟨-; *no pl*⟩ **1.** *cf.* **Zersetzen.** – **2.** *bes. chem.* decomposition, breakdown, disintegration. – **3.** *chem.* corrosion, erosion. – **4.** (*Auflösung*) dissolution. – **5.** (*Fäulnis*) putrefaction, *auch* putrifaction, putrescence, decay. – **6.** *fig.* (*von Moral etc*) corruption, corrosion: **der Moral corruption of morals, demoralization** *Br. auch* -s-; **der Wehrkraft** *mil.* demoralization (*Br. auch* -s-) of the troops, sedition.

Zer'set·zungs|de·stil·la·ti,on *f chem. tech.* dry (*od.* destructive) distillation, carbonization *Br. auch* -s- (*scient.*). — **~er,schei·nung** *f* symptom of decomposition. — **~ge,schwin·dig·keit** *f* rate of decomposition. — **~pro,dukt** *n chem. biol.* waste product, product of decomposition. — **~pro,zeß** *m* **1.** *bes. chem.* process of decomposition. – **2.** *chem.* (*durch Säure*) process of corrosion (*od.* erosion). – **3.** *fig.* demoralization *Br. auch* -s-. — **~punkt** *m chem.* decomposition point. — **~span·nung** *f* decomposition potential (*od.* voltage). — **~vor,gang** *m biol. med.* decomposition. — **~wär·me** *f phys. chem.* decomposition heat, heat of decomposition.

zer'sie·deln *v/t* ⟨*no* ge-, h⟩ **die Landschaft ~** to spoil the landscape by indiscriminate spread of settlements of low density.

zer'sin·gen *v/t* ⟨*irr, no* ge-, h⟩ (*Lied*) hackney, flog (*s.th.*) to death, debase (*s.th.*) by overuse.

zer'spal·ten[1] *v/t u.* **sich ~** *v/reflex* ⟨*irr, no* ge-, h⟩ *cf.* **spalten.**

zer'spal·ten[2] **I** *pp of* **zerspalten**[1]. – **II** *adj* split: **er lag da mit ~em Schädel** he lay there with his skull split.

zer'span·bar *tech.* machinable. — **Zer'span·bar·keit** *f* ⟨-; *no pl*⟩ machinability, ease of machining.

zer'spa·nen *tech.* **I** *v/t* ⟨*no* ge-, h⟩ **1.** machine, cut, cut (*od.* remove) metal from. – **II Z~** *n* ⟨-s⟩ **2.** *verbal noun.* – **3.** *cf.* **Zerspanung.** — **zer'spa·nend I** *pp.* – **II** *adj* **~e Formgebung** shape-cutting method. — **Zer'spa·nung** *f* ⟨-; *no pl*⟩ **1.** *cf.* **Zerspanen.** – **2.** metal-cutting, cutting operation.

Zer'spa·nungs|,lei·stung *f tech.* metal-removing capacity. — **~ma,schi·ne** *f* metal-cutting machine. — **~,werk,zeug** *n* metal-cutting tool.

zer'spei·len [-'ʃpailən] *v/t* ⟨*no* ge-, h⟩ split (*s.th.*) (completely).

zer'spel·len [-'ʃpɛlən] *v/t* ⟨*no* ge-, h⟩ *obs. od. lit. for* **zerspeilen.**

zer'splei·ßen *v/t* ⟨*irr, no* ge-, h⟩ *obs. for* **zerspeilen.**

zer'split·tern I *v/t* ⟨*no* ge-, h⟩ **1.** (*Baum, Mast etc*) split. – **2.** (*Spiegel, Glas etc*) shatter, splinter, shiver. – **3.** *fig.* (*Gruppe,*

Familie, Staat etc) splinter. – **4. seine Kräfte ~** *fig.* to dissipate one's strength. – **II ~** (*sein*) **5.** (*von Glas etc*) shatter, splinter, shiver. – **6.** *med.* (*von Knochen*) splinter, comminute (*scient.*). – **7.** *fig.* (*von Gruppe, Familie etc*) splinter, fragment: **die Gruppe zersplitterte in mehrere Parteien** the group splintered into several factions. – **III** *v/reflex* **sich ~ 8.** *fig.* dissipate one's strength. – **IV Z~** *n* ⟨-s⟩ **9.** *verbal noun.* – **10.** *cf.* **Zersplitterung.** — **zer'split·tert I** *pp.* – **II** *adj* **1.** (*Baum, Mast etc*) split. – **2.** (*Glas etc*) shattered, splintered, shivered. – **3.** *med.* (*Knochen*) splintered, comminute(d) (*scient.*). – **4.** *fig.* (*Gruppe, Familie etc*) splintered, fragmented, disunited: **die politische Mitte ist in viele Gruppierungen ~** the political center (*bes. Br.* centre) is splintered into many groups. — **Zer'split·te·rung** *f* ⟨-; *no pl*⟩ **1.** *cf.* **Zersplittern.** – **2.** *med.* comminution. – **3.** *fig.* (*politische, staatliche etc*) fragmentation. – **4.** *fig.* (*von Kraft, Energie*) dissipation.

zer'sprat·zen [-'ʃpratsən] *v/i* ⟨*no* ge-, sein⟩ *geol.* (*von glühenden Gesteinen*) spatter, sprout.

zer'spren·gen *v/t* ⟨*no* ge-, h⟩ **1.** burst: **der Druck zersprengte den Behälter** the pressure burst the container; **seine Ketten ~** *auch fig.* to burst (*od.* break, throw off) one's chains; **der Schmerz zersprengt mir fast die Brust** *fig.* the pain is breaking my heart, (*stärker*) the pain pierces me to the core. – **2.** (*Menschenmenge*) disperse, scatter, break up. – **3.** *mil.* (*feindliche Formation*) break up, scatter. – **4.** *med.* (*Eihäute etc*) burst, break. — **zer'sprengt I** *pp.* – **II** *adj mil.* dispersed.

zer'sprin·gen *v/i* ⟨*irr, no* ge-, sein⟩ **1.** shatter, splinter, shiver: **der Spiegel ist in tausend Stücke zersprungen** the mirror shattered into a thousand pieces. – **2.** (*Sprünge bilden*) crack. – **3.** (*von Lampe etc*) smash, shatter. – **4.** (*von Violinsaite etc*) break, snap. – **5.** (*von Holz*) split. – **6.** *fig.* (*in Wendungen wie*) **ich könnte vor Wut ~** *colloq.* I am so angry I could burst; **sie glaubte, ihr Herz müßte vor Freude ~** *lit.* she thought her heart would burst with joy; **der Kopf zersprang ihm fast vor Schmerzen** his head was splitting with pain, he had a splitting headache. – **7.** *mil.* burst, explode. – **8.** *tech.* (*von Guß*) crack, burst.

zer'sprun·gen I *pp of* **zerspringen.** – **II** *adj* (*Scheibe etc*) cracked.

zer'spurt *adj* (*Schnee*) tracked.

zer'stamp·fen *v/t* ⟨*no* ge-, h⟩ **1.** (*Kartoffeln etc*) mash, crush. – **2.** (*Viehfutter*) mash, crush, bruise. – **3.** (*im Mörser zerkleinern*) pound, bray, pestle. – **4.** (*durch Stampfen zerstören*) trample down: **die Pferde ~ den Rasen** the horses trample down the lawn.

zer'stäu·ben *v/t* ⟨*no* ge-, h⟩ **1.** atomize *Br. auch* -s-. – **2.** (*sprühen*) spray: **Parfüm im Zimmer ~** to spray perfume (a)round the room. – **3.** (*Pulver*) dust, sprinkle, strew. – **4.** (*verdampfen*) vaporize *Br. auch* -s-. – **5.** (*verteilen*) disperse. – **II Z~** *n* ⟨-s⟩ **6.** *verbal noun.* – **7.** *cf.* **Zerstäubung.**

Zer'stäu·ber *m* ⟨-s; -⟩ **1.** atomizer *Br. auch* -s-. – **2.** spray(er). – **3.** vaporizer *Br. auch* -s-. – **4.** (*Düse*) spray (*od.* atomizer *Br. auch* -s-) nozzle (*od.* jet). – **5.** *agr.* duster. — **~,bren·ner** *m tech.* atomizing (*Br. auch* -s-) burner. — **~,dü·se** *f cf.* **Zerstäuber 4.**

Zer'stäu·bung *f* ⟨-; *no pl*⟩ **1.** *cf.* **Zerstäuben.** – **2.** atomization *Br. auch* -s-. – **3.** vaporization *Br. auch* -s-.

Zer'stäu·bungs,trock·nung *f chem. tech.* spray drying.

zer'ste·chen *v/t* ⟨*irr, no* ge-, h⟩ **1. j-n ~** (*von Insekten*) to bite s.o. all over: **die Mücken haben mich ganz zerstochen** the midges have bitten me all over, I am eaten all over by midges. – **2. sich** (*dat*) **die Finger ~** to prick one's fingers. – **3.** (*durchstechen*) pierce.

zer'stie·ben *v/i* ⟨*irr, no* ge-, sein⟩ **1.** (*von Wasser, Gischt etc*) spray. – **2.** (*von Schneeflocken*) scatter, be scattered. – **3.** *fig.* (*von Menschenmenge*) scatter, disperse, vanish, be scattered as dust: **die Feinde sind in alle Richtungen** (*od.* **Winde**) **zerstoben** the enemies scattered in all directions (*od.* to the four winds).

zer'sto·chen I *pp of* **zerstechen.** – **II** *adj* **1.** covered with bites, bitten all over: **ich**

bin völlig ~ I am covered with bites. – **2.** (*Finger*) pricked.

zer'stör·bar *adj* destructible, destroyable. — **Zer'stör·bar·keit** *f* ⟨-; *no pl*⟩ destructibility.

zer'stö·ren I *v/t* ⟨*no* ge-, h⟩ **1.** (*Stadt, Haus etc*) destroy, demolish, obliterate: die Stadt ist im Krieg zerstört worden the town was destroyed during the war; das Feuer zerstörte einen ganzen Stadtteil the fire destroyed (*od.* consumed) a whole district. – **2.** (*mutwillig*) wreck, destroy, vandalize *Br. auch* -s-: die Popfanatiker haben den Saal zerstört the pop fans wrecked the hall. – **3.** *fig.* undermine, subvert. – **4.** (*Organ etc*) destroy, consume, eat: Tuberkulose zerstört die Lunge tuberculosis destroys the lungs. – **5.** *fig.* (*verderben*) spoil, ruin, destroy: diese Beleuchtung zerstört die Wirkung des Bildes this lighting spoils the effect of the picture. – **6.** *fig.* (*ruinieren*) ruin, destroy, ruinate: der Alkohol hat seine Gesundheit zerstört alcohol has ruined his health. – **7.** *fig.* (*zugrunde richten*) ruin, wreck: er hat seine Existenz [Ehe] zerstört he ruined his livelihood [marriage]. – **8.** *fig.* (*zunichte machen*) shatter, destroy, undo: j-s Illusionen ~ to shatter s.o.'s illusions, to disillusion s.o.; j-s Hoffnungen ~ to shatter (*od.* dash) s.o.'s hopes. – **9.** (*Knospen*) kill. – **II Z~** *n* ⟨-s⟩ **10.** *verbal noun.* – **11.** *cf.* Zerstörung. — **zer'stö·rend** I *pres p.* – **II** *adj* destructive: die ~e Kraft des Wassers the destructive force of water; ~es Lesen (*computer*) destructive read (*od.* reading, readout).

Zer'stö·rer *m* ⟨-s; -⟩ **1.** destroyer. – **2.** *mar. mil.* destroyer. – **3.** *fig.* subverter.

zer'stö·re·risch *adj* destructive: hier waren ~e Kräfte am Werk destructive forces were at work here.

zer'stör·lich *adj Swiss for* endgültig 2.

zer'stört I *pp.* – **II** *adj* destroyed, demolished, ruined: eine ~e Stadt wieder aufbauen to rebuild a destroyed city; → Boden 2.

Zer'stö·rung *f* ⟨-; -en⟩ **1.** *cf.* Zerstören. – **2.** ⟨*only sg*⟩ destruction, demolition, obliteration, havoc: die ~ Trojas the fall of Troy. – **3.** ⟨*only sg*⟩ (*mutwillige*) wreckage, destruction, vandalization *Br. auch* -s-. – **4.** *fig.* subversion. – **5.** ⟨*only sg*⟩ (*eines Organs etc*) destruction, consumption. – **6.** ⟨*only sg*⟩ *fig.* (*einer Landschaft etc*) ruin. – **7.** ⟨*only sg*⟩ *fig.* (*von Gesundheit, Existenz, Ehe, Glück, gutem Ruf etc*) ruin(ation). – **8.** *fig.* ⟨*pl*⟩ destruction *sg*, wreckage *sg*: die ~en, die die Explosion verursacht hat the destruction caused by the explosion. – **9.** *fig.* (*von Illusionen*) shattering, destruction, undoing. – **10.** *mil.* kill.

Zer'stö·rungs|,feu·er *n mil.* destruction fire. — **z~,frei** *adj* **1.** *metall.* (*in der Werkstoffprüfung*) nondestructive *Br.* non-: ~e Prüfung non(-)destructive test. – **2.** ~es Lesen (*computer*) nondestructive (*Br.* non-destructive) read (*od.* reading, readout). — **~,kraft** *f* destructive force. — **~,trieb** *m psych.* destructive instinct, (*in der Psychoanalyse*) death instinct. — **~,trupp** *m mil.* demolition party. — **~,werk** *n* work of destruction: sein ~ vollenden to complete one's work of destruction. — **~,wut** *f* destructive frenzy, vandalism.

zer'sto·ßen *v/t* ⟨*irr, no* ge-, h⟩ crush, bray, pestle, (*fein*) triturate. [tion radiation.]

Zer'strah·lung *f* ⟨-; *no pl*⟩ *nucl.* annihila-

zer'strei·ten I *v/t* ⟨*irr, no* ge-, h⟩ sich ~ a) (*von zwei od. mehreren Personen od. Gruppen*) to fall out, b) (*von einer Gruppe*) to split (*od.* break) up (through disagreement): die politische Linke hat sich zerstritten the political left has split up (through disagreement). – **II** *v/reflex* sich mit j-m (über *acc* etwas) ~ to fall out with s.o. (over s.th.): er hat sich mit ihr zerstritten he has fallen out with her.

zer'streu·en I *v/t* ⟨*no* ge-, h⟩ **1.** scatter, disperse: ein Luftzug zerstreute die Zettel im ganzen Raum a draught scattered the slips of paper all over the room; die Polizei zerstreute die Demonstranten the police dispersed (*od.* broke up) the demonstrators. – **2.** *fig.* (*Argwohn, Zweifel etc*) dispel, allay, dissipate. – **3.** j-n ~ *fig.* to take s.o.'s mind off things. – **4.** *phys.* (*Licht*) diffuse, disperse, scatter. – **II** *v/reflex* sich ~ **5.** (*von Gruppen, Blättern etc*)

scatter, disperse, dissipate: die Menschenmenge zerstreute sich the crowd dispersed (*od.* broke up). – **6.** *fig.* (*von Argwohn, Zweifel etc*) be dispelled, be allayed, be dissipated. – **7.** *fig.* (*von einer Person*) take one's mind off things, relax: um mich zu ~, ging ich ein wenig spazieren I went for a short walk to take my mind off things. – **III Z~** *n* ⟨-s⟩ **8.** *verbal noun.* – **9.** *cf.* Zerstreuung.

zer'streut I *pp.* – **II** *adj* **1.** scattered, dispersed: die ~en Zettel einsammeln to gather up the scattered slips of paper; ~ liegende Häuser scattered houses. – **2.** *fig.* absentminded, *Br.* absent-minded, abstracted: er ist immer etwas ~ he is always rather absent(-)minded; → Professor 1. – **3.** *phys.* (*Licht*) diffused, dispersed, scattered. — **zer'streut·heit** *f* ⟨-; *no pl*⟩ absentmindedness, *Br.* absent-mindedness, abstractedness.

Zer'streu·ung *f* ⟨-; -en⟩ **1.** *cf.* Zerstreuen. – **2.** ⟨*only sg*⟩ dispersion, dispersal. – **3.** ⟨*only sg*⟩ *fig.* (*von Argwohn, Zweifel etc*) allayment, dissipation. – **4.** ⟨*only sg*⟩ *fig.* absentmindedness, *Br.* absent-mindedness: in meiner ~ habe ich die Tasche liegenlassen I left my bag behind in my absent(-)mindedness. – **5.** ⟨*only sg*⟩ *fig.* amusement, entertainment, distraction: ~ suchen to seek amusement. – **6.** *fig.* entertainment: seinen Gästen allerlei ~en bieten to offer one's guests a variety of entertainments. – **7.** ⟨*only sg*⟩ *phys.* (*des Lichts*) diffusion, dispersion, dispersal: thermische ~ thermal diffusion.

Zer'streu·ungs|,bild *n* (*optics*) image produced by a divergent lens. — **~,kreis** *m* circle of divergence. — **~,lin·se** *f* diverging (*od.* divergent, concave, negative) lens. — **~,punkt** *m* point (*od.* focus) of divergence, center (*bes. Br.* centre) of dispersion, virtual focus. — **~,spie·gel** *m* convex mirror. — **~,win·kel** *m* angle of diffusion.

zer'strit·ten I *pp* of zerstreiten. – **II** *adj* die ~en Parteien the parties at variance; sie ist mit ihm ~ she has fallen out with him; sie sind (miteinander) (*od.* in *dat* sich) ~ they have fallen out (with each other).

zer'stückeln (*getr.* -k·k-) I *v/t* ⟨*no* ge-, h⟩ **1.** (*Fleisch, Brot etc*) cut (*s.th.*) (up) (*od.* into pieces). – **2.** (*Körper, Leiche etc*) dismember. – **3.** *fig.* (*Land, Grundbesitz*) dismember, disintegrate, parcel out, divide (*s.th.*) into small sections. – **4.** *fig.* analyze *Br. auch* -s-, dissect. – **II Z~** *n* ⟨-s⟩ **5.** *verbal noun.* – **6.** *cf.* Zerstück(e)lung. — **zer'stückelt** (*getr.* -k·k-) I *pp.* – **II** *adj* **1.** (*Körper, Leiche etc*) dismembered. – **2.** *fig.* (*Land, Grundbesitz etc*) dismembered, disintegrated. — **Zer'stücke·lung** (*getr.* -k·k-), **Zer'stück·lung** *f* ⟨-; *no pl*⟩ **1.** *cf.* Zerstückeln. – **2.** (*von Körper, Leiche etc*) dismemberment. – **3.** *fig.* (*von Land, Grundbesitz etc*) dismemberment, disintegration, parcellation. – **4.** *fig.* analysis, dissection.

zer'ta·len [-'ta:lən] *geol.* I *v/t* ⟨*no* ge-, h⟩ **1.** dissect, channel. – **II Z~** *n* ⟨-s⟩ **2.** *verbal noun.* – **3.** *cf.* Zertalung. — **zer'talt** I *pp.* – **II** *adj* (*Gelände etc*) dissected, channeled, *bes. Br.* channelled. — **Zer'ta·lung** *f* ⟨-; *no pl*⟩ **1.** *cf.* Zertalen. – **2.** dissection.

Zer·ta·ti·on [tsɛrta'tsǐo:n] *f* ⟨-; *no pl*⟩ *biol. bot.* certation.

zer'tei·len I *v/t* ⟨*no* ge-, h⟩ **1.** (in *acc* into) divide: etwas in mehrere Stücke ~ to divide s.th. into several pieces, to divide s.th. up. – **2.** *gastr.* a) (*Brot etc*) cut (*od.* divide) (*s.th.*) into pieces (*od.* halves), b) (*Braten*) *cf.* zerlegen 2. – **3.** (*auseinandertreiben*) part: der Wind zerteilte die Wolken the wind parts the clouds; der Bug zerteilt die Wellen the bow parts the waves. – **4.** *math.* resolve, divide (*s.th.*) up. – **5.** *med.* a) (*Knoten durch Massage*) disperse, b) (*sezieren*) dissect, c) (*zergliedern*) dismember. – **II** *v/reflex* sich ~ **6.** (*von Wolken, Nebel, Wasser etc*) part, break up. – **III Z~** *n* ⟨-s⟩ **7.** *verbal noun.* — **Zer'tei·lung** *f* ⟨-; *no pl*⟩ **1.** *cf.* Zerteilen. – **2.** division. – **3.** *med.* a) (*eines Knotens*) dispersion, b) (*Sezierung*) dissection, c) (*Zergliederung*) dismemberment.

zer'tep·pern [-'tɛpərn] *v/t* ⟨*no* ge-, h⟩ *colloq. for* zerbrechen 2.

Zer·ti·fi·kat [tsɛrtifi'ka:t] *n* ⟨-(e)s; -e⟩ **1.** *ped.* a) (*Teilnahmebestätigung*) certificate of attendance, b) (*Zeugnis*) certificate: ein ~

ausstellen to issue a certificate; ein ~ erwerben to obtain a certificate. – **2.** *econ.* a) (*einer Investmentgesellschaft*) (investment) certificate, b) (*über Hinterlegung von Wertpapieren bei einer Bank*) (deposit) certificate. — **zer·ti·fi·zie·ren** [-'tsi:rən] *v/t* ⟨*no* ge-, h⟩ (*officialese*) certify.

zer'tram·peln *v/t* ⟨*no* ge-, h⟩ **1.** trample all over: die Kinder haben den Rasen zertrampelt the children trampled all over the lawn. – **2.** (*niedertrampeln*) trample (*s.th.*) down, crush, (*von Menschen*) *auch* trample (*s.th.*) underfoot.

zer'tren·nen *v/t* ⟨*no* ge-, h⟩ **1.** (*Kleid etc*) rip (open *od.* out) the seams of. – **2.** *cf.* trennen 2.

zer'tre·ten[1] *v/t* ⟨*irr, no* ge-, h⟩ **1.** walk (*od.* tread) all over: den Rasen ~ to walk all over the lawn; sie haben die ganzen Blumen ~ they walked all over (*od.* crushed all) the flowers. – **2.** (*tottreten*) crush: einen Käfer ~ to crush a beetle; er wird ihn (wie einen Wurm) ~ *fig.* he will crush him. – **3.** (*austreten*) stamp out: die schwelende Glut ~ to stamp out the glowing embers.

zer'tre·ten[2] I *pp* of zertreten[1]. – **II** *adj* **1.** (*Rasen etc*) trodden-on (*attrib*). – **2.** (*Blume, Insekt etc*) crushed.

zer'trüm·mern [-'trymərn] I *v/t* ⟨*no* ge-, h⟩ **1.** (*in kleinere Stücke*) smash, shatter: eine Fensterscheibe ~ to smash (*od.* shatter) a windowpane; er zertrümmerte eine Bierflasche auf seinem Kopf he smashed a beer bottle on (*od.* over) his head; j-m (mit einem Hieb) den Schädel ~ to smash (*od.* crack) s.o.'s scull (with one blow). – **2.** (*zerstören*) destroy, demolish. – **3.** (*demolieren*) smash, wreck: bei dem Popkonzert wurde die ganze Inneneinrichtung zertrümmert the whole interior was smashed at the pop concert; die Explosion hat das Haus zertrümmert the explosion smashed the house. – **4.** *nucl.* (*Atom*) cause (*atom*) to split. – **II Z~** *n* ⟨-s⟩ **5.** *verbal noun.* – **6.** *cf.* Zertrümmerung. — **zer'trüm·mert** I *pp.* – **II** *adj* **1.** smashed, (*Fensterscheibe etc*) *auch* shattered. – **2.** (*Schädel*) smashed, cracked. – **3.** (*zerstört*) destroyed, demolished. – **4.** (*demoliert*) smashed, wrecked. — **Zer'trüm·me·rung** *f* ⟨-; *no pl*⟩ **1.** *cf.* Zertrümmern. – **2.** destruction, demolition. – **3.** *geol.* clastic deformation.

Ze·ru·men [tse'ru:mən] *n* ⟨-s; *no pl*⟩ *med.* (*Ohrenschmalz*) cerumen, earwax.

ze·ru·mi·nal [tserumi'na:l] *adj med.* ceruminous, *auch* ceruminal. — **Z~,pfropf** *m* ceruminous (*auch* ceruminal) plug.

Zer·ve'lat,wurst [tsɛrve'la:t-] *f gastr.* (*Dauerwurst*) Am. cervelat, *auch* servelas, *Br.* savelov.

zer·vi·kal [tsɛrviks] *f* ⟨-; Zervizes [-'vi:tsɛs]⟩ *med. cf.* Cervix.

zer'wer·fen *v/reflex* ⟨*irr, no* ge-, h⟩ sich ~ (mit with) **1.** fall out, break, split: sich mit j-m zerworfen haben to have fallen out (*od.* broken) with s.o., to be on bad terms with s.o. – **2.** (*sich streiten*) quarrel.

zer'wir·ken *v/t* ⟨*no* ge-, h⟩ *hunt.* (*Schalenwild*) skin (*od.* flay) and dress.

zer'wüh·len *v/t* ⟨*no* ge-, h⟩ **1.** (*Erde etc*) root up, (*stärker*) churn up: Maulwürfe ~ den Garten moles root up the garden; die Panzer hatten das Feld zerwühlt the tanks had churned up the field. – **2.** (*Bett*) rumple. – **3.** (*Haar*) dishevel, tousle, rumple, ruffle. — **zer'wühlt** I *pp.* – **II** *adj* **1.** (*Erde etc*) churned-up (*attrib*). – **2.** ein ~es Bett rumpled bedclothes *pl*. – **3.** (*Haar*) disheveled, *bes. Br.* dishevelled, tousled, rumpled, ruffled.

Zer'würf·nis [-'vyrfnıs] *n* ⟨-ses; -se⟩ **1.** disagreement, difference (of opinion), variance: Anlaß für das ~ war ein Bild a picture was the cause of the disagreement. – **2.** (*Streit*) quarrel, strife. – **3.** (*Bruch*) split, rupture.

zer'zau·sen *v/t* ⟨*no* ge-, h⟩ **1.** (*Haar*) tousle, dishevel. – **2.** j-n ~ to tousle (*od.* dishevel) s.o.'s hair. — **zer'zaust** I *pp.* – **II** *adj* tousled, disheveled, *bes. Br.* dishevelled: ~ aussehen to look disheveled.

zer'zup·fen *v/t* ⟨*no* ge-, h⟩ **1.** pull (*od.* pick) (*s.th.*) to pieces. – **2.** (*in der Histologie*) tease.

Zes·si·bi·li·tät [tsɛsibili'tɛːt] *f* ⟨-; *no pl*⟩ *jur.* assignability, transferability.

Zes·si·on [tsɛ'sĭoːn] f ⟨-; -en⟩ jur. cession, assignment, transfer, (von Grundeigentum) auch conveyance. — **Zes·sio'nar** [-sĭo'naːr] m ⟨-s; -e⟩ cessionary, assign(ee), transferee.

Ze·sto·den [tsɛs'toːdən] pl med. zo. cestodes, cestoda (Klasse Cestodes). — **ze'sto·den·ar·tig** adj cf. bandwurmartig.

Ze·ta ['tseːta] n ⟨-(s); -s⟩ zeta (sixth letter of the Greek alphabet).

Ze·tan [ze'taːn] n ⟨-s; no pl⟩ chem. cf. Cetan.

Ze·ter ['tseːtər] n only in ~ und Mord(io) schreien colloq. a) (laut schreien) to cry blue murder (colloq.), to raise a hullabal(l)oo (od. colloq.), to raise a hue and cry, b) (in Aufruhr geraten) to create (od. raise) a hullabal(l)oo (od. colloq. shindy), to raise a hue and cry (od. an uproar, a fuss). — **~·ge·schrei** n colloq. **1.** (lautes Geschrei) hullabal(l)oo, hue and cry, shindy (colloq.). — **2.** (Aufruhr) hullabal(l)oo, hue and cry, uproar, fuss, shindy (colloq.). — **Ze·ter'mor·dio** n ⟨-s; no pl⟩ colloq. **1.** cf. Zetergeschrei. — **2.** (mit Kleinschreibung) only in ~ schreien cf. Zeter.

ze·tern ['tseːtərn] v/i ⟨h⟩ colloq. **1.** (schimpfen) scold. — **2.** (laut jammern) wail, lament. — **3.** (quengeln) whine.

Zet·tel¹ ['tsetəl] m ⟨-s; -⟩ **1.** (unbeschriebener) page, slip (of paper), (herausgerissener) auch scrap of paper: etwas auf einem ~ notieren to jot s.th. down on a slip (of paper). — **2.** (Notiz) note: zu Hause fand ich einen ~ vor I found a note at home. — **3.** (zur Bekanntmachung) leaflet, handbill, Am. auch pamphlet. — **4.** (einer Kartei) card: ~ ordnen to arrange cards in order. — **5.** (Klebe-, Anhängezettel) label. — **6.** colloq. (Beleg, Quittung) receipt, voucher. — **7.** cf. Programm 2. — **8.** (Manuskriptzettel) manuscript slip.

Zet·tel² m ⟨-s; -⟩ (in der Weberei) warp, chain.

Zet·tel·baum m (in der Weberei) warp beam. — **~·fach** n (im Schreibsekretär) pigeonhole, Br. pigeon-hole. — **~·kar·tei** f **1.** card index, (card) index file. — **2.** cf. Zettelkatalog. — **~·ka·sten** m slip box. — **~·ka·ta·log** m (in Bibliotheken) card catalog (bes. Br. catalogue). — **~·kram** m colloq. bits pl of paper.

zet·teln ['tsetəln] v/i ⟨h⟩ (in der Weberei) warp.

Zeug [tsɔyk] n ⟨-(e)s; -e⟩ **1.** ⟨only sg⟩ colloq. (Sachen) stuff, things pl: nimm dein ~ da weg take your stuff away there; überall liegt sein ~ herum his stuff is lying about all over the place. — **2.** ⟨only sg⟩ colloq. contempt. (Plunder) stuff, junk, trash, rubbish: weg mit dem ~! away with (all) that stuff! was soll ich mit dem ~ anfangen? what am I supposed to do with the stuff? — **3.** ⟨only sg⟩ colloq. (Getränk, Medizin etc) 'stuff' (colloq.): das ist ja ein furchtbares [ungenießbares] ~ that's terrible stuff [that's rotten stuff (sl.)]; tolles ~ a) (Medizin) great (od. good) stuff, b) (Getränk) hot (od. good) stuff. — **4.** ⟨only sg⟩ colloq. contempt. (Unsinn) rubbish, (stuff and) nonsense, drivel, twaddle, 'bilge' (sl.): viel dummes ~ reden to talk a lot of nonsense (colloq.); er redet (nur) ungereimtes ~ there is neither rhyme nor reason in what he says. — **5.** ⟨only sg⟩ colloq. (Angelegenheit) affair: ich mag von dem ~ nichts mehr hören I'm sick and tired of the whole affair (colloq.). — **6.** ⟨only sg⟩ (Handwerkszeug) tools pl. — **7.** ⟨only sg⟩ fig. (in Wendungen wie) er hat das ~ zu einem guten Pianisten he has the makings (od. stuff) of a good pianist; er hat nicht das ~ dazu he hasn't got what it takes; sie arbeiten, was das ~ hält they are working for all they are worth (od. hell for leather) (colloq.), they are working hammer and tongs; er brüllt, was das ~ hält he shouts as hard as he can, he shouts at the top of his voice, he yells his head off; sich ins ~ legen to put one's shoulder to the wheel, to pitch in; sich für j-n ins ~ legen to go all out for s.o. (colloq.); mit j-m scharf ins ~ gehen to give s.o. what for (colloq.), to let s.o. have it (sl.), to give s.o. a sharp rebuke. — **8.** ⟨only sg⟩ fig. (Kleidung) things pl, duds pl (sl.), Br. sl. auch clobber: ich habe mein ältestes ~ angezogen I put on my oldest things (od. duds); sein ~ in Ordnung

---

halten to take good care of one's clothes. — **9.** ⟨only sg⟩ (Wäsche) linen. — **10.** obs. (Gewebe) cloth, fabric, material: eine Tasche aus ~ a bag made of cloth, a cloth bag; er versucht ständig, mir etwas am ~(e) zu flicken fig. colloq. he is always trying to find fault with me (od. colloq. picking at me). — **11.** (textile) a) (Material zur Verarbeitung) stuff, cloth, textile fabric, b) canvas, auch canvass. — **12.** hunt. hunting equipment: dunkle ~e (Tücher) toils; lichte ~e (Netze) nets. — **13.** mar. a) sailor's clothing, b) slop chest. — **14.** (beim Segeln) (Takelage) rigging, canvas, auch canvass: mit vollem ~ (segeln) (to go) full sail, (to sail) under full canvas.

Zeug·amt n mil. arsenal, (equipment) depot. — **~·druck** m ⟨-(e)s; -e⟩ (textile) cloth (od. textile) printing.

Zeu·ge ['tsɔygə] m ⟨-n; -n⟩ **1.** bes. jur. witness: glaubwürdiger ~ credible witness; ~ der Anklage [Verteidigung] witness for the prosecution [defence (Am. defense)]; vor ~n, in Anwesenheit (od. im Beisein) von ~n in the presence of witnesses; ~ von etwas sein to be (a) witness to s.th., to witness s.th.; Sie sind ~, daß ich bezahlt habe you are witness that I have paid; sie war ~ des Unfalls she was (a) witness to (od. she witnessed) the accident; es waren keine ~n dabei there were no witnesses (there); einen ~n stellen [to beibringen] to produce (od. adduce) a witness; einen ~n ablehnen [vereidigen, vernehmen] to object to [to swear in, to examine] a witness; ~n einander gegenüberstellen to confront witnesses; ~n werden gesucht [mögen sich melden] witnesses are wanted [are asked to report to the police]; unfreiwillig ~ von etwas werden to be a reluctant witness to s.th., to be a witness to s.th. against one's will; j-n als ~n anrufen (od. benennen) to call s.o. as (a) witness (od. in testimony); j-n als ~n vernehmen to take the testimony of s.o.; j-n zum ~n nehmen to take s.o. as a witness; j-n als ~n hören [vorladen] to hear [to summon] s.o. as a witness; als ~ (gegen j-n) aussagen to give evidence (od. to testify) as a witness (against s.o.), to bear witness (against s.o.); Gott (od. der Himmel) ist (od. sei) mein ~ may God be my witness; Gott (od. den Himmel) zum (od. als) ~n anrufen to invoke God as witness. — **2.** ~n Jehovas relig. Jehovah's Witnesses. — **3.** fig. testimony: die Ruinen sind ~n einer längst vergangenen Zeit the ruins are a testimony of times long past.

zeu·gen¹ ['tsɔygən] **I** v/t ⟨h⟩ **1.** (Kinder) beget, engender: er zeugte mit ihr einen Sohn he begot a son by her. — **2.** biol. procreate, reproduce, generate, propagate. — **3.** (bes. von Haustieren) procreate, sire. — **4.** fig. (hervorbringen) generate, produce, create. — **II Z~** n ⟨-s⟩ **5.** verbal noun. — **6.** cf. Zeugung.

zeu·gen² v/i ⟨h⟩ **1.** für [gegen] j-n ~ jur. to testify (od. give evidence) for [against] s.o., to (bear) witness for [against] s.o. — **2.** von etwas ~ fig. to bespeak (od. testify [to], be evidence of) s.th.: ihre Worte ~ von großem Verständnis her words bespeak great understanding; sein Verhalten zeugt von großer Erfahrung his conduct bespeaks great experience. — **3.** für etwas ~ fig. to vouch for s.th.: dafür kann ich ~ I can vouch for that.

Zeu·gen·auf·ruf m jur. calling of witnesses. — **~·aus·sa·ge** f testimony, evidence, statement by (od. made by a) witness, (zu Protokoll gegebene, eidliche) deposition: voneinander abweichende (od. sich widersprechende) ~n conflicting evidence sg, divergent testimonies; die ~n widersprechen sich the witnesses differ (od. contradict each other); eine ~ zu Protokoll nehmen to place a deposition on the court records; eine ~ widerrufen to withdraw testimony. — **~·bank** f ⟨-; ⸚e⟩ witness stand (bes. Br. box). — **~·be·ein·flus·sung** f subornation (of witnesses). — **~·be·ste·chung** f corruption (od. bribing) of witnesses, subornation (of witnesses). — **~·be·weis** m evidence (of a witness), parole (od. oral) evidence. — **~·eid** m oath of a witness, oath taken by a witness, oath administered to a witness. — **~·ein·ver·nah·me** f bes. Austrian for Zeugen-

---

verhör. — **~·ge·bühr** f, **~·geld** n **1.** witness expenses pl (od. fees pl). — **2.** (Reisekosten) conduct money. — **~·la·dung** f summons (of a witness), (unter Strafandrohung) subpoena (ad testificandum).

Zeu·gen·schaft f ⟨-; no pl⟩ **1.** jur. deposition (of witnesses), (sworn) evidence. — **2.** capacity (od. quality) as witness.

Zeu·gen·stand m jur. witness stand (bes. Br. box): den ~ betreten to enter the witness stand. — **~·ver·ei·di·gung** f swearing (in) of a witness. — **~·ver·hör** n, **~·ver·neh·mung** f hearing (od. examination) of a witness.

Zeug·haus n arsenal, armory, bes. Br. armoury.

Zeu·gin f ⟨-; -nen⟩ bes. jur. (female) witness.

Zeug·ma ['tsɔygma] n ⟨-s; -s u. -ta [-ta]⟩ ling. (Redefigur) zeugma.

Zeug·nis ['tsɔyknɪs] n ⟨-ses; -se⟩ **1.** (Schulzeugnis) report: ~ der Reife cf. Abiturzeugnis; zu Ostern bekommen die Kinder ~se the pupils are given reports at Easter; er hat ein gutes ~ he was given a good report. — **2.** (Note) mark, grade. — **3.** (Prüfungszeugnis) certificate, diploma, credential. — **4.** pl (Zeugnispapiere) credentials: dem Arbeitgeber seine ~se vorlegen to present one's credentials to one's employer. — **5.** (Führungszeugnis für Angestellte) reference, testimonial, (letter of) recommendation, character: j-m ein ~ ausstellen to write s.o. a reference; j-m ein gutes ~ geben to give s.o. a good character; ich kann ihm nur das beste ~ ausstellen fig. I cannot speak highly enough of him. — **6.** (Bescheinigung) certificate, attestation. — **7.** jur. u. lit. (Zeugenaussage) testimony, evidence: für [gegen] j-n ~ ablegen to testify for [against] s.o.; falsches ~ ablegen to bear false witness, to give false testimony; das ~ verweigern to refuse to give evidence. — **8.** jur. (Bestätigung, Bezeugung) witness: zum ~ von (od. gen) in witness of; zum ~ dessen in witness (od. testimony) whereof. — **9.** (ärztliches) ~ med. (Attest) medical certificate, doctor's statement: sich (dat) ein (ärztliches) ~ ausstellen lassen to obtain a medical certificate. — **10.** fig. testimony: die Ruinen sind ein ~ der damaligen Baukunst the ruins are a testimony to the architecture of that time. — **~·ab·le·gung** f jur. giving of evidence, (eidliche) deposition. — **~·ab·schrift** f copy of a certificate (od. diploma). — **~·heft** n (in der Schule) report book. — **~·kon·fe·renz** f ped. reports conference. — **~·pa·pie·re** pl credentials. — **~·pflicht** f jur. obligation to give evidence. — **~·ver·wei·ge·rung** f refusal to give evidence. — **~·ver·wei·ge·rungs·recht** n privilege of a witness to decline to answer questions, (bei Gefahr eigener strafrechtlicher Verfolgung) privilege against self-incrimination.

Zeugs [tsɔyks] n ⟨-; no pl⟩ colloq. contempt. cf. Zeug 1—5.

Zeug·schmied m toolsmith. — **~·schuh** m meist pl cf. Segeltuchschuh.

Zeu·gung f ⟨-; -en⟩ **1.** cf. Zeugen¹. — **2.** begettal. — **3.** biol. procreation, reproduction, generation, propagation.

Zeu·gungs·akt m biol. progenitive act.

zeu·gungs·fä·hig adj procreative, capable of procreation, potent. — **Z~·fä·hig·keit** f ⟨-; no pl⟩ procreative capacity.

Zeu·gungs·glied n **1.** biol. genital member. — **2.** med. virile member, penis (scient.). — **~·kraft** f **1.** biol. generative (od. procreative) power. — **2.** med. virility, virile power. — **~·or·ga·ne** pl biol. med. genital (od. reproductive, sexual) organs, genitalia. — **~·trieb** m procreative (od. sexual) instinct.

zeu·gungs·un·fä·hig adj biol. med. impotent, sterile. — **Z~·un·fä·hig·keit** f ⟨-; no pl⟩ impotence, impotency, sterility.

Zeus [tsɔys] npr m ⟨-; no pl⟩ myth. Zeus (supreme Greek god).

Zib·be ['tsɪbə] f ⟨-; -n⟩ Northern G. dial. **1.** (weibliches Lamm) ewe (lamb). — **2.** (Ziege) young nanny goat. — **3.** (Häsin) (young) doe rabbit. — **4.** colloq. contempt. cf. Ziege 3.

Zi·be·be [tsi'beːbə] f ⟨-; -n⟩ bes. Southern G. and Austrian (große Rosine) muscatel raisin.

Zi·be·li·ne [tsibə'liːnə] f ⟨-; no pl⟩ (textile) zibeline, auch zibelline.

Zi·bet ['tsiːbɛt] *m* ⟨-s; *no pl*⟩ zo. (*Drüsen-absonderung der Zibetkatze*) civet, zibet(h). — ~**baum** *m bot.* durian (*Durio zibethinus*). — ~**bi·ber** *m zo. cf.* Bisamratte. — **hyä·ne** [-hyˌɛnə] *f cf.* Erdwolf. — ~**kat-ze** *f* civet (cat), viverrine (*scient.*) (*Fam. Viverrinae*): Afrikanische ~ *cf.* Zivette; Indische ~ zibet(h) (*Viverra zibetha*).

Zi·be·ton [tsibeˈtoːn] *n* ⟨-s; *no pl*⟩ *chem.* civetone (C₁₇H₃₀O).

Zi·bo·ri·um [tsiˈboːrĭʊm] *n* ⟨-s; -rien⟩ *röm.kath.* ciborium (a) *a vessel for the consecrated bread*, b) *a canopy placed over an altar*, c) *a tabernacle*).

Zi·cho·rie [tsiˈço̞rĭə] *f* ⟨-; -n⟩ **1.** *bot.* chicory, *auch* chiccory, chickory, witloof (chicory), blue daisy (*Cichorium intybus*). – **2.** *gastr.* (*Kaffeezusatz*) (roasted) chicory (*auch* chiccory, chickory).

Zi'cho·ri·en|**kaf·fee** *m* chicory coffee. — ~**wur·zel** *f* chicory (root).

Zicke (*getr.* -k·k-) ['tsɪkə] *f* ⟨-; -n⟩ **1.** (*weibliche Ziege*) she-goat, goat doe, nanny goat, nanny. – **2.** *colloq. contempt. cf.* Ziege 3. – **3.** *colloq. contempt.* a) silly girl (*od.* woman), b) prim (*od.* prudish) girl (*od.* woman).

Zickel (*getr.* -k·k-) ['tsɪkəl] *n* ⟨-s; -(n)⟩, **'Zickel·chen** (*getr.* -k·k-) *n* ⟨-s; -⟩ (*Ziegenjunges*) kid, yeanling, *Br. auch* goatling.

zickeln (*getr.* -k·k-) ['tsɪkəln] *v/i* ⟨h⟩ (*Junge werfen*) (*von Ziege*) kid, yean.

Zicken (*getr.* -k·k-) ['tsɪkən] *pl colloq.* **1.** tricks: mach (ja) keine ~! don't try any tricks! none of your tricks! – **2.** er macht immer soviel (unnötige) ~ he is always fooling around (*od.* acting irresponsibly).

'zickig (*getr.* -k·k-) *adj colloq. contempt.* **1.** (*albern*) (*von Mädchen*) silly: sie benahmen sich ~ they behaved like silly geese (*od.* goats). – **2.** (*prüde*) prim, prudish.

'Zick·lein *n* ⟨-s; -⟩ *cf.* Zickel(chen).

'Zick·zack ['tsɪk-] **I** *m* ⟨-(e)s; -e⟩ zigzag: im ~ gehen (*od.* laufen, fahren) to zigzag. – **II** *z~ adv* zigzag: z~ gehen (*od.* laufen, fahren) to zigzag.

'zick·zack·för·mig *adj* zigzag, zigzagging, *auch* zigzaggy.

'Zick·zack|**fuß** *m* (*an der Nähmaschine*) zigzagger. — ~**klee** *m bot.* ˈzigzag (*od.* meadow, *auch* cow) clover (*Trifolium medium*). — ~**kurs** *m auch fig.* zigzag (course), zigzaggery: im ~ fahren to zigzag. — ~**li·nie** *f* zigzag, zigzag(ging) line. — ~**lo·chung** *f tech.* diagonal (*od.* zigzag) perforation. — ~**mu·ster** *n* zigzag pattern, zigzags *pl.* — ~**schal·tung** *f electr.* zigzag connection (*Br. auch* connexion). — ~**stich** *m* (*an der Nähmaschine*) zigzag stitch. — ~**weg** *m* zigzag path.

Zi·der ['tsiːdər] *m* ⟨-s; *no pl*⟩ (*Obst-, bes. Apfelwein*) cider.

Zie·ge ['tsiːgə] *f* ⟨-; -n⟩ **1.** *zo.* goat (*Gattg Capra*). – **2.** *zo.* (*Karpfenfisch*) sicklefish (*Pelecus cultratus*). – **3.** *colloq. contempt.* goose: sie ist eine dumme (*od.* blöde, alte) ~ she is a silly (*od.* stupid) old hag; unsere Nachbarin ist eine richtige ~ our neighbo(u)r is a regular old bag (*sl.*).

Zie·gel ['tsiːgəl] *m* ⟨-s; -⟩ **1.** (*Mauerziegel*) (building *od.* solid) brick: ~ brennen to bake (*od.* burn) bricks. – **2.** *pl collect.* brickwork *sg.* – **3.** (*Dachziegel*) (roofing) tile: ein Dach mit ~n decken to tile a roof, to cover a roof with tiles. – **4.** *pl collect.* tiling *sg.* — ~**aus·fa·chung** [-ˌfaxʊŋ], ~**aus·fül·lung** *f* brick nogging. — ~**barsch** *m zo.* tilefish (*Fam. Malacanthidae*). — ~**bau** *m* ⟨-(e)s; -ten⟩ (clay) brick building (*od.* construction). — ~**bren·nen** *n* **1.** brick burning. – **2.** (*von Dachziegeln*) tile burning. — ~**bren·ner** *m* **1.** brickmaker. – **2.** (*von Dachziegeln*) tilemaker. — ~**bren·ne'rei** [ˌtsiːgəl-] *f cf.* Ziegelei. — ~**brenn·ofen** *m* **1.** brickkiln, *Br.* brick-kiln. – **2.** (*für Dachziegel*) tilery. — ~**dach** *n* (clay-)tiled roof.

Zie·ge·lei *f* ⟨-; -en⟩ **1.** brickworks *pl* (*construed as sg od. pl*), brickyard, *Br. auch* brickfield. – **2.** (*für Dachziegel*) tilery. — ~**ar·bei·ter** *m* **1.** brickmaker. – **2.** tilemaker.

'Zie·gel|er·de *f* (*zur Ziegelherstellung*) brick earth. — ~**in·du·strie** *f* brick industry. — ~**mau·er** *f* brick wall. — ~**mehl** *n* brick dust. — ~**ofen** *m* **1.** brickkiln, *Br.* brick-kiln. – **2.** (*für Dachziegel*) tilery. — ~**pfla·ster** *n* brick paving. — ~**pres·se** *f* brick-pressing machine. —

~**roh·bau** *m* ⟨-(e)s; -ten⟩ (clay) brick carcass (*od.* fabric, shell). — ~**rot** *adj* brick-red. — ~**schot·ter** *m* crushed bricks *pl*, brickbats *pl*, *Br.* brick-bats *pl.* — ~**schutt** *m* brick rubble. — ~**stein** *m* brick. — ~**ton** *m cf.* Ziegelerde. — ~**wand** *f* brick wall. — ~**wurz** *f bot.* tileroot (*Gattg Geissorhiza*).

'Zie·gen|**an·ti·lo·pe** *f zo.* goral, goat antelope, gray (*bes. Br.* grey) Himalayan goral (*Nemorhaedus goral*). — ~**bart** *m* **1.** (*der Ziege*) goat's beard. – **2.** (*von Menschen*) goatee. – **3.** *bot.* goatsbeard (*Gattg Tragopogon*). — ~**bock** *m* he-goat, billy goat. — ~**fell** *n* goatskin, kidskin. — ~**her·de** *f* flock of goats. — ~**hirt** *m*, *obs. od. poet.* ~**hir·te** *m* goatherd. — ~**kä·se** *m gastr.* goat's cheese. — ~**le·der** *n* goatskin, kidskin, kid leather. — ~**lip·pe** *f bot.* (*Pilz*) goat's lip (*Xerocomus subtomentosus*). — ~**mel·ker** *m zo.* nightjar (*Caprimulgus europaeus*): Ägyptischer ~ Egyptian nightjar (*C. aegyptius*). — ~**milch** *f* goat's milk. — ~**pe·ter** *m* ⟨-s; -⟩ *med.* mumps *pl* (*construed as sg*), parotitis (*scient.*). — ~**pfef·fer** *m bot.* red (*od.* cayenne) pepper (*Capsicum frutescens*). — ~**rau·te** *f cf.* Geißraute.

Zieg·ler ['tsiːglər] *m* ⟨-s; -⟩ *cf.* Ziegelbrenner.

zieh [tsiː] *1 u. 3 sg pret of* zeihen.

'Zieh·bank *f tech.* **1.** (*für Draht, Rundstahl etc*) drawbench. – **2.** (*für Rohre*) sinking bench.

'zieh·bar *adj tech.* drawable. — **'Zieh·bar·keit** *f* ⟨-; *no pl*⟩ drawability, drawing quality.

'Zieh|**brücke** (*getr.* -k·k-) *f* drawbridge. — ~**brun·nen** *m* draw well. — ~**dorn** *m* **1.** *metall.* mandrel. – **2.** *tech.* broach. — ~**ei·sen** *n* (*für Drahtziehen*) drawplate, drawing block. — ~**el·tern** *pl* foster parents.

zie·hen ['tsiːən] **I** *v/t* ⟨zieht, zog, gezogen, h⟩ **1.** (*hinter sich her bewegen*) draw, pull: die Pferde ~ den Wagen [Pflug] the horses draw the wag(g)on [plough, *bes. Am.* plow]; das Kind zog den Schlitten the child drew the sleigh. – **2.** (*zu sich her bewegen*) pull: die Handbremse ~ to pull (*od.* put on) the hand brake; den Starter ~ to pull the starter; die Glocke (*od.* Klingel) ~ to pull (*od.* ring) the bell; die Wasserspülung ~ to pull the chain, to flush the lavatory; „Z~" (*Hinweisschild auf Türen*) "Pull". – **3.** (*herausziehen*) draw, pull: die Brieftasche [Geldbörse] ~ a) to pull (*od.* take) out one's wallet [purse], b) *fig. colloq.* to fork out (*od.* up) (*colloq.*); den Degen (*od.* das Schwert) ~ to draw one's sword; ein Los ~ to draw a lot; das Große Los ~ a) to win (the) first prize, to draw the winning number, b) *fig.* to have a lucky draw, to be in luck; den kürzeren ~ *fig.* to come off badly (*od.* second best); Möhren [Rüben] ~ to pull carrots [turnips]; → Niete 1; Register 5; Zahl 1. – **4.** (*Striche, Linien etc*) draw: eine Senkrechte ~ to drop (*od.* erect) a perpendicular; eine Parallele ~ *auch fig.* to draw a parallel; wir wollen einen Schlußstrich unter die Sache ~ *fig.* let's let bygones be bygones. – **5.** (*Gräben*) dig, cut. – **6.** (*Furchen*) cut. – **7.** (*Mauer, Wand etc*) build, erect. – **8.** (*Wäscheleine*) put up: → Leine 1. – **9.** den Hut ~ to raise one's hat; → Bilanz 2; Blase 1, 2; Gesicht¹ 2; Schlußfolgerung 3; Vergleich 2. – **10.** (*in Verbindung mit Präpositionen*) ein Boot ans Ufer (*od.* an[s] Land) ~ to haul a boat ashore; j-n an den Haaren [Ohren] ~ to pull (*od.* tweak) s.o.'s hair [ears]; j-n am Ärmel ~ to tug s.o.'s sleeve; j-n an (*acc*) sich ~ a) to draw s.o. to one, to draw s.o. close (to one), b) *fig.* to appeal to s.o., to attract s.o.; Perlen auf eine Schnur ~ to thread beads; Saiten auf die Geige ~ to string the violin; Wein auf Flaschen ~ to bottle wine; j-n auf die Seite ~ to draw (*od.* take) s.o. aside; j-n auf seine Seite ~ *fig.* to win s.o. over; die Aufmerksamkeit auf (*acc*) sich ~ to attract attention; die Blicke auf (*acc*) sich ~ to catch people's eye, to be rather striking; j-s Haß [Unmut, Zorn] auf (*acc*) sich ~ to incur s.o.'s hatred [annoyance, anger]; einen Wechsel auf j-n ~ *econ.* to draw on s.o.; einen Nagel aus der Wand ~ to pull (*od.* draw) a nail out of the wall, to extract

a nail from the wall; einen Zettel aus der Tasche ~ to pull a note out of one's pocket; das Schwert aus der Scheide ~ to draw one's sword; Geld aus dem Verkehr ~ to withdraw money from circulation; Geld aus einem Geschäft ~ to draw money from a business; ein Auto aus dem Verkehr ~ (*durch Behörde*) to take a car off the road; Pflanzen ~ ihre Nahrung aus dem Boden plants draw succulence from the earth; eine Lehre aus etwas ~ to take s.th. as a lesson; Schlüsse aus etwas ~ to draw conclusions from s.th.; daraus ziehe ich den Schluß, daß from that I conclude that; Nutzen aus etwas ~ to profit (*od.* benefit) from s.th.; aus einer Zahl die Wurzel ~ *math.* to extract the (square) root from a number; den Faden durch das Nadelöhr ~ to thread a needle; Strümpfe kurz durchs Wasser ~ to rinse out one's stockings; j-n durch den Kakao ~ *fig. colloq.* to pull s.o.'s leg, to kid s.o. (*sl.*); etwas durch den Kakao ~ *fig. colloq.* to make fun of s.th.; j-n ins Haus ~ to pull s.o. into the house; j-n mit sich in die Tiefe ~ to pull s.o. down (*od.* under) with one; die Stirn in Falten ~ to frown, to knit one's brows; j-n ins Gespräch ~ to draw s.o. into (*od.* to include s.o. in) the conversation; etwas in Erwägung ~ to take s.th. into consideration, to consider s.th.; etwas ins Lächerliche ~ to hold s.th. up to ridicule, to ridicule s.th.; j-n ins Vertrauen ~ to take s.o. into one's confidence; j-s Worte in Zweifel ~ to doubt (*od.* question) s.o.'s words (*od.* what s.o. says); etwas in die Länge ~ a) (*Gummiband etc*) to stretch (*od.* extend) s.th., b) *fig.* (*Verhandlungen etc*) to drag s.th. on (*od.* out), to prolong s.th., c) *fig.* (*Wörter etc*) to drawl s.th.; j-n mit sich ~ to pull (*od.* drag) s.o. with one; etwas nach oben ~ to pull (*od.* draw) s.th. up; das wird schlimme Folgen nach sich ~ that will have grave consequences; diese Maßnahmen werden weitere nach sich ~ these measures will be followed by (*od.* will entail, will involve) others; einen Pullover über die Bluse ~ to put a pullover on over the blouse; eine Decke enger um sich ~ to pull a blanket (a)round one snugly; den Ring vom Finger ~ to take off the ring, to take the ring off one's finger; die Gardine vors Fenster ~ to draw (*od.* pull) the curtain (over *od.* across); j-n vor Gericht ~ to take s.o. to court; die schwere Last zog ihn fast zu Boden the heavy load weighed him down; j-n zu Rate ~ to ask s.o. for advice; j-n zur Rechenschaft ~ to call s.o. to account; j-n zur Verantwortung ~ to hold s.o. responsible; → Fell 7; Mitleidenschaft; Schmutz 7. – **11.** *bot.* (*Rosen etc*) cultivate, breed. – **12.** *zo.* (*züchten*) breed, raise, rear. – **13.** *med.* (*Fäden*) take out. – **14.** (*Kerzen*) dip, draw. – **15.** *mil.* (*Gewehrlauf, Geschützrohr*) rifle. – **16.** *mar.* (*Schiff*) tow, haul. – **17.** *phot.* (*Kopie*) print. – **18.** *tech.* a) (*Draht*) draw, b) (*Gußblöcke*) pull, c) (*Rohre*) sink. – **19.** *aer.* (*Flugzeug*) nose up. – **II** *v/i* ⟨h u. sein⟩ **20.** ⟨sein⟩ (*von Wolken, Nebel, Rauch etc*) drift, float, move: die Wolken [Nebel] ~ the clouds [the patches of fog] drift by; der Rauch zieht ins Zimmer the smoke drifts (*od.* comes) into the room; das Gewitter ist nach Westen gezogen the thunderstorm has moved (*od.* shifted) west. – **21.** ⟨sein⟩ (*gehen*) go: in den Krieg [in die Fremde] ~ to go to war [to go abroad]; j-n ungern ~ lassen to be sorry to let (*od.* see) s.o. go; heimwärts ~ to go home; seines Weges ~ to go one's way(s); laß ihn ~! let him go (there)! von dannen ~ *humor.* to depart (thence); auf Wache ~ *mil.* to mount guard; Jahr um Jahr zog ins Land *poet.* year after year went by. – **22.** ⟨sein⟩ (*wandern, streifen*) roam, rove: über Land ~ to roam (across) the country; durch die Welt ~ to roam the world. – **23.** ⟨sein⟩ (*von Zugvögeln*) fly, migrate. – **24.** ⟨h⟩ an (*dat*) etwas ~ a) (*an der Glocke, einem Strick etc*) to pull (*od.* tug) at s.th., b) (*an der Pfeife, Zigarre etc*) to (take a) puff at s.th., ~ (*to have a*) draw on s.th.: an der Glocke ~ to pull (*od.* ring) the bell; der Hund zieht an der Leine the dog pulls (*od.* strains) at its leash; an gleichen Strang ~ *fig.* to be in the same boat. – **25.** ⟨h⟩ (*von Ofen, Kamin, Pfeife, Zigarre* *etc*) draw: der Ofen zieht nicht the stove won't draw. – **26.** ⟨sein⟩ (*umziehen*) move, remove: aufs Land [in die Stadt] ~ to move to the country [(in)to the city]; in ein anderes Haus ~ to move (to another) house; auf ein anderes Zimmer ~ to move to another room, to move rooms (*od.* lodgings); sie zog zu ihrer Tochter she went to live (*od.* she moved in) with her daughter, she moved to her daughter's. – **27.** ⟨h⟩ (*von Tee*) draw, infuse: der Tee muß fünf Minuten ~ the tea must draw (*od.* stand) for five minutes; den Tee ~ lassen to let the tea draw, to infuse the tea. – **28.** ⟨h⟩ (*Wirkung haben*) work: diese Ausrede zieht nicht mehr this excuse does not work anymore; das zieht bei ihm nicht that does not work (*od.* cuts no ice) with him; das zog endlich that finally worked. – **29.** ⟨h⟩ (*Anklang finden, ankommen*) go down (well), be (well) received: moderne Stücke ~ hier nicht modern plays don't go down well here. – **30.** ⟨h⟩ (*beim Schachspiel etc*) move: mit dem König ~ to move the king; wer zieht? whose move is it? who is to move? – **31.** ⟨h⟩ (*sport*) set the pace. – **32.** ⟨h⟩ *aer.* (*von Pilot*) raise the elevator. – **33.** ⟨h⟩ einen ~ lassen *vulg.* to let one go, to fart (*vulg.*). – **III** *v/reflex* ⟨h⟩ sich ~ **34.** (*sich erstrecken*) stretch, extend, run: das Gebirge zieht sich bis zur Küste the mountain range stretches to the coast. – **35.** *fig.* run: dieses Motiv zieht sich durch die ganze Oper this motif runs through the whole opera; → Faden¹ 2. – **36.** (*verlaufen*) run, lead: die Straße zieht sich in vielen Kurven auf den Berg the road runs up the mountain in serpentines, the road winds (*od.* wends) up the mountain. – **37.** sich in die Länge ~ a) (*von Verhandlungen etc*) to drag on (and on), b) (*von Weg etc*) to go on endlessly. – **38.** (*von Holz*) warp. – **39.** (*von Stahl*) distort. – **40.** (*von Kaugummi, überbackenem Käse etc*) pull into strings. – **IV** *v/impers* ⟨h⟩ **41.** es zieht there is a draft (*bes. Br.* draught): Tür zu, es zieht close the door, there is a draft; es zieht durch das Fenster there is a draft at the window. – **42.** es zieht mir im Rücken I have a twinge (*od.* ache) in my back; es zieht mir in allen Gliedern I'm aching all over. – **43.** es zog ihn in die Ferne he had an urge to go abroad (*od.* far afield); es zieht mich nicht zu dieser Gesellschaft I am not very keen to see (*od.* not attracted by) these people, I am not overanxious to see these people. – **V Z~** *n* ⟨-s⟩ **44.** *verbal noun.* – **45.** *cf.* Ziehung. – **46.** (*einer Wand etc*) erection. – **47.** (*von Rosen etc*) cultivation. – **48.** (*von Schiffen*) haulage. – **49.** *math.* (*einer Wurzel*) extraction. – **50.** (*von Tee*) infusion. – **51.** (*stechender Schmerz, Reißen*) twinge, ache.

'**zie·hend I** *pres p.* – **II** *adj* ~er Schmerz twinge, ache.

'**Zie·her** *m* ⟨-s; -⟩ **1.** (*Gerät*) puller. – **2.** *tech.* (*von Draht*) drawer.

Zie·he'rei *f* ⟨-; -en⟩ *tech.* **1.** drawing shop. – **2.** drawing plant (*od.* mill).

'**Zieh·fä·hig·keit** *f* ⟨-; no pl⟩ *tech.* drawing property.

'**Zieh**|**fe·der** *f cf.* Reißfeder. — **~·fett** *n tech.* (*zum Naßziehen*) wire-drawing grease. — **z~·glät·ten** *v/t* ⟨insep, -ge-, h⟩ *tech.* pull-burnish.

'**Zieh·har·mo·ni·ka** *f mus.* a) concertina, b) *cf.* Akkordeon. — **~·spie·ler** *m* accordionist.

'**Zieh**|**hund** *m archaic* dog used for drawing (light carts). — **~·kar·tei** *f* (*computer*) tub file. — **~·kind** *n* foster child. — **~·klin·ge** *f tech.* scraper. — **~·kraft** *f phys. tech. cf.* Zugkraft 1. — **~·mut·ter** *f* foster mother. — **~·pfla·ster** *n med. pharm. cf.* Zugpflaster. — **~·pres·se** *f metall.* drawing press. — **z~·schlei·fen** *v/t* ⟨irr, insep, -ge-, h⟩ *tech.* hone. — **~·schnur** *f* **1.** (*an einer Lampe etc*) drawcord, pullcord. – **2.** (*an einem Wäschebeutel, einer Tasche etc*) drawstring, *auch* drawing string. — **~·stahl** *m tech.* steel suitable for drawing. — **~·stein** *m* wire-drawing die.

'**Zie·hung** *f* ⟨-; -en⟩ **1.** *cf.* Ziehen. – **2.** (*in der Lotterie*) draw: ~ der Lottozahlen Lotto draw. – **3.** *econ.* (*eines Wechsels*) drawing.

'**Zie·hungs**|**li·ste** *f* (*einer Lotterie etc*) drawing list. — **~·tag** *m* drawing day.

'**Zieh·va·ter** *m* foster father.

Ziel [tsi:l] *n* ⟨-(e)s; -e⟩ **1.** (*einer Reise, Wanderung etc*) destination: wir sind am ~ we are at our destination; sich seinem ~ nähern to near one's destination; mit unbekanntem ~ verreisen a) to set out for an unknown destination, b) to set out with no particular destination; wer langsam geht, kommt auch zum ~ (*Sprichwort*) slow and (*od.* but) sure (*od.* steady) wins the race. – **2.** *bes. mil.* a) target, mark, b) (*Zielscheibe*) target, c) (*in der Taktik*) objective: „~ erfaßt'' ''on target''; das ~ treffen [verfehlen] to hit [to miss] the target; die Hafenanlagen boten dem Feind gute ~e the harbo(u)r installations provided a good target for the enemy; ein ~ unter Beschuß nehmen to engage a target; einen Flughafen als (*od.* zum) ~ nehmen to take an airport as a (*od.* one's) target; das ~ ansprechen to designate the target; (weit) über das ~ hinausschießen *auch fig.* to overshoot the mark. – **3.** *fig.* goal, aim, object(ive), end, (*bes. angestrebtes*) purpose, intent(ion): ein ~ verfolgen to pursue (*od.* aim at) a goal; sich (*dat*) ein hohes ~ setzen (*od.* stecken) to aim high, to set oneself an ambitious goal; gerade aufs ~ losgehen to go (*od.* head) straight for one's goal; auf diesem Wege kommst (*od.* gelangst) du nicht ans ~ you will never achieve your goal this way; dieser Weg führt nicht zum ~ that's not the right way to go about it; sich (*dat*) etwas als (*od.* zum) ~ nehmen to make s.th. one's goal, to aim at s.th.; wir dürfen das ~ nicht aus den Augen verlieren we must not lose sight of the goal; wir müssen das ~ im Auge behalten we must keep sight of the goal; ein ~ vor Augen haben to aim at a goal; er hat das ~ seiner Wünsche erreicht, er ist am ~ seiner Wünsche (angelangt) he has reached (*od.* achieved) his goal; er hat sein ~ erreicht a) he has reached (*od.* achieved) his goal, b) (*seinen Willen durchgesetzt*) he has got what he wanted, he has had (*od.* got) his way; er studiert Biologie mit dem ~, in die Forschung zu gehen he is studying biology with the aim of going into research. – **4.** *fig.* (*Grenze*) bounds *pl*, limits *pl*: etwas mit [ohne] Maß und ~ tun to do s.th. with moderation [to excess]; sein Ehrgeiz kennt weder Maß noch ~ his ambition knows no bounds; seinem Leben war frühzeitig ein ~ gesetzt he died prematurely. – **5.** (*sport*) finish, winning (*od.* finishing) post: als erster [zweiter] durchs ~ gehen to finish (*od.* come [in], reach the winning post) first [second]; er mußte kurz vor dem ~ aufgeben he had to give up just before the finish. – **6.** *econ.* (*Zahlungsfrist*) credit, period of payment: mit kurzem [langem] ~ on a short-term [long-term] basis, with a short [long] credit; etwas auf ~ verkaufen a) to sell s.th. on credit (*od.* against payment on a fixed date), b) (*Termingeschäft*) to sell s.th. forward; j-m drei Monate ~ gewähren to grant s.o. a three-month credit, to grant s.o. three months' credit; j-m offene ~e einräumen to grant s.o. open account terms.

'**Ziel**|**ab·deckung** (*getr.* -k·k-) *f mil.* target coverage. — **~·ab·la·ge** *f* terminal miss distance. — **~·adres·se** [-ʔa,drɛsə] *f* (*computer*) transfer address.

'**Ziel·an·flug** *m aer. mil.* approach run (*od.* flight), approach to target, run-in. — **~·ge·rät** *n* homing device.

'**Ziel**|**an·ga·ben** *pl mil.* target data (*od.* information *sg*). — **~·an·ord·nung** *f* target array. — **~·an·spra·che** *f* target designation. — **~·an·steue·rung** *f aer.* homing: automatische ~ homing guidance. — **~·auf·fas·sung** *f electr.* (*mit Radar*) target acquisition (*od.* pickup). — **~·auf·nah·me** *f* target photograph. — **~·bahn·hof** *m* (*railway*) station of destination. — **~·band** *n* ⟨-(e)s; ⁻er⟩ (*sport*) finishing tape: das ~ durchreißen to break (*od.* break) the tape. — **~·be·kämp·fung** *f mil.* target engagement. — **~·be·reich** *m* target area. — **~·be·wußt** *adj u. adv cf.* zielstrebig. — **~·be·wußt·heit** *f cf.* Zielstrebigkeit. — **~·bild** *n mil.* target image. — **~·bo·je** *f* (*beim Kanusport etc*) finishing buoy. — **~·bril·le** *f* (*optics*) aiming spectacles *pl.* — **~·dar·stel·lung** *f mil.* target simulation. — **~·drei·eck** *n* shot group.

'**Ziel**|**ein·lauf** *m* (*sport*) finishing order. — **~·ein·rich·tung** *f mil.* (*an Waffen*) (weapon) sight, *bes. Br.* sighting mechanism.

zie·len ['tsi:lən] *v/i* ⟨h⟩ **1.** (take) aim, level, sight: auf (*acc*) etwas [j-n] ~, nach etwas [j-m] ~ to (take) aim (*od.* to level) at s.th. [s.o.], to sight for s.th. [s.o.]; auf j-s Kopf [Herz] ~ to aim at s.o.'s head [heart]. – **2.** auf j-n [etwas] ~ *fig.* (*sich beziehen, gerichtet sein*) a) (von Bemerkung etc) to be aimed (*od.* directed) at s.o. [s.th.]: das war auf dich gezielt that was aimed at (*od.* meant for) you; die Bemerkung zielte auf mich (*od.* war auf mich gezielt) the remark was aimed at me (*iron.* was for my benefit, *colloq.* was getting at me); hast du bemerkt, worauf er zielte? have you noticed what he was aiming (*od.* driving, *colloq.* getting) at? worauf zielte diese Frage? what were you driving at with your question?

'**zie·lend I** *pres p.* – **II** *adj u. adv ling. cf.* transitiv.

'**Ziel·er·fas·sung** *f mil.* acquisition of target, target acquisition (*od.* pickup). — **~·fahrt** *f* (*sport*) (motor) rally (*auch* rallye). — **~·feh·ler** *m mil.* sighting (*od.* aiming) error. — **~·fern·rohr** *n* telescopic sight, aiming (*od.* direct sight) telescope, (*für Gewehre*) sniperscope. — **~·flag·ge** *f* (*im Motorsport*) checkered (*Br.* chequered) flag. — **~·flug** *m aer.* homing. — **~·flug·ge·rät** *n* homing indicator. — **~·flug·ha·fen** *m* port of destination. — **~·flug·zeug** *n aer. mil.* aerial target, target airplane. — **~·fo·to** *n*, **~·fo·to·gra·fie** *f* (*sport*) *cf.* Zielphoto(graphie). — **~·fo·to·ka·me·ra** *f cf.* Zielphotokamera. — **~·ge·biet** *n mil.* target area, (*für Bomber*) *auch* impact area. — **~·ge·nau·ig·keit** *f* aiming accuracy, accuracy of aim. — **~·ge·ra·de** *f* (*sport*) home straight, *Am.* homestretch. — **~·ge·rät** *n mil.* **1.** (gun)sight, sight unit. – **2.** (*für Bomben*) bombsight. — **z~·ge·rich·tet** *adj* (*Politik, Studium etc*) purposeful, purposive. — **~·grup·pe** *f* (*bes. in der Werbung*) target group. — **~·ha·fen** *m mar.* port of destination. — **~·ka·me·ra** *f* (*sport*) photo-finish camera. — **~·kauf** *m econ.* **1.** purchase on credit (terms), purchase on deferred payment terms. – **2.** (*Termingeschäft*) purchase for fixed-date delivery, forward buying (purchase). — **~·kon·flikt** *m psych.* conflict of goals. — **~·kur·ve** *f* (*sport*) home bend. — **~·lan·dung** *f aer.* (*space*) precision (*od.* accuracy, spot) landing. — **~·li·nie** *f* **1.** (*sport*) finish(ing) line. – **2.** *mil.* line of sight.

'**ziel·los I** *adj* **1.** (*Suchen, Umherwandern etc*) aimless, purposeless, objectless: ein ~er Mensch *fig.* an aimless person, a drifter. – **2.** (*vom Zufall bestimmt, aufs Geratewohl*) random (*attrib*), haphazard, desultory. – **II** *adv* **3.** ~ durch die Straßen wandern to wander aimlessly through (*od.* roam) the streets. – '**Ziel·lo·sig·keit** *f* ⟨-; no pl⟩ **1.** aimlessness, lack of purpose, purposelessness, objectlessness. – **2.** randomness, haphazardness, desultoriness.

'**Ziel**|**ort** *m* (place of) destination. — **~·pei·lung** *f aer.* homing. — **~·pfo·sten** *m* (*beim Pferderennen*) goal. — **~·pho·to** *n*, **~·pho·to·gra·phie** *f* (*sport*) picture of the finish. — **~·pho·to·ka·me·ra** *f* photo-finish camera. — **~·punkt** *m* **1.** aiming point, point of aim, bull's-eye, center (*bes. Br.* centre) of the target. – **2.** *fig.* goal.

'**Ziel·rich·ter** *m* (*sport*) judge at the finish. — **~·ob·mann** *m* chief judge at the finish. — **~·trep·pe** *f* judges' stand at the finish.

'**Ziel**|**schei·be** *f* (*beim Schießen*) (practice) target: die ~ treffen [verfehlen] to hit [to miss] the target; er war oft die ~ des Spottes *fig.* he was often the target of derision (*od.* the butt); j-n zur ~ des Spottes machen to make s.o. the target (*od.* object of mockery (*od.* the butt), to make a laughingstock (*Br.* laughing-stock) of s.o.; als ~ des Spottes dienen to be made the target of derision (*od.* the butt), to become a laughingstock (*Br.* laughing-stock). — **~·schiff** *n* **1.** *mar. mil.* target ship. – **2.** (*sport*) (*bei Segelregatta*) finishing boat. — **~·schlepp·flug·zeug** *n aer. mil.* target-towing aircraft. — **~·set·zung** *f* ⟨-; -en⟩ (*Bestrebung, Absicht*) objective, target. —

z~,si·cher I adj (Schütze) unerring, sure: ~ sein (beim Schießen) to have a good aim, to be a good shot (od. marksman), to have a good eye. – **II** adv ~ auf j-n zugehen to go straight up to s.o. — **~,si·cher·heit** f unerring precision, unerringness. — **~,spie·gel** m (beim Schießen) aim corrector. — **~,spra·che** f ling. (beim Übersetzen) target language. — **~,stan·ge** f civ.eng. (bei der Landvermessung) leveling (bes. Br. levelling) rod (od. pole), object staff.

'ziel,stre·big [-,ʃtreːbɪç] **I** adj (Person) purposeful, resolute, determined, single--minded, purposive. – **II** adv ~ an die Arbeit gehen to set to work purposefully (od. resolutely, with resolve, with determination). — **'Ziel,stre·big·keit** f ⟨-; no pl⟩ purposefulness, singleness of purpose, resolve, determination, single--mindedness, purposiveness.

'Ziel,su·che f aer. mil. homing guidance. — **z~,su·chend** adj mar. mil. (Torpedo etc) target-seeking, homing. — **~,su·cher,** **~,such,kopf** m mil. homing device (od. head). — **~,such,len·kung** f mil. (space) homing guidance. — **~,such·ver,fah·ren** n homing. — **~,übung** f mil. target practice. — **~ver,fol·gung** f (mittels Radar) target tracking. — **~,vor,rich·tung** f **1.** aiming system (od. device), sighting device. – **2.** (für Bomben) bombsight.

Ziem [tsiːm] m ⟨-(e)s; -e⟩ gastr. (oberes Keulenstück des Rindes) aitchbone, auch edgebone.

zie·men ['tsiːmən] v/reflex u. v/impers ⟨h⟩ sich ~ lit. be befitting, be right and proper: es ziemt sich nicht it is unbefitting (to do so), it is bad form, it is not good form (od. not the done thing); es ziemt sich nicht für ein junges Mädchen, so etwas zu tun, es ziemt sich nicht, daß ein junges Mädchen so etwas tut it is not befitting (od. right) that a young girl should do such a thing, it does not befit (od. it is not befitting for) a young girl to do such a thing.

Zie·mer¹ ['tsiːmər] m ⟨-s; -⟩ gastr. a) (Rücken des Wildbrets) haunch (of venison), b) (Lendenstück von Schlachttieren) loin(s pl), chine.

'Zie·mer² m ⟨-s; -⟩ **1.** (männliches Glied vom Stier etc) pizzle. – **2.** cf. Ochsenziemer.

'ziem·lich I adj **1.** ⟨attrib⟩ colloq. (beträchtlich) fair, considerable, quite a: eine ~e Strecke quite a distance (od. long way), a considerable distance; eine ~e Anzahl quite a number, a fair (od. good) number; es war eine ~e Arbeit it was quite hard work, it was quite a bit (od. colloq. lot) of work, it was a fair bit of work; das ist eine ~e Frechheit! that's rather a (od. a fair) cheek! es hat eine ~e Zeit gedauert it took quite some time, it took a fair (od. good) while; die Bücher haben ein ~es Gewicht the books are quite a weight. – **2.** archaic for geziemend II. – **II** adv **3.** (recht, einigermaßen) quite, rather, pretty: ich mußte mich ~ beeilen I had to hurry (od. rush) quite a bit; der Schrank ist ~ hoch [breit, groß] the cupboard is pretty (od. rather) high [wide, big]; es ist ~ spät geworden it went on (until) quite late; ich bin ~ sicher I am reasonably sure; ~ viele Leute a good many (od. quite a few, a fair number of) people; ~ ausführlich at some length; es hat ~ viel geschneit it has snowed quite a bit, there has been quite a bit (od. fall) of snow; wir haben noch ~ viel Zeit we have plenty of time. – **4.** (fast) almost, nearly, more or less, practically, just about, pretty well: ich bin so ~ fertig colloq. I'm more or less (od. I'm just about) ready; bist du fertig? so ~! are you ready? more or less (od. just about)! so ~ alles practically everything; so ~ dasselbe pretty much (od. very nearly, more or less) the same thing; so ~ gleich, Swiss auch das ist so ~ X it's all (od. more or less) the same thing, it's six of one and half a dozen of the other; er ist so ~ in meinem Alter he is just about my age.

zie·pen ['tsiːpən] **I** v/t ⟨h⟩ **1.** j-n an den Haaren ~ to pull s.o.'s hair (od. s.o. by the hair), to tweak s.o.'s hair. – **II** v/i **2.** das ziept! ouch! that hurts! that's sore! – **3.** cf. piepen 1.

Zier [tsiːr] f ⟨-; no pl⟩ obs. od. poet. adornment, embellishment, ornament, decora-

tion: Bescheidenheit ist eine ~, doch weiter kommt man ohne ihr colloq. humor. modesty is an adornment but one gets further without it. — **~,af·fe** m fig. contempt. (Geck) fop, coxcomb. — **~,ap·fel(,strauch)** m bot. Siberian crab, auch Siberian crab apple, cherry apple (od. crab) (Malus baccata).

Zie·rat ['tsiːraːt] m ⟨-(e)s; -e⟩ lit. ornament, decoration, adornment, embellishment.

'Zier,baum m hort. ornamental tree. — **~,bor·te** f braid(ing), trimming. — **~,buch,sta·be** m **1.** ornamented (od. swash, fancy) letter. – **2.** (bes. in mittelalterlichen Handschriften) illuminated letter.

Zier·de ['tsiːrdə] f ⟨-; -n⟩ **1.** ⟨only sg⟩ ornament, decoration, adornment: Blumen zur ~ auf den Tisch stellen to set flowers on the table as a decoration; die Knöpfe dienen nur als (od. zur) ~ the buttons are just for decoration. – **2.** (Verschönerung) embellishment. – **3.** ⟨only sg⟩ fig. credit, honor, bes. Br. honour: sie ist eine ~ ihres Geschlechts she is a credit to her sex; dieser Politiker gereicht (od. dient) der Partei nicht gerade zur ~ this politician is not exactly a credit to his party.

'Zier,deck·chen n (auf Kommode etc) doily, mat.

zie·ren ['tsiːrən] **I** v/t ⟨h⟩ lit. **1.** adorn, ornament: Kupferstiche zierten die Wände (copperplate) engravings adorned the walls. – **2.** (verschönern) embellish, enhance, deck out: eine Perlenkette zierte ihr schlichtes Kleid a pearl necklace embellished her plain dress. – **3.** (schmücken) decorate. – **4.** (garnieren) garnish, dress. – **5.** fig. (auszeichnen) be an asset to, grace: Großherzigkeit ziert jeden Menschen magnanimity is an asset to everyone. – **II** v/reflex sich ~ **6.** (sich scheinbar gegen etwas wehren) simper, make a fuss: er hat sich furchtbar geziert, bevor er das Geld angenommen hat he simpered terribly before he accepted the money; zier dich doch nicht so! don't make such a fuss! – **7.** (um die Sache herumreden) hesitate, beat about (od. around) the bush: sie zierte sich nicht lange, sondern nahm die Einladung gern an she did not hesitate but gladly accepted the invitation. – **8.** (sich gekünstelt od. albern benehmen) behave affectedly, play coy. – **9.** (beim Essen) like to be pressed (od. persuaded): er zierte sich nicht lange he didn't need much pressing.

Zie·re·rei f ⟨-; no pl⟩ contempt. **1.** simpering, fuss. – **2.** hesitation. – **3.** affected modesty. – **4.** affectation, coyness.

'Zier,fisch m zo. toy fish. — **~,gar·ten** m ornamental garden. — **~,ge,wächs** n bot. cf. Zierpflanze. — **~,gie·bel** m arch. pediment. — **~,grä·ser** pl hort. ornamental grasses. — **~,kan·te** f fancy edge (od. edging). — **~,kap·pe** f auto. (am Rad) (ornamental) hubcap, wheel embellisher (od. hubcap). — **~,lam·pe** f ornamental lamp. — **~,laus** f zo. painted aphid (Fam. Drepanosiphonidae). — **~,lei·ste** f **1.** (an Türen, Schränken etc) border. – **2.** auto. styling strip, beltmolding, bes. Br. beltmoulding. – **3.** (an der Wand) picture rail (od. molding, bes. Br. moulding), (Tapetenleiste) border, decorative strip. – **4.** print. border: obere [untere] ~ headpiece [tailpiece]. – **5.** arch. molding, bes. Br. moulding.

'zier·lich adj **1.** (Person) petite, dainty. – **2.** (Figur, Hände, Füße, Schrift, Ring, Vase etc) dainty, delicate. – **3.** (zerbrechlich) delicate, frail, fragile. — **'Zier·lich·keit** f ⟨-; no pl⟩ **1.** petiteness, daintiness. – **2.** daintiness, delicacy, delicateness. – **3.** delicacy, delicateness, frailty, fragility.

'Zier,na·gel m decorative (od. ornamental) nail. — **~,pflan·ze** f bot. ornamental (plant). — **~,pup·pe** f contempt. pretty face with nothing behind it, dolled-up creature (colloq.). — **~,rip·pe** f arch. decorative (od. ornamental) rib. — **~,salm·ler** m zo. (Aquarienfisch) pencil fish (Gattg Nannostomus). — **~,schild,krö·te** f painted turtle (Chrysemys picta). — **~,schrift** f **1.** ornamental (od. fancy) letters pl. – **2.** print. ornamental (od. fancy) type. — **~,schür·ze** f fancy (od. frilly) apron. — **~,stich** m (beim Nähen) fancy (od. ornamental) stitch. — **~,strauch** m hort. ornamental (shrub). — **~,stück** n ornament. — **~,ta·bak** m bot. flowering tobacco (Gattg Nicotiana). — **~-**

,ta·schen,tuch n fancy handkerchief. — **~,werk** n ⟨-(e)s; no pl⟩ ornamentation.

Zie·sel ['tsiːzəl] m, Austrian n ⟨-s; -⟩ zo. common s(o)uslik (Citellus citellus).

Ziest [tsiːst] m ⟨-(e)s; -e⟩ bot. woundwort (Gattg Stachys): Wolliger ~ cf. Wollziest.

Zif·fer ['tsɪfər] f ⟨-; -n⟩ **1.** figure, numeral, number: römische ~n Roman numerals; arabische ~n Arabic numerals, ciphers; in ~n in figures. – **2.** (in einer Zahl) figure, digit: eine Zahl mit drei ~n a three-figure number. – **3.** (Unterabschnitt in amtlichen Schriftstücken) subparagraph. – **4.** (in einem Vertrag) item. — **~,an,zei·ge,rät** n tech. digital reader. — **~,blatt** n **1.** dial, (clock)face. – **2.** (einer Armbanduhr etc) dial, (watch)face.

'Zif·fer(n),ka·sten m print. figure case.

'Zif·fern,le·se,ge,rät n elektronisches ~ (computer) figure-reading electronic device. — **z~,mä·ßig I** adj **1.** numerical, in figures (od. numbers, numerals). – **2.** (computer) digital. – **II** adv **3.** ~ darstellen (computer) to digitize, to digitalize.

'Zif·fern,re·chen,an,la·ge f, **~,rech·ner** m (computer) digital computer. — **~,schrift** f numeral script.

-zig [tsɪç] adj ⟨invariable⟩ colloq. (unendlich viele) umpteen, auch umteen (sl.): ~ Leute, die ich nie zuvor gesehen habe umpteen people (that) I have never seen before.

Zi·ga·ret·te [tsiga'rɛtə] f ⟨-; -n⟩ cigarette, Am. auch cigaret; weed, fag (sl.): ~ mit Filter filter-tip cigarette, filter tip; eine Schachtel (od. ein Päckchen) ~n a packet (bes. Am. pack) of cigarettes; sich (dat) eine ~ anzünden (od. colloq. ins Gesicht stecken) to light oneself a cigarette; sich (dat) eine ~ drehen to roll oneself a cigarette; eine ~ ausdrücken (od. stub) a cigarette out.

Zi·ga'ret·ten|,an,zün·der m (cigarette) lighter. — **~,asche** f cigarette ash. — **~au·to,mat** m cigarette (slot) machine. — **~,do·se** f cigarette box. — **~,etui** [-ʔɛt,viː] n cigarette case. — **~,fa,brik** f cigarette factory. — **~,fil·ter** m cigarette filter. — **~,kip·pe** f cf. Zigarettenstummel. — **~,län·ge** f colloq. smoke: auf eine ~ zu j-m kommen to come to s.o. for a smoke; wir machten eine ~ Pause we took a break for a cigarette, we stopped for a smoke. — **~,mar·ke** f brand of cigarettes. — **~ma,schi·ne** f cigarette machine. — **~,packung** (getr. -k-k-) f packet (bes. Am. pack) of cigarettes. — **~,pa,pier** n cigarette paper. — **~,pau·se** f only in eine ~ machen (od. einlegen) to take a break for a cigarette, to stop for a smoke. — **~,rau·cher** m, **~,rau·che·rin** f ⟨-; -nen⟩ cigarette smoker. — **~,schach·tel** f cigarette packet (bes. Am. pack). — **~,spit·ze** f cigarette holder. — **~,stum·mel** m cigarette end, (cigarette) butt, fag end (sl.). — **~,ta·bak** m cigarette tobacco. — **~,tö·ter** m cigarette extinguisher. — **~ver,käu·fe·rin** f (in einem Restaurant etc) cigarette girl.

Zi·ga·ril·lo [tsiga'rɪlo; rare -'rɪljo] n, auch m ⟨-s; -s⟩, colloq. auch f ⟨-; -s⟩ cigarillo, Am. auch cigarito.

Zi·gar·re [tsi'garə] f ⟨-; -n⟩ **1.** cigar, auch segar, weed (sl.). – **2.** fig. colloq. (in Wendungen wie) j-m eine ~ verpassen (eine Rüge erteilen) to give s.o. a dressing down (od. a [good] talking-to); eine ~ bekommen to be given a dressing down (od. a [good] talking-to).

Zi'gar·ren|,ab,schnei·der m cigar cutter. — **~,an,zün·der** m cigar lighter. — **~,asche** f cigar ash. — **~,deck,blatt** n wrapper. — **~,etui** [-ʔɛt,viː] n cigar case. — **~,fa,brik** f cigar factory. — **~,hal·ter** m cigar holder. — **~,händ·ler** m tobacconist. — **~,kä·fer** m zo. cigarette beetle (Lasioderma serricorne). — **~,ki·ste** f cigar box. — **~,la·den** m tobacconist's (shop), Am. cigar store. — **~,rau·cher** m cigar smoker. — **~,schach·tel** f cigar box. — **~,sche·re** f cigar scissors pl (sometimes construed as sg). — **~,spitz** m Austrian for Zigarrenspitze. — **~,spit·ze** f **1.** cigar holder. – **2.** (spitzes Ende) cigar tip. — **~,stum·mel** m cigar end, (cigar) butt, (cigar) stub. — **~,wick·ler** m zo. cf. Rebenstecher.

Zi·geu·ner [tsi'gɔynər] m ⟨-s; -⟩ **1.** gypsy, gipsy, (ungarischer) tzigane. – **2.** (als Rasse) Gypsy, Gipsy, Romany, auch Rommany (ungarischer) ~ Tzigane. – **3.** fig. colloq. vagabond, bohemian, auch Bohemian, gypsy, gipsy. — **~ba,ron**", „**Der** "The Gypsy Baron" (*operetta by J. Strauß*). — **~frau** *f* gypsy woman.

zi'geu·ner·haft *adj* gypsylike, gipsylike, gypsyish, gipsyish.

Zi'geu·ner,huhn *n zo.* hoa(c)tzin, *auch* hoacin (*Opisthocomus hoatzin*).

Zi'geu·ne·rin *f* ⟨-; -nen⟩ **1.** gypsy (*od.* gipsy) (woman *od.* girl). – **2.** *cf.* Zigeuner 2, 3.

zi'geu·ne·risch *adj cf.* zigeunerhaft.

Zi'geu·ner|ka,pel·le *f* group of gypsy (*od.* gipsy, tzigane) musicians, gypsy band. — **~la·ger** *n* ⟨-s; -⟩ gypsy camp. — **~,le·ben** *n* ⟨-s; *no pl*⟩ gypsy life. — **~,mäd·chen** *n* gypsy girl. — **~mu,sik** *f* gypsy (*od.* tzigane) music.

zi·geu·nern [tsi'gɔynərn] *v/i* ⟨*no* ge-, h⟩ gypsy, gipsy, vagabond, lead a roaming life, have a rootless existence.

Zi'geu·ner|,pri·mas *m* primas. — **~,spra·che** *f* die ~ *ling.* Romany, *auch* Rommany, Romani, Gypsy, Gipsy, the Romany language. — **~,stamm** *m* Gypsy tribe.

Zi'geu·ner·tum *n* ⟨-s; *no pl*⟩ gypsydom, gipsydom.

Zi'geu·ner|,volk *n* **1.** das ~ *collect.* the gypsies *pl*, the gipsies *pl*, the Romany, *auch* the Rommany. – **2.** *cf.* Zigeunerstamm. — **~,wa·gen** *m* gypsy caravan. — **~,weib** *n* gypsy woman.

'zig|,fach *colloq.* **I** *adj* umpteen- (*auch* umteen-)times (*attrib*) (*sl.*). – **II** *adv* umpteen (*auch* umteen) times (*sl.*). – **III Z~e**, das ⟨-n⟩ umpteen (*auch* umteen) times as much (*od.* the amount) (*sl.*). — **~,mal** *adv colloq.* umpteen (*auch* umteen) times (*sl.*): ich hab's dir schon ~ gesagt I told you time and again (*od. colloq.* ever so often). — **Z~'tau·send** *adj colloq.* thousands and thousands of. — **Z~'tau·sen·de** *pl colloq.* thousands and thousands.

Zi·ka·de [tsi'kaːdə] *f* ⟨-; -n⟩ *zo.* cicada, harvest fly, locust, jarfly (*Unterordng Cicadina*).

Zi·li'ar|,kör·per [tsi'liaːr-] *m med.* ciliary body. — **~,mus·kel** *m* ciliary muscle. — **~,nerv** *m* ciliary nerve. — **~neur·al,gie** *f* ciliary neuralgia.

Zi·li·a·ten [tsi'liaːtən] *pl zo.* (*Wimpertierchen*) Ciliata (*Klasse Ciliata*).

Zi·lie ['tsiːliə] *f* ⟨-; -n⟩ *med.* (*Wimper*) eyelash, cilium (*scient.*).

Zil·le ['tsɪlə] *f* ⟨-; -n⟩ (*flacher Kahn*) barge.

Zilp·zalp ['tsɪlp,tsalp] *m* ⟨-(e)s; -e⟩ *zo.* chiffchaff (*Phylloscopus collybita*; *bird*).

Zim·bal ['tsɪmbal] *n* ⟨-s; -e *u.* -s⟩ *mus.* dulcimer, zimbalon, zymbalum, cimbalon, cymbalom, czimbalon.

Zim·bel ['tsɪmbəl] *f* ⟨-; -n⟩ *mus.* (*Orgelregister*) cymbal.

Zim·bern ['tsɪmbərn] *pl hist.* Cimbri.

Zim·mer ['tsɪmər] *n* ⟨-s; -⟩ **1.** room: (gemütliches) ~ den (*colloq.*); ein möbliertes ~ a furnished room; ineinandergehende ~ interconnecting rooms, rooms which open into each other; ein ~ mit Balkon [fließendem Wasser] a room with a balcony [with running water]; ein ~ nach vorn [hinten] (hinaus) a front [back] room; ein eigenes ~ haben to have a room of one's own, to have one's own room, to have a room to oneself; ein ~ voller Leute a roomful of people; ein ~ mieten [vermieten] to rent [to rent (out), *bes. Br.* to let (out)] a room; ~ zu vermieten rooms to let; geh in (*od.* auf) dein ~! go to your room! haben Sie ein ~ (frei)? (*im Hotel*) have you a room vacant? sich (*dat*) ein ~ nehmen (*im Hotel*) to take a room; das ~ hüten to stay in (*od.* to keep to) one's room, to stay indoors. – **2.** (*in Untermiete*) room, lodgings *pl*, *Br. colloq.* digs *pl*: sich (*dat*) ein ~ suchen to look for a room (*od.* for lodgings). – **3.** (*in Palästen etc*) chamber. — **~an,ten·ne** *f* (*radio*) *telev.* indoor (*od.* room) antenna (*bes. Br.* aerial).

'Zim·mer|,ar·beit *f tech.* carpentry, carpentering. — **~,axt** *f cf.* Zimmermannsaxt.

'Zim·mer|ba·ro,me·ter *n* indoor barometer. — **~be,stel·lung** *f* (*im Hotel*) booking of a room (*od.* of rooms). — **~,cal·la** *f bot.* calla (lily) (*Zantedeschia aethiopica*). — **~,decke** (*getr.* -k·k-) *f* ceiling. — **~de·ko·ra·ti,on** *f* (*theater*) interior set.

Zim·me'rei *f* ⟨-; *no pl*⟩ *tech.* carpentry, carpentering.

'Zim·mer,ein,rich·tung *f* **1.** (*Möbel*) furniture. – **2.** (*Innenausstattung*) interior, décor,

---

Am. auch decor, furnishings *pl*. - **3.** (*Vorgang*) furnishing.

'Zim·me·rer *m* ⟨-s; -⟩ *cf.* Zimmermann.

'Zim·mer|,flucht *f* ⟨-; -en⟩ suite of rooms. — **~,frau** *f* Austrian landlady. — **~ge,nos·se** *m* roommate, *Br.* room-mate.

'Zim·mer·ge,sel·le *m* journeyman carpenter.

'Zim·mer,gym,na·stik *f* home (*od.* indoor) gymnastics *pl* (*construed as sg*).

'Zim·mer,hand,werk *n tech.* carpentry, carpentering, carpenter's trade.

'Zim·mer,hau·er *m* (*mining*) timberman.

'Zim·mer,herr *m* lodger, *Am. auch* roomer.

'Zim·mer|,kell·ner *m* room waiter. — **~,laut,stär·ke** *f* (*radio*) moderate volume: stellen Sie bitte Ihr Gerät auf ~ please turn your radio down to moderate volume. — **~,lin·de** *f bot.* African hemp (*Sparmannia africana*).

'Zim·mer,mäd·chen *n* chambermaid.

'Zim·mer,mann *m* ⟨-(e)s; -leute⟩ carpenter: j-m zeigen, wo der ~ das Loch gelassen hat *fig. colloq.* to show s.o. the door; → Axt 1.

'Zim·mer,manns,axt *f tech.* carpenter's ax(e), broadax(e).

'Zim·mer,mei·ster *m* master carpenter.

'Zim·mer|,mie·te *f* room rent, rent for a room. — **~,mie·ter** *m*, **~,mie·te·rin** *f* room tenant, tenant lodger.

zim·mern ['tsɪmərn] **I** *v/t* ⟨h⟩ **1.** (*Dachstuhl etc*) carpenter. – **2.** (*Boot, Haus, Regal, Tisch etc*) build, make. – **3.** *fig.* shape, make: sich (*dat*) sein Leben ~ to shape one's own life. – **4.** *tech.* (*mining*) timber, prop, lag. – **II** *v/i* **5.** carpenter. – **6.** an (*dat*) etwas ~ (*an Boot etc*) to work on s.th. – **III Z~** *n* ⟨-s⟩ **7.** *verbal noun.*

'Zim·mer|,nach·bar *m* next-door neighbor (*bes. Br.* neighbour), neighbor (*bes. Br.* neighbour) in the next room (*od.* in the room next door). — **~,ofen** *m* stove. — **~,pflan·ze** *f* indoor (*od.* house) plant.

'Zim·mer|,platz *m tech. cf.* Zimmerwerkplatz. — **~po,lier** *m* foreman carpenter.

'Zim·mer|,rei·he *f cf.* Zimmerflucht. — **~re·ser,vie·rung** *f* (*im Hotel*) reservation (*od.* booking) of a room (*od.* of rooms). — **~,schlüs·sel** *m* room key, key to (*od.* of) the room. — **~,schmuck** *m* **1.** room ornament. – **2.** collect. indoor decoration (*od.* décor, *Am. auch* decor). — **~,spin·ne** *f zo.* house spider (*Gattg Tegenaria*). — **~,su·che** *f* room hunting: auf ~ sein to be on the room hunt, *Br. colloq.* to be on the look-out for digs. — **~,tan·ne** *f bot.* Norfolk Island pine, araucaria (*scient.*) (*Araucaria excelsa*). — **~te·le,fon**, **~te·le,phon** *n* telephone in one's room. — **~tem·pe·ra,tur** *f* ⟨-; *no pl*⟩ room temperature. — **~thea·ter** [-te,aːtər] *n* **1.** arena stage, little theater (*bes. Br.* theatre), *auch* cellar theater (*bes. Br.* theatre). – **2.** (*Unternehmen*) little theatrical company, little theater (*bes. Br.* theatre) group (*od.* company). — **~ther·mo,me·ter** *n* indoor thermometer.

'Zim·me·rung *f* ⟨-; -en⟩ **1.** *cf.* Zimmern. – **2.** *tech.* (*mining*) timberwork.

'Zim·mer|ver,mie·ter *m* landlord. — **~ver,mie·te·rin** *f* landlady. — **~ver,mie·tung** *f* (*als Diensteistung*) accommodation service. – **2.** (*als Einrichtung*) accommodation agency.

'Zim·mer|,werk,platz *m tech.* carpenter's yard, *bes. Am.* lumberyard. — **~,werk,statt** *f* carpenter's workshop.

zi·mo·lisch [tsi'moːlɪʃ] *adj min.* cimolitic: ~e Erde cimolite.

Zi·mo·lit [tsimo'liːt; -'lɪt] *m* ⟨-s; -e⟩ *min.* cimolite.

zim·per·lich ['tsɪmpərlɪç] *adj* **1.** finical, finickin(g), *bes. Am.* finicky, fastidious, squeamish, gingerly, pernickety (*colloq.*): ~ tun to be finical; sei nicht so ~! don't be so finickin(g)! – **2.** (*prüde*) prudish, prim (and proper), priggish, kid-glove (*attrib*), *Am. colloq.* prissy: ein ~er Mensch a prude, a prig; sei nicht so ~! don't be such a prude (*od.* prig)! nicht ~ sein not to be overnice. – **3.** (*leicht Ekel empfindend*) squeamish, overdainty, *Br.* over-dainty, kid-glove (*attrib*). – **4.** (*wehleidig*) soft, *Br. sl.* cissy, *Am. sl.* sissy: bist du aber ~! you are a softy (*od.* a softie, *Br. sl.* a cissy, *Am. sl.* a sissy)! — **'Zim·per·lich·keit** *f* ⟨-;

---

no pl⟩ **1.** finicalness, finickin(g)ness, *bes. Am.* finickiness, fastidiousness, squeamishness, gingerliness, pernicketiness (*colloq.*). – **2.** (*Prüderie*) prudishness, prudery, primness, priggishness, *Am. colloq.* prissiness. – **3.** (*Geziertheit*) coyness, simpering (manner). – **4.** squeamishness, overdaintiness, *Br.* over-daintiness. – **5.** (*Wehleidigkeit*) softness.

'Zim·per,lie·se ['tsɪmpər-] *f* ⟨-; -n⟩ *colloq.* **1.** (*wehleidiges Mädchen*) softy, softie, *Br. sl.* cissy, *Am. sl.* sissy. – **2.** (*prüdes Mädchen*) prude, prig. – **3.** (*geziertes Mädchen*) simperer.

Zimt [tsɪmt] *m* ⟨-(e)s; -e⟩ **1.** *gastr.* a) *auch* Echter ~ cinnamon (*von Cinnamomum cinlanicum*), b) *auch* Weißer ~, Chinesischer ~, cassia, Chinese cinnamon (*von C. cassia*): gemahlener ~ ground cinnamon. – **2.** *fig. colloq.* (*in Wendungen wie*) laß mich mit dem ~ in Ruhe don't bother me with that business (*od.* stuff); du redest wieder einen furchtbaren ~ you are talking a lot of rubbish (*od.* nonsense) again (*colloq.*); da hast du den ganzen ~ there you have the whole caboodle (*od.* bang shoot) (*sl.*); der ganze ~ kann mir gestohlen bleiben I don't give a damn (*od. sl.* care a hoot *od.* two hoots) about the whole lot, to pot (*stärker* to blazes) with (*od.* bother) the whole lot! (*alle colloq.*). — **~al·de,hyd** *m chem.* cinnamaldehyde, cinnamyl aldehyde (C_6H_5CH:CHCHO). — **~al·ko·hol** *m* cinnamyl (*auch* cinnamic) alcohol ($C_6H_5CH = CHCH_2OH$). — **~,ap·fel** *m bot.* sugar (*od.* custard) apple, sweetsop, Anon (*Annona squamosa*). — **~,bär** *m zo.* cinnamon bear, American black bear (*Ursus americanus*). — **~,baum** *m bot.* cinnamon tree (*Cinnamomum ceylanicum*). — **~,blü·te** *f* **1.** (*von Cinnamomum ceylanicum*) cinnamon flower. – **2.** (*von Cinnamomum cassia*) cassia bud. — **~,brom,bee·re** *f* sweet-scented bramble, *Am.* salmonberry (*Rubus odoratus*). — **~,en·te** *f zo.* cinnamon teal (*Anas cyanoptera*). — **z~,far·ben**, **z~,far·big** *adj* cinnamon(-colored), *bes. Br.* -coloured). — **~,öl** *n* ⟨-(e)s; *no pl*⟩ cinnamon oil. — **~,rin·de** *f bot.* **1.** (*von Cinnamomum ceylanicum*) cinnamon bark. – **2.** (*von Cinnamomum cassia*) cassia bark, Chinese cinnamon. — **~,rin·den,öl** *n* ⟨-(e)s; *no pl*⟩ cinnamon(-bark) oil. — **~,ro·se** *f bot.* cinnamon rose (*Rosa cinnamomea*).

'Zimt,säu·re *f* ⟨-; *no pl*⟩ *chem.* cinnamic acid (C_6H_5CH:CHCOOH). — **~äthyl,ester** [-'ʔɛ,tyːl-] *m* ethyl cinnamate. — **~me,thyl,ester** *m* methyl cinnamate.

'Zimt|,stan·ge *f* stick (*od.* quill) of cinnamon. — **~,stern** *m gastr.* cinnamon star.

Zin·cke·nit [tsɪŋkə'niːt; -'nɪt] *m* ⟨-s; *no pl*⟩ *min.* zinkenite, *auch* zinckenite.

Zin·der ['tsɪndər] *m* ⟨-s; -⟩ *meist pl* (*ausgeglühte Steinkohle*) cinder.

Zi·neb ['tsiːnɛp] *n* ⟨-s; *no pl*⟩ *chem.* zineb, zinc diethyldithiocarbamate [(-CH_2-NHCS$_2$)$_2$Zn].

Zi·ne·ra·ria [tsine'raːrĭa], **Zi·ne'ra·rie** [-rĭə] *f* ⟨-; -rien⟩ *bot.* cineraria (*Senecio cruentus*).

Zin·gel[1] ['tsɪŋəl] *m* ⟨-s; -(n)⟩ *zo.* (*Barsch*) zingel (*Aspro zingel*).

'Zin·gel[2] *m* ⟨-s; -⟩ *hist.* circular wall.

Zin·gu·lum ['tsɪŋgulum] *n* ⟨-s; -s *u.* -la [-la]⟩ *röm.kath.* (*Gürtel*) cingulum.

Zink[1] [tsɪŋk] *n* ⟨-(e)s; *no pl*⟩ *chem. min.* zinc, zincum, (*rohes*) *auch* spelter (Zn): chromsaures ~ *cf.* Zinkchromat; schwefelsaures ~ *cf.* Zinksulfat; mit ~ belegen to galvanize *Br. auch* -s-, to zinc, to coat (*od.* plate, cover, line) (*s.th.*) with zinc.

Zink[2] *m* ⟨-(e)s *od.* -en; -e *od.* -en⟩ *mus.* **1.** *hist.* (*Holzblasinstrument*) cornett, zinke, *auch* zink. – **2.** (*Orgelregister*) serpent.

'Zink|ace,tat *n chem.* zinc acetate [(CH$_3$COO)$_2$Zn · 2H$_2$O]. — **~amal,gam** *n* zinc amalgam. — **~am,mo·ni·um,chlo,rid** *n* zinc ammonium chloride (ZnCl$_2$ · 2NH$_4$-Cl). — **~,ar·bei·ter** *m* zinc worker. — **~,asche** *f chem.* zinc ash (*od.* dross, skimmings *pl*).

Zin·ka·te [tsɪŋ'kaːtə] *pl chem.* zincates.

'Zink|,äthyl [-'ʔɛ,tyːl] *n chem.* zinc ethyl (*od.* diethyl, ethide) [(C$_2$H$_5$)$_2$Zn]. — **~ätz,ung** *f print.* **1.** ⟨*only sg*⟩ (*Verfahren*) zincography. – **2.** (*geätzte Platte*) zinc etching (*od.* plate). – **3.** *cf.* Zinkographie 2. — **~aze,tat** *n chem. cf.* Zinkacetat. — **~,blech** *n metall.* **1.** (*als Werkstoff*) sheet zinc. – **2.** (*als Erzeugnis*) zinc sheet. – **3.** (*ver-

zinktes Blech) galvanized (*Br. auch* -s-) sheet: ein Dach mit ~ decken to cover a robf with galvanized sheets. — ~**blen·de** *f chem. min.* zinc blende, sphalerite, *auch* blackjack, false galena, blende (ZnS). — ~**blu·me** *f min.* zinc flower, flower of zinc. — ~**blü·te** *f* zinc bloom, hydrozincite (*scient.*). — ~**bro·mid** *n chem.* zinc bromide (ZnBr₂). — ~**car·bo·nat** [-karbo₁na:t] *n* ⟨-(e)s; -e⟩ *meist pl* zinc carbonate (ZnCO₃). — ~**chlo·rid** *n* zinc chloride, butter of zinc (ZnCl₂). — ~**chro·mat** *n* zinc chromate. — ~**cya·nid** *n chem.* zinc cyanide (Zn(CN)₂). — ~**dach** *n tech.* zinc roofing. — ~**di·al·ky·le** [-di⁹al₁ky:lə] *pl chem.* zinc dialkyls. '**Zink·druck** *m* ⟨-(e)s; -e⟩ *print. cf.* Zinkographie. — ~**guß** *m metall.* die-cast zinc. — ~**plat·te** *f print.* zinc printing plate. **Zin·ke** ['tsɪŋkə] *f* ⟨-; -n⟩ **1.** (*am Kamm*) tooth. - **2.** (*an Gabel, Rechen etc*) prong, tine. - **3.** *tech.* (*Holzverbindung*) dovetail, tenon. - **4.** (*auf Spielkarten*) (secret) mark. - **5.** *mus. hist. cf.* Zink² 1. '**Zink·elek·tro·ly·se** *f metall.* electrolytic zinc process, electrolytic separation of zinc. **Zin·ken** ['tsɪŋkən] *m* ⟨-s; -⟩ **1.** *cf.* Zinke 1, 2, 3. - **2.** *colloq.* (*große Nase*) 'bugle', 'nozzle', 'pecker', *Br. auch* 'hooter' (*alle colloq.*), proboscis (*humor.*). - **3.** *mus. hist. cf.* Zink² 1. - **4.** *cf.* Gaunerzinken. '**zin·ken¹** *adj cf.* zinkern. (*of*) zinc. '**zin·ken²** *v/t* ⟨h⟩ **1.** fit (*s.th.*) with prongs (*od.* tines). - **2.** (*Karten*) mark (*cards*) (with secret signs), rig. - **3.** *tech.* (*Bretter etc*) dovetail. '**Zink·erz** *n min.* zinc ore. — ~**far·be** *f* (*paints*) zinc paint. — ~**fluo·rid** *n chem.* zinc fluoride (ZnF₂). — ~**fo·lie** *f* zinc foil. — ~**gelb** *n* (*paints*) zinc yellow, hydrated zinc chromate. — ~**grau** *n* zinc gray (*bes. Br.* grey). — ~**grün** *n* zinc green. — ~**grup·pe** *f chem.* zinc group. — ~**guß-la·ger** *n metall.* cast zinc-bearing alloy. — **z~·hal·tig** *adj chem.* zinciferous, zincic, zin(c)ky, zincy. — ~**hoch·ät·zung** *f print.* **1.** anastatic printing, (anastatic) zincography. - **2.** *cf.* Zinkographie 2. — ~**hüt·te** *f* zinc works *pl* (*construed as sg or pl*). — ~**hy·dro·xid** [-hydro₁ksi:t] *n* ⟨-(e)s; -e⟩ *chem.* zinc hydroxide (Zn(OH)₂). '**zin·kig** *adj* pronged, tined. **Zink·it** [tsɪŋ'ki:t; -'kɪt] *m* ⟨-s; *no pl*⟩ *min.* zincite, red zinc ore. '**Zink·le·gie·rung** *f chem. tech.* zinc alloy. — ~**leim·ver·band** *m med.* Unna's paste dressing. — ~**lot** *n tech.* zinc solder. — ~**me·thyl** *n chem.* zinc methyl (*od.* methide), dimethyl zinc (Zn(CH₃)₂). — ~**ni·trat** *n* zinc nitrate (Zn(NO₃)₂). **Zin·ko·gra·phie** [tsɪŋkogra'fi:] *f* ⟨-; -n [-ən]⟩ *print.* **1.** ⟨*only sg*⟩ (*Verfahren*) zincography. - **2.** zincograph, zinc-plate printing, zinc etching. '**Zink·öl** *n med. pharm.* zinc oil. — **z~·or·ga·nisch** *adj chem.* (*Verbindung*) organozinc (*attrib*). — ~**oxid** [-⁹o₁ksi:t], ~**oxyd** [-⁹o₁ksy:t] *n* zinc oxide (*auch oxyde*) (ZnO): white, flowers *pl* of zinc, Chinese white, philosopher's wool (ZnO). — ~**phos·phat** *n* zinc (ortho)phosphate (Zn(PO₄)₂·4H₂O). — ~**phos·phid** [-fos₁fi:t] *n* ⟨-s; -e⟩ zinc phosphide (Zn₃P₂). — ~**plat·te** *f print.* zinc plate. — ~**pu·der** *m med. pharm.* zinc powder. — ~**re·si·nat** *n chem.* zinc resinate. — ~**sal·be** *f med. pharm.* zinc (oxide, *auch* oxyde) ointment. — ~**sa·li·cy·lat** [-zalitsy₁la:t], ~**sa·li·zy·lat** *n chem.* zinc salicylate. — ~**sarg** *m* zinc coffin. — ~**si·li·cat-, An·stri·che** [-zili₁ka:t-] *pl* (*paints*) zinc silicate coatings (*od.* paintings). — ~**si·li·ca·te** [-zili₁ka:tə], ~**si·li·ka·te** *pl chem.* zinc silicates. — ~**spat** *m min.* smithsonite, zinc spar. '**Zink·staub** *m* **1.** *metall.* blue dust. - **2.** *chem.* zinc dust. — ~**de·stil·la·ti·on** *f chem.* zinc dust distillation. — ~**far·ben** *pl* (*paints*) zinc dust paints: hochpigmentierte ~ highly pigmented zinc dust paints. '**Zink·sul·fat** *n chem.* zinc sulfate (*bes. Br.* -ph-), *auch* white vitriol, zinkosite (ZnSO₄·7H₂O). — ~**sul·fid** *n* zinc sulfide (*bes. Br.* -ph-) (ZnS). — ~**ti·ta·nat** [-tita₁na:t] *n* ⟨-s; -e⟩ zinc titanate. — ~**über·zug** *m* zinc coating. — ~**ver·gif·tung** *f med.* zinc poisoning. — ~**vi·tri·ol** *n chem. cf.* Zinksulfat. — ~**walz·werk** *n tech.* zinc rolling mill. — ~**wan·ne** *f* zinc bath (*od.* tub). — ~**weiß** *n chem. cf.* Zinkoxid. — ~**zya·nid** *n cf.* Zinkcyanid.

Zinn [tsɪn] *n* ⟨-(e)s; *no pl*⟩ **1.** *chem.* tin (Sn). - **2.** (*legiertes, für Haushaltswaren etc*) pewter, (*mittelhartes*) trifle. — ~**ader** *f* (*mining*) tin vein (*od.* lode). — ~**amal·gam** *n chem.* tin amalgam. — ~**asche** *f* **1.** *chem.* tin ashes *pl*, stannic (*od.* tin) oxide (*auch* oxyde) (SnO₂). - **2.** (*zum Polieren*) putty powder, tin putty, jeweler's (*bes. Br.* jeweller's) putty. — ~**baum** *m chem.* tin tree. — ~**be·cher** *m* pewter beaker (*od.* mug). — ~**blech** *n metall.* **1.** tin (metal) sheet. - **2.** (*Weißblech*) tinplate. — ~**bro·mid** *n* **1.** tin (*od.* stannic) bromide (SnBr₄). - **2.** tin (*od.* stannous) bromide (SnBr₂). — ~**bron·ze** *f* tin bronze. — ~**but·ter** *f* tin (*od.* stannic) chloride (SnCl₄·5H₂O). — ~**chlo·rid** *n meist pl* **1.** tin (*od.* stannic) chloride (SnCl₄). - **2.** tin (*od.* stannous) chloride (SnCl₂). — ~**chlo·rür** *n cf.* Zinnchlorid 2. — ~**di·oxid** [-di⁹o₁ksi:t], ~**di·oxyd** [-di⁹o₁ksy:t] *n* **1.** *chem.* tin (*od.* stannic) oxide (*auch* oxyde) (SnO₂). - **2.** *min. cf.* Kassiterit. — ~**druck·guß** *m metall.* tin pressure die-casting. **Zin·ne** ['tsɪnə] *f* ⟨-; -n⟩ *arch. hist.* merlon. '**Zinn·elek·tro·ly·se·ver·fah·ren** *n metall.* electrolytic tin-refining process. '**zin·nen** *adj cf.* zinnern. '**Zin·nen·be·satz** *m arch. hist. cf.* Zinnenkranz. — ~**fen·ster** *n* crenel, *auch* crenelle, embrasure. — ~**fries** *m* merlon-type frieze. — ~**kranz** *m* crenelation, *bes. Br.* crenellation. — ~**türm·chen** *n* battlement turret. '**zin·nern** *adj* (of) tin, tinny, (*aus Zinnlegierung*) (of) pewter. '**Zinn·erz** *n* **1.** *metall.* tin ore. - **2.** *min. cf.* Kassiterit. — ~**far·be** *f* (*paints*) *cf.* zinnoberrot II. — ~**fi·gur** *f* pewter figure. — ~**fluo·rid** *n chem.* **1.** tin (*od.* stannous) fluoride (SnF₂). - **2.** tin (*od.* stannic) fluoride (SnF₄). — ~**fo·lie** *f* tinfoil. — ~**ge·schirr** *n* **1.** pewter(ware). - **2.** (*aus einer Legierung mittlerer Härte*) trifles *pl.* — ~**ge·schrei** *n metall.* tin cry. — ~**gie·ßer** *m* **1.** tinsmith, tinner. - **2.** (*von legierten Haushaltswaren etc*) pewterer. — ~**gie·ße·rei** *f* tin foundry. — **z~·hal·tig** *adj* (*Legierungen*) stanniferous, tin-bearing. '**Zin·nie** ['tsɪniə] *f* ⟨-; -n⟩ *bot.* zinnia (*Gattg* Zinnia). '**Zinn·kies** *m min.* stannite, tin pyrites *pl.* — ~**krät·ze** *f metall.* tin dross (*od.* waste). — ~**kraut** *n bot.* horsetail (*Gattg* Equisetum). — ~**krug** *m* **1.** (*für Bier etc*) pewter mug. - **2.** (*als Kanne*) pewter jug (*Am.* pitcher). — ~**le·gie·rung** *f* tin(-base) alloy. — ~**mon·oxid** [-⁹o₁ksi:t], ~**mon·oxyd** [-⁹o₁ksy:t] *n* tin (*od.* stannous) oxide (*auch* oxyde) (SnO). **Zin·no·ber¹** [tsɪ'no:bər] *m* ⟨-s; -⟩ **1.** *min.* cinnabar, natural vermilion (*Am. auch* vermillion), liver ore. - **2.** *fig. colloq.* (*in Wendungen wie*) mach keinen ~ don't make such a fuss! stop (*od.* none of) your nonsense! was kostet der ganze ~? what does the whole lot (*colloq.*) (*od. sl.* caboodle) cost? - **3.** (*paints*) (*Malerfarbe*) red cinnabar. **Zin'no·ber²** *n* ⟨-s; *no pl*⟩ *Austrian* (*Farbe*) red cinnabar. **zin'no·ber·rot** (*paints*) **I** *adj* vermilion, *Am. auch* vermillion. - **II** Z~ *n* vermilion, *Am. auch* vermillion. '**Zinn·oxid** [-⁹o₁ksi:t], ~**oxyd** [-⁹o₁ksy:t] *n chem. cf.* a) Zinndioxid, b) Zinnmonoxid. — ~**pest** *f metall.* tin disease, tin pest, *auch* tin plague. — ~**phos·phid** [-fos₁fi:t] *n* ⟨-s; -e⟩ *chem.* tin phosphide (Sn₄P₃). — ~**salz** *n* tin (*od.* stannic, stannous) salt. — ~**sand** *m min.* grain tin. — ~**säu·ren** *pl chem.* stannic acids. — ~**schrei** *n metall.* tin cry. — ~**schüs·sel** *f* pewter bowl. — ~**sol·dat** *m* tin soldier. — ~**stein** *m* ⟨-(e)s; *no pl*⟩ *min. cf.* Kassiterit. — ~**sul·fat** *n chem.* tin (*od.* stannous) sulfate (*bes. Br.* -ph-) [Sn(SO₄)]. — ~**sul·fid** *n* **1.** tin (*od.* stannous) sulfide (*bes. Br.* -ph-) (SnS). - **2.** tin (*od.* stannic) sulfide (*bes. Br.* -ph-) (SnS₂). — ~**tel·ler** *m* pewter plate. — ~**te·tra·chlo·rid** [-tetraklo₁ri:t] *n* ⟨-s; -e⟩ *chem.* tin (tetra)chloride (SnCl₄). — ~**te·tra·phe·nyl** [-tetrafe₁ny:l] *n* ⟨-s; *no pl*⟩ tetraphenyl tin (Sn(C₆H₅)₄). — ~**ver·bindung** *f* tin compound. **Zins¹** [tsɪns] *m* ⟨-es; -en⟩ *meist pl econ.* interest: zu 4⁰/₀ ~en at 4⁰/₀ interest; zu hohen ~en at a high interest (rate); aufgelaufene ~en accumulated (*od.* accrued)

interest *sg*; fällige [jährliche, laufende] ~en outstanding [annual, current] interest *sg*; gestaffelte ~en equated (*od.* graduated) interest *sg*; rückständige ~en unpaid interest *sg*, arrears of interest; abzüglich der ~en less (*od.* minus) interest; ohne ~en ex (*od.* without) interest; 3⁰/₀ ~en bringen (*od.* abwerfen, tragen) to bear (*od.* carry, yield) interest at 3⁰/₀; j-m zum Satz von interest at the rate of; etwas auf (*od.* gegen) ~en ausleihen [leihen] to lend s.th. (*od.* put s.th. out) [to borrow s.th.] at interest; von den ~en leben to live on the interest (of one's capital); die ~en abheben to (with)draw the interest; die ~en anstehen lassen to allow interest to accrue (*od.* accumulate); die ~en ausrechnen [berechnen] to compute [to charge] interest; die ~en kapitalisieren to capitalize (*Br. auch* -s-) the interest; die ~en laufen vom (the) interest is due (*od.* payable) from; die ~en zum Kapital schlagen to add the interest to the capital; j-m etwas mit ~en zurückzahlen (*od.* zurückgeben) *fig.* to pay s.th. back to s.o. with interest; → Zinseszins. **Zins²** *m* ⟨-es; -e⟩ **1.** *Southern G., Austrian and Swiss for* a) Miete¹ 1, Mietzins, b) Pacht 3. - **2.** *bes. Bibl.* tribute. - **3.** *hist.* (*Abgabe an den Grundherrn*) ground rent. '**Zins·ab·kom·men** *n econ.* interest (rates) agreement. — ~**ab·schnitt** *m* interest coupon (*od.* warrant). — ~**an·lei·he** *f* (*rückzahlbar zum festgesetzten Termin*) interest-bearing loan (repayable at fixed date). — ~**ar·bi·tra·ge** *f* arbitrage on interest rates. — ~**aus·fall** *m* loss of interest. — **z~·bar** *adj* **1.** *rare for* a) zinspflichtig 1, b) zinsbringend I. - **2.** *hist.* tributary. — ~**bau·er** *m hist.* peasant paying tithe(s), *Br.* copyholder, (*im weiteren Sinn*) tenant. — ~**be·din·gun·gen** *pl econ.* interest terms. — **z~·be·günstigt** *adj* benefiting (*bes. Br.* benefitting) from preferential interest rate. — ~**be·la·stung** *f* interest charge. — ~**be·rech·nung** *f* interest computation (*od.* calculation). — ~**be·reich** *m, rare n* interest rate category. — **z~·bil·lig** *adj* low-interest (*attrib*). — ~**brin·gend I** *adj* interest-bearing, bearing (*od.* carrying, yielding) interest: ~e Kapitalsanlage interest-bearing investment. — **II** *adv* Geld ~ anlegen to invest money at interest. — ~**di·vi·sor** *m* interest divisor. — ~**ein·bu·ße** *f* loss of interest. — ~**ein·kom·men** *n* income from interest. **zin·sen** ['tsɪnzən] *v/i* ⟨h⟩ **1.** *archaic od.* Swiss pay interest. - **2.** *hist.* pay tribute. '**Zins·auf·stel·lung** *f econ.* statement of interest, interest account (statement). — ~**aus·fall** *m cf.* Zinsausfall. — ~**be·rechnung** *f* computation (*od.* calculation) of interest. — ~**dienst** *m* (*einer Anleihe etc*) interest service (*od.* payment). — ~**gut·schrift** *f* **1.** interest crediting. - **2.** interest credited. — ~**kon·to** *n* interest account. — ~**last** *f* interest charge, burden of interest (to be paid). '**Zins·er·hö·hung** *f econ. cf.* Zinssatzerhöhung. — ~**er·mä·ßi·gung** *f* reduction (*od.* cut) of the interest rate). — ~**er·neue·rungs·schein** *m* talon. — ~**er·trag** *m* interest yield. '**Zins·es·zins** *m* ⟨-es; -en⟩ *meist pl econ.* compound interest: (j-m) etwas mit Zins und ~ zurückzahlen (*od.* heimzahlen) *fig.* to repay (*od.* return) s.th. (to s.o.) with interest, to give (s.o.) back more than one got (*colloq.*). — ~**rech·nung** *f math. econ.* computation (*od.* calculation) of compound interest. '**Zins·fäl·lig·keits·ter·min** *m econ.* date of interest due. — ~**for·de·rung** *f* **1.** interest claim. - **2.** (*als Posten der Bilanz*) interest receivable. — ~**for·mel** *f* interest formula. — **z~·frei** *adj* **1.** *econ.* interest-free, free of interest: ~es Kapital interest-free capital. - **2.** *hist.* (*Gut etc*) al(l)odial, rent-free. — ~**frei·heit** *f* ⟨-; *no pl*⟩ *hist.* exemption from paying tribute, al(l)odiality. '**Zins·fuß** *m* ⟨-es; ᵉe⟩ *econ.* interest rate, rate of interest: die Höhe des ~es ist 5⁰/₀ the rate of interest is 5⁰/₀; gesetzlicher [vereinbarter] ~ legal [agreed] rate of interest. — ~**er·hö·hung** *f cf.* Zinssatzerhöhung. '**Zins·ge·fäl·le** *n econ.* interest margin (*od.* differential), gap between interest rates. — ~**ge·nuß** *m* entitlement to receiving interest. — ~**ge·schäft** *n* business earning (*od.*

costing) interest. — ~**gro·schen** m hist. tribute money. — **z·**~**gün·stig** adj econ. low-interest (attrib). — ~**gut** n hist. lease-hold, Br. copyhold. — ~**gut**|**schrift** f econ. **1.** interest crediting. - **2.** interest credited. — ~**hahn** m hist. (im Feudalwesen) cock given as rent, duty fowl: **rot wie ein ~** fig. colloq. (as) red as a beetroot. — ~**haus** n Southern G., Austrian and Swiss rare for Miethaus 1. — ~**her**|**ab**|**set·zung** f econ. cf. Zinsermäßigung. — ~**herr** m hist. lessor, Br. ground landlord. — ~**hö·he** f econ. amount (od. level) of interest. — ~**klau·sel** f interest clause. — ~**knecht·schaft** f hist. interest serfdom (slavery due to permanent indebtedness to a landlord). — ~**ku**|**pon** m econ. (interest) coupon. — ~**last** f cf. Zinsenlast. — ~**le·hen** n hist. **1.** fee farm. - **2.** cf. Zinsgut. — ~**leu·te** pl tenants, Br. copyholders. — **z·**~**los** adj econ. non-interest-bearing, free of interest: → Darlehen. — ~**mehr**|**auf**|**wand** m (bei Gewinn- u. Verlustrechnung) net interest paid. — ~**mehr**|**er**|**trag** m (bei Gewinn- u. Verlustrechnung) net interest received. — ~**pa**|**pier** n interest-bearing security (od. paper). — ~**pflicht** f hist. **1.** (zur Zahlung eines Tributs) obligation to pay tribute. - **2.** (zur Zahlung von Pacht etc) obligation to pay rent. — **z·**~**pflich·tig** adj **1.** econ. subject to the payment of interest. - **2.** hist. a) (abgabepflichtig) tributary, b) (verpflichtet, Pacht etc zu zahlen) liable (od. obliged) to pay rent. — ~**pflich·ti·ge** m ⟨-n; -n⟩ **1.** econ. person liable (od. obliged) to pay interest. - **2.** hist. a) (j-d, der Abgaben od. Tribut entrichten muß) person liable (od. obliged) to pay tribute, b) (j-d, der Pacht etc zahlen muß) person liable (od. obliged) to pay rent. — ~**po·li·tik** f econ. interest rate policy. — **z·**~**po·li·tisch** adj relating to interest rate policy. — ~**rech·nung** f **1.** (als Rechnungsvorgang) computation (od. calculation) of interest. - **2.** (als Aufstellung) account interest (charged od. credited). — ~**ren**|**di·te** f interest yield. — ~**ri·si·ko** n interest risk, risk of adverse movement in the rate of interest. — ~**rück**|**stän·de** pl arrears of interest. — ~**sal·do** m balance of interest, net interest paid (od. received).

'**Zins**|**satz** m econ. interest (rate), rate of interest: **üblicher [vereinbarter] ~** conventional [contract od. agreed] interest; **den ~ erhöhen** (od. heraufsetzen) [senken od. herabsetzen] to raise [to reduce] the rate of interest; **Darlehen mit niedrigem ~** low-interest loan. — ~**er**|**hö·hung** f increase (od. raising) of interest rates. — '**Zins**|**schein** m econ. (interest) coupon. — ~**bo·gen** m coupon sheet. — '**Zins**|**schuld** f econ. interest debt. — ~**sen·kung** f reduction of interest. — ~**span·ne** f interest margin. — ~**staf·fel** f (day-to-day) interest statement. — ~**staf·fe·lung** f interest gradation. — ~**steu·er** f tax on interest. — ~**ta**|**bel·le** f interest table. (od. freeze). — ~**ta·ge** pl (bei der Zinsrechnung) days considered for interest purposes. — ~**ter**|**min** m interest date, due date for interest payments. — **z·**~**tra·gend** adj interest-bearing. — ~**ver**|**lust** m loss of interest. — ~**wu·cher** m charging of (od. lending at) exorbitant interest, usury. — ~**wu·che·rer** m usurer, Am. loan shark. — ~**zahl** f **1.** interest figure. - **2.** interest product. — ~**zah·lung** f ⟨-; no pl⟩ payment of interest.

Zi·on ['tsiːɔn] npr m ⟨-(s); no pl⟩ Zion (a) a hill in Jerusalem, b) the city of Jerusalem, c) the people of Jerusalem, d) the Jewish people, e) relig. the City of God).

Zio·nis·mus [tsĭo'nısmʊs] m ⟨-; no pl⟩ pol. Zionism. — **Zio'nist** [-'nıst] m ⟨-en; -en⟩ Zionist. — **zio'ni·stisch** adj Zionist, auch Zionistic.

Zio·ni·ten [tsĭo'niːtən] pl relig. hist. (christliche Sekte) Zionites.

Zip·fel ['tsɪpfəl] m ⟨-s; -⟩ **1.** (einer Schürze, eines Kissens, von Stoff, eines Taschentuches etc) corner, tag: **etwas beim rechten ~ anfassen** fig. colloq. to tackle s.th. the right way, to go the right way about s.th.; **etwas an allen vier ~n haben** fig. colloq. to be sure of s.th.; **man bringt einfach nicht alle ~ zusammen** fig. colloq. one simply can't have everything, there is always something (wrong). - **2.** (einer Wurst) end(piece). - **3.** (eines Sackes etc)

end. - **4.** (unebene Stelle am Saum) dip, bump, uneven hem. - **5.** (einer Zipfelmütze, eines Barts etc) tip, point, end, peak. - **6.** geogr. a) promontory, tongue (of land), spit, b) area of one state projecting into that of another. - **7.** med. a) (eines Organs) lobe, b) (des Herzens) cusp, c) (der Haut) flap, d) (des Ohrs) lobe. - **8.** (einer Antenne) lobe. - **9.** colloq. humor. peter (colloq.).

'**zip·fe·lig** adj **1.** (Saum etc) uneven. - **2.** bot. laciniate, laciniolate(d), laciniform. - **3.** med. lobate, cuspidal, cuspidate. — '**Zip·fel**|**kä·fer** m zo. malachial beetle (Fam. Malachiidae). — ~**krö·ten**|**frosch** m horn frog (Megophrys nasuta). — ~**müt·ze** f pointy cap, (für den Wintersport) auch ski cap, stocking cap. - **2.** obs. (Nachtmütze) nightcap.

'**zip·feln** v/i ⟨h⟩ (von Kleid etc) have an uneven hem.

'**zipf·lig** adj cf. zipfelig.

zipp [tsɪp] interj **1.** (Lockruf der Drossel) zip! - **2.** **er kann nicht ~ sagen** fig. colloq. (er ist völlig erschöpft) he is out for the count, he is more dead than alive.

Zipp m ⟨-s; -s⟩ (TM) Austrian for Reißverschluß.

'**Zipp**|**am·mer** f zo. rock bunting (Emberiza cia). — '**Zipp**|**dros·sel** f, **Zip·pe** ['tsɪpə] f ⟨-; -n⟩ Middle G. for Singdrossel.

zip·pen ['tsɪpən] v/i ⟨h⟩ (von Vögeln) chirp.

Zip·per·lein ['tsɪpərlaɪn] n ⟨-s; no pl⟩ med. obs. gout: **das ~ haben** to suffer from gout.

Zip·pus ['tsɪpʊs] m ⟨-; -u. Zippen⟩ antiq. (Gedenk-, Grenzstein) cippus.

'**Zipp·ver**|**schluß** m Austrian for Reißverschluß.

Zir·be ['tsɪrbə], **Zir·bel** ['tsɪrbəl] f ⟨-; -n⟩ bot. cf. Arve 1.

'**Zir·bel**|**drü·se** f med. pineal body (od. gland), epiphysis cerebri (scient.). — ~**holz** n econ. cembra wood. — ~**kie·fer** f bot. cf. Arve 1. — ~**nuß** f cedar (od. cembra) nut.

Zir·co·ni·um [tsɪr'koːnĭʊm] n ⟨-s; no pl⟩ chem. cf. Zirkonium.

zir·ka ['tsɪrka] adv about, approximately, or thereabouts (nachgestellt): **er verdient ~ 1 000 Mark** he earns about 1,000 marks, he earns something in the neighbo(u)rhood of (od. something like) 1,000 marks, he earns 1,000 marks or thereabouts. — **Z·**~**auf**|**trag** m econ. (im Börsengeschäft) limited order allowing for slight price deviations. — **Z·**~**preis** m (bei Kostenvoranschlag) approximate price.

Zir·kas·si·er [tsɪr'kasĭər] m ⟨-s; -⟩ (Tscherkesse) Circassian. — **zir'kas·sisch** [-sɪʃ] adj Circassian.

Zir·kel ['tsɪrkəl] m ⟨-s; -⟩ **1.** (Instrument) pair of compasses, compasses pl, compass, (Spitz-, Teilzirkel) divider(s pl): **mit Reißfeder [Stellbogen] inking [quadrant] compass; mit dem ~ einen Kreis schlagen** to draw a circle with a pair of compasses; **eine Entfernung mit dem ~ abgreifen** (od. abstechen) to measure a distance with a pair of compasses; **alles mit dem ~ messen** fig. colloq. to be overmeticulous, to be overprecise. - **2.** (Kreislinie) circle: **die Quadratur des ~s** auch fig. the quadrature of the circle. - **3.** fig. (Gesellschaftskreis) (social) circle: **die Künstler bildeten einen ~** the artists formed a circle (od. group); **literarischer ~** literary society. - **4.** (sport) (beim Dressurreiten) circle. - **5.** (im studentischen Verbindungswesen) (verschlungener Schriftzug) cipher. — ~**bo·gen** m math. arc. — ~**de·fi·ni·ti·on** f philos. circular definition (inadequate definition which contains the term to be defined). — ~**ka·non** m mus. circle (od. circular) canon. — ~**ka·sten** m math. compass box (od. case, set). — ~**li·nie** f circular line.

zir·keln ['tsɪrkəln] **I** v/i ⟨h⟩ make measurements with compasses. - **II** v/t cf. abzirkeln 1, 2.

'**Zir·kel**|**schen·kel** m math. leg of a compass, compasses (od. divider) leg. — ~**schluß** m philos. vicious circle, auch circular reasoning. — ~**spit·ze** f math. point of a compass, compasses (od. divider) point. — ~**ver**|**län·ge·rung** f compass (od. divider) extension. — ~**wei·te** f span of a pair of compasses (od. of a compass).

Zir·kon [tsɪr'koːn] m ⟨-s; -e⟩ min. zircon. **Zir'kon·alk·oxi·de** [-ʔalkˌoksiːdə] pl chem. zirconium alkoxides.

Zir·ko·nat [tsɪrko'naːt] n ⟨-(e)s; -e⟩ chem. zirconate.

Zir'kon|**bron·ze** f metall. zirconium bronze. — ~**er·de** f chem. **1.** zirconia. - **2.** cf. Zirkoniumoxid.

Zir·ko·ni·um [tsɪr'koːnĭʊm] n ⟨-s; no pl⟩ chem. zirconium (Zr). — ~**bo**|**rid** n chem. zirconium boride (ZrB$_2$). — ~**car**|**bid** n min. zirconium carbide (ZrC). — ~**hy**|**drid** n chem. zirconium hydride (ZrH$_2$). — ~**kar**|**bid** n min. cf. Zirkoniumcarbid. — ~**oxid** [-ʔɔˌksiːt], ~**oxyd** [-ʔɔˌksyːt] n chem. zirconium (di)oxide, zirconic anhydride, auch zirconia (ZrO$_2$).

Zir'kon|**lam·pe** f zirconium lamp. — ~**oxid·chlo**|**rid** [-ʔɔˌksiːt], ~**oxyd·chlo**|**rid** [-ʔɔˌksyːt] n chem. zirconium oxychloride, zirconyl (od. basic zirconium) chloride (ZrOCl$_2$ · 8H$_2$O). — ~**sand** m circonia sand.

Zir·ku·lar [tsɪrku'laːr] n ⟨-s; -e⟩ obs. circular (letter).

zir·ku'lar, **zir·ku'lär** [-'lɛːr] adj **1.** (kreisförmig) circular. - **2. zirkuläres Irresein** med. circular (od. cyclic) insanity (od. psychosis).

Zir·ku'lar|**kre**|**dit**|**brief** m econ. (Akkreditiv) circular letter of credit, circular note. — ~**no·te** f pol. (in der Diplomatie) circular note.

Zir·ku·la·ti·on [tsɪrkula'tsĭoːn] f ⟨-; no pl⟩ (des Blutes, Geldes etc) circulation: **die ~ betreffend** circulatory.

Zir·ku·la·ti·ons|**pum·pe** f tech. circulating (od. circulation) pump. — ~**stö·rung** f med. disturbed circulation.

Zir·ku·la·tor [tsɪrku'laːtɔr] m ⟨-s; -en [-la'toːrən]⟩ electr. (in der Hochfrequenztechnik) circulator.

zir·ku·la·to·risch [tsɪrkula'toːrɪʃ] adj circulatory.

zir·ku·lie·ren [tsɪrku'liːrən] v/i ⟨no ge-, h⟩ (umlaufen) circulate: **etwas ~ lassen** (Liste etc) to pass s.th. (a)round, to circulate s.th. — **zir·ku'lie·rend I** pres p. - **II** adj circulatory, auch current, circulating.

zir·kum·anal [tsɪrkumʔa'naːl] adj med. circumanal.

Zir·kum·duk·ti·on [tsɪrkumdʊk'tsĭoːn] f ⟨-; -en⟩ med. circumduction.

zir·kum·flek·tie·ren [tsɪrkumflɛk'tiːrən] v/t ⟨no ge-, h⟩ put a circumflex on, mark (s.th.) with a circumflex.

Zir·kum·flex [tsɪrkum'flɛks] m ⟨-es; -e⟩ ling. circumflex (accent): **etwas mit einem ~ versehen** to put a circumflex on s.th., to mark s.th. with a circumflex.

zir·kum·po·lar [tsɪrkumpo'laːr] adj circumpolar. — **Z·**~**stern** m astr. circumpolar star.

zir·kum·skript [tsɪrkum'skrɪpt] adj med. (umschrieben) circumscribed.

Zir·kum·zi·si·on [tsɪrkumtsi'zĭoːn] f ⟨-; -en⟩ **1.** relig. med. cf. Beschneidung 3. - **2.** med. circumcision.

Zir·kus ['tsɪrkʊs] m ⟨-; -se⟩ **1.** circus, big top: **in den ~ gehen** to go to the circus; **er ist beim ~** he is with (od. in) the circus. - **2.** ⟨only sg⟩ fig. colloq. (in Wendungen wie) **mach nicht solchen ~** a) don't make such a fuss, b) don't make such an exhibition; **ich habe den (ganzen) ~ satt!** I'm sick of the whole thing (colloq.)! **ist das ein ~!** such a to-do (od. carrying-on)! - **3.** antiq. circus. — ~**are·na** [-ʔaˌreːna] f circus ring. — ~**clown** m circus clown, Am. auch whiteface. — ~**di**|**rek·tor** m circus director, ring master, equestrian director. — ~**pferd** n circus horse: **wie ein ~ aussehen** fig. contempt. to look like a bird of paradise (od. a cockatoo). — ~**rei·ter** m circus rider, auch circus equestrian. — ~**rei·te·rin** f circus rider, auch circus equestrienne. — ~**vor**|**stel·lung** f circus performance. — ~**wa·gen** m circus waggon (bes. Am. wagon), circus caravan. — ~**zelt** n circus tent, (Hauptzelt) auch big top.

Zir·pe ['tsɪrpə] f ⟨-; -n⟩ colloq. for Zikade.

zir·pen ['tsɪrpən] **I** v/i ⟨h⟩ **1.** (von Vögeln, Insekten) chirp, chirr, churr, (von Insekten) auch stridulate, (von Vögeln) auch cheep, peep, pip. - **II Z·** n ⟨-s⟩ **2.** verbal noun. - **3.** (der Grille etc) stridulation. — '**zir·pend I** pres p. - **II** adj (Grille etc) stridulatory, stridulous.

'**Zirp·frosch** m zo. peeper, peep frog (Crinia signifera).

Zir·rho·se [tsɪ'roːzə] f ⟨-; -n⟩ med. (Organschrumpfung) cirrhosis. — **zir'rho·tisch** [-tɪʃ] adj cirrhotic.

Zir·ro|ku·mu·lus [tsɪro'kuːmulus] m meteor. (Schäfchenwolke, kleine Haufenwolke) cirrocumulus. — **~'stra·tus** [-'straːtus] m ⟨-; -⟩ (Schleierwolke in großer Höhe) cirrostratus.

Zir·rus ['tsɪrus] m ⟨-; - od. Zirren⟩ meteor. (Federwolke) cirrus (auch cirrhus) (cloud). — **~,wol·ke** f cf. Zirrus.

zir·zen·sisch [tsɪr'tsɛnzɪʃ] adj circensian: **~e** Spiele antiq. circensian games.

zis·al·pin [tsɪs'ʔal'piːn], **zis·al'pi·nisch** adj cisalpine, situated on the southern side of the Alps.

zisch [tsɪʃ] interj **~** machen a) (von abgelassenem Dampf) to hiss, b) (von plötzlich entweichender Luft) to fizz, c) (von heißem Fett) to sizzle to frizz(le), d) (von vorbeifliegendem Pfeil etc) to whiz(z).

Zisch m ⟨-(e)s; -e⟩ hiss. — **z~'bum** interj whiz(z)bang!

Zi·sche·lei f ⟨-; -en⟩ colloq. contempt. whispering.

zi·scheln ['tsɪʃəln] I v/i u. v/t ⟨h⟩ 1. whisper. – II Z~ n ⟨-s⟩ 2. verbal noun. – 3. whisper.

zi·schen ['tsɪʃən] I v/i ⟨h⟩ 1. (von Schlange, abgelassenem Dampf etc) hiss. – 2. (von plötzlich entweichender Luft) fizz. – 3. (von heißem Fett) sizzle, frizzle, frizz. – 4. (von vorbeifliegendem Pfeil etc) whiz(z). – 5. (sein Mißfallen zeigen) hiss: das Publikum zischte the audience hissed. – II v/t 6. (Frage, Ausruf etc) hiss. – 7. fig. colloq. (in Wendungen wie) einen **~** to wet one's whistle, to have a couple (beide colloq.). – III Z~ n ⟨-s⟩ 8. verbal noun. – 9. hisses pl.

Zi·scher m ⟨-s; -⟩ hisser.

'Zisch|,hahn m tech. compression tap. — **~,laut** m ling. (in der Phonetik) sibilant. — **~,nat·ter** f zo. sand snake (Gattg Psammophis).

Zi·se·leur [tsize'løːr] m ⟨-s; -e⟩ engraver, (en)chaser.

Zi·se'lier,ar·beit f engraved (od. [en]chased) work.

zi·se·lie·ren [tsize'liːrən] (art) I v/t ⟨no ge-, h⟩ engrave, (en)chase. – II Z~ n ⟨-s⟩ verbal noun.

Zi·se'lie·rer m ⟨-s; -⟩ cf. Ziseleur.

Zi·se'lier,kunst f (art) engraver's (od. [en]chaser's) art, engraving, (en)chasing.

Zi·se'lie·rung f ⟨-; -en⟩ cf. Ziselieren.

Zi·se'lier,werk,zeug n engraving (od. [en]-chasing) tool.

zis·lei·tha·nisch [tsɪslaɪ'taːnɪʃ] adj hist. cisleithan, situated on the Austrian side of the Leitha river.

zis·pa·da·nisch [tsɪspa'daːnɪʃ] adj cispadane, situated on the Roman side of the Po river.

zis·rhe·na·nisch [tsɪsre'naːnɪʃ] adj cisrhenane, situated west of the Rhine.

Zis·soi·de [tsɪso'iːdə] f ⟨-; -n⟩ math. cissoid.

Zi·sta ['tsɪsta] f ⟨-; Zisten⟩, **'Zi·ste** f ⟨-; -n⟩ archeol. (etruskisches Bronzegefäß; Urne) cist, cista.

Zi·ster·ne [tsɪs'tɛrnə] f ⟨-; -n⟩ 1. cistern. – 2. med. cistern, cisterna.

Zi'ster·nen|punk·ti,on f med. cisternal (od. suboccipital) puncture. — **~,wa·gen** m cistern (od. tank) car. — **~,was·ser** n ⟨-s; no pl⟩ water from a tank (od. cistern).

Zi·ster·zi·en·ser [tsɪstɛr'tsiɛnzər] m ⟨-s; -⟩ röm.kath. Cistercian. — **~,ab·tei** f Cistercian abbey. — **~,klo·ster** n Cistercian monastery. — **~,mönch** m Cistercian (monk). — **~,non·ne** f Cistercian (nun). — **~,or·den** m Cistercian order.

'Zist|,ro·se f, **~,rös·chen** [-,røːsçən] n ⟨-s; -⟩ bot. (sweet) cistus, rockrose (Gattg Cistus).

Zi·ta·del·le [tsita'dɛlə] f ⟨-; -n⟩ citadel.

Zi·tat [tsi'taːt] n ⟨-(e)s; -e⟩ quotation, quote, citation: abgedroschenes **~** hackneyed quotation; falsches **~** misquotation, misquote; Ende des **~s** unquote.

Zi'ta·ten|le·xi·kon n dictionary of quotations. — **~,schatz** m 1. repertoire (od. store) of quotations. – 2. (Buch) thesaurus (od. treasury) of quotations.

Zi·ta·ti·on [tsita'tsioːn] f ⟨-; no pl⟩ jur. obs. citation, summons, (unter Strafandrohung) subpoena.

Zi·ther ['tsɪtər] f ⟨-; -n⟩ mus. zither, auch zittern: die (od. auf der) **~** spielen to play (on) the zither. — **~,ring** m zither ring, plectrum. — **~,spiel** n ⟨-(e)s; no pl⟩ zither

music. — **~,spie·ler** m zither player, zitherist.

zi·tie·ren [tsi'tiːrən] I v/t ⟨no ge-, h⟩ 1. (wiedergeben, anführen) quote, cite: ich zitiere wörtlich I quote literally (od. verbatim); ich zitiere: ..., Ende des Zitats quote, ..., unquote; falsch **~** to misquote; Stellen aus einem Werk **~** to quote from a work. – 2. (vorladen) summon, cite, (unter Strafandrohung) subpoena: er wurde vor Gericht zitiert he was summoned to court. – 3. (Geister) conjure up. – II Z~ n ⟨-s⟩ 4. verbal noun. – 5. citation, (unter Strafandrohung) subpoena.

Zi·tral [tsi'traːl] n ⟨-(e)s; no pl⟩ chem. citral ($C_9H_{15}CHO$).

Zi·trin[1] [tsi'triːn] m ⟨-s; -e⟩ min. citrine, quartz.

Zi'trin[2] n ⟨-s; no pl⟩ chem. citrine (SiO_2).

Zi·tro·nat [tsitro'naːt] n ⟨-(e)s; -e⟩ gastr. 1. (candied) lemon peel, citron. – 2. lemonade.

Zi·tro·ne [tsi'troːnə] f ⟨-; -n⟩ bot. 1. (Baum) lemon (tree) (Citrus limon). – 2. (Frucht) lemon: eine **~** auspressen to squeeze (od. crush) a lemon. – 3. da haben wir mit **~n** gehandelt fig. colloq. that was bad (od. sl. rotten) luck.

Zi·tro·nel·lal [tsitronɛ'laːl] n ⟨-s; no pl⟩ chem. citronellal ($C_9H_{17}CHO$).

Zi·tro·nel·le [tsitro'nɛlə] f ⟨-; -n⟩ bot. lime (tree) (Citrus aurantifolia).

Zi'tro·nen|,baum m bot. lemon (tree) (Citrus limon). — **~,bon,bon** m, n gastr. lemon drop. — **~,eis** n lemon ice (cream). — **~,fal·ter** m zo. brimstone, auch brimstone butterfly (Gonepteryx rhamni). — **z~,far·ben**, **z~,far·big** adj cf. zitronengelb 2. — **~,fink** m zo. cf. Zitronengirlitz. — **~,gelb** I n ⟨-s; no pl⟩ 1. lemon (yellow), citron (yellow), queen's yellow, mimosa. – II z~ adj 2. lemon(-colored, bes. Br. -coloured), citron-yellow. – 3. (paints) citron-yellow, citreous. — **~,gir·litz** m zo. citril finch (Carduelis citrinella). — **~,gras** n zo. citronella, auch citronella grass (Cymbopogon nardus): Indisches **~** camel grass (od. hay), sweet rush (Cymbopogon schoenanthus). — **~,hai** m zo. lemon shark (Negaprion brevirostris). — **~,holz** n 1. (vom Satinbaum) satinwood. – 2. (vom Rosenbaum) rosewood, citronwood. — **~,kern** m lemon pip. — **~,kraut** n bot. 1. cf. Gartenmelisse. – 2. lemon verbena, aloysia (Lippia citriodora). — **~,li·kör** m gastr. lemon liqueur. — **~li·mo,na·de** f lemonade, (mit Sodawasser) lemon soda. — **~me,lis·se** f bot. cf. Gartenmelisse. — **~,min·ze** f bergamot (Mentha citrata). — **~,öl** n citron oil. — **~,pilz** m bot. cf. Sandpilz. — **~,pres·se** f lemon squeezer. — **~,saft** m 1. lemon juice. – 2. cf. Zitronenwasser. — **z~,sau·er** adj only in zitronensaures Salz chem. citrate.

Zi'tro·nen,säu·re f ⟨-; no pl⟩ chem. citric acid ($C_6H_8O_7$). — **~,zy·klus** m Krebs cycle, auch citric (od. tricarboxylic) acid cycle.

Zi'tro·nen|,scha·le f lemon peel (od. rind): geriebene **~** grated lemon peel. — **~,schei·be** f slice of lemon. — **~,stel·ze** f zo. yellow-headed wagtail (Motacilla citreola). — **~,was·ser** n gastr. lemon juice (od. water, Br. auch squash). — **~,zei·sig** m zo. cf. Zitronengirlitz.

Zi·trul·le [tsi'trulə] f ⟨-; -n⟩ bot. cf. Wassermelone 1.

'Zi·trus|,frucht ['tsiːtrus-] f meist pl bot. citrus fruit, hesperidium (scient.). — **~,ge,wäch·se** pl cf. Agrumen. — **~,knospen,mil·be** f zo. citrus bud mite (Aceria sheldoni). — **~,kom·ma,laus** f purple (od. citrus mussel) scale (Lepidosaphes beckii). — **~,laus** f 1. a) Schwarze **~** black citrus aphid (Toxoptera aurantii), b) Braune **~** brown citrus aphid (T. citricida). – 2. Grüne **~** green citrus aphid, spirea aphid (Aphis spiraecola). — **~,öle** pl citrus fruit oils. — **~,schmier,laus** f zo. citrus mealybug (Pseudococcus citri).

'Zit·ter|,aal m zo. electric eel (Electrophorus electricus). — **~,gras** n bot. trembling (od. quaking) grass (Gattg Briza): Kleines **~** small quaking grass (B. minor).

'zit·te·rig adj (Schrift, Stimme, Person etc) shaky, trembly, tremulous, shivery; doddering, doddery (colloq.): ein **~er** alter Mann a shaky (od. doddering, doddery) old man; mit **~en** Händen with shaky hands. – II adv er schreibt ganz **~** he has a very shaky hand.

'Zit·ter,läh·mung f ⟨-; no pl⟩ med. shaking palsy, paralysis agitans (scient.).

zit·tern ['tsɪtərn] I v/i ⟨h⟩ 1. (vor dat etc) shiver, tremble, shake, shudder, quake: sie zitterte am ganzen Körper she trembled all over (od. from top to toe), her whole body trembled; → Glied 1. – 2. (vor Angst etc) (vor dat with) tremble, shake, quake, quaver: **~** und beben to tremble and shake, to shake in one's shoes; → Espenlaub. – 3. (vor Aufregung etc) (vor dat with) tremble, shake, quiver, flutter, vibrate. – 4. (vor Hand etc) shake, tremble: mir **~** die Knie my knees are shaking. – 5. (von Stimme, Ton etc) tremble, shake, quaver. – 6. (von Erde, Haus etc) tremble, shake, quake: → Wand 1. – 7. (von Nadel, Zeiger etc) flicker. – 8. (in Wendungen wie) die Blätter zitterten im Wind the leaves trembled (od. quivered) in the wind; Sonnenstrahlen **~** auf dem Wasser sunbeams dance (od. flicker) on the water; die Luft zittert in der Mittagshitze the air quivers in the midday heat. – 9. fig. (in Wendungen wie) bei dem Gedanken an (acc) etwas **~** to tremble (od. quake) at the thought of s.th.; für j-n **~**, (in Sorge) um j-n **~** to tremble (od. fear) for s.o.; vor j-m **~** to be terrified of s.o.; vor j-s Zorn **~** to fear s.o.'s anger. – 10. tech. (von einer Maschine) chatter. – 11. phys. vibrate. – II Z~ n ⟨-s⟩ 12. verbal noun. – 13. (vor Kälte) shiver, tremble, shake. – 14. (vor Angst) tremble, shake, quaver. – 15. (vor Aufregung) tremble, shake, quiver, vibration. – 16. (der Hand) shake, tremble. – 17. med. tremor, trepidation. – 18. electr. (beim Radar) jitter. – 19. (eines Hauses etc) tremble, tremor, quake. – 20. phys. vibration. — **'zit·ternd** I pres p. – II adj 1. trembling, shivery: sie stand **~** in der Kälte she stood trembling in the cold; **~** und bebend quaking all over (od. from top to toe). – 2. (Stimme) trembling, trembly, shaky, shaking, tremulous, (vor Angst) auch vibrant.

'Zit·ter|,pap·pel f bot. trembling poplar (od. tree), (European) aspen, asp (Populus tremula). — **~,pilz** m meist pl cf. Gallertpilz. — **~,ro·chen** m zo. electric ray, torpedo (fish), crampfish (Fam. Torpedinidae). — **~,wels** m electric catfish (Malapterurus electricus).

'zit·trig adj u. adv cf. zitterig.

Zit·wer ['tsɪtvər] m ⟨-s; -⟩ bot. 1. zedoary (Curcuma zedoaria). – 2. Arabischer **~** cf. Giftheil. – 3. Deutscher **~** sweet flag (Acorus calamus). – 4. cf. Ingwer. – **~,blü·ten** pl pharm. wormseed sg, santonica sg. — **~,sa·me(n)** m 1. bot. seed of zedoary. – 2. pharm. cf. Zitwerblüten. — **~,wur·zel** f bot. zedoary (root).

Zitz [tsɪts] m ⟨-es; -e⟩ (textile) chintz.

Zit·ze ['tsɪtsə] f ⟨-; -n⟩ 1. zo. (am Euter der Kühe, Ziegen etc) teat, dug, nipple, mamilla, bes. Am. mammilla (scient.). – 2. vulg. (Brustwarze) tit (sl.).

'Zit·zen|,feld n ⟨-(e)s; no pl⟩ zo. cf. Gesäuge. — **z~,för·mig** adj nipple-shaped; mamiform, bes. Am. mammiform, mamillary, bes. Am. mammillary (scient.).

Zi·vet·te [tsi'vɛtə] f ⟨-; -n⟩ zo. African civet (cat) (Civettictis civetta).

zi·vil [tsi'viːl] adj 1. (im Gegensatz zu militärisch) civilian: **~es** Gefolge mil. civilian component; **~e** Versorgungsgüter civilian supplies; **~er** Ersatzdienst mil. civil alternative service; **~e** Luftfahrt civil aviation; **~e** Verteidigung civil emergency planning; → Bevölkerungsschutz. – 2. fig. (nichtberuflich) normal, everyday (attrib): im **~en** Leben in normal life. – 3. jur. civil: **~e** Trauung civil marriage. – 4. fig. (Preis) reasonable, moderate. – 5. archaic (anständig, gebildet) civil: ein **~er** Mensch a civil person.

Zi'vil n ⟨-s; no pl⟩ 1. plain (od. civilian) clothes pl, (im Gegensatz zur Militäruniform) auch civilian dress, mufti, civvies pl, auch civies pl (sl.): er ist heute in **~** in plain clothes (od. sl. in civvies) today. – 2. (allgemein) plain clothes: Detektiv in **~** plainclothes detective, plainclothesman; **~** tragen to wear plain clothes. — **~,an,zug** m ⟨-(e)s; no pl⟩ cf. Zivil. — **~,be,darf** m civilian requirements pl. — **~,be,hör·de** f civilian authority. — **~,be,ruf** m 1. civilian profession: im **~** ist er Lehrer his civilian profession is teaching. – 2. civilian trade:

im ~ ist er Schreiner his civilian trade is joinery. — ~**be,völ·ke·rung** f civilian population, civilians pl. — ~**cou,ra·ge** f courage of one's convictions, personal courage, determination to stand up for one's convictions: ~ beweisen (od. zeigen) to stand up for one's convictions. — ~**dienst** m civilian service. — ~**ehe** f jur. civil marriage. — ~**flug,ha·fen** m aer. civil airport. — ~**flug,zeug** n civil aircraft. — ~**flug-,zeug,füh·rer,schein** m civil pilot's licence (Am. license). — ~**ge,richt** n jur. court for civil law cases, civil court. — ~**ge-richts-bar·keit** f civil jurisdiction. — ~**ge,setz-,buch** n Swiss civil code. — ~**in·ge·ni,eur** m patent engineer.

Zi·vi·li·sa·ti·on [tsiviliza'tsĭo:n] f ⟨-; -en⟩ 1. ⟨only sg⟩ civilization Br. auch -s-: der Einfluß der europäischen ~ auf (acc) the influence of European civilization (up)on; in die ~ zurückkehren to return (od. come back) to civilization. – 2. civilization Br. auch -s-, culture: im Orient gibt es Spuren bedeutender vorchristlicher ~en there are traces of important pre-Christian civilizations in the Orient.

Zi·vi·li·sa·ti'ons,krank·heit f civilizational (Br. auch -s-) disease.

zi·vi·li·sa·to·risch [tsiviliza'to:rɪʃ] adj (Leistung etc) civilizatory Br. auch -s-, civilizing Br. auch -s-.

zi·vi·li'sier·bar adj civilizable Br. auch -s-, capable of becoming civilized (Br. auch -s-), receptive to civilization (Br. auch -s-).

zi·vi·li·sie·ren [tsivili'zi:rən] I v/t ⟨no ge-, h⟩ 1. civilize Br. auch -s-. – II Z~ n ⟨-s⟩ 2. verbal noun. – 3. cf. Zivilisierung.

zi·vi·li'siert I pp. – II adj civilized Br. auch -s-: aus wilden Stämmen wurden ~e Völker savage tribes became civilized peoples; viele Menschen sind zwar ~, aber nicht kultiviert many people are civilized but not cultured; benimm dich wie ein ~er Mensch behave like a civilized person. – III adv benimm dich etwas ~er behave in a more civilized manner, be more civilized. — **Zi·vi·li'siert·heit** f ⟨-; no pl⟩ civilized state (of. behavior, bes. Br. behaviour).

Zi·vi·li'sie·rung f ⟨-; no pl⟩ 1. cf. Zivilisieren. – 2. civilization Br. auch -s-.

Zi·vi·list [tsivi'lɪst] m ⟨-en; -en⟩ civilian.

Zi'vil|,kam·mer f jur. civil division (of a 'Landgericht'). — ~**,kla·ge** f civil suit. — ~**,klei·dung** f cf. Zivil. — ~**,le·ben** n 1. civilian life. – 2. normal (od. everyday) life. — ~**,li·ste** f civil list. — ~**,luft,fahrt** f civil aviation. — ~**per,son** f civilian. — ~**pro,zeß** m jur. civil suit (od. proceedings pl, case, procedure, action). — ~**pro,zeß,ord·nung** f code (od. rules pl) of civil procedure (od. practice). — ~**,recht** n ⟨-(e)s; no pl⟩ civil law. — **z~,recht·lich** I adj civil: ~e Haftung civil liability. – II adv j-n ~ verfolgen to bring a civil action (od. suit) against s.o., to sue s.o. — ~**,rich·ter** m judge in a civil court. — ~**,sa·che** f civil case. — ~**,schutz** m Swiss and Austrian civil defence (Am. defense) (service), protection of the civilian population. — ~**,se,nat** m 1. cf. Zivilkammer. – 2. (Senat eines Zivilgerichts) division of a civil court.

Zi'vil,stand m ⟨-(e)s; no pl⟩ Swiss 1. (Familienstand) marital status. – 2. (Personenstand) personal (od. civil) status.

Zi'vil,stands|,amt n Swiss for Standesamt. — ~**re,gi·ster** n cf. Personenstandsregister.

Zi'vil|,trau·ung f civil marriage. — ~**ver,fah·ren** n jur. civil proceedings pl: ein ~ anhängig machen to bring (od. institute) civil proceedings. — ~**ver,tei·di·gung** f mil. civil defence (Am. defense). — ~**ver,wal·tung** f 1. civil administration. – 2. mil. civil government.

Zlo·ty ['zlɔti; '(t)slɔti] m ⟨-s; -s⟩ econ. (polnische Währungseinheit) zloty.

Znü·ni ['tsny:ni] m, n ⟨-s; no pl⟩ Swiss morning snack, (light) lunch, Br. elevenses pl.

Zo·bel ['tso:bəl] m ⟨-s; -⟩ 1. zo. (Siberian) sable (Martes zibellina): Amerikanischer ~ American sable (od. marten) (M. americana). – 2. zo. (Karpfenfisch) zobel, kanov (Abramis sapa). – 3. cf. Zobelfell, -pelz: mit ~ besetzt sable-lined (od. -trimmed). — **z~,ar·tig** adj zibeline, Am. auch zibelline. — ~**feh** n sable squirrel. — ~**fell** n sable (skin). — ~**jagd** f sable hunting.

~**,man·tel** m sable coat. — ~**,pelz** m sable (fur). — ~**ver,brä·mung** f sable trimming(s pl).

zockeln (getr. -k·k-) ['tsɔkəln] v/i ⟨sein⟩ colloq. cf. zuckeln.

zo·dia·kal [tsodĭa'ka:l] adj astr. astrol. zodiacal. — **Z~,licht** n astr. zodiacal light.

Zo·dia·kus [tso'di:akus] m ⟨-; no pl⟩ astr. astrol. zodiac.

Zo·fe ['tso:fə] f ⟨-; -n⟩ lady's maid.

zog [tso:k] 1 u. 3 sg pret, **zö·ge** ['tsø:gə] 1 u. 3 sg pret subj of ziehen.

Zö·ge·rer m ⟨-s; -⟩ cf. Zauderer 1—3.

zö·gern ['tsø:gərn] I v/i ⟨h⟩ 1. hesitate, hold off, procrastinate, falter, halt, tarry: mit der Antwort ~ to hesitate to reply; ohne lange zu ~ without much (od. any great) hesitation; er hat zu lange damit gezögert he hesitated (od. delayed, hung back) too long; du darfst nicht zu lange ~, sonst you must not hesitate (od. delay, hang back) too long or else; er zögerte, ob er das Angebot annehmen sollte, er zögerte, das Angebot anzunehmen he hesitated to accept the offer, he wondered whether he should accept the offer. – 2. (schwanken) hesitate, waver, shilly--shally: ich habe keinen Augenblick gezögert I did not hesitate for a moment. – II Z~ n ⟨-s⟩ 3. verbal noun. – 4. hesitation, procrastination, cunctation (lit.): ohne Z~ handeln to act without hesitation (od. unhesitatingly); nach anfänglichem Z~ after (some) initial hesitation. – 5. (Schwanken) shilly-shally. — **'zö·gernd** I pres p. – II adj 1. hesitant, hesitating, hesitative, faltering: ~en Schrittes with hesitant (od. halting) steps, hesitantly, haltingly. – 2. (schwankend) shilly-shally. – 3. (hinhaltend) dilatory. – 4. (langsam, allmählich) slow, gradual. – III adv 5. hesitantly, haltingly: die Antwort kam nur ~ the reply came hesitantly; ~ antworten [gehorchen] to reply [to obey] hesitantly. — **'Zö·ge·rung** f ⟨-; no pl⟩ cf. Zögern.

Zög·ling ['tsø:klɪŋ] m ⟨-s; -e⟩ 1. pupil. – 2. jur. cf. Fürsorgezögling.

Zo·he ['tso:ə] f ⟨-; -n⟩ Southwestern G. (Hündin) bitch.

Zö·kum ['tsø:kum] n ⟨-s; -ka [-ka]⟩ med. (Blinddarm) c(a)ecum, coecum, typhlon.

Zöl·en·te·ra·ten [tsølɛnte'ra:tən] pl zo. (Hohltiere) coelenterata (Stamm Coelenterata).

Zö·le·stin [tsølɛs'ti:n] m ⟨-s; -e⟩ min. celestite, c(o)elestine.

Zö·le'sti·ner m ⟨-s; -⟩ röm.kath. hist. Celestine (monk).

Zö·lia·kie [tsølĭa'ki:] f ⟨-; -n [-ən]⟩ med. (Gee-)Herter disease, c(o)eliac disease.

Zö·li·bat [tsøli'ba:t] n, relig. m ⟨-(e)s; no pl⟩ bes. relig. celibacy: im ~ leben to practice (bes. Br. practise) celibacy, to live a celibate life, to be celibate. — **Zö·li'bats-,zwang** m (compulsory) celibacy.

Zoll[1] [tsɔl] m ⟨-(e)s; ⁼e⟩ 1. econ. (customs) duty (od. tariff): ~ zahlen (für) to pay duty (on); die Zölle senken [erhöhen] to lower (od. decrease) [to raise od. increase] the duties; auf (acc) etwas ~ erheben to levy (od. put) a duty on s.th.; bestimmte Waren unterliegen einem ~, auf bestimmten Waren liegt ein ~ certain goods are subject to duty, there is (a) duty on certain goods. – 2. ⟨only sg⟩ (Kontrollstelle) customs pl (construed as sg): etwas beim ~ angeben to declare s.th. at the customs; etwas durch den ~ schmuggeln to smuggle s.th. through the customs. – 3. ⟨only sg⟩ colloq. (Zollbehörde) customs pl (construed as sg), Br. auch customs and excise: mein Bruder ist beim ~ my brother is with (od. works for) the customs. – 4. hist. (Brückenzoll) toll: einen ~ entrichten to pay a toll. – 5. fig. (Tribut) toll: jeder muß der Natur seinen ~ zahlen (od. entrichten) everyone must pay the toll (od. debt) of (od. his debt to) nature; die Natur fordert ihren ~ nature takes its toll.

Zoll[2] m ⟨-(e)s; -⟩ (Längenmaß) inch: drei ~ lang three inches long; jeder ~ ein Ehrenmann [König] fig. every inch a gentleman [king]; nicht einen ~ nachgeben fig. not to budge (od. yield) an inch.

'Zoll|aban,don,nie·rung [-ʔabãdo,ni:ruŋ] f ⟨-; no pl⟩ econ. abandonment (of goods at customs). — ~**,ab,bau** m reduction of tariffs. — ~**,ab,fer·ti·gung** f customs

---

clearance, clearing of goods (at the customs), clearing (through the customs). — ~**,ab,fer·ti·gungs·ge,büh·ren** pl clearance charges. — ~**,ab,fer·ti·gungs,stel·le** f 1. customs clearance. – 2. cf. Zollamt.

~**,ab,ga·ben** pl customs duties. — ~**,ab,kom·men** n pol. tariff agreement, customs convention. — ~**agent** [-ʔa,gɛnt] m customhouse (Br. custom-house) broker, customs agent (od. broker). — ~**agen,tur** f customs agency.

'Zoll,a·ger (getr. -ll,l-) n econ. bonded warehouse (od. store).

'Zoll|,amt n 1. customs office. – 2. customhouse, Br. custom-house. — **z~,amt-lich** I adj ~e Bescheinigung customs certificate; ~e Untersuchung customs inspection. – II adv etwas ~ abfertigen to clear s.th. through (the) customs: das Gepäck ~ abfertigen lassen to get one's baggage (bes. Br. luggage) through the customs.

'zoll,lang (getr. -ll,l-) adj ⟨attrib⟩ one-inch, inch-long.

'Zoll|,an,mel·dung f 1. (customs) entry. – 2. (für Einlagerung unter Zollverschluß) declaration for bond. — ~**,an,schluß** m accession to a customs union. — ~**,an,schluß-ge,biet** n area belonging to a customs territory, auch customs enclave. — ~**,an-,trag** m bill of entry. — ~**,auf,schlag** m additional duty, (customs) surcharge. — ~**,auf,se·her** m customs inspector. — ~**,auf,sicht** f customs supervision. — ~**,aus,kunft** f tariff information. — ~**,aus-,land** n countries pl outside customs frontier. — ~**,aus,schlüs·se** pl sovereign territories belonging to foreign customs territory. — ~**,bahn,hof** m customs station, railroad (Br. railway) station with customs facilities.

'zoll,bar adj econ. cf. zollpflichtig.

'Zoll|be,am·te m econ. customs officer (od. official, bes. Am. guard). — ~**be-,frei·ung** f exemption from duty. — ~**be,gleit,schein** m bond note, customs (bond) warrant. — ~**be,gün·sti·gungs-,li·ste** f special (od. preferential) tariff list. — ~**be,hör·de** f customs authorities pl, customs pl (construed as sg), Br. auch customs and excise (authorities pl). — ~**be,schrän·kung** f customs restriction: keinen ~en unterliegen not to be subject to customs restrictions. — ~**be,stim-mun·gen** pl customs (od. tariff) regulations. — ~**be,zirk** m customs district. — ~**,blei** n customs seal. — ~**,boot** n mar. revenue cutter.

'zoll,breit adj ⟨attrib⟩ (Spalt, Öffnung etc) one-inch, inch-wide.

'Zoll,breit m fig. (in Wendungen wie) keinen ~ (zurück)weichen to not to budge (od. yield) an inch; keinen ~ Landes hergeben not to cede an inch of territory.

'Zoll|,brücke (getr. -k·k-) f hist. toll bridge. — ~**,bürg,schein** m econ. (des Importeurs) customs bond. — ~**de,kla,ra·ti·on** f cf. Zollerklärung.

'zoll,dick adj ⟨attrib⟩ one-inch, inch-thick: ein ~es Brett a one-inch board.

'Zoll|,dienst m 1. econ. customs service. – 2. mar. revenue cutter service. — ~**do·ku-,men·te** pl econ. customs documents (od. documentation sg). — ~**,ein,fuhr·er,klä-rung** f 1. cf. Zollanmeldung. – 2. inward manifest. — ~**,ein,gangs,li·ste** f customs bill of entry. — ~**,ein,nah·men** pl customs revenue sg. — ~**,ein,neh·mer** m 1. customs collector, collector (od. receiver) of customs. – 2. hist. (an Brücken, Wegen etc) toll collector.

zol·len ['tsɔlən] v/t ⟨h⟩ (in Wendungen wie) j-m Bewunderung ~ to show s.o. one's admiration, to express one's admiration for s.o.; j-m Beifall ~ to applaud s.o., to give s.o. applause; j-m Dank ~ to express one's gratitude (od. thanks) to s.o.; → Achtung 1; Anerkennung 4; Lob 1; Tribut 3.

'Zoll|er,hö·hung f econ. increase of customs duties, tariff increase, raising of duties. — ~**er,klä·rung** f customs declaration. — ~**er,laß** m remission of duty. — ~**er-,laub·nis,schein** m customs permit. — ~**er,leich·te·rung** f customs facilities. — ~**er,mä·ßi·gung** f tariff reduction, reduction of tariffs (od. duties). — ~**,fahn·der** [-,faːndər] m ⟨-s; -⟩ customs surveillance officer, customs investigator. — ~**,fahn·dung** f investigation of customs fraud, customs investigation. — ~**,fahn-**

dungs,stel·le f customs investigation (od. surveillance) office. — ~,fest,set·zung f assessment of tariff (od. [customs] duty), Am. tariff making. — ~,flag·ge f revenue flag. — ~,flug,ha·fen m customs airport. — ~,for·ma·li,tä·ten pl customs formalities: die ~ erledigen to attend to (od. settle) customs formalities. — z~,frei adj duty-free, exempt from (od. free of) (customs) duty: ~er Verkehr free trade, trade exempted from duty; ~e Waren duty-free goods; → Gedanke 1. — ~,frei·ge,biet n customs-free area. — ~,frei·heit f customs exemption, exemption from duty. — ~,frei,la·ger n 1. bond. - 2. (Örtlichkeit) bonded warehouse. — ~,frei,li·ste f free list. ~,frei,zo·ne f bonded area. — ~ge,bäu·de n cf. Zollamt 2. — ~ge,biet n customs territory. — ~ge,büh·ren pl duty sg, customs duties (od. dues, charges), tariffs. — ~ge,fäl·le n customs differential. — ~ge,mein·schaft f customs union. — ~ge,rech·tig·keit f hist. cf. Zollrecht 2. — ~ge,setz n 1. tariff law. - 2. tariff act. — ~ge,setz,ge·bung f tariff legislation. — ~ge,wahr·sam m customs custody. — ~ge,wicht n dutiable weight. — ~,grenz·be,zirk m customs control area. — ~,grenz,dienst m customs frontier service. — ~,gren·ze f customs frontier (od. boundary). — ~,grenz·schutz m cf. Zollgrenzdienst.

'Zoll,gut n econ. 1. goods pl subject to customs control. - 2. goods pl (Am. freight) in (auch under) customs bond (od. seal). — ~,la·ger n cf. Zollniederlage.

'Zoll|,ha·fen m mar. port of entry. — ~,haus n customhouse, Br. custom-house, auch customshouse. — ~,hin·ter,zie·hung f evasion of (the) customs (duties), bes. jur. defraudation of the customs: ~ begehen to evade customs (duties).

'zoll,hoch adj ⟨attrib⟩ one-inch, inch-high.

'Zoll,ho·heit f econ. customs jurisdiction (auch sovereignty).

'Zoll,in,halts·er,klä·rung f customs declaration.

'Zoll·nie (getr. -ll,l-) f econ. cf. Zollgrenze.

'Zoll|,in,land n econ. territory within the customs frontiers. — ~,in·spek·ti,on f customs inspection. — ~,in,spek·tor m cf. Zollbeamte. — ~,kas·se f customs collector's office. — ~,kon·tin,gent n tariff(-rate) quota. — ~,kon,trol·le f customs control (od. examination, inspection). — ~,kreu·zer m mar. customs (od. revenue) cutter. — ~,krieg m econ. tariff war. — ~,kut·ter m mar. cf. Zollboot. — ~,mar·ke f econ. customs clearance stamp.

'Zoll,maß n 1. (Maßsystem) inch (od. English) system. - 2. (Maßstab) inch rule.

'Zoll,mau·er f econ. tariff wall.

Zöll·ner ['tsœlnər] m ⟨-s; -⟩ 1. colloq. for Zollbeamte. - 2. Bibl. publican.

'Zoll|,nie·der,la·ge f econ. bonded warehouse (od. store). — ~,pa,pie·re pl customs documents (od. documentation sg). — ~pas,sier,schein m triptyque, auch triptique, tryptyque. — ~,pflicht f liability to pay (customs) duties. — z~,pflich·tig adj dutiable, liable (od. subject) to duty: nicht ~ duty-free. — ~,plom·be f customs seal. — ~,po·li,tik f tariff (od. customs) policy. — ~,quit·tung f customs (od. customhouse) receipt, Br. auch docket. — ~,recht n ⟨-(e)s; no pl⟩ 1. jur. customs law. - 2. hist. toll. — ~,re,form f tariff reform. — ~,re,gal n hist. cf. Zollrecht 2. — ~,re·vi·si,on f customs examination (od. inspection). — ~,rück·er,stat·tung, ~,rück·ver,gü·tung f (bei Wiederausfuhr) (customs) drawback. — ~,satz m rate of duty, tariff rate: die Zollsätze herabsetzen to reduce the rates of duty. — ~,schiff n mar. cf. Zollkreuzer. — ~,schran·ke f econ. fig. meist pl customs (od. tariff) barrier. — ~,schup·pen m customs shed. — ~,schutz m tariff protection. — ~,sen·kung f tariff cut (od. reduction), reduction (od. lowering) of (customs) duties. — ~,spei·cher m cf. Zollniederlage. — ~,sta·ti,on, ~,stel·le f customs post.

'Zoll,stock m ⟨-(e)s; -stöcke⟩ inch rule.

'Zoll|,stra·fe f econ. customs fine. — ~,stra·ße f 1. customs road. - 2. cf. Mautstraße. — ~,sy,stem n customs (od. tariff) system. — ~,ta,rif m (customs) tariff: gemischter (od. kombinierter) ~ compound (od. mixed) duty (od. tariff); laut ~ according to (od. as per) tariff.

'zoll,tief adj ⟨attrib⟩ one-inch, inch-deep.

'Zoll|- ,und 'Han·dels,ab,kom·men n Allgemeines ~ General Agreement on Tariffs and Trade. — ~,uni,on f customs (od. tariff) union. — ~,un·ter,schied m cf. Zollgefälle. — ~,ver,ein, 'Deut·scher m hist. Zollverein. — ~,ver,ge·hen n jur. customs offence (Am. offense). — ~,ver,gün·sti·gun·gen pl preferential tariff sg. — ~,ver,gü·tung f (bei Wiederausfuhr) (customs) drawback. — ~,ver,schluß m customs seal, bond: Waren unter ~ goods under customs seal (od. in bond), bonded goods; Waren unter ~ lassen to leave goods in bond. — ~,ver,trag m tariff agreement, customs treaty. — ~,ver,wal·tung f customs administration. — ~,vor,schrif·ten pl customs (laws and) regulations. — ~,zoll,wei·se adv 1. by the inch, by inches. - 2. inch by inch.

'Zoll|,wert m econ. dutiable (od. customs) value. — ~,we·sen n ⟨-s; no pl⟩ customs pl (construed as sg): Zugeständnisse auf dem Gebiet des ~s tariff concessions. — ~,zu,schlag m additional duty.

Zö·lom [tsø'lo:m] n ⟨-s; -e⟩ med. coelom, auch coelome, celom, body (od. somatic) cavity.

Zö·lo·stat [tsølo'sta:t] m ⟨-(e)s u. -en; -en⟩ (optics) coelostat.

Zö·me·te·ri·um [tsøme'te:rium] n ⟨-s; -rien⟩ 1. cf. Friedhof 1—3. - 2. cf. Katakombe.

Zö·na·kel [tsø'na:kəl] n ⟨-s; -⟩ röm.kath. (in Klöstern) refectory.

zo·nal [tso'na:l], zo'nar [-'na:r] adj zonal.

Zo·ne ['tso:nə] f ⟨-; -n⟩ 1. geogr. zone: heiße [tropische] ~ torrid [tropical] zone; gemäßigte ~ temperate zone; kalte [polare] ~ frigid [polar] zone. - 2. pol. a) zone, b) die ~ colloq. the GDR, the German Democratic Republic: nach dem Krieg war Deutschland in vier ~n aufgeteilt after the war Germany was divided into four zones; die britische (od. britisch besetzte) ~ the British-occupied zone, the British zone of occupation; meine Tante wohnt in der ~ colloq. my aunt lives in the GDR. - 3. (Gegend, Gebiet, Bezirk) zone, area: in dieser ~ kann man noch Getreide anbauen cereals can still be grown in this zone; ~ des Schweigens (bei Vulkanausbruch etc) zone of silence; entmilitarisierte ~ demilitarized (Br. auch -s-) zone; blaue ~ (Gebiet mit beschränkter Parkzeit) blue zone. - 4. (für Gebührenberechnung bei öffentlichen Verkehrsmitteln) stage: der Fahrpreis für die erste ~ beträgt 60 Pfennig the fare for the first stage is 60 pfennigs. - 5. tel. zone. - 6. geol. zone, horizon. - 7. med. (Gürtel, Bezirk) zone, region, area, zona (scient.). - 8. tote ~ a) (beim Radar) dead spot, gap, hole, b) tel. blind spot (od. area), c) electr. (radio) skip (od. dead) zone (od. spot). - 9. math. (bei der Kugel) zone. - 10. (in der Kristallographie) zone.

'Zo·nen|,be·cher m archeol. zone beaker. — ~,ein,tei·lung f 1. division into zones. - 2. (für Gebührenberechnung bei Verkehrsbetrieben) division into fare stages. — ~ge,bühr f tel. zone rate. — ~,gren·ze f 1. pol. colloq. demarcation line (between East and West Germany). - 2. (bei öffentlichen Verkehrsmitteln) stage border, Br. fare stage. - 3. tel. zonal border. — ~,ka·ta,log m astr. zone catalog (bes. Br. catalogue). — ~,lin·se f (optics) echelon lense. — ~,lo·chung f (computer) zone punching. — ~,rand·ge,biet n bes. econ. zonal border area. — ~,re,flek·tor m circular reflector. — ~,ta,rif m (bei öffentlichen Verkehrsmitteln) stage tariff. — ~,tur,nier n (Ausscheidung zur Schachweltmeisterschaft) zone tournament. — ~,zeit f zone time.

Zö·no·bit [tsøno'bi:t] m ⟨-en; -en⟩ relig. (im Kloster lebender Mönch) c(o)enobite. — zö·no'bi·tisch adj c(o)enobit(ic)al.

Zö·no·bi·um [tsø'no:bium] n ⟨-s; -bien⟩ 1. relig. (Kloster) c(o)enoby, c(o)enobium. - 2. bot. zo. (Zellkolonie) c(o)enobium, auch c(o)enobe.

Zö·no·karp [tsøno'karp] n ⟨-s; -e⟩ bot. coenocarp.

Zoo [tso:; rare 'tso:o] m ⟨-s; -s⟩ zoo, zoological garden(s pl). — ~be,su·cher m visitor at (od. to) the zoo.

Zoo·chlo·rel·le [tsooklo'rɛlə] f ⟨-; -n⟩ bot. (Grünalge) zoochlorella (Gattg Chlorella).

'Zoo·di,rek·tor m zoo director.

zoo·gen [tsoo'ge:n] adj geol. (Gestein etc) zoogenic, zoogenous, auch zoogeneous.

Zoo|geo·gra·phie [tsoogeogra'fi:] f (Tiergeographie) zoogeography, zoography. — z~,geo'gra·phisch [-'gra:fiʃ] adj zoogeographic, auch zoogeographical, zoographic(al).

Zoo·glöe [tsoo'glø:ə] f ⟨-; -n⟩ biol. zooglea, auch zoogloea.

Zoo·gra·phie [tsoogra'fi:] f ⟨-; -n [-ən]⟩ zoography.

'Zoo,hand·lung f pet shop.

Zoo·la·trie [tsoola'tri:] f ⟨-; -n [-ən]⟩ relig. (Tierkult) zoolatry.

Zoo·lith [tsoo'li:t; -'lɪt] m ⟨-s od. -en; -e(n)⟩ meist pl geol. (Tierversteinerung) zoolite, zoolith.

Zoo·lo·ge [tsoo'lo:gə] m ⟨-n; -n⟩ zoologist.

Zoo·lo·gie [tsoolo'gi:] f ⟨-; no pl⟩ zoology. — zoo'lo·gisch [-'lo:gɪʃ] adj zoological, auch zoologic: ~er Garten zoological garden(s pl), zoo.

Zoom [zu:m] (Engl.) m ⟨-s; -s⟩ (film) zoom. — 'zoo·men v/i ⟨h⟩ zoom, use variable focusing.

'Zoom·ob,jek,tiv n (film) zoom (od. variable-focus) lens.

zoo·morph [tsoo'mɔrf] adj anthrop. zoomorphic.

Zoo·no·se [tsoo'no:zə] f ⟨-; -n⟩ med. zoonosis.

Zo·on po·li·ti·kon ['tso:ɔn politi'kɔn] n ⟨-; no pl⟩ philos. (bei Aristoteles) political being, social animal.

Zoo·pa·ra·sit [tsoopara'zi:t] m biol. zooparasite.

zoo·phag [tsoo'fa:k] adj biol. (fleischfressend) zoophagous, carnivorous. — Zoo'pha·ge m ⟨-n; -n⟩ meist pl zoophagous (od. carnivorous, insectivorous) plant (od. animal): die ~n pl the zoophaga.

Zoo·pho·bie [tsoofo'bi:] f psych. zoophobia.

Zoo·phyt [tsoo'fy:t] m ⟨-en; -en⟩ zo. obs. (Hohltier) zoophyte, plant animal. — zoo'phy·tisch adj zoophytic.

Zoo·plank·ton [tsoo'plaŋktɔn] n zo. zooplankton.

Zoo·sper·mie [tsoosper'mi:] f ⟨-; -n [-ən]⟩ med. 1. ⟨only sg⟩ zoospermia. - 2. pl zoosperms.

Zoo·spo·re [tsoo'spo:rə] f bot. zoospore.

Zoo·to·mie [tsoo'mi:] f ⟨-; no pl⟩ zo. zootomy.

Zoo·to·xin [tsoo'ksi:n] n (Tiergift) zootoxin.

Zopf [tsɔpf] m ⟨-(e)s; ⸚e⟩ 1. (bes. geflochtener) plait, braid, pigtail: falscher ~ false plait; Zöpfe tragen to wear one's hair in a plait (od. in braids); sein Haar in Zöpfe flechten to plait (od. braid) one's hair. - 2. (bei Männern) queue, pigtail: früher trugen die Chinesen einen ~ the Chinese wore queues in former days. - 3. fig. colloq. (in Wendungen wie) das ist ein alter ~ that is an antiquated custom; die alten Zöpfe abschneiden to part with old traditions. - 4. gastr. (Gebäck) twist, plait. - 5. (forestry) top. — ~,band n ⟨-(e)s; -bänder⟩ pigtail ribbon.

zop·fen ['tsɔpfən] v/t ⟨h⟩ die Haare ~ rare to plait (od. braid) one's hair.

'Zopf,hal·ter m clasp.

'zop·fig adj fig. antiquated, old-fashioned.

'Zopf|,mu·ster n (im Pullover, Strumpf etc) cable stitch (pattern), cable. — ~,pe,rücke (getr. -k·k-) f hist. peruke, perruque, auch peruque, periwig, tiewig, Br. tie-wig.

Zo·pho·ros ['tso:forɔs], 'Zo·pho·rus [-rus] m ⟨-; -phoren [tsɔ'fo:rən]⟩ antiq. zophoros.

Zo·res ['tso:rɛs] m ⟨-; no pl⟩ Southwestern G. colloq. fuss.

Zo·ril·la [tso'rɪla] m ⟨-s; -s⟩, auch f ⟨-; -s⟩ zo. cf. Banditis.

Zorn [tsɔrn] m ⟨-(e)s; no pl⟩ anger, fury; wrath, ire (lit.): heiliger (od. gerechter) ~ righteous anger; der ~ Gottes the wrath of God; der ~ packte ihn he was seized with anger; sein ~ war verraucht his anger had blown over (od. worn off); j-s ~ fürchten to fear s.o.'s anger; vor j-s ~ fliehen to flee from s.o.'s anger; (leicht) in ~ geraten to be (easily) moved to anger, to be (easily) angered, to blow up (easily); j-n in ~ bringen to anger s.o.; blaß vor ~ white with anger,

livid (with rage); **rot vor** ~ purple with
rage; **einen** (furchtbaren) ~ **auf j-n haben**
to be (terribly) angry at (od. colloq. [ab-
solutely] mad with) s.o.; **in hellem** ~ **ent-
brannt, vor** ~ **glühend** incensed with anger;
voller ~ full of anger. — ~**,ader** f vein of
anger: ~ **schwillt die** ~ (**an**) fig. s.o.'s
anger rises. — ~**,aus,bruch** m fit (od.
[out]burst) of anger (od. rage), outburst.

'**Zorn,bin·kel** [-,bıŋkəl] m ‹-s; -› Bavarian
and Austrian colloq. hothead, hotheaded
(od. hot-tempered) person.

'**zorn·ent,brannt** adj incensed, boiling
with rage.

'**Zor·nes|,ader** f cf. Zornader. — ~**,aus-
,bruch** m cf. Zornausbruch. — ~**,rö·te** f
cf. Zornröte.

'**zorn,glü·hend** adj cf. zornentbrannt.

Zor·nickel (getr. -k·k-) ['tsɔr,nıkəl] m ‹-s;
-› Southwestern G. colloq. hothead, hotheaded person.

'**zor·nig** I adj (Person, Blick, Geste, Worte
etc) angry, furious, mad (colloq.); irate,
wrathful (lit.): ~ **werden** to become (od. get)
angry, to be angered, to throw a fit (colloq.); **über j-n** [etwas] ~ **sein** to be angry
at (od. with) s.o. [s.th.]; **j-n** ~ **machen** to
make s.o. angry, to anger s.o.; **die** ~**en
jungen Männer** (engl. Schriftstellergenera-
tion der 50er Jahre) the Angry Young
Men. — II adv angrily.

'**Zorn|,nat·ter** f zo. coluber (Gattg Coluber):
Gewöhnliche ~ dark green snake (C.
viridiflavus). — ~**,rö·te** f flush of anger.

Zo·ro·a·ster [tsoro'astər] npr m ‹-s; no pl›
relig. Zoroaster. — **zo·ro·a·strisch** [-'astrıʃ]
adj Zoroastrian.

Zo·ster ['tso:stər] m ‹-; no pl› med. cf.
Gürtelrose. — **z~,ähn·lich** adj zosteroid,
zosteriform.

Zo·te ['tso:tə] f ‹-; -n› smutty (od. dirty,
[stärker] filthy, bawdy, obscene, blue) joke,
obscenity: ~**n reißen** to talk smut (od.
bawdy), to tell obscene jokes.

'**zo·ten·haft** adj cf. zotig.

'**Zo·ten,rei·ßer** m bawdy joker.

'**zo·tig** adj (Witz, Erzählung etc) smutty,
dirty, (stärker) filthy, bawdy, obscene, blue.

Zot·te[1] ['tsɔtə] f ‹-; -n› Southwestern and
Middle G. for Tülle 1.

'**Zot·te**[2] f ‹-; -n› **1.** (bei Tieren) tuft (of
hair), shag, cot(t): ~**n** pl tufts, shags, Br.
auch dags. — **2.** (bei Menschen) cf. Zottel 2.
— **3.** med. (des Darms) villus.

Zot·tel ['tsɔtəl] f ‹-; -n› meist pl **1.** (bei
Tieren) cf. Zotte[2] 1. — **2.** (bei Menschen)
strand of shaggy hair. — ~**,af·fe** m zo. saki,
Humboldt's saki monkey (Pithecia mo-
nachus). — ~**,bär** m shaggy bear. — ~**,bart**
m shaggy beard. — ~**,blu·me** f bot. cf.
Bitterklee.

Zot·te·lei f ‹-; no pl› colloq. strolling
around.

'**Zot·tel,haar** n shaggy hair.

'**zot·te·lig** adj **1.** (Hund etc) shaggy. —
2. colloq. unkempt, shaggy-looking.

'**Zot·tel,kopf** m **1.** mop, shaggy (head of)
hair. — **2.** person with shaggy hair.

zot·teln ['tsɔtəln] v/i ‹sein› colloq. stroll,
saunter, toddle: **durch die Stadt** ~ to
stroll (a)round the town.

'**Zot·tel,wol·le** f shaggy wool.

'**Zot·ten|ge,schwulst** f med. villous papil-
loma. — ~**,haut** f zo. (bei Embryos)
chorion. — ~**,schwanz** m meist pl zo.
(Urinsekt) thysanuran (Ordng Thysanura).

'**zot·tig** adj **1.** (Haar, Bart etc) shaggy,
scraggly. — **2.** (Fell, Mähne etc) shaggy,
scraggly, ragged, hirsute. — **3.** med. zo.
villiferous, villous, villose. — '**Zot·tig-
keit** f ‹-; no pl› shagginess.

'**zott·lig** adj cf. zottelig.

zu [tsu:] I prep ‹dat› **1.** (räumlich, eine Bewegung, eine Endpunkt bezeichnend) to:
komm ~ **mir** come to me; ~ **seinen Eltern
fahren** to go to see one's parents; ~**m Arzt
[Bäcker] gehen** to go to the doctor
[baker's]; ~**r Schule [Kirche] gehen** to
go to school [church]; ~**r Bühne gehen**
fig. to go on (od. take to) the stage, to become an actor; ~**m Militär gehen** to go into
(od. join) the army; ~ **Bett [Tisch] gehen**
to go to bed [table]; ~ **Pferde steigen** to
mount a horse; **seine Haut** ~ **Markte tragen**
fig. to risk one's life; **j-n** ~**r Bahn bringen**
to see s.o. off at the station; **sich** ~**r Ruhe
setzen** to retire, to go into retirement;
der Weg ~**r Stadt** the way to town;
der Weg ~**m Erfolg** fig. the road to

success; **er schickte ihn** ~ **seinem Vater
hinauf** he sent him (up) to his father; ~
j-m hochblicken to look up at s.o.; ~
j-m aufblicken fig. to look up to s.o.; **bis**
~**m Bahnhof sind es noch drei Kilo-
meter** it is another three kilometers
(bes. Br. kilometres) to the station; **von
Haus** ~ **Haus** from house to house; **von
Frau** ~ **Frau** between women; → Boden 2,
17; Feld 8; Fuß[1] 1; Grab 1; Herz Besondere
Redewendungen; Kopf Verbindungen mit
Präpositionen; Ohr 3; Papier 1. — **2.** (räumlich, eine Richtung bezeichnend) to, to-
ward(s): **er wies** ~**r Tür** (**hin**) he pointed
to (od. at) the door; **sie blickte** ~ **ihm
hinüber** she looked over to (od. at) him;
er wandte sich ~**m Publikum hin** he
turned to the audience; **das Zimmer liegt**
~**r Straße hin** the room looks out over (od.
out on, toward[s]) (od. faces, overlooks)
the street; ~**r Tür hinausgehen** to go
out (of) the door; ~**m Fenster hinaus-
sehen** to look out (of) the window; **etwas**
~**m Fenster hinauswerfen** to throw s.th.
out (of) the window; **Geld** ~**m Fenster
hinauswerfen** fig. colloq. to throw money
away (od. down the drain); ~**r Tür hereinkommen** to come in through (od. by) the
door; ~**m Fenster hineinsehen** to look in
(at od. through) the window. — **3.** (wieder)
~ **sich kommen** a) (nach Ohnmacht etc) to
regain consciousness, to come round, to
come to, b) (nach tiefem Schlaf etc) to
come to (od. recover) one's senses, c) (nach
Schock etc) to recover. — **4.** (räumlich, einen
Ort bezeichnend) at: ~ **Hause** at home; ~
ebener Erde wohnen to live on the ground
(Am. first) floor; **die Aussicht ist im dritten
Stock besser als** ~ **ebener Erde** the view is
better from the third (Am. fourth) floor than
at ground level; ~ **j-s Füßen sitzen** to sit
at s.o.'s feet; ~ **seiner Rechten** on (od. to)
his right; ~ **beiden Seiten des Rheins** on
both sides of the Rhine; **j-m** ~**r Seite
stehen** fig. to stand by s.o.; ~**r See fahren**
to be at sea; **er herrscht** ~ **Wasser und** ~
Lande he reigns on land and on sea;
Gasthof ~**m Goldenen Löwen** Golden
Lion Inn; → Haupt 1; Stelle 1. — **5.** (vor
Ortsnamen) in: **geboren** ~ **Berlin** born in
Berlin; **der Dom** ~ **Köln** the Cologne
Cathedral. — **6.** (vor Namen als Adelsparti-
kel) of: **Graf** ~ **Mansfeld** Count of Mansfeld; **Freiherr vom und** ~ **Stein** Baron vom
Stein; **ein Herr von und** ~ iron. a distinguished gentleman. — **7.** (zeitlich,
einen Vorgang, Zeitraum bezeichnend)
to: ~ **Ende gehen** to draw to a close,
to near its close; **von Tag** ~ **Tag** from
day to day, from one day to the next;
von Zeit ~ **Zeit** from time to time, now
and then (od. again). — **8.** (zeitlich, einen
Endpunkt bezeichnend) to: **bis** ~**r** (od.
~ **dieser**) **Stunde** to this moment, as
yet; **bis** ~**m bitteren Ende** to the bitter
end; **bis** ~**m Ende aller Tage** until the
end of the world; **er hat uns diese Geschichte bis** ~**m Überdruß erzählt** he told
us this story to the point of boredom; **eine
Rechnung bis** ~**m Ende des Monats bezahlen** to pay a bill by the end of the
month. — **9.** (zeitlich, einen Zeitpunkt bezeichnend) at: ~ **Anfang** at the beginning
(od. outset); ~ **Schluß** at the end; ~
Mittag at noon; ~**r Stunde** at the (od. this
very) moment; ~**r Zeit** a) at the moment,
just now, b) for the time being; ~**r rechten Zeit** at the right moment (od. time);
~ **dieser Zeit** at that time; ~**r Zeit des
Dreißigjährigen Krieges** at the time
of the Thirty Years' War; ~ **Goethes Zeiten** in Goethe's day; ~ **meiner Zeit** in
my day; ~ **Ostern** at Easter. — **10.** (einen
Übergang, eine Verwandlung, das Ergebnis einer Tätigkeit bezeichnend) (in)to:
~ **Asche verbrennen** to burn to ashes;
etwas ~ **Brei** (od. Mus) **zerquetschen** to
crash s.th. to pulp; **etwas** ~ **Pulver zer-
mahlen** to grind s.th. to powder; **wenn
man Sahne sehr lange schlägt, wird sie**
~ **Butter** if cream is beaten for a long time
it turns into butter; ~ **Eis werden** to turn
into ice; ~ **Dieb werden** to become
(od. to develop into) a thief; ~**m Mann
heranwachsen** to grow into a man; **j-n**
~**m Oberst befördern** to advance (od.
promote) s.o. to (the rank of) colonel; **er
wurde** ~**m Gespött aller Leute** he became
the general laughing-stock. — **11. j-n** ~**m**

Direktor ernennen to appoint s.o. director; **j-n** ~**m König wählen** to elect s.o.
king; **sich** (dat) **j-n** ~**m Feind machen** to
make s.o. one's enemy; **er machte
sich** (dat) ~**r Pflicht** he made it his duty;
→ Narr 1. — **12.** (einen Zweck, ein Ziel bezeichnend) for: ~**m Nutzen von** (od. gen) for
the benefit of; **etwas** ~**m Scherz sagen** to
say s.th. for (od. in) fun; **j-m** ~ **Ehren in**
s.o.'s hono(u)r; **ihm** ~**m Trotz** to spite him;
~ **seinen Gunsten** in his favo(u)r; **das ist
nur** ~ **deinem Besten** that is for your
own benefit, it is to your own good; **mit
seiner Gesundheit steht es nicht** ~**m
besten** his health is not at its best; ~**m
Wohl!** (to) your health! ~ **Hilfe!** help! **j-n**
~ **Hilfe rufen** to call to s.o. for help, to
call to s.o. to help; **j-m** ~ **Hilfe kommen**
to come to s.o.'s aid; ~ **Händen von** (for
the) attention of; **über j-n** ~ **Gericht sitzen** auch fig. to sit in judg(e)ment (up)on
s.o.; **j-n** ~**r Frau nehmen** to take s.o. to
wife; **er ist** ~**m Dichter geboren** he was
born (to be) a poet; **j-n** ~ **etwas ermuntern**
to encourage s.o. to do s.th.; **er taugt** ~
gar nichts he is no good (od. use) at
anything; ~ **Diensten** at your service;
j-m ~ **bedenken geben, daß** to draw
s.o.'s attention to the fact that; **sich** ~
erkennen geben to disclose one's identity;
→ Befehl 1; Wille 2. — **13.** (einen Verwendungszweck bezeichnend) for: **Stoff** ~
einem Kleid material for a dress; **Papier**
~**m Schreiben** paper to write on (od. for
writing on); **Platz** ~**m Spielen** room to
play (od. for playing). — **14.** (als) as: ~**m
Zeitvertreib** as a pastime; **j-n** ~**m Freund
[Vater] haben** to have s.o. as (od. for)
a friend [father]. — **15.** (das Ergebnis, die
Folge bezeichnend) to: ~ **seinem Ergötzen
[Erstaunen]** to his amusement [surprise];
~ **meiner Zufriedenheit** to my satisfaction;
hier ist es ~**m Sterben langweilig** I am
bored to death (od. tears) here; **es ist** ~**m
Verrücktwerden** it's enough to drive
you mad; **j-n** ~**m Tode prügeln** to beat (od.
flog) s.o. to death. — **16.** (einen Anlaß bezeichnend) for: **j-m** ~ **seinem Geburtstag
etwas schenken** to give s.o. a present for
his birthday; **das Kind bekam** ~ **Weihnachten eine Puppe** the child was given
a doll for Christmas; ~**m Markt in die
Stadt gehen** to go to (the) market in town.
— **17.** (ein Hinzufügen, eine Verbindung bezeichnend) with: **Brot** ~**m Fleisch essen**
to have bread with one's meat; **Zucker**
~**m Kaffee nehmen** to take sugar with (od.
in) one's coffee; **Lieder** ~**r Laute** songs
to the lute; ~ **allem Unglück** to make
matters worse; ~ **allem Überfluß** to crown
(it) all; ~ **alledem kommt hinzu, daß** and
what is more; **Blau paßt gut** ~ **Gelb** blue
goes well with yellow. — **18.** (ein Verhältnis
bezeichnend) for: **aus Freundschaft** ~ **ihm**
out of friendship for him; **Zuneigung** ~
j-m affection for s.o.; **Liebe** ~ **Gott** love
of God; **die Liebe Gottes** ~**n Menschen**
God's love for mankind. — **19.** (eine Bestimmung bezeichnend) to, of: **der Schlüssel** ~ **meinem Schreibtisch** the key to my
desk; **die Tür** ~**m Versteck** the door to the
hiding place. — **20.** (Mittel, Art u. Weise
bezeichnend) a) on, b) by: ~ **Fuß** on foot;
~ **Pferde** on horseback; ~ **Schiff** by ship;
~ **Wasser und** ~ **Lande** by water and by
land (od. overland); ~ **deutsch** in German.
— **21.** (bei Verhältnisangaben) to: **der
Verein hat drei** ~ **zwei gewonnen**
the club won three two; **zwei verhält sich**
~ **vier wie drei** ~ **sechs** two is to four as
three is to six; **im Verhältnis eins** ~ **zwei**
in the ratio of one to two; **im Vergleich** ~
in comparison with (od. to); **im Gegensatz** ~, ~**m Unterschied von** contrary to,
unlike. — **22.** (bei Zahlen- od. Mengen-
angaben) at: **etwas** ~**m halben Preis kaufen**
to buy s.th. at half price; **Äpfel** ~ **80 Pfennig das Pfund** verkaufen to sell apples at
(od. for) 80 pfennigs a pound; **wir sind** ~
dreien (od. dritt) there are three of us;
sie kamen ~ **dreien** (od. dritt) three of
them came, they came in a group of three;
sie kamen ~ **Hunderten** they came in
(their) hundreds; ~**m Teil** partly, in part;
das Haus ist ~**r Hälfte abgebrannt** half
of the house was burnt; **das Haus
gehört** ~**r Hälfte mir** I own one half of
the house; **Deutschland ist** ~**r Hälfte**
katholisch und ~**r Hälfte evangelisch** half

of Germany is Catholic and half is Protestant. – **23.** (*vor Ordnungszahlen*) for: ‿m ersten Mal for the first time; ‿m ersten haben wir kein Geld, und ‿m zweiten ist der Plan unausführbar first(ly) (*od.* in the first place, for one thing) we have no money and second(ly) (*od.* in the second place, for a second) the plan is impracticable; ‿m ersten, ‿m zweiten und ‿m dritten! (*bei Auktionen*) going, going, gone! – **II** *conj* **24.** (*in Infinitivsätzen*) to: er befahl ihm, das Zimmer auf der Stelle ‿ verlassen he ordered him to leave the room at once; sie hatten den Auftrag, das Volk mit aufrührerischen Ideen ‿ durchsetzen they were given orders to infiltrate the population with revolutionary ideas; es ist meine Pflicht, dir dies ‿ sagen it is my duty to tell you this; ich habe die Gelegenheit, nach England ‿ fahren I have the opportunity of going to England. – **25.** anstatt ‿ instead of: du spielst, anstatt ‿ arbeiten you play instead of working. – **26.** ohne ‿ without: er ging weg, ohne sich um sie ‿ kümmern he went away without bothering about her. – **27.** um ‿ (*in order*) to: ich gehe in die Stadt, um mir ein Kleid ‿ kaufen I am going to town to buy myself a dress; nicht ‿ vergessen seine Tätigkeit als not forgetting (*od.* to forget) his activity as. – **28.** (*die Notwendigkeit bezeichnend*) to: er hatte viel ‿ tragen he had to carry much; du hast ‿ schweigen you (are to) be quiet! die Rechnung ist sofort ‿ bezahlen the bill is to be (*od.* must be) paid immediately; er braucht nicht mehr ‿ kommen he need not come anymore; was ‿ beweisen wäre which (still) is to be proved; nicht ‿ unterschätzende Schwierigkeiten difficulties which must not be underestimated; der ‿ Versichernde the person to be insured, the insurant; der ‿ Prüfende the person to be examined, the examinee. – **29.** (*die Möglichkeit bezeichnend*) das ist kaum ‿ glauben this is scarcely (*od.* hardly) credible; Herr X ist nicht ‿ sprechen Mr. X cannot see you. – **III** *adv* **30.** (*ein Übermaß bezeichnend*) too: die Schuhe sind ‿ weit the shoes are too large; das ist ‿ schön, um wahr zu sein this is too good to be true; das Loch ist ‿ groß, als daß man es noch flicken könnte the hole is too big to be mended; das ist ‿ dumm! that's too bad! – **31.** (*die Richtung bezeichnend*) toward(s): dem Walde ‿ gehen to go toward(s) the wood; nach Norden ‿ toward(s) the north; nun geht es der Heimat ‿ we are heading for home now; auf die Stadt ‿ marschieren to advance on the town; nur ‿ *colloq.* go ahead, carry on. – **32.** ab und ‿ now and then (*od.* again), from time to time. – **33.** (*geschlossen*) closed, shut: Tür ‿! close the door! wir haben heute ‿ we are closed today; das Geschäft hat montags ‿ the shop is closed on Mondays; du hast deinen Reißverschluß nicht ‿ you have not closed your zip, your zip is open. – **34.** *colloq.* (*in Wendungen wie*) mach ‿! hurry up! come on! a move on! (*sl.*); immer (*od.* nur) ‿! dann mach ‿! come on! on you go! – **IV** *adj* **35.** *colloq.* closed: die Tür ist ‿ the door is closed; das ‿(n)e Fenster *rare* the closed window.

zu·al·ler|'erst [tsu-] *adv* first of all. — ‿'letzt *adv* last of all. — ‿'meist *adv* most of all.

'zu,ar·bei·ten *v/i* ⟨*sep*, -ge-, h⟩ j-m ‿ to do the preliminary work for s.o.

zu'äu·ßerst [tsu-] *adv* highly, extremely.

Zu·a·ve ['tsŭaːvə] *m* ⟨-n; -n⟩ *auch mil. hist.* Zouave.

'zu,bal·lern *v/t* ⟨*sep*, -ge-, h⟩ *colloq.* (*Tür*) slam, bang.

'Zu,bau *m* ⟨-(e)s; -ten⟩ *Austrian for* Anbau² 1.

'zu,bau·en *v/t* ⟨*sep*, -ge-, h⟩ **1.** (*freien Blick etc*) build (*s.th.*) up, block (*s.th.*) with a building. – **2.** (*Baulücke etc*) build (*s.th.*) up.

'Zu·be,hör [-bə,høːr] *n*, *rare m* ⟨-(e)s; -e, *Swiss auch* -den⟩ **1.** accessories *pl*, auxiliaries *pl*, appurtenance. – **2.** *tech.* (*Ausrüstung einer Maschine*) equipment, attachment. – **3.** *phot.* accessories *pl*. — ‿**in·du·strie** *f* accessories industry. — ‿**ta·sche** *f phot.* gadget bag. — ‿**teil** *n* ⟨-(e)s; -e⟩ *meist pl tech.* accessory (part *od.* unit).

'zu,bei·ßen *v/i* ⟨*irr*, *sep*, -ge-, h⟩ **1.** (*von Hund*) snap. – **2.** (take a) bite. – **3.** (*beim Zahnarzt*) bite.

'zu·be,kom·men *v/t* ⟨*irr*, *sep*, *no* -ge-, h⟩ *colloq.* **1.** (*Tür, Koffer etc*) get (*s.th.*) shut (*od.* to close, to shut). – **2.** (*als Dreingabe bekommen*) get (*s.th.*) as an extra.

'zu·be,nannt *adj* surnamed, called.

Zu·ber ['tsuːbər] *m* ⟨-s; -⟩ tub.

'zu·be,rei·ten *v/t* ⟨*sep*, *no* -ge-, h⟩ **1.** (*Speise, Mahlzeit*) prepare, make, *Am. auch* fix, (*Salat*) dress. – **2.** (*Medizin*) dispense, make up. – **II Z‿** *n* ⟨-s⟩ **3.** *verbal noun.* – **4.** *cf.* Zubereitung. — **'Zu·be·rei·ter** *m* ⟨-s; -⟩ *print.* pressman. — **'Zu·be,rei·tung** *f* ⟨-; -en⟩ **1.** *cf.* Zubereitung. – **2.** ⟨*only sg*⟩ **3.** ⟨*only sg*⟩ (*von Medizin*) dispensation. – **4.** (*Produkt, Zubereitetes*) preparation.

Zu'bett,ge·hen [tsu-] *n* (*in Wendungen wie*) beim ‿ at bedtime; vor dem ‿ before going to bed.

'zu,bil·li·gen I *v/t* ⟨*sep*, -ge-, h⟩ (*Recht, Vergünstigung etc*) grant, allow, concede: j-m etwas ‿ to grant s.o. s.th., to grant s.th. to s.o.; einem Angeklagten mildernde Umstände ‿ *jur.* to allow mitigating (*od.* extenuating) circumstances in a defendant's case, to allow (*od.* grant) a defendant mitigating (*od.* extenuating) circumstances. – **II Z‿** *n* ⟨-s⟩ *verbal noun.* — **'Zu,bil·li·gung** *f* ⟨-; *no pl*⟩ *cf.* Zubilligung: unter ‿ mildernder Umstände *jur.* allowing mitigating circumstances.

'zu,bin·den *v/t* ⟨*irr*, *sep*, -ge-, h⟩ **1.** (*Sack etc*) tie (*od.* bind) up: er band den Sack mit einer Schnur zu he tied the sack up with a piece of string. – **2.** (*Schnur, Schnürsenkel etc*) tie: sich (*dat*) die Schuhe ‿ to tie one's shoelaces, to lace one's shoes. – **3.** j-m die Augen ‿ to blindfold s.o.

'zu,blei·ben *v/i* ⟨*irr*, *sep*, -ge-, sein⟩ *colloq.* stay closed (*od.* shut).

'zu,blin·zeln *v/i* ⟨*sep*, -ge-, h⟩ j-m ‿ to wink at s.o., to give s.o. a wink.

'zu,brin·gen *v/t* ⟨*irr*, *sep*, -ge-, h⟩ **1.** (*verbringen*) spend, pass: die Zeit mit etwas ‿ to spend one's time at (*od.* with) s.th.; die Nacht im Freien ‿ to spend the night in the open (*od.* outdoors, out of doors). – **2.** j-m etwas ‿ a) to take s.o. s.th., to take s.th. to s.o., b) *fig.* (*hinterbringen*) to inform s.o. about s.th., to tip s.o. off about s.th. – **3.** *colloq.* (*Fenster, Koffer etc*) get (*s.th.*) shut (*od.* to close, to shut). – **4.** (*im Verkehr*) feed. – **5.** *tech.* (*Material*) feed, transfer. – **6.** *jur. cf.* einbringen 7.

'Zu,brin·ger *m* ⟨-s; -⟩ **1.** (*Zubringerstraße*) feeder road. – **2.** *cf.* Zubringerbus. – **3.** *aer. cf.* Zubringerflugzeug. – **4.** *tech.* feeder, conveyor, *auch* conveyer. – **5.** *fig.* informer. – **6.** (*radio*) *cf.* Zubringerleitung 1. — ‿**an,la·ge** *f* (*computer*) satellite system. — ‿**bus** *m* **1.** (*zum Flughafen*) airport bus. – **2.** (*zwischen Flughafengebäude u. Maschine*) transfer bus. – **3.** (*zu öffentlichen Verkehrsmitteln*) feeder bus. — ‿**dienst** *m* **1.** feeder service. – **2.** (*vom u. zum Flughafen, von der u. zur Maschine*) transfer service. – **3.** (*gestattet Swiss* (*im Verkehr*) residents only. — ‿**flug** *m aer.* feeder (*od.* branch) service flight, feeder flight. — ‿**flug,zeug** *n* feeder aircraft. — ‿**för·der,band** *n* ⟨-(e)s; *er*⟩ *tech.* delivery belt conveyor (*auch* conveyer). — ‿**he·bel** *m mil.* (*an einer Maschinengewehr*) feeder lever. — ‿**lei·tung** *f* **1.** (*radio*) program (*bes. Br.* programme) line, transmission line. – **2.** (*computer*) offering line. — ‿**li·nie** *f* (*im Verkehr*) feeder line. — ‿**spei·cher** *m* (*computer*) auxiliary store. — ‿**stra·ße** *f* feeder road. — ‿**ver,kehr** *m* **1.** feeder traffic. – **2.** *aer.* feeder service. — ‿**zug** *m* (*railway*) feeder train.

'Zu,brot *n* ⟨-(e)s; *no pl*⟩ *gastr.* entremets *pl* (*construed as sg or pl*).

'zu,brül·len *v/t* ⟨*sep*, -ge-, h⟩ j-m etwas ‿ to yell (*od.* roar) s.th. at s.o.

'Zu,bu·ße *f* **1.** allowance. – **2.** (*Beitrag*) contribution. – **3.** additional payment. – **4.** (*mining*) payment in times of need by the owners of a mine to support mining operations.

'zu,but·tern *v/t* ⟨*sep*, -ge-, h⟩ *colloq.* **1.** (*zuschießen*) chip (*s.th.*) in (*colloq.*), contribute: ich mußte 100 Mark ‿ I had to contribute 100 marks. – **2.** add: er kann durch einen Nebenverdienst zu seiner Rente etwas ‿ he can up (*od.* boost) his pension a little by making a few pennies on the side.

Zuc·chet·to [tsu'kɛto] *m* ⟨-s; -tti [-ti]⟩ *Swiss* zucchetto, small gourd.

Zucht [tsuxt] *f* ⟨-; -en⟩ **1.** ⟨*only sg*⟩ (*von Vieh, Fischen, Pelztieren etc*) breeding, raising, rearing: die ‿ von Pferden horse breeding. – **2.** ⟨*only sg*⟩ (*von Bakterien, Bienen, Seidenraupen, Perlen etc*) culture. – **3.** ⟨*only sg*⟩ (*von Pflanzen*) breeding, (*Anbau*) *auch* growing, cultivation. – **4.** (*Rasse*) breed: aus verschiedenen ‿en from different breeds. – **5.** ⟨*only sg*⟩ (*Farm*) breeding farm. – **6.** ⟨*only sg*⟩ *fig.* discipline: strenge ‿ strict discipline; j-n an ‿ und Ordnung gewöhnen to accustom s.o. to discipline; in (*acc*) etwas ‿ und Ordnung bringen to bring (some) discipline into s.th., to see (to it) that there is discipline in s.th.; euch fehlt es an ‿ you have no discipline, you are an undisciplined (*od.* a disorderly) crowd (*colloq.*); etwas [j-n] in ‿ halten to keep strict control (*od.* a tight rein) over s.th. [s.o.]; j-n in ‿ nehmen to discipline s.o.; sich selbst in ‿ nehmen to discipline oneself; er hält auf strenge ‿ he has an iron hand, he is a strict disciplinarian; hier herrscht ‿ und Ordnung there is good discipline here; hier herrscht ja eine tolle (*od.* schöne) ‿ *colloq. iron.* this is absolute chaos, (*stärker*) this is absolute (*od. colloq.* a regular) Bedlam (*od.* all hell let loose). — ‿**aus,wahl** *f agr. cf.* Zuchtwahl. — ‿**bo·den** *m biol.* culture medium. — ‿**buch** *n zo.* studbook. — ‿**bul·le** *m agr.* breeding bull, bull for service. — ‿**eber** *m* breeding boar.

züch·ten ['tsʏçtən] **I** *v/t* ⟨h⟩ **1.** (*Vieh, Fische, Pelztiere etc*) breed, raise, rear. – **2.** (*Bakterien, Bienen, Perlen, Seidenraupen etc*) culture. – **3.** (*Blumen, Obstsorten etc*) breed, (*anbauen*) *auch* grow, cultivate. – **4.** *fig.* (*Haß etc*) breed. – **II Z‿** *n* ⟨-s⟩ **5.** *verbal noun.* – **6.** *cf.* Züchtung.

'Züch·ter *m* ⟨-s; -⟩ **1.** (*von Vieh, Fischen, Pelztieren etc*) breeder, raiser. – **2.** (*von Perlen, Seidenraupen etc*) culturist. – **3.** *cf.* Bienenzüchter. – **4.** *cf.* Geflügelzüchter. – **5.** (*von Blumen, Obstsorten etc*) breeder, fancier, (*Anbauer*) *auch* grower, cultivator.

'Zucht,er,folg *m* **1.** (*bei Pflanzen, Tieren*) breeding success. – **2.** (*bei Perlen etc*) success achieved through training.

'Züch·ter|ver,band *m*, ‿**ver,ei·ni·gung** *f* breeders' association. — **'Zucht|,esel** *m agr.* breeding ass. — ‿**ge,flü·gel** *n* breeding poultry. — ‿**ge·nos·sen·schaft** *f* (*von Viehzüchtern*) breeders' cooperative (*Br. auch* co-operative) association.

'Zucht,haus *n jur.* **1.** *Br.* convict prison, *Am.* penitentiary, state prison: im ‿ sitzen to be (imprisoned) in a convict prison (*Am.* penitentiary); mit einem Bein im ‿ stehen *fig. colloq.* to be halfway to prison. – **2.** ⟨*only sg*⟩ (*Zuchthausstrafe*) prison sentence, imprisonment, *auch* penal servitude: lebenslänglich(es) ‿ life imprisonment; j-n zu zehn Jahren ‿ verurteilen to sentence s.o. to ten years' imprisonment. — ‿**ar·beit** *f* convict labor (*bes. Br.* labour), (*Zwangsarbeit als Zusatzstrafe*) *Am.* hard labor.

'Zucht,häus·ler *m* ⟨-s; -⟩ convict, jailbird, *Br. auch* gaolbird, *bes. Am. sl.* lag.

'Zucht,haus,stra·fe *f jur.* imprisonment, prison (*od.* jail, *Br. auch* gaol) sentence, *Am.* confinement in a penitentiary: eine ‿ verbüßen to serve a sentence.

'Zucht|,hengst *m agr.* studhorse, stallion. — ‿**her·de** *f* breeding (*od.* pedigree) herd.

züch·tig ['tsʏçtɪç] *adj* **1.** modest, chaste: keusch und ‿ chaste and modest; ein ‿es Rot färbte ihre Wangen she blushed in her modesty. – **2.** (*tugendhaft*) virtuous. – **3.** (*spröde*) prim (and proper), prudish.

züch·ti·gen ['tsʏçtɪgən] *lit.* **I** *v/t* ⟨h⟩ **1.** (*körperlich*) punish, cane, flog, chastise, (*mit dem Lineal*) ferule. – **2.** (*strafen*) punish, correct, castigate. – **3.** *Bibl.* chasten. – **II Z‿** *n* ⟨-s⟩ **4.** *verbal noun.* – **5.** *cf.* Züchtigung.

'Züch·tig·keit *f* ⟨-; *no pl*⟩ **1.** modesty, chasteness. – **2.** (*Tugendhaftigkeit*) virtue, virtuousness. – **3.** primness, prudishness.

'Züch·ti·gung *f* ⟨-; -en⟩ *lit.* **1.** *cf.* Züchtigen. – **2.** punishment, chastisement, (*mit dem Lineal*) ferule, *auch* ferula. – **3.** (*Bestra-*

fung) punishment, correction, castigation: **körperliche** ~ corporal punishment.

'**Züch·ti·gungs,recht** *n jur.* right to punish, right to inflict corporal punishment.

'**Zucht|kri,stall** *m min.* synthetic crystal. — ~,**kuh** *f agr.* breeding cow. — ~,**läh·me** *f vet.* cf. Beschälseuche.

'**zucht·los** *adj* **1.** undisciplined, disorderly, without discipline. – **2.** (*liederlich*) loose, licentious, (*stärker*) dissolute, dissipated: **ein** ~**es Leben führen** to lead a dissipated life. – **3.** (*wild*) unruly, disorderly, wild. — '**Zucht·lo·sig·keit** *f* ⟨-; *no pl*⟩ **1.** lack of discipline, disorderliness. – **2.** looseness, licentiousness, (*stärker*) dissoluteness, dissipation. – **3.** unruliness, disorderliness, wildness.

'**Zucht|,mit·tel** *n* disciplinary measure, means of correction. — ~,**per·le** *f (jewelry)* cultured (*auch* culture) pearl. — ~,**ras·se** *f* pedigree breed. — ~,**ru·te** *f obs.* disciplinary cane, rod: **unter j-s** ~ **stehen** *fig.* to be under s.o.'s thumb (*od.* authority). — ~,**saat** *f*, ~,**saat,gut** *n agr.* selected seed. — ~,**sau** *f* breeding sow, sow for breeding. — ~,**schaf** *n* breeding ewe, ewe for breeding. — ~,**schwein** *n* breeding pig, pig for breeding. — ~,**stier** *m* breeding bull, bull for service. — ~,**stu·te** *f* breeding mare, broodmare. — ~,**tier** *n* breeding animal: ~**e** *pl auch* breeding stock *sg.*

'**Züch·tung** *f* ⟨-; -en⟩ **1.** cf. Züchten. – **2.** (*von Tieren etc*) breed. – **3.** (*von Pflanzen*) breed, (*Anbau*) *auch* cultivation. – **4.** (*von Perlen, Seidenraupen etc*) culture.

'**Züch·tungs·me,tho·de** *f* **1.** (*in der Tier-, Blumen-, Baumzucht*) breeding method, method of breeding. – **2.** (*in der Perlen-, Seidenraupenzucht etc*) method of culture.

'**Zucht|ver,bes·se·rung** *f* genetical improvement, (*bes. von Zuchtvieh*) livestock improvement. — ~,**vieh** *n* breeding cattle, cattle for breeding: **gutes** ~ good breeders *pl.* — ~,**wahl** *f agr.* selective breeding, selection: **geschlechtliche** ~ sexual selection. — ~,**wert** *m* breeding value.

zuck [tsuk] *interj* → ruck.

Zuck *m* ⟨-(e)s; *no pl*⟩ *colloq.* **1.** (sudden) jerk: **mit einem** ~ **riß er das Haar aus** with a sudden pull (*od.* jerk, tug) he tweaked the hair out. – **2. mit einem** ~ **war sie weg** she was off like a shot.

'**zuckeln** (*getr.* -k·k-) ['tsukəln] *v/i* ⟨sein⟩ *colloq.* jog along (*od.* on).

'**Zuckel,trab** (*getr.* -k·k-) *m colloq.* jog, *auch* jog trot.

zucken (*getr.* -k·k-) ['tsukən] **I** *v/i* ⟨h⟩ **1.** twitch, jerk: **er zuckte nervös im Schlaf** he twitched nervously in his sleep; **sein ganzer Körper zuckte in Krämpfen** his whole body twitched with cramps. – **2.** (*von Mund, Lippen, Augenpartie etc*) twitch: **er zuckt mit dem Mund** (*od.* **den Lippen**), **sein Mund** (*od.* **seine Lippen**) ~ a) (*im Moment*) his mouth twitches, b) (*als Angewohnheit*) he has a twitch at the (*od.* his) mouth; **um ihren Mund zuckte es** (**sie war kurz vorm Lachen** *od.* **Weinen**) her mouth twitched; **ohne mit der Wimper zu** ~ *fig.* without batting an eyelid. – **3.** (*bei Schmerzen*) flinch, wince: **er hat nicht** (**mit der Wimper**) **gezuckt** he didn't flinch once. – **4.** *colloq.* (*zwicken, reißen*) twinge: **es zuckt mir in allen Gliedern** I have twinges all over, I have all sorts of aches and pains. – **5.** (*von sterbenden Tieren etc*) twitch: **ein Fisch zuckte an der Angel** a fish twitched on the line. – **6. mit den Schultern** ~ to shrug (one's shoulders). – **7.** *fig.* (*von Blitz, Lichtstrahl etc*) flash: **Blitze zuckten durch die Nacht** bolts of lightning flashed through the night. – **8.** (*von Flammen*) flare. – **9.** *fig. colloq.* itch: **es zuckte mir in den Händen** I could have (*od.* I would have dearly loved to) hit him one; **es zuckte mir in den Fingern, das Geld zu nehmen** I was itching to take (*od.* to get my hands on) the money; **es zuckt mir in den Beinen** I'm itching (*od.* dying) to dance. – **II** *v/t* **10. die Schultern** (*od.* **Achseln**) ~ to shrug (one's shoulders). – **III Z**~ *n* ⟨-s⟩ **11.** *verbal noun.* – **12.** twitch, tic: **sie leidet an einem nervösen Z**~ she has a nervous twitch. – **13.** cf. Zuckung. – **14.** shrug.

'**zücken** (*getr.* -k·k-) ['tsykən] *v/t* ⟨h⟩ **1.** (*Brieftasche, Bleistift etc*) pull out, produce: **den Geldbeutel** ~ to pull (*od.*

take) out one's purse. – **2.** (*Schwert etc*) draw.

'**zuckend** (*getr.* -k·k-) **I** *pres p.* – **II** *adj* (*Bewegung, Mund etc*) twitching.

Zucker (*getr.* -k·k-) ['tsukər] *m* ⟨-s; *Zuckersorten* -⟩ **1.** sugar: **brauner** [**gestoßener**] ~ brown [coarsely granulated] sugar; **ein Stück** ~ a lump of sugar; **etwas mit** ~ **süßen** to sweeten s.th. with sugar, to sugar s.th.; **in** (*acc*) **etwas** ~ **tun** to put sugar in(to) s.th.; **nehmen Sie** ~ **zum Tee?** do you take sugar in (*od.* with) your tea? **du bist doch nicht aus** ~ *fig. colloq.* don't be so soft; **j-m** ~ **in den Arsch blasen** *vulg.* a) (*antreiben*) to make s.o. get a move on (*sl.*), b) (*sich einschmeicheln*) to suck up to s.o. (*sl.*); → Affe 1. – **2.** *med.* a) (*Zuckerkrankheit*) diabetes, b) (*in der Physiologie*) glucose: **er hat** ~ he is (a) diabetic. – **3. das ist** ~! *fig. colloq.* that's marvel(l)ous (*od. colloq.* terrific, *sl.* smashing)! — ~,**ab,bau** *m med.* breaking down of sugar. — ~,**ahorn** *m bot.* sugar maple (*Acer saccharinum*). — ~,**al·ko·hol** *m meist pl chem.* sugar alcohol. — ~,**an,bau** *m* cultivation of sugar cane. — ~**an·hy,dri·de** *pl chem.* sugar anhydrides. — ~,**ap·fel** *m bot.* sweetsop, *auch* sugar (*od.* custard) apple, anon (*Annona squamosa*). — ~,**ar·ten** *pl* sugars. — **z**~,**ar·tig** *adj* **1.** sugarlike, sugary. – **2.** *chem.* saccharoid, *auch* saccharoidal. — ~,**äther** *m chem.* sugar ether. — ~,**aus,schei·dung** *f med.* glycorrh(o)ea, (*im Urin*) *auch* glycosuria, (*im Speichel*) *auch* glycoptyalism.

Zucker|,bäcker (*getr.* -k·k-) *m Southern G. and Austrian for* Konditor. — ~**bäcke,rei** (*getr.* -k·k-) *f Southern G. and Austrian* **1.** cf. Konditorei 1. – **2.** pastry and cake making.

'**Zucker,bäcker,stil** (*getr.* -k·k-) *m arch.* pastry cook's architecture, overelaborate decorated style.

'**Zucker|,bee·re** (*getr.* -k·k-) *f bot.* sugarberry, hackberry (*Celtis occidentalis*). — ~**be,stim·mung** *f* **1.** *med.* detection of sugar, glucose determination. – **2.** *chem.* cf. Zuckergehaltsbestimmung. — ~,**bil·dung** *f* **1.** *chem.* saccharification. – **2.** *med.* (*in der Physiologie*) glycogenesis, (*aus Eiweiß od. Fett*) *auch* glucoreogenesis, glyconeogenesis. — ~,**bir·ke** *f bot.* mountain mahogany, mahogany birch (*Betula lenta*). — ~,**bir·ne** *f hort.* sugar pear. — ~,**bör·se** *f econ.* sugar exchange. — ~,**bre·zel** *f* sweet pretzel. — ~,**brot** *n* **1.** slice of bread and butter (sprinkled) with sugar. – **2.** (*Gebäck*) pastry, cake. – **3. mit** ~ **und Peitsche** *fig.* by kicks and halfpence (*Am.* candy), with a stick and a carrot. — ~,**büch·se** *f* **1.** cf. Zuckerdose. – **2.** (*für größere Menge*) sugar bin.

'**Zucker·chen** (*getr.* -k·k-) *n* ⟨-s; -⟩ *Northern G. dial. for* Bonbon.

'**Zucker|cou,leur** (*getr.* -k·k-) *f* ⟨-; *no pl*⟩ *gastr.* caramel. — ~**di,ät** *f med.* diabetic diet. — ~,**do·se** *f* sugar bowl (*Br. auch* basin). — ~,**erb·se** *f bot.* edible-podded pea, sugar pea (*Pisum sativum var. saccharatum*). — ~**fa,brik** *f* sugar factory (*od.* refinery). — ~,**Fett,säu·re,ester** *m chem.* fatty acid ester of sugar. — ~,**früch·te** *pl gastr.* candied (*od.* crystallized *Br. auch* -s-, glacé) fruits. — ~,**gä·rung** *f chem.* saccharine (*od.* amylic) fermentation, fermentation of sugar. — ~,**gast** *m zo.* silverfish, *auch* fish moth, slicker (*Lepisma saccharina*). — ~,**ge,backe·ne** (*getr.* -k·k-) *n* ⟨-n; *no pl*⟩ confectionery, *Am. auch* confectionary.

'**Zucker·ge,halt** (*getr.* -k·k-) *m* **1.** sugar content. – **2.** *chem. med.* glucose content.

'**Zucker·ge,halts|be,stim·mung** (*getr.* -k·k-) *f chem.* saccharimetry. — ~,**mes·ser** *m* saccharimeter. — ~,**mes·sung** *f* saccharimetry.

'**Zucker|ge,schmack** (*getr.* -k·k-) *m* sugary taste. — ~**ge,win·nung** *f* sugar extraction (*od.* manufacture), sugaring. — ~**gla,sur** *f gastr.* cf. Zuckerguß. — ~,**gras** *n bot.* sorgo, sugar grass (*Polinia Cumingii*). — ~,**guß** *m gastr.* icing, frosting, sugarcoating: **mit** ~ **überzogen** iced, frosted, sugarcoated; **etwas mit** ~ **überziehen** to ice (*od.* frost, sugarcoat) s.th. — **z**~,**hal·tig** *adj* **1.** containing sugar, with sugar content. – **2.** *chem.* sacchariferous. — ~,**han·del** *m econ.* sugar trade. — ~,**har·nen** *n med.* glycosuria. — ~,**harn,ruhr** *f* diabetes mellitus. — ~,**hörn·**

chen *n zo.* cf. Beutelflughörnchen. — ~,**hut** *m gastr.* sugarloaf.

'**zucke·rig** (*getr.* -k·k-) *adj* sugary.

'**Zucker·in·du,strie** (*getr.* -k·k-) *f* sugar industry.

'**Zucker|,kand** (*getr.* -k·k-) [-,kant] *m* ⟨-(e)s; *no pl*⟩, ~,**kan·dis** *m colloq. for* Kandis(zucker).

'**Zucker·kar,bon,säu·re** (*getr.* -k·k-) *f chem.* sugar carboxylic acid.

'**zucker,krank** (*getr.* -k·k-) *adj med.* diabetic. — **Z**~,**kran·ke** *m, f* diabetic. — **Z**~,**krank·heit** *f* diabetes.

Zuckerl (*getr.* -k·k-) ['tsukərl] *n* ⟨-s; -(n)⟩ **1.** *Bavarian and Austrian for* Bonbon 1. – **2.** *Austrian fig.* (*etwas Besonderes*) treat.

'**Zucker|,lecken** (*getr.* -k·k-) *n only in* **das ist kein** ~ *colloq.* it's no picnic (*colloq.*), it's not all beer and skittles. — ~,**löf·fel** *m* sugar spoon. — **z**~**los** *adj* sugarless. — ~,**lö·sung** *f* **1.** sugar solution. – **2.** *brew.* primer.

'**Zuckerl,stand** (*getr.* -k·k-) *m Austrian* candy (*Br.* sweet) stall.

'**Zucker|,man·del** (*getr.* -k·k-) *f* sugared almond. — ~,**man·gel** *m* **1.** (*in Notzeiten*) shortage (*od.* scarcity) of sugar. – **2.** *med.* (*im Blut*) blood sugar deficiency, hypoglyc(a)emia (*scient.*). — ~,**markt** *m econ.* sugar market. — ~,**mäul·chen** *n only in* **j-d ist ein** ~ s.o. has a sweet tooth. — ~**me,lo·ne** *f bot.* sweet melon, muskmelon (*Cucumis melo*). — ~,**mes·ser** *m* sugarsifter, dredger. — ~,**meß·ge,rät** *n* **1.** *med.* (*für Diabetiker*) diabetometer, glycosometer. – **2.** *chem.* saccharimeter. — ~,**mes·sung** *f chem.* saccharimetry. — ~,**mil·be** *f zo.* sugar mite (*Glyciphagus destructor*).

zuckern (*getr.* -k·k-) ['tsukərn] *v/t* ⟨h⟩ **1.** sugar. – **2.** (*süßen*) sugar, sweeten (*s.th.*) with sugar. – **3.** (*Wein*) chaptalize. – **4.** *pharm.* coat (*s.th.*) with sugar, sugar(coat).

'**Zucker|,pal·me** (*getr.* -k·k-) *f bot.* sugar palm (*Arenga saccharifera*): **Indische** ~ gomuti (palm) (*A. pinnata*). — ~,**pflanzung**, ~**plan,ta·ge** *f* sugar plantation. — ~,**plätz·chen** *n* **1.** (*Keks*) sugared biscuit (*bes. Am.* cookie, *auch* cooky). – **2.** *archaic* lozenge, *Br.* sweet, sugarplum, (*klares, hartes*) *auch* drop, (*mit Füllung*) *auch* comfit. — ~,**pro·be** *f* **1.** sugar test. – **2.** *med.* sugar (*od.* glucose) test. — ~,**pup·pe** *f fig. colloq.* sugar doll, 'peach' (*beide sl.*). — ~**raf·fi,na·de** *f* refined sugar. — ~**raf·fi·ne,rie** *f* sugar refinery. — ~**ra·ti,on** *f* sugar ration.

'**Zucker,rohr** (*getr.* -k·k-) *n bot.* (sugar)cane, *Br.* (sugar-)cane (*Saccharum officinarum*). — ~,**blatt,laus** *f zo.* sugarcane (*Br.* sugar-cane) aphid (*Rhopalosiphon sacchari*). — ~,**boh·rer** *m* sugarcane (*Br.* sugar-cane) borer (*Diatraea saccharalis*). — ~,**hir·se** *f bot.* sorgo, *auch* sorgho, sweet sorghum (*Sorghum vulgare var. saccharatum*). — ~,**saft** *m* sugarcane (*Br.* sugar-cane) juice. — ~,**schmier,laus** *f zo.* sugarcane (*Br.* sugar-cane) (pink) mealybug (*Pseudococcus sacchari*).

'**Zucker,rü·be** (*getr.* -k·k-) *f bot.* sugar beet, *Br.* sugar-beet, *auch* beet (*Beta vulgaris*).

'**Zucker,rü·ben|,an·bau** (*getr.* -k·k-) *m agr.* sugar beet (*Br.* sugar-beet) cultivation (*od.* growing). — ~**ge,gend** *f* sugar beet (*Br.* sugar-beet) region. — ~,**saft** *m* cf. Zuckersaft. — ~,**schnit·zel** *n, m* sugar beet (*Br.* sugar-beet) cossette (*od.* chip).

'**Zucker|,ruhr** (*getr.* -k·k-) *f med.* diabetes mellitus. — ~,**sack** *m* bag of sugar. — ~,**saft** *m* syrup, sirup. — ~,**säu·re** *f chem.* saccharid acid. — ~,**scha·le** *f* sugar bowl (*Br. auch* basin). — ~,**scho·te** *f bot.* cf. Zuckererbse. — ~,**sie·der** *m tech.* filler. — ~**sie·de,rei** *f* sugar refinery. — ~,**si·rup** *m* molasses *pl, bes. Br.* treacle. — **z**~,**spal·tend** *adj chem.* saccharolytic. — ~,**spie·gel** *m med.* blood sugar level: **erhöhter** ~ elevated blood sugar level, hyperglyc(a)emia (*scient.*); ~ **nach dem Essen** postprandial blood sugar level. — ~,**stan·ge** *f* stick of candy, sugar-stick, *Br. auch* stick of rock. — ~,**steu·er** *f econ.* duty on sugar. — ~,**stoff,wech·sel** *m biol.* sugar metabolism, glycometabolism, saccharometabolism: **gestörter** ~ dysglyc(a)emia. — ~,**streu·er** *m* **1.** (*mit vielen kleinen Öffnungen*) sugar caster (*auch* castor) (*od.* dredger). – **2.** (*mit einer größeren Öffnung*) sugar measure. — **z**~'**süß** *adj* **1.** (as) sweet as sugar. – **2.** *fig.* (*Worte etc*) honeyed, sugary, sugar-candy (*attrib*), syrupy, sirupy, saccharine. — ~**tang** *m* *bot.* sweet tangle, sugar wrack, girdle (*Laminaria saccharina*). — ~**to·le·ranz** *f med.* glucose (*od.* sugar) tolerance. — ~**topf** *m Northern G.* for Zuckerdose. — ~**tü·te** *f* large cornet filled with sweets and given to children in Germany on their first day at school. — ~**über,guß,** ~**über,zug** *m* 1. *gastr.* cf. Zuckerguß. – 2. *pharm.* sugar-coating. — ~**ver,bin·dun·gen** *pl chem.* saccharates, sucrates. — ~**vö·gel** *pl zo.* honeycreepers (*Fam. Coerebidae*). — ~**wa·ren** *pl* confectionery *sg*, *Am. auch* confectionary *sg*, sweetmeats, sweets, *Am.* candy *sg*. — ~**was·ser** *n* sugared water. — ~**wat·te** *f gastr. Br.* candy floss, *Am.* floss candy. — ~**werk** *n* confectionery, *Am. auch* confectionary, sweetmeats *pl*, sweets *pl*, *Am.* candy, goodies *pl* (*colloq.*). — ~**wur·zel** *f bot.* skirret (*Sium sisarum*). — ~**zan·ge** *f* pair of sugar tongs, sugar tongs *pl* (*sometimes construed as sg*). — ~**zeug** *n* cf. Zuckerwerk.

'**Zuck,krampf** *m med.* clonic convulsion (*od.* spasm): ~ im Handgelenk wrist clonus.

'**Zuck,mücke** (*getr.* -k·k-) *f zo.* chironomid (*Fam. Chironomidae*): Larve der ~ bloodworm.

'**zuck·rig** *adj* cf. zuckerig.

'**Zuckung** (*getr.* -k·k-) *f* <-; -en> 1. cf. Zucken. – 2. (*Reflex*) jerk. – 3. (*bei Krämpfen*) convulsion: (*krampfartige*) ~en bekommen to be seized with convulsions. – 4. (*eines Muskels*) contraction, (*kleiner Muskeln*) *auch* twitch. – 5. die letzten ~en *auch fig.* the death throes.

'**zu,däm·men** *v/t* <*sep*, -ge-, h> dam up.

'**Zu,decke** (*getr.* -k·k-) *f colloq.* for Bettdecke 1.

'**zu,decken** (*getr.* -k·k-) **I** *v/t* <*sep*, -ge-, h> 1. (*Person*) cover (*s.o.*) (up): j-n gut ~ to tuck s.o. up (well); j-n mit einer Decke ~ to cover s.o. (up) with a blanket. – 2. (*Gegenstand*) cover: einen Topf mit einem Deckel ~ to cover a saucepan, to put a lid on a saucepan; ein Beet mit Stroh ~ to cover a bed with straw; etwas mit dem Mantel der Nächstenliebe ~ *fig.* to cover s.th. with the cloak of charity. – 3. *fig.* cf. vertuschen. – 4. j-n mit etwas ~ *fig. colloq.* a) (*mit Bosheiten, Vorwürfen etc*) to rain s.th. on s.o., b) (*mit Fragen etc*) to pester (*od.* badger, ply) s.o. with s.th. – 5. *fig.* (*übertönen*) drown. – 6. *mil.* (*mit Artilleriefeuer etc*) pin (*s.o.*, *s.th.*) down. – **II** *v/reflex* sich ~ 7. cover oneself (up), tuck oneself up.

zu·dem [tsu'de:m] *adv* (*außerdem, überdies*) besides, moreover, furthermore, in addition (to this).

'**zu,den·ken** *v/t* <*irr, sep*, -ge-, h> *meist pp* j-m etwas zugedacht haben a) (*Geschenk, Ehre etc*) to have intended (*od.* earmarked) s.th. for s.o., b) (*ein schweres Schicksal etc*) to have inflicted (*od.* imposed) s.th. (up)on s.o., c) (*Strafe, Denkzettel etc*) to have s.th. in store for s.o.

'**zu·dik,tie·ren** *v/t* <*sep, no* -ge-, h> 1. j-m etwas ~ (*zuweisen*) to assign s.th. to s.th., to allot (*od.* allocate) s.th. to s.o. – 2. j-m eine Strafe ~ to impose (*od.* inflict) a punishment (up)on s.o.

'**Zu,drang** *m* <-(e)s; *no pl*> rush, run: es herrschte ein ungewöhnlicher ~ an der Theaterkasse there was an unusual run on the box office.

'**zu,dre·hen I** *v/t* <*sep*, -ge-, h> 1. (*Heizung, Hahn etc*) turn (*s.th.*) off. – 2. j-m den Rücken ~ to turn one's back on s.o. – **II** *v/reflex* 3. sich j-m ~ to turn round to s.o., to turn and face s.o.

'**zu,dring·lich** *adj* 1. (*Person*) intrusive, obtrusive, importunate, impertinent, importune, urgent, pushing: ~ sein to be intrusive, to be an intrusive (*od.* a pushing) person; j-m gegenüber ~ werden a) to intrude (up)on s.o., to importune s.o., b) (*einer Frau, einem Mädchen gegenüber*) to make (*improper*) advances at (*od.* toward[s]) s.o., to importune s.o., to make a pass at s.o. (*sl.*), *Am. colloq.* to get fresh with s.o. – 2. (*Fragen etc*) impertinent, importunate, intrusive, importune. — '**Zu,dring·li·che** *m*, *f* <-n; -n> intrusive (*od.* importune) person, intruder. — '**Zu,dring·lich·keit** *f* <-; -en> 1. <*only sg*> (*einer Person*) intrusiveness, obtrusiveness, importunity,

importunateness, impertinence, *auch* impertinency, urgency. – 2. <*only sg*> (*einer Frage etc*) impertinence, *auch* impertinency, importunity, importunateness, intrusiveness. – 3. (*Frage, Bemerkung etc*) impertinence, *auch* impertinency. – 4. (*plumper Annäherungsversuch*) (*improper*) advance, pass (*sl.*).

'**zu,drücken** (*getr.* -k·k-) *v/t* <*sep*, -ge-, h> 1. (*Verschluß etc*) press (*s.th.*) shut. – 2. (*Tür etc*) push (*s.th.*) shut. – 3. j-m die Kehle (*od.* Gurgel) ~ a) to strangle (*od.* throttle) s.o., b) *fig. colloq.* (*j-n wirtschaftlich ruinieren*) to cut s.o.'s throat. – 4. einem Toten die Augen ~ to close a dead person's eyes. – 5. *fig. colloq.* (*in Wendungen wie*) ein Auge (*od.* beide Augen) ~ to turn a blind eye, to close an eye; er hat noch mal ein Auge zugedrückt he has turned a blind eye (to it) again, he has stretched a point this once.

'**zu,eig·nen I** *v/t* <*sep*, -ge-, h> 1. j-m etwas ~ *lit.* (*widmen*) to dedicate s.th. to s.o. – 2. sich (*dat*) etwas ~ cf. aneignen 1. – **II Z**~ *n* <-s> 3. *verbal noun.* – 4. cf. Zueignung. — '**zu,eig·nend** *pres p.* – **II** *adj* dedicatory, *auch* dedicatorial. — '**Zu,eig·nung** *f* <-; -en> 1. cf. Zueignen. – 2. (*Widmung in einem Buch*) dedication. – 3. cf. Aneignung 2.

'**zu,ei·len** *v/i* <*sep*, -ge-, sein> 1. auf j-n ~, j-m ~ to hurry (*od.* rush, hasten) up to s.o. – 2. dem Ziel ~, auf das Ziel ~ to press toward(s) the finish.

zu·ein·an·der [tsu-] *adv* to each other, (*bei mehr als zwei*) *auch* to one another: ~ sprechen to speak to each other; ~ passen a) (*von Personen*) cf. passen 5, b) (*von Handschuhen etc*) to match, c) (*farblich*) to go well together, to match, d) (*im Stil*) to go well together; seid gut ~ be kind to each other (*od.* to one another); wie stehen sie ~? what is their attitude toward(s) each other? Vertrauen ~ haben to trust each other (*od.* one another). — ~**fin·den** *v/i* <*irr, sep*, -ge-, h> 1. meet (one another) eventually. – 2. *fig.* discover common ground, reach an understanding. — ~**ge,hö·ren** *v/i* <*sep*, *pp* zueinandergehört, h> belong together. — ~**ge,sel·len** *v/reflex* <*sep*, *pp* zueinandergesellt, h> sich ~ meet up, join up, come together. — ~**ste·hen** *v/i* <*irr, sep*, -ge-, h u. sein> *fig.* hold to each other (*od.* to one another), stick together.

'**zu·er,kenn·bar** *adj* awardable. — '**zu·er,ken·nen I** *v/t* <*irr, sep, no* -ge-, h> 1. (*Preis etc*) award, give: ihm wurde eine hohe Belohnung zuerkannt he was given a high reward. – 2. (*Ehre, Würde etc*) award, bestow, confer. – 3. *jur.* a) (*Strafe*) mete out, b) (*Besitz*) award, adjudge, adjudicate. **II Z**~ *n* <-s> 4. *verbal noun.* — '**Zu·er,ken·nung** *f* <-; *no pl*> 1. cf. Zuerkennen. – 2. *jur.* adjudication.

zu'erst [tsu-] *adv* 1. (*als erster*) first: er kam ~ an he arrived first, he was (the) first to arrive; wer schoß ~? who shot first? who started (the) shooting? wer kommt ~ dran? (*im Laden etc*) who is first, please? — kommen 4. – 2. (*vor allem übrigen*) first (of all): ~ lesen, dann übersetzen read it first before you translate it; ~ müssen wir etwas tun we must do some work first; gleich ~ first of all, first thing, first go-off (*colloq.*). – 3. (*anfangs*) at first, at the beginning, initially: ~ verstand ich nicht, was er meinte, aber dann at first I didn't understand what he meant but then. – 4. (*ursprünglich*) originally. – 5. *jur.* in the first instance. – **Z**~**kom·men·de** *m*, *f* firstcomer, *Br.* first-comer.

'**zu·er,tei·len I** *v/t* <*sep, no* -ge-, h> (*Auszeichnung, Ehre, Preis etc*) award, bestow, confer. – **II Z**~ *n* <-s> *verbal noun.* — '**Zu·er,tei·lung** *f* <-; *no pl*> 1. cf. Zuerteilen. – 2. award.

'**zu,fä·cheln** *v/t* <*sep*, -ge-, h> 1. j-m Kühlung (*od.* Luft) ~ to fan s.o. – 2. sich (*dat*) Luft ~ to fan oneself.

'**zu,fah·ren** *v/i* <*irr, sep*, -ge-, sein> 1. drive (*od.* go) on: fahr (doch) zu! go on! – 2. auf (*acc*) etwas [j-n] ~ a) to travel toward(s) s.th. (in the direction of) s.th. [s.o.], b) (*mit dem Auto*) to drive toward(s) (*od.* in the direction of) s.th. [s.o.], c) (*mit dem Fahrrad, Motorrad etc*) to ride toward(s) (*od.* in the direction of) s.th. [s.o.], d) (*mit dem Schiff etc*) to head (*od.* make, sail) for s.th. [s.o.]: er fuhr auf den Polizisten zu

he drove up to (*od.* straight for, straight at) the policeman. – 3. auf j-n ~ *fig.* to fly (*od.* jump) at s.o.

'**Zu,fahrt** *f* 1. approach. – 2. (*zu einem Gebäude etc*) drive, *bes. Am.* driveway. – 3. cf. Zufahrtsstraße. – 4. *mar.* entrance. — '**Zu,fahrts|ba·ke** *f mar.* entrance beacon. — ~**ka,nal** *m* cf. Zufahrtsrinne. — ~**ram·pe** *f* approach ramp. — ~**rin·ne** *f mar.* entrance channel. — ~**stra·ße** *f* approach (*od.* access) road. — ~**weg** *m* 1. (*zu einem Gebäude*) drive, *bes. Am.* driveway. – 2. *mar.* channel.

'**Zu,fall** *m* <-s; ⸚e> 1. (*Ereignis*) chance, coincidence, accident: blinder ~ pure chance (*od.* accident, coincidence), haphazard; ein glücklicher [unglücklicher] ~ a lucky [an unlucky] chance (*od.* coincidence); welch glücklicher ~ what a lucky chance (*od.* coincidence), what a stroke of luck; sich durch ~ treffen to meet by chance (*od.* coincidence, accident), to meet accidentally; etwas durch einen reinen (*od.* bloßen) ~ entdecken to discover s.th. by mere chance (*od.* purely by accident, by a pure fluke); es ist kein ~, daß it is not purely by chance that, it is no accident (*od.* coincidence) that. – 2. (*Ursache der Ereignisse*) chance: ein Spiel des ~s a whim of chance; ein Werk des ~s the working of chance; der ~ wollte es, daß chance would have it that; wie es der ~ will as chance will (have it); es [etwas] dem ~ überlassen a) to leave it [s.th.] to chance, to let chance play its part, b) to take potluck; nichts blieb dem ~ überlassen nothing was left to chance (*od.* contingency); darüber mag der ~ entscheiden that must be left to chance. – 3. (*im Versicherungswesen*) fortuitous event.

'**zu,fal·len** *v/i* <*irr, sep*, -ge-, sein> 1. (*von Klappe, Tür etc*) bang (shut), slam (shut). – 2. (*von Augen*) close: die Augen fallen mir zu I cannot keep my eyes open. – 3. j-m a) (*von Erbe, Vermögen etc*) to fall to (*od.* devolve upon) s.o., b) (*von Preis etc*) to be awarded to s.o., c) (*von Gewinnen*) to accrue to s.o., d) (*von Amt, Rolle etc*) to be assigned (*od.* given) to s.o., e) (*von Wissen etc*) to come (quite) naturally to s.o.: mir ist die Aufgabe zugefallen zu vermitteln I was given (*od.* assigned) the task of mediating; mir ist der Reichtum nicht einfach zugefallen, ich habe ihn mir erarbeitet I did not acquire my wealth by chance, I worked for it; diese undankbare Aufgabe fiel ihm zu this thankless task fell to his lot.

'**zu,fäl·lig I** *adj* 1. (*Zusammentreffen etc*) coincidental, accidental, fortuitous, haphazard, chance (*attrib*): Ähnlichkeiten sind rein ~ any similarities are purely coincidental. – 2. (*Bekanntschaft, Beobachtung etc*) chance (*attrib*), coincidental, incidental. – 3. (*Blick*) chance (*attrib*). – 4. (*Ereignisse, Geschehnisse, Umstände etc*) coincidental, accidental, fortuitous, contingent. – 5. (*von ungefähr u. gelegentlich*) random (*attrib*), casual, incidental. – **II** *adv* 6. by chance (*od.* coincidence, accident), coincidentally, accidentally, perchance (*lit.*): rein ~ purely by chance, purely accidentally, by a pure fluke; ~ etwas tun to do s.th. by chance, to happen (*od.* chance) to do s.th.; ich traf ihn ~ I happened to meet him, I met him by chance (*od.* coincidence); mein Bruder kam ~ vorbei my brother happened to call; sollte es ~ ein ähnliches Buch geben should there happen to be a similar book; Leute, die ich ~ kannte people I happened to know, people I knew by chance (*od.* incidentally); wenn er ~ da sein sollte if he should happen to be there, if he should be there by any chance; ich stieß ~ auf dieses Wort I came across (*od.* I stumbled upon, I chanced upon) this word, I found this word by chance; ob ~ oder absichtlich whether by accident or design (*od.* intent), whether accidentally or intentionally. – 7. (*in Fragen*) by any chance, possibly: könnten Sie mir ~ etwas Geld leihen? could you possibly lend me some money? hast du ganz ~ einen Hammer bei dir? do you happen to have a hammer on you?

'**zu,fäl·li·ger'wei·se** *adv* cf. zufällig II.

'**Zu,fäl·lig·keit** *f* <-; -en> 1. <*only sg*>

coincidence, accidentality, accidentalness, fortuitousness, fortuity, (*von Ereignissen, Umständen etc*) *auch* contingency, contingent. – **2.** ⟨*only sg*⟩ randomness, casualness, incidentalness. – **3.** *meist pl* fortuity, contingency, contingent.

'Zu,fäl·lig·keits,grad *m econ.* degree of randomness.

'Zu,falls|,an,ord·nung *f econ.* (*in der Marktforschung*) random order. — ~,**aus·wahl** *f* random selection (*od.* sampling). — **z~be,dingt** *adj* due to chance (*od.* accident), fortuitous. — ~**be,kannt·schaft** *f* acquaintance made by chance, chance acquaintance. — ~**er,fin·dung** *f* chance (*od.* coincidental) discovery. — ~**er,geb·nis** *n* chance result. — ~,**glau·be** *m philos.* fortuitism, casualism. — ~,**haf·tung** *f econ.* (*im Versicherungswesen*) liability for fortuitous events. — ~,**mo,ment** *n* chance factor. — ~,**streu·be,reich** *m* (*in der Statistik*) random (*od.* erratic) range. — ~,**streu·ung** *f* (*in der Statistik*) random dispersion (*od.* variation). — ~,**tor** *n* (*sport*) chance goal. — ~,**tref·fer** *m* **1.** (*sport*) (*games*) a lucky shot, fluke, (*beim Billard auch*) scratch, b) (*sport*) *cf.* Zufallstor. – **2.** (*bei einer Lotterie etc*) lucky draw. – **3.** (*beim Quiz etc*) lucky guess.

'zu,fas·sen *v/i* ⟨*sep*, -ge-, h⟩ **1.** take hold of it: die Vase fiel runter, weil ich nicht richtig zugefaßt hatte the vase fell down because I hadn't taken a good hold of it (*od.* because I didn't hold [*od.* grasp] it properly). – **2.** *fig. colloq.* (*mithelfen*) give (*od.* lend) a hand, help: die Arbeit ist schnell getan, wenn alle (mit) ~ the work will be done quickly if all lend a hand; zugefaßt! get to work! get down to it! – **3.** *fig.* (*die Gelegenheit wahrnehmen*) jump at the opportunity.

'zu,flicken (*getr.* -k·k-) *v/t* ⟨*sep*, -ge-, h⟩ **1.** patch up, mend. – **2.** (*zustopfen*) darn.

'zu,flie·gen *v/i* ⟨*irr, sep,* -ge-, sein⟩ **1.** *colloq.* (*von Fenster, Tür etc*) slam (shut), bang (shut), shut with a bang. – **2.** auf (*acc*) etwas ~ a) to fly toward(s) s.th., b) (*von Flugzeug etc*) to fly toward(s) (*od.* head for) s.th., (*auf ein Ziel*) to home for s.th. – **3.** j-m ~ a) (*von Vogel*) to fly into s.o.'s home, b) *fig.* (*von Gedanken, Ideen etc*) to come easily to s.o.: ihm fliegt alles nur so zu everything comes easily to him; die Herzen aller flogen ihm zu he won the heart of everyone.

'zu,flie·ßen I *v/i* ⟨*irr, sep,* -ge-, sein⟩ (*dat*) **1.** (*von Fluß, Strom etc*) flow to(ward[s]): dem Meer ~ to flow to(ward[s]) the sea. – **2.** (*von frischem Wasser etc*) flow into: dem Meer fließt ständig Süßwasser zu fresh water is constantly flowing into the sea. – **3.** *fig.* (*von Einnahmen, Spenden etc*) flow into, accrue (*od.* redound, go) to: dem Hilfsfond fließen große Summen zu great sums of money flow into the relief fund. – **4.** j-m fließen Gelder aus allen möglichen Quellen zu *fig.* s.o. receives (*od.* derives) money from all sorts of sources. – **5.** j-m etwas ~ lassen to let s.o. have s.th., to grant s.o. s.th. – **6.** *fig.* (*von Gedanken etc*) come easily to s.o. – **II Z~** *n* ⟨-s⟩ **7.** *verbal noun.* — **'zu,flie·ßend I** *pres p.* – **II** *adj geogr.* (*Strom etc*) tributary.

'Zu,flucht *f* ⟨-; *no pl*⟩ **1.** (*Ort, Person*) refuge, shelter, asylum: bei seinen Freunden ~ finden [suchen] to find [to seek] refuge with one's friends; der Flüchtling fand in Frankreich ~ the refugee found (an) asylum in France; j-m (in seinem Haus) ~ gewähren to give (*od.* grant) s.o. shelter (*od.* asylum) (in one's house): bei j-m seine ~ nehmen to take refuge with s.o.; eine ~ finden to find refuge (*od. lit.* a haven of rest). – **2.** *fig.* refuge, harborage, *bes. Br.* harbourage: bei der Musik ~ finden [suchen] to find [to seek] refuge in music. – **3.** *fig.* (*Ausweg*) resort: seine ~ zu etwas nehmen to resort (*od.* take) to s.th.; seine ~ zu Ausreden nehmen to resort (*od.* to have recourse) to excuses; das ist meine letzte ~ that is my last resort.

'Zu,fluchts|,ha·fen *m* **1.** *mar.* harbor (*bes. Br.* harbour) (port of refuge. – **2.** *fig. cf.* Zufluchtsort 2. — ~,**ort** *m*, ~,**stät·te** *f* **1.** (place of) refuge, shelter. – **2.** *fig.* retreat, asylum, sanctuary, harborage, haven (*lit.*).

'Zu,fluß *m* **1.** *cf.* Zufließen. – **2.** (*Vorgang*) influx, inflow. – **3.** (*in ein Becken, zum*

Meer etc) inlet: der See hat mehrere Zuflüsse the lake has several inlets. – **4.** *geogr.* (*Nebenfluß*) tributary, affluent, confluent, subsidiary stream. – **5.** *fig.* (*von Flüchtlingen etc*) influx, inflow. – **6.** *econ.* a) (*von ausländischem Kapital, von Geldern etc*) inflow, influx, afflux, b) (*von Waren*) supply. – **7.** *med.* a) influx, afflux, b) (*von Blut*) flow, c) (*Aufnahme*) intake. – **8.** *tech.* influx, inflow. — ~,**ge,biet** *n geogr.* river (*od.* lake) basin. — ~,**ge,fäß** *n med.* (*in der Anatomie*) tributary (*od.* afferent) vessel. — ~,**gra·ben** *m* feeder. — ~,**men·ge** *f* rate of flow. — ~,**reg·ler** *m tech.* flow regulator. — ~,**rohr** *n* supply (*od.* delivery, feed) pipe.

'zu,flü·stern *v/t* ⟨*sep*, -ge-, h⟩ j-m etwas ~ a) to whisper s.th. to s.o., b) *fig.* to tell s.o. s.th. confidentially, to whisper s.th. to s.o. (*od.* in s.o.'s ear): er hat ihm das Stichwort zugeflüstert (*im Theater*) he whispered the cue to him, he prompted him; das hat man mir zugeflüstert *fig.* a little bird told me (that).

zu'fol·ge [tsu-] *prep* ⟨*nachgestellt mit dat; vorangestellt mit gen*⟩ **1.** (*gemäß*) according to, in accordance with, in compliance with: seinen Wünschen ~, seiner Wünsche according to his wishes, in accordance with his wishes; dem Befehl ~ *cf.* befehlsgemäß. – **2.** (*als Folge von*) in consequence of, as a result of, due (*od.* owing) to. – **3.** *jur.* (*gemäß*) in pursuance of, pursuant to.

zu'frie·den [tsu-] *adj* **1.** (*mit dem Leben, den Umständen etc*) content, happy, contented: ein stiller und ~er Mensch a quiet and contented person; er ist mit allem ~ he is content (*od.* happy) with anything; mit weniger ~ sein to be content with less; ich bin es ~ *archaic* that's all right with me; mit nichts ~ sein to be generally discontented (*od.* dissatisfied); ich bin ganz ~, wenn ich zu Hause bleibe I am quite content (*od.* happy) to stay at home; wie geht es Ihnen? Danke, ich bin ~ how are you? Not bad (*od.* I can't complain); glücklich und ~ as happy as larry. – **2.** (*mit Leistungen etc*) satisfied, pleased: ich bin mit ihr sehr ~ I am very pleased with her; ich kann tun, was ich mag, er ist nie ~ no matter what I do, he is never satisfied (*od.* nothing pleases him); j-n ~ machen to satisfy (*od.* please) s.o. – **3.** (*angenehm berührt*) pleased. – **4.** (*selbstzufrieden*) complacent: mit einem ~en Lächeln with a complacent smile.

Zu'frie·de·ne *m, f* ⟨-n; -n⟩ contented person.

zu'frie·den,ge·ben *v/reflex* ⟨*irr, sep,* -ge-, h⟩ sich ~ content oneself: sich mit etwas ~ to content oneself with (*od.* to make do [with]) s.th.; er will sich nicht ~ a) he is still not satisfied, b) he won't accept it.

Zu'frie·den·heit *f* ⟨-; *no pl*⟩ **1.** (*bezüglich der Lebensansprüche, der Gegebenheiten etc*) contentment, content, contentedness: innere ~ inner contentment; mit einem Ausdruck der ~ with a look of contentment; ~ geht über Reichtum (*Sprichwort*) contentment is more than a kingdom (*proverb*). – **2.** (*mit Leistungen etc*) satisfaction: er strahlte vor ~ he beamed with satisfaction; zu meiner größten ~ to my greatest satisfaction; das Problem wurde zur allgemeinen ~ gelöst the problem was solved to the satisfaction of everyone. – **3.** (*Selbstzufriedenheit*) complacency, complacence.

zu'frie·den,las·sen *v/t* ⟨*irr, sep,* -ge-, h⟩ j-n ~ to leave (*od.* let) s.o. alone, to give s.o. peace, to leave s.o. in peace: laß ihn zufrieden! let him alone (*od.* be)! leave him alone (*od.* in peace)! give him peace! laß ihn damit zufrieden! leave him alone (*od.* give him peace) about that!

zu'frie·den,stel·len I *v/t* ⟨*sep*, -ge-, h⟩ **1.** j-n ~ to satisfy (*od.* please, content) s.o.: er ist leicht zufriedenzustellen he is easily satisfied (*od.* pleased); es ist schwer, ihn zufriedenzustellen, er ist nicht leicht zufriedenzustellen he is hard to please (*od.* suit), it is hard to please (*od.* suit) him; man kann ihn mit nichts ~ he is never satisfied with anything, you cannot please him however hard you try. – **2.** (*Ehrgeiz etc*) satisfy, gratify. – **II Z~** *n* ⟨-s⟩ **3.** *verbal noun.* – **4.** *cf.* Zufriedenstellung. — **zu'frie·den,stel·lend I** *pres p.* – **II** *adj* (*Antwort, Leistung etc*) satisfactory: die Antwort war nicht ~ the answer was unsatis-

---

factory (*od.* unacceptable). — **Zu'frie·den,stel·lung** *f* ⟨-; *no pl*⟩ **1.** *cf.* Zufriedenstellen. – **2.** satisfaction. – **3.** satisfaction, gratification.

'zu,frie·ren *v/i* ⟨*irr, sep,* -ge-, sein⟩ (*von See etc*) freeze (over *od.* up).

'zu,fü·gen *v/t* ⟨*sep*, -ge-, h⟩ **1.** (*hinzufügen*) (*dat* to) add. – **2.** j-m etwas ~ a) (*Böses, Verlust etc*) to inflict s.th. (up)on s.o., b) (*Leid etc*) to cause s.o. s.th.: j-m Schaden ~ a) (*seelisch, materiell*) to do s.o. harm, to harm s.o., b) (*körperlich*) to inflict an injury (up)on s.o., to injure s.o.; j-m (einen) Schmerz ~ a) (*seelisch*) to cause s.o. sorrow (*od.* pain), b) (*körperlich*) to inflict pain (up)on s.o.; j-m (ein) Unrecht ~ to do s.o. an injustice, to wrong s.o.; j-m einen schweren Verlust ~ to inflict a heavy loss (up)on s.o.; j-m eine Niederlage ~ to inflict (up)on s.o. defeat (up)on s.o.; sich (*dat*) selbst etwas ~ to do oneself harm, to harm oneself.

'Zu,fuhr *f* ⟨-; -en⟩ **1.** (*von Gas, Luft, Wasser etc*) supply. – **2.** (*Versorgungsgüter*) supplies *pl*: einer Stadt die ~ abschneiden to cut off a city's supplies. – **3.** *econ.* delivery. – **4.** *bes. mil.* provisions *pl.* – **5.** (*Einfuhr*) import(ation). – **6.** *meteor.* (*von frischer Meeresluft etc*) influx. – **7.** *med.* a) supply, b) (*von Flüssigkeit, Nahrung etc*) intake, c) (*von Blut*) supply, afflux, d) (*Verabreichung*) administration. – **8.** *electr. tech.* supply, feed.

'zu,füh·ren I *v/t* ⟨*sep*, -ge-, h⟩ **1.** (*Gas, Luft, Wasser etc*) (*dat* to) supply: einem Becken frisches Wasser ~ to supply (*od.* carry) fresh water to a basin. – **2.** dem Körper Nahrung ~ to feed the body. – **3.** (*Arbeitskräfte etc*) bring, supply: diese Entwicklung hat der Industrie neue Arbeitskräfte zugeführt this development introduced a new labo(u)r force into industry. – **4.** j-n j-m ~ a) (*miteinander bekanntmachen*) to introduce s.o. to s.o., b) (*zuleiten*) to bring s.o. to s.o., c) (*zusammenbringen*) to unite s.o. with s.o., (*erneut*) to reunite s.o. with s.o.: einem Geschäftsmann Kunden ~ to bring customers to a businessman; ein Kind seinen Eltern (wieder) ~ to reunite a child with its parents; dem Bräutigam die Braut ~ *archaic* to give the bride away. – **5.** j-n auf (*acc*) etwas ~ to lead s.o. up to s.th. – **6.** *fig.* (*in Wendungen wie*) etwas seiner Bestimmung ~ to direct s.th. to its destined purpose; j-n seiner verdienten Strafe ~ to punish s.o. as he deserves, to inflict a deserved punishment (up)on s.o.; einer Sache frisches Blut ~ to instil(l) fresh blood into s.th., to revitalize (*Br. auch* -s-) s.th.; eine Frage einer vernünftigen Lösung ~ to find a satisfactory solution to a question. – **7.** *electr. tech.* (*in Wendungen wie*) einer Maschine Strom ~ to supply a machine with current. – **8.** j-m etwas ~ *med.* a) to supply s.o. with s.th., b) (*Nahrung*) to feed s.o. on s.th.: j-m künstliche Nahrung ~ to feed s.o. artificially. – **9.** einer Einheit Versorgungsgüter ~ *mil.* to provision a unit. – **10.** dem Hengst die Stute ~ *zo.* to mate a mare with a stallion, to bring a stallion to a mare. – **II** *v/i* **11.** auf (*acc*) etwas ~ *auch fig.* to lead to s.th.: die Straße führt auf das Dorf zu the road leads to the village; die Entwicklung der Wirtschaft führt auf einen Krieg zu the development of the economy will lead to war. – **III Z~** *n* ⟨-s⟩ **12.** *verbal noun.* – **13.** *cf.* Zuführung.

'Zu,füh·rer *m tech.* feeder.

'Zu,füh|,gleis *n* (*railway*) approach track, entry line. — ~,**reg·ler** *m tech.* supply valve. — ~,**stockung** (*getr.* -k·k-) *f econ.* interruption of supply. – **2.** *cf.* Zubringerstraße. – **2.** *cf.* Zufahrtsstraße.

'Zu,füh·rung *f* ⟨-; *no pl*⟩ **1.** *cf.* Zuführen. – **2.** *cf.* Zufuhr 1, 7, 8. – **3.** *tech.* (*Vorgang*) feed, supply: durch Druck pressure feed. – **4.** *electr.* a) *cf.* Zuführungsleitung, b) (*Drahtleitung*) lead-in wire: lose ~ wandering lead. – **5.** *econ.* (*neuer Arbeitskräfte*) supply.

'Zu,füh·rungs|,ap·pa,rat *m tech.* feeding device, feeder. — ~,**draht** *m* **1.** feeder. – **2.** *electr.* lead-in (*od.* feed) wire. — ~,**ka·bel** *n electr.* feeder cable. — ~,**lei·tung** *f* feed (*od.* feeder, supply) line. — ~,**rohr** *n tech.* supply (*od.* feed) pipe. — ~,**schie·ne** *f* conductor bar. — ~,**schlauch** *m* supply hose. — ~,**schnur** *f electr.* flexible lead (*od.* cable), *bes. Br.* flex. — ~,**wal·ze** *f metall.* feed roll.

'**Zu,fuhr,vor,rich·tung** *f tech.* feeding device.

Zug¹ [tsuːk] *m* ⟨-(e)s; ⁼e⟩ **1.** (*railway*) train: abgehender [durchgehender] ~ departing [through *od.* direct] train; eingesetzter [liegengebliebener] ~ extra [broken-down] train; elektrischer ~ electric train (set); fahrplanmäßiger ~ scheduled train; der ~ nach [von] the train to [from]; der ~ aus the train from; der ~ fährt ab the train departs; den ~ nehmen [verpassen] to take [to miss] the train; der ~ fährt the train proceeds; der ~ hat Verspätung the train is late (*od.* delayed); der ~ hat 10 Minuten Verspätung the train is 10 minutes late (*od.* behind time, behind schedule); mit dem ~ fahren to go by train; einen ~ zusammenstellen to marshal (*od.* make up) a train; j-n an den ~ bringen to see s.o. off at the station; im ~ *od.* (in, aboard) the train; in den ~ einsteigen to get into the train, to board the train; Sie sitzen im falschen ~ a) you are on the wrong train, b) *fig.* (*Sie irren sich*) you are on the wrong track, you're barking up the wrong tree; der ~ ist weg! *fig. colloq.* it's too late for that now! — **2.** (*mining*) underground train for coal haulage (*od.* man-riding).

Zug² *m* ⟨-(e)s; ⁼e⟩ **1.** (*Festzug*) procession, *auch* parade: ein feierlicher [festlicher] ~ a ceremonious [festive] procession; der ~ der Demonstranten the procession of demonstrators. — **2.** (*Kolonne etc*) line, (*umfangreicher*) stream: der ~ der Gefangenen nahm kein Ende the line of prisoners went on and on. — **3.** (*eines Heeres*) march: Hannibals ~ über die Alpen Hannibal's crossing of the Alps. — **4.** ⟨*only sg*⟩ (*bes. von Tieren in andere Zonen*) passage, migration. — **5.** ⟨*only sg*⟩ *meteor.* (*von Wolken*) movement, drift. — **6.** ⟨*only sg*⟩ (*Reise*) journey, passage: der ~ der Zehntausend *hist.* (*unter Xenophon*) the march (*od.* journey) of the Ten Thousand; der ~ der Kinder Israel(s) durch die Wüste *Bibl.* the journey of the children of Israel through the desert. — **7.** (*Vogelschwarm*) flight, (*von Kranichen*) *auch* flock. — **8.** (*Fischschwarm*) school, shoal. — **9.** (*Fang*) catch, haul. — **10.** (*zusammengespannte Tiere*) team: sechsspänniger ~ team of six, coach and six. — **11.** *mil.* (*als Gliederung*) platoon, (*von Fahrzeugen*) convoy: er führt den ~ an he leads the platoon. — **12.** (*Bergzug*) mountain range. — **13.** *arch.* (*von Häusern*) row: das Theater befindet sich im ~ der Nordsüdachse the theater (*bes. Br.* theatre) lies on the north-south axis.

Zug³ *m* ⟨-(e)s; ⁼e⟩ **1.** ⟨*only sg*⟩ draft, *bes. Br.* draught: ein leichter ~ a light draft; im ~ sitzen [stehen] to sit [to stand] in the (*od.* a) draft; ich bin in den ~ gekommen I have got a draft; der Ofen hat keinen ~ the stove does not draw well; das Feuer muß erst ~ bekommen, um zu brennen the fire needs a draft in order to burn properly. — **2.** *cf.* Ofenzug. — **3.** (*beim Rauchen*) draw, drag, pull, whiff, draft, *bes. Br.* draught, (*bes. an der Pfeife*) *auch* puff: einen ~ aus der Pfeife nehmen (*od.* tun) to take a puff on (*od.* at, from) one's pipe; gib mir mal einen ~! laß mich mal einen ~ machen! *colloq.* let me have a puff! ich muß erst (einmal) einen ~ tun I must have a smoke first. — **4.** (*beim Atmen*) draft, *bes. Br.* draught, breath, *auch* draw: die Luft in vollen Zügen einatmen to breathe deeply; in den letzten Zügen liegen a) (*sterben*) to be dying, to be breathing one's last (*lit.*), b) *fig. colloq.* (*von Arbeit etc*) to be nearing its end. — **5.** (*beim Trinken*) draft, *bes. Br.* draught, pull, swig (*colloq.*): einen kräftigen (*od.* tiefen) ~ (aus der Flasche *od. colloq.* Pulle) tun to take a good draft (from the bottle); sein Glas auf einen (*od.* mit, in einem) ~ leeren (*od.* austrinken) to empty one's glass in one draft (*od. colloq.* at one go); in langen Zügen trinken to drink in long drafts; du hast einen guten ~ *colloq.* you can take a good draft; sein Leben in vollen Zügen genießen *fig.* to enjoy life to the full (*od.* thoroughly). — **6.** *metall.* (*im Hochofen*) draft, *bes. Br.* draught.

Zug⁴ *m* ⟨-(e)s; ⁼e⟩ **1.** ⟨*only sg*⟩ (*Ziehen*) pull, tug: ein ~ an der Leine, und die Schwimmweste bläst sich auf a pull on the cord, and the life jacket inflates. —

2. (*Ruck*) jerk. — **3.** (*beim Sägen*) pull. — **4.** (*games*) (*beim Schach etc*) move: einen ~ machen to move; den ersten ~ haben to have the first move; Sie sind am ~(e) a) it's your (turn to) move, b) *fig.* it's your turn; am ~ sein to be playing (*od.* at play); in drei Zügen matt sein to be checkmate in three moves; Weiß ist am ~ it's white's move; zum ~(e) kommen *fig.* a) (*in einer Diskussion*) to be given a chance to speak, to get a word in, b) (*bei einer Tätigkeit*) to be given a (*od.* one's) turn, to be given a chance; nicht zum ~(e) kommen *fig.* a) (*in einer Diskussion*) not to get (*od.* be given) a chance to speak, not to get a word in (edgewise), b) (*bei einer Tätigkeit*) not to get (*od.* be given) a chance; j-n zum ~ kommen lassen *fig.* to give s.o. a chance; ~ um ~ *fig.* a) (*vergeltend*) tit for tat, b) (*der Reihe nach*) one after the other, c) (*Schritt für Schritt*) step by step, one thing at a time; die Geschäfte wurden ~ um ~ abgewickelt the transactions were carried out one after the other; das muß ~ um ~ erfolgen that must be done step by step; in (*od.* mit) einem ~ *fig.* at one (*od.* a) stroke, at one go (*colloq.*). — **5.** (*an der Kapuze, am Wäschebeutel etc*) drawstring, *auch* drawing string. — **6.** (*aus Gummi*) elastic band: einen ~ in der Taille einnähen to put an elastic band in at the waist. — **7.** (*am Schuh*) elastic strap. — **8.** (*an der Klingel*) bellpull. — **9.** *phys.* (*mechanischer*) tension, pull, traction: das Material wurde unter Anwendung von ~ und Druck geprüft the material was subjected to a tension and pressure test. — **10.** *tech.* a) (*bei der Kaltverformung*) draw, b) (*beim Schweißen*) pass, c) (*einer Feder, eines Riemens etc*) pull, d) (*eines Schlittens*) feed movement (*od.* motion), e) (*einer Spindel, eines Stößels*) stroke. — **11.** *tech cf.* Flaschenzug. — **12.** *metall.* (*im Walzewesen*) length. — **13.** *tech.* (*im Gewehrlauf*) groove. — **14.** (*sport*) a) (*beim Schwimmen*) stroke, b) (*beim Ringen, Gewichtheben*) pull, c) (*beim Rudern*) pull, tug(ging), d) (*beim Reiten*) jerk, e) (*beim Schießen*) rifling: einen ~ machen (*beim Schwimmen*) to do a stroke. — **15.** *mus.* a) (*an der Orgel*) stop, b) (*an der Posaune*) position, slide, c) (*an der Handharmonika*) draw. — **16.** *mar.* (*eines Segels*) draw, draft, *bes. Br.* draught. — **17.** (*einer Pumpe*) suction.

Zug⁵ *m* ⟨-(e)s; ⁼e⟩ **1.** (*Gesichtszug*) feature, lineament: seine Züge haben sich kaum verändert his features have changed very little. — **2.** (*Gesichtsausdruck*) line, look: ein bitterer [grausamer] ~ um seinen Mund a bitter [cruel] line about his mouth. — **3.** (*Charakterzug, Eigenart*) characteristic, trait: j-s Züge tragen to take after s.o.; das ist ein sympathischer ~ an ihm that is a nice trait of his; das ist ein schöner ~ von ihm gewesen that was nice of him (to do that). — **4.** (*Trend*) trend: der allgemeine ~ zum Süden the general southward trend; das ist der ~ der Zeit that is the trend of the time. — **5.** (*Verlauf*) course: im ~ der Neugestaltung in the course of reorganization (*Br. auch* -s-). — **6.** (*Umriß*) outline: in groben Zügen berichten to report in broad outlines; in kurzen, knappen Zügen briefly, in short, in a nutshell. — **7.** (*Rahmen*) framework, scope: im ~ des Aufbauprogramms werden 1000 Wohnungen gebaut the construction program(me) includes the building of 1,000 homes. — **8.** (*Strich, Linie*) stroke: etwas in kräftigen Zügen skizzieren to sketch s.th. with firm strokes; er schrieb seinen Namen in einem ~ he wrote his name in one stroke. — **9.** (*Neigung*) tendency, propensity, proneness: einen ~ zur Verschwendung haben to have a tendency to (*od.* propensity for) extravagance, to be inclined (*od.* to tend) to be extravagant; einen leichtsinnigen ~ haben to have a tendency to be irresponsible (*od.* an irresponsible twist in one), to be prone to irresponsibility, to be apt to be irresponsible. — **10.** (*Drang*) urge: dem ~e des Herzens folgen to follow the promptings of one's heart. — **11.** *fig. colloq.* (*Schwung*) drive, go (*colloq.*): da ist kein rechter ~ drin there is no go (*od.* drive) about it; er hat seine Klasse gut im ~ he has (*od.* keeps) his pupils on their toes; so recht im (*od.* im besten) ~e sein to be going great guns (*Am. auch* a hum-

dinger); wenn er richtig im ~e ist, kann ihn nichts aufhalten once he gets going there is no stopping him.

'**Zu,ga·be** *f* **1.** (*beim Einkauf*) extra: als ~ as an extra; das Kind erhielt ein Bonbon als ~ the child was given a sweet (*Am.* candy) as an extra. — **2.** (*im Konzert, Theater*) encore: als ~ as an encore; durch Applaus eine ~ erzwingen to obtain an encore by applause; von j-m eine ~ erzwingen to encore s.o.; er mußte mehrere ~n geben he got (*od.* had to give) several encores. — **3.** *econ.* bonus, premium. — **4.** *tech.* allowance. — **5.** (*in der Näherei, für Nähte*) addition.

'**Zug|,ab,fer·ti·gung** *f* (*railway*) train dispatch (*od.* despatch). — ~,ab,fer·ti·gungs-,dienst *m* train dispatch service. — ~,ab-,stand *m* **1.** headway (*od.* distance) between trains. — **2.** (*zeitlicher*) interval between trains. — ~,ab,teil *n* compartment.

'**Zu,gang** *m* **1.** (*Eingang*) entrance: der Bunker hat mehrere Zugänge the bunker has several entrances; gibt es in diesem Haus nur einen ~? is there only one entrance to this house? die Zugänge sind gesperrt the entrances are locked (*od.* closed). — **2.** (*Tor*) gateway, entrance, entry. — **3.** (*Tür*) door, entrance, entry. — **4.** (*Möglichkeit des Betretens*) admittance, entry, access: kein ~! no admittance! — **5.** ~ zu etwas haben (*zu Dokumenten, zum Meer etc*) to have access to s.th.: ich habe keinen ~ zur modernen Musik *fig.* I have no ear for modern music, modern music says nothing to me; ~ zum Meer *mar.* access to the sea. — **6.** zu j-m ~ haben to be given admittance (*od.* to be admitted) to s.o.: zu diesen Kreisen findet er keinen ~ *fig.* he is not admitted to these circles, these circles are not open to him; zu j-m schwer ~ finden *fig.* to find it hard to get to know s.o. — **7.** *pl* (*im Hotel*) new registrations. — **8.** *pl* (*im Krankenhaus*) new admissions. — **9.** *pl* (*an einer Universität etc*) new enrol(l)ments. — **10.** *pl* (*zu einer Partei, zu einem Club etc*) new members. — **11.** (*Zunahme*) increase. — **12.** *meist pl* (*in Bücherei, Museum*) accession. — **13.** *meist pl econ.* a) (*von Ware*) arrival, receipt, (*im Lagerhaus etc*) quantity received, b) (*auf Konten*) inpayment, lodgement, credit entry, c) (*Einnahmen*) receipts *pl*: auf dem Konto ist kein ~ zu verzeichnen no inpayment has been entered, no credit entry has been made. — **14.** *mil.* reinforcement. — **15.** *med.* a) access, b) (*Öffnung*) orifice, c) (*zum Becken*) inlet.

zu,gan·ge [tsuˈgaŋə] *adv bes. Northern G. colloq.* (*in Wendungen wie*) ~ sein to be going on; mit etwas ~ sein to be busy with s.th.; mit etwas ~ kommen to manage s.th.

'**zu,gäng·lich** [-,gɛŋlɪç] *adj* **1.** (*Zugang bietend*) accessible, approachable; get-at-able, come-at-able (*colloq.*): der Aussichtspunkt ist leicht ~ the viewpoint is easy to get at (*od.* is easy of access), access to the viewpoint is easy; die Hütte ist im Winter schwer ~ the (alpine) hut is hard to get at (*od.* is difficult of access) in winter, access to the (alpine) hut is difficult in winter. — **2.** *fig.* open, accessible: das Schloß ist allgemein ~ the castle is open to everyone; etwas der breiten Öffentlichkeit ~ machen to make s.th. accessible (*od.* to open s.th.) to the general public. — **3.** *fig.* (*verständlich*) accessible: j-m die moderne Dichtung ~ machen to make modern poetry accessible to s.o.; durch die Romantik wurden uns viele Volkslieder wieder ~ the romantic period made many folk songs accessible to us. — **4.** *fig.* (*verfügbar*) available, on hand: das Buch ist zur Zeit nicht ~ the book is not available at the moment. — **5.** *fig.* (*umgänglich*) approachable, accessible, accostable: unsere Nachbarn sind sehr ~e Menschen our neighbo(u)rs are very approachable people. — **6.** einer Sache (*od.* für eine Sache*) ~ sein *fig.* a) to be amenable (*od.* open, pervious) to s.th., b) (*nicht standhaft gegen*) to be open (*od.* accessible) to s.th.: sie ist allem Schönen ~ she is amenable to everything beautiful; er ist für einen guten Rat stets ~ he is always amenable (*od.* willing to listen) to (good) advice; Vernunftgründen ~ sein to be amenable to reason; der Bestechung ~ sein to be open (*od.* accessible) to bribery; einer Therapie ~ sein *med.* to be amenable (*od.* to respond)

to a treatment. — **'Zu·gäng·lich·keit** f ‹-;
no pl› **1.** (eines Ortes) accessibility, accessi-
bleness, approachability, approachableness.
– **2.** fig. (Umgänglichkeit) approachability,
approachableness, accessibility, accessible-
ness. – **3.** fig. (Empfänglichkeit) (für to)
amenability, amenableness, openness, perviousness. – **4.** fig. (mangelnde Standhaftig-
keit) (für to) openness, accessibility, acces-
sibleness. – **5.** med. amenability, response.
'Zu·gangs|,stra·ße f cf. Zufahrtsstraße. —
~,weg m cf. Zufahrtsweg 1.
'Zug,an·ker m tech. tension rod.
'Zug,an·schluß m train connection (Br.
auch connexion).
'Zug|,bal·ken m arch. tech. tie beam. — **~,-
band** n ‹-(e)s; ⸚er› **1.** (zum Anziehen von
Stiefeln) pull strap (od. tab). – **2.** tech. tie
member. — **~be,an,spru·chung** f tech.
tensile stress.
'Zug·be,ein,flus·sung f (railway) **1.** (Einrichtung) train controlling feature. – **2.**
‹only sg› (Vorgang) train control: automatische ~ automatic train control. — **~-
be,glei·ter** m **1.** train conductor (Br.
guard). – **2.** (kleiner Fahrplan für jeweils
einen Fernschnellzug) (express) train timetable (od. schedule). — **~be,gleit·per·so,nal**
n, **~be,gleit·ung** f train staff (Am. crew).
'Zug·be,la·stung f tech. tensile (od. tension)
load.
'Zug·be,leuch·tung f (railway) **1.** (innen)
train lighting system. – **2.** (außen) train
lights pl. — **~be,schil·de·rer** [-bə,ʃɪldərər]
m ‹-s; -› plate changer.
'Zug|,blatt n agr. (des Pferdegeschirrs)
breast collar. — **~,brücke** (getr. -k·k-) f
drawbridge.
'Zug|,dich·te f (railway) **1.** density of trains.
– **2.** cf. Zugabstand. — **~,dienst** m train
service.
'Zug-'Druck-,Kraft f tech. tension-com-
pression load, tenso-compressive load.
'zu·ge·ben v/t ‹irr, sep, -ge-, h› **1.** (zusätzlich geben) throw in: der Kaufmann hat ein
paar Bonbons zugegeben the grocer has
thrown in a few sweets (Am. candies). –
2. (hinzufügen) add: einem Gericht etwas
Salz ~ to add some salt to a dish. – **3.** (auf
der Bühne) give (s.th.) as an encore. – **4.** (gestehen) admit, own, confess: etwas unum-
wunden ~ to admit s.th. freely (od. frankly);
er hat es zugegeben he admitted (od.
owned, confessed) (to having done) it. –
5. (einräumen) admit, concede, confess, acknowledge, agree: du mußt ~, daß das nicht
sehr nett war you must admit that that
was not very nice; ich gebe zu, daß du
viel Arbeit hast I admit (od. I grant you)
that you have a lot of work to do (colloq.).
– **6.** (zulassen) allow, permit: ich kann nicht
~, daß so etwas geschieht I cannot allow
this to happen, I cannot permit a thing like
that. – **7.** (einsehen) recognize.
'zu·ge,bracht I pp of zubringen. – **II** adj
jur. (Vermögen etc) brought-in (attrib).
'zu·ge,dacht I pp of zudenken. – **II** adj die
ihm ~e Aufgabe a) the work intended for
him, b) the work assigned to him.
'zu·ge,deckt I pp. – **II** adj covered.
'zu·ge,fro·ren I pp of zufrieren. – **II** adj
1. frozen: ein ~er See a frozen lake; der
See ist ~ the lake is frozen (over). – **2.** (durch
Eis blockiert) icebound: der Hafen ist im
Winter ~ the port is icebound in winter.
'zu·ge,ge·ben pp of zugeben: ~! granted;
dies ~, so bleibt immer noch die Tatsache, daß (even) allowing for this (od.
this allowed), the fact still remains that; ~,
das war nicht sehr klug, aber ~, daß
das nicht sehr klug war, aber granted
(od. true) that was not very wise, but, admittedly, that was not very wise, but.
'zu·ge·ge·be·ner'ma·ßen adv **1.** admittedly:
er ist ~ recht nett he is admittedly quite a
nice person. – **2.** admittedly, avowedly,
confessedly: er ist ~ dabeigewesen he was
admittedly present, he admits that he was
present (od. to having been present).
zu'ge·gen [tsu-] adj ‹pred› lit. present: ~
sein to be present; bei etwas ~ sein to be
present at s.th., to attend s.th.
'zu·ge,hau·en I pp of zuhauen. – **II** adj **1.**
(Bruchstein etc) dressed, pared. – **2.** (in
der Zimmerei) a) hewed, hewn, b) (rechteckig) squared, trimmed.
'zu,ge·hen I v/i ‹irr, sep, -ge-, sein› **1.** colloq. (sich schließen lassen) close, shut: der
Koffer geht nicht zu the suitcase will not

close; die Tür geht nicht zu the door does
not close (od. shut). – **2.** j-m ~ (von Briefen
etc) to reach s.o.: die Antwort wird Ihnen
morgen ~ the answer will reach you tomorrow; j-m etwas ~ lassen to have s.th.
sent (od. forwarded) to s.o., to let s.o. have
s.th. – **3.** spitz ~ (von Türmen etc) to taper to
a point, to taper off. – **4.** auf j-n [etwas] ~
a) to go (od. walk) toward(s) s.o., s.th.,
b) (in seine direkte Nähe) to go (od. walk) up
to s.o. [s.th.]: er ging einige Schritte auf
ihn zu he went a few steps toward(s) him; er
ging auf die offene Tür zu he went up to
the open door; gerade(n)wegs auf j-n
[etwas] ~ to make a beeline (od. to head
straight) for s.o. [s.th.]. – **5.** fig. (sich einem
Zeitpunkt nähern) be going (od. getting) on
for: er geht auf die Siebzig zu he is going
on for seventy; dem Ende ~ to be nearing
the (od. its) end, to be drawing to a close:
die Saison geht dem Ende zu the season
is drawing to a close. – **6.** (sich abspielen)
happen: das kann doch nicht mit rechten
Dingen ~ there is s.th. funny (od. odd, colloq. fishy) about that, that looks funny (od.
odd, colloq. fishy) to me; ich weiß noch,
wie es zugegangen ist I still remember
how it happened. – **7.** geh zu! colloq. a)
move on! b) fig. Southern G. come on! go
on! – **II** v/impers **8.** (sich abspielen) happen:
wie geht es zu, daß er das alles be-
kommt? how is it that he gets all that? how
come he gets all that? (colloq.); es geht im
Leben manchmal seltsam zu life is strange
sometimes; wie es so im Leben zugeht so
it happens; so geht es nun einmal zu in
der Welt such is life, life is like that,
that's the way the world works, that's just
the way it goes; bei ihnen geht es immer lebhaft zu they are a lively group; bei
ihnen geht's toll zu a) they lead quite a
wild life, b) (im Augenblick) they are having
a whale of a (od. a grand old) time (colloq.);
→ Teufel 1. – **9.** fig. (sich einem Zeitpunkt
nähern) be going (od. getting) on for: es
geht dem Ende zu the end is near; es geht
dem (od. auf den) Winter zu it is going
(od. getting) on for winter, it is becoming
wintry.
'Zu,ge·he·rin [-,geːərɪn] f ‹-; -nen›, **'Zu-
,geh,frau** f Southern G. and Austrian cleaning woman, cleaner (woman), bes. Br.
charwoman.
'Zu,geh,hil·fe f Southern G. and Austrian
home (od. domestic) help.
'Zu·ge,hör n ‹-(e)s; no pl›, Swiss f ‹-; no pl›
Austrian and Swiss for Zubehör.
'zu·ge,hö·ren v/i ‹sep, pp zugehört, h› lit.
(dat to) belong.
'zu·ge,hö·rig adj **1.** ~e Teile accessory parts.
ein Bauernhof und die ~en Grundstücke
a farm and the plots of land belonging to
it. – **2.** (begleitend) accompanying. – **3.** (in
Farbe, Form etc) matching. – **4.** j-m ~ sein
to belong to s.o. – **5.** jur. appurtenant: ~es
Recht appurtenance. — **'Zu·ge,hö·rig·keit**
f ‹-; no pl› **1.** (zu einem Land, einer Konfession etc) (zu to, with) affiliation: die ~
Berchtesgadens zu Bayern the affiliation of
Berchtesgaden to Bavaria. – **2.** (zu einer Partei, einem Club, Verein etc) (zu in) membership. – **3.** (geistige Ausrichtung) tendencies
pl: seine politische ~ his political leanings
(od. tendencies).
'zu·ge,knöpft I pp. – **II** adj fig. colloq. (verschlossen, reserviert) close(-lipped), tight-
-lipped, uncommunicative, reticent, silent.
Zü·gel ['tsyːgəl] m ‹-s; -› **1.** rein: ein Pferd
am ~ führen to lead a horse by the rein;
ein Pferd am kurzen [langen] ~ führen to
lead a horse on a tight [long] rein; einem
Pferd in die ~ fallen to rein a horse; die
~ anziehen to draw rein, to rein up (od.
in, back); die ~ lockern (od. schleifen lassen) to give a horse the reins, to keep a slack
rein (od. hand); die ~ kurz nehmen to
shorten the rein; mit verhängten ~n at a
long rein. – **2.** fig. (in Wendungen wie) j-m ~
anlegen to keep s.o. in check; seinen Leidenschaften ~ anlegen to bridle (od. curb,
check, rein [in od. up]) one's passions; die
~ anziehen to draw rein, to keep a slack
sen) to give a horse the reins, to keep a slack
rein (od. hand); die ~ kurz nehmen to
shorten the rein; mit verhängten ~n at a
long rein. – **2.** fig. (in Wendungen wie) j-m ~
anlegen to keep s.o. in check; seinen Leidenschaften ~ anlegen to bridle (od. curb,
check, rein [in od. up]) one's passions; to
keep (od. hold) one's passions in check; seinem Zorn die ~ schießenlassen to give (full)
rein (od. vent) to one's anger; bei j-m die ~
kurz halten to keep s.o. on a tight rein; bei
j-m die ~ straffer anziehen to keep a
tighter rein on s.o.; j-m in die ~ fallen to
check (od. stop, restrain) s.o.; die ~
lockern (od. schleifen lassen) to loosen

the reins; die ~ an (acc) sich reißen to
seize the reins; die ~ fest in der Hand
haben (od. halten) to have a firm hold of
things; die ~ aus der Hand geben to hand
over the reins. – **3.** zo. (bei Vögeln) lore,
mastax (scient.).
'zu·ge,las·sen I pp of zulassen. – **II** adj **1.**
allowed. – **2.** (Auto, Flugzeug etc) licensed,
Br. auch licenced, registered. – **3.** (Arzt etc)
licensed, Br. auch licenced: amtlich ~ authorized Br. auch -s; staatlich ~ certified. –
4. ~e Gesellschaft jur. chartered company.
'Zug·ela·sti·zi,tät f tech. elasticity in tension.
'zu·ge,lau·fen I pp of zulaufen. – **II** adj ~er
Hund stray dog having found a new home.
'Zü·gel|,füh·rung f (beim Reitsport) man-
ner of holding the reins: geschickte
[schlechte] ~ good [no good] hands pl. —
~,hand f (des Reiters) bridle hand. — **~-
,hil·fe** f meist pl rein aid, hand.
'zü·gel·los adj **1.** (Pferd) without reins, un-
reined. – **2.** fig. (undiszipliniert) undisciplined. – **3.** fig. (sexuell) ausschweifend)
wanton, intemperate, (stärker) dissipated,
dissolute, licentious, libertine: ein ~er
Mensch a libertine. – **4.** fig. (Begierden,
Leidenschaften etc) unbridled, uncurbed,
unrestrained, unchecked, reinless. — **'Zü-
gel·lo·sig·keit** f ‹-; no pl› fig. **1.** (mangelnde
Selbstdisziplin) lack of (self-)discipline. – **2.**
((sexuelle) Ausschweifung) wantonness, in-
temperateness, intemperance, (stärker) dissipation, dissoluteness, licentiousness. –
3. (von Begierden, Leidenschaften etc) unrestrainedness, unrestraint.
zü·geln¹ ['tsyːgəln] I v/t ‹h› **1.** (Pferd) rein
(up od. in, back). – **2.** fig. (Gedanken, Leidenschaften, Temperament etc) bridle, curb,
put a curb (up)on, check, rein (up od. in),
keep (od. hold) in check. – **II** v/reflex
sich ~ **3.** fig. restrain (od. curb) oneself. –
III Z~ n ‹-s› **4.** verbal noun. – **5.** restraint.
zü·geln² v/i ‹sein› Swiss dial. move (house),
remove.
'Zü·gel,ring m (am Pferdegeschirr) terret,
ring.
'Zü·ge·lung f ‹-; no pl› cf. Zügeln¹.
'zu·ge,mü·se n gastr. obs. for Beilage 3.
'zu·ge,näht I pp. – **II** adj → verdammt 1.
'Zug,en·de n **1.** (railway) end of a (od. the)
train. – **2.** end of a (od. the) procession (od.
parade).
'zu·ge,neigt I pp. – **II** adj cf. geneigt 5.
'Zü·gen,glöck·lein ['tsyːgən-] n Bavarian
and Austrian for Sterbeglocke.
'Zug·ent,glei·sung f (railway) derailment of
a train.
'zu·ge,ord·net I pp. – **II** adj cf. beigeord-
net II.
'Zu·ge,rei·ste m, f ‹-n; -n› newcomer.
'zu·ge,rit·ten I pp of zureiten. – **II** adj
(Pferd) broken(-in): nicht ~ unbroken,
unbacked.
'zu·ge,schneit I pp. – **II** adj ~ sein to be
snowed up.
'zu·ge,schnit·ten I pp of zuschneiden. –
II adj **1.** (Stoff) cut(-out): der Mantel ist
schlecht ~ the coat is badly cut. – **2.** auf j-n
~ sein fig. to be cut out for s.o. – **3.** auf
(acc) etwas ~ sein fig. to be geared (od.
framed, tailored) to s.th.: der Kursus war
ganz auf die Prüfung ~ the course was
geared entirely to the examination.
'zu·ge,sel·len I v/t ‹sep, pp zugesellt, h› j-n
j-m ~ a) (auf einer Gesellschaft etc) to ask
s.o. to join s.o., to put s.o. with s.o., b) (als
Gefährten) to give s.o. to s.o. as a companion,
to arrange for s.o. to have s.o.'s company. –
II v/reflex sich j-m ~ to join s.o.: wir haben
uns einer anderen Gruppe zugesellt we
joined another group; meinem Schnupfen
hat sich nun eine Bronchitis zugesellt fig.
I now have bronchitis as well as a cold.
'zu·ge,si·chert I pp. – **II** adj guaranteed.
'zu·ge,spitzt I pp. – **II** adj **1.** pointed, pointy.
– **2.** fig. (Formulierung, Behauptung etc)
exaggerated. – **3.** fig. (Lage) precarious,
critical, tight. – **4.** bot. attenuate, acuminate,
cuspidate(d). – **5.** zo. spiculate(d).
'zu·ge,stan·de·ner'ma·ßen adv cf. zugege-
benermaßen.
'Zu·ge,ständ·nis n ‹-ses; -se› **1.** concession:
bei den Verhandlungen mußten beide
Seiten (erhebliche) ~se machen both sides
had to make (considerable) concessions in
the negotiations; der Zeit ~se machen to
make concessions to the times. – **2.** admission, concession, acknowledg(e)ment:

ich muß ihm das ~ machen, daß er sich bemüht hat I must admit (od. concede) that he made an effort.

'zu·ge,ste·hen v/t ⟨irr, sep, pp zugestanden, h⟩ **1.** (Recht, Vergünstigung etc) grant, concede: j-m etwas ~ to grant s.o. s.th. – **2.** (zugeben, eingestehen) admit, confess, concede, acknowledge: ich muß ihm ~, daß er Geschmack hat I must admit that he has good taste.

'zu·ge,tan I pp of zutun¹ u. ². – **II** adj lit. **1.** j-m ~ sein to be attached to s.o., to be fond of s.o.: er ist ihr sehr ~ he is very attached to her, he has (a) great affection for her; er ist der holden Weiblichkeit ~ he is fond of women, he is a ladies' (auch lady's) man. – **2.** einer Sache ~ sein a) to be fond of s.th., to have a liking (od. taste) for s.th., b) (sich einer Sache verschrieben haben) to be dedicated (od. devoted) to s.th.: er ist den schönen Künsten ~ he is fond of the fine arts; er ist dem Alkohol ~ he is fond of (od. partial to) liquor, he has a taste for liquor.

'Zu·ge,wan·der·te m, f ⟨-n; -n⟩ newcomer.

'zu·ge,wandt I pp of zuwenden. – **II** adj **1.** die ihm ~e Person the person facing him; die der Straße ~en Zimmer the rooms facing (od. overlooking) the street. – **2.** fig. (dat in) interested.

'Zu·ge,winn m jur. (im Eherecht) goods pl (od. property) acquired during marriage. — ~ge,mein·schaft f community of goods (od. property) acquired during marriage.

'Zu·ge,zo·ge·ne m, f ⟨-n; -n⟩ newcomer.

'Zug,fäh·re f (railway) train ferry.

'Zug|,fa·sern pl biol. mantle fibers (bes. Br. fibres). — ~,fe·der f **1.** tech. tension spring. – **2.** (watchmaking) barrel spring, mainspring. — z~,fest adj **1.** tech. tensionproof. – **2.** metall. (Stahl) high-tensile (attrib). — ~,fe·stig·keit f ⟨-; no pl⟩ tech. tensile (od. ultimate) strength.

'Zug,fol·ge f (railway) **1.** train succession. – **2.** cf. Zugdichte.

'zug,frei adj (Raum, Platz etc) draft- (bes. Br. draught-)free.

'Zug|,füh·rer m **1.** (railway) Am. train conductor, Br. chief guard. – **2.** mil. platoon leader. — ~,funk m train radio. — ~,gattung f type of train.

'Zug·ge,schirr n (für Pferde) draw gear.

'Zug·ge,spräch n tel. train call.

'Zug|,glocke (getr. -k·k-) f pull bell. — ~,griff m tech. pull (od. pulling) handle. — ~,gurt m (am Pferdegeschirr) breast strap (od. harness). — ~,ha·ken m tech. (railway) (auch am Pferdegeschirr) draw hook. — ~,hand f (sport) (beim Bogenschießen) drawing hand. — ~,he·bel m tech. draw lever. — ~,hub m ⟨-(e)s; -e⟩ (mining) hand-operated winch.

'zu·gie·ßen v/t ⟨irr, sep, -ge-, h⟩ **1.** (j-m) etwas ~ to pour (od. give) s.o. more s.th.: darf ich (Ihnen) noch Kaffee ~? may I give you some more coffee? may I add some coffee (to your cup)? – **2.** (Loch etc) stop (up), fill (up): eine Ritze mit Zement ~ to fill up a crack with cement.

zu·gig ['tsuːɡɪç] adj (Raum etc) drafty, bes. Br. draughty. – **2.** (Gelände) windy.

zü·gig ['tsyːɡɪç] **I** adj **1.** (Schrift etc) smooth. – **2.** (Abfertigung, Bearbeitung etc) swift, brisk. – **3.** (Arbeiten) steady, at a consistent rate. – **4.** (Vorankommen, Autofahren etc) smart, brisk. – **5.** Swiss for zugkräftig. – **II** adv **6.** swiftly, briskly: wir wurden an der Grenze ~ abgefertigt we were dealt with swiftly at the border. – **7.** ~ arbeiten to work steadily. – **8.** smartly, briskly: er fährt sehr ~ he drives very smartly (od. speedily); ~ vorankommen a) (beim Gehen, Autofahren etc) to make good (od. steady) headway, b) (bei der Arbeit) to make steady progress. — **'Zü·gig·keit** f ⟨-; no pl⟩ **1.** (bei der Abfertigung etc) swiftness, briskness. – **2.** (beim Fahren etc) smartness, briskness. – **3.** ~ des Verkehrs speedy flow of traffic. – **4.** (beim Arbeiten) steadiness.

'zu·gip·sen v/t ⟨sep, -ge-, h⟩ (Loch etc) plaster up.

'Zug|,ket·te f **1.** tech. (im Förderwesen) drag chain. – **2.** (an der Wasserspülung einer Toilette) pull chain. — ~,klap·pe f (am Schornstein) damper. — ~,knopf m pull knob.

'Zug·kon,trol·le f (railway) train control.

'Zug|,kraft f ⟨-; no pl⟩ **1.** phys. tech. tractive (od. traction) power, tractive force, pulling

force (od. power). – **2.** tech. a) (einer Feder) tension, b) (eines Magneten) attraction force. – **3.** fig. (von Theaterstück, Buchtitel, Werbung etc) attraction, appeal: das Kino hat viel an ~ eingebüßt (the) cinema has lost much of its appeal. – **4.** (sport) (beim Bogenschießen) bow strength. – **5.** econ. (einer Anzeige) attention value. — z~,kräf·tig adj **1.** econ. ~er Artikel popular (od. quick-selling) article, draw; ~ sein to be a draw. – **2.** fig. attractive, appealing: dieses Plakat ist sehr ~ this poster has great (buying) appeal (od. is very attractive).

'Zug,kraft,mes·ser m phys. tech. traction dynamometer.

'Zug|,kü·bel,bag·ger m civ.eng. cf. Eimerseilbagger. — ~,lam·pe f (über dem Eßtisch etc) adjustable ceiling lamp.

zu·gleich [tsu-] adv **1.** (zeitlich) at the same time, (all) at once, together: wenn alle ~ reden when all talk at the same time; man kann nicht überall ~ sein one cannot be everywhere at once; sie lachte und weinte ~ she laughed and cried at the same time; er kam ~ mit mir an he arrived at the same time as I did. – **2.** both, (all) at once: sie ist schön und intelligent ~ she is both beautiful and intelligent; Goethe war Staatsmann und Dichter ~ Goethe was both a statesman and a poet.

'Zug|,lei·ne f **1.** (am Pferdegeschirr) trace. – **2.** tech. dragline. – **3.** (beim Wasserskifahren) towline, pull rope. – **4.** pl (theater) set sg of lines, pull-up sg. — ~,lei·stung f **1.** tech. a) tractive power, pulling capacity, b) (eines Ventilators) suction power. – **2.** agr. (der Zugtiere) draft (bes. Br. draught) (efficiency). — ~,li·nie f (der Zugvögel) fly line. — ~,loch n (am Ofen) air hole (od. vent). — ~,luft f draft, bes. Br. draught: in diesem Zimmer herrscht ~ there is a draft in this room. — ~,luft,schrau·be f aer. tractor propeller (auch propellor).

'Züg·lung f ⟨-; no pl⟩ cf. Zügeln¹.

'Zug·ma,schi·ne f **1.** tractor, bes. mil. prime mover. – **2.** (des Sattelschleppers) truck (bes. Br. motor) tractor.

'Zug|,mel·de,dienst m, ~,mel·de,sy,stem n (railway) train signaling (bes. Br. signalling) system.

'Zug,mes·ser¹ m **1.** tech. (für Feuerungen) draft (bes. Br. draught) ga(u)ge, suction ga(u)ge. – **2.** phys. tensometer, traction dynamometer.

'Zug,mes·ser² n (bei der Holzbearbeitung) draw (od. stripping) knife.

'Zug,mit·tel n **1.** fig. draw, attraction. – **2.** med. pharm. blistering agent; vesicant, epispastic (scient.).

'Zug,num·mer f **1.** (railway) train number. – **2.** fig. (Attraktion) drawing card, auch drawcard. – **3.** (radio) telev. audience puller.

'Zug,och·se m agr. draft (bes. Br. draught) ox.

'Zug·per,so·nal n (railway) train staff (Am. crew), trainmen pl, train officials pl.

'Zug|,pferd n **1.** agr. draft (bes. Br. draught) (od. cart) horse, Am. drafter. – **2.** fig. drawing card, auch drawcard. — ~,pfla·ster n med. pharm. blistering (od. scient. cantharides) plaster. — ~,pha·se f (sport) (beim Rudern, Schwimmen) pulling phase. — ~,rad n tech. traction wheel. — ~,re·chen m agr. (zum Ährensammeln) gleaner. — ~,reg·ler m (am Kamin) draft (bes. Br. draught) regulator, damper.

'zu·grei·fen v/i ⟨irr, sep, -ge-, h⟩ **1.** (make a) grab for (od. at) it: die Vase war am Umfallen, aber ich konnte noch rasch ~ the vase was about to fall over but I managed to make a quick grab for it. – **2.** fig. jump at the opportunity: bei diesem günstigen Angebot habe ich sofort zugegriffen I jumped at this favo(u)rable offer at once; er braucht nur zuzugreifen he can (od. may) have it for the asking. – **3.** fig. (bei Tisch) help oneself: bitte greifen Sie zu, greifen Sie nur zu please (od. just) help yourself; die Kinder griffen tüchtig zu the children fell to (od. tucked in). – **4.** fig. (reagieren) act, intervene: die Polizei hat rasch zugegriffen the police intervened quickly. – **5.** fig. (helfen) lend (od. give) a hand, muck in (sl.): er greift überall zu, wo es notwendig ist he lends a hand wherever it is necessary. – **6.** cf. zupacken 2. – **II Z~** n ⟨-s⟩ **7.** verbal noun. – **8.** fig. action, intervention. – **9.** cf. Zugriff 3.

'Zug,rich·tung f (railway) direction of travel (of the train).

'Zug,rie·men m **1.** tech. pulling strap. – **2.** (am Pferdegeschirr) cf. Zuggurt.

'Zu,griff m ⟨-(e)s; -e⟩ **1.** cf. Zugreifen. – **2.** grip: ein fester ~ a firm grip. – **3.** fig. action: sich (dat) etwas durch raschen ~ sichern to secure s.th. by quick action (od. decision); sich dem ~ der Polizei entziehen to evade police action, to get out of (the) reach of the police. – **4.** (computer) access: willkürlicher ~ random access.

'Zu,griffs,zeit f (computer) access time.

'Zug,ring m pull ring.

'Zug,rohr n **1.** tech. (chimney) stack. – **2.** (mining) trompe.

zu·grun·de [tsuˈɡrʊndə] adv **1.** ~ gehen a) (von Personen) to perish, b) (von Reichen, Institutionen etc) to go to ([w]rack and) ruin, c) (von einer Firma) to be ruined: er ist an dieser Krankheit ~ gegangen he perished of this illness, this illness killed him; er ist an der Lieblosigkeit seiner Mitmenschen ~ gegangen the harshness of his fellows destroyed him. – **2.** etwas ~ legen to take s.th. as a basis: wenn wir diese Hypothese ~ legen if we take this hypothesis as a basis; er legte der Predigt ein Bibelwort ~ he based his sermon on a quotation from the Bible. – **3.** einer Sache ~ liegen to be (od. form) the basis of s.th., to underlie s.th.: der Überlieferung liegen mehrere Quellen ~ several sources are the basis of the tradition, the tradition (has) evolved from several sources; seinem Buch liegt die Auffassung ~, daß his book is based on the idea that. – **4.** j-n [etwas] ~ richten to ruin (od. wreck, destroy) s.o. [s.th.]: du wirst dich damit noch ~ richten you will ruin (od. destroy) yourself with that; die ewigen Streitereien haben die Partei ~ gerichtet the eternal quarrels have wrecked the party; seine Gesundheit ~ richten to ruin (od. destroy) one's health; eine Firma ~ richten to ruin a firm, to bring a firm to ruin. – **5.** etwas ~ wirtschaften to bring s.th. to ruin, to ruin (od. wreck) s.th.: er hat das Unternehmen ~ gewirtschaftet he brought the enterprise to ruin.

Zu'grun·de,ge·hen n ruin.

Zu'grun·de,le·gung f ⟨-; no pl⟩ (in Wendungen wie) unter ~ dieser Theorie taking (od. if one takes) this theory as a basis.

zu'grun·de,lie·gend adj (Gedanke etc) basic, underlying.

'Zugs,ab,teil n Austrian (railway) for Zugabteil.

'Zug|,sä·ge f tech. two-man crosscut saw. — ~,sal·be f med. pharm. blistering (od. basilicon, scient. vesicant) ointment, resin cerate.

'Zug,schaff·ner m (railway) train conductor, Am. auch carman.

'Zug|,schal·ter m electr. pull switch. — ~,schei·be f mil. vanishing target. — ~,scheit n tech. cf. Ortscheit. — ~,schie·ber m (chimney) damper. — ~,schlau·fe f (zum Anziehen von Stiefeln) pull strap (od. tab). — ~,schlep·per m auto. cf. Sattelschlepper. — ~,schnur f **1.** drawcord. – **2.** (zum Auf- u. Zuziehen der Gardinen etc) drawstring, auch drawing string. — ~,schrau·be f aer. cf. Zugluftschraube. — ~,seil n **1.** tech. a) (einer Seilbahn) traction rope, b) (eines Förderers) drag (od. haulage) cable, c) (eines Hebegeräts) hoisting rope. – **2.** (mining) haulage rope. – **3.** (sport) (Teil der Seilsteuerung beim Bob) steering cable (od. rope). — ~,sei·te f tech. (bei der Werkstoffprüfung) side in tension.

'Zugs,füh·rer m Austrian (railway) for Zugführer 1.

'Zug|,si·che·rung f (railway) track control. — ~,si,gnal n railroad (Br. railway) (od. train) signal.

'Zug|,span·nung f tech. tensile stress. — ~,stab m tension bar. — ~,stan·ge f **1.** tech. a) tie rod, b) (an der Zugmaschine) drawbar, tow (od. towing) bar, c) (an der Werkzeugmaschine) draw-in spindle. – **2.** (railway) drawbar, Br. auch dragbar. – **3.** (theater) fly-bar.

'Zug,stär·ke f (railway) length of a train.

'Zug|,stem·me f ⟨-; -n⟩ (sport) (beim Turnen) uprise from straight hang. — ~,stie·fel m meist pl elastic-sided boot, Am. auch congress boot, Br. colloq. jemima. — ~,stück n (theater) box-office draw.

'**Zugs·ver**,**kehr** *m Austrian* (*railway*) *for* Zugverkehr.

'**Zug**|**te·le·fo**,**nie** *f cf.* Zugfunk. — ~**te·le**,**gramm** *n tel.* train telegram. — ~**te·le·pho**,**nie** *f cf.* Zugfunk.

'**Zug**|,**tier** *n agr.* draft (*bes. Br.* draught) animal. — ~,**trä·ger** *m civ.eng.* tie beam. — ~**trom·pe·te** *f mus. hist.* slide trumpet.

'**Zug·über·wa·chung** *f* (*railway*) train control.

'**zu**,**gucken** (*getr.* -k·k-) *v/i* ⟨*sep*, -ge-, h⟩ *colloq. for* zuschauen.

'**Zug-**,**um-**'**Zug-**,**Lei·stung** *f econ.* pari passu performance.

'**Zug-** ,**und** '**Bie·ge**,**prü·fung** *f tech.* tensile and bend test.

'**Zug·un**,**glück** *n* train accident (*stärker* disaster).

zu·gun·sten [tsu'gʊnstən] *prep* ⟨*gen, rare nachgestellt dat*⟩ **1.** (*zum Vorteil*) to the advantage of: er hat sich ~ des Kunden verrechnet he miscalculated to the customer's advantage. — **2.** (*zum Nutzen*) for the benefit of: er hat ~ seiner Schwester auf das Erbe verzichtet he renounced the heritage for the benefit of his sister; eine Sammlung ~ des Roten Kreuzes a collection for the benefit (*od.* in aid) of the Red Cross. – **3.** *bes. econ. jur.* in favor (*bes. Br.* favour) of: die Geschworenen haben ~ des Angeklagten entschieden the jury found for the defendant.

zu·gu·te [tsu'guːtə] *adv* **1.** j-m etwas ~ halten to make allowance(s) for s.th.: j-m seine Jugend ~ halten to make allowance(s) for s.o.'s youth; man muß ihm ~ halten, daß die Umstände gegen ihn waren one must make allowance(s) for the fact that circumstances were against him; man muß ihm seine Unkenntnis der Lage ~ halten one must make allowance(s) for his not knowing the situation, in fairness to him, it must be said that he did not know the situation. – **2.** j-m [einer Sache] ~ kommen a) to be of benefit (*od.* advantage) to s.o. [s.th.], b) to be for the benefit (*od.* in aid) of s.o. [s.th.]: ein Auslandsaufenthalt kommt den Sprachkenntnissen ~ a stay abroad is of benefit to one's knowledge of the language; es kam ihm ~, daß er Englisch sprach his spoken knowledge of English was of benefit to him; seine früheren Erfahrungen kommen ihm dabei sehr ~ his previous experience is of great benefit to him (*od.* stands him in good stead) there; das Geld kommt dem Kinderheim ~ the money is for the benefit of the children's home. – **3.** j-m [einer Sache] etwas ~ kommen lassen to give (*bes. jur.* donate) s.th. to s.o. [s.th.]: er läßt die Erträge seiner Mutter ~ kommen he gives the returns to his mother. – **4.** j-m etwas ~ tun to give s.o. a treat; sich (*dat*) etwas ~ tun to give oneself a treat. – **5.** sich (*dat*) auf eine Sache etwas ~ halten (*od.* tun) to pride (*od.* plume) oneself on s.th.: du brauchst dir darauf nichts ~ zu halten you needn't pride yourself on that.

'**Zug·ver**,**band** *m med.* traction (*od.* extension) bandage.

'**Zug**|**ver**,**bin·dung** *f* (*railway*) train connection (*Br. auch* connexion). — ~**ver**,**kehr** *m* **1.** railroad (*Br.* railway) traffic. – **2.** (*auf bestimmter Strecke*) train service.

'**Zug·ver**,**mö·gen** *n cf.* Zugkraft 1, 2.

'**Zug·ver**,**spä·tung** *f* (*railway*) train delay.

'**Zug**|**ver**,**such** *m tech.* tensile test. — ~,**vieh** *n agr.* draft (*bes. Br.* draught) cattle (*usually construed as pl*). — ~,**vo·gel** *m zo.* migrant, migratory bird, bird of passage. — ~,**vor**,**hang** *m* draw(able) curtain. — ~,**vor**,**rich·tung** *f* **1.** *tech.* a) traction gear, b) (*Hebegerät*) hoisting gear, c) (*eines Förderers*) haulage gear (*od.* attachment). – **2.** (*theater*) (scenic) flying equipment. – **3.** *med.* (*in der Chirurgie*) traction apparatus (*od.* device). — ~,**wa·gen** *m tech.* (automobile) tractor.

'**Zug·wech·sel** *m* (*railway*) change of train(s).

'**Zug·weg** *m zo.* (*der Vögel*) **1.** fly line. – **2.** (*jeweilige Route*) flyway.

'**zug·wei·se** *adv mil.* in (*od.* by) platoons.

'**Zug**|**wel·le** *f tech.* feed rod (*od.* shaft). — ~,**wi·der**,**stand** *m cf.* Zugfestigkeit. — ~**wind** *m cf.* Zugluft. — ~,**win·de** *f tech. cf.* Flaschenzug. — ~,**win·kel** *m phys. tech.* angle of traction. — ~,**zün·der** *m mil.* pull fuse (*Am.* fuze), pull-type firing device.

'**Zug·zu**,**sam·men**,**stel·lung** *f* (*railway*) marshaling (*bes. Br.* marshalling) (of) trains.

'**zu·ha·ken** *v/t* ⟨*sep*, -ge-, h⟩ **1.** (*Rock etc*) fasten the hook(s) of, hook: dieses Jäckchen läßt sich ~ this jacket hooks. — **2.** (*Gatter, Tür etc*) hook, put the hook on.

'**zu·hal·ten I** *v/t* ⟨*irr, sep*, -ge-, h⟩ **1.** j-m [sich *dat*] den Mund [die Augen] ~ to put one's hand(s) over s.o.'s [one's] mouth [eyes]; sich (*dat*) die Ohren ~ to hold (*od.* stop) one's ears; sich (*dat*) die Nase ~ to hold one's nose; die Hand ~ to clench one's fist. – **2.** (*Tür etc*) hold (*od.* keep) (*s.th.*) closed (*od.* shut). – **3.** (*Kleidungsstück, gegen Wind etc*) keep (*od.* hold) (*s.th.*) closed. – **4.** (*Kleidungsstück, durch Verschluß*) close: die Jacke wird durch einen Hakenverschluß zugehalten the jacket is closed by a hook and eye. – **5.** *mus.* (*Griffloch*) stop. – **II** *v/i* **6.** auf (*acc*) etwas ~ to head (*od.* make, go straight) for s.th., *mar. auch* to bear in with s.th.

'**Zu**,**häl·ter** [-,hɛltər] *m* ⟨-s; -⟩ pimp, pander(er), *auch* pandar, procurer, fancy man, souteneur, bully. — ,**Zu·häl·te'rei** *f* ⟨-; no pl⟩ pandering, procuring. — '**zu·häl·te·risch** *adj* panderly. — '**Zu**,**häl·ter**,**we·sen** *n* ⟨-s; no pl⟩ *cf.* Zuhälterei.

'**Zu**,**hal·tung** *f* ⟨-; -en⟩ *tech.* (*am Türschloß*) tumbler.

zu·han·den[1] [tsu'handən] *adv rare* (*in Wendungen wie*) es ist mir ~ gekommen I came (*od.* happened to come) across it; ~ sein to be within easy reach.

zu'han·den[2] *adv only in* ~ des Herrn X, ~ (von) Herrn X for the attention of Mr. X.

'**zu·hän·gen** *v/t* ⟨*sep*, -ge-, h⟩ (*Fenster, Öffnung etc*) hang s.th. across (*od.* over): das Fenster mit einer Decke ~ to hang a blanket over the window.

'**zu·hau·en I** *v/t* ⟨*irr, sep*, -ge-, h⟩ **1.** (*Bruchsteine etc*) dress, pare. – **2.** (*in der Zimmerei*) (rough-)hew. – **3.** *colloq.* (*Tür etc*) slam (*od.* bang) (*s.th.*) (shut). – **II** *v/i* **4.** *colloq.* hit: tüchtig ~ to hit (*od.* punch) hard; hau zu! hit him hard! let him have it! (*sl.*).

zu·hauf [tsu'hauf] *adv* sie kamen ~ *poet.* they thronged in.

Zu·hau·se [tsu'hauzə] *n* ⟨-; no pl⟩ home: er hat kein ~ mehr he has no home anymore.

'**zu·hef·ten** *v/t* ⟨*sep*, -ge-, h⟩ **1.** tack (*od.* baste) (*s.th.*) (together *od.* up). – **2.** (*Manteltasche etc*) tack (*od.* baste) (*s.th.*) (up *od.* over).

'**zu·hei·len I** *v/i* ⟨*sep*, -ge-, sein⟩ **1.** (*von Wunde*) heal (up *od.* over), skin over. – **II Z**~ *n* ⟨-s⟩ **2.** *verbal noun.* – **3.** healing process.

Zu'hil·fe,**nah·me** [tsu-] *f* ⟨-; no pl⟩ (*in Wendungen wie*) unter ~ von (*od. gen*) with the aid of; ohne ~ von (*od. gen*) without the aid of, without resorting (*od.* recourse) to.

zu'hin·terst [tsu-] *adv* **1.** (*ganz hinten*) at the (very) end. – **2.** (*an letzter Stelle*) last of all.

zu'höchst [tsu-] *adv* **1.** right at the top, at the very top. – **2.** *fig.* extremely, highly.

'**zu·hor·chen** *v/i* ⟨*sep*, -ge-, h⟩ *cf.* zuhören.

'**zu·hö·ren** *v/i* ⟨*sep*, -ge-, h⟩ to listen: sie hörte dem Bericht aufmerksam zu she listened attentively to the account; ich habe (dir) nicht zugehört I was not listening (to you), I was not paying attention (to you); er hört nie zu he never listens (to what you are telling him); er kann gut ~ he is a good listener; hörst du überhaupt zu? are you listening at all? hör mal zu! listen (to what I'm saying)! jetzt hör mal zu, so geht das nicht! listen here, you can't do that! hört mir mal genau zu! listen carefully (*od.* pay attention) to what I am going to say! ohne zuzuhören sagte er without listening he said; ihr habt nur zuzuhören all you have to do is (to) listen; (j-m [einer Sache]) heimlich ~ to eavesdrop (on s.o. [on s.th.]).

'**Zu**,**hö·rer** *m* ⟨-s; -⟩ **1.** listener. – **2.** (*bei einer Veranstaltung, am Radio*) listener, auditor: die ~ *pl* the listeners, the audience *sg*. — ~,**bank** *f* ⟨-; ⸚e⟩ listeners' bench.

'**Zu**,**hö·re·rin** *f* ⟨-; -nen⟩ *cf.* Zuhörer.

'**Zu**,**hö·rer**,**raum** *m* auditorium.

'**Zu**,**hö·rer·schaft** *f* ⟨-; no pl⟩ audience.

zu'in·nerst [tsu-] *adv* **1.** (*im innersten Herzen*) in one's heart of hearts, in one's innermost (*auch* inmost) heart. – **2.** (*zutiefst*) most deeply: er fühlte sich ~ getroffen he felt most deeply hurt.

'**zu·ja·gen** *v/i* ⟨*sep*, -ge-, sein⟩ speed to: der Fahrer jagt dem Sieg zu the driver is speeding to victory; der Reiter jagt dem

---

Wald (*od.* auf den Wald) zu the rider is speeding toward(s) the wood.

'**zu·jauch·zen**, '**zu·ju·beln** *v/i* ⟨*sep*, -ge-, h⟩ j-m ~ to cheer (*od.* hail, acclaim) s.o.

'**zu·kau·fen** *v/t* ⟨*sep*, -ge-, h⟩ etwas ~ *colloq.* (*zur Ergänzung*) to buy (some) more of s.th., to buy s.th. in addition: wir müssen Tassen ~ we must buy some more cups.

'**zu·keh·ren I** *v/t* ⟨*sep*, -ge-, h⟩ **1.** j-m das Gesicht ~ to turn one's face toward(s) s.o.; j-m den Rücken ~ to turn one's back (up)on s.o.; ein Bild dem Licht ~ to turn a picture to the light. – **II** *v/reflex* **2.** sich j-m ~ to turn to s.o.; sich der Wand ~ to turn (one's) face to the wall. – **III** *v/i* ⟨sein⟩ *Austrian colloq.* **3.** *cf.* einkehren 1. – **4.** bei j-m ~ to call on s.o.

'**zu·kit·ten** *v/t* ⟨*sep*, -ge-, h⟩ cement (*s.th.*) (up), putty (*s.th.*) (up).

'**zu·klap·pen I** *v/t* ⟨*sep*, -ge-, h⟩ **1.** (*Buch*) clap (*s.th.*) shut. – **2.** (*Deckel etc*) clap (*s.th.*) down (*od.* shut). – **3.** (*Taschenmesser*) fold up. – **4.** (*von Krokodil etc*) (*Maul*) snap (*s.th.*) shut. – **II** *v/i* ⟨sein⟩ **5.** (*von Deckel etc*) clap down (*od.* shut). – **6.** (*von Tür etc*) clap shut.

'**zu·klat·schen** *v/i* ⟨*sep*, -ge-, h⟩ j-m ~ to applaud (*od.* clap) s.o., to give s.o. applause (*od.* a good hand, a clap).

'**zu·kle·ben** *v/t* ⟨*sep*, -ge-, h⟩ **1.** (*Briefumschlag*) seal. – **2.** (*Loch etc*) paste (*od.* stick) (*s.th.*) over, paste up: einen Riß ~ to paste s.th. over a crack, to paste up a crack.

'**zu·klei·stern** *v/t* ⟨*sep*, -ge-, h⟩ *cf.* zukleben 2.

'**zu·klem·men** *v/t* ⟨*sep*, -ge-, h⟩ **1.** press (*s.th.*) shut. – **2.** (*mit Klemme*) clamp.

'**zu·klin·ken** *v/t* ⟨*sep*, -ge-, h⟩ (*Tür*) latch.

'**zu·knal·len I** *v/t* ⟨*sep*, -ge-, h⟩ (*Tür etc*) slam (*od.* bang) (*s.th.*) (shut). – **II** *v/i* ⟨sein⟩ (*von Tür etc*) slam (*od.* bang) (shut).

'**zu·knei·fen** *v/t* ⟨*irr, sep*, -ge-, h⟩ die Augen ~ a) to shut (*od.* close) one's eyes tight, b) *cf.* zusammenkneifen 1a.

'**zu·knöp·fen I** *v/t* ⟨*sep*, -ge-, h⟩ (*Kleid, Mantel etc*) button (up), fasten (up). – **II Z**~ *n* ⟨-s⟩ *verbal noun*: zum Z~ with buttons, buttoned.

'**zu·knüp·fen** *v/t* ⟨*sep*, -ge-, h⟩ tie (up).

'**zu·kom·men I** *v/i* ⟨*irr, sep*, -ge-, sein⟩ **1.** auf j-n ~ a) to come up to s.o., b) *fig.* to be in store for s.o., to be coming to s.o., c) *fig.* (*an j-n herantreten*) to contact (*od.* get in touch with) s.o.: er kam auf mich zu he came up to me; du weißt nicht, was noch auf dich zukommt *fig.* you do not know what is in store for you; er ahnte nicht, was mit dieser Arbeit auf ihn zukam *fig.* he had no idea of what he was in for with this work; die Dinge auf sich ~ lassen *fig.* to let events (*od.* things) take their course, to see how things turn out (*od.* develop); ich lasse alles auf mich ~ *fig.* I just let things take their course; wir werden gegebenenfalls auf Sie ~ *fig.* we'll contact you if the occasion arises. – **2.** auf (*acc*) etwas ~ to come up to s.th. – **3.** j-m etwas ~ lassen a) to have s.th. sent to s.o., b) to let s.o. have s.th., to give s.o. s.th.: sie ließ ihrer Mutter eine große Summe Geld ~ lassen she had a large sum of money sent to her mother; wir ließen ihm eine Nachricht ~ we had word sent to him, we arranged for a message to be sent to him; er läßt seinem Neffen gelegentlich etwas (Geld) ~ he gives his nephew some money now and then. – **4.** j-m ~ a) to be due to s.o., b) *lit.* to befit s.o.: mir kommen noch drei Tage Urlaub zu three days' leave are still due to him; eine solche Frage kommt dir nicht zu *lit.* such a question does not befit you. – **5.** der Sache kommt große Bedeutung zu great importance is attached (*od.* attributed) to the matter. – **II** *v/impers* **6.** es kommt dir nicht zu, so etwas zu sagen *lit.* it does not befit you to say such a thing.

'**zu·kor·ken** *v/t* ⟨*sep*, -ge-, h⟩ (*Flasche*) cork.

'**Zu·kost** *f* ⟨-; no pl⟩ *gastr. cf.* Beilage 3.

'**zu·krie·gen** *v/t* ⟨*sep*, -ge-, h⟩ *colloq. cf.* zubekommen.

'**Zu·kunft** *f* ⟨-; no pl⟩ **1.** future: eine trübe ~ a bleak future; abwarten, was die ~ bringt to wait and see what the future has in store; der ~ zuversichtlich entgegensehen to look forward to the future with confidence (*od.* confidently); die ~ wird es lehren the future will tell, time will tell; wie stellst du dir deine ~ vor? how do you see your future? j-m eine glänzende ~ voraussagen to predict a brilliant future for s.o.; eine große ~ vor (dat) sich haben to look forward to a great future; einer ungewissen ~ entgegengehen to face an uncertain future; j-m die ~ aus der Hand [dem Kaffeesatz] lesen to read s.o.'s hand [cup]; dieses Unternehmen hat keine ~ this firm has no future; dieser Beruf hat keine ~ there is no future in this profession; an die ~ denken to think of the future; für die ~ sorgen to provide for the future; Pläne für die ~ haben [machen] to have [to make] plans for the future; das gilt für alle ~ that applies without exception from now on; in ~ in (the) future, from now on; henceforth, auch hereafter (lit.); in naher [nächster] ~ in the near [immediate od. very near] future; in ferner ~ in the distant (auch remote) future; ein Blick in die ~ a glimpse of the future; in die ~ blicken to look into the future, to look ahead; etwas von der ~ erwarten to expect s.th. of (od. from) the future; Angst vor der ~ fear of the future; → Mann 2. - 2. ling. future (tense): das Verb steht in der ~ the verb is in the future; ein Verb in die ~ setzen to put a verb into the future (tense).

'zu,künf·tig I adj ⟨attrib⟩ 1. future, prospective: mein ~er Wohnort my future domicile; ihr ~er Ehemann her future husband, her husband-to-be; ihr ~er Schwiegersohn her prospective son-in-law. - 2. (Generationen etc) future, coming. - 3. jur. (Erbe etc) expectant. — II adv 4. in future, from now on: ~ wirst du abends zu Hause bleiben you will stay at home in (the) future.

'Zu,künf·ti·ge¹ m ⟨-n; -n⟩ colloq. intended (sl.), husband-to-be: mein ~r my intended.

'Zu,künf·ti·ge² f ⟨-n; -n⟩ colloq. intended (sl.), wife-to-be: meine ~ my intended.

'Zu,kunfts|,aus,sich·ten pl outlook sg, prospects for the future. — ~,bild n concept (od. idea, notion) of the future. — ~,mu,sik f fig. colloq. dreams pl of the future. — ~,plä·ne pl plans for the future. — z~,reich adj (Beruf etc) promising, with a great future. — ~ro,man m (literature) 1. pl (Gattungsbegriff) science fiction sg. - 2. (Einzelwerk) piece of science fiction, auch science fiction novel. — z~,staat m state of the future. — z~,träch·tig, z~,voll adj 1. cf. zukunftsreich. - 2. (schwerwiegend, bedeutungsvoll) pregnant, momentous. — z~,wei·send adj trend-setting.

'zu,lä·cheln v/i ⟨sep, -ge-, h⟩ j-m (freundlich) ~ to smile at s.o. (in a friendly way), to give s.o. a (friendly) smile.

'Zu,la·de,mög·lich·keit f possibility of supplementary loading.

'Zu,la·dung f ⟨-; -en⟩ 1. additional load. - 2. aer. disposable load. - 3. mar. supplement cargo.

'Zu,la·ge f ⟨-; -n⟩ 1. (zum Lohn, Gehalt etc) extra (od. additional) pay. - 2. (Bonus, Prämie) bonus. - 3. (von Staats wegen) allowance. - 4. cf. a) Gehaltserhöhung, b) Lohnerhöhung.

zu·lan·de [tsu'lande] adv only in bei uns ~ in my (od. our) country, where I (od. we) come from.

'zu,lan·gen v/i ⟨sep, -ge-, h⟩ colloq. 1. (von Dieb etc) help oneself. - 2. fig. cf. zugreifen 2, 3. - 3. etwas langt [nicht] zu (von Geld etc) there is [not] enough of s.th. - 4. cf. zupacken 2, 3.

'zu,läng·lich adj (Besoldung, Verpflegung etc) adequate, sufficient.

'zu,las·sen I v/t ⟨irr, sep, -ge-, h⟩ 1. (erlauben, dulden) allow, permit; countenance, suffer (lit.): er läßt keine Ausnahmen zu he does not allow any exceptions; ich kann nicht ~, daß so etwas geschieht I cannot permit such a thing (to happen). - 2. (Raum lassen für) admit (of), permit (of), allow (of): die Tatsachen lassen keinen Zweifel zu the facts do not admit (of) any doubt. - 3. (Zutritt gestatten) admit, allow (od. give) (s.o.) admittance, let (od. allow) (s.o.) in, adhibit: das Publikum wurde nicht zugelassen the public was not admitted; Reporter zu einer Gerichtsverhandlung ~ to admit reporters to a trial. - 4. (Erlaubnis erteilen, akzeptieren) admit: j-n zur Prüfung [zum Studium] ~ to admit s.o. to an examination [to a university]; ein Medikament zum Verkauf ~ to admit a medicine to the market, to approve a medicine; j-n als Zeugen ~ jur. to admit s.o. as

(a) witness; etwas als Beweis(mittel) ~ jur. to admit s.th. in evidence. - 5. (beruflich) license, Br. auch licence, qualify: amtlich ~ to authorize Br. auch -s-; staatlich ~ to certify; einen Arzt zur Praxis ~ to license a doctor to open a practice; als Arzt zugelassen werden to be licensed (od. to qualify) as a physician; j-n als Rechtsanwalt ~ to call (od. admit) s.o. to the bar. - 6. (bes. Auto) license, Br. auch licence, register. - 7. colloq. (Tür etc) leave (s.th.) shut (od. closed). - 8. colloq. (Geschäft) keep (s.th.) closed: wir lassen montags das Geschäft zu we keep the shop closed (od. we stay closed) on Mondays. - 9. bes. jur. a) (Frage) admit, approve, b) (Berufung) grant leave for: etwas nicht ~ not to admit s.th., to rule s.th. out of order. - 10. zo. (Hengst) lead (a stallion) to the mare. — II Z~ n ⟨-s⟩ 11. verbal noun. - 12. cf. Zulassung.

'zu,läs·sig adj 1. admissible, auch admissable, permissible, allowable: das ist nicht ~ that is not admissible (od. allowed, permitted); ~e Abweichung tech. permissible variation, tolerance, allowance; ~e Beanspruchung tech. safe working stress; ~e Belastung auto. safe load; ~es Gesamtgewicht auto. licence (Am. license) weight; ~e Höchstgeschwindigkeit speed limit. - 2. jur. (Beweismittel, Frage etc) admissible, auch admissable, receivable: dieses Verfahren ist nicht ~ this procedure is not admissible. — 'Zu,läs·sig·keit f ⟨-; no pl⟩ 1. admissibility, auch admissability, permissibility, allowability. - 2. jur. admissibility, auch admissability, receivability.

'Zu,las·sung f ⟨-; -en⟩ 1. cf. Zulassen. - 2. (zu einer Prüfung, zum Studium) admission, entrance. - 3. (zu einem Amt etc) admission: ~ als Rechtsanwalt call (od. admission) to the bar; um ~ nachsuchen to seek admission. - 4. bes. auto. a) registration, b) (Zulassungsschein) licence, Am. license, registration.

'Zu,las·sungs|,al·ter n entrance age, age of admission. — ~,an,trag m 1. application for admission (od. entrance). - 2. application for registration. — ~,aus,schuß m (für Prüfungen etc) admission committee. — ~be,din·gun·gen pl terms of admission. — ~be,schrän·kung f restriction of admissions. — ~,ge,bühr f 1. (für eine Prüfung etc) admission (od. entrance) fee. - 2. bes. auto. registration fee. — ~ge,such n cf. Zulassungsantrag. — ~,num·mer f bes. auto. registration number. — ~,prü·fung f 1. ped. entrance examination. - 2. aer. certification test (od. procedure). — ~,schein m 1. ped. certificate of admission. - 2. bes. auto. licence, Am. license, registration. — ~,schild n auto. cf. Kennzeichen 4. — ~,stel·le f 1. bes. auto. registration office. - 2. econ. (an der Börse) admitting agency, admission board, committee on the admission to the stock exchange. — ~ver,fah·ren n admission procedure. — ~vor,aus,set·zun·gen pl terms of admission.

'Zu,lauf m ⟨-(e)s; no pl⟩ 1. (Andrang) rush (of people), throng: großen ~ haben a) (von Lokal etc) to have a large clientele, to be very popular, b) (von Ärzten, Anwälten etc) to have a large (od. an extensive) practice, c) (von Geschäft etc) to have a large clientele (od. a large number of customers), d) (von Theaterstück etc) to have a powerful draw, to draw full houses (od. large crowds), to be very popular, e) (von Redner etc) to draw (od. have) large audiences. - 2. tech. a) (Zufluß) supply, b) (Bauteil) intake. - 3. metall. (eines Gießtrichters) runner.

'zu,lau·fen v/i ⟨irr, sep, -ge-, sein⟩ 1. auf j-n [etwas] ~ to run up to s.o. [s.th.]: die Kinder kamen auf uns zugelaufen the children came running up to us; die Straße läuft auf das Haus zu the road leads (od. runs) up to the house. - 2. colloq. (weiterlaufen) run on: lauf zu! run on! (od. lauf schneller) hurry up! - 3. j-m ~ (von Hund, Katze etc) to find a new home with s.o. after straying. - 4. (einlaufen) run (od. flow) in: heißes Wasser ~ lassen to add hot water, to run hot water in. - 5. spitz ~ (von Kegel, Pyramide etc) to end in (od. taper to) a point, to taper (off).

'Zu,lauf,men·ge f flow rate.

'zu,le·gen I v/t ⟨sep, -ge-, h⟩ 1. (dazulegen, hinzutun) add. - 2. (zum Gehalt etc) increase (od. raise) s.o.'s salary (od. wages, pay) by: (j-m) hundert Mark ~ to increase s.o.'s pay

by a hundred marks. - 3. sich (dat) etwas ~ colloq. a) (neues Auto, Kleid etc) to buy (od. get) oneself s.th., to treat oneself to s.th., b) (etwas annehmen) to adopt s.th.: er hat sich einen anderen Namen zugelegt he has adopted (od. assumed) another name; sie hat sich eine neue Frisur zugelegt she has changed her hairstyle; er hat sich eine Freundin [Frau] zugelegt humor. he has got himself a girl friend [wife]; er hat sich einen Bauch zugelegt humor. he has developed (od. got) a paunch (od. a corporation); sich eine Erkältung ~ humor. to catch (od. get) a cold. - 4. colloq. (draufzahlen) lose: bei einem Geschäft tausend Mark ~ to lose a thousand marks on a deal. - 5. (abdecken, schließen) cover (up), cover over. - 6. mil. (beim Schießen) increase the range by. — II v/i 7. colloq. a) hot up the pace, step on it (od. on the gas) (alle colloq.), b) (beim Autofahren) put one's foot down, step on it (od. on the gas). - 8. colloq. (draufzahlen) lose.

zu·lei·de [tsu'laɪdə] adv j-m etwas ~ tun to harm (od. hurt) s.o., to do s.o. harm: er kann keiner Fliege etwas ~ tun he wouldn't hurt a fly; was hat er dir ~ getan? what harm has he done (to) you? what has he done to you? → zuliebe.

'zu,lei·men v/t ⟨sep, -ge-, h⟩ glue up.

'zu,lei·ten I v/t ⟨sep, -ge-, h⟩ 1. (Wasser etc) let in. - 2. j-m etwas ~ a) (weitergeben) to pass s.th. (on) to s.o., b) (Nachrichten, Mitteilungen etc) to pass s.th. on to s.o., to transmit (od. impart) s.th. to s.o., c) (auf dem Amtswege) to channel s.th. to s.o. - 3. tech. supply, pipe in, feed. — II Z~ n ⟨-s⟩ 4. verbal noun. — 'Zu,lei·tung f ⟨-; -en⟩ 1. cf. Zuleiten. - 2. ⟨only sg⟩ (von Mitteilungen etc) transmission. - 3. tech. supply (od. feed) line. - 4. meist el electr. a) power supply wiring, b) (Drahtleitung) lead. - 5. (radio) signal lead.

'Zu,lei·tungs|,draht m electr. lead-in (od. supply line) wire. — ~,ka·bel n supply cable. — ~ka,nal m civ.eng. supply canal, (geschlossener) supply duct, (von Wasserkraftanlagen) penstock. — ~,rohr n tech. supply (od. feed) pipe.

'zu,ler·nen v/t ⟨sep, -ge-, h⟩ colloq. for dazulernen.

zu'letzt [tsu-] adv 1. (als letzte[r]) last: er kommt immer ~ he is always (the) last (to arrive); ganz ~ last of all; ~ lachen 1. - 2. bis ~ to the end: sie blieben bis ~ they stayed to the very end; er hat bis ~ die Hoffnung nicht aufgegeben he never gave up hope right up to the end. - 3. (schließlich, am Ende) finally, in the end, eventually, ultimately, last: ~ war er bei der Firma X he was last with Messrs. X; ~ verlor er die Geduld in the end he lost patience; ~ hat er doch meinen Wunsch erfüllt finally he fulfilled my wish, he fulfilled my wish after all; die Krankheit endet ~ im Wahnsinn the disease will ultimately end in madness. - 4. (zum letzten Mal) last: wann hast du ihn ~ gesehen? when did you last see him? when did you see him last? when was the last time you saw him? - 5. nicht ~ not least: das ist nicht ~ eine Frage des Geldes that is not least a question of money.

zu'lie·be [tsu-], Austrian auch zu'lieb adv j-m ~ etwas tun to do s.th. for s.o.'s sake (od. to please s.o.): tu es mir ~ do it for my sake; niemandem ~, niemandem zuleide (Sprichwort) etwa without favo(u)r.

'Zu,lie·fer·be,trieb m econ. subcontractor, ancillary supplier.

'Zu,lie·fe·rer m econ. cf. Zulieferbetrieb.

'Zu,lie·fer·in·du,strie f econ. ancillary (od. subcontracting) industry.

'zu,lie·fern econ. I v/t ⟨sep, -ge-, h⟩ 1. supply, effect ancillary supplies for. — II Z~ n ⟨-s⟩ 2. verbal noun. - 3. cf. Zulieferung.

'Zu,lie·fer·pro,gramm n econ. supply program (bes. Br. programme).

'Zu,lie·fe·rung f econ. 1. cf. Zuliefern. - 2. (ancillary) supply.

'Zu,lie·fe·rungs,tei·le pl tech. subsupplied parts.

zul·len ['tsulən] v/i ⟨h⟩ dial. (lutschen, saugen) suck.

Zulp [tsulp] m ⟨-(e)s; -e⟩ Eastern Middle G. for Schnuller. — 'zul·pen v/i ⟨h⟩ Eastern Middle G. (lutschen, saugen) suck.

Zu·lu¹ ['tsu:lu] m ⟨-(s); -(s)⟩ (Bantuneger) Zulu.

'Zu·lu² n ⟨generally undeclined⟩ ling. Zulu, the Zulu language.

'Zu·lu,frau f Zulu (woman).
'Zu,luft f tech. air supply (od. intake).
'Zu·lu|,kaf·fer m Zulu kaf(f)ir (auch caffer, caffre). — ~,spra·che f ling. Zulu language.
zum [tsum] short for zu dem.
'zu,ma·chen colloq. I v/t ⟨sep, -ge-, h⟩ 1. (Tür, Fenster, Koffer etc) close, shut: mach die Tür zu! shut the door! ich habe die ganze Nacht kein Auge zugemacht fig. I didn't shut an eye (od. sleep a wink) all night. – 2. (Loch etc) fill up, stop up. – 3. (Brief) close. – 4. (Kleid, Jacke, Hose etc) button (up), do up, close. – 5. (Schirm) put down. – 6. ein Geschäft ~ a) (zu den Ladenschlußzeiten) to close (od. shut) a shop, b) (auflösen) to close down a shop. – 7. etwas fest (od. sicher) ~ to fasten s.th. up, to secure s.th. – II v/i 8. (zu den Ladenschlußzeiten) close, shut: wann macht die Bank zu? when does the bank close? – 9. (für immer) close down. – 10. (sich beeilen) hurry up, be quick: nun mach doch endlich zu! step on it! (colloq.), hurry up! come on!
zu'mal [tsu-] I adv (besonders, vor allem) particularly, especially, above all: alle Zuschauer, ~ die jüngeren, waren begeistert all the spectators, particularly the younger ones, were enthusiastic. – II conj ~ (da) particularly (od. especially) since: ich muß jetzt gehen, ~ ich noch einen weiten Weg vor mir habe I must go now, especially since (od. [all] the more so since, [all] the more so as) I have a long way ahead of me; ich möchte nicht darüber sprechen, ~ ich es nicht ganz sicher weiß I don't want to speak about it, particularly since (od. [all] the less so since, [all] the less so as) I'm not quite sure about it.
'zu,mau·ern v/t ⟨sep, -ge-, h⟩ (Türöffnung etc) brick up, wall (up), block up.
zu'meist [tsu-] adv cf. meist 3.
'zu,mes·sen v/t ⟨irr, sep, -ge-, h⟩ 1. j-m etwas ~ (Essen, Land, Arbeit, Strafe etc) to measure out (od. mete out, allot, portion out, apportion) s.th. to s.o.: etwas knapp (od. sparsam) ~ to dole out s.th. – 2. einer Sache [keine] Bedeutung ~ to attach [no] importance to an affair.
zu'min·dest [tsu-] adv at least: du solltest ihn ~ grüßen you should at least say hello to him.
'Zu,mi·schung f (radio) telev. admixture.
'zu,mut·bar adj 1. (Belastung, Steuer etc) reasonable. – 2. etwas ist (für j-n) [nicht] ~ s.th. can[not] (reasonably) be expected (of s.o.). — 'Zu,mut·bar·keit f ⟨-; no pl⟩ reasonableness, reasonability.
zu'mu·te [tsu'muːtə] adv: ~ sein to feel: wie ist dir ~? how do you feel? mir ist wohl ~ I am in good form (od. spirits), I feel good (od. colloq. fine), I am of good cheer (lit. od. humor.); mir ist übel ~ I am (od. feel) out of sorts, I am (od. feel) a bit down (beide colloq.), I am in low spirits, I am in bad form; ihm ist dabei nicht bei der Sache (gar) nicht wohl ~ he doesn't feel (at all od. a bit) happy about it; mir ist ganz jämmerlich ~ I feel quite miserable; ihr könnt euch denken, wie mir ~ war you can imagine how I felt; mir ist nicht nach Tanzen ~ I don't feel like dancing, I'm not in the mood for dancing; mir ist ganz sonderbar ~ I have a strange (od. funny) feeling, I feel strange (od. odd).
'zu,mu·ten v/t ⟨sep, -ge-, h⟩ 1. j-m etwas ~ a) (verlangen) to expect (od. ask) s.th. of s.o., (stärker) to demand (od. exact) s.th. from s.o., b) (aufbürden) to burden (od. saddle) s.o. with s.th.: das kann man ihm nicht ~ one cannot expect that of him. – 2. sich (dat) zuviel ~ to attempt (od. take on) too much, to overtax (od. overtask) oneself, to bite off more than one can chew.
'Zu,mu·tung f ⟨-; -en⟩ 1. unreasonable demand, imposition, (stärker) exaction: das ist eine starke ~ that is too much to expect, that is a tall order, that's expecting (od. asking) a bit much; was für eine ~! what a thing to ask for! – 2. (Unverschämtheit) impertinence: das ist eine ~ that is an impertinence.
Zum'vor,schein,kom·men n appearance, emergence.
zu'nächst [tsu-] I adv 1. (vorerst, vorläufig) for the time being, for the present (od. moment): daran denke ich ~ noch nicht I'm not even thinking of that for the time being. – 2. (anfangs, zuerst) first (of all): ~ müssen wir uns erkundigen, ob first of all we must inquire whether. – 3. (erstens) for

---

one thing, in the first place, to begin with: ~ einmal hast du kein Geld dafür you don't have the money for it for one thing. – 4. (in erster Linie) above all. – II prep ⟨dat⟩ 5. next to: er stand ~ der Tür he stood next to the door. — Z~,lie·gen·de, das ⟨-n⟩ cf. Nächstliegende.
'zu,na·geln v/t ⟨sep, -ge-, h⟩ 1. (Fenster, Tür etc) board up. – 2. (Kiste etc) nail up. – 3. (Deckel) nail down.
'zu,nä·hen v/t ⟨sep, -ge-, h⟩ sew up.
'Zu,nah·me f ⟨-; -n⟩ 1. increase, augmentation: ~ des Verkehrs increase in traffic. – 2. (Anstieg) rise. – 3. (Wachstum) growth, accretion. – 4. (an Gewicht) increase, gain. – 5. (Wertzuwachs) increment, gain.
'Zu·na·me m ⟨-; -n⟩ 1. surname, family (od. last) name, cognomen. – 2. (Spitzname) nickname, cognomen, agnomen. – 3. (Beiname) agnomen.
'Zünd|,an,la·ge f auto. ignition system. — ~,an,laß,schal·ter m ignition-starter switch. — ~,ap·pa,rat m electr. magneto, igniter, primer. — ~,bat·te,rie f ignition battery. — ~,be,schleu·ni·gung f chem. 1. (für Dieselkraftstoff) ignition accelerator (od. improver). – 2. (für Brennstoffe) ignition dope. — ~,blätt·chen n (für Spielzeugpistolen) percussion cap. — ~,bol·zen m mil. firing pin, igniter. — ~,draht m priming wire. — ~,dreh,zahl f auto. firing speed. — ~,ein,rich·tung f 1. tech. ignition system. – 2. mil. firing system. — ~,ein,stel·lung f 1. auto. a) ignition (od. spark) timing, ignition setting (od. adjustment), b) (bei Dieselmotoren) injection timing. – 2. tech. (bei Sprengladung) ignition timing.
zün·deln ['tsʏndəln] v/i ⟨h⟩ Southern G. and Austrian play with fire.
zün·den ['tsʏndən] I v/i ⟨h⟩ 1. (von Streichholz, Feuerholz etc) kindle, light, catch (auch take) fire, ignite. – 2. (von Pulver, Sprengladung etc) ignite. – 3. (Feuer fangen) catch (od. take) fire. – 4. auto. electr. fire, ignite, spark. – 5. (vom Blitz) strike. – 6. fig. kindle (od. inspire, arouse) enthusiasm: dieser Gedanke zündete sofort this idea inspired enthusiasm at once. – II v/t 7. tech. a) (Feuerung) ignite, b) (Lichtbogen) strike. – III v/impers 8. bei ihm hat's gezündet fig. colloq. a) (er hat es begriffen) the penny has dropped with him, he has caught on (colloq.), he has cottoned on (sl.), b) (er hat sich verliebt) he has fallen in love. – IV Z~ n ⟨-s⟩ 9. verbal noun. – 10. cf. Zündung.
'zün·dend I pres p. – II adj fig. (Rede, Worte etc) rousing, stirring, electrifying.
Zun·der ['tsʊndər] m ⟨-s; -⟩ 1. tinder, punk, amadou, touchwood: etwas brennt wie ~ s.th. burns like tinder. – 2. metall. (Hammerschlag) (hammer) scale. – 3. warte, gleich gibt es ~! colloq. wait, you'll catch it!
'Zün·der m ⟨-s; -⟩ 1. igniter, ignitor. – 2. (für Sprengstoff) fuse, Am. fuze. – 3. (für Mine) igniter, ignitor, detonator. – 4. pl Austrian matches.
'zun·der|be,stän·dig adj metall. nonscaling Br. non-, scale-resistant. — Z~·be,stän·dig·keit f ⟨-; no pl⟩ resistance to scaling, nonscaling (Br. non-scaling) property. — Z~,bil·dung f scaling.
'Zün·der|,ein,stel·ler m mil. (Person) fuse (Am. fuze) setter, fuse- (Am. fuze-)setting operator. — ~,ge,häu·se n, ~,kör·per m mil. tech. fuse body (od. case). — ~,lauf,zeit f 1. fuse range. – 2. (Zünderstellwert) fuse setting.
zun·dern ['tsʊndərn] v/i ⟨h⟩ metall. oxidize Br. auch -s-, scale.
'Zun·der,schwamm m bot. touchwood (Placodes fomentarius).
'Zün·der|,stell·ma,schi·ne f mil. tech. automatic fuse (Am. fuze) setter, fuse- (Am. fuze-)setting machine, fuse (Am. fuze) rammer. — ~,stell,schlüs·sel m manual fuse setter, fuse wrench. — ~,stel·lung f setting of a fuse. — ~,stell,wert m fuse setting.
'Zünd,fa·den m mil. tech. ignition filament.
'zünd,fä·hig adj 1. cf. feuergefährlich. – 2. (explosiv) explosive. – 3. (Kraftstoff) ignitable. – 4. mil. (Munition) sensitive. — 'Zünd,fä·hig·keit f ⟨-; no pl⟩ 1. cf. Feuergefährlichkeit. – 2. explosiveness. – 3. ignitability. – 4. mil. sensitivity.
'zünd,fer·tig adj 1. armed, fused, Am. fuzed, ready for firing. – 2. (Mine) primed. – 3. (Sprengladung) prepared for firing. — Z~,flam·me f (eines Gasboilers) pilot

---

burner (od. flame). — Z~,fol·ge f auto. firing (od. ignition) order (od. sequence). — Z~,fun·ke(n) m (ignition) spark.
'Zünd|,holz n, ~,hölz·chen [-,hœltsçən] n ⟨-s; -⟩ bes. Southern G., Austrian and Swiss match.
'Zünd,holz,schach·tel f matchbox.
'Zünd|,hüt·chen n mil. tech. 1. (des Geschoßzünders) igniter (od. percussion) cap. – 2. (der Zündschraube der Kartusche) (percussion od. propellant) primer. – 3. (der Treibladung) cartridge primer. — ~,ka·bel n 1. auto. ignition cable. – 2. mil. firing wire (od. cable). – 3. (beim Sprengen) blasting (od. ignition) cable. — ~,ka,nal m 1. blow-through (od. detonator) hole. – 2. (der Munition) primer vent hole. – 3. (eines Zünders) air gap. — ~,kap·sel f 1. priming cap, squib. – 2. (für Sprengmunition) detonator (cap). – 3. (Teil des Zünders) detonator.
'Zünd,ker·ze f auto. spark (Br. auch sparking) plug. — ~,ker·zen|,prüf,schal·ter m auto. spark plug test key. — ~,schlüs·sel m spark plug socket wrench, bes. Br. spark plug spanner. — ~,stö·rung f spark plug trouble.
'Zünd,kir·sche f chem. tech. ignition pellet.
'Zünd,kon,takt m auto. ignition contact. — ~,nocken (getr. -k·k-) m ignition contact cam.
'Zünd|,kreis m 1. auto. firing (od. ignition) circuit. – 2. mil. detonation (od. blasting) circuit. – 3. telev. unblanking circuit. — ~,la·dung f mil. tech. 1. primer (charge), booster charge. – 2. (für Leuchtmunition u. Sprengpatronen) detonating (od. ignition) composition, ignition charge, ignitor, booster. – 3. (bei Friktionszünder) igniting primer (od. charge). — ~,lei·tung f auto. ignition lead (od. cable), spark plug lead. — ~,loch n 1. vent, flash (od. fire) hole. – 2. (an alten Kanonen) touch hole. — ~,ma,gnet m auto. cf. Magnetzünder. — ~,ma,schi·ne f (mining) exploder. — ~,mit·tel n explosive initiator (od. device), detonating agent, primer, igniter, ignitor, igniting mixture (od. composition). — ~,mo,ment m auto. firing (od. ignition) point.
'Zünd,na·del f mil. hist. firing (od. percussion) pin. — ~,ge,wehr n needle gun.
'Zünd|,pa,tro·ne f mil. 1. (Munition) percussion tube (od. primer). – 2. (eines Torpedos) igniter, ignitor. — ~,pfan·ne f (bei alten Handfeuerwaffen) touch pan. — ~,pil·le f (des Aufschlagzünders) igniting pellet.
'Zünd,punkt m auto. ignition (od. timing) point. — ~,ein,stel·lung f ignition (od. spark) timing.
'Zünd|,satz m 1. (der Zündschraube od. des Zünders) (percussion) primer, priming composition (od. charge). – 2. (Munition) igniting charge, ignition charge. – 3. (Übertragungsladung in der Kartusche) igniting primer. — ~,schal·ter m 1. auto. ignition (od. magneto) switch. – 2. mil. firing switch. — ~,schloß n 1. auto. ignition lock. – 2. mil. firing lock. — ~,schlüs·sel m auto. ignition key.
'Zünd,schnur f (mining) tech. (safety od. blasting) fuse (Am. fuze), (beim gleichzeitigen Schuß mehrerer Ladungen) detonating fuse (Am. fuze), cordtex, primacord. — ~,pul·ver n fuse (Am. fuze) gunpowder.
'Zünd|,schrau·be f mil. tech. threaded (percussion) primer, (percussion) priming screw. — ~,si·che·rung f tech. ignition safety feature. — ~,span·nung f 1. auto. firing (od. ignition) voltage. – 2. electr. tech. (einer Gasentladungsröhre) strike (od. striking) potential. — ~,spu·le f electr. auto. (od. spark) coil. — ~,steue·rung f ignition timing. — ~,stein m flint. — ~,stift m 1. auto. center (bes. Br. centre) electrode, igniter, ignitor. – 2. mil. firing pin. — ~,stoff m 1. inflammable matter, incendiary agent. – 2. fig. (für for) dynamite, tinder. – 3. mil. detonation agent, primary, explosive. — ~,tem·pe·ra·tur f ignition temperature. — ~,uhr f ignition timing mechanism.
'Zün·dung f ⟨-; no pl⟩ 1. cf. Zünden. – 2. (von Munition, Rakete etc) ignition: ~ durch Schlag percussive ignition. – 3. auto. ignition, spark: Einstellung der ~ ignition timing: die ~ zurückstellen to retard the spark.
'Zünd|,un·ter,bre·cher m auto. contact breaker. — ~,ver,sa·ger m ignition (od. sparking) failure. — ~,ver,stel·ler m spark

control, ignition timing device. — ~**ver-**
¦stel·lung f ignition (od. spark) control,
ignition (od. spark) timing. — ~**ver¦tei·ler**
m ignition distributor (auch distributer). —
~**ver¦zö·ge·rung** f, ~**ver¦zug** m ignition lag.
— ~**¦vor¦rich·tung** f 1. mil. tech. explosive
fitting, firing mechanism, igniter, ignitor. –
2. auto. ignition device, igniter, ignitor.

'**Zünd¦wa·ren** pl (in)flammables, matches
and other igniters (od. ignitors). — ~**¦steu·**
er f tax on matches (and stearic candles).

'**zünd¦wil·lig** adj chem. ignitable, auch ignit-
ible. — '**Zünd¦wil·lig·keit** f ⟨-; no pl⟩ ignition quality, cetan number.

'**zu¦neh·men I** v/i ⟨irr, sep, -ge-, h⟩ **1.** (an
Körpergewicht) gain (od. put on) weight,
gain. – **2.** (an Stärke, Intensität etc) increase,
gain, wax (lit.): der Wind hat (an Stärke)
zugenommen the wind has gained (in)
strength; die Kälte nimmt zu it is getting
increasingly colder; seine Kräfte haben
schon wieder zugenommen, er hat schon
wieder an Kräften zugenommen he has
gained (od. gathered) strength again. – **3.**
(an Zahl, Umfang, Ausmaß etc) increase,
grow, augment, rise: die Zahl der Einwohner nimmt jährlich zu the number of the
inhabitants increases yearly; an Wert ~ to
increase (od. improve) in value, to appreciate. – **4.** (an Länge) grow (od. get)
longer, lengthen: die Tage [Nächte] nehmen zu the days [nights] are growing longer.
– **5.** (schlimmer werden) grow (od. get)
worse, worsen. – **6.** (vom Mond) wax, increase. – **7.** (beim Stricken) increase. –
II v/t **8.** (Gewicht) gain, put on. – **9.** (Maschen) increase by: jetzt mußt du fünf Maschen ~ you have to increase by five stitches
now. – **III** Z~ n ⟨-s⟩ **10.** verbal noun: der
Mond ist im Z~ the moon is waxing (od. on
the increase). – **11.** cf. Zunahme 1–4. —
'**zu¦neh·mend I** pres p. – **II** adj **1.** (Schwierigkeiten, Sorgen etc) increasing: in ~em
Maße increasingly, to an increasing extent;
~e Gewitterneigung increasing tendency
to thunderstorms. – **2.** (fortschreitend) advancing: mit ~en Jahren, mit ~em Alter
with advancing years, as one advances in
years, as one grows older. – **3.** (Mond)
waxing. – **III** adv **4.** increasingly: er gewann ~ an Einfluß he gained increasing
influence, his influence increased; es wird
~ kälter it's becoming increasingly colder.

'**zu¦nei·gen I** v/reflex ⟨sep, -ge-, h⟩ sich j-m
[etwas] ~ a) (sich hinunterbeugen) to bend
toward(s) (od. down to) s.o. [s.th.], b) (sich
hinwenden) to lean toward(s) (od. over to)
s.o. [s.th.], c) (sich vornüber neigen) to lean
(od. incline) toward(s) s.o. [s.th.]: er
neigte sich seinem Nachbarn zu he leaned
toward(s) his neighbo(u)r; der Baum neigte
sich dem Fluß zu the tree inclined toward(s)
the river; das Glück neigte sich ihm zu
fig. fortune favo(u)red him; der Tag [das
Fest] neigte sich dem Ende zu fig. the day
[the party] drew to a close. – **II** v/i der
Meinung (od. Ansicht) ~, daß to be inclined (od. to tend) to think that.

'**Zu¦nei·gung** f (für, zu for) affection, attachment: aufrichtige [herzliche, innige] ~
sincere [cordial, deep] affection; ~ zu j-m
fassen to take (a liking) to s.o., to warm
to s.o.; ~ zu j-m haben (od. empfinden,
hegen) to have affection for s.o., to be
attached to (od. fond of) s.o.; j-s ~ erwidern to return s.o.'s affection.

Zunft [tsunft] f ⟨-; ¨e⟩ **1.** hist. guild, auch
gild: die ~ der Zimmerleute the carpenters'
guild. – **2.** fig. colloq. humor. brotherhood:
er ist auch von der ~ he is one of the
brotherhood; er ist von der ~ he is an
expert; die ~ der Journalisten the brotherhood of journalists. – **3.** fig. colloq. contempt. 'crowd', 'lot' (beide colloq.), band,
tribe: ihr seid mir ja eine saubere ~! a
nice lot you are! you're a nice lot! — ~**¦**
brief m hist. guild charter. — ~**¦geist** m
party (od. corporate) spirit, esprit de corps.

'**zunft·ge¦mäß** adj u. adv according to the
statutes of a (od. the) guild.

'**Zunft¦ge¦nos·se** m hist. member of a guild,
guildsman, guild brother. — ~**¦haus** n guild-
hall, hall (od. meeting place) of a guild.

zünf·tig ['tsynftɪç] **I** adj **1.** hist. belonging to
a guild. – **2.** fig. (fachmännisch) competent.
– **3.** colloq. (Kleidung, Ausrüstung, Mahlzeit
etc) proper: er hat eine ganz ~e Bergaus-
rüstung he has the proper mountaineering
gear, Am. sl. his mountaineering gear is

---

the real McCoy. – **4.** colloq. (Ohrfeige,
Schluck etc) good, fair, bes. Br. colloq.
'proper'. – **II** adv **5.** es ging bei der Party
~ zu colloq. everyone had a whale of a time
at the party (colloq.).

'**Zunft¦¦mei·ster** m hist. chief warden (of a
guild). — ~**¦ord·nung** f regulations pl of a
guild. — ~**¦rol·le** f guild roll. — ~**¦wap·pen**
n arms pl of a guild. — ~**¦we·sen** n ⟨-s; no
pl⟩ system of guilds. — ~**¦zwang** m compulsory guild membership.

Zun·ge ['tsuŋə] f ⟨-; -n⟩ **1.** tongue: belegte
~ furred (od. coated) tongue; trockene ~
dry (od. parched) tongue; mit der ~ anstoßen to lisp; mit der ~ schnalzen to click
one's tongue; zeigen Sie mal Ihre ~ (zum
Patienten) show me your tongue, put your
tongue out; j-m die ~ herausstrecken (od.
zeigen) (als Ungehörigkeit) to stick (od.
put) one's tongue out at s.o.; dem Hund
hängt die ~ heraus the dog's tongue is
hanging out; mir hängt die ~ (zum Halse)
heraus fig. colloq. my tongue is hanging
out; das Fleisch zergeht auf der ~ the
meat melts in one's mouth; sich (dat) die ~
verbrennen a) to burn one's tongue, b) fig.
colloq. to say too much, to open one's mouth
too wide; etwas brennt auf der ~ s.th.
burns the tongue; das brennt mir auf der ~,
es dir zu sagen fig. I can hardly wait (od.
I'm dying) to tell you; sich (dat) auf die ~
beißen a) to bite one's tongue, b) fig. to
check oneself; lieber würde ich mir die ~
abbeißen, als das Geheimnis zu verraten
fig. I'd rather do anything than disclose the
secret; mir klebt die ~ am Gaumen fig.
colloq. my throat is (od. I'm) parched; eine
feine ~ haben fig. to have a delicate palate,
to be a gourmet; das beleidigt seine ~ fig.
that insults his palate; eine spitze ~
scharfe) ~ haben fig. to have a sharp
tongue; eine böse [lose, spöttische] ~
haben fig. to have an evil (od. a malicious)
[a loose, a sarcastic] tongue; eine schwere
~ haben fig. a) (schwerfällig sprechen) to
have a heavy tongue, b) (nach Alkoholgenuß) to have slurred speech; eine geläu-
fige ~ haben fig. to be eloquent, to have
the gift of the gab (colloq.); der Wein hat
ihm die ~ gelöst fig. the wine loos(en)ed
his tongue; sein Name liegt (od. schwebt)
mir auf der ~ fig. colloq. his name is (od.
I have his name) on the tip of my tongue;
etwas geht j-m schwer von der ~ a) s.o.
cannot get his tongue (a)round s.th., b) s.o.
cannot bring himself to say s.th.; seine ~
im Zaum halten (od. zügeln, beherrschen,
bezähmen) fig. to mind one's tongue (od.
what one says), to be careful of (od. about)
what one says; der ~ freien Lauf lassen
fig. to talk freely; die ~ stockte mir, meine
~ stockte I was tongue-tied; an dem Wort
kann man sich ja die ~ abbrechen fig.
colloq. that word is an awful tongue twister
(od. an awful jawbreaker [Br. jaw-
-breaker]) (colloq.); hüte deine ~! mind your
tongue! mind what you say! → Herz
Besondere Redewendungen. – **2.** fig. colloq. (Gerüchtemacher) gossip: lose ~n
behaupten, daß malicious gossips (od.
tongues) say that; sie ist eine böse [spit-
ze] ~ she is a malicious [sharp-tongued]
gossip. – **3.** poet. (Sprache) tongue, language: in fremden ~n reden to speak
in foreign tongues; alle Länder deutscher
~ all German-speaking countries. – **4.** gastr.
a) (Fleischgericht) tongue, b) (Seezunge)
sole. – **5.** (am Schuh) tongue, flap. – **6.** (einer
Schnalle) catch. – **7.** math. tech. (eines Rechenschiebers) slide, sliding scale. – **8.** (einer
Waage) tongue, needle, pointer, indicator. –
9. (einer Flamme etc) tongue. – **10.** mus.
a) (Zungenpfeife der Orgel) tongue, b)
obs. for Kern 12b, c) (des Harmoniums)
vibrator, d) (des Akkordeons, der Mund-
harmonika) reed, e) (des Cembalos) tongue,
f) (der Rohrblattinstrumente) reed. – **11.**
geogr. cf. a) Gletscherzunge, b) Land-
zunge.

zün·geln ['tsyŋəln] v/i ⟨h⟩ **1.** (von Schlangen)
dart (od. shoot) its tongue in and out. –
2. fig. (von Feuer, Flamme etc) lick, flicker. —
'**zün·gelnd I** pres p. – **II** adj (Flammen)
licking, lambent.

'**Zun·gen¦bänd·chen** n med. frenulum of
the tongue. — ~**ge¦schwür** n ulcer of the
frenulum.

'**Zun·gen¦¦bein** n med. hyoid (bone). — ~**¦**
be¦lag m coating (od. coat, fur) of the

---

tongue. — ~**¦bre·cher** m fig. colloq. tongue
twister, jawbreaker, Br. jaw-breaker (colloq.).
'**zun·gen¦bre·che·risch** adj fig. colloq. jaw-
breaking, Br. jaw-breaking, crackjaw, Br.
crack-jaw (attrib) (beide colloq.).
'**Zun·gen¦butt** m zo. cf. Rotzunge. — ~**¦ent·**
¦zün·dung f med. glossitis. — ~**¦farn** m bot.
1. tongue fern (Cyclophorus lingua). – **2.**
hart's-tongue (fern) (Phyllitis scolopen-
drium). — ~**¦feh·ler** m cf. Sprachfehler 1.
— **z~¦fer·tig** adj **1.** eloquent, fluent, voluble.
– **2.** contempt. glib. — ~**¦fer·tig·keit** f ⟨-; no
pl⟩ **1.** eloquence, fluency, volubility, gift of
the gab (colloq.). – **2.** contempt. glibness. —
z~¦för·mig adj tongue-shaped, linguiform,
lingular, lingulate. — ~**¦gau·men¦bo·gen** m
med. glossopalatine arch. — ~**¦ge·gend** f
lingual region. — ~**¦grund** m retrolingual
region. — ~**¦hal·ter** m tongue forceps,
linguotrite. — ~**¦krebs** m med. cancer
(od. scient. carcinoma) of the tongue. — ~**¦**
kuß m French (od. scient. soul, deep) kiss. —
~**¦läh·mung** f med. paralysis of the tongue,
glossoplegia (scient.): halbseitige ~ hemi-
glossoplegia. — ~**¦laut** m ling. lingual
(sound). — ~**¦mu·schel** f zo. tongue shell
(Gattg Lingula). — ~**¦mus·kel** m med.
lingual muscle. — ~**¦nerv** m a) (sensorischer)
lingual nerve, b) (motorischer) hypoglossal
nerve. — ~**¦pfei·fe** f mus. reed pipe. — ~**-R**
[-¦'ʔɛr] n ling. trilled (od. rolled) r. — ~**¦re·**
den n relig. glossolalia. — ~**¦re¦gi·ster** n mus.
reed stop. — ~**¦rücken** (getr. -k·k-) m med.
back (od. scient. dorsum) of the tongue. —
~**¦schlag** m **1.** fig. (in Wendungen wie) einen
guten ~ haben colloq. to have the gift of the
gab (colloq.), to be eloquent; ein falscher ~
a slip of the tongue. – **2.** (Sprachstörung)
stammer. – **3.** (nach Alkoholgenuß) slur(red
speech). – **4.** mus. (bei Blasinstrumenten)
stroke of the tongue. — ~**¦spa·tel** m med.
tongue depressor. — ~**¦spit·ze** f tip (od.
point) of the tongue, auch apex, pro-
glossis (scient.). — ~**¦stel·lung** f ling. (in der
Phonetik) tongue position. — ~**¦stim·me** f
mus. (der Orgel) reed stop: die ~n the reed-
work sg, the reed pipes. — ~**¦wurm** m zo.
tongue worm (Klasse Linguatulida). — ~**¦**
wurst f gastr. tongue sausage. — ~**¦wur·**
zel f med. root of the tongue.
Züng·lein ['tsyŋlaɪn] n ⟨-s; -⟩ dim. of Zunge:
das ~ an der Waage sein (od. bilden) fig.
u. pol. to tip the scales, to hold the balance
of power.

zu·nich·te [tsu'nɪçtə] adv (in Wendungen wie)
etwas ~ machen a) (Hoffnungen, Glück etc)
shatter, wreck, ruin, destroy, dash, frustrate,
blight, b) (Pläne etc) thwart, foil, frustrate,
wreck, ruin; meine Pläne sind ~ geworden
my plans came to nothing; all meine Hoffnungen sind ~ all my hopes are shattered
(od. dashed).

'**zu¦nicken** (getr. -k·k-) v/i ⟨sep, -ge-, h⟩ j-m
~ to nod to (od. at) s.o.: j-m freundlich ~
to give s.o. a friendly nod.

Züns·ler ['tsynslər] m ⟨-s; -⟩ zo. (Schmetterling) pyralid(id) (Fam. Pyralididae).

zu·nut·ze [tsu'nʊtsə] adv sich (dat) etwas ~
machen a) (im negativen Sinn) to take advantage of s.th., to profit from s.th., to
capitalize (Br. auch -s-) (up)on s.th., to
turn s.th. to account, to cash in on s.th.,
b) (im positiven Sinn) to utilize (Br. auch
-s-) s.th., to turn s.th. to account, to take
advantage of s.th., to avail oneself of
s.th.: sich j-s Unwissenheit ~ machen to
take advantage of s.o.'s ignorance.

zu·oberst [tsu-] adv uppermost, at the very
top: das Unterste ~ kehren to turn everything upside down (od. topsy-turvy, auch
topsy-turvy).

'**zu¦ord·nen** v/t ⟨sep, -ge-, h⟩ **1.** etwas j-m
[einer Sache] ~ to assign (od. attribute,
refer) s.th. to s.o. [s.th.]: ein Tier einer
Familie ~ to assign an animal to a family. –
2. (computer) allocate. — '**Zu¦ord·ner** m
(computer) allocator. — '**Zu¦ord·nung** f
1. attribution, assignment. – **2.** (computer)
allocation.

'**zu¦packen** (getr. -k·k-) v/i ⟨sep, -ge-, h⟩
colloq. **1.** (anfassen) grip, clutch, grasp: er
hat so kräftig zugepackt, daß mir das
Handgelenk weh tut he gripped so tightly
that my wrist hurts. – **2.** (kräftig arbeiten)
work hard, knuckle down. – **3.** (mithelfen)
lend a hand.

zu·paß [tsu'pas], **zu·pas·se** [tsu'pasə] adv
etwas kommt j-m ~ s.th. comes at the right

time for s.o., s.th. comes in handy for s.o., s.th. suits s.o. admirably.

zup·fen ['tsʊpfən] **I** v/t ⟨h⟩ **1.** pull, pick, pluck: j-n am (od. beim) Ärmel [Bart] ~ to pull s.o.'s sleeve [beard]. – **2.** Unkraut ~ to weed, to pull weeds. – **3.** mus. (die Saiten) pluck, twang, plunk, auch plonk. – **II** v/i **4.** an (dat) etwas ~ to pull (od. tug, pluck, twitch) at s.th. – **III** v/reflex **5.** sich an (dat) etwas ~ to pull (od. pluck, tug, twitch) oneself at s.th.: zupf dich an deiner eigenen Nase! fig. colloq. sweep before your own door!

'Zupf₁gei·ge f colloq. guitar. — ~in·stru·ment n plucked (string) instrument.

'zu·pfrop·fen v/t ⟨sep, -ge-, h⟩ **1.** (Flasche etc) cork (up), stopper (up). – **2.** (Faß) bung (up).

'zu·pres·sen v/t ⟨sep, -ge-, h⟩ **1.** (Loch im Schlauch etc) press one's finger on (s.th. to close it). – **2.** (Koffer etc) press (s.th.) shut.

'zu·pro·sten v/i ⟨sep, -ge-, h⟩ j-m ~ to raise one's glass to s.o.

zur [tsuːr; tsʊr] short for zu der.

'zu·ra·ten I v/i ⟨irr, sep, -ge-, h⟩ j-m ~, etwas zu tun to advise (od. recommend) s.o. to do s.th.: ich kann dir nur ~ I can highly recommend it, I can only advise it; ich rate dir weder zu noch ab I won't advise you one way or the other; ich kann dir nur ~, das Haus zu kaufen I can only advise (od. recommend) you to buy the house. – **II Z~** n ⟨-s⟩ only in auf j-s Z~ (up)on s.o.'s advice (od. recommendation).

Zu'ra·te·zie·hung [tsu'raːtə-] f consultation.

'zu·rau·nen v/t ⟨sep, -ge-, h⟩ j-m etwas ~ to whisper (od. murmur) s.th. to s.o.

Zür·cher ['tsyrçər] **I** m ⟨-s; -⟩ Swiss for Züricher I. – **II** adj ⟨invariable⟩ Swiss for Züricher II. — **'zür·che·risch** adj Swiss for züricherisch.

Zur·dis·po·si·ti'on(s),stel·lung f jur. subjection to disposition (od. settlement, arrangement).

'zu·rech·nen v/t ⟨sep, -ge-, h⟩ **1.** (addieren) add: Zinsen zum Kapital ~ to add interest to the capital. – **2.** (zuordnen) number (od. reckon) among, class with: einen Künstler den Modernen ~ to class an artist with the modern school. – **3.** fig. (zuschreiben) ascribe (od. attribute) to, (bes. Schlechtes) impute to: er rechnet mir bessere Fähigkeiten zu, als ich besitze he ascribes to me better qualities than I possess.

'Zu·rech·nung f only in unter ~ aller Kosten including all charges.

'zu·rech·nungs₁fä·hig adj sound of mind, sane, bes. jur. responsible, compos mentis (scient.): nicht ~ cf. unzurechnungsfähig. — **'Zu·rech·nungs₁fä·hig·keit** f ⟨-; no pl⟩ soundness of mind, bes. jur. responsibility: strafrechtliche ~ criminal responsibility; verminderte ~ diminished responsibility.

zu'recht₁bie·gen [tsu-] v/t ⟨irr, sep, -ge-, h⟩ **1.** (Draht etc) bend (s.th.) into shape. – **2.** eine (verfahrene) Angelegenheit ~ fig. colloq. to set things straight, to smooth things out, to settle things (od. an affair). – **3.** fig. (Artikel, Nachricht etc) angle. — ~brin·gen v/t ⟨irr, sep, -ge-, h⟩ **1.** (in Ordnung bringen, bereinigen) put (s.th.) right (od. to rights), set (s.th.) right. – **2.** (zuwege bringen, bewerkstelligen) manage. — ~fei·len v/t ⟨sep, -ge-, h⟩ file (s.th.) into shape. — ~fin·den v/reflex ⟨irr, sep, -ge-, h⟩ sich ~ **1.** (in einer Stadt etc) find one's way (about od. around). – **2.** fig. (in schwierigen Situationen etc) get along, manage: du mußt lernen, dich in der Welt allein zurechtzufinden you must learn to get along in the world on your own. – **3.** fig. (die Übersicht haben, etwas kapieren) see what's what: jetzt finde ich mich überhaupt nicht mehr zurecht I can't see what's what, I can't make head or tail of it, I can make neither head nor tail of it. — ~häm·mern v/t ⟨sep, -ge-, h⟩ hammer (s.th.) into shape. — ~kom·men v/i ⟨irr, sep, -ge-, sein⟩ **1.** (zur rechten Zeit kommen) come in (good) time. – **2.** mit etwas ~ a) (mit einer schwierigen Aufgabe etc) to work s.th. out, b) (mit einem komplizierten Mechanismus etc) to manage s.th.: ich komme mit dem neuen Fernseher einfach nicht zurecht I simply can't manage the new television set. – **3.** mit j-m (auskommen) to get along (od. on) with s.o., to have a way with s.o.,

hit it off with s.o. – **4.** er kommt gut zurecht a) he does very well, b) (bes. finanziell) he manages very well; wie kommt er zurecht? how does he manage? — ~le·gen v/t ⟨sep, -ge-, h⟩ **1.** (für die Reise etc) prepare, lay (s.th.) out ready: ich habe dir deine Sachen schon zurechtgelegt I have laid your things out ready for you. – **2.** sich (dat) einen Vorwand [eine Ausrede] ~ to have a pretext [an excuse] ready. – **3.** fig. (erklären) explain: ich kann mir den Fall nur so ~, daß the only way I can explain the case is that. — ~ma·chen colloq. **I** v/t ⟨sep, -ge-, h⟩ **1.** (Speisen) prepare, get (s.th.) ready, (Salat) dress. – **2.** (Zimmer etc) get (s.th.) ready, Am. colloq. 'fix'. – **3.** (Bett etc) make up. – **4.** (aufräumen) tidy (up), clear (up). – **5.** fig. (ausdenken) think up, concoct, Am. figure out: sich (dat) eine Ausrede [Erklärung] ~ to think up an excuse [explanation]. – **6.** (Abrechnung, Bilanz etc) fake (up), doctor, manipulate, fudge. – **II** v/reflex sich ~ **7.** get ready, get dressed. – **8.** (sich schminken) make up, do oneself up, titivate (colloq.): sich fürs Theater ~ to do oneself up for the theater; sich vorteilhaft [unvorteilhaft] ~ to do oneself up to one's advantage [disadvantage]. — ~rücken (getr. -k·k-) v/t ⟨sep, -ge-, h⟩ **1.** (Stuhl etc) fix. – **2.** (Brille etc) fix, adjust: (sich dat) den Hut ~ to fix one's hat. – **3.** (Krawatte) fix, straighten. – **4.** j-m den Kopf ~ fig. colloq. to bring s.o. to his senses, to put sense into s.o. – **5.** fig. cf. richtigstellen. — ~schnei·den v/t ⟨irr, sep, -ge-, h⟩ **1.** (Haar, Nägel etc) trim, tidy. – **2.** (Bäume, Hecken etc) trim, clip, tidy. — ~set·zen **I** v/t ⟨sep, -ge-, h⟩ cf. zurechtrücken 1, 2, 4. – **II** v/reflex sich ~ (bis man bequem sitzt) settle oneself. — ~stel·len v/t ⟨sep, -ge-, h⟩ set (s.th.) out ready: ich habe dir alles zurechtgestellt I've set out everything ready for you. — ~stut·zen v/t ⟨sep, -ge-, h⟩ **1.** cf. zurechtschneiden. – **2.** fig. cf. zustutzen 4.

zu'recht₁wei·sen v/t ⟨irr, sep, -ge-, h⟩ j-n ~ to reprimand (od. rebuke, correct) s.o., (stärker) to take s.o. to task. — **Zu'recht₁wei·sung** f ⟨-; -en⟩ reprimand, rebuke, correction, reprehension.

'zu·re·den I v/i ⟨sep, -ge-, h⟩ **1.** j-m (gut) ~(, etwas zu tun) a) to encourage s.o. (to do s.th.), (stärker) to persuade s.o. (to do s.th.), b) (j-m beschwatzen) to coax s.o. (into doing s.th.), c) (j-n dringend bitten) to urge s.o. (to do s.th.): wir haben ihm (gut) zugeredet, das Angebot anzunehmen we encouraged him to accept the offer. – **II Z~** n ⟨-s⟩ **2.** verbal noun. – **3.** encouragement, (stärker) persuasion: auf mein Z~ (hin) nahm er das Angebot an upon my encouragement he accepted the offer; trotz allen (od. alles) Z~s (od. trotz allem Z~) ging er nicht mit despite all the urging he didn't go with us; alles Z~ nützte nichts all persuasion was in vain; Z~ hilft (Sprichwort) etwa with a little coaxing it can be managed.

'zu·rei·chen I v/t ⟨sep, -ge-, h⟩ j-m etwas ~ to hand (od. pass) s.th. to s.o.: der Friseuse die Lockenwickler ~ to hand the curlers to the hairdresser. – **II** v/i colloq. (ausreichen) be sufficient, suffice, be enough, go round, do. — **'zu·rei·chend I** pres p. – **II** adj (ausreichend) sufficient, adequate: nicht ~ insufficient, inadequate; der Satz vom ~en Grunde philos. the law of sufficient reason. – **III** adv sufficiently, adequately: er hat es nicht ~ begründet he did not give sufficient reason for it.

'zu·rei·ten I v/t ⟨irr, sep, -ge-, h⟩ **1.** ein Pferd ~ to break (in) a horse. – **II** v/i ⟨sein⟩ **2.** auf j-n [etwas] ~ to ride up to s.o. [s.th.]. – **3.** (weiterreiten) ride on.

'Zu·rei·ter m (horse)breaker, roughrider, Br. rough-rider, (von wilden Pferden) broncobuster.

'Zür·gel₁baum ['tsyrgəl-] m bot. hackberry, nettle tree (Gattg Celtis).

Zü·ri·cher ['tsyːrɪçər] **I** m ⟨-s; -⟩ native (od. inhabitant) of Zurich. – **II** adj ⟨invariable⟩ of Zurich. — **'zü·ri·che·risch** adj of Zurich.

'Zu·rich·te₁bo·gen m print. overlay (od. make-ready) sheet. — ~mes·ser n overlay (od. make-ready) knife.

'zu·rich·ten v/t ⟨sep, -ge-, h⟩ **1.** (zubereiten) prepare. – **2.** tech. a) (adjust, (genau herrichten) fit up, refit, recondition.

– 3. metall. (Guß) dress. – **4.** print. (Satz) make (s.th.) ready, make up. – **5.** (Holz, Steine etc) cut, trim, (rechtwinklig) square. – **6.** (leather) (gerben) curry, finish, dress. – **7.** (textile) (appretieren) finish. – **8.** gastr. a) (Essen) prepare, b) (Geflügel, Wild etc) truss. – **9.** j-n ~ fig. to injure s.o. badly, to maul s.o., (bei Schlägerei) to beat s.o. up: bei der Schlägerei ist er übel (od. bös[e]) zugerichtet worden he was badly beaten up in the fight. – **10.** etwas schön ~ fig. colloq. iron. to make a nice mess of s.th. – **II Z~** n ⟨-s⟩ **11.** verbal noun. – **12.** cf. Zurichtung.

'Zu·rich·te·pa₁pier n print. make-ready paper.

'Zu·rich·ter m **1.** preparer. – **2.** metall. dresser. – **3.** print. assistant minder. – **4.** (leather) dresser, currier.

'Zu·rich·te'rei f ⟨-; -en⟩ **1.** metall. dressing shop. – **2.** (leather) currying work.

'Zu·rich·te₁sche·re f print. make-ready scissors (sometimes construed as sg).

'Zu·rich·tung f ⟨-; no pl⟩ **1.** cf. Zurichten. – **2.** (Zubereitung) preparation. – **3.** tech. a) adjustment, b) fitting up, refitting, reconditioning. – **4.** metall. dress. – **5.** print. a) (des Satzes) makeready, makeup, b) (mechanische) mechanical overlay (od. makeready). – **6.** (leather) currying, finishing, leather-dressing.

'zu·rie·geln v/t ⟨sep, -ge-, h⟩ (Tür, Fenster etc) bolt.

zür·nen ['tsyrnən] v/i ⟨h⟩ j-m ~ lit. a) (mit j-m böse sein) to be angry with s.o., b) (j-m etwas übelnehmen) to harbor (bes. Br. harbour) resentment against s.o., to bear s.o. a grudge, to bear (od. have) a grudge against s.o.: er zürnte mir wegen meines Briefes he was angry with me because of my letter.

'zu·rol·len v/i ⟨sep, -ge-, sein⟩ auf j-n [etwas] ~ (von Ball, Faß, Auto etc) to roll toward(s) s.o. [s.th.].

'zu·ro·sten v/i ⟨sep, -ge-, sein⟩ (become covered with) rust, corrode.

'Zurr₁brook f mar. boat lashing.

zur·ren ['tsʊrən] v/t ⟨h⟩ mar. cf. festzurren 1.

Zur·ring ['tsʊrɪŋ] m ⟨-s; -s u. -e⟩, **'Zurr₁lei·ne** f mar. lashing, seizing, (für Boote) gripes pl.

Zur'ru·he₁set·zung f ⟨-; no pl⟩ retirement.

Zur'schau₁stel·lung f ⟨-; no pl⟩ **1.** display, exhibition, presentation, show. – **2.** contempt. parade, exhibition.

zu·rück [tsu'ryk] **I** adv **1.** (örtlich u. zeitlich) back: einige Jahre [Stationen] ~ a few years [stations] back; ich bin gleich wieder ~ I'll be back in a minute; hin wurden wir gefahren, aber ~ mußten wir laufen we had been taken there (by car od. by bus) but we had to walk back; Dr. med. X vom Urlaub ~ Dr. X is back from his holiday (Am. vacation); ~ zur Natur back to nature; ~! a) (halt, nicht weitergehen) go back! b) (Platz machen) stand back! make way! – **2.** ~ sein a) (in der Schule) to be lagging behind, b) (in der geistigen u. körperlichen Entwicklung) to be slow (od. retarded), c) (nicht mit der Zeit gegangen sein) to be behind the times, d) (von Bäumen, Blumen, Pflanzen etc) to be late: in Englisch ist er sehr ~ he is lagging behind (od. he is behind the others) in English; die Obstbäume sind in diesem Jahr noch sehr ~ the fruit trees are very late this year. – **3.** → hin 11. – **4.** an Absender ~ (postal service) return to sender. – **5.** acht Punkte ~ (sport) eight points down (od. behind). – **II Z~** n ⟨-s; no pl⟩ **6.** es gibt kein Z~ mehr there's no going back.

zu'rück₁be·ben v/i ⟨sep, -ge-, sein⟩ (vor dat from) shrink, recoil. — ~be₁ge·ben v/reflex ⟨irr, sep, -ge-, h⟩ sich ~ return, go back. — ~be₁glei·ten v/t ⟨sep, no -ge-, h⟩ j-n ~ to accompany (od. conduct, escort) s.o. back. — ~be₁hal·ten I v/t ⟨irr, sep, no -ge-, h⟩ **1.** keep (s.th.) back, retain. – **2.** (zurücklegen, reservieren) reserve, keep. – **3.** (einbehalten) withhold, hold (s.th.) back. – **II Z~** n ⟨-s⟩ verbal noun.

Zu'rück₁be₁hal·tung f ⟨-; no pl⟩ **1.** cf. Zurückbehalten. – **2.** retention. – **3.** (Reservierung) reservation.

Zu'rück·be₁hal·tungs₁recht n jur. (retaining) lien, right of retention.

zu'rück₁be·kom·men v/t ⟨irr, sep, no -ge-, h⟩ **1.** (Wechselgeld, verliehenen

Gegenstand etc) get (*od.* be given) (*s.th.*) back: ich bekam drei Mark zurück a) I got three marks back, b) I got three marks' change. – **2.** (*gestohlenes Gegenstand, ausgelegtes Geld etc*) get (*od.* be given) (*s.th.*) back, recover. — **~be,or·dern** *v/t* ⟨*sep, no* -ge-, *h*⟩ → to order s.o. back. — **~be,ru·fen I** *v/t* ⟨*irr, sep, no* -ge-, *h*⟩ j-n ~ a) to call (*od.* summon) s.o. back, b) (*abberufen*) to recall s.o., c) (*absetzen*) to dismiss (*od.* remove) s.o. – **II Z~** *n* ⟨-s⟩ *verbal noun*. — **Z~be,ru·fung** *f* **1.** *cf.* Zurückberufen. – **2.** (*Abberufung*) recall. – **3.** (*Absetzung*) dismissal, removal. — **~,beu·gen I** *v/t* ⟨*sep*, -ge-, *h*⟩ **1.** lean (*od.* incline) (*s.th.*) back. – **II** *v/reflex* sich ~ **2.** lean (*od.* bend) back. – **3.** (*sport*) lean (*od.* bend) backward(s). — **~be,we·gen** *v/t u.* sich ~ *v/reflex* ⟨*sep, no* -ge-, *h*⟩ back (up). — **~be,zah·len** *v/t* ⟨*sep, no* -ge-, *h*⟩ *cf.* Rückzahlen. **Z~be,zah·lung** *f* ⟨-; -en⟩ *cf.* Rückzahlung. — **~,bie·gen I** *v/t* ⟨*irr, sep*, -ge-, *h*⟩ bend (*s.th.*) back. – **II** *v/reflex* sich ~ bend (*od.* lean) back. — **~,bil·den I** *v/reflex* ⟨*sep*, -ge-, *h*⟩ sich ~ **1.** *biol.* regress. – **2.** *med.* a) recede, b) (*von Hautausschlag*) remit. – **II Z~** *n* ⟨-s⟩ **3.** *verbal noun.* **Z~,bil·dung** *f* ⟨-; -en⟩ **1.** *cf.* Zurückbilden. – **2.** *biol.* regression. – **3.** *med.* recession. — **~,blei·ben** *v/i* ⟨*irr, sep*, -ge-, *sein*⟩ **1.** (*nicht mitgehen, dableiben*) stay (*od.* remain) behind: zehn Männer blieben als Wache zurück ten men stayed behind as guards. – **2.** (*nicht Schritt halten*) lag (*od.* fall) behind: er blieb weit hinter den anderen zurück he lagged far behind the others; sie sind hinter der Zeit zurückgeblieben *fig.* they are behind (*od.* they have not kept up with) the times. – **3.** (*von Uhr*) run slow, lose (time). – **4.** (*nicht weitergehen*) keep (*od.* stay) back: bleib zurück! keep back! – **5.** *fig.* (*in der Schule*) be behind: durch seine Krankheit ist er in Latein sehr zurückgeblieben he is very far behind in Latin as a result of his illness. – **6.** *fig.* (*geistig*) be retarded (*od.* slow) (in one's mental development). – **7.** (*übrigbleiben*) be left: als Waise ~ to be left (as) an orphan, to be orphaned; eine große Schwäche ist von seiner Krankheit zurückgeblieben his illness has left him very weak. – **8.** hinter (*dat*) etwas ~ *fig.* (*nicht erreichen*) to fall (*od.* come) short of s.th.: die Aufführung blieb hinter meinen Erwartungen zurück the performance fell short of my expectations (*od.* was nothing like what I had expected); die Umsätze blieben hinter denen des Vorjahres weit zurück the turnovers fell short of those of the previous year. – **9.** *cf.* zurückstehen 2. – **10.** (*sport*) be left behind, drop back, lag behind. – **11.** *electr.* (*bei der Phasenverschiebung*) lag. – **12.** hinter der Formation ~ (*von Flugzeug, Schiff etc*) to straggle. — **~,blen·den** *v/i* ⟨*sep*, -ge-, *h*⟩ *auch fig.* flash back. — **~,blicken** (*getr.* -k·k-) *v/i* ⟨*sep*, -ge-, *h*⟩ *auch fig.* look back: auf (*acc*) etwas ~ a) to look back at s.th., b) *fig.* to look back (up)on s.th. — **~,brin·gen** *v/t* ⟨*irr, sep*, -ge-, *h*⟩ **1.** (*Geliehenes etc*) bring (*s.th.*) back, return, (*Verlorenes, Gestohlenes*) *auch* restore: er hat mir das Buch zurückgebracht he brought the book back to me, he brought me back the book, he brought me the book back; ich habe ihm das Buch zurückgebracht I took the book back to him; etwas ins Leben ~ (*Brauch etc*) to revive s.th. – **2.** (*in der Entwicklung, Leistung etc*) retard, keep (*s.o.*) back. — **~,däm·men** *v/t* ⟨*sep*, -ge-, *h*⟩ (*Wasser, Flut etc*) dam (*od.* bay) (*s.th.*) back (*od.* up). — **~da,tie·ren I** *v/t* ⟨*sep, no* -ge-, *h*⟩ date (*s.th.*) back, antedate, predate. – **II Z~** *n* ⟨-s⟩ *verbal noun.* — **Z~da,tie·rung** *f* ⟨-; -en⟩ *cf.* Zurückdatieren. — **~,den·ken** *v/i* ⟨*irr, sep*, -ge-, *h*⟩ **1.** (an *acc* to) think back: wenn ich so an meine Jugendzeit zurückdenke when I think back to my youth. – **2.** (*sich erinnern*) think back, recall, remember, recollect: so weit man ~ kann as far as one can recall. — **~,drän·gen I** *v/t* ⟨*sep*, -ge-, *h*⟩ **1.** (*Menge, Zuschauer etc*) push (*s.o.*) back, press (*s.o.*) back. – **2.** den Feind ~ *mil.* to drive (*od.* force) the enemy back, to repel the enemy. – **3.** *fig.* (*Haß, Neid etc*) repress, repel, restrain. – **II Z~** *n* ⟨-s⟩ **4.** *verbal noun.* – **5.** *fig.* repression. — **Z~,drän·gung** *f* ⟨-;

no pl⟩ *cf.* Zurückdrängen. — **~,dre·hen** *v/t* ⟨*sep*, -ge-, *h*⟩ (*Uhrzeiger etc*) turn (*od.* put) back: man kann das Rad der Geschichte nicht ~ *fig.* the wheel of history cannot be turned back. — **~,dür·fen** *v/i* ⟨*irr, sep*, -ge-, *h*⟩ *colloq.* be allowed to go back (*od.* to return). — **~,ei·len** *v/i* ⟨*sep*, -ge-, *sein*⟩ hurry (*od.* hasten) back. — **~er,bit·ten** *v/t* ⟨*irr, sep, no* -ge-, *h*⟩ ask for (*od.* request) (*s.th.*) back. — **~er,hal·ten** *v/t* ⟨*irr, sep, no* -ge-, *h*⟩ *cf.* zurückbekommen. — **~er,in·nern** *v/reflex* ⟨*sep, no* -ge-, *h*⟩ sich an (*acc*) etwas ~ to think back to s.th. — **~er,obern I** *v/t* ⟨*sep, no* -ge-, *h*⟩ **1.** *mil.* reconquer, recapture, retake. – **2.** j-n ~ *fig.* (*verlorenen Freund*) to win s.o. back. – **II Z~** *n* ⟨-s⟩ **3.** *verbal noun.* — **Z~er,obe·rung** *f* **1.** *cf.* Zurückerobern. – **2.** *mil.* reconquest, recapture. — **~er,stat·ten** *v/t* ⟨*sep, no* -ge-, *h*⟩ *cf.* rückerstatten. — **Z~er,stat·tung** *f* *cf.* Rückerstattung. — **~er,war·ten** *v/t* ⟨*sep, no* -ge-, *h*⟩ j-n ~ to expect s.o. back. — **~,fah·ren I** *v/i* ⟨*irr, sep*, -ge-, *sein*⟩ **1.** (*mit dem Zug, Bus etc*) go (*od.* travel) back, (*mit dem eigenen Auto*) *auch* drive back: ich werde mit dem Bus ~ I'll go back by bus. – **2.** *fig.* (*vor Schreck, Entsetzen etc*) shrink (*od.* start) back, recoil, wince: vor Schreck ~ to shrink back in terror. – **II** *v/t* ⟨*h*⟩ **3.** (*Person, Fahrzeug etc*) drive (*od.* roll) (*s.o., s.th.*) back. — **~,fal·len** *v/i* ⟨*irr, sep*, -ge-, *sein*⟩ **1.** fall back: erschöpft ließ sie sich in einen Sessel ~ she fell back (*od.* collapsed, slumped) into an armchair exhausted. – **2.** (*von Strahlen*) be reflected. – **3.** *fig.* (*schlechter werden*) go down, lapse: in Englisch ist er sehr zurückgefallen he has gone down in English very much. – **4.** auf j-n ~ *fig.* (*j-n treffen, sich an j-m rächen*) to reflect (up)on s.o.: dieser Vorwurf fällt auf dich (selbst) zurück this reproach reflects on you (yourself). – **5.** an j-n ~ *fig.* (*j-m erneut gehören*) to revert (*od.* return) to s.o., to go back to s.o.: das Grundstück ist an den ehemaligen Besitzer zurückgefallen the land reverted to the previous owner. – **6.** in (*acc*) etwas ~ *fig.* a) (*in Fehler, Sünden etc*) to (re)lapse into s.th., b) (*in eine Krankheit*) to relapse: in den alten Schlendrian ~ *colloq.* to fall back into the old rut. – **7.** (*sport*) a) (*von Läufern, Pferden etc*) fall behind, drop back, b) (*von Weitspringer etc*) fall backward(s): der Läufer ist auf den dritten Platz zurückgefallen the runner dropped back to (the) third place; um eine Länge ~ to drop back a length. — **~,fin·den I** *v/i* ⟨*irr, sep*, -ge-, *h*⟩ **1.** find one's way back: ich finde schon allein zurück I'll find my way back myself, I'll find my own way back. – **2.** *fig.* (*in Wendungen wie*) zu sich selbst ~ to find (one's) peace of mind again, to regain one's peace of mind; zur alten Vertrautheit ~ to reestablish (*Br.* re-establish) one's old familiarity; zu den alten Freunden ~ to establish the relationship with one's old friends again. – **II** *v/reflex* sich ~ **3.** find one's way back. — **~,flie·gen** *v/i* ⟨*sep*, -ge-, *sein*⟩ fly back. — **~,flie·ßen I** *v/i* ⟨*irr, sep*, -ge-, *sein*⟩ **1.** *auch fig.* flow back. – **II Z~** *n* ⟨-s⟩ **2.** *verbal noun.* – **3.** reflux. — **~,flu·ten I** *v/i* ⟨*sep*, -ge-, *sein*⟩ **1.** flow (*od.* flood) back, regurgitate, regorge. – **2.** *fig.* (*von Menschenmassen etc*) stream back. – **3.** *mil.* sweep back. – **II Z~** *n* ⟨-s⟩ **4.** *verbal noun.* – **5.** reflux. — **~,for·dern** *v/t* ⟨*sep*, -ge-, *h*⟩ **1.** (*Geld, ausgeliehene Bücher, Verlobungsgeschenke etc*) claim (*od.* ask for, *stärker* demand) (*s.th.*) back, reclaim. – **2.** *jur. obs.* (*Rechte*) revindicate. – **II Z~** *n* ⟨-s⟩ **3.** *verbal noun.* — **Z~,for·de·rung** *f* **1.** *cf.* Zurückfordern. – **2.** reclamation. – **3.** *jur. obs.* (*von Rechten*) revindication. — **zu'rück,führ·bar** *adj fig.* (auf *acc* to) a) (*zuzuschreiben*) due, traceable, b) (*auf einfache Formel etc*) reducible: darauf ~, daß a) due (*od.* traceable) to the fact that, b) reducible to the fact that. — **zu'rück,füh·ren I** *v/t* ⟨*sep*, -ge-, *h*⟩ **1.** j-n ~ to lead (*od.* guide, take) s.o. back: einen Blinden an seinen Platz ~ to lead a blind person back to his seat; j-n in die Heimat ~ *fig.* to repatriate s.o.; j-n auf den rechten Weg ~ *fig.* to lead s.o. back to the straight and narrow; diese Bemerkung führt mich auf mein eigentliches Anliegen zurück

fig. this remark brings me back to my actual business; j-n (im Geist) ~ *fig.* to take s.o. back. – **2.** etwas auf (*acc*) etwas ~ *fig.* a) to attribute (*od.* ascribe) s.th. to s.th., to put s.th. down to s.th., b) to reduce s.th. to s.th.: ich führe seine schlechte Laune darauf zurück, daß I attribute his bad mood to the fact that; der Unfall ist auf Leichtsinn zurückzuführen the accident is due (*od.* is traceable) to carelessness, the accident can be attributed (*od.* ascribed, traced) to carelessness; ein Problem auf eine einfache Formel ~ to reduce a problem to a simple formula. – **3.** *tech.* (*den Revolverkopf eines Drehautomaten*) traverse (*s.th.*) back. – **4.** *econ.* (*Güter*) return. – **II** *v/i* **5.** lead back: dieser Weg führt direkt zurück ins Tal this path leads directly back into the valley; es führt kein Weg zurück a) there is no way back, b) *fig.* there is no going back. – **III Z~** *n* ⟨-s⟩ *verbal noun.* — **Zu'rück,füh·rung** *f* ⟨-; *no pl*⟩ **1.** *cf.* Zurückführen. – **2.** *fig.* (*in die Heimat*) repatriation. – **3.** *fig.* (*auf eine einfache Formel etc*) reduction. – **4.** *econ.* (*von Gütern*) return. — **Zu'rück,ga·be** *f* ⟨-; *no pl*⟩ *cf.* Rückgabe. — **zu'rück,ge·ben** *v/t* ⟨*irr, sep*, -ge-, *h*⟩ **1.** (*Geliehenes, Geschenktes, Überlassenes etc*) give (*s.th.*) back, return, (*Verlorenes, Gestohlenes*) *auch* restore: der Lehrer gab die Aufsätze zurück the teacher gave the essays back; sie hat mir drei Mark zurückgegeben (*als Wechselgeld*) she gave me three marks back (*od.* three marks' change); j-m sein Wort ~ *fig.* a) (*ihn von seinem Versprechen entbinden*) to release s.o from his word, b) (*seine Verlobung lösen*) to break off one's engagement with s.o.; das gab ihm sein Selbstvertrauen zurück *fig.* that gave him back (*od.* restored) his confidence. – **2.** (*entgegnen, antworten*) retort, rejoin, return: „das sieht dir ähnlich", gab sie zurück "that's just like you," she retorted. – **3.** *fig.* (*Schläge, Beleidigungen etc*) give back, retaliate: er hat sie beleidigt, aber sie hat es ihm kräftig zurückgegeben he insulted her but she gave him back as good as she got. – **4.** den Ball ~ (*sport*) to pass the ball back. — **zu'rück,blie·ben I** *pp of* zurückbleiben. – **II** *adj fig.* **1.** (*körperlich*) backward, slow, retarded. – **2.** (*geistig*) (mentally) retarded: ein ~es Kind a (mentally) retarded child. – **Z~,sein** *n* ⟨-s; *no pl*⟩ *psych.* mental retardation, backwardness. — **zu'rück,ge·bo·gen I** *pp of* zurückbiegen. – **II** *adj med.* retroflexed. — **zu'rück,ge·hal·ten I** *pp of* zurückhalten. – **II** *adj* **1.** (*einbehalten*) retained. – **2.** *fig.* (*Wut etc*) restrained, suppressed, repressed. – **3.** *mar.* (*Schiff*) detained. — **zu'rück,ge·hen I** *v/i* ⟨*irr, sep*, -ge-, *sein*⟩ **1.** go back, return: sie ging zurück, um den Regenschirm zu holen she went back for the umbrella. – **2.** (*zurücktreten*) go (*od.* step, move) back: zwei Schritte ~ to step back two paces. – **3.** *mil.* (*von Feind*) retreat, fall back, give way. – **4.** (*von Kursen, Preisen etc*) go down, decline, decrease, diminish, drop: Kleidung ist im Preis zurückgegangen clothes have gone down in price. – **5.** (*von Geburten, Sterbefällen etc*) go down, decrease, diminish. – **6.** (*von Geschäft, Handel etc*) recede, fall (*od.* drop) off, slacken. – **7.** (*schlechter werden*) deteriorate. – **8.** (*von Temperaturen*) drop, fall. – **9.** ebb, (*von Flut, Hochwasser*) go down, subside, abate. – **10.** *med.* a) (*von Schmerzen*) subside, b) (*von Fieber*) go down, abate, fall, c) (*von Schwellung etc*) go down, recede, d) (*von Ausschlag etc*) fade (away), e) (*von Symptomen*) disappear. – **11.** (*zurückgeschickt werden*) be sent back, be returned: von den bestellten Waren hat sie die Hälfte ~ lassen she returned half of the goods she had ordered; der Brief ging an den Absender zurück the letter was returned to (the) sender. – **12.** *fig.* (auf *acc* to) go back, (*zeitlich*) *auch* date (*od.* hark) back: auf die Quellen [bis ins Altertum] ~ to go back to the sources [to antiquity]; man muß in der Geschichte weit ~, um ähnliches zu finden one must go far back in history to find the like; wir müssen (im Text) etwas ~ we have to back up a little in the text; diese Sünde geht bis auf Adam und Eva zurück this sin dates back to Adam and Eve. – **13.** ~ auf (*acc*) (*den Ursprung haben in*) to originate from, to trace back to, to have its origin in: dieser Name geht auf die französische Besetzung zurück this name originates from the French occupation. – **14.** ~, um die Fährte neu aufzunehmen *hunt.* (*von Jagdhund*) to hark back. – **II** *v/t* **15.** go back: denselben Weg ~ a) to go back the same way, b) (*umkehren*) to retrace one's steps. – **III Z.~** *n* ⟨-s⟩ **16.** *verbal noun.* – **17.** (*des Preises*) (*gen in*) fall, decline, drop. – **18.** (*der Ausgaben, Umsätze etc*) (*gen in*) drecrease, diminution, diminishment. – **19.** (*des Geschäfts, Handels*) recession. – **20.** (*Verschlechterung*) (*gen in*) deterioration. – **21.** (*der Temperatur*) (*gen in*) drop, fall. – **22.** (*der Flut etc*) subsidence, abatement. – **23.** *med.* a) (*der Schmerzen*) subsidence, b) (*des Fiebers*) abatement, remission, c) (*einer Schwellung etc*) regression, d) (*von Symptomen*) disappearance, regression, e) (*rückwärtige Verlagerung*) retrocession.

zu'rück·ge,legt I *pp.* – **II** *adj* (*Strecke etc*) covered: ~e Entfernung distance covered.

zu'rück·ge,lei·ten *v/t* ⟨*sep, pp* zurückgeleitet, h⟩ j-n ~ *lit.* to escort (*od.* conduct) s.o. back.

zu'rück·ge,setzt I *pp.* – **II** *adj* **1.** neglected, ignored: er fühlte sich ~ he felt that he had been disregarded (*od.* neglected). – **2.** *econ. rare* (*Waren*) reduced (in price), marked-down (*attrib*).

Zu'rück·ge,stell·te *m* ⟨-n; -n⟩ *mil.* person exempted from military service.

zu'rück·ge,win·nen I *v/t* ⟨*irr, sep, pp* zurückgewonnen, h⟩ **1.** (*Geld, Kunden, Freunde etc*) win (*auch, s.th.*) back. – **2.** *fig.* (*Gesundheit, Ansehen, Stellung etc*) regain, recover, recuperate. – **3.** *mil. cf.* zurückerobern 1. – **4.** *tech.* recover, reclaim. – **5.** *jur.* revendicate. – **II Z.~** *n* ⟨-s⟩ **6.** *verbal noun.* — **Zu'rück·ge,win·nung** *f* ⟨-; *no pl*⟩ **1.** *cf.* Zurückgewinnen. – **2.** *fig.* recovery, recuperation. – **3.** *mil. cf.* Zurückeroberung 2. – **4.** *tech.* recovery, reclamation. – **5.** *jur.* revendication.

zu'rück·ge,zo·gen I *pp of* zurückziehen. – **II** *adj* (*Lebensweise*) secluded, retired, cloistered, (*für sich allein*) private. – **III** *adv* ~ leben to live a secluded life (*od.* a life of seclusion), to live in seclusion. — **Zu'rück·ge,zo·gen·heit** *f* ⟨-; *no pl*⟩ **1.** seclusion, retirement. – **2.** (*Ungestörtheit*) privacy.

zu'rück|gi,rie·ren *v/t* ⟨*sep, no* -ge-, h⟩ *econ.* renegotiate (*s.th.*) back. — **~,grei·fen** *v/i* ⟨*irr, sep,* -ge-, h⟩ **1.** auf (*acc*) etwas ~ a) (*auf Ersparnisse, Vorräte, Reserven etc*) to fall back (up)on s.th., b) (*auf ein bereits besprochenes Thema etc*) to go back (*od.* return) to s.th.: im Notfall kann ich auf meine Ersparnisse ~ I can fall back on my savings if need be. – **2.** weit ~ (*beim Erzählen*) to go far back into the past. — **~,ha·ben** *v/t* ⟨*irr, sep,* -ge-, h⟩ have (*s.th.*) back: ich möchte das Buch bis Dienstag ~ I'd like to have the book back by Tuesday.

zu'rück,hal·ten I *v/t* ⟨*irr, sep,* -ge-, h⟩ **1.** (*festhalten, aufhalten*) hold (*s.o.*) back: ich konnte ihn gerade noch ~, sonst wäre er in den Abgrund gestürzt I was just able to hold him back, otherwise he would have fallen over the precipice. – **2.** (*nicht weitergeben, einbehalten*) hold (*od.* keep) back, withhold, detain: ein Schiff ~ to detain a ship; Informationen ~ to keep back information. – **3.** (*hindern*) keep (*s.o.*) back, stop: wenn Sie gehen wollen, möchte ich Sie nicht ~ if you want to go I wouldn't like to keep you back. – **4.** j-n von (*od.* vor *dat*) etwas ~ *fig.* to keep s.o. from (doing) s.th.: j-n von (*od.* vor) einem unüberlegten Schritt ~ to keep s.o. from doing s.th. rash; ich konnte ihn gerade noch davon ~, eine Dummheit zu begehen I just managed to keep him from doing something foolish. – **5.** (*Gefühle*) restrain, suppress, repress, check: er hielt seinen Ärger zurück he suppressed his anger. – **6.** (*Tränen, Lachen etc*) hold (*od.* keep) back, contain, suppress, restrain, stifle. – **7.** (*Urteil, Meinung etc*) withhold, refrain from expressing. – **II** *v/reflex* sich ~ **8.** (*reserviert sein*) be reserved, be withdrawn, be retiring. – **9.** (*den Kontakt meiden*) keep oneself to oneself, keep one's dis-

tance. – **10.** (*von* from) withhold, refrain. – **11.** (*sich beherrschen*) contain oneself, hold back. – **III** *v/i* **12.** mit etwas ~ a) (*mit Urteil, Meinung etc*) to withhold s.th., to refrain from expressing s.th., b) (*mit Gefühlen*) to keep back (*od.* hide) s.th., c) *econ.* (*mit Käufen, Verkäufen etc*) to hold back with s.th.: mit seinen Gefühlen [nicht] ~ [not] to hide one's feelings, to be undemonstrative [to give vent to one's feelings]. – **IV Z.~** *n* ⟨-s⟩ **13.** *verbal noun.* – **14.** *cf.* Zurückhaltung. — **zu'rück,hal·tend I** *pres p.* – **II** *adj* **1.** (*reserviert*) reserved, withdrawn, retiring, reticent, buttoned-up (*attrib*) (*colloq.*). – **2.** (*abweisend, unnahbar*) distant, aloof, detached, offish, cool: sie ist sehr ~ she keeps her distance. – **3.** (*bescheiden, unaufdringlich*) unobtrusive, *auch* shy, coy. – **4.** ~ mit etwas sein (*mit Lob, Kritik etc*) to be sparing (*od.* with) with s.th., to be chary of s.th.; nicht ~ mit etwas sein a) (*mit Kritik, Tadel etc*) to be unsparing in (*od.* with) s.th., b) (*mit Lob, Applaus etc*) to be lavish with s.th. – **5.** *econ.* (*Börse*) dull, inactive. – **6.** (*Farbe*) restrained, muted, subdued. – **III** *adv* **7.** das Publikum reagierte sehr ~ the reaction of the audience was very cool; er äußerte sich sehr ~ über den Plan he was not enthusiastic (*od.* he did not express much enthusiasm) about the plan.

Zu'rück,hal·tung *f* ⟨-; *no pl*⟩ **1.** *cf.* Zurückhalten. – **2.** *jur.* (*Einbehaltung*) retention. – **3.** (*Reserviertheit*) reserve, reservedness, withdrawn (*od.* retiring) manner, reticence. – **4.** (*Unnahbarkeit*) distant (*od.* detached) manner, aloofness, offishness, coolness. – **5.** (*Bescheidenheit, Unaufdringlichkeit*) unobtrusiveness, *auch* shyness, coyness. – **6.** (*Selbstbeherrschung*) restraint: sich (*dat*) ~ auferlegen, ~ üben to exercise restraint. – **7.** *econ.* (*an der Börse*) dullness, inactivity, restraint. – **8.** *mar.* (*Beschlagnahme*) detention.

zu'rück,ho·len *v/t* ⟨*sep,* -ge-, h⟩ **1.** fetch (*s.th., s.o.*) back. – **2.** (*Ausgeliehenes, Gestohlenes etc*) fetch (*od. colloq.* go and get) (*s.th.*) back. – **3.** (*Angestellten, Schauspieler etc*) ask (*od.* get) (*s.o.*) to come back. — **~,ja·gen I** *v/t* ⟨*sep,* -ge-, h⟩ **1.** chase (*s.o., animals*) back. – **2.** (*Vögel, Gänse, Hühner etc*) shoo (*birds*) back. – **II** *v/i* ⟨*sein*⟩ **3.** rush (*od.* race, speed, gallop) back. — **~,käm·men** *v/t* ⟨*sep,* -ge-, h⟩ sich (*dat*) das Haar ~ to comb one's hair back. — **~,kau·fen** *v/t* ⟨*sep,* -ge-, h⟩ **1.** buy (*s.th.*) back, repurchase, redeem. – **2.** (*auf Auktionen*) buy (*s.th.*) in. — **~,keh·ren I** *v/i* ⟨*sep,* -ge-, sein⟩ **1.** *auch fig.* come (*od.* go) back, return: aus dem Krieg [von einer Reise] ~ to come back from the war [a journey]; reumütig nach Hause ~ to come (back) home repentantly; er ist aus der Gefangenschaft nicht zurückgekehrt he has not returned from captivity; ins bürgerliche Leben ~ *fig.* to return to civil life; in den Schoß der Familie ~ *fig.* to return to (the bosom of) one's family; langsam kehrte mein Bewußtsein ~ *fig.* I slowly recovered consciousness; langsam kehrte meine Erinnerung zurück *fig.* my memory gradually came back; zum Thema ~ *fig.* to come back (*od.* return, revert) to one's topic; er ist zu seiner Frau zurückgekehrt he came back to his wife. – **2.** *cf.* zurückfahren 1. – **II Z.~** *n* ⟨-s⟩ **3.** *verbal noun.* — **~,klapp·bar** *adj* (*Sitz etc*) folding (*attrib*). — **~,klap·pen** *v/t* ⟨*sep,* -ge-, h⟩ (*Autositz, Falltür etc*) fold (*s.th.*) back. — **~,kom·men** *v/i* ⟨*irr, sep,* -ge-, sein⟩ **1.** come back, return: er ist gestern aus dem Urlaub zurückgekommen he came back from his holiday (*Am.* vacation) yesterday. – **2.** (*noch einmal kommen*) come again. – **3.** auf (*acc*) etwas ~ a) (*gesprächsweise*) to come back (*od.* return, revert) to s.th., b) (*erneut in Erwägung ziehen*) to refer to s.th.: auf ein Thema ~ to come back to a topic; auf j-s Angebot ~ to refer to s.o.'s offer, to take s.o. up on his offer; ich werde bei Gelegenheit darauf ~ I may take you up on that later; immer wieder auf etwas ~ to harp on s.th. – **4.** mit etwas ~ (*in Rückstand geraten*) to get behind with s.th.: durch die Krankheit ist er mit seiner Arbeit sehr zurückgekommen he got far behind with his work as a result of his illness. — **~,kön·nen** *v/i* ⟨*irr, sep,* -ge-, h⟩ *colloq.* **1.** be able to go back (*od.* to return). –

2. *fig.* (*nach einer Entscheidung etc*) be able to go back: du kannst nicht mehr zurück there is no going back. — **~,kur·beln** *v/t* ⟨*sep,* -ge-, h⟩ turn (*s.th.*) back(ward[s]). — **~,las·sen** *v/t* ⟨*irr, sep,* -ge-, h⟩ **1.** leave: ich habe mein Gepäck dort zurückgelassen I left my luggage there; j-m eine Nachricht ~ a) (*schriftlich*) to leave s.o. a note, b) (*mündlich*) to leave word for s.o.; der Verunglückte ließ drei kleine Kinder zurück the victim left three small children; die Operation hat eine häßliche Narbe zurückgelassen the operation left an ugly scar; die harten Jahre haben Spuren in ihrem Gesicht zurückgelassen the hard years have left their mark (*od.* have told) (up)on her face. – **2.** (*verlassen*) abandon, desert. – **3.** j-n (weit) hinter sich ~ a) (*beim Wettlauf, Wettschwimmen etc*) to leave s.o. (far) behind, to outstrip (*od.* outdistance) s.o. (by far), b) *fig.* (*j-n übertreffen*) to outstrip (*od.* outdo) s.o. (by far), to be (streets) ahead of s.o. (*colloq.*). – **4.** *colloq.* (*zurückkehren lassen*) allow (*s.o.*) back, allow (*s.o.*) to come back (*od.* to return).

Zu'rück,las·sung *f* ⟨-; *no pl*⟩ only in unter ~ (*gen*) leaving behind.

zu'rück|,lau·fen *v/i* ⟨*irr, sep,* -ge-, sein⟩ **1.** run back. – **2.** walk back. – **3.** (*von Wasser etc*) flow back. — **~,le·gen I** *v/t* ⟨*sep,* -ge-, h⟩ **1.** put (*od.* lay) (*s.th.*) back: etwas an seinen Platz ~ to put s.th. back in its place, to replace s.th. – **2.** den Kopf ~ to lay (*od.* lean) one's head back. – **3.** (*aufheben, zur Seite legen*) keep, hold, put (*s.th.*) aside: sich (*dat*) ein Kleid ~ lassen to have a dress kept for one; können Sie mir die Karten bis morgen ~? could you keep (*od.* reserve) the tickets for me until tomorrow? – **4.** (*sparen*) put away (*od.* by, aside), lay by (*od.* aside, up), save: einen Notgroschen ~ to put away money for a rainy day, to lay aside a nest egg. – **5.** (*aufschieben*) shelve, put aside: j-s Antrag zunächst ~ to shelve s.o.'s petition. – **6.** (*Weg, Strecke*) cover, travel, do: eine Entfernung (*od.* Strecke) von zwanzig Kilometern ~, zwanzig Kilometer ~ to cover twenty kilometers (*bes. Br.* kilometres). – **7.** (*von Licht*) travel: das Licht legt 144 Millionen km in 8 Minuten zurück light travels 144 million km in 8 minutes. – **II** *v/reflex* sich ~ **8.** lie back, recline. — **~,leh·nen** *v/t u.* sich ~ *v/reflex* ⟨*sep,* -ge-, h⟩ lean back, recline. — **~,lei·ten** *v/t* ⟨*sep,* -ge-, h⟩ **1.** lead back. – **2.** (*Verkehr*) divert (traffic) back, revert, turn (traffic) back. – **3.** (*postal service*) (*Postsendung*) return. – **4.** *tech.* feed back, return. — **~,len·ken** *v/t* ⟨*sep,* -ge-, h⟩ **1.** (*Wagen, Kutsche etc*) drive (*s.th.*) back. – **2.** seine Schritte ~ to retrace one's steps. – **3.** *fig.* (*Aufmerksamkeit etc*) bring (*od.* carry) (*s.th.*) back, revert. – **4.** *fig.* direct back, cause (*s.th.*) to resume its original course. — **~,lie·gen** *v/i* ⟨*irr, sep,* -ge-, h u. sein⟩ diese Begebenheit liegt schon lange zurück this event took place a long time ago; es liegt fünf Jahre zurück, daß it is five years since. — **~,mar,schie·ren** *v/i* ⟨*sep, no* ge-, sein⟩ march back. — **~,mel·den I** *v/reflex* ⟨*sep,* -ge-, h⟩ sich ~ report back: sich bei j-m ~ to report back to s.o.; sich vom Urlaub ~ *mil.* to report back from leave. – **II** *v/t* j-n ~ to report s.o. back. — **~,müs·sen** *v/i* ⟨*irr, sep,* -ge-, h⟩ *colloq.* **1.** (*nach Hause etc*) have to go back, be obliged to return. – **2.** (*zurückgebracht werden müssen*) have to be returned: die Bücher müssen zurück in die Bibliothek the books must be returned to the library. – **3.** ein Stück ~ a) (*von Personen*) to have to go back a bit, b) (*von Möbeln etc*) to have to go (*od.* be moved, be put) back a bit.

Zu'rück,nah·me *f* ⟨-; -n⟩ **1.** *cf.* Zurücknehmen. – **2.** *mil.* withdrawal. – **3.** (*einer Beleidigung etc*) withdrawal. – **4.** (*eines Versprechens, einer Maßnahme etc*) withdrawal, retraction, recantation. – **5.** *jur.* (*einer Klage*) withdrawal. – **6.** *bes. econ.* (*eines Angebots, Patents etc*) revocation.

zu'rück,neh·men *v/t* ⟨*irr, sep,* -ge-, h⟩ **1.** take (*s.th.*) back: leere Flaschen ~ to take empty bottles back; Ausverkaufsware kann nicht zurückgenommen werden we will not take back goods sold in the sale, goods sold in the sale cannot be returned (*od.* are not returnable). – **2.** *mil.*

(*Truppen, Front etc*) withdraw. - **3.** (*Beleidigung, Beschuldigung, Verdacht, Beschwerde etc*) take (*s.th.*) back, withdraw. - **4.** (*Versprechen, gegebenes Wort etc*) take (*s.th.*) back, withdraw, go back on, retract, recant: das Gesagte ~ to withdraw what one has said, to retract one's statement. - **5.** (*Maßnahme etc*) withdraw, retract, recant. - **6.** *jur.* (*Klage*) withdraw. - **7.** (*Angebot, Patent etc*) revoke. - **8.** *econ.* a) (*Preise*) reduce, lower, b) (*Waren*) reduce (*od.* lower) the price of, mark (*s.th.*) down. - **9.** einen Zug ~ (*games*) to go back on a move. - **10.** (*sport*) (*Stürmer*) call (*s.o.*) back, back. - **11.** den Blinker ~ *auto.* to cancel the trafficator signal. - **II Z~** *n* ⟨-s⟩ **12.** *verbal noun.* - **13.** *cf.* Zurücknahme. — **~,pfei·fen** *v/t* ⟨*irr, sep, -ge-, h*⟩ **1.** einen Hund ~ to whistle a dog back, to whistle for a dog to come back. - **2.** j-n ~ *fig. colloq.* to reprimand s.o. for going too far (*in his policy etc*). — **~,pral·len** *v/i* ⟨*sep, -ge-, sein*⟩ **1.** (*von Ball etc*) rebound, bounce back. - **2.** (*von Geschoß*) ricochet. - **3.** *phys.* (*von Strahlen*) be reflected, reverberate. - **4.** *fig.* (*zurückschrecken*) recoil, start back, shrink back: vor Schreck ~ to recoil in horror. — **~,rech·nen I** *v/i* ⟨*sep, -ge-, h*⟩ reckon back. — **II** *v/t* (*Aufgabe etc*) reckon (*od.* calculate) (*s.th.*) back. — **~,rei·chen I** *v/t* ⟨*sep, -ge-, h*⟩ **1.** (*wiedergeben*) hand (*s.th.*) back. - **2.** (*Unterlagen, Schriftstücke etc*) return. - **3.** (*nach hinten reichen*) pass (*od.* hand) (*s.th.*) back. - **II** *v/i* **4.** go back: sein Gedächtnis reicht weit zurück his memory goes far back. - **5.** (*sich zurückverfolgen lassen*) date (*od.* go) back: die Geschichte dieser Stadt reicht zurück bis ins Mittelalter the history of this town dates back to the Middle Ages. — **~,rei·sen** *v/i* ⟨*sep, -ge-, sein*⟩ travel (*od.* go) back, return. — **~,rei·ten** *v/i* ⟨*irr, sep, -ge-, sein*⟩ ride back. — **~,ren·nen** *v/i* ⟨*irr, sep, -ge-, sein*⟩ run (*od.* dash, rush) back. — **~,rol·len** *v/i* ⟨*sep, -ge-, sein*⟩ roll back, (*von Auto*) auch run back. — **~,ru·dern I** *v/i* ⟨*sep, -ge-, sein*⟩ row back. — **II** *v/t* ⟨h⟩ j-n ~ to row s.o. back. — **~,ru·fen I** *v/t* ⟨*irr, sep, -ge-, h*⟩ **1.** (*durch Rufen zurückholen*) call (*s.o.*) back. - **2.** (*rufend antworten*) shout (*od.* call) (*s.th.*) back. - **3.** *colloq.* (*am Telephon*) call (*s.o.*) back. - **4.** (*zurückberufen*) call (*od.* summon) (*s.o.*) back. - **5.** sich (*dat*) etwas ins Gedächtnis ~ to recall s.th., to call s.th. to mind. - **6.** j-m etwas ins Gedächtnis ~ to remind s.o. of s.th. - **7.** ins Leben ~ *fig.* a) (*Menschen*) (*s.o.*) back to life, to revive, b) (*Verein, Organisation etc*) to revive. - **8.** *econ.* (*Wechsel*) withdraw. — **II** *v/i* **9.** (*am Telephon*) call (*bes. Br.* ring, *colloq.* phone) back. — **~,schaf·fen** *v/t* ⟨*sep, -ge-, h*⟩ bring (*s.th.*) back, return. — **~,schal·len** *v/i* ⟨*auch irr, sep, -ge-, h*⟩ resound, reecho, *Br.* re-echo. — **~,schal·ten** *v/i* ⟨*sep, -ge-, h*⟩ *auto.* change (*Am.* shift) down: in den ersten Gang ~ to change down into first (gear). — **~,schau·dern** *v/i* ⟨*sep, -ge-, sein*⟩ (*vor dat* from) shrink back, recoil. — **~,schau·en** *v/i* ⟨*sep, -ge-, h*⟩ *cf.* zurückblicken. — **~,scheu·chen** *v/t* ⟨*sep, -ge-, h*⟩ **1.** (*Hühner, Kinder etc*) shoo (*s.th., s.o.*) back. - **2.** (*zurücktreiben*) drive (*s.o., s.th.*) back. — **~,scheu·en** *v/i* ⟨*sep, -ge-, sein*⟩ vor (*dat*) etwas ~ to shrink (*od.* flinch) from s.th., to shy at (*od.* from) s.th., (*von Pferden*) to balk (*od.* shy) at s.th. — **~,schicken** (*getr.* -k·k-) *v/t* ⟨*sep, -ge-, h*⟩ **1.** (*Waren*) send (*s.th.*) back, return, (*amtlich*) *auch* reconsign. - **2.** (*Kind, Boten etc*) send (*s.o.*) back. — **~,schie·ben** *v/t* ⟨*irr, sep, -ge-, h*⟩ push (*s.th.*) back. — **~,schla·gen I** *v/t* ⟨*irr, sep, -ge-, h*⟩ **1.** *mil.* (*Feind, Angriff etc*) beat off, repel, repulse. - **2.** (*Tennisball etc*) return. - **3.** (*Bettdecke, Schleier etc*) fold back. - **4.** (*Verdeck*) put down, fold back. - **5.** (*Kapuze etc*) put down. - **6.** (*Mantel etc*) blow (*s.th.*) open. - **7.** (*Buchseiten*) leaf back. — **II** *v/i* **8.** hit back. - **9.** *mil.* strike back, retaliate. - **10.** (*von Flammen*) flare back. - **11.** *fig.* (*im Streitgespräch*) give back as good as one gets, retaliate. — **~,schlei·chen** *v/i* ⟨*irr, sep, -ge-, sein*⟩ creep (*od.* slip, sneak) back. — **~,schleppen I** *v/t* ⟨*sep, -ge-, h*⟩ drag (*od.* lug, haul, *colloq.* cart) (*s.th.*) back. — **II** *v/reflex* sich ~ (*von Verletzten etc*) drag oneself back. — **~,schleu·dern** *v/t* ⟨*sep, -ge-, h*⟩

fling (*od.* pitch, toss, *stärker* hurl, dash) (*s.th.*) back. — **~,schnap·pen** *v/i* ⟨*sep, -ge-, sein*⟩ (*von Schloß etc*) spring back. — **~,schnei·den** *v/t* ⟨*irr, sep, -ge-, h*⟩ hort. (*Bäume, Sträucher etc*) cut, prune, lop, pare. — **~,schnel·len I** *v/i* ⟨*irr, sep, -ge-, sein*⟩ **1.** (*von Feder etc*) snap (*od.* spring, jump) back, resile. - **II Z~** *n* ⟨-s⟩ **2.** *verbal noun.* - **3.** resilience, *auch* resiliency. — **~,schrauben** *v/t* ⟨*sep, -ge-, h*⟩ *fig.* **1.** (*Ansprüche etc*) cut (*od.* whittle) down. - **2.** (*Preise, durch staatliche Eingriffe*) reduce, *Am.* roll (*prices*) back. — **~,schrecken** (*getr.* -k·k-) **I** *v/i* ⟨*schreckt od.* schrickt zurück, schrak zurück, zurückgeschreckt, *rare* zurückgeschrocken, sein⟩ (*vor dat*) **1.** (*vor Schreck zurückfahren*) start back (from), recoil (from), wince. - **2.** *fig.* (*sich scheuen vor*) shrink (from), flinch (from), shy (at, from): er schreckt vor nichts zurück he stops (*od.* sticks) at nothing. - **II** *v/t* ⟨*sep, -ge-, h*⟩ **3.** j-n ~ (*durch Drohungen etc*) to put s.o. off, to deter s.o. — **~,schrei·ben** *v/i u. v/t* ⟨*irr, sep, -ge-, h*⟩ write back. — **~,schwim·men** *v/i* ⟨*irr, sep, -ge-, sein*⟩ swim back. — **~,se·geln** *v/i* ⟨*sep, -ge-, sein*⟩ sail back. — **~,se·hen** *v/i* ⟨*irr, sep, -ge-, h*⟩ *cf.* zurückblicken. — **~,seh·nen** *v/reflex* ⟨*sep, -ge-, h*⟩ sich ~ nach a) (*nach einem Ort*) to long (*od.* yearn) to be back in, b) (*nach einer Zeit*) to long for (*s.th.*) to be back, c) (*sehnsüchtig denken an*) to think back of (*od.* recall) (*s.th.*) with nostalgia. — **II** *v/t* j-n [etwas] ~ to long for s.o. [s.th.] to be back. — **~,sen·den** *v/t* ⟨*meist irr, sep, -ge-, h*⟩ *cf.* zurückschicken. — **Z~,sen·dung** *f* ⟨-; -en⟩ *cf.* Rücksendung.

zu'rück,set·zen I *v/t* ⟨*sep, -ge-, h*⟩ **1.** (*nach hinten setzen*) move (*od.* set, put) (*s.th.*) back. - **2.** (*wieder an den alten Platz setzen*) put (*od.* set) (*s.th.*) back in its place. - **3.** (*Auto*) reverse, back. - **4.** *econ. rare* for zurücknehmen **8.** - **5.** j-n ~ *fig.* to discriminate against s.o. - **6.** *arch.* (*Wand etc*) inset. - **II** *v/reflex* sich ~ **7.** sit back: sich bequem in den Sessel ~ to sit back comfortably in one's armchair. - **8.** sit further back: ich werde mich einige Reihen weiter ~ I'll go and sit a few rows further back. - **III** *v/i* **9.** (*im Auto*) reverse, back: Vorsicht, ich setze zurück! be careful, I'm going to reverse. - **10.** *hunt.* (*vom Hirsch etc*) produce smaller antlers than in the previous year. - **IV Z~** *n* ⟨-s⟩ **11.** *verbal noun.* - **12.** *econ.* (*von Preisen u. Waren*) reduction. — **Zu'rück,set·zung** *f* ⟨-; -en⟩ **1.** *cf.* Zurücksetzen. - **2.** (*Benachteiligung*) discrimination, disregard, slight: das Kind leidet unter der ~ the child suffers from the discrimination against him (*od.* from being discriminated against).

zu'rück,sin·ken *v/i* ⟨*irr, sep, -ge-, sein*⟩ sink back: sie sank in die Kissen zurück she sank back into her cushions. — **~,spie·geln** *v/t* ⟨*sep, -ge-, h*⟩ reflect. — **~,spie·len** *v/t* ⟨*sep, -ge-, h*⟩ den Ball ~ (*sport*) to pass the ball back. — **~,springen** *v/i* ⟨*irr, sep, -ge-, sein*⟩ **1.** jump back. - **2.** *cf.* zurückprallen 1, 2. - **3.** *colloq.* run (*od.* dash, fly, *bes. Br. colloq.* nip) back. - **4.** *arch.* recess. — **~,stau·en** *v/t* ⟨*sep, -ge-, h*⟩ **1.** (*Wasser*) stem. - **2.** *mar.* (*Ladung*) restow. — **~,stecken** (*getr.* -k·k-) **I** *v/t* ⟨*sep, -ge-, h*⟩ **1.** put (*s.th.*) back. - **2.** einen Pflock (*od.* einige, ein paar Pflöcke) ~ (*müssen*) *fig. colloq.* a) (to have) to moderate one's demands, b) (to have) to come down a peg or two. - **II** *v/i* **3.** *fig.* a) moderate one's demands, b) (*nach Übertreibung etc*) to come down a peg or two. — **~,ste·hen** *v/i* ⟨*irr, sep, -ge-, h u. sein*⟩ **1.** (*von Haus etc*) be set (further) back. - **2.** hinter j-m [etwas] ~ *fig.* a) (*benachteiligt werden*) to come off worse than s.o. [s.th.], to get the poor end of the deal with s.o. [s.th.], b) (*schlechter sein*) to be behind s.o. [s.th.]: sie muß immer hinter ihrem Bruder ~ she always gets the poor end of the deal with her brother; er steht weit hinter seinen Freunden zurück (*in seinen Leistungen etc*) he is far (*od.* way) behind his friends. - **3.** nicht ~ wollen *fig.* not to want to be left behind: alle halfen, und da wollte ich nicht ~ everybody helped and I did not want to be the only one who didn't. - **4.** ~ müssen to be left out, to miss

out on it, to have to forgo (*auch* forego) it. — **~,stel·len I** *v/t* ⟨*sep, -ge-, h*⟩ **1.** (*nach hinten stellen*) move (*od.* set, put) (*s.th.*) back. - **2.** (*wieder an den alten Platz stellen*) put (*od.* set) (*s.th.*) back in its place. - **3.** (*Uhr etc*) put (*s.th.*) back: die Uhr (*od.* die Zeiger der Uhr) um eine halbe Stunde ~ to put the time half an hour back; man kann die Zeiger der Uhr nicht ~ *fig.* one cannot put the clock (*od.* time) back. - **4.** j-m etwas ~ to put s.th. aside (*od.* keep s.th.) for s.o.: ich habe mir einen netten Sessel ~ lassen I had a nice armchair put aside (*od.* reserved) for me. - **5.** *mil.* a) exempt (*s.o.*) from service, reserve, b) (*zeitweilig*) defer: wegen seines Studiums wurde er zurückgestellt he was exempted from service because of his studies. - **6.** (*hintansetzen*) put (*s.th.*) last: seine persönlichen Interessen ~ to put one's personal interests last. - **7.** *fig.* (*aufschieben*) postpone. - **8.** *fig.* (*später bearbeiten od. behandeln*) defer, pigeonhole. - **II** *v/reflex* sich ~ **9.** move (*od.* stand) back. - **III Z~** *n* ⟨-s⟩ **10.** *verbal noun.* — **Z~,stel·lung** *f* ⟨-; -en⟩ **1.** *cf.* Zurückstellen. - **2.** *mil.* a) exemption from service, b) (*vorübergehende*) deferment. - **3.** (*Aufschiebung*) postponement. - **4.** (*spätere Bearbeitung od. Behandlung*) deferment. — **~,steu·ern** *v/i* ⟨*sep, -ge-, h*⟩ *mar.* put back. — **~,sto·ßen I** *v/t* ⟨*irr, sep, -ge-, h*⟩ **1.** push (*s.o., s.th.*) back. - **2.** *fig.* (*abstoßen*) repel, repulse, disgust. - **II** *v/i* **3.** (*im Auto*) reverse, back. — **~,strah·len** *phys.* **I** *v/t* ⟨*sep, -ge-, h*⟩ reflect, reverberate. - **II** *v/i* be reflected, reverberate. - **III Z~** *n* ⟨-s⟩ *verbal noun.* — **Z~,strah·lung** *f* **1.** *cf.* Zurückstrahlen. - **2.** reflection, *Br. auch* reflexion, reverberation. — **~,strei·chen** *v/t* ⟨*irr, sep, -ge-, h*⟩ sich (*dat*) das Haar ~ to smooth one's hair back. — **~,strei·fen** *v/t* ⟨*sep, -ge-, h*⟩ (*Ärmel etc*) push (*od.* turn) up. — **~,strö·men** *v/i* ⟨*sep, -ge-, sein*⟩ **1.** (*von Wasser etc*) stream (*od.* flow) back. - **2.** *fig.* (*von Menschenmenge etc*) stream (*od.* pour) back. — **~,tau·meln** *v/i* ⟨*sep, -ge-, sein*⟩ reel (*od.* stagger) back. — **~,te·le·fo·nie·ren** *v/i* ⟨*sep, no -ge-, h*⟩ *cf.* zurücktelephonieren. — **~,te·le·gra,fie·ren**, **~,te·le·gra,phie·ren** *v/t u. v/i* ⟨*sep, no -ge-, h*⟩ wire back. — **~,te·le·pho,nie·ren** *v/i* ⟨*sep, no -ge-, h*⟩ call (*bes. Br.* ring, *colloq.* phone) back. — **~,tra·gen** *v/t* ⟨*irr, sep, -ge-, h*⟩ **1.** carry (*s.th., s.o.*) back. - **2.** (*zurückbringen*) take (*od.* bring) (*s.th.*) back. — **~,tras·sie·ren** *v/t* ⟨*sep, no -ge-, h*⟩ *econ.* (*Wechsel*) (*auf j-n* upon s.o.) redraw. — **~,trei·ben** *v/t* ⟨*irr, sep, -ge-, h*⟩ **1.** drive (*s.o., s.th.*) back. - **2.** *mil.* repel, repulse. — **~,tre·ten** *v/i* ⟨*irr, sep, -ge-, sein*⟩ **1.** step (*od.* stand) back: einen Schritt ~ to take a step back; ~, bitte! make way, please! vor j-m ~ to make way for s.o. - **2.** (*von Hochwasser*) recede, subside, abate. - **3.** (*von Fluß*) recede. - **4.** von etwas ~ *fig.* a) (*von Amt, Posten etc*) to resign (from), b) (*von einem Kauf*) to go back on s.th., to withdraw from s.th., to back out of s.th., c) (*von einem Vertrag*) to withdraw (from) s.th., to back out of s.th., to cancel s.th., d) (*von einer Behauptung, Abmachung etc*) to go back on s.th., to withdraw (*od.* recede) from s.th., e) (*von einer Forderung etc*) to abandon (*od.* renounce) s.th. - **5.** *fig.* (*von Minister, Regierung etc*) resign. - **6.** *fig.* (*weniger werden*) diminish, decline: seine Bedeutung [sein Einfluß] tritt immer mehr zurück his importance [influence] is diminishing more and more. - **7.** *fig.* (*weniger wichtig sein*) be less important: deine Sorgen treten hinter (*od.* gegenüber) unseren Problemen weit zurück your troubles are much less important than (*od.* in comparison with) our problems. - **8.** *fig.* (*hintanstehen*) come second, take second (*od.* last) place: unsere Interessen müssen hinter dem Allgemeinwohl ~ our interests must come second to the general welfare. - **9.** in Reih und Glied ~ *mil.* to fall back (into the ranks). - **10.** (*art*) (*perspektivisch*) recede. — **~,tun** *v/t* ⟨*irr, sep, -ge-, h*⟩ *colloq.* **1.** etwas (an seinen Platz) ~ to put s.th. back (in its place). - **2.** einen Schritt ~ to take a step back. — **~,über,set·zen** *v/t* ⟨*sep, no -ge-, h*⟩ *cf.* rückübersetzen. — **Z~,über,set·zung** *f* *cf.* Rückübersetzung. — **~,über,tra·gen** *econ.*

I v/t ⟨irr, sep, no -ge-, h⟩ recede, retrocede, retransfer. – II Z~ n ⟨-s⟩ verbal noun. — Z~,über·tra·gung f 1. cf. Zurückübertragen. – 2. recession, retrocession, retransference. — ~ver,fol·gen v/t ⟨sep, no -ge-, h⟩ auch fig. trace (s.o., s.th.) back, retrace. — ~ver,gü·ten v/t ⟨sep, no -ge-, h⟩ econ. cf. rückvergüten. — Z~ver,gü·tung f cf. Rückvergütung. — ~ver,lan·gen v/t ⟨sep, no -ge-, h⟩ cf. zurückfordern. — ~ver-,le·gen I v/t ⟨sep, no -ge-, h⟩ 1. (Veranstaltung etc) postpone, defer. – 2. mil. a) (Artilleriefeuer etc) shorten the range of, b) (Truppen, Front etc) withdraw. – II Z~ n ⟨-s⟩ 3. verbal noun. — Z~ver,le·gung f 1. cf. Zurückverlegen. – 2. (einer Veranstaltung etc) postponement, deferment. – 3. mil. (der Front etc) withdrawal. — ~ver,set·zen I v/t ⟨sep, no -ge-, h⟩ 1. (Angestellten, Beamten etc) (nach to) transfer (s.o.) back. – 2. ped. (Schüler) move (s.o.) down, demote. – 3. fig. carry (s.o.) back: seine Worte versetzten mich in meine Jugend zurück his words carried me back into my youth. – II v/reflex sich ~ 4. think (od. turn one's mind) back: sich in seine Kindheit ~ to think back to (the time) when one was a child; sich ins Mittelalter zurückversetzt fühlen to feel taken back (in)to the Middle Ages. – III Z~ n ⟨-s⟩ 5. verbal noun. — Z~ver,set·zung f 1. cf. Zurückversetzen. – 2. ped. demotion. — ~ver,wan·deln I v/t ⟨sep, no -ge-, h⟩ (in acc into) turn (s.o., s.th.) back, retransform. – II v/reflex sich ~ (in acc into) change (od. turn back). – III Z~ n ⟨-s⟩ verbal noun. — Z~ver,wand·lung f 1. cf. Zurückverwandeln. – 2. retransformation. — ~ver,wei·sen I v/t ⟨sep, no -ge-, h⟩ (an acc to) 1. refer (s.o.) back. – 2. jur. pol. refer (s.o., s.th.) back, remand, remit: eine Gesetzesvorlage an einen Ausschuß ~ to refer a bill to a committee, to recommit a bill. – II Z~ n ⟨-s⟩ 3. verbal noun. — Z~ver,wei·sung f 1. cf. Zurückverweisen. – 2. jur. pol. remand, remission: ~ einer Gesetzesvorlage an einen Ausschuß recommission (od. colloq. hike) back. — ~,wei·chen v/i ⟨irr, sep, -ge-, sein⟩ 1. stand (od. draw) back: sie wichen zurück, um dem König Platz zu machen they stood back to make way for the king. – 2. ~ vor (dat) a) (vor einem Angreifer, gefährlichem Tier etc) to recede (od. step back) before, b) (vor Schreck) to start back from, c) fig. (vor einer Aufgabe, Anstrengung etc) to shrink (back) (od. flinch, recoil) from, d) fig. (vor Drohungen etc) to yield (od. submit) to. – 3. mil. give ground (od. way), withdraw, retire, fall back, yield. – 4. (von Gebirge etc) recede, retreat. – 5. (von Hochwasser) recede, subside, abate. —

zu'rück,wei·sen I v/t ⟨irr, sep, -ge-, h⟩ 1. (Geschenk, Sendung etc) refuse (to accept), reject, rebuff, (schwächer) decline. – 2. (Angebot etc) refuse, turn down, reject, decline, repudiate, rebuff: ein Angebot schroff [entschieden] ~ to reject an offer bluntly [emphatically]. – 3. (Bitte, Ansinnen etc) refuse, turn down, disapprove (of). – 4. (Beschuldigung, Vorwurf, Einspruch, Beschwerde, Argument etc) reject, repudiate. – 5. (Vorschlag etc) reject, turn down: er wies jeden Gedanken an eine Aussöhnung zurück he rejected any thought of reconciliation. – 6. (Forderung etc) repudiate, refuse. – 7. (Kandidaten, Zeugen etc) turn down, refuse, reject. – 8. (nicht hereinlassen) refuse (s.o.) entry, turn (s.o.) back: j-n an der Grenze ~ to turn s.o. back at the border. – 9. j-n in seine Grenzen (od. an seinen Platz) ~ fig. to put s.o. (back) in his place. – 10. jur. (Klage) dismiss. – 11. econ. a) (Wechsel) dishonor, bes. Br. dishonour, b) (Scheck) return. – 12. mil. (Angriff) repel. – II Z~ n ⟨-s⟩ 13. verbal noun. — Zu'rück,wei·sung f ⟨-; no pl⟩ 1. cf. Zurückweisen. – 2. (eines Geschenks etc) refusal (od. rejection), rebuff. – 3. (eines Angebots etc) refusal, rejection, repudiation, rebuff. – 4. (einer Bitte, eines Ansinnens etc) refusal. – 5. (einer Beschuldigung, Beschwerde etc) rejection, repudiation. – 6. (eines Vorschlags etc) rejection. – 7. (einer Forderung etc) repudiation, refusal. – 8. (eines Kandidaten, Zeugen etc) refusal, rejection. – 9. jur. (einer Klage) dismissal. – 10. econ.

(eines Schecks) return. – 11. mil. (eines Angriffs) repulsion. — zu'rück|,wen·den I v/reflex ⟨auch irr, sep, -ge-, h⟩ sich ~ turn back. – II v/t (Kopf etc) turn (s.th.) back: den Blick ~ to turn one's eyes back, to revert one's eyes. — ~,wer·fen I v/t ⟨irr, sep, -ge-, h⟩ 1. (Ball etc) throw (od. fling) (s.th.) back, return: die Brandung warf den Schwimmer zurück the surf threw the swimmer back. – 2. den Kopf ~ to toss one's head back. – 3. den Feind ~ mil. to repulse (od. repel) the enemy. – 4. (Lichtstrahlen) reflect, reverberate. – 5. (Schall) reverberate, reecho, Br. re-echo, resound. – 6. fig. (ins Elend etc) cast (s.o.) back. – 7. fig. (in der Entwicklung zurückbringen) throw (od. set, pull) (s.o., s.th.) back: der Reifenwechsel hat den Rallyefahrer erheblich zurückgeworfen the tire (bes. Br. tyre) change set the rally(e) driver back considerably; der Patient wurde in seiner Genesung weit zurückgeworfen the patient's recovery (od. convalescence) was retarded a great deal. – II v/reflex sich ~ 8. (auf ein Bett, in einen Sessel etc) throw oneself back. – III Z~ n ⟨-s⟩ 9. verbal noun. – 10. mil. (des Feindes) repulsion. – 11. (des Lichts) reflection. – 12. (des Schalls) reverberation. — ~,wir·ken v/i ⟨sep, -ge-, h⟩ (auf acc [up]on) react, retroact, reverberate. — ~,wün·schen v/t ⟨sep, -ge-, h⟩ j-n [etwas] ~ to wish (that) s.o. [s.th.] were back. — ~,zah·len I v/t ⟨sep, -ge-, h⟩ 1. (Schulden etc) pay back (od. off), repay, (Darlehen) auch redeem: Schulden ~ to pay back (od. off) debts; einen Kredit ~ to redeem (od. pay off) a credit; ich zahle dir das Geld morgen zurück I'll return the money to you tomorrow, I'll repay you tomorrow. – 2. (Auslagen etc) reimburse, refund: j-m seine Auslagen ~ to reimburse s.o. (for) his expenses, to refund s.o.'s expenses. – 3. fig. colloq. (heimzahlen) repay, pay (s.o.) back: ich werde dir diese Gemeinheit ~! I'll repay you for that mean trick! – II Z~ n ⟨-s⟩ 4. verbal noun. — Z~,zah·lung f 1. cf. Zurückzahlen. – 2. cf. Rückzahlung. — ~,zie·hen I v/t ⟨irr, sep, -ge-, h⟩ 1. draw (od. pull) (s.o., s.th.) back: die Vorhänge ~ to draw the curtains back, to open the curtains; j-n vom Abgrund ~ to draw s.o. back from the abyss. – 2. (zu sich heranziehen) withdraw, draw (s.th.) back: die Füße ~ to draw (od. pull) one's feet back (od. in); die Hand ~ to draw (od. take) one's hand back. – 3. fig. (Antrag, Angebot, Bestellung, Bewerbung, Kündigung etc) withdraw, cancel: → Meldung 15. – 4. fig. (Beschwerde, Klage etc) withdraw, retract. – 5. fig. (Geld) withdraw. – 6. mil. (Truppen etc) withdraw. – 7. (games) move (a piece) back: eine Schachfigur ~ to retreat. – II v/reflex sich ~ 8. retire, withdraw: sie hat sich schon (in ihr Zimmer) zurückgezogen she has already retired (into her room); er hat sich aufs Land [ins Kloster, ins Privatleben] zurückgezogen he retired to the country [into a monastery, into private life]; er hat sich von seinen Geschäften (od. vom Geschäftsleben) zurückgezogen he retired from business; das Gericht zog sich zur Beratung zurück the court retired for deliberation; sich von der Bühne ~ to retire from (bes. Am. quit) the stage, to give up acting; sich aus der Öffentlichkeit [von der Welt] ~ to retire from public life [from the world]; sich in (acc) sich selbst ~ to retire (od. retreat) into oneself; ich ziehe mich in meine Gemächer zurück humor. I retire to my boudoir. – 9. (von einer Verbindlichkeit) back out. – 10. sich von j-m ~ to dissociate oneself from s.o. – 11. mil. retire, retreat, withdraw. – III v/i ⟨sein⟩ 12. go back. – 13. (von Truppen etc) march back. – 14. (wieder umziehen) move back. – 15. (von Vögeln) migrate back. – IV Z~ n ⟨-s⟩ 16. verbal noun. – 17. cf. Zurückziehung. — Zu'rück,zie·her m ⟨-s; -⟩ rare for Rückzieher 1. — Zu'rück,zie·hung f ⟨-; -en⟩ 1. cf. Zurückziehen. – 2. fig. (eines Antrages, Angebots, einer Bestellung, Bewerbung, Kündigung etc) withdrawal, cancel(l)ation. – 3. fig. (einer Beschwerde, Klage, eines Versprechens etc) withdrawal.

zu'rück,zucken (getr. -k·k-) v/i ⟨sep, -ge-, sein⟩ flinch, duck. — 'Zu,ruf m 1. shout: ein ~ aus dem Publikum a shout from the audience; höhnische (od. ironische) ~e derisive shouts, heckling sg. – 2. (ermunternder, begeisterter) shout, cheer: die Mannschaft wurde durch die ~e ihrer Landsleute angefeuert the team was encouraged by the cheers of its compatriots. – 3. j-n durch ~ wählen to elect s.o. by acclamation; durch ~ abstimmen to cast one's vote by acclamation. — 'zu,ru·fen v/t ⟨irr, sep, -ge-, h⟩ j-m etwas ~ to shout (od. cry) s.th. at s.o. — 'zu,rü·sten I v/t ⟨sep, -ge-, h⟩ 1. prepare. – 2. (ausrüsten) attach, equip. – II Z~ n ⟨-s⟩ 3. verbal noun. — 'Zu,rü·stung f ⟨-; -en⟩ 1. cf. Zurüsten. – 2. preparation. – 3. equipment, attachment. — Zur·ver'fü·gung,stel·lung f (officialese) supplying, putting (of s.th.) at s.o.'s disposal. — zur'zeit adv Austrian and Swiss at present, now, for the time being. — 'Zu,sa·ge f ⟨-; -n⟩ 1. (Versprechen) promise, word, pledge: eine bindende ~ a binding promise; j-m eine ~ geben (od. machen) to give (od. make) s.o. a promise; eine ~ brechen (od. nicht einhalten) to break a promise. – 2. (auf eine Einladung) acceptance: auf meine Einladung bekam ich zahlreiche ~n I received numerous acceptances to my invitation. – 3. (Einwilligung) assent, consent. — 'zu,sa·gen I v/t ⟨sep, -ge-, h⟩ 1. (versprechen) promise: er hat mir schnelle Hilfe zugesagt he promised me to (od. that he would) help quickly; er hat sein Kommen zugesagt a) he promised to come, b) (zu einem offiziellen Anlaß) he indicated acceptance of the invitation; der Künstler hat seine Mitwirkung bei der Veranstaltung zugesagt the artist agreed to participate (od. take part) in the performance. – 2. j-m etwas auf den Kopf ~ to tell s.o. s.th. outright (od. to his face): ich habe ihm auf den Kopf zugesagt, daß er gelogen hat I told him to his face that he had lied. – II v/i 3. accept an invitation: ich habe schon anderweitig zugesagt I have already accepted another invitation, I have previous engagements. – 4. etwas sagt j-m [nicht] zu s.th. is [not] to s.o.'s liking (od. taste), s.th. appeals [doesn't appeal] to s.o., s.o. likes [doesn't like] s.th.: seine neue Tätigkeit sagt ihm gar nicht zu his new job is not at all to his liking. — 'zu,sa·gend I pres p. – II adj 1. (Antwort, Bescheid etc) positive, affirmative. – 2. (Gesellschaft etc) palatable, congenial. — zu·sam·men [tsu'zamən] adv 1. (gemeinsam) together: wir sind ~ in die Schule gegangen we went to school together; wir wollen ~ fahren let's go together; wir wollen ~ überlegen, was zu tun ist let's work out together what can be done; das machen wir alle ~ we'll all work together, we'll make a joint effort, we'll combine our efforts; ~ mit den Kindern sind wir neun Personen there are nine of us all together (od. along) with the children, there are nine of us counting (od. including) the children. – 2. (beieinander) together: wir waren fast jeden Tag ~ we were together nearly every day. – 3. (gemeinschaftlich) together, jointly: ~ mit together (od. in company) with; sie haben das Geschäft ~ aufgebaut they built up the business together. – 4. (insgesamt) together: das macht ~ genau zehn Mark that comes to (od. amounts to) exactly ten marks all together, that makes a total of ten marks (all together); sie verdienen ~ 3 000 Mark they earn 3,000 marks together (od. between them), their joint earnings are 3,000 marks; wir haben ~ noch zwanzig Mark we have twenty marks left all together (od. between us); ich bezahle alles ~ I pay for everything together, I pay for it all (together). – 5. (gleichzeitig) at the same time. — Zu·sam·men·ar·beit f ⟨-; no pl⟩ 1. cooperation, Br. auch co-operation, collaboration: enge [dauernde, internationale] ~ close [lasting, international] cooperation; ~ zwischen Gewerkschaften und Unternehmern union-management cooperation. – 2. (innerhalb eines Teams) teamwork. – **3.** ~ mit dem Feind *pol.* collaboration (with the enemy), collusion. – **z~-ar·bei·ten** *v/i* ⟨*sep*, -ge-, h⟩ **1.** cooperate, *Br. auch* co-operate, collaborate. – **2.** (*in einem Team*) work together, be (*od.* make) a good team. – **3.** mit dem Feind ~ *pol.* to collaborate with the enemy, to enter into collusion with the enemy.

zu'sam·men,backen (*getr.* -k·k-) *v/i* ⟨*sep*, -ge-, h *u.* sein⟩ *colloq. for* zusammenkleben II.

zu'sam·men|,bal·len I *v/t* ⟨*sep*, -ge-, h⟩ **1.** (*Papier, Schnee etc*) roll (*s.th.*) into a ball. – **II** *v/reflex* sich ~ **2.** (*von Gewitterwolken etc*) loom (*od.* bank) up, accumulate, conglomerate, lump, mass together: Unheil ballt sich über j-m zusammen *fig. lit.* disaster is looming over s.o. – **3.** (*von Menschenmassen etc*) mass together, agglomerate. – **4.** *fig.* (*von Kapital etc*) concentrate, agglomerate. – **5.** *tech.* a) ball, coalesce, cake, b) agglomerate, conglomerate. – **III Z~** *n* ⟨-s⟩ **6.** *verbal noun.* — **Z~,bal·lung** *f* ⟨-; *no pl*⟩ **1.** *cf.* Zusammenballen. – **2.** (*von Wolken etc*) accumulation, conglomeration. – **3.** (*von Menschen etc*) mass. – **4.** *fig.* (*von Kapital etc*) concentration, agglomeration. – **5.** *tech.* a) coalescence, b) agglomeration, conglomeration.

Zu'sam·men|,bau *m* ⟨-(e)s; -e⟩ *tech.* **1.** *cf.* Zusammenbauen. – **2.** assembly, assemblage. – **z~,bau·en I** *v/t* ⟨*sep*, -ge-, h⟩ **1.** assemble, fit: etwas wieder ~ to reassemble s.th. – **II Z~** *n* ⟨-s⟩ **2.** *verbal noun.* – **3.** *cf.* Zusammenbau.

zu'sam·men|,bei·ßen *v/t* ⟨*irr, sep*, -ge-, h⟩ die Zähne ~ *auch fig.* to clench (*od.* set) one's teeth. – **~be,kom·men** *v/t* ⟨*irr, sep, no* -ge-, h⟩ **1.** get (*things*) together (*od.* to meet). – **2.** (*Geld*) collect, raise. – **3.** (*bei einer Kleidersammlung etc*) collect. – **~be,ru·fen** *v/t* ⟨*irr, sep, no* -ge-, h⟩ *cf.* einberufen 2, 3. — **~,bet·teln** *v/t* ⟨*sep*, -ge-, h⟩ beg (*s.th.*) together (from various sources). – **~,bin·den** *v/t* ⟨*irr, sep*, -ge-, h⟩ tie (*od.* bind) (*s.th.*) together: etwas zu etwas ~ to tie (*od.* bind) s.th. (up) into s.th. — **~,blei·ben** *v/i* ⟨*irr, sep*, -ge-, sein⟩ stay together. – **~,bor·gen** *v/t* ⟨*sep*, -ge-, h⟩ borrow (*s.th.*) from various sources. — **~,brau·en I** *v/t* ⟨*sep*, -ge-, h⟩ *colloq.* (*Getränk etc*) concoct, cook (up), brew. – **II** *v/reflex* sich ~ (*von Gewitter, Unwetter etc*) be brewing: zwischen den beiden braut sich etwas zusammen *fig.* there's trouble brewing between the two.

zu'sam·men,bre·chen I *v/i* ⟨*irr, sep*, -ge-, sein⟩ **1.** (*von Stuhl, Brücke etc*) break down, collapse. – **2.** *fig.* (*von Unternehmung, Geschäft, Angriff etc*) break down, fail, crumble, fold up (*colloq.*): ohne ihn würde alles ~ without him everything would break down (*od.* go to pieces). – **3.** (*vor Erschöpfung, Überanstrengung, Übermüdung, Kummer etc*) break down, collapse, crack-up (*sl.*): bei der Nachricht von seinem Tod ist sie völlig zusammengebrochen upon the news of his death she broke down completely; tödlich getroffen brach er zusammen he collapsed fatally wounded; der Angeklagte brach unter der Last der Beweise zusammen the defendant broke down under the weight of the evidence. – **4.** *fig.* (*von Verkehr*) be paralyzed (*Br. auch* -s-), come to a standstill. – **5.** *electr.* (*von Spannung*) break down. – **II Z~** *n* ⟨-s⟩ **6.** *verbal noun.* – **7.** *cf.* Zusammenbruch.

zu'sam·men,brin·gen *v/t* ⟨*irr, sep*, -ge-, h⟩ **1.** j-n mit j-m ~ a) to introduce s.o. to s.o., to bring s.o. into contact with s.o., b) (*zwecks späterer Heirat*) to introduce s.o. to s.o., to bring s.o. together with s.o.: j-n mit einem einflußreichen Geschäftsmann ~ to introduce s.o. to an influential businessman; die Mutter versucht, ihre Tochter mit dem Nachbarssohn zusammenzubringen the mother tries to bring her daughter together with the neighbo(u)r's son. – **2.** wieder ~ (*aussöhnen*) to reconcile, to bring together: zerstrittene Familienmitglieder wieder ~ to reconcile estranged members of a family. – **3.** (*zusammenberufen*) assemble. – **4.** (*vereinigen*) unite. – **5.** (*gedanklich verbinden*) (mit with) couple. – **6.** etwas mit etwas ~ (*Materialien etc*) to bring s.th. into contact with s.th. – **7.** (*Geld*)

raise, collect. – **8.** (*Vermögen*) amass. – **9.** *colloq.* remember: ich weiß nicht, ob ich das Gedicht noch zusammenbringe I don't know whether I remember all of the poem. – **10.** *colloq.* be able to say: er hat keine drei Sätze zusammengebracht he couldn't manage three sentences. – **11.** *colloq. for* zusammenbekommen 1. – **12.** *colloq. for* fertigbringen 1.

Zu'sam·men,bruch *m* ⟨-(e)s; ⸚e⟩ **1.** *cf.* Zusammenbrechen. – **2.** (*eines Unternehmens, Angriffs etc*) collapse, failure, smash, (*finanzieller*) *auch* ruin. – **3.** *pol.* breakdown. – **4.** *econ.* (*der gesamten Wirtschaft*) collapse. – **5.** (*plötzlicher, katastrophaler*) debacle. – **6.** (*vor Erschöpfung, Überanstrengung, Kummer etc*) breakdown, collapse, crack-up (*sl.*).

zu'sam·men|,drän·gen I *v/t* ⟨*sep*, -ge-, h⟩ **1.** (*Menschenmassen etc*) crowd (*od.* crush) (*persons, animals*) together: wir wurden auf engstem Raum zusammengedrängt we were crowded together on a minimum of space. – **2.** *fig.* (*kürzer darstellen*) condense. – **II** *v/reflex* sich ~ **3.** (*von Menschen*) crowd (*od.* huddle [up]) together. – **4.** *fig.* (*zeitlich*) be concentrated: alles drängte sich in den letzten Tagen zusammen everything was concentrated into the last days. — **~,dre·hen I** *v/t* ⟨*sep*, -ge-, h⟩ (*Schnüre etc*) twist (*od.* twine) (*things*) together. – **II** *v/reflex* sich ~ **3.** (*von Menschen*) twist (*od.* twine) together, become twisted (*od.* twined) together, become entwined (*od.* entangled). — **~,drücken** (*getr.* -k·k-) *v/t* ⟨*sep*, -ge-, h⟩ **1.** press (*s.th.*) together. – **2.** (*zusammenquetschen*) squeeze (*s.th.*) together, squash. – **3.** (*verdichten*) compress. — **~,fah·ren I** *v/i* ⟨*irr, sep*, -ge-, sein⟩ **1.** *cf.* zusammenstoßen 1. – **2.** (*vor Schreck etc*) start (back), recoil, startle, boggle. – **II** *v/t* ⟨h⟩ **3.** *colloq.* (*kaputtfahren*) wreck, smash.

Zu'sam·men|,fall *m* ⟨-(e)s; *no pl*⟩ (*von Ereignissen etc*) coincidence, clash. — **z~,fal·len** *v/i* ⟨*irr, sep*, -ge-, sein⟩ **1.** (*von Gebäude etc*) collapse, cave in: die Hütte ist (in *acc* sich) zusammengefallen the hut caved in. – **2.** *gastr.* (*von Hefeteig etc*) go down in the middle. – **3.** (*von Ballon etc*) wilt, collapse, deflate. – **4.** (*zeitlich*) coincide, clash: mein Geburtstag fällt mit eurem Hochzeitstag zusammen my birthday coincides with your wedding anniversary. – **5.** (*sich überschneiden*) overlap. – **6.** *math.* coincide. – **7.** *fig.* (*von Hoffnungen, Plänen etc*) come to nothing: meine Pläne fielen zusammen wie ein Kartenhaus my plans collapsed like a house of cards. – **8.** *fig.* (*von Argumentation, Theorie etc*) collapse. – **9.** *fig.* (*abmagern*) become emaciated, be reduced to nothing. – **10.** *Austrian for* hinfallen 1.

zu'sam·men,fal·ten *v/t* ⟨*sep*, -ge-, h⟩ (*Briefbogen, Serviette, Tischtuch etc*) fold up: etwas einmal ~ to fold s.th. in two, to double s.th.; dieses Papier läßt sich leicht ~ this paper folds easily.

zu'sam·men|,fas·sen I *v/t* ⟨*sep*, -ge-, h⟩ **1.** (*vereinigen*) unite, combine, integrate: mehrere kleine Vereine in einer gemeinsamen Organisation ~ to unite (*od.* amalgamate) several small clubs in a common organization; etwas zentral ~ to centralize (*Br. auch* -s-) s.th.; Personen zu Gruppen ~ to group people. – **2.** (*kurz darstellen*) summarize *Br. auch* -s-, sum up, brief, (*schriftlich*) *auch* epitomize *Br. auch* -s-: seine Eindrücke in einem Satz ~ to summarize one's impressions in (*od.* with) one sentence; etwas in Stichworten ~ to sum s.th. up in key words; etwas läßt sich dahin ~, daß s.th. can be summed up to the effect that. – **3.** (*kurz wiederholen*) recapitulate, résumé. – **4.** (*straffen, kürzen*) condense. – **5.** etwas unter (*dat*) etwas ~ to class (*od.* subsume) s.th. under s.th.: verschiedene Begriffe unter einem Oberbegriff ~ to class different terms under a general term. – **6.** seine Gedanken ~ to collect one's thoughts. – **7.** *mil.* a) (*Truppen*) concentrate, mass, b) (*Angriff*) concentrate, concert, combine, c) (*Material*) pool, d) (*Feuer*) concentrate. – **II** *v/i* **8.** (*zusammenfassend*) *Br. auch* -s-, sum up. – **III Z~** *n* ⟨-s⟩ **9.** *verbal noun.* – **10.** *cf.* Zusammenfassung. — **~,fas·send I** *pres p.* – **II** *adj* (*Darstellung, Satz, Bericht etc*) summary, synoptic, recapitulatory. – **III** *adv* ~ läßt sich (*od.* kann man) sagen, daß to sum up

it can be said that. — **Z~,fas·sung** *f* ⟨-; -en⟩ **1.** *cf.* Zusammenfassen. – **2.** (*Vereinigung*) combination, integration. – **3.** (*kurze Darstellung*) summary, summarization *Br. auch* -s-, summing-up, résumé, synopsis, compendium, conspectus, (*schriftliche*) *auch* epitome: eine ~ geben to give a summary, to sum up. – **4.** (*kurze Wiederholung*) recapitulation, résumé. – **5.** (*Straffung, Kürzung*) condensation. – **6.** (*als Aufgabe in der Schule etc*) précis. – **7.** ~ unter (*dat*) etwas subsumption under s.th. – **8.** *mil.* a) (*von Truppen*) concentration, b) (*des Angriffs*) concentration, combination, c) (*des Feuers*) concentration.

zu'sam·men|,fe·gen *v/t* ⟨*sep*, -ge-, h⟩ **1.** (*auf einen Haufen*) sweep (*s.th.*) together (*od.* into a pile). – **2.** (*auffegen*) sweep (*s.th.*) up. — **~,fin·den I** *v/i* ⟨*irr, sep*, -ge-, h⟩ (*von zwei Partnern*) come together, find each other. – **II** *v/reflex* sich ~ (*sich treffen*) meet, come together, gather. — **~,flech·ten** *v/t* ⟨*irr, sep*, -ge-, h⟩ **1.** (*Haare*) plait (*od.* braid, tress) (*hair*) together. – **2.** (*Blumen etc*) wreathe (*od.* bind) (*things*) together. — **~,flicken** (*getr.* -k·k-) *v/t* ⟨*sep*, -ge-, h⟩ **1.** (*zusammensetzen*) piece (*s.th.*) together. – **2.** (*notdürftig*) patch (*s.th.*) up, botch. — **zu'sam·men|,flie·ßen I** *v/i* ⟨*irr, sep*, -ge-, sein⟩ **1.** (*von Flüssen*) flow together, meet, join. – **2.** (*von Farben etc*) run together. – **3.** *med.* (*von Flecken, Exanthemen*) merge (together), run together. – **II Z~** *n* ⟨-s⟩ **4.** *verbal noun.* – **5.** *cf.* Zusammenfluß. — **~,flie·ßend I** *pres p.* – **II** *adj auch med.* confluent. — **Z~,fluß** *m* **1.** *cf.* Zusammenfließen. – **2.** (*von Flüssen*) confluence, concourse, junction.

zu'sam·men|,fü·gen I *v/t* ⟨*sep*, -ge-, h⟩ **1.** join (*od.* fit) (*things*) together, connect. – **2.** *tech.* a) (*Paßteile*) mate, b) (*zusammenbauen*) assemble, fit, mount, c) (*durch Fugen*) joint (*things*) together. – **3.** *med.* a) (*Bruchenden*) fit (*ends of a fractured bone*) together, join, unite, knit, b) (*Wundrand*) fit (*lips of a wound*) together, c) (*mit Klammern*) clamp, d) (*nähen*) sew (*things*) together. – **II** *v/reflex* sich ~ **4.** *fig.* (*verlaufen, sich ergeben*) work out: alles fügt sich schön zusammen everything works out well. – **5.** *fig.* (*von Beweisen etc*) fit together, dovetail. – **III Z~** *n* ⟨-s⟩ **6.** *verbal noun.* — **Z~,fü·gung** *f* ⟨-; *no pl*⟩ **1.** *cf.* Zusammenfügen. – **2.** (con)junction. – **3.** *tech.* assembly, assemblage.

zu'sam·men,füh·ren I *v/t* ⟨*sep*, -ge-, h⟩ **1.** (*fremde Menschen*) bring (*persons*) together: das Schicksal hat sie zusammengeführt fate brought them together. – **2.** wieder ~ (*Familien etc*) to reunite. – **II Z~** *n* ⟨-s⟩ **3.** *verbal noun.* — **Z~,füh·rung** *f* **1.** *cf.* Zusammenführen. – **2.** (*von Familien etc*) reunion.

zu'sam·men|,ge·ben *v/t* ⟨*irr, sep*, -ge-, h⟩ join (*persons*) in matrimony, marry, unite. — **~ge,bis·sen I** *pp of* zusammenbeißen. – **II** *adj* mit ~en Zähnen *fig. colloq.* with teeth clenched. — **~ge,drängt I** *pp.* – **II** *adj* wie die Heringe *colloq. humor.* (packed) like sardines in a box (*Br.* tin). — **~ge,flickt I** *pp.* – **II** *adj fig.* scrappy, bitty, bittie. — **~,ge·hen** *v/i* ⟨*irr, sep*, -ge-, sein⟩ *colloq.* **1.** (*zueinander passen*) match. – **2.** (*schrumpfen*) shrink. – **3.** (*von Linien*) intersect, cross, meet. – **4.** (*sich schließen lassen*) meet. – **5.** ~ mit *fig.* (*als Begleiterscheinung haben*) to be accompanied by. – **6.** *fig.* (*gemeinsame Sache machen*) make common cause, join.

zu'sam·men|ge,hö·ren *v/i* ⟨*sep*, *pp* zusammengehört, h⟩ **1.** (*von Personen*) belong together. – **2.** (*von Socken, Schuhen, Handschuhen etc*) match, form a pair, belong together. — **~ge,hö·rend I** *pres p.* – **II** *adj cf.* zusammengehörig.

zu'sam·men·ge,hö·rig *adj* **1.** (*Personen*) belonging together: sie fühlen sich ~ they feel that they belong together. – **2.** ⟨*attrib*⟩ (*Socken, Schuhe, Handschuhe, Teile etc*) matching. — **Zu'sam·men·ge,hö·rig·keit** *f* ⟨-; *no pl*⟩ (*von Gruppen, Personen etc*) solidarity, (*geistige*) *auch* fellowship.

Zu'sam·men·ge,hö·rig·keits·ge,fühl *n* (feeling of) solidarity, fellow feeling.

Zu'sam·men|ge,koch·te *n* ⟨-n; *no pl*⟩ *gastr.* **1.** hot pot, stew, hotchpotch, hodgepodge. – **2.** *contempt.* hotchpotch, hodgepodge. — **z~ge,ra·ten** *v/i* ⟨*irr, sep*, *pp* zusammengeraten, sein⟩ **1.** come together. – **2.** *fig.* cross swords, have an argument:

die beiden sind heftig zusammengeraten the two of them had a fierce argument. — **z~ge¦schu·stert I** *pp.* – **II** *adj fig.* botchy. — **z~ge¦setzt I** *pp.* – **II** *adj* **1.** ~ sein aus to be made up of, to be composed of, to consist of. – **2.** *math. (Zahl)* composite, compound, complex *(alle attrib)*. – **3.** *ling.* a) *(Wort)* compound *(attrib)*, b) *(Satz)* compound, complex *(beide attrib)*: ~es Wort compound (word). – **4.** *tech.* assembled. — **z~ge¦wür·felt I** *pp.* – **II** *adj (Geschirr, Gesellschaft etc)* oddly assorted, conglomerate, motley. — **z~gie·ßen** *v/t ⟨irr, sep, -ge-, h⟩* pour *(things)* together.

Zu'sam·men¦halt *m ⟨-(e)s; no pl⟩* **1.** cohesion, coherence. – **2.** *fig. (innerhalb einer Gruppe)* bond. — **z~¦hal·ten I** *v/t ⟨irr, sep, -ge-, h⟩* **1.** hold *(s.th.)* together, keep *(s.th.)* closed: die Hose mit einem Gürtel ~ to hold the trousers together with a belt. – **2.** *(Gruppe von Kindern etc)* keep *(persons)* together. – **3.** sein Geld ~ *colloq.* to be careful with one's money. – **4.** seine Gedanken ~ *fig.* to keep track of one's thoughts. – **5.** *(vergleichend)* hold *(things)* together. – **II** *v/i* **6.** *(von Geleimtem, Geklebtem etc)* hold, stay together, cohere. – **7.** *(von Freunden)* hold to each other *(od.* to one another), keep *(od. colloq.* stick) together: → Pech 1.

Zu'sam·men¦hang *m ⟨-(e)s; ⁼e⟩* **1.** connection, *Br. auch* connexion, nexus: zwischen den beiden Ereignissen besteht ein ~ there is a connection between the two incidents, the two incidents are connected; zwei Ereignisse miteinander in ~ bringen to establish a connection between two events; ich sehe keinen ~ I see no connection, I don't see the connection; einen ~ ahnen *(od.* vermuten) to suspect a connection; die Zusammenhänge durchschauen to see the connections; sein Name wurde im ~ mit dem politischen Skandal genannt his name was mentioned in connection with the political scandal; das steht im *(od.* in) ~ mit that is connected with; das steht in keinem ~ mit der Affäre X that has no connection *(od.* is in no way connected) with the X affair; das muß in diesem ~ einmal gesagt werden that must be said in this connection *(od.* context). – **2.** *(sinnvolles Ganzes)* context: einen Satz aus dem ~ reißen *(od.* herauslösen) to take a sentence out of its context; etwas im ~ erzählen to tell s.th. in its context; die Dinge im ~ sehen to see things in their context *(od.* in perspective). – **3.** *(Beziehung, Verhältnis)* relation: ursächlicher ~ causal relation. – **4.** *(Wechselbeziehung)* correlation. – **5.** *(einer Geschichte, Rede etc)* continuity, coherence: die Geschichte hat keinen ~ the story has no coherence *(od.* does not cohere). – **6.** *philos.* coherence. — **z~hän·gen I** *v/i ⟨irr, sep, -ge-, h⟩* **1.** *(miteinander verbunden sein)* (mit) be joined (to), be linked (with): die Insel hing früher mit dem Festland zusammen the island was formerly joined to the continent; → Klette 2. – **2.** *fig.* be connected: meine Müdigkeit hängt mit dem Wetter zusammen my tiredness is connected *(od.* has to do) with the weather; Ursache und Wirkung hängen zusammen cause and effect are connected *(od.* related). – **3.** *fig.* be linked up: sie erzählte mir genau, wie alles zusammenhing she told me exactly how everything was linked up, she told me the ins and outs of it; wie hängt das zusammen? how is that linked up? – **II** *v/t ⟨sep, -ge-, h⟩* **4.** *(Kleidung etc)* hang *(things)* (up) together. — **z~hän·gend I** *pres p.* – **II** *adj* **1.** *(Sätze, Rede etc)* coherent. – **2.** *(Linie etc)* continuous. – **III** *adv* **3.** etwas ~ erzählen to relate s.th. coherently.

zu'sam·men¦hang(s)·los *adj (Sätze, Rede etc)* incoherent, disjointed, disconnected, loose. — **Zu'sam·men¦hang(s)·lo·sig·keit** *f ⟨-; no pl⟩* incoherence, disjointedness, disconnectedness, looseness.

zu'sam·men¦har·ken *v/t ⟨sep, -ge-, h⟩ Northern G.* rake *(s.th.)* (together). — **z~¦hau·en** *v/t ⟨irr, sep, -ge-, h⟩ colloq.* **1.** *(zertrümmern)* smash *(s.th.)* up. – **2.** j-n ~ to beat s.o. up *(od.* to a pulp), to give s.o. the works *(sl.)*. – **3.** den Feind ~ *mil.* to crush the enemy, to beat the enemy down. – **4.** *(ohne Sorgfalt herstellen)* throw *(s.th.)* together, do a makeshift job on,

do *(od.* make) *(s.th.)* any old way *(od.* any old how) *(sl.)*. – **5.** *(Aufsatz, Artikel etc)* throw *(s.th.)* together, scribble *(s.th.)* down any old way *(od.* any old how) *(sl.)*. — **~¦häu·fen** *v/t ⟨sep, -ge-, h⟩* heap *(od.* pile) *(s.th.)* up, accumulate. — **~¦hef·ten** *v/t ⟨sep, -ge-, h⟩* **1.** *(in einem Ordner)* file, place *(s.th.)* in a file. – **2.** *(mit einer Heftmaschine)* staple *(s.th.)* together. – **3.** *(in der Schneiderei)* tack *(s.th.)* together. – **4.** *(in der Buchbinderei)* stitch *(s.th.)* together. — **~¦hei·len** *v/i ⟨sep, -ge-, sein⟩ med.* **1.** *(von Wunden)* heal (up *od.* over), skin over. – **2.** *(von Knochen)* consolidate, knit. — **~¦ho·len** *v/t ⟨sep, -ge-, h⟩* gather *(things, persons)* up *(od.* together). — **~¦kau·ern** *v/reflex ⟨sep, -ge-, h⟩* sich ~ **1.** huddle *(od.* hunch) up. – **2.** *(vor Angst)* cower. — **~¦kau·fen** *v/t ⟨sep, -ge-, h⟩* **1.** buy *(things)* in various places, collect: etwas von überall her ~ to buy s.th. from all over the place. – **2.** *contempt. (wertlose Gegenstände)* buy a conglomeration *(od.* odd assortment) of. — **~¦keh·ren** *v/t ⟨sep, -ge-, h⟩ cf.* zusammenfegen. — **~¦ket·ten** *v/t ⟨sep, -ge-, h⟩* chain *(persons, things)* together. — **~¦kit·ten** *v/t ⟨sep, -ge-, h⟩* **1.** cement. – **2.** *fig. (Ehe, Freundschaft etc)* mend, repair, patch up. — **~¦klam·mern** *v/t ⟨sep, -ge-, h⟩* **1.** *(mit Büroklammer)* pin *(s.th.)* together (with a paper clip). – **2.** *med. cf.* klammern 2.

Zu'sam·men¦klang *m* **1.** *mus.* harmony, chord. – **2.** *fig. (von Farben etc)* harmony, blend, accord. – **3.** *fig. (zwischen Menschen)* harmony.

zu'sam·men¦klapp·bar *adj* **1.** *(Tisch, Stuhl, Kinderwagen etc)* collapsible, folding *(attrib)*: der Stuhl ist ~ the chair folds. – **2.** *(Taschenmesser etc)* folding *(attrib)*. — **~¦klap·pen I** *v/t ⟨sep, -ge-, h⟩* **1.** *(Tisch, Stuhl, Messer, Fächer etc)* fold up. – **2.** *(Buch etc)* shut. – **3.** die Hacken ~ to click one's heels. – **II** *v/i ⟨sein⟩ colloq.* **4.** *(vor Erschöpfung etc)* break down, collapse, drop, go to pieces, crumple up, crack up *(sl.)*. – **5.** *(in Ohnmacht fallen)* faint, swoon, pass out *(colloq.)*.

zu'sam·men¦klau·ben *v/t ⟨sep, -ge-, h⟩* gather up, collect. — **~¦kle·ben I** *v/t ⟨sep, -ge-, h⟩* stick *(od.* glue, paste, gum) *(things)* together. – **II** *v/i ⟨h u. sein⟩* stick together. — **~¦klei·stern** *v/t ⟨sep, -ge-, h⟩ colloq.* paste *(things)* together. — **~¦klin·gen** *v/i ⟨irr, sep, -ge-, h⟩* **1.** *mus.* sound together *(od.* simultaneously). – **2.** *fig. (von Farben etc)* harmonize *Br. auch* -s-, blend. — **~¦klum·pen** *v/i ⟨sep, -ge-, h⟩ med.* coagulate. — **~¦knei·fen** *v/t ⟨irr, sep, -ge-, h⟩* **1.** die Augen ~ a) *(bei Schmerzen etc)* squint (one's eyes), b) *(bei schlechter Sicht)* to peer. – **2.** *(Lippen)* press *(lips)* together. – **3.** *(After)* clench. – **4.** *vulg.* kneif den Arsch zusammen! a) *(halt die Ohren steif)* keep a stiff upper lip! b) *(reiß dich zusammen)* pull yourself together! er hat den Arsch zusammengekniffen *(ist abgekratzt)* he snuffed out *(colloq.)*; he popped off, he kicked the bucket *(sl.)*. – **5.** *tech. (Zange)* pinch *(od.* squeeze) *(s.th.)*. — **~¦kno·ten** *v/t ⟨sep, -ge-, h⟩* knot *(od.* tie) *(things)* together. — **~¦knül·len** *v/t ⟨sep, -ge-, h⟩ (Papier)* crumple *(od.* scrunch, rumple) *(s.th.)* up (into a ball). — **~¦knüp·fen** *v/t ⟨sep, -ge-, h⟩ cf.* zusammenknoten.

zu'sam·men¦kom·men *v/i ⟨irr, sep, -ge-, sein⟩* **1.** *(sich treffen)* meet: regelmäßig ~ to meet regularly; mit j-m ~ to meet s.o.; zur Beratung ~ to meet for a consultation; ich bin gestern mit ihm zusammengekommen I met him yesterday; die ehemaligen Schüler kommen einmal im Jahr zusammen the former pupils meet once a year; wir kommen ja wieder zusammen we'll see each other again. – **2.** *(sich versammeln)* assemble, gather, *(in größerem Rahmen)* rally. – **3.** *(zwanglos)* get together. – **4.** *(verabredet sein)* have an appointment *(od.* a rendezvous): sie kommen morgen zusammen they have an appointment for tomorrow. – **5.** *(zusammenwirken)* combine: verschiedene unglückliche Zufälle kamen zusammen various unfortunate events combined. – **6.** *(sich ansammeln)* accumulate: er läßt erst einige Schulden ~, bevor er bezahlt he lets some debts accumulate before he pays. – **7.** *(von gesammeltem Geld etc)* be collected: es ist nicht viel Geld zu-

sammengekommen there hasn't been much money collected.

zu'sam·men¦kop·peln *v/t ⟨sep, -ge-, h⟩* **1.** couple *(things)* (together). – **2.** *(space)* dock. — **~¦kra·chen** *v/i ⟨sep, -ge-, sein⟩ colloq.* **1.** *(von Stuhl etc)* break down, collapse. – **2.** *(von zwei Autos)* smash *(od.* crash, smack) into each other, collide (with each other). — **~¦kramp·fen** *v/reflex ⟨sep, -ge-, h⟩* sich ~ *(von Muskeln)* cramp: mein Herz krampft sich bei diesem Anblick zusammen *fig.* it breaks my heart to see that. — **~¦krat·zen** *v/t ⟨sep, -ge-, h⟩* scrape up, scrape *(s.th.)* together: ich mußte meine letzten Pfennige ~ *fig. colloq.* I had to scrape the bottom of the barrel.

Zu'sam·men¦kunft *f ⟨-; ⁼e⟩* **1.** meeting: unsere wöchentliche ~ our weekly meeting; eine ~ verabreden to arrange a meeting. – **2.** *(Versammlung)* assembly, gathering, conference, *(größere)* rally. – **3.** *(zwangloses Treffen)* get-together. – **4.** *(Verabredung)* appointment, rendezvous.

Zu'sam·men¦kunfts¦ort *m* meeting place.

zu'sam·men¦läp·pern *v/reflex ⟨sep, -ge-, h⟩* sich ~ *colloq.* mount up, add up. — **~¦las·sen** *v/t ⟨irr, sep, -ge-, h⟩* leave *(things, persons)* together. — **~¦lau·fen** *v/i ⟨irr, sep, -ge-, sein⟩* **1.** *(herbeiströmen)* gather, congregate: eine Menge Schaulustiger war zusammengelaufen a crowd of onlookers had gathered. – **2.** *(von Flüssen etc)* flow together, meet, join. – **3.** mir läuft das Wasser im Mund zusammen *fig. colloq.* my mouth waters. – **4.** *(von Linien etc)* intersect, meet, cross: alle Fäden des Unternehmens laufen in seiner Hand zusammen *fig.* he pulls the strings *(od.* wires) of the whole enterprise. – **5.** *(von Farben, Lacken etc)* coagulate. – **6.** *(von Stoff beim Waschen)* shrink. – **7.** *(von Milch)* curdle, coagulate. – **8.** *math.* converge.

zu'sam·men¦le·ben *v/reflex ⟨sep, -ge-, h⟩* sich ~ adapt to each other. — **Z~¦le·ben** *n ⟨-s; no pl⟩* das ~ mit j-m life with s.o.: ein ~ mit ihm ist unmöglich it is impossible to live with him.

zu'sam·men¦leg·bar *adj* dismountable: etwas ist ~ s.th. can be dismounted *(od.* taken apart), s.th. is collapsible. — **~¦le·gen I** *v/t ⟨sep, -ge-, h⟩* **1.** *(an eine Stelle legen)* put *(od.* lay) ~ in one place: etwas auf einen Haufen ~ to heap *(od.* pile) s.th. together. – **2.** *(Patienten etc)* put *(persons)* together *(od.* in the same room). – **3.** *(Wäschestücke, Wolldecke etc)* fold up: Kleidungsstücke ordentlich ~ to fold one's clothes carefully. – **4.** Geld ~ to pool one's money, to club together. – **5.** *(gleichzeitig stattfinden lassen)* hold together: zwei Hochzeiten ~ to hold two weddings together. – **6.** *(zwei Schulklassen etc)* put *(s.th.)* together, amalgamate, join. – **7.** *(zerlegen)* dismantle, dismount, disassemble, take *(s.th.)* to pieces *(od.* apart). – **8.** *econ.* a) *(Unternehmen, Aktien etc)* consolidate, amalgamate, merge, b) *(Grundstücke)* combine, consolidate. – **II** *v/i* **9.** club together: für ein Geschenk ~ to club together *(od.* pool one's money) for a present. – **III Z~** *n ⟨-s⟩* **10.** *verbal noun.* — **Z~¦le·gung** *f ⟨-; -en⟩* **1.** *cf.* Zusammenlegen. – **2.** *(von Festen, Schulklassen etc)* amalgamation. – **3.** *econ.* a) *(von Unternehmen, Aktien etc)* consolidation, amalgamation, b) *(von Grundstücken)* combination, consolidation, c) *(Fusion)* merger, fusion.

zu'sam·men¦lei·hen *v/t ⟨irr, sep, -ge-, h⟩* sich *(dat)* etwas ~ to borrow s.th. from various sources. — **~¦lei·men** *v/t ⟨sep, -ge-, h⟩* glue *(things)* together. — **~¦le·sen** *v/t ⟨irr, sep, -ge-, h⟩ (aufsammeln)* gather *(s.th.)* (together). — **~¦lö·ten** *v/t ⟨sep, -ge-, h⟩* solder *(s.th.)* together. — **~¦lü·gen** *v/t ⟨irr, sep, -ge-, h⟩* make up, invent, concoct, cook up. — **~¦na·geln** *v/t ⟨sep, -ge-, h⟩* nail *(s.th.)* together. — **~¦nä·hen** *v/t ⟨sep, -ge-, h⟩* sew *(od.* seam, stitch) *(s.th.)* together. — **~¦neh·men I** *v/t ⟨irr, sep, -ge-, h⟩* **1.** *(Gedanken etc)* collect, gather. – **2.** *(Kräfte, Mut etc)* summon up, gather: ich mußte all meinen Mut ~ I had to summon *(od.* muster) up all my courage. – **3.** *(zusammenlegen)* fold up. – **4.** *(zusammenraffen)* gather up. – **5.** alles zusammengenommen a) all together, b) all things considered, all in all: alles zusammengenommen, hat es zehn Mark gekostet it cost ten marks all together, it cost a total of ten marks; alles zusammengenommen, hat es mir recht gut gefallen all things considered I quite enjoyed it. – II v/reflex sich ~ 6. (sich beherrschen) control oneself: ich mußte mich ~, um nicht zu lachen I had to control myself not to laugh. – 7. (sich zusammenreißen) pull oneself together: nimm dich zusammen, und hör auf zu weinen! pull yourself together and stop crying! – 8. (sich fassen) collect oneself. – ~,**packen** (getr. -k·k-) I v/t ⟨sep, -ge-, h⟩ 1. (aufräumen) pack up. – 2. (zusammen einwickeln) wrap (s.th.) up together. – 3. (zusammen verpacken) pack (s.th.) up together. – ~,**pas·sen** I v/i ⟨sep, -ge-, h⟩ 1. (farblich) match, go together, harmonize Br. auch -s-, tone: die beiden Farbtöne passen gut zusammen the two shades go well together (od. match well, tone well); der Rock und die Bluse passen nicht zusammen shirt and blouse don't go well together; die Gardinen und der Teppich passen überhaupt nicht zusammen the curtains and the carpet don't go at all well together (od. don't match at all well). – 2. (im Stil) go together, harmonize Br. auch -s-: die Möbel passen gut zusammen the pieces of furniture go well together. – 3. (von Personen) be suited to each other: Herr X und Fräulein Y passen sehr gut zusammen Mr. X and Miss Y are well suited to each other (od. make a good pair); die beiden passen nicht zusammen the two of them are ill suited to each other. – II v/t 4. tech. adjust, fit (s.th.) together, match. – ~,**pfer·chen** v/t ⟨sep, -ge-, h⟩ cf. zusammendrängen 1. – ~,**phan·ta·sie·ren** v/t ⟨sep, no -ge-, h⟩ 1. make up, think up, dream up. – 2. cf. zusammenlügen. **Zu'sam·men,prall** m 1. (zwischen zwei Autos etc) collision, crash. – 2. (zwischen zwei Personen) bump. – 3. (Aufprall) impact. – 4. fig. (mit der Polizei etc) clash. – **z~,pral·len** v/i ⟨sep, -ge-, sein⟩ 1. (von zwei Autos etc) collide, crash. – 2. mit j-m ~ to bump into s.o. – 3. fig. (mit der Polizei etc) clash. **zu'sam·men,pres·sen** v/t ⟨sep, -ge-, h⟩ 1. cf. zusammendrücken. – 2. die Lippen ~ to press one's lips together. — ~,**pum·pen** v/t ⟨sep, -ge-, h⟩ colloq. for zusammenleihen. — ~,**quet·schen** v/t ⟨sep, -ge-, h⟩ squeeze (s.th.) together, squash. — ~,**raf·fen** v/t ⟨sep, -ge-, h⟩ gather up. — ~,**re·chen** v/t ⟨sep, -ge-, h⟩ rake (s.th.) (together). — ~,**rech·nen** v/t ⟨sep, -ge-, h⟩ add (s.th.) up (od. together), reckon (od. colloq. tot) (s.th.) up: alles zusammengerechnet a) all together, b) fig. all things considered, all in all. – ~,**rei·men** I v/t ⟨sep, -ge-, h⟩ 1. sich (dat) etwas ~ to make sense of s.th.: das kann ich mir nicht ~ I can't make any sense of it. – II v/reflex 2. sich ~ make sense, be logical: wie reimt sich das zusammen? where's the logic in that? – 3. (in Einklang zu bringen sein) (mit with) tally: wie reimt sich das mit seinen Versprechungen zusammen? how does that tally with his promises? — ~,**rei·ßen** v/reflex ⟨irr, sep, -ge-, h⟩ sich ~ colloq. pull oneself together. — ~,**rin·geln** v/reflex ⟨sep, -ge-, h⟩ sich ~ (von Schlange etc) coil (itself) up. — ~,**rol·len** I v/t ⟨sep, -ge-, h⟩ 1. (Wolldecke, Schlafsack etc) roll up. – II v/reflex sich ~ 2. (von Schlange etc) coil (itself) up. – 3. (von Hund, Katze, Igel etc) curl itself up. **zu'sam·men,rot·ten** I v/reflex ⟨sep, -ge-, h⟩ sich ~ 1. (bes. von Jugendlichen) form gangs, band together, gang up. – 2. (aufrührerisch) riot, gather into a mob, bes. Br. form a riotous assembly. – II Z~ n ⟨-s⟩ 3. verbal noun. — **Z~,rot·tung** f ⟨-; -en⟩ 1. cf. Zusammenrotten. – 2. (Menge) mob. – 3. bes. jur. riot, bes. Br. riotous assembly. **zu'sam·men,rücken** (getr. -k·k-) I v/t ⟨sep, -ge-, h⟩ (Stühle, Möbel etc) move (things) closer together. – II v/i ⟨sein⟩ (dichter aufrücken) move up closer. — ~,**ru·fen** v/t ⟨irr, sep, -ge-, h⟩ 1. call (persons) together. – 2. (einberufen) convoke, convene, summon. — ~,**sacken** (getr. -k·k-) v/i ⟨sep, -ge-, sein⟩ (in acc sich) ~ 1. (von Personen) slump, fall in a heap, collapse, drop. – 2. gastr. (von Omelett etc) go down in the middle. — ~,**scha·ren** v/reflex ⟨sep, -ge-, h⟩ sich ~ 1. come together, meet, gather, congregate. – 2. cf. zusammenrotten. —

~,**schar·ren** v/t ⟨sep, -ge-, h⟩ cf. zusammenkratzen.

Zu'sam·men,schau f ⟨-; no pl⟩ synopsis, view.

zu'sam·men|,schieb·bar adj telescopic. — ~,**schie·ben** v/t ⟨irr, sep, -ge-, h⟩ 1. (näher zusammen) push (things) together. – 2. (ineinander) telescope. — ~,**schie·ßen** I v/t ⟨irr, sep, -ge-, h⟩ 1. (Dörfer, Gebäude etc) riddle (s.th.) with bullets, shoot (s.th.) to pieces (od. bits). – 2. (Personen) riddle (s.o.) with bullets, shoot (s.o.) down. – 3. (mit Artillerie) batter (s.o., s.th.) down. – 4. cf. zusammenlegen 4. – II v/i ⟨h u. sein⟩ 5. ⟨sein⟩ min. (von Kristallen) shoot (od. spring) together. – 6. ⟨h⟩ cf. zusammenlegen 9. — ~,**schla·gen** I v/t ⟨irr, sep, -ge-, h⟩ 1. (Hacken, Absätze etc) click. – 2. mus. (Becken) clash (cymbals) together. – 3. (Hände) clap: die Hände über dem Kopf ~ colloq. (vor Erstaunen) to throw up one's hands. – 4. (zusammenfalten) fold (up). – 5. colloq. (zertrümmern) smash (s.th.) (to pieces). – 6. j-n ~ colloq. to beat s.o. up (od. to a pulp), to give s.o. the works (sl.). – II v/i ⟨sein⟩ 7. (von Wellen) break: die Wellen schlugen über ihm (od. über seinem Kopf) zusammen the waves broke over him; das Unglück (od. Verhängnis) schlug über ihm zusammen fig. disaster descended upon him.

zu'sam·men|,schlie·ßen I v/reflex ⟨irr, sep, -ge-, h⟩ sich ~ 1. join up, unite, combine, club together: Arbeitnehmer schließen sich zu Gewerkschaften zusammen employees join up to form trade unions. – 2. (gemeinsame Sache machen) join forces. – 3. (zu einer Gruppe) band together, team up (colloq.). – 4. econ. (von Unternehmen etc) amalgamate, consolidate, merge, pool, combine, unify. – 5. pol. (zu einem Bund) federate. – II v/t 6. unite, combine: Arbeiter zu einer Gewerkschaft ~ to unite workers in a trade union. – 7. econ. (Unternehmen etc) amalgamate, consolidate, merge, pool. – 8. pol. (zu einem Bund) federate. – 9. electr. connect. – III Z~ n ⟨-s⟩ 10. verbal noun. — **Z~,schluß** m 1. cf. Zusammenschließen. – 2. union. – 3. econ. (von Unternehmen etc) amalgamation, consolidation, merger, pool, combination, integration. – 4. pol. (zu einem Bund) federation, (in einem Bündnis) coalition. **zu'sam·men|,schmel·zen** I v/t ⟨irr, sep, -ge-, h⟩ 1. metall. a) (verschmelzen) sinter, fuse, b) (einschmelzen) melt down. – II v/i ⟨sein⟩ 2. (von Schnee etc) melt away. – 3. fig. (von Geld, Vorräten etc) melt (od. dwindle) away. — ~,**schmie·den** v/t ⟨sep, -ge-, h⟩ 1. tech. forge (s.th.). – 2. fig. (Personen) weld. — ~,**schmie·ren** v/t ⟨sep, -ge-, h⟩ contempt. 1. (Aufsatz, Roman etc) throw (s.th.) together, scribble (s.th.) down any old way (od. any old how) (sl.). – 2. (Bild etc) daub. — ~,**schnü·ren** v/t ⟨sep, -ge-, h⟩ 1. (Bündel, Paket etc) tie (od. do up, make, bind) up. – 2. die Angst schnürte ihm die Kehle zusammen fig. he choked with fear, fear stifled his voice; der Anblick schnürte mir das Herz zusammen fig. the sight made my heart bleed. — ~,**schrau·ben** v/t ⟨sep, -ge-, h⟩ screw (s.th.) together. – 2. (mit Bolzen) bolt (s.th.) together. — ~,**schrecken** (getr. -k·k-) v/i ⟨irr, sep, -ge-, sein⟩ cf. zusammenfahren 2. **zu'sam·men|,schrei·ben** v/t ⟨irr, sep, -ge-, h⟩ 1. (in einem Wort) write (s.th.) in one word. – 2. econ. (Rechnung) make out. – 3. ped. (aus dem gesammelten Material) (Referat) compose. – 4. (aus anderen Büchern zusammenstellen) compile. – 5. contempt. (aus anderen Büchern abschreiben) string (s.th.) together (from various sources), copy (s.th.) from various sources. – 6. contempt. cf. zusammenschmieren 1. – 7. (durch Schreiben verdienen) earn (od. acquire) (s.th.) by writing professionally. — **Z~,schrei·bung** f writing in one word. **zu'sam·men|,schrump·fen** v/i ⟨sep, -ge-, sein⟩ cf. schrumpfen. — ~,**schu·stern** v/t ⟨sep, -ge-, h⟩ colloq. (flüchtig anfertigen) throw (od. knock) (s.th.) together (od. off), cobble (s.th.) together. — ~,**schüt·ten** v/t ⟨sep, -ge-, h⟩ pour (things) together. — ~,**schwei·ßen** v/t ⟨sep, -ge-, h⟩ 1. tech. weld (s.th.) (together). – 2. fig. (Personen) weld.

Zu'sam·men,sein n ⟨-s; no pl⟩ 1. (Beisam-

mensein) meeting, gathering, get-together. – 2. cf. Zusammenleben. **zu'sam·men,set·zen** I v/t ⟨sep, -ge-, h⟩ 1. (Mosaik, Puzzle etc) put (od. fit) (s.th.) together: Steine zu einem Mosaik ~ to put stones together into a mosaic. – 2. (Getreidegarben etc) put (od. set) (things) together. – 3. tech. (Maschine etc) assemble. – 4. chem. compose. – 5. (Holzteile etc) join. – 6. mil. (Gewehre) pile. – 7. (Personen) set (od. seat) (persons) together. – II v/reflex sich ~ 8. sit together, sit down beside each other. – 9. (zusammenkommen) get together. – 10. sich ~ aus (bestehen aus) to consist (od. be made up) of: die Kommission setzt sich aus sechs Mitgliedern zusammen the commission consists of six members. – III Z~ n ⟨-s⟩ 11. verbal noun. – 12. cf. Zusammensetzung. **Zu'sam·men,setz,spiel** n jigsaw puzzle. **Zu'sam·men,set·zung** f ⟨-; -en⟩ 1. cf. Zusammensetzen. – 2. (eines Kabinetts etc) makeup, Br. make-up. – 3. (einer Mixtur etc) composition, makeup, Br. make-up. – 4. tech. (einer Maschine etc) assembly, assemblage. – 5. chem. composition, compound. – 6. fig. (Gefüge etc) structure, setup, Br. set-up, fabric. – 7. ling. compound. – 8. (Bestandteile) ingredients pl. **zu'sam·men,sin·ken** v/i ⟨irr, sep, -ge-, sein⟩ (in sich) ~ 1. cf. zusammensacken 1. – 2. (von Gebäuden etc) collapse, cave in. – 3. cf. zusammenfallen 2, 3. — ~,**sit·zen** v/i ⟨irr, sep, -ge-, h u. sein⟩ sit together (od. beside each other, next to one another). — ~,**span·nen** v/t ⟨sep, -ge-, h⟩ (Pferde etc) harness (animals) together, team. — ~,**spa·ren** v/t ⟨sep, -ge-, h⟩ save up. — ~,**sper·ren** v/t ⟨sep, -ge-, h⟩ shut (od. lock) (persons, animals) up together. **Zu'sam·men,spiel** n ⟨-(e)s; no pl⟩ 1. teamwork. – 2. (Koordination) coordination, Br. co-ordination. – 3. (wechselseitige Beeinflussung) (zwischen dat between) interplay. – 4. (sport) (Kombination) move. – 5. mus. (zwischen Instrumenten) ensemble playing. – 6. (theater) ensemble acting (od. playing). — z~,**spie·len** v/i ⟨sep, -ge-, h⟩ coordinate, Br. co-ordinate. **zu'sam·men,stau·chen** v/t ⟨sep, -ge-, h⟩ 1. j-n ~ colloq. to give s.o. what for (colloq.), to give s.o. a dressing down. – 2. tech. upset. — ~,**stecken** (getr. -k·k-) I v/t ⟨sep, -ge-, h⟩ 1. (Stoffteile etc) pin (things) together. – 2. die Köpfe ~ fig. colloq. to whisper (gossip) to each other. – II v/i 3. die beiden stecken immer zusammen colloq. the two of them are inseparable. — ~,**ste·hen** v/i ⟨irr, sep, -ge-, h u. sein⟩ 1. stand together (od. beside each other, next to one another). – 2. fig. (zusammenhalten) keep (od. colloq. stick) together. **zu'sam·men,stel·len** I v/t ⟨sep, -ge-, h⟩ 1. (Betten, Stühle etc) put (od. set) (things) together. – 2. (Programm, Menü, Liste, Rechnung etc) make out, compose. – 3. (Radiosendung etc) arrange. – 4. (Farben, Kleidungsstücke etc) combine. – 5. (harmonisch aufeinander abstimmen) blend. – 6. (Blumenstrauß etc) make up. – 7. (Übersicht, Bericht etc) compile, make out, compose. – 8. (Unterlagen etc) prepare. – 9. (Ausstellung) compose. – 10. etwas in einer Tabelle ~ to draw up a table of s.th. – 11. etwas nach Klassen ~ to sort (od. assort, classify) s.th. – 12. (anordnen) arrange, collocate. – 13. etwas nach Gruppen ~ to group s.th. – 14. (Buch etc) compile. – 15. (sport) (Mannschaft etc) make up, assemble. – 16. mil. (Truppen) assemble, marshal. – 17. (railway) (Zug) marshal, make up. – 18. print. (Satz) make (s.th.) ready. – II v/reflex sich ~ 19. stand together (od. beside each other, next to one another). – 20. sich näher ~ to stand (od. move up) closer together. – III Z~ n ⟨-s⟩ 21. verbal noun. – **Z~,stel·lung** f ⟨-; -en⟩ 1. cf. Zusammenstellen. – 2. (eines Programms, Menüs etc) composition. – 3. (einer Radiosendung etc) arrangement. – 4. (von Farben, Kleidungsstücken etc) combination. – 5. (harmonische Abstimmung) blend. – 6. (Übersicht) survey: eine ~ über die häufigsten Unfallursachen a survey of the most frequent causes of accidents. – 7. (Tabelle) table, schedule. – 8. (Liste) list. – 9. (nach Klassen) assortment, classification. – 10. (Kompilation) compilation. – 11. (einer Mannschaft) makeup, Br. make-up.

12. (*Anordnung*) arrangement, collocation.

zu'sam·men|ˌstim·men I *v/i* ⟨*sep*, -ge-, h⟩ **1.** harmonize *Br. auch* -s-. - **2.** (*von Farben etc*) harmonize *Br. auch* -s-, blend. - **3.** (*von Meinungen, Aussagen etc*) agree: nicht ∼ not to agree, to differ, (*stärker*) to clash. - **II Z∼** *n* ⟨-s⟩ **4.** *verbal noun.* - **Z∼ˌstim·mung** *f* ⟨-; *no pl*⟩ **1.** *cf.* Zusammenstimmen. - **2.** harmony.

zu'sam·men|ˌstop·peln *v/t* ⟨*sep*, -ge-, h⟩ *colloq.* **1.** (*aus Resten zusammensetzen*) piece (*od.* patch, cobble) (*s.th.*) together. - **2.** *contempt.* botch (*s.th.*) together. - **3.** *contempt. cf.* zusammenschmieren 1.

Zu'sam·men|ˌstoß *m* **1.** (*von Fahrzeugen*) collision, crash, smashup, *Br.* smash-up: frontaler ∼ head-on collision. - **2.** (*Aufprall*) impact, shock. - **3.** *fig.* clash, encounter: es kam zu Zusammenstößen mit der Polizei there were clashes with the police. - **4.** *mil.* encounter. — **z∼ˌsto·ßen I** *v/i* ⟨*irr*, *sep*, -ge-, sein⟩ **1.** (*von Fahrzeugen*) collide, crash, smash together: mit j-m ∼ to collide with s.o., to run (*od.* crash) into s.o., (*weniger heftig*) to bump into s.o. - **2.** *fig.* (*mit der Polizei etc*) clash, have a clash (*od.* an encounter): ich bin mit ihm heftig zusammengestoßen I had quite a clash with him. - **3.** *mil.* (mit) encounter (*acc*). - **4.** (*von Grundstücken etc*) adjoin, abut: mit etwas ∼ to adjoin, to meet, abut upon) s.th. - **II** *v/t* ⟨h⟩ **5.** bang (*things*) together. - **6.** (*Gläser*) clink.

zu'sam·men|ˌstrei·chen *v/t* ⟨*irr*, *sep*, -ge-, h⟩ **1.** (*Text*) shorten, condense, trim, tighten (*s.th.*) up. - **2.** (*theater*) (*Szene, Stück*) abridge. — **∼ˌstricken** (*getr.* -k·k-) *v/t* ⟨*sep*, -ge-, h⟩ zwei Maschen ∼ to knit two stitches together. — **∼ˌströ·men** *v/i* ⟨*sep*, -ge-, sein⟩ flock (*od.* swarm) together, congregate. — **∼ˌstücke(l)n** (*getr.* -k·k-) *v/t* ⟨*sep*, -ge-, h⟩ piece (*od.* patch) (*s.th.*) together.

Zu'sam·men|ˌsturz *m* collapse. — **z∼ˌstür·zen** *v/i* ⟨*sep*, -ge-, sein⟩ (*von Gebäude, Brücke etc*) collapse, cave in, fall down.

zu'sam·men|ˌsu·chen *v/t* ⟨*sep*, -ge-, h⟩ **1.** gather (*s.th.*) up. - **2.** (*Sammelgegenstände*) collect. — **∼ˌtra·gen** *v/t* ⟨*irr*, *sep*, -ge-, h⟩ **1.** *auch fig.* collect, gather (*s.th.*) together. - **2.** (*kompilieren*) compile. — **∼ˌtref·fen I** *v/i* ⟨*irr*, *sep*, -ge-, sein⟩ **1.** mit j-m ∼ to meet s.o. - **2.** (*gleichzeitig stattfinden*) (*von Umständen etc*) coincide, be concurrent, clash. - **3.** (*von Ereignissen*) convene. - **4.** (*sich treffen*) (*von Schiffen etc*) (with) rendezvous. - **II Z∼** *n* ⟨-s⟩ **5.** *verbal noun:* ich möchte ein Z∼ mit ihm vermeiden I want to avoid meeting him. - **6.** meeting. - **7.** (*Gleichzeitigkeit*) coincidence, concurrence: es war ein unglückseliges Z∼ verschiedener Umstände it was an unhappy coincidence of several circumstances. — **∼ˌtrei·ben** *v/t* ⟨*irr*, *sep*, -ge-, h⟩ **1.** (*Vieh etc*) drive (*animals*) together, round up. - **2.** *hunt.* beat up. - **3.** *fig.* (*Außenstände etc*) round up.

zu'sam·men|ˌtre·ten I *v/t* ⟨*irr*, *sep*, -ge-, h⟩ crush (*s.th.*) under foot. - **II** *v/i* ⟨sein⟩ (*von Kommission, Parlament, Verein, Vorstand etc*) meet, assemble, convene. — **Z∼ˌtritt** *m* meeting, assemblage, assembly, convention.

zu'sam·men|ˌtrom·meln *v/t* ⟨*sep*, -ge-, h⟩ *fig. colloq.* (*Leute*) round up, get hold of. — **∼ˌtun I** *v/t* ⟨*sep*, -ge-, h⟩ *colloq.* put (*s.th.*) together. - **II** *v/reflex* sich ∼ **2.** join up, combine, club together, unite. - **3.** (*gemeinsame Sache machen*) join forces, collaborate. - **4.** (*zu einer Gruppe*) band together, team up (*colloq.*). - **5.** (*Geld zusammenlegen*) pool one's money, club together. — **∼ˌwach·sen** *v/i* ⟨*irr*, *sep*, -ge-, sein⟩ **1.** *biol. med.* grow together, accrete. - **2.** *med.* a) (*von Knochen*) knit (together), b) (*von Wundrändern*) heal (up), close, unite, c) (*anwachsen*) adhere. - **3.** *fig.* (*verschmelzen*) grow together, coalesce. - **4.** *fig.* (*seelisch*) develop close ties: sie sind in ihrer langen Freundschaft zusammengewachsen they have developed very close ties during their long friendship. — **∼ˌwer·fen** *v/t* ⟨*irr*, *sep*, -ge-, h⟩ **1.** throw (*od.* lump) (*things*) together. - **2.** *fig.* (*verwechseln*) confound, confuse. - **3.** *fig.* (*durcheinanderbringen*) mix (*od.* jumble) (*s.th.*) up. - **4.** *fig.* (*in einen Topf werfen*) lump (*s.th.*) together. - **5.** *fig.*

colloq. (*Ersparnisse, Geld etc*) pool. — **∼ˌwickeln** (*getr.* -k·k-) *v/t* ⟨*sep*, -ge-, h⟩ wrap (*od.* do) (*things*) up together. — **∼ˌwir·ken I** *v/i* ⟨*sep*, -ge-, h⟩ **1.** (*von Personen*) work together, cooperate, *Br. auch* co-operate, collaborate, concur. - **2.** (*von Umständen, Kräften etc*) combine. - **II Z∼** *n* ⟨-s⟩ **3.** *verbal noun.* - **4.** cooperation, *Br. auch* co-operation, collaboration, concurrence, combined (*od.* joint, united) effort. - **5.** combination. — **∼ˌwür·feln** *v/t* ⟨*sep*, -ge-, h⟩ *fig.* (*wahllos vereinen*) lump (*things*, *persons*) together. — **∼ˌzäh·len** *v/t* ⟨*sep*, -ge-, h⟩ add (*s.th.*) up (*od.* together), reckon (*od. colloq.* tot) (*s.th.*) up.

zu'sam·men|ˌzieh·bar *adj* contractile, *auch* contractible. — **Zu'sam·men|ˌzieh·bar·keit** *f* ⟨-; *no pl*⟩ contractility, *auch* contractibility.

zu'sam·men|ˌzie·hen I *v/t* ⟨*irr*, *sep*, -ge-, h⟩ **1.** (*zwei Fadenenden etc*) pull (*od.* draw) (*things*) together (*od.* tight). - **2.** die Augenbrauen (*od.* die Stirn) ∼ (*vor Unwillen*) to knit one's brow, to frown. - **3.** den Mund ∼ a) (*beim Genuß von etwas Saurem*) to cringe, b) (*kurz vor dem Weinen*) to pucker up one's mouth: der Zitronensaft zieht mir den Mund zusammen the lemon juice makes me cringe (*od.* sets my teeth on edge). - **4.** (*Loch im Strumpf etc*) mend (*s.th.*) superficially, *Br. auch* cobble. - **5.** (*Truppen, Polizei etc*) concentrate, mass. - **6.** *cf.* zusammenzählen. - **7.** kürzen 3, 4. - **8.** *ling.* (*Wörter, Vokale*) contract. - **II** *v/reflex* sich ∼ **9.** (*von elastischem Material etc*) contract: unter Kälteeinwirkung ziehen sich die Körper zusammen bodies contract under the influence of cold. - **10.** (*schrumpfen, einlaufen*) shrink. - **11.** *med.* a) (*von Muskel*) contract, b) (*von Gefäß*) constrict, become constricted, c) (*sich verengen*) narrow, d) (*schrumpfen*) shrink, e) (*krampfhaft*) convulse. - **12.** (*von Gewitter etc*) brew (up), gather. - **13.** (*von Unheil etc*) brew. - **III** *v/i* ⟨sein⟩ **14.** (*in eine Wohnung*) move in together: mit j-m ∼ to move in (together) with s.o. - **IV Z∼** *n* ⟨-s⟩ **15.** *verbal noun.* - **16.** *cf.* Zusammenziehung. — **∼ˌzie·hend I** *pres p.* - **II** *adj med. pharm.* (*Mittel*) astringent: ∼es Mittel astringent. — **Z∼ˌzie·hung** *f* ⟨-; *no pl*⟩ **1.** *cf.* Zusammenziehen. - **2.** (*von Truppen etc*) concentration. - **3.** *ling.* contraction. - **4.** (*von elastischem Material etc*) contraction. - **5.** *med.* a) (*von Muskeln*) contraction, b) (*von Gefäßen*) constriction, c) (*Verengung*) narrowing, d) (*Schrumpfung*) shrinkage, e) (*krampfhafte*) convulsion: ∼ des Herzmuskels contraction of the heart muscle, systole (*scient.*).

zu'sam·men|ˌzucken (*getr.* -k·k-) *v/i* ⟨*sep*, -ge-, sein⟩ **1.** (*vor Schmerz*) (*vor dat* with) wince, flinch. - **2.** *cf.* zusammenfahren 2.

'Zuˌsatz *m* ⟨-es; Zusätze⟩ **1.** *cf.* Zusetzen. - **2.** ⟨*only sg*⟩ addition: unter ∼ von etwas with the addition of s.th., when s.th. is added. - **3.** (*Ergänzung*) (zu to) supplement. - **4.** (*zu Nahrungsmitteln etc*) additive: ohne künstliche Zusätze contains no artificial additives. - **5.** (*Beimischung*) admixture: Haarwaschmittel mit einem ∼ von Lanolin hair shampoo with an admixture of lanolin. - **6.** (*kleine Menge, Spur, Schuß, Spritzer etc*) dash, admixture, touch, trace. - **7.** (*zu Kraftstoff u. Öl*) additive. - **8.** (*zu Metallen*) alloying addition. - **9.** *tech.* (*Lötzusatz*) filler metal. - **10.** (*zusätzliche Anmerkung*) addition, additional remark, addendum. - **11.** (*Postskriptum*) postscript. - **12.** *jur.* a) (*zu einem Gesetz, einer Versicherung etc*) rider, b) (*zu einem Testament*) codicil. - **13.** *pl* (*am Ende eines Buches*) addenda. — **∼ˌab·kom·men** *n* *pol.* supplementary (*od.* supplement[al]) agreement (*od.* convention). — **∼ˌag·gre·gat** *n* **1.** *tech.* additional (*od.* auxiliary) set. - **2.** *electr.* booster. — **∼ˌan·mel·dung** *f* (*patents*) additional application. — **∼ˌan·trag** *m* **1.** (*zusätzlicher Antrag*) supplementary application. - **2.** (*in Sitzung, Versammlung*) supplementary motion. - **3.** *pol.* (*im Parlament*) amendment. — **∼ˌar·ti·kel** *m* *pol.* supplementary (*od.* additional) article. — **∼ˌrü·stung** *f* *tech.* supplementary (*od.* extra) equipment. — **∼ˌbat·te·rie** *f* *electr.* booster (*od.* additional) battery. — **∼ˌbe·din·gung** *f* *pol.* supplementary condition. — **∼ˌbe·laˌstung** *f* *tech.* additional load. — **∼ˌbeˌstim·mung** *f* supplementary provision. — **∼ˌbe-**

∼ˌtrag *m* additional amount. — **∼ˌblitzˌleuch·te** *f* *phot.* **1.** (*mit Kamera verbundene*) extension flash (unit). - **2.** (*durch Photozelle*) slave unit. — **∼ˌdü·se** *f* *aer. tech.* auxiliary jet. — **∼erˌklä·rung** *f* *pol.* supplementary declaration. — **∼ˌfor·de·rung** *f* additional claim (*od.* demand). — **∼ˌge·bühr** *f* additional fee. — **∼ˌge·rät** *n* **1.** *tech.* attachment, additional implement, ancillary equipment. - **2.** *electr.* auxiliary set. - **3.** *phot.* accessories *pl.* — **∼ˌhaus·halt** *m* *econ.* supplementary budget. — **∼ˌkar·te** *f* (*für die Eisenbahn etc*) extra (*od.* supplementary, additional) ticket. — **∼ˌklau·sel** *f* *jur. pol.* additional clause. — **∼ˌko·sten** *pl econ.* (*od.* supplementary) costs. — **∼ˌkräf·te** *pl* additional (*od.* supplementary) forces. — **∼ˌkreˌdit** *m* *econ.* supplementary credit (*od.* loan). — **∼ˌla·dung** *f* **1.** *auto.* supercharge. - **2.** *mil.* auxiliary charge, increment. — **∼ˌlast** *f* *tech.* additional load. — **∼ˌlei·stung** *f* additional capacity.

'zuˌsätz·lich [-ˌzɛtslɪç] **I** *adj* **1.** (*Kosten, Ausgaben, Belastung, Arbeit, Sicherheit etc*) additional, extra, added: es entstanden keine ∼en Kosten there were no additional costs. - **2.** (*ergänzend*) supplementary. - **3.** (*für den Notfall*) auxiliary. - **4.** (*weiter, ferner*) further. - **5.** (*über die Pflicht hinausausgehend*) supererogatory. - **II** *adv* **6.** (*außerdem*) in addition, as well, besides this (*od.* that), on top of this (*od.* that): ∼ zu in addition to, over and above; ∼ verdient er hundert Mark durch Nachhilfeunterricht he earns a hundred marks in addition by giving private lessons.

'Zuˌsatzˌlicht *n* **1.** (*theater*) booster light. - **2.** *phot.* booster light. (*auch* boom) light. — **∼ˌlohn** *m* *econ.* **1.** additional wage(s *pl sometimes construed as sg*). - **2.** (*Prämie*) bonus, premium, extra (*Am.* premium) pay. — **∼ˌlüf·ter** *m* (*mining*) auxiliary fan. — **∼ˌmeˌtall** *n* *tech.* (*beim Löten, Schweißen*) filler metal. — **∼ˌmo·tor** *m* booster (engine). — **∼ˌnah·rung** *f* supplementary nutrition, *Am.* interval feeding. — **∼ˌpaˌtent** *n* *econ.* additional patent. — **∼ˌprä·mie** *f* additional premium, (*für Sonderleistungen*) extra bonus. — **∼ˌproˌgramm** *n* (*radio*) *telev.* additional program (*bes. Br.* programme). — **∼ˌpro·toˌkoll** *n* supplementary protocol. — **∼ˌra·ke·te** *f* *aer.* booster rocket. — **∼ˌren·te** *f* *econ.* supplementary allowance. — **∼ˌsteu·er** *f* *econ.* supplementary tax. — **∼ˌstoff** *m* additive. — **∼ˌstra·fe** *f* additional punishment. — **∼ver· einˌba·rung** *f* supplementary agreement. — **∼verˌgü·tung** *f* *econ.* additional allowance (*od.* remuneration). — **∼verˌsi·che·rung** *f* supplementary insurance. — **∼verˌsuch** *m* (*sport*) (*beim Gewichtheben*) extra attempt. — **∼verˌtrag** *m* *econ. jur.* supplementary (*auch* supplemental) convention (*od.* agreement).

'zuˌschal·ten I *v/t* ⟨*sep*, -ge-, h⟩ **1.** *electr.* (*dat od.* zu to) connect. - **2.** (*zwischenschalten*) insert, interconnect. - **3.** (*radio*) *telev.* (*Sender*) hook up. - **II** *v/reflex* sich ∼ **4.** (*radio*) *telev.* (*von Sender*) (re)insert. - **III Z∼** *n* ⟨-s⟩ **5.** *verbal noun.* - **6.** *cf.* Z∼ eines Senders (*radio*) *telev.* (re)insertion. — **'Zuˌschal·tung** *f* ⟨-; -en⟩ **1.** *cf.* Zuschalten. - **2.** insertion, interconnection, *Br. auch* interconnexion.

zu·schan·den [tsu'ʃandən] *adv* (*in Wendungen wie*) etwas ∼ machen a) (*Hoffnungen, Erwartungen etc*) to wreck (*od.* ruin, dash) s.th., b) (*Pläne etc*) to thwart (*od.* foil, frustrate) s.th.; ∼ werden a) (*von Hoffnungen, Erwartungen etc*) to be wrecked (*od.* ruined, dashed), to come to nothing (*od.* naught), b) (*von Plänen etc*) to be thwarted (*od.* foiled, frustrated), to end up in smoke; sich ∼ arbeiten *colloq.* to kill oneself working, to work oneself to the bone; ein Pferd ∼ reiten to founder a horse; er hat sein Auto ∼ gefahren he has wrecked his car.

'zuˌschan·zen *v/t* ⟨*sep*, -ge-, h⟩ j-m etwas ∼ *colloq.* (*guten Posten etc*) to help s.o. to s.th., to line up s.th. for s.o., *Br.* to put s.o. in the way of s.th.

'zuˌschar·ren *v/t* ⟨*sep*, -ge-, h⟩ (*Loch etc*) close (*s.th.*) over, fill (*s.th.*) up.

'zuˌschau·en *v/i* ⟨*sep*, -ge-, h⟩ watch, look on: j-m (bei etwas) ∼ to watch s.o. (do[ing] s.th.).

'Zuˌschau·er *m* ⟨-s; -⟩ **1.** (*im Theater, Kino*

etc) member of the audience, spectator: **die ~** *pl* the audience *sg*. – **2.** (*bei Sportveranstaltungen, im Zirkus, bei öffentlichen Vorführungen etc*) spectator, onlooker, looker-on. – **3.** *telev.* viewer. – **4.** (*zufälliger Beobachter*) bystander, stander-by. – **5.** (*nicht beteiligter, neugieriger Beobachter*) onlooker, looker-on. – **6.** (*aufmerksamer Beobachter*) observer. – **7.** (*Augenzeuge*) (eye)witness. – **~be,fra·gung** *f telev.* **1.** television audience survey. – **2.** (*Abteilung*) audience research. — **'Zu,schaue·rin** *f* ⟨-; -nen⟩ **1.** (*im Theater etc*) member of the audience, spectatress, *auch* spectatrix. – **2.** (*bei Sportveranstaltungen etc*) spectatress, *auch* spectatrix, onlooker, looker-on. – **3.** *cf.* Zuschauer 3–7. — **'Zu,schau·er|,men·ge** *f* **1.** (*im Theater, Kino etc*) audience. – **2.** (*bei Sportveranstaltungen etc*) crowd (of spectators), audience. – **3.** (*Passanten*) onlookers *pl*, lookers-on *pl*, bystanders *pl*, standers-by *pl*, crowd. — **~,mes·sung** *f telev.* audience rating. — **~,plät·ze** *pl* **1.** (*im Theater, Kino etc*) seating *sg*. – **2.** (*im Stadion, Zirkus etc*) spectator(s') seats. — **~,post** *f telev.* television program (*bes. Br.* programme) correspondence, viewers' letters *pl*. — **~,rän·ge** *pl* (*im Stadion*) terraces. — **~,raum** *m* (*im Theater, Kino etc*) auditorium, house. — **~,tri,bü·ne** *f* (spectator) stand, *Am. auch* bleacher(s *pl sometimes construed as sg*). — **~,zahl** *f meist pl* attendance figure: **sinkende ~en** falling gates.

'zu,schau·feln *v/t* ⟨*sep*, -ge-, h⟩ shovel (*od.* fill) (*s.th.*) up.

'zu,schen·ken *v/t* ⟨*sep*, -ge-, h⟩ *cf.* zugießen 1.

'zu,schicken (*getr.* -k·k-) *v/t* ⟨*sep*, -ge-, h⟩ **j-m etwas ~** to send (*od.* dispatch, despatch) s.o. s.th. (*od.* s.th. to s.o.), (*mit der Post*) *auch* to mail (*bes. Br.* post) s.o. s.th. (*od.* s.th. to s.o.).

'zu,schie·ben *v/t* ⟨*irr, sep*, -ge-, h⟩ **1.** (*Schiebetür, Schublade, Riegel etc*) close, shut. – **2. j-m etwas ~** (*Buch, Glas etc*) to push s.th. over to s.o. – **3.** *fig.* (*in Wendungen wie*) **j-m die Schuld ~** (*od.* put) the blame (for it) on s.o., to blame s.o. (for it), to lay it at s.o.'s door, to pass the buck to s.o. (*sl.*); **j-m die Verantwortung ~** to lay the responsibility (for it) on s.o., to hold s.o. responsible (for it); → Peter 1.

'zu,schie·ßen I *v/t* ⟨*irr, sep*, -ge-, h⟩ *colloq.* (*beisteuern*) contribute: **ihr Vater hat tausend Mark zu der Wohnung zugeschossen** her father contributed a thousand marks to(ward[s]) the apartment (*bes. Br.* flat). – **2. j-m wütende Blicke ~** *fig.* to glower (*od.* glare) at s.o., to dart angry looks at s.o., to look daggers at s.o. – **3. j-m den Ball ~** to kick the ball (over) to s.o. – **II** *v/i* ⟨*sein*⟩ **4. auf j-n ~** *colloq.* to dash (*od.* dart, shoot) up to s.o.

'Zu,schlag *m* **1.** (*Preisaufschlag*) extra (*od.* additional) charge, surcharge: **die Filme wurden mit einem ~ von fünf Mark verkauft** the films were sold at an extra charge of five marks. – **2.** (*zum Fahrpreis*) supplement, excess fare: **der Zug kostet ~** there is a supplement on the tickets for that train. – **3.** (*für Postsendungen*) surcharge. – **4.** (*zur Steuer*) surtax, additional tax. – **5.** (*Erhöhung*) increase, augmentation. – **6.** (*Extrazahlung, Sondervergütung*) bonus, extra pay. – **7.** (*bei Ausschreibungen*) award (*of* the contract), acceptance (*of the tender*): **die Firma X erhielt den ~ (für den Auftrag)** the firm of X obtained (*od.* was awarded) the contract. – **8.** (*bei Auktionen*) award: **Herr X erhielt den ~ für das Gemälde** the painting was knocked down (*od.* went) to Mr. X. – **9.** *civ.eng.* (*für Mörtel u. Beton*) addition, admixture. – **10.** *metall.* flux, addition.

'zu,schla·gen I *v/t* ⟨*irr, sep*, -ge-, h⟩ **1.** (*Deckel, Fenster, Tür etc*) slam (*od.* bang) (*s.th.*) (shut). – **2.** (*Buch etc*) close. – **3.** (*Kiste etc*) nail (*s.th.*) shut (*od.* up). – **4. j-m den Ball ~** (*beim Tennis etc*) to hit the ball (over) to s.o. – **5.** (*aufschlagen*) add (*s.th.*) (on), put (*s.th.*) on: **auf den Preis werden 10% zugeschlagen** 10% is added on to the price, the price is increased (*od.* put up) by 10%. – **6. j-m etwas ~** *econ.* a) (*bei einer Ausschreibung*) to award s.th. to s.o., b) (*bei einer Auktion*) to knock s.th. down to s.o.: **das Gemälde wurde einem Kunsthändler zugeschlagen** the painting was knocked down to an art dealer; **der**

Auftrag wurde der Firma X zugeschlagen the firm of X obtained (*od.* was awarded) the contract. – **II** *v/i* ⟨h *u.* sein⟩ **7.** ⟨*sein*⟩ (*von Tür etc*) slam (*od.* bang) (shut). – **8.** ⟨h⟩ (*Schläge austeilen*) hit, strike, (*mit der Faust*) *auch* punch: **schlag zu!** hit him hard! let him have it! (*sl.*). – **9.** ⟨h⟩ *fig.* strike: **das Schicksal hat erbarmungslos zugeschlagen** fate struck mercilessly; **der Mörder hat wieder zugeschlagen** the murderer has struck again; **der Gegner hatte hart zugeschlagen** *mil.* the enemy had struck hard.

'Zu,schlä·ger *m tech.* (*in der Schmiede*) hammerman, striker.

'Zu,schlag,ham·mer *m tech. cf.* Vorschlaghammer.

'zu,schlag(s)|,frei *adj econ.* without extra charge(s). — **Z~,ge,bühr** *f* **1.** extra (*od.* additional) fee. – **2.** (*postal service*) surcharge. – **3.** (*railway*) excess (*od.* extra) fare. — **Z~,kar·te** *f* (*railway*) extra (*od.* supplementary) ticket. — **~,pflich·tig** *adj econ.* subject to (an) extra charge. — **Z~,prä·mie** *f* extra premium.

'Zu,schlag|,stoff *m* **1.** *tech.* (*im Zeitstudienwesen*) allowance. – **2.** *meist pl metall.* extra charge. – **3.** *civ.eng.* (*beim Beton*) aggregate. — **~,zoll** *m econ.* extra (*od.* additional) duty.

'zu,schlie·ßen *v/t* ⟨*irr, sep*, -ge-, h⟩ **1.** (*Tür, Schrank etc*) lock. – **2.** (*Haus, Laden, Zimmer etc*) lock (up).

'zu,schmei·ßen *v/t* ⟨*irr, sep*, -ge-, h⟩ *colloq.* (*Tür etc*) slam (*od.* bang) (*s.th.*) (shut), fling (*s.th.*) shut.

'zu,schmie·ren *v/t* ⟨*sep*, -ge-, h⟩ (*Fugen etc*) smear (*od.* daub) (*s.th.*) up (*od.* over).

'zu,schnal·len *v/t* ⟨*sep*, -ge-, h⟩ (*Gürtel etc*) buckle, fasten, (*mit Riemen*) *auch* strap.

'zu,schnap·pen *v/i* ⟨*sep*, -ge-, h *u.* sein⟩ **1.** ⟨*sein*⟩ (*von Türschloß*) click (*od.* snap) shut. – **2.** ⟨*sein*⟩ (*von Taschenmesser etc*) snap shut, close with a snap. – **3.** ⟨h⟩ (*zubeißen*) (*bes. von Hund*) snap.

'Zu,schnei·de|,brett *n* (*der Sattler, Schuster etc*) cutting board. — **~,kunst** *f* (*in der Schneiderei*) art of cutting out. — **~,kur·sus** *m* cutting-out course. — **~ma,schi·ne** *f* (*in der Konfektion*) cutting-out machine.

'zu,schnei·den *v/t* ⟨*irr, sep*, -ge-, h⟩ **1.** (*Kleidungsstücke*) cut out: **ein Kleid nach einem Schnittmuster ~** to cut out a dress from a pattern. – **2.** *tech.* (*auf eine bestimmte Größe schneiden*) (*Blech, Holz, Glas etc*) cut (*s.th.*) to size: **Bleche rechtwinklig ~** to square sheets. – **3.** *metall.* (*Rohlinge*) blank.

'Zu,schnei·der *m* (*für Kleidungsstücke*) cutter. — **'Zu,schnei·de'rei** *f* cutting-out room. — **'Zu,schnei·de·rin** *f* cutter. — **'Zu,schnei·de|,sche·re** *f* (*in der Schneiderei*) cutting-out scissors *pl* (*sometimes construed as sg*), trimmers *pl*. — **~,tisch** *m* cutting board.

'zu,schnei·en *v/t* ⟨*only pp*⟩ **zugeschneit werden** to be snowed in (*bes. Br.* up).

'Zu,schnitt *m* **1.** (*eines Kleidungsstücks*) cut. – **2.** *fig.* (*Format*) caliber, *bes. Br.* calibre, stature: **ein Mann von seinem ~** wird es weit bringen a man of his caliber will go far. – **3.** *fig. lit.* (*Aufbau, Gestaltung*) pattern: **der ~ seines Lebens** the pattern of his life.

'zu,schnü·ren *v/t* ⟨*sep*, -ge-, h⟩ **1.** (*Paket etc*) tie (*od.* bind) up. – **2.** (*Schuhe, Mieder etc*) lace up. – **3. j-m die Kehle** (*od.* Gurgel) **~** a) to strangle s.o., b) *fig. colloq.* (*j-n wirtschaftlich ruinieren*) to cut s.o.'s throat: **(die) Angst schnürte ihm die Kehle zu** *fig.* fear choked him, he was choked with fear.

'zu,schrau·ben *v/t* ⟨*sep*, -ge-, h⟩ **1.** (*Glas, Dose etc*) screw (*s.th.*) shut. – **2.** (*Deckel etc*) screw (*s.th.*) on.

'zu,schrei·ben *v/t* ⟨*irr, sep*, -ge-, h⟩ **1.** *colloq.* (*Geschriebenes hinzufügen*) add: **einige Worte ~** to add a few words. – **2.** (*zum Konto hinzufügen*) credit: **dieser Betrag ist dem Reservefonds zugeschrieben worden** this amount was credited to (*od.* added to, placed to the credit of) the reserve fund. – **3.** (*Grundstück*) transfer. – **4.** (*anlasten*) blame: **das hast du dir selbst zuzuschreiben** you have yourself to blame (*od.* thank) for that, that is your own fault (*od.* doing); **das kann man nur deiner Dummheit ~** (only) your stupidity is to blame for that; **die Schuld an dem Unfall ist ihm zuzuschreiben** he is to blame for the accident.

– **5.** (*beimessen, zuerkennen*) ascribe, attribute: **einer Sache große Bedeutung ~** to ascribe great importance to a matter; **das Verdienst wird ihm zugeschrieben** he is given credit for it, he is credited with it. – **6. etwas wird j-m [etwas] zugeschrieben** (*nachgesagt*) s.th. is ascribed (*od.* attributed, imputed) to s.o. [s.th.]: **dieser Pflanze wird eine heilkräftige Wirkung zugeschrieben** healing power is ascribed to this plant, this plant is said to have healing power; **dieses Bild wird Rembrandt zugeschrieben** this painting is ascribed to (*od.* said to be by) Rembrandt. – **7.** (*zurückführen*) (*dat* to) attribute, ascribe, put (*s.th.*) down: **das ist nur der Tatsache zuzuschreiben, daß** that is only due to the fact that.

'zu,schrei·en *v/t* ⟨*irr, sep*, -ge-, h⟩ **j-m etwas ~** to shout s.th. at s.o.

'zu,schrei·ten *v/i* ⟨*irr, sep*, -ge-, sein⟩ **1. auf j-n ~** to stride (*od.* walk) up to s.o. – **2.** (*kräftig od. tüchtig*) **~** *colloq.* to step out well, to put one's best foot forward (*od.* foremost), to step on it (*colloq.*).

'Zu,schrift *f* **1.** (*Leserbrief etc*) letter. – **2.** (*auf eine Annonce*) answer, reply: **ich habe auf meine Anzeige viele ~en bekommen** I received many replies to my advertisement, many people answered my advertisement.

zu'schul·den [tsu-] *adv* **sich** (*dat*) **etwas ~ kommen lassen** to get on the wrong side of the law, to make oneself guilty of an offence (*Am.* offense).

'Zu,schuß *m* **1.** (*einmalige Leistung*) contribution: **die Krankenkasse gibt einen ~ zu meiner Kur** the health insurance pays a contribution toward(s) my cure. – **2.** (*regelmäßige Leistung*) allowance: **er bekommt von seinen Eltern einen ~ zu seinem Studium** he gets an allowance for his studies from his parents; **j-m einen ~ gewähren** to grant s.o. an allowance. – **3.** (*Kostenbeitrag*) subsidy. – **4.** (*staatlicher*) subsidy, subvention, grant: **innerstaatliche Zuschüsse** grants-in-aid. – **5.** *print.* spoilage, waste sheets *pl*, *Br.* overs *pl*. — **~be,trieb** *m* subsidized (*Br. auch* -s-) (*od.* debt-incurring) business (*od.* firm). — **~,bo·gen** *m print.* oversheet.

'zu,schu·stern *v/t* ⟨*sep*, -ge-, h⟩ **1. j-m etwas ~** *colloq. cf.* zuschanzen. – **2. Geld ~** *cf.* zusetzen 2.

'zu,schüt·ten *v/t* ⟨*sep*, -ge-, h⟩ **1.** (*Loch, Graben etc*) fill (*s.th.*) up. – **2.** *colloq.* (*hinzuschütten*) add.

'zu,se·hen I *v/i* ⟨*irr, sep*, -ge-, h⟩ **1.** watch, look on: **j-m bei der Arbeit ~** to watch s.o. work(ing) (*od.* at work); **den Kindern beim Spielen ~** to watch the children play(ing) (*od.* at play); **aus sicherer Entfernung ~** to watch from a safe distance; **ich mußte untätig ~, wie er gequält wurde** I had to watch how he was tortured without being able to do anything. – **2.** *fig.* (*abwarten*) wait: **ich werde noch eine Weile ~, bevor ich eingreife** I'll wait a while before I interfere. – **3.** *fig.* (*etwas dulden, untätig bleiben*) sit (*od.* stand) back and watch, sit on one's hands: **kannst du ruhig ~, wenn ein solches Unrecht geschieht?** can you just sit back and watch such (an) injustice? can you sit on your hands while such injustice is going on? **jetzt kann ich nicht mehr länger ~** I can't just sit back and watch any longer now. – **4.** *colloq.* (*sich bemühen*) see (to it) that: **wir müssen ~, daß wir bis heute abend fertig werden** we must see (to it) that we get finished by this evening; **sieh doch zu, daß du mitkommen kannst** see if you can (*od.* try to) come with us. – **5.** *colloq.* (*aufpassen*) take care, be careful, mind, watch: **sieh zu, daß du nicht fällst** take care that you don't fall, be careful (*od.* mind, watch) (that) you don't fall, watch your step. – **II Z~** *n* ⟨-s⟩ **6.** *verbal noun:* **bei näherem** (*od.* genauerem) **Z~ stellte ich fest, daß** (up)on closer inspection (*od.* examination) I noticed that; **vom Z~ wird niemand satt** (*Sprichwort*) etwa seeing others eat does not appease one's hunger.

'zu,se·hends [-,ze:ənts] *adv* **1.** (*sichtlich*) appreciably, noticeably, visibly: **dem Kranken geht es ~ besser** the patient is improving appreciably. – **2.** (*sehr schnell*) rapidly.

'zu,sein *v/i* ⟨*irr, sep*, -ge-, sein⟩ *colloq.* be closed (*od.* shut).

'zu,sen·den *v/t* ⟨*meist irr, sep*, -ge-, h⟩ *cf.* zuschicken.

'**Zu,sen·dung** f 1. (*Ware*) consignment. – 2. (*Post*) sending.

'**zu,set·zen** I v/t ⟨*sep*, -ge-, h⟩ 1. (*hinzufügen*) add: Wasser zum Wein ~ a) to add water to wine, b) (*panschen*) to adulterate (*od.* water) wine. – 2. Geld ~ to lose money: er hat bei dem Geschäft tausend Mark zugesetzt he lost a thousand marks on that transaction. – 3. *colloq.* nicht viel zuzusetzen haben not to have much extra fat (*od.* weight); einiges zuzusetzen haben to have some spare fat (*od.* weight). – II v/i 4. j-m ~ a) (*mit Fragen, Bitten etc*) to badger (*od.* pester, plague, harass, ply) s.o., b) (*von Krankheit, großer Hitze etc*) to take it out of s.o., c) (*von Kummer, Leid etc*) to affect s.o. (badly), d) *mil.* to harass s.o.: j-m mit Bitten ~, bis er nachgibt to badger s.o. with entreaties until he gives in; ihm wurde so lange zugesetzt, bis er gestand he was badgered until he owned up; die Krankheit hat ihm sehr zugesetzt the illness took a lot out of him (*colloq.*). – III Z~ n ⟨-s⟩ 5. *verbal noun.*

'**zu,si·chern** I v/t ⟨*sep*, -ge-, h⟩ j-m etwas ~ to assure s.o. of s.th., to guarantee (*auch* guaranty) s.o. s.th. – II Z~ n ⟨-s⟩ *verbal noun.* — '**Zu,si·che·rung** f 1. cf. Zusichern. – 2. assurance, guarantee, *auch* guaranty: eine ~ erhalten to obtain (*od.* be given, receive) an assurance.

'**zu,sie·geln** v/t ⟨*sep*, -ge-, h⟩ seal (*s.th.*) (up).

Zu'spät,kom·men·de [tsu-] m, f ⟨-n; -n⟩ latecomer.

'**Zu,spei·se** f *obs. od. Austrian gastr.* for Beilage 3.

'**zu,sper·ren** v/t ⟨*sep*, -ge-, h⟩ cf. zuschließen.

'**Zu,spiel** n ⟨-(e)s; *no pl*⟩ (*sport*) 1. (*Paß*) pass. – 2. (*allgemein*) passing: genaues ~ accurate passing. — '**zu,spie·len** v/t ⟨*sep*, -ge-, h⟩ 1. j-m den Ball ~ (*sport*) to pass the ball to s.o.; → Ball¹ 1. – 2. j-m etwas ~ *fig.* to pass s.th. to s.o. surreptitiously (*od.* on the sly).

'**zu,spit·zen** I v/t ⟨*sep*, -ge-, h⟩ 1. (*Holz etc*) point, taper, sharpen. – 2. *fig.* (*Rede, Worte etc*) sharpen. – II v/reflex sich ~ 3. (*von Lage, Situation etc*) come to a head, become (more and more) critical (*od.* grave). – III Z~ n ⟨-s⟩ 4. *verbal noun.* — '**Zu,spit·zung** f ⟨-; *no pl*⟩ 1. cf. Zuspitzen. – 2. *fig.* (*der Lage, Situation etc*) increasing gravity.

'**Zu,spit·zungs·ver,hält·nis** n *aer.* taper ratio.

'**zu,spre·chen** I v/t ⟨*irr, sep*, -ge-, h⟩ 1. j-m Mut ~ to encourage s.o.; j-m Trost ~ to comfort (*od.* console) s.o. – 2. j-m ein Telegramm ~ (*telephonisch übermitteln*) to deliver a telegram by telephone to s.o. – 3. j-m etwas ~ (*zuerkennen*) a) *jur.* (*Erbe etc*) to adjudicate (*od.* award, adjudge) s.th. to s.o., b) *jur.* (*Kind bei Scheidungsklage*) to grant custody of (a child) to s.o., c) (*Preis*) to award s.th. to s.o.: das Gericht sprach ihm die Erbschaft zu the court awarded the inheritance to him; das Kind wurde der Mutter zugesprochen the mother was granted custody of the child. – II v/i 4. j-m begütigend (*od.* besänftigend) ~ to calm s.o.; j-m freundlich ~ to speak gently to s.o.; j-m ermutigend [tröstend] ~ to encourage [to comfort od. console] s.o. – 5. *colloq.* do justice to: einer Speise gut (*od.* tüchtig) ~ to do ample justice to a dish; die Gäste haben dem Wein tüchtig (*od.* kräftig) zugesprochen the guests did full justice to the wine. – III Z~ n ⟨-s⟩ 6. *verbal noun.* — '**Zu,spre·chung** f ⟨-; *no pl*⟩ 1. cf. Zusprechen. – 2. (*Zuerkennung*) adjudication, award, adjudg(e)ment.

'**zu,sprin·gen** v/i ⟨*irr, sep*, -ge-, sein⟩ auf j-n ~ to jump at s.o.

'**Zu,spruch** m ⟨-(e)s; *no pl*⟩ 1. words *pl*: auf ihren besänftigenden [tröstlichen, freundlichen] ~ hin beruhigte er sich he calmed down at her soothing [comforting *od.* consoling, friendly] words; auf j-s ~ hören to listen to s.o. – 2. (*Anklang, Beliebtheit*) reception, approval, appreciation: der Film fand großen ~ the film was well received (*od.* met with a favo[u]rable reception, went down well); allgemeinen ~ finden to meet with general approval; das kalte Büfett fand regen ~ the cold buffet was greatly appreciated (*od.* went down well). – 3. (*Zulauf, viele Besucher*) popularity: der Arzt hat viel ~ the doctor

is much sought after (*od.* is very popular, is in great demand); das neue Lokal erfreut sich großen ~s the new restaurant is very popular (*od.* enjoys great popularity).

'**Zu,stand** m ⟨-(e)s; ·e⟩ 1. (*Verfassung*) condition, state: körperlicher ~ physical state, shape; seelischer ~ mental state; der ~ des Patienten hat sich gebessert [verschlechtert] the patient's condition has improved [deteriorated]; sein ~ ist ernst [bedenklich, hoffnungslos] his condition is serious [critical, hopeless]; im ~ der Trunkenheit in a drunken state, under the influence of alcohol; in diesem ~ möchte ich dich nicht allein lassen I wouldn't like to leave you alone in your condition. – 2. (*augenblickliche Lage*) state of affairs: das ist ein unerträglicher (*od.* unhaltbarer) ~ that is an intolerable state of affairs; ich fand alles in demselben ~ vor, wie ich es verlassen hatte I found everything as I had left it; das ist doch kein ~! *colloq.* that's intolerable! – 3. *pl* (*Verhältnisse*) conditions: in den von dem Erdbeben heimgesuchten Gebieten herrschen katastrophale Zustände conditions are catastrophic in the areas (that have been) hit by the earthquake; → Rom 1. – 4. (*von Gebäuden, Autos, Kleidung etc*) condition, order, state: das Haus ist in sehr schlechtem ~ the house is in very bad condition (*od.* in a very bad state). – 5. *phys.* state: fester [flüssiger, gasförmiger] ~ solid [liquid, gaseous] state; vom festen in den flüssigen ~ übergehen to pass from a solid (in)to a liquid state. – 6. *pl colloq.* (*Nervenanfälle*) fit *sg*: Zustände bekommen (*od.* kriegen) to have a fit (*colloq.*); da kriegt man ja Zustände! that would (*od.* is enough to) drive you mad (*Br. sl.* round the bend).

zu·stan·de [tsu'ftandə] *adv* 1. etwas ~ bringen a) to manage (*od.* achieve, accomplish) s.th., to succeed in (doing) s.th., to consummate s.th., b) (*mit Erfolg durchführen*) to bring s.th. off, to achieve s.th.: er hat schier Unmögliches ~ gebracht he achieved the virtually impossible; was mir nicht gelungen ist, wirst du auch nicht ~ bringen you will not manage what I did not succeed in doing; einen Frieden ~ bringen to achieve (*od.* bring about) peace. – 2. ~ kommen a) to come off, to materialize *Br. auch* -s-, b) (*von Gesetz*) to be passed (*od.* made): das Treffen ist nicht ~ gekommen the meeting didn't come off; eine Einigung ist nicht ~ gekommen no agreement was reached (*od.* achieved); die Ehe ist nicht ~ gekommen the marriage didn't come off; das Gesetz ist verfassungsmäßig ~ gekommen the law was passed constitutionally.

Zu'stan·de|,brin·gen n achievement, accomplishment, consummation. — **~,kom·men** n materialization *Br. auch* -s-: das ~ des Treffens verdanken wir ihm we owe it to him that the meeting materialized (*od.* came off).

'**zu,stän·dig** *adj* 1. responsible, appropriate (*attrib*): niemand will für diesen Fall ~ sein nobody wants to be responsible for this case; ich habe mich an den ~en Beamten gewandt I approached the appropriate official (*od.* the official in charge); für diese Fragen bin ich nicht ~ I'm not competent to answer these questions. – 2. *jur.* (*Richter, Behörde, Gericht etc*) competent, cognizant: ~es Gericht court of competent jurisdiction; ~e Behörde (*od.* Stelle) competent authority; sich für ~ erklären to declare oneself competent. – 3. nach Wien ~ sein *Austrian* (*officialese*) to have the right of domicile in Vienna. — '**Zu,stän·dig·keit** f ⟨-; *no pl*⟩ 1. responsibility. – 2. *jur.* a) (*sachliche*) competence, competency, jurisdiction, cognizance, b) (*örtliche*) (territorial) jurisdiction: örtliche ~ eines Gerichts venue. – 3. cf. Zuständigkeitsbereich.

'**Zu,stän·dig·keits·be,reich** m 1. (sphere of) responsibility, purview: das fällt nicht in meinen ~ that does not fall within my purview. – 2. *jur.* competence, jurisdiction: zu dem ~ eines Gerichts gehören to be within the competence of a court; seinen ~ überschreiten to exceed one's competence.

'**zu,stän·dig·keits·hal·ber** *adv* for reasons of competence.

'**Zu,stän·dig·keits,streit** m conflict of (*od.* dispute over) competence.

'**Zu,stands|,än·de·rung** f *phys.* change of

state. — **~,dia,gramm** n state diagram. — **~,glei·chung** f equation of state. — **~,grö·ße** f variable of state.

zu·stat·ten [tsu'ftatən] *adv* etwas kommt j-m ~ a) s.th. stands s.o. in good stead, s.th. is useful to s.o., b) (*gelegen kommen*) s.th. comes in handy to s.o.: was du jetzt lernst, wird dir später ~ kommen what you learn now will stand you in good stead later.

'**zu,stecken** (getr. -k·k-) v/t ⟨*sep*, -ge-, h⟩ 1. (*mit Nadeln schließen*) pin (*s.th.*) together. – 2. j-m etwas ~ (*heimlich geben*) to slip s.o. s.th., to slip s.th. into s.o.'s hands: seine Großmutter steckt ihm hin und wieder ein paar Mark zu his grandmother slips him a few marks now and again.

'**zu,ste·hen** v/i ⟨*irr, sep*, -ge-, h u. sein⟩ 1. j-m steht etwas zu s.o. is entitled to s.th., s.o. has a claim to s.th., s.th. is due to s.o.: 25% des Gewinns stehen ihm rechtlich zu he is lawfully entitled to 25% of the profit; das steht mir von Rechts wegen zu I am lawfully entitled to that, that is my lawful right; dieser Titel steht mir nicht zu I have no right to this title. – 2. es steht j-m nicht zu, etwas zu tun s.o. has no right to do s.th., it is not for s.o. to do s.th.: es steht mir nicht zu, dein Handeln zu tadeln I have no right to criticize (*Br. auch* -s-) your action; darüber steht Ihnen kein Urteil zu it's not for you to judge that.

'**zu,stei·gen** v/i ⟨*irr, sep*, -ge-, sein⟩ (*in Bus, Straßenbahn etc*) get on: noch jemand zugestiegen? a) any more (*od.* all) fares, please? b) (*im Zug*) any more tickets, please? Fahrgäste ~ lassen to take on passengers; zehn Passagiere sind am Flughafen Hamburg zugestiegen ten passengers boarded the plane (*od.* joined the flight) at Hamburg airport.

'**Zu,stell|,amt** n (*postal service*) cf. Zustellpostamt. — **~be,reich** m delivery area. — **~be,zirk** m delivery walk (*od.* round), postman's walk. — **~,dienst** m delivery service. '**zu,stel·len¹** I v/t ⟨*sep*, -ge-, h⟩ 1. *econ.* deliver. – 2. (*postal service*) (*Briefe, Telegramme etc*) deliver. – 3. *jur.* serve: j-m eine Ladung ~ to serve a citation (*od.* summons) (up)on s.o., to serve s.o. with a citation (*od.* summons). – II Z~ n ⟨-s⟩ 4. *verbal noun.* – 5. cf. Zustellung.

'**zu,stel·len²** v/t ⟨*sep*, -ge-, h⟩ (*Verbindungstür etc*) set a piece of furniture across (*od.* in front of), block: die Tür mit einem Schrank ~ to set a cupboard across the door.

'**Zu,stel·ler** m ⟨-s; -⟩ 1. (*von Briefen, Paketen, Zeitungen etc*) postman, *Am.* mailman, *Am. auch* mail (*od.* letter) carrier; (*bes. für Telegramme*) telegram messenger. – 2. *jur.* (*einer gerichtlichen Verfügung*) process server.

'**Zu,stell|ge,bühr** f (*postal service*) (*für Pakete*) postal delivery fee. — **~,post,amt** n delivery (post) office.

'**Zu,stel·lung** f ⟨-; *no pl*⟩ 1. cf. Zustellen¹. – 2. delivery: ~ durch die Post delivery by mail (*Br.* post). – 3. *jur.* (*von gerichtlichen Verfügungen*) service: ~ einer Ladung service of a summons.

'**Zu,stel·lungs|be,am·te** m *jur.* process server. — **~be,voll,mäch·tig·te** m, f person authorized (*Br. auch* -s-) to accept service on s.o.'s behalf. — **~,nach,weis** m proof of service. — **~,ur,kun·de** f (*postal service*) documentary evidence of the delivery.

'**Zu,stell·ver,merk** m (*postal service*) indication of reason for nondelivery (*Br.* non-delivery).

'**zu,steu·ern** I v/i ⟨*sep*, -ge-, h u. sein⟩ 1. auf (*acc*) etwas ~ a) ⟨h u. sein⟩ mar. to steer (*od.* make, head) for s.th., b) ⟨h u. sein⟩ *fig.* (*zutreiben*) to be heading for s.th., c) ⟨h⟩ *fig.* (*abzielen*) to be aiming (*od.* getting) at s.th.: das Schiff steuerte auf die Küste zu the ship steered for the coast; bei dieser Politik steuern wir auf einen Krieg zu this policy is heading for war. – 2. ⟨sein⟩ auf j-n [etwas] ~ (*geradewegs zugehen*) to make (*od.* head, make a beeline) for s.o. [s.th.]. – II v/t ⟨h⟩ 3. *colloq.* (*beisteuern*) contribute.

'**zu,stim·men** I v/i ⟨*sep*, -ge-, h⟩ 1. j-m ~ a) to agree with s.o., to assent to s.o.'s opinion, (*ohne Widerspruch*) to acquiesce in s.o.'s opinion, b) (*j-s Vorhaben billigen*) to consent to s.o.: er stimmte mir nicht zu he did not agree with me, he disagreed with me. – 2. einer Sache ~ to agree (*od.* consent) to s.th., to approve s.th., to give one's assent to s.th., to accede to s.th. –

II Z~ n ⟨-s⟩ **3.** *verbal noun.* – **4.** *cf.* Zustimmung. — **'zu,stim·mend I** *pres p.* – **II** *adj* **1.** (*Antwort etc*) affirmative, positive: eine ~e Antwort an affirmative answer, an answer in the affirmative. – **2.** (*Kopfnicken etc*) assenting: ein ~es Nicken a nod of assent. – **III** *adv* **3.** ~ nicken to give a nod of assent, to nod one's head in agreement. — **'Zu,stim·mung** *f* ⟨-; *no pl*⟩ **1.** *cf.* Zustimmen. – **2.** consent, assent, agreement, approval, accord, suffrage: stillschweigende ~ implicit (*od.* implied, tacit) consent; nur widerwillig (*od.* zögernd) seine ~ geben to consent reluctantly, to give reluctant consent; seine ~ zu etwas geben (*od.* erteilen) to give one's consent to s.th.; seine ~ verweigern to refuse (*od.* withhold) one's consent; etwas findet allgemeine ~ s.th. meets with general consent (*od.* approval). **'Zu,stim·mungs·ge,setz** *n BRD pol. jur.* bill subject to an affirmative vote by the 'Bundesrat'.

'zu,stop·fen *v/t* ⟨*sep*, -ge-, h⟩ **1.** (mit Füllmaterial schließen) plug (up), stop (up), stuff up. – **2.** (*Loch im Strumpf etc*) darn, mend.

'zu,stöp·seln *v/t* ⟨*sep*, -ge-, h⟩ cork (*od.* bung, stopper, stopple) up, plug (up).

'zu,sto·ßen I *v/t* ⟨*irr*, *sep*, -ge-, h⟩ **1.** (*Tür etc*) push (*s.th.*) shut, (mit Wucht) bang (*s.th.*) shut. – **II** *v/i* ⟨h u. sein⟩ **2.** ⟨h⟩ (mit dem Messer) thrust. – **3.** ⟨h⟩ (beim Fechten) thrust, (mit Ausfallschritt) lunge. – **4.** ⟨sein⟩ happen: ihm muß etwas zugestoßen sein, sonst wäre er schon hier something must have happened to him, otherwise he would be here by now; ihm ist ein Unglück zugestoßen he had (*od.* met with) an accident; falls mir etwas ~ sollte should anything happen to me, in case of accident.

'zu,stre·ben *v/i* ⟨*sep*, -ge-, h u. sein⟩ (*dat*) **1.** ⟨sein⟩ make (*od.* head) for: die Zuschauer strebten dem Ausgang zu the audience made for the exit. – **2.** ⟨h⟩ *fig.* head for: einem beruflichen Ziel ~ to head for a professional goal.

'Zu,strom *m* ⟨-(e)s; *no pl*⟩ **1.** inflow, influx, inpour, inrush: ein ständiger ~ von Arbeitskräften aus dem Süden a permanent inflow of labo(u)r from the south; heimlicher ~ *pol.* infiltration. – **2.** (*von Frischluft etc*) inflow, inrush: ~ frischer Meeresluft *meteor.* inflow of fresh sea air. – **3.** (*Andrang, Ansturm*) rush, run. – **4.** *cf.* Zufluß 5, 6.

'zu,strö·men *v/i* ⟨*sep*, -ge-, sein⟩ (*dat*) **1.** (*von Flüssen*) flow (*od.* stream) toward(s). – **2.** *fig.* (*von Menschenmenge etc*) stream (*od.* crowd, throng) toward(s).

'zu,stür·men *v/i* ⟨*sep*, -ge-, sein⟩ auf j-n ~ to rush up to s.o.

'zu,stür·zen *v/i* ⟨*sep*, -ge-, sein⟩ auf j-n ~ to rush up to s.o., to descend (*od.* light) (up)on s.o., to make for s.o.: sobald er aus dem Haus trat, stürzten gleich zehn Reporter auf ihn zu as soon as he stepped out of the house, ten reporters descended (up)on him.

'zu,stut·zen *v/t* ⟨*sep*, -ge-, h⟩ **1.** *cf.* zurechtschneiden. – **2.** (*passend machen*) cut (*s.th.*) to size, fit. – **3.** *fig.* (*Stück für die Bühne etc*) adapt. – **4.** *fig.* (*zurechtmachen*) lick (*s.th.*) into shape, make (*s.th.*) presentable.

zu·ta·ge [tsu'taːgə] *adv* **1.** ein Geheimnis ~ bringen (*od.* fördern) to bring a secret to light, to unearth (*od.* disclose, uncover, reveal) a secret; seine Absichten liegen offen (*od.* klar) ~ his intentions are evident (*stärker* obvious); seine Schuld ist ~ gekommen (*od.* getreten) his guilt came (*od.* was brought) to light (*od.* became manifest, was revealed). – **2.** ~ bringen (*mining*) *cf.* fördern 13. – **3.** ~ treten *geol.* to outcrop.

'Zu,tat *f* ⟨-; -en⟩ meist pl **1.** gastr. ingredient. – **2.** (*beim Nähen*) accessory, extra.

zu'teil [tsu-] *adv* j-m wird etwas ~ *lit.* s.o. is given s.th., s.th. is bestowed (up)on s.o. (*lit.*): dieses Glück ist mir nicht ~ geworden this good fortune was not bestowed on me, this good fortune did not fall to my share (*od.* lot), I never met with this good fortune; dem Kranken wurde die beste Behandlung ~ the patient was given the best treatment; ihm ist nie die rechte Aufmerksamkeit ~ geworden he was never given due attention; etwas ist j-m in reichem Maße ~ geworden s.th. was lavished on s.o.; j-m eine Vergünstigung ~ werden lassen to award (*od.* grant, allow) s.o. a

privilege; ihm wurde eine freundliche Aufnahme ~ he met with a kind reception, he was kindly received.

'zu,tei·len I *v/t* ⟨*sep*, -ge-, h⟩ **1.** (*Lebensmittel etc*) allot, apportion, ration (*od.* portion) out: im Krieg wurden der Bevölkerung die Lebensmittel zugeteilt food was allotted to the population during the war. – **2.** (*zuweisen*) assign, allot, allocate: j-m eine Arbeit [Aufgabe] ~ to assign a task to s.o., to assign s.o. (to) a task, to allot s.o. a task; sie hat eine Wohnung zugeteilt bekommen she has been assigned a flat; j-m eine Rolle ~ auch fig. to assign (*od.* give) s.o. a role. – **3.** j-n j-m [einer Stelle] ~ auch mil. (*dienstlich*) a) (ständig) to assign s.o. to s.o. [a position], b) (vorübergehend) to attach s.o. to s.o. [a position]. – **4.** econ. a) (*Aktien etc*) allot, b) (*Darlehen*) pay out. – **II Z~** *n* ⟨-s⟩ **5.** *verbal noun.* – **'Zu,tei·lung** *f* ⟨-; -en⟩ **1.** *cf.* Zuteilen. – **2.** allotment, apportionment. – **3.** (*Zuweisung*) assignment, allotment, allocation. – **4.** (*dienstliche, ständige*) assignment. – **5.** (*dienstliche, vorübergehende*) attachment. – **6.** econ. (von Aktien) allotment. – **7.** (*Kontingent*) quota. – **8.** (*Ration*) ration. — **~sy,stem** *n* **1.** quota system. – **2.** allocation system. — **~ver,fah·ren** *n* apportionment (*od.* rationing) procedure.

zu'tiefst [tsu-] *adv* **1.** deeply: er war ~ gekränkt he was deeply hurt; er war ~ betrübt he was extremely saddened. – **2.** (*sehr*) badly.

'zu,tra·gen I *v/t* ⟨*irr*, *sep*, -ge-, h⟩ **1.** (*hintragen*) carry: j-m Holz ~ to carry wood to s.o. – **2.** (*berichten*) report: das ist mir von einer Nachbarin zugetragen worden a neighbo(u)r reported that to me. – **II** *v/reflex* sich ~ **3.** (*sich ereignen*) happen, occur, transpire, *colloq.*: das hat sich vor vielen Jahren zugetragen that happened many years ago.

'Zu,trä·ger *m* ⟨-s; -⟩ informant, informer, telltale, talebearer. — **,Zu·trä·ge'rei** *f* ⟨-; *no pl*⟩ *colloq.* **1.** informing, taletelling, talebearing. – **2.** (*Klatsch*) gossip.

'zu,träg·lich [-,trɛːklɪç] *adj* **1.** (*förderlich*) conducive, beneficial: Rauchen und Trinken sind der Gesundheit nicht ~ smoking and drinking are not conducive to good health. – **2.** (*gesundheitsfördernd*) healthy, wholesome, salutary, (*Klima*) auch salubrious: diese Art der Ernährung ist ihm nicht ~ this sort of diet is not healthy for him (*od.* does not agree with him); dieses Klima ist meiner Gesundheit nicht ~ this climate is not salubrious for me. — **'Zu,träg·lich·keit** *f* ⟨-; *no pl*⟩ **1.** conduciveness, beneficialness. – **2.** healthiness, wholesomeness, salutariness, salubrity.

'zu,trau·en *v/t* ⟨*sep*, -ge-, h⟩ j-m etwas ~ to think (*od.* believe) s.o. capable of s.th.: traust du ihm eine solche Tat zu? do you think him capable of such a thing? das hätte ich ihm nie zugetraut a) I would never have thought him capable of (doing) that, b) (*anerkennend*) I never knew he had it in him; das traue ich mir [nicht] zu I [don't] think I am capable of doing it, I [don't] think I can do it; du hast dir zuviel zugetraut a) (*zugemutet*) you have taken on too much, b) (*dich überschätzt*) you have overrated (*od.* overestimated) yourself; er traut sich überhaupt nichts zu he has no self-confidence; ich traue ihm nicht viel Gutes zu I don't have a very high (*od.* good) opinion of him; ich hätte dir einen besseren Geschmack zugetraut I would have thought (that) you had better taste; das ist ihm zuzutrauen! ihm ist alles zuzutrauen! I wouldn't put it past him!

'Zu,trau·en *n* ⟨-s; *no pl*⟩ (*zu in*) confidence, trust: ich habe kein ~ zu ihm I have no confidence in him; ~ zu j-m fassen to begin to have confidence in s.o.; ich habe alles ~ zu ihm verloren I have lost all confidence in him.

'zu,trau·lich *adj* **1.** (*Kind etc*) trusting, confiding. – **2.** (*Tier*) friendly, unafraid (*pred*). — **'Zu,trau·lich·keit** *f* ⟨-; *no pl*⟩ **1.** trustingness, confidingness, trusting (*od.* confiding) nature. – **2.** friendliness.

'zu,tref·fen *v/i* ⟨*irr*, *sep*, -ge-, h⟩ **1.** apply, be right (*od.* correct, true): seine Behauptung trifft nicht zu what he says does not

apply (*od.* is not correct); das trifft durchaus zu that's quite correct; das dürfte nicht ganz ~ that is not quite correct; das trifft nicht zu that is not the case. – **2.** (*gelten*) apply: dasselbe trifft für ihn zu the same applies to (*od.* is true for, goes for) him; diese Regel trifft nicht immer zu this rule does not always apply (*od.* follow); das trifft für alle Angestellten zu that applies to all employees. – **3.** (*passend sein*) fit, apply: die Beschreibung trifft genau auf ihn zu the description fits him perfectly. – **4.** (*sich bewahrheiten*) come true, prove (*od.* turn out) (to be) true. — **'zu,tref·fend I** *pres p.* – **II** *adj* apt, appropriate: eine ~e Beschreibung an apt (*od.* a fitting) description. – **III Z~e, das** ⟨-n⟩ Z~es bitte unterstreichen (*auf Formularen*) please underline what is (*od.* where) applicable. **'zu,tref·fen·den'falls** *adv* (*officialese*) if so, if that should be the case, if that be so.

'zu,trei·ben I *v/i* ⟨*irr*, *sep*, -ge-, sein⟩ drift toward(s): das Schiff treibt den Klippen zu the ship drifts toward(s) the cliffs. – **II** *v/t* ⟨h⟩ drive (*s.th.*) toward(s): den Jägern das Wild ~ to drive the game toward(s) the hunters.

'zu,trin·ken *v/i* ⟨*irr*, *sep*, -ge-, h⟩ j-m ~ to drink to (the health of) s.o., to raise one's glass to s.o.

'Zu,tritt *m* ⟨-(e)s; *no pl*⟩ **1.** admission, admittance, entry: ~ unentgeltlich admission free; freien ~ zu etwas haben a) to have free admission to s.th., b) *fig.* to have free access to s.th.; ~ nur mit Ausweis admission only (up)on presentation of an identity card; j-m ~ gewähren to give s.o. admission; kein ~! ~ verboten! no admittance! Unbefugten ist der ~ verboten! no admittance except on business! admittance for authorized (*Br. auch* -s-) persons only! ~ zu etwas erlangen, sich (*dat*) ~ zu etwas verschaffen to gain admittance to s.th.; ~ bei Hofe haben to be admitted at court. – **2.** (*von Luft, Flüssigkeit etc*) access: etwas vor ~ von Luft schützen to protect s.th. from the access of air.

'zu,tu·lich *adj cf.* zutraulich.

'zu,tun¹ *v/t* ⟨*irr*, *sep*, -ge-, h⟩ *colloq.* (*hinzufügen*) add: tu bitte noch etwas Milch zu add a little milk, please. – **II Z~** *n* ⟨-s⟩ *verbal noun:* ohne mein Z~ a) (*ohne meine Hilfe*) without my help, b) (*ohne eigene Mühe*) without my effort on my part, c) (*ohne eigene Schuld*) through no fault of my own (*od.* of mine).

'zu,tun² *v/t* ⟨*irr*, *sep*, -ge-, h⟩ (*schließen*) shut, close: ich habe die ganze Nacht kein Auge zugetan *fig.* I didn't sleep a wink (*od.* have a wink of sleep) all night; er hat die Augen für immer zugetan *euphem.* he passed away.

'zu,tun·lich *adj cf.* zutraulich.

zu·un·gun·sten [tsu¹ʔun,gunstən] *prep* ⟨*gen*, *rare nachgestellt dat*⟩ to the disadvantage of.

zu'un·terst [tsu-] *adv* right at the bottom, at the very bottom: das Oberste ~ kehren to turn everything upside down (*od.* topsy-turvy, *auch* topsy-turvy).

'zu·ver,läs·sig I *adj* **1.** (*Arbeiter, Freund etc*) reliable, dependable: ein ~er Mensch a reliable person. – **2.** (*vertrauenswürdig*) trustworthy. – **3.** (*verantwortungsbewußt*) responsible. – **4.** (*treu*) stanch, *bes. Br.* staunch, faithful. – **5.** (*Arznei, Auto, Nachricht, Wetterbericht etc*) reliable: aus ~er Quelle from a reliable source. – **II** *adv* **6.** for sure, for certain: ich weiß ~, daß I know for sure that, I am quite certain that. — **'Zu·ver,läs·sig·keit** *f* ⟨-; *no pl*⟩ **1.** reliability, reliableness, dependability, dependableness. – **2.** trustworthiness. – **3.** responsibility. – **4.** stanchness, *bes. Br.* staunchness, faithfulness. – **5.** (*einer Arznei, eines Autos, einer Nachricht etc*) reliableness, *auch* safety. — **'Zu·ver,läs·sig·keits,fahrt** *f auto.* reliability run. — **~,prü·fung** *f* reliability test. — **~,über,prü·fung** *f pol.* (*des Personals*) security clearance, screening.

'Zu·ver,sicht *f* ⟨-; *no pl*⟩ **1.** (*Vertrauen in die Zukunft*) confidence, trust, sanguinity (*lit.*): ich bin voller ~, daß er gesund wird I am quite confident that he will be cured; ich habe meine ganze ~ auf dich gesetzt I have put all my trust in you; voller ~ in die Zukunft blicken to look (forward) to the future with confidence (*od.* confidently); nichts kann meine ~ erschüttern nothing can shake my confidence; seine ~ zurück-

1883

gewinnen to regain one's confidence. –
2. (*Überzeugung*) confidence, assurance:
ich habe die feste (*od.* bin der festen) ~,
daß alles wieder gut wird I am quite confident that all will be well.

'zu·ver·sicht·lich I *adj* **1.** confident, sanguine (*lit.*): eine ~e Haltung zeigen to have
a confident attitude. – **2.** (*überzeugt*) confident, assured. – **II** *adv* **3.** ~ hoffen, daß
to be quite confident that. — **'Zu·ver,sichtlich·keit** *f* ⟨-; *no pl*⟩ *cf.* Zuversicht.

zu'viel [tsu-] *indef pron* **I** (*adjektivisch*) **1.**
⟨*attrib*⟩ (*vor Substantiven im sg*) too much:
es ist ~ Zucker im Kaffee there is too much
sugar in the coffee. – **2.** ⟨*attrib*⟩ (*vor Substantiven im pl*) too many: er hat ~ Bücher
he has too many books. – **3.** ⟨*pred*⟩ es ist ihr
alles ~ everything is too much of an effort
to her; das ist des Guten ~ (*od.* ~ des
Guten) *iron.* that's too much of a good thing;
was ~ ist, ist ~ there's a limit to everything.
– **II** (*adverbial*) **4.** too much: er denkt ~
he thinks too much. – **5.** too many: in
dieser Gruppe ist einer ~ there is one
too many in this group; er hat einen ~ getrunken he has had one too many (*od.* one
over the eight). – **III** (*substantivisch*) **6.** too
much: er hat mir ~ berechnet he charged
me too much, he overcharged me; er weiß
~ he knows too much; ich habe schon ~ gesagt I have said too much already; du hast
mir viel ~ geschenkt you have given me far
(*od.* much) too much; das wäre ~ verlangt
that would be asking (*od.* expecting) too
much; sie hat sich ~ zugemutet a) (*aufgebürdet*) she has taken on too much, b)
(*sich überschätzt*) she has overrated (*od.*
overestimated) herself; da kann man ja
~ kriegen! *colloq.* that's enough to drive
you mad (*Br. sl.* round the bend); besser
~ als zuwenig better too much than too
little. – **7.** too many: es sind ~ gekommen
too many have come.

Zu'viel *n* ⟨-s; *no pl*⟩ ein ~ an Schmuck too
much jewel(le)ry; jedes ~ wäre störend
the slightest iota too much would spoil the
effect; ein ~ ist besser als ein Zuwenig
better too much than too little.

zu'vor [tsu-] *adv* **1.** (*vorher*) before: ich habe
ihn nie ~ gesehen I have never seen him
before; wir sollten es wieder machen wie
~ we should do it as (*od.* the way) we did
before. – **2.** (*davor*) before(hand): kurz ~
habe ich noch mit ihm gesprochen I
talked to him shortly before; das war
am Tag ~ that had been the day before
(*od.* [on] the previous day); ich hatte mich
~ erkundigt, ob I had inquired beforehand
whether. – **3.** *archaic* (*im voraus*) first,
beforehand.

zu'vor·derst [tsu-] *adv* (*ganz vorn*) right in
front, right at the front, at the very front.

zu·vör·derst [tsu'fœrdərst] *adv archaic* **1.**
(*vor allem*) first and foremost. – **2.** (*zuerst*)
first of all, to begin with.

zu'vor,kom·men *v/i* ⟨*irr, sep, -ge-, sein*⟩
1. etwas (*dat*) ~ a) (*einer Frage, einem
Wunsch etc*) to anticipate s.th., b) (*durch
rasches Handeln hindern*) to forestall s.th.:
einer Gefahr ~ to anticipate a danger; einem Einwand ~ to forestall an objection. –
2. j-m a) (*schneller handeln als j-d*) to
forestall s.o., to anticipate s.o., to beat
s.o. to it (*colloq.*), b) (*j-n überrunden, j-m
den Rang ablaufen*) to steal a march on
s.o., to get the better of s.o., to outstrip
s.o.: ich mußte mich schnell entschließen,
sonst wären mir andere zuvorgekommen
I had to make up my mind quickly, otherwise others would have beaten me to it.

zu'vor,kom·mend I *pres p.* – **II** *adj* **1.** (*gefällig, entgegenkommend*) obliging, complaisant, complacent, gracious, accommodating. – **2.** (*höflich*) polite, civil, courteous. – **III** *adv* **3.** ich bin dort immer sehr
~ bedient worden I have always been
served very obligingly there.

Zu'vor,kom·men·heit *f* ⟨-; *no pl*⟩ **1.** (*Gefälligkeit, Entgegenkommen*) obligingness,
complaisance, graciousness. – **2.** (*Höflichkeit*) politeness, civility, courtesy.

zu'vor,tun *v/t* ⟨*irr, sep, -ge-, h*⟩ es j-m in
(*dat*) (*od. an dat*) etwas ~ to surpass (*od.*
excel, outdo) s.o. in s.th.: er tut es dir an
Mut zuvor he surpasses you in courage.

'Zu,waa·ge *f* ⟨-; *no pl*⟩ *Bavarian and Austrian* makeweight.

'Zu,wachs [-,vaks] *m* ⟨-es; *no pl*⟩ **1.** (*an
Kapital, Einnahmen, Vermögen etc* (*an dat*)

increase (in), augmentation (of), increment
(of), accrual (of), accretion (of): ein ~ an
Kapital an increase in capital. – **2.** (*an
Grundeigentum*) (an *dat* of) accession. –
3. (*an Mitgliedern, Arbeitskräften etc*) (an
dat) increase (in), augmentation (of): der
Verein hatte einen ~ von hundert Mitgliedern the club had an increase of a
hundred members. – **4.** *colloq.* addition to
the family: die Nachbarn haben ~ bekommen the neighbo(u)rs have had an
addition to the family. – **5.** etwas auf ~
kaufen *colloq.* to buy s.th. big enough to
allow for growth (*od.* rather on the large
side). – **6.** *bot. hort.* growth: jährlicher ~
annual growth.

'zu,wach·sen *v/i* ⟨*irr, sep, -ge-, sein*⟩ **1.** (*von
Wundrändern*) grow (*od.* knit) together. –
2. (*von Wunden*) heal (up *od.* over), skin
over. – **3.** (*von unbenutztem Weg etc*) become overgrown, overgrow. – **4.** (*von
Aussicht etc*) be blocked by new growth.
– **5.** (*von Lücke in einer Hecke etc*) close
up. – **6.** (*zufallen, zufließen*) accrue: ihm
wächst ein Gewinn von tausend Mark zu
a profit of a thousand marks accrues to him.

'Zu,wachs|,ra·te *f econ.* ratio of increase
(*od.* growth), growth rate. — ~,steu·er *f*
1. (*für Vermögen, Einkommen*) increment
tax. – **2.** (*auf Gewinne*) tax on excess profits.

'Zu,wan·de·rer *m* immigrant. — **'zu,wandern I** *v/i* ⟨*sep, -ge-, sein*⟩ immigrate. –
II Z~ ⟨-s⟩ *verbal noun.* — **'Zu,wan·derung** *f* **1.** *cf.* Zuwandern. – **2.** immigration.
– **3.** (*Bevölkerungswachstum*) increase in
population. – **4.** (*Zustrom zu einer Stadt
etc*) afflux. – **'Zu,wand·rer** *m cf.* Zuwanderer.

'zu,war·ten I *v/i* ⟨*sep, -ge-, h*⟩ **1.** wait
(patiently). – **2.** (*günstige Zeit abwarten*)
temporize *Br. auch* -s-. – **II Z~** *n* ⟨-s⟩ **3.** *verbal noun.* – **4.** temporization *Br. auch* -s-.

Zu'was·ser,las·sen [tsu-] *n mar.* **1.** (*von
Schiffen*) launching. – **2.** (*von Rettungsbooten*) lowering.

zu·we·ge [tsu've:gə] *adv* **1.** etwas ~ bringen
a) to manage (*od.* achieve, accomplish) s.th.,
to succeed in (doing) s.th., b) (*mit Erfolg
durchführen*) to bring s.th. off, to achieve
s.th.: was niemand ~ gebracht hatte, gelang ihr ohne Schwierigkeiten she managed without difficulty what no one else
had achieved; er hat es ~ gebracht, unbemerkt zu verschwinden he managed to
disappear unnoticed. – **2.** ~ kommen to
come off, to materialize *Br. auch* -s-: die
Verlobung kam nicht so schnell ~ the
engagement did not come off so quickly. –
3. mit etwas [nicht] ~ kommen [not to be
able] to manage s.th.: ich komme mit diesem Verschluß nicht ~ I can't manage this
fastener. – **4.** gut [schlecht] ~ sein *colloq.*
to feel well [unwell].

'zu,we·hen *v/i* ⟨*sep, -ge-, sein*⟩ **1.** etwas
weht j-m zu (*von Geruch, Geräusch etc*) s.th.
wafts (*od.* floats) to s.o. – **2.** (*von Weg etc*)
become blocked with drifts.

zu'wei·len [tsu-] *adv* **1.** (*von Zeit zu Zeit,
relativ selten*) from time to time, now and
then (*od.* again), occasionally, every once
in a while. – **2.** (*manchmal, nicht so selten*)
sometimes, at times.

'zu,wei·sen I *v/t* ⟨*irr, sep, -ge-, h*⟩ **1.** *cf.* zuteilen 2, 3. – **2.** *econ.* a) (*Aufgaben*) assign,
b) (*Finanzmittel*) allocate, grant. – **II Z~** *n*
⟨-s⟩ **3.** *verbal noun.* — **'Zu,wei·sung** *f* ⟨-;
-en⟩ *cf.* Zuweisen. – **2.** *cf.* Zuteilung 1—5.

'zu,wen·den I *v/t* ⟨*auch irr, sep, -ge-, h*⟩
1. turn: j-m den Rücken ~ to turn one's
back on s.o.; j-m das Gesicht ~ to turn
one's face toward(s) s.o., to face s.o.; das
Gesicht der Sonne ~ to turn one's face toward(s) the sun; sie wandten (*od.* wandten) ihre Schritte dem Ausgang zu they
turned their steps toward(s) the exit. –
2. (*zukommen lassen*) bestow: der reiche
Onkel hat seinem Neffen größere Summen zugewendet the rich uncle bestowed
considerable sums (up)on his nephew. –
3. *fig.* (*widmen*) devote, bestow: j-m seine
ganze Liebe ~ to devote all one's love to
s.o.; einer Sache seine ganze Aufmerksamkeit ~ to devote one's entire (*od.* undivided) attention to a matter. – **II** *v/reflex*
sich ~ **4.** (*dat*) to turn: sich j-m ~ to turn
and face s.o., to turn to s.o.; endlich
wandte sich ihr das Glück wieder zu
fig. luck came her way again at last. –
5. *fig.* (*übergehen auf*) (*dat*) to turn: wir

wollen uns einem anderen Thema ~
let us turn to another topic; ihr Interesse hat sich anderen Dingen zugewendet her interest has turned to other
things. – **6.** *fig.* (*widmen*) (*dat* to) devote
(*od.* apply) oneself: er will sich jetzt ganz
dem Studium ~ he wants to devote himself entirely to his studies now. – **III Z~** *n*
⟨-s⟩ **7.** *verbal noun.* — **'Zu,wen·dung** *f*
⟨-; -en⟩ **1.** *cf.* Zuwenden. – **2.** bestowal,
bestowment. – **3.** (*regelmäßige*) allowance.
– **4.** (*Schenkung*) donation, gift. – **5.** letztwillige ~ *jur.* bequest, legacy.

zu'we·nig [tsu-] *indef pron* **I** (*adjektivisch*) **1.**
⟨*attrib*⟩ (*vor Substantiven im sg*) too little:
es ist ~ Salz in der Suppe there is too little
salt in the soup. – **2.** ⟨*attrib*⟩ (*vor Substantiven im pl*) too few: er hat ~ Freunde he
has too few (*od.* not enough) friends. –
3. ⟨*pred*⟩ das ist ~ für ihn that isn't sufficient for him. – **II** (*adverbial*) **4.** too little:
er schläft ~ he sleeps too little, he does not
get enough sleep. – **5.** too few: in dieser
Gruppe ist einer ~ there is one too few
in this group. – **6.** (*nicht gründlich genug*)
not well enough: du hast dich ~ vorbereitet you did not prepare yourself well enough.
– **III** (*substantivisch*) **7.** too little: er weiß
~ he knows too little. – **8.** too few: es sind
~ gekommen too few have come.

Zu'we·nig *n* ⟨-s; *no pl*⟩ ein ~ an Gewürzen
too few spices *pl*, too little spice.

'zu,wer·fen *v/t* ⟨*irr, sep, -ge-, h*⟩ **1.** j-m
etwas ~ (*Ball etc*) to throw s.th. to s.o.,
(*leicht, lässig*) to toss s.th. to s.o.; j-m einen
Blick ~ *fig.* to cast (*od.* dart) a glance at s.o.,
(*wütenden, feurigen*) *auch* to flash a glance
at s.o.; j-m eine Kußhand ~ *fig.* to blow
s.o. a kiss. – **2.** (*Tür etc*) slam (*od.* bang)
(*s.th.*) (shut), fling (*s.th.*) shut. – **3.** (*Graben,
Grube etc*) shovel (*od.* fill) (*s.th.*) up.

zu'wi·der [tsu-] **I** *adj* ⟨*pred*⟩ **1.** dieses Essen
ist mir ~ this food disgusts (*od.* revolts) me,
I hate (*od.* loathe, detest) this food, I find
this food disgusting (*od.* revolting); es ist
mir ~, zu diesen Partys zu gehen I hate
(*od.* loathe) going to these parties; dieser
Mensch ist mir ~ a) (*unsympathisch*) I hate
(*od.* loathe, detest) this person, I find this
person odious, b) (*abstoßend*) this person
disgusts (*od.* revolts, repels) me, I find this
person repulsive (*od.* repugnant); so etwas
ist mir ~ I abhor a thing like that; ich bin
mir selbst ~ I hate myself. – **2.** das Schicksal war ihm oft ~ fate was often unkind to
him. – **II** *prep* ⟨*dat*⟩ **3.** (*entgegen*) against,
contrary to, opposed to, abhorrent to: das
ist aller Vernunft [Erfahrung] ~ that is
contrary to all reason [experience]; allen
Erwartungen ~ ist er doch nicht gekommen he came in the end contrary to all
expectation(s).

zu'wi·der|,han·deln I *v/i* ⟨*sep, -ge-, h*⟩ (*dat*)
1. act against, act contrary to. – **2.** (*Vorschriften, Gesetzen etc*) contravene, violate,
offend against, transgress, trespass against.
– **II Z~** *n* ⟨-s⟩ **3.** *verbal noun.* – **4.** *cf.* Zuwiderhandlung. — ~,han·delnd I *pres p.*
– **II** *adj* contravening: ~e Person *cf.* Zuwiderhandelnde. – **Z~,han·deln·de** *m, f*
⟨-n; -n⟩ *jur.* contravener, offender, (*speziell bei bestimmten Tatbeständen*) trespasser. — **Z~,hand·lung** *f* **1.** *cf.* Zuwiderhandeln. – **2.** contravention, violation, *Br.*
offence, *Am.* offense, transgression.

zu'wi·der,lau·fen *v/i* ⟨*irr, sep, -ge-, sein*⟩
(*dat*) (*entgegenstehen*) be contrary to, run
counter to, counter, traverse.

'zu,win·ken *v/i* ⟨*sep, -ge-, h*⟩ j-m ~ a) (*als
Gruß*) to wave to (*od.* at) s.o., b) (*j-m ein
Zeichen geben*) to sign to, signal, (*motion*)
to s.o., to make a sign to s.o., c) (*j-n herbeiwinken*) to beckon to s.o. (*od.* to come), to signal to s.o. to come: j-m zum Abschied ~
to wave to s.o. good-by(e), to wave good-by(e)
to s.o.

'zu,zah·len I *v/t* ⟨*sep, -ge-, h*⟩ **1.** noch
zwanzig Mark ~ müssen to have to pay
another twenty marks. – **II Z~** *n* ⟨-s⟩
2. *verbal noun.* – **3.** *cf.* Zuzahlung.

'zu,zäh·len I *v/t* ⟨*sep, -ge-, h*⟩ **1.** (*addieren*)
add. – **2.** (*mit einbeziehen*) include. – **II
Z~** *n* ⟨-s⟩ **3.** *verbal noun.* – **4.** *cf.* Zuzählung.

'Zu,zah·lung *f* **1.** *cf.* Zuzahlen. – **2.** additional (*od.* extra) payment.

'Zu,zäh·lung *f* ⟨-; *no pl*⟩ **1.** *cf.* Zuzählen. –
2. inclusion.

zu·zei·ten [tsu'tsaɪtən] *adv cf.* zuweilen.

zu·zeln ['tsu:tsəln] v/i ⟨h⟩ *Bavarian and Austrian colloq.* (an *dat* at) suck.

'**zu,zie·hen I** v/t ⟨irr, sep, -ge-, h⟩ **1.** (*Knoten, Schlinge, Schleife etc*) pull (*od.* draw) (*s.th.*) tight, tighten. – **2.** (*Vorhang etc*) draw (*od.* pull) (*s.th.*) (together). – **3.** (*Tür etc*) draw (*od.* pull) (*s.th.*) shut. – **4.** j-n (zu *etwas*) ~ (*hinzuziehen*) to call in s.o. (for advice on s.th.), to consult s.o. (on s.th.): einen Arzt [einen Fachmann] ~ to call in a doctor [an expert]; einen Kollegen ~ (zu einem *Krankheitsfall*) to consult a colleague. – **5.** sich (*dat*) etwas ~ a) (*ansteckende Krankheit*) to contract (*od.* incur, catch, get) s.th., b) (*organisches Leiden, Knochenbruch etc*) to incur (*od.* sustain) s.th., c) (*Tadel, Verweis, Strafe, Haß, Zorn etc*) to incur s.th.: sich j-s Haß ~ to incur s.o.'s hatred; sich Unannehmlichkeiten ~ to get oneself into trouble; sie hat sich eine Erkältung zugezogen she caught a cold. – **II** v/reflex sich ~ **6.** (*von Schlinge etc*) tighten, pull tight. – **III** v/i ⟨sein⟩ **7.** (*hierherziehen*) move in (*od.* here): die Nachbarn sind erst vor kurzem zugezogen the neighbo(u)rs only moved in a short while ago. – **IV Z~** n ⟨-s⟩ **8.** *verbal noun.* – '**Zu,zie·hung** f ⟨-; no pl⟩ **1.** cf. Zuziehen. – **2.** (*eines Arztes, Fachmanns etc*) consultation: unter ~ mehrerer Sachverständiger with the consultation of several experts. – **3.** (*einer ansteckenden Krankheit*) contraction.

'**Zu,zug** m **1.** move, remove: seit unserem ~ nach Hamburg since our move to Hamburg. – **2.** cf. Zustrom 1. – **3.** cf. Zuwanderung. – **4.** cf. Zuzugsrate.

'**Zu,zü·ger** [-,tsy:gər] m ⟨-s; -⟩ *Swiss for* Zuzügler.

'**Zu,züg·ler** [-,tsy:klər] m ⟨-s; -⟩ newcomer.

'**zu,züg·lich** [-,tsy:klıç] prep ⟨gen⟩ bes. econ. plus: ~ der Nebenkosten plus extras; ~ des Portos, ~ Porto plus postage.

'**Zu,zugs|er,leich·te·run·gen** pl migration benefits pl. — ~**ge,neh·mi·gung** f **1.** (*fürs Inland*) permission to take up residence, migration permit. – **2.** (*fürs Ausland*) entry and residence permit. — ~**ra·te** f migration rate. — ~**sper·re** f migration ban.

'**zu,zwin·kern** v/i ⟨sep, -ge-, h⟩ j-m ~ to wink at s.o., to give s.o. a wink.

Zvie·ri ['tsfi:ɛri] m, n ⟨-s; no pl⟩ *bes. Swiss dial.* afternoon snack.

zwacken (getr. -k·k-) ['tsvakən] v/t ⟨h⟩ **1.** (*zwicken, kneifen*) pinch. – **2.** j-n (zwikken und) ~ fig. (*plagen*) to torment (*od.* plague) s.o.

zwang [tsvaŋ] *1 u. 3 sg pret of* zwingen.

Zwang m ⟨-(e)s; ¨e⟩ **1.** compulsion: (die) Teilnahme ist ~ participation is compulsory; etwas nur aus ~ tun to do s.th. under compulsion (*od.* pressure); einem inneren ~ folgen to follow an inner compulsion (*od.* urge). – **2.** (*Pflicht*) obligation: ein moralischer ~ a moral obligation; es besteht kein ~ there is no obligation. – **3.** restraint, constraint: seinen Gefühlen ~ antun (*od.* auferlegen) to constrain one's feelings; allen ~ ablegen to abandon all restraint(s); tu dir keinen ~ an! a) (*benimm dich ganz natürlich*) don't stand on ceremony! b) (*sag, was du sagen willst*) go ahead, speak your mind! out with it! – **4.** (*Druck*) pressure: einen ~ auf j-n ausüben to exert pressure on s.o.; der ~ der Verhältnisse the pressure of the situation. – **5.** (*Gewalt*) force: der ~ des Gesetzes the force of the law; man mußte ~ anwenden it was necessary to resort to (*od.* apply) force. – **6.** (*Herrschaft*) command: der ~ der Mode the tyranny of (the) fashion. – **7.** *jur.* (*Nötigung*) coercion, duress, constraint: unter ~ under duress; unter ~ aussagen to bear witness under coercion. – **8.** *med. psych.* a) compulsion, b) cf. Zwangsvorstellung, c) (*Druck*) pressure, d) (*beim Stuhlgang*) painful pressure.

zwän·ge ['tsvɛŋə] *1 u. 3 sg pret subj of* zwingen.

zwän·gen ['tsvɛŋən] **I** v/t ⟨h⟩ **1.** etwas in (*acc*) etwas ~ to squeeze (*od.* cram, jam) s.th. into s.th. – **2.** etwas durch etwas ~ to squeeze s.th. through s.th. – **3.** etwas zwischen (*acc*) etwas ~ (*einkeilen*) to squeeze (*od.* jam, wedge, cram) s.th. (in) between s.th. – **II** v/reflex **4.** sich in (*acc*) etwas ~ to squeeze (*od.* cram, jam) oneself into s.th. – **5.** sich durch etwas ~ to squeeze oneself through s.th. – **6.** sich

---

zwischen (*acc*) etwas ~ to squeeze (*od.* jam, wedge) oneself (in) between s.th.

'**zwang·haft** adj **1.** (*erzwungen*) (en)forced, forcible. – **2.** *psych.* compulsive, obsessive.

'**Zwang,huf** m ⟨-(e)s; no pl⟩ *vet.* contracted foot (*od.* heel). — '**zwang,hu·fig** [-,hu:fıç] adj narrow-hoofed.

'**Zwang,lauf** m *tech.* positive movement.

'**zwang,läu·fig** adj *tech.* **1.** (*Antrieb*) positive. – **2.** (*Zahnradgetriebe*) geared. – **3.** (*Ölumlauf*) forced, force-feed (*attrib*). — '**Zwang,läu·fig·keit** f ⟨-; no pl⟩ *tech.* guided (*od.* forced) motion.

'**Zwang,lauf,leh·re** f *tech.* **1.** kinetics pl (*construed as sg or pl*). – **2.** kinematics pl, auch cinematics pl (*construed as sg*).

'**zwang·los I** adj **1.** (*Beisammensein, Umgang etc*) casual, informal, free and easy, unceremonious, unconstrained. – **2.** (*Kleidung etc*) informal, casual, bes. mil. auch undress (*attrib*). – **3.** (*Sitten etc*) unconventional. – **4.** (*vertraut*) familiar, free. – **5.** in ~er Folge erscheinen (*von Zeitschrift etc*) to be published occasionally (*od.* at irregular intervals). – **II** adv **6.** in a casual (*od.* free and easy) manner, free(ly): sich ~ benehmen to have a casual (*od.* free and easy) manner; es ging ziemlich ~ zu things were very casual (*od.* informal); wir kommen im Monat zweimal ~ zusammen we meet informally twice a month. – **7.** (*ohne Umstände*) unceremoniously, without ceremony. — '**Zwang·lo·sig·keit** f ⟨-; no pl⟩ **1.** casualness, informality, unceremoniousness, unconstraint, freedom. – **2.** (*der Kleidung etc*) informality, casualness. – **3.** (*der Sitten etc*) unconventionalness. – **4.** (*Vertrautheit*) familiarity, freedom. – **5.** (*Natürlichkeit*) ease of manner.

'**Zwangs|,ab,ga·be** f *econ.* compulsory levy (*od.* charge, impost). — ~**,ab,lie·fe·rung** f (z. B. an den Staat) compulsory delivery (*od.* supply). — ~**,ab,tre·tung** f *jur.* **1.** compulsory cession. – **2.** (*Enteignung*) expropriation. — ~**,amor·ti·sa,ti,on** f *econ. jur.* compulsory redemption (*od.* amortization). — ~**,an,lei·he** f *pol.* compulsory loan. — ~**,an,trieb** m *tech.* positive drive. — ~**,ar·beit** f **1.** forced (*od.* compulsory, slave) labor: Abschaffung der ~ abolition of forced labo(u)r. – **2.** (*Gefangenenarbeit*) (*als Zusatzstrafe*) convict labor (bes. mil. *Br.* labour), Am. hard labor. — ~**,ar·bei·ter** m forced labor (bes. *Br.* labour) convict. — ~**,auf,ent,halt** m **1.** compulsory (*od.* enforced) delay. – **2.** detention. — ~**,aus,gleich** m compulsory settlement. — ~**,aus,he·bung** f mil. hist. cf. Aushebung 3. — ~**,aus,wei·sung** f expulsion. — ~**,bei,trei·bung** f *econ. jur.* forcible collection. — ~**,bei,tritt** m compulsory membership. — ~**,be,ur,lau·bung** f compulsory suspension. — ~**,be,we·gung** f *med.* compulsive movement. — z~**,be,wirt·schaf·ten** *econ. pol.* **I** v/t ⟨only inf u. pp zwangsbewirtschaftet, h⟩ **1.** control, (*Häuser*) control the rents of. — **II Z~** n ⟨-s⟩ **2.** verbal noun. **3.** cf. Zwangsbewirtschaftung. — z~**,be,wirt·schaf·tet I** pp. – **II** adj under (economic) control, controlled, (*Häuser*) rent-controlled. — ~**,be,wirt·schaf·tung** f (economic) control, (von *Häusern*) rent control: die ~ von etwas aufheben to decontrol s.th. — ~**,den·ken** n psych. obsession, compulsive thinking. — ~**,dienst** m compulsory service. — ~**,ein·quar,tie·rung** f mil. compulsory quartering (*od.* billeting). — ~**,ein,wei·sung** f (*in eine Heilanstalt etc*) compulsory hospitalization (*Br. auch* -s-). — ~**,ein,zie·hung** f *econ. jur.* **1.** (*von Außenständen etc*) compulsory collection. – **2.** (*das Löschen der Mitgliedschaft eines Gesellschafters*) expulsion of a partner. – **3.** (von *Aktien*) compulsory redemption. — ~**,ent,eig·nung** f compulsory expropriation, Am. condemnation. — ~**,er·näh·rung** f forcible feeding (*od.* alimentation). — ~**,er,schei·nung** f meist pl psych. obsessional (*od.* compulsive) phenomenon. — ~**,er,zie·hung** f obs. for Fürsorgeerziehung. — ~**,er,zie·hungs,an,stalt** f cf. Erziehungsanstalt. — ~**,för·de·rung** f *tech.* positively controlled conveyance. — ~**,ge,fühl** n psych. (obsessive) compulsion. — ~**,ge,mein,schuld·ner** m jur. involuntary bankrupt. — z~**,ge·schmiert** adj *tech.* force-feed lubricated. — ~**,haft** f *jur.* coercive detention. — ~**,haft,pflicht,ver,si·che·rung** f econ.

(common law) obligatory third party (*od.* liability) insurance. — ~**,hal·tung** f psych. forced attitude. — ~**,hand·lung** f obsessional (*od.* compulsive) action. — ~**,herr·schaft** f despotism, dictatorship. — ~**,hypo,thek** f econ. jur. (*Sicherungshypothek*) judicial (*od.* covering) mortgage. — ~**,idee** [-,?i,de:] f psych. obsessive idea, obsession. — ~**,im,puls** m compelling impulse. — ~**,iso,lie·rung** f compulsory isolation. — ~**,jacke** (getr. -k·k-) f auch fig. straitjacket, straightjacket: j-n in eine ~ stecken to straitjacket s.o. — ~**,ka·pi,tal,bil·dung** f econ. compulsory formation of capital. — ~**,kar,tell** n compulsory cartel (*Br. auch* kartell). — ~**,kauf** m (en)forced purchase. — ~**,kol·lek·ti,vie·rung** f compulsory collectivization. — ~**,krank·heit** f psych. cf. Zwangserscheinung. — ~**,kurs** m econ. compulsory (*od.* controlled) rate (*od.* price). — ~**,la·chen** n psych. compulsive (*od.* obsessive) laughter.

'**Zwangs,la·ge** f **1.** constraining position. – **2.** fig. predicament, difficult (*od.* embarrassing) situation, strait(s pl), fix, jam (sl.): ich befinde mich (*od.* bin) in einer ~ I am in a predicament; j-n in die ~ versetzen, etwas zu tun to put s.o. in a position where he is forced to do s.th. – **3.** fig. (*Dilemma*) dilemma, quandary. – **4.** fig. (*Dringlichkeit*) exigency, exigence, urgency.

'**zwangs,läu·fig I** adj **1.** inevitable, unavoidable: das ist die ~e Folge dieser Politik that is the inevitable consequence of this policy. – **2.** necessary. – **II** adv **3.** inevitably, unavoidably, automatically, of necessity: das führt ~ zur Katastrophe that will inevitably lead to catastrophe. – **4.** (*unbedingt*) necessarily, of necessity: er mußte ~ davon hören he could not fail (*od.* he was bound) to hear of it; ich muß ~ hingehen I am bound to go there; es mußte ~ dahin kommen that was bound to happen. — '**Zwangs,läu·fig·keit** f ⟨-; no pl⟩ **1.** inevitability, unavoidability. – **2.** necessity.

'**Zwangs|,leh·re** f econ. compulsory apprenticeship. — ~**,li·qui,da,ti,on** f **1.** compulsory liquidation. – **2.** econ. (*einer Gesellschaft*) compulsory winding up, winding up by (the) court. — ~**,li,zenz** f compulsory licence (*Am.* license). — z~**,mä·ßig** adj **1.** (en)forced, forcible. – **2.** psych. compulsive, obsessive. — ~**,maß,nah·me** f meist pl **1.** compulsory measure, strong-arm method, bes. jur. coercive measure, measure of coercion: zu ~n greifen (*od.* resort to) compulsory measures, bes. jur. to use coercive measures. – **2.** pol. sanction. – **3.** (*Repressalie*) reprisal. – **4.** (*bei Geisteskranken*) restraint. — ~**,maß,re·gel** f rare for Zwangsmaßnahme 1. — ~**,mie·ter** m assigned tenant. — ~**,mit·tel** n means pl (construed as sg or pl) of coercion, coercive means pl (construed as sg or pl), bes. jur. pol. sanction. — ~**,neu,ro·se** f psych. compulsion (*od.* obsessional, bes. Am. obsessive-compulsive) neurosis. — ~**,neu,ro·ti·ker** m obsessional (bes. Am. obsessive-compulsive) neurotic. — z~**,neu,ro·tisch** adj obsessive, compulsive, bes. Am. obsessive-compulsive. — ~**,pen·sio,nie·rung** f compulsory retirement. — ~**,preis** m econ. controlled price. — ~**,psy,cho·se** f psych. compulsive insanity. — ~**,räu·mung** f jur. mil. compulsory evacuation. — ~**,re,gie·rung** f, ~**,re,gime** n pol. government by force, despotism, dictatorship. — ~**,re·gu,lie·rung** f econ. (*eines nicht erfüllten Börsengeschäfts*) compulsory settlement. — ~**,re·kru,tie·rung** f mil. hist. cf. Aushebung 3. — ~**,schie·ne** f (*railway*) wing (*od.* check) rail. — ~**,spa·ren** n econ. compulsory saving. — ~**,stall** m vet. chute, auch shute. — ~**,steue·rung** f tech. positive control. — ~**,stock** m only in j-n in den ~ legen hist. to put s.o. in the stocks, to stock s.o. — z~**,syn,chro·ni,siert** adj synchro. (*Gänge*) baulked synchromesh. — ~**,syn,chro·ni,sie·rung** f baulk synchromesh. — z~**,um,sie·deln** v/t ⟨only inf u. pp zwangsumgesiedelt, h⟩ pol. displace (s.o.) (by force). — ~**,um,sied·ler** m displaced person. — ~**,ver,an,la·gung** f econ. compulsory assessment. — ~**,ver,äu·ße·rung** f cf. Zwangsverkauf. — ~**,ver,fah·ren** n coercive proceedings pl. — ~**,ver,gleich** m jur. enforced settlement, compulsory composition, forced agreement. — ~**,ver,kauf** m econ. (en)forced sale. — z~**,ver,pflich·tet** adj conscript (*attrib*), conscripted. — z~ver-,schicken (*getr.* -k·k-) *v/t ⟨only inf u. pp* zwangsverschickt, h⟩ deport. — ~ver,schickung (*getr.* -k·k-) f deportation. — ~ver,si·cher·te m, f econ. compulsorily insured person, person subject to compulsory insurance. — ~ver,si·che·rung f compulsory insurance. — z~ver,stei·gern *v/t ⟨only inf u. pp* zwangsversteigert, h⟩ put (*s.th.*) up for compulsory auction. — ~ver,stei·ge·rung f compulsory auction (*od.* sale), Am. auch execution sale. — z~ver,wal·ten *v/t ⟨only inf u. pp* zwangsverwaltet, h⟩ sequester, sequestrate. — ~ver,wal·ter m (official) receiver, judicial trustee, sequestrator. — ~ver,wal·tung f forced administration, sequestration, receivership: unter gerichtlicher ~ in chancery. — ~ver,wal-tungs·be,schluß m receiving order. — z~,voll,strecken (*getr.* -k·k-) *v/i ⟨only inf u. pp* zwangsvollstreckt, h⟩ jur. issue (*od.* levy) execution. — ~,voll,streckung (*getr.* -k·k-) f execution, distraint, enforcement (by writ), Am. (*in ein Grund-stück*) foreclosure: eine ~ vornehmen to put in an execution. — ~,voll,streckungs-be,fehl (*getr.* -k·k-) m warrant of attachment (*od.* distress), fieri facias. — ~,voll-,streckungs·ver,fah·ren (*getr.* -k·k-) n execution proceedings *pl.* — ~,vor,füh-rung f enforced appearance in court. — ~,vor,stel·lung f *meist pl psych.* obsessive (*od.* compulsive) idea, obsession: von einer ~ befallen obsessed. — z~,wei·se I *adj* 1. compulsory, obligatory. — 2. (*Verkauf etc*) (en)forced. — II *adv* 3. on a compulsory (*od.* an obligatory) basis, compulsorily. — 4. forcibly, enforcedly, under constraint. — ~,wirt·schaft f econ. 1. government control (*od.* planning): Aufhebung der ~ decontrol. — 2. controlled economy. — z~,wirt·schaft·lich *adj* relating to government control: ~e Preisbindung price control.

zwan·zig ['tsvantsɪç] I *adj ⟨cardinal number⟩* 1. twenty: ~ sein to be twenty (years old); etwa ~ (Jahre alt) sein to be about twenty, bes. Br. colloq. to be twentyish; im Alter von ~ Jahren at (the age of) twenty; ein ~ Jahre altes Mädchen a twenty-year-old girl, a girl of twenty; ~ (Kilometer in der Stunde) fahren to go at a speed of twenty kilometers, to do twenty (kilometers); es ist zwölf Uhr ~ it is twenty past (Am. auch after) twelve, it is twelve--twenty; ~ (sport) (beim Tischtennis etc) twenty all. – II Z~ f⟨-; -en⟩ 2. (number) twenty. – 3. ⟨only sg⟩ twenties pl: Mitte [Ende] Z~ sein to be in one's mid [late] twenties.

'zwan·zi·ger *adj ⟨invariable⟩* only in die ~ Jahre the twenties; die goldenen ~ Jahre the roaring twenties; in den ~ Jahren in the twenties; die Mode der ~ Jahre the fashion of the twenties.

'Zwan·zi·ger[1] m ⟨-s; -⟩ 1. man of twenty, man in his twenties. — 2. wine of the vintage '20. – 3. die ~ pl (Alter) the twenties: in den ~n sein to be in one's (od. the) twenties; Mitte [Ende] der ~ sein to be in one's mid [late] twenties; hoch in den ~n sein to be in one's late twenties. – 4. die goldenen ~ fig. the roaring twenties. – 5. colloq. a) twenty-mark note (Am. bill), b) hist. twenty-pfennig piece.

'Zwan·zi·ger[2] f ⟨-; -⟩ colloq. twenty-pfennig (postage) stamp.

'Zwan·zi·ge·rin f ⟨-; -nen⟩ woman (od. girl) of twenty, woman (od. girl) in her twenties.

'Zwan·zi·ger,jah·re, die pl the twenties.
'zwan·zi·ger'lei *adj ⟨invariable⟩* of twenty (different) kinds (od. sorts).
'Zwan·zi·ger,packung (*getr.* -k·k-) f packet (bes. Am. pack) of twenty.
'zwan·zig,fach I *adj* twentyfold: in ~er Ausfertigung in twenty copies. – II *adv* twentyfold, twenty times. – III Z~e, das ⟨-n⟩ the twentyfold amount, twenty times the amount.
'zwan·zig,fäl·tig [-,fɛltɪç] *adj cf.* zwanzig-fach 1.
'Zwan·zig,flach n ⟨-(e)s; -e⟩ math. min. icosahedron. — 'zwan·zig,flä·chig *adj* icosahedral. — 'Zwan·zig,fläch·ner [-,flɛç-nər] m ⟨-s; -⟩ cf. Zwanzigflach.
'zwan·zig,jäh·rig I *adj* 1. twenty-year-old (attrib), of twenty (years): ein ~er junger

Mann a twenty-year-old young man, a young man of twenty. – 2. twenty-year (attrib), lasting (od. of) twenty years. – 3. (Jubiläum) twentieth. – II Z~ m, f ⟨-n; -n⟩ 4. twenty-year-old (person): die Z~en the twenty-year-olds.
'zwan·zig,mal *adv* twenty times.
,Zwan·zig'mark|,schein m econ. twenty--mark note (Am. bill). — ~,stück n hist. (Goldmünze) twenty-mark piece.
,Zwan·zig'pfen·nig|(,brief),mar·ke f twenty-pfennig (postage) stamp. — ~,stück n econ. hist. twenty-pfennig piece.
'Zwan·zig,pfün·der [-,pfʏndər] m ⟨-s; -⟩ mil. hist. twenty-pounder.
'zwan·zig·pro,zen·tig [-pro,tsɛntɪç] *adj* 1. (Lösung, Erhöhung etc) twenty-percent, Br. twenty-per-cent (attrib). – 2. (Darlehen etc) at twenty percent (Br. per cent). – 3. (Anlage etc) bearing twenty percent (Br. per cent).
'zwan·zigst I *adj ⟨ordinal number⟩* 1. twentieth: am ~en März on the twentieth of March, March the twentieth (20th March, March 20th); am ~en Tage on the twentieth day, after twenty days. – II Z~e, der ⟨-n⟩ 2. (in der Rangfolge) (the) twentieth. – 3. (zeitlich) (the) twentieth: heute ist der Z~e today is the twentieth, it's the twentieth today; am Z~en (des Monats) on the twentieth (of the month).
'Zwan·zig·stel I n, Swiss meist m ⟨-s; -⟩ twentieth (part): ein ~ der Summe a twentieth of the sum; neunzehn ~ nineteen twentieths. – II Z~ adj ⟨attrib⟩ twentieth: der Schilling war ein z~ Pfund the shilling was a (od. one) twentieth of a pound.
'zwan·zig,stöckig (*getr.* -k·k-) [-,ʃtœkɪç] *adj* twenty-storeyed (bes. Am. -storied), twenty-storey (bes. Am. -story) (attrib).
zwar [tsvaːr] *adv* 1. ~ ..., aber ... it is true ..., but ...: er hat ~ viel Geld, ist aber doch nicht glücklich he does have (od. it's true he has) plenty of money, but he isn't happy all the same (od. but still he isn't happy), although he has plenty of money, he isn't happy, he may have plenty of money, but he (still) isn't happy; der Raum ist ~ klein, aber doch sehr gemütlich the room may be small, but it's (still) very cosy. – 2. und ~ a) (erklärend) namely, to be more precise, b) (verstärkend) in fact: er hat in diesem Monat Geburtstag, und ~ am Zehnten it's his birthday this month, (namely) on the tenth; ich habe eine neue Stellung, und ~ bei der Firma X I have a new position (od. colloq. job), (namely) with the firm of X; ich werde mich beschweren, und ~ noch heute I'm going to complain, in fact I'm going to do it today, I'm going to complain, and that today; er hat aufgeräumt, und ~ so gründlich, daß ich habe die Nase voll, und ~ gründlich colloq. I'm absolutely fed up, I'm fed up to the back teeth (beide sl.).
Zweck [tsvɛk] m ⟨-(e)s; -e⟩ 1. purpose: einem bestimmten ~ dienen to serve a specific purpose; etwas für besondere ~e aufheben to keep s.th. for a special purpose; entspricht das Ihren ~en? does that serve (od. answer) your purpose? es würde dem ~ eher dienen, wenn it would be more to the purpose if; die Gelder sind nicht für den vorgesehenen ~ verwendet worden the funds were not used for the intended purpose; dieses kleine Gerät erfüllt völlig seinen ~ this small device serves its purpose perfectly well; das erfüllt einen doppelten ~ that serves a dual purpose (od. two purposes); seinen ~ verfehlen to defeat its purpose, to fail to achieve its purpose; dieser Befehl hat seinen ~ völlig verfehlt this order defeated its purpose completely; zu diesem ~(e) for this purpose; zu diesem ~(e) mußte die Straße gesperrt werden to (od. for) this purpose the road had to be closed; der Mensch macht die Natur seinen ~en dienstbar man uses Nature for his purpose(s); ohne Ziel und ~ arbeiten to work without any definite purpose (od. aim); etwas zu unerlaubten ~en verwenden to use s.th. for unlawful purposes; dieser Apparat dient keinem anderen ~ als der Speicherung von Daten this apparatus has the sole purpose of storing data; zu welchem ~? what for? zu welchem

willst du das haben? what do you want that for? – 2. purpose, use: Räume für gewerbliche [private] ~e rooms for commercial [private] use. – 3. (Ziel) purpose, object, aim, purport, end: der ~ meines Besuches ist folgender the purpose of my visit is this (od. as follows); was ist der ~ Ihrer Reise? what is the purpose (od. object) of your journey? einen ~ erreichen to achieve an end (od. aim); der ~ dieser Maßnahmen ist (od. liegt darin), daß die Produktion gesteigert wird the purpose of these measures is to increase production; zu einem ~ zusammenarbeiten to cooperate (Br. co-operate) toward(s) an end; einen ~ verfolgen to pursue an object; mit etwas einen bestimmten ~ verfolgen to pursue a specific aim with s.th.; → Mittel[1]. – 4. (Sinn) point, use: hat keinen ~, noch lange zu warten there is no point (od. use) in waiting any longer; was soll das für einen ~ haben? what's the point of that? das wird wenig ~ haben a) there is little point in doing that, b) (das wird nichts helfen) that won't help much (od. do any good); das war (doch od. gerade) der ~ der Übung colloq. that was precisely the idea (od. aim); das hat alles keinen ~, das hat ja doch keinen ~ there's no point (in doing that), it's (od. there is) no use (doing that), it's not a bit of good. – 5. (Sache) cause: einem guten ~ dienen to serve a good cause; Geld für wohltätige ~e spenden to donate money for charity. – 6. (Absicht) intent(ion), design: wer weiß, welchen ~ er im Auge hat who knows what his intentions are (od. what he is intending). – 7. (Funktion) function.
'Zweck|,bau m ⟨-(e)s; -ten⟩ arch. 1. functional building. – 2. ⟨only sg⟩ functional architecture. — z~be,dingt adj tied to a specific purpose. — z~be,stimmt adj 1. assigned to a definite (od. particular) purpose, appropriated. – 2. bes. econ. cf. zweckgebunden. – 3. arch. functional. – 4. (Schriftwerk etc) tendentious. — ~be-,stim·mung f bes. von Geldern) appropriation. — z~be,tont adj 1. purposive, purposeful. – 2. (nützlich) utilitarian, utility (attrib). – 3. tech. functional. — ~,bin-dung f econ. (im Finanzwesen) earmarking (od. predetermination) for specific purposes. — ~,den·ken n utility thinking.
'zweck,dien·lich adj 1. practical, serviceable, purposive. – 2. (nützlich) useful, expedient. – 3. (passend, vorteilhaft) expedient, suitable: es ist nicht ~, das zu tun it is not expedient to do that. – 4. (betreffend, einschlägig) relevant, pertinent. – 5. cf. zweckmäßig. — 'Zweck,dien·lich-keit f ⟨-; no pl⟩ 1. practicality, serviceability. – 2. usefulness, expediency, expedience. – 3. expediency, expedience, suitableness. – 4. relevance, pertinence.
Zwecke (*getr.* -k·k-) ['tsvɛkə] f ⟨-; -n⟩ 1. tack, brad. – 2. (hölzerne) (wooden) peg. – 3. cf. Reißzwecke.
zwecken (*getr.* -k·k-) ['tsvɛkən] *v/t ⟨h⟩* 1. tack, brad. – 2. peg. – 3. etwas an die Wand ~ to pin s.th. to the wall.
'Zwecken,ham·mer (*getr.* -k·k-) m tech. tack hammer.
'zweck|ent,frem·den *v/t ⟨only inf u. pp* zweckentfremdet, h⟩ misappropriate, misuse. — ~ent,frem·det I pp. – II adj (Geld, Wohnung etc) misappropriated, misused. — Z~ent,frem·dung f ⟨-; no pl⟩ misappropriation, misuse.
'zweck|ent,spre·chend I adj suitable, appropriate. – II adv suitably, appropriately. — Z~,fahr,zeug n utility vehicle. — Z~-,fremd f functional design. — ~,fremd adj foreign to the purpose. — ~ge,bun-den adj bes. econ. earmarked (od. predetermined) for specific purposes, appropriated. — ~ge,mäß adj u. adv cf. zweckentsprechend. — ~ge,rich·tet adj bes. econ. cf. zweckgebunden.
'zweck,haft adj 1. suitable, appropriate. – 2. practical. – 3. arch. functional. — 'Zweck,haf·tig·keit f ⟨-; no pl⟩ 1. suitability, appropriateness. – 2. practicality. – 3. arch. functionality.
'Zweck,leh·re f philos. teleology, purposivism.
'zweck,los adj 1. (sinnlos) pointless, useless, of no use: hier ist es ~, um etwas zu bitten it is pointless to ask for anything

here, there is no point in asking (*od.* there is no use asking) for anything here; **es ist vollkommen ~ zu fragen** there is absolutely no point in asking, it's not a bit of good asking; **es ist ~, das zu tun** there is no point in doing that, it's no good doing that. – **2.** (*vergeblich*) futile, fruitless, idle. – **3.** (*ziellos*) purposeless, aimless, objectless. — **'Zweck·lo·sig·keit** f ⟨-; *no pl*⟩ **1.** pointlessness, uselessness: **er sah die ~ seines Tuns ein** he saw the pointlessness of his action. – **2.** futility, fruitlessness, idleness. – **3.** purposelessness, aimlessness, objectlessness.

'**zweck**,**mä·ßig I** adj **1.** (*Anordnung, Einrichtung etc*) suitable, appropriate: **es wäre ~er, wenn** it would be more suitable (*od.* more to the purpose) if. – **2.** (*Ausstattung etc*) practical. – **3.** (*ratsam*) advisable: **es ist nicht ~, das zu tun** it is not advisable to do that. – **4.** (*vorteilhaft*) suitable, expedient. – **5.** (*zeitlich gesehen*) opportune. – **6.** cf. zweckdienlich 1. – **7.** tech. functional. – **II** adv **8.** suitably, appropriately. — '**Zweck**,**mä·ßig·keit** f ⟨-; *no pl*⟩ **1.** suitability, appropriateness. – **2.** practicality. – **3.** advisability. – **4.** suitability, expediency, expedience: **eine Frage der ~** a question of expediency. – **5.** opportuneness. – **6.** tech. functionality.

'**Zweck**,**mä·ßig·keits·er**,**wä·gung** f consideration of expediency (*od.* expedience). — '**Zweck**|,**mel·dung** f inspired news item. — ~**mö·bel** pl functional furniture sg. — ~**op·ti**,**mis·mus** m purposive optimism. — ~**pes·si**,**mis·mus** m purposive pessimism. — ~**pro·pa**,**gan·da** f bes. pol. propaganda with a specific target.

zwecks [tsvɛks] prep ⟨gen⟩ for the purpose of, with a view to: **~ Prüfung der Echtheit** to examine (*od.* test) authenticity.

'**Zweck**|,**satz** m ling. cf. Finalsatz. — ~,**spa·ren** n econ. saving for specific purposes, target saving. — ~,**spra·che** f ling. language (created) for a specific purpose, functional jargon. — ~,**steu·er** f econ. regulatory tax. — ~,**stil** m arch. functionalism. — ~**ur**,**sa·che** f final cause. — ~**ver**,**band** m specific administration union. — ~**ver**,**mö·gen** n jur. assets pl earmarked for a special purpose. — z~**voll** adj u. adv cf. zweckmäßig. — z~**wid·rig** adj **1.** unsuitable, inappropriate. – **2.** unpractical, Am. impractical. – **3.** inexpedient. – **4.** (*untauglich*) unserviceable.

zween [tsveːn] adj ⟨cardinal number⟩ obs. for zwei.

Zweh·le ['tsveːlə] f ⟨-; -n⟩ Western G. for a) Handtuch, b) Tischtuch.

zwei [tsvaɪ] **I** adj ⟨cardinal number⟩ **1.** two: **~ mal ~ ist vier** two times two is (*od.* are, make[s]) four; **~ zu drei** (bes. sport) two to three, 2—3; **~ Uhr** two o'clock; **es ist ~ (Uhr)** it's two (o'clock); **Punkt** (od. Schlag) **~ two** o'clock sharp (*od. colloq.* on the dot); **die nächsten ~** the next two; **alle ~ Monate** every two months, every second month; **diese ~** these two; **(sie) alle ~** both (of them), the two of them; **Mutter ~er Kinder** (od. von ~ Kindern) mother of two (children); **ein Kind von ~ Jahren** a two-year-old child; **das Kind ist ~ (Jahre alt)** the child is two (years old); **ein oder ~ (Bücher)** one or two (books); **~, ~ Leute fehlten** one or two people were missing; **aus ~ Einheiten bestehend** consisting of two, binary; **in ~ Ausfertigungen** in two copies, with a duplicate; **mit ~ Triebwerken** aer. twin-engine(d); **mit ~ Öffnungen** biol. biforate; **mit ~ entgegengesetzten Polen** phys. bipolar; **du kannst es mit ~en aufnehmen** you can tackle two at once; **dazu gehören immer ~!** colloq. it always takes two; **sie kamen zu ~t** (od. zu ~en) two (of them) came; **sie gingen ~ und ~** they went two by two (od. in pairs); **sie durften immer zu ~t** (od. ~ und ~) **eintreten** they were allowed in in twos (od. two at a time); **sie [wir] waren zu ~en** (od. zu ~t), **es waren ihrer [wir waren unser] ~** there were two of them [us], they [we] were two (in number); **zu ~en hintereinander** in double file; **zu ~t marschieren** to march two abreast (od. in twos). – **II Z~** f ⟨-; -en⟩ **2.** (number od. figure) two: **eine arabische [römische] Z~** an Arabic [a Roman] two. – **3.** ped. (in Klassenarbeit, Examen etc) B: **fünf Z~en im Zeugnis haben** to have five B's in one's report; **eine**

Z~ in Latein schreiben (od. bekommen) to get a B in Latin. – **4.** colloq. (streetcar, Br. tram) number two. – **5.** (eines Würfels) (number) two, deuce: **zwei Z~en würfeln** to throw two twos.

'**Zwei**,**ach·ser** [-,ʔaksər] m ⟨-s; -⟩ auto. two-axle vehicle, four-wheeler, (Lastwagen) auch six-wheeler. — '**zwei**,**ach·sig** [-,ʔaksɪç] adj **1.** bes. math. biaxial. – **2.** auto. two-axle (attrib), with (od. having) two axles.

'**Zwei**,**adres·sen·be**,**fehl** [-ʔa'drɛsən-] m (computer) two-address instruction.

'**Zwei**,**ak·ter** [-,ʔaktər] m ⟨-s; -⟩ (theater) two-act play. — '**zwei**,**ak·tig** [-,ʔaktɪç] adj two-act (attrib).

'**zwei**|,**ar·mig** [-,ʔarmɪç] adj **1.** two-armed. – **2.** (Leuchter etc) two-branch (attrib), with (od. having) two branches. — ~,**ästig** adj bifurcate(d), biforked. — ~**ato·mig** [-ʔa,toː·mɪç] adj chem. diatomic. – ~,**äu·gig** adj **1.** two-eyed, binocular. – **2.** (optics) binocular. — ~,**bah·nig** [-,baːnɪç] adj **1.** (Straße) two-lane(d). – **2.** (Tuch) of two breadths. — ~,**bän·dig** [-,bɛndɪç] adj two-volume (attrib), in (od. of) two volumes: **ein ~es Werk** a work in two volumes. — ~,**ba·sig** [-,baːzɪç], ~,**ba·sisch** adj chem. (Säure) bibasic, dibasic. — ~,**bäu·chig** [-,bɔyçɪç] adj med. (Muskel) digastric, biventral, biventer (attrib).

'**Zwei**,**bein** n phot. (Stativ) bipod. — '**Zwei**,**bei·ner** m ⟨-s; -⟩ colloq. humor. man, human being. — '**zwei**,**bei·nig** adj two-legged, bipedal.

'**zwei**,**bet·tig** [-,bɛtɪç] adj with two beds, double-bedded. — '**Zwei**,**bett**,**zim·mer** n double room.

'**zwei**|,**blät·te·rig**, ~,**blätt·rig** adj bot. two-leaf (attrib), two-leaved; bifoliate(d), diphyllous (scient.). — ~,**blu·mig**, ~,**blü·tig** [-,blyːtɪç] adj bot. two-flowered; biflorate, biflorous (scient.). — ~,**brü·de·rig** [-,bryː·dərɪç], ~,**brüd·rig** adj bot. cf. zweibündelig.

'**Zwei**,**bund** [-,bʊnt] m ⟨-(e)s; no pl⟩ pol. hist. Dual Alliance (between Austria-Hungary and Germany against Russia) (1879).

'**zwei**,**bün·de·lig** [-,byndəlɪç] adj bot. diadelphous.

'**zwei**,**chö·rig** [-,køːrɪç] adj mus. **1.** (Laute) bichord. – **2.** (Chorwerk) two-chorus (attrib).

'**Zwei**,**decker** [-,dɛk-] m ⟨-s; -⟩ **1.** aer. biplane. – **2.** mar. hist. two-decker. — '**zwei**,**deckig** (getr. -k·k-) [-,dɛkɪç] adj (Schiff etc) two-decked.

'**zwei**,**deu·tig** [-,dɔytɪç] **I** adj **1.** (doppeldeutig) ambiguous, equivocal. – **2.** (anstößig, unanständig) ambiguous, suggestive, risqué, off-color, bes. Br. off-colour (attrib) (colloq.): **~e Witze** suggestive (od. risqué) jokes. – **II** adv **3.** ~ **reden** a) to talk ambiguously, to equivocate, to use ambiguous (od. equivocal) language, to double-talk, b) to use off-colo(u)r language (colloq.). — '**Zwei**,**deu·tig·keit** f ⟨-; -en⟩ **1.** ⟨only sg⟩ ambiguity, ambiguousness, equivocality, equivocalness: **~ seiner Antwort** the ambiguity of his answer. – **2.** ⟨only sg⟩ ambiguity, ambiguousness, suggestiveness. – **3.** (zweideutige Bemerkung) ambiguity, suggestive remark, equivoque, equivocation, equivocality. – **4.** risqué joke.

'**zwei·di·men·sio**,**nal** adj two-dimensional, bidimensional. — '**Zwei·di·men·sio·na·li·tät** f ⟨-; no pl⟩ two-dimensionality, bidimensionality.

'**zwei**,**dräh·tig** [-,drɛːtɪç] adj two-cored, two-wired.

'**Zwei**,**draht**|**sy**,**stem** n electr. tel. two-wire system. — ~**ver**,**stär·ker** m two-wire amplifier.

'**Zwei'drit·tel·mehr·heit** f bes. pol. majority of two thirds, two-thirds majority.

'**Zwei**,**dü·sen**,**bren·ner** m tech. two-jet (gas) burner.

'**zwei**,**eckig** (getr. -k·k-) adj **1.** two-cornered, biangular. – **2.** math. biangular, biangulate.

'**zwei**,**ehig** [-,ʔeːɪç] adj bot. digamous.

'**zwei**,**ei·ig** [-,ʔaɪɪç] adj biol. dizygotic, binovular, dichorial: **~e Zwillinge** dizygotic (od. fraternal, binovular) twins. — '**Zwei**,**ei·ig·keit** f ⟨-; no pl⟩ dizygotism.

'**zwei**,**ein'halb** adj cf. zweieinhalb.

'**Zwei**,**er** m ⟨-s; -⟩ **1.** bes. Southern G. for Zwei. – **2.** (sport) (Ruderboot) pair-oars pl, pairs pl: ~ **mit Steuermann** pair-oars pl with coxswain; ~ **ohne Steuermann** coxswainless pair-oars pl. – **3.** Swiss two deciliters (bes. Br. decilitres) of wine. – **4.** two-

-pfennig piece (od. coin). — ~**an**,**schluß** m tel. two-party line (system). — ~**block** m **1.** (sport) (beim Volleyball) two-man block. – **2.** philat. block of two stamps. — ~**bob** m (sport) two-man bob. — ~**boot** n cf. Zweier 2. — ~**ge**,**spann** n pair (of horses). — ~**grup·pe** f group of two, pair, duad. — ~**ka·jak** m (sport) cf. Kajakzweier. — ~**ka·na·di·er** m Canadian pair(s pl).

'**zwei·er**|**lei** adj ⟨invariable⟩ of two (different) kinds (od. sorts): ~ **Brot** two (different) kinds of bread; ~ **Schuhe** two different (od. odd) shoes; **auf ~ Art** (od. Weise) in two different ways; **Versprechen und Halten sind ~** making a promise and keeping it are two different things, it is one thing to make a promise and another (thing) to keep it; ~ **Reden führen** to be double-tongued; → **Maß¹** 1. — '**Zwei·er**|**par**,**tie** f (beim Klettern) two-man rope party (od. team), rope of two. — ~**re·gie·rung** f hist. duumvirate. — ~**rei·he** f row of two: **in ~n marschieren** to march two abreast (od. in twos); **in ~n antreten** to line up in twos. — ~**schlag** m mus. (beim Dirigieren) two beats pl to the bar. — ~**takt** m duple time, two-in-a-measure time.

'**zwei·eta·gig** [-ʔe,taːʒɪç] adj two-storey, bes. Am. two-story (attrib), two storeyed, bes. Am. two-storied: ~**e Kreuzung** double-deck (od. two-level) intersection.

'**zwei**,**fach I** adj **1.** double, twofold, dual: **in ~er Ausfertigung** (od. Ausführung) in two copies, in duplicate; **die ~e Menge** two times the amount, twice the amount; ~**es Verbrechen** jur. double crime. – **2.** (textile) (Garn) two-ply (attrib). – **3.** bot. binate. – **II** adv **4.** double: **das Papier ~ nehmen** to fold the paper double (od. in two); ~ **gelagert** tech. carried on double bearings; ~ **geschlitzt** bisected; ~ **gespalten** med. double-cleft, bifid; ~ **zugespitzt** bot. biacuminate. – **II Z~e, das** ⟨-n⟩ **5.** two times (od. twice) the amount, double: **sich um das Z~e vermehren** to double, to increase twofold; **das Z~e nehmen** to take double (od. twice) the amount, to take two times the amount, to take twice as much.

'**Zwei**,**fach**,**dü·se** f tech. twin nozzle.

'**zwei**,**fä·che·rig** adj **1.** bot. a) bilocular, biloculate, b) (zweikapselig) bicapsular. – **2.** rare (Schrank etc) with (od. having) two shelves. – **3.** med. two-chambered, bipartite, bilocular.

'**Zwei**,**fach**|,**stecker** (getr. -k·k-) m electr. two-pin plug. — ~**te·le·graf** m tel. cf. Zweifachtelegraph. — ~**te·le·gra·fie** f cf. Zweifachtelegraphie. — ~**te·le·graph** m double-telegraph set. — ~**te·le·gra·phie** f two-channel (od. duplex) telegraphy. — ~**ver·bin·dung** f chem. binary compound. — ~**ver·stär·ker** m electr. two-phase amplifier.

'**Zwei**,**fa·den**|,**auf·hän·gung** f electr. bifilar suspension. — ~**lam·pe** f bifilar bulb.

'**Zwei**,**fä·den·naht** f med. cobbler's suture.

'**zwei**,**fä·dig** [-,fɛːdɪç] adj electr. tech. bifilar.

'**Zwei**,**fa'mi·li·en·haus** n duplex (od. two-family) house.

'**Zwei'far·ben·blind·heit** f med. dichromatopsia.

'**Zwei'far·ben·druck** m print. **1.** ⟨only sg⟩ two-color (bes. Br. two-colour) printing. – **2.** two-color (bes. Br. two-colour) print. — ~**au·to**,**mat** m automatic two-colo(u)r press.

'**Zwei'far·ben·ma·schi·ne** f print. two-color (bes. Br. two-colour) machine.

'**zwei**|,**far·big**, Austrian ~**fär·big** adj two-color, bes. Br. two-colour, two-tone; bes. Br. bicolour (alle attrib), two-colored, bes. Br. two-coloured, two-toned, bicolorous, bes. Br. bicolourous, dichromatic: **ein ~es Auto** a two-tone car. — '**Zwei'far·big·keit** f ⟨-; no pl⟩ **1.** dichromatism. – **2.** (eines Kristalls) dichroism.

Zwei·fel ['tsvaɪfəl] m ⟨-s; -⟩ **1.** doubt, auch dubitation, query: **berechtigter ~** justifiable doubt; ~ **an** (dat) **sich selbst haben** to doubt oneself; ~ **an der Echtheit des Briefes haben** to have doubts about (od. to doubt) the authenticity of the letter; ~ **aufkommen lassen über** (acc) **etwas** to cast doubt (up)on s.th.; ~ **äußern über** (acc) **etwas** to voice one's doubts about s.th.; **j-s ~ beheben** (od. beseitigen) to dispel s.o.'s doubts (od. suspicions); **es bestehen**

~, ob er Erfolg hat it is doubtful (*od.* dubious) whether he will succeed; es besteht kein ~ an deinem guten Willen there is no doubt about your good intentions; darüber besteht nicht der geringste (*od.* leiseste) ~ there is not the slighest (*od.* the shadow of a) doubt about it; keinen ~ haben, daß to have no doubt that; das unterliegt keinem ~, darüber besteht kein ~ there is no doubt about that (*od.* it); es unterliegt keinem ~, daß there is no doubt that; mir kommen ~ I am beginning to doubt (*od.* to have my doubts); ich habe meine ~ I have my doubts; er ließ keinen ~ (darüber) aufkommen, wer Herr im Hause ist he admitted of no doubt as to who is master of the house; ~ haben (*od.* hegen) (hinsichtlich *od.* wegen etwas) to have doubts (about *od.* s.th.); ich habe ~, ob (*ich bezweifle*) I doubt whether; ich hatte (schwere) ~, ob ich es tun sollte I had (grave) doubts about doing it, I was (very) dubious (*od.* doubtful) about doing it; es sind mir einige ~ gekommen, ob es richtig war, daß ich ihr geholfen habe I had some doubts as to whether it was right to help her, I had some doubts about helping her; außer ~ beyond (all) doubt, (*stärker*) beyond the shadow of a doubt; es steht außer ~, daß er recht hat it is beyond (all) doubt that he is right; das ist außer ~ that is beyond all doubt, that is quite certain; etwas außer (allen) ~ stellen to put s.th. beyond all doubt (*od.* archaic beyond [a] peradventure); im ~ in doubt; im ~ sein (über *acc*, wegen about) to be doubtful (*od.* dubious, in doubt), to be in two minds; ich bin im ~, ob ich zusage I am doubtful about accepting; j-n über (*acc*) etwas im ~ lassen to leave s.o. in doubt about s.th.; j-n über (*acc*) etwas nicht im ~ lassen to leave s.o. in no doubt about s.th.; etwas in ~ stellen to cast (a) doubt (up)on s.th.; etwas in ~ ziehen a) to doubt (*od.* question, impugn) s.th., b) *jur.* (*Gültigkeit eines Schriftstücks etc*) to impeach s.th.; ohne ~ without (a) doubt, no doubt, doubtless, beyond (a) doubt, surely, and no mistake (*colloq.*); er ist ohne ~ der Beste he is the best beyond (a) doubt, he is the best and no mistake, he is unquesitonably the best; ohne jeden ~ without (*od.* beyond) doubt, undoubtedly, most certainly; über allen (*od.* jeden) ~ erhaben beyond all doubt, beyond the shadow of a doubt; von (nagendem) ~ befallen assailed (*od.* beset) by (gnawing) doubts. – **2.** (*Ungewißheit*) uncertainty. – **3.** (*Befürchtung*) misgiving (*s pl*). – **4.** (*Verdacht*) suspicion.

ˌZwei·fel·der·wirt·schaft *f agr.* two-field system, (two-course *od.* two-field) crop rotation, two-year crop rotation system.

Zwei·feˈlei *f ⟨-; no pl⟩ colloq.* constant doubting, skepticism, *bes. Br.* scepticism.

ˈzwei·fel·haft *adj* **1.** doubtful, dubious, dubitable, uncertain, equivocal: der Erfolg ist (noch) ~ the success is (still) doubtful; von ~em Wert of doubtful (*od.* debatable) merit; es ist ~, ob it is doubtful whether; es erscheint kaum ~ there seems to be no doubt; etwas ~ erscheinen lassen to cast doubt (up)on s.th., to discredit s.th.; das ist ein ~es Vergnügen *colloq. iron.* it is a doubtful pleasure. – **2.** (*fraglich, fragwürdig*) doubtful, questionable, dubitable. – **3.** (*Gesellschaft, Umgang, Firma etc*) dubious, questionable, shady, doubtful, equivocal, suspect (*pred*), (*bes. finanziell*) shaky: seine Geschäfte erscheinen mir ~ his transactions seem doubtful to me. – **4.** ~e Außenstände *econ.* a) (*Rechtsanspruch*) doubtful claims, b) (*Zahlung*) doubtful debts, bad debts. – **5.** (*Kompliment etc*) doubtful, dubious, questionable, left-handed, backhanded, double-handed. – **ˈZwei·fel·haf·tig·keit** *f ⟨-; no pl⟩* **1.** doubtfulness, dubiousness, dubiety, dubiosity, uncertainty, equivocalness. – **2.** (*Fragwürdigkeit*) doubtfulness, questionableness, questionability. – **3.** (*von Gesellschaft, Firma etc*) dubiousness, dubiosity, questionableness, questionability, shadiness, doubtfulness, equivocalness, (*bes. finanzielle*) shakiness.

ˈzwei·fel·los I *adv* undoubtedly, unquestionably, doubtless, without (a) doubt, beyond [all]) doubt: das ist ~ eine Verbesserung that is undoubtedly an improvement; er

hat ~ recht he is undoubtedly right; sie ist ~ das hübscheste Mädchen she is the prettiest girl, and no doubt about it. – **II** *adj* undoubted, indubitable, unquestioned.

ˈZwei·fel·mut *m* indecision, irresolution. — **ˈzwei·fel·mü·tig** *adj* irresolute, undecided.

zwei·feln [ˈtsvaɪfəln] **I** *v/i ⟨h⟩* **1.** doubt: an (*dat*) etwas ~ to be doubtful (*od.* skeptic[al], *bes. Br.* sceptic[al]) about (*od.* of) s.th., to doubt s.th.; wer kann daran ~? who can doubt it? ich zweifle daran I doubt it, I have my doubts (about it); nicht ~ an (*dat*) to have no doubt about; ich zweifle nicht daran I don't doubt it; daran ist nicht zu ~ there is no doubt about it; ich zweifle nicht an deinem guten Willen I don't doubt (but) that you have good intentions, I don't doubt your good intentions; ich zweifelte nicht, daß er kommen würde I did not doubt (but) that he would come, I had no doubt about him coming; ich zweifle am Erfolg der Pläne I doubt if the plans will be successful; ich zweifle (noch), ob die Meldung stimmt I (still) doubt whether (*od.* if) the news is right; dies läßt (*od.* macht) mich ~ this makes me doubt; ich zweifle an seinem Verstand I doubt his mental faculties. – **2.** (*schwanken*) be in doubt, be in two minds: ich zweifelte, ob ich gehen sollte I was in doubt (*od.* in two minds) about going. – **3.** an (*dat*) etwas ~ (*in Frage stellen*) to question (*od.* doubt) s.th. – **II Z~** *n ⟨-s⟩* **4.** *verbal noun:* laß doch das Z~! don't be such a doubter (*od.* doubting Thomas)! – **5.** dubitation. — **ˈzwei·felnd I** *pres p:* an ihrer Ehrlichkeit ~, sagte er doubting her honesty he said. – **II** *adj* (*Person*) doubting, doubtful, dubitative: ein ~es Gesicht machen to look skeptic(al) (*bes. Br.* sceptic[al]); ~ schüttelte er den Kopf he shook his head in doubt.

ˈZwei·fels|**fall** *m* **1.** im ~(e) in case of doubt, when (*od.* if) in doubt. – **2.** (*Grenzfall*) borderline case. — **~ˌfra·ge** *f* doubtful: in ~n when (*od.* if) in doubt. — **z~ˌfrei** *adj* free of doubt(s). — **z~ˈoh·ne** [ˌtsvaɪfəls-] *adv* undoubtedly, doubtless, without (a) doubt, beyond (a *od.* all) doubt.

ˈZwei·fel|**sucht** *f ⟨-; no pl⟩* **1.** *psych.* doubting insanity. – **2.** *bes. philos.* skepticism, *bes. Br.* scepticism. — **z~ˌsüch·tig** *adj* inclined to doubt, skeptic(al), *bes. Br.* sceptic(al).

ˌZwei·fin·ger·faul·tier *n zo.* unau, two-toed sloth (*Choloepus didactylus*).

ˈzwei·fin·ge·rig [-ˌfɪŋərɪç] *adj zo.* two-fingered; bidigitate, bidactyl(e), *auch* bidactylous (*scient.*).

ˈzwei·flä·chig *adj* **1.** two-faced. – **2.** *math.* dihedral. — **ˈZwei·fläch·ner** [-ˌflɛçnər] *m ⟨-s; -⟩ math.* dihedral.

ˈzwei|**flam·mig** *adj* (*Gasherd etc*) two-flame (*attrib*). — **~ˌfleckig** (*getr.* -k·k-) *adj bot. zo.* bimaculate, *auch* bimaculated.

ˈZweif·ler *m ⟨-s; -⟩*, **ˈZweif·le·rin** *f ⟨-; -nen⟩* doubter, skeptic, *bes. Br.* sceptic, unbeliever. — **ˈzweif·le·risch** *adj* skeptic(al), *bes. Br.* sceptic(al).

ˈzwei·flü·ge·lig [-ˌflyːgəlɪç] *adj* **1.** two-winged, double-winged: ~e Tür double(-winged) door. – **2.** *bot. zo.* dipterous. — **ˈZwei·flüg·ler** [-ˌflyːglər] *m ⟨-s; -⟩ zo.* **1.** dipterous insect, dipteran, dipteron. – **2.** *pl* diptera (*Ordng Diptera*). — **ˈzwei·flüg·lig** *adj cf.* zweiflügelig.

ˈZwei|**for·mat**(**bild**)**pro·jek·tor** *m phot.* dual-standard projector. — **ˈfron·ten·krieg** [ˌtsvaɪ-] *m mil.* war on two fronts.

ˌZweiˈfünf·tel·schein *m astrol.* biquintile (aspect).

ˈZwei·fuß *m* bipod. — **ˈZwei·fü·ßer** *m ⟨-s; -⟩ zo.* (*Vögel*) biped. — **ˈzwei·fü·ßig** *adj* two-footed, biped(al) (*scient.*).

Zweig [tsvaɪk] *m ⟨-(e)s; -e⟩* **1.** (*dünner*) twig, sprig, spray: einen ~ (vom Strauch) abbrechen to break off a sprig (from the bush). – **2.** (*Ast*) (main) branch, arm, bough, limb, ramus (*scient.*): kleiner ~ branchlet; Gesamtheit der ~e branchage, ramification; ~e treiben to ramify, to branch (out); trockener ~ stick; voller ~e a) full of branches, branchy, b) full of sprigs, spriggy, full of twigs, twiggy. — grün 1. – **3.** *fig.* (*eines Geschlechts*) branch: er entstammt einem ~ der königlichen Familie he is descended from a branch of the royal family. – **4.** *fig.* (*der Grammatik, der Naturwissenschaft etc*) branch. – **5.** *fig.* (*einer*

Bahnlinie) branch. – **6.** (*als Wirtshauszeichen*) bush. – **7.** *med.* branch, ramus (*scient.*).

ˈZweigˌab·tei·lung *f econ.* branch, section. — **ˈZweigˌgang·ge·trie·be** *n tech.* two-speed gear (*od.* transmission).

ˈzweiˌgän·gig *adj tech.* (*Schraube*) double-threaded.

ˈZweigˌgang·mo·tor *m tech.* two-speed engine (*od.* motor). — **~ˌschal·tung** *f tech.* two-speed gearshift: Fahrrad mit ~ two-speed bicycle.

ˈZweigˌan·stalt *f econ.* branch (establishment). — **z~ˌar·tig** *adj* branchlike; ramiform, ram(e)ous, ramose (*scient.*). — **~ˌbahn** *f econ.* branch (line). — **~ˌbank** *f econ.* branch bank. — **~be·trieb** *m econ.* **1.** branch (establishment). – **2.** *cf.* Zweiggeschäft. — **~ˌboh·rer** *m zo.* (*Sammelname*) twig borer. — **~bü·ro** *n* suboffice, branch (office).

ˈzweigeˌlei·sig [-gəˌlaɪzɪç] *adj* (*railway*) *cf.* zweigleisig. — **Z~ge·sang** *m mus.* duet, duo.

ˈzwei·geˌschlech·tig [-gəˌʃlɛçtɪç] *adj biol.* bisexual, hermaphroditic, *auch* hermaphroditical. — **ˈZwei·geˌschlech·tig·keit** *f ⟨-; no pl⟩* bisexuality, hermaphroditism.

ˈzwei·geˌschos·sig [-gəˌʃɔsɪç] *adj cf.* zweietagig.

ˈZwei·geˌspann *n* **1.** team of two horses. – **2.** yoke of oxen (*od.* bullocks). – **3.** (*zweispänniger Wagen*) a) carriage and pair, pair-horse (*od.* two-horse) carriage, b) *antiq.* biga. – **4.** *fig. colloq.* twosome, duo, couple. — **~ge·spräch** *n obs. od. dial.* for Zwiegespräch.

ˈzwei·geˌstal·tig [-gəˌʃtaltɪç] *adj* **1.** biform. – **2.** *biol. min.* dimorphic. — **ˈZwei·geˌstal·tig·keit** *f ⟨-; no pl⟩ biol. min.* dimorphism.

ˈZwei·geˌstirn *n astr.* double (*od.* binary) star. — **z~ge·stri·chen** *adj mus.* (*Note*) two-line, twice-accented (*beide attrib*). — **z~ge·teilt I** *pp.* – **II** *adj* **1.** divided, divided into two (parts), bipartite. – **2.** *bes. bot.* dichotomic, dichotomous, bipartite. – **3.** *med.* a) bipartite, b) (*Gefäße etc*) bifurcate.

ˈzweigˌför·mig *adj* branched, branchy; ramiform, ram(e)ous (*scient.*). — **Z~ge·schäft** *n econ.* branch (shop, *bes. Am.* store). — **Z~ge·sell·schaft** *f* **1.** *econ.* branch (company). – **2.** (*Vereinigung*) affiliated society.

ˈzwei|**gip·fe·lig** [-ˌgɪpfəlɪç], **~ˌgipf·lig** [-ˌgɪpflɪç] *adj* **1.** (*Berg*) having two peaks (*od.* summits), double- (*od.* two-)peaked. – **2.** *math.* bimodal. – **3.** ~er Akzent *ling.* complex tone. — **Z~ˌgit·ter·röh·re** *f electr.* tetrode, *Am.* double-grid tube.

ˈZweig·lein [ˈtsvaɪklaɪn] *n ⟨-s; -⟩* **1.** *dim.* of Zweig. – **2.** sprig, spray, twig. – **3.** (*Ästchen*) branchlet, small branch, ramulus (*scient.*). – **4.** *med.* branchlet, ramulus (*scient.*).

ˈzweigˌlei·sig [-ˌglaɪzɪç] *adj* (*railway*) (*Strecke*) two-rail (*attrib*), double-track (*attrib*), double-tracked.

ˈZweigˌlei·tung *f* **1.** branch line (*od.* lead). – **2.** (*einer Antenne*) spur feeder.

ˈzwei|**glie·de·rig**, **~ˌglied·rig** *adj* **1.** two-membered. – **2.** *math.* a) (*Ausdruck*) binomial, two-termed, b) (*Operation*) dyadic, *auch* diadic: ~e Größe binomial. – **3.** *biol. zo.* a) dimerous, b) (*Nomenklatur*) binomial.

ˈZweigˌlim·mer·gneis *m geol.* two-mica gneiss. — **~ˌgra·nit** *m* two-mica granite.

ˈZweig|**li·nie** *f* (*railway*) sideline, branch line (*od.* railroad, *Br.* railway, track). — **~ˌnie·der·las·sung** *f econ.* branch (establishment): ~ im Ausland foreign branch. — **~or·ga·ni·sa·ti·on** *f* branch organization (*Br. auch* -s-). — **~ˌpost·amt** *n* post office (without administrative service).

ˈzwei|**grif·fe·lig** [-ˌgrɪfəlɪç], **~ˌgriff·lig** [-ˌgrɪflɪç] *adj bot.* distylous.

ˈZweig|**rip·pe** *f arch.* (*beim gotischen Gewölbe*) branch. — **~ˌschal·ter** *m electr.* branch switch. — **~ˌspur·strang** *m bot.* branch trace. — **~ˌstel·le** *f* **1.** suboffice, branch (office): regionale ~ einer Gewerkschaft (local) union branch, *Am.* local. – **2.** (*Agentur etc*) branch. — **z~ˌtra·gend** *adj bot.* ramiferous, ram(e)ous. — **~ˌwerk** *n econ.* branch (factory).

ˈZweiˌhals-ˌRund·kol·ben *m chem.* two-neck(ed) round bottom flask.

ˈZweiˌhän·der [-ˌhɛndər] *m ⟨-s; -⟩* **1.** two-handed (*od.* doublehanded) sword. – **2.** *zo.* two-handed (*od. scient.* bimanous) animal, bimane (*scient.*). — **'zwei·hän·dig** [-,hɛn-dɪç] **I** *adj* **1.** two-handed; bimanal, bimanous (*scient.*). – **2.** (*Musikstück*) for two hands. – **II** *adv* **3.** ~ spielen to play with both hands.

'zwei·häu·sig [-,hɔyzɪç] *adj bot.* dioecious, dioecian. — **'Zwei,häu·sig·keit** *f* ⟨-; *no pl*⟩ dioecism.

'Zwei·heit *f* ⟨-; *no pl*⟩ **1.** duality. – **2.** *auch* Lehre von der ~ *philos.* dualism.

'zwei,hen·ke·lig [-,hɛŋkəlɪç], ~**,henk·lig** *adj* two-handled, double-handled: ~e Vase *antiq.* amphora, pelike.

'zwei,höcke·rig (*getr.* -k·k-) *adj* two--humped: → Kamel 1.

'Zwei·hör·ner [-,hœrnər] *m* ⟨-s; -⟩ *zo.* bicorne, *auch* bicorn. — **'zwei,hör·nig** [-,hœr-nɪç] *adj* two-horned; bicornuous, bicornuate, *auch* bicornate (*scient.*).

'Zwei·hu·fer [-,huːfər] *m* ⟨-s; -⟩ *zo. cf.* Paarhufer.

'zwei'hun·dert *adj* ⟨*cardinal number*⟩ two hundred. – Z.~**jahr,fei·er** [,tsvaɪ,hʊndərt-] *f* bicentenary, bicentennial. – ~**,jäh·rig** *adj* bicentenary, bicentennial.

'zwei'hun·dertst *adj* ⟨*ordinal number*⟩ two hundredth. — **'Zwei'hun·dert·stel** *n* two hundredth (part).

,Zwei'jah·res,plan *m econ. pol.* two-year plan.

'zwei,jäh·rig I *adj* **1.** two-year (*attrib*), lasting (*od.* of) two years, biennial, biyearly. – **2.** two-year-old (*attrib*), of two (years): ein ~es Kind a two-year-old child. – **3.** *bot.* biennial. – **II** Z.~**e** *m*, *f* ⟨-n; -n⟩ **4.** two--year-old (child). — **~,jähr·lich** *adj* (occurring) every two years, biennial, biyearly, *auch* biannual.

'zwei,kam·me·rig [-,kamərɪç] *adj bot.* bilocular, biloculate.

,Zwei'kam·mer·sy,stem *n pol.* two-chamber system, bicameralism.

'Zwei,kampf *m* **1.** (*auch sport*) duel: j-n zum ~ fordern to challenge s.o. (to a duel). – **2.** *mil.* single combat, *bes. Br.* duellist. — **~,kämp·fer** *m* duelist, *bes. Br.* duellist, dueler, *bes. Br.* dueller.

'zwei,ka·na·lig [-ka,naːlɪç] *adj electr.* two--channel, double-channel (*beide attrib*).

'zwei,kap·se·lig [-,kapsəlɪç], ~**,kaps·lig** *adj bot.* bicapsular, two-capsule (*attrib*).

'zwei,keim,blät·te·rig, ~**,blätt·rig** *adj bot.* dicotyledonous, *auch* dicotyledonary.

'zwei,ker·nig *adj* **1.** *biol. phys.* binuclear, *auch* binucleate(d). – **2.** *bot.* two-grained.

'zwei,kie·lig [-,kiːlɪç] *adj bot. zo.* bicarinate.

'Zwei,kie·mer [-,kiːmər] *m* ⟨-s; -⟩ *zo.* dibranchiate. — **'zwei,kie·mig** [-,kiːmɪç] *adj* dibranchiate.

,Zwei'kin·der·sy,stem *n* ⟨-s; *no pl*⟩ two--child system.

'Zwei,klang *m mus.* interval. — ~**-,Stark,ton,horn** *n* loud dual-tone horn.

'zwei,klap·pig [-,klapɪç] *adj* **1.** two-valved. – **2.** *zo.* bivalve (*attrib*), bivalvular.

'zwei,köp·fig [-,kœpfɪç] *adj* **1.** (consisting) of two (persons): eine ~e Familie a family of two. – **2.** *myth.* two-headed, double--headed: ~er Adler *her.* two-headed eagle. – **3.** *med.* a) dicephalous, bicephalous, bicephalic, b) (*Muskel*) bicipital: ~er Muskel biceps. – **'Zwei,köp·fig·keit** *f* ⟨-; *no pl*⟩ *med.* dicephalism.

'Zwei,korn *n* ⟨-(e)s; *no pl*⟩ *bot. cf.* Emmer. — ~**,kör·per·pro,blem** *n math.* two-body problem.

'Zwei,kreis,brem·se *f auto.* two- (*od.* dual)--circuit brake. — ~**,sy,stem** *n econ.* dual system of cost and financial accounting.

'zwei,ku·ge·lig, ~**,kug·lig** *adj bot.* dicoccous. — ~**,lap·pig** *adj* two-lobed, bilobular, bilobate, *auch* bilobated, bilobed.

'zwei,la·stig [-,lastɪç] *adj mar.* on (an) even keel.

'zwei,lei·big [-,laɪbɪç] *adj astrol.* (*Zodiak-zeichen*) bicorporal, *auch* bicorporeal.

'Zwei,lei·ter,ka·bel *n electr.* two- (*od.* twin-)core cable.

'Zwei,lei·tungs,brem·se *f auto.* (*für Anhänger*) double-circuit brake. — ~**,lin·sen-ob,jek·tiv** *n* (*optics*) doublet.

'zwei,lip·pig [-,lɪpɪç] *adj bot.* two-lipped, bilabiate.

'Zwei,loch,bren·ner *m tech.* twin nozzle (*od.* jet).

'zwei,lö·che·rig, ~**,löch·rig** *adj bot. zo.* biforate.

,Zwei'mäch·te,ab,kom·men *n pol.* bipartite (*od.* two-power) agreement.

,zwei'mäch·tig *adj bot.* didynamian, didynamous.

'zwei,mäh·dig [-,mɛːdɪç] *adj agr.* (*Wiese*) mown twice a year.

'zwei,mal *adv* twice: ~ pro (*od.* im) Monat [Jahr] twice a month [a year], bimonthly [biannually]; ~ täglich twice a day, twice daily; ~ so alt wie er twice his age; ~ soviel twice as much, twice the amount; das lasse ich mir nicht ~ sagen *colloq.* I don't need (*od.* wait) to be told twice, I'm all for it (*colloq.*); das habe ich mir nicht ~ sagen lassen *colloq.* I didn't need (*od.* wait) to be told twice, I jumped at the offer; überlege es dir ~, bevor du es tust think twice before doing it (*od.* before you do it).

'zwei,ma·lig *adj* ⟨*attrib*⟩ done (*od.* repeated) twice: nach ~em Versuch after the second attempt, after two attempts; er erhielt eine ~e Aufforderung he was requested twice.

'Zwei,mann,boot *n* two-man dinghy (*od.* boat).

'zwei,män·nig [-,mɛnɪç] *adj bot.* diandrian.

'Zwei,mann-,U-,Boot *n mar. mil.* two-man submarine.

,Zwei'mark,stück *n* two-mark piece (*od.* coin).

'Zwei,ma·ster [-,mastər] *m* ⟨-s; -⟩ *mar.* two-master, two-masted (sailing) boat, brig. — **'zwei,ma·stig** [-,mastɪç] *adj* two--masted.

'zwei,mäu·lig [-,mɔylɪç] *adj zo.* distomatous.

'zwei,mo·na·tig [-,moːnatɪç] *adj* **1.** two--month (*attrib*), lasting (*od.* of) two months. – **2.** (*Baby etc*) two-month-old (*attrib*). — ~**,mo·nat·lich I** *adj* bimonthly, bimestrial. – **II** *adv* every two months, bimonthly.

,Zwei'mo·nats,schrift *f* bimonthly (publication). — ~**,(zah·lungs),ziel** *n* two months' credit: gegen ~ at a prompt of two months.

'zwei,mo·to·rig [-mo,toːrɪç] *adj aer.* twin--engined, twin-jet (*attrib*).

'zwei,na·mig [-,naːmɪç] *adj bot. zo.* binomial.

'zwei,öh·rig [-,ʔøːrɪç] *adj bot.* (*Blattgrund etc*) biauriculate.

'zwei,paa·rig *bot.* **I** *adj* bijugate, *auch* bijugous. – **II** *adv* ~ gefiedertes Blatt bijugate leaf.

'Zwei,pa·ra·me·ter,schar *f math.* bundle.

,Zwei'par'tei·en·sy,stem *n pol.* two-party system.

,Zwei',pfen·nig,stück *n* two-pfennig piece (*od.* coin). — ~**'pfer·de,sprin·gen** *n* (*sport*) (*beim Springreiten*) two-horse competition.

'Zwei,pfün·der [-,pfʏndər] *m* ⟨-s; -⟩ **1.** *gastr.* two-pound loaf. – **2.** *mil. hist.* two--pounder.

,Zwei'pha·sen,netz *n electr.* two-phase mains *pl* (*od.* system). — ~**,strom** *m* two--phase current. — ~**,wir·kung** *f med.* two--phase effect. — ~**,zäh·ler** *m electr.* two--phase meter.

'zwei,pha·sig [-,faːzɪç] *adj electr.* two-phase (*attrib*): ~er Stromkreis two-phase circuit; ~er Wechselstrom two-phase alternating current.

'Zwei,pol *m electr.* two-pole, two-terminal network. — **'zwei,po·lig** *adj* **1.** *electr.* two--pole, double-pole (*beide attrib*), bipolar: ~er Stecker two-pin plug. – **2.** *phys.* dipolar, bipolar.

'Zwei,pol,röh·re *f electr.* diode.

'zwei,pro,zen·tig [-pro,tsɛntɪç] *adj* **1.** *chem. pharm.* (*Lösung etc*) two-percent, *Br.* two--per-cent (*attrib*). – **2.** *econ.* two-percent, *Br.* two-per-cent (*attrib*), bearing two percent (*Br.* per cent) interest.

'Zwei,punkt,ein,stel·lung *f phot.* zone focusing (*auch* focussing).

'Zwei,rad *n* **1.** bicycle, bike (*colloq.*). – **2.** *cf.* Tourenrad. – **3.** *cf.* Moped. – **4.** *cf.* Mofa. – **5.** *cf.* Motorrad. — ~**,an,hän·ger** *m* two-wheel trailer.

'zwei,rä·de·rig [-,rɛːdərɪç] *adj* two-wheeled: ~er Wagen two-wheeled car, two-wheeler, (*als Droschke*) hansom.

'Zwei,rad·in·du,strie *f econ.* bicycle and motorcycle industry.

'zwei,räd·rig *adj cf.* zweiräderig.

'Zwei,rad,schlep·per *m* two-wheel tractor.

'Zwei,raum,kas,set·te *f phot.* double--chamber magazine.

'Zwei,rei·her *m* ⟨-s; -⟩ (*fashion*) double--breasted suit. — **'zwei,rei·hig** [-,raɪɪç] *adj*

---

1. placed in two (*od.* double) rows (*od.* lines), two- (*od.* double-)row (*attrib*). – **2.** (*fashion*) (*Anzug etc*) double-breasted. – **3.** *bot.* bifarious, distichous.

'zwei,rin·gig [-,rɪŋɪç] *adj zo.* biannulate.

'zwei,rip·pig [-,rɪpɪç] *adj bot.* two-nerved, binervate (*scient.*).

'Zwei,röh·ren·emp,fän·ger *m* (*radio*) two--valve receiver.

'Zwei,ru·de·rer *m antiq.* bireme. — **'zwei,ru·de·rig** *adj* two-oared, pair-oar (*attrib*).

'Zwei,rumpf,boot *n* (*sport*) (*beim Segeln*) catamaran.

'zwei,sai·tig [-,zaɪtɪç] *adj mus.* two-stringed, bichord (*attrib*).

'zwei·sam *adj obs. poet.* twosome.

'zwei,sa·mig [-,zaːmɪç] *adj bot.* two-seeded, dispermous (*scient.*).

'Zwei·sam·keit *f* ⟨-; *no pl*⟩ *obs. poet.* two-someness.

'zwei,säu·lig [-,zɔylɪç] *adj arch.* distyle.

'zwei,säu·rig [-,zɔyrɪç] *adj chem.* (*Basen*) diacid.

'zwei,schäf·tig [-,ʃɛftɪç] *adj* (*Tau*) two-ply (*attrib*).

'zwei,scha·lig [-,ʃaːlɪç] *adj zo.* bivalve (*attrib*), *auch* bivalved: ~es Muscheltier, ~e Muschel bivalve.

'zwei,schen·ke·lig [-,ʃɛŋkəlɪç], ~**,schenk·lig** *adj math. tech.* two-legged.

'Zwei,schich·ten,film *m phot.* bipack. — ~**,ge,we·be** *n* (*textile*) double cloth.

'zwei,schich·tig [-,ʃɪçtɪç] *adj* **1.** two-lay-ered, double-layer (*attrib*), bilaminate(d), *auch* bilaminar: ~er Mauerbewurf *civ.eng.* two-coat work. – **2.** (*wood*) two-ply (*attrib*).

'zwei,schlä·fe·rig [-,ʃlɛːfərɪç], ~**,schlä·fig** [-,ʃlɛːfɪç], ~**,schläf·rig** *adj only in* ~es Bett double bed, bed for two persons.

'zwei,schlä·gig [-,ʃlɛːgɪç] *adj med.* (*Puls etc*) dicrotic.

'Zwei,schlitz *m arch.* diglyph. — **'zwei,schlit·zig** *adj med. bot.* birimose.

'zwei,schnei·dig *adj* **1.** (*Messer etc*) *auch fig.* double- (*od.* two-)edged: → Schwert 1. – **2.** *bot.* ancipitous, ancipital.

'Zwei,schritt,wal·zer *m mus.* valse à deux temps.

'zwei,schü·rig [-,ʃyːrɪç] *adj agr.* **1.** (*Wiese*) mown twice a year. – **2.** (*Schaf*) twice--shorn (*attrib*), shorn twice a year. – **3.** (*Wolle*) of the second shearing.

'Zwei,sei·ten,band *n* (*radio*) double-side band. — ~**,band·emp,fän·ger** *m* double--sideband receiver. — ~**,kip·per** *m auto. Am.* two-way dump truck, *Br.* two-way tipping lorry (*od.* tipper).

'zwei,sei·tig I *adj* **1.** (*Folie etc*) two-side (*attrib*). – **2.** *math.* two-sided, bilateral. – **3.** *jur. pol.* (*Abkommen etc*) bipartite, (*bes. verbindlich*) bilateral: ~es Vertragssystem system of bilateral agreements. – **4.** (*Brief etc*) two-page(d): ~e Anzeige [~es Photo] *print.* double spread, double-page spread. – **5.** (*textile*) (*Stoff*) reversible, double-face (*attrib*). – **6.** *bot.* (*Blüte*) zygomorphic. – **7.** *med. biol.* bilateral. – **II** *adv* **8.** on both sides, bilaterally: ~ beschrieben written on both sides; ~ bedruckt printed on both sides, opisthographic(al); ~ verbindlich *jur. pol.* bilaterally (binding); ~ satiniert *print.* calendered on both sides, two-sided calendered. — **'Zwei,sei·tig·keit** *f* ⟨-; *no pl*⟩ *jur. pol.* bilateralism, bilaterality.

'zwei,sei·tig-sym,me·trisch *adj bes. bot.* bisymmetric(al).

'zwei,sil·big [-,zɪlbɪç] *adj ling.* two-syllable(d), dis(s)yllabic.

'Zwei,sit·zer [-,zɪtsər] *m* ⟨-s; -⟩ **1.** *auto.* two-seater, two-passenger car: geschlossener ~ coupé; offener ~ roadster. – **2.** *aer.* two-seater. — **'zwei,sit·zig** [-,zɪtsɪç] *adj* two-seated, (*nebeneinander*) double-seated, (*hintereinander*) with tandem seats.

'zwei,spal·tig [-,ʃpaltɪç] **I** *adj* **1.** (*Zeitungs-artikel etc*) two-column(ed). – **2.** *bes. bot. zo.* bifid. – **II** *adv* **3.** ~ gedruckt printed in double column (*od.* two columns).

'Zwei,spän·ner [-,ʃpɛnər] *m* ⟨-s; -⟩ carriage and pair. — **'zwei,spän·nig** [-,ʃpɛnɪç] *adj* (*Wagen etc*) two- (*od.* pair-)horse (*attrib*), drawn by two horses. – **II** *adv* ~ fahren to drive (in) a carriage and pair.

'Zwei,spin·del,fräs·ma,schi·ne *f tech.* two-spindle milling machine, duplex miller. — ~**,plan,fräs·ma,schi·ne** *f* two-spindle fixed-bed/type (*od.* manufacturing-tape) milling machine, duplex fixed-bed miller.

'Zwei,spitz *m* ⟨-es; -e⟩ **1.** *hist.* two-cornered (od. cocked) hat, auch bicorne. – 2. (Steinmetzwerkzeug) railroad (od. clay) pick. — z.**spit·zig** adj 1. two- (od. double)-pointed, two-peaked. – 2. bot. (Blatt) bicuspid, auch bicuspidate.

'**zwei,spo·rig** [-,ʃpoːrɪç] adj zo. (bes. Vögel) bicalcarate.

'**zwei,spra·chig** [-,ʃpraːxɪç] adj in two languages, bilingual, diglot: eine ~e Erklärung an explanation in two languages; eine ~e Ausgabe a diglot. — '**Zwei,spra·chi·ge** m, f ⟨-n; -n⟩ bilingual. — '**Zwei,spra·chig·keit** f ⟨-; no pl⟩ bilingualism, auch bilinguality.

'**Zwei,spur** f electr. (eines Tonbandgeräts) dual track. — '**zwei,spu·rig** adj 1. (Fahrbahn) two-lane(d). – 2. (railway) double-track(ed).

'**Zwei,spur,ton,band,ge,rät** n electr. dual- (od. twin-)track tape recorder.

'**Zwei,stän·der|,ho·bel,ma,schi·ne** f tech. standard-type (od. double-housing) planer. — ~,**Ho·bel-,und ,Fräs·ma,schi·ne** f double-column planing and milling machine.

'**zwei,stän·dig** adj bot. dichotomous.

'**Zwei,stär·ken|,bril·le** f (optics) bifocals pl, bifocal glasses pl. — ~,**bril·len,glas** n bifocal lens.

'**zwei,stei·nig** adj bot. (Frucht) dipyrenous.

'**zwei,stel·lig** [-,ʃtɛlɪç] adj math. 1. (Zahl) two-figure (attrib), two-digit (attrib). – 2. (Dezimalbruch) two-place (attrib).

'**zwei,stim·mig** [-,ʃtɪmɪç] I adj mus. for (od. in) two voices, two-voiced, two-part (attrib), in two parts: ~er Gesang a) duet, b) two-part song. – II adv ~ singen to sing in duet.

'**zwei,stöckig** (getr. -k·k-) [-,ʃtœkɪç] adj 1. two-storey, bes. Am. two-story (attrib), two-storeyed, bes. Am. two-storied. – 2. (Bett etc) double-deck(ed).

'**Zwei,stoff|le,gie·rung** f metall. binary alloy. — ~,**sy,stem** n (space) bi-fuel system. — ~,**treib,mit·tel** n, ~,**treib,stoff** m bipropellant.

'**Zwei,strahl** m phys. dual trace (od. beam). — '**zwei,strah·lig** adj 1. bot. phys. biradiate, auch diradiate. – 2. aer. (Strahltriebwerk) twin-jet (attrib). – 3. zo. didactyl(e), auch didactylous.

'**zwei,sträh·nig** adj two-ply (attrib).

'**Zwei,strei·fen|cha,mä·le·on** n zo. two-lined chameleon (Chamaeleo bitaeniatus). — ~,**molch** m two-lined salamander (Eurycea bislineata).

,**Zwei'strom,land, das** geogr. Mesopotamia (region between the Tigris and Euphrates rivers).

,**Zwei'stu·fen|,mo·tor** m tech. two-speed motor. — ~,**ra,ke·te** f (space) two-stage rocket. — ~,**ver,ga·ser** m auto. double-barrel carburetor (auch carbureter) (bes. Br. carburetter, carburettor).

'**zwei,stu·fig** adj 1. of (od. with) two steps. – 2. tech. a) (Schaltgetriebe) two-speed (attrib), b) (Scheibenwischer) two-stage (attrib), c) (Vorgelege) two-step (attrib). – 3. (space) (Rakete) two-stage (attrib).

'**zwei,stün·dig** [-,ʃtʏndɪç] adj two-hour (attrib), lasting (od. of) two hours: in einer ~en Unterredung in a two-hour conference, in a conference lasting two hours; das Flugzeug hat eine ~e Verspätung the plane is two hours late.

'**zwei,stünd·lich** I adj two-hourly, every two hours. – II adv every two hours, at two-hour intervals.

zweit adj ⟨ordinal number⟩ 1. second: zum ~en Mal for the second time; am ~en Mai on May (the) second, on the second of May; an ~er Stelle stehen to be in (the) second place, to be (placed) second; ~e Ausfertigung duplicate; der ~e Band volume two; ~e Klasse second class; ein Hotel ~er Klasse a second-class hotel; ein Abteil ~er Klasse (railway) a second-class compartment; etwas aus ~er Hand erwerben to buy s.th. secondhand (Br. second-hand); ~es Programm a) (radio) telev. second program (bes. Br. programme), b) (computer) alternate program (bes. Br. programme); Z~es Deutsches Fernsehen Second German Television program (bes. Br. programme); ein ~er Stalin another Stalin; ~e Person a) ling. second person, b) relig. jur. the Second Person; ein Artikel ~er Wahl econ. a substandard article; → Bildungsweg; Geige; Ge-

sicht[1] 6; Ich 1; Natur 4. – 2. (Buchhalter etc) junior.

'**zwei,tä·gig** adj 1. two-day (attrib), lasting (od. of) two days: ein ~er Ausflug a two-day trip; (eine) ~e Gültigkeitsdauer haben to have two days' validity, to be valid for two days. – 2. two-day-old (attrib).

'**Zwei,takt** m auto. two-stroke cycle.

'**Zwei,tak·ter** m ⟨-s; -⟩ auto. cf. Zweitaktmotor.

'**Zwei,takt|ge,misch** n auto. two-stroke (Am. auch two-cycle) mixture. — ~,**mo·tor** m two-stroke (Am. auch two-cycle) engine. — ~,**öl** n (für Motorrad etc) two-stroke oil. — ~,**ver,fah·ren** n two-stroke (Am. auch two-cycle) system.

'**zweit,äl·test** I adj second (eldest od. oldest), (von nur zweien) younger, junior: das ~e Kind the second child. – II Z~e m, f ⟨-n; -n⟩ second eldest (od. oldest).

'**Zwei,ta,rif,zäh·ler** m electr. dual-tariff-rate hour meter.

'**zwei'tau·send** adj ⟨cardinal number⟩ two thousand.

'**Zwei'tau·sen·der** m ⟨-s; -⟩ colloq. (Berg) two-thousand-meter (bes. Br. two-thousand-metre) mountain, twothousander (colloq.).

,**Zwei,tau·send'jahr,fei·er** f bimillenary, bimillenial.

'**zwei'tau·sendst** adj ⟨ordinal number⟩ two thousandth.

'**Zweit|,aus,fer·ti·gung** f 1. second copy (od. issue), duplicate. – 2. (eines Wechsels) second of exchange. — ~be,**lich·tung** f phot. double exposure, reexposure.

'**zweit'best** I adj second-best. – II Z~e m, f ⟨-n; -n⟩ second best.

'**Zweit,druck** m ⟨-(e)s; -e⟩ print. second print.

'**Zwei·te** m, f⟨-n; -n⟩, n ⟨-n; no pl⟩ 1. (Rangordnung) (the) second: er ist der ~ a) he is the second, b) (in einer Firma etc) he is second in command; er ist der ewige ~ (sport) he is always second (od. runner-up); als ~r das Ziel erreichen to come in (od. finish) second. – 2. es ist noch ein ~s zu erwähnen there is another point to be mentioned. – 3. (zeitlich) the second: heute ist der ~, wir haben heute den ~n today is the second, it is the second today; bis zum ~n des Monats by the second of this month, (in Geschäftsbriefen) auch by the second instant. – 4. (mit Kleinschreibung) du bist der ~, der mich danach fragt you are the second (person) to ask me that; er kann arbeiten wie kein z~r fig. he is second to none as a worker, he is a great (od. very hard) worker. – 5. Heinrich der ~ (od. II.) hist. Henry the Second, Henry II.

'**zwei,tei·len** I v/t ⟨only inf u. pp zweigeteilt, h⟩ 1. etwas ~ to divide s.th. (into two [parts]). – II Z~n n ⟨-s⟩ 2. verbal noun. – 3. cf. Zweiteilung.

'**zwei,tei·lig** adj 1. (Anzug etc) two-piece (attrib): ~es Altarbild diptych; ~es Ensemble two-piece, two-piecer; ~er Badeanzug two-piece bathing suit, bikini. – 2. in two parts, two-part (attrib), bipartite (lit.): ein ~es Epos a two-part epic, an epic in two parts. – 3. med. bipartite, dimerous. – 4. bot. dimerous, binate. – 5. math. binomial. — '**Zwei,tei·lung** f ⟨-; no pl⟩ 1. cf. Zweiteilen. – 2. bipartition. – 3. math. bisection. – 4. (Gabelung) bifurcation. – 5. pol. (eines Landes) division (into two parts), partition. – 6. biol. binary fission (od. division).

'**Zweit,emp,fän·ger** m (radio) telev. second receiver (od. home set).

'**zwei·ten,mal** only in zum ~ for the second time.

'**zwei·tens** adv secondly, in the second place.

'**Zweit|,fahr,zeug** n auto. second car. — ~,**fracht,füh·rer** m econ. second carrier. — ~,**fri,sur** f (Perücke) wig.

'**zweit|ge,bä·rend** adj med. secundiparous. — ~ge,**bä·ren·de** f ⟨-n; -n⟩ bipara, secundipara. — ~ge,**bo·ren** adj second, younger. — Z~ge,**burt** f distocia.

'**Zweit,ge,rät** n (radio) telev. cf. Zweitempfänger.

'**zweit|'größt** adj second biggest (od. largest). — ~'**höchst** adj second highest. — Z~**imp,fung** f med. second vaccination, revaccination. Ich. — ~,**jüngst** adj second youngest, youngest but one.

'**zweit,klas·sig** [-,klasɪç] adj 1. second-class. – 2. cf. zweitrangig.

'**Zweit|,klaß,wa·gen** m Swiss second-class passenger car (Br. coach).

'**zweit,letzt** I adj ⟨attrib⟩ second last, last but one, next to the last: das ~e Haus the last house but one (in the row); er kam als ~er an he was the second last to arrive; ~e Silbe penultimate syllable, penult, auch penultimate. – II Z~e m, f ⟨-n; -n⟩ the last but one.

'**Zweit|,luft** f metall. secondary air. — ~,**mäd·chen** n second maid. — ~'**nächst** adj next but one: am ~en Tag (on) the second day after, two days later.

'**Zweit,ton·ner** [-,tɔnər] m ⟨-s; -⟩ auto. Br. two-ton lorry, Am. two-tonner.

,**Zwei'tou·ren|ma,schi·ne**, ~,**pres·se** f print. two-revolution machine (od. press). — ~,**schnell,pres·se** f high-speed press.

'**zwei,tou·rig** [-,tuːrɪç] adj two-speed (attrib).

'**zweit,ran·gig** [-,raŋɪç] adj second-rate, second-string, secondary, below standard, (stärker) inferior, subordinate, one-horse (attrib) (sl.). — '**Zweit,ran·gig·keit** f ⟨-; no pl⟩ secondariness, inferiority.

'**zweit'schlech·test** I adj worst but one. – II Z~e m, f ⟨-n; -n⟩, n ⟨-n; no pl⟩ worst but one.

'**Zweit|,schrift** f second copy, duplicate, duplication. — ~,**schuld·ner** m secondary debtor. — ~,**sen·dung** f 1. (radio) repeat (broadcast). – 2. telev. second showing. — ~,**stim·me** f pol. (auf Wahlzettel) second vote.

'**zwei,tü·rig** [-,tyːrɪç] adj (Auto) two-door (attrib).

'**Zweit|,wa·gen** m auto. second car. — ~,**wirt** m biol. secondary host. — ~,**woh·nung** f second home.

'**Zwei,und'drei·ßi·ger** m print. cf. Zweiunddreißigerformat.

'**Zwei,und'drei·ßi·ger,for,mat** n print. thirty-twomo, Br. thirty-two-mo, 32mo.

'**Zwei,und'drei·ßig,stel** n, ~,**no·te** f mus. thirty-second (note), bes. Br. demisemiquaver. — ~,**pau·se** f thirty-second rest, bes. Br. demisemiquaver-rest.

'**zwei,und'ein'halb** adj cf. zweieinhalb.

'**zwei,und'zwan·zig** adj ⟨cardinal number⟩ 1. twenty-two: er ist ~ he is twenty-two (years of age). – 2. es ist ~ Uhr it's 10 o'clock p.m.

,**Zwei'vier·tel,takt** m mus. two-four time.

'**Zwei,wal·zen·ge,rüst** n metall. two-high mill.

'**Zwei,weg...**, '**Zwei,we·ge...** combining form denoting electr. tech. two-way ...

'**Zwei,weg|an,ten·ne** f duplexer. — ~,**au·to,mat** m (computer) two-way automaton. — ~,**hahn** m tech. two-way tap (od. cock). — ~,**gleich,rich·ter** m (radio) full-wave rectifier.

'**zwei,wer·tig** adj 1. chem. nucl. bivalent, divalent: ~es Element bivalent element, dyad. – 2. math. two-valuedness. — '**Zwei,wer·tig·keit** f ⟨-; no pl⟩ 1. chem. nucl. bivalence, bivalency, divalence. – 2. math. two-valuedness.

'**zwei,wim·pe·rig** [-,vɪmpərɪç] adj biol. biciliate(d).

'**zwei,win·ke·lig**, ~,**wink·lig** adj math. biangular, biangulate.

'**zwei,wö·chent·lich** I adj two-weekly, biweekly, bes. Br. fortnightly. – II adv every two weeks, biweekly, bes. Br. fortnightly.

'**zwei,wö·chig** [-,vœçɪç] adj two-week (attrib), bes. Br. fortnightly, lasting (od. of) two weeks: ~er Urlaub two-week holiday.

'**Zwei,zack** m ⟨-(e)s; -e⟩ two-pronged fork, bident. — '**zwei,zackig** (getr. -k·k-) adj 1. two-pronged. – 2. bes. bot. zo. bidentate(d), bifurcate.

'**Zwei,zahl** f 1. ling. dual. – 2. dyad. — '**zwei,zäh·lig** adj dyadic, auch diadic.

'**zwei,zäh·lig** [-,tsɛːlɪç] adj chem. math. binary.

'**Zwei,zahn** m bot. bur(r) marigold, tickseed sunflower (Gattg Bidens). — '**zwei,zäh·nig** [-,tsɛːnɪç] adj med. bidental, bidentate.

'**Zwei,zahn,wal** m zo. beaked whale (Gattg Mesoplodon).

'**zwei,ze·hig** [-,tseːɪç] adj two-toed, didactyl(e), auch didactylous (scient.).

'**Zwei,zei·ler** m ⟨-s; -⟩ (Strophe od. Gedicht) distich, (gereimter) couplet. — '**zwei,zei·lig** [-,tsaɪlɪç] I adj 1. two-line (attrib), of (od. having) two lines. – 2. (Abstand bei der Schreibmaschine etc) double-spaced. – 3. bot. two-rowed, distichous, bifarious. – **II** *adv* ~ schreiben to double--space.

'**zwei**,**zei**·**tig** *adj* **1.** *bot.* dichronous. – **2.** ~e Silbe *ling.* dichronous syllable.

'**zwei**,**zel**·**lig** [-,tsɛlɪç] *adj biol.* two-celled; bicellular, bilocular, biloculate (*scient.*).

'**zwei**|,**zif**·**fe**·**rig** [-,tsɪfərɪç], ~**zif**·**frig** [-,tsɪfrɪç] *adj* two-figure (*attrib*).

'**zwei**,**zim**·**me**·**rig** [-,tsɪmərɪç] *adj* double--roomed.

,**Zwei**,**zim**·**mer**,**woh**·**nung** *f* two-room apartment (*bes. Br.* flat).

'**zwei**,**zin**·**kig** [-,tsɪŋkɪç] *adj* (Gabel *etc*) two--pronged, biforked.

'**zwei**|,**zip**·**fe**·**lig** [-,tsɪpfəlɪç], ~**zipf**·**lig** [-,tsɪpflɪç] *adj med.* bicuspid(al), *auch* bicuspidate.

'**zwei**,**zöl**·**lig** [-,tsœlɪç] *adj* two-inch (*attrib*).

'**zwei**,**zo**·**nig** [-,tso:nɪç] *adj pol.* bizonal.

'**Zwei**,**zü**·**ger** [-,tsy:gər] *m* ⟨-s; -⟩ (Schachaufgabe) problem with solution in two moves.

'**zwei**,**zün**·**gig** [-,tsyŋɪç] *adj cf.* doppelzüngig.

'**Zwei**-**zy**,**lin**·**der** *m auto.* **1.** *cf.* Zweizylindermotor. – **2.** *colloq.* two-cylinder (car). — ~,**bo**·**xer**,**mo**·**tor** *m* (horizontally) opposed twin-cylinder engine, flat twin--cylinder engine, pancake-type engine. — ~,**mo**·**tor** *m* two-cylinder engine. — ~-,**Vier**,**takt**,**mo**·**tor** *m* two-cylinder four--stroke engine.

'**zwei**-**zy**,**lin**·**drig** [-tsi,lɪndrɪç; -tsy-] *adj* two--cylinder (*attrib*), of (*od.* having) two cylinders.

Zwen·**ke** ['tsvɛŋkə] *f* ⟨-; -n⟩ *bot.* false bromegrass (Gattg Brachypodium).

zwerch [tsvɛrç] *adv obs. for* quer.

'**Zwerch**,**fell** *n med.* diaphragm, midriff: unter dem ~ (gelegen) subphrenic. — ~,**at**·**mung** *f* abdominal breathing. — ~,**bruch** *m* diaphragmatic hernia, diaphragmatocele. — ~,**ent**,**zün**·**dung** *f* diaphragmatitis, phrenitis. — ~**er**,**schlaf**·**fung** *f* relaxation of the diaphragm. — **z**~**er**,**schüt**·**ternd** *adj fig.* (Lachen, Komik *etc*) (side)-splitting, *Br.* (side-)splitting. — ~,**her**·**nie** *f med. cf.* Zwerchfellbruch. — ~,**krampf** *m* phrenospasm. — ~,**kup**·**pel** *f* subphrenic space. — ~,**läh**·**mung** *f* phrenoplegia, phrenoparalysis. — ~,**nerv** *m* phrenic nerve. — ~,**tief**,**stand** *m* phrenoptosis. — ~**ver**,**wach**·**sun**·**gen** *pl* diaphragmatic adhesions.

'**zwerch**,**ho**·**beln** *v/t* ⟨insep, -ge-, h⟩ *tech.* plane across the grain of.

'**Zwerch**,**rip**·**pe** *f* (vom Rind) foreribs *pl.*

Zwerg [tsvɛrk] *m* ⟨-(e)s; -e⟩ **1.** (Person von kleinem Wuchs) dwarf, midget, Tom Thumb, Lilliputian, hop-o'-my-thumb, dot, mite: im Vergleich zu dir ist er ein ~ *auch fig.* he is a dwarf compared to you. – **2.** *myth.* gnome, pixie, pixy, pygmy, *auch* pigmy, dwarf. – **3.** *fig. contempt.* nobody, nonentity: so ein lächerlicher (, kleiner) ~ such a nobody. – **4.** *astr.* dwarf, *auch* dwarf star.

'**Zwerg**|,**ad**·**ler** *m zo.* booted eagle (Hieraetus pennatus). — ~,**ahorn** *m bot.* dwarf maple (Acer glabrum). — ~,**al**·**pen**,**glöck**·**chen** *n* dwarf soldanella (Soldanella pusilla). — ~,**al**·**pen**,**ro**·**se** *f* dwarf rosebay (Rhododendron chamaecistus). — ~,**amei**·**sen**,**bär** *m zo.* silky (*od.* little) anteater (Cyclopes didactylus). — ~,**am**·**mer** *f* little bunting (Emberiza pusilla). — ~,**ap**·**fel** *m bot. cf.* Paradiesapfel 1. — ~,**ap**·**fel**,**si**·**ne** *f* **1.** mandarin (orange), tangerine (Citrus reticulata). – **2.** *cf.* Klementine. – **3.** kumquat, *auch* cumquat (Fortunella japonica). — ~,**ar**·**bei**·**te**·**rin** *f zo.* (bei Ameisen) minim. — **z**~,**ar**·**tig** *adj* dwarfish, of diminutive size, dwarf-like, Lilliputian, manikin (*attrib*), pygmy (*attrib*), pygm(a)ean, nanoid (*scient.*). — ~,**band**,**wurm** *m zo.* dwarf tapeworm (Hymenolepis nana). — ~,**bar**·**be** *f* (Aquarienfisch) toy barb (Puntius phutunio). — ~,**bärb**·**ling** [-,bɛrplɪŋ] *m* ⟨-s; -e⟩ (Aquarienfisch) Rasbora barb (Rasbora maculata). — ~,**bar**·**sche** *pl* pygmy (*auch* pigmy) sunfish (Gattg Elassoma). — ~,**baum** *m bot.* dwarf tree, stunted tree, arbuscle. — **z**~,**baum**,**ar**·**tig** *adj* arbuscular. — ~,**be**,**trag** *m econ.* diminutive amount. — ~**be**,**trieb** *m* **1.** *econ.* small-size undertaking, minifactory. – **2.** *agr.* very small farm (*od.* holding). — ~,**beu**·**tel**,**rat**·**te** *f zo.* pygmy (*auch* pigmy) opossum (Marmosa cinerea). — ~,**bil**·**dung**

f bot. biol. dwarfism, nanism (*scient.*). — ~,**bir**·**ke** *f bot.* dwarf (*od.* alpine) birch (Betula nana). — ~,**böck**·**chen** *n zo.* royal antelope, *auch* kleeneboc (Neotragus pygmaeus). — ~,**buchs**,**baum** *m bot.* dwarf (*od.* ground) box (Buxus sempervirens suffruticosa). — ~,**butt** *m zo.* Norwegian topknot (Phrynorhombus norvegicus). — ~,**chamä**·**le**·**on** *n* dwarf chameleon (Chamaeleo pumilus). — ~,**dra**·**chen**,**flos**·**ser** [-,flɔsər] *m* (Aquarienfisch) swordtail characin (Corynopoma riisei). — ~,**dros**·**sel** *f* Swaison's thrush (Hylocichla ustulatus). — ~,**ei**·**che** *f bot.* scrub oak (Gattg Quercus, bes. Q. ilicifolia). — ~,**el**·**fe** *f zo.* wood star (Gattgen Chaetocerus u. Acestrura).

'**zwer**·**gen**·**haft** *adj cf.* zwerghaft.

'**Zwerg**|,**fa**·**den**,**fisch** *m zo.* (Aquarienfisch) gourami (Colisa lalia). — ~,**fal**·**ke** *m cf.* Merlin(falke). — ~,**fas**·**sung** *f electr.* Edison screw-base. — ~,**finn**,**wal** *m zo. cf.* Zwergwal. — ~,**flachs** *m bot.* flaxseed, allseed (Radiola linoides). — ~,**flam**,**boy**,**ant** *m* ⟨-s; -s⟩ peacock flower (Caesalpinia pulcherrima). — ~,**flech**·**te** *f med.* erythrasma. — ~,**fle**·**der**,**maus** *f zo.* pipistrel(le) (Pipistrellus pipistrellus). — ~,**flie**·**gen**,**schnäp**·**per** *m cf.* Zwergschnäpper. — ~,**flug**,**beut**·**ler** *m* pygmy (*auch* pigmy) flying phalanger (Acrobates pygmaeus). — ~,**flug**,**hörn**·**chen** *n* North American flying phalanger (*auch* squirrel) (Glaucomys volans). — ~,**fluß**,**pferd** *n* pygmy (*auch* pigmy) hippopotamus (Hippopotamus liberiensis). — ~,**für**·**sten**·**tum** *n* pocket(-size) (*od.* tiny) principality. — ~,**fü**·**ßer** *m* ⟨-s; -⟩ *zo.* garden centipede, symphilid, *auch* symphylid (*scient.*) (Gattg Symphyla). — ~,**ga**,**la**·**go** *m zo.* lesser galago (Galago senegalensis). — ~,**gans** *f* lesser white-fronted goose (Anser erythropus). — ~,**glatt**,**wal** *m* pygmy (*auch* pigmy) whale (Neobalaena marginata). — ~,**grif**,**fon** *m* (Haushund) pygmy (*auch* pigmy) griffon. — ~,**gür**·**tel**,**tier** *n* dwarf armadillo (Zaëdius minutus).

'**zwerg**·**haft** *adj* **1.** dwarfish, dwarfed, dwarf-like, Lilliputian, manikin (*attrib*), pygm(a)ean, nanoid (*scient.*). – **2.** *myth.* gnomish, dwarfish. — '**Zwerg**·**haf**·**tig**·**keit** *f* ⟨-; no pl⟩ dwarfishness.

'**Zwerg**|,**hahn** *m zo.* (Haushuhnrasse) Bantam, *auch* bantam. — ~,**hai** *m* pygmy (*auch* pigmy) shark (Etmopterus hillianus). — ~,**hei**·**del**,**bee**·**re** *f bot.* dwarf bilberry (*od.* blueberry) (Vaccinium caespitosum). — ~,**ho**,**lun**·**der** *m cf.* Attich. — ~,**hörn**·**chen** *n zo.* Orientalisches ~ mouse squirrel (Gattg Myosciurus); Afrikanisches ~ pygmy (*auch* pigmy) squirrel (M. pumilio). — ~,**huhn** *n* (Haushuhnrasse) Baillon's crake, Bantam, *auch* bantam. — ~,**hund** *m* lap dog.

zwer·**gig** ['tsvɛrgɪç] *adj cf.* zwerghaft.

Zwer·**gin** ['tsvɛrgɪn] *f* ⟨-; -nen⟩ **1.** (Frau von kleinem Wuchs) dwarf, midget, Lilliputian, hop-o'-my-thumb, dot, mite. – **2.** *myth.* dwarf.

'**Zwerg**|,**ka**,**nin**·**chen** *n zo.* pygmy (*auch* pigmy) rabbit (Oryctolagus cuniculus). — ~,**ka**,**sta**·**nie** *f bot.* a) dwarf chestnut (tree) (Castanea pumila), b) Am. (bush) chinquapin (C. chinquapin). — ~,**kie**·**fer** *f* dwarf pine (Pinus pumilio), knee pine (P. mugho pumilio). — ~,**kir**·**sche** *f* dwarf cherry (Gattg Prunus). — ~,**klap**·**per**,**schlan**·**ge** *f zo.* ground rattler (*auch* rattlesnake), pygmy (*auch* pigmy) rattlesnake (Sistrurus miliaris). — ~,**lam**·**pe** *f electr.* miniature lamp. — ~,**laus** *f zo.* grape louse (Gattg Phylloxera). — ~,**lor**·**beer** *m bot.* leatherleaf (Chamaedaphne calyculata). — ~,**ma**·**ki** *m zo.* dwarf lemur (Gattg Microcebus). — ~,**mau**·**er** *f* dwarf wall. — ~,**maus** *f zo.* harvest mouse (Micromys minutus). — ~,**mensch** *m anthrop.* pygmy, *auch* pigmy. — ~,**mi**·**kro**,**phon** *n* (radio) telev. midget microphone. — ~,**mis**·**pel** *f bot.* cotoneaster (Fam. Rosaceae). — ~,**mohn** *m* alpine poppy (Papaver pygmaeum). — ~,**mo**·**schus**,**tier** *n zo.* chevrotain, *auch* chevrotin (Gattg Tragulus). — ~,**mö**·**we** *f* little gull (Larus minutus). — ~,**och**·**se** *m* runt. — ~,**ohr**,**eu**·**le** *f zo.* scops owl (Otus scops): Amerikanische ~ screech owl (O. flammeolus). — ~,**oran**·**ge** [-'ʔɔ,rã:ʒə] *bot. cf.* Zwergapfelsine 3. — ~,**pal**·**me** *f* dwarf (fan) palm, hemp (*od.* fan) palm, palmetto (Chamaerops humilis). — ~,**pa**·**pa**,**gei** *m zo.* pygmy (*auch* pigmy) parrot (Gattg Micropsitta). — ~,**pa**·**vi**·**an** *m* yellow

baboon (Papio cynocephalus). — ~,**pflan**·**ze** *f bot.* dwarf (plant), groundling. — ~,**phlox** *m* moss pink, *auch* dwarf phlox (Phlox subulata). — ~,**pin**·**scher** *m zo.* (Haushundrasse) pet terrier. — ~,**pott**,**wal** *m* pygmy (*auch* pigmy) sperm whale (Kogia breviceps). — ~,**pu**·**del** *m* (Haushundrasse) pygmy (*auch* pigmy) poodle. — ~,**py**·**thon** *m* pygmy (*auch* pigmy) boa (Bothrochilus boa). — ~,**ras**·**se** *f* dwarf (*od.* miniature) race. — ~,**rind** *n agr.* runt. — ~,**rohr**,**dom**·**mel** *f zo.* little bittern (Ixobrychus minutus). — ~,**rost** *m bot.* (Gerstenkrankheit) dwarf leaf (*od.* brown) rust of barley. — ~,**sä**·**ger** *m zo.* smew, smee (Mergus albellus). — ~,**sa**·**la**,**man**·**der** *m* dwarf salamander (Manculus quadridigitatus). — ~,**schar**·**be** *f* pygmy (*auch* pigmy) cormorant (Phalacrocorax pygmaeus). — ~,**schell**,**fisch** *m* tomcod (Gattg Microgadus). — ~,**schlan**·**ge** *f* dwarf snake (Gattg Calamaria). — ~,**schnäp**·**per** *m* red-breasted flycatcher (Fidecula parva). — ~,**schnau**·**zer** *m* (Haushundrasse) miniature schnauzer. — ~,**schnep**·**fe** *f* jacksnipe (Limnocryptes gallinula). — ~,**schu**·**le** *f ped.* one-room school. — ~,**schwal**·**be** *f zo.* least tern (Sterna antillarum). — ~,**schwan** *m* Bewick's swan (Cygnus bewickii). — ~,**see**,**bär** *m* Cape (fur) seal (Arctocephalus pusillus). — ~,**see**,**schwal**·**be** *f* little tern (Sterna albifrons). — ~,**sei**·**den**,**äff**·**chen** *n* pygmy (*auch* pigmy) marmoset (Callithrix pygmaeus). — ~,**spa**·**ni**·**el** *m* (Haushundrasse) English toy spaniel. — ~,**specht** *m cf.* Kleinspecht. — ~,**staat** *m* ⟨-(e)s; -en⟩ miniscule (*od.* miniature, pocket-size) state. — ~,**steiß**,**fuß** *m zo.* dabchick, didapper, little grebe (Podiceps ruficollis). — ~,**stern** *m astr.* dwarf, *auch* dwarf star. — ~,**strand**,**läu**·**fer** *m zo.* little stint (Calidris minuta). — ~,**strauch** *m bot.* dwarf shrub, shrublet. — ~,**sumpf**,**huhn** *n zo.* Baillon's crake (Porzana pusilla). — ~,**tau**·**cher** *m cf.* Zwergsteißfuß. — ~,**tier** *n* dwarf (animal). — ~,**ti**·**ger**,**kat**·**ze** *f* margay (Felis tigrina). — ~,**trap**·**pe** *m* ⟨-n; -n⟩, *auch* *f* ⟨-; -n⟩, *hunt. only m zo.* little bustard (Tetrax tetrax). — ~-,**U**-,**Boot** *n mar. mil.* midget submarine. — ~,**volk** *n anthrop.* dwarf (*od.* pygmy, *auch* pigmy) tribe. — ~,**wachs**·**tum** *n biol. med. cf.* Zwergwuchs 1. — ~,**wal** *m zo.* lesser rorqual, piked (*od.* little picket) whale (Balaenoptera acuto-rostratus). — ~,**wei**·**zen** *m bot. agr.* club wheat (Triticum compactum). — ~,**wels** *m zo.* catfish (Ictalurus nebulosus). — ~,**wick**·**ler** *m* cotton leaf perforator (Bucculatrix thurberiella). — ~,**wild**,**schwein** *n* pygmy (*auch* pigmy) hog (Sus salvanius). — ~,**wuchs** *m* **1.** *biol. med.* dwarfism, nanism (*scient.*). – **2.** *bot. hort.* dwarf growth. — **z**~,**wüch**·**sig** [-,vy:ksɪç] *adj* **1.** *biol. med.* dwarfish, stunted in growth, pygm(a)ean. – **2.** *bot. hort.* dwarf (*attrib*). — ~,**zie**·**ge** *f zo.* (Hausziegenrasse) Syrian goat (Capra hircus). — ~,**zi**,**ka**·**de**, ~,**zir**·**pe** *f* cotton jassid, leafhopper (Empoasca decipiens).

Zwet·**sche** ['tsvɛtʃə] *f* ⟨-; -n⟩ *bot.* plum: gedörrte (*od.* getrocknete) ~ dried plum, prune.

'**Zwet**·**schen**|,**baum** *m bot.* plum tree (Prunus domestica). — ~,**kom**,**pott** *n gastr.* stewed plums *pl.* — ~,**mus** *n* plum jam: steifes ~ plum cheese.

Zwetsch·**ge** ['tsvɛtʃgə] *f* ⟨-; -n⟩ *Southern G. and Swiss for* Zwetsche.

'**Zwetsch**·**gen**|,**baum** *m Southern G. and Swiss for* Zwetschenbaum. — ~,**dat**·**schi** [-,da:tʃi] *m* ⟨-s; -s⟩ *Bavarian gastr.* plum cake. — ~,**kom**,**pott** *n Southern G. and Swiss for* Zwetschenkompott. — ~,**mus** *n Southern G. and Swiss for* Zwetschenmus. — ~,**schild**,**laus** *f zo.* (European) brown scale, peach scale (Eulecanium corni). — ~,**schnaps** *m*, ~,**was**·**ser** *n* ⟨-s; *'*⟩ *Southern G. and Swiss* plum brandy.

Zwetsch·**ke** ['tsvɛtʃkə] *f* ⟨-; -n⟩ *Austrian for* Zwetsche: die sieben ~n (ein)packen *fig. humor.* to pack one's bag(s) (and leave).

'**Zwetsch**·**ken**|,**knö**·**del** *m Austrian gastr.* plum dumpling. — ~,**kom**,**pott** *n Austrian for* Zwetschenkompott. — ~,**mus** *n Austrian for* Zwetschenmus. — ~,**pfef**·**fer** *m Austrian* prune cheese. — ~,**rö**·**ster** *m* ⟨-s; -⟩ *Austrian* stewed plums *pl.*

Zwicke (getr. -k·k-) ['tsvɪkə] *f* ⟨-; -n⟩ *obs. for* Zwecke.

Zwickel (getr. -k·k-) ['tsvɪkəl] *m* ⟨-s; -⟩ **1.** (in Kleidungsstücken, in einer Strumpf-

hose etc) gusset: einen ~ einsetzen to insert a gusset. - **2.** (*Einsatz bei Handschuhen*) gore. - **3.** *arch.* spandrel. - **4.** *med.* cuneus. - **5.** *her.* gyron. - **6.** (*einer Tüte etc*) gusset. - **7.** *fig. colloq.* for Sonderling. — **~₁bart** *m* imperial. — **~₁feld** *n arch. cf.* Zwickel 3.

zwicken (*getr.* -k·k-) ['tsvɪkən] **I** *v/t* ⟨h⟩ **1.** pinch, nip: j-n ~ to pinch s.o., to give s.o. a pinch; j-n in den Arm [in die Wange] ~ to pinch s.o.'s arm [cheek]; j-n am Ohr ~ to pinch (*od.* tweak) s.o.'s ear. - **2.** der Kragen zwickt mich *colloq.* the collar is choking me (*od.* is too tight). - **3.** j-n ~ und zwacken *fig. colloq. cf.* zwacken 2. - **4.** *bes. Southern G. and Austrian colloq.* (*Fahrkarte*) punch. - **5.** j-n mit glühenden Zangen ~ *obs.* (*Foltermethode*) to torture s.o. with red-hot pincers. - **II** *v/impers* **6.** es zwickt mich hier *colloq.* I have a twinge here: es zwickt mich im Bauch *colloq.* I have a pain in my tummy (*colloq.*). - **III** *v/i* **7.** pinch, nip: j-m in den Arm ~ to pinch s.o.'s arm. - **8.** (*von Kleidungsstück*) be too tight. - **IV** *v/ n* ⟨-s⟩ **9.** *verbal noun.* - **10.** pinch, nip, *auch* tweak.

'Zwicker (*getr.* -k·k-) *m* ⟨-s; -⟩ **1.** (*optics*) pince-nez, nippers *pl.* - **2.** (a pair of) pincers *pl* (*sometimes construed as sg*). - **3.** *arch.* (rock) spall.

'Zwick₁mühle *f* **1.** (*Stellung im Mühlespiel*) double mill (*od.* row). - **2.** (*beim Bridge-, Whistspiel*) crossruff, seesaw. - **3.** *fig. colloq.* fix, tight squeeze, dilemma, quandary: wie kommen wir aus dieser ~ wieder heraus? how can we get out of this fix? er befand sich (*od.* war, saß) in einer ~ he was in a dilemma (*od.* fix), he was on the horns of a dilemma. — **~₁stein** *m arch. cf.* Zwicker 3. — **~₁zan·ge** *f colloq.* for Kneifzange.

Zwie..., **zwie...** *cf.* Zwei..., zwei...

'Zwie₁back ['tsvi:-] *m* ⟨-(e)s; ⁼e *u.* -e⟩ zwieback, rusk, *Am. auch* biscuit.

Zwie·bel ['tsvi:bəl] *f* ⟨-; -n⟩ **1.** *bot.* a) (Echte) ~ onion (*Allium cepa*), b) (*Blumenzwiebel*) (flower) bulb. - **2.** *gastr.* onion: gebräunte ~(n) browned (*od.* fried) onions; mit ~n gewürzt oniony; mit ~(n) würzen to flavo(u)r with onions, to onion; mit ~n (zubereitet) prepared (*od.* seasoned) with onions, lyonnaise (*nachgestellt*); nach ~n schmeckend (*od.* riechend) oniony. - **3.** (*Form*) bulb. - **4.** *fig. colloq. humor.* (*Uhr*) 'turnip' (*colloq.*), *Am. sl.* souper, watch. — **z~₁ähn·lich** *adj* bulbiform, bulboid. — **z~₁ar·tig** *adj* **1.** bulb-shaped, bulbous. - **2.** *bot.* alliaceous. — **~₁au·ge** *n bot.* (*Brutzwiebel*) bulbil, bulbel, bulblet. — **~₁beet** *n hort.* bed of onions. — **~₁dach** *n arch.* imperial roof. — **~₁feld** *n agr.* field of onions. — **~₁fisch** *m meist pl print.* (printers') pi (*auch* pie): ~e aufsetzen to pi (*auch* pie). — **~₁fleisch** *n gastr.* meat stew with onions. — **~₁flie·ge** *f zo.* onion fly (*Hylemya antiqua*). — **z~₁för·mig** *adj* bulbiform. — **~ge₁richt** *n gastr.* dish strongly flavo(u)red with onions. — **~ge₁ruch** *m* smell of onions. — **~ge₁schmack** *m* taste of onions. — **~ge₁wächs** *n bot.* bulbous plant, bulb. *cf.* Zwiebeldach. — **~₁kar·tof·feln** *pl gastr.* potatoes lyonnaise. — **~₁keim** *m bot. cf.* Zwiebelauge. — **~₁ku·chen** *m gastr.* onion tart (*od.* cake). — **~₁kup·pel** *f arch.* imperial (*od.* bulbous, Moorish) dome (*od.* cupola). — **~₁lauch** *m bot.* onion (*Allium cepa*). — **~₁mar·mor** *m min.* cipolin. — **~₁mu·schel** *f zo.* jingle (*od.* clink) shell (*Gattg Anomia*). — **~₁mu·ster** *n* ⟨-s; *no pl*⟩ *econ.* (*auf Porzellan*) onion pattern.

zwie·beln ['tsvi:bəln] *v/t* ⟨h⟩ j-n ~ *fig. colloq.* a) (*durch ständiges Drängen*) to keep at s.o., b) (*Rekruten etc*) to be hard on s.o., to give s.o. a hard (*od.* bad) time, to give s.o. hell, c) (*quälen*) to torment (*od.* harass) s.o.: er hat mich so lange gezwiebelt, bis ich die Vokabeln konnte he kept at me until I knew the vocabulary.

'Zwie·bel₁ring *m meist pl gastr.* onion ring. — **~₁saft** *m* onion juice. — **~₁sa·men** *m bot.* onion seed. — **~₁scha·le** *f* **1.** onion skin. - **2.** *zo.* (*Muschel*) jingle (*od.* clink) shell (*Gattg Anomia*). — **~₁scha·len·pa₁pier** *n* (*paper*) onionskin. — **~₁so·ße** *f gastr.* onion sauce, soubise (sauce). — **z~₁tra·gend** *adj bot.* bulbiferous. — **~₁turm** *m arch.* onion tower.

'Zwie₁bra·che *f* ⟨-; -n⟩ *agr. obs.* (*zweites Pflügen des Brachackers im Spätjahr*) twifallow(ing). — **'zwie₁bra·chen** *v/t* ⟨h⟩ twifallow.

'zwie₁fach, **'zwie₁fäl·tig** [-₁fɛltɪç] *adj* double, twofold.

'Zwie₁fa·che, **'Zwie₁fal·ti·ge** [-₁faltɪgə] *m* ⟨-n; -n⟩ (*Volkstanz in Böhmen, Österreich u. Bayern*) dance, alternating between duple and triple time, but not always at regular intervals.

'Zwie₁ge₁sang *m mus.* duet, duo.

'Zwie₁ge₁spräch *n* **1.** dialogue, *Am. auch* dialog, *auch* duologue, colloquy. - **2.** conversation, talk.

'Zwie₁laut *m ling. cf.* Diphthong.

'Zwie₁licht *n* ⟨-(e)s; *no pl*⟩ **1.** twilight, dusk, crepuscule, owl-light: im ~ in the twilight, in the dusk. - **2.** (*bes. aus Tageslicht u. künstlichem Licht*) twilight. - **3.** ins ~ geraten *fig.* to lay oneself open to suspicion. — **'zwie₁lich·tig** *adj* **1.** twilight (*attrib*), dusky. - **2.** *fig.* (*Charakter etc*) dubious, shady: seine Haltung war etwas ~ his attitude was rather dubious.

'Zwie₁me₁tall *n tech.* bimetal, composite (*od.* clad) metal.

'Zwie₁milch·er₁näh·rung *f med.* (*des Säuglings*) mixed milk feeding.

'Zwie·na₁tur *f* double nature.

Zwie·sel ['tsvi:zəl] *f* ⟨-; -n⟩, *auch m* ⟨-s; -⟩ *dial.* **1.** *hort.* forked branch. - **2.** (*Gabelung*) fork, bifurcation. — **~₁bee·re** *f bot. dial.* for Vogelkirsche 1. — **~₁dorn** *m* ⟨-(e)s; ⁼er⟩ *dial.* for Stechpalme.

'zwie·se·lig *adj dial.* forked, bifurcate.

zwie·seln ['tsvi:zəln] *v/reflex* ⟨h⟩ sich ~ *dial.* fork, bifurcate.

'zwies·lig *adj dial. cf.* zwieselig.

'Zwie₁spalt *m* ⟨-(e)s; *rare* -e *u.* ⁼e⟩ **1.** (*innere Uneinigkeit*) inner conflict; j-n in einen ~ stürzen (*od.* bringen) a) to bring s.o. into conflict, b) to put s.o. in a dilemma; in ~ geraten (mit) to come into conflict (with); im ~ sein mit to be in conflict with; mit sich selbst im ~ sein to be in conflict (*od.* at odds) with oneself; ~ zwischen Gefühl und Verstand conflict between emotion and reason. - **2.** (*Dilemma*) dilemma: ich befinde mich in einem ~ I am in (*od.* on the horns of) a dilemma. - **3.** (*Uneinigkeit*) disunion, discord. - **4.** *bes. relig.* schism. - **5.** (*Abweichung*) discrepancy, *auch* discrepance.

'zwie₁späl·tig [-₁ʃpɛltɪç] *adj* **1.** (*Person*) with conflicting traits, with a conflicting personality. - **2.** (*unausgeglichen*) unbalanced. - **3.** (*Gefühl*) conflicting. - **4.** (*uneinig*) disunited, discordant. - **5.** mein Eindruck war ~ my impressions were mixed. — **'Zwie₁späl·tig·keit** *f* ⟨-; *no pl*⟩ **1.** conflict, conflicting nature. - **2.** unbalanced personality. - **3.** disunion, discordance.

'Zwie₁spra·che *f* ⟨-; *no pl*⟩ dialogue, *Am. auch* dialog: mit j-m ~ halten to converse with s.o.; mit sich selbst ~ halten to reflect, to ponder; mit Gott ~ halten to commune with God.

'Zwie₁tracht *f* ⟨-; *no pl*⟩ **1.** discord, disunion, dissension: ~ erzeugend causing discord, divisive; ~ säen (*od.* stiften) to sow the seeds of discord, to make (*od.* cause) mischief; ~ zwischen Freunden stiften to set friends at variance; zwischen beiden herrscht ~ they are disunited (*od.* at variance, at odds); in ~ sein mit j-m to be at variance (*od.* at odds) with s.o.; die Göttin der ~ *myth.* the goddess of discord, Eris; → Apfel 1. - **2.** (*Hader, Zwist*) strife. - **3.** (*innerhalb einer Partei*) party strife, faction. - **4.** (*Fehde*) feud. — **'zwie₁träch·tig** *adj* discordant, at variance (*od.* odds), disunited.

'Zwie₁tracht₁stif·ter *m* mischief-maker.

Zwilch [tsvɪlç] *m* ⟨-s; -e⟩ (*textile*) *cf.* Zwillich. — **'zwil·chen** *adj* ⟨*attrib*⟩ (made) of tick(ing), drill-twilled.

Zwil·le ['tsvɪlə] *f* ⟨-; -n⟩ *Low G.* **1.** wooden fork. - **2.** *Br.* catapult, *Am.* slingshot.

Zwil·lich ['tsvɪlɪç] *m* ⟨-s; -e⟩ (*textile*) tick(ing), drill. — **~₁kit·tel** *m* denim smock (*Br.* overall).

Zwil·ling¹ ['tsvɪlɪŋ] *m* ⟨-s; -e⟩ **1.** *med.* twin: eineiige ~ identical (*od. scient.* monozygotic, enzygotic) twins; zweieiige ~ fraternal (*od. scient.* dizygotic, binovular) twins; siamesische ~ Siamese (*od.* conjoined) twins; ~e gebärend bearing twins, biparous (*scient.*); als ~(e) geboren twin-

born, twinned; ~e gebären to give birth to twins, to twin; ~e bekommen to have twins. - **2.** *pl astr.* Gemini *pl* (*usually construed as sg*), (the) Twins: geboren im (*od.* unter dem) Sternbild der ~e astrol. born under the sign of Gemini. - **3.** die ~e *myth.* Castor and Pollux, the Twins, *auch* the twin brothers. - **4.** *min. cf.* Zwillingskristall.

'Zwil·ling² (*TM*) *m* ⟨-s; -e⟩ (*Gewehr*) doublebarreled (*bes. Br.* double-barrelled) gun.

'Zwil·lings₁ach·se *f* (*in der Kristallographie*) twin-axis. — **~₁ar·ten** *pl biol.* twin species. — **~₁au·ßen₁räum₁ma₁schi·ne** *f tech.* dual-ram surface broaching machine. — **~₁be₁rei·fung** *f auto. cf.* Zwillingsreifen. — **~₁bil·dung** *f biol.* twinning. — **~₁blatt** *n bot.* twinleaf (*Jeffersonia diphylla*). — **z~₁blü·tig** [-₁bly:tɪç] *adj* geminiflorous. — **~₁bru·der** *m* twin brother. — **z~₁bür·tig** [-₁byrtɪç] *adj zo.* biparous. — **~₁dampf₁ma₁schi·ne** *f* (*railway*) twin-cylinder engine. — **~₁fen·ster** *n arch.* double (*od.* twin, dual) window. — **~₁flak** *f mil.* twin antiaircraft (*Br.* anti-aircraft) gun. — **~₁for·mel** *f* (*in der Sprachwissenschaft*) twin formula. — **~₁for·schung** *f biol.* gemellology. — **~₁frucht** *f bot.* twinned fruit. — **~ge₁burt** *f med.* birth of twins, twin birth: er stammt aus einer ~ he was born a twin. — **~ge₁schütz** *n mil.* two-barreled (*bes. Br.* two-barrelled) gun, paired cannon. — **~ge₁schwi·ster** *pl* **1.** twins. - **2.** (*zwei Brüder*) twins, twin brothers. - **3.** (*zwei Schwestern*) twins, twin sisters. — **~ge₁stirn** *n astr.* twin. — **~jun·ge** *m* twin boy. — **~₁ka·bel** *n electr.* twin cable. — **~₁kin·der₁wa·gen** *m Am.* baby carriage (*od.* buggy) for twins, *Br.* perambulator (*od. colloq.* pram) for twins. — **~kon₁trol·le** *f* (*computer*) twin (*od.* duplication) check. — **~kri₁stall** *m min.* twin(ned) (*od.* macle) crystal. — **~₁mäd·chen** *n* twin girl. — **~ma₁schi·nen₁ge₁wehr** *n mil.* twin-barreled (*bes. Br.* twin-barrelled) machine gun. — **~me₁tho·de** *f med.* matched pairs method. — **~₁mus·kel** *m meist pl med.* twin muscle, gemellus (*scient.*). — **~₁paar** *n* pair of twins. — **~₁räum₁werk₁zeug** *n tech.* twin broach. — **~₁rei·fen** *pl auto.* double (*od.* twin, dual) tires (*bes. Br.* tyres). — **~₁schwan·ger·schaft** *f med.* twin (*od. scient.* bigeminal) pregnancy. — **~₁schwe·ster** *f* twin sister. — **~₁städ·te** *pl* twin cities. — **~₁stecker** (*getr.* -k·k-) *m electr.* biplug. — **~₁strei·fen₁bil·dung** *f metall.* twinning. — **~₁trieb₁werk** *n aer.* twin engine: mit ~ with two engines. — **~₁uhr** *f* (*Parkuhr*) twin-head parking meter. — **~₁waf·fe** *f mil. cf.* a) Zwillingsgeschütz, b) Zwillingsmaschinengewehr. — **~₁zahn₁rad₁fräs₁ma₁schi·ne** *f tech.* twin-head gear cutting machine.

'Zwing₁burg *f hist.* (tyrant's) stronghold, citadel, fortress, bastille, *auch* bastile.

Zwin·ge ['tsvɪŋə] *f* ⟨-; -n⟩ **1.** (*eines Stockes*) ferrule. - **2.** (*eines Schirms*) tip. - **3.** *tech.* a) (*aus Stahl*) steel ferrule, b) (*Schraubknecht*) spindle handscrew, c) (*Schraubzwinge*) C-clamp, screw clamp.

zwin·gen ['tsvɪŋən] **I** *v/t* ⟨zwingt, zwang, gezwungen, h⟩ **1.** force, compel, constrain, make, (*durch moralischen Zwang*) *auch* impel: j-n zu etwas ~ to force s.o. into s.th.; j-n ~, etwas zu tun to force (*od.* compel, constrain) s.o. to do s.th., to make s.o. do s.th.; j-n zu einem Geständnis ~ to force s.o. into (*od.* to make) a confession; j-n zum Handeln ~ to force s.o. into action (*od.* to act); die Umstände zwangen mich zu diesem Schritt (the) circumstances forced me to take this step (*od.* drove me to this step), I was forced (*od.* reduced) by circumstance to take this step; man mußte ihn förmlich (*od.* geradezu) ~ he had to be practically (*od.* virtually) forced; ich lasse mich auf keinen Fall (dazu) ~ I will not be forced (into it) under any circumstances; ich lasse mich zu nichts ~ I will not be forced into anything; Liebe [das Glück] kann man nicht ~ love cannot be forced (*od.* must come from the heart) [fortune cannot be forced]; das läßt sich nicht ~ it cannot be done by force; er zwang sie zur Liebe he forced her; j-n in Fesseln ~ to cast s.o. (in)to chains; eine Festung zur Übergabe ~ to force (*od.* reduce) a stronghold to surrender; → Knie 1. - **2.** j-n (durch Willenskraft) zu etwas ~ to will s.o. to do s.th. – **3.** (*nötigen*) (zu into) coerce. – **4.** *jur.* obligate. – **5.** *dial.* (*bewältigen können*) 'manage' (*colloq.*): ich zwinge das Essen [die Arbeit] nicht I cannot manage the meal [the work]. – **II** *v/i* **6.** zu etwas ~ (*erforderlich machen*) to necessitate s.th.: die Wirtschaftslage zwingt zu Kosteneinsparungen the economic situation necessitates cutting down expenses; die veränderte Weltlage zwang zum Umdenken world changes necessitated a new approach. – **III** *v/reflex* sich ~ **7.** force (*od.* constrain) oneself: sich zu einem Lächeln ~ to force (*od.* constrain, affect) a smile; sich zur Höflichkeit ~ to force oneself to be polite; sich ~, etwas zu tun to force oneself to do s.th., to make oneself do s.th., (*stärker*) to will oneself to do s.th.; ich muß mich ~ (, das zu tun) I have to force myself (to do that), it costs me great effort (to do that).

'**zwin·gend I** *pres p.* – **II** *adj* **1.** (*Grund etc*) urgent, cogent: es liegt kein ~er Grund vor there is no urgent (*od.* compelling) reason. – **2.** (*Umstände, Notwendigkeit etc*) urgent, stringent. – **3.** (*Argument, Beweis, Schluß etc*) cogent, forcible, conclusive, compelling. – **4.** *jur.* (*Beweisgrund*) conclusive: die Beweisführung ist nicht ~ the evidence is inconclusive. – **5.** (*Pflicht*) imperative, imperious. – **6.** (*Maßnahme*) coercive. – **III** *adv* **7.** etwas ~ darlegen to present s.th. conclusively (*od.* cogently).

'**Zwin·ger** *m* ⟨-s; -⟩ **1.** (*für Hunde*) kennel. – **2.** (*Zuchtstätte für Hunde*) kennel(s *pl*). – **3.** (*Bärenzwinger*) bear-pit. – **4.** (*Käfig*) cage. – **5.** (*Turm*) tower, dungeon, keep. – **6.** (*Hofzwinger*) outer ward.

'**Zwing**|**herr** *m hist.* tyrant, despot. — **~herr·schaft** *f* ⟨-; *no pl*⟩ tyranny, despotism.

Zwing·lia·ner [tsvɪŋ'liːanər] *m* ⟨-s; -⟩ *relig. hist.* Zwinglian, *auch* Zwinglianist, follower of Zwingli. — **Zwing·lia·nis·mus** [-'liaː'nɪsmus] *m* ⟨-; *no pl*⟩ Zwinglianism.

'**Zwing**|**schrau·be** *f tech.* (*in der Schreinerei*) ferrule screw.

zwin·kern ['tsvɪŋkərn] *v/i* ⟨h⟩ **1.** (*um etwas anzuzeigen*) wink: mit dem Auge ~ to wink (one's eye). – **2.** (*bei plötzlich auftretender Helligkeit*) blink, wink.

zwir·beln ['tsvɪrbəln] *v/t* ⟨h⟩ (*Bart, Faden etc*) twirl, twiddle.

Zwirn [tsvɪrn] *m* ⟨-(e)s; *Zwirnarten* -e⟩ **1.** (*textile*) twist, twine, double yarn. – **2.** Meister ~ *fig. humor.* (*Schneider*) whipstitch. – **3.** → Himmel 6. — **~auf·spul·ap·pa·rat** *m* bobbin winder. — **~band** *n* ⟨-(e)s; ⸗er⟩ tape. — **~dre·hung** *f* twist.

zwir·nen ['tsvɪrnən] **I** *v/t* ⟨h⟩ **1.** (*textile*) a) (*Fäden*) twine, double, twist, b) (*Seide*) twist, throw, mill. – **II Z~** *n* ⟨-s⟩ **2.** *verbal noun*. – **3.** *cf.* Zwirnung.

'**Zwir·ner** *m* ⟨-s; -⟩, '**Zwir·ne·rin** *f* ⟨-; -nen⟩ twiner, twister.

Zwir·ne·rei *f* ⟨-; -en⟩ (*textile*) **1.** ⟨*only sg*⟩ *cf.* Zwirnen. – **2.** doubling mill.

'**Zwirn**|**fa·bri·ka·ti·on** *f* thread-making. — **~fa·den** *m cf.* Zwirnsfaden. — **~hand·schuh** *m* cotton glove. — **~knäu·el** *m, n* ball of thread. — **~ma·schi·ne** *f tech.* twisting machine, twister, doubling (*bei Seide* throwing) frame. — **~sei·de** *f* twisted (*od.* thrown) silk.

'**Zwirns**|**fa·den** *m* **1.** (linen) thread: er ist dünn wie ein ~ *fig. colloq.* he is (as) thin as a rake. – **2.** *fig. colloq.* (*in Wendungen wie*) etwas hängt an einem ~ s.th. hangs by a thread; über einen ~ stolpern a) to come to grief over a trifle, b) to let oneself be ruffled by a triviality.

'**Zwirn**|**spit·ze** *f* (*textile*) thread lace, footing. — **~spu·le** *f* twisting bobbin.

'**Zwir·nung** *f* ⟨-; *no pl*⟩ (*textile*) **1.** *cf.* Zwirnen. – **2.** (*der Seide*) twist.

zwi·schen ['tsvɪʃən] **I** *prep* ⟨*dat*⟩ **1.** (*räumlich*) between, 'tween: betwixt, 'twixt (*obs. od. poet.*): das Haus liegt ~ Bahnhof und Postamt the house is between the station and the post office; er saß ~ mir und meiner Schwester he sat between me and my sister; ~ zwei Gästen between two guests; ~ den Augen (befindlich) *med.* interocular; ~ den Ozeanen (liegend) interoceanic; → Angel 2; Zeile 1. – **2.** (*mitten unter vielen*) among(st): ~ der Menge among(st) the crowd. – **3.** (*zeitlich*) between, 'tween: ~ heute und morgen between this (day) and tomorrow; ~ Weihnachten und Neu-

jahr between Christmas and New Year; er ist wohl ~ 30 und 40 Jahre alt he must be between 30 and 40 years old; ich bin ~ 3 und 4 Uhr zu Hause I'll be at home between 3 and 4 o'clock. – **4.** (*eine Beziehung ausdrückend*) between, 'tween: ~ ihm und seiner Frau bestehen Spannungen there is tension between him and his wife; ~ uns ist keine Verständigung möglich we can't agree; ~ zwei Männern wie du und ich between two men like you and me; du mußt dich ~ Ja und Nein entscheiden you must say yes or no; er muß sich ~ dir und mir entscheiden he has to decide between you and me; ~ beiden Begriffen ist ein Unterschied there is a difference between the two concepts, the two concepts differ; die Freundschaft ~ ihnen wuchs beständig the friendship between them (*od.* their friendship) grew steadily; → schweben 12. – **II** *prep* ⟨*acc*⟩ **5.** (*örtlich*) between, 'tween: betwixt, 'twixt (*obs. od. poet.*): sich ~ beide Bänke stellen to go and stand between the two benches; etwas ~ die Bücher legen to put s.th. between the books; komm und setz dich ~ uns come and sit between us; ~ zwei Streitende treten to intercede between two quarrel(l)ers. – **6.** (*mitten unter*) among(st), in between: etwas ~ die Blumen säen to sow s.th. among(st) (*od.* in between) the flowers; → Stuhl 1.

'**Zwi·schen**|**ab·kom·men** *n bes. pol.* interim (*od.* temporary) agreement. — **~ab·schluß** *m econ. cf.* Zwischenbilanz 2. — **~ab·trieb** *m* electr. intermediate (power) takeoff.

'**Zwi·schen**|**akt** *m* (*theater*) entr'acte, interact, (*auch*) intermission: im ~ between the (two) acts. — **~mu·sik** *f* interlude, intermezzo, entr'acte. — **~vor·hang** *m* (*theater*) act drop.

'**Zwi·schen**|**amt** *n electr. tel.* intermediate exchange. — **~an·flug** *m aer.* intermediate approach. — **~an·sa·ge** *f* **1.** intermediate announcement. – **2.** (*radio*) cue. — **~ap·plaus** *m* (*theater*) applause during the action. — **~ar·ti·kel** *m* (*einer Zeitung*) padding. — **~auf·ent·halt** *m* stopover, stop-off. — **~aus·weis** *m* **1.** interim (*od.* temporary) certificate. – **2.** *econ.* (*Bilanzveröffentlichung*) interim report. — **~bahn** *f* (*space*) intermediate (*od.* parking) orbit. — **~bahn·hof** *m* (*railway*) intermediate station. — **~bal·ken** *m arch.* joist between storeys (*bes. Am.* stories). — **~bau** *m civ. eng.* mediate building. — **~be·ge·ben·heit** *f* episode. — **~be·mer·kung** *f* **1.** incidental remark. – **2.** (*unterbrechende*) interruption. — **~be·richt** *m* interim report. — **~be·scheid** *m* interim (*od.* provisional) reply. — **z~be·trieb·lich** *adj* intercompany (*attrib*). — **~bi·lanz** *f* **1.** interim results *pl*. – **2.** *econ.* interim balance, (*vorliegendes Papier*) interim balance sheet. — **~blatt** *n* **1.** interleaf. – **2.** *biol.* (*in der Embryologie*) mesenchyme. — **~blatt·stän·dig** *adj bot.* interfoliar, interfoliaceous. — **~blech** *n tech.* shim. — **~blu·tung** *f med.* breakthrough bleeding. — **~bo·den** *m tech.* **1.** false ceiling. – **2.** (*im Regal etc*) shelf. — **~brunst·pe·ri·ode** *f zo.* (*bei weiblichen Tieren*) di(o)estrum. — **~buch·han·del** *m econ.* intermediate book trade.

'**Zwi·schen**|**deck** *n mar.* (*eines Schiffes*) 'tween (*auch* between) deck, intermediate deck, (*unterste Passagierklasse*) steerage: im ~ 'tween decks. — **~bun·ker** *m* 'tween-deck bunker.

'**Zwi·schen**|**decke** (*getr.* -k·k-) *f arch.* false ceiling.

'**Zwi·schen**|**decks·pas·sa·gier** *m mar.* steerage passenger.

'**Zwi·schen**|**ding** *n* intermediate, cross: dieser Raum ist ein ~ zwischen Wohnzimmer und Küche this room is an intermediate (*od.* is halfway) between a living room and a kitchen; es ist ein ~ it is a bit of both, it is halfway between the two. — **~di·vi·den·de** *f econ.* interim dividend, dividend at interim.

,**zwi·schen'drein** *adv colloq.* **1.** in between: etwas ~ legen to lay (*od.* put, place) s.th. in between. – **2.** (in the) meantime, (in the) meanwhile.

,**zwi·schen'drin** *adv colloq.* in between: ~ liegen to lie in between.

'**Zwi·schen·du·pli,kat** *n* intermediate duplicate.

,**zwi·schen'durch** *adv colloq.* **1.** through: ~ fahren [fallen] to drive [to fall] through. – **2.** (*zeitlich*) in between (times), between whiles. – **3.** (*in zeitlichen Abständen*) at intervals, occasionally. – **4.** (*zur Abwechslung*) for a change.

,**zwi·schen'ein** *adv colloq. cf.* zwischendurch.

'**Zwi·schen**|**eis,zeit** *f geol. hist.* interglacial period. — **~eis,zeit·lich** *adj* interglacial. — **~ent,schei·dung** *f* **1.** interim (*od.* temporary) decision. – **2.** *jur. cf.* Zwischenurteil. — **~er,geb·nis** *n* intermediate (*od.* intermediary) result: die ersten ~se liegen vor we have the first intermediate results. — **~ern·te** *f agr.* intermediate crop. — **~fall** *m* incident: es kam zu einem schweren ~ there was a serious incident; es kam zu unvorhergesehenen Zwischenfällen there were some unforeseen incidents (*od.* events); ohne einen ~ without (an) incident; ohne ~ ankommen to arrive safely. — **~far·be** *f* intermediate (*od.* intermediary) color (*bes. Br.* colour). — **z~fi·nan,zie·ren** *econ.* **I** *v/t* ⟨*only inf u. pp* zwischenfinanziert, h⟩ finance (*s.th.*) temporarily (*od.* provisionally). – **II Z~** *n* ⟨-s⟩ *verbal noun*. — **~fi·nan,zie·rung** *f* **1.** *cf.* Zwischenfinanzieren. – **2.** interim (*od.* intermediate) financing. — **~flä·che** *f* interface. — **~flug,ha·fen** *m aer.* intermediate airport. — **~form** *f* intermediate (*od.* intermediary) form. — **~fra·ge** *f* **1.** *pol.* supplementary question. – **2.** (*allgemein*) interposed question. — **~fre,quenz** *f* (*radio*) intermediate frequency. — **~frucht,bau** *m* ⟨-(e)s; *no pl*⟩ *agr.* intercropping. — **~fut·ter** *n* (*fashion*) interlining.

'**Zwi·schen**|**gang** *m* **1.** passage in between. – **2.** (*zwischen Wänden*) corridor. – **3.** *auto.* intermediate gear. — **~ge,trie·be** *n auto.* intermediate transmission.

'**Zwi·schen**|**gas** *n auto. only in* ~ geben to double-clutch.

'**zwi·schen·ge·la·gert I** *pp.* – **II** *adj geol.* interstratified.

'**Zwi·schen**|**ge,richt** *n gastr.* entrée, *Am. auch* entree. — **~ge,sang** *m* **1.** inserted song. – **2.** *antiq.* mesode. — **z~ge,schal·tet I** *pp.* – **II** *adj* **1.** *electr.* connected in series. – **2.** *tech.* (*Bauteile*) interposed, interconnected. — **~ge,schirr** *n* (*mining*) suspension gear. — **~ge,schoß** *n arch.* mezzanine, entresol. — **~ge,we·be** *n med.* interstitial substance. — **~ge,winn** *m econ.* middleman's profit. — **~glied** *n* intermediate (*od.* connecting) link, interlink. — **z~glü·hen** *metall.* **I** *v/t* ⟨*only inf u. pp* zwischengeglüht, h⟩ process-anneal. – **II Z~** *n* ⟨-s⟩ *verbal noun*. – **2.** intermediate (*od.* process) anneal. — **~grup·pe** *f math.* intermediate group. — **~ha·fen** *m mar.* intermediate harbor (*bes. Br.* harbour). — **~han·del** *m econ.* intermediate trade. — **~han·dels·ge,winn** *m cf.* Zwischengewinn. — **~händ·ler** *m* (*merchant*) middleman, intermediary, in-between(-line). — **~hand·lung** *f* (*literature*) **1.** episode. – **2.** (*im Drama etc*) interlude. — **z~'her** [,tsvɪʃən-] *adv colloq.* (in the) meanwhile, (in the) meantime. — **~herr·schaft** *f* ⟨-; *no pl*⟩ interregnum. — **z~hin'ein** [,tsvɪʃən-] *adv colloq.* **1.** in between. – **2.** (*zeitlich*) in between (times). — **~hirn** *n med.* interbrain, betweenbrain; diencephalon, thalamencephalon (*scient.*). — **~hol·ding** *f* ⟨-; -s⟩ *econ.* subholding company, intermediate holding company. — **~hül·se** *f tech.* adaptor sleeve. — **z~'in·ne** [,tsvɪʃən-] *adv Northern G. dial.* between the two, in between. — **~kern** *m nucl.* compound nucleus. — **~kie·fer**, **~kie·fer,kno·chen** *m med.* intermaxillary (bone), incisive bone. — **~kie·men,deckel** (*getr.* -k·k-) *m zo.* interopercle, interoperculum. — **~knor·pel** *m med.* interarticular cartilage. — **z~kno·tig** *adj med. zo.* internodal. — **z~kon·fes·sio,nell** *adj* interdenominational, interconfessional, interchurch (*attrib*). — **~kö·nig** *m antiq.* interrex. — **~kör·per** *m med.* amboceptor. — **~kre,dit** *m econ.* intermediate (*od.* interim, temporary) credit (*od.* loan). — **z~la·gern I** *v/t* ⟨*only inf u. pp* zwischengelagert, h⟩ **1.** *econ.* put (*s.th.*) in intermediate storage. – **2.** *geol.* interstratify, intercalate. – **II Z~** *n* ⟨-s⟩ **3.** *verbal noun*. — **~la·ge·rung** *f* **1.** *cf.*

Zwischenlagern. – **2.** econ. intermediate storage. – **3.** geol. interstratification, intercalation. — **z~,lan·den** aer. **I** v/i ⟨only inf u. pp zwischengelandet, sein⟩ (in dat in, at) make an intermediate landing (od. stop), stop. – **II Z~** n ⟨-s⟩ verbal noun. — **~,lan·dung** f **1.** cf. Zwischenlanden. – **2.** intermediate landing: **ohne ~** direct, nonstop, Br. non-stop (attrib). — **~,lauf** m (sport) intermediate heat. — **~,leg,schei·be** f tech. shim, spacer. — **z~,lie·gend** adj ⟨attrib⟩ **1.** intermediate, lying between. – **2.** (Zeit) interim, intervening. — **~,li·nie** f intermediate line, interline. — **~,lin·sen·ver,schluß** m phot. between-the-lens shutter. — **~,lö·sung** f interim (od. temporary) solution. — **~,mahl,zeit** f **1.** gastr. snack between meals. – **2.** (für Säuglinge) in-between feed. — **~,mau·er** f civ.eng. partition wall. — **z~,mensch·lich** adj (Beziehungen etc) interhuman, interpersonal. — **~,mit·tel** n (mining) dirt band. — **~,mo·du·la·ti,on** f phys. intermodulation. — **z~,mo·le·ku,lar** adj chem. phys. intermolecular. — **~,mu,sik** f cf. Zwischenaktmusik. — **~,ne·ga·tiv** n phot. duplicate negative. — **~,pau·se** f interval, intermission, break. — **~,pfan·ne** f metall. (beim Stranggießen) tundish. — **~,pfei·ler** m civ.eng. intermediate pillar. — **z~,pflan·zen** med. **I** v/t ⟨only inf u. pp zwischengepflanzt, h⟩ interpose. – **II Z~** n ⟨-s⟩ verbal noun. — **~,pflan·zung** f **1.** cf. Zwischenpflanzen. – **2.** interposition. — **z~,pla·ne,ta·risch** adj interplanetary. — **~,plat·te** f **1.** (eines Ausziehtisches) (table) leaf. – **2.** mar. (eines Schiffes) intercostal plate. — **~,pol** m electr. interpole. — **~,po·si·tiv** n phot. intermediate positive. — **~,pro,dukt** n econ. intermediate (od. intermediary) product, semifinished product. — **~,prü·fung** f ped. intermediate (od. intermediary) examination (od. test). — **~,quit·tung** f econ. interim (od. temporary) receipt. — **~,rad** n tech. (im Radgetriebe) intermediate gear, idler. — **~,rang** m (theater) mezzanine.

'Zwi·schen,raum m **1.** (räumlich) space (between), interval, interspace: **5 m ~** 5 meters' interval, a 5-meter interval; **einen ~ lassen** to leave (a) space; **~ zwischen den Häusern** space between the houses. – **2.** (zeitlich) interval. – **3.** (Entfernung) distance. – **4.** (Lücke) gap, interstice. – **5.** (Spielraum) clearance. – **6.** a) space, blank, b) (Zeilenabstand) spacing: **mehr [weniger] ~** more [less] space; **eine Zeile ~ lassen** to leave a space; **den ~ vermindern** to close up. – **7.** biol. med. interspace, interstice. – **8.** (railway) (zwischen zwei Zügen) headway. – **9.** mar. (Abstand von einem anderen Schiff od. von einer Pier etc) berth. — **~,ta·ste** f (der Schreibmaschine etc) space bar, spacer.
'Zwi·schen,rech·nung f econ. intermediate bill (od. invoice). — **~,re·de** f interruption. — **~,red·ner** m person who interrupts, (Zwischenrufer) heckler. — **~,re·ge·lung** f interim (od. temporary) settlement. — **~,re,gie·rung** f interim (od. temporary) government, caretaker government. — **~,reich** n **1.** hist. interregnum. – **2.** geogr. centrally situated country, country occupying a median position. – **3.** mysterious in-between region (area between heaven and earth [od. life and death]). — **~,rei·he** f row (in) between, intermediate row. — **~,re,lais** n electr. intermediate relay. — **~,ring** m phot. extension tube.
'Zwi·schen,rip·pe f **1.** med. intermediate rib. – **2.** arch. lierne. – **3.** gastr. sirloin, entrecote, bes. Br. entrecôte.
'Zwi·schen,rip·pen,mus·kel m med. intercostal (muscle). — **~,raum** m intercostal (space).
'Zwi·schen,ruf m heckler's shout: **empörte ~e** angry heckling sg; **er wurde durch häufige ~e unterbrochen** he was interrupted by constant heckling. — **~,ru·fer** m heckler. — **~,run·de** f (sport) intermediate round. — **~,satz** m **1.** ling. inserted clause, parenthesis. – **2.** mus. a) middle section, b) (beim Rondo) couplet, episode. — **z~,schal·ten** electr. **I** v/t ⟨only inf u. pp zwischengeschaltet, h⟩ **1.** insert, interpose, interconnect, connect (s.th.) in series. – **II Z~** n ⟨-s⟩ **2.** verbal noun. – **3.** Zwischenschaltung. — **~,schal·ter** m intermediate switch. — **~,schal·tung** f **1.** cf. Zwischenschalten. – **2.** electr. insertion, interposition, interconnection, Br. auch intercon-

nexion, interpolation. – **3.** print. interlineation. — **~,schein** m econ. (bei Aktien) interim voucher, provisional share (bes. Am. stock) certificate. — **~,schei·tel,bein** n med. interparietal bone. — **~,schicht** f **1.** intermediate layer, interlayer. – **2.** tech. (in Galvanoplastik) intermetallic layer. — **z~,schie·ben I** v/t ⟨only inf u. pp zwischengeschoben, h⟩ **1.** push (s.th.) (in) between, insert. – **II Z~** n ⟨-s⟩ **2.** verbal noun. – **3.** insertion. — **~,schlüs·sel,bein** n zo. interclavicle. — **~,schnitt** m phot. **1.** cutaway. – **2.** insert. — **~,sen·der** m (radio) telev. relay station (od. transmitter). — **z~,set·zen** v/t ⟨only inf u. pp zwischengesetzt, h⟩ (Schrift, Zeilen etc) interline. — **~,spei·cher** m (computer) intermediate (od. temporary) store, scratch pad memory. — **~,spiel** n **1** .mus. a) interlude, entr'acte, intermezzo, b) (einer Fuge) episode, c) (auf der Orgel) voluntary. – **2.** (theater) interlude. – **3.** fig. intermezzo. — **~,sprung** m telev. interlace. — **~,spurt** m (sport) short burst of speed, spurt: **einen ~ einlegen** to spurt off. — **z~,staat·lich** adj pol. intergovernmental, international, Am. (zwischen Bundesstaaten) interstate (attrib). — **~,sta·di·um** n intermediate (od. intermediary) stage, intermediary. — **~,stap·ler** m (postal service) intermediate stacker. — **~,sta·ti,on** f **1.** intermediate (Am. way) station. – **2.** pl (postal service) interim points. — **~,stecker** m (getr. -k·k-) m electr. adapter (auch adaptor) (plug). — **~,stel·lung** f tech. intermediate position. — **~,stock** m arch. cf. Zwischengeschoß. — **~,stock(,um),sprung** m (beim Skifahren) window jump. — **,stock,werk** n arch. cf. Zwischengeschoß. — **~,strich** m (beim Gravieren) interline. — **~,strom,land** n geogr. interfluve. — **~,stück** n **1.** insertion. – **2.** tech. adapter, auch adaptor. – **3.** electr. connecting link.
'Zwi·schen,stu·fe f **1.** intermediate (od. intermediary) stage, intermediary. – **2.** (im Darwinismus) (fehlende Übergangsform) missing link. – **3.** tech. (in der Wärmebehandlung) austempering region.
'Zwi·schen,stu·fen|ge,fü·ge n tech. intermediate structure, bainite. — **z~,ver,gü·ten** v/t ⟨only inf u. pp zwischenstufenvergütet, h⟩ austemper.
'Zwi·schen|,stun·de f **1.** hour in between, intermediate hour. – **2.** ped. free period. — **~,sum·me** f subtotal. — **~,text** m (film) inserted text. — **~,ti·tel** m **1.** (film) title link, subtitle, information caption. – **2.** print. subhead(ing). — **~,trä·ger** m **1.** fig. talebearer, telltale, informant. – **2.** electr. (in Frequenztechnik) subcarrier. – **3.** (von Parasiten) mediator. — **~,trä·ge'rei** [,tsvIʃən-] f ⟨-; -en⟩ talebearing, taletelling. — **~,trä·ge·rin** f ⟨-; -nen⟩ cf. Zwischenträger 1. — **~,ur·teil** n jur. interlocutory decree. — **~,ver,kauf** m econ. intermediate sale: **~ vorbehalten** subject to prior sale, subject to being unsold. — **~,ver,kehr** m intercommunication. — **~,ver,stär·ker** m electr. tel. intermediate repeater (od. amplifier). — **~,ver,tei·ler** m electr. tel. intermediate distributing frame, intermediate board. — **z~,vo,ka·lisch** adj ling. intervocalic. — **~,vor,hang** m (theater) drop scene. — **~,wand** f **1.** arch. internal wall. – **2.** med. septum. — **~,wert** m math. intermediate value.
'Zwi·schen,wir·bel|,knor·pel m med. intervertebral cartilage. — **~,loch** n intervertebral foramen. — **~,raum** m intervertebral space. — **~,schei·be** f intervertebral disc.
'Zwi·schen|,wirt m biol. intermediate host. — **~,zäh·ler** m **1.** electr. intermediate hour meter. – **2.** tech. intermediate counter.
'Zwi·schen,zei·le f **1.** intermediate line. – **2.** telev. interline, interlace.
'Zwi·schen,zei·len|,ab,ta·stung f telev. interlaced scanning. — **~,bild** n interlaced picture. — **~,flim·mern** n interline (od. wave) flicker.
zwi·schen,zei·lig adj interlinear.
'Zwi·schen,zeit f ⟨only sg⟩ meantime, meanwhile, interim (period): **in der ~** (in the) meantime, (in the) meanwhile, in the interim. – **2.** (sport) intermediate time. — **z~,zeit·lich I** adj ⟨attrib⟩ (Abmachung, Lösung etc) meantime. – **II** adv (in the) meantime, (in the) meanwhile. — **z~,zel·lig** [-,tsɛlɪç] adj biol. intercellular. — **~,zeug·nis** n **1.** econ. interim (od. intermediate) reference. – **2.** ped. intermediate

(od. intermediary) report. — **~,ziel** n mil. intermediate objective. — **~,zin·sen** pl econ. mesne interest sg.
Zwist [tsvist] m ⟨-(e)s; -e⟩ **1.** (Streit) quarrel, dispute: **mit j-m (über acc etwas) in ~ geraten** to become involved in a quarrel (od. dispute) with s.o. (about s.th.). – **2.** (Uneinigkeit) discord, strife, dissension, disunion: **mit j-m in ~ leben** to be in discord with s.o. – **3.** (zwischen Familien, Völkern etc) feud: **wir wollen den alten ~ begraben** let us forget our feud, let us bury the hatchet.
'zwi·stig adj archaic (uneinig) discordant, at variance, at odds. — **'Zwi·stig·keit** f ⟨-; -en⟩ **1.** discordance, discordancy. – **2.** cf. Zwist.
zwit·schern ['tsvitʃərn] **I** v/i ⟨h⟩ **1.** (von Vögeln) twitter, chirp, chirrup, chitter, chirk, Am. chipper; → Alte[1] 1. – **2.** (trillern, jubilieren) warble. – **II** v/t **3.** cf. zwitschern 1. – **4.** einen ~ fig. colloq. to wet one's whistle (colloq.). – **III Z~** n ⟨-s⟩ **5.** verbal noun. – **6.** twitter, chirp, chirrup, chitter. – **7.** (radio) chirping, birdies pl, canaries pl.
Zwit·ter ['tsvitər] m ⟨-s; -⟩ **1.** biol. hermaphrodite, androgyne. – **2.** myth. cf. Zwitterwesen 2. — **z~,ar·tig** adj biol. cf. zwittrig. — **~,bil·dung** f hermaphroditism, auch hermaphrodism. — **~,blü·te** f bot. hermaphrodite (flower), androgynous flower. — **z~,blü·tig** adj hermaphroditic, auch hermaphroditical, hermaphrodite, androgynous. — **~,blü·tig·keit** f ⟨-; no pl⟩ hermaphroditism, auch hermaphrodism, androgynism. — **~,ding** n fig. hermaphrodite. — **~,drü·se** f zo. ovotestis. — **~,form** f biol. hermaphroditic stage.
'zwit·ter·haft adj biol. cf. zwittrig. — **'Zwit·ter·haf·tig·keit** f ⟨-; no pl⟩ cf. Zwittrigkeit.
'zwit·te·rig adj biol. cf. zwittrig.
'Zwit·ter|ion [-[?]i,o:n] n **1.** chem. phys. zwitterion, auch zwitter-ion, dipolar ion. – **2.** chem. betaine. — **~,rind** n zo. freemartin. — **~,stel·lung** f fig. ambiguous position: **eine ~ einnehmen** to sit on the fence.   [rigkeit.]
'Zwit·ter·tum n ⟨-s; no pl⟩ biol. cf. Zwitt-
'Zwit·ter|,we·sen n **1.** biol. cf. Zwitter 1. – **2.** myth. hermaphrodite. — **~,wort** n ling. hybrid (word).
'zwitt·rig adj biol. hermaphroditic, auch hermaphroditical, hermaphrodite, bisexual, androgynous. — **'Zwitt·rig·keit** f ⟨-; no pl⟩ hermaphroditism, auch hermaphrodism, bisexuality, androgyny.
zwo [tsvo:] adj colloq. for zwei.
zwölf [tsvœlf] adj ⟨cardinal number⟩ twelve: **um ~ (Uhr)** at twelve (o'clock), (mittags) auch at noon, (nachts) auch at midnight; **Punkt (od. Schlag) ~** twelve o'clock sharp (od. colloq. on the dot); **die Uhr schlug ~** the clock struck twelve; **halb ~** half past eleven; **~ Flaschen** twelve bottles; **~ Stück** twelve, one dozen; **ein Junge von ~ Jahren** a twelve-year-old boy; **der Junge ist ~ (Jahre alt)** the boy is twelve (years old); **sie [wir] waren ~ (od. zu ~en)**, es waren ihrer [unser] ~ there were twelve of them [of us], they [we] were twelve (in number); **die ~ Apostel, die ~ Jünger Christi** the Twelve (Apostles), the twelve disciples (of Jesus); **die ~ Monate** the twelve months; **~ enthaltend** math. duodecimal, duodenary; **die ~ Nächte** cf. Rauhnächte; **die Z~ Tafeln** antiq. (römische Gesetze) the Twelve Tables; → Zwölf 1.
Zwölf f ⟨-; -en⟩ **1.** (number od. figure) twelve. – **2.** die ~ (im Zentrum der Zielscheibe) carton: **er hat eine ~ geschossen** he hit the carton. – **3.** colloq. (streetcar, Br. tram) number twelve.
'Zwölf,ach·ser [-,[?]aksər] m ⟨-s; -⟩ auto. twelve-axle vehicle. — **'zwölf,ach·sig** [-,[?]aksɪç] adj twelve-axle (attrib), with (od. having) twelve axles.
'Zwölf,eck n ⟨-(e)s; -e⟩ math. dodecagon. — **z~,eckig** (getr. -k·k-) adj dodecagonal.
'zwölf,ein'halb adj twelve and a half.
'Zwölf,en·der [-,[?]ɛndər] m ⟨-s; -⟩ hunt. stag (od. deer) with twelve tines, twelve-pointer.
'Zwöl·fer m ⟨-s; -⟩ colloq. for Zwölf. – **2.** hunt. cf. Zwölfender. — **~,for·mat** n print. twelvemo, 12mo, twelves pl.
'zwöl·fer'lei adj ⟨invariable⟩ of twelve (different) kinds (od. sorts).

'zwölf,fach I adj twelvefold. – **II** adv twelvefold, twelve times. – **III Z~e,** das ⟨-n⟩ twelve times the amount.

,Zwölf'fin·ger,darm m med. duodenum: den ~ betreffend duodenal. — **~en·do·sko,pie** f duodenoscopy. — **~ent,zün·dung** f duodenitis. — **~ge,schwür** n duodenal ulcer.

'Zwölf|,flach n ⟨-(e)s; -e⟩ math. min. dodecahedron. — **z~,flä·chig** adj math. dodecahedral. — **~,fläch·ner** [-,flɛçnər] m ⟨-s; -⟩ dodecahedron.

'Zwölf,herr·schaft f ⟨-; no pl⟩ hist. dodecarchy.

'zwölf,jäh·rig I adj **1.** twelve-year (attrib), lasting (od. of) twelve years. – **2.** twelve-year-old (attrib), of twelve (years): ein ~es Mädchen a twelve-year-old girl. – **II Z~e** m, f ⟨-n; -n⟩ **3.** twelve-year-old (child).

'zwölf,mal adv twelve times.

'zwölf,ma·lig adj ⟨attrib⟩ done (od. repeated) twelve times.

,Zwölf'mei·len|,gren·ze f twelve-mile limit. — **~,zo·ne** f twelve-mile zone.

'Zwölf,pfün·der [-,pfyndər] m ⟨-s; -⟩ mil. hist. twelve-pounder.

'zwölf,sei·tig adj **1.** math. twelve-sided, dodecagonal. – **2.** (Broschüre etc) of twelve pages, twelve-page (attrib).

'zwölf,sil·big [-,zɪlbɪç] adj ling. metr. twelve-syllable(d), dodecasyllabic.

'zwölf,stün·dig [-,ʃtyndɪç] adj twelve-hour (attrib), lasting (od. of) twelve hours.

'zwölf,stünd·lich I adj occurring every twelve hours. – **II** adv every twelve hours, at twelve-hour intervals.

zwölft [tsvœlft] adj **1.** ⟨ordinal number⟩ twelfth: zum ~en Mal for the twelfth time; am ~en Juni on June (the) twelfth, on the twelfth of June; in der ~en Stunde lit. at the twelfth hour. – **2.** zu ~ sein to be twelve in number; wir waren zu ~ there were twelve of us, we were twelve; sie kamen zu ~ twelve of them came.

,Zwölf'ta·fel·ge,setz n meist pl jur. antiq. (code [od. law] of the) Twelve Tables pl.

'zwölf'tau·send adj ⟨cardinal number⟩ twelve thousand.

'Zwölf·te m, f ⟨-n; -n⟩, n ⟨-n; no pl⟩ **1.** twelfth: der ~ des Monats the twelfth of the month. – **2.** (mit Kleinschreibung) twelfth: der z~ von links the twelfth from the left. – **3.** Ludwig XII. (od. der ~) hist. Louis XII (od. the Twelfth).

'zwölf,tei·lig adj **1.** of twelve parts, twelve-piece (attrib). – **2.** bot. dodecamerous. – **3.** math. duodecimal.

'Zwölf·tel I n, Swiss meist m ⟨-s; -⟩ twelfth (part). – **II z~** adj ⟨attrib⟩ twelfth. — **~(,bo·gen),for,mat** n print. duodecimo.

'Zwölf·ten, die pl cf. Rauhnächte.

'zwölf·tens adv twelfthly, in the twelfth place.

'Zwölf,tö·ner [-,tøːnər] m ⟨-s; -⟩ mus. twelve-tone (bes. Br. twelve-note) composer.

'Zwölf,ton·mu·sik f mus. twelve-tone (bes. Br. twelve-note) music, dodecaphonic music.

'Zwölf,ton·ner [-,tɔnər] m ⟨-s; -⟩ auto. twelve-ton lorry (bes. Am. truck).

'Zwölf,ton|,rei·he f mus. twelve-tone (bes. Br. twelve-note) row (od. series). — **~sy,stem** n twelve-tone (bes. Br. twelve-note) system. — **~,tech·nik** f twelve-tone (bes. Br. twelve-note) technique, dodecaphonism, auch dodecaphony.

'zwölf,und,ein'halb adj cf. zwölfeinhalb.

'Zwölf,zy,lin·der m auto. **1.** cf. Zwölfzylindermotor. – **2.** colloq. twelve-cylinder (car). — **~,mo·tor** m twelve-cylinder engine.

'zwölf·zy,lin·drig [-tsi,lindrɪç; -tsy-] adj twelve-cylinder (attrib), with (od. having) twelve cylinders.

zwot adj colloq. for zweit.

Zyan..., **zyan...** combining form denoting chem. cyan...

Zy·an [tsy'aːn] n ⟨-s; no pl⟩ chem. cyanogen [(CN)₂]. — **~,äther** m cyanic ether.

Zy'an,bad n chem. tech. cyanide bath. — **~,här·ten** n, **~,här·tung** f cyaniding.

Zya·ne [tsy'aːnə] f ⟨-; -n⟩ bot. cf. Kornblume 1.

Zy'an,ei·sen n chem. cyanide (auch cyanid) of iron (FeCN). — **z~,hal·tig** adj cyanous.

Zya·nid [tsya'niːt] n ⟨-s; -e⟩ chem. (Salz des Zyanwasserstoffs) cyanide, auch cyanid. — **z~,frei** adj cyanide-free. — **~ver,fah·ren** n tech. cyanide process.

Zya·nin [tsya'niːn] n ⟨-s; -e⟩ chem. (blauer Farbstoff) cyanine, auch cyanin, cyanine blue (C₂₉H₃₅IN₂).

Zya·ni·sa·ti·on [tsyaniza'tsioːn] f ⟨-; no pl⟩ chem. tech. cf. Kyanisation. — **zya·ni·sie·ren** [-'ziːrən] v/t ⟨no ge-, h⟩ cf. kyanisieren.

Zya·nit [tsya'niːt; -'nɪt] m ⟨-s; no pl⟩ min. cf. Disthen.

Zy,an'ka·li n ⟨-s; no pl⟩ chem. (starkes Gift) potassium cyanide, cyanide (auch cyanid) of potash (KCN). — **~,salz** n **1.** chem. cf. Zyankali. – **2.** tech. (für galvanische Vergoldung etc) potassium cyanide (auch cyanid) salt.

Zy,an'ka·li·um n ⟨-s; no pl⟩ chem. obs. for Zyankali.

Zy'an,kup·fer n chem. cyanide (auch cyanid) of copper, copper cyanide (CuCN).

Zyano..., **zyano...** combining form denoting chem. cyano...

Zya·no·phy·ze·en [tsyanofy'tseːən] pl bot. cf. Blaualgen.

Zya·no·se [tsya'noːzə] f ⟨-; -n⟩ med. (Blausucht) cyanosis. — **zya'no·tisch** [-tɪʃ] adj cyanotic.

Zya·no·ty·pie [tsyanoty'piː] f ⟨-; -n [-ən]⟩ phot. print. **1.** ⟨only sg⟩ cyanotype. – **2.** (Kopie) cyanotype.

Zya·no'typ·pa,pier [tsyano'tyːp-] n phot. print. cyanotype paper.

Zy'an,salz,bad n chem. tech. cyanide (auch cyanid) salt bath.

zy'an|,sau·er adj chem. cyanic: zyansaures Salz cyanate. — **Z~,säu·re** f cyanic acid (HOCN). — **Z~,sil·ber** n cyanide (auch cyanid) of silver, silver cyanide (AgCN). — **Z~ver,bin·dung** f cyanogen compound. — **Z~ver,gif·tung** f med. cyanogen poisoning. — **Z~'was·ser,stoff** [tsy,an-] m chem. hydrogen cyanide (auch cyanid) (HCN).

Zy·gä·ne [tsy'gɛːnə] f ⟨-; -n⟩ zo. (Schmetterling) forester, auch forester moth, burnet moth (Fam. Zygaenidae).

Zy·go·ma ['tsyːgoma; tsy'goːma] n ⟨-s; -ta [tsy'goːmata]⟩ med. (Jochbein) zygoma. — **zy·go·ma·tisch** [tsygo'maːtɪʃ] adj zygomatic. [zygomorphic.]

zy·go·morph [tsygo'mɔrf] adj bot. (Blüte)

Zy·go·te [tsy'goːtə] f ⟨-; -n⟩ biol. zygote, zygocyte. — **zy'go·tisch** adj zygotic.

Zy·ka·de·en [tsyka'deːən] pl bot. cycads (Fam. Cycadaceae).

Zy·kas ['tsyːkas] f ⟨-; -⟩ bot. (Palmfarn) cycas (Gattg Cycas). — **~,we·del** m cycas leaf.

Zy·kla·me [tsy'klaːmə] f ⟨-; -n⟩ Austrian bot. for Alpenveilchen.

Zy·kla·men [tsy'klaːmən] n ⟨-s; -⟩ bot. cf. Alpenveilchen.

Zy·kli·de [tsy'kliːdə] f ⟨-; -n⟩ math. cyclide.

Zy·kli·ker ['tsyːklikər] m ⟨-s; -⟩ (literature) cyclic poet.

zy·klisch ['tsyːklɪʃ] adj **1.** cyclic, cyclical. – **2.** chem. cf. cyclisch 1.

Zyklo..., **zyklo...** combining form denoting cyclo...

zy·klo·id [tsyklo'iːt] adj **1.** math. cycloid, cycloidal. – **2.** psych. cyclothymic, cycloid.

Zy·kloi·de¹ [tsyklo'iːdə] f ⟨-; -n⟩ math. cycloid.

Zy·kloi·de² [tsyklo'iːdə] m, f ⟨-n; -n⟩ psych. cyclothyme, cycloid.

Zy·kloi·den·ver,zah·nung [tsyklo'iːdən-] f tech. cycloidal tooth system.

Zy·kloi·d|,schup·pe f zo. cycloidal scale. — **z~,schup·pig** adj cycloid.

Zy·klo|me·ter [tsyklo'meːtər] n ⟨-s; -⟩ tech. (Wegmesser) cyclometer. – **z~'me·trisch** [-'meːtrɪʃ] adj antitrigonometric.

Zy·klon [tsy'kloːn] m ⟨-s; -e⟩ **1.** meteor. (Wirbelsturm) cyclone, cyclonic storm, (Tornado) tornado. – **2.** (TM) tech. cyclone (collector, auch separator).

Zy·klo·ne [tsy'kloːnə] f ⟨-; -n⟩ meteor. (Tiefdruckgebiet) cyclone, depression, low. — **zy'klo·nisch** adj cyclonic, auch cyclonical.

Zy·klop [tsy'kloːp] m ⟨-en; -en⟩ myth. Cyclops: die ~en the Cyclopes.

Zy'klo·pen,mau·er f archeol. cyclopean (auch cyclopian) masonry (od. wall).

Zy·klo·pie [tsyklo'piː] f ⟨-; no pl⟩ med. cyclopia, auch cyclopy.

zy'klo·pisch adj (riesenhaft) cyclopean, auch cyclopian: ~e Mauer archeol. cf. Zyklopenmauer.

Zy·klo·ple·gie [tsyklople'giː] f ⟨-; -n [-ən]⟩ med. cycloplegia.

zy·klo·thym [tsyklo'tyːm] adj psych. cyclothymic.

Zy·klo·thy·me m, f ⟨-n; -n⟩ psych. cyclothyme, auch cyclothym, cyclothymic.

Zy·klo·thy·mie [tsykloty'miː] f ⟨-; no pl⟩ psych. cyclothymia.

Zy·klo·tron ['tsyːklotron] n ⟨-s; -e [-troːnə; tsyklo'troːnə], auch -s⟩ nucl. cyclotron.

Zy·klus ['tsyːklus] m ⟨-; Zyklen⟩ **1.** (Kreislauf) cycle: der ~ des Jahres the cycle of the year. – **2.** (Reihe) cycle, series: ein ~ von Vorträgen a series of talks. – **3.** mus. (literature) cycle. – **4.** med. a) cycle, b) (der Frau) menstrual cycle. – **5.** geogr. cycle: arider [orogener, vulkanischer] ~ arid [orogenetic, volcanic] cycle. – **6.** econ. (computer) cycle. — **~,zeit** f (computer) cycle time.

Zy·lin·der [tsi'lɪndər; tsy-] m ⟨-s; -⟩ **1.** (fashion) top (od. silk) hat, topper (colloq.). – **2.** math. cylinder. – **3.** auto. cylinder: dieser Wagen hat acht ~ this car has eight cylinders. – **4.** tech. (eines Zylinderschlosses) cylinder. – **5.** (für Petroleumlampen) (lamp) chimney (od. glass): den ~ über die Flamme stülpen to put the chimney over the flame. – **6.** chem. cylinder, test glass. – **7.** med. a) (Harnzylinder) cast, b) (einer Spritze) barrel.

Zy'lin·der,block m ⟨-(e)s; ~e⟩ auto. tech. cylinder block. — **~,räum·ma,schi·ne** f tech. cylinder block line-broaching machine.

Zy'lin·der|,bohr- und ,Fräs·ma,schi·ne f tech. cylinder boring and milling machine. — **~,boh·rung** f cylinder bore. — **~,büch·se** f auto. tech. cylinder sleeve (od. liner). — **~,deckel** (getr. -k·k-) m tech. cylinder cover. — **~,dich·tungs,ring** m auto. cylindrical packing ring. — **~,durch,mes·ser** m auto. tech. diameter of a cylinder. — **~epi,thel** n med. cylindrical epithelium. — **~,flä·che** f math. surface of a cylinder, cylindrical surface. — **z~,för·mig** adj (Glas, Pille etc) cylindric(al). — **~,funk·ti,on** f math. cylindrical function. — **~,glas** n ⟨-es; ~er⟩ (optics) cylindrical lens. — **~,hem·mung** f (der Uhr) cylinder (od. horizontal) escapement. — **~,hub** m auto. cylinder stroke. — **~,hut** m (fashion) cf. Zylinder 1. — **~,in,halt** m **1.** math. volume of a cylinder, cylindrical volume. – **2.** auto. swept volume, piston displacement, cylinder capacity. — **~,kol·ben** m auto. tech. cylinder piston. — **~,kon·den,sa·tor** m electr. cylindrical capacitor.

Zy'lin·der,kopf m auto. tech. cylinder head. — **~,dich·tung** f cylinder-head gasket. — **~,schrau·be** f **1.** tech. fillister-head screw. – **2.** auto. cylinder-head screw.

Zy'lin·der|,kühl,rip·pe f auto. cylinder cooling fin. — **~,la·ger** n tech. journal bearing. — **~,lauf,büch·se** f auto. tech. cf. Zylinderbüchse. — **~,man·tel** m tech. cylinder jacket.

zy·lin·dern [tsi'lɪndərn; tsy-] v/t ⟨no ge-, h⟩ tech. (kalandern) calender.

Zy'lin·der|,pres·se f tech. roller press. — **~pro·jek·ti,on** f (in der Kartographie) cylindrical projection. — **~re,flek·tor** m tel. cylindrical reflector. — **~,rei·he** f auto. bank of cylinders. — **~,ring,an·ker** m electr. cylindrical ring armature. — **~,rohr** n tech. cylindrical pipe. — **~,rol·len,la·ger** n cylindrical roller bearing. — **~,ro·se** f zo. tube anemone (Gattg Cerianthus). — **~schlei·fe,rei** f **1.** (Vorgang) cylinder grinding. – **2.** (Werkstatt) cylinder grinding shop. — **~,schloß** n tech. cylinder lock. — **~,schnell,pres·se** f print. high-speed cylinder (printing) press. — **~,sieb·ma,schi·ne** f (paper) tech. cylinder (od. mold, bes. Br. mould) machine. — **~,spu·le** f electr. cylindrical coil, solenoid. — **~,trock·ner** m (paper) drying cylinder. — **~,uhr** f (watchmaking) watch with cylinder (od. horizontal) escapement. — **~ven,til** n mus. (an einem Blechblasinstrument) rotary valve. — **~,walm** m arch. (am Dach) cylindrical hip. — **~,wan·dung** f cylinder wall. — **~,wick·lung** f electr. cylinder winding.

zy·lin·drisch [tsi'lɪndrɪʃ; tsy-] adj cylindric(al).

Zy·lin·dro·id [tsylindro'iːt] math. **I** n ⟨-(e)s; -e⟩ cylindroid. – **II z~** adj cylindroid.

Zy·ma ['tsyːma] n ⟨-s; -ta [-ta]⟩ (Gärung bewirkendes Ferment) zyme, zymin.

Zy·ma·se [tsy'maːzə] f ⟨-; no pl⟩ biol. chem. zymase.

Zym·bal ['tsʏmbal] *n* ⟨-s; -e *u.* -s⟩ *mus.* cimbalon, *auch* cymbalom, cymbalon.

'**Zym·bel‚kraut** ['tsʏmbəl-] *n bot. cf.* Leinkraut.

zy·misch ['tsyːmɪʃ] *adj biol. chem.* zymic.

Zy·mo·gen [tsymo'geːn] *biol. chem.* **I** *n* ⟨-s; -e⟩ zymogen, *auch* proenzyme. – **II** z~ *adj* zymogenic.

zy·mo·id [tsymo'iːt] *adj chem.* zymoid.

Zy·mol [tsy'moːl] *n* ⟨-s; *no pl*⟩ *chem.* cymene, isopropyl toluene [(CH₃)₂CHC₆H₄-CH₃].

Zy·mo·lo·gie [tsymolo'giː] *f* ⟨-; *no pl*⟩ *biol. chem.* zymology. — **zy·mo·lo·gisch** [-'loːgɪʃ] *adj* zymologic(al).

zy·mös [tsy'møːs] *adj bot. (Verzweigung etc)* cymose.

Zy·mo·tech·nik [tsymo'tɛçnɪk] *f* ⟨-; *no pl*⟩ *chem.* zymotechnics *pl (construed as sg or pl).* — **zy·mo'tech·nisch** *adj* zymotechnic(al).

zy·mo·tisch [tsy'moːtɪʃ] *adj biol. chem.* zymotic.

Zyn·ege·tik [tsyne'geːtɪk] *f* ⟨-; *no pl*⟩ *hunt.* cynegetics *pl (construed as sg),* hunting with dogs. — **zyn·ege·tisch** [tsyne'geːtɪʃ] *adj* cynegetic.

Zy·ni·ker ['tsyːnikər] *m* ⟨-s; -⟩ **1.** cynic. – **2.** *antiq. philos. cf.* Kyniker. — '**zy·nisch** [-nɪʃ] **I** *adj (Bemerkung etc)* cynical, cynic. – **II** *adv* ~ lachen to laugh cynically, to give a cynical laugh. — **Zy·nis·mus** [tsy'nɪsmʊs] *m* ⟨-; -nismen⟩ **1.** ⟨*only sg*⟩ *(Haltung)* cynicism. – **2.** cynical remark, cynicism. – **3.** ⟨*only sg*⟩ *antiq. philos. cf.* Kynismus.

'**Zy·per‚gras** ['tsyːpər-] *n* ⟨-es; *no pl*⟩ *bot.* cypress grass, cyperus *(scient.) (Gattg Cyperus):* Eßbares ~ chufa, *auch* earth *(od.* ground) almond, rush nut *(C. esculentus).* — ~‚kat·ze *f zo. (Hauskatze)* Cyprian cat.

'**Zy·pern‚holz** ['tsyːpərn-] *n bot.* Spanish elm *(Cordia gerascanthus).*

'**Zy·per‚wein** *m* wine from Cyprus. — ~‚wurz *f* ⟨-; *no pl*⟩ *bot.* cypress, round cyperus *(Cyperus rotundus).*

Zy·prer ['tsyːprər] *m* ⟨-s; -⟩, '**Zy·pre·rin** *f* ⟨-; -nen⟩ Cypriot(e).

Zy·pres·se [tsy'prɛsə] *f* ⟨-; -n⟩ *bot.* cypress *(Gattg Cupressus):* Echte ~ Italian cypress *(C. sempervirens).*

zy'pres·sen *adj* cypress(-wood) *(attrib).*

Zy'pres·sen‚baum *m bot.* cypress (tree). — ~‚fich·te *f* American arborvitae *(Thuja occidentalis).* — z~‚för·mig *adj* cypress-shaped. — ~ge‚wäch·se *pl bot.* Cupressaceae, cypress family *sg (Fam. Cupressaceae).* — ~‚hain *m* cypress grove, grove of cypresses. — ~‚holz *n* cypress (wood). — ~‚kraut *n bot.* ground cypress *(Santolina chamaecyparissus).* — ~‚öl *n* cypress oil. — ~‚wald *m* cypress wood. — ~‚wolfs‚milch *f* cypress spurge *(Euphorbia cyparissias).* — ~‚zweig *m* cypress branch.

Zy·pri·er ['tsyːpriər] *m* ⟨-s; -⟩, '**Zy·prie·rin** *f* ⟨-; -nen⟩ *cf.* Zyprer(in).

Zy·prin [tsy'priːn] *n* ⟨-s; *no pl*⟩ *min.* cyprine.

Zy·pri·ot [tsypri'oːt] *m* ⟨-en; -en⟩, **Zy·prio·tin** [-'oːtɪn] *f* ⟨-; -nen⟩ *cf.* Zyprer(in). — **zy·prio·tisch** [-'oːtɪʃ] *adj cf.* zyprisch.

zy·prisch ['tsyːprɪʃ] **I** *adj* Cyprian, Cypriot(e): ~er Dialekt *cf.* zyprisch II. – **II** *ling.* **Z~** ⟨*generally undeclined*⟩, **das Z~e** ⟨-n⟩ Cyprian, Cypriot(e), the Cyprian *(od.* Cypriot[e]) dialect.

zy·ril·lisch [tsy'rɪlɪʃ] *adj ling. cf.* kyrillisch.

Zyst·al·gie [tsystal'giː] *f* ⟨-; -n [-ən]⟩ *med.* cystalgia, cystodynia.

Zy·ste ['tsystə] *f* ⟨-; -n⟩ *bot. med. zo.* cyst.

Zyst·ek·to·mie [tsystɛkto'miː] *f* ⟨-; -n [-ən]⟩ *med.* cystectomy.

'**Zy·sten‚bil·dung** *f med.* cyst formation, cystic degeneration, cystogenesis *(scient.).* — ~‚lun·ge *f* honeycomb lung. — ~‚nie·re *f* cystic kidney, cystonephrosis *(scient.).* — ~‚ope·ra·ti‚on *f* cystectomy.

Zy·stin [tsys'tiːn] *n* ⟨-s; *no pl*⟩ *chem.* cystine [(SCH₂CH(NH₂)COOH)₂].

'**zy·stisch** *adj med.* cystic.

Zy·sti·tis [tsys'tiːtɪs] *f* ⟨-; -tiden [-ti'tiːdən]⟩ *med. (Harnblasenentzündung)* cystitis.

Zy·sti·zer·ko·se [tsystitsɛr'koːzə] *f* ⟨-; -n⟩ *med.* cysticercosis.

Zy·sti·zer·kus [tsysti'tsɛrkʊs] *m* ⟨-; -ken⟩ *med.* cysticercus.

Zysto...‚ zysto... *combining form denoting* cysto...

Zy·stom [tsys'toːm] *n* ⟨-(e)s; -e⟩ *med.* cystoma.

Zy·sto·pye·li·tis [tsystopye'liːtɪs] *f* ⟨-; -litiden [-li'tiːdən]⟩ *med. (Entzündung von Blase u. Nierenbecken)* cystopyelitis, pyelocystitis.

Zy·sto·skop [tsysto'skoːp] *n* ⟨-s; -e⟩ *med. (Blasenspiegel)* cystoscope. — **Zy·sto·sko·'pie** [-sko'piː] *f* ⟨-; -n [-ən]⟩ cystoscopy: bei j-m eine ~ vornehmen to cystoscope s.o. — **zy·sto'sko·pisch** *adj* cystoscopic.

Zy·sto·to·mie [tsystoto'miː] *f* ⟨-; -n [-ən]⟩ *med. (Öffnung der Harnblase)* cystotomy.

Zy·sto·ze·le [tsysto'tseːlə] *f* ⟨-; -n⟩ *med. (Blasenvorfall)* cystocele.

Zy·ti·sin [tsyti'ziːn] *n* ⟨-s; *no pl*⟩ *chem.* cytisine (C₁₁H₁₄N₂O).

Zy·ti·sus ['tsyːtizus] *m* ⟨-; -⟩ *bot. cf.* Goldregen 1.

Zyto...‚ zyto... *combining form denoting* cyto...

Zy·to·blast [tsyto'blast] *m* ⟨-en; -en⟩ *meist pl biol. (Zellkern)* cytoblast.

Zy·to·chrom [tsyto'kroːm] *n* ⟨-s; -e⟩ *meist pl biol.* cytochrome.

Zy·to·de [tsy'toːdə] *f* ⟨-; -n⟩ *biol.* cytode.

Zy·to·dia·gno·stik [tsytodia'gnɔstɪk] *f med.* cytodiagnosis.

zy·to·gen [tsyto'geːn] *adj biol.* cytogenic, cytogenous.

Zy·to·ge·ne·tik [tsytoge'neːtɪk] *f* ⟨-; *no pl*⟩ *biol.* cytogenetics *pl (construed as sg or pl).*

Zy·to·lo·ge [tsyto'loːgə] *m* ⟨-n; -n⟩ *biol. med.* cytologist. — **Zy·to·lo'gie** [-lo'giː] *f* ⟨-; *no pl*⟩ *(Zellenlehre)* cytology. — **zy·to·'lo·gisch** *adj* cytologic(al).

Zy·to·ly·se [tsyto'lyːzə] *f* ⟨-; *no pl*⟩ *biol. med. (Zellenabbau)* cytolysis.

Zy·to·pha·gie [tsytofa'giː] *f* ⟨-; -n [-ən]⟩ *med.* cytophagy.

Zy·to·plas·ma [tsyto'plasma] *n* ⟨-s; *no pl*⟩ *biol. (Zellplasma)* cytoplasm.

Zy·to·sin [tsyto'ziːn] *n* ⟨-s; *no pl*⟩ *chem.* cytosine (C₄H₅N₃O).

Zy·to·som [tsyto'zoːm] *n* ⟨-s; -e⟩, **Zy·to·'so·ma** [-ma] *n* ⟨-s; -ta [-ta]⟩ *biol.* cytosome.

Zy·to·sta·ti·kum [tsyto'staːtikum] *n* ⟨-s; -tika [-ka]⟩ *pharm.* cytostatic drug *(od.* agent). — **zy·to'sta·tisch** [-tɪʃ] *adj* cytostatic.

Zy·to·stom [tsyto'stoːm] *n* ⟨-s; -e⟩, **Zy·to·'sto·ma** [-ma] *n* ⟨-s; -ta [-ta]⟩ *biol.* cytostome, cell mouth.

Zy·to·to·xin [tsytoto'ksiːn] *n* ⟨-s; -e⟩ *biol.* cytotoxin. — **zy·to'to·xisch** [-ksɪʃ] *adj* cytotoxic.

ANHANG

APPENDIX

I. ABKÜRZUNGEN
I. ABBREVIATIONS

Dieser Anhang enthält deutsche Abkürzungen und solche fremdsprachigen, die auch im Deutschen gebräuchlich sind. Nicht aufgenommen wurden englische Abkürzungen, da sie bereits im Anhang des englisch-deutschen Teils enthalten sind.

Abkürzungen von Substantiven, für die als Auflösung nur eine maskuline Form angegeben ist, werden im allgemeinen auch für die entsprechende feminine Form gebraucht:

  Fachl. Fachlehrer; ...

  aber auch: Fachlehrerin.

Abkürzungen von Substantiven, für die als Auflösung nur die Singularform angegeben ist, stehen im allgemeinen auch für die entsprechende Pluralform:

  S. ... Seite; ...

  aber auch: Seiten.

This appendix contains German abbreviations as well as those foreign ones which are commonly used in German. English abbreviations were not included, as they already appear in the appendix of the English-German part.

Abbreviations of nouns for which an explanation is given in masculine form only are in general also used for the corresponding feminine form:

  Fachl. Fachlehrer; ...

  but also: Fachlehrerin.

Abbreviations of nouns for which an explanation is given in the singular form only generally stand for the corresponding plural form as well:

  S. ... Seite; ...

  but also: Seiten.

A

A *tech.* Aggregat; Akten *pl*; *electr.* Ampere; Anfang; Aufzeichnung; *auto.* Augsburg; Ausgabe; *auto.* Austria.

A. Abteilung; *mus.* Alt; (*Lat.*) anno, im Jahre; Antrag; *jur.* Anwalt; *med.* Arterie.

Ä Ämter *pl*.

Å *phys.* Ångström(einheit).

a (*Lat.*) anno, im Jahre; (*Lat.*) annus, das Jahr; Ar.

a. alt; am, an; (*Lat.*) anno, im Jahre; anonym; (*Lat.*) ante, vor; asymmetrisch; auch; auf; aus; außen.

ä. äußerlich.

AA Arbeitsamt; Arbeitsausschuß; *mil.* Ausbildungsabteilung; Ausführungsanweisung; Auslandsabteilung; Auswärtiges Amt.

A.A. *mil.* Aufklärungsabteilung.

Aa. (*Lat.*) *med.* arteriae, Arterien *pl*.

a.A. *mil. tech.* alter Art; anderer Ansicht; auf Abruf; auf Anfrage; *mil.* auf Anhänger; auf Anordnung; auf Antrag.

ä.A. ältere Ausgabe (*of books*).

aa, āā, ā̄ā. (*Lat.*) *pharm.* ana partes aequales, zu gleichen Teilen.

a.a. (*Lat.*) ad acta, zu den Akten.

AAB Arbeiter- und Angestelltenbund (*Austria*).

a.a.C(hr). (*Lat.*) anno ante Christum, im Jahr vor Christus.

a.a.C(hr).n. (*Lat.*) anno ante Christum natum, im Jahr vor Christi Geburt.

AA.HH. Alte Herren *pl* (*of a students' society*).

AAM *psych.* angeborener auslösender Mechanismus.

AAnw. *jur.* Amtsanwalt(schaft); Ausführungsanweisung.

a.a.O. am angegebenen *od.* angeführten Ort (*in books*).

AAP Apothekenabgabepreis (*DDR*).

AAR *med.* Antigen-Antikörper-Reaktion.

AAS (*Lat.*) Acta Apostolicae Sedis, Akten des Apostolischen Stuhls (*gazette of the Holy See*); Allgemeiner Ausschuß für Segelsport.

a.a.S. auf angegebener *od.* angeführter Seite (*in books*).

AB *electr.* Anodenbatterie; Arbeitsbereich; Arbeitsbewertung; *civ.eng.* armierter Beton; Aufsichtsbehörde; Ausführungsbestimmungen *pl*; Außenbeamte; Außenhandelsbank; *tech.* aussetzender Betrieb.

A.B. *mil.* Armeebefehl; *mil.* Artilleriebeobachter, -beobachtung; *relig. hist.* Augsburger Bekenntnis.

Ab. Aberration; Abitur(ient).

a.B. auf Befehl; auf Bestellung; außer Betrieb.

ab. abends; aber; (*Lat.*) aberratio, Aberration; abgefertigt; abgegangen; abgesandt; abonniert.

ABA Arbeitsgemeinschaft für betriebliche Altersversorgung.

AbändG Abänderungsgesetz.

ABB Arbeitsbefreiungsbescheinigung; Arbeitsstelle für betriebliche Berufsausbildung.

Abb. Abbildung; *civ.eng.* Abbinden.

Abd. Abdankung; Abend.

Abdr. Abdruck.

Abdr. gen. Abdruck genehmigt.

abds. abends.

ABE Allgemeine Betriebserlaubnis.

ABest. Ausführungsbestimmungen *pl*.

ABez, A.-Bez. Amtsbezirk.

ABF Arbeiter- und Bauern-Fakultät (*DDR*).

Abf. Abfahrt; Abfassung; Abfertigung; Abfindung; Abflug; Abfuhr; Abfüllung (*of wine*).

Abfl. Abflug.

ABG Allgemeine Betriebsgenehmigung; (*mining*) Allgemeines Berggesetz.

Abg. Abgaben *pl*; Abgang; Abgase *pl*; Abgeordnete; Abguß.

abg. abgeändert; abgefaßt; abgekürzt; abgerissen; abgeschlossen; abgestempelt; abgestürzt.

ABGB Allgemeines Bürgerliches Gesetzbuch (*Austria*).

abgedr. abgedruckt.

abgef. abgefahren; abgefaßt; abgefertigt; abgeführt.

abgeg. abgegangen; abgegeben.

abgeh. abgeheftet.

abgek. abgekürzt.

abgel. abgeleitet; abgelichtet.

abger. abgerechnet; abgereist; abgerissen.

AbGes. Abänderungsgesetz.

abges. abgesagt; abgesandt.

abgeschl. abgeschlagen; abgeschlossen.

abgest. abgestempelt.

AbgH, Abg.-H. Abgangshafen; Abgeordnetenhaus.

AbgO (Reichs)Abgabenordnung.

AbgSt, Abg.-St. Abgangsstation.

Abh. Abhandlung; Abhang; Abholung.

abh. abhängen, abhängig; abheben; abholen; abhören.

Abhn. Abhandlungen *pl*.

ABI Arbeiter- und Bauern-Inspektion (*DDR*).

ab in(it). (*Lat.*) ab initio, von Anfang (an).

Abit. Abitur(ient).

Abk. Abkommen; Abkunft; Abkürzung.

abk. abkürzen.

ABKK Allgemeine Betriebskrankenkasse.

Abk.-L. Abkürzungsliste.

Abk.-Verz. Abkürzungsverzeichnis.

ABl. Amtsblatt; Anwaltsblatt.

Abl. Ablage; Ablagerung; *ling.* Ablativ; Ablauf; *ling.* Ablaut; Ablehnung; Ableitung; Ablieferung; Ablösung; Amtsblatt.

abl. abladen; ablagern; *ling.* ablauten(d);

ablegen; ablehnen; ableiten; ablichten; abliefern; ablösen.

Abl. abs. (*Lat.*) *ling.* ablativus absolutus, Ablativus absolutus.

Abl.-Fr. Ablieferungsfrist.

Abl.-Pfl. Ablieferungspflicht.

Abl.-Pl. Ablade-, Ablagerungsplatz.

Abl.-S. Ablöse-, Ablösungssumme.

AblSch., Abl.-Sch. Ablieferungsschein; Ablösungsschein.

Abl.-Term. Ablieferungstermin.

Abn. Abnahme(stelle), Abnehmer; Abnormität; Abnutzung.

abn. abnehmen; abnorm(al).

ABO Allgemeine Bauordnung; Apotheken-Betriebsordnung.

Abo Abonnement.

ABP Arbeitsbeschaffungsprogramm.

ABR Amtliches Bayerisches Reisebüro.

Abr. Abrechnung; Abreise; Abriß; Abruf; Abrüstung.

abr. abrechnen; abreisen; abrichten; abrunden; abrüsten.

Abr.-Nr. Abrechnungsnummer.

Abr.-Term. Abrechnungstermin.

Abs. Absatz; Absender; Absetzung; Absicherung; Absicht; Absolvent; Absorption.

abs. abseits; absetzen; absichtlich; absolut; absolvieren; absondern; absurd.

a.b.S. an berufsbildenden Schulen.

Abschlag. Abschlag; Abschluß.

abschl. abschlagen; abschleppen; abschließen(d).

Abschl.-D. *auto.* Abschleppdienst.

Abschn. Abschnitt.

Abschr. *econ.* Abschreibung; Abschrift.

Absp. Absperrung.

Abspr. Absprache.

Abst. Abstammung; Abstand; (*sport*) Absteiger; Abstieg; Abstimmung; Abstufung; *mil.* Abwehrstelle.

abst. abstammen; abstellen; abstimmen; abstufen.

Abstr. Abstraktion; *ling.* Abstraktum.

Abt. Abtei; Abteil(ung).

Abt.-Dir. Abteilungsdirektor.

AbtL, Abt.-L. Abteilungsleiter.

Abtlg(n). Abteilung(en *pl*).

Abtr. Abtragung; *med.* Abtreibung; Abtrennung; Abtretung; Abtrieb; Abtrift.

abulg. altbulgarisch.

ABUS Volkseigene Betriebe zur Ausrüstung von Bergbau und Schwerindustrie (*DDR*).

ABV Abschnittsbevollmächtigter (*der Deutschen Volkspolizei*) (*DDR*); Amateur-Boxverband.

Abw. *tech.* Abwärme; Abwasser; Abwechslung; Abwehr; Abweichung; Abwerbung; Abwertung; Abwesenheit; Abwicklung; Abwurf.

abw. abwählen; abwärts; abwechseln(d); abwehren; abweichen(d); abwerben; abwerfen; abwerten(d); abwesend; abwickeln.

AbwSt, Abw.-St. Abwehrstelle; Abwicklungsstelle.

ABz Amtsbezirk.

Abz. Abzahlung; Abzeichen; Abzug.

abz. abzahlbar; abzahlen; abziehbar, abziehen; abzüglich; abzugsfähig.

AbzG Abzahlungsgesetz.

Abz.-G(esch). Abzahlungsgeschäft.

abzgl. abzüglich.

Abzw. Abzweig(ung).

AC Abgeordnetenconvent (*of a students' society*); Aeroclub; Antrittsconvent (*of a students' society*); Automobilclub.

A.C. Allgemeiner Convent (*of a students' society*); Äußerer Convent.

Ac *chem.* Aceton; *chem.* Actinium; *meteor.* Altocumulus.

Ac. (*Lat.*) *chem.* Acidum, Säure.

a.C. (*Lat.*) ante Christum, vor Christus.

a c (*Ital.*) *econ.* a conto, auf Rechnung.

a.c. (*Lat.*) anni currentis, laufenden Jahres; (*Lat.*) anno currente, im laufenden Jahr; (*Lat.*) *pharm.* ante cibum, vor dem Essen.

acc. (*Lat.*) *ling.* accusativus, Akkusativ.

accel. (*Ital.*) *mus.* accelerando, schneller werdend.

ACE Auto-Club Europa.

ACHEMA Ausstellung für chemisches Apparatewesen.

a.Chr. (*Lat.*) ante Christum, vor Christus.

a.Chr.n. (*Lat.*) ante Christum natum, vor Christi Geburt.

a.c.i. (*Lat.*) *ling.* accusativus cum infinitivo, Akkusativ mit Infinitiv.

ACS Automobilclub der Schweiz.

ACV Arbeitsgemeinschaft Chemische Verfahrenstechnik.

AD (*computer*) Ablaufdiagramm; *mil.* Abwehrdienst; Außendienst; *tech.* Außendurchmesser; Austauschdienst.

A.D. (*Lat.*) Anno Domini, im Jahre des Herrn.

a.D. (*Lat.*) anno Domini, im Jahre des Herrn; auf Dienstreise; außer Dienst.

ä.D. *tech.* äußerer Durchmesser.

a d (*Lat.*) a dato, vom Tage der Ausstellung.

a.d. an dem *od.* der; (*Lat.*) ante diem, vor dem Tag; auf dem *od.* der; aus dem *od.* der.

ADA Allgemeine Dienstanweisung; Amtsdienstalter.

ADABAS (*computer*) adaptierbares Datenbanksystem.

ADAC Allgemeiner Deutscher Automobil-Club.

ADAS Abkommen über deutsche Auslandsschulen.

ADB Adreßbuch des deutschsprachigen Buchhandels; Allgemeine Deutsche Biographie; Arbeitsgemeinschaft Deutscher Betriebsingenieure.

A.D.B. Allgemeine Deutsche Burschenschaft; Allgemeiner Deutscher Beamtenbund; Allgemeiner Deutscher Burschenbund.

AdB Arbeitsgemeinschaft der Buchhandlungen.

adb. *meteor.* adiabatisch.

a.d.Bs. aus dem Besitz.

ADBB Allgemeiner Deutscher Beamtenbund.

ADC Arbeitsgemeinschaft Deutscher Chorverbände.

A.D.C. Allgemeiner Deputierten-Convent (*of a students' society*).

ADCA Allgemeine Deutsche Creditanstalt.

ADD Arbeitsgemeinschaft Deutscher Detektive.

Add. (*Lat.*) Addenda, Ergänzungen *pl*; (*Lat.*) Addendum, Ergänzung; Addition.

a.d.D. *geogr.* an der Donau; an diesem Datum; auf dem Dienstweg.

a.d.E. *geogr.* an der Elbe.

ADF *pol.* Aktion Demokratischer Fortschritt.

ad fin. (*Lat.*) ad finem, bis zum Ende.

a.d.G. auf *od.* aus dem Gebiet.

ADGB *hist.* Allgemeiner Deutscher Gewerkschaftsbund.

Adgo Allgemeine Deutsche Gebührenordnung (für Ärzte).

ADH *chem.* Alkoholdehydrogenase; Arbeitsgemeinschaft Deutscher Hochschulsport.

A.d.H. Anmerkung des Herausgebers.

Adh. Adhäsion.

a.d.H. aus dem Hause.

ADHGB Allgemeines Deutsches Handelsgesetzbuch.

A.d.Hrsg. Anmerkung des Herausgebers.

AdIA Aerodynamisches Institut Aachen.

ADIG Allgemeine Deutsche Investmentgesellschaft.

ad inf. (*Lat.*) ad infinitum, bis ins unendliche, unaufhörlich.

ad init. (*Lat.*) ad initium, zu Beginn, am Anfang.

ad int. (*Lat.*) ad interim, inzwischen, vorläufig.

ADir., A.-Dir. Amtsdirektor; Archivdirektor.

Adj. *ling.* Adjektiv; Adjunkt; Adjutant.

a.d.J. aus dem Jahre.

adj. *ling.* adjektivisch; adjustieren.

ADK Arbeitsausschuß Demokratischer Kreise; Arbeitgeberverband *od.* Arbeitsgemeinschaft der Deutschen Kautschukindustrie.

ADL Arbeitsgemeinschaft Deutscher Landwirte.

a.d.L. *geogr.* an der Lahn *od.* Limmat.

ad l., ad lib(it). (*Lat.*) ad libitum, nach Belieben.

ad lit. (*Lat.*) ad litteram, nach dem Buchstaben, wörtlich.

ADLLV Allgemeiner Deutscher Lehrer- und Lehrerinnenverein.

ad loc. (*Lat.*) ad locum, am *od.* zum Ort.

ADM Allgemeiner Deutscher Musikver-

ein; Arbeitsgemeinschaft des Deutschen Motorsports; Arbeitsgemeinschaft Deutscher Musiker; Arbeitsgemeinschaft Deutscher Musikkritiker; Arbeitskreis Deutscher Marktforschungsinstitute.

Adm. Administration, Administrator; *mar.* Admiral(ität); *relig.* Admission; *relig.* Admonition.

adm. administrativ.

Admst. *mil.* Admiralstab.

ADMV Allgemeiner Deutscher Motorsport-Verband; Allgemeiner Deutscher Musikverein.

ADN *auto.* Aden; Allgemeiner Deutscher Nachrichtendienst (*DDR*).

ADNV *hist.* Allgemeiner Deutscher Neuphilologen-Verband.

ADO Allgemeine Dienstordnung.

a.d.O. an der Oberfläche; *geogr.* an der Oder.

AdöR, A.d.ö.R. Anstalt des öffentlichen Rechts.

ADP *chem.* Adenosindiphosphat.

Adr. Adressat, Adresse.

a.d.R. *geogr.* an der Ruhr.

Adrema (*TM*) *eine* Adressiermaschine.

ADS Aktion Demokratischer Studenten; Allgemeiner Deutscher Sprachverein; Arbeitsgemeinschaft Deutscher Studentenschaften.

a.d.S. *geogr.* an der Saale; an der See.

ADSp Allgemeine Deutsche Spediteurbedingungen.

a.ds.T. an demselben Tag.

ADT Allgemeiner Deutscher Turnerbund; Arbeitsgemeinschaft Deutscher Tierzüchter.

ADTV Allgemeiner Deutscher Tanzlehrer-Verband.

ADU (*computer*) Analog-Digital-Umsetzer.

A.d.Ü. Anmerkung des Übersetzers.

ad us. (*Lat.*) ad usum, zum Gebrauch.

ADV Allgemeine Durchführungsverordnung; Arbeitsgemeinschaft Deutscher Verkehrsflughäfen; Arbeitskreis Datenverarbeitung; Atlas der deutschen Volkskunde; automatische Datenverarbeitung.

Adv. *relig.* Advent; *ling.* Adverb; Advokat.

adv. *ling.* adverbial, adverbiell; *ling.* adversativ.

ad v(al). (*Lat.*) ad valorem, dem Wert nach.

ADW Allgemeine Deutsche Warennummerung; (*computer*) Analog-Digital-Wandler; Arbeitsgemeinschaft Deutscher Werbungsmittler.

AdW, A.d.W. Akademie der Wissenschaften.

a.d.W. *geogr.* an der Weinstraße *od.* Weser *od.* Wupper.

AE Abfindungserklärung; *econ.* Arbeitseinheit; *med.* Antitoxineinheit; astronomische Einheit; *econ.* Ausfuhrerklärung.

ÅE *phys.* Ångströmeinheit.

A.E. *med.* Antitoxineinheit; *med.* Aureomyzineinheit.

a.E. als Ersatz; am Ende.

ae. altenglisch.

AeCS Aeroclub der Schweiz.

AeCvD Aeroclub von Deutschland.

AED Atomkernenergie-Dokumentation.

AEF Ausschuß für Einheiten und Formelgrößen.

AEG (*TM*) Allgemeine Elektricitäts-Gesellschaft; Allgemeines Eisenbahngesetz; Arbeitnehmererfindungs-Gesetz.

aengl. altenglisch.

AER *psych.* abnorme Erlebnisreaktion; Aeroflot (*Soviet airline*).

AET Arbeitsgemeinschaft Energietechnik.

AEV Arbeitsgemeinschaft Erdölgewinnung und -verarbeitung.

AF (*Fr.*) Air France (*French airline*); *mar.* alle Fahrt; Arbeitsfähigkeit; *med.* Atemfrequenz; *electr.* Audiofrequenz; Ausgleichsforderung; *tel.* Auslandsfernamt.

a.F. alte Fassung; alte Folge; alte Form.

AFA Arbeitsgemeinschaft für Abfallbeseitigung.

AfA *econ.* Abschreibung *od.* Absetzung für Abnutzung.

AFB *tel.* Amtliches Fernsprechbuch; Arbeitsausschuß für Berufsausbildung; Arbeitsgemeinschaft Facharztlicher Berufsverbände; Ausführungsbestimmung; (*railway*) Automatische Fahr- und Bremssteuerung.

AfD Amt für Datenverarbeitung.

AfeB *tel.* Amtliches Fernsprechbuch.

AfELF Ausschuß für Ernährung, Landwirtschaft und Forsten.

AfEP Amt für Erfindungs- und Patentwesen (*DDR*).
AFF *aer. mar.* Ansteuerungsfunkfeuer.
aff. (*Lat.*) *biol.* affinis, verwandt.
AFG Arbeitsförderungsgesetz.
Afgh Afghani (*monetary unit*).
Afgh. Afghane, Afghanistan.
afgh. afghanisch.
AfI Amt für Information.
AFK Arbeitsgemeinschaft für Friedens- und Konfliktforschung.
AfK Arbeitsgemeinschaft für Kerntechnik; Archiv für Kulturgeschichte (*a journal*).
AFL *mil.* Abfanglinie; *med.* Antifibrinolysin.
AFM Arbeitsgemeinschaft freier Mineralölimporteure; Außenhandelsverband für Mineralöl.
AFN Anzeigegerät für Funknavigation; *electr.* automatische Frequenznachstimmung.
AFNOR (*Fr.*) Association Française de Normalisation (*French association for standardization*).
AFÖ Akademische Föderation Österreichs.
AFP (*Fr.*) Agence France Presse (*French news agency*).
AFR *electr.* automatische Frequenzregelung. [lung.\
AfR Arbeitskreis für Rechtschreibrege-/
Afr. *ling.* Afrikaans; Afrikaner; *ling.* Altfriesisch.
afr. afrikanisch; altfränkisch; altfriesisch.
afranz. altfranzösisch.
afries. altfriesisch.
afrik. afrikanisch.
afrz. altfranzösisch.
AFS (*computer*) automatisierte Fertigungssteuerung.
AfS *econ.* Absetzung für Substanzverringerung; Amt für Standardisierung (*DDR*).
AFT *med.* Antifibrinolysintest.
AfU Arbeitsgemeinschaft für Unfallverhütung.
AfuG Amateurfunkgesetz.
AfV Amt für Verteidigungslasten; Anzeigenblatt für Verkehr (*Austria*); Ausschuß für Verkehr.
AG *mil.* Abwehrgruppe; Aktiengesellschaft; Amtsgehilfe; Amtsgericht; Appellationsgericht; Arbeitgeber; Arbeitsgang; Arbeitsgemeinschaft; Arbeitsgruppe; Atomgewicht; Aufbaugesetz; Aufklärungsgruppe; Aufwertungsgesetz; *econ.* Ausfuhrgenehmigung; Ausführungsgesetz; Autonomes Gebiet.
ÄG Änderungsgesetz.
A.G. Atomgewicht.
Ag (*Lat.*) *chem.* Argentum, Silber.
Ag. Agent(ur); *med.* Antigene *pl.*
Äg. Ägypten, Ägypter.
aG auf Gegenseitigkeit.
a.G. *econ.* ab Grenze; (*theater etc*) als Gast; auf Gegenseitigkeit.
a.g. anderweitig genannt.
AGA Arbeitgeberanteil; Arbeitgeberverband Groß- und Außenhandel.
AGAF Arbeitsgemeinschaft für Ausbildung und Fortbildung.
AGB Allgemeine Geschäftsbedingungen *pl*; Amerika-Gedenkbibliothek (*in Berlin*); Amtsgerichtsbezirk.
AGBz Amtsgerichtsbezirk.
AGD(ir.) Amtsgerichtsdirektor.
AGDL Arbeitsgemeinschaft Deutscher Lehrerverbände.
AGE Arbeitsgemeinschaft Energie; Arbeitsgemeinschaft Entwicklungsländer.
AGEH Arbeitsgemeinschaft für Entwicklungshilfe.
agerm. altgermanisch.
AGF Arbeitsgemeinschaft für Güterfernverkehr.
Agfa (*TM*) Aktiengesellschaft für Anilinfabrikation.
AGG Abteilungsgewerkschaftsgruppe (*DDR*); Arbeitsgerichtsgesetz; Gesetz über Aktiengesellschaften.
Aggr. *tech.* Aggregat.
AG i.L. Aktiengesellschaft in Liquidation.
Agitprop Agitation und Propaganda (*DDR*).
AGJJ Arbeitsgemeinschaft für Jugendpflege und Jugendfürsorge.
AGK Arbeitsgemeinschaft Kälteindustrie.
AGL Abteilungsgewerkschaftsleitung (*DDR*).

a.g.L. akademisch geprüfter Landwirt.
aglfrz. anglofranzösisch.
a. gl. O. am gleichen Ort (*in books*).
AGN Arbeitsgemeinschaft Güternahverkehr.
AGO Abteilungsgewerkschaftsorganisation (*DDR*).
AGP Arbeitsgemeinschaft Personenverkehr; Arbeitsgemeinschaft der Produktionsgenossenschaften (*DDR*).
AGPräs. Amtsgerichtspräsident.
AGR Amtsgerichtsrat.
AGr. Arbeitsgruppe.
Agr. Agrarier; Agrikultur; Agronom(ie); *ling.* Altgriechisch.
a.Gr. *econ.* ab Grenze.
AGS *med.* adrenogenitales Syndrom.
Agt. Agent(ur).
AGV Akademischer Gesangverein; Angestelltenversicherungsgesetz; Arbeitgeberverband, -vereinigung; Arbeitsgemeinschaft der Verbraucherverbände.
AGW Anthropologische Gesellschaft in Wien.
AH Außenhandel.
A.H. Alter Herr (*of a students' society*).
Ah *electr.* Amperestunde.
Ah. Anhang; *auto.* Anhänger.
AHB Alters- und Hinterlassenenbeihilfe (*Switzerland*); Außenhandelsbank.
ahd. althochdeutsch.
AHG *med.* antihämophiles Globulin; Außenhandelsgesellschaft (*DDR*); Außenhandelsgesetz.
Ahg. Anhang; *auto.* Anhänger.
AHGB Allgemeines Handelsgesetzbuch.
AHK Außenhandelskontor.
AHO Außenhandelshafenordnung; Außenhandelsorganisation (*DDR*).
AHU Außenhandelsunternehmen (*DDR*).
AHVB Allgemeine Haftpflichtversicherungsbedingungen.
AI Aerodynamisches Institut; Amtsinspektor; Anthropologisches Institut; Archäologisches Institut; Automobilindustrie.
ai. altindisch.
AIA Aerodynamisches Institut Aachen.
AiA Angestellte im Außendienst.
AIAG Aluminium-Industrie AG (*Switzerland*).
AIB Aerodynamisches Institut Braunschweig.
AID Aerodynamisches Institut Darmstadt; Allgemeiner Informationsdienst (*Austria*).
AIK Agrarinvestitionskredit (*Austria*).
aind. altindisch.
air. altirisch.
aisl. altisländisch.
AIT (*Fr.*) Alliance Internationale de Tourisme, Internationaler Verband für Autotouristik.
AIV Alters- und Invalidenversicherung; Architekten- und Ingenieurverein; (*computer*) Automatische Informationsverarbeitung.
AIZ Allgemeine Immobilienzeitung.
AK *phys.* Absorptionskoeffizient; Aktienkapital; Amtskasse; *med.* Antikörper; Anwaltskammer; Arbeitskarte; *econ.* Arbeitskraft(einheit); Arbeitskreis; *mil.* Armeekorps; Athletikklub; *mar.* äußerste Kraft; Autokarte; *print.* Autorenkorrektur.
Ak. Akademie, Akademiker; Akustik; *med.* Antikörper.
a.K. *tech.* auf Kohle(basis); *econ.* auf Kommissionsbasis; auf Kredit; außer Konkurrenz; außer Kraft.
ak altkatholisch.
ak. akademisch; akustisch; akut.
AKA Ausfuhrkreditanstalt.
Akad. Akademie, Akademiker.
akad. akademisch.
Akad. d. K. Akademie der Künste.
Akad. d. Wiss. Akademie der Wissenschaft(en).
akath. altkatholisch.
AKB Allgemeine Kraftverkehrsversicherungsbedingungen *pl*; Allgemeine Kundendienstbedingungen *pl* (*DDR*); Atomkraftwerk Bayern.
Ak.d.K. Akademie der Künste.
AkDR Akademie für Deutsches Recht.
AKDStV Arbeitsgemeinschaft katholischer deutscher Studentenverbindungen.
Ak.d.Wiss. Akademie der Wissenschaft(en).
AKG Allgemeines Kriegsfolgengesetz.
AKh *econ.* Arbeitskraftstunde.
AKI Arbeitsgemeinschaft Deutsche Kunst-

stoffindustrie; Arbeitsgemeinschaft keramische Industrie.
Aki Aktualitätenkino.
Akk. Akkord; Akkordeon; *ling.* Akkusativ.
Akkr. *econ.* Akkreditiv.
Akku *electr.* Akkumulator.
AKM (Gesellschaft der) Autoren, Komponisten und Musikverleger GmbH (*Austria*).
AKO *mil.* Armeekommando (*Austria*).
AKP Afrika, Karibik, Pazifik (*applied to countries in Africa, the Caribbean, and the Indian and Pacific Oceans associated with the EEC*); Arbeitsgemeinschaft Kirchliche Presse.
a.Kr. auf Kredit; *hist.* auf Kriegsdauer.
AKRA Arbeitsgemeinschaft Kraftwagenspedition.
AKrB Allgemeine Krankenversicherungsbedingungen *pl*.
Akt. Aktion; Aktionär; *econ.* Aktiva; Aktivität; Aktualität.
AktG, Akt.-Ges. Aktiengesetz.
Akt.-Nr. Aktennummer.
AktR Aktienrecht.
AktZ, Akt.-Z. Aktenzeichen.
Aküv *mil.* Abkürzungsverzeichnis (*Switzerland*).
AKV Allgemeine Krankenversicherungsbedingungen *pl*; Allgemeiner Knappschaftsverein; *mar.* äußerste Kraft voraus.
a.K.v. *mar.* äußerste Kraft voraus.
AKW Amt für Kontrolle des Warenverkehrs (*DDR*); Atomkraftwerk.
Akz. Aktenzeichen; Akzent; *econ.* Akzept, Akzeptant, Akzeptation; *print.* Akzidenz; Akzise.
akz. *econ.* akzeptiert.
Akz.-Dr. Akzidenzdruck(erei).
Akz.-Kr. Akzeptkredit.
AL Abteilungsleiter; *auto.* Albanien; (*sport*) Amateurliga; Amtsleiter; *tech.* Anschlußleitung; Anzeigenleiter; *econ.* Ausfuhrliste.
A.L. *pol.* Arabische Liga.
Al *chem.* Aluminium.
Al. *ling.* Alemannisch; Alimente *pl*; Alkohol; Alumnat; Alumne; *tech.* Anlasser; Arbeitslose.
a.L. *mar.* an Land; auf Lebenszeit; auf Lieferung.
ä.L. ältere Linie.
al. alemannisch; (*Lat.*) alias, sonst, auch ... genannt.
ALA *biol.* Ahnenlistenaustausch; Allgemeines Luftwaffenamt.
alat. altlateinisch.
ALB Allgemeine Lebensversicherungsbedingungen *pl*; Allgemeine Liefer- und Leistungsbedingungen *pl* (*DDR*).
Alb. Albanien, Albanier, *ling.* Albanisch; Album.
alb. albanisch.
AlBz Aluminiumbronze.
Ald. Aluminiumdose.
al. ed. (*Lat.*) alia editione, in einer anderen Ausgabe.
alem. alemannisch.
AlF Arbeitslosenfürsorge.
al f. (*Ital.*) *mus.* al fine, bis zum Ende.
Alg. Algebra; Algerien, Algerier, Algier; Algorithmus.
alg. algebraisch; algerisch.
ALITALIA (*Ital.*) Aerolinee Italiane Internazionali (*Italian airline*).
Alk. *chem.* Alkali; Alkohol.
alk. *chem.* alkalisch; alkoholisch.
All. (*Ital.*) *mus.* Allegro; *pol.* Alliierte; *relig.* Alleluja.
all. (*Ital.*) *mus.* allegro, schnell; alleinig; alliiert.
alleg. allegorisch.
allegr. (*Ital.*) *mus.* allegretto, mäßig bewegt.
alleinst. alleinstehend.
allerh. allerhand; allerheiligst; allerhöchst.
Allg. *geogr.* Allgäu; Allgemeinheit.
allg. allgemein.
allj. alljährlich.
Alm. Almanach; Almosen.
Alph. Alphabet.
alph. alphabetisch.
ALR (*radio*) automatische Lautstärkeregelung.
Alr. *tech.* Aluminiumröhre.
ALRT Arbeitsgemeinschaft Luftfahrt- und Raumfahrttechnik.
al s. (*Ital.*) *mus.* al segno, bis zum Zeichen.

ALT Arbeitsgemeinschaft Luftfahrttechnik.
alt. altaisch; alternativ.
ält. älter, ältest.
ält. Ausg. ältere Ausgabe.
altd(t). altdeutsch.
Altersh. Altersheim.
altgr. altgriechisch.
AltH Alten-, Altersheim.
altk(ath). altkatholisch.
altl(at). *ling.* altlateinisch.
Altm. Altmark.
alts. altsächsisch.
altspr. altsprachlich.
alttest. *Bibl.* alttestamentlich.
Alu Aluminium; Arbeitslosenunterstützung.
ALV Arbeitslosenversicherung.
ALZ Aluminium-Zentrale.
AM Abrechnungsmaschine; *electr.* Amperemeter; *electr.* Amplitudenmodulation; *econ.* Ausfuhrmeldung.
Am *chem.* Americium.
Am. Amateur; Amerika, Amerikaner, *ling.* Amerikanisch, Amerikanismus.
a. M. als Mitglied; *geogr.* am Main; amtliche Mitteilung; anderer Meinung; angewandte Mathematik.
am. amerikanisch; *chem.* amorph.
amagn. amagnetisch.
Amb. Ambulanz.
amb. ambulant.
AMC Auto- und Motorrad-Club.
a.m.d.F.b. augenblicklich mit der Führung beauftragt.
Amer(ik). Amerikaner, *ling.* Amerikanisch.
amer(ik). amerikanisch.
AMG Arzneimittelgesetz.
Amm. *chem.* Ammoniak.
Amp. *electr.* Ampere; Ampulle; *med.* Amputation, Amputierte.
amp. amputiert.
amtl. amtlich.
amtl. Begr. amtliche Begründung.
amtl. Bek. amtliche Bekanntmachung.
Amtm. Amtmann.
Amtsbl. Amtsblatt.
Amtsdt. Amtsdeutsch.
Amtsh. Amtshandlung.
AmtsL Amtsleiter.
AmtsO Amtsordnung.
AmtsR Amtsrat; Amtsrichter.
Amtsspr. Amtssprache.
Amtsvorm. Amtsvormund.
AMU Afrikanisch-Madagassische Union.
AMV *med.* Atemminutenvolumen.
AmZ, am.Z. *hist.* amerikanische Zone.
AN *chem.* Ammoniumnitrat; Arbeitnehmer; *econ.* Arbeitsnorm (*DDR*).
An. Analyse; *electr.* Anode; Arbeitnehmer.
an. altnordisch; analog; ano(r)mal.
a. N. *geogr.* am Neckar.
a.n. (*Lat.*) ad notam, zur Kenntnisnahme.
Anal. Analogie; Analyse.
anal. analog; analytisch.
Anat. *geogr.* Anatolien; Anatom(ie).
anat. anatolisch; anatomisch.
a.n.C(hr). (*Lat.*) ante navitatem Christi, vor Christi Geburt.
AND *auto.* Andorra.
And. Andacht; (*Ital.*) *mus.* Andante; Andenken.
and. altniederländisch; (*Ital.*) *mus.* andante, gehend; andauernd; andere; anders; *geogr.* andorranisch.
Änd. Änderung.
ÄndB(est.) Änderungsbestimmung.
ÄndG(es). Änderungsgesetz.
and. g(en). anderweitig genannt.
and. verg. anderweitig vergeben.
and. vorg. anderweitig vorgesehen.
Anerk. Anerkennung.
anerk. anerkannt.
Anf. Anfall; Anfang, Anfänger; *jur.* Anfechtung; Anforderung; Anführer.
anfgl. anfänglich.
Anfr. *ling.* Altniederfränkisch; Anfrage, Anfrager.
anfr. *ling.* altniederfränkisch; anfragen.
anfr(än)k. *ling.* altniederfränkisch.
Ang. Angabe; Angebot; Angehörige; Angestellte; Angriff.
ang. angeblich; angeboten; angehörend; angehörig; angekündigt; angelegt; angemeldet; angenommen; angestellt; angewandt; angular.
an. g. anderweitig genannt.
a. n. g. anderweitig nicht genannt.
Angeb. Angebot.

angeb. angeboten; angebunden.
angef. angefangen; angefordert; angeführt.
angegl. angeglichen; angegliedert.
Angeh. Angehörige.
angeh. angehoben; angehörend, angehörig.
angek. angekommen; angekündigt.
Angekl. Angeklagte.
angekl. angeklagt.
Angel. Angelegenheit.
angel. angelernt; angelegt; angeliefert.
angem. angemahnt; angemeldet; angemessen.
angen. angenommen.
Angesch. *jur.* Angeschuldigte.
angesch. angeschafft; angeschossen; angeschrieben; *jur.* angeschuldigt.
angeschl. angeschlagen; angeschlossen.
angeschw. angeschweißt; angeschwemmt; angeschwollen.
Angest. Angestellte.
angest. angestellt; angestoßen.
angew. angewachsen; angewandt, angewendet; angewiesen.
Angl. Angleichung; Angliederung; *relig.* Anglikaner.
angl. angleichen; *relig.* anglikanisch.
Ang-Sch. Angelschein.
AngV(ers.), Ang.-Vers. Angestelltenversicherung.
Anh. Anhalt; Anhalter; Anhang; Anhänger; Anhörung.
anh. anhalten; anhängend; anhängig; anhören.
ANIS (*computer*) allgemeines nichtnumerisches Informationssystem.
Ank. Ankauf; Anker; Ankündigung; Ankunft.
Ankl. *jur.* Anklage, Ankläger; Anklang.
Ankl.-Vertr. *jur.* Anklagevertreter.
Anl. Anlage; *tech.* Anlasser; *ling.* Anlaut; Anleihe; Anleitung; Anlieferung; Anlieger.
anl. anläßlich; *ling.* anlautend; anlegen; anleiten; anlernen; anliefern; anliegend.
Anl.-Bl. Anlageblatt.
Anl. f. d. Bed. *tech.* Anleitung für die Bedienung.
AnlK, Anl.-K. *econ.* Anlagekapital od. -kosten; Anliegerkosten.
AnlP, Anl.-P. *econ.* Anleihepapier.
Anl.-Pl. *mar.* Anlegeplatz.
Anl.-St. *mar.* Anlegestelle. [kung.]
Anm. Anmaßung; Anmeldung; Anmer-
Anm. d. Red. Anmerkung der Redaktion.
Anm.-Form. Anmeldeformular.
Anm.-Pf. Anmeldepflicht.
Anm.-St. Anmeldestelle.
Ann. Annahme; Annalen *pl*; Annonce; Annullierung.
ann. annoncieren, -ciert; annullieren, -liert.
Ann.-St. Annahmestelle.
AnO Anordnung.
anon. anonym.
Anord. Anordnung.
anord. altnordisch; anordnen.
anorg. anorganisch.
Anp. Anpassung.
anp.-f. anpassungsfähig.
AnpG, Anp.-Ges. Anpassungsgesetz.
ANr. Aktennummer.
Anr. Anrainer; Anrechnung; Anruf.
ANS *med.* Atemnot-Syndrom.
Ans. Ansage, Ansager; Ansehen; Ansicht; Ansiedlung.
ANSA (*Ital.*) Agenzia Nazionale Stampa Associata (*Italian news agency*).
Ansch. Anschaffung; Anschuldigung.
ansch. anschaffen.
Ansch.-K. Anschaffungskosten *pl.*
Ansch.-Kr. Anschaffungskredit.
Anschl. Anschlag; Anschluß.
anschl. anschließen(d).
Anschr. Anschrift.
Ansp. (*sport*) Anspiel; Anspielung.
ansp. anspielen.
Anspr. Ansprache; Anspruch.
anspr. ansprechen(d); anspringen.
Anst. Anstalt; Anstand; Anstellung; Anstich; Anstoß.
anst. anstechen; *med.* ansteckend; anstellen; ansteuern; anstoßen.
Anst.-Bed. Anstellungsbedingungen *pl.*
Anst.-L(tr). Anstaltsleiter.
Anst.-Schr. Anstellungsschreiben.
Anst.-Vertr. Anstellungsvertrag.
Ant. Anteil; Antenne; *print.* Antiqua; Antiquar(iat), Antiquitäten *pl.*

ant. anteilig; antik; antiquarisch.
Anth(ol). Anthologie.
Anthrop(ol). Anthropologe, -logie.
anthrop(ol). anthropologisch.
Antiq. Antiquar(iat), Antiquitäten *pl.*
Antiq.-Hdl. Antiquitätenhandel, -händler.
Antiq.-Kat. Antiquariatskatalog.
antis. antisemitisch; *med.* antiseptisch.
Antr. Antrag; *tech.* Antrieb; Antritt.
Antw. Antwort.
Antw.-K. Antwortkarte.
Antw.-Pk. Antwortpostkarte.
Antw.-Schr. Antwortschreiben.
ANUGA Allgemeine Nahrungs- und Genußmittelausstellung.
AnV Angestelltenversicherung; Arbeitnehmerverband; Arbeitnehmervertreter, -vertretung.
an. v. anderweitig vergeben; anderweitig vorgesehen.
a(n).n.v. anderweitig nicht vorgesehen.
an. verg. anderweitig vergeben.
AnVG Angestelltenversicherungsgesetz.
an. vorg. anderweitig vorgesehen.
Anw. *jur.* Anwalt(schaft); Anwärter; Anwartschaft; Anweisung; Anwendung; Anwesen; Anwohner.
AnwK Anwaltskammer.
Anw.-K. Anwaltskosten *pl.*
Anw.-L. Anwesenheitsliste.
Anz. Anzahl; Anzahlung; Anzeige; Anzeiger; Anzug.
Anz.-Abt(lg). Anzeigenabteilung.
Anz.-Betr. Anzahlungsbetrag.
Anz.-Pfl. Anzeigepflicht.
Anz.-Schl. Anzeigenschluß.
Anz.-Vertr. Anzeigenvertreter.
AO (Reichs)Abgabenordnung; Advokatenordnung (*Austria*); Anordnung; *econ.* Ausfuhrordnung; Auslandsorganisation.
ao. außerordentlich.
a.o. (*Lat.*) ab ovo, von Anfang an; außerordentlich.
AOA Allgemeiner Organisationsausschuß.
AÖA Abteilung für Öffentlichkeitsarbeit.
aoG, ao. Ges. außerordentlicher Gesandter.
aoGubM außerordentlicher Gesandter und bevollmächtigter Minister.
aoGV, ao. GV außerordentliche Generalversammlung.
aoH, ao. H. außerordentlicher Haushalt.
aoHV, ao. HV außerordentliche Hauptversammlung.
AOI Amtsoberinspektor.
AOK Allgemeine Ortskrankenkasse; *mil.* Armeeoberkommando.
aoM, ao. Mitgl. außerordentliches Mitglied.
aoMV, ao. MV außerordentliche Mitgliederversammlung.
ao. Prof., a.o. Prof. außerordentlicher Professor.
AöR Anstalt des öffentlichen Rechts; Archiv des öffentlichen Rechts.
Aor. *ling.* Aorist.
AÖV Arbeitsgemeinschaft Österreichischer Verkehrsflughäfen.
AÖZ *med.* Anodenöffnungszuckung.
AP *econ.* Abschlußprovision; Anhaltspunkt; *mar.* Anlegepunkt; Arbeitsplanung; Arbeitsproduktivität; Arbeitsprogramm; Aufnahmepunkt; Aussichtspunkt.
Ap. Apostel; Apotheke(r).
a.P. als Prüfer; auf Probe.
ap. apostolisch.
APA Arzneimittel-Prüfungsanstalt (*Switzerland*); Austria Presse-Agentur.
Apart. Apartment.
a.p.C(hr). (*Lat.*) anno post Christum, im Jahre nach Christus.
a.p.C(hr).n. (*Lat.*) anno post Christum natum, im Jahr nach Christi Geburt.
APED Arbeitsgemeinschaft privater Entwicklungsdienste.
apers. altpersisch.
ApG Apothekengesetz.
Apg. *Bibl.* Apostelgeschichte.
Apk *Bibl.* Apokalypse.
Apl. *econ.* Absatzplan(ung); Arbeitsplan(ung).
apl. Prof. außerplanmäßiger Professor.
ApM (*typewriting*) Anschläge pro Minute.
APO Abteilungsparteiorganisation (*DDR*); Allgemeine Prüfungsordnung, Ausbildungs- und Prüfungsordnung; Außerparlamentarische Opposition.
Apo Außerparlamentarische Opposition.
ApoG Apothekengesetz.

Apok. *Bibl.* Apokalypse, Apokalyptik(er); *ling.* Apokope.

apok. apokalyptisch.

Apokr. *Bibl.* Apokryphen *pl.*

App. Apparat(ur); Appartement; Appell; *ling.* Appellativ(um); Appendix; *ling.* Apposition.

app. (*Ital.*) *mus.* appassionato, leidenschaftlich.

Appl. Applaus; Applikation.

Appos. *ling.* Apposition.

Appr. (*textile*) Appretur; Approbation; *math.* Approximation.

appr. (*textile*) appretieren, -tiert; approbieren, -biert; *math.* approximativ.

Apr. April.

apr. *philos.* apriorisch; apropos.

a pr. (*Lat.*) *philos.* a priori, von vornherein.

APS Arbeitsgemeinschaft politischer Studentenverbände.

APV Arbeitsgemeinschaft der papier- und pappeverarbeitenden Industrie; Arbeitsgemeinschaft für pharmazeutische Verfahrenstechnik; Ausländerpolizeiverordnung.

APVO Ausbildungs- und Prüfungsverordnung.

Aq. Aquarell; Aquarium.

aq. (*Lat.*) (*scient.*) aqua, Wasser.

Äq. Äquator; Äquivalent, -valenz.

äq. äquatorial; äquivalent.

aq. dest. (*Lat.*) *chem.* aqua destillata, destilliertes Wasser.

Aql (*Lat.*) *astr.* Aquila, der Adler.

Aqr (*Lat.*) *astr.* Aquarius, Wassermann.

Äquiv. Äquivalent, -valenz.

äquiv. äquivalent.

AR Aktienrecht; Arbeitsrecht; Amtsrat; Amtsrichter; (*computer*) Analogrechner; Archivrat; *mil.* Artillerieregiment; (*Lat.*) *astr.* ascensio recta, Rektaszension; Aufsichtsrat; Ausgleichsrechnung; Außenhandelsrecht (*DDR*); automatische Regelung; Autonome Republik.

Ar *chem.* Argon; *chem.* Aryl.

Ar. *ling.* Altrussisch; Araber, Arabien, *ling.* Arabisch; Aroma.

a.R. alte Regel(ung); altes Recht; am Rande; auf Rechnung; auf Reise(n); außer Reichweite.

ar. aromatisch.

Arab. Araber, Arabien, *ling.* Arabisch.

arab. arabisch.

ARAG Allgemeine Rechtsschutz Versicherungs-Aktiengesellschaft.

ARA-Häfen Amsterdam, Rotterdam, Antwerpen.

aram. aramäisch.

ARB Akademischer Ruderbund; Allgemeine Bedingungen *pl* für die Rechtsschutzversicherung.

Arb. Arbeit(er).

ArbA Arbeitsamt; Arbeitsanweisung.

Arb.-B. Arbeitsbeginn; Arbeitsbuch.

Arb.-Bl. Arbeitsblatt.

Arbf. Arbeitsfeld; Arbeitsförderung.

ArbFördG Arbeitsförderungsgesetz.

ArbG Arbeitgeber; Arbeitsgericht; Arbeitsgesetz.

Arbg. Arbeitgeber.

Arb.-Geb. Arbeitsgebiet.

Arb.-Gem. Arbeitsgemeinschaft.

Arb.-Gr. Arbeitsgruppe.

ARBIT, Arbit Arbeitsgemeinschaft für Bitumenindustrie.

Arb.-Kr. Arbeitskreis.

ArbM, Arb.-Min. Arbeitsminister(ium).

ArbN, Arbn. Arbeitnehmer.

Arb.-Nachw. Arbeitsnachweis.

ArbNV Arbeitnehmervertreter, -vertretung.

ArbO, Arb.-Ord. Arbeitsordnung.

Arb.-Pl. Arbeitsplan(ung); Arbeitsplatz.

ArbR Arbeitsrecht.

Arb.-Tg., Arbtg. Arbeitstagung.

ArbVerm, Arb.-Verm. Arbeitsvermittlung.

ArbZ Arbeitszeit.

ArbZO Arbeitszeitordnung.

ArbZVO Arbeitszeitverordnung.

arc. (*Lat.*) *math.* arcus, Bogen.

Arch. Archäologe, -logie; *psych.* Archetyp; Archipel; Architekt(ur); Archiv(ar).

arch. archaisch; archäologisch; *psych.* archetypisch; architektonisch; archivalisch; archivieren.

ARD Arbeitsgemeinschaft der öffentlich-rechtlichen Rundfunkanstalten der Bundesrepublik Deutschland.

ARE Arbeitsgemeinschaft der regionalen Elektrizitätsversorgungsunternehmen.

ARFF *aer. mar.* Allrichtungsfunkfeuer.

ARG Agrarreformgesetz; Altrentnergesetz.

Arg. Argentinien, -tinier; Argument.

arg. argentinisch.

Arge Arbeitsgemeinschaft.

argent. argentinisch.

a. Rh. *geogr.* am Rhein.

Arith. Arithmetik.

arith. arithmetisch.

Arm. *tech.* Armatur; Armee; Armenien, -nier, *ling.* Armenisch; *civ.eng.* Armierung.

arm. armenisch; *civ.eng.* armiert.

arom. aromatisch, aromatisieren, -siert.

Arr. *mus.* Arrangement, Arrangeur; Arrest(ant).

arr. arrangieren.

Arret. Arretierung.

arret. arretieren, -tiert.

Ars. Arsenal.

Art. *med.* Arterie; Artikel; Artikulation; *mil.* Artillerie; Artist.

art. artikuliert; artistisch.

Art.-Abt. *mil.* Artillerieabteilung.

Art.-Einh. *mil.* Artillerieeinheit.

Art.-Nr. Artikelnummer.

Art.-Off. *mil.* Artillerieoffizier.

Art.-Rgt. *mil.* Artillerieregiment.

aruss. altrussisch.

ArV Arbeiterrentenversicherung.

ARZ (*railway*) Autoreisezug.

ArznG Arzneimittelgesetz.

ärztl. ärztlich.

AS Amtliche Sammlung; Arbeitsschutz; *med.* Arteriosklerose; *ped.* Aufbauschule.

As *meteor.* Altostratus; *electr.* Amperesekunde; *chem.* Arsen.

as. altsächsisch; *med.* aseptisch; asiatisch; asymmetrisch.

a. S. auf Seite (*in books*); auf Sicht.

asächs. altsächsisch.

ASAT Arbeitsgemeinschaft Satellitenträger.

ASB Angestelltenverein des Schweizer Buchhandels; Arbeiter-Samariter-Bund; Arbeitsschutzbestimmungen *pl*; *tech.* Aussetzschaltbetrieb.

Asb. Asbest.

asb *phys.* Apostilb.

ASBw Amt für Sicherheit der Bundeswehr.

ASC Allgemeiner Sportclub.

ASG Arbeitsgemeinschaft Sozialpädagogik und Gesellschaftsbildung; Armeesportgemeinschaft (*DDR*).

ASI Arbeitsschutzinspektion (*DDR*).

ASJ Arbeitsgemeinschaft Sozialdemokratischer Juristen.

ASK Agrarsonderkredit (*Austria*); Allgemeiner Sportklub; Arbeitsgruppe für Sozial- und Konsumforschung; Arbeitsschutzkommission (*DDR*); Armeesportklub (*DDR*); Athletiksportklub.

ASKÖ Arbeiterbund für Sport und Körperkultur in Österreich.

ASL *mil.* Atomsicherheitslinie.

asl(aw) altslawisch.

ASO Arbeitsschutzobmann; Arbeitsschutzordnung.

ASp Arbeitsgemeinschaft Spedition und Lagerei; (*computer*) Arbeitsspeicher.

Asp. Aspekt; Aspirant; *ling.* Aspirata; Aspiration.

Asph. Asphalt.

asph. asphaltieren, -tiert.

ASR *med.* Achillessehnenreflex.

Ass. *jur.* Asservat; Assessor; Assimilation; Assistent; Assoziation; Assoziierte, Assoziierung; Assyrer, -rien.

ass. (*Ital.*) *mus.* assai, sehr, genug; assistieren, -stiert; assoziieren, -ziiert.

Ass.-Arzt Assistenzarzt.

Assist. Assistent, Assistenz.

ASSR Autonome Sozialistische Sowjetrepublik.

Assyr. Assyrer, Assyrien; Assyriologe, -logie.

assyr. assyriologisch; assyrisch.

ASt(.) Abwehrstelle; alterungsbeständiger Stahl; Amtsstelle; Anmeldestelle; Annahmestelle; Antragsteller, -stellung; Ausgabestelle; Ausgleichsteuer; Außenstelle; Auswertungsstelle.

Ast Antragsteller; (*railway*) Außenstelle.

Ast. (*optics*) Astigmatismus.

a. St. alter Stil, alten Stils (*referring to the Julian calendar*); am Stück; *mar.* auf Stapel.

ast. (*optics*) astigmatisch.

Asta Allgemeiner Studentenausschuß.

Asth. Asthenie, Astheniker.

asth. asthenisch.

Ästh. Ästhetik(er), -tizismus.

ästh. ästhetisch, -tisieren, -tizistisch.

Astr. Astrologe, -logie; Astronaut(ik); Astronom(ie).

astr. astrologisch; astronautisch; astronomisch.

ASTRA *nucl. tech.* Adaptierter Schwimmbecken-Tank-Reaktor Austria.

Astrol. Astrologe, -logie.

astrol. astrologisch.

Astron. Astronom(ie).

astron. astronomisch.

Astrophot. Astrophotographie.

AStVO Allgemeine Steuerverordnung (*DDR*).

ASU Arabische Sozialistische Union; Arbeitsgemeinschaft selbständiger Unternehmer.

ASV Akademischer Sportverband *od.* -verein; Allgemeiner Schriftstellerverein; Allgemeiner Schwimmverein; Allgemeiner Sportverein; Arbeiterschwimmverein; Arbeiterselbstverwaltung; Arbeitersportverein; Armeesportverein(igung) (*DDR*); Athletiksportverband *od.* -verein; Atlas der Schweizerischen Volkskunde.

ASVG Allgemeines Sozialversicherungsgesetz (*Austria*).

ASVÖ Allgemeiner Sportverband Österreichs.

asym. asymmetrisch.

asyn(chr). asynchronisch.

ASZ *med.* Anodenschließungszuckung.

Asz. Aszendent, -denz.

AT Ankertau; Ausnahmetarif; Aussichtsturm; Austausch.

A.T. *Bibl.* Altes Testament.

At *chem.* Astatin.

aT auf Tausend; außer Tarif, außertariflich.

At. Atelier; Atom.

at *tech.* Atmosphäre.

a t. (*Ital.*) *mus.* a tempo, im (Anfangs-)Tempo.

ATA Anwendungstechnische Abteilung.

ata *tech.* Atmosphäre absolut.

ATB Akademischer Turnerbund; Arbeiter-Touring-Bund.

AtG Atomgesetz.

At.-Gew. Atomgewicht.

ATH August-Thyssen-Hütte AG (*a steelworks*).

Äth. Äther; Äthiopien, -pier; Äthyl.

äth. ätherisch; äthiopisch.

athl. athletisch.

ATIS Anerkannte Tourist-Informationsstelle.

Atl. Atlantik; Atlas.

atl. atlantisch.

ATM *auto.* Austauschmotor.

Atm. Atmosphäre; Atmung.

atm *phys.* Atmosphäre.

atm. atmosphärisch.

ATO Allgemeine Tarifordnung; Allgemeine Treuhandorganisation.

ATP *biol. chem.* Adenosintriphosphat.

ATR Arbeitsausschuß Transportrationalisierung.

ATSV Allgemeiner Turn- und Sportverband *od.* -verein.

Att. Attaché; Attentat, -täter; Attest; *geogr.* Attika; Attitude.

Attr. Attraktion; Attrappe; *ling.* Attribut.

attr. attraktiv; *ling.* attributiv.

atü *tech.* Atmosphärenüberdruck.

ATV Abwassertechnische Vereinigung; Akademischer Turnverein; Allgemeine Tarifvorschriften *pl*; Allgemeiner Turnverein; Allgemeine Technische Vorschriften *pl*; Arbeiterturnverein; Automobil-Treuhandverband.

AU Arbeitsunfähigkeit.

Au (*Lat.*) *chem.* Aurum, Gold.

au, au. arbeitsunfähig.

AUA (*Engl.*) Austrian Airlines *pl.*

AUB Allgemeine Unfallversicherungsbedingungen *pl.*

A-UB *econ.* Ausfuhr-Unbedenklichkeitsbescheinigung.

Aubo *mar.* Außenbord(motor).

aubo *mar.* außenbord(s).

AUBV Allgemeine Unfallversicherungs-bedingungen pl.

a.u.c. (Lat.) ab urbe condita, seit Gründung der Stadt (Rom).

AUD pol. Aktionsgemeinschaft Unabhängiger Deutscher.

Aud. Audienz; Auditorium.

Audiogr. med. Audiogramm.

Audiom. med. Audiometer, -metrie.

audiom. med. audiometrisch.

a.u.d.T. auch unter dem Titel (of books).

AUF Archiv für Urkundenforschung (a journal).

Auf. Aufenthalt.

Aufb. Aufbau(ten pl); Aufbewahrung.

Aufbew. Aufbewahrung.

AufbG Aufbaugesetz.

Auff. Auffassung; Auffindung; Aufforderung; Aufführung; Auffüllung.

Aufg. Aufgabe; Aufgang; Aufgebot; econ. Aufgeld.

aufgef. aufgeführt.

Aufh. Aufhebung.

aufh. aufheben; aufhören.

Aufk. Aufkauf, -käufer.

Aufkl. mil. Aufklärer; meteor. Aufklarung; mil. Aufklärung.

Aufl. Auflage; Auflockerung; Auflösung.

Aufn. Aufnahme.

Aufr. Aufrichtigkeit; Aufriß; Aufruhr.

aufr. aufrecht; aufreißen; aufrichtig.

Aufs. Aufsatz; Aufseher, Aufsicht.

Aufs.-B(eam). Aufsichtsbeamte.

Aufs.-B(eh). Aufsichtsbehörde.

Aufsch. Aufschub; Aufschüttung.

Aufschl. Aufschluß.

Aufschr. Aufschrift.

Aufs.-Pers. Aufsichtsperson(al).

AufsR, Aufs.-R. Aufsichtsrat.

Aufst. Aufstand; Aufstellung; Aufstufung.

Auft(lg). Aufteilung.

Auftr. Auftrag; (theater) Auftritt.

Auftr.-Best. Auftragsbestätigung.

Auftr.-Nr. Auftragsnummer.

Auftr.-Verg. Auftragsvergabe.

Aufw. Aufwand; Aufwartung; Aufwendungen pl; Aufwertung.

aufw. aufwarten; aufwärts; aufwerten.

Aufw.-Entsch. Aufwandsentschädigung.

Aufz. Aufzeichnung; Aufzug.

Aufz.-Bed. tech. Aufzugsbedienung.

Aug. August; röm.kath. Augustiner.

AUMA Ausstellungs- und Messeausschuß der deutschen Wirtschaft.

AuPO Ausbildungs- und Prüfungsordnung.

AUS auto. Australien.

Ausb. Ausbau; Ausbesserung; Ausbietung; Ausbilder, -bildung.

ausbez. ausbezahlen, ausbezahlt.

Ausbild. Ausbildung.

Ausbild.-Beih. Ausbildungsbeihilfe.

Ausf. Ausfahrt; Ausfall; chem. Ausfällung; Ausfertigung; econ. Ausfuhr; Ausführung.

AusfBest., Ausf.-Best. Ausführungsbestimmungen pl.

Ausf.-Bürg. Ausfallbürgschaft; econ. Ausfuhrbürgschaft.

Ausf.-Erkl. Ausfallerklärung; econ. Ausfuhrerklärung.

AusfErl., Ausf.-Erl. Ausführungserlaß.

Ausf.-Ford. Ausfallforderung.

AusfFörd, Ausf.-Förd. econ. Ausfuhrförderung.

AusfG, Ausf.-Ges. Ausfuhrgesetz; Ausführungsgesetz.

Ausf.-Gar. econ. Ausfuhrgarantie.

Ausf.-Geb. Ausfertigungsgebühr.

Ausf.-Gen. econ. Ausfuhrgenehmigung.

Ausf.-Nr. Ausfertigungsnummer; Ausführungsnummer.

AusfV, Ausf.-Verord. Ausführungsverordnung.

Ausf.-Verb. econ. Ausfuhrverbot.

Ausf.-Vers. Ausfallversicherung.

Ausf.-Vertr. econ. Ausfuhrvertrag.

Ausf.-Vol. econ. Ausfuhrvolumen.

Ausg. Ausgabe; Ausgang.

Ausg.-Dat. Ausgangsdatum.

ausgeg. ausgegeben.

ausgegl. ausgeglichen.

ausgen. ausgenommen; ausgenutzt.

ausgesch. ausgeschieden.

ausgeschl. ausgeschlossen.

Ausgest. Ausgestaltung.

ausgest. ausgestattet; ausgestellt; ausgestopft; ausgestorben; ausgestoßen.

ausgew. ausgewählt; ausgewiesen; ausgewogen; tech. ausgewuchtet.

ausgez. ausgezahlt; ausgezählt.

Ausgl. Ausgleich.

AusglA Ausgleichsamt.

AusglSt., Ausgl.-St. Ausgleichssteuer.

Ausg.-Nr. Ausgabenummer; Ausgangsnummer.

Ausg.-P. Ausgangspunkt.

Ausg.-Pos. Ausgangsposition.

Ausg.-St. Ausgangsstempel.

Aush. Aushang; Aushilfe.

Ausk. Auskommen; Auskunft.

ausk.-ber. auskunftsberechtigt.

Ausk.-Pfl. Auskunftpflicht.

Ausk.-St. Auskunftsstelle.

Ausl. Ausladung; Auslage(n pl); Ausland, Ausländer; ling. Auslaut; Ausleihe; Auslieferung; Auslosung.

ausl. ausländisch; ling. auslautend; auslegen; ausliefern; auslosen; auslösen.

Ausl.-Antr. jur. Auslieferungsantrag.

Ausl.-Auf. Auslandsaufenthalt.

AuslD Auslandsdienst.

AuslG Ausländergesetz; Auslieferungsgesetz.

AuslPVO Ausländerpolizeiverordnung.

Ausl.-Term. Auslieferungstermin.

Ausl.-Vertr. Auslandsvertretung; Auslieferungsvertrag.

Ausn. Ausnahme; Ausnutzung.

Ausn.-Zust. Ausnahmezustand.

Ausr. Ausrichtung; Ausrüstung.

ausr. ausreichend.

Aussch. Ausschuß.

Ausschl. Ausschlag; Ausschließung, Ausschluß.

ausschl. ausschließend, ausschließlich.

Außenst. econ. Außenstände pl; Außenstelle.

außerger. außergerichtlich.

Ausspr. Aussprache; Ausspruch.

Ausst. Ausstand; Ausstattung; Ausstellung; Aussteuer.

Ausstatt(g). Ausstattung.

Aust. Austausch.

Austr. Australien, -lier; (Lat.) Austria, Österreich.

austr. australisch.

Austral. Australien, -lier.

austral. australisch.

Ausv(erk). Ausverkauf.

Ausw. Auswahl; Auswanderer, Auswanderung; Auswechs(e)lung; Ausweis; Ausweisung; Ausweitung; Auswertung.

ausw. auswählen; auswärtig; auswärts; auswechseln; ausweiten.

AuswBeh., Ausw.-Beh. Auswanderungsbehörde.

AuswG Auswanderungsgesetz.

Ausw.-Koll. econ. Auswahlkollektion.

Ausw.-Sp. (sport) Auswahlspiel(er).

Ausz. Auszahlung; Auszählung; Auszeichnung; Auszug.

Ausz.-Sch. Auszahlungsschein.

Aut. Autarkie; print. Autograph; Automat(ion); Automobil; Autonomie; Autor; Autorität.

aut. autark; autogen; automatisch; automatisiert; autonom; autorisiert; autoritär; autoritativ.

auth. authentisch.

Autogr. Autogramm; print. Autograph(ie).

autogr. print. autographiert, autographisch.

Autom. Automatik; Automation, Automatisierung.

Auton. Autonomie.

auton. autonom.

autor. autorisieren, -siert.

AUVB Allgemeine Versicherungsbedingungen pl für die Unfallversicherung.

a.u.Z. auf unbestimmte Zeit.

AV mar. alle Fahrt voraus; Allgemeiner Vertrag; Allgemeine Verfügung; Allgemeine (Verwaltungs)Vorschrift; Alpenverein; Altersversicherung, -versorgung; Amtsvormund(schaft); Amtsvorstand, -vorsteher; Angestelltenversicherung; Anlagevermögen; Arbeitslosenversicherung; Arbeitsvermittlung; Arbeitsvertrag; Arbeitsvorbereitung; Architektenverein; med. Atemvolumen; audiovisuell; Ausbildungsverordnung, -vorschrift; Ausführungsverordnung, -vorschrift.

a.V. anerkannter Verein.

av arbeitsverwendungsfähig.

av. arbeitsverwendungsfähig; avestisch.

a v. (Ital.) econ. a vista, bei Vorlage zahlbar; (Ital.) mus. a vista, vom Blatt.

a.v. (Lat.) ad valorem, dem Wert nach.

AVA Aerodynamische Versuchsanstalt; Automobil- und Warenkredit-Verkehrsanstalt (Austria).

AVAVG Gesetz über die Arbeitsvermittlung und Arbeitslosenversicherung.

AVB Ausschuß für wirtschaftliche Betriebsführung (Austria).

AV-Block med. atrioventrikulärer Block.

Avbr tech. automatische Vakuumbremse.

AvD Automobilclub von Deutschland.

AVers, AVers. Altersversicherung; Angestelltenversicherung; Arbeitslosenversicherung.

AVG Angestelltenversicherungsgesetz.

AVH Arbeitsrechtliche Vereinigung Hamburg.

AVI Arbeitsgemeinschaft der eisen- und metallverarbeitenden Industrie.

AVK Allgemeine Verwaltungskosten.

AVL Amt für Verteidigungslasten; Armeeverpflegungslager.

AVN Angehörige der Vereinten Nationen.

AVO Ausführungsverordnung.

AVON tel. Amtliches Verzeichnis der Ortsnetzkennzahlen.

AVorm. Amtsvormund.

AVR Arbeitsgemeinschaft Versuchsreaktor GmbH; Atomversuchsreaktor.

avu, avu. arbeitsverwendungsunfähig.

Avus Automobil-Verkehrs- und Übungsstraße (in Berlin).

AVV Adreßbuchverlegerverband; Allgemeiner Verband der Versicherungsangestellten; Allgemeine Verwaltungsvorschrift; Arbeitsgemeinschaft der Vereinigungen öffentlicher Verkehrsbetriebe.

AW (computer) Addierwerk; econ. Anschaffungswert; med. Atemwiderstand; Aufwertung; (railway) Ausbesserungswerk; Ausbildungswesen; (literature) Ausgewählte Werke; Außenwirtschaft; Automobilwirtschaft.

Aw. Anwartschaft; Anwesende pl, Anwesenheit; Aufwertung; Ausweis; Ausweisung; Auswertung.

a.W. econ. ab Werk; auf Widerruf; auf Wunsch.

ä.W. tech. äußere Weite.

AWA Anstalt zur Wahrung der Aufführungsrechte (DDR); Arbeitsgemeinschaft Wasser.

AWB (sport) Allgemeine Wettkampfbestimmungen pl; Ausschuß für wirtschaftliche Betriebsführung.

AWE Arbeitsgruppe Werbung Elektroindustrie; Automobilwerke Eisenach (DDR).

AWF Ausschuß für wirtschaftliche Fertigung.

AWG Arabische Wirtschaftsgemeinschaft; Arbeiterwohnungsbaugenossenschaft (DDR); Außenwirtschaftsgesetz.

AwG Aufwertungsgesetz.

AWK Ausschuß für Wärme- und Kraftwirtschaft.

AWM Arbeitsgemeinschaft Werbeagenturen und Marketingberatung.

AWO Arbeiterwohlfahrt.

AWP Adria-Wien-Pipeline-Gesellschaft.

AWR Außenwirtschaftsrecht.

AWV Arbeitsgemeinschaft wissenschaftlicher Verlage; Ausschuß für wirtschaftliche Verwaltung; Außenwirtschaftsverordnung.

AWWV Arbeitsgemeinschaft der Wasserwirtschaftsverbände.

AZ Abendzeitung; Aktenzeichen; Allgemeine Zeitung; hist. Amerikanische Zone; Arbeitszeit; mil. Aufschlagzünder; astr. math. Azimut.

Az. Aktenzeichen; Amtszeichen.

aZ med. allgemeiner Zustand.

a.Z. als Zugabe; auf Zeit.

AZH Allgemeines Zoll- und Handelsabkommen.

AZKW hist. Amt für Zoll und Kontrolle des Warenverkehrs (DDR).

AZO Allgemeine Zollordnung; Arbeitszeitordnung.

AZR med. Aschheim-Zondek-Schwangerschaftsreaktion.

AZU Afrikanische Zahlungsunion.

AZV Arbeitszeitverordnung; Autofahrlehrer-Zentralverband.

AZVO Arbeitszeitverordnung.

B

B Bauer (*in chess*); *geogr.* Bayern; *econ.* Beitrag; *phys.* Bel; *auto.* Belgien; *auto.* Berlin (West); Beton; *chem.* Bor; *mar.* Bord; *econ.* Brief; Bund; Bundesstraße; *auto.* Burgenland (*Austria*); (*computer*) Byte.
B. Bad; *geogr.* Baden; Bahn; Band; Bank; Barometer(stand); Baron(esse); Basis; Baß; Bazillus; Beamte; Beispiel; Bibel; Bogen; Boliviano (*monetary unit*); *med.* Bronchus; Buch; Bund; Burg; Büro.
b *meteor.* bar; *nucl.* Barn; *econ.* bezahlt; (*computer*) bit; blau.
b. badisch; bay(e)risch; bei(m); bis.
BA *mus.* Bach-Archiv; Bankaktie; Bauabteilung; Bauamt(mann); Beamtenanwärter; (*mining*) Bergakademie, -amt; Berufsausbildung; Beschaffungsabteilung, -amt; Beschwerdeabteilung; Betriebsabteilung; Betriebsanleitung, -anweisung; Bezirksamt, -ausschuß; Bodenanteil; Buchungsautomat; Bundesamt, -anstalt; Bundesanwalt(schaft); Bundesanzeiger.
Ba *chem.* Barium.
Ba. Batterie.
BAA Bauaufsichtsamt; Bundesaufsichtsamt (für das Versicherungs- und Bausparwesen); Bundesausgleichsamt.
BAB Bankaufsichtsbehörde; Betriebsabrechnungsbogen; Bundesautobahn.
bab. babylonisch.
Bad. Baden(er).
bad. badisch.
B.A.d.W. Bayerische Akademie der Wissenschaften.
Bad.-Württ. *geogr.* Baden-Württemberg.
BAF Beratender Ausschuß für Forschungspolitik.
BAfAA Bundesanstalt für Arbeitsvermittlung und Arbeitslosenversicherung.
BAfH Bundesamt für das Heimatwesen.
BAFÖG Bundesausbildungsförderungsgesetz.
BAG Betriebs-, Bezirksarbeitsgemeinschaft (*DDR*); Buchhändler-Abrechnungsgesellschaft mbH; Bundesanstalt für den Güterfernverkehr; Bundesarbeitsgemeinschaft; Bundesarbeitsgericht.
BAGG Bundesarbeitsgerichtsgesetz.
BAH Bundesamt für das Heimatwesen.
Bahngel. (*railway*) Bahngelände.
Bahnw. (*railway*) Bahnwärter; Bahnwesen.
BAI Bundesverband der Agraringenieure.
bair. *ling.* bairisch.
Baj. Bajadere; Bajazzo; *mil.* Bajonett.
BAK *med.* Blutalkoholkonzentration; Bundesassistentenkonferenz; Bundesaufsichtsamt für das Kreditwesen.
Bakt. Bakterie(n *pl*), Bakteriologe, -logie.
bakt. bakteriell, bakteriologisch.
B.a.L. Beamter auf Lebenszeit.
Bal. Balustrade.
Bald. Baldachin.
Ball. Ballade; Ballast; Ballett(euse); *med.* Ballismus; Ballistik; Ballon.
ball. ballistisch.
Balt. *geogr.* Baltikum.
balt. baltisch.
BAM Bundesanstalt für (mechanische und chemische) Materialprüfung; Bundesarbeitsminister(ium). [neon.]
Band. Bandage; Banderole; *mus.* Bando-
band. bandagieren, -giert.
B.-Ang(est). Bankangestellte; Bundesangestellte.
Bank. Bankett; Bankrott.
bank. bankrott.
BankR Bankrat; Bankrecht.
B.-Anst. Bundesanstalt.
BAnw. Bundesanwalt(schaft).
BAnz., Banz. Bundesanzeiger (*a journal*).
BAO Berliner Absatzorganisation.
BÄO Bundesärzteordnung.
Baon *mil.* Bataillon (*Austria*).
Bapt. Baptist.
bapt. baptistisch.
BAQ Bundesamt für Qualitätsforschung.
Bar. Baracke; Barett; Bariton; Barock; Barometer(stand); Baron(esse); *Bibl.* Baruch.
bar. barock.
Barb. *geogr.* Barbados; Barbar; *econ.* Barbestand; *pharm.* Barbiturat, Barbitursäure.

barb. barbarisch.
Barbest. *econ.* Barbestand.
BArbG Bundesarbeitsgericht.
BArbGG Bundesarbeitsgerichtsgesetz.
Bark. *mus.* Barkarole; *mar.* Barkasse.
Barpr. *econ.* Barpreis.
Barv(erk). *econ.* Barverkauf.
Barz(ahl). *econ.* Barzahlung.
BAS Bundesarbeitsgemeinschaft für Schadenverhütung; Bundesarbeitsgemeinschaft für Soldatenbetreuung.
Bas. Basalt; Basar; *geogr.* Basel; Basis.
baschk(ir). baschkirisch.
BASF Badische Anilin- und Sodafabrik AG.
bask. baskisch.
BAss. Bauassessor; Bundesbahnassistent.
BAst. Bundesabrechnungsstelle; Bundesausgleichsstelle.
Bast. Bastard.
BAT Bundesangestellten-Tarif(vertrag).
Bat. *mil.* Bataillon; Batterie.
Batt(r). Batterie.
BauAss(ess). Bauassessor.
Bauaufs. Bauaufsicht.
Baubeschr. Baubeschreibung.
BauDir., Baudir. Baudirektor.
Bauf. Bauführer, -führung.
bauf. baufällig.
BauG Baugesetz.
Baugel. Baugelände.
Baugen. Baugenehmigung; Baugenossenschaft.
Bauges. Baugesellschaft.
Bauing. Bauingenieur.
Bauj. Baujahr.
Bauk. Baukasten; Baukosten; Baukunst.
Baul. Bauland; Bauleiter, -leitung.
BAUMA, Bauma Baumaschinenausstellung.
Baumstr. Baumeister.
BauO Bauordnung.
Baupfl. Baupflege; Baupflicht.
Baupl. Bauplan; Bauplatz.
Baupol. Baupolizei.
baupol. baupolizeilich.
Baupr. Baupreis.
BauR Baurat.
Bautechn. Bautechnik(er).
bautechn. bautechnisch.
Bautr. Bauträger; Bautreuhänder(schaft).
Bauverw. Bauverwaltung.
Bauw. Bauweise; Bauwesen.
BAV Bundesaufsichtsamt für das Versicherungs- und Bausparwesen.
Bav. (*Lat.*) Bavaria, Bayern.
BAVAV, BAvAv. Bundesanstalt für Arbeitsvermittlung und Arbeitslosenversicherung.
BAW Bundesamt für gewerbliche Wirtschaft.
B.a.W. Beamter auf Widerruf.
b.a.W. bis auf Widerruf.
b.a.w. bis auf weiteres.
BAWAG Bayerische Wasserkraftwerke AG.
Ba.-Wü. *geogr.* Baden-Württemberg.
Bay. Bayern.
bay. bay(e)risch.
BAZ Bauaufsichtliche Zulassungen *pl*; Bundesanzeiger (*a journal*).
B.a.Z. Beamter auf Zeit.
Baz. Bazar; Bazillen *pl*, Bazillus.
BB *mar.* Backbord; Bahnbetrieb; Bereitschaftsbetrieb; Berufsberater, -beratung; Besoldungsbestimmungen *pl*; *econ.* Bestellbuch; Betriebsbuchhaltung; *econ.* Buchungsbescheinigung; Bundesbahn; Bundesbruder (*of a students' society*); Bundesratsbestimmungen *pl*.
Bb. *mar.* Backbord; Baubeschreibung; Buchbinder(ei); Bundesbeamte.
bB *econ.* bezahlt und Brief.
BBB Bayerischer Beamtenbund; Bremer Baumwollbörse; Bund der Beamten der Bundeswehr.
BBC Brown, Boveri & Cie. AG.
Bbd. *mar.* Backbord; Bauernbund.
BBE Betriebswirtschaftliche Beratungsstelle für den Einzelhandel.
BBed. Bahnbedienstete; Bundesbedienstete; Bürobedarf.
B.-Bed. Bürobedarf.

BBeir. Beamtenbeirat.
BBesG Bundesbesoldungsgesetz.
Bbf. Betriebsbahnhof.
BBG Beamtenbesoldungsgesetz; Berufsbildungsgesetz; Binnenschiffahrtsberufsgenossenschaft; Bundesbaugesetz; Bundesbeamtengesetz; Bundesbesoldungsgesetz.
BbG Bundesbahngesetz.
BBK Brown-Boveri/Krupp Reaktorbau.
B.B.K. Berufsverband Bildender Künstler.
Bbl. Beiblatt; Besoldungsblatt (*a journal*); Börsenblatt für den Deutschen Buchhandel (*a journal*); Bundesblatt (*a journal, Switzerland*).
BBO Gesamtverband Büromaschinen, Büromöbel und Organisationsmittel.
BbOI Bundesbahnoberinspektor.
BbOR Bundesbahnoberrat.
BbR Bundesbahnrat.
BBS (*computer*) Band-Betriebssystem; Betriebsberufsschule (*DDR*).
BBW Bundesausschuß Betriebswirtschaft.
BC Badmintonclub; Ball(spiel)club; Basketballclub; Billardclub; (*computer*) Binärcode; Bootsclub; Boxclub.
B.c., b.c. (*Ital.*) *mus.* basso continuo, Generalbaß.
BCG *med.* Bacillus Calmette-Guérin; Bund Christlicher Gewerkschaften.
Bch. Buch.
Bchst. Buchstabe.
Bck. *mus.* Becken.
BD Bahndirektion; Bezirksdirektion; (*computer*) Blockdiagramm; *med.* Blutdruck; Bombenfliegerdivision (*DDR*); Bundesbahndirektion; *auto.* Bundesrat *od.* Bundesregierung *od.* Bundestag; Bürodirektor. [Bund; Bündel.]
Bd. Bad; *geogr.* Baden; Band; Blechdose.
b.d. bei dem, bei den, bei der.
BDA Besoldungsdienstalter; Bund Deutscher Architekten; Bundesdenkmalamt; Bundesvereinigung der Deutschen Arbeitgeberverbände.
BDB Bund Deutscher Baumeister, Architekten und Ingenieure; Bundesverband Deutscher Banken.
BdB Bund deutscher Baumschulen; Bund deutscher Berufsboxer; Bundesverband der Betonsteinindustrie.
BDBK Bund Deutscher Berufskraftfahrer.
Bdch(n). Bändchen (*small volume*).
BDD Bund Deutscher Detektive.
BdD *pol.* Bund der Deutschen.
Bde. Bände *pl* (*volumes*); Binde.
BDF Bundesverband des Deutschen Güterfernverkehrs.
BdF Bundesminister(ium) der Finanzen.
BDFA Bund Deutscher Filmamateure.
BDG Bund Deutscher Gebrauchsgraphiker.
Bdg. *med.* Bindegewebe; Bindung.
BDGA Bund Deutscher Garten- und Landschaftsarchitekten.
BDH Bund Deutscher Heimatvertriebener; Bund Deutscher Holzwirte; Bundesdisziplinarhof.
BdH Bund der Heimkehrer.
BDI Bund Deutscher Ingenieure; Bundesverband der Deutschen Industrie.
BdI Bundesminister(ium) des Innern.
BDIA Bund Deutscher Innenarchitekten.
BDJ Bund Deutscher Jugend; Bund Deutscher Jugendvereine.
BDK Bezirksdirektion für Kraftverkehr (*DDR*); Brüsseler Dezimalklassifikation; Bund Deutscher Kunsterzieher; Bundesdisziplinarkammer; Bundesverband Deutscher Kosmetikerinnen.
BdK Bezirksdirektion für Kraftverkehr (*DDR*); Bund der Kinderreichen; Bund der Kriegsgegner.
BDKJ Bund der Deutschen Katholischen Jugend.
BdKJ Bund der Kommunisten Jugoslawiens.
BdL *hist.* Bank deutscher Länder (*now* DBB).
BDLI Bundesverband der Deutschen Luft- und Raumfahrt-Industrie.
BDM *hist.* (*in NS-Zeit*) Bund Deutscher Mädchen.

BDN Bundesverband des Deutschen Güternahverkehrs.
Bdn. Bänden *dat pl (volumes)*.
BDO Beamtendienstordnung; Besondere Dienstordnung; Bundesdisziplinarordnung.
BDP Berufsverband Deutscher Psychologen; Bezirksdirektion der Deutschen Post (*DDR*); Bund Deutscher Pfadfinder (-innen); Bund Deutscher Polizeibeamten; Bundesverband des Deutschen Personenverkehrsgewerbes.
B.D.Ph. Bund Deutscher Philatelisten.
BDR *med.* Bauchdeckenreflex.
B.-Dr. Bundesdruckerei.
Bd.-R. Bundesrat.
Bdr. Buchdruck, Buchdrucker(ei).
Bd.-Reg. Bundesregierung.
BDS *auto.* Barbados; Bund Demokratischer Studenten; Bund Deutscher Sekretärinnen; Bundesverband der Deutschen Schrottwirtschaft; Bundesverband des Deutschen Stahlhandels; Bund Deutscher Segler (*DDR*).
bds. beiderseits.
BDSt Bund Deutscher Steuerbeamten; Bund Deutscher Steuerberater; Bund Deutscher Studenten.
BdSt. Bund der Steuerzahler.
Bdtg. Bedeutung.
BDU Bund Deutscher Unternehmensberater.
BDÜ Bundesverband der Dolmetscher und Übersetzer.
BDV Bund Deutscher Verkehrsverbände; Bundesverband Deutscher Volks- und Betriebswirte.
BdV Bund der Vertriebenen.
BDW Bund deutscher Wanderer; Bund Deutscher Werbeberater und Werbeleiter.
Bdw. *ling.* Bindewort.
BDZ Bibliographie der deutschen Zeitschriftenliteratur; Bund Deutscher Zollbeamten; Bundesverband der Deutschen Zahnärzte.
BDZV Bundesverband Deutscher Zeitungsverleger.
BE Bauelement; *med.* Bazillenemulsion; *med.* Beckenendlage; Berichterstatter; Betriebseinheit; *electr.* Betriebserde; biologische Einheit; Bundesgerichtsentscheidung (*Switzerland*).
Be *chem.* Beryllium.
BEA Bundeserziehungsanstalt (*Austria*).
Bea(mt). Beamte.
beamt. beamtet.
Bearb. Bearbeiter, -tung.
bearb. bearbeitet.
Bed. Bedarf; Bedeutung; Bedienung; Bedingung; Bedürfnis.
bed. bedeutend; bedeutet; bedienen; bedürfen, bedürftig.
Bef. Befähigung; *jur.* Befangenheit; Befehl(shaber); *aer. mar.* Befeuerung; Befinden; Beförderung; Befugnis; Befund; Befürchtung.
bef. befähigt; *jur.* befangen; befohlen; befördert; befugt; befunden; befürchtet.
Bef.-Bed. Beförderungsbedingungen *pl*.
BefG Beförderungsgesetz.
Befh. *mil.* Befehlshaber.
Bef.-N(achw). Befähigungsnachweis.
Befr. Befragung; Befreiung; Befremden; Befried(ig)ung; Befristung.
befr. befreit; befremdet; befreundet; befriedigend, befriedigt; befristet.
BefSt., Bef.-St. Beförderungssteuer.
Bef.-Z(eu)gn. Befähigungszeugnis.
BEG Bundesentschädigungsgesetz.
Beg. Beginn.
Begl. Beglaubigung; Begleichung; Begleiter, -tung.
begl. beglaubigt; begleitet; beglichen.
Begl.-Sch. Begleitschein.
Begl.-Schr. Beglaubigungsschreiben; Begleitschreiben.
Begr. Begräbnis; Begrenzung; Begriff; Begründer; Begründung; Begrüßung.
begr. begraben; begreifen; begrenzen, begrenzt; begriffen, begrifflich; begründen, -det; begrüßen.
Beh. Behälter; Behandlung; Behelf; Behörde.
beh. behandeln, -delt; behaupten; beheimatet; behelfsmäßig; behördlich.
Beh.-St. Beherbergungssteuer.
Beibl. Beiblatt.
beif. beifolgend; beifügen.

Beig. Beigeordnete.
beig(eh). beigeheftet.
Beih. Beiheft; Beihilfe.
Beil. Beilage; Beileid.
beil. beiliegend.
Bein. Beiname.
Beir. Beirat.
Beis. Beisammensein; *ling.* Beisatz; Beisitzer.
Beisp. Beispiel.
beisp. beispielhaft; beispielsweise.
Beitr. Beitrag, Beiträge *pl*; Beitritt.
Beiw. *auto.* Beiwagen.
BEJ Bund Europäischer Jugend.
BEJÖ Bund Europäischer Jugend Österreichs.
BEK Barmer Ersatzkasse.
Bek. Bekämpfung; Bekannte; Bekanntmachung; Bekenntnis; Beköstigung.
bek. bekannt; bekennen; beköstigen.
Bekl. *jur.* Beklagte; Bekleidung.
Bel. Belag; Belagerung; Belastung; Beleg; Belegschaft; Belehrung; Beleidigung; Beleuchtung; Belichtung; Belieben; Belohnung.
bel. beladen; belasten, belastet; belegen, belegt; beleidigen, -digt; beleuchten, -tet; belichten, -tet; beliebt; belohnen, belohnt.
BELF Bundesminister(ium) für Ernährung, Landwirtschaft und Forsten.
Belg. Belgien, Belgier.
belg. belgisch.
BEM Bundesernährungsminister(ium).
Bem. Bemerkung; Bemessung; Bemühung.
bem. bemerken; bemühen, bemüht.
Ben. Benachrichtigung; *röm.kath.* Benefiziat, Benefizium; Benotung; Benutzung.
ben. benachrichtigen, -tigt; benoten; benötigen, -tigt; benutzen, benutzt.
Benelux Belgien, Niederlande, Luxemburg.
Beob. Beobachter, -tung.
beob. beobachten, -tet.
Ber. Berater, Beratung; Berechnung; Bereich; Bereinigung; Bereitschaft; Bericht; Berichtigung; Beruf(ung); Beruhigung.
ber. beraten; berechnen, -net; bereinigen, -nigt; bereits; berichtigen, -tigt; berufen; beruhigen, -higt.
Ber.-Ber(at). Berufsberatung.
Ber.-Fr. *jur.* Berufungsfrist.
Bergass. (*mining*) Bergassessor.
Bergb. Bergbau.
Bergdir. (*mining*) Bergdirektor.
BergG (*mining*) Berggesetz.
Ber.-Gen. Berufsgenossenschaft.
Ber.-Ger. Berufungsgericht.
Berging. (*mining*) Bergingenieur.
BergR (*mining*) Bergrat.
Ber.-Gr. Berufsgruppe.
Ber.-Grundl. Berechnungsgrundlage.
Bergw. Bergwerk.
Ber. Ing. Beratender Ingenieur.
Berl. Berlin(er).
berl. berlin(er)isch.
Ber. Pol. Berittene Polizei.
BerSchG Berufsschulgesetz.
Ber.-St. Beraterstab; Beratungsstelle.
Bes. Besatzung; Besichtigung; Besitz(er); Besoldung; Besuch.
bes. besichtigen, -tigt; besonder; besorgen, besorgt; besuchen, besucht.
Besch. Beschädigung; Beschäftigte, -tigung; Bescheid; Bescheinigung; *tech.* Beschichtung; *jur.* Beschuldigte; Beschluß.
besch. beschädigen, -digt; beschäftigen, -tigt; bescheiden; bescheinigen, -nigt; beschuldigen, -digt; beschönigen, -nigt.
Beschl. Beschlagnahme; Beschleunigung; Beschluß.
beschl. beschlagnahmen, -nahmt; beschließen; beschleunigen, -nigt; beschlossen.
Beschr. Beschränkung; Beschreibung; Beschriftung.
beschr. beschrankt; beschränkt; beschreiben, beschrieben; beschriften, -tet.
Beschw. Beschwerde.
Beschw.-F. Beschwerdeführer.
BesDO Besondere Dienstordnung.
BesG Besoldungsgesetz.
BesGr., Bes.-Gr. Besoldungsgruppe.
BesO Besoldungsordnung.
besp. bespannen, bespannt; bespielen, bespielbar.
Bespr. Besprechung.

bespr. besprechen, besprochen; besprühen.
Bes.-St. *hist.* Besatzungsstatut; Besitzsteuer.
Bes.-T. Besoldungstarif.
Best. Bestallung; Bestand, Bestandteil(e *pl*); Bestätigung; Bestehen; Bestellung; Bestimmung(en *pl*).
best. bestätigen, -tigt; bestehen; bestellen, bestellt; bestens; bestimmen, bestimmt; bestohlen.
Best.-A(ufn). Bestandsaufnahme.
Best.-H. Bestimmungshafen.
Best.-Nr. Bestellnummer.
Bestr. Bestrafung.
bestr. bestrafen, bestraft; bestreiten, bestritten.
Best.-Sch. Bestellschein.
Best.-W. *ling.* Bestimmungswort.
Bes.-W. Besitz(er)wechsel.
BET *psych.* Berufseignungstest.
Bet. Beteiligung.
Betr. Betrag; Betragen; Betreff; Betreten; Betreuung; Betrieb; Betrug, Betrüger.
betr. betreffen(d), betreffs; betreiben; betreuen; betrifft, betroffen; betrügen, betrügerisch; betrunken.
BetrKK Betriebskrankenkasse.
BetrO, Betr.-Ord. Betriebsordnung.
Betr.-Pr. Betriebsprüfer, -prüfung.
BetrR, Betr.-R. Betriebsrat.
BetrRG Betriebsrätegesetz.
Betr.-St. Betriebsstätte; Betriebsstatut; Betriebsstoff.
Betr.-Verb. Betriebsverband; Betriebsverbindung; Betriebsverbund.
BetrV(erf)G Betriebsverfassungsgesetz.
Betr.-Wirt(sch). Betriebswirtschaft(ler).
bettl. bettlägerig.
Beurl. Beurlaubung.
beurl. beurlaubt.
BEV Bayerischer Eissport-Verband; Bergbau - Elektrizitäts - Verbundgemeinschaft; Berliner Eislaufverein.
Bev. Bevölkerung; Bevollmächtigte.
bev. bevölkert; bevollmächtigt; bevor.
Bevollm. Bevollmächtigte.
bevollm. bevollmächtigt.
Bew. Bewachung; Bewaffnung; Bewährung; Bewandtnis; Bewässerung; Bewegung; Beweis; Bewerber, -bung; Bewertung; Bewilligung; Bewohner; Bewölkung; Bewunderung.
bew. bewachen, bewacht; bewaffnet; bewährt; beweglich, bewegt; beweisen; bewerben; bewerten, -tet; bewiesen; bewilligt; bewohnt; bewölkt.
Bew.-Anl. Bewässerungsanlage.
Bew.-Fr. *jur.* Bewährungsfrist.
Bew.-H. Bewährungshelfer.
Bez. Bezahlung; Bezeichnung; Bezichtigung; Bezieher; Beziehung; Bezirk; Bezug.
bez. bezahlen, bezahlt; bezeichnen(d), -net; beziehen; beziffern, beziffert; bezogen; bezüglich.
BezA Bezirksamt; Bezirksausgabe.
bezB, bez.B. *econ.* bezahlt und Brief.
bezb. beziehbar.
Bez.-Bgm. Bezirksbürgermeister.
bezG, bez.G. *econ.* bezahlt und Geld.
bezgl. bezüglich.
Bez.-H(au)ptst. Bezirkshauptstadt.
Bez.-R. Bezirksrichter; *econ.* Bezugsrecht.
Bez.-St. Bezirksstadt; Bezirksstelle.
bezw. beziehungsweise; bezwecken, bezweckt; bezweifeln, bezweifelt; bezwingen, bezwungen.
BF *electr.* Bandfilter; Berufsfeuerwehr; *econ.* Betriebsfläche; Brigadeführer (*DDR*); Bundesführer.
Bf. Bahnhof; Beförderung; Beruf; Beschwerdeführer; Bischof; Brief.
b.f. (*Lat.*) bona fide, guten Glaubens.
BFA Betriebsfachausschuß (*DDR*); Bezirksfachausschuß (*DDR*); Bundesfußballausschuß.
BfA Bundesanstalt für Arbeit; Bundesstelle für Außenhandelsinformation; Bundesversicherungsanstalt für Angestellte; Büro für Außenhandelsdienst (*DDR*).
BfArb Bundesanstalt für Arbeitsvermittlung und Arbeitslosenversicherung.
BfB Bundesanstalt für Bodenforschung; Bundesmonopolverwaltung für Branntwein.
BfE Büro für Erfindungs- und Vorschlagswesen (*DDR*).
BffL Bund für freie Lebensgestaltung.

BFG Berliner Flughafengesellschaft.
BfG Bank für Gemeinwirtschaft.
Bfg. Befähigung; *ling.* Beifügung; Berufung.
bfgd. beifügend.
bfgn. beifügen.
BFH Bundesfinanzhof.
Bfh. Befehlshaber.
BFJD Bundesverband Freier Juristen Deutschlands.
Bfk Briefkasten.
BfL Bank für Landwirtschaft.
bfl. bischöflich.
BFM Bundesfinanzminister(ium).
Bfm Briefmarke.
bfn, b.f.n. *econ.* brutto für netto.
bfr belgischer Franc (*monetary unit*).
bfrs. belgische Francs *pl* (*monetary unit*).
BFS Bundesanstalt für Flugsicherung.
BfS Büro für Standardisierung (*D D R*).
BFStrG Bundesfernstraßengesetz.
BfU Beratungsstelle für Unfallverhütung (*Switzerland*).
BFV Badischer Fußballverband; Bayerischer Fußballverband; Bezirksfürsorgeverband; Bundesfinanzverwaltung.
BfV Bundesamt für Verfassungsschutz.
BfVS Bund für Vogelschutz.
BG Beamtengesetz; Berufsgenossenschaft; Berufungsgericht; Besoldungsgesetz; Bezirksgericht (*Austria, D D R*); Börsengesetz; *mil.* Brigadegeneral; *auto.* Bulgarien; Bundesgebiet; Bundesgericht (*Switzerland*); Bundesgesetz; *auto.* Bundesgrenzschutz; Bundesgymnasium (*Austria*).
bG *econ.* bezahlt und Geld.
Bg. *tech.* Bedienungsgerät; Beitrag; Berg; Biegung; *med.* Bindegewebe; Bogen; Burg; Bürger.
BGA Bundesverband des deutschen Groß- und Außenhandels.
Bg.-Arb. Bergarbeiter.
Bg.-Ass(ess). (*mining*) Bergassessor.
BGB Bauern-, Gewerbe- und Bürgerpartei (*Switzerland*); Bürgerliches Gesetzbuch.
Bgb. Bergbau.
BGBl. Bundesgesetzblatt.
BGE Entscheidungen *pl* des schweizerischen Bundesgerichts.
Bge. Berge *pl*.
BGF Bundesgeschäftsführer.
BGG Betriebsgewerkschaftsgruppe (*D D R*).
BGH Bundesgerichtshof.
BGHSt. Entscheidungen *pl* des Bundesgerichtshofs in Strafsachen (*a journal*).
BGHZ Entscheidungen *pl* des Bundesgerichtshofs in Zivilsachen (*a journal*).
BGL Betriebsgewerkschaftsleitung (*D D R*).
Bgl. Beglaubigung; Begleitung.
bgl. begleiten, -tet; begleichen, beglichen; berufsgenossenschaftlich; bürgerlich.
Bgld. *geogr.* Burgenland (*in Austria*).
Bgm(str). Bürgermeister.
BGO Bundesgebührenordnung (für Rechtsanwälte).
BGr Baugruppe; Besoldungsgruppe; Betriebsgruppe; Bezirksgruppe.
BgR (*mining*) Bergrat.
B.-Gr. Baugruppe; Besoldungsgruppe; Betriebsgruppe; Bezirksgruppe.
Bgr. Begräbnis; Begründer, Begründung; Bürger.
bgr. begraben; begründen, -det.
Bgrz. Begrenzung.
bgrzt. begrenzt.
BGS Bundesgrenzschutz.
BGV Bundesvereinigung der Deutschen Graphischen Verbände.
Bgw. Bergwerk.
Bgw.-Dir. (*mining*) Bergwerksdirektor.
BH *civ.eng.* Bauhöhe; Behelfsheim; Berghauptmann; Bezirkshauptmann(schaft) (*Austria*); *auto.* Britisch-Honduras; *auto.* Bundesheer (*Austria*); Büstenhalter.
Bh. Bauherr; Beiheft; Bewährungshelfer; Buchhandel, -händler, -handlung.
Bhdl. Buchhandel, -händler.
Bhdlg. Buchhandlung.
Bhf. Bahnhof.
BHG Bäuerliche Handelsgenossenschaft (*D D R*); Bayerischer Hotel- und Gaststättenverband; Berliner Handelsgesellschaft (*bank*); Berlinhilfegesetz.
BHI Bank für Handel und Industrie; Bezirkshygieneinstitut (*D D R*).
BHK Bundeshauptkasse.

Bhm(.) Bahnhofsmission.
bhm. behelfsmäßig.
BHR *med.* Bauchhautreflex.
bhut(an). bhutanisch.
BHV Bayerischer Handball-Verband; Briefmarkenhändlerverband; Bundesbahnhauptverwaltung.
BHW Beamtenheimstättenwerk.
BHZ Berliner Handelszentrale (*D D R*).
BI Bauinspektor; Betriebsingenieur; Bibliographisches Institut; Bundesbahninspektor.
Bi (*Lat.*) *chem.* Bismutum, Wismut.
Bi. Bischof, Bistum.
BIB Bekleidungsindustrie-Berufsgenossenschaft; Berliner Industriebank.
Bib. Bibel.
BIBG Binnenschiffahrts-Berufsgenossenschaft.
Bibl. Bibliographie; Bibliothek(ar).
bibl. bibliographieren, -phiert, -phisch; biblisch.
Bibl.-Dir. Bibliotheksdirektor.
BIE Bundesverband Industrieller Einkauf.
BIGA Bundesamt für Industrie, Gewerbe und Arbeit (*Switzerland*).
BIH (*Fr.*) Bureau International de l'Heure, Internationales Zeitamt.
Bil. Bilanz.
bil. bilateral.
bildl. bildlich.
Bill. Billard; Billett; Billigung; Billion.
BIM Bundesinnenminister(ium).
BInsp., B.-Insp. Bauinspektor.
Bio. Billion.
Biogr. Biograph(ie).
biogr. biographisch.
Biol. Biologe, -logie.
biol. biologisch.
birm. birmanisch.
Bisch. Bischof.
bisch(öfl). bischöflich.
bisl. bislang.
Bist. Bistum.
bisw. bisweilen.
BIT *psych.* Berufsinteressentest; (*Fr.*) Bureau International du Travail, Internationales Arbeitsamt.
Bit. Bitumen.
BIZ Bank für Internationalen Zahlungsausgleich.
Bj. Baujahr; Betriebsjahr.
BJA Bezirks-Jugendausschuß.
BJD Bund Junger Deutscher.
BJG Bundesjagdgesetz.
BJM Bundesjustizminister(ium).
BJPl. Bundesjugendplan.
BJR Bundesjugendring.
BJSchG Bundesjugendschutzgesetz.
BJV Bayerischer Journalisten-Verband; Bundesjägerverband.
BK Ballklub; Baukombinat (*D D R*); Baukommission; Baukosten *pl*; *hist.* (*in NS-Zeit*) Bekennende Kirche; Bibelkreis; Billardklub; Bobklub; Bootsklub; Boxklub; Bundeskanzler(amt).
Bk *chem.* Berkelium.
Bk. Bank; Baukunst; Buchkunst.
BKA Bodenkreditanstalt; Bundeskanzleramt; Bundeskartellamt; Bundeskriminalamt.
BKB Braunkohlenbergwerk (*D D R*).
Bk.-Bed. Bankbedingungen *pl*.
BKD Bund der Kinderreichen Deutschlands.
BKE (*optics*) Brechkrafteinheit.
Bkg. Bekämpfung; Bekanntgabe; Bekleidung.
Bk.-Ges. Bankgesellschaft.
Bk.-Gesch. Bankgeschäft.
BKGG Bundeskindergeldgesetz.
BKJ Bund der Kaufmannsjugend; Bund der Kommunisten Jugoslawiens.
BKK Betriebskrankenkasse; Bezirkskontrollkommission (*D D R*).
Bk.-K(to). Bankkonto.
Bk.-Kr. Bankkredit.
Bkl. *jur.* Beklagte(r); Bekleidung.
Bkm. Bekanntmachung.
BKS *med.* Blutkörperchensenkungsreaktion.
BKU Bund katholischer Unternehmer.
BKV Betriebskollektivvertrag (*D D R*); Bund der Kriegsdienstverweigerer.
BKZ, Bkz. Baukostenzuschuß.
BL Betriebsleiter, -leitung; Betriebsstofflager; Büroleiter, -leitung; Bußgeldliste.
Bl. Blase; *mus.* Bläser; Blatt, Blätter *pl* (of

paper); Blazer; Blech; Blei; Blick; Blinde; Blinker; Block; Blockade; Bluse; Blut.
bl. blank; blanko; blau; blind; blond; bloß; blutig.
BLBG Baulandbeschaffungsgesetz.
Bld. Blechdose(n *pl*).
Bldg. Beiladung; Beladung; Beleidigung; Bildung.
BLG Baulandgesetz; Bundesleistungsgesetz.
blg. bahnlagernd; beiliegend.
Bl.-Gr. *med.* Blutgruppe.
Bl.-H(d). Blindenhund.
BLK Bayerische Landesbodenkreditanstalt; Bezirkslehrerkonferenz (*Austria*); *med.* Blutkörperchen.
Blk. *geogr.* Balkan; Balken; Balkon; *med.* Blutkörperchen.
Bl.-Kr. *econ.* Blankokredit.
Bll. *econ.* Ballen; Blätter *pl* (of paper).
Bln. Berlin.
Bl.-Nr. Blattnummer.
BLS Betriebsluftschutz (*D D R*).
Bl.-Schr. Blockschrift.
Bl.-St., Blst. Blockstation, -stelle.
BLSV Bundesluftschutzverband.
Bl.-V. Blankovollmacht.
Blz. Blattzahl; Blitzfeuer.
BM *phot.* Belichtungsmesser; *aer.* Bordmechaniker; Bundesminister(ium); Bürgermeister; (*computer*) Bytemaschine.
Bm. Baumeister; Baumuster; Bürgermeister.
BMA Bundesminister(ium) für Arbeit und Sozialordnung.
BMAt. Bundesminister(ium) für Atomkernenergie und Wasserwirtschaft.
BMAuS Bundesminister(ium) für Arbeit und Sozialordnung.
BMAusw. Bundesminister(ium) des Auswärtigen.
BMBR Bundesminister(ium) für Angelegenheiten des Bundesrates und der Länder.
BMBW Bundesminister(ium) für Bildung und Wissenschaft.
BMD Bund der Mitteldeutschen.
BMF Bundesminister(ium) der Finanzen; Bundesverband Montagebau und Fertighäuser.
BMFa. Bundesminister(ium) für Familie und Jugend.
BMfU Bundesministerium für Unterricht (*Austria*).
BMG Betäubungsmittelgesetz; *aer. mil.* Bordmaschinengewehr; Bundesmietengesetz.
BMGes. Bundesminister(ium) für das Gesundheitswesen.
BMI Bundesminister(ium) des Innern.
BMJ Bundesminister(ium) der Justiz.
BMK Bau- und Montagekombinat (*D D R*); *aer. mil.* Bordmaschinenkanone.
BML Bundesminister(ium) für Ernährung, Landwirtschaft und Forsten.
BMN, BmN Bundesmarine-Norm.
BMP Bundesminister(ium) für das Post- und Fernmeldewesen.
BMS Bundesminister(ium) für besondere Aufgaben.
BMSchat. Bundesschatzminister(ium).
BMSR-Technik Betriebsmeß-, Steuerungs- und Regelungstechnik.
Bmstr. Baumeister; Baumuster.
BMT Bundesmanteltarif.
BMV Bundesminister(ium) für Verkehr.
BMVt. Bundesminister(ium) für Vertriebene, Flüchtlinge und Kriegsgeschädigte.
BMVtdg. Bundesminister(ium) der Verteidigung.
BMW Bayerische Motorenwerke AG (*automobile works*).
BMWF *hist.* Bundesminister(ium) für Wirtschaft und Finanzen.
BMwF Bundesminister(ium) für wissenschaftliche Forschung.
BMWi. Bundesminister(ium) für Wirtschaft.
BMWo. Bundesminister(ium) für Wohnungswesen und Städtebau.
BMZ Bundesminister(ium) für wirtschaftliche Zusammenarbeit.
BN Baumuster-Nummer; Betriebsnorm(en *pl*) (*D D R*); Bundesbahn-Norm.
Bn. Beiname; Berlin.
BND Bundesnachrichtendienst.
B.-Nr. Buchungsnummer.
BO Bankordnung; Bauordnung; Beitragsordnung; Benutzungsordnung; Berufs-

offizier; Berufsordnung; Besoldungsordnung; Betriebsordnung; Börsenordnung; Brennereiordnung; Eisenbahn-Bau- und Betriebsordnung.
bo *econ.* brutto.
b.o. bis oben; bis oberhalb.
Böh(m). *geogr.* Böhmen.
BOI Bauoberinspektor; Bundesbahnoberinspektor.
Bol. Bolívar (*monetary unit in Venezuela*); Bolivianer; Boliviano (*monetary unit in Bolivia*); Bolivien, Bolivier.
bol(iv). bolivi(an)isch.
BOR Bundesbahnoberrat.
Borg. *print.* Borgis.
Bot. Botanik(er).
bot. botanisch.
Botsch. Botschaft(er).
BP Baupolizei; Bayernpartei; Benzin und Petroleum AG; Betriebsprüfer, -prüfung; *auto.* Bundespost; Bundespräsident.
Bp Bahnpolizei; Bahnpost; (*computer*) Bedienungspult.
Bp. Betriebsprüfer, -prüfung.
BPA Bahnpostamt; Bundespersonalausschuß; Bundespresseamt.
B.P.a. Bundespatent angemeldet.
BPG Bundespersonalgesetz.
BPKK Bezirksparteikontrollkommission (*DDR*).
BPM Bundespostminister(ium).
BpM Buchstaben pro Minute (*in typewriting*).
BPO Betriebsparteiorganisation (*DDR*); Betriebsprüfungsordnung.
BPol., B.-Pol. Baupolizei.
BPr. Betriebsprüfer, -prüfung; Bundespräsident.
BPrA Bundespräsidialamt.
BPz *mil.* Bergungspanzer.
BR Baurat; *tech.* Baureihe; Bayerischer Rundfunk; (*mining*) Bergrat; Bergrevier; Berufsregister (*Switzerland*); Betriebsrat; (*computer*) Betriebsrechner; *auto.* Brasilien; Bundesbahnrat; Bundesrat; Bundesrepublik; Bundesrichter; Mitglied des Bundesrates (*Austria*).
Br *chem.* Brom.
Br. Branche; Braten; Bratsche; Brauerei; Braut; Bräutigam; Breite; Bremse; *tech.* Brenner; Brennstoff; Brett; Brief; Brigade; Brokat; Bronze; Broschüre; Brot; Bruch; Brücke; Bruder; Brunnen; Brust; Brut; Brüter.
br. braun; breit; bremsen; britisch; bronzen; broschiert; *econ.* brutto.
Brandm(str). Brandmeister.
BrandR Brandrat.
Brandvers. Brandversicherung.
Branntw.(-St.) Branntwein(steuer).
BRAO Bundesrechtsanwaltsordnung.
Bras. Brasilianer, Brasilien.
bras. brasilianisch.
BRat Bundesrat.
Brauing. Brauingenieur.
Braum(str). Braumeister.
bräunl. bräunlich.
Br.-Aussch. Brauereiausschank.
BRB Bundesratsbeschluß (*Switzerland*).
BRD Bundesrepublik Deutschland.
BReg., B.-Reg. Bundesregierung.
Brennst. Brennstoff(e *pl*).
Bret. *geogr.* Bretagne, Bretone.
bret. bretonisch.
BRG Betriebsrätegesetz; Bodenreformgesetz; Bundesrealgymnasium (*Austria*).
Br.-G(ew). Bruttogewicht; Bruttogewinn.
BRH Bundesrechnungshof.
Briefm. Briefmarke.
Brig. Brigade; *mil.* Brigadier.
BrigGen *mil.* Brigadegeneral.
Brill. Brillant; Brillanz.
brit. britisch.
BRK Bayerisches Rotes Kreuz.
Brk. Braunkohle; Brücke.
Brm. Barometer; Briefmarke.
BRN *auto.* Bahrein.
brn. braun.
Brosch. Broschüre.
brosch. broschiert.
Br.-Reg.-T. *mar.* Bruttoregistertonne.
brschw(g). braunschweigisch.
BRT *mar.* Bruttoregistertonnage, -tonne.
Br.-T., Brt. Brieftaube.
brt. breit; *econ.* brutto.
Brtw.-St. Branntweinsteuer.
BRU *auto.* Brunei.
Brüa, Br.ü.a. *tech.* Breite über alles.
brün. brünett.

BRV Betriebsratsvorsitzende; Bundesratsverordnung; Bundesreferendarverband.
Br.-Vers. Brandversicherung.
BRVO Bundesratsverordnung.
Br.-W. Briefwechsel.
BrZ, br. Z. *hist.* Britische Besatzungszone.
BS *auto.* Bahama-Inseln *pl*; Begleitschiff; Berufsschule; *hist.* Besatzungsstatut; Betriebsschutz; Betriebssektion (*DDR*); (*computer*) Betriebssystem; *med.* Blutsenkung; *tech.* Brennschluß.
Bs. *jur.* Beisitzer; Besitzer.
BSA Bund Schweizer Architekten; Bund Sozialistischer Akademiker, Intellektueller und Künstler (*Austria*).
BSB Bayerische Staatsbibliothek; biochemischer Sauerstoffbedarf.
BSC Ballspielclub; Boxsportclub.
BSch., B.-Sch. Bundesbahnschaffner.
BSchG Binnenschiffahrtsgesetz.
BSchR Bezirksschulrat.
Bschr. Beschreibung.
bsd. besonders.   [Erden.|
BSE Industriegewerkschaft Bau, Steine,⌡
BSG Betriebssportgemeinschaft (*DDR*); Binnenschiffahrtsgesetz; *med.* Blutkörperchensenkungsgeschwindigkeit; Bundesseuchengesetz; Bundessozialgericht.
Bsg. *mus.* Besetzung.
BSGE Entscheidungen *pl* des Bundessozialgerichts (*a journal*).
BSGJ Bund der Schweizerischen Genossenschaftsjugend.
BSHG Bundessozialhilfegesetz.
BSN *mar. mil.* Befehlshaber der Seestreitkräfte Nordsee.
BSO *mar. mil.* Befehlshaber der Seestreitkräfte Ostsee.
BSozG Bundessozialgericht.
BSP *econ.* Bruttosozialprodukt; Bund Schweizerischer Pfadfinderinnen.
Bsp. Bauspar-; Beispiel; *mar.* Bugspriet.
BSpK Bausparkasse.
Bspr. Besprechung.
bspw. beispielsweise.
BSR *jur.* Binnenschiffsregister; *med.* Bizepssehnenreflex; *med.* Blutkörperchensenkungsreaktion; Bund Schweizerischer Reklameberater und Werbeagenturen.
BSt. *hist.* Besatzungsstatut; Beschaffungsstelle; Bundesstelle.
B.-St. Bahnstation; Bezirksstelle.
Bst. Bahnstation; *civ.eng.* Baustoff.
b. St. *mil.* beim Stab.
B-Stelle *mil.* Beobachtungsstelle.
BStG Beförderungssteuergesetz; Besitzsteuergesetz; Bundesstrafgericht (*Switzerland*).
Bstg. Bahnsteig.
BStGB Bundesstrafgesetzbuch.
Bstlg. Bestallung; Bestellung.
BStR Bezirksstadtrat.
BT *med.* Basaltemperatur; Bezirkstag; Bildtelegrafie; *tech.* Bildträger; Brennstofftechnik; Bundestag.
Bt. Bistum; Boot.
bt. bunt.
BTA Betriebstechnische Abteilung; Bezirkstransportausschuß (*DDR*).
BTE Bundesverband des Deutschen Textileinzelhandels.
B.-Techn. Bautechnik(er).
btechn. bautechnisch.
BTH Bibliothek der Technischen Hochschule (Hannover).
Btl. *mil.* Bataillon; *econ.* Beutel.
Btm. *pharm.* Betäubungsmittel.
bto. *econ.* brutto.
Btr. Beitrag; Betrag; Betreuer, Betreuung; Betrieb.
Btr.-Ing. Betriebsingenieur.
Btr.-Insp. Betriebsinspektion, -inspektor.
Btr.-L(tg). Betriebsleitung.
Btsm *mar. mil.* Bootsmann.
btto. *econ.* brutto.
Bttr. *mil.* Batterie.
BU *electr.* Bandumsetzer, -umsetzung; Berufsunfähigkeit; *jur.* Berufungsurteil; Betriebsunfall; Betriebsunterbrechung; *geogr.* Breitenunterschied.
BÜ Bahnübergang.
Bu. Buch(ung); Bund.
Bü. Buch; Büro.
b.u. bis unten; bis unter.
BUA Bakteriologische Untersuchungsanstalt.
Büa, B.ü.a. *tech.* Breite über alles.
BuB *econ.* Buch- und Betriebsprüfung.
Büch. Bücherei.

Buchdr. Buchdruck(er), -druckerei.
Buchf. *econ.* Buchführer, -führung.
Buchh. *econ.* Buchhalter(ei), -haltung; Buchhandel, -händler, -handlung.
Buchhdl. Buchhandel, -händler.
Buchhdlg. Buchhandlung.
Buchst. Buchstabe; Buchstelle; Buchstütze.
buchst. buchstabieren, -stäblich.
Bü.-Dir. Bürodirektor.
B.u.E. Berichtigungen *pl* und Ergänzungen *pl.*
Bü.-L(tr). Büroleiter.
Bulg. Bulgare, Bulgarien, *ling.* Bulgarisch.
bulg. bulgarisch.
Bull. Bulletin.
BUR *auto.* Burma.
b.u.R. bitte um Rücksprache.
Bürg. Bürger(schaft); Bürgschaft.
bürg. bürgerlich.
Bürgm(str). Bürgermeister.
bürg.R. bürgerliches Recht.
Bürgsch. Bürgschaft.
BuRi Bundesrichter.
BV Bahnverbindung; Bauverbot; *tech.* Bedienungsvorschrift; Besoldungsvorschrift (-en *pl*); Betriebsvereinbarung; Betriebsvermögen; Bezirksverband, -verein(igung); Bezirksvorstand; Branchenverzeichnis; Bundesverband; Bundesverfassung (*Switzerland*); Bürovorsteher.
BVA Bundesvermessungsamt (*Austria*); Bundesversicherungsamt; Bundesverwaltungsamt.
BVB Besondere Vertragsbedingungen *pl*; Bühnenvolksbund.
BvD Bund vertriebener Deutscher.
BVerfG Bundesverfassungsgericht.
BVerfGE Entscheidungen *pl* des Bundesverfassungsgerichts (*a journal*).
BVerwG Bundesverwaltungsgericht.
BVerwGE Entscheidungen *pl* des Bundesverwaltungsgerichts (*a journal*).
BVF *tech.* Bauvorschriften *pl* für Flugzeuge.
BVFG Bundesvertriebenengesetz.
BVG Berliner Verkehrsgesellschaft; Betriebsverfassungsgesetz; Bundesverfassungsgericht; Bundesversorgungsgesetz (*Austria*); Bundesversorgungsgesetz; Bundesvertriebenengesetz; Bundesverwaltungsgericht.
Bvh. Bauvorhaben.
BVI Bundesversuchsinstitut (*Austria*).
BVM Bundesverband Deutscher Marktforscher; Bundesverkehrsminister(ium).
BVN Bund der Verfolgten des Naziregimes.
BVorst., B.-Vorst. Bundesvorstand; Bürovorstand, -vorsteher.
BVR Bundesverfassungsrichter; Bundesverteidigungsrat; Bund für vereinfachte Rechtschreibung (*Switzerland*).
bvr. bevorrechtigt.
BVS Bauvorschriften *pl* für Segelflugzeuge; Bundesverband für Selbstschutz.
BVSt. Bundesvermögensstelle.
BVW Bezirksverwaltung; Bundesverkehrswacht.
BW *geogr.* Baden-Württemberg; Bergwacht; Betriebswirt; *auto.* Bundes-Wasser- und Schiffahrtsverwaltung.
Bw. Bauwagen; Bauwesen; Baumwolle; *auto.* Beiwagen; *ling.* Beiwort; *econ.* Beleihungswert; *ling.* Bindewort; Bundes-⌉
b.w. bitte wenden.   [wehr.⌡
BWB Bundesamt für Wehrtechnik und Beschaffung.
BwDA Bundeswehrdisziplinaranwalt.
BWEA Bundeswehrersatzamt.
bwf. bewaffnet.
BWG Bundeswahlgesetz.
Bwg. Bewegung.
bwgl. beweglich.
BWK Berufswettkampf.
BWL *auto.* Baden-Württemberg, Landesregierung und Landtag; Betriebswirtschaftslehre.
BwLaz Bundeswehrlazarett.
BWLV Baden-Württembergischer Luftsportverband.
BWM Bundeswirtschaftsminister(ium).
BWO Bundeswahlordnung.
BWR Bundeswirtschaftsrat.
BWS *med.* Brustwirbelsäule.
BWV *mus.* Bachwerkeverzeichnis; Bundeswehrverwaltung.
BWVO Binnenwasserstraßen-Verkehrsordnung.
By. Bayern.

BYL *auto.* Bayern, Landesregierung und Landtag.
Byz. Byzantiner, Byzanz.
byz. byzantinisch.
BZ Badezimmer; Bauzuschuß; Berliner Zeitung; *tel.* Besetztzeichen; Betriebszentrale; *hist.* Britische Zone.
Bz. *econ.* Bestellzettel; Bezahlung; Bezeichnung; Bezirk; Bezug; Bücherzettel.

bz *econ.* bezahlt.
bz. *econ.* bezahlt; bezeichnet.
BZA Biologische Zentralanstalt; Bundesbahnzentralamt.
BzA Bezirksamt, -ausschuß.
BZB Berliner Zentralbank; Bundesamt für Zivilen Bevölkerungsschutz.
B.z.B. *aer.* Bord zu Bord.
bzB *econ.* bezahlt Brief.

BzBm., Bz.-Bm. Bezirksbürgermeister.
bzG *econ.* bezahlt Geld.
bzgl. bezüglich.
Bzl. Benzol.
Bzn. Benzin.
b.z.R. bitte zur Rücksprache.
B.z.W(v). Beamter zur Wiederverwendung.
bzw. beziehungsweise.

C

C *chem.* Carboneum, Kohlenstoff; *phys.* Celsius; (*Lat.*) centum, hundert; Code; *electr.* Coulomb; *auto.* Coupé; *phys.* (altes) Curie; *auto.* Kuba.
c (*Lat.*) *phys.* celeritas, Lichtgeschwindigkeit; Cent; Centavo; Centesimo; Centime; Centimo; *phys.* (neues) Curie; Karat; Zenti...
c. (*Lat.*) capitulum, Kapitel; (*Lat.*) caput, Kopf; (*Lat.*) causa, Fall; Cent; Centavo; Centesimo; Centime; Centimo; (*Lat.*) cum, mit.
CA *chem.* Celluloseacetat.
C.A. (*Lat.*) Collegium Academicum.
Ca *chem.* Calcium, Kalzium; *med.* Carcinoma, Krebs.
Ca. *med.* Carcinoma, Krebs.
ca. (*Lat.*) circa, ungefähr; (*Lat.*) contra, gegen.
c.a. (*Ital.*) *mus.* coll'arco, mit dem Bogen.
Cabr. *auto.* Cabriolet.
cad. (*Ital.*) *mus.* cadenza, Kadenz.
CAI (*Fr.*) Conférence Aéronautique Internationale, Internationale Luftverkehrskonferenz.
CAJ Christliche Arbeiterjugend.
cal *phys.* (Gramm)Kalorie.
Calv. *relig.* Calvinismus, -nist.
calv. *relig.* calvinistisch.
cand. (*Lat.*) candidatus, Kandidat.
cant. (*Ital.*) *mus.* cantabile, (ge)sanglich.
cap. (*Lat.*) capitulum, Kapitel; (*Lat.*) caput, Kopf.
caps. (*Lat.*) *pharm.* capsula, Kapsel.
C.A.S. Club Alpin Suisse (*Switzerland*).
CaZ *tech.* Cetanzahl.
Cb *chem.* Columbium.
Cb. Cembalist, Cembalo.
c.B., c.b. (*Ital.*) *mus.* col basso, mit dem Baß.
cbcm Kubikzentimeter.
cbdm Kubikdezimeter.
CBHV Christlicher Bau- und Holzarbeiterverband.
cbkm Kubikkilometer.
cbm Kubikmeter.
cbmm Kubikmillimeter.
CC Chargiertenconvent (*of a students' society*); Corps(burschen)-Convent (*of a students' society*); (*Fr.*) *auto.* Corps Consulaire, Konsularisches Corps.
CCI (*Fr.*) Chambre de Commerce Internationale, Internationale Handelskammer.
ccm Kubikzentimeter.
C.C.R. (*Fr.*) Commission Centrale pour la Navigation du Rhin, Zentralkommission für die Rheinschiffahrt.
CCVD Christlicher Chemiearbeiter-Verband Deutschlands.
CD (*Fr.*) *auto.* Corps Diplomatique, Diplomatisches Corps.
Cd *chem.* Cadmium, Kadmium.
cd (*Lat.*) *phys.* Candela (*unit of luminous intensity*).
CDA Christlich-Demokratische Arbeitnehmerschaft; Convent Deutscher Akademikerverbände; Convent Deutscher Altherrenverbände.
CDG Carl-Duisberg-Gesellschaft.
CDH Centralvereinigung Deutscher Handelsvertreter- und Handelsmaklerverbände; Christlich-Demokratische Hochschulgruppe.
c.div. (*Lat.*) *econ.* cum dividendo, mit Dividende.
CDK Convent Deutscher Korporationsverbände.
CdL Club der Luftfahrt.
cdm Kubikdezimeter.
CDN *auto.* Kanada.

CDP Christlich-Demokratischer Pressedienst.
CDU Christlich-Demokratische Union.
CE *chem.* Collip-Einheit.
C.E. (*Fr.*) Conseil de l'Europe, Europarat.
Ce *chem.* Cer.
CEA (*Fr.*) Confédération Européenne de l'Agriculture, Europäische Agrarunion.
C.E.C.A. (*Fr.*) Communauté Européenne du Charbon et de l'Acier, Europäische Gemeinschaft für Kohle und Stahl.
C.E.E. (*Fr.*) Communauté Economique Européenne, Europäische Wirtschaftsgemeinschaft.
C.E.E.A. (*Fr.*) Communauté Européenne de l'Energie Atomique, Europäische Gemeinschaft für Atomenergie, Europäische Atomgemeinschaft.
Cel. *phys.* Celsius.
Cell(oph). Cellophan.
Cels. *phys.* Celsius.
CEMA Centrale Marketinggesellschaft der deutschen Agrarwirtschaft.
Cemb. Cembalist, Cembalo.
CEMT (*Fr.*) Conférence Européenne des Ministres des Transports, Europäische Verkehrsminister-Konferenz.
CEPT (*Fr.*) Conférence Européenne des Administrations des Postes et des Télécommunications, Europäische Konferenz der Verwaltungen für Post- und Fernmeldewesen.
CERN (*Fr.*) *C.E.R.N.* Conseil Européen pour la Recherche Nucléaire, Europäische Organisation für Kernforschung.
Ceyl. Ceylon(ese).
ceyl. ceylonesisch.
Cf *chem.* Californium.
cf. (*Lat.*) confer, vergleiche.
C.F.F. (*Fr.*) Chemins de Fer Fédéraux, Schweizerische Bundesbahnen *pl.*
CFK Chemiefaserkombinat (*DDR*); Christliche Friedenskonferenz.
CFW Chemiefaserwerk (*DDR*).
cg Zentigramm.
CGB Christlicher Gewerkschaftsbund Deutschlands.
CGBE Christliche Gewerkschaft Bergbau und Energie.
CGD *hist.* Christliche Gewerkschaften *pl* Deutschlands.
CGDE Christliche Gewerkschaft Deutscher Eisenbahner.
CGP Christliche Gewerkschaft des Post- und Fernmeldepersonals.
CH (*Lat.*) *auto.* Confoederatio Helvetica, Schweizerische Eidgenossenschaft.
Ch. (*sport*) Champion; Charge; *tech.* Chassis; Chauffeur; Chaussee; Chef; Chemie; Chiffre; *geogr.* China; Chirurg(ie); Chor(sänger).
chald. chaldäisch.
cham. chamois.
Champ. Champagner; Champignon; (*sport*) Champion(at).
chang. changieren(d).
Char. Charakter; Charge; Chargierte (*of a students' society*); Charité (*hospital in Berlin*).
char. charakterisiert; charakteristisch.
ChBK Chef des Bundeskanzleramts.
ChBPr. Chef des Bundespräsidialamts.
Ch.-Dir. *mus.* Chefdirigent; Chordirektor, -dirigent.
ChdOP Chef der Ordnungspolizei.
ChdSt, Ch.d.St. *mil.* Chef des Stabes.
Chefdir. *mus.* Chefdirigent.
Chem. Chemie, Chemiker.
chem. chemisch.
chem. Rein. chemische Reinigung.

chiff(r). chiffrieren, chiffriert.
chil. chilenisch.
Chin. Chinese, *ling.* Chinesisch; *pharm.* Chinin.
chin. chinesisch.
Ch.-Ing. Chefingenieur.
CHIO (*Fr.*) Concours Hippique International Officiel, offizielles internationales Reitturnier.
Chir. Chirurg(ie).
chir. chirurgisch.
Ch.-Korr. Chefkorrektor.
Chol. Cholera; Choleriker.
chol. cholerisch.
Chor. Choral; Chorsänger.
Ch.-P(il). *aer.* Chefpilot.
Ch.-Pl. Chefplaner.
Chr. Christ(entum), Christus; *metall.* Chrom; Chronik, -nist; Chronologie; Chronometer.
chr. christlich; chronisch; chronologisch.
Ch.-Red. Chefredakteur, -redaktion.
Christ. Christentum.
christl. christlich.
chrom. chromatisch; chromatisieren, -siert.
Chron. Chronik, -nist; Chronologie.
chron. chronisch; chronologisch.
Chronogr. Chronogramm, -graphie.
chronogr. chronographisch.
Ch.-Sekr. Chefsekretärin.
Ch.v.D. Chef vom Dienst.
CI (*Lat.*) Caritas Internationalis, Internationale Caritas; (*Fr.*) *auto.* Côte d'Ivoire, Elfenbeinküste.
Ci. *phys.* Curie; *meteor.* Zirrus.
Cic. *print.* Cicero.
C.I.C.R. (*Fr.*) Comité International de la Croix Rouge, Internationales Komitee vom Roten Kreuz.
Cie. (*Fr.*) *obs. econ.* Compagnie, Kompanie.
C.I.M. (*Fr.*) Convention internationale concernant le transport des marchandises par chemins de fer, Internationales Übereinkommen über den Eisenbahnfrachtverkehr.
C.I.M.E. (*Fr.*) Comité Intergouvernemental pour les migrations Européennes, Zwischenstaatliches Komitee für Europäische Auswanderung.
CINA Commission Internationale de Navigation Aérienne, Internationale Kommission für Flugnavigation.
C.I.O. Comité International Olympique, Internationales Olympisches Komitee.
CISAC (*Fr.*) Confédération Internationale des Sociétés d'Auteurs et Compositeurs, Internationale Vereinigung der urheberrechtlichen Verwertungsgesellschaften.
CJD Christliches Jugenddorf(werk).
ckm Kubikkilometer.
CKW *chem.* chlorierte Kohlenwasserstoffe *pl.*
CL *auto.* Ceylon.
Cl *chem.* Chlor.
Cl. Club.
cl Zentiliter.
c.l. (*Lat.*) citato loco, am angegebenen Ort (*in books*); (*Ital.*) *mus.* col legno, mit der Bogenstange; (*Lat.*) cum laude, mit Lob.
Cm *chem.* Curium.
cm Zentimeter.
CMa (*Lat.*) *astr.* Canis Major, Großer Hund.
CMi (*Lat.*) *astr.* Canis Minor, Kleiner Hund.
cmm Kubikmillimeter.
cm/s Zentimeter pro Sekunde.
CMV Christlicher Metallarbeiterverband.
Cn *chem.* Centurium.
CND Christlicher Nachrichtendienst.

Cntr. *econ.* Container.
CO *auto.* Kolumbien.
Co *chem.* Kobalt.
Co. (*Fr.*) *econ.* Compagnie, Kompanie.
Cod. Codex.
cod. codieren, codiert.
Col. Colophonium.
col. (*Lat.*) *print.* columna, Spalte.
Coll. Collage; College, Collegium.
Colleg. Collegium.
Com(m). *aer. mil. mar.* Commodore.
Comp. *print.* Composer; Computer.
Conf. (*Lat.*) confessio, Bekenntnis.
Confr. (*Lat.*) Confrater, Mitbruder.
Cont. *econ.* Container; *mus.* Continuo.
Cont.-Term. *econ.* Containerterminal.
Conv. *biol.* Convarietät; *tech.* Converter, Umformer.
Corp. (*Lat.*) corpus, Körper.
Corr. (*Lat.*) Corrigenda *pl*, Berichtigungen *pl*.
corr. corr. impr. (*Lat.*) *print.* correctis corrigendis imprimatur, nach Ausführung der Korrekturen druckfertig.
cos *math.* Kosinus.
cosec *math.* Kosekans.

cot(g) *math.* Kotangens.
coth *math.* Kotangens hyperbolicus.
Coul. Couleur.
Coup. Coupage; Coupon.
Court. Courtage.
Cous. Cousin(e).
Cout. Couture, Couturier.
CP Christliche Pfadfinderschaft.
cP *meteor.* kontinentale Polarluft.
CPVA Chemisch-Physikalische Versuchsanstalt.
CR Ceylon-Rupie (*monetary unit*); *auto.* Costa Rica.
Cr *chem.* Chrom.
cr. (*Lat.*) *obs.* currentis, laufenden (Jahres od. Monats).
cresc. (*Ital.*) *mus.* crescendo, anschwellend.
CrNiSt Chrom-Nickel-Stahl.
Cruz. Cruzeiro (*monetary unit in Brazil*).
CS *auto.* Tschechoslowakei.
Cs *chem.* Cäsium; *meteor.* Zirrostratus.
CSA Christlich-Soziale Arbeitnehmerschaft.
C.S.A. (*Lat.*) *röm.kath.* Canonici Sancti Augustini, Augustinerchorherren *pl*.

ČSSR (*Czech.*) Československá Socialistická Republika, Tschechoslowakische Sozialistische Republik.
CSU Christlich-Soziale Union (*of Bavaria*).
CSW Christlicher Studenten-Weltbund.
cT *meteor.* kontinentale Tropikluft.
ct. Cent, Centime.
c.t. (*Lat.*) cum tempore, mit akademischem Viertel (*15 minutes later*).
ctg *math.* Kotangens.
CTI Chemisch-Technisches Institut.
cts. Cents *pl*, Centimes *pl* (*monetary unit*).
CU *auto.* Curaçao.
Cu *chem.* Cuprum, Kupfer.
CV Cartellverband der katholischen deutschen Studentenverbindungen.
CVJM Christlicher Verein Junger Männer.
CVJT Schweizerischer Nationalverband Christlicher Vereine Junger Töchter und Frauen.
CVP Christlichdemokratische Volkspartei (*Switzerland*). [Jugend.\
CVWJ Christlicher Verein Weiblicher/
CW (*computer*) Codewort.
CY *auto.* Zypern.
CZ *tech.* Cetanzahl.

D

D Dame (*in chess*); Dampfer, Dampfschiff; (*computer*) Daten *pl*; Datum; *econ.* Debet; Deka; *chem.* Deuterium; *ling.* Deutsch; *auto.* Bundesrepublik Deutschland; *math.* Dezimalpotenz; *phys.* Dichte; *tech.* Dieselmotor; Dimension; Dinar (*monetary unit*); Diode; *electr.* (*optics*) Dioptrie; *mus.* Dominante; *biol.* Dominanz; Dose; Drachme (*monetary unit of Greece*); (*postal service*) dringend; (*railway*) Durchgangszug; *auto.* Düsseldorf.
D. *phys.* Dichte; Dicke; *mus.* Diskant; *econ.* Diskont; Doktor der (protestantischen) Theologie; (*Lat.*) Dominus, Herr; Doppel; Durchgang; Durchlauf; *tech.* Durchmesser.
d (*Lat.*) *print.* deleatur, es soll getilgt werden; *hist.* Denar(ius); *phys.* Deuteron; *chem. phys.* dextrogyr; Dezi...; (*Lat.*) *astr.* dies, Tag; *math.* (totales) Differential; *tech.* Durchmesser.
d. das, dem, den, der, des; deutsch; dicht; dick; die; doppelt; dünn; durch.
DA algerischer Dinar (*monetary unit*); Daueranstellung; Dauerauftrag; Deutsche Akademie; Deutsches Archiv; Dienstanweisung; Dienstaufsicht; Dienstausweis; Dienstauszeichnung; Durchführungsanordnung.
d.A. der Autor; *tel.* durch Anruf.
d.Ä. der Ältere.
da *tech.* Außendurchmesser; Deka...; Deziar.
DAA Deutsche Angestellten-Akademie.
DAAD Deutscher Akademischer Austauschdienst.
DAB Deutscher Athleten-Bund; Deutsches Arzneibuch.
DaB, D.a.B. *mar. mil.* Dienst an Bord.
dab. dabei.
DABB Deutscher Amateur-Billard-Bund.
DABV Deutscher Amateur-Box-Verband.
DAC Deutsch-Ausländischer Club.
DACA Deutsche Arbeitsgemeinschaft Christlicher Aufbaulager.
Dachg. Dachgeschoß; *econ.* Dachgesellschaft.
Dachorg. Dachorganisation.
Dachverb. *econ.* Dachverband.
dad. (*gek.*) dadurch (gekennzeichnet).
DAdW Deutsche Akademie der Wissenschaften (*DDR*).
DAE Dienstaufwandsentschädigung.
DAeC Deutscher Aero-Club.
DAF *hist.* (*in NS-Zeit*) Deutsche Arbeits-\
daf. dafür. [front./
DAG Deutsche Afrika-Gesellschaft; Deutsche Angestellten-Gewerkschaft; *jur.* Deutsches Auslieferungsgesetz.
dag Dekagramm.
dag. dagegen.
DAGK Deutsche Arbeitsgemeinschaft Kybernetik.

DAGV Deutsche Arbeitsgemeinschaft Vakuum.
Dah. Dahomey(er).
dah. daheim; daher; dahinter; dahomeyisch.
DAHV Deutscher Automobilhändlerverband.
DAHW Deutsches Aussätzigen-Hilfswerk.
DAI Deutscher Architekten- und Ingenieur-Verband; Deutsches Archäologisches Institut; Deutsches Auslandsinstitut.
DAK Deutsche Angestellten-Krankenkasse; Deutsche Atom-Kommission; *mil. hist.* Deutsches Afrikakorps.
DAL Deutsche Akademie der Landwirtschaftswissenschaften (*Berlin*); Deutsche Akademie der Luftfahrtforschung; Deutscher Arbeitsring für Lärmbekämpfung.
Dalm. Dalmatien, Dalmatiner.
dalm. dalmatinisch.
DAM Deutsches Apotheker-Museum.
dam Dekameter.
dam. damalig, damals.
D.-Am. Deutsch-Amerikaner.
DAMW Deutsches Amt für Meßwesen und Warenprüfung (*DDR*).
Dän. Däne(mark), *ling.* Dänisch.
dan. danach.
dän. dänisch.
dank. danken(d).
Dankb. Dankbarkeit.
DAnw., D.-Anw. Dienstanweisung; Durchführungsanweisung.
DAO Dividendenabgabenordnung; Durchführungsanordnung.
DAP *hist.* Deutsche Arbeiterpartei; Deutsches Ausschließungspatent.
DARA Deutsche Arbeitsgemeinschaft für Rechenanlagen.
DARAG Deutsche Auslands- und Rückversicherungs-AG (*DDR*).
DArbGG Deutsches Arbeitsgerichtsgesetz.
DARC Deutscher Amateur-Radio-Club.
dargel. dargelegt.
dargest. dargestellt.
Darl. Darlegung; Darlehen.
darl. darlegen.
Darst. Darsteller, -lung.
DAS Deutscher Allgemeiner Sängerbund; Deutscher Arbeitersängerbund; Deutscher Arbeiter-Schachbund; Deutscher Automobilschutz; (*computer*) Direkt-Abfrage-Sprache.
das. daselbst.
DASD Deutscher Amateur-Sende- und Empfangsdienst.
DASR Deutsche Akademie für Staats- und Rechtswissenschaft (*DDR*).
dass. dasselbe.
DAT Deutsch-Atlantische Telegraphengesellschaft; Deutsche Arznei-Taxe; Deutsche Automobil-Treuhand GmbH.

Dat. Daten *pl*; *ling.* Dativ; Datum.
DATAG, Datag Deutsche Allgemeine Treuhand AG.
DAtF Deutsches Atomforum.
DATV Deutscher Amateur-Tanzsportverband.
DAU (*computer*) Digital-Analog-Umsetzer od. -Umwandler.
D.-Aufs. Dienstaufseher, -sicht.
D.-Auftr. Dauerauftrag; Dienstauftrag.
DAV Deutscher Adreßbuch-Verlag; Deutscher Alpenverein; Deutscher Angler-Verband (*DDR*); Deutscher Anwaltverein; Deutscher Apotheker-Verein; Deutscher Arbeitskreis Vakuum; Deutscher Artisten-Verband; Deutscher Astrologen-Verband; Deutscher Automaten-Verband; Deutscher Autoren-Verband; Dividendenabgabeverordnung.
dav. davon; davor.
DAW Deutsche Akademie der Wissenschaften (*DDR*); Deutscher Arbeitskreis Wasser(forschung).
DAZ Dienstalterszulage.
dazw. dazwischen.
DB (*computer*) Datenbank; (*computer*) Datenbestand; *tech.* Dauerbelastung, -betrieb; Deutsche Bank; Deutsche Bibliothek; Deutsche Bücherei; Deutsche Bundesbahn; Deutsche Bundesbank; Dienstbeschädigung; *med.* Diphtheriebazillus; Direktionsbezirk; Doppelspielband (*magnetic tape*); Dresdner Bank; Durchführungsbestimmung(en *pl*); Durchlaßbereich.
D.B. Deutsche Burschenschaft.
dB *phys.* Dezibel. [Boten.\
d.B. dieses Bandes od. Buches; durch/
DBA Doppelbesteuerungsabkommen.
DBB Deutsche Bundesbank; Deutscher Basketball-Bund; Deutscher Beamtenbund; Deutscher Brauerbund.
DBD Demokratische Bauernpartei Deutschlands (*DDR*).
Dbd. Doppelband (*of books*).
DBest. Durchführungsbestimmung(en *pl*).
DBG Deutsche Baugemeinschaft; Deutsche Botanische Gesellschaft; Deutsche Buch-Export- und Import-Gesellschaft (*DDR*); Deutsche Buchgemeinschaft; Deutsches Beamtengesetz.
DBGM Deutsches Bundes-Gebrauchsmuster.
DBIV Deutscher Braunkohlen-Industrie-Verein.
DBJR Deutscher Bundes-Jugendring.
DBK Deutsche Beamten-Krankenversicherung.
Dbl. Deckblatt; Dienstblatt; Doppelblatt.
d. Bl. dieses Blattes.
DBO Deutsche Bauordnung.
DBP Deutsche Bundespost; Deutsches Bundespatent.

DBPa Deutsches Bundespatent angemeldet.

dbr. dunkelbraun.

DBS Deutsche Bausparkasse; Deutscher Berufsfahrerschutz.

DBSV Deutscher Billardsportverband (*D D R*); Deutscher Bob- und Schlittensportverband; Deutscher Bogenschützen-Verband (*D D R*).

DBT Deutscher Bundestag.

DBV Deutsche Beamtenversicherung; Deutscher Bäderverband; Deutscher Bankbeamtenverein; Deutscher Badminton-Verband; Deutscher Basketball-Verband (*D D R*); Deutscher Bauernverband; Deutscher Berufsboxverband; Deutscher Bibliotheksverband (*D D R*); Deutscher Bob-Verband; Deutscher Boxverband (*D D R*); Deutscher Buchdrucker-Verein; Deutscher Bühnenverein; Deutscher Büro- und Behördenangestellten-Verband; Deutscher Bundeswehr-Verband.

DBWV Deutscher Bergsteiger- und Wander-Verband.

DBZ Deutsche Bauernzeitung; Deutsches Bauzentrum.

DC Delegiertenconvent (*of students' societies*); (*Ital.*) *pol.* Democrazia Cristiana.

D.C. *hist.* (*in NS-Zeit*) Deutsche Christen *pl.*

d.c. (*Ital.*) *mus.* da capo, noch einmal (von Anfang an).

DCC Deutscher Campingclub.

DCG Deutsche Chemische Gesellschaft.

dch. durch.

Dchs. Durchsicht.

dcm Dezimeter.

DCSV Deutsche Christliche Studentenvereinigung.

DCV Deutscher Caritasverband.

DD *tech.* Dampfdichte; *med.* Differentialdiagnose; *aer.* Doppeldecker; doppelt dick, doppelte Dicke.

D.D. *med.* Differentialdiagnose.

Dd. *math.* Dividend; Doktorand.

d.D. der Direktor, die Direktion.

DDB Deutscher Diabetiker-Bund; Deutscher Dolmetscherbund; Dokumentationsdienst der Deutschen Bundesbahn.

DDD Deutscher Depeschen-Dienst (*a news agency*).

DDG Deutsche Datel-Gesellschaft für Datenverarbeitung; Deutsche Dendrologische Gesellschaft.

DDO Dienst- und Disziplinarordnung.

DDP *hist.* Deutsche Demokratische Partei.

D.d.Pst. Datum des Poststempels.

DDR Deutsche Demokratische Republik.

DDSG Donau-Dampfschiffahrtsgesellschaft.

DDT *chem.* Dichlordiphenyltrichlormethylmethan (*an insecticide*); *electr.* Doppeldrehtransformator.

DDV Deutscher Drogistenverband; (*computer*) direkte Datenverarbeitung.

DE (*computer*) Datenerfassung; *phys.* Dielektrizitätskonstante; Diensteinkommen; *tech.* dieselelektrisch.

De *electr.* Demodulator; *electr.* Detektor.

d.E. (*postal service*) durch Eilboten.

DEA (*TM*) Deutsche Erdöl-AG; (*theater, film*) *mus.* Deutsche Erstaufführung.

DEB Deutscher Eishockey-Bund.

Deb. Debatte; *econ.* Debitor(en *pl*).

dec. (*Ital.*) *mus.* decrescendo, abnehmend.

DECHEMA, Dechema Deutsche Gesellschaft für chemisches Apparatewesen.

DED Deutscher Entwicklungsdienst.

DEE (*computer*) Datenendeinrichtung.

Def. Defekt; Defensive; Defilee; Definition; Defizit; Deformation, -mierung.

def. defekt; defensiv; definieren, -niert; definitiv; defizitär; deformiert.

DEFA Deutsche Film-AG (*D D R*).

DEG Deutsche Eisenbahner-Gewerkschaft; Deutsche Entwicklungsgesellschaft.

Deg. Degeneration.

deg. degeneriert.

DEGEBO, Degebo Deutsche Gesellschaft für Bodenmechanik.

Degesch Deutsche Gesellschaft für Schädlingsbekämpfung.

DEGETO Deutsche Gesellschaft für Ton und Bild.

degr. degressiv.

Degussa Deutsche Gold- und Silberscheideanstalt.

DEHOGA, Dehoga Deutscher Hotel- und Gaststättenverband.

DEHV Deutscher Eishockeyverband.

DEI Deutsches Entomologisches Institut.

DEK Deutsche Einheitskurzschrift; Dortmund-Ems-Kanal.

Dek. Dekade; Dekadenz; *Bibl.* Dekalog; Dekameron; Dekameter; Dekan(at); Dekorateur, Dekor(ation); Dekorum.

dek. dekadent; dekorieren, -riert.

Dekl. Deklamation; Deklaration; Deklination.

dekl. deklamieren; deklarieren, -riert; deklinieren, -niert.

Deko. Dekoration.

Dekor. Dekorateur, -ration.

Dekr. *med.* Dekrement; Dekret, *relig.* Dekretale.

DEKT Deutscher Evangelischer Kirchentag.

Del. Delegation, -gierte; Delikt; Delinquent.

del. delegieren, -giert; (*Lat.*) *print.* deleatur, es soll getilgt werden; delikat; (*Lat.*) (*art*) delineavit, hat es gezeichnet.

Dem. Demarche; Demarkation; Dementi; Demission; Demokrat(ie); Demonstrant, -stration; Demontage.

dem. dementieren, -tiert; demokratisch; demonstrativ, demonstrieren; demontieren.

DEMAG Deutsche Maschinenfabrik AG.

Dem.-L. Demarkationslinie.

demn. demnach; demnächst.

DEMV Deutscher Einheitsmietvertrag.

demz(uf). demzufolge.

den (*textile*) Denier.

Denkm. Denkmal.

Denkschr. Denkschrift.

Dent. Dentist.

Dep. (*Fr.*) Departement; (*Fr.*) Dependance; Depesche; *ling.* Deponens; Deportation; Depositär; *econ.* Depositen *pl*; Deposition; Depositorium; Depot; Deputat; Deputation, Deputierte.

Dep.-B. Depositenbank.

Depr. Depression(en *pl*); *relig.* Deprivation.

depr. deprimiert.

Deput. Deputat; Deputation; Deputierte.

DER Deutsche Eisenbahn-Reklame; Deutsches Reisebüro.

Der. Derivat(ion).

DERA Darmstädter elektronische Rechenanlage.

dergl. dergleichen.

derj. derjenige.

Derm. *med.* Dermatologe, -logie.

derm. dermaßen.

ders. derselbe.

DES Dieselelektroschiff.

desgl. desgleichen.

Desinf. Desinfektion.

desinf. desinfizieren, -ziert.

deskr. deskriptiv.

Desp. Despot(ie), -tismus.

desp. despotisch.

Dess. Dessert; Dessin; Dessous.

dess. desselben.

Dest. Destillat(eur), -lation; Destination.

DESY *nucl.* Deutsches Elektronen-Synchrotron.

Desz. Deszendent, -denz.

desz. deszendent, deszendieren(d).

Det. Detail; Detektiv; *electr.* Detektor; Detergenzien *pl*; Determinante; Determination, *ling.* Determinativ; Determinismus; Detonation.

det. detaillieren, -liert; determinieren, -niert; deterministisch; detonieren, -niert.

DEU Deutsche Eislaufunion; Deutsche Europa-Union.

DEUBAU Deutsche Bauausstellung.

Deut. *phys.* Deuteron; *Bibl.* Deuteronomium.

DEV Deutscher Eisenwarenhändler-Verband; Deutscher Eissport-Verband; Deutscher Export-Verband.

Dev. Devestitur; Deviation; Devise; Devisen *pl*; *röm.kath.* Devotionalien *pl.*

dev. devot.

Devot. *röm.kath.* Devotionalien *pl.*

DEVV Deutscher Eisenbahnverkehrsverband.

DEW Deutsche Edelstahlwerke AG.

Dez. Dezember; Dezennium; Dezernat, -nent; Dezimale; *mus.* Dezime; Dezimeter.

dez. dezent; dezimal.

DF (*computer*) Datenfeld; Deutsches Fernsehen.

Df *biol.* Defizienz; Drahtfunk(technik).

Df. Dorf; Durchführung.

d.f. de facto.

DFB Demokratischer Frauenbund; Deutscher Fechterbund; Deutscher Fußballbund; Devisenfreibetrag.

DFD Demokratischer Frauenbund Deutschlands (*D D R*).

DFF Deutscher Fernsehfunk (*D D R*); *aer. mar.* Drehfunkfeuer.

DFFB Deutsche Film- und Fernsehakademie Berlin.

DFG Deutsche Forschungsgemeinschaft; Deutsche Friedensgesellschaft.

dfg. dienstfähig.

DFH Deutsche Forschungsanstalt Hubschrauber und Vertikalflugtechnik.

DFJW Deutsch-Französisches Jugendwerk.

DFK Deutscher Verband für Freikörperkultur.

DFKG Deutsche Fernkabel-Gesellschaft.

DFL Dampffischlogger; Deutsche Forschungsanstalt für Luftfahrt.

DFP Demokratische Fortschrittliche Partei (*Austria*); *chem.* Di-isopropylfluorphosphat.

DFR Deutscher Forschungsrat.

DFS Deutsche Forschungsanstalt für Segelflug; Deutsche Funkschule.

DFSp (*computer*) Dünnschicht-Filmspeicher.   [band.]

DFTV Deutscher Funktechnischer Verband.

DFU Deutsche Friedensunion.

DFÜ (*computer*) Datenfernübertragung.

DFV (*computer*) Datenfernverarbeitung; Deutscher Familienverband; Deutscher Faustball-Verband (*D D R*); Deutscher Fechtverband (*D D R*); Deutscher Federballverband (*D D R*); Deutscher Fernsehverband; Deutscher Feuerwehrverband; Deutscher Fischereiverband; Deutscher Fleischerverband; Deutscher Forstverein; Deutscher Fototechniker-Verband; Deutscher Fremdenverkehrsverband; Deutscher Funktechnischer Verband; Deutscher Fußballverband (*D D R*).

DfV(O) Durchführungsverordnung.

DFVLR Deutsche Forschungs- und Versuchsanstalt für Luft- und Raumfahrt.

DFW Deutsches Frauenwerk.

DFWR Deutscher Forstwirtschaftsrat.

DG Dampfschiffahrtsgesellschaft; *hist.* Danziger Gulden (*monetary unit*); Deutscher Härtegrad (*of water*); Diplomgärtner; Durchführungsgesetz.

D.G. Deutscher Härtegrad (*of water*).

Dg Dekagramm.

Dg. *tech.* Dichtung; Durchgang; Durchschlag.

d.G. *mil.* des Generalstabs; des Gesetzes; durch Gesetz; durch Güte (*of letters*).

dg Dezigramm.

DGAK Deutsche Gesellschaft für Afrikakunde.

DGAVL Deutsche Gesellschaft für Allgemeine und Vergleichende Literaturwissenschaft.

DGB Deutsche Gesellschaft für Betriebswirtschaft; Deutscher Gewerkschaftsbund; Deutscher Gymnastikbund.

DGBW Deutsche Gesellschaft für Bewässerungswirtschaft.

DGD Deutsche Gesellschaft für Dokumentation.

DGE Deutsche Gesellschaft für Ernährung.

DGF Deutsche Gesellschaft für Flugwissenschaften.

DGfB Deutsche Gesellschaft für Betriebswirtschaft.

DGfH Deutsche Gesellschaft für Holzforschung.

DGFI Deutsche Gesellschaft Freier Ingenieure; Deutsches Geodätisches Forschungsinstitut.

DGfK Deutsche Gesellschaft für Kartographie.

DGfM Deutsche Gesellschaft für Metallkunde.

DGfPh Deutsche Gesellschaft für Photographie.

DGfPs Deutsche Gesellschaft für Psychologie.

DGG Deutsche Gartenbau-Gesellschaft; Deutsche Geologische Gesellschaft; Deutsche Glastechnische Gesellschaft; Deutsche Grammophon-Gesellschaft.

DGK Deutsche Generalkarte; Deutsche Genossenschaftsbank; Deutsche Gesellschaft für Kybernetik.

dgl. der-, desgleichen.
DGLR Deutsche Gesellschaft für Luft-
und Raumfahrt.
DGLRM Deutsche Gesellschaft für Luft-
und Raumfahrtmedizin.
DGM Deutsches Gebrauchsmuster; Deut-
sches Gesundheitsmuseum.
DGMA Deutsche Gesellschaft für Meß-
technik und Automatisierung (*DDR*).
DGMK Deutsche Gesellschaft für Mine-
ralölwissenschaft und Kohlechemie.
DGO Deutsche Gemeindeordnung.
DGON Deutsche Gesellschaft für Ortung
und Navigation.
DGPh Deutsche Gesellschaft für Photo-
graphie.
DGQ Deutsche Gesellschaft für Qualitäts-
forschung.
d.Gr. der od. die Große.
DGRR Deutsche Gesellschaft für Raketen-
technik und Raumfahrt.
DGRS Deutsche Gesellschaft zur Rettung
Schiffbrüchiger.
DGS Deutsche Gesellschaft für Standardi-
sierung (*DDR*).
DGT Deutscher Gemeindetag.
Dgt. Dirigent.
DGU Deutsche Gesellschaft für Unterneh-
mensforschung.
DGV Deutsche Gesellschaft für Vakuum-
technik; Deutsche Graphologische Ver-
einigung; Deutscher Gastwirteverband;
Deutscher Genossenschaftsverband;
Deutscher Gewerbeverband; Deutscher
Gewichtheberverband (*DDR*).
DGVN Deutsche Gesellschaft für die Ver-
einten Nationen.
DGZ Deutsche Girozentrale.
DH Dirham (*monetary unit of Morocco*);
Doppelheft; Durchfahrthöhe.
dH deutscher Härtegrad (*of water*).
d.H. der Herausgeber.
d.h. das heißt.
DHA Deutsches Handelsarchiv; *chem.* Di-
hydroxyaceton.
DHB Deutscher Handballbund; Deutscher
Hausfrauenbund; Deutscher Hockey-
-Bund.
DHfK Deutsche Hochschule für Körper-
kultur (*DDR*).
DHfL Deutsche Hochschule für Leibes-
übungen.
DHfM Deutsche Hochschule für Musik.
DHfP Deutsche Hochschule für Politik.
DHG Deutsche Handelsgesellschaft; Deut-
sche Hilfsgemeinschaft; Deutsche Histo-
rikergesellschaft (*DDR*).
DHI Deutsches Handwerksinstitut; Deut-
sches Historisches Institut (*Paris*); Deut-
sches Hydrographisches Institut.
DHM Deutsche Handwerksmesse; Deut-
sches Hygiene-Museum.
DHS Deutsche Hauptstelle gegen die
Suchtgefahren.
DHSV Deutscher Hockey-Sportverband
(*DDR*).
DHV Deutscher Handels- und Industrie-
-Angestelltenverband; Deutscher Hok-
key-Verband; Deutscher Holzarbeiter-
verband.
DHWR Deutscher Holzwirtschaftsrat.
DHZ Deutsche Handelszentrale (*DDR*).
DI Deutsches Industrieinstitut; Dolmet-
scherinstitut.
Di *med.* Diphtherie.
Di. Dienst; Dienstag.
di. dienstags; dienstlich.
d.i. das ist.
DIA Deutsche Industrie-Ausstellung; Deut-
scher Innen- und Außenhandel (*DDR*).
Diab. *med.* Diabetes, Diabetiker.
diab. diabetisch; diabolisch.
Diag. *med.* Diagnose, Diagnostik(er); (*tex-
tile*) Diagonal; *math.* Diagonale.
diag. diagonal.
Diagn. *med.* Diagnose, Diagnostik(er).
Diagr. Diagramm.
Diak. Diakon(at), Diakonisse.
diakr. diakritisch.
Dial. Dialekt; Dialektik(er); Dialog.
dial. dialektisch.
Diam. Diamant; Diameter.
diam. diametral, diametrisch.
DIB Deutsche Investitionsbank (*DDR*);
Deutscher Ingenieurbund; Deutsches In-
stitut für Betriebswirtschaft.
DiB *med.* Diphtheriebazillus.
Did. Didaktik(er).
did. didaktisch.

diej. diejenige(n *pl*).
dienst. dienstags.
dienstl. dienstlich.
dies. dieselbe(n *pl*); dieses; *meteor.* diesig.
diesj. diesjährig.
diess. diesseits.
DIFAD Deutsches Institut für angewandte
Datenverarbeitung.
DIfB Deutsches Institut für Berufs(aus)-
bildung (*DDR*).
DIFF Deutsches Institut für Fernstudien.
Diff. Differential; Differenz; Differenzierung.
diff. different; differential, differentiell;
differenzieren, -ziert; diffizil; diffus.
diffam. diffamieren, -miert.
Diff.-Diag(n). *med.* Differentialdiagnose.
Diff.-Gesch. *econ.* Differenzgeschäft.
Diff.-Getr. *tech.* Differentialgetriebe.
Diff.-Gl. *math.* Differentialgleichung.
Diff.-Quot. *math.* Differentialquotient.
DIfW Deutsches Institut für Wirtschafts-
forschung.
dig. *med.* (*computer*) digital.
DIHT Deutscher Industrie- und Handels-
tag.
DIL Deutsches Institut für Luftverkehrs-
statistik.
DIM Deutsche Industriemesse; Deutsches
Institut für Marktforschung (*DDR*).
Dim. Dimension; *mus.* Diminution; *ling.*
Diminutiv.
dim *phys.* Dimension.
dim. dimensional; (*Ital.*) *mus.* diminuendo,
leiser werdend; diminutiv; dimorph.
DIN Deutsches Institut für Normung.
Din Dinar (*monetary unit of Yugoslavia*).
Dion Direktion (*Austria*); *mil.* Division
(*Austria*).
DIPF Deutsches Institut für Internationale
Pädagogische Forschung.
Dipl. Diplom(and); Diplomat(ie); Diplo-
matik.
dipl. diplomatisch; diplomiert.
Dipl.-Arch(it). Diplomarchitekt.
Dipl.-Bibl. Diplombibliothekar.
Dipl.-Chem. Diplomchemiker.
Dipl.-Dolm. Diplomdolmetscher.
Dipl.-Geol. Diplomgeologe.
Dipl.-Gwl. Diplomgewerbelehrer.
Dipl.-Hdl. Diplomhandelslehrer.
Dipl.-Holzw. Diplomholzwirt.
Dipl.-Ing. Diplomingenieur.
Dipl.-K(au)fm. Diplomkaufmann.
Dipl.-L(an)dw. Diplomlandwirt.
Dipl.-Math. Diplommathematiker.
Dipl.-Met. Diplommeteorologe.
Dipl.-Min. Diplommineraloge.
Dipl.-Phys. Diplomphysiker.
Dipl.-Prüf. Diplomprüfung.
Dipl.-Psych. Diplompsychologe.
Dipl.-Übers. Diplomübersetzer.
Dipl.-V(olks)w. Diplomvolkswirt.
DIR Deutsches Institut für Rechtswissen-
schaft (*DDR*).
Dir. Direktion; Direktive; Direktor(at);
Direktorium; Direktrice; Dirigent.
Dir.-App. *tel.* Direktapparat.
Dir.-Ass(ist). Direktionsassistent.
Dir.-Best. *econ.* Direktbestellung.
Dir.-Sekr. Direktionssekretariat, -sekre-
tärin.
Dir.-Übertr. (*radio*) *telev.* Direktübertra-
gung.
Dir.-Verb. *tel.* Direktverbindung.
Disc. *econ.* Discount(er).
dish. disharmonisch.
Disk. *mus.* Diskant; *econ.* Diskont; Disko-
thek; Diskus; Diskussion.
disk. diskutabel; diskutieren, -tiert.
Diskr. Diskretion; Diskriminierung.
diskr. diskret; diskriminieren(d), diskri-
miniert.
DISMA Deutsches Institut für statistische
Markt- und Meinungsforschung.
Disp. *econ.* Dispatcher; Dispens; *chem.*
phys. Dispergens, Dispersion; *econ.* Dis-
ponent; Disposition; Disput(ation).
disp. dispensieren, -siert; *chem. phys.* dis-
pergieren, dispers; disponibel, dispo-
nieren, -niert; dispositiv.
Diss. Dissertation; *relig.* Dissident; Dissi-
milation; Dissolution; Dissonanz; Disso-
ziation.
diss. dissoziativ, dissoziieren, -ziert.
Dist. Distanz; *metr.* Distichon; *med.* (*optics*)
Distorsion.
Distr. *geol. med.* Distraktion; Distrikt.
distr. distributiv.

Disz. Disziplin.
disz. disziplinarisch, diszipliniert.
Div. Divergenz; Diverses; Diversifika-
tion; *mus.* Divertimento; *econ.* Dividende;
math. mil. Division; *math.* Divisor.
DIW Deutsches Institut für Wirtschaftsfor-
schung.
DIZ Deutsche Industriefilm-Zentrale; Deut-
sches Institut für Zeitgeschichte (*DDR*).
DJ Deutsche Jägerschaft; Deutsche Ju-
gend; Deutsche Jugendbücherei; *hist.* (*in
NS-Zeit*) Deutsches Jungvolk.
d.J. der od. die Jüngere; dieses Jahr(es).
DJB Deutscher Judobund.
DJC Deutscher Judoclub.
DJD Deutsche Jungdemokraten *pl.*
DJFR Deutscher Jugendfahrtenring.
DJH Deutsche Jugendherberge; Deutsche
Jugendhilfe; Deutscher Jugendherbergs-
verband.
DJK Deutsche Jugendkraft (*a sports asso-
ciation*).
DJMM (*sport*) Deutsche Jugendmann-
schafts-Meisterschaften *pl.*
DJO Deutsche Jugend des Ostens.
DJRK Deutsches Jugendrotkreuz.
DJT Deutscher Juristentag.
DJU Deutsche Journalisten-Union.
DJV Demokratischer Jugendverband;
Deutscher Jagdschutz-Verband; Deut-
scher Journalistenverband; Deutscher
Judo-Verband (*DDR*).
DJW Deutsches Jugendschriftenwerk.
DK *tech.* Dampfkraft; *auto.* Dänemark; De-
legiertenkommission, -konferenz; Deut-
sches Konsulat; Dezimalklassifikation;
phys. Dielektrizitätskonstante; Diesel-
kraftstoff; *electr.* Drehkondensator.
DKA Deutscher Kriegsopferausschuß.
DKB Deutscher Keglerbund; Deutscher
Kulturbund (*DDR*); Deutscher Künstler-
bund.
DKBD Demokratischer Kulturbund
Deutschlands.
Dkfm. Diplomkaufmann (*Austria*).
DKfO Deutsche Kommission für Ozeano-
graphie.
DKfW Deutsche Kommission für Weltraumforschung.
DKFZ Deutsches Krebsforschungszentrum.
DKG Deutsche Kautschuk-Gesellschaft;
Deutsche Keramische Gesellschaft; Deut-
sche Krankenhausgesellschaft.
dkg Dekagramm (*Austria*).
DKGD Deutsche Konzert- und Gastspiel-
direktion (*DDR*).
DKI Deutsches Kunststoff-Institut; Deut-
sches Kupferinstitut.
d.Kl. der od. die Kleine; d(ies)er Klasse.
dkl Dekaliter.
dkl. dunkel.
Dkm. Denkmal.
dkm Dekameter.
DKP Deutsche Kommunistische Partei.
dkr dänische Krone (*monetary unit*).
DKS Deutsche Kraftwagen-Spedition.
DKSB Deutscher Kinderschutzbund.
DKSV Deutscher Kanusportverband
(*DDR*).
DKU Deutsche Kraftfahrer-Union.
DKV Deutsche Krankenversicherungs-
AG; Deutscher Kältetechnischer Verein;
Deutscher Kanuverband; Deutscher Keg-
lerverband (*DDR*); Deutscher Kraftfah-
rerverband; Deutscher Künstlerverband.
DKW Dampfkraftwerk.
DL *tech.* Dampfleitung; *mar.* Dampflogger;
Demarkationslinie; Deutsche Landsmann-
schaft; Diplomlandwirt; (*Lat.*) *med. pharm.*
dosis letalis, tödliche Dosis.
D.L. Deutsche Landsmannschaft.
Dl Dekaliter.
Dl. *tech.* Druckluft.
dl Deziliter.
D-Lampe *electr.* Doppelwendellampe.
DLB Dienstleistungsbetrieb.
DLF Deutschlandfunk (*a radio station*).
DLfM Deutsche Liga für Menschenrechte.
DLG Deutsche Landwirtschafts-Gesell-
schaft; Deutsche Lichtbild-Gesellschaft.
DLH Deutsche Lufthansa AG (*an airline*).
DLR Deutsche Luftreederei; Deutscher
Landwirtschaftsrat.
DLRG Deutsche Lebens-Rettungs-Gesell-
schaft.
DLSV Deutscher Luftsportverband.
DLTG Deutsche Lichttechnische Gesell-
schaft.

DLV Deutscher Landfrauenverband; Deutscher Leichtathletik-Verband; Deutscher Leihverkehr (*library*); Deutscher Luftfahrt-Verband; Deutscher Luftpostverband; Deutscher Luftschutz-Verband; Deutscher Luftsport-Verband.

DLZ Deutsche Lehrerzeitung (*DDR*); Deutsche Literaturzeitung.

DM Dampfmühle; Deutsche Mark; (*sport*) Deutsche Meisterschaft(en *pl*); Deutsches Museum; *tech.* Dieselmotor.

Dm Dekameter.

Dm. Damm; Denkmal; Domäne; Durchmesser.

d.M. der Marine; deutsche Meile (= 7532 m); d(ies)es Monats.

D-Mark Deutsche Mark.

DMG Deutsche Maschinentechnische Gesellschaft; Deutsche Meteorologische Gesellschaft; Deutsche Morgenländische Gesellschaft; Deutsche Musikgesellschaft.

DMI Deutsches Mode-Institut.

DMJ Deutsches Meteorologisches Jahrbuch.

DMK Deutsche Meereskarte; Deutscher Motorboot-Klub.

DMM (*sport*) Deutsche Mannschaftsmeisterschaft(en *pl*).

DMR Deutsches Mietrecht.

Dmr. Durchmesser.

d.Mts. d(ies)es Monats.

DMV Deutsche Mathematiker-Vereinigung; Deutscher Metallarbeiter-Verband; Deutscher Motorradsport-Verband; Deutscher Musikverleger-Verband.

DMW Deutsche Medizinische Wochenschrift; *electr.* Dezimeterwelle(n *pl*).

DMYV Deutscher Motoryachtverband.

D.-N. Doppelnummer (*of journals*).

DNA Deutscher Normenausschuß.

DNB Deutsche Notenbank (*DDR*); *hist.* Deutsches Nachrichtenbüro; *chem.* Dinitrobenzol.

DNK Deutsches Nationales Komitee.

DNotV Deutscher Notarverein.

DNR Deutscher Naturschutzring.

DNS *biol. chem.* Desoxyribonukleinsäure.

DNVP *hist.* Deutschnationale Volkspartei.

DO Dienst(straf)ordnung; Dieselöl; Disziplinarordnung.

Do Dornier (*aircraft*).

Do. Donnerstag; Doppel.

d.O. der *od.* die Obige.

do. (*Ital.*) detto, dito, ditto (*Austria*), dasselbe, ebenso; donnerstags.

DOA Dienstordnung für Angestellte.

DOAG Deutsch-Ostasiatische Gesellschaft.

D.Ö.A.V. Deutsch-Österreichischer Alpenverein.

DOB Damenoberbekleidung(sindustrie); Deutscher Offiziersbund.

Do.-Bd. Doppelband (*of books*).

d.ö.D. des öffentlichen Dienstes.

DOG Deutsche Olympische Gesellschaft.

Do.-H. Doppelheft (*of journals*).

Dok. Dokument(ation).

dok. dokumentieren, -tiert.

Dokt. Doktor(and); Doktrin.

doktr. doktrinär.

Dolm. Dolmetscher.

DOM *auto.* Dominikanische Republik.

Dom. Domäne; Dominante; Dominion; (*Lat.*) Dominus, Herr; Domizil.

dom. dominieren(d); dominikanisch.

dom $ dominikanischer Peso (*monetary unit*).

Dom.-Verw. Domänenverwalter, -verwaltung.

dopp. doppelt.

Doppelz. Doppelzentner; Doppelzimmer.

d.ö.R. des öffentlichen Rechts.

dorth. dorther; dorthin.

Dos. Dosierung, Dosis.

dos. dosieren, dosiert.

DOZ Deutsches Olympiazentrum.

Doz. Dozent(ur).

Do.-Z(i). Doppelzimmer.

Do.-Ztr. Doppelzentner.

DP Demokratische Partei; Deutsche Partei; Deutsche Post (*DDR*); Deutsches Patent; *chem.* Durchschnitts-Polimerisationsgrad.

Dp. Doppel-.

DPA Deutscher Personalausweis; Deutsches Patentamt.

dpa Deutsche Presse-Agentur.

DPB Deutscher Pfadfinderbund.

Dp.-Bd. Doppelband (*of books*).

DPD *hist.* Deutscher Pressedienst.

DPf, Dpf Deutscher Pfennig.

Dpf. Dampf; Dampfer, Dampfschiff.

Dpf.-Lok Dampflok(omotive).

Dpfm., Dpf.-Masch. Dampfmaschine.

Dpf.-T(urb). Dampfturbine.

DPG Deutsche Physikalische Gesellschaft; Deutsche Postgewerkschaft; Deutsche Psychoanalytische Gesellschaft; Deutsches Patentgericht.

Dp.-H. Doppelheft (*of journals*).

DPhV Deutscher Philologen-Verband.

DPN Deutsche Postnorm (*DDR*); *chem. med.* Diphosphopyridinnukleotid.

Dpp. Doppel.

dpp. doppelt.

Dptr., dpt(r). (*optics*) Dioptrie.

DPV Deutscher Pfadfinder-Verband; Deutscher Pferdesport-Verband (*DDR*).

DPWV Deutscher Paritätischer Wohlfahrtsverband.

Dp.-Z(i). Doppelzimmer.

DPZI Deutsches Pädagogisches Zentralinstitut (*DDR*).

DR Dauerrente; Demokratische Republik; Deutsche Reichsbahn (*DDR*); Deutsches Recht; Deutsches Reich; (*computer*) Digitalrechner.

Dr. Doktor; Drachme (*monetary unit of Greece*); Draht; Drama; *tech.* Drossel; Druck; Drucker(ei); (*postal service*) Drucksache; *med.* Drüse.

d.R. *mil.* der Reserve; des Ruhestandes; die Redaktion.

dr. Drachme (*monetary unit of Greece*); dringend; drücken(d).

DRAC Deutscher Radio-Amateur-Club.

Dr. agr. (*Lat.*) doctor agronomiae, Doktor der Landwirtschaft.

DRB Deutscher Ringerbund.

DRBG *hist.* Deutsche Reichsbahngesellschaft.

Drchf. Durchfahrt; Durchführung.

Drchg. Durchgang.

Drcks. (*postal service*) Drucksache.

d.Red. die Redaktion.

d.Ref. der Referent.

Dr.E.h. Doktor Ehren halber.

Drehko. *electr.* Drehkondensator.

Dres. (*Lat.*) Doctores, Doktoren *pl*.

d.Res. *mil.* der Reserve.

d.Rez. der Rezensent.

DRF *pharm.* Deutsche Rezeptformeln *pl*; *nucl.* Dosisreduzierungsfaktor.

D.R.F. *pharm.* Deutsche Rezeptformeln *pl*.

Dr. forest. (*Lat.*) doctor scientiae rerum forestalium, Doktor der Forstwissenschaft.

DRF(F)V Deutscher Radio- und Fernseh-Fachverband.

DRG Deutsche Raketen-Gesellschaft; Deutsche Röntgen-Gesellschaft; *hist.* Deutsches Reichsgesetz.

drgl. dergleichen.

DRGM Deutsches Reichs-Gebrauchsmuster.

Drgt. Dirigent.

Dr. (z. B. med.) habil. (*Lat.*) Doctor habilitatus, habilitierter Doktor (*z. B.* der Medizin).

Dr.h.c. (*Lat.*) Doctor honoris causa, Doktor ehrenhalber, Ehrendoktor.

Dr.-Ing. Doktoringenieur, Doktor der Ingenieurwissenschaften.

Dr. j. u(tr). (*Lat.*) doctor juris utriusque, Doktor beider Rechte.

Dr. jur. (*Lat.*) Doctor juris, Doktor der Rechte.

DRK Deutsches Rotes Kreuz.

Dr. med. (*Lat.*) doctor medicinae, Doktor der Medizin.

Dr. med. dent. (*Lat.*) doctor medicinae dentariae, Doktor der Zahnmedizin.

Dr. med. univ. (*Lat.*) doctor medicinae universae, Doktor der gesamten Medizin (*Austria*).

Dr. med. vet. (*Lat.*) doctor medicinae veterinariae, Doktor der Tiermedizin.

Dr. oec. (*Lat.*) doctor oeconomiae, Doktor der Wirtschaftswissenschaft.

Dr. oec. publ. (*Lat.*) doctor oeconomiae publicae, Doktor der Staatswissenschaften.

Drog. Drogerie, Drogist.

DRP *hist.* Deutsche Rechtspartei; *hist.* Deutsche Reichspartei; *hist.* Deutsche Reichspost; Deutsches Reichspatent.

Drp. *tech.* Druckpunkt.

DRPa. Deutsches Reichspatent angemeldet.

Dr. paed. (*Lat.*) doctor paedagogiae, Doktor der Pädagogik.

Dr. pharm. (*Lat.*) doctor pharmaciae, Doktor der Pharmazie.

Dr. phil. (*Lat.*) doctor philosophiae, Doktor der Philosophie.

Dr. phil. nat. (*Lat.*) doctor philosophiae naturalis, Doktor der Naturwissenschaften.

Dr. rer. agr. (*Lat.*) doctor rerum agrarium, Doktor der Landwirtschaft und Bodenkultur.

Dr. rer. camer. (*Lat.*) doctor rerum camerarum, Doktor der Staatswirtschaftskunde (*Switzerland*).

Dr. rer. hort. (*Lat.*) doctor rerum hortensium, Doktor der Gartenbauwissenschaften.

Dr. rer. mont. (*Lat.*) doctor rerum montanarum, Doktor der Bergbauwissenschaften.

Dr. rer. nat. (*Lat.*) doctor rerum naturalium, Doktor der Naturwissenschaften.

Dr. rer. oec. (*Lat.*) doctor rerum oeconomicarum, Doktor der Wirtschaftswissenschaften.

Dr. rer. pol. (*Lat.*) doctor rerum politicarum, Doktor der Staatswissenschaften.

Dr. rer. techn. (*Lat.*) doctor rerum technicarum, Doktor der technischen Wissenschaften.

DrS (*computer*) Druckstreifen.

Drs. (*Lat.*) doctorandus, Doktorand; (*postal service*) Drucksache.

Dr. sc. (*Lat.*) doctor scientiae, Doktor der Wissenschaft (*DDR*).

Dr. sc(ient). math. (*Lat.*) doctor scientiarum mathematicarum, Doktor der mathematischen Wissenschaften.

Dr. sc(ient). nat. (*Lat.*) doctor scientiarum naturalium, Doktor der Naturwissenschaften.

Dr. sc. pol. (*Lat.*) doctor scientiarum politicarum, Doktor der politischen Wissenschaften.

DrSL (*computer*) Druckstreifenleser.

Dr.-Sp. *print.* Druckspiegel.

DRSV Deutscher Radsport-Verband (*DDR*); Deutscher Rudersport-Verband (*DDR*); Deutscher Rugbysport-Verband.

Dr. techn. (*Lat.*) doctor rerum technicarum, Doktor der technischen Wissenschaften.

Dr. theol. (*Lat.*) doctor theologiae, Doktor der Theologie.

Drucks. (*postal service*) Drucksache.

DRV Demokratische Republik Vietnam; Deutscher Reisebüro-Verband; Deutscher Reklame-Verband; Deutscher Ringer-Verband (*DDR*); Deutscher Rollsport-Verband; Deutscher Ruderverband; Deutscher Rugby-Verband.

DRZ (*computer*) Deutsches Rechenzentrum.

DS Dampfschiffahrt; (*computer*) Datensatz; Deutschlandsender (*DDR*); Dienstsache; Dienstsiegel; *electr.* Drehstrom.

D.S. Deutsche Sängerschaft; Deutsche Seewarte; Deutsche Sektion.

d.s. (*Ital.*) *mus.* dal segno, vom Zeichen an (wiederholen); das sind.

DSA Deutscher Sprachatlas; Deutsches Spracharchiv.

DSB Deutscher Dolmetscher- und Sprachlehrerbund; Deutscher Sängerbund; Deutscher Siedlerbund; Deutscher Soldatenbund; Deutscher Sportbund.

DSBV Deutscher Schlitten- und Bobsportverband (*DDR*).

DSC Deutscher Schwimmclub; Deutscher Sportclub.

DSE Deutsche Stiftung für Entwicklungsländer.

DSF Gesellschaft für Deutsch-Sowjetische Freundschaft (*DDR*).

DSG Deutsche Saatgut-Gesellschaft (*DDR*); (*railway*) Deutsche Schlafwagen- und Speisewagen-Gesellschaft; Deutsche Schwesterngemeinschaft.

dsgl. desgleichen.

DSGV Deutscher Sparkassen- und Giroverband.

DSH Deutsche Sporthochschule.

DSI Deutsches Schuhinstitut.

DSJ Deutsche Sportjugend.

ds.J(s). dieses Jahr(es).

DSK Demokratischer Studentenkreis.

DSLV Deutscher Skiläufer-Verband (*DDR*).

DSM Deutsche Schiffsmaklerei.
ds.M. dieses Monats.
DSMF Deutscher Sportverband Moderner Fünfkampf (*DDR*).
ds.Mts. dieses Monats.
DSp (*computer*) Datenspeicher.
dspr. deutschsprachig.
DSR Deutsche Seereederei (*DDR*); Deutscher Studienring.
DSRK Deutsche Schiffs-Revision und -Klassifikation (*DDR*).
DSSV Deutscher Schwimmsport-Verband (*DDR*); Deutschschweizerischer Sprachverein (*Switzerland*).
DST (*computer*) Datenstation.
D.-St. Dienststelle.
Dst. Dienst(stelle).
DStB Deutscher Städtebund; Deutscher Stenographenbund; Deutsche Staatsbibliothek (*DDR*).
Dst.-Bez. Dienstbezeichnung; Dienstbezirk.
DStG Deutsche Statistische Gesellschaft.
Dst.-Gr. *mil.* Dienstgrad.
dstl. dienstlich.
DStR Deutsches Steuerrecht; Deutsches Strafrecht.
DStrV Dienststrafverfahren.
Dst.-St. Dienststunden *pl.*
DStV Deutscher Stahlbauverband.
Dst.-Zt. Dienstzeit(en *pl*).
DSU Deutsche Schiffahrts- und Umschlagsbetriebe *pl* (*DDR*); Deutsche Studentenunion.
DSV Deutscher Schachverband (*DDR*); Deutscher Schriftstellerverband (*DDR*); Deutscher Schützenverband; Deutscher Schwimmverband; Deutscher Segler-Verband; Deutscher Ski-Verband; Deutscher Sportverein; Deutscher Sprachverein.
DSW Deutsches Siedlungswerk; Deutsches Sozialwerk; Deutsches Studentenwerk.
DSZ deutsche Sommerzeit.
DT (*computer*) Datenträger; *med.* Delirium tremens; Deutsche Turnerschaft; (*railway*) Doppeltriebwagen.
D.T. *med.* Delirium tremens.
Dt *Bibl.* Deuteronomium; (*railway*) Durchgangstriebwagen.
dt Dezitonne (= 100 *kg*).
dt. deutsch.
DTA Deutscher Turnerausschuß.
DTB Deutscher Tennisbund; Deutscher Turnerbund.
DTC Deutscher Touring-Club.
D. theol. (*Lat.*) doctor theologiae, Doktor der (evangelischen) Theologie.
DTL (*computer*) Dioden-Transistor-Logik.
Dtl(d). Deutschland.
dto. (*Ital.*) detto, dito, ditto (*Austria*), dasselbe, ebenso.
DTSB Deutscher Turn- und Sportbund (*DDR*).
dt. Spr. deutsche Sprache; deutscher Sprecher.
DTTB Deutscher Tischtennisbund.
DTTV Deutscher Tischtennisverband (*DDR*).
DTV Deutscher Tankstellenverband; Deutscher Tanzsportverband; Deutscher Techniker-Verband; Deutscher Tennis-Verband (*DDR*); Deutscher Tierschutzverein; Deutscher Transportversichererverband; Deutscher Turnverband (*DDR*); Deutsche Treuhandverwaltung.
dtv Deutscher Taschenbuchverlag.
Dtz(d). Dutzend.
DU Demokratische Union (*Austria*); Deutsche Union; Dienstunfähigkeit, -untauglichkeit.
DÜ (*computer*) Datenübertragung.
d.U. der Unterzeichnete.
du. dienstunfähig, -untauglich.
d.u. dauernd untauglich.
dub. dubios.
Dubl. Dublette.
DUD Deutschland-Union-Dienst (*news agency of the CDU*).
D.u.D. Dienstsiegel und Dienststempel.
DÜE (*computer*) Datenübertragungseinrichtung.
DUF Deutsche Union der Filmschaffenden.
Dulag *mil.* Durchgangslager.
Dupl. Duplikat.
Durchf. Durchfahrt; Durchführung.
Durchl. Durchlaß; *hist.* Durchlaucht.
Durchm. Durchmesser.
Durchschn. Durchschnitt.
durchschn. durchschnittlich.
Durchw.(-Nr.) *tel.* Durchwahl(nummer).
DUZ Deutsche Universitätszeitung.
DV (*computer*) Datenverarbeitung; Dienstvertrag; Dienstvorschrift; Diplomatischer Vertreter; *print.* Druckvermerk; *print.* Druckvermerk; Durchführungsverordnung.
d.V. der Verfasser; der Vertreter, die Vertretung; durch Vertrag.
DVA (*computer*) Datenverarbeitungsanlage; Deutsche Verkehrsausstellung; Deutsche Verlagsanstalt; Deutsche Versicherungs-Akademie; Deutsche Versicherungsanstalt (*DDR*). [(*DDR*).]
DVD Deutscher Veranstaltungsdienst
d.Verf. der Verfasser.
d.Vertr. der Vertreter, die Vertretung; durch Vertrag.
d.Vf. der Verfasser.
DVFA Deutsche Vereinigung für Finanzanalyse und Anlageberatung.
DVFB Deutscher Vieh- und Fleischhandelsbund.
DVfL Deutscher Verband für Leichtathletik (*DDR*).
DVfV Deutscher Verband für Versehrtensport (*DDR*).
DVG Deutsche Verbundgesellschaft; Deutscher Verein für Gesundheitspflege.
d.v.J. des vorigen Jahres.
DVK Deutscher Volkskongreß (*DDR*); Druckerei- und Verlagskontor (*DDR*).
DVKB Deutsche Verkehrs-Kreditbank.
DVL Deutsche Versuchsanstalt für Luft- und Raumfahrt.
DVM Deutscher Verband für Materialprüfung.
DVMF Deutscher Verband für modernen Fünfkampf.
DVO Dienst- und Vollzugsordnung; Durchführungsverordnung.
DVP *hist.* Demokratische Volkspartei; *hist.* Deutsche Volkspartei; Deutsche Volkspolizei (*DDR*); *mil.* Divisionsversorgungspunkt.
DVR Demokratische Volksrepublik; Deutscher Volksrat (*DDR*); Deutsche Verkehrsreklame.
DVS (*computer*) Datenverarbeitungssystem; Deutscher Verband für Schweißtechnik; Deutscher Versehrtensportverband; Deutsche Verkehrsfliegerschule.
DVSI Deutscher Verein selbständiger Ingenieure.
DVT(WV) Deutscher Verband Technisch-Wissenschaftlicher Vereine.
DVV Deutscher Volleyball-Verband.
DVW Deutscher Verein für Vermessungswesen; Deutscher Verlag der Wissenschaften (*DDR*).
DVWG Deutsche Verkehrswissenschaftliche Gesellschaft.
DVWW Deutscher Verband für Wasserwirtschaft.
DVZ Deutsche Verkehrszeitung; Deutsche Versicherungszeitschrift.
DW Deutsche Welle (*a radio station*); Deutsche Werft; Dienstwohnung.
Dw. *tel.* Durchwahl.
d.W. der Wissenschaft(en *pl*); diese(r) Woche.
DWA Deutscher Werbeausschuß; Deutscher Wortatlas; Deutsche Waren-Abnahme-Gesellschaft (*DDR*).
DWD Deutscher Wetterdienst; Deutscher Wirtschaftsdienst.
DWG Deutsche Weltwirtschaftliche Gesellschaft.
DWI Deutsches Wirtschaftsinstitut (*DDR*).
DWK Deutsche Weltkarte.
DWM Deutsche Waggon- und Maschinenfabrik.
Dw.-Nr. *tel.* Durchwahlnummer.
DWO (*sport*) Deutsche Wettkampfordnung.
DWP Deutsches Wirtschaftspatent.
DWR Dauerwohnrecht; *nucl. tech.* Druckwasserreaktor.
DWS Deutsche Gesellschaft für Wertpapiersparen.
DWV Deutscher Wassersportverband; Deutscher Wirtschaftsverband; Deutscher Wissenschaftler-Verband; Deutsche Warenvertriebsgesellschaft (*DDR*).
DY *auto.* Dahomey.
Dy *chem.* Dysprosium.
Dyn. Dynamik; Dynamit; Dynamo; Dynastie.
dyn. dynamisch; dynastisch.
DZ *auto.* Algerien; (*computer*) Datenzentrale; *econ.* Deckungszusage; *med. psych.* Depressionszustand; Doppelzimmer; *mil.* Doppelzünder.
Dz. Doppelzentner; Dozent; Dutzend.
dz Doppelzentner.
dz. derzeit(ig).
DZA Deutsches Zentralarchiv (*DDR*).
DZB Deutsche Zentralbücherei für Blinde (*DDR*).
Dzd. Dutzend.
DZF Deutsche Zentrale für Fremdenverkehr.
DZFV Deutsche Zentralfinanzverwaltung (*DDR*).
DZG Deutsche Zoologische Gesellschaft.
DZI Deutsches Zigarren-Institut.
Dzt. Dienstzeit; Dozent.
dzt(g). derzeit(ig).
DZZ Dienstzeitzulage.

E

E (*Engl.*) *meteor.* East, Ost(en); (*railway*) Eilzug; *econ.* Einfuhr; (*computer*) Eingabe; Eingang; Einheit(smaß); Einkauf; *electr.* Einphasenstrom; Einsatzwagen; (*postal service*) Einschreiben; (*sport*) Einzel; elektrische Feldstärke; Elektrizität(s-); Elektro-; Elektrostahl; *chem.* Eliminierungsreaktion; Emission; *med.* Emmetropie; Empfang(s-); Ende; *nucl.* Energie; *jur.* Entscheidung; Entwurf; *phys.* Erg; *phys.* Erstarrungspunkt; (*Span.*) *auto.* España, Spanien; *auto.* Essen; *auto.* Europa; Europastraße.
E. Eigentum, Eigentümer; Einsender, -sendung; Einwohner; *ling.* Englisch; Ersatz.
e *nucl.* Elektron; *nucl.* Elementarladung; *math.* Eulersche Zahl.
e. ehrenamtlich; ein(e), einem, einen, einer, eines; (*postal service*) eingeschrieben; eingetragen.
EA *econ.* Einfuhrausschuß; Eintrittsalter; Einzahlungsauftrag; *med.* Enteroanastomose; *psych.* Entwicklungsalter; (*theater, film*) *mus.* Erstaufführung; Erstausgabe; Europa-Archiv (*a journal*); Evangelische Akademie; Exportauftrag.
E.A. Evangelische Akademie.
ea. ehrenamtlich.
EAB Evangelische Arbeiterbewegung.
EAEG Europäische Atomenergie-Gesellschaft.
EAG Einfuhr- und Ausfuhrhandelsgesellschaft; *med.* Elektroatriogramm; Europäische Aktionsgemeinschaft; Europäische Atomgemeinschaft.
EAGL Europäischer Ausrichtungs- und Garantiefonds für die Landwirtschaft.
EAK (*computer*) Eingabe-Ausgabe-Kanal; Evangelischer Arbeitskreis; *auto.* Kenia.
EAM *electr.* Einseitenband-(Amplituden-)-Modulation.
EAO (*computer*) Eingabe-Ausgabe-Operation.
EaR *med.* Entartungsreaktion.
EAS (*computer*) Eingabe-Ausgabe-System.
EAST (*computer*) Eingabe-Ausgabe-Steuerung.

EAT *auto.* Tansania.
EAU *auto.* Uganda.
EAV Einheitsarchitektenvertrag.
EAW (*computer*) Eingabe-Ausgabe-Werk; Eisenbahnausbesserungswerk.
EAZ *auto.* Sansibar.
EB Eigenbericht(erstatter) (*of a newspaper*); Eigentumsbildung; *econ.* Einfuhrbewilligung; Entwicklungsbank; Eröffnungsbilanz; Erziehungsberatung; Europäische Bewegung.
Eb. Ebene; Ehrenbürger; Eisenbahn; Erzbischof, -bistum.
eb. eben; erwerbsbeschränkt.
e.b. *econ.* etwas bezahlt.
ebd. ebenda.
ebenf. ebenfalls.
EBf. (*postal service*) Einschreibbrief; (*railway*) Endbahnhof.
Ebf. Erzbischof.
ebf. ebenfalls.
EBM Europa-Bergmeisterschaft; Wirtschaftsverband Eisen, Blech und Metall verarbeitende Industrie.
EBO Eisenbahn-Bau- und Betriebsordnung.
e.Br.m.U. eigenhändiger Brief mit Unterschrift.
Ebt. Erzbistum.
EBU Europäische Boxunion.
EBW Erwachsenenbildungswerk.
EC *auto.* Ecuador; Eisenbahnclub; Eishockeyclub; Eislaufclub.
Ec. Ecuador(ianer).
ec. ecuadorianisch.
e.c. (*Lat.*) exempli causa, beispielshalber.
Eccl. (*Lat.*) Ecclesia, die Kirche.
ECK Elektrochemisches Kombinat (*DDR*).
Ecuad(or). Ecuadorianer.
ecuad(or). ecuadorianisch.
ED *pharm.* Effektivdosis; *jur.* Einbruchdiebstahl; *pharm.* Einfalldosis; *electr.* Einschaltdauer; *pharm.* Einzeldosis; Eisenbahndirektion; *pharm.* Erythemdosis.
Ed. Edikt; Edition.
e.D. *econ.* exklusive Dividende.
ed. (*Lat.*) edidit, hat herausgegeben.
EDB *econ.* Einheitsdurchschreibebuchhaltung.
edd. (*Lat.*) ediderunt, haben herausgegeben.
Edeka Einkaufsgenossenschaft deutscher Kolonialwarenhändler.
EDR Einkaufsring Deutscher Rundfunkhändler.
EDS Elektronisches Datenvermittlungssystem; Elektronisches Datenwählsystem.
edul entgegen dem Uhrzeiger laufend.
EDV(A) Elektronische Datenverarbeitung(sanlage).
EE *econ.* Einfuhrerklärung; Einkaufsermächtigung; *phys.* Entropie-Einheit.
E.E. Euer Ehren; Euer Ehrwürden.
EEF Europäischer Entwicklungsfonds.
EEG *med.* Elektroenzephalogramm, -graphie.
EF Eisenbahnfähre; *tel.* Endfernamt; Erwerbsfähigkeit; Erziehungsfürsorge.
E.-F. Eisenbahnfähre.
Ef. Erbfolge.
ef. erwerbsfähig.
EFB Europäische Föderalistische Bewegung.
Eff. Effekt; *econ.* Effekten *pl*; Effizienz.
eff. effektiv; effizient.
EFG Entscheidungen *pl* der Finanzgerichte.
EFP Europäische Föderalistische Partei.
EFU Europäische Frauenunion.
EG *econ.* Einfuhrgenehmigung; Einführungsgesetz; Eislaufgemeinschaft; Entschädigungsgesetz; Erdgeschoß; Ergänzungsgesetz; Europäische Gemeinschaft.
e.G. eingetragene Genossenschaft; eingetragene Gesellschaft.
Egb. Eigenbau.
Egbd. Ergänzungsband (*of books*).
Egbf (*railway*) Eilgüterbahnhof.
EGG *med.* Elektrogastrogramm.
EGH Ehrengerichtshof.
EGK (*railway*) Europäische Güterzugfahrplankonferenz.
EGKS Europäische Gemeinschaft für Kohle und Stahl.
EGmbH, eGmbH eingetragene Genossenschaft mit beschränkter Haftpflicht.
EGmuH, eGmuH eingetragene Genossenschaft mit unbeschränkter Haftpflicht.
EGr. Einsatzgruppe.

EH Einzelhandel; Erholungsheim; Erwerbslosenhilfe.
E.H. Erste Hilfe.
E.h. Ehren halber.
eh. ehelich; ehemalig, ehemals; ehrenhalber; eigenhändig.
e.h. eigenhändig (*Austria*).
EHC Eishockeyclub.
eh(e)d. ehedem.
EheG Ehegesetz.
Ehel. Ehelosigkeit.
ehel. ehelich; ehelos.
ehem. ehemalig, ehemals.
ehrl. ehrlich.
Ehrw. Ehrwürden.
ehrw. ehrwürdig.
EHV Einzelhandelsverband; Einzelhandelsvertretung.
EHW Eisenhüttenwerk; Erziehungswissenschaftliche Hochschule.
Eh.-Z. Ehrenzeichen.
Ehz(g). Erzherzog.
Ehzg(i)n. Erzherzogin.
Ehzgtm. Erzherzogtum.
EIB Europäische Investitionsbank; Export-Import-Bank.
Eichm(str). Eichmeister.
Eidg(en). Eidgenossenschaft.
eidg(en). eidgenössisch.
Eif. *geogr.* Eifel; Eifer.
eig. eigen; eigentlich.
Eig.-Bed. Eigenbedarf.
Eig.-Ber. Eigenbericht (*of a newspaper*).
eigenh. eigenhändig.
Eigent. Eigentum, -tümer.
eigent. eigentümlich.
eigentl. eigentlich.
Eigent.-Whg. Eigentumswohnung.
eigh. eigenhändig.
Eig.-Kap. Eigenkapital.
Eign. Eignung.
Eign.-T. Eignungstest.
Eigt. Eigentum, -tümer.
eigtl. eigentlich.
Eigt.-Vorb. Eigentumsvorbehalt.
Eigt.-Whg(n). Eigentumswohnung(en *pl*).
Eig.-W. *ling.* Eigenschaftswort.
Eilb. (*postal service*) Eilboten.
Eilg. (*railway*) Eilgut.
Eilzust. (*postal service*) Eilzusteller, -zustellung.
Einb. Einband; Einbau; Einberufung; Einbeziehung; Einbildung; Einbuchtung; Einbürgerung; Einbuße.
einb. einbauen; einbilden; einbinden; einbürgern; einbüßen.
Einb.-Bef. *mil.* Einberufungsbefehl.
Einbd. Einband.
einbez. einbezahlen, einbezahlt; einbeziehen, einbezogen.
Einb.-Kü. Einbauküche.
Einbr. Einbruch.
Einb.-Schr. Einbauschrank.
Einb.-Zi. Einbettzimmer.
eind. eindeutig.
Eindr. Eindruck.
eindr. eindringen; eindringlich; eindrücklich; eindrucksvoll.
eindrgl. eindringlich.
Einf. Einfachheit; Einfahrt; Einfall; Einfassung; Einfügung; Einfühlung; *econ.* Einfuhr; Einführung.
einf. einfach; einfahren; einfallen; einfassen; einfügen; einführen.
Einf.-Hs. Einfamilienhaus.
Einf.-Kont. *econ.* Einfuhrkontingent.
Einfl. Einfluß.
Einf.-Verb. *econ.* Einfuhrverbot.
Einf.-Wi. Einfallswinkel.
Einf.-Z. *auto.* Einfahrzeit; *econ.* Einfuhrzoll.
Eing. Eingabe; Eingang.
eing. eingeben; eingehen.
Eing.-Dat. Eingangsdatum.
einged. eingedeckt; eingedeutscht.
eingedr. eingedruckt; eingedrückt; eingedrungen.
eingef. eingefahren; eingefallen; eingefaßt; eingeführt.
eingeg. eingegangen; eingegeben.
eingegl. eingegliedert.
eingel. eingeladen; eingelassen; eingeleitet; eingeliefert; eingelöst.
Eingem. Eingemeindung.
eingem. eingemeindet.
einger. eingerichtet; eingerissen; eingerückt.
eingesch. eingeschickt; eingeschoben.
eingeschl. eingeschlagen; eingeschliffen; eingeschlossen.

eingetr. eingetragen; eingetreten.
eingez. eingezahlt; eingezeichnet; eingezogen.
Eingl. Eingliederung.
eingl. (*railway*) eingleisig; eingliedern.
Eing.-Nr. Eingangsnummer.
Eingr. Eingriff; Eingruppierung.
Eing.-St. Eingangsstempel.
Einh. Einheimische; Einheit; Einheitlichkeit; Einhelligkeit.
einh. einheimisch; einheitlich; einhellig; einhundert.
EinhW Einheitswert (*of buildings*).
Eink. Einkauf; Einkehr; Einkommen, Einkünfte *pl*.
Eink.-Gr. Einkommensgrenze; Einkommensgröße.
Eink.-Pr. Einkaufspreis.
Eink.-St. Einkommensteuer.
einkstpfl. einkommensteuerpflichtig.
Einl. Einladung; Einlage; Einlagerung; Einlaß; Einlauf; Einleitung; Einlieferung; Einlösung.
Einl.-Whg. Einliegerwohnung.
Einn. Einnahme(n *pl*).
Einr. (*fashion*) Einreiher; Einrichtung.
Eins. Einsamkeit; Einsatz; *relig.* Einsegnung; Einseitigkeit; Einsendung; Einsetzung; Einsiedler; Einsicht; *aer. auto.* Einsitzer.
eins. einsam; einseitig; einsenden; einsetzen; einsichtig; *aer. auto.* einsitzig.
Einschl. Einschlag; Einschließung.
einschl. einschlägig; einschlafen; einschlagen; einschleichen; einschließen(d), einschließlich.
Einschr. Einschränkung; (*postal service*) Einschreiben; Einschreibung.
einschr. einschränken; einschreiben; einschreiten.
einsp. *print.* einspaltig; einspännig; einspurig.
Einspr. Einspritzung; *jur.* Einspruch.
Einspr.-Fr. *jur.* Einspruchsfrist.
Einst. Einstimmigkeit; Einstellung; Einstufung; Einsturz.
einst. einstampfen; einstellen; einstimmig; einstöckig; einstoßen; einstufig.
einstm. einstmalig, -mals.
einstr. einstrahlen; einstreuen.
Eint. Einteilung; Eintönigkeit; *gastr.* Eintopf.
eint. eintauchen; eintausend; einteilen; einteilig; eintönig.
Eintr. Eintracht; Eintrag(ung); Eintritt; *meteor.* Eintrübung.
eintr. einträchtig; eintragen; eintreffen; eintreten; *meteor.* eintrüben.
Einv. Einverleibung; *jur.* Einvernahme; Einvernehmen; Einverständnis.
einverl. einverleiben.
Einw. Einwand; Einwanderer, -wanderung; Einweihung; Einwendung; Einwilligung; Einwirkung; Einwohner.
einw. einwandern; einwandfrei; einwechseln; einweihen; einwenden; einwilligen; einwirken.
einwdfr. einwandfrei.
EinwMA Einwohnermeldeamt.
Einw.-Z. Einwohnerzahl.
Einz. *ling.* Einzahl; Einzahlung; Einzäunung; (*sport*) Einzel; Einziehung; Einzug.
einz. einzahlen; einzäunen; einzeln; einziehen.
Einzelh. Einzelhaft; Einzelhandel; Einzelheft (*of journals*); Einzelheit.
Einz.-Pr. Einzelpreis.
Einz.-Sch. Einzahlungsschein.
Einz.-Unt(ers). Einzeluntersuchung.
Einz.-Z(i). Einzelzimmer.
EIR *auto.* Eire, Irland.
Eis.-Bet. *civ.eng.* Eisenbeton.
Eisenb. Eisenbahn(er).
Eisenb.-Br. Eisenbahnbrücke.
eisenh. eisenhaltig; eisenhart.
Eish. Eisheiligen *pl*; Eishockey.
EJ Erscheinungsjahr.
EK Eigenkapital; Einheitskurzschrift; *mil. hist.* Eisernes Kreuz; Eishockeyklub; Eislaufklub; Elektrokarren; Ersatzkasse; Exekutivkomitee.
Ek. Ekuador(ianer).
ek. ekuadorianisch.
EKD *metall.* Eisen-Kohlenstoff-Diagramm; Evangelische Kirche in Deutschland.
EKG, Ekg *med.* Elektrokardiogramm.
EKKI Exekutivkomitee der Kommunistischen Internationale.
EKO Eisenhüttenkombinat Ost (*DDR*).

EKR *econ.* Einheitskontenrahmen (*DDR*).
EKT *med.* Elektrokrampftherapie.
EKU Evangelische Kirche der Union.
Ekuad(or). Ekuadorianer.
ekuad(or). ekuadorianisch.
EKV Einheitskurzschriftverein.
EKW Eisenbahnkesselwagen.
El. Elastizität; Eleganz; Elektrik; Elektrizität; Elektro-; *nucl.* Elektron; Elektronik; Element; Elend; Elevator; Elite.
el. elastisch; elegant; elektrisch; elektronisch; elitär.
Ela Elektroakustik.
ela elektroakustisch.
ELAV Eidgenössischer Leichtathletik-Verband.
Elektr. Elektriker, Elektrizität; *nucl.* Elektron(en *pl*), Elektronik(er).
elektr. elektrifizieren, -fiziert, elektrisch; elektronisch.
elektrochem. elektrochemisch.
elektromagn. elektromagnetisch.
elektromot. elektromotorisch.
Elektrotechn. Elektrotechnik(er).
Elev. Elevator.
ElHz elektrische Heizung.
El.-Ind. Elektroindustrie.
El.-Inst. Elektroinstallateur, -installation.
ELK Evangelisch-Lutherische Kirche.
Ell. Ellipse.
ell. elliptisch.
ELLK Evangelisch-Lutherische Landeskirche.
El.-Mikr. Elektronenmikroskop.
El.-Mod. *tech.* Elastizitätsmodul; Elektrizitätsmodul.
ELR Entwicklungsring für Luft- und Raumfahrt.
Els. *geogr.* Elsaß, Elsässer.
els. elsässisch.
Els.-Lothr. *geogr.* Elsaß-Lothringen.
Elt Elektrizität.
EM Ehrenmitglied(schaft); *electr.* Einseitenbandmodulation; *tech.* Einzelmaß; Elektromagnet; Elektromotor; Elektronenmikroskop; Entfernungsmesser, -messung; Erwerbsminderung; (*sport*) Europameister, Europameisterschaft(en *pl*).
Em Entfernungsmesser, -messung.
Em. Email(le); *chem. obs.* Emanation; Emanzipation; *röm.kath.* Eminenz; Emissär; Emission; Emulsion.
em. elektromagnetisch; emailliert; emanzipiert; (*Lat.*) emeritus, emeritiert, in den Ruhestand versetzt; eminent; emittiert.
EMA *mar. tech.* Entmagnetisierungsanlage.
Emb. *econ.* Emballage; Embargo; *med.* Embolie.
EMD Eidgenössisches Militärdepartement; *pharm.* Einzelmaximaldosis.
EME, E.M.E., emE elektromagnetische Einheit.
E-Messer *mil.* Entfernungsmesser.
EMG *med.* Elektromyogramm, -graphie.
EMK elektromotorische Kraft.
EMNID Erforschung, Meinung, Nachrichten, Informationsdienst (*an institute of public opinion*).
EMO *mil.* Entfernungsmeßoffizier.
EMP Evangelischer Mädchenpfadfinderbund.
EMPA Eidgenössische Materialprüfungs- und Versuchsanstalt.
Empf. Empfang, Empfänger; Empfehlung; Empfindung.
empf. empfohlen.
empf. Pr. *econ.* empfohlener Preis.
empf. Rpr. *econ.* empfohlener Richtpreis.
Empf.-Schr. Empfehlungsschreiben.
EMT Elektromeßtechnik.
E-Musik ernste Musik.
EMV Einheitsmietvertrag.
En. Eigenname; Energie.
endg. endgültig.
Endst. Endstation; Endstelle.
energ. energetisch; energisch.
Eng. Engagement.
eng. engagiert; englisch.
Engl. *geogr.* England, Engländer, *ling.* Englisch.
engl. englisch.
E-Nr. Einzelnummer (*of journals*); Erkennungsnummer.
Ent. Entomologe, -logie.
ent. entomologisch.
entb. entbehren, entbehrlich; entbieten; entbinden.
Entb.-St. *med.* Entbindungsstation.
Entd. Entdecker, -deckung.

entd. entdecken, -deckt.
Enteig(n). Enteignung.
enteig(n). enteignen.
Entf. Entfaltung; Entfernung; Entführung.
entf. entfallen, -fällt; entfalten; entfernen, -fernt; entfesselt; entführen, -führt.
entg. entgangen; entgegen; entgegnen; entgehen; entgelten; entgiften, -giftet.
entggs. entgegengesetzt.
entgl. entgleisen, -gleist; entgleiten, -glitten.
Enth. Enthaltsamkeit; Enthaltung; Enthebung.
enth. enthalten(d); enthaltsam; entheben, enthoben.
Entl. Entladung; Entlassung; Entlastung; Entladigung.
entl. entladen; entlang; entlassen; entlasten, -lastet; entlaufen; entlocken, -lockt.
Entn. Entnahme.
entn. entnehmen, -nommen.
Ents. Entseuchung; Entsicherung.
ents. entsetzt; entseuchen, -seucht; entsichern, -sichert.
Entsch. Entschädigung; Entscheidung; Entschuldigung; Entschuldung.
entsch. entschädigen, -digt; entscheiden(d), -schieden; entschuldigen, -digt.
Entschl. Entschließung; Entschlossenheit; Entschluß.
entschl. entschließen, -schlossen.
Entspr. Entsprechung.
entspr. entsprechen(d), -spricht; entsprungen.
Entst. Entstehung; Entstellung; *tech.* Entstörung.
entst. entstanden, -stehen; entstellt; *tech.* entstören, -stört.
Entw. Entwaffnung; Entwässerung; Entwendung; Entwerter; Entwicklung; Entwöhnung; Entwurf.
entw. entwaffnen; entwässern; entweder; entweichen; entweihen; entwenden; entwerfen; entwerten; entwichen; entwickeln; entwirren; entwöhnen; entworfen; entwurzelt.
Entz. Entziehung; Entzifferung; Entzug; Entzündung.
entz. entziehen; entziffern; entzogen; entzünden.
Enz. *röm.kath.* Enzyklika; Enzyklopädie; *med.* Enzym(e *pl*).
enz(ykl). enzyklopädisch.
Enzykl. *röm.kath.* Enzyklika; Enzyklopädie.
EO Ehrenordnung; Eichordnung; elektrischer Omnibus; *mil.* Elektronikoffizier.
EOK Evangelischer Oberkirchenrat.
E-Ort Erscheinungsort (*of books*).
EOS Erweiterte Oberschule (*DDR*).
e.o.W. *mar.* erstes offenes Wasser.
EP (*optics*) Eintrittspupille; *chem.* Erstarrungspunkt; *chem.* Erweichungspunkt; Europäisches Parlament; Europa-Partei.
Ep. Epik; Epilog; Episode; Epistel; Epoche; Epos.
ep. episch; episkopal; epochal.
EPA Europäische Presseagentur; Europäisches Patentamt.
epd Evangelischer Pressedienst.
EPG Europäische Politische Gemeinschaft.
Eph. *Bibl.* Epheser.
EPI Evangelischer Presse- und Informationsdienst.
Epid. *med.* Epidemie; *med.* Epidermis; (*optics*) Epidiaskop.
epid. *med.* epidemisch.
Epig. Epigone.
Epigr. Epigramm, Epigrammatik(er); Epigraph, Epigraphik(er).
epigr. epigrammatisch; epigraphisch.
Epil. *med.* Epilepsie, -leptiker; Epilog.
epil. *med.* epileptisch.
Epis. Episode.
Episk. Episkopat.
EPl. *econ.* Einzelplan.
EPn (*postal service*) Einschreibpäckchen.
EPO Europäische Politische Organisation.
EPR elektronenparamagnetische Resonanz.
EPr., E.-Pr. *econ.* Einzelpreis.
ePS *tech.* effektive Pferdestärke.
EPSO Europäische (und Mediterrane) Pflanzenschutzorganisation.
EPU Europäische Parlamentarische Union.
EPZ Europäische Produktivitätszentrale.
EQ *auto.* Ecuador.
Eq. (*sport*) Equipe.
ER *econ.* Einfuhrerklärung; *tech.* Einzel-

rahmen; *chem.* Eiweißreaktion; Elektronenrechner; *electr.* Empfangsrelais; Entschädigungsrente; Ergänzungsrichtlinien *pl*; Europarat; (*sport*) Europarekord.
E.R. eiserne Ration.
Er Elektronenröhre; *chem.* Erbium.
ERA Elektronische Rechenanlagen — Studiengesellschaft für wissenschaftliche Datenverarbeitung.
Erb. Erbauer, Erbauung.
erb. erbauen, erbaut; erbeten; erbeuten, -tet; erbitten.
Erbf. Erbfolge.
Erbl. *jur.* Erblasser; Erblindung.
erbl. erblassen; erblinden, -det.
ErbR Erbrecht.
Erbsch. Erbschaft; Erbschein.
ErbschSt., Erbsch.-St. Erbschaftssteuer.
Erbt. Erbteil.
ERC Eislauf- und Rollschuhclub.
erd. erdacht, erdenken, erdenklich; erdichten, -tet; erdulden.
Erdg. Erdgeschichte; Erdgeschoß.
Erf. Erfahrung; Erfassung; Erfinder, -dung; Erfolg; Erfordernis; Erforschung; Erfüllung.
erf. erfahren; erfassen, erfaßt; erfinden; erfolgen, erfolgt; erforderlich; erforschen, erforscht; erfüllen, erfüllt; erfunden.
erfdl. erforderlich.
erfdlf(s). erforderlichenfalls.
Erf.-O. *jur.* Erfüllungsort.
erford. erfordern, -dert.
Erfr. Erfrierung; Erfrischung.
ERG *med.* Elektroretinogramm.
Erg, erg *phys.* Einheit der Energie.
Erg. Ergänzung; Ergebenheit; Ergebnis; Ergebung; Ergiebigkeit; Erguß.
erg. ergänze(n), ergänzt; ergeben(st); ergiebig.
Erg.-Bd. Ergänzungsband (*of books*).
Ergeb. Ergebnis; Ergebung.
Erg.-H. Ergänzungsheft (*of journals*).
ErgKdo *mil.* Ergänzungskommando (*Austria*).
Erg.-Lfg. Ergänzungslieferung.
Erh. Erhalt; Erhaltung; Erhebung; Erhöhung; Erholung.
erh. erhalten, erhältlich; erheben; erhitzen, erhitzt; erhoben; erhöht; erholen, erholt.
Erh.-Url. Erholungsurlaub.
ERIAG Erdölraffinerie Ingolstadt AG.
ERK Evangelisch-Reformierte Kirche.
Erk. Erkaltung; Erkältung; Erkenntnis; Erkennung; Erker; Erkundigung; Erkundung.
erk. erkalten; erkältet; erkannt, erkennen; erkenntlich; erkoren; erkunden; erkundigen.
Erk.-D. Erkennungsdienst.
Erkl. Erklärung.
erkl. erklären, erklärlich; erklettern; erklingen.
Erk.-M. *mil.* Erkennungsmarke.
Erkr. Erkrankung.
erkr. erkrankt.
Erk.-S(ign). Erkennungssignal.
Erk.-Z. Erkennungszeichen.
Erl. Erlaß; Erlaubnis; Erläuterung; Erlebnis; Erledigung; Erleichterung.
erl. erlangen; erlassen; erlauben, erlaubt; erläutern, -tert; erleben, erlebt; erledigen, -digt; erlegen; erleichtern, -tert; erleiden; erlernen, erlernt; erlesen; erlogen; erloschen, erlöschen.
Erl.-Ber. Erlebnisbericht.
Erl.-Sch. Erlaubnisschein.
ERM Erdölraffinerie Mannheim GmbH.
Erm. Ermächtigung; Ermangelung; Ermäßigung; Ermessen; Ermittlung(en *pl*); Ermutigung.
erm. ermächtigen, -tigt; ermäßigen, -ßigt; ermitteln; ermöglichen; ermutigen.
erm. Pr. ermäßigter Preis.
Erm.-Verf. *jur.* Ermittlungsverfahren.
ERN Erdölraffinerie Neustadt (Donau).
ERNO Entwicklungsring Nord (*of German aircraft industry*).
Err. (*Lat.*) Errata, Druckfehler *pl*; Erreger, -gung; Erreichung; Errettung; Errichtung; Erringung; Errungenschaft.
err. erraten; erregen; erreichbar; erreichen, erreicht; erringen; erröten; errungen.
Ers. Ersatz.
ers. ersetzbar, ersetzen, ersetzt; ersichtlich; ersuchen.
ERSC Eislauf- und Rollschuhclub.

Ersch. Erscheinen, -nung; Erschießung; Erschöpfung; Erschütterung.

ersch. erscheinen, erschienen; erschießen; erschöpft; erschossen; erschüttern, erschüttert.

Erschl. Erschleichung; Erschließung.

erschl. erschlagen; erschleichen, erschlichen; erschließbar, erschließen, erschlossen.

Erschw. Erschwerung.

erschw. erschweren, erschwert; erschwingen, erschwinglich.

Ers.-D. (ziviler) Ersatzdienst.

Erst. Erstattung; Ersteigung; Ersteigerung; Erstellung.

erst. erstatten, -tet; ersteigen, erstiegen; ersteigern, -gert.

erstg(en). erstgenannt.

Erstkl. _ped._ Erstkläßler.

erstkl. erstklassig.

erstm. erstmalig, -mals.

Erstp. _chem._ Erstarrungspunkt.

Ert. Erteilung; Ertönen.

ert. erteilen, erteilt; ertönen, ertönt.

Ertr. Ertrag, Erträge _pl._

ertr. ertragbar, ertragen, erträglich; ertrinken, ertrunken.

Erw. Erwachsene; Erwägung; Erwähnung; Erwärmung; Erwartung; Erweiterung; Erwerb(ung); Erwiderung.

erw. erwachsen; erwägen; erwähnen, erwähnt; erwarten, -tet; erwerben; erweitern, -tert; erwidern, -dert; erwiesen; erwirken, erwirkt; erwogen, erworben; erwünscht.

Erz. Erzähler, -lung; Erzeuger, Erzeugnis; Erzeugung; Erzieher, -hung.

erz. erzählen, erzählt; erzeugen, erzeugt; erziehen, erzogen.

Erzb. _relig._ Erzbischof, -bistum.

erzb(isch). _relig._ erzbischöflich.

Erz.-Ber. Erziehungsberater, -beratung; Erziehungsberechtigte.

Erzh(zg). Erzherzog.

erzw. erzwingen, erzwungen.

ES Eilschrift; _electr._ Einschaltdauer; _jur._ Entscheidungssammlung; Erkennungssignal.

Es _chem._ Einsteinium; Esche.

ESB _electr._ Einseitenband.

Esc Escudo (_monetary unit of Portugal and Chile_).

E.-Schw. _metall._ Elektroschweißen, -schweißer.

ESdg (_postal service_) Einschreibsendung.

esE _phys._ elektrostatische Einheit.

ESEM _tech._ Elasto-Statik-Element-Methode.

ESG Einscheiben-Sicherheitsglas; Europäische Strahlenschutzgesellschaft; Evangelische Studentengemeinde in Deutschland.

ESi _electr._ Einzelsicherung.

Esk. Eskimo; Eskorte.

esk. eskortieren, -tiert.

Esot. Esoterik(er).

esot. esoterisch.

Esp. (_Span._) España, Spanien; _ling._ Esperanto.

espr(ess). (_Ital._) _mus._ espressivo, ausdrucksvoll.

ESR _chem. phys._ Elektronenspinresonanz.

Eßl. Eßlöffel.

ESt. Einkommensteuer.

E.-St. Einkommensteuer; Eisenbahnstation.

EStG Einkommensteuergesetz.

Estl. _geogr._ Estland, Estländer.

estn. estnisch.

E-Str. Europastraße.

ESTU Europäische Studententheaterunion.

ESV Eisenbahnersportverein.

ET _auto._ Ägypten; (_railway_) Eiltriebwagen; Eintontelegrafie; (_railway_) elektrischer Triebwagen; Elektrotechnik.

Et (_railway_) Eiltriebwagen.

Et. Etage; Etappe; Etat; Etymologie.

ETA (_railway_) elektrischer Triebwagen mit Akkumulatorenbatterie; Elektrotechnische Assistentin.

et al. (_Lat._) et alia, und anderes; (_Lat._) et alibi, und anderswo; (_Lat._) et alii, und andere.

ETB Ausschuß für Einheitliche Technische Baubestimmungen.

ETC Eissport- und Tennisclub.

etc. (_Lat._) et cetera, und so weiter.

ETF _electr._ einheitliche Trägerfrequenz.

ETG Elektrotechnische Gesellschaft.

Etg.-Hzg. Etagenheizung.

ETH _auto._ Äthiopien; Eidgenössische Technische Hochschule (_Zurich_).

Ethn. Ethnologe, -logie.

ethn. ethnologisch.

ETL _tech._ Elektrotauchlackierung.

ETM _mar. tech._ Einheitstrimmoment.

Etr. Etrusker, _ling._ Etruskisch.

etr. etruskisch.

ETS Eidgenössische Turn- und Sportschule.

ETT (_railway_) Einheitlicher Transittarif; Eintontelegrafie.

ETTU Europäische Tischtennis-Union.

ETV Eidgenössischer Turnverein; Elektrotechnischer Verein.

ETVA Elektrotechnische Versuchsanstalt Arsenal (_Vienna_).

etw. etwaig, etwas.

etw bB, etw. bez. B. _econ._ etwas bezahlt, Brief.

etw bG, etw. bez. G. _econ._ etwas bezahlt, Geld.

Etym. Etymologie.

etym. etymologisch.

EU _electr._ Einankerumformer; _electr._ Empfängerumformer; Entfernungsunterschied; Erholungsurlaub; Erwerbsunfähigkeit; _auto._ Europa; Europa-Union.

E.U. eigenhändige Unterschrift; Evangelische Union.

Eu Europa; _chem._ Europium.

e.U. eigenhändige Unterschrift.

EUCD Europäische Union Christlicher Demokraten.

Euph. Euphemismus; Euphorie.

euph. euphemistisch; euphorisch.

euphem. euphemistisch.

EuR Europarecht.

Eur. Europa, Europäer.

eur. europäisch.

EurArch. Europa-Archiv.

EuRat Europarat.

EURATOM, Euratom Europäische Atomgemeinschaft.

europ. europäisch.

EUWID, Euwid Europäischer Wirtschaftsdienst.

EV _jur._ Ehevertrag; _jur._ Eigentumsvorbehalt; Einführungsverordnung; Einziehungsverordnung; Eislaufverein; Eissportverband; Eissportverein(igung); Elektrotechnischer Verein; _nucl._ Emaniervermögen; _electr._ Empfangsstärker; _electr._ Endverstärker; _electr._ Endverzweiger, -zweigung; _jur._ Erbvertrag.

E.V. eingetragener Verein.

Ev. _Bibl._ Evangelist, -gelium; Eventualität.

E. v. Eingang vorbehalten.

eV Elektronenvolt.

e.V. eingetragener Verein.

ev. evangelisch; eventuell; evident.

EVA Einheitsvertrag für Architekten; Eisenbahnverkehrsamt.

Evang. Evangelist, -gelium.

EVD Eidgenössisches Volkswirtschaftsdepartement.

EVG _med._ Elektroventrikulogramm; _hist._ Europäische Verteidigungsgemeinschaft.

Evg _med._ Elektroventrikulogramm.

evgl. evangelisch.

EvH Hilfswerk der Evangelischen Kirche in Deutschland.

ev.-luth. evangelisch-lutherisch.

EVO Eisenbahnverkehrsordnung; _hist._ Europäische Verteidigungsorganisation.

EVÖ Elektrotechnischer Verein Österreichs.

EVP Einzel(handels)verkaufspreis; Endverbraucherpreis; Endverkaufspreis.

ev.-ref. evangelisch-reformiert.

EVT _psych._ Eignungs- und Verwendungstest; Europäische Vereinigung für Tierzucht.

evtl. eventuell.

EVU Elektrizitätsversorgungsunternehmen.

EW Eigentumswohnung; _tech._ Einheitswelle; Einheitswert (_of buildings_); _med._ Eiweiß; Elektrizitätswerk.

E.W. _econ._ Eingetragenes Warenzeichen.

Ew. _ling._ Eigenschaftswort; Einwohner; Entweichung; _obs._ Euer, Eure (_with title_).

e.W. _econ._ eingetragenes Warenzeichen.

ew. einstweilig; ewig.

EWA Europäisches Währungsabkommen; Europäische Werkzeugmaschinen-Ausstellung.

EWBS Exportwarenbegleitschein (_DDR_).

EWF Europäischer Währungsfonds.

EWG Europäische Wirtschaftsgemeinschaft.

EWI Elektrowärme-Institut Essen.

EWL _mar._ Entwurfwasserlinie.

Ew.M. Eure Majestät.

Ewr. Euer, Eure (_Austrian for_ Ew.).

E.Wz. _econ._ Eingetragenes Warenzeichen.

Ew.-Z. Einwohnerzahl.

e.Wz. _econ._ eingetragenes Warenzeichen.

Ex. Exaktheit; Examen; Exekutive; Exempel; Exemplar; Exil; Exkursion.

ex. exakt; exerzieren, -ziert.

exalt. exaltiert.

exD(iv.) _econ._ ausschließlich Dividende.

Exek. Exekution.

exempl. exemplarisch; exemplifizieren, -ziert.

Exerz. _röm.kath._ Exerzitien _pl._

Exh. Exhibition(ismus), Exhibitionist.

exh. exhibitionistisch.

Exk. _röm.kath._ Exkommunikation; _jur._ Exkulpation; Exkurs; Exkursion.

exk. _röm.kath._ exkommunizieren, -ziert; _jur._ exkulpieren, -piert.

Exkl. Exklamation; Exklave; Exklusion; Exklusivität.

exkl. exklusiv(e).

Ex.-Kom. Exekutivkomitee.

exot. exoterisch; exotisch.

Exp. Expander; Expansion; Expedient, Expedition; Experiment; Experte; Exponat; Exponent; _econ._ Export; Exposé; Exposition; _relig._ Expositur, Expositus.

exp. expandieren, expansiv; expedieren, experimental, -tell, experimentieren, -niert.

Exped. _econ._ Expedient; Expedition.

Expl. Explanation; _med._ Explantation; Exemplar; Explikation; Exploration; Explosion.

expl. explizieren; explizite; explodieren, explosiv.

Ex.-Pl. _mil._ Exerzierplatz.

Expr. Expreß; Expressionismus, -nist; Expressivität.

expr. expressionistisch; expressiv.

Ext. Extemporale; Empore; _geol._ Extension; Extensität; Extensivität; Exterieur; Externa _pl_; _ped._ Externat, _ped._ Externe, -e; med. Externist; _med._ Externum; Exterritorialität.

ext. extensiv; extern; exterritorial.

exterr. exterritorial.

Extr. Extrakt; Extrem, Extremismus, -mist; Extremität(en _pl_).

extr. extrahieren; extrem(istisch).

Exz. Exzellenz; _tech._ Exzenter; Exzentrik(er); Exzerpt; Exzeß.

exz. exzellent; exzentrisch; exzeptionell; exzerpieren, -piert; _med._ exzidieren; _med._ exzitabel, exzitativ.

exzept. exzeptionell.

EZ Ehrenzeichen; _med._ eineiige Zwillinge _pl_; Einwohnerzahl; Einzelzimmer; Entstehungszeit; _med._ Ernährungszustand; _chem._ Esterzahl.

Ez. (_railway_) Eilzug; _ling._ Einzahl; Einzahlung; _electr._ Entzerrer.

EZA Eisenbahnzentralamt.

EZO Eisenbahn-Zollordnung.

EZU _hist._ Europäische Zahlungsunion.

E-Zug (_railway_) Eilzug.

F

F *phys.* Fahrenheit; *electr.* Farad; *aer. mil.* Fernaufklärer; *tel.* Ferngespräch; *(railway)* Fernschnellzug; *tel.* Fernsprecher; *tech.* Festigkeit; *biol.* Filialgeneration; *math.* Fläche; *chem.* Fließpunkt; Flugzeug; *chem.* Fluor; Franc; *auto.* Frankfurt; *auto.* Frankreich; Frequenz; *chem.* Fusionspunkt.

F. Fach; Fahndung; Fähre; Fahrer; Fährte; Fallschirm; Faß; Februar; Femininum; Ferne; Festung; Folge; Folio; Form; Forst, Förster; Freitag; Frühstück.

f *(Lat.) (optics)* focus, Brennpunkt; *(Ital.) mus.* forte, stark; Frequenz; *math.* Funktion.

f. fachlich; fast; *econ.* fein; feminin; fest; folgende (Seite) *(of books)*; für.

FA Fachabteilung, -ausschuß; *mil.* Fahrabteilung; *tech.* Fernantrieb; Fernmeldeamt; Finanzamt; *mil.* Flugabwehr; Forschungsabteilung, -amt, -anstalt; Forstamt.

FÄ Fernmeldeämter *pl*; Finanzämter *pl*.

Fa. Firma.

f.a.B. *econ.* frei an Bord.

Fabr. Fabrik(ant), Fabrikat(ion).

Fabr.-Bes. Fabrikbesitzer.

Fabr.-Pr. Fabrikpreis.

F.-Abt. Finanzabteilung; Forschungsabteilung.

Fachb. Fachberater, -beratung; Fachbereich; Fachbibliothek; Fachbuch.

Fachber. Fachberater, -beratung; Fachbereich; Fachbericht.

Fachbibl. Fachbibliothek.

Fachl. Fachlehrer; Fachleute *pl*; Fachliteratur.

Fachlit. Fachliteratur.

FAD Fernsprechauftragsdienst; *mil.* Feuerabwehrdienst; Freiwilliger Arbeitsdienst *(Switzerland)*.

f.a.F. *econ.* frei ab Fabrik.

FAG *mil.* Feldarbeitsgerät; Finanzausgleichsgesetz; Flughafen Frankfurt/Main AG; Flugtechnische Arbeitsgemeinschaft; Frauenarbeitsgemeinschaft; Gesetz über Fernmeldeanlagen.

Fag. Fagott.

f.a.H. *econ.* frei ab Haus.

f.a.h. *econ.* frei ab hier.

fahrb. fahrbar; fahrbereit.

Fahrg(est).-Nr. Fahrgestellnummer.

Fahrw. *mar.* Fahrwasser; *aer. auto.* Fahrwerk.

Fahrz. Fahrzeug.

FAI *(Fr.)* Fédération Aéronautique Internationale, Internationaler Luftsportverband.

FAK Familienausgleichskasse.

Fak. Fakultät.

fak. fakultativ.

Fa.-Kat. Firmenkatalog.

Faks. Faksimile.

Fakt. Fakten *pl*, Faktum; *econ.* Faktur(a), Fakturist.

fakt. faktisch; faktitiv; *econ.* fakturieren, -riert.

FAL Forschungsanstalt für Landwirtschaft.

Fallsch. Fallschirm.

fallw. fallweise.

FAM Fachausschuß für Mineralöl- und Brennstoffnormung; *electr.* Frequenz- und Amplitudenmodulation.

Fam. Familie; Famulus.

fam. familiär; famos.

FAMAB Fachverband Messe- und Ausstellungsbau.

Fan. Fanal; Fanatiker, Fanatismus.

fan. fanatisch.

Fanf. Fanfare.

FAR *mil.* Feldartillerieregiment.

farb. farbig.

farbl. farblich; farblos.

FAS *mil.* Flakartillerieschule.

Fas. Fasan(erie).

Fasch. Fasching; *pol.* Faschismus, Faschist.

fasch. *pol.* faschistisch.

Fass. Fassade; Fassette; Fassung.

Fass.-Verm. Fassungsvermögen.

Fasz. Faszikel; Faszination.

fasz. faszinieren(d), fasziniert.

Fav. Favorit.

fav. favorisiert.

f.a.W. *econ.* frei ab Werk.

FAX, Fax Faksimilegerät.

FAZ, F.A.Z. Frankfurter Allgemeine Zeitung.

FB Feinbrot; Fernmeldebau; Forschungsbericht; *econ.* Frachtbrief.

Fb. Fabrik; Fahrbahn; Feldbahn; Flugbetrieb; Flugbetriebsstoff; Formenbau; Fortbildung; *mar.* Freibord; Fußball.

fb. fahrbar; fahrbereit.

FBA Fernmeldebauamt; *med.* Fetalblutanalyse.

Fbd. Farbband; *mar.* Freibord.

Fbf. Farbfilm; *(railway)* Fernbahnhof.

FBG Feuerbestattungsgesetz; Fleischbeschaugesetz; Flurbereinigungsgesetz.

fbg. farbig.

Fbl. Faltblatt; Formblatt.

FBM Frankfurter Buchmesse.

Fbr. Fabrik(ant).

Fb.-Sch. Fortbildungsschule.

FBV Funkbetriebsvorschrift.

FBW Filmbewertungsstelle Wiesbaden; Forschungsgemeinschaft Bauen und Wohnen.

FC Fechtclub; Fußballclub.

FCGU *ped.* fernseh- und computerunterstützter Gruppenunterricht.

FD *(railway)* Ferndurchgangszug, Fernschnellzug; *tel.* Fernmelde-, Fernsprechdienst; Filialdirektion; Filmdienst; Fischdampfer; *(computer)* Flußdiagramm; *med. pharm.* Froschdosis.

Fd. *mil.* Feind; Feld; Fund.

f.D. *econ.* frei Dock.

f.d. für das, für den, für die.

f.d.D. für den Dienstgebrauch.

FDE Fachverband Deutscher Eisenwaren- und Hausrathändler.

f.d.e.B. für den eigenen Bedarf.

f.d.e.G. für den eigenen Gebrauch.

Fdg. Fahndung; *tech.* Federung; Forderung; Förderung.

f.D.G. für (den) Dienstgebrauch.

FDGB Freier Deutscher Gewerkschaftsbund *(DDR)*.

FDJ Freie Deutsche Jugend *(DDR)*.

f.d.J. für das od. dieses Jahr.

FDK Familienbund Deutscher Katholiken; Freie Demokratische Korrespondenz *(news agency of the F.D.P.)*.

Fdl *(railway)* Fahrdienstleiter.

fdl. *mil.* feindlich.

FDO *mil.* Felddienstordnung.

FDP, F.D.P. Freie Demokratische Partei.

FDR *nucl.* Fortschrittlicher Druckwasserreaktor.

F.d.R., f.d.R. für die Richtigkeit.

FDS Freier Demokratischer Studentenbund.

FDt *(railway)* Fernschnelltriebwagen.

Fdw. *mil.* Feldwebel.

FD-Zug *(railway)* Ferndurchgangszug.

FE Fachverband der Elektroindustrie *(Austria)*; Fetteinheit; Flächeneinheit; Fürsorgeerziehung.

Fe *chem.* Ferrum, Eisen; *tel.* Fernsprech...

Fe. Fehler; *tel.* Fernsprecher.

FeAD *tel.* Fernsprechauftragsdienst.

FeAS *tel.* Fernsprechanschluß.

FEB Fürsorgeerziehungsbehörde.

Febr. Februar.

fec. *(Lat.) (art)* fecit, hat es gemacht.

FED *mil.* Flugzeugerkennungsdienst.

FeGeb *tel.* Fernsprechgebühren *pl*.

FEH Freiwillige Erziehungshilfe.

FeH *tel.* Fernsprechhäuschen.

FEI *(Fr.)* Fédération Equestre Internationale, Internationaler Reitsportverband.

Feing. Feingold.

Feingeh. *metall.* Feingehalt.

Feinmech. Feinmechanik(er).

Feldm. *mil.* Feldmarschall; Feldmesser *(land surveyor)*.

Feldw. *mil.* Feldwebel.

Fem. Femininum.

fem. feminin.

FEP Forschungs-, Erfindungs- und Patentwesen.

Ferm. Ferment(ation).

ferm. fermentieren, -tiert.

Fernl(tg). Fernleitung.

Fernr. *tel.* Fernruf.

Fernschr. Fernschreiben, -schreiber.

FerS *jur.* Feriensenat.

Festg. Festgabe.

Festpr. *econ.* Festpreis; Festprogramm.

Festst. Feststellung.

Feuerbest. Feuerbestattung.

feuerg(ef). feuergefährlich.

Feuervers. Feuerversicherung.

Feuerw. Feuerwache; Feuerwaffe; Feuerwehr.

FeVD *tel.* Fernsprechvermittlungsdienst.

FeZ *tel.* Fernsprechzelle.

FF französischer Franc; Freiwillige Feuerwehr; Fremdenführer; *econ. tech.* Fremdfertigung; *aer. mar.* Funkfeuer.

F.f. Fortsetzung folgt.

ff *(Ital.) mus.* fortissimo, sehr stark; *econ.* sehr fein.

ff. folgende (Seiten) *(of books)*.

FFA Filmförderungsanstalt.

FFF Film, Funk, Fernsehen.

FFG Filmförderungsgesetz.

FFH *mil.* Feldflughafen.

FfH Forschungsstelle für den Handel.

Ffl. *mil.* Fahnenflucht, -flüchtiger.

FFM Flugwissenschaftliche Forschungsanstalt München.

FFP *mil.* Feldflugplatz.

Ffr. Freifrau.

FFS Fischereiforschungsschiff; *mil.* Flugzeugführerschule.

FFSp *mil.* Feldfernsprecher.

FFW Freiwillige Feuerwehr.

FG Fachgruppe; *(railway)* Fahrgeschwindigkeit; *tech.* Feingewinde; *jur.* Feststellungsgesetz; Finanzgericht; Fleischbeschaugesetz; Fördergemeinschaft; Förderungsgesetz; Forstgesetz; Fraunhofer-Gesellschaft; *jur.* Freiwillige Gerichtsbarkeit; Friedensgericht.

Fg. Fagott; Fahrgestell; Feingold; *tel.* Ferngespräch; *phys.* Fliehgewicht; Forschung.

FGB Familiengesetzbuch *(DDR)*.

Fgd. *mil.* Feldgendarm(erie).

FGeb *tel.* Fernmelde-, Fernsprechgebühren *pl*.

F.-Geb. *med.* Fehlgeburt.

FGK *econ.* Fertigungsgemeinkosten *pl*; Forschungsgesellschaft Kunststoffe.

Fgn. Forschungen *pl*.

FGO *tel.* Fernsprechgebührenordnung; Finanzgerichtsordnung.

Fgr. Fachgruppe.

FGS Fischerei-Fahrzeug- und Gerätestation *(DDR)*.

Fgst. Fahrgast; Fahrgestell.

Fgst.-Nr. Fahrgestellnummer.

Fgut *(railway)* Frachtgut.

Fgz *(railway)* Ferngüterzug.

FH Fachhochschule; Familienherberge *(Switzerland)*; Flugzeughandbuch.

F.-H. Fachhochschule.

Fh. Fähre; Forsthaus.

FHD *astr.* Farben-Helligkeits-Diagramm; *mil.* Frauenhilfsdienst *(Switzerland)*.

Fhr. *mil.* Fähnrich; Fahrer; Freiherr; Führer.

Fhrw. *mar.* Fahrwasser; *aer. auto.* Fahrwerk; Fuhrwerk.

Fhrz. Fahrzeug.

FHS Fachhochschule.

FHV Freidemokratischer Hochschulverband.

FHZ Freihandelszone.

FI *med.* Färbeindex; Fertigungsingenieur; Flugingenieur; Flugtechnisches Institut; Forschungsinstitut.

Fi. Fichte; Film; Filter; *mus. (sport)* Finale; *(sport)* Finalist; Finanzamt; Finanzen; Finne; *ling.* Finnisch; Fisch(erei).

FIA *(Fr.)* Fédération Internationale de l'Automobile, Internationaler Automobilverband.

FIAT, Fiat *(Ital.) (TM)* Fabbrica Italiana Automobili Torino, Italienische Automobilfabrik Turin.

FICC *(Fr.)* Fédération Internationale de Camping et de Caravanning, Internationaler Campingverband.

FIFA *(Fr.)* Fédération Internationale des Football Associations, Internationaler Fußballverband.

FiG Fischereigesetz.
Fig. Figur.
fig. figural; figurativ, figürlich.
FIH (*Fr.*) Fédération Internationale de Hockey, Internationaler Hockeyverband.
Fil. *econ.* Filiale; Filiation.
filt. filtern, filtrieren.
FIM Fernstudium im Medienverbund; Frankfurter Internationale Messe.
FIMA Fischwirtschaftliches Marketinginstitut.
Fin. *mus.* (*sport*) Finale; (*sport*) Finalist; Finanz(en *pl*).
fin. *ling.* final; finanziell.
FinA Finanzamt.
FinG Finanzgericht.
FinJ Finanzjahr.
FinK Finanzkasse.
FinMin. Finanzminister(ium).
finn. finnisch.
finnl. finnländisch.
Fin.-Pr. Finanzprüfer, -prüfung.
Fin.-W(iss). Finanzwissenschaft.
Firm. *röm.kath.* Firmung.
firm. *econ.* firmieren.
Firm.-St. Firmenstempel.
FIS (*Fr.*) Fédération Internationale de Ski, Internationaler Skiverband.
fisk. fiskalisch.
FIT (*Fr.*) Fédération Internationale des Traducteurs, Internationaler Übersetzerverband.
FIW Forschungsinstitut für Wirtschaftsverfassung und Wettbewerb.
FIZ Forschungsinstitut für Internationale Technische Zusammenarbeit.
Fj. *geogr.* Fjord.
FJB Freireligiöser Jugendbund.
FJF Fachausschuß für Jugendfragen.
FJg *mil.* Feldjäger.
Fjg. *mil.* Fallschirmjäger.
FJP Fünfjahresplan.
FK Fachkommission; *mil.* Feldkommandantur; *mil.* Feldküche; *mil.* Fernkampf; Fernlenkkörper; Fernsehkamera; (*computer*) Festkomma; Finanzkasse; Fischkutter; Fliegerklub; Flugkörper; *mar. mil.* Fregattenkapitän; *mil. hist.* Freikorps; Führerkompaß; Fußballklub.
Fk. (*railway*) Fahrkarte; *tel.* Fernkabel;⎫
fk. fachkundig.   [Funk(er).⎭
Fka (*railway*) Fahrkartenausgabe.
FKFS Forschungsinstitut für Kraftfahrzeuge und Fahrzeugmotoren der Universität Stuttgart.
FKK Freikörperkultur.
FKpt. *mar. mil.* Fregattenkapitän.
Fkta. *econ.* Faktura.
FKü *mil.* Feldküche.
FKZ Hamburger Fremdenverkehrs- und Kongreßzentrale.
FL *mil.* Feldlazarett; Fischlogger; *auto.* Fürstentum Liechtenstein.
Fl. *tech.* Fernlenkung; Fläche; Flachs; Flanke; Flasche; Fleisch; *ling.* Flektion; Flieger; Florin (*monetary unit*); Flöte, Flötist; Flotte; Flottille; Flug; Fluß; Flüssigkeit.
fl. flach; flämisch; *ling.* flektieren, -tiert; fliegen(d); fließen(d); Florin (*monetary unit*); flüchtig; flüssig.
FLA Fachlehranstalt.
Fla *mil.* Flieger- od. Flug(zeug)abwehr.
Flab *mil.* Fliegerabwehr (*Switzerland*).
Flachdr. *print.* Flachdruck.
Fl.-Adm. Flotten- od. Flottillenadmiral.
Flak *mil.* Flieger- od. Flug(zeug)abwehrkanone.
Fla-R, Flarak *mil.* Flieger- od. Flug(zeug)abwehrrakete (*DDR*).
FLaz *mil.* Feldlazarett.
Flb *mar. mil.* Flottenbasis.
Flb. *mar. mil.* Flottenbasis; Flugbahn; *arch.* Flügelbau.
Fl.-Bl., Flbl. *print.* Flugblatt.
Fl.-Dr. *print.* Flachdruck.
Fldw. *mil.* Feldwebel.
flekt. *ling.* flektieren, -tiert.
Fleurop (*TM*) Flores Europae (*European flower mailing organization*).
Flex. Flexibilität; *ling.* Flexion.
flex. flexibel.
FLG *aer.* Funkleitstrahlgerät.
Flg. Flieger.
flg. fliegend, fliegerisch; flüg(e)lig; folgend(e).
Flgz. Flugzeug.
Fl.-H. *aer. mil.* Fliegerhorst; Flottenhafen; Flughalle.

Fl.-Hf. Flughafen.
Fl.-Ing. Flotten-, Flottilleningenieur; Flugzeugingenieur.
FIK *tel.* Fernleitungskabel.
Flk. Flugkörper; Flüssigkeit.
Fl.-K. Flakkompanie; Fliegerkorps; Flugkörper; Flußkarte.
fl.k.u.w.W. fließend kaltes und warmes Wasser.
Fllg. Füllung.
Fl.-Ort. Flugzeugortung.
Flp. *chem. tech.* Flammpunkt.
FLS *mil.* Feuerleitsystem (*DDR*).
Fl.-Sch. Fliegerschule; Flugschein; Flußschiffahrt.
FLT Freileitungstelegrafie.
Fl.-Tr. *mil.* Fliegertruppe; Flug(zeug)-transport; Flußtransport.
Flugb. Flugboot.
Flugh. Flughafen.
Flugz. Flugzeug.
Fluko Flugwachkommando.
Fluma Flugmeldeabteilung.
Fluna Flugnachrichtenabteilung.
fluor. fluoreszierend.
Flusi *mil.* Flugsicherheit.
Fluwa Flugwache.
Fluz Flugsicherungszentrale.
Flw. *mil.* Flammenwerfer; Fliegerwerkstoff.
fl.W. fließendes Wasser.
Flzg. Flugzeug.
FM *econ.* Fälligkeitsmonat; *mil.* Feldmarschall; *tech.* Fertigungsmittel; Festmiete; Feuermelder; Finanzminister(ium); Flächenmaß; Flußmine; Fördermaschine; Forstmeister; *electr.* Frequenzmodulation; Fuchsmajor (*of a students' society*); Funkmeister; Fußballmannschaft; Fußballmeister(schaft).
F.M. (*Lat.*) *röm.kath.* Fratres Minores, Mindere Brüder *pl.*
Fm *chem.* Fermium.
fm (*forestry*) Festmeter.
fmdl. fernmündlich.
FMF Fachverband Moderne Fremdsprachen.
FMG Fernmeldegesetz; Flakmeßgerät; Funkmeßgerät; Futtermittelgesetz.
FMH, F.M.H. (*Lat.*) Foederatio Medicorum Helveticorum (*Swiss medical association*).
FMin. Finanzminister(ium).
FmK Finnmark (*monetary unit of Finland*).
fm o.R. (*forestry*) Festmeter ohne Rinde.
FMP Flugmeldeposten (*DDR*).
FMR *nucl.* Forschungs- und Meßreaktor.
FMS Flugmeldestelle (*DDR*).
FMSEO Fachverband der Maschinen-, Stahl- und Eisenbauindustrie Österreichs.
Fmt Format(bezeichnung).
FMV Freier militärischer Vorunterricht (*Switzerland*).
FMW Fernmeldewesen.
FN *tel.* Fernnetz; *econ. jur.* Forderungsnachweis.
Fn. Fahrtnummer; Familienname; Fußnote.
FNA Fachnormenausschuß.
FO *mil. hist.* Felddienstordnung; Fernsprechordnung; Fischereiordnung; Forstordnung; *aer.* Funkortung.
FoA Forstamt; Forstarchiv.
FoAss. Forstassessor.
Föd. Föderalismus, -list; Föderation.
föd. föderal(istisch); föderativ.
FoG Forstgesetz.
FOGRA Deutsche Gesellschaft für Forschungen im graphischen Gewerbe.
FÖJ Freie Österreichische Jugend.
FOL Fachschuloberlehrer.
Fol., fol. Folio(blatt).
folg. folgend(e).
FoMstr. Forstmeister.
FONDAK Fonds für Deutsche Aktien.
FONDRA Fonds für Deutsche Renten und Aktien.
FoR Forstrat.
Ford. Forderung.
Förd. Förderer; Förderung.
FORFA, Forfa Forschungsinstitut für Arbeitspsychologie und Personalwesen.
Form. Formalität(en *pl*); Formation; Formular.
form. formal(istisch); formieren, -miert; formulieren, -liert.
Formal. Formalität(en *pl*).
Forsch. Forschung(en *pl*).
Forsch.-Gem. Forschungsgemeinschaft.

Forsch.-Sat. (*space*) Forschungssatellit.
Forstw. Forstwesen, -wirtschaft; Forstwissenschaft.
Fortf. Fortfall; Fortführung.
fortgef. fortgeführt.
fortges. fortgesetzt.
fortl. fortlaufend.
Forts. Fortsetzung.
Fortschr. Fortschritt(e *pl*).
fortschr. fortschrittlich.
Forts. f. Fortsetzung folgt.
Fot. Fotograf(ie).
Fotogr. Fotografie.
fotogr. fotografisch.
FP *tech. chem.* Festpunkt; *tech. chem.* Fixpunkt; *tech. chem.* Flammpunkt; *tech. chem.* Fusionspunkt.
F.P. französisches Patent.
Fp *tech. chem.* Fließpunkt.
Fp. *mil.* Feldpost; *mil.* Fuhrpark.
FPG Fischerei-Produktionsgenossenschaft (*DDR*).
Fpl. Fahrplan; Festplatz; Flugplan.
FPÖ Freiheitliche Partei Österreichs.
FPräs. Finanzpräsident.
FR Familienrecht; (*postal service*) Fernmelderechnung; Finanzrat; Flußräumboot; *nucl.* Forschungsreaktor; Forstrat; Funkraum.
Fr *chem.* Francium.
Fr. Fracht; Frage; Franken (*monetary unit of Switzerland*); (*Lat.*) *röm.kath.* Frater, Bruder; Frau; Freiheit; Freitag; Friede; Frist; Frucht; Frühstück.
fr Franc (*monetary unit of France*); französisch-reformiert.
fr. *econ.* franko; französisch; frei; freitags; frisch; früh(er).
frag. fragil.
fragl. fraglich.
Fragm. Fragment.
fragm. fragmentarisch.
Frakt. Fraktion; Fraktur.
frank. frankiert.
Franz. Franzose, *ling.* Französisch.
franz. französisch.
frb. fahrbar.
frbl. freibleibend.
Frbr, Fr.-Br. *econ.* Frachtbrief.
Frdh. Friedhof.
frdl. freundlich; friedlich; friedliebend.
Frdlkt. Freundlichkeit.
frdspr. fremdsprachig, -sprachlich.
Frdw. Fremdwort.
Frdz(i). Fremdenzimmer.
Freg. *mar.* Fregatte.   [tenkapitän.⎫
Freg.-Kap., Freg.-Kpt. *mar. mil.* Fregat-⎭
Freigr. Freigrenze.
Freih. Freiheit; Freiherr.
freih. freihändig; freiheitlich.
Freim. Freimachung; (*postal service*) Freimarke; Freimaurer(tum).
Freist. Freistaat.
Freiw. Freiwillige.
freiw. freiwillig.
Frelimo (*Portug.*) Frente de Libertação de Moçambique, Befreiungsfront von Mozambique.
fremdl. fremdländisch.
fremdspr. fremdsprachig, -sprachlich.
Fremdst. Fremdstoff.
Fremdw. Fremdwort.
Frequ. Frequenz.
Frfr. Freifrau.
frfr. *econ.* frachtfrei.
Fr.-G. *econ.* Frachtgut.
Fr.-Gel. Freigelände.
frger. fristgerecht.
frgm. fragmentarisch; freigemacht.
Fr.-H. Freihafen; Freihandel.
Frh. Freiheit; Freiherr.
fr.H. *econ.* frei Haus.
Frhf. Freihafen; Friedhof.
Frhr. Freiherr.
frhtl. freiheitlich.
fries. friesisch.
friesl. friesländisch.
frig. frigide.
Fris. Friseur, Frisur.
Frisco *geogr.* San Francisco.
Frk(r). *geogr.* Frankreich.
Fr.-K. *econ.* Frachtkosten.
Frl. Fräulein.
Frm. (*postal service*) Freimarke; Freimaurer(tum).
frnhd. *ling.* frühneuhochdeutsch.
fro. *econ.* franko.
Fr.P. französisches Patent.
Frq. Frequenz.

frs Francs pl (monetary unit).
Fr.-Sch. econ. Frachtschein; Frachtschiff.
Frst. Freistaat; Fürstentum.
frstl. fürstlich.
frtr. tech. freitragend.
Fr.-Verk. Freiverkauf; Fremdenverkehr.
fr.Verk. freier Verkauf.
Fr.-V(erl). Fristverlängerung.
Frw, Fr.-W. Frischwasser.
Frwk. Feuerwerk(er).
FrZ hist. Französische Zone.
Frz. Franzose, ling. Französisch; Freizeit.
fr.Z. hist. Französische Zone.
frz. französisch.
Frzb(d). Franzband.
FS Fachschule; Fallschirm; Fernschreiben, -schreiber; Fernsehen; Flugsicherung; Flußschnellboot; tech. Formstoff; Forschungsschiff; Frauenschule; Funkstation, -stelle.
Fs Feinsilber; Fernschreiben, -schreiber.
Fs. Festschrift; Fortsetzung; Fürsorge.
fs farblos.
FSC Fallschirmsportspringerclub.
FSch Feuerschiff.
F.-Sch. Fachschule; Forstschule; auto. Führerschein.
Fsch.-Jg. Fallschirmjäger.
fschrl. fernschriftlich.
Fsch.-Spr. Fallschirmspringer.
FSD Frankfurter Societäts-Druckerei.
FSG Fachschulsportgemeinschaft (DDR).
FSH med. follikelstimulierendes Hormon.
FSI Fachverband Schneidwarenindustrie.
FSK Freiwillige Selbstkontrolle der Filmwirtschaft.
Fspr. tel. Fernsprecher, Fernspruch.
Fspr.-Kb. Fernsprechkabel.
Fss. Fassungen pl; Fortsetzungen pl.
FSt. mil. Feuerstellung; Funkstation, -stelle; Fürsorgestelle.
Fst. Fernsteuerung; Festung; Fürst(entum).

Fstg. tech. Fernsteuerung; Festung.
fstl. fürstlich.
Fstm. (forestry) Festmeter; Festmiete; Forstmeister; Fürstentum.
Fst.-Mstr. Forstmeister.
FSV Fußballsportverein.
FT Funktelegrafie; Funkturm; Funk- und Telegrafenstation.
Ft (railway) Fernschnelltriebwagen(zug); Forint (monetary unit of Hungary).
Ft. Fett; Fort; Fürstentum; Furt.
FTG Fernsehtechnische Gesellschaft.
Ftg. tech. Fertigung.
ftgn. tech. fertigen.
FTO mil. Funktechnischer Offizier.
FTÖ Fachverband der Textilindustrie Österreichs.
FTZ Fernmeldetechnisches Zentralamt.
FU Freie Universität (Berlin West); electr. Frequenzumformer od. -umsetzer.
Fu Funk(wesen).
FÜ (computer) Fernübertragungssystem; Funküberwachung(sstelle).
Fü. Führer, Führung.
FüAkBw mil. Führungsakademie der Bundeswehr.
fud. (Lat.) (art) fudit, hat (es) gegossen.
FuE Forschung und Entwicklung.
FUEV Föderalistische Union europäischer Volksgruppen.
FüH mil. Führungsstab des Heeres.
FüL mil. Führungsstab der Luftwaffe.
FuLS Funkleitstelle.
FuM Funkmeßtechnik.
FüM mil. Führungsstab der Marine.
FuMG Funkmeßgerät.
FuMstr. mil. Funkmeister.
Funkm. mil. Funkmeister.
Funkt. Funktion(är); Funkturm.
funkt. funktionell; funktionieren.
FuO Feinmechanik und Optik.
FuPA Funkpeilanlage.

Fur. mil. Furier; med. Furunkel.
Furn. Furnier.
furn. furnieren, -niert.
Fürs. Fürsorge(r).
FuS Funksignal.
Fus. Fusion.
fus. fusionieren, -niert.
F.u.S.f. Fortsetzung und Schluß folgen.
FuSpr., Fu.-Spr. Funkspruch.
Fußn. Fußnote.
FuSt. Funkstation, -stelle.
FuStö Funkstörung.
Fut. ling. Futur(um); (art) Futurismus, -rist; Futurologie.
fut. ling. futurisch; futuristisch.
FuV, FuVerb. Funkverbindung.
FuZ Funkzentrale.
FV Fachverband, -vereinigung; Fernverkehr; Finanzvertrag; Finanzverwaltung; Freie Vereinigung; Friedensvertrag; Fußballverband, -verein.
FVD (postal service) Fernsprechvermittlungsdienst.
FW Feuerwehr; Forstwirtschaft.
Fw. Fahrwerk; Feinwäsche; mil. Feldwache; mil. Feldwebel; Feuerwerk(er); mil. Flammenwerfer; Forstwart; Fremdwort; ling. Fürwort.
fw. freiwillig.
Fwb. Fachwörterbuch; Fremdwörterbuch.
Fwk. Feuerwerk(er); Feuerwerkskörper.
FZ Fachzeitschrift; Fernmeldezug; electr. Frequenzzeiger; Funkzentrale.
Fz. Fahrzeug; Fernziel; Fernzug; Finanz(en pl); Formelzeichen; Fragezeichen; tel. Freizeichen.
FZA Fernmeldetechnisches Zentralamt, Fernmeldezentralamt; Fernmeldezeugamt; Funktechnisches Zentralamt.
Fzb(d). Franzband.
Fzgn. Führungszeugnis.
FZM mil. Feldzeugmeister (Austria).
Fzw. Finanzwesen.

G

G Gas; phys. Gauß; tech. gegossen; geheim, Geheimsache; econ. Geld; Gemeinde; Gerät; Gericht; Gesandte, Gesandtschaft; Geschwindigkeit; Gesetz; Gewehr; Gewicht(sschwerpunkt); Gewinn; math. tech. Giga; tech. Gitter; electr. Gleichstrom; Golf; auto. Graz (Austria); Grenzschutz; math. Größe; math. Grundfläche; Grundgehalt; math. Grundlinie; Gruppe; auto. Guatemala; Gulden (monetary unit of the Netherlands); Gummi; Guß.
G. Ganze; Geld; Gong; Gully; Gut, Güter pl.
g Gramm; grob (quality); Groschen (monetary unit of Austria); math. Grundlinie.
g. gelb; geschlossen; golden; gotisch; gut.
GA Gemeindeausschuß; Gemeinschaftsanlage; tel. Gemeinschaftsanschluß; Generalagent(ur); Gerichtsassessor; Gesamtausgabe; Gesamtausschuß; Geschäftsanteil; Geschäftsanweisung; Geschäftsaufsicht; Gesetzesartikel; Gesundheitsamt; Gewerbeaufsicht; Große Anfrage (in parliament).
Ga chem. Gallium; (railway) Güterabfertigung.
Ga. Garage; Garten.
GAA Gewerbeaufsichtsamt.
GAB Gewerbeaufsichtsbeamte.
gab(un). gabunisch.
GAD Grenzaufsichtsdienst.
GaG Gaststättengesetz.
Gagfah Gemeinnützige Aktiengesellschaft für Angestellten-Heimstätten.
GAL Gesellschaft für Absatzförderung der deutschen Landwirtschaft; Gesellschaft für Angewandte Linguistik.
GAl metall. Gußaluminium.
Gal phys. Galilei.
Gal. Bibl. Galater; Galerie; geogr. Galizien; Galopp; Galoschen pl.
gäl. gälisch.
Gall. Gallert(e); geogr. hist. Gallien; relig. Gallikanismus; ling. Gallizismus.
Galv. med. Galvanisation; tech. Galvanisierung; print. Galvano.

galv. tech. galvanisch; galvanisieren, -siert.
Gam. Gamaschen pl.
GAMM Gesellschaft für Angewandte Mathematik und Mechanik.
GAP Großhandelsabgabepreis (DDR).
GAR mil. Gebirgsartillerieregiment (Austria).
Gar. Garage; Garant(ie).
Gär. Gärung.
gar. garantieren, -tiert.
Gard. Garderobe, Garderobiere; Gardine.
Garm. print. Garmond.
Garn. Garnierung; Garnison; Garnitur.
garn. garnieren, -niert.
Gar.-W. auto. Garagenwagen.
Gas. Gasometer.
Gasm. Gasmaske; Gasmesser; Gasmotor.
GAss. Gerichtsassessor.
Gastr. Gastronomie.
gastr. gastronomisch.
Gasw. Gaswerk.
Gatt. Gattung.
G.-Aufl. Gesamtauflage (of books).
GAZ Gesamtverzeichnis ausländischer Zeitschriften.
Gaz. Gazelle; Gazette.
GAZS Gesamtverzeichnis ausländischer Zeitschriften und Serien.
GB econ. Geld und Brief; Genehmigungsbescheid; Generalbeauftragte; Generalbevollmächtigte; Genossenschaftsbank (DDR); Geschäftsbedingungen pl; Geschäftsbericht; Gesetzbuch; Gesundheitsbuch; Gewerbebank (DDR); auto. Großbritannien; jur. Grundbuch.
Gb. Geber; Gebühr; Geburt; Gegenbesuch; mus. Generalbaß; Gesangbuch.
gb. gebeizt; gebunden (of books); genehmigungsberechtigt.
GBA Generalbundesanwalt; Geologische Bundesanstalt (Austria); Gesetzbuch der Arbeit (DDR); auto. (Großbritannien) Alderney; Grundbuchamt.
GBAG Gelsenkirchener Bergwerks-AG.
Gbd. Gebäude; Großband (of books).

gbd. gebunden (book).
Gbf (railway) Güterbahnhof.
GBG Gemeinnützige Baugesellschaft; auto. (Großbritannien) Guernsey.
GBJ auto. (Großbritannien) Jersey.
GBL Generalbetriebsleitung.
GBl. Gesetzblatt.
Gbl. Geburtsland.
GBM auto. (Großbritannien) Insel Man.
Gbm. Gebrauchsmuster.
GbmG Gebrauchsmustergesetz.
GBO Grundbuchordnung.
Gbo. Geburtsort.
gbr. gebräuchlich; gebraucht; gebrochen.
Gbrm. Gebrauchsmuster.
Gbst. Geburtsstadt.
Gbt. Gebet; Gebiet; Gebot; Geburt.
GBV (railway) Güterbeförderungsvorschriften.
GBZ auto. Gibraltar.
GbZ (postal service) Gebührenzettel.
Gbz Gerichtsbezirk; Gutsbezirk.
GC chem. Gaschromatographie; Golfclub.
GCA auto. Guatemala.
Gcal. phys. Gigakalorie.
g.Ch. mus. gemischter Chor.
GCW Gesellschaft der Chirurgen in Wien (Austria).
GD Generaldirektion, -direktor; Gesundheitsdienst; Gottesdienst.
Gd chem. Gadolinium.
Gd. Garde, Gardist; Gold; mar. Grund.
GDB Genossenschaft Deutscher Bühnenangehöriger.
GdB Gesellschaft des Bauwesens.
GDBA Genossenschaft Deutscher Bühnenangehöriger; Gewerkschaft Deutscher Bühnenangestellter; Gewerkschaft Deutscher Bundesbahnbeamter und -anwärter.
Gdbgr(e). Grundbegriff(e pl).
GDBH Gesellschaft Deutscher Berg- und Hüttenleute (DDR).
G.d.b.R. jur. Gesellschaft des bürgerlichen Rechts.
GDCh Gesellschaft Deutscher Chemiker.
GDE Gesamtverband des Einzelhandels.

Gde. Gemeinde; Gründe *pl.*
GdED Gewerkschaft der Eisenbahner Deutschlands.
GDH Gemeinschaft Deutscher Hochschulverbindungen.
GDL Gemeinschaft Deutscher Lehrerverbände; Gesellschaft Deutscher Lichtbildner.
GDM Gemeinschaft Deutscher Musikverbände; Gesamtverband Deutscher Metallgießereien.
Gdm. Grundmuster.
gdm *meteor.* geodynamisches Meter.
GDMB Gesellschaft Deutscher Metallhütten- und Bergleute.
GDN Gesellschaft Deutscher Neurologen.
GDNÄ Gesellschaft Deutscher Naturforscher und Ärzte.
GDO Gemeindedienstordnung; Gesellschaft für Datenverarbeitung und Organisation.
GDP Gesamtdeutsche Partei; Gewerkschaft der Polizeibeamten.
G.d.P. Gegenstand des Patents.
GDS (*postal service*) Gebührenpflichtige Dienstsache; Große Deutsche Schuhmusterschau.
GDSF Gesellschaft für Deutsch-Sowjetische Freundschaft (*DDR*).
GDT Genossenschaft Deutscher Tonsetzer.
GdT Gemeinschaftsausschuß der Technik.
GDU *electr.* Gleichstrom-Drehstrom-Umformer.
GDV Gasdynamische Versuchsanstalt.
Gdw Gradierwerk.
GDZS Gesamtverzeichnis deutscher Zeitschriften und Serien.
GE *med.* Gastroenterostomie; Gesundheitserziehung; Getreideeinheit; Gewichtseinheit.
Ge *tech.* Generator; *chem.* Germanium; *tech.* Gußeisen.
g.e. gut erhalten (*coins etc*).
GEB *ped.* Gesamtelternbeirat.
Geb. Gebäude; Gebet; Gebiet; Gebirge; Gebiß; Gebot; Gebühr(en *pl*); Geburt.
ge.B. geographische(r) Breite.
geb. gebaut; gebildet; gebogen; geboren(e); geboten; gebunden (*book*); gebürtig.
gebd. gebunden (*book*).
gebh. *med.* geburtshilflich.
Geb.-J. Geburtsjahr.
Geb.-Jg. *mil.* Gebirgsjäger; Geburtsjahrgang.
Geb.-Kontr. Gebietskontrolle; Geburtenkontrolle.
Gebl. *tech.* Gebläse.
Geb.-L. Geburtsland.
gebl. geblasen; gebleicht; geblendet.
GebO Gebührenordnung.
Geb.-O. Geburtsort.
Gebr. Gebrauch, Gebräuche *pl*; Gebrüder *pl.*
gebr. gebrannt; gebräuchlich; gebraucht; gebräunt; gebrochen.
ge.Br. geographische(r) Breite.
Gebr.-A. Gebrauchsanleitung, -anweisung.
Geb.-Reg. Geburtenregelung.
Gebrm. Gebrauchsmuster.
GebrMG Gebrauchsmustergesetz.
Geb.-St. Gebäudesteuer; Geburtsstadt, Geburtsstätte; Geburtsstunde.
Geb.-T. Geburtstag.
Geb.-Tar. Gebührentarif.
Ged. *gastr.* Gedeck; Gedicht.
gedr. gedrängt; gedreht; gedroschen; gedruckt; gedrückt.
Gef. Gefahr; Gefährdung; Gefälle; *mil.* Gefallene; Gefangene; Gefängnis.
gef. gefährden, -det; gefahren; *mil.* gefallen; gefällig(st); gefärbt; gefälscht; gefaltet; gefalzt; gefangen; gefaßt; gefertigt; gefestigt; gefolgt; gefordert; geführt; gefüllt; gefunden.
GEFA Gesellschaft für Absatzfinanzierung; Gesellschaft für Arbeitspädagogik.
Gef.-Aufs. Gefangenenaufseher, -aufsicht; Gefängnisaufseher, -aufsicht.
Gef.-Dir. Gefängnisdirektor.
Gef.-Gr. Gefahrengruppe.
Gefgsch. Gefangenschaft.
Gef.-Kl. Gefahrenklasse.
Gefl. Geflecht; Geflügel.
gefl. gefällig(st); geflohen; geflüchtet.
Gef.-L(ag). *mil.* Gefangenenlager.
Gefr. *mil.* Gefreite.
Gefr.-Fl. Gefrierfleisch.

Gefr.-P. Gefrierpunkt.
Gef.-St. Gefahrenstelle.
GEFU Gesellschaft zur Förderung gewerblicher Unternehmen.
Gef.-Verw. Gefängnisverwalter, -verwaltung.
GEG Großeinkaufsgesellschaft Deutscher Konsumgenossenschaften mbH.
Geg. Gegensatz; Gegner.
geg. gegeben; gegen.
gegr. gegründet.
Geh. Gehalt; *tech.* Gehäuse; Geheimnis; Geheimsache; Gehilfe; Gehorsam.
geh. gehackt; gehalten; geheftet (*book*); geheim; gehoben; gehören(d); gehörig.
Geh.-A. Geheimakten *pl*; Geheimarchiv.
geh.D. gehobener Dienst.
Geh.-Erh. Gehaltserhöhung.
Geh.-Ersch. *med.* Gehirnerschütterung.
geh.Kdos. *mil.* geheime Kommandosache.
Geh.-R. *hist.* Geheimrat.
geistl. geistlich.
gek. gekachelt; gekennzeichnet; gekocht; gekonnt; gekoppelt; gekörnt; gekühlt; gekündigt; gekürzt.
Gel. Gelage; Gelände; Gelassenheit; Gelatine; Gelegenheit; Gelehrte; Geleit; Gelenk; Geliebte; Gelingen; Gelöbnis; Gelübde; Gelüst(e *pl*).
gel. geladen; gelagert; gelähmt; gelandet; geländet; gelappt; gelassen; gelaunt; gelegen; gelehrt; geleiten, geleitet; gelesen; geliebt; geliefert; gelingen; geloben, gelobt; gelöscht; gelöst; gelungen.
ge.L. geographische(r) Länge.
Gel.-Arb. Gelegenheitsarbeit(er).
Gelbf. *phot.* Gelbfilter.
gelb. gelblich.
gelbl. gelblich.
gelt. geltend.
Gem. Gemälde; Gemarkung; Gemeinde; Gemeinheit; Gemeinnützigkeit; Gemeinsamkeit; Gemeinschaft; Gemisch; Gemüse; Gemüt.
gem. gemacht; gemahlen; gemalt; gemäß; gemäßigt; gemein; gemeinnützig; gemeinsam; gemeinschaftlich; gemeldet; gemessen; gemischt; gemustert; gemütlich.
gem.Ch. *mus.* gemischter Chor.
GEMES Gesellschaft für Messegestaltung und Organisation.
GemO Gemeindeordnung.
GemR, Gem.-Rat Gemeinderat.
Gem.-Schr. Gemeindeschreiber.
GemSt., Gem.-St. Gemeindesteuer.
GemVerb., Gem.-Verb. Gemeindeverband.
Gem.-Vertr. Gemeindevertreter, -vertretung.
Gem.-Verw. Gemeindeverwaltung.
Gen. Genealoge, -logie; Genehmigung; *mil.* General; Generation; *tech.* Generator; Genetik; *med.* Genitalien *pl*; *ling.* Genitiv; Genosse, Genossenschaft(ler); Genuß.
gen. genannt; genau; genealogisch; genehm; genehmigen, -migt; geneigt; generell; genetisch; genial; *tech.* genietet; genormt; genossenschaftlich; genuesisch; genügend; *tech.* genutet.
Gen.-Ag. Generalagent(ur).
Gen.-Amn. Generalamnestie.
Gen.-Bev(ollm). Generalbevollmächtigte.
Gend. Gendarm(erie).
Gen.-Dir. Generaldirektor.
Genex Geschenkdienst und Kleinexport GmbH (*DDR*).
Gen.-Fm. *mil.* Generalfeldmarschall.
GenG Genossenschaftsgesetz.
Gen.-Gouv. Generalgouvernement, -gouverneur.
Gen.-Insp. *mil.* Generalinspekteur, -inspektion.
Gen.-Int. (*theater*) Generalintendant.
Gen.-Kdo. *mil.* Generalkommando.
Gen.-Kons. Generalkonsul(at).
GenLt(n) *mil.* Generalleutnant.
GenMaj *mil.* Generalmajor.
Gen.-Pr. (*theater*) *etc* Generalprobe.
Gen.-Ref. Generalreferent.
Gen.-Reg. Generalregister; *econ.* Genossenschaftsregister.
Gen.-Sekr. Generalsekretär, -sekretariat.
Gen.-St. *mil.* Generalstab.

Gen.-Sup.-Int. *relig.* Generalsuperintendent.
Gen.-Vers. Generalversammlung.
Gen.-Vertr. *econ.* Generalvertreter, -vertretung.
Gen.-Vik. *röm.kath.* Generalvikar
Gen.-Vollm. *econ.* Generalvollmacht.
Geod. Geodäsie, Geodät.
geod. geodätisch.
Geogr. Geograph(ie).
geogr. geographisch.
Geol. Geologe, Geologie.
geol. geologisch.
Geom. Geomantie; Geometer; Geometrie.
geom. geometrisch.
geophys. geophysikalisch.
geopol. geopolitisch.
GEOREF *aer. mil.* geographisches Referenzsystem.
georg. georgisch.
geoz. geozentrisch; geozyklisch.
Gep. Gepäck; Gepard.
gep. gepaart; gepanzert.
Gepa (*railway*) Gepäckabfertigung.
gepfl. gepflanzt; gepflegt; gepflückt.
gepl. geplant.
gepr. gepreßt; geprüft.
gepr.u.gen. geprüft und genehmigt.
Gep.-Sch. Gepäckschein.
Gep.-Tr. Gepäckträger.
Ger. Gerade; Gerät(e *pl*); Geräusch; Gericht; Geruch; Gerücht; *ling.* Gerundium; Gerüst.
ger. gerade; gerecht; gerettet; gerichtet; gerichtlich; gerieben; geronnen; gerundet; gerüstet.
Ger.-Arzt Gerichtsarzt.
GerAss, Ger.-Ass. Gerichtsassessor.
Ger.-K. Gerichtskosten *pl.*
Germ. Germane; Germanist(ik).
germ. germanisch; germanistisch.
Ger.-Med. Gerichtsmedizin(er).
ger.Med. gerichtliche Medizin.
GerRef., Ger.-Ref. Gerichtsreferendar.
GerSchr., Ger.-Schr. Gerichtsschreiber.
Ger.-Verf. Gerichtsverfahren; Gerichtsverfassung.
Ger.-Vollz. Gerichtsvollzieher.
Ges. Gesamtheit; Gesandte, Gesandtschaft; Gesang; Geselle; *econ.* Gesellschaft(er); Gesetz(gebung); Gesicht; Gesinnung; Gesuch; Gesundheit.
ges. gesammelt; gesamt; gesandt; gesehen; gesetzlich; gesetzt; gesichert; gesittet; gesucht; gesund; gesungen.
GESA Gesellschaft Schweizer Akademiker.
GesA Gesundheitsamt.
ges.Abh. gesammelte Abhandlungen *pl.*
Ges.-Anz. Gesellschaftsanzug.
ges.Aufs. gesammelte Aufsätze *pl.*
Ges.-Ausg. Gesamtausgabe.
Ges.-Betr. Gesamtbetrag.
Ges.-Bl. Gesetzblatt.
Gesch. Geschädigte; Geschäft; Geschenk; Geschichte; Geschick; Geschoß; *mil.* Geschütz.
gesch. geschädigt; geschäftlich; geschätzt; geschichtlich; geschickt; geschieden; geschützt.
Gesch.-Abschl. Geschäftsabschluß.
Gesch.-Ant. Geschäftsanteil(e *pl*).
Gesch.-Anw. Geschäftsanweisung.
Gesch.-Aufg. Geschäftsaufgabe.
Gesch.-Aufs. Geschäftsaufsicht.
Gesch.-Ber. Geschäftsbereich; Geschäftsbericht.
Gesch.-F. Geschäftsführer, -führung.
geschfd.(Dir.) geschäftsführend(er Direktor).
Gesch.-Inh. Geschäftsinhaber.
Geschl. Geschlecht.
geschl. geschlagen; geschlechtlich; geschliffen; geschlossen.
Geschl.-Kr(ht). *med.* Geschlechtskrankheit.
Geschl.-Verk. Geschlechtsverkehr.
geschm. geschmeidig; geschmiedet; geschmolzen; geschmückt.
geschn. *gastr.* geschnetzelt; geschnitten.
GeschO, Gesch.-Ord. Geschäftsordnung.
geschr. geschraubt; geschrieben.
Gesch.-St. Geschäftsstelle.
Gesch.-Tr. *pol.* Geschäftsträger.
Gesch.-Verb. Geschäftsverbindung.
GeschVPl Geschäftsverteilungsplan.
Geschw. *aer. mar. mil.* Geschwader; Geschwindigkeit; Geschwister *pl*; *jur.* Ge-

schworene; *med.* Geschwulst; *med.* Geschwür.

Geschw.-Begr. Geschwindigkeitsbegrenzung.

Geschw.-Beschr. Geschwindigkeitsbeschränkung.

Geschw.-Ger. *jur.* Geschworenengericht.

Geschw.-Kontr. Geschwindigkeitskontrolle.

GeschZ, Gesch.-Z. Geschäftszeichen.

Gesch.-Zi. Geschäftszimmer.

ges.ger. gesetzlich geregelt.

ges.gesch. gesetzlich geschützt.

Ges.-Gew. Gesamtgewicht.

Ges.-Kap. *econ.* Gesellschaftskapital.

gesp. gespart; gesperrt.

gespr. gesprochen; gesprüht.

Ges.-Pr(od). Gesamtproduktion.

Ges.-Pr(ok). *econ.* Gesamtprokura.

GesR Gesandtschaftsrat.

ges.Reg. gesetzliche Regelung.

ges.Schr. gesammelte Schriften *pl.*

Ges.-Slg. Gesetzessammlung.

Ges.-St. Gesamtstärke; Gesellschaftssteuer.

GESt. Grunderwerbssteuer.

Gest. Gestade; Gestalt(ung); Geständnis; *tech.* Gestänge; Gestank; Gestein; Gestell; Gestik(ulation); Gestüt.

gest. gestaffelt; gestalten, gestaltet; geständig; gestartet; gestatten, gestattet; gestehen; gestern; gestickt; gestiegen; gestiftet; gestochen; gestorben; gestoßen; gestundet.

Gestapo *hist.* Geheime Staatspolizei.

gestr. gestrafft; gestreift; gestrichen; gestrig.

Ges.-Unt. Gesangsunterricht.

Ges.-V. *econ.* Gesellschaftsvertrag.

Ges.-Verb. Gesamtverband.

Ges.-Vertr. *econ.* Gesellschaftsvertrag.

ges.Vertr. gesetzlicher Vertreter.

Ges.-Verz. Gesamtverzeichnis.

ges.W. gesammelte Werke *pl.*

Ges.-Z. Gesamtzahl.

get. *relig.* getauft; getestet; getilgt; getötet.

Getr. Getränk(e *pl*); Getreide; *tech.* Getriebe. [trocknet.]

getr. getraut; getrennt; getrieben; ge-]

Getr.-St. Getränkesteuer.

GeV *electr.* Gigaelektronenvolt.

GEW Gas, Elektrizität, Wasser; Gewerkschaft Erziehung und Wissenschaft.

Gew. Gewächs; Gewähr(leistung); Gewahrsam; Gewalt; Gewässer; Gewebe; Gewehr; *hunt.* Geweih; Gewerbe; Gewerkschaft; Gewicht; *tech.* Gewinde; Gewinn; Gewinnung; Gewissen; Gewohnheit; Gewölbe; Gewürz.

gew. gewachst; gewagt; gewählt; gewähren; gewandt; gewaschen; gewässert; gewerblich; *(textile)* gewirkt; gewogen; gewöhnlich; gewölbt; gewonnen; gewünscht.

GewA *econ.* Gewinnanteil.

GewAA Gewerbeaufsichtsamt.

Gew.-Ant. *econ.* Gewinnanteil.

GewG, Gew.-Ger. Gewerbegericht.

Gew.-Kl. Gewichtsklasse; Gewinnklasse.

Gew.-L. Gewerbelehre(r).

GewO Gewerbeordnung.

Gewog Gemeinnützige Wohnstättengesellschaft.

Gew.-Sch. Gewerbeschein; Gewerbeschule.

Gew.-Sekr. Gewerkschaftssekretär.

GewSt., Gew.-St. Gewerbesteuer.

Gew.-T. Gewichtsteil(e *pl*).

Gew.-Tr. Gewerbetreibende.

Gew.-Verl. Gewichtsverlust.

Gew.-Vert. Gewichtsverteilung; Gewinnverteilung.

Gez. Gezeiten *pl.*

gez. gezählt; gezahnt; gezähnt; gezeichnet; gezielt; geziert; gezogen; gezüchtet.

Gez.-Krw. Gezeitenkraftwerk.

Gez.-W. Gezeitenwechsel.

gezw. *(textile)* gezwirnt; gezwungen(ermaßen).

GF Geschäftsführer(in), -führung; *mar.* große Fahrt.

Gf. Geschäftsführer, -führung; Grundfarbe; Grundform.

g.F. gegebenen Falles, gegebenenfalls.

gf. gasförmig.

GFA Gewerbeförderungsamt *(Austria)*; Großförderanlage.

GfA Gesellschaft für Arbeitstechnik; Gesellschaft für Arbeitswissenschaft.

GfD Gesellschaft für Datenverarbeitung.

GFF Gesellschaft zur Förderung der Forschung an der ETH *(Switzerland)*.

GFG Güterfernverkehrsgesetz.

gfg. gasförmig.

GFK glasfaserverstärkter Kunststoff.

GfK Gesellschaft für Kernforschung; Gesellschaft für Konsum-, Markt- und Absatzforschung; Gewerkschaftsgruppe für Kleinbetriebe *(DDR)*.

GFKF Gesellschaft zur Förderung der kernphysikalischen Forschung.

Gfl. Geflecht.

gfl. gefällig; geflochten; gräflich.

GFM *mil.* Generalfeldmarschall.

GfM Gesellschaft für Marktforschung.

GfN Gesellschaft für Nebenbetriebe auf den Bundesautobahnen.

GFP glasfaserverstärktes Polyesterharz.

GFpl *(railway)* Güterzugfahrplan.

Gfr Goldfranken.

Gfsch. Gefangenschaft; Grafschaft.

Gft. Grafschaft.

Gfter *econ.* Gesellschafter.

GfU Gemeinschaft freier Unternehmensberater.

GfV Gesellschaft für Vertriebsforschung; Güterfernverkehr.

GfW Gesellschaft für Wehrkunde; Gesellschaft für Weltraumforschung.

GG *hist.* Generalgouvernement, -gouverneur; *econ.* Geschäftsgang; *jur.* Geschworenengericht *(Austria)*; Gesundheitstechnische Gesellschaft; Getreidegesetz; *electr.* Gleichstromgenerator; Goethe--Gesellschaft; *metall.* Grauguß; Grundgesetz; *jur.* Gütergemeinschaft.

GG. Gesetze *pl.*

Gg. *med.* Ganglion; Gegner.

gg. *(textile)* Gauge; gegen; geländegängig.

g.g. ganz geheim.

ggb. gegenüber.

ggbfs. gegebenenfalls.

ggez. gegengezeichnet.

ggf(s). gegebenenfalls.

GGG Gewerbegerichtsgesetz.

GGK Gehaltsgruppenkatalog *(DDR)*.

GGLF Gewerkschaft Gartenbau, Land- und Forstwirtschaft.

GGO Gemeinsame Geschäftsordnung der Bundesministerien.

ggr. *gastr.* gegrillt; gegründet.

Ggs. Gegensatz.

ggs. gegensätzlich; gegenseitig.

ggT, g.g.T. *math.* größter gemeinsamer Teiler.

g.g.u. gelesen, genehmigt, unterschrieben.

Ggw. Gegenwart; Gegenwert; Gutgewicht.

ggz. gegengezeichnet, -zeichnen.

Ggzg. Gegenzeichnung; *(railway)* Gegenzug.

GH *auto.* Ghana; Großhandel.

Gh. Gasthaus, -hof; Gehalt; Gehöft; Gehör; Gesamthöhe.

ghan. ghanaisch.

GHD Großhandelsdirektion *(DDR)*.

GHG Gemeinwirtschaftliche Hochseefischerei-Gesellschaft; Gesamtverband des deutschen Handwerks, Handels und Gewerbes; Großhandelsgesellschaft *(DDR)*.

Ghg(in). Großherzog(in).

Ghgt. Großherzogtum.

GHH Gutehoffnungshütte *(steelworks)*.

GHK Gewerkschaft Holz und Kunststoff; Großhandelskontor *(DDR)*.

Ghl. Gehilfe.

GHM Gesellschaft für Handwerks-Ausstellungen und -Messen.

Ghrz. Großherzog(in).

Ghrzgt. Großherzogtum.

GHS(p.) Großhandelsspanne.

GHz *phys.* Gigahertz.

Ghz(g). Großherzog(in).

Ghzgt. Großherzogtum.

GI *mil.* Generalinspekteur, -inspektion.

Gi *(postal service)* Giro; *electr.* Gitter.

Gibr. *geogr.* Gibraltar.

GIFA Internationale Gießerei-Fachmesse.

GiKo Girokonto.

GIM Gesellschaft für Innere Medizin.

GIS Gesellschaft für industrielle Schweißtechnik.

Git. Gitarre, Gitarrist.

GJ Geographisches Jahrbuch.

GK Generalkonsul(at); Genfer Konvention; Güterkatalog; Girokonto; Golfklub; *electr.* Gummikabel; *econ.* Güteklasse.

G.K. Genfer Konvention; Gregorianischer Kalender.

Gk. Gelenk.

gk griechisch-katholisch.

GKA Grenzkontrollamt *(DDR)*.

g.Kdos. *mil.* geheime Kommandosache.

GKG Gerichtskostengesetz.

GKH *med.* Gelbkörperhormon.

GKl. *econ.* Güteklasse.

GKM Großkraftwerk Mannheim.

GKO Geschäftskostenordnung.

G.-Kons. Generalkonsul(at).

GKSS Gesellschaft für Kernenergieverwertung in Schiffbau und Schiffahrt.

GKT Gesellschaft für Kernverfahrenstechnik.

GKV Gesamtverband Kunststoffverarbeitende Industrie; Gesetzliche Krankenversicherung.

GKWG Gemeinde- und Kreiswahlgesetz.

Gl *(railway)* Gleis.

Gl. *tech.* Gelenklager; Glanz; Glas; Glasur; Glaube; Gläubiger; Gleichung; Gleis; Gletscher; Glied; Gliederung; Glocke; Gloria; Glosse; Glück.

gl. *auto.* geländegängig; glänzend; glatt; gläubig; gleich; gleitend; glücklich.

gl.A. gleicher Ansicht.

glbld. gleichbleibend.

Gld. Ganzleder(einband) *(of books)*.

gleichl. gleichlaufend; gleichlautend.

gleichn. gleichnamig.

gleichz. gleichzeitig.

GLF Gewerkschaft Landwirtschaft und Forsten.

Glfl. *aer.* Gleitflug.

Gl.-Gew., Glgew. Gleichgewicht.

gl.M. gleicher Meinung.

Gln. Ganzleinen(einband) *(of books)*.

gl.N. gleichen Namens.

gl.Nr. gleicher Nummer.

gls. glaubenslos.

Gl.-Str., Glstr. *electr.* Gleichstrom.

gl.T. (zu) gleiche(n) Teile(n).

glt. gültig.

gltd. geltend; gleitend.

gltg. gültig.

GLV Graphische Lehr- und Versuchsanstalt *(Austria)*.

Gl.-Vers. Glasversicherung; *econ.* Gläubigerversammlung.

GLZ Gleitzeit.

glz. gleichzeitig.

glzd. glänzend.

GM Gebrauchsmuster; Geldmarkt; *mil.* Generalmajor; Geschwindigkeitsmesser; Gleichstrommotor; Goldmark; Greenwich Meridian. [Haftung.]

GmbH Gesellschaft mit beschränkter]

GMBl. Gemeinsames Ministerialblatt.

GMD Generalmusikdirektor.

Gmde. Gemeinde.

GMG Gebrauchsmustergesetz.

Gmk. Gemarkung.

gms. gemeinsam.

Gn.-B. *röm.kath.* Gnadenbild.

G.n.b.R. Gesellschaft nach bürgerlichem Recht.

Gn.-J. *röm.kath.* Gnadenjahr.

GnO *jur.* Gnadenordnung.

GNT Güternahverkehrstarif.

GO Gebührenordnung; Gemeindeordnung; Geschäftsordnung; Gewerbeordnung; Grundbuchordnung; Grundordnung; Grundorganisation; Gründungsordnung.

Go. *med.* Gonorrhoe.

GOA Gebührenordnung für Architekten.

GOÄ Gebührenordnung für Ärzte.

GOG Gerichtsorganisationsgesetz *(Austria)*.

GOGA Gebührenordnung für Garten- und Landschaftsarchitekten.

GOI Gebührenordnung für Ingenieure.

got. gotisch.

Gouv. Gouvernement, Gouverneur.

GÖV Gesellschaft Österreichischer Volkswirte.

GOW Gesetz über Ordnungswidrigkeiten.

GOZ Gebührenordnung für Zahnärzte.

GP Gefrierpunkt; Gegenprobe; *mus.* Generalpause; *econ.* Gesamtpreis; Grenzpolizei; *mus.* Große Pause; *(sport)* Großer Preis; Gymnasialprofessor.

gp. gepaart; gepanzert.

GPG Gärtnerische Produktionsgenossenschaft *(DDR)*.

gpr. gepreßt; geprüft.

gpr.u.gen. geprüft und genehmigt.

GPU (*Russ.*) *hist.* Gossudarstwennoje Politischeskoje Uprawlenije, Staatliche Politische Verwaltung (*Soviet secret police*).

GR Geheimer Rat, Geheimrat; *röm.kath.* Geistlicher Rat; Gemeinderat; Gesamtregister; *auto.* Griechenland; Großraum; *jur.* Güterrechtsregister.

G.R. gegen Rückgabe; Geheimer Rat, Geheimrat; *röm.kath.* Geistlicher Rat; geltendes *od.* gültiges Recht.

Gr. Grab; Graben; Gracht; Grad; Graf, Gräfin; Grammatik; *min.* Granat; *mil.* Granate; *med.* Granulom; Graphik; *min.* Graphit; Gras; Gravur; Greenwich; Gremium; *mil.* Grenadier; Grenze; Grieche(nland); Grieß; Griff; Griffel; Grill; *med.* Grippe; Gros; Groschen (*monetary unit of Austria*); Größe; *econ.* Grossist; Grotte; Grube; Gruft; Grün; Grund; Gründung; Gruppe; Gruß.

g.R. gegen Rückgabe; geltendes *od.* gültiges Recht.

gr. graphisch; gratis; grau; grausam; gravieren, -viert; griechisch; grob; groß; grün.

GRA (*computer*) Großrechenanlage.

Grad. Gradation; *math. meteor. phys.* Gradient; *relig.* Graduale; Graduation, Graduierung.

grad. *math. meteor. phys.* Gradient; gradieren; gradual; graduell; graduieren, -duiert.

Grad.-W. Gradierwerk.

Gram(m). Grammatik.

gram(m). grammatisch.

Gran. *min.* Granat; *mil.* Granate; *min.* Granit; Granulat(or); *min.* Granulit; *med.* Granulom.

gran. granieren; granulieren, -liert, granulös.

Graph. Graphik(er); Graphologe, -logie.

graph. graphisch; graphologisch.

GRat Geheimrat.

Grat. Gratifikation; Gratulant, Gratulation.

grat. gratis; gratulieren.

Grav. Graveur; *med.* Gravida, *med.* Gravidität; *chem. phys.* Gravimeter, -metrie; *phys.* Gravisphäre; *phys.* Gravitation; *print.* Gravur, Gravüre.

grav. gravieren(d); graviert; *chem. phys.* gravimetrisch; gravitätisch; *phys.* gravitieren.

graz. grazil; graziös, (*Ital.*) *mus.* grazioso.

Gr.-Bes. Grundbesitz(er).

Gr.-Br(it). *geogr.* Großbritannien.

grch. griechisch.

Grchl. *geogr.* Griechenland.

Grd. Grund.

grd *phys.* Grad.

Grdb. Grundbesitz; Grundbuch.

Grdf. Grundfassung; Grundform.

Grdfl. Grundfläche.

Grdg. Gründung.

Grdl. Grundlage; Grundlast(en *pl*); *math.* Grundlinie.

Grdr. Gründer; Grundrecht; Grundrente; Grundriß.

Grds. Grundsatz.

Grdst. Grundstock; Grundstoff; Grundstück; Grundstufe.

GrdSt, Grd.-St. Grundsteuer.

Grdw. Grundwasser; Grundwert; *ling.* Grundwort.

Grdw.-Sp., Grdwsp. Grundwasserspiegel.

Grdz. Grundzahl; Grundzug, -züge *pl*.

Grdzg. Grundzug, -züge *pl*.

Greg. K(al). Gregorianischer Kalender.

GrE(rw)St. Grunderwerbssteuer.

grfl. gräflich.

Grfsch. Grafschaft.

Grhdl. Großhandel, -händler.

Grhdlg. Großhandlung.

Grhzg. Großherzog(in).

grhzgl. großherzoglich.

Grhzgt. Großherzogtum.

griech. griechisch.

griech.-or(th). griechisch-orthodox.

Grim. Grimasse.

Gr.-Ind. Großindustrie, -industrielle.

gr.-k(ath). griechisch-katholisch.

Gr.-Kfm., Grkfm. Großkaufmann.

gr.-l(at). griechisch-lateinisch.

Grld. *geogr.* Grönland, -länder.

Gr.-Mstr. Großmeister (*of a Freemasons' lodge*).

gr.-orth. griechisch-orthodox.

gr.-röm. (*sport*) griechisch-römisch.

GrS, Gr.S. *jur.* Großer Senat.

GrSSt. *jur.* Großer Senat in Strafsachen.

GrSt. Grundsteuer.

Gr.-St. Grenzschutz; Grenzstation; Großstadt; Grundstein; Grundsteuer.

Gr.-Str. Grenzstraße; Grenzstreifen; Grünstreifen.

Gruga Große Ruhrländische Gartenbauausstellung.

Grundst. Grundsteuer; Grundstoff; Grundstück; Grundstufe.

Grundw. Grundwasser; Grundwert; Grundwort.

grus(in). grusinisch.

Grv. *print.* Gravüre.

Gr.-W. *mil.* Granatwerfer; Grundwasser.

GrWB, Gr.Wb. Grimms Wörterbuch.

Grz. Grenze.

GS Gasschutz; Gesammelte Schriften *pl*; Geschäftsstelle; Gesetzessammlung; *electr.* Gleichstrom; Grenzschutz; *jur.* Großer Senat; Grundschule.

Gs *electr.* Gauß; *electr.* Gleichstrom.

Gs. Gesandtschaft; Geselle; Gesetz; Gesicht; Gesuch.

GSA *mil.* Generalstabsarzt; Grenzschutzabteilung.

Gschf. Geschäftsführer.

GSchV Gesamtschulverband.

GSE Große Sowjet-Enzyklopädie.

GSekr., G.-Sekr. Generalsekretär, -sekretariat.

GSF Gesellschaft für Strahlenforschung.

GSG Gemeinnützige Siedlungsgesellschaft des Hilfswerks der Evangelischen Kirche Deutschlands; Grenzschutzgruppe.

Gsg. Gesang.

Gsge. Gesänge *pl*.

GSK Grenzschutzkommando.

GSMBA Gesellschaft Schweizer Maler, Bildhauer und Architekten.

GSMBK Gesellschaft Schweizerischer Malerinnen, Bildhauerinnen und Kunstgewerblerinnen.

GSPV Gewerblich-Selbständigen-Pensionsversicherung (*Austria*).

GST Gesellschaft für Sport und Technik (*DDR*).

GSt., Gst. *mil.* Generalstab.

GStA Generalstaatsanwalt; *mil.* Generalstabsarzt.

Gstb. Gästebuch; *mil.* Generalstab.

GStG Gaststättengesetz; Gemeindesteuergesetz; Gewerbesteuergesetz.

Gstr. Gastronom(ie); *electr.* Gleichstrom.

Gstw. Gastwirt(schaft).

GSW Gemeinnützige Siedlungs- und Wohnungsbaugesellschaft mbH; Gesellschaft zum Schutz der deutschen Wirtschaft.

GSZ *jur.* Großer Senat in Zivilsachen.

GT Gasturbine; Gebührentarif; Gehaltstarif; (*railway*) Gelenktriebwagen; Gemeindetag; *pol.* Geschäftsträger; Gewichtsteil; Gleichstromtelegrafie; *auto.* (*Fr.*) Grand Tourisme, (*Ital.*) Gran Turismo; *tech.* Temperguß.

Gt. Garten; Gerät(etafel); *agr.* Gut.

GTB Gewerkschaft Textil und Bekleidung.

GTK Große Tarifkommission (*of trade unions*).

Gtr.-Bhf. (*railway*) Güterbahnhof.

Gtr.-Verk. Güterverkehr.

GTS *tech.* Temperguß Schwarz.

Gttg. Gattung.

GTV Gebirgstrachtenverein; Gefangenentransportvorschrift.

GTW Gesellschaft der Tierärzte in Wien (*Austria*); Gesellschaft für Technik und Wirtschaft; *tech.* Temperguß Weiß.

GU *med.* Grundumsatz.

GÜ Grenzübergang.

Gu. Gummi.

Guat. *geogr.* Guatemala, Guatemalteke.

guat(emalt). guatemaltekisch.

Guay. *geogr.* Guayana, Guayaner.

guay. guayanisch.

Guer. Guerilla(s *pl*).

guin. guineisch.

Gült. Gültigkeit.

Gült.-D. Gültigkeitsdauer.

gumm. gummieren, gummiert.

GUT Gemeinwirtschaftliches Unternehmen für Touristik.

Güt.-B(hf). (*railway*) Güterbahnhof.

Güt.-Gem. *jur.* Gütergemeinschaft.

Guth. Guthaben.

gütl. gütlich.

Güt.-Tr. Gütertransport; *jur.* Gütertrennung.

Güt.-Verk. Güterverkehr.

GUV Gesetzliche Unfallversicherung.

GuV *econ.* Gewinn- und Verlust(rechnung).

GUVG Gesellschaft für Ursachenforschung bei Verkehrsunfällen.

GV Deutscher Genossenschaftsverband; Gebirgsverein; Gemeindeverband; Gemeinsame Verfügung; Generalversammlung; Generalvertreter, -vertretung; *röm. kath.* Generalvikar; Gerichtsvollzieher; Gesamtverband; Gesamtverzeichnis; Gesangverein; *biol.* Geschlechterverhältnis; *electr.* Gigavolt; *mar.* große Fahrt voraus; Güterverkehr.

gv, g.v. *mil.* garnison(s)verwendungsfähig.

GVB Generalversammlungsbeschluß.

GVBl. Gesetz- und Verordnungsblatt.

GVD Generalverkehrsdirektion.

GVerg., G.-Verg. Grundvergütung.

GVG Gerichtsverfassungsgesetz.

GVK Gesellschaft für Vergleichende Kunstforschung (*Austria*); Gesetz über den Verkehr mit Kraftfahrzeugen (*DDR*).

GVL Gesellschaft zur Verwertung von Leistungsschutzrechten.

GVP Generalverkehrsplan; *hist.* Gesamtdeutsche Volkspartei; Großhandelsverkaufspreis (*DDR*).

GVS Gasversorgung Süddeutschland.

GVT Forschungsgesellschaft Verfahrenstechnik.

GVU Gasversorgungsunternehmen.

Gvz. Gerichtsvollzieher.

GW Gas und Wasser; Gaswerk; Gesamtkatalog der Wiegendrucke; Gesamtwert; Gesellschaft für Wärmewirtschaft (*Austria*); *electr.* Gigawatt; *electr.* Gleichstrom/Wechselstrom.

G.W. Gesammelte Werke *pl*; Gewöhnlicher Wasserstand.

Gw. Geldwert; *ling.* Geschlechtswort; Gewerbe; Gewicht; Gewinn; Goldwert.

GWA Gesellschaft Werbeagenturen.

GWB Gesetz gegen Wettbewerbsbeschränkungen.

Gwb. Gewölbe.

GWG Gemeindewahlgesetz.

GWh *electr.* Gigawattstunde.

GWI Gesellschaft für Wirtschaftsinformation.

GWK Gesellschaft zur Wiederaufarbeitung von Kernbrennstoffen.

GWO Gemeindewahlordnung.

GwO Gewerbeordnung.

Gw.-Sch. Gewerbeschule, -schüler.

GwSchR Gewerbeschulrat.

GwSt., Gw.-St. Gewerbesteuer.

Gw.v.H. Gewichtsteile vom Hundert.

Gymn. Gymnasiast; Gymnasium; Gymnastik, Gymnastin.

gymn. gymnastisch.

Gyn(äk). *med.* Gynäkologe, -logie.

gyn(äk). *med.* gynäkologisch.

GZ Gesamtzahl; Grundzahl.

Gz (*railway*) Güterzug.

gz. ganz; gezählt; gezähnt; gezeichnet; *tech.* gezogen.

gzj. ganzjährig.

Gzl. Ganzleinen(einband) (*of books*).

Gzld. Ganzleder(einband) (*of books*).

Gzln. Ganzleinen(einband) (*of books*).

Gzn. Gezeiten *pl*.

Gzpgt. Ganzpergament(einband) (*of books*).

GZS *jur.* Großer Senat in Zivilsachen.

H

H econ. Haben; Hafen; Haltestelle; Handel; auto. Hannover; tech. Härte; Haupt-; Hauptblatt; mus. Hauptstimme; phys. Henry; Hersteller; geogr. Hessen; (railway) etc Hinfahrt; meteor. Hoch(druck); Hochschule; Höhe; auto. Hungaria, Ungarn; Hydrant; chem. Hydrogenium, Wasserstoff.
H. Haft; Haftung; Handel; Handschrift; Haus; Heck; Heft; Heim(at); Heizung; Helligkeit; Hengst; Hitze; Höhe; Hoheit; Holz; mus. Horn(ist); Hort; Hotel; tech. Hub; Hund; Hundert.
h Hekto-; (Lat.) hora, Stunde.
h. hart; heiß; hell; hinten; hoch; horizontal.
HA Handausgabe; Handelsabkommen; Hauptabschnitt; Hauptabteilung; Hauptamt; Hauptausschuß; Hausanschluß; Hausarzt; Haushaltsabteilung; Heimarbeit(er); röm.kath. Hochamt; chem. Hydroxylamin.
Ha chem. Hahnium.
Ha. Hafen; Hafer; Handel; Harfe.
h.A. herrschende Ansicht.
ha Hektar.
ha. hauptamtlich.
HAA Hauptarbeitsausschuß.
H.A.B. Homöopathisches Arzneibuch.
Hab. Habilitation.
hab. habilitieren, -tiert.
Habil. Habilitation.
habil. (Lat.) habilitatus, habilitiert.
Habil.-Schr. Habilitationsschrift.
Habsb. Habsburg(er).
habsb. habsburgisch.
HADAG Hafen-Dampfschiffahrtsgesellschaft (Hamburg).
HAdW Heidelberger Akademie der Wissenschaften.
Haf. Hafen; Hafer.
Hafraba (Autobahn) Hamburg-Frankfurt-Basel.
haftb. haftbar.
Haftpfl. Haftpflicht.
haftpfl. haftpflichtig.
HAG Hauptarbeitsgemeinschaft; Heimarbeitsgesetz.
H.-Ag. Handelsagent.
Hageda Handelsgesellschaft Deutscher Apotheker.
Hagiogr. relig. Hagiograph(ie).
hagiogr. relig. hagiographisch.
HaH Handelshochschule.
hait. haitisch.
HAIZY Hamburger Isochron-Zyklotron.
HAK hist. Hohe Alliierte Kommission (in Germany).
HAL mar. Hamburg-Amerika-Linie; Hauptabteilungsleiter; Hauptanschlußleitung.
halb. halbieren, -biert.
Halbf. econ. Halbfabrikat; econ. Halbfertigung; econ. Halbfertigware.
Halbj. Halbjahr.
halbj(hg). halbjährig.
halbj(hl). halbjährlich.
Halt. tech. Halter(ung); Haltung.
haltb. haltbar.
Ham. Hamiten pl, ling. Hamitisch.
ham. hamitisch.
hamb. hamburgisch.
Handb. tech. Handbedienung; Handbibliothek; Handbuch.
handgest. tech. handgesteuert.
handgew. (textile) handgewebt.
Handl. Handlanger; Handlung.
handl. handlich.
Handschr. Handschreiben; Handschrift.
Handw. Handwerk(er).
Handwb. Handwörterbuch.
HandwK, Handw.-K. Handwerkskammer.
HandwO Handwerksordnung.
hann. hannover(i)sch, hannöver(i)sch.
Hanomag Hannoversche Maschinenbau AG.
hans. hanseatisch.
HAnst., H.-Anst. Heilanstalt.
HAP Handelsabgabepreis (DDR).
HAPAG, Hapag hist. Hamburg-Amerikanische Packetfahrt-Actien-Gesellschaft.
HArb., H.-Arb. Heimarbeit(er); Hilfsarbeit(er).
Harm. Harmonie; Harmonium.
harm. harmonisch.
harml. harmlos.

Harp. Harpune, Harpunier(er).
Ha.-Art. Handelsartikel; Hauptartikel.
HASt. Hauptabrechnungsstelle; Hauptannahmestelle.
Haub. mil. Haubitze.
haupts. hauptsächlich.
Hausbes. Hausbesitzer; Hausbesorger (Austria); Hausbesuch.
HAusg. Handausgabe.
Hausgeh. Hausgehilfin.
Haush. Haushalt(ung); Hausherr.
Hausm. Hausmacht; Hausmädchen; Hausmarke; Hausmeister.
Hausr. Hausrat; Hausrecht.
Hausverw. Hausverwalter, -verwaltung.
Hausw. Hauswirtschaft.
hausw. hauswirtschaftlich.
Hausw.-L. Hauswirtschaftslehre(r).
Hausw.-Sch. Hauswirtschaftsschule.
Hav. geogr. Havanna; Havarie, Havarist; geogr. Havel.
Ha.-Vertr. Handelsvertrag; Handelsvertreter, -vertretung.
HAVO Handelsabgabenverordnung (DDR).
HAW Heidelberger Akademie der Wissenschaften.
HAWIE psych. Hamburg-Wechsler-Intelligenztest für Erwachsene.
HAWIK psych. Hamburg-Wechsler-Intelligenztest für Kinder.
HB tech. Brinell-Härte; Handbibliothek, -bücherei; Handelsbetrieb; Handelsbilanz; auto. Hansestadt Bremen; med. Hartmannbund; econ. Hauptbuch; Hauptbüro; agr. Herdbuch; chem. Hexachlorbutadien; civ.eng. Hochbau; Hofbibliothek; Hofbräu.
H.B. relig. Helvetisches Bekenntnis.
Hb med. Hämoglobin; (postal service) Hausbriefkasten.
Hb. Handball; tech. Handbedienung, -betrieb; Handbuch; (Lat.) pharm. herba, Kraut; Herberge.
hb. halb.
HBA Hochbauamt.
HBAbt. Hochbauabteilung.
Hbd. Halbband (of books).
H.-Ber. Handelsbericht.
H.-Bez. Handelsbezeichnung; Handelsbeziehung; Handelsbezirk.
Hbf. Hauptbahnhof; Heimatbahnhof.
Hbg. Habsburg; geogr. Hamburg.
hbg. habsburgisch; hamburgisch.
H.-Bil. Handelsbilanz.
Hbj. Halbjahr.
HBK Hochschule für Bildende Künste.
Hbl. Handelsblatt (a journal); Hauptblatt.
H.-Bl. med. Harnblase.
Hbl. Halbblut (horse); Halbleinen(einband) (of books); Hinterbliebene.
H.-Br. Handelsbrauch; Handelsbrief.
Hbschr. aer. Hubschrauber.
hbst. halbstarr; halbsteif.
hbstg. halbstündig.
hbstl. halbstündlich.
HBV Gewerkschaft Handel, Banken und Versicherungen.
HC Hockeyclub.
h.c. (Lat.) honoris causa, ehrenhalber.
HCC chem. Hexachlorcyclohexan (an insecticide).
HCH chem. Hexachlorcyclohexan (an insecticide).
HD Hafendienst; Hafendirektion, -direktor; mar. Hauptdeck; tech. Heißdampf; med. Herddosis; tech. Hochdruck; med. pharm. Höchstdosis.
Hd. Hand; Handel; Hemd; Herd; ling. Hochdeutsch; Hund; Hundert.
hd. -händig; ling. hochdeutsch; hundert.
Hd.-Ausg. Handausgabe.
Hdb. Handbuch; agr. Herdbuch.
Hd.-Bibl. Handbibliothek.
Hdbr. tech. Handbremse.
hdbr. handbreit.
hdg. -händig.
hdgest. tech. handgesteuert.
hdgew. (textile) handgewebt.
hdgm. handgemacht.
Hdgr. Handgriff.
hdgr. handgroß.
hdgrfl. handgreiflich.
HDH Hauptverband der deutschen Holzindustrie.

HdH Haus des Handwerks.
Hdhbg. Handhabung.
HdJ Haus der Jugend.
Hdl. Handel; Handelslehrer; Händler; Handlung.
hdl. handlich.
HdlAbk., Hdl.-Abk. Handelsabkommen.
Hdl.-Bez. Handelsbezeichnung; Handelsbeziehungen pl.
Hdlg. Handlung.
Hdlg.-Geh. Handlungsgehilfe.
Hdlg.-V(ollm). Handlungsvollmacht.
Hdl.-Reg. Handelsregister.
Hdl.-Vertr. Handelsvertrag; Handelsvertreter, -vertretung.
HD-Öl (Engl.) tech. Heavy-duty-Öl, Öl für schwere Betriebsbelastung.
HDP Hauptverband für Zucht und Prüfung deutscher Pferde.
HDR nucl. Heißdampfreaktor.
Hdschr. Handschreiben; Handschrift.
hdschr. handschriftlich.
Hd.-St. Hundesteuer.
HDT tech. Hochdruckturbine.
HdT Haus der Technik.
Hdt. Hundert.
hdt. hundert.
Hdtsch(ft). Hundertschaft.
HDv mil. Heeresdienstvorschrift.
Hdw. Handwagen; Handwerk(er).
Hdwb. Handwörterbuch.
HdwO Handwerksordnung.
HDZ tech. Hochdruckzylinder.
Hdz. Handzeichen.
He chem. Helium.
h.e. (Lat.) hic est, hier ist; (Lat.) hoc est, das ist, das heißt.
HebG Hebammengesetz.
Hebr. Bibl. Hebräer.
hebr. hebräisch.
HED med. Hauteinheitsdosis.
HEG Haftentschädigungsgesetz.
Heilpr. Heilpraktiker.
HeilprG Heilpraktikergesetz.
Heilst. Heilstätte.
Heim. Heimat.
heim. heimisch.
Heimatl. Heimatlose.
heimatl. heimatlich; heimatlos.
Heimk. Heimkehrer.
Heiml. Heimleiter, -leitung; Heimlichkeit.
heiml. heimlich.
Heimw. Heimweg; Heimwerker.
HEinn. Haushaltseinnahmen pl.
heir. heiraten.
Heir.-Anz. Heiratsanzeige.
Heir.-Reg. Heiratsregister.
Heiz.-Ing. Heizungsingenieur.
HEKiD Hilfswerk der Evangelischen Kirche in Deutschland.
HEKS Hilfswerk der Evangelischen Kirche in der Schweiz.
HEL auto. Hessen, Landesregierung und Landtag.
Helg. geogr. Helgoland, -länder.
helg. helgoländisch.
Heliogr. phot. Heliograph; print. Heliographie, -gravüre.
hell. hellenisch.
Helv. Helvetia, Helvetien, Helvetier.
helv. helvetisch.
Her. Heraldik(er); Herold.
Herg. Hergabe; Hergang.
herg(est). hergestellt.
Herk. Herkommen, Herkunft.
Herk.-Ang. Herkunftsangabe.
Herk.-L. Herkunftsland.
Herm. Hermelin.
herm. hermetisch.
Herst. Hersteller, Herstellung.
Herst.-Gen. Herstellungsgenehmigung.
Herst.-K. econ. Herstellungskosten pl.
Herst.-R. Herstellungsrecht.
Herst.-Verf. Herstellungsverfahren.
herv. hervor(ragend).
herz(gl). herzoglich.
hess. hessisch.
heth. hethitisch.
hett. hettitisch.
Heur. Heuristik.
heur. heuristisch.
HEW Hamburgische Elektricitätswerke pl.
hex. chem. math. hexagonal.

Hex(am). *metr.* Hexameter.
HEZ *aer.* Haupteinflugzeichen; Höchstrichterliche Entscheidungen *pl* in Zivilsachen.
HF *mar.* halbe Fahrt; *electr.* Hochfrequenz.
Hf *chem.* Hafnium.
Hf. Hafen; Halbfranz(einband) (*of books*); Handelsform; Harfe; Hauptform; *mil.* Heeresfahrzeug; Hilfsförster.
HFB Hamburger Flugzeugbau GmbH; Heizflächenbelastung.
Hfbf (*railway*) Hafenbahnhof.
HfBK Hochschule für Bildende Künste.
HFF Hannoversches Forschungsinstitut für Fertigungsfragen.
HFG Hinterbliebenenfürsorgegesetz.
HfG Hochschule für Gestaltung.
hfl holländischer Gulden (*monetary unit*).
Hfn. Hafen.
HFR *nucl.* Hochflußreaktor.
Hfr. Halbfranz(einband) (*of books*).
Hfrzbd. Halbfranz(ein)band (*of books*).
HFSt. Hauptfürsorgestelle.
Hft(g). Haftung.
HfV Hochschule für Verkehrswesen (*DDR*).
Hfw. *mil.* Hauptfeldwebel.
HG Handelsgenossenschaft; Handelsgericht; Handelsgesellschaft; Handelsgüte; Hausgemeinschaft (*DDR*); Hausgesetz; Hockeygesellschaft; *mil.* Horchgerät.
Hg *chem.* Hydrargyrum, Quecksilber.
Hg. Hang; *mil.* Heeresgerät; Herausgeber; Hergang; Hofgebäude; Hügel.
hg Hektogramm.
hg. hängend; herausgegeben.
HGA Hypothekengewinnabgabe.
HGB Handelsgesetzbuch.
Hgb. Herausgeber.
hgb. herausgegeben.
Hgbf. (*railway*) Hauptgüterbahnhof.
hgd. hängend.
H.-Ges. Handelsgesellschaft.
HGF Hauptgeschäftsführer.
hgg. herausgegeben.
HGL Hausgemeinschaftsleitung (*DDR*).
Hgl. Hagel; Hügel.
hgm. hausgemacht.
HGO Hauptgeschäftsordnung.
HGr., H.-Gr., Hgr. *mil.* Handgranate; Häusergruppe; *mil.* Heeresgruppe.
HGS, HGSt. Hauptgeschäftsstelle.
HGÜ *electr.* Hochspannungs-Gleichstromübertragung.
HGW Höchster Grundwasserstand.
Hgw *tech.* Hartgewebe.
HH Handelshochschule; *auto.* Hansestadt Hamburg; Hochschulen *pl*.
H.H. *röm.kath.* Hochwürdig(st)er Herr.
HHA Hamburger Hochbahn Aktiengesellschaft.
HHF *electr.* Höchstfrequenz, Ultrahochfrequenz.
HHG Häftlingshilfegesetz.
HHI Heinrich-Hertz-Institut (für Schwingungsforschung).
HHL *mil.* Hinterhauptslage; *med.* Hypophysenhinterlappen.
HHLA Hamburger Hafen- und Lagerhaus-Aktiengesellschaft.
HHQ höchste Quantität, höchste Hochwassermenge.
HHS Handelshochschule.
HHT *ped.* Handarbeit-Hauswirtschaft -Turnen.
HHTHW höchster Tidenhochwasserstand.
HHTNW höchster Tidenniedrigwasserstand.
HHW höchstes Hochwasser.
Hhz Hochdruckdampfheizung.
HI Halbinsel; Hydrographisches Institut.
Hi. Hilfs-.
HiFi, Hi-Fi, Hifi (*Engl.*) (*radio*) high fidelity, höchste Klangtreue.
Hi.-L. Hilfslehrer.
Hind. Hindernis; *geogr.* Hindustan.
hind. hinderlich; hindern; hindustanisch.
hingew. hingewiesen.
hinr. hinreichend.
Hins. Hinsicht.
hins. hinsichtlich.
hint. hinten; hinter.
Hinterg. Hintergaumen; Hintergebäude; Hintergedanke; Hintergehung.
Hintergr. Hintergrund.
Hinterh. Hinterhalt; Hinterhältigkeit; Hinterhand; Hinterhaupt; Hinterhaus.
Hinterl. Hinterland; Hinterlassene, -las-

senschaft, -lassung; Hinterleger, -legung; Hinterlist.
Hinw. Hinweg; Hinweis.
hinw. hinweisen(d).
Hipo Hilfspolizei, -polizist.
HIS Hochschulinformationssystem.
hisp. hispanisch.
Hist. *med.* Histologie; Historie, Historiker.
hist. *med.* histologisch; historisch.
Hist. Jb. Historisches Jahrbuch.
Hiwi *mil. hist.* Hilfswillige.
HJ *hist.* (*in NS-Zeit*) Hitlerjugend.
H.J. (*Lat.*) hic iacet, hier liegt.
Hj. Halbjahr.
hj. halbjährig, -jährlich.
HjD Halbjahresdurchschnitt.
H.J.S. (*Lat.*) hic iacet sepultus, hier liegt begraben.
Hjschr. Halbjahresschrift.
HK Handelskammer; Handwerkskammer; Hauptkasse; *phys. obs.* Hefnerkerze; Heilkosten *pl*; Hinterkante; *electr.* Hochspannungskabel; Hockeyklub; Hoher Kommissar, Hohe Kommission; *auto.* Hongkong.
HKA Historisch-kritische Ausgabe.
HKG, HkG Heimkehrergesetz.
HKI Fachverband Heiz- und Kochgeräteindustrie.
HKL *mil.* Hauptkampflinie.
HKS *mil.* Hilfskriegsschiff.
HK$ Hongkongdollar (*monetary unit*).
HKW Heizkraftwerk.
HL *electr.* Halbleiter; *auto.* Hansestadt Lübeck; *tech.* Hauptleitung; *mil.* Heeresleitung; *mar.* hinteres Lot; Hochleistung.
Hl. Halbleder(einband) (*of books*); Hauptlager; Heilige.
h.L. herrschende Lehre.
hl Hektoliter.
hl. heilig.
h.l. (*Lat.*) hoc loco, an diesem Ort.
Hld(r). Halbleder(einband) (*of books*).
Hldbd. Halbleder(ein)band (*of books*).
Hlg. *chem.* Halogen; Heilige.
hlg. heilig; hochliegend.
Hlk. Heilkunde.
Hll. Heilige *pl*.
Hln. Halbleinen(einband) (*of books*).
Hlnbd. Halbleinen(ein)band (*of books*).
Hl.S(chr). *Bibl.* Heilige Schrift.
Hlwd. Halbleinwand(einband) (*of books*).
Hlwdbd. Halbleinwand(ein)band (*of books*).
HM Hamburg-Mannheimer (Versicherungsaktiengesellschaft); Handelsmarine; Handelsministerium (*Austria*); Hochleistungsmotor; Höhenmarke (*in surveying*); Höhenmeßgerät.
Hm. *math.* Halbmesser; Hausmarke; Hausmeister.
h.M. *math.* harmonisches Mittel; herrschende Meinung.
hm Hektometer.
HMS *mar. mil.* Hilfsminensuchboot.
HN Handelsniederlassung.
HNO *med.* Hals, Nase(n), Ohren.
HNW höheres Niedrigwasser.
HO Handelsorganisation (*DDR*); Handwerksordnung; Haushaltordnung; Hausordnung; *tech.* Hochofen; *agr.* Höfeordnung.
Ho *chem.* Holmium.
HOAG Hüttenwerke Oberhausen AG.
HOB Herrenoberbekleidung(sindustrie).
hochd. *ling.* hochdeutsch.
Hochf. Hochform; Hochformat.
Hochsch. Hochschule, -schüler.
Höchstbel. Höchstbelastung.
Höchstgeschw. Höchstgeschwindigkeit.
Höchstgew. Höchstgewicht.
Höchstpr. *econ.* Höchstpreis.
Höchstst. Höchststand; Höchststufe.
Hochw. Hochwasser; *röm.kath.* Hochwürden.
hochw. hochwertig; *röm.kath.* hochwürdig(st).
höfl. höflich(st).
HOG Hermann-Oberth-Gesellschaft (zur Förderung der Erforschung und Erschließung des Weltraums); Handelsorganisation-Gaststätte(n *pl*) (*DDR*).
HOGAFA Hotel- und Gaststätten-Fachausstellung.
Hoh. Hoheit.
hohtl. hoheitlich.
Holl. *geogr.* Holland, Holländer, *ling.* Holländisch.
holl(änd). holländisch.
holst. holsteinisch.

Hom. *med.* Homöopath(ie).
hom. *med.* homöopathisch.
Hon. Honorar.
hon. honorieren, -riert.
Hon(or). Honoratioren *pl*.
Hond. Honduraner, *geogr.* Honduras.
hond. honduranisch.
Hon.-Prof. Honorarprofessor.
Hor. Horizont; Horizontale.
hor(iz). horizontal.
Hosp. Hospital; Hospitant; Hospiz.
Hot. Hotel(ier).
Hott. Hottentotte(n *pl*).
HOZ Hochofenzement.
HP Halbpension; Hartpapier; Heilpraktiker; *electr.* Hochpaß.
Hp Hartpapier.
Hp. Haltepunkt.
HPA Handelspolitische Abteilung; Handelspolitischer Ausschuß; Hauptprüfungsamt; Hauptprüfungsausschuß; Hochschulpolitisches Amt.
Hpbf (*railway*) Hauptpersonenbahnhof.
Hpfl. Haftpflicht.
HpflG Haftpflichtgesetz.
HpflV Haftpflichtversicherung.
HPG Handwerkerproduktionsgenossenschaft, Handwerkliche Produktionsgenossenschaft (*DDR*); Heilpraktikergesetz.
HPl., H.-Pl. Haushaltsplan.
Hpt. Haupt-.
HptA Hauptamt; Hauptausschuß.
Hptb. *econ.* Hauptbuch.
Hptgl. *econ.* Hauptgläubiger.
Hptl. Hauptlehrer.
Hptm. *mil.* Hauptmann.
hptpl. hauptpostlagernd.
Hpts. Hauptsache.
hpts. hauptsächlich.
Hptsch. Hauptschuld(ner); Hauptschule, -schüler.
Hptst. Hauptstadt.
Hptw. Hauptwerk; *ling.* Hauptwort.
hptw. *ling.* hauptwörtlich.
Hptwm. Hauptwachmeister.
HPV Hauptverband der Papier und Pappe verarbeitenden Industrie.
HQ, H.-Qu. *mil.* Hauptquartier.
HR Handelsrechnung; Handelsrecht; Handelsregister; *tech.* Handregelung; Hauptredaktion; Hauptreferat, -referent; Hessischer Rundfunk; Hofrat (*Austria*).
Hr. Herr; *mus.* Horn.
h.R. herrschende Rechtsprechung.
HRD *astr.* Hertzsprung-Russell-Diagramm.
HReg. Handelsregister.   [schichte.]
HRG Handwörterbuch der Rechtsge-]
H.R.I.P. (*Lat.*) hic requiescit in pace, hier ruht in Frieden.
Hrn. Herrn *dat*; *mus.* Hörner *pl*.
HRR *hist.* Heiliges Römisches Reich.
Hrsg. Herausgeber.
hrsg. herausgegeben.
Hrst. Hersteller, Herstellung.
Hrzg. Herzog(in).
Hrzgt. Herzogtum.
HS Haltestelle; Hauptsachbearbeiter; *electr.* Hauptschalter; Hochschule.
Hs. Handschrift; Haus.
hs. handschriftlich.
h.s. (*Lat.*) hoc sensu, in diesem Sinne.
Hs.-Bew. Hausbewohner.
H.-Sch. Handelsschiff(ahrt); Handelsschule; Hauptschule; Hochschule.
HSchG Hochschulgesetz.
HSchL Hochschullehrer.
Hschr. Handschrift.
hschr. handschriftlich.
HSDG Hamburg-Südamerikanische Dampfschiffahrts-Gesellschaft.
HSFl *mar. mil.* Hafenschutzflottille.
HSG Hochschulsportgemeinschaft.
Hsh. Haushalt(ung).
Hsh.-Vorst. Haushaltungsvorstand.
HSi *electr.* Hauptsicherung.
hsl. handschriftlich; häuslich.
Hs.-Nr. Hausnummer.
Hsp. (*radio*) Hörspiel; Hospital; Hospitant; Hospiz.
HSR Hochschulring.
Hss. Handschriften *pl*; *geogr.* Hessen.
HSST *psych.* Heidelberger sprachfreier Schulreifetest.
HSt. Hundesteuer.
Hst. Haltestelle; *tech.* Handsteuerung; Hauptstadt; Hauptstelle; Heilstätte; Hilfsstelle.
h.s.t. (*Lat.*) hora sine tempore, Stunde ohne akademisches Viertel, pünktlich.

HStA Hauptstaatsarchiv.
HStG Heimstättengesetz; Hundesteuergesetz.
HSU Humanistische Studentenunion.
HSV Hamburger Sportverein.
HT med. Herztöne pl; tech. Hochtemperatur.
h.t. (Lat.) hoc tempore, in dieser Zeit; (Lat.) hoc titulo, unter od. mit diesem Titel.
HTA Haupttelegrafenamt.
HTI Handwerkstechnisches Institut (Austria).
HTL Höhere Technische Lehranstalt.
Htp. Haltepunkt.
HTSLw Höhere Technische Schule der Luftwaffe.
HU tech. Hauptuntersuchung.
Hüa tech. Höhe über alles.
Hubbr. tech. Hubbrücke.
Hubr. tech. Hubraum.
Hubschr. aer. Hubschrauber.
HuG med. Haut- und Geschlechtskrankheiten pl. [kehrsversicherung.]
HUK Haftpflicht-, Unfall- und Kraftver-
Hum. Humanist, Humanismus, Humanität; Humoreske; Humorist.
hum. human(istisch); humoristisch.
HUS mil. Heeresunteroffizierschule.
HV Handelsverkehr; Handelsvertrag; Handelsvertreter, -vertretung; econ. Handverkauf; tel. Handvermittlung; Hauptversammlung; Hauptvertrag; Hauptvertretung; Hauptverwaltung; Hauptvorstand; Haushaltungsvorstand; Haushaltvorschriften pl; Hausverwalter, -verwaltung; hist. Heeresverwaltung; Heimatverband, -verein; Heimatvertriebene; Historischer Verein; Historische Vierteljahresschrift; Verfassung des Landes Hessen.
H.V. Historischer Verein.
HVA Hauptvermessungsabteilung; Hauptversorgungsamt; Hauptverwaltung Aufklärung (DDR); Hauptverwaltung Ausbildung (DDR).
HVB Hauptverwaltung der Deutschen Bundesbahn.
HVD Hauptverkehrsdirektion (DDR).
HVDR Hauptverwaltung der Deutschen Reichsbahn (DDR).

HVDVP Hauptverwaltung der Deutschen Volkspolizei (DDR).
HVers., H.-Vers. Hauptversammlung; Höherversicherung.
HVertr., H.-Vertr. Handelsvertrag; Handelsvertreter, -vertretung; Hauptvertreter, -tretung.
HVerw., H.-Verw. Hauptverwaltung; Hausverwalter, -verwaltung.
HVIÖ Hauptverwaltung der Industrie Österreichs.
HVL Hauptverwaltung Luftpolizei (DDR); med. Hypophysenvorderlappen.
HVP1 med. mil. Hauptverbandplatz.
HVS Hauptverwaltung Seepolizei (DDR).
HVSt. tel. Hauptvermittlungsstelle; (postal service) Hauptverteilungsstelle.
HVV Hamburger Verkehrsverbund.
HVZL Hauptverwaltung der Zivilen Luftfahrt (DDR).
HW med. Halswirbel; Handelsware; Handelswert; Handelswissenschaft; Handwörterbuch; Hochwasser.
Hw tech. Hammerwerk; tech. Heizwerk; tech. Heizwert; metall. Hüttenwerk.
Hw. Handwagen; Hauptwerk; ling. Hauptwort; Hauswart.
hW electr. Hektowatt.
h.W. höchster Wasserstand; höchster Wert.
Hwb. Handwörterbuch.
HWD nucl. Halbwertdicke; Halbwertdosis (of radiation).
HWF Höhere Wirtschaftsfachschule.
Hwg. obs. Hochwohlgeboren.
hwG, h.w.G. häufig wechselnde Geschlechtspartner pl.
HWH Hochwasserhöhe.
HWI Hochwasserintervall.
HWK, HwK Handwerkskammer.
HWL Hauptwirtschaftslager (DDR); Höhere Wirtschaftliche Lehranstalt.
HWM, Hwm. Hauptwachtmeister; Hauptwerkmeister.
HwO Handwerksordnung.
HWS nucl. Halbwertschicht (of radiation); med. Halswirbelsäule.
HWWA Hamburgisches Weltwirtschaftsarchiv.

HWZ nucl. Halbwertzeit (of radiation); Heereswetterzentrale; Hochwasserzeit.
Hy med. Hysterie.
Hy. tech. Hydraulik.
hy. tech. hydraulisch.
Hyaz. Hyazinthe.
hybr. hybrid(isch).
Hydr. Hydrant; chem. Hydrat; tech. Hydraulik; Hydrologe, -logie; chem. Hydrolyse.
hydr. tech. hydraulisch; hydrologisch.
Hydrogr. Hydrograph(ie).
hydrogr. hydrographisch.
Hydrol. Hydrologe, -logie; chem. Hydrolyse.
hydrol. hydrologisch.
hydrom. hydrometrisch.
hydromech. hydromechanisch.
hyg. hygienisch.
Hygr(om). Hygrometer, -metrie.
hygrosk. hygroskopisch.
Hyp. math. Hyperbel; med. Hypophyse; econ. jur. Hypothek; Hypothese.
hyp. hypothetisch.
Hyp.-B(k). Hypothekenbank.
Hyp.-Br. Hypothekenbrief.
Hyp.-D(arl). Hypothekendarlehen.
hyperb. hyperbolisch.
Hypn. Hypnose, Hypnotiseur.
hypn. hypnotisieren, -tisiert; hypnotisch.
Hypot. math. Hypotenuse.
Hypoth. Hypothese.
hypoth. hypothetisch.
hypt. med. hypertonisch.
HZ Handelszentrale (DDR); Historische Zeitschrift; agr. hort. Hochzucht.
Hz phys. Hertz; agr. hort. Hochzucht.
Hz. Handzeichen; Handzettel; Hauptzähler; Hochzeit.
HZA Handels- und Zahlungsabkommen; Hauptzollamt.
hzb. heizbar.
Hzbl. mus. Holzbläser.
Hzg. Heizung; Herzog.
Hzgin Herzogin.
hzgl. herzoglich.
Hzgt(m). Herzogtum.
Hzl tech. Heizleitung.
Hzt(m). Herzogtum.
H.-Zw., Hzw. Handelszweig; Hauptzweig.

I

I auto. Italien; (optics) Lichtintensität; electr. Stromstärke.
I. Imperator; Imperium; Industrie; Insel; Inspektion; Institut.
i math. imaginäre Einheit.
i. im, in; innen; innerhalb; innerlich.
IA psych. Intelligenzalter.
I.A. Im Auftrag.
i.A. im Aufbau; im Auftrag; in Abwesenheit; in Ausbildung.
i.a. im allgemeinen; med. interarteriell.
IAA hist. Internationale Arbeiterassoziation; Internationale Automobilausstellung; Internationales Arbeitsamt.
IAB Interministerieller Ausschuß Bauwirtschaft; Internationales Ausstellungsbüro (DDR).
IAD Internationaler Austauschdienst.
IAF Internationale Astronautische Föderation.
IAFH Institut für Aeromechanik und Flugtechnik der Technischen Hochschule Hannover.
IAK Internationale Arbeitskonferenz; Internationales Auschwitz-Komitee.
I.A.K. Internationale Aerologische Kommission.
I.A.K.V. Interessengemeinschaft österreichischer Autoren, Komponisten und Musikverleger.
IAL Internationale Artistenloge.
i.allg. im allgemeinen.
IAM electr. Impuls-Amplitudenmodulation; Internationale Arbeitsgemeinschaft für Müllforschung.
I.A.N. med. Internationale anatomische Nomenklatur.
IAO Internationale Arbeitsorganisation.
i.ao.D. im außerordentlichen Dienst.

IAP econ. Industrieabgabepreis (DDR).
IArbA Internationales Arbeitsamt.
IAS Internationale Arbeitsgemeinschaft (Sicherheit beim) Ski(lauf); (postal service) Internationaler Antwortschein.
IAU Internationale Astronomische Union.
i.Aufb. im od. in Aufbau.
i.A.u.f.R. econ. im Auftrag und für Rechnung.
i.Auftr. im Auftrag.
i.A.u.i.V. im Auftrag und in Vertretung.
i.Ausb. im od. in Ausbau; in Ausbildung.
I-Ausweis Identitätsausweis (Austria).
IAV Internationales Archiv für Verkehrswesen (a journal); Internationales Ausschreibungsverfahren.
i.a.W. in anderen Worten.
IB Industriebau(ten pl); (computer) Informationsbank; Informationsblatt; Informationsbüro; Ingenieurbau; Internationales Büro.
i.B. im od. in Bau; in Bayern; im od. in Betrieb; in Buchstaben.
i.b. im besonderen.
ib. (Lat.) ibidem, ebenda, -dort.
IBA Internationale Baufachausstellung; Internationale Buchkunst-Ausstellung; Internationales Biographisches Archiv.
i.b.A. in besonderem Auftrag.
IBCAG Internationaler Bund Christlicher Angestelltengewerkschaften.
IBCG Internationaler Bund Christlicher Gewerkschaften.
ibd. (Lat.) ibidem, ebenda, -dort.
IBE Internationales Büro für Erziehungsfragen.
i.bes. im besonderen.
i.bes.A. in besonderem Auftrag.

IBFG Internationaler Bund Freier Gewerkschaften.
IBI Internationales Burgenforschungsinstitut (Switzerland).
IBK Internationale Beleuchtungskommission.
IBM (Deutschland) Internationale Büro-Maschinen GmbH.
IBMG Internationales Büro für Maße und Gewichte.
IBP Internationaler Bund der Privatangestellten.
i.Br. geogr. im Breisgau.
IBU Internationale Binnenschiffahrtsunion.
IBV Internationaler Bergarbeiterverband.
IBWZ Internationale Bank für Wirtschaftliche Zusammenarbeit (Moscow).
ICR med. Interkostalraum.
ICSV Internationale Christlich-Soziale Vereinigung.
ID mil. Infanteriedivision; Informationsdienst; Innendienst; tech. Innendurchmesser; irakischer Dinar (monetary unit).
i.D. im Dienst; im Durchmesser; im Durchschnitt; econ. inklusive Dividende; tech. innerer Durchmesser.
Id. Identifikation, Identifizierung; Identität.
id. ideal; ideell; (Lat.) idem, der-, dasselbe; identisch.
i.d. in das, in dem, in den, in der, in die.
IDC Internationale Dokumentationsgesellschaft für Chemie.
Ident. Identifizierung; Identität.
ident. identifizieren, -ziert; identisch.
i.d.F. jur. in der Fassung; in der Form.
i.d.Fa. jur. in der Fassung; in der Firma.
IDFF Internationale Demokratische Frauenföderation.

i.d.F.v. *jur.* in der Fassung vom.

i.d.G. in d(ies)er Gegend; *jur.* in dem Gesetz.

i.d.g.F. *jur.* in der geltenden Fassung.

IDJE Internationaler Diakonischer Jugendeinsatz.

IDK Interessenverband Deutscher Komponisten.

IdK Internationale der Kriegsdienstgegner.

i.d.M(in). in der Minute.

I.D.N. (*Lat.*) in Dei nomine, im Namen Gottes.

i.d.R. in der Regel; in der Reserve.

IDS (*computer*) Integrierte Datenspeicherung.

IdS Institut für deutsche Sprache.

i.d.S. in dem Sinne; in der Sache; in der Sekunde.

i.d.Sek. in der Sekunde.

i.d.St(d). in der Stunde.

IDU Interessengemeinschaft der Urheber.

i.Durchm. im Durchmesser.

i.Durchschn. im Durchschnitt.

IDV Institut für Datenverarbeitung (*DDR*); (*computer*) Integrierte Datenverarbeitung; Internationaler Deutschlehrerverband.

IDW Institut für Dokumentationswesen.

IdW Institut der Wirtschaftsprüfer.

IDZ Internationales Design-Zentrum.

IE *med.* Immunisierungseinheit; (*computer*) Informationseinheit; *med.* Insulineinheit; *med.* Internationale Einheit.

I.E. *med.* Immunisierungseinheit; *med.* Insulineinheit; *med.* Internationale Einheit.

i.E. im Entstehen; im Entwurf; in Entwicklung.

i.e. im einzelnen; (*Lat.*) id est, das heißt, das ist.

i.e.F. in erleichterter Form; in erweiterter Form.

IEK Internationales Exekutivkomitee.

i.Entw. im Entwurf; in Entwicklung.

IEP *med.* isoelektrischer Punkt.

i.e.R. im einstweiligen Ruhestand.

i.Erm. im Ermessen; in Ermangelung.

i.e.S. im eigentlichen *od.* engeren Sinne.

IETK Internationales Eisenbahntransportkomitee.

IEV Internationaler Eisenbahnverband; Internationaler Eisschießverband.

IF Interflug (*DDR airline*).

i.F. *mil. hist.* im Felde; in (der) Fassung; in Firma; in Form.

i.f. (*Lat.*) ipse fecit, hat es selbst gemacht.

IFA Industrieverwaltung Fahrzeugbau, Volkseigene Betriebe für Fahrzeugbau (*DDR*); Informationen für alle (*Austrian news agency*).

i.Fa. in Firma.

IFAS Institut für angewandte Sozialwissenschaften. [wassertechnik.]

IFAT Internationale Fachmesse für Ab-

IFB Internationale Filmfestspiele Berlin; Internationales Filmbüro.

IfB Institut für Bedarfsforschung (*DDR*).

IFBM Internationale Frankfurter Buchmesse.

IfD Institut für Demoskopie; Institut für Dokumentation.

IFE Institut für Technische Forschung und Entwicklung (*Austria*).

IFFA Institut für forstliche Arbeitswissenschaft; Internationale Fleischerei-Fachausstellung.

Ifg Institut für Gewerbeforschung (*Austria*).

IFH Internationale Föderation des Handwerks.

IFIF Internationale Föderation von Industriegewerkschaften und Fabrikarbeiterverbänden.

IFIG Internationales Forschungs- und Informationszentrum für Gemeinwirtschaft (*Switzerland*).

IfK Institut für Körpererziehung (*DDR*).

IFKM Internationale Föderation für Kurzschrift und Maschine(n)schreiben.

IFL Internationale Freundschaftsliga.

IfL Institut für Lehrerbildung (*DDR*); Institut für Leibesübungen.

i.flag(r). (*Lat.*) *jur.* in flagranti, auf frischer Tat.

IFLFF Internationale Frauenliga für Frieden und Freiheit.

IFM *electr.* Impulsfrequenzmodulation.

IFMA Internationale Fahrrad- und Motorradausstellung.

IFO Institut für Wirtschaftsforschung; Internationale Filmorganisation; Internationale Flüchtlingsorganisation.

i.folg. im folgenden.

IFR *aer.* Instrumentenflugregeln *pl*; Internationaler Frauenrat.

IfR Institut für Regelungstechnik (*DDR*).

IfS Institut für Schienenfahrzeuge (*DDR*).

IFSB Internationaler Fernschachbund.

IFV Internationaler Faustballverband; Internationaler Fernmeldevertrag.

IfV Institut für Verkehrsforschung (*DDR*).

i.F.v. in Form von.

IfW Institut für Wasserwirtschaft (*DDR*); Rheinisch-Westfälisches Institut für Wirtschaftsforschung.

ifw Institut für Warenprüfung.

IfZF Institut für Zeitforschung.

IG Industriegewerkschaft; Interessengemeinschaft.

i.G. im Gange; *mil.* im Generalstab; in Gold; *econ.* in Gründung.

i.g. im ganzen.

IGA Internationale Gartenbauausstellung.

IGAFA Internationale Gastronomie- und Fremdenverkehrsausstellung.

IGB Internationaler Genossenschaftsbund; Internationaler Gewerkschaftsbund; Internationales Gewerkschaftsbüro; (*railway*) Internationales Güterkursbuch.

IGBE Industriegewerkschaft Bergbau und Energie.

IGdA Interessengemeinschaft deutschsprachiger Autoren.

i.Gfgs. im Gefängnis.

i.Gfgsch. in Gefangenschaft.

IGH Internationaler Gerichtshof.

IGJ Internationales Geophysikalisches Jahr.

IGK Internationaler Genetikkongreß; (*railway*) Internationales Güterkursbuch.

IGM Industriegewerkschaft Metall; Institut für Geschichte der Medizin (*Austria*); Internationale Gesellschaft für Moorforschung.

IGMW Internationale Gesellschaft für Musikwissenschaft.

IGNM Internationale Gesellschaft für Neue Musik.

IGR Interessengemeinschaft für Rundfunkschutzrechte.

IGSP Internationale Gesellschaft für Schriftpsychologie.

IGT (*railway*) Internationaler Eisenbahngütertarif.

IGU Internationale Geographische Union; Internationale Gewerbeunion.

IGV Internationaler Gemeindeverband.

IH Investitionshilfe.

I.H. *obs.* Ihre(r) Hochwohlgeboren; Ihre Hoheit.

i.H. im Hauptamt; im Hause; im Hochschuldienst.

IHB Internationaler Handballbund; Internationales Hydrographisches Büro; Investitions- und Handelsbank.

IHD Internationales Hydrologisches Dezennium.

IHF Internationale Handballföderation.

IHI Internationales Handelsinstitut (*DDR*); Internationales Hilfskomitee für Intellektuelle.

IHK Industrie- und Handelskammer; Internationale Handelskammer.

IHM Internationale Handwerksmesse.

IHS (*Lat.*) Jesus, Hominum Salvator, Jesus, Erlöser der Menschen, *colloq.* Jesus, Heiland, Seligmacher.

I.H.S. (*Lat.*) in hoc salus, hierin liegt das Heil; (*Lat.*) in hoc signo, in diesem Zeichen.

i.Hs. im Hause.

IHT Institut für Härtereitechnik.

IHV Internationaler Handballverband; Internationaler Hotelverband.

i.H.v. in Höhe von.

IID Internationales Institut für Dokumentation.

i.i.D. im inneren Dienst.

IIP Internationales Institut für Politische Philosophie.

IIS Internationales Institut für Schweißtechnik; Internationales Institut für Statistik.

IIVw Internationales Institut für Verwaltungswissenschaften.

i.J. im Jahre.

IJB Internationale Jugendbibliothek.

IJF Internationale Journalistenföderation; Internationale Judoföderation.

IJGD Internationaler Jugendgemeinschaftsdienst.

IJK Internationale Juristenkommission.

IJO Internationale Journalistenorganisation.

IK *med.* Immunkörper.

I.K. *med.* Immunkörper; *med.* Infektionskrankheit.

i.K. *econ.* in Kommission; im *od.* in Konkurs; in Kürze.

IKA Volkseigene Betriebe für Installation, Kabel und Apparate (*DDR*).

IKAB Internationale Katholische Arbeiterbewegung.

IKB Industrieverband Kunststoff-Boden- und Wandbeläge.

IKBK Internationales Katholisches Büro für das Kind.

IKG Internationale Kommission für Glas.

I.K(gl).H. Ihre Königliche Hoheit.

IKI Internationales Kali-Institut.

IKJ Internationales Kuratorium für das Jugendbuch.

IKK Innungskrankenkasse.

IKMB Internationale Katholische Mittelstandsbewegung.

IKN Internationale Kommission für Numismatik.

i.Komm. *econ.* in Kommission.

IKPK Internationale Kriminalpolizeikommission.

IKPO Internationale Kriminalpolizeiliche Organisation.

IKR Internationales Katholisches Rundfunkbüro.

ikr. isländische Krone (*monetary unit*).

IKRK Internationales Komitee vom Roten Kreuz.

IKS Internationale Kontrollstelle für Arzneimittel (*Switzerland*).

IKV Institut für Kunststoffverarbeitung in Industrie und Handwerk; Internationale Kartographische Vereinigung; Internationale kriminalistische Vereinigung; Internationaler Konditormeister-Verband; Internationaler Krankenhausverband.

IKVSA Internationale Katholische Vereinigung für Soziale Arbeit.

IKZ *electr.* Impulskennzeichen.

IL *aer. tech.* intermittierendes Luftstrahltriebwerk; *auto.* Israel.

i.L. *tech.* im Lichten (gemessen); *econ.* in Liquidation.

ILA Internationale Luftfahrtausstellung.

Ilag Interniertenlager.

ILF Internationale Landarbeiterföderation.

ILIS (*computer*) Integriertes Leitungs-Informationssystem.

Ill. Illumination; Illusion; Illustrierte.

ill. illuminieren, -niert; illustriert.

ILM *electr.* Impulslängenmodulation; Internationale Liga für Menschenrechte.

ILP, I.L.P. (*Lat.*) *röm.kath.* Index Librorum Prohibitorum, Index der verbotenen Bücher.

ILS *aer.* Instrumentenlandesystem.

IM *electr.* Impulsmodulation; Innenminister(ium); Innungsmeister.

I.M. Ihre Majestät; *relig.* Innere Mission.

Im. Imitation; Isoliermittel.

i.M. im Mittel; im Monat; in Mappe.

im. imitiert.

i.m. *med.* intramuskulär.

IMA Interministerieller Ausschuß.

IMAG Internationaler Messe- und Ausstellungsdienst GmbH.

im allg. im allgemeinen.

IMB Internationaler Metallarbeiterbund.

im bes. im besonderen.

I.M.D.G. (*Lat.*) in maiorem Dei gloriam, zur größeren Ehre Gottes.

IMEKO Internationale Meßtechnische Konferenz *od.* Konföderation.

IMF Internationale Vereinigung für Marktforschung.

IMG Internationale Moselgesellschaft; Internationale Musikgesellschaft.

i.Mi. im Mittel.

IMK Innenministerkonferenz.

Imm. Immission; Immobilien *pl*.

imm. immanent; immatrikulieren, -liert.

immens. immensurabel.

Imm.-Ges. Immobiliengesellschaft.

Imm.-Hdl. Immobilienhandel, -händler.

I.M.O. Internationale Meteorologische Organisation.

Imp. *ling.* Imperativ; Imperator, Impera-

trix; *ling.* Imperfekt; Imperialismus; Imperium; Import; Impuls.
imp. *ling.* imperativisch; imperialistisch; imponieren(d); importieren, -tiert; (*Lat.*) *print.* imprimatur, es werde gedruckt; impulsiv.
Imper. *ling.* Imperativ.
Imperf. *ling.* Imperfekt.
Impf. Impfung.
Impr. Imprägnierung; Impression(ismus), Impressionist; *print.* Impressum; *print.* Imprimatur; (*literature*) *mus.* Impromptu; Improvisation, -sator.
impr. imprägnieren, -gniert; impressionistisch; (*Lat.*) *print.* imprimatur, es werde gedruckt; improvisieren, -siert.
Imp.-St. Importsteuer.
IMR Internationaler Musikrat.
imst. imstande.
IMT *hist.* Internationales Militärtribunal.
IMV Internationaler Milchwirtschaftsverband; Internationaler Motorradfahrerverband.
IMZ Internationales Musikzentrum.
IN *auto.* Indonesien.
In *chem.* Indium.
i.N. im Namen; *chem. phys.* im Normalzustand.
INA, Ina *phys.* Internationale Normalatmosphäre.
inbegr. inbegriffen.
I.N.C. (*Lat.*) in nomine Christi, im Namen Christi.
IND *auto.* Indien.
I.N.D. (*Lat.*) in nomine Dei, im Namen Gottes; (*Lat.*) in nomine Domini, im Namen des Herrn.
Ind. Inder; Index; Indianer; *geogr.* Indien; Indifferenz; Indigo; *med.* Indikation; *ling.* Indikativ; Indikator; Indiskretion; Indiz(ien *pl*); *econ.* Indossament; Industrie, Industrielle.
i.N.d. im Namen *od.* der.
Ind.-B. Industriebahn; Industriebetrieb.
ind. Bel. indirekte Beleuchtung.
Ind.-Betr. Industriebetrieb.
indef. *ling.* indefinit.
indekl. *ling.* indeklinabel.
Indep. Independenz.
Indet. Indetermination, Indeterminismus.
indet. indeterminabel.
Indiff. Indifferentismus, Indifferenz.
indiff. indifferent.
Indik. Indikation; *ling.* Indikativ; Indikator.
indir. indirekt.
indisk. indiskutabel.
Indiskr. Indiskretion.
indiskr. indiskret.
indisp. indisponibel; indisponiert.
Indiv. Individualität; Individuum.
indiv. individuell.
indog(erm). *ling.* indogermanisch.
Indon. *geogr.* Indonesien, -nesier.
indon. indonesisch.
INDROFA Internationale Drogisten-Fachausstellung.
Indusi (*railway*) induktive (Zug)Sicherung.
INEA Internationaler Elektronik-Arbeitskreis.
INEL Internationale Fachmesse für industrielle Elektronik (*Switzerland*).
INF Internationale Naturistenföderation.
Inf. Infamie; Infant; *mil.* Infanterie; Infektion; *ling.* Infinitiv; Information.
inf. infam; infektiös; infizieren, -ziert; infolge; informativ; informatorisch; informieren, -miert.
INFAS Institut für angewandte Sozialwissenschaft.
Inf.-Bl. Informationsblatt.
Inf.-Kr. *med.* Infektionskrankheit.
Infl. *econ.* Inflation; Influenz.
infl. *econ.* inflationär, inflationistisch.
Info Information.
Inform. Information(en *pl*).
inform. informativ, informieren, -miert.
Ing. Ingenieur.
Ing. (grad.) graduierter Ingenieur.
Ingr. Ingredienz(en *pl*).
Ing.-Sch. Ingenieurschule, -schüler.
INH *pharm.* Isonicotinsäurehydrazid.
Inh. Inhaber; *med.* Inhalation; Inhalt.
inh. *med.* inhalieren; inhaltlich; inhuman.
Inh.-Ang. Inhaltsangabe.
Inh.-Verz. Inhaltsverzeichnis.
Init. Initiale(n *pl*); Initiative.
init. initiativ, initiatorisch.
Inj. *med.* Injektion; Injurie.
inj. *med.* injizieren, -ziert.

I.N.J. (*Lat.*) in nomine Jesu, im Namen Jesu.
Ink. Inkasso; *print.* Inkunabel.
ink. inkompetent; inkorrekt; inkurabel.
inkl. inklusive.
inkomm. inkommensurabel; inkommodieren, -diert.
inkomp. inkomparabel; inkompatibel; inkompetent.
Inkons. Inkonsequenz.
inkons. inkonsequent.
Inkorp. Inkorporation.
inkorp. *med.* inkorporal; inkorporieren, -riert.
Inkrafttr. *jur.* Inkrafttreten.
Inl. Inland; *ling.* Inlaut.
inl. inländisch; *ling.* inlautend.
inn. innen; innerlich.
innerl. innerlich.
inoff. inoffiziell.
INR Institut für Neutronenphysik und Reaktortechnik.
I.N.R.I. (*Lat.*) Jesus Nazarenus Rex Judaeorum, Jesus von Nazareth, König der Juden.
Ins. Insekt; Insel; Insemination; Inserat; Insulaner; Insult(ation).
insb(es). insbesondere.
Inschr. Inschrift.
insg. insgesamt.
Insp. Inspekteur; Inspektion; Inspektor; Inspiration; Inspizient; Inspizierung.
insp. inspirieren, -riert; inspizieren, -ziert.
Inst. Installateur, Installation, Installierung; Instandsetzung; Instanz; Instinkt; Institut(ion).
Instr. Instrukteur, Instruktion(en *pl*); *mus.* Instrument(al-); Instrument(arium); *mus.* Instrumentierung.
Insz. Inszenierung.
insz. inszenieren, -niert.
Int. Intarsia, -sien *pl*; Integration, Integrierung; Intendant(ur), Intendanz; Intensität; Intention; Interesse(nt); Interim; *med.* Internist.
int. intensiv(ieren); interessant; intern; international.
int. al. (*Lat.*) inter alia, unter anderem *od.* anderen.
Intell. Intellektuelle; Intelligenz.
intell. intellektuell; intelligent.
INTERBAU Internationale Bauausstellung.
INTERGU Internationale Gesellschaft für Urheberrecht.
Interj. *ling.* Interjektion.
interk. interkommunal; interkontinental.
interl. interlinear.
Interm. *zo.* Intermedium; *mus.* Intermezzo; *med.* Intermission.
interm. interministeriell; intermittieren(d).
intern. international; internieren, -niert.
interp. interpellieren; interpolieren, -liert.
Interpr. Interpret(ation).
interpr. interpretieren, -tiert.
interr(og). *ling.* interrogativ.
Interv. Intervall; Intervention.
interv. intervenieren, -niert.
Int.-Gem. Interessengemeinschaft.
Intr. Intrigant, Intrige; *mus.* Introduktion; *relig. mus.* Introitus.
intr. intransigent; *ling.* intransitiv; intrigieren.
intrm. *med.* intramuskulär.
Introd. *mus.* Introduktion.
Introsp. *psych.* Introspektion.
introsp. *psych.* introspektiv.
introv. *psych.* introvertiert.
intrv. *med.* intravenös.
Int.-Vertr. Interessenvertreter, -vertretung; Interimsvertrag.
Inv. Invalide, Invalidität; Invasion; *econ.* Inventar, Inventur; Inversion; *tel.* Inverter; *econ.* Investition(en *pl*); *jur.* Investitur; *econ.* Investment.
inv. invalide; invariabel, invariant; *econ.* inventarisieren; invers; *econ. jur.* investieren.
Invent. Inventar(isation); *mus.* Invention; *econ.* Inventur.
inVerb.m. in Verbindung mit.
Invest. *econ.* Investition(en *pl*); *jur.* Investitur; *econ.* Investment.
invest. *econ. jur.* investieren.
Inv.-Vers. Invalidenrente.
InvV Invalidenversicherung.
inw. inwendig; inwiefern; inwieweit.
inwf. inwiefern.
inww. inwieweit.

inzw. inzwischen.
Io *chem.* Ionium.
i.O. *geogr.* in Oldenburg; in Ordnung.
IOB Informations- und Organisationsbüro (*DDR*); Internationales Organisationsbüro (*DDR*).
i.O.b. in Ordnung befunden.
IÖD Internationale der Öffentlichen Dienste.
IÖGF Institut für österreichische Geschichtsforschung.
IOK Internationales Olympisches Komitee.
IOZV Internationale Organisation für Zivilverteidigung.
IP Industrieproduktion; *econ.* Inhaberpapier; *econ.* Inkassoprovision; (*computer*) Interpolationsrechner.
i.P. in Papier; in Pension.
IPA Internationale Pelzfachausstellung; Internationale Polizeiausstellung; Internationaler Programmaustausch; Internationales Phonetisches Alphabet.
IPAV Internationales Pressearchiv für Verkehrswesen.
IPB Internationales Patentbüro (*DDR*).
IPF Institut für Post- und Fernmeldewesen (*DDR*).
IPI Internationales Presseinstitut.
I.P.K. Schweizerische Interessengemeinschaft für pharmazeutische und kosmetische Produkte.
IPM *electr.* Impulsmodulation; Institut für Praktische Mathematik.
IPP Institut für Plasmaphysik.
IPPT Internationale des Personals der Post-, Telegrafen- und Telefonbetriebe.
IPR Internationales Privatrecht.
iPS *tech.* induzierte Pferdestärke.
IPU Interparlamentarische Union.
IPZ Informations- und Pressezentrum.
IQ, I.Q. *psych.* Intelligenzquotient.
IR *mil.* Infanterieregiment; Infrarot; Internationaler Rat; *auto.* Iran.
I.R. (*Lat.*) Imperator Rex, Kaiser und König.
Ir *chem.* Iridium.
iR indische Rupie (*monetary unit*).
i.R. im Rückfall; im Ruhestand; in Reserve; in Ruhe.
ir. irisch; ironisch.
irak. irakisch.
iran. iranisch.
ird. irdisch.
i.Res. in Reserve.
irg. irgend.
IRK Internationales Rotes Kreuz.
IRKK Internationales Rotes-Kreuz-Komitee.
IRL *auto.* Irland.
Irl. *geogr.* Irland.
IRO Institut für Rationalisierung und Organisation (*DDR*).
IRQ *auto.* Irak.
irr(at). irrational.
irreg. irregulär.
irrev. irreversibel.
Irrl. Irrläufer.
IRT Institut für Rundfunktechnik.
IRV Internationale Rundfunkvereinigung.
IS Informationssystem; Ingenieurschule; *electr.* integrierte Schaltung; *auto.* Island.
I.S. *mar.* Internationales Signalbuch.
Is. Isolation, Isolator(en *pl*), Isolierung.
iS *electr.* integrierte Schaltung.
i.S. im Sinne; im Sommer; in Sachen; *geogr.* in Sachsen; in Sonderstellung; in summa.
is. isoliert.
i.Sa. in Sachen; *geogr.* in Sachsen; in summa.
ISB Institut für Selbstbedienung; Internationaler Studentenbund.
ISBN Internationale Standardbuchnummer.
ISC Internationaler Studentenclub.
i.Schw. *geogr.* im Schwarzwald.
ISD Internationaler Suchdienst.
i.S.d. im Sinne des.
ISG Industriesportgemeinschaft (*DDR*); Internationale Schlafwagengesellschaft.
ISH Institut des Seeverkehrs und der Hafenwirtschaft (*DDR*); Internationaler Verband der Seeleute und Hafenarbeiter.
ISI Internationales Statistisches Institut.
ISK Internationale Sportkorrespondenz.
Isl. Islam; *geogr.* Island, Isländer.
isl(am). islamisch.
isl(änd). isländisch.
Isol. Isolation, Isolator(en *pl*), Isolierung.
isol. isolieren, isoliert.
Isr. *geogr.* Israel, Israeli.

isr. israel(it)isch.
IST *psych.* Intelligenzstrukturtest.
i.St. *mil.* im Stab(e).
i.St.d. im Stil des *od.* der.
ISTG Internationale Schlafwagen- und Touristik-Gesellschaft.
IStR Internationales Steuerrecht.
ISV Innerschweizer Schriftstellerverein.
i.S.v. im Sinne von.
ISW Interessengemeinschaft für den Schweizerischen Weinimport.
IT Impulstelegrafie; Informationstechnik; *(computer)* Informationsträger.
It. *geogr.* Italien, Italiener.
i.T. im Text; in Tausend; *geogr.* in Tirol.
it. italienisch; italisch; *(Lat.)* item, ebenso, ferner; *ling.* iterativ.
ital. italienisch; italisch.
ITB Internationaler Turnerbund; Internationale Touristik-Börse.
iter. *ling.* iterativ.
i.Th. *geogr.* in Thüringen.
ITI Internationales Theaterinstitut.
ITK Internationales Eisenbahntransportkomitee.
ITP *biol. chem.* Inosintriphosphat; Institut für Technische Physik.
ITR *nucl.* Incore-Thermionik-Reaktor.
i.Tr. in der Trockenmasse *(percentage of fat in cheese)*.
itr. *ling.* intransitiv.
ITS Internationale techno-geographische Gesellschaft.
ITTF Internationale Tischtennis-Föderation.
ITTV Internationaler Tischtennisverband.
ITVV Internationaler Transportversicherungsverband.
IU *auto.* Insassenunfallversicherung; Internationale Union; Interparlamentarische Union.
i.U. *im od.* in Umbau; *im od.* in Umbruch; in Umwandlung; in Umwälzung.
i.ü. im übrigen.
IUAO Internationale Union für Angewandte Ornithologie.
I.u.A.v. Irrtum und Auslassungen vorbehalten.
i.u.F. im umgekehrten Falle.

IÜG Internationales Übereinkommen über den Eisenbahngüterverkehr.
IÜP Internationales Übereinkommen über den Eisenbahn-Personen- und Gepäckverkehr.
IV Industrieverband, -vereinigung; Informationsverarbeitung; Institut für Verkehrssicherheit (der TU Berlin); Invalidenversicherung.
I.V. In Vertretung; In Vollmacht.
I.v. Irrtum vorbehalten.
i.V. *phys. tech.* im Vakuum; *geogr.* im Vogtland; im Vorbereitungsdienst; im Vorjahr; in Veränderung; in Verbindung; in Vertretung; in Verwahrung; in Verwaltung; in Vollmacht; in Vorbereitung.
i.v. *med.* intravenös.
IVA Internationale Verkehrsausstellung.
IVB Institut für Verwaltungsorganisation und Bürotechnik *(DDR)*.
i.Vbdg.m. in Verbindung mit.
IVBH Internationale Vereinigung für Brückenbau und Hochbau.
IVC Industrievereinigung Chemiefaser.
IVCLG Internationaler Verband Christlicher Landarbeitergewerkschaften.
IVDJ Internationale Vereinigung Demokratischer Juristen.
i.Verb.m. in Verbindung mit.
IVfgR, I.V.f.g.R. Internationale Vereinigung für gewerblichen Rechtsschutz.
IVG Industrieverwaltungsgesellschaft; Internationale Vereinigung der Gewerkschaften; Invalidenversicherungsgesetz.
IVHF Internationaler Verband für hydraulische Forschungen.
IVJH Internationale Vereinigung für Jugendhilfe.
IVK Internationale Versicherungskasse.
IVL Internationale Vereinigung der Lehrerverbände.
IVM Internationale Verkaufs- und Modewoche für Damenoberbekleidung.
i.Vm. im Vormonat.
i.V.m. in Verbindung mit.
i.v.O. in verschiedenen Orten.
i.Vorb(er). in Vorbereitung.
IVR Internationale Vereinigung des Rheinschiffahrtsregisters.

IVS *(computer)* Informationsverarbeitendes System.
IVSF Internationale Vereinigung für Sozialen Fortschritt.
IVSS Internationale Vereinigung für Soziale Sicherheit.
IVSt Industrieversuchsstelle.
IVU Internationale Vegetarier-Union; Internationale Verleger-Union.
IVW Internationale Vereinigung der Widerstandskämpfer und Opfer des Faschismus.
IVWSR Internationaler Verband für Wohnungswesen, Städtebau und Raumordnung.
i.W. im Wartestand; im wesentlichen; im Winter; *tech.* innere Weite; *geogr.* in Westfalen; in Worten.
IWA Internationales Weizenabkommen; Internationale Werkzeugmaschinenausstellung.
IWBS Importwarenbegleitschein *(DDR)*.
IWE Informationsbüro West.
IWF Institut für wirtschaft(swissenschaft)liche Forschungen *(DDR)*; Institut für den wissenschaftlichen Film; Internationaler Währungsfonds.
IWK Internationale Weltkarte.
IWL Institut für gewerbliche Wasserwirtschaft und Luftreinhaltung.
IWR Internationaler Weizenrat.
IWS Internationales Wollsekretariat.
i.w.S. im weiteren Sinne.
i.W.v. im Wert(e) von.
IWWK Institut für Weltwirtschaft an der Universität Kiel.
IZ Informationszentrale, -zentrum; Internationale Zusammenschlüsse *pl.*
i.Z. im Ziel; *im od.* in Zusammenhang; in Zusammenarbeit.
IZA Internationales Zuckerabkommen.
IZD Internationaler Zivildienst.
IZEE Informationszentrale der europäischen Eisenbahnen.
IZG *electr.* Impulszusatzgerät.
IZH *hist.* Interzonenhandel.
i.Z.m. *im od.* in Zusammenhang mit; in Zusammenarbeit mit.

J

J *auto.* Japan; Jet; *chem.* Jod; *phys.* Joule.
J. Jahr(e *pl*); Journal(ist); Justitiar; Justiz.
j. jährlich; jemand; jetzt; jüdisch; jung; juristisch.
JA Jahresausgleich; *auto.* Jamaika; Jugendamt; Jugendarbeit; *jur.* Jugendarrest.
Jabo *aer. mil.* Jagdbomber.
JAG Jahresarbeitsverdienstgrenze; Juristenausbildungsgesetz.
JagdG Jagdgesetz.
Jagdh. Jagdhaus.
Jahrb. Jahrbuch.
Jahresber. Jahresbericht.
Jahresz. Jahreszahl; Jahreszeit.
Jahrg. Jahrgang.
Jahrh. Jahrhundert.
Jahrt. Jahrtausend.
Jak. *Bibl.* Jakobus.
jak(ut). jakutisch.
Jam. *geogr.* Jamaika, Jamaikaner.
jam. jamaikanisch.
Jan. Januar.
JAO Juristenausbildungsordnung; Justizausbildungsordnung.
Jap. *geogr.* Japan, Japaner, *ling.* Japanisch.
jap. japanisch.
JA(rb)SchG Jugendarbeitsschutzgesetz.
Jato *econ.* Jahrestonne(n *pl*).
JAV Jahresarbeitsverdienst.
JB Jahresbeitrag; Judikatenbuch (des Obersten Gerichtshofes) *(Austria)*; Jugendbewegung.
Jb. Jahrbuch; Jahresbericht.
Jbb. Jahrbücher *pl.*
JBer., J.-Ber. Jahresbericht.
J.-Bil. *econ.* Jahresbilanz.
JC Judoclub.
J.Chr. Jesus Christus.

JD Jahresdurchschnitt; Justizdepartement *(Switzerland)*; Justizdienst.
jem. jemals; jemand; jemenitisch.
jemen. jemenitisch.
jens. jenseitig, jenseits.
jew. jeweilig, jeweils.
JF Jugendfürsorge.
jf(r). *(film)* jugendfrei.
JG *aer. mil.* Jagdgeschwader; Jagdgesetz; Jugendgericht.
Jg. *mil.* Jäger; Jahrgang.
jg. jung.
Jgd. Jugend.
JgdA Jugendamt.
jgdfd. jugendfördernd.
jgdfr. *(film)* jugendfrei.
Jgd.-H. Jugendheim.
Jgd.-H(er)b. Jugendherberge.
Jgd.-L. Jugendleiter.
jgdl. Jugendliche.
Jgd.-M. *(sport)* Jugendmannschaft.
Jgd.-Pfl. Jugendpflege.
Jgd.-Schr. Jugendschriften *pl.*
JGG Jugendgerichtsgesetz.
Jgg. Jahrgänge *pl.*
JGH Jugendgerichtshof *(Austria)*.
JH Jugendherberge.
Jh. Jahresheft; Jahrhundert.
Jhb. Jahrbuch.
Jhdt. Jahrhundert.
Jhtsd. Jahrtausend.
JHW Jugendhilfswerk.
jidd. jiddisch.
J./J. *econ. (interest due in)* Januar/Juli.
j.J. jedes Jahr, jedes *od.* jeden Jahres.
JJC Jiu-Jitsu-Club.
JJK Jiu-Jitsu-Klub.
JK Jugend-, Juniorenkreis.
J.K. Julianischer Kalender.
j.L. jüngere Linie.

JM Justizminister(ium).
j.M. jeder Monat, jedes *od.* jeden Monats.
JMBl. Justizministerialblatt.
jmd. jemand.
jmdm. jemandem.
jmdn. jemanden.
j.Mts. jedes *od.* jeden Monats.
J.-Nr. *econ.* Journalnummer.
JO Jagdordnung.
Joh. *Bibl.* Johannes.
JOR *auto.* Jordanien.
jord(an). jordanisch.
Journ. Journal(ismus), Journalist(ik).
JP Jahresprämie; Jetpilot; Junge Pioniere *pl (DDR)*.
JPfl. Jugendpflege.
JPP Juristischer Presse-Dienst.
JR Juristische Rundschau *(a journal)*; Justizrat.
Jr., jr. *(Lat.)* junior, jünger, der Jüngere.
JRK Jugendrotkreuz.
JSchG Jugendschutzgesetz.
J.-Sch. Jagdschein.
J.-Schr. Jahresschrift.
Jt. Jahrtausend.
Jtg. Jahrestag.
Jtsd. Jahrtausend.
JU Junge Union *(in the CDU, CSU)*; Junge Unternehmer *(in the ASU)*.
Jub. Jubilar, Jubiläum.
Jud. *Bibl.* Judas.
jüd. jüdisch.
Judo(s *pl*) Jungdemokrat(en *pl*) *(in the F.D.P.)*.
Jug. Jugoslawe, *geogr.* Jugoslawien.
jug. jugoslawisch.
JugA Jugendamt.
Jugosl. Jugoslawe, *geogr.* Jugoslawien.
jugosl. jugoslawisch.
JUH Johanniter-Unfallhilfe.

Jul.-K. Julianischer Kalender.
Jun. Junior(en *pl*), (*sport*) Jugendliche *pl*.
jun. (*Lat.*) junior, jünger, der Jüngere.
Jur. Jurisprudenz, Jurist.
jur. juridisch, juristisch.
jur.P. juristische Person.

Juso(s *pl*) Jungsozialist(en *pl*) (*in the SPD*).
Just. Justitiar, Justiz.
JustM Justizminister(ium).
Juw. Juwel(en *pl*), Juwelier.
JV Jugendverband; Jugendvertreter, -vertretung.

JV(er)w. Justizverwaltung.
J.-Verz. Jahresverzeichnis.
JWA Jugendwohlfahrtsausschuß.
JWG Jugendwohlfahrtsgesetz.
JWH Jugendwohnheim.
JZ *chem.* Jodzahl; Juristenzeitung.

K

K Kajak; *chem.* Kali; Kaliber; *chem.* Kalium; Kammer; *auto.* Kärnten; *auto.* Kambodscha; Kanal; Karat; *electr.* Kathode; *phys.* Kelvin; Kip (*monetary unit of Laos*); König (*in chess*); *chem.* Konzentration; Kote (*in surveying*); Krone (*monetary unit*).
K. *electr.* Kabel; Kap; Kapitel; Karabiner; Karton; Kasse; Kirche; Kiste; Kommandant(ur); Kommissar(iat); Konsonant; Konsul(at); Konto; Konzentration; *math.* Koordinaten *pl*; Kopf; Korps.
k Karat; Kilo-.
k. *hist.* kaiserlich; kalt; katholisch; kommissarisch; *hist.* königlich; körnig; künftig; künstlich.
KA (*computer*) Kartenart; Kassenanwalt; Kassenarzt; Katholische Aktion; Kleine Anfrage (*in parliament*); *tel.* Knotenamt; *econ.* Kontoauszug; *econ.* Konzessionsabgabe; Kreditabkommen; Kulturabkommen; Kunstakademie; *econ.* Kurzarbeit.
kA *electr.* Kiloampere.
Kä. *geogr.* Kärnten.
KAB Katholische Arbeiterbewegung; Kostenabrechnungsbogen (*DDR*).
Kab. *electr.* Kabel; Kabine; Kabinett.
Kad. Kadenz; Kader; *mil.* Kadett.
KAG Künstlerische Arbeitsgruppe (*DDR*).
KAJ Katholische Arbeiterjugend.
Kaj. Kajüte.
KAJÖ Katholische Arbeiterjugend Österreichs.
Kal. Kalender; Kaliber.
Kalf. Kalfaktor.
Kam. Kamerad(schaft); Kammer.
Kamb. *geogr.* Kambodscha, Kambodschaner.
kamb. kambodschanisch.
Kan. *geogr.* Kanada, Kanadier; Kanal; Kanister; Kanon; Kanone; *röm.kath.* Kanoniker, Kanonikus; *med.* Kanüle.
kan. kanadisch; kanonisch.
kanad. kanadisch.
Kand. Kandare; Kandidat(ur).
kand. kandidieren.
kan$ kanadischer Dollar (*monetary unit*).
Kant. *mus.* Kantabile; *mus.* Kantate; *philos.* Kantianer; Kantine; Kanton.
kant. kantonal.
KAnw., K.-Anw. *econ.* Kassenanweisung.
KAP Kommunistische Arbeiterpartei.
Kap. Kapazität; Kapelle; *biol. med.* Kapillare; Kapital(ismus), Kapitalist; Kapitän; Kapitel; *arch.* Kapitell; Kapitol; *relig.* Kapitular; Kapitulation; Kapuze; *relig.* Kapuziner.
kap. kapitalistisch; kapitulieren, -liert.
Kap.-Ges. Kapitalgesellschaft.
Kapl. *röm.kath.* Kaplan.
KapSt. Kapitalertragssteuer.
Kapt. Kapitän.
KaptL, Kaptlt *mar. mil.* Kapitänleutnant.
Kapt.z.S. *mar. mil.* Kapitän zur See.
Kar. Karabiner; Karaffe; Karat; Karate; Karawane; Karenz; Karosse; Karotte(n *pl*); Karussell.
kar(el). karelisch.
Kard. *röm.kath.* Kardinal.
karib. karibisch.
Kart. Kartätsche; *röm.kath.* Kartause, Kartäuser; Kartei; *econ.* Kartell; Kartoffel(n *pl*); Kartograph(ie); Karton(age); Kartothek.
kart. kartographisch; kartoniert (*of books*).
KartG Kartellgericht; Kartellgesetz.
KAS Katholische Arbeitsgemeinschaft für Soldatenbetreuung.
Kas. *geogr.* Kasachstan.
Kass. *jur.* Kassation; Kasserolle; Kassette; Kassiber; Kassier(er).
Kast. Kastagnette(n *pl*); Kastanie(n *pl*); Kastell; *geogr.* Kastilien.
Kat. Katalog; *geogr.* Katalonien; Katapult;

chem. Katalysator; *mar.* Katamaran; Katarakt; *med.* Katarrh; Kataster; Katastrophe; *relig.* Katechese, Katechet; Katechismus; *relig.* Katechumene; Kategorie.
kat. katalanisch; katastrophal; *relig.* katechetisch; kategorisch.
Kath. Kathedrale; Katholik, Katholizismus.
kath. katholisch.
Kaufh. Kaufhaus.
Kaufm. Kaufmann(schaft).
kaufm. kaufmännisch.
Kaus. Kausalität; *ling.* Kausativ.
kaus. kausal; *ling.* kausativ.
Kaut. *med.* Kauterisation; *chem. med.* Kauterium; Kaution.
KAV Katholischer Akademikerverband; *econ.* Kaufanwartschaftsvertrag; Kommunale arbeitsrechtliche Vereinigungen *pl*.
KÄV Kassenärztliche Vereinigung.
Kav. Kavalier; Kavalkade; *mil. hist.* Kavallerie, -rist; *mus.* Kavatine; *med.* Kaverne; Kaviar.
KB Kartenbeilage; Kassenbestand; Kassenbuch; (*computer*) Kilo-Bytes *pl*; Kinderbeihilfe; Kommissionsberatung, -bericht; *econ.* Konnossementsbedingungen *pl*; *econ.* Konzessionsbetrieb; *econ.* Kostenbereich; Kraftstoffbehälter; Kriegsbeschädigte; Kulturbund; (*railway*) Kursbuch; Kurzbericht; *tech.* Kurzzeitbetrieb.
K.B. *hist.* Königlich-Bay(e)risch.
Kb. Karabiner; Kontrabaß; (*railway*) Kursbuch.
KBA Kraftfahrt-Bundesamt.
K.-Bel. *econ.* Kassenbeleg(e *pl*).
Kblg. *mar.* Kabellänge.
KBR *med.* Komplementbindungsreaktion.
KBS *electr.* Kathodenbasisschaltung; Kaufmännische Berufsschule (*DDR*).
KBV Kassenärztliche Bundesvereinigung; Kirchenbauverein.
k.b.V. keine besonderen Vorkommnisse.
kcal *phys.* Kilo(gramm)kalorie.
Kčs (*Czech.*) Koruna československá, tschechische Krone (*monetary unit*).
KD Kontrolldienst; Kundendienst.
K.D., k.D. Kulturgeschichtliches Denkmal.
KDA Katholische Deutsche Akademikerschaft.
KDB Kommunaler Dienstleistungsbetrieb (*DDR*); Kriegsdienstbeschädigte, -beschädigung.
kdb. kriegsdienstbeschädigt; kündbar.
Kde. *econ.* Kunde.
KdF *hist.* (*in NS-Zeit*) Kraft durch Freude.
KDF(B) Katholischer Deutscher Frauenbund.
Kdg(g). Kündigung.
Kdo. *mil.* Kommando.
KdöR, K.d.ö.R. Körperschaft des öffentlichen Rechts.
Kdos. *mil.* Kommandosache.
Kdr. Kinder *pl*; *mil.* Kommandeur.
Kdre. *mil.* Kommandeure *pl*; *aer. mil. mar.* Kommodore.
Kds. *mil.* Kommandosache.
KDSE Katholische Deutsche Studenteneinigung.
KDStV, K.D.St.V. Katholische Deutsche Studentenverbindung.
KDT, KdT Kammer der Technik (*DDR*).
Kdt. *mil.* Kommandant.
kdt. *mil.* kommandiert.
Kdtr. *mil.* Kommandantur.
kdt.z. *mil.* kommandiert zum *od.* zur.
KDV Kriegsdienstverweigerer, -verweigerung.
KDVD Kassendentistische Vereinigung Deutschlands.
KE (*computer*) Karteneinheit; Kommissionsentwurf; *econ.* Konkurseröffnung.
K.E. *phys.* kinetische Energie.
Ke. Kessel; Kette.

KEG Katholische Erziehergemeinschaft.
kelt. keltisch.
ken. kenianisch.
Kennz. Kennzahl; Kennzeichen; Kennziffer.
kennz. kennzeichnen(d).
Ke.-Nr. Kennummer.
Ker. Keramik; *med.* Keratitis, Keratom.
ker. keramisch.
keV *electr.* Kiloelektronenvolt.
Ke.-Zif. Kennziffer.
KF *meteor.* Kaltfront; Kassenführer; *mar.* kleine Fahrt; *mil.* Kompanieführer; *econ.* Konsulatsfaktura; *tech.* Korrosionsfestigkeit; *econ.* Kostenfestsetzung; *agr.* Kulturfläche.
Kf. Kauf; *mil.* Kompanieführer; Kraftfahrer; Kurzfassung, -form.
KFA Kernforschungsanlage (Jülich); Kreisfachausschuß (*DDR*); Kreisfußballausschuß.
KfA Kammer für Außenhandel (*DDR*).
KFB Katholische Frauenbewegung (*Austria*).
Kffr. Kauffrau.
KfH Kraftfahrzeughaftpflicht.
Kfh. Kaufhaus.
KfJ Kreisausschuß für Jugendweihe (*DDR*).
KFK Kernforschungszentrum Karlsruhe.
Kfm. Kaufmann.
kfm. kaufmännisch.
Kf.-Pr. Kaufpreis.
KfR Kommission für Raumfahrttechnik.
kfr. *med.* keimfrei.
KFS *electr.* Kugelfunkenstrecke.
KfS Koordinierungsstelle für Standardisierung (*DDR*).
KFT Kraftfahrzeugtechnik; Kraftfahrzeugteilversicherung.
KFuSt *mil.* Küstenfunkstelle.
KFV Kraftfahrzeugvollversicherung.
KfW Kreditanstalt für Wiederaufbau.
KFZ Kraftfahrzeug; *med.* Krebsforschungszentrum (Heidelberg).
Kfz Kraftfahrzeug.
Kfz.-Anh. Kraftfahrzeuganhänger.
Kfz.-Br. Kraftfahrzeugbrief.
Kfz-Gew. Kraftfahrzeuggewerbe, -gewicht.
KfzH Kraftfahrzeughaftpflicht.
Kfz-Mech. Kraftfahrzeugmechaniker.
Kfz-Vers. Kraftfahrzeugversicherer, -versicherung.
Kfz-Zul. Kraftfahrzeugzulassung.
KG Kammergericht; *aer. mil.* Kampfgeschwader, *mil.* Kampfgruppe; *mil.* Kantonsgericht (*Switzerland*); Kassationsgericht (*Switzerland*); Kirchengeschichte, -gesetz; Kommanditgesellschaft; Konsumgenossenschaft (*DDR*); Körpergewicht; Kreisgericht (*Austria*).
K.G. *mil.* Kommandierender General.
Kg. Kegeln; König.
K.g. Kenntnis genommen.
kg Kilogramm.
KGaA Kommanditgesellschaft auf Aktien.
KGB (*Russ.*) Komitet gossudarstwennoi besopasnosti, Komitee für Staatssicherheit (*UdSSR*).
KGD Konzert- und Gastspieldirektion (*DDR*).
K.-Gew. Kunstgewerbe.
Kgf. Kriegsgefangene, -gefangenschaft.
KGG Kindergeldgesetz.
KGl. *econ.* Konkursgläubiger.
kgl. königlich.
Kgn. Königin.
KGO Kirchengemeindeordnung.
KGPräs. Kammergerichtspräsident.
KGR Kammergerichtsrat.
Kgr. *mil.* Kampfgruppe; Kiesgrube; Kongreß; Königreich.

KGV Katholischer Gesellenverein; Konsumgenossenschaftsverband (*DDR*); *econ.* Kurs-Gewinn-Verhältnis.
kgV, k.g.V. *math.* kleinstes gemeinsames Vielfaches.
KH Karbonathärte (*of water*); Kirchliche Hochschule; Kohlehydrat(e *pl*); Kraftfahrzeughaftpflicht; Kriegshinterbliebene.
Kh. Krankenhaus.
k.H., kh. kurzerhand.
KHD Katastrophenhilfsdienst.
Khdw. Kunsthandwerk.
Khf. Kirchhof.
KHJÖ Katholische Hochschuljugend Österreichs.
KHl. Kunsthalbleinen(einband) (*of books*).
KHld(r). Kunsthalbleder(einband) (*of books*).
KHÖ Katholische Hochschuljugend Österreichs.
kHz *phys.* Kilohertz.
KI Kommunistische Internationale; Kriminalinspektor.
Ki *bot.* Kiefer; Kimme.
Ki. Kirche.
KIB Konstruktions- und Ingenieurbüro.
Kiesb. *civ.eng.* Kiesbeton.
KiG Kirchengeschichte; Kirchengesetz.
Ki.-G(em). Kirchengemeinde.
Ki.-Krh(s). Kinderkrankenhaus.
kin. kinetisch.
kinderl. kinderleicht; kinderlieb(end); kinderlos.
KIPA Katholische Internationale Presseagentur.
Ki.-Pfl. Kinderpflege.
KiR Kirchenrat; Kirchenrecht.
kirg. kirgisisch.
Kis. Kisuaheli.
Ki.-St. Kirchensteuer.
Kj. Kalenderjahr; *ling.* Konjunktion; *ling.* Konjunktiv.
k.J. kommenden Jahres.
KJA Kreisjugendamt; Kreisjugendausschuß.
KJG Katholische Jungmännergemeinschaft.
KJI Kommunistische Jugendinternationale.
KJL Kreisjugendleiter.
KJM, Kjm. Kreisjägermeister.
KJÖ Katholische Jugend Österreichs.
KJS Kinder- und Jugendsportschule (*DDR*).
KJSÖ Katholische Jungschar Österreichs.
KK Kirchenkanzlei; Kleinkaliber; *mar.* Kompaßkurs; *mar. mil.* Korvettenkapitän; Krankenkasse; Krankheitskosten; Kreiskasse; Kulturkammer.
K.K. *hist.* Kaiserlich-Königlich.
k.k. *hist.* kaiserlich-königlich.
KKB Kundenkreditbank.
KKH Kaufmännische Krankenkasse Halle.
KKIA Kommission der Kirchen für internationale Angelegenheiten.
KKK Kontokorrentkonto; Kreiskontrollkommission (*DDR*).
KKM *tech.* Kreiskolbenmotor.
KKN Kernkraftwerk Niederaichbach.
KKS Kernkraft Stade; Kleinkaliberschießen, -schütze.
KKV Katholischer Kaufmännischer Verein; Verband Katholischer Kaufmännischer Vereine Deutschlands.
KL *mar.* Kabellänge; *mar. mil.* Kapitänleutnant; (*computer*) Kartenleser; Kassenleiter; Kirchenleitung; *tech.* Kondensatorleistung; *tech.* Kontrollampe; *electr.* Kurzschlußläufer.
Kl (*computer*) Kartenlocher.
Kl. Kladde; *obs.* Klafter; *jur.* Klage, Kläger; Klammer; Klang; *tel.* Klappe; Klarheit; Klarinette, Klarinettist; Klasse, Klassifikation, Klassifizierung; Klassik; Klaue(n *pl*); *jur.* Klausel; Klavier; Klee; Kleid(er *pl*), Kleidung; Klemme; Klient(in); Klinge; Klingel; Klinik(er); Klinke; Klinker; Klippe; Klöppel; Kloß, Klöße *pl*; Kloster; Klub.
kl Kiloliter.
kl. klagen; klar; klären; klassisch; kleben; kleiden; klein; klingeln; klingen; klug.
Klar. Klarinette, Klarinettist.
Klass. Klassik(er).
klass. klassisch.
Klav. Klaviatur, Klavier.
Kl.-B., Klb (*railway*) Kleinbahn.
Kl.-Bhf., Klbhf (*railway*) Kleinbahnhof.
KlC Kleincomputer.
Kld. Kunstleder(einband) (*of books*).
klf. klassifiziert.

Kl.-G. Kleingarten, -gärtner; Klostergut.
Klg. *tech.* Kugellager.
Kl.-Hdl. Kleinhandel, -händler.
Klin. Klinik(er).
klin. klinisch.
KLJ Katholische Landjugend Österreichs.
KLJB Katholische Landjugendbewegung.
Kl.-Kw., Klkw. *auto.* Kleinkraftwagen.
Kl.-Ldw. Kleinlandwirt(schaft).
KLM (*Dutch*) Koninklijke Luchtvaart Maatschappij (*Dutch airline*).
Kl.-P(ack). *econ.* Kleinpackung; *pharm.* Klinikpackung.
Kl.-V(erk). *econ.* Kleinverkauf, -verkäufer.
Kl.-W., Klw. *auto.* Kleinwagen.
KM *jur.* Kindesmutter; Kirchenmusik; *med.* Kontrastmittel; Kontrollmarke; *hist.* Kriegsmarine; Kultusminister(ium); *mar. mil.* Küstenmine.
k.M. kommenden Monats.
km Kilometer.
KMB Katholische Männerbewegung.
KMBoot *mar. mil.* Küstenminensuchboot.
KMD Kirchenmusikdirektor.
kmd. *mil.* kommandieren(d).
Kmdo. *mil.* Kommando.
Kmdr. *mil.* Kommandeur.
Kmdt. *mil.* Kommandant.
kmdt. *mil.* kommandiert.
Kmdtr. *mil.* Kommandantur.
kmfr. *med.* keimfrei.
km/h Kilometer pro Stunde.
KMJÖ Katholische Mittelschuljugend Österreichs.
KMK Kultusministerkonferenz.
KML (*radio*) Kurz-, Mittel- und Langwellen(bereich).
KMS Küstenmotorsegler.
km/st Kilometer pro Stunde.
KMU Karl-Marx-Universität (Leipzig).
KN *mar.* Kartennull.
Kn. Knie; Knoten.
kn *mar.* Knoten.
KNA Katholische Nachrichtenagentur.
KND Kirchlicher Nachrichtendienst.
KNK Kompakte natriumgekühlte Kernreaktoranlage (*Karlsruhe*).
KNL *aer.* Kombiniertes Navigations- und Landesystem.
K.-Nr. Katalognummer; Kennnummer.
Kn(R)V Knappschafts(renten)versicherung.
KO Kassenordnung; *phys.* Kathodenstrahl-Oszillograph; Kirchenordnung; Konkursordnung; Kostenordnung; Kreisordnung.
Ko Kokos(faser); Koks; *tech.* Kondensator.
Ko. Kommission; Komödie; Kompaß; *econ.* Konnossement; Kontrolle, Kontrolleur; *econ.* Kosten *pl*.
K.o., k.o. Knockout, knockout.
kΩ *electr.* Kiloohm.
KÖB Kraftwagenbetrieb der Österreichischen Bundesbahnen.
Koeff. *math. phys.* Koeffizient.
Koh. *phys.* Kohäsion; *mil. antiq.* Kohorte.
koh. kohärent.
KOI Kriminaloberinspektor.
Kok. *chem. med.* Kokain; Kokarde.
Kol. *print.* Kolonel; Kolonie; Kolonnade; *mil.* Kolonne; *mus.* Koloratur; Koloß; *Bibl.* Kolosser; *geogr.* Kolumbien, Kolumbier; *print.* Kolumne.
kol. kolonial; koloriert; kolossal; kolumb(ian)isch.
Koll. *med.* Kollaps; Kolleg; Kollege, Kollegium; Kollektion; Kollektiv(ismus); *ling.* Kollektivum; Kollision; *chem.* Kollodium; *chem. phys.* Kolloid; Kolloquium.
koll. *med.* kollabieren, -biert; kollationieren; kollegial; kollektiv; kollidieren, -diert; *chem. phys.* kolloidal.
Koll.-V(ertr). Kollektivvertrag.
Kolp. Kolportage.
kolumb. kolumb(ian)isch.
Kom. Komiker; Komitat; Komitee; Komödie.
kom. komisch; komödiantisch; kommunal; kommunistisch.
Komb. Kombinat (*DDR*); Kombination.
Komf. Komfort.
komf. komfortabel.
Kominform *hist.* Kommunistisches Informationsbüro.
Komintern *hist.* Kommunistische Internationale.
Komm. *econ.* Kommanditist; Kommentar, Kommentator; Kommissar; *econ.* Kommission(är); Kommunarde, Kommune;

relig. Kommunikant; Kommunikation; *relig.* Kommunion; Kommunismus, Kommunist.
komm. kommentieren(d), -tiert; kommissarisch; kommunal; kommunikativ; kommunistisch.
Komp. *econ. mil.* Kompanie; Komparation; *ling.* Komparativ; Komparse; Kompaß; Kompensation; Kompetenz; Kompilation; Komponente; Komponist, Komposition; *ling.* Kompositum; *agr.* Kompost(ierung).
komp. kompakt; kompatibel; kompensieren, -siert; kompetent; kompilieren, -liert; komponieren, -niert.
Kompl. Komplement(är); *röm.kath.* Komplet; Komplex; *med.* Komplexion; Komplice; Komplikation; Kompliment; Komplott.
kompl. komplementär; komplett; komplex; komplizieren, -ziert.
Kompr. *med.* Kompresse; *tech.* Kompression, Kompressor; Kompromiß.
kompr. *print.* kompreß; *tech.* kompressibel; komprimieren, -miert.
Kond. Kondensat(ion); *tech.* Kondensator; Kondition; *ling.* Konditional; Kondolenz; *med.* Kondom; Kondominium; *electr. med.* Konduktor.
kond. kondensieren, -siert; *ling.* konditional; konditionieren, -niert; kondolieren.
Konf. Konfekt; Konfektion(är); Konferenz; *relig.* Konfession; Konfetti; *relig.* Konfirmand, -mation; Konfiskation, Konfiszierung; Konfitüre; Konföderation; Konformismus, -mist, -mität; Konfusion.
konf. konferieren; *relig.* konfessionell; *relig.* konfirmieren, -miert; konfiszieren, -ziert; konföderiert; (*optics*) konfokal; konform(istisch); konfus.
Konfl. Konflikt; Konfluenz.
konfl. konfessionslos.
Konfr. *relig.* Konfrater; Konfrontation.
konfr. konfrontieren, -tiert.
kong. kongenial; *med.* kongenital; kongolesisch.
Kongl. Konglomerat; *med.* Konglutination.
kongol. kongolesisch.
Kongr. *röm.kath.* Kongregation; Kongreß; Kongruenz.
kongr. kongruent.
Konj. Konjektur; *ling.* Konjugation; *astr. ling.* Konjunktion; *ling.* Konjunktiv; *econ.* Konjunktur.
konj. *ling.* konjugieren, -giert; *ling.* konjunktional; *ling.* konjunktivisch; *econ.* konjunkturell.
Konk. Konkordanz; *jur.* Konkordat; Konkubinat; Konkurrent, -renz; *econ.* Kon-\
konk. *phys.* konkav.   [kurs.∫
Konkl. *röm.kath.* Konklave; *philos.* Konklusion.
Konkr. *med.* Konkrement; *geol. med.* Konkretion; *ling.* Konkretum.
konkr. konkret, konkretisieren, -siert.
Ko.-Nr. Kontonummer.
Kons. *relig.* Konsekration; Konsequenz; Konservative, Konservati(vi)smus; Konservator; Konservatorium; Konserve; Konsilium; Konsistenz; *relig.* Konsistorium; Konsole; Konsolidation, Konsolidierung; *ling.* Konsonant(ismus); Konsonanz; Konsorten *pl*; *econ.* Konsortium; Konsul, Konsulat; Konsultation; Konsum(ent), Konsumtion.
kons. *relig.* konsekrieren, -kriert; *ling.* konsekutiv; konsequent; konservativ; konservieren, -viert; konsistent; konsolidieren, -diert; konsonantisch; konsularisch; konsultativ, konsultieren; konsumieren, konsumtiv.
konsek. *ling.* konsekutiv.
Konserv. Konservative, Konservati(vi)smus; Konservator; Konservatorium.
konserv. konservativ; konservieren, -viert.
Konsp. Konspiration.
konsp. konspirativ, konspirieren.
Konst. *math.* Konstante; Konstanz; Konstellation; Konstitution.
konst. konstant; konstatieren; konsterniert; konstituieren(d), -tuiert; konstitutionell; konstitutiv.
Konstr. *med.* Konstriktion; Konstrukteur, -tion.
konstr. *med.* konstringieren; konstruieren, -iert; konstruktiv.
Konstr.-Pl. Konstruktionsplan.
Kons.-Vertr. Konsularvertrag; Konsularvertretung.

Kont. Kontakt; Kontamination; Kontemplation; Kontext; Kontinent; *med.* Kontinenz; Kontingent; Kontinuität; Kontor(ist); *med.* Kontorsion; *med.* Kontusion.

Kontr. Kontrahent; Kontrakt; Kontraktion; *med.* Kontraktur; *mus.* Kontrapunkt; Kontrast; Kontrolle, Kontrolleur; Kontroverse.

kontr. kontraktlich; *mus.* kontrapunktisch; kontrastieren(d); kontrollieren; kontrovers.

Konv. *jur. med.* Konvaleszenz; *phys.* Konvektion; *röm.kath.* Konveniat; Konvenienz; Konvent; Konventikel; Konvention; *röm.kath.* Konventuale; Konvergenz; Konversation; Konversion; *tech.* Konverter; *econ.* Konvertierbarkeit; Konvertit; Konvikt(uale); Konvoi; Konvolut; *med.* Konvulsion.

konv. *phys.* konvektiv; konventionell; konvergent, konvergieren; *econ.* konvertierbar; *phys.* konvex; konvulsiv(isch).

Konv.-Str. Konventionalstrafe.

Konz. Konzentrat(ion); Konzept(ion); *econ.* Konzern; Konzert; Konzession(är); Konzil; Konzilianz.

konz. konzentrieren, -triert; konzentrisch; konzeptionell; *mus.* konzertant, konzertieren; *ling.* konzessiv; konziliant; konzipieren.

Konz.-M(str). Konzertmeister.

Koop. Kooperation, Kooperator.

koop. kooperativ, kooperieren.

Koord. *math.* Koordinaten *pl*; Koordination, Koordinator, Koordinierung.

koord. koordinieren, -niert.

Kop. Kopeke (*monetary unit of the USSR*); Kopie; *ling.* Kopula; *biol.* Kopulation.

kop. kopieren, kopiert; *ling.* kopulativ.

Kopr(od). Koproduktion.

kopt. koptisch. [Korona.⟩

Kor. Koralle; Koreaner; *Bibl.* Korinther;⟩

kor(ean). koreanisch.

Korp. *mil. hist.* Korporal; Korporation; Korpulenz; *print.* Korpus.

korp. korporiert.

körp(erl). körperlich.

Körp.d.ö.R. Körperschaft des öffentlichen Rechts.

KörpSt, Körp.-St. Körperschaftssteuer.

Korr. Korrektor, Korrektur; Korrelat(ion); *mus.* Korrepetitor; Korrespondent, -denz; Korridor; Korrigenda *pl*; *chem.* Korrosion; Korruption.

korr. korrekt; korrelativ; korrepetieren; korrespektiv; korrespondieren(d); korrigieren, -giert; korrodieren, -diert; korrumpieren, -piert; korrupt.

Korref. Korreferat, -rent.

korref. korreferieren.

Korresp. Korrespondent, -denz.

korr.M(t)gl. korrespondierendes Mitglied.

Korv.-K(ap)., Korv.-Kpt. *mar. mil.* Korvettenkapitän.

Kos. Kosak(en *pl*); *math.* Kosinus.

Kost. Kosten *pl*; Kostüm.

Kot. *math.* Kotangens; Kotelett; *econ.* Kotierung; Kotillon.

kot. *econ.* kotieren.

Kotfl. Kotflügel.

KP *pharm.* Kassenpackung; Kaufpreis; *econ.* Kleinpackung; *pharm.* Klinikpakkung; Kommunistische Partei; *mar.* Kompaßpeilung; Kontrollpunkt; *pharm.* Kurpackung.

Kp *mus.* Kontrapunkt.

Kp. *phys.* Kochpunkt; *phys.* Kohäsionspunkt; Kolbenpumpe; *mil.* Kompanie; *phys.* Kondensationspunkt; *mus.* Kontrapunkt; *print.* Korpus.

kp Kilopond.

KPA Kriminalpolizeiamt.

KPB Kommunistische Partei Belgiens *od.* Boliviens *od.* Brasiliens *od.* Bulgariens.

KPČ Kommunistische Partei der Tschechoslowakei.

kpc *astr.* Kiloparsec.

KPCh Kommunistische Partei Chinas.

KPD Kommunistische Partei Dänemarks *od.* Deutschlands.

KPdSU Kommunistische Partei der Sowjetunion.

KPF Kommunistische Partei Finnlands *od.* Frankreichs.

Kpf. *mil.* Kampf; Kupfer.

K.-Pfl. *agr. hort.* Kulturpflanze(n *pl*).

Kpf.-St. Kupferstich.

KPI Kommunistische Partei Indiens *od.* Italiens.

KPJ Kommunistische Partei Japans.

KPKK Kreisparteikontrollkommission (*DDR*).

Kpl. Kapelle; *röm.kath.* Kaplan; *tech.* Kupplung.

kpl. komplett.

Kplm. Kapellmeister.

kpm *phys.* Kilopondmeter.

Kpn. *mil.* Kompanien *pl*.

KPÖ Kommunistische Partei Österreichs.

KPr., K.-Pr. *econ.* Kassenprüfer, -prüfung.

KPS Kommunistische Partei Schwedens *od.* Spaniens.

Kpt. Kapitän; Kapital; Kapitel; *phys.* Kochpunkt.

Kpt.-Lt. *mar. mil.* Kapitänleutnant.

Kpt.z.S. *mar. mil.* Kapitän zur See.

KPV Kommunalpolitische Vereinigung.

KPz *mil.* Kampfpanzer.

KR Kirchenrat; Kirchenrecht; Konsistorialrat; Kontrollrat; Kreisrat; (*sport*) *mar.* Kreuzer-Rennwert.

Kr Krone (*monetary unit*); *chem.* Krypton.

Kr. Kraft; Kragen; *med.* Krampf; Kran; Kranke, Krankheit; Kranz; Krater; Kraut; Krawatte; Kreation; Kreatur; Krebs; Kredit; Kreide; Kreis, Kreisel; Krematorium; Kreole; Krepp; Kresse; Kreuz; *mar. mil.* Kreuzer; Krieg; Krise; Kristall; Kriterium; Kritik; Kroate, *ling.* Kroatisch; Krone; *med.* Kropf; Krug; Krypta.

kr Krone (*monetary unit*).

kr. kraft; kräftig; krank; kraus; kristallen, kristallin(isch); kritisch; krumm.

KRA (*computer*) Kleinrechenanlage.

Kr.-A. Kreisamt; Kreisarzt; Kreisausschuß.

kr.A. kraft Amtes; kraft Auftrages.

Krad Kraftrad.

Kradf. Kraftradfahrer.

Krad m.B. Kraftrad mit Beiwagen.

Krad o.B. Kraftrad ohne Beiwagen.

Kraftf. Kraftfahrer.

Kranf. Kranführer.

KRB Kernkraftwerk RWE-Bayernwerk Gundremmingen.

Kr.-Bl. Kreisblatt (*newspaper*).

KRD Katholische Rundfunkarbeit in Deutschland.

Kr.-Dir. Kreisdirektion, -direktor.

Krem. Krematorium.

Krf. Kraft(wagen)fahrer, Kraftwagenführer; Kranführer.

krfg. kreuzförmig.

krfr. kreisfrei.

Kr.-Frw. Kriegsfreiwillige.

Krfw. Kraftwagen.

KRG *hist.* Kontrollratsgesetz.

KrG Kreisgericht.

Kr.-Gef. Kriegsgefangene.

Krh. Krankenhaus.

Kr.-Hint. Kriegshinterbliebene.

Krhs. Krankenhaus.

KrI Kreditinstitut.

Krim. Kriminalist(ik); Kriminologie.

krim. kriminalistisch; kriminell; kriminologisch.

Krist. Kristall(isation).

krist. kristallen, kristallin(isch); kristallisieren, -siert.

Krist.-P. *phys.* Kristallisationspunkt.

krit. kritisch.

KrJA Kreisjugendamt, -ausschuß.

KrK Krankenkasse; Kreiskasse.

krk. krank.

Krkhs. Krankenhaus.

Kr.-Komp. Kreiselkompaß.

Krk.-Pfl. Krankenpflege(r).

Krk.-Sch. Krankenschein.

Krkschw., Krk.-Schw. Krankenschwester.

Krk.-Vers. Krankenversicherung.

Krkw. Krankenwagen.

Kr.-Pfl. Krankenpflege(r).

KrR Kreisrat; Kriegsrecht.

Krs. Kreis.

Kr.-Schw. Krankenschwester.

Kr.-Spark. Kreissparkasse.

Krst., Kr.-St. Kreisstadt.

krt. kartoniert (*of books*).

kr.T(emp). *phys.* kritische Temperatur.

KrV Krankenversicherung; Kreditversicherung.

Kr.-Verb. Kreisverband.

Kr.-Vers. Krankenversicherung; Kreditversicherung.

Krw. Kraftwagen; Krankenwagen.

Kr.-Wg. Krankenwagen.

Krz. Kranz; Kreuz; Kreuzung.

krzf(g). kreuzförmig.

krzfr. kreuzungsfrei (*roads etc*).

KS Kantonsschule (*Switzerland*); Körperschulung; kosmische Strahlung; *phys.* Kühlstärke; *mil.* Küstenschnellboot; Küstenschutz; Kunststoff.

Ks. Kaiser; Kaserne; *electr.* Kippschalter; Konsul; Kunstseide.

k.S. *econ.* (auf) kurze Sicht.

KSA Katholische Studentenaktion; Kraftfahrzeug-Sachverständigenausschuß.

KSC Kraftsportclub.

KSchG Kinderschutzgesetz; Kündigungsschutzgesetz.

Kschr. Kurzschrift.

KSchw. *mil.* Kampfschwimmer.

KSCV Kösener Senioren-Convent-Verband (*of students' societies*).

KSG Kanusportgemeinschaft; Katholische Studentengemeinde; Kündigungsschutzgesetz.

Ksgr. Kiesgrube.

KSH Kernkraftwerk Schleswig-Holstein.

KSJ Katholische Studierende Jugend.

ksl(aw). kirchenslawisch.

KSP *phys.* Kegelschmelzpunkt; (*sport*) Körperschwerpunkt.

KSp (*computer*) Kernspeicher.

k.Sp. keine Spur(en *pl*).

KSpSte (*computer*) Kernspeicherstelle.

KSt (*computer*) Kartenstanzer.

KSt. Körperschaftsteuer.

KStG Körperschaftsteuergesetz.

kstl. köstlich; künstlerisch; künstlich.

KSV Kegelsportverein; Kraftsportverband, -vereinigung.

KSZ, K.S.Z. *med.* Kathoden-SchließungsZuckung.

KSZE Konferenz über Sicherheit und Zusammenarbeit in Europa.

KT Kabeltechnik; Kabeltelegramm; Kältetechnik;Kompaßtochter;Kreistag;Kriegsteilnehmer; Kunstturnen.

Kt. Kanton (*Switzerland*); Karat; Karte; Kartei; Karton; Kaution.

kt Kilotonne.

kt. kantonal; kartoniert (*of books*); kraftfahrtechnisch.

KTA Kraftfahrzeugtechnische Anstalt, -s Amt (*DDR*); Kriegstechnische Abteilung (des Eidgenössischen Militärdepartements).

KTBL Kuratorium für Technik und Bauwesen in der Landwirtschaft.

Kt.-Bl. Karteiblatt.

KTI Kriminaltechnisches Institut.

KTL Kuratorium für Technik in der Landwirtschaft.

Ktn. Karten; *geogr.* Kärnten.

Kt.-Nr. Karteinummer.

Kto. *econ.* Konto.

Kto.-Ausz. *econ.* Kontoauszug.

Kto.-Nr. *econ.* Kontonummer.

Ktr. Kontrakt; Kontrast; Kontrolle, Kontrolleur; *mar.* Kutter.

Ktr.-Nr. Kontrollnummer.

KTU Kriminaltechnische Untersuchungsstelle.

KTV Kommando der Territorialen Verteidigung.

KU *econ.* Konzessionsunternehmen, -unternehmung.

Ku *chem.* Kurtschatowium.

Kü. Küche; Küste.

KUA (*computer*) Kartenunterart.

Kub. Kubaner; (*art*) Kubist, Kubismus.

kub. kubanisch; kubisch; (*art*) kubistisch.

Kü.-Ben. Küchenbenutzung.

K.u.F. *econ.* Kosten und Fracht.

KUG Kunsturhebergesetz.

k.u.k. *hist.* kaiserlich und königlich.

kul. kulinarisch.

Kult. Kultur; Kultus.

kult. kultisch; kultiviert; kulturell.

Kümo Küstenmotorschiff.

Künd. Kündigung.

Kunstgesch. Kunstgeschichte.

Kunsthist. Kunsthistoriker.

kunsthist. kunsthistorisch.

künstl. künstlerisch; künstlich.

Kunstst. Kunststoff.

Kunstw. Kunstwerk; *ling.* Kunstwort.

Kur. *röm.kath.* Kurat(ie); Kurator(ium).

Kür. *mil. hist.* Kürassier.

Kurf. *hist.* Kurfürst.

kurfl. *hist.* kurfürstlich.

Kurft. *hist.* Kurfürstentum.

Kürl. (*sport*) Kürlaufen.

Kurp. *pharm.* Kurpackung.

Kurpf. *hist.* Kurpfalz.
kurpf. *hist.* kurpfälzisch.
kurs. kursieren(d); *print.* kursiv; kursorisch.
Kursw. *econ.* Kurswert.
Kursz. *econ.* Kurszettel.
Kurt. Kurtaxe.
Kürz. Kürzung.
Kurzarb. *econ.* Kurzarbeit(er).
kurzfr. kurzfristig.
Kurzschr. Kurzschrift.
Kurzw. Kurzwort.
KÜV Kraftschaden-Überwachungsverein.
kuw. kuwaitisch.
KV *electr.* Kabelverzweiger; Kanuverband, -verein; Kartellverband (katholischer deutscher Studentenvereine); Kassenärztliche Vereinigung; kaufmännische Verwaltung; Kaufvertrag; Kirchenverfassung; Kirchenvorstand; *mar.* kleine Fahrt voraus; Knappschaftsversicherung; *mus.* Köchelverzeichnis; *econ.* Konkursverfahren, -verwalter, -verwaltung; Konsularvertrag; Kraftverkehr; Krankenversicherung; Kreisverband; Künstlerverband, -verein(igung); Kunstverein.
kV *electr.* Kilovolt.
kv. kriegsverwendungsfähig.
KVA Kraftverkehrsamt (*D D R*).
kVA *electr.* Kilovoltampere.

KVD Kassenärztliche Vereinigung Deutschlands.
KvD Kommissar vom Dienst.
KVG Kapitalverkehrssteuergesetz; Krankenversicherungsgesetz.
KVI *med.* Kernverschiebungsindex.
KVK *hist.* Kriegsverdienstkreuz.
KVO Kraftverkehrsordnung.
KVP *hist.* Kasernierte Volkspolizei (*D D R*).
KVSt *tel.* Knotenvermittlungsstelle.
KW Kraftwerk; Kreditanstalt für Wiederaufbau; (*radio*) Kurzwelle.
Kw. Kassenwart; Kraftwagen; Krankenwagen; (*railway*) Kurswagen.
kW *electr.* Kilowatt.
k.W. kaltes Wasser; kommende(r) Woche.
Kw.-Anh. Kraftwagenanhänger.
KWD Küstenwarndienst.
KWE (*radio*) Kurzwellenempfänger.
KWEA Kreiswehrersatzamt.
Kwf(.) Kraftwagenfahrer, -führer.
KWG Kreditwesengesetz; Kommunalwahlgesetz.
kWh *electr.* Kilowattstunde.
KWI *hist.* Kaiser-Wilhelm-Institut.
KwK, Kw.-Kol. Kraftwagenkolonne.
KWL Kernkraftwerk Lingen; *mar.* Konstruktionswasserlinie.
KWO Kernkraftwerk Obrigheim; Kommunalwahlordnung.

KWS (*radio*) Kurzwellensender.
KW-Stoffe Kohlenwasserstoffe *pl.*
KWT *auto.* Kuwait.
KWV Kommunale Wohnungsverwaltung (*D D R*).
KWW Kernkraftwerk Würgassen.
Kyffh. *geogr.* Kyffhäuser.
kymr. kymrisch.
KZ *metall.* Kernzahl; Kinderzulage, -zuschlag; Kompaßzahl; *econ.* Konjunkturzuschlag; *hist.* Konzentrationslager; Koordinationszahl; *econ.* Kostenzettel; Kostenzuschuß; *med.* Kräftezustand; *econ.* Kurszettel.
K.Z. *econ.* Kurszettel.
Kz. Kennzahl, -zeichen, -ziffer; Kerze; Kranz; Kreuz; Kürzung.
kz. kurz.
k.z. *mil.* kommandiert zum *od.* zur.
KZBV Kassenzahnärztliche Bundesvereinigung.
Kze. Kürze.
Kzf. Kurzfassung, -form.
kzfg. kreuzförmig; kurzfristig.
kzfr. kurzfristig.
Kzl. Kanzel; Kanzlei; Kanzler.
KZV Kaninchenzuchtverein.
KZVD Kassenzahnärztliche Vereinigung Deutschlands.
KZW (*radio*) Kurzwelle.

L

L Läufer (*in chess*); (*railway*) Läuten; (*radio*) Lautsprecher; *med.* Lendenwirbel; Linz; *econ.* Lorokonto; *phys.* Loschmidtsche Zahl; *auto.* Luxemburg; Luxus(ausführung); (*railway*) Luxuszug.
L. Ladung; Lage; Land; Länge; Last; *ling.* Latein; Leistung; (*Lat.*) *jur.* Lex, Gesetz; Licht; Lied; Lieferant, Lieferung; Liga; *bot.* Linné; Lira, Lire *pl* (*monetary unit of Italy*); Liste; Loch; Lösung; *med.* Lues.
l *chem. phys.* lävogyr; Leu, Lei *pl* (*monetary unit of Romania*); Liter.
l. lang; lateinisch; laut; legal; leicht; lies!; links; *chem.* löslich.
LA Landesamt; Landratsamt; Lastenausgleich; Lebensalter; Lehramt; Lehrauftrag; Lehrautomat; Leichtathletik; (*sport*) Linksaußen.
La *chem.* Lanthan.
l.A. laut Akte(n); laut Angabe(n); *econ.* laut Angebot; *econ.* laut Auftrag; laut Auskunft.
l.a. (*Lat.*) *med.* lege artis, nach der Regel der Kunst, vorschriftsmäßig.
LAA Landesarbeitsamt; Landesausgleichsamt; Lehramtsanwärter.
LAB Lastenausgleichsbank.
Lab. *ling.* Labial(laut); Labilität; Labor(ant), Laboratorium.
lab. labial; labil.
LAbg., L.-Abg. Landtagsabgeordnete.
Lad. Laden; Ladung.
lad. laden; ladinisch.
Laf. *mil.* Lafette.
LAG Landesarbeitsgericht; Lastenausgleichsgesetz; Literaturarbeitsgemeinschaft.
Lag. *econ.* Lager(ist); Lagerung.
Lag.-Best. *econ.* Lagerbestand.
Lag.-H. Lagerhalle, -haus.
lak. lakonisch.
L.A.M. (*Lat.*) Liberalium artium magister, Magister der freien Künste.
lam. laminieren, -niert (*of books*).
Landk. Landkarte.
Landkr. Landkreis.
Landr. Landrat; *hist.* Landrecht.
Landsch. Landschaft.
Landstr. Landstraße; Landstreicher.
Landw. *mil. hist.* Landwehr; Landwirt(schaft).
landw. landwirtschaftlich.
langfr. langfristig.
langj. langjährig.
Langob. Langobarden *pl.*
langob. langobardisch.
LAO *auto.* Laos.
laot. laotisch.

LAR *mil.* leichter Artillerie-Raketenwerfer.
larg. (*Ital.*) *mus.* larghetto, etwas langsam.
Lastz. *auto.* Lastzug.
Lat. *ling.* Latein; Lateran; Laterne.
lat. lateinisch; latent; *med.* lateral.
Latr. Latrine.
Laufb. Laufbahn; Laufbursche.
Laut. Lautenist.
LAV Landesarbeitgeberverband; Landesstelle für Arbeitsvermittlung.
Lav. *bot.* Lavendel.
lav. lavieren.
LAW Lehrlingsausbildungswerkstatt.
Law. Lawine.
Laz. *mil.* Lazarett.
LB Landbund; Landesbezirk; Landesbibliothek; Landwirtschaftsbank; Leihbibliothek; Lesebuch; Lochband.
Lb. Lehrberuf; Lehrbuch; Leihbibliothek, -bücherei; Libelle; Lichtbild; *phot.* Luftbild.
l.B. laut Bericht.
lb. liebe(r).
LBA Luftfahrt-Bundesamt.
lbd. lebend.
lbdg. lebendig.
Lbd.-Gew. Lebendgewicht.
LBF *tech.* Lichtbogenfestigkeit.
LBG Landbeschaffungsgesetz; Landwirtschaftliche Berufsgenossenschaft.
LBI Lehrerbildungsinstitut (*D D R*).
LBK Landbaukombinat (*D D R*).
LBO Landbewirtschaftungsordnung; Landesbauordnung.
l.c. (*Lat.*) loco citato, am angeführten Ort.
LD Landesdirektion; *pharm.* Letaldosis, letale Dosis; *mar.* Lotsendampfer.
Ld. Leder(einband) (*of books*).
l.D. *tech.* lichter Durchmesser.
Ldbd. Leder(ein)band (*of books*).
Ld.-Bez. Landbezirk.
Ldg. Ladung; Landung.
Ld.-Gem. Landgemeinde.
Ld.-Ger. Landgericht.
Ld.-Gr. Landesgrenze; Landesgruppe.
Ldgr. *hist.* Landgraf.
Ldk. Landkarte.
Ld.-Kr., Ldkr. Landkreis.
LDO Landesdienststrafordnung; Landesdisziplinarordnung.
LDP(D) Liberaldemokratische Partei Deutschlands (*D D R*).
Ld.-Pr., Ldpr. Ladenpreis.
LDr (*computer*) Listendrucker.
LdR(at) Landrat.
L.d.R. *mil.* Leutnant der Reserve.
Ldr. Länder *pl*; Leder; *tech.* Linksdrall.

Ldrb. Leder(ein)band (*of books*).
Ldrr. Lederrücken (*of books*).
LDS Liberaler Deutscher Studentenbund.
Ldsch. Landschaft.
ldschl. landschaftlich.
Ld.-Str., Ldstr. Landstraße; Landstreicher.
Ldtg. Landtag.
LDV Linguistische Datenverarbeitung.
LDv Luftwaffendienstvorschrift.
Ldw. *mil. hist.* Landwehr; Landwirt(schaft).
ldw. landwirtschaftlich.
LE *ped.* Lerneinheit; Lichtbogen-Elektrostahl.
l.E. letzten Endes.
Leb.-Gew. Lebendgewicht.
Leb.-Vers. Lebensversicherung.
Led. Leder.
led. ledig; lediglich.
Lefa Lebensmittelfachausstellung; Lederfaserwerkstoff.
Leg. Legalität; Legat(ion); Legende; *metall.* Legierung; *mil. hist.* Legion(är); Legitimation.
leg. legal(isieren); (*Ital.*) *mus.* legato, gebunden; legendär; *metall.* legieren, legiert; legitim, legitimieren, -miert.
Legg. *metall.* Legierungen *pl.*
legg. (*Ital.*) *mus.* leggiero, leicht.
Leg.-Per. Legislaturperiode.
LegR, Leg.-R. Legationsrat.
Lehrg. Lehrgang.
Lehrj. Lehrjahr.
Lehrl. Lehrling.
leibh. leibhaftig.
leibl. leiblich.
Leibr. Leibrente.
leichtl. *chem.* leichtlöslich.
leichts. leichtsinnig.
Leist. Leister, Leistung.
Leist.-Pr. Leistungsprämie.
Leist.-Zul. Leistungszulage.
Leit. Leiter; Leitung.
leit. leiten(d).
Leitf. Leitfaden.
Leitl. Leitlinie.
leit. Pos. leitende Position.
Leits. Leitsatz.
Lekt. Lektion; Lektor(at); Lektüre.
Les. *geogr.* Lesotho; Lesung.
lett. lettisch.
letztw. letztwillig.
Lev. *geogr.* Levante; Levantiner.
lev. levantinisch.
Lex. Lexikologie, Lexikon.
lex. lexikalisch.
Lex.-F. Lexikonformat.
Lexikogr. Lexikograph(ie).
lexikogr. lexikographisch.

LF *mil.* Lafettenfahrzeug; *mar.* langsame Fahrt; Löschfahrzeug.
Lf. Läufer; Leitfaden; *aer. mar.* Leuchtfeuer; *econ.* Lieferant, Lieferung.
LFA Landesfinanzamt; Landesfürsorgeamt; Landwirtschaftliche Forschungsanstalt.
Lfb. Laufbahn; Laufbursche.
Lf.-Bed. *econ.* Liefer(ungs)bedingungen *pl*.
LFD Landesfinanzdirektion.
lfd. laufend.
lfd.J. laufenden Jahres, laufendes Jahr.
lfd.M. laufenden Monats, laufender Monat.
lfdm, lfd.m. laufende Meter *pl*.
lfd.Nr. laufende(r) Nummer.
lfd.W. laufende(r) Woche.
LFF *aer.* Landefunkfeuer; *mil.* Luftfahrzeugführer.
Lf.-Fr. *econ.* Lieferfrist.
LFG Lernmittelfreiheitsgesetz; Lohnfortzahlungsgesetz; Luftfahrtgesetz (*Switzerland*).
Lfg(n). Lieferung(en *pl*).
LFK *aer.* Lenkflugkörper.
LFM Landesfinanzminister(ium); Leipziger Frühjahrsmesse; Luftfahrtforschungsanstalt München.
lfm laufende Meter *pl*.
lfr. Luxemburger Franc (*monetary unit*).
Lfrg. *econ.* Lieferung.
lfrs Luxemburger Francs *pl* (*monetary unit*).
Lft. Lieferant; Luftfahrt.
LFV Landesforstverwaltung; Landesfürsorgeverband.
LFv *mar.* langsame Fahrt voraus.
LfV Landesamt für Verfassungsschutz.
LFW Luftfahrtforschungsanstalt Wien.
LfW Liga für die Weltregierung.
Lfw. Luftfahrtwesen.
Lfz Luftfahrzeug.
Lf.-Zt., Lfzt. *econ.* Laufzeit; *econ.* Lieferzeit.
LG Landesgericht (*Austria*); Landesgesetz; Landgericht; Lebendgewicht; Leichtathletikgemeinschaft; Literaturgeschichte.
Lg. Lager(ung); Länge; *metall.* Legierung; Leitung; Lösung.
lg. lang; ledig.
LGA Landesgesundheitsamt; Landesgewerbeamt.
Lg.-B. *mar.* Logbuch.
LGD Landgerichtsdirektor.
lgd. liegend.
lgfr. langfristig.
Lgg. *metall.* Legierungen *pl*.
LGL Lilienthal-Gesellschaft für Luftfahrtforschung.
Lgn. Lösungen *pl*.
LGO Landesgebührenordnung; Landgemeindeordnung.
Lg.-Pl. Lageplan.
LGPräs. Landgerichtspräsident.
LGR Landgerichtsrat.
LGr., L.-Gr. *tech.* Leistungsgröße; Leistungsgruppe; Lohngruppe.
LGV Lehrergesangverein.
LH Landwirtschaftliche Hochschule; Lesehalle; Lufthansa (*German airline*); Luftheizung; *med.* Luteinisierungshormon.
l.H. *mus.* linke Hand.
LHM Leipziger Herbstmesse.
LHO Leistungs- und Honorarordnung der Ingenieure.
Lhr. Lehrer.
Lhs. (*literature*) Liederhandschrift.
Lhwg. *auto.* Leihwagen.
Lhz. Luftheizung.
L.I. *mar.* Leitender Ingenieur.
Li *chem.* Lithium.
Li. Licht(er *pl*); Lieferung; Linie; Liste; Lithographie; Lizenz.
li. links.
Lib. *geogr.* Libanon; Libelle; Liberale; Liberalismus; *geogr.* Liberia; *geogr.* Libyen. [nisch; libysch.]
lib. libanesisch; liberal(istisch); liberia-
liban. libanesisch.
liber. liberalistisch; liberianisch.
Libr. *mus.* Librettist, Libretto.
Lic. (*Lat.*) *relig.* Licentiatus, Lizentiat.
Lief. *econ.* Lieferant, Lieferung.
Lief.-Bed. *econ.* Liefer(ungs)bedingungen *pl*.
Liefersch. *econ.* Lieferschein.
Lig. (*Lat.*) *med.* Ligamentum, Band; *med. mus. print.* Ligatur.

Ligg. (*Lat.*) *med.* Ligamenta, Bänder *pl*.
LIM Landesinnungsmeister; *electr.* linearer Induktionsmotor.
Lim. Limonade; Limone; *auto.* Limousine.
lim. limitieren, -tiert.
Lin. Lineal; Linie; Linoleum.
lin. linear.
Ling. Linguist(ik).
ling. linguistisch.
Liq. *econ.* Liquidation; (*Lat.*) *pharm.* Liquor, Flüssigkeit.
liq. liquide; liquidieren.
Lit italienische Lira, Lire *pl* (*monetary unit*).
Lit. *röm.kath.* Litanei; *geogr.* Litauen, Litauer; (*Lat.*) litera, Buchstabe; Literat(ur); *relig.* Liturgie, -gik.
lit. litauisch; literarisch; liturgisch.
liter. literarisch.
LiTG Lichttechnische Gesellschaft.
Lit.-Gesch. Literaturgeschichte.
litgesch. literaturgeschichtlich.
Lith. Lithograph(ie).
lith. lithographisch.
Lit.-Hdb. Literaturhandbuch.
Lit.-Verz. Literaturverzeichnis.
LIV Landessteuerverband.
Liz. *relig.* Lizentiat; Lizenz.
liz. lizensieren, -siert.
Liz.-Geb. Lizenzgebühr(en *pl*).
Liz.-Sp. (*sport*) Lizenzspieler.
LJ Landjugend.
Lj. *astr.* Lichtjahr.
l.J. laufenden Jahres, laufendes Jahr.
LJA Landesjugendamt; Landesjugendausschuß; Lohnsteuerjahresausgleich.
LJG Landesjagdgesetz.
LJR Landesjugendring.
LJV Landesjagdverband.
LK Länderkammer; Landkreis; Landwirtschaftskammer; (*computer*) Lochkarte; Luftkühlung; *med.* Lymphknoten.
LKA Landeskirchenamt; Landeskriminalamt; (*computer*) Lochkartenanlage.
LKF *mil.* leichtes Kampfflugzeug.
LKG Leipziger Kommissions- und Großbuchhandel (*DDR*).
LKK Landeskrankenkasse.
LKL (*computer*) Lochkartenleser.
Lkl (*computer*) Lochkartenlocher.
LKM (*computer*) Lochkartenmaschine.
LKO Landkreisordnung.
LKP Landeskriminalpolizei.
LKR Landeskirchenrat.
Lkr. Landkreis.
LKSt Lochkartenstanzer; Lochkartenstelle.
Lkt. Landkarte; Lektor(at).
LKV Lochkartenverfahren.
LKW, Lkw Lastkraftwagen.
LKZSt Lochkartenzentralstelle.
LL *econ.* Ladeliste; *pol.* Landesliste.
l.l. *chem.* leicht löslich.
LLD(iv) *mil.* Luftlandedivision.
LM Landsmannschaft; Landwirtschaftsminister(ium); Leichtmetall; Leipziger Messe; Leitender Maschinist; *aer. mil.* Luftmine.
Lm Lehrmittel; Lernmittel.
l.M. laufenden Monats, laufender Monat; *econ.* laut Muster.
lm *phys.* Lumen.
LMA Leipziger Messeamt.
LMB *civ.eng.* Leichtmetallbauweise.
LMG, LmG Lebensmittelgesetz.
l.MG *mil.* leichtes Maschinengewehr.
lmh *phys.* Lumenstunde.
LMK (*radio*) Lang-, Mittel-, Kurzwellen(bereich).
LMKU (*radio*) Lang-, Mittel-, Kurz- und Ultrakurzwellen(bereich).
LMP Leichtmetallprodukt.
lms *phys.* Lumensekunde.
LMU Ludwig-Maximilian-Universität (München).
LN landwirtschaftliche Nutzfläche; Leistungsnachweis; Luftfahrtnormen *pl*.
Ln. Ländername; Leinen(einband) (*of books*).
ln (*Lat.*) *math.* logarithmus naturalis, natürlicher Logarithmus.
Lnbd. Leinen(ein)band (*of books*).
LNF landwirtschaftliche Nutzfläche.
LNr., L.-Nr. Listennummer.
LO Landesorganisation.
l.o. links oben.
Log. Logik; Logistik.
log *math.* Logarithmus.
log. logisch; logistisch.
Lok. Lokal; Lokalisierung.
lok. lokal(isieren).

lomb. lombardisch.
Los. Losung.
Lös. Lösung.
lösl. *chem.* löslich.
Lothr. *geogr.* Lothringen, Lothringer.
lothr. lothringisch.
LP (*computer*) Ladeprogramm; Land(es)polizei; Langspielplatte; (*railway*) Läuten und Pfeifen; Leistungsprüfung; *med.* Lumbalpunktion.
Lp Luftpost.
LPA Landespersonalamt, -ausschuß; Leitpostamt.
LPB Landespolizeibezirk.
LpBf Luftpostbrief.
LPC Luftfahrt-Presseclub.
LPD Landespostdirektion.
LPG Landespachtgesetz; Landesplanungsgesetz; Landespressegesetz; Landwirtschaftliche Produktionsgenossenschaft (*DDR*).
LPI Landespolizeiinspektion.
LPK Landespressekonferenz.
LPKK Landes-Parteikontrollkommission (*DDR*).
LpPkt Luftpostpaket.
LPVG Landespersonalvertretungsgesetz.
LR Landesregierung; Landrat; Landwirtschaftsrat; Legationsrat; Leibrente; (*sport*) Linienrichter; Lokalredakteur, -redaktion.
Lr *chem.* Laurentium.
l.R. *econ.* laufende Rechnung; *econ.* laut Rechnung.
LRA Landratsamt.
LRat Landrat.
LRB *mil.* Luftraumbeobachtung.
LReg Landesregierung.
LRH Landesrechnungshof.
lrh. linksrheinisch.
LRS Lese-Rechtschreib-Schwäche.
LS *aer.* Lastensegler; (*radio*) Lautsprecher; Leichtstahl(konstruktion); Leitsatz; *electr.* Leitungsschutzsicherung; Lesesaal; *auto.* Lesotho; *econ.* Lieferschein; Lochstreifen; (*Lat.*) loco sigilli, anstatt des Siegels; Luftschutz; *tech.* Lüftungsschieber.
l.S. *econ.* (auf) lange Sicht; linke Seite.
l.s. (*Lat.*) loco sigilli, anstatt des Siegels.
LSA Landessportausschuß.
L.-Sch. Land(es)schule; Lastschiff; *econ.* Lieferschein.
LSchA Londoner Schuldenabkommen.
LSchlG Ladenschlußgesetz.
LSD Liberaler Studentenbund Deutschlands; *pharm.* Lysergsäurediäthylamid.
LSG Landessozialgericht; Landschaftsschutzgebiet; Luftschutzgesetz.
Lsg. Losung; Lösung.
Lsgg. Lösungen *pl*.
LSHD Luftschutzhilfsdienst.
LSK Lochstreifenkarte; *aer. mil.* Luftstreitkräfte *pl*.
LSL (*computer*) Lochstreifenleser.
Lsl (*computer*) Lochstreifenlocher.
LSO London Symphony Orchestra.
Lsp. (*radio*) Lautsprecher; Luftsport; Lustspiel.
LSR Luftschutzraum.
LSSt (*computer*) Lochstreifenstanzer.
LSt. Leitstelle; Lohnsteuer.
LStG Lohnsteuergesetz.
LStJA Lohnsteuerjahresausgleich.
LSTO *mil.* Leitender Schiffstechnischer Offizier.
L.-Str., Lstr. Landstraße; Landstreicher.
LSÜ (*computer*) Lochschriftübersetzer.
LSV Landessportverband.
LSW Liberaler Studentenbund West-Berlin.
LT Landtag; *mar.* Leuchtturm.
Lt. Laut; *mus.* Laute; Leiter; *mil.* Leutnant.
lt Liter; Liter.
lt *relig.* lutherisch.
lt. laut; leitend.
LTA Lohntarifabkommen.
ltd. leitend.
LTG Lichttechnische Gesellschaft; *mil.* Lufttransportgeschwader; *tech.* Luftturbinengerät.
Ltg(n). Leitung(en *pl*).
LTH *med.* luteotropes Hormon.
LTK Lexikon für Theologie und Kirche.
LTM Landesverband der Tonkünstler und Musiklehrer.
Ltm. (*literature*) *mus.* Leitmotiv.
Ltn. *mil.* Leutnant.
LT-Präs. Landtagspräsident.
Ltq. türkisches Pfund (*monetary unit*).

Ltr. Leiter; Liter.
Ltr.o.G(l). Liter ohne Glas (*without bottle etc*).
Ltspr. (*radio*) Lautsprecher.
LTV Lohntarifvertrag.
Lt.z.S. *mil.* Leutnant zur See.
LU Literaturunterricht.
LÜ (*railway*) Lademaßüberschreitung.
Lu *chem.* Lutetium.
l.U. laut Untersuchung.
l.u. links unten.
Lüa *tech.* Länge über alles.
luftd. *tech.* luftdicht.
luftgef. *tech.* luftgefedert.
luftgek. *tech.* luftgekühlt.
LUG Gesetz betreffend das Urheberrecht an Werken der Literatur und der Tonkunst.
Luk. *Bibl.* Lukas.
Lum. *phys.* Luminiszenz.
LüP (*railway*) Länge über Puffer.
luth. *relig.* lutherisch.
Lux. *geogr.* Luxemburg, Luxemburger.
lux. luxemburgisch.
LV Landesverband, -verein; Landesverfassung; Landesverfügung; Landesverordnung; *mar.* lange Fahrt voraus; Lebensversicherung; Leihverkehrsordnung (für die deutschen Bibliotheken); Luftfahrtvorschriften *pl*; Luftverkehr; *mil.* Luftverteidigung.
l.v. *mil.* leicht verwundet.
LVA Landesvermessungsamt; Landesver-

sicherungsamt, -anstalt; Landesversorgungsamt; Landesversuchsanstalt.
LvD, L.v.D. Leiter vom Dienst.
LVf(g). Landesverfassung; Landesverfügung.
LVG Landesverwaltungsgericht; Landesverwaltungsgesetz; *agr.* Lehr- und Versuchsgut; Literarische Verwertungsgesellschaft (*Austria*); Luftverkehrsgesellschaft; Luftverkehrsgesetz.
LVK *phys.* Lichtverteilungskurve; *mil.* Luftverteidigungskommando.
LVL Schweizerischer Landesverband für Leibesübungen.
LVO Landesverordnung; Laufbahnverordnung; Leihverkehrsordnung (für die deutschen Bibliotheken); Luftverkehrsordnung.
LVV Landesverkehrsverband; Luftverkehrsverband.
LW (*radio*) Langwelle(n *pl*); *tel.* Leitungswähler; *electr.* Leitungswiderstand; *auto.* Lieferwagen; (*railway*) Liegewagen; *mil.* Luftwaffe.
Lw Lew (*monetary unit of Bulgaria*).
Lw. Landwehr; Landwirt(schaft); Lebenswerk; *ling.* Lehnwort; Leinwand; Leitungswasser; *mil.* Luftwaffe.
l.W. laufende(r) Woche; letzte(r) Woche; *tech.* lichte Weite.
LWA Landeswohlfahrtsamt, -ausschuß; Landwirtschaftsamt.
LwA Landwirtschaftsamt.

LWB *relig.* Lutherischer Weltbund.
Lwd. Leinwand(einband) (*of books*).
Lwdbd. Leinwand(ein)band (*of books*).
LWG Landeswahlgesetz; Landeswassergesetz; Landeswohnungsgesetz.
LwG Landwirtschaftsgericht; Landwirtschaftsgesetz.
Lwg. *auto.* Lastwagen; *auto.* Leihwagen.
LwK Landwirtschaftskammer.
Lwk. *aer.* Leitwerk.
LWM, LwM Landwirtschaftsminister(ium).
LWO Landeswahlordnung.
LWR Landwirtschaftsrat.
LWS (*radio*) Langwellensender; *med.* Lendenwirbelsäule.
LWV Landeswohlfahrtsverband.
LWZ Luftschutzwarnzentrale.
lx *phys.* Lux.
lxs *phys.* Luxsekunde.
lyr. lyrisch.
Lyz. Lyzeum.
LZ *aer.* Landezone; *mil.* Lazarettzug; (*computer*) Leerzeichen; Leerzimmer; Leistungszulage; Lesezimmer; Lesezirkel; (*railway*) Lichtzeichenanlage; (*railway*) Luxuszug.
Lz. *mil.* Lazarett; Leerzimmer; Lehrzeit; Lizenz.
LZB Landeszentralbank.
L.-Zi. Leerzimmer.
LZL *econ.* Lohnzahlungsliste.
LZM *mil.* Luftzeugmeister.
L-Zug (*railway*) Luxuszug.

M

M *phys.* Mach(-Zahl); Magnet; *auto.* Malta; Mark (*DDR, monetary unit*); Mega-; Meile; Menge; *astr.* Messierkatalog; (*Lat.*) Mille, Tausend; Mitte; Mittel; *econ.* Mittelsorte; *mar. mil.* Minensucher; Modell; *math. tech.* Modul; *phys.* Molekulargewicht; Motorschiff; *auto.* München.
M. Magister; Majestät; Majorität; *mus.* Manual; Maria; Markt; Maß; Masse; Maßstab; Mater; Meer; Meereshöhe; *geogr.* Meridian; Methode; Minister(ium); Mitglied; Mitteilung; Modell; Monat; Monatsschrift; Monitor; (*Fr.*) Monsieur, mein Herr; Montag; (*Lat.*) *med.* Morbus, Krankheit; Munition; Muschel; (*Lat.*) *med.* Musculus, Muskel; Museum; Musik; Muster; Mutter.
m magnetisch; (*Lat.*) *astr.* magnitudo, Größe (*of stars*); (*Lat.*) masculinum, männlich; *econ.* Mehrwert; meta-; Meter; Milli-; Minute; mittel-.
m. männlich; maskulin; mehr; merke!; mit; mittlere(r, -s) (*Lat.*) *pharm.* mixtura, Mischung; monatlich; montags.
m² Quadratmeter.
m³ Kubikmeter.
MA *econ.* Markenartikel; *auto.* Marokko; mathematisch-technischer Assistent; Medizinalassistent; Medizinische Akademie; Meldeamt; Militärakademie; Militärattaché; Ministeramt; Ministerialabteilung; Mitarbeiter; Mondaufgang; Musikakade-\
MA. Mittelalter.   [mie.∫
M.A. (*Lat.*) Magister Artium, Magister der freien Künste; Miniaturausgabe; Mitglied der Akademie.
Ma *phys.* Mach(-Zahl); *chem. obs.* Masurium.
Ma. Magnet; Mansarde; Mantel; Maschine; *ling.* Mundart.
mA *electr.* Milliampere.
m.A. mangels Angabe(n *pl*); *econ.* mangels Annahme; mit Akten; mit Anlagen (*enclosures*).
m.Ä. mit Änderungen.
ma. mittelalterlich.
m.a. mit anderem *od.* anderen.
m.Abb. mit Abbildung(en).
MAD Militärischer Abschirmdienst.
Mad. *geogr.* Madagaskar, Madagasse; *geogr.* Madeira.
mad(ag). madagassisch.
Madr. *mus.* Madrigal.
Mag. Magazin; Magister; Magistrat.
Magn. Magnat; Magnet(ismus); Magnifizenz.

magn. magnetisch.
MagR, Mag.-R. Magistratsrat.
Magy. Magyare, *ling.* Magyarisch.
Maj. Majestät; *mil.* Major; Majoran; Majorität.
MAK *psych.* maximale Arbeitsplatzkonzentration.
Mak. *geogr.* Makedonien, Makedonier; Makulatur.
Makl.(-Geb.) *econ.* Makler(gebühr).
Makr. Makrokosmos; Makroskop.
makr. makroskopisch.
Mal. Malaie; *ling.* Malaiisch; *med.* Malaria; Maler(ei).
mal. malaiisch; malerisch; mittelalterlich.
Mall. *geogr.* Mallorca.
M.A.N. Maschinenfabrik Augsburg-Nürnberg AG.
Man. *mil.* Manöver; *mus.* Manual.
m.A.n. meiner Ansicht nach.
ma.N. magnetisch Nord.
man. manuell.
Mand. Mandarine(n *pl*); Mandat; Mandoline; *geogr.* Mandschurei.
mandsch. mandschurisch.
Mann.-Aufst. (*sport*) Mannschaftsaufstellung.
Mann.-F. (*sport*) Mannschaftsführer, -führung.
Mar. Marine; (*theater*) Marionette(n *pl*); Marokkaner, *geogr.* Marokko.
mar. maritim; marokkanisch.
Marg. Margarine; Marginalie(n *pl*).
Mark. Marketing; Markierung; *Bibl.* Markus.
mark. markieren, -kiert.
Mar. K(ongr). *röm.kath.* Marianische Kongregation.
Marktfl. Marktflecken.
Marm. Marmelade.
marm. marmoriert.
MarO, Maro Marineordnung.
marokk. marokkanisch.
MAS Marineartillerieschule; *hist.* Maschinenausleihstation (*DDR*).
Mas. Maserung; *psych.* Masochist, -chismus; *geogr.* Masuren.
mas. *psych.* masochistisch.
masc. (*Lat.*) *ling.* masculinum, männlich.
Masch. Maschine, Maschinist.
masch. maschinell.
maschr. maschinenschriftlich.
Masch.-Schl. Maschinenschlosser.
Masch.-Schr. Maschine(n)schreiben, -schrift.
Masch.-Techn. Maschinentechnik.

Mask. Maskerade, Maskierung; Maskottchen; *ling.* Maskulinum.
mask. maskieren, maskiert; maskulin.
Mass. Massage, Masseur.
Maßn. Maßnahme(n *pl*).
Mat. Material; Materialismus; *ped.* Matur, Matura, Maturum; *relig.* Matutin.
mat. materialistisch; materiell.
Mat.-Ausg. Materialausgabe.
Mat.-Besch. Materialbeschaffung.
Math. Mathematik(er).
math. mathematisch.
Mat.-K. *econ.* Materialkosten *pl*.
Matr. Matratze(n *pl*); Matrikel; Matrize; Matrose.
Matth. *Bibl.* Matthäus.
MAW Ministerium für Außenwirtschaft (*DDR*).
m.a.W. mit anderen Worten.
Max. Maximum.
max. maximal, maximieren.
May. Mayonnaise.
MAZ *telev.* magnetische Aufzeichnung.
Maz. *geogr.* Mazedonien, Mazedonier; *mus.* Mazurka.
m.a.Z. *econ. tech.* mit allem Zubehör.
MB *tech.* Magnetband; (*computer*) *mil.* maschinelles Berichtswesen; *auto.* Mercedes Benz; Militärbezirk; Ministerialbekanntmachung; Motorboot; Musikbücherei.
Mb *phys.* Megabar.
Mb. *geogr.* Meerbusen; Meeresboden; Meeresbucht.
m.B. *auto.* mit Beiwagen; *econ.* mit Beleg(en).
MBar *phys.* Megabar.
mb(ar) *phys.* Millibar.
MBer., Mber. Monatsbericht.
M.-Ber. *econ.* Marktbericht; Monatsbericht.
mbH, m.b.H. *econ.* mit beschränkter Haftung *od.* Haftpflicht.
MBL Materialprüfstelle der Bundeswehr für Luftfahrtgerät.
MBl. Ministerialblatt.
Mbl. Merkblatt; Mitteilungsblatt; Monatsblatt.
mbl. möbliert.
MBO Musterbauordnung.
M-Boot *mil.* Minenräum- *od.* -suchboot; Motorboot.
m.Br. mit Brief; mit Brillanten.
MBSp (*computer*) Magnetbandspeicher.
MBST (*computer*) Magnetbandsteuerung.
m.B.u.R. mit Bitte um Rücksprache.

MC *röm.kath.* Marianische Congregation; (*computer*) Maschinencode; *auto.* Monaco.
MCC Mainzer Carneval-Club.
m.c.l. (*Lat.*) magna cum laude, mit besonderer Auszeichnung.
MCV Mainzer Carneval-Verein.
MD *med. pharm.* Maximaldosis; Militärdienst; Ministerialdirektor *od.* -dirigent; *tech.* Mitteldruck; Monatsdurchschnitt; Musikdirektor.
Md *chem.* Mendelevium.
Md. *geogr.* Maryland; Milliarde(n *pl*); Mitteldeutsche.
m.D. meines Dafürhaltens; mit Durchschlag (*copy*).
md. *ling.* mitteldeutsch.
m.d. (*Ital.*) *mus.* mano destra, mit der rechten Hand; mit dem *od.* der.
MdA, M.d.A. Mitglied der Akademie *od.* des Abgeordnetenhauses *od.* des Aufsichtsrates.
m.d.A. mit dem Auftrag; mit den Akten; mit der Aufgabe.
mdal. *ling.* mundartlich.
m.d.Auss.a. mit der Aussicht auf.
MdB, M.d.B. Mitglied der Bürgerschaft; Mitglied des Bundestages.
m.d.B.(u.Ktn.) mit der Bitte (um Kenntnisnahme).
MdE Minderung der Erwerbsfähigkeit.
m.d.E. mit dem Ersuchen.
MdF Minister(ium) der Finanzen.
m.d.F.(d.G.)b. mit der Führung (der Geschäfte) beauftragt.
MdHB Mitglied der Hamburger Bürgerschaft.
MdI Minister(ium) des Innern.
MdJ Minister(ium) der Justiz.
mdj. minderjährig.
MdK, M.d.K. Mitglied des Kreistages.
MdL, M.d.L. Mitglied des Landtages.
mdl. mündlich.
m.d.L.(d.G.)b. mit der Leitung (der Geschäfte) beauftragt.
mdls. *jur. econ.* mündelsicher.
M.d.M. Mitte des Monats.
MDN *hist.* Mark der Deutschen Notenbank (*DDR*).
MdN, M.d.N. *hist.* Mitglied der Nationalversammlung.
MdR *hist.* Mitglied des Reichstages.
M.d.R. *mil.* Major der Reserve; *hist.* Mitglied des Reichstages.
m.d.R. mit dem Rang(e).
MdS, M.d.S. Mitglied des Senats.
MDT *tech.* Mitteldruckturbine; (*computer*) Mittlere Datentechnik.
Mdt. *jur.* Mandant, Mandat.
m.d.T(it). mit dem Titel.
M.D.u.H. Meine Damen und Herren.
MDv Marinedienstvorschrift.
MdV, M.d.V. Mitglied der Volkskammer (*DDR*).
m.d.W. mit den Worten.
m.d.W.(d.G.)b. mit der Wahrnehmung (der Geschäfte) beauftragt.
MDZ Militärische Dokumentenzentrale.
ME *phys.* Mache-Einheit; Maßeinheit; *nucl.* Masse(n)einheit; Mengeneinheit; Ministerialentschließung, -erlaß.
Me Messing; Metall; *chem.* Methyl.
Me. Mechanik(er), Mechanismus; Metall.
m.E. meines Erachtens; mit Einschränkung(en); mit Erlaubnis.
Mech. Mechanik(er), Mechanismus.
mech. mechanisch, mechanisiert.
meckl. mecklenburgisch.
Med. Medaille; Medaillon; Medikament; Medium; Medizin(er).
med. medikamentös; medizinisch.
Med.-Dir. Medizinaldirektor.
MedR, Med.-R. Medizinalrat.
MEG Max-Eyth-Gesellschaft zur Förderung der Landtechnik.
Meg. Megalith; Megaphon.
m.e.G. mit eigenem Geschäftsbereich.
MEGA Marx-Engels-Gesamtausgabe (*DDR*).
Mehrf.-H. Mehrfamilienhaus.
mehrj. mehrjährig.
Mehrw.(-St.) *econ.* Mehrwert(steuer).
Mehrz. Mehrzahl.
m.Einschr. mit Einschränkung(en).
meistb. *econ.* meistbietend.
Meistbeg.-Kl. *econ.* Meistbegünstigungsklausel.
Mel. *psych.* Melancholie; *geogr.* Melanesien; Melange; *med.* Melanin; *agr.* Melasse; *agr.* Melioration; *mus.* Melismatik.

bot. Melisse; Melodie, Melodik; Melodram(a).
mel. melancholisch; melanesisch; meliert; melodisch; melodramatisch.
melan. melanesisch.
melanch. melancholisch.
Meld. Melder, Meldung.
meldepfl. meldepflichtig.
MELF Minister(ium) für Ernährung, Landwirtschaft und Forsten.
Mem. *relig.* Memento; Memoiren *pl*; Memorandum; Memorial.
Men. Menage; Menagerie; *med.* Menarche; Menetekel; *med.* Meningitis; *med.* Meniskus; *med.* Menorrhagie, Menorrhö.
m.En. männlicher Eigenname.
mengl. *ling.* mittelenglisch.
Mens. Mensur.
MERC Mannheimer Eis- und Rollsport-Club.
MESZ mitteleuropäische Sommerzeit.
Met. Metall; Meteor(it); Meteorologe, -logie; *biol. chem.* Methionin.
met. metallisch; metaphorisch; *philos.* metaphysisch; meteorologisch.
Metall. Metallurge, -lurgie.
metall. metallen, metallisch; metallurgisch.
Metaph. Metaphorik; *philos.* Metaphysik.
meteor. meteorologisch.
Meth. Methode, Methodik(er); *relig.* Methodist.
meth. methodisch; *relig.* methodistisch.
MeV *electr.* Megaelektronenvolt.
MEX *auto.* Mexiko.
Mex. Mexikaner; *geogr.* Mexiko.
mex. mexikanisch.
MEZ mitteleuropäische Zeit.
MF Marktforschung; Maschinenfabrik; (*radio*) Mittelfrequenz; Meinungsforschung; *astr.* Mondfinsternis; *psych.* Motivforschung; *tel.* Münzfernsprecher; Musikfest.
Mf. (*sport*) Mannschaftsführer; Motorfahrzeug; Musikfolge; Musikforschung.
mF *electr.* Millifarad.
μF *electr.* Mikrofarad.
mf (*Ital.*) *mus.* mezzoforte, halbstark.
MFA Medizinische Forschungsanstalt.
MfA Minister(ium) für Arbeit (*DDR*).
MfAA Minister(ium) für Auswärtige Angelegenheiten (*DDR*).
MFB (*computer*) Mehrfunktionenbaustein.
MfB Minister(ium) für Bauwesen (*DDR*).
MfE Minister(ium) für Eisenbahnwesen (*DDR*).
MfF Minister(ium) für Finanzen (*DDR*).
MFG *mil.* Marinefliegergeschwader; *electr.* Meßfrequenzgenerator; Milch- und Fettgesetz.
MfG Minister(ium) für Gesundheitswesen (*DDR*).
MfHF Minister(ium) für Hoch- und Fachschulwesen (*DDR*).
MfHV Minister(ium) für Handel und Versorgung (*DDR*).
MfJ Minister(ium) für Justiz (*DDR*).
MFK *mar.* Motorfischkutter.
MfK Minister(ium) für Kultur (*DDR*).
MFKE (*computer*) Mehrfunktions-Karteneinheit.
MFL *mar.* Motorfischlogger.
MfL Minister(ium) für Leichtindustrie (*DDR*).
Mfl. Marktflecken.
m.fl.k.u.w.W. mit fließend kaltem und warmem Wasser.
MfM Minister(ium) für Maschinenbau (*DDR*).
MfNV Minister(ium) für Nationale Verteidigung (*DDR*).
MfPF Minister(ium) für Post- und Fernmeldewesen (*DDR*).
MFR Militärischer Führungsrat.
mfr(k). *ling.* mittelfränkisch.
MFrSch *mar.* Motorfrachtschiff.
MFS *mar.* Motorfährschiff.
MfS Minister(ium) für Staatssicherheit (*DDR*).
MfSI Minister(ium) für Schwerindustrie (*DDR*).
MFSp (*computer*) Magnetfilmspeicher.
MfV Minister(ium) für Verkehrswesen (*DDR*); Minister(ium) für Volksbildung (*DDR*).
mFw, m.Fw. *tech.* mit Fahrwerk.
m.f.W. mit folgenden Worten.
MG Mädchengymnasium; *mil.* Maschinengewehr; Meldegesetz; *tech.* Meßgerät; Mietgesetz; Milchgesetz; Militärgericht;

phys. Molekulargewicht; Monopolgesetz; Musikgeschichte.
Mg *chem.* Magnesium.
Mg. Magen; Magister.
m.G. mit Gesang; mit Goldschnitt (*books*).
mg Milligramm.
μg Mikrogramm.
mGal, mgal *phys.* Milligal.
MGD *phys.* Magnetogasdynamik; Militärgeographische Dokumentation.
Mgf. *hist.* Markgraf.
MGFA Militärgeschichtliches Forschungsamt.
Mgfsch., Mgft. *hist.* Markgrafschaft.
MGG Maß- und Gewichtsgesetz.
MGH Monumenta Germaniae Historica (*collection of historical sources*).
MGK *mil.* Maschinengewehrkompanie.
Mgl. Mitglied.
Mgr. Manager; (*Fr.*) Monseigneur; (*Ital.*) *röm.kath.* Monsignore.
mgr. *ling.* mittelgriechisch; mittelgroß.
MGs *mil.* Maschinengewehre *pl*.
MGV Männergesangverein.
MGZ mittlere Greenwichzeit.
Mh. Monatsheft(e *pl*); Musikalienhandel.
mH *electr.* Millihenry.
μH *electr.* Mikrohenry.
MHD *phys.* Magnetohydrodynamik; Malteserhilfsdienst; Meteorologischer und Hydrologischer Dienst (*DDR*).
mhd. *ling.* mittelhochdeutsch.
Mhe. Monatshefte *pl*.
MHF Minister(ium) für Hoch- und Fachschulwesen (*DDR*).
m.HH.! meine Herren!
m.Hr.! mein Herr!
MHW mittleres Hochwasser.
MHWH mittlere Hochwasserhöhe.
MHz *phys.* Megahertz.
Mi. Mikrofon; Milch; Minarett; *mil.* Mine; Mineraloge, -logie; Mischung; Mitte; Mittel; Mittwoch.
Mia. Milliarde(n *pl*).
MIB Münchener Institut für Betriebsführung.
MIF Militärische Infrastrukturförderung.
MIG-Schweißen *tech.* Metall-Inertgas-Schweißen.
MIK maximale Immissionskonzentration (*in air pollution*).
Mikr. Mikrofon; Mikrokosmos; Mikrometer; Mikroskop.
mikr. mikroskopisch.
Mikrof. *biol.* Mikrofauna; Mikrofilm; Mikrofon.
Mikroorg. *biol.* Mikroorganismen *pl*.
Mil. Militär; Miliz.
mil. militant; militärisch.
Mil.-Bef. Militärbefehl(shaber).
Mil.-Bez. Militärbezirk.
Mil.-Gef. Militärgefangene, -gefängnis.
Mil.-Gouv. Militärgouvernement, -gouverneur.
milit. militant; militärisch; militaristisch.
Mill. Milliarde(n *pl*); Million(en *pl*), Millionär.
Mil.-Pf. Militärpfarrer.
Mil.-Reg. Militärregierung.
Min. Minarett; Mineral, Mineraloge, -logie; Miniatur; Minimum; Minister; Ministerial-; Ministerium; Minuskel; Minute.
min Minute.
min. mineral(og)isch; minimal; ministeriell; minus.
MinBl. Ministerialblatt.
mind. minderjährig; mindestens.
minderj. minderjährig.
minderw. minderwertig.
MinDgt, Min.-Dgt. Ministerialdirigent.
Min.d.I. Minister(ium) des Innern.
MinDir, Min.-Dir. Ministerialdirektor.
Miner. Mineraloge, -logie.
MinErl., Min.-Erl. Ministerialerlaß.
m.Inh. mit Inhalt.
MinR, Min.-R. Ministerialrat; Ministerrat.
Mio. Million(en *pl*).
mir. *ling.* mittelirisch.
MIS Management Informationssystem.
Mi.-Sch. Mittelschule, -schüler.
Miss. *relig.* Mission(ar).
Mißb. Mißbildung; Mißbilligung.
mißbr. mißbrauchen, mißbraucht.
Mißf. Mißfallen.
Mißh(dlg) Mißhandlung.
Mißtr. Mißtrauen.
Misz. Miszellen *pl*.
Mitben. Mitbenutzung.

Mitbest. Mitbestimmung.
Mitbew. Mitbewerber; Mitbewohner.
mitget. mitgeteilt.
Mitgl. Mitglied.
Mithg. Mitherausgeber.
Mitropa Mitteleuropäische Schlafwagen-
und   Speisewagen-Aktiengesellschaft
(*DDR*).
MIT-Schweißen *tech.* Metall-Inert-Schwei-
ßen.
Mitt. Mitteilung.
mitt. mittels.
MittBl., Mitt.-Bl. Mitteilungsblatt.
mitteld(t). mitteldeutsch.
Mittelfr. *geogr.* Mittelfranken.
Mittelw. Mittelwert; *ling.* Mittelwort.
Mittw. Mittwoch.
mittw. mittwochs.
Mitw. Mitwirkende, Mitwirkung; Mitwis-
ser.
Mixt. *pharm.* Mixtur.
MJ *phys.* Megajoule; *relig.* Missionsjahr.
Mj. Minderjährige; *relig.* Missionsjahr.
m.J. (*sport*) männliche Jugend; mittlerer
Jahrgang.
mj. minderjährig.
MJD Musikalische Jugend Deutschlands.
MJOe Musikalische Jugend Österreichs.
Mjr. *mil.* Major.
MK (*computer*) Magnetkarte; Marinekame-
radschaft; *mil.* Marschkolonne; Marsch-
kompaß; *mil.* Maschinenkanone; *relig.*
Missionskonferenz.
Mk. Marke; Markierung.
m.K. (*jewelry*) metrisches Karat; *tech.* mit
Kabel; *tech.* mit Kappe; mit Karte; mit
Kern (*fruit*); mit Kerze; *econ.* mit Kupon.
mk Markka (*monetary unit of Finland*).
mk. mikroskopisch.
MKC Magnetkontencomputer.
MKF Militärkraftfahrer.
Mkfs. *med.* Muskelfaser.
mkg *phys.* Meterkilogramm.
Mkgr. *hist.* Markgraf(schaft).
MKK (*computer*) Magnetkontenkarten *pl.*
M.-Komm. Mordkommissariat, -kommis-
sion.
MKP Marineküstenpolizei.
mkp *phys.* Meterkilopond.
MKR *nucl.* magnetische Kernresonanz.
mkr. mikroskopisch.
MKS *electr.* Massekernspule; *vet.* Maul-
und Klauenseuche.
MKS(A)-System *phys.* Meter-Kilogramm-
-Sekunde-(Ampere-)System.
MKSp (*computer*) Magnetkartenspeicher.
Mkt. Markt(gemeinde).
Mktfl. Marktflecken.
Mktg. *econ.* Marketing.
MKZ maximal zulässige Konzentration.
ML (*computer*) Markierungsleser; Marxi-
sten-Leninisten; Metall-Lack; *mar. mil.*
Minenleger; (*radio*) *tel.* Mithörlautspre-
cher; *ling.* Mittellatein; (*sport*) Mittelläu-
fer; *mar.* Motorleichter.
Ml. *tel.* Meldeleitung.
ml Milliliter.
µl Mikroliter.
mlat. *ling.* mittellateinisch.
Mld. Melder, Meldung.
Mldg. Meldung.
MLK *geogr.* Mittellandkanal.
Mlle(s). (*Fr.*) Mademoiselle(s *pl*), mein(e
pl) Fräulein.
MLR-Boot *mil.* Minenleg- und -räumboot.
m.l.Schr. mein letztes Schreiben.
Mlst. Meilenstein.
MM Meßmarke; Militärmission; Militär-
musik; (Leipziger) Mustermesse.
MM. (*Fr.*) Messieurs *pl*, meine Herren.
M.M. *mus.* Mälzels Metronom.
Mm. (*Lat.*) *med.* musculi, Muskeln *pl.*
mM *phys.* Millimol.
m.M. *econ.* mangels Masse; mangels Materials; meiner Meinung.
mm Millimeter.
mm² Quadratmillimeter.
mm³ Kubikmillimeter.
mµ Millimikron.
µm Mikrometer
m.m. (*Lat.*) mutatis mutandis, mit den
nötigen Änderungen.
Mme. (*Fr.*) Madame, meine Dame.
Mmes. (*Fr.*) Mesdames *pl*, meine Damen.
MMG Münchener Messe- und Ausstel-
lungs-GmbH.
mm Hg *phys.* Millimeter Hydrargyrum,
Millimeter Quecksilber(säule).
MMK *phys.* magnetomotorische Kraft.

MMM *econ.* Moderne Marktmethoden *pl.*
m.M.n. meiner Meinung nach.
mm QS *phys.* Millimeter Quecksilbersäule.
mm WS *phys.* Millimeter Wassersäule.
Mn *chem.* Mangan.
m.N. *econ.* mangels Nachfrage.
MnBz *metall.* Manganbronze.
mnd(d). *ling.* mittelniederdeutsch.
mndl. *ling.* mittelniederländisch.
mnl. *ling.* mittelniederländisch.
MnSt *metall.* Manganstahl.
MNU   mathematisch-naturwissenschaft-
licher Unterricht.
MNV Minister(ium) für Nationale Verteidigung (*DDR*).
MNW, M.N.W. mittleres Niedrigwasser.
MNWH, M.N.W.H. mittlere Niedrigwas-
serhöhe.
MO Marktordnung; Meldeordnung; Meß-
ordnung;   Militärorganisation (*Switzerland*).
Mo *chem.* Molybdän.
Mo. Monat; Montag; Morgen; *med.* Morphium; Motor.
MΩ *electr.* Meg(a)ohm.
mΩ *electr.* Milliohm.
µΩ *electr.* Mikroohm.
Mob. Mobiliar; *econ.* Mobilien *pl*; *mil.*
Mobilisierung, Mobilmachung.
mob. mobil; *mil.* mobilisieren, -siert.
Mobilm. *mil.* Mobilmachung.
möbl. möbliert.
Möb.-Sped. Möbelspediteur, -spedition.
Mod. Modalitäten *pl*; Modell(ieren); Moderator; Modernismus; Modifikation; *mus.*
(*radio*) Modulation, Modulator; Modus.
mod *math.* modulo.
mod. *ling.* modal; modellieren; (*Ital.*) *mus.*
moderato, mäßig (bewegt); moderieren;
modern; modisch; modulieren, -liert.
Modem (*computer*) Modulator-Demodula-
tor.
Mod.-Kl. Modellkleid.
Mofa Motorfahrrad.
mögl. möglich(st).
Moh. Mohammedaner.
moh(ammed). mohammedanisch.
MOK *mil.* Marineoberkommando.
Mol. *phys.* Molekel, Molekül; *geogr.* Molukken *pl.*
mol *phys.* Mol, Gramm-Molekül.
mol. *phys.* molekular.
Mol.-Biol. Molekularbiologie.
Mol.-Gew. *phys.* Molekulargewicht.
Mom. Moment.
mom. momentan.
Mom.-Aufn. *phot.* Momentaufnahme.
Mon. *geogr.* Monaco; *philos.* Monade; Mon-
arch(ie), Monarchismus, Monarchist; Mo-
nat; *philos.* Monismus; *tech.* Monitor;
Monitum; *mus.* Monodie; Monokel; Mo-
nolog; *econ.* Monopol(ist); Monument.
Mong. Mongole, *geogr.* Mongolei; *anthrop.*
Mongolide; *ling.* Mongolisch; *med.* Mon-
golismus.
mong. *anthrop.* mongolid; mongolisch;
med. mongoloid.
Monog. Monogamie; *biol.* Monogonie.
monog. monogam(isch).
Monogr. Monogramm; Monographie.
Monol. *relig.* Monolatrie; Monolith; Mono-
log.
monol. monolithisch.
Monot. Monotonie.
Monst. *relig.* Monstranz; *med.* Monstrosi-
tät, Monstrum.
Mont. Montag; *tech.* Montage; Monteur;
Montierung; Montur.
mont. montags; montieren, -tiert.
MOPS (*computer*) maschinenorientierte
Programmiersprache.
Mor. Moral(ist), Moralität; *geol.* Moräne;
Morast; *jur.* Moratorium.
mor. moralisch; moralisierend; (*Ital.*) *mus.*
morendo, verlöschend.
Morb. *med.* Morbidität.
morg. *hist.* morganatisch; morgen; mor-
gens.
Morph. *pharm.* Morphium; *biol.* Morpho-
genese; Morphologie.
morph. morphologisch.
Mos. Mosaik.
mos. mosaisch.
Mosk. *geogr.* Moskau; *zo.* Moskito.
mosl. *relig.* moslemisch.
Mot. *mus.* Motette; *biol. med.* Motilität; Mo-
tiv(ierung); *mus.* Motivik; Motor; *med.*
Motorik; Motorrad.

mot. motivieren, -viert; motorisch; motorisieren, -siert.
M.o.W. *econ.* (*postal service*) Muster ohne
Wert.
m.o.w. mehr oder weniger.
MOZ mittlere Ortszeit; *tech.* Motoroktan-
zahl.
MP (*computer*) Magnetplatte; *pol. hist.* Mar-
shallplan; *mil.* Maschinenpistole; *electr.*
Metallpapier; Militärpolizei; Ministerprä-
sident.
Mp *phys.* Megapond.
Mp. Mittelpunkt.
mP *meteor.* maritime Polarluft.
m.P. *gastr.* mit Pension; *econ.* mit Protest.
mp (*Ital.*) *mus.* mezzopiano, halbleise;
phys. Millipond.
m.p. (*Lat.*) manu propria, eigenhändig.
MPA Materialprüfungsamt, -anstalt; Mei-
sterprüfungsausschuß.
MPC Motor-Presse-Club.
Mpc *astr.* Megaparsec.
MPD *phys.* Magnetoplasmadynamik.
MPF Minister(ium) für Post- und Fernmel-
dewesen (*DDR*).
MPG Max-Planck-Gesellschaft.
MPI Max-Planck-Institut; Medizinisch-Psy-
chologisches Institut.
MPi *mil.* Maschinenpistole.
m.Pl. mit Plan, mit Plänen.
MPr(äs). Ministerpräsident.
m.pr. (*Lat.*) manu propria, eigenhändig.
MPS *tech.* Motorpferdestärke.
MPSh *tech.* Motorpferdestärkenstunde.
MPSp (*computer*) Magnetplattenspeicher.
MR Maschinenraum; Medizinalrat; Militär-
regierung; (*computer*) Mittelrechner; Mo-
deredakteur.
m.R. *econ.* meine Rechnung; *econ.* mit
Rechnung; mit Recht; mit Rinde.
MRB *mar.* Motorrettungsboot.
Mrd. Milliarde(n *pl*).
mrd *phys.* Millirutherford.
Mrh. *geogr.* Mittelrhein.
mrh. mittelrheinisch.
MRK Menschenrechtskonvention.
MRS *mil.* Minenräumschiff.
Mrs. (*Fr.*) Messieurs *pl*, meine Herren;
mil. Mörser.
Mrz. März; Mehrzahl.
MS (*computer*) Magnetstreifen; Manuskript; *phys.* Massenspektrometer; *auto.*
Mauritius; Mittelschule; *chem.* Misch-
säure; *mar.* Mitte Schiff; *mar.* Motorschiff;
med. multiple Sklerose.
M$ malaysischer Dollar (*monetary unit*).
Ms *chem.* Messing.
Ms. Manuskript; Monatsschrift; *mar.* Mo-
torsegler.
m.S. *med.* multiple Sklerose.
ms Millisekunde.
µs Mikrosekunde.
m/s Meter pro Sekunde.
m.s. (*Ital.*) *mus.* mano sinistra, mit der
linken Hand.
MSB Marxistischer Studentenbund; *mil.*
Minensuchboot.
MSC Motorsportclub.
MSch. Mieterschutz; Mutterschutz.
M.-Sch. Marineschule; Mittelschiff; Mittel-
schule, -schüler.
Msch. Mannschaft; Maschine, Maschinist.
MSchG Mieterschutzgesetz; Mutterschutz-
gesetz.
Mschg. Mischung.
MSchL Mittelschullehrer.
MSchl *mar.* Motorschlepper.
MSchr. Monatsschrift.
M.-Schr. *econ.* Mahnschreiben.
Mschr. Maschinenschrift; Monatsschrift.
mschr. maschinenschriftlich.
msec Millisekunde.
µsec Mikrosekunde.
m/sec Meter pro Sekunde.
M.-Seels. Militärseelsorge(r).
MSG Mieterschutzgesetz; Motorsportge-
meinschaft; Mutterschutzgesetz.
Msgr. (*Ital.*) *röm.kath.* Monsignore.
Mskr. Manuskript.
Mss. Manuskripte *pl.*
Mst. *mus.* Männerstimme; Maßstab;
Muster.
m.St. mit Stab; mit Stern; *mar.* (*sport*) mit
Steuermann.
mst. meist(ens), meistenteils.
Mstb. Maßstab.
MStG(B) Militärstrafgesetz(buch).
MsTh *chem.* Mesothorium.
m.Stm. *mar.* (*sport*) mit Steuermann.

Mstr. Meister; Muster.
MSZ mittlere Sommerzeit.
MT *mar. mil.* Maat; *tech.* Magnetton; (*computer*) Magnettrommel; Manteltarif(vertrag); Mittelfrequenztelegrafie; *mar.* Motortanker.
Mt Megatonne.
Mt. *mar.* Maat; Monat; (*Fr.*) Mont, Berg; Motor.
mT *meteor.* maritime Tropikluft.
m.T. *econ.* mit Talon.
mt *phys.* Metertonne.
MTA medizinisch-technische Assistentin.
MTB Manteltarifvertrag für Arbeiter des Bundes; *med.* Meinicke-Trübungsreaktion; Meßtischblatt; Militärisches Tagebuch.
MtBt Motorboot.
Mte. Miete; Monate *pl.*
MTL Manteltarifvertrag für Arbeiter der Länder.
Mtl. Mantel; Motel.
mtl. monatlich.
Mtr. Matrose; Meter; Mieter; Motor.
MTS Maschinen-Traktorenstation (*DDR*); *mar.* Motortankschiff.
Mts.-Abo. Monatsabonnement.
Mts.-Geh. Monatsgehalt.
MTS-System *phys.* Meter-Tonne-Sekunde--System.
Mttl. Mittel.
mttl. mittlere.
MTV Männerturnverein; Manteltarifvertrag.
Mtv. Mietvorauszahlung; Monatsversammlung.
MTW *mil.* Mannschaftstransportwagen.
MU *tech.* Materialuntersuchung; Monduntergang; Montanunion.
MÜ (*computer*) *ling.* maschinelle Übersetzung.
Mu. Muschel(n *pl*); Muster(ung); Mutter.
m.U. *econ.* mit Umsatzsteuer.
MUBA Schweizer Mustermesse in Basel.
MuBO Musterbauordnung.
M.U.Dr. (*Lat.*) medicinae universae doctor, Doktor der gesamten Medizin (*Austria*).
muH, m.u.H. *econ.* mit unbeschränkter Haftung *od.* Haftpflicht.
mul mit dem Uhrzeiger laufend.
Mult. *math.* Multiplikand, Multiplikation, Multiplikator.
mult. multipel; (*radio*) multiplex; multiplizieren.
multilat. multilateral.

m.ü.M. Meter über Meer.
Mun. Munition.
m.u.N. *econ.* mit unbeschränkter Nachschußpflicht.
M&S, M+S *auto.* Matsch und Schnee (*tires*).
Mus. Museum; Musik(er).
mus. musikalisch; musisch.
MuSa., Musa. Mustersatzung.
Mus.-Dir. Museumsdirektor.
Musk. Muskat; Muskateller; Muskel(n *pl*); Muskete; *med.* Muskulatur.
musk. *med.* muskulär; muskulös.
Mus.-Sem. Musikseminar.
Must. Muster(ung).
MustG Geschmacksmustergesetz.
Mut. *biol. med.* Mutation; *biol.* Mutualismus; (*mining*) Mutung.
mut. mutual, mutuell; *biol. med.* mutieren; mutig.
Mutw. Mutwille, Mutwilligkeit.
MUV Mainschiffahrts-Unternehmerverband.
MuV Montanunionvertrag.
M.u.V. Mitteilungen und Verfügungen *pl*.
MuVBl. Mitteilungs- und Verordnungsblatt.
MV *electr.* Megavolt; Mietvorauszahlung; *tech.* Minutenvolumen; *chem.* Misch(ungs)verhältnis; Mitgliederversammlung; Mitverfasser; Motorverband; Musikverein.
M.V. *tech.* Minutenvolumen; *chem.* Misch(ungs)verhältnis.
m.V. mit Verpflegung; mit Verspätung; mit Vertrag; mit Vertretung; mit Verzögerung; mündliche Vereinbarung.
mV *electr.* Millivolt.
μV *electr.* Mikrovolt.
m.v. (*Ital.*) *mus.* mezza voce, mit halber Stimme.
MVA *electr.* Megavoltampere; Müllverbrennungsanlage.
M.v.D. *mar. mil.* Maat vom Dienst.
MVG *econ.* Mengenverbrauchsgüter *pl*; Militärversorgungsgericht, -gesetz.
MVI metallverarbeitende Industrie.
MVN *econ. tech.* Materialverbrauchsnorm(en *pl*).
m.Vn. männlicher Vorname.
MVO Marineverbindungsoffizier.
MVR Mongolische Volksrepublik.
MVV Milchversorgungsverband; Münchener Verkehrsverbund.
MVZ Mietvorauszahlung.
MW *auto.* Malawi; Mappenwerk (*book*); (*computer*) Maschinenwort; *electr.* Mega-

watt; Mehrheitswahl; *econ.* Mehrwert; Mietwohnung; Mittelwasser(stand); (*radio*) Mittelwelle; Motorenwerk(e *pl*); Musikwissenschaft.
Mw. Mannschaftswagen; *econ.* Massenware(n *pl*); *econ.* Mehrwert; Mißweisung; *ling.* Mittelwort; Motorwagen; Müllwagen; Musikwissenschaft.
mW *electr.* Milliwatt.
μW *electr.* Mikrowatt.
m.W. markierter Weg; meines Wissens; *iron.* meine Wenigkeit; *tech.* mit Winde; mit Worten.
m.W.(d.G.)b. mit Wahrnehmung (der Geschäfte) beauftragt.
MWD (*Russ.*) Ministerstwo Wnutrennich Del, Ministerium für innere Angelegenheiten (*USSR*).
MWG *phys.* Massenwirkungsgesetz.
MWh *electr.* Megawattstunde.
MWS *econ.* Mehrwertsteuer; (*radio*) Meßwertsender.
m Ws *phys.* Meter Wassersäule.
MwSt., Mw.-St. *econ.* Mehrwertsteuer.
MWT Minister(ium) für Wissenschaft und Technik (*DDR*).
MWV Milchwirtschaftsverband; Mineralölwirtschaftsverband.
m.W.v. *jur.* mit Wirkung vom.
Mx. Maximum.
mx. maximal.
Myk. Mykologe, -logie.
myk. mykologisch.
Myst. *relig.* Mysterium; Mystifikation; *relig.* Mystik(er), Mystizismus.
myst. mysteriös; *relig.* mystisch.
Myth. Mythologie; Mythos.
myth. mythisch; mythologisch.
MZ Maßzahl; *tech.* Mauerziegel; Mehrzweck; Meßzahl; Milchzentrale; Mineralölzoll; Mittelmeerzone; Moskauer Zeit; Musikzug.
Mz. *ling.* Mehrzahl; Münze.
m.Z. *econ.* mangels Zahlung; *econ. tech.* mit Zubehör; mit Zusatz.
MZA Meteorologisches Zentralamt, Meteorologische Zentralanstalt (*Switzerland*).
MZFR *nucl.* Mehrzweckforschungsreaktor.
Mzg. Münzgeld; Münzgold.
MZK maximal zulässige Konzentration.
mZL (*computer*) magnetischer Zeichenleser.
MZM maximal zulässige Menge.
Mz.-Pr. Münzprägung.
MZV Mineralölzentralverband.
Mzz. Münzzeichen.

N

N (*postal service*) Nachnahme; (*railway*) Nahschnellverkehrszug; Navigation; *print.* Neudruck; *phys.* Newton; *auto.* Niederösterreich; *meteor.* Niederschlag; (*Lat.*) *chem.* Nitrogenium, Stickstoff; Nord(en); Norm; Normal(zustand); *auto.* Norwegen; *econ.* Nostrokonto; *phys.* Nukleon; *auto.* Nürnberg.
N. Nachmittag; *mil.* Nachschub; Name; *mus.* Nebenstimme; (*Lat.*) *med.* nervus, Nerv; *ling.* Neutrum; nimm!; *ling.* Nominativ; November.
n Nano-; *phys.* Neutron; *chem.* normal.
n. nach; nachmittags; nächst; namens; nasal; naß; (*Lat.*) natus, geboren; nein; (*Lat.*) *med.* nervus, Nerv; *econ.* netto; neu; neutral; *ling.* Neutrum; nicht; nimm!; nördlich; normal; nur.
NA *mil.* Nachrichtenabteilung; *econ.* Namensaktie; Nebelanlage; *tech.* Nebenanschluß; *print.* Neuauflage, -ausgabe; *auto.* Niederländische Antillen *pl*; Notausgang.
Na *astr.* Nadir; *chem.* Natrium.
n.A. nach Antrag; neue(r) Art; neue Auflage.
na. (*Lat.*) natura, Natur; nebenamtlich.
n.a. nicht abnehmbar; nicht aktiv; nicht annehmbar.
NAA *phys.* Neutronenaktivierungsanalyse.
n.a.a. nicht anderweitig angegeben *od.* aufgeführt.
n.Abg. nach Abgang.
n.abz. *econ.* nicht abzugsfähig.

Nachb. Nachbar; Nachbildung.
nachd. nachdem.
Nachdr. *print.* Nachdruck.
nachdr. nachdringlich; *print.* nachdrucken; nachdrücken; nachdrücklich.
Nacherz. Nacherzählung.
Nachf. Nachfahre; Nachfolge(r); Nachforschung.
Nachfr. *econ.* Nachfrage.
Nachgeb. (*postal service*) Nachgebühr; *med.* Nachgeburt.
Nachh. *mil.* Nachhut.
Nachh.-Std. Nachhilfestunde(n *pl*).
Nachk. Nachkomme(nschaft).
Nachl. *jur.* Nachlaß; (*literature*) Nachlese.
Nachl.-Ger. Nachlaßgericht.
Nachl.-Verw. Nachlaßverwalter.
Nachm. Nachmieter; Nachmittag.
nachm. nachmittäglich; nachmittags.
Nachn. (*postal service*) Nachnahme.
Nachr. Nachricht(en *pl*).
Nachs. Nachsatz; (*postal service*) Nachsendung; Nachsicht.
nachst. nachstehend.
Nacht. Nachteil(e *pl*).
Nachtr. Nachtrag; *mil.* Nachtrupp.
nachtr. nachträglich.
Nachw. Nachweis; Nachwort; Nachwuchs.
nachwsl. nachweislich.
Nachz. Nachzahlung; Nachzins; Nachzoll; Nachzügler.
NAD *med.* Netzhautarteriendruck; *chem.* Nikotinamidadenindinukleotid.

NADP *chem.* Nikotinamidadenindinukleotidphosphat.
NAG Nationale Arbeitnehmergemeinschaft (*Switzerland*); Notaufnahmegesetz.
NÄG Gesetz über die Änderung von Familiennamen und Vornamen.
n.a.g. nicht anderweitig genannt.
Näh. Näheres.
nam. namentlich.
näml. nämlich.
Nam.-V(erz). Namensverzeichnis.
NAP *med.* Nervenaustrittspunkt(e *pl*).
NaP Niveau am Pegel.
Nat. Nation; Nationalismus, -list; Nationalität; Natur.
nat. national(istisch); naturalisieren, -siert; naturalistisch; natürlich; (*Lat.*) natus, geboren.
natfarb. naturfarben.
nat.Gr. natürliche(r) Größe.
Nat.-Ök. Nationalökonom(ie).
Natr. *chem.* Natrium; Natron.
Nat.-Sch. Naturschutz.
Nat.-Soz. *hist.* Nationalsozialismus, -sozialist.
natsoz. *hist.* nationalsozialistisch.
Naturw(iss). Naturwissenschaft(en *pl*), -wissenschaftler.
naturw(iss). naturwissenschaftlich.
Nat.-V(ers). Nationalversammlung.
Nat.-Wirtsch. Naturalwirtschaft.
Nat.-Wiss. Naturwissenschaft(en *pl*), -wissenschaftler.

natw(iss). naturwissenschaftlich.
n.Aufl. print. neue Auflage.
n.Ausg. print. neue Ausgabe.
naut. nautisch.
NAV Verband der niedergelassenen Ärzte in Deutschland.
Nav. Navigation, -gator.
n.a.v. nicht anderweitig vorgesehen.
NAW Nationales Aufbauwerk (*DDR*).
NB mil. Nachrichtenbataillon; National-bibliothek; chem. Nitrobenzol; Normal-bedingungen pl; (*Lat.*) notabene, übri-gens; mus. Notenbeilage.
N.B. (*Lat.*) notabene, übrigens.
Nb meteor. Nimbus; chem. Niob(ium).
Nb. tech. Nachbau; Nachbildung; Nebel; (*railway*) Nebenbahn; Neubau; Nußbaum.
n.B. nördliche(r) Breite.
nb. neben; nichtbeamtet.
n.b. (*Lat.*) notabene, übrigens.
N.-Bay. geogr. Niederbayern.
Nbf. Nebenbahnhof; ped. Nebenfach; Nebenform.
nbf. econ. nichtbuchführend.
Nbfl. Nebenfluß.
Nbk. econ. Nebenkosten.
n.Br. nördliche(r) Breite.
NbSt Nebenstelle.
Nb.-Whg. Neubauwohnung.
NC (*Lat.*) Numerus clausus, zahlenmäßig beschränkte Zulassung (*at universities*).
Nchf. Nachfolge(r).
Nachfr. econ. Nachfrage.
n.Chr. nach Christus.
n.Chr.G. nach Christi Geburt.
n.c.i. (*Lat.*) ling. nominativus cum infinitivo, Nominativ mit Infinitiv.
ND Nachrichtendienst; econ. Nebenkosten und Dienstleistungen; tech. Nenndruck; Neues Deutschland (*DDR newspaper*); tech. Niederdruck; Nutzungsdauer.
Nd chem. Neodym.
Nd. meteor. Niederschlag; Niederung.
nd. ling. niederdeutsch; norddeutsch.
NDB Neue Deutsche Biographie.
NDD tech. Niederdruckdampf.
ndd. ling. niederdeutsch.
NDL mar. Norddeutscher Lloyd.
Ndl. Niederlage; geogr. Niederlande pl, Niederländer; ling. Niederländisch; econ. Niederlassung.
ndl. niederländisch; nördlich.
Ndlg. econ. Niederlassung.
NDP(D) Nationaldemokratische Partei Deutschlands (*DDR*).
NDR Norddeutscher Rundfunk.
Ndr. print. Nachdruck.
Ndrh. geogr. Niederrhein.
ndrh. niederrheinisch.
ndrl. niederländisch.
Ndr.verb. print. Nachdruck verboten.
Nds. geogr. Niedersachsen.
nds. niedersächsisch.
Ndschr. Niederschrift.
NDT tech. Niederdruckturbine.
ndt. ling. niederdeutsch; norddeutsch.
Nd-Wss Niedrigwasser.
n.d.Z. nach der Zeitenwende od. Zeitrech-nung.
NE mil. Nachrichteneinheit; Nachtragser-klärung; print. Neuerscheinung; Nicht-eisen(metall).
Ne chem. Neon.
n.E. econ. nach Eingang od. Erhalt.
ne. ling. neuenglisch.
neap. neapolitanisch.
Neb. Nebel; Neben-.
neb. neben.
Nebens. Nebensache.
Neb.-K. econ. Nebenkosten pl.
nebl. neblig.
Neg. Negation; Negativ.
neg. negativ; negiert.
NEM med. Nährmitteleinheit.
Neolit. geol. Neolithikum.
Nep. geogr. Nepal, Nepaler, Nepalese.
nep(al). nepal(es)isch.
NES mar. Nachterkennungssignal.
Neubes. Neubesetzung; Neubesitz.
Neudr. print. Neudruck.
Neuersch. print. Neuerscheinung.
Neuerw. Neuerwerbung.
Neuf. Neufassung.
Neugr. ling. Neugriechisch; Neugründung.
Neuhebr. ling. Neuhebräisch.
Neulat. ling. Neulateinisch.
Neur(ol). med. Neurologe, Neurologie.
neur(ol). med. neurologisch.
neur(ot). med. neurotisch.

neuseel. neuseeländisch.
neutest. Bibl. neutestamentlich.
Neutr. Neutrale, Neutralismus; ling. Neu-trum.
neutr. neutral, neutralisieren, -siert, neu-tralistisch.
Neuw. Neuwahl(en pl); econ. Neuwert; ling. Neuwort.
neuw. neuwertig.
NF Nationale Front (des demokratischen Deutschland) (*DDR*); neue Fassung; neue Folge (*of journals*); neue Form; electr. Niederfrequenz; Normalformat (*of bricks*).
Nf. Nachfolge(r), Nachfolgeschaft; Nach-forschung(en pl); Nebenform.
n.F. neue Fassung; neue Folge (*of jour-nals*); neue Form.
nf. nachfolgend; naturfarben; electr. nie-derfrequent.
n.f. nicht fertig; nicht für; nur für.
NFA mar. Nachtfahrtanzeiger.
nfa, n.f.a. econ. neu für alt.
NfD, n.f.D. nur für den Dienstgebrauch.
Nff. Nachfolger pl.
Nfgr. Nachfolger.
NFl. aer. Nachtflug.
Nfl. Nebenfluß.
NFR nucl. Niederfluxreaktor.
nfr (*postal service*) Niederfrequenz.
NFV Norddeutscher Fußballverband.
NG Neuregelungsgesetz; chem. Nitrogly-zerin.
NGA Nationale Gesellschaft zur Förde-rung der industriellen Atomtechnik (*Swit-zerland*).
n.Gew. econ. nach Gewicht.
NGG Gewerkschaft Nahrung-Genuß--Gaststätten.
Ngl. chem. Nitroglyzerin.
n.Gr. econ. nach Größe; natürliche(r) Größe.
ngr. ling. neugriechisch.
NH Normalhöhenpunkt.
N.H. Normalhöhenpunkt.
NHB Nationaldemokratischer Hochschul-bund.
nhbr. ling. neuhebräisch.
nhd. ling. neuhochdeutsch.
nhebr. ling. neuhebräisch.
NHG Naturhistorische Gesellschaft; Neue Helvetische Gesellschaft (*Switzerland*).
NHP Normalhöhenpunkt.
Nhz tech. Niederdruckdampfheizung.
Ni chem. Nickel.
NIC auto. Nicaragua.
Nichterf. Nichterfassung; Nichterfüllung.
Nicht.-Erkl. jur. Nichtigkeitserklärung.
NiCrSt metall. Nickelchromstahl.
Niederl. Niederlage; geogr. Niederlande pl, -länder; econ. Niederlassung.
niederl. niederländisch.
niem. niemals; niemand.
Nife Nickel-Ferrum, Nickel-Eisen(kern der Erde).
NIG auto. Niger.
Nig. geogr. Nigeria, Nigerianer.
nig(er). nigerianisch.
nigr. nigrisch (*from Niger*).
n.i.H. nicht im Handel; nicht im Hause.
Nikar. geogr. Nikaragua, Nikaraguaner.
nikar(ag). nikaraguanisch.
NiSt metall. Nickelstahl.
Niv. Niveau; Nivellement.
NJ Neues Jahrbuch.
n.J. nächsten Jahres.
nj (*film*) nicht jugendfrei.
NK Nationalkomitee; Naturkautschuk; electr. Niederspannungskabel.
NKFD hist. Nationalkomitee „Freies Deutschland".
nkr norwegische Krone (*monetary unit*).
NL Nationalliga; auto. Niederlande pl; Niederlassung; geogr. Niederlausitz; au-to. Niedersachsen, Landtag und Landes-regierung.
Nl. tel. Nahleitung; Nebenlager; Nieder-lage; ling. Niederländisch; econ. Nieder-lassung.
nl. ling. neulateinisch; niederländisch.
n.l. nach links; chem. nicht löslich.
nlat. ling. neulateinisch.
NM tech. Nennmaß.
Nm phys. Newtonmeter; tech. Nummer metrisch, metrische Nummer (*yarn meas-ure*).
n.M. nach Meinung; econ. nach Muster; nächsten Monat(s).
nm Nanometer.

nm. nachmittags; namentlich.
n.Mng. nach Meinung.
nmtl. namentlich.
n.M.v. nach Meinung von; nach Mitteilung vom.
n.m.W. nach meinem Willen od. Wunsch.
NN (*postal service*) Nachnahme; (*Lat.*) nomen nescio, den Namen weiß ich nicht; (*Lat.*) nomen nominandum, der Name ist noch zu nennen; Normalnull(punkt).
N.N. (*Lat.*) nomen nescio, den Namen weiß ich nicht; (*Lat.*) nomen nominan-dum, der Name ist noch zu nennen; Nor-malnull(punkt).
N/N econ. nicht notieren, ohne Notierung.
Nn phys. Neutron.
n.n.bez. nicht näher bezeichnet.
nnd. ling. neuniederdeutsch.
nnl. ling. neuniederländisch.
NNM med. Nebennierenmark.
NNO Nordnordost(en).
nnö nordnordöstlich.
NNR med. Nebennierenrinde.
NNW niedrigstes Niedrigwasser; Nord-nordwest(en).
N.N.W. niedrigstes Niedrigwasser.
NO Nordost(en); jur. Notarordnung.
NÖ geogr. Niederösterreich.
No chem. Nobelium.
no. econ. netto; nordostwärts.
nö. niederösterreichisch; nordöstlich.
n.ö. nicht öffentlich.
NOK Nationales Olympisches Komitee; geogr. Nordostseekanal.
Nom. Nomade; ling. Nominativ.
nom. (*Lat.*) nomen, Name; nominell; no-minieren, -niert.
Nomenkl. Nomenklatur.
Nonp. print. Nonpareille.
NÖP hist. Neue Ökonomische Politik (*USSR*).
nord. nordisch.
nordd. norddeutsch.
nördl.(Br.) nördlich(er Breite).
Norm. math. Normale; Normalien pl; geogr. Normandie; Norm(ier)ung.
norm. normal(erweise); normannisch; normativ; normieren, -miert.
Norw. geogr. Norwegen, Norweger, ling. Norwegisch.
norw. norwegisch.
NÖS Neues ökonomisches System (*DDR*).
NOSK geogr. Nordostseekanal.
NÖSPL Neues ökonomisches System der Planung und Leitung der Volkswirtschaft (*DDR*).
Not. Notar(iat); mus. Notation; Notiz.
n.o.T. nach oberem Totpunkt.
not. notariell; notieren, notiert; notorisch.
nöt. nötig.
notf. notfalls.
notgedr. notgedrungen.
Notgem. Notgemeinschaft.
Noth. med. Nothafen; Nothilfe.
Notl. Notlage; aer. Notlandung.
Notverb. med. Notverband.
Notw. jur. Notwehr; Notwendigkeit.
notw. notwendig.
Nov. jur. Novation; Novelle; jur. Novellie-rung; Novellist; November; röm.kath. Novene; Novität; röm.kath. Novize, Novi-ziat.
NP econ. Namenpapier; Netzplan; Nord-pol; econ. Normalpackung; tech. Normal-profil; Nullpunkt.
N.P. econ. Normalpackung.
Np electr. Neper; chem. Neptunium; print. Nonpareille.
n.P. econ. nach Protest; (*sport*) nach Punkten.
NPD Nationaldemokratische Partei Deutschlands.
NPG Nukleare Planungsgruppe (*of* [*NATO*]).
npl(m). nichtplanmäßig.
NPN electr. negativ-positiv-negativ (*tran-sistors*).
N.-Pr. econ. Nettopreis; Neuprägung (*of coins*).
n.Pr. nach Probe od. Prüfung; neue Probe; econ. neuer Preis.
NPT Nationalpreisträger (*DDR*); econ. Netzplantechnik.
NR (Mitglied des) Nationalrat(s) (*Austria*); mar. Nettoregister(tonne).
N.R. neue Reihe (*of journals*).
Nr. Nummer.
n.R. nach Rückgabe; nach Rückkehr; nach Rücksprache.
n.r. nach rechts; nicht richtig.

Nrh. *geogr.* Niederrhein.

n.R.m. nach Rücksprache mit.

Nrn. Nummern *pl.*

NRT *mar.* Nettoregistertonne(n *pl*).

n.r.v. *econ.* nicht *od.* nur rückzahlbar vor.

NRW *geogr.* Nordrhein-Westfalen.

NS Nachschrift; *econ.* nach Sicht; *hist.* Nationalsozialismus, Nationalsozialistisch; *chem.* Natronsalpeter; *biol. chem.* Nukleinsäure; *tel.* Nummernschalter.

Ns *meteor.* Nimbostratus.

Ns. *mil.* Nachschub; *geogr.* Niedersachsen.

n.S. *econ.* nach Sicht; neue Serie.

ns Nanosekunde.

Nsch. *mil.* Nachschub.

NSDAP *hist.* Nationalsozialistische Deutsche Arbeiterpartei.

NSG Naturschutzgebiet.

Nsp. Nachspiel.

NSt Nebenstelle.

n.St. neuen Stils, neuer Stil (*Gregorian calendar*).

NT Nachrichtentechnik; *mar.* Nettotonne, -tonnage; Normaltarif; Normaltemperatur; Normteil.

N.T. *Bibl.* Neues Testament.

Ntf. Naturforscher.

Ntfg. Naturforschung.

NTG Nachrichtentechnische Gesellschaft.

nto(.) *econ.* netto.

Ntr. Nachtrag.

Ntw. Naturwissenschaft(ler).

NTWZ Verzeichnis Neuer Technisch-Wissenschaftlicher Zeitschriften.

Ntzg. Nutzung.

Ntzl. *tech.* Nutzlast.

Ntzlstg. *tech.* Nutzleistung.

NU *med.* Nachuntersuchung.

NÜ (*computer*) Nachrichtenübertragung.

nukl. nuklear.

Num. *ling.* Numerale; Numerierung; Numerus; *geogr.* Numidien, Numid(i)er; Numismatik(er).

num. numerieren, -riert; numerisch; numidisch; numismatisch.

n.u.T. *tech.* nach unterem Totpunkt.

n.u.Z. nach unserer Zeitrechnung.

NV (*computer*) Nachrichtenverarbeitung; Nationalversammlung; *electr.* Niedervolt-; Notverordnung.

n.V. nach Vereinbarung; (*sport*) nach Verlängerung; nach Verzicht.

n.v. nicht verwendungsfähig; nicht veröffentlicht; nicht vorhanden.

NVA Nationale Volksarmee (*DDR*).

NVP Nationale Volkspartei.

n.v.u.n.v. nicht verwandt und nicht verschwägert.

NW Nachwahl(en *pl*); Nachwort; *tech.* Nennweite; Netzwerk; *econ.* Neuwert; Niedrigwasser; Nordwest(en).

Nw. Nachrichtenwesen; Nachwahl(en *pl*); Nachwort; Nachwuchs; *econ.* Neuwert; *ling.* Neuwort.

n.W. nächste(r) Woche; nach Westen.

nw. nordwestlich.

nwd(t). nordwestdeutsch.

nwsl. nachweislich.

N.W.Sp. Niedrigwasserspiegel.

NZ Nachrichtenzentrale; Nachzahlung; *auto.* Neuseeland; *chem.* Neutralisationszahl; Neuzeit; *tech.* Normalzahl; Normalzeit; *econ. tech.* Normzahl(en *pl*).

Nz *chem.* Neutralisationszahl; *chem.* Nitrozellulose.

n.Z. nach der Zeitenwende *od.* Zeitrechnung; nach Zeichnung; nach Zusage.

nzl. neuzeitlich.

n.zul. nicht zulässig.

n.Zw. nach der Zeitenwende.

NZZ Neue Zürcher Zeitung.

O

O Ober-; Oberfläche; *auto.* Oberösterreich; *mus.* Oktave; *auto.* Omnibus; -ordnung; Ort(s)-; Ost(en); *electr.* Oszillator; *chem.* Oxygenium, Sauerstoff.

O. Oase; *mil.* Oberst; *econ.* Offerte; *mil.* Offizier; *mus.* Oktave; *mus.* Oper; *econ.* Order; Ordnung; Orgel; Orient; Ort; Ozean.

Ω *electr.* Ohm.

o. oben, oberhalb; oder; offen; ohne; ordentlich.

ö. öffentlich; örtlich; östlich.

OA *med.* Oberarzt; *mil.* Offizieranwärter; Originalausgabe (*of books*); Ortsausschuß.

ÖA Öffentlichkeitsarbeit.

o.A. ohne Adresse; ohne Akten; ohne Angabe(n); ohne Anhang; ohne Anlagen (*no enclosures*); ohne Anzeige(n); ohne Auftrag.

o.a. oben angeführt *od.* angegeben; oder andere(s).

o.ä. oder ähnliche(s).

OAA Oberamtsanwalt.

ÖAAB Österreichischer Arbeiter- und Angestelltenbund.

o. Abb. ohne Abbildung(en) (*book*).

OAE Organisation für afrikanische Einheit.

ÖAeC Österreichischer Aero-Club.

OAG Oberstes (Landes)Arbeitsgericht.

ÖAI Österreichisches Archäologisches Institut.

ÖAK Österreichischer Alpen-Klub.

ÖAL Österreichischer Arbeitsring für Lärmbekämpfung.

ÖAMTC Österreichischer Auto-, Motor-, Touring-Club.

o.Anh. ohne Anhang; *auto.* ohne Anhänger.

OAR Oberamtsrat; Oberamtsrichter; Oberarchivrat.

OAS Organisation amerikanischer Staaten.

ÖASC Österreichischer Automobil-Sportclub.

ÖAV Österreichischer Alpenverein.

OB *mil.* Oberbefehlshaber; Oberbundesanwalt; Oberbürgermeister; *mil.* Offizierbewerber.

Ob. Ober; Oberin; *mil.* Oberst; Oboe, Oboist.

o.B. ohne Beanstandung(en); *med.* ohne Befund; *auto.* ohne Beiwagen; *relig.* ohne Bekenntnis; *econ.* ohne Beleg(e); ohne Bericht; ohne Beruf; ohne Besonderheiten; ohne Billigung.

ob. oben; obere; oberhalb.

ö.b. öffentlich bestellt.

OBA (*mining*) Oberbergamt; Oberbundesanwalt.

OBB Oberste Baubehörde.

ÖBB Österreichische Bundesbahnen *pl.*

Obb. *geogr.* Oberbayern.

o.b.B. ohne besonderen Befund.

Ob.-Bfh. *mil.* Oberbefehlshaber.

OBD Oberbaudirektion, -direktor.

Obd. *med.* Obduktion; *ling.* Oberdeutsch.

obd. *ling.* oberdeutsch.

Ob.d.H. *mil.* Oberbefehlshaber des Heeres.

Ob.d.L. *mil.* Oberbefehlshaber der Luftwaffe.

Ob.d.M. *mil.* Oberbefehlshaber der Marine.

Oberf. Oberförster.

Oberfl. Oberfläche.

oberfl. oberflächlich.

Oberfr. *geogr.* Oberfranken.

Oberg. Obergeschoß.

Obergefr. *mil.* Obergefreiter.

oberh. oberhalb.

Oberk. *tech.* Oberkante; Oberkellner; *mil.* Oberkommando.

Oberpf. *geogr.* Oberpfalz.

Oberschl. *geogr.* Oberschlesien.

Oberst. *mus.* Oberstimme; *ped.* Oberstufe.

OBF Oberbrigadeführer (*DDR*).

O.-Bf. Omnibusbahnhof; Ostbahnhof.

Obf. Oberförster; Omnibusbahnhof; Ostbahnhof.

Obfr(k). *geogr.* Oberfranken.

obfr(k). oberfränkisch.

OBG Oberstes Bundesgericht; Olympia-Baugesellschaft.

ObG Oberstes Gericht.

ObGer., Ob.-Ger. Obergericht.

Obgfr. *mil.* Obergefreiter.

ObGH Oberster Gerichtshof.

obgl. obgleich.

OBH *mil.* Oberbefehlshaber des Heeres.

obh. oberhalb.

Ob.-Ing. Oberingenieur.

Ob.-Insp. Oberinspektor.

Obj. Objekt; Objektiv; Objektivität.

obj. objektiv.

ÖBJR Österreichischer Bundesjugendring.

OBL Oberste Bauleitung.

Obl. Oblate(n *pl*); *econ.* Obligation(en *pl*); *econ.* Obligo.

obl. obliegen(d); obligat(orisch).

oblig. obligatorisch.

Ob.-Lt., Oblt. *mil.* Oberleutnant.

Obm. Obermeister; Obmann.

Ob.-Med.-R. Obermedizinalrat.

OBR Oberbaurat; (*mining*) Oberbergrat; Oberbibliotheksrat.

ÖBRD Österreichischer Bergrettungsdienst.

Obs.(erv) Observant; Observanz; Observation; Observator(ium).

obs. obskur; obsolet.

Obst. *mil.* Oberst.

Obstlt. *mil.* Oberstleutnant.

OBtsm *mar. mil.* Oberbootsmann.

ÖBV Österreichischer Bundesverlag.

OC (*computer*) Operationscode.

o.c. (*Lat.*) opere citato, im angegebenen Werk.

ÖCI Österreichisches Credit-Institut.

ÖCV Österreichischer Cartellverband.

OD *med.* Oberflächendosis; Ordnungsdienst; Ostdeutschland.

o.D. ohne Datum; *econ.* ohne Dividende(n-schein).

od. oder.

öd. *tech.* öldicht.

o.Db. *econ.* ohne Dividendenbogen.

OdF Opfer des Faschismus.

o.d.T. *geogr.* ob der Tauber.

Odw. *geogr.* Odenwald.

OE Offenbarungseid.

o.E. ohne Erfolg; ohne Erinnerung.

o.e. oben erwähnt.

OEZ osteuropäische Zeit.

OF *mil.* Oberfeldwebel; Oberförster(ei); *electr.* Oszillatorfrequenz.

o.F. ohne Fäden; *econ.* ohne Faktur; ohne Fehler; ohne Fortsetzung.

ÖFB Österreichischer Fußballbund.

OFD Oberfinanzdirektion.

ÖFeB örtliches Fernsprechbuch.

Off. Offensive; *econ.* Offerte; *röm.kath.* Offertorium; Offizial; Offizier; *print. pharm.* Offizin; *röm.kath.* Offizium.

off. offen; offensiv; offerieren, -riert; offiziell; offizinell; offiziös.

öff. Öffentlichkeit.

öff. öffentlich.

Offbg. *Bibl.* Offenbarung.

offiz. offiziell; offiziös.

Offs. *print.* Offset(druck).

öfftl. öffentlich.

Offz. *mil.* Offizier; *print. pharm.* Offizin.

offz. offiziell; offiziös.   [schaft.]

ÖFG Österreichische Friedensgesellschaft.

ÖFI Ökonomisches Forschungsinstitut bei der Staatlichen Plankommission (*DDR*).

OfJ Oberschule für Jungen.

OFK Oberfinanzkasse.

OfL Organisation freiwilliger Luftschutzhelfer (*DDR*).

OfM Oberschule für Mädchen.

O.F.M. (*Lat.*) *röm.kath.* Ordinis Fratrum Minorum, vom Orden der Minderbrüder *od.* Franziskaner.

O.F.M.C(ap). (*Lat.*) *röm.kath.* Ordinis Fratrum Minorum Capucinorum, vom Orden der Minderen Kapuzinerbrüder.

OFN *tel.* Ortsfernsprechnetz.

Ofö Oberförsterei.

OFoR Oberforstrat.

OFP Oberfinanzpräsident.

Ofr. *geogr.* Oberfranken; *geogr.* Ostfriesland.

ofrs. ostfriesisch.
Ofw. *mil.* Oberfeldwebel.
OG Obergericht; Obergeschoß; Oberstes Gericht; Opiumgesetz; Ortsgruppe.
o.G. ohne Garantie; (*railway*) ohne Gepäck(beförderung); ohne Gewähr.
o.g. oben genannt.
ÖGB Österreichischer Gewerkschaftsbund.
ÖGDB Österreichische Gesellschaft für Dokumentation und Bibliographie.
OGefr *mil.* Obergefreite.
o.gen. oben genannt.
OGH Oberster Gerichtshof.
OGL Ortsgewerkschaftsleitung (*DDR*).
o.Gl. ohne Glas (*without bottle etc*).
ÖGMV Österreichische Glücksspielmonopolverwaltung.
o.Gr. ohne Grund *od.* Gründe.
ÖGRR Österreichische Gesellschaft für Raumforschung und Raumplanung.
ÖGV Österreichischer Gebirgsverein.
oGV, o.GV ordentliche Generalversammlung.
o.H. ohne Heizung; ordentlicher Haushalt.
OHG offene Handelsgesellschaft.
OHL *mil. hist.* Oberste Heeresleitung.
ÖHS Österreichische Hochschülerschaft.
oHV, o.HV ordentliche Hauptversammlung.
Ohz(g). Ofenheizung.
OI Oberinspektor.
ÖIAV Österreichischer Ingenieur- und Architektenverband.
ÖIG Österreichische Industrieverwaltungsgesellschaft.
O.-Ing. Oberingenieur.
o.Inh. ohne Inhalt.
o.J. ohne Jahr(esangabe) (*in books*).
ÖJB Österreichische Jugendbewegung.
ÖJHV Österreichischer Jugendherbergsverband.
OJR Oberjustizrat.
ÖJRK Österreichisches Jugendrotkreuz.
o.J.u.O. ohne Jahr(es-) und Ort(sangabe) (*of books*).
OK *tech.* Oberkante; *mil.* Oberkommando; Organisationskomitee; Ortskrankenkasse.
Ök. Ökologie; Ökonom(ie).
o.K. ohne Kommentar; *print.* ohne Korrektur; *econ.* ohne Kosten.
ök. ökologisch; ökonomisch.
ÖKB Österreichischer Komponistenbund.
OKD Oberkreisdirektor.
Ö.K.f.d.O. Österreichische Kommission für die Orthographiereform.
OKH *mil. hist.* Oberkommando des Heeres.
OKiR Oberkirchenrat.
ÖKISTA Österreichisches Komitee für den internationalen Studentenaustausch.
OKK *mar. tech.* Oberkante Kiel; Oberkriegskommissariat (*Switzerland*); Ortskrankenkasse.
Okk. *econ.* Okkasion; Okkultismus, -tist; *mil.* Okkupation.
okk. okkultistisch; okkupieren.
Okkl. *meteor. phys.* Okklusion.
OKL *mil. hist.* Oberkommando der Luftwaffe.
O.-Kl., Okl. Ortsklasse.
OKM *mil. hist.* Oberkommando der Kriegsmarine.
Ökol. Ökologie.
ökol. ökologisch.
ökon. ökonomisch.
OKR Oberkirchenrat; Oberkonsistorialrat.
Okt. *mus.* Oktave; *math. arch.* Oktogon; Oktober.
OKV Ortsklassenverzeichnis.
OKW *mil. hist.* Oberkommando der Wehrmacht.
ÖKW Österreichisches Kuratorium für Wirtschaftlichkeit.
OL *geogr.* Oberlausitz; Oberlehrer; *mil.* Oberleutnant; Organisationsleiter.
Ol. *bot.* Oleander; (*Lat.*) Oleum, Öl; *bot.* Olive(n *pl*).
ol. oliv(farben).
öL. östliche(r) Länge.
OLAG Oberlandesarbeitsgericht.
old(enb). oldenburgisch.
OLG(er). Oberlandesgericht.
OLGPr. Oberlandesgerichtspräsident.
OLGR Oberlandesgerichtsrat.
OLK Oberste Luftsportkommission.
OLSch *econ.* Orderlagerschein.
OLt. *mil.* Oberleutnant.

OLwR Oberlandwirtschaftsrat.
OM Obermeister.
o.M. ordentliches Mitglied.
O.M.C(ap). (*Lat.*) *röm.kath.* Ordinis Minorum Capucinorum, vom Orden der Minderen Kapuziner.
ÖMG Österreichische Mathematische Gesellschaft; Österreichische Mineralogische Gesellschaft.
OMK Oberste Motorradsport-Kommission.
Omn. Omnibus.
OMR Obermedizinalrat.
O.-Mstr. Obermeister.
O.-Mt. *mar.* Obermaat.
ÖMV Österreichische Mineralölverwaltung.
oMV, o.MV ordentliche Mitgliederversammlung.
ON Ordnungsnummer; Ortsname; *tel.* Ortsnetz.
On. Ortsname.
o.N. ohne Namen; ohne Nummer.
ÖNA Österreichischer Normenausschuß.
o.n.A. ohne nähere Angabe(n).
ÖNB Österreichische Nationalbank; Österreichische Nationalbibliothek.
ONO Ostnordost(en).
onö. ostnordöstlich.
ÖNORM Österreichische Norm.
o.Nr. ohne Nummer.
ONS Oberste Nationale Sportkommission für den Automobilsport in Deutschland.
OÖ. *geogr.* Oberösterreich.
o.O. *econ.* ohne Obligo; ohne Ort(sangabe) (*of books*).
oö. oberösterreichisch.
ÖOC Österreichisches Olympisches Comité.
o.ö.Prof. *ped.* ordentlicher öffentlicher Professor.
o.O.u.J. ohne Ort(s-) und Jahr(esangabe) (*of books*).
OP Oberpräsident; Oberprüfungsamt; Objektprogramm; *med.* Operationssaal; *econ.* Orderpapier; Ordnungspolizei; Orientierungspunkt; *econ.* Originalpackung.
O.P. (*Lat.*) *röm.kath.* Ordinis Praedicatorum, vom Predigerorden, vom Dominikanerorden; *econ.* Originalpackung; Originalprämie.
Op. Oper; (*computer*) Operand; Operateur, Operation; Operator; *med.* Opium; (*Lat.*) *mus.* Opus, Werk.
o.P. *mus.* ohne Pedal; *mil.* ohne Portepee; ohne Protest; *ped.* ordentlicher Professor.
op. operativ; operieren, operiert; (*Lat.*) *mus.* opus, Werk.
o.Pag. ohne Paginierung.
OPB *econ.* Offene-Posten-Buchhaltung.
ÖPB Österreichischer Pfadfinderbund.
op.cit. (*Lat.*) opere citato, im angegebenen Werk.
OPD Oberpostdirektion; *mar.* Operativdienst.
ÖPNV Öffentlicher Personennahverkehr.
op.posth. (*Lat.*) *mus.* opus posthumum, nachgelassenes Werk.
OPR Oberpostrat.
O.Pr. (*Lat.*) *röm.kath.* Ordinis Praedicatorum, vom Predigerorden, vom Dominikanerorden.
o.Prof. *ped.* ordentlicher Professor.
Opt. *ling.* Optativ; Optik(er); Optimismus, -mist; Optimum; *econ.* Option.
opt. optimal; optimieren; optimistisch; optisch.
OPV Ostschweizerischer Presse-Verband.
OPZ Oberschule praktischen Zweigs.
ÖPZ Österreichisches Produktivitätszentrum.
Op.-Z(l). *mus.* Opuszahl.
OR Oberreferent; *econ.* Obligationenrecht (*Switzerland*); (*sport*) Olympischer Rekord; *röm.kath.* Ordensritter; (*art*) Originalradierung.
Or. *mus.* Oratorium; Orient(ale); Orientierung.
o.R. *econ.* ohne Rechnung; ohne Recht; ohne Religion; ohne Rinde.
or. orientalisch; orientieren, -tiert.
Orat. *mus.* Oratorium.
Orch. Orchester; Orchidee.
Ord. Orden; *econ.* Order; Ordinariat; Ordinarius; *math.* Ordinate; Ordination; Ordnung; *mil.* Ordonnanz.
ord. ordentlich; ordinär; ordinieren, ordiniert.
Ordn. Ordnung.

Ord.-Nr. Ordnungsnummer.
ORF Österreichischer Rundfunk.
ORG Ostschweizerische Radio-Gesellschaft.
Org. Organ; (*textile*) Organdy; Organisation, -sator; Organismus; *mus.* Organist(in); (*textile*) Organza; Orgasmus; Orgel.
org. organisatorisch; organisch; organisieren, -siert.
OrgA, Org.-A. Organisationsausschuß.
Org.-Kom. Organisationskomitee.
Org.-L(t). Organisationsleiter, -leitung.
Org.-Pl. Organisationsplan.
ORh., O.-Rh. *geogr.* Oberrhein.
Orient. Orientale; Orientalist(ik); Orientierung.
orient. orientalisch; orientalistisch; orientieren, -tiert.
Orig. Original(ität).
orig. original; originär; originell.
Orig.-Abf. Originalabfüllung (*of wine etc*).
ÖRK Ökumenischer Rat der Kirchen.
Orn. Ornament(ik); Ornat; Ornithologe, -logie.
orn. ornamental; ornithologisch.
ORR Oberregierungsrat.
ORTF (*Fr.*) Office de Radiodiffusion-Télévision Française (*French radio and television company*).
Orth. *relig.* Orthodoxe, -doxie; Orthographie; *med.* Orthopäde, -pädie.
orth. *relig.* orthodox; orthographisch; *med.* orthopädisch.
örtl. örtlich.
Ortskl. Ortsklasse.
ORZ Organisations- und Rechenzentrum.
OS Oberschule; *mil.* Offiziersschule; ohne Schaffner (*bus and tram*).
Os *chem.* Osmium.
o.S. *econ.* ohne Sack.
OSA (*Lat.*) *röm.kath.* Ordinis Sancti Augustini, vom Orden des heiligen Augustinus, vom Augustinerorden.
OSB Oberste Sportbehörde; (*Lat.*) *röm. kath.* Ordinis Sancti Benedicti, vom Orden des heiligen Benedikt, vom Benediktinerorden.
OSC Olympischer Sportclub.
OSchR Oberschulrat.
OSD Oberstudiendirektor; (*Lat.*) *röm. kath.* Ordinis Sancti Dominici, vom Orden des heiligen Dominikus, vom Dominikanerorden.
OSF (*Lat.*) *röm.kath.* Ordinis Sancti Francisci, vom Orden des heiligen Franziskus, vom Franziskanerorden.
OSI Otto-Suhr-Institut (*FU Berlin*).
OSL (*theater*) Oberspielleiter; *mil.* Offiziersschule der Luftwaffe.
OSO Ostsüdost(en).
osö. ostsüdöstlich.
OSR Obersanitätsrat; Oberstudienrat.
Osram (*TM*) Osmium + Wolfram.
OST (*computer*) Operationssteuerung.
o.St. *mar.* (*sport*) ohne Steuermann.
ÖSTA Österreichisches Sport- und Turnabzeichen.
OStA Oberstaatsanwalt; *mil.* Oberstabsarzt.
o.Stb. ohne Stammbaum.
OStD(ir.) Oberstadtdirektor; Oberstudiendirektor.
Ostd. Ostdeutsche, -deutschland.
ostd(t). ostdeutsch.
österr. österreichisch.
Ostfr. *geogr.* Ostfranken; *geogr.* Ostfrankreich; *geogr.* Ostfriesland.
ostfr. ostfränkisch; ostfriesisch.
östl. östlich.
o.Stm. *mar.* (*sport*) ohne Steuermann.
ostmd. ostmitteldeutsch.
ostpr. ostpreußisch.
OStR Obersteuerrat; Oberstudienrat.
ÖSU Österreichische Studentenunion.
ÖSV Österreichischer Skiverband.
o.T. *tech.* oberer Totpunkt.
ÖTC Österreichischer Touring-Club.
ÖTK Österreichischer Touristen-Klub.
ÖTTV Österreichischer Tischtennisverband.
ÖTV Gewerkschaft Öffentliche Dienste, Transport und Verkehr.
OTZ Oberschule technischen Zweiges.
o.U. *econ.* ohne Umsatz; *econ.* ohne Unterschied; ohne Untersuchung.
Ouv. *mus.* Ouvertüre.
OV Oberveterinär; Ortsverband, -verein(igung); Ortsverzeichnis.

o.V. ohne Verfasser(angabe); ohne Verpflegung; ohne Verzögerung *od.* Verzug; ohne Vorgang.
OvD, O.v.D. *mil.* Offizier vom Dienst.
ÖVE Österreichischer Verband für Elektrotechnik.
OVG(er.) Oberverwaltungsgericht.
OVN Organisation der Vereinten Nationen.
ÖVP Österreichische Volkspartei.
OVR Oberverwaltungsrat; Oberveterinärrat.
OW Oberwasserstand.

o.W. ohne Wert.
ö.W. österreichische Währung.
ÖWB Österreichisches Wörterbuch.
OW(i)G Ordnungswidrigkeitengesetz.
OWM Oberwerkmeister.
ÖWSGV Österreichischer Wander-, Sport- und Geselligkeitsverein.
O.W.Sp. Oberwasserspiegel.
OWZ Oberschule wissenschaftlichen Zweiges.
oxdd. *chem.* oxydierend.
Oxyd. *chem.* Oxydation.

oxyd. *chem.* oxydieren, -diert.
OZ *tech.* Oktanzahl; *chem.* Ordnungszahl; Organisationszentrale *od.* -zentrum; Ortszeit; Ortszuschlag.
Oz. *geogr.* Ozean.
o.Z. *econ.* ohne Zahlung; ohne Zeichnung.
OZD Oberzolldirektion, -direktor.
OZH Ölzentralheizung.
OZI Oberzollinspektor.
OZL (*computer*) optischer Zeilenleser.
OZS Oberzollsekretär.
o.Zw. ohne Zweifel; ohne Zwischenfall.

P

P *econ.* Papier (*on the stock exchange*); Pappband (*of books*); *biol.* Parentalgeneration; Parkplatz; Patent; Pegel; Peil-; (*railway*) Personenzug; *print.* Petit; (*railway*) Pfeifen; *chem.* Phosphor; *phys.* Poise; Pol; *phys.* Polarisation; *auto.* Portugal; Post.
P. Paar; Packung; (*Lat.*) *röm.kath.* Papa, Papst; *mus.* Partitur; *röm.kath.* Pastor; Pater; Pedal; Person(al); Piaster (*monetary unit*); Pistole; *med.* Puls; Punkt; Pylon; Pyramide.
p Para; *econ.* pari; Penni (*monetary unit of Finland*); Peso (*monetary unit*); (*Ital.*) *mus.* piano, leise; Pico-; *phys.* Pond; *phys.* Proton; *print.* (typographischer) Punkt.
p. (*Lat.*) pagina, Seite; per; (*Lat.*) pinxit, hat (es) gemalt; pro.
p- *chem.* para-.
PA *auto.* Panama; Parlamentarischer Ausschuß; Patentanmeldung; Patentanwalt; Personalabteilung; Personalakte(n *pl*); *chem.* Polyamid; Postamt; Postanschrift; Postanweisung; *med.* Primäreffekt; Produktionsabgabe (*DDR*); Produktionsarbeit (*DDR*); Prüfungsausschuß.
Pa *chem.* Protactinium.
p.A. per Adresse, bei.
pa. prima.
p.a. (*Lat.*) per annum, das Jahr hindurch; (*Lat.*) pro anno, pro Jahr, für das Jahr.
PAD Pädagogischer Austauschdienst; *med.* pathologisch-anatomische Diagnose; *econ.* Persönliches Anschaffungsdarlehen.
Päd. Pädagoge, -gogik, -gogium; Päderast(ie); *med.* Pädiatrie.
päd. pädagogisch.
p.Adr. per Adresse, bei.
p.ae. (*Lat.*) *pharm.* partes aequales, zu gleichen Teilen.
PAG Personalausweisgesetz; Polizeiaufgabengesetz.
Pag. Pagina, Paginierung; Pagode.
pag. (*Lat.*) pagina, Seite; paginieren, -niert.
PAK *auto.* Pakistan; Politischer Arbeitskreis.
Pak *mil.* Panzerabwehrkanone.
pak(ist) pakistanisch.
PAL (*Engl.*) Phase Alternating Line (*German colo[u]r television system*).
Pal. Paläograph(ie); *geol.* Paläolithikum; Paläontologe, -logie; *geol.* Paläozoikum; Palast; *geogr.* Palästina, Palästinenser; *ling.* Palatal; Paleozän; Paletot; Palette; Palimpsest; Palindrom; Palisade; Palisander.
pal. paläographisch; paläolithisch; paläontologisch; paläozoisch; palästinensisch.
Pall. *med.* Palliativ; Pallium.
Pan. *geogr.* Panama, Panamaer; Paneel.
pan(am). panamaisch.
panar. panarabisch.
Pap. *zo.* Papagei; Papier; *biol. med.* Papille.
Papr. Paprika.
Par. Parabel; *mil.* Parade; Paradies; *ling.* Paradigma; Paradoxon; Paraffin; Paragramm; Paragraph; *geogr.* Paraguay, Paraguayer; Parallaxe; Parallele, Parallelismus, Parallelität; *math.* Parallelogramm; *med.* Paralyse; Paraphrase; Parasit(en *pl*); Parität; Parole.
par. parabolisch; paradox; paraguayisch; parallel; paraphieren, -phiert; paritätisch.
parag. paraguayisch.

Parl. Parlament; *mil.* Parlamentär; Parlamentarier, -rismus.
parl(ament). parlamentarisch.
Parsec, Parsek *astr.* Parallaxensekunde.
Part. Partei; Parterre; Partikel; Partisan; *mus.* Partitur; *ling.* Partizip; Partner.
part. parteiisch, parteilich; parterre; partiell.
PartG Gesetz über die politischen Parteien.
Parz. Parzelle.
parz. parzellieren, -liert.
Pass. *mus.* Passacaglia; Passage; Passagier; *relig. mus.* Passion; *ling.* Passiv; *econ.* Passiva *pl*.
pass. (*Lat.*) passim, da und dort verstreut; (*Ital.*) *mus.* passionato, mit Leidenschaft; passiv(isch).
Pass.-Sch. Passagierschiff; Passierschein.
Past. Pasteurisation, Pasteurisierung; Pastille(n *pl*); Pastor; *mus.* Pastorale.
past. pasteurisieren, -siert; pastoral.
Pat. Patent; Patience; Patient; Patina.
pat. patent; patentieren, -tiert; patinieren, -niert.
PatAnw., Pat.-Anw. Patentanwalt.
PatG Patentgesetz.
Path. Pathetik; *med.* Pathologe, -logie.
path. pathetisch; *med.* pathologisch.
PatR Patentrecht.
Patr. Patriarch(at); Patriot(ismus); *relig.* Patristik; *print.* Patrize; Patriziat, Patrizier; *relig.* Patrologie; Patron(age), Patronat; Patrone; Patronymikon; Patrouille; Patrozinium.
patr. patriarchalisch; patrimonial; patriotisch; *relig.* patristisch; patrizisch; patrouillieren.
P.-Ausw. Personalausweis.
Pav. *zo.* Pavian; Pavillon.
PB *mil.* Panzerbataillon; Postbuch; (*computer*) Programmbibliothek; Prüfbericht.
Pb (*Lat.*) *chem.* Plumbum, Blei.
Pbd. Pappband (*of books*).
Pbf (*railway*) Personenbahnhof; (*postal service*) Postbahnhof.
PBG Personenbeförderungsgesetz; Preisbildungsgesetz.
PBS (*computer*) Platte-Betriebssystem.
PBV (*railway*) Personenbeförderungsvorschriften *pl*; Preisbindungsvorschriften *pl*.
PC (*computer*) Pseudocode.
pc *astr.* Parsec, Parallaxensekunde.
p.c. (*Lat.*) *pharm.* post cibum, nach dem Essen; (*Lat.*) pro centum, für Hundert.
p.Chr. (*Lat.*) post Christum, nach Christus.
p.Chr.n. (*Lat.*) post Christum natum, nach Christi Geburt.
Pck(g). *econ.* Packung.
PD Patentdokumentation; *mar.* Postdampfer; Postdirektor; *electr.* Potentialdifferenz; Pressedienst; Privatdozent.
Pd *chem.* Palladium.
Pd. Pädagoge, Pädagogik; *econ.* Pappdose.
P.d. *econ.* Preis der *od.* des.
p.d. (*Lat.*) per diem, pro die, pro Tag.
PDA Pressedienst der Deutschen Arbeitgeberverbände.
PdA Partei der Arbeit (*Switzerland*).
PDB Polizeigewerkschaft im Deutschen Beamtenbund.
PDV, PDv. Polizei-Dienstvorschrift.
PdVP Präsidium der Volkspolizei (*DDR*).
PE *tech.* Paßeinheit; *med.* Penizillineinheit; *auto.* Peru; *econ.* Produktionseinheit.
PEG *med.* Pneumoenzephalographie.

Pen. *pharm.* Penizillin.
Pens. Pension(är); Pensionat; Pensionierung; Pensum.
Pent. *math.* Pentagon; *metr.* Pentameter; *electr.* Pentode.
Per. Periode; Peripherie; Peruaner.
per. peruanisch.
Perf. *ling.* Perfekt; Perfektion(ismus); Perforation, Perforator, Perforierung.
perf. perfekt, perfektionieren, -niert, perfektionistisch; *ling.* perfektivisch; perforieren, -riert.
Perg. Pergament.
Perm. Permanenz; *math.* Permutation.
perm. permanent.
Pers. Perser; Persianer; *geogr.* Persien; Persiflage; Person(en *pl*); Personal(ien *pl*).
pers. persisch; persönlich.
PersK, Pers.-K. Personalkarte(i).
PersR, Pers.-R. Personalrat.
Pet. Petersilie; Petition.
Petr. *Bibl.* Petrus.
P.F. Personenfähre.
Pf Pfennig.
pF *electr.* Picofarad.
Pf. Pfand, Pfändung; Pfarrei, Pfarrer; Pferd; Pfund; Pianoforte; Postfach.
Pf.-Br. *econ.* Pfandbrief.
Pfd. Pfand; Pfund.
Pfdg. Pfändung.
Pfd.St. Pfund Sterling.
Pfg. Pfennig.
Pf.-H. Pfandhaus; Pfarrhaus.
Pf.-Jgd. Pfarrjugend.
Pf.-K. Pfarrkirche; Pfarrkurat.
PfL Prüfstelle für Luftfahrt(gerät).
Pfl. Pflanze, Pflanzung; Pflege, Pfleger; Pflicht; Pflug.
Pfl.-Vers. Pflichtversicherung.
PFM *electr.* Pulsfrequenzmodulation.
Pfr. Pfarrer.
PFS Peilfunkstelle.
PFZ Post- und Fernmeldetechnisches Zentralamt.
PG Patentgesetz; Pensionsgesetz; Polizeigesetz; Produktionsgenossenschaft (*DDR*); (*computer*) Programmgenerator; Progymnasium.
Pg. Paginierung; *hist.* (*in NS-Zeit*) Parteigenosse; Pergament(einband).
pg. (*Lat.*) pagina, Seite; paginieren, -niert.
PGA *mil.* Personalgutachterausschuß.
PGeb Postgebühren.
PGH Patentgerichtshof; Produktionsgenossenschaft des Handwerks (*DDR*).
Pgl. Pegel.
PGR *med.* psychogalvanischer Reflex.
Pgt. Pergament.
PH Pädagogische Hochschule.
Ph *econ.* Papphülse; *phys.* Phon.
pH (*Lat.*) *chem.* pondus hydrogenii, Wasserstoffionenkonzentration.
Ph. Philosophie; *phys.* Phon; Photo(zelle).
ph *phys.* Phot.
p.h. persönlich haftend.
Pharm. Pharmakologe, -logie; Pharmazie, Pharmazeut. [tisch.]
pharm. pharmakologisch; pharmazeu-
PhBz *metall.* Phosphorbronze.
PHD *econ.* Persönliches Hypothekardarlehen.
p.h.G. *econ.* persönlich haftender Gesellschafter.
Phil. Philatelie, -list; *Bibl.* Philipper; *geogr.* Philippinen *pl*; Philologe, -logie; Philosoph, -sophie.

phil. philatelistisch; philippinisch; philologisch; philosophisch.
philanthr. philanthropisch.
philat. philatelistisch.
Philem. *Bibl.* Philemon.
Philh(arm). Philharmonie, Philharmoniker.
philh(arm). philharmonisch.
Philol. Philologe, -logie.
philol. philologisch.
Philos. Philosoph(ie).
philos. philosophisch.
PHK Polizeihauptkommissar.
PHM Polizeihauptmeister.
Phon. Phonetik(er); Phonologie.
phon. phonetisch.
Phonotyp. Phonotypistin.
phosph. phosphoreszierend.
Photogr. Photogramm(etrie); Photograph(ie).
photogr. photogrammetrisch; photographisch.
PHV private Haftpflichtversicherung.
Phys. Physik(er); *med.* Physikum; Physiognomie, Physiognomik; Physiologie.
phys. physikalisch; physisch; physiognomisch; physiologisch.
physiol. physiologisch.
PI Pädagogisches Institut; Patentingenieur; *auto.* Philippinen; Polizeiinspektor; Polytechnisches Institut (*DDR*); Postinspektor.   [Pistole.]
Pi. Piaster (*monetary unit*); *mil.* Pionier;
pinx. (*Lat.*) pinxit, hat (es) gemalt.
pizz. (*Ital.*) *mus.* pizzicato, gezupft.
PK Paddelklub; Personenkennziffer; Portokasse; Postscheckkonto; Preiskontrolle; Privatkonzession (*DDR*); Prüfungskammer.
Pk. Paket; Park; Pauke; Postkarte.
PKB Planungs- und Konstruktionsbüro; Projektierungs- und Konstruktionsbüro.
PKG *med.* Phonokardiogramm, -graphie.
Pkg. *econ.* Packung.
PKK Parteikontrollkommission; *econ.* Persönlicher Kleinkredit.
PKLA (*computer*) Produktionskontroll- und -lenkungsanlage.
PKM Projektierungs-, Konstruktions- und Montagebüro.
Pkt. Paket; Punkt.
Pkte. Punkte *pl.*
Pkt.-Sdg. (*postal service*) Paketsendung.
PKV Private Krankenversicherung.
PKW, Pkw Personenkraftwagen.
PL *auto.* Polen; *ped.* Programmiertes Lernen.
Pl. Plakat; Plan(ung); Plastik; Plateau; Platte; Platz; Plenum; *ling.* Plural; Preisliste.
pl. planmäßig; plastisch; *ling.* Plural, pluralisch.
planm. planmäßig.
Plant. Plantage.
PLM *electr.* Pulslängenmodulation.
plm. planmäßig.
Pln. Planung.
plötzl. plötzlich.
Pl.-Sitz. Plenarsitzung.
Pl.-St. Planstelle; Planungsstab.
Plur. *ling.* Plural; Pluralismus.
Plv. Pulver.
PLZ (*postal service*) Postleitzahl.
PM Papiermaß; *electr.* Phasenmodulation; Polizeimelder; Postminister(ium); *electr.* Pulsmodulation.
Pm *chem.* Promethium.
pm Picometer; *phys.* Pondmeter.
p.m. (*Lat.*) post meridiem, nachmittags; (*Lat.*) post mortem, nach dem Tod; (*Lat.*) pro memoria, zur Erinnerung; (*Lat.*) pro mense, pro Monat; (*Lat.*) pro mille, pro Tausend; (*Lat.*) propria manu, mit eigener Hand.
PMB Postmietbehälter.
PN, Pn. Personenname.
pn. *tech.* pneumatisch.
p.n.Chr. (*Lat.*) post nativitatem Christi, nach Christi Geburt.
Pneu *tech.* Pneumatik; *med.* Pneumothorax.
PNS *med.* peripheres Nervensystem.
PO Parteiorganisation; politische Organisation; Postordnung; *mar.* Prisenordnung; Prüfungsordnung.
P.O. (*Lat.*) Professor ordinarius, ordentlicher Professor.
Po *chem.* Polonium.
p.o. (*Lat.*) *med.* per os, durch den Mund, peroral.

poet. poetisch.
Pol. Polarisation, -sator, -sierung; Polarität; Polemik; *econ.* Police; Politik(er); Politologe, -logie; Politur; Polizei, Polizist; Polizze (*Austria*).
pol. polarisieren, -siert; polemisieren, polemisch; polieren, poliert; politisch; polizeilich.
Pol.-B. Polizeibeamte; Polizeibehörde.
Pol.-Ber. Polizeibereitschaft; Polizeibericht.
Pol.-F. Polizeifunk.
pol.Fzgn. polizeiliches Führungszeugnis.
Pol.-Gef. Polizeigefängnis.
pol.Gef. politischer Gefangener.
Pol.-H(pt)wm. Polizeihauptwachtmeister.
Polio *med.* Poliomyelitis.
Pol.-Kom. Polizeikommissar(iat).
Pol.-M(str) Polizeimeister.
poln. polnisch.
Pol.Ök(on). Politische Ökonomie.
Pol.-Präs. Polizeipräsident.
Pol.-Rev. Polizeirevier.
Pol.-St(d). Polizeistunde.
Pol.-Wm. Polizeiwachtmeister.
Polyg. *anthrop.* Polygamie, -mist; *math.* Polygon; *anthrop.* Polygynie.
polyg. *anthrop.* polygam; polygen; *math.* polygonal.
Polygr. *med.* Polygraph(ie).
Polym. *chem.* Polymer(e *pl*), *biol. chem.* Polymerie, *chem.* Polymerisat(ion), *chem.* Polymerisierung; *meteor.* Polymeter; *metr. mus.* Polymetrie; Polymorphismus.
polym. *chem.* polymer(isieren); polymorph.
Polyn. *geogr.* Polynesien, Polynesier.
polyn. polynesisch.
Pop. (*textile*) Popeline; Popularität.
pop. populär.
Port. Portal; Portier; *mus.* Portativ; Portemonnaie; *mil.* Portepee; Portier; Portiere; Portion; *geogr.* Portugal, Portugiese.
port(ug). portugiesisch.
Portr. Porträt(ist).
Porz. Porzellan.
POS Polytechnische Oberschule (*DDR*).
Pos. Posament; Posaune, Posaunist; Position; Positiv; *philos.* Positivismus, -vist; *phys.* Positron; Positur.
pos. positiv.
Poss. *jur.* Possession; *ling.* Possessiv.
Poss.-Pron. *ling.* Possessivpronomen.
postw. postwendend.
Postw. (*postal service*) Postwertzeichen.
Potp. *mus.* Potpourri.
POW Polizeioberwachtmeister.
PP *chem.* Polypropylen; (*computer*) Pseudoprogramm.
PP. *relig.* Patres *pl*.
P.P. (*Lat.*) praemissis praemittendis, der gebührende Titel sei vorausgeschickt (*in letter addresses*).
Pp. Pappe, Papp(ein)band (*of books*); *röm. kath.* Papst; (*postal service*) Postpaket.
pp (*Ital.*) *mus.* pianissimo, sehr leise.
pp. (*Lat.*) paginae, Seiten *pl* (*of books*); (*Lat.*) perge, perge, und so weiter; (*Lat.*) econ. per procura(tionem), in Vollmacht; (*Lat.*) praeterpropter, ungefähr.
p.p. (*Lat.*) *econ.* per procura(tionem), in Vollmacht; (*Lat.*) *med.* post partum, nach der Geburt, nachgeburtlich.
ppa, p. pa. (*Lat.*) *econ.* per procura(tionem), in Vollmacht.
Ppb(d). Pappband (*of books*).
PPL *med.* Plasma-Protein-Lösung.
Ppl. Pipeline.
P.prim. (*Lat.*) Pastor primarius, Oberpfarrer.
ppt. prompt.
PR *hist.* Parlamentarischer Rat; Personalrat; Personalreferent; Postrat; Preisrecht; (*computer*) Prozeßrechner.
Pr *chem.* Praseodym.
pR pakistanische Rupie (*monetary unit*).
Pr. Präambel; Prädikat; Praktik(en *pl*); Praktikant, Praktikum; *relig.* Prälat; Praline; Prämie; Prämisse; Prärie; *ling.* Präsens; *relig.* Präses; Präsident(schaft), Präsidium; Praxis; Präzision; Prediger; Preis; Preuße, *hist.* Preußen; *ped.* Prima(ner); Primarius; Primat; *röm.kath.* Primiz(iant); Prinz; *röm.kath.* Prior(in); Priorität; Prisma; Probe; Problem; Professor; (*sport*) Profi; Profil; Profit; Programm(ierung); Progression; Projekt; Projektion, Projektor; *econ.* Prokura.

Prokurist; Prolog; Prolongation; Promenade; Promille; *ling.* Pronomen; Prophet; Proportion, Proporz; *relig.* Propst(ei); Prosa; Prospekt; Protektion; Protektorat; Protest; *relig.* Protestant(ismus); *med.* Prothese; Protokoll; *phys.* Proton; Proviant; Provinz; Provision; Provisorium; Prozent; Prozeß; Prüfer, Prüfung.
pr. praktisch; prall; preußisch; prima; primär; primitiv; privat(isieren); profan; profund; prominent; *relig.* protestantisch; provisorisch.
p.r. (*Lat.*) *med.* per rectum, rektal; (*Lat.*) *med.* post radiationem, nach Bestrahlung (auftretend); (*Lat.*) pro rata, nach Verhältnis.
PrA Prüfungsamt, -ausschuß.
Pr.-A. Prachtausgabe (*of books*); *econ.* Prioritätsaktie.
Präd. Prädikat.
präd(ik). *ling.* prädikativ.
Präf. *röm.kath.* Präfation; Präfekt(ur); Präferenz; Präfiguration; *ling.* Präfix; *biol.* Präformation.
Prakt. Praktikant; Praktiker; Praktikum.
prakt. praktisch; praktizieren(d), -ziert.
Präl. *relig.* Prälat; *mus.* Präludium.
Präm. Prämie, Prämi(i)erung; Prämisse; *röm.kath.* Prämonstratenser.
präm. prämi(i)eren, prämi(i)ert.
Präp. Präparat; Präparation; *ling.* Präposition.
Präs. *ling.* Präsens; *econ.* Präsentant, Präsentation, Präsentierung; Präsenz; *med.* Präservativ; Präsident(schaft), Präsidium.
präs. präsent; *ling.* präsentisch; präsidieren; präsumtiv.
Prät. Prätendent; Prätention; *ling.* Präteritum.
prbw. probeweise.
Pr.-Doz. Privatdozent.
Preugo Preußische Gebührenordnung für Ärzte.
Preußag Preußische Bergwerks- und Hütten-Aktiengesellschaft.
Prf(g). Prüfung.
PrG Pressegesetz.
Prim. *ped.* Primaner; Primarius; Primitivität, Primitivismus; *röm.kath.* Primiz(iant).
prim. primär; primitiv.
prinz. prinzipiell.
Priv. Privatissimum; Privileg.
priv. privat; privatisiert; privilegiert.
Priv.-Doz. Privatdozent.
Pr.-K. *econ.* Preiskartell; Privatkasse; Privatkonto.
Pr.-Kl. *econ.* Preisklasse; *jur.* Privatklage, -kläger.
Pr.-L. Preisliste; Privatlehrer.
Pr.-Not. *econ.* Preisnotierung.
Pr.-Nr. *tel.* Privatnummer; Probenummer (*of a journal etc*); Prüfungsnummer.
PrO Prüfungsordnung.
prob. probabel; probat; probieren, -biert.
Probl. Problem(atik).
probl. problematisch.
Prod. Produkt(ion), Produktivität, Produzent.
prod. produktiv, produzieren, -ziert.
Prof. Profanität; Profession; Professor; Profil(ierung); Profit.
Profi Professional, Berufssportler.
Progn. Prognose.
Progr. Programm; (*computer*) Programmierer, -mierung; Progreß; Progression.
progr. programmatisch; programmieren, -miert; progressiv.
Proj. Projekt(ierung); Projektil; Projektion, Projektor.
Prok. *econ.* Prokura; Prokuration; *econ.* Prokurist.
Prokl. Proklamation, Proklamierung; *ling.* Proklise.
Prol. Proletariat, Proletarier; Proliferation; Prolog; *econ.* Prolongation.
Prom. Promenade; *econ.* Promesse; Promille; Prominenz; Promiskuität; Promotion; Promotor; *jur.* Promulgation.
prom. promenieren; prominent; promovieren, -viert.
Pron. *ling.* Pronomen.
pron. *ling.* pronominal; prononciert.
Prop. Propädeutik; Propaganda, -dist; Propeller; Proportion; Proporz; Proposition.
prop. proportional, proportioniert.
proph. prophetisch, prophezeien; prophylaktisch.

Pros. Proseminar.
pros. prosaisch; *ling.* prosodisch.
Prosp. Prospekt; Prosperität.
Prost. *med.* Prostata; Prostituierte, Prostitution.
Prot. Protagonist; Protegé; *chem.* Proteid, Protein; Protektion; Protektor, Protektorat; Protest; *relig.* Protestant(ismus); Protokoll; *röm.kath.* Protonotar.
prot. protegieren; *relig.* protestantisch; protestieren; protokollieren, -liert.
Prov. Provenienz; Proviant; Provinz; Provinzial; Provision; Provisor(ium); Provokateur, -tion.
prov. provenzalisch; provinziell; provisorisch; provokatorisch, provozieren(d).
Proz. Prozedur; Prozent(e *pl*); Prozeß; *relig.* Prozession.
Pr.-Sch. Privatschule.
Pr.-St. *med.* Privatstation; Privatstudien *pl*; Prüfstelle; Prüfstempel.
prt, p.r.t. (*Lat.*) pro rata temporis, entsprechend dem Zeitablauf.
Prüfz. Prüfzeichen.
Pr.-V(ers). Privatversicherer, -versicherung.
PrVO Preisverordnung.
Prz. Porzellan.
PS Patentschrift; *med.* Penizillin-Sulfonamid-Kombination; *tech.* Pferdestärke; Postsache; Postsekretär; Postskript(um); Prämiensparen; (*computer*) Programmiersystem; *nucl.* Protonen-Synchrotron; (*sport*) Punktsieger.
Ps. Psalm; Pseudonym.
PSA Postsparkassenamt.
Psc *astr.* Pisces, Fische *pl.*
PSch Postscheck.
PSchA Postscheckamt.
PSchK(to) Postscheckkonto.
Pseud. Pseudonym.
PSF (*postal service*) Postschließfach.
PSK Postscheckkonto; *mil.* Psychologische Kampfführung.
PSL *mil.* Psychologische Lage.

PSpA Postsparkassenamt.
PSpB Postsparbuch.
PSR *med.* Patellarsehnenreflex.
PST (*computer*) Programmsteuerung.
PSt Poststelle.
P.-St. Personenstand; Poststempel.
PSV Polizeisportverein; Postsportverein.
PSW (*computer*) Programmstatuswort.
Psych. Psychiater, Psychiatrie; Psychologe, -logie; *med.* Psychose.
psych. psychedelisch; psychiatrisch; psychisch; psychogen; psychologisch.
psychiat(r). psychiatrisch.
Psychol. Psychologe, -logie.
psychol. psychologisch.
Psychop. Psychopath(ie); Psychopathologie.
psychop. psychopathisch.
Psychosom. Psychosomatik.
psychosom. psychosomatisch.
Psychother. Psychotherapeut(ik), Psychotherapie.
PT *med.* Pulmonalton.
P.T. (*Lat.*) pleno titulo, mit vollem Titel; (*Lat.*) praemisso titulo, mit vorausgeschicktem Titel (*in letter addresses*).
Pt. Pilot; Punkt.
p.t. (*Lat.*) pleno titulo, mit vollem Titel; (*Lat.*) praemisso titulo, mit vorausgeschicktem Titel (*in letter addresses*); (*Lat.*) pro tempore, für jetzt, vorläufig.
Pta(s) Peseta(s *pl*) (*monetary unit of Spain*).
PTB Physikalisch-Technische Bundesanstalt.
PTD *med.* prozentuale Tiefendosis.
PTL *aer. tech.* Propeller-, Turbinen-, Luftstrahltriebwerk.
PTM *auto.* Malaysia.
Ptr. Porträt.
PTT Post, Telephon, Telegraph (*Switzerland*).
PTZ Physikalisch-Technisches Zentralinstitut; Posttechnisches Zentralamt.
PU *ped.* programmierter Unterricht, pro-

grammierte Unterweisung; (*computer*) Programmunterbrechung.
Pu *chem.* Plutonium.
pU *ped.* programmierte Unterweisung.
Publ. Publikation; Publikum; Publizistik.
publ. publizieren, -ziert.
p.u.c. (*Lat.*) post urbem conditam, nach Gründung der Stadt (Rom).
pulv. pulverisiert.
PUR (*computer*) Programm-Umsetzer-Routine.
PUV Private Unfallversicherung.
PV Parteivorsitzende, -vorstand; Personalversammlung; Personenverkehr; Polizeiverordnung, -verwaltung; Postverkehr; Preisverordnung; Prüfvorschrift.
pv. pulverisiert.
PVA *chem.* Polyvinylalkohol.
PVAC *chem.* Polyvinylacetat.
PVC *chem.* Polyvinylchlorid.
PVG Patentverwertungsgesellschaft; Personalvertretungsgesetz; Postverkehrsgesetz (*Switzerland*).
PVO Polizeiverordnung; Preisverordnung.
PVP Polyvinylpyrrolidon (*artificial blood plasma*).
PW (*railway*) Personenwagen; (*railway*) Postwagen; Postwert.
pw. paarweise.
PWz (*postal service*) Postwertzeichen.
PY *auto.* Paraguay.
PZ *mil.* Panzerzug; *med.* Pärchenzwillinge *pl*; *mil.* Pionierzug; Postzeitungs-.
Pz. *mil.* Panzer; (*railway*) Personenzug; (*sport*) Platzziffer.
PZA (*postal service*) Postzeitungsamt; (*postal service*) Postzollamt.
PZO Postzollordnung.
Pz.-Pl. Panzerplatte.
pzt. -prozentig.
PZU (*postal service*) Postzustellungsurkunde.
P-Zug (*railway*) Personenzug.
PZV (*postal service*) Postzeitungsvertrieb.

Q

Q Quetzal (*monetary unit of Guatemala*).
Q. Qualität; Quantität; Quarantäne; Quart; Quartal; Quartett; Quartier; Quarz; Querschnitt.
q Quadrat-; Doppelzentner (*Austria*).
q. quasi.
qcm Quadratzentimeter.
qdm Quadratdezimeter.
q.e.d. (*Lat.*) quod erat demonstrandum, was zu beweisen war.
qkm Quadratkilometer.

QM *phys.* Quantenmechanik; *mil.* Quartiermeister.
qm Quadratmeter.
qmm Quadratmillimeter.
Q.-Mstr., Qmstr. *mil.* Quartiermeister.
QS *phys.* Quecksilbersäule.
Qu. Quart; Quartal; Quartier; Quarz; Quelle; Querschnitt.
qu. (*Lat.*) quasi, gewissermaßen.
Quadr. *relig.* Quadragesima; Quadratur; *mus.* Quadrille; Quadrillion.

quadr. quadratisch.
Qual. Qualifikation; Qualität.
qual. qualifizieren, -ziert; qualitativ.
Quant. Quantität.
quant. quantitativ.
Quar. Quarantäne.
Quart. Quartal; Quartett; Quartier.
Quat. *röm.kath.* Quatember.
Quitt. Quittung.
quitt. quittieren, -tiert.

R

R *econ.* Rabatt; Rand (*monetary unit of South Africa*); *phys.* Reaumur; *mus.* rechte Hand; *math.* rechter Winkel; (*computer*) Regelung; *auto.* Regensburg; Register, Registratur; *econ.* Regulierungsposten; *electr.* Relais; *mus.* Reprise; *relig.* Responsorium; Rücksprache; *auto.* Rumänien.
R. Radio; Radius; (*Lat.*) *math.* Radix, Wurzel; *med.* Ramus; Rat; Raum; Recht; (*Lat.*) *pharm.* recipe, nimm!; Referat, Referent; *mil.* Regiment; (*Lat.*) Regina, Königin; Reich; Religion; Rente; Reserve; (*Lat.*) Rex, König; Richtung; Risiko; Rückseite; Ruine.
r *math.* Radius(vektor); *phys.* Röntgen.
r. rechts; richtig; rot; rund; russisch.
RA *auto.* Argentinien; (*computer*) Rechenanlage; *econ.* Rechnungsauszug; Rechtsabteilung, -amt; Rechtsanordnung; Rechtsanwalt; Rechtsausschuß; (*sport*) Rechtsaußen; Regierungsamtmann.
Ra *chem.* Radium.
r.A. reiner Alkohol.

ra. *phys.* radioaktiv.
Rab. *econ.* Rabatt; Rabbiner.
RAD *hist.* (*in NS-Zeit*) Reichsarbeitsdienst.
Rad. Radar; (*art*) Radierung; Radikale, Radikalisierung, Radikalismus, -list; Radius; (*Lat.*) *math.* Radix, Wurzel.
rad *math.* Radiant.
rad. radial; radikal.
Raff. Raffinade, Raffination, Raffinerie; Raffinesse.
raff. raffinieren, -niert.
RAGO Bundesgebührenordnung für Rechtsanwälte.
RAI (*Ital.*) Radiotelevisione Italiana (*Italian broadcasting and television company*).
Rak. *mil.* Rakete(n *pl*).
RAL Reichsausschuß für Lieferbedingungen, *now* Ausschuß für Lieferbedingungen und Gütesicherung.
rall. (*Ital.*) *mus.* rallentando, langsamer werdend.
Randb(em). Randbemerkung.
RAnw, R.-Anw. Rechtsanwalt.

RAO Reichsabgabenordnung.
Rat. Ratifikation, -fizierung; Ration; Rationalisierung; Rationierung.
rat. ratifizieren, -ziert; rational; rationalisieren, -siert; rationell; rationieren, -niert.
RAW Rationalisierungsausschuß der deutschen Wirtschaft; Reichsbahnausbesserungswerk (*DDR*).
RB *auto.* Botsuana; Radio Bremen; Rechenschaftsbericht; Rechtsberater, -beratung; Rechtsbeschwerde; Regierungsbaurat; Regierungsbezirk; Reichsbahn (*DDR*).
Rb *chem.* Rubidium.
Rb. Rechnungsbüro; Reihenbild.
Rba Reichsbahnamt (*DDR*).
RBD, Rbd Reichsbahndirektion (*DDR*).
RBDir. Regierungsbaudirektor.
R.-Ber. Rechtsberater, -beratung.
R.-Beschw. Rechtsbeschwerde.
R.-Bez. Regierungsbezirk.
Rbf (*railway*) Rangierbahnhof.
RBgR (*mining*) Regierungsbergrat.

RBI Regierungsbauinspektor.
Rbl Rubel (*monetary unit of the USSR*).
RBm. Regierender Bürgermeister; Regierungsbaumeister.
RBR Regierungsbaurat.
RBÜ Revidierte Berner Übereinkunft zum Schutze von Werken der Literatur und Kunst.
RBW relative biologische Wirksamkeit.
RBz. Regierungsbezirk.
rbz. rückbezüglich.
RC *auto.* Taiwan; Rad(fahrer)club; Republikanischer Club; Ruderclub.
RCA *auto.* Zentralafrikanische Republik.
RCB *auto.* Kongo (Brazzaville).
RCDS Ring Christlich-Demokratischer Studenten.
RCH *auto.* Chile.
RCL Radiochemisches Laboratorium; *mar.* Rhein-Container-Linie.
Rd. Rand; Runde.
rd *phys.* Rutherford.
rd. rund.
RDA Rangdienstalter; Reisering Deutscher Autobusunternehmungen.
R.d.A. Rückseite der Akten.
R.d.B. Rat des Bezirks (*DDR*).
Rd.-Br., Rdbr. Rundbrief.
Rd.-Erl., RdErl. Runderlaß.
Rdf. Radfahrer; Rundfunk.
RDir., R.-Dir. Regierungsdirektor.
R.d.K. Rat des Kreises (*DDR*).
RDM Ring Deutscher Makler.
Rdn. Randnotiz; Runden *pl.*
RDO Rhein-Donau-Ölleitung.
RDS Ring Deutscher Siedler.
Rdsch. Rundschau (*a journal*).
Rd.-Schr., Rdschr. Rundschreiben.
RE *econ.* Rechnungseinheit; Rechtsentscheid(ung); Referentenentwurf; Regierungsentschließung, -entwurf; *metall.* Roheisen; Rückerstattung; *tech.* Rundeisen.
Re (*computer*) Rechner; *tech.* Regler; *chem.* Rhenium.
Re. *econ.* Rimesse.
REA (*radio*) Richtempfangsantenne.
reakt. reaktionär; reaktivieren, -viert.
real. realisieren, -siert; realistisch.
Rec. (*Lat.*) *pharm.* recipe, nimm!
Rech. Recherche(n *pl*), Rechercheur.
rech. recherchieren, -chiert.
Rechn(g). *econ.* Rechnung.
Rechtf. Rechtfertigung.
rechtl. rechtlich; rechtlos.
Rechtsf. Rechtsfähigkeit; Rechtsfindung.
Rechtspfl. Rechtspflege(r).
Rechtspr. Rechtsprechung.
Rechtsspr. Rechtssprache.
Rechtsv. Rechtsverfahren.
rechtsw. rechtswidrig.
Red. Redakteur, -tion; Reduktion; Reduplikation.
red. redaktionell; redigieren, -giert; reduplizieren; reduzieren, -ziert.
Ref. Referat; Referendar; Referendum; Referent; Referenz; Reform; Reformation.
REFA *formerly* Reichsausschuß für Arbeitszeitermittlung, *then* Reichsausschuß für Arbeitsstudien, *now* Verband für Arbeitsstudien.
Refl. Reflektant; Reflektor; Reflex; Reflexion; *ling.* Reflexivum.
refl. reflektieren(d), reflektiert; reflektorisch; *ling.* reflexiv.
reform. reformatorisch; reformieren, -miert.
Reg. Regatta; Regeneration, Regenerator; *röm.kath.* Regens; Regent(schaft); Regierung; Regime; *mil.* Regiment; Region; Regisseur; Register, Registratur, Registrierung; *röm.kath.* Regular; Regulator; Regulierung.
reg. regenerieren, -riert; regieren; regional; registrieren, -striert; regulär; regulieren, -liert.
Reg.-Bd. Registerband.
Reg.-Bez. Regierungsbezirk.
Reg.-Bm(str). Regierungsbaumeister.
RegBR Regierungsbaurat.
Reg.-Dir. Regierungsdirektor.
regelm. regelmäßig.
Regl. Reglement(ierung).
Reg.-Nr. Registriernummer.
Reg.-Pr(äs). Regierungspräsident, -präsidium.
RegR Regierungsrat.
Regt. *mil.* Regiment.

reg. Wz. registriertes Warenzeichen.
Reiseg. Reisegeld; Reisegepäck.
Reisek. Reisekosten *pl.*
Rekl. *econ.* Reklamation; Reklame.
Rekr. *mil.* Rekrut.
Rel. *electr.* Relais; Relation; Relativität; Relegation; Relief; Religion; Relikt; Reling; Reliquie.
rel. relativ(ieren); relevant; religiös.
Rem. Remedium.
Ren. Renaissance; Renommee; Renovierung; *econ.* Renumeration; Renunziation.
Reorg. Reorganisation.
Rep. Reparation(en *pl*); Reparatur; *econ.* Repartition; Repertoire; Repertorium; Repetent, Repetition, Repetitor; Report(age), Reporter; Republik(aner); *tech.* Repulsion; Reputation.
rep. reparieren, -riert; *econ.* repartieren, -tiert; repetieren, -tiert.
repbed. reparaturbedürftig.
Repr. Repräsentant; Repräsentation; Repressalien *pl*; Reprise; Reprivatisierung; Reproduktion; Reprographie.
RES, R.E.S. *med.* retikuloendotheliales System.
Res. *med.* Resektion; Reservat(ion); Reserve; *mil.* Reservist; Reservoir; Residenz; Resignation; Resistenz; Resolution; Resonanz; Resorbens, Resorption; Ressentiment; Ressort; Resultat; Résumée.
res. reservieren, -viert; residieren.
Resoz. Resozialisierung.
Resp. Respekt; *med.* Respiration; *relig.* Responsorium.
resp. respektabel, respektieren; respektive.
Ress. Ressort.
Rest. *econ.* Restant; *gastr.* Restaurant, -rateur; (*art*) Restauration, Restaurator, Restaurierung; *jur.* Restitution.
restl. restlich; restlos.
Ret. *relig.* Retabel; *mus.* Retardation; *chem.* Retorte; *phot.* Retusche.
Rev. Revanche; Revers; Revier; Revirement; Revision; Revisionismus, -nist; *econ.* Revokation; Revolte, Revolution(är); Revolver; Revue.
rev. reversibel; revidieren, -diert; revisionistisch; revoltieren; revolutionär.
Rez. Rezensent, Rezension; Rezept; Rezeption; Rezeptur; *jur.* Rezeß; *econ.* Rezession; Rezitation; *mus.* Rezitativ; Rezitator.
rez. *biol.* rezent; rezensieren, -siert; reziprok.
RF (*computer*) Rechnerfamilie; Reiseführer; (*Fr.*) République Française, Französische Republik; *pharm.* Rezeptformel(n *pl*); rheumatisches Fieber.
R.F. (*Fr.*) République Française, Französische Republik.
Rf. Radfahrer; Rechnungsführer; Riff; Rundfunk.
rf *relig.* evangelisch-reformiert.
rf. (*Ital.*) *mus.* rinforzando, stärker werdend.
RFF *aer. mar.* Richtfunkfeuer.
RFH *hist.* Reichsfinanzhof.
Rfn. Rufname; *tel.* Rufnummer.
Rfs. Rundfunksender.
RFT (*sport*) Reit- und Fahrturnier.
Rfz. *tel.* Rufzeichen.
rfz. (*Ital.*) *mus.* rinforzando, stärker werdend.
RG *med.* Rasselgeräusch(e *pl*); Rationalisierungsgemeinschaft; *psych.* Reaktionsgeschwindigkeit; Realgymnasium; Rechtsgeschichte; *hist.* Reichsgericht; *hist.* Reichsgesetz; Religionsgeschichte; Renngemeinschaft; Rudergemeinschaft, -gesellschaft.
Rg *metall.* Rotguß.
Rg. Rang; Rechnung; Regierung; Regie; Register; Ring.
Rg.-Bez. Regierungsbezirk.
RGE Rat der Gemeinden Europas.
RGeh., R.-Geh. Ruhegehalt.
RGK *psych.* Reaktionsgeschwindigkeitskonstante.
Rgl. Rangliste; Regel; Reglement; *tech.* Regler; Regulativ.
rglm. regelmäßig.
Rg.-Pr(äs). Regierungspräsident, -präsidium.
Rgstr. Register, Registratur.
Rgt. *mil.* Regiment.
RGW Rat für gegenseitige Wirtschaftshilfe (= *Engl.* COMECON).

RH *auto.* Haiti; *metall.* Rockwellhärte.
Rh *med.* Rhesusfaktor (positiv); *chem.* Rhodium.
Rh. *geogr.* Rhein; *math.* Rhombus.
r.H. *mus.* rechte Hand.
rh *med.* Rhesusfaktor (negativ).
rh. rheinisch; *math.* rhombisch.
rhet. rhetorisch.
rhfrk. rheinfränkisch.
RHG Rechnungshofgesetz; Rechtshilfegesetz; *hist.* Reichshaftpflichtgesetz.
Rhj. *econ.* Rechnungshalbjahr.
Rhld. *geogr.* Rheinland.
RHS *med.* retikulo-histiozytäres System.
RhZ *chem.* Rhodanzahl.
RI *auto.* Indonesien.
RIAS, Rias Rundfunk im amerikanischen Sektor (Berlin).
Richtl. Richtlinie(n *pl*).
RIM *auto.* Mauretanien.
Rim. *econ.* Rimesse.
R.I.P. (*Lat.*) requiescat in pace, er *od.* sie ruhe in Frieden!
rip. (*Ital.*) *mus.* ripieno, mit vollem Orchester.
rit. (*Ital.*) *mus.* ritardando, zögernd; (*Ital.*) *mus.* ritenuto, zurückhaltend.
Riv. Rivale, Rivalität; *geogr.* Riviera.
Rj. *econ.* Rechnungsjahr.
RK *hist.* Reichskanzler; *hist.* Reichskommissar; *jur.* Restitutionskammer; *mil. hist.* Ritterkreuz; Rotes Kreuz.
Rk. Rakete; Reisekosten *pl.*
rk, r.-k. römisch-katholisch.
RKDB Ring katholischer deutscher Burschenschaften.
rkr. rechtskräftig.
Rkt. Rakete; *mil.* Rekrut.
RKV Rahmenkollektivvertrag (*DDR*).
RKW Rationalisierungskuratorium der deutschen Wirtschaft.
RL *auto.* Libanon; Reallexikon; *econ.* Rechnungslegung; Richtlinien *pl.*
Rl Rial (*monetary unit of Iran*); Riyal (*monetary unit of Saudi-Arabia*).
RM *auto.* Madagaskar; Rechenmaschine; *econ.* Rechnungsmonat; *jur.* Rechtsmittel; *hist.* Reichsmarine; *hist.* Reichsmark; *hist.* Reichsminister(ium); *hist.* Rentenmark; *tech.* Richtmaß; *tech.* Rudermaschine.
Rm. Raum; *med.* Rückenmark.
R.m. Rücksprache mit.
RMC *auto.* Rallye Monte Carlo.
R.M.C. Radio Monte-Carlo.
RMedR Regierungsmedizinalrat.
RMG Rechtsmittelgesetz; *hist.* Reichsmilitärgericht.
RMM *auto.* Mali.
rm oR (*forestry*) Raummeter ohne Rinde.
RMR Rhein-Main-Rohrleitung.
RMSV Rad- und Motorsportverein.
RN Rechtsnachfolge.
Rn *chem.* Radon. [nummer.\
R.-Nr. Rechnungsnummer; Registrier-\
RNS *biol. chem.* Ribonukleinsäure.
RO (*computer*) Rechenoperation.
Rö Rapsöl.
r.o. rechts oben.
ROA *mil.* Reserveoffizieranwärter.
ROG Raumordnungsgesetz.
ROI Regierungsoberinspektor.
Röm. *Bibl.* Römer.
rom. romanisch; romantisch.
röm. römisch.
röm.-kath. römisch-katholisch.
Röntg. *med.* Röntgenologe, -logie.
Rot. Rotation.
Rot.-Dr. *print.* Rotationsdruck.
rotw. *ling.* rotwelsch.
ROZ *tech.* Researchoktanzahl.
RP Regierungspräsident, -präsidium; Reisepaß; (*Fr.*) Réponse payée, Antwort bezahlt (*of telegrams*); Richtpunkt.
R.P. (*Lat.*) *röm.kath.* Reverendus Pater, Ehrwürdiger Vater.
Rp Rupiah (*monetary unit of Indonesia*).
Rp. Rappen (*monetary unit of Switzerland*); (*Lat.*) *pharm.* recipe, nimm!
RPfl., R.-Pfl. Rechtspflege(r).
Rp.-Fz. Raupenfahrzeug.
RPG Regionale Planungsgemeinschaft.
RPJ Ring Politischer Jugend.
RPL *auto.* Rheinland-Pfalz, Landesregierung und Landtag.
RPO *ped.* Reifeprüfungsordnung.
Rpr. *econ.* Rechnungsprüfer, -prüfung; Reproduktion; *econ.* Richtpreis.
RR Rechnungsrat; Regierungsrat; (*sport*) Ringrichter.

Rr. *med.* Rami *pl*; Richter.
RRP Rotterdam-Rhein-Pipeline.
RRV *mil.* rückwärtiger Rand des Verteidigungsraumes.
RS Rallye Sport; Rechtsschutz; *mil.* Rekrutenschule (*Switzerland*).
Rs *chem.* Reizstoff; *electr.* Relais.
Rs. Reise; Reserve; Rückseite; Rücksicht.
rs. rosa(farben).
Rsb. Reisebüro.
RSch. Realschule.
Rschr. Reinschrift.
RSFSR Russische Sozialistische Föderative Sowjetrepublik.
RSHA *hist.* Reichssicherheitshauptamt.
Rsl. Reiseleiter, -leitung.
RSM *auto.* Republik San Marino.
RSO Radio-Symphonie-Orchester (Berlin).
Rspr. Rechtsprechung; Rechtssprache; Richterspruch; Rücksprache.
RSQ *psych.* Reaktionssicherheitsquotient.
RSR *auto.* Rhodesien.
RStGB *hist.* Reichsstrafgesetzbuch.
Rsz. Resonanz.
RT Raumtemperatur; Regelungstechnik; *mar.* Registertonne; *hist.* Reichstag; *tech.*⎫
R.T. Raumtemperatur. [Rohteil.⎭
Rt. Rente.
RTB (*Fr.*) Radiodiffusion-Télévision Belge (*Belgian radio and television company*).
RTI Rundfunktechnisches Institut.

RTL (*sport*) Riesentorlauf.
Rtm. *mil. hist.* Rittmeister.
Rtn. Rentner.
RTV Rahmentarifvertrag.
RU *auto.* Burundi; *med.* Reihenuntersuchung; Religionsunterricht; *med. tech.* Röntgenuntersuchung.
Ru *chem.* Ruthenium.
r.u. rechts unten.
RUB Ruhruniversität Bochum.
Rückf. Rückfahrt; Rückfall; Rückforderung; Rückführung.
Rückg. Rückgabe.
Rückl. *econ.* Rücklage(n *pl*); Rücklieferung.
Rückp. Rückporto.
Rücks. Rückseite; Rücksendung; Rücksicht.
Rückst. Rückstand; Rückstellung; *tech.* Rückstoß.
Rückv(ers). Rückversicherung.
rückw. rückwärtig; rückwärts; rückwirkend.
Rückz. Rückzahlung; Rückzieher; *mil.* Rückzug.
rum(än). rumänisch.
Rundf. Rundfunk.
RundfG Rundfunkgesetz.
russ. russisch.
RV Radfahrverein; Rahmenvertrag; Redakteur-, Redaktionsversammlung;

Rechtsverordnung; Regattaverein; *hist.* Reichsverfassung; Reiterverein; Rentenversicherung; Rodelverein; Ruderverband, -verein; *tech.* Rückschlagventil; Rückversicherung.
R.v. Rücksendung vorbehalten.
Rvj. *econ.* Rechnungsvierteljahr.
RVO Rechtsverordnung; Reichsversicherungsordnung.
RW *electr.* Regelwiderstand; *econ.* Rückkaufwert.
RWA *auto.* Ruanda.
RWB Rechtswörterbuch.
RWE Rheinisch-Westfälisches Elektrizitätswerk AG.
RWG Richterwahlgesetz.
RWI Rheinisch-Westfälisches Institut für Wirtschaftsforschung.
RWL *auto.* Nordrhein-Westfalen, Landesregierung und Landtag.
RWST (*computer*) Rechenwerksteuerung.
RZ (*computer*) Rechenzentrum; Rentenzahlung; *bes. chem.* Restzahl; *econ.* Restzahlung; Rückzahlung.
RZA Reichsbahnzentralamt (*DDR*); Rückzahlungsanweisung.
rzp. reziprok.
Rzpt. Rezept(ur).
rz(p)tpfl. *pharm.* rezeptpflichtig.
Rzs. Rezension; *econ.* Rezession.
Rzt. Rezensent; Rezept.

S

S *econ.* Saldo; *auto.* Salzburg; Schilling (*monetary unit of Austria*); Schnellbahn; Schnellbus; Schnellstraße; *auto.* Schweden; *med.* Sehleistung, -schärfe; Sen (*monetary unit of Japan*); *electr.* Siemens; Sonderklasse; Spezial; Sport; Springer (*in chess*); *auto.* Stuttgart; *mus.* Subdominante; Süd(en); *chem.* Sulfur, Schwefel; Super.
S. Sache; *geogr.* Sachsen; San, Sankt, Sant', Santa, Santo, Sao (*in geographical names etc*); Seine (*e.g. Exzellenz etc*); Seite; Senat; Sender; Serie; Silber; Sirup; Sohn; Soll; Solo; Sommer; *mus.* Sopran; Sortiment; Summa, Summe; Symmetrie.
S/. Sol (*monetary unit of Peru*).
s Sekunde.
s. sachlich; sächlich; schwarz; schwer; sein; seit; sich; siehe!; (*Lat.*) sine, ohne; solo; symmetrisch.
s/. Sucre (*monetary unit of Ecuador*).
SA *tech.* Sammelanschluß; *econ.* Sammelauftrag; Schlichtungsausschuß; Sicherheitsabstand; *print.* Sonderabdruck, -ausgabe; Sonderausschuß; Sonnenaufgang; Sozialamt; *hist.* (*in NS-Zeit*) Sturmabteilung.
S.A. *mil.* Sanitätsabteilung; (*Span.*) Sociedad Anónima, (*Ital.*) Società Anonima, (*Fr.*) Société Anonyme, Aktiengesellschaft.
Sa. *geogr.* Sachsen; Sammler, Sammlung; Samstag; *ling.* Sanskrit; Sonnabend; Summa.
s.a. siehe auch; (*Lat.*) sine anno, ohne Jahr(esangabe) (*of books*).
SAA Schweizerische Astronautische Arbeitsgemeinschaft.
Sab. Sabotage, Saboteur.
SABA, Saba (*TM*) Schwarzwälder Apparatebauanstalt.
SABENA, Sabena (*Fr.*) Société Anonyme Belge d'Exploitation de la Navigation Aérienne (*Belgian airline*).
SAC Schweizer Alpen-Club.
Sachb. Sachbearbeiter; Sachbuch.
sachk. sachkundig.
sächs. sächsisch.
Sachv. Sachverhalt; Sachverständige.
s.a.e.l. (*Lat.*) sine anno et loco, ohne Jahr(es-) und Ort(sangabe) (*of books*).
SAI Sozialistische Arbeiterinternationale.
SAJ Sozialistische Arbeiterjugend.
SAJV Schweizerische Arbeitsgemeinschaft der Jugendverbände.
Sakr. *relig.* Sakrament.
SAKS Schweizerische Arbeitsgemeinschaft katholischer Studenten.

SAL *auto.* Saarland, Landesregierung und Landtag.
Sal. *röm.kath.* Salesianer; Saline.
Samml. Sammlung.
San. Sanatorium; Sanierung; Sanitäter.
san. sanitär.
Sanat. Sanatorium.
Sani *bes. mil. colloq.* Sanitäter.
Sanka *bes. mil. colloq.* Sanitätskraftwagen.
Sa.-Nr. *tel.* Sammelnummer.
San.-R. Sanitätsrat.
sanskr. *ling.* Sanskrit.
SAR Schweizerischer Autorennsportclub.
s.a.S. siehe auch Seite!
SASV Schweizerischer Akademischer Sportverband.
sat. (*paper, leather*) satiniert; *chem.* saturiert.
SATUS Schweizerischer Arbeiter-Turn- und Sportverein.
S.-Auftr. *econ.* Sammelauftrag.
Sax. Saxophon(ist).
SaZ *mil.* Soldat auf Zeit.
SB Sammelband; Sammelbegriff, -bezeichnung; Schachbund; Schülerbund; Schutzbereich; *econ.* Selbstbedienung; *econ.* Selbstbehalt, -beteiligung; Sonderbericht; Sonderbezeichnung; Staats-, Stadtbibliothek.
Sb (*Lat.*) *chem.* Stibium, Antimon.
Sb. Sachbearbeiter; Schaubild; Sitzungsbericht; Sonderband (*book*); Sonderbericht.
s.B. südliche(r) Breite.
sb *phys.* Stilb.
s.b. siehe bei!
SBA Straßenbauamt; Straßenbeauftragte (*DDR*).
S-Bahn Stadtbahn.
SBB Schweizerische Bundesbahnen *pl*.
Sbb. Sitzungsberichte *pl*.
Sbd. Sammelband; Sonderband (*book*); Sonnabend.
SBE Sonderberichterstatter, -erstattung.
SBG Schweizerische Bankgesellschaft; Schwerbeschädigtengesetz; Seeberufsgenossenschaft.
SBJ Schweizerischer Bund für Jugendherbergen.
SBK Schweizerische Beleuchtungskommission; Spezialbaukombinat (*DDR*); *tech.* Styrol-Butadien-Kautschuk.
SBN Schweizerischer Bund für Naturschutz; Standard-Buchnummer.
SBR Schweizerischer Bundesrat.
s.Br. südliche(r) Breite.
Sbst. Selbstbestimmung; *ling.* Substantiv; Substanz.

sbst. selbständig.
SBT Schiffbautechnik.
SBV *tech.* Säurebindungsvermögen (*of water*); Schweizerischer Baumeister-Verband.
SBVV Schweizerischer Buchhändler- und Verleger-Verein.
SBZ *hist.* Sowjetische Besatzungszone; Sozialistische Bildungszentrale (*Austria*).
SC Schlittschuhclub; Schwimmclub; Segel-, Seglerclub; Skiclub; Sportclub; (*computer*) Symbolcode.
S.C. Senioren-Convent (*of a students' society*).
Sc *chem.* Scandium.
sc. (*Lat.*) scilicet, nämlich; (*Lat.*) sculpsit, hat es gestochen; *med.* subkutan.
Sch. Schachtel; *electr.* Schalter, Schaltung; Scheck; Schein; Schiene(n *pl*); *jur.* Schöffe; *mar.* Schoner; (*forestry*) Schonung; Schornstein; Schuh(e *pl*); Schuldner; Schule, Schüler; Schutz; Schütze.
sch. scharf; schief; schön.
SchA Scheckamt; Schutzaufsicht.
Schallpl. Schallplatte.
Sch.-Aufs. Schulaufseher, -aufsicht; Schutzaufsicht.
Schdsr. Schiedsrichter.
Schem. Schema(tismus).
schem. schematisch.
scherz. (*Ital.*) *mus.* scherzando, heiter.
scherzh. scherzhaft.
SchG Scheckgesetz; Schiedsgericht.
Schiffb. Schiffbarkeit; Schiffbau.
SchK *electr.* Schaltkasten.
Schl. Schlacke; Schlamm; Schlange; Schlauch; Schleife; Schlepper; Schleuse; Schlichtung; Schlick; *tech.* Schliff; Schlitten; Schloß; Schlucht; Schluß.
schl. schlank; schlecht; schleichen(d); schließen; schließlich.
SchlA Schlichtungsausschuß.
Schl.-Betr. Schlußbetrachtung; *econ.* Schlußbetrag.
schl. erh. schlecht erhalten.
Schl.-Nr. Schlüsselnummer.
Schm. *jur.* Schiedsmann; Schmied(e); *tech.* Schmierung; Schmuggel, Schmuggler.
Schmp. *phys.* Schmelzpunkt.
Schn. Schnecken *pl*; Schneider(ei); Schneise; Schnitt.
Schn.-P., Schnp. Schnittpunkt.
SchöffG Schöffengericht.
schott. schottisch.
SchP Schutzpolizei.
Schp. Schwerpunkt.
Sch.-Pl. Schießplatz.

SchR Schulrat.

Schr. Schrank; Schranke; Schraube; Schreiben, Schreiber, Schreibung, Schrift(en *pl*).

Schriftf. Schriftführer.

Schriftl. Schriftleiter, -leitung.

schriftl. schriftlich.

Schrifts. Schriftsetzer.

Schriftst. Schriftsteller(ei).

Schr.-R. Schriftenreihe.

Schubf. Schubfach; *tech.* Schubfestigkeit.

Schufa *econ.* Schutzgemeinschaft für allgemeine Kreditsicherung.

Schußw. Schußwaffe; Schußweite.

Schw. Schwabe, *geogr.* Schwaben; Schwäche, Schwächung; Schwager; Schwank; Schwankung(en *pl*); Schwanz; Schwarm; Schwarte; *geogr.* Schwarzwald; Schwede, *geogr.* Schweden; *chem.* Schwefel; *tech.* Schweißen, Schweißer; *geogr.* Schweiz, Schweizer; Schwelle; Schwellung; Schwenkung; Schwert; Schwester; Schwimmen, Schwimmer; Schwingung; *econ.* Schwund.

Sch.-W. Schätzwert; Schaumwein; Scheinwerfer; Schiffswerft.

schw. schwäbisch; schwach; schwanken(d); schwarz; schweben(d); schwedisch; schweißen; schweizerisch; schwenken; schwer; schwierig; schwingen(d); schwül.

schwb. schwäbisch.

schwed. schwedisch.

schweiz. schweizerisch.

Schwerb(esch). Schwerbeschädigte.

schwerl. schwerlich; *chem.* schwerlöslich.

SchwG Schwurgericht.

Schwg. *tech.* Schwingung.

Schwldbd. Schweinsleder(ein)band (*of books*).

Schwp. Schwerpunkt.

Schw.-V(bd) Schwimmverband.

Sch.-Z. Schutzzoll.

scil. (*Lat.*) scilicet, nämlich.

s.c.l. (*Lat.*) summa cum laude, mit höchstem Lob.

SCNL (*Fr.*) Société Nationale des Chemins de Fer Luxembourgeois, Luxemburgische Staatsbahnen *pl*.

SCSV Schweizerische Christliche Studentenvereinigung.

SD Sicherheitsdienst; Sonderdienst; *print.* Sonderdruck; Sonntagsdienst; *med.* Standarddeviation; Subdirektion; *auto.* Swasiland; *med.* Systolendauer.

S.D. *hist.* Seine(r) Durchlaucht.

sd. seitdem; siedend; süddeutsch.

s.d. siehe dies; siehe dort.

SDA Schweizerische Depeschenagentur.

SDAJ Sozialistische Deutsche Arbeiterjugend.

Sd.-Ausf. *econ. tech.* Sonderausführung.

Sd.-Ausg. Sonderausgabe (*of books*).

Sd.-Ausst. Sonderausstattung.

SdB Sonderbericht(erstatter); Sonderbezeichnung.

Sd.-Bd., Sdbd. Sonderband (*book*).

Sdg. Sendung.

sdl. südlich.

Sdp. (*radio*) Sendepause; *phys.* Siedepunkt.

SDR Süddeutscher Rundfunk.

SDS Schutzverband Deutscher Schriftsteller; Schweizerischer Damen-Skiklub; Sprachatlas der deutschen Schweiz; (*Lat.*) *röm.kath.* Societatis Divini Salvatoris, von der Gesellschaft vom Göttlichen Heiland, Salvatorianer; Sozialistischer Deutscher Studentenbund.

S. Durchl. *hist.* Seine(r) Durchlaucht.

SDV Sonderdienstvertrag.

SDW Schutzgemeinschaft Deutscher Wald; Stifterverband für die Deutsche Wissenschaft.

Sdz (*railway*) Sonderzug.

SE *tech.* elektrische Schweißung; *electr.* Schaltelement; *tech.* Schweißeisen; *phys.* Sekundärelektron; *phys.* Sekundäremission; (*radio*) Senderempfänger, Sende- und Empfangsgerät.

S.E. *röm.kath.* Seine Eminenz; Seine Exzellenz.

Se *chem.* Selen; (*radio*) Sender, Sendung; (*computer*) Systemeinheit.

Se. Seine (*e.g.* Exzellenz *etc*); Summe.

SEA Aktionsausschuß Sichere Elektrizitätsanwendung; (*sport*) Spieleinnahmeabgabe; *electr.* Stromerzeugeraggregat.

sec *math.* Sekans; Sekunde.

SECAM, Secam (*Fr.*) sequentielle à mémoire (*French colo[u]r television system*).

SED Sozialistische Einheitspartei Deutschlands (*DDR*).

Se.E. *röm.kath.* Seine Eminenz; Seine Exzellenz.

Seef. Seefahrt.

seef. seefertig; seefest.

Seeh. Seehafen; Seehandel.

Seek. Seekarte; Seekunde.

seekr. seekrank.

Seels. Seelsorge(r).

Seem. Seemann; *mil.* Seemine; Seemole.

seem. seemännisch.

Seevers. Seeversicherung.

Seew. Seewarte; Seewasser; Seewesen.

seew. seewärts.

SEF *phys.* Sekundäremissionsfaktor.

Sehkr. Sehkraft.

seitw. seitwärts.

Sek. *math.* Sekante; *ped.* Sekunda(ner); Sekundant; Sekunde.

sek Sekunde.

Se.Kgl.H. Seine Königliche Hoheit.

Se.K.H. Seine Kaiserliche Hoheit.

Sekr. Sekretär, Sekretariat, Sekretärin; *med.* Sekretion.

Sekt. Sektion; Sektor.

SEL (*TM*) Standard Elektrik Lorenz AG; *phys.* Summeneinflußlinie.

sel. selig.

selbst. selbständig.

Selbstf. *auto.* Selbstfahrer.

selbstv(erst). selbstverständlich.

S.Em. *röm.kath.* Seine Eminenz.

Se.M. Seine Majestät.

Sem. *ling.* Semantik, Semasiologie; Semester; Seminar(ist); *med.* Semiologie, *psych. med.* Semiotik.

sem. *ling.* semantisch, semasiologisch; semitisch; (*Ital.*) *mus.* sempre, immer.

Sen. Senat(or); Senior(en *pl*).

sen. senegal(es)isch; (*Lat.*) senior, der Ältere, älter.

seneg. senegal(es)isch.

SenG Senatsgesetz.

senkr. senkrecht.

Senkr.-St. *aer.* Senkrechtstarter.

sens. sensationell; sensibel; *philos.* sensualistisch.

Sep. Separation, Separatist.

sep. separat.

SEPL Südeuropäische Pipeline.

Sept. September; *relig.* Septuagesima; *Bibl.* Septuaginta.

Seq. Sequenz; *econ. med.* Sequester, *econ.* Sequestration.

seq. (*Lat.*) sequens, folgend.

seqq. (*Lat.*) sequentes, folgende *pl*.

Ser. Serie; *print.* Serife(n *pl*).

serb. serbisch.

Ser.-Nr. Seriennummer.

Serv. Service; Serviette; *jur.* Servitut.

Servol. *auto.* Servolenkung.

SES *tech.* Standardliste für Eisen und Stahl.

SEU (*radio*) Sender-Empfänger-Umformer.

SEV Schweizerischer Eisenbahnerverband; Schweizerischer Elektrotechnischer Verein; *phys.* Sekundärelektronenvervielfacher; (*radio*) Sendereingangsverstärker; Süddeutsche Eisenhandelsvereinigung.

SEW Sozialistische Einheitspartei West-Berlin.

sex. sexuell.

Sext. *ped.* Sexta(ner); *mar.* Sextant.

Sez. Sezession; *med.* Sezierung.

sez. *med.* sezieren, seziert.

SF *auto.* Finnland; *tech.* Saugfähigkeit; *econ.* Schadenfreiheit(sklasse); Schließfach; Seefunk; *auto.* Selbstfahrer; *econ.* Selbstfinanzierung; *electr.* Signalfrequenz; Sonnenfinsternis; Sportfischer; (*computer*) Systemfamilie.

s.F. soziale Fürsorge.

sf (*Ital.*) *mus.* sforzando, sforzato, verstärkt.

sf. seefest.

SFB Seefahrtbuch; Sender Freies Berlin; Sozialer Frauenbund.

SFF (*Ital.*) Strade Ferrate Federale, Schweizerische Bundesbahnen.

SFG Segelflug-Funksprechgerät; Siedlungsförderungsgesetz; Studien- und Förderungsgesellschaft.

SFJ Sozial-, Familien- und Jugendrecht.

SFK *aer.* selbstgesteuerter *od.* selbststeuernder Flugkörper.

Sfk. Seefunk.

SFL *mil.* Selbstfahrlafette.

Sfl. Segelflieger, -flug.

SFO Seefrachtordnung.

SFR *econ.* Schadenfreiheitsrabatt.

sFr., sfr. Schweizer Franken (*monetary unit*).

SFRJ Sozialistische Föderative Republik Jugoslawien.

SFV Schweizerischer Fußballverband; Segelflugverein.

sfz. (*Ital.*) *mus.* sforzando, sforzato, verstärkt.

SG Schülergemeinschaft; *med.* Senkungsgeschwindigkeit; Soldatengesetz; Sozialgericht; Sportgemeinschaft; Studiengesellschaft.

Sg (*railway*) Schnellgüterzug.

Sg. Sachgebiet; (*railway*) Schnellgut; Seitengebäude; *ling.* Singular.

S.g. Sehr geehrte(r) ...

s.g. so genannt.

SGA Schweizerische Gesellschaft für Automatik.

SGAE Studiengesellschaft für Atomenergie (*Austria*).

SGB Schweizerischer Gewerkschaftsbund.

s.g.e. sehr gut erhalten.

S.-Geb. Seitengebäude.

SGFF Schweizerische Gesellschaft für Familienforschung.

SGG Schweizerische Geologische Gesellschaft; Sozialgerichtsgesetz.

SGJ Schweizerische Gewerkschaftsjugend.

SGL Schulgewerkschaftsleitung (*DDR*).

SGP *auto.* Singapur.

SH *auto.* Schleswig-Holstein, Landesregierung und Landtag; Sommerhalbjahr.

S.H. Seine Hoch(ehr)würden *od.* Hochwohlgeboren *od.* Hoheit.

s.h. siehe hinten.

SHB Sozialdemokratischer Hochschulbund.

Shb. Seehandbuch.

SHS Schweizerischer Heimatschutz.

SHSN (*Fr.*) Société Helvétique des Sciences Naturelles, Schweizerische Gesellschaft für Naturwissenschaften.

SHV Schweizer Hotelier-Verein; Süddeutscher Handballverband.

SHZ Sulfathüttenzement.

SI Sicherheitsingenieur.

Si *electr.* Sicherung; *chem.* Silizium.

SIA Schweizerischer Ingenieur- und Architekten-Verein.

Sial *geol.* Silizium + Aluminium.

siam. siamesisch.

Sib. *geogr.* Sibirien, Sibirier.

Sich. Sicherheit; Sicherung.

sich. sicherlich; sichern.

Sichtv. Sichtvermerk.

Sichtw. *econ.* Sichtwechsel; Sichtweite; *econ.* Sichtwerbung.

Sig. Signal; Signatur.

sig. signiert.

Sign. Signal; Signatur; Signum.

sign. signiert.

SIK *electr.* Selbstinduktionskoeffizient.

Sim. *tech.* Simulation, Simulator.

Sima *geol.* Silizium + Magnesium.

sin *math.* Sinus.

Sinf. *mus.* Sinfonie, Sinfoniker.

sinf. *mus.* sinfonisch.

Sing. *geogr.* Singapur; *ling.* Singular.

sing. singulär; *ling.* singularisch.

sinng(em). sinngemäß.

Sipo *hist.* Sicherheitspolizei.

Sir. Sirene; Sirup.

SIS Staatliche Ingenieurschule.

Sit. Situation.

Sittl. Sittlichkeit.

sittl. sittlich.

Sitz.-Ber. Sitzungsbericht.

Sitz.-Pr. Sitzungsprotokoll.

SIZ Selbstkontrolle Illustrierter Zeitschriften.

SJ (*Lat.*) Societatis Jesu, von der Gesellschaft Jesu, Jesuit; Sozialistische Jugend.

SJH Schweizerische Jugendherberge.

SJW Soziales Jugendwerk.

SK Sanitätskolonne; *auto.* Sarawak; *electr.* Schaltkasten; *electr.* Schaltkontakt; Schützenklub; *tech.* Sechskant; Segelklub; *mil.* Sperrkegel; Spielerklub; Skiklub; Sonderkommission; Sonderkorrespondent; Sportklub; *tech.* Synthesekautschuk.

Sk. Skala; Skizze; *econ.* Skonto.
sk. sachkundig; *med.* subkutan.
Skand. *geogr.* Skandinavien, Skandinavier.
skand. *metr.* skandierend; skandinavisch.
SKB Steinkohlenbergwerk.
SKE *tech.* Steinkohleneinheit.
SKG Schweizerische Kriminalistische Gesellschaft.
S.Kgl.H. Seine Königliche Hoheit.
SKGV Schweizerischer Katholischer Gesellenverein.
S.K.H. Seine Kaiserliche Hoheit.
SKIV Schweizerischer Kulturingenieurverein.
SKJV Schweizerischer Katholischer Jungmannschaftsverband.
SKK *hist.* Sowjetische Kontrollkommission (in Deutschland); Sportkegelklub.
skr schwedische Krone (*monetary unit*).
skr. *ling.* sanskritisch; *ling.* serbokroatisch.
Skt *tech.* Skalenteil.
Skt. Sankt; Sektion; Sektor.
S.k.u.k.H. Seine kaiserliche und königliche Hoheit.
SKV Schweizerischer Kaufmännischer Verein; Schweizer Kegler-Vereinigung; Studentische Krankenversorgung.
SL Schriftleiter, -leitung; *aer.* Seitenleitwerk; Sudetendeutsche Landsmannschaft. [*books*].
s.l. (*Lat.*) sine loco, ohne Ort(sangabe) (*of* slaw. slawisch.
SLB *aer.* Start- und Landebahn.
s.l.e.a. (*Lat.*) sine loco et anno, ohne Ort(s-) und Jahr(esangabe) (*of books*).
Slg(n). Sammlung(en *pl*).
SLL Schweizerischer Landesverband für Leibesübungen.
s.l.l. *chem.* sehr leicht löslich.
Slow. Slowake; *geogr.* Slowakei; Slowene; *geogr.* Slowenien.
SLRG Schweizerische Lebensrettungsgesellschaft.
SLV Schweißtechnische Lehr- und Versuchsanstalt; Schweizerischer Landwirtschaftlicher Verein.
SM Saarmesse; Schreibmaschine; *tech.* Siemens-Martin-...; Sortiermaschine; *tech.* Synchronmotor.
S.M. Seine Majestät.
Sm *chem.* Samarium.
Sm. Saum.
sm Seemeile.
sm. (*Ital.*) *mus.* smorzando, ersterbend.
s.m. (*Ital.*) *mus.* sinistra mano, mit der linken Hand.
SMA(D) *hist.* Sowjetische Militäradministration (in Deutschland).
SME *auto.* Suriname, Niederländisch-Guayana.
SMG *ped.* Schülermitgestaltung.
sMG *mil.* schweres Maschinengewehr.
smorz. (*Ital.*) *mus.* smorzando, ersterbend.
Smp. *phys.* Schmelzpunkt.
SMR Schweizerischer Motorrad-Rennsportklub.
S.M.S. *hist.* Seiner Majestät Schiff.
SMUV Schweizerischer Metall- und Uhrenarbeiterverband.
SMV Schülermitverwaltung; *hist.* Sowjetische Militärverwaltung (in Deutschland); *hist.* Sowjetische Mineralölverwaltung (Austria).
SN *auto.* Senegal.
Sn (*Lat.*) *chem.* Stannum, Zinn.
SNB *hist.* Sowjetisches Nachrichtenbüro.
SnBz *metall.* Zinnbronze.
SNCB (*Fr.*) Société Nationale des Chemins de Fer Belge, Belgische Staatsbahnen *pl*.
SNCF (*Fr.*) Société Nationale des Chemins de Fer Français, Französische Staatsbahnen *pl*.
SNCL Société Nationale des Chemins de Fer Luxembourgeois, Luxemburgische Staatsbahnen *pl*.
S.n.P. (*sport*) Sieger nach Punkten.
S.-Nr. *tel.* Sammelnummer; Seriennummer.
SNV Schweizerische Normenvereinigung.
SO Seemannsordnung; Südost(en).
So. Sonder-; Sonntag.
so. sonntags.
sö. südöstlich.
s.o. siehe oben.
SOC Schweizerisches Olympisches Comitee.
SOCist., S.O.Cist. (*Lat.*) *röm.kath.* Sacer Ordo Cisterciensis, Heiliger Zisterzienserorden.

sod. sodann.
sof. sofern; sofort(ig).
SOG Gesetz über die öffentliche Sicherheit und Ordnung.
sog(en). sogenannt.
Sol. Solidarität; Solidität; Solist; (*Lat.*) solutio, *pharm.* Lösung, *med.* Ablösung.
sol. solange; solidarisch; solide.
solv. solvent.
som(al). somalisch.
Son. *mus.* Sonate; (*literature*) Sonett.
sonst. sonstige(s).
Sopr. *mus.* Sopran(istin).
Sort. Sortiment(er).
SOS (*Engl.*) save our ship, rettet unser Schiff, *od.* save our souls, rettet unsere Seelen.
sost(en). (*Ital.*) *mus.* sostenuto, getragen.
Soubr. (*theater*) Soubrette.
Sout. *relig.* Soutane; Souterrain.
Souv. Souverän(ität).
souv. souverän.
sow. erl. soweit erlaubt; soweit erledigt.
sowj(et). sowjetisch.
SOZ *tech.* Straßenoktanzahl.
Soz. Sozialisierung, Sozialismus, -alist; Sozietät; Soziologe, -logie.
soz. sozial, sozialisieren, -siert, sozialistisch; soziologisch.
SozG Sozialgericht.
Soz.-Vers. Sozialversicherung.
SP Schiffspeilung; *mil.* Schützenpanzer; Seitenpeilung; *phys.* Siedepunkt; *auto.* Somalia; Sozialdemokratische Partei; Südpol.
Sp *phys.* Siedepunkt.
Sp. *print.* Spalte; *geogr.* Spanien, Spanier, *ling.* Spanisch; Spannung; Spediteur, Spedition; Speicher; Sperre; Sperrung; Spezial-; Spiel, Spieler; Sport, Sportler; Spule; Spur(en *pl*).
sp. spanisch; später; (*Lat.*) *biol.* species, Art; sperrig; speziell; spezifisch; spielend; spürbar.
SPA Sonderpostamt.
Sp.-A. Sportabzeichen; Sportanzug.
Sp.-Abz. Sportabzeichen.
span. spanisch.
Spark. Sparkasse; Sparkonto.
SPB Schweizerischer Pfadfinderbund.
SpB, Sp.-B. Spar(kassen)buch; Spielbank.
SPD Sozialdemokratische Partei Deutschlands.
Spd. Spritzdose, Sprühdose.
spec. (*Lat.*) *biol.* species, Art.
Sped. Spediteur; Spedition.
Spek. Spekulation.
spek. spekulativ; spekulieren.
Spez. Spezialist; Spezialität.
spez. speziell; spezifisch; spezifiziert.
Spez.-Ausf. *tech.* Spezialausführung.
spez.Gew. *phys.* spezifisches Gewicht.
spez.W. *phys.* spezifische Wärme.
spf. *econ.* superfein.
Sp.-Fl. Spezialflasche; *aer.* Spezialflugzeug; Sportflieger, -flugzeug.
Spfl. Spritz-, Sprühflasche.
Spfr(de). Sportfreund(e *pl*).
sp.G(ew). *phys.* spezifisches Gewicht.
sph. *math.* sphärisch.
Spielz. Spielzeug.
SPIO, Spio Spitzenorganisation der deutschen Filmwirtschaft.
Spir. Spirale; Spiritismus, -tist; Spirituosen *pl*; Spiritus.
spir. spiralenförmig, spiralig; spiritistisch; spirituell; (*Ital.*) *mus.* spirituoso, feurig-lebhaft.
SPK Sozialdemokratische Presse-Korrespondenz; Staatliche Plankommission (*DDR*).
SpK Sparkasse.
Sp.-K. Spezialkarte (*map*); Spielkarte(n *pl*).
Spk. Sparkasse.
SPkt (*postal service*) Schnellpaket.
Spl. Splitt; Splitter; Supplement.
SPÖ Sozialistische Partei Österreichs.
SPOGA, Spoga Internationale Fachmesse für Sportartikel, Campingbedarf und Gartenmöbel.
Sportfr. Sportfreunde *pl*.
Sp.-Pl. (*theater*) *etc* Spielplan; Spielplatz; Sportplatz.
S.P.Q.R. (*Lat.*) *hist.* Senatus Populusque Romanus, Senat und Volk von Rom.
Spr. Sprache; Sprecher; Sprengel; Sprengung; Spruch.

spr. sprachlich; sprechen; spreizen; sprengen; sprich!; springen; spritzen; sprühen.
Sprachw(iss). Sprachwissenschaft(ler).
sprachw(iss). sprachwissenschaftlich.
Spr.-D. Spritz-, Sprühdose.
Sprd(r). *print.* Sperrdruck.
Spr.-Erz. Sprecherziehung.
Spr.-Fl. Spritzflasche.
Spr.-Gr. Sprachgrenze.
Sprk. Sprechkunde; Sprengkörper.
Spr.-Sch. (*sport*) Sprungschanze.
SPS Sozialdemokratische Partei der Schweiz; (*computer*) Symbol-Programm-System.
Sps. *med.* Sepsis.
Sp.-Sch. Sportschule.
SpST (*computer*) Speichersteuerung.
Sp.-St. Sperrstunde; Sportstudent, -studium.
SpSte (*computer*) Speicherstelle.
Sp.-V(erb). Spitzenverband.
sp.v(ol). *phys.* spezifisches Volumen.
Spvg(g). Spiel-, Sportvereinigung.
SPW *mil.* Schützenpanzerwagen.
SpW (*computer*) Speicherwerk.
Spw. Spannweite.
sp.W. *phys.* spezifische Wärme.
SPz *mil.* Schützenpanzer.
SpZ (*computer*) Speicherzelle.
SR Saarländischer Rundfunk; Sanitätsrat; (*computer*) Satellitenrechner; Schiedsrichter; (*radio*) Schweizerischer Rundspruchdienst; Senatsrat; *med.* Senkungsreaktion; Sicherheitsrat; *econ.* Sonderrabatt; Sozialistische Republik; *econ.* Summenrabatt.
Sr *chem.* Strontium.
Sr. Seiner (*z.B.* Exzellenz *etc*); (*Lat.*) Senior, der Ältere.
s.R. siehe Rückseite.
SRB Schweizerischer Radfahrer-Bund.
S.R.E. (*Lat.*) *röm.kath.* Sancta Romana Ecclesia, Heilige Römische Kirche.
SRFK Staatliches Rundfunkkomitee (*DDR*).
SRG Schweizerische Radio- und Fernsehgesellschaft.
S.R.I. (*Lat.*) *hist.* Sacrum Romanum Imperium, Heiliges Römisches Reich.
SRK Schweizerisches Rotes Kreuz; *mar.* Seenotrettungskreuzer; Staatliches Rundfunkkomitee (*DDR*).
SRP *hist.* Sozialistische Reichspartei.
SS (*space*) Satellitensystem; Scharfschütze; *hist.* (*in NS-Zeit*) Schutzstaffel; Sommersemester; Sprengstoff; *tech.* synthetischer Schmierstoff.
SS. (*Lat.*) Sanctae *od.* Sancti, die Heiligen; (*Lat.*) Sanctissimum, das Allerheiligste; Seiten *pl* (*of books*).
S.S. (*Lat.*) *Bibl.* Sancta Scriptura, Heilige Schrift; (*Lat.*) *röm.kath.* Sancta Sedes, Heiliger Stuhl; *mar.* Schraubenschiff; (*Lat.*) *röm.kath.* Sua Sanctitas, Seine Heiligkeit; (*Lat.*) Summa Summarum, alles in allem.
SSC Schwimmsportclub.
SSD *mil.* Schiffssicherungsdienst; Staatssicherheitsdienst (*DDR*); *auto.* Stahlschiebedach.
SSG Sauerstoffschutzgerät; Schulsportgemeinschaft.
Sskr. Subskription.
SSL *med.* Scheitel-Steiß-Länge.
SSO *mil.* Schiffssicherungsoffizier; Seestraßenordnung; Südsüdost(en).
ssö. südsüdöstlich.
SSR Seeschiffsregister; Sozialistische Sowjetrepublik.
SSS Segelschulschiff.
SSt., S.-St. Sammelstelle.
SSV Schweizerischer Schriftstellerverein; Schweizerischer Ski-Verband; Schweizerischer Städteverband; Sommerschlußverkauf; Sport- und Spielverein.
SSVO Strahlenschutzverordnung.
SSW Südschleswigscher Wählerverband; Südsüdwest(en).
ssw. südsüdwestlich.
ST Schiffstechnik; *mar.* Schnelltransport(er).
St. Sankt; Staat; *mil.* Stab; Stadion; Stadium; Stadt; *aer. mil.* Staffel; Stahl; *ling.* Stamm; Stand; Standard; Ständer; Stange; Stapel; Stärke; Start; Statik(er); Station; Statistik(er); Status; Statut; *electr.* Stekker; Stein; Stelle; Stellung; Steuer(n *pl*); Stift; Stil; *mus.* Stimme; Stimmung; Stock(werk); *meteor.* Stratus; Stück; Student;

Studie; Studio; Studium; Stufe; Stunde; Sturz; Stute.

st *astr.* Stunde.

st. *tech.* selbsttragend; staatlich; städtisch; stählern; ständig; stark; starr; stationär; statisch; statistisch; statt.

s.t. (*Lat.*) sine tempore, ohne (akademisches) Viertel; pünktlich.

Sta. (*Span., Portug.*) Santa, Heilige.

staatl. staatlich.

staatl. gen. staatlich genehmigt.

staatl. gepr. staatlich geprüft.

Stab. Stabilisator; Stabilität.

stacc. (*Ital.*) *mus.* staccato, gestoßen.

Stad. Stadion; Stadium.

städt. städtisch.

Stadtv(er). Stadtverordnete.

Stadtv(erw). Stadtverwaltung.

Staf. Stafette.

Staff. Staffage; Staffel(ung).

Stalu *metall.* Stahlaluminium.

Stand. Standard; Standarte; Standesamt.

ständ. ständig; ständisch.

St.-Ang. Staatsangehörige, -angehörigkeit; Staatsangestellte.

St.-Anl. Staatsanleihe.

St.-Anw. Staatsanwalt(schaft).

St.-Anz. Staatsanzeiger (*official gazette*).

St.-Arch. Staatsarchiv(ar); Stadtarchiv(ar).

St.-Ass. Studienassessor.

Stat. Station; Statist; Statistik(er); Stativ; *med. biol.* Statolith; Stator; *aer.* Statoskop; Statue; Statur; Status; Statut.

stat. stationär; stationieren, -niert; statisch; statistisch; statuarisch; statutarisch.

StatBA Statistisches Bundesamt.

stattl. stattlich.

StB Staatsbibliothek; Stadtbibliothek, -bücherei; Steuerbeamte; Steuerbescheid; Steuerbetrag; Steuerbilanz.

Stb. Staatsbibliothek; Stadtbibliothek, -bücherei; Stammbaum; Stammbuch; Steuerberater, -beratung; *mar.* Steuerbord; *med.* Stimmband.

St.-Ber. Steuerberater, -beratung; Steuerberechnung.

St.-Besch. Steuerbescheid.

St.-Bev. Steuerbevollmächtigte.

St.-Bez. Stadtbezirk; Steuerbezirk.

St.-Bibl. Staatsbibliothek; Stadtbibliothek.

Stckpr. Stückpreis.

Stckz. Stückzahl.

Std. Stand; Standard; Stunde.

std(g). ständig; -stündig.

Stdg. *econ.* Stundung.

St.-Dir. Stadtdirektor.

stdl. stündlich.

Stdn. Stunden *pl.*

STE (*computer*) Steuereinheit.

Ste (*Fr.*) Sainte, Heilige.

StEG Strafrechtsergänzungsgesetz(*DDR*).

Steig. Steigerung; Steigung.

Stell(g). Stellung.

Stellv. Stellvertreter, -vertretung.

stellv. stellvertretend.

Sten(ogr). Stenograph(ie).

sten(ogr). stenographisch.

Stenotyp. Stenotypist(in).

STEP Systematisches Training und Entscheidungsprogramm (der Bundesanstalt für Arbeit).

St.-Erm. Steuerermäßigung.

St.-Ex. Staatsexamen.

stf. steuerfrei.

StFB Staatlicher Forstwirtschaftsbetrieb (*DDR*).

St.-Fdg. Steuerfahndung.

stfr. steuerfrei.

St.-Frh. Steuerfreiheit.

STG Schiffsbautechnische Gesellschaft.

StG Staatsgesetz; *metall.* Stahlguß.

St.G. *econ.* Stiller Gesellschafter.

Stg *metall.* Stahlguß.

Stg. Sonntag; Steigerung; Steigung; Stellung; Steuerung.

stg. steigend.

-stg. -stimmig.

StGB Strafgesetzbuch.

STH *med.* somatotropes Hormon.

sth. *ling.* stimmhaft.

StI Steuerinspektor.

Stift. Stifter, Stiftung.

stil. stilisieren, -siert; stilistisch.

Still. (*art*) Stilleben; Stillegung.

St.-Insp. Steuerinspektor.

Stip. Stipendiat, Stipendium.

Stj. Sterbejahr; Steuerjahr.

StJA Stadtjugendamt.

St.Jb. Statistisches Jahrbuch.

StK *econ.* Stammkapital; Sterbekasse; *jur.* Strafkammer.

StK. Steuerkarte.

Stk. Steinkohle; Steuerkarte.

St(.-)Kl. Steuerklasse.

St.-Kr., Stkr. Stadtkreis.

St.-Kzl. Staatskanzlei.

stl. staatlich; *ling.* stimmlos.

StM Staatsminister(ium); (*computer*) Stellenmaschine.

Stm. *geogr.* Steiermark; *mar.* Steuermann.

Stmb. Stammbaum; Stammbuch.

Stmk. *geogr.* Steiermark.

St.-Nr. Steuernummer.

StO *mil.* Stabsoffizier; Städteordnung; Standort.

Sto. (*Span.*) Santo, Heilige.

StOK *mil.* Standortkommandantur.

STP (*computer*) Steuerprogramm.

Stp. *tech.* Steuerpult; Stützpunkt.

St.-Pers. Stammpersonal.

Stpfl. Steuerpflichtige.

stpfl. steuerpflichtig.

St.-Pl., Stpl. Stadtplan; Stehplatz; Stellenplan.

StPO Strafprozeßordnung.

St.-Pr. Staatspreis.

St.-Pr(äs). Staatspräsident.

StR Staatsrat; Staatsrecht; Stadtrat; Steuerrat; Steuerrecht; Studienrat.

Str. Strafe; Strahl(ung); Strand; Straße; Straßenbahn; Strauch; Strecke; *mus.* Streicher; Streife; Streifen; Streit; Strich; Strom; Strophe; Struktur.

str (*Ital.*) *mus.* stringendo, schneller werdend.

str. streitig, strittig.

Str.-A(nst). Strafanstalt.

Strab. Straßenbahn.

Strafr. Strafrecht; Strafrichter.

Strafs. Strafsache; Strafsenat.

Str.-Antr. Strafantrag.

Strat. Strategie; Stratosphäre.

strat. strategisch.

Str.-B. Straßenbahn; Straßenbau.

St.-Ref. Steuerreform; Studienreferendar.

str. geh. streng geheim.

string. (*Ital.*) *mus.* stringendo, schneller werdend.

StrK Strafkammer.

Str.-Kr. Straßenkreuzung.

Str.-Reg. Strafregister.

StrRG Gesetz zur Reform des Strafrechts.

Str.-Sen. Strafsenat.

Str.-V(ollstr). Strafvollstreckung.

Str.-V(ollz). Strafvollzug.

Str.-Verk. Straßenverkauf, -verkäufer.

StSi *metall.* Siliziumstahl.

StT Städtetag. [Studium.]

Stud. Student, Studie(n *pl*); Studierende,] Studierende.

stud. studentisch; studieren; (*Lat.*) studiosus, Student, Studierende.

Stud.-Ass. Studienassessor.

Stud.-Ref. Studienreferendar.

StUffz *mil.* Stabsunteroffizier.

STUVA Studiengesellschaft für unterirdische Verkehrsanlagen.

STV Schweizerischer Studentenverein; Schweizerischer Techniker-Verband; Schweizerischer Tonkünstlerverein.

StV Staatsvertrag; *mil.* Stabsveterinär; Stadtverwaltung; Stellvertreter, -vertretung; Straßenverkehr.

Stv. Stadtverordnete; Stellvertreter, -vertretung; Straßenverkehr.

stv. stellvertretend.

StVA Straßenverkehrsamt.

St.-Verw. Staatsverwaltung; Stadtverwaltung; Steuerverwaltung.

StVG Straßenverkehrsgesetz.

StVO Strafvollstreckungsordnung; Straßenverkehrsordnung.

StVR Straßenverkehrsrecht.

StVZO Straßenverkehrszulassungsordnung.

STW (*computer*) Steuerwerk.

StW *brew.* Stammwürzegehalt (*of beer*).

Stw. Staatswissenschaft(en *pl*); *ling.* Stammwort; Stellwerk.

SU Sonnenuntergang; Sowjetunion.

s.u. siehe unten; siehe unter.

Subd. *röm.kath.* Subdiakon.

Subj. Subjekt.

subj. subjektiv.

Subskr. Subskribent, Subskription.

Subskr.-Pr. Subskriptionspreis.

Subst. *ling.* Substantiv; Substanz; Substitut.

subst. *ling.* substantivieren, -viert, substantivisch.

Subtr. Subtraktion; Subtropen *pl.*

subtr. subtrahieren, -hiert; subtropisch.

Subv. Subvention(en *pl*); Subversion.

subv. subventionieren, -niert; subversiv.

sud(an). sudan(es)isch.

südd(t). süddeutsch.

südl. südlich.

südl.Br. südliche(r) Breite.

s.u.d.T. siehe unter dem Titel.

südw. südwärts; südwestlich.

sugg. suggerieren, -riert, suggestibel, suggestiv.

summ. summarisch.

Sup. *relig.* Superintendent; *röm.kath.* Superior; *ling.* Superlativ; Supermarkt.

Suppl.(-Bd.) Supplement(band).

Susp. Suspendierung, Suspension; *med.* Suspensorium.

SUVA, Suva Schweizerische Unfallversicherungsanstalt.

SV Sachverhalt; Sachverständige; Schachverband; Schülervereinigung; Schwimmverband, -verein; Seglerverein(igung); Selbstverwaltung; *jur.* Sicherungsverwahrung; (*computer*) Simultanverarbeitung; Skiverband; *econ.* Sondervermögen; Sonderverzeichnis; Sozialversicherung; Spielvereinigung; Sportverband, -verein(igung); Stifterverband.

s.v. siehe vorn; (*Ital.*) *mus.* sotto voce, gedämpft; (*Lat.*) sub verbo *od.* sub voce, unter dem (Stich)Wort.

SVA Sachverständigenausschuß; Sozialversicherungsanstalt; Straßenverkehrs-\
sva. soviel als. [amt.∫

SVB Schweizerische Volksbibliothek.

SVD Schweizerische Vereinigung für Dokumentation; Straßenverkehrsdirektion.

SVDS Studentenverband Deutscher Seefahrtschulen.

S.-Verw. Selbstverwaltung.

SVI Studentenverband Deutscher Ingenieurschulen.

SVK Sozialversicherungskasse (*DDR*).

SVO *mil.* Schiffsversorgungsoffizier; Strahlenschutzverordnung.

SVP Saarländische Volkspartei; Südtiroler Volkspartei.

s.v.v. (*Lat.*) sit venia verbo, man verzeihe das Wort!

S.-Vw. Selbstverwaltung.

svw. sinnverwandt, soviel wie.

SVZ Schweizerische Verkehrszentrale.

SW Südwest(en).

SWB Schweizerischer Werkbund.

SWF Südwestfunk.

SWFD *tel.* Selbstwählferndienst.

s.w.h. siehe weiter hinten.

S.-Wk., Swk. Sammelwerk.

s.w.l. *chem.* sehr wenig löslich.

s.w.o. siehe weiter oben.

s.w.u. siehe weiter unten.

SWV Schweizerischer Wasserwirtschaftsverband.

s.w.v. siehe weiter vorn.

SY *auto.* Seychellen *pl.*

sym. symmetrisch.

symb. symbolisch.

symp. sympathetisch; sympathisch.

Symph. *mus.* Symphonie, Symphoniker.

symph. *mus.* symphonisch.

Syn. *relig.* Synagoge; *relig.* Synodale, Synode; *ling.* Synonym(ik); *Bibl.* Synopse, Synoptik(er).

syn. synonym(isch); synoptisch.

synchr. synchron(isch), synchronisieren, -siert; synchronistisch.

Synd. Syndikalismus, -list, Syndikat; *jur.* Syndikus.

synt. *ling.* syntaktisch.

synth. synthetisch.

SYR *auto.* Syrien.

syr. syrisch.

syst. systematisch; *med.* systolisch.

SZ *chem.* Säurezahl; Schlafzimmer; Sommerzeit; Süddeutsche Zeitung.

Sz. Seitenzahl; Sitzzahl; Szenerie.

s.Z. seinerzeit.

SZD *med.* Streuzusatzdosis.

SZH Schweizerische Zentrale für Handelsförderungen.

SZR Sonderziehungsrechte *pl.*

szs. sozusagen.

s.Zt. seinerzeit.

SZV Schweizerischer Zeitungsverleger-Verband; Schweizerische Zentrale für Verkehrsförderungen.

T

T *tech.* Takt; *phys.* Tangentialkraft; *mil.* Tank; Tank(er), Tankschiff; Tankstelle; *econ.* Tara; *mar.* Tauchtiefe; Tausend; Taxe; *econ.* Taxkurs; Telefon; Telegraf(ie); Temperatur; *mus.* Tenor; Tera-; Termin; *phys.* Tesla; Test; *auto.* Thailand; *metall.* Thomasstahl; *meteor.* Tief, Tiefdruck(gebiet); *mar.* Tiefgang; *auto.* Tirol; Tonband(gerät); *mus.* Tonika; *med.* Tonikum; *tech.* Touren(zahl) *pl*; Touristenklasse; *tech.* Tragfähigkeit; *electr.* Transformator; *electr.* Transistor; Transport; *(railway)* Triebwagenzug; *chem.* Tritium; Turm; Typ(e), Typus.
T. Tag; *tech.* Takt; Tarif; Tasse; Tat; Tau; Taufe; Tausch; Tausend; Taxe; Technik; Teil; Teilung; Tempo; *mus.* Tenor; Termin; Testament; Text; Textilien *pl*; Titel; Tochter; *(Lat.)* Tomus, Band *(of books)*; *med.* Tonikum; Tor; *(sport)* Torhüter; Tornister; Torpedo; *(sport)* Torwart; *tech.* Touren(zahl) *pl*; Tourist(en *pl*), Touristenklasse; Tür; Turbine; Turm; Turnen; Turnus; Typ(e), Typus.
t Temperatur; *(Lat.) phys.* tempus, Zeit; *mus.* Tenor; *(Ital.) mus.* tenuto, (aus)gehalten; Tonne *(weight)*.
t. täglich; tariflich; technisch; tief; *(Lat.)* tomus, Band *(of books)*; total; *(Ital.) mus.* tutti, alle.
TA Tarifangestellte; Taschen(buch)ausgabe; Technische Abteilung; Technische Akademie; Technischer Angestellter; Technischer Assistent; Technischer Ausschuß; Telegrammadresse; Telegraphenamt; Textausgabe; Tierarzt *(Austria)*; *electr. tech.* Tonabnehmer.
T.A. Taschen(buch)ausgabe.
Ta Tanne; *chem.* Tantal; *econ.* Tara.
Ta. Tank(er); Tanz; Tasche; Tasse; Tastatur, Taste.
TAB Technische Aufsichtsbehörde, Technischer Aufsichtsbeamter; Technisches Außenbüro.
Tab. Tabak; Tabelle, Tabellierer; *röm. kath.* Tabernakel; Tabulator.
tab. tabellarisch.
Tabl. Tablett; *pharm.* Tablette(n *pl*).
Tab.-St. Tabaksteuer.
Tabu *colloq.* Taschenbuch.
Taf. Tafel.
tägl. täglich.
Ta.-Gr. Tarifgruppe.
TÄH Tierärztliche Hochschule *(Austria)*.
TÄK Tierärztekammer.
takt. taktieren, taktisch.
taktl. taktlos.
taktv. taktvoll.
TAL Transalpine Ölleitung.
Talm. *relig.* Talmud; Talmulde.
Tam. Tamil, Tamile(n *pl*).
tam. tamilisch.
Tamb. Tambour. [*(DDR)*.]
TAN technisch begründete Arbeitsnorm]
tan *math.* Tangens.
Tang. Tangente.
tang. tangential; tangieren, tangiert.
Tans. *geogr.* Tansania, Tansanier.
tans. tansanisch.
Tant. Tantieme.
Tar. Tarif.
tar. tarif(är)isch, tariflich.
Tar.-Gr. Tarifgruppe.
Tar.-Nr. Tarifnummer.
TarO, Tar.-Ord. Tarifordnung.
Tar.-Vertr. Tarifvertrag.
TASS Technische Arbeitsgemeinschaft für Schrift und Sprache *(Austria)*; *(Russ.)* Telegrafnoje Agentstwo Sowetskogo Sojusa *(Soviet news agency)*.
Tast. Tastatur.
TAT Transatlantisches Telefonkabel.
tat(ar). tatarisch.
Tats. Tatsache.
tats. tatsächlich.
Tax. Taxameter; Taxation, Taxator, Taxierung.
tax. taxieren, taxiert.
TB Tarifbestimmung(en *pl*); Tätigkeitsbericht; Technische Bestimmungen *pl*; Technischer Beamter; Technischer Bericht; Technisches Büro; Tennisbund; Touringbund; Turnerbund.

Tb *chem.* Terbium; *med.* Tuberkulose.
Tb. Taschenbuch; *jur.* Tatbestand; Taube; *mus.* Tuba; Tube.
TBA Telegraphenbauamt.
TbB Tuberkelbakterium.
Tbc *med.* Tuberkulose.
Tbk. *med.* Tuberkulose.
Tbl. *pharm.* Tablette; Titelblatt.
TBO Telegraphenbauordnung.
T-Boot *mil.* Torpedoboot.
TBR *med.* Trockenblutreaktion.
TBS Technische Betriebsschule *(DDR)*.
TC Tennisclub; Touringclub; Touristenclub.
Tc *chem.* Technetium.
T.C.F. *(Fr.)* Touring-Club de France, Französischer Touringclub.
T.C.I. *(Ital.)* Touring-Club Italiano, Italienischer Touringclub.
T.C.S. *(Fr.)* Touring-Club de Suisse, Touringclub der Schweiz.
Tct., tct. *(Lat.) pharm.* tinctura, Tinktur.
TD *pharm.* Tagesdosis; *mar.* Tankdampfer; Technischer Dienst; Technischer Direktor; Testdaten *pl*; *med.* Tiefendosis; Transportdienst.
tD tunesischer Dinar *(monetary unit)*.
TdL Tarifgemeinschaft der Länder.
TDM tausend Deutsche Mark.
tdu. *mil.* tropendienstuntauglich; *mil.* truppendienstuntauglich.
TDv. *mil.* Technische Dienstvorschrift.
TE Trennungsentschädigung.
Te *chem.* Tellur; *geogr.* Tessin; *med.* Tetanus; *econ.* Tratte.
Tech(n). Technik(er); Technikum.
techn. technisch; technologisch.
Technol. Technologie.
technol. technologisch.
TEE *(railway)* Trans-Europ-Express.
Teel. Teelöffel.
TEEM *(railway)* Trans-Europ-Express-Marchandises *(goods express train)*.
TeG *metall.* Temperguß.
Teilh. *econ.* Teilhaber(schaft).
Teiln. Teilnahme, -nehmer.
teilw. teilweise.
Teilz. *econ.* Teilzahlung.
TEL Technische Einsatzleitung.
Tel. Telefon; Telegraf(ie), -gramm.
tel. telefonieren, -fonisch; telegen; telegrafieren, -grafisch.
telef. telefonieren, -fonisch.
Telegr. Telegrafie, -gramm.
telegr. telegrafisch.
Tel.-Nr. Telefonnummer.
Tel.-Sa.-Nr. Telefonsammelnummer.
Tel.-Verb. Telefonverbindung.
Tel.-Verz. Telefonverzeichnis.
Temp. Temperament; Temperatur.
temp. temperamentvoll; temperieren, -riert; *ling.* temporal; temporär.
ten. *(Ital.) mus.* tenuto, (aus)gehalten.
Tend. Tendenz.
tend. tendenziell; tendenziös; tendieren.
Term. Terminal; Terminierung; Terminologie, Terminus; *zo.* Termite(n *pl*).
term. terminieren, -niert; terminlich; terminologisch.
term. tech. *(Lat.)* terminus technicus, Fachausdruck.
Terr. Terrasse; Terrazzo; Territorium.
terr. territorial.
TerrRes *mil.* Territorialreserve.
Tert. *ped.* Tertia(ner); *geol.* Tertiär.
TES Turbinenelektroschiff.
Test. Testament; Testator; Testierung; *med.* Testikel; *jur.* Testimonium.
tetr. *math. chem.* tetragonal.
Tex. *geogr.* Texas.
Text. Texter; Textil(ien *pl*); *chem. tech.* Textur.
TEXTIMA Volkseigene Betriebe für Maschinen der Textil- und Bekleidungsindustrie *(DDR)*.
TF *electr.* Trägerfrequenz; *mil.* Truppenführung.
TF-Boot Tragflächenboot.
Tfl. Tafel; Täfelung.
Tflg. Täfelung.
Tfm *(forestry)* tausend Festmeter.
TG Tagegeld; Tarifvertragsgesetz; Technische Grundsätze *pl*; Temperaturgrenze;

Tennisgemeinschaft; Tierschutzgesetz; *auto.* Togo; Trennungsgeld; Turngemeinschaft.
Tg Telegraf(ie); *mar.* Tiefgang.
Tg. Tag; Tagung.
tg *math.* Tangens.
Tgb.(-Nr.) Tagebuch(nummer).
tgh *math.* Hyperbeltangens.
TGL Technische Geschäftsleitung; Technische Normen, Gütevorschriften und Lieferbedingungen *(DDR)*.
tgl. täglich.
T.-Gr. Tarifgruppe.
Tgt. *math.* Tangente.
Tgw. Tagewerk *(surface measure)*.
TH Technische Hochschule.
Th *chem.* Thorium.
Th. Theater; Thema; Theologe, -logie; Theorie; Therapie; Thermometer; *tech.* Thermostat; *geogr.* Thüringen.
thail(änd). thailändisch.
theatr. theatralisch.
them. thematisch.
theor. theoretisch.
ther(ap). therapeutisch.
Therm. Thermograph; Thermometer; *tech.* Thermostat.
therm. thermisch.
thermon. thermonuklear.
Thess. *Bibl.* Thessalonicher.
Th.-St. *metall.* Thomasstahl.
THTR *nucl.* Thorium-Hochtemperatur-Reaktor.
Thür. *geogr.* Thüringen, Thüringer.
thür. thüringisch.
THW Technisches Hilfswerk; Tidehochwasserstand.
Thw. Tidehochwasserstand.
TI Technische Inspektion; Technologisches Institut.
Ti *chem.* Titan.
Ti. *geogr.* Tirol, Tiroler; Tisch; Titel, Titulierung.   [(Hannover).]
TIB Technische Informationsbibliothek]
tib(et). tibet(an)isch.
TiH Tierärztliche Hochschule.
Tilg.(-R.) *econ.* Tilgung(srate).
Tim. *Bibl.* Timotheus.
Tir. *geogr.* Tirol, Tiroler.
Tit. Titel; *Bibl.* Titus.
tit. titulieren, -liert.
Tit.-Bisch. *röm.kath.* Titularbischof.
Tit.-Bl. Titelblatt.
TK Tarifkommission; Technische Kommission; technische Konstruktion; Technische Kurzbeschreibung; *phys.* Temperaturkoeffizient; *tech.* Totalkapazität.
Tk. Tank; Tonkunst.
TKK Tiefkühlkost.
Tkm tausend Kilometer.
tkm Tonnenkilometer.
t/km Tonnen pro Kilometer.
TKO Technische Kontrollorganisation *(DDR)*.
Tkst. Tankstelle.
Tkw. Tankkraftwagen.
TL Tanklager; Taschenlampe; Technische Leitung; Technische Lieferbedingungen *pl*; Technischer Leiter; *tech.* Traglast; *aer.* Turbinen-Luftstrahltriebwerk; Turbolokomotive.
Tl *chem.* Thallium.
Tl. Teil.
t.l. *chem.* teilweise löslich.
Tle. Teile *pl*.
TLF Tanklöschfahrzeug.
-tlg. -teilig.
Tln. Teilnahme, -nehmer.
tlw. teilweise.
TM Technisches Museum *(Austria)*; Tonmodulation; *tech.* Turbomotor.
Tm *chem.* Thulium.
tm Tonnenmeter.
tm. teilmotorisiert.
TMD *pharm.* Tagesmaximaldosis.
TME *nucl.* Tausendstelmasse(n)einheit.
T/min *tech.* Touren pro Minute.
TMS *mar.* Tankmotorschiff; *mar.* Turbinenmotorschiff.
TMÜ *anthrop.* Tier-Mensch-Übergangsfeld.
TN *econ.* Tagesnorm *(DDR)*; Telefonnummer; *auto.* Tunesien.

TNT *chem.* Trinitrotoluol.
TO Tagesordnung; Tarifordnung; Technische Oberschule; *mil.* Technischer Offizier; *mil.* Transportoffizier.
tödl. tödlich.
tog. togoisch, togolesisch.
Toil. Toilette.
TÖK technisch-ökonomische Kennziffer (*DDR*).
TOM technisch-organisatorische Maßnahmen *pl* (*DDR*).
Tonn. *mar.* Tonnage.
Top. Topograph(ie); *math.* Topologie.
top(ogr). topographisch.
Torp. *mil.* Torpedo.
tot. total.
Totp. *tech.* Totpunkt.
TP *aer.* Testpilot; Testprogramm; *electr.* Tiefpaß; Triangulationspunkt, Trigonometrischer Punkt.
Tp. Temperatur; Tempo; Transport.
TPD Technischer Pressedienst.
TpM, T.p.M. *tech.* Touren pro Minute.
tpm *chem.* Transmutationen pro Minute.
TPN *chem. med.* Triphosphopyridinnukleotid.
tps *nucl.* Transmutationen pro Sekunde.
TQ *phot.* Tageslichtquotient.
TR Technische Richtlinien *pl*; (*theater, film*) *etc* Titelrolle; *auto.* Türkei.
Tr *electr.* Transformator.
Tr. Trab(er); Tracht; Tradition; Träger; Tragödie; (*sport*) Trainer; Training; Trakt; Traktor; Tran; Trance; Träne; Transit; Transistor; Transport; Trapez; Trasse; *econ.* Tratte; Trauer; Trauung; *mar.* Trawler; Treff(en); Trend; Trennung; Tresse; Trick; Trieb; *mus.* Triller; *mus.* Trio; *med.* Tripper; Triumph; Trommel; Trompete; Tropfen; Trophäe; Troß; Trost; Truhe; Trupp(e).
tr. tragbar; tragisch; trainieren, -niert; *ling.* transitiv; transportieren; treffen; trennen; *mus.* Triller; trivial; trocken; tropisch; trübe.
Trad. Tradition, Traditionalismus, -list.
trad. traditionell.
Trafo *electr.* Transformator.
Trag. Tragödie.
trag. tragisch.
tragb. tragbar.
Tragf. *tech.* Tragfähigkeit.
Tragkr. *tech.* Tragkraft.
Trans. Transaktion; Transit.
trans. *ling.* transitiv; transitorisch.
Transf. Transfer(ierung); *relig.* Transfiguration; Transformation, Transformierung; *med.* Transfusion.
transf. transferieren; transformieren.
Transkr. *ling. mus.* Transkription.
transkr. transkribieren, -biert.
Transl. Translation; *ling.* Transliteration; *biol.* Translokation.

transl. *ling.* transliterieren, -riert.
Transp. Transparent; Transparenz; Transpiration; *mus.* Transponierung; Transport(er), Transporteur; *mus.* Transposition.
transp. transparent; transpirieren; *mus.* transponieren; transportabel, transportieren.
Transpl. *bot. med.* Transplantat(ion).
transpl. *bot. med.* transplantieren, -tiert.
Trapo *colloq.* Transportpolizei (*DDR*).
Tr.-Arb. Transportarbeiter.
Trem. (*Ital.*) *mus.* Tremolo, Beben, Zittern.
trem. (*Ital.*) *mus.* tremolando, bebend, zitternd.
Tr.-G. *econ.* Transitgut.
Trgf. *tech.* Tragfähigkeit.
Trgkr. *tech.* Tragkraft.
Trgl. Traglast.
Trgw. Tragweite; *aer. civ.eng.* Tragwerk.
Tri *chem.* Trichloräthylen; *chem.* Trinatriumphosphat.
Trib. Tribunal; Tribüne; Tribut.
Trig. Trigonometrie.
trig. *math. chem.* trigonal; trigonometrisch.
Trik. Trikolore; Trikot(agen *pl*).
trikl. *chem.* triklin(isch).
trk. türkisch.
trop. tropisch.
Tr.-P. Treffpunkt.
Trp. Treffpunkt; Trompete(r); *tech.* Tropfpunkt.
Trsf. Transfer.
Trsp. Transpiration; Trauerspiel.
TrV Truppenvertrag; Truppenverwaltung.
Tr.-V. *econ.* Transitverkehr.
TS *econ.* Tagessatz; Talseite; Talsperre; Tankschiff; Tankstelle; Taucherstation; Technische Schule; (*computer*) Ternärsystem; Transportschiff; *electr.* Trennschalter; *mar.* Turbinenschiff.
Ts. *geogr.* Taunus.
TSA Tiroler Sprachatlas.
TSC Turn- und Sportclub.
tsch. tschadisch; tschechisch.
Tschft. Turnerschaft.
Tsd. Tausend.
TSG Turn- und Sportgemeinschaft.
T.-Sp., Tsp. Talsperre.
TSV Technische Sicherheitsvorschriften *pl*; Turn- und Sportverein(igung).
TT Tischtennis; *tech.* Tonträger; *electr.* Transistortechnik; *tech.* Trenntaste; *auto.* Trinidad und Tobago; *mar.* Turbinentanker.
TTC Tischtennisclub.
Ttl. Titel; *print.* Titelei; Titulatur.
TTS *print.* Teletypesetter.
TTV Tischtennisverband, -verein.
TU Technische Universität; Technische Unterlagen *pl*.
TÜ Technische Überwachung.

Tu. Tube; Tulpe; *med.* Tumor; *tech.* Turbine.
TÜA Technisches Überwachungsamt.
TÜD Technischer Überwachungsdienst.
Tun(es). *geogr.* Tunesien, Tunesier.
tun(es). tunesisch.
Tura Turn- und Rasensportverein.
Turb. *tech.* Turbine; *meteor. phys.* Turbulenz.
turb. turbulent.
türk. türkisch.
turkm(en). turkmenisch.
Turn. Turnen, Turner; Turnier; Turnus.
TuS Turn- und Spielvereinigung; Turn- und Sportverein.
TÜV Technischer Überwachungsverein.
TV Tarifvertrag; Technische Verordnung; Technische Verwaltung; Technische Vorschrift; Television; Tennisverein; *electr.* Teravolt; Terminverlegung; *mil.* Territoriale Verteidigung; *jur.* Testamentsvollstrecker; (*computer*) Textverarbeitung; (*sport*) Titelverteidiger; Touristenverein; Truppenvertrag; Turnverein(igung).
TVA Technische Versuchsanstalt.
TVE (*Span.*) Televisión Española (*Spanish television company*).
TVG Tarifvertragsgesetz.
TW Tankwagen; *tel.* Teilnehmerwählbetrieb; *electr.* Terawatt; Turnwart.
Tw. *econ.* Tageswert; *econ.* Taxwert; (*sport*) Torwart; Transportwagen; *tech.* Triebwerk; Turnwart.
tw. teilweise.
TWB, T.-Wb., Twb. Taschenwörterbuch.
TWh *electr.* Terawattstunde.
TWK technisch-wirtschaftliche Kennziffer.
TWL Technische Werkleitung; Technisch-Wissenschaftliche Lernmittelzentrale (Berlin).
TWS Technische Werke Stuttgart.
TWV Technisch-Wissenschaftliche Vereinigung; Technisch-Wissenschaftlicher Verein.
TWZ Technisch-Wissenschaftliche Zusammenarbeit.
TWZA Technisch-Wissenschaftliches Zentralamt.
Typ. *print.* Typograph(ie); Typologie.
typ. typisch; typisieren; *print.* typographisch; typologisch.
typogr. *print.* typographisch.
typol. typologisch.
TZ *econ.* Tarazuschlag; Technischer Zeichner, Technisches Zeichnen; Technische Zentralstelle; *econ.* Teilzahlung; Teuerungszulage; Tierzucht; *tech.* Tourenzahl, -zähler; Transportzentrale.
Tz. Tanz; *mus. metr.* Terzett; Textziffer.
TZB Technische Zentralbibliothek (Hannover).
TZG Tierzuchtgesetz.
T.-Zul. Teuerungszulage.

U

U *tech.* Umdrehung; Umfang; *electr.* Umformer; Umleitung; Union; Universität; Untergrundbahn; Unterricht; Unterseeboot; *chem.* Uran; (*theater, film*) *mus.* Uraufführung; *geogr.* Uri; Urschrift, urschriftlich; *auto.* Uruguay.
Ü (*radio*) *telev.* Übertrager, -tragung.
U. *econ.* Ultimo; *tech.* Umdrehung; Umfang; *electr.* Umformer; Umlauf; Umschlag; Umschließung; Umstellung; Umweg; Union; Unterhalt; Unterhaltung; Unterkunft; Unterricht; Untersuchung; Urlaub; Urteil.
Ü. (*radio*) *telev.* Übertrager, -tragung.
u. und.
ü. über; übrig.
UA *econ.* unsichtbare Ausfuhr; Unterabschnitt; Unterabteilung; Unterausschuß; *mil.* Unteroffizieranwärter; Untersuchungsamt, -ausschuß; (*theater, film*) *mus.* Uraufführung.
ÜA Übergangsabkommen.
u.A. unter Abschnitt; unter Anweisung; unter Anzeige; unter Aufgabe.
u.Ä. unsere(r) Ära.

u.a. und andere(s); unter anderem *od.* anderen.
u.ä. und ähnliche(s).
ü.a. über alles.
u.a.a. und alle anderen, und alles andere.
u.a.a.O. und am angeführten *od.* angegebenen Ort; und an anderen Orten.
u.a.m. und andere(s) mehr.
u.ä.m. und ähnliche(s) mehr.
UASt Umsatzausgleichsteuer.
u.a.ü. und alles übrige, und alle übrigen.
U.A.w.g., u.A.w.g. um Antwort wird gebeten (*in written invitations*).
UB Unbedenklichkeitsbescheinigung; Universitätsbibliothek; Unterhaltsbeihilfe, -beitrag; Urkundenbuch.
Üb. Übereinkommen; Überschrift; Übersee; Übersetzer, -setzung; Übersicht; Übertragung; Überweisung; Übung.
üb. über; überall.
U-Bahn Untergrundbahn.
Üb.-Anl. Übungsanlage; Übungsanleitung.
Üb.-Auftr. *econ.* Überweisungsauftrag.
Überf. Überfahrt; Überfall; Überforderung; Überführung.

überf. überfällig; überfordern, -fordert; überführen, -führt.
Überg. Übergabe; Übergang.
überg. übergeben; übergehen.
Übergr. (*fashion*) Übergröße.
Überh. Überhang; Überheblichkeit; Überhöhung; Überholung.
überh. überhängen(d); überhastet; überhaupt; überheblich; überhöht; überhört.
Überl. (*fashion*) Überlage; Überlassung; Überlastung; Überläufer; Überlegung; Überleitung.
Übern. Übernachtung; Übernahme.
Überpr. Überprüfung.
Übers. Übersee; Übersendung; Übersetzer, -setzung; Übersicht; Übersiedlung.
übers. übersetzen, -setzt; übersichtlich; übersiedeln.
Übersch. *tech.* Überschall; *econ.* Überschuß.
überschl. überschlagen; überschlägig, -schläglich.
Überschr. *jur.* Überschreibung; Überschreitung; Überschrift.
Überst. Überstunde(n *pl*).

Übertr. Übertrag; Übertragung; Übertretung; Übertritt.

übertr. übertragbar; übertragen; übertreten.

Überw. Überwältigung; Überweisung; Überwinterung.

überw. überwältigen(d); überweisen; überwiegen(d); überwiesen; überwintern.

Überz. Überzahl; Überzeugung; Überzug.

überz. überzählig; überzeugen(d), überzeugt; überziehen, -zogen; überzüchtet.

übf. überfällig.

übh. überhaupt; überhöht.

übl. üblich.

üblw. üblicherweise.

Übn. Übernahme.

U-Boot *mar. mil.* Unterseeboot.

übpl. überplanmäßig.

übsch. überschüssig.

Übtr. Übertrag; Übertragung; Übertritt.

übz. überzählig.

UCI (*Fr.*) Union Cycliste Internationale, Internationaler Radsportverband.

ÜD Übersetzungsdienst.

u.D. unseres Dafürhaltens.

u.d.ä. und dem ähnliche(s).

u.dergl.(m.) und dergleichen (mehr).

u.desgl.(m.) und desgleichen (mehr).

u.d.f. und das folgende, und die folgenden *pl.*

u.dgl.(m.) und der- *od.* desgleichen (mehr).

u.d.L. unter der Leitung.

u.d.M. unter dem Meeresspiegel; unter dem Mikroskop.

ü.d.M. über dem Meeresspiegel.

UdSSR Union der Sozialistischen Sowjetrepubliken.

u.d.T. unter dem Titel.

UE *econ.* unsichtbare Einfuhr.

u.E. unseres Erachtens *od.* Ermessens; unter Einschränkung.

UEA (*Esperanto*) Universala Esperanto Asocio, Esperanto-Weltbund.

u.e.a.(m.) und einige(s) andere (mehr).

UEFA (*Fr.*) Union Européenne de Football Associations, Union der Europäischen Fußballverbände.

u.f. und ferner; und folgende.

ÜF *electr.* Überlagerungsfrequenz.

Ufa Universum-Film AG.

u.ff. und folgende *pl.*

Uffz. *mil.* Unteroffizier.

UfJ Untersuchungsausschuß freiheitlicher Juristen.

UFK ungelenkter Flugkörper.

UFO, Ufo unbekanntes Flugobjekt.

UFr., Ufr. *geogr.* Unterfranken.

Ufw. *mil. hist.* Unterfeldwebel.

UG Untergeschoß; Untersuchungsgefängnis.

Ug. *geogr.* Uganda, Ugander.

ü.G. über Grund.

ugf. ungefähr.

U.g.R. Urschrift gegen Rückgabe.

ugr. *ling.* ugrisch.

ugs. umgangssprachlich.

UH Unterhaltshilfe; Untersuchungshaft.

U-Haft Untersuchungshaft.

UHC Universitäts-Hockeyclub.

UHV *phys.* Ultrahochvakuum.

UI (*Fr.*) Union Interparlementaire, Interparlamentarische Union.

UIC (*Fr.*) Union Internationale des Chemins de fer, Internationaler Eisenbahnverband.

UICC (*Fr.*) Union Internationale contre le Cancer, Internationale Vereinigung gegen den Krebs.

UIE (*Fr.*) Union Internationale des Étudiants, Internationaler Studentenverband.

UINF (*Fr.*) Union Internationale de la Navigation Fluviale, Internationaler Binnenschiffahrtsverband.

UIP (*Fr.*) Union Internationale de Patinage, Internationaler Eislaufverband.

UIPE (*Fr.*) Union Internationale pour la protection de l'Enfance, Internationale Union für Kinderschutz.

UIPM (*Fr.*) Union Internationale du Pentathlon Moderne, Internationaler Verband für den Modernen Fünfkampf.

UIPPA (*Fr.*) Union Internationale de la Physique Pure et Appliqué, Internationale Union für reine und angewandte Physik.

UIS (*Fr.*) Union Internationale de Secours, Welthilfsverband.

UIT (*Fr.*) Union Internationale des Télécommunications, Internationale Fernmeldeunion; (*Fr.*) Union Internationale de Tir, Internationaler Schützenverband.

UIV (*Fr.*) Union Internationale de Villes et Pouvoirs Locaux, Internationaler Gemeindeverband.

U.J.D. (*Lat.*) utriusque iuris doctor, Doktor beider Rechte.

UK Umgebungskarte; Untersuchungskommission.

ÜK Übersichtskarte.

uk *mil. hist.* unabkömmlich.

UKE (*radio*) Ultrakurzwellenempfänger.

UKML (*radio*) Ultrakurz-, Kurz-, Mittel- und Langwellenbereich.

Ukr. *geogr.* Ukraine(r), *ling.* Ukrainisch.

ukr. ukrainisch.

UKW (*radio*) Ultrakurzwelle(n *pl*).

UKWE (*radio*) Ultrakurzwellenempfänger.

UKWS (*radio*) Ultrakurzwellensender.

ÜL (*computer*) Überlappung.

ul. *chem.* unlöslich.

ULA Union der leitenden Angestellten.

U.L.F. *röm.kath.* Unsere(r) Liebe(n) Frau.

Ult. Ultimatum; *econ.* Ultimo.

ult. *econ.* ultimo.

UM Unterrichtsministerium.

U/m *tech.* Umdrehungen *pl* pro Minute.

u.M. unter dem Meeresspiegel; unter Mitarbeit.

ü.M. über dem Meeresspiegel.

Umarb. Umarbeitung.

Umb. Umbau; Umbettung; *econ.* Umbuchung.

umb. umbauen, umbaut; umbetten; *econ.* umbuchen.

Umbr. Umbruch.

Umd. Umdeutung.

Umdr. *tech.* Umdrehung; *print.* Umdruck.

Umf. Umfang; *electr.* Umformer; Umformung.

umf. umfahren; umfassen(d).

Umg. Umgang; Umgebung; Umgehung.

umg. umgänglich; *ling.* umgangssprachlich; umgeändert; umgearbeitet; umgehen(d).

umgearb. umgearbeitet.

umgeb. umgebaut; umgebettet; *econ.* umgebucht.

umged. umgedeutet.

umgek. umgekehrt.

umgel. umgelautet; umgelegt; umgeleitet.

umgest. umgestalten, -staltet; umgestellt.

Umgr. Umgrenzung; Umgruppierung.

U/min *tech.* Umdrehungen *pl* pro Minute.

Umk. Umkehrung.

Umkr. Umkreis.

Uml. Umladung; Umlage; Umlauf; Umlaut; Umleitung.

u.M.n. unserer Meinung nach.

Umr. Umrandung; Umrechnung; Umriß.

Ums. *econ.* Umsatz; Umsetzung; Umsicht.

ums. umseitig; umsichtig; umsonst.

Umsch. *tech.* Umschaltung; Umschau; *econ.* Umschuldung.

UmsSt., Ums.-St. Umsatzsteuer.

U-Musik Unterhaltungsmusik.

Umw. Umwandlung; Umwechslung; Umweg.

u.N. unter Naturschutz; unter Normal; unter Null.

un. *relig.* uniert.

unabl. unablässig.

unang. unangemeldet; unangenehm.

unb. unbekannt.

unbeb. unbebaut; unbebildert (*book*).

unbed. unbedenklich; unbedeutend; unbedingt.

unbef. unbefangen; unbefugt.

unbefl. unbefleckt.

unbefr. unbefriedigend, -digt.

unbegr. unbegreiflich; unbegrenzt; unbegründet.

unbek. unbekannt; unbekümmert.

unbem. unbemängelt; unbemannt; unbemerkt.

unber. unberechenbar; *econ.* unberechnet; unberechtigt; unberichtigt.

unbesch. unbeschadet; unbeschädigt; unbeschäftigt; unbescheiden; unbescholten.

unbeschr. (*railway*) unbeschrankt; unbeschränkt.

unbest. unbeständig; unbestimmt.

unbestr. unbestraft; unbestreitbar.

unbet. unbeteiligt; unbetont.

unbew. unbewachsen; unbewacht; unbewaldet; unbewältigt; unbeweglich; unbewegt; unbewiesen; unbewußt.

unbez. unbezahlbar; *econ.* unbezahlt; unbezähmbar.

unbr. unbrauchbar; unbrennbar.

unehel. unehelich.

unempf. unempfänglich; unempfindlich.

unentb. unentbehrlich.

unentg. unentgeltlich.

unentsch. unentschieden.

unentschl. unentschlossen.

unerf. unerfahren; unerfindlich; unerfüllt.

unergr. unergründlich.

unerh. unerheblich.

unerkl. unerklärlich.

unerl. unerläßlich; unerlaubt; unerledigt.

unerm. unermeßlich; unermüdlich.

unertr. unerträglich.

unerw. unerwartet; unerwidert; unerwünscht.

UNES (*Fr.*) Union Nationale des Étudiants de Suisse, Verband der Schweizerischen Studentenschaften.

Unf. Unfall.

unf. unfähig; unfair; unfaßbar; unfehlbar; unfein; unfertig; unförmig.

unfl. *ling.* unflektiert.

Unf.-R. Unfallrente.

unfr. (*postal service*) unfrankiert; unfrei; unfreundlich; unfruchtbar.

unfrw. unfreiwillig.

Unf.-Vers. Unfallversicherung.

ung. ungarisch; ungefähr; ungefährlich; ungenau; ungern; ungültig; ungünstig.

ungar. ungarisch.

ungeb. ungebeten; ungebildet; ungebührlich; ungebunden.

ungebr. ungebräuchlich; ungebraucht.

unged. *econ.* ungedeckt; *mil.* ungedient; ungeduldig.

ungeh. ungehalten; ungeheftet; ungeheuer(lich); ungehindert; ungehörig; ungehorsam.

ungek. ungekündigt.

ungel. ungelegen; ungelernt; ungelöst.

ungen. ungenannt; ungenau; ungenügend; ungenutzt.

unges. ungesalzen; *chem.* ungesättigt; ungesattelt; ungesehen; ungesetzlich; ungesichert; ungesund.

ungeschl. ungeschlagen; *biol.* ungeschlechtlich; *tech.* ungeschliffen.

ungest. ungestört.

ungestr. ungestraft.

ungew. ungewiß; ungewöhnlich; ungewohnt; ungewollt.

ungez. ungezählt; ungezähnt; ungezogen.

ungezw. ungezwungen.

ungl. ungleich(mäßig); unglücklich.

unh. unhandlich; unharmonisch; unheilbar; unheimlich; unhöflich.

Uni-Kl. Universitätsklinik.

Unimog (*TM*) Universalmotorgerät.

unis. (*Ital.*) *mus.* unisono, im Einklang *od.* in der Oktave.

Univ. Universität; Universum.

univ. universal, universell.

Univ.-Bibl. Universitätsbibliothek.

Univ.-Prof. Universitätsprofessor.

Unk. Unkenntnis; *econ.* Unkosten *pl.*

unk. unkenntlich; unkündbar; unkundig.

unkl. unklar; unklug.

unl. unlängst; unlauter; unlimitiert; unlogisch; unlösbar; *chem.* unlöslich.

ü. NN über Normalnull.

unp(a)g. unpaginiert (*books*).

unpf. *jur.* unpfändbar.

unr. unrecht; unregelmäßig; unreif; unrein; unrentabel; unrichtig; unruhig.

unreg(elm). unregelmäßig.

uns. unsicher; unsymmetrisch.

unselbst. unselbständig.

unstr. unstreitig.

Unt. Unterricht; Unterstützung; Untersuchung.

unt. unten; unter; unterhalb.

Unterbr. Unterbrechung; Unterbringung.

Unterfr. *geogr.* Unterfranken.

Unterg. Untergang; Untergebene; Untergeschoß.

Unterh. Unterhalt; Unterhaltung; Unterhändler.

unterh. unterhalb.

Unterm. Untermiete(r).

Untern. *econ.* Unternehmen, -nehmer, -nehmung.

Unterr(ed). Unterredung.

Unters. Untersuchung.

untersch. unterschätzen, -schätzt; unterscheiden, -schieden; unterschiedlich; unterschoben.

Unterst. *mil.* Unterstand; Unterstellung; Unterstützung.

unterw. unterwegs; unterweisen.

u.P. unter Putz.

Unterz. Unterzeichner, -zeichnete, -zeichnung.

untgl. untauglich.

untr. untragbar.

unv. unverändert; unvollständig.

unverb. unverbesserlich; unverbindlich; unverbunden.

unverbr. unverbraucht; unverbrüchlich.

unverd. unverdaut; unverdünnt.

unverg. unvergänglich; unvergessen, unvergeßlich.

unverh. unverheiratet.

unverk. unverkäuflich.

unverp. unverpackt.

unvers. unversehrt; unversichert.

unversch. unverschämt.

unverz. unverzollt; unverzüglich.

unvollst. unvollständig.

unvorb. unvorbereitet.

unvors. unvorsichtig.

unw. unwegsam; unwesentlich; unwillig; unwirklich; unwirksam; unwohl; unwürdig.

Unz. Unzahl; Unzeit; Unzucht, Unzüchtigkeit; Unzufriedenheit.

unz. unzahlbar; unzählig; unzufrieden.

unzerbr. unzerbrechlich.

unzerst. unzerstört.

unzertr. unzertrennlich.

unzug. unzugänglich.

Unzul. Unzulänglichkeit; Unzulässigkeit.

unzul. unzulänglich; unzulässig.

unzust. unzuständig; (*postal service*) unzustellbar.

unzuv. unzuverlässig.

unzw. unzweideutig; unzweifelhaft.

UO *tech.* Umschaltbetrieb ohne Unterbrechung; *mil.* Unteroffizier.

ÜO (*computer*) Übertragungsoperation.

u.o. und oft.

u.ö. und öfter.

UP *chem.* ungesättigte Polyester *pl*; Universitätsprofessor; (*computer*) Unterprogramm.

ÜP (*computer*) Übersetzungsprogramm.

Up. *chem.* Umwandlungspunkt.

u.P. *civ.eng.* unter Putz.

up. unpaginiert (*books*).

ÜpM, U.p.M. *tech.* Umdrehungen *pl* pro Minute.

UPP *econ.* unveränderlicher Planpreis (*DDR*).

UP-Schweißen *tech.* Unterpulverschweißen.

UPU (*Fr.*) Union Postale Universelle, Weltpostverein.

UR *phys.* Ultrarot; Unfallrente; Untersuchungsrichter; Urheberrecht; Urkundenregister; Urschrift gegen Rückgabe.

u.R. *civ.eng.* umbauter Raum; unter Rückerbittung; unter Rückgabe.

URA (*radio*) Universalringantenne.

Urf. Urfassung; Urform.

URG Urheberrechtsgesetz.

urgerm. *ling.* urgermanisch.

urgesch. *ling.* urgeschichtlich.

UrhG Urheberrechtsgesetz.

uridg. *ling.* urindogermanisch.

Urk. Urkunde.

urk(dl). urkundlich.

Url. Urlaub.

Urs. Ursache.

urs. ursächlich.

urschr. urschriftlich.

urslaw. *ling.* urslawisch.

Urspr. Ursprung.

urspr. ursprünglich.

Urt. Urteil; Urtext.

Urug. *geogr.* Uruguay, Uruguayer.

urug. uruguayisch.

US *tech.* Ultraschall.

U/s *tech.* Umdrehungen *pl* pro Sekunde.

u.s. (*Lat.*) ut supra, wie oben.

usb(ek). usbekisch.

USC Universitätssportclub.

U/sec. *tech.* Umdrehungen *pl* pro Sekunde.

usf. und so fort.

u.sp. und später.

USPD *hist.* Unabhängige Sozialdemokratische Partei Deutschlands.

US-Schweißen *tech.* Unterschienenschweißen.

USSR Ukrainische Sozialistische Sowjetrepublik.

USt. Umsatzsteuer.

UStG Umsatzsteuergesetz.

UStrab, U-Strab Unterpflasterstraßenbahn.

USW Ultraschallwellen *pl*.

usw. und so weiter.

UT Unfalltod(versicherung); Unterlagerungstelegrafie; Unterwassertelegrafie.

ÜT Überlagerungstelegrafie.

u.T. *tech.* unterer Totpunkt.

UTP Unterrichtstag in der Produktion (*DDR*).

u.U. unter Umständen.

u.ü.V. unter dem üblichen Vorbehalt.

UV *phys.* Ultraviolett; *econ.* Umlaufvermögen; Unfallverhütungsvorschriften *pl*; Unfallversicherung; Unterverband.

u.V. unter Vorbehalt.

uv. unverkäuflich.

u.V.a. unter Verzicht auf.

u.v.a.(m.) und viele(s) andere (mehr).

UvD *mil.* Unteroffizier vom Dienst.

UVG Unfallversicherungsgesetz.

UVR Ungarische Volksrepublik.

UW *electr.* Umspannwerk; Unterwasser(stand).

Uw. *ling.* Umstandswort; Umwandlung.

u.W. *econ.* unlauterer Wettbewerb; unseres Wissens; unter Wasser.

ü.W. über Wasser.

Ü-Wagen (*radio*) *telev.* Übertragungswagen.

UWG *econ.* Gesetz gegen den unlauteren Wettbewerb; Unabhängige Wählergemeinschaft.

UWL Unterwasserlabor.

UZ Uhrzeit; *econ.* Ursprungszeugnis.

u.Z. unsere(r) Zeitrechnung.

u.z. und zwar; unten zitiert; urschriftlich zurück.

UZA Unternehmensverband für Zeitarbeit.

Uzg. *econ.* Ursprungszeugnis.

u.zw. und zwar.

V

V *tech.* Vakuum; (*Fr.*) Valeur, Farbwert; *econ.* Valuta; *chem.* Vanadium; Variante; *auto.* Vatikanstadt; Verband; Verbindung; (Wasser)Verdrängung; *meteor.* Verdunstung; Verordnung; Versicherung; Versorgung; *tech.* Verstärker, Verstärkung; Versuch; *electr.* Volt; Volumen; *auto.* Vorarlberg.

V. *med.* Vene; Veränderung; *ling.* Verb; Verbindung; Verein; Verfasser; Verfassung; Verfügung; Verkauf, Verkäufer; Verkehr; Verlag; Verordnung; Vers; Vertrag; Vertreter, Vertretung; Verwalter; Verzug; Violine; (*Lat.*) *med.* Visus, Sehschärfe; *ling.* Vokal; *ling.* Vokativ; Vorkommen; Vorkommnis; Vorschrift; Vorurteil.

v (*Lat.*) *phys.* velocitas, Geschwindigkeit.

v. variabel, veränderlich; (*Lat.*) versus, gegen; (*Lat.*) verte, (bitte) wenden; vertikal; (*Lat.*) via, (auf dem Weg) über; (*Lat.*) vide, siehe; (*Lat.*) vidi, ich habe (es) gesehen; (*Lat.*) violett; (*Lat.*) *pharm.* vitrum, Glas; *ling.* vokalisch; voll; vollständig; vom, von; vor; vorläufig; vormittags; vorn.

VA *econ.* Verbrauchsabgabe; *tech.* Verbundanlage; Verkaufsabteilung; Verkehrsagentur, -amt; Verlagsangestellte; Verlagsanstalt; Verlegeragentur, -amt; Vermessungsabteilung; Vermittlungsausschuß; Vermögensabgabe; Versicherungsamt, -anstalt; Versorgungsamt, -anstalt; Versuchsabteilung, -anstalt; Verwaltungsakt; Verwaltungsabteilung, -amt; Verwaltungsangestellte; *mar. mil.* Vizeadmiral; *print.* Volksausgabe; *electr.* Voltampere; Voranmeldung; *econ.* Vorzugsaktie.

Va. *tech.* Vakuum; *mus.* Viola.

v.a. von allen; vor allem.

v.Abg. vor Abgabe; vor Abgang.

V.-Abschl. Vertragsabschluß.

VAD Vereinigung von Afrikanisten in Deutschland.

V.a.G. Verein auf Gegenseitigkeit.

VAh *electr.* Voltamperestunde.

VAK Versuchsatomkraftwerk; *mil.* Vertikal-Aufklärungs- und Kampfflugzeug.

Vak. Vakanz; *tech.* Vakuum.

Val. *chem. psych.* Valenz; *econ.* Valuta.

VAN Vorläufige Arbeitsnorm (*DDR*).

VAnw. Verwaltungsanweisung.

VAO Verwaltungsanordnung.

VAöD Verband der Angestellten im öffentlichen Dienst.

VAP Verlagsabgabepreis (*DDR*); Versorgungsanstalt der Deutschen Bundespost.

VAR *hist.* Vereinigte Arabische Republik.

Var. Variabilität; Variante; Variation; Varieté.

var. (*Lat.*) varietas, Varietät, Abart.

VAS *hist.* Vereinigte Arabische Staaten *pl*.

vasomot. *med.* vasomotorisch.

v.-aut. vollautomatisch.

VAVÖ Verband Alpiner Vereine Österreichs.

VAW Vereinigte Aluminiumwerke AG.

v.A.w. von Amts wegen.

VB *chem.* Valenzband; Verfassungsbeschwerde; Verhandlungsbasis; Versuchsbericht; Versuchsbetrieb; Verwaltungsbezirk; *hist.* Völkerbund; Volksbibliothek, -bücherei; Volksbund; Vollziehungs-, Vollzugsbeamte; Vollzugsbestimmungen *pl*; *mil.* vorgeschobener Beobachter.

Vb. *ling.* Verb; Verband; Verbindung; Verbrauch; Verbund; Vereinbarung.

vb. verbal; verbessert; verbindend; verbindlich; verbunden.

VBB Verband Berliner Ballspielvereine; Verband der Beamten der Bundeswehr.

Vbb. Verbindungen *pl*.

Vbd. Verband; Verbindung; Verbund; Vorbedingung.

vbd. verbunden.

Vbde. Verbände *pl*.

Vbdg. Verbindung.

vbdl. verbindlich; vorbildlich.

Vbem. Vorbemerkung.

Vbf (*railway*) Verschiebebahnhof.

VBG Vermögensbildungsgesetz.

Vbg. *geogr.* Vorarlberg.

VBI Verein Beratender Ingenieure.

VBK Verein Berliner Konsumgenossenschaften (*DDR*); *mil.* Verteidigungsbezirkskommando.

VBKD Verband Bildender Künstler Deutschlands (*DDR*).

VBL Versorgungsanstalt des Bundes und der Länder.

VBl. Verordnungsblatt (*a journal*); Verwaltungsblatt.

vbl. variabel; verbindlich.

vBP *econ.* vereidigter Buchprüfer.

V.-Br. Vertragsbruch.

Vbr. Verbrauch(er); Verbrechen, Verbrecher.

vBR *econ.* vereidigter Bücherrevisor.

Vbr.-St. Verbrauchssteuer.

v.B.u.Z. vor Beginn unserer Zeitrechnung.

VBV Vereinigung Beratender Betriebs- und Volkswirte.

VBW Volksbildungswerk.

VBZ verlorener Baukostenzuschuß.

Vc. *mus.* Violoncello.

VCH Verband Christlicher Hospize.

v.Chr. vor Christo od. Christus.

v.Chr.G. vor Christi Geburt.

VCI Verband der Chemischen Industrie.

VD vergleichende Darstellung; Verwaltungsdirektion; *print.* Vierfarbendruck.

v.D. vom Dienst.

vd verschiedene.

v.d. von dem *od.* der; vor dem *od.* der.
VDA Verband der Automobilindustrie; Verband Deutscher Arbeitgeber; Verein für das Deutschtum im Ausland.
VdA Verband der Automobilindustrie.
v.d.A. vor der Ausfertigung.
VdAK Verband der Angestellten-Krankenkassen.
VdAR *econ.* Vorsitz(end)er des Aufsichtsrates.
VDB (Bundes)Verband der vereidigten Buchprüfer; Verband Deutscher Betriebswirte; Verband Deutscher Biologen; Verband Deutscher Bücherrevisoren; Verband Deutscher Burschen; Verein Deutscher Bibliothekare.
VdCh Verein deutscher Chemiker.
VDD Verband Deutscher Dentisten; Verband Deutscher Drogisten.
VDDI Verband Deutscher Diplom-Ingenieure.
VDE Verband Deutscher Elektrotechniker.
v.d.E. *pharm.* vor dem Essen.
VDEh Verband Deutscher Eisenhüttenleute.
VDEI Verband Deutscher Eisenbahn-Ingenieure.
VDEW Vereinigung Deutscher Elektrizitätswerke.
VDF Verband Deutscher Flieger; Verband Deutscher Flugleiter; Verein Deutscher Freimaurer.
VdF Verein der Faustkämpfer.
VDG Verein Deutscher Gießereifachleute; Vereinigung Deutscher Gewässerschutz.
VdgB Vereinigung der gegenseitigen Bauernhilfe (*DDR*).
VDH Verband Deutscher Heilbrunnen.
VdH Verband der Handelsauskunfteien; Verband der Heimkehrer.
v.d.H. vor der Höhe.
VDI Verein Deutscher Ingenieure.
VDJ Verband der Deutschen Journalisten (*DDR*).
VDJD Vereinigung Demokratischer Juristen Deutschlands (*DDR*).
VDK Verband des Kraftfahrzeughandels und -gewerbes; Verband Deutscher Komponisten und Musikwissenschaftler (*DDR*); Verband Deutscher Konsumgenossenschaften (*DDR*); Verband Deutscher Küstenschiffer; Volksbund Deutsche Kriegsgräberfürsorge.
VdK Verband der Kriegsbeschädigten, Kriegshinterbliebenen und Sozialrentner.
VDL Verband Deutscher Diplomlandwirte; Verband Deutscher Lehrer; Verband Deutscher Luftfahrt-Techniker.
VdL Verband der Landsmannschaften.
VDLU Verband Deutscher Luftfahrtunternehmen.
VDM Verband Deutscher Makler; Verband Deutscher Mineralbrunnen; Verband Deutscher Motorjournalisten; Vereinigte Deutsche Metallwerke AG.
VDMK Verband Deutscher Musikerzieher und Konzertierender Künstler.
VDN Verband des Deutschen Nahrungsmittel-Großhandels.
VdN Verfolgte des Naziregimes.
VDP Verband Deutscher Papierfabriken.
VDR Verband Deutscher Realschullehrer; Verband Deutscher Reeder; Verband Deutscher Rentenversicherungsträger.
VdRBw Verband der Reservisten der Bundeswehr.
VDRG Verband Deutscher Rundfunk- und Fernseh-Fachgroßhändler.
VDRZ Verband Deutscher Rechenzentren.
VDS Verband Deutscher Soldaten; Verband Deutscher Sportpresse; Verband Deutscher Studentenschaften; Verein Deutscher Spediteure; Vereinigung Demokratischer Studenten Österreichs.
VDSF Verband Deutscher Sportfischer.
VDSI Verein Deutscher Sicherheitsingenieure.
VDST Verband Deutscher Sporttaucher.
VDT Verband Deutscher Techniker.
VDÜ Verband Deutscher Übersetzer literarischer und wissenschaftlicher Werke.
VDV Verband Deutscher Diplomvolkswirte; Verband Deutscher Verkehrsverwaltungen; Verband Deutscher Volksbibliothekare.
VdV Vereinigung des Verkehrsgewerbes.

VDW Verband Deutscher Wissenschaftler.
VDZ Verband Deutscher Zeitschriftenverleger.
v.d.Z. vor der Zeitrechnung.
VDZV Verein Deutscher Zeitungsverleger.
v.d.Zw. vor der Zeitenwende.
VE *ling.* Verbergänzung; *econ.* Verrechnungseinheit.
VEAB Volkseigener Erfassungs- und Aufkauf-Betrieb landwirtschaftlicher Erzeugnisse (*DDR*).
VEB Volkseigener Betrieb (*DDR*).
VEBA Vereinigte Elektrizitäts- und Bergwerks-Aktiengesellschaft.
VEG (Bundes)Verband des Elektro-Großhandels; *agr.* Volkseigenes Gut (*DDR*).
VEH Volkseigener Handel (*DDR*).
VEI Volkseigene Industrie (*DDR*).
VEK Volkseigenes Kombinat (*DDR*); *econ.* Volkseigenes Kontor (*DDR*).
VELA Vereinigung leitender Angestellten.
VELKD Vereinigte Evangelisch-Lutherische Kirche Deutschlands.
VEM Volkseigene Betriebe des Elektromaschinenbaus (*DDR*).
ven. venerabel; *med.* venerisch; venezianisch.
venez. venezianisch; venezolanisch.
Ver. Veranda; Verein; Vereinigte ...
ver. vereinigt.
Veranl. Veranlagung; Veranlassung.
Verantw. Verantwortliche, Verantwortung.
verantw. verantworten, verantwortlich.
Verb. Verband; Verbannung; Verbesserung; Verbindlichkeit; Verbindung; Verbund.
verb. verbessern, -bessert; verbieten; verbinden; verbindlich; verboten; verbunden.
Verbb. Verbindungen *pl.*
Verbdg. Verbindung.
Verbr. *econ.* Verbrauch(er); Verbrechen, Verbrecher; Verbrennung.
verbr. verbrannt; verbrauchen, -braucht; verbrecherisch; verbrennen; verbreiten; verbreitern; verbreitert; verbreitet; verbrieft; verbrüht.
Verbr.-Abg. *econ.* Verbrauchsabgabe.
Verbr.-Pr. *econ.* Verbraucherpreis.
Verbr.-St. Verbrauchssteuer; Verbrechensstatistik.
verchr. verchromt.
Verd. Verdacht, Verdächtigung; Verdammung; Verdauung; Verderben; Verdichtung; Verdienst; Verdingung; Verdünnung; Verdunkelung; Verdunstung.
verd. verdächtigen, -tigt; verdecken, -deckt; verdichten; verdicken; verdienen, -dient; verdorben; verdunkeln, -dunkelt; verdünnen, -dünnt; verdunsten, -dunstet.
vereh. verehelicht.
Vereinb. Vereinbarung.
vereinf. vereinfachen, -facht.
vereinh. vereinheitlichen, -licht.
Verf. Verfärbung; Verfahren; Verfall; Verfasser; Verfassung; Verfehlung; Verfolgung; Verfügung.
VerfG Verfassungsgericht.
Verfg. Verfügung.
verfr. verfrüht.
Verg. Vergabe; Vergangenheit; *tech.* Vergaser; Vergehen; Vergeltung; Vergiftung; Vergünstigung; Vergütung.
verg. vergangen; vergeben; vergessen; vergeuden, -geudet; vergiften, -giftet; vergilbt; vergolden, -goldet; vergüten, -gütet.
Vergl. Verglasung; Vergleich.
vergl. verglasen, -glast; vergleiche!, vergleichen, -glichen.
Vergn. Vergnügen.
Vergr. Vergrößerung.
vergr. vergriffen; vergrößern, -größert.
Verh. Verhaftung; Verhalten; Verhältnis; Verhandlung; Verhinderung; Verhör.
verh. verhaften, -haftet; verhalten; verhandeln; verheiratet; verhindern, -hindert; verhören, -hört.
Verj. *jur.* Verjährung; Verjüngung.
verj. *jur.* verjährt; verjüngt.
Verj.-Fr. *jur.* Verjährungsfrist.
Verk. Verkalkung; *geol.* Verkarstung; Verkauf, -käufer; Verkehr; *tech.* Verkokung; Verkörperung; Verkünd(ig)ung; Verkürzung.
verk. verkaufen, -kauft; verkehren; ver-

kommen; verkümmert; verkünden, -kündet; verkündigen, -kündigt; verkürzen, -kürzt.
Verk.-Bed. *econ.* Verkaufsbedingungen *pl.*
Verkl. Verkleidung; Verkleinerung.
Verk.-Pr. Verkaufspreis.
Verk.-St. Verkaufssteuer; Verkehrssteuer.
Verk.-Stat. Verkehrsstatistik.
Verl. Verladung; Verlag; Verlagerung; Verlängerung; Verlauf; Verlegenheit; Verleger; Verlegung; Verletzung; Verlobung; Verlust.
verl. verladen; verlagern, -lagert; verlangen; verlängern, -längert; verlassen; verlegen, -legt; verletzt; verliehen; verlobt; verlogen; verloren.
Verl.-A(nst). Verlagsanstalt.
Verl.-Buchh. Verlagsbuchhandel, -handlung.
Verl.-Ges. Verlagsgesellschaft.
Verl.-St. (*railway*) Verladestation, -stelle; *tech.* Verlängerungsstück.
Verm. Vermächtnis; Vermählung; Vermengung; Vermerk; Vermessung; Verminderung; Vermischung; Vermittler, -lung; Vermögen; Vermutung.
verm. vermählt; vermehrt; vermengen, -mengt; vermerken, -merkt; vermessen; vermieten, -mietet; vermindern, -mindert; vermischen, -mischt; vermissen, -mißt; vermitteln, -mittelt; vermuten.
VermA Vermessungsamt.
Verm.-Ant. Vermögensanteil.
Verm.-Bild. Vermögensbildung.
Verm.-Ing. Vermessungsingenieur.
VermSt, Verm.-St. Vermögenssteuer.
Vern. Vernachlässigung; Vernehmung; Verneinung; Vernichtung.
vern. vernachlässigen, -lässigt; vernehmen; verneinen; -neint; vernichten, -nichtet; vernommen.
veröff. veröffentlichen, -licht.
Verp. Verpächter, Verpachtung; Verpackung. [-packt.]
verp. verpachten, -pachtet; verpacken, verpfuscht.
verpf. verpfänden, -pfändet; verpfuscht.
Verpfl. Verpflegung; Verpflichtung.
verpfl. verpflanzen; verpflegen, -pflegt; verpflichten, -pflichtet.
Verp.-K. *econ.* Verpackungskosten *pl.*
Verr. *econ.* Verrechnung.
verr. verrechnen, -rechnet; verreisen, -reist; verringern, -ringert.
Verr.-Einh. *econ.* Verrechnungseinheit.
Verr.-Sch. *econ.* Verrechnungsscheck.
Vers. Versagen, Versager; *print.* Versalien *pl*; Versammlung; Versandung; Versäumnis; Versehen; Versehrte; Versendung; Versetzung; Versicherung; Version; Versöhnung; Versorgung; Versuch.
vers. versammelt; versandet; versäumen, -säumt; versehentlich; versenden; versetzen, -setzt; versichern, -sichert; versiert; versilbert; versorgen, -sorgt.
VersA Versicherungsamt, -anstalt; Versorgungsamt, -anstalt; Versuchsamt, -anstalt.
Vers.-Anst. Versicherungsanstalt; Versorgungsanstalt; Versuchsanstalt.
Vers.-Bed. Versicherungsbedingungen *pl.*
Vers.-Bez. Versorgungsbezüge *pl.*
Versch. Verschiebung; Verschiedenes; Verschiedenheit; Verschulden; *econ.* Verschuldung.
versch. verschenken; verschieben; verschieden(tlich); verschiffen; verschoben; verschollen; verschuldet.
Verschl. Verschleiß; Verschluß.
verschl. verschleudern; verschließen, -schlossen.
Vers.-Empf. Versorgungsempfänger.
VersG Versammlungsgesetz; Versicherungsgesetz; Versorgungsgesetz.
Vers.-Gesch. Versandgeschäft.
Vers.-N. Versicherungsnehmer.
Vers.-Nr. Versicherungsnummer.
Vers.-Pol. Versicherungspolice.
VerSt, Vers.-St. Versicherungssteuer.
Verst. Verstaatlichung; Verständigung; *tech.* Verstärker, -kung; Versteifung; Versteigerung; Verstoß.
verst. verstaatlicht; verstanden; verstärken, -stärkt; verstehen; versteigern, -steigert; verstorben; verstoßen; verstümmelt.
Vers.-Tr. Versicherungsträger.
Ver.St.v.A. *geogr.* Vereinigte Staaten von Amerika.

Vert. Vertagung; Verteidiger, -gung; Verteiler, -lung; Verteuerung; Vertikale.
vert. vertagen, -tagt; (*Lat.*) *print.* vertatur, man drehe um!; verteidigen, -teidigt; verteilen; vertikal.
Vertr. Vertrag; Vertrauen; Vertraulichkeit; Vertreibung; Vertreter, -tung; *econ.* Vertrieb; *pol.* Vertriebene.
vertr. vertraglich; vertrauensvoll; vertraulich; vertreiben; vertreten; vertrieben.
Vertr.-Br. Vertragsbruch; Vertrauensbruch.
Vertr.-Ges. Vertragsgesellschaft; Vertriebsgesellschaft.
Vertr.-Part. Vertragspartner.
vertrw. vertretungsweise.
Verv(ielf). Vervielfältigung.
Verw. Verwalter, -tung; Verwand(e)lung; Verwandte; Verwarnung; Verwechslung; Verweigerung; Verweis; Verwendung; Verwertung; Verwesung; Verwitterung; Verwundete, Verwundung.
verw. verwaist; verwalten, -waltet; verwandeln; verwandt; verwarnen, -warnt; verwechseln, -wechselt; verweigern; verweisen; verwenden, -wendet; verwerten, -wertet; verwesen, -west; verwiesen; verwildert; verwittert; verwitwet; verworfen; verwundet.
Verw.-Angest. Verwaltungsangestellte.
Verw.-Bez. Verwaltungsbezirk.
Verw.-Geb. Verwaltungsgebäude; Verwaltungsgebühren *pl*.
Verw.-Ger. Verwaltungsgericht.
VerwR, Verw.-R. Verwaltungsrat; Verwaltungsrecht.
Verz. Verzeichnis; Verzerrung; Verzicht; Verzinsung; Verzögerung; Verzollung; Verzug.
verz. verzeichnen, -zeichnet; verzerrt; verzichten; verzinkt; verzinnt; verzinslich; verzogen; verzögern, -zögert; verzollen, -zollt.
Verz.-Z. *econ.* Verzugszinsen, -zuschlag.
Vet. *mil.* Veteran; Veterinär.
VEW Verband der Elektrizitätswerke Österreichs; Vereinigte Elektrizitätswerke Westfalen AG; Volkseigene Wirtschaft (*DDR*).
VEZ *aer.* Voreinflugzeichen.
VF *electr.* veränderliche Frequenz; *telev.* Videofrequenz.
Vf. Verfasser; Verfassung; Verfügung; Vorfahrt.
V.f. Vorschrift für.
v.F. *brew.* vom Faß.
VFA Vereinigung Freischaffender Architekten Deutschlands.
VfB Verein für Ballspiele; Verein für Bewegungsspiele.
VFG Vieh- und Fleischgesetz.
Vfg. Verfassung; Verfügung.
VfGH Verfassungsgerichtshof.
VfK Verein für Kraftsport.
VFL Vogelfluglinie (*road and rail route from Schleswig-Holstein to South Sweden*).
VfL Verein für Leibesübungen; Verein für Leichtathletik; Verein für Luftfahrt.
VfR Verein für Rasenspiele.
VFS Verkehrsfliegerschule; *mar.* Verkehrsfunkstelle.
V.f.S. Verein für Sozialpolitik.
VFU Vereinigung für Freies Unternehmertum (*Switzerland*).
VFW Vereinigte Flugtechnische Werke.
VG *tech.* Verbundglas; Vereinsgesetz; Verlagsgesetz; Versicherungsgesetz; Vertragsgesetz; Verwaltungsgericht; Verwertungsgesellschaft; Viehseuchengesetz; Volkswirtschaftliche Gesamtrechnung; Vormundschaftsgericht.
Vg. Vereinigung; Vorgang; Vorgeschichte.
vg. vorrangig; vorig.
VGB Verband der Graphischen Betriebe.
Vgg. Vereinigung.
v.G.G. *hist.* von Gottes Gnaden.
VGH Verfassungsgerichtshof; Verwaltungsgerichtshof; *hist.* Volksgerichtshof.
Vgl. *tech.* Verglasung; Vergleich.
vgl.(a.) vergleiche (auch)!
vgl.d. vergleiche da *od.* dies(e) *od.* dort!
vgl.o. vergleiche oben!
vgl.u. vergleiche unten!
VGR Verwaltungsgerichtsrat.
Vgr. *tech.* Vergaser; Vergrößerung; Vorgriff.
v.Gr. volle Größe; von Greenwich.
Vgt.(-Gr.) Vergütung(sgruppe).

Vgtl. *geogr.* Vogtland.
v.g.u. vorgelesen, genehmigt, unterschrieben.
VGW Verband der Deutschen Gas- und Wasserwerke.
VH *metall.* Vickershärte.
vH vom Hundert.
v.H. vom Hause; vom Hundert.
vh. verheiratet.
Vhdlg. Verhandlung.
v.h.n.v. von hinten nach vorn.
VHS Volkshochschule.
Vhw. *pol.* Verhältniswahl; *ling.* Verhältniswort.
VHZ Volkseigene Handelszentrale (*DDR*).
VI Vermessungsingenieur; *tech.* Viskositätsindex.
Vi. Vignette.
v.i. (*Lat.*) *ling.* verbum intransitivum, intransitives Verb.
VIAG Vereinigte Industrie-Unternehmungen AG.
vid. (*Lat.*) vide, siehe!
viell. vielleicht.
vietn(am). vietnamesisch.
VIK Vereinigung Industrielle Kraftwirtschaft.
Viol. Violine, Violinist.
viol. violett.
VIP Vereinigung der Industriefilmproduzenten.
Vis. Visier; Visum.
Visk. *tech.* Viskosität.
Vit. *biol.* Vitamin.
viv. (*Ital.*) *mus.* vivace, lebhaft.
VIW Vereinigte Institute *pl* für Wärmetechnik.
VJ Versicherungsjahr.
Vj. Vierteljahr; Vorjahr.
v.J. vom Jahre; vorigen Jahres, voriges Jahr.
vj. vierteljährig, -jährlich.
Vj.-H., Vjh. Vierteljahresheft.
Vjs. Vierteljahresschrift.
v.Js. vorigen Jahres.
Vj.-Schr., Vjschr. Vierteljahresschrift.
VK *med.* Vektorkardiograph; Verband der Kriegsdienstverweigerer; (*computer*) Verbundkarten *pl*; *tech.* Vergaserkraftstoff; Verkehrskarte; Verkehrskontrolle; Verlagskatalog; Versicherungskasse; Versorgungskasse; *med.* Vitalkapazität; Vizekanzler; Vizekonsul; Volkskammer (*DDR*); *econ.* Vorbehaltskauf, -käufer; *agr.* Vorkultur.
Vk. Verkauf, -käufer; Verkehr; *electr.* Verteilerkasten; Volkskunst.
vk. verkauft; verkürzt.
VKA Vereinigung der kommunalen Arbeitgeberverbände; Volkskontrollausschuß (*DDR*).
VKBI Verband der Deutschen Kunststoff-, Folien- und Beschichtungs-Industrie.
VkBl., Vk.-Bl. Verkehrsblatt.
Vkde. Volkskunde.
VKE Verband kunststofferzeugende Industrie und verwandte Gebiete.
Vkf. Verkauf, -käufer; *ling.* Verkleinerungsform.
VKG *med.* Vektorkardiogramm.
VKI Verband der Körperpflegemittel-Industrie.
VKJO Verband Katholischer Jugendorganisationen.
VKP *econ.* Verkaufspreis.
Vk.-R. *econ.* Vorkaufsrecht.
VkSt, Vk.-St. *econ.* Verkaufsstelle.
VKU Verband kommunaler Unternehmen.
VL Vatikan-Lira (*monetary unit*); Verlagsleiter, -leitung; Versuchsleiter.
Vl. Violine.
vl. verlängert; verloren.
v.l. (*Lat.*) varia lectio, andere Lesart; von links.
VLA Amt für Verteidigungslasten.
VLB Verzeichnis lieferbarer Bücher.
Vlc. Violoncello.
V-Leute Verbindungs-, Vertrauensleute *pl*.
Vlg. Veranlagung; Verlag; Verlängerung; Verleger.
vlg. verlängert.
vlgt. verlagert; verlängert; verlegt.
vll. vielleicht.
v.l.n.r. von links nach rechts.
VLR Vortragender Legationsrat.
VM *tech.* Verbrennungsmotor; Volksmarine (*DDR*); *electr.* Voltmeter; vorbeugende Maßnahmen *pl*.

Vm. Vermerk; Vermessung; Vordermann; Vormann; Vormittag.
v.M. vergangenen *od.* vorigen Monats.
vm. vermißt; vormittags.
V-Mann Verbindungs-, Vertrauensmann.
VMPA Verband der Materialprüfungsämter.
VN Vereinte Nationen *pl*; Versicherungsnehmer; *auto.* Vietnam.
Vn. Vorname.
VO *econ.* Veredelungsordnung; Vergleichsordnung; Verkehrsordnung; Vollzugsordnung.
v.o. von oben.
VOB Verdingungsordnung für Bauleistungen; Vereinigung organisationseigener Betriebe (*DDR*).
VOBl. Verordnungsblatt.
VÖEST Vereinigte Österreichische Eisen- und Stahlwerke *pl*.
VOI Verwaltungsoberinspektor.
VÖI Verband Österreichischer Ingenieure.
Vok. Vokabel, Vokabular; *ling.* Vokal; *ling.* Vokativ.
Vok.-Ens. *mus.* Vokalensemble.
VOL Verdingungsordnung für Leistungen, ausgenommen Bauleistungen; Vereinigte Ostdeutsche Landsmannschaften *pl*.
Vol. Volontär, -tariat; Volumen.
vol. (*Lat.*) volumen, Band (*of books*).
volkst. volkstümlich.
Volksw. Volkswirt, -wirtschaft(ler).
Vollm. Vollmacht.
vollst. vollständig.
Vollstr. Vollstreckung.
vollsyn(chr). *tech.* vollsynchronisiert.
Vollz. Vollzähligkeit; Vollziehung, Vollzug.
vollz. vollzählig.
v.o.n.u. von oben nach unten.
Vopo *colloq.* Volkspolizei, -polizist (*DDR*).
vor. voraus; vorig.
Vorarb. Vorarbeit(er).
Vorb. Vorbedingung; Vorbehalt; Vorbemerkung; Vorbereitung; Vorbericht; Vorbestellung; Vorbeugung.
Vorbed. Vorbedingung.
Vorbeh. Vorbehalt.
Vorbem. Vorbemerkung.
Vorber. Vorbereitung; Vorbericht.
Vorbest. Vorbestellung.
Vordr. Vordruck.
Vorf. Vorfahre; Vorfahrt; Vorfall; Vorfeld; Vorfilm; Vorführung.
Vorg. Vorgabe; Vorgang; Vorgesetzte.
vorg(es). vorgesehen.
vorg(esch). vorgeschoben.
vorh. vorhanden; vorher(gehend).
Vorj. Vorjahr.
Vork. Vorkommen; Vorkommnis.
Vorl. *jur.* Vorladung; Vorlage; Vorlauf; Vorleger (*carpet*); Vorleistung; Vorlesung.
vorl. vorläufig; vorliegend.
Vorm. Vormarsch; Vormittag; Vormund.
vorm. vormalig, vormals; vormittags.
VormG Vormundschaftsgericht.
vor.Mts. vorigen Monats.
Vorn. Vorname.
Vorr. Vorrat; Vorrecht; Vorrede; Vorrichtung.
vorr. vorrangig; vorrätig.
Vors. Vorsatz; Vorsicht; *ling.* Vorsilbe; Vorsitz(er), Vorsitzende.
vors. vorsichtig; vorsitzend.
Vorsch. Vorschrift; *econ.* Vorschuß.
vorschm. vorschriftsmäßig.
Vorschr. Vorschrift(en *pl*).
vorschw. vorschriftswidrig.
Vorst. Vorstadt; Vorstand, Vorsteher; Vorstellung; Vorstoß.
Vorw. *tel.* Vorwahl; Vorwand; *agr.* Vorwerk; Vorwort.
vorw. vorwärts; vorwiegend.
Vorz. Vorzimmer; Vorzug.
vorz. vorzeitig; vorzüglich.
VorzA, Vorz.-A. *econ.* Vorzugsaktien *pl*.
vorz.erh. vorzüglich erhalten.
VOS Vereinigung der Opfer des Stalinismus.
v.o.T. *tech.* vom oberen Totpunkt.
VP (*computer*) Verarbeitungsprogramm; Verkaufspreis; Verkehrspolizei; *mil.* Versorgungspackung; Versuchsperson; Versuchsprogramm; Vertrauensperson; Vizepräsident; Volkspartei; Volkspolizei (*DDR*); Vollpension; *mil.* Vorauspersonal; *mil.* Vorposten.

Vp. Versuchsperson.
VPB *econ.* vertikale Preisbindung; Volks-polizeibereitschaft (*DDR*).
vpf. verpfändet.
Vpfl. Verpflanzung; Verpflegung; Ver-pflichtung.
vpfl. verpflanzt; verpflegt; verpflichtet.
VPKA Volkspolizei-Kreisamt (*DDR*).
VPö(A) Verordnung über die Preise bei öffentlichen Aufträgen.
VPR Volkspolizei-Revier (*DDR*).
Vpr(äs). Vizepräsident.
VQ Verbrauchsquote.
VR *tech.* Verdampferreaktor; *jur.* Vereins-register; Verkaufsrecht; Verlagsrecht; Vermessungsrat; Verwaltungsrat; Völ-kerrecht; Volksrepublik; Vorkaufsrecht; Vormundschaftsrichter.
Vr *tech.* Verstärker.
v.r. von rechts.
vrb. verbessert.
VRG Verkehrsradargerät.
Vrg. Vereinigung; Vergangenheit; *tech.* Vergaser; Vorgang.
vrgr. vergriffen; vergrößert.
VRKD Verband reisender Kaufleute Deutschlands.
Vrm. Vermerk; Vermessung.
vrm. vermerkt; vermessen; vermißt.
v.r.n.l. von rechts nach links.
vrt. vertikal.
VRV *mil.* Vorderer Rand des Verteidi-gungsraumes.
v.R.w. *jur.* von Rechts wegen.
VS (*computer*) Verarbeitungssystem; Ver-band deutscher Schriftsteller; Verschluß-sache; Versicherungssumme; *tech.* Ver-stellschraube; Volkssolidarität (*DDR*).
vs. väterlicherseits; (*Lat.*) versus, gegen.
v.s. (*Lat.*) vide supra, siehe oben.
VSA Verband Schweizerischer Abwasser-fachleute; Verband Schweizerischer An-gestelltenverbände; Verband Schweize-rischer Annoncen-Expeditionen.
VSB Vereinigung Schweizerischer Biblio-thekare.
VSch Volksschule.
VSchG Verfassungsschutzgesetz.
VSchL Volksschullehrer.
Vschr. Vorschrift.
v.S.d. von Seiten der *od.* des.
VSE Verband Schweizerischer Elektrizi-tätswerke.
VSG Verband Schweizer Graphiker; Ver-ein Schweizerischer Gymnasiallehrer; Viehseuchengesetz.
VSI Verband Selbständiger Ingenieure.
VSK Verband Schweizerischer Konsum-vereine.
vsl. voraussichtlich.
VSM Verein Schweizerischer Maschinen-industrieller.
VSP Verein der Schweizer Presse; Ver-

einigung Schweizerischer Petroleumgeo-logen und Ingenieure.
VSS Verband der Schweizerischen Stu-dentenschaften; Versehrtensportschule.
VSSTÖ Verband Sozialistischer Studen-ten Österreichs.
VST Verband Schweizerischer Transport-anstalten; Vereinigung Schweizerischer Tiefbauunternehmen.
VSt. Verbindungsstelle; Verkaufsstelle; Vermittlungsstelle; Vermögenssteuer; Verteilungsstelle; Vorsteuer.
Vst. Verstärker, -kung; Vorstand; Vorstellung; Vorstufe.
vst. verstärkt; versteigert; vollständig.
V.St.A. *geogr.* Vereinigte Staaten von Amerika.
VStBw *mil.* Verbindungsstab der Bundes-wehr.
Vstdg. Verständigung.
VStG Vermögenssteuergesetz.
Vstg. Versteigerung; Versteuerung.
v.St.w. von Staats wegen.
VSV Versehrtensportverband, -verein.
VSW Bundesverband der Studenten an Wirtschaftsakademien und Höheren Wirt-schaftsfachschulen.
VSWV Verband schöngeistiger und wis-senschaftlicher Verleger.
VT Verbandstag; Verfahrenstechnik; *jur.* Verkündungstermin; *tech.* Verschleißteil; Volumenteil.
Vt. Verteiler, -lung; Viertel.
vT vom Tausend.
v.T. vom Tage; vom Tausend.
vt. verteilt; vertikal; volkstümlich.
v.t. (*Lat.*) *ling.* verbum transitivum, tran-sitives Verb.
Vtdg. Verteidigung.
VTG Verfahrenstechnische Gesellschaft.
VTL Vorläufige Technische Lieferbedin-gungen *pl.*
VTr. Versicherungsträger.
Vtr. Vertrag; Vertreter.
VU Verfassungsurkunde; *jur.* Versäumnis-urteil; Versicherungsunternehmen; Ver-sorgungsunternehmen.
VÜ Verbandsübereinkommen, -überein-kunft; Vereinsübereinkommen, -überein-kunft.
v.u. von unten.
VUA Veterinäruntersuchungsanstalt.
VUB Verkehrsunfallbereitschaft.
Vulg. *Bibl.* Vulgata.
vulg. vulgär.
vulglat. *ling.* vulgärlateinisch.
vulk. *geol.* vulkanisch; *tech.* vulkanisieren, -siert.
v.u.n.o. von unten nach oben.
v.u.T. *tech.* vom unteren Totpunkt.
v.u.Z. vor unserer Zeit(rechnung).
v.u.z. von und zu.
VV Verdingungsvorschrift; Verkehrsver-

ein; Verkehrsvorschrift; *hist.* Versailler Vertrag; Versicherungsverein; Verwal-tungsvorschrift; Vollzugsvorschriften *pl.*
v.v. (*Lat.*) vice versa, (im) umgekehrt(en Fall); von vorn.
VVaG Versicherungsverein auf Gegen-seitigkeit.
VVB Verwaltung Volkseigener Betriebe (*DDR*).
VVD Volkswagen-Versicherungsdienst.
V.V.D.St. Verband der Vereine Deutscher Studenten.
VVEAB Vereinigung Volkseigener Erfas-sungs- und Aufkaufbetriebe (für land-wirtschaftliche Erzeugnisse) (*DDR*).
VVG Verwaltung Volkseigener Güter (*DDR*).
VVK Verband der Versicherungskauf-leute; Verein für Volkskunde.
VVN Vereinigung der Verfolgten des Naziregimes.
v.v.n.h. von vorn nach hinten.
VVO Veredelungsverordnung; Verein-fachungsordnung; Versicherungsverord-nung.
VVS Verkehrsversicherungsschein (*DDR*); *mil.* Vertrauliche Verschlußsache (*DDR*); Verwaltung des Volkseigenen Seeschiffsbaues (*DDR*).
VVV Vereinigung Volkseigener Verlage (*DDR*).
VVW Vereinigung Volkseigener Waren-häuser (*DDR*); Verwaltung Volkseigener Werften (*DDR*).
VW Verhältniswahl; Volkswagen(werk); Volkswirtschaft; Vormundschaftswesen.
Vw. *ling.* Verhältniswort; Verwalter, -tung; Verweis; Verwendung; Verwertung; Volkswirt; Vorwerk; Vorwort.
VwA Verwaltungsakt.
VWD Vereinigte Wirtschaftsdienste GmbH (*a news agency*).
VWF Verband der Wissenschaftler an Forschungsinstituten.
VwG Verwaltungsgericht.
VWI Verband Deutscher Wirtschaftsinge-nieure.
VwI Verwaltungsinspektor.
VWJ Vereinigung der Wirtschaftsjuristen.
VWL Volkswirtschaftslehre.
VWR Volkswirtschaftsrat (*DDR*).
VWS Versuchsanstalt für Wasserbau und
VWt. Verkehrswacht. [Schiffsbau.
Vw.-Z(w)., Vwz. Verwendungszweck.
VZ Veranlagungszeitraum; Versäumnis-zuschlag; *chem.* Verseifungszahl; Ver-zugszeit; Volkszählung; Vorauszahlung.
Vz. Verzweigung; Vorzeichen; (*railway*) Vorzug.
v.Z. vor der Zeitrechnung.
vz verzinkt.
Vzg. Verzögerung; Verzug; Vorzug.
v.Zw. vor der Zeitenwende.

W

W Währung; Wasserstand; *electr.* Watt; Wechsel; *electr.* Wechselstrom; *tech.* Weiche; Weite; Wert; West(en); *auto.* Wien; Woche; Wochenblatt, -schrift; *chem.* Wolfram; Wolle; *auto.* Wuppertal.
W. Wald; Wand; Warte; Wasser; Weiler; Weizen; Wert; Wissen(schaft); Wort; Wunde; Würde.
w. warm; weiblich; weich; weiß; werk-tags; westlich; wirklich; wöchentlich; wörtlich.
WA *tech.* Wärmeaustauscher; *aer.* War-schauer Abkommen; Wetteramt; Wirt-schaftsabkommen; Wirtschaftsamt; Wis-senschaftlicher Angestellter; Wochen-ausgabe (*of newspapers*); Wohnungsamt.
Wa. Waage; Waffe(n *pl*); Wagen; Wand; Ware(n *pl*); Wasser.
WAB *econ.* Warenausgangsbuch.
Wachst. *mil.* Wachstube; Wachstum.
Wachtm. *mil. hist.* Wachtmeister.
WAG *auto.* Gambia.
Wag. Wagen; (*railway*) Waggon.
Wahlb(ez). Wahlbezirk.
Wahlp. Wahlperiode.
wahrsch. wahrscheinlich.

WAL *auto.* Sierra Leone.
wal. walisisch.
wall(on). wallonisch.
WAN *auto.* Nigeria.
WAP *econ.* Werksabgabepreis (*DDR*).
WaR *med.* Wassermann-Reaktion.
WAS *chem.* waschaktive Substanzen *pl.*
Waspo Wassersport(verein).
WAV *tech.* Wasserabscheidevermögen.
WAZ Westdeutsche Allgemeine Zeitung.
WB Wanderbund; *mar.* Wasserballast; Wehrbeauftragte des Bundestages; *mil.* Wehrbereich; *hist.* Wehrmachtsbericht; Weiterbildung; Werkbericht; Werkbund (*Switzerland*); Wohnbezirk; Wohnungs-bau; Wörterbuch.
Wb. Wasserball; Wörterbuch.
WBA Wohnbezirksausschuß (*DDR*).
Wbb. Wörterbücher *pl.*
WBDJ Weltbund der Demokratischen Jugend.
WBE *med.* Weißbroteinheit.
WBG Wettbewerbsgesetz; Wohnungsbau-gesetz.
WBK *mil.* Wehrbereichskommando; *mil.* Wehrbezirkskommando (*DDR*).

W.-Bl., Wbl. Wochenblatt (*newspaper*).
wbl. weiblich.
WBS *econ.* Warenbegleitschein; Wetter-beobachtungssatellit, -schiff.
Wbs. *med.* Wirbelsäule.
WBZ Werbender Buch- und Zeitschriften-handel.
WBz *metall.* Walzbronze.
WC Wasserklosett.
WD *geogr.* Westdeutschland; Wetter-dienst; *med.* Wirkungsdosis (*of radiation*); *econ.* Wochendurchschnitt.
wd. wasserdicht; westdeutsch.
WDB Wehrdienstbeschädigung.
Wdg. Wanderung; Wendung; Wieder-gabe; Wiedergutmachung; *tech.* Win-dung.
Wdh(lg). Wiederholung.
wdh. wiederholen.
WDK, WdK Wirtschaftsverband der deut-schen Kautschukindustrie.
WdKl. *jur.* Widerklage.
WDO *mil.* Wehrdisziplinarordnung.
WDR Westdeutscher Rundfunk.
Wdst. Widerstand.
wdt. westdeutsch.

WE *econ.* Währungseinheit; *tech.* Wärmeeinheit; *econ.* Werteinheit; *meteor.* Witterungseinflüsse *pl*; Wohnungseigentum; Wohn(ungs)einheit.

WEB *econ.* Wareneingangsbescheinigung, -buch.

Web. Weberei.

WEG Wirtschaftsverband Erdölgewinnung; Wohnungseigentumsgesetz.

Wegf. Wegfall.

Wegw. Wegweiser.

wehrf. wehrfähig.

wehrtgl. wehrtauglich.

WEI Wirtschaftsgruppe Elektroindustrie.

weidm. weidmännisch.

weil. weiland.

Weinstr. *geogr.* Weinstraße.

Weis. Weisung.

WEK Welt-Erdölkongreß; (*space*) Wiedereintrittskörper.

wend. wendisch.

Werkst. Werkstatt, -stätten *pl*; Werkstoff.

werkt. werktäglich, -tags.

Wertp. *econ.* Wertpapier(e *pl*).

westd(t). westdeutsch.

Westf. *geogr.* Westfalen.

westf. westfälisch.

westidg. *ling.* westindogermanisch.

west.L. westliche(r) Länge.

westl. westlich.

WESZ westeuropäische Sommerzeit.

WEU Westeuropäische Union.

WEV Wirtschaftsgruppe Elektrizitätsversorgung.

WEZ *aer.* Warteeinflugzeichen; westeuropäische Zeit.

WF Wagenfähre; Waggonfabrik; *math.* Wahrscheinlichkeitsfaktor; Werkfoto.

Wf. Wasserfall; *geogr.* Westfalen; Werfer, Wurf.

wf. wasserfrei.

WFG Wirtschaftsförderungsgesetz.

Wfl. Wohnfläche.

WFR Weltfriedensrat.

WFV Weltfrontkämpferverband; Weltfunkvertrag; Westdeutscher Fußballverband.

WFW Weltföderation der Wissenschaftler; Werk(s)feuerwehr.

WG Waffengesetz; Wahlgesetz; Währungsgesetz; Wassergesetz; *econ.* Wechselgesetz; *electr.* Wechselstrom-Generator; Wehrgesetz; Weingesetz; Wiedergutmachung; Wohnungsgesetz.

Wg. Wagen; (*railway*) Waggon; Weg.

wg. wassergeschützt; *ling.* westgermanisch.

WGA Wiedergutmachungsamt; Wirtschaftsvereinigung Groß- und Außenhandel.

WGB Weltgewerkschaftsbund.

Wgdr. *print.* Wiegendruck.

W.Geh.R. *hist.* Wirklicher Geheimer Rat.

WGG Wiedergutmachungsgesetz.

WGL Wissenschaftliche Gesellschaft für Luftfahrt.

Wgl. *econ.* Wagen-, Waggonladung.

wgl. weglegen.

WGLR Wissenschaftliche Gesellschaft für Luft- und Raumfahrt.

WGO Weltgesundheitsorganisation.

W.-Gr. Wagengröße; *econ.* Warengruppe.

WGZ Wohnungsgeldzuschuß.

WH Wiederherstellung; Winterhalbjahr; Wirtschaftshochschule; *geogr. hist.* Württemberg-Hohenzollern.

Wh *electr.* Wattstunde.

Wh. Wiederholung; Wirtshaus; Wohnhaus.

wh. wiederholt.

Whg(n). Wohnung(en *pl*).

W.-Hj. Winterhalbjahr.

WHV Westdeutscher Handballverband.

WHW *hist.* (*in NS-Zeit*) Winterhilfswerk.

WI *mar. mil.* Wachhabender Ingenieur(offizier); Wirtschaftsingenieur; Wirtschaftsinstitut.

Wi. Widerstand; Winter; Wirtschaft; Wissenschaft(ler); Witwe(r).

Widia (*TM*) *metall.* „Wie Diamant" (*special sort of steel*).

wiederh. wiederholen, -holt.

WIG *tech.* Wolfram-Inert-Gas(-Verfahren).

willk. willkürlich.

Wi.-Pl. Wirtschaftsplan.

Wi.-Pr. Wirtschaftsprüfer.

WiR Wirtschaftsrat; Wirtschaftsrecht; Wissenschaftsrat.

Wi.-Rt. Witwenrente.

Wirtsch. Wirtschaft(ler); Wirtschaftlichkeit.

wirtsch. wirtschaftlich.

WiSo Wirtschafts- und Sozialwissenschaften *pl*.

Wiss. Wissenschaft(ler), -schaftlichkeit.

wiss. wissenschaftlich; wissentlich.

Wiss.R. Wissenschaftlicher Rat.

WiStG Wirtschaftsstrafgesetz.

Witt. Witterung.

Wj. Wirtschaftsjahr.

w.J. (*sport*) weibliche Jugend.

WJB (*sport*) Weltjahresbestleistung.

WjD Wirtschaftsjahresdurchschnitt.

WK Wanderkarte; Wasserkraft; Weltkrieg; *econ.* Werbungskosten *pl*; Wetterkarte; *mil.* Wiederholungskurs (*Switzerland*).

Wk. Werk; Wirkung.

WKA *tech.* Wasserkraftanlage.

Wkg. Wirkung.

WKK Wehrkreiskommando (*DDR*).

Wkm(str). Werkmeister.

WKP Weibliche Kriminalpolizei.

Wkr. Wahlkreis; Wasserkraft; Wehrkreis (*DDR*).

WKS Werkkunstschule.

Wkst. Werkstatt, -stätten *pl*; Werkstoff.

wktgs. werktags.

Wkz(g). Werkzeug.

WL *electr.* Wellenlänge; Werk(s)leiter, -leitung.

w.L. westliche(r) Länge.

w.l. *chem.* wenig löslich.

wlösl. *chem.* wasserlöslich.

WLV Westdeutscher Leichtathletikverband.

WM *electr.* Wechselstrommotor; *tech.* Weißmetall; (*sport*) Weltmeisterschaft; Werkmeister; Werkzeugmaschine; Wirtschaftsminister(ium); (*computer*) Wortmaschine.

Wm. Werkmeister; Wertmarke.

wm. weidmännisch.

WMF (*TM*) Württembergische Metallwaren-Fabrik.

WNW Westnordwest(en).

wnw. westnordwestlich.

WO *mil.* Wachoffizier; *econ.* Wechselordnung; Wegeordnung; Weltorganisation.

Wo. Woche; Wohnung; Wolle.

wö. wöchentlich.

w.o. weiter oben; wie oben.

w.o.a. wie oben angegeben *od.* angeführt.

WOM Weltorganisation für Meteorologie.

WOMAN Weltorganisation der Mütter aller Nationen.

WP Wahlperiode; *pol.* Warschauer Pakt; Warenprüfung; *econ.* Wechselprotest; Werkstoffprüfung; *econ.* Wertpapier; Wirtschaftsprüfer, -prüfung.

Wp. Wirtschaftsprüfer, -prüfung.

WPflG Wehrpflichtgesetz.

Wpl. Wimpel; Wohnplatz.

WpM, wpm *tel.* Wörter pro Minute.

WPV Weltpostverein.

WR Wahlrecht; Währungsreform; Weltrekord; Wirtschaftsrat; Wirtschaftsrecht; Wirtschaftsredakteur, -redaktion; Wirtschaftsring; Wissenschaftsrat.

WRK Westdeutsche Rektorenkonferenz.

Wrkg. Wirkung.

WRV *hist.* Weimarer Reichsverfassung.

WS *mil.* Waffensystem; *phys.* Wassersäule; Werkschutz; *auto.* West-Samoa; Wintersemester; *med.* Wirbelsäule.

Ws *electr.* Wattsekunde; *electr.* Wechselstrom.

Ws. *phys.* Wassersäule; Wertsachen *pl*; Wochenschrift (*journal*).

WSA Wasser- und Schiffahrtsamt; Wirtschafts- und Sozialausschuß.

WSC Wassersportclub; Wintersportclub.

W.S.C. Weinheimer Senioren-Convent (*of students' societies*).

W.-Sch. Waffenschein; *econ.* Warenschein.

Wschr. Wochenschrift (*journal*).

WSD Wasser- und Schiffahrtsdirektion.

WSG Wasserschutzgebiet; Wassersportgemeinschaft; Wehrsoldgesetz.

WSP Wasserschutzpolizei.

W.-Sp. Wasserspiegel.

WSR Weltsicherheitsrat.

wss. *chem.* wässerig, wäßrig.

WSt., W.-St. *econ.* Wechselsteuer.

Wst. Werkstatt; Werkzeugstahl.

wstd. westdeutsch.

WStG Wehrstrafgesetz.

WStr., W.-Str. Wasserstraße.

WSV Wassersportverein; Wasser- und Schiffahrtsverwaltung; Winterschlußverkauf; Wintersportverein.

WSW Westsüdwest(en).

wsw. westsüdwestlich.

WT Wachturm; *mil.* Waffentechnik; Wasserturm; Wechselstromtelegrafie; Wiederholungsteil.

W.T. Wachturm; Wasserturm, -tank.

WTA Wissenschaftlich-Technische Abteilung; Wissenschaftlich-Technische Assistentin.

Wtb. Wörterbuch.

Wtg. *tech.* Wartung.

wtgl. werktäglich; wertgleich.

wtgs. werktags.

wtl. wertlos; wörtlich.

Wttbg. *geogr.* Württemberg.

WTZ Wissenschaftlich-Technisches Zentrum (*DDR*).

w.u. weiter unten; wie unten.

w.ü. wie üblich.

WUA Welturheberrechtsabkommen.

Wü.-Ho., Wü.-Hhz. *geogr. hist.* Württemberg-Hohenzollern.

WUST, Wust Warenumsatzsteuer (*Switzerland*).

Württ. *geogr.* Württemberg.

WV *econ.* Warenverzeichnis; Wirtschaftsverband; Wirtschaftsvertreter; Wohlfahrtsverband; Wörterverzeichnis.

Wv. Weiter-, Wiederverwendung; Wiedervorlage.

w.v. weiter *od.* wieder vorlegen; wie vorstehend.

Wvb. Wirtschaftsverband.

w.Vn. weiblicher Vorname.

WVU Wasserversorgungsunternehmen.

WVV Wissenschaftlicher Verein für Verkehrswesen.

Wvz. *econ.* Warenverzeichnis.

WW Warmwasser; Wasserwerk.

Ww. Warmwasser; Wasserwerk; Wegweiser; *geogr.* Westerwald; Witwe(r).

w.W. warmes Wasser.

WWA Wasserwirtschaftsamt.

Wwe. Witwe.

WWG Werbewissenschaftliche Gesellschaft (*Austria*).

WWI Wirtschaftswissenschaftliches Institut (der Gewerkschaften).

Wwr. Witwer.

WWV Wärmewirtschaftsverband.

Wwv. Warmwasserversorgung.

WZ Warenzeichen; Wartezeit; Wasserzeichen; Weltzeit; Wohnzimmer.

Wz Warenzeichen; Wasserzeichen.

Wz. Warenzeichen; Wasserzeichen; Wohnzimmer.

w.z.b.w. was zu beweisen war.

WZG Warenzeichengesetz.

Wzg. Werkzeug.

X, Y, Z

Xe *chem.* Xenon.
Xerogr. Xerographie.
Xerok. Xerokopie.
Xyl. Xylograph(ie); Xylophon.

Y *auto.* Bundeswehr; *chem.* Yttrium.
Yb *chem.* Ytterbium.
YC Yachtclub.
YE *auto.* Jemen.
YU *auto.* Jugoslawien.
YV *auto.* Venezuela.

Z *auto.* Sambia; Zähler; Zeichen; Zeitschrift, Zeitung; Zenit; Zentrale, Zentrum; *auto.* Zoll; Zone; *(railway)* Zug.
Z. Zahl; Zahlung; Zeichen; Zeile; Zeit; Zettel; Zeuge; Zeugnis; Ziffer; Zimmer; Zitat; Zone; Züchter; Zuchthaus; Zucker; Zurücknahme; Zusammensetzung.
z. zu, zum, zur.
ZA *auto.* Republik Südafrika; Zahlungsabkommen; Zentralabteilung, -amt; Zinsabkommen; Zollamt.
z.A. zur Ansicht; zur Anstellung.
za. zirka.
ZAB Zollamt am Bahnhof.
ZAED Zentralstelle für Atomenergie-Dokumentation.
ZAG Zentralarbeitsgemeinschaft.
Zahlm. *mil.* Zahlmeister.
zahlr. zahlreich.
Zahlst. Zahlstelle.
z.Anw. zur Anwendung.
ZASK Zentraler Armeesportklub (*DDR*).
ZAV Zentralstelle für Arbeitsvermittlung; Zollabfertigungsvorschriften *pl*; Zollamtsvorsteher.
ZAW Zentralamt für Werbung (*DDR*); Zentralausschuß der Werbewirtschaft.
ZB Zahlungsbefehl; Zahlungsbewilligung; Zentralbibliothek; Zentralblatt (*journal*); Zentralbüro; Zivilbeschädigte; Ziviler Bevölkerungsschutz; Zulassungsbüro; Zürcher Bibel; Zusatzbestimmung; Zwischenbericht.
z.B. zum Beispiel.
Z.-Bef. Zahlungsbefehl.
z.Begl. zur Beglaubigung.
ZBR Zentralbankrat.
z.b.V. zur besonderen Verfügung *od.* Verwendung.
Zch(n)g. Zeichnung.
Zch(n)gn. Zeichnungen *pl*.
Zchn. Zeichen; Zeichnen.
ZD Zeitschriften-, Zeitungsdienst; Zentraldirektion.
z.D. zur Dienstleistung; zur Disposition.
z.d.A. zu den Akten.
ZDF Zweites Deutsches Fernsehen.
Zdg. *tech.* Zündung.
ZDH Zentralverband des Deutschen Handwerks.
ZDK Zentralverband des Kraftfahrzeughandels und -gewerbes; Zentralverband Deutscher Konsumgenossenschaften.
ZDL Zentralausschuß der Deutschen Landwirtschaft.
ZDW Zentralamt des Deutschen Wetterdienstes.
ZDWV Zentralverband Demokratischer Widerstandskämpfer- und Verfolgtenorganisationen.
ZE *econ.* Zahlungseinstellung; Zeiteinheit; (*computer*) Zentraleinheit.
z.E. zu Ehren; zum Exempel; zur Einsichtnahme.
ZED Zentraler Ermittlungsdienst.
zeitgen. zeitgenössisch.
Zeitl. *econ.* Zeitlohn; (*film*) Zeitlupe.
zeitl. zeitlich; zeitlos.
Zeitschr. Zeitschrift.
Zeitw. *econ.* Zeitwert; *ling.* Zeitwort.
zeitw. zeitweilig, -weise.
ZEK Zentralexekutivkomitee.
ZEL Zentralersatzteillager.
Zellst. Zellstoff.
Zem. Zement(ierung).
Zentr. Zentrale; Zentralismus, -list; Zentrum.
zentr. zentral; zentralistisch; zentriert; zentrisch.
zerl. zerlassen; zerlaufen; zerlegen, -legt.
Zers. Zersetzung.

Zerst. Zerstörung.
zerstr. zerstreuen, -streut; zerstritten.
ZF *agr.* Zusatzfutterfläche; *electr.* Zwischenfrequenz.
Zf. *econ.* Zinsfuß; Zufahrt; Zufuhr; Zusammenfassung.
z.F. zu Fuß.
ZFA Zentral-Fachausschuß; Zentralfinanzamt.
ZFD Zollfahndungsdienst.
z.F.d.W. zur Förderung der Wissenschaften.
zfr. zinsfrei; zollfrei.
ZFSt. Zollfahndungsstelle.
ZFV Deutsche Zentrale für Fremdenverkehr.
ZG Zivilgericht (*Switzerland*); Zollgesetz.
Z.G. Zollgewicht; Zoologischer Garten.
Zg. Zeitung; Zeuge; Ziegelei; *mil.* Zug.
ZGB Zivilgesetzbuch (*Switzerland*).
ZGD Zollgrenzdienst.
z.gefl.K. zur gefälligen Kenntnisnahme.
Zgf. (*railway*) Zugfolge; *mil.* Zugführer.
Zgh. Zugehörigkeit.
ZGK Zollgrenzkommissariat.
zgl. zugleich.
Zgm. *auto.* Zugmaschine.
Zgn. Zeugen *pl*; Zeugnis.
z.g.R. zur gefälligen Rücksprache.
z.gr.T. zum großen Teil.
zgs. zusammengesetzt.
zgst. zusammengestellt.
zgw. zugewandert; *mil.* zugweise.
z.g.w.V. zur gefälligen weiteren Veranlassung.
ZH Zentralheizung.
z.H. zu Händen; zur Hälfte.
z.Hd(n).(v.) zu Händen (von).
zhlr. zahlreich.
ZHV Zoll- und Handelsvertrag.
Hhz(g). Zentralheizung.
ZI Zentralinstitut; Zollinhaltserklärung; Zollinspektor.
Zi. Ziffer; Zimmer.
Zig. Zigarre, Zigarette, Zigarillo.
ZIID Zentralinstitut für Information und Datenverarbeitung (*DDR*).
Zim. Zimmer.
zinsl. zinslos.
ZIS Zentralinstitut für Sprachwissenschaft.
Zit. Zitadelle; Zitat.
zit.(n.) zitiert (nach).
ZIV Zentrale Informationsstelle für Verkehr.
Ziv. Zivil; Zivilisation; Zivilist.
ziv. zivil; zivilisatorisch; zivilisiert.
ZivS *jur.* Zivilsenat.
Ziv.-S. *jur.* Zivilsache.
ZK (*sport*) Zeitkontrolle; Zentralkatalog; Zentralkomitee; *jur.* Zivilkammer; Zollkasse; Zollkontrolle; *tech.* Zugkraft.
Zk. (*postal code*) Zahlkarte; Zollkasse; *tech.* Zündkerze.
z.K. zur Kenntnisnahme.
zk. zurück.
ZKA Zentraler Kreditausschuß; Zentralkatalog für Auslandsliteratur.
ZKfSK Zentrale Kommission für Staatliche Kontrolle (*DDR*).
Zkft. Zukunft; Zusammenkunft.
ZKK Zentrale Kontrollkommission (*DDR*); Zentrale Kundenkartei.
Zkw *auto.* Zugkraftwagen.
ZL Zentrallabor(atorium); *aer.* Zwischenlandung.
Zl Zloty (*monetary unit of Poland*).
Zl. Zahl; Zeile; Ziel.
z.l. *chem.* ziemlich löslich.
ZLDI Zentralstelle für Luftfahrtdokumentation und -information.
Zle. Zeile.
Zlg. Zahlung; Zerlegung.
Zm. *mil.* Zahlmeister; Zeitmaß, -messung.
ZMD Zentrale Marinedienststelle; Zentralstelle für maschinelle Dokumentation.
ZMF Zentrale Marktforschung.
ZN Zahlungsnachweis; Zimmernachweis; Zweigniederlassung.
Zn *chem.* Zink.
Zn. Zeichen; Zunahme; Zuname.
z.n. zu nehmen.
ZNK Zentrale Namenkartei (des DRK).

ZNP Ziviles Notstandsprogramm.
ZNS *med.* Zentralnervensystem.
ZO Zahlungsordnung; Zulassungsordnung.
ZOB Zentraler Omnibusbahnhof.
Zool. Zoologe, -logie.
zool. zoologisch.
ZÖV Zentrale Ölversorgung.
ZP *hist.* Zentrumspartei; Zimmerpreis; Zusatzpatent.
z.P. zur Person.
z. Pf. zu Pferde.
ZPKK Zentrale Parteikontrollkommission (*DDR*).
ZPL Zentrale Parteileitung (*DDR*).
ZPO Zivilprozeßordnung.
ZPR Zivilprozeßrecht.
ZR Zentralrat; Zollrat.
Zr *chem.* Zirkonium.
Zr. Zimmer.
z.R. zu Recht; zur Revision.
zr. zahlreich.
ZRS *jur.* Zivilrechtssache.
ZS Zentralsekretariat (*DDR*); Zentralstelle; Zivilschutz (*Switzerland*); *jur.* Zivilsenat; Zollsekretär.
Zs. Zeitschrift; Zusage; Zusatz; Zusammensetzung.
z.S. zur Sache; *mil.* zur See.
zs. zusammen.
ZSchK Zivilschutzkorps.
Zschr. Zeitschrift.
ZSG Zentralsportgemeinschaft.
zsges. zusammengesetzt.
zsgest. zusammengestellt.
ZSGL Zentrale Schulgruppenleitung (*DDR*).
Zshg. Zusammenhang.
ZSK Zentraler Sportklub; Zivilschutzkorps.
ZSL *telev.* Zentrale Sendeleitung (des Deutschen Fernsehens).
Zss. Zeitschriften *pl*.
ZSt. Zentralstelle; Zollstelle; Zweigstelle.
Zst. Zusammenstellung; Zustand; Zustellung.
z. Stn. zur Stellungnahme.
Zstzg. Zusammensetzung.
ZSW *tech.* Zeitschaltwerk; Zentralinstitut für Sozialistische Wirtschaftsführung (*DDR*).
z.s.Z(t). zu seiner Zeit.
ZT Zähltaste; Zahlungstermin; Zolltarif.
Zt. Zeit; Zitat; Zuteilung.
z.T. zum Teil; zum Termin.
ZTA Zentraler Transportausschuß (*DDR*).
ZTG *tech.* Zeittaktgeber; Zentralverband des Tankstellen- und Garagengewerbes; Zolltarifgesetz.
Ztg. Zeitung; Zuteilung.
Ztgn. Zeitungen *pl*.
ztl. zeitlich; zeitlos.
Ztr. Zeitrechnung; Zentner; Zentrale; Zentrum; Zutritt.
z.tr.H. zu treuen Händen.
Ztr.-Hzg., Ztrhzg. Zentralheizung.
Zts(chr). Zeitschrift.
Ztw. *econ.* Zeitwert; *ling.* Zeitwort.
ztw. zeitweilig; zeitweise.
ZU (*postal service*) Zustellungsurkunde.
z.U. zur Unterschrift; zur Untersuchung.
z.u. zeitlich untauglich.
Zub. Zubehör.
Zubr. Zubringer.
Zuf. Zufall; Zufuhr.
zuf. zufällig; zufolge.
Zug. Zugabe; Zugang.
zug. zugängig, -gänglich.
zugel. zugelassen.
zuget. zugeteilt.
Zugew. Zugewanderte; *econ.* Zugewinn.
zugew. zugewandert; zugewiesen.
zugl. zugleich.
zuk. zukünftig.
Zul. Zulage; Zulässigkeit; Zulassung.
zul. zulässig; zuletzt.
Zündw. Zündwaren *pl*.
zur. zurück.
Zus. Zusammenhang; Zusammensetzung; Zusatz.
zus. zusammen; zusätzlich.
Zusch. Zuschuß.

Zuschr. Zuschrift.
Zust. Zustand; Zuständigkeit; (*postal service*) Zusteller, -lung.
zust. zuständig; zustellen.
Zut. Zutaten *pl*; Zuteilung.
Zuw. Zuwachs; Zuweisung; Zuwendung.
zuw. zuweilen.
zuz. zuzüglich.
ZV (*mining*) Zechenverband; Zeitungsverlag, -vertrieb; Zentralverband; Zentralverwaltung, -vorstand; Zivilverteidigung; Zollvertrag; Zollvorschrift; Zwangsversteigerung.
z.V. zum Verkauf; zum Vermerk; zum Vorgang; zur Verfügung; zur Vormerkung.

z.v. zu verkaufen.
ZVA Zeitungsvertriebsamt; Zentrale Versorgungsanlage; Zentralverkehrsamt.
ZVEH Zentralverband des Deutschen Elektrohandwerks.
ZVEI Zentralverband der Elektrotechnischen Industrie.
ZW *tech.* Zählwerk; Zellwolle.
Zw. *econ.* Zahlungsweise; *ling.* Zahlwort; *ling.* Zeitwort; Zollwert; Zuwachs; Zwang; Zweck; Zwillinge *pl*.
zw. zwar; zwecks; zwei; zwischen.
zwangl. zwanglos.
Zwg. Zweig.
Zwgn. Zweigniederlassung.
Zwgst. Zweigstelle.
zwgw. zwangsweise.

ZWL Zentralstelle für wissenschaftliche Literatur (*D D R*).
ZwSt. Zweigstelle.
Zwst. Zwischenstock(werk).
ZwV Zwangsvollstreckung.
z.Wv. zur Wiederverwendung; zur Wiedervorlage.
z.w.V. zur weiteren Veranlassung; zur weiteren Verwendung.
Zyl. Zylinder.
zyl. zylindrisch.
zypr. zypr(iot)isch.
ZZ Zonenzeit; *med.* zweieiige Zwillinge *pl*.
Zz. Zeilen *pl*; Zinszahl; *tech.* Zylinderzahl.
z.Z. zur Zeit.
zzgl. zuzüglich.
z.Zt. zur Zeit.

II. BIOGRAPHISCHE NAMEN
II. BIOGRAPHICAL NAMES

A

Abä·lard, Peter ['abɛlart; abɛ'lart] Abélard, Abailard. *French philosopher and theologian; 1079—1142.*

Ab·be, Ernst ['abe] *German physicist; 1840—1905.*

Abra·ham a San(c)·ta Cla·ra ['a:braham a: 'zaŋ(k)ta 'kla:ra] *Austrian theologian and satirical writer; 1644—1709.*

Abra·ham, Paul ['a:braham] *Hungarian-German composer of operettas; 1892—1960.*

Abt, Franz [apt] *German conductor and composer; 1819—85.*

Ach, Narziss [ax] *German psychologist; 1871—1946.*

Achen·bach, Andreas ['axən,bax] *German landscape and marine painter; 1815—1910.*

Achen·bach, Oswald ['axən,bax] *German landscape painter; 1827—1905.*

Ach·ma·to·wa, Anna [ax'ma:tova] *Russian lyric poet; 1893—1966.*

Acker·mann, Konrad Ernst (getr. -k·k-) ['akər,man] *German actor; 1712—71.*

Adal·bert, der heilige ['a:dal,bɛrt] St. Adalbert, St. Adelbert (*called* Apostle of the Prussians). *Bohemian prince, bishop of Prague; 956?—997.*

Adam, Adolphe Charles [a'dã:] *French composer; 1803—56.*

Adam, Albrecht ['a:dam] *German painter and lithographer; 1786—1862.*

Adel·heid, die heilige ['a:dəl,haɪt] St. Adelaide. *German noblewoman and religious figure; 931?—999.*

Ade·lung, Johann Christoph ['a:dəluŋ] *German philologist; 1732—1806.*

Ade·nau·er, Konrad ['a:dənauər] *German politician, first chancellor of the BRD; 1876—1967.*

Ad·ler, Alfred ['a:dlər] *Austrian psychologist; 1870—1937.*

Adolf von Nas·sau ['a:dɔlf fən 'nasau] Adolf of Nassau. *King of Germany; 1250?—98.*

Ador·no, Theodor W. [a'dɔrno] *German philosopher, sociologist, and composer; 1903—69.*

Aga Khan III. ['a:ga 'ka:n] *Indian statesman and spiritual leader of the Ismaili Moslem sect; 1877—1957.*

Aga·si·as (von Ephe·sus) [a'ga:zïas (fən 'e:fezus)] Agasias of Ephesus. *Greek sculptor; about 100 B.C.*

Agas·siz, Louis Jean Rodolphe [aga'si:] *Swiss naturalist; 1807—73.*

Aga·tho·kles [a'ga:toklɛs] Agathocles. *Tyrant of Syracuse; 361—289 B.C.*

Age·si·la·os II. [agezi'la:ɔs] Agesilaus, Agesilaos. *King of Sparta; 400—360 B.C.*

Agnes von Poi·tou ['agnɛs fən pŏa'tu:] Agnes of Poitou. *Second consort of the emperor Henry III; 1025—1077.*

Agri·co·la, Alexander [a'gri:kola] *German or Dutch composer of religious music; 1446—1506.*

Agri·co·la, Georg [a'gri:kola] *German mineralogist; 1494—1555.*

Agri·co·la, Gnäus Julius [a'gri:kola] *Roman general; 37—93.*

Agri·co·la, Johann [a'gri:kola] *German Protestant theologian; 1492—1566.*

Agri·co·la, Johann Friedrich [a'gri:kola] *German organist and composer; 1720—74.*

Agri·co·la, Rudolf Frisius [a'gri:kola] *Dutch scholar; 1443—85.*

Agrip·pa, Marcus Vipsanius [a'grɪpa] *Roman general and politician; 63—12 B.C.*

Agrip·pa von Net·tes·heim, Heinrich Cornelius [a'grɪpa fən 'nɛtəs,haɪm] *German philosopher and physician; 1486—1535.*

Agrip·pi·na, Julia (die Jüngere) [agrɪ'pi:na] Agrippina (the Younger). *Mother of the emperor Nero; 15?—59.*

Ahl·wardt, Theodor Wilhelm ['a:l,vart] *German orientalist; 1828—1909.*

Ai·chin·ger, Ilse ['aɪçɪŋər] *Austrian writer; *1921.*

Ais·chy·los ['aɪsçylɔs] → Äschylus.

Ala·rich ['a:larɪç] Alaric. *King of the West Goths; 370?—410.*

Al·ba, Fernando Álvarez de Toledo ['alba] (Duke of) Alva (*od.* Alba). *Spanish general and governor of the Netherlands; 1508—1582.*

Al·bé·niz, Isaac [al'be:nɪs] *Spanish pianist and composer; 1860—1909.*

Al·bers, Hans ['albərs] *German film actor; 1892—1960.*

Al·bert, Eugen D' [dal'bɛːr] → D'Albert, Eugen.

Al·ber·tus Ma·gnus [al'bɛrtus 'magnus] *German scholastic philosopher; 1193?—1280.*

Al·be·rus, Erasmus ['alberus] *German scholar and poet; 1500?—1553.*

Al·bo·in [al'boiːn] *King of the Lombards; ?—573.*

Al·brecht I. (der Bär) ['albrɛçt] Albert I (of Brandenburg) (the Bear). *Margrave (and founder of the house) of Brandenburg; 1100?—1170.*

Al·brecht I. ['albrɛçt] Albert I (*of Germany*). *Duke of Austria and king of Germany; 1255—1308.*

Al·brecht II. ['albrɛçt] Albert II (*of Germany*). *First Hapsburg Holy Roman Emperor; 1397—1439.*

Al·brecht II. ['albrɛçt] Albert II. *Elector and Archbishop of Mainz; 1490—1545.*

Al·brecht III. (Achilles) ['albrɛçt] Albert III (of Brandenburg) (called Albert Achilles). *Elector of Brandenburg; 1414—86.*

Al·brecht V. ['albrɛçt] Albert V (of Bavaria). *Duke of Bavaria; 1550—79.*

Al·brecht, Friedrich Rudolf ['albrɛçt] Albert (*of Austria*). *Archduke of Austria and Austrian field marshal; 1817—95.*

Al·bu·in ['albuiːn] → Alboin.

Alex·an·der [alɛ'ksandər] *Emperors of Russia:* Alexander I. Alexander I (*1777—1825*); Alexander II. Alexander II (*1818—1881*); Alexander III. Alexander III (*1845—1894*).

Alex·an·der [alɛ'ksandər] *Name of 8 popes:* Alexander VI. (Rodrigo Lanzol y Borja) Alexander VI; *1431—1503.*

Alex·an·der (der Große) [alɛ'ksandər] Alexander (the Great). *King of Macedonia; 356—323 B.C.*

Alex·an·der Se·ve·rus [alɛ'ksandər ze-'ve:rus] *Roman emperor; 208?—235.*

Alex·an·der von Aphro·di·si·as [alɛ'ksandər fən afro'di:zïas] *Greek philosopher; about 200.*

Alex·ei, Michailowitsch [alɛ'kse:i] Alexis (*od.* Aleksey) Mikhailovich. *Czar of Russia; 1629—76.*

Alex·ios I. Kom·ne·nos [a'lɛksïos kəm'ne:nəs] Alexius I Comnenus. *Emperor of the East; 1048—1118.*

Ale·xis, Willibald [a'lɛksɪs] (*originally* Georg Wilhelm Häring) *German novelist; 1798—1871.*

Al·ka·me·nes [al'ka:menɛs] Alcamenes, Alkamenes. *Greek sculptor; 448?—?404 B.C.*

Al·ki·bia·des [alki'bi:adɛs] Alcibiades. *Athenian politician and general; 450—?404 B.C.*

Alk·mai·on von Kro·ton [alk'maɪən fən 'kro:tən] Alcmaeon of Crotona. *Greek physician and philosopher; about 500 B.C.*

Alm·quist, Carl Jonas Love ['alm,kvɪst] *Swedish poet and essayist; 1793—1866.*

Alt·dor·fer, Albrecht ['alt,dɔrfər] *German painter and engraver; 1480?—1538.*

Al·ten·berg, Peter ['altən,bɛrk] *Austrian writer; 1859—1919.*

Alz·hei·mer, Alois ['alts,haɪmər] *German psychiatrist; 1864—1915.*

Ama·ti, Nicola [a'ma:ti] *Italian violin maker; 1596—1684.*

Am·ber·ger, Christoph ['am,bɛrgər] *German painter; 1500?—1561.*

Am·bro·si·us [am'bro:zïus] Ambrose. *Bishop of Milan, one of the fathers of the church; 339?—397.*

Ame·no·phis [ame'no:fɪs], **Amen·ho·tep** [amɛn'ho:tɛp] *Kings of Egypt:* Amenophis III. Amenhotep (*od.* Amenophis) III (*reigned 1411—1375 B.C.*); Amenophis IV. Amenhotep (*od.* Amenophis) IV Ikhnaton (*reigned 1375—1358 B.C.*).

Ame·ri·go Ves·puc·ci [ame'ri:go vɛs'putʃi] → Vespucci.

Amer·ling, Friedrich von ['a:mərlɪŋ] *Austrian painter; 1803—87.*

Ami·el, Henri Frédéric [a'mïɛl] *Swiss poet and philosopher; 1821—81.*

Am·mia·nus Mar·cel·li·nus [a'mïa:nus martsɛ'li:nus] *Roman historian; about 370.*

Am·père, André Marie [ã'pɛːr] *French physicist; 1775—1836.*

Amund·sen, Roald ['a:muntsən] *Norwegian polar explorer; 1872—1928.*

Ana·kre·on [a'na:kreon] Anacreon. *Greek lyric poet; 572?—?488 B.C.*

Ana·xa·go·ras [ana'ksa:goras] *Greek philosopher and naturalist; 500?—428 B.C.*

Ana·xi·man·der [anaksi'mandər] *Greek philosopher and mathematician; 611?—?547 B.C.*

Ana·xi·me·nes [ana'ksi:menɛs] *Greek philosopher; 585?—?525 B.C.*

An·da, Géza ['anda] *Hungarian-Swiss pianist; *1921.*

An·ders, Peter ['andərs] *German tenor; 1908—54.*

An·dersch, Alfred ['andərʃ] *German writer; *1914.*

An·der·sen, Hans Christian ['andərzən] *Danish writer; 1805—75.*

An·drae, Walter ['andrɛ] *German arch(a)eologist; 1875—1956.*

An·dre·as-Sa·lo·mé, Lou [an'dre:as'za:lome] *German novelist, biographer, and psychoanalyst; 1861—1937.*

An·dres, Stefan ['andrəs] *German writer, dramatist, and lyric poet; *1906.*

An·drić, Ivo ['andrɪtʃ] *Yugoslavian writer and essayist; 1892—1975.*

An·dro·ni·kos von Rho·dos [andro'ni:kɔs fən 'ro:dəs] Andronicus of Rhodes. *Greek philosopher in Rome; about 70 B.C.*

Äne·si·de·mos [ɛnezi'deːməs] Aenesidemus. *Greek philosopher; about 100 B.C.*

An·ge·li·co, Fra (Fra Giovanni da Fiesole) [an'dʒeːliko] *Italian painter; 1387—1455.*

An·ge·lus Si·le·si·us ['aŋgelus zi'leːzïus] *(originally Johann[es] Scheffler) German religious poet; 1624—77.*

An·gil·bert, der heilige ['aŋgɪl,bɛrt] St. Angilbert. *Frankish poet; 740?—814.*

Ång·ström, Anders Jonas ['ɔŋ,strøːm] *Swedish physicist; 1814—74.*

An·na Ama·lia ['ana a'maːlïa] *Duchess of Saxe-Weimar; 1739—1807.*

An·na Iwa·now·na ['ana i'vaːnɔvna] Anna Ivanovna. *Empress of Russia; 1693—1740.*

An·na von Öster·reich ['ana fɔn 'øːstəraɪç] Anne of Austria. *Consort of Louis XIII of France and regent for Louis XIV; 1601—66.*

An·no II., der heilige ['ano] St. Anno, St. Hanno. *Archbishop of Cologne; 1010—1075.*

An·nun·zio, Gabriele d' [a'nuntsïo] *Italian poet, novelist, and politician; 1863—1938.*

Anouilh, Jean [a'nuːj] *French dramatist; *1910.*

An·schütz-Kaemp·fe, Hermann ['an,ʃyts-'kɛmpfə] *German engineer and inventor; 1872—1931.*

An·ser·met, Ernest [ãsɛr'meː] *Swiss conductor; 1883—1969.*

Ans·gar, der heilige ['ansgar] *(called Apostel des Nordens)* St. Anschar, St. Ansgar, St. Anskar *(called Apostle of the North). Frankish Benedictine missionary to Scandinavia; 801—865.*

An·the·mi·os [an'teːmïos] Anthemius. *Greek mathematician and architect; about 500.*

An·ti·go·nos I. (Monophthalmos) [an'tiːgonəs] Antigonus I *(surnamed Cyclops od. Monophthalmos). King of Macedonia; general of Alexander the Great; 382?—301 B.C.*

An·ti·ma·chos [an'tiːmaxəs] Antimachus. *Greek epic and elegiac poet; about 410 B.C.*

An·ti·o·chos III. (der Große) [an'tiːɔxɔs] Antiochus III (the Great). *King of Syria; 241?—187 B.C.*

An·tio·chos von As·ka·lon [an'tiːɔxɔs fɔn 'askalɔn] Antiochus of Ascalon. *Greek eclectic philosopher; 120?—69 B.C.*

An·ti·pha·nes [an'tiːfanɛs] *Greek comic poet; 408?—?334 B.C.*

An·ti·sthe·nes [an'tɪstɛnɛs] *Athenian philosopher, founder of the school of the Cynics; 444?—?366 B.C.*

An·to·nel·lo da Mes·si·na [anto'nɛlo da mɛ'siːna] *Italian painter; 1430?—79.*

An·to·nes·cu, Ion [anto'nɛsku] *Rumanian general and dictator; 1882—1946.*

An·to·ni·us, Marcus [an'toːnïus] Mark *(od. Marc)* Antony, Marcus Antonius. *Roman general; 83?—30 B.C.*

An·to·ni·us von Pa·dua [an'toːnïus fɔn 'paːdüa] Ant(h)ony of Padua. *Franciscan monk; 1195—1231.*

An·zen·gru·ber, Ludwig ['antsən,gruːbər] *Austrian dramatist; 1839—89.*

Ar·chi·lo·chos [ar'çiːlɔxəs] Archilochus. *Greek lyric poet; 700?—650 B.C.*

Ar·chi·me·des [arçi'meːdɛs] *Greek mathematician and physicist; 287?—212 B.C.*

Ari·ost, Ludovico [a'rïɔst], **Ario·sto** [a'rïɔsto] Lodovico Ariosto. *Italian poet; 1474—1533.*

Ario·vist [arïo'vɪst] Ariovistus. *Leader of the Suevi; 71?—?58 B.C.*

Ari·sti·des [arɪs'tiːdɛs] Aristides, Aristeides. *Athenian statesman and general; 530?—?468 B.C.*

Ari·sto·pha·nes [arɪs'toːfanɛs] *Athenian comic dramatist; 448?—?380 B.C.*

Ari·sto·te·les [arɪs'toːtelɛs] Aristotle. *Greek philosopher; 384—322 B.C.*

Ar·mi·ni·us [ar'miːnïus], **Ar·min** ['armiːn] *Leader of the Cherusci; 17? B.C.—21 A.D.*

Arndt, Ernst Moritz [arnt] *German political writer and poet; 1769—1860.*

Ar·nim, Achim *(od. Ludwig Joachim)* von ['arnɪm] *German poet; 1781—1831.*

Ar·nim, Bettina *(od. Anna Elisabeth)* von ['arnɪm] *German writer; 1785—1859.*

Arp, Hans [arp] *German painter and writer; 1887—1966.*

Ár·pád ['arpat] Árpád. *Founder of the Árpád dynasty in Hungary; ?—907.*

Ar·rhe·ni·us, Svante August [a'reːnïus] *Swedish physicist and chemist; 1859—1927.*

Asam ['aːzam] *German artists: Hans Georg (fresco painter and stucco worker; 1649—*

1711); his sons Cosmas Damian *(painter and architect; 1686—1739) and* Egid Quirin *(sculptor, stucco worker, and architect; 1692—1750).*

Äschi·nes ['ɛ(ː)ʃinɛs] Aeschines. *Athenian orator; 389—314 B.C.*

Aschoff, Ludwig ['aʃɔf] *German pathologist; 1866—1942.*

Äschy·lus ['ɛ(ː)ʃylus] Aeschylus. *Athenian tragic dramatist; 525—456 B.C.*

Äsop [ɛ'zoːp] Aesop, *auch* Esop. *Greek fabulist; 620?—?560 B.C.*

Atha·na·si·us, der heilige [ata'naːzïus] *Greek father of the church; 293?—373.*

At·ti·la ['atila] *King of the Huns; 406?—453.*

Au·ber, Daniel François Esprit [o'bɛːr] *French composer; 1782—1871.*

Au·er·bach, Berthold ['auər,bax] *German novelist; 1812—82.*

Au·er von Wels·bach, Carl ['auər fɔn 'vɛls,bax] *Austrian chemist; 1858—1929.*

Au·gust II. (der Starke) ['august] Augustus II (the Strong). *King of Poland; as elector of Saxony* Friedrich August I. Frederick Augustus I; *1670—1733.*

Au·gu·stin [augus'tiːn] → Augustinus.

Au·gu·sti·nus, der heilige [augus'tiːnus] St. Augustine. *Bishop of Hippo and father of the church; 354—430.*

Au·gu·stus, Gajus Julius Cäsar Oktavian [au'gustus] Augustus, Gaius Julius Caesar Octavianus. *First Roman emperor; 63 B.C.—14 A.D.*

Au·re·li·an (Lucius Domitius Aurelianus) [aure'lïaːn] *Roman emperor; 212?—275.*

Ave·na·ri·us, Richard [ave'naːrïus] *German philosopher; 1843—96.*

Aven·ti·nus, Johannes [avɛn'tiːnus] *Bavarian historian; 1477—1534.*

Aver·ro·es [a'vɛroɛs] Averr(h)oës. *Arab philosopher and physician; 1126—98.*

Awer·tschen·ko, Arkadi Timofejewitsch [a'vɛrtʃɛŋko] *Russian satirist and humorist; 1881—1925.*

Ay·rer, Jakob ['aɪrər] *German dramatic poet; 1543?—1605.*

B

Baa·de, Walter ['baːdə] *German astronomer; 1893—1960.*

Baa·der, Franz Xaver von ['baːdər] *German philosopher; 1765—1841.*

Bach [bax] *German composers:* Johann Sebastian *(1685—1750); his sons* Carl Philipp Emanuel *(1714—88),* Johann Christian *(1735—82),* Johann Christoph Friedrich *(1732—95), and* Wilhelm Friedemann *(1710—84).*

Ba·chem, Bele ['baxəm] *German painter and writer; *1916.*

Bach·mann, Ingeborg ['bax,man] *Austrian lyric poet and author; 1926—73.*

Back·haus, Wilhelm ['bak,haus] *German pianist; 1884—1969.*

Bae·de·ker, Karl ['bɛːdəkər] *German publisher, founder of a series of guidebooks; 1801—59.*

Bahr, Hermann [baːr] *Austrian journalist and dramatic critic; 1863—1934.*

Bähr, Georg [bɛːr] *German architect; 1666—1738.*

Ba·ku·nin, Michail Alexandrowitsch [ba-'kuːniːn] Mikhail Aleksandrovich Bakunin. *Russian anarchist and writer; 1814—76.*

Ba·lan·chine, Georges ['bɛləntʃiːn] *Russian dancer and choreographer; *1904.*

Bal·dung, Hans ['balduŋ] *(called* Grien) *German painter and engraver; 1484/85—1545.*

Bal·ser, Ewald ['balzər] *German actor; *1898.*

Bal·zac, Honoré de [bal'zak] *French novelist; 1799—1850.*

Bamm, Peter [bam] *(originally* Curt Emmrich) *German writer; 1897—1975.*

Bang, Bernhard [baŋ] *Danish veterinary surgeon; 1848—1932.*

Bar·ba·ros·sa [barba'rɔsa] → Friedrich I. (Barbarossa).

Ba·rentsz, Willem ['baːrənts] Barents. *Dutch navigator; 1550?—97.*

Bark·hau·sen, Heinrich Georg ['bark,hau-zən] *German physicist; 1881—1956.*

Bar·lach, Ernst ['barlax] *German sculptor and graphic artist; 1870—1938.*

Bar·log, Boleslaw ['barlɔk] *German stage director; *1906.*

Bar·ras, Paul François Jean Nicolas Vicomte de [ba'raːs] *French politician and revolutionist; 1755—1829.*

Bar·rault, Jean Louis [ba'roː] *French actor and director; *1910.*

Barth, Heinrich [ba(ː)rt] *German travel(l)er and geographer; 1821—65.*

Barth, Karl [ba(ː)rt] *Swiss Protestant Reformed theologian and educator; 1886—1968.*

Bar·tók, Béla ['bartɔk] *Hungarian composer and pianist; 1881—1945.*

Bar·to·lom·meo, Fra [bartolə'meːo] *(called* Baccio della Porta) *Florentine painter; 1472—1517.*

Ba·se·dow, Johannes Bernhard ['baːzədo] *German educator; 1724—90.*

Ba·se·dow, Karl von ['baːzədo] *German physician; 1799—1854.*

Ba·si·li·us (der Große), der heilige [ba-'ziːlïus; bazi'liːus] St. Basil, St. Basilius (the Great). *Greek father of the church; bishop of Caesarea; 330?—379.*

Bas·ser·mann, Albert ['basər,man] *German actor; 1867—1952.*

Ba·sti·an, Adolf ['bastïa(ː)n] *German ethnologist; 1826—1905.*

Ba·to·ni, Pompeo [ba'toːni] *Italian painter; 1708—87.*   [1877—1942.]

Bauch, Bruno [baux] *German philosopher;*

Bau·de·laire, Charles [bodə'lɛːr] *French poet, critic, and essayist; 1821—67.*

Bau·dis·sin, Wolf Heinrich Graf von ['baudɪsïn] *German writer and translator; 1789—1878.*

Bau·dou·in I. [bo'düɛ̃ː] Baudouin I. *King of Belgium; *1930.*

Bau·er, Bruno ['bauər] *German Protestant theologian and Biblical critic; 1809—82.*

Bau·er, Wilhelm ['bauər] *German engineer; inventor of the submarine; 1822—75.*

Bau·ern·feld, Eduard von ['bauərn,fɛlt] *Austrian playwright; 1802—90.*

Bau·mé, Antoine [bo'meː] *French chemist and pharmacist; 1728—1804.*

Bau·mei·ster, Willi ['bau,maɪstər] *German abstract painter; 1889—1955.*

Bäu·mer, Gertrud ['bɔymər] *German feminist leader, teacher, and writer; 1873—1954.*

Baum·gar·ten, Alexander Gottlieb ['baum,gartən] *German philosopher; 1714—1762.*

Beau·har·nais [boar'nɛː]: Joséphine de *(first wife of Napoleon I; 1763—1814); her daughter* Hortense de *(wife of Louis Bonaparte, queen of Holland; 1783—1837).*

Beau·voir, Simone de [bo'vŏaːr] *French writer; *1908.*

Be·bel, Ferdinand August ['beːbəl] *German labo(u)r politician and writer; 1840—1913.*

Be·cher, Johannes Robert ['bɛçər] *German expressionist poet; 1891—1958.*

Bech·stein, Ludwig ['bɛç,ʃtaɪn] *German poet, folklorist, and novelist; 1801—60.*

Bech·te·rew, Wladimir Michailowitsch ['bɛçterɛf] Vladimir Michailovich Bechterev. *Russian neurologist; 1857—1927.*

Beck, Ludwig [bɛk] *colonel general and participant in the July plot, 1944, against Hitler; 1880—1944.*

Beck·mann, Max ['bɛk,man] *German painter and engraver; 1884—1950.*

Beet·ho·ven, Ludwig van ['beːt,hoːfən] *German composer; 1770—1827.*

Be·gas, Reinhold ['beːgas] *German sculptor; 1831—1911.*

Be·ha·ghel, Otto [be'haːgəl] *German philologist; 1854—1936.*

Be·ham ['beːham] *German painters and engravers:* Hans Sebald *(1500—1550) and his brother* Barthel *(1502—40).*

Beh·rens, Peter ['beːrəns] *German architect; 1868—1940.*

Beh·ring, Emil von ['beːrɪŋ] *German physiologist; 1854—1917.*

Bé·jart, Maurice [be'ʒaːr] *French choreographer; 1927—73.*

Be·li·sar ['beːlizar] Belisarius. *Roman general of the Eastern Empire; 505?—565.*

Bel·li·ni [bɛ'liːni] *Italian painters:* Jacopo *(1400?—?1470); his sons* Gentile *(1429?—1507) and* Giovanni *(1430—1516).*

Bel·li·ni, Vincenzo [bɛ'liːni] *Italian composer; 1801—35.*

Bel·lot·to, Bernardo [bɛ'lɔto] *Italian painter and nephew of Antonio Canaletto; 1720—80.*

Bel·sa·zar [bɛl'zaːtsar] Belshazzar. *Last king of Babylonia; ?—538 B.C.*

Be·natz·ky, Ralph [be'natski] *Austrian composer of operettas; 1887—1957.*

Ben·der, Hans ['bɛndər] *German psychologist; *1907.*

Be·ne·det·ti-Mi·chel·an·ge·li, Arturo [bene'dɛtimike'landʒeli] *Italian pianist; *1920.*

Be·ne·dikt ['beːnedɪkt] Benedict *(name of 15 popes).*

Be·ne·dikt von Nur·sia, der heilige ['beːnedɪkt fən 'nʊrzïa] St. Benedict of Nursia. *Founder of the Benedictine Order; 480?—543.*

Be·ne·ke, Friedrich Eduard ['bɛnəkə] *German empirical psychologist and philosopher; 1798—1854.*

Be·neš, Eduard ['bɛnɛʃ] *Czechoslovak politician; 1884—1948.*

Ben Gu·ri·on, David [ˌbɛn 'guːrïən] *Israeli statesman; 1886—1973.*

Ben·ja·min, Walter ['bɛnjamiːn] *German writer, essayist, and critic; 1892—1940.*

Benn, Gottfried [bɛn] *German expressionist writer; 1886—1956.*

Benz, Carl [bɛnts] *German engineer and automobile manufacturer; 1844—1924.*

Berch·told, Graf Leopold von ['bɛrçtəlt] *Austro-Hungarian statesman; 1863—1942.*

Berg, Alban [bɛrk] *Austrian composer; 1885—1935.*

Ber·gen·gruen, Werner ['bɛrgən,gryːn] *German novelist and poet; 1892—1964.*

Ber·ger, Erna ['bɛrgər] *German coloratura soprano; *1900.*

Ber·gi·us, Friedrich ['bɛrgïus] *German industrial chemist; 1884—1949.*

Berg·man, Ingrid ['bɛrk,man] *Swedish stage and film actress; *1911.*

Berg·ner, Elisabeth ['bɛrgnər] *Austrian actress; *1897.*

Be·ring, Vitus ['beːrɪŋ] *Danish navigator; 1680—1741.*

Ber·li·chin·gen, Götz (*od.* Gottfried) von ['bɛrlɪçɪŋən] *German feudal knight, one of the leaders of the peasant revolt in 1525; 1480?—1562.*

Ber·li·oz, Hector [bɛr'lïoːs] *French composer; 1803—69.*

Ber·nau·er, Agnes ['bɛrnaʊər] *daughter of an Augsburg tradesman, secretly married to Albert III of Bavaria and drowned in the Danube at Straubing in 1435.*

Bern·hard von Clair·vaux, der heilige ['bɛrn,hart fən klɛr'voː] St. Bernard of Clairvaux. *French monastic reformer, mystic, and scholar, abbot of the Cistercian monastery at Clairvaux; 1090—1153.*

Bern·hardt, Sarah [bɛr'naːr] (*originally* Rosine Bernard) *French actress; 1844—1923.*

Ber·ni·ni, Giovanni Lorenzo [bɛr'niːni] *Italian architect, sculptor, and painter; 1598—1680.*

Bes·sel, Friedrich Wilhelm ['bɛsəl] *German astronomer; 1784—1846.*

Bier, August [biːr] *German surgeon; 1861—1949.*

Bier·baum, Otto Julius ['biːr,baʊm] *German poet, editor, and novelist; 1865—1910.*

Bil·lin·ger, Richard ['bɪlɪŋər] *Austrian writer; 1893—1965.*

Bill·roth, Theodor ['bɪlroːt] *Austrian surgeon; 1829—94.*

Bin·ding, Rudolf Georg ['bɪndɪŋ] *German poet and novelist; 1867—1938.*

Bins·wan·ger, Ludwig ['bɪns,vaŋər] *Swiss psychiatrist; 1881—1966.*

Bis·marck(-Schön·hau·sen), Fürst Otto Eduard Leopold von ['bɪsmark(ˈʃøːn,haʊzən)] *Prussian statesman, creator and first chancellor of the German Empire; 1815—1898.*

Bi·zet, Georges [bi'zeː] *French composer; 1838—75.*

Bla·cher, Boris ['blaxər] *German composer; 1903—75.*

Blech, Leo [blɛç] *German conductor and composer; 1871—1958.*

Bleu·ler, Eugen ['blɔylər] *Swiss psychiatrist and neurologist; 1857—1939.*

Bloch, Ernst [blɔx] *German philosopher; *1885.*

Blü·cher, Gebhard Leberecht von ['blyçər] *Prussian field marshal; 1742—1819.*

Boc·cac·cio, Giovanni [bɔ'katʃo] *Italian poet and humanist; 1313—75.*

Boc·che·ri·ni, Luigi [bɔke'riːni] *Italian composer; 1743—1805.*

Böck·lin, Arnold ['bœkliːn] *Swiss painter; 1827—1901.*

Boe·thi·us, Anicius Manlius Severinus [bo'eːtsïus; bo'eːtïus] Boethius, Boece. *Roman philosopher; 480?—524.*

Böhm, Karl [bøːm] *Austrian conductor; *1894.*

Böh·me, Jakob ['bøːmə] *German philosopher and mystic; 1575—1624.*

Bohr, Niels [boːr] *Danish physicist; 1885—1962.*

Bo·lí·var, Simón de [bo'liːvar] *Venezuelan general and statesman, hero of the South American independence movement; 1783—1830.*

Böll, Heinrich [bœl] *German writer; *1917.*

Bo·na·par·te [bona'parte] → Napoleon I.; *his brothers:* Jérôme (*king of Westphalia; 1784—1860*); Joseph (*king of Naples and Spain; 1768—1844*); Louis (*king of Holland; 1778—1846*); Lucien (*prince of Canino; 1775—1840*).

Bon·hoef·fer, Dietrich ['boːn,hœfər; 'bən-] *Protestant theologian and member of the resistance movement against Hitler; 1906—1945.*

Bo·ni·fa·ti·us, der heilige [boni'faːtsïus] (*originally* Winfrid, Wynfrith) St. Boniface. *English missionary, apostle of Germany; 674?—754.*

Bo·ni·fa·ti·us [boni'faːtsïus] Boniface (*name of 9 popes*): Bonifatius VIII. (Benedetto Gaetani) Boniface VIII [1235?—1303.

Bo·ni·faz [boni'faːts; 'boː-] → Bonifatius (*Päpste*). [poet; 1921—47.]

Bor·chert, Wolfgang ['bɔrçərt] *German* [writer; 1921—47.]

Bor·ghe·se [bɔr'geːze] *Name of a famous Roman family during the period of the Renaissance.*

Bor·gia, Rodrigo ['bɔrdʒa] → Alexander VI.; *father of* Cesare (*duke of Valentinois and cardinal; 1475?—1507*) *and* Lucrezia (*duchess of Ferrara; 1480—1519*).

Born, Max [bɔrn] *German nuclear physicist; 1882—1970.*

Bör·ne, Ludwig ['bœrnə] *German satirist and political writer; 1786—1837.*

Bo·ro·din, Aleksandr Porfirjewitsch [boro'diːn] Aleksandr Porfirevich Borodin. *Russian composer; 1834—87.*

Bosch, Carl [bɔʃ] *German industrial chemist and industrialist; 1874—1940.*

Bosch, Hieronymus [bɔʃ] *Dutch painter; 1450?—?1516.*

Bos·co, Don ['bɔsko] St. John Bosco. *Italian priest and educator; 1815—88.*

Bött·ger, Johann Friedrich ['bœtgər] *German chemist, discoverer of the process by which Dresden china is made; 1682—1719.*

Bot·ti·cel·li, Sandro [bɔti'tʃɛli] *Italian painter; 1444?—1510.*

Brach·vo·gel, Albert Emil ['braːx,foːgəl] *German novelist and playwright; 1824—78.*

Brahms, Johannes [braːms] *German composer; 1833—97.*

Bra·man·te, Donato d'Agnolo [bra'mante] *Italian architect and painter; 1444?—1514.*

Brandt, Willy [brant] (*originally* Herbert Karl Frahm) *German politician, 4th chancellor of the BRD; *1913.*

Brant, Sebastian [brant] *German satirical poet; 1457—1521.*

Braque, Georges [brak] *French cubist painter; 1882—1963.*

Braun, Wernher von [braun] *German-American physicist and rocketeer; *1912.*

Brecht, Bert(olt) [brɛçt] *German dramatist; 1898—1956.*

Brehm, Alfred [breːm] *German naturalist and travel(l)er; 1829—84.*

Bren·ta·no, Clemens [brɛn'taːno] *German romantic poet and novelist; 1778—1842.*

Bresch·new, Leonid Iljitsch ['brɛʃnɛf] Leonid Ilyich Brezhnev. *Russian politician, 1st secretary of the communist party; *1906.*

Breu·ghel ['brɔygəl] Brueghel, Bruegel, Breughel. *Flemish painters:* Pieter (der Ältere) Pieter (the Elder) (*1525?—69*); *his sons* Pieter (der Jüngere) Pieter (the Younger) (*1564?—1638*) *and* Jan (*1568—1625*).

Bri·on, Friederike ['briːən; 'briːoːn] *Goethe's lady friend in his Strasbourg days; 1752—1813.*

Broch, Hermann [brɔx] *Austrian novelist; 1886—1951.*

Brod, Max [broːt] *Israeli writer; *1884.*

Bruch, Max [brux] *German composer; 1838—1920.*

Bruck·ner, Anton ['bruknər] *Austrian composer and organist; 1824—96.*

Brue·g(h)el ['brɔygəl] → Breughel.

Brü·ning, Heinrich ['bryːnɪŋ] *German politician; 1885—1970.*

Bru·no, Giordano ['bruːno] *Italian philosopher; 1548?—1600.*

Bru·tus, Marcus Junius ['bruːtus] *Roman politician and general; 85?—42 B.C.*

Bu·ber, Martin ['buːbər] *Jewish religious philosopher; 1878—1965.*

Buch·holz, Horst ['buːx,hɔlts] *German film actor; *1933.*

Büch·ner, Georg ['byːçnər] *German dramatist; 1813—37.*

Büch·ner, Ludwig ['byːçnər] *German physician and philosopher; 1824—99.*

Bud·dha ['bʊda] *Indian philosopher and religious leader, founder of Buddhism; 560?—?480 B.C.*

Bu·gen·ha·gen, Johann ['buːgən,haːgən] *German reformer and coadjutor of Martin Luther; 1485—1558.*

Bü·low, Bernhard Fürst von ['byːlo] *German statesman, chancellor of the German Empire; 1849—1929.*

Bü·low, Bernhard Wilhelm von ['byːlo] *German diplomat; 1885—1936.*

Bü·low, Friedrich Wilhelm Graf ['byːlo] *Prussian general in the Napoleonic wars; 1755—1816.*

Bult·mann, Rudolf ['bʊlt,man] *German Protestant theologian; *1884.*

Burck·hardt, Carl Jakob ['bʊrk,hart] *Swiss historian, writer, and diplomat; 1891—1974.*

Burck·hardt, Jacob ['bʊrk,hart] *Swiss art historian; 1818—97.*

Bür·ger, Gottfried August ['byrgər] *German poet; 1748—94.*

Busch, Fritz [bʊʃ] *German conductor; 1890—1951.*

Busch, Wilhelm [bʊʃ] *German draftsman, painter and poet; 1832—1908.*

Bu·so·ni, Ferruccio [bu'zoːni] *Italian pianist and composer; 1866—1924.*

Bux·te·hu·de, Dietrich [ˌbʊkstə'huːdə] *German composer and organist; 1637—1707.*

C

Ca·be·za de Va·ca, Álvar Núñez [ka'beːsa de 'vaka] *Spanish explorer; 1490?—?1557.*

Ca·bo·to, Giovanni [ka'boːto] John Cabot. *Italian navigator; 1450?—98.*

Cae·sar, Gajus Julius ['tseːzar] → Cäsar.

Ca·glio·stro, Alessandro Graf von [kal'jɔstro] (*originally* Giuseppe Balsamo) *Italian adventurer; 1743—95.*

Cal·de·rón de la Bar·ca, Pedro [kalde'rɔn de la 'barka] *Spanish dramatist and poet; 1600—1681.*

Ca·li·gu·la, Gajus Julius Caesar Germanicus [ka'liːgula] *Roman emperor; 12—41.*

Cal·las, Maria ['kalas] *Greek-American soprano; *1923.*

Cal·vin, Johann [kal'viːn] (*originally* Jean Chauvin [*od.* Cauvin]) John Calvin. *French-Swiss theologian and Protestant reformer; 1509—64.*

Cam·pe, Joachim Heinrich ['kampə] *German lexicographer and writer of juveniles; 1746—1818.*

Ca·mus, Albert [ka'myː] *French writer; 1913—60.*

Ca·na·let·to [kana'lɛto] → Bellotto, Bernardo.

Ca·na·let·to, Antonio [kana'lɛto] (*originally* Antonio Canal) *Italian painter; 1697—1768.*

Ca·na·ris, Wilhelm [ka'naːrɪs] *German admiral and chief of the German secret service, participant in the resistance movement against Hitler; 1887—1945.*

Ca·net·ti, Elias [ka'nɛti] *Austro-German writer; *1905.*

Ca·no·va, Antonio [ka'noːva] *Italian sculptor; 1757—1822.*

Ča·pek, Karel ['tʃapɛk] *Czech novelist, playwright, and essayist; 1890—1938.*

Ca·ra·cal·la, Marcus Aurelius Antonius [kara'kala] *Roman emperor; 188—217.*

Ca·ra·vag·gio, Michelangelo da [kara'vadʒo] (*originally* Michelangelo Merisi) *Italian painter; 1573—1610.*

Car·duc·ci, Giosué [kar'dutʃi] (*originally* Enotrio Romano) *Italian poet; 1835—1907.*

Carl XVI. Gu·stav, Folke Hubertus, Herzog

von Jämtland ['karl 'gustaf] Charles XVI Gustavus. *King of Sweden*; *1946.

Car·los, Don ['karlɔs] *Eldest son of Philip II of Spain*; 1545—68.

Ca·rols·feld ['karɔls,fɛlt] → Schnorr von Carolsfeld, Julius.

Ca·ros·sa, Hans [ka'rɔsa] *German writer and physician*; 1878—1956.

Car·te·si·us, Renatus [kar'te:zīus] → Descartes, René.

Ca·rus, Carl Gustav ['ka:rus] *German physiologist and psychologist*; 1789—1869.

Ca·ru·so, Enrico [ka'ru:zo] *Italian dramatic tenor*; 1873—1921.

Ca·sa, Lisa della ['ka:za] *Swiss soprano*; *1919.

Ca·sals, Pablo [ka'zals] *Spanish cellist*; 1876—1973.

Ca·sa·no·va, Giacomo Girolamo [kaza-'nɔ:va] *Italian writer and adventurer*; 1725—1798.

Cä·sar, Gajus Julius ['tsɛ:zar] Gaius Julius Caesar. *Roman general, statesman, and writer*; 100?—44 B.C.

Cas·si·rer, Ernst [ka'si:rər] *German philosopher*; 1874—1945.

Cas·si·us Lon·gi·nus, Gajus ['kasīus lɔŋ-'gi:nus] *Roman general and politician*; ?—42 B.C.

Ca·sti·glio·ne, Baldassare Graf [kastɪl'jo:ne] *Italian courtier, diplomat, and writer*; 1478—1529.

Ca·stro (Ruz), Fidel ['kastro ('rus)] *Cuban politician, prime minister of Cuba*; *1927.

Ca·ti·li·na, Lucius Sergius [kati'li:na] Catiline. *Roman politician and conspirator*; 108?—62 B.C.

Ca·to ['ka:to]: Cato, Marcus Porcius (der Ältere) Cato (the Elder *od.* the Censor) (*Roman statesman, general, and writer*; 234—149 B.C.); *his great-grandson* Cato (der Jüngere) Cato (the Younger) (*Roman patriot and Stoic philosopher*; 95—46 B.C.).

Ca·tul·lus [ka'tulus] → Katull.

Cau·er, Minna ['kauər] *German feminist*; 1841—1922.   [*1898.]

Ca·vael, Rolf [ka'va:l] *German painter*;]

Ce·bo·ta·ri, Maria [tʃebo'ta:ri] *Austrian soprano*; 1910—49.

Ce·li·bi·da·che, Sergius [tʃelibi'dake] *Rumanian conductor*; *1912.

Cel·li·ni, Benvenuto [tʃɛ'li:ni] *Italian sculptor and goldsmith*; 1500—1571.

Cel·si·us, Anders ['tsɛlzīus] *Swedish astronomer*; 1701—44.

Cel·tis, Cel·tes, Konrad ['tsɛltɪs, 'tsɛltəs] Conrad Celtes. *German poet and scholar*; 1459—1508.

Cer·van·tes (Saa·ve·dra), Miguel de [sɛr'vantɛs (zaa've:dra)] *Spanish novelist, poet, and dramatist*; 1547—1616.

Cé·zanne, Paul [se'zan] *French painter*; 1839—1906.

Cha·gall, Marc [ʃa'gal] *Russian painter and graphic artist*; *1887.

Cha·mis·so, Adelbert von [ʃa'mɪso] *German poet and naturalist*; 1781—1838.

Cha·teau·bri·and, François René Vicomte de [ʃatobri'ã:] *French writer and politician*; 1768—1848.

Che·fren ['çe:frɛn] → Chephren.

Che·ops ['çe:ɔps] Khufu, Cheops. *Egyptian king of the 4th dynasty*; *reigned 2900—2877 B.C.

Che·phren ['çe:frɛn] Khafre, *auch* Kafre, Chephren. *Egyptian king of the 4th dynasty*; *reigned about 2850 B.C.

Che·ru·bi·ni, Luigi [keru'bi:ni] *Italian composer*; 1760—1842.

Che·va·li·er, Maurice [ʃəva'lie:] *French chansonnier and actor*; 1888—1972.

Chleb·ni·kow, Welemir ['xlɛbnikəf] *Russian poet*; 1885—1922.

Chlod·wig I. ['klɔːtvɪç] Clovis I. *Frankish king*; 466?—511.

Cho·do·wi·ec·ki, Daniel [kodo'vīɛtski; çɔ-; xɔ-] *Polish-German painter and engraver*; 1726—1801.

Cho·pin, Frédéric [ʃo'pɛ̃:] *Polish-French pianist and composer*; 1810—49.

Chou En-lai [tʃu'ʔɛn'lai] → Tsch(o)u En-lai.

Chré·ti·en (*od.* **Chre·sti·en**) **de Troyes** [kre'tĭɛ: də 'trŏa] *Medieval French poet*; 1150?—?90.

Chri·stus ['krɪstus] → Jesus (Christus).

Chru·schtschow, Nikita Sergejewitsch [xruʃ'tʃɔf; kruʃ-] Nikita Sergeevich Khrushchev. *Russian politician, premier of the Soviet Union*; 1894—1971.

Chu·ang-tzu ['tʃûaŋtsə] Chuang-tze, Chwang-tse. *Chinese philosopher*; *2nd half of 4th century B.C.

Ci·ce·ro, Marcus Tullius ['tsi:tsero] *Roman statesman, orator, philosopher, and writer*; 106—43 B.C.

Cid, Rodrigo (*od.* Ruy) Díaz de Bivar [tsi:t; si:t] The Cid. *Spanish national hero*; 1040?—1099.

Ci·ma·bue, Giovanni [tʃima'bu:e] *Italian painter*; 1240?—?1302.

Clau·del, Paul [klo'dɛl] *French poet, dramatist, and diplomat*; 1868—1955.

Clau·di·us ['klaudīus] *Roman emperors*: Claudius I. (Tiberius Claudius Nero Germanicus) Claudius I (*10 B.C.—54 A.D.*); Claudius II. (Claudius Marcus Aurelius Claudius Gothicus) Claudius II (*214—270*).

Clau·di·us, Matthias ['klaudīus] *German poet*; 1740—1815.

Clau·se·witz, Karl von ['klauzəvɪts] *Prussian officer and military writer*; 1780—1831.

Coc·teau, Jean [kɔk'to:] *French poet, novelist, playwright, and film director*; 1889—1963.

Co·lum·bus [ko'lumbus] → Kolumbus, Christoph.

Co·me·ni·us, Johann Amos [ko'me:nīus] John Amos Comenius. *Bohemian theologian and scholar*; 1592—1670.

Comte, Auguste [kõ:t] *French philosopher*; 1798—1857.

Con·rad, Michael Georg ['kɔnra:t] *German writer and critic*; 1846—1927.

Cor·bu·si·er [kɔrby'zĭe:] → Le Corbusier.

Co·rel·li, Arcangelo [ko'rɛli] *Italian violinist and composer*; 1653—1713.

Co·rinth, Lovis [ko'rɪnt] *German genre and portrait painter*; 1858—1925.

Cor·neille, Pierre [kɔr'ne:j] *French dramatist*; 1606—84.

Cor·ne·li·us, Peter [kɔr'ne:līus] *German composer and poet*; 1824—74.

Cor·ne·li·us, Peter von [kɔr'ne:līus] *German painter*; 1783—1867.

Co·rot, Camille [ko'ro:] *French painter*; 1796—1875.

Cor·reg·gio, Antonio Allegri da [kə'rɛdʒo] *Italian painter*; 1489—1534.

Cor·tez ['kɔrtɛs], **Cor·tés** [kɔr'tɛs], Hernando *od.* Fernando *Spanish conqueror of Mexico*; 1485—1547.

Courths-Mah·ler, Hedwig ['kurts'ma:lər] *German novelist*; 1867—1950.

Cou·steau, Jacques-Yves [kus'to:] *French oceanographer and documentary film director*; *1910.

Cra·nach ['kra:nax] *German painters*: Lucas (der Ältere) Lucas (the Elder) (*1472—1553*) *and his son* Lucas (der Jüngere) Lucas (the Younger) (*1515—86*).

Cran·ko, John ['krɛŋko] *English choreographer*; 1927—73.

Cras·sus, Marcus Licinius ['krasus] *Roman general and statesman*; 114?—?53 B.C.

Cro·ce, Benedetto ['kro:tʃe] *Italian philosopher and politician*; 1866—1952.

Cso·kor, Franz Theodor ['tʃɔkər] *Austrian author*; 1885—1969.

Cu·rie [ky'ri:]: Marie (*Polish-French chemist and physicist*; 1867—1934) *and her husband* Pierre (*French physicist*; 1859—1906).

Cur·ti·us Ru·fus, Quintus ['kurtsīus 'ru:fus] *Roman historian*; *about 50 A.D.

Cu·vil·li·és, François de [kyvi'lie:; -vi'je:] *French-German architect and stucco worker*; 1695—1768.

Cy·pri·a·nus, Thascius Cäcilius, der heilige [tsypri'a:nus] St. Cyprian. *Christian father of the church, bishop of Carthage*; 200?—258.

Czi·bul·ka, Freiherr Alfons von ['tʃi:bulka; tʃi'bulka] *Austrian writer*; 1888—1969.

D

Dach, Simon [dax] *German poet*; 1605—59.

Daf·fin·ger, Moritz Michael ['dafɪŋər] *Austrian painter of miniatures*; 1790—1849.

Da·guerre, Louis Jacques Mandé [da'gɛ:r] *French painter and inventor of the daguerreotype process of photography*; 1789—1851.

Dahl, Hans [da:l] *Norwegian-German landscape and genre painter*; 1849—1937.

Dahl, Johan Christian Claussen [da:l] *Norwegian landscape painter*; 1788—1857.

Dahl·mann, Friedrich Christoph ['da:l-,man] *German historian and politician*; 1785—1860.

Dahn, Felix [da:n] *German historian and poet*; 1834—1912.

Daim·ler, Gottlieb Wilhelm ['daɪmlər] *German engineer and inventor, pioneer manufacturer of automobiles*; 1834—1900.

Da·lai-La·ma ['da:lai'la:ma] Dalai Lama. *Title of the spiritual and political leader of Tibetan Lamaism.*

Dal·berg, Karl Theodor Reichsfreiherr von ['da:l,bɛrk] *German nobleman, prelate, and littérateur, last archbishop-elector of Mainz*; 1744—1817.

Dal·berg, Wolfgang Heribert Reichsfreiherr von ['da:l,bɛrk] *German theater director and dramaturgist at Mannheim*; 1750—1806.

D'Al·bert, Eugen [dal'bɛ:r] *Scottish pianist and composer*; 1864—1932.

Da·lí, Salvador [da'li:] *Spanish surrealist painter*; *1904.

Da·mo·kles ['da:mokles] Damocles. *Syracusan courtier of Dionysius the elder*; *about 400 B.C.

Dan·necker, Johann Heinrich von (*getr.* -k·k-) ['danɛkər] *German sculptor*; 1758—1841.

d'An·nun·zio, Gabriele [da'nuntsīo] → Annunzio, Gabriele d'.

Dan·te Ali·ghie·ri ['dante ali'gĭe:ri] *Italian poet*; 1265—1321.

Dan·ton, Georges Jacques [dã'tõ:] *French revolutionary leader*; 1759—94.

Da·ri·us I. (der Große) [da'ri:us] Darius I (the Great). *King of Persia*; 522—486 B.C.

Dar·win, Charles Robert ['darvi:n] *English naturalist*; 1809—82.

Däub·ler, Theodor ['dɔyblər] *German writer and essayist*; 1876—1934.

Dau·det, Alphonse [do'de:] *French novelist*; 1840—97.

Dau·mi·er, Honoré [do'mĭe:] *French painter, lithographer, and caricaturist*; 1809—79.

Dau·then·dey, Max ['dautəndai] *German lyric poet*; 1867—1918.

Da·vid, Jacques Louis [da'vi:t] *French painter*; 1748—1825.

Da·vid, Johann Nepomuk ['da:fɪt; -vɪt] *Austrian composer*; *1895.

De·bus·sy, Claude Achille [dəby'si:] *French composer*; 1862—1918.

De·de·kind, Richard ['de:də,kɪnt] *German mathematician*; 1831—1916.

De·gas, Edgar [də'ga] *French painter*; 1834—1917.

De Gas·pe·ri, Alcide [de 'gasperi] *Italian politician*; 1881—1954.

de Gaulle, Charles André Joseph Marie [də'go:l] → Gaulle, de.

De·gen·hardt, Franz Josef ['de:gən,hart] *German writer and protest singer*; *1931.

Deh·mel, Richard ['de:məl] *German poet*; 1863—1920.

De·la·croix, Eugène [dəla'krŏa] *French painter*; 1798—1963.

De·libes, Léo [də'li:p] *French composer*; 1836—91.

De·mo·krit [demo'kri:t] Democritus. *Greek philosopher*; 460?—?380 B.C.

De·mo·sthe·nes [de'mɔstenɛs] *Athenian orator and statesman*; 385?—322 B.C.

Derff·lin·ger, Georg Freiherr von ['dɛrflɪŋər] *Brandenburg general in the Thirty Years' War*; 1606—95.

Der·mo·ta, Anton [dɛr'mo:ta] *Austrian tenor*; *1910.

Dé·ry, Tibor ['de:ri] *Hungarian writer*; *1814.

Des·cartes, René [de'kart] *French philosopher and mathematician*; 1596—1650.

Des·mou·lins, Camille [demu'lɛ̃:] *French revolutionist and writer*; 1760—94.

Des·sau·er, Friedrich ['dɛsauər] *German biophysicist and philosopher*; 1881—1963.

Deutsch, Ernst [dɔytʃ] *German actor*; 1890—1969.

De·wet, De Wet, Christiaan Rudolf [də'vɛt] Christiaan Rudolf De Wet. *Boer general*; 1854—1922.

Dia·ghi·lew, Sergei Pawlowitsch ['dĭa:gilɛf] Sergei Pavlovich Diaghilev. *Russian ballet producer*; 1872—1929.

Di·az, Di·as, Bartolomeu ['di:as] *Portuguese navigator*; 1450?—1500.

Di·be·li·us, Otto [di'be:līus] *German Protestant theologian*; 1880—1967.

Di·de·rot, Denis [didə'ro:] *French philoso-*

pher, encyclop(a)edist, and writer; 1713—1784.

Diels, Otto [di:ls] German chemist; 1876—1954.

Die·sel, Rudolf ['di:zəl] German engineer and inventor of the Diesel engine; 1858—1913.

Die·ster·weg, Adolf ['di:stər,ve:k] German educator and writer on pedagogics; 1834—1906.

Diet·rich, Marlene ['di:trɪç] German-American actress; *1904.

Dietz, Ferdinand [di:ts] → Tietz, Ferdinand.

Dil·they, Wilhelm ['dɪltaɪ] German philosopher; 1833—1911.

Dio·ge·nes ['dɪo:genɛs] Greek philosopher; 412?—323 B.C.

Dio·kle·ti·an (Gajus Aurelius Valerius Diocletianus) [dɪokle'tsɪa:n] Diocletian. Roman emperor; 243?—313.

Dio·ny·si·os (der Ältere) [dɪo'ny:zɪos] Dionysius (the Elder). Tyrant of Syracuse; 430?—367 B.C.

Dio·ny·si·os von Ha·li·kar·naß [dɪo'ny:zɪos fən halikar'nas] Dionysius of Halicarnassus. Greek rhetorician and historian; ?—7 B.C.

Dio·ny·si·us Exi·gu·us [dɪo'ny:zɪus ɛ'ksi:guus] Christian monk and scholar, founder of the Christian (od. Dionysian) era; 500?—?550.

Dio·ny·si·us, der heilige [dɪo'ny:zɪus] St. Denis, St. Denys. Apostle to the Gauls and patron saint of France; about 250.

Dix, Otto [dɪks] German painter; 1891—1969.

Döb·lin, Alfred ['dø:bli:n; dø'bli:n] German physician and novelist; 1878—1957.

Do·brov·ský, Josef ['dəbrəfski] Czech philologist, founder of Slavic philology; 1753—1829.

Do·de·rer, Heimito von ['do:dərər] Austrian writer; 1896—1966.

Dohm, Hedwig [do:m] German feminist; 1833—1919.

Doll·fuß, Engelbert ['dəl,fu:s] Austrian politician; 1892—1934.

Do·magk, Gerhard ['do:mak] German chemist and physician; 1895—1964.

Do·mi·ni·kus, der heilige [do'mi:nikus] St. Dominic. Spanish founder of the Dominican order of friars; 1170?—1221.

Do·mi·ti·an (Titus Flavius Domitianus) [domi'tsɪa:n] Roman emperor; 51—96.

Do·na·tel·lo [dona'tɛlo] (originally Donato di Niccolò di Betto Bardi) Donatello, auch Donato. Florentine sculptor; 1386?—1466.

Don Bos·co [dən'bəsko] → Bosco, Don.

Don Car·los [dən'karlos] → Carlos, Don.

Don·gen, Kees van ['dəŋən] Dutch painter; 1877—1968.

Dön·hoff, Marion Gräfin ['dø:n,həf] German journalist; *1909.

Dö·nitz, Karl ['dø:nɪts] Karl Doenitz (auch Dönitz). German admiral; *1891.

Do·ni·zet·ti, Gaetano [doni'tsɛti] Italian composer; 1797—1848.

Don Ju·an de Au·stria [dən'xŭan de 'austria] → Juan de Austria, Don.

Don·ner, Georg Raphael ['dənər] Austrian sculptor; 1693—1741.

Doo·mer, Lambert ['do:mər] Dutch painter; 1622?—1700. [nal; *1913.\

Döpf·ner, Julius ['dœpfnər] German cardi-/

Do·ré, (Paul) Gustave [do're:] French illustrator and painter; 1832—83.

Do·ria, Andrea ['do:rɪa] Genoese admiral and statesman; 1468—1560.

Do·ri·gny, Sir Nicolas [dorɪn'ji:] French engraver; 1658—1748.

Dor·ni·er, Claudius [dər'nɪe:] Claude Dornier. German aircraft designer and industrialist; 1884—1969.

Dorsch, Käthe [dərʃ] German actress; 1889—1957.

Dorst, Tankred [dərst] German writer and dramatist; *1925.

Do·stal, Nico ['dəstal] Austrian composer of operettas; *1895.

Do·sto·jew·ski, Fjodor Michailowitsch [dəsto'jɛfski] Feodor Mikhailovich Dostoevski. Russian novelist; 1821—81.

Drais, Karl Friedrich, Freiherr von Sauerbronn [draɪs] German inventor; 1785—1851.

Dra·kon ['dra:kon] Draco(n). Athenian legislator; late 7th century B.C.

Drd·la, Franz ['dɪrdla] Czech-Austrian violinist and composer; 1868—1944.

Drews, Arthur [dre:fs] German philosopher; 1865—1935.

Drey·fus, Alfred ['draɪ,fu:s] French army officer, supposed traitor to his country; 1859—1935.

Drey·se, Johann Nikolaus von ['draɪzə] German inventor of the needle gun and of the breechloader; 1787—1867.

Driesch, Hans [dri:ʃ] German philosopher and biologist; 1867—1941.

Dro·ste-Hüls·hoff, Annette von ['drəstə-'hyls,həf] German poetess; 1797—1848.

Dry·gal·ski, Erich von [dry'galski] German explorer; 1865—1949.

Dschin·gis-Khan ['dʒɪŋgɪs'ka:n] Genghis (od. genghiz, ginghis) Khan. Mongol conqueror; 1162—1227.

Dub·ček, Alexander ['dupt͡ʃɛk] Czechoslovakian politician; *1921.

Du·ce ['du:t͡ʃe] → Mussolini, Benito.

Du·den, Konrad ['du:dən] German lexicographer; 1829—1911.

Duis·berg, (Friedrich) Carl ['dyːs,bɛrk] German chemist and industrialist; 1861—1935.

Du·mas [dy'ma] French novelists and dramatists: Alexandre (called Dumas père; 1802—70) and his son Alexandre (called Dumas fils; 1824—95).

Du·nant, Henri [dy'nã:] Swiss philanthropist and founder of the Red Cross; 1828—1910.

Dü·rer, Albrecht ['dy:rər] German painter, draftsman, and engraver; 1471—1528.

Dür·ren·matt, Friedrich ['dyrən,mat] Swiss dramatist and narrative writer; *1921.

Du·se, Eleonora ['du:ze] Italian tragic actress; 1858—1924.

Duun, Olav [du:n] Norwegian novelist; 1876—1939.

Dvo·řák, Antonín ['dvərʒak] Czech composer; 1841—1904.

Dyck, Anthonis van [daɪk] Sir Anthony Van Dyck (od. Vandyke). Flemish painter; 1599—1641.

E

Eb·becke, Ulrich (getr. -k·k-) ['ɛbəkə] German physiologist; 1883—1960.

Eb·bing·haus, Hermann ['ɛbɪŋ,haus] German psychologist; 1850—1909.

Ebert, Friedrich ['e:bərt] German statesman, first president of the Weimar Republic; 1871—1925.

Eberth, Karl Joseph ['e:bərt] German anatomist, pathologist, and bacteriologist; 1835—1926.

Eb·ner-Eschen·bach, Marie von ['e:bnər-'ɛʃən,bax] Austrian writer; 1830—1916.

Ech·na·ton ['ɛçnatən] → Amenophis IV.

Eck, Johann [ɛk] (originally Johann Maier) German Roman Catholic theologian, opponent of Luther and the Reformation; 1486—1543.

Eckart (getr. -k·k-) ['ɛkart], **Ecke·hart** ['ɛkə,hart] (called Meister Eckart) Dominican friar and German mystic; 1260?—?1328.

Ecke·ner, Hugo (getr. -k·k-) ['ɛkənər] German aircraft engineer and airship pilot; 1868—1954.

Ecker·mann, Johann Peter (getr. -k·k-) ['ɛkər,man] German writer, friend and literary executor of Goethe; 1792—1854.

Ed·schmid, Kasimir ['e:t,ʃmɪt; 'ɛt-] (originally Eduard Schmid) German writer; 1890—1966.

Ed·zard, Conrad Karl ['ɛtsart] German sculptor; 1890—1972.

Egell, Paul ['e:gəl] German sculptor and stucco worker; 1691—1752.

Egk, Werner [ɛk] German composer; *1901.

Eg·mont, Eg·mond, Lamoral, Graf von, Fürst von Gavre ['ɛgmənt] Flemish general, governor of Flanders and Artois under Philip II of Spain; 1522—68.

Eh·ren·fels, Christian Freiherr von ['e:rən-,fɛls] Austrian philosopher; 1859—1932.

Ehr·lich, Paul ['e:rlɪç] German serologist; 1854—1915.

Eibl-Ei·bes·feldt, Irenäus ['aɪbəl-'ʔaɪbəs-,fɛlt] Austrian behavio(u)rist; *1928.

Eich, Günter [aɪç] German writer; 1907—1972.

Ei·chen·dorff, Joseph Freiherr von ['aɪçən-,dərf] German poet and narrative writer; 1788—1857.

Ei·er·mann, Egon ['aɪər,man] German architect; 1904—1970.

Ei·gen, Manfred ['aɪgən] German chemist; *1927.

Eijk·man, Christiaan ['aɪk,man] Dutch hygienist; 1858—1930.

Ei·nem, Gottfried von ['aɪnəm] German composer; *1918.

Ein·stein, Albert ['aɪn,ʃtaɪn] German-American physicist; 1879—1955.

Eip·per, Paul ['aɪpər] German writer, especially of stories about animals; 1891—1964.

Ei·sen·barth, Ey·sen·barth, Johannes Andreas ['aɪzən,ba:rt] German physician; 1663—1727.

Ei·sen·stein, Sergei Michailowitsch ['aɪzən-,ʃtaɪn] Sergei Mikhailovich Eisenstein. Russian film director and producer; 1898—1948.

Eke·lund, Vilhelm ['e:kə,lunt] Swedish poet and essayist; 1880—1949.

Ek·hof, Konrad ['e:k,ho:f] German actor; 1720—78.

Elia·de, Mircea [e'lia:de] Rumanian writer and religious scholar; *1907.

Eli·sa·beth [e'li:zabɛt] Elizabeth. Empress of Austria and queen of Hungary; 1837—98.

Eli·sa·beth Char·lot·te [e'li:zabɛt ʃar'lətə] (called Liselotte von der Pfalz) Duchess of Orléans (called Liselotte of the Palatinate); 1652—1722.

El·saes·ser, Martin ['ɛlzɛsər] German architect; 1884—1957.

Els·hei·mer, Adam ['ɛls,haɪmər] German painter and etcher; 1578—1610.

Emich, Friedrich Peter ['e:mɪç] Austrian chemist; 1860—1940.

Em·pe·do·kles [ɛm'pe:doklɛs] Empedocles. Greek philosopher and statesman; 490—430 B.C.

En·ci·na, Juan del [ɛn'si:na] Juan de la (od. del) Encina (od. Enzina). Spanish poet; 1468?—1529/30.

En·cke, Johann Franz ['ɛŋkə] German astronomer; 1791—1865.

En·dell, August ['ɛndəl] Leading German architect of the "Jugendstil"; 1871—1925.

Enes·cu [e'nɛsku], **Enes·co** [e'nɛsko], George Georges Enesco (od. Enescu). Rumanian violinist and composer; 1881—1955.

En·gel, Erich ['ɛŋəl] German stage and film director; 1891—1966.

En·gel·ke, Gerrit ['ɛŋəlkə] German lyric poet; 1890—1918.

En·gels, Friedrich ['ɛŋəls] German socialist leader, with Karl Marx one of the founders of modern socialism; 1820—95.

En·sin·gen, von En·sin·gen, Ulrich ['ɛn-zɪŋər, fən 'ɛnzɪŋən] German architect; 1359?—1419.

En·sor, James ['ɛnzər] Belgian painter; 1860—1949.

En·zens·ber·ger, Hans Magnus ['ɛntsəns-,bɛrgər] German writer; *1929.

Epa·mi·non·das [epami'nəndas] Theban general; 420?—362 B.C.

Epi·ktet [epɪk'te:t] Epictetus. Greek Stoic philosopher; 50?—?140.

Epi·kur [epi'ku:r] Epicurus. Greek philosopher; 341—271 B.C.

Eras·mus, Desiderius [e'rasmus] (called Erasmus von Rotterdam) Dutch humanist and theological scholar; 1466 od. 69—1536.

Er·hard, Ludwig ['e:r,hart] German politician, 2nd chancellor of the BRD; *1897.

Er·ni, Hans ['ɛrni] Swiss painter and graphic artist; *1909.

Ernst, Max [ɛrnst] German surrealist painter and graphic artist; *1891.

Er·win von Stein·bach ['ɛrvi:n fən 'ʃtaɪn-,bax] German architect; ?—1318.

Esch·kol, Esh·kol, Levi ['ɛʃkəl; -'kəl] Levi Eshkol. Israeli politician; *1895.

Et·zel ['ɛtsəl] → Attila.

Eucken, Rudolf (getr. -k·k-) ['əykən] German philosopher; 1846—1926.

Eu·gen, Prinz von Savoyen [əy'ge:n] Eugene (od. Eugène), Prince of Savoy. Austrian general and statesman; 1663—1736.

Eu·gé·nie [øʒe'ni:] Empress of France; 1826—1920.

Eu·klid [əy'kli:t] Euclid. Greek mathematician; about 300 B.C.

Eu·ler, Leonhard ['əylər] Swiss mathematician and physicist; 1707—83.

Eu·ri·pi·des [əy'ri:pidɛs] Greek dramatic poet; 480?—406 B.C.

Ewers, Hanns Heinz ['e:vərs] German writer; 1871—1943.

Eybl, Franz ['aɪbəl] *Austrian painter;* *1806—80.*

Eyck [aɪk] *Dutch painters:* Hubert van *(1370?—1426)* and his brother Jan van *(1390?—1441).*

F

Fah·ren·heit, Daniel Gabriel ['faːrən,haɪt] *German physicist; 1686—1736.*

Fal·cken·berg, Otto ['falkən,bɛrk] *German stage director; 1873—1947.*

Fall, Leo [fal] *Austrian composer of operettas; 1873—1925.*

Fal·la, Manuel de ['falja] *Spanish composer; 1873—1946.*

Fal·la·da, Hans ['falada] *(originally* Rudolf Ditzen) *German writer; 1893—1947.*

Fan·fa·ni, Amintore [fan'faːni] *Italian politician; *1908.*

Fass·baen·der, Brigitte ['fas,bɛndər] *German mezzo-soprano; *1939.*

Faul·ha·ber, Michael von ['faʊl,haːbər] *German cardinal; 1869—1952.*

Fech·ner, Gustav Theodor ['fɛçnər] *German psychologist and philosopher; 1801—87.*

Feh·ling, Jürgen ['feːlɪŋ] *German stage director; *1885.*

Fei·sal (Faisal Abd Al Asis Ibn Saud) ['faɪzal] Faisal. *King of Saudi Arabia; 1904—75.*

Fel·sen·stein, Walter ['fɛlzən,ʃtaɪn] *Austrian opera director and theater manager; *1901.*

Fé·ne·lon, François de Salignac de La Mothe- [fenə'lõː] *French theologian and writer; 1651—1715.*

Fer·di·nand ['fɛrdinant] *Emperors of the Holy Roman Empire:* Ferdinand I. Ferdinand I *(1503—64);* Ferdinand II. Ferdinand II *(king of Bohemia and Hungary; 1578—1637);* Ferdinand III. Ferdinand III *(king of Bohemia and Hungary; 1608—57).*

Fer·di·nand V. (der Katholische) ['fɛrdinant] Ferdinand V (the Catholic). *King of Spain;* as Ferdinand II *king of Aragon and Sicily;* as Ferdinand III *king of Naples; 1452—1516.*

Fer·mi, Enrico ['fɛrmi] *Italian physicist; 1901—54.*

Fer·nán·dez, Juan [fɛr'nandɛs] *Spanish navigator; 1538?—?1602.*

Feucht·wan·ger, Lion ['fɔʏçt,vaŋər] *German novelist and dramatist; 1884—1958.*

Feu·er·bach, Anselm ['fɔʏər,bax] *German painter; 1829—80.*

Feu·er·bach, Ludwig ['fɔʏər,bax] *German philosopher; 1804—72.*

Fey·deau, Georges [fɛ'doː] *French playwright; 1862—1921.*

Fich·te, Johann Gottlieb ['fɪçtə] *German philosopher; 1762—1814.*

Fie·se·ler, Gerhard ['fiːzələr] *German aircraft designer; *1896.*

Figl, Leopold ['fiːgəl] *Austrian politician, chancellor of the Republic of Austria; 1902—65.*

Filch·ner, Wilhelm ['fɪlçnər] *German writer, explorer of Asia and the arctic and antarctic regions; 1877—1957.*

Finck, Werner [fɪŋk] *German cabaret artiste and actor; *1902.*

Fi·scher, Edwin ['fɪʃər] *Swiss pianist; 1886—1960.*

Fi·scher-Dies·kau, Dietrich ['fɪʃər'diːskaʊ] *German lyric baritone; *1925.*

Fi·scher von Er·lach, Johann Bernhard ['fɪʃər fən 'ɛrlax] *Austrian architect; 1656—1723.*

Fla·ke, Otto ['flaːkə] *(pseudonym* Leo F. Kotta) *German writer; 1880—1963.*

Flau·bert, Gustave [floˈbɛːr] *French novelist; 1821—80.*

Fleu·ry, André Hercule de [fløˈriː] *French statesman and cardinal; 1653—1743.*

Flicken·schildt, Elisabeth *(getr.* -k·k-) ['flɪkən,ʃɪlt] *German actress; *1905.*

Flo·tow, Friedrich von ['floːto] *German composer; 1812—83.*

Focke, Henrich *(getr.* -k·k-) ['fɔkə] *German aircraft designer; *1890.*

Fok·ker, Anthony Herman Gerard ['fɔkər] *Dutch aircraft designer and manufacturer; 1890—1939.*

Fon·ta·ne, Theodor [fɔn'taːnə] *German poet, novelist, and essayist; 1819—98.*

Fo·rel, Auguste [fo'rɛl] *Swiss psychiatrist and entomologist; 1848—1931.*

Forst, Willy [fɔrst] *Austrian film actor and director; *1903.*

Fou·cault, Jean Bernard Léon [fu'koː] *French physicist; 1819—68.*

Fou·ché, Joseph, Herzog von Otranto [fu'ʃeː] *French statesman, minister of police under Napoleon I; 1759—1820.*

Fou·qué [fu'keː] → La Motte-Fouqué.

Fra·go·nard, Jean Honoré [frago'naːr] *French painter and engraver; 1732—1806.*

France, Anatole [frãːs] *(originally* Jacques Anatole Thibault) *French writer; 1844—1924.*

Fran·ce·sca, Piero della [fran'tʃeska] *Italian painter; 1420?—92.*

Fran·co, Francisco ['franko] *Spanish general and politician; head of Spanish state; *1892.*

Frank, Bruno [fraŋk] *German writer and playwright; 1887—1945.*

Frank, Ilja Michailowitsch [fraŋk] Ilya Mikhailovich Frank. *Russian physicist; *1908.*

Frank, Leonhard [fraŋk] *German writer; 1882—1961.*

Franz I. [frants] Francis I. *King of France; 1494—1547.*

Franz I. [frants] *(originally* Franz Stephan) Francis I. *Husband of Maria Theresa and emperor of the Holy Roman Empire; 1708—1765.*

Franz II. [frants] Francis II. *Last emperor of the Holy Roman Empire;* as Francis I *first emperor of Austria; 1768—1835.*

Franz Fer·di·nand ['frants 'fɛrdinant] Francis Ferdinand. *Archduke of Austria; 1863—1914.*

Franz Jo·seph I. ['frants 'joːzɛf] Francis Joseph I. *Emperor of Austria and king of Hungary; 1830—1916.*

Franz von As·si·si, der heilige ['frants fən a'siːzi] St. Francis of Assisi. *Italian friar; founder of the Franciscan order; 1181/82—1226.*

Franz von Sales, der heilige ['frants fən 'zal] St. Francis of Sales. *French doctor of the church and bishop of Geneva; 1567—1622.*

Franz Xa·ver, der heilige ['frants 'ksaːvər] → Xaver Franz, der heilige.

Fraun·ho·fer, Joseph von ['fraʊn,hoːfər] *German physicist and optician; 1787—1826.*

Frei·lig·rath, Ferdinand ['fraɪligraːt; -lɪç,raːt] *German poet; 1810—76.*

Freud, Sigmund [frɔʏt] *Austrian neurologist and psychoanalyst, founder of psychoanalysis; 1856—1939.*

Frey·tag, Gustav ['fraɪ,taːk] *German writer; 1816—95.*

Frick, Gottlob [frɪk] *German bass; *1906.*

Fric·say, Ferenc ['frɪtʃaɪ] *Hungarian conductor; 1914—63.*

Frie·den·thal, Richard ['friːdən,taːl] *German writer; *1896.*

Fried·land, Herzog von ['friːt,lant] → Wallenstein.

Fried·rich I. (Barbarossa) ['friːdrɪç] Frederick I (Barbarossa). *Emperor of the Holy Roman Empire and king of Germany, of the Hohenstaufen line; 1125?—90.*

Fried·rich II. ['friːdrɪç] Frederick II. *Emperor of the Holy Roman Empire, king of Germany, Sicily, and Jerusalem, of the Hohenstaufen line; 1194—1250.*

Fried·rich II. (der Weise) ['friːdrɪç] Frederick II (the Wise). *Elector palatine; 1482—1556.*

Fried·rich III. (der Weise) ['friːdrɪç] Frederick III (the Wise). *Elector of Saxony; 1463—1525.*

Fried·rich V. (der Winterkönig) ['friːdrɪç] Frederick V (the Winter King). *Elector palatine and king of Bohemia; 1596—1632.*

Fried·rich ['friːdrɪç] *Kings of Prussia:* Friedrich I. Frederick I *(1657—1713);* Friedrich II. (der Große) Frederick II (the Great) *(1712—86).*

Fried·rich III. ['friːdrɪç] Frederick III. *German emperor and king of Prussia; 1831—1888.*

Fried·rich Wil·helm (der Große Kurfürst) ['friːdrɪç 'vɪl,hɛlm] Frederick William (the Great Elector). *Elector of Brandenburg; 1620—88.*

Fried·rich Wil·helm ['friːdrɪç 'vɪl,hɛlm] *Kings of Prussia:* Friedrich Wilhelm I. Frederick William I *(1688—1740);* Friedrich Wilhelm II. Frederick William II *(1744—1797);* Friedrich Wilhelm III. Frederick William III *(1770—1840);* Friedrich

Wilhelm IV. Frederick William IV *(1795—1861).*

Fried·rich, Caspar David ['friːdrɪç] *German landscape painter; 1774—1840.*

Frings, Joseph [frɪŋs] *German cardinal; *1887.*

Frisch, Karl von [frɪʃ] *Austrian behavio(u)rist, animal psychologist, and zoologist; *1886.*

Frisch, Max [frɪʃ] *Swiss writer and playwright; *1911.*

Fritz, der Alte [frɪts] → Friedrich II. (der Große).

Frö·bel, Friedrich ['frøːbəl] *German educator; 1782—1852.*

Frois·sart, Jean [frõa'saːr] *French chronicler and poet; 1337—?1410.*

Frunds·berg, Georg von ['frunts,bɛrk] *German commander-in-chief under the emperors Maximilian I and Charles V; 1473—1528.*

Fug·ger ['fugər] *German merchants and bankers to the Hapsburgs in the 16th century.*

Furt·wäng·ler, Wilhelm ['furt,vɛŋlər] *German conductor; 1886—1954.*

Füss·li, Johann Heinrich ['fyːsli] Henry Fuseli. *Swiss painter; 1741—1825.*

G

Ga·bels·ber·ger, Franz Xaver ['gaːbəls,bɛrgər] *German stenographer, inventor of a system of stenography; 1789—1849.*

Ga·bo·ri·au, Émile [gabo'rïoː] *French novelist, author of detective stories; 1832—1873.*

Ga·ga·rin, Juri Alexejewitsch [ga'gaːriːn] Yuri Alekseyevich Gagarin. *Soviet cosmonaut, first man to circle the earth in orbital flight; 1934—68.*

Ga·li·lei, Galileo [gali'leːi] *Italian mathematician, physicist, and astronomer; 1564—1642.*

Gal·va·ni, Luigi [gal'vaːni] *Italian physician and naturalist; 1737—98.*

Ga·ma, Vasco da ['gaːma] *Portuguese navigator; 1469?—1524.*

Gan·dhi, Shrimati Indira ['gandi] *Indian politician, prime minister of India; *1917.*

Gan·dhi, Mohandas Karamchand ['gandi] *(called* Mahatma Gandhi) *Hindu nationalist leader and Indian politician; 1869—1948.*

Gar·bo, Greta ['garbo] *(originally* Greta Gustafsson) *Swedish film actress; *1903.*

Gar·cía Lor·ca, Federico [gar'siːa 'lɔrka] *Spanish poet and dramatist; 1899—1936.*

Ga·ri·bal·di, Giuseppe [gari'baldi] *Italian nationalist; 1807—82.*

Gau·guin, Paul [go'gɛ̃ː] *French painter; 1848—1903.*

Gaulle, Charles André Joseph Marie de [goːl] *French general and politician, president of France; 1890—1970.*

Gauß, Carl Friedrich [gaʊs] Carl Friedrich Gauss. *German mathematician and astronomer; 1777—1855.*

Gau·ta·ma Bud·dha ['gautama 'buda] → Buddha.

Gau·ti·er, Théophile [go'tieː] *French poet, art critic, and novelist; 1811—72.*

Ged·da, Nicolai ['gɛda] *Swedish tenor; *1925.*   *[1815—84.]*

Gei·bel, Emanuel ['gaɪbəl] *German poet;]*

Gel·lert, Christian Fürchtegott ['gɛlərt] *German writer; 1715—69.*

Ge·or·ge, Heinrich [ge'ɔrgə] *German actor; 1893—1946.*

Ge·or·ge, Stefan [ge'ɔrgə] *German poet; 1868—1933.*

Ger·haert von Ley·den, Nicolaus ['geːrhart fən 'laɪdən] *Dutch sculptor; 1430?—73.*

Ger·hardt, Paul [geːr,hart] *German poet, hymn writer, and Lutheran preacher; 1607—1676.*

Ger·lach, Walther ['gɛrlax] *German physicist; *1889.*

Ger·ma·ni·cus, Gajus Julius Cäsar [gɛr'maːnikus] Germanicus Caesar. *Roman general; 15 B.C.—19 A.D.*

Gide, André [ʒiːt] *French writer; 1869—1951.*

Gieh·se, Therese ['giːzə] *(originally* Gift) *German actress; 1898—1975.*

Gie·se·king, Walter ['giːzəkɪŋ] *German pianist; 1895—1956.*

Gi·gli, Beniamino ['dʒɪlji] *Italian tenor; 1890—1957.*

Gior·gio·ne [dʒɔr'dʒoːne] (*originally* Giorgio da Castelfranco) *Italian painter; 1477/1478—1510.*

Giot·to (di Bondone) ['dʒɔto] *Italian painter and architect; 1266?—1337.*

Gi·rau·doux, Jean [ʒiro'du:] *French diplomat and writer; 1882—1944.*

Gis·card d'Estaing, Valéry [ʒis'kaːr dɛs'tɛ̃:] *French politician, president of France; *1926.*

Gla·su·now, Alexandr Konstantinowitsch [glazu'nɔf] Aleksandr Konstantinovich Glazunov. *Russian composer; 1865—1936.*

Glin·ka, Michail Iwanowitsch ['glɪŋka] Mikhail Ivanovich Glinka. *Russian composer; 1804—57.*

Gluck, Christoph Willibald Ritter von [glʊk] *German composer; 1714—87.*

Gnei·se·nau, August Graf Neidhardt von ['gnaɪzənaʊ] *Prussian general; 1760—1831.*

Go·du·now, Boris Fjodorowitsch [go'duːnɔf; godu'nɔf] Boris Fedorovich Godunov. *Czar of Russia; 1552?—1605.*

Goeb·bels, Paul Joseph ['gœbəls] *German Nazi politician and propagandist; 1897—1945.*

Goe·the, Johann Wolfgang von ['gøːtə] *German poet, dramatist, novelist, philosopher, statesman, and scientist; 1749—1832.*

Goetz, Curt [gœts] *German actor and playwright; 1888—1960.*

Gogh, Vincent van [gɔːk; gɔx] *Dutch painter; 1853—90.*

Go·gol, Nikolai Wassiljewitsch ['gɔːgəl] Nikolai Vasilievich Gogol; *Russian writer; 1809—52.*

Gol·do·ni, Carlo [gəl'doːni] *Italian dramatist; 1707—93.*

Gon·court [gõ'kuːr] *French writers:* Edmond Huot de *(1822—96)* and his brother Jules Huot de *(1830—70).*

Gö·ring, Hermann Wilhelm ['gøːrɪŋ] *German Nazi politician; 1893—1946.*

Gor·ki, Maxim ['gɔrki] (*originally* Alexei Maximowitsch Peschkow Aleksei Maksimovich Peshkov). *Russian writer; 1868—1936.*

Gott·fried von Straß·burg ['gɔt,friːt fən 'ʃtraːs,bʊrk] *Middle High German epic poet; about 1200.*

Gott·helf, Jeremias ['gɔt,hɛlf] (*originally* Albert Bitzius) *Swiss narrative writer; 1797—1854.*

Gott·sched, Johann Christoph ['gɔtʃeːt] *German scholar and writer; 1700—1766.*

Gott·wald, Klement ['gɔt,valt] *Czechoslovak politician; 1896—1953.*

Gou·nod, Charles [gu'noː] *French composer; 1818—93.*

Grab·be, Christian Dietrich ['grabə] *German dramatic poet; 1801—36.*

Grac·chus ['graxus] *Roman statesmen:* Gajus Sempronius *(154/53—121 B.C.)* and his brother Tiberius Sempronius *(163/62—133 B.C.).*

Graf, Oskar Maria [graːf] *German writer; 1894—1967.*

Graff, Anton [graf] *Swiss portrait painter; 1736—1813.*

Grass, Graß, Günter [gras] *German writer, sculptor, and graphic artist; *1927.*

Gra·ti·an (Flavius Gratianus) [gra'tsïa:n] *Roman emperor; 359—383.*

Gre·co, El ['grɛko] (*originally* Domenikos Theotokopulos) *Greek-Spanish painter and sculptor; 1541—1614.*

Gre·gor ['greːgər] Gregory (*name of 16 popes*).

Grieg, Edvard [griːk] *Norwegian composer; 1843—1907.*

Grill·par·zer, Franz ['grɪl,partsər] *Austrian poet and dramatist; 1791—1872.*

Grimm [grɪm] *German philologists and collectors of fairy tales:* Jacob *(1785—1863)* and his brother Wilhelm *(1786—1859).*

Grim·mels·hau·sen, Hans Jacob Christoph von ['grɪməls,haʊzən] *German writer; 1620/21—76.*

Grock [grɔk] (*originally* Adrian Wettach) *Swiss musical clown; 1880—1959.*

Gro·my·ko, Andrei Andrejewitsch [gro'myko] Andrei Andreevich Gromyko. *Russian politician and diplomat; *1909.*

Gron·chi, Giovanni ['grɔŋki] *Italian politician; *1887.*

Gro·pi·us, Walter ['groːpïus] *German architect; 1883—1969.*

Gro·te·wohl, Otto ['groːtə,voːl] *German politician, minister-president of the DDR; 1894—1964.*

Gro·the, Franz ['grotə] *German composer, especially of film music; *1908.*

Gro·ti·us, Hugo ['groːtsïus] (*originally* Huigh de Groot) *Dutch jurist and statesman; 1583—1645.*

Gründ·gens, Gustav ['gryntgəns] *German actor, stage director, and theater manager; 1899—1963.*

Grü·ne·wald, Matthias ['gryːnə,valt] *German painter; 1470 od. 75—1528.*

Grzi·mek, Bernhard ['gʒɪmɛk] *German veterinary surgeon and zoologist; *1909.*

Gsov·sky, Tatjana ['ksɔfski] *Russian dancer and choreographer; *1901.*

Gu·ar·di, Francesco ['gŭardi] *Italian painter; 1712—93.*

Gu·ar·di·ni, Romano [gŭar'diːni] *German-Italian Roman Catholic theologian and religious philosopher; 1885—1968.*

Gue·ricke, Otto von (*getr.* -k·k-) ['geːrɪkə] (*originally* Gericke) *German physicist; 1602—86.*

Gue·va·ra, Ernesto [ge'vaːra] (*called* Che Guevara) *Cuban physician and politician; 1928—67.*

Gui·try, Sacha [gi'triː] *French writer, playwright, and actor; 1885—1957.*

Gul·brans·son, Olaf ['gʊlbransən] *Norwegian illustrator, caricaturist, and painter; 1873—1958.*

Gul·da, Friedrich ['gʊlda] *Austrian pianist; *1930.* [*landic violinist; *1889.*]

Gun·nars·son, Gunnar ['gʊnarsən] *Icelandic writer; 1889.*

Gün·ther, Ignaz ['gyntər] *German sculptor; 1725—75.*

Gu·stav II. Adolf ['gʊstaf 'aːdɔlf] Gustavus II (Gustavus Adolphus). *King of Sweden; 1594—1632.*

Gu·ten·berg, Johannes ['guːtən,bɛrk] (*originally* Johannes Gensfleisch) *German inventor of printing from movable type; 1397?—1468.*

Gü·ters·loh, Albert Paris ['gyːtərs,loː] (*originally* Albert Conrad Kiehtreiber) *Austrian painter and writer; *1887.*

H

Ha·be, Hans ['haːbə] *Hungarian-German writer; *1911.*

Ha·ber, Fritz ['haːbər] *German chemist; 1868—1934.*

Ha·ber, Heinz ['haːbər] *German physicist and astronomer; *1913.*

Hä·ber·lin, Paul ['hɛːbərliːn] *Swiss philosopher and educator; 1878—1960.*

Haeckel, Ernst (*getr.* -k·k-) ['hɛkəl] *German naturalist and philosopher; 1834—1919.*

Haecker, Theodor (*getr.* -k·k-) ['hɛkər] *German philosopher; 1879—1945.*

Ha·dri·an (Publius Aelius Hadrianus) [ha-dri'aːn; 'haː-] Hadrian, *auch* Adrian. *Roman emperor; 76—138.*

Ha·ge·dorn, Friedrich von ['haːgə,dɔrn] *German poet; 1708—54.*

Ha·gel·stan·ge, Rudolf ['haːgəl,ʃtaŋə] *German writer; *1912.*

Ha·gen·beck, Karl ['haːgən,bɛk] *German circus manager, established the Zoological Garden at Hamburg; 1844—1913.*

Hahn, Otto [haːn] *German chemist; 1879—1968.*

Hai·le Se·las·sie I. ['haɪle ze'lasi] Haile Selassie I. *Emperor of Ethiopia; *1892.*

Hal·be, Max ['halbə] *German writer and dramatist; 1865—1944.*

Hall·stein, Walter ['hal,ʃtaɪn] *German politician and jurist; *1901.*

Hals, Frans [hals] *Dutch painter; 1581 od. 1585—1666.*

Hals·ke, Johann Georg ['halskə] *German electrotechnician; 1814—90.*

Ha·mil·kar Bar·kas [ha'mɪlkar 'barkas] Hamilcar Barca(s). *Carthaginian general; ?—229/28 B.C.*

Ham·sun, Knut ['hamzun] (*originally* Knut Pedersen) *Norwegian writer; 1859—1952.*

Hän·del, Georg Friedrich ['hɛndəl] George Frederick Handel. *German composer; 1685—1759.*

Hand·ke, Peter ['hantkə] *Austrian writer; *1942.*

Han·ni·bal ['hanibal] *Carthaginian general; 247/46—?183 B.C.*

Har·den·berg, Karl August Fürst von ['hardən,bɛrk] *Prussian statesman; 1750—1822.*

Härt·ling, Peter ['hɛrtlɪŋ] *German writer; *1933.*

Hart·mann, Karl Amadeus ['hart,man] *German composer; 1905—63.*

Hart·mann von Aue ['hart,man fən 'aʊə] *Middle High German poet; 1160?—?1210.*

Har·tog, Jan de ['hartɔx] *Dutch writer; *1914.*

Ha·šek, Jaroslav ['haʃɛk] *Czech writer; 1883—1923.*

Ha·sen·cle·ver, Walter ['haːzən,kleːvər] *German expressionist poet and dramatist; 1890—1940.*

Hauff, Wilhelm [haʊf] *German novelist and poet; 1802—27.*

Haupt·mann, Gerhart ['haʊpt,man] *German dramatist and writer; 1862—1946.*

Ha·vel, Václav ['havɛl] *Czech playwright; *1936.*

Haydn, Joseph ['haɪdən] *Austrian composer; 1732—1809.*

Heb·bel, Friedrich ['hɛbəl] *German dramatist; 1813—63.*

Heckel, Erich (*getr.* -k·k-) ['hɛkəl] *German painter and graphic artist; *1883.*

He·din, Sven Anders von [he'diːn] *Swedish explorer in Asia; 1865—1952.*

He·gel, Georg Wilhelm Friedrich ['heːgəl] *German philosopher; 1770—1831.*

Hei·deg·ger, Martin ['haɪdɛgər] *German philosopher; *1889.*

Hei·fetz, Jascha ['haɪfɛts] *Russian violinist; *1901.*

Hei·ne, Heinrich ['haɪnə] *German poet and writer; 1797—1856.*

Hei·ne, Thomas Theodor ['haɪnə] *German painter and caricaturist; 1867—1948.*

Hei·ne·mann, Gustav ['haɪnə,man] *German politician, 3rd president of the BRD; *1899.*

Hein·kel, Ernst Heinrich ['haɪnkəl] *German aircraft designer and manufacturer; 1888—1958.*

Hein·rich ['haɪnrɪç] *Emperors of the Holy Roman Empire and kings of Germany:* Heinrich I. Henry I *(876—936);* Heinrich II. Henry II *(973—1024);* Heinrich III. Henry III *(1017—56);* Heinrich IV. Henry IV *(1050—1106);* Heinrich V. Henry V *(1081 od. 86—1125);* Heinrich VI. Henry VI *(1165—1197);* Heinrich VII. Henry VII *(1275?—1313).*

Hein·rich (der Löwe) ['haɪnrɪç] Henry (the Lion). *Duke of Saxony and Bavaria; 1129—1195.*

Hein·rich (der Seefahrer) ['haɪnrɪç] Henry (the Navigator). *Infante of Portugal; 1394—1460.*

Hei·sen·berg, Werner Karl ['haɪzən,bɛrk] *German physicist; *1901.*

Heis·sen·büt·tel, Helmut Dietrich ['haɪsən,bytəl] *German writer; *1921.*

Hel·vé·ti·us, Claude Adrien [hɛl'veːtsïus] *French philosopher; 1715—71.*

He·nie, Sonja ['hɛni] *Norwegian figure-skating champion and actress; 1912—69.*

Hen·le, Friedrich Gustav Jacob ['hɛnlə] *German pathologist and anatomist; 1809—1885.*

Hen·lein, Peter ['hɛnlaɪn] *German mechanic, manufactured the first watches; 1480?—1542.*

Hen·ze, Hans Werner ['hɛntsə] *German composer; *1926.*

He·ra·klit [hera'kliːt] Heraclitus. *Greek philosopher; 550?—480 B.C.*

Her·bart, Johann Friedrich ['hɛrbart] *German philosopher and educator; 1776—1841.*

Her·der, Johann Gottfried von ['hɛrdər] *German poet and philosopher; 1744—1803.*

Her·mann der Che·rus·ker ['hɛrman der çe'ruskər] → Arminius.

He·ro·des (der Große) [he'roːdɛs] Herod (the Great). *King of Judea; 72?—4 B.C.*

He·ro·des An·ti·pas [he'roːdɛs 'antipas] Herod Antipas. *Tetrarch of Galilee and Peraea; 4 B.C.—39 A.D.*

He·ro·dot [hero'dɔt; -'doːt] (*called* Vater der Geschichte) Herodotus (*called* the Father of History). *Greek historian; 490?—?425 od. 420.*

Her·re·ra, Francisco de (el Viejo, der Ältere) [ɛ'reːra] Francisco de Herrera (el Viejo, the Elder). *Spanish painter and engraver; 1590?—1656.*

Hertz, Heinrich Rudolf [hɛrts] *German physicist; 1857—94.*

Herzl, Theodor ['hɛrtsəl] *Austrian writer, founder of Zionism; 1860—1904.*

He·si·od [he'zïoːt] *Greek poet; about 700 B.C.*

Hess, Rudolf [hɛs] *German Nazi politician;* *1894.

Hes·se, Hermann ['hɛsə] *German poet and novelist; 1877—1962.*

Heuss, Theodor [hɔys] *German writer and politician, first president of the BRD; 1884 —1963.*

Hey·se, Paul von ['haɪzə] *German writer; 1830—1914.*

Hie·ro·ny·mus, der heilige [hǐe'ro:nymʊs] St. Hieronymus, St. Jerome. *Latin father and doctor of the church; 347?—420.*

Hil·de·brandt, Johann Lukas von ['hɪldə‚brant] *Austrian architect; 1668—1745.*

Hil·ler, Johann Adam ['hɪlər] *German composer; 1728—1804.*

Hil·pert, Heinz ['hɪlpərt] *German stage director and theater manager; 1890—1967.*

Himm·ler, Heinrich ['hɪmlər] *German Nazi politician; 1900—1945.*

Hin·de·mith, Paul ['hɪndə‚mɪt] *German composer; 1895—1963.*

Hin·den·burg, Paul von ['hɪndən‚bʊrk] *German field marshal, second president of the Weimar Republic; 1847—1934.*

Hinz, Werner [hɪnts] *German actor; *1903.

Hip·po·kra·tes [hɪ'po:krates] Hippocrates. *Greek physician; 460?—375 B.C.*

Hi·ro·hi·to [hiro'hi:to] *Emperor of Japan;* *1901.

Hit·ler, Adolf ['hɪtlər] *German chancellor and Nazi dictator; 1889—1945.*

Hoch·huth, Rolf ['ho:x‚hu:t] *German writer;* *1931.

Ho Chi Minh [hotʃi'mɪn] *President of North Vietnam; 1890—1969.*

Hod·ler, Ferdinand ['ho:dlər] *Swiss painter; 1853—1918.*

Ho·fer, Andreas ['ho:fər] *Tyrolese patriot; 1767—1810.*

Hoff·mann, August Heinrich od. **Hoff-mann von Fal·lers·le·ben** ['hɔf‚man fən 'falərs‚le:bən] *German philologist and poet; 1798—1874.*

Hoff·mann, Ernst Theodor Amadeus ['hɔf‚man] *German writer, composer, and illustrator; 1776—1822.*

Hof·manns·thal, Hugo von ['ho:f‚mans‚ta:l] *Austrian poet, dramatist, and writer; 1874— 1929.*

Hol·bein ['hɔl‚baɪn] *German painters:* Hans (der Ältere) Hans (the Elder) *(1465?— 1524) and his son* Hans (der Jüngere) Hans (the Younger) *(1497—1543).*

Höl·der·lin, Johann Christian Friedrich ['hœldərli:n] *German poet; 1770—1843.*

Holl, Elias [hɔl] *German architect; 1573— 1646.*

Hol·laen·der, Felix ['hɔlɛndər] *German writer and theater critic; 1867—1931.*

Hol·län·der, Friedrich ['hɔlɛndər] *German composer and cabaret artiste;* *1896.

Höl·zel, Adolf ['hœltsəl] *German painter; 1853—1934.*

Ho·mer, [ho'me:r] *Greek epic poet; 8th century B.C.*

Ho·necker, Erich (getr. -k·k-) ['ho:nɛkər] *German politician of the DDR;* *1912.

Ho·neg·ger, Arthur ['ho:nɛgər] *French-Swiss composer; 1892—1955.*

Hop·pe, Marianne ['hɔpə] *German actress;* *1911.

Ho·raz (Quintus Horatius Flaccus) [ho'ra:ts] Horace. *Roman poet; 65—8 B.C.*

Hör·bi·ger ['hœrbɪgər] *Austrian actors:* Attila (*1896) *and his brother* Paul (*1894).

Ho·ro·witz, Wladimir ['ho:rovɪts] Vladimir Horowitz. *Russian-American pianist;* *1904.

Hor·vath, Ödön von ['hɔrva:t] *Austrian writer; 1901—38.*

Hu·ber, Kurt ['hu:bər] *Swiss philosopher, spiritual center of the anti-Nazi student movement "Weiße Rose"; 1893—1943.*

Huch, Ricarda [hu:x] *German novelist and poet; 1864—1947.*

Hu·go, Victor [y'go:] *French poet, novelist, and dramatist; 1802—85.*

Hum·boldt, Alexander Freiherr von ['hʊmbɔlt] *German naturalist and geographer; 1769—1859.*

Hum·boldt, Wilhelm Freiherr von ['hʊmbɔlt] *German philologist, philosopher, and statesman; 1767—1835.*

Hum·per·dinck, Engelbert ['hʊmpər‚dɪŋk] *German composer; 1854—1921.*

Hun·dert·was·ser, Fritz ['hʊndərt‚vasər] (originally Friedrich Stowasser) *Austrian painter;* *1928.

Hur·ta·do de Men·do·za, Diego [ʊr'ta:do de mɛn'dɔsa] → Mendoza, Diego Hurtado de.

Hus, Jan *od.* **Huß,** Johannes [hʊs] John Hus(s). *Czech preacher and religious reformer; 1370?—1415.*

Hus·sein II. [hʊ'saɪn], **Hu·sain II.** [hʊ'saɪn; hu'zaɪn], *auch* **Hus·sain II.** [hʊ'saɪn] Hussein II. *King of Jordan;* *1935.

Hut·ten, Ulrich von ['hʊtən] *German humanist; 1488—1523.*

Huy·gens, Christiaan ['hɔygəns] Christian Huyg(h)ens. *Dutch physicist, mathematician, and astronomer; 1629—95.*

I

Ib·sen, Henrik ['ɪpsən] *Norwegian dramatist and poet; 1828—1906.*

Iff·land, August Wilhelm ['ɪf‚lant] *German actor, theater manager, and dramatist; 1759 —1814.*

Igna·ti·us von Lo·yo·la [ɪ'gna:tsɪʊs fən lo'jo:la] Ignatius of Loyola. *Spanish founder of the Society of Jesus, the Jesuit order; 1491 —1556.*

Im·mer·mann, Karl Leberecht ['ɪmər‚man] *German poet, dramatist, and novelist; 1796 —1840.*

In·dy, Vincent d' [dɛ̃'di:] *French composer; 1851—1931.*

In·gar·den, Roman ['ɪn‚gardən] *Polish philosopher;* *1893.

In·gres, Jean Auguste Dominique ['ɛ̃:gər] *French painter; 1780—1867.*

In·no·zenz ['ɪnotsɛnts] Innocent *(name of 13 popes).*

Inö·nü, Ismet ['i:nøny] *Turkish politician; 1884—1973.*

Io·nes·co, Eugène [jo'nɛsko] *French dramatist;* *1912.

Isa·bel·la I. (die Katholische) [iza'bɛla] Isabella I (the Catholic). *Queen of Castile and Aragon; 1451—1504.*

Iwan III. Was·sil·je·witsch (Iwan der Große) ['i:van va'sɪljevɪtʃ] Ivan III Vasilievich (Ivan the Great). *Grand duke of Moscow; 1440—1505.*

Iwan IV. Was·sil·je·witsch (Iwan der Schreckliche) ['i:van va'sɪljevɪtʃ] Ivan IV Vasilievich (Ivan the Terrible). *Czar of Russia; 1530—84.*

J

Jahn, Friedrich Ludwig [ja:n] (called der Turnvater) *German educator (called father of gymnastics); 1778—1852.*

Ja·ná·ček, Leoš ['janatʃɛk] *Czech composer; 1854—1928.*

Jan·nings, Emil ['janɪŋs] *German actor; 1884 —1950.*

Jan·sen, Corneli(u)s (Cornelius Jansenius) ['janzən] *Dutch Roman Catholic theologian, founder of the sect named for him, the Jansenists; 1585—1638.*

Jas·pers, Karl ['jaspərs] *German philosopher; 1883—1969.*

Jeanne d'Arc [ʒan'dark] St. Joan of Arc. *French national heroine; 1410 od. 12—31.*

Jean Paul [ʒã'paʊl] (originally Johann Paul Friedrich Richter) *German writer and poet; 1763—1825.*

Jen·sen, Hans Daniel ['jɛnzən] *German nuclear physicist;* *1907.

Jes·per·sen, Jens Otto Harry ['jɛspərzən] *Danish philologist; 1860—1943.*

Je·sus (Chri·stus) ['je:zʊs ('krɪstʊs)] Jesus (Christ). *Source of the Christian religion and Savio(u)r in the Christian faith; 8 od. 4? B.C. —?30 A.D.*

Jew·tu·schen·ko, Jewgeni Alexandrowitsch [jɛftu'ʃɛnko] Yevgeni Aleksandrovich Yevtushenko. *Russian poet;* *1933.

Ji·mé·nez, Juan Ramón [xi'me:nɛs] *Spanish poet; 1881—1958.*

Joa·chim, Joseph ['jo:axɪm] *German-Hungarian violinist and composer; 1831—1907.*

Jo·chum, Eugen ['jɔxʊm] *German conductor;* *1902.

Jo·han·na (die Wahnsinnige) [jo'hana] Joanna *(od. Juana)* (the Mad). *Queen of Castile, mother of the emperor Charles V; 1479—1555.*

Jo·han·na von Or·lé·ans, die heilige [jo'hana fən ɔrle'ã:] → Jeanne d'Arc.

Jo·han·nes [jo'hanəs] John *(name of 21 popes):* Johannes XXIII. (Angelo Giuseppe Roncalli) John XXIII; 1881—1963.

John·son, Uwe ['jo:nzən] *German writer;* *1934.

Join·ville, Jean de [ʒõɛ̃'vil] *French chronicler; 1225—1317.*

Jo·nas, Franz [jo:nas] *Austrian politician, president of the Republic of Austria; 1899— 1974.*

Jor·daens, Jakob ['jɔrda:ns] *Flemish painter; 1593—1678.*

Jo·seph ['jo:zɛf] *Emperors of the Holy Roman Empire:* Joseph I. Joseph I *(king of Hungary and the Romans; 1678—1711);* Joseph II. Joseph II *(king of the Romans; 1741—90).*

Jo·sé·phine de Beau·har·nais [ʒoze'fi:n də boar'nɛ:] → Beauharnais, Joséphine de.

Ju·an de Au·stria, Don ['xûan de 'aʊstria] John of Austria. *Spanish general; illegitimate son of the emperor Charles V; 1547— 1578.*

Ju·lia·na [ju'lia:na] *Queen of the Netherlands;* *1909.

Jung, Carl Gustav [jʊŋ] *Swiss psychologist and psychiatrist; 1875—1961.*

Jün·ger, Ernst ['jyŋər] *German writer;* *1895.

Jung·frau von Or·lé·ans ['jʊŋ‚frau fən ɔrle'ã:] → Jeanne d'Arc.

Jun·kers, Hugo ['jʊŋkərs] *German aircraft designer and manufacturer; 1859—1935.*

Jür·gens, Curd ['jyrgəns] *German film and stage actor;* *1915.

Ju·ve·nal (Decimus Junius Juvenalis) [juve-'na:l] *Roman satirical poet; 60?—?140.*

K

Ká·dár, János ['ka:dar] Janos Kadar. *Hungarian politician;* *1912.

Kaf·ka, Franz ['kafka] *Austrian writer; 1883—1924.*

Kainz, Josef [kaɪnts] *Austrian actor; 1858— 1910.*

Kai·ser, Georg ['kaɪzər] *German dramatist; 1878—1945.*

Kalb, Charlotte von [kalp] *German writer; 1761—1843.*

Kalck·reuth, Leopold Graf von ['kalk‚rɔyt] *German painter; 1855—1928.*

Kál·mán, Emmerich ['ka:lman] *Hungarian composer of operettas; 1882—1953.*

Ka·min·ski, Heinrich [ka'mɪnski] *German composer; 1886—1946.*

Kan·din·sky, Wassily [kan'dɪnski] Vasili Kandinski. *Russian painter and graphic artist; 1866—1944.*

Kant, Immanuel [kant] *German philosopher; 1724—1804.*

Ka·ra·jan, Herbert von ['ka(:)rajan] *Austrian conductor;* *1908.

Karl, (der Große) [karl] Charlemagne, Charles I (the Great). *King of the Franks and emperor of the West; 742—814.*

Karl [karl] *Emperors of the Holy Roman Empire:* Karl II. (der Kahle) Charles II (the Bald) *(as* Charles I *king of France; 823— 877);* Karl III. (der Dicke) Charles III (the Fat) *(as* Charles II *king of France; 839— 888);* Karl IV. Charles IV *(1316—78);* Karl V. Charles V *(as* Charles I *king of Spain; 1500—1558);* Karl VI. Charles VI *(as* Charles III *king of Hungary and pretender to the throne of Spain; 1685—1740);* Karl VII. Albrecht Charles VII Albert *(elector of Bavaria; 1697—1745).*

Karl I. [karl] Charles I. *Emperor of Austria; as* Charles IV *king of Hungary; 1887—1922.*

Karl (der Kühne) [karl] Charles (the Bold). *Duke of Burgundy; 1432—77.*

Karl·feldt, Erik Axel ['karl‚fɛlt] *Swedish lyric poet; 1864—1931.*

Karl Lud·wig ['karl 'lu:tvɪç] *Archduke of Austria and general; 1771—1847.*

Karl Mar·tell (der Hammer) ['karl mar'tɛl] Charles Martel (the Hammer). *Ruler of the Franks; 689?—741.*

Kasch·nitz, Marie Luise ['kaʃnɪts] *German writer; 1901—74.*

Käst·ner, Erich ['kɛstnər] *German writer; 1899—1974.*

Ka·tha·ri·na [kata'ri:na] *Empresses of Russia:* Katharina I. Catherine I *(wife of Peter the Great; 1684—1727) and* Katharina II. (die Große) Catherine II (the Great) (1729—96).

Ka·tha·ri·na von Ara·go·ni·en [kata'ri:na fən ara'go:niən] Catherine of Aragon. *First wife of Henry VIII of England; 1485—1536.*

Ka·tull (Gaius Valerius Catullus) [ka'tʊl] Gaius Valerius Catullus. *Roman poet; 84? —?54 B.C.*

Kaul·bach, Wilhelm von ['kaʊl,bax] *German painter; 1805—74.*

Käut·ner, Helmut ['kɔʏtnər] *German actor, stage and film director; *1908.*

Ka·wa·ba·ta, Jasunari [kava'ba:ta] *Japanese writer; *1899.*

Ka·zan·tza·kis, Ka·san·tza·kis, Nikos [kazan'tsakis] Nikos Kazantzakis. *Greek poet and novelist; 1883—1957.*

Keil·berth, Joseph ['kaɪlbɛrt] *German conductor; 1908—68.*

Kei·tel, Wilhelm ['kaɪtəl] *German field marshal; 1882—1946.*

Kel·ler, Gottfried ['kɛlər] *Swiss poet and novelist; 1819—90.*

Ke·mal Ata·türk ['ke:mal ata'tʏrk] (*originally* Mustafa Kemal Pascha) *Turkish statesman; 1880—1938.*

Kempff, Wilhelm [kɛmpf] *German pianist and composer; *1895.*

Kep·ler, Johannes ['kɛplər] *German astronomer; 1571—1630.*

Ke·ren·ski, Alexandr Fjodorowitsch ['ke:rɛnski] Aleksandr Feodorovich Kerenski; *Russian revolutionist; 1881—1970.*

Kerr, Alfred [kɛr] (*originally* Alfred Kempner) *German writer and theater critic; 1867 —1948.*

Ker·schen·stei·ner, Georg ['kɛrʃən,ʃtaɪnər] *German educator; 1854—1932.*

Ker·sting, Friedrich Georg ['kɛrstɪŋ] *German painter; 1785—1847.*

Kes·sel·ring, Albert ['kɛsəl,rɪŋ] *German field marshal; 1885—1960.*

Kier·ke·gaard, Sören Aabye ['kɪrkə,gart] *Danish theologian and philosopher; 1813— 1855.*

Kie·sin·ger, Kurt Georg ['ki:zɪŋər] *German politician, 3rd chancellor of the BRD; *1904.*

Kipp·hardt, Heinar ['kɪp,hart] *German writer; *1922.*

Kirch·hoff, Gustav Robert ['kɪrç,həf] *German physicist; 1824—87.*

Kirch·ner, Ernst Ludwig ['kɪrçnər] *German painter and graphic artist; 1880—1938.*

Kirch·schlä·ger, Josef ['kɪrç,ʃlɛ:gər] *Austrian politician, president of the Republic of Austria; *1915.*

Kirst, Hans Hellmut [kɪrst] *German writer; *1914.*

Kla·bund [kla'bʊnt] (*originally* Alfred Henschke) *German writer; 1890—1928.*

Kla·ges, Ludwig ['kla:gəs] *German philosopher and psychologist; 1872—1956.*

Klaus, Josef [klaʊs] *Austrian politician, chancellor of the Republic of Austria; *1910.*

Klee, Paul [kle:] *Swiss painter and graphic artist; 1879—1940.*

Klei·ber, Erich ['klaɪbər] *Austrian conductor; 1890—1956.*

Klein, Felix [klaɪn] *German mathematician;* [1849—1925.]

Kleist, Heinrich von [klaɪst] *German dramatist and narrative writer; 1777—1811.*

Kle·mens ['kle:məns] Clement (*name of 14 popes*).

Kle·mens von Alex·an·dria (Titus Flavius Clemens) ['kle:məns fən alɛ'ksandria] Clement of Alexandria. *Greek Christian theologian and father of the church; 140 od. 150—?215/16.*

Klem·pe·rer, Otto ['klɛmpərər] *German conductor; 1885—1949.*

Klen·ze, Franz Karl Leo von ['klɛntsə] *German architect; 1784—1864.*

Kleo·pa·tra [kle'o:patra] Cleopatra. *Queen of Egypt; 69—30 B.C.*

Klop·stock, Friedrich Gottlieb ['kləp,ʃtək] *German poet; 1724—1803.*

Klu·ge, Alexander ['klu:gə] *German writer and film director; *1932.*

Knap·perts·busch, Hans ['knapərts,bʊʃ] *German conductor; 1888—1965.*

Kneipp, Sebastian [knaɪp] *German Roman Catholic priest, skilled in the art of healing; 1821—97.*

Knig·ge, Adolf Freiherr von ['knɪgə] *German writer, best known for his collection of maxims and precepts; 1751—96.*

Knut (der Große) [knu:t] Canute (the Great); *King of England, Denmark, and Norway; 994?—1035.*

Koch, Robert [kəx] *German bacteriologist; 1843—1910.*

Ko·dá·ly, Zoltán ['ko:daɪ] *Hungarian composer; 1882—1967.*

Koest·ler, Arthur ['kœstlər] *Hungarian-English writer; *1905.*

Kohl·rausch, Friedrich Wilhelm Georg ['ko:l,raʊʃ] *German physicist; 1840—1910.*

Ko·hout, Pavel ['ko:hu:t] *Czech writer and dramatist; *1928.*

Ko·kosch·ka, Oskar [ko'kəʃka; 'kəkəʃka] *Austrian expressionist painter, graphic artist, and writer; *1886.*

Kolb, Annette [kɔlp] *German writer; 1870— 1967.*

Koll·witz, Käthe ['kɔlvɪts] *German painter and graphic artist; 1867—1945.*

Ko·lum·bus, Christoph [ko'lumbʊs] Christopher Columbus. *Genoese navigator; discoverer of America; 1447?—1506.*

Kon·fu·zi·us (Konfutse) [kən'fu:tsiʊs] Confucius. *Chinese philosopher; 551?—?479 B.C.*

Kon·stan·tin I. (der Große) ['kənstanti:n; -'ti:n] Constantine I (the Great). *Roman emperor; 288?—337.*

Ko·per·ni·kus, Nikolaus [ko'pɛrnikʊs] Nicolaus Copernicus. *Polish-German astronomer; 1473—1543.*

Kör·ber, Hilde ['kœrbər] *Austrian actress; *1906.*

Ko·rio·lan (Gnaeus Marcius Coriolanus) [korio'la:n] Gnaeus (*od.* Gaius) Marcius Cariolanus. *Roman legendary hero; 5th century B.C.*

Kör·ner, Hermine ['kœrnər] *German actress; 1882—1960.*

Kör·ner[1], Theodor ['kœrnər] *German lyric and dramatic poet; 1791—1813.*

Kör·ner[2], Theodor ['kœrnər] *Austrian politician, president of the Republic of Austria; 1873—1957.*

Korn·gold, Erich Wolfgang ['kərn,gəlt] *Austrian composer; 1897—1957.*

Ko·ro·len·ko, Wladimir Galaktionowitsch [koro'lɛŋko] Vladimir Galaktionovich Korolenko. *Russian writer; 1853—1921.*

Kort·ner, Fritz ['kərtnər] *Austrian actor, stage and film director; 1892—1970.*

Kos·suth, Lajos ['kəʃu:t] *Hungarian politician; 1802—94.*

Kos·sy·gin, Alexei Nikolajewitsch [kə'sy:gi:n] Aleksei Nikolaevich Kosygin. *Russian politician, premier of the Soviet Union; *1904.*

Köth, Erika [kø:t] *German coloratura soprano; *1925.*

Kot·ze·bue, August von ['kətsə,bu:] *German dramatist; 1761—1819.*

Krae·pe·lin, Emil ['krɛpəli:n] *German psychiatrist; 1865—1926.*

Kra·siń·ski, Zygmunt Graf [kra'zinski] *Polish poet; 1812—59.*

Kraus, Karl [kraʊs] *Austrian writer and satirist; 1874—1936.*

Krauss, Clemens [kraʊs] *Austrian conductor; 1893—1954.*

Krauss, Werner [kraʊs] *German actor; 1884—1959.*

Krei·sky, Bruno ['kraɪski] *Austrian politician, chancellor of the Republic of Austria; *1911.*

Kreis·ler, Fritz ['kraɪslər] *Austro-American violinist and composer; 1875—1962.*

Kretsch·mer, Ernst ['krɛtʃmər] *German psychiatrist and neurologist; 1888—1964.*

Kreutz·berg, Harald ['krɔʏts,bɛrk] *German dancer and choreographer; 1902—68.*

Kreut·zer, Konradin ['krɔʏtsər] *German composer; 1780—1849.*

Kreut·zer, Rodolphe ['krɔʏtsər] *German-French violinist and composer; 1766—1831.*

Kreu·zer, Konradin ['krɔʏtsər] → Kreutzer, Konradin.

Krö·sus ['krø:zʊs] Croesus. *King of Lydia; amassed vast wealth; ?—546 B.C.*

Krue·ger, Felix ['kry:gər] *German philosopher and psychologist; 1874—1948.*

Krü·ger, Paulus ['kry:gər] (*called* Oom Paul) Paulus Kruger. *South African statesman; 1825—1904.*

Krupp [krʊp] *German steel manufacturers.*

Ku·be·lik, Jan ['ku:bɛlik] *Czech violinist; 1880—1940.*

Ku·bin, Alfred ['ku:bi:n; ku'bi:n] *Austrian draftsman and illustrator; 1877—1959.*

Kub·lai-Khan ['ku:blaɪ'ka:n], **Ku·bi·lai-Khan** ['ku:bilaɪ'ka:n] Kublai (*od.* Kubla) Khan. *Founder of the Mongol dynasty in China; 1215—94.*

Ku·by, Erich ['ku:bi] *German writer and journalist; *1910.*

Kuhn, Richard Johann [ku:n] *Austro-German chemist; 1900—1967.*

Kulm·bach, Hans von ['kʊlm,bax] (*originally* Hans Suess) *German painter; 1480?— 1522.*

Kun, Béla [ku:n] *Hungarian communist; 1886—1939.*

Kün·ne·ke, Eduard ['kʏnəkə] *German composer of operettas; 1885—1953.*

Ky·ros (der Große *od.* der Ältere) ['ky:rəs] Cyrus (the Great *od.* the Elder). *King of Persia; 600?—529 B.C.*

Ky·ros (der Jüngere) ['ky:rəs] Cyrus (the Younger). *Persian prince and satrap; 423— 401 B.C.*

L

La Bruy·ère, Jean de [labry'jɛ:r] *French writer and moralist; 1645—96.*

Lach·mann, Karl ['lax,man] *German philologist; 1793—1851.*

La Fa·yette, La·fa·yette, Marie Joseph Motier, Marquis de [lafa'jɛt] Marquis de Lafayette. *French general and statesman; 1757—1834.*

La Fon·taine, Jean de [lafõ'tɛ:n] *French fabulist and poet; 1621—95.*

La·ger·löf, Selma ['la:gər,lœf] *Swedish novelist; 1858—1940.*

La·grange, Joseph Louis de [la'grã:ʃ] *French mathematician; 1736—1813.*

La·mar·tine, Alphonse de [lamar'ti:n] *French poet; 1790—1869.*

Lam·bert, Johann Heinrich ['lambɛrt] *German mathematician, physicist, and astronomer; 1728—77.*

La Motte-Fou·qué, Friedrich Baron de [lamɔtfu'ke:] *German poet; 1777—1843.*

Land·gre·be, Erich ['lant,gre:bə] *Austrian writer; *1908.*

Lang, Fritz [laŋ] *Austrian film director; *1890.*

Lang·behn, Julius ['laŋ,be:n] *German writer and critic; 1851—1907.*

Lan·ge, Helene ['laŋə] *German feminist leader; 1848—1930.*

Lang·gäs·ser, Elisabeth ['laŋ,gɛsər] *German poet; 1899—1950.*

Lang·hans, Carl Gotthard ['laŋ,hans] *German architect; 1732—1808.*

Lan·ner, Joseph ['lanər] *Austrian composer of dances; 1801—43.*

Lao·tse [la'o:tsə] Lao-tzu, *auch* Lao-tse. *Chinese philosopher; 604?—?531 B.C.*

La·place, Pierre Simon Marquis de [la'pla:s] *French astronomer and mathematician; 1749—1827.*

La Roche·fou·cauld, François VI. Herzog von [larəʃfu'ko:] *French writer and moralist; 1613—80.*

Las Ca·sas, Bartolomé de [las 'ka:zas] *Spanish Dominican and historian; 1474— 1566.*

Las·ker-Schü·ler, Else ['laskər'ʃy:lər] *German poet; 1869—1945.*

Las·salle, Ferdinand [la'sal] *German socialist; 1825—64.*

Las·so, Orlando di ['laso] Lassus Orlandus, *auch* Orlando di Lasso, Orlande de Lassus. *Dutch composer; 1532—94.*

Laue, Max von ['laʊə] *German physicist; 1879—1960.*

Lau·rens, Henri [lo'rã:s] *French cubist painter and sculptor; 1885—1954.*

La·va·ter, Johann Kaspar ['la:va:tər] *Swiss philosopher and theologian; 1741—1801.*

Le Cor·bu·si·er [ləkərby'zie:] (*originally* Charles Édouard Jeanneret) *Swiss-French architect; 1887—1965.*

Le Fort, Gertrud Freiin von [lə'fo:r] *German poet and novelist; 1876—1971.*

Le·hár, Franz ['le:har; le'ha:r] *Hungarian composer of operettas; 1870—1948.*

Leh·mann, Wilhelm ['le:,man] *German narrative writer; 1882—1968.*

Lehm·bruck, Wilhelm ['le:m,brʊk] *German sculptor; 1881—1919.*

Leibl, Wilhelm ['laɪbəl] *German portrait and genre painter; 1844—1900.*

Leib·niz, Gottfried Wilhelm Freiherr von ['laɪbnɪts] Leibniz, *auch* Leibnitz. *German philosopher and mathematician; 1646—1716.*

Leip, Hans [laɪp] *German writer*; *1893.

Le·nau, Nikolaus ['leːnau] (*originally* Nikolaus Franz Niembsch) *Austrian poet*; 1802—1850.

Len·bach, Franz von ['leɪn̩ˌbax] *German portrait painter*; 1836—1904.

Le·nin, Wladimir Iljitsch ['leːniːn] Nikolai (*od.* Vladimir Ilyich) Lenin. *Russian revolutionist and statesman*; 1870—1924.

Lenz, Jakob Michael Reinhold [lɛnts] *German poet*; 1751—92.

Lenz, Siegfried [lɛnts] *German writer*; *1926.

Leo ['leːo] *Name of 13 popes*: Leo I. (der Große) Leo I (the Great) (390?—461); Leo III., der heilige St. Leo III (750?—816); Leo XIII. Leo XIII (1810—1903).

Leo·nar·do da Vin·ci [leo'nardo da 'vɪntʃi] *Italian painter, sculptor, architect, and engineer*; 1452—1519.

Le·on·ca·val·lo, Ruggiero [leoŋka'valo] *Italian composer*; 1858—1919.

Le·on·hard, Wolfgang ['leːənˌhart] *German writer*; *1921.

Leo·ni·das [le'oːnidas] *King of Sparta*; ?—480 B.C.

Leo·pold ['leːopɔlt] *Emperors of the Holy Roman Empire*: Leopold I. Leopold I (1640—1705); Leopold II. Leopold II (1747—92).

Leo·pold I. ['leːopɔlt] (*called* der Alte Dessauer) Leopold I. *Prince of Anhalt-Dessau*; 1676—1747.

Lep·si·us, Karl Richard ['lɛpsiʊs] *German Egyptologist and philologist*; 1810—84.

Ler·net-Ho·le·nia, Alexander ['lɛrnətho-'leːnia] *Austrian writer*; *1897.

Lersch, Heinrich [lɛrʃ] *German proletarian poet and novelist*; 1889—1936.

Les·sing, Gotthold Ephraim ['lɛsɪŋ] *German critic and dramatist*; 1729—81.

Let·tow-Vor·beck, Paul von ['lɛto'foːrˌbɛk] *German general, commander of the colonial forces in East Africa*; 1870—1964.

Le·win, Kurt ['leːviːn; le'viːn] *German psychologist*; 1890—1947.

Ley·den, Ernst Victor von ['laɪdən] *German physician*; 1832—1910.

Lie·ber·mann, Max ['liːbərˌman] *German painter*; 1847—1935.

Lie·big, Justus Freiherr von ['liːbɪç] *German chemist*; 1803—73.

Lieb·knecht, Karl ['liːpˌknɛçt] *German socialist politician*; 1871—1919.

Lieb·knecht, Wilhelm ['liːpˌknɛçt] *German socialist politician*; 1826—1900.

Li·li·en·cron, Detlev von ['liːliənˌkroːn] *German poet*; 1844—1909.

Li·li·en·thal, Otto ['liːliənˌtaːl] *German aeronautical pioneer*; 1848—96.

Lin·cke, Paul ['lɪŋkə] *German composer of operettas*; 1866—1946.

Lin·né, Carl von [lɪ'neː] Carolus Linnaeus. *Swedish naturalist and botanist*; 1707—78.

Liszt, Franz von [lɪst] *Hungarian composer and pianist*; 1811—86.

Litt·mann, Enno ['lɪtˌman] *German Oriental scholar*; 1875—1958.

Li·vi·us, Titus ['liːviʊs] Livy. *Roman historian*; 59 B.C.—17 A.D.

Loch·ner, Stephan ['lɔxnər] *German painter*; 1410?—51.

Loe·we, Karl ['løːvə] *German composer*; 1796—1869.

Lo·gau, Friedrich von ['loːgaʊ] (*originally* Salomon von Golaw) *German poet*; 1604—1655.

Lon·gi·nus, Dionysius Cassius [lɔŋ'giːnʊs] *Greek philosopher and critic*; 213?—273.

Löns, Hermann [løːns; lœns] *German writer*; 1866—1914.

Lo·renz, Konrad ['loːrɛnts] *Austrian behavio(u)rist and animal psychologist*; *1903.

Lor·re, Peter ['lɔrə] *Austro-American film actor*; 1904—64.

Lort·zing, Albert ['lɔrtsɪŋ] *German composer of comic operas*; 1801—51.

Lo·schmidt, Joseph ['loːˌʃmɪt] *Austrian physicist*; 1821—95.

Lo·yo·la, Ignatius von [lo'joːla] → Ignatius von Loyola.

Lu·bitsch, Ernst ['luːbɪtʃ] *German-American film director*; 1872—1947.

Lüb·ke, Heinrich ['lʏpkə] *German politician, 2nd president of the BRD*; 1894—1972.

Lu·cas van Ley·den ['luːkas fan 'laɪdən] (*originally* Lucas Huyghenz) *Dutch painter and engraver*; 1489?—1533.

Luck·ner, Felix Graf von ['lʊknər] *German naval officer*; 1886—1966.

Lu·cre·ti·us [lu'kreːtsiʊs] → Lukrez.

Lu·cul·lus, Lucius Licinius [lu'kʊlʊs] *Roman general*; 117?—57 B.C.

Lu·den·dorff, Erich von ['luːdənˌdɔrf] *German general and politician*; 1865—1937.

Lud·wig ['luːtvɪç] *Kings of Bavaria*: Ludwig I. Louis I (1786—1868); Ludwig II. Louis II (1845—86); Ludwig III. Louis III (1845—1921).

Lud·wig ['luːtvɪç] *Kings of France*: Ludwig V. (der Faule) Louis V (Le Fainéant) (966?—987); Ludwig VI. (der Dicke) Louis VI (Le Gros) (1081—1137); Ludwig IX. (der Heilige) Louis IX (Saint) (1214—70); Ludwig XIV. (der Sonnenkönig) Louis XIV (Le Roi Soleil) (1638—1715); Ludwig XV. Louis XV (1710—74); Ludwig XVI. Louis XVI (1754—93); Ludwig Philipp I. (der Bürgerkönig) Louis Philippe I (Roi Citoyen) (*king of the French*; 1773—1850).

Lud·wig ['luːtvɪç] *Kings of the East Franks*: Ludwig II. (der Deutsche) Louis II (the German) (804—876); Ludwig III. (der Jüngere) Louis III (the Younger) (830?—882); Ludwig IV. (das Kind) Louis IV (the Child) (893—911).

Lud·wig ['luːtvɪç] *Emperors of the Holy Roman Empire*: Ludwig I. (der Fromme) Louis I (Le Pieux *and* Le Débonnaire) (778—840); Ludwig II. Louis II (825—875); Ludwig III. (der Blinde) Louis III (the Blind) (880?—928); Ludwig IV. (der Bayer) Louis IV (the Bavarian) (1287?—1347).

Lud·wig, Christa ['luːtvɪç] *German mezzo-soprano*; *1924.

Lui·se ['lüizə] (*full name* Auguste Wilhelmine Amalie Luise) Louise. *Queen of Prussia*; 1776—1810.

Lu·kan (Marcus Annaeus Lucanus) [lu-'kaːn] Lucan. *Roman poet and prose writer*; 39—65.

Lu·ki·an [lu'kiaːn] Lucian. *Greek satirist*; 120?—?180.

Lu·krez (Titus Lucretius Carus) [lu'kreːts] Lucretius. *Roman philosophical poet*; 96?—55 B.C.

Lu·ther, Martin ['lutər] *German Reformation leader and translator of the Bible*; 1483—1546.

Lüt·zow, Ludwig Adolf Freiherr von ['lʏtso] *Prussian general*; 1782—1834.

Lu·xem·burg, Rosa ['lʊksəmˌbʊrk] *German socialist politician*; 1870—1919.

Ly·kurg [ly'kʊrk] Lycurgus. *Spartan legislator*; *about 9th century B.C.*

Ly·nen, Feodor ['lyːnən] *German biochemist*; *1911.

Ly·san·der [ly'zandər] *Spartan commander*; ?—395 B.C.

M

Mach, Ernst [max] *Austrian physicist*; 1838—1916.

Ma·chia·vel·li, Niccolò [makia'vɛli] *Italian statesman, political philosopher, and writer*; 1469—1527.

Macke, August (*getr.* -k·k-) ['makə] *German painter*; 1887—1914.

Ma·da·ria·ga y Ro·jo, Salvador de [mada-'riaːga i 'rɔxo] *Spanish writer and diplomat*; *1886.

Mae·ce·nas, Gajus Cilnius [mɛ'tseːnas] *Roman statesman and patron of literature*; 70?—8 B.C.

Ma·gel·lan, Ferdinand [mage'laːn] *Portuguese navigator*; 1480?—1521.

Mah·ler, Gustav ['maːlər] *Austrian composer and conductor*; 1860—1911.

Ma·kart, Hans ['makart] *Austrian painter*; 1840—84.

Mal·herbe, François de [ma'lɛrp] *French poet*; 1555—1628.

Mal·lar·mé, Stéphane [malar'meː] *French poet*; 1842—98.

Mal·raux, André [mal'ro] *French writer and politician*; *1901.

Ma·net, Édouard [ma'neː] *French painter*; 1832—83.

Mann, Erika [man] *German writer*; 1905—1969.

Mann, Golo (Gottfried) [man] *German historian*; *1909.

Mann, Heinrich [man] *German writer*; 1871—1950.

Mann, Thomas [man] *German writer*; 1875—1955.

Man·te·gna, Andrea [man'tɛnja] *Italian painter*; 1431?—1506.

Man·zo·ni, Alessandro [man'tsoːni] *Italian poet*; 1785—1873.

Mao Tse-tung [maʊtse'tʊŋ] *Chinese politician, chairman of the People's Republic of China*; *1893.

Ma·rat, Jean Paul [ma'ra] *French revolutionary leader*; 1743—93.

Marc, Franz [mark] *German expressionist painter and graphic artist*; 1880—1916.

Mar·ceau, Marcel [mar'so] *French pantomimist*; *1923.

Mar·cel, Gabriel [mar'sɛl] *French philosopher and dramatist*; 1889—1973.

Mar·cel·lus, Marcus Claudius [mar'tsɛlus] *Roman general and consul*; 268?—208 B.C.

Marcks, Erich [marks] *German historian*; 1861—1938.

Mar·co·ni, Guglielmo Marchese [mar-'koːni] *Italian electrical engineer, developed a system of wireless telegraphy*; 1874—1937.

Mar·co Po·lo ['marko 'poːlo] → Polo, Marco.

Mar·cu·se, Herbert [mar'kuːzə] *German-American philosopher*; *1898.

Mar·cu·se, Ludwig [mar'kuːzə] *German-American literary historian and philosopher*; 1894—1971.

Ma·rées, Hans von [ma'reː] *German painter*; 1837—87.

Mar·ga·re·te Maul·tasch [marga'reːtə 'maulˌtaʃ] Margaret Maultasch. *Countess of Tyrol*; 1318—69.

Mar·ga·re·te von Na·var·ra [marga'reːtə fɔn na'vara] Margaret of Navarre. *Queen of Navarre*; 1492—1549.

Mar·ga·re·te von Öster·reich [marga'reːtə fɔn 'øːstəraɪç] Margaret of Austria. *Regent of the Netherlands*; 1480—1530.

Mar·ga·re·te von Va·lois [marga'reːtə fɔn va'lŏa] Margaret of Valois. *Queen of France*; 1553—1615.

Mar·ga·re·the II. [marga'reːtə] *Queen of Denmark*; *1940.

Ma·ria The·re·sia [ma'riːa te'reːzia] Maria Theresa. *Archduchess of Austria and Queen of Hungary and Bohemia, wife of the emperor Francis I*; 1717—80.

Ma·rie An·toi·nette [ma'ri ãtŏa'nɛt] *Queen of France, wife of Louis XVI*; 1755—93.

Ma·rie Loui·se [ma'ri 'lüizə] *Empress of the French, second wife of Napoleon I*; 1791—1847.

Ma·ri·na·tos, Spyridon [mari'naːtɔs] *Greek arch(a)eologist*; 1901—74.

Ma·ri·us, Gajus ['maːriʊs] *Roman general*; 155?—86 B.C.

Ma·ri·vaux, Pierre Carlet de Chamblain de [mari'vo] *French dramatist and novelist*; 1688—1763.

Mark An·ton ['mark an'toːn] → Antonius, Marcus.

Mark Au·rel ['mark aʊ'reːl] Marcus Aurelius Antoninus. *Roman emperor and philosopher*; 121—180.

Mar·tell, Karl [mar'tɛl] → Karl Martell.

Mar·tin (von Tours), der heilige ['martiːn (fɔn 'tuːr)] St. Martin (of Tours). *Bishop of Tours and missionary in Gaul*; 317?—397.

Marx, Karl [marks] *German economist, philosopher, and socialist*; 1818—83.

Mas·ca·gni, Pietro [mas'kanji] *Italian composer*; 1863—1945.

Mas·se·net, Jules [masə'neː] *French composer*; 1842—1912.

Ma·tisse, Henri [ma'tis] *French painter*; 1869—1954.

Mau·pas·sant, Guy de [mopa'sãː] *French novelist and short-story writer*; 1850—93.

Mau·ri·ac, François [mo'riak] *French novelist, dramatist, and essayist*; 1885—1970.

Mau·rois, André [mo'rŏa] (*pseudonym of* Émile Herzog) *French novelist, biographer, and historian*; 1885—1967.

Ma·xi·mi·li·an [maksi'miːliaːn] *Emperors of the Holy Roman Empire*: Maximilian I. Maximilian I (1459—1519); Maximilian II. Maximilian II (1527—76).

Ma·xi·mi·li·an [maksi'miːliaːn] *Electors of Bavaria*: Maximilian I. Maximilian I (*called* Maximilian the Great) (1573—1651); Maximilian II. Emanuel Maximilian II Emanuel (1662—1726); Maximilian III. Joseph Maximilian III Joseph (1727—77).

Ma·xi·mi·li·an [maksi'miːliaːn] *Archduke of Austria, emperor of Mexico*; 1832—67.

May, Karl [maɪ] *German author of adventure and travel stories; 1842—1912.*

Ma·za·rin, Jules [maza'rɛ̃:] *French cardinal and statesman; 1602—61.*

Me·chow, Karl Benno von ['mɛço] *German novelist; 1897—1960.*

Me·di·ci ['mɛːditʃi] *Italian family which ruled in Florence and Tuscany in the 15th and 16th century.*

Mei·necke, Friedrich (*getr.* -k·k-) ['maɪnəkə] *German historian; 1862—1954.*

Mein·rad, Josef ['maɪnraːt] *Austrian actor; *1913.*

Me·ir, Golda [me'iːr] *Israeli politician; *1898.*

Meit·ner, Lise ['maɪtnər] *Austrian physicist; 1878—1968.*

Me·lan·chthon, Philipp [me'lançtən] (*originally* Philipp Schwarzerd) *German scholar and Protestant reformer; 1497—1560.*

Me·nan·der [me'nandər] *Athenian comic dramatist; 342?—?291 B.C.*

Men·del, Gregor Johann ['mɛndəl] *Austrian biologist; 1822—84.*

Men·dels·sohn-Bar·thol·dy, Felix ['mɛndəls,zoːnbar'tɔldi] *German composer; 1809—1847.*

Men·do·za, Diego Hurtado de [mɛn'dɔsa] *Spanish poet, novelist, historian, and politician; 1503—75.*

Me·nes ['meːnɛs] *1st king of Egypt, founder of the 1st dynasty; about 2900 B.C.*

Meng-tse ['mɛŋtsə] *Chinese philosopher; 372—289 B.C.*

Me·not·ti, Gian-Carlo [me'nɔti] *Italian composer; *1911.*

Men·zel, Adolph von ['mɛntsəl] *German painter; 1815—1905.*

Mer·ca·tor, Gerhard [mɛr'kaːtər] (*originally* Gerhard Kremer) Gerhardus Mercator. *Flemish geographer; 1512—94.*

Me·ri·an, Matthäus (der Ältere) ['meːrian] Matthäus Merian (the Elder). *Swiss engraver; 1593—1650.*

Mé·ri·mée, Prosper [meri'meː] *French novelist and historian; 1803—70.*

Mes·sa·li·na, Valeria [mɛsa'liːna] *Roman empress, 3rd wife of the emperor Claudius; 25?—48.*

Mes·ser·schmitt, Willy ['mɛsər,ʃmɪt] *German aircraft designer; *1898.*

Me·tschni·kow, Ilja ['mɛtʃnikəf] Élie Metchnikoff. *Russian zoologist and bacteriologist; 1845—1916.*

Met·ter·nich, Josef ['mɛtərnɪç] *German baritone; *1915.*

Met·ter·nich, Klemens Wenzel Nepomuk Lothar Fürst von ['mɛtərnɪç] *Austrian statesman; 1773—1859.*

Mey·er, Conrad Ferdinand ['maɪər] *Swiss poet and novelist; 1825—98.*

Mey·er·beer, Giacomo ['maɪər,beːr] (*originally* Jakob Liebmann Meyer Beer) *German composer; 1791—1864.*

Mi·chel·an·ge·lo (Buo·nar·ro·ti) [mike-'landʒelo (bŭona'roːti)] *Italian sculptor, painter, architect, and poet; 1475—1564.*

Mic·kie·wicz, Adam [mɪts'kiɛːvɪtʃ] *Polish poet; 1798—1855.*

Mies van der Ro·he, Ludwig ['miːs fan der 'roːə] *German-American architect; 1886—1969.*

Mil·haud, Darius [mi'joː] *French composer; 1892—1974.*

Mil·let, Jean François [mi'leː; mi'jeː] *Flemish painter; 1814—75.*

Mil·löcker, Karl (*getr.* -k·k-) ['mɪlœkər] *Austrian composer of operettas; 1842—99.*

Mil·tia·des [mɪl'tiːadɛs] *Athenian general; 540?—?489 B.C.*

Mind·szen·ty, József ['mɪntsɛnti] *Hungarian cardinal; 1892—1975.*

Mi·ra·beau, Honoré Gabriel Riqueti, Graf von [mira'boː] *French statesman; 1749—91.*

Mi·ró, Joan [mi'roː] *Spanish surrealist painter; *1893.*

Mis·tral, Frédéric [mɪs'tral] *Provençal poet; 1830—1914.*

Mi·thri·da·tes VI., Eupator (der Große) [mitri'daːtɛs] Mithridates VI (Eupator) (the Great). *King of Pontus; 132?—63 B.C.*

Mit·scher·lich, Alexander ['mɪtʃərlɪç] *German physician and psychologist; *1908.*

Mo·ham·mad Re·sa Pah·la·wi [mo'hamat 're:za 'paxlavi] Mohammed Riza Pahlavi (*od.* Pahlevi). *Shah of Iran; *1919.*

Mo·ham·med ['moːhamɛt] Muhammad, *auch* Mohammed, Mahomet. *Arab prophet, founder of Islam; 570?—632.*

Mois·si, Alexander ['mɔʏsi] *Austrian actor; 1880—1935.*

Mo·lière, Jean-Baptiste Poquelin [mo'liɛːr] *French dramatist and actor; 1622—73.*

Mol·nár, Franz (Ferenc) ['mɔlnaːr] *Hungarian writer; 1878—1952.*

Mo·lo·tow, Wjatscheslaw Michailowitsch ['moːlotəf] Vyacheslav Mikhailovich Molotov. *Russian politician; *1890.*

Molt·ke, Helmuth Graf von ['mɔltkə] *Prussian field marshal; 1800—1891.*

Mom·bert, Alfred ['mɔmbɛrt] *German poet; 1872—1942.*

Momm·sen, Theodor ['mɔmzən] *German historian; 1817—1903.*

Mo·na·co, Mario del ['moːnako] *Italian tenor; *1915.*

Mo·net, Claude [mo'neː] *French painter; 1840—1926.*

Mon·tai·gne, Michel Eyquem de [mõ'tɛnjə] *French essayist and philosopher; 1533—92.*

Mon·tes·qui·eu, Charles de Secondat, Baron de La Brède et de [mõtɛs'kiøː] *French writer and political philosopher; 1689—1755.*

Mon·te·ver·di, Claudio [mɔnte'vɛrdi] *Italian composer; 1567—1643.*

Mon·tez, Lola ['mɔntɛs] *British dancer, mistress of Louis I of Bavaria; 1818—61.*

Mon·te·zu·ma II. [mɔnte'suːma] Montezuma II. *Last Aztec emperor of Mexico; 1466?—1520.*

Mo·ra·via, Alberto [mo'raːvia] (*originally* Alberto Pincherle) *Italian writer; *1907.*

Mor·gen·stern, Christian ['mɔrgən,ʃtɛrn] *German poet; 1871—1914.*

Mö·ri·ke, Eduard ['møːrɪkə] *German poet; 1804—75.*

Mo·ritz, Karl Philipp ['moːrɪts] *German writer; 1756—93.*

Mo·ritz von Sach·sen ['moːrɪts fən 'zaksən] Maurice. *Elector and duke of Saxony; 1521—53.*

Mo·ser, Hans ['moːzər] *Austrian actor; 1896—1964.*

Möss·bau·er, Rudolf Ludwig ['mœs,baʊər] *German physicist; *1929.*

Mosz·kow·ski, Moritz [mɔʃ'kɔfski] *Polish pianist and composer; 1854—1925.*

Mottl, Felix ['mɔtəl] *Austrian conductor; 1856—1911.*

Mo·zart, Wolfgang Amadeus ['moːtsart] *Austrian composer; 1756—91.*

Muel·ler, Otto ['mylər] *German expressionist painter and lithographer; 1874—1930.*

Münch·hau·sen, Börries Freiherr von ['mʏnç,haʊzən] (*pseudonym* H. Albrecht) *German poet; 1874—1945.*

Münch·hau·sen, Karl Friedrich Hieronymus Freiherr von ['mʏnç,haʊzən] Munchausen. *German cavalry officer and reputed exaggerator; 1720—97.*

Mun·ká·csy, Mihály von ['muŋkatʃi] (*originally* Michael Lieb) *Hungarian painter; 1844—1900.*

Mün·ter, Gabriele ['mʏntər] *German painter; 1877—1962.*

Mün·zer, Thomas ['mʏntsər] *German religious enthusiast; 1489?—1525.*

Mu·ril·lo, Bartolomé Esteban [mu'rɪljo] *Spanish painter; 1617—82.*

Mu·sil, Robert ['muːzɪl] *Austrian novelist; 1880—1942.*

Mus·set, Alfred de [my'seː] *French poet and playwright; 1810—57.*

Mus·so·li·ni, Benito [muso'liːni] *Italian Fascist premier and dictator; 1883—1945.*

Mus·sorg·ski, Modest Petrowitsch [mu-'sɔrkski; 'mu-] Modest Petrovich Musorgski (*od.* Moussorgsky). *Russian composer; 1839—81.*

Mu·sta·fa Ke·mal Pa·scha ['mustafa 'keːmal 'paʃa] → Kemal Atatürk.

My·ron aus Eleu·the·rai ['myːrɔn aʊs e'lɔʏteraɪ] Myron of Eleutherae. *Greek sculptor of the 5th century B.C.*

N

Na·bo·kov, Vladimir [na'boːkəf; 'naːbo-kəf] *Russian-American writer; *1899.*

Nach·ti·gal, Gustav [naxtɪgal] *German travel(l)er in Africa; 1834—85.*

Nan·sen, Fridtjof ['nanzən] *Norwegian arctic explorer; 1861—1930.*

Na·po·le·on I., Na·po·le·on Bo·na·par·te [na'poːleɔn, - bona'parte] Napoleon I. *Emperor of the French; 1769—1821.*

Na·po·le·on II. [na'poːleɔn] → Reichstadt, Napoléon Herzog von.

Na·po·le·on III. [na'poːleɔn] Napoleon III (Louis Napoleon). *Emperor of the French; 1808—73.*

Nas·ser, Gamal Abd el ['nasər] *Egyptian politician, president of the Arab Republic of Egypt and the United Arab Republic; 1918—70.*

Na·torp, Paul ['naːtɔrp] *German philosopher; 1854—1924.*

Nau·mann, Friedrich ['naʊ,man] *German politician and Protestant theologian; 1860—1919.*

Ne·bel, Rudolf ['neːbəl] *German rocket pioneer; *1894.*

Ne·bu·kad·ne·zar II. [nebukat'neːtsar] Nebuchadnezzar II, *auch* Nebuchadrezzar II. *King of Babylonia; 604?—562 B.C.*

Neh·ru, Jawaharlal ['neːru] (*called* Pandit Nehru) *Indian politician, prime minister of India; 1889—1964.*

Neis·ser, Albert ['naɪsər] *German physician; 1855—1916.*

Né·meth, László ['neːmɛt] *Hungarian writer; *1901.*

Ne·po·muk, Johannes von, der heilige ['neːpomuk] St. John of Nepomuk. *Patron saint of Bohemia; 1340—93.*

Ne·pos, Cornelius ['neːpɔs] *Roman historian; 99?—?24 B.C.*

Nernst, Walther Hermann [nɛrnst] *German physicist and chemist; 1864—1941.*

Ne·ro, Claudius Caesar Drusus Germanicus ['neːro] *Roman emperor; 37—68.*

Ne·stroy, Johann Nepomuk ['nɛstrɔʏ] *Austrian playwright; 1801—62.*

Neu·ber, Friederike Caroline ['nɔʏbər] *German actress; 1697—1760.*

Neu·mann, Alfred ['nɔʏ,man] *German writer; 1895—1952.*

Neu·mann, Johann Balthasar ['nɔʏ,man] *German architect; 1687—1753.*

Neu·mann, Robert ['nɔʏ,man] *Austrian writer; 1897—1975.*

Ney, Elly [naɪ] *German pianist; 1882—1968.*

Ni·co·lai, Christoph Friedrich [niko'laɪ; 'nikolaɪ] *German writer and bookseller; 1733—1811.*

Ni·co·lai, Otto [niko'laɪ; 'nikolaɪ] *German composer and conductor; 1810—49.*

Nie·buhr, Barthold Georg ['niːbuːr] *German historian and diplomat; 1776—1831.*

Nie·hans, Paul ['niː,hans] *Swiss physician; 1882—1971.*

Niel·sen, Asta ['niːlzən] *Danish film actress; 1881—1972.*

Niel·sen, Carl August ['niːlzən] *Danish composer; 1865—1931.*

Nie·möl·ler, Martin ['niː,mœlər] *German Protestant theologian; *1892.*

Nietz·sche, Friedrich Wilhelm ['niːtʃə; 'niːtsʃə] *German philosopher; 1844—1900.*

Ni·jin·ski, Waslaw [ni'ʒɪnski] (*originally* Wazlaw Fomitsch Nischinski) Waslaw (*auch* Vaslav) Nijinsky. *Russian ballet dancer and choreographer; 1890—1950.*

Ni·kisch, Arthur ['nɪkɪʃ] *Hungarian-German composer and conductor; 1855—1922.*

Ni·ko·laus ['niːkolaus; 'nɪ-] *Emperors of Russia:* Nikolaus I. Nicholas I (1796—1855); Nikolaus II. Nicholas II (1868—1918).

Ni·ko·laus ['niːkolaus; 'nɪ-] Nicholas (*name of 5 popes*).

Ni·ko·laus, der heilige ['niːkolaus; 'nɪ-] St. Nicholas. *Bishop of Myra, Asia Minor, and patron saint of children; ?—?350.*

Ni·ko·laus von Kues ['niːkolaus fən 'kuːs; 'nɪ-] Nicholas of Cusa. *German philosopher and theologian; 1401—64.*

No·bel, Alfred Bernhard [no'bɛl] *Swedish chemist and engineer; 1833—96.*

Nol·de, Emil ['nɔldə] (*originally* Emil Hansen) *German expressionist painter; 1867—1956.*

No·stra·da·mus [nɔstra'daːmus] (*originally* Michel de No[s]tredame) *French astrologer and physician; 1503—66.*

No·va·lis [no'vaːlɪs] (*originally* Friedrich Leopold Freiherr von Hardenberg) *German lyric poet; 1772—1801.*

Nur·mi, Paavo ['nurmi] *Finnish athlete; 1897—1973.*

O

Oberth, Hermann ['o:bɛrt] *German rocketeer;* *1894.

Odoa·ker [odo'a:kər] Odoacer. *First barbarian ruler of Italy;* 433—493.

Oeh·len·schlä·ger, Adam Gottlob ['ø:lən-ˌʃlɛ:gər] *Danish poet and dramatist;* 1779—1850.

Oe·ster·gaard, Heinz ['ø:stər‚ga:rt] *German couturier;* *1916.

Oet·ker ['œtkər] *German industrialists.*

Of·fen·bach, Jacques (Jacob) ['ɔfən‚bax] *German-French composer;* 1819—80.

Ohm, Georg Simon [o:m] *German physicist;* 1789—1854.

Oi·strach, ['ɔystrax] *Russian violinists:* David (1908—74) and his son Igor (*1931).

Oken, Lorenz ['o:kən] (*originally* Lorenz Ockenfuß) *German naturalist and philosopher;* 1779—1851.

Ok·ta·via [ɔk'ta:via] Octavia. *Sister of the emperor Augustus and wife of Mark Antony;* ?—11 B.C.

Ok·ta·vi·an [ɔkta'vïa:n], **Ok·ta·via·nus** [ɔkta'vïa:nus] → Augustus.

Olaf V. ['o:laf] Olav V. *King of Norway;* *1903.

Ol·bers, Wilhelm ['ɔlbərs] *German physician and astronomer;* 1758—1840.

Ol·brich, Joseph Maria ['ɔlbrɪç] *Austrian architect;* 1867—1908.

Ol·dach, Julius ['ɔldax] *German painter;* 1804—30.

Oost [o:st] *Dutch painters:* Jacob van (der Ältere) Jacob van (the Elder) (1601—71) and his son Jacob van (der Jüngere) Jacob van (the Younger) (1639—1713).

Opel ['o:pəl] *German industrialists, manufacturers of automobiles.*

Opitz, Martin ['o:pɪts] *German poet;* 1597—1639.

Orff, Carl [ɔrf] *German composer;* *1895.

Ori·ge·nes [o'ri:genɛs] Origen. *Greek father of the church;* 185?—253/54.

Or·lik, Emil ['ɔrlɪk] *German painter and graphic artist;* 1870—1932.

Or·te·ga y Gas·set, José [ɔr'te:ga i ga'sɛt] *Spanish philosopher and writer;* 1883—1955.

Osi·an·der, Andreas [o'zïandər] (*originally* Andreas Hosemann) *German Protestant theologian;* 1498—1552.

Os·man I. ['ɔsman; ɔs'ma:n] Osman, Othman. *Founder of the Ottoman Empire;* 1259—1326.

Os·si·etz·ki, Carl von [ɔ'sïɛtski] *German journalist and pacifist;* 1889—1938.

Osta·de, Adriaen van [ɔs'ta:də] *Dutch painter;* 1610—85.

Ostrow·ski, Alexandr Nikolajewitsch [ɔs'trɔfski] Aleksandr Nikolaevich Ostrovsky. *Russian dramatist;* 1823—86.

Ost·wald, Wilhelm ['ɔst‚valt] *German chemist, physicist, and philosopher;* 1853—1932.

Os·wald von Wol·ken·stein ['ɔs‚valt fɔn 'vɔlkən‚ʃtain] *Austrian lyric poet of the Late Middle Ages;* 1377?—1445.

Ot·to ['ɔto] *Emperors of the Holy Roman Empire and kings of Germany:* Otto I. (der Große) Otto I (the Great) (912—973); Otto II. Otto II (955—983); Otto III. Otto III (980—1002); Otto IV. von Braunschweig Otto IV (1175?—1218).

Ot·to, Nikolaus August ['ɔto] *German engineer and inventor of the Otto engine;* 1832—1891.

Ot·to von Bam·berg, der heilige ['ɔto fɔn 'bam‚bɛrk] (*called* Apostel der Pommern) St. Otto of Bamberg. *German bishop and missionary to Pommern;* 1060?—1139.

Ot·to von Frei·sing ['ɔto fɔn 'fraizɪŋ] Otto of Freising. *German bishop and historian;* 1111?—58.

Ot·to von Habs·burg ['ɔto fɔn 'ha:rps‚burk] *Ex-crown prince of Austria-Hungary;* *1912.

Ot·to-Pe·ters, Luise ['ɔto'pe:tərs] (*pseudonym* Otto Stern) *German writer, journalist, and feminist leader;* 1819—95.

Over·beck, Johann Friedrich ['o:vər‚bɛk] *German painter;* 1789—1869.

Ovid (Publius Ovidius Naso) [o'vi:t] *Roman poet;* 43 B.C.—?17 A.D.

Oxen·stier·na, Axel Gustafsson Graf ['ɔksən‚stïɛrna] *Swedish statesman;* 1583—1654.

P

Pa·cher, Michael ['paxər] *German painter and wood-carver;* 1435?—98.

Pa·de·rew·ski, Ignacy Jan [pade'rɛfski] *Polish pianist, composer, and politician;* 1860—1941.

Pa·ga·ni·ni, Niccolò [paga'ni:ni] *Italian violin virtuoso and composer;* 1782—1840.

Pa·gnol, Marcel [pan'jɔl] *French playwright;* *1895.

Pa·le·stri·na, Giovanni Pierluigi da [palɛs'tri:na] *Italian composer;* 1525?—94.

Pal·la·dio, Andrea [pa'la:dïo] *Italian architect;* 1508—80.

Pal·len·berg, Max ['palən‚bɛrk] *Austrian comedian;* 1877—1934.

Pal·me, Olof ['palmə] *Swedish politician;* *1927.

Pal·mer, Lilli ['palmər] (*originally* Lilli Peiser) *German stage and film actress;* *1914.

Palm·gren, Selim ['palm‚grɛin] *Finnish pianist and composer;* 1878—1951.

Pa·luc·ca, Gret [pa'luka] *German dancer;* *1902.

Pan·dit Neh·ru ['pandɪt 'nɛrru] → Nehru, Jawaharlal.

Pa·pen, Franz von ['pa:pən] *German politician and diplomat;* 1879—1969.

Pa·ra·cel·sus, Philippus Aureolus Theophrastus [para'tsɛlzus] (*originally* Theophrastus Bombastus von Hohenheim) *German physician and naturalist;* 1493—1541.

Par·ler, Peter ['parlər] *German architect and sculptor;* 1330—99.

Pas·cal, Blaise [pas'kal] *French mathematician, physicist, and philosopher;* 1623—62.

Pa·schen, Friedrich ['paʃən] *German physicist;* 1865—1947.

Pa·ster·nak, Boris Leonidowitsch [pastɛr'nak] Boris Leonidovich Pasternak. *Russian poet and writer;* 1890—1960.

Pa·steur, Louis [pas'tø:r] *French chemist and bacteriologist;* 1822—95.

Pat·zak, Julius ['patsak] *Austrian tenor;* 1898—1974.

Pau·er, Max von ['pauər] *German pianist;* 1866—1945.

Paul I. [paul] Paul I. *King of Greece;* 1901—1964.

Paul I. (Pawel I. Petrowitsch) [paul] Paul I (Pavel I Petrovich). *Czar of Russia;* 1754—1801.

Paul [paul] *Name of 6 popes:* Paul VI. (Giovanni Battista Montini) Paul VI; *1897.

Pau·li, Wolfgang ['pauli] *Austrian physicist;* 1900—1958.

Paum·gart·ner, Bernhard ['paum‚gartnər] *Austrian conductor, composer, and musicologist;* 1887—1971.

Pau·sa·ni·as [pau'za:nïas] *Greek travel(l)er and geographer;* 2nd century A.D.

Pa·ve·se, Cesare [pa'veize] *Italian writer;* 1908—50.

Paw·low, Iwan Petrowitsch ['pavlɔf] Ivan Petrovich Pavlov. *Russian physiologist;* 1849—1936.

Paw·lo·wa, Anna ['pavlova] Anna Pavlova. *Russian ballet dancer;* 1882—1931.

Pay·er, Julius Ritter von ['paiər] *Austrian arctic explorer;* 1842—1915.

Pech·stein, Max ['pɛç‚ʃtain] *German expressionist painter and graphic artist;* 1881—1955.

Pel·le·gri·ni, Alfred Heinrich [pɛle'gri:ni] *Swiss painter;* 1881—1958.

Penck, Albrecht [pɛŋk] *German geographer;* 1858—1945.

Pen·zoldt, Ernst ['pɛntsɔlt] *German writer and sculptor;* 1892—1955.

Pé·rez de Aya·la, Ramón ['pe:rɛs de a'ja:la] *Spanish writer and diplomat;* 1881—1962.

Pé·rez Gal·dós, Benito ['pe:rɛs gal'dɔs] *Spanish writer;* 1843—1920.

Pe·ri·kles ['pe:rikles] Pericles. *Athenian statesman;* 500?—429 B.C.

Per·mo·ser, Balthasar ['pɛr‚mo:zər] *German sculptor;* 1651—1732.

Pe·rón, Juan Domingo [pe'rɔn] *Argentine general and politician;* 1895—1974.

Per·rault, Charles [pɛ'ro:] *French writer;* 1628—1703.

Pe·ru·gi·no [peru'dʒi:no] (*originally* Pietro Vannucci) *Italian painter;* 1448?—1523.

Pes·ca·ra, Fernando Francesco d'Ávalos, Marchese di [pɛs'ka:ra] *Italian general in the service of the emperor Charles V;* 1490—1525.

Pe·sta·loz·zi, Johann Heinrich [pɛsta'lɔtsi] *Swiss educational reformer;* 1746—1827.

Pé·tain, Philippe [pe'tɛ̃:] *French marshal and politician;* 1856—1951.

Pe·tel, Georg ['pe:təl] *German sculptor;* 1601?—34.

Pe·ter ['pe:tər] *Czars of Russia:* Peter I. (der Große) Peter I (the Great) (1672—1725); Peter II. Peter II (1715—30); Peter III. Peter III (*as* Karl Peter Ulrich *duke of Holstein-Gottorp;* 1728—62).

Pe·te·rich, Eckart ['pe:tərɪç] *German writer;* 1900—1968.

Pe·ter·mann, August ['pe:tər‚man] *German geographer and cartographer;* 1822—78.

Pe·tő·fi, Sándor ['pɛtøfi] *Hungarian lyric poet and national hero;* 1823—49.

Pe·trar·ca, Francesco [pe'trarka] Francesco Petrarch. *Italian poet and humanist;* 1304—1374.

Pe·tro·ni·us Ar·bi·ter, Gajus [pe'tro:nïus 'arbitər] *Roman satirist;* ?—66.

Pet·ten·ko·fer, Max von ['pɛtən‚ko:fər] *German hygienist;* 1818—1901.

Pet·zold, Alfons ['pɛtsɔlt] *Austrian proletarian poet;* 1882—1923.

Peyre·fitte, Roger Pierre [pɛr'fit] *French writer;* *1907.

Pfeif·fer, Richard ['pfaifər] *German bacteriologist;* 1858—1945.

Pfitz·ner, Hans ['pfɪtsnər] *German composer;* 1869—1949.

Pforr, Franz [pfɔr] *German painter;* 1788—1812.

Phä·drus ['fɛ:drus] Phaedrus. *Roman fabulist;* ?—?50.

Phi·di·as ['fi:dïas] *Greek sculptor;* 5th century B.C.

Phi·le·mon [fi'le:mən] *Greek poet of the New Attic Comedy;* 365/60—?264 B.C.

Phil·ipp von Schwa·ben ['fi:lɪp fɔn 'ʃva:bən] Philip. *Duke of Swabia and king of Germany;* 1178?—1208.

Phil·ipp ['fi:lɪp] *Dukes of Burgundy:* Philipp II. (der Kühne) Philip II (the Bold) (1342—1404); Philipp III. (der Gute) Philip III (the Good) (1396—1467).

Phil·ipp ['fi:lɪp] *Kings of France:* Philipp I. Philip I (1052—1108); Philipp II. August Philip II Augustus (1165—1223); Philipp III. (der Kühne) Philip III (the Bold) (1245—85); Philipp IV. (der Schöne) Philip IV (the Fair) (1268—1314); Philipp V. (der Lange) Philip V (the Tall) (1293—1322); Philipp VI. von Valois Philip VI of Valois (1293—1350).

Phil·ipp I. (der Schöne) ['fi:lɪp] Philip I (the Handsome). *King of Castile (od. Spain);* 1478—1506.

Phil·ipp II. ['fi:lɪp] Philip II. *King of Macedon;* 382?—336 B.C.

Phil·ipp ['fi:lɪp] *Kings of Spain:* Philipp I. → Philipp I. (der Schöne); Philipp II. Philip II (*king of Portugal;* 1527—98); Philipp III. Philip III (1578—1621); Philipp IV. Philip IV (1605—65); Philipp V. Philip V (*Duke of Anjou;* 1683—1746).

Phi·lon von Alex·an·dria ['fi:lɔn fɔn alɛ'ksandria] Philo (Judaeus), *auch* Philo of Alexandria. *Hellenistic Jewish philosopher;* 13 B.C.—45/50 A.D.

Pi·cas·so, Pablo [pi'kaso] (*originally* Pablo Ruiz y Picasso) *Spanish painter, sculptor, and graphic artist;* 1881—1973.

Pic·card [pi'ka:r] *Auguste (Swiss physicist;* 1884—1962) *and his son* Jacques (*Swiss oceanographer;* *1922).

Pic·co·lo·mi·ni, Ottavio, Herzog von Amalfi [pɪko'lo:mini] Octavio Piccolomini, Duke of Amalfi. *General in the Thirty Years' War, in the imperial and later in the Spanish service;* 1599—1656.

Pich·ler, Karoline ['pɪçlər] *Austrian writer;* 1769—1843.

Pi·co del·la Mi·ran·do·la, Giovanni ['pi:ko 'dɛla mi'randola] *Italian humanist and philosopher;* 1463—94.

Pic·tet, Raoul [pɪk'te:] *Swiss physicist and chemist;* 1846—1929.

Pieck, Wilhelm [pi:k] *German politician, president of the DDR;* 1876—1960.

Pil·gram, Anton ['pɪlgram] *German architect and sculptor;* 1450/60—?1515.

Pin·dar ['pɪndar] *Greek lyric poet;* 518?—?466 B.C.

Pin·der, Wilhelm ['pɪndər] *German art historian;* 1878—1947.

Pi·on·tek, Heinz ['pi̯ɔntɛk] *German writer*; *1925.

Pip·pin III. (der Jüngere *od.* der Kleine) [pɪ'piːn] Pepin (the Younger *od.* the Short). *King of the Franks*; 715?—768.

Pi·ran·del·lo, Luigi [piran'dɛlo] *Italian dramatist and novelist*; 1867—1936.

Pir(c)k·hei·mer, Willibald ['pɪrk,haɪmər] *German humanist*; 1470—1530.

Pi·sa·no, Giovanni [pi'zaːno] *Italian sculptor and architect*; 1250?—?1314.

Pis·ca·tor, Erwin [pɪs'kaːtər] *German stage director and theater manager*; 1893—1966.

Pi·us ['piːus] *Name of 12 popes*: Pius XII. (Eugenio Pacelli) Pius XII; 1876—1958.

Pi·zar·ro, Francisco [pi'saro] *Spanish conqueror of Peru*; 1478—1541.

Planck, Max [plaŋk] *German physicist*; 1858—1947.

Pla·ten, August Graf von ['plaːtən] *German poet*; 1796—1835.

Pla·to(n) ['plaːto ('plaːtən)] Plato. *Greek philosopher*; 427—347 B.C.

Plau·tus, Titus Maccius ['plautus] *Roman comic dramatist*; 250?—184 B.C.

Pli·ni·us (der Ältere) (Gajus Plinius Secundus) ['pliːni̯us] Pliny (the Elder). *Roman writer*; 23/24—79.

Pli·ni·us (der Jüngere) (Gajus Plinius Caecilius Secundus) ['pliːni̯us] Pliny (the Younger). *Roman orator, statesman, and writer*; 61/62—?113.

Pli(e)·vi·er, Theodor [pli'viːe] *German writer*; 1892—1955.

Plu·tarch [plu'tarç] *Greek philosopher and biographer*; 50?—?125.

Poc·ci, Franz Graf von ['pɔtʃi] *German poet, musician, and illustrator*; 1807—76.

Pod·gor·ny, Nikolai Wiktorowitsch [pɔt'gɔrni] Nikolai Viktorovich Podgorny. *Russian politician, president of the Soviet Union*; *1903.

Poin·ca·ré, Raymond [põɛka'reː] *French statesman*; 1860—1934.

Pol·gar, Alfred ['pɔlgar] *Austrian writer and critic*; 1875—1955.

Po·li·zia·no, Angelo [poli'tsi̯aːno] (*originally* Angiolo Ambrogini) Politian. *Italian humanist and poet*; 1454—94.

Po·lo, Marco ['poːlo] *Venetian travel(l)er*; 1254—1324.

Po·ly·do·ros [poly'doːrɔs] Polydorus. *Greek sculptor*; *1st century B.C.*

Po·ly·klet [poly'kleːt] Polycl(e)itus. *Greek sculptor*; *5th century B.C.*

Pom·mer, Erich ['pɔmər] *German-American film producer*; 1889—1966.

Pom·pa·dour, Jeanne Antoinette Poisson, Marquise de [pɔmpa'duːr; põpa'duːr] *Mistress of Louis XV of France*; 1721—64.

Pom·pe·jus (Gnäus Pompejus Magnus) [pɔm'peːjus] Pompey (the Great). *Roman general and statesman*; 106—48 B.C.

Pom·pi·dou, Georges [põpi'du:] *French politician, president of France*; 1911—74.

Pon·ce de Le·ón, Juan ['pɔnse de le'ɔn] *Spanish explorer and discoverer of Florida*; 1460?—1521.

Pon·to, Erich ['pɔnto] *German actor*; 1884—1957.

Por·sche, Ferdinand ['pɔrʃə] *German engineer and manufacturer of automobiles*; 1875—1951.

Por·ten, Henny ['pɔrtən] *German film actress*; 1890—1960.

Port·mann, Adolf ['pɔrt,man] *Swiss zoologist*; *1897.

Po·tem·kin, Po·tjom·kin, Grigori Alexandrowitsch Fürst [po'tɛmkiːn; pɔt'jɔmkiːn] Prince Grigori Aleksandrovich Potëmkin. *Russian general and statesman*; 1739—91.

Pot·ter, Paulus ['pɔtər] *Dutch painter*; 1625—54.

Pou·lenc, Francis [pu'lɛ̃k] *French composer*; 1899—1963.

Pous·sin, Nicolas [pu'sɛ̃] *French painter*; 1593/94—1665.

Prae·to·ri·us, Michael [prɛ'toːri̯us] *German composer and music historian*; 1571—1621.

Prandtl, Ludwig ['prantəl] *German physicist*; 1875—1953.

Pra·xi·te·les [pra'ksiːtelɛs] *Greek sculptor*; *4th century B.C.*

Pree·to·ri·us, Emil [pre'toːri̯us] *German stage designer and illustrator*; *1883.

Pregl, Fritz ['preːgəl] *Austrian chemist*; 1869—1930.

Pré·vost d'Exiles, Antoine François [prevo dɛ'ksiːl] (*called* Abbé Prévost) *French writer*; 1697—1763.

Prey, Hermann [praɪ] *German baritone*; *1929.

Pro·ko·fjew, Sergei Sergejewitsch [pro-'kɔfi̯ɛf] Sergei Sergeevich Prokofiev. *Russian composer*; 1891—1953.

Pro·ta·go·ras [pro'taːgoras] *Greek philosopher*; 481?—411 B.C.

Proust, Marcel [pruːst] *French novelist*; 1871—1922.

Pto·le·mä·us I. (Soter) [ptole'mɛːus] Ptolemy I (Soter). *King of Egypt and founder of the dynasty*; 367?—283 B.C.

Pto·le·mä·us, Claudius [ptole'mɛːus] Ptolemy (Claudius Ptolemaeus). *Alexandrian astronomer, geographer, and mathematician*; 100?—?180.

Puc·ci·ni, Giacomo [pu'tʃiːni] *Italian composer*; 1858—1924.

Pusch·kin, Alexandr Sergejewitsch ['puʃ-kiːn] Aleksander Sergeevich Pushkin. *Russian poet*; 1799—1837.

Pyr·rhus ['pyrus] *King of Epirus*; 319—272 B.C.

Py·tha·go·ras [py'taːgoras] *Greek philosopher and mathematician*; 570?—?497/96 B.C.

Q

Quad·flieg, Will ['kvat,fliːk] *German actor*; *1914.

Qual·tin·ger, Helmut ['kvaltɪŋər] *Austrian actor and cabaret artiste*; *1928.

Quantz, Johann Joachim [kvants] *German flutist and composer*; 1697—1773.

Qua·si·mo·do, Salvatore [kva'ziːmodo] *Italian writer and lyric poet*; 1901—68.

Que·neau, Raymond [kə'noː] *French writer*; *1903.

Quen·tal, Antero Tarquínio de [kɛn'tal] *Portuguese poet*; 1842—91.

Quer·cia, Jacopo della ['kvɛrtʃa] *Italian sculptor*; 1367—1438.

Quer·vain, Alfred de [kɛr'vɛ̃ː] *Swiss geophysicist*; 1879—1927.

Quer·vain, Fritz de [kɛr'vɛ̃ː] *Swiss surgeon*; 1868—1940.

Ques·nay, François [kɛ'nɛː] *French physician and political economist*; 1694—1774.

Que·ve·do y Vil·le·gas, Francisco Gómez de [ke'veːdo i vil'jeːgas] *Spanish writer*; 1580—1645.

Quid·de, Ludwig ['kvɪdə] *German historian, politician, and pacifist*; 1858—1941.

Qui·nault, Philippe [ki'noː] *French dramatist*; 1635—88.

Quin·cke, Georg Hermann ['kvɪŋkə] *German physicist*; 1834—1924.

Quin·cke, Heinrich Irenäus ['kvɪŋkə] *German physician*; 1842—1922.

Quin·ti·li·an (Marcus Fabius Quintilianus) [kvɪnti'li̯aːn] *Roman rhetorician*; 30?—?96.

R

Raab, Julius [raːp] *Austrian politician, chancellor of the Republic of Austria*; 1891—1964.

Raa·be, Wilhelm ['raːbə] (*pseudonym* Jakob Corvinus) *German writer*; 1831—1910.

Ra·belais, François [rabə'lɛː] *French physician, satirist, and humorist*; 1494?—1553.

Rach·ma·ni·now, Sergei Wassiljewitsch [rax'maːninɔf] Sergei Wassilievitch Rachmaninoff. *Russian composer, pianist, and conductor*; 1873—1943. [1639—99.]

Ra·cine, Jean [ra'siːn] *French dramatist*;

Ra·dec·ki, Sigismund von [ra'dɛtski] *German writer*; 1891—1970.

Ra·detz·ky, Joseph Wenzel Graf Radetzky von Radetz [ra'dɛtski] *Austrian field marshal*; 1766—1858.

Ra·dha·krish·nan, Sir Sarvepalli [rada-'krɪʃnan] *Indian philosopher and politician*; *1888.

Rae·der, Erich ['rɛːdər] *German admiral*; 1876—1960.

Raf·fa·el ['rafaɛl], **Ra·pha·el** ['raːfaɛl] (*originally* Raffaello Santi *od.* Sanzio) *Italian painter and architect*; 1483—1520.

Raiff·ei·sen, Friedrich Wilhelm ['raɪf,ʔaɪzən] *German economist*; 1818—88.

Rai·mon·di, Marcantonio [raɪ'mɔndi] *Italian engraver*; 1480?—?1534.

Rai·mund, Ferdinand ['raɪ,munt] (*originally* Ferdinand Raimann) *Austrian playwright and actor*; 1790—1836.

Ra·ma·krish·na [rama'krɪʃna] (*originally* Gadadhar Chattopadhyaya) *Indian mystic*; 1836—86.

Ram·bouil·let, Catherine de Vivonne, Marquise de [rãbu'jeː] *French leader of society*; 1588—1665.

Ra·min, Günther [ra'miːn] *German organist and choirmaster*; 1898—1956.

Ra·món y Ca·jal, Santiago [ra'mɔn i ka'xal] *Spanish histologist*; 1852—1934.

Rams·au·er, Carl Wilhelm ['ramzauər] *German physicist*; 1879—1955.

Ram·ses ['ramzes] *Kings of Egypt of the 19th and 20th dynasty*: Ramses II. Ramses II (1290—1224 B.C.) *and* Ramses III. Ramses III (1184—1153 B.C.).

Ra·muz, Charles Ferdinand [ra'my:] *Swiss writer*; 1878—1947.

Ran·ke, Leopold von ['raŋkə] *German historian*; 1795—1886.

Ra·pac·ki, Adam [ra'patski] *Polish politician*; 1909—70.

Rask, Rasmus Kristian [rask] *Danish philologist*; 1787—1832.

Ras·mus·sen, Knud ['rasmusən] *Danish arctic explorer and ethnologist*; 1879—1933.

Ras·pu·tin, Grigori Jefimowitsch [ras'puːtiːn] Grigori Efimovich Rasputin. *Russian monk, favo(u)rite at the court of Czar Nicholas II*; 1872—1916.

Ra·stel·li, Enrico [ras'tɛli] *Italian juggler*; 1896—1931.

Ra·the·nau, Walther ['raːtənau] *German industrialist and politician*; 1867—1922.

Rauch, Christian Daniel [raux] *German sculptor*; 1777—1857.

Rauch·ei·sen, Michael ['raux,ʔaizən] *German pianist*; *1889.

Ra·vel, Maurice [ra'vɛl] *French composer*; 1875—1937.

Ray·mond, Fred ['raɪmənt] (*originally* Friedrich Vesely) *Austrian composer*; 1900—1954.

Ré·au·mur, René Antoine Ferchault de [reo'myːr] *French physicist and biologist*; 1683—1757.

Re·ger, Max ['reːgər] *German composer*; 1873—1916.

Re·gio·mon·ta·nus [regiomən'taːnus] (*originally* Johannes Müller) *German mathematician and astronomer*; 1436—76.

Rei·chen·bach, Georg von ['raiçən,bax] *German mechanic and engineer*; 1771—1826.

Rei·chert, Willy ['raiçərt] *German actor*; 1896—1973.

Reich·stadt, Napoléon Herzog von ['raiç,ʃtat] *Son of Napoleon I and Marie Louise*; 1811—32.

Reich·stein, Tadeus ['raiç,ʃtain] *Swiss chemist*; *1897.

Rein·hardt, Max ['rain,hart] (*originally* Max Goldmann) *Austrian stage director and theater manager*; 1873—1943.

Rein·mar von Ha·ge·nau ['rainmar fon 'haːgənau] *Middle High German lyric poet and minnesinger*; 1160/70—1205/10.

Reis, Johann Philipp [rais] *German physicist*; 1834—74.

Reitsch, Hanna [raitʃ] *German pilot*; *1912.

Re·marque, Erich Maria [rə'mark] (*originally* Erich Paul Remark) *German writer*; 1898—1970.

Rem·brandt ['rɛm,brant] (*originally* Rembrandt Harmensz van Rijn) *Dutch painter*; 1606—69.

Re·ni, Guido ['reːni] *Italian painter*; 1575—1642.

Ren·ner, Karl ['rɛnər] *Austrian politician, president of the Republic of Austria*; 1870—1950.

Ren·nert, Günther ['rɛnərt] *German opera director and theater manager*; *1911.

Re·noir, Pierre Auguste [rə'nöaːr] *French painter and graphic artist*; 1841—1919.

Re·pin, Ilja Jefimowitsch ['reːpiːn] Ilya Efimovich Repin. *Russian painter*; 1844—1930.

Re·thel, Alfred ['reːtəl] *German painter and graphic artist*; 1816—59.

Reuch·lin, Johannes ['rɔyçliːn] *German humanist*; 1455—1522.

Reu·ter, Ernst ['rɔytər] *German politician*; 1889—1953.

Reu·ter, Fritz ['rɔytər] *German writer;* 1810—1874.

Reut·ter, Georg ['rɔytər] *Austrian composer;* 1708—72.

Reut·ter, Hermann ['rɔytər] *German composer;* *1900.

Rey·naud, Paul [rɛ'noː] *French politician;* 1878—1966.

Rez·ni·ček, Emil Nikolaus Freiherr von ['rɛsnitʃɛk] *Austrian composer and conductor;* 1860—1945.

Rez·zo·ri, Gregor von [rɛ'tsoːri] *(originally* Gregor von Rezori d'Arezzo) *German writer;* *1914.

Rib·ben·trop, Joachim von ['rɪbən,trɔp] *German Nazi politician;* 1893—1946.

Ri·be·ra, Jusepe de [ri'beːra] *(called* lo Spagnoletto) *Spanish painter and etcher;* 1591—1652.

Ri·che·li·eu, Armand Jean du Plessis, Herzog von ['rɪʃəliø; riʃə'liøː] *French cardinal and statesman;* 1585—1642.

Rich·ter, Johann (Jean) Paul Friedrich ['rɪçtər] → Jean Paul.

Rich·ter, (Adrian) Ludwig ['rɪçtər] *German painter and illustrator;* 1803—84.

Richt·ho·fen, Ferdinand Freiherr von ['rɪçt,hoːfən] *German geographer and geologist;* 1833—1905.

Richt·ho·fen, Manfred Freiherr von ['rɪçt‚hoːfən] *German fighter pilot;* 1892—1918.

Rie·mann, Georg Friedrich Bernhard ['riː‚man] *German mathematician;* 1826—1866.

Rie·men·schnei·der, Tilman ['riːmən‚ʃnaidər] *German sculptor and wood-carver;* 1460?—1531.

Ri·en·zo, Ri·en·zi, Cola di ['rɪɛntso, 'rɪɛntsi] *Italian patriot, tribune of Rome;* 1313—54.

Rie·se, Adam ['riːzə] *(originally* Adam Ries) *German arithmetician;* 1492—1559.

Rig·gen·bach, Nikolaus ['rɪgən,bax] *Swiss engineer;* 1817—99.

Ril·ke, Rainer Maria ['rɪlkə] *Austrian poet;* 1875—1926.

Rim·baud, Arthur [rɛ̃'boː] *French poet;* 1854—91.

Rim·ski-Kor·sa·kow, Nikolai Andrejewitsch ['rɪmski'kɔrzakəf] Nikolai Andreevich Rimski-Korsakov. *Russian composer;* 1844—1908.

Rin·gel·natz, Joachim ['rɪŋəl‚nats] *(originally* Hans Bötticher) *German poet and writer of satirical nonsense verse;* 1883—1934.

Rin·ser, Luise ['rɪnzər] *German writer;* *1911.

Rit·ter, Carl ['rɪtər] *German geographer;* 1779—1859.

Ri·ve·ra, Diego [ri'veːra] *Mexican painter and muralist;* 1886—1957.

Riz·zo, Antonio ['rɪtso] *Italian sculptor and architect;* 1430?—?99.

Robbe-Gril·let, Alain [rɔpgri'jeː] *French writer;* *1922.

Ro·bes·pi·erre, Maximilien de [rɔbɛs'pɪɛːr] *French revolutionary leader;* 1758—94.

Ro·da Ro·da, Alexander ['roːda 'roːda] *(originally* Alexander Friedrich Rosenfeld) *Austrian writer, author of anecdotes and satirical plays;* 1872—1945.

Ro·din, Auguste [ro'dɛ̃ː] *French sculptor;* 1840—1917.

Ro·han, Louis René Édouard Fürst von [ro'ãː] *French cardinal;* 1734—1803.

Rol·land, Romain [rɔ'lãː] *French writer;* 1866—1944.

Ro·mains, Jules [ro'mɛ̃ː] *(originally* Louis Farigoule) *French writer and philosopher;* 1885—1972.

Rom·mel, Erwin ['rɔməl] *German field marshal;* 1891—1944.

Ron·sard, Pierre de [rõ'saːr] *French poet;* 1525—85.

Rönt·gen, Wilhelm Conrad ['rœntgən] Wilhelm Conrad Roentgen (*od.* Röntgen). *German physicist;* 1845—1923.

Ror·schach, Hermann ['roːrʃax] *Swiss psychiatrist and psychologist;* 1884—1922.

Ro·sa, Salvator(e) ['roːza] *Italian painter and satirical poet;* 1615—73.

Ro·seg·ger, Peter ['roːzɛgər; ro'zɛgər] *(pseudonym* P[etri] K[ettenfeier]) *Austrian writer;* 1843—1918.

Ros·si·ni, Gioacchino Antonio [rɔ'siːni] *Italian composer;* 1792—1868.

Ros·waen·ge, Helge Anton ['rɔs‚vɛŋə] *Danish tenor;* 1897—1972.

Roth, Eugen [roːt] *German writer;* *1895.

Roth, Joseph [roːt] *Austrian writer and journalist;* 1894—1939.

Ro·the, Hans ['roːtə] *German writer and translator of Shakespeare;* *1894.

Ro·then·ber·ger, Anneliese ['roːtən‚bɛrgər] *German soprano;* *1924.

Roth·schild, Mayer Amschel ['roːt‚ʃɪlt] *German banker, founder of the house of Rothschild;* 1744—1812.

Rous·seau, Jean-Jacques [ru'soː] *Franco-Swiss writer and philosopher;* 1712—78.

Ru·bens, Peter Paul ['ruːbəns] *Flemish painter;* 1577—1640.

Ru·bin·stein, Anton ['ruːbiːn‚ʃtain] *Russian pianist and composer;* 1830—94.

Rückert, Friedrich (*getr.* -k·k-) ['rykərt] *(pseudonym* Freimund Reimar) *German orientalist, poet, and translator;* 1788—1866.

Ru·dolf ['ruːdɔlf] Rudolf of Hapsburg (*od.* Habsburg). *Archduke and crown prince of Austria, son of the emperor Francis Joseph I;* 1858—89.

Ru·dolf I. von Habs·burg ['ruːdɔlf fɔn 'haːps‚burk] Rudolf I of Hapsburg (*od.* Habsburg). *King of Germany and founder of the Hapsburg dynasty;* 1218—91.

Ru·dolf II. ['ruːdɔlf] Rudolf II. *Emperor of the Holy Roman Empire;* 1552—1612.

Ru·dolf von Ems ['ruːdɔlf fɔn 'ɛms] *Middle High German epic poet;* 1200?—1250/54.

Rüh·mann, Heinz ['ryː‚man] *German actor;* *1902.

Ruis·dael ['rɔys‚daːl] *Dutch painters:* Jacob van (1628/29—82) *and his uncle* Salomon van (1600?—1670).

Ru·mor, Mariano [ru'moːr] *Italian politician;* *1915.

Run·ge, Philipp Otto ['ruŋə] *German painter;* 1777—1810.

Rup·precht, Kronprinz ['rupːrɛçt] Rupert. *Crown prince of Bavaria and German field marshal;* 1869—1955.

Ru·precht von der Pfalz ['ruːprɛçt fɔn der 'pfalts] *(called* Clem) Rupert. *King of Germany;* 1352—1410.

Ru·žička, Leopold ['ruːʒitʃka] *Croatian-Swiss chemist;* *1887.

Ry·sa·nek, Leonie ['riːzanɛk; 'ryː-] *Austrian soprano;* *1928.

S

Saa·di, Sa'di ['zaːdi] Saadi, *auch* Sadi; *Persian poet;* 1193? *od.* 1213?—1292.

Saar, Ferdinand von [zaːr] *Austrian narrative writer and lyric poet;* 1833—1906.

Sa·ba·ti·ni, Rafael [zaba'tiːni] *Italo-English novelist;* 1875—1950.

Sachs, Hans [zaks] *German Meistersinger and poet;* 1494—1576.

Sachs, Nelly [zaks] *German-Swedish lyric poet;* 1891—1970.

Sack, Erna [zak] *German coloratura soprano;* 1903—72.

Sa·dat, Mohammed Anwar [za'daːt] *Egyptian politician, president of the Arab Republic of Egypt;* *1918.

Sa·gan, Françoise [za'gãː] *French writer and dramatist;* *1935.

Sainte-Beuve, Charles Augustin [zɛt'bøːf] *French poet, literary critic, and historian;* 1804—69.

Saint-Exu·pé·ry, Antoine de [zɛtɛksype'riː] *(originally* Marie Roger Comte de Saint-Exupéry) *French writer;* 1900—44.

Saint-Saëns, Camille [zɛ̃'sãːs] *French composer and pianist;* 1835—1921.

Sal·lust (Gajus Sallustius Crispus) [za'lust] *Roman historian;* 86—34 *B.C.*

Sa·lo·mon, Ernst von ['zaːlomən] *German writer;* 1902—72.

Sal·ten, Felix ['zaltən] *(originally* Siegmund Salzmann) *Austrian writer;* 1869—1945.

Sand·rock, Adele ['zandrɔk] *German actress;* 1863—1937.

San·til·la·na, Iñigo López de Mendoza, Marqués de [zantɪl'jaːna] *Spanish poet;* 1398—1458.

Sap·pho ['za(p)fo] *Greek lyric poet; about* 600 *B.C.*

Sar·tre, Jean Paul ['zartər] *French philosopher, critic, and dramatist;* *1905.

Sau·er·bruch, Ernst Ferdinand ['zauər‚brux] *German surgeon;* 1875—1951.

Sa·vo·na·ro·la, Girolamo [zavona'roːla] *Italian Dominican, political and religious reformer;* 1452—98.

Sca·li·ger, Joseph Justus ['skaːligɛr] *French Protestant scholar;* 1540—1609.

Scar·lat·ti, Alessandro [skar'lati] *Italian composer;* 1659—1725.

Scha·dow, Johann Gottfried ['ʃaːdo] *German sculptor;* 1764—1850.

Schä·fer, Wilhelm ['ʃɛːfər] *German writer;* 1868—1952.

Scha·lja·pin, Fjodor Iwanowitsch [ʃal'jaːpiːn] Feodor Ivanovitch Chaliapin. *Russian bass;* 1873—1938.

Schärf, Adolf [ʃɛrf] *Austrian politician, president of the Republic of Austria;* 1890—1965.

Scharn·horst, Gerhard Johann David von ['ʃarn‚hɔrst] *Prussian general;* 1755—1813.

Scha·roun, Hans Bernhard [ʃa'ruːn] *German architect;* 1893—1972.

Schau·mann, Ruth ['ʃau‚man] *German poet, sculptor, and graphic artist;* *1899.

Scheel, Walter [ʃeːl] *German politician, 4th president of the B R D;* *1919.

Schef·fel, Joseph Victor von ['ʃefəl] *German poet and novelist;* 1826—86.

Sche·ler, Max ['ʃeːlər] *German philosopher;* 1874—1928.

Schell, Maximilian [ʃel] *Swiss actor;* *1930.

Schel·ling, Friedrich Wilhelm Joseph von ['ʃelɪŋ] *German philosopher;* 1775—1854.

Schen·ken·dorf, Max von ['ʃɛŋkən‚dɔrf] *German lyric poet;* 1783—1817.

Scher·chen, Hermann ['ʃɛrçən] *German conductor;* 1891—1966.

Scheuch·zer, Johann Jakob ['ʃɔyçtsər] *Swiss naturalist;* 1672—1733.

Schi·ka·ne·der, Emanuel [ʃika'neːdər] *German theater manager and librettist;* 1751—1812.

Schil·ler, Johann Christoph Friedrich von ['ʃilər] *German poet, dramatist, and historian;* 1759—1805.

Schin·kel, Karl Friedrich ['ʃɪŋkəl] *German architect and painter;* 1781—1841.

Schlaf, Johannes [ʃlaːf] *German writer;* 1862—1941.

Schläf·li, Ludwig ['ʃleːfli] *Swiss mathematician;* 1814—95.

Schlat·ter, Adolf ['ʃlatər] *Swiss Protestant theologian;* 1852—1938.

Schle·gel, August Wilhelm von ['ʃleːgəl] *German poet and critic;* 1767—1845.

Schlei·cher, Kurt von ['ʃlaiçər] *German politician and general;* 1882—1934.

Schlei·er·ma·cher, Friedrich Ernst Daniel ['ʃlaiər‚maxər] *German philosopher and Protestant theologian;* 1768—1834.

Schlem·mer, Oskar ['ʃlemər] *German painter and sculptor;* 1888—1943.

Schlick, Moritz [ʃlɪk] *German philosopher;* 1882—1936.

Schlie·mann, Heinrich ['ʃliː‚man] *German arch(a)eologist and travel(l)er;* 1822—90.

Schlos·ser, Friedrich Christoph ['ʃlɔsər] *German historian;* 1776—1861.

Schlus·nus, Heinrich ['ʃlusnus] *German baritone;* 1888—1952.

Schlü·ter, Andreas ['ʃlyːtər] *German sculptor and architect;* 1664?—1714.

Schmidt, Arno [ʃmɪt] *German writer;* *1914.

Schmidt, Helmut [ʃmɪt] *German politician, 5th chancellor of the B R D;* *1918.

Schmidt, Joseph [ʃmɪt] *German lyric tenor;* 1904—42.

Schmidt-Is·ser·stedt, Hans ['ʃmɪt'ʔɪsər‚ʃtɛt] *German conductor;* 1900—1973.

Schna·bel, Franz ['ʃnaːbəl] *German historian;* 1887—1966.

Schnei·der, Reinhold ['ʃnaidər] *German writer and essayist;* 1903—58.

Schnei·der, Romy ['ʃnaidər] *Austrian film actress;* *1938.

Schnitz·ler, Arthur ['ʃnitslər] *Austrian writer and physician;* 1862—1931.

Schnorr von Ca·rols·feld, Julius ['ʃnɔr fɔn 'kaːrɔls‚felt] *German painter;* 1794—1872.

Scholl [ʃɔl] *Members of the anti-Nazi student movement* "Weiße Rose": Hans (1918—43) *and his sister* Sophie (1921—43).

Scho·lo·chow, Michail Alexandrowitsch ['ʃoːlɔxəf] Mikhail Aleksandrovich Sholokhov. *Russian writer;* *1905.

Schön·bein, Christian Friedrich ['ʃøːn‚bain] *German chemist;* 1799—1868.

Schön·berg, Arnold ['ʃøːn‚bɛrk] *Austrian composer;* 1874—1951.

Schon·gau·er, Martin ['ʃoːn‚gauər] *German engraver and painter;* 1435?—91.

Scho·pen·hau·er, Arthur ['ʃoːpən‚hauər] *German philosopher;* 1788—1860.

Scho·sta·ko·witsch, Dmitri Dmitrijewitsch [ʃosta'koːvɪtʃ] Dimitri Dimitrievich Shostakovich. *Russian composer;* *1906.

Schrö·der, Rudolf Alexander ['ʃrøːdər] *German poet;* 1878—1962.

Schrö·din·ger, Erwin ['ʃrøːdɪŋər] *Austrian physicist;* 1887—1961.

Schu·bert, Franz ['ʃuːbɛrt] *Austrian composer;* 1797—1828.

Schücking, Levin Ludwig (getr. -k·k-) ['ʃykɪŋ] *German Anglicist;* 1878—1964.

Schuh, Oskar Fritz [ʃuː] *German stage director and theater manager;* *1904.

Schu·kow, Grigori Konstantinowitsch ['ʃukəf] Grigory Konstantinovich Zhukov. *Russian marshal;* 1896—1974.

Schu·len·burg, Friedrich Werner Graf von ['ʃuːlən‚burk] *German diplomat and participant in the July plot, 1944, against Hitler;* 1875—1944.

Schultz-Hen·cke, Harald ['ʃults'hɛŋkə] *German psychotherapist;* 1892—1953.

Schu·ma·cher, Ernst ['ʃuː‚maxər] *German painter;* 1905—63.

Schu·ma·cher, Kurt ['ʃuː‚maxər] *German socialist politician;* 1895—1952.

Schu·man, Robert ['ʃuː‚man] *French statesman;* 1886—1963.

Schu·mann, Robert ['ʃuː‚man] *German composer;* 1810—56.

Schu·richt, Carl ['ʃuːrɪçt] *German conductor;* 1880—1967.

Schusch·nigg, Kurt von ['ʃuʃnɪk] *Austrian politician;* *1897.

Schütz, Heinrich [ʃyts] *German composer;* 1585—1672.

Schwab, Gustav [ʃvaːp] *German poet;* 1792—1850.

Schwan·tha·ler, Ludwig von ['ʃvaːn‚taːlər] *German sculptor;* 1802—48.

Schwar·zen·berg, Felix Fürst zu ['ʃvartsən‚bɛrk] *Austrian statesman;* 1800—1852.

Schwar·zen·berg, Karl Philipp Fürst zu ['ʃvartsən‚bɛrk] *Austrian general;* 1771—1820.

Schwarz·kopf, Elisabeth ['ʃvarts‚kɔpf] *German soprano;* *1915.

Schweit·zer, Albert ['ʃvaɪtsər] *Alsatian Protestant clergyman, physician, philosopher, and musicologist;* 1875—1965.

Schwenck·feld, Caspar (von) ['ʃvɛŋk‚fɛlt] *German Protestant mystic and reformer;* 1489—1561.

Schwind, Moritz von [ʃvɪnt] *German painter;* 1804—71.

Sci·pio (der Ältere) (Publius Cornelius Scipio Africanus Maior) ['stsiːpǐo] Scipio (the Elder). *Roman general;* 235?—183 B.C.

Sci·pio (der Jüngere) (Publius Cornelius Scipio Aemilianus Africanus Minor) ['stsiːpǐo] Scipio (the Younger). *Roman general;* 185?—129 B.C.

Scribe, Augustin Eugène [skriːp] *French dramatist;* 1791—1861.

Scu·dé·ry, Madeleine de [skyde'riː] *French novelist and poet;* 1607—1701.

Seals·field, Charles ['ziːls‚fiːlt] (originally Karl Postl) *Austrian writer;* 1793—1864.

See·wald, Richard ['zeː‚valt] *German-Swiss painter and graphic artist;* *1889.

Se·ghers, Anna ['zeːgərs] (originally Netty Radványi) *German writer;* *1900.

Se·gni, Antonio ['zɛnji] *Italian politician;* *1891—1972.

Sei·del, Heinrich ['zaɪdəl] *German writer;* 1842—1906.

Sei·del, Ina ['zaɪdəl] *German poet and novelist;* 1885—1974.

Se·leu·kos I. [ze'lɔykɔs] Seleucus I. *King of Syria;* 358?—280 B.C.

Se·ne·ca, Lucius Annaeus ['zeːneka] *Roman Stoic philosopher and poet;* 4 B.C.—65 A.D.

Se·ne·fel·der, Alois ['zeːnə‚fɛldər] *Austrian inventor, discoverer of the process of lithography;* 1771—1834.

Se·ve·rus, Septimius (Lucius Septimius Severus) [ze'veːrus] *Roman emperor;* 146—211.

Sé·vi·gné, Marie Marquise de [zevin'jeː] *French epistolary writer;* 1626—96.

Seyd·litz, Friedrich Wilhelm Freiherr von ['zaɪdlɪts] *Prussian cavalry general;* 1721—1773.

Sfor·za, Ludovico ['sfɔrtsa] Lodovico (od. Ludovic) Sforza. *Duke of Milan;* 1452—1508.

Si·be·li·us, Jean [zi'beːlǐus] *Finnish composer;* 1865—1957.

Sickin·gen, Franz von (getr. -k·k-) ['zɪkɪŋən] *German knight;* 1481—1523.

Siebs, Theodor [ziːps] *German philologist;* 1862—1941.

Sie·burg, Friedrich ['ziː‚burk] *German writer;* 1893—1964.

Sie·mens, Werner von ['ziːməns] *German inventor and founder of electrotechnology;* 1816—92.

Si·en·kie·wicz, Henryk [zĩɛŋ'kǐɛvɪtʃ] *Polish writer;* 1846—1916.

Sil·cher, Philipp Friedrich ['zɪlçər] *German composer of popular songs;* 1789—1860.

Si·le·si·us, Angelus [zi'leːzǐus] → Angelus Silesius.

Sil·ja, Anja ['zɪlja] *German soprano;* *1940.

Sim·rock, Karl ['zɪmrək] *German poet and philologist;* 1802—76.

Sin·der·mann, Horst ['zɪndər‚man] *German politician, minister-president of the DDR;* *1915.

Sle·vogt, Max ['zleː‚foːkt] *German painter, lithographer, and engraver;* 1868—1932.

Sle·zak, Leo ['zlɛzak] *Austrian tenor;* 1873—1946.

Sme·ta·na, Bedřich (Friedrich) ['zmɛtana] *Czech composer;* 1824—84.

So·kra·tes ['zoːkrates] Socrates. *Greek philosopher;* 470?—399 B.C.

So·lon ['zoːlɔn] *Athenian lawgiver;* 640?—?561 B.C.

So·lo·wjow, Wladimir Sergejewitsch [zo-lə'vjɔf] Vladimir Sergeevich Soloviev. *Russian philosopher and poet;* 1853—1900.

Sol·sche·ni·zyn, Alexandr Issajewitsch [zɔlʃe'nɪtsɪn] Alexandr Isaevich Solzhenitsyn. *Russian writer;* *1918.

So·pho·kles ['zoːfokles] Sophocles. *Greek dramatist;* 496?—406 B.C.

Spaak, Paul Henri [spaːk] *Belgian statesman;* 1899—1972.

Spar·ta·kus ['ʃpartakus; 'spar-] Spartacus. *Thracian slave, gladiator, and insurrectionist;* ?—71 B.C.

Spee: Friedrich Spee von Langenfeld [ʃpeː] *German Jesuit and religious poet;* 1591—1635.

Spee, Maximilian Reichsgraf von [ʃpeː] *German admiral;* 1861—1914.

Speng·ler, Oswald ['ʃpɛŋlər] *German cultural philosopher;* 1880—1936.

Spi·no·za, Baruch (od. Benedictus) de [spi'noːtsa; ʃpi-] *Dutch philosopher;* 1632—1677.

Spit·te·ler, Carl ['ʃpɪtəlar] (pseudonym Carl Felix Tandem) *Swiss poet;* 1845—1924.

Spitz·weg, Carl ['ʃpɪts‚veːk] *German painter and illustrator;* 1808—85.

Spoerl, Heinrich [ʃpœrl] *German writer;* 1887—1955.

Spohr, Louis [ʃpoːr] *German composer;* 1784—1859.

Spran·ger, Eduard ['ʃpraŋər] *German philosopher and educator;* 1882—1963.

Sprin·ger, Axel Cäsar ['ʃprɪŋər] *German publisher;* *1912.

Staël, Madame de [staːl] *French writer;* 1766—1817.

Sta·lin, Iossif Wissarionowitsch ['staːliːn; 'ʃtaː-] Joseph (od. Iosif Vissarionovich) Stalin. *Russian statesman and dictator;* 1879—1953.

Sta·nis·laus ['ʃtaːnɪslaus] Kings of Poland: Stanislaus I. (Leszczynski) Stanislaus (od. Stanislas) I (Leszczynski) (1677—1766); Stanislaus II. (August) Stanislaus (od. Stanislas) II (Augustus) (1732—98).

Sta·ti·us, Publius Papinius ['staːtsǐus] *Roman poet;* 45?—?96.

Stau·din·ger, Hermann ['ʃtaudɪŋər] *German chemist;* 1881—1965.

Stauf·fen·berg, Graf Schenk von ['ʃtau-fən‚bɛrk] *Participants in the July plot, 1944, against Hitler:* Berthold (1905—44) and his brother Claus (1907—44).

Ste·fa·no, Giuseppe di ['steːfano] *Italian tenor;* *1921.

Stein, Charlotte von [ʃtaɪn] *German lady noted for her friendship with Goethe;* 1742—1827.

Stein, Karl Reichsfreiherr vom und zum [ʃtaɪn] *Prussian statesman;* 1757—1831.

Stei·ner, Jakob ['ʃtaɪnər] *Swiss geometer;* 1796—1863.

Stei·ner, Rudolf ['ʃtaɪnər] *Austrian philosopher, founder of anthroposophy;* 1861—1925.

Sten·dhal [stɛ̃'dal] (originally Marie Henri Beyle) *French novelist and critic;* 1783—1842.

Ste·phan ['ʃtɛfan] Stephen (name of 10 popes).

Stern, Otto [ʃtɛrn] *German-American physicist;* 1888—1969.

Stern·berg, Josef von ['ʃtɛrn‚bɛrk] *Austro-American film director;* 1894—1969.

Stern·heim, Carl ['ʃtɛrn‚haɪm] *German writer and playwright;* 1878—1942.

Steu·ben, Friedrich Wilhelm von ['ʃtɔybən] *Prussian and American general;* 1730—94.

Stickel·ber·ger, Emanuel (getr. -k·k-) ['ʃtɪkəl‚bɛrgər] *Swiss novelist;* 1884—1962.

Stif·ter, Adalbert ['ʃtɪftər] *Austrian poet;* 1805—68.

Stock·hau·sen, Karlheinz ['ʃtɔk‚hauzən] *German composer;* *1928.

Stol·berg-Stol·berg, Reichsgraf zu ['ʃtɔl‚bɛrk'ʃtɔl‚bɛrk] *German poets:* Christian (1748—1821) and his brother Friedrich Leopold (1750—1815).

Stolz, Robert [ʃtɔlts] *Austrian composer;* 1880—1975. [DDR, *1914.]

Stoph, Willi [ʃtoːf] *German politician of the DDR.*

Storm, Theodor [ʃtɔrm] *German poet;* 1817—1888.

Stoß, Veit [ʃtoːs] Veit Stoss. *German sculptor;* 1445?—1533.

Stra·bo ['straːbo] *Greek geographer and historian;* 63? B.C.—?24 A.D.

Stra·di·va·ri, Antonio [stradi'vaːri] *Italian violin maker;* 1644?—1737.

Strauss, Oscar [ʃtraus] *Austrian composer of operettas;* 1870—1954.

Strauß, David Friedrich [ʃtraus] David Friedrich Strauss. *German Protestant theologian and philosopher;* 1808—74.

Strauß [ʃtraus] Strauss. *Austrian composers and conductors:* Johann (1804—49) and his son Johann (1825—99).

Strauss, Richard [ʃtraus] *German composer and conductor;* 1864—1949.

Strauß und Tor·ney, Lulu von ['ʃtraus‚unt 'tɔrnaɪ] *German writer;* 1873—1956.

Stra·win·sky, Igor Fjodorowitsch [ʃtra-'vɪnski; stra-] Igor Fëdorovich Stravinsky. *Russian-American composer;* 1882—1971.

Stre·se·mann, Gustav ['ʃtreːzə‚man] *German statesman of the Weimar Republic;* 1878—1929.

Strind·berg, (Johan) August ['ʃtrɪnt‚bɛrk] *Swedish dramatist and novelist;* 1849—1912.

Stuck, Franz von [ʃtuk] *German painter and graphic artist;* 1863—1928.

Stumpf, Carl [ʃtumpf] *German philosopher and psychologist;* 1848—1936.

Su·der·mann, Hermann ['zuːdər‚man] *German playwright and novelist;* 1857—1928.

Sue·ton (Gajus Suetonius Tranquillus) [zǔe'toːn] Suetonius. *Roman biographer and historian;* 70?—?140.

Su·lei·man II. (der Prächtige od. der Große) [zula'maːn] Suleiman I (the Magnificent). *Sultan of Turkey* 1494?—1566.

Sul·la (Lucius Cornelius Sulla Felix) ['zula] *Roman general and dictator;* 138—78 B.C.

Sul·ly Pru·dhomme [zylipry'dəm] (originally René François Armand Prudhomme) *French poet and critic;* 1839—1907.

Sup·pé, Franz von [zu'peː] *Austrian composer;* 1819—95.

Su·ter·mei·ster, Heinrich ['zuːtər‚maɪstər] *Swiss composer;* *1910.

Sut·ter, John Augustus ['zutər] (originally Johann August Suter) *Swiss-American pioneer in California;* 1803—80.

Süt·ter·lin, Ludwig ['zytərliːn] *German graphic artist and educator;* 1865—1917.

Sutt·ner, Bertha Freifrau von ['zutnər] *Austrian novelist;* 1843—1914.

Swe·den·borg, Emanuel ['sveːdən‚bɔrk] *Swedish scientist and theosophist;* 1688—1772.

Szell, George [sɛl] *Hungarian-American conductor;* 1897—1970.

T

Ta·ci·tus, Publius Cornelius ['taːtsitus] *Roman historian;* 55?—116.

Ta·go·re, Rabindranath [ta'goːr(ə)] *Hindu philosopher, poet, and artist;* 1861—1941.

Tal·ley·rand(-Pé·ri·gord), Charles Maurice Herzog von, Fürst von Benevent [talɛ'rãː(peri'goːr)] *French statesman and diplomat;* 1754—1838.

Ta·mer·lan ['taːmərlaːn] → Timur-Leng.

Tank·red ['taŋkreːt] Tancred. *Norman soldier, leader in the first Crusade; 1078?—1112.*

Tas·man, Abel Janszoon ['tasman] *Dutch navigator; 1603—59.*

Tas·si·lo III. ['tasilo] *Duke of Bavaria; 742?—?794.*

Tas·so, Torquato ['taso] *Italian poet; 1544—1595.*

Tau, Max [tau] *German writer; *1897.*

Tau·ber, Richard ['taubər] *Austrian tenor; 1892—1948.*

Te·bal·di, Renata [te'baldi] *Italian soprano; *1922.*

Te·le·mann, Georg Philipp ['teːlə,man] *German composer; 1681—1767.*

Tell, Wilhelm [tɛl] William Tell. *Legendary national hero of Switzerland.*

Ter·borch, **ter Borch**, Gerard [tɛr'bɔrç] *Dutch genre and portrait painter; 1617—81.*

Ter·brug·ghen, **ter Brug·ghen**, Hendrik [tɛr'brygən] *Dutch painter; 1588—1629.*

Te·renz (Publius Terentius Afer) [te'rɛnts] Terence. *Roman comic poet; 190?—?159 B.C.*

Ter·tul·li·an (Quintus Septimius Florens Tertullianus) [tɛrtu'liaːn] *Ecclesiastical writer, one of the fathers of the Latin church; 160?—?225.*

Tha·les von Mi·let ['taːlɛs fɔn mi'leːt] *Greek philosopher, astronomer, and geometer; 650?—?560 B.C.*

Thäl·mann, Ernst ['tɛːl,man] *German Communist leader; 1886—1944.*

The·mi·sto·kles [te'mistoklɛs] Themistocles. *Athenian statesman and general; 525?—?460 B.C.*

Theo·de·rich (der Große) [te'oːdəriç] Theodoric (the Great). *King of the East Goths; 456?—526.*

Theo·de·rich von Prag [te'oːdəriç fɔn 'praːk] Theodoric of Prague. *Bohemian painter; ?—?1381.*

Theo·do·ra·kis, Mikis [teodo'rakis] *Greek composer; *1925.*

Theo·do·si·us I. (der Große) [teo'doːziʊs] Theodosius I (the Great). *Roman emperor; 347—395.*

Theo·krit [teo'kriːt] Theocritus. *Greek poet; 305?—?260 B.C.*

Theo·phrast [teo'frast] Theophrastus. *Greek philosopher; 372?—287 B.C.*

Thes·pis ['tɛspis] *Attic poet; about 6th century B.C.*

Thi·ers, Louis Adolphe [tiɛːr] *French statesman and historian; 1797—1877.*

Thiersch, Ludwig [tiːrʃ] *German painter; 1825—1909.*

Thieß, Frank [tiːs] Frank Thiess. *German writer; *1890.*

Thi·mig ['tiːmiç] *Austrian actors: Hugo (1854—1944) and his daughter Helene (1889—1974).*

Tho·ma, Ludwig ['toːma] *German writer of stories, novels, and plays dealing with rural Bavarian life; 1867—1921.*

Tho·mas von Aquin (od. Aqui·no), der heilige ['toːmas fɔn a'kviːn(o)] St. Thomas Aquinas. *Italian theologian; 1225—74.*

Tho·mas von Kem·pen (a Kempis) ['toːmas fɔn 'kɛmpən] Thomas a Kempis. *German mystic and ascetic writer; 1380?—1471.*

Thö·ny, Eduard ['tøːni] *Austrian painter and illustrator; 1866—1950.*

Thor·vald·sen, **Thor·wald·sen**, Bertel ['tɔːr,valtsən] *Danish sculptor; 1770—1844.*

Thu·ky·di·des [tu'kyːdidɛs] Thucydides. *Greek historian; 460?—?400 B.C.*

Thys·sen, Fritz ['tysən] *German industrialist; 1873—1951.*

Ti·be·ri·us, Claudius Nero Cäsar [ti'beːriʊs] *Roman emperor; 42 B.C.—37 A.D.*

Ti·bull (Albius Tibullus) [ti'bʊl] Albius Tibullus. *Roman elegiac poet; 50?—?19 B.C.*

Tieck, Ludwig [tiːk] *German poet and critic; 1773—1853.*

Tie·po·lo, Giovanni Battista ['tiɛːpolo] *Venetian painter; 1696—1770.*

Tietz, Ferdinand [tiːts] *Bohemian sculptor; 1709—77.*

Til·ly, Johann Tserclaes Reichsgraf von ['tili] *General in the Spanish, Bavarian, and imperial service, commander of the forces of the Catholic League in the Thirty Years' War; 1559—1632.*

Ti·mur-Leng ['tiːmur'lɛŋ] Tamerlane, Timour, Timur, Timur Leng. *Mongol conqueror; 1336—1405.*

Tin·to·ret·to [tinto'rɛto] (*originally* Iacopo Robusti) *Venetian painter; 1518—94.*

Tir·pitz, Alfred von ['tirpits] *German admiral; 1849—1930.*

Tisch·bein ['tiʃ,bain] *German painters:* Johann Heinrich (der Ältere) Johann Heinrich (the Elder) (1722—89) *and his nephew and pupil* Johann Heinrich Wilhelm (1751—1829).

Tis·sot, James [ti'soː] (*originally* Jacques-Joseph Tissot) *French etcher and painter; 1836—1903.*

Ti·to, Josip ['tiːto] (*originally* Josip Broz) *Yugoslav politician, president of Yugoslavia; *1892.*

Ti·tus (Titus Flavius Sabinus Vespasianus) ['tiːtʊs] *Roman emperor; 39—81.*

Ti·zi·an ['tiːtsiaːn; ti'tsiaːn] (*originally* Tiziano Vecelli[o]) Titian. *Venetian painter; 1477?—1576.* [*poet; 1893—1939.*

Tol·ler, Ernst ['tɔlər] *German dramatist and*

Tol·stoi, Lew (od. Leo) Nikolajewitsch Graf [tɔl'stɔy] Lev (od. Leo) Nikolaevich Tolstoy (auch Tolstoi). *Russian writer; 1828—1910.*

Tor·ri·cel·li, Evangelista [tɔri'tʃɛli] *Italian physicist and mathematician; 1608—47.*

Tos·ca·ni·ni, Arturo [tɔska'niːni] *Italian conductor; 1867—1957.*

Tou·louse-Lau·trec, Henri de [tuluslo-'trɛk] *French painter and graphic artist; 1864—1901.*

Tra·jan (Marcus Ulpius Trajanus) [tra'jaːn] *Roman emperor; 53?—117.*

Trakl, Georg ['traːkəl] *Austrian poet; 1887—1914.*

Tro·ger, Paul ['troːgər] *Austrian painter and etcher; 1698—1762.*

Trotz·ki, Leo ['trɔtski] (*originally* Lew Dawidowitsch Bronstein) Leon Trotsky (auch Trotski). *Russian revolutionist and writer; 1879—1940.*

Tschai·kow·ski, Peter Iljitsch [tʃai'kɔfski] Peter Ilyich Tchaikovsky (auch Tschaikovsky, Tschaikowsky). *Russian composer; 1840—93.*

Tschan·dra·gup·ta [tʃandra'gʊpta] Chandragupta. *King of northern India, founder of the Maurya empire; ?—?286 B.C.*

Tschang Tso·lin [tʃaŋtso'lin] Chang Tsolin. *Chinese general, military ruler of Manchuria; 1873—1928.*

Tsche·chow, Anton Pawlowitsch ['tʃɛçɔf] Anton Pavlovich Chekhov (auch Tchekhov). *Russian short-story writer and dramatist; 1860—1904.*

Tschi·ang·kai·schek [tʃiaŋkai'ʃɛk] Chiang Kai-shek, auch Chiang Chieh-shih. *Chinese politician, president of Taiwan; 1886—1975.*

Tschu·ang-tse ['tʃuaŋtsə] → Chuang-tzu.

Tsch(o)u En-lai [tʃuʔɛn'lai] Chou En-lai. *Chinese politician, premier of the People's Republic of China; *1898.*

Tu·chol·sky, Kurt [tu'xɔlski] (*pseudonyms* Kaspar Hauser, Peter Panter, Theobald Tiger, Ignaz Wrobel) *German journalist and writer; 1890—1935.*

Tur·ge·njew, Iwan (Sergejewitsch) [tʊr-'gɛnjɛf] Ivan Sergeevich Turgenev (auch Turgeniev). *Russian novelist; 1818—83.*

Tut·ench·amun [tuten'çaːmun] Tutankhamen, auch Tutankhamon, Tutankhamun, Tutenkhamon. *King of Egypt of the 18th dynasty; 14th century B.C.*

U

Uh·de, Fritz von ['uːdə] *German painter; 1848—1911.*

Uh·land, Johann Ludwig ['uː,lant] *German lyric poet; 1787—1862.*

Uh·len·huth, Paul Theodor ['uːlən,huːt] *German bacteriologist and hygienist; 1870—1957.*

Ula·no·wa, Galina Sergejewna [u'laːnova] *Russian ballet dancer; *1910.*

Ul·bricht, Walter ['ʊlbriçt] *German politician of the DDR; 1893—1973.*

Ul·fi·las ['ʊlfilas] *Bishop to the Goths and translator of the Bible; 311?—?383.*

Und·set, Sigrid ['ʊntset] *Norwegian novelist; 1882—1949.* [1885—1970.

Un·ruh, Fritz von ['ʊn,ruː] *German writer;*

Ur·ban ['ʊrbaːn] *Name of 8 popes:* Urban II. (Odo de Lagery) Urban II (1042?—1099); Urban VIII. (Maffeo Barberini) Urban VIII (1568—1644).

V

Va·lens, Flavius ['vaːlɛns] *Roman emperor; 328?—378.*

Va·len·tin, Karl ['falɛntiːn] (*originally* Valentin Ludwig Fey) *Bavarian comic actor; 1882—1948.*

Va·le·ra y Al·ca·lá Ga·lia·no, Juan [va-'leːra i alka'la ga'liaːno] *Spanish writer and diplomat; 1824—1905.*

Va·le·ri·an (Publius Licinius Valerianus) [vale'riaːn] *Roman emperor; ?—260.*

Va·le·ri·us Ca·to, Publius [va'leːriʊs 'kaːto] *Roman poet and grammarian; about 1st century B.C.*

Va·lé·ry, Paul Ambroise [vale'riː] *French poet and philosopher; 1871—1945.*

van Dyck, Anthonis [fan 'daik] → Dyck, Anthonis van.

van Gogh, Vincent [fan 'goːk; - 'gɔx] → Gogh, Vincent van.

Varn·ha·gen von En·se, Karl August ['farn,haːgən fɔn 'ɛnzə] *German writer; 1785—1858.*

Varn·ha·gen von En·se, Rahel ['farn,haːgən fɔn 'ɛnzə] *German literary hostess in Berlin in the first part of the 19th century; 1771—1833.*

Var·ro, Marcus Terentius ['varo] *Roman scholar and writer; 116—27 B.C.*

Va·sa·ri, Giorgio [va'zaːri] *Italian architect and painter; 1511—74.*

Vas·co da Ga·ma ['vasko da 'gaːma] → Gama, Vasco da.

Ve·ga, Lope de ['veːga] (*originally* Lope Félix de Vega Carpio) *Spanish dramatist and poet; 1562—1635.*

Veit, Philipp [fait] *German painter; 1793—1877.*

Ve·láz·quez, Diego Rodríguez de Silva y [ve'laskɛs] Velázquez, auch Velásquez. *Spanish painter; 1599—1660.*

Vel·de, Adriaen van de ['vɛldə; 'fɛldə] *Dutch painter and etcher; 1636—72.*

Ver·di, Giuseppe ['vɛrdi] *Italian composer; 1813—1901.*

Ver·gil (Publius Vergilius Maro) [vɛr'giːl] Vergil, auch Virgil. *Roman poet; 70—19 B.C.*

Ver·laine, Paul [vɛr'lɛːn] *French poet; 1844—1896.*

Ver·meer, Jan (Jan van der Meer van Delft) [vɛr'meːr; fɛr-] *Dutch painter; 1632—75.*

Verne, Jules [vɛrn] *French novelist; 1828—1905.*

Ver·ner, Karl Adolph ['vɛrnər] *Danish linguist; 1846—96.*

Ve·ro·ne·se, Paolo [vero'neːze] (*originally* Paolo Caliari) *Italian painter; 1528—88.*

Ver·roc·chio, Andrea del [vɛ'rɔkio] *Italian sculptor; 1435—88.*

Ves·pa·si·an (Titus Flavius Sabinus Vespasianus) [vɛspa'ziaːn] *Roman emperor; 9—79.*

Ves·puc·ci, Amerigo [vɛs'pʊtʃi] *Italian navigator; 1451?—1512.*

Vie·big, Clara ['fiːbiç] *German writer; 1860—1952.* [*poet; 1872—1863.*

Vi·gny, Alfred Comte de [vin'jiː] *French*

Vik·tor ['viktɔr] Victor (*name of 3 popes*).

Vik·tor Em·ma·nu·el III. ['viktɔr ɛ'maːnüɛl] Victor Emmanuel III. *King of Italy; 1869—1947.*

Vil·lon, François [vi'jõː] (*originally* François de Montcorbier) *French poet; 1431—?63.*

Vin·ci, Leonardo da ['vintʃi] → Leonardo da Vinci.

Vin·zenz von Paul, der heilige ['vintsɛnts fɔn 'paul] St. Vincent de Paul. *French Roman Catholic reformer, founder of the order of Sisters of Charity; 1581—1660.*

Vir·chow, Rudolf ['firço; 'virço] *German pathologist, anthropologist, and politician; 1821—1902.*

Vi·scher ['fiʃər] *German sculptors:* Peter (der Ältere) Peter (the Elder) (*sculptor and bronze founder; 1460?—1529) and his son* Peter (der Jüngere) Peter (the Younger) (1487—1528).

Vi·truv (Marcus Vitruvius Pollio) [vi'truːf] Vitruvius Pollio. *Roman architect and (military) engineer; 1st century B.C.*

Vi·val·di, Antonio [vi'valdi] *Italian violinist and composer; 1675 od. 78—1741.*

Vo·gel, Wladimir ['foːgəl] Vladimir Vogel. *Russian-Swiss composer; *1896.*

Vol·ta, Alessandro Graf ['vɔlta] *Italian physicist; 1745—1827.*

Vol·taire [vɔl'tɛːr] (*originally* **François Marie Arouet**) *French philosopher, writer, dramatist, and essayist; 1694—1778.*

Von·del, Joost van den ['vɔndəl; 'fɔndəl] *Dutch dramatist and poet; 1587—1679.*

Voß, Johann Heinrich [fɔs] Johann Heinrich Voss. *German poet and translator of classical poets; 1751—1826.*

Vries, Adriaen de [vriːs; friːs] *Dutch sculptor; 1560?—1626.*

Vries, Hugo de [vriːs; friːs] *Dutch botanist; 1848—1935.*

Vul·pi·us, Christian August ['vʊlpiʊs] *German novelist; 1762—1827.*

Vul·pi·us, Christiane ['vʊlpiʊs] *Wife of Johann Wolfgang von Goethe; 1765—1816.*

W

Wag·gerl, Karl Heinrich ['vagərl] *Austrian narrative writer; 1897—1973.*

Wag·ner, Richard ['vaːgnər] *German composer; 1813—83.*

Wal·dau, Gustav ['valdaʊ] *German actor; 1871—1958.*

Wald·mül·ler, Ferdinand Georg ['valt-ˌmylər] *Austrian painter; 1793—1865.*

Wal·len·stein, *auch* **Wald·stein,** Albrecht Wenzel Eusebius von, Herzog von Friedland ['valənˌʃtaɪn, 'valtˌʃtaɪn] (*called der* **Friedländer**) *Austrian general in the Thirty Years' War; 1583—1634.*

Wal·ser, Martin ['valzər] *German writer; *1927.*

Wal·ter, Bruno ['valtər] *German-American conductor; 1876—1962.*

Wal·ther von der Vo·gel·wei·de ['valtər fɔn der 'foːgəlˌvaɪdə] *Middle High German lyric poet; 1170?—?1230.*

Wan·kel, Felix ['vaŋkəl] *German engineer and inventor of a rotary-piston engine; *1902.*

Was·ser·mann, Jakob ['vasərˌman] *German writer; 1873—1934.*

Wat·teau, (Jean) Antoine [va'toː] *French genre painter; 1684—1721.*

We·ber, Carl Maria von ['veːbər] *German composer; 1786—1826.*

We·bern, Anton von ['veːbərn] *Austrian composer; 1883—1945.*

We·de·kind, Frank ['veːdəˌkɪnt] *German dramatist; 1864—1918.*

We·ge·ner, Paul ['veːgənər] *German actor; 1874—1948.*

Wei·er·straß, Karl Theodor ['vaɪərˌʃtraːs] *German mathematician; 1815—97.*

Wei·gel, Helene ['vaɪgəl] *German actress; 1900—1971.*

Weill, Kurt [vaɪl] *German-American composer; 1900—1950.*

Wein·gart·ner, Felix von ['vaɪnˌgartnər] *Austrian composer and conductor; 1863—1942.*

Wein·he·ber, Josef ['vaɪnˌheːbər] *Austrian lyric poet; 1892—1945.*

Wei·sen·born, Günther ['vaɪzənˌbɔrn] (*pseudonym* **Eberhard Foerster, Christian Munk**) *German writer and playwright; 1902—69.*

Weis·ger·ber, Leo ['vaɪsˌgɛrbər] *German linguist; *1899.*

Weis·man·tel, Leo ['vaɪsˌmantəl] *German writer and educator; 1888—1964.*

Weiss, Peter [vaɪs] *German-Swedish writer and painter; *1916.*

Wei·ße, Christian Felix ['vaɪsə] Christian Felix Weisse. *German writer and poet; 1726—1804.*

Weiz·säcker, Carl Friedrich Freiherr von (*getr.* -k·k-) ['vaɪtsˌzɛkər] *German physicist and philosopher; *1912.*

Wel·ser, Bartholomäus ['vɛlzər] *German banker, head of one of the richest banking and commercial firms of his time in Augsburg; 1484?—1561.*

Wen·zel[1] ['vɛntsəl] Wenceslaus, Wenceslas. *Duke and patron saint of Bohemia; 910?—929.*

Wen·zel[2] ['vɛntsəl] Wenceslaus. *King of Bohemia and Germany; 1361—1419.*

Wer·fel, Franz ['vɛrfəl] *Austrian novelist, poet, and playwright; 1890—1945.*

Wer·ner, Abraham Gottlob ['vɛrnər] *German mineralogist and geologist; 1750—1817.*

Wer·ner, Oskar ['vɛrnər] *Austrian actor; *1922.*

Werth, Johann Reichsgraf von [veːrt] *General in the imperial and Bavarian service in the Thirty Years' War; 1600?—1652.*

Wert·hei·mer, Max ['veːrtˌhaɪmər] *German psychologist, founder of Gestalt psychology; 1880—1943.*

Wes·se·ly, Paula ['vɛsəli] *Austrian actress; *1908.*

Wey·den, Rogier van der ['vaɪdən] *Flemish painter; 1400?—1464.*

Wicki, Bernhard (*getr.* -k·k-) ['vɪki] *Swiss actor and film director; *1919.*

Wi·du·kind ['viːduˌkɪnt] Wittekind, *auch* Widukind. *Leader of the Saxons against Charlemagne; ?—?807.*

Wie·chert, Ernst ['viːçərt] (*pseudonym* **Barany Bjell**) *German writer; 1887—1950.*

Wie·land, Christoph Martin ['viːˌlant] *German poet and novelist; 1733—1813.*

Wie·man, Mathias ['viːˌman] *German actor; *1902.*

Wig·man, Mary ['viːkˌman] *German dancer and choreographer; 1886—1973.*

Wild·gans, Anton ['vɪltˌgans] *Austrian lyric poet and dramatist; 1881—1932.*

Wil·helm ['vɪlˌhɛlm] *Emperors of Germany and kings of Prussia:* **Wilhelm I.** William I (1797—1888); **Wilhelm II.** William II (1859—1941).

Wil·helm ['vɪlˌhɛlm] William. *Crown prince of the German Empire and of Prussia; 1882—1951.*

Wil·helm I. (von Oranien) (der Schweiger) ['vɪlˌhɛlm] William I (of Orange) (the Silent). *Prince of Orange and count of Nassau; 1533—84.*

Wil·helm III. (von Oranien) ['vɪlˌhɛlm] William III (of Orange). *King of England and stadholder of the Netherlands; 1650—1702.*

Wil·hel·mi·na [vɪlhɛl'miːna] *Queen of the Netherlands; 1880—1962.*

Win·ckel·mann, Johann Joachim ['vɪŋkəlˌman] *German arch(a)eologist, founder of scientific arch(a)eology; 1717—68.*

Wind·gas·sen, Wolfgang ['vɪntˌgasən] *German tenor; 1914—74.*

Win·kel·ried, Arnold von ['vɪŋkəlˌriːt] *Swiss national hero; ?—1386.*

Wit·te·kind ['vɪtəˌkɪnt] → Widukind.

Witt·gen·stein, Ludwig ['vɪtgənˌʃtaɪn] *Austro-English philosopher; 1889—1951.*

Witz, Konrad [vɪts] *German painter; 1400?—?1445.*

Wolf, Friedrich [vɔlf] *German dramatist; 1888—1953.*

Wolf, Hugo [vɔlf] *Austrian composer; 1860—1903.*

Wolf, Max [vɔlf] *German astronomer; 1863—1932.*

Wolff, Albert [vɔlf] *German sculptor; 1814—1892.*

Wolff, Christian Freiherr von [vɔlf] *German philosopher and mathematician; 1679—1754.*

Wölff·lin, Eduard ['vœlfliːn] *Swiss classical scholar; 1831—1908.*

Wolf·ram von Eschen·bach ['vɔlfram fɔn 'ɛʃənˌbax] *Middle High German poet; 1170?—?1220.*

Wolfs·kehl, Karl ['vɔlfsˌkeːl] *German lyric poet; 1869—1948.*

Wot·ru·ba, Fritz ['vɔtruba] *Austrian sculptor; *1907.*

Wran·gel, Carl Gustav, Graf von Salmis ['vraŋəl] *Swedish field marshal in the Thirty Years' War; 1613—76.*

Wul·fi·la ['vʊlfila] → Ulfilas.

Wun·der·lich, Fritz ['vʊndərlɪç] *German tenor; 1930—66.*

Wundt, Wilhelm [vʊnt] *German philosopher and psychologist; 1832—1920.*

X

Xan·thip·pe [ksan'tɪpə] Xanthippe, *auch* Xantippe. *Wife of Socrates, proverbial for her shrewish disposition; about 5th century B.C.*

Xa·ver, Franz, der heilige (Apostel der Inder) ['ksaɪvər] (*originally* **Francisco Javier**) St. Francis Xavier (Apostle of the Indies). *Spanish Jesuit and missionary; 1506—52.*

Xe·na·kis, Yannis [ksɛ'nakɪs] *Greek composer; *1922.*

Xe·no·kra·tes [kse'noːkrates] Xenocrates. *Greek philosopher; 396—314 B.C.*

Xe·no·pha·nes [kse'noːfanes] *Greek philosopher and poet; 570?—?480 B.C.*

Xe·no·phon ['kseːnofən] *Greek historian and essayist; 430?—?355 B.C.*

Xer·xes I. (der Große) ['ksɛrkses] Xerxes I (the Great). *King of Persia; 519?—465 B.C.*

Z

Za·ra·thu·stra [tsara'tustra] → Zoroaster.

Zeiss, Carl [tsaɪs] *German optician and precision mechanic; 1816—88.*

Zel·ler, Carl ['tsɛlər] *Austrian composer of operettas; 1842—98.*

Zel·ler, Eduard ['tsɛlər] *German philosopher and Protestant theologian; 1814—1908.*

Zel·ter, Carl Friedrich ['tsɛltər] *German composer; 1758—1832.*

Ze·no (von Elea) (*auch* Zeno der Ältere) ['tseːno (fən e'leːa)] Zeno (of Elea) (*auch* Zeno the Elder). *Greek philosopher; 490?—?430 B.C.*

Ze·no (von Ki·ti·on) (*auch* Zeno der Jüngere) ['tseːno (fən 'kiːtiɔn)] Zeno (of Citium) (*auch* Zeno the Younger, Zeno the Stoic). *Greek philosopher, founder of the Stoic school of philosophy; 336?—?264 B.C.*

Zep·pe·lin, Ferdinand Graf von ['tsɛpəliːn; tsɛpə'liːn] *German general and aeronaut; designer and manufacturer of the Zeppelin; 1838—1917.*

Zieg·ler, Karl ['tsiːglər] *German chemist; 1898—1973.*

Zie·hen, Theodor ['tsiːən] *German philosopher, psychiatrist, and psychologist; 1862—1950.*

Zieh·rer, Carl Michael ['tsiːrər] *Austrian composer of operettas; 1843—1922.*

Zie·ten, Zie·then, Hans Joachim von ['tsiːtən] *Prussian general under Frederick the Great; 1699—1786.*

Zil·cher, Hermann ['tsɪlçər] *German composer; 1881—1948.*

Zil·le, Heinrich ['tsɪlə] *German illustrator; 1858—1929.*

Zim·mer·mann, Bernd Alois ['tsɪmərˌman] *German composer and musicologist; 1918—1970.*

Zim·mer·mann, Dominikus ['tsɪmərˌman] *German architect; 1685—1766.*

Zis·ka, Johann ['tsɪska] → Žižka, Jan.

Žiž·ka, Jan ['ʒɪʃka] *Bohemian Hussite leader; 1370?—1424.*

Zo·la, Émile [zo'la] *French writer; 1840—1902.*

Zorn, Anders Leonhard [tsɔrn] *Swedish impressionist painter and etcher; 1860—1920.*

Zo·ro·a·ster [tsoro'astər] (*originally* Spitama) Zoroaster, *auch* Zarathustra. *Founder of ancient Persian religion; 630?—?553 B.C.*

Zsig·mon·dy, Richard ['ʃɪgmɔndi] *Austrian chemist; 1865—1929.*

Zuck·may·er, Carl ['tsʊkˌmaɪər] *German-Swiss playwright; *1896.*

Zü·gel, Heinrich von ['tsyːgəl] *German animal and genre painter; 1850—1914.*

Zweig, Arnold [tsvaɪk] *German writer; 1887—1968.*

Zweig, Stefan [tsvaɪk] *Austrian novelist, dramatist, and biographer; 1881—1942.*

Zwing·li, Ulrich (Ulricus Zvinglius) ['tsvɪŋli] *Swiss Protestant reformer; 1484—1531.*

III. VORNAMEN
III. CHRISTIAN NAMES

A

Ab·bo ['abo] *m short for* Adalbert.
Abel ['a:bəl] *m* Abel.
Abo ['a:bo] *m short for* Adalbert.
Abra·ham ['a:braham] *m* Abraham.
Ab·sa·lom ['apsaləm] *m* Absalom.
Achim ['axɪm] *m short for* Joachim.
Ach·med ['axmɛt] *m*.
Ada ['a:da] *f short for* Adelheid, Adelgunde.
Adal·bert ['a:dal,bɛrt] *m* Adalbert, *auch* Adelbert.
Adal·ber·ta [adal'bɛrta] *f*.
Adal·brecht ['a:dal,brɛçt] *m variant of* Adalbert.
Adal·mar ['a:dalmar] *m*.
Adam ['a:dam] *m* Adam.
Ad·da ['ada] *f short for* Adelheid, Adelgunde.
Ad·do ['ado] *m short for* Adolf.
Ade·la [a'de:la] *f* Adela, *auch* Adele.
Ade·lai·de [adela'i:də] *f* Adelaide.
Adel·bert ['a:dəl,bɛrt], **Adel·brecht** ['a:dəl,brɛçt] *m variant of* Adalbert.
Ade·le [a'de:lə] *f* Adele, *auch* Adela.
Adel·gun·de [,a:dəl'gʊndə], *auch* **Adel·gund** ['a:dəl,gʊnt] *f*.
Adel·heid ['a:dəl,haɪt] *f* Adelheid.
Adel·hil·de [,a:dəl'hɪldə], *auch* **Adel·hild** ['a:dəl,hɪlt] *f*.
Ade·lin·de [,a:də'lɪndə] *f*.
Ade·li·ne [,a:də'li:nə] *f* Adeline, *auch* Adelina.
Adel·mut ['a:dəl,mu:t] *f*.
Adel·traud ['a:dəl,traʊt], *auch* **Adel·trud** ['a:dəl,tru:t] *f*.
Adi·na [a'di:na] *f*.
Ado ['a:do] *m short for* Adolf.
Adolf ['a:dɔlf] *m* Adolf, *auch* Adolph, Adolphe, Adolphus.
Adol·fa [a'dɔlfa], **Adol·fi·ne** [adɔl'fi:nə] *f*.
Adri·an ['a:dria:n] *m* Adrian.
Adria·ne [adri'a:nə] *f* Adrienne.
Afra ['a:fra] *f* Afra.
Aga·the [a'ga:tə] *f* Agatha.
Ag·da ['akda] *f*.
Agi ['a:gi] *f pet form of* Agnes.
Ägid [ɛ'gi:t], *auch* **Ägi·di·us** [ɛ'gi:dĭʊs] *m* Giles.
Agnes ['agnɛs] *f* Agnes.
Ah·med ['axmɛt] *m variant of* Achmed.
Al·ban ['alba:n; al'ba:n] *m* Alban, *auch* Alben, Albin.
Al·be·rich ['albərɪç] *m* Aubrey.
Al·bert ['albɛrt] *m* Albert, Elbert.
Al·ber·ta [al'bɛrta] *f* Alberta.
Al·ber·ti·na [albɛr'ti:na] *f* Albertine, *auch* Albertina.
Al·bin ['albi:n; al'bi:n] *m* Albin, *auch* Alban, Alben.
Al·brecht ['albrɛçt] *m*.
Al·de·mar ['aldəmar] *m variant of* Adalmar.
Al·do ['aldo] *m*.
Ale·na [a'le:na] *f short for* Magdalena.
Ales·san·dra [alɛ'sandra] *f variant of* Alexandra.
Alex ['a:lɛks] *m* a) *short for* Alexander, b) Alex, *auch* Alec(k), Alix.
Alex·an·der [alɛ'ksandər] *m* Alexander.
Alex·an·dra [alɛ'ksandra] *f* Alexandra.
Alex·an·dri·ne [alɛksan'dri:nə] *f* Alexandrina.
Alexei [alɛ'kse:i] *m*.
Ale·xis [a'lɛksɪs] *m* Alexis.

Alf [alf] *m* a) *short for* Alfred, Adolf, b) Alf.
Al·fons ['alfɔns], **Al·fon·so** [al'fɔnzo] *m* Alphonso, *auch* Alonso, Alonzo.
Al·fred ['al,fre:t] *m* Alfred.
Al·fried ['al,fri:t] *m*.
Ali·ce [a'li:sə] *f* Alice, *auch* Alyce, Alys.
Ali·da [a'li:da] *f short for* Adelheid.
Ali·na [a'li:na], *auch* **Ali·ne** [a'li:nə] *f* a) *short for* Adeline, b) Aline.
Al·ke [alkə], *auch* **Alk·je** [alkjə] *f Low G. pet form of* Adelheid.
Al·ma ['alma] *f* Alma.
Al·mar ['almar] *m short for* Adalmar.
Al·ma·rich ['almarɪç], *auch* **Al·me·rich** ['almərɪç] *m* Almeric.
Al·mut ['al,mu:t], *auch* **Al·muth** ['al,mu:t] *f short for* Adelmut.
Alois ['a:lɔɪs; 'a:lɔi:s], *auch* **Aloi·si·us** [alo-'i:zĭʊs] *m* Aloysius.
Aloi·sia [alo'i:zĭa] *f*.
Al·phonse [al'fõ:s] *m variant of* Alfons.
Al·run ['alru:n] *f*.
Al·traud ['al,traut], *auch* **Al·trud** ['al,tru:t] *f short for* Adeltraud.
Al·win ['alvi:n] *m* Alvin, *auch* Alwin, Alwyn.
Al·wi·ne [al'vi:nə] *f* Alvina.
Ama·de·us [ama'de:ʊs] *m* Amadeus, Amadeo.
Ama·lie [a'ma:lĭə], *auch* **Ama·lia** [a'ma:lĭa] *f* Amelia, *auch* Amalia.
Aman·da [a'manda] *f* Amanda.
Am·bro·si·us [am'bro:zĭʊs], *auch* **Am·bros** ['ambrɔs] *m* Ambrose.
Ame·lie [a'meli; a'me:lĭə; ame'li:], **Amé·lie** [ame'li:] *f variant of* Amalie.
Amos ['a:mɔs] *m* Amos.
Ana·sta·sia [anas'ta:zĭa] *f* Anastasia.
Ana·sta·si·us [anas'ta:zĭʊs] *m* Anastasius.
Ana·tol [ana'to:l; 'anato:l], *auch* **Ana·to·li·us** [ana'to:lĭʊs] *m* Anatol, *auch* Anatole, Annatol.
An·derl ['andərl], **An·di** ['andi] *m dim. of* Andreas.
An·dré [ã'dre:] *m* André, Andrew.
An·drea [an'dre:a] *f* Andrea.
An·dre·as [an'dre:as] *m* Andrew.
An·drée [ã'dre:] *f* Andrée, Andrea.
An·ge·la ['angela; aŋ'ge:la] *f* Angela.
An·ge·li·ka [aŋ'ge:lika] *f* Angelica, Angelic.
An·ge·li·na [aŋge'li:na] *f* Angelina, *auch* Angeline, Angelyn.
Angé·lique [ãʒe'li:k] *f variant of* Angelika.
Ani·ta [a'ni:ta] *f* Anita.
An·ja ['anja] *f*.
An·ka ['aŋka] *f*.
An·ke ['aŋkə] *f*.
Ann [an] *f short for* Anna.
An·na ['ana] *f* Ann(e), Anna.
An·na·bel·la [ana'bɛla] *f* Annabel, Annabella, Annabelle.
Änn·chen ['ɛnçən] *n dim. of* Anna.
An·ne ['anə] *f variant of* Anna.
An·ne·gret ['anə,gre:t] *f*.
An·ne·li ['anəli], *auch* **An·ne·lie** ['anəli] *f Southern G. dim. and pet form of* Anna.
An·ne·lie·se ['anə,li:zə] *f*.
An·ne·ma·rie ['anəma,ri:] *f*.
An·ne·mie ['anəmi] *f short for* Annemarie.
An·nerl ['anərl] *n Bavarian dim. and pet form of* Anna.
An·net·te [a'nɛtə] *f* Annette.
An·ni ['ani] *f pet form of* Anna.
An·no ['ano] *m short for* Arnold.
Ans·bert ['ansbɛrt] *m*.
An·selm ['anzɛlm] *m* Anselm, *auch* Ansel.

An·sel·ma [an'zɛlma] *f*.
Ans·gar ['ansgar] *m*.
Ant·je ['antjə] *f Low G. dim. and pet form of* Anna.
An·toi·nette [ãtŏa'nɛt] *f* Antoinette.
An·ton ['anto:n] *m* Anthony, *auch* Antony.
An·to·nia [an'to:nĭa], *auch* **An·to·nie** [an'to:nĭə] *f* Antonia.
Anusch·ka ['anʊʃka] *f*.
Apol·lo·nia [apə'lo:nĭa] *f*.
Ara·bel·la [ara'bɛla] *f* Arabel, *auch* Arabella.
Ar·chi·bald ['arçi,balt] *m* Archibald.
Aria·ne [a'rĭa:nə] *f* Ariane.
Ari·bert ['a:ri,bɛrt] *m* → Herbert.
Ari·stid [arɪs'ti:t] *m*.
Ar·min ['armi:n] *m* Armin.
Ar·ne ['arnə] *m*.
Arn·fried ['arn,fri:t] *m*.
Ar·no ['arno] *m* a) *short for* Arnold, b) Arno.
Ar·nold ['arnɔlt] *m* Arnold.
Ar·nulf ['arnʊlf] *m*.
Ar·t(h)ur ['artur] *m* Arthur, *auch* Artur.
As·pa·sia [as'pa:zĭa] *f* Aspasia.
Asta ['asta] *f short for* Anastasia, Astrid, Auguste.
Astrid ['astri:t] *f* Astrid.
Atha·na·si·us [ata'na:zĭʊs] *m* Athanasius.
At·ti·la ['atila] *m*.
Au·gust ['aʊgʊst] *m* August(us).
Au·gu·ste [aʊ'gʊstə], *auch* **Au·gu·sta** [aʊ'gʊsta] *f* Augusta.
Au·gu·stin ['aʊgʊsti:n; aʊgʊs'ti:n] *m* Augustin(e), Austin.
Au·gu·sti·ne [aʊgʊs'ti:nə] *f*.
Au·re·lia [aʊ're:lĭa], *auch* **Au·re·lie** [aʊ're:lĭə] *f* Aurelia.
Au·re·li·us [aʊ're:lĭʊs] *m* Aurelius.
Au·ro·ra [aʊ'ro:ra] *f* Aurora.
Axel ['aksəl] *m* Axel.

B

Ba·bet·te [ba'bɛtə], *auch* **Ba·bett** [ba'bɛt] *f* Babette, *auch* Barbette.
Babs [baps], **Bab·si** ['bapsi] *f* a) *dim. and pet form of* Barbara, b) Babs.
Bal·du·in ['balduːin], **Bald·win** ['baltviːn] *m* Baldwin.
Bal·dur ['baldʊr] *m*.
Bal·tha·sar ['baltazar] *m* Balthazar, Balthasar.
Bap·tist [bap'tɪst] *m* Baptist.
Barb [barp] *f short for* Barbara.
Bar·ba·ra ['barbara] *f* Barbara.
Bar·be ['barbə] *f short for* Barbara.
Bär·bel ['bɛrbəl] *f dim. and pet form of* Barbara.
Bar·bi ['barbi] *f bes. Southern G. dim. and pet form of* Barbara.
Bar·na·bas ['barnabas] *m* Barnabas.
Bar·net ['barnət] *m variant of* Bernhard.
Bar·thel ['bartəl] *m short for* Bartholomäus.
Bart·hold ['bartɔlt] *m Low G. for* Berthold.
Bar·tho·lo·mä·us [bartolo'mɛːʊs] *m* Bartholomew.
Ba·si·li·us [ba'zi:lĭʊs], *auch* **Ba·sil** [ba'zi:l; 'ba:zi:l] *m* Basil, Basilius.
Ba·sti·an ['bastĭa(ː)n], **Ba·sti·en** [bas'tĭɛ̃] *m short for* Sebastian.
Bea·te [be'a:tə], *auch* **Bea·ta** [be'a:ta] *f* Beata.
Bea·tri·ce [bea'tri:sə] *f* Beatrice.
Bea·trix [be'a:trɪks; 'be:atrɪks] *f* Beatrix.

Becki (getr. -k·k-) ['bɛki] f a) short for and pet form of Rebekka, b) Becky.
Be·ke ['beːkə], auch **Be·ka** ['beːka] f Low G. pet form of Berta.
Bé·la ['beːla] m Bela.
Be·lin·da [be'lɪnda] f Belinda.
Bel·la ['bɛla] f Belle, Bella, Bel(l).
Ben [bɛn] m a) short for Benjamin, b) Ben.
Be·ne·dikt ['beːnedɪkt], auch **Be·ne·dik·tus** [bene'dɪktus] m Benedict.
Be·ne·dik·ta [bene'dɪkta] f Benedicta.
Be·ni·ta [be'niːta] f Benita.
Ben·ja·min ['bɛnjamiːn] m Benjamin.
Ben·net ['bɛnət] m.
Ben·no ['bɛno] m short for Bernhard.
Ben·ny ['bɛni] m Benny.
Bep·po ['bɛpo] m.
Be·re·ni·ke [bere'niːke], auch **Be·re·ni·ce** [bere'niːtse] f.
Be·rit ['beːrɪt] f variant of Birgit.
Ber·na ['bɛrna] f short for Bernharde.
Ber·na·dette [bɛrna'dɛt] f Bernadette.
Ber·nald ['bɛrnalt] m variant of Bernold.
Ber·nard ['bɛrnart] m variant of Bernhard.
Bernd [bɛrnt], auch **Bernt** [bɛrnt] m short for Bernhard.
Bern·hard ['bɛrn,hart] m Bernard, Barnard.
Bern·har·de [,bɛrn'hardə], auch **Bern·har·da** [,bɛrn'harda] f.
Bern·har·di·ne [bɛrnhar'diːnə] f Bernardina, Bernardine, auch Bernadine.
Bern·hild ['bɛrn,hɪlt], auch **Bern·hil·de** [,bɛrn'hɪldə] f.
Bern·hold ['bɛrn,holt] m variant of Bernold.
Ber·no ['bɛrno] m short for Bernhard.
Ber·nold ['bɛrnolt] m.
Be·ro ['beːro] m short for Bernhard.
Bert [bɛrt] m short for Albert, Berthold, Bertram, Herbert.
Ber·ta ['bɛrta], auch **Ber·tha** ['bɛrta] f Bertha, Berta.
Ber·tel[1] ['bɛrtəl] m dim. and pet form of Berthold.
Ber·tel[2] ['bɛrtəl] f dim. and pet form of Berta.
Bert·hild ['bɛrtɪlt; 'bɛrt,hɪlt] f.
Bert·hold ['bɛrtəlt; 'bɛrt,holt] m Berthold.
Ber·ti ['bɛrti] m dim. and pet form of Berthold.
Ber·ti·na [bɛr'tiːna], auch **Ber·ti·ne** [bɛr'tiːnə] f short for Albertina.
Ber·told ['bɛrtolt] m variant of Berthold.
Ber·tolf ['bɛrtolf] m.
Ber·tram ['bɛrtram] m Bertram, Bartram.
Bet·ti ['bɛti] f short for and pet form of Elisabeth.
Bet·ti·na [bɛ'tiːna], auch **Bet·ti·ne** [bɛ'tiːnə] f Bettina.
Bi·an·ca ['bĭaŋka], **Bi·an·ka** ['bĭaŋka] f Bianca.
Bill [bɪl] m Bill.
Bi·ne ['biːnə] f short for Sabine.
Bir·git ['bɪrgɪt], **Bir·git·ta** [bɪr'gɪta] f.
Bir·ke ['bɪrkə] f.
Bir·te ['bɪrtə] f short for Birgit.
Björn [bjœrn] m.
Blanche [blãʃ] f Blanch(e).
Blan·da ['blanda] f.
Blan·di·ne [blan'diːnə] f.
Blan·ka ['blaŋka] f.
Bla·si·us ['blaːzĭus] m Blasius, Blaise, auch Blase.
Bob [bɔp] m Bob.
Bob·by[1] ['bɔbi] m Bobby.
Bob·by[2] ['bɔbi] f Bobby.
Bo·do ['boːdo] m.
Boi [bɔy], **Bo·je** ['boːjə] m.
Bo·les·law ['boːlɛslaf] m.
Bol·ko ['bɔlko] m short for Boleslaw.
Bo·ni·fa·ti·us [boni'faːtsĭus], **Bo·ni·faz** [boni'faːts; 'boː-] m Boniface.
Bo·ris ['boːrɪs] m Boris.
Bork [bɔrk] m Low G. short for Burkhard.
Bör·ri·es ['bœrĭəs], auch **Bor·ri·es** ['bɔrĭəs] m Low G. short for Liborius.
Bo·to ['boːto], auch **Bo·tho** ['boːto] m variant of Bodo.
Brecht [brɛçt] m short for Albrecht.
Bri·git·te [bri'gɪtə], auch **Bri·git·ta** [bri'gɪta] f Bridget, Brigid, Brigit.
Brit [brɪt], **Brit·ta** ['brɪta] f short for Brigitte.
Bro·der ['broːdər] m.
Brun·hild ['bruːn,hɪlt], auch **Brun·hil·de** [,bruːn'hɪldə] f Brunhilde, auch Brunhilda.
Bru·ni ['bruːni] f dim. and pet form of Brunhild.
Bru·no ['bruːno] m Bruno.
Bur·ga ['burga] f short for Burghild, Walpurga.

Bur·gel ['burgəl] f Bavarian and Austrian for Burghild, Walburg.
Burg·hild ['burk,hɪlt], **Burg·hil·de** [,burk'hɪldə] f.
Burgl ['burgəl] f variant of Burgel.
Burk [burk] m short for Burkhard.
Burk·hard ['burk,hart], auch **Burk·hart** ['burk,hart] m.

C

Cä·ci·lie [tsɛ'tsiːlĭə], auch **Cä·ci·lia** [tsɛ'tsiːlĭa] f Cecile, Cecilia, Cecily, Cicely, Celia.
Ca·mil·la [ka'mɪla] f Camilla, Camila, Camile, Camille.
Can·di·da ['kandida] f Candida.
Ca·ri·na [ka'riːna] f Carina.
Carl [karl] m → Karl.
Car·la ['karla] f → Karla.
Car·lo ['karlo] m.
Car·me·la [kar'meːla] f Carmel(a), Carmella.
Car·men ['karmən] f Carmen.
Ca·rol ['kɛrəl] f Carol, Carrol(l), Caryl.
Ca·ro·la [ka'roːla; 'kaːrola] f Carola.
Ca·ro·li·na [karo'liːna] f Caroline, Carolyn, Karoline.
Ca·ro·li·ne [karo'liːnə] f → Karoline.
Ca·ro·lus ['kaːrolus; ka'roːlus] m Carol, Carrol(l), Caryl.
Car·sta ['karsta] f → Karsta.
Car·sten ['karstən] m Low G. for Christian.
Cä·sar ['tsɛːzar] m Caesar.
Ca·si·mir ['kaːzimiːr] m → Kasimir.
Cas·par ['kaspar] m → Kaspar.
Ca·te·ri·na [kate'riːna] f → Katharina.
Ce·lia ['tseːlĭa] f short for Cäcilie.
Char·lot·te [ʃar'lɔtə] f Charlotte.
Chlod·wig ['kloːtvɪç] m.
Chlot·hil·de [klo'tɪldə] f → Klothilde.
Chris[1] [krɪs] m Chris.
Chris[2] [krɪs] f Chris.
Chri·sta ['krɪsta] f short for Christiane.
Chri·sta·ma·ria [,krɪstama'riːa] f.
Chri·stel ['krɪstəl] f dim. and pet form of Christiane, Christa.
Chri·sti·an ['krɪstĭan] m Christian.
Chri·stia·ne [krɪs'tĭaːnə], auch **Chri·stia·na** [krɪs'tĭaːna] f Christiana.
Chri·sti·ne [krɪs'tiːnə], auch **Chri·sti·na** [krɪs'tiːna] f Christina, Christine.
Chri·stl ['krɪstəl] f dim. and pet form of Christiane, Christa.
Chri·stoph ['krɪstɔf], auch **Chri·stof** ['krɪstɔf] m Christopher.
Cil·li ['tsɪli], auch **Cil·ly** ['tsɪli] f short for Cäcilie.
Claas [klaːs] m Low G. short for Nikolaus.
Claire [klɛːr] f Claire, Clare, Clair.
Cla·ra ['klaːra] f → Klara.
Cla·ris·sa [kla'rɪsa], auch **Cla·ris·se** [kla'rɪsə] f → Klarissa.
Claude[1] [kloːt] m variant of Claudius.
Claude[2] [kloːt] f variant of Claudia.
Clau·dette [klo'dɛt] f dim. of Claude[2].
Clau·dia ['klaudĭa] f Claudia.
Clau·di·ne [klau'diːnə] f Claudine.
Clau·dio ['klaudĭo] m.
Clau·di·us ['klaudĭus] m Claudius.
Claus [klaus] m → Klaus.
Cle·mens ['kleːməns] m Clement.
Cle·men·tia [kle'mɛntsĭa] f Clemency, Clemence.
Cle·men·ti·ne [klemɛn'tiːnə] f Clementina, Clementine, Clementia.
Clio ['kliːo] f Clio.
Co·let·ta [ko'lɛta], **Co·lette** [ko'lɛt] f Colette.
Con·ni[1] ['kɔni], auch **Con·ny** ['kɔni] m a) pet form of Konrad, b) Connie.
Con·ni[2] ['kɔni], auch **Con·ny** ['kɔni] f pet form of Cornelia.
Con·nie ['kɔni], auch **Con·ny** ['kɔni] f Connie, auch Connee.
Con·rad ['kɔnraːt] m → Konrad.
Con·stan·ce [kɔn'stantsə] f → Konstanze.
Con·stan·tin ['kɔnstantiːn; -'tiːn] m → Konstantin.
Con·stan·ze [kɔn'stantsə] f → Konstanze.
Co·ra ['koːra] f short for Cordelia, Cordula.
Cor·de·lia [kɔr'deːlĭa] f Cordelia.
Cor·du·la ['kɔrdula] f.
Co·rin·na [ko'rɪna] f Corinna, auch Corinne, Corynne.
Co·rin·ne [ko'rɪn] f variant of Corinna.
Cor·ne·lia [kɔr'neːlĭa] f Cornelia.
Cor·ne·li·us [kɔr'neːlĭus] m Cornelius.
Cor·nell ['kɔrnəl] f short for Cornelia.

Co·sette [ko'zɛt], auch **Co·sett** [ko'zɛt] f dim. of Nicole.
Co·si·ma ['koːzima] f.
Cres·cen·tia [krɛs'tsɛntsĭa] f.
Cris·pi·nus [krɪs'piːnus], auch **Cri·spin** [krɪs'piːn] m Crispin, auch Crispian, Crispinian.
Curt [kurt], auch **Curd** [kurt] m → Kurt.
Cyn·thia ['tsyntĭa] f Cynthia.
Cy·pria·nus [tsypri'aːnus], auch **Cy·pri·an** [tsypri'aːn] m Cyprian.
Cy·ril·lus [tsy'rɪlus], auch **Cy·rill** [tsy'rɪl] m Cyril.

D

Dag [daːk] m short for Dagobert, Dagomar.
Dag·mar ['dag,mar] f Dagmar.
Da·go·bert ['daːgo,bɛrt] m.
Da·go·mar ['daːgomar] m.
Dai·sy ['deːzi] f Daisy, auch Daysie.
Da·ni·el ['daːnĭel] m Daniel.
Da·ni·e·la [da'nĭeːla], auch **Da·ni·el·la** [da'nĭela] f Daniela.
Da·ni·elle [da'nĭel] f variant of Daniela.
Dank·mar ['daŋkmar] m.
Dank·ward ['daŋk,vart], auch **Dank·wart** ['daŋk,vart] m.
Da·ny [da'niː] f pet form of Daniela, Danielle.
Daph·ne ['dafnə] f Daphne.
Da·ria [da'riːa] f.
Dar·ja ['darja] f.
Da·vid ['daːfɪt; -vɪt] m David.
Da·vi·da [da'viːda] f Davida, auch Davita.
De·bo·ra [de'boːra], auch **De·bo·rah** [de'boːra] f Deborah, auch Debora.
De·gen·hard ['deːgən,hart] m.
Dei·ke ['daɪkə] f.
De·la ['deːla], auch **De·le** ['deːlə] f short for Adele.
Delf [dɛlf] m short for Detlef.
De·lia ['deːlĭa] f Delia.
De·li·la(h) [de'liːla] f Delilah.
De·me·tri·us [de'meːtrĭus] m Demetrius.
De·nise [də'niːs] f Denise, auch Denice, Denys.
De·no ['deːno] m short for Degenhard.
Derk [dɛrk], auch **De·rek** ['deːrɛk] m Low G. short for Dietrich.
Dé·si·rée [dezi'reː] f Désirée.
De·ta ['deːta] f Low G. short for Diethild, Dietlind.
Det·lef ['deːtlɛf; 'dɛtlɛf], auch **Det·lev** ['deːtlɛf; 'dɛtlef] m.
Det·mar ['dɛtmar] m.
Dia·na ['dĭaːna] f Diana, auch Diane, Dyana, Dyane.
Die·mo ['diːmo] m short for Dietmar.
Die·mut ['diː,muːt] f variant of Dietmut.
Dierk [diːrk] m Low G. and Frisian short for Dietrich.
Die·ta ['diːta] f short for Diethild, Dietlind.
Diet·bert ['diːtbɛrt] m.
Die·ter ['diːtər] m short for Dietrich.
Diet·gard ['diːt,gart] f.
Diet·hard ['diːt,hart] m.
Diet·helm ['diːt,hɛlm] m.
Die·ther ['diːtər; 'diːt,hɛr] m variant of Dieter.
Diet·hild ['diːt,hɪlt], auch **Diet·hil·de** [,diːt'hɪldə] f.
Diet·lind ['diːt,lɪnt], **Diet·lin·de** [,diːt'lɪndə] f.
Diet·mar ['diːtmar] m.
Diet·mut ['diːt,muːt], auch **Diet·mu·te** [,diːt'muːtə] f.
Diet·rich ['diːtrɪç] m.
Diet·run ['diːt,ruːn], auch **Diet·ru·ne** [,diːt'ruːnə] f.
Di·na[1] ['diːna], auch **Di·nah** ['diːna] f [Dinah.
Di·na[2] ['diːna] f short for Bernhardine, Christina, Leopoldine.
Dio·ny·si·us [dĭo'nyːzĭus], auch **Dio·nys** [dĭo'nyːs] m Dionysius.
Dio·ti·ma [dĭo'tiːma; dĭo'tiːma] f.
Dirk [dɪrk] m Low G. short for Dietrich.
Ditt·mar ['dɪtmar], auch **Ditt·mer** ['dɪtmər] m variant of Dietmar.
Do·do ['doːdo; do'doː] f short for and pet form of Dorothea.
Dolf [dɔlf] m short for Adolf, Rudolf.
Dol·ly ['dɔli], auch **Do·ly** ['dɔli] f Dolly, auch Dollie.
Do·lo·res [do'loːrɛs] f Dolores, auch Delores.
Do·me·ni·ca [do'meːnika] f variant of Dominika.
Do·mi·nic ['doːmɪnk] m short for Dominikus.

Do·mi·ni·ka [do'miːnika] f Dominica.
Do·mi·ni·kus [do'miːnikus] m Dominic(k), auch Domenic(k).
Do·mi·nique [domi'nɪk] f Dominique.
Do·nald ['doːnalt] m Donald.
Do·ra ['doːra], auch **Do·re** ['doːrə] f Dora.
Do·rette [do'rɛt], auch **Do·rett** [do'rɛt] f dim. of Dorothée.
Do·ri·na [do'riːna] f Dorine.
Do·ris ['doːrɪs] f Doris.
Do·rit ['doːrɪt], auch **Do·ritt** ['doːrɪt] f short for Dorothea.
Dor·le ['doːrlə] n dim. and pet form of Dora.
Do·ro ['doːro] f short for Dorothea.
Do·ro·thea [doro'teːa] f Dorothea, Dorothy, Dorothee.
Do·ro·thée ['doːrote; doro'teː(ə)] f variant of Dorothea.
Dor·te ['doːrtə], **Dör·te** ['døːrtə], auch **Dor·the** ['doːrtə] f Low G. short for Dorothea.
Dort·je ['doːrtjə] f Frisian short for and pet form of Dorothea.
Doug·las ['daglǝs] m Douglas, auch Douglass.
Dun·ja ['dunja] f.

E

Eb·bo ['ɛbo], auch **Ebo** ['eːbo] m short for Eberhard.
Eber·hard ['eːbər,hart], auch **Eber·hart** ['eːbər,hart] m.
Eckart (getr. -k·k-) ['ɛkart] m variant of Eckehard.
Eck·bert ['ɛkbɛrt] m Egbert.
Ecke·hard (getr. -k·k-) ['ɛkə,hart], auch **Ecke·hart** (getr. -k·k-) ['ɛkə,hart], **Eck·hart** ['ɛk,hart; 'ɛkart] m Eckhardt.
Ed·da ['ɛda] f.
Ed·dy ['ɛdi], auch **Ed·die** ['ɛdi] m Eddy, Eddie.
Ede ['eːdə] m short for Eduard.
Edel·bert ['eːdəl,bɛrt] m → Adalbert.
Edel·gard ['eːdəl,gart] f.
Edel·traud ['eːdəl,traut], auch **Edel·trud** ['eːdəl,truːt] f.
Ed·gar ['ɛtgar] m Edgar.
Edith ['eːdɪt] f Edith, auch Edithe, Edyth(e).
Edi·tha [e'diːta] f variant of Edith.
Ed·mund ['ɛt,munt] m Edmund, Edmond.
Ed·na ['ɛtna] f Edna.
Edu·ard ['eːduart] m Edward.
Ed·win ['ɛtviːn] m Edwin.
Ed·wi·ne [ɛt'viːnə] f Edwina.
Ef·fi ['ɛfi] f short for and pet form of Elfriede.
Eg·bert ['ɛkbɛrt], **Eg·brecht** ['ɛkbrɛçt] m variant of Eckbert.
Eg·go ['ɛgo], auch **Eg·ge** ['ɛgə] m Frisian short for Eginald, Eginhard.
Egi·nald ['eːginalt] m.
Egin·hard ['eːgin,hart] m.
Eg·mund ['ɛk,munt] m.
Egon ['eːgɔn] m.
Eh·ren·fried ['eːrən,friːt] m.
Eh·ren·gard ['eːrən,gart] f.
Eh·ren·traut ['eːrən,traut] f.
Ehr·hard ['eːr,hart] m variant of Erhard.
Ei·ke¹ ['aɪkə] m Low G. short for Eckehard.
Ei·ke² ['aɪkə] f.
Eil·mar ['aɪlmar] m.
Ei·nar ['aɪnar] m.
Ein·hard ['aɪn,hart] m variant of Eginhard.
Ele·na ['eːlena] f → Helene.
Eleo·no·re [eleo'noːrə], auch **Eleo·no·ra** [eleo'noːra] f Eleanor(a), Eleonora, Eleonore, Elenor(e), Elinor.
El·fi ['ɛlfi], auch **El·fie** ['ɛlfi] f short for and pet form of Elfriede.
El·frie·de [ɛl'friːdə] f.
El·ga ['ɛlga] f.
El·ger ['ɛlgər] m.
Elia·ne [e'liːanə] f.
Elin ['eːlɪn] f → Helene.
Eli·sa [e'liːza] f short for Elisabeth.
Eli·sa·beth [e'liːzabɛt] f Elizabeth, Elisabeth.
Eli·se [e'liːzə] f short for Elisabeth.
Eli·za·beth [e'liːzabɛt] f variant of Elisabeth.
El·ke ['ɛlkə] f Frisian pet form of Adelheid.
El·ko ['ɛlko] m.
El·la ['ɛla] f short for Eleonore, Elfriede, Elisabeth.
El·len ['ɛlən] f Ellen, auch Ellin.
El·li ['ɛli] f short for and pet form of Elisabeth.
Eli·nor ['ɛlinoːr] f variant of Eleonore.
El·ly ['ɛli] f variant of Elli.
El·mar ['ɛlmar], auch **El·mer** ['ɛlmər] m Elmer.

El·mi·ra [ɛl'miːra] f.
El·mo ['ɛlmo] m short for Elmar.
El·sa ['ɛlza] f Elsa.
Els·beth ['ɛlsbɛt] f Elspeth.
El·se ['ɛlzə] f Elsie.
El·si ['ɛlzi] f Elsie.
El·vi·ra [ɛl'viːra] f Elvira.
Ema·nu·el [e'maːnŭɛl] m Em(m)anuel, auch Immanuel.
Ema·nue·la [ema'nŭeːla] f.
Eme·rich ['eːməriç] m variant of Emmerich.
Emil ['eːmiːl] m Emil(e).
Emi·lie [e'miːlĭə], auch **Emi·lia** [e'miːlĭa] f Emily, auch Emilie, Emilia.
Em·ma ['ɛma] f Emma.
Em·me·rich ['ɛməriç] m Emery, auch Emory.
Em·mi ['ɛmi] f dim. and pet form of Emma.
Em·mo ['ɛmo] m short for Emmerich.
Em·my ['ɛmi] f variant of Emmi.
Ena ['eːna] f short for Helena.
En·gel·bert ['ɛŋəl,bɛrt] m.
En·gel·brecht ['ɛŋəl,brɛçt] m variant of Engelbert.
En·no ['ɛno] m Frisian short for Eginhard, Einhard.
En·ri·ca [ɛn'riːka] f Enrica.
En·ri·co [ɛn'riːko] m Enrico.
Ephra·im ['eːfra-ɪm] m Ephraim.
Eras·mus [e'rasmʊs] m Erasmus.
Er·hard ['ɛrr,hart], **Er·hart** ['ɛrr,hart] m.
Erich ['eːrɪç] m Eric, Erich.
Erik ['eːrɪk] m bes. Northern G. for Erich.
Eri·ka ['eːrika] f Erica, Erika.
Er·men·traud ['ɛrmən,traut], auch **Er·men·trud** ['ɛrmən,truːt], **Erm·traud** ['ɛrm,traut], **Erm·trud** ['ɛrm,truːt] f → Irmtraud.
Er·na ['ɛrna] f Erna.
Er·nest ['ɛrnɛst; ɛr'nɛst] m variant of Ernst.
Er·ne·sta [ɛr'nɛsta] f.
Er·ne·sti·ne [ɛrnɛs'tiːnə] f Ernestine, auch Ernestyne.
Ernst [ɛrnst] m Ernest.
Er·win ['ɛrviːn] m Erwin.
Es·me·ral·da [ɛsme'ralda] f Esmeralda.
Es·ra ['ɛsra] m Ezra.
Es·ther ['ɛstər] f Est(h)er, Hester.
Estrel·la [ɛs'trɛla] f.
Eu·gen ['ɔʏgeːn; -'geːn] m Eugene.
Eu·ge·nie [ɔʏ'geːnĭə] f Eugenia, auch Eugenie.
Eu·la·lia [ɔʏ'laːlĭa], auch **Eu·la·lie** [ɔʏ'laːlĭə] f Eulalia, auch Eulalie.
Eu·se·bia [ɔʏ'zeːbĭa] f.
Eu·se·bi·us [ɔʏ'zeːbĭʊs] m Eusebius.
Eu·sta·chi·us [ɔʏs'taxĭʊs], auch **Eu·stach** [ɔʏs'tax] m Eustace.
Ev [eːf] f short for Eva.
Eva ['eːfa; 'eːva] f Eve, Eva.
Eva·ma·ria [,eːfama'riːa; ,eːva-], auch **Eva-ma·rie** [,eːfama'riː; ,eːva-] f.
Ev·chen ['eːfçən] n dim. and pet form of Eva.
Eve ['eːf] f variant of Eva.
Eve·lyn ['eːvəliːn], auch **Eve·li·ne** ['eːvəliːn; eˈvaˈliːnə; eve'liːnə] f Evelyn, auch Evelynne, Eveline, Evelina, Eveleen.
Evi ['eːfi] f pet form of Eva.
Evi·ta [e'viːta] f Evita.
Ewald ['eː,valt] m.

F

Fa·bia ['faːbĭa] f Fabia.
Fa·bi·an ['faːbĭan] m Fabian.
Fa·bio·la [fa'bĭoːla] f.
Fa·bi·us ['faːbĭʊs] m.
Falk [falk], auch **Fal·ke** ['falkə] m.
Fal·ko ['falko] m.
Fan·ni¹ ['fani] f short for Stephanie.
Fan·ni² ['fani], auch **Fan·ny** ['fani] f short for Franziska.
Far·hild ['faːr,hɪlt] f.
Fa·ti·ma ['faːtima] f Fatima.
Fe·dor ['feːdɔr] m.
Fe·do·ra [fe'doːra] f Fedora.
Fee [feː] f short for Felizitas.
Fe·lix ['feːlɪks] m Felix.
Fe·li·zia [fe'liːtsĭa] f Felicia.
Fe·li·zi·tas [fe'liːtsitas] f Felicity, auch Felicita.
Fer·di ['fɛrdi] m short for Ferdinand.
Fer·di·nand ['fɛrdinant] m Ferdinand.
Ferdl ['fɛrdəl] m Bavarian pet form of Ferdinand.
Fi·des ['fiːdes] f.
Fie·ke ['fiːkə] f Low G. dim. and pet form of and short for Sophia.
Fie·ne ['fiːnə] f Low G. short for Josefine.

Fie·te ['fiːtə] m Low G. short for Friedrich.
Fi·na ['fiːna] f variant of Fiene.
Fips [fɪps] m short for Philip(p).
Fi·ta ['fiːta] f short for Friederike.
Fla·via ['flaːvĭa] f Flavia.
Fla·vio ['flaːvĭo] m.
Fleur [fløːr] f Fleur.
Flo·ra ['floːra] f Flora.
Flo·ren·ze [flo'rɛntsə] f Florence, auch Florance.
Flo·ri¹ ['floːri] m Southern G. dim. and pet form of Florian.
Flo·ri² ['floːri] f Southern G. pet form of Flora.
Flo·ri·an ['floːrĭan] m.
Flo·ria·ne [flo'rĭaːnə] f.
Flo·rin ['floːrɪn; flo'riːn] m variant of Florian.
Focke (getr. -k·k-) ['fɔkə], auch **Focko** (getr. -k·k-) ['fɔko] m short for Volkhard, Vol(k)mar.
Fol·ke¹ ['fɔlkə] m short for Volkhard, Vol(k)mar.
Fol·ke² ['fɔlkə] f short for Volkhild.
Fons [fɔns] m short for Alfons.
Frank [fraŋk] m Frank.
Franz [frants] m Francis.
Fran·zi ['frantsi] f dim. and pet form of Franziska.
Fran·zis·ka [fran'tsɪska] f Frances.
Fran·zis·kus [fran'tsɪskʊs] m.
Frau·ke ['fraukə] f.
Fred [freːt; frɛt] m a) short for Alfred, Manfred, b) Low G. short for Frederik.
Fred·dy ['frɛdi] m Freddie.
Fre·de·rik ['freːdərɪk] m Low G. for Friedrich.
Fred·rik ['freːdrɪk] m variant of Friedrich.
Freia ['fraɪa], auch **Freya** ['fraɪa] f.
Fricka (getr. -k·k-) ['frɪka] f short for Friederike.
Fri·da ['friːda] f variant of Frieda.
Fri·do·lin ['friːdoliːn] m.
Frie·da ['friːda] f Frieda, Freda.
Frie·del¹ ['friːdəl] m dim. and pet form of Fridolin, Friedrich, Gottfried.
Frie·del² ['friːdəl] f dim. and pet form of Frieda, Elfriede.
Frie·de·lind ['friːdə,lɪnt], auch **Frie·de·lin·de** [,friːdə'lɪndə] f.
Frie·de·mann ['friːdə,man] m.
Frie·de·mar ['friːdəmar] m.
Frie·der ['friːdər] m short for Friedrich.
Frie·de·ri·ke [friːdə'riːkə] f Frederica, Frederika.
Fried·helm ['friːt,hɛlm] m.
Fried·hild ['friːt,hɪlt], auch **Fried·hil·de** [,friːt'hɪldə] f.
Friedl ['friːdəl] f variant of Friedel².
Fried·lieb ['friːt,liːp] m.
Fried·mann ['friːt,man] m variant of Friedemann.
Fried·mar ['friːtmar] m variant of Friedemar.
Fried·rich ['friːdrɪç] m Frederic(k), Fredric, Fredrich, Friedrich.
Fried·run ['friːdruːn] f.
Frig·ga ['frɪga], auch **Frig·ge** ['frɪgə] f Low G. short for Friederike.
Fritz [frɪts] m a) short for Friedrich, b) Fritz.
Frit·zi ['frɪtsi], auch **Friz·zi** ['frɪtsi] f short for and pet form of Friederike.
Froh·mut ['froː,muːt] f.
Fürch·te·gott ['fyrçtə,gɔt] m.

G

Ga·bi ['gaːbi] f short for and pet form of Gabriele.
Ga·bor ['gaːbɔr] m variant of Gabriel.
Ga·bri·el ['gaːbriɛl] m Gabriel.
Ga·brie·le [gabri'eːlə] f Gabriella, Gabrielle, auch Gabriela.
Ga·by ['gaːbi] f variant of Gabi.
Geb·hard ['gɛp,hart] m.
Geert [geːrt] m short for Gerhard.
Ge·la¹ ['geːla] f short for Gertrud.
Ge·la² ['geːla] f short for Angela.
Ge·le ['geːlə] f variant of Gela¹.
Ge·li ['geːli] f short for and pet form of Angelika.
Gem·ma ['gɛma] f.
Gene·vi·eve [ʒən'vĭɛːf] f Genevieve, Genevière.
Ge·no·ve·va [geno'feːfa; -'veːva] f Genoveva.
Ge·org ['geːɔrk; ge'ɔrk] m George.
Ge·or·gia [ge'ɔrgĭa] f Georgia.
Ge·or·gi·ne [geɔr'giːnə] f Georgi(a)na, auch Georgine.

Ge·rald ['geːralt] m Gerald.
Ge·ral·de [ge'raldə] f Geralda.
Ge·ral·di·ne [geral'diːnə] f Geraldine.
Ger·bert ['gɛrbɛrt] m.
Gerd [gɛrt] m short for Gerhard.
Ger·da ['gɛrda] f Gerda.
Ger·fried ['gɛr,friːt] m.
Ger·hard ['geːr,hart] m Gerard.
Ger·har·de [,geːr'hardə] f.
Ger·hart ['gɛr,hart] m variant of Gerhard.
Ger·hild ['geːr,hɪlt], auch Ger·hil·de [,geːr-'hɪldə] f.
Ge·rit¹ ['geːrɪt] m variant of Gerrit¹.
Ge·rit² ['geːrɪt] f variant of Gerrit².
Ger·ke¹ ['geːrkə] m Low G. and Frisian short for and pet form of Gerke¹.
Ger·ke² ['geːrkə] f Low G. and Frisian short for and pet form of Gertrud.
Ger·ko ['geːrko] m variant of Gerke¹.
Ger·lin·de [,geːr'lɪndə], auch Ger·lind ['geːr,lɪnt] m.
Ger·mar ['gɛrmar] m.
Ger·mo ['gɛrmo] m short for Germar.
Ger·not ['geːr,noːt] m.
Ge·ro ['geːro] m short for Gerhard.
Ge·rold ['geːrolt] m variant of Gerald.
Ge·rolf ['geːrolf] m.
Ger·rit¹ ['gɛrɪt] m Frisian short for Gerhard.
Ger·rit² ['gɛrɪt] f Frisian short for Gerharde.
Gert¹ [gɛrt] m variant of Gerd.
Gert² [gɛrt] f short for Gertrud.
Ger·ta ['gɛrta] f short for Gertrud.
Ger·ti ['gɛrti] f Southern G. short for Gertrud.
Ger·traud ['gɛr,traut], auch Ger·trau·de [,gɛr'traudə], Ger·traut ['gɛr,traut] f variant of Gertrud.
Ger·trud ['gɛr,truːt], auch Ger·tru·de [,gɛr'truːdə] f Gertrude.
Ger·win ['gɛrviːn] m.
Ge·sa ['geːza], auch Ge·se ['geːzə] f Low G. and Frisian for Gertrud.
Ge·si·na [ge'ziːna], auch Ge·si·ne [ge-'ziːnə] f.
Gi·la ['giːla] f short for Gisela.
Gil·bert ['gɪlbɛrt] m.
Gi·na ['giːna] f short for Regina.
Gi·sa ['giːza] f short for Gisela, Gislinde.
Gis·bert ['gɪsbɛrt] m.
Gi·se·la ['giːzəla] f.
Gi·sel·bert ['giːzəl,bɛrt], auch Gi·sel·brecht ['giːzəl,brɛçt] m.
Gi·sel·her ['giːzəl,heːr] m.
Gis·lin·de [,gɪs'lɪndə] f.
Git·ta ['gɪta], auch Gi·ta ['gɪta] f short for Brigitte.
Git·te ['gɪtə] f short for Brigitte.
Glo·ria ['gloːria] f Gloria, auch Glori(e), Glory.
God·win ['gɔtviːn] m Low G. for Gottwin.
Go·lo ['goːlo] m.
Gorch [gɔrç] m Low G. for Georg.
Gott·fried ['gɔt,friːt] m Godfrey, Geoffrey, Jeffrey.
Gott·hard ['gɔt,hart] m Goddard.
Gott·helf ['gɔt,hɛlf], auch Gott·hilf ['gɔt-,hɪlf] m.
Gott·hold ['gɔt,hɔlt] m.
Gott·lieb ['gɔt,liːp] m.
Gott·lob ['gɔt,loːp] m.
Gott·win ['gɔtviːn] m Godwin.
Götz [gœts] m short for Gottfried.
Grace [greːs], Gra·cia ['graːtsia] f variant of Grazia.
Gra·zia ['graːtsia], auch Gra·tia ['graːtsia] f Grace, Gracia, Gratia, Grayce.
Greet [greːt] m Low G. short for Margarete.
Gre·gor ['greːgor] m Gregory.
Gre·ta ['greːta] f short for Margarete.
Gret·chen ['greːtçən] n dim. and pet form of Grete.
Gre·te ['greːtə] f short for Margarete.
Gre·tel ['greːtəl] f dim. and pet form of Margarete.
Gret·je ['greːtjə] f Frisian dim. and pet form of Grete.
Gretl ['greːtəl] f dim. and pet form of Margarete.
Gri·scha ['grɪʃa] m variant of Gregor.
Gri·sel·da [gri'zɛlda], auch Gri·sel·dis [gri'zɛldɪs] f Griselda.
Grit [grɪt], Gri·ta ['griːta], auch Gritt [grɪt], Grit·ta ['grɪta] f short for Margarete.
Gu·da ['guːda] f short for Gudrun.
Gu·drun ['guːdruːn] f.
Gu·du·la ['guːdula] f.
Gui·do ['gŭiːdo; 'giːdo] m Guido.
Gun [gʊn] f short for Gunhild.
Gu·nar ['gʊnar] m variant of Gunnar.

Gun·da ['gʊnda], auch Gun·de ['gʊndə] f short for Adelgunde, Hildegunde, Kunigunde.
Gun·del ['gʊndəl] f pet form of Gunda, Adelgunde, Hildegunde, Kunigunde.
Gun·de·la ['gʊndəla] variant of Gundula.
Gun·dolf ['gʊndolf] m.
Gun·du·la ['gʊndula] f.
Gun·hild ['guːn,hɪlt] f variant of Gunthild.
Gunn [gʊn] f variant of Gun.
Gun·nar ['gʊnar] m Gunnar.
Gun·ter ['gʊntər] m variant of Günter.
Gün·ter ['gʏntər] m.
Gun·ther ['gʊntər] m variant of Gunter.
Gün·ther ['gʏntər] m variant of Günter.
Gunt·hild ['gʊnt,hɪlt], auch Gunt·hil·de [,gʊnt'hɪldə] f.
Gunt·mar ['gʊntmar] m.
Gus [gʊs] m short for Gustav.
Gu·stav ['gʊstaf], auch Gu·staf ['gʊstaf] m Gustavus, Gustave.
Gu·ste ['gʊstə] f short for Auguste.
Gu·stel¹ ['gʊstəl] m short for and pet form of August, Gustav.
Gu·stel² ['gʊstəl] f short for and pet form of Auguste.
Gu·sti ['gʊsti] f short for and pet form of Auguste.

H

Ha·dri·an [hadri'aːn; 'haː-] m → Adrian.
Ha·gen ['haːgən] m.
Ha·jo ['haːjo] m Frisian for Hagen.
Ha·kon ['haːkon] m.
Han·jo ['hanjo] m short for Hansjoachim, Hansjosef.
Han·ke ['haŋkə] m Low G. short for and pet form of Johannes.
Han·na ['hana] f short for Johanna.
Han·nah ['hana] f Hannah.
Han·ne ['hanə] f variant of Hanna.
Han·ne·lo·re ['hanə,loːrə] f.
Han·ne·ro·se ['hanə,roːzə] f.
Han·nes ['hanəs] m short for Johannes.
Han·ni ['hani] f pet form of Johanna.
Han·no ['hano] m short for Johannes.
Hans [hans], auch Hanns [hans] m short for Johannes.
Häns·chen ['hɛnsçən] n dim. and pet form of Hans.
Hans·die·ter [,hans'diːtər] m.
Hans·ge·org [,hans'geːork] m.
Han·si¹ ['hanzi] m pet form of Hans.
Han·si² ['hanzi] f short for and pet form of Johanna.
Hans·joa·chim [,hans'joːaxɪm] m.
Hans·jo·sef [,hans'joːzɛf] m.
Hans·jür·gen [,hans'jʏrgən] m.
Ha·rald ['haːralt] m variant of Harold.
Har·bert ['harbɛrt] m Frisian for Herbert.
Har·di ['hardi], Har·dy ['hardi] m short for and pet form of Gerhard, Hartmut.
Harm [harm] m Frisian short for Harmen.
Har·men ['harmən] m Frisian for Hermann.
Ha·ro ['haːro] m variant of Harro.
Ha·rold ['haːrolt] m Harold.
Har·ri ['hari] m variant of Harry.
Har·ri·et ['hariɛt] f Harriet, Harriot, Harriett(e), Harrietta.
Har·ro ['haro] m Frisian short for Harmen, Harbert.
Har·ry ['hari] m Harry.
Hart·lieb ['hart,liːp] m.
Hart·mann ['hart,man] m.
Hart·mut ['hart,muːt] m.
Hart·wig ['hartvɪç] m.
Has·ko ['hasko] m Frisian pet form of Hasso.
Has·so ['haso] m.
Hed·da ['hɛda] f short for Hedwig.
He·di ['heːdi] f a) short for and pet form of Hedwig, b) Hedie, Hedy, Heddie.
Hed·wig ['heːtvɪç] f Hedwig.
He·dy ['heːdi] f variant of Hedi.
Hei·de ['haɪdə] f variant of Heidi.
Hei·de·lin·de ['haɪdə,lɪndə] f.
Hei·de·lo·re ['haɪdə,loːrə] f.
Hei·de·ma·rie ['haɪdəma,riː], auch Hei·de·ma·ria ['haɪdəma'riːa] f.
Hei·de·ro·se ['haɪdə,roːzə] f.
Hei·di ['haɪdi] f short for and pet form of Adelheid, Heidemarie, Heidrun.
Heid·run ['haɪdruːn] f.
Hei·ke ['haɪkə] f Frisian short for and pet form of Heinrike.
Hei·ko ['haɪko] m Frisian short for and pet form of Heinrich.
Hei·me·ran ['haɪməran] m.
Hei·me·rich ['haɪmərɪç] m.

Heim·ke ['haɪmkə] f.
Hei·mo ['haɪmo] m short for Heimeran, Heimerich.
Hein [haɪn] m bes. Low G. short for Heinrich.
Hei·ner ['haɪnər] m short for Heinrich.
Hei·ni ['haɪni] m short for and pet form of Heinrich.
Hein·ke ['haɪŋkə] f Low G. short for and pet form of Heinrich.
Hein·ko ['haɪŋko] m Low G. and Frisian short for and pet form of Heinrich.
Hei·no ['haɪno] m short for Heinrich.
Hein·rich ['haɪnrɪç] m Henry.
Hein·ri·ke [haɪn'riːkə] f variant of Henrike.
Heinz [haɪnts] m short for Heinrich.
Heio ['haɪo] m Frisian short for Heinrich.
Hek·tor ['hɛktor] m Hector.
He·la ['heːla] f variant of Hella.
He·len ['heːlen; 'heːlən; -leːn] f variant of Helene.
He·le·ne [he'leːnə], auch He·le·na ['heːlena] f Helen(a), Ellen, Eileen.
Hel·ga ['hɛlga] f Helga.
Hel·ge¹ ['hɛlgə] m.
Hel·ge² ['hɛlgə] f variant of Helga.
Hel·la ['hɛla] f a) short for Helene, b) pet form of Helga.
Hell·muth ['hɛl,muːt] m variant of Helmut.
Hel·ma ['hɛlma] f short for Helmtraud, Wilhelma.
Hel·mar ['hɛlmar] m variant of Hildemar.
Hel·mi·ne [hɛl'miːnə], auch Hel·mi·na [hɛl'miːna] f short for Wilhelmine.
Helm·ke ['hɛlmkə] f short for Helmtraud, Wilhelma.
Helm·traud ['hɛlm,traut], auch Helm·traut ['hɛlm,traut] f.
Hel·mut ['hɛl,muːt], auch Hel·muth ['hɛl-,muːt] m. [Henrik.]
Hen·drik ['hɛndrɪk] m bes. Low G. for
Hen·drik·je [hɛn'driːkjə] f pet form of Henrike.
Hen·ner ['hɛnər] m short for Heinrich.
Hen·nes ['hɛnəs] m Rhenish short for Johannes.
Hen·ni ['hɛni] f short for Henrike.
Hen·nig ['hɛnɪç], auch Hen·ning ['hɛnɪŋ] m short for and pet form of Heinrich, Johannes.
Hen·ny ['hɛni] f variant of Henni.
Hen·ri ['hɛnri] m short for Heinrich.
Hen·ri·et·te [hɛnri'ɛtə] f Henrietta.
Hen·rik ['hɛnrɪk] m Low G. for Heinrich.
Hen·ri·ke [hɛn'riːkə] f.
Hen·ry ['hɛnri] m Henry.
Her·bert ['hɛrbɛrt], auch He·ri·bert ['heːri-,bɛrt] m Herbert.
Her·lin·de [,hɛr'lɪndə] f.
Her·ma ['hɛrma] f short for Hermine.
Her·mann ['hɛrman] m Herman.
Her·mi·ne [hɛr'miːnə] f Hermina, auch Hermine.
Her·ta ['hɛrta], auch Her·tha ['hɛrta] f Hert(h)a.
He·ster ['hɛstər] f Hester, Est(h)er.
Het·ti ['hɛti], auch Het·ty ['hɛti] f short for and pet form of Hedwig.
Hi·as ['hiːas] m Bavarian and Austrian short for Matthias.
Hie·ro·ny·mus [hie'roːnymus] m Jerome.
Hil·de ['hɪldə], auch Hil·da ['hɪlda] f Hilda.
Hil·de·brand ['hɪldə,brant] m Hildebrand.
Hil·de·gard ['hɪldə,gart] f Hildegard(e).
Hil·de·gun·de [,hɪldə'gʊndə] f.
Hil·de·mar ['hɪldəmar] m.
Hil·drun ['hɪldruːn] f.
Hil·ger ['hɪlgər] m.
Hil·ke ['hɪlkə] f Frisian short for and pet form of Hildegard.
Hil·ma ['hɪlma] f variant of Helma.
Hil·mar ['hɪlmar] m short for Hildemar.
Hil·traud ['hɪl,traut], auch Hil·trud ['hɪl-,truːt] f.
Hin·nerk ['hɪnərk] m Low G. for and Frisian pet form of Heinrich.
Hin·rich ['hɪnrɪç] m Low G. for Heinrich.
Hjal·mar ['hjalmar] m.
Hol·ger ['hɔlgər] m.
Holm [hɔlm] m.
Horst [hɔrst] m.
Horst·mar ['hɔrstmar] m.
Hor·ten·sia [hɔr'tɛnzia] f.
Hu·bert ['huːbɛrt] m Hubert, Hobert.
Hu·ber·ta [hu'bɛrta] f.
Hu·ber·tus [hu'bɛrtus] m variant of Hubert.
Hu·go ['huːgo] m Hugh, Hugo.
Hul·da ['hʊlda] f Hulda(h).
Hum·bert ['hʊmbɛrt] m Humbert.

I

Ida ['iːda] f Ida.
Idu·na [i'duːna] f Iduna.
Ignaz [ɪ'gnaːts; 'ɪgnaːts], *auch* **Igna·ti·us** [ɪ'gnaːtsɪus] m Ignatius.
Igor ['iːgɔr] m.
Ilia·ne [i'liaːnə] f *variant of* Juliane.
Il·ja ['ɪlja] m.
Il·ka ['ɪlka] f Ilka.
Ilo·na ['iːlona; 'ɪlona; i'loːna] f Ilona, *auch* Ilone.
Ilon·ka ['iːlənka; 'ɪlənka; i'lənka] f.
Il·se ['ɪlsə], *auch* **Il·sa** ['ɪlza] f a) *short for* Elisabeth, b) Ilse.
Il·se·gret ['ɪlzə,greːt] f.
Im·ma ['ɪma] f *short for* Irmgard, Irmtraud.
Im·ma·nu·el [ɪ'maːnŭel] m Em(m)anuel, Immanuel.
Im·me ['ɪmə] f *variant of* Imma.
Im·mo ['ɪmo] m *short for* Irmbert.
Ina ['iːna], *auch* **Ine** ['iːnə] f Ina.
Ines ['iːnɛs] f Ines, Inez.
In·ga ['ɪŋa] f *short for* Ingeborg.
In·ge ['ɪŋə] f *short for* Ingeborg.
In·ge·borg ['ɪŋə,bɔrk] f.
In·ge·lo·re ['ɪŋə,loːrə] f.
In·ge·ma·rie ['ɪŋəma,riː] f.
In·ge·ro·se ['ɪŋə,roːzə] f.
In·ge·traud ['ɪŋə,traut] f.
Ing·mar ['ɪŋmar] m *variant of* Ingomar.
In·go ['ɪŋgo] m *short for* Ingobert, Ingomar.
In·go·bert ['ɪŋgo,bɛrt] m.
In·go·mar ['ɪŋgomar] m Ingemar, *auch* Ingmar.
In·grid ['ɪŋgrɪt] f Ingrid.
In·ka ['ɪŋka] f *variant of* Inken.
In·ken ['ɪŋkən] f *Frisian short for and pet form of* Ingeborg.
In·no·zen·tia [ɪno'tsɛntsɪa] f.
In·no·zenz ['ɪnotsɛnts] m Innocent.
Ira ['iːra] f Ira.
Ire·ne [i'reːnə] f Irene, Irena, Irina.
Iri·na [i'riːna] f *variant of* Irene.
Iris ['iːrɪs] f Iris.
Ir·ma ['ɪrma] f *short for* Irmgard, Irmtraud.
Irm·bert ['ɪrmbɛrt] m.
Ir·me·la ['ɪrmələ] f *dim. and pet form of* Irma.
Irm·fried ['ɪrm,friːt] m.
Irm·gard ['ɪrm,gart] f Ermengarde.
Irm·hild ['ɪrm,hɪlt], *auch* **Irm·hil·de** [,ɪrm'hɪldə] f.   [gard.]
Ir·min·gard ['ɪrmɪn,gart] f *rare for* Irm-
Irm·traud ['ɪrm,traut], *auch* **Ir·min·traud** ['ɪrmɪn,traut], **Irm·trud** ['ɪrm,truːt] f Ermentrud(e).
Isa ['iːza] f *short for* Isabella.
Isaak ['iːza(ː)k] m Isaac.
Isa·bel ['izabɛl] f *variant of* Isabella.
Isa·bel·la [iza'bɛla], *auch* **Isa·bel·le** [iza-'bɛlə] f Isabel(la), Isabelle, Isobel.
Isi·dor ['iːzidoːr] m Isidor(e), Isador(e).
Isol·de [i'zɔldə] f Isolde.
Ivar ['iːvar] m Ivar.
Ivo ['iːvo] m.
Iwan ['iːvan] m Ivan.
Iwar ['iːvar] m *variant of* Ivar.

J

Jack [dʒɛk] m Jack.
Jacque·line [ʒa'kliːn] f Jacqueline, Jacquelyn(ne), Jacalin(ne), Jacalyn, Jackelyn.
Jacques [ʒak] m Jacques.
Ja·kob ['jaːkɔp] m Jacob.
James [dʒeːms] m James.
Jan [jan] m *Low G. and Frisian* Jan.
Ja·na ['jana] f.
Jane [dʒeːn] f Jane.
Ja·net [ʒa'neː] f Janet, *auch* Janetta.
Ja·ni·na [ja'niːna] f Janina.
Jan·ka ['janka] f *variant of* Johanna.
Jan·ko ['janko] m *pet form of* Jan.
Ja·ro·mir ['jaːromiːr] m.
Ja·ros·law ['jaːrəslaf] m Jaroslav.
Ja·scha ['jaʃa] m Jascha.
Jas·min [jas'miːn] f Jasmine, Jasmin, Jasmina.
Jean¹ [ʒãː] m Jean.
Jean² [dʒiːn] f Jean.
Jeanne [ʒan] f Jeanne.
Jean·nette [ʒa'nɛt] f Jeanette.
Jean·nine [ʒa'niːn] f.
Jeff [dʒɛf] m Jeff.
Jen·ni ['jɛni], **Jen·ny** ['jɛni] f *short for and pet form of* Johanna.
Jens [jɛns] m.

Je·re·mi·as [jere'miːas] m Jeremiah.
Jet·te ['jɛtə] f *short for* Henriette.
Jill [dʒɪl] f Jill.
Jim [dʒɪm] m Jim.
Jim·my ['dʒɪmi] m Jimmie, Jimmy.
Ji·ri ['jiri; 'jɪrʒi] m *variant of* Georg.
Jo [joː] f *short for* Johanna.
Joa·chim ['joːaxɪm; jo'axɪm] m Joachim.
Jo·chen ['jɔxən] m *short for* Joachim.
Jockel (*getr.* -k·k-) ['jɔkəl] m *pet form of* Jakob.
Joe [dʒoː] m Joe, Jo.
Jo·hann [jo'han; 'joːhan] m *variant of* Johannes.
Jo·han·na [jo'hana] f Joan, Jo(h)anna, Joann(e), Jane, Jean.
Jo·han·nes [jo'hanəs] m John, Johannes.
John¹ [joːn] m *Low G. short for* Johannes.
John² [dʒɔn] m John.
John·ny ['dʒɔni] m Johnny.
Jo·lan·the [jo'lantə] f.
Jo·nas ['joːnas] m Jonah, Jonas.
Jo·na·than ['joːnatan] m Jonathan.
Jon·ny ['dʒɔni] m *variant of* Johnny.
Jörg [jœrk] m *short for* Georg.
Jörn [jœrn] m *Low G. short for* Jürgen.
Jo·sef ['joːzɛf] m *variant of* Joseph.
Jo·se·fa [jo'zɛfa; -'zeːfa] f *variant of* Josepha.
Jo·se·fi·ne [joze'fiːnə] f *variant of* Josephine.
Jo·seph ['joːzɛf] m Joseph.
Jo·se·pha [jo'zɛfa; -'zeːfa] f Josepha.
Jo·se·phi·ne [joze'fiːnə] f Josephine.
Jost [jɔːst] m.
Jo·sua ['joːzŭa] m Joshua.
Jua·ni·ta [xŭa'niːta] f Juanita.
Ju·dith ['juːdɪt] f Judith.
Jul·chen ['juːlçən] n *dim. of* Julia.
Ju·lia ['juːlia] f Julia, Julie, Juliet.
Ju·lia·na [ju'liaːna], *auch* **Ju·lia·ne** [ju-'liaːnə] f Juliana, Julianna, Julianne.
Ju·lie ['juːliə] f *variant of* Julia.
Ju·li·ette [ʒy'liɛt] f Juliet, Juliette.
Ju·lisch·ka ['juːlɪʃka] f.
Ju·li·us ['juːlɪus] m Julius.
Jupp [jup] m *Rhenish short for and pet form of* Joseph.
Jür·gen ['jyrgən] m.
Ju·sti·na [jus'tiːna], *auch* **Ju·sti·ne** [jus'tiːnə] f Justina, Justine.
Ju·sti·nus [jus'tiːnus] m Justin.
Ju·stus ['justus] m Justus.
Jut·ta ['juta] f *pet form of* Judith.

K

Kai¹ [kaɪ] f Kay.
Kai² [kaɪ] m Kay.
Ka·ja ['kaːja] f *Frisian short for* Katharina.
Kal·le ['kalə] m *pet form of* Karl.
Ka·mil·la [ka'mɪla] f *→* Camilla.
Kan·di·da ['kandida] f *→* Candida.
Ka·ren ['kaːrən] f *variant of* Karin.
Ka·rin ['kaːrɪn; -rɪn] f Karen, Karin, Karyn(ne), Caren, Carin, Caryn.
Ka·ri·na [ka'riːna] f Carina.
Karl [karl] m Charles, Carl, Karl.
Kar·la ['karla] f Carla, Karla.
Karl·chen ['karlçən] n *dim. of* Karl.
Karl·heinz [,karl'haɪnts] m.
Ka·ro·la [ka'roːla; 'kaːrola] f Carola.
Ka·ro·li·na [karo'liːna] f *→* Carolina.
Ka·ro·li·ne [karo'liːnə] f Caroline, Carolyn, Karoline.
Kar·sta ['karsta] f.
Kar·sten ['karstən] m *Low G. for* Christian.
Ka·si·mir ['kaːzimiːr] m Casimir, Kasimir.
Kas·par ['kaspar] m Caspar, Casper, Gaspar.
Kä·te ['kɛːtə] f *variant of* Käthe.
Ka·tha·ri·na [kata'riːna] f Catherine, Catharine, Catharina, Catheryn, Katherine, Katharine, Kathryn(ne), Katharina, Katrina, Caterina, Katryna.
Ka·tha·ri·ne [kata'riːnə] f *variant of* Katharina.
Käth·chen ['kɛːtçən] n *dim. and pet form of* Käthe.
Kä·the ['kɛːtə] f Kate.
Ka·the·ri·na [kate'riːna] f *variant of* Katharina.
Ka·thi ['kaːti] f *variant of* Kati.
Ka·thin·ka [ka'tɪŋka] f.
Ka·threin [ka'traɪn], **Ka·thrin** [ka'triːn] f *Southern G. short for* Katharina.
Ka·ti ['kaːti] f *Bavarian short for and pet form of* Katharina.
Ka·tin·ka [ka'tɪŋka] f *variant of* Kathinka.
Kat·ja ['katja] f.

Ka·trein [ka'traɪn], **Ka·trin** [ka'triːn] f *variant of* Kathrein, Kathrin.
Ker·sten ['kɛrstən] m *Low G. for* Christian.
Ker·stin ['kɛrstiːn] f.
Ki·li·an ['kiːlian] m.
Kir·sten¹ ['kɪrstən] m *Low G. for* Christian.
Kir·sten² ['kɪrstən] f Kirsten.
Kir·stin ['kɪrstiːn] f *variant of* Kirsten².
Kit·ty ['kɪti] f Kittie, Kitty.
Klaas [klaːs] m *Low G. short for* Nikolaus.
Kla·ra ['klaːra] f Clare, Claire, Clair.
Kla·ris·sa [kla'rɪsa] f Clarissa, Clarice.
Klau·dia ['klaudia] f *→* Claudia.
Klau·di·ne [klau'diːnə] f *→* Claudine.
Klaus [klaus] m a) *short for* Nikolaus, b) Claus.
Kle·mens ['kleːməns] m *→* Clemens.
Kle·men·ti·ne [klemɛn'tiːnə] f *→* Clementine.   [t(h)ilde.]
Klot·hil·de [klo'tɪldə] f Clot(h)ilda, Clo-
Knut [knuːt] m Canute, Knut.
Kon·ny ['kɔni] m *→* Conni¹.
Kon·rad ['kɔnraːt] m Konrad, *auch* Conrad.
Kon·ra·din ['kɔnradiːn] m.
Kon·stan·tin ['kɔnstantiːn; -'tiːn] m Constantine.
Kon·stan·ze [kɔn'stantsə] f Constance.
Ko·ra ['koːra] f *→* Cora.
Kor·bi·ni·an [kɔrbi'niaːn; kɔr'biːniaːn] m.
Kord [kɔrt] m *Low G. short for* Konrad.
Kor·de·lia [kɔr'deːlia] f *→* Cordelia.
Ko·rin·na [ko'rɪna] f *→* Corinna.
Kor·ne·lia [kɔr'neːlia] f *→* Cornelia.
Kor·ne·li·us [kɔr'neːlius] m *→* Cornelius.
Ko·si·ma ['koːzima] f *→* Cosima.
Kres·zen·tia [krɛs'tsɛntsia] f *→* Crescentia.
Kriem·hild ['kriːm,hɪlt], *auch* **Kriem·hil·de** [,kriːm'hɪldə] f.
Kri·sta ['krɪsta] f *→* Christa.
Kri·sti·an ['krɪstian] m *→* Christian.
Kri·sti·ne [krɪs'tiːnə] f *→* Christine.
Ku·ni·bert ['kuːni,bɛrt] m.
Ku·ni·gun·de [kuni'gundə] f.
Ku·no ['kuːno] m *short for* Konrad, Kunibert.
Kurt [kurt] m Kurt, *auch* Curt.
Ky·ril·lus [ky'rɪlus], *auch* **Ky·rill** [ky'rɪl] m *→* Cyrillus.

L

La·dis·laus ['laːdɪslaus] m.
Lai·la ['laɪla] f.
Lam·bert ['lambɛrt] m Lambert.
Lars [lars] m.
Lau·ra ['laura] f Laura.
Lau·ren·tia [lau'rɛntsia] f.
Lau·ren·ti·us [lau'rɛntsius] m Laurence, Lawrence, Lorence.
Lau·rette [lo'rɛt] f Lauretta, Laurette.
Lau·ritz ['laurɪts] m.
Lea ['leːa] f Lea(h).
Leif [laɪf] m Leif.
Lei·la ['laɪla] f Leila(h).
Le·na ['leːna] f *variant of* Lene.
Le·ne ['leːnə] f a) *short for* Helene, Magdalena, b) Lena.
Le·ni ['leːni] f *short for and pet form of* Helene, Magdalena.
Le·no·re [le'noːrə] f Lenora, Lenore.
Lenz [lɛnts] m *short for* Lorenz.
Leo ['leːo] m Leo.
Le·on·hard ['leːɔn,hart] m Leonard.
Leo·nie ['leːoni] f Leonie.
Leo·no·re [leo'noːrə] f Leonora, Lenore.
Leo·pold ['leːopɔlt] m Leopold.
Leo·pol·di·ne [leopɔl'diːnə] f.
Les·lie¹ ['lɛsli] f Leslie, Lesley.
Les·lie² ['lɛsli] m Leslie, *auch* Lesley.
Lex [lɛks] m *short for* Alexander.
Lia ['liːa] f *short for* Julia.
Lia·ne ['liːanə] f *short for* Juliana.
Li·bo·ri·us [li'boːrius] m.
Li·da ['liːda] f *short for* Ludmilla.
Lid·dy ['lɪdi] f Lid(d)ie.
Lieb·gard ['liːp,gart] f.
Lieb·hard ['liːp,hart] m.
Lieb·traud ['liːp,traut] f.
Lien·hard ['liːn,hart] m *Southern G. for* Leonhard.
Lie·sa ['liːza], **Lies·beth** ['liːsbɛt] f a) *short for* Elisabeth, b) Lisa.
Lies·chen ['liːsçən] n *dim. of* Liese.
Lie·se ['liːzə] f *short for* Elisabeth.
Lie·se·lot·te ['liːzə,lɔtə; ,liːzə'lɔtə] f Liselotte.
Lil [lɪl] f *variant of* Lill.
Li·li ['lɪli] f *variant of* Lilli.
Li·li·an ['lɪlian] f Lil(l)ian, Lilyan.
Lill [lɪl] f *short for* Lilli.

Lil·li ['lɪli], **Lil·ly** ['lɪli] f Lil(l)y, Lil(l)i.
Li·lo ['liːlo] f short for Liselotte.
Li·na ['liːna] f short for Karolina.
Lin·da ['lɪnda] f variant of Linde.
Lin·de ['lɪndə] f short for Dietlind, Sieglinde.
Li·nus ['liːnus] m Linus.
Li·sa ['liːza] f variant of Liesa.
Li·san·ne [li'zanə] f. [beth.]
Lis·beth ['lɪsbɛt; 'lɪsbɛt] f variant of Lies-
Li·se·lot·te ['liːzə,lɔtə; ,liːzə'lɔtə] f Liselotte.
Li·set·te [li'zɛtə] f dim. of Elisabeth.
Lis·sy ['lɪsi] f Lizzy, auch Lizzie.
Li·via ['liːvi̯a] f Livia.
Li·vi·us ['liːvi̯us] m.
Lois [lɔys] m Bavarian and Austrian short for Alois.
Loisl ['lɔyzəl] m Bavarian and Austrian short for and pet form of Alois.
Lo·la ['loːla] f Lola.
Lo·li·ta [lo'liːta] f Lolita, Loleta.
Lo·ni ['loːni], auch **Lon·ni** ['lɔni], **Lo·ny** ['loːni], auch **Lon·ny** ['lɔni] f a) short for and pet form of Apollonia, Leonie, b) Loni, auch Lonie.
Lo·re ['loːrə] f Lore.
Lo·renz ['loːrɛnts] m Laurence, Lawrence, Lorence.
Lo·ret·ta [lo'rɛta], auch **Lo·ret·te** [lo'rɛtə] f Loretta, Lorette.
Lo·thar ['loːtar] m.
Lott·chen ['lɔtçən] n dim. of Lotte.
Lot·te ['lɔtə], **Lot·ti** ['lɔti] f a) short for Charlotte, b) Lottie, auch Lotta, Lotty.
Lou·is ['luːi] m Louis.
Loui·se ['lŭiːzə] f Louisa, Louise.
Lu [luː] f Lu.
Lu·cia ['luːtsi̯a], **Lu·cie** ['luːtsi̯ə] f Lucia.
Lu·cin·de [lu'tsɪndə] f Lucinda.
Lu·ci·us ['luːtsi̯us] m Lucius.
Lu·cy ['luːsi] f Lucy, auch Luci.
Lü·der ['lyːdər] m Low G. for Lothar.
Lud·ger ['luːtgər] m variant of Luitger.
Lud·mil·la [luːt'mɪla] f.
Lu·dolf ['luːdɔlf] m. [Ludowick.]
Lud·wig ['luːtvɪç] m Louis, Lewis, Ludovic,
Lud·wi·ga [luːt'viːga] f.
Lu·is ['luːɪs] m.
Lui·se ['lŭiːzə] f Louise, Louisa.
Lu·it·bert ['luːɪt,bɛrt] m.
Lu·it·gard ['luːɪt,gart] f.
Lu·it·ger ['luːɪt,gər] m.
Lu·it·pold ['luːɪt,pɔlt] m variant of Leopold.
Lu·kas ['luːkas] m Luke, Lucas.
Lu·kre·tia [lu'kreːtsi̯a], **Lu·kre·zia** [lu'kreːtsi̯a] f Lucretia, auch Lucrece.
Lu·lu ['luːlu; lu'luː] f Lulu.
Lutz [luts] m short for Ludwig.
Lu·zia ['luːtsi̯a] f Lucia.
Lu·zin·de [lu'tsɪndə] f Lucinda.
Lu·zi·us ['luːtsi̯us] m Lucius.
Ly·dia ['lyːdi̯a] f Lydia.

M

Ma·bel ['meːbəl] f Mabel, Mable.
Made·leine [ma'dlɛːn] f Madeleine, Madelaine, Madelene, Madeline, Madalyn(ne), Madlyn(ne).
Mag·da ['makda] f short for Magdalena.
Mag·da·le·na [makda'leːna], auch **Mag·da·le·ne** [makda'leːnə] f Magdalen(e), Magdalena, Magdalene.
Mag·gie ['mɛgi] f Maggie.
Ma·gnus ['magnus] m Magnus.
Maie ['maɪə], auch **Mai** [maɪ] f Frisian short for Maria.
Ma·ja ['maːja] f.
Ma·le ['maːlə] f short for Amalie, Malwine.
Mal·te ['maltə] m.
Mal·wi·da [mal'viːda] f.
Mal·wi·ne [mal'viːnə] f Malvine, Malvina.
Man·dy ['mɛndi] f short for and pet form of Amanda.
Man·fred ['man,freːt] m.
Ma·non [ma'nõː] f pet form of Maria.
Ma·nu·el ['maːnŭɛl] m Manuel.
Ma·nue·la [ma'nŭeːla] f short for Emanuela.
Marc [mark] m Marc, Mark.
Mar·cel [mar'sɛl] m Marcel.
Mar·cel·la [mar'tsɛla] f Marcella, Marcelle, Marcile, Marcille.
Mar·co ['marko] m.
Ma·ren ['maːrən] f.
Ma·ret ['maːrət], **Mar·ga** ['marga] f short for Margarete.
Mar·ga·li·ta [marga'liːta] f variant of Margarete.

Mar·ga·re·te [marga'reːtə], auch **Mar·ga·re·ta** [marga'reːta] f Margaret, Margaret(t)a, Margaret(t)e.
Mar·ga·ri·ta [marga'riːta], **Mar·ghe·ri·ta** [marge'riːta] f variant of Margarete.
Mar·git ['margɪt] f short for Margarete.
Mar·git·ta [mar'gɪta] f variant of Margit.
Mar·got ['margɔt] f Margot.
Mar·gret ['margreːt] f short for Margarete.
Mar·grit ['margrɪt] f variant of Margret.
Mar·guerite [mar'griːt] f Marguerite.
Ma·ria [ma'riːa] f Mary, Maria, Marie.
Ma·ri·ane [ma'riːanə] f.
Ma·ri·an·ne [ma'riːanə] f Marian, Marianne, auch Maryanne, Marianna.
Ma·rie [ma'riː] f variant of Maria.
Ma·rie·chen [ma'riːçən] n dim. and pet form of Maria.
Ma·ri·el·la [ma'riːɛla] f.
Ma·rie·lui·se [mari'lŭiːzə] f Marie Louise.
Ma·rie·ro·se [mari'roːzə] f.
Ma·ri·et·ta [ma'riːɛta] f Marietta, auch Mariett.
Ma·ri·ka [ma'riːka; 'maːrika] f.
Ma·ri·lyn ['mɛrilɪn] f Marilyn, auch Marilynne, Marylyn(ne).
Ma·ri·na [ma'riːna] f Marina.
Ma·rio ['maːri̯o] m Mario.
Ma·ri·on [ma'riːɔn] f Marion.
Ma·ri·sa [ma'riːza] f.
Ma·rit ['maːrɪt] f.
Ma·ri·ta [ma'riːta] f.
Ma·rit·ta [ma'rɪta] f.
Ma·ri·us ['maːri̯us] m.
Mark [mark] m Mark, Marc.
Mar·ko ['marko] m.
Mar·kus ['markus] m Marcus, Mark.
Mark·ward ['mark,vart] m.
Mar·le·ne [mar'leːnə] f Marlene, Marleen(e), Marlena.
Mar·lies ['marliːs], auch **Mar·lis** ['marliːs] f.
Mar·litt ['marlɪt], auch **Mar·lit** ['marlɪt] f.
Mar·ten ['martən] m Low G. for Martin.
Mar·tha ['marta] f Martha.
Mar·tin ['martiːn] m Martin.
Mar·ti·na [mar'tiːna] f Martina.
Mar·ti·ne [mar'tiːnə] f Martine.
Ma·ry ['mɛːri] f Mary.
Ma·scha ['maʃa] f.
Mat·hil·de [ma'tɪldə] f Mat(h)ilda, Mat(h)ilde.
Mat·thä·us [ma'tɛːus] m Matthew.
Mat·thi·as [ma'tiːas] m Matthias, Matthyas.
Maud [moːt] f Maud(e).
Max [maks] m Max.
Ma·xi ['maksi] f bes. Southern G. short for and pet form of Maximiliane.
Ma·xi·mi·li·an [maksi'miːli̯an] m Maximilian.
Ma·xi·mi·lia·ne [maksimi'li̯aːnə] f.
Mecht·hild ['mɛçtɪlt; 'mɛçt,hɪlt], auch **Mecht·hil·de** [,mɛçt'hɪldə; mɛç'tɪldə] f variant of Mathilde.
Mei·ke ['maɪkə] f Frisian dim. and pet form of Maria.
Mei·na ['maɪna] f Frisian short for Meinhild.
Mei·nald ['maɪnalt] m.
Mein·hard ['maɪn,hart] m Maynard.
Mein·hild ['maɪn,hɪlt], auch **Mein·hil·de** [,maɪn'hɪldə] f.
Mein·hold ['maɪn,hɔlt] m variant of Meinald.
Mei·no ['maɪno] m Frisian short for Meinhard, Meinhold.
Mei·nold ['maɪnɔlt] m variant of Meinald.
Mei·nolf ['maɪnɔlf] m.
Mein·rad ['maɪnraːt] m.
Mei·nulf ['maɪnulf] m variant of Mainolf.
Me·la ['meːla] f short for Melitta.
Me·la·nie [me'laːni̯ə; mela'niː; 'meːlani; 'mɛlani] f Melanie.
Mel·chi·or ['mɛlçi̯ɔr] m.
Me·li·na [me'liːna] f.
Me·lin·da [me'lɪnda] f Melinda, Malinda.
Me·li·ne [me'liːnə] f.
Me·lis·sa [me'lɪsa] f Melissa, auch Melissie, Melissy.
Me·lit·ta [me'lɪta] f.
Mer·ce·des [mɛr'tseːdɛs] f Mercedes.
Mer·ten ['mɛrtən] m Low G. for Martin.
Me·ta ['meːta] f short for Margarete.
Mia ['miːa] f short for Maria.
Mi·cha·el ['miçaɛl] m Michael.
Mi·chae·la [miça'eːla] f.
Mi·chel ['miçəl] m short for Michael.
Mi·chè·le [mi'ʃɛl] f Michele, Michelle.
Miche·line [mɪʃ'liːn] f.
Mi·chelle [mi'ʃɛl] f variant of Michèle.
Mi·gnon [mɪn'jõː] f Mignon, auch Mignonne.
Mi·guel [mi'gɛl] m.

Mike [maɪk] m Mike.
Mi·la ['miːla] f short for Ludmilla.
Mil·li ['mɪli] f short for and pet form of Emilie.
Mi·mi ['miːmi], auch **Mim·mi** ['mɪmi] f pet form of Maria.
Mi·net·te [mi'nɛtə] f.
Min·na ['mɪna] f short for and pet form of Wilhelmine.
Mi·ra ['miːra] f short for Mirabella.
Mi·ra·bel·la [mira'bɛla], auch **Mi·ra·bell** [mira'bɛl] f Mirabel.
Mi·ran·da [mi'randa] f Miranda.
Mi·rel·la [mi'rɛla] f short for Mirabella.
Mir·jam ['mɪrjam], auch **Mi·ri·am** ['miːri̯am] f Miriam, Miryam.
Mir·ko ['mɪrko] m short for Miroslaw.
Mi·ros·law ['miːrɔslaf] m.
Mi·scha ['miːʃo] m.
Miz·zi ['mɪtsi], auch **Mit·zi** ['mɪtsi] f bes. Austrian short for and pet form of Maria.
Mom·bert ['mɔmbɛrt] m.
Mom·me ['mɔmə] m short for Mombert.
Mo·na ['moːna] f Mona.
Mo·ni ['moːni] f short for Monika.
Mo·ni·ka ['moːnika] f Monica.
Mo·nique [mo'nɪk] f.
Mo·ritz ['moːrɪts], Austrian auch **Mo·riz** ['moːrɪts] m Maurice, Morris.
Mor·ten ['mɔrtən] m variant of Martin.

N

Na·di·ne [na'diːnə] f Nadine.
Nad·ja ['nadja] f.
Nan·cy ['nɛːsi] f Nancy, Nancie, Nancee.
Nan·ne ['nanə], auch **Nan·na** ['nana] f dim. and pet form of Anna.
Nan·net·te [na'nɛtə] f Nan(n)ette.
Nan·ni ['nani] f Southern G. dim. and pet form of Anna.
Nan·nie ['nɛni] f Nanny.
Nan·no ['nano] m short for Ferdinand.
Na·ta·lie [na'taːli̯ə], auch **Na·ta·lia** [na'taːli̯a] f Natalie, auch Natalia, Nathalie.
Na·ta·scha [na'taʃa] f Natas(c)ha.
Na·than ['naːtan] m Nathan.
Neid·hard ['naɪt,hart], auch **Neid·hart** ['naɪt,hart] m.
Nel·li ['nɛli], **Nel·ly** ['nɛli] f Nelly, Nellie, Nell.
Ne·po·muk ['neːpomuk] m.
Nick [nɪk] m Nick, auch Nic.
Ni·co ['niːko] m.
Ni·co·lai [niko'laɪ; 'nɪkolaɪ] m variant of Nikolai.
Ni·cole [ni'kɔl], auch **Ni·colle** [ni'kɔl] f Nicole.
Ni·co·let·ta [niko'lɛta] f Nicolette.
Ni·co·lette [niko'lɛt] f Nicolette.
Niels [niːls] m variant of Nils.
Ni·klas ['niːklas; 'nɪklas] m short for Nikolaus.
Ni·klaus ['nɪklaus] m Swiss short for Nikolaus.
Ni·ko·de·mus [niko'deːmus] m Nicodemus.
Ni·ko·lai [niko'laɪ; 'nɪkolaɪ] m.
Ni·ko·laus ['niːkolaus; 'nɪ-] m Nic(h)olas.
Nils [nɪls] m Low G. for Nikolaus.
Ni·na ['niːna] f Nina.
Ni·nette [ni'nɛt] f Ninette.
Ni·non [ni'nõː] f Nora.
No·ra ['noːra] f Nora.
Nor·bert ['nɔrbɛrt] m Norbert.
No·ri·na [no'riːna] f.
Nor·ma ['nɔrma] f Norma.
Nor·man ['nɔrman], auch **Nor·mann** ['nɔrman] m Norman.

O

Odette [o'dɛt] f Odette.
Odi·lo ['oːdilo] m.
Ok·ta·via [ɔk'taːvi̯a], **Ok·ta·vie** [ɔk'taːvi̯ə] f Octavia.
Olaf ['oːlaf] m Olaf, auch Olav.
Oleg ['oːlɛk] m.
Olf [ɔlf] m short for Gerolf, Ludolf.
Ol·ga ['ɔlga] f Olga.
Oli·ver ['oːlivər] m Oliver.
Oli·via [o'liːvi̯a] f Olivia, Olive.
Ol·li¹ ['ɔli] m pet form of Oliver.
Ol·li² ['ɔli] f pet form of Olga.
Olym·pia [o'lʏmpi̯a] f Olympia.
Ophe·lia [o'feːli̯a] f Ophelia.
Ort·hild ['ɔrt,hɪlt], auch **Ort·hil·de** [,ɔrt'hɪldə] f.

Ort·lieb ['ɔrt,liːp] *m.*

Or·trud ['ɔr,truːt], *auch* **Or·traud** ['ɔr-,traut] *f.*

Or·trun ['ɔrtruːn] *f.*

Ort·win ['ɔrtviːn] *m.*

Os·bert ['ɔsbɛrt] *m* Osbert.

Os·kar ['ɔskar], *auch* **Os·car** ['ɔskar] *m* Oscar.

Os·mar ['ɔsmar] *m.*

Os·mund ['ɔs,munt] *m* Osmond, Osmund.

Os·si ['ɔsi] *m short for and pet form of* Oswald, Oskar.

Os·wald ['ɔs,valt] *m* Oswald, Oswold.

Os·win ['ɔsviːn] *m.*

Ot·fried ['ɔt,friːt] *m.*

Ot·mar ['ɔtmar] *m.*

Ot·ti·lie [ɔ'tiːliə] *f* Ottilia, Ottilie.

Ott·mar ['ɔtmar] *m variant of* Otmar.

Ot·to ['ɔto] *m* Otto.

Ot·to·kar ['ɔtokar] *m.*

P

Pa·me·la [pa'meːla; pa'mɛla] *f* Pamela.

Pas·cal [pas'kal] *m* Pascal.

Pat·rick ['patrɪk; 'pɛtrɪk] *m* Patrick.

Pa·tri·zia [pa'triːtsĭa] *f* Patricia, *auch* Patrecia.

Pa·tri·zi·us [pa'triːtsĭus] *m* Patrick.

Paul [paul] *m* Paul.

Pau·la ['paula] *f* Paula.

Pau·lette [po'lɛt] *f* Paulette.

Pau·li·ne [pau'liːnə] *f* Paulina, Pauline.

Peer [peːr] *m.*

Peg·gy ['pɛgi] *f* Peggy.

Pen·ny ['pɛni] *f* Penny, Pennie.

Pe·pi[1] ['peːpi] *m Bavarian and Austrian pet form of* Joseph, Josef.

Pe·pi[2] ['peːpi] *f Bavarian and Austrian pet form of* Josepha, Josefa, Josephine, Josefine.

Per·cy ['pɛrsi] *m* Percy.

Per·di·ta ['pɛrdita] *f* Perdita.

Per·ry ['pɛri] *m* Perry.

Pe·ter ['peːtər] *m* Peter.

Pe·tra ['peːtra] *f.*

Phi·li·ne [fi'liːnə] *f.*

Phil·ip(p) ['fiːlɪp] *m* Philip, *auch* Philipp.

Phil·ip·pa [fi'lɪpa] *f* Philippa.

Phil·ip·pi·ne [fili'piːnə] *f.*

Phi·lo·me·la [filo'meːla] *f.*

Phi·lo·me·na [filo'meːna] *f* Philomena.

Phyl·lis ['fylɪs] *f* Phyllis(s), Phillis.

Pia ['piːa] *f* Pia.

Pi·erre [pĭɛːr] *m* Pierre.

Piet [piːt] *m Low G. short for* Pieter.

Pie·ter ['piːtər] *m Low G. for* Peter.

Pi·lar [pi'laːr] *f.*

Pip·pa ['pɪpa] *f pet form of* Philippa.

Pitt [pɪt] *m variant of* Peter.

Pit·ter ['pɪtər] *m Rhenish for* Peter.

Pius ['piːus] *m* Pius.

Pol·di ['pɔldi] *m Bavarian and Austrian short for and pet form of* Leopold.

Pol·ly ['pɔli] *f* Polly.

Pris·ca ['prɪska] *f.*

Pris·cil·la [prɪs'tsɪla] *f* Priscilla.

Q

Quin·ti·nus [kvɪn'tiːnus], *auch* **Quin·tin** [kvɪn'tiːn] *m* Quentin, *auch* Quenton, Quinton, Quintin.

Quin·tus ['kvɪntus] *m.*

Qui·rin [kvi'riːn], *auch* **Qui·ri·nus** [kvi'riːnus] *m.*

R

Ra·chel ['raxəl] *f* Rachel.

Rag·na ['ragna] *f short for* Ragnhild.

Ragn·hild ['ragən,hɪlt] *f.*

Ra·hel ['raːɛl] *f variant of* Rachel.

Rai·mar ['raɪmar] *m.*

Rai·mund ['raɪ,munt] *m* Raymond, Raymund.

Rai·nald ['raɪnalt] *m* Reginald.

Rai·ner ['raɪnər] *m* Rainer, *auch* Rayner.

Ralf [ralf], *auch* **Ralph** [ralf] *m* Ralph.

Ra·mo·na [ra'moːna] *f* Ramona.

Ran·do ['rando] *m short for* Randolf.

Ran·dolf ['randɔlf], *auch* **Ran·dolph** ['randɔlf] *m* Randolph.

Ra·pha·el ['raːfaɛl] *m* Raphael.

Ra·phae·la [rafa'eːla] *f.*

Rau·te ['rautə] *f short for* Rautgund.

Raut·gund ['raut,gunt] *f.*

Re·bek·ka [re'bɛka] *f* Rebecca, *auch* Rebekah.

Re·gi·na [re'giːna] *f* Regina.

Re·gi·nald ['reːginalt] *m* Reginald, Reynold.

Re·gi·ne [re'giːnə] *f variant of* Regina.

Rei·mar ['raɪmar] *m.*

Reim·bert ['raɪmbɛrt] *m.*

Reim·bold ['raɪmbɔlt] *m.*

Rei·mer ['raɪmər] *m.*

Rei·mo ['raɪmo] *m short for* Reimbert, Reimbold.

Rei·mund ['raɪ,munt] *m variant of* Raimund.

Rei·nald ['raɪnalt] *m variant of* Rainald.

Rei·ner ['raɪnər] *m variant of* Rainer.

Rein·fried ['raɪn,friːt] *m.*

Rein·gard ['raɪn,gart] *f.*

Rein·hard ['raɪn,hart] *m* Re(y)nard.

Rein·hild ['raɪn,hɪlt], *auch* **Rein·hil·de** [,raɪn'hɪldə] *f.*

Rein·hold ['raɪn,hɔlt] *m variant of* Reinold.

Rein·mar ['raɪnmar] *m.*

Rei·nold ['raɪnɔlt] *m* Reynold.

Re·na ['reːna] *f short for* Renate, Verena.

Re·na·te [re'naːtə] *f* Renata.

Re·né [rə'neː] *m* René.

Re·née [rə'neː] *f* Renée.

Re·ni ['reːni] *f short for and pet form of* Irene, Renate, Verena.

Re·si ['reːzi] *f Bavarian and Austrian short for and pet form of* Therese.

Rex [rɛks] *m* Rex.

Ria ['riːa] *f short for* Maria.

Ri·ca ['riːka] *f variant of* Rike.

Ri·chard ['rɪçart] *m* Richard, *auch* Rychard.

Ri·char·da [rɪ'çarda] *f.*

Rick [rɪk] *m* Rick.

Rik [rɪk] *m short for* Hendrik.

Ri·ke ['riːkə], *auch* **Ri·ka** ['riːka] *f short for* Friederike, Henrike, Ulrike.

Rik·lef ['rɪklɛf] *m.*

Ri·ta ['riːta] *f* Rita.

Ro·bert ['roːbɛrt] *m* Robert.

Ro·ber·ta [ro'bɛrta] *f* Roberta.

Ro·chus ['rɔxus] *m.*

Ro·de·rich ['roːdəriç] *m* Roderick.

Ro·dol·fo [ro'dɔlfo] *m.*

Ro·dri·go [ro'driːgo] *m.*

Ro·ger ['roːgər] *m* Roger.

Ro·land ['roːlant] *m* Roland, Rolland, Rowland.

Rolf [rɔlf] *m* Rolf, Rolph.

Ro·mi ['roːmi], **Ro·my** ['roːmi] *f pet form of* Rosemarie.

Ron [rɔn] *m* Ron.

Ro·nald ['roːnalt] *m* Ronald.

Ro·sa ['roːza] *f* Rosa, Rose.

Ro·sa·lia [ro'zaːlĭa] *f* Rosalia, Rosalie.

Ro·sa·lin·de [roza'lɪndə] *f* Rosalind.

Ro·sa·mun·de [roza'mundə] *f* Rosamond, Rosamund.

Ro·se ['roːzə] *f variant of* Rosa.

Ro·se·ma·rie ['roːzəma,riː], *auch* **Ro·se·ma·ry** ['roːzəma,riː] *f* Rosemary, Rosemarie.

Ro·si ['roːzi] *f* Rosie, Rosy.

Ro·si·na [ro'ziːna], *auch* **Ro·si·ne** [ro'ziːnə] *f* Rosina.

Ro·si·ta [ro'ziːta] *f* Rosita.

Ros·ma·rie ['roːsma,riː] *f variant of* Rosemarie.

Ros·wi·tha [rɔs'viːta] *f.*

Ro·traud ['roː,traut], *auch* **Ro·traut** ['roː-,traut] *f.*

Ro·we·na [ro'veːna] *f* Rowena.

Roy [rɔy] *m* Roy, Ray.

Ru·di ['ruːdi] *m pet form of* Rudolf.

Rü·di·ger ['ryːdigər] *m* Roger.

Ru·dolf ['ruːdɔlf] *m* Rudolph, Rudolf.

Ru·dol·fa [ru'dɔlfa] *f.*

Ru·dolph ['ruːdɔlf] *m variant of* Rudolf.

Ru·fus ['ruːfus] *m* Rufus.

Ru·pert ['ruːpɛrt], *auch* **Ru·per·tus** [ru'pɛr-tus] *m* Rupert.

Ru·precht ['ruːprɛçt] *m variant of* Rupert.

Ruth [ruːt] *f* Ruth.

S

Sa·bi·ne [za'biːnə], *auch* **Sa·bi·na** [za'biːna] *f* Sabina.

Sa·bri·na [za'briːna] *f* Sabrina.

Sal·ly ['zɛli] *f* Sally, Sallie, Sallye.

Sa·lo·me ['zaːlome; za'loːmə] *f* Salome.

Sam [zɛm] *m* Sam.

Sam·my ['zami] *m* Sammy, *auch* Sammie.

Sa·mu·el ['zaːmŭɛl] *m* Samuel.

San·dra ['zandra] *f* Sandra, *auch* Saundra, Sondra.

San·dri·na [zan'driːna] *f dim. of* Sandra.

San·dy[1] ['zɛndi] *m* Sandy.

San·dy[2] ['zɛndi] *f* Sandy, Sandie.

Sa·ra ['zaːra], *auch* **Sa·rah** ['zaːra] *f* Sara(h).

Sa·scha ['zaʃa] *m.*

Schorsch [ʃɔrʃ] *m short for* Georg.

Se·bald ['zeːbalt], *auch* **Se·bal·dus** [ze'baldus] *m.*

Se·ba·sti·an [ze'bastĭan] *m* Sebastian.

Se·li·na [ze'liːna] *f* Selina.

Sel·ma ['zɛlma] *f* Selma.

Sel·mar ['zɛlmar] *m.*

Sen·ta ['zɛnta] *f.*

Sepp [zɛp] *m Bavarian and Austrian short for* Joseph.

Ser·ge [sɛrʃ], **Ser·gi·us** ['zɛrgĭus] *m* Serge.

Ser·va·ti·us [zɛr'vaːtsĭus], *auch* **Ser·vaz** [zɛr'vaːts] *m.*

Se·ve·rin [zeve'riːn; 'zeːveriːn], **Se·ve·ri·nus** [zeve'riːnus] *m.*

Shei·la ['ʃaɪla] *f* Sheila(h), Sheelah, Shelagh.

Shir·ley ['ʃøːrli] *f* Shirley, Sherley, Shirlee, Shirlie.

Si·byl·le [zi'bɪlə], *auch* **Si·byl** ['ziːbɪl] *f* Sibyl, Sibylle, Syble.

Sieg·bert ['ziːkbɛrt] *m.*

Sieg·fried ['ziːk,friːt] *m* Siegfried.

Sieg·hard ['ziːk,hart] *m.*

Sieg·hild ['ziːk,hɪlt], *auch* **Sieg·hil·de** [,ziːk'hɪldə] *f.*

Sieg·lin·de [,ziːk'lɪndə], *auch* **Sieg·lind** ['ziːk,lɪnt] *f.*

Sieg·mar ['ziːkmar] *m.*

Sieg·mund ['ziːk,munt] *m.*

Si·gi[1] ['zɪgi; 'ziːgi] *f short for and pet form of* Sieglinde, Sigrid.

Si·gi[2] ['zɪgi; 'ziːgi] *m short for and pet form of* Siegfried.

Si·gis·mund ['ziːgɪs,munt] *m* Sigismund.

Sig·rid ['ziːgrɪt] *f* Sigrid.

Sig·run ['ziːgruːn] *f.*

Sil·ja ['zɪlja] *f.*

Sil·ke ['zɪlkə] *f Low G. and Frisian pet form of* Cäcilie.

Sil·van [zɪl'vaːn], *auch* **Sil·va·nus** [zɪl'vaːnus] *m* Silvan, Silvanus.

Sil·va·na [zɪl'vaːna] *f* Silvana, Sylvana.

Sil·ve·ster [zɪl'vɛstər] *m* Silvester, Sylvester.

Sil·via ['zɪlvĭa] *f* Silvia, Sylvia.

Si·mon ['ziːmən] *m* Simon.

Si·mo·ne [zi'moːnə] *f* Simona.

Si·mo·net·te [zimo'nɛtə], *auch* **Si·mo·net·ta** [zimo'nɛta] *f dim. of* Simone.

Sis·sy ['zɪsi] *f Austrian pet form of* Elisabeth.

Siw [ziːf] *f.*

Six·ta ['zɪksta] *f.*

Six·tus ['zɪkstus] *m* Sixtus.

So·fie [zo'fiː(ə); 'zofi] *f variant of* Sophia.

Sol·veig ['zoːlvaɪk] *f.*

Son·dra ['zɔndra] *f* Sondra, *auch* Sandra, Saundra.

Son·ja ['zɔnja] *f* Sonia, Sonya, Sonja.

Sön·ke ['zøːnkə] *m.*

Sonn·hild ['zɔn,hɪlt] *f.*

So·phia [zo'fiːa], *auch* **So·phie** [zo'fiː(ə); 'zofi] *f* Sophia, Sophie, Sofia, Sophy.

Sö·ren ['zøːrən] *m.*

Stan [stɛn] *m* Stan.

Sta·nis·laus ['ʃtaːnɪslaus] *m* Stanislaus.

Sta·si ['ʃtaːzi] *f Bavarian and Austrian dim. and pet form of* Anastasia.

Ste·fan ['ʃtɛfan] *m variant of* Stephan.

Ste·fa·nie ['ʃtɛfani; ʃtɛfa'niː] *f variant of* Stephanie.

Stef·fen ['ʃtɛfən] *m Low G. short for* Stephan.

Stef·fi ['ʃtɛfi] *f short for and dim. of* Stephanie.

Stel·la ['ʃtɛla] *f* Stella.

Sten [ʃtɛn] *m* Sten.

Ste·phan ['ʃtɛfan] *m* Stephen, Steven.

Ste·pha·nie ['ʃtɛfani; ʃtɛfa'niː] *f* Stephana, Stephanie, Stephany, Stephania, Stefana, Stefania, Stefania.

Ste·ven ['ʃteːvən] *m* Steven.

Sti·ne ['ʃtiːnə], *auch* **Sti·na** ['ʃtiːna] *f short for* Christine, Ernestine, Justina.

Stof·fel ['ʃtɔfəl] *m short for* Christoph.

Sun·hild ['zuːn,hɪlt], *auch* **Sun·hil·de** [,zuːn'hɪldə] *f.*

Su·san ['zuːzən] *f* Susan, Suzan.

Su·san·ne [zu'zanə], *auch* **Su·san·na** [zu'zana] *f* Susanna(h), Susanne.

Su·se ['zuːzə] *f short for* Susanne.

Su·sette [zy'zɛt] *f* Susette.

Su·si ['zuːzi] f Susie, Susy, Susi, Suzie, Suzy.
Sven [svɛn], *auch* **Swen** [svɛn] m.
Sy·bil·le [zyˈbɪlə] f *variant of* Sibylle.
Syl·ve·ster [zylˈvɛstər] m *variant of* Silvester.
Syl·via ['zylvĭa; 'zɪlvĭa], *auch* **Syl·vie** ['zɪlvi] f *variant of* Silvia.

T

Ta·ge ['taːɡə] m.
Ta·ma·ra [taˈmaːra] f Tamara.
Tan·ja ['tanja], *auch* **Ta·nia** ['tanĭa] f Tanya.
Tank·red ['taŋkreːt] m Tancred.
Tas·ja ['tasja] f.
Tas·si·lo ['tasilo] m.
Tat·ja·na [tatˈjaːna] f Tatiana.
Ted [tɛt] m Ted.
Tet·je ['teːtjə] m *Low G. and Frisian short for* Dietrich, Theodor.
Thad·dä·us [taˈdɛːus] m Thaddeus.
Thank·mar ['taŋkmar] m → Dankmar.
Thas·si·lo ['tasilo] m *variant of* Tassilo.
Thea ['teːa] f Thea.
Thek·la ['teːkla] f Thecla, Thekla.
Theo ['teːo] m *short for* Theobald, Theodor, Theophil.
Theo·bald ['teːo̯balt] m Theobold.
Theo·dor ['teːodoːr] m Theodore, *auch* Theodor.
Theo·do·re [teoˈdoːrə], *auch* **Theo·do·ra** [teoˈdoːra] f Theodora.
Theo·do·sia [teoˈdoːzĭa] f Theodosia.
Theo·do·si·us [teoˈdoːzĭus] m Theodosius.
Theo·phil ['teːofiːl], *auch* **Theo·phi·lus** [teˈoːfilus] m Theophilus.
The·re·se [teˈreːzə], *auch* **The·re·sia** [teˈreːzĭa] f Theresa.
Thie·mo ['tiːmo] m.
Thil·de ['tɪldə] f *short for* Klothilde, Mathilde.
Thi·lo ['tiːlo] m *short for* Dietrich.
Tho·mas ['toːmas] m Thomas.
Tho·ra ['toːra] f.
Tho·rolf ['toːrɔlf] m.
Thor·sten ['tɔrstən] m *variant of* Torsten.
Thor·wald ['toːr‚valt] m.
Thu·rid ['tuːrɪt] f.
Thus·nel·da [tusˈnɛlda] f.
Ti·be·ri·us [tiˈbeːrĭus] m Tiberius.
Ti·bor ['tiːbər] m.
Til·de ['tɪldə] f *variant of* Thilde.
Till [tɪl] m *short for and pet form of* Dietrich.
Til·la ['tɪla], **Til·ly** ['tɪli] Tillie, *auch* Tilli, Tilly.
Ti·lo ['tiːlo] m *variant of* Thilo.
Tim [tɪm], *auch* **Timm** [tɪm] m Tim.
Tim·mo ['tɪmo] m *variant of* Thiemo.
Ti·mo·the·us [tiˈmoːteus] m Timothy.
Ti·na ['tiːna], **Ti·ne** ['tiːnə], **Ti·ni** ['tiːni] f Tina, *auch* Teena.
Tin·ka ['tɪŋka] f *short for* Kathinka.
Ti·no ['tiːno] m.
Ti·tus ['tiːtus] m Titus.
Tjalf [tjalf] m *Frisian short for* Detlef.
Tjard [tjart] m *Frisian short for* Diethard.
Tjark [tjark] m *Frisian short for* Dietrich.
To·bi·as [toˈbiːas] m Tobias, *auch* Tobiah.
Tom [tɔm] m Tom.
Tom·my ['tɔmi] m Tommy.
To·ni[1] ['toːni] m Tony.
To·ni[2] ['toːni] f Toni, Tony.
Ton·ja ['tɔnja] f.
Tord [tɔrt] m.
Tor·sten ['tɔrstən] m.
Tor·wald ['toːr‚valt] m *variant of* Thorwald.
Tos·ka ['tɔska] f.
Trau·de ['traudə] f *short for* Gertraud, Waltraud.
Trau·del ['traudəl] f *pet form of* Gertraud, Waltraud.
Trau·te ['trautə] f *short for* Gertraut, Waltraut.
Tri·stan ['trɪstan] m Tristan, Tristram, Tristam.
Trix [trɪks] f *short for* Beatrix.
Tri·xi ['trɪksi] f Trixy, Trixie.
Tru·de ['truːdə] f *short for* Gertrud.
Tru·del ['truːdəl] f *short for and pet form of* Gertrud.
Trud·hild ['truːt‚hɪlt], *auch* **Trud·hil·de** [‚truːtˈhɪldə] f.
Tru·die ['truːdi] f Trudy, Trudi, Trudie.
Trutz [truts] m.
Tün·nes ['tʏnəs] m *Rhenish short for* Anton.

U

Uda ['uːda] f.
Udo ['uːdo] m.
Ulf [ulf] m.
Ul·fert ['ulfərt] m.
Ulf·hard ['ulf‚hart] m.
Ul·fried ['ul‚friːt] m.
Uli[1] ['uːli] m *short for and pet form of* Ulrich.
Uli[2] ['uːli] f *short for and pet form of* Ulrike.
Ul·la ['ula] f *short for* Ulrike, Ursula.
Ul·li[1] ['uli] m *variant of* Uli[1].
Ul·li[2] ['uli] f *variant of* Uli[2].
Ul·rich ['ulrɪç] m Ulric.
Ul·ri·ke [ulˈriːkə] f Ulrica, *auch* Ulrika.
Una ['uːna] f Una, O(o)na, Oonagh.
Un·di·ne [unˈdiːnə] f Undine.
Ur·ban ['urban] m Urban.
Urs [urs] m.
Ur·sel ['urzəl] f *short for* Ursula.
Ur·si·na ['urˈziːna] f.
Ur·su·la ['urzula] f Ursula.
Uschi ['uʃi] f *dim. and pet form of* Ursula.
Ute ['uːtə], *auch* **Uta** ['uːta] f.
Uwe ['uːvə] m.

V

Va·len·tin ['vaːlɛntiːn; 'va-] m Valentine.
Va·len·ti·ne [valɛnˈtiːnə] f Valentina.
Va·le·rie [vaˈleːrĭə], *auch* **Va·le·ria** [vaˈleːrĭa] f Valeria, Valery.
Va·les·ka [vaˈlɛska] f.
Va·nes·sa [vaˈnɛsa] f Vanessa.
Veit [faɪt] m.
Ve·ra ['veːra] f Vera.
Ve·re·na [veˈreːna] f Verena.
Ve·ro·na [veˈroːna] f *Bavarian and Austrian short for* Veronika.
Ve·ro·ni·ka [veˈroːnika] f Veronica, Veronika.
Vicki (*getr.* -k·k-) ['vɪki], *auch* **Vicky** (*getr.* -k·k-) ['vɪki] f Vicky, Vickie, Vik(k)i.
Vi·co ['viːko] m.
Vik·tor ['vɪktɔr] m Victor.
Vik·to·ria [vɪkˈtoːrĭa] f Victoria.
Vil·ma ['vɪlma] f Vilma, *auch* Velma.
Vil·mar ['fɪlmar] m.
Vin·zent ['vɪntsɛnt], **Vin·zenz** ['vɪntsɛnts] m Vincent.
Vio·la ['viːola; 'vĭoːla] f Viola.
Vio·let·ta [vĭoˈlɛta] f Violette, Violetta.
Vir·gi·nia [vɪrˈɡiːnĭa] f Virginia.
Vi·tus ['viːtus] m.
Vi·via·ne [viˈvĭaːnə] f Vivian, Vivien, Vivienne, Vivyan, Vyvyan.
Vol·kard ['fɔlkart], *auch* **Vol·kart** ['fɔlkart] m *variant of* Volkhard.
Volk·bert ['fɔlkbɛrt] m.
Vol·ker ['fɔlkər] m.
Vol·kert ['fɔlkɛrt] m.
Volk·hard ['fɔlk‚hart] m.
Volk·hild ['fɔlk‚hɪlt], *auch* **Volk·hil·de** [‚fɔlkˈhɪldə] f.
Vol(k)·mar ['fɔl(k)mar] m.
Vre·ni ['freːni] f *Swiss dim. and pet form of* Verena.
Vro·ni ['froːni; 'vroːni] f *Bavarian and Austrian short for and pet form of* Veronika.

W

Wal·burg ['val‚burk], *auch* **Wal·bur·ga** [‚valˈburɡa] f.
Wal·de·mar ['valdəmar] m.
Wald·hild ['valt‚hɪlt], *auch* **Wald·hil·de** [‚valtˈhɪldə] f.
Wal·do ['valdo] m *short for* Waldemar.
Wald·traut ['valt‚traut] f *variant of* Waltraud.
Wal·li ['vali], *auch* **Wal·ly** ['vali] f Wally.
Wal·pur·ga ['valˈpurɡa] f.
Wal·ter ['valtər], *auch* **Wal·ther** ['valtər] m Walter.
Wal·traud ['val‚traut], *auch* **Wal·traut** ['val‚traut] f.
Wal·trud ['val‚truːt] f *variant of* Waltraud.
Wan·da ['vanda] f Wanda.
Wastl ['vastəl] m *Bavarian and Austrian short for and pet form of* Sebastian.
Welf·hard ['vɛlf‚hart] m.
Wen·del ['vɛndəl] m.

Wen·de·lin ['vɛndəliːn] m.
Wen·zel ['vɛntsəl] m *short for* Wenzeslaus.
Wen·zes·laus ['vɛntsəslaus] m.
We·ra ['veːra] f → Vera.
Wer·na ['vɛrna] f.
Wer·ner ['vɛrnər] m Werner.
Wern·fried ['vɛrn‚friːt] m.
Wern·her ['vɛrn‚hɛr] m.
Wern·hild ['vɛrn‚hɪlt], *auch* **Wern·hil·de** [‚vɛrnˈhɪldə] f.
Wer·no ['vɛrno] m.
Wib·ke ['viːpkə] f *variant of* Wiebke.
Wi·du·kind ['viːdu‚kɪnt] m.
Wieb·ke ['viːpkə] f.
Wie·land ['viː‚lant] m.
Wig·bert ['viːkbɛrt] m.
Wig·go ['vɪɡo] m *Frisian short for* Wigbert, Wighard.
Wig·hard ['viːk‚hart] m.
Wig·mar ['viːkmar] m.
Wil·fried ['vɪl‚friːt] m Wilfred, Wilfrid.
Wil·frie·de [‚vɪlˈfriːdə], *auch* **Wil·frie·da** [‚vɪlˈfriːda] f.
Wil·helm ['vɪl‚hɛlm] m William.
Wil·hel·ma [vɪlˈhɛlma] f.
Wil·hel·mi·ne [vɪlhɛlˈmiːnə], *auch* **Wil·hel·mi·na** [vɪlhɛlˈmiːna] f Wilhelmina.
Wil·ko ['vɪlko] m *Frisian short for* Wilhelm.
Wil·li ['vɪli], *auch* **Will** [vɪl] m Willy, Willie, Will.
Wil·li·bald ['vɪli‚balt] m.
Wil·li·bert ['vɪli‚bɛrt] m.
Will·mar ['vɪlmar] m *variant of* Wilmar.
Wil·ly ['vɪli] m *variant of* Willi.
Wil·ma ['vɪlma] f Wilma.
Wil·mar ['vɪlmar] m.
Wil·traud ['vɪl‚traut], *auch* **Wil·traut** ['vɪl‚traut] f *variant of* Wiltrud.
Wil·trud ['vɪl‚truːt], *auch* **Wil·tru·de** [‚vɪlˈtruːdə] f.
Wim [vɪm] m *short for* Wilhelm.
Wi·nand ['viːnant] m.
Win·fried ['vɪn‚friːt] m Winfred.
Win·frie·da [‚vɪnˈfriːda], *auch* **Win·frie·de** [‚vɪnˈfriːdə] f.
Wi·ni·fred ['viːni‚freːt] f Winifred.
Win·nie ['vɪni] f Winnie, Winny.
Win·trud ['vɪn‚truːt], *auch* **Win·tru·de** [‚vɪnˈtruːdə] f.
Wi·to ['viːto] m *short for* Witold.
Wi·told ['viːtɔlt] m.
Wla·di·mir [vlaˈdiːmiːr; 'vladimiːr] m Vladimir, Wladimir.
Wla·dis·laus ['vladɪslaus], *auch* **Wla·dis·law** ['vlaːdɪslaf] m.
Wolf [vɔlf] m *short for* Wolfgang.
Wolf·diet·rich [‚vɔlfˈdiːtrɪç], *auch* **Wolf·die·ter** [‚vɔlfˈdiːtər] m.
Wolf·gang ['vɔlf‚ɡaŋ] m Wolfgang.
Wolf·ger ['vɔlfɡɛr] m.
Wolf·hard ['vɔlf‚hart], *auch* **Wolf·hart** ['vɔlf‚hart] m.
Wolf·ram ['vɔlfram] m.
Wulf [vulf] m *variant of* Wolf.
Wu·ni·bald ['vuni‚balt], *auch* **Wun·ni·bald** ['vuni‚balt] m.

X

Xa·ver ['ksaːvər] m Xavier.
Xe·nia ['kseːnĭa] f Xenia, Zenia.

Y

Yves [iːf] m.
Yvette [iˈvɛt] f Yvette.
Yvonne [iˈvɔn] f Yvonne.

Z

Za·cha·ri·as [tsaxaˈriːas] m Zachariah, Zacharias, Zachary, Zechariah.
Za·rah ['tsaːra] f → Sara.
Zä·zi·lie [tsɛˈtsiːlĭə], *auch* **Zä·zi·lia** [tsɛˈtsiːlĭa] f → Cäcilie.
Zden·ko ['sdɛŋko] m.
Zen·zi ['tsɛntsi] f *Bavarian and Austrian pet form of* Crescentia, Innozentia.
Zil·li ['tsɪli] f → Cilli.
Zi·ta ['tsiːta] f.
Zoe ['tsoːə] f Zoe.
Zol·tán ['zɔltan] m.

IV. GEOGRAPHISCHE NAMEN
IV. GEOGRAPHICAL NAMES

A

Aa·chen ['aːxən] *n* Aachen, Aix-la-Chapelle: a) *area of North Rhine-Westphalia, BRD*, b) *capital of a.*
Aa·land ['aːˌlant] *n* → Åland.
Aal·borg ['oːlˌbɔrk] *n* → Ålborg.
Aa·len ['aːlən] *n city in Baden-Württemberg, BRD.*
Aar·au ['aːrau] *n capital of the Swiss canton of Aargau.*
Aa·re ['aːrə] (die) (the) Aar(e) (*Swiss river flowing into the Rhine river on the West German border*).
Aar·gau ['aːrˌgau] (der) *canton in the north of Switzerland.*
Aar·hus ['oːrˌhuːs] *n* → Århus.
Ab·cha·si·sche Au·to·no·me So·zia·li·sti·sche So·wjet·re·pu·blik [apˈxaːzɪʃə autoˈnoːmə zotsɪaˈlɪstɪʃə zɔˈvjɛtrepuˌbliːk] (die) Abkhazia, *auch* Abkhasia, (the) Abkhazian Autonomous Soviet Socialist Republic (*on the east coast of the Black Sea*).
Ab·de·ra [apˈdeːra] *n antiq. city in Thrace, on the Aegean Sea.*
Abes·si·ni·en [abɛˈsiːnĭən] *n hist.* Abyssinia (→ Äthiopien).
Abi·djan [abiˈdʒaːn] *n capital of Ivory Coast.*
Abruz·zen [aˈbrutsən] (die) *pl*, **Abruz·zi·sche Apen·nin** [aˈbrutsɪʃə apɛˈniːn] (der) (the) Abruzzi *pl* (*mountainous region in central Italy*).
Abu Sa·bi ['aːbu 'zaːbi] *n* Abu Dhabi (*sheikdom and seaport on the Persian Gulf*).
Abu Sim·bel ['aːbu 'zɪmbəl] Abu Simbel, Ipsambul (*locality in Egypt with two rock temples of Ramses II*).
Aby·dos [aˈbyːdɔs] *n antiq.* a) *ruined city in central Egypt*, b) *town in Asia Minor at the narrowest part of the Hellespont.*
Achaia [aˈxaːja; aˈxaɪa] *n antiq.* Achaea, *auch* Achaia (*district in Greece, on the Gulf of Corinth*).
Ache·lo·os [axeˈloːɔs] (der) (the) Achelous (*Greek river flowing into the Ionian Sea*).
Achen·paß ['aːxənˌpas] (der) (the) Achen Pass (*mountain pass between the Tegernsee and the Achen Lake, Bavaria, BRD*).
Achen·see ['aːxənˌzeː] (der) (the) Achen Lake (*in the north of the Tyrol, Austria*).
Ada·mel·lo·grup·pe [adaˈmɛloˌgrupə] (die) (the) Adamello Alps *pl* (*group of the Alps near the border between Italy and the Tyrol*).
Ada·na ['adana] *n* Adana, *auch* Seyhan (*city in the south of Turkey*).
Ad·da ['ada] (die) (the) Adda (*Italian river flowing into the Po river*).
Ad·dis Abe·ba ['adɪs 'aːbeba; — a'beːba] *n* Addis Ababa (*capital of Ethiopia*).
Adel·bo·den ['aːdəlˌboːdən] *n resort in the Bernese Oberland, Switzerland.*
Aden ['aːdən] *n capital of Democratic Yemen and seaport.*
Ad·mi·ra·li·täts·in·seln [atmiraliˈtɛːts,ˀɪnzəln] (die) *pl* (the) Admiralty Islands, *auch* (the) Admiralties (*group of islands in the Pacific*).
Ad·mont ['atmɔnt] *n town in Styria, Austria*; *Benedictine abbey.*
Adria ['aːdria] (die) → Adriatische Meer.
Adria·no·pel [adriaˈnoːpəl] *n antiq.* Adrianople (→ Edirne).

Adria·ti·sche Meer [adriˈaːtɪʃə 'meːr] (das) (the) Adriatic (Sea) (*between Italy and Yugoslavia*).
Adsch·man [atʃˈmaːn] *n* Ajman (*sheikdom on the Persian Gulf*).
Adsch·mir [atʃˈmiːr] *n* Ajmer (*city in northern India*).
Adua ['aːdŭa] *n* Aduwa (*town in Ethiopia*).
Adu·la Al·pen ['aːdula,ˀalpən] (die) *pl* (the) Adula Alps (*Switzerland*).
Af·gha·ni·stan [afˈgaːnɪstaːn] *n republic in West Asia.*
Afri·ka ['aːfrika; 'afrika] *n* Africa.
Aga·dir [agaˈdiːr] *n seaport in Morocco.*
Äga·di·schen In·seln [ɛˈgaːdɪʃən 'ɪnzəln] (die) *pl* Egadi, *auch* (the) Aegadian (*od.* Aegadean) Islands (*group of islands in the Mediterranean Sea near Sicily*).
Ägä·is [ɛˈgɛːɪs] (die) → Ägäische Meer.
Ägäi·sche Meer [ɛˈgɛːɪʃə 'meːr] (das) (the) Aegean Sea (*between Greece and Turkey*).
Ägäi·schen In·seln [ɛˈgɛːɪʃən 'ɪnzəln] (die) *pl* (the) Aegean Islands (*in the Aegean Sea*).
Aga·ña [aˈganja] *n capital of and seaport in Guam.*
Ägi·na [ɛˈgiːna] *n* Aegina: a) *Greek island in the Saronic Gulf*, b) *seaport on a.*
Agram ['aːgram] *n* → Zagreb.
Agri·gent [agriˈgɛnt] *n* Agrigento (*town in Sicily*).
Ägyp·ten [ɛˈgyptən] *n* Egypt (*now* → Arabische Republik Ägypten).
Ahl·beck ['aːlˌbɛk] *n seaside resort on the island of Usedom, DDR.*
Ah·len ['aːlən] *n city in North Rhine-Westphalia, BRD.*
Ah·me·da·bad ['axmedabaːt] *n* Ahmedabad, Ahmadabad (*city in Gujarat state, India*).
Ahr [aːr] (die) *West German river flowing into the Rhine river.*
Aju·thia [aˈjuːtĭa] *n* Ayudhia, Ayuthea (*city in central Thailand*).
Aka·ba ['akaba] *n* 'Aqaba, Akaba(h) (*seaport in the southwest of Jordan*).
Ak·jab ['akjap] *n* Akyab (*seaport in Burma*).
Ak·kad ['akat] *n antiq.* Accad, *auch* Akkad (*town in Babylonia*).
Ak·kra ['akra] *n* Accra, *auch* Akkra (*capital of Ghana*).
Ak·sum ['aksum] *n antiq.* Aksum, *auch* Axum (*capital of an Ethiopian kingdom*).
Ak·ti·um ['aktsĭum] *n antiq.* Actium (*promontory and town in the northwest of Greece*).
Alai·ge·bir·ge [aˈlaɪgəˌbɪrgə] (das) (the) Alai Mountains *pl* (*mountain range, Soviet Union in Asia*).
Åland ['aːˌlant] *n province of Finland.*
Åland·in·seln ['aːˌlant,ˀɪnzəln] (die) *pl* (the) Åland Islands (*group of Finnish islands in the Baltic Sea*).
Al·ba Lon·ga ['alba 'lɔŋga] *n antiq. city of Latium, near Rome, Italy*; *legendary birthplace of Romulus and Remus.*
Al·ba·ner Ber·ge [alˈbaːnər 'bɛrgə] (die) *pl* (the) Alban Hills (*mountain group in Italy, to the southeast of Rome*).
Al·ba·ner See [alˈbaːnər 'zeː] (der) Lake Albano (*Italy*).
Al·ba·ni·en [alˈbaːnĭən] *n* Albania (*people's republic in the Balkan Peninsula, Europe*).
Al·ba·ni·schen Al·pen [alˈbaːnɪʃən 'alpən] (die) *pl* (the) Albanian Mountains (*mountain range between Albania and Yugoslavia*).

Al·bert·see ['albɛrt,zeː] (der) Lake Albert (*between Zaire and Uganda, Africa*).
Ål·borg ['oːlˌbɔrk] *n seaport in Jutland, Denmark.*
Al·bu·la ['albula] (die) *Swiss river flowing into the Rhine river.*
Al·bu·la·paß ['albula,pas] (der) (the) Albula (Pass) (*mountain pass between the Grisons and the Upper Engadine, Switzerland*).
Al·der·ney ['oːldərni] *n one of the Channel Islands in the English Channel.*
Alep·po [aˈlɛpo] *n* Alep, Aleppo (*city in the northwest of Syria*).
Aletsch·glet·scher [aˈlɛtʃˌglɛtʃər] (der) (the) Aletsch Glacier (*largest glacier of the Alps in the Bernese Alps, Switzerland*).
Aleu·ten [aleˈuːtən] (die) *pl* (the) Aleutian Islands (*archipelago between Alaska and Kamchatka*).
Alex·an·der·Ar·chi·pel [alɛˈksandərˀarçi,peːl] (der) (the) Alexander Archipelago (*group of islands in the southeast of Alaska*).
Alex·an·dria [alɛˈksandria; alɛksanˈdriːa], **Alex·an·dri·en** [alɛˈksandriən] *n* Alexandria (*seaport in the Arab Republic of Egypt, in the Nile delta*).
Alex·an·dru·po·lis [alɛksanˈdruːpolɪs] *n* Alexandroupolis (*seaport in the northeast of Greece*).
Al·ge·ri·en [alˈgeːriən] *n* Algeria (*republic in North Africa*).
Al·gier ['alʒiːr] *n* Algiers (*capital of Algeria*).
Al·le·ghe·nies ['ɛlɪgɛniːs] (die) *pl*, **Al·le·ghe·ny·ge·bir·ge** ['ɛlɪgɛnigəˌbɪrgə] (das) (the) Allegheny Mountains *pl*, *auch* (the) Alleghenies *pl* (*mountain range in Pennsylvania, USA*).
Al·ler ['alər] (die) (the) Aller (*river rising in the DDR and flowing into the Weser river in the BRD*).
All·gäu ['al,gɔy] (das) (the) Al(l)gäu (*region in Bavaria and Baden-Württemberg, BRD*).
All·gäu·er Al·pen ['al,gɔyər 'alpən] (die) *pl* (the) Al(l)gäu Alps (*mountain group between Bavaria and the Tyrol*).
Al·ma-Ata [al'maˀaˈta] *n capital of Kazakstan in the south of the Soviet Union.*
Al·pen ['alpən] (die) *pl* (the) Alps (*mountain range in Southern Europe*).
Al·ster ['alstər] (die) *river in Schleswig-Holstein and Hamburg, BRD.*
Al·tai [al'taːi] (der), **Al·tai·ge·bir·ge** [al'taːigə,bɪrgə] (das) (the) Altai (*auch* Altay) Mountains *pl* (*mountain range in central Asia*).
Alt·aus·se·er See ['alt'aʊ,seːər 'zeː] (der) *lake in the Salzkammergut, Austria.*
Alt·dorf ['alt,dɔrf] *n capital of the Swiss canton of Uri.*
Al·ten·burg ['altən,burk] *n city to the east of Weimar, DDR.*
Alt·mühl ['alt,myːl] (die) *West German river flowing into the Danube river.*
Alt·ran·städt ['alt,ran,ʃtɛt] ,alt'ran,ʃtɛt] *n village near Leipzig, DDR*; *treaties of 1706 and 1707.*
Ama·zo·nas¹ [ama'tsoːnas] (der) (the) Amazon (*river in the north of South America*).
Ama·zo·nas² [ama'tsoːnas] *n state in the northwest of Brazil.*
Ame·ri·ka [a'meːrika] *n* America.
Ame·ri·ka·ni·schen Jung·fern·in·seln [ameri'kaːnɪʃən 'juŋfərn,ˀɪnzəln] (die) *pl*

(the) Virgin Islands of the United States (*in the West Indies*).

Ame·ri·ka·nisch-Ozea·ni·en [ameri'ka:nɪʃ'ʔotse'a:niən] *n* American Oceania.

Ame·ri·ka·nisch-Sa·moa [ameri'ka:nɪʃza'mo:a] *n* American Samoa.

Ami·ran·ten [ami'rantən] (die) *pl* (the) Amirantes (*islands in the Indian Ocean*).

Am·man [a'ma:n] *n capital of Jordan*.

Am·mer·see ['amər‚ze:] (der) *lake in Upper Bavaria, BRD*.

Amor·gos [a'mɔrgɔs] *n Greek island in the Cyclades*.

Am·per ['ampər] (die) *West German river flowing into the Isar river*.

Am·rum ['amrum] *n island of the North Frisians, BRD*.

Am·ster·dam [‚amstər'dam; 'amstər‚dam] *n capital of the Netherlands*.

Amu-Dar·ja [a'mu:dar'ja:] (der) (the) Amu Darya (*river in central Asia*).

Amur [a'mu:r] (der) *river in the east of Asia*.

Ana·to·li·en [ana'to:liən] *n* Anatolia (*large region in Asiatic Turkey*).

An·da·lu·si·en [anda'lu:ziən] *n* Andalusia (*region in the south of Spain*).

An·da·ma·nen und Ni·ko·ba·ren [anda'ma:nən ‚unt niko'ba:rən] (die) *pl* (the) Andaman and Nicobar Islands (*two groups of islands in the eastern part of the Bay of Bengal*).

An·den ['andən] (die) *pl* (the) Andes (*mountain range in the west of South America*).

An·der·matt ['andər‚mat] *n town in the Swiss canton of Uri*.

An·dor·ra [an'dɔra] *n republic in the east Pyrenees between France and Spain*.

An·dor·ra la Vel·la [an'dɔra la 'vɛlja] *n capital of Andorra*.

An·geln ['aŋəln] *n region in Schleswig--Holstein, BRD*.

An·gle·sey ['ɛŋəlzi] *n island and county in the northwest of Wales, Great Britain*.

An·go·la [aŋ'go:la] *n* Angola, *auch* Portuguese West Africa.

An·guil·la [aŋ'ğu:la] *n island in the north of the Leeward Islands, in the West Indies*.

An·ka·ra ['aŋkara] *n* Ankara, *auch* Angora (*capital of Turkey*).

An·na·berg ['ana‚bɛrk] *n city in the Erz Gebirge, DDR*.

An·na·pur·na [ana'purna] (der) An(n)apurna (*mountain in the Himalayas*).

Ans·bach ['ans‚bax] *n* Ansbach, Anspach (*capital of Middle Franconia, Bavaria, BRD*).

Ant·ark·tis [ant'ʔarktɪs] (die) (the) Antarctica, (the) Antarctic Continent.

An·ti·li·ba·non ['anti'li:banən] (der) (the) Anti-Lebanon (*mountain range between Syria and the Lebanon*).

An·til·len [an'tɪlən] (die) *pl* (the) Antilles (*islands in the West Indies*).

An·tio·chia [anti'ɔxia; antio'xi:a] *n* Antioch: a) *city in the south of Turkey*, b) *antiq. capital of the ancient kingdom of Syria*.

An·ti·po·den-In·seln [anti'po:dən‚ʔInzəln] (die) *pl* (the) Antipodes (*in the southeast of New Zealand*).

Ant·wer·pen [‚ant'vɛrpən; 'ant‚vɛrpən] *n* Antwerp (*seaport in the north of Belgium*).

Äo·li·en [ɛ'o:liən] *n antiq.* Aeolis, *auch* Aeolia (*coastal region in Asia Minor*).

Äo·li·schen In·seln [ɛ'o:lıʃən 'ınzəln] (die) *pl* → Liparischen Inseln.

Apen·nin [apɛ'ni:n] (der), **Apen·ni·nen** [apɛ'ni:nən] (die) *pl* (the) Apennines *pl*, (the) Apennine Mountains *pl* (*mountain range in Italy*).

Apen·ni·nen·halb·in·sel [apɛ'ni:nən‚halp‚ʔInzəl] (die) (the) Apennine Peninsula.

Apia [a'pi:a] *n capital of Western Samoa and seaport*.

Ap·pa·la·chen [apa'laxən] (die) *pl* (the) Appalachian Mountains, (the) Appalachians (*mountain range in the east of North America*).

Ap·pen·zell [‚apən'tsɛl; 'apən‚tsɛl] *n* a) *canton in northeast Switzerland, divided into two independent areas:* → Appenzell Außerrhoden, Appenzell Innerrhoden, b) *capital of Appenzell Inner Rhoden*.

Ap·pen·zell Au·ßer·rho·den [‚apən'tsɛl 'ausər‚ro:dən; 'apən‚tsɛl —] *n* Appenzell Ausser Rhoden (*demicanton of Appenzell*).

Ap·pen·zell In·ner·rho·den [‚apən'tsɛl 'ınər‚ro:dən; 'apən‚tsɛl —] *n* Appenzell Inner Rhoden (*demicanton of Appenzell*).

Apu·li·en [a'pu:liən] *n* Apulia (*region in the southeast of Italy*).

Äqua·to·ri·al·gui·nea [ɛkvato'ria:lgi‚neıa] *n* Equatorial Guinea (*republic in West Africa*).

Aqui·le·ja [akvi'le:ja] *n* Aquileia (*town in northern Italy*).

Aqui·ta·ni·en [akvi'ta:niən] *n hist.* Aquitaine (*region in the southwest of France*).

Ara·bi·en [a'ra:biən] *n* Arabia (*peninsula in southwest Asia*).

Ara·bi·sche Meer [a'ra:biʃə 'me:r] (das) (the) Arabian Sea (*arm of the Indian Ocean between India and Arabia*).

Ara·bi·schen Emi·ra·te [a'ra:bıʃən emi'ra:tə] (die) *pl* (the) (Federation of) Arabian Emirates (*now* → Vereinigten Arabischen Emirate).

Ara·bi·sche Re·pu·blik Ägyp·ten [a'ra:bıʃə repu'bli:k ɛ'gyptən] (die) (the) Arab Republic of Egypt.

Ara·bi·sche Wü·ste [a'ra:bıʃə 'vy:stə] (die) (the) Arabian Desert (*in the east of the Arab Republic of Egypt*).

Ara·fu·ra-Meer [ara'fu:ra‚me:r] (das) (the) Arafura Sea (*between Australia and New Guinea*).

Ara·go·ni·en [ara'go:niən] *n hist.* Aragon (*kingdom in the northeast of Spain*).

Aral·see ['a:ral‚ze:] (der) (the) Aral Sea, *auch* Lake Aral (*inland sea to the east of the Caspian Sea, Soviet Union in Asia*).

Ara·mäa [ara'me:a] *n* Aram (*biblical name of ancient Syria*).

Arau·ka·ni·en [arau'ka:niən] *n hist.* Araucania (*region in Chile*).

Ar·chan·gelsk [ar'caŋəlsk] *n* Archangel, Arkhangelsk (*seaport in the north of the Soviet Union in Europe*).

Ar·den·nen [ar'dɛnən] (die) *pl*, **Ar·den·ner·wald** [ar'dɛnər‚valt] (der) (the) Forest *sg* of Ardennes, (the) Ardennes *pl* (*wooded plateau covering parts of Belgium, France, and Luxembourg; battles during World War I and II*).

Ar·gen·ti·ni·en [argɛn'ti:niən] *n* Argentina, *auch* the Argentine.

Ar·go·lis ['argolıs] (die) *antiq. district in the southeast of Greece*.

Ar·gon·nen [ar'gɔnən] (die) *pl*, **Ar·gon·ner·wald** [ar'gɔnər‚valt] (der) (the) Argonne Forest *sg*, (the) Argonne *sg* (*wooded plateau in the northeast of France; battles during World War I and II*).

År·hus ['o:r‚hu:s] *n seaport in Jutland, Denmark*.

Ari·ma·thia [arima'ti:a] *n antiq.* Arimath(a)ea (*town in Palestine*).

Ar·ka·di·en [ar'ka:diən] *n* Arcadia (*region in the Peloponnesus, Greece*).

Ark·tis ['arktıs] (die) (the) Arctic.

Ark·ti·sche Oze·an ['arktıʃə 'o:tsea:n] (der) (the) Arctic Ocean (*to the north of the Arctic Circle*).

Arl·berg(·paß) ['arl‚bɛrk(‚pas)] (der) (the) Arlberg (Pass) (*on the border of the Tyrol and Vorarlberg, Austria*).

Arl·berg·tun·nel ['arl‚bɛrk‚tunəl] (der) (the) Arlberg Tunnel (*linking the Tyrol and Vorarlberg, Austria*).

Är·mel·ka·nal ['ɛrməlka‚na:l] (der) (the) English Channel, (the) Channel (*between England and France*).

Ar·me·ni·en [ar'me:niən] *n* Armenia (*region in the west of Asia*).

Ar·me·ni·sche So·zia·li·sti·sche So·wjet·re·pu·blik [ar'me:nıʃə zotsia'lıstıʃə zə'vjɛtrepu‚bli:k] (die) (the) Armenian Soviet Socialist Republic (*in southern Caucasia*).

Ar·mo·ri·ka [ar'mo:rika] *hist.* Armorica (*region between the mouths of the Seine and Loire rivers, France*).

Ar·no ['arno] (der) *river in central Italy*.

Arns·berg ['arns‚bɛrk] *n* a) *area of North Rhine-Westphalia, BRD*, b) *capital of a*.

Arn·stadt ['arn‚ʃtat] *n city to the south of Erfurt, DDR*.

Aro·sa [a'ro:za] *n resort in the Swiss canton of the Grisons*.

Aschaf·fen·burg [a'ʃafən‚burk] *n city in the northeast of Bavaria, BRD*.

Aschan·ti [a'ʃanti] *n* Ashanti: a) *hist. kingdom and British colony in West Africa*, b) *region of Ghana*.

Asch·cha·bad [aʃxa'bat] *n* Ashkhabad (*capital of Turkmenistan, Soviet Union*).

Aschers·le·ben [a'ʃərs‚le:bən] *n city to the southwest of Magdeburg, DDR*.

Aser·bei·dschan [azɛrbaı'dʒa:n] *n* Azer-baijan, *auch* Azerbaidzhan (*province in the northwest of Iran*).

Aser·bei·dscha·ni·sche So·zia·li·sti·sche So·wjet·re·pu·blik [azɛrbaı'dʒa:nıʃə zotsîa'lıstıʃə zə'vjɛtrepu‚bli:k] (die) (the) Azerbaijan Soviet Socialist Republic (*constituent republic of the Soviet Union, Caucasia*).

Asi·en ['a:ziən] *n* Asia.

As·ka·lon [as'kalɔn] *n antiq.* Ashkelon (*seaport in Palestine*).

As·me·ra [as'me:ra] *n capital of Eritrea*.

Asow·sche Meer ['a:zɔfʃə 'me:r; a'zɔfʃə —] (das) (the) Sea of Azov (*od.* Azof) (*bay of the Black Sea*).

As·phalt·see [as'falt‚ze:] (der) Pitch Lake (*in Trinidad, in the West Indies*).

As·sam ['asam] *n state in the northeast of India*.

As·si·si [a'si:zi] *n town in central Italy*.

As·su·an [a'sŭa:n] *n* Aswan, *auch* Ass(o)uan, Aswân (*city in the southeast of the Arab Republic of Egypt*).

As·sy·ri·en [a'sy:riən] *n antiq.* Assyria (*empire in Asia*).

Astra·chan ['astraxa(:)n] *n* Astrakhan (*city at the mouth of the Volga river, Soviet Union in Europe*).

Astu·ri·en [as'tu:riən] *n hist.* Asturias (*kingdom and province in the northwest of Spain*).

Asun·ción [azun'sion] *n capital of Paraguay*.

Athen [a'te:n] *n* Athens (*capital of Greece*).

Äthio·pi·en [ɛ'tio:piən] *n* Ethiopia (*kingdom in East Africa*).

Athos ['a:tɔs] (der) *mountain in the northeast of Greece; site of the Mount Athos republic*.

At·lan·tik [at'lantık] (der), **At·lan·ti·sche Oze·an** [at'lantıʃə 'o:tsea:n] (der) (the) Atlantic (Ocean).

At·las·ge·bir·ge ['atlasgə‚bırgə] (das) (the) Atlas Mountains *pl* (*North Africa*).

Ät·na ['ɛ(:)tna] (der) (Mount) Etna, *auch* Mount Aetna (*active volcano, Sicily*).

Äto·li·en [ɛ'to:liən] *n antiq.* Aetolia (*district in the west of Greece*).

At·ter·see [a'tər‚ze:] (der) (the) Atter Lake (*in the Salzkammergut, Austria*).

At·ti·ka ['atika] *n antiq.* Attica (*region in the southeast of Greece*).

Au·er·bach ['auər‚bax] *n city in the DDR*.

Au·er·stedt ['auər‚ʃtɛt] *n village in the district of Erfurt, DDR; scene of battle, 1806*.

Augs·burg ['auks‚burk] *n capital of Swabia, Bavaria, BRD*.

Au·lis ['aulıs] *n antiq.* harbo(u)r in Boeotia, Greece; scene of the sacrifice of Iphigenia.

Au·rich ['aurıc] *n* a) *area of Lower Saxony, BRD*, b) *capital of a*.

Ausch·witz ['auʃvıts] *n* a) Oświęcim (*town in Poland*), b) *hist. town in Upper Silesia, site of a former Nazi concentration camp*.

Äu·ße·ren He·bri·den ['ɔysərən he'bri:dən] (die) *pl* (the) Outer Hebrides.

Au·ster·litz ['austərlıts] *n* a) Slavkov u Brna (*town in central Czechoslovakia*), b) *hist. town in Moravia*.

Au·stral·asi·en [austra'la:ziən] *n* Australasia (*Australia, New Zealand, and neighbo(u)ring islands in the South Pacific*).

Au·stra·li·en [aus'tra:liən] *n* Australia.

Au·stro·ne·si·en [austro'ne:ziən] *n* Austronesia (*islands of the Central and South Pacific*). [*Islands*.]

Avar·va [a'varva] *n capital of the Cook*

Aver·ner See [a'vɛrnər 'ze:] (der) Lake Avernus (*near Naples, Italy*).

Avi·gnon [avın'jõ:] *n capital of the department of Vaucluse, France; papal residence, 1309—1377*.

Azin·court [azɛ̃'ku:r] *n* Agincourt (*village in France, near Calais; victory of the English over the French, 1415*).

Azo·ren [a'tso:rən] (die) *pl* (the) Azores (*group of islands to the west of Portugal*).

B

Baal·bek ['ba:l‚bɛk] *n town in the east of the Lebanon; ruins of ancient city*.

Ba·by·lon ['ba:bylɔn] *n antiq. capital of Babylonia*.

Ba·by·lo·ni·en [baby'lo:niən] *n antiq.* Babylonia.

Bad Cann·statt [,baːt 'kanˌʃtat] *n suburb of Stuttgart, BRD.*

Bad Dürk·heim [,baːt 'dʏrkˌhaɪm] *n town in Rhineland-Palatinate, BRD.*

Bad Ems [,baːt 'ɛms] *n spa to the southeast of Koblenz, BRD.*

Ba·den ['baːdən] *n* a) *hist. Land in the southwest of the BRD, now incorporated into Baden-Württemberg,* b) → *Baden-Baden,* c) *town to the southeast of Bremen, BRD,* d) *town in Lower Austria,* e) *town in the Swiss canton of Aargau.*

Ba·den-Ba·den ['baːdən'baːdən] *n city in Baden-Württemberg, BRD.*

Ba·den-Würt·tem·berg ['baːdən'vʏrtəmˌbɛrk] *n Land of the BRD.*

Bad·ga·stein [,baːtgas'taɪn] *n spa and resort in the province of Salzburg, Austria.*

Bad Go·des·berg [,baːt 'goːdəsˌbɛrk] *n city to the south of Bonn, BRD.*

Bad Hall [,baːt 'hal] *n spa and resort in Upper Austria.*

Bad Hof·ga·stein [,baːt 'hoːfgasˌtaɪn] *n spa and resort in the province of Salzburg, Austria.*

Bad Hom·burg [,baːt 'hɔmˌbʊrk] *n city in Hesse, BRD.*

Bad Hon·nef (am Rhein) [,baːt 'hɔnɛf (am 'raɪn)] *n town in North Rhine-Westphalia, BRD.*

Bad Ischl [,baːt 'ɪʃəl] *n spa and resort in the Salzkammergut, Austria.*

Bad Kis·sin·gen [,baːt 'kɪsɪŋən] *n spa and resort in Lower Franconia, Bavaria, BRD.*

Bad Nau·heim [,baːt 'naʊˌhaɪm] *n town and spa in Hesse, BRD.*

Bad Pyr·mont [,baːt pʏr'mɔnt] *n spa in Lower Saxony, BRD.*

Bad Rei·chen·hall [,baːt ,raɪçən'hal] *n spa and resort in the southeast of Bavaria, BRD.*

Bad Wö·ris·ho·fen [,baːt 'vøːrɪsˌhoːfən] *n (Kneipp) spa in the district of Swabia, Bavaria, BRD.*

Baf·fin·land ['bɛfɪnˌlant] *n Baffin Island, auch Baffin Land (Canadian island in the Arctic Ocean).*

Bag·dad ['bakdat] *n Baghdad, auch Bagdad (capital of Iraq).*

Ba·ha·mas [ba'haːmas], *auch* **Ba·ha·ma·in·seln** [ba'haːmaˌʔɪnzəln] *(die) pl (the) Bahamas, auch (the) Bahama Islands (in the British West Indies).*

Bah·rain [ba'raɪn] *n Bahrain, auch Bahrein:* a) *island in the Persian Gulf,* b) *sheikdom.*

Bah·rain·in·seln [ba'raɪnˌʔɪnzəln] *(die) pl (the) Bahrain (auch Bahrein) Islands.*

Bai·kal·see ['baɪkalˌzeː] *(der) Lake Baikal (Soviet Union in Asia).*

Bak·tri·en ['baktriən] *n antiq. Bactria, auch Bactriana (country in West Asia).*

Ba·ku ['baːku] *n capital of Azerbaijan on the Caspian Sea, Soviet Union.*

Ba·la·kla·wa [bala'klaːva] *n Balaklava (seaport in Crimea on the Black Sea, Soviet Union).*

Bal·boa [bal'boːa] *n capital of the Panama Canal Zone.*

Bal·chasch·see [bal'çaʃˌzeː] *(der) Balkhash (salt lake, Soviet Union in Asia).*

Ba·lea·ren [bale'aːrən] *(die) pl (the) Balearic Islands (group of islands in the West Mediterranean Sea).*

Ba·li ['baːli] *n island in Indonesia.*

Bal·kan ['balka(ː)n] *(der)* a) *(the) Balkan Mountains pl, (the) Balkans pl (mountain range extending from Bulgaria to the Black Sea),* b) → *Balkanhalbinsel.*

Bal·kan·halb·in·sel ['balka(ː)nˌhalpˌʔɪnzəl] *(die) (the) Balkan Peninsula.*

Bal·kan·staa·ten ['balka(ː)nˌʃtaːtən] *(die) pl (the) Balkan States, (the) Balkans.*

Bal·ti·kum ['baltikum] *(das) (the) Baltic Provinces pl (area of the former Baltic States).*

Bal·trum ['baltrum] *n* a) *island of the East Frisians, BRD,* b) *town on a.*

Ba·ma·ko [ba'maːko] *n capital of Mali.*

Bam·berg ['bamˌbɛrk] *n city in Upper Franconia, Bavaria, BRD.*

Ba·nat [ba'naːt] *n hist. region in Central Europe in the Danube basin between the Tisza and Mures rivers.*

Ban·dung ['banduŋ] *n city in Java, Indonesia.*

Ban·ga·lur ['baŋgaluːr] *n Bangalore (capital of Mysore, India).*

Bang·kok ['baŋkɔk] *n capital of Thailand and seaport.*

Ban·gla·desch, *auch* **Ban·gla Desh**, **Ban·gla·desh** [,baŋgla'dɛʃ] *n Bangladesh (people's republic at the Bay of Bengal).*

Ban·gui [bã'giː] *n capital of the Central African Republic.*

Bang·we·olo·see [baŋve'oːloˌzeː] *(der) Lake Bangweulu (shallow lake and swamp, Zambia).*

Ban·ka ['baŋka] *n Bang(k)a (island in Indonesia).*

Bar·ba·dos [bar'baːdos] *n island of the Lesser Antilles, in the West Indies.*

Bar·ce·lo·na [bartse'loːna; barse-] *n seaport in Spain.*

Bar·do·wiek [bardo'viːk] *n small town to the north of Lüneburg, BRD; famous for its Abbey Church.*

Bä·ren·in·sel ['bɛːrənˌʔɪnzəl] *(die) Bear Island (between Norway and Spitzbergen).*

Ba·rents·see ['baːrəntsˌzeː] *(die) (the) Barents Sea (part of the Arctic Ocean).*

Ba·ri ['baːri] *n capital of Apulia and seaport, Italy.*

Ba·san ['baːzan] *n antiq. Bashan (region in Palestine).*

Basch·ki·ri·en [baʃ'kiːriən] *n Bashkiria (region in the east of the Soviet Union in Europe).*

Basch·ki·ri·sche Au·to·no·me So·zia·li·sti·sche So·wjet·re·pu·blik [baʃ'kiːriʃə aʊto'noːmə zotsia'lɪstɪʃə zo'vjɛtrepuˌbliːk] *(die) (the) Bashkir Autonomous Soviet Socialist Republic (in the eastern Soviet Union in Europe).*

Ba·sel ['baːzəl] *n Basel, auch Basle:* a) *canton in northern Switzerland, divided into two independent areas:* → *Basel-Land, Basel-Stadt,* b) *capital of Basel-Stadt.*

Ba·sel-Land [,baːzəl'lant] *n demicanton of Basel.*

Ba·sel-Stadt [,baːzəl'ʃtat] *n demicanton of Basel.*

Ba·si·li·ka·ta [bazili'kaːta] *(die) (the) Basilicata (region in southern Italy).*

Bas·ken·land ['baskənˌlant] *(das),* **Bas·ki·schen Pro·vin·zen** ['baskɪʃən pro'vɪntsən] *(die) pl (the) Basque Provinces pl (region in the north of Spain).*

Bas·ra(h) ['basra] *n Basra, auch Busra(h) (seaport in Iraq).*

Basse·terre [bas'tɛːr] *n capital of Guadeloupe.*

Bass-Stra·ße ['bɛsˌʃtraːsə] *(die) (the) Bass Strait (between Australia and Tasmania).*

Ba·su·to·land [ba'zuːtoˌlant] *n hist.* → *Lesotho.*

Bath·urst ['bɛsøːrst] *n capital of (the) Gambia.*

Baut·zen ['baʊtsən] *n city in the DDR, on the Spree river; scene of defeat of Prussian and Russian armies by Napoleon, 1813.*

Baye·ri·schen Al·pen ['baɪərɪʃən 'alpən] *(die) pl (the) Bavarian Alps (mountain range in the south of Upper Bavaria, BRD).*

Baye·ri·sche Wald ['baɪərɪʃə 'valt] *(der) (the) Bavarian Forest (wooded range in the west of Bavaria, BRD).*

Bay·ern ['baɪərn] *n Bavaria (Land of the BRD).*

Bay·reuth ['baɪrɔʏt] *n capital of Upper Franconia, Bavaria, BRD; annual Wagner music festivals.*

Be·frie·de·te Oman [bə'friːdətə o'maːn] *(das) Trucial Oman (group of seven Arab sheikdoms on the southern coast of the Persian Gulf).*

Bei·lan·paß ['baɪlanˌpas] *(der) (the) Bailan (auch Beilan) Pass (mountain pass in Turkey, connecting Asia Minor with Syria).*

Bei·rut ['baɪruːt; baɪ'ruːt] *n capital of the Lebanon.*

Bel·fast ['bɛlfaːst] *n capital of Northern Ireland and seaport.*

Bel·gi·en ['bɛlgiən] *n Belgium (kingdom in West Europe).*

Bel·gisch-Kon·go ['bɛlgɪʃ'kɔŋgo] *n hist. Belgian Congo.*

Bel·grad ['bɛlgraːt] *n Belgrade (capital of Yugoslavia).*

Be·li·ce [be'liːse], *auch* **Be·li·ze** [be'liːse] *n Belize (capital of and seaport in British Honduras).*

Belle-Isle-Stra·ße [bɛ'liːlˌʃtraːsə] *(die) (the) Strait of Belle Isle (between Labrador, Newfoundland, and Canada).*

Bel·lin·zo·na [bɛlɪn'tsoːna] *n capital of the Swiss canton of Ticino.*

Be·lo Ho·ri·zon·te ['bɛlo hori'zɔnte] *n Belo (auch Bello) Horizonte (city in Brazil).*

Be·lu·tschi·stan [be'luːtʃɪstaːn; be'lʊ-] *n Baluchistan:* a) *mountainous region in Asia,* b) *former territory of British India, now incorporated into Pakistan.*

Be·na·res [be'naːrɛs] *n Benares, auch Banares, Varanasi (city in the northeast of India, on the Ganges river).*

Be·ne·dikt·beu·ern [,beːnedikt'bɔʏərn] *n town in Upper Bavaria, BRD; former Benedictine abbey.*

Be·ne·lux-Län·der ['beːneluks,lɛndər] *(die) pl (the) Benelux Countries (Belgium, the Netherlands, and Luxemb[o]urg).*

Be·ne·vent [bene'vɛnt] *n Benevento (city in Campania, Italy).*

Ben·ga·len [bɛŋ'gaːlən] *n hist. Bengal (province in India, now divided between India and Bangladesh).*

Ben·ga·li·sche Meer·bu·sen [bɛŋ'gaːlɪʃə 'meːrˌbuːzən] *(der) (the) Bay of Bengal (between India and Burma).*

Ben·ga·si [bɛn'gaːzi] *n Benghazi, auch Bengasi (capital of Libya).*

Be·ni·ha·san [,beni'hasan] *n Beni Hasan (village in the Arab Republic of Egypt; ancient rock tombs).*

Bens·berg ['bɛnsˌbɛrk] *n town in North Rhine-Westphalia, BRD.*

Be·nue ['beːnüə] *(der) (the) Benue (river in West Africa, flowing from Cameroon to the Niger river).*

Berch·tes·ga·den [,bɛrçtəs'gaːdən] *n resort in the Bavarian Alps, BRD.*

Berch·tes·ga·de·ner Al·pen [,bɛrçtəs'gaːdənər 'alpən] *(die) pl (the) Berchtesgaden Alps (BRD).*

Be·re·si·na [bere'ziːna] *(der) (the) Berezina (river in the Soviet Union, flowing into the Dnieper river; crossed by Napoleon, 1812).*

Ber·gisch Glad·bach ['bɛrgɪʃ 'glatˌbax] *n city in North Rhine-Westphalia, BRD.*

Berg Isel ['bɛrk 'iːzəl] *(der) hill near Innsbruck, Austria; scene of fights during the Tyrolean struggle for freedom, 1809.*

Be·ring·meer ['beːrɪŋˌmeːr] *(das) (die) Bering Sea (part of the North Pacific).*

Be·ring·stra·ße ['beːrɪŋˌʃtraːsə] *(die) (the) Bering Strait (between Alaska and the Soviet Union).*

Ber·lin [bɛr'liːn] *n former capital of Germany, now divided into* → *Ost-Berlin, West-Berlin.*

Ber·mu·das [bɛr'muːdas], *auch* **Ber·mu·da·in·seln** [bɛr'muːdaˌʔɪnzəln] *(die) pl Bermuda, auch (the) Bermuda Islands, (the) Bermudas (group of islands in the Atlantic).*

Bern [bɛrn] *n Bern(e):* a) *capital of Switzerland,* b) *canton in the west of Switzerland,* c) *capital of* b.

Ber·ner Al·pen ['bɛrnər 'alpən] *(die) pl (the) Bernese Alps (Switzerland).*

Ber·ner Ober·land ['bɛrnər 'oːbərˌlant] *(das) (the) Bernese Oberland (northern part of the Bernese Alps, Switzerland).*

Ber·ni·na [bɛr'niːna] *(der)* a) *short for Berninagruppe,* b) *short for Piz Bernina.*

Ber·ni·na·grup·pe [bɛr'niːnaˌgrupə] *(die) Bernina (mountain range in the Rhaetian Alps, Switzerland).*

Ber·ni·na·paß [bɛr'niːnaˌpas] *(der) (the) Bernina Pass (mountain pass between Switzerland and Italy).*

Be·ro·mün·ster [,beːro'mʏnstər] *n town in the Swiss canton of Lucerne.*

Be·san·çon [bəzã'sõː] *n capital of the department of Doubs, France.*

Bes·ki·den [bɛs'kiːdən] *(die) pl (the) Beskids (mountain ranges in the Carpathians, central Europe).*

Bes·sa·ra·bi·en [bɛsa'raːbiən] *n Bessarabia (region in the southwest of the Soviet Union).*

Be·tha·ni·en [be'taːniən] *n antiq. Bethany (village in Palestine).*

Be·thel ['beːtəl] *n antiq. town in Palestine.*

Beth·le·hem ['beːtlehɛm] *n town in Palestine near Jerusalem; birthplace of Jesus and David.*

Be·tschua·na·land [be'tʃüaːnaˌlant] *n hist. Bechuanaland (now* → *Botsuana).*

Beu·ron ['bɔʏron] *n town in Baden-Württemberg, BRD; Benedictine abbey.*

Beu·then ['bɔʏtən] *n* a) *Bytom (city in Poland),* b) *hist. city in Upper Silesia.*

Bhaw·na·gar ['baʊnagar] *n Bhaunagar, auch Bhavnagar (seaport in the west of India).*

Bhu·tan ['buːtan] n kingdom in the Himalayas.

Bia·fra ['bĭafra] n eastern part of Nigeria, Africa.

Bi·ber·ach (an der Riß) ['biːbərax (an der 'rɪs)] n Biberach (on the Riss) (city in Baden-Württemberg, BRD).

Biel [biːl] n Biel, Bienne (town in the Swiss canton of Bern).

Bie·le·feld ['biːlə,fɛlt] n city in North Rhine--Westphalia, BRD.

Bie·ler See ['biːlər 'zeː], auch **Bie·ler·see** ['biːlər,zeː] (der) (the) Lake of Biel (od. Bienne), Lake Biel (in the northwest of Switzerland).

Bi·har·ge·bir·ge ['biːhargə,bɪrgə], auch **Bi·hor·ge·bir·ge** [bi'hoːrgə,bɪrgə] (das) (the) Bihar Mountains pl (Rumania).

Bi·ki·ni·atoll [bi'kiːniˀa,təl] (das) Bikini (atoll in the Marshall Islands; scene of atomic tests, 1946).

Bin·gen ['bɪŋən] n town in Rhineland--Palatinate, BRD.

Bin·ger Loch ['bɪŋər 'ləx] (das) rocky ledges and swift currents of the Rhine whirlpool, BRD.

Bir·ma ['bɪrma] n Burma (republic in southeast Asia).

Bir·ma·ni·sche Uni·on [bɪr'maːnɪʃə u'nĭoːn] (die) (the) Union of Burma.

Bi·ser·ta [bi'zɛrta] n Bizerte, auch Bizerta (seaport in Tunisia).

Bis·ka·ya [bɪs'kaːja] (die) → Golf von Biskaya.

Bis·marck-Ar·chi·pel ['bɪsmarkˀarçi,peːl] (der) (the) Bismarck Archipelago (group of islands in the southeast Pacific).

Bis·sau [bɪ'sau] n Bissau, auch Bissão (capital of and seaport in Guinea-Bissau).

Bi·thy·ni·en [bi'tyːni̯ən] n antiq. Bithynia (country in Asia Minor).

Bit·ter·se·en ['bɪtər,zeːən] (die) pl (the) Bitter Lakes (two lakes in the Arab Republic of Egypt, connected by the Suez Canal).

Blan·ken·burg (am Harz) ['blaŋkən,burk (am 'haːrts)] n Blankenburg (in the Harz) (city near Magdeburg, DDR).

Blau·en Ber·ge ['blauən 'bɛrgə] (die) pl (the) Blue Mountains (range of low mountains in Oregon and Washington, USA).

Blaue Nil ['blauə 'niːl] (der) (the) Blue Nile (tributary of the Nile, Africa).

Bled [bleːt] n resort in Slovenia, Yugoslavia.

Blind·heim ['blɪnt,haim] n Blenheim (village near Augsburg, BRD; victory of the Duke of Marlborough over the French, 1704).

Blu·denz ['bluːdɛnts] n town in Vorarlberg, Austria.

Böb·lin·gen ['bøːblɪŋən] n town to the southeast of Stuttgart, BRD.

Bo·chum ['boːxum; 'bɔxum] n industrial city in North Rhine-Westphalia, BRD.

Böck·stein ['bœk,ʃtain] n resort in the province of Salzburg, Austria.

Bo·den·see ['boːdən,zeː] (der) Lake Constance, (the) Lake of Constance (bounded by the BRD, Austria, and Switzerland).

Bo·go·tá [bogo'ta] n capital of Colombia.

Böh·men ['bøːmən] n a) Čechy (region in the west of Czechoslovakia), b) hist. Bohemia (formerly region in Austria; 1939—1945 part of Bohemia-Moravia).

Böh·men und Mäh·ren ['bøːmən ,unt 'mɛːrən] n hist. Bohemia-Moravia (German protectorate, 1939—1945).

Böh·mer·wald ['bøːmər,valt] (der) (the) Bohemian Forest (wooded mountain range between Bavaria and Czechoslovakia).

Böh·misch-Mäh·ri·sche Hö·he ['bøːmɪʃ-'mɛːrɪʃə 'høːə] (die) (the) Bohemian--Moravian Highlands pl (mountain range in Czechoslovakia).

Bo·lan·paß [bo'laːn,pas] (der) (the) Bolan Pass (Pakistan).

Bo·li·vi·en [bo'liːvi̯ən] n Bolivia (republic in South America).

Bo·lo·gna [bo'lɔnja] n city in northern Italy.

Bom·bay ['bombe] n a) capital of Maharashtra, West India, and seaport, b) hist. state in West India.

Bon·ai·re [bo'nɛːr(ə)] n island in the Netherlands Antilles.

Bo·nin·in·seln ['boːnɪn,ˀɪnzəln] (die) pl (the) Bonin Islands, auch (the) Bonins (between Japan and Mariana Islands in the North Pacific).

Bonn [bɔn] n capital of the BRD, on the Rhine river.

Bö·oti·en [bø'oːtsi̯ən], auch **Boi·oti·en**

[bøˀ'oːtsi̯ən] n antiq. Boeotia (district in Greece).

Bor·deaux [bɔr'doː] n seaport in the southwest of France.

Bor·kum ['bɔrkum] n a) island of the East Frisians, BRD, b) town on a.

Bor·neo ['bɔrneo] n island in the Malay Archipelago.

Born·holm [,bɔrn'hɔlm] n Danish island in the Baltic Sea.

Bos·ni·en ['bɔsni̯ən] n Bosnia (region in Yugoslavia).

Bos·ni·en und Her·ze·go·wi·na ['bɔsni̯ən ,unt hɛrtse'goːvina; – – hɛrtsego'viːna] n Bosnia and Herzegovina (constituent republic of Yugoslavia).

Bos·po·rus ['bɔsporus] (der) (the) Bosporus, auch (the) Bosphorus (strait connecting the Black Sea and the Sea of Marmara).

Bo·tsua·na [bo'tsŭaːna], **Bo·tswa·na** [bə'tsvaːna] n Botswana (republic in South Africa).

Bott·ni·sche Meer·bu·sen ['bɔtnɪʃə 'meːr,buːzən] (der) (the) Gulf of Bothnia (arm of the Baltic Sea, between Sweden and Finland).

Bot·trop ['bɔtrɔp] n city in North Rhine--Westphalia, BRD.

Bo·zen ['boːtsən] n Bolzano (city in South Tyrol, Italy).

Brah·ma·pu·tra [brama'putra; -'puːtra] (der) river in India.

Bran·den·burg ['brandən,burk] n a) hist. region in the northeast of central Germany; margraviate and electorate; Prussian province, b) hist. Province, 1946—1952, c) city in the district of Potsdam, DDR.

Bra·si·lia [bra'ziːli̯a] n capital of Brazil.

Bra·si·li·en [bra'ziːli̯ən] n Brazil, auch Brasil (republic in South America).

Bra·tis·la·va ['bratislaːva] n city in Czechoslovakia.

Braun·au (am Inn) ['braunau (am 'ɪn)] n Braunau (on the Inn) (town in Upper Austria).

Braun·schweig ['braun,ʃvaik] n Brunswick: a) area of Lower Saxony, BRD, b) capital of a.

Braz·za·ville [braza'vil] n capital of Zaire.

Bre·genz ['breːgɛnts] n capital of Vorarlberg, Austria.

Bre·gen·zer·wald ['breːgɛntsər,valt], auch **Bre·gen·zer Wald** ['breːgɛntsər 'valt] (der) Alpine region in Vorarlberg, Austria.

Breis·ach ['braizax] n (Alt-)Breisach (town in Baden, BRD).

Breis·gau ['brais,gau] (der) region between the Upper Rhine and the Black Forest, BRD.

Bre·men ['breːmən] n a) Land of the BRD, b) capital of a.

Bre·mer·ha·ven [,breːmər'haːfən] n seaport at the mouth of the Weser river, BRD; port of Bremen.

Bren·ner(·paß) ['brɛnər(,pas)] (der) (the) Brenner Pass (mountain pass on the border between Austria and Italy, on the way from Innsbruck to Bolzano).

Bren·ta(·grup·pe) ['brɛnta(,grupə)] (die) (the) Brenta Mountains pl (mountain group in South Tyrol, Italy).

Bres·lau ['brɛslau] n a) Wroclaw (city in Poland), b) hist. capital of Lower Silesia.

Brest (Li·towsk) ['brɛst (li'tɔfsk)] n Brest (Litovsk) (city in Byelorussia, Soviet Union in Europe).

Bre·ta·gne [bre'tanjə; brə-] (die) Brittany (peninsula in the northwest of France).

Bridge·town ['brɪtʃ,taun] n capital of Barbados.

Bri·en·zer See ['briːɛntsər 'zeː] (der) (the) Lake of Brienz (Switzerland).

Brio·ni [bri'oːni] n Brioni, (the) Isle of Brioni (largest of the Brioni Islands).

Brio·ni·schen In·seln [bri'oːnɪʃən 'ɪnzəln] (die) pl (the) Brioni Islands (island group in the Adriatic Sea, Yugoslavia).

Bri·tan·ni·en [bri'tani̯ən] n Britain, Britannia: a) hist. island of Great Britain, b) short for Großbritannien.

Bri·ti·sche Ant·ark·tis-Ter·ri·to·ri·um ['brɪtɪʃə antˀ'ˀarktɪstɛri,toːri̯um] (das) (the) British Antarctic Territory.

Bri·ti·schen Jung·fern·in·seln ['brɪtɪʃən 'juŋfərn,ˀɪnzəln] (die) pl (the) British Virgin Islands (in the West Indies).

Bri·tisch-Gua·ya·na ['brɪtɪʃgŭa'jaːna] n hist. British Guiana (now → Guayana).

Bri·tisch-Hon·du·ras ['brɪtɪʃhɔn'duːras] n

British Honduras (British crown colony in the north of Central America).

Bri·tisch-Ko·lum·bi·en ['brɪtɪʃko'lumbi̯ən] n British Columbia (province in the west of Canada on the Pacific coast).

Bri·xen ['brɪksən] n Bressanone (town in South Tyrol, Italy).

Brocken (getr. -k·k-) ['brɔkən] (der) Mount Brocken (highest point in the Harz Mountains, DDR).

Brom·berg ['brɔm,bɛrk] n Bydgoszcz (city in Poland).

Brüg·ge ['brygə] n Bruges, Brugge (city in the northwest of Belgium).

Brühl [bryːl] n a) city to the south of Cologne, North Rhine-Westphalia, BRD, b) town in Baden-Württemberg, BRD.

Bru·nei ['bruːnai] n a) sultanate on the northeast coast of Borneo, b) capital and seaport of a.

Brünn [bryn] n a) Brno (city in central Czechoslovakia), b) hist. capital of southern Moravia.

Brooks-Ket·te ['bruks,kɛtə] (die) (the) Brooks Range (mountain range in Alaska).

Brüs·sel ['brysəl] n Brussels, Bruxelles, Brussel (capital of Belgium).

Bu·cha·ra [bu'xaːra] n Bukhara, auch Bokhara: a) hist. state in the southwest of Asia, b) city in Uzbekistan, Soviet Union in Asia.

Bu·chen·land ['buːxən,lant] (das) → Bukowina.

Bu·chen·wald ['buːxən,valt] n village near Weimar, DDR; site of a former Nazi concentration camp.

Bu·da·pest ['buːdapɛst] n capital of Hungary.

Bue·nos Ai·res ['bŭeːnɔs 'airɛs] n capital of Argentina.

Bug [buːk] (der) (the) Bug: a) Südlicher (od. Ukrainischer) Bug river in the Ukraine, Soviet Union in Europe, b) (Westlicher) Bug river in Poland.

Büh·ler Hö·he ['byːlər 'høːə], **Büh·ler·hö·he** ['byːlər,høːə] (die) region in the Black Forest, BRD.

Bu·jum·bu·ra [budʒum'buːra] n Usumbura (capital of Burundi).

Bu·ka·rest ['buːkarɛst] n Bucharest (capital of Rumania).

Bu·ko·wi·na [buko'viːna] (die) Bucovina, auch Bukovina (region in the north of Rumania).

Bul·ga·ri·en [bul'gaːri̯ən] n Bulgaria (people's republic in Southeast Europe).

Bun·des·re·pu·blik Deutsch·land ['bundəsrepu,bliːk 'dɔytʃ,lant] (die) (the) Federal Republic of Germany.

Bur·gen·land ['burgən,lant] n province in the east of Austria.

Bur·gund [bur'gunt] n Burgundy (region in the southeast of France).

Bur·gun·di·sche Pfor·te [bur'gundɪʃə 'pfortə] (die) (the) Belfort Gap (sink between the Vosges and Jura Mountains, France).

Bu·rja·ti·sche Au·to·no·me So·zia·li·sti·sche So·wjet·re·pu·blik [bur'jaːtɪʃə auto'noːmə zotsĭa'lɪstɪʃə zə'vjɛtrepu,bliːk] (die) (the) Buryat (od. Buriat) Autonomous Soviet Socialist Republic (Soviet Union in Asia).

Bur·ma ['burma] n → Birma.

Bu·run·di [bu'rundi] n republic in Central Africa.

Bü·sum ['byːzum] n seaside resort and port on the North Sea, Schleswig-Holstein, BRD.

Bu·tung ['buːtuŋ] n Buton, Boetoeng (island to the southeast of Celebes, Indonesia).

By·zanz [by'tsants] n hist. Byzantium (→ Istanbul).

C

Ca·bin·da [ka'bɪnda] n a) exclave of Angola on the west coast of Africa, b) capital of a.

Cá·diz ['kaːdɪs] n seaport in the southwest of Spain.

Cae·sa·rea [tsɛza're:a] n antiq. seaport in and Roman capital of Palestine.

Cai·cos·in·seln ['kaikɔs,ˀɪnzəln] (die) pl → Turks- und Caicosinseln.

Ca·lais [ka'lɛː] n seaport in the north of France, on the Strait of Dover.

Cal·be (an der Saa·le) ['kalbə (an der 'zaːlə)] n Calbe (on the Saale) (city in the district of Magdeburg, DDR).

Cal·cut·ta [kal'kʊta] *n* → Kalkutta.

Calw [kalf] *n city in Baden-Württemberg, BRD*.

Ca·margue [ka'mark] (die) (La) Camargue (*district in the delta of the Rhone river, France*).

Ca·na·da ['kanada] *n* → Kanada.

Can·ber·ra ['kɛnbərə] *n capital of Australia*.

Can·dia ['kandia] *n* → Iraklion.

Can·nae ['kanɛ] *n antiq. town in the southeast of Italy; defeat of the Romans by Hannibal, 216 B.C.*

Cannes [kan] *n resort on the Mediterranean Sea, France*.

Cann·stadt, Bad *n* → Bad Cannstatt.

Ca·nos·sa [ka'nɔsa] *n village and ruined castle in northern Italy; scene of Henry IV's penance, 1077.*

Ca·pri ['ka:pri] *n island in the Bay of Naples, Italy.*

Ca·ra·cas [ka'rakas] *n capital of Venezuela.*

Car·pen·ta·ria-Golf [karpɛn'ta:ria,gɔlf] (der) (the) Gulf of Carpentaria (*on the coast of northern Australia*).

Ca·sa·blan·ca [kaza'blaŋka] *n city and seaport in Morocco.*

Cas·si·no [ka'si:no] *n town in central Italy.*

Ca·yenne [ka'jɛn] *n capital of French Guiana.*

Cay·man·in·seln ['kaiman,ʔinzəln] (die) *pl* (the) Cayman Islands (*three islands in the West Indies*).

Ce·le·bes [tse'le:bɛs; 'tse:lebɛs] *n island in Indonesia.*

Ce·le·ri·na [tsele'ri:na; tʃe-] *n resort in the Upper Engadine, Switzerland.*

Cel·le ['tsɛlə] *n city in Lower Saxony, BRD.*

Ce·ri·go [tʃe'ri:go] *n Cerigo, auch Cythera (one of the Ionian Islands, Greece).*

Ceu·ta ['se:uta] *n a) enclave of Spain in northern Morocco, b) seaport.*

Ce·ven·nen [se'vɛnən] (die) *pl* (the) Cévennes (Mountains) (*mountain range in the south of France*).

Cey·lon ['tsailon] *n now* → Sri Lanka.

Cha·ba·rowsk [xa'ba:rɔfsk] *n Khabarovsk (capital of the Khabarovsk region, Soviet Union in Asia).*

Chal·däa [kal'dɛ:a] *n antiq. Chald(a)ea (region in the lower Tigris and Euphrates valley).*

Chal·ki·di·ke [çal'ki:dike] (die) Chalcidice (*peninsula in the northeast of Greece*).

Chal·kis ['çalkɪs] *n Chalcis, Chalkis (city on the west coast of Euboea, Greece).*

Cham [ka:m] *n a) town in Upper Palatinate, BRD, b) town in the Swiss canton of Zug.*

Cha·mo·nix [ʃamo'ni:] *n resort at the foot of the Mont Blanc, France.*

Cha·nia [xa'nia] *n Canea (capital of Crete).*

Char·kow ['çarkɔf] *n Kharkov (city in the Ukraine, Soviet Union in Europe).*

Char·lotte Ama·lie ['ʃarlət a'ma:liə] *n capital of the Virgin Islands.*

Char·lot·ten·burg [ʃar'lətən,bʊrk] *n administrative district of West Berlin.*

Cha·ryb·dis [ça'rypdɪs] (die) *whirlpool in the Strait of Messina off the northeast coast of Sicily.*

Chem·nitz ['kɛmnɪts] *n now* → Karl-Marx-Stadt.

Cher·son [çɛr'zɔn] *n Kherson (seaport in the Ukraine, Soviet Union in Europe).*

Cher·so·nes [çɛrzo'ne:s] (der, auch die) *antiq.* Chersonese (*name of several Greek peninsulas*).

Chi·ca·go [ʃi'ka:go] *n city in Illinois, USA.*

Chiem·gau ['ki:m,gau] (der) *region around Lake Chiem, Upper Bavaria, BRD.*

Chiem·gau·al·pen ['ki:m,gau,ʔalpən] (die) *pl* (the) Chiemgau Alps (*part of the Alps in Upper Bavaria, BRD*).

Chiem·see ['ki:m,ze:] (der) Lake Chiem (*in Upper Bavaria, BRD*).

Chi·ka·go [ʃi'ka:go] *n* → Chicago.

Chi·le ['tʃi:le; 'çi:le] *n republic in South America.*

Chim·bo·ras·so [tʃimbo'raso] *m* Chimborazo (*volcano in central Ecuador, in the Andes*).

Chi·na ['çi:na] *n China.*

Chi·na (Tai·wan) ['çi:na ('taivan; tai'va(:)n)] *n now* → Taiwan.

Chi·ne·si·sche Meer [çi'ne:ziʃə 'me:r] (das) (the) China Sea.

Chi·os ['çi:ɔs] *n a) Greek island in the Aegean Sea, b) capital of a.*

Chi·wa ['çi:va] *n Khiva (city to the south of the Aral Sea, Soviet Union in Asia).*

Cho·tan [ko'ta:n] *n Khotan (city in China).*

Chur [ku:r] *n capital of the Swiss canton of the Grisons.*

Clu·ny [kly'ni:] *n town in the east of France; remains of the Benedictine abbey of Cluny.*

Co·burg ['ko:,bʊrk] *n city in Upper Franconia, Bavaria, BRD.*

Co·lom·bo [ko'lɔmbo] *n capital of Ceylon.*

Co·mer See ['ko:mər 'ze:] (der) Lake Como (*in northern Italy near the Swiss border*).

Co·mo ['ko:mo] *n city at the southwest end of Lake Como, Italy.*

Co·na·kry ['ko:nakri] *n Conakry, auch Konakry (seaport in and capital of Guinea).*

Cook·in·seln ['kʊk,ʔinzəln] (die) *pl* (the) Cook Islands (*in the South Pacific*).

Cór·do·ba ['kɔrdoba] *n Cordoba, auch Cordova (city in the south of Spain).*

Cor·ti·na (d'Am·pez·zo) [kɔr'ti:na (dam-'pɛtso)] *n resort in the Dolomites, Italy.*

Co·sta Ri·ca ['kɔsta 'ri:ka] *n republic in Central America.*

Côte d'Azur ['ko:t da'zy:r] (die) *name of the French Riviera.*

Cott·bus ['kɔtbʊs] *n a) district of the DDR, b) capital of a.*

Cot·ti·schen Al·pen ['kɔtiʃən 'alpən] (die) *pl* (the) Cottian Alps (*on the boundary between France and Italy*).

Cu·ba ['ku:ba] *n* → Kuba.

Cu·mä ['ku:mɛ] *n antiq.* Cumae (*city in Italy, on the coast of Campania*).

Cu·ra·çao [kura'sa:o] *n main island of the Netherlands Antilles.*

Cux·ha·ven [,kʊks'ha:fən] *n seaport in Lower Saxony, on the North Sea at the mouth of the Elbe river, BRD.*

Cy·pern ['tsy:pərn] *n* → Zypern.

Cy·re·nai·ka [tsyre'na:ika; -'naika] (die) *antiq.* Cyrenaica, *auch* Cirenaica, Barca (*region to the west of the Arab Republic of Egypt*).

Czer·no·witz ['tʃɛrnovits] *n* Chernovtsy (*city in the Ukraine, Soviet Union in Europe*).

D

Dac·ca ['daka] *n capital of Bangladesh.*

Dach·au ['daxau] *n city in Upper Bavaria, BRD; site of a former Nazi concentration camp.*

Dach·stein ['dax,ʃtain] (der) *mountain in the Salzburg Alps, Austria.*

Da·ge·sta·ni·sche Au·to·no·me So·zia·li·sti·sche So·wjet·re·pu·blik [dagɛs'ta:niʃə auto'no:mə zotsia'listiʃə zə'vjetrepu,bli:k] (die) (the) Dagestan Autonomous Soviet Socialist Republic (*Soviet Union in the Caucasus*).

Da·gö ['da:gø] *n* Hiiumaa, Dagö (*Russian island in the Baltic Sea*).

Da·ho·mey [daho'mɛ:], *auch* **Da·ho·me** [daho'me:] *n* Dahomey (*republic in West Africa*).

Da·kar ['dakar] *n capital of Senegal and seaport.*

Da·ki·en ['da:kiən] *n antiq.* Dacia (*kingdom and later Roman province in South Europe*).

Dal·ma·ti·en [dal'ma:tsiən] *n* Dalmatia (*region in Yugoslavia, along the Adriatic Sea*).

Da·mas·kus [da'maskʊs] *n* Damascus (*capital of Syria*).

Dä·ne·mark ['dɛ:nə,mark] *n* Denmark, Danmark (*kingdom in North Europe*).

Dan·zig ['dantsiç] *n a)* Gdansk (*seaport on the Baltic Sea, Poland*), *b) hist.* (Free City of) Danzig (*self-governing territory including the seaport of Danzig*).

Dan·zi·ger Bucht ['dantsigər 'bʊxt] (die) (the) Bay (*od.* Gulf) of Gdansk (*od.* Danzig) (*inlet of the Baltic Sea*).

Dar·da·nel·len [darda'nɛlən] (die) *pl* (the) (Straits of) Dardanelles (*strait between Europe and Asian Turkey*).

Dar·dschi·ling [dar'dʒi:liŋ] *n* Darjeeling, Darjiling (*town in West Bengal, India*).

Dar·es·sa·lam [darɛsa'la:m] *n* Dar es Salaam, *auch* Dar-es-Salaam (*capital of Tanzania*).

Darm·stadt ['darm,ʃtat] *n a) area of Hesse, BRD, b) capital of a.*

Da·vis·stra·ße ['de:vis,ʃtra:sə] (die) (the) Davis Strait (*between Canada and Greenland*).

Da·vos [da'vo:s] *n resort in the Swiss canton of the Grisons.*

Da·zi·en ['da:tsiən] *n antiq.* → Dakien.

De·bre·zin ['dɛbrɛtsi:n], *auch* **De·bre·czin** ['dɛbrɛtsi:n] *n* Debrecen (*city in Hungary*).

Dek·kan ['dɛkan], **De·khan** ['dɛkan] (der) (the) Deccan (*plateau region in South India*).

De·la·goa-Bai [dela'go:a,bai] (die) (the) Delagoa Bay (*inlet of the Indian Ocean in Mozambique*).

De·litzsch ['de:litʃ] *n city near Dessau, DDR.*

De·los ['de:lɔs] *n Greek island in the Cyclades.*

Del·phi ['dɛlfi] *n village and ancient city in Phocis, Greece; seat of the Delphic Oracle.*

De·mo·kra·ti·sche Re·pu·blik Vi·et·nam [demo'kra:tiʃə repu'bli:k viɛt'nam] (die) (the) Democratic Republic of Viet-Nam.

De·mo·kra·ti·sche Volks·re·pu·blik Ko·rea [demo'kra:tiʃə 'fɔlksrepu,bli:k ko're:a] (die) (the) Democratic People's Republic of Korea.

Den Haag [den 'ha:k] The Hague (*city in the Netherlands*).

Des·sau ['dɛsau] *n a) city in the DDR, b) hist. capital of Anhalt.*

Det·mold ['dɛtmɔlt] *n a) area of North Rhine-Westphalia, BRD, b) capital of a.*

Det·tin·gen ['dɛtiŋən] *n village in Bavaria, BRD; scene of victory of George II of England over the French, 1743.*

Deut·sche Bucht ['dɔytʃə 'bʊxt] (die) German Bay (*in the North Sea*).

Deut·sche De·mo·kra·ti·sche Re·pu·blik ['dɔytʃə demo'kra:tiʃə repu'bli:k] (die) (the) German Democratic Republic.

Deutsch·land ['dɔytʃ,lant] *n* Germany (*country in central Europe, now divided into East Germany* [→ Deutsche Demokratische Republik] *and West Germany* [→ Bundesrepublik Deutschland]).

Deutsch-Ost-Afri·ka ['dɔytʃ'ʔɔst'ʔa:frika] *n hist.* German East Africa.

Deutsch-Süd·west-Afri·ka ['dɔytʃ,zy:t-'vɛst'ʔa:frika] *n hist.* German Southwest Africa.

Die·den·ho·fen ['di:dən,ho:fən] *n* Thionville (*city on the Moselle river, France*).

Di·en Bi·en Phu ['di:ɛn'bi:ɛn'fu:] *n village in North Viet-Nam; French military post in Indochina war.*

Di·na·ri·schen Al·pen [di'na:riʃən 'alpən] (die) *pl* (the) Dinaric Alps (*mountain range in the west of Yugoslavia*).

Dins·la·ken ['dins,la:kən] *n city in North Rhine-Westphalia, BRD.*

Dith·mar·schen ['dit,marʃən; 'di:t-] *n* Ditmarsh (*region in the southwest of Schleswig-Holstein, BRD, between the Elbe and Eider rivers*).

Dja·kar·ta [dʒa'karta] *n capital of Indonesia and seaport.*

Dnjepr ['dnjɛpər] (der) (the) Dnieper (*river in the Soviet Union in Europe*).

Dnje·pro·pe·trowsk [dnjɛprope'trɔfsk] *n* Dnepropetrovsk (*city in the Ukraine, Soviet Union in Europe*).

Dnjestr ['dnjɛstər] (der) (the) Dniester (*river in the Soviet Union in Europe*).

Dö·beln ['dø:bəln] *n city on the Mulde river, DDR.*

Do·bru·dscha [do'brʊdʒa] (die) (the) Dobru(d)ja (*region in Rumania and Bulgaria*).

Do·de·ka·nes [dodeka'ne:s] (der) (the) Dodecanese, (the) Dodecanesus, (the) Dodecanese Islands *pl* (*twelve Greek islands in the Aegean Sea*).

Dog·ger·bank ['dɔgər,baŋk] (die) (the) Dogger Bank (*shoal in the North Sea*).

Do·ha ['do:ha] *n capital of Qatar.*

Dol·lart ['dɔlart] (der) (the) Dollart (*arm of the North Sea at the mouth of the Ems river, between the northwest part of the BRD and the Netherlands*).

Do·lo·mi·ten [dolo'mi:tən] (die) *pl* (the) Dolomites (*mountain range in the Alps, Italy*).

Do·mi·ni·ca [do'mi:nika] *n one of the Windward Islands, in the West Indies.*

Do·mi·ni·ka·ni·sche Re·pu·blik [domini-'ka:niʃə repu'bli:k] (die) (the) Dominican Republic, *auch* Santo Domingo (*republic in the West Indies*).

Don [dɔn] (der) *river in the central Soviet Union, flowing to the Sea of Azov.*

Do·nau ['doːnaʊ] (die) (the) Danube (*river in Central Europe, rising in the BRD and flowing into the Black Sea*).

Do·nau·wörth [‚doːnaʊ'vøːrt] *n town in Bavaria, BRD*.

Do·nez ['doːnɛts] (der) (the) Donets (*river in the Soviet Union in Europe*).

Do·nez·becken (getr. -k·k-) ['doːnɛts‚bɛkən] (das) (the) Donets (Basin) (*important coal mining region and industrial area in the Ukraine, Soviet Union in Europe*).

Do·ris ['doːrɪs] *n antiq. region in central Greece*.

Dorn·birn ['dɔrn‚bɪrn] *n town in Vorarlberg, Austria*.

Dor·pat ['dɔrpat] *n Tartu (city in Estonia, Soviet Union in Europe)*.

Dort·mund ['dɔrt‚mʊnt] *n industrial city in North Rhine-Westphalia, BRD*.

Dou·ro ['duːro] (der) → Duero.

Dra·kens·ber·ge ['draːkəns‚bɛrgə] (die) *pl* (the) Drakensberg Mountains, *auch* (the) Quathlamba *sg* (*mountain range in South Africa*).

Drau [draʊ] (die) (the) Drava, *auch* (the) Drave (*river rising in East Tyrol, Austria, and flowing along the border between Hungary and Yugoslavia into the Danube*).

Dres·den ['dreːsdən] *n* a) *district of the DDR*, b) *capital of* a, c) *hist. capital of Saxony*.

Dront·heim ['drɔnt‚haɪm] *n* Trondheim (*seaport in central Norway*).

Dsau·dschi·kau [dzaʊdʒi'kaʊ] *n* Dzaudzhikau (*city in the Caucasus, Soviet Union in Europe*).

Dschai·pur ['dʒaɪpuːr] *n* Jaipur (*capital of Rajasthan, India*).

Dscha·lan·dhar ['dʒalandar] *n* Jullundur (*city in central Punjab, India*).

Dscham·na ['dʒamna] (die) (the) Jumna (*river in India*).

Dscham·sched·pur ['dʒaːmʃɛtpuːr] *n* Jamshedpur (*city in the northeast of India*).

Dschan·si ['dʒaːnzi] *n* Jhansi (*city in Uttar Pradesh, India*).

Dschi·bu·ti [dʒi'buːti] *n* Djibouti, Jibuti (*seaport in and capital of Somaliland*).

Dschid·da ['dʒɪda] *n* Jidda, *auch* Jedda (*seaport of Mecca, Saudi Arabia*).

Dschih·lam ['dʒiːlam] (der) (the) Jhelum (*river in Asia*).

Dschu·ba ['dʒuːba] (der) (the) Juba (*river in Somalia, East Africa*).

Du·bai [du'baɪ] *n* Dubai, *auch* Dibai (*seaport in the northeast of Trucial Oman, on the Persian Gulf*).

Dub·lin ['dablɪn] *n* a) *capital of the Republic of Ireland and seaport*, b) *county in the east of Ireland*.

Du·brov·nik ['duːbrɔvnɪk] *n seaport in Yugoslavia, on the Adriatic Sea*.

Dü·de·lin·gen ['dyːdəlɪŋən] *n city in Luxemb(o)urg*.

Due·ro ['dŭeːro] (der) (the) Douro, (the) Duero (*river flowing through northern Spain and Portugal into the Atlantic*).

Duis·burg ['dyːs‚bʊrk] *n industrial city in North Rhine-Westphalia, BRD*.

Düna, West·li·che (*od.* **Süd·li·che**) ['dyːna, 'vɛstlɪçə ('zyːtlɪçə)] (die) (the) Western (*od.* Southern) Dvina (*river in the Soviet Union in Europe*).

Dun·das·stra·ße [dan'dɛs‚ʃtraːsə] (die) (the) Dundas Strait (*between the Northern Territory and Melville Island, Australia*).

Dün·kir·chen ['dyːn‚kɪrçən] *n* Dunkirk (*seaport in the north of France; scene of the evacuation of a British expeditionary force, 1940*).

Dü·ren ['dyːrən] *n city in North Rhine-Westphalia, BRD*.

Dürk·heim, Bad *n* → Bad Dürkheim.

Durl·ach ['dʊrlax] *n city in Baden-Württemberg, BRD*.

Dürn·stein ['dyrn‚ʃtaɪn] *n town in the Wachau, on the Danube river, Austria*.

Dü·scham·be [dyʃam'beː] *n* Dyushambe, *auch* Diushambe (*capital of Tadzhikistan, Soviet Union in Asia*).

Düs·sel·dorf ['dysəl‚dɔrf] *n* a) *area in North Rhine-Westphalia, BRD*, b) *capital of* a.

Dwi·na, Nörd·li·che ['dviːna, 'nœrtlɪçə] (die) (the) Northern Dvina (*river in the north of the Soviet Union in Europe*).

Dwi·na, West·li·che (*od.* **Süd·li·che**) ['dviːna, 'vɛstlɪçə ('zyːtlɪçə)] (die) → Düna.

E

Ebro ['eːbro] (der) *Spanish river flowing into the Mediterranean Sea*.

Eckern·för·de (getr. -k·k-) [‚ɛkərn'føːrdə] *n seaport on the Kiel Bay, BRD*.

Ecua·dor [ekŭa'doːr] *n republic in the northwest of South America*.

Eder ['eːdər] (die) *West German river flowing into the Fulda river*.

Eder·tal·sper·re ['eːdər‚taːl‚ʃpɛrə] (die) *dam across the Eder river in Hesse, BRD*.

Edes·sa [e'dɛsa] *n antiq. city in Mesopotamia*.

Edir·ne [e'dɪrne] *n city in the northwest of European Turkey*.

Edu·ard·see ['eːdŭart‚zeː] (der) Lake Edward (*East Africa*).

Eger ['eːgər] *n* a) Cheb (*city in Czechoslovakia*), b) *hist. city in western Bohemia*.

Eger·land ['eːgər‚lant] (das) *hist. region in Bohemia, now in Czechoslovakia*.

Ei·der ['aɪdər] (die) *West German river in Schleswig-Holstein, flowing into the North Sea*.

Ei·der·stedt ['aɪdər‚ʃtɛt] *n peninsula in Schleswig-Holstein, BRD*.

Ei·fel ['aɪfəl] (die) *region in the west of the BRD*.

Ei·ger ['aɪgər] (der) *mountain in the Bernese Alps, Switzerland*.

Ei·lat ['aɪlat] *n* → Elat.

Ei·len·burg ['aɪlən‚bʊrk] *n city to the northeast of Leipzig, DDR*.

Ein·beck ['aɪn‚bɛk] *n town in Lower Saxony, BRD*.

Ein·sie·deln ['aɪn‚ziːdəln] *n town in the Swiss canton of Schwyz; Benedictine abbey*.

Éire ['aːiri; 'iːri] *n* → Irland.

Ei·sack ['aɪzak] (der) (the) Isarco (*Italian river rising in South Tyrol and flowing into the Adige river*).

Ei·sen·ach ['aɪzənax] *n city in the district of Erfurt, DDR*.

Ei·sen·stadt ['aɪzən‚ʃtat] *n capital of Burgenland, Austria*.

Ei·ser·ne Tor ['aɪzɛrnə 'toːr] (das) (the) Iron Gate(s *pl*) (*gorge cut by the Danube river through the Carpathian Mountains, between Rumania and Yugoslavia*).

Eis·le·ben ['aɪs‚leːbən] *n city in the Harz Mountains, DDR*.

Eis·meer, Nörd·li·che ['aɪs‚meːr, 'nœrtlɪçə] (das) → Nordpolarmeer.

Eis·meer, Süd·li·che ['aɪs‚meːr, 'zyːtlɪçə] (das) → Südpolarmeer.

Ek·ba·ta·na [ɛk'baːtana] *n antiq.* Ecbatana (*now* → Hamadan).

Ekua·dor [ekŭa'doːr] *n* → Ecuador.

Elam ['eːlam] *n antiq.* Elam, *auch* Susiana (*kingdom on the Persian Gulf*).

Elat ['eːlat] *n* Elath, Eilat (*seaport in the south of Israel at the head of the Gulf of 'Aqaba*).

El·ba ['ɛlba] *n Italian island in the Mediterranean Sea*.

El·be ['ɛlbə] (die) (the) Elbe (*river in central Europe, rising in Czechoslovakia and flowing through the DDR and the BRD into the North Sea near Hamburg*).

El·brus ['ɛlbrus] (der) (the) Elbrus, *auch* (the) Elbruz, (the) Elborus (*highest mountain in the Caucasus Mountains, Soviet Union in Europe*).

Elb·sand·stein·ge·bir·ge [‚ɛlp'zant‚ʃtaɪngə‚birgə] (das) *low mountain range on both sides of the Elbe river, DDR and Czechoslovakia*.

El·burs [ɛl'burs] (der) (the) Elburz Mountains *pl* (*mountain range in Iran*).

Eleu·sis [e'lɔyzɪs] *n antiq. city in Attica, Greece*.

El·fen·bein·kü·ste¹ ['ɛlfən‚baɪn‚kystə] (die) (the) Ivory Coast (*region in West Africa, along the Atlantic coast*).

El·fen·bein·kü·ste² ['ɛlfən‚baɪn‚kystə] *n* (Republic of the) Ivory Coast (*West Africa*).

Elles·mere·land ['ɛlsmiːr‚lant] *n* Ellesmere Island (*in the Arctic Ocean, to the northwest of Greenland*).

El·lice-In·seln ['ɛlɪs‚ʔɪnzəln] (die) *pl* (the) Ellice Islands (*group of islands in the central Pacific*).

Elms·horn [‚ɛlms'hɔrn] *n city in Schleswig-Holstein, BRD*.

El Sal·va·dor [ɛl zalva'doːr] *n* El Salvador, *auch* Salvador (*republic in the west of Central America*).

El·saß ['ɛlzas] (das) Alsace (*region in the northeast of France*).

El·saß-Loth·rin·gen ['ɛlzas‚loːtrɪŋən] *n* Alsace-Lorraine (*region in the northeast of France*).

El·ster ['ɛlstər] (die) *East German river flowing into the Elbe river*.

Em·den ['ɛmdən] *n seaport in Lower Saxony, BRD*.

Em·me ['ɛmə] (die) *Swiss river flowing into the Aare river*.

Em·men·tal ['ɛmən‚taːl] (das) *region in the Swiss canton of Bern*.

Em·me·rich ['ɛmərɪç] *n city in North Rhine-Westphalia, BRD*.

Ems¹ [ɛms] (die) *West German river flowing into the North Sea*.

Ems², Bad *n* → Bad Ems.

En·ga·din ['ɛngadiːn; -'diːn] (das) (the) Engadine (*valley in the Swiss canton of the Grisons*).

En·gel·berg ['ɛŋəl‚bɛrk] *n resort in the Swiss canton of Unterwalden*.

Eng·land ['ɛŋ‚lant] *n* England.

Eng·li·sche Ka·nal ['ɛŋlɪʃə ka'naːl] (der) → Ärmelkanal.

Eni·we·tok [e'niːvetək] *n atoll in the northwest of the Marshall Islands; proving ground for atomic weapons*.

Enns¹ [ɛns] (die) *Austrian river flowing into the Danube river*.

Enns² [ɛns] *n town in Upper Austria*.

Ephe·sos ['eːfezos], **Ephe·sus** ['eːfezʊs] *n antiq. city in Asia Minor*.

Epi·dau·ros [epi'daʊrɔs], **Epi·dau·rus** [epi'daʊrus] *n antiq. seaport on the Saronic Gulf, Greece*.

Epi·rus [e'piːrus] *n* Epirus, *auch* Epeirus: a) *hist. district in the northwest of Greece and partly in Albania*, b) *region in the northwest of Greece*.

Ere·bus ['eːrebus] (der) Mount Erebus (*volcano in Antarctica, on Ross Island*).

Er·furt ['ɛr‚fʊrt] *n* a) *district of the DDR*, b) *capital of* a.

Erie·see ['eːri‚zeː] (der) Lake Erie (*one of the Great Lakes, between the USA and Canada*).

Eri·trea [eri'treːa] *n province on the Red Sea, federated with Ethiopia*.

Eri·wan [eri'va(ː)n; -ɛr-] *n* Erivan, Yerevan (*capital of Armenia, Soviet Union in Europe*).

Er·lan·gen ['ɛrlaŋən] *n city in Upper Franconia, Bavaria, BRD*.

Erm·land ['ɛrm‚lant] *n hist. region in East Prussia*.

Er·Ri·ad [ɛ'riːat], **Er·Ri·yad** [eri'jaːt] *n* Riyadh (*capital of Saudi Arabia*).

Ery·thräa [ery'trɛːa] *n* → Eritrea.

Erz·berg ['ɛrts‚bɛrk; 'ɛrts-] (der) *mountain in Styria, Austria*.

Erz·ge·bir·ge ['ɛrtsgə‚birgə; 'ɛrts-] (das) (the) Erz Gebirge, (the) Erz (*od.* Ore) Mountains *pl* (*mountain range between the DDR and Czechoslovakia*).

Es·sen (an der Ruhr) ['ɛsən (an der 'ruːr)] *n* Essen (on the Ruhr) (*industrial city in North Rhine-Westphalia, BRD*).

Ess·lin·gen (am Neckar) (getr. -k·k-) ['ɛslɪŋən (am 'nɛkar)] *n* Esslingen (on the Neckar) (*city in Baden-Württemberg, BRD*).

Est·land ['ɛːst‚lant] *n* Estonia, *auch* Esthonia: a) *hist. republic on the east side of the Baltic Sea*, b) *constituent republic of the Soviet Union in Europe*.

Est·ni·sche So·zia·li·sti·sche So·wjet·re·pu·blik ['ɛstnɪʃə zotsia'lɪstɪʃə zo'vjɛtrepu‚bliːk] (die) (the) Estonian Soviet Socialist Republic.

Etru·ri·en [e'truːriən] *n antiq.* Etruria (*region in central Italy*).

Etsch [ɛtʃ] (die) (the) Adige (*Italian river rising in South Tyrol and flowing into the Adriatic Sea*).

Ett·lin·gen ['ɛtlɪŋən] *n city in Baden-Württemberg, BRD*.

Eu·böa [ɔʏ'bøːa] *n* Euboea, *auch* Negropont (*Greek island in the Aegean Sea*).

Eu·phrat ['ɔʏfrat] (der) (the) Euphrates (*river in Asia*).

Eur·asi·en [ɔʏ'raːziən] *n* Eurasia (*Europe and Asia considered as a whole*).

Eu·ro·pa [ɔʏ'roːpa] *n* Europe.

Eu·ro·pä·ische Nord·meer [ɔʏro'pɛːɪʃə 'nɔrt‚meːr] (das) (the) Norwegian (and Greenland) Sea (*part of the Arctic Ocean*).

Eu·tin [ɔʏ'tiːn] *n town in Schleswig-Holstein, BRD*.

Eve·rest ['ɛvərɛst] (der) Mount Everest (*mountain in the Himalayas; highest mountain in the world*).

Eyre-Halb·in·sel ['ɛːr,halp,ʔɪnzəl] (die) (the) Eyre Peninsula (*South Australia*).

F

Fal·ken·see [,falkən'zeː] *n city to the west of Berlin, DDR.*

Falk·land·in·seln ['falk,lant,ʔɪnzəln] (die) *pl* (the) Falkland Islands (*in the South Atlantic*).

Fä·rö·er [fɛ'røːər] (die) *pl* (the) Faeroe (*od.* Faroe) Islands (*group of Danish islands in the North Atlantic*).

Fa·scho·da [fa'ʃoːda] *n hist.* Fashoda (*town in the southeast of the Sudan Republic*).

Feh·marn ['feːmarn] *n island in the Baltic Sea, Schleswig-Holstein, BRD.*

Fel·ber·tau·ern-Tun·nel ['fɛlbər,tauərn-,tunəl] (der) *tunnel linking the provinces of Salzburg and East Tyrol, Austria.*

Feld·berg ['fɛlt,bɛrk] (der) *highest point in the Black Forest, BRD.*

Feld·kirch ['fɛlt,kɪrç] *n town in the east of Vorarlberg, Austria.*

Fel·sen·ge·bir·ge ['fɛlzəngə,bɪrgə] (das) (the) Rocky Mountains *pl*, (the) Rockies *pl* (*mountain system in the west of North America*).

Fes·san [fɛ'saːn] *n* Fezzan (*part of the Sahara, Libya*).

Feu·er·land ['fɔyər,lant] *n* Tierra del Fuego (*group of islands at the southern tip of South America*).

Fich·tel·ge·bir·ge ['fɪçtəlgə,bɪrgə] (das) (the) Fichtel Gebirge (*mountain range near Bayreuth, BRD*).

Fich·ten·in·sel ['fɪçtən,ʔɪnzəl] (die) (the) Isle of Pines (*in the Caribbean Sea*).

Fi·dschi ['fɪdʒi] *n* Fiji (*state in the South Pacific*).

Fi·dschi·in·seln ['fɪdʒi,ʔɪnzəln] (die) *pl* (the) Fiji Islands (*group of islands in the South Pacific*).

Fin·ni·sche Meer·bu·sen ['fɪnɪʃə 'meːr,buːzən] (der) (the) Gulf of Finland (*arm of the Baltic Sea*).

Finn·land ['fɪn,lant] *n* Finland (*republic in North Europe*).

Fin·ster·aar·horn [,fɪnstər'ʔaːr,hɔrn] (das) *mountain in the Bernese Alps, Switzerland.*

Flan·dern ['flandərn] *n* Flanders (*region on the northern coast of France, Belgium, and the Netherlands*).

Flens·burg ['flɛns,burk] *n city in the north of Schleswig-Holstein, BRD.*

Flens·bur·ger För·de ['flɛns,burgər 'føːrdə] (die) (the) Flensburg Förde (*bay near Flensburg, in the Baltic Sea*).

Fle·xen·paß ['flɛksən,pas] (der) (the) Flexen Pass (*mountain pass in Arlberg, Austria*).

Flo·renz [flo'rɛnts] *n* Florence (*city in central Italy*).

Flo·ri·da·stra·ße ['floːrida,ʃtraːsə] (die) (the) Florida Strait, (the) Straits *pl* of Florida (*between Florida, Cuba, and the Bahamas*).

Föhr [føːr] *n island of the North Frisians, BRD.*

For·mo·sa [fɔr'moːza] *n* Formosa, Taiwan (*now* → **Taiwan**).

Fort-de-France [fɔrdə'frãːs] *n capital of Martinique.*

Fort La·my ['fɔːr la'miː] *n* Fort-Lamy (*capital of Chad*).

Fou·li·ang ['fauliaŋ] *n* Fowliang (*town in the southeast of China*).

Fran·ken ['fraŋkən] *n* Franconia: a) *region in the north of Bavaria, BRD, comprising districts of Upper, Middle, and Lower Franconia,* b) *hist. medieval duchy in Germany.*

Fran·ken·berg (in Sach·sen) ['fraŋkən,bɛrk (ɪn 'zaksən)] *n* Frankenberg (in Saxony) (*city in the DDR*).

Fran·ken·thal ['fraŋkən,taːl] *n city in Rhineland-Palatinate, BRD.*

Fran·ken·wald ['fraŋkən,valt] (der) (the) Franconian Forest (*wooded mountain range between the Thuringian Forest and the Fichtel Gebirge*).

Frank·furt (am Main) ['fraŋk,furt (am 'maɪn)] *n* Frankfort (on the Main), *auch* Frankfurt-on-Main (*city in Hesse, BRD*).

Frank·furt (an der Oder) ['fraŋk,furt (an der 'oːdər)] *n* Frankfort (on the Oder), *auch* Frankfurt-on-Oder: a) *district of the DDR,* b) *capital of a.*

Frän·ki·sche Alb ['frɛŋkɪʃə 'alp] (die), **Frän·ki·sche Ju·ra** ['frɛŋkɪʃə 'juːra] (der) (the) Franconian Jura (*mountain range in the southeast of the BRD*).

Frän·ki·sche Saa·le ['frɛŋkɪʃə 'zaːlə] (die) → Saale b.

Frän·ki·sche Schweiz ['frɛŋkɪʃə 'ʃvaɪts] (die) (the) Franconian Switzerland (*region in the northern part of the Franconian Jura in Bavaria, BRD*).

Frank·reich ['fraŋk,raɪç] *n* France.

Franz-Jo·seph-Land [,frants'joːzɛf,lant] *n* Franz Josef Land, *auch* Fridtjof Nansen Land (*archipelago in the Arctic Ocean; belongs to the Soviet Union*).

Fran·zö·sisch-Äqua·to·ri·al·afri·ka [fran-'tsøːzɪʃʔɛkvato'riaːl,ʔaːfrika] *n hist.* French Equatorial Africa.

Fran·zö·si·sche Afar-und-Is·sa-Kü·ste [fran'tsøːzɪʃə 'aːfar,ʔunt'ʔɪsa,kystə] (die) French Afar and Issa Coast (*on the Gulf of Aden*).

Fran·zö·sisch-Gua·ya·na [fran'tsøːzɪʃgua-'jaːna] *n* French Guiana (*on the northeastern coast of South America*).

Fran·zö·sisch-Gui·nea [fran'tsøːzɪʃgi'neːa] *n hist.* French Guinea.

Fran·zö·sisch-In·di·en [fran'tsøːzɪʃ'ʔɪndiən] *n hist.* French India.

Fran·zö·sisch-In·do·chi·na [fran'tsøːzɪʃ-'ʔɪndo'çiːna] *n hist.* French Indochina.

Fran·zö·sisch-Ozea·ni·en [fran'tsøːzɪʃ-'ʔotse'aːniən] *n hist.* French Oceania.

Fran·zö·sisch-Po·ly·ne·si·en [fran'tsøːzɪʃ-poly'neːziən] *n* French Polynesia (*in the South Pacific*).

Fran·zö·sisch-So·ma·li·land [fran'tsøːzɪʃ-zo'maːli,lant] *n hist.* French Somaliland.

Fran·zö·sisch-Su·dan [fran'tsøːzɪʃzu'daːn] *n hist.* French Sudan.

Fran·zö·sisch-West·afri·ka [fran'tsøːzɪʃ-'vɛst'ʔaːfrika] *n hist.* French West Africa.

Frau·en·feld ['frauən,fɛlt] *n capital of the Swiss canton of Thurgau.*

Free·town ['friː,taun] *n capital of Sierra Leone and seaport.*

Frei·burg ['fraɪ,burk] *n* → Fribourg.

Frei·burg (im Breis·gau) ['fraɪ,burk (ɪm 'braɪs,gau)] *n capital of South Baden, Baden-Württemberg, BRD.*

Freie Han·se·stadt Bre·men ['fraɪə 'hanzə-,ʃtat 'breːmən] (die) → Bremen b.

Frei·en·wal·de, Bad [,baːt ,fraɪən'valdə], **Frei·en·wal·de (an der Oder)** [,fraɪən-'valdə (an der 'oːdər)] *n* Freienwalde (on the Oder) (*spa to the northeast of Berlin, DDR*).

Freie und Han·se·stadt Ham·burg ['fraɪə ,unt 'hanzə,ʃtat 'ham,burk] (die) → Hamburg.

Freu·den·stadt ['frɔydən,ʃtat] *n city in the Black Forest, BRD.*

Freund·schafts·in·seln ['frɔyntʃafts,ʔɪn-zəln] (die) *pl* (the) Tonga (*od.* Friendly) Islands (*in the South Pacific*).

Fri·aul ['fri'aul] *n* Friuli (*region in the northeast of Italy*).

Fri·bourg [fri'buːr] *n* a) *canton in western Switzerland,* b) *capital of a.*

Fried·richs·ha·fen ['friːdrɪçs,haːfən] *n city on the Lake of Constance, BRD.*

Fried·richs·hain ['friːdrɪçs,haɪn] *n administrative district of East Berlin.*

Frie·si·schen In·seln ['friːzɪʃən 'ɪnzəln] (die) *pl* (the) Frisian Islands (*chain of islands in the North Sea*).

Fries·land ['friːs,lant] *n* Friesland, *bes. Br.* Frisian (*province in the Netherlands*).

Frun·se ['frunzə] *n* Frunze (*capital of Kirghizia, Soviet Union in Asia*).

Fu·dschi·ja·ma [fudʒi'jaːma], **Fu·dschi·san** ['fuːdʒi,zan] (der) Fuji, *auch* Fujiyama, Fujisan (*highest mountain in Japan*).

Fu·jai·rah [fu'dʒaɪra] *n sheikdom on the Persian Gulf.*

Ful·da¹ ['fulda] *n city in Hesse, BRD.*

Ful·da² ['fulda] (die) *river in the BRD, flowing into the Weser river.*

Fun·dy·bai ['fandi,baɪ] (die) (the) Bay of Fundy (*inlet of the Atlantic in Canada, between New Brunswick and Nova Scotia*).

Fü·nen ['fyːnən] *n* Fyn (*second largest island of Denmark*).

Für·sten·tum Liech·ten·stein ['fyrstəntuːm 'lɪçtən,ʃtaɪn] (das) → Liechtenstein.

Für·sten·tum Mo·na·co ['fyrstəntuːm 'moː-nako; – mo'nako] (das) → Monaco.

Für·sten·wal·de [,fyrstən'valdə] *n city on the Spree river, DDR.*

Fürth [fyrt] *n neighbo(u)ring town of Nuremberg, Bavaria, BRD.*

Fuschl·see ['fuʃəl,zeː] (der) *lake in the Salzkammergut, Austria.*

Fu·ta-Dscha·lon ['fuːta'dʒaːlən] *n* Fouta Djallon, *auch* Futa Jallon (*region in Guinea; source of the Niger and the Senegal rivers*).

Fu·tschou ['fuːtʃau] *n* Foochow (*seaport in the southeast of China*).

G

Ga·blonz (an der Nei·ße) ['gaːblɔnts (an der 'naɪsə)] *n* a) Jablonec (nad Nisou) (*town in Czechoslovakia*), b) *hist.* Gablonz (on the Neisse) (*town in Bohemia*).

Ga·bo·ro·ne [gabo'roːne] *n* Gaberones (*capital of Botswana*).

Ga·bun [ga'buːn] *n* Gabon, *auch* Gabun (*republic in the southwest of Africa*).

Ga·da·ra ['gaːdara] *n Bibl. town on the Sea of Galilee, Palestine.*

Ga·ja ['gaːja] *n* Gaya (*city in central Bihar, India*).

Ga·la·pa·gos·in·seln [ga'laː(ɪ)pagɔs,ʔɪnzəln] (die) *pl* (the) Galapagos Islands (*archipelago on the equator in the Pacific*).

Ga·la·ti·en [ga'laːtsiən] *n antiq.* Galatia (*country in central Asia Minor*).

Ga·li·ci·en [ga'liːtsiən] *n hist.* Galicia (*maritime region in the northwest of Spain*).

Ga·li·läa [gali'lɛːa] *n* Galilee (*region in the north of Israel*).

Ga·li·lä·ische Meer [gali'lɛːɪʃə 'meːr] (das) → See Genezareth.

Ga·li·zi·en [ga'liːtsiən] *n* Galicia (*region in central Europe in the north of the Carpathian Mountains*).

Gal·li·en ['galiən] *n antiq.* Gaul, Gallia.

Gal·li·po·li·halb·in·sel [ga'liːpoli,halp,ʔɪn-zəl] (die) (the) Gallipoli Peninsula (*in European Turkey*).

Gam·bia¹ ['gambia] (der) *river in West Africa.*

Gam·bia² ['gambia] *n* (the) Gambia (*republic in West Africa*).

Gam·bi·er·in·seln [gã'biːr,ʔɪnzəln] (die) *pl* (the) Gambier Islands (*group of islands in the Pacific*).

Gan·ges ['gaŋgɛs; 'gaŋəs] (der) *river in India; sacred to the Hindus.*

Gang·tok ['gaŋtək] *n capital of Sikkim.*

Gar·da·see ['garda,zeː] (der) Lake Garda (*in northern Italy*).

Gar·misch-Par·ten·kir·chen ['garmɪʃ-,partən'kɪrçən] *n resort in the Bavarian Alps, BRD.*

Ga·ronne [ga'rən] (die) *river rising in the Pyrenees, Spain, and flowing through France into the Atlantic Ocean.*

Ga·sa ['gaːza] *n* Gaza (*seaport on the southeast coast of the Mediterranean Sea*).

Ga·sa·strei·fen ['gaːza,ʃtraɪfən] (der) (the) Gaza Strip.

Gas·co·gne [gas'kənjə] (die) *hist.* Gascony (*province in the south of France*).

Ga·stein [gas'taɪn] *n* → Badgastein.

Ga·stei·ner Ache [gas'taɪnər 'aːxə] (die) *river in Austria, flowing from the Hohe Tauern to the Salzach river.*

Gdin·gen ['gdɪŋən] *n* a) Gdynia (*seaport in Poland*), b) *hist.* port near Danzig.

Geis·lin·ger Stei·ge ['gaɪslɪŋər 'ʃtaɪgə] (die) *height of the pass in the Swabian Jura, BRD.*

Gel·be Fluß ['gɛlbə 'flus] (der) → Hwangho.

Gel·be Meer ['gɛlbə 'meːr] (das) (the) Yellow Sea (*arm of the Pacific, between China and Korea*).

Gel·der·land ['gɛldər,lant], **Gel·dern** ['gɛl-dərn] *n* Gelderland, *auch* Guelders (*province in the Netherlands*).

Gel·sen·kir·chen [,gɛlzən'kɪrçən] *n industrial city in North Rhine-Westphalia, BRD.*

Ge·ne·za·reth [ge'neːtsaret] (der) → See Genezareth.

Genf [gɛnf] *n* Geneva: a) *canton in the southwest of Switzerland,* b) *capital of a.*

Gen·fer See ['gɛnfər 'zeː] (der) Lake Geneva, (the) Lake of Geneva, Lake Leman (*Switzerland*).

Gent [gɛnt] n G(h)ent (*city in Belgium*).

Ge·nua ['geːnŭa] n Genoa (*seaport on the Riviera, Italy*).

George·town ['dʒɔːrtʃˌtaun] n a) *capital of and seaport in Guyana*, b) *capital of the Cayman Islands*.

Geor·gia·stra·ße ['dʒɔːrdʒĭaˌʃtraːsə] (die) (the) Strait of Georgia (*inlet of the Pacific in Canada*).

Ge·or·gi·en [ge'ɔrgĭən] n Georgia (*region in Transcaucasia, Soviet Union in Europe*).

Ge·or·gi·sche So·zia·li·sti·sche So·wjet·re·pu·blik [ge'ɔrgĭʃə zotsĭa'lıstıʃə zə'vjɛtrepuˌbliːk] (die) (the) Georgian Soviet Socialist Republic (*Transcaucasia*).

Ge·ra ['geːra] n a) *district of the DDR*, b) *capital of a*.

Ger·ma·ni·en [gɛr'maːnĭən] n hist. Germania.

Ge·sell·schafts·in·seln [gə'zɛlʃaftsˌʔɪnzəln] (die) pl (the) Society Islands (*South Pacific*).

Ge·würz·in·seln [gə'vʏrtsˌʔɪnzəln] (die) pl → Molukken.

Gha·na ['gaːna] n *republic in West Africa*.

Gi·bral·tar [gi'braltar; gibral'taːr] n *seaport and fortress near the southern tip of Spain*.

Gib·son·wü·ste ['gɪpsənˌvyːstə] (die) (the) Gibson Desert (*Australia*).

Gie·ßen ['giːsən] n Giessen (*city in Hesse, BRD*).

Gil·bert- und El·lice-In·seln ['gɪlbərtˌʔʊntˈʔɛlɪsˌʔɪnzəln] (die) pl (the) Gilbert and Ellice Islands (*in the central Pacific*).

Gi·seh ['giːze], **Gi·zeh** ['giːze], **Gi·sa** ['giːza], **Gi·zah** ['giːza] n El Giza, *auch* El Gizeh, *auch* Giza, Gizeh (*city near Cairo; the Egyptian pyramids and the Sphinx are located nearby*).

Glad·beck ['glatˌbɛk] n *industrial city in North Rhine-Westphalia, BRD*.

Glar·ner Al·pen ['glarnər 'alpən] (die) pl (the) Glarus Alps (*Switzerland*).

Gla·rus ['glaːrus] n a) *canton in the east of central Switzerland*, b) *capital of a*.

Glatz [glaːts] n a) Kłodzko (*city in Poland*), b) hist. *city in Lower Silesia*.

Glat·zer Nei·ße ['glaːtsər 'naısə] (die) → Neiße b.

Glo·gau ['gloːgau] n a) Głogów (*city in Poland*), b) hist. *city in Lower Silesia*.

Go·bi ['goːbi] (die) (the) Gobi (*desert in central Asia*).

Go·des·berg, Bad n → Bad Godesberg.

Godt·håb ['gɔtˌhoːp] n Godthaab (*capital of Greenland*).

Go·lan·hö·hen [go'laːnˌhøːən] (die) pl (the) Golan Heights (*mountain range on the Israel-Syrian border*).

Gol·de·ne Horn ['gɔldənə 'hɔrn] (das) (the) Golden Horn (*inlet of the Bosporus, in European Turkey*).

Gol·de·ne Tor ['gɔldənə 'toːr] (das) (the) Golden Gate (*strait between San Francisco Bay and the Pacific*).

Gold·kü·ste ['gɔltˌkʏstə] (die) hist. (the) Gold Coast (*now → Ghana*).

Golf von Aka·ba ['gɔlf fən 'akaba] (der) (the) Gulf of ʿAqaba (*arm of the Red Sea*).

Golf von Ar·go·lis ['gɔlf fən 'argɔlıs] (der) (the) Gulf of Argolis (*gulf of the Aegean Sea, in the southeast of Greece*).

Golf von Ben·ga·len ['gɔlf fən bɛŋ'gaːlən] (der) (the) Bay of Bengal (*part of the Indian Ocean between India and Burma*).

Golf von Bis·ka·ya ['gɔlf fən bıs'kaːja] (der) (the) Bay of Biscay (*bay of the Atlantic between France and Spain*).

Golf von Ga·bes ['gɔlf fən 'gaːbɛs] (der) (the) Gulf of Gabès (*on the eastern coast of Tunisia*).

Golf von Ge·nua ['gɔlf fən 'geːnŭa] (der) (the) Gulf of Genoa (*part of the Ligurian Sea*).

Golf von Ko·rinth ['gɔlf fən ko'rınt] (der) (the) Gulf of Corinth (*Greece*).

Golf von Nea·pel ['gɔlf fən ne'aːpəl] (der) (the) Bay of Naples (*Italy*).

Golf von Sa·lo·ni·ki ['gɔlf fən zalo'niːki] (der) (the) Gulf of Salonika (*arm of the Aegean Sea, in the northeast of Greece*).

Golf von Sa·ros ['gɔlf fən 'zaːrɔs] (der) (the) Gulf of Saros (*inlet of the Aegean Sea, north of the Gallipoli Peninsula*).

Golf von Si·dra ['gɔlf fən 'ziːdra] (der) (the) Gulf of Sidra (*on the northern coast of Libya*).

Golf von Ta·rent ['gɔlf fən ta'rɛnt] (der) (the) Gulf of Taranto (*Italy*).

Golf von Tong·king ['gɔlf fən 'tɔŋkıŋ]

(der) (the) Gulf of Ton(g)king (*South China Sea*).

Golf von Tri·est ['gɔlf fən tri'ɛst] (der) (the) Gulf of Trieste (*in the Adriatic Sea*).

Golf von Ve·ne·dig ['gɔlf fən ve'neːdıç] (der) (the) Gulf of Venice (*Italy*).

Go·me·ra [go'meːra] n *one of the Canary Islands*.

Go·mor·r(h)a [go'mɔra] n Bibl. Gomorrah, *auch* Gomorrha (*city in Palestine*).

Göp·pin·gen ['gœpıŋən] n *city in Baden-Württemberg, BRD*.

Gör·litz ['gœrlɪts] n *city on the Neisse river, DDR*.

Gör·lit·zer Nei·ße ['gœrlɪtsər 'naısə] (die) → Neiße a.

Gor·low·ka ['gɔrləfka] n Gorlovka (*city in the Ukraine, Soviet Union in Europe*).

Gor·ner·grat ['gɔrnərˌgraːt] (der) (the) Gorner Grat (*mountain ridge in the Swiss canton of Valais*).

Görz [gœrts] n Gorizia (*city in the northeast of Italy*).

Gos·lar ['gɔslar] n *city in the southeast of Lower Saxony, BRD*.

Gö·te·borg ['gøːtəˌbɔrk] n Göteborg, *auch* Gothenburg (*seaport in the southwest of Sweden*).

Go·tha ['goːta] n *city in the district of Erfurt, DDR*.

Gott·hard·tun·nel ['gɔtˌhartˌtunəl] (der) (the) Gotthard tunnel (*Switzerland*).

Göt·tin·gen ['gœtıŋən] n *city in Lower Saxony, BRD*.

Gra·do ['graːdo] n a) *island in the Gulf of Trieste, Italy*, b) *town on a*.

Grae·cia Ma·gna ['grɛːtsĭa 'magna] n antiq. → Großgriechenland.

Gra·ham·land ['graːhamˌlant] n Graham Coast, hist. Graham Land (*northern part of the Antarctic Peninsula*).

Gra·ji·schen Al·pen ['graːjɪʃən 'alpən] (die) pl (the) Graian Alps (*between Italy and France*).

Gram·pi·an·ge·bir·ge ['grɛmpĭənɡəˌbırgə] (das) (the) Grampian Hills pl, *auch* (the) Grampians pl (*Scotland*).

Gra·na·da [gra'naːda] n *city in the south of Spain*.

Gran Ca·na·ria ['gran ka'naːrĭa] n Gran Canaria, *auch* Grand Canary (*second largest island of the Canary Islands*).

Gran Cha·co ['gran 'tʃako] (der) (the) Chaco (*region in central South America*).

Grand Com·bin ['grãː kõ'bɛ̃ː] (der) *mountain in the Pennine Alps, Switzerland*.

Grau·bün·den [ˌgrau'byndən] n (the) Grisons (*canton in the east of Switzerland*).

Grau·bünd·ner Al·pen [ˌgrau'byndnər 'alpən] (die) pl (the) Grisons Alps (*Switzerland*).

Graz [graːts] n *capital of Styria, Austria*.

Gre·na·da [gre'naːda] n *island in the Caribbean Sea, in the Windward Islands*.

Gre·na·di·nen [grena'diːnən] (die) pl (the) Grenadines (*chain of islands in the Caribbean Sea, part of the Windward Islands*).

Grenz·mark (Po·sen-West·preu·ßen) ['grɛntsˌmark ('poːzən'vɛstˌprɔysən)] n hist. (the) Grenzmark (Posen-Westpreussen) (*Prussian province in the east of Germany*).

Grie·chen·land ['griːçənˌlant] n Greece.

Grin·del·wald ['grɪndəlˌvalt] n *resort in the Bernese Oberland, Switzerland*.

Gro·nin·gen ['groːnıŋən] n *city in the Netherlands*.

Grön·land ['grøːnˌlant] n Greenland.

Grön·land·see ['grøːnˌlantˌzeː] (die) (the) Greenland Sea (*part of the Arctic Ocean*).

Gros·ny ['grɔsni] n Grozny (*capital of the Chechen-Ingush Republic, Soviet Union in Europe*).

Groß·bri·tan·ni·en ['groːsbri'tanĭən] n Great Britain.

Gro·ße Ar·ber ['groːsə 'arbər] (der) (the) Great Arber (*highest point in the Bohemian Forest, Bavaria, BRD*).

Gro·ße Bä·ren·see ['groːsə 'bɛːrənˌzeː] (der) (the) Great Bear Lake (*Canada*).

Gro·ße Bar·rie·re-Riff ['groːsə ba'rĭɛːrəˌrıf] (das) (the) Great Barrier Reef (*coral reef, Australia*).

Gro·ße Bel·chen ['groːsə 'bɛlçən] (der) *highest point of the Vosges, France*.

Gro·ße Belt ['groːsə 'bɛlt] (der) (the) Great Belt (*strait between the islands of Zealand and Fyn, Denmark*).

Gro·ße Müg·gel·see ['groːsə 'mʏgəlˌzeː] (der) *lake to the southeast of East Berlin*.

Gro·ßen An·til·len ['groːsən an'tılən] (die) pl (the) Greater Antilles (*group of islands in the West Indies*).

Gro·ßen·bro·de [ˌgroːsən'broːdə] n *seaport on the Baltic Sea, Schleswig-Holstein, BRD*.

Gro·ßen Se·en ['groːsən 'zeːən] (die) pl (the) Great Lakes (*five lakes in central North America*).

Gro·ßen Sun·da·in·seln ['groːsən 'zundaˌʔɪnzəln] (die) pl (the) Greater Sunda Islands (*in the Malay Archipelago*).

Gro·ße Oze·an ['groːsə 'oːtseaːn] (der) → Pazifik.

Gro·ße Salz·see ['groːsə 'zaltsˌzeː] (der) (the) Great Salt Lake (*Utah, USA*).

Gro·ße Sankt Bern·hard ['groːsə ˌzaŋkt 'bɛrnˌhart] (der) (the) Great St. Bernard (*Pass*) (*leading from Valais, Switzerland, to Italy*). [Golf von Sidra.]

Gro·ße Syr·te ['groːsə 'zyrtə] (die) →|

Groß·glock·ner ['groːsˌglɔknər] (der) (the) Gross Glockner (*mountain in the Hohe Tauern range, highest point in Austria*).

Groß·grie·chen·land ['groːsˌgriːçənˌlant] n antiq. Magna Graecia (*colonial cities and settlements of Greece in southern Italy*).

Groß·ve·ne·di·ger ['groːsveˌneːdıgər] (der) (the) Gross Venediger (*mountain in the Hohe Tauern range, Austria*).

Gstaad [kʃtaːt] n *resort in the Bernese Oberland, Switzerland*.

Gua·dal·ca·nal [gŭadalka'nal] n a) *largest island of the Solomon Islands*, b) *town in Spain*.

Gua·de·loupe [gŭadə'luːp] n *largest island of the Lesser Antilles, in the West Indies*.

Gu·am [gŭam] n *largest island of the Marianas group in the North Pacific*.

Gua·te·ma·la [gŭate'maːla] n a) *republic in Central America*, b) *capital of a*.

Gua·ya·na [gŭa'jaːna] n Guiana (*region in the northeast of South America*).

Gudsch·ran·wa·la [gudʒran'vaːla] n Gujranwala (*city in Pakistan*).

Guern·sey ['gøːrnzi] n *one of the Channel islands*.

Gui·nea [gi'neːa] n a) *coastal region in West Africa*, b) *republic in West Africa*.

Gui·nea-Bis·sau [gi'neːabı'sau] n *republic in West Africa*.

Gü·ters·loh ['gyːtərsˌloː] n *city in North Rhine-Westphalia, BRD*.

Gu·ya·na [gu'jaːna] n *republic on the northeast coast of South America*.

H

Haag [haːk] (der) → Den Haag.

Haar [haːr] (die) *range of hills in Westphalia, BRD*.

Haard [haːrt] (die) *wooded hills in the Münsterland, BRD*.

Haardt [haːrt] (die) *eastern part of the Palatinate Forest, BRD*.

Ha·ba·na, La [la ha'baːna] n → Havanna.

Habs·burg ['haːpsˌburk] n *small town in the Swiss canton of Aargau; original seat of the Hapsburgs*.

Ha·d(h)ra·maut [hadra'maut] n Hadhramaut, *auch* Hadramaut (*region along the southern coast of the Arabian peninsula*).

Ha·gen ['haːgən] n *city in North Rhine-Westphalia, BRD*.

Ha·gen·au ['haːgənau] n Haguenau (*city in Lower Alsace, France*).

Ha·gia Tria·da [ha'giːa tri'aːda] n antiq. *site of the ruins of a Minoan palace, Crete*.

Hai·der·abad ['haıdərabaːt] n Hyderabad: a) *city in Pakistan*, b) *city in West India*, c) hist. *state in South India*.

Hai·fa ['haıfa] n *seaport in the northwest of Israel*.

Hai·nan ['haınan] n *island in the South China Sea*.

Hai·phong ['haıfɔŋ] n *seaport in North Viet-Nam*.

Hai·ti [ha'iːti] n a) *island in the Greater Antilles, in the West Indies*, b) *republic*.

Ha·li·kar·nas·sos [halikar'nasəs] n antiq. Halicarnassus (*seaport in Asia Minor*).

Hall¹ [hal] n → Solbad Hall.

Hall², Bad n → Bad Hall.

Hal·le (an der Saa·le) ['halə (an der 'zaːlə)] n Halle (on the Saale): a) *district of the DDR*, b) *capital of a*.

Hal·lein [ha'laɪn] *n town to the south of Salzburg, Austria.*

Hal·lert·au ['halərtau] (die) *region in Upper Bavaria, BRD.*

Hal·li·gen ['halɪgən] (die) *pl island group of the North Frisians, BRD.*

Hall·statt ['hal,ʃtat] *n resort on the shore of the Lake of Hallstatt, Upper Austria.*

Hall·stät·ter See ['hal,ʃtɛtər 'zeː] (der) (the) *Lake of Hallstatt, (the) Hallstätter Lake (in the Salzkammergut, Austria).*

Hall·wi·ler See ['hal,viːlər 'zeː] (der) (the) *Hallwiler Lake (to the southwest of Zurich, Switzerland).*

Hal·ma·he·ra [halma'heːra] *n Halmahera, auch Halmaheira, Gilolo, Jilolo (largest island of the Moluccas, Indonesia).*

Ha·ma·dan [hama'daːn] *n city in West Iran.*

Ham·bach ['ham,bax] *n town in Rhineland-Palatinate, BRD.*

Ham·burg ['ham,burk] *n a) Land of the BRD, b) capital of a, c) seaport.*

Ha·meln ['haːməln] *n Hameln, auch Hamelin (city on the Weser river in Lower Saxony, BRD; scene of the legend of the Pied Piper of Hamelin).*

Ha·mil·ton ['hɛmɪltən] *n capital of the Bermudas and seaport.*

Ham·mer·fest ['hamər,fɛst] *n seaport in Norway; northernmost town in Europe.*

Han·au ['haːnau] *n city in Hesse, BRD.*

Hang·tschou ['haŋtʃau] *n Hangchow (capital of the Chekiang province, China).*

Han·no·ver [ha'noːfər] *n Hanover: a) capital of Lower Saxony, BRD, b) area in Lower Saxony.*

Ha·noi [ha'nɔy; 'ha-] *n capital of North Viet-Nam.*

Hardt [hart; haːrt] (die) *part of the Swabian Jura, BRD.*

Harz [haːrts] (der) (the) *Harz Mountains pl (range of mountains in central Germany between the Elbe and Weser rivers).*

Ha·sche·mi·ti·sche Kö·nig·reich Jor·da·ni·en [haʃe'miːtʃə 'køːnɪç,raɪç jɔr'daːniən] (das) (the) *Hashemite Kingdom of Jordan.*

Hau·ra ['haura] *n Howrah (city in East India).* [Cuba).\

Ha·van·na [ha'vana] *n Havana (capital of ʃ*

Ha·vel ['haːfəl] (die) *East German river flowing into the Elbe river.*

Ha·waii [ha'vaɪ] *n a) largest of the Hawaiian Islands, b) → Hawaii-Inseln.*

Ha·waii-In·seln [ha'vaɪ,ʔɪnzəln] (die) *pl (the) Hawaiian Islands (in the North Pacific).*

He·bri·den [he'briːdən] (die) *pl (the) Hebrides (group of islands off the west coast of and belonging to Scotland).*

Hei·del·berg ['haɪdəl,bɛrk] *n city on the Neckar river, Baden-Württemberg, BRD.*

Heil·bronn [,haɪl'brɔn] *n city in Baden--Württemberg, BRD.*

Hel·go·land ['hɛlgo,lant] *n Helgoland, auch Heligoland (island in the North Sea, BRD).*

Hel·go·län·der Bucht ['hɛlgo,lɛndər 'buxt] (die) (the) *Helgoland (auch Heligoland) Bight (in the North Sea).*

He·li·kon ['heːlikon] (der) *Helicon (mountain in Boeotia, Greece).*

He·lio·po·lis [he'lioːpolɪs] *n a) antiq. ruined city in Egypt, b) ancient Greek name of Baalbek.*

Hel·las ['hɛlas] *n hist. Hellas, Greece.*

Hel·les·pont [hɛlɛs'pɔnt] (der) (the) *Hellespont, (the) Hellespontus (ancient name of the Dardanelles).*

Helm·stedt ['hɛlm,ʃtɛt] *n city in Lower Saxony, BRD, near the border to the DDR.*

Hel·sin·ki ['hɛlzɪŋki] *n capital of Finland.*

Hel·ve·ti·en [hɛl'veːtsiən] *n hist. Helvetia, Switzerland.*

Hen·ne·gau ['hɛnə,gau] (der) *Hainaut (province in Belgium).*

He·ra·kleia [hera'klaɪa; he'raːklaɪa] *n hist. Heraclea (city in southern Italy).*

He·ra·klei·on [hera'klaɪən; he'raːklaɪən] *n → Iraklion.*

He·ris·au ['heːrizau] *n capital of the Swiss demicanton of Appenzell Ausser Rhoden.*

Her·ku·la·ne·um [hɛrku'laːneum] *n antiq. Herculaneum (city near Naples at the foot of Mount Vesuvius; destroyed by an eruption in 79 A.D.).*

Her·mann·stadt ['hɛrman,ʃtat] *n Sibiu (city in central Rumania).*

Her·mon ['hɛrmon] (der), **Her·mon·ge·bir·ge** ['hɛrmɔngə,bɪrgə] (das) *Mount Hermon (mountain range in Syria).*

Her·ne ['hɛrnə] *n city in North Rhine-Westphalia, BRD.*

Hers·bruck ['hɛrs,bruk] *n town in Middle Franconia, Bavaria, BRD.*

Her·ze·go·wi·na [hɛrtse'goːvina; -go'viːna] (die) *hist. Herzegovina (region in Yugoslavia).*

Her·zo·gen·busch [,hɛrtsoːgən'buʃ] *n 's Hertogenbosch (city in the Netherlands).*

Her·zog·tum Lau·en·burg ['hɛrtsoːktuːm 'lauən,burk] *n region in Schleswig-Holstein, BRD.*

Hes·sen ['hɛsən] *n Hesse (Land of the BRD).*

Hes·sen-Nas·sau ['hɛsən'nasau] *n hist. Hesse-Nassau (province in Prussia).*

Hi·dschas [hi'dʒaːs] *n Hejaz, auch Hedjaz (region bordering on the Red Sea, Saudi Arabia).*

Hil·des·heim ['hɪldəs,haɪm] *n a) area of Lower Saxony, BRD, b) capital of a.*

Hil·mend [hɪl'mɛnt] (der) (the) *Helmand (river in Afghanistan).*

Hi·ma·la·ja [hi'maːlaja; -ma'laːja] (der) (the) *Himalaya(s pl), (the) Himalaya Mountains pl (mountain range in Central Asia).*

Him·mel·fahrts·in·sel ['hɪməl,faːrts,ʔɪnzəl] (die) *Ascension (in the South Atlantic Ocean).*

Hin·du·kusch ['hɪndukuʃ] (der) (the) *Hindu Kush (mountain range in Afghanistan, extending westwards from the Himalayas).*

Hin·du·stan ['hɪndustaːn] *n Hindustan, Hindostan: a) hist. name of India, b) region in India.*

Hin·ter·in·di·en ['hɪntər,ʔɪndiən] *n Indochina, auch Farther India.*

Hin·ter·pom·mern ['hɪntər,pɔmərn] *n hist. → Ostpommern.*

Hin·ter·rhein ['hɪntər,raɪn] (der) (the) *Hinter Rhein (headstream of the Rhine, Switzerland).*

Hi·ro·schi·ma [hiro'ʃiːma] *n Hiroshima (seaport on Honshu, Japan; 1945 first military use of the atomic bomb).*

His·pa·nia [hɪs'paːnia], **His·pa·ni·en** [hɪs'paːniən] *n hist. Hispania (ancient name of Spain).*

His·pa·nio·la [hɪspa'nioːla] *n island in the West Indies, comprising the republic of Haiti and the Dominican Republic.*

Höch·städt ['høːç,ʃtɛt] *n town in Bavaria on the Danube river, BRD; scene of battles in the War of the Spanish Succession and in the Napoleonic Wars.*

Hoek van Hol·land ['huːk fan 'hɔlant] *n Hook of Holland (cape and seaport in the Netherlands).*

Hof [hoːf] *n city in Upper Franconia, Bavaria, BRD.*

Hof·ga·stein, Bad *n → Bad Hofgastein.*

Ho·hen·lin·den [,hoːən'lɪndən] *n village in Upper Bavaria, BRD; French victory over the Austrians, 1800.*

Ho·hen·stau·fen [,hoːən'ʃtaufən] (der) *mountain near Göppingen, Baden-Württemberg, BRD; site of ruins of the ancestral castle of the Hohenstaufen family.*

Ho·hen Tau·ern ['hoːən 'tauərn] (die) *pl section of the Central Alps between Carinthia and the Tyrol, Austria.*

Ho·hen·zol·lern [,hoːən'tsɔlərn] *n region in Baden-Württemberg, BRD.*

Hok·kai·do [hɔ'kaɪdo] *n large island in the north of Japan.*

Hol·land ['hɔlant] *n a) Holland, (the) Netherlands pl, b) hist. Holland (medieval county and province on the North Sea).*

Hol·led·au ['hɔlədau] (die) *→ Hallertau.*

Hol·men·kol·len ['hɔlmən,kɔlən] *n district of Oslo, Norway; ski-jumping center.*

Hol·stein ['hɔl,ʃtaɪn] *n region in the southern part of the peninsula of Jutland, BRD.*

Hol·stei·ni·sche Schweiz ['hɔl,ʃtaɪnɪʃə 'ʃvaɪts] (die) (the) *Holstein Switzerland (region to the north of Lübeck, Schleswig--Holstein, BRD).*

Hom·burg, Bad *n → Bad Homburg.*

Hon·do ['hɔndo] *n → Honschu.*

Hon·du·ras [hɔn'duːras] *n republic in Central America.*

Hong·kong ['hɔŋkɔŋ] *n Hong Kong, auch Hong-Kong (British crown colony bordering southeast China).*

Hon·nef am Rhein, Bad *n → Bad Honnef (am Rhein).*

Ho·no·lu·lu [hono'luːlu] *n seaport on and capital of Hawaii.*

Hon·schu ['hɔnʃu] *n Honshu, auch Hondo (chief island of Japan).*

Ho·peh ['hoːpe], **Ho·peih** ['hoːpai] *n Hopeh, auch Hopei (province in the northeast of China).*

Hör·num ['hœrnum] *n seaside resort on and southern part of the North Frisian island of Sylt, BRD.*

Hud·son·bai ['hatsən,baɪ] (die) (the) *Hudson Bay (large inland sea, Canada).*

Hud·son·stra·ße ['hatsən,ʃtraːsə] (die) (the) *Hudson Strait (connecting Hudson Bay and the Atlantic).*

Hue [hũɛː] *n Hué (seaport in central Viet--Nam).*

Hug·li ['huːgli] (der) (the) *Hooghly, auch (the) Hugli (most westerly channel of the Ganges river, India).*

Hum·boldt·strom ['humbəlt,ʃtroːm] (der) (the) *Peru Current, auch (the) Humboldt Current (cold Pacific Ocean current flowing north along the coasts of Chile and Peru).*

Hu·nan ['huːnan] *n province in the south of China.*

Huns·rück ['huns,ryk] (der) *mountain range between the Moselle and Nahe rivers, BRD.*

Hu·peh ['huːpe], **Hu·pei** ['huːpai] *n Hupeh (province in central China).*

Hu·ron·see [hu'roːn,zeː], **Hu·ro·nen·see** [hu'roːnən,zeː] (der) *Lake Huron (one of the five Great Lakes, between the USA and Canada).*

Hu·sum ['huːzum] *n a) seaport on the west coast of Schleswig-Holstein, BRD, b) seaport in Sweden, c) district of Copenhagen.*

Hvar [xvaːr] *n a) island in the Adriatic Sea, Yugoslavia, b) seaport on and capital of a.*

Hwang·ho ['xvaŋho] (der) (the) *Hwang Ho, auch (the) Hoangho, (the) Yellow River (river in China).*

Hy·der·abad ['haɪdərabaːt] *n → Haiderabad.*

Hy·dra ['hyːdra] *n Greek island in the Aegean Sea.*

Hyr·ka·ni·en [hyr'kaːniən] *n antiq. Hyrcania (province of the Persian Empire).*

I

Ibe·ri·en [i'beːriən] *n antiq. Iberia (the Iberian Peninsula).*

Ibe·ri·sche Halb·in·sel [i'beːrɪʃə 'halp,ʔɪnzəl] (die) *→ Pyrenäenhalbinsel.*

Ibe·ro·ame·ri·ka [i'beːroʔa,meːrika] *n → Lateinamerika.*

Ibi·za [i'bɪsa] *n a) Iviza, Ibiza (one of the Balearic Islands in the Mediterranean Sea), b) seaport on a.*

Idu·mäa [idu'mɛːa] *n antiq. Idum(a)ea (region to the south of the Dead Sea).*

Ifer·ten ['iːfərten] *n → Yverdon.*

If·ni ['ɪfni] *n former Spanish province on the northwestern coast of Africa.*

Ijs·sel·meer ['aɪsəl,meːr] (das) *Lake IJssel, IJsselmeer (lake in the Netherlands, separated from the North Sea by a dike).*

Ika·ria [i'kaːria] *n Greek island in the Aegean Sea.*

Île-de-France [ɪldə'frãːs] (die) *hist. (the) Île de France (province in the north of France, including Paris and the region around it).*

Ill [ɪl] (die) *a) Austrian river rising in Vorarlberg and flowing into the Rhine river, b) French river rising in Alsace and flowing into the Rhine river.*

Il·ler ['ɪlər] (die) *river rising in the Tyrol, Austria, and flowing into the Danube river in the BRD.*

Il·ly·ri·en [ɪ'lyːriən] *n antiq. Illyria (country along the eastern coast of the Adriatic Sea).*

Ilm [ɪlm] (die) *a) East German river flowing into the Saale river, b) West German river flowing into the Danube river.*

Il·men·au ['ɪlmənau] (die) *West German river flowing into the Elbe river.*

Il·men·see ['ɪlmən,zeː] (der) *Lake Ilmen (to the south of Lake Ladoga, Soviet Union in Europe).*

In·di·en ['ɪndiən] *n India.*

In·di·sche Oze·an ['ɪndɪʃə 'oːtseaːn] (der) (the) *Indian Ocean.*

In·do·chi·na ['ɪndo'çiːna] *n peninsula in the southeast of Asia.*

In·do·ne·si·en [ɪndo'neːziən] *n Indonesia (republic in the Malay Archipelago).*

In·dor [ɪn'doːr] *n* Indore (*city in central India*).

In·dus ['ɪndʊs] (der) *river in Asia.*

In·ger·man·land ['ɪŋərman,lant] *n hist.* Ingria, Ingermanland (*region on the Gulf of Finland between the lakes Ladoga and Peipus*).

In·gol·stadt ['ɪŋɡəl,ʃtat] *n city in Upper Bavaria, BRD.*

Inn [ɪn] (der) *river rising in Switzerland and flowing through Austria and Bavaria into the Danube river in the BRD.*

In·ner·asi·en ['ɪnər,ʔaːziən] *n* Central Asia.

In·ne·re Mon·go·lei ['ɪnərə mɔŋɡo'laɪ] (die) Inner Mongolia.

In·ne·ren He·bri·den ['ɪnərən he'briːdən] (die) *pl* (the) Inner Hebrides.

Inns·bruck ['ɪns,brʊk] *n capital of the Tyrol, Austria.*

Inn·vier·tel ['ɪn,fɪrtəl] (das) *district in the west of Upper Austria.*

In·sel Man ['ɪnzəl 'mɛn] (die) (the) Isle of Man (*in the Irish Sea*).

In·seln über dem Win·de ['ɪnzəln ,yːbər dem 'vɪndə] (die) *pl* (the) Leeward Islands (*in the West Indies*).

In·seln un·ter dem Win·de ['ɪnzəln ,ʊntər dem 'vɪndə] (die) *pl* (the) Windward Islands (*in the West Indies*).

In·sel Wake ['ɪnzəl 'veːk] (die) Wake Island (*in the North Pacific*).

In·sel Wight ['ɪnzəl 'vaɪt] (die) (the) Isle of Wight (*island off the southern coast of England*).

In·ster·burg ['ɪnstər,bʊrk] *n* a) Chernyakhovsk (*town to the east of Kaliningrad, Soviet Union in Europe*), b) *hist.* town in East Prussia.

In·su·lin·de [ɪnzu'lɪndə] (die) → Malaiische Archipel.

In·ter·la·ken ['ɪntər,lakən] *n town in the Bernese Oberland, Switzerland.*

In·tschön [ɪn'tʃøn] *n* Inchon, *auch* Chemulpo (*seaport in South Korea*).

Io·ni·en [i'oːniən] *n antiq.* Ionia (*region on the western coast of Asia Minor*).

Io·ni·schen In·seln [i'oːnɪʃən 'ɪnzəln] (die) *pl* (the) Ionian Islands (*group of Greek islands off the west coast of Greece, Cerigo off the south coast*).

Io·ni·sche Meer [i'oːnɪʃə 'meːr] (das) (the) Ionian Sea (*arm of the Mediterranean between southern Italy, Sicily, and Greece*).

Ios ['iːɔs] *n Greek island in the Aegean Sea.*

Irak [i'raːk; 'iːrak] (der) *od. n* Iraq, *auch* Irak (*republic in the southwest of Asia*).

Ira·kli·on [i'raːkliən] *n* Herakleion, Candia (*seaport in the north of Crete*).

Iran [i'raːn] (der) *od. n* Iran (*kingdom in the southwest of Asia*).

Ira·wa·di [ira'vaːdi] (der) (the) Irrawaddy (*largest river in Burma*).

Iri·an [i'riːan] *n* → Neuguinea.

Iri·sche See ['iːrrɪʃə 'zeː] (die) (the) Irish Sea (*od.* Channel) (*between Ireland and England*).

Ir·kutsk [ɪr'kʊtsk] *n city in the Soviet Union in Asia.*

Ir·land ['ɪr,lant] *n* a) Ireland (*large western island of the British Isles, comprising Northern Ireland and the Republic of Ireland*), b) (the) Republic of Ireland.

Ir·tysch [ɪr'tyʃ] (der) (the) Irtish, *auch* Irtysh (*river in central Asia*).

Isar ['iːzar] (die) *river rising in the Tyrol, Austria, and flowing into the Danube river in the BRD.*

Ischewsk [i'ʒɛfsk] *n* Izhevsk (*capital of the Udmurt Republic, Soviet Union in Europe*).

Is·chia ['ɪskia] *n* a) Italian island in the Tyrrhenian Sea, b) seaport on a.

Ischl, Bad *n* → Bad Ischl.

Iser·ge·bir·ge ['iːzərɡə,bɪrɡə] (das) (the) Iser Mountains *pl* (*range of mountains in the Sudeten, Czechoslovakia*).

Iser·lohn [,iːzər'loːn] *n city in North Rhine-Westphalia, BRD.*

Is·lam·abad [ɪs'laːmabaːt] *n capital of Pakistan.*

Is·land ['iːs,lant] *n* Iceland (*island and republic in the North Atlantic*).

Is·ra·el ['ɪsraɛl] *n republic in the Near East.*

Is·sos ['ɪsɔs] *n antiq.* Issus (*town in Asia Minor; victory of Alexander the Great over Darius III, 333 B.C.*).

Istan·bul ['ɪstambuːl] *n* Istanbul, *auch* Stamb(o)ul (*seaport in Turkey, on the European side of the Bosporus*).

Isth·mus von Ko·rinth ['ɪstmʊs fən ko·'rɪnt] (der) (the) Isthmus of Corinth (*Greece*).

Istri·en ['ɪstriən] *n* Istria (*peninsula at the northern end of the Adriatic Sea*).

Ita·li·en [i'taːliən] *n* Italy.

Ita·lie·ni·sche Ri·vie·ra [ita'liːenɪʃə ri·'vieːra] (die) (the) Italian Riviera.

Itha·ka ['iːtaka] *n* Ithaca (*one of the Ionian islands, Greece; legendary home of Ulysses*).

Iwa·no·wo [i'vaːnovo] *n* Ivanovo (*city in the central Soviet Union in Europe*).

Iz·mir ['ɪzmɪr] *n seaport in the west of Turkey.*

J

Ja·blo·noi·ge·bir·ge [jablo'nɔyɡə,bɪrɡə], **Ja·blo·no·wy·ge·bir·ge** ['jablonoviɡə,bɪrɡə] (das) (the) Yablonoi (*auch* Yablonovoi) Mountains *pl* (*in the southeast of the Soviet Union in Asia*).

Ja·de·bu·sen ['jaːdə,buːzən] (der) (the) Jade Bay (*inlet of the North Sea, BRD*).

Jaf·fa ['jafa] *n seaport in Israel, part of Tel-Aviv.*

Jagst [jakst] (die) *West German river flowing into the Neckar river.*

Ja·ku·ti·sche Au·to·no·me So·zia·li·sti·sche So·wjet·re·pu·blik [ja'kuːtɪʃə auto·'noːmə zotsia'lɪstɪʃə zɔ'vjɛtrepu,bliːk] (die) (the) Yakut Autonomous Soviet Socialist Republic (*in East Siberia, Asia*).

Ja·kutsk [ja'kutsk] *n* Yakutsk (*capital of the Yakut Republic, Soviet Union in Asia*).

Jal·ta ['jalta] *n* Yalta (*seaport in the southern Ukraine, Soviet Union in Europe; wartime conference, February 1945*).

Ja·lu ['jaːlu] (der) (the) Yalu (*river in East Asia*).

Ja·lung·ki·ang ['jaːlʊŋkian] (der) (the) Yalung (*river in southern China*).

Ja·mai·ka [ja'maɪka] *n* Jamaica (*island in the West Indies*).

Ja·mal [ja'mal] *n* (the) Yamal Peninsula (*in the northwest of the Soviet Union in Asia*).

James·town ['dʒeːms,taun] *n capital of St. Helena.*

Ja·na ['jaːna] (der) (the) Yana (*river in northeast Siberia, Soviet Union in Asia*).

Jang·tse ['jaŋtsə], **Jang·tse·ki·ang** ['jaŋtsəkian] (der) (the) Yangtze, *auch* (the) Yangtze-Kiang (*river in East Asia*).

Jan May·en ['jan 'maɪən] *n* Jan Mayen (*volcanic island in the Arctic Ocean*).

Jan·tse·ki·ang ['jantsəkian] (der) → Jangtse.

Jap [jap] *n* Yap (*one of the Caroline Islands, in the West Pacific*).

Ja·pan ['jaːpan] *n* Japan.

Ja·pa·ni·sche In·land·see [ja'paːnɪʃə 'ɪn,lant,zeː] (der) (the) Inland Sea (*enclosed by the islands Honshu, Shikoku, and Kyushu*).

Ja·pa·ni·sche Meer [ja'paːnɪʃə 'meːr] (das) (the) Sea of Japan (*branch of the Pacific between Russia, Korea, and Japan*).

Ja·ro·slawl [jaro'slaːvəl] *n* Yaroslavl (*city on the Volga river, in the central Soviet Union in Europe*).

Jar·vis·in·sel ['dʒaːrvɪs,ʔɪnzəl] (die) Jarvis Island (*in the central Pacific*).

Jau·er·sche Nei·ße ['jauərʃə 'naɪsə] (die) (the) Jauersche Neisse (*river in Lower Silesia, Poland*).

Jau·fen(·paß) ['jaufən(,pas)] (der) (the) Jaufen (Pass) (*between Sterzing and Merano, Italy*).

Jaun·de ['jaundə] *n* Yaoundé, *auch* Yaunde (*capital of Cameroon*).

Ja·va ['jaːva] *n main island of Indonesia.*

Ja·va·ri [ʒava'riː] (der) (the) Javarí, (the) Yacarana (*river in Peru and Brazil*).

Ja·va·see [jaro'vaːzeː] (die) (the) Java Sea (*between Java and Borneo*).

Ja·wa·ta [ja'waːta] *n* Yawata (*city on Kyushu, Japan*).

Je·ka·te·rin·burg [jekate,riːn'bʊrk] *n hist.* Ekaterinburg (*now* → Swerdlowsk).

Je·men ['jeːmən] (der) *od. n* (the) Yemen (*country in the southwest of Arabia*): a) (the) People's Democratic Republic of Yemen, b) (the) Yemen Arab Republic.

Je·na ['jeːna] *n city on the Saale river, DDR; scene of battle, 1806.*

Je·nan ['jeːnan] *n* Yenan, *auch* Fushih (*city in China*).

Je·nis·sei [jeni'seːi; -'saɪ] (der) (the) Yenisei (*river in the Soviet Union in Asia*).

Je·ri·cho ['jeːrɪço] *n antiq. city in Palestine.*

Jer·sey ['dʒøːrzi] *n one of the Channel Islands.*

Je·ru·sa·lem [je'ruːzalɛm] *n* a) *capital of Israel*, b) *ancient holy city.*

Jing·kou ['jɪŋkau] *n* Yingkow (*port in the northeast of China*).

Jo·han·nes·burg [jo'hanəs,bʊrk] *n city in Transvaal, Republic of South Africa.*

Jo·ko·ha·ma [joko'haːma] *n* Yokohama (*seaport on Honshu, Japan*).

Jo·ko·su·ka [joko'zuːka] *n* Yokosuka (*seaport on Honshu, Japan*).

Jor·dan ['jɔrdan] (der) (the) Jordan (*river in Palestine*).

Jor·da·ni·en [jɔr'daːniən] *n* Jordan (*kingdom in the southwest of Asia*).

Ju·da ['juːda] *n Bibl.* Judah (*kingdom of the Hebrews in Palestine*).

Ju·däa [ju'dɛːa] *n antiq.* Juda(e)a (*southern region of Palestine*).

Ju·go·sla·wi·en [jugo'slaːviən] *n* Yugoslavia, Jugoslavia (*republic in South Europe*).

Juist [jyːst] *n* a) island of the East Frisians, BRD, b) town on a.

Jü·lich ['jyːlɪç] *n city in North Rhine-Westphalia, BRD.*

Ju·li·er(·paß) ['juːliər(,pas)] (der) (the) Julier (Pass) (*in the Grisons Alps, Switzerland*).

Ju·li·schen Al·pen ['juːlɪʃən 'alpən] (die) *pl* (the) Julian Alps (*mountain range in Yugoslavia*).

Jung·fern·in·seln ['jʊŋfərn,ʔɪnzəln] (die) *pl* (the) Virgin Islands (*in the West Indies*).

Jung·frau ['jʊŋ,frau] (die) *mountain in the Bernese Alps, Switzerland.*

Jün·nan ['jynan] *n* Yunnan, Yünnan: a) *province in the southwest of China*, b) *hist.* for Kunming.

Ju·ra ['juːra] (der) (the) Jura (Mountains *pl*) (*mountain range in Central Europe, between France and Switzerland*).

Jüt·land ['jyːt,lant] *n* Jutland (*peninsula comprising the continental portion of Denmark*).

K

K 2 [,kaː'tsvaɪ] (der) K 2, *auch* Godwin Austen, Dapsang (*mountain in Kashmir; second highest peak in the world*).

Kab·ar·di·no-Bal·ka·ri·sche Au·to·no·me So·zia·li·sti·sche So·wjet·re·pu·blik [kabar'diːnobal'kaːrɪʃə auto'noːmə zotsia'lɪstɪʃə zɔ'vjɛtrepu,bliːk] (die) (the) Kabardino-Balkar Autonomous Soviet Socialist Republic (*Soviet Union in Europe*).

Ka·bul [ka'bʊl; 'kaːbʊl] *n capital of Afghanistan.*

Ka·by·lei [kaby'laɪ] (die) Kabylia (*region in the Atlas Mountains, Algeria*).

Ka·desch ['kaːdɛʃ] *n antiq.* Kadesh (*town in Syria*).

Ka·diz ['kaːdɪs] *n* → Cádiz.

Ka·far·na·um [ka'farna-um] *n Bibl.* → Kapernaum.

Ka·go·schi·ma [kago'ʃiːma] *n* Kagoshima (*seaport on Kyushu, Japan*).

Kah·len·berg ['kaːlən,bɛrk] (der) *hill near Vienna, Austria; scene of battle, 1683.*

Kaie·teur·fall ['kaɪətøːr,fal] (der) (the) Kaieteur (Falls *pl*) (*in central Guyana, South America*).

Kai·man·in·seln ['kaɪman,ʔɪnzəln] (die) *pl* (the) Cayman Islands (*in the West Indies*).

Kai·ro ['kaɪro] *n* Cairo (*capital of the Arab Republic of Egypt*).

Kai·ser ['kaɪzər] (der), **Kai·ser·ge·bir·ge** ['kaɪzərɡə,bɪrɡə] (das) (the) Kaiser Mountains *pl* (*mountain range in the north of the Tyrol, Austria*).

Kai·sers·lau·tern [,kaɪzərs'lautərn] *n city in the south of Rhineland-Palatinate, BRD.*

Kai·ser·stuhl ['kaɪzər,ʃtuːl] (der) *mountain group in the upper Rhine valley, BRD.*

Kai·ser-Wil·helm-Ka·nal [,kaɪzər'vɪl,hɛlmka,naːl] (der) → Nord-Ostsee-Kanal.

Ka·la·bri·en [ka'laːbriən] *n* Calabria (*region in the south of Italy*).

Ka·la·ha·ri [kala'haːri] (die) (the) Kalahari (Desert) (*largely in Botswana, Africa*).

Ka·lat [ka'laːt] *n* Kalat, *auch* Khelat (*region in Pakistan*).

Ka·le·do·ni·en [kale'doːniən] *n hist. od. poet.* Caledonia (*Scotland*).

Ka·le·do·ni·sche Ka·nal [kale'do:nɪʃə ka-'na:l] (der) (the) Caledonian Canal (in the north of Scotland).

Ka·li·for·ni·en [kali'fɔrnɪən] n California (state in the southwest of the USA).

Ka·li·kut ['kalikʊt] n Calicut (seaport in the southwest of India).

Kal·kut·ta [kal'kʊta] n Calcutta: a) capital of West Bengal, India, b) seaport.

Kal·mücki·sche Au·to·no·me So·zia·li·sti·sche So·wjet·re·pu·blik (getr. -k·k-) [kal'mʏkɪʃə aʊto'no:mə zotsɪa'lɪstɪʃə zɔ'vjɛtrepu,bli:k] (die) (the) Kalmu(c)k Autonomous Soviet Socialist Republic (Soviet Union in Asia).

Ka·ly·don ['ka:lydɔn; kaly'do:n] n antiq. Calydon (city in Aetolia, Greece).

Kam·bo·dscha [kam'bɔdʒa] n Cambodia (republic in Southeast Asia).

Ka·me·run ['ka(:)məru:n; kamə'ru:n] n Cameroon (West Africa).

Ka·me·run·berg ['ka(:)məru:n,bɛrk] (der) (the) Cameroon (active volcano in the south of Cameroon, West Africa).

Kamp [kamp] (der) Austrian river flowing into the Danube river.

Kam·pa·la [kam'pa:la] n capital of Uganda.

Kam·pa·ni·en [kam'pa:nɪən] n Campania (region in the southwest of Italy).

Kam·pen ['kampən] n seaside resort on the North Frisian island of Sylt.

Kam·tschat·ka [kam'tʃatka] n Kamchatka (peninsula between the Bering Sea and the Sea of Okhotsk, Soviet Union in Asia).

Ka·na ['ka:na], **Ka·naa** ['ka:naa] n Bibl. Cana (town in Galilee).

Ka·na·an ['ka:naan] n antiq. Canaan (region in Palestine).

Ka·na·da ['kanada] n Canada.

Ka·na·di·sche Kü·sten·ge·bir·ge [ka'na:dɪʃə 'kystəngə,bɪrgə] (das) (the) Canadian Coast Ranges pl (on the west coast of Canada).

Ka·na·di·schen Se·en [ka'na:dɪʃən 'ze:ən] (die) → Großen Seen.

Ka·na·di·sche Schild [ka'na:dɪʃə 'ʃɪlt] (der) (the) Laurentian Mountains pl (range of low mountains in Canada).

Ka·nal [ka'na:l] (der) → Ärmelkanal.

Ka·nal·in·seln [ka'na:l,ʔɪnzəln] (die) pl (the) Channel Islands (British island group in the English Channel).

Ka·na·ren [ka'na:rən], **Ka·na·ri·schen In·seln** [ka'na:rɪʃən 'ɪnzəln] (die) pl (the) Canary Islands, auch (the) Canaries (in the Atlantic Ocean, near the northwest coast of Africa).

Ka·na·sa·wa [kana'za:va] n Kanazawa (seaport on Honshu, Japan).

Kang·chen·dzön·ga [kaŋtʃɛn'tsœŋga] (der) Kanchenjunga, auch Kanchanjanga, Kinchinjunga (mountain in the Himalayas; third highest in the world).

Kan·pur ['ka:npu:r] n Kanpur, Cawnpore (city in the north of India).

Kan·su ['kanzu] n province in the northwest of China.

Kan·ta·bri·sche Ge·bir·ge [kan'ta:brɪʃə gə'bɪrgə] (das) (the) Cantabrian Mountains pl (near the Pyrenees, Spain).

Kan·ton ['kantən] n Canton: a) capital of the Kwangtung province, China, b) seaport.

Kan·ton·fluß ['kantən,flʊs] (der) (the) Canton (river in the south of China).

Kan·tschi·pu·ram [kan'tʃipuram] n Kanchipuram, Conjeeveram (town in Madras India).   [Nadelkap.]

Kap Agul·has [ˌkap a'gʊljas] (das) →ʃ

Kap-Bre·ton-In·sel [ˌkap'brɛtən,ʔɪnzəl] (die) Cape Breton (Island) (island forming the northeast part of Nova Scotia, Canada).

Kap Ca·na·ve·ral [ˌkap kə'nevərəl] n Cape Canaveral (on the east coast of Florida, USA; long-range missile test center).

Kap Co·mo·rin [ˌkap ko'mo:rɪn] n Cape Comorin (on the southern tip of India).

Kap der Gu·ten Hoff·nung ['kap der 'gu:tən 'hɔfnʊŋ] (das) (the) Cape of Good Hope, auch (the) Cape (promontory in South Africa).

Kap Desch·njow [ˌkap dɛʃ'njɔf] n Cape Dezhnev (on the Bering Strait, the northeasternmost point of Asia).

Ka·per·na·um [ka'pɛrna-um] n Bibl. Capernaum (town in Palestine).

Kap Far·vel [ˌkap far'vɛl] n Cape Farewell (southernmost point of Greenland).

Kap Gu·ar·da·fui [ˌkap gŭarda'fu:i] n Cape Guardafui (at the east extremity of Africa).

Kap Hoorn (od. **Horn**) [ˌkap 'ho:rn ('hɔrn)] n Cape Horn, the Horn (southernmost point of South America).

Kap Ken·ne·dy [ˌkap 'kɛnedi] n Cape Kennedy (now renamed into → Kap Canaveral).

Kap·ko·lo·nie ['kapkolo,ni:] (die), **Kap·land** ['kap,lant] n → Kapprovinz.

Kap Nord·kinn [ˌkap 'nʊr,cɪn] n Cape Nordkyn (northernmost point of the European mainland, Norway).

Kap Or·te·gal [ˌkap ɔrte'gal] n Cape Ortegal (on the Bay of Biscay, Spain).

Kap·pa·do·ki·en [kapa'do:kĭən], **Kap·pa·do·zi·en** [kapa'do:tsĭən] n antiq. Cappadocia (country in Asia Minor).

Kap·pro·vinz ['kappro,vɪnts] (die) Cape Province, (the) Province of the Cape of Good Hope (South Africa).

Kap Ska·gen [ˌkap 'ska:gən] n The Skaw, auch Cape Skagen (cape at the northern tip of Denmark).

Kap·stadt ['kap,ʃtat] n Cape Town, auch Capetown: a) legislative capital of the Republic of South Africa, b) seaport.

Kap Su·ni·on [ˌkap 'zu:nĭən] n Cape S(o)union (at the southern tip of Attica, Greece).

Kap Tra·fal·gar [ˌkap tra'falgar] n Cape Trafalgar (on the southwest coast of Spain; Nelson's victory over the French and Spanish fleets, 1805).

Kap Tsche·ljus·kin [ˌkap tʃɛl'juskɪn] n Cape Chelyuskin (northernmost point of the Asian mainland).

Kap Ver·de [ˌkap 'vɛrde] n Cape Verde (in Senegal, westernmost point of Africa).

Kap·ver·di·schen In·seln [kap'vɛrdɪʃən 'ɪnzəln] (die) pl (the) Cape Verde Islands (in the Atlantic Ocean).

Ka·ra·ko·rum [karako'rʊm; -'ko:rʊm] (der) (the) Karakoram (od. Karakorum) Range, (the) Mustagh (mountain range in Kashmir, India).

Ka·ra·kum [kara'kʊm] (die) (the) Kara Kum, auch (the) Qara Qum (desert in the Soviet Union in Asia).

Ka·ra·tschi [ka'ra:tʃi] n Karachi (seaport in Pakistan).

Ka·ra·wan·ken [kara'vaŋkən] (die) pl section of the Eastern Alps in the south of Austria and in the northwest of Yugoslavia.

Ka·re·li·en [ka're:lĭən] n Karelia (region in the northwest of the Soviet Union in Europe).

Ka·re·li·sche Au·to·no·me So·zia·li·sti·sche So·wjet·re·pu·blik [ka're:lɪʃə aʊto'no:mə zotsɪa'lɪstɪʃə zɔ'vjɛtrepu,bli:k] (die) (the) Karelian Autonomous Soviet Socialist Republic (Soviet Union in Europe).

Ka·re·li·sche Land·en·ge [ka're:lɪʃə 'lant,ʔɛŋə] (die) (the) Karelian Isthmus (strip of land between Lake Ladoga and the Gulf of Finland, Soviet Union in Europe).

Kar·freit [kar'fraɪt] n a) Kobarid (town in Slovenia, Yugoslavia), b) hist. Caporetto (village in Italy; defeat of the Italians by the Germans and Austrians, 1917).

Ka·ri·bik [ka'ri:bɪk] (die), **Ka·ri·bi·sche Meer** [ka'ri:bɪʃə 'me:r] (das), **Ka·ri·bi·sche See** [ka'ri:bɪʃə 'ze:] (die) (the) Caribbean Sea, auch (the) Caribbean (part of the Atlantic Ocean bounded by Central America, the West Indies, and South America).

Ka·ri·en [ka:rĭən] n antiq. Caria (district in Asia Minor).

Ka·ri·sche Meer ['ka:rɪʃə 'me:r] (das) (the) Kara Sea (arm of the Arctic Ocean).

Karl-Marx-Stadt [ˌkarl'marks,ʃtat] f a) district of the DDR, b) capital of a.

Karls·bad [ˌkarls,ba:t] n a) Karlovy Vary (spa and resort in Czechoslovakia), b) hist. town in Bohemia.

Karls·ru·he [ˌkarls,ru:ə] n capital of North Baden, Baden-Württemberg, BRD.

Kar·mel ['karməl] (der) Mount Carmel (in the northwest of Israel).

Kar·na·tik [kar'na:tɪk] (die) (the) Carnatic, (the) Karnatic (region on the southeast coast of India).

Kar·ni·schen Al·pen ['karnɪʃən 'alpən] (die) pl (the) Carnic Alps (mountain range in the Alps between Austria and Italy).

Kärn·ten ['kɛrntən] n Carinthia (province in the south of Austria).

Ka·ro·li·nen [karo'li:nən] (die) pl (the) Caroline Islands (group of islands in the Pacific).

Kar·pa·ten [kar'pa:tən] (die) pl (the) Carpathian Mountains, auch (the) Carpathians (mountain range in central Europe, extending from Czechoslovakia to central Rumania).

Kar·pa·ten·ukrai·ne [kar'pa:tən?ukra,i:nə; -,kraɪnə], **Kar·pa·to·ukrai·ne** [kar'pa:to-?ukra,i:nə; -,kraɪnə] (die) (the) Carpatho-Ukraine (western part of the Ukraine).

Kar·ru [ka'ru:] (die) (the) Karroo (vast plateau in the Republic of South Africa).

Karst [karst] (der) (the) Karst (limestone plateau in Yugoslavia).

Kar·tha·go [kar'ta:go] n antiq. Carthage, Carthago (city-state in North Africa).

Kar·wen·del(·ge·bir·ge) [kar'vɛndəl(gə,bɪrgə)] (das) (the) Karwendel Mountains pl (mountain range along the Tyrolean and Bavarian border to the north of Innsbruck).

Ka·sa·chi·sche So·zia·li·sti·sche So·wjet·re·pu·blik [ka'zaxɪʃə zotsɪa'lɪstɪʃə zɔ'vjɛtrepu,bli:k] (die) (the) Kazak Soviet Socialist Republic (Soviet Union in Asia).

Ka·san [ka'za:n] n Kazan (city in the Soviet Union in Europe, near the Volga river).

Kas·bek [kas'bɛk] (der) Mount Kazbek (auch Kasbek) (extinct volcano in the Soviet Union in Europe).

Kasch·mir ['kaʃmɪr] n Kashmir (state in the southwest of Asia).

Kas·ka·den·ge·bir·ge [kas'ka:dəngə,bɪrgə] (das) (the) Cascade Range (od. Mountains pl) (extending from the north of California to the west of Canada).

Kas·pi·sche Meer ['kaspɪʃə 'me:r] (das), **Kas·pi·see** ['kaspi,ze:] (die) (the) Caspian Sea (salt lake between Europe and Asia).

Kas·sai [ka'saɪ] (der) (the) Kasai (river in the southwest of Africa).

Kas·sel ['kasəl] n Kassel, auch Cassel: a) area of Hesse, BRD, b) capital of a.

Ka·sti·li·en [kas'ti:lĭən] n Castile, Castilla: a) region in central Spain, b) hist. kingdom comprising most of Spain.

Ka·ta·lau·ni·schen Fel·der [kata'laʊnɪʃən 'fɛldər] (die) pl hist. (the) Catalaunian Plains (od. Fields) (plain in the north of France; scene of battle between Attila and the Roman Aëtius, 451 A.D.).

Ka·ta·lo·ni·en [kata'lo:nĭən] n Catalonia (region in the northeast of Spain).

Ka·tan·ga [ka'taŋga] n southernmost province in Zaire.

Ka·tar ['katar] n Qatar, auch Katar: a) peninsula in the east of Arabia, in the Persian Gulf, b) sheikdom.

Kat·man·du [kat'mandu; katman'du:] n Katmandu, auch Kathmandu (capital of Nepal).

Kat·te·gat ['katəgat] (das) (the) Kattegat, auch (the) Cattegat (strait between Jutland and Sweden).

Kat·to·witz ['katovɪts] n a) Katowice (city in the south of Poland), b) hist. city in Silesia.

Kau·di·ni·schen Päs·se [kaʊ'di:nɪʃən 'pɛsə] (die) pl (the) Caudine Forks (two mountain passes in the south of Italy).

Kau·hsi·ung ['kaʊzĭʊŋ] n Kaohsiung (seaport on Taiwan).

Kau·ka·si·en [kaʊ'ka:zĭən] n Caucasia, auch Caucasus (region in the Soviet Union between the Black and Caspian Seas).

Kau·ka·sus ['kaʊkazʊs] (der) (the) Caucasus (Mountains pl) (mountain range between the Black and Caspian Seas).

Kau·lun ['kaʊlʊn] n Kowloon (seaport in the Hong Kong colony).

Kea ['ke:a] n Keos, auch Kea, Zea (Greek island in the Aegean Sea).

Kee·ling·in·seln ['ki:lɪŋ,ʔɪnzəln] (die) pl → Kokosinseln.

Kehl [ke:l] n town on the Rhine river, in Baden-Württemberg, BRD.

Kemp·ten (All·gäu) ['kɛmptən ('al,gɔʏ)] n city in the administrative district of Swabia, Bavaria, BRD.

Ke·nia ['ke:nĭa] n Kenya (republic in East Africa).

Ke·os ['ke:ɔs] n → Kea.

Ke·phal·le·nia [kefa'le:nĭa] n Cephalonia, Kephallenia (largest of the Ionian Islands, Greece).

Ke·phi·sos [ke'fi:zɔs] (der) (the) Cephis(s)us (river in Attica, Greece).

Ke·ra·la ['ke:rala] n state in the southwest of India.

Ker·gue·len [kɛr'ge:lən] (die) pl (the) Kerguelen Islands (od. Archipelago sg) (in the Indian Ocean).

Kertsch [kɛrtʃ] n Kerch (seaport in the Crimea, Soviet Union in Europe).

Key-In·seln ['kiː,ˀɪnzəln] (die) *pl* (the) Florida Keys (*chain of islands off the coast of southern Florida*).

Khai·ber·paß ['kaɪbər,pas] (der) (the) Khyber (*auch* Khaibar) Pass (*chief mountain pass between Pakistan and Afghanistan*).

Khan·pur ['kaːnpuːr] *n* Cawnpore, *auch* Cawnpur (*city in Uttar Pradesh, India*).

Khar·tum ['kartum; kar'tuːm] *n* Khartoum, *auch* Khartum (*capital of the Sudan*).

Ki·ang·si ['kǐaŋzi] *n* province in the southeast of China.

Ki·ang·su ['kǐaŋzu] *n* maritime province in the east of China.

Ki·au·tschou ['kǐautʃau] *n hist.* Kiaochow (*former German naval base in China*).

Kiel [kiːl] *n* capital of Schleswig-Holstein and seaport, *BRD*.

Kie·ler Bucht ['kiːlər 'buxt] (die) Kiel Bay (*gulf of the Baltic Sea in the north of the BRD*).

Kie·ler För·de ['kiːlər 'førdə] (die) *inlet of Kiel Bay, Schleswig-Holstein, BRD*.

Kiel·ka·nal ['kiːlka,naːl] (der) → Nord-Ostsee-Kanal.

Ki·ew ['kiːɛf] *n* Kiev (*capital of the Ukraine, Soviet Union in Europe*).

Ki·ga·li [ki'gaːli] *n* capital of Rwanda.

Ki·li·ki·en [ki'liːkiən] *n antiq.* Cilicia (*country in Asia Minor, later a Roman province*).

Ki·li·ma·ndscha·ro [kiliman'dʒaːro] (der) Mount Kilimanjaro (*volcanic mountain in Tanzania; highest peak in Africa*).

Kings·ton ['kɪŋstən] *n* capital of Jamaica and seaport.

King·tschou ['kɪŋtʃau] *n* Kiangling, *auch* Chiangling (*city in Hupeh, central China*).

Kin·sha·sa [kɪn'ʃaːza] *n* capital of Zaire.

Kio·to ['kǐoːto] *n* Kyoto, *auch* Kioto (*city on Honshu, Japan*).

Kir·gi·sen·step·pe [kɪr'giːzən,ʃtɛpə] (die) (the) Kirghiz Steppe, *auch* (the) Steppes *pl* (*in Kazakstan, Soviet Union in Asia*).

Kir·gi·si·sche So·zia·li·sti·sche So·wjet·re·pu·blik [kɪr'giːzɪʃə zotsǐa'lɪstɪʃə zo'vǐɛtrepu,bliːk] (die) (the) Kirghiz Soviet Socialist Republic, Kirghizia (*Soviet Union in Asia*). [*churia, China.*\]

Ki·rin ['kiːrɪn] *n* province in central Man-\]

Ki·row ['kiːrɔf] *n* Kirov (*city in the Soviet Union in Europe*).

Ki·sil Ir·mak [ki'zɪl ɪr'mak] (der) (the) Kizil Irmak (*river in Turkey*).

Kis·sin·gen, Bad *n* → Bad Kissingen.

Ki·thä·ron [ki'tɛːrən] (der) Cithaeron (*mountain between Boeotia and Attica, Greece*).

Kitz·bü·hel ['kɪts,byːəl] *n* resort in the Tyrol, Austria.

Kiu·schu ['kǐuːʃu] *n* Kyushu, *auch* Kiushu (*island in Japan*).

Ki·vu·see ['kiːvu,zeː], **Ki·wu·see** ['kiːvu,zeː] (der) Lake Kivu (*in Zaire*).

Kla·gen·furt ['klaːgən,furt] *n* capital of Carinthia, Austria.

Klau·sen·burg ['klauzən,burk] *n* Cluj (*city in Rumania*).

Kla·zo·me·nä [kla'tsoːmenɛ] *n antiq.* Clazomenae (*one of the twelve Ionian cities*).

Klein·asi·en [klaɪn'ˀaːzǐən] *n* Asia Minor.

Klei·nen An·til·len ['klaɪnən an'tɪlən] (die) *pl* (the) Lesser Antilles (*chain of islands in the West Indies*).

Klei·nen Sun·da·in·seln ['klaɪnən 'zunda,ˀɪnzəln] (die) *pl* (the) Lesser Sunda Islands (*in the Malay Archipelago*).

Klei·ne Sankt Bern·hard ['klaɪnə ,zaŋkt 'bɛrn,hart] (der) (the) Little St. Bernard (Pass) (*leading from France to Italy*).

Klei·ne Schei·degg ['klaɪnə ʃaɪ'dɛk] (die) (the) Little Scheidegg (*mountain pass in the Bernese Oberland, Switzerland*).

Klei·ne Wal·ser·tal ['klaɪnə 'valzər,taːl] (das) valley in the Al(l)gäu Alps, Austria.

Kle·ve ['kleːvə] *n* Cleves (*city on the Rhine river, North Rhine-Westphalia, BRD*).

Klo·ster·neu·burg [,kloːstər'nɔy,burk] *n* city to the northeast of Vienna, Austria.

Klo·sters ['kloːstərs] *n* resort in the Swiss canton of the Grisons.

Kni·dos ['kniːdɔs] *n antiq.* Cnidus (*city in Asia Minor*).

Knos·sos ['knɔsɔs] *n antiq.* Knossos, *auch* Cnossus (*ruined city near Herakleion, Crete; capital of the ancient Minoan civilization*).

Ko·blenz ['koːblɛnts] *n* Coblenz, *auch* Koblenz: a) area of Rhineland-Palatinate, BRD, b) capital of a.

Ko·chel·see ['kɔxəl,zeː] (der) lake in Upper Bavaria, BRD.

Ko·cher ['kɔxər] (der) West German river flowing into the Neckar river.

Koim·ba·tor ['kɔʏmbatoːr] *n* Coimbatore (*city in Madras, India*).

Ko·kos·in·seln ['koːkɔs,ˀɪnzəln] (die) *pl* (the) Cocos Islands (*in the Indian Ocean*).

Ko·la ['koːla] *n* Kola (Peninsula) (*in the northwest Soviet Union in Europe*).

Kol·berg ['kɔl,bɛrk] *n* a) Kołobrzeg (*seaport on the Baltic Sea, Poland*), b) *hist.* town in Pomerania.

Kol·chis ['kɔlçɪs] *n antiq.* Colchis (*country in Asia, in the south of the Caucasus and bordering on the Black Sea*).

Kol·mar ['kɔlmar] *n* a) Chodzież (*city in Poland*), b) *hist.* city in the voivodeship Posen.

Köln [kœln] *n* Cologne: a) area of North Rhine-Westphalia, BRD, b) capital of a.

Ko·lum·bi·en [ko'lumbǐən] *n* Colombia (*republic in South America*).

Ko·mo·ren [ko'moːrən] (die) *pl* (the) Comoro Archipelago *sg* (*od.* Islands) (*between Madagascar and East Africa*).

Ko·na·kry ['koːnakri] *n* → Conakry.

Kon·go¹ ['kɔŋgo] (der) (the) Congo (*river in Central Africa*).

Kon·go² ['kɔŋgo] (der) (the) Congo: a) people's republic in Central Africa, b) *hist.* the Democratic Republic of Congo (*now* → Zaire).

Kon·go·becken (*getr.* -k·k-) ['kɔŋgo,bɛkən] (das) (the) Congo Basin (*Africa*).

Kongs·berg ['kɔŋs,bɛrk] *n* town to the southwest of Oslo, Norway.

Kö·nig·grätz [,køːnɪç'grɛːts; 'køːnɪç,grɛːts] *n* a) Hradec Králové (*city in Czechoslovakia*), b) *hist.* city in the west of Bohemia, scene of battle, 1866.

Kö·ni·gin-Ma·ry-Land [,køːnɪgɪn'mɛːri,lant] *n* Queen Mary Land (*coastal region of Antarctica*).

Kö·ni·gin-Maud-Ge·bir·ge [,køːnɪgɪn'mɔrtgə,bɪrgə] (das) (the) Queen Maud Range (*mountain range in Antarctica*).

Kö·ni·gin-Maud-Land [,køːnɪgɪn'mɔrt,lant] *n* Queen Maud Land (*coastal region of Antarctica*).

Kö·nigs·berg ['køːnɪçs,bɛrk] *n* a) Kaliningrad (*seaport in the west of the Soviet Union in Europe*), b) *hist.* capital of East Prussia.

Kö·nigs·see ['køːnɪçs,zeː] (der) mountain lake near Berchtesgaden, Upper Bavaria, BRD.

Kö·nig·stein (im Tau·nus) ['køːnɪç,ʃtaɪn (ɪm 'taunus)] *n* city in Hesse, BRD.

Kon·stan·ti·no·pel [kɔnstanti'noːpəl] *n hist.* Constantinople (*now* → Istanbul).

Kon·stanz ['kɔnstants] *n* Constance (*city on the Lake of Constance, BRD*).

Ko·pen·ha·gen [,koːpən'haːgən] *n* Copenhagen (*capital of Denmark*).

Kö·pe·nick ['køːpənɪk] *n* administrative district of East Berlin, DDR.

Ko·ral·len·meer [ko'ralən,meːr] (das), **Ko·ral·len·see** [ko'ralən,zeː] (die) (the) Coral Sea (*part of the South Pacific*).

Kor·dil·le·ren [kɔrdɪl'jeːrən] (die) *pl* (the) Cordilleras (*mountain range on the Pacific coast of North and South America*).

Ko·rea [ko'reːa] *n* Korea (*country in East Asia, now divided into North Korea [→ Demokratische Volksrepublik Korea] and South Korea [→ Republik Korea]*).

Ko·rea·stra·ße [ko'reːa,ʃtraːsə] (die) (the) Korea Strait (*between Korea and Japan*).

Kor·fu ['kɔrfu; kɔr'fuː] *n* Corfu (*one of the Ionian Islands, Greece*).

Ko·rinth [ko'rɪnt] *n* Corinth (*city in Greece, on the Isthmus of Corinth*).

Ko·rin·thi·sche Golf [ko'rɪntɪʃə 'gɔlf] (der) → Golf von Korinth.

Ko·ro·man·del·Kü·ste [koro'mandəl,kystə] (die) (the) Coromandel Coast (*India*).

Kor·si·ka ['kɔrzika] *n* Corsica (*island in the Mediterranean Sea, to the southeast of France*).

Kos [koːs] *n* Kos, *auch* Cos: a) Greek island in the Aegean Sea, b) town on a.

Ko·sta·ri·ka [kɔsta'riːka] *n* → Costa Rica.

Ko·ta Ba·ru [ˌkoːta 'baːru] *n* Kota Bharu (*capital of West Irian*).

Ko·tschin ['koːtʃɪn] *n* Cochin (*seaport in the southwest of India*).

Ko·tschin·chi·na [kɔtʃɪn'çiːna] *n* Cochin China (*region in South Viet-Nam*).

Kra(h) [kraː] *n* (the) (Isthmus of) Kra (*narrowest part of the Malay Peninsula*).

Krain [kraɪn] *n* Carniola (*western part of Slovenia, Yugoslavia*).

Kra·ka·tau ['krakatau] *n* Krakatoa, *auch* Krakatau, Krakatao (*volcanic island in Indonesia*).

Kra·kau ['kraːkau] *n* Kraków, Cracow (*city and voivodeship in the south of Poland*).

Kras·no·jarsk [krasno'jarsk] *n* Krasnoyarsk (*town in the central Soviet Union in Asia*).

Kre·feld ['kreː,fɛlt] *n* city in North Rhine-Westphalia, BRD.

Krems¹ [krɛms] (die) river in Lower Austria.

Krems² (an der Do·nau) ['krɛms (an der 'doːnau)] *n* Krems (on the Danube) (*city in Lower Austria*).

Krems·mün·ster [,krɛms'mʏnstər] *n* town in Upper Austria; Benedictine abbey.

Kre·ta ['kreːta] *n* Crete, *auch* Candia (*island in the eastern Mediterranean Sea, Greece*).

Kre·ti·sche Meer ['kreːtɪʃə 'meːr] (das) (the) Cretan Sea (*part of the Aegean Sea between Crete and the Cyclades*).

Kreuz·berg ['krɔyts,bɛrk] *n* administrative district of West Berlin.

Krim [krɪm] (die) (the) Crimea (*peninsula in the Soviet Union in Europe, between the Black Sea and the Sea of Azov*).

Krk [kɪrk] *n* a) island at the head of the Adriatic Sea, Yugoslavia, b) town on a.

Kroa·ti·en [kro'aːtsǐən] *n* Croatia: a) constituent republic of Yugoslavia, b) *hist.* Austrian crown land.

Kroa·ti·sche Kü·sten·land [kro'aːtɪʃə 'kystən,lant] (das) (the) (Croatian) Coastland: a) coastal region in Yugoslavia, b) *hist.* province of Austria.

Kron·stadt ['kroːn,ʃtat] *n* a) city in central Rumania, b) seaport in the Soviet Union in Europe.

Krü·ger-Na·tio·nal·park ['kryːgərnatsǐo,naːl,park] (der) (the) Kruger National Park (*game reserve in the northeast of the Republic of South Africa, bordering Mozambique*).

Kte·si·phon ['kteːzifɔn] *n antiq.* Ctesiphon (*ruined city in Iraq*).

Kua·la Lum·pur ['kǔaːla 'lumpur] *n* capital of Malaysia.

Kuan·go ['kǔaŋgo] (der) (the) Cuango, (the) Kwango (*river in the southeast of Africa*).

Ku·an·tung ['kǔantuŋ] *n* Kwantung (*territory in the northeast of China*).

Ku·ba ['kuːba] *n* Cuba (*republic and largest island in the Caribbean Sea*).

Kü·chen·see ['kyçən,zeː] (der) → Ratzeburger See.

Ku·ei·tschou ['kǔaɪtʃau] *n* Kweichow (*province in the south of China*).

Ku·fra-Oa·sen ['kufraˀo,aːzən] (die) *pl* (the) Oases of Cufra (*in the Libyan Desert*).

Kuf·stein ['kuf,ʃtaɪn; 'kuːf-] *n* town on the Inn river in the Tyrol, Austria.

Kui·by·schew ['kuːibyʃɛf] *n* Kuibyshev (*port on the Volga river, Soviet Union in Europe*).

Kulm·bach ['kulm,bax] *n* city on the Main river, Upper Franconia, Bavaria, BRD.

Kum·bri·sche Berg·land ['kumbrɪʃə 'bɛrk,lant] (das) (the) Cumbrian Mountains *pl* (*in the northwest of England*).

Ku·na·xa [ku'naksa] *n antiq.* Cunaxa (*town in Babylonia; battle between Cyrus the Younger and Artaxerxes II, 401 B.C.*).

Ku·ne·ne [ku'neːnə] (der) (the) Cunene (*river in Angola, West Africa*).

Kun·ming ['kunmɪŋ] *n* Kunming, *auch* Yünnan (*capital of the Yünnan province in the southwest of China*).

Ku·ra [ku'ra] (die) largest river in Transcaucasia.

Kur·di·stan ['kurdistaːn] *n* mountain and plateau region in Turkey.

Ku·ri·len [ku'riːlən] (die) *pl* (the) Kurile (*auch* Kuril) Islands (*chain of islands between Hokkaido and Kamchatka; under Soviet administration*).

Ku·ri·sche Haff ['kuːrɪʃə 'haf] (das) (the) Courland (*od.* Kurland) Lagoon (*lagoon of the Soviet Union, partially in former East Prussia, on the coast of the Baltic Sea*).

Ku·ri·sche Neh·rung ['kuːrɪʃə 'neːruŋ] (die) (the) Curische (*od.* Kurische) Nehrung *(between the Courland Lagoon and the Baltic Sea).*

Kur·land ['ku:r‚lant] *n hist.* Kurland, Courland *(duchy on the Baltic Sea, later province of Russia and, in 1918, incorporated into Latvia).*

Kusch [kuʃ] *n antiq.* Cush, *auch* Kush *(country in the Nile valley).*

Kus·nez·ker Becken *(getr.* -k·k-*)* [kus-'netskər 'bɛkən] *(das)* (the) Kuznetsk Basin *(mining area in Siberia, Soviet Union in Asia).*

Küß·nacht (am Ri·gi) ['kysnaxt (am 'ri:gi)] *n Küssnacht (village on the northern shore of Lake Lucerne, Switzerland).*

Kü·sten·ge·bir·ge ['kystəŋə‚bɪrgə] *(das)* (the) Coast Range *(od.* Mountains *pl) (along the Pacific coast of North America).*

Kü·sten·land ['kystən‚lant] *(das) hist.* (the) Coastland *(province of Austria in Yugoslavia).*

Kü·strin [kys'tri:n] *n* a) Kostrzyn *(city in Poland),* b) *hist. city in the province of Brandenburg, Prussia.*

Kutsch-Bi·har ['kutʃbi'ha:r] *n* Cooch Behar *(part of West Bengal).*

Ku·wait [ku'vait; 'ku:vait] *n* Kuwait: a) *sheikdom in the northeast of Arabia,* b) *capital of a and seaport.*

Kwang·tung ['kvaŋtuŋ] *n province in the southeast of China.*

Kyff·häu·ser ['kɪf‚høyzər] *(der) line of hills in Thuringia, DDR.*

Ky·kla·den [ky'kla:dən] *(die) pl* (the) Cyclades *(group of Greek islands in the Aegean Sea).*

Ky·re·nai·ka [kyre'na:ika; -'naɪka] *(die)* → Cyrenaika.

Ky·re·ne [ky're:ne] *n antiq.* Cyrene *(Greek city and colony in Cyrenaica).*

Ky·re·nia [ky're:nia] *n* Kyrenia *(seaport in the north of Cyprus).*

Ky·the·ra [ky'te:ra] *n* → Cerigo.

Kyth·nos ['kytnɔs] *n* Kythnos, *auch* Cythnos *(Greek island in the Cyclades).*

Kyu·shu ['kiu:ʃu] *n* → Kiuschu.

Ky·zi·kos ['ky:tsikɔs] *n antiq.* Cyzicus *(city on a peninsula in the Sea of Marmara).*

L

Laa·cher See ['la:xər 'ze:] *(der)* Lake Laach *(in the Eifel, BRD).*

Laa·land ['la:‚lant] *n* → Lolland.

La·boe [la'bø:] *n seaside resort on the Baltic Sea, Schleswig-Holstein, BRD.*

La·bra·dor [labra'do:r] *n peninsula in the east of Canada.*

La·bra·dor·strom [labra'do:r‚ʃtro:m] *(der)* (the) Labrador Current *(cold ocean current of the Atlantic).*

La·bu·an [la'bu:an] *n island off the northwest coast of Borneo.*

La·do·ga·see ['la:doga‚ze:] *(der)* Lake Ladoga *(in the northwest of the Soviet Union in Europe).*

La·go Mag·gio·re ['la:go ma'dʒo:re] *(der)* Lake Maggiore *(in the south of Switzerland and in the north of Italy).*

La·gos ['la:gɔs] *n capital of Nigeria and seaport.*

Lahn [la:n] *(die) West German river flowing into the Rhine river.*

La·hor(e) [la'ho:r] *n* Lahore *(city in Pakistan).*

Lah·ti ['laxti] *n city to the northeast of* [Helsinki, Finland.]

Lai·bach ['laɪ‚bax] *n* Ljubljana *(capital of Slovenia, Yugoslavia).*

La·ke·dä·mon [lake'dɛ:mɔn] *n antiq.* Lacedaemon *(→ Sparta).*

Lak·ka·di·ven [laka'di:vən] *(die) pl* (the) Laccadive Islands *(in the Arabian Sea).*

La·ko·ni·en [la'ko:niən] *n* Laconia, Laconica *(region in the southeast of the Peloponnesus, Greece).*

La·ko·ni·sche Golf [la'ko:nɪʃə 'gɔlf] *(der)* (the) Gulf of Laconia *(Greece).*

La Man·cha [la 'mantʃa] *region in New Castile, central Spain.*

Lam·ba·re·ne [lamba're:ne] *n* Lambaréné *(town in Gabon, Africa).*

Lam·pe·du·sa [lampe'du:za] *n largest of the Pelagian Islands in the Mediterranean Sea.*

Lan·deck ['landɛk] *n town on the Inn river in the Tyrol, Austria.*

Lands·berg (am Lech) ['lants‚bɛrk (am 'lɛç)] *n* Landsberg (on the Lech) *(city in Upper Bavaria, BRD).*

Lands·hut ['lants‚hu:t] *n capital of Lower Bavaria, BRD.*

Lan·ge·oog [‚laŋə'?o:k] *n* a) *island of the East Frisians, BRD,* b) *town on* a.

Lan·tschou ['lantʃau] *n* Lanchow *(capital of Kansu, China).*

Lan·za·ro·te [lansa'ro:te] *n one of the Canary Islands, Spain.*

Lao·di·cea [laodi'tse:a], **Lao·di·keia** [laodi-'kaia] *n antiq.* Laodicea *(seaport in Syria).*

La·os ['la:ɔs] *n* Laos *(kingdom in Southeast Asia).*

La Pal·ma [la 'palma] *n one of the Canary Islands.*

La Paz [la 'pas] *n capital of Bolivia.*

Lapp·land ['lap‚lant] *n* Lapland *(region in northern Europe).*

Lap·tew-See ['laptɛf‚ze:] *(die)* (the) Laptev Sea *(arm of the Arctic Ocean).*

La·ri(s)·sa ['larɪsa] *n town in the north of Greece.*

Las Pal·mas [las 'palmas] *n seaport on Gran Canaria.*

La·tein·ame·ri·ka [la'taɪn?a‚me:rika] *n* Latin America *(Central and South America).*

La·ti·um ['la:tsiʊm] *n hist. region in central Italy.*

Lau·en·burg ['lauən‚burk] *n* a) *town in Schleswig-Holstein, BRD,* b) → Herzogtum Lauenburg.

Lau·ren·ti·sche Mas·siv [lau'rɛntɪʃə ma'si:f] *(das)* → Kanadische Schild.

Lau·sanne [lo'zan] *n capital of the Swiss canton of Vaud, on the Lake of Geneva.*

Lau·sitz ['lauzits] *(die)* Lusatia *(region between the Elbe and Oder rivers, DDR).*

Lau·sit·zer Berg·land ['lauzɪtsər 'bɛrk‚lant] *(das)* (the) Lusatian Hills *pl (low mountain range, DDR).*

Lau·sit·zer Nei·ße ['lauzɪtsər 'naɪsə] *(die)* → Neiße a.

Lech¹ (am Arl·berg) ['lɛç (am 'arl‚bɛrk)] *n resort in Arlberg, Austria.*

Lech² [lɛç] *(der) river rising in Austria and flowing into the Danube river in the BRD.*

Lech·feld ['lɛç‚fɛlt] *n hist. scene of battle on the Lech river near Augsburg, Bavaria; Otto I defeated a large Hungarian army, 955.*

Lech·ta·ler Al·pen ['lɛç‚ta:lər 'alpən] *(die) pl* the Lechtal Alps *(mountain range in the Tyrol and Vorarlberg, Austria).*

Lee·ward·in·seln ['li:vərt‚?ɪnzəln] *(die) pl* (the) Leeward Islands *(in the northern part of the Lesser Antilles).*

Lei·den ['laɪdən] *n* Leiden, Leyden *(city in the Netherlands).*

Lei·ne ['laɪnə] *(die) West German river flowing into the Aller river.*

Leip·zig ['laɪptsɪç] *n* Leipzig, *auch* Leipsic: a) *district of the DDR,* b) *capital.*

Lei·tha ['laɪta] *(die) river rising in Austria and flowing into the Danube river in Hungary.*

Le Mans [lə'mã:] *n city in the northwest of France.*

Lem·berg ['lɛm‚bɛrk] *n* a) Lvov *(city in the Ukraine, Soviet Union in Europe),* b) *hist.* Lwów *(city in Poland).*

Lem·nos ['lɛmnɔs] *n Greek island in the Aegean Sea.*

Le·na ['le:na] *(die) river in the Soviet Union in Asia.*

Le·nin·grad ['le:ni:n‚gra:t] *n seaport on the Gulf of Finland, Soviet Union in Europe.*

Leo·ben [le'o:bən] *n town in Styria, Austria.*

Le·pon·ti·ni·schen Al·pen [lepɔn'ti:nɪʃən 'alpən] *(die) pl* (the) Lepontine Alps *(central range of the Alps in the south of Switzerland and in the northwest of Italy).*

Les·bos ['lɛsbɔs] *n* Lesbos, Mytilene *(Greek island in the Aegean Sea).*

Le·so·tho [le'zo:to] *n* Lesotho *(kingdom in South Africa).*

Lett·land ['lɛt‚lant] *n* Latvia: a) *hist. republic on the east side of the Baltic Sea,* b) *constituent republic of the Soviet Union in Europe.*

Leu·then ['lɔytən] *n* a) Lutynia *(town in Poland),* b) *hist. town in Lower Silesia, near Breslau; scene of battle, 1757.*

Le·van·te [le'vantə] *(die)* (the) Levant *(the countries bordering on the east Mediterranean Sea).*

Le·ver·ku·sen ['le:vər‚ku:zən] *n city in North Rhine-Westphalia, BRD.*

Lha·sa ['la:za] *n* Lhasa, *auch* Lassa *(capital of Tibet, sacred city of Lamaism).*

Li·au·ning ['liauniŋ], *auch* **Li·ao·ning** ['liauniŋ] *n* Liaoning *(province in Manchuria, China).*

Li·au·tung ['liautuŋ], *auch* **Li·ao·tung** ['liautuŋ] *n* (the) Liaotung Peninsula *(in Manchuria, China).*

Li·au·yang ['liaujaŋ], *auch* **Li·ao·yang** ['liaujaŋ] *n* Liaoyang *(city in Manchuria, China).*

Li·ba·non ['li:banɔn] *(der)* (the) Lebanon *(republic in the Near East).*

Li·bau ['li:bau] *n* Liepaja *(seaport in Latvia, Soviet Union in Europe).*

Li·be·ria [li'be:ria] *n republic in West Africa.*

Li·bre·ville [librə'vɪl] *n capital of Gabon.*

Li·by·en ['li:byən] *n* Libya: a) *country in North Africa,* b) → Libysche Arabische Republik.

Li·by·sche Ara·bi·sche Re·pu·blik ['li:byʃə a'ra:bɪʃə repu'bli:k] *(die)* (the) Libyan Arab Republic.

Li·by·sche Wü·ste ['li:byʃə 'vy:stə] *(die)* (the) Libyan Desert *(North Africa).*

Lich·ten·berg ['lɪçtən‚bɛrk] *n administrative district of East Berlin, DDR.*

Liech·ten·stein ['lɪçtən‚ʃtaɪn] *n small principality in Central Europe between Austria and Switzerland.*

Lieg·nitz ['li:gnɪts] *n* a) Legnica *(city in Poland),* b) *hist. city in Lower Silesia.*

Li·enz ['li:ɛnts] *n capital of East Tyrol, Austria.*

Li·en·zer Do·lo·mi·ten ['li:ɛntsər dolo-'mi:tən] *(die) pl mountain range to the south of Lienz, Austria.*

Lies·tal ['li:s‚ta:l] *n capital of the Swiss demicanton of Basel-Land.*

Li·gu·ri·en [li'gu:riən] *n* Liguria *(region in the northwest of Italy).*

Li·gu·ri·sche Meer [li'gu:rɪʃə 'me:r] *(das)* (the) Ligurian Sea *(part of the Mediterranean Sea between Corsica and northern Italy).*

Li·ma ['li:ma] *n capital of Peru.*

Lim·burg ['lɪm‚burk] *n* a) → Limburg (an der Lahn), b) *hist.* Limburg *(medieval duchy in West Europe),* c) Limburg *(province in the Netherlands),* d) Limbourg *(province in Belgium).*

Lim·burg (an der Lahn) ['lɪm‚burk (an der 'la:n)] *n* Limburg (on the Lahn) *(city in Hesse, BRD).*

Lind·au (im Bo·den·see) ['lɪndau (ɪm 'bo:dən‚ze:)] *n* Lindau (in the Lake of Constance) *(city in Swabia, Bavaria, BRD).*

Lin·des·nes [‚lɪndəs'ne:s] *n* Lindesnes, (the) Naze *(cape at the southern tip of Norway).*

Lin·dos ['lɪndɔs] *n village on the Greek island of Rhodes; ancient city.*

Linz [lɪnts] *n capital of Upper Austria.*

Li·pa·ri·schen In·seln [li'pa:rɪʃən 'ɪnzəln] *(die) pl* (the) Lipari Islands *(group of volcanic islands to the north of Sicily).*

Lip·pe ['lɪpə] *(die) West German river flowing into the Rhine river.*

Lip·per *(od.* **Lip·pi·sche**) **Wald** ['lɪpər ('lɪpɪʃər) 'valt] *(der) southeastern part of the Teutoburger Wald, BRD.*

Lis·sa·bon ['lɪsabɔn] *n* Lisbon *(capital of Portugal).*

List [lɪst] *n seaside resort on the North Frisian island of Sylt.*

List·land ['lɪst‚lant] *n northern part of the North Frisian island of Sylt.*

Li·tau·en ['lɪtauən] *n hist.* Lithuania *(republic on the Baltic Sea).*

Li·tau·ische So·zia·li·sti·sche So·wjet·re·pu·blik ['lɪtauɪʃə zotsia'lɪstɪʃə zo'vjɛtrepu‚bli:k] *(die)* (the) Lithuanian Soviet Socialist Republic, Lithuania *(constituent republic of the Soviet Union in Europe).*

Liu·kiu·in·seln ['liu:kiu‚?ɪnzəln] *(die) pl* → Riukiuinseln.

Liv·land ['li:f‚lant] *n hist.* Livonia *(region on the Baltic Sea).* [DDR.]

Lö·bau ['lø:bau] *n city to the east of Dresden,*

Lo·car·no [lo'karno] *n town in the south of Switzerland, on Lake Maggiore.*

Lodz [lɔtʃ], **Lodsch** [lɔtʃ] *n* Łódź *(city in central Poland).*

Lo·fo·ten [lo'fo:tən], **Lo·fot·in·seln** ['lo:fo:t‚?ɪnzəln] *(die) pl* (the) Lofoten (Islands) *(Norway).*

Loire [lŏa:r] *(die) French river flowing into the Bay of Biscay.*

Lo·kris ['lo:krɪs] *n antiq.* Locris *(either of two districts in central Greece).*

Lol·land ['lɔlant] n Laaland, auch Lolland (Danish island, to the south of Zealand).

Lom·bar·dei [lɔmbar'daɪ] (die) Lombardy: a) region in the north of Italy, b) hist. former kingdom.

Lom·bok ['lɔmbɔk] n island in Indonesia.

Lo·mé ['lo:me] n capital of Togo and seaport.

Lon·don ['lɔndən] n capital of England.

Lo·re·ley [lo:rə'laɪ; 'lo:rəlaɪ], auch **Lo·re·lei** [lo:rə'laɪ; 'lo:rəlaɪ] (die) cliff overlooking the Rhine river near St. Goarshausen, BRD.

Lo·thrin·gen ['lo:trɪŋən] n Lorraine (region in the northeast of France).

Löt·schen·paß ['lœtʃən,pas] (der) (the) Lötschen Pass (in the Bernese Alps, Switzerland).

Lourdes [lʊrt] n town in the southwest of France.

Lou·ren·ço Mar·ques [lo'rɛnso 'markɛs] n capital of Mozambique.

Lö·wen ['lø:vən] n a) Louvain, Leuven (city in central Belgium), b) Lewin Brzeski (city in Poland), c) hist. city in Lower Silesia.

Lu·an·da ['lŭanda] n Luanda, auch Loanda, São Paulo de Luanda (capital of Angola and seaport).

Lü·beck ['ly:bɛk] n seaport in Schleswig-Holstein, BRD.

Lü·becker Bucht (getr. -k·k-) ['ly:bɛkər 'buxt] (die) (the) Lübeck Bay, (the) Bay of Lübeck (inlet of the Mecklenburg Bay, BRD).

Lü·den·scheid ['ly:dən,ʃaɪt] n city in Sauerland, North Rhine-Westphalia, BRD.

Lud·wigs·burg ['lu:tvɪçs,burk] n city to the north of Stuttgart, Baden-Württemberg, BRD.

Lud·wigs·ha·fen (am Rhein) ['lu:tvɪçs,ha:fən (am 'raɪn)] n Ludwigshafen (on the Rhine) (city in Rhineland-Palatinate, BRD).

Lu·ga·ner See [lu'ga:nər 'ze:] (der) Lake Lugano (Switzerland).

Lu·ga·no [lu'ga:no] n town in the Swiss canton of Ticino, on Lake Lugano.

Lü·ne·burg ['ly:nə,burk] n a) area of Lower Saxony, BRD, b) capital of a.

Lü·ne·bur·ger Hei·de ['ly:nə,burgər 'haɪdə] (die) (the) Lüneburg Heath (region in Lower Saxony, BRD).

Lü·nen (an der Lip·pe) ['ly:nən (an der 'lɪpə)] n Lünen (on the Lippe) (city in North Rhine-Westphalia, BRD).

Lu·sa·ka [lu'za:ka] n capital of Zambia.

Lu·si·ta·ni·en [luzi'ta:niən] n antiq. Lusitania (Roman province in the Iberian Peninsula).

Lüt·tich ['lytɪç] n Liège: a) city in Belgium, b) province in the east of Belgium.

Lüt·zen ['lytsən] n town near Leipzig, DDR; scene of battles, 1632 and 1813.

Lu·xem·burg ['luksəm,burk] n Luxemb(o)urg: a) grand duchy between the BRD, France, and Belgium, b) capital of a.

Lu·xor [lʊksɔr] n town on the Nile river, Arab Republic of Egypt; ruins of temple.

Lu·zern [lu'tsɛrn] n Lucerne: a) canton in central Switzerland, b) capital of a.

Lu·zon [lu'sɔn] n chief island of the Philippines.

Ly·di·en ['ly:diən] n antiq. Lydia (region and kingdom in the west of Asia Minor).

Ly·kao·ni·en [lyka'o:niən] n antiq. Lycaonia (country in the south of Asia Minor).

Ly·ki·en ['ly:kiən] n antiq. Lycia (region in the southwest of Asia Minor).

Ly·on [liõ:] n Lyons, Lyon (city in central France).

M

Mä·an·der [mɛ'andər] (der) antiq. (the) M(a)eander (now → Menderes).

Maas [ma:s] (die) (the) Meuse, (the) Maas (river in West Europe, rising in France and flowing through Belgium and the Netherlands into the North Sea).

Maas·tricht [,ma:s'trɪçt] n Maastricht, auch Maestricht (city in the Netherlands).

Ma·cau [ma'kaʊ], auch **Ma·cao** [ma'ka:o] n a) Portuguese territory in the south of China, b) capital of and seaport in a.

Mac·don·nel·Ket·te [mɛk'dɔnəl,kɛtə] (die) (the) Macdonnel Ranges pl (mountain system in central Australia).

Ma·da·gas·kar [mada'gaskar] n Madagascar (island republic in the Indian Ocean).

Ma·dei·ra [ma'daɪra], auch **Ma·de·ra** [ma'de:ra] n a) (the) Madeira Islands pl, Madeira (group of five islands off the northwest coast of Africa, belonging to Portugal), b) Madeira (chief island of this group).

Ma·dhja Pra·desch ['madja pra'de:ʃ] n Madhya Pradesh (state in central India).

Ma·don·na di Cam·pi·glio [ma'dɔna di kam'pɪljo] n resort in the Brenta Mountains, Italy.

Ma·dras ['ma(:)dras] n a) state in the south of India, b) capital of a.

Ma·drid [ma'drɪt] n capital of Spain.

Ma·du·ra [ma'du:ra] n Madura, auch Madurai (city in the south of Madras, India).

Mag·da·la ['makdala] n Bibl. town in Palestine.

Mag·de·burg ['makdə,burk] n a) district of the DDR, b) capital of a, c) hist. capital of the Prussian province of Saxony.

Ma·gel·lan·stra·ße [mage'la:n,ʃtra:sə] (die) (the) Strait of Magellan (between the mainland of Chile and Tierra del Fuego, connecting the Atlantic and the Pacific).

Ma·ghreb ['magrɛp] (der) (the) Maghreb, (the) Maghrib (Tunisia, northern Algeria, and Morocco).

Mahl·strom ['ma:l,ʃtro:m] (der) (the) Maelstrom (whirlpool off the northwest coast of Norway).

Mäh·ren ['mɛ:rən] n a) Moravia, Morava (region in central Czechoslovakia), b) hist. Moravia (former province of Austria; 1939—1945 part of Bohemia-Moravia).

Mäh·ri·sche Pfor·te ['mɛ:rɪʃə 'pfɔrtə] (die) (the) Moravian Gap (od. Gate) (between the Sudeten and the Carpathian Mountains, Central Europe).

Mäh·risch-Ostrau ['mɛ:rɪʃ'ʔɔstraʊ] n a) Moravská Ostrava (former name of Ostrava, city in Czechoslovakia), b) hist. capital of northern Moravia, 1939—1945, → Ostrau b.

Mai·land ['maɪ,lant] n Milan, auch Milano (industrial city in the north of Italy).

Main [maɪn] (der) West German river flowing into the Rhine river near Mainz.

Main·au ['maɪnaʊ] (die) island in the Lake of Constance, BRD.

Main·fran·ken ['maɪn,fraŋkən] n → Unterfranken.

Mainz [maɪnts] n Mainz, Mayence (capital of Rhineland-Palatinate, BRD).

Mai·sur [maɪ'zu:r] n Mysore: a) state in the south of India, b) city in a.

Ma·kao [ma'ka:o] n → Macau.

Ma·ke·do·ni·en [make'do:niən] n Macedonia: a) antiq. auch Macedon (ancient country in the Balkan Peninsula), b) region in South Europe, including parts of Greece, Bulgaria, and Yugoslavia, c) republic of Yugoslavia.

Ma·kwa ['makva] n capital of Nauru.

Ma·la·bar [ma'labar] n, **Ma·la·bar·kü·ste** ['ma:labar,kystə] (die) (the) Malabar (Coast) (region along the entire southwest coast of India).

Má·la·ga ['ma:laga; 'ma-] n seaport in the south of Spain, on the Mediterranean Sea.

Ma·lai·ische Ar·chi·pel [ma'laɪʃə arçi'pe:l] (der) (the) Malay Archipelago, auch Malaysia (extensive island group in the Indian and Pacific Oceans).

Ma·lai·ische Bund [ma'laɪʃə 'bunt] (der) hist. (the) Federation of Malaya, Malaya (now part of the Federation of Malaysia).

Ma·lai·ische Halb·in·sel [ma'laɪʃə 'halp,ʔɪnzəl] (die) (the) Malay Peninsula, auch Malaya (in the southeast of Asia).

Ma·lak·ka [ma'laka] n Malacca: a) state in Malaysia, b) seaport in and capital of a.

Ma·lak·ka·stra·ße [ma'laka,ʃtra:sə] (die) (the) Strait of Malacca, (the) Malacca Strait (between Sumatra and the Malay Peninsula).

Mä·lar·see ['mɛ:lar,ze:] (der) Lake Mälar (in the southeast of Sweden).

Ma·la·wi [ma'la:vi] n republic in the southeast of Africa.

Ma·la·wi·see [ma'la:vi,ze:] (der) → Njassasee.

Ma·laya [ma'laɪa] n → Malaiische Halbinsel.

Ma·lay·sia [ma'laɪzĭa] n a) (Federation of) Malaysia (independent federation in the southeast of Asia), b) → Malaiische Archipel.

Ma·lé ['ma:le] n capital of the Maldive Islands.

Ma·le·di·ven [male'di:vən] (die) pl (the) Maldive Islands, auch (the) Maldives (republic to the southwest of Ceylon, in the Indian Ocean).

Ma·len·te [ma'lɛntə] n town in Schleswig-Holstein, BRD.

Ma·li ['ma:li] n republic in West Africa.

Ma·li·sche Golf ['ma:lɪʃə 'gɔlf] (der) (the) Gulf of Lamia, auch (the) Malian Gulf (arm of the Aegean Sea, Greece).

Mal·lia ['malĭa] n town in Crete; site of an excavated Minoan palace.

Mall·nitz ['malnɪts] n village in Carinthia, Austria.

Mall·nit·zer Tau·ern ['malnɪtsər 'tauərn] (die) pl → Niederen Tauern.

Mal·lor·ca [ma'lɔrka; ma'jɔrka] n Majorca, Mallorca (Spanish island in the west of the Mediterranean Sea; the largest of the Balearic Islands).

Mal·me·dy ['malmedi] n Malmédy (city in the province of Liège, Belgium).

Mal·mö ['malmø] n seaport in the south of Sweden, opposite Copenhagen.

Ma·lo·ja·paß [ma'lo:ja,pas] (der) (the) Maloja (Pass) (mountain pass between Switzerland and Italy).

Mal·ta ['malta] n Malta: a) auch (the) Maltese Islands pl (group of three islands to the south of Sicily), b) state and chief island of the Malta group.

Mal·wi·nen [mal'vi:nən] (die) pl (the) Malvinas (now → Falklandinseln).

Man [mɛn] → Insel Man.

Ma·na·gua [ma'na:gŭa] n capital of Nicaragua.

Ma·na·gua·see [ma'na:gŭa,ze:] (der) Lake Managua (Nicaragua).

Ma·na·ma [ma'na:ma] n capital of Bahrain.

Ma·náus [ma'naus] n Manáos, auch Manaus (capital of Amazonas, Brazil).

Man·cha ['mantʃa] (die) → La Mancha.

Man·dschu·kuo [man'dʒukŭo; man'tʃukŭo] n hist. Manch(o)ukuo (country in Asia).

Man·dschu·rei [mandʒu'raɪ; mantʃu-] (die) Manchuria (region in the northeast of China).

Man·ga·lur ['maŋgalu:r] n Mangalore (seaport on the western coast of India).

Ma·ni·la [ma'ni:la] n capital of and seaport in the Philippines.

Mann·heim ['man,haɪm] n city in Baden-Württemberg, BRD.

Man·ti·nea [manti'ne:a] n antiq. Mantine(i)a (city in Arcadia, Greece; battles, 362 B.C. and 223 B.C.). [Italy.]

Man·tua ['mantŭa] n city in the north of]

Ma·nua·in·seln [ma'nu:a,ʔɪnzəln] (die) (the) Manua Islands (group of three small islands in American Samoa).

Ma·ra·cai·bo·see [mara'kaɪbo,ze:] (der) Lake Maracaibo (Venezuela).

Ma·ra·thon ['ma:ratɔn] n plain in Attica, Greece; the Athenians defeated the Persians here in 490 B.C.

Mar·bach (am Neckar) (getr. -k·k-) ['mar,bax (am 'nɛkar)] n Marbach (on the Neckar) (town in Baden-Württemberg, BRD).

Mar·burg (an der Lahn) ['mar,burk (an der 'la:n)] n Marburg (on the Lahn) (city in Hesse, BRD).

March [març] (die) (the) Morava, hist. (the) March (river in Moravia, Czechoslovakia).

March·feld ['març,fɛlt] (das) (the) Marchfeld (plain to the northeast of Vienna, Austria; scene of battles, 1278 and 1809).

Mar·cus·in·sel ['markus,ʔɪnzəl] (die) Marcus Island (in the Pacific).

Ma·ren·go [ma'rɛngo] n village in Piedmont, Italy; Napoleon defeated the Austrians here in 1800.

Ma·ria·nen [ma'rĭa:nən] (die) pl (the) Mariana Islands, auch (the) Marianas (in the Pacific, to the east of the Philippines).

Ma·rie-Byrd-Land [,me:ri'bø:rt,lant] n Marie Byrd Land (part of Antarctica).

Ma·ri·en·bad [ma'ri:ən,ba:t] n a) Mariánské Lázně (spa in Czechoslovakia), b) hist. spa in Bohemia.

Ma·ri·en·burg [ma'ri:ən,burk] n a) Malbork (city in the north of Poland), b) hist. Marienburg (city in East Prussia).

Ma·ri·on·in·sel [ma'ri:ɔn,ʔɪnzəl] (die) → Prinz-Eduard- und Marioninseln.

Ma·rit·za [ma'rɪtsa] (die) (the) Maritsa (river rising in Bulgaria and flowing into the Aegean Sea on the border between Greece and Turkey).

Mar·ken ['markən] (die) *pl* (the) Marches (*region between the Apennine Mountains and the Adriatic Sea, Italy*).

Mar·ma·ra·meer ['marmara‚meːr] (das) (the) Sea of Marmara (*auch* Marmora) (*inland sea between the Bosporus and the Dardanelles*).

Mar·mo·la·da [marmo'laːda], **Mar·mo·la·ta** [marmo'laːta] (die) (the) Marmolada (*highest mountain in the Dolomites, Italy*).

Mar·ne ['marnə] (die) French river flowing into the Seine river near Paris.

Ma·rok·ko [ma'rɔko] *n* Morocco (*kingdom in the northwest of Africa*).

Mar·que·sas·in·seln [mar'keːzas‚ʔɪnzəln] (die) *pl* (the) Marquesas Islands (*Polynesia*).

Mar·ra·kesch [mara'kɛʃ; 'marakɛʃ] *n* Marrakech, *auch* Marrakesh (*city in Morocco*).

Mar·shall·in·seln ['marʃal‚ʔɪnzəln] (die) (the) Marshall Islands (*group of atolls in the North Pacific*).

Mar·ti·nique [marti'nɪk] *n* island in the West Indies.

Ma·se·ru [ma'zeːru] *n* capital of Lesotho.

Mas·kat ['maskat] *n* Muscat, *auch* Masgat (*capital of and seaport in Muscat and Oman*).

Mas·kat und Oman ['maskat ‚unt o'maːn] *n* Muscat and Oman (*sultanate in the southeast of Arabia*).

Ma·su·ren [ma'zuːrən] *n* Masuria: a) *region in Poland*, b) *hist. region in East Prussia*.

Ma·su·ri·schen See·en [ma'zuːrɪʃən 'zeːən] (die) *pl* (the) Masurian Lakes (*Poland*).

Ma·ta·pan [mata'pan] *n* Cape Matapan (*at the southern tip of the Peloponnesus, Greece*).

Ma·tsu·ja·ma [matsu'jaːma] *n* Matsuyama (*seaport on Shikoku, Japan*).

Mat·ter·horn ['matər‚hɔrn] (das) (the) Matterhorn (*mountain in the Valais Alps near Zermatt, Switzerland*).

Mau·na·kea ['mauna'keːa] (der) (the) Mauna Kea (*extinct volcano on the island of Hawaii*).

Mau·na·loa ['mauna'loːa] (der) (the) Mauna Loa (*volcano on the island of Hawaii*).

Mau·re·ta·ni·en [maure'taːniən] *n* a) Mauritania (*republic in West Africa*), b) *antiq.* Mauretania, *auch* Mauritania (*kingdom in the northwest of Africa*).

Mau·ri·ti·us [mau'riːtsius] *n* island in the Indian Ocean, to the west of Madagascar.

Ma·ze·do·ni·en [matse'doːniən] *n* → Makedonien.

Mba·ba·ne [mba'baːne] *n* capital of Swaziland.

Me·cheln ['mɛçəln] *n* Mechlin, Mechelen (*city in Belgium*).

Meck·len·burg ['meːklən‚burk] *n* a) *region in the north of the DDR, on the Baltic Sea*, b) *hist. Land of the German Reich 1934—1945*, c) *hist. Land of the DDR, 1945—1952*.

Meck·len·bur·ger Bucht ['meːklən‚burgər 'buxt] (die) (the) Bay of Mecklenburg, (the) Mecklenburg Bay (*in the Baltic Sea*).

Meck·len·burg-Schwe·rin ['meːklən‚burkʃve'riːn] *n hist.* a) *grand duchy, 1815—1918*, b) *state of the Weimar Republic, 1918—1934*, c) *became integrated to form Mecklenburg, 1934*.

Meck·len·burg-Stre·litz ['meːklən‚burk'ʃtreːlits] *n hist.* a) *grand duchy, 1815—1918*, b) *state of the Weimar Republic, 1918—1934*, c) *became integrated to form Mecklenburg, 1934*.

Me·di·en ['meːdiən] *n antiq.* Media (*country in the west of Asia*).

Me·di·na [me'diːna] *n city in the west of Saudi Arabia; holy city of Islam*.

Meer·al·pen ['meːr‚ʔalpən] (die) *pl* → Seealpen.

Me·ga·ra ['meːgara] *n seaport on the Isthmus of Corinth, Greece*.

Me·gid·do [me'gɪdo] *n antiq. city in Palestine*.

Mei·ßen ['maɪsən] *n* Meissen (*city in the southeast of the DDR*).

Mek·ka ['mɛka] *n* Mecca, *auch* Makkah, Mekka (*capital of Hejaz, Saudi Arabia; birthplace of Muhammad and spiritual center of Islam*).

Me·kong ['meːkɔŋ] (der) (the) Mekong (*one of the longest rivers in Asia, flowing along most of the boundary between Thailand and Laos into the South China Sea*).

Me·la·ne·si·en [mela'neːziən] *n* Melanesia (*island group in the South Pacific*).

Mel·bourne ['mɛlbərn] *n capital of Victoria, Australia*.

Me·lil·la [me'lɪlja] *n seaport on the northeast coast of Africa*.

Melk [mɛlk] *n town on the Danube river in the Wachau, Lower Austria; Benedictine abbey*.

Me·los ['meːlɔs] *n* → Milos.

Me·mel ['meːməl] (die) a) (the) Neman, (the) Niemen (*river in the Soviet Union in Europe, flowing into the Baltic Sea*), b) *hist.* (the) Memel (*river in East Prussia*).

Me·mel·land ['meːməl‚lant] (das) *hist. region to the north of the Memel river*.

Mem·min·gen ['mɛmɪŋən] *n town in Swabia, Bavaria, BRD*.

Mem·phis ['mɛmfɪs] *n antiq. ruined city in the north of Egypt*.

Me·nai·ka·nal ['mɛnaɪka‚naːl] (der) (the) Menai Strait (*between Anglesey Island and Wales*).

Me·nam ['meːnam] (der) (the) Menam, *auch* (the) Chao Phraya (*river in Thailand*).

Men·del ['mɛndəl] (die), **Men·del·paß** ['mɛndəl‚pas] (der) (the) Mendel (Pass) (*near Merano, Italy*).

Men·de·res ['mɛnderes] (der) (the) Menderes (*river in Asia Minor*).

Meng·tse ['mɛntsə] *n* Mengtsz, *auch* Mengtseu, Mengtsu, Meng-tzu (*city in Yünnan, China*).

Me·nor·ca [me'nɔrka] *n* Minorca, Menorca (*one of the Balearic Islands*).

Me·ran [me'raːn] *n* Merano (*town in South Tyrol, Italy*).

Mer·se·burg ['mɛrzə‚burk] *n city to the west of Leipzig, DDR*.

Mesch·hed [mɛʃ'hɛt] *n* Meshed, Mashhad (*city in Iran*).

Me·so·po·ta·mi·en [mezopo'taːmiən] *n* Mesopotamia (*region in Asia, between the Euphrates and Tigris rivers*).

Mes·se·ni·en [mɛ'seːniən] *n antiq.* Messenia (*region in the Peloponnesus, Greece*).

Mes·si·na [mɛ'siːna] *n seaport in Sicily, Italy*.

Metz [mɛts] *n city on the Moselle river, France*.

Me·xi·ko ['mɛksiko] *n* Mexico: a) *republic in the south of North America*, b) *auch* Mexico City (*capital of a*), c) *state in central Mexico*.

Mi·chi·gan·see ['mɪʃigən‚zeː] (der) Lake Michigan (*one of the Great Lakes, USA*).

Mid·way·in·seln ['mɪtve‚ʔɪnzəln] (die) *pl* (the) Midway Islands (*islets to the northwest of the Hawaiian Islands, in the North Pacific*).

Mi·kro·ne·si·en [mikro'neːziən] *n* Micronesia (*groups of islands in the northwest of Oceania*).

Mi·let [mi'leːt] *n antiq.* Miletus (*city in Asia Minor, on the Aegean Sea*).

Mill·stät·ter See ['mɪl‚ʃtɛtər 'zeː] (der) Lake Millstatt (*Carinthia, Austria*).

Mi·los ['miːlɔs] *n* Melos, *auch* Milo(s) (*Greek island in the Cyclades*).

Mi·nor·ka [mi'nɔrka] *n* → Menorca.

Minsk [mɪnsk] *n capital of Byelorussia, Soviet Union in Europe*.

Mi·rat ['miːrat] *n* Meerut (*city in Uttar Pradesh, India*).

Mis·sis·sip·pi [mɪsɪ'sɪpi] (der) *principal river of the USA*.

Mis·sou·ri [mɪ'suːri] *m* (der) *North American river flowing into the Mississippi river*.

Mi·stra ['mɪstra] *n hist. ruined city to the northwest of Sparta, Greece*.

Mit·te ['mɪtə] *n administrative district of East Berlin, DDR*.

Mit·tel·afri·ka ['mɪtəl‚ʔaːfrika] *n* → Zentralafrika.

Mit·tel·ame·ri·ka ['mɪtəl‚ʔaˈmeːrika] *n* Middle America, (*ohne Westindien*) Central America.

Mit·tel·asi·en ['mɪtəl‚ʔaːziən] *n* Central Asia.

Mit·tel·bal·kan ['mɪtəl‚balka(ː)n] (der) (the) Central Balkan.

Mit·tel·deutsch·land ['mɪtəl‚dɔʏtʃ‚lant] *n* Central Germany.

Mit·tel·eu·ro·pa ['mɪtəl‚ʔɔʏ'roːpa] *n* Central Europe.

Mit·tel·fran·ken ['mɪtəl‚fraŋkən] *n* Middle Franconia (*administrative district in the north of Bavaria, BRD*).

Mit·tel·län·di·sche Meer ['mɪtəl‚lɛndɪʃə 'meːr] (das) → Mittelmeer.

Mit·tel·land·ka·nal ['mɪtəl‚lantka‚naːl]

(der) (the) Mittelland Canal (*connecting the Rhine, Weser, and Elbe rivers and Berlin*).

Mit·tel·meer ['mɪtəl‚meːr] (das) (the) Mediterranean (Sea).

Mit·tel·rhein ['mɪtəl‚raɪn] (der) (the) Middle Rhine (*section of the Rhine river from the Binger Loch up to Bonn, BRD*).

Mit·tel·slo·wa·kei ['mɪtəlslova‚kaɪ] (die) Central Slovakia.

Mit·ten·wald ['mɪtən‚valt] *n resort in the Bavarian Alps, BRD*.

Mo·çam·bique [mosam'bɪk; -'biːk] *n* Mozambique: a) *people's republic in the southeast of Africa*, b) *seaport*.

Mo·ga·di·schu [moga'dɪʃu] *n* Mogadiscio, *auch* Mogadishu (*capital of Somalia and seaport*).

Mo·ja·ve·wü·ste [mo'haːve‚vyːstə], **Mo·ha·ve·wü·ste** [mo'haːve‚vyːstə] (die) (the) Mojave (*auch* Mohave) Desert (*California, USA*).

Mol·dau[1] ['mɔldau] (die) a) (the) Vltava, b) *hist.* (the) Moldau (*Czech river flowing into the Elbe river*).

Mol·dau[2] ['mɔldau] (die) a) Moldavia, Moldova (*region in the northeast of Rumania*), b) *hist.* Moldavia (*region between Transylvania and the Dniester river; once a principality*).

Mölln [mœln] *n town in Schleswig-Holstein, BRD*.

Mo·luk·ken [mo'lukən] (die) *pl* (the) Moluccas, *auch* (the) Molucca (*od.* Spice) Islands (*group of islands in Indonesia*).

Mom·ba·sa [mɔm'baːza] *n* a) *island in the south of Kenya*, b) *seaport on a*.

Mo·na·co ['moːnako; mo'nako], *auch* **Mo·na·ko** ['moːnako; mo'nako] *n* Monaco: a) *principality on the Mediterranean coast, bordering France*, b) *capital of a*.

Mönch [mœnç] (der) *mountain in the Bernese Alps, Switzerland*.

Mön·chen·glad·bach [‚mœnçən'glat‚bax] *n city in North Rhine-Westphalia, BRD*.

Mond·see ['moːnt‚zeː] (der) *lake in the Salzkammergut, Austria*.

Mon·go·lei [mɔŋgo'laɪ] *f* a) Mongolia (*highland in Central Asia*), b) → Mongolische Volksrepublik.

Mon·go·li·sche Volks·re·pu·blik [mɔŋ'goːlɪʃə 'fɔlksrepu‚bliːk] (die) (the) Mongolian People's Republic.

Mon·ro·via [mɔn'roːvia] *n capital of Liberia, West Africa*.

Mon·ser·rat [mɔnzɛ'rat] (der) → Montserrat[2].

Mon·ta·fon [mɔnta'foːn] (das) *valley along the upper Ill river in Vorarlberg, Austria*.

Mont·blanc [mõ'blãː] (der) Mont Blanc (*mountain in the southwest of Europe, between France and Italy; highest peak of the Alps*).

Mon·te Car·lo ['mɔnte 'karlo] *n town in the Monaco principality*.

Mon·te·ne·gro [mɔnte'neːgro] *n constituent republic of Yugoslavia*.

Mon·te Ro·sa ['mɔnte 'roːza] (der) (the) Monte Rosa (*mountain in the Pennine Alps, on the Swiss-Italian border*).

Mon·te·vi·deo [mɔntevi'deːo] *n capital of Uruguay and seaport*.

Mont·re·al [mɔntre'aːl] *n seaport in Quebec, Canada*.

Mon·treux [mõ'trøː] *n town at the east end of the Lake of Geneva, Switzerland*.

Mont·ser·rat[1] [mɔntsɛ'rat] *n island in the central Leeward Islands, in the West Indies*.

Mont·ser·rat[2] [mɔntsɛ'rat] (der) *mountain in Catalonia, Spain*.

Mor·dwi·ni·sche Au·to·no·me So·zia·li·sti·sche So·wjet·re·pu·blik [mɔrt'viːnɪʃə auto'noːmə zotsiaˈlɪstɪʃə zɔ'vjɛtrepu‚bliːk] (die) (the) Mordvinian (*auch* Mordvinian) Autonomous Soviet Socialist Republic (*central Soviet Union in Europe*).

Mo·ro·ni [mo'roːni] *n capital of the Comoro Islands*.

Mo·sam·bik [mozam'bɪk; -'biːk] *n* → Moçambique.

Mo·sel ['moːzəl] (die) (the) Moselle, *auch* (the) Mosel (*river in the west of Central Europe, rising in France and flowing into the Rhine river near Koblenz, BRD*).

Mos·kau ['mɔskau] *n* Moscow (*capital of the Soviet Union*).

Mos·ko·wi·ter·reich [mɔsko'viːtər‚raɪç] (das) *hist.* Muscovy, *auch* (the) Grand Duchy of Muscovy (*Russia*).

Mo·skwa [mɔs'kva] (die) (the) Moskva (*river in the Soviet Union in Europe*).

Mo(s)·sul ['mɔːsul] n Mosul (*city in Iraq*).

Mo·zam·bique [mozam'bɪk; -'biːk] n → Moçambique.

Mühl·dorf (am Inn) ['myːlˌdɔrf (am 'ɪn)] n Mühldorf (on the Inn) (*city in Upper Bavaria, BRD*).

Mühl·heim (an der Do·nau) ['myːlˌhaɪm (an der 'doːnaʊ)] n Mühlheim (on the Danube) (*city in Baden-Württemberg, BRD*).

Mühl·vier·tel ['myːlˌfɪrtəl] (das) district in Upper Austria to the north of the Danube river.

Muk·den ['mukdən] n Mukden, *auch* Moukden (*city in the south of Manchuria, China*).

Mul·de ['muldə] (die) (the) Mulde (*East German river flowing into the Elbe river*).

Mül·hau·sen [ˌmyːl'haʊzən] n Mulhouse (*city in Upper Alsace, France*).

Mül·heim (an der Ruhr) ['myːlˌhaɪm (an der 'ruːr)] n Mülheim (on the Ruhr) (*city in North Rhine-Westphalia, BRD*).

Mul·tan [mul'taːn] n city in Punjab, central Pakistan.

Mün·chen ['mynçən] n Munich: a) *capital of Bavaria*, b) *capital of Upper Bavaria, BRD*.

Mün·ster ['mynstər] n a) *area of North Rhine-Westphalia, BRD*, b) Münster (in Westphalia) (*capital of* a).

Mün·ster·land ['mynstərˌlant] (das) (the) Münsterland (*region in Westphalia between the Teutoburg Forest and the Lippe river, BRD*).

Mur [muːr] (die) (the) Mur (*river rising in Austria and flowing into the Drau river in Yugoslavia*).

Mur·man·kü·ste ['murmanˌkystə] (die) (the) Murman Coast (*Arctic coastal region on the Kola Peninsula, Soviet Union in Europe*).

Mur·mansk ['murmansk] n ice-free seaport on the Murman Coast, Soviet Union in Europe.

Mür·ren ['myrən] n resort in the Bernese Oberland, Switzerland.

Mur·suk [mur'zuːk] n Murzuch, Murzuq (*oasis in the Fezzan, Libya*).

My·ra ['myːra] n antiq. city in Asia Minor.

My·si·en ['myːzɪən] n antiq. Mysia (*country in Asia Minor*).

My·ke·ne [my'keːne], **My·ke·nä** [my'keːnɛ] n Mycenae (*village in Argolis, Greece; ruins of a Mycenaean city*).

My·ti·le·ne [myti'leːne] n a) → Lesbos, b) *capital of Lesbos*.

N

Naab [naːp] (die) (the) Na(a)b (*West German river flowing into the Danube river*).

Naarn [naːrn] (die) (the) Naarn (*Austrian river flowing into the Danube river*).

Na·del·kap ['naːdəlˌkap] (das) Cape Agulhas (*southernmost point of Africa*).

Na·ga·sa·ki [naga'zaːki] n seaport on Kyushu, Japan; second military use of the atomic bomb, 1945.

Na·go·ja [na'goːja] n Nagoya (*city on Honshu, Japan*).

Na·ha ['naːha] n Naha, Nawa (*capital of the Ryukyu Islands*).

Na·he ['naːə] (die) (the) Nahe (*West German river flowing into the Rhine river*).

Nai·ro·bi [naɪ'roːbi] n capital of Kenya.

Na·ma·land ['naːmaˌlant] n Namaqualand, *auch* Namaland (*coastal region in the southern part of South-West Africa*).

Na·mi·bia [na'miːbǐa] n → Südwestafrika.

Nan·chang ['nantʃaŋ] n → Nantschang.

Nan·ga Par·bat ['naŋga 'parbat] (der) Nanga Parbat (*mountain in the Himalayas*).

Nan·king ['naŋkɪŋ] n capital of Kiangsu, China.

Nan·schan ['nanʃan] (der) (the) Nan Shan (*mountain range in China*).

Nan·tschang ['nantʃaŋ] n Nanchang (*capital of Kiangsi, China*).

Nar·vik ['narvɪk] n seaport on the Ofoten Fjord, Norway.

Nas·sau ['nasaʊ] n a) city in Rhineland-Palatinate, b) region in the central BRD, formerly a duchy, c) capital of the Bahamas.

Nas·sau·ge·bir·ge ['nasaʊgəˌbɪrgə] (das) (the) Nassau Mountains pl (*od.* Range) (*New Guinea*).

Nas·ser·see ['nasərˌzeː] (der) Lake Nasser (*reservoir in the Arab Republic of Egypt, formed in the Nile river south of the Aswan Dam*).

Na·tio·nal·chi·na [natsǐo'naːlˌçiːna] n → Taiwan.

Nau·heim, Bad → Bad Nauheim.

Nau·kra·tis ['naʊkratɪs] n antiq. Naucratis (*Greek city on the Nile delta*).

Naum·burg (an der Saa·le) ['naʊmˌburk (an der 'zaːlə)] n Naumburg (on the Saale) (*city in the district of Halle, DDR*).

Nau·plia ['naʊplia], **Nau·pli·on** ['naʊpliɔn] n Nauplia (*city on the Gulf of Argolis, Greece*).

Nau·ru [na'uːru] n a) Pacific island near the Equator, b) republic on a.

Nau·ru·an [nau'ruːan] n capital of Nauru.

Na·var·ra [na'vara] n Navarre (*region in the north of Spain*).

Na·xos ['naksɔs] n Greek island in the Aegean Sea, largest of the Cyclades.

Na·za·reth ['naːtsaret] n town in Galilee, Israel.

Nea·pel [ne'aːpəl] n Naples (*city and seaport in the southwest of Italy*).

Ne·bel·horn ['neːbəlˌhɔrn] (das) mountain in the Al(l)gäu Alps, BRD.

Neckar (*getr.* -k·k-) ['nɛkar] (der) (the) Neckar (*West German river flowing into the Rhine river near Mannheim*).

Nedschd [nɛtʃt] n Nejd (*region in central Saudi Arabia*).

Ne·gev ['neːgɛf; 'nɛgɛf] (der) (the) Negeb, (the) Negev (*desert area in the south of Israel*).

Nei·ße ['naɪsə] (die) (the) Neisse: a) *auch* Lausitzer (*od.* Görlitzer) Neiße (the) Lusatian (*od.* Görlitzer) Neisse (*river rising in Czechoslovakia and flowing into the Oder river on the border between the DDR and Poland*), b) *auch* Glatzer (*od.* Schlesische) Neiße (the) Glatzer (*od.* Silesian) Neisse (*river rising on the Czechoslovak border and flowing into the Oder river in Poland*).

Ne·mea [ne'meːa] n valley in ancient Argolis, Greece; ruins of a Zeus temple.

Ne·pal ['neːpal; ne'paːl] n kingdom in the Himalayas.

Net·ze ['nɛtsə] (die) (the) Noteć (*Polish river flowing into the Warta river*).

Neu·bran·den·burg [ˌnɔʏ'brandənˌburk] n a) district of the DDR, b) capital of a.

Neu·braun·schweig [ˌnɔʏ'braunˌʃvaɪk] n New Brunswick (*province in Canada*).

Neu-Brei·sach [ˌnɔʏ'braɪzax] n Neuf-Brisach (*town in Upper Alsace, France*).

Neu-châ·tel [nøʃa'tɛl] n → Neuenburg.

Neu-De·lhi [ˌnɔʏ'deːli] n New Delhi (*capital of India*).

Neu·en·burg ['nɔʏənˌburk] n Neuchâtel: a) *canton in the west of Switzerland*, b) *capital of* a.

Neu·en·bur·ger See ['nɔʏənˌburgər 'zeː] (der) (the) Lake of Neuchâtel (*Switzerland*).

Neu·eng·land [ˌnɔʏ'ʔɛŋˌlant] n New England (*northeast section of the USA*).

Neu·en He·bri·den ['nɔʏən he'briːdən] (die) pl (the) New Hebrides (*island group in the South Pacific*).

Neu·fund·land [ˌnɔʏ'funtˌlant] n Newfoundland: a) *large island in the east of Canada*, b) *province in the east of Canada*.

Neu·gui·nea [ˌnɔʏgi'neːa] n New Guinea, *auch* Papua (*large island in the north of Australia*).

Neu·ir·land [ˌnɔʏ'ʔɪrˌlant] n New Ireland (*island in the South Pacific*).

Neu·ka·le·do·ni·en [ˌnɔʏkale'doːnǐən] n New Caledonia (*island in the east of Australia*).

Neu·ka·sti·li·en ['nɔʏkasˈtiːlǐən] n New Castile (*region in central Spain*).

Neu·kölln [ˌnɔʏ'kœln] n administrative district of West Berlin.

Neu·mün·ster [ˌnɔʏ'mynstər] n town in Schleswig-Holstein, BRD.

Neu·schott·land [ˌnɔʏ'ʃɔtˌlant] n Nova Scotia (*peninsula and province in the southeast of Canada*).

Neu·see·land [ˌnɔʏ'zeːˌlant] n New Zealand (*country in the South Pacific*).

Neu·see·län·di·schen Al·pen [ˌnɔʏ'zeː-ˌlɛndiʃən 'alpən] (die) pl (the) Southern Alps (*mountain range in New Zealand*).

Neu·si·bi·ri·schen In·seln [ˌnɔʏzi'biːrɪʃən 'ɪnzəln] (die) pl (the) New Siberian Islands (*in the Arctic Ocean*).

Neu·sied·ler See ['nɔʏˌziːdlər 'zeː] (der) (the) Neusiedler Lake (*on the border between Austria and Hungary*).

Neuss [nɔʏs] n city in North Rhine-Westphalia, BRD.

Neu·stadt an der Wein·stra·ße ['nɔʏˌʃtat an der 'vaɪnˌʃtraːsə] n capital of Rhinehesse-Palatinate, BRD.

Neu·stri·en ['nɔʏstriən] n hist. Neustria (*western part of the empire of the Franks*).

Neu·süd·wales ['nɔʏˌzyːtˌveːls] n New South Wales (*state in Australia*).

Ne·wa ['neːva; ne'va] (die) (the) Neva (*river in the Soviet Union in Europe*).

Ngo·ron·go·ro-Kra·ter [ŋgorɔn'goːroˌkraːtər] (der) (the) Ngorongoro Crater (*in the north of Tanganyika; game reserve*).

Nia·ga·ra [nia'gaːra] (der) river between Lake Erie and Lake Ontario, on the border between the USA and Canada.

Nia·ga·ra·fäl·le [nīa'gaːraˌfɛlə] (die) pl (the) Niagara Falls.

Nia·mey [nia'mɛː] n capital of and port in Niger.

Ni·cäa [ni'tsɛːa] n → Nizäa.

Ni·ca·ra·gua [nika'raːgŭa] n republic in Central America.

Nid·wal·den [ˈniːtˌvaldən] n demicanton of Unterwalden in central Switzerland.

Nie·der·bay·ern ['niːdərˌbaɪərn] n Lower Bavaria (*administrative district of Bavaria, BRD*).

Nie·de·ren Tau·ern ['niːdərən 'taʊərn] (die) pl section of the Central Alps between the Tyrol and Styria, Austria.

Nie·der·ka·li·for·ni·en ['niːdərkali'fɔrnǐən] n Lower California (*peninsula on the west coast of Mexico*).

Nie·der·lan·de ['niːdərˌlandə] (die) pl (the) Netherlands, *auch* Holland sg (*kingdom in West Europe*).

Nie·der·län·di·schen An·til·len ['niːdərˌlɛndiʃən an'tɪlən] (die) pl (the) Netherlands Antilles (*group of islands in the Caribbean Sea*).

Nie·der·län·disch-Gua·ya·na ['niːdərˌlɛndiʃgŭa'jaːna] n hist. Netherlands (*od.* Dutch) Guiana (→ Surinam).

Nie·der·län·disch-In·di·en ['niːdərˌlɛndiʃ-ˈ19indǐən] n hist. (the) Netherlands (East) Indies pl (→ Indonesien).

Nie·der·län·disch-Neu·gui·nea ['niːdərˌlɛndiʃˌnɔʏgi'neːa] n hist. Netherlands (*od.* Dutch) New Guinea (→ Westirian).

Nie·der·län·disch-West·in·di·en ['niːdərˌlɛndiʃ'vɛst,ʔindǐən] n hist. (the) Netherlands (*od.* Dutch) West Indies pl (→ Niederländischen Antillen).

Nie·der·lau·sitz ['niːdərˌlauzɪts; ˌniːdər-'lauzɪts] (die) Lower Lusatia (*northern part of Lusatia, DDR*).

Nie·der·öster·reich ['niːdər,ʔøːstəraɪç] n Lower Austria (*province in the northeast of Austria*).

Nie·der·rhein ['niːdərˌraɪn] (der) (the) Lower Rhine (*section of the Rhine river between Bonn, BRD, and the division into Waal and Lek in the Netherlands*).

Nie·der·sach·sen ['niːdərˌzaksən] n Lower Saxony (*Land of the BRD*).

Nie·der·schle·si·en ['niːdərˌʃleːzǐən] n hist. Lower Silesia (*now in Poland*).

Ni·ger[1] ['niːgər] (der) (the) Niger (*river in West Africa*).

Ni·ger[2] ['niːgər] n (the) Niger (*republic in the northwest of Africa*).

Ni·ge·ria [ni'geːrǐa] n republic in West Africa.

Ni·ka·ra·gua [nika'raːgŭa] n → Nicaragua.

Ni·ko·ba·ren [niko'baːrən] (die) pl (the) Nicobar Islands (*in the Bay of Bengal, India*).

Ni·ko·sia [niko'ziːa; ni'koːzǐa] n Nicosia (*capital of Cyprus*).

Nil [niːl] (der) (the) Nile (*river in East Africa*).

Nil·del·ta ['niːlˌdɛlta] (das) (the) Nile delta.

Nil·gi·ri·ber·ge ['nɪlgiriˌbɛrgə] (die) pl (the) Nilgiri Hills (*India*).

Nim·we·gen ['nɪmˌveːgən] n Nijmegen, *auch* Nimwegen, Nymwegen (*city in the Netherlands*).

Ni·ni·ve ['niːnive] n antiq. Nineveh (*capital of Assyria*).

Nisch [nɪʃ] *n* Niš, *auch* Nish (*city in Serbia, Yugoslavia*).

Ni·ue [ni'uːe] *n* Niue (Island), *auch* Savage Island (*in the South Pacific*).

Ni·zäa [ni'tsɛːa] *n antiq.* Nicaea (*city in Asia Minor*).

Niz·za ['nɪtsa] *n* Nice (*seaport and resort on the Mediterranean Sea, France*).

Njas·sa·land ['njasa,lant] *n hist.* Nyasaland (→ Malawi).

Njas·sa·see ['njasa,zeː] (der) Lake Nya(s)sa (*in the southeast of Africa*).

Nord·afri·ka ['nɔrt'ʔaːfrika] *n* North Africa.

Nord·al·ba·ni·schen Al·pen ['nɔrt'ʔal-,baːnɪʃən 'alpən] (die) *pl* (the) North Albanian Alps.

Nord·al·pen ['nɔrt,ʔalpən] (die) *pl* (the) Northern Alps. [America.]

Nord·ame·ri·ka ['nɔrt'ʔa'meːrika] *n* North

Nord·at·lan·tik ['nɔrt'ʔat'lantɪk] (der) (the) North Atlantic (Ocean).

Nord·au·stra·li·en ['nɔrt'ʔaʊs'traːliən] *n* North Australia.

Nord·ba·den ['nɔrt'baːdən] *n* North Baden (*area of Baden-Württemberg, BRD*).

Nord·bor·neo ['nɔrt'bɔrneo] *n hist.* North Borneo (→ Sabah).

Nord·bra·bant ['nɔrtbra'bant] *n* North Brabant (*province in the Netherlands*).

Nord·chi·ne·si·sche Tief·ebe·ne ['nɔrtçi-,neːzɪʃə 'tiːf,ʔeːbənə] (die) (the) North China Plain.

Nord·da·ko·ta ['nɔrtda'koːta] *n* North Dakota (*state in the central USA*).

Nord·deutsch·land ['nɔrt,dɔʏtʃ,lant] *n* North(ern) Germany.

Nord·dorf ['nɔrt,dɔrf] *n* seaside resort on the North Frisian island of Amrum.

Nor·der·ney [,nɔrdər'naɪ] *n* a) island of the East Frisians, BRD, b) town on a.

Nor·der·oog ['nɔrdər,ʔoːk] *n* holm to the west of the North Frisian island of Pellworm, BRD.

Nord·eu·ro·pa ['nɔrt'ʔɔʏ'roːpa] *n* North(ern) Europe.

Nord·frie·si·schen In·seln ['nɔrt'friːzɪʃən 'ɪnzəln] (die) *pl* (the) North Frisians (*islands in the North Sea, BRD*).

Nord·fries·land ['nɔrt'friːs,lant] *n* North Friesland (*bes. Br.* Frisian) (*region in Schleswig-Holstein, BRD*).

Nord·hol·land ['nɔrt'hɔlant] *n* North Holland (*province in the Netherlands*).

Nord·ir·land ['nɔrt'ʔɪr,lant] *n* Northern Ireland (*part of the United Kingdom*).

Nord·ka·nal ['nɔrtka,naːl] (der) (the) North Channel (*strait between Scotland and Ireland*).

Nord·kap ['nɔrt,kap] (das) (the) North Cape (*point of land on an island in Norway; the northernmost point of Europe*).

Nord·ka·ro·li·na ['nɔrtkaro'liːna] *n* North Carolina (*state on the Atlantic coast of the USA*).

Nord·kau·ka·si·en ['nɔrtkaʊ,kaːziən] *n* North Caucasus (*region in the south of the Soviet Union in Europe*).

Nord·ket·te ['nɔrt,kɛtə] (die) *mountain range of the Karwendel Mountains to the north of Innsbruck, the Tyrol, Austria*.

Nord·ko·rea ['nɔrtko'reːa] *n* North Korea (→ Demokratische Volksrepublik Korea).

Nord·land ['nɔrt,lant] *n* Northern Land (→ Sewernaja Semlja).

Nörd·li·che Eis·meer ['nœrtlɪçə 'aɪs,meːr] (das) → Nordpolarmeer.

Nörd·li·chen Kalk·al·pen ['nœrtlɪçən 'kalk-,ʔalpən] (die) *pl* (the) Northern Limestone Alps (*section of the Alps, BRD and Austria*).

Nörd·li·chen Spo·ra·den ['nœrtlɪçən ʃpo-'raːdən] (die) *pl* (the) Northern Sporades (*Greek island group in the Aegean Sea*).

Nörd·lin·gen ['nœrdlɪŋən] *n* town in Bavaria, BRD; *scene of two battles in the Thirty Years' War, 1634 and 1645*.

Nord·mark ['nɔrt,mark] (die) *hist.* (the) Saxon East Mark (*region between the Elbe and Oder rivers*).

Nord·meer ['nɔrt,meːr] (das) → Nordpolarmeer.

Nord-Os·se·ti·sche Au·to·no·me So·zia·li·sti·sche So·wjet·re·pu·blik ['nɔrt-'ʔɔsetɪʃə auto'noːmə zotsɪa'lɪstɪʃə zɔ'vjet-repu,bliːk] (die) (the) North Ossetian Autonomous Soviet Socialist Republic (*in the southeast of the Soviet Union in Europe*).

Nord·ost·kap [,nɔrt'ʔɔst,kap] (das) → Kap Tscheljuskin.

Nord-Ost·see-Ka·nal [,nɔrt'ʔɔst,zeːka,naːl] (der) (the) Kiel Canal (*connecting the North and Baltic seas, BRD*).

Nord·pol ['nɔrt,poːl] (der) (the) North Pole.

Nord·po·lar·ge·biet ['nɔrtpo,laːrgə,biːt] (das) → Arktis.

Nord·po·lar·meer ['nɔrtpo,laːr,meːr] (das) (the) Arctic Ocean.

Nord·rhein-West·fa·len ['nɔrt,raɪn,vɛst-'faːlən] *n* North Rhine-Westphalia (*Land of the BRD*).

Nord·rho·de·si·en ['nɔrtro,deːziən] *n hist.* Northern Rhodesia (*now* → Sambia).

Nord·schles·wig ['nɔrt'ʃleːsvɪç] *n* Northern Schleswig (*Denmark*).

Nord·see ['nɔrt,zeː] (die) (the) North Sea (*arm of the Atlantic Ocean between Great Britain and the European mainland*).

Nord·see·ka·nal ['nɔrt,zeːka,naːl] (der) (the) North Sea Canal (*extending from Amsterdam to the North Sea, North Holland*).

Nord·strand ['nɔrt,ʃtrant] *n* island of the North Frisians, BRD.

Nord·ter·ri·to·ri·um ['nɔrttɛri,toːrɪʊm] (das) (the) Northern Territory (*Australia*).

Nord·ti·ro·ler Kalk·al·pen ['nɔrtti,roːlər 'kalk,ʔalpən] (die) *pl* (the) North Tyrolean Limestone Alps.

Nord-Vi·et·nam, Nord·vi·et·nam ['nɔrt-vɪɛt'nam] *n* North Viet-Nam (→ Demokratische Republik Vietnam).

Nord·west-Ter·ri·to·ri·en [,nɔrt'vɛsttɛri-,toːriən] (die) *pl* (the) Northwest Territories (*Canada*).

Nord·würt·tem·berg ['nɔrt,vʏrtəm,bɛrk] *n* North Württemberg (*area of Baden-Württemberg, BRD*).

Nor·folk·in·sel ['noːrfɔk,ʔɪnzəl] (die) Norfolk Island (*in the South Pacific*).

No·ri·cum ['noːrikʊm] *n antiq.* Roman province in Central Europe.

No·ri·schen Al·pen ['noːrɪʃən 'alpən] (die) *pl* (the) Noric Alps (*section of the Alps in Austria*).

Nor·man·die [nɔrman'diː] (die) Normandy (*region in the north of France*).

Nor·man·ni·schen In·seln [nɔr'manɪʃən 'ɪnzəln] (die) *pl* → Kanalinseln.

Nor·we·gen ['nɔrveːgən] *n* Norway (*kingdom in Northern Europe*).

Nor·we·gi·sche See ['nɔrveːgɪʃə 'zeː] (die) (the) Norwegian Sea (*part of the Arctic Ocean*).

Now·go·rod ['nɔfgorət] *n* Novgorod (*city to the southeast of Leningrad, Soviet Union in Europe*).

No·wo·kus·nezk [novokʊs'nɛtsk] *n* Novokuznetsk (*city and industrial center in the Kuznetsk Basin, Soviet Union in Asia*).

No·wos·si·birsk [novɔsi'bɪrsk] *n* Novosibirsk (*city in Siberia, Soviet Union in Asia*).

Nu·ak·schott [nŭak'ʃɔt] *n* Nouakchott (*capital of Mauritania*).

Nu·bi·en ['nuːbĭən] *n* Nubia (*region in the northeast of Africa*).

Nu·kua·lo·fa [nukua'loːfa] *n* capital of Tonga.

Nu·man·tia [nu'mantsĭa] *n antiq. city in the north of Spain*.

Nu·mi·di·en [nu'miːdĭən] *n antiq.* Numidia (*country in North Africa*).

Nürn·berg ['nʏrn,bɛrk] *n* Nuremberg (*city in central Bavaria, BRD*).

O

Ob [ɔp] (der) *river in Siberia, Soviet Union in Asia*.

Ober·am·mer·gau [,oːbər'ʔamər,gaʊ] *n* resort in the Bavarian Alps; *famous for its Passion play*.

Ober·bay·ern ['oːbər,baɪərn] *n* Upper Bavaria (*administrative district of the south of Bavaria, BRD*).

Ober·el·saß ['oːbər,ʔɛlzas] (das) Upper Alsace (*France*).

Ober·en·ga·din ['oːbər,ʔɛŋgadiːn] (das) (the) Upper Engadine (*Switzerland*).

Obe·re See ['oːbərə 'zeː] (der) Lake Superior (*northernmost of the Great Lakes, between the USA and Canada*).

Ober·fran·ken ['oːbər,fraŋkən] *n* Upper Franconia (*administrative district in the northeast of Bavaria, BRD*).

Ober·hau·sen ['oːbər,haʊzən] *n industrial city in North Rhine-Westphalia, BRD*.

Ober·hes·sen ['oːbər,hɛsən] *n* Upper Hesse (*BRD*).

Ober·hof [,oːbər'hoːf] *n resort in the Thuringian Forest, DDR*.

Ober·ita·li·en ['oːbər,ʔi,taːliən] *n* Upper (*od.* North[ern]) Italy.

Ober·kärn·ten ['oːbər,kɛrntən] *n* Upper Carinthia (*western part of Carinthia, Austria*).

Ober·krain ['oːbər,kraɪn] *n* Upper Krain (*region in the west of Yugoslavia*).

Ober·lau·sitz ['oːbər,lauzɪts; ,oːbər'lauzɪts] (die) Upper Lusatia (*southern part of Lusatia, DDR*).

Ober·öster·reich ['oːbər,ʔøːstəraɪç] *n* Upper Austria (*province in the north of Austria*).

Ober·pfalz ['oːbər,pfalts] (die) Upper Palatinate (*administrative district in the northeast of Bavaria, BRD*).

Ober·rhein ['oːbər,raɪn] (der) (the) Upper Rhine (*section of the Rhine from Basel up to Bingen, BRD*).

Ober·rhei·ni·sche Tief·ebe·ne ['oːbər-,raɪnɪʃə 'tiːf,ʔeːbənə] (die) (the) Upper Rhine Plain (*on both sides of the Upper Rhine, BRD and France*).

Ober·salz·berg [,oːbər'zalts,bɛrk] (der) *elevation near Berchtesgaden, BRD*.

Ober·schle·si·en ['oːbər,ʃleːziən] *n hist.* Upper Silesia (*southeastern part of Silesia*).

Ober·schwa·ben ['oːbər,ʃvaːbən] *n* Upper Swabia (*region between the Alps and the Swabian Jura, Baden-Württemberg, BRD*).

Oberst·dorf ['oːbərst,dɔrf] *n resort in the Al(l)gäu Alps, BRD*.

Ober·stei·er·mark ['oːbər,ʃtaɪər,mark] (die) Upper Styria (*Austria*).

Ober·vol·ta [,oːbər'vɔlta] *n* (the) Upper Volta (*republic in West Africa*).

Ob·wal·den ['ɔp,valdən] *n demicanton of Unterwalden in central Switzerland*.

Ochot·ski·sche Meer [ɔ'xɔtskɪʃə 'meːr] (das) (the) Sea of Okhotsk (*arm of the North Pacific*).

Öden·burg ['øːdən,burk] *n* Sopron (*city in the west of Hungary*).

Oden·wald ['oːdən,valt] (der) (the) Odenwald (*mountainous area between the Neckar and Main rivers, BRD*).

Oder ['oːdər] (die) (the) Oder (*river in Central Europe, rising in Czechoslovakia and flowing through Poland and along the border between the DDR and Poland into the Baltic Sea*).

Odes·sa [o'dɛsa] *n seaport on the Black Sea, Soviet Union in Europe*.

Of·fen·bach (am Main) ['ɔfən,bax (am 'maɪn)] *n* Offenbach (on the Main) (*city in Hesse, BRD*).

Of·fen·burg ['ɔfən,burk] *n city in Baden-Württemberg, BRD*.

Ofo·ten·fjord ['oːfoːtən,fjɔrt] (der) (the) Ofoten Fjord (*Norway*).

Oka·ja·ma [oka'jaːma] *n* Okayama (*city on Honshu, Japan*).

Oki·na·wa [oki'naːva] *n* a) *island group in the Ryukyu Islands in the North Pacific, belonging to Japan*, b) *largest island of a.*

Ol·den·burg ['ɔldən,burk] *n* a) *area of Lower Saxony, BRD*, b) *capital of a.*

Olymp [o'lʏmp] (der) (Mount) Olympus (*in the northeast of Greece; in ancient Greek mythology, the home of the Gods*).

Olym·pia [o'lʏmpĭa] *n* a) *antiq. plain in ancient Elis in the west of the Peloponnesus, Greece; site of a sanctuary of Zeus and of the Olympic Games*, b) *town near a.*

Olynth [o'lʏnt] *n antiq.* Olynthus (*city in the northeast of Greece*).

Oman [o'maːn] *n sultanate in the southeast of Arabia* (→ Maskat und Oman).

Omu·da [o'muːda] *n* Omuta, *auch* Omuda (*seaport on Kyushu, Japan*).

One·ga·see [o'neːga,zeː] (der) Lake Onega (*in the northwest of the Soviet Union in Europe*).

On·ta·rio·see [ɔn'taːrĭo,zeː] (der) Lake Ontario (*smallest of the Great Lakes, between the USA and Canada*).

Oran [o'raːn] *n seaport in the northwest of Algeria*.

Ora·ni·en [o'raːniən] *n* Orange (*former small principality of West Europe; now in the southeast part of France*).

Oran·je [o'ranjə] (der) (the) Orange (*largest river in the Republic of South Africa*).

Oran·je·frei·staat [o'ranjə,fraɪ,ʃtaːt] (der) Orange Free State (*province in the central Republic of South Africa*).

Öre·sund ['ø:rə,zunt] (der) → Sund.

Ori·no·ko [ori'no:ko] (der) (the) Orinoco (*river in the north of South America*).

Ork·ney·in·seln ['ɔːrknɪ,ʔɪnzəln] (die) *pl* (the) Orkney Islands, (the) Orkneys (*island group off the northeast tip of Scotland*).

Or·lé·ans [ɔrle'ãː] *n city in central France.*

Ort·ler ['ɔrtlər] (der) a) *highest peak of the Ortler Mountains,* b) → Ortlergruppe.

Ort·ler·grup·pe ['ɔrtlər,grupə] (die) (the) Ortler (*Mountains pl*) (*mountain range of the Eastern Alps, Italy*).

Osa·ka [o'za:ka] *n seaport on Honshu, Japan.*

Ösel ['ø:zəl] *n* Saaremaa, *auch* Saare (*island in the Baltic Sea, Soviet Union in Europe*).

Os·lo ['oslo] *n capital of Norway.*

Os·na·brück [,ɔsna'bryk] *n* a) *area of Lower Saxony, BRD,* b) *capital of a.*

Os·se·ti·en [ɔ'se:tsiən] *n* Ossetia (*region in Caucasia, Soviet Union in Europe*).

Os·si·ach ['ɔsiax] *n town on Lake Ossiach, Carinthia, Austria.*

Os·si·acher See ['ɔsiaxər 'ze:] (der) Lake Ossiach (*to the northeast of Villach, Austria*).

Ost·afri·ka ['ɔst'ʔaːfrika] *n* East Africa.

Ost·al·pen ['ɔst,ʔalpən] (die) *pl* (the) Eastern Alps.

Ost·an·gli·en ['ɔst'ʔaŋliən] *n* East Anglia (*region in the east of England*).

Ost·asi·en ['ɔst'ʔaːziən] *n* Eastern Asia.

Ost-Ben·ga·len ['ɔstbɛŋ,gaːlən] *n hist.* East Bengal (*now* → Bangladesch).

Ost-Ber·lin ['ɔstbɛr,liːn] *n* East Berlin (*capital of the DDR; eastern part of the former capital of Germany*).

Ost·chi·ne·si·sche Meer ['ɔstçiːneːzɪʃə 'meːr] (das) (the) East China Sea.

Ost·deutsch·land ['ɔst,dɔytʃ,lant] *n* East Germany (→ Deutsche Demokratische Republik).

Ost·en·de [,ɔst'ʔɛndə] *n* Ostend (*seaport in the northwest of Belgium*).

Oster·in·sel ['ɔːstər,ʔɪnzəl] (die) Easter Island, Rapa Nui (*island in the South Pacific*).

Öster·reich ['øːstəraɪç] *n* Austria (*republic in Central Europe*).

Öster·rei·chi·schen Al·pen ['øːstəraɪçɪʃən 'alpən] (die) *pl* (the) Austrian Alps.

Öster·reich-Un·garn ['øːstəraɪç'ʔuŋgarn] *n hist.* Austria-Hungary.

Ost·eu·ro·pa ['ɔst'ʔɔy'roːpa] *n* East(ern) Europe.

Ost·flan·dern ['ɔst,flandərn] *n* East Flanders.

Ost·fran·ken ['ɔst,fraŋkən] *n hist.* Eastern Franconia.

Ost·frie·si·schen In·seln ['ɔst'friːzɪʃən 'ɪnzəln] (die) *pl* (the) East Frisians (*islands in the North Sea, BRD*).

Ost·fries·land ['ɔst'friːs,lant] *n* East Friesland (*bes. Br.* Frisian) (*area of Lower Saxony, BRD*).

Ost·ghats ['ɔst,gats] (die) *pl* (the) Eastern Ghats (*low mountain range in the south of India*).

Ost·in·di·en ['ɔst'ʔɪndiən] *n* (the) East Indies (*pl*, (the) Indies *pl*, Indonesia.

Ost·pa·ki·stan ['ɔst,paːkɪstaːn] *n hist.* East Pakistan (*now* → Bangladesch).

Ost·pom·mern ['ɔst,pɔmərn] *n hist.* Eastern Pomerania (*region east of the Lower Oder river*).

Ost·preu·ßen ['ɔst,prɔysən] *n hist.* East Prussia (*former province in the northeast of Germany, now divided between Poland and the Soviet Union*).

Ostrau ['ɔstrau] *n* a) Ostrava (*city in Czechoslovakia*), b) *hist. capital of northern Moravia.*

Ost·see ['ɔst,zeː] (die) (the) Baltic (Sea).

Ost·see·staa·ten ['ɔst,zeː,ʃtaːtən] (die) *pl hist.* (the) Baltic States (*formerly independent republics of Estonia, Latvia, Lithuania, and sometimes Finland*).

Ost·thra·ki·en ['ɔst,traːkiən] *n* Eastern Thrace (*region in the eastern part of the Balkan Peninsula, belonging to Turkey*).

Ost·ti·rol ['ɔstti,roːl] *n* East Tyrol (*part of the Austrian province of the Tyrol*).

Ot·ta·wa ['ɔtava] *n capital of Canada.*

Ot·to·beu·ren [,ɔto'bɔyrən] *n town in Bavaria, near Memmingen, BRD; Benedictine abbey.*

Ötz·ta·ler Al·pen ['œts,taːlər 'alpən] (die) *pl* (the) Oetztal (*od.* Ötztaler) Alps (*mountain range in the south of the Tyrol, Austria*).

Oua·ga·dou·gou [ɥaga'duːgu] *n capital of Upper Volta.*

Owen-Stan·ley-Ge·bir·ge [,ɔːɪn'stɛnlɪgə,bɪrgə] (das) (the) Owen Stanley Range (*New Guinea*).

Ozea·ni·en [otse'aːniən] *n* Oceania, *auch* Oceanica (*islands of the Central and South Pacific*).

P

Pa·dua ['paːdŭa] *n* a) *province in the northeast of Italy,* b) *capital of a.*

Pae·stum ['pɛːstum; 'pɛstum] *n antiq. city on the Gulf of Salerno, Italy; ruins of three Greek temples.*

Pa·hang ['paːhaŋ] *n state in Malaysia.*

Pa·ki·stan ['paːkɪstaːn] *n republic in the south of Asia.*

Pa·lä·sti·na [palɛs'tiːna] *n* a) *Bibl.* Palestine, b) *hist.* Palestine (*now divided between Israel and Jordan*).

Pa·lau·in·seln ['paːlau,ʔɪnzəln] (die) *pl* (the) Palau (*auch* Pelew) Islands (*West Pacific*).

Pa·ler·mo [pa'lɛrmo] *n* a) *province in the northwest of Sicily,* b) *capital of a.*

Palk·stra·ße ['pɔːlk,ʃtraːsə] (die) (the) Palk Strait (*channel between Ceylon and India*).

Pal·ma (de Mal·lor·ca) ['palma (de maˈlɔrka; — malˈjɔrka)] *n capital of and seaport on the Balearic Islands.*

Pal·mer-Ar·chi·pel ['paːmər'arçiˌpeːl] (der) (the) Palmer Archipelago (*island group between South America and Antarctica*).

Pal·mer-Land ['paːmər,lant] *n* Palmer Land (*southern part of the Antarctic Peninsula*).   [*Syria.*]

Pal·my·ra [pal'myːra] *n antiq. city in central*

Pa·mir ['paːmiːr] (der) (the) Pamir(s *pl*) (*plateau in central Asia*).

Pam·phy·li·en [pam'fyːliən] *n antiq.* Pamphylia (*country in the south of Asia Minor*).

Pam·plo·na [pam'ploːna] *n* Pamplona, *auch* Pampeluna (*city in the north of Spain*).

Pa·na·ma ['pa(ː)nama] *n* a) *republic in the south of Central America,* b) *auch* Panama City (*capital of a*).

Pa·na·ma·ka·nal ['pa(ː)namaka,naːl] (der) (the) Panama Canal (*extending from the Atlantic Ocean to the Pacific*).

Pa·na·ma·ka·nal-Zo·ne ['pa(ː)namaka,naːl,tsoːnə] (die) (the) Panama Canal Zone.

Pandsch·ab [pan'dʒaːp; 'pan-] (das) (the) Punjab (*region in the northwest of India*).

Pan·kow ['paŋko] *n administrative district of East Berlin, DDR.*

Pan·mun·jom [panmun'dʒɔm] *n village on the boundary between North Korea and South Korea; site of the truce talks at the close of the Korean War.*

Pan·no·ni·en [pa'noːniən] *n antiq.* Pannonia (*Roman province including territory now mostly in Yugoslavia and Hungary*).

Pa·phla·go·ni·en [pafla'goːniən] *n antiq.* Paphlagonia (*country and Roman province in the north of Asia Minor*).

Pa·pua ['paːpŭa; pa'puːa] *n* (the) Territory of Papua (*now* → Papua-Neuguinea).

Pa·pua-Neu·gui·nea ['paːpŭa,nɔygi'neːa] *n* Papua-New Guinea (*Australian territory*).

Pa·ra·gu·ay [para'gŭaːi; 'paragvaɪ] *n republic in central South America.*

Pa·ra·ma·ri·bo [parama'riːbo] *n capital of and seaport in Surinam.*

Pa·ris [pa'riːs] *n capital of France.*

Par·naß [par'nas] (der) Mount Parnassus (*in the north of the Gulf of Corinth, Greece*).

Pa·ros ['paːrɔs] *n Greek island of the Cyclades in the Aegean Sea.*

Par·thi·en ['partiən] *n antiq.* Parthia (*country in the west of Iran*).

Pa·sar·ga·dai [pa'zargadaɪ], **Pa·sar·ga·dä** [pa'zargadɛ] *n antiq.* Pasargadae (*ruined city in the south of Iran*).

Pas·sau ['pasau] *n city at the confluence of the Danube, Inn, and Ilz rivers, BRD.*

Pa·ta·go·ni·en [pata'goːniən] *n* Patagonia (*region in the south of South America*).

Pat·mos ['patmɔs] *n one of the Dodecanese Islands, Greece.*

Pa·tras ['patras] *n seaport in the Peloponnesus, Greece.*

Pa·via [pa'viːa] *n* a) *province in the north of Italy,* b) *capital of a.*

Pa·zi·fik [pa'tsiːfɪk; 'paːtsifɪk] (der) (the) Pacific (Ocean).

Pa·zi·fi·schen In·seln [pa'tsiːfɪk,ʔɪnzəln], **Pa·zi·fi·schen In·seln** [pa'tsiːfɪʃən 'ɪnzəln] (die) *pl* (the) Pacific Islands.

Pa·zi·fi·sche Oze·an [pa'tsiːfɪʃə 'ɔːtseaːn] (der) → Pazifik.

Pee·ne ['peːnə] (die) (the) Peene (*East German river flowing into the Stettiner Haff, Baltic Sea*).

Pee·ne·mün·de [,peːnə'myndə] *n small town on the island of Usedom, DDR; former rocket center.*

Peg·nitz ['peːgnɪts] (die) (the) Pegnitz (*West German river flowing into the Rednitz river*).

Pei·pus·see ['paɪpus,zeː] (der) Lake Peipus (*on the eastern boundary of Estonia, Soviet Union in Europe*).

Pe·king ['peːkɪŋ] *n capital of China.*

Pe·la·gi·schen In·seln [pe'laːgɪʃən 'ɪnzəln] (die) *pl* (the) Pelagian Islands (*island group to the south of Sicily, Italy*).

Pel·la ['pɛla] *n* a) *antiq. capital of Macedonia, in the north of Greece,* b) *Bibl. town in Palestine.*

Pell·worm [,pɛl'vɔrm] *n island of the North Frisians, BRD.*

Pe·lo·pon·nes [pelopə'neːs] (der, *auch* die) (the) Peloponnesus, *auch* (the) Peloponnese, (the) Peloponnesos (*peninsula forming the southern part of Greece*).

Pe·nang ['peːnaŋ] *n island in the southeast of Asia.*

Pen·ni·ni·sche Ge·bir·ge [pɛ'niːnɪʃə gə'bɪrgə] (das) (the) Pennine Mountains *pl* (*od.* Chain) (*range of hills in the north of England*).

Pen·ni·ni·schen Al·pen [pɛ'niːnɪʃən 'alpən] (die) *pl* → Walliser Alpen.

Penn·syl·va·ni·en [pɛnzɪl'vaːniən] *n* Pennsylvania (*state in the east of the USA*).

Pen·te·li·kon [pɛn'teːlikɔn] (der) (Mount) Pentelicus (*auch* Pentelikon) (*mountain in Attica, near Athens, Greece*).

Pe·räa [pe'rɛːa] *n antiq.* Per(a)ea (*region in Palestine*).

Per·ga·mon ['pɛrgamɔn] *n antiq.* Pergamum, *auch* Pergamon, Pergamus, Pergamos (*capital of the kingdom of Pergamum, in the west of Asia Minor*).

Per·len·in·seln ['pɛrlən,ʔɪnzəln] (die) *pl* (the) Pearl Islands, *auch* (the) Perlas Archipelago (*in the Gulf of Panama*).

Perl·fluß ['pɛrl,flus] (der) → Kantonfluß.

Per·nam·bu·co, Per·nam·bu·ko [pɛrnam'buːko] *n hist. now* → Recife.

Per·se·po·lis [pɛr'zeːpolɪs] *n antiq. capital of Persia.*

Per·si·en ['pɛrziən] *n hist.* Persia (*now* → Iran).

Per·si·sche Golf ['pɛrziʃə 'gɔlf] (der) (the) Persian Gulf (*arm of the Arabian Sea, between Iran and Arabia*).

Pe·ru [pe'ruː] *n republic in South America.*

Pe·ters·burg ['peːtərs,burk], **Pe·tro·grad** ['peːtro,graːt] *n hist. now* → Leningrad.

Pfalz [pfalts] (die) (the) Palatinate, *auch* Lower (*od.* Rhine) Palatinate (*district in the southwest of the BRD*).

Pfäl·zer Wald ['pfɛltsər 'valt] (der) (the) Palatinate Forest (*to the southeast of Kaiserslautern, BRD*).

Pforz·heim ['pfɔrts,haɪm] *n city in Baden-Württemberg, BRD.*

Phai·stos ['faɪstɔs] *n antiq. site of the ruins of a Minoan palace, Crete.*

Pha·ros ['faːrɔs] *n peninsula near Alexandria, Arab Republic of Egypt.*

Phar·sa·los ['farzalɔs; far'zaːlɔs] *n* Pharsalus (*city in central Greece*).

Phi·lip·pi [fi'lɪpi] *n antiq. ruined city in the northeast of Greece.*

Phi·lip·pi·nen [fili'piːnən] (die) *pl* a) (the) Philippines, *auch* (the) Philippine Islands (*archipelago in the Pacific*), b) (the) Philippines (*republic on a*).

Phle·gräi·schen Fel·der [fle'grɛːɪʃən 'fɛldər] (die) *pl* (the) Campi Phlegraei (*near Naples, Italy*).

Phnom Penh [pnɔm'pɛn] *n* Phnom Penh, *auch* Pnom Penh, Pnom-penh, Pnompenh (*capital of Cambodia*).

Pho·käa [fo'kɛːa] *n antiq.* Phocaea (*seaport in Asia Minor*).

Pho·kis ['foːkɪs] *n antiq.* Phocis (*district in central Greece*).

Phö·ni·ki·en [fø'niːkiən], **Phö·ni·zi·en** [fø'niːtsiən] *n antiq.* Phoenicia, *auch* Phenicia,

Phenice (*country in the west of Asia, in the region of modern Syria, Lebanon, and Israel*).

Phry·gi·en ['fry:gɪən] *n antiq.* Phrygia (*country in the west of central Asia Minor*).

Pi·car·die [pikar'di:] (die) Picardy (*region in the north of France*).

Pie·mont [pie'mɔnt] *n* Piedmont (*region in the north of Italy*).

Pi·kar·die [pikar'di:] (die) → Picardie.

Pi·la·tus [pi'la:tus] (der) (Mount) Pilatus (*in central Switzerland, near Lucerne*).

Pil·lau ['pɪlau] *n* a) Baltijsk (*town and naval base near Kaliningrad, Soviet Union in Europe*), b) *hist.* Seestadt Pillau (*seaport near Königsberg, East Prussia*).

Pil·sen ['pɪlzən] *n* a) Plzeň (*city in Czechoslovakia*), b) *hist.* city in Bohemia.

Pin·dos ['pɪndɔs] (der) (the) Pindus (Mountains *pl*) (*mountain range in central Greece*).

Pi·ra·ten·kü·ste [pi'ra:tən,kystə] (die) (the) Pirate Coast (*now* → Befriedete Oman).

Pi·rä·us [pi'rɛ:us] (der) Piraeus, *auch* Peiraeus (*port of Athens, Greece*).

Pi·sa ['pi:za] *n* a city in the northwest of Italy.

Pi·si·di·en [pi'zi:dɪən] *n antiq.* Pisidia (*country in the south of Asia Minor*).

Piz Ber·ni·na ['pɪts ber'ni:na] (der) (the) Piz Bernina (*highest peak in the Bernina group, Switzerland*).

Pjöng·jang [pjœŋ'jaŋ] *n* Pyongyang (*capital of North Korea*).

Pla·tää [pla'tɛ:ɛ] *n antiq.* Plataea, *auch* Plataeae (*city in Boeotia, Greece*).

Plat·ten·see ['platən,ze:] (der) Lake Balaton (*in the west of Hungary*).

Plön [plø:n] *n* town in Schleswig-Holstein, *BRD*.

Plö·ner See ['plø:nər 'ze:] (der) Lake Plön (*in Schleswig-Holstein, BRD*).

Plow·diw ['plɔvdɪf] *n* Plovdiv (*city in Bulgaria*).

Pnom·penh [pnɔm'pɛn] *n* → Phnom Penh.

Po [po:] (der) (the) Po (*Italian river flowing into the Adriatic Sea*).

Po·len ['po:lən] *n* Poland (*people's republic in East[ern] Europe*).

Po·le·si·en [po'le:zɪən] *n* Polesie (*marshland in the southwestern part of the Soviet Union in Europe*).

Pol·ni·sche Kor·ri·dor ['pɔlnɪʃə 'kɔrido:r] (der) *hist.* (the) Polish Corridor (*strip of land in Poland which separated East Prussia from the main part of Germany*).

Pol·ta·wa [pɔl'ta:va] *n* Poltava (*city in the Ukraine, Soviet Union in Europe*).

Po·ly·ne·si·en [poly'ne:zɪən] *n* Polynesia (*islands in the central Pacific*).

Pom·mern ['pɔmərn] *n* a) Pomorze (*region in Poland*), b) *hist.* Pomerania (*former province of Prussia on the Baltic Sea*).

Pom·mer·sche Bucht ['pɔmərʃə 'buxt] (die) (the) Bay of Pomerania (*in the Baltic Sea*).

Pom·pe·ji [pɔm'pe:ji] (das) Pompeii (*city on the Bay of Naples, Italy; the ancient city was buried by an eruption of the nearby Mount Vesuvius in 79 A.D.*).

Pon·ti·ni·schen In·seln [pɔn'ti:nɪʃən 'ɪnzəln] (die) *pl* → Ponza-Inseln.

Pon·ti·ni·schen Sümp·fe [pɔn'ti:nɪʃən 'zympfə] (die) *pl* (the) Pontine Marshes (*area in the west of Italy; now drained*).

Pon·ti·sche Ge·bir·ge ['pɔntɪʃə gə'bɪrgə] (das) (the) Pontic Mountains *pl* (*in the north of Anatolia, Asia*).

Pon·tos ['pɔntɔs] *n antiq.* Pontus (*country in the northeast of Asia Minor*).

Pon·tre·si·na [pɔntre'zi:na] *n* resort in the Upper Engadine, Switzerland.

Pon·tus Eu·xi·nus ['pɔntus ɔy'ksi:nus] (der) *antiq.* → Schwarze Meer.

Pon·za-In·seln ['pɔntsa,ʔɪnzəln] (die) *pl* (the) Ponza Islands (*Italian islands in the Tyrrhenian Sea*).

Port-au-Prince [pɔrto'prɛ:s] *n capital of* Haiti.

Por·ta West·fa·li·ca ['pɔrta vɛst'fa:lika] (die) → Westfälische Pforte.

Port Louis ['pɔːrt 'luːi; — 'luːɪs] *n capital and seaport in* Mauritius.

Port of Spain ['pɔːrt ɔf 'spɛːn] *n* Port-of-Spain: a) *capital of Trinidad and Tobago,* b) *seaport on Trinidad.*

Por·to No·vo ['pɔrto 'no:vo] *n capital of* Dahomey.

Por·to Ri·co, Por·to·ri·ko ['pɔrto 'ri:ko] *n* → Puerto Rico.

Port Said ['pɔrt 'zaɪt] *n seaport in the Arab Republic of Egypt.*

Port Su·dan ['pɔrt zu'da:n] *n seaport in* Sudan, *on the Red Sea.*

Por·tu·gal ['pɔrtugal] *n republic on the Iberian Peninsula.*

Por·tu·gie·sisch Gui·nea [pɔrtu'gi:zɪʃ gi'ne:a] *n hist.* Portuguese Guinea (*now* → Guinea-Bissau).

Por·tu·gie·sisch-Ost-afri·ka [pɔrtu'gi:zɪʃ-'ʔɔst'ʔa:frika] *n hist.* Portuguese East Africa (*now* → Moçambique).

Por·tu·gie·sisch-Ti·mor [pɔrtu'gi:zɪʃ-'ti:mɔr] *n* Portuguese Timor (*Portuguese overseas territory comprising the eastern part of the island Timor*).

Por·tu·gie·sisch-West-afri·ka [pɔrtu'gi:zɪʃ-'vɛst'ʔa:frika] *n hist.* Portuguese West Africa (*now* → Angola).

Po·sen ['po:zən] *n* Poznán (*city in Poland*).

Pots·dam ['pɔts,dam] *n* a) *district of the DDR,* b) *capital of* a.

Prag [pra:k] *n* Prague: a) *capital of Czechoslovakia,* b) *capital of Čechy,* c) *hist. capital of Bohemia.*

Praia ['praɪa] *n capital of the Cape Verde Islands.*

Prenz·lau·er Berg ['prɛntslauər 'bɛrk] (der) *administrative district of East Berlin, DDR.*

Preß·burg ['prɛs,burk] *n* a) Bratislava (*capital of Slovakia, on the Danube river, Czechoslovakia*), b) *hist.* Pressburg.

Pre·to·ria [pre'to:ria] *n capital of the Republic of South Africa.*

Preu·ßen ['prɔysən] *n hist.* Prussia (*former kingdom and state in the north of Germany*).

Prinz-Edu·ard- und Ma·ri·on-in·seln [,prɪnts'ʔe:düart ,ʔunt 'ma:rɪən,ʔɪnzəln] (die) *pl* (the) Prince Edward and Marion Islands (*in the Indian Ocean, to the south of Africa*).

Pu·er·to Ri·co ['püɛrto 'ri:ko] *n island in the central West Indies.*

Pu·na·kha ['pu:naka] *n capital of Bhutan during the winter.*

Pu·san [pu'zan] *n seaport in South Korea.*

Pu·ster·tal ['pustər,ta:l] (das) (the) Puster Tal, (the) Pusteria (*Alpine valley in East Tyrol and South Tyrol*).   [donia.\

Pyd·na ['pydna] *n antiq. town in Mace-\

Py·los ['py:lɔs] *n* Pylos, Navarino (*seaport in the southwest of the Peloponnesus, Greece*).

Py·re·nä·en [pyre'nɛ:ən] (die) *pl* (the) Pyrenees (*mountain range along the border between Spain and France*).

Py·re·nä·en·halb·in·sel [pyre'nɛ:ən,halp,ʔɪnzəl] (die) (the) Iberian (*od.* Spanish) Peninsula (*Europe, occupied by Spain and Portugal*).

Pyr·mont, Bad *n* → Bad Pyrmont.

Q

Qa·tar ['katar] *n sheikdom in the east of Arabia, in the Persian Gulf.*

Qued·lin·burg ['kve:dlɪn,burk] *n city in the district of Halle, DDR.*

Queens·land ['kvi:nslənt] *n second largest state in Australia.*

Que·moy [ke'mɔy] *n island in the Formosa Strait.*

Quer·furt ['kvɛːr,furt] *n city in the district of Halle, DDR.*

Que·zon Ci·ty [ke'sɔn 'sɪti] *n capital of the Philippines.*

Qui·to ['ki:to] *n capital of Ecuador.*

R

Raab [ra:p] (die) (the) Raab, (the) Rába (*river rising in Austria and flowing into the Danube river in Hungary*).

Ra·bat [ra'ba(:)t; 'ra:bat] *n capital of* Morocco.

Rad·stadt ['ra:t,ʃtat] *n town in the province of Salzburg, Austria.*

Rad·städ·ter Tau·ern[1] ['ra:t,ʃtɛ(:)tər 'tauərn] (die) *pl* (the) Radstädter Tauern (*western part of the Lower Tauern, Austria*).

Rad·städ·ter Tau·ern[2] ['ra:t,ʃtɛ(:)tər 'tauərn] (der) *mountain pass on the way from Radstadt to Mauterndorf, Austria.*

Ran·gun [raŋ'gu:n] *n* Rangoon (*capital of Burma*).

Ra·pal·lo [ra'palo] *n seaport on the Gulf of Genoa, Italy; treaty between Russia and Germany, 1922.*

Ras al-Khai·mah ['ra:s al'xaima] *n sheikdom and port on the Persian Gulf.*

Ra·statt ['raʃtat; 'rastat] *n city in Baden-Württemberg, BRD; Treaty of Rastatt, 1714.*

Ra·tak·in·seln ['ra:tak,ʔɪnzəln] (die) *pl* (the) Ratak (*od.* Radak) Islands (*eastern chain of the Marshall Islands, in the Pacific*).

Rä·ti·en ['rɛ:tsɪən] *n antiq.* R(h)aetia (*Roman province, including most of what is now the Tyrol, Vorarlberg, and the Grisons*).

Rä·ti·kon [rɛ:'ti:kɔn] (der, *auch* das) *section of the East Alps on the Swiss-Austrian border.*

Rä·ti·schen Al·pen ['rɛ:tɪʃən 'alpən] (die) *pl* (the) Rhaetian Alps (*section of the Alps in the east of Switzerland*).

Rat·ze·burg ['ratsə,burk] *n town in Schleswig-Holstein, BRD.*

Rat·ze·bur·ger See ['ratsə,burgər 'ze:] (der) Lake Ratzeburg (*to the southeast of Lübeck, Schleswig-Holstein, BRD*).

Ra·ven·na [ra'vɛna] *n* a) *province in the northeast of Italy,* b) *capital of* a.

Ra·wal·pin·di [raval'pɪndi] *n city in the northwest of Pakistan.*

Re·ci·fe [re'si:fe] *n* Recife, *auch* Pernambuco (*seaport in the east of Brazil*).

Reck·ling·hau·sen [,rɛklɪŋ'hauzən] *n city in North Rhine-Westphalia, BRD.*

Red·nitz ['re:dnɪts] (die) (the) Rednitz (*West German river which, united with the Pegnitz river, forms the Regnitz river*).

Re·gens·burg ['re:gəns,burk] *n* Regensburg, *obs.* Ratisbon (*capital of Upper Palatinate, Bavaria, BRD*).

Reg·nitz ['re:gnɪts] (die) (the) Regnitz (*West German river flowing into the Main river*).

Rei·che·nau[1] ['raɪçənau] (die) *island in the Lake of Constance, BRD.*

Rei·che·nau[2] ['raɪçənau] *n town on Reichenau[1].*

Rei·chen·berg ['raɪçən,bɛrk] *n* a) Liberec (*city in Czechoslovakia*), b) *hist. city in Bohemia.*

Rei·chen·hall, Bad *n* → Bad Reichenhall.

Reims [raɪms] *n* Reims, *auch* Rheims (*city in the northeast of France*).

Rei·nicken·dorf (getr. -k·k-) ['raɪnɪkən,dɔrf] *n administrative district of West Berlin.*

Re·ma·gen ['re:ma:gən] *n town on the Rhine, near Coblenz, Rhineland-Palatinate, BRD; hotly contested bridgehead during World War II.*

Rem·scheid ['rɛm,ʃaɪt] *n industrial city in North Rhine-Westphalia, BRD.*

Rends·burg ['rɛnts,burk] *n town in Schleswig-Holstein, BRD.*

Re·pu·blik Ir·land [repu'bli:k 'ɪr,lant] (die) (the) Republic of Ireland.

Re·pu·blik Ko·rea [repu'bli:k ko're:a] (die) (the) Republic of Korea.

Re·pu·blik Süd·afri·ka [repu'bli:k 'zy:t-'ʔa:frika] (die) (the) Republic of South Africa.

Re·pu·blik Vi·et·nam [repu'bli:k viɛt'nam] (die) (the) Republic of Viet-Nam.

Re·schen·paß ['rɛʃən,pas] (der) (the) Reschen Pass (*mountain pass on the border between the Tyrol and Italy*).

Ré·uni·on [rey'nĭö:] *n island in the Indian Ocean.*

Reuß [rɔys] (die) (the) Reuss (*Swiss river flowing into the Aare river*).

Re·val ['re:val] *n* a) Tallin(n) (*capital of the Estonian Republic, Soviet Union in Europe*), b) *hist. capital of Estonia.*

Rey·kja·vik ['raɪkjavi:k; -vɪk] *n seaport in and capital of Iceland.*

Rhein [raɪn] (der) (the) Rhine (*river in West Europe, rising in Switzerland and flowing through the BRD into the North Sea*).

Rhei·ne (in West·fa·len) ['raɪnə (ɪn ,vɛst'fa:lən)] *n* Rheine (in Westphalia) (*city on the Ems river, North Rhine-Westphalia, BRD*).

Rhein·fall ['raɪn,fal] (der) (the) Rhine Falls *pl* (the) Schaffhausen Falls *pl* (*waterfall in the Rhine river near Schaffhausen, Switzerland*).

Rhein·gau ['raɪn,gau] (der) (the) Rhinegau (*wine-growing region between Wiesbaden and Rüdesheim, Hesse, BRD*).

Rhein-Her·ne-Ka·nal ['raɪn'hɛrnəka,na:l] (der) (the) Rhine-Herne Canal (*between* *the Rhine and Lippe rivers near Duisburg, North Rhine-Westphalia, BRD).*

Rhein·hes·sen ['raɪn,hɛsən] *n* Rhinehessen, *auch* Rhenish Hesse: a) *part of Hesse, BRD,* b) *hist. Prussian province.*

Rhein·hes·sen-Pfalz ['raɪn,hɛsən'pfalts] Rhinehesse-Palatinate *(district of Rhineland-Palatinate, BRD).*

Rhei·ni·sche Schie·fer·ge·bir·ge ['raɪnɪʃə 'ʃiːfərgə,bɪrgə] (das) (the) Rhenish Slate Mountains *pl (mountain range in the west of the BRD).*

Rhein·land ['raɪn,lant] (das) (the) Rhineland: a) *part of the BRD to the west of the Rhine river,* b) *hist.* → Rheinprovinz.

Rhein·lan·de ['raɪn,landə] (die) *pl* Rhinelands *(regions on both sides of the Rhine river, BRD).*

Rhein·land-Pfalz ['raɪn,lant'pfalts] *n* Rhineland-Palatinate *(Land of the BRD).*

Rhein-Main-Do·nau-Ka·nal ['raɪn'maɪn-'doːnaʊka,naːl] (der) (the) Rhine-Main-Danube Canal *(BRD).*

Rhein-Mar·ne-Ka·nal ['raɪn'marnəka-,naːl] (der) (the) Rhine-Marne Canal.

Rhein·pfalz ['raɪn,pfalts] (die) Rhine Palatinate *(section of the old German Palatinate lying to the west of the Rhine river).*

Rhein·pro·vinz ['raɪnpro,vɪnts] (die) *hist.* (the) Rhine Province, Rhenish Prussia.

Rhein-Rho·ne-Ka·nal ['raɪn'roːnəka,naːl] (der) (the) Rhine-Rhone Canal.

Rheydt [raɪt] *n city in North Rhine-Westphalia, BRD.*

Rho·de·si·en [roˈdeːziən] *n* a) Rhodesia *(region in South Africa),* b) Republic of Rhodesia, *auch* Rhodesia.

Rho·do·pe·ge·bir·ge ['roːdopegə,bɪrgə] (das), **Rho·do·pen** [roˈdoːpən] (die) *pl* Rhodope (Mountains *pl) (mountain range in Bulgaria).*

Rho·dos ['roːdəs] *n* Rhodes: a) *Greek island in the Aegean Sea, largest of the Dodecanese Islands,* b) *seaport on a.*

Rhön [røːn] (die) (the) Rhön *(mountain range in the north of Lower Franconia, Bavaria, BRD).*

Rho·ne ['roːnə] (die) (the) Rhone *(river in Europe, rising in Switzerland and flowing through the Lake of Geneva and France into the Mediterranean Sea).*

Rie·sen·ge·bir·ge ['riːzəngə,bɪrgə] (das) (the) Riesen Gebirge, (the) Riesengebirge, (the) Giant Mountains *pl (mountain range, on the boundary between Germany and Czechoslovakia; section of the Sudeten Mountains).*

Rif [riːf] (das) Er Rif(f) *(mountainous coastal region in the north of Morocco).*

Ri·ga ['riːga] *n capital of and seaport in the Latvian Republic, Soviet Union in Europe.*

Ri·ga·er Bucht ['riːgaər 'buxt] (die), **Ri·gai·sche Meer·bu·sen** ['riːga-ɪʃə 'meːr,buːzən] (der) (the) Gulf of Riga *(inlet of the Baltic Sea).*

Ri·gi ['riːgi] (der, *auch* die) (the) Rig(h)i *(mountain in central Switzerland, between the Lake of Lucerne and the Lake of Zug).*

Rijs·wijk ['raɪsvaɪk] *n* Ryswik *(town in the Netherlands, near The Hague).*

Rio ['riːo] *n short for* Rio de Janeiro.

Rio de Ja·nei·ro ['riːo de ʒaˈneːro] *n* Rio de Janeiro, *auch* Rio: a) *state in the southeast of Brazil,* b) *seaport and former capital of Brazil.*

Rio de Oro ['riːo de 'oːro] *n southern part of Spanish Sahara.*

Riß [rɪs] (die) (the) Riss: a) *river rising in Austria and flowing into the Danube river in the BRD,* b) *river rising in Austria and flowing into the Isar river in the BRD.*

Riu·kiu·in·seln ['riːukiu,ʔɪnzəln] (die) *pl* (the) Ryukyu Islands *(chain of islands in the West Pacific).*

Ri·vie·ra [riˈvieːra] (die) (the) Riviera *(region and resort area along the Mediterranean coast from Marseilles, France, to La Spezia, Italy).*

Rja·san [rjaˈzan] *n* Ryazan *(city in the central Soviet Union in Europe).*

Road Town ['roːt 'taʊn] *n capital of the British Virgin Islands.*

Rom [roːm] *n* Rome *(capital of Italy).*

Ro·sen·gar·ten ['roːzən,gartən] (der) (the) Rosengarten *(massif in the Dolomites, Italy).*

Ross·in·sel ['rɔs,ʔɪnzəl] (die) (the) Ross Island *(island off the coast of Victoria Land).*

Ross·meer ['rɔs,meːr] (das), **Roß·see** ['rɔs-

,zeː] (die) (the) Ross Sea *(arm of the Antarctic Ocean).*

Ro·stock ['rɔstək] *n* a) *district of the DDR,* b) *capital of* a *and seaport on the Baltic Sea.*

Ro·stow (am Don) [rɔs'tɔf (am 'dɔn)] *n* Rostov (on the Don) *(seaport in the south of the Soviet Union in Europe, near the Sea of Azov).*

Ro·te Main ['roːtə 'maɪn] (der) (the) Red Main *(tributary of the Main river, BRD).*

Ro·te Meer ['roːtə 'meːr] (das) (the) Red Sea *(between Africa and Arabia, connected to the Mediterranean Sea by the Suez Canal).*

Ro·then·burg (ob der Tau·ber) ['roːtən,burk (ɔp der 'taʊbər)] *n city in Middle Franconia, Bavaria, BRD.*

Rot·ter·dam [,rɔtər'dam; 'rɔtər,dam] *n seaport in the Netherlands.*

Ru·an·da ['ruanda] *n* Rwanda *(republic in Central Africa).*

Ru·an·da-Urun·di ['ruanda?u'rundi] *n hist. territory in Central Africa, now divided* → Ruanda, Burundi.

Rub al-Cha·li ['rup al'xaːli], **Rub al Khali** ['rup al'kaːli] (die) (der) (the) Rub' al Khali, *auch* Ar Rimal, Dahna, (the) Great Sandy Desert *(in the south of Arabia).*

Ru·bi·kon ['ruːbikɔn] (der) (the) Rubicon *(river in the north of Italy).*

Rü·des·heim ['ryːdəs,haɪm] *n town on the Rhine river, BRD.*

Rü·gen ['ryːgən] *n island in the Baltic Sea, DDR.*

Ruhr [ruːr] (die) (the) Ruhr *(West German river flowing into the Rhine river).*

Ruhr·ge·biet ['ruːrgə,biːt] (das) (the) Ruhr (District) *(mining and industrial center of the BRD).*

Ru·mä·ni·en [ruˈmɛːniən] *n* Rumania, *auch* Ro(u)mania *(republic in Southeast Europe).*

Ru·me·li·en [ruˈmeːliən] *n hist.* a) Rumelia *(division of the Turkish Empire including Albania, Macedonia, and Thrace),* b) (Eastern) Rumelia *(auch* Roumelia) *(province within this division).*

Rüs·sels·heim ['rysəls,haɪm] *n industrial city in Hesse, BRD.*

Ruß·land ['rus,lant] *n* Russia.

Rüt·li ['ryːtli] *n meadow in the Swiss canton of Uri, where the foundation of the Swiss confederation was laid in 1291.*

Rwan·da ['ruanda] *n* → Ruanda.

S

Saa·le ['zaːlə] (die) (the) Saale: a) *auch* Sächsische Saale (the) Saxon Saale *(river rising in the BRD and flowing into the Elbe river in the DDR),* b) *auch* Fränkische Saale (the) Franconian Saale *(West German river flowing into the Main river).*

Saa·ne ['zaːnə] (die) (the) Saane *(Swiss river flowing into the Aare river).*

Saa·nen ['zaːnən] *n resort in the Bernese Alps, Switzerland.*

Saar [zaːr] (die) (the) Saar: a) *river in West Europe, rising in France and flowing into the Moselle river in the BRD,* b) → Saarland.

Saar·brücken (getr. -k·k-) [,zaːr'brykən] *n capital of the Saarland, BRD.*

Saar·ge·biet ['zaːrgə,biːt] (das) *hist.* (the) Saar(land) *(region on the Franco-German border; now* → Saarland.

Saar·land ['zaːr,lant] (das) (the) Saar(land) *(Land of the BRD).*

Saas Fee [,zaːs 'feː] *n resort in the Swiss canton of Valais.*

Saaz [zaːts] *n* a) Žatec *(city in Czechoslovakia),* b) *hist. city in Bohemia.*

Sa·ba ['zaːba] *n* Saba: a) *(island in the Netherlands Antilles, Leeward Islands),* b) *antiq. auch* Sheba *(country in Arabia).*

Sa·bah ['zaːba] *n part of the Federation of Malaysia, in the northeast of Borneo.*

Sa·bi·ner Ber·ge [za'biːnər 'bɛrgə] (die) *pl* (the) Sabine Hills *(mountain range of the Apennines, to the northeast of Rome, Italy).*

Sa·cha·lin [zaxa'liːn] *n* Sakhalin *(island in the north of Japan).*

Sach·sen ['zaksən] *n hist.* Saxony.

Sach·sen-Al·ten·burg [zaksən'ʔaltən,burk] *n hist.* Saxe-Altenburg *(duchy in Thuringia).*

Sach·sen-An·halt ['zaksən'ʔan,halt] *n*

hist. Saxony-Anhalt *(Land of the DDR, 1947—1952).*

Sach·sen-Co·burg und Go·tha ['zaksən-'koː,burk ,unt 'goːta] *n hist.* Saxe-Coburg-Gotha *(duchy in Thuringia).*

Sach·sen-Mei·nin·gen ['zaksən'maɪnɪŋən] *n hist.* Saxe-Meiningen *(duchy in Thuringia).*

Sach·sen-Wei·mar-Ei·sen·ach ['zaksən-'vaɪmar'ʔaɪzənax] *n hist.* Saxe-Weimar-Eisenach *(duchy in Thuringia).*

Säch·si·sche Nord·mark ['zɛksɪʃə 'nɔrt-,mark] (die) *hist.* → Nordmark.

Säch·si·sche Saa·le ['zɛksɪʃə 'zaːlə] (die) → Saale a.

Säch·si·sche Schweiz ['zɛksɪʃə 'ʃvaɪts] (die) (the) Saxon Switzerland *(part of the Elbsandsteingebirge, DDR).*

Sa·do·wa [zaˈdɔːva] *n hist. village in Bohemia; name sometimes given to battle of Königgrätz, 1866.*

Sa·gunt [zaˈgunt] *n* Sagunto *(city in the province of Valencia, Spain).*

Sa·ha·ra [zaˈhaːra; 'zaːhara] (die) (the) Sahara *(desert in North Africa).*

Sai·gon ['zaɪgɔn; zaɪ'gɔn] *n capital of South Viet-Nam and seaport.*

Saint-Denis [zɛ̃dəˈniː] *n* St. Denis *(capital of Réunion).*

Sa·ja·ni·sche Ge·bir·ge [zaˈjaːnɪʃə gəˈbɪrgə] (das) (the) Sayan Mountains *pl (in the south of the Soviet Union in Asia).*

Sa·kin·thos [zaˈkɪntəs] *n* Zante, Zakynthos: a) *Greek island off the western coast of Greece,* b) *capital of and seaport on a.*

Sak·ka·ra [zaˈkaːra] *n* Saqqara, *auch* Sakkara *(village near Cairo, Arab Republic of Egypt; site of the necropolis of ancient Memphis).*

Sa·la·mis ['zaːlamɪs] *n* a) *island to the west of Athens, Greece, in the Gulf of Aegina; defeat of the Persians by the Greek fleet, 480 B.C.,* b) *antiq. city on Cyprus.*

Sa·lem ['zaːləm] *n village in Baden-Württemberg, BRD.*

Sa·ler·no [zaˈlɛrno] *n* a) *province in the southwest of Italy,* b) *seaport in and capital of a.*

Salis·bu·ry ['zɔːlsbəri] *n capital of Southern Rhodesia.*

Sa·lo·mo·nen [zalo'moːnən], **Sa·lo·mon-in·seln** ['zaːlomən,ʔɪnzəln] (die) *pl* (the) Solomon Islands *(archipelago in the West Pacific).*

Sa·lo·ni·ki [zalo'niːki] *n* Salonika, *auch* Salonica, Saloniki *(seaport in south-central Macedonia, Greece).*

Sal·va·dor¹ [zalva'doːr] *n* → El Salvador.

Sal·va·dor² [zalva'doːr] *n seaport in the east of Brazil.*

Salz·ach ['zaltsax] (die) (the) Salzach *(river rising in Austria and flowing into the Inn river on the West German border).*

Salz·burg ['zalts,burk] *n* a) *province in the west of Austria,* b) *capital of a.*

Salz·bur·ger Al·pen ['zalts,burgər 'alpən] (die) *pl* (the) Salzburg Alps *(mountain range bordering on Austria and Bavaria).*

Salz·git·ter [,zalts'gɪtər] *n city in Lower Saxony, BRD.*

Salz·kam·mer·gut ['zalts,kamər,guːt] (das) (the) Salzkammergut *(mountainous district with forests and lakes, mainly in Upper Austria but partly in Styria and Salzburg).*

Sa·mar [za'mar] *n island in the Philippines.*

Sa·ma·ria [zamaˈriːa; zaˈmaːria] *n antiq.* a) *kingdom of Israel, the Northern Kingdom,* b) *capital of a,* c) *region in Palestine, between Galilee and Judaea.*

Sa·mar·kand [zamar'kant] *n* Samarkand, *auch* Samarcand *(city in the southwest of the Soviet Union in Asia).*

Sam·be·si [zam'beːzi] (der) (the) Zambezi *(river in South Africa).*

Sam·bia ['zambia] *n* Zambia *(republic in South Africa).*

Sa·moa [za'moːa] *n*, **Sa·moa·in·seln** [za-'moːa,ʔɪnzəln] (die) *pl* Samoa *sg,* (the) Samoa Islands *pl (group of islands in the South Pacific).*

Sa·mo·je·den·halb·in·sel [zamo'jeːdən,halp,ʔɪnzəl] (die) *hist.* (the) Samoyed Peninsula *(now* → Jamal).

Sa·mos ['zaːmɔs] *n Greek island in the east of the Aegean Sea.*

Sa·mo·thra·ke [zamo'traːke] *n* Samothrace *(Greek island in the northeast of the Aegean Sea).*

Sa·na [za'naː; 'zaːna] *n capital of the Yemen Arab Republic.*

Sa·naʻa [zaʻnaː] *n* → Sana.

San-Ber·nar·di·no [zanbɛrnarˈdiːno] (der) → Sankt Bernhardin-Paß.

Sand·wich·in·seln [ˈzɛntvɪtʃ,ˈʔɪnzəln] (die) *pl hist.* (the) Sandwich Islands (*now* → Hawaii-Inseln).

San Jo·sé [zanxoˈzeː] *n capital of Costa Rica.*

San Ju·an [zanˈxŭan] *n capital of Puerto Rico and seaport.*

Sankt An·ton am Arl·berg [ˌzaŋkt ˈantoːn am ˈarl,bɛrk] *n* St. Anton on the Arlberg (*skiing center in the Tyrol, Austria*).

Sankt Bern·hard [ˌzaŋkt ˈbɛrn,hart] (der) (the) St. Bernard (Pass): a) → Große Sankt Bernhard, b) → Kleine Sankt Bernhard.

Sankt Bern·har·din·Paß [ˌzaŋkt bɛrn·harˈdiːn,pas] (der) (the) San Bernardino (Pass) (*mountain pass in the southeast of Switzerland*).

Sankt Gal·len [ˌzaŋkt ˈgalən] *n* St. Gallen, St. Gall: a) *canton in the northeast of Switzerland,* b) *capital of* a.

Sankt Go·ars·hau·sen [ˌzaŋkt goˌaːrsˈhauzən] St. Goarshausen (*town on the Rhine river, Rhineland-Palatinate, BRD*).

Sankt Gott·hard [ˌzaŋkt ˈgɔt,hart] (der) a) (the) St. Got(t)hard (*mountain range in the south of Switzerland*), b) (the) St. Got(t)hard (Pass) (*mountain pass over* a).

Sankt He·le·na [ˌzaŋkt ˈheːlena] *n* St. Helena (*island in the South Atlantic; Napoleon's place of exile, 1815—1821*).

Sankt-Lo·renz-Strom [ˌzaŋktˈloːrɛnts·ʃtroːm] (der) (the) St. Lawrence (*river in the southeast of Canada, forming part of the border between the USA and Canada*).

Sankt Mar·tin [ˌzaŋkt ˈmartiːn] *n* St. Martin (*one of the Leeward Islands in the West Indies*).

Sankt Mo·ritz [ˌzaŋkt ˈmoːrɪts; — moˈrɪts] *n* St. Moritz (*skiing center in the Upper Engadin in the Swiss canton of the Grisons*).

Sankt Pe·ters·burg [ˌzaŋkt ˈpeːtərs,burk] *n hist.* St. Petersburg (*now* → Leningrad).

Sankt Pöl·ten [ˌzaŋkt ˈpœltən] *n* St. Pölten (*town to the west of Vienna, Austria*).

Sankt Vin·cent [ˌzaŋkt ˈvɪntsɛnt] *n* St. Vincent (*one of the Associated States in the Windward Islands, in the West Indies*).

San Ma·ri·no [zanmaˈriːno] *n* a) *small republic in the east of Italy,* b) *capital of* a.

San Re·mo [zanˈreːmo] *n seaport and resort on the Riviera, Italy.*

San Sal·va·dor [zanzalvaˈdoːr] *n* San Salvador: a) *capital of El Salvador,* b) *auch* Watling Island (*island in the Bahamas*).

San·si·bar [ˈzanzibaːr] *n* Zanzibar (*island off the east coast of Africa*).

San·ta-Bar·ba·ra-In·seln [ˈzanta'barbara,ˈʔɪnzəln] (die) *pl* (the) Santa Barbara Islands (*group of islands off the southwest coast of California*).

San·ta Cruz [ˈzanta ˈkrus] *n island of the Lesser Antilles, in the West Indies.*

San·ta Isa·bel [ˈzanta izaˈbɛl] *n capital of Equatorial Guinea.*

San·ta Lu·cia [ˈzanta ˈluːtsĭa] *n* St. Lucia (*largest of the Windward Islands, in the West Indies*).

Sant·ia·go (de Chi·le) [zanˈtĭaːgo (de ˈtʃiːle)] *n capital of Chile.*

Sän·tis [ˈzɛntɪs] (der) *mountain group in the south of the canton of Appenzell, Switzerland.*

San·to Do·min·go [ˈzanto doˈmɪŋgo] *n capital of the Dominican Republic.*

San·to·rin [zantoˈriːn] *n* Santorin, Santorini (*now* → Thera).

Sa·po·rosch·je [zapoˈroːʒĭe] *n* Zaporozhe (*city in the Ukraine, Soviet Union in Europe*).

Sap·po·ro [zaˈpoːro] *n city on Hokkaido, Japan.*

Sa·ra·gos·sa [zaraˈgɔsa] *n city in the northeast of Spain.*

Sa·ra·je·wo [zaraˈjeːvo] *n* Sarajevo, *auch* Serajevo (*city in Bosnia, Yugoslavia; assassination of the Austrian archduke Francis Ferdinand, June 28, 1914*).

Sa·ra·tow [zaˈraːtɔf] *n* Saratov (*city on the Volga river, Soviet Union in Europe*).

Sa·ra·wak [zaˈraːvak] *n part of the Federation of Malaysia.*

Sar·des [ˈzardɛs] *n antiq.* Sardis, *auch* Sardes (*capital of the ancient kingdom of Lydia, Asia Minor*).

Sar·di·ni·en [zarˈdiːnĭən] *n* Sardinia: a) *large island in the Mediterranean Sea, to the*

west of Italy, b) *hist. kingdom, 1720—1860, including Sardinia and Savoy, Piedmont and Genoa.*

Sa·re·ma [ˈzaːrema] *n* → Ösel.

Sar·ma·ti·en [zarˈmaːtsĭən] *n antiq.* Sarmatia (*region in the northeast of Europe, between the Vistula and Volga rivers*).

Sar·nen [ˈzarnən] *n capital of the Swiss demicanton of Obwalden.*

Sa·ro·ni·sche Golf [zaˈroːnɪʃə ˈgɔlf] (der) (the) Saronic Gulf, (the) Gulf of Aegina (*arm of the Aegean Sea*).

Sa·se·no [ˈzaːzeno] *n* Saseno, *auch* Sazan (*Albanian island in the Adriatic Sea*).

Saß·nitz [ˈzasnɪts] *n* Sassnitz (*seaport on the east coast of Rügen, DDR*).

Sath·mar [ˈzatmar] *n* Satu-Mare (*city in the northwest of Rumania*).

Sat·ledsch [ˈzatlɛtʃ] (der) (the) Sutlej (*river in the south of Asia, rising in Tibet and flowing through India and Pakistan*).

Sau [zau] (die) → Save[1].

Sau·di-Ara·bi·en [ˈzaudiʔa,raːbĭən] *n* Saudi Arabia (*kingdom in northern and central Arabia*).

Sau·er·land [ˈzauər,lant] (das) *region in North Rhine-Westphalia, BRD.*

Sa·ve[1] [ˈzaːvə] (die) (the) Sava, *auch* (the) Save (*Yugoslavian river flowing into the Danube river*).

Sa·ve[2] [zaːf] (die) (the) Save (*French river flowing into the Garonne river*).

Sa·voy·en [zaˈvɔĭən] *n hist.* Savoy (*region in the French Alps*).

Sa·voy·er Al·pen [zaˈvɔĭər ˈalpən] (die) *pl* (the) Savoy Alps (*mountain range in the southeast of France*).

Sa·zan [zaˈzan] *n* → Saseno.

Schach·ty [ˈʃaxti] *n* Shakhty (*city in the Donets Basin, Soviet Union in Europe*).

Schaff·hau·sen [ˌʃafˈhauzən] *n* a) *canton in the north of Switzerland,* b) *capital of* a.

Schang·hai [ˈʃaŋhaĭ; ʃaŋˈhaĭ] *n* Shanghai (*seaport in the east of China*).

Schan·si [ˈʃanzi] *n* Shansi (*province in the north of China*).

Schan·staa·ten [ˈʃan,ʃtaːtən] (die) *pl* (the) Shan States (*Indochina*).

Schan·tung [ˈʃantuŋ] *n* Shantung (*province in the northeast of China*).

Schar·dscha [ˈʃardʒa] *n* Sharja (*town on the southeast coast of the Persian Gulf*).

Scha·ri [ˈʃaːri] (der) (the) Chari (*river in Central Africa*).

Schatt el Arab [ˈʃat ɛlˈʔarap] (der) (the) Shatt-al-Arab (*river in Iraq*).

Schau·hing [ˈʃauhɪŋ] *n* Shaohing (*city in the province of Chekiang, China*).

Schda·now [ˈʃdaːnɔf] *n* Zhdanov (*seaport on the Sea of Azov, Soviet Union in Europe*).

Schel·de [ˈʃɛldə] (die) (the) Scheldt, (the) Schelde (*river rising in France and flowing through Belgium and the Netherlands into the North Sea*).

Schen·jang [ˈʃɛnjaŋ] *n* Shenyang (*now* → Mukden*).

Schen·si [ˈʃɛnzi] *n* Shensi (*province in the north of China*).

Schi·ko·ku [ʃiˈkoːku] *n* Shikoku (*smallest of the main islands of Japan*).

Schi·mo·no·se·ki [ʃimonoˈzeːki] *n* Shimonoseki (*seaport on Honshu, Japan*).

Schip·ka·paß [ˈʃɪpka,pas] (der) (the) Shipka Pass (*mountain pass in central Bulgaria*).

Schi·ras [ˈʃiːras; ʃiˈraːs] *n* Shiraz (*city in the southwest of Iran*).

Schi·to·mir [ʃiˈtoːmiːr] *n* Zhitomir, *auch* Jitomir (*city in the central Ukraine, Soviet Union in Europe*).

Schi·zu·oka [ʃitsuˈoːka] *n* Shizuoka (*seaport on Honshu, Japan*).

Schlei [ʃlaĭ] (die) (the) Schlei (*inlet of the Baltic Sea on the east coast of Schleswig-Holstein, BRD*).

Schle·si·en [ˈʃleːzĭən] *n* a) Slask (*region in the southwest of Poland*), b) Slezsko (*region in the north of Czechoslovakia*), c) *hist.* Silesia (*now region in Poland*).

Schle·si·sche Nei·ße [ˈʃleːzɪʃə ˈnaĭsə] (die) → Neiße b.

Schles·wig [ˈʃleːsvɪç] *n* a) *seaport on the Baltic Sea, BRD,* b) *hist.* Schleswig, *auch* Sleswick, Slesvig (*duchy of Denmark*).

Schles·wig-Hol·stein [ˈʃleːsvɪçˈhɔl,ʃtaĭn] *n Land of the BRD.*

Schlier·see [ˈʃliːr,zeː] (der) *lake in Upper Bavaria, BRD.*

Schmal·kal·den [ʃmalˈkaldən] *n* Smalcald, Smalkald (*town in Thuringia, DDR*).

Schnee·kop·pe [ˈʃneː,kɔpə] (die) *highest point in the Riesengebirge, on the border between Czechoslovakia and Poland.*

Schoa [ˈʃoːa] *n* Shoa (*province of Ethiopia*).

Scho·la·pur [ˈʃoːlapuːr] *n* Sholapur (*city in the southwest of India*).

Schö·ne·berg [ˈʃøːnə,bɛrk] *n administrative district of West Berlin.*

Scho·nen [ˈʃoːnən] *n hist.* Scania (*province in the south of Sweden*).

Schott·land [ˈʃɔt,lant] *n* Scotland.

Schwa·ben [ˈʃvaːbən] *n* Swabia: a) *administrative district in the southwest of Bavaria, BRD,* b) *hist. medieval duchy in the southwest of Germany.*

Schwä·bi·sche Alb [ˈʃvɛːbɪʃə ˈalp] (die), **Schwä·bi·sche Ju·ra** [ˈʃvɛːbɪʃə ˈjuːra] (die) (the) Swabian Jura (*mountain range in the southwest of the BRD*).

Schwä·bisch Gmünd [ˈʃvɛːbɪʃ ˈgmʏnt] *n city in Baden-Württemberg, BRD.*

Schwä·bisch Hall [ˈʃvɛːbɪʃ ˈhal] *n city in Baden-Württemberg, BRD.*

Schwar·ze Meer [ˈʃvartsə ˈmeːr] (das) (the) Black Sea (*between Europe and Asia*).

Schwarz·wald [ˈʃvarts,valt] (der) (the) Black Forest (*wooded mountain range in the southwest of the BRD*).

Schwe·den [ˈʃveːdən] *n* Sweden (*kingdom in Northern Europe*).

Schwein·furt [ˈʃvaĭn,furt] *n city on the Main river, Lower Franconia, Bavaria, BRD.*

Schweiz [ʃvaĭts] (die) Switzerland (*republic in Central Europe*).

Schwei·zer Ju·ra [ˈʃvaĭtsər ˈjuːra] (der) (the) Swiss Jura (*extending from Biel to the extreme northwest of Switzerland*).

Schwe·rin [ʃveˈriːn] *n* a) *district of the DDR,* b) *capital of* a.

Schwe·ri·ner See [ʃveˈriːnər ˈzeː] (der) (the) Lake of Schwerin (*DDR*).

Schwyz [ʃviːts] *n* a) *canton in central Switzerland,* b) *capital of* a.

Scil·ly-In·seln [ˈsɪli,ˈʔɪnzəln] (die) *pl* (the) Scilly Isles (*auch* Islands) (*group of small islands to the southwest of England*).

Se·dan [zəˈdɑ̃ː] *n city in the northeast of France; scene of French defeat, 1870.*

See·al·pen [ˈzeː,ˈʔalpən] (die) *pl* (the) Maritime Alps (*section of the Alps in the southeast of France and northwest of Italy*).

See Ge·ne·za·reth [ˈzeː ɡeˈneːtsarɛt] (der) (the) Sea of Galilee, (the) Lake of Gennesaret, *auch* (the) Sea of Tiberias (*lake in the northeast of Israel*).

See·land [ˈzeː,lant] *n* a) Zealand, *auch* Seeland (*largest island of Denmark*), b) Zeeland (*province in the Netherlands*), c) *region to the southeast of the Lake of Biel, Switzerland.*

Se·ge·sta [zeˈɡɛsta] *n antiq.* Segesta, Segeste, Egesta (*site of the ruins of a town to the west of Palermo, Sicily*).

Sei·ne [ˈzeːnə] (die) (the) Seine (*French river flowing into the English Channel*).

Se·lan·gor [zeˈlaŋɡər] *n state of the Federation of Malaysia.*

Se·leu·kia [zeˈlɔykĭa] *n antiq.* Seleucia: a) *city on the Tigris river, Iraq,* b) *city in Asia Minor, port of Antioch.*

Sem·me·ring(·paß) [ˈzɛməriŋ(,pas)] (der) (the) Semmering (Pass) (*mountain pass in the Eastern Alps, Austria*).

Se·ne·gal[1] [ˈzeːneɡal] (der) (the) Senegal (*river in the northwest of Africa*).

Se·ne·gal[2] [ˈzeːneɡal] *n republic in West Africa.*

Se·ne·gam·bi·en [zeneˈɡambĭən] *n* Senegambia (*region in West Africa between the Senegal and Gambia rivers*).

Se·oul [zeˈuːl; ˈzeːul] *n capital of South Korea.*

Sep·ti·mer(·paß) [ˈzɛptimər(,pas)] (der) (the) Septimer (Pass) (*in the Swiss canton of the Grisons*).

Ser·bi·en [ˈzɛrbĭən] *n* Serbia: a) *constituent republic of Yugoslavia,* b) *hist. kingdom in Southern Europe.*

Se·ren·ge·ti [zerɛŋˈɡeːti] (die) (the) Serengeti (Plain) (*savanna[h] in the north of Tanganyika*).

Se·ren·ge·ti-Na·tio·nal·park [zerɛŋˈɡeːti-natsĭo,naːl,park] (der) (the) Serengeti National Park (*game reserve in Tanganyika*).

Se·row [zeˈrɔf] *n* Serov (*city near the Ural Mountains, Soviet Union in Asia*).

Se·schel·len [zeˈʃɛlən] (die) *pl* → Seychellen.

Se·stos ['zɛstɔs] *n antiq. Thracian town on the Hellespont, Turkey.*

Se·vil·la [ze'vɪlja] *n* Seville, Sevilla: a) *province in the southwest of Spain,* b) *capital of a.*

Se·wan·see [ze'van,ze:] (der) Lake Sevan(g) (*in Armenia, Caucasus, Soviet Union in Asia*).

Se·ward–Halb·in·sel ['zi:vərt,halp,ʔɪnzəl] (die) (the) Seward Peninsula (*Alaska, USA*).

Se·wa·sto·pol [ze'vastopəl] *n* Sevastopol, *auch* Sebastopol (*seaport on the Crimea, Soviet Union in Europe*).

Se·wer·na·ja Sem·lja ['ze:vɛrnaja zɛm'lja] *n* Severnaya Zemlya (*island group in the Arctic Ocean*).

Sey·chel·len [zɛ'ʃɛlən] (die) *pl* (the) Seychelles (*group of islands in the Indian Ocean*). [hai.]

Shang·hai ['ʃaŋhaɪ; ʃaŋ'haɪ] *n* → Schang-

Shar·jah ['ʃardʒa] *n sheikdom and port on the Persian Gulf.*

Shet·land·in·seln ['ʃɛt,lant,ʔɪnzəln] (die) *pl* (the) Shetland Islands, Shetland *sg* (*island group to the northeast of Scotland*).

Si·am ['zi:am] *n hist.* Siam (*now →* Thailand).

Si·bi·ri·en [zi'bi:rɪən] *n* Siberia.

Si·chem ['zɪçəm] *n antiq.* Shechem (*town in Palestine*).

Si·ders ['zi:dərs] *n* Sierre (*town in the Swiss canton of Valais*).

Si·don ['zi:dɔn] *n antiq. city of Phoenicia.*

Sie·ben·bür·gen [,zi:bən'byrgən] *n* Transylvania, Transilvania: a) *region in central Rumania,* b) *hist. principality; part of Hungary, 1867—1918.*

Sie·ben·bür·ger (*od.* **Sie·ben·bür·gi·sche**) **Erz·ge·bir·ge** [,zi:bən'byrgər (,zi:bən-'byrgɪʃə) 'ɛːrtsgə,bɪrgə] (das) (the) Transylvanian Alps *pl* (*Rumania*).

Sie·ben·ge·bir·ge ['zi:bəngə,bɪrgə] (das) (the) Siebengebirge (*hills on the eastern bank of the Rhine river to the southeast of Bonn, BRD*).

Sieg [zi:k] (die) (the) Sieg (*West German river flowing into the Rhine river*).

Sie·na ['zi̯e:na] *n city in Tuscany, in central Italy.*

Si·er·ra Leo·ne ['zi̯ɛra le'o:ne] *n republic in West Africa.*

Sif·nos ['zɪfnɔs] *n* Siphnos, *auch* Sifnos (*one of the islands of the Cyclades, Greece*).

Si·kan·dar·ab·ad [zi'kandaraba:t] *n* Secunderabad (*city in central India*).

Si·ki·ang ['zi:kĭaŋ] (der) (the) Si, *auch* (the) Si-kiang (*river in the south of China*).

Sik·kim ['zɪkɪm] *n territory on the border between India and Tibet.*

Si·lo ['zi:lo] *n Bibl.* Shiloh (*town in central Palestine*).

Sil·vret·ta(·grup·pe) [zɪl'vrɛta(,grupə)] (die) (the) Silvretta (*mountain range in the Central Alps, Austria, and Switzerland*).

Si·mba·bwe [zim'ba:bve] *n* Zimbabwe (*site of ruins in Southern Rhodesia*).

Sim·plon(·paß) ['zɪmploːn(,pas)] (der) (the) Simplon (Pass) (*mountain pass in the Lepontine Alps, between Switzerland and Italy*).

Si·nai¹ ['zi:naɪ] *n* Sinai, *auch* (the) Sinai Peninsula (*in the northeast of the Arab Republic of Egypt*).

Si·nai² ['zi:naɪ] (der), **Si·nai·ge·bir·ge** ['zi:naɪgə,bɪrgə] (das) Mount Sinai (*on the Sinai Peninsula*).

Si·nai·halb·in·sel ['zi:naɪ,halp,ʔɪnzəl] (die) → Sinai¹.

Sin·ga·pur ['zɪŋga,pu:r] *n* Singapore: a) *island and republic in the South China Sea, to the south of the Malay Peninsula,* b) *seaport on and capital of a.*

Sin·ki·ang ['zɪŋkĭaŋ] *n westernmost division of China.*

Sit·ten ['zɪtən] *n* Sion (*capital of the Swiss canton of Valais*).

Si·zi·li·en [zi'tsi:lɪən] *n* Sicily (*island in the Mediterranean Sea, Italy*).

Ska·ger·rak ['ska:gərak] (das *od.* der) Skager(r)ak (*arm of the North Sea between Denmark and Norway*).

Skan·di·na·vi·en [skandi'na:vɪən] *n* Scandinavia: a) *consisting of Norway, Sweden, Denmark, and the northwest of Finland,* b) *auch* (the) Scandinavian Peninsula (*consisting of Norway and Sweden*).

Skla·ven·fluß ['skla:vən,flus] (der) (the) Slave, *auch* (the) Great Slave (*river in Canada*).

Skop·je ['skɔpĭɛ] *n* Skoplje (*capital of Macedonia, Yugoslavia*).

Sku·ta·ri·see ['sku:tari,ze:] (der) Lake Scutari (*between Albania and Yugoslavia*).

Sky·ros ['sky:rɔs] *n* Skyros, *auch* Scyros (*Greek island in the west of the Aegean Sea*).

Sla·wo·ni·en [sla'vo:nĭən] *n* Slavonia (*region in the northeast of Croatia, Yugoslavia*).

Slo·wa·kei [slova'kaɪ] (die) Slovakia (*region in the east of Czechoslovakia*).

Slo·we·ni·en [slo've:nĭən] *n* Slovenia (*constituent republic of Yugoslavia*).

Smo·lensk [smo'lɛnsk] *n city on the upper Dnieper river, Soviet Union in Europe.*

Smyr·na ['smyrna] *n hist., now →* Izmir.

So·fia ['zɔfia] *n capital of Bulgaria.*

Sog·dia·na [zɔk'di̯a:na] *n antiq. province of the ancient Persian Empire.*

So·gne·fjord ['zɔŋnə,fjɔrt] (der) (the) Sogne Fjord (*inlet of the Norwegian Sea, Norway*).

Sol·bad Hall ['zo:l,ba:t 'hal] *n town near Innsbruck in the Tyrol, Austria.*

So·lin·gen ['zo:lɪŋən] *n industrial city in North Rhine-Westphalia, BRD.*

So·lo·thurn ['zo:lo,turn] *n* a) *canton in the northwest of Switzerland,* b) *capital of a.*

So·ma·lia [zo'ma:lĭa] *n state on the east coast of Africa.*

So·ma·li·halb·in·sel [zo'ma:li,halp,ʔɪnzəl] (die) (the) Somali Peninsula.

So·ma·li·land [zo'ma:li,lant] *n coastal region in East Africa.*

Somme [zɔm] (die) (the) Somme (*French river flowing into the English Channel*).

Sor·rent [zɔ'rɛnt] *n* Sorrento (*resort and seaport on the Bay of Naples, Italy*).

Sö·ul [zø'u:l; 'zø:ul] *n* → Seoul.

So·wjet·uni·on [zɔ'vjɛt'u,nio:n] (die) (the) Soviet Union, *auch* Russia, (the) Union of Soviet Socialist Republics.

Span·dau ['ʃpandau] *n administrative district of West Berlin.*

Spa·ni·en ['ʃpa:nĭən] *n* Spain.

Spa·nisch-Gui·nea ['ʃpa:nɪʃgi'ne:a] *n hist.* Spanish Guinea (*now →* Äquatorial-guinea).

Spa·nisch-Ma·rok·ko ['ʃpa:nɪʃma'rɔko] *n hist.* Spanish Morocco.

Spa·nisch-Sa·ha·ra ['ʃpa:nɪʃza'ha:ra] *n* Spanish Sahara (*Spanish province in the northwest of Africa*).

Spar·ta ['ʃparta; 'sparta] *n* Sparta, *antiq. auch* Lacedaemon (*city in the Peloponnesus, Greece*).

Spes·sart ['ʃpɛsart] (der) (the) Spess(h)art (*mountainous area with large forests in Lower Franconia, Bavaria, BRD*).

Spey·er ['ʃpaɪər] *n city on the Rhine river, Rhineland-Palatinate, BRD.*

Spie·ker·oog ['ʃpi:kər,ʔo:k] *n* a) *island off the East Frisians, BRD,* b) *town on a.*

Spit·tal [ʃpɪ'ta:l] *n town in Carinthia, Austria.*

Spitz·ber·gen ['ʃpɪts,bɛrgən] *n* Spitsbergen, *auch* Spitzbergen (*group of islands in the Arctic Ocean*).

Splü·gen(·paß) ['ʃply:gən(,pas)] (der) (the) Splügen (Pass) (*mountain pass between Italy and Switzerland in the Rhaetian Alps*).

Spo·le·to [spo'le:to] *n town in central Italy.*

Spo·ra·den [ʃpo'ra:dən; spo-] (die) *pl* (the) Sporades (*Greek island group in the Aegean Sea*).

Spree [ʃpre:] (die) (the) Spree (*East German river flowing through Berlin into the Havel river*).

Sri Lan·ka ['sri: 'laŋka] *n island republic in the Indian Ocean, to the south of India.*

St. ... → Sankt ...

Sta·de ['ʃta:də] *n* a) *area of Lower Saxony, BRD,* b) *capital of a.*

Staf·fa ['stɛfə] *n small island in the Inner Hebrides.*

Staf·fel·see ['ʃtafəl,ze:] (der) *lake in Upper Bavaria, BRD.*

Sta·gi·ra [ʃta'gi:ra; sta-] *n antiq.* Stagira, *auch* Stagiros, Stagirus (*town in the northeast of Greece*).

Sta·lin·grad ['sta:li:n,gra:t; 'ʃta:-] *n hist. city on the Volga river, Soviet Union in Europe; battle of Stalingrad, 1942—1943 (now →* Wolgograd).

Stam·bul ['ʃtambul; 'stam-] *n* Stambul, *auch* Stamboul (*short for* Istanbul).

Stan·ley ['stɛnli] *n capital of the Falkland Islands.*

Sta·no·woi·ge·bir·ge [stano'vɔygə,bɪrgə]

(das) (the) Stanovoi Range (*in the Soviet Union in Asia*).

Stans [ʃtans] *n capital of the Swiss demicanton of Nidwalden.*

Starn·ber·ger See ['ʃtarn,bɛrgər 'ze:] (der) (the) Starnbergersee, (the) Würmsee (*lake in Upper Bavaria to the southwest of Munich, BRD*).

Staw·ro·pol ['sta:vropəl] *n* Stavropol: a) *territory in the Soviet Union in Europe,* b) *capital of a.*

Steg·litz ['ʃte:glɪts] *n administrative district of West Berlin.*

Stei·er·mark ['ʃtaɪər,mark] (die) Styria (*province in the southeast of Austria*).

Stei·ger·wald ['ʃtaɪgər,valt] (der) (the) Steigerwald (*hilly region in Franconia, Bavaria, BRD*).

Stein·hu·der Meer ['ʃtaɪn,hu:dər 'me:r] (das) *lake in Lower Saxony, BRD.*

Ster·zing ['ʃtɛrtsɪŋ] *n* Vipiteno (*town in South Tyrol, Italy*).

Stet·tin [ʃtɛ'ti:n] *n* a) Szczecin (*seaport in the northwest of Poland*), b) *hist. capital of Pomerania.*

Stet·ti·ner Haff [ʃtɛ'ti:nər 'haf] (das) (the) Stettiner (*auch* Pomeranian) Haff (*lagoon opening into the Bay of Pomerania between the islands of Usedom and Wolin, DDR and Poland*).

Stew·art·in·sel ['stju:ərt,ʔɪnzəl] (die) Stewart Island (*one of the islands of New Zealand*).

Steyr ['ʃtaɪər] *n town in Upper Austria.*

Stilf·ser Joch ['ʃtɪlfsər 'jɔx] (das) (the) Stelvio Pass (*in the Ortler Mountains, between Italy and Switzerland*).

Stil·le Oze·an ['ʃtɪlə 'o:tsea:n] (der) → Pazifik.

Stock·holm ['ʃtɔk,hɔlm] *n capital of Sweden.*

Stral·sund ['ʃtra:l,zunt; ,ʃtra:l'zunt] *n seaport on the Baltic Sea, DDR.*

Straß·burg ['ʃtra:s,burk] *n* Strasbourg (*city in the Alsace, France*).

Stra·ße von For·mo·sa ['ʃtra:sə fɔn fɔr-'mo:za] (die) (the) Formosa Strait, *auch* (the) Taiwan Strait (*arm of the Pacific between China and Taiwan*).

Stra·ße von Gi·bral·tar ['ʃtra:sə fɔn gi-'braltar] (die) (the) Strait of Gibraltar.

Stra·ße von Kertsch ['ʃtra:sə fɔn 'kɛrtʃ] (die) (the) Kerch Strait (*connecting the Sea of Azov and the Black Sea, Soviet Union in Europe*).

Stra·ße von Mes·si·na ['ʃtra:sə fɔn mɛ'si:na] (die) (the) Strait of Messina (*between Italy and Sicily*).

Strom·bo·li¹ ['strɔmboli] *n island off the northeast coast of Sicily.*

Strom·bo·li² ['strɔmboli] (der) (the) Stromboli (*active volcano on the island of Stromboli*).

Stu·bai·er Al·pen ['ʃtu:baɪər 'alpən] (die) *pl* (the) Stubai Alps (*mountain range in the south of the Tyrol, Austria*).

Stutt·gart ['ʃtut,gart] *n* a) *capital of Baden-Württemberg, BRD,* b) *capital of North Württemberg, BRD.*

Stym·pha·los [ʃtym'fa:lɔs; stym-] *n antiq. city in Arcadia, Greece.*

Su·cre ['zu:kre] *n constitutional capital of Bolivia.*

Süd·afri·ka ['zy:t,ʔa:frika] *n* a) South Africa, b) → Republik Südafrika.

Süd·afri·ka·ni·sche Uni·on ['zy:t,ʔafri-'ka:nɪʃə u'nio:n] (die) *hist.* (the) Union of South Africa (→ Republik Südafrika).

Süd·al·pen ['zy:t,ʔalpən] (die) *pl* (the) Southern Alps.

Süd·ame·ri·ka ['zy:t,ʔa'me:rika] *n* South America.

Su·dan [zu'da:n; 'zu:dan] (der) (the) Sudan (*republic in the northeast of Africa*).

Süd·ara·bi·en ['zy:t,ʔa,ra:bɪən] *n hist.* South Arabia (*now →* Südjemen).

Süd·at·lan·tik ['zy:t,ʔat'lantɪk] (der) (the) South Atlantic (Ocean).

Süd·au·stra·li·en ['zy:t,ʔaus'tra:lĭən] *n* South Australia.

Süd·ba·den ['zy:t'ba:dən] *n* South Baden (*district in the southwest of Baden-Württemberg, BRD*).

Süd·chi·ne·si·sche Meer ['zy:tçi,ne:zɪʃə 'me:r] (das) (the) South China Sea.

Süd·da·ko·ta ['zy:t'da'ko:ta] *n* South Dakota (*state in the central USA*).

Süd·deutsch·land ['zy:t,dɔytʃ,lant] *n* South(ern) Germany.

Su·de·ten [zu'de:tən] (die) *pl* (the) Sudeten,

auch (the) Sudetes, (the) Sudetic Mountains (*mountain range on the northern boundary of Czechoslovakia*).

Su·de·ten·land [zu'de:tən‚lant] (das) *hist.* Sudetenland, *auch* Sudeten (*region including the Sudeten and the Erz Gebirge; annexed by Germany, 1938, and returned to Czechoslovakia, 1945*).

Süd·eu·ro·pa [‚zy:t'ʔɔy'ro:pa] *n* South(ern) Europe.

Süd·ge·or·gi·en ['zy:tge'ɔrgiən] *n* South Georgia (Island) (*in the South Atlantic*).

Süd·hol·land ['zy:t'hɔlant] *n* South Holland (*province in the Netherlands*).

Süd·je·men ['zy:t'je:mən] (der) *od. n* Southern Yemen (*people's republic in South Arabia*).

Süd·ka·ro·li·na [‚zy:tkaro'li:na] *n* South Carolina (*state on the Atlantic coast of the USA*).

Süd·kar·pa·ten ['zy:tkar‚pa:tən] (die) *pl* (the) South Carpathians, (the) Transylvanian Alps (*Rumania*).

Süd·ko·rea ['zy:tko're:a] *n* South Korea (→ Republik Korea).

Süd·li·chen Kalk·al·pen ['zy:tlɪçən 'kalk‚ʔalpən] (die) *pl* (the) Southern Limestone Alps (*section of the Alps, Italy, Yugoslavia, and Austria*).

Süd·li·chen Spo·ra·den ['zy:tlɪçən ʃpo'ra:dən] (die) *pl* (the) Southern Sporades (*Greek island group in the Aegean Sea*).

Süd·ost·eu·ro·pa [‚zy:t'ʔɔst'ʔɔy‚ro:pa] *n* Southeast(ern) Europe.

Süd·po·lar·ge·biet ['zy:tpo‚la:rgə‚bi:t] (das) → Antarktis.

Süd·po·lar·meer ['zy:tpo‚la:r‚me:r] (das) (the) Antarctic (Ocean).

Süd·rho·de·si·en ['zy:tro‚de:ziən] *n* a) Southern Rhodesia, b) *hist., now* → Rhodesien b.

Süd·see ['zy:t‚ze:] (die) (the) South Seas *pl* (*the seas south of the equator*).

Süd·see·in·seln ['zy:t‚ze:‚ʔɪnzəln] (die) *pl* (the) South Sea Islands (*now* → Ozeanien).

Süd·ti·rol ['zy:t'ʔti‚ro:l] *n* South Tyrol (*od.* Tirol) (*autonomous region in the north of Italy*).

Süd·vi·et·nam ['zy:tvĭɛt'nam] *n* South Viet-Nam (*Southeast Asia*).

Süd·west·afri·ka [‚zy:t'vɛst‚ʔa:frika] *n* South-West Africa.

Süd·würt·tem·berg-Ho·hen·zol·lern ['zy:t‚vʏrtəm‚bɛrk‚ho:ən'tsɔlərn] *n* South Württemberg-Hohenzollern (*area of Baden-Württemberg, BRD*).

Su·es ['zu:ɛs] *n* seaport on the Red Sea and southern terminus of the Suez Canal, Arab Republic of Egypt.

Su·es·ka·nal ['zu:ɛska‚na:l] (der) (the) Suez}

Su·ez ['zu:ɛs] *n* → Sues.　　　[Canal.}

Suhl [zu:l] *n* a) district of the *DDR*, b) capital of a.

Su·ma·tra [zu'ma:tra; 'zu:matra] *n* island in the Malay Archipelago, Indonesia.

Sund [zʊnt] (der) (the) Sound, Öresund (*strait between the southwest of Sweden and Zealand*).

Sun·da·in·seln ['zʊnda‚ʔɪnzəln] (die) *pl* (the) Sunda Islands (*in the Malay Archipelago*): a) → Großen Sundainseln, b) → Kleinen Sundainseln.

Sun·da·stra·ße ['zʊnda‚ʃtra:sə] (die) (the) Sunda Strait (*between Sumatra and Java*).

Sund·gau ['zʊnt‚gau] (der) (the) Sundgau (*region in the south of Upper Alsace, France*).

Su·ri·nam [zuri'nam] *n* Surinam, *auch* Netherlands (*od.* Dutch) Guinea (*territory of the Netherlands on the northeast coast of South America*).

Su·sten(·paß) ['zʊstən(‚pas)] (der) (the) Susten (Pass) (*mountain pass in Switzerland*).

Su·tschou ['zu:tʃau] *n* Soochow (*city in the province of Kiangsu, China*).

Su·va ['zu:va] *n* capital of Fiji.

Sval·bard ['sva:l‚bart] *n* Norwegian islands in the Arctic Ocean, including Spitsbergen and Bear Island.

Swa·si·land ['sva:zi‚lant] *n* Swaziland (*kingdom in the southeast of Africa*).

Swer·dlowsk [svɛr'dlɔfsk] *n* Sverdlovsk (*city in the Soviet Union in Asia*).

Sy·ba·ris ['zy:barɪs] *n antiq.* Greek city in the south of Italy.

Syd·ney ['zɪdni] *n* capital of and seaport in New South Wales, Australia.

Sylt [zylt] *n* island of the North Frisians, *BRD*.

Sy·ra·kus [zyra'ku:s] *n* Syracuse, *antiq.* Syracusae (*seaport in the southeast of Sicily*).

Syr-Dar·ja ['zy:rdar'ja:] (der) (the) Syr Darya (*river in the Soviet Union in Asia*).

Sy·ri·en ['zy:riən] *n* Syria (*republic in the southwest of Asia at the east end of the Mediterranean Sea*).

Sy·ros ['zy:rɔs] *n* Syros, Syra (*Greek island in the central Cyclades*).

Sze·ge·din ['sɛgedi:n] *n* Szeged (*city in Hungary*).

Sze·tschu·an ['zɛtʃŭan] *n* Szechwan (*province in central China*).

T

Ta·bor¹ ['ta:bər] (der) (Mount) Tabor (*Israel*).

Ta·bor² ['ta:bər] *n* Tabor (*town in Czechoslovakia*).

Tä·bris ['tɛ:brɪs; tɛ'bri:s] *n* Tabriz, *antiq.* Tauris (*capital of the Azerbaijan province, Iran*).

Ta·dschi·ki·sche So·zia·li·sti·sche So·wjet·re·pu·blik [ta'dʒi:kɪʃə zotsia'lɪstɪʃə zo'vjɛtrepu‚bli:k] (die) (the) Tadzhik Soviet Socialist Republic, Tadzhikistan (*in the southeast of the Soviet Union in Asia*).

Ta·fel·berg ['ta:fəl‚bɛrk] (der) Table Mountain (*near Cape Town, Republic of South Africa*).

Ta·hi·ti [ta'hi:ti] *n* principal island of the Society Islands, South Pacific.

Tai·jü·an ['taɪjŭan] *n* Taiyüan, *auch* Yangkü (*capital of Shansi, China*).

Tai·myr [taɪ'my:r] *n* (the) Taimyr (*auch* Taimir) Peninsula (*in the north of Siberia, Soviet Union in Asia*).

Tai·peh ['taɪpe; taɪ'pe:] *n* Taipei (*capital of Taiwan*).

Tai·wan ['taɪvan; taɪ'va(:)n] *n* island in the China Sea; seat of the Republic of China.

Ta·jo ['taxo] (der) (the) Tagus (*river in Spain and Portugal*).

Ta·na·na·ri·ve [tanana'ri:və], **Ta·na·na·ri·vo** [tanana'ri:vo] *n* Tananarive, *auch* Antananarivo (*capital of Madagascar*).

Ta·na·see ['ta:na‚ze:] (der) Lake Tana (*auch* Tsana) (*in Ethiopia, Africa*).

Tan·ga·nji·ka [taŋgan'ji:ka] *n* Tanganyika (*mainland part of Tanzania*).

Tan·ga·nji·ka·see [taŋga'nji:ka‚ze:] (der) Lake Tanganyika (*in Central Africa*).

Tan·ger ['taŋər] *n* Tangier: a) seaport in the north of Morocco, b) *hist.* capital of the former Tangier Zone.

Tan·sa·nia [tan'za:nia; -za'ni:a] *n* Tanzania (*republic in East Africa*).

Ta·ra·wa [ta'ra:va] *n* capital of the Gilbert and Ellice Islands.

Ta·rent [ta'rɛnt] *n* Taranto, *antiq.* Tarentum (*seaport in the southeast of Italy*).

Tar·sus ['tarzʊs] *n* city in the south of Turkey.

Tasch·kent [taʃ'kɛnt] *n* Tashkent, *auch* Tashkend (*capital of Uzbekistan, Soviet Union in Asia*).

Tas·ma·ni·en [tas'ma:niən] *n* Tasmania (*island to the south of Australia*).

Tas·man·see ['tasman‚ze:] (die) (the) Tasman Sea (*part of the Pacific between the southeast of Australia and New Zealand*).

Ta·ta·rei [tata'raɪ] (die) *hist.* Tartary, *auch* Tatary (*region in Europe and Asia*).

Ta·ta·ri·sche Au·to·no·me So·zia·li·sti·sche So·wjet·re·pu·blik [ta'ta:rɪʃə auto'no:mə zotsia'lɪstɪʃə zo'vjɛtrepu‚bli:k] (die) (the) Tatar (*auch* Tartar) Autonomous Soviet Socialist Republic (*in the east of the Soviet Union in Europe*).

Ta·tra ['tatra] (die) (the) Tatra Mountains *pl*, *auch* (the) High Tatra (*section of the central Carpathian Mountains, Czechoslovakia*).

Tau·ber ['taubər] (die) West German river flowing into the Main river.

Tau·ern ['tauərn] (die) *pl* mountain range in central Austria: → Hohen Tauern; Niederen Tauern.

Tau·nus ['taunus] (der) mountainous region between the Lahn, Rhine, and Main rivers, *BRD*.

Tau·rus ['taurʊs] (der) (the) Taurus (Mountains *pl*) (*in the south of Turkey*).

Tay·ge·tos [ta'y:getɔs] (der) (the) Taygetus

(*mountain range in the Peloponnesus, Greece*).

Te·gel ['te:gəl] *n* administrative district of West Berlin.

Te·ge·ler See ['te:gələr 'ze:] (der) Lake Tegel (*in the northwest of West Berlin*).

Te·gern·see ['te:gərn‚ze:] (der) lake in Upper Bavaria, *BRD*.

Te·gu·ci·gal·pa [tegusi'galpa] *n* capital of Honduras.

Te·he·ran ['te:həra:n] *n* Teheran, *auch* Tehran (*capital of Iran*).

Tel Aviv [‚tɛl a'vi:f] *n* city in Israel.

Te·mes·var ['tɛmɛʃva:r] *n* Timişoara, Temesvár (*city in Rumania*).

Tem·pel·hof ['tɛmpəl‚ho:f] *n* a) administrative district of West Berlin, b) airport of West Berlin.

Tem·pe·tal ['tɛmpe‚ta:l] (das) (the) Vale of Tempe (*valley in Thessaly, Greece*).

Te·ne·rif·fa [tene'rɪfa] *n* Tenerife, *auch* Teneriffe (*largest of the Canary Islands*).

Ten·nen·ge·bir·ge ['tɛnəngə‚bɪrgə] (das) mountain range to the east of the Salzach river, Austria.

Ter·cei·ra [tɛr'saɪra] *n* island in the Azores, North Atlantic.

Ter·na·te [tɛr'na:te] *n* island in the Moluccas, Indonesia.

Tes·sin [tɛ'si:n] (das) Ticino (*canton in the south of Switzerland*).

Tes·si·ner Al·pen [tɛ'si:nər 'alpən] (die) *pl* (the) Ticino Alps (*Switzerland*).

Teu·to·bur·ger Wald ['tɔyto‚burgər 'valt] (der) (the) Teutoburg Forest, (the) Teutoburger Wald (*mountain range in the region between the Ems and Weser rivers, BRD; defeat of the Romans, 9 A.D.*).

Thai·land ['taɪ‚lant] *n* kingdom in Southeast Asia.

Thap·sus ['tapsus] *n antiq.* town on the coast of Tunisia; victory of Caesar, 46 B.C.

Thar [ta:r] (die) (the) Thar (*od.* Indian) Desert (*in the northwest of India and in Pakistan*).

Tha·sos ['ta:zɔs] *n* Greek island in the North Aegean Sea.

The·ba·is [te'ba:ɪs] (die) *antiq.* Thebaid (*region surrounding Thebes, Egypt*).

The·ben ['te:bən] *n antiq.* Thebes: a) *auch* Thebae (*city in Upper Egypt*), b) city in Boeotia, Greece.

Theiß [taɪs] (die) (the) Theiss (*river rising in Czechoslovakia and flowing through Hungary into the Danube river in Yugoslavia*).

Them·se ['tɛmzə] (die) (the) Thames (*river in the south of England*).

The·ra ['te:ra] *n* Thera, *auch* Thira (*Greek island in the Cyclades*).

Ther·mo·py·len [tɛrmo'py:lən] (die) *pl* (the) Thermopylae (*mountain pass near the Gulf of Lamia; defeat of the Spartans by the Persians, 480 B.C.*).

Thes·sa·li·en [tɛ'sa:liən] *n* Thessaly, Thessalia (*region in the east of Greece*).

Thim·bu ['tɪmbu] *n* capital of Bhutan.

Thir·za ['tɪrtsa] *n Bibl.* Tirzah (*capital of Israel*).

Thorn [tɔrn] *n* Toruń, *hist.* Thorn (*city in Poland*).

Thors·havn ['to:rs‚ha:vən] *n* → Tórshavn.

Thra·ki·en ['tra:kiən] *n antiq.* Thrace, Thracia (*region in the eastern part of the Balkan Peninsula*).

Thra·ki·sche Meer ['tra:kɪʃə 'me:r] (das) (the) Thracian Sea (*northwestern part of the Aegean Sea*).

Thra·zi·en ['tra:tsiən] *n antiq.* → Thrakien.

Thu·le ['tu:lə] *n* a) *antiq.* Greek and Latin name for an island or a region supposed to be the most northerly of the world, b) settlement in the northwest of Greenland.

Thun [tu:n] *n* city in the Swiss canton of Bern.

Thu·ner See ['tu:nər 'ze:] (der) (the) Lake of Thun (*Switzerland*).

Thur [tu:r] (die) (the) Thur (*Swiss river flowing into the Rhine river*).

Thur·gau ['tu:r‚gau] (der) canton in the northeast of Switzerland.

Thü·rin·gen ['ty:rɪŋən] *n* Thuringia (*region in the DDR, between the Werra and the Weisse Elster rivers*).

Thü·rin·ger Becken (getr. -k·k-) ['ty:rɪŋər 'bɛkən] (das) (the) Thuringian Basin.

Thü·rin·ger Wald ['ty:rɪŋər 'valt] (der) (the) Thuringian Forest (*wooded mountain range extending from the upper Werra river towards the Czech border*).

Ti·ber ['tiːbər] (der) (the) Tiber (*river in central Italy*).

Ti·bet ['tiːbɛt; tiˈbeːt] *n* Tibet, *auch* Thibet (*highland to the north of the Himalayas, Asia*).

Ti·en·schan ['tiɛnʃan] (der) (the) Tien Shan (*mountain range in central Asia*).

Tier·gar·ten ['tiːr,gartən] *n administrative district of West Berlin*.

Tif·lis ['tɪflɪs; 'tiːflɪs] *n capital of the Georgian Republic, Soviet Union in Europe*.

Ti·gris ['tiːgrɪs] (der) (the) Tigris (*river in the Near East*).

Til·sit ['tɪlzɪt] *n* a) Tilsit, *auch* Sovetsk (*city in the Soviet Union in Europe*), b) *hist. city in East Prussia*.

Tim·buk·tu [tɪm'bʊktu] *n* Timbuktu, Tombouctou (*town in central Mali*).

Ti·mor ['tiːmər] *n largest of the Lesser Sunda Islands*.

Ti·ra·na [ti'raːna] *n capital of Albania*.

Ti·rol [ti'roːl] *n* a) (the) Tyrol, *auch* (the) Tirol (*province in the west of Austria*), b) → Südtirol.

Ti·ro·ler Al·pen [ti'roːlər 'alpən] (die) *pl* (the) Tyrolean (*auch* Tirolean) Alps (*Austria*).

Ti·ryns ['tiːryns] *n antiq. city in the Peloponnesus, Greece*.

Ti·ti·ca·ca·see [titi'kaːka,zeː] (der) Lake Titicaca (*on the boundary between Peru and Bolivia, in the Andes, South America*).

Ti·ti·see ['tɪti,zeː] (der) lake in the Black Forest, BRD.

Tit·lis ['tɪtlɪs] (der) mountain in the Bernese Oberland, Switzerland.

Ti·to·grad ['tiːto,graːt] *n capital of Montenegro, Yugoslavia*.

Ti·vo·li ['tiːvoli] *n town in central Italy*.

To·ba·go [to'baːgo] *n island in the West Indies*.

To·bruk ['toːbruk] *n town in the northeast of Libya; scene of battles, 1941 and 1942.*

To·des·tal ['toːdəs,taːl] (das) (the) Death Valley (*arid basin in California and Nevada, USA*).

To·go ['toːgo] *n republic in West Africa.*

To·ja·ma [to'jaːma] *n* Toyama (*city on Honshu, Japan*).

To·jo·ha·schi [tojo'haʃi] *n* Toyohashi (*seaport on Honshu, Japan*).

To·ke·lau·in·seln [toke'lau,ʔɪnzəln] (die) *pl* (the) Tokelau Islands (*in the South Pacific*).

To·kio ['toːkio] *n* Tokyo, *auch* Tokio.

To·ku·schi·ma [toku'ʃiːma] *n* Tokushima (*seaport on Shikoku, Japan*).

To·le·do [to'leːdo] *n* a) city in central Spain, b) port in Ohio, USA.

To·na·le·paß [to'naːle,pas] (der) (the) Tonale Pass (*mountain pass between the Ortler and Adamello Mountains, Italy*).

Ton·ga ['tɔŋga] *n Polynesian kingdom consisting of three groups of islands.*

Ton·ga·in·seln ['tɔŋga,ʔɪnzəln] (die) *pl* (the) Tonga (*od.* Friendly) Islands (*in the South Pacific*).

Tong·king ['tɔŋkɪŋ] *n* Tonkin, *auch* Ton(g)king (*region in the north of Indochina*).

Tor·ne·älv ['tɔrnə,ʔɛlf] (der) (the) Torne (*river in Sweden*).

Tor·rens·see ['tɔrəns,zeː] (der) Lake Torrens (*salt lake in Australia*).

Tor·res·stra·ße ['tɔrɛs,ʃtraːsə] (die) (the) Torres Strait (*between the northeast of Australia and the south of New Guinea*).

Tórs·havn ['toːrs,haːvən] *n capital of the Faroe Islands, Denmark.*

Tos·ka·na [tɔs'kaːna] (die) Tuscany (*region in central Italy*).

To·te Meer ['toːtə 'meːr] (das) (the) Dead Sea (*salt lake between Israel and Jordan*).

Trans·bai·ka·li·en [transbaɪ'kaːliən] *n* Transbaikal(ia) (*region between Lake Baikal and the Amur river, Soviet Union in Asia*).

Trans·hi·ma·la·ja [transhi'maːlaja; -maˈlaːja] (der) (die) (the) Trans-Himalaya (*mountain in the south of Tibet*).

Tran·sil·va·nia [tranzɪl'vaːnia] *n* → Siebenbürgen.

Trans·jor·da·ni·en [transjɔr'daːniən] *n hist.* Trans-Jordan (*now* → Jordanien).

Trans·kau·ka·si·en [transkau'kaːziən] *n* Transcaucasia (*region in the south of the Soviet Union in Asia*).

Trans·kau·ka·si·sche So·zia·li·sti·sche Fö·de·ra·ti·ve So·wjet·re·pu·blik [transkau'kaːziʃə zotsia'lɪstɪʃə fødera'tiːvə zə'vjɛtrepu,bliːk] (die) *hist.* (the) Transcaucasian Socialist Federated Soviet Republic.

Trans·kei [trans'kaɪ] *n region in the east of the Republic of South Africa.*

Trans·lei·tha·ni·en [translaɪ'taːniən] *n hist.* Transleithania (*Hungary*).

Trans·sil·va·ni·schen (*od.* **Trans·syl·va·ni·schen**) **Al·pen** [transzɪl'vaːnɪʃən (transzyl'vaːnɪʃən) 'alpən] (die) *pl* → Südkarpaten.

Trans·vaal [trans'vaːl] *n province in the northwest of the Republic of South Africa.*

Tra·pe·zunt [trape'tsunt] *n* a) Trabzon, *auch* Trebizond (*seaport on the Black Sea, Turkey*), b) *hist.* Trebizond (*medieval empire in Asia Minor, 1204—1461*).

Tra·si·me·ni·sche See [trazi'meːnɪʃə 'zeː] (der) Lake Trasimeno (*in central Italy*).

Traun [traun] (die) (the) Traun (*Austrian river flowing into the Danube river*).

Traun·see ['traun,zeː] (der) Lake Traun (*in the Salzkammergut, Austria*).

Tra·ve·mün·de [,traːvə'myndə] *n seaport and seaside resort near Lübeck, Schleswig-Holstein, BRD.*

Tra·wan·kur-Ko·tschin ['traːvaŋkuːr-'koːtʃɪn] *n* Travancore and Cochin (*part of Kerala, India*).

Treb·bia ['trɛbia] (die) (the) Trebbia (*river in the north of Italy; defeat of the Romans by Hannibal, 218 B.C.*).

Trep·tow ['trɛpto] *n administrative district of East Berlin, DDR.*

Tri·ent [tri'ɛnt] *n* a) province in the north of Italy, b) capital of a.

Trier [triːr] *n* Treves: a) area of Rhineland-Palatinate, BRD, b) capital of a.

Tri·est [tri'ɛst] *n* Trieste: a) province of Italy, bordering the northern Adriatic Sea, b) capital of a and seaport, c) hist. Free Territory of Trieste.

Tri·ni·dad ['trɪnidat] *n island in the West Indies.*

Tri·ni·dad und To·ba·go ['trɪnidat ,unt to'baːgo] *n* Trinidad and Tobago (*republic in the West Indies*).

Tri·po·lis ['triːpolɪs] *n* a) city in the Peloponnesus, Greece, b) Tripoli (*seaport in and capital of Libya*), c) antiq. Tripolis.

Tri·po·li·ta·ni·en [tripoli'taːniən] *n* Tripoli, *auch* Tripolitania, *antiq.* Tripolis (*province in the west of Libya*).

Tri·stan da Cun·ha ['trɪstan de 'kunja] *n group of three volcanic islands in the South Atlantic.*

Tri·wan·drum [tri'vandrum] *n* Trivandrum (*capital of Kerala, India; Vishnu pilgrimage center*).

Tro·as ['troːas] (die) *hist.* Troas, *auch* (the) Troad (*region surrounding ancient Troy*).

Tro·ja ['troːja] *n antiq.* Troy (*ruined city in the northwest of Asia Minor*).

Trond·heim ['trɔnt,haɪm] *n seaport in central Norway.*

Tschad [tʃat; tʃaːt] *n* Chad (*republic in Central Africa*).

Tschad·see ['tʃat,zeː] (der) Lake Chad (*in the west of Central Africa*).

Tscha·gos·in·seln ['tʃaːgɔs,ʔɪnzəln] (die) *pl* (the) Chagos Archipelago *sg* (*in the Indian Ocean*).

Tscha·har ['tʃaːhar] *n* Chahar (*former province of Inner Mongolia*).

Tscham·bal ['tʃambal] (der) (the) Chambal (*river in India*).

Tschan·der·na·gar ['tʃandərnagar] *n* Chandernagor(e), *auch* Chandarnagar (*town in the northeast of India*).

Tschang·scha ['tʃaŋʃa] *n* Changsha (*capital of Hunan, China*). [*Hunan, China*).\

Tschang·teh ['tʃaŋte] *n* Changteh (*city in\

Tschang·tschun ['tʃaŋtʃun] *n* Changchun (*capital of Kirin, China*).

Tschau·an ['tʃauʔan] *n* Chaoan, *auch* Chaochow (*city in Kwangtung, China*).

Tschau·tschou ['tʃautʃau] *n* → Tschauan.

Tsche·cho·slo·wa·kei [tʃɛçoslova'kaɪ] (die) Czechoslovakia, *auch* Czecho-Slovakia (*republic in Central Europe*).

Tsche·dschu [tʃe'dʒuː] *n* Cheju (*island to the south of and belonging to South Korea*).

Tsche·ki·ang ['tʃeːkiaŋ] *n* Chekiang (*province in China*).

Tschel·ja·binsk [tʃɛl'jaːbɪnsk] *n* Chelyabinsk (*city near the Ural Mountains, Soviet Union in Asia*).

Tscheng·tu ['tʃɛŋtu] *n* Chengtu (*capital of Szechwan, in central China*).

Tschen·ki·ang ['tʃɛnkiaŋ] *n* Chinkiang (*port in Kiangsu, China*).

Tschen·sto·chau ['tʃɛnstɔxau] *n* Czestochowa (*city in Poland*).

Tscher·ni·gow [tʃɛr'niːgɔf] *n* Chernigov (*city in the Ukraine, Soviet Union in Europe*).

Tscher·now·zy [tʃɛrnɔf'tsiː] *n* → Czernowitz.

Tsche·tsche·no-In·gu·schi·sche Au·to·no·me So·zia·li·sti·sche So·wjet·re·pu·blik [tʃɛ'tʃeːnoʔɪŋ'guʃɪʃə auto'noːmə zotsia-'lɪstɪʃə zə'vjɛtrepu,bliːk] (die) (the) Chechen-Ingush Autonomous Soviet Socialist Republic (*in the south of the Soviet Union in Europe*).

Tschi·fu ['tʃiːfu] *n* Chefoo, *auch* Yentai (*seaport in Shantung, China*).

Tschi·nab ['tʃiːnaːp] (der) Chenab (*river in the north of India*).

Tschin·dwin ['tʃindvɪn] (der) (the) Chindwin (*river in Burma*).

Tschi·ta [tʃi'ta] *n* Chita (*city in the Soviet Union in Asia*).

Tschit·ta·gong ['tʃitagɔŋ] *n* Chittagong (*seaport in Bangladesh*).

Tschka·low ['tʃkaːlɔf] *n* Chkalov, *auch* Orenburg (*city on the Ural river, Soviet Union in Europe*).

Tscho·go·ri [tʃogo'riː] (der) → K2.

Tschöng·dschin [tʃœŋ'dʒɪn] *n* Chongjin (*seaport in North Korea*).

Tschung·king ['tʃuŋkɪŋ] *n* Chungking (*city on the Yangtze river, China*).

Tschu·wa·schi·sche Au·to·no·me So·zia·li·sti·sche So·wjet·re·pu·blik [tʃu'vaʃɪʃə auto'noːmə zotsia'lɪstɪʃə zə'vjɛtrepu,bliːk] (die) (the) Chuvash Autonomous Soviet Socialist Republic (*in the central Soviet Union in Europe*). [*China.*\

Tsi·nan ['tsiːnan] *n capital of Shantung,\

Tsing·tau ['tsɪŋtau] *n* Tsingtao (*seaport in Shantung, China*).

Tsin·ling·schan ['tsɪnlɪŋʃan] (der) (the) Tsinling Shan (*mountain range in central China*).

Tsu·schi·ma [tsu'ʃiːma] *n* Tsushima (*two Japanese islands between Korea and Kyushu*).

Tua·mo·tu-In·seln [tŭa'moːtu,ʔɪnzəln] (die) *pl* (the) Tuamotu Archipelago *sg* (*in the South Pacific*).

Tü·bin·gen ['tyːbɪŋən] *n city in the south of Baden-Württemberg, BRD.*

Tu·la ['tuːla] *n city to the south of Moscow, Soviet Union in Europe.*

Tu·ne·si·en [tu'neːziən] *n* Tunisia (*republic in North Africa*).

Tung·ting·hu ['tuŋtɪŋhu] (der) (the) Tungting Hu (*lake in central China*).

Tu·nis ['tuːnɪs] *n* a) capital of Tunisia, b) *hist.* → Tunesien.

Tu·ran [tu'ran] *n* Turania (*region to the east of the Aral Sea, Soviet Union in Asia*).

Tu·rin [tu'riːn] *n* Turin, *auch* Torino (*industrial city in the northwest of Italy*).

Tür·kei [tyr'kaɪ] (die) Turkey (*republic in West Asia and Southeast Europe*).

Tur·ke·stan ['turkəstaːn] *n* Turkestan, *auch* Turkistan (*region in Central Asia*).

Turk·me·ni·sche So·zia·li·sti·sche So·wjet·re·pu·blik [turk'meːnɪʃə zotsia'lɪstɪʃə zə'vjɛtrepu,bliːk] (die) (the) Turkmen Soviet Socialist Republic, Turkmenia, Turkmenistan (*constituent republic of the Soviet Union in Asia, bordering the Caspian Sea*).

Turks- und Cai·cos·in·seln ['tɔrks ,ʔunt 'kaɪkɔs,ʔɪnzəln] (die) *pl* (the) Turks and Caicos Islands (*two groups of islands in the Bahamas*).

Tus·cu·lum ['tuskulum] *n antiq. city of Latium, near Rome.*

Tu·wi·ni·sche Au·to·no·me So·zia·li·sti·sche So·wjet·re·pu·blik [tu'viːnɪʃə auto'noːmə zotsia'lɪstɪʃə zə'vjɛtrepu,bliːk] (die) (the) Tuva (*auch* Tuvinian) Autonomous Soviet Socialist Republic (*in the south of the Soviet Union in Asia*).

Tyr·rhe·ni·sche Meer [tyr'reːnɪʃə 'meːr] (das) (the) Tyrrhenian Sea (*part of the Mediterranean Sea between Sardinia, Italy, and Sicily*).

Ty·rus ['tyːrus] *n antiq.* Tyre (*seaport of Phoenicia*).

U

Uban·gi-Scha·ri [u'baŋgi'ʃaːri] *n hist.* Ubangi-Shari (*now* → Zentralafrikanische Republik).

Ud·mur·ti·sche Au·to·no·me So·zia·li·sti·sche So·wjet·re·pu·blik [ut'murtɪʃə auto'no:mə zotsɪa'lɪstɪʃə zɔ'vjɛtrepu‚bli:k] (die) (the) Udmurt Autonomous Soviet Socialist Republic (*in the east of the Soviet Union in Europe*).

Ufa [u'fa] *n capital of the Bashkir Republic, Soviet Union in Europe.*

Ugan·da [u'ganda] *n republic in East Africa.*

Uist ['ju:ɪst] *n two islands in the Outer Hebrides, Scotland.*

Ukrai·ne [ukra'i:nə; u'kraɪnə] (die) (the) Ukraine (*region in the southern part of the Soviet Union in Europe*).

Ukrai·ni·sche So·zia·li·sti·sche So·wjet·re·pu·blik [ukra'i:nɪʃə (*od.* u'kraɪnə) zotsɪa'lɪstɪʃə zɔ'vjɛtrepu‚bli:k] (die) (the) Ukrainian Soviet Socialist Republic, (the) Ukraine (*constituent republic of the Soviet Union in Europe*).

Ulan-Ba·tor ['u:lan'ba:tər] *n capital of the Mongolian People's Republic.*

Ulan-Ude [u'lan'u'de:] *n capital of the Buryat Republic, Soviet Union in Asia.*

Ul·ja·nowsk [ul'ja:nəfsk] *n* Ulyanovsk, Ulianovsk (*city on the Volga river, Soviet Union in Europe*).

Ulm [ulm] *n city in the west of Baden- -Württemberg, BRD.*

Um·bri·en ['umbrɪən] *n* Umbria: a) *region in central Italy,* b) *hist. district in central and northern Italy.*

Um·bri·sche Apen·nin ['umbrɪʃə apɛ'ni:n] (der) (the) Umbrian Apennines *pl (Italy).*

Umm al Kai·wain ['um alkai'vaɪn] *n* Umm al Quaiwain (*sheikdom on the Persian Gulf*).

Un·garn ['uŋgarn] *n* Hungary (*people's republic in Central Europe*).

Uni·on der So·zia·li·sti·schen So·wjet·re·pu·bli·ken [u'nio:n der zotsɪa'lɪstɪʃən zə-'vjɛtrepu‚bli:kən] (die) (the) Union of Soviet Socialist Republics.

Un·strut ['un‚stru:t; 'un‚ʃtru:t] (die) (the) Unstrut (*East German river flowing into the Saale river.*) [Alsace (*France*).]

Un·ter·el·saß ['untər‚ʔɛlzas] (das) Lower

Un·ter·en·ga·din ['untər‚ʔɛngadi:n] (das) Lower Engadine (*Switzerland*).

Un·ter·fran·ken ['untər‚fraŋkən] *n* Lower Franconia (*administrative district in the north of Bavaria, BRD*).

Un·ter·ita·li·en ['untər‚ʔi‚ta:lɪən] *n* Lower Italy.

Un·ter·wal·den ['untər‚valdən] *n canton in central Switzerland, divided into demi- cantons:* → Nidwalden; Obwalden.

Un·ter·wal·den nid dem Wald ['untər-‚valdən ni:t dem 'valt] *n* → Nidwalden.

Un·ter·wal·den ob dem Wald ['untər-‚valdən ɔp dem 'valt] *n* → Obwalden.

Upp·sa·la ['upsala] *n* Uppsala, *auch* Upsala (*city in the southeast of Sweden*).

Ur [u:r] *n antiq.* Sumerian city on the Euphrates, *in the south of Iraq.*

Ural [u'ra:l] *n* (the) Ural Mountains *pl, auch* (the) Urals *pl* (*mountain range in the west of the Soviet Union, forming a natural boundary between Europe and Asia*).

Uri [u:ri] *n canton in central Switzerland.*

Ur·mia·see ['urmɪa‚ze:] (der) Lake Urmia, *auch* Lake Urumiyeh (*salt lake in Iran*).

Ur·se·ren·tal ['urzərən‚ta:l] (das) *valley in the Swiss canton of Uri.*

Uru·gu·ay¹ [uru'ɡŭa:i; 'urugvaɪ] *n republic in the southeast of South America.*

Uru·gu·ay² [uru'ɡŭa:i; 'urugvaɪ] (der) (the) Uruguay (*river in South America*).

Uruk ['u:ruk] *n antiq.* Sumerian city in the south of Iraq.

Urum·tschi [u'rumtʃi] *n* Urumchi, *auch* Urumtsi, Tihwa (*capital of Sinkiang, China*).

Urun·di [u'rundi] *n* → Burundi.

Us·be·ki·sche So·zia·li·sti·sche So·wjet·re·pu·blik [us'be:kɪʃə zotsɪa'lɪstɪʃə zɔ'vjɛt-repu‚bli:k] (die) (the) Uzbek Soviet So- cialist Republic, Uzbekistan (*constituent republic of the Soviet Union in Asia*).

Use·dom ['u:zədəm] *n island in the Baltic Sea, DDR and Poland.*

Us·pal·la·ta·paß [uspal'ja:ta‚pas] (der) (the) Uspallata Pass, *auch* La Cumbre (*mountain pass in the Andes, South America*).

Us·su·ri [u'su:ri] (der) (the) Ussuri (*river in Eastern Asia*).

Utah·see ['ju:ta‚ze:] (der) Lake Utah (*to the southeast of the Great Salt Lake, Utah, USA*).

Uti·ka ['u:tika] *n antiq.* Utica (*city to the northwest of Carthage, North Africa*).

Ut·recht ['u:trɛçt] *n* a) *province in the central Netherlands,* b) *capital of a.*

Ut·tar Pra·desch ['utar pra'de:ʃ] *n* Uttar Pradesh (*state in the north of India*).

Ux·mal [us'mal] *n antiq. ruined city in Mexico.*

V

Vaa·sa ['va:za] *n* a) *province in Finland,* b) *capital of a and seaport.*

Va·duz [fa'duts; va'du:ts] *n capital of Liechtenstein.*

Val-d'Isère [valdi'zɛ:r] *n skiing center in the Savoy Alps, France.*

Va·len·cia [va'lɛntsɪa; va'lɛnsɪa] *n* a) *region and seaport in the east of Spain,* b) *city in Venezuela.*

Val·let·ta [va'lɛta] *n capital of Malta.*

Va·lois [va'lŏa] *n hist. county in the Île de France.*

Vä·ner·see ['vɛ:nər‚ze:] (der) Lake Vänern (*auch* Väner, Vener) (*largest lake in the southwest of Sweden*).

Van·see ['van‚ze:] (der) → Wansee.

Va·ris·zi·sche Ge·bir·ge [va'rɪstsɪʃə ɡə-'bɪrgə] (das) (the) Variscan Mountains *pl (Central and West Europe).*

Var·na ['varna] *n* → Warna.

Vät·ter·see ['vɛtər‚ze:] (der) Lake Vätter(n) (*in the south of Sweden*).

Ve·ji ['ve:ji] *n antiq.* Veii (*Etruscan city near Rome*).

Velt·lin [vɛlt'li:n; fɛlt-] (das) (the) Valtellina (*upper valley of the Adda, in the north of Italy*).

Ve·ne·dig [ve'ne:dɪç] *n* Venice (*capital of the Italian province of Venezia and seaport*).

Ve·ne·ti·en [ve'ne:tsɪən] *n* Venezia, *auch* Venetia, Veneto (*region in the northeast of Italy*).

Ve·ne·zue·la [vene'tsŭe:la] *n republic in South America.*

Ver·dun [vɛr'dœ:] *n city and former fortress on the Meuse river, France; scene of battle during World War I.*

Ver·ei·nig·te Ara·bi·sche Re·pu·blik [fɛr-'ʔaɪnɪçtə a'ra:bɪʃə repu'bli:k] (die) *hist.* (the) United Arab Republic (*now* → Arabische Republik Ägypten).

Ver·ei·nig·te Kö·nig·reich (von Groß·bri·tan·ni·en und Nord·ir·land) [fɛr-'ʔaɪnɪçtə 'kø:nɪç‚raɪç (fən 'gro:sbri'tanɪən ‚unt 'nɔrt'ʔɪr‚lant)] (das) (the) United Kingdom (of Great Britain and Northern Ireland).

Ver·ei·nig·ten Ara·bi·schen Emi·ra·te [fɛr'ʔaɪnɪçtən a'ra:bɪʃən emi'ra:tə] (die) *pl* (the) United Arab Emirates.

Ver·ei·nig·ten Staa·ten (von Ame·ri·ka) [fɛr'ʔaɪnɪçtən 'ʃta:tən (fən a'me:rika)] (die) *pl* (the) United States (of America).

Ve·ro·na [ve'ro:na] *n city on the Adige river, in the north of Italy.*

Ver·sailles [vɛr'zaɪ] *n city to the southwest of Paris; palace of the French kings; peace treaty, 1919.*

Ve·suv [ve'zu:f] (der) (Mount) Vesuvius (*active volcano near Naples, Italy*).

Via Ap·pia ['vi:a 'apɪa] (die) *antiq.* (the) Appian Way (*Roman highway from Rome to Brindisi*).

Vi·cen·za [vi'tʃɛntsa] *n city in central Venezia, Italy.*

Vic·to·ria [vɪk'to:rɪa] *n* Victoria: a) *capital of the Seychelles,* b) *auch* Hong Kong (*capital of and seaport in Hong Kong colony*), c) *state in the southeast of Australia.*

Vic·to·ria·fäl·le [vɪk'to:rɪa‚fɛlə] (die) *pl* (the) Victoria Falls (*of the Zambesi river in South Africa*).

Vic·to·ria·land [vɪk'to:rɪa‚lant] *n* Victoria Land (*region in the Antarctica*).

Vic·to·ria·see [vɪk'to:rɪa‚ze:] (der) Lake Victoria, *auch* Victoria Nyanza (*East Africa*).

Vi·en·tia·ne [vɪɛn'tɪan; vɪɛn'tɪa:nə] *n capital of Laos.*

Vier·wald·stät·ter See [‚fi:r'valt‚ʃtɛtər 'ze:] (der) (the) Lake of Lucerne, *auch* (the) Lake of the Four Forest Cantons (*Switzer- land*).

Vi·et·nam [vɪɛt'nam] *n* Viet-Nam, Vietnam, *auch* Viet Nam (*country in Southeast Asia*).

Vik·to·ria... → Victoria...

Vil·lach ['fɪlax] *n city on the Drau river, Carinthia, Austria.*

Vil·la Cis·ne·ros ['vɪlja sɪs'ne:rəs] *n capital of Río de Oro, Africa.*

Vin·de·li·zi·en [vɪnde'li:tsɪən] *n antiq.* Vin- delicia (*Roman province in Central Europe, to the south of the Danube river*).

Vintsch·gau ['fɪntʃ‚gau] *auch* **Vinsch·gau** ['fɪnʃ‚gau] (der) *valley of the upper Adige, South Tyrol, Italy.*

Vir·gi·ni·schen In·seln [vɪr'gi:nɪʃən 'ɪnzəln] (die) *pl* → Virginseln.

Vi·say·as [vi'za:jas] (die) *pl* (the) Visayan Islands (*in the central Philippines*).

Vi·ter·bo [vi'tɛrbo] *n town in central Italy.*

Vlis·sin·gen ['flɪsɪŋən] *n* Flushing (*seaport in the Netherlands*).

Vo·ge·sen [vo'ge:zən] (die) *pl* (the) Vosges (Mountains) (*in the northeast of France*).

Vogt·land ['fo:kt‚lant] *n hist.* Vo(i)gtland.

Volks·re·pu·blik Chi·na ['fɔlksrepu‚bli:k 'çi:na] (die) (the) People's Republic of China.

Vor·arl·berg ['fo:r‚ʔarl‚bɛrk; ‚fo:r'ʔarl-] *n province in the west of Austria.*

Vor·der·asi·en ['fɔrdər‚ʔa:zɪən] *n* (the) Near East, Southwest Asia.

Vor·der·in·di·en ['fɔrdər‚ʔɪndɪən] *n* Penin- sular India (and Ceylon).

Vor·der·rhein ['fɔrdər‚raɪn] (der) (the) Vorder Rhein (*main headstream of the Rhine river, Switzerland*).

Vor·pom·mern ['fo:r‚pɔmərn] *n hist.* West- ern Pomerania (*region between the lower Oder and Peene rivers, including Stettin and the islands of Usedom and Wolin*).

Vul·kan·in·seln [vul'ka:n‚ʔɪnzəln] (die) *pl* (the) Volcano Islands (*in the West Pacific*).

W

Waadt [vat; va:t] (die), *auch* **Waadt·land** ['vat‚lant; 'va:t-] (das) Vaud (*canton in the west of Switzerland*).

Waag [va:k] (die) (the) Váh (*Czech river flowing into the Danube river*).

Waas·land ['va:s‚lant] (das) Land van Waas, Pays de Waes (*od.* Waas) (*region in Belgium*).

Wach·au [va'xau] (die) *wine-growing region in Lower Austria, between Melk and Krems on the Danube river.*

Wa·dai [va'daɪ] *n hist. independent sultanate of the Sudan; now part of the Republic of Chad.*

Wa·di-Hal·fa ['va:di'halfa] *n* Wadi Halfa (*town on the Nile river, Sudan*).

Waes·land ['va:s‚lant] (das) → Waasland.

Wa·ga·du·gu [vaga'du:gu] *n capital of Upper Volta.*

Wag·ri·en ['va:grɪən] *n region in the west of Schleswig-Holstein, BRD.*

Wake [ve:k] *n* Wake Island (*island in the North Pacific*).

Wa·la·chei [vala'xaɪ] (die) *hist.* Wal(l)achia (*former principality in Southeast Europe, now in Rumania*). [Upper Bavaria, BRD.]

Wal·chen·see ['valçən‚ze:] (der) *lake in*

Wal·dai·hö·hen [val'daɪ‚hø:ən] (die) *pl* (the) Valdai Hills (*region in the Soviet Union in Europe*).

Wald·vier·tel ['valt‚fɪrtəl] (das) *district in the north of Lower Austria.*

Wa·len·see ['va:lən‚ze:] (der) (the) Walensee, *auch* (the) Lake of Wallenstadt (*between the Swiss cantons of Glarus and St. Gallen*).

Wal·fisch·bai¹ ['val‚fɪʃ‚baɪ] (die) Walvis Bay, *auch* Walfish Bay (*on the coast of the southwest of Africa*).

Wal·fisch·bai² ['val‚fɪʃ‚baɪ] *n* Walvis Bay, *auch* Walfish Bay (*seaport on this bay*).

Wal·lis ['valɪs] (das) Valais (*canton in the southwest of Switzerland*).

Wal·li·ser Al·pen ['valizər 'alpən] (die) *pl* (the) Valais (*od.* Pennine) Alps (*mountain range on the border between Switzerland and Italy*).

Wal·lis·in·seln ['valɪs‚ʔɪnzəln] (die) *pl* (the) Wallis Islands (*group of islands in the southwest of the Pacific*).

Wal·lo·ni·en [va'lo:nɪən] *n* Wallonie (*the southern and southeastern parts of Belgium and adjacent regions in France*).

Wan·ger·oo·ge [‚vaŋər'ʔo:gə; 'vaŋər‚ʔo:gə] *n* a) *island of the East Frisians, BRD,* b) *town on a.*

Wan·ne-Eickel (*getr.* -k·k-) ['vanə'ʔaɪkəl] *n city in North Rhine-Westphalia, BRD.*

Wann·see ['van‚ze:] (der) *lake in the southwest of West Berlin.*

Wan·see ['van‚ze:] (der) Lake Van (*salt lake in Turkey*).

War·na ['varna] *n* Varna (*seaport in the northeast of Bulgaria*).

Warndt [varnt] (der) *wooded region near Saarbrücken, Saarland, BRD.*

War·schau ['varʃau] *n* Warsaw (*capital of Poland*).

War·the ['vartə] (die) (the) Warta (*Polish river flowing into the Oder river near Küstrin*).

Wa·shing·ton ['vɔʃɪŋtən] *n* Washington: a) *auch* Washington, D.C. (*capital of the USA*), b) *auch* Washington State (*state in the northwest of the USA*).

Was·ser·kup·pe ['vasər‚kupə] (die) *highest peak of the Rhön, BRD.*

Wa·ter·loo ['va:tər‚lo:] *n village in central Belgium; decisive defeat of Napoleon, 1815.*

Wat·ling·in·sel ['vɔtlɪŋ‚ʔɪnzəl] (die) Watling Island (→ San Salvador b).

Watz·mann ['vats‚man] (der) *mountain range near Berchtesgaden, Upper Bavaria, BRD.* [*region in Pakistan.*]

Wa·zi·ri·stan [va'zi:rɪsta:n] *n mountainous*

Wed·dell·meer ['vɛdəl‚me:r] (das), **Wed·dell·see** ['vɛdəl‚ze:] (die) (the) Weddell Sea (*arm of the Atlantic Ocean in the east of the Antarctic Peninsula*).

Wed·ding ['vɛdɪŋ] (der) *administrative district of West Berlin.*

Weich·sel ['varksəl] (die) (the) Vistula (*Polish river flowing from the Carpathian Mountains into the Baltic Sea*).

Wei·den ['vaɪdən] *n city in Upper Palatinate, Bavaria, BRD.*

Weih·nachts·in·sel ['vaɪ‚naxts‚ʔɪnzəl] (die) Christmas Island: a) *Australian island in the Indian Ocean,* b) *one of the Gilbert and Ellice Islands, in the central Pacific.*

Wei·mar ['vaɪmar] *n capital of Thuringia, DDR.*

Wein·gar·ten ['vaɪn‚gartən] *n town in Baden-Württemberg, BRD; Benedictine abbey.*

Wein·vier·tel ['vaɪn‚fɪrtəl] (das) *district to the north of Vienna, Austria.*

Wei·ße El·ster ['vaɪsə 'ɛlstər] (die) (the) Weisse Elster (*East German river flowing into the Saale river*).

Wei·ße Main ['vaɪsə 'maɪn] (der) (the) White Main (*tributary of the Main river, BRD*).

Wei·ße Meer ['vaɪsə 'me:r] (das) (the) White Sea (*arm of the Arctic Ocean in the northwest of the Soviet Union in Europe*).

Wei·ße Nil ['vaɪsə 'ni:l] (der) (the) White Nile (*tributary of the Nile river, Africa*).

Wei·ßen·see [‚vaɪsən'ze:] *n administrative district of East Berlin, DDR.*

Weiß·rus·si·sche So·zia·li·sti·sche So·wjet·re·pu·blik ['vaɪs‚rusɪʃə zotsɪa'lɪstɪʃə zo'vjɛtrepu‚bli:k] (die) (the) Byelorussian (*od.* White Russian) Soviet Socialist Republic (*in the western part of the Soviet Union in Europe*).

Weiß·ruß·land ['vaɪs‚rus‚lant] *n* Byelorussia, White Russia (*region in the western part of the Soviet Union in Europe*).

Wel·ling·ton ['vɛlɪŋtən] *n capital of New Zealand.*

Wen·del·stein ['vɛndəl‚ʃtaɪn] (der) *mountain in the Bavarian Alps, BRD.*

Wen·gen ['vɛŋən] *n resort in the Bernese Oberland, Switzerland.*

Werch·ne-Udinsk [vɛrçnə'ʔu:dɪnsk] *n hist.* Verkhneudinsk (→ Ulan-Ude).

Wer·ra ['vɛra] (die) (the) Werra (*river rising in the Thuringian Forest, DDR, flowing north to join the Fulda river and forming the Weser river, BRD*).

Wer·tach ['vɛrtax] (die) (the) Wertach (*West German river flowing into the Lech river*).

We·ser ['ve:zər] (die) (the) Weser (*West German river flowing into the North Sea near Bremerhaven*).

We·ser·berg·land [‚ve:zər'bɛrk‚lant] (das) (the) Weser Mountains *pl* (*hilly region on both sides of the Weser river, BRD*).

Wes·so·brunn [‚vɛso'brun] *n village in Upper Bavaria, BRD.*

West·afri·ka ['vɛst‚ʔa:frika] *n* West Africa.

West·al·pen ['vɛst‚ʔalpən] (die) *pl* (the) Western Alps.

West·au·stra·li·en ['vɛst‚ʔaus'tra:liən] *n* Western Australia.

West-Ben·ga·len ['vɛstbɛŋ‚ga:lən] *n* West Bengal (*state in the east of India*).

West-Ber·lin ['vɛstbɛr‚li:n] *n* West Berlin (*western part of the former capital of Germany*).

West·deutsch·land ['vɛst‚dɔytʃ‚lant] *n* West Germany (→ Bundesrepublik Deutschland).

We·ster·land ['vɛstər‚lant] *n seaside resort on the North Frisian island of Sylt.*

We·ster·wald ['vɛstər‚valt] (der) *area between the Lahn and Sieg rivers, BRD.*

West·eu·ro·pa ['vɛst‚ʔɔy'ro:pa] *n* West(ern) Europe.

West·fa·len [‚vɛst'fa:lən] *n* Westphalia: a) *northeastern part of North Rhine-Westphalia, BRD,* b) *hist. western part of medieval Saxony,* c) *hist. province of Prussia, 1816—1945.*

West·fä·li·sche Pfor·te [‚vɛst'fɛ:lɪʃə 'pfɔrtə] (die) (the) Westphalian Gate, (the) Porta Westfalica (*narrow pass in North Rhine-Westphalia, BRD, by which the Weser river breaks through the Weser Mountains to the lowlands*).

West·flan·dern ['vɛst‚flandərn] *n* West Flanders (*province in the west of Belgium*).

West·frie·si·schen In·seln ['vɛst'fri:zɪʃən 'ɪnzəln] (die) *pl* (the) West Frisians (*islands in the North Sea, belonging to the Netherlands*).

West·fries·land ['vɛst'fri:s‚lant] *n German name for the region between Lake IJssel and the Dollart basin.*

West-Fries·land ['vɛst'fri:s‚lant] *n* West Friesland (*bes. Br. Frisian*) (*northern part of the Netherlands*).

West·ghats ['vɛst‚gats] (die) *pl* (the) Western Ghats (*low mountain range in the west of India*).

West·in·di·en ['vɛst'ʔɪndiən] *n* (the) West Indies *pl, auch* (the) Indies *pl* (*archipelago in the North Atlantic between North and South America*).

West·in·di·sche Bund ['vɛst'ʔɪndɪʃə 'bunt] (der) *hist.* (the) Federation of the West Indies, *auch* (the) West Indies Federation.

West·in·di·schen In·seln ['vɛst'ʔɪndɪʃən 'ɪnzəln] (die) *pl* (the) West Indies.

West·iri·an ['vɛst'ʔi'ri:an] *n* West Irian, *auch* West New Guinea (*western part of the island of New Guinea*).

West·pa·ki·stan ['vɛst‚pa:kɪsta:n] *n hist.* West Pakistan (*now* → Pakistan).

West·preu·ßen ['vɛst‚prɔysən] *n hist.* West Prussia (*former province of Prussia, now in Poland*).

West·sa·moa ['vɛstza'mo:a] *n* Western Samoa (*independent state in the western part of Samoa*).

West·thra·ki·en ['vɛst‚tra:kiən] *n* Western Thrace (*region in the eastern part of the Balkan Peninsula, Greece*).

West Vir·gi·nia ['vɛst vɪr'gi:nia], *auch* **West-Vir·gi·ni·en** ['vɛstvɪr'gi:niən] *n* West Virginia (*state in the east of the USA*).

Wet·ter·horn ['vɛtər‚hɔrn] (das) *mountain in the Bernese Alps, Switzerland.*

Wet·ter·stein·ge·bir·ge ['vɛtər‚ʃtaɪngə‚bɪrgə] (das) (the) Wetterstein Mountains *pl* (*mountain range in the northeast of the Tyrol, bordering Bavaria*).

Wetz·lar ['vɛtslar] *n city in Hesse, BRD.*

Wi·borg ['vi:‚bɔrk] *n* Vyborg (*seaport on the Gulf of Finland, Soviet Union in Europe*).

Wien [vi:n] *n* Vienna: a) *capital of the Federal Republic of Austria,* b) *province in the east of Austria,* c) *capital of* b *and Lower Austria.*

Wie·ner Becken (*getr. -k·k-*) ['vi:nər 'bɛkən] (das) (the) Vienna Basin.

Wie·ner Land ['vi:nər 'lant] (das) → Wien b.

Wie·ner Neu·stadt ['vi:nər 'nɔy‚ʃtat] *n town to the southwest of Vienna, Austria.*

Wie·ner·wald ['vi:nər‚valt] (der) *district to the west of Vienna, Austria.*

Wies·ba·den ['vi:s‚ba:dən] *n capital of Hesse, BRD.*

Wight [vaɪt] *n* → Insel Wight.

Wil·de Kai·ser ['vɪldə 'kaɪzər] (der) → Kaiser(gebirge).

Wild·spit·ze ['vɪlt‚ʃpɪtsə] (die) *highest mountain in the Oetztal Alps, Austria.*

Wil·helms·ha·ven [‚vɪl‚hɛlms'ha:fən] *n seaport on the North Sea, Lower Saxony, BRD.*

Wil·mers·dorf ['vɪlmərs‚dɔrf] *n administrative district of West Berlin.*

Wil·na ['vɪlna] *n* Vilna, Wilno, Vilnius (*capital of Lithuania, Soviet Union in Europe*).

Win·dhja·ket·te ['vɪndja‚kɛtə] (die) (the) Vindhya Mountains *pl* (*od.* Hills *pl*) (*mountain range in central India*).

Win·dhja Pra·desch ['vɪndja pra'de:ʃ] *n hist.* Vindhya Pradesh (*state in central India*).

Wind·huk ['vɪnt‚hu:k] *n* Windhoek (*capital of South-West Africa*).

Wind·ward·in·seln ['vɪntvart‚ʔɪnzəln] (die) *pl* (the) Windward Islands (*in the West Indies*).

Win·ni·za ['vɪnitsa] *n* Vinnitsa (*city on the upper Bug river, Soviet Union in Europe*).

Win·ter·thur ['vɪntər‚tu:r] *n town in the Swiss canton of Zurich.*

Wis·mar ['vɪsmar] *n seaport on the Baltic Sea, DDR.*

Wi·tebsk ['vi:tɛpsk] *n* Vitebsk (*city on the Dvina river, Soviet Union in Europe*).

Wi·tim [vi'ti:m] (der) (the) Vitim (*river in Siberia, Soviet Union in Asia*).

Wit·ten·berg ['vɪtən‚bɛrk] *n city on the Elbe river, DDR.*

Wla·di·wo·stok [vladivɔs'tɔk] *n* Vladivostok (*seaport on the Sea of Japan, Soviet Union in Asia*).

Woj·wo·di·na [vɔy'vo:dina; -vo'di:na] (die) Voivodina, Vojvodina (*autonomous territory in the northeast of Yugoslavia*).

Wol·fen·büt·tel ['vɔlfən‚bytəl] *n city in Lower Saxony, BRD.*

Wolf·gang·see ['vɔlf‚gaŋ‚ze:] (der) *lake in the Salzkammergut, Austria.*

Wolfs·burg ['vɔlfs‚burk] *n industrial city in Lower Saxony, BRD.*

Wol·ga ['vɔlga] (die) (the) Volga (*river in the Soviet Union in Europe*).

Wol·go·grad ['vɔlgo‚gra:t] *n* Volgograd (*city on the Volga river, Soviet Union in Europe*).

Wol·hy·ni·en [vo'ly:niən] *n hist.* Volhynia (*region in the Ukraine, Soviet Union in Europe*).

Wol·lin [vɔ'li:n] *n* Wolin (*island in the Baltic Sea, Poland*).

Wo·ly·ni·en [vo'ly:niən] *n* → Wolhynien.

Wö·ris·ho·fen, Bad *n* → Bad Wörishofen.

Wor·ku·ta [vɔrku'ta] *n* Vorkuta (*town in the Ural Mountains, Soviet Union in Europe*).

Worms [vɔrms] *n city on the Rhine river, Rhineland-Palatinate, BRD.*

Wo·ro·nesch [vo'ro:nɛʃ] *n* Voronezh (*city in the central Soviet Union in Europe*).

Worps·we·de [‚vɔrps've:də] *n town to the north of Bremen, Lower Saxony, BRD.*

Wör·ther See ['vœrtər 'ze:], *auch* **Wör·ther·see** ['vœrtər‚ze:] (der) *lake in Carinthia, Austria.*

Wran·gel·in·sel ['vraŋəl‚ʔɪnzəl] (die) Wrangel (Island) (*in the Arctic Ocean, off the coast of the Soviet Union in Asia*).

Wup·per ['vupər] (die) (the) Wupper (*West German river flowing into the Rhine river*).

Wup·per·tal ['vupər‚ta:l] *n city in North Rhine-Westphalia, BRD.*

Würm·see ['vyrm‚ze:] (der) → Starnberger See.

Würt·tem·berg ['vyrtəm‚bɛrk] *n hist. state in the southwest of the BRD, now part of Baden-Württemberg.*

Würz·burg ['vyrts‚burk] *n capital of Lower Franconia, Bavaria, BRD.*

Wur·zen(·paß) ['vurtsən(‚pas)] (der) (the) Wurzen (Pass) (*mountain pass in the Karawanken on the Austro-Yugoslavian border*).

Wü·ste Go·bi ['vy:stə 'go:bi] (die) → Gobi.

Wü·ten·de Nei·ße ['vy:təndə 'naɪsə] (die) → Jauersche Neiße.

Wu·tschang ['vu:tʃaŋ] *n* Wuchang (*city in China*).

X

Xan·ten ['ksantən] *n city in North Rhine-Westphalia, BRD.*

Xan·thos ['ksantɔs] *n antiq.* Xanthus (*city in Lycia, Asia Minor*).

Xi·ron ['ksi:rɔn] (das) *mountain in Euboea, Greece.*

Y

Ybbs[1] **(an der Do·nau)** ['ɪps (an der 'doːnaʊ)] *n* Ybbs (on the Danube) (*town in Lower Austria*).

Ybbs[2] [ɪps] (die) *Austrian river flowing into the Danube river.*

Ye·men ['jeːmən] (der) *od. n* → Jemen.

Yo·ko·ha·ma [joko'haːma] *n* → Joko-hama.

Yorke·halb·in·sel ['jɔrk,halp,ʔɪnzəl] (die) (the) Yorke Peninsula (*South Australia*).

Ypern ['yːpərn; 'iːpərn] *n* Ypres (*town in Belgium*).

Yser [i'zeːr] (die) (the) Yser (*river rising in France and flowing into the North Sea in Belgium*).

Ys·sel·meer ['aɪsəl,meːr] (das) → Ijssel-meer.

Yu·ka·tan ['juːkatan] *n* Yucatán: a) *peninsula in the southeast of Mexico,* b) *state in Mexico.*

Yver·don [ivɛr'dõː] *n city in the Swiss canton of Bern.*

Z

Za·bern ['tsaːbərn] *n* Saverne (*town in Lower Alsace, France*).

Za·dar ['zaːdar] *n seaport in the west of Yugoslavia.*

Za·greb ['zaːgrɛp] *n capital of Croatia, Yugoslavia.*

Za·ire [za'iːr] *n republic in Central Africa.*

Za·kros ['zakrɔs] *n antiq. site of the ruins of a Minoan town on the east coast of Crete.*

Za·kyn·thos [tsa'kyntɔs] *n* → Sakinthos.

Za·ma ['zaːma] *n antiq. town to the south-west of Carthage, North Africa; defeat of Hannibal by the Romans, 202 B.C.*

Zam·be·zi [zam'beːzi] (der) → Sambesi.

Za·ra·go·za [sara'gɔsa] *n* → Saragossa.

Zeh·len·dorf ['tseːlən,dɔrf] *n administrative district of West Berlin.*

Zel·la-Meh·lis ['tsɛla'meːlɪs] *n town in the Thuringian Forest, DDR.*

Zen·tral·afri·ka [tsɛn'traːl,ʔaːfrika] *n* Central Africa.

Zen·tral·afri·ka·ni·sche   Re·pu·blik [tsɛn'traːlʔafri,kaːnɪʃə repu'bliːk] (die) (the) Central African Republic.

Zen·tral·al·pen [tsɛn'traːl,ʔalpən] (die) *pl* (the) Central Alps.

Zen·tral·ame·ri·ka [tsɛn'traːlʔa,meːrika] *n* Central America.

Zen·tral·asi·en [tsɛn'traːl,ʔaːziən] *n* Central Asia.

Zen·tral·mas·siv [tsɛn'traːlma,siːf], **Zen·tral·pla·teau** [tsɛn'traːlpla,toː] (das) (the) Massif Central (*upland area in the south-central part of France*).

Zer·matt [tsɛr'mat] *n resort at the foot of the Matterhorn, in the Swiss canton of Valais.*

Zi·li·zi·en [tsi'liːtsiən] *n antiq.* → Kilikien.

Zil·ler ['tsɪlər] (der) (the) Ziller (*Austrian river flowing into the Inn river*).

Zil·ler·tal ['tsɪlər,taːl] (das) *Alpine valley in the Tyrol, to the east of Innsbruck, Austria.*

Zil·ler·ta·ler Al·pen ['tsɪlər,taːlər 'alpən] (die) *pl* (the) Zillertal Alps (*section of the Alps in the Tyrol, Austria, extending from the Brenner Pass to the Hohen Tauern*).

Zi·on ['tsiːən] (der) (Mount) Zion (*auch* Sion) (*hill in Jerusalem*).

Zis·al·pi·ni·sche Re·pu·blik [tsɪsʔal'piːnɪʃə repu'bliːk] (die) *hist.* (the) Cisalpine Republic (*North Italy*).

Zis·kau·ka·si·en [tsɪskaʊ'kaːziən] *n* Cis-caucasia (*part of Caucasia north of the Caucasus Mountains, Soviet Union in Europe*).

Zit·tau ['tsɪtaʊ] *n city on the Neisse river, DDR.*

Zo·fin·gen ['tsoːfɪŋən] *n town in the Swiss canton of Aargau.*

Zom·ba ['tsɔmba] *n capital of Malawi.*

Zug [tsuːk] *n* a) *canton in central Switzer-land,* b) *capital of a.*

Zu·ger See ['tsuːgər 'zeː] (der) (the) Lake of Zug (*Switzerland*).

Zug·spit·ze ['tsuːk,ʃpɪtsə] (die) (the) Zug-spitze (*mountain in the Bavarian Alps, highest point of the BRD*).

Zui·der·see ['zɔydər,zeː] (die *od.* der) (the) Zuider (*auch* Zuyder) Zee (*former shallow inlet of the North Sea in the central Nether-lands*).

Zu·lu·land ['tsuːlu,lant] *n territory in the Republic of South Africa.*

Zü·rich ['tsyːrɪç] *n* Zurich: a) *canton in the north of Switzerland,* b) *capital of a.*

Zü·rich·see ['tsyːrɪç,zeː], *auch* **Zü·ri·cher See** ['tsyːrɪçər 'zeː] (der) (the) Lake of Zurich (*Switzerland*).

Zut·phen ['zʏtfən] *n town in the Nether-lands.*

Zwei·brü·cken (*getr.* -k·k-) ['tsvaɪ,brʏkən] *n city in Rhineland-Palatinate, BRD.*

Zwei·sim·men ['tsvaɪ,zɪmən] *n resort in the Swiss canton of Bern.*

Zwickau (*getr.* -k·k-) ['tsvɪkaʊ] *n city to the south of Leipzig, DDR.*

Zwie·fal·ten [,tsvi'faltən] *n small town in Baden-Württemberg, BRD; former Bene-dictine abbey.*

Zwi·schen·se·en·ge·biet ['tsvɪʃən,zeːəngə-,biːt] (das) *region between Lake Victoria and the Central-African plateau in East Africa.*

Zy·kla·den [tsy'klaːdən] (die) *pl* → Kykla-den.

Zy·pern ['tsyːpərn] *n* Cyprus (*island republic in the Mediterranean Sea*).

Zy·the·ra [tsy'teːra] *n* → Cerigo.

V. MASSE UND GEWICHTE
V. WEIGHTS AND MEASURES

1. DAS SI-SYSTEM

1. THE SI SYSTEM

(SI = Système International d'Unités)

a) SI-Basiseinheiten
a) SI Basic Units

Basisgröße *Basic physical quantity*	Basiseinheit *Basic unit*	
	Name *Name*	Zeichen *Symbol*
Länge *length*	Meter *m, n* *meter, metre*	m
Masse *mass*	Kilogramm *n* *kilogram(me)*	kg
Zeit *time*	Sekunde *f* *second*	s
elektrische Stromstärke *electrical current*	Ampere *n* *ampere*	A
Temperatur *temperature*	Kelvin *n* *kelvin*	K
Lichtstärke *luminous intensity*	Candela *f* *candela*	cd
Stoffmenge *amount of substance*	Mol *n* *mole*	mol

b) Dezimale Vielfache und Teile von Einheiten
b) Decimal Multiples and Subdivisions of Units

Dezimale Vielfache und Teile von Einheiten werden durch Vorsilben („Vorsätze") ausgedrückt:

Decimal multiples and subdivisions of units are expressed by prefixes:

	Vorsatz	*Prefix*	Zeichen *Symbol*
10^{12}	Tera	*tera*	T
10^{9}	Giga	*giga*	G
10^{6}	Mega	*mega*	M
10^{3}	Kilo	*kilo*	k
10^{2}	Hekto	*hecto*	h
10	Deka	*deca*	da
10^{-1}	Dezi	*deci*	d
10^{-2}	Zenti	*centi*	c
10^{-3}	Milli	*milli*	m
10^{-6}	Mikro	*micro*	μ
10^{-9}	Nano	*nano*	n
10^{-12}	Piko	*pico*	p
10^{-15}	Femto	*femto*	f
10^{-18}	Atto	*atto*	a

2. DEUTSCHE MASSE UND GEWICHTE

2. GERMAN WEIGHTS AND MEASURES

a) Längenmaße — Linear Measure

1 mm		=	0.0394 inch
1 cm	= 10 mm	=	0.3937 inch
1 dm	= 10 cm	=	3.9370 inches
1 m	= 10 dm	=	1.0936 yards
1 dkm	= 10 m	=	10.9361 yards
1 hm	= 10 dkm	=	109.3614 yards
1 km	= 10 hm	=	0.6214 mile

b) Flächenmaße — Square Measure

1 mm²		=	0.00155 square inch
1 cm²	= 100 mm²	=	0.15499 square inch
1 dm²	= 100 cm²	=	15.499 square inches
1 m²	= 100 dm²	=	1.19599 square yards
1 dkm²	= 100 m²	=	119.5993 square yards
1 hm²	= 100 dkm²	=	2.4711 acres
1 km²	= 100 hm²	=	247.11 acres = 0.3861 square mile
1 m²		= 1,549.9	square inches
1 a	= 100 m²	= 119.5993	square yards
1 ha	= 100 a	= 2.4711	acres
1 km²	= 100 ha	= 247.11	acres = 0.3861 square mile

c) Raummaße — Cubic Measure

1 mm³		=	0.000061	cubic inch	
1 cm³	= 1 000 mm³	=	0.061023	cubic inch	
1 dm³	= 1 000 cm³	=	61.024	cubic inches	
1 m³	= 1 000 dm³	=	35.315	cubic feet = 1.3079 cubic yards	

d) Hohlmaße — Measure of Capacity

			Britisch British		**Amerikanisch American**	
1 ml	=	1 cm³	= 16.89	minims	16.23	minims
1 cl	=	10 ml	= 0.352	fluid ounce	0.338	fluid ounce
1 dl	=	10 cl	= 3.52	fluid ounces	3.38	fluid ounces
1 l	=	10 dl	= 1.76	pints	1.06	liquid quarts
				od.	0.91	dry quart
1 dkl	=	10 l	= 2.1998	gallons	2.64	gallons
				od.	0.284	bushel
1 hl	=	10 dkl	= 2.75	bushels	26.418	gallons
1 kl	=	10 hl	= 3.437	quarters	264.18	gallons

e) Gewichte — Weight

				Avoirdupois		**Troy**	
1 mg					= 0.0154	grain	
1 cg	=	10 mg			= 0.1543	grain	
1 dg	=	10 cg			= 1.543	grains	
1 g	=	10 dg			= 15.432	grains	
1 dkg	=	10 g		= 0.353 ounce	= 0.321	ounce	
1 hg	=	10 dkg		= 3.527 ounces	= 3.215	ounces	
1 kg	=	10 hg		= 2.205 pounds	= 2.679	pounds	
1 dz	=	100 kg	*Br.*	= 1.9684 hundredweights			
			Am.	= 2.2046 hundredweights			
1 t	=	1 000 kg	*Br.*	= 0.9842 long ton			
			Am.	= 1.102 short tons			

Avoirdupois

1 Pfd	= 500 g	= ¹/₂ kg		= 1.1023 pounds		
1 Ztr.	= 100 Pfd	= 50 kg	*Br.*	= 0.9842 hundredweight		
			Am.	= 1.1023 hundredweights		

f) Metrische Karatgewichte — Metric Carat Weight

200 mg	=	1 carat		
100 mg	=	¹/₂ carat	= 0.5	carat
50 mg	=	¹/₄ carat	= 0.25	carat
20 mg	=	¹/₁₀ carat	= 0.10	carat
10 mg	=	¹/₂₀ carat	= 0.05	carat
2 mg	=	¹/₁₀₀ carat	= 0.01	carat

3. UMRECHNUNGSFAKTOREN FÜR MASSE UND GEWICHTE

3. CONVERSION FACTORS FOR WEIGHTS AND MEASURES

Längenmaße — Linear Measure

Umzurechnen / To convert	in / into	Multiplizieren mit / Multiply by
cm	inch (″)	0.3937
m	foot (′)	3.2808
m	yard (yd)	1.0936
km	statute mile (st. mi)	0.6214
inch	cm	2.5400
foot	m	0.3048
yard	m	0.9144
statute mile	km	1.6093

Flächenmaße — Square Measure

Umzurechnen / To convert	in / into	Multiplizieren mit / Multiply by
cm²	square inch (sq. in)	0.1550
m²	square foot (sq. ft)	10.7639
m²	square yard (sq. yd)	1.1960
1000 m²	acre (ac)	0.2471
km²	square mile (sq. mi)	0.3861
square inch	cm²	6.4516
square foot	m²	0.0929
square yard	m²	0.8361
acre	m²	4046.8
square mile	km²	2.5900

Volumenmaße (allgemein) — Cubic Measure

Umzurechnen / To convert	in / into	Multiplizieren mit / Multiply by
cm³	cubic inch (cu. in)	0.06102
Liter	cubic foot (cu. ft)	0.03531
m³	cubic yard (cu. yd)	1.308
m³	register ton (reg. tn)	0.3531
cubic inch	cm³	16.387
cubic foot	Liter	28.317
cubic yard	m³	0.7646
register ton	m³	2.8317

Hohlmaße für Trockensubstanzen — Measure of Capacity (Dry)

Umzurechnen / To convert	in / into		Multiplizieren mit / Multiply by
Liter	pint, dry	(USA)	1.8162
Liter	quart, dry	(USA)	0.9081
Liter	peck	(USA)	0.1135
Liter	bushel	(USA)	0.0284
m³	barrel	(USA)	8.6484
m³	barrel Petrol	(USA)	6.2972
m³	quarter	(USA)	4.1305
Liter	peck	(Brit.)	0.1100
Liter	bushel	(Brit.)	0.0275
Liter	kilderkin	(Brit.)	0.0122
m³	barrel	(Brit.)	6.1103
m³	quarter	(Brit.)	3.4370

Umzurechnen / To convert	in / into		Multiplizieren mit / Multiply by
pint, dry	(USA)	Liter	0.5506
quart, dry	(USA)	Liter	1.1012
peck	(USA)	Liter	8.8098
bushel	(USA)	Liter	35.2393
barrel	(USA)	m³	0.1156
barrel Petrol	(USA)	m³	0.1588
quarter	(USA)	m³	0.2421
peck	(Brit.)	Liter	9.0922
bushel	(Brit.)	Liter	36.3687
kilderkin	(Brit.)	Liter	81.829
barrel	(Brit.)	m³	0.1637
quarter	(Brit.)	m³	0.2909

Hohlmaße für Flüssigkeiten — Measure of Capacity (Liquid)

Umzurechnen / To convert	in / into		Multiplizieren mit / Multiply by
cm³	minim	(USA)	16.2306
Liter	gill (liqu)	(USA)	8.4534
Liter	pint (liqu)	(USA)	2.1134
Liter	quart (liqu)	(USA)	1.0567
Liter	gallon	(USA)	0.2642
Liter	gill (liqu)	(Brit.)	7.0390
Liter	pint (liqu)	(Brit.)	1.7598
Liter	quart (liqu)	(Brit.)	0.8799
Liter	pottle	(Brit.)	0.4399
Liter	gallon	(Brit.)	0.2200
minim	(USA)	cm³	0.0616
gill (liqu)	(USA)	Liter	0.1183
pint (liqu)	(USA)	Liter	0.4732
quart (liqu)	(USA)	Liter	0.9464
gallon	(USA)	Liter	3.7854
gill (liqu)	(Brit.)	Liter	0.1421
pint (liqu)	(Brit.)	Liter	0.5683
quart (liqu)	(Brit.)	Liter	1.1365
pottle	(Brit.)	Liter	2.2730
gallon	(Brit.)	Liter	4.5461

Gewichte — Avoirdupois Weights

System avoirdupois (av.) für den allgemeinen Gebrauch

Umzurechnen / To convert	in / into	Multiplizieren mit / Multiply by
g	grain	15.4323
g	dram (av.)	0.5644
g	ounce (av.)	0.0353
kg	pound (av.)	2.2046
t	short ton (USA)	1.1023
t	long ton (Brit.)	0.9842
grain	g	0.0648
dram	g	1.7718
ounce	g	28.3495
pound	kg	0.4536
short ton (USA)	kg	907.2
long ton (Brit.)	kg	1016.05

Apotheker-Maßsystem   **Apothecaries' Weight —**
für Feststoffe (ap.)   **Troy Weight**
sowie Troy-System (t) für Edelmetalle und Drogen

Umzurechnen To convert	*in* into	*Multiplizieren mit* Multiply by
g	grain	15.4323
g	scruple (ap.)	0.7716
g	pennyweight (t)	0.6430
g	dram *od.* drachm	0.2572
g	ounce (ap. *od.* t)	0.03215
kg	pound (ap. *od.* t)	2.67923
grain	g	0.064799
scruple (ap.)	g	1.295978
pennyweight (t)	g	1.555174
dram *od.* drachm	g	3.887935
ounce (ap. *od.* t)	g	31.103481
pound (ap. *od.* t)	g	373.24177

Apotheker-Maßsystem   **Apothecaries'**
für Flüssigkeiten   **Fluid Measure**

Umzurechnen To convert	*in* into		*Multiplizieren mit* Multiply by
cm³	fluid dram	(USA)	0.27052
cm³	fluid ounce	(USA)	0.03381
cm³	minim	(Brit.)	16.892
cm³	fluid dram	(Brit.)	0.2815
cm³	fluid ounce	(Brit.)	0.0352
fluid dram	(USA)	cm³	3.69661
fluid ounce	(USA)	cm³	29.5729
minim	(Brit.)	cm³	0.0592
fluid dram	(Brit.)	cm³	3.552
fluid ounce	(Brit.)	cm³	28.412

Aus: Horn-Schönberg UMWANDLUNGSTABELLEN für U.S.- und britische Einheiten ins metrische System und umgekehrt,
4. Auflage, Carl Hanser Verlag, München.

VI. TEMPERATUR-UMRECHNUNGSTABELLEN
VI. CONVERSION TABLES OF TEMPERATURES

1. VON —273 °C BIS +1000 °C
1. FROM —273 °C TO +1000 °C

Celsius °C	Kelvin K	Fahrenheit °F	Réaumur °R
1000	1273	1832	800
950	1223	1742	760
900	1173	1652	720
850	1123	1562	680
800	1073	1472	640
750	1023	1382	600
700	973	1292	560
650	923	1202	520
600	873	1112	480
550	823	1022	440
500	773	932	400
450	723	842	360
400	673	752	320
350	623	662	280
300	573	572	240
250	523	482	200
200	473	392	160
150	423	302	120
100	373	212	80
95	368	203	76
90	363	194	72
85	358	185	68
80	353	176	64
75	348	167	60
70	343	158	56
65	338	149	52
60	333	140	48
55	328	131	44
50	323	122	40
45	318	113	36
40	313	104	32
35	308	95	28
30	303	86	24
25	298	77	20
20	293	68	16
15	288	59	12
10	283	50	8
+ 5	278	41	+ 4
0	273.15	32	0
— 5	268	23	— 4
— 10	263	14	— 8
— 15	258	+ 5	— 12
— 17.8	255.4	0	— 14.2
— 20	253	— 4	— 16
— 25	248	— 13	— 20
— 30	243	— 22	— 24
— 35	238	— 31	— 28
— 40	233	— 40	— 32
— 45	228	— 49	— 36
— 50	223	— 58	— 40
— 100	173	— 148	— 80
— 150	123	— 238	— 120
— 200	73	— 328	— 160
— 250	23	— 418	— 200
— 273.15	0	— 459.4	— 218.4

2. FIEBERTHERMOMETER
2. CLINICAL THERMOMETER

Celsius °C	Fahrenheit °F	Réaumur °R
42.0	107.6	33.6
41.8	107.2	33.4
41.6	106.9	33.3
41.4	106.5	33.1
41.2	106.2	33.0
41.0	105.8	32.8
40.8	105.4	32.6
40.6	105.1	32.5
40.4	104.7	32.3
40.2	104.4	32.2
40.0	104.0	32.0
39.8	103.6	31.8
39.6	103.3	31.7
39.4	102.9	31.5
39.2	102.6	31.4
39.0	102.2	31.2
38.8	101.8	31.0
38.6	101.5	30.9
38.4	101.1	30.7
38.2	100.8	30.6
38.0	100.4	30.4
37.8	100.0	30.2
37.6	99.7	30.1
37.4	99.3	29.9
37.2	99.0	29.8
37.0	98.6	29.6
36.8	98.2	29.4
36.6	97.9	29.3

3. UMRECHNUNGSREGELN
3. RULES FOR CONVERTING TEMPERATURES

	Celsius	Kelvin	Fahrenheit	Réaumur
$x\,°C$	—	$= x + 273.15 \; K$	$= \dfrac{9}{5} x + 32 \; °F$	$= \left(\dfrac{4}{5} x\right) °R$
$x \; K$	$= x - 273.15 \; °C$	—	$= \dfrac{9}{5}(x - 273.15) + 32 \; °F$	$= \dfrac{4}{5}(x - 273.15) °R$
$x\,°F$	$= \dfrac{5}{9}(x - 32) \; °C$	$= \dfrac{5}{9}(x - 32) + 273.15 \; K$	—	$= \dfrac{4}{9}(x - 32) °R$
$x\,°R$	$= \dfrac{5}{4} x \; °C$	$= \left(\dfrac{5}{4} x\right) + 273.15 \; K$	$= \left(\dfrac{9}{4} x\right) + 32 \; °F$	—

VII. ZAHLWÖRTER
VII. NUMERALS

1. GRUNDZAHLEN
1. CARDINAL NUMBERS

2. ORDNUNGSZAHLEN
2. ORDINAL NUMBERS

0	null	nought, zero, cipher		1.	erste	1st first
1	eins	one		2.	zweite	2(n)d second
2	zwei	two		3.	dritte	3(r)d third
3	drei	three		4.	vierte	4th fourth
4	vier	four		5.	fünfte	5th fifth
5	fünf	five		6.	sechste	6th sixth
6	sechs	six		7.	siebente	7th seventh
7	sieben	seven		8.	achte	8th eighth
8	acht	eight		9.	neunte	9th ninth
9	neun	nine		10.	zehnte	10th tenth
10	zehn	ten		11.	elfte	11th eleventh
11	elf	eleven		12.	zwölfte	12th twelfth
12	zwölf	twelve		13.	dreizehnte	13th thirteenth
13	dreizehn	thirteen		14.	vierzehnte	14th fourteenth
14	vierzehn	fourteen		15.	fünfzehnte	15th fifteenth
15	fünfzehn	fifteen		16.	sechzehnte	16th sixteenth
16	sechzehn	sixteen		17.	siebzehnte	17th seventeenth
17	siebzehn	seventeen		18.	achtzehnte	18th eighteenth
18	achtzehn	eighteen		19.	neunzehnte	19th nineteenth
19	neunzehn	nineteen		20.	zwanzigste	20th twentieth
20	zwanzig	twenty		21.	einundzwanzigste	21st twenty-first
21	einundzwanzig	twenty-one		22.	zweiundzwanzigste	22(n)d twenty-second
22	zweiundzwanzig	twenty-two		23.	dreiundzwanzigste	23(r)d twenty-third
30	dreißig	thirty		30.	dreißigste	30th thirtieth
31	einunddreißig	thirty-one		31.	einunddreißigste	31th thirty-first
40	vierzig	forty		40.	vierzigste	40th fortieth
41	einundvierzig	forty-one		41.	einundvierzigste	41st forty-first
50	fünfzig	fifty		50.	fünfzigste	50th fiftieth
51	einundfünfzig	fifty-one		51.	einundfünfzigste	51st fifty-first
60	sechzig	sixty		60.	sechzigste	60th sixtieth
61	einundsechzig	sixty-one		61.	einundsechzigste	61st sixty-first
70	siebzig	seventy		70.	siebzigste	70th seventieth
71	einundsiebzig	seventy-one		71.	einundsiebzigste	71st seventy-first
80	achtzig	eighty		80.	achtzigste	80th eightieth
90	neunzig	ninety		81.	einundachtzigste	81st eighty-first
100	(ein)hundert	a (od. one) hundred		90.	neunzigste	90th ninetieth
101	hundert(und)eins	hundred and one		100.	(ein)hundertste	100th (one) hundredth
200	zweihundert	two hundred		101.	hundertunderste	101st hundred and first
572	fünfhundert(und)-zweiundsiebzig	five hundred and seventy-two		200.	zweihundertste	200th two hundredth
				300.	dreihundertste	300th three hundredth
1,000*)	(ein)tausend	a (od. one) thousand		572.	fünfhundert(und)-zweiundsiebzigste	572(n)d five hundred and seventy-second
2,000*)	zweitausend	two thousand				
1,000,000*)	eine Million	a (od. one) million		1 000.	(ein)tausendste	1,000th (one) thousandth
2,000,000*)	zwei Millionen	two million		2 000.	zweitausendste	2,000th two thousandth
1,000,000,000*)	eine Milliarde	a (od. one) milliard (Am. billion)		1 000 000.	(ein)millionste	1,000,000th (one) millionth
				2 000 000.	zweimillionste	2,000,000th two millionth
1,000,000,000,000*)	eine Billion	a (od. one) billion (Am. trillion)				

*) Deutsche Schreibweise mit Zwischenraum oder Punkt statt des Kommas: *1 000* oder *1.000*.

*) In German the comma is replaced by a space or a full point: *1 000* or *1.000*.

3. BRUCHZAHLEN
3. FRACTIONAL NUMBERS

$^1/_2$	ein halb	one (*od.* a) half
$1^1/_2$	anderthalb	one and a half
$^1/_2$ km	ein halber Kilometer	half a km
$^1/_3$	ein Drittel	one (*od.* a) third
$^2/_3$	zwei Drittel	two thirds
$^1/_4$	ein Viertel	one (*od.* a) fourth
		one (*od.* a) quarter
$^3/_4$	drei Viertel	three fourths
		three quarters
$2^1/_4$ Std.	zwei und eine viertel Stunde	two hours and a quarter
$^1/_5$	ein Fünftel	one (*od.* a) fifth
$^1/_6$	ein Sechstel	one (*od.* a) sixth
$3^4/_5$	drei vier Fünftel	three and four fifths
.4	null Komma vier (0,4)	point four
2.5	zwei Komma fünf (2,5)	two point five

Bei Dezimalzahlen steht im Deutschen ein Komma: *10,41 m*, im Englischen ein Punkt. Das britische Englisch zentriert den Punkt: *10·41 m*, das amerikanische Englisch läßt ihn auf der Zeile: *10.41 m*.

4. ANDERE ZAHLENWERTE
4. OTHER NUMERICAL VALUES

einfach	single
zweifach	double
dreifach	threefold, treble, triple
vierfach	fourfold, quadruple
fünffach *etc*	fivefold *etc*
einmal	once
zweimal	twice
dreimal	three times
viermal	four times
fünfmal *etc*	five times *etc*
zweimal soviel(e)	twice as much (*od.* many)
noch einmal	once more
erstens	firstly, in the first place
zweitens	secondly, in the second place
drittens *etc*	thirdly, in the third place *etc*

In German a comma is used instead of a decimal point: *10,41 m*. In British English the decimal point is centred: *10·41 m*, in American English it is not: *10.41 m*.

VIII. DEUTSCHE KORREKTURZEICHEN
VIII. GERMAN PROOFREADER'S MARKS

Zeichen am Rand *Marginal Mark*	Zeichen im Text *Mark in the text*	Ausgeführte Korrektur *Correction made*	Erklärung *Explanation*
— *halbfett* / *kursiv*	Erklärungen in deutscher und englischer Sprache	**Erklärungen** in *deutscher* und *englischer* Sprache	*Bold(face) type* — Halbfett *Italic type* — Kursiv
/ h	Das 20. Jahrhundert	Das 20. Jahrhundert	*Damaged letter* — Beschädigter Buchstabe
/ t / b	Übersetzer und Fachmitarbeiter	Übersetzer und Fachmitarbeiter	*Wrong fo(u)nt* — Falsche Type (Zwiebelfisch)
/ h / H und / d 7 r	Falsche Buchstaben mit Wörter, verkehrt oder que r stehende Buchstaben	Falsche Buchstaben und Wörter, verkehrt oder quer stehende Buchstaben	*Wrong types and words* — Falsche Buchstaben und Wörter *Invert type, reverse* — Verkehrt oder quer stehender Buchstabe
Π ff	Affe	Affe	*Ligature* — Ligatur
Π o/e	Phœnix	Phoenix	*Substitute separate letters for ligature or diphthong* — Keine Ligatur
⌐ ∫ / st	Ich habe ihn ge-stern getroffen.	Ich habe ihn ge-stern getroffen.	*Wrong syllabification* — Falsche Silbentrennung
H ∫ / ∫	sehr sehr viel Arbeit	sehr viel Arbeit	*Delete* — Buchstaben oder Wörter tilgen
L ∫ ⌒	gleichbleiben	gleichbleiben	*Delete and close up* — Tilgen und anschließen
L ∫ Z	hoch spielen	hoch spielen	*Delete and add space* — Tilgen und getrennt schreiben
/ ti ⌐ der	wichtge Ausdrücke Umgangssprache	wichtige Ausdrücke der Umgangssprache	*Caret, insert matter indicated in margin* — Auslassung
⌐ s. Ms. S. 7	… wurde in und ging später nach Amerika.	… wurde in England geboren und ging später nach Amerika.	*Insert omitted portion of copy* — Nach Manuskript zu ergänzende Auslassung
⊢ ⊠ ⊢ ⊠	Chemie, Musik, Mathematik s. S.	Chemie, ▬▬, Mathematik s. S. ▬	*Refer to appropriate authority anything the accuracy or suitability of which is doubted* — Fragliche Textstelle. Manuskript prüfen; wenn nötig, Rückfrage beim Verfasser.

Zeichen am Rand *Marginal Mark*	Zeichen im Text *Mark in the text*	Ausgeführte Korrektur *Correction made*	Erklärung *Explanation*
⊢ 1943 ⊓ 1–4	Er wurde im Jahre 1349/geboren. Er/im wurde/Jahre 1943 geboren. 1 4 3 2 Er Jahre im wurde 1943 geboren.	Er wurde im Jahre 1943 geboren. Er wurde im Jahre 1943 geboren. Er wurde im Jahre 1943 geboren.	*Transpose words or letters indicated* — Umstellen
⎯ *sperren* L *nicht sperren*	eine wesentliche Frage das ist kein Problem	eine wesentliche Frage das ist kein Problem	*Add space between letters* — Sperren *Reduce space between letters* — Nicht sperren
Z ⌣ ↑	heute und morgen heu te und morgen heute und morgen	heute und morgen	*Insert space* — Fehlender Wortzwischenraum *No space* — Kein Wortzwischenraum *Less space* — Weniger Wortzwischenraum
#	England und Amerika	England und Amerika	*Push down space to avoid printing* — Spieße (hochgekommener Durchschuß oder Ausschluß)
⟰	dr^u$_n$t^{e}r und drüber	drunter und drüber	*Straighten line* — Nicht Linie haltende Stelle
	Der deutsch-englische Teil dieses Wörterbuchs um- faßt über 200 000 Stich- wörter.	Der deutsch-englische Teil dieses Wörterbuchs um- faßt über 200 000 Stich- wörter.	*Insert lead* — Fehlender Durchschuß *Reduce space between lines* — Zu großer Durchschuß
⌐	... fast 25% mehr Text geboten als beim ersten Teil. Bei der Auswahl der deutschen Stichwörter ...	... fast 25% mehr Text geboten als beim ersten Teil. Bei der Auswahl der deutschen Stichwörter ...	*Start new paragraph* — Neuer Absatz
⌒	... ein bedeutender Politiker. Er wurde im Jahre ...	... ein bedeutender Politiker. Er wurde im Jahre ...	*No new paragraph here* — Wegfall eines Absatzes
⊢	Abenteuer Abenteuerbuch abenteuerdurstig ⊢Abenteuerer Abenteuerfilm	Abenteuer Abenteuerbuch abenteuerdurstig Abenteuerer Abenteuerfilm	*No indent* — Kein Einzug
⊐	Abenteuer ⌐buch	Abenteuer ⌣buch	*Indent (1 em)* — (1 Geviert) Einzug
⊢ *auf*	in derselben Straße	in derselben Straße	*Leave as printed* — Rückgängigmachen von fälschlich Korrigiertem

IX. UNREGELMÄSSIGE VERBEN
IX. IRREGULAR VERBS

In dieser Übersicht sind folgende Formen der unregelmäßigen Verben erfaßt:
    Infinitiv,
    1., 2., 3. Person Singular Präsens,
    1., 3. Person Singular Präteritum,
    Partizip Perfekt,
    Singular Imperativ.

Weniger gebräuchliche Formen stehen in Klammern. Das Zeichen * verweist auf das betreffende Stichwort im Wörterverzeichnis, wo sich nähere Angaben zum Gebrauch der Formen finden.

Exponenten zeigen an, daß die angegebenen Formen nur für das Stichwort mit dem gleichen Exponenten im Wörterverzeichnis gelten.

Ableitungen von Verben (z. B. „empfinden") und zusammengesetzte Verben (z. B. „zurückgeben") sind unter dem Grundverb (z. B. „finden", „geben") nachzuschlagen.

The following grammatical forms of the irregular verbs are included in the list below:
    infinitive,
    1st, 2nd, 3rd sg present,
    1st, 3rd sg past,
    past participle,
    sg imperative.

Forms not in general use are given in brackets. An asterisk (*) refers to the entry word in the dictionary where more detailed information about the use of the forms is given.

Superscription has been used to indicate that the forms listed here refer only to the entry word with the same superscript.

For derived verbs (e.g. "empfinden") and compound verbs (e.g. "zurückgeben") look up the base verbs (e.g. "finden", "geben").

Infinitiv / Infinitive	Präsens (1./2./3. Pers. Sg.) / Present (1st, 2nd, 3rd sg)	Präteritum / Past	Partizip Perfekt / Past Participle	Imperativ / Imperative
backen[1]*	backe/bäckst (backst)/bäckt (backt)	backte (buk)	gebacken [h]	back(e)!
befehlen	befehle/befiehlst/befiehlt	befahl	befohlen [h]	befiehl!
befleißen*	befleiße/befleißt/befleißt	befliß	beflissen [h]	befleiß(e) dich!
beginnen	beginne/beginnst/beginnt	begann	begonnen [h]	beginn(e)!
beißen	beiße/beißt/beißt	biß	gebissen [h]	beiß(e)!
bergen	berge/birgst/birgt	barg	geborgen [h]	birg!
bersten	berste/birst/birst	barst	geborsten [sein]	(birst!)
bewegen[2]*	bewege/bewegst/bewegt	bewog	bewogen [h]	beweg(e)!
biegen	biege/biegst/biegt	bog	gebogen [h, v/i sein]	bieg(e)!
bieten	biete/bietest/bietet	bot	geboten [h]	biet(e)!
binden	binde/bindest/bindet	band	gebunden [h]	bind(e)!
bitten	bitte/bittest/bittet	bat	gebeten [h]	bitt(e)!
blasen	blase/bläst/bläst	blies	geblasen [h]	blas(e)!
bleiben	bleibe/bleibst/bleibt	blieb	geblieben [sein]	bleib(e)!
bleichen v/i*	bleiche/bleichst/bleicht	bleichte (blich)	gebleicht (geblichen) [sein]	bleich(e)!
braten	brate/brätst/brät	briet	gebraten [h]	brat(e)!
brechen[1]*	breche/brichst/bricht	brach	gebrochen [h u. sein]	brich!
brennen	brenne/brennst/brennt	brannte	gebrannt [h]	brenn(e)!
bringen	bringe/bringst/bringt	brachte	gebracht [h]	bring(e)!
denken	denke/denkst/denkt	dachte	gedacht [h]	denk(e)!
dingen*	dinge/dingst/dingt	dingte (dang)	gedungen (gedingt) [h]	ding(e)!
dreschen*	dresche/drischst/drischt	drosch (drasch)	gedroschen [h]	drisch!
dringen*	dringe/dringst/dringt	drang	gedrungen [h u. sein]	dring(e)!
dünken*	dünkt (deucht)	dünkte (deuchte)	gedünkt (gedeucht) [h]	—
dürfen*	darf/darfst/darf	durfte	dürfen, gedurft [h]	—
empfehlen	empfehle/empfiehlst/empfiehlt	empfahl	empfohlen [h]	empfiehl!
essen	esse/ißt/ißt	aß	gegessen [h]	iß!
fahren*	fahre/fährst/fährt	fuhr	gefahren [sein u. h]	fahr(e)!
fallen	falle/fällst/fällt	fiel	gefallen [sein]	fall(e)!
fangen	fange/fängst/fängt	fing	gefangen [h]	fang(e)!
fechten	fechte/fich(t)st/ficht	focht	gefochten [h]	ficht!
finden	finde/findest/findet	fand	gefunden [h]	find(e)!
flechten	flechte/flich(t)st/flicht	flocht	geflochten [h]	flicht!
fliegen*	fliege/fliegst/fliegst	flog	geflogen [sein u. h]	flieg(e)!
fliehen*	fliehe/fliehst/flieht	floh	geflohen [sein u. h]	flieh(e)!
fließen	fließe/fließt/fließt	floß	geflossen [sein]	fließ(e)!

Infinitiv Infinitive	Präsens (1./2./3. Pers. Sg.) Present (1st, 2nd, 3rd sg)	Präteritum Past	Partizip Perfekt Past Participle	Imperativ Imperative
fragen*	frage/fragst (frägst)/fragt (frägt)	fragte (frug)	gefragt [h]	frag(e)!
fressen	fresse/frißt/frißt	fraß	gefressen [h]	friß!
frieren*	friere/frierst/friert	fror	gefroren [h u. sein]	frier(e)!
gären¹*	gäre/gärst/gärt	gor (gärte)	gegoren (gegärt) [h u. sein]	(gär[e]!)
gebären*	gebäre/gebärst (gebierst)/gebärt (gebiert)	gebar	geboren [h]	(gebär[e]! gebier!)
geben	gebe/gibst/gibt	gab	gegeben [h]	gib!
gedeihen	gedeihe/gedeihst/gedeiht	gedieh	gediehen [sein]	gedeih(e)!
gehen	gehe/gehst/geht	ging	gegangen [sein]	geh(e)!
gelingen*	gelingt	gelang	gelungen [sein]	(geling[e]!)
gelten	gelte/giltst/gilt	galt	gegolten [h]	(gilt!)
genesen	genese/genest/genest	genas	genesen [sein]	genese!
genießen	genieße/genießt/genießt	genoß	genossen [h]	genieß(e)!
geschehen*	geschieht	geschah	geschehen [sein]	—
gewinnen	gewinne/gewinnst/gewinnt	gewann	gewonnen [h]	gewinn(e)!
gießen	gieße/gießt/gießt	goß	gegossen [h]	gieß(e)!
gleichen	gleiche/gleichst/gleicht	glich	geglichen [h]	gleich(e)!
gleiten*	gleite/gleitest/gleitet	glitt (gleitete)	geglitten (gegleitet) [sein]	gleit(e)!
glimmen	glimme/glimmst/glimmt	glomm, glimmte	geglommen, geglimmt [h]	(glimm[e]!)
graben	grabe/gräbst/gräbt	grub	gegraben [h]	grab(e)!
greifen	greife/greifst/greift	griff	gegriffen [h]	greif(e)!
haben	habe/hast/hat	hatte	gehabt [h]	hab(e)!
hangen*	hange/hangst/hangt	hing	gehangen [h]	—
hängen v/i*	hänge/hängst/hängt	hing (hängte)	gehangen (gehängt) [h (sein)]	häng(e)!
hängen v/t*	hänge/hängst/hängt	hängte (hing)	gehängt (gehangen) [h]	häng(e)!
hauen v/t*	haue/haust/haut	haute (hieb)	gehauen [h]	hau(e)!
hauen v/i*	haue/haust/haut	hieb (haute)	gehauen [h]	hau(e)!
heben	hebe/hebst/hebt	hob (hub)	gehoben [h]	heb(e)!
heißen¹*	heiße/heißt/heißt	hieß	geheißen (gehießen) [h]	heiß(e)!
helfen	helfe/hilfst/hilft	half	geholfen [h]	hilf!
kennen	kenne/kennst/kennt	kannte	gekannt [h]	kenn(e)!
kiesen*	kiese/kiest/kiest	kor	gekoren [h]	kies(e)!
klimmen	klimme/klimmst/klimmt	klomm, klimmte	geklommen, geklimmt [sein]	klimm(e)!
klingen	klinge/klingst/klingt	klang	geklungen [h]	kling(e)!
kneifen	kneife/kneifst/kneift	kniff	gekniffen [h]	kneif(e)!
kommen	komme/kommst/kommt	kam	gekommen [sein]	komm(e)!
können*	kann/kannst/kann	konnte	können, gekonnt [h]	—
kreischen*	kreische/kreischst/kreischt	kreischte (krisch)	gekreischt (gekrischen) [h]	kreisch(e)!
küren*	küre/kürst/kürt	kürte (kor)	gekürt (gekoren) [h]	kür(e)!
laden*	lade/lädst (ladest)/lädt (ladet)	lud	geladen [h]	lad(e)!
lassen*	lasse/läßt/läßt	ließ	lassen, gelassen [h]	lasse! laß!
laufen*	laufe/läufst/läuft	lief	gelaufen [h u. sein]	lauf(e)!
leiden	leide/leidest/leidet	litt	gelitten [h]	leid(e)!
leihen	leihe/leihst/leiht	lieh	geliehen [h]	leih(e)!
lesen	lese/liest/liest	las	gelesen [h]	lies!
liegen*	liege/liegst/liegt	lag	gelegen [h u. sein]	lieg(e)!
löschen²*	lösche/lischst/lischt	losch	geloschen [sein]	lisch!
lügen	lüge/lügst/lügt	log	gelogen [h]	lüg(e)!
mahlen	mahle/mahlst/mahlt	mahlte	gemahlen [h]	mahl(e)!
meiden	meide/meidest/meidet	mied	gemieden [h]	meid(e)!
melken	melke/melkst, milkst/melkt, milkt	melkte, molk	gemolken, gemelkt [h]	melk(e)! (milk!)
messen	messe/mißt/mißt	maß	gemessen [h]	miß!
mißlingen	mißlingt	mißlang	mißlungen [sein]	—
mögen*	mag/magst/mag	mochte	mögen, gemocht [h]	—
müssen*	muß/mußt/muß	mußte	müssen, gemußt [h]	—
nehmen	nehme/nimmst/nimmt	nahm	genommen [h]	nimm!
nennen	nenne/nennst/nennt	nannte	genannt [h]	nenn(e)!
pfeifen	pfeife/pfeifst/pfeift	pfiff	gepfiffen [h]	pfeif(e)!
pflegen III*	pflege/pflegst/pflegt	pflog	gepflogen [h]	pfleg(e)!

Infinitiv / Infinitive	Präsens (1./2./3. Pers. Sg.) / Present (1st, 2nd, 3rd sg)	Präteritum / Past	Partizip Perfekt / Past Participle	Imperativ / Imperative
preisen	preise/preist/preist	pries	gepriesen [h]	preis(e)!
quellen[1]*	quelle/quillst/quillt	quoll	gequollen [sein]	(quill!)
raten	rate/rätst/rät	riet	geraten [h]	rat(e)!
reiben	reibe/reibst/reibt	rieb	gerieben [h]	reib(e)!
reißen*	reiße/reißt/reißt	riß	gerissen [h u. sein]	reiß(e)!
reiten*	reite/reitest/reitet	ritt	geritten [sein u. h]	reit(e)!
rennen*	renne/rennst/rennt	rannte (rennte)	gerannt [sein u. h]	renn(e)!
riechen	rieche/riechst/riecht	roch	gerochen [h]	riech(e)!
ringen	ringe/ringst/ringt	rang	gerungen [h]	ring(e)!
rinnen	rinne/rinnst/rinnt	rann	geronnen [sein]	rinn(e)!
rufen	rufe/rufst/ruft	rief	gerufen [h]	ruf(e)!
salzen*	salze/salzt/salzt	salzte	gesalzen (gesalzt) [h]	salz(e)!
saufen	saufe/säufst/säuft	soff	gesoffen [h]	sauf(e)!
saugen*	sauge/saugst/saugt	sog, saugte	gesogen, gesaugt [h]	saug(e)!
schaffen[1]*	schaffe/schaffst/schafft	schuf, schaffte	geschaffen, geschafft [h]	schaff(e)!
schallen	schalle/schallst/schallt	schallte, scholl	geschallt [h]	schall(e)!
scheiden*	scheide/scheidest/scheidet	schied	geschieden [h u. sein]	scheid(e)!
scheinen	scheine/scheinst/scheint	schien	geschienen [h]	schein(e)!
scheißen	scheiße/scheißt/scheißt	schiß	geschissen [h]	scheiß(e)!
schelten	schelte/schiltst/schilt	schalt	gescholten [h]	schilt!
scheren[1]*	schere/scherst/schert	schor (scherte)	geschoren (geschert) [h]	scher(e)!
schieben	schiebe/schiebst/schiebt	schob	geschoben [h]	schieb(e)!
schießen*	schieße/schießt/schießt	schoß	geschossen [h u. sein]	schieß(e)!
schinden*	schinde/schindest/schindet	schindete	geschunden [h]	schind(e)!
schlafen	schlafe/schläfst/schläft	schlief	geschlafen [h]	schlaf(e)!
schlagen*	schlage/schlägst/schlägt	schlug	geschlagen [h u. sein]	schlag(e)!
schleichen*	schleiche/schleichst/schleicht	schlich	geschlichen [sein u. h]	schleich(e)!
schleifen[1]*	schleife/schleifst/schleift	schliff	geschliffen [h]	schleif(e)!
schleißen*	schleiße/schleißt/schleißt	schliß (schleißte)	geschlissen (geschleißt) [h u. sein]	(schleiß[e]!)
schließen	schließe/schließt/schließt	schloß	geschlossen [h]	schließ(e)!
schlingen	schlinge/schlingst/schlingt	schlang	geschlungen [h]	schling(e)!
schmeißen	schmeiße/schmeißt/schmeißt	schmiß	geschmissen [h]	schmeiß(e)!
schmelzen*	schmelze/schmilzt/schmilzt (schmelzt)	schmolz (schmelzte)	geschmolzen (geschmelzt) [h u. sein]	schmilz!
schnauben*	schnaube/schnaubst/schnaubt	schnaubte (schnob)	geschnaubt (geschnoben) [h]	schnaub(e)!
schneiden	schneide/schneidest/schneidet	schnitt	geschnitten [h]	schneid(e)!
schrecken v/i*	schrecke/schreckst, schrickst/schreckt, schrickt	schreckte, schrak	geschreckt (geschrocken) [sein]	schrick!
schreiben	schreibe/schreibst/schreibt	schrieb	geschrieben [h]	schreib(e)!
schreien	schreie/schreist/schreit	schrie	geschrie(e)n [h]	schrei(e)!
schreiten	schreite/schreitest/schreitet	schritt	geschritten [sein]	schreit(e)!
schwären*	schwärt (schwiert)	schwärte (schwor)	geschwärt (geschworen) [h]	—
schweigen	schweige/schweigst/schweigt	schwieg	geschwiegen [h]	schweig(e)!
schwellen v/i*	schwelle/schwillst/schwillt	schwoll	geschwollen [sein]	(schwill!)
schwimmen*	schwimme/schwimmst/schwimmt	schwamm	geschwommen [sein u. h]	schwimm(e)!
schwinden	schwinde/schwindest/schwindet	schwand	geschwunden [sein]	schwind(e)!
schwingen	schwinge/schwingst/schwingt	schwang	geschwungen [h]	schwing(e)!
schwören	schwöre/schwörst/schwört	schwor (schwur)	geschworen [h]	schwör(e)!
sehen	sehe/siehst/sieht	sah	gesehen [h]	sieh(e)!
sein*	bin/bist/ist/wir sind/ihr seid/sie sind	war	gewesen [sein]	sei!
senden[1]*	sende/sendest/sendet	sandte (sendete)	gesandt (gesendet) [h]	send(e)!
sieden	siede/siedest/siedet	sott, siedete	gesotten, gesiedet [h]	(sied[e]!)
singen	singe/singst/singt	sang	gesungen [h]	sing(e)!
sinken	sinke/sinkst/sinkt	sank	gesunken [sein]	sink(e)!
sinnen	sinne/sinnst/sinnt	sann	gesonnen [h]	sinn(e)!
sitzen*	sitze/sitzt/sitzt	saß	gesessen [h u. sein]	sitz(e)!
sollen*	soll/sollst/soll	sollte	sollen, gesollt [h]	—

| Infinitiv | Präsens (1./2./3. Pers. Sg.) | Präteritum | Partizip Perfekt | Imperativ |
Infinitive	Present (1st, 2nd, 3rd sg)	Past	Past Participle	Imperative
spalten	spalte/spaltest/spaltet	spaltete	gespaltet, gespalten [h]	spalt(e)!
speien	speie/speist/speit	spie	gespie(e)n [h]	spei(e)!
spinnen	spinne/spinnst/spinnt	spann	gesponnen [h]	spinn(e)!
spleißen	spleiße/spleißt/spleißt	spliß	gesplissen [h]	spleiß(e)!
sprechen	spreche/sprichst/spricht	sprach	gesprochen [h]	sprich!
sprießen	sprieße/sprießt/sprießt	sproß	gesprossen [sein]	(sprieß[e]!)
springen*	springe/springst/springt	sprang	gesprungen [sein u. h]	spring(e)!
stechen*	steche/stichst/sticht	stach	gestochen [h u. sein]	stich!
stecken v/i*	stecke/steckst/steckt	steckte (stak)	gesteckt [h]	steck(e)!
stehen*	stehe/stehst/steht	stand	gestanden [h u. sein]	steh(e)!
stehlen	stehle/stiehlst/stiehlt	stahl	gestohlen [h]	stiehl!
steigen	steige/steigst/steigt	stieg	gestiegen [sein]	steig(e)!
sterben	sterbe/stirbst/stirbt	starb	gestorben [sein]	stirb!
stieben*	stiebe/stiebst/stiebt	stob (stiebte)	gestoben (gestiebt) [sein u. h]	(stieb[e]!)
stinken	stinke/stinkst/stinkt	stank	gestunken [h]	stink(e)!
stoßen*	stoße/stößt/stößt	stieß	gestoßen [h u. sein]	stoß(e)!
streichen*	streiche/streichst/streicht	strich	gestrichen [h u. sein]	streich(e)!
streiten	streite/streitest/streitet	stritt	gestritten [h]	streit(e)!
tragen	trage/trägst/trägt	trug	getragen [h]	trag(e)!
treffen	treffe/triffst/trifft	traf	getroffen [h]	triff!
treiben*	treibe/treibst/treibt	trieb	getrieben [h u. sein]	treib(e)!
treten*	trete/trittst/tritt	trat	getreten [h u. sein]	tritt!
triefen*	triefe/triefst/trieft	triefte (troff)	getrieft (getroffen) [h u. sein]	trief(e)!
trinken	trinke/trinkst/trinkt	trank	getrunken [h]	trink(e)!
trügen	trüge/trügst/trügt	trog	getrogen [h]	trüg(e)!
tun	tue/tust/tut	tat	getan [h]	tu(e)!
verderben*	verderbe/verdirbst/verdirbt	verdarb	verdorben [h u. sein]	verdirb!
verdrießen	verdrießt	verdroß	verdrossen [h]	verdrieß(e)!
vergessen	vergesse/vergißt/vergißt	vergaß	vergessen [h]	vergiß!
verlieren	verliere/verlierst/verliert	verlor	verloren [h]	verlier(e)!
wachsen	wachse/wächst/wächst	wuchs	gewachsen [sein]	wachs(e)!
wägen*	wäge/wägst/wägt	wog (wägte)	gewogen (gewägt) [h]	wäg(e)!
waschen	wasche/wäschst/wäscht	wusch	gewaschen [h]	wasch(e)!
weben[1]*	webe/webst/webt	webte (wob)	gewebt (gewoben) [h]	web(e)!
weichen[1]*	weiche/weichst/weicht	wich	gewichen [sein]	weich(e)!
weisen	weise/weist/weist	wies	gewiesen [h]	weis(e)!
wenden*	wende/wendest/wendet	wendete, wandte	gewendet, gewandt [h]	wend(e)!
werben	werbe/wirbst/wirbt	warb	geworben [h]	wirb!
werden*	werde/wirst/wird	wurde (ward)	worden, geworden [sein]	werd(e)!
werfen	werfe/wirfst/wirft	warf	geworfen [h]	wirf!
wiegen[1]*	wiege/wiegst/wiegt	wog	gewogen [h]	wieg(e)!
winden[1]	winde/windest/windet	wand	gewunden [h]	wind(e)!
winken*	winke/winkst/winkt	winkte	gewinkt (gewunken) [h]	wink(e)!
wissen	weiß/weißt/weiß	wußte	gewußt [h]	wisse!
wollen*	will/willst/will	wollte	wollen, gewollt [h]	(wolle!)
wringen	wringe/wringst/wringt	wrang	gewrungen [h]	wring(e)!
zeihen	zeihe/zeihst/zeiht	zieh	geziehen [h]	zeih(e)!
ziehen*	ziehe/ziehst/zieht	zog	gezogen [h u. sein]	zieh(e)!
zwingen	zwinge/zwingst/zwingt	zwang	gezwungen [h]	zwing(e)!